中外著名科学家传记

典藏版

第Ⅲ册

王大明　刘　兵　李　斌　主编

中原出版传媒集团
中原传媒股份公司

大象出版社
·郑州·

第Ⅲ册目录

究天穷理探本源：

理论物理大师

- 乔治·加布里·斯托克斯

  亥维赛

  埃伦费斯特

  詹姆斯·弗兰克

  弗里茨·伦敦

  恩里科·费米

  列夫·达维多维奇·朗道

- 盖尔－曼

乔治·加布里·斯托克斯

（George Gabriel Stokes，1819—1903）

乔治·加布里·斯托克斯

维多利亚时代的名流

19 世纪，整个科学领域发生了翻天覆地的变化。光的波动理论于 20 年代重新引入英国，并最终演变成为世纪中叶物理学的最高信仰。50 年代，德国的克劳修斯和开尔文勋爵分别成就了热力学的两大定律——能量守恒和能量的“耗散理论”。1867 年，开尔文勋爵和泰特合作发表了《论自然哲学》，对能量的内涵进行了更深刻的阐述。达尔文于 1859 年出版《物种起源》，在维多利亚时代掀起了轩然大波。1873 年，麦克斯韦发表了《电磁学通论》，这是他 20 年来综合研究电磁理论的结晶。克劳修斯、开尔文勋爵、达尔文和麦克斯韦的成果是对人和自然界做的又一次重新解读。乔治·加布里·斯托克斯就生活在这个伟大的时代，并依靠其卓越才智使自己置身于这一时代的名流之列。

一、剑桥骄子

乔治·加布里·斯托克斯是英国著名数学家和物理学家，1819 年 8 月 13 日生于爱尔兰斯莱戈县的斯格林。斯托克斯的父亲是一位牧师，他养育了 6 个孩子，斯托克斯排行最小。斯托克斯的兄长们全都受教于都柏林的三一学院，又全部担任神职。其中，兄长威廉·霍顿·斯托克斯也曾就读于剑桥大学，并于 1828 年毕业时获得数学荣誉学位甲等考试第十六名。当选凯厄斯学院成员后，威廉仍留在剑桥大学工作了 20 年，后来成了诺福克牧区的牧师。1832 年，斯托克斯被送到都柏林华尔牧师学校学习 3 年，1835 年进入布里斯托学院。当时布里斯托学院主要开设数学、古文、英国文学和通史。数学方面，它倾向于尽可能效仿剑桥三一学院当时制订的教学计划。由此可见，跟随剑桥的课程设置，由获得荣誉学士学位的校友管理的布里斯托学院成为斯托克斯接受剑桥式教学洗礼的圣地。斯托克斯即将入读剑桥大学的时候，威廉曾提醒他认真考虑后再选择学校。威廉在信中写到，一个培养牧师的最佳学校可能会是一个培养医生最差劲的学校。不管理由是什么，斯托克斯进入了剑桥大学彭布罗克学院，不久后他就发现，剑桥大学是个最合适不过的地方。

剑桥大学一直保留着传统的考试制度：数学荣誉学位考试，叫 Tripos。最早的 Tripos 可以追溯到 1730 年，数学 Tripos 是十分费时费心的，要一连坐四天解题目。休息一个星期之后，再来四天。上一半是测验速度，而有时只是算术测验，题目比较容易。下一半加倍计分，题目也难得多，甚至在数学上有建树的学生都可能不知道从何下手。一位英国数学家多年后写道："Tripos 是全世界最难的考试，如今还没有任何大学的考试能和它相提并论。"后来 Tripos 不只是一场考试了，它已经发展成为一种制度。这种制度包含了种种仪式、围绕它的相关评价、支撑它的体制以及引申出来的数学风格等，这些都使这种考试制度变成了某种带有神奇荣耀的传统。Tripos 成绩分三个等级：第一级称为优等生（wrangler），优等生的第一名称为 Senior Wrangler；二等生和三等生分别称为 Senior Optimes 和 Junior Optimes。为了知道谁得到优等第一，人人都聚集到评议会大厅，甚至一向被排挤在剑桥生活圈外的女孩子们也想进来一睹风采。

优等第一所得到的荣誉却不是一件小事，它像光环一样终生罩在获得者身上。优等生的前十名，不但有很强的精神光环，也基本可以保证有出人头地的职业。半个世纪之后，为英国数学家写的讣告中一定会提到死者的优等名次作为其一生荣耀的组成部分。有一部剑桥哲学史准确地写道：

> 优等第一并不都是大数学家……［不过］如果他搞数学，一定会有相当的影响。

例如，数学家和天文学家塞缪尔·文斯曾是优等第一名，数学家和物理学家詹姆士·伍德也曾获考试第一名，曾任格林威治天文台台长的乔治·比德尔·艾里也是第一名。Tripos 多多少少能反映出一个人的数学能耐，但是全靠考试成绩排定名次是否精确，则各人所见不同。实际上有许多例子说明，优等的第二名有时也可能比第一名更有成就。著名的数学物理学家麦克斯韦就是优等第二名，发现电子的 J. J. 汤姆孙、开尔文勋爵以及休厄尔、约翰·赫歇耳也都是优等第二名。类似中国古代的科举考试，第一名的状元固然荣耀，第二名的榜眼和第三名的探花实际上也不会逊色。

但毕竟第一名的光环并非虚拟。1841 年，斯托克斯得到了剑桥大学 Tripos 考试的第一名，接着，又成为第一个史密斯奖得主。这些荣耀的获得对他将来得到研究生奖学金并成为教师乃至最终获得教授资格还是有着莫大的助益。

在剑桥，斯托克斯跟天文学教授查理士学习天文学和光的波动说，并有幸得到了霍普金斯的个别指导。霍普金斯是一位著名的数学教师，他教出的学生包括开尔文勋爵和麦克斯韦，他的教学贴近数学荣誉学士学位的考试内容，一方面因为他十分支持这一理论体系，更重要的原因是他认为牛顿关于世界的理论体系和光的波动理论是数学在探索自然方面最璀璨的两颗明珠。与此同时，斯托克斯还跟佩利学习神学，佩利是引他进入神学领域的启蒙导师。他还受到休厄尔很深的影响，以致他后来发表有关伦理的理论时，内容与休厄尔的神圣的、植根于内在的道德原则观念如出一辙。

1841 年 1 月，斯托克斯参加数学荣誉学士学位考试时，没有让他的导师和评委失望，他被问到了 173 个问题，内容涉及欧几里得几何、微积分、牛顿力学、天文学、流体静力学、光学、热、电和磁等问题。斯托克斯一举成为 60 年来彭布罗克学院的首位数学荣誉学位甲等考试状元。此后不久他又成为学院首位史密斯奖得主。彭布罗克学院为他专门举行了庆功宴祝贺他获此殊荣，并聘他留校任教。

二、科学巨擘

斯托克斯是 19 世纪的物理学家和数学家，他的研究领域遍布流体动力学、光学、光谱学和数学等领域。以他的名字命名的有斯托克斯黏性定律、纳维－斯托克斯方程、斯托克斯线及反斯托克斯线，还有包括矢量分析中关于空间线积分与面积分基本关系的斯托克斯定理，荧光物质放射的光其波长大于入射光的斯托克斯定律，无穷级数及定积分计算等。对于一般专业人员而言，哪怕只是获得了这些成就中的一两项，就足以青史留名，遑论这么多的成绩。由此可见，称呼斯托克斯为科学巨擘并不过分。

在 19 世纪 40 年代，斯托克斯主要在流体力学领域耕耘，致力于研究液体内部的摩擦或黏度。其中令人瞩目的工作是理解黏度的分子原因。斯托克斯总结说，不可观测实体的知识虽然难以获得，却也并非毫无可能。只要充分理解分子之间的相互作用，也就能够了解分子本身。无论分子具体性质如何，在分子间发生相对运动时，会引起某种正切力。这一正切力就是黏度的成因，它可纳入相应的数学理论。此工作后来形成最广为人知的成果——（研究液体黏性的）斯托克斯定律。

推导出固体小球在黏滞流体中以匀速缓慢移动时所受的阻力为 $F=6\pi\eta av_0$（式中 v_0 为小球速度，η 为黏滞系数，a 为小球半径），这是小球在流体中受重力作用自由降落的最终稳恒速度的近似公式，被称为斯托克斯黏性定律，它后来在气象学领域以及密立根油滴实验等许多问题中有重要的应用。斯托克斯把连续媒质观点应用于弹性固体平衡及运动理论时区分了形变与容变两种弹性模量，描述球体通过流体时的摩擦阻力。这一定理使钟摆运动的分析更为精确，同时也解释了云的形成。更准确的测量意味着更精确地确定不同地点的重力加速度，对测地学研究价值巨大。斯托克斯在这个领域发表了不少举足轻重的论文。下降的水滴由于地球引力导致的加速度与空气的摩擦力达到平衡而停留。对于小水滴来说，终速度无限接近于零，于是它们保持悬浮状态——变成了云。

这一时期，斯托克斯最基础的研究应该算是光以太了。按照光的波动理论的说法，以太是公认的传播光的媒介物。它以流体状态出现，因为固体物质，如行星，可以穿过它。事实上，剑桥的科学家们像赫歇耳、休厄尔都倾向于把它看作流体。由于以上原因，以太既被看作流体力学的内容也被看作光学的一部分。但是两个互相联系的问题却与这个基本物理概念不合。首先，光波应该是横波，但是流体不可能传播横波。其次，斯托克斯意识到，一个更严峻的问题是众所周知的恒星光行差现象与现有的以太理论相矛盾。

18 世纪早期的观测使人们认为，恒星的光行差是地球与恒星发出的光粒子合动的结果。换言之，由于地球自身的运动，我们看到的星体与它的实际位置有细微偏差。根据广为接受的光波说揭示恒星光行差时，科学家假定以太密度无限小，以致地球从其中穿过不会引起任何波动而扰乱介质。如果以太有足够刚性能传播横波，那么这种固体才有的特性又怎么不会被地球运动影响呢？斯托克斯提出这个问题并且解决了这个问题。他的理论是双重性的：流体运动的数学规律引起弹性固体的数学规律。他主张，在流体中引发黏度的正切力正是使固体能够支持横向波动的保持力。斯托克斯借助连续性这一概念得出，所有的固体都有一定程度的流体性质；同样，所有的流体都有一定的固体性质。所以，他设想以太是流体，并具备一些固体的特性。其固体性支持频率高、波长短的横波，流体性又允许运动相对缓慢的地球穿越其中。不过，此运动并未证明以太不受干扰，而是说以太围绕地球“流动”。事实上，如果以太的流动是非转动性的，那么，斯托克斯表示，恒星光行差也就很容易解释了。这样就没有必要断定以太和地球之间没有相互作用。以太的固体性倒是有利于维持它的非转动性，因为任何形成旋涡的趋向都迅速被以太化解了。1861 年，麦克斯韦发表了一系列影响深远的电磁理论论文，其中一篇《电磁领域的动力理论》表达了同样的观点：麦克斯韦把电磁现象表达为物质媒介中的动力活动。他和斯托克斯一样，把此种介质的具体状态和电磁现象的具体观察相联系。

1849 年，斯托克斯发表了有关动力的论文《衍射的动力理论》。他通过复杂的实验和数学分析，研究一个著名的衍射现象……光经过物体边缘时发生弯曲的光学现象。他的研究解决了波的理论中一个棘手的问题：光波源自何物？ 17 世纪以来，物理学家通过实验证实了被极化的光在平面上的偏振现象。但是却无法验证光的横波平行于还是垂直于平面。斯托克斯论文的结论是：它是垂直于平面的。

但是斯托克斯最受关注的是他对荧光性的研究。通过对熟悉现象的实验研究，斯托克斯提出荧光物质吸收特定波长的光又放出另一特定波长的光。他证明，荧光物质放射的光其波长大于入射光，这被称为“斯托克斯定律”。此外，他经过仔细推理，认为造成这个反常结果的动力学原因是振动的以太与振动的荧光物粒子相互作用。他认为这些相互作用正与能量守恒定律相一致。斯托克斯的实验结果及相应的阐释发表在 1852 年的《哲学汇刊》上。同年，英国皇家学会为表彰他的成就授予他拉姆福德奖章。

在 19 世纪中叶的维多利亚物理学界，剑桥派的研究结果往往与其他地方的结果互相矛盾。非剑桥派物理学家重实验，如曼彻斯特的焦耳和伦敦的法拉第。焦耳的实验得出了热的动力学理论。法拉第发现了电磁感应和法拉第磁光效应。开尔文勋爵、泰特和麦克斯韦几位受过苏格兰和剑桥双重教育的数学物理学家们都从事于非剑桥派课题的研究。苏格兰那时的自然哲学课程与剑桥不同，包含了大量的热、电、磁的内容。19 世纪 50 年代早期，开尔文勋爵把焦耳的理论运用到热力学中，并致力于将法拉第的发现统一到同一个理论框架中。在此影响下，麦克斯韦于 19 世纪 50—60 年代发展了他的光电磁理论。开尔文勋爵和泰特 1867 年的论文及麦克斯韦 1873 年的论文，成为公认的维多利亚时代物理学转型的里程碑。于是，苏格兰教育下的剑桥人开尔文勋爵、泰特和麦克斯韦扩展了非剑桥派的实验物理学家焦耳和法拉第的视野。

斯托克斯还系统地研究固体的弹性、波在弹性媒质中的传播等问题。1842 年起，他相继提出不可压缩流体的稳恒流动理论和流体流动的摩擦理论。1845 年，他和法国的纳维等人分别独立地推导出黏滞流体的动力学方程，被称为纳维－斯托克斯方程。这项基本性的贡献奠定了传统流体动力学的基础。1847 年，斯托克斯在一篇论周期级数的应用性论文中先于柯西提出了一致收敛的概念；1850 年，他计算过光学中出现的一种广义积分；1857 年，他在复平面 z 中解方程 $\frac{\mathrm{d}^2\omega}{\mathrm{d}z^2}-gz\omega=0$，而引出了有名的斯托克斯公式（注：中国大百科全书光盘版《物理》“斯托克斯”条目）。斯托克斯公式还是向量分析的基本定理。

1852 年，斯托克斯在研究光致发光的光谱时，提出了一个论断：发光的波长总是大于激发光的波长。后来在大量的实验中出现了很多例外。于是斯托克斯把发光谱线分为两类：符合上述关系的叫作斯托克斯线，它的波长和激发光的波长之差称为斯托克斯位移；反之，称为反斯托克斯线，相应的波长差称为反斯托克斯位移。由于存在很多例外，上述斯托克斯提出的论断就不是规律而只能称为定则。1862 年，他还提出了关于晶体双折射的动力学理论。斯托克斯对光学许多方面的贡献部分地反映在他于 1887 年出版的《论光》文集中。

三、卢卡斯数学讲座教授

在中世纪及文艺复兴时期的所有大学当中，剑桥大学和牛津大学设立数学科学基金教授席位是最晚的。牛津大学数学家和古典学者萨维尔出资于 1619 年在牛津大学设立以自己名字命名的萨维尔几何学教授。布里格斯在出任牛津大学的第一任萨维尔几何学教授之后，马上着手为母校剑桥大学寻求类似基金。1621 年 8 月，他在给苏塞克斯学院校长沃德的信中写道：

> 如果剑桥大学也能够在此类或其他科目上得到资助，我将感到无比欣喜。如您知道何人有能力并且愿意捐赠还须告知我。我会非常乐意奉献六周假期的一部分调查策划此事，以表达我对母校剑桥大学的热爱。

亨利·卢卡斯曾经是圣约翰学院的学生，1636 年获荣誉硕士学位。他对数学甚至自然科学都不怎么感兴趣，在他的密友鲍斯韦尔爵士的鼓动下，于 1663 年 6 月 11 日，也就是他死前六周起草遗嘱，要求遗嘱执行人巴克和雷沃思“购买每年收入价值一百英镑的土地作为基金，所得的钱用作一位数学教授的年俸”。跟早先的萨维尔一样，卢卡斯说自己慷慨解囊是因为他迫切希望能够“促进并激励那个迄今还没有被资助过的知识领域”；他希望赠金将“为这个伟大的学术机关增添光彩”。受托人很快购买了土地，安排把每年收入的一部分给一位教授作为薪水。1663 年 12 月，卢卡斯的遗嘱执行人起草了卢卡斯教授席位条例。一个月后，国王查理二世颁发了专利证。条例含有一些严格指令，规定了卢卡斯教授应做的主要工作：自由选择数学领域的课题，每周讲课一小时，另有至少两个小时的个别辅导，解疑释惑，并能每年留给校图书馆 10 次课的讲义。假如教授不能履约，副校长得扣留其薪金，将省下的数额移赠大学图书馆。剑桥大学图书馆确实存有牛顿的原始讲稿，是该馆收藏颇丰的牛顿手稿的一部分。席位早期的突出之处在于它是个校级职位，其时几乎所有的教职都是院级。卢卡斯教授不必担任神职。尽管学校有规定禁止教员有其他渠道的收入，国王却特许卢卡斯教授担任校董事，但禁止他们担任校内其他职务，如其他学院的教授或院长。1664 年 2 月 20 日，巴罗被正式任命为第一任卢卡斯数学教授。后来为担任剑桥大学三一学院院长职位，巴罗主动离开卢卡斯数学教授职位，到剑桥市担任圣职三年后才竞选院长职位，并把卢卡斯数学教授位置顺利地传给他的得意门生牛顿。迄今已有十几位学者出任过这个教席。通过他们当中许多人的创造性成就，这个教席已成为最为著名的数学教席之一。席位设立数百年来，剑桥大学成了国际著名的数学研究中心之一。1992 年成立的艾萨克・牛顿数学研究院，吸引着海内外无数知名的数学家前来进行长期的互动研究。

1849 年 10 月 23 日，斯托克斯接任卢卡斯教授，他在 19 世纪中叶的剑桥大学如鱼得水，称心如意。他的个人兴趣与改良课程安排的计划很有节奏。他筹备了一系列有关流体静力学、气体力学和光学的理论讲座及实验，其中对光的物理理论尤为注重。这些是斯托克斯授课和研究的主要课题。尽管随后他在半个世纪之长的卢卡斯教授生涯中做过很多项目，其事业的根基仍然是物理学上的研究。

但从实际酬金上看，直到 19 世纪后半叶，卢卡斯教授的报酬还很微薄。1857 年，在卢卡斯教席上已坐了 8 年之久的斯托克斯仍在频频写信给其未婚妻，为如何迈入维多利亚中产阶层、为能过上体面的婚后生活而苦恼。为了支持自己未来要建的家庭，他不得不靠教课和写行政文书来赚钱糊口。斯托克斯写道：

> 如果我能分到住房，再把教授的薪水和研究员津贴都拿到手，那我们的情形会比现在好得多而又多。我就有了一个稳定的好职位，而不是现在这样，就像是艾里所说的卖书的……我就能专心致志做点事，不必再一下子干

很多七零八碎［的事］，弄得自己都觉得什么都干不好。我就［没准儿］可以悠闲地做研究，一方面作为工作，同时还能保住教授的名气。

19 世纪下半叶，剑桥大学正在进行一系列的教育改革。斯托克斯对数学和自然科学荣誉学位考试的热情使得剑桥大学的理科在本科生中颇受欢迎。卢卡斯教授席位很适合斯托克斯，这使他可以名正言顺地定义什么才是该校的正当学科，他在授课时按照休厄尔的愿望安排与数学荣誉学位考试密切相关的物理科目，并巧妙地把 19 世纪 50—60 年代剑桥派的实验和理论物理协调为一体，由此吸引了一批才华出众的弟子，他们后来都成长为维多利亚时代物理学界的精英。

在剑桥任期的前 25 年中，大约 80%的数学荣誉学位甲等考试前十名都听过斯托克斯的课。瑞利勋爵（1865 年数学荣誉学位甲等考试第一名）把斯托克斯的光学课比作“新纪元”；J. J. 汤姆孙（1880 年数学荣誉学位甲等考试第二名）缅怀往事时曾说：“我听过的所有课中，要数乔治·斯托克斯先生的光学课最吸引人。他讲解清楚，言辞动听，实验精当，我从没听过比这更好的课。”在总共 54 年的卢卡斯教授任期内，斯托克斯教过至少 45 位未来的皇家学会会员，其中有 3 位是卡文迪许实验室最早的负责人——麦克斯韦、瑞利勋爵和 J. J. 汤姆孙。他是维多利亚时期剑桥大学的最后一位卢卡斯教授。19 世纪、20 世纪之交，剑桥大学在物理学界的领导地位比 19 世纪中叶更加固若金汤。斯托克斯千方百计推动改革，改革的成果使他如日中天，继而又掩过了他在剑桥大学的光芒。他所留下的精神遗产渊深永长。

四、掌管英国皇家学会

斯托克斯的学术声望使他成为 19 世纪中叶剑桥物理学界的绝对权威。他凭着物理学的成就于 1851 年成为英国皇家学会的会员，并于 1854 年成为皇家学会两秘书之一，同时负责编辑《哲学汇刊》达 30 年之久。斯托克斯直接影响了《哲学汇刊》的讨论内容，他不光是名副其实的科学思想权威，同时还是维多利亚时代知识界绝对不可忽视的力量。身为秘书兼编辑，斯托克斯工作上勤勤恳恳、尽职尽责。他一面安排其他科学家审查来稿，一面亲自审查上百篇论文。他经常连篇累牍地写信与作者交流，无论是像法拉第那样的天才还是略嫌谨慎的常人，他都一视同仁。他为《哲学汇刊》发表实验研究的论文制定了四条标准：崭新的观察方法、惊人的实验结果、比较理论与实验的新手段、与已知理论冲突的实验结果。他的细致入微加上丰富的科学知识影响并优化了维多利亚时代的科学研究。斯托克斯参与面之广可从他对来稿的书面反馈窥见一斑。那些稿件的作者有布鲁厄姆、法拉第等人，合作最多的该算是分析化学家克鲁克斯。编辑工作实在耗神费时，开尔文勋爵敦促斯托克斯就任剑桥大学卡文迪许实验室主任，以便尽可能退出编辑工作。可是斯托克斯本人却乐此不疲，一如既往履行职责。他在物理学界的声望影响了当时许多理论思想，如进化论、唯灵论、物质享乐主义等思想。有时他的言论会与一些知识精英相抵触，尤其是达尔文、赫胥黎和廷德耳。但斯托克斯出了名的沉默并没有妨碍他声音的广泛传播。1885 年，他又接替赫胥黎成为皇家学会会长。

斯托克斯对维多利亚时代科学的影响主要基于皇家学会。1830 年前后，巴贝奇等一些人抱怨英国的科学在走下坡路，把抨击的矛头指向皇家学会混乱的会员制和出版管理。在这个大气候下，英国科学促进会于 1831 年成立。此外，科学在牛津大学与剑桥大学，苏格兰的格拉斯哥大学、爱丁堡大学，以及年轻的伦敦大学里受到重视。皇家学会深刻反省之后终于在 19 世纪 40 年代发动改革：新会员加入须达到更高标准，到世纪末只有大的专业团体中的精英才有资格加入。还有，当《哲学汇刊》的编辑工作转交到学会两位秘书手上时，一套严密的论文审核程序也已开始运作。维多利亚早期绅士派头的科学演变成为维多利亚后期现代面貌的职业科学。

斯托克斯对他人的尽心帮助在维多利亚中后期可谓众所周知。瑞利勋爵写到，皇家学会的出版物附带“大量的对所得帮助的感激和认可，很多时候他的建议或评论形成备忘录中非常有价值的一部分，只是却在别人名下”。他与法拉第和克鲁克斯的学术商榷就是明证。法拉第在取得他的重大发现的多年后，于 50 年代中期寄给皇家学会的两篇论文受到斯托克斯热情洋溢的赞扬，但在 1860 年寄出的第三篇论文中，法拉第坚信自然界的各种力量是坚不可摧的，并在实验中尝试把地心引力转化为其他力。斯托克斯认为：即便法拉第的理论是正确的，但实验验证肯定不大可能。斯托克斯写信给法拉第说明它不适合在《哲学汇刊》发表，建议法拉第改投他处。法拉第撤回自己的论文，并给斯托克斯写信说：“我只想听你和我两个人的意见。”斯托克斯和克鲁克斯早在 70 年代前期便对正当科学的见解各异。1871 年克鲁克斯就把自己的研究从人体飘出的“通灵力”的存在的论文交到皇家学会，学会没有接受。斯托克斯向克鲁克斯解释说，他认为文中的证据不足以证明有关这种力的理论。虽然两人科学见解不可调和，但他们仍然合作了 30 余年。斯托克斯非常敬佩克鲁克斯技艺高超的实验，但对克鲁克斯因循守旧的科学研究报以非常友善的回应，并为克鲁克斯正确理解关于阴极射线的实验给出了有益的建议。斯托克斯有不少著名的对手，其中声名最大的要数 1872—1881 年任皇家学会秘书时的同事赫胥黎。1864 年，赫胥黎对皇家学会授予达尔文科普利奖章的方式颇为不满。斯托克斯在颁奖会上的献辞说：此奖授予达尔文是因其研究工作而非《物种起源》。赫胥黎认为这个献辞侮辱了达尔文。更为甚者，1887 年赫胥黎发表一篇匿名社论，抨击斯托克斯作为皇家学会的会长不该同意代表剑桥大学出席议会。他认为，作为科学家的斯托克斯赞同某些政治或宗教观点。赫胥黎对斯托克斯的强烈反对并未演变成私人恩怨。

1890 年，斯托克斯卸任会长一职，他在职期间试图解释并捍卫原有的宗教，反对进化论和不可知论。在物理科学领域他的影响独特而深广，同时他也想尽量把唯灵论和进化论推向边缘并使之游离于被接受的科学之外，但他没能击败两种理论中的任何一个。这些争论反映了维多利亚时代科学家日益惹人注目的职业化角色，而且也说明皇家学会会长一职越来越具有文化旗手的地位。无论如何，借用《泰晤士报》的一位讣告作者所说："斯托克斯对同时代具有可塑性的知识分子的影响是不可估量的，他的成果潜藏在他曾启发过、帮助过、指导过的头脑之中。"

五、维多利亚时代名流

1869 年，斯托克斯担任英国科学促进会主席。由于对维多利亚时代重大问题驾驭自如，斯托克斯发现自己成了炙手可热的人物。面对科学与宗教日益透明的斗争，英国人希望听到一个信仰坚定的杰出科学家的平和之论。于是，斯托克斯被邀参加一年一度的英国国教会议，发表一些诸如"宗教自近期科研中新获之益"或"科学与信仰和谐共生"之类的演说。从 1886 年到 1903 年去世，斯托克斯一直任维多利亚研究会会长，这个组织是专门为对抗《短文与评论》和《物种起源》而成立的。斯托克斯参与各种演讲，并宣称"人的精神力量和身体结构一样，都是早已注定的"，"显而易见，人类辨别是非善恶的能力也是天生就有的"。这些看法与物理学界的急先锋法拉第、焦耳、开尔文勋爵、麦克斯韦有异曲同工之妙。法拉第属于桑德曼派，主张按字面意义解释《圣经》；焦耳对《创世记》中"造物力学理论"的详尽描写深信不疑；麦克斯韦坚信诺亚洪水的真实性；开尔文勋爵宣称达尔文的自然选择论是对神圣设计的亵渎。斯托克斯是维多利亚时代宣扬基督教世界观的人里最突出的一个，他代表了宗教与科学达到文化上的平衡的理想状态，凭借其无可争辩的科学巨匠的身份为后维多利亚时代宗教建构奋力抗争。

1893 年，斯托克斯荣获皇家学会科普利奖章，这个奖章见证了斯人可圈可点的职业生涯。直至 19 世纪 90 年代，他对引人注目的新现象——X 射线、放射性、电子发现的看法仍然精辟独到。到 19 世纪末，斯托克斯已把剑桥大学培育成英国物理学当之无愧的中心。他支持数学荣誉学士学位和自然科学荣誉学士学位改革以及卡文迪许实验室的建立。他还鼓励麦克斯韦接管卡文迪许实验室。麦克斯韦、瑞利勋爵、J. J. 汤姆孙等卡文迪许实验室 19 世纪 90 年代的工作人员都听过斯托克斯的课。斯托克斯最后 10 年的洋洋大作《有条件的永生：拯救惑者》于 1897 年问世。同年，他在国教大会做了关于理论中的归纳法的演说。1903 年 1 月 12 日，斯托克斯健康状况恶化。2 月 1 日，斯托克斯与世长辞。《泰晤士报》的讣闻中这样说道：乔治・斯托克斯爵士之不同凡俗，还在于他心思的简单和专一，在于他没有个人的野心和狭隘的妒忌，这些品质，恰与其智慧才具的深度和广度相匹配。每一个志愿在自然的神殿中充任高级教职的人，都应以他为学习的榜样。

（作者：杨庆余）

参考资料

[1] R. Kanigel. The Man Who Knew Infinity：A Life of the Genius Ramanujan [M]. New York：Charles Scribner's Sons，1991.

[2] J. W. Clark. Endowments of the University of Cambridge [M]. Cambridge：Cambridge University Press，1904.

[3] J. Larmor. The Scientific Work of Sir George Stokes in Lord Kelvin，Mathematical and Physical Papers [M]. Cambridge：Cambridge University Press，1925.

[4] L. P. Williams. Michael Faraday：A Biography [M]. New York：Basic Books，1965.

[5] P. M. Heimann. The Unseen Universe：Physics and the Philosophy of Nature in Victorian Britain [M]. Cambridge：Cambridge University Press，1911.

奥利弗·亥维赛

（Oliver Heaviside，1850—1925）

亥维赛

有惊人数学才华和物理洞察力的电气工程师

奥利弗·亥维赛是一位一流的数学物理学家，一位有着惊人的数学分析能力和物理洞察力的电气工程师，还是19世纪下半叶对物理学等领域作出最重要贡献的，但又是被忽略和最不被重视的人物之一。物理学和数学相互推动、交织发展的状况由来已久，亥维赛的科学成就充分体现了这一事实，即外部问题促进了数学新理论、新方法的发现；反过来，简洁有效的数学方法同时也为其他领域的发展提供必要的理论基础，在推动科学的进步方面起着不可替代的巨大作用。

一、亥维赛的早期生活和工作

亥维赛1850年5月18日出生于伦敦卡姆登的一个底层社会家庭，他的父亲托马斯·亥维赛是位手艺精湛的木匠，母亲瑞切尔为了维持家庭生计曾办过一所私立小学，亥维赛在这所学校接受了第一次正规教育。后来，亥维赛在家乡另一所中学完成了初等教育。中学时代的亥维赛学习成绩突出，是全校同年级几百名学生中前几名的学生。少年时代的亥维赛就已经开始用一种“刻薄”的眼光、实用的观点来看待科学事物，他从来不会因迷信权威而把任何知识都当作真理，尤其排斥欧氏几何的公理化证明方法。即使是多年以后，亥维赛仍然把欧氏几何看作是最糟糕的，认为欧氏几何本质上应该是门实验科学，应通过观察的、描述性的和实验性的方法讲授，而它的那种试图证明显然事实的逻辑体系会令年轻人迷惑。

由于家境不好，16岁后亥维赛再没有接受过任何正规教育。1868年，18岁的亥维赛在其姨父、赫赫有名的电学大师、成功的科学企业家惠斯通的帮助下进入电报业，从此开始对电学问题产生兴趣。1872年，亥维赛在《英国机械》杂志上发表了第一篇电学论文《比较电动式》，这篇论文所用的数学知识非常有限。在1873年发表于《哲学杂志》上的有关光学的论文中，亥维赛使用了微积分。那时他已经掌握了微积分、微分方程、立体几何和偏微分方程等高等数学理论，但真正给天才的亥维赛指明方向并带来灵感的是麦克斯韦于 1873 年出版的《电磁通论》。亥维赛是麦克斯韦电磁理论的最热情的支持者之一，在麦克斯韦的《电磁通论》发表后不久，亥维赛就开始研究它，并从那时起把它作为自己研究的基础。

也许是小时候患猩红热所致，年轻的亥维赛患有轻微耳聋。他爱好广泛，有着卓越的洞察力和超强的直觉，看上去很有绅士风度。1871 年亥维赛被任命为主电报员，每年的薪水颇丰。出身贫寒的亥维赛深知金钱的重要性，也希望更多地得到它，但又不愿为金钱所束缚。1874 年 3 月 31 日，24 岁的亥维赛辞去了一生中仅有的一份工作，把后半生完全投入到了一流的学术研究中。

二、亥维赛早期的电报工作

亥维赛辞职后，和父母一起住在伦敦。亥维赛隐居后的第一个 5 年，是其成果极为丰硕的时期。其间他写了一系列关于电报理论的论文，充分展示了他丰富的电信技术实践知识和日显精湛的数学技能。下面以其三篇代表性论文为主简要介绍他在这方面的工作。

出于对感应电路振荡行为的兴趣，亥维赛撰写了题为《关于额外的电流》的文章，并于 1876 年发表在英国皇家学会刊物《哲学杂志》上。文中亥维赛处理了受感应现象影响的有限长度电缆的充电和放电问题，建立了沿着电缆的电压的微分方程：$\frac{\partial^2 v}{\partial x^2}=kc\frac{\partial v}{\partial t}+sc\frac{\partial^2 v}{\partial t^2}$。这里 k、c 和 s 分别表示均匀电阻、电容和单位长度的电感。这个方程在电感 s=0 的特殊情形，即为 W. 汤姆孙（即开尔文勋爵）在 1854 年建立的第一个电报方程。亥维赛对海底电缆电报理论的数学理解远远超过了 W. 汤姆孙。他推广的电报方程承认波传递速度有限，是解决相位畸变问题的关键，促进了电话的广泛应用。

由于对电缆的最大量的可用信息传送速度依赖于传播方向这一现象（1868 年从英国发到丹麦的电报速度要比从丹麦发到英国的快 40%）的浓厚兴趣，1877 年，亥维赛又在《哲学杂志》上发表了题为《关于通过庞杂的电报机电路的信号速度》的文章。在这篇论文中亥维赛处理了信号速率不对称的问题，认为传播速率的不对称不能归因于海底电缆或者与之相联系的大陆线："我们必须朝线外看，并且把我们的注意力放在发送和接收装置上。”亥维赛分别得出了不同方向的信号传播所用时间的数学表达式，以简单优美的方式解释了令人困惑的海底电报电路传播速度问题。

用电缆进行长距离通信需要尽量减少线路的衰减量，最好的办法是插入加感线圈。亥维赛在1879年发表于《哲学杂志》的题为《关于故障的理论》的论文中，以一种含糊的方式表述了这一超前的建议：

> 当一个天然故障，或者受绝缘限制的故障在电缆中形成的时候，会趋向于得到一个更差的、可观察到的、不仅局限于电缆故障的现象。……如果不及时去除这个故障，通信会完全停止。……但是一个人为设置的故障，或者说是通过在导体和鞘之间的一个由良好导线制成的线圈的连接，将不会有天然故障的讨厌特点。
>
> ……如果适当地构筑它（人造故障），将会……加速（信息传送的）工作速度。电缆线的中心是放置一个故障的最好位置，线电阻的1/32可能比较合适。

亥维赛的论文技术含量很高，对当时迅速发展的电信工程界具有很大的冲击力。这本应该引起当局的注意，但由于亥维赛的论文除麦克斯韦或W. 汤姆孙等少数人外，当时的电信界几乎无人能够理解，致使他的发现对实践应用没能产生任何影响，甚至亥维赛的理论还被电信工程界的实权人物普利斯等人视为异端。当然，这除了亥维赛的文章不易读懂，还与他1873年在《哲学杂志》上发表的一篇关于双工电报电路的论文有关。在这篇论文中，亥维赛从学科的简单历史开始，提出了使双工电报可行的方法，并宣称他的工作实际上已经超过双工而达到四工电报电路。但他的文章却没有提及普利斯1855年获得专利的双工电报系统，这已经刺伤了普利斯，再加上后来亥维赛拒绝在普利斯手下工作，从而使得普利斯更为不满。而事实上，这时的亥维赛已被麦克斯韦理论所深深吸引，他决定走自己的路。

三、亥维赛的电动力学

在19世纪80年代以前，W. 汤姆孙的电报方程理论在英国通信业中一直占主导地位。W. 汤姆孙曾根据这个电缆信号传播速度减慢与电缆长度平方成正比的规律成功解决了 1866 年通过大西洋的海底电缆发送信号时所遇到的延迟、畸变和变弱等困难，被英国维多利亚女王封为爵士。但随着电报机的逐步完善和电话的问世，工程师们处理信号的速度明显上升，这时即使按照 W. 汤姆孙的最佳条件设计电缆，信号畸变也无法完全克服。以普利斯为代表的大多数电信工程师都认为畸变是由于电缆的自感引起，应尽量减少它们的自感。而亥维赛则认为这种看法缺乏理论依据，他通过解包含电感因子的、具有现代形式的亥维赛电报方程，从理论上预示了在远距离电报电缆的电路中电感加载可减少信号畸变。这一超前于亥维赛所处时代的理论，直到 1899 年才被美国哥伦比亚大学教授普平和美国电话电报公司的肯培尔各自独立地用实验证实。1901 年，电缆加感技术首次在英国引进。第一次世界大战后，英国和美国的所有地下电缆都加载了电感线圈。

亥维赛的在传输线上加载电感线圈可以减少信号畸变的理论，遭到普利斯等人的强烈反对，他的论文也因此被电信专业刊物所拒绝。不得已，亥维赛只好把大多数论文发表在商业性杂志《电学家》上。《电学家》是亥维赛自 1882 年开始长达 20 余年发表论文的主要园地之一。而该杂志的编辑比格斯因为帮助亥维赛发表文章竟被免去编辑职务。

在和《电学家》联系的这些年间，亥维赛完成了他最重要的大部分工作。其中包括对麦克斯韦理论现代形式的改写和对电磁场中能流的发展，电报传输上的趋肤效应，带电粒子运动比光速快的解析推测以及无畸变的信号传播理论的发现等。

尽管亥维赛在电动理论方面的工作卓有成效，但他与当时的技术人员的长期隔离，致使他的著作直到 19 世纪 80 年代末仍然没有被人们所普遍接受。当然这也与人们对麦克斯韦思想的缓慢接受有关。事实上，麦克斯韦的电磁理论起初并没有打动科学界，德国和法国科学家依旧使用他们自己的超距电动力学的思想来处理电动理论，就连英国著名物理学家 W. 汤姆孙也没有真正相信过麦克斯韦的思想，更不用说普利斯等人了。

1889 年亥维赛和父母离开了伦敦，和他的哥哥查尔斯一家住在培斯顿，这是他过得比较愉快的一段时期。1887 年赫兹的经典实验使得麦克斯韦的电磁理论取得决定性胜利，人们对麦克斯韦思想的兴趣与日俱增，亥维赛著作的影响力也开始扩大。1891 年，由洛基提名，亥维赛成为英国皇家学会会员。同年，《电学家》的编辑建议亥维赛的论文应汇集成册发表，因此在 1892 年亥维赛的两卷本《电学论文集》正式出版。

亥维赛的密友菲茨杰拉德在 1893 年对亥维赛的《电学论文集》发表了一篇评论，

由《电学家》刊发。菲茨杰拉德是一位受人尊敬的科学家，是支持麦克斯韦理论的少数人之一。在评论中，菲茨杰拉德描述了亥维赛和麦克斯韦的关系：

> 麦克斯韦和其他还没有活到开发他们所开辟的领域的先锋者一样，还没来得及探索接近这片领域的最直接的方法，也没来得及研究开发它的最系统的方法。这项工作留给了亥维赛。麦克斯韦的论文中充满着他的进攻路线、他挖掘的营地和他战斗的零星记载。亥维赛把这些东西清理干净，开拓了一条直接路线，铺成了一条宽阔大道，并且开垦了这个领域的大片领地。

菲茨杰拉德的赞扬对于人们认可亥维赛的著作起了很大作用。亥维赛工作的重要性于19世纪90年代在英国得到普遍承认。尽管如此，亥维赛的《电学论文集》当时销售量很小，在经济上并没有给他带来多少实惠。而且由于长期没有工作，亥维赛的生活开始出现窘困。1894年他的朋友在尽量不伤他自尊的前提下，想为他申请政府救济金，但遭到亥维赛的拒绝。

1. 重塑麦克斯韦方程

当麦克斯韦刚刚开始电磁学研究时，电磁学才发展了30年，其中充满着超距电动力学与法拉第电磁场论的斗争。麦克斯韦在全面审视库仑定律、安培定律和法拉第定律这三个关于电磁现象最基本实验定律的基础上，跳出了经典力学框架的束缚，从物理意义上提出了涡旋电场和位移电流的概念，在数学上又创造了旋度、梯度和散度的符号及向量的二阶微商算符 ý^2 等有别于经典数学的矢量偏微分运算符，建立了完整的电磁场理论体系。

亥维赛认为，麦克斯韦位移电流的发明“大胆地切开了电磁理论的戈尔迪的结(指难解决的问题)”。作为麦克斯韦电磁理论的最热情的支持者和在麦克斯韦理论发展方面最杰出的后继者之一，1882—1892年亥维赛解释、简化和使用了麦克斯韦方程组，澄清了对麦克斯韦电磁学理论的一些错误认识。对此，F. 克莱因和惠特克曾指出：经典的麦克斯韦方程第一次以现代形式出现在亥维赛的著作里。对于电磁场的普遍方程组，麦克斯韦首先给出了笛卡儿坐标系下的20个电磁场的方程，然后他用哈密顿四元数的语言把它们简化为8个方程。

直至1879年麦克斯韦去世时，他留下的麦克斯韦方程并不像今天见到的这样简明清晰，麦克斯韦原始方程在形式上没有明显的对称性。在1885年左右，亥维赛用向量的语言把麦克斯韦的 8 个方程简化为 4 个。后来亥维赛考虑到电气工程人员理解麦克斯韦方程组的困难，又用有理化单位重新写出麦克斯韦方程组。关于有理化电学单位，亥维赛在 1891 年以前曾断断续续使用和倡导过，但是当时的理论电学和电工技术两大领域各自使用不同单位，使他未能坚持下去。

1890 年，赫兹在德国也独立地化简了麦克斯韦方程，但赫兹承认亥维赛的优先权。亥维赛和赫兹通过通信成为好友，但两人从未谋面。奇特的羞涩和耳聋使亥维赛不愿参加任何社会活动，事实上他也从来没有参加过除他的家庭以外的任何社会集会。1881 年他谢绝了拥有《电学家》股份的东方电报公司主席、海底电缆通信的开创者约翰·彭德爵士的宴请，1890 年又拒绝了只有赫兹、洛基和菲茨杰拉德这三个很欣赏他才能的人参加的私人晚宴……类似的情况屡见不鲜。当然，这对亥维赛来说损失是巨大的。

2. 能量和它的流

热力学在 19 世纪早期和中期的快速发展，使能量和能量转换显现出其重要地位。19 世纪 80 年代初，蓄电池令人惊讶的能量存储能力激起了人们对电能的研究兴趣，人们开始注意到电能的诸如其守恒甚至如何移动的更多的抽象特点。亥维赛对能量及能量转换的兴趣并不是来自哲学上的思考，而是深深地扎根于电动力学的研究。1884 年英国伯明翰大学物理学教授坡印廷从定域场能的麦克斯韦思想出发，推导出现称为坡印廷向量的 $E \times H$ 的简洁优美的表达式，用来表述电磁场中穿过单位面积上单位时间内的能量流（E 和 H 分别为电场强度及磁场强度），这是关于电磁场中能量流动的一个深刻结果。同年，亥维赛也从麦克斯韦方程出发，独立于坡印廷建立了电磁场的能流密度公式（仅比坡印廷晚几个月）。按照这种观点，电源中的能量不是通过电路中的电流传输到负载电阻上去的，而是以电路周围电磁场能流的形式传输。亥维赛在 1884 年的《电学家》中写道：

> 能的最大迁移方向垂直于包含磁力和电流方向的平面，每秒钟它的量正比于它们的长度和方向夹角的正弦的乘积。

在 1885 年的《电学家》中他又写道：

> 在导体中能的传递不是沿着导线，而是垂直于导线，就像我在 1884 年 6

月 21 日《电学家》中指出的，是从外部电介体传递的。

亥维赛还讨论了能量怎样在具体位置运行的问题。对平稳电流来说，能量从电介体流动到导体，在里面耗散。而对迅速变化的电流，亥维赛进一步考虑到能量没有时间穿透导体内部，因此电流必须被限制在导体表面。这种效应现称为“趋肤效应”，后被英国实验家休斯证实。

3. 运动电荷

1876 年，罗兰的运动电荷就像导线中普通电流一样也可以产生磁场的实验，促使人们开始研究运动带电体的问题。1881 年，J. J. 汤姆孙首次对运动电荷的磁效应做了理论研究。他认为既然带电体运动要比不带电体运动需要外界做更多的功，带电体的动能就要比不带电体的大，即带电体应具有更大的质量。汤姆孙利用麦克斯韦方法计算了电磁质量。汤姆孙电磁质量的思想被亥维赛继承和发展。1889 年，亥维赛在《哲学杂志》上发表了题为《穿过电介质的运动电荷的磁效应》的论文，纠正了汤姆孙计算中的错误。亥维赛在 1888 年推导关于运动电荷的电场与运动速度之间的关系时还遇到了收缩问题，其公式中含有长度收缩因子的平方，并于该年年底将问题告诉菲茨杰拉德，和他就电磁场理论和运动电荷问题进行多次讨论。1889 年，菲茨杰拉德提出收缩假说，他显然在电磁理论和迈克耳孙 – 莫雷实验的零结果中找到了理论和实验的结合点。1892 年洛伦兹也独立提出收缩假说。这为爱因斯坦狭义相对论的诞生预备了条件。

亥维赛在 1888 年还给出了带电粒子运动速度比光速快的解析推测，即高速带电粒子在非真空的透明介质中穿行时，粒子速度会大于介质中的光速，并于 1903 年进一步写道：“……只要速度比光速大，就会产生一个圆锥形的波。”这个现象是可以观察到的，现称为切伦科夫辐射。苏联的切伦科夫、弗兰克和塔姆因发现和解释这个问题在 1958 年共同获得诺贝尔物理学奖。

四、亥维赛的数学工作

随着物理学理论的进化，数学在物理学中不再仅仅是一种纯粹的辅助工具，它已经成为物理学发展的一个重要理论基础，时常可以改变物理学理论的表达形式，并影响其所观察的事物本身。亥维赛的算子演算和向量理论就是典型的实例，它们帮助亥维赛在电磁理论的研究中取得累累硕果。运算微积和向量分析是亥维赛对数学的两大主要贡献。

1. 亥维赛的运算微积

在大多数著作里，亥维赛被认为是运算微积的发明者，今天我们知道这个说法是错误的，但这也反映出亥维赛在这个数学分支中的重要地位。事实上，运算微积可追溯到莱布尼茨，莱布尼茨的微分记号使得把微分算子看作一个代数量成为可能。算子演算在数学的各个领域都有广泛应用，它们在微分方程中特别有效。拉格朗日、拉普拉斯和柯西等首先应用了这一思想，这是算子演算的基础。从 19 世纪 30 年代到 60 年代，用符号方法解线性微分方程被格雷戈里、布尔等英国数学家所发展。在此后大约 30 年间，这个科目进展甚微。直到 19 世纪 90 年代，亥维赛的实验数学使得这一领域有了新的发展。

亥维赛在 1881 年《关于两平行导线之间的感应现象》的论文中已经使用算子，但他系统使用算子始于 1887 年。在计算一个电路问题时，他发现通过欧姆定律 $E=ZC$ 联系的电流 $C(t)$ 和电压 E 的关系式中，Z 是微分算子 $P=\frac{\mathrm{d}}{\mathrm{d}t}$ 的函数。亥维赛称这个函数是电阻算子，并把它当作数值量来处理。电路的电阻算子即现代电气工程师所说的广义阻抗，仍用亥维赛介绍的符号 Z 来表示。亥维赛还引进了在运算微积中起重要作用的函数 $H(t)$，其中 $H(t)=\begin{cases}1, & t\geqslant 0\\ 0, & t<0\end{cases}$，即所谓的亥维赛函数，亥维赛称其为“单位运算对象”。他给出了著名的展开定理，即用很简单的项去计算 $Z(p)$ 的部分分数展开式。在亥维赛以前，数学家仅仅用展开定理处理有理分式，而亥维赛首次把它应用于超越函数。在以算子形式书写的微分方程里，亥维赛用一种很自然的物理方式解释了算子的特征。他建立了能够直接运算算子方程的一系列规则。亥维赛对单位运算对象 $H(t)$ 的引入和代数规则的介绍是他对运算微积的原创性贡献。

亥维赛把算子引入电学问题获得了许多对实际问题很有用的方法和结果，但多数都没有给出严格证明。亥维赛认为数学是一门伴随物理的实验科学，他的数学推理也经常受到物理直觉的引导，这种观点和做法与 19 世纪末致力于数学严密化的数学家的观点是格格不入的。因此，亥维赛的文章因经常充满没有证明的甚至矛盾的陈述也屡屡遭到数学家的拒绝。尽管如此，亥维赛仍然继续坚持并使用着他的实验数学，正如他在 1894 年所写的：

因为我不能完全理解消化过程就拒绝晚餐吗？不，只要我满意这个结果。

虽然当时的数学家们还不能认可和接受亥维赛的观点和做法，但由于他的算子演算往往能够得到正确的重要结果，因此在世纪之交时，数学家们开始尝试对算子理论进行严格化。

1915—1916年，英国数学家布罗从复积分理论开始，对亥维赛的运算微积做了更进一步的解释和严格证明，德国电学工程师瓦格纳则致力于展开公式。1926年，美国数学家、控制论创始人维纳将傅立叶变换及其推广作为处理算子微分的基础。同年，美国工程师卡森在《电路理论和算子演算》中用积分变换的方法证明了亥维赛的运算微积；而法国数学家利维通过与卷积积分联系开创了对运算微积代数处理的不同方法。之后，德国数学家古斯塔夫则以拉普拉斯变换的观点考虑了前人的工作，由于工程师们对他的高度严密化方法不感兴趣，古斯塔夫又撰写了几本关于函数及其拉普拉斯变换的实用手册，从而使他的方法被工程师们迅速接受。

2. 亥维赛的向量分析

向量分析在数学和物理学及工程技术中都有广泛应用。向量理论以其运算的简洁性和实用性为物理学发展提供了强有力的工具。在向量分析最终得到普遍认可之后，物理学家和数学家开始把向量语言大量应用于物理学和数学的各个分支，数学家还进一步对向量进行公理化，并做了更深入的研究。作为现代向量分析理论的创立者之一，亥维赛在向量理论方面的工作及其历史渊源值得我们探究。

（1）亥维赛早期的向量工作。

向量方法是亥维赛应用麦克斯韦理论来研究电学问题的一个重要工具。亥维赛把一种不含形而上学的、实用的向量代数引入电磁理论。他用更清晰的电学符号取代了麦克斯韦理论的拉格朗日框架，并且极大地简化了麦克斯韦的基本方程和符号。

亥维赛介绍向量方法的第一篇论文是他1882—1883年的《磁力和电流之间的关系》，发表在《电学家》上。文中给出了旋度的一个准定义，指出向量方法可以用来研究物理中大量有方向的量，批评了四元数由于某些原因不能使用的缺点。1883年，亥维赛在《电学家》上发表了题为《电流能》及《静电和磁关系》的论文，分别给出了两个向量的数量积和“散度”的定义。亥维赛使用术语“散度”以区别于麦克斯韦在《电磁通论》中的术语“聚度”，其意义在于这个术语与他的数量积是正值的观点相一致。1885—1886 年，在发表于《电学家》上的题为《电磁感应及其传播》的系列论文里，亥维赛介绍了向量积，并用四元数的向量符号 V 来表示。他的向量积定义等价于现代定义，也等价于两个四元数乘积定义中的向量部分。而亥维赛向量系统的第一个统一表述，则是 1885 年发表于《哲学杂志》上的《关于电磁波表面》的论文。文中亥维赛指出他的方法和四元数方法类似，但是简化了，是介于笛卡儿和四元数方法之间的一类。虽然这篇论文只有简短两页，但其表示方法和现代向量方法完全相对应。

亥维赛早期的符号系统和四元数的符号系统有着密切联系，它保留了四元数中的数量积、向量积符号，但哈密顿算子 ý 作用于向量或数量函数的结果表述，亥维赛使用了更具物理意义的符号 grad（梯度）、div（散度）和 curl（旋度）。

此后的两三年间，亥维赛虽然在论文里继续使用向量公式，但他并没有发表有关向量分析的更有意义的创新成果。其间他收到了美国数理学家吉布斯所著的《向量分析基础》的副本。随后，亥维赛连续发表了两篇有关向量方法的总结性论文。一篇于 1891 年发表在《电学家》杂志上，一篇于 1892 年发表在《英国皇家学会会刊》上。总体上看，直到 1892 年，亥维赛的系统里仍保留着许多来自四元数系统的痕迹。

（2）亥维赛向量思想的系统化。

亥维赛的三卷本《电磁理论》是其向量思想系统化的标志性著作，也是现代意义下的向量理论的第一次公开发表。

性格古怪而又特别有趣的亥维赛撰写著述的方式别具一格。他常常将自己看待事情的观点以及对别人的看法等融入其著述之中，即使在理论的推导过程中，对那些使他不高兴的人，他也会毫不犹豫地插入一段猛烈抨击的言辞。他在《电磁理论》中对向量理论的叙述就包含在他与四元数支持者之间的辩论之中。在 19 世纪 90 年代初期，亥维赛卷入了一场由泰特挑起的关于向量方法的广泛而又激烈的争论。对亥维赛来说，战胜以泰特为主的四元数系统的大量支持者，维护他的新系统并非一件容易的事。

在《电磁理论》第一卷的开始，亥维赛提到他准备用向量理论来处理有关电的问题。随后亥维赛引入了向量，并介绍了向量的各种特征，以辩论的方式阐述了他的向量理论。他认为在几何和物理科学中处理的大多数实体是向量，而在普通代数里没有直接处理这些量的方法，因此向量代数是必需的。亥维赛指出，如果一个人试图寻找在笛卡儿数学里什么过程是最频繁发生的，他就会发现它们恰恰是在向量分析中加以系统化的那些过程，然而这些过程在四元数中并没有出现。对于四元数，亥维赛非常幽默地评论说：

> 我认为四元数是由一个美国女学生定义的“一个古老的宗教仪式”，然而，这完全是一个错误。古人——不像泰特，不知道也不崇拜四元数。四元数和它的定律是由非凡的天才哈密顿爵士发现的。四元数既不是一个向量，也不是一个数量，它是二者的一类组合，是一个高度抽象的数学概念，没有物理意义的表示。

由于四元数不能直接应用于物理学，因此亥维赛坚决反对四元数，并将其看成是一种四元数家纯粹逻辑推理的无用的符号游戏。上面的这段陈述充分表明了亥维赛实用性的辩论立场。以泰特为代表的四元数家以代数的优美性、简洁性和自然性为基础，针对向量的各种运算与向量分析家进行了激烈的辩论。而向量分析家的辩论以讲究实用为基础，认为向量分析的优点在于其运算可以与物理和几何中发现的最常见的关系很方便地对应起来。特别是亥维赛，他通过向量方法在电学问题上的应用充分展示了其有效性。不同于哈密顿、泰特和吉布斯，亥维赛没有采用希腊字母表示向量，他认为用中长黑体铅字表示向量更为合适，他用 ***AB*** 和 ***VAB*** 分别表示两个向量的数量积和向量积。向量的符号问题在 20 世纪初备受关注，数学家、物理学家和工程师们都在试图寻找向量分析的一个标准化系统，为此还专门成立了一个委员会在国际数学家大会上进行讨论。亥维赛还用一种不同于哈密顿和泰特的方式给出了向量的微分，并详细讨论了他的向量微分与哈密顿以及泰特的向量微分之间的区别。由此我们可以看出，由于亥维赛的向量系统来自四元数系统，因此，在某种意义上，对不同于四元数系统的任何一点差异他都尽量说明其理由。

（3）向量理论诞生的思想背景。

独立于四元数的向量理论的创立是 19 世纪 80 年代物理学和数学等领域的重要成就，它的产生和 17 世纪微积分的创立一样并不是偶然的，这其中既有丰富的历史背景，又包含着数学家个人的才识。

向量理论的发展历史悠久。向量术语首先由哈密顿使用，他是第一个用“向量（vector）”一词表示有向线段的数学家。向量的名词虽来自哈密顿，但把向量作为一条有向线段的思想却由来已久。事实上，古老的术语“半径向量”在 18 世纪已经出现。词“vector”是由拉丁词“vectum”变化而来，意为“携带”“搬运”或“运输”，隐含着将某物从此处带到彼处的意思。

向量思想的发展如同其他数学思想一样，并不是仅仅按照一个理想的单一形式进行，而是由不同领域及思想的研究发展而来。向量理论的发展主要有三条线索。

第一，发轫于古希腊的速度与力的平行四边形概念是向量理论的一个重要起源，由此发展起来的向量理论直到 19 世纪上半叶主要和力学应用相结合。力和速度是质点力学中的向量，随着力学的不断发展，数学物理学家们又发现了其他力学对象的向量特征。18 世纪中叶，欧拉和达朗贝尔建立了刚体的一般动力系统。之后，欧拉、拉格朗日、拉普拉斯和潘索等又发现了用来描述刚体运动的力矩和角速度的向量特点。虽然在力学的研究中人们已经较为普遍地将力学对象和向量联系起来，但这一时期向量都是用笛卡儿坐标表示的，尚未出现现代意义下的简洁的向量形式表述，数学物理学家们也没有将向量抽象出来作为数学的对象进行深入研究，而只是将其作为进行力学研究的工具，这条力学线索最终未能直接产生向量理论。

第二，向量思想的发展有着深刻的几何背景。这条线索始于莱布尼茨的位置几何，但莱布尼茨的位置几何只搭建了一个框架。麦比乌斯早期的重心计算和贝拉维蒂斯的等值计算把几何实体看作既有大小又有方向的量，在某种程度上，从数学和物理应用的角度丰富了莱布尼茨的位置几何。格拉斯曼的扩张论系统是一个纯粹的形式系统，其中的元素可以根据需要赋予重要的几何含义，它使莱布尼茨系统的几何特征充分表现出来。在位置几何这一线索中，格拉斯曼的工作达到了顶峰。这条线索已经发展到和现代向量理论非常接近的程度，然而，遗憾的是，由于莱布尼茨的系统内容不足，麦比乌斯和贝拉维蒂斯的系统缺乏一般性，而格拉斯曼的系统又过于一般、抽象和偏离传统而难为时人理解，使得本来应该直接在这条线索中产生的现代向量理论，最终却未能产生。

第三，向量思想的发展与复数的几何表示有着直接关系。复数的几何表示是向量理论的又一重要思想源泉，也是向量理论起源的一条最重要的线索，亥维赛和吉布斯的现代向量理论就是在这条线索上建立发展起来的。自从 1545 年意大利数学家卡尔达诺在其《大术》中通过解方程将复数引入数学后，很长一段时间，复数都没有在数学中得到它应有的地位。直到 18 世纪人们才重新审视它的作用。为寻找复数易被接受的根据，复数的几何表示一时成为人们探讨的热点，哈密顿正是在做三维复数模拟物的过程中发现了四元数。在哈密顿的四元数分析里，两个向量的四元数积等于现代意义下的向量的数量积的负值加上它们的向量积，四元数乘法除了交换律遵循所有的普通代数规律。但哈密顿主要把四元数应用于几何学，他曾向泰特坦言自己物理知识的局限性，并且认为自己年事已高，不能再做有关四元数应用于物理学的认真研究。因此，尽管哈密顿可能已经认识到向量分析的一些重要特点，但他没有发展它也不足为怪。

作为哈密顿的继承者，泰特是 19 世纪后期四元数分析的带头人，他改变了四元数为数学而数学的发展方向，强调并发展了四元数分析中对物理科学最有用的那些部分。四元数分析的这个重要转变可以看成是现代向量分析发展的一个必要开端。

作为泰特的好友，麦克斯韦从泰特那儿得知哈密顿的四元数，把四元数思想引入他的《电磁通论》。麦克斯韦喜欢四元数概念，因为它能使物理对象清晰地呈现在数学家的眼前。但是，麦克斯韦不喜欢四元数方法，他更困惑于四元数中一个向量的平方是负值这样的事实，因为在这种情况下，速度向量产生的动能总是负的，为确保动能是正值，还必须再插入一个负号，这显得很不方便。另外，麦克斯韦在电磁理论中还进一步分开处理了四元数的数量部分和向量部分。

事实上，在麦克斯韦的《电磁通论》和泰特的《四元数基础》(1867) 中，处理实际问题时最频繁出现的不是四元数的乘积 $\alpha\beta$，而是其分离的乘积 $S_{\alpha\beta}$ 和 $V_{\alpha\beta}$（即其乘积的数量部分与向量部分），麦克斯韦和泰特都相信向量方法能给物理问题提供许多好处，都感觉到了数量积和向量积是最重要的，并且四元数乘积在应用上受到限制。可惜的是泰特也许没有重视这一事实，或者他本人根本就不愿放弃四元数运算的优美特点，而麦克斯韦对待四元数的近似中庸的思想，使得他在《电磁通论》中批判性地使用了四元数。

从数学的角度看，在几何物理中任何能通过四元数方法来处理的问题，同样也能用笛卡儿坐标方法来解决。另外，由于四元数在很多情形下不能直接应用于物理学，并没有给物理学带来实质性的方便，因此，当时的物理学家们大都仍习惯于使用笛卡儿方法，而不是四元数方法。然而，随着 19 世纪中叶物理学的发展，特别是电磁理论的飞速发展，情况发生了明显变化，物理学家们在研究有关的科学问题时，每天被迫处理大量的向量实体。如果再使用笛卡儿方法来解决这些问题，那么他们每天都要面临大量烦琐的计算。这就需要一种新的方便有效的数学方法来处理，向量理论也正是在这种情形下应运而生。因此，在某种程度上，我们可以说是物理学、天文学中科学问题的强烈刺激促使了向量理论的诞生。另外，19 世纪 80 年代，科学技术迅速发展的欧洲也为向量系统的诞生提供了良好的数学环境。不同于哈密顿的四元数，亥维赛系统是在一个完全不同的环境中产生的，这个时期数学已经发生了巨大的变革，其自由创造已经具有了很高的水平，时代已经为一个新系统的诞生做好了准备。

亥维赛正是在这样的时刻出场的。他大胆彻底地放弃了四元数方法，分别定义了数量积和向量积，这是观念上的一个伟大革新。另外，亥维赛认为四元数中一个向量的平方为负值的结论是反自然的；向量就应该以向量的形式处理，只有这样才能大为简化，才能自由安排符号以适应物理需要。为了避免在两个向量的数量积中使用负号，亥维赛将其定义为正值。亥维赛顺应时代的需要，凭借敏锐的判断力决定了四元数系统里什么可以删除，什么可以选择，使得四元数系统在物理应用中的缺点在新系统中消失，完成了这个新系统创立中的最后也是最关键的一步。亥维赛发展了由麦克斯韦开拓的方向，在他的电磁学论文里广泛使用了向量的数量积、向量积和算子 ý 的运算，推导并得出了许多电磁理论的重要结果，使向量分析和不断扩展的电磁场理论紧密联系在一起。仅就这一点，亥维赛就是当之无愧的现代向量理论的创立者。

五、亥维赛的晚年生活和工作

晚年的亥维赛仍然夜以继日地工作着，他的名字也刻在了大气层上。早在 19 世纪末，已有证据提示人们，上层空气可能是导电的。一是地球磁场有微小周期性变化。鲍尔弗·斯图尔特在 1882 年提出可能是由于高处有电流的磁影响这一假设。二是无线电波的长距离传播。1901 年，意大利无线电通信奠基人马可尼实现了相隔 3000 千米的无线电波的越洋传播。为了解释上述现象，亥维赛在 1902 年为《不列颠百科全书》写的“电报理论”条目中指出：无线电信号之所以能绕地球弯曲传播，可能是大气层上空有带电粒子层的缘故。同年，美国哈佛大学肯内利也做了同样猜测。因此有人就把电离层统称为“肯内利－亥维赛层”或者“亥维赛层”。亥维赛还提出这种电离层是由于太阳的紫外辐射使高空的气体电离而形成的见解，与现在公认的事实完全符合。但亥维赛和肯内利有关带电粒子层反射电磁波的假设，直到 1924 年阿普尔顿通过实验证实了上层大气确实有电离层存在之前，一直没有得到人们的足够重视。

到 1898 年为止，亥维赛已是英国电学界的名人。在美国他也很受尊敬，并在 1899 年被选为美国艺术和科学学会外国荣誉会员。1904 年，英国皇家学会因亥维赛对电学数学理论的贡献决定授予他休斯奖章，但亥维赛谢绝了这个重要荣誉。不过，亥维赛接受了1922年英国电气工程师学会新设立的最高荣誉——首枚法拉第奖章。由于生活窘迫，健康每况愈下，也可能是对金钱的强烈需求，当剑桥的好朋友塞尔1906年写信告诉他J. J. 汤姆孙刚刚获得诺贝尔奖时，亥维赛回信明确表达了他也希望获此大奖。对于1912年的诺贝尔物理学奖，亥维赛是一个很有实力的竞争者，然而，包括爱因斯坦、洛伦兹和普朗克这些精英在内，都输给了瑞典的达伦。

亥维赛终身未娶。在1894年和1896年其母亲和父亲相继去世后，经济上的考虑已是迫在眉睫。这时的亥维赛欣然接受了朋友为他申请的政府津贴，虽然一年仅有120英镑（从1914年开始提高到220英镑），但亥维赛已感到自己是个“很富有的人”了。1897年，亥维赛独自搬到距离培斯顿几里的农村牛顿·阿波特，由一个老妇人做他的佣人。1908年查尔斯又把亥维赛安排在他妻子的未婚妹妹玛丽路的位于托基城的私人寓所，此后的8年间，亥维赛的生活得到玛丽路的悉心照料。自1916年玛丽路离开这个寓所后，亥维赛成了真正的隐居者。越来越严重的贫困、耳聋和孤独是亥维赛晚年生活的写照。1925年2月3日，一代天才悄然辞世。

（作者：孙庆华　包芳勋）

参考资料

[1] G. Lee. Oliver Heaviside-The Man，The Heaviside Centenary Volume [M]. London：The Institution of Electrical Engineers，1950.

[2] P. J. Nahin. Oliver Heaviside：The Life，Work and Times of an Electrical Genius of the Victorian Age [M]. Baltimore and London：The Johns Hopkins University Press，2002.

[3] O. Heaviside. The Teaching of Mathematics [J]. Nature，1900.

[4] O. Heaviside. Electrical Papers [M]. Vol. 4. Rhode Island：Ams Chelsea Publishing，1970.

[5] 宋德生. 天才狂人奥利夫·亥维赛 [J]. 自然杂志，1985（5）.

[6] O. Heaviside. Electromagnatic Theory [M]. Vol. 17. New York：Chelsea Publishing Company，1971.

[7] O. Darrigol. The Electrodynamic Revolution in Germany as Documented by Early German Expositions of “Maxwell's Theory” [J]. Archive for History of Exact Sciences，1993.

保罗·埃伦费斯特

（Paul Ehrenfest，1880—1933）

埃伦费斯特

现代物理学精髓的大师

维也纳出生的保罗·埃伦费斯特，是现代物理学精髓的大师；他一生致力于创造20世纪物理学的基本概念，全力以赴地保持物理学的明晰性与可理解性。他在理论物理学领域进行长期而艰苦的探索，取得许多很有意义的单项成果，并形成了自己在科学研究上的特有模式。他作为一位现代物理学家的形象并不在于艰深的数学计算和创造，而在于评价。爱因斯坦说："他有非常好的发展能力去揭示一个理论观念的本质，剥去它的数学外衣直到简单的基本思想明显地暴露出来为止。"这就是他对现代物理学本身最直接的贡献。作为一名教师，他把全部的生命都倾注于授课之中。他无限钟爱着自己的学生，并勤勉地扶持、培养和造就荷兰的下一代精英，为保持荷兰物理学传统的世界性声誉作出了非凡的贡献。

一、维也纳早年岁月

奥地利的首府维也纳是位于多瑙河畔拥有2000多年历史的文化名城。这座以"音乐之乡"著称的城市，诞生了莫扎特、舒伯特和施特劳斯这些音乐巨擘；同时也造就了精神分析学家弗洛伊德、最伟大的语言哲学家维特根斯坦、科学哲学家波普等一大批杰出大师，他们凭借巨大的成就影响着人类思想的进程。这是一个伟人聚集的故乡。

1880年1月18日，埃伦费斯特就诞生在维也纳圣·斯蒂芬大教堂的钟塔以南几千米的穷人聚居区——费伏利顿。埃伦费斯特的父亲西格蒙德·埃伦费斯特，出生于维也纳附近一个叫莫拉维亚的小小的犹太人村庄，母亲是本村一个商人的女儿。大约在1860年父母成婚后移居维也纳。当埃伦费斯特出生时，西格蒙德依靠自己的经营才能和妻子的通力合作，经过近20年艰苦的努力，已经创建了一个生意兴隆的商行。

埃伦费斯特是这个家庭 5 个男孩中最小的，最长的哥哥比他大 17 岁，他的童年是在哥哥们介绍许多美妙生活的遐想中度过的。当埃伦费斯特 5 岁时，他的大哥亚瑟约就已经在维也纳完成了作为一个机械工程师所必需的学业。亚瑟约非常擅长把抽象的概念变为有说服力的日常语言表达出来，在哥哥的帮助下，埃伦费斯特像熟悉他自己的语言一样熟悉某些自然和科学的概念。1886 年，他刚满 6 岁时直接上小学二年级。他小学成绩优秀，1890 年升入一所大学的预科学校。埃伦费斯特在中学时代学习兴趣异常浓烈，他广泛阅读尼采、瓦格纳和屠格涅夫的书，并开始着迷于数学和物理。这些课外学习构成了他中学时代全部的学术生活，同时他还学习拉丁文、希腊文。

1899 年 10 月，埃伦费斯特以优异的成绩进入维也纳工业大学学习化学。他选修的课程有力学、矿物学、数学、分析化学实验课等，除了上工业大学的课程，他还去维也纳大学听路德维希·玻尔兹曼的课。维也纳大学是德语国家中历史最悠久的大学之一，这所大学聚集了一大批资深的名教授，如克里斯蒂安·多普勒曾在这所大学的物理系工作过，恩斯特·马赫正在这所大学讲授科学哲学课程，时任物理学教授就是统计力学的创始人玻尔兹曼。此时的玻尔兹曼已在理论物理的许多领域赢得了世界范围的声誉，他肯定力学在自然科学领域中至高无上的地位，并将力学深入地运用于原子理论，他倾注最大精力试图用力学原理解释热力学第二定律。当以奥斯特瓦尔德为首的能量学派片面地夸大和扭曲这种方法时，玻尔兹曼马上就站出来捍卫原子论的重要地位。他坦率地认为，仅仅用旧的手段取得关于细节的直觉方法已不能适应物理学的新潮流；自然科学已超越一个时代，在这个时代中机械模型能够作为真实的和唯一的再现自然的手段。

玻尔兹曼是一位无与伦比的教师，他精通与热爱科学的同时还热心于教学，并注重把细节和过程紧密地结合起来。他精心创造了他的板书规则，那一长列清晰的公式，确切地反映一堂课完整内容的思路和框架。他总是毫不迟疑地指出和改正自己的错误，欢迎提出问题和参与讨论，他的课吸引了大批富有探求精神的学生。埃伦费斯特在玻尔兹曼那里接受了理论物理学的启蒙教育，学到了理论物理的全部精神实质，而且几年之后在他自己的教学和研究工作中也充分体现出了玻尔兹曼精神的影响。当埃伦费斯特上完大学一年级时，玻尔兹曼辞去维也纳大学的职位去了莱比锡大学。埃伦费斯特师从兰帕和哈泽内尔。哈泽内尔是玻尔兹曼的得意弟子，1906 年他接替了玻尔兹曼在维也纳大学的职位。

从 19 世纪初开始，德语世界的学生们就享有学习上的充分自由。奥地利于 1850

年进行重大教育改革，教师和学生都享有较大的自由，只要大学还有名额可以注册，学生就可以随意到任何大学去求学。1901 年 11 月，埃伦费斯特带着渴求知识的强烈欲望去了世界著名的数学圣地——格丁根大学。

二、游学时代

格丁根是位于德国西北部的下萨克森州最南端的一座小城，这座小城在近代史上颇为闻名。它坐落在海因山的山坡上，那里有一所中世纪兴办的大学——格丁根大学，两百年前它就成了德国的“数学圣地”，由高斯、狄利克雷、黎曼创立的数学传统在格丁根经久不衰。20 世纪初，格丁根数学界的领头人克莱因正致力于力学各分支的分析研究，他提出了几何学的厄兰格纲领，为几何学的发展提出了新的统一的方法，并形成了现代数学的研究精神。希尔伯特还不到 40 岁，但他在格丁根已颇有名气。他创立了数学公理化的方法，1900 年在巴黎国际数学会议上提出了著名的 23 个数学问题，数学史上称之为“希尔伯特问题”；这些问题总结了 19 世纪的数学成果和发展趋势，对 20 世纪的数学产生了持久的影响。

埃伦费斯特来格丁根大学，其一是为数学而来，其二是对斯塔克的工作感兴趣。斯塔克是来自巴伐利亚一位非常活跃的实验物理学家，27 岁时就写了大约 40 篇关于阴极射线放电及伴随现象的论文，1900 年作为讲师来到格丁根大学。1901 年 11 月，埃伦费斯特开始报名听课，其中有克莱因的力学和数学讨论课、希尔伯特的势能理论、理论物理学教授弗格脱的电学和晶体光学、亚伯拉罕的光的电磁理论、斯塔克的关于电离现象的课程等一长串的课表。他同能斯脱一起上课，一起做实验，和天文学家史瓦西及数学家策尔密洛一起工作，甚至还听胡塞尔的逻辑课。在这里，他很快和瑞士来的瓦尔特·里茨交上朋友，并保持终生最亲密的友谊。里茨后来成为卓越的理论物理学家和数学家。在数学上，针对变分法里泛函极值的求解问题，他提出重要的里茨方法。在光谱学上，他提出了著名的里茨组合原则，这一原则为矩阵力学的创立预备了关键性的基础。可惜他英年早逝，未能在更多的领域留下个人的印记。

克莱因除了教学工作还经常精心组织和启发年轻数学工作者独立地进行学习和研究工作。格丁根大学数学研究所有它自己的阅览室，那里拥有所有重要的书籍和杂志，学生们需要随时都能找到。阅览室的一个显著特点是集中了克莱因收集的数学模型，作为一种启发学生们的直觉及数学洞察力的有形工具。他还具有卓越的组织才能，正从事编撰《数学百科全书》的宏伟工程。就在此时，埃伦费斯特结识了一位从圣彼得堡来到格丁根名叫阿范纳茜耶娃的年轻姑娘。她经常在阅览室中研习数学，是圣彼得堡一位土木工程师的独生女儿。童年时她的父亲就去世了，她是在圣彼得堡综合技术学院任教授的无儿无女的伯父彼特·阿范纳茜尔耶夫家长大的。阿范纳茜耶娃很小就显示出数学才能，她从圣彼得堡师范学校学完了 3 年的数学和自然科学课程后进入圣彼得堡女子大学，在数学方面显示出超群的才华，并于 1902 年来到格丁根大学继续学习数学和自然科学。对她来说，数学和自然科学已不仅是要学习的课程和将来进行专业研究的必要训练，而且已经成为她那生机勃勃、令人振奋的学术生活的核心。她把敏锐的头脑、绝对独立的精神和坚强的生活态度结合起来，使她能经受得起今后的各种考验。她的个人生活准则十分严谨，有着强烈的愿望和严格的责任感，对所有工作都要求圆满完成。她非常善于并乐于结交朋友，她的房间经常成为朋友们聚会和热烈讨论问题的中心。埃伦费斯特很快与阿范纳茜耶娃建立了深厚的情谊，并于 1904 年 12 月 21 日在维也纳正式结婚。

在格丁根大学学习的一年半中，埃伦费斯特的独创性得到了迅速发展，他开始用装在口袋里的小笔记本有系统地记录他自己的许多想法，他一生中带着这样的本子到各处去，并记下随时出现的问题，这些问题成为他日后发表论文时许多学术思想的起源。

1903 年 4 月初，埃伦费斯特决定到荷兰莱顿大学去听洛伦兹的理论物理课，然后再回到维也纳大学继续完成他在那里的研究工作。他一到莱顿大学就去拜访卡末林·昂里斯的低温实验室，这是在昂里斯取得伟大发现的前几年，当时低温物理已成为物理学研究的热点。在莱顿大学的几个星期，他如饥似渴地读完了几本托尔斯泰的著作，同时他研读克劳修斯、麦克斯韦、玻尔兹曼的经典论文，特别是马克斯·普朗克写的许多论文和吉布斯的最新观点，还读了当时在瑞士尚不为人所知的阿尔伯特·爱因斯坦的几篇文章，这个方面对于埃伦费斯特来说是全新的领域。洛伦兹关于辐射的课程启发了埃伦费斯特的研究工作，这一研究领域改变了后来几十年物理学界的面貌。对埃伦费斯特来说，比介绍辐射问题更重要的是他第一次和洛伦兹相识。埃伦费斯特不可能想象到，洛伦兹和莱顿大学在 9 年后将会成为他生活的中心。这次初访，埃伦费斯特还和洛伦兹进行了实质性的接触。那是他要离开莱顿之前的那个晚上，洛伦兹在家里热情地款待了他，他待人宽厚的胸襟和天生的高贵气质给埃伦费斯特留下了清晰、生动的印象。这是他生平第一次领略到这种印象，并深深地珍藏在自己的心中。

5 月底，埃伦费斯特回到了维也纳大学，立即拜访了从莱比锡大学回到维也纳大学的玻尔兹曼教授，并以《液体中的刚体运动和赫兹力学》的论文在玻尔兹曼门下于 1904 年 7 月 23 日取得了博士学位。

埃伦费斯特不是那种把自己关在书斋里独自苦思冥想的思想家，他需要同别人讨论他的各种想法，与那些有批判精神的、有能力的同事进行辩论，并最后得出结论；而阿范纳茜耶娃是这一角色最合适的人选，她思维敏捷且逻辑性强，这自然地衬托出埃伦费斯特那更加富有创造的头脑，而且她同他一样极力深入到问题的本质。即使她并不完全清楚一些引出物理学理论的问题，也能直接抓住问题的要点，并提出许多关于逻辑结构方面的论证，使她丈夫的工作走上正轨。他们的合作始于 1906 年初出版的合写的论文，这篇文章指出了吉布斯《统计力学》一书中的一个基本错误。在维也纳大学取得博士学位后的一年多时间里，虽然埃伦费斯特夫妇俩在维也纳大学没有学术职务，但他始终和他的导师玻尔兹曼的学术团体保持频繁的学术交流和亲密无间的私人情谊。

三、埃伦费斯特“瓮”模型

1906 年，埃伦费斯特一家离开维也纳大学来到了格丁根大学。这是他们 4 年前相遇、愉快而令人兴奋的大学环境。就在这一年的 9 月 6 日，埃伦费斯特的导师玻尔兹曼辞世，他那支好战的笔终于停止了战斗。1875 年，玻尔兹曼运用分布函数及其对数的乘积在相空间中的积分，定义一个热力学函数，用符号 H 表示，并且证明，在一个孤立系统里，H 总是随时间而单调减少或不增加。这被称为“H 定理”。这一定理既直接隐含了时间之矢的深刻思想，也证明了热力学平衡态的存在，并把克劳修斯“熵”定义推广到非平衡态。

玻尔兹曼维也纳大学的同事洛施密特对他的工作进行重大质疑。他声称永远不可能从力学可逆定律导出向平衡态的趋近和伴随熵的增加，并且认为观察到的自然界中熵增加过程仅仅是特殊的初始条件在世界上发生的结果而不是分子运动的定律。正如玻尔兹曼所说的，这是一个“非常有吸引力”的争论。1877 年，玻尔兹曼在他的论文中断言热力学第二定律从本质上说是概率定律：一个系统从内在的低概率状态向较高概率的状态演变时，平衡态是具有最大概率的状态；熵的增加在这个不可逆演变中不是偶然的，因为熵正是这个概率合适的量度。1890 年，昂利·彭加勒证明：对任意一个粒子组成的系统，任意的由粒子的位置和速度确定的组态会在任何给定的误差内重复出现。1895 年，作为普朗克的助手策尔密洛从彭加勒定理出发再次向玻尔兹曼的不可逆性推导的意见提出新的诘难。他认为，没有一个力学系统能够不可逆地演变到一个平衡态。所以，物理学必须在热力学第二定律和自然的力学解释之间选择一个，中间地带是不可能的。玻尔兹曼重复他经常的观点很快作出回答：支配气体行为的定律并不是纯粹的力学定律；它们实际上是统计性的。从分子观点来看，热力学第二定律仅仅是概率的定律。

埃伦费斯特夫妇一直在分析对玻尔兹曼用统计力学解释热力学第二定律的一些反对意见，他们发现：无论洛施密特利用可逆性来反对或者策尔密洛用再现性来反对玻尔兹曼的 H 定理，都不足以表明玻尔兹曼概念内部存在的不一致性。他们在讨论各种反对意见的逻辑推理过程中，忽然产生一个异常简单的思想模型，这一模型提出人们如何想象由玻尔兹曼所断定的行为，并且使玻尔兹曼试图要说出来的东西更清楚地显示出来。

> 设想我们有 N 个球（比如 100 个），把它们从 1 到 N 标记起来，这样它们互相之间能够有所区别，它们在某个瞬间分布在两个缸子中以至于 A 缸中包含 P_0 个球（比如 90 个）而 B 缸中有 $Q_0=N-P$ 个球（因此是 10 个），但并不知道具体哪一个球在 A 哪一个球在 B 中。我们在一个袋子里还有 N 张从 1 到 N 的彩票。每 10 秒钟抽出一张，它的数目被宣布后，再放回到袋中，而且这些彩票是完全被混起来的。然后再抽另外一张，宣布这个数。每次一个数被宣布，含有这个数的球从缸中跳出来，再跳到另一只缸子中，并且一直待到再被抽出来为止。注意：经常是含球多的缸子中的球比含球少的缸子中的球更易被叫到。所以只要缸 A 仍比缸 B 满的话，随后抽出的彩票大多数将是使球从缸 A 抽出来到缸 B，而只有很少的情况是将球从缸 B 抽到缸 A 中。

很清楚，埃伦费斯特的模型至少定性地抓住了玻尔兹曼的基本观点：倾向于平衡态（在这种情况中两个缸子的分布近似相等），因为使系统走向平衡态比离开平衡态的道路多得多，用这一模型可以使玻尔兹曼理论的本质特征明确而简洁地突出出来。埃伦费斯特风趣地把这一模型称为“狗－跳蚤模型”（后人称为埃伦费斯特“瓮”模型)。从这一模型的分析中还能够看到更多的东西。埃伦费斯特的模型在格丁根玻尔兹曼的研讨会上博得了同行们的好评。

此时，格丁根的数学领头人克莱因正在组织编写一部《数学百科全书》。这部百科全书的撰稿者则是来自许多国家的著名科学家。克莱因为追求实现百科全书的理想付出了巨大的激情和努力，依靠他的自信心和洞察力，他顺利地找到了合适的每一位撰稿者。1906 年，玻尔兹曼辞世，统计力学的评论性文章的撰稿人尚未确定，埃伦费斯特在研讨会上的讲演使克莱因找到了合适的人选。埃伦费斯特，玻尔兹曼的学生，他不但了解其导师思想的复杂性，而且还具有把这些思想讲得活灵活现的非凡才智。克莱因热情地邀请了埃伦费斯特夫妇共同为《数学百科全书》撰写这篇文章，写这篇文章必须做的就是要把这些难题清楚明白地叙述出来，并说明它们是如何发生和发展的。埃伦费斯特接受了这一稿约，并准备与妻子共同开始这项研究事业。由于在格丁根大学没有学术职位，夫妻俩只得依靠一小笔收入维持最基本的生活。1907 年秋，埃伦费斯特一家决定从格丁根迁往俄国的圣彼得堡。

四、圣彼得堡的学术生涯

圣彼得堡是一座美丽的城市，涅瓦桥头上的“白夜”的星空，壮丽的太阳，林立的圆顶教堂，周边辽阔的田园风光，远处的云杉林和长满苔藓、蘑菇的土地发出令人陶醉的芳香，把圣彼得堡衬托得更加绚丽迷人。“围绕圣彼得堡工学院的松柏林，雪压枝头，白霜重重，淡薄的朝晖，黄昏中衣着厚实的学生们来去匆匆的身影……”这些都展示着这座城市最诱人的情怀。圣彼得堡是阿范纳茜耶娃的故乡，多年欧洲不定的生活，使她一下子产生了实实在在的回家的感觉。1905 年初被沙俄政府关闭的大学 1906 年秋又重新开学，并恢复了各自的自主权。夫妇俩对圣彼得堡充满着乐观和希望。

到圣彼得堡后不久，埃伦费斯特就马上找到了俄国年轻一代的物理学家和数学家，并和他们建立联系。俄国人对出现在圣彼得堡科学界的新人以及他带来的生机和活力表示高兴。很快埃伦费斯特就结识了年轻的数学家弗里德曼，并在第一个冬天会见了俄国最重要的人物亚伯拉姆·约飞。约飞是乌克兰犹太人，比埃伦费斯特小几个月，曾就读于圣彼得堡工学院学习工程学，又到慕尼黑在 X 射线的发现者伦琴的实验室做研究工作，以最优异成绩获博士学位后于1906年回到俄国。他想运用X射线去研究晶体的可塑性和光电效应的科研计划在圣彼得堡并不受欢迎。但当时圣彼得堡的物理学界非常需要约飞和埃伦费斯特带来的新精神。

约飞和埃伦费斯特见面后立刻成了好朋友。约飞是圣彼得堡青年物理学家小组的成员之一，这个小组每隔一周定期聚会一次，通常是在埃伦费斯特家中进行，活跃地讨论物理学中当前有兴趣的问题。这个物理学家小组实际上是一个非正式和非官方的机构，由埃伦费斯特组织，它后来成为约飞创立苏联物理学学派的基础，也为埃伦费斯特几年以后在莱顿创立物理学研讨会积累了经验。许多年以后，埃伦费斯特还能清楚地回忆起在俄国的自由交谈时光，“与俄国朋友促膝谈心”，“在拥挤的小屋里，一边交谈，一边喝茶，直至深夜，然后和一两位挚友在圣彼得堡冬夜漫长的街道上散步，严寒逼人，衣装紧裹，只露出双眼……”

1908年8月，埃伦费斯特夫妇经过两年多的艰苦研究，终于完成为《数学百科全书》所写的关于统计力学的“发展报告”，即《力学的统计方法概念之基础》的专论。在这篇专论中，他们明确地提出这个理论的逻辑结构，阐明了当时统计力学中还存在着的若干概念上的模糊和矛盾，清晰地指出各态历经假说在阐释时间平均和系综平均之间的关系中的作用，从而引起许多物理学家对此问题的关注。

从1872年玻尔兹曼的H定理引起的争论已经改变了整体的讨论水平，这篇“发展报告”强调了较早期更朴素的克劳修斯的工作、麦克斯韦和年轻的玻尔兹曼的工作与后来的玻尔兹曼更自觉的工作之间的基本差别。吉布斯的工作放在三个主要部分的最后一部分中。吉布斯力图建立一个统计力学的演绎系统，但是埃伦费斯特夫妇认为这个企图过早了，并且在许多方面是不充分的。这篇《数学百科全书》的文章是用他的特殊风格写的，每一节使一个观点尽可能地明确。没有任何填料，没有多余的东西。用最少的数学手段，只给出几个方程，也没有计算和推导。

埃伦费斯特夫妇在这篇文章中创造了“准各态历经假说”的概念。各态历经假说是玻尔兹曼于1871年提出的，意在把统计规律性还原为力学规律性。各态历经假说认为：力学系统从任一动态开始运动后，只要时间足够长，它将经过能量曲面上的一切微观运动状态的所有代表点。

从各态历经假说可以证明：力学系统现状态的函数在足够长时间上的平均等于它在微正则系综上所取的平均，即在相应的能量曲面上所取的平均。若用$\hat{A}$表示A沿运动轨道的长时间平均，用$\overline{A}$表示A在微正则系综上的平均，即有$\hat{A}=\overline{A}$。

可以证明，力学系统代表点的轨迹不可能通过能量曲面上的每一个点，也就是说，各态历经假说对于一个孤立系统而言是不正确的。后来，不少人对这一假说产生怀疑，埃伦费斯特夫妇研究后提出了“准各态历经假说”，即代表点可以无限接近于能量曲面上的任何点。这一假设对当时理解统计物理的基本统计规律起到了积极的作用。现在人们意识到，建立在等概率原理基础上的微正则系综才是统计物理的基本统计假设，它不能从力学规律中推导出来。

在这篇《力学的统计方法概念之基础》的“发展报告”中，夫妇俩并不满意吉布斯关于“非定常系综”的处理。他们认为 H 定理的方法更为直接，吉布斯的工作不能保证达到平衡态，也未能进一步说明达到平衡态所需要的时间。他们认为：吉布斯所采取的谨慎方法限制了他的目标，“阻碍了作者企图去解释自然界的秘密，并且强制他只能满足于比较有节制的目标，即推论一些与力学的统计分支有关的明确的命题”。当克莱因收到这篇专论时非常满意，并给埃伦费斯特寄了一封热情的来信。

在圣彼得堡度过的 5 年中，尽管他没有一个固定的大学职位，但不论到哪里都在不停地工作，他的笔记本上记满了科研工作中的疑问，而且在俄国发表了 15 篇有一定分量的论文，他在俄国的名声已经超出了以前。他纠正了瑞利勋爵在光程差确定波速度方面的一个错误概念，对相对论中刚体概念提出了本质性的疑问，还对热力学中的原理进行了基本研究，并在量子理论方面写了一篇重要的论文。此外，他还是某学术杂志的编辑部成员，工作之便使他接触到遍布全俄的许多物理学家。1910 年，圣彼得堡工学院把预算过剩的富余资金投到埃伦费斯特身上，让他开设一门数学物理微分方程的特殊课程。约飞在大约半个世纪后这样写道：“从来还没有过对这个经典题目的表述能如此和谐地把数学和物理组成一个整体。”然而，尽管他的课程精彩无比，当多余的经费花光后，学校没有再任用他。他的夫人阿范纳茜耶娃正从事她自己的科研工作，她参与现代俄国数学教学的改革运动；但靠他们微薄的收入在俄国生活愈来愈难以维持，而且由于他的犹太人身份，在莫斯科或圣彼得堡获得大学职位的前景并不光明。1911 年初，俄国的前景十分凄凉，新任的教育大臣凯松对大学实行铁腕统治，莫斯科的大学生们大批地被开除，许多优秀的教员或是被解职，或是辞职以示抗议。埃伦费斯特在笔记本中吐露出自己的心声：“现在我总感到，我将永远无法在俄国建功立业。”1912 年春天，他进行了长达两个月的中欧和西欧之行，他会见了索末菲和爱因斯坦等人，让世界著名物理学家们了解他工作的意义。

五、莱顿的召唤

荷兰是位于欧洲西北部的一个国家，在它的西海岸有一座莱顿小城，400 多年前奥兰治亲王威廉一世在这里创立了一所大学——莱顿大学。惠更斯和穆欣布罗克在这所大学开创了近代物理学的传统，也开始了荷兰物理学经久不衰的历史。20 世纪初叶，昂里斯在这里主持着世界上最早的低温物理实验室，他凭借着自己的组织天赋为未来大型研究实验室的创立树立了典范。1908 年他首先成功地制造出了液氦，1911 年他又发现了超导现象，1912 年作为低温物理学领域仁慈的霸主，他已达到了事业的顶峰。

洛伦兹，这位成熟的大师，正在主持着莱顿大学的物理系，他的全部生活都表现为严格精神的大师风范。他能够透彻地深入到人类最纯洁的感情、希望与才能之中，他具有天生的贵族气质、近乎古典的讲课方式、从人品中散发出来的特殊魅力；尽管他没有学术上的自负，但每个人都能感觉到他的权威性。直到 40 岁时他还没有跟外国科学家的个人接触，甚至没有参加过邻国的科学会议。当他从封闭状态中走出来时，很快被公认为“毫无争议的所有国家中理论物理学的领袖人物”。此时他刚刚 59 岁，正准备辞去莱顿大学的教授职务，去哈勒姆任泰勒学院的学监。他首选爱因斯坦作为他的莱顿接班人，不过，在布拉格大学任教授的爱因斯坦，正期待着苏黎世综合工业学院或瑞士的联邦技术学院的任命。当洛伦兹邀请他时，爱因斯坦“以沉重的心情像一个儿子做了使他父亲受委屈的事一样”，谢绝了洛伦兹的盛邀。

由于爱因斯坦的谢绝，埃伦费斯特的名字很快呈现在洛伦兹面前，洛伦兹曾读过埃伦费斯特夫妇《力学的统计方法概念之基础》的百科全书文章，很欣赏夫妇俩用大师式的方法讨论和阐述那些难以理解的东西。洛伦兹还读了埃伦费斯特 1911 年关于量子理论本质特性的文章，称赞他具有解决非常复杂理论问题的能力。1912 年 9 月 29 日下午，埃伦费斯特收到一封莱顿发来的电报，洛伦兹用父亲般的语调邀请他作为他在莱顿大学的接班人。这封意义深远的信使他们一家立刻沉浸于喜悦之中，埃伦费斯特马上向洛伦兹回信写道：“尽管我对莱顿的语言有很大困难，但我愿意无条件地去莱顿那样的大学。”1912 年 10 月 17 日，埃伦费斯特一家终于抵达 9 年前曾经拜访过的到处充满着郁金香的城市。莱顿人对这位新教授了解很少，12 月 4 日，埃伦费斯特在莱顿大学发表了关于光的以太假说的“危机”的就职演讲。他全身心地投入到演讲的角色中，他那活跃的想象力、高度通俗化的语言、生动的手势、灵活多变的表情、扣人心弦的悬念、令人震撼的高贵人格，加上他讲解中特有的清晰性和逻辑结构的严密性，给有幸聆听这次演讲的每一位听众都留下了全新的、难以忘怀的印象。

到莱顿后，由于他的不懈努力，莱顿大学立即成为世界上一个热烈讨论科学问题的中心。1912 年 10 月，埃伦费斯特刚到莱顿几周，他就创立了星期三晚上的讨论会，这已成为荷兰物理学界定期聚会的日子，并对世界理论物理学界的研究方式产生了影响。他重新组建了以 17 世纪荷兰伟大的物理学家惠更斯命名的历史悠久的物理学学生团体，使这个团体重新焕发活力，并使它变成不同年龄、不同社会地位、不同专业兴趣的自然科学学生之间建立学术联系的重要场所。这个团体很快吸引了许多本校和外校来的学生，如很有才能并有贵族气派的克拉默斯原是学生会的成员，埃伦费斯特说服他离开学生会而加入了惠更斯学会。而斯特罗伊克则是在鹿特丹的学数学的学生。惠更斯学会的活动独具特色，时间长短和内容深浅不限，会上可掺杂着活跃的讨论、简短的交谈，甚至还可喝点咖啡。埃伦费斯特是这个聚会的常客，他积极参加讨论并以身作则地表达他对科学的热爱。这个学会为荷兰科学界孕育了坚实的后备力量。

为了促进莱顿大学的学术生活，埃伦费斯特雄心勃勃地计划组建物理学阅览室。由伟大数学家克莱因教授建立的格丁根大学的数学阅览室在他的脑海中已形成了具体而清晰的范例：阅览室应该是小而实用的，而且应是舒适的工作和阅读的场所，必须拥有主要的教科书和论文，还须有物理学领域过去的和最新的论文集及主要的专业期刊，并保证对所有学生开放。洛伦兹深感这位年轻的继承人对事业的满腔热忱，在他的帮助下，阅览室得到了包斯恰尔博士的儿子的捐助。包斯恰尔博士是德尔夫特技术学院前院长，是洛伦兹的老朋友和老同事，在不久前刚去世。阅览室以包斯恰尔的名字命名，并于 1913 年 5 月开放。这个阅览室后来变得广为人知，并对莱顿大学后来的几代学生都产生了重要影响，也成了其他大学设置同样阅览室的示范。

六、莱顿的再次辉煌

埃伦费斯特除全力投入科学活动和授课外，还竭力去解决那些他所热爱的科学中悬而未决的问题。为了掌握普朗克 1900 年将能量子引入物理学的全部意义，他整整奋斗了 10 年。他是最先试图厘清那些含蓄的假说的人之一，也是最早领悟到其中包含重大问题的人之一。1911 年他就明确地指出了早期量子论的主要特点，并且严格证明了如果空腔中的黑体辐射能量是有限的话，那么电磁振动的能量只能不连续地改变。这就使人们清楚地看出对于黑体辐射普朗克量子假说不仅是充分的，而且是必要的。他还证明了对一个谐振子来说唯一可以量子化的变量是能量与频率之比 E/v。当足够缓慢也就是"浸渐"地改变决定频率的那些参数，唯有 E/v 不变。

"浸渐"，表示无限缓慢的变化过程，这个概念起源于玻尔兹曼和克劳修斯企图将热力学第二定律还原为纯力学的尝试。1912 年 12 月 20 日晚和次日，埃伦费斯特一直在对一个隐约感到的新关系穷追不舍，他发现这个复杂纷呈的量子理论与他几年前在其他不同情况下研究过的一个定律有关系。埃伦费斯特在这个定律中发现他需要进一步发展 1911 年的思想方法，试图用相空间的权重函数来解释黑体辐射公式。他注意到，充满辐射的真空的浸渐变化正如维恩所考虑的那样，需要形式为 δ'（E/v）（δ' 是指一种浸渐的变分）的函数。1912 年 12 月 23 日，他在一封信中向洛伦兹报告了他在量子假说方面得到的一种想法。他提出："对于一个充有辐射并由反射壁面包围着的体积的无限缓慢的压缩来说，下列的量对于体积的一切振模来说都将保持恒定：E/v（E 是能量而 v 是辐射的频率）。"也可以写作 δ'（E/v）$=0$。

1913 年 5 月，通过减弱外力把振动浸渐变换为转动的讨论，埃伦费斯特成功地证明了表达式：$E_{动能}=nhv/2$或$P=nh/2\pi$。

对于自由转子也是正确的。1913 年 11 月，他提出了两个带有普遍性的问题。对于任意周期系统，是否存在类似于谐振子的 E/v 不变这样一种绝热关系？是否可以保持普朗克公式 $E/v=nh$？第一个问题玻尔兹曼和克劳修斯已经作出了肯定的回答。他们在一条定理中断言："一个体系的平均能量在一个浸渐动作下保持不变。"第二个问题，埃伦费斯特利用将通过一个奇异点的两个环路推广成了适用于具有 f 个自由度，依赖于 r 个参量 a_1，…，a_r，并对变量和参量的一切值都有周期性的任何体系的一条定理。这条定理表明，在一次浸渐变化下，体系的平均能量将和频率成比例地增大或减小，从而改写了上述的正确表式以便应用于自由转子的情况，并得到 $p=nh/2\pi$。

1913 年 11 月 29 日，洛伦兹向阿姆斯特丹科学院转交他的继任者的一篇论文，题为《玻尔兹曼的一个力学定理及其和能量子理论的关系》。在这篇论文中，埃伦费斯特叙述了他所说的浸渐关系式，即 $E_A/V_A=E_B/V_B$。

式中 E_A 和 E_B 代表体系 A 和 B 的平均动能，而 V_A 和 V_B 代表它们的频率。体系 A 和 B 是通过浸渐变换来互相联系的，爱因斯坦立马将埃伦费斯特的浸渐关系式称为

“浸渐假设”。

1916 年，埃伦费斯特用更为简洁明确的语言对浸渐假设作出了清晰的表达：参量的浸渐变化将某些允许的路径变换成另一些允许的路径，这样就有可能从一个已知系统的量子化推导出另一些系统的量子化。在埃伦费斯特的浸渐假设的激励下，尼尔斯·玻尔于 1918 年得到了对应原理的量子论。如果说对应原理在经典物理学和量子力学之间架起了一座桥梁，那么埃伦费斯特的浸渐假设是经典物理学和量子力学之间的另一座桥梁。在旧量子论的发展处于困难时（当时连能量守恒和动量守恒这些定律都受到怀疑），这一原理成为建立量子方程的普遍性方法道路上一个不可逾越的里程碑。

埃伦费斯特的贡献是多方面的，1914 年他在研究普朗克关于辐射中的熵的早期论文中，发现了辐射能量单元在组合分配时的一个因子的错误，并用自己独特有趣的方案给出透彻明确的思路，从而导致得到正确的易理解的组合公式。1933 年，埃伦费斯特根据有关在超导体和液氦中比热不连续的现象，首次提出热力学中二级相变的概念，并得到在二级平衡相变中，系统的压强随温度变化的两种关系，即 $\frac{\mathrm{d}p}{\mathrm{d}T}=\frac{\alpha-\alpha_1}{k_2-k_1}$ 和 $\frac{\mathrm{d}p}{\mathrm{d}T}=\frac{cp_2-cp_1}{Tv(\alpha_2-\alpha_1)}$ 。式中 p 和 T 分别为发生二级相变时的压强和温度，cp_1 和 cp_2 分别为两相的定压比热容，α_1 和 α_2 分别为两相的热胀系数，k_1 和 k_2 为等温压缩系数，v 为物质在发生二级相变时的比容，$\frac{\mathrm{d}p}{\mathrm{d}T}$ 则表示发生二级相变时其压强与温度的关系。这些关系被后人称为“埃伦费斯特方程”。它相当于一级相变中克拉佩龙方程的作用，是控制相变进行方向所必需的条件。他的学生拉特格斯将埃伦费斯特理论应用于超导体后，得到了描述转变点比热的跃变同临界场对温度的导数之间的关系，即拉特格斯公式。

七、勤勉的教育者

埃伦费斯特生来就是一位伟大的教师，他有着非凡的驾驭课堂的能力，明确表达的演讲才能，善于抓住问题的核心，这只是他教学艺术的一个部分。他还有一种与人进行苏格拉底式谈话的才能，并处处与他的学生和同事进行这种谈话，通过他固执而富于批评性的提问，使真理自然地显露出来。埃伦费斯特在莱顿大学的第一年开设了数学物理微分方程课程，这门课程是为接触理论物理学的学生们上的。“我尽可能地展开这门课，使数学的演算简化，犹如这种精确的关系式是凭直觉推演出来的。”通过这些使他的学生们能够深入地理解数学、物理的观点，这在当时是远远走在时代前面的。索末菲对埃伦费斯特的讲课才能有着很深的印象：“他讲起课来像一位大师，我从来没听到过任何人讲课有那么强的感染力，有意义的成语，幽默而又辩证，在他的讲话中到处可见他那非同寻常的方法。他处理黑板的方式也很有特点，讲课的板书安排都为听众以最可能清楚的方式在黑板上展示出来。他知道如何使最困难的东西具体化，数学的讨论被他转换成很容易理解的图像。”埃伦费斯特自己也深有感触地说：“把我自认为已经弄懂了的东西传授给别人是一大乐趣，享受这种乐趣是我生活中最重要的部分。”他勤勉地教育和培养荷兰下一代的精英，把全部的心血都倾注在他们身上。他指导的第一个博士生就是伯克斯。

当伯克斯从他的家乡哈勒姆来到莱顿时只有 19 岁，由于他在物理和数学上的天赋，埃伦费斯特像父辈一样关爱和激励他。在埃伦费斯特的鼓励下，伯克斯刚进入大学还不到一年就成功地通过了他的资格考试（相当于学士学位）；1916 年和 1917 年伯克斯扩展了埃伦费斯特关于浸渐假设的工作，受到了索末菲高度的评价；1918 年取得博士学位，后来成为德尔夫特技术学院流体力学教授。伯克斯说道：“埃伦费斯特教我们如何阅读科学论文，如何找出由作者所做的假设，尤其是寻找出不太明确的假设。他的强有力的分析头脑使我们对物理理论中许多难以捉摸的问题开了眼界。他总是努力解释新想法……他将理论物理学作为一个整体教授给我们。”

接着是克拉默斯，他 1912 年从鹿特丹来到莱顿大学开始听洛伦兹和埃伦费斯特的课程，1916 年去了哥本哈根后和玻尔、海森伯进行长达 10 年相当成功的合作。1919 年向埃伦费斯特提交论文并获得博士学位。1934 年继他的老师埃伦费斯特任莱顿大学的理论物理学教授。他一生研究几乎遍及理论物理学的所有领域，1946 年当选为联合国原子能委员会的科学技术委员会主席。

卡西米尔生于海牙，他的父亲和埃伦费斯特是好友。1926 年 9 月，卡西米尔师从埃伦费斯特学习物理，1931 年 11 月完成博士学位论文。埃伦费斯特对他期望甚殷，亲自把他送到哥本哈根玻尔门下，后又去苏黎世随泡利一起工作。他才气横溢，一到哥本哈根就提出了一种有关原子核问题的理论计算方法，从而震惊了同道们。后来转而研究超导问题，成为这一领域中的重要人物之一。卡西米尔回忆说：

> 埃伦费斯特把清晰有力的表述方式教给了我，他是用简单的例子来阐明

物理理论的精髓的大师。后来，泡利曾迫使我不要回避费力的数学分析，而玻尔则教我对实在理解得更深刻。

1936年，卡西米尔成为莱顿实验室德哈斯的高级助手，1939年成为莱顿大学的教授。

戈特1927年师从埃伦费斯特和昂内斯实验室德哈斯。1932年以题为《盐类的顺磁性》的论文获得博士学位，1934年和卡西米尔一起提出超导体的“一二流体”模型和超导体的热力学问题，1946年成为莱顿大学的教授和昂内斯实验室的主任。戈特在低温物理学和磁学领域都作出了巨大贡献，1966年获得第五届弗里茨·伦敦奖。卡西米尔称戈特是“他那一代人中最杰出的荷兰实验物理学家”。戈特自己说道：“作为一个在莱顿的学生，我受到了理论物理学教授保罗·埃伦费斯特的强烈影响。”

除这些弟子外，还有提出电子自旋理论的乌伦贝克和古德斯密特。当年轻的乌伦贝克与古德斯密特最初把他们发现电子自旋的论文告知埃伦费斯特时，埃伦费斯特立即鼓励他们把这一发现写成一篇短文交给他寄出发表。这篇文章问世后，立即得到海森伯的好评，因为它解决了原子物理学中所有现存的困难。乌伦贝克后来成为美国密歇根大学教授，而古德斯密特后来成为美国国立布鲁克海文实验室研究员。同时还有在超导领域颇有建树的拉特格斯等一大批杰出弟子。埃伦费斯特全身心地钟爱着自己的学生，为他们服务，从内心深处真切地帮助他们。爱因斯坦写道：“他不仅仅是我见过的最好的教师，并且他还热情地关注别人事业的发展与命运，特别是他的学生们。理解别人，获得别人的友谊和信任，帮助任何卷入内外斗争的人，鼓励年轻的人才——所有这些都是他真正的才能，这种才能有时几乎胜过他解决科学问题的能力。”

八、生活在伟人的光环下

理论物理学是一门广博而艰深、思维力强的学科，特别是经历19世纪统计力学和20世纪量子理论的发展，开始失去了它的可理解性和表述的明晰性。作为20世纪的一位理论物理学家，研究的题材范围越来越大，但真正完成的工作量可能很小。瑞利一生发表了450篇科学论文，涉及数学物理的各个方面，还有许多实验问题；洛伦兹花了半个世纪的时间几乎对每个问题都做了充分而又深入的研究；吉布斯写了30篇左右论文仅仅论述了三到四个基本课题；尼尔斯·玻尔的经历如此之长，仅仅研究解决了几个问题；但埃伦费斯特却真正进入了“真理存在的深渊”。

现代物理学的飞速发展对埃伦费斯特也提出了新的要求，他必须全力以赴去解决当前正困扰着理论物理学家的最新问题。他喜欢和那些非常有见解的对手进行热烈讨论，并在讨论中锤炼自己的想法使它趋于成形。他那位聪慧的、像他一样沉醉于科学问题的妻子，充当他渴望的这种讨论的积极参与者，她的批评意见使他得出众多富有创建的成果。他写了几十册笔记，其中记录从中学时代起直到逝世时自己提出的问题，在科学讨论会上他经常提出一些使人为难的问题，有时会被认为愚蠢而引起一阵笑声；但他从不退却，直到弄清了问题的症结所在。他逝世前写的一篇文章中提出了许多关于量子力学根本性的被别人认为难以理解甚至是毫无意义的问题。泡利不久就在一篇文章中对其中的部分问题做了认真的讨论。

埃伦费斯特经常惋惜在他的工作中缺少中心指导原理，他希望能够像他的老师玻尔兹曼那样，在统计力学的一个完整的领域中作出巨大贡献；或者像他的同辈爱因斯坦那样创造出物理学的一个新基础；但是埃伦费斯特非常清楚地知道，他缺乏高水平研究所需要的不寻常的综合洞察力、智力以及不屈不挠的推动力，他或许不可能解决在他那个时代里最深的问题。他时常抱怨自己没有找到指导他工作的重要原则，未能建立起一个他和别人能够不断发展的结构。当他仅有 32 岁时，有幸在他所从事的领域中取代一位成熟的大师，而且是一位正处于其事业的巅峰上的大师；对他来说，这既意味着是一种荣誉，同时也意味着一种异乎寻常的责任和义务。虽然他自己在科学上卓有成就，并有许多挚友和亲密的家庭关系及学生们对他的热忱，但他总是感到不满足，他的悲剧正是由于他近乎病态的缺乏自信，这给他的生活蒙上了一层阴影。他时常感受到他的聪颖不如里茨，运气不如玻尔，成就不如德拜，智慧不如爱因斯坦；他这种毫无来由的不完美感，无休止地、经常地使他丧失进行研究所必需的平和心境。卢瑟福曾对处于困境中的埃伦费斯特提供了真诚的帮助，在他得知埃伦费斯特身处逆境后，就以他特有的方式写了一封长长的、充满热情的信给他，鼓励他重新站起来。他写道：

在世界物理学事业中，您的贡献多么杰出，同行们是多么需要您的聪明才智啊！

这些鼓励的话语对埃伦费斯特是一种莫大的安慰。埃伦费斯特经常被邀请参加许多科学大会，他总是能将清晰与精确注入到任何讨论中，他激烈地反对模棱两可与拖沓迂回，必要时他会进行尖刻的讽刺甚至明显地表现出失礼之举，但却反而更加得到同行的尊敬。他是当时国际物理学界领袖人物们的畏友："他在批评方面的天赋超出了他的建设能力，正是这种批评精神剥夺了他对自己思想成果的热爱。"

随着理论物理学的发展，埃伦费斯特和其他物理学家一样已无法接受最新的思想，何况对于一个具有近乎狂热的诚实并对任何事情都要求明确的人。虽然他的学生们都认为他是一位难得的学识渊博且循循善诱的老师，但他却从未摆脱对自己要求过于严格所导致的这种自卑心理。在希特勒攫取德国政权之后犹太人备受迫害的恶劣政治气候中，他"试图驾驭迅猛、复杂的物理学的进展，妥善处理他自己生活中的问题和对付严峻的世界形势时，达到并超越了他的智谋的限度，最终成为良心冲突的牺牲品"。1933 年，埃伦费斯特在阿姆斯特丹结束了自己的生命。如爱因斯坦所说，"未能摆脱每一个有良知的年满 50 岁的教授一定会遇到的危机"。

（作者：杨庆余）

参考资料

[1] O. Moore. A life of Erwin Schrödinger [M] . Cambridge: Cambridge University Press, 1994.

[2] M. J. Klein. Paul Ehrenfest-The Manking of a Theoretical Physicist [M] . London: Elsevier Science Publishers, 1970.

[3] F. Hund. The History of Quantum Theory [M] . Oviedo: Barnes & Noble Books, 1974.

[4] R. Graham. Science in Russia and the Soviet Union [M] . Cambridge: Cambridge University Press, 1993.

[5] G. L. de Haas-Lorentz. H. A. Lorentz, Impressions of His Life and Work [M] . Amsterdam: North-Holland Publishing Company, 1957.

[6] M. Jammer. The Conceptual Development of Quantum Mechanics [M] . New York: McGraw-Hill, 1966.

[7] 中国大百科全书 · 物理卷 [M] . 光盘版 . 北京：中国大百科全书出版社，2000.

[8] C. J. Gorter. Bad Luck in Attempts to Make Scientific Discovery [J] . Phys. Today, 1967.

詹姆斯·弗兰克

（James Franck，1882—1964）

詹姆斯·弗兰克

具有理论头脑的实验家

在20世纪微观物理学的早期发展中，德国物理学家詹姆斯·弗兰克的实验研究起了举足轻重的作用。但弗兰克并不仅仅是实验物理学家，而是一个具有相当理论头脑的实验家，这在一流科学家当中也是十分难得的禀赋。他的科学工作延续了60多年。他和G. 赫兹合作的关于“电离势”的实验，载在后来的几乎一切有关普通物理学和原子物理学的书中——尽管多数书上的叙述都有悖于历史实情。他性情和善，志趣高洁，温文尔雅，无疾言厉色，但在大是大非的问题上却决不含糊，能为他人之所不敢为，从而他的人格和言行也颇有可供后人学习之处。

一、少年“梦想者”

詹姆斯·弗兰克于1882年8月26日生于德国汉堡的一个犹太家庭中。他们的家族至少从18世纪时起就在汉堡一带生息繁衍。他的祖父在汉堡创办了“弗兰克银行”，他的父亲继承家业，也成了银行家，晚年家道殷实。

詹姆斯比爱因斯坦小3岁，比玻恩大几个月，比尼耳斯·玻尔大3岁。他自称，他对物理学感兴趣肯定比听到“物理学”这一名词要早。因为，他自幼就对自己周围的许多现象感到惊异和好奇，常常思索其中的道理，学习时显得心不在焉，以致在学校中得到“梦想者”的称号，被看成一个不会有多大出息的学生。

他喜欢自己动手做些小物件，例如做木工之类。他家楼梯扶手上装饰着一些木质圆球，他常常琢磨那是怎么做成的，甚至设想了用来旋制那些圆球的车床。他家后院里有一个水壶。有一天他注意到壶中的水结了冰，而院子里的温度计所记录的最低温度却在0℃。他一直觉得这一情况不可理解。

当时他上的学校还特别重视古典语文（希腊文等），而他则特别讨厌这种课程。有一天，他在上希腊文课时注意到练习本上有一个油点（那是他在吃午饭时弄上的一滴奶油），透过这个油点，可以看到背面一页上的字迹，于是他考虑起此事的原因来。他想到，同样是水，当结成冰时就是透明的，而当凝成雪花时却是不透明的，看来物体的透明度和它内部结构的均匀性有关。他后来回忆说，那时他当然还不知道什么是“光的散射”，但他事实上是想到了散射问题。这本来很好，但是当老师问他刚刚讲过的希腊文法时他却傻了眼。

13 岁时，他摔断了手臂。那时伦琴刚刚发现了 X 射线。他从报上读到，利用 X 射线可以看到人体内的骨骼。他对此事大感兴趣，并因此开始了解什么是物理学。从那时起，他就立志做一个物理学家。

当时的社会风气还不重视自然科学而是更重视人文科学和技术。另外，由于 19 世纪经典物理学的巨大成就，人们普遍认为整个物理学已经“完成”，以后不会再有多大发展前途了。尤其是，当时在德国，学物理的只能在大学里教书，而德国教育部门则很不愿意任命一个“非基督徒的”犹太人当大学教授。因此，对弗兰克来说，学习物理学确实是显得前途渺茫。他后来回忆说，在一次考试中，主考老师对他说：假如你要学一门“正经的”专业，我就会给你不及格；现在你既然要学物理，我让你通过算了！这充分表现了当时人们对物理学的蔑视态度。

1901 年，弗兰克勉强在中学毕了业，进了海德堡大学。起初他父亲希望他将来当律师，让他学法律。但是他对那种课程毫无兴趣，一下课就和学习自然科学的同学们混在一起。过了不久，他决心改学科学。他对父亲说：如果不让我学物理，我从今天起就不快乐；如果让我学物理，我将来可能不快乐，但现在却可以过几年舒心的日子。由于他的坚持，也由于他的朋友们向他父亲讲了情，他父亲终于同意了他的要求。

当时海德堡大学的物理教学还很落后。人们还保持着根深蒂固的机械论的观点；尽管已经有了麦克斯韦的电磁理论，人们却还认为光的弹性波理论是绝对不容怀疑的；如此等等。另外，弗兰克在上中学期间已经自学了一些化学知识，因此他在海德堡大学主要是学习一些化学课程和地质学课程，而在物理学方面则收获很小。后来他回忆说，要研究原子、分子的问题，适当的化学基础是十分必要的。

在海德堡大学期间，弗兰克认识了玻恩，从此二人建立了终生不渝的亲密友谊，并且在学术上进行了很有成果的合作。后来他们都认为这种友谊的建立是他们在海德堡大学的最大收获，也是他们一生中的最大幸事。

二、在柏林

弗兰克在海德堡大学只待了一年。1902 年，为了成为一个真正的物理学家，他转入了柏林大学，在瓦尔堡的实验室中工作和学习。

当时的柏林是德国最重要的物理学中心。那里不但有柏林大学和柏林工业学院，而且还有专门的研究机构帝国物理技术研究院。那里集中了一些大名鼎鼎的物理学家，例如普朗克和瓦尔堡，还有稍晚的爱因斯坦和德鲁德等。那里也集中了许多很有才华的青年人，他们中的不少人后来也成了著名的物理学家，例如哈恩和迈特纳等。按照弗兰克的说法，当时那些青年人也知道学物理没有什么出路，但是他们热爱物理学，愿意全力以赴地对待自己的学习和工作。有时教授早上走进实验室，本来以为那里空无一人，但却发现青年人全在那里，原来他们在那里干了个通宵。

弗兰克后来回忆说，柏林的定期物理学讨论会给他留下了终生难忘的深刻印象。每次开会大约有 40 人参加，其中包括成名的教授和即将开始写博士论文的研究生，如物理化学家能斯特。大家在会上畅所欲言，特别是那种追求真理的诚恳态度感动了弗兰克。当时普朗克刚刚提出了他自己的量子概念，但是他却费尽心机想要把自己的伟大发现“消灭在摇篮里”，即企图回到经典的连续性概念中去，那种无私的、认真的作风给青年人作出了榜样。弗兰克回忆说，当讨论会上有人提出了什么新见解时，他们那些青年人很快就觉得自己已经明白了，但是教授们却要东问西问，非把每一个细节弄清楚不可。因此青年人觉得教授们有点头脑迟钝，但是他们也知道，教授们很慎重，有很可靠的判断力。因此青年人议论说，当你去找导师谈一个问题时，起初你可能要费很多时间去说服他，但是他一旦点了头，你就可以很有信心地去开展自己的工作了。

当时物理学中的一个热门课题是低压气体的放电现象。人们企图通过这种现象的研究来探明原子、分子内部的结构和运动。因此，刚开始时，瓦尔堡指定给弗兰克的课题也是这方面的研究。但是弗兰克很快就发现，气体放电的过程太复杂，不容易分析出真正基本的规律来。他认为应该在尽可能单纯的条件下来探索粒子的运动。于是他改换了课题，开始研究起电子的迁移率来。他采用了卢瑟福的办法，即适当调节交变电压的强度和频率以观察电子恰恰能够到达放电管正极时的情况。他用这种办法得到了一些新的规律，发现电子和一些惰性气体原子之间只有很小的作用力。1905 年，瓦尔堡离开柏林大学，改任帝国物理技术研究院的院长；一年以后，他在柏林大学的实验物理学教授一职由德鲁德接任。就在那一年（1906），弗兰克以他关于电子迁移率的论文获得了哲学博士学位。随后他到法兰克福大学当了助教，但不久就又回到了柏林大学。其时德鲁德已经自杀（原因不详），他的职位由鲁本斯接任，而弗兰克就当了鲁本斯的助教。

1911 年，弗兰克获得了大学授课资格，后于 1916 年被任命为柏林大学讲师，于 1918 年提升为副教授。

从 1911 年开始，弗兰克和刚刚获得博士学位的 G. 赫兹进行了合作，一起研究电子和原子的弹性碰撞。据说赫兹曾经说过，弗兰克既不仅仅是一个实验物理学家，也不仅仅是一个理论物理学家，因为他主要从事实验工作，但是他有很清楚、很敏锐的理论头脑，实验中的许多新想法都是他提出来的。证以后来弗兰克和埃尔萨塞的那段交往，赫兹的这种评价应该说是很恰当的。另外，弗兰克对赫兹评价也很高，认为赫兹的动手能力比他自己要强。

当他们刚开始进行自己的实验研究时，人们对于各种原子的电离电势还抱有很不明确的看法。许多人认为，原子的电离电势和原子的种类无关，一律是大约 10 伏特。因此，弗兰克 - 赫兹实验的原始目的，其实是要比较准确地测定这一电离电势的值，他们甚至把测得的 4.9 伏特错误地理解成了原子的电离电势。现在许多教科书上关于这种实验的解释，是经过后来的分析才确定下来的。

当弗兰克和赫兹开始自己的实验时，玻尔的原子定态概念还没有出现，因此这个实验的目的绝不可能是自觉地证实定态的存在。当时他们利用逐渐增大加速电压的办法来探索电子和氦原子或汞原子的弹性碰撞的限度，得到了一些在当时看来不无奇特的结果。在 1914 年发表的一篇论文中，他们确切而清楚地给出了下列结果：

（1）直至电子的能量高达 4.9 电子伏时，电子和汞原子的碰撞是完全弹性的；

（2）超过了这一极限，就会有能量从电子传给原子，但这永远是以 4.9 电子伏的量子而被传递的，多出的能量仍然保持其电子动能的形态；

（3）非弹性碰撞的发生将导致汞的共振谱线 2536A 的发射，而且只导致这一谱线的发射，这时电子的能量损失（4.9 电子伏）恰好等于和该谱线相对应的量子能量 $h\nu$。

直到这时，弗兰克和赫兹还完全没有注意到玻尔的理论。当时他们对光谱的发射机制还不清楚，也由于在实验中确实观察到了一定程度的电离，因此弗兰克他们就把测得的 4.9 电子伏解释成了汞原子的电离势能。

1914年第一次世界大战爆发，德国的许多科学工作都陷于停顿，弗兰克也和许多青年人一样参了军。尽管他完全不是一个能够适应军队生活的人，他还是上了前线，而且后来得到了“铁十字勋章”。据说当指挥一队士兵操练时，他在喊了“立正”的口令以后，又很客气地补充说：“请你们立正。”这个故事充分反映了弗兰克的和善性格。不久以后，弗兰克就在俄国战线上染患了痢疾。他病得很重，甚至不能自己活动。多亏一位好心军医的特殊照顾，他才被准了假，送回家中养病。在养病期间，他初步接触了玻尔的理论，但是起初他还没有想通，直到1916年他还认为自己的实验“否定了”玻尔的理论。

事实上，早在1915年8月，玻尔就撰写了《论辐射的量子论和原子的结构》一文，文中他按照自己的理论观念正确地诠释了弗兰克－赫兹实验。玻尔指出，测得的4.9电子伏，不是原子的电离势能而是相邻定态之间的能量差，而在实验中观察到的电离现象也并不是电子撞击的直接后果而是一种次级效应。后来这一结论也得到了独立的实验证实。

玻尔的再诠释是十分自然的，毫无牵强附会之处。这种再诠释进一步显示了玻尔理论的力量。同时，也只有经过这样的再诠释，弗兰克－赫兹实验的真实意义才得到了充分的显示，而这种实验也立即成了光谱学以外关于定态的存在的一种唯一的、最直接的实验证明。因此，在他的诺贝尔获奖演说中，弗兰克曾经提到“我们在一个领域中经历了错误道路和曲折，而那个领域中的康庄大道是由玻尔理论所开辟的”。

弗兰克大约从1919年开始正式承认玻尔对他的实验结果的再诠释。从那时起，玻尔的远见卓识不止一次地震惊了他，他成了玻尔的公开崇拜者。直到晚年，他仍宣称自己对玻尔充满了“英雄崇拜”的心理。他曾经说，和玻尔那样的人物不能接触得太多，否则你将觉得自己一无是处而陷于失望之中。他的好朋友玻恩也讲过一个故事。当他们一起在格丁根当教授时，玻恩和弗兰克常常讨论各种理论概念和实验设想。有时一个问题明明讨论清楚了，玻恩认为可以立即开始实验了，但是过了一段时间却发现弗兰克还没有动手，因为弗兰克说他已写信去征求玻尔的意见，在收到玻尔的信以前他不想动手。玻恩说，这种情况常常使他有点不耐烦。

1917—1919年，弗兰克在威廉皇帝物理化学研究所中兼职，负责一个部门的工作。该研究所的所长由柏林大学的哈柏教授兼任。当时弗兰克在柏林大学所得的薪金很低，哈柏认为他一定会很高兴地到研究所兼职，但是当问到他时，弗兰克却说不愿意。问他为什么，弗兰克表示，哈柏一定有许多好主意，比他自己的主意要高明，但是他却宁愿按自己的主意办事，他担心到了研究所后一切要听命于哈柏。于是哈柏提出和弗兰克订一个协定：两个人可以讨论任何问题，但是每个人都庄严地发誓，决不干涉对方的工作。这样弗兰克才欣然接受了邀请。弗兰克说，哈柏是他遇到的第一个可以和下级争论问题的大人物，因而他对弗兰克的影响也是很大的。众所周知，哈柏因为在第一次世界大战中参与了毒气的制造，在英、法科学家中的人缘很不好，甚至连卢瑟福都曾使他难堪，不肯和他握手。因此弗兰克说，哈柏永远不会是一个多么单纯的人物，他和玻尔绝不相同，但是他很正派，而且从来不使人觉得他是一个“老板”。

1920 年 4 月，玻尔应普朗克的邀请访问了柏林，第一次会晤了普朗克、爱因斯坦和弗兰克等人。当时玻尔已经成了物理学界的名人，他在柏林给人们留下了十分良好的印象。在此期间，有些年轻人要求和玻尔单独座谈，不许任何“老板”参加。这就是著名的“无巨头座谈会”，或许也可以叫作“小字辈座谈会”。开会以前，哈柏探问能不能让他参加，弗兰克说不行，因为他是正教授。哈柏又说：那么开完了会我请你们吃饭总可以吧？弗兰克说可以，于是他们就“扰”了哈柏一顿饭。

参加座谈会的有十四五个人，弗兰克比玻尔年长，但他当时还不是正教授，所以他也参加了座谈会。这些人后来大多成了有名的学者，不止一个人获得了诺贝尔奖。

弗兰克继续进行了关于电子和原子或分子的碰撞的研究，以及关于激发电势和电离电势的研究。他和别人一起，提出了“亚稳能级”这个名词，并确立了亚稳态在碰撞过程中的重要性，探索了亚稳原子最后怎样损失其能量的问题。这些贡献对后来的物理学发展起了基本性的重要作用，例如在激光物理学中，亚稳态就是无比重要的。

弗兰克在柏林待了 19 年（1902—1921）。这一时期不但是弗兰克在学术上取得重大成就的一个时期，而且也是他在生活上很值得纪念的一个时期。1911 年，他和一位瑞典钢琴家结了婚，他们在柏林生了两个女儿。当时他们的生活想必是丰富而幸福的。他们有一些志同道合的朋友，大家积极忘我地工作。有时有点空闲，他们也有一些交际和娱乐，可以参加普朗克家中的聚会，欣赏爱因斯坦拉小提琴，并听迈特纳演奏勃拉姆斯的乐曲。

三、在格丁根

格丁根大学有很久远的、很光荣的数学传统和物理学传统。该市的一个街角，号称全世界数学科学的“原点”（或“起源”）。第一次世界大战以后，德国的物理学中心逐渐从柏林移到了格丁根。特别是在量子力学的创立和发展方面，格丁根的人们确实立下了不可磨灭的功勋。这在很大程度上和玻恩及弗兰克来到格丁根有关。

20世纪20年代初，格丁根大学有几个教授职位出缺，需要找人接替。首先请去的是弗兰克在柏林大学的同学泡尔。他被请到那里当实验物理学教授。按照当时德国的惯例，物理学研究所的所长教授必须负责讲授“物理学大课”，这相当于我国的普通物理学课程，听课的有各个自然科学专业的学生。因为教学任务很重，教授的待遇也相应地很高。泡尔的大课安排得空前地精彩，讲课深入浅出，并辅以精心设计的演示实验。

除此以外，格丁根大学还有一个第二物理学研究所，也需要一位教授。当时人们特别属意的就是玻恩。但是玻恩对管理实验室没有信心和兴趣，他在教育部的公文中找到了一个“空子”（行文中不够明确之处），提出格丁根还应该有一位教授，他要求聘请弗兰克和他一起去。人们对他的“狡辩”哈哈大笑，但是后来还是同意了他的要求。

当时弗兰克也很乐于去格丁根。他不愿意讲大课而更喜欢在实验室里和人们讨论。这一点不成问题，因为大课已有泡尔负责。他希望两个女儿能在小城市而不是在柏林那样的大都市中长大，这一点格丁根也正合适。当然，最重要的是能和玻恩在一起，那正是他梦寐以求的事。

1921年，弗兰克接受了格丁根的邀请。在去格丁根之前，他应玻尔之邀短期访问了哥本哈根，向玻尔的青年合作者们传授了原子碰撞的实验技术。

在格丁根，逐渐聚集了许多很有天赋的青年人。他们分别从师于三位教授，成为所谓“泡尔的人”“玻恩的人”和“弗兰克的人”。其中“玻恩的人”当然是一些学理论的学生，他们耽于思索，举动不俗，形成所谓“玻恩幼儿园”。相传有位老教授看到一个“玻恩幼儿园”的“孩子”躺在地上，以为他摔伤了，就走上去帮助他，那人却说：“别打扰我，我正在考虑问题。”

当时的研究生，在申请博士学位以前不必通过任何考试，学生的选取全由教授决定。想成为“弗兰克的人”并不容易，要经过很激烈的竞争。特别说来，弗兰克要求自己的学生具备较好的化学基础，实验技能自不待言。但是，一旦被接受，那个人就和弗兰克成了一家人。当时一般的德国教授都很有架子，对待青年人的态度往往很拘泥、生硬。弗兰克则不然，他和学生们相处得很亲密，不但关心学生们的学业，而且关心他们的生活。

诺贝尔物理学奖获得者梅耶夫人上过“玻恩幼儿园”。她回忆过的一个情况很能说明弗兰克的和善性格。有一天她走进一个房间，发现三位教授都在：泡尔教授只对她点了点头，玻恩教授说了声“你好”，而弗兰克教授则和她握了手。

按照当时的编制，弗兰克和玻恩同属第二物理学研究所，而且他们又是老朋友，因而他们相处得十分亲密。他们不但共同管理、领导了研究所，而且共同主持了“物理学讨论班”。在讨论班上，大学高年级的学生和已经开始做论文的研究生们将讨论各种物理学问题，特别是微观物理学方面的问题。

当年有幸参加过格丁根集体的人们，全都记得弗兰克和玻恩之间的密切合作、亲密友谊和无拘无束的意见交流。据玻恩自己说，在格丁根的十几年间，他和弗兰克的每一篇著作都经过两个人的详细讨论，尽管他们联名发表的论文只有两篇。

玻恩的特点是精通数学，擅长把一种物理理论表述成一套完整的数学形式。甚至有人认为他太偏重数学表述，以致影响了物理思想的灵活发展。例如泡利就曾认为，太多的数学会把物理学害死。海森伯也说过，当他那些“格丁根的博学的同行”大谈其厄密矩阵、算符、本征值方法等问题时，他还连什么是矩阵都不知道。梅耶夫人也谈到玻恩注重数学表述，而埃伦费斯特和玻尔则主要强调物理思想。在这方面，弗兰克对理论物理学家们起了很好的刺激作用，他常常提出一些关键性的问题，迫使理论家们弄明白数学形式后面的物理实质。他一直对玻尔佩服得五体投地。他不止一次地提到，玻尔总说自己是一个“业余的理论物理学家”，自称当人们摆出太多的、太深奥的数学表述时他的思想就跟不上了。弗兰克说，在这种意义上爱因斯坦也是一个“业余的理论物理学家”，因为他所特别重视的也同样是物理思想而不是数学形式。我们知道，在当时的量子力学发展阶段中，数学形式往往领先于物理诠释。在那种情况下，弗兰克的参与肯定使玻恩等人获益匪浅。事实上玻恩就曾承认，他提出波函数的统计诠释，在很大程度上是受了弗兰克的启示，因为，弗兰克在碰撞研究中的显著成就，使玻恩意识到“粒子”的概念是不能完全被排除的。

玻恩提出他的统计诠释是在 1926 年。在同一年，人们因弗兰克和赫兹“发现了支配着电子和原子的碰撞的规律”而向他们补发了 1925 年度的诺贝尔物理学奖。格丁根的人们因此而大为兴奋。为了向弗兰克表示祝贺，学生们举行了火炬游行。

在格丁根的 12 年中，弗兰克完成了大量的工作。他除发表了许多论文外，还在他的学生们的博士论文中凝聚了自己的许多心血和创见。他不是那种思想狭窄的单纯实验家，他时常在和同行们讨论问题时提出一些触及物理本质的看法。他和埃尔萨塞的来往就是一个脍炙人口的例子。有一天埃尔萨塞去见弗兰克，表示想做一些实验，因为他读了一篇文章，涉及物质的波动性，因此他认为如果能够做些实验来验证电子的波动性，那将是很有意义的。但是弗兰克却说没必要了，因为美国人戴维森和孔思曼已经做了这种实验，只不过他们自己还没有意识到实验结果的真实意义而已。这就十分突出地显示了弗兰克在见解上远远超过戴维森。弗兰克也向埃尔萨塞建议了一个实验，但是埃尔萨塞搞了一阵却没有得出结果。这就更使弗兰克相信埃尔萨塞是没有实验才能的了。在他的建议下，埃尔萨塞写了一篇分析戴维森－孔思曼实验的短文，投给了德国期刊《自然科学》。这是对戴维森结果的一种很早的分析，后来戴维森在另外的论文中提到了埃尔萨塞的先见之明。因此，冯·劳厄曾经评论说，假如一个实验室什么成绩都没做出，只要有埃尔萨塞这样一篇短文也就可以自豪了。

当然，弗兰克的实验室绝不是没有成绩，相反地是成果累累的。弗兰克在晚年曾经总结说，他一生最关心的，是微观碰撞过程中的能量转化规律。这话说得确实很有见地。事实上，早在柏林时期，他主要研究的就是电子和原子的碰撞。那时，他的某些工作就已经涉及了所谓“第二类碰撞”。这种首先由克莱因和罗瑟兰想到的碰撞过程，就是指低速电子和受激原子的一种碰撞，原子在碰撞之后回到基态，它所放出的能量则转化成电子的动能（而不是辐射出去）。

“第二类碰撞”的直接实验观察是有困难的。弗兰克和他的合作者们观察了在加入外来气体时的荧光淬灭，从而观察了受激态原子在和其他原子（或分子）相碰撞时的“退激”现象。他还和卡里奥一起发现了在和受激汞原子相碰时的氢分子的分解。这种现象成了“活化光化学反应”的一种有名的例证。他们也发现了激发能量从一个原子到另一个原子的传递，这就是所谓“活化荧光现象”。弗兰克也指出了另一种型式的“第二类碰撞”的可能性，那就是一个正离子和两个慢电子相碰而生成一个中性原子和一个快电子的可能性。

弗兰克和他的学生们也研究了荧光的偏振问题。他的学生汉勒发现了外磁场对荧光的去偏作用。这种“汉勒效应”被证实为具有很大的重要性。多年以后，人们才利用这一效应来测定受激态的寿命。

很可能，电子撞击所造成的分子激发，引导弗兰克想到了电子能量和分子振动能量之间的关系。在这方面，他和玻恩进行了卓有成效的合作。他们联名发表了两篇论文，提出和阐述了许多重要的基本观念和理论，例如三体碰撞所引起的分子形成、关于分子光谱的弗兰克－康登原理、连续分子光谱的理论、吸收催化现象，等等。他们在文中使用了现在已经为人熟知的“势能曲线”，并讨论了转动对该曲线的影响。他们在论文中第一次定义并引用了“准分子”的概念，例如他们在第二篇论文中写道：“因此我们发现，在光的发射和吸收方面，一对原子在碰撞过程中将表现得恰恰就像有着非量子化的振动和转动的一个真正的分子那样。”

在一篇题为《光化学反应的基元过程》的论文中，弗兰克第一次阐述了通过振动能级的外推来推导离解能量的方法，叙述了支配着电子光谱中各振动跃迁的强度分布的原理。这一原理经过康登的推广，就成了有名的弗兰克－康登原理。

在后来的年月中，弗兰克的外推方法在他自己和别人的工作中得到了广泛的应用。人们用这种方法来确定或估计离解能量。弗兰克和他的合作者们对带光谱进行了许多研究，主要是关于吸收光谱和荧光光谱的研究。他们解释了所观察到的各种现象，把各振动态追踪到收敛极限的可能性，引导弗兰克进行了定义双原子分子中的离子键和同极键的尝试。他曾设想，核间距离的缓慢增大将按照唯一的方式或是导致离子态或是导致原子态，但是分子态理论的后来发展却证明这并不是普遍成立的。

他也研究了分子性蒸汽中的连续键。这种研究把他引导到了液体中的吸收键这一在化学上更加复杂的现象，甚至也把他引导到了生物学中的光合作用的研究。

总而言之，弗兰克在格丁根不仅继续研究了电子和原子的碰撞，而且一步步地扩大了他的研究领域，把他的工作扩大到了原子和原子的碰撞、分子的形成和离解、荧光现象以及化学过程等问题。

可以相信，假若这样的工作能够顺利地继续下去，那对微观物理学以及其他科学分支的发展必将是很有好处的。然而，不幸得很，人类历史上有时会出现极大的悲剧。1933 年初，希特勒攫取了德国政权，很快地建立了他们那一套反动残暴的独裁统治。德国的犹太人面临着种族绝灭的严重威胁，正直的知识分子受到了粗暴的干涉和迫害，德国的文化、艺术和科学的优良传统受到了毁灭性的破坏和摧残。当时的反动政权对德国各大学进行了丧心病狂的“清洗”，大批的犹太学者受到了解聘、驱逐和逮捕。按照当时的“法令”，弗兰克在第一次世界大战中上过前线，暂时还不在清除之列，而且不是“犹太人”的海森伯也曾劝他和玻恩不必离开（宣称希特勒不会把他们怎么样）。但是弗兰克认为局势已比较严峻。他先是通过自己的国际声望替他的青年合作者们在国外找到了工作，然后就不顾许多好心朋友的劝阻，公开发表了辞职和抗议的严正声明。这种做法在当时是极其危险的。1933 年下半年弗兰克携全家离开了德国。那年 5 月，玻恩和他的家人也已经离开了德国。于是，在不到一年的短短时间之内，格丁根繁茂昌盛的学术花园很快地变成了一片荒芜的沙漠。

四、在国外

离开德国以后，弗兰克到美国进行了短期访问，然后就作为访问教授在玻尔的研究所中工作了一年多。他和玻尔是很好的朋友，但是他没有在哥本哈根长住下来。当时人们刚刚发现了中子，玻尔他们正在下功夫研究原子核。弗兰克曾经打算参加这种研究，但是后来他发现别人已经走了很远，而他自己的年岁较大了，不适宜从头开始这种新的工作了。这或许就是他决定离开哥本哈根的原因之一。

1935 年，弗兰克携家去了美国，在约翰斯·霍普金斯大学当了教授。在此期间，他先后和拉宾诺维奇及列维联名发表了研究溶液中的光化学效应的论文。他也和伍德一起做了实验，和赫茨菲尔德一起进行了理论探讨。这些工作标志着他正式进入了光合作用这一研究领域。

1938 年，弗兰克到芝加哥大学当了物理化学教授。那里有一个专门研究光合作用的实验室，弗兰克当了那个实验室的主任。在他 1949 年退休以后，实验室主任由他的同事和朋友加弗龙继任，但是弗兰克仍然积极参加了实验室的工作。

在芝加哥，除了主要从事光合作用的研究，弗兰克还做了另外一些工作，包括理论性的工作。例如，他和特勒联名发表的论文，倡始“激子理论”对晶体中的光化学变化的应用，推进了人们对摄影感光过程的理解。这篇论文被认为是有基本重要性的。弗兰克曾经很风趣地说，这篇论文的署名应该写成“特勒、特勒、特勒和弗兰克”，因为文章主要是特勒写的，但是他也承认自己提供了基本想法。

作为一位正直的犹太科学家，弗兰克对法西斯势力的反动性是有深切体会的。因此，在第二次世界大战开始以后，为了挫败法西斯党徒统治全世界的妄想，性情平和的弗兰克也不惜中止了自己的学术研究而参加了研制原子弹的计划。他在芝加哥的冶金实验室中领导了化学部的工作。在德国投降以后，他也像许多别的科学家一样密切关注了原子弹的使用所将引起的可能后果。当时冶金实验室的主任组织了一个委员会来考虑原子弹的“社会的和政治的后果”，成员包括三个物理学家、三个化学家和一个生物学家，由弗兰克任主席。1945 年 6 月 11 日，在新墨西哥原子弹试验的 6 天前，他们把一份报告提交给了陆军部长，这就是所谓的《弗兰克报告》。他们在报告中指出，美国政府如果轻率地使用原子弹，就将失去全世界人民的同情，因而应该把原子弹的使用看成重大的政治决策而不应只把它看成军事决策。他们指出了核军备竞赛的危险可能，并反对把这种空前可怕的毁灭性武器直接应用于人类，而是建议首先在一个无人居住的地区显示力量，以威慑敌方。不论人们是否同意这些观点，这一活动本身总是体现了科学家的社会责任感，而《弗兰克报告》也成了世界和平运动的重要文献之一。大战以后，弗兰克没有担任什么政府顾问之类的职务，但是科学家们还是经常和他联系并征求他关于科学家的社会责任的意见。

1942 年，弗兰克夫人在久病之后逝世，这使弗兰克在个人生活方面经受了一次打击。幸亏他的两个女儿当时也已在美国定居；女儿们和她们的孩子们都对弗兰克非常依恋，给了他一定的安慰。1946 年，他和物理学家赫塔·施波纳结婚。赫塔曾在格丁根当过弗兰克的学生，当时也在美国当教授。

大战以后，弗兰克又回到了他的光合作用的研究。事实上，这一课题吸引了他一生最后几十年中最主要的兴趣。在逝世前的几个星期，他还向《理论生物学期刊》寄出了一篇文章，综述了他的关于光合机制的一些想法。

在 1933 年以前，弗兰克已经探明了决定着简单分子和光量子之间的相互作用的许多基本关系。从 1933 年开始，他对光合作用（即复杂分子和光量子的一种特定相互作用）产生了兴趣。他本来希望，在前人和他自己积累下来的关于光合现象的定量资料的基础上，很快就能探明光合作用中把若干个光量子的大部分能量转化成化学能量的那种机制，但是后来却发现问题绝不像起初所设想的那样简单。在几十年的钻研中，弗兰克提出的许多想法受到了某些学者的反对，主要是受到了生物化学家 O. H. 瓦尔堡（弗兰克的博士论文导师 E. 瓦尔堡的儿子）的反对。

争议的双方都是获得过诺贝尔奖的科学家，因而他们二人的分歧绝不是庸俗的意气之争。主要的分歧表现在两个方面。第一，弗兰克坚决认为应该严格按照物理学的基本规律来理解光合作用，而瓦尔堡则认为光谱学的结论、反应动力学和除第一定律以外的热力学对活的细胞不一定适用。第二，关于光合作用中的能量转化效率问题，按照弗兰克等人的测量结果，每转变一个 CO_2 分子需 6—8 个光量子，而按照瓦尔堡的测量结果则只需 2.7 个光量子（这对应于 100% 的能量转化效率）。测量结果为什么会如此不同，并没有最后弄清楚。双方的争议，也没有分出最后的胜负。但是许多人还是逐渐同意了弗兰克的观点。1955 年，为了表彰他在光合作用方面的努力，美国艺术和科学研究院向弗兰克颁发了伦福德奖章。

弗兰克一生诚朴坦直，以平等态度待人，从来不摆架子，也不矫揉造作，从而深受同辈和晚辈的尊重和爱戴，人们不仅乐于向他请教学术问题，而且在生活和工作上遇到困难时也经常去寻求他的帮助。他离开德国十几年，经历了很不平凡的变乱。因此，他在战后第一次返回德国时心理上是很有负担的。他不知道德国人会怎样看待他。结果却是，不但他的老朋友们对他很亲热，而且更多的人们也热烈欢迎了他。从那以后，他又不止一次地访问了德国。

大战以后，弗兰克的身体日渐衰弱，但他的思想仍然清楚而敏锐，科学工作也没有停止。1964 年，他又一次访问德国，会晤了当年的老朋友们。5 月 21 日，他在格丁根安详地逝世。

弗兰克一生获得了许多荣誉。除了前已提到的诺贝尔物理学奖和美国的伦福德奖章，他还于 1951 年获得了德国物理学会的普朗克奖章，于 1953 年和玻恩等人一起成为格丁根的荣誉公民。海德堡大学和德国一些别的大学都授予了他荣誉博士学位。他是世界上许多著名学术团体的成员，并于 1964 年 4 月成为英国皇家学会的外籍会员。

（作者：戈革）

参考资料

[1] J. Mehra & H. Rechenberg. The Historical Development of Quantum Theory [M]. Springer-Verlag, 1982.

[2] O. R. Frisch. What Little I Remember [M]. Cambridge: Cambridge University Press, 1979.

弗里茨·沃尔夫冈·伦敦

（Fritz Wolfgang London，1900—1954）

弗里茨·伦敦

低温领域中的理论家

伦敦，这个名字初看上去，很容易与英国的首都的名字相混。其实，这正是本文主人公的姓氏，他的全名为弗里茨·沃尔夫冈·伦敦。通常人们习惯称他为弗里茨·伦敦，或者，更简单一点，称他为 F. 伦敦。如果不是对低温物理学，特别是对超导物理学和超流动性物理学的早期发展比较熟悉，即使科学界的许多人，也会对 F. 伦敦这个名字感到非常陌生。但如果经提醒，提到基于量子化学的海特勒－伦敦键，人们也许会依稀地想起，噢，原来就是那个伦敦。其实，F. 伦敦的工作绝不只限于化学，他在低温物理学中的贡献更为著名，如今，低温物理学领域中最重要的奖励——弗里茨·伦敦奖，就是以他的名字命名的。1995 年，一部由希腊科学史家伽夫罗格鲁所写的 F. 伦敦的传记由剑桥大学出版社出版，成为国际上第一部低温物理学家的长篇科学传记，披露了许多难得的史料。主要基于这本传记，再加上笔者以前对超导物理学史的研究积累，以及前期对 F. 伦敦的某些初步研究，才使得本篇关于这个并非广为人知，但却又为人极有个性、经历极有特色、思想非常独特，也对某些学科分支作出了基础性贡献的科学家的评传的写作成为可能。

一、早年，从哲学出发

也许，从一开始，F. 伦敦就没有打算成为一位如何了不起的、让人们世代传颂的科学家，所以，与许多重要的科学家不同，有关他早期经历的资料保存下来的非常少，虽然后来一些档案馆也保存了与他有关的通信等材料，但那基本上都是在他成名之后。而有关他早期的身世和经历，即使经他的传记作者的努力发掘，人们现在对他的了解也只能是非常粗线条和非常有限的。

20 世纪的第一年，对于物理学的发展是重要的和有象征意味的一年。那一年，量子的概念诞生，成为物理学发展的一个新纪元的标志。也许是一种巧合，也许是一种缘分，F. 伦敦与他后来一直在研究中打交道的量子概念同年诞生。1900 年 3 月 7 日，F. 伦敦出生在布雷斯劳（此地现属波兰，今名弗罗茨瓦夫）的一个典型的犹太家庭。他母亲是当地一位棉纺厂厂主的女儿，他的父亲弗朗茨·伦敦则是一位数学博士，从 1889 年起，在布雷斯劳大学任教，研究领域为构造几何学，直到他于 1917 年去世时，他仍是波恩大学的数学教授。

第一次世界大战接近结束时，F. 伦敦在波恩的高中学习也结束了。在中学期间，F. 伦敦所写的一些文章在他的一个笔记本中存留了下来。其中基本上是典型中学生式的习作，但有三四篇文章值得注意，包括几篇关于哲学方面的文章，讨论了知识的绝对性问题，以及对认识方法的批评。此外，他以诗化的语言写成的《作为科学家的歌德》一文，则早在 1917 年就与众不同地提出，歌德应被看作一个发展了关于颜色之和谐的美学理论的人，认为歌德可能是根据直觉而把握了各种实体之间的依赖关系，并表达了他对歌德不可抑制的钦佩。F. 伦敦在中学期间还写了几篇哲学论文，如《相对 / 绝对 / 活力》《对我们的知识之绝对性的思考》，以及《对认知方法的批判》等，他当时对哲学问题的独立思考，表现出他后来作为一位理论物理学家的某些特征，而且，在中学的后几年中，他就已经以一种反还原论的方式来进行其哲学思考了。

后来，虽然 F. 伦敦曾几次提到他早年从事哲学论文的写作只是某种巧合的结果，但与几乎所有物理学家明显不同的是，他从大学中获得的学位，也是因其哲学研究。其实，F. 伦敦虽然对哲学很有兴趣，但却并未想当一名哲学家，中学毕业后，他打算到慕尼黑随索末菲去学习物理学。当时，正值新现象学运动的兴起，慕尼黑现象学小组的哲学家亚历山大·普凡德尔是新现象学运动的重要知名成员，他也是一位实在论者，并强调现象学首先是一种方法。有一天，F. 伦敦与普凡德尔一起进行了长时间的关于哲学问题的讨论，并把他以前所写的一些东西交给普凡德尔看。显然，F. 伦敦的观点给普凡德尔留下了深刻的印象，他向 F. 伦敦许诺说，如果 F. 伦敦能把这些内容写成一篇学术性的文章，他愿意作为其导师而接受它为博士论文，尽管 F. 伦敦几乎没有听过普凡德尔的课。最后的结果是，F. 伦敦完成了一篇讨论演绎系统的哲学论文，在法兰克福大学和格丁根大学做了短暂的逗留之后，1921 年 11 月，用他的哲学论文以最优异的学业成绩从慕尼黑大学获得了他的博士学位。这篇论文于 1923 年发表在《哲学与现象学研究年鉴》上，而他的导师普凡德尔正是年鉴的编者之一，年鉴的主编就是现象学的奠基者埃德蒙德·胡塞尔。

F. 伦敦的哲学论文是属于那种比较晦涩难懂的类型，他为自己确定的论文目标，是要“开始考虑一种逆向的步骤，通过这种步骤，理论知识的根本特征得以显露出来并被揭示，当然，不是被证明”。F. 伦敦“是为洞察力而不是为了证明而努力，认为任何其他种类的推理都是非本质的，都是不可能的”。他的论文里的讨论并不涉及诸如在数学中的各种推论，而是涉及原则。他所要问的是：“如果可能获得理论知识的话，这种知识是如何获得的？”

F. 伦敦的哲学论文令人瞩目的特色在于，它将自身置于现象学运动之中，努力要在 20 世纪前 25 年凌乱的哲学场景中，描绘一个侧面，并给自己找到一个合适的位置。虽然从哲学史的角度来说，如果不是对于 F. 伦敦本人有特殊兴趣的话，人们一般不会再提到他的那篇哲学论文，但对于 F. 伦敦本人来说，它不仅使他得到了博士学位，也成为对自己的思考的一种清理，成为一种与众（物理学家之众）不同的训练经历。

二、走入物理学

正如 F. 伦敦后来与一位哲学家朋友的交谈中所讲的，从一开始，他就从未动摇过要成为一个物理学家的决心。几乎在完成了他的哲学博士论文之后，F. 伦敦就已经开始了他的转向，尽管这种转向也仍有一个过程。首先，仍是在相当的程度上与哲学相关，或者说是带有相当浓厚的哲学色彩的研究，但却开始涉及物理学的问题。在完成哲学论文的第二年，也即 1922 年，他发表了一篇题为《确定在物理复合体中之测量的可能性的条件以及相似原理》的论文。这篇论文主要是对 1914 年理查德 · 托尔曼表述的一些想法的反应。托尔曼认为，相似原理提供了一种简单的方法，可以用来发现与物理量相关的函数关系的形式，并利用相似性原理以及物理规律是在一个宇宙中被给定的这一假设，来推导物理规律的有效性。F. 伦敦的论文，则是对托尔曼的预设的某种澄清，即以一种在数学上更好的方式来重新表述托尔曼的许多断言。他之所以对此有兴趣，是因为这种方法提供了以演绎的方式找到物理规律的可能性。出于对认识论的关心，F. 伦敦这篇文章其实主要是写给科学家的，但科学界的反应却令 F. 伦敦大失所望。他这种哲学式地介入物理学的尝试只是遇到了冷落，甚至连他的导师普凡德尔也对之未置可否。在这一次尝试之后，F. 伦敦决定还是到主流的物理学中进行研究。

取得博士学位之后，为得到高中教师资格，1922 年 5 月，F. 伦敦在波恩参加了文职人员的考试，并以非常突出的成绩通过了考试。他做了一年教授科学的助理教师，不过要成为全职教师，还需要再次考试，就在这时，他改变了想法。1923 年秋天，他决定前往格丁根，希望能与马克斯·玻恩一起继续他有关相似原理及量纲分析的研究。但玻恩却对此不感兴趣，反而试图说服 F. 伦敦去做一些直接的物理学研究。一年以后，F. 伦敦先是前去奥斯纳布吕克，在那里他再次开始准备考试，以便注册为高中教师，同时在那里开始系统地学习数学和物理学。在这个平静的中世纪风格的小城中，经过几个月的反省思考，他最后决定去慕尼黑大学随索末菲学习。从 1925 年的 4 月到 10 月，他在索末菲的研究所里工作了 6 个月，与洪尔合作，对一个与带状光谱线的强度相关的问题进行了计算，完成了他在物理学中第一篇真正的研究论文。在当时量子力学发展的早期阶段，对光谱线的研究是索末菲本人和他的研究所的主要方向，但却不是那么合 F. 伦敦的口味。6 个月的学习结束后，索末菲认为，如果 F. 伦敦能与实验研究接触，将对他的思想发展有利。于是通过索末菲的介入，F. 伦敦从 1925 年 10 月起，在斯图加特工业学院作为那里的理论物理研究所所长厄瓦耳的助手开始了他的第一个学术性任职。正是在那里，F. 伦敦开始了他以后再也摆脱不开的量子力学研究。

此时，正是量子力学发展的黄金时代，它已经初步成形，虽然是以矩阵力学和波动力学两种形式存在。F. 伦敦最先进行的研究是关于量子力学的变换理论。在这方面的第一篇论文中，他从雅科比周期系统经典变换理论出发，并把它用于矩阵力学，以能量守恒独立于原子理论的结合原理为条件，表明了从他对矩阵的导数更为普遍的定义的提议中，可以得出在玻恩 - 海森伯 - 约尔丹的著名“三人论文”里的两个矩阵导数定义，并且证明了这一点。他解决了量子力学形式表述中的一个具体的困难。而在写作这篇论文时，他似乎并不知道薛定谔对波动力学与矩阵力学两种形式之等价性的证明。随后，他在另外两篇论文中，得出了著名的量子力学的变换理论，而且表现出对波动力学的偏爱，努力要发现在波动力学的语境中变换理论的意义。其实，与 F. 伦敦相独立，狄拉克和约尔丹也在研究变换理论，而且更为详尽，并最终于 1926—1927 年完成。当 F. 伦敦在阅读约尔丹或狄拉克发表的结果时，他发现其实自己已经非常接近于推导出他们的结果了。

在 F. 伦敦关于变换理论的研究暂告一段落之后，他开始思考另外一些更为本质性的物理问题，这就是统一理论。然而，在当时人们只知道两种基本的作用力，即引力和电磁力。F. 伦敦的计划也带有他的哲学背景，他想要在刚刚问世不久的量子力学的框架中来处理统一理论。1927 年，他撰写了题为《对统一了引力和电磁力的理论的量子力学解释》的论文，目标是要对波函数提供一种几何学的解释，使量子力学的结构类似于广义相对论的结构。实际上，他是在外尔的将引力与电磁力统一起来的方案的基础上进行这一工作的，但在其对外尔理论的量子力学解释中，强调了引力和电磁力之间的差别。当然，F. 伦敦的这一尝试性的方案最终没能成功。但对于这篇论文来说，人们还可以注意到 F. 伦敦后来的工作的一个伏笔，因为他发现，在以几何光学的旧量子论极限为基础的半经典极限中建立位相相干性时，某些量子将具有一个和整数乘以普朗克常数相等的值。这不禁让人想起后来他对超导环中磁通量量子化的预言，尽管要在这两项工作间找出必然的联系也不是那么容易的事。但 1958 年物理学家泡利在其为新版的《相对论》一书添加的注释中就曾评论说，差不多就在波动力学发现之后，F. 伦敦和外尔就认识到了位相因子的重要性。

在此之后，F. 伦敦就完全离开了这一领域，而且再也没有回到规范不变性的问题上来。1926 年 12 月初，F. 伦敦从国际教育委员会得到了一笔奖学金，他想用这笔钱去苏黎世和薛定谔一起工作，并为此写信给薛定谔，告诉他有关奖学金的事。在这封信中，F. 伦敦说他已经停止了对外尔理论的研究，并显然有点不知天高地厚地谈到他认为薛定谔在其 1922 年论文中就已经预示了德布罗意的波粒二象性的观点，而且他还看出了与此问题相关而薛定谔本人却未意识到的“最重要的事情”。但薛定谔的回信却远不那么热情，他表明并不想卷入对波粒二象性提出的优先权的竞争，也没有答应与 F. 伦敦的合作。于是，F. 伦敦只好在苏黎世独立地进行他的研究工作。

三、量子化学的开创者

F. 伦敦于 1927 年 4 月抵达苏黎世，在苏黎世短暂的逗留期间，他虽然并没有能够按其原来的愿望同薛定谔合作搞研究，但却与同在苏黎世的化学家海特勒合作，成功地利用薛定谔的波动力学方法解决了化学中氢分子的共价键问题，从而成为量子化学的奠基者。

其实，氢分子的构成机制问题一直吸引着化学家们的注意，并有众多的研究。但直到 1916 年以后，才由刘易斯以一种半经验性的理论在旧量子理论框架内给出了一套简单的规则来处理这样一种令人费解的化学键。实际上，刘易斯已经提出了共价键的理论，但他的理论在本质上还是一种静态的理论，并没有说明化学键的本质，虽然他将电子论引入了化学，但却没有做到从电子的运动出发来阐明问题，不能说明为什么两个原子能通过“共享”一对电子而牢牢地结合在一起。在量子力学出现之前，人们也曾提出过许多基于旧量子论的共价键动态模型，但它们也都不能解释像氢分子等最简单分子的光谱。现在回过头来看，问题是很显然的：只能根据新的量子力学，才能够揭示化学键的本质。不过，即使在量子力学成形后，虽然在原则上已经具备了用它来解决和计算化学问题的可能性，但一般说来，要让大多数化学家马上就接受这种来自物理学的最新工具，暂时还很有些困难。

由于F. 伦敦未能与薛定谔合作，他离开了基础量子理论的研究工作，转而开始研究量子力学的应用问题。最先，就是化学，当然，后来还有低温物理学。而当时在苏黎世工作的化学家海特勒，正好既熟悉量子力学，又有很强的数学背景，并希望能从事理论物理学的研究。二人会面后，便决定合作分析和计算两个氢原子间的范德瓦尔斯力，尽管最初他们认为这个题目只不过是一个顺带做做的“小问题”。一开始，海特勒和F. 伦敦是要对两个原子的电荷间的相互作用进行计算，但由于库仑积分产生的引力太小，无法解释氢原子之间的共价键。在这种困境下，海特勒回忆说：

> 当时，是苏黎世天气阴晦的一天；[刮着]热风。热辣辣的南风，让人们呈现出各种情态。有的人变得非常暴躁……有的只是昏昏欲睡……直到早晨很晚的时候我才睡了一觉，发现自己完全无法工作……下午又去睡了。当我五点钟醒来的时候，在我面前浮现出——我仍然记得就像那是昨天发生的一样——两个氢分子的两个波函数的画面，它们以一正一负连在一起，其中有交换。我非常兴奋，于是赶紧起来仔细思考这个画面。当明白了确实是交换在起作用，我就给伦敦打了电话；而他尽快赶了过来。与此同时，我已经开始构思一种微扰理论。那天夜里，我们一起工作到很晚，到那时，论文中的绝大多数问题已经很清楚了……嗯，我还不能完全确定，那个晚上我们是否知道我们已经理解了这个问题，不过至少在第二天之前，我们肯定知道了，我们已经掌握了氢分子的构成。而且我们还知道氢原子之间还存在着另外一种作用方式，即两个氢分子的相互排斥作用——这对当时的化学家来说，还是一件新鲜事。好了，剩下的工作就进行得相当快而且容易得多了，当然，我们还要为对泡利原理的恰当表述而奋斗，这在那时还无法做到，还要为与自旋的联系而奋斗……关于泡利原理以及该如何对它做出解释，我们进行了许多讨论。

突破一旦出现，后面的事情就容易多了。他们两人分工写作了那篇开辟了化学研究新纪元、标志着化学的一个分支学科——量子化学的形成的经典论文。其中，F. 伦敦负责的是导言部分、对研究结果的讨论以及结论部分，而海特勒做了计算，并写了对泡利不相容原理和分子力的讨论部分。正是这篇于 1927 年 6 月 30 日提交发表的论文，带来了在分子中的原子间如今我们称之为海特勒 – 伦敦键的概念。在历史上，他们首次使用量子力学证明了两个中性的氢原子能够相互吸引，形成一个稳定的分子体系。他们提出，共价键纯粹是一种量子效应，无法找到经典中的类比。

在 1928 年以后，F. 伦敦继续将注意力集中在分子理论方面，包括对分子力的研究，而且，他还对将群论应用于化学作出了贡献。

20 世纪 30 年代后，化学界中对共价键的处理形成了不同的流派。其中，重要的价键理论的出发点就是海特勒与 F. 伦敦的经典工作。但是，对于多电子分子来说，海特勒、F. 伦敦解决共价键的方法既不是唯一的，也不是最实用的。他们所建议的群论从数学运算来看非常混乱，所以不利于得到一个定量结果。因此，在价键理论之外，美国化学家鲍林和马利肯利用半经验的方法分别提出了共振理论和分子轨道理论，形成了与价键理论相竞争的局面。因为实用性和更具有化学理论的特征，这后两种理论一度在化学界颇占上风。对此，F. 伦敦也曾为捍卫他们的理论而与海特勒反复商议应对的策略。不过，他们把量子力学成功地应用于化学并开创了量子化学这一化学新学科的重大贡献，显然是无可置疑的。

F. 伦敦在苏黎世做了不到一年的助教。1928 年 5 月 7 日，他正式取得了柏林大学哲学系的无公薪讲师资格。在这里，他曾教授多门物理课程。1929 年春季学期，F. 伦敦教授的课程是量子力学与化学；1929 年秋季学期，教量子力学原理；1930 年春季学期，教原子物理与化学键；1930 年秋季学期，教普通力学；1931 年秋季学期，教的是广义相对论。他的课一直教到 1933 年。所有的课程都包括一个历史性导言，遵循了一个相当标准的模式。除此之外，他还参与理论物理学的讨论。在柏林大学的物理圈中，有爱因斯坦、能斯特、冯·劳厄、迈特纳、帕邢等著名人士，当然还有普朗克和薛定谔，也有像 F. 伦敦这样的年轻的成员，如威格纳和西拉德等。这个群体的成员在他们每周三下午的讨论会上，会提交有关当前进展的论文并进行研讨。这样的环境，当然使 F. 伦敦获益良多。

在此期间，关于 F. 伦敦，还有两件事值得一提。其一，1928 年 2 月，F. 伦敦同犹太姑娘伊蒂丝在一次舞会上相识，两人一见钟情，并于 1929 年 12 月 3 日举行了婚礼。其二，一位《自然》杂志很有影响力的编辑向斯普林格出版社建议，说他们应该委托F. 伦敦写一部关于“量子力学对化学的意义”的书。斯普林格出版社同意了这一建议，但此书后来的命运却令人惋惜。从一开始，F. 伦敦就在某些问题上与斯普林格出版社有分歧。最后协议于1929年12月签订，F. 伦敦有一年的时间来准备这本书。但几乎与此同时，剑桥大学出版社也想请F. 伦敦写一本类似的书，F. 伦敦原想将他计划给斯普林格出版社写的书稿英译本交给剑桥大学出版社出版，但因协议等方面的问题，此事终未能谈妥。在与斯普林格签约大约一年之后，F. 伦敦发现在约定的时间内不可能完成《量子力学与化学》一书。因为其他研究者的工作新成果总是不断产生，他想充分了解一下这些新进展，于是他写信给斯普林格出版社要求推迟交稿期限。但直到1933年3月，他还是未能写完，结果斯普林格出版社再次写信给F. 伦敦，要取消合同。经过一番努力，斯普林格出版社同意合同继续有效，但接下来，F. 伦敦就因纳粹党颁布法令而被迫辞职前往英国牛津了。虽然到牛津后克拉伦登出版社又要求出版此书的英译本，但直到1935年，F. 伦敦终于下决心放弃了努力。最后，这本书完整的手稿保存在美国杜克大学的弗里茨·伦敦档案馆里。

四、超导理论

1933年，随着纳粹政府的成立，以及这个政府在其掌权后很快就颁布的《职业文职人员修正法》等一系列法律法令，德国大学中的犹太教职员马上面临着失去职位的困境。对此，F. 伦敦在一开始并没有明确的意识。1933年初，他甚至还在为下学期要在柏林大学讲授的一门名为“光的粒子理论”的课程做准备。转眼间，一切都变了。在冯·劳厄的建议下，5月5日，F. 伦敦给教务长发了一封信，要求获准休假一个学期，但仅仅在第二天，另一部要在大学中清除犹太人的法令就颁布了。在此情形下，F. 伦敦只好自己提出辞职。为此，他曾在一封很可能是写给普朗克，并同时也是写给冯·劳厄的信中明确地表达了自己的心情和想法：

……到目前为止，我还没有明确地被禁止作为无公薪讲师进行教学，但这件事只是一个巧合，我不想错过这个机会。只要主流的态度是认为犹太人在传播一种必须与之战斗而且对德国精神有害的精神，我们的自尊心就要求我们应该以一种在公众舆论面前有尊严的方式撤离出来，我们不应为我们仍然拥有的权利而战斗。正如你所知道的那样，对许多人来说，已经不可能继续他们的职责了。

在此大约一个月后，F. 伦敦得知，英国的牛津大学正式为他提供了一个职位。在此之前，爱因斯坦曾访问牛津大学，他说服了在牛津大学的林德曼，让林德曼相信，接收几个寻求避难的德国物理学家，让他们到牛津大学工作两到三年，这将是有用处的。在最初设想的可能人士中，就包括 F. 伦敦。而索末菲为牛津大学的位置推荐了 F. 伦敦。结果，在帝国化学工业有限公司（简称“帝国化工”）一项研究基金的资助下，1933 年 9 月，F. 伦敦和他的夫人从德国来到英国牛津，并终于可以继续其在德国被打断的研究工作了。

按照 F. 伦敦的传记作者、希腊学者伽夫罗格鲁的说法，F. 伦敦在牛津期间，有三个人对他的研究工作具有特殊的重要性。其中，第一个人，就是牛津大学的实验哲学教授林德曼，他将 F. 伦敦从德国请来。第二个人，是林德曼从德国请来的低温物理学家西蒙，他想要在牛津大学建立一个最好的低温物理学研究中心，也正是他在低温物理学中的实验工作，对 F. 伦敦转向超导研究起了决定性的作用。第三个人，就是 F. 伦敦的弟弟海因茨·伦敦（H. 伦敦）。

H. 伦敦出生于 1907 年，比他的哥哥 F. 伦敦小 7 岁。F. 伦敦因为是家中的长子，所以他觉得自己应该负责引导海因茨，而且他的一生都在这样做。这两位兄弟之间一直保持着紧密的联系。从 1926 年起，当 H. 伦敦开始受高等教育时，他进入了波恩大学、柏林工业大学以及慕尼黑大学。在哥哥的坚持下，他额外多学了一年的化学。1931 年，他开始了研究生的学习。当西蒙 1933 年 8 月到达英国时，除了安排带去必要的氦液化器装置，为了能够创立低温物理学研究小组，他要求应该为他的两名助手提供工作位置，他要求的助手其中一名就是 H. 伦敦。1933 年底，H. 伦敦成为在德国大学中最后一批获得博士学位的犹太人，随后就加盟到西蒙的研究小组中来。而 F. 伦敦则是这个研究小组的理论顾问。

H. 伦敦在从事有关检测超导体电阻对频率的依赖性的实验的过程中，逐渐地形成了一些有关超导体的热力学的理论想法。其一，是电子的惯性推动超导电流在一个很小而且有限的“穿透深度”里流动。其二，就是在超导体中存在正常电子。这第二种想法，实际上就是对超导体的二流体模型的最初而且最原始的表达。关于超导体穿透深度概念和二流体模型，曾有不同的人分别提出，但在正式的出版物中，却都不是与 H. 伦敦的名字相关联。用来解释超导体的电子的加速方程和相应地得出的穿透深度概念，最初是由贝克尔、黑勒、索特于 1933 年以经典麦克斯韦方程为基础提出的。早在 1925 年，洛伦兹的女儿德哈斯女士也曾提出过一个类似的建议。关于超导体的二流体模型，是 1934 年由戈特和卡西米尔最先在其超导热力学理论中提出并发表的。因为 H. 伦敦从不急于发表任何他没有透彻考察的东西，直到 1934 年，他才在论文中系统地表述了这些想法。

在牛津大学的最初几个月里，F. 伦敦没有研究任何具体的东西。不过，在某种程度上，他已经完成了他原订的在原子－分子作用力方面的研究计划。西蒙的出现则搭起了新的舞台，他的弟弟 H. 伦敦关于超导电性的上述想法，也是一个重要的刺激因素。再加上 F. 伦敦个人对其研究计划的思考，他终于从此转向了低温物理学的研究。这是以他在超导体电动力学理论上与 H. 伦敦的合作而开始的。

在牛津时，伦敦兄弟住在一起，经常每天一起工作几个小时，对于他们的理论合作研究结果的得出，F. 伦敦的夫人伊蒂丝曾有一段生动的回忆：

> 我们家是一座两层的楼房。我正在厨房做饭，突然间，楼上的房门被弗里茨打开。“伊蒂丝，伊蒂丝，来呀，我得到它了，快上来，我得到它了。”也许是风把门给吹得关上了。我不知道楼上发生了什么事。我放下手边的一切，跑上楼，这时，房门在我面前打开，我前额被碰得肿了一个星期。弗里茨说：“方程建立了。我们有了解。我们能解释它了。”

在伦敦兄弟的理论中，他们把抗磁性当作是一个理想超导体的固有属性，而不仅仅是理想导体的一个推论，认为超导电性的理论要求一种全新的关系，其中，电流不仅仅是与电场相联系，而且也与磁场相联系。实际上，H. 伦敦在他的博士论文中提出的加速方程就包含有电流和磁场对时间的导数，当他们意识到这个原始的加速方程可以在不必添加一个积分常数的情况下积分时，突破就出现了。这样一个假定将带来超导体的电动力学，它与零电阻和迈斯纳效应都相一致。到 1934 年 9 月底，伦敦兄弟已经基本上完成了他们的超导体电动力学的唯象理论。他们的论文在 10 月 22 日由林德曼寄往皇家学会，审查者用了不到一个月的时间，就在没有重大改动的情况下接受了它，并于 1935 年以《超导体的电磁方程》为标题发表在皇家学会的会议录上。在尚没有成功的超导体的微观理论出现的情况下，伦敦兄弟的超导体电动力学理论是第一个可以用来比较完整地描述包括迈斯纳效应在内的超导体行为的理论。即使后来有了相对成功的超导微观理论（BCS 理论），伦敦兄弟的超导唯象理论也仍然有其自身的价值。

在其论文中，伦敦兄弟假定电子因某种形式的吸引而被耦合，认为这样电子的最低能态就可以被一有限的距离同激发态分开了，这可以说是关于能隙的最早的建议。

1935 年 5 月 10 日，F. 伦敦被邀请参加在皇家学会举行的关于“超导电性和其他低温现象”的讨论。在这里的发言者，包括麦克伦南、玻尔、德·克罗尼希、布里渊、迈斯纳、凯索姆、德哈斯和门德尔松等著名的人物。F. 伦敦在会议上的发言，除了介绍他们的理论，还进一步提出可以把整个超导体看作一个单个的大抗磁性原子的想法。这样，通过一些计算，F. 伦敦提出，在加上外场时，由于长程有序，它使动量的局域平均值在空间中一个很大的距离上保持为常数，在超导体中的平均动量并不改变。甚至在有磁场存在时，这种有序也将保持。有序的基态被看作是延伸贯穿于整个金属的单个的量子态。正是这些考虑，使伦敦首次提出关于超导电性是一种宏观量子现象的观点。

虽然 F. 伦敦在超导理论的研究上有了重要的进展，但在其他方面却又遇到了新的问题。他被告知，资助他在牛津工作的帝国化工研究基金将于 1936 年 8 月 1 日到期。他又在工作职位的问题上面临着新的困境。他曾尝试写信询问在美国的大学里就职的可能性，但却没有得到理想的答复。而且，祸不单行，1935 年秋天，伊蒂丝又生下了一个死胎，这也让他从德国赶来的母亲受到打击。1936 年春天，他还因从火车车厢中掉下来而折断了肋骨。在寻找新职位的周折中，他甚至动了念头要去申请英国霍尔大学学院的一个初级的工作位置，后来听了他人的劝说才放弃了这种想法。北京的一所国立大学曾想为他提供一个职位，他又相当不愿意接受，因为他希望能被提供某种来自皇家学会或英国任何其他机构的研究职位。幸好，通过朋友们的帮助，帝国化工决定在资助他的基金正式终止之后，每月再为 F. 伦敦提供 20 英镑，为期 6 个月，这才算是解了燃眉之急。困难的最后解决，是法国的朗之万为 F. 伦敦提供了一个在巴黎的彭加勒研究所中的研究职位。时间是从 1936 年 10 月 1 日开始。

在完成了超导体的唯象电动力学理论之后，F. 伦敦在超导方面的另一重要贡献，是他对其超导电性作为一种宏观量子现象的观点的系统阐述。虽然这一观点的最初浮现是在他 1935 年在皇家学会的讨论中，但到了法国后，他在为获得博士学位而向巴黎大学提交的论文中，又以分析的方式表达了这些想法。此论文于 1937 年以《超导电性的一个新概念》为题正式出版。不过在此阶段，他虽然使用了量子力学的语言，却还没有明确地把超导电性当作一种宏观量子现象来对待，主要还是沿着准经典的线索来思考，把对“宏观”的用法限定在一个描述性的框架内。

随后，F. 伦敦把自己大量的精力用于液氦的超流动性的研究，在巴黎时，甚至还研究了量子力学的测量理论，但他仍然没有放弃对于超导问题的思考。20 世纪 40 年代末，他计划写一部关于超导电性和超流动性的书。闻知此讯，好几家著名的出版社都有要出版该书的意向。在他最初的计划中，此书包括三卷：《超导电性的宏观理论》《超流动性的宏观理论》和《分子理论》。最后，实际上只有前两卷得以完成和出版。而且，这次他的写作依然进展缓慢，因为他依然不断地对手稿进行修改。第一卷最后终于在 1950 年 11 月 22 日问世，而他仅仅修订校样，就花去了两个来月的时间。在这本书中，他站在个人的立场上，更为系统地讨论了超导态可能存在的条件，为此，F. 伦敦考察了关于电子群的宏观电动力学和量子力学之间的关系，提出超导体中的电子在它们不易受到外磁场干扰的意义上，其波函数应该是刚性的。更令人惊讶的是，他在该书第 152 页的一个脚注中，居然明确地预言了大小为 hc / e 的磁通量子。这一预言直到又过了 13 年后，才得到了实验的证实，其间只差一个 1/2 的系数，而这，主要是因为当时还没有对超导体中电子对概念的认识。这一预言突出地表现出了 F. 伦敦惊人的物理洞察力。

对于这部超导名著，曾成功地提出了“相干长度”概念并提出了“非局域”超导唯象理论的英国物理学家皮帕德曾评论说，“在 15 年间伦敦理论的基本框架没有本质的改变，这一事实不应被视为保守性的证明，而是该理论原始形式中的逻辑优美的证据”。而 F. 伦敦的观点，也确实对后来超导微观理论的提出奠定了某种基础。后来，超导微观理论的提出者、两次诺贝尔物理学奖获得者美国物理学家巴丁曾不止一次地提到，通往理解超导现象的最重要步骤是由 F. 伦敦认识到的，即超导体是一个宏观量子系统。正是 F. 伦敦，首先跃过原子和分子的微观世界，认识到了超导电性（以及液氦的超流动性）来自量子现象在宏观物体尺度上的表现。

五、液氦研究

F. 伦敦到巴黎之后，继续其超导的研究，同时，也开始越来越多地把注意力转向了对液氦的超流动性的研究。

早在1908年，荷兰物理学家卡末林·昂内斯成功地液化了氦，这是地球上最后一种被液化的气体。此后，一直到30年代，随着对液氦研究的不断深入，科学家们发现了液氦的种种神奇的特征，如在比热上的反常，特别是其超流动性，即在其流动时摩擦力或黏性消失的特性。然而，像超导电性现象一样，对液氦的超流动性的解释也一直是让理论物理学家们大伤脑筋的难题。

1937年11月，范德瓦尔斯百年纪念大会在阿姆斯特丹举行。F. 伦敦出席了这次大会，但却没有提交论文，因为他觉得自己一时没有做出什么新的研究成果，实际上，他此时正在仔细思考未来的工作方向。这次会议上有若干有关液氦研究的论文，特别是梅耶等人有关使用经典统计力学来尝试解释凝聚现象的工作。正是梅耶的这一工作，将F. 伦敦的注意力引向了玻色－爱因斯坦凝聚理论，当然，这也与他受到弟弟H. 伦敦观点的影响有关。他一回到巴黎，就开始狂热地工作，提出液氦超流动性的突然出现可以被看作是这种特殊的凝聚的开始，因为氦是一种服从玻色－爱因斯坦统计的气体。而且，他最初的计算给出的结果与实验的测量值惊人地接近。他简直是高兴极了，因为这不仅可能解释超流动性现象，而且这一方案也是与他提出的宏观量子现象观点相关的另一个事例。

F. 伦敦就有关的想法写成的论文于1938年4月发表在《自然》杂志上，在此前不久，F. 伦敦也把这一想法告诉了匈牙利物理学家蒂萨。F. 伦敦在《自然》杂志上的短文讨论了液氦的λ点转变问题，他在论文中表示，希望这种机制能在未来为人们在氦Ⅱ中观察到的输运现象提供某种解释。这一年年底，他在《物理评论》上发表的论文中，又进一步尝试对液氦的性质提供了解释。

就在F. 伦敦告诉了蒂萨他对玻色－爱因斯坦凝聚的想法之后，不到一天的时间，蒂萨就粗略地得出了他关于液氦的二流体模型理论的初步想法。1938年5月，在F. 伦敦的原始短文发表仅仅一个月之后，蒂萨的文章也发表在《自然》杂志上。在这种模型中，液氦在λ点由正常流体和超流体两部分构成，随着温度的继续下降，超流体的成分不断增加，到绝对零度时，液氦就全部由超流体构成了。实际上，蒂萨的二流体模型是第一个说明了超流氦的许多性质的唯象理论。

然而，F. 伦敦对蒂萨的二流体模型却并不赞同，相对来说，他还有些保守，他所集中关注的，是要理解λ点转变而不是说明超流氦的性质。因而，他觉得蒂萨有些过于急躁了，或者，用蒂萨自己的话来说，就是在发令枪鸣响之前便“抢跑”了。但抢跑有时也是一种策略，毕竟二流体模型一提出，便受到了人们的关注。至于F. 伦敦本人，直到 1946 年的剑桥低温会议时，他才接受了蒂萨的二流体模型，放弃了自己要构造一个分子理论并且通过与超导性的类比来解释超流动性的尝试。

在对液氦的理论研究方面，另一位重要的人物是苏联物理学家朗道。不过，F. 伦敦与朗道之间的关系，以及彼此对对方理论的态度却是相当耐人寻味的。其实，早在朗道 1929 年访问欧洲的时候，他们二人就曾在 F. 伦敦的家中会过面并长谈。不过，F. 伦敦显然不喜欢朗道，认为他虽然是一个出色的物理学家，但却过于傲慢。此后，他们可能就再也没有见过面。后来，当朗道开始研究超导问题时，他也从未承认 F. 伦敦所作的贡献的重要性，至于在液氦的理论研究方面，这二人同样彼此针锋相对。正如 F. 伦敦的传记作者所总结的那样，如果说 F. 伦敦和朗道有什么共同之处的话，那就是他们彼此都极不喜欢对方。

在朗道的诸多工作中，液氦研究占有重要的地位。他甚至曾说，全部理论物理学可以分成两个同等的部分：理论物理学自身和关于氦 II 的黏性的理论。在 20 世纪 40 年代，朗道尝试通过对流体力学变量的直接量子化来构造一个关于液体的量子理论，在此理论中，无须直接提及原子间的作用力。他考虑的是液体的整体而不是单个原子的量子化态，并从考虑绝对零度的流体状态（这是它的基态）开始。因此，在朗道的理论里，氦作为激发移动的背景液体，其中只存在一种流体——液氦。在某种意义上，基态和激发分别扮演了超流体和正常态的角色。这一理论的一个重要推论，是对于“第二声”这种与温度相关的波动的预言。对于“第二声”的实验验证，曾经历了曲折的过程。最后，在 50 年代初终于有了与朗道的预言相一致的对第二声声速的实验测量后，F. 伦敦仍然不同意朗道的理论。在他看来，朗道的成就是基于一种完全不可接受的循环：看似来自他的理论的超流动性机制，只不过是一个原本从纯粹直觉基础上推演出来的数学表述。而且，他认为朗道在其理论中引入实体，却没有恰当地说明它们的本体论状态，在建立理论的时候，实验结果被隐含地认为是已知的，当实验结果与预言不符时，就对激发的能谱进行随意的调整。反过来，朗道则用“病态”一词来形容 F. 伦敦在超流动性方面的工作，在这种用法中，“病态”一词是指 F. 伦敦的工作没有基于正确的物理学原理。

F. 伦敦认为需要用统计理论来解释超流动性的观点，以及他对朗道理论的怀疑态度，直到他生命的尽头都几乎没有改变。在这个过程中，他继续从事有关液氦研究的第二卷的写作。在此书中，他仍旧对二流体模型十分热衷。此书的写作和出版准备工作也持续了相当长的时间，直到 1953 年 5 月，手稿的最后草稿才被送到出版商那里。

后来，他又几次要求调整其内容。最后，直到他去世之后，该书才于1954年11月4日正式出版。

在巴黎工作了一段时间之后，面对未来工作的几个有限的机会，F. 伦敦最后接受了美国杜克大学提供的职位。1939年夏天，去美国的船票非常紧张，为了得到船票，F. 伦敦不得不向代理商行贿。他们一家人原来打算乘“雅典人号”，但在最后的时刻，由于他们持有德国护照，没有被“雅典人号”接纳。1939年9月1日，他们改乘“法兰西岛号”离开南安普敦前往美国。也就在这一天，德国入侵了波兰。对于F. 伦敦来说，塞翁失马真正成为幸事：9月3日，“雅典人号”被德国潜水艇的鱼雷击沉。

六、终曲

当F. 伦敦于1939年秋到达杜克大学时，他已是相当地身心疲惫了。在经历了连续不断的搬迁和有时甚至以尊严为代价的寻找工作位置的折磨后，他十分渴望平静，而美国北卡罗来纳州达勒姆的杜克大学，可以说正是这样的一个地方。不过，在另外一些方面，情况也并非十分理想。F. 伦敦是一个非常认同欧洲文化的人，在美国，他还很不适应，与外界的交往并不多，几乎为美国的南方所遗忘。在这个新世界中，他近乎是一个失落的人。

在杜克大学，他讲授“化学物理”和“统计物理”课程。他的讲课经常因其历史的内容而打动听课的学生。在刚到美国3年多的时间里，他甚至没有发表任何文章。不过，他还继续保持着对科学研究前沿，特别是有关超导和液氦的超流动性的研究的关注。后来，他也陆续发表了一些论文，并参加了一些在欧洲和美国国内举行的物理学会议，但却再也没有做出以往那样重要的工作，只有对二卷本《超流体》的写作是一个例外。

除了教学工作，偶尔地，在20世纪50年代，他也曾有机会为政府做些工作。例如，1950年，美国海军武器实验室曾为F. 伦敦提供一份在它的理论物理学组中的兼职工作。要他每年用两到三个月的时间在那里，并给他与大学所得同样的薪水，工作的内容是要求他研究那些与该实验室研究方向的量子力学解释有关的、涉及固态物理学的问题。但F. 伦敦拒绝了这一邀请。后来，洛斯阿拉莫斯国家实验室的低温小组也为伦敦提供了一个顾问职位，工作包括对处于进展中的研究和已计划的进行研究讨论，并组织关于液氦的研讨班。这一次，他没有拒绝，并在1953年4月通过了原子能委员会的安全审查。

1953年3月初，F. 伦敦收到来自荷兰皇家科学院的通知，说他已被授予了洛伦兹奖章。他获得该奖是因为他对共价键的研究、在量子力学的基础上对范德瓦尔斯力的解释、超导唯象理论的建立，以及他对低于 λ 点的氦的性质的解释。在F. 伦敦之前，只有普朗克、德拜、索末菲和克拉默斯获得过该奖章。F. 伦敦是第五位获奖者，也是第一位获此奖章的美国公民。在获奖演说中，他以一种生动的比喻谦虚地形容了自己的工作和贡献：

> 科学就像一场橄榄球比赛：某人把球投出去，另外某个人接住它并带到远一些的地方，然后球又被再次从手中抛出。单个个体的价值是难以评估的，尤其是如果这场比赛仍然在进行之中。我很幸运间或能拿一会儿球并把它带远一点。

从1948年夏天开始，F. 伦敦的健康状况开始变坏，在最后几年里，他也变得越来越孤僻。因为健康问题，他无法跟上战后美国科学生活的快节奏。与此同时，他也感到无须如此，因为他相信超导问题即将解决，关于超流体也有了新的建议，这些建议将尝试对他和朗道的观点进行综合。总而言之，他关心的有关宏观量子现象研究的纲领只留下为数不多的几个目标有待完成。

早在1946年，一位纽约的心脏病专家就告诉F. 伦敦，说他的心脏病非常严重，恐怕难以正常地活过8年。但他还是活了下来。8年后，1954年3月29日，他还与家人和朋友们一道在一家咖啡馆中度过了一个美好的夜晚。就在第二天上午，F. 伦敦永远地离开了这个世界。

（作者：刘兵）

参考资料

[1] Kostas Gavroglu. Fritz London：A Scientific Biography [M]. Cambridge：Cambridge University Press，1995.

[2] 刘兵，章立源. 超导物理学发展简史 [M]. 西安：陕西人民出版社，1988.

[3] 刘兵. 著名超导物理学家列传 [M]. 北京：北京大学出版社，1988.

[4] L. W. Nordheim. Fritz London，1900-1954 [J]. Phys. Today，1954.

[5] M. J. Klein. 近代物理学家传记 [M]. 欧阳鸰，金怀诚，译. 北京：科学普及出版社，1985.

恩里科·费米

（Enrico Fermi，1901—1954）

恩里科·费米

“19 世纪式”的现代科学家

费米的整个生命是属于20世纪的：不仅他的科学工作，甚至他的主要活动，都与现代物理学紧紧连在一起。与众不同的是，在物理学发展如此迅速、分支领域复杂繁多的20世纪，他能够同时在理论和实验两个方面都取得卓越的成就。这种才华横溢、在不同领域都能高耸于群的科学家，在19世纪以前还能普遍可见，而在20世纪却极其罕见。因此，人们赞叹他为“19世纪式”的现代科学家。这是罕见的，但又是可以理解的，可以在他所处环境中找到历史的缘由。

今天，人们从费米留下的足迹中想必还能得到一个启示：在一个已经衰落的国土上，如果崇尚科学精神，珍爱科学人才，也可能重新开放灿烂的科学之花……

一、出类拔萃

1901年9月29日，恩里科·费米出生于意大利罗马铁路部门的一个职员家里。他是这个家庭3个孩子中最小的一个，但并不因而受到溺爱。他开始懂事、接受知识的年代，正是物理学从“经典”进入“现代”的那些一日千里的岁月。

费米出生的前一年，普朗克提出了量子论，从此，物理学进入了全新的世纪。1905年，爱因斯坦发表了狭义相对论；1911年，卢瑟福发现原子结构；1912年，冯·劳厄实现X射线在晶体上的散射；1913年，玻尔提出量子轨道和对氢原子光谱的解释……这是现代物理学的青春时期。人们谈论着物理学，简直拿它作为唯一的科学。物理学的“冲击波”冲击着知识领域的各个角落，即使小费米也时常听到一些他并不理解的“物理新闻”。小费米精力过剩，在大量的课余时间里，他找书看、想问题，试图自我解答疑难。有一次，他从书上看到$x^2+y^2=r^2$，据说这个方程表示一个圆。为了弄清它，小费米独自经历了一场艰苦的“思维战斗”，终于取得胜利。那时，他才10岁左右。

书，成了小费米最重要的生活伴侣。可是，家里并非书香门第，没有什么藏书，也没有可能进行指导。好在他那聪颖过人的哥哥多少能够帮助他，而在哥哥意外去世之后他又遇上一个同名的同学——恩里科·帕西科。两个恩里科很快就发现：他们之间的共同点远远不只是名字而已。他们俩一起上学、游戏，更是一起看书；他俩对自然知识的兴趣几乎完全一样。每逢星期三放学之后，他们就到露天市场的旧书摊上看书，或者买了、借了回来轮流阅读。

孩子们最喜欢在一起玩陀螺。但是，很少有谁像这两个恩里科那样注意到陀螺的奇怪运动：一个正在急速旋转的陀螺，它的轴为什么总是保持竖直向上？如果起先不那么竖直，后来也一定会竖直起来。尤其令人困惑的是，当陀螺的运动逐渐慢下来时，这个轴便开始倾斜到与地面形成一个夹角，这时陀螺的顶部也就画出了一个圆……为了探究这些奥秘，他们翻遍了所能得到的书，结果完全失望。于是，问题就在费米的脑海里翻滚，直到他从各种不可思议的几何特性中想象到了一种解释以后，才觉得心满意足。

往往是这样：谁越是对科学感兴趣，科学向他提出的难题也就越多。1914 年秋天，费米的心绪又为一种奇怪的几何学所萦绕。一天，他放学之后照例经过父亲工作的办公大楼，陪着父亲散步回家。同路的还有一位他父亲的同事 I. A. 阿米迪，他同小费米聊了起来。费米问：“真的有一种几何学，它的主要几何性质用不着测量概念吗？”阿米迪说：“对，它就叫作射影几何。”费米又问：“但是，这种性质又如何用于实际，比如说，为测量员或工程师所应用？”阿米迪尽力作了解释，第二天还带来一本关于射影几何的名著给了小费米，因为其中的一篇序言谈了这个问题。几天之后，费米告诉阿米迪，除了序言，他还读了头三章，但还想看完全书。大约过了两个月，他把书还给阿米迪说，他已经证明了书里的全部定理，并且解答了书末所附的 200 多道习题。

想到这些习题有不少是不易解答的真正难题时，阿米迪十分惊奇。对于这个小家伙儿，最初阿米迪也许漫不经心，但从这时起，他就刮目相看了。一个 13 岁，另一个 37 岁，两个人便这样交上朋友，经常讨论数学和物理问题。后来的 4 年时间中，在阿米迪的帮助下，费米顺利学完了一系列科学著作，包括解析几何、微积分和理论力学。费米自己还轻松地学完了向量分析，读过至少一本工程师手册。此外，他还和帕西科一起，运用他们所掌握的物理知识，以自己制作的简陋仪器进行了一些精确的测量，例如罗马地区重力加速度的值、罗马自来水的密度以及地球的磁场等。

1918 年夏天，费米跳读了第三学年而得到了中学毕业文凭。一个问题出现了：他是否该在罗马大学注册入学？费米同阿米迪商量好之后，决定投考比萨大学的高等师范学院物理系。

这是一所培养高级研究人才的学府。学费可以免缴，但必须通过竞争性的严格考试。为此，费米按照指定题目写了一篇应试论文《声音的特性》。这篇论文一开头便应用了微分方程，这使得主考人 G. 毕塔雷里教授惊讶万分，以致特地约费米见了面。当完全证实了费米的真才实学时，他感慨地说，他在这么长的教学经历中还从未见过像费米这样出类拔萃的人才。1918 年 11 月 14 日完成的这篇相当于研究生水平的应试论文，标志着费米科学生涯中的新起点。

据说，意大利人的鼻子颇有特点，它能反映一个人的气质。费米的鼻子又直又尖又细，很有特征。他是个直率的、有自信心的人，但不狂妄自大，他勤学、求知欲强，但不矫揉造作；他很有独立见解，但不主观偏激。在比萨大学的几年中，他正是那样。那时，他轻易地通过了课堂上讲授的经典物理，而把主要时间用于扩展现代物理和纯粹数学方面的知识。不久，费米和他一位要好的同学弗朗科・拉赛蒂成了尖子学生，得到物理实验室主任 L. 普仙蒂教授的器重。这位教授博学多才，也曾做过不少物理研究，后来年纪大了，知识也落后了。他知道自己关于现代物理的知识不如这两个学生，于是虚心地向自己的学生请教。费米给老同学帕西科写信说，他在比萨大学是量子理论的权威，甚至教授们也由他去教现代物理学。

这不是狂妄，而是自信；爱惜人才的长者都懂得，它是一种可贵的科学素质。自信与狂妄毕竟是两回事，狂妄伴随无知、阻滞上进，而自信却使人勇于进取、富有创造。1922 年夏天，费米以这样的进取心和创造力结束了他的大学学业。

按照惯例，博士学位论文应是关于某项实验的课题。费米选的是《伦琴射线的实验研究》。公开讲演的那一天，虽说是酷暑的 7 月，但讲演大厅却挤满了人。他从容不迫地宣读了自己的报告，听众们报以热烈的掌声。尽管主考先生们并不怎么理解，但仍以“magna cum laude”——“成绩优异”授予费米这一应得的学位。三天之后，费米又以一篇关于概率论的论文获得了比萨大学的毕业证书，并再次得到最高评语：magna cum laude。

二、意大利物理学的希望

在20世纪头两个10年的欧洲，人们在谈论物理学时几乎不会想到意大利。那些令人眼花缭乱的物理学最新发现，竟没有一项与意大利沾边。物理学史上的“比萨时代”早已过去了。但是，这意味着落后的意大利就没有希望吗？当然不是。在罗马科学界，至少有几个人正在思考着“意大利物理学的复兴”，他们中的O. M. 考宾诺——罗马大学物理实验室主任，是一个颇有民族抱负的物理学前辈。

这时，费米正要告别比萨，回到罗马。比萨是近代物理学的诞生地。在这里，伟大的伽利略生活和工作过相当一段时间。费米在将近4年的日子里，几乎天天都和他的同学从那座著名的斜塔附近走过。伽利略的科学思想和杰出才能曾经带来了意大利物理学的光荣，熏陶了几代欧洲人。现在，伽利略的伟大名字激起了费米内心的一种精神力量。

回到罗马使费米有机会接触到罗马科学界的现实。可是，生活远非那么安定，一个正式职务并不容易得到。1925年春天，在经过了一段出国进修和回国代课的生活之后，费米离开罗马来到佛罗伦萨大学当了“自由教师”。

佛罗伦萨大学物理实验室坐落在一个小山上，它旁边正是伽利略凄惨的晚年生活的地方。可是，这个僻静的环境倒也提供了思考问题的场所。在这里，费米继续进行了一项项的理论研究。令他感到愉快的是，老同学拉赛蒂也在这里任教。他俩合作了一项关于在交流磁场中谐振光的消偏振实验，它也是费米做过的第一个重要的实验。直到这时，费米已经发表了将近30篇论文，大都是在理论方面。这些成果中，最重要的是关于一种微观粒子（遵从不相容原理）的统计规律的发现。

这是一个伤人脑筋的问题。差不多从1924年春天起，费米就花过心血。但他在考虑一种假想的理想气体的运动时，总是觉得有点什么不完备，而一时又找不出来。1925年，奥地利人泡利提出的不相容原理给了他很大启发。根据泡利的说法，在围绕原子核的每一轨道上，不能允许有两个或两个以上的电子同时存在，用物理学家的话说，就是在一个原子中不能有两个或更多的电子处于完全相同的状态（即它们的四个量子数完全相同）。费米由此而联想到他的问题：如果设想两个气体原子也不能具有相同的速度，或者换句话说，在理想的单原子气体分子所可能存在的任何一种量子状态中，仅仅能够有一个原子，那么，疙瘩就解开了。这一思想，很快就使费米得出了关于气体运动行为的一整套计算，即“费米统计”。1926 年 3 月 6 日，他关于这一统计方法的著名论文《论理想单原子气体的量子化》发表之后，不少知名的物理学家（包括泡利和索末菲）便做了推广，使它在原子物理和核物理领域获得了普遍的意义。

当费米构想着他的统计理论时，考宾诺和他在数学界的几位朋友正在罗马提出设立理论物理讲座的建议。这个讲座在意大利历史上也是第一个。1926 年春天，他们提名费米来担任这个讲座的首席主讲，当时，费米像是一颗正在科坛升起的明星，而考宾诺他们立即认准他是意大利物理学复兴的最大希望。在费米决定来罗马的同时，考宾诺还聘请了拉赛蒂，并且继续物色人才，以他们作为骨干办起了物理系和物理研究所。接着，费米、拉赛蒂亲自挑选学生，第一个被看中的是 E. 塞格雷（他后来成为世界知名的物理学家，获得了 1959 年诺贝尔物理学奖）。他们发现人才，并不依赖“职业介绍”或“招聘广告”。他们注重的是科学的志趣和才能，是那些可能成为物理学家的科学素质。这样，一个以费米为首的志同道合的青年物理学者的集体，在短短的时间内就形成了。他们的年龄差别是微小的：费米和拉赛蒂最大——26 岁，而最小的阿马尔迪 19 岁。考宾诺非常信任这个集体，称他们为“我的孩子们”，认为自己作为行政领导的责任仅仅在于争取尽可能好的条件，使他们专心致志地工作。

第二年 9 月，国际物理学会议在科莫举行，世界上最著名的物理学家几乎都应邀赴会。年轻的费米以他闻名于世的统计理论，被推选为理论物理讨论会主席。而在他们国内集体中，费米被公认为“教皇”；拉赛蒂成了“红衣主教”；费米中学时代的好朋友帕西科稍后一些也来到这一集体，他被命名为“宣传信仰的红衣主教”；费米的第一批学生中的 E. 玛佐拉那被叫作“宗教裁判所的首席法官”。他们把现代物理学奉为“教义”和“最高信仰”。

对于任何科学研究来说，没有一个热心的、懂行的领导者，没有一个有远见的、有声望的带头人，当然是不行的，但是，一个有活力的、亲密无间的集体，无疑更是高效率地取得成果的重要前提。费米这个集体的内部是和谐的，他们彼此是师生，也是挚友和同事。费米自然负有更多的教育责任，但他的教学方式却是启发讨论、争辩；他设法让人提出有意义的问题，进行严格推理，排除各种偶然的、不重要的因素，而把实质问题紧紧抓住。他教学的内容侧重于理论物理，但十分重视实验所指出的事实。费米这时的精力侧重于理论方面，他总是同时追踪着这些领域的科学杂志。物理学领域的任何问题都吸引着他，并总能激起他的智谋和物理“直觉”。他习惯于平等地同他的研究生和合作者广泛地讨论科学问题。费米才能的多样、判断的准确、思维的敏锐，一个重要来源就是他与集体的水乳交融，就是他善于汲取任何个人的好观念。像一棵常青大树，它的根深深扎于肥沃的土壤之中。

1925—1926 年量子力学刚一出现，费米便把它看作推进原子核物理的重要信号。他意识到，现在基本问题已被阐明，未来的进攻方向，或者是探究原子核，或者是经过一系列“中介”而揭开生命现象的奥秘。他决定选择前者。这一抉择是严肃的，意味着他们的工作必须从原来熟悉的光谱学转到核课题上来。经过多次讨论和争辩，他们制订了一个深思熟虑的计划。1930 年冬天，费米着手于具体安排，决定由他和一个助手阿马尔迪来建造并操纵一个云雾室。不过，罗马大学物理系行政部门的无能，却大大阻碍了这一计划：仅仅一点仪器和为工作室配备几个职员的事都办不成，甚至连最简单的仪器安放问题也造成很大混乱。物理学家们很清楚，一个低效率的行政部门对于科学研究的损害，不会仅限于时间上的浪费。这种状况促使费米形成了“靠自己干”的思想，以后又发展为一种能把理论工作与实验工作很好结合起来的独特作风。费米以他的双手和几件基本工具，亲自干了起来。他为此而平生第一次光顾了五金商店，甚至把各种各样的厨房用具和煤气管件也买了回来。尽管这样苦干，困难仍然很大。1931 年春天，费米被迫放弃了云雾室方案而转回理论上来。他这时所能做的只是整个计划的个别方面，包括派人出国进修，指导其他人留心研究核课题的资料。

费米在核问题的头一项工作是一篇评论文章，头一个巨大胜利是关于β射线理论；在这里，他找到了历来的放射性学说与泡利那个中微子思想的连接点。

过去就知道，放射性原子核所发射的粒子都会带走大量的能量，这些能量是由原子核的一小部分质量转换来的。但是人们发现，核衰变中发射的β粒子所带走的能量，却不能与核所损失的质量相对应。这些能量损失到哪儿去了呢？物理学家们试图解决这一难题，但都没有成功。这时泡利提出：如果我们假定β衰变时不仅放出电子，而且还放出一种与电子的自旋相同但没有质量和电荷的粒子（当它以光速飞出时具有一定的能量），问题就解决了。费米深信这个假定，并称这个假定的粒子为“中微子”。1932 年发现中子之后，费米把问题解决得更加彻底：一个中子转变为一个质子、一个电子和一个反中微子；相反，一个质子转变为一个中子、一个正电子和一个中微子。这样能量“收支”就完全平衡了。1933 年底，费米完成了关于β衰变的论文，他以量子力学为依据，建立了β衰变的相互作用理论，圆满地回答了实验中所提出的问题。在费米的论文发表之后，关于核内作用力——核力问题的研究，便从新的角度展开了。

三、从物理楼到金鱼喷水池

1934年是核物理进入新的发展时期的头一年。这一年春天，伊雷娜·居里和她的丈夫约里奥·居里宣布了一项重大发现：稳定的原子核在α粒子的轰击下，变成了放射性的核。他们用高速的α粒子轰击金属铝，竟把它变成了硅30，又变成了磷30（一种自然界还没有的人造同位素）。这是近13年来关于人工实现核反应的第一次突破。这两位法国物理学家指出：不仅是铝，而且一些轻元素，在α粒子的轰击下也会具有放射性，可是，对于重元素来说，α粒子就不起作用了。

问题究竟在哪儿？几乎各国的同行们都在思考。不少人认为，如果用更强的α粒子流来进行轰击，也许会有成果。可是，预期的情况却没有发生。

其实，值得思考的还有这个“思考”本身。在这里，思维方法起着根本性的作用。在寻求这一问题的答案时，人们怀疑的是“炮弹”的轰击问题，而不是轰击的“炮弹”问题。费米恰恰相反，他很快就想到：中子，它肯定是更好的“炮弹”。

这是一个浅显的思想，然而是完全革新的。如果注意到两年前查德威克宣布自己的发现时所阐明的中子特性，这个思想本来就是合乎逻辑的。奇怪的是，人们即使怀疑到“炮弹”本身，想的还是镭、质子、α粒子，完全不考虑对“炮弹”的革新。

与带正电荷的α粒子不同，中子不仅不带电荷，而且具有较大的速度和能量，它更有可能穿过电子层去“打破”原子核，尤其对于重元素。在重元素内，无论电子数目或者原子核的正电荷都要比轻元素大些，因而使用α粒子来轰击它们时就不如对付轻元素那样有效。这些，正是费米的思想。1934年3月，费米与拉赛蒂讨论以后，决定立即进行一个检验性的实验。

不过，费米面对的是设备极为简陋的实验条件。没有盖革计数器，买不到也借不到。凭着他关于这种计数器的知识，费米自己动手，竟然成功了：外表虽然难看，性能却很好。中子源的问题，也是费米独立想出来的：为了观察中子诱导活度，不应该用Po+Be源，而应该用强大得多的Rn+Be源。费米设法借到了一点镭，把镭在衰变中形成的氢气用来与铍粉相混合，使氡所发射的α粒子轰击铍而得到中子。就这样，一项历史性的实验在物理楼里开始了。

费米是个生性严谨、按部就班的人。他不想一下子就去轰击重元素。按照元素周期表的顺序，他首先轰击了氢，接着试了含氢的水，再下去就是锂、硼……这时，他未免感到失望。但从氟以后，元素就都产生了反应。很快，他不再是一个人，而是有了个小组。不到两个月，他们得到了三十几种新的放射性同位素。不久，考宾诺为他们申请到了一笔小小的补助费（相当于当时的1000美元），加快了他们的工作的进展。

可是，当他们轰击周期表的最后一个元素铀（原子序数92）时，发现它产生的放射性元素却不止一种，而且其中至少有一种无论如何也不能看作铀的同位素。它会不会是化学家们长久以来在寻求的“第93号元素”？如果现在真的以人工制造了这样一个超铀元素的话，那是相当诱人的事。费米知道，吸收了一个中子的原子核是不会稳定的，它本身的一个中子会变成一个质子（同时放射一个电子），这时元素的原子序数便增大1，成为下一个元素。因此，使用中子来轰击第92号元素，得到的很可能就是“第93号元素”。他反复地、仔细地进行实验，小心地把脑子里的“第93号元素”称为“铀X”。1934年5月，他们发表了第一篇报告。

“铀X”（或“第93号元素”），一时成了化学界和物理学界的新话题。但是，怎样来证认它呢？当时人们错误地认为，这个“新”元素应该在铼下面，它的化学性质接近铼（实际上，“第93号元素”更接近铀而不是接近铼）。几个国家的科学家都是根据这一认识在进行实验，但没有得到预期的结果。

其实，费米他们得到的并非什么“第93号元素”，而是铀核被打破而形成的大致相等的两半。5年之后，哈恩和斯特拉斯曼做了更加严格的实验，并由迈特纳和弗里希阐明为“铀核裂变”。（遗憾的是，当时包括费米在内的国际科学界都没有想到这一点。）

暑假中，费米到南美洲讲学，他的两个助手塞格雷和阿马尔迪也到英国剑桥访问，工作暂时中断。9月，两个助手回到罗马，按照费米的吩咐继续观察银的人工放射现象。他们把金属银做成空圆筒，筒中放着中子源，再把整个圆筒装进一个铅匣里。塞格雷因为感冒，有几天没有参加工作。谁都没料到，一个意外的机遇恰恰出现于这时。有一天，阿马尔迪突然发现银圆筒在铅匣里的不同位置产生不同的放射性反应。阿马尔迪感到很奇怪，他和塞格雷请求庞太科夫帮忙，因为他和庞太科夫刚刚完成费米所指导的一篇博士论文。他们继续观察着，直到费米10月回到罗马。

实验反复证实了，不同的物质会使银的反应不同：铅板使它的辐射量增加许多，而木桌使它增加得更多。10月22日早晨，费米提出用石蜡试试，辐射量竟增加了一百倍！关于这个奇怪现象，费米想出了一种圆满的解释：他用台球来比喻中子。

当一个台球与另一个同样大小的台球相撞时，速度自然会减慢。同样，当中子源被封在石蜡里时，中子还没到达银核以前，便先击中石蜡里的氢核——质子（它相当于中子质量）。这样，被减慢速度的中子在到达银核时，由于速度慢，滞留在它附近的时间就长些，因而被“俘获”（吸收）的机会也就比高速中子多些，换句话说，由于波长与动量成反比，一个被减速的中子的波长就变长些，它的“轮廓”似乎也大了，这好比一个台球变成足球之后便更容易击中一根柱子那样。总之，慢中子要比一个快中子更有可能激活别的物质。如果真是这样，那么任何含有很多氢的物质应当也有石蜡的作用了。费米说：“我们试试看，相当数量的水究竟对银的反应会有什么影响。”

要找“相当数量的水”，物理楼实验室是办不到的。这个实验室面积狭小，设备很差，以致在实验某些衰变期很短的放射性元素时，费米和阿马尔迪不得不以百米竞赛的速度，在一条长长的走廊两头的中子源与计数器之间疯狂地来回奔跑。不过，“相当数量的水”在室外却不难找，物理楼后面就有一个私人花园，那儿有个金鱼喷水池。这真是十分理想的实验场所。这个花园是学校行政当局给予系主任考宾诺的，这些青年物理学家在那儿开心地玩过，现在他们决定利用它来做这项严肃的研究工作。当天下午，大家一起动手，把中子源、计数器和银圆筒从物理楼搬到喷水池。实验结果完全证实费米的预见：水也使银的放射性增加了好多倍。

这是核试验工作的一个突破，也是核物理发展中的一次重要发现。它证明，α粒子很不容易激活一种元素，普通中子（快中子）产生的放射性元素也不多，而用慢中子却可以激活一百倍以上，金鱼喷水池为此立了大功。当天晚上，他们6个人聚集在阿马尔迪家里，由费米口述，塞格雷执笔，并立即打完字，把关于这个发现的第一篇报告寄给一个科学杂志。

随后的几个月，他们的工作再度陷入低潮。与以前不同，这一次是由于政治形势的阴暗，人难以关起门来专心工作。不久，这个小组便濒于解散状态，继续留在罗马搞中子课题的只有阿马尔迪和费米两个人。

科学家常常只管自己干事，而把命运交给“上帝”，他们天真地相信一种政治家的说法：你去研究自然，我来管理社会。但是，科学家是社会的成员，科学工作不能脱离社会。当社会环境变得恶劣的时候，科学家就要被迫起来掌握自己的命运。

四、另一个“意大利航海家”

就像泡利那个“不相容”原理被推广到社会似的，自由、科学与独裁、法西斯无论如何也是不相容的。1936 年以后，费米的科学工作受到了一连串事件的干扰：埃塞俄比亚战争影响了科研经费；考宾诺于 1937 年初去世，困难更大了。继任人虽说也是一个博士，但实际上既外行又官僚，根本不懂费米工作的意义。研究所奉命搬家，新的办公地点虽然大些、好些，但是由于行政部门效率太低，竟浪费了相当多的宝贵时间。此外，国内的政治迫害对费米个人影响更大，尤其是 1938 年法西斯党人的反犹法令，直接株连费米夫人和他们的两个孩子。看来，不仅是科学工作，就是科学家的人身安全也时刻受到威胁。

费米很清楚，可怕的情景在意大利历史上不是没有先例的。伽利略由于科学发现而与教廷“真理”发生对立，结局是遭受审判、终身监禁。科学家为专制政治所迫害，大概不会仅仅限于伽利略。不管怎样，移居国外问题已经紧迫地摆在面前了。1938 年冬天，费米一家决定利用到斯德哥尔摩接受诺贝尔奖的机会，摆脱法西斯统治。1939 年的第二天，他们在纽约上了岸。

到了异国他乡，种种不便是不言而喻的。但是，科学毕竟是他的事业。费米内心为险恶的战争形势忧虑，但挂念更多的仍然是他的物理学。不到三周，费米就被一个划时代的物理事件深深吸引了。这个事件，就是两个德国人在柏林进行的铀核裂变的实验。

在哈恩和斯特拉斯曼公布他们这一实验报告之前，消息就由迈特纳和她的侄儿弗里希传给玻尔，接着，玻尔把它带到华盛顿的第五届国际理论物理会议。会上，玻尔和费米关于这个发现的发言，打开了物理学家们的眼界。裂变、铀、中子……像链式反应那样，激活了各国的物理学实验室。

谈到中子物理，费米无疑是最有权威的。还在物理会议之前，当费米在纽约听到玻尔带来的这一消息时，他就本能地想到、“摸到”中子的行为踪迹。如果说，1934 年他还缺乏足够的想象力的话，那么现在，当人们还在谈论、重复那两个德国人的实验时，费米就已经像一个电子专家熟悉电路那样，凭着对中子的直觉，立即想象到中子从初级到次级的发射以及一个链式反应的可能情况。这时，他要做的事情就是尽快地来检验他的思想。

这件事情选择在费米工作的哥伦比亚大学是很合适的。这里实验设备之好，远非罗马大学可以比拟。巨大的回旋加速器每秒产生的中子比罗马 Rn+Be 源的最佳状态还多 10 万倍。在他的研究生安德森和物理系学者们的热情支持下，费米又从一个理论物理学家变成一个实验物理学家了。不久，一些同行也参加进来，其中有匈牙利出生的济拉德和加拿大出生的津恩。不到两个月便证实了：在铀核裂变时，中子的确释放出来。当然，要实现链式反应，还必须解决一系列难题。

实验使费米和济拉德得出结论：作为理想的减速剂，水或者其他含氢物质（如石蜡）都不如纯碳（石墨），因为它既能使中子速度减慢，又不会过多地吸收中子。由此，他们想出了一种设计：把铀块和纯石墨分层叠放起来，使全部是石墨的各层与嵌入铀块的石墨层相互叠放着。这样，一个实用的试验性反应装置很可能是一个“堆”。1941 年春，他们着手搞起了一个小小的反应堆，并初步积累了数据。

铀核裂变时，依照 $E=mc^2$ 产生的巨大能量，将怎样被利用呢？几乎从一开始，这个问题就是物理学家们最为关心的事。当然，瞬时即逝的原子核火花，虽然比任何已知的原子反应要大得多，却没有什么实用意义，可是，裂变是在德国发现的，那么，德国是否已经找到某种办法来保持原子核火花的燃烧，并且是否已经着手把它用于制造某种武器呢？想到这个前景，人们就会产生一种紧迫感，这在那些逃出希特勒魔掌的科学家们当中尤其如此。他们商定，为了这一缘故，不再发表有关实验的论文，并且建议美国政府研制一种新型的威力极大的炸弹。

1941 年 12 月珍珠港事件爆发，美国正式对日宣战，不几天又向德、意两国宣战。这样，费米一下子成了“敌侨”。要是在别的国家里，他大概要因“间谍嫌疑”而受到监禁或处决。但是，他仍然在搞他的研究工作，只不过现在他的自由旅行受到限制。在美国政府决定全力以赴地实行一个研制核弹的“曼哈顿计划”之后，他的工作被纳入了战争的轨道。1942 年春天，费米和他的小组奉命由哥伦比亚大学转移到芝加哥大学的冶金实验室。

要研制出一颗核弹，首先面临着一个问题：如何实现自持链式反应？从理论上说，这是可能的，但是，理论上看来可行的东西，在实践中却未必行得通。此外，还有大量的未知因素无法估计。为此，就应该进行实验，首先建造和运转一个实用的“堆”，这个“堆”开始运转之后，又要保证能安全控制，否则，便会造成灾难性的悲惨后果。这是一项史无前例的工作，它可以无愧地与“发现新大陆”的航海探险事业相比拟。费米作为“敌侨”，竟然受到如此信任，被委派为建造和运转这个反应堆的总负责人。很快，这个实验性的“堆”便在芝加哥大学的斯塔格运动场西看台下的网球场动工了。

建造工作是全速进行的，每天，两位物理学家——津恩和安德森都要向费米报告进展情况，并从费米那儿带回新的思想和指示。从 11 月 14 日最终决定在这个地点建造起，不到三周，一个庞然大物就已经展现在人们眼前了。

1942 年 12 月 2 日——一个历史性的日子到来了。这一天早晨，安德森快活地来到现场向费米报告：一切都准备好了。接着，“曼哈顿工区”所属冶金实验室负责人康普顿博士也亲临这里。参加“堆”工作的全部科学家 40 多人，都登上运动场北站台的阳台。但有 3 个年轻人除外，他们的任务是站在“堆”顶，随时准备向失去控制的反应堆里灌注镉液来“扑灭”中子；此外，还有一位青年物理学家威尔，他站在地面上一根镉棒旁边随时准备受命控制它。

费米掌管着一切。作为全场的唯一指挥官，他的唯一武器是一支约 15 厘米的袖珍计算尺。全场肃静无声，只有费米一个人在讲话。他首先命令所有的镉棒都抽出来，但是威尔的那根除外；接着他指示把这一根镉棒抽出一半（约 40 分米）。计数器响得更快，指示辐射强度曲线的描笔已经画出一条越来越高的曲线，然后平延开来。这一切，都像预定的那样。这时，午饭时间到了，而费米也需要做最后的检查，以保证完全没有任何意外因素来干扰这一实验。果敢、自信和严谨，使得费米能够从容而万无一失地做到这一点。

午饭过后，人们又各就各位。实验继续在顺利进行。下午 3 时 20 分，费米命令最后一根镉棒再往外抽出 30 厘米，“堆”于是达到临界点，人类历史上第一次链式反应开始自持地进行了。各种记录仪器正常地工作着，人们注视它们直到 3 时 40 分。接着，所有在场的人围拢着费米，E. 威格勒给费米献上了一瓶红葡萄酒，大家都用纸杯喝了一点，并在这瓶酒的硬纸护壳上签了名。这时，康普顿博士同“曼哈顿计划”的一个领导人科南特博士通了电话，高兴地报告实验成功：

意大利航海家已经登上新大陆。当地土人非常友好。

1492 年航海家意大利人哥伦布发现了美洲新大陆，而 1942 年意大利物理学家费米主持了世界上第一座核反应堆的成功运转。“1492”与“1942”，只是当中两个数字彼此对换，但象征发现的深远历史意义却是相同的：前者使人类看到一个新的地理世界，后者把人类带进了原子时代。今天，人们把 12 月 2 日作为一个划时代的日子来纪念，而费米在当时的每月工作报告中只是简单地写了一句话："链式反应装置在 12 月 2 日完成，并以一种令人满意的方式运转了。"

五、从"战争科学"回到基础研究

1944 年 7 月 11 日，费米全家加入美国国籍。战争在继续，"曼哈顿工程"也在加紧进行。8 月，他全家搬进洛斯阿拉莫斯，这是"曼哈顿"的重要实验基地。1945 年 7 月 16 日早晨 5 时 30 分，第一颗原子弹试爆成功。8 月 6 日和 9 日，两颗原子弹先后投在日本的广岛和长崎。

随着广岛和长崎悲惨景况的消息传来，一场政治哲学的"爆炸"也在洛斯阿拉莫斯发生了。

难道科学的胜利意味着悲惨的后果吗？难道科学不能造福于人类吗？费米有他自己的分析。在他看来，科学家像是生活于一堵围墙之中，他们把科学贡献当作目的，但极少想到这些贡献的实际用途；伏特在他那小小的实验室中完全料想不到他的成果会成为现代文明生活的强大杠杆。的确，当费米在原子弹试爆前夕同别人打赌这次试爆会不会引起大气着火甚至毁坏地球时，他只是从科学角度来谈论问题，在试爆时的第一道闪光出现后，费米的心思完全在于如何简便且快速地计算炸弹威力：在他把手中的碎纸片撒向冲击波刮起的大风时，想的只是纸片的高度、它被吹开的距离，并以此来计算爆炸的强度。整个试爆留给他记忆的只是这些，似乎别的都不曾存在过。人们研制出原子弹，但是未必清楚地意识到它的实际使用后果。科学家当然应该关心科学的使用后果，可是他们掌握不了它。

费米决定尽快离开"战争科学"，回到基础研究。早在 1945 年春天，他就憧憬着战后大学的生活。1946 年元旦，费米全家离开了洛斯阿拉莫斯而来到芝加哥大学的核科学研究所。像许多老科学家常常追求的那样，费米想得很多的是，应该把培养新的一代科学家看成是自己对科学的一种贡献。

因为战争而耽误学习的大批学生涌向校园。其中，很多物理研究生早为费米的名字所吸引，纷纷赶来芝加哥大学。这样，费米身旁又聚拢了一批年轻的、有活力的物理学家，他们多数来自洛斯阿拉莫斯的实验小组和理论小组；在第一批研究生中，包括来自中国的杨振宁和稍迟到来的李政道，还有一批为数不少的后来闻名于世的物理学家。

费米对这些青年学者倾注了巨大的热情。他为他们开课，讲课的论据简明有力，深入浅出。他常常以通俗实例作为引言，并像一块砖一块砖地、一层楼一层楼地建造大厦那样从实验基础出发来构思抽象理论。他要研究生们懂得，理论总是在“地基”的细节之后，而不是在那之前。但是，他也反对形式主义，他挖苦地把形式主义称为“高级牧师”。费米经常强调的是，一个青年人应该乐于把时间投入简单的实验，而不要立即陷入基础理论之中。

除了正式课程，他每周又有一两次非正式的讲授，内容广泛地涉及各种领域的物理问题，如天体物理、广义相对论与宇宙论、量子统计理论和基本粒子物理等。费米鼓励研究生们提出问题，认为这相当于完成一个课题。

另外，费米为自己安排了一系列关于核和基本粒子研究的新课题。他的那个叫作“人工记忆器”的庞大的资料库，装满了各种有待于进一步整理分析的资料。他在科学上从不知足。在芝加哥大学巨型回旋加速器建造过程中，他就到阿贡实验室反应堆去继续他的中子研究。不久，他就转向介子和核力问题了。正是他第一个正确地解释了介子与核子的相互作用。他指导 M. G. 梅耶提出原子核壳层模型中自旋轨道的相互作用（梅耶夫人主要由于这一工作而获得 1963 年诺贝尔物理学奖）。费米经常同他的研究生（例如杨振宁和张伯伦等）进行合作，共同提出研究论文。在实验领域，费米和安德森以及几个研究生做过一组关于 π- 核相互作用的重要研究。也就在这期间，他创造了表示 π 介子和 μ 介子的新名词：Pion 和 Muon。

在科学史上，一个像他那样获得近 50 种荣誉——包括世界上著名大学和研究所授予的各种奖章、奖金、学位和荣誉席位，而能够继续不倦地工作和虚心地探索的人，真是屈指可数。

晚年的费米，仍然经常利用暑假访问一些实验室和大学，出席学术会议，广泛地参加各种物理问题的讨论。不管任何地方，只要出现了物理学的新问题或者集聚了青年物理学家，就总能看到费米。费米随身有一个笔记本；他总是准备着一些新的、富有成果的思想，也总是准备着随时从他的年轻同事们那儿得到启发、接受挑战。同他谈论过问题的物理学家，都不会忘记自己所得的教益；而费米自己的“人工记忆器”也越来越庞大，几乎包罗全部物理学。他那些意大利时期的老朋友，要他收缩一下这种过于广泛的兴趣，因为像他这样的人也不可能顾及今天物理学的各个领域。费米接受了这个建议，开始把自己的精力限制在高能物理和宇宙射线方向。可是，他仍然保持着自己对于物理学各个分支的深谋远虑。

1954年，致命的病魔已经不知不觉地降临到他身上。但是，这一年夏天，他还以坚强的意志远赴欧洲爬了几座山，并在夏季讨论会上做了关于π物理学的精彩演讲。9月，他回到芝加哥后，忍受了一次探查性的手术，不幸，这手术却带来了绝望。费米很快地领悟了这一切，以“苏格拉底式的安详”对待着它。他平静地同人们谈论他的病情，但更多的是惦念着他的核物理。11月的一天，当他的两个学生盖尔－曼和杨振宁前来看望他时，他正在读一本描写人以自己的力量战胜自然的小说。他的身体已经非常虚弱，但并不令人感到悲痛。他从病床旁拿出一本关于核物理的笔记说，如果医生允许他回家两个月，他将修改、发表这个笔记。三个星期后，1954年12月9日，费米停止了呼吸。一位科学巨人从此消失了。

一个人生命的长短是不能以年月来量度的。在费米过早结束的科学生涯中，他作出了一系列意义深远还难以估计的杰出贡献，其中主要是：服从不相容原理的微观粒子的统计，应用这个统计于托马斯－费米原子；修正量子电动力学；β衰变理论；以中子轰击的人工放射性的实验研究以及相关的慢中子效应的发现，实验上实现了一个核反应堆，π介子与核的碰撞；等等。此外，还在许多领域有贡献：关于原子、分子、核和基本粒子物理，宇宙射线，相对论方面；其中有一些工作开辟了物理学的新篇章。费米对物理学所作的不可估量的贡献，还在于他直接培养和指导了一批杰出的物理学家，其中已有5位获得了诺贝尔物理学奖：塞格雷、张伯伦、李政道、杨振宁、盖尔－曼。在20世纪中，他是同时擅长理论与实验的、多才多艺的科学家。科学是他生活的第一要素。他把一生献给了科学，而科学也把他的伟大名字铭刻在自己的历史中。

（作者：嘉煜）

列夫·达维多维奇·朗道

（Lev Davidovich Landau，1908—1968）

列夫·达维多维奇·朗道

浪漫主义大师

苏联大物理学家列夫·达维多维奇·朗道生于1908年1月22日。他死过两次：作为物理学家死于1962年1月7日；6年以后，作为普通人死于1968年4月1日。无论是物理学家还是普通人，他的一生都是非凡的。他在科学上和在生活上一样，喜欢打破陈规旧习，爱好标新立异，从而引起人们的注目。他在科学上创立了不朽的业绩，使他的名字进入20世纪上半叶最著名的12位物理学家的行列。

但是，朗道用5—10进制对数比例，发明了自己的一套理论物理学家分等定级的五级制。按照这个比例，一级物理学家在科学上的贡献，要大于二级10倍。他把玻尔、海森伯、狄拉克、薛定谔和另外少数几个物理学家定为一级，只把爱因斯坦一个人定为$\frac{1}{2}$级，而把自己定为$2\frac{1}{2}$级。只是在他完成二级相变以后，才谦逊地把自己晋升为二级。毫无疑问，他是众所公认的最好的“二级”。

德国化学家奥斯特瓦尔德曾经把科学家分为两类：古典派和浪漫派。古典派的特征是，在自己的学科领域内造诣很深，常常为了某项科学事业而献出毕生的一切。然而，他们的思维过程易受本门学科的局限，对其他学科新事物的接受审慎而保守。要求他们从一个领域转入另一领域，是极其艰难的。浪漫派则不然，他们对多种多样的科学领域都有百科全书般的知识，特别对边缘学科表现出强烈的兴趣；思维和概念纷至沓来，而通常并不深究细节。他们的创见和逻辑思维过程富有直觉性，常常由奇妙的联想引申而来。他们思维之敏捷，好像飞鸟莅临太空，在科学的各个领域间自由翱翔。

按照奥斯特瓦尔德的分类，朗道是典型的浪漫派。他在现代理论物理学的许多方面，作出了非常重要的贡献。

一、神童和活跃分子

朗道是巴库人。父亲是石油公司的主任工程师，母亲是助产士。虽然朗道一再声明，他小时候不是什么“神童”，可是小朗道的确天赋非凡，与众不同。还未到入学年龄，他就很快掌握了初等算术，用不同的方式进行加减乘除，以玩数字代替游戏，和数字似乎已经浑然一体，运用数学就像举手投足那样自如。后来，他戏谑地说：“记不得我不懂微积分的时候了。”这句话当然有些夸张，不过也说出了他获得成功的“秘诀”。由于在数学上下了苦功夫，打下了深厚扎实的基础，就能够直接去揭示物理课题的本质，而不需要再为数学花费更多的时间和精力。这是朗道的风格，也是他成功的因素之一。

要强迫小朗道去做他认为无用的事，那是办不到的。他有自己的信念和看法。比如，他跟父亲争辩说，有些科目，比如文学课——得的分数比及格还好，那才叫人害臊呢。有人问他：“诗人在《当代英雄》里要表达什么思想？”他说：“你去问莱蒙托夫吧。”在一篇评论《叶甫盖尼·奥涅金》中的人物达吉亚娜的文章中，他仅写了一句话：总的说来，她是一个讨厌的人。

朗道 12 岁通过了大学入学考试，这时他已通晓全部高等数学；14 岁进入巴库大学，同时在两个系（数理系和化学系）里学习。虽然没有修完化学专业，但他的朋友们常说，与化学系的接触，给他留下终身的痕迹。他厌恶饮酒，其原因正在于此吧。

在巴库学习一年以后，朗道转入列宁格勒大学。20 世纪 20 年代，列宁格勒大学是苏联科学和物理学科学研究的中心。朗道在那里以炽烈的热情从事学业，初步形成做科学家的形象。当时，在老物理学家周围聚集着一群年轻人（他们中间的很多人后来成为杰出的理论物理学家和院士），其中最活跃的是朗道。也正是在这时朗道得到了一个绰号，叫作“道”（是伊万宁柯给他起的，后来两人的关系完全破裂了）。这个绰号伴随他一生，不仅朋友、合作者这样称呼他，连他妻子也这样叫他。

在大学毕业之前，18 岁的朗道发表了第一篇论文，专门论述量子力学，从而初露锋芒。他的第二篇论文，是论述轫致辐射问题的。在这篇文章里，他和布洛克一起试图从量子力学的角度来论述轫致辐射现象，并进入了量子力学中的密度矩阵概念。在 19 岁生日的前两天，朗道修完列宁格勒大学的学业，成为苏联科学院列宁格勒技术物理研究所的研究生。研究所的领导人是苏联物理学界的权威约飞。

1928 年底，朗道来到欧洲，打算用一年半的时间继续进修物理学。在德国，他见到爱因斯坦，可是这位年轻人没能使那位“老人”信服量子力学的正确性。在苏黎世他和泡利一起工作过，在英国和狄拉克一起，在哥本哈根和尼尔斯·玻尔一起的时间最长。那时，玻尔研究班简直成了理论物理学界的“麦加”；到那里去的人，不仅是学，而且还得教。后来，玻尔谈论朗道的时候，说：“他一来就给了我们深刻的印象。他对物理课题的洞察力，以及对人类生活的强烈见解，使许多次讨论会的水平上升了。”朗道很快就成为玻尔研究班的活跃分子。他在讨论会上高谈阔论，滔滔不绝，以致玻尔不得不提醒他：“朗道，别说起来就没完没了，让我说几句好不好？”

打那以后，有人给朗道画了一张漫画，把他在讨论会上的姿态摄入画中。画面上，这位活跃分子被堵住嘴，绑在椅子上，免得他垄断会场。他只有趁人家说话的间隙，才能赶忙插上几句。顺便提一下，朗道可不同意把他描绘成这个样子。他说，玻尔才像漫画上那个样子。他比谁说的都多，有人要打断他，他就抱怨：“别插话！”

二、列宁格勒—哈尔科夫—莫斯科

朗道的欧洲之行满载而归。在哥本哈根，他和玻尔共同撰文，论述量子电动力学和相对论量子理论中的测不准原理；在剑桥，他发表过一篇非常重要的有关金属理论的文章。在这个问题上，他修正了泡利的观点，指出不应该用经典的方法处理金属中简并理想电子气体，应该用量子力学的方法。因为，正由于量子效应，理想电子气体具有抗磁性的磁化率（朗道的抗磁性）。

从国外归来以后，朗道仍然在列宁格勒技术物理研究所工作。在那里，他指出一篇论述用很薄的分子层做电气绝缘体的文章在理论上存在原则性错误。这篇文章是约飞院士写的，他对那个理论曾付出很多的精力，并寄托了很大的希望。（可以设想，仅就国民经济而言，那将带来多么大的资产节约啊！）尽管后来他不得不接受这位青年学者做出的正确结论（后为实验所证实），然而当时这位权威忍受不了这样的冒犯，他准备一有机会就把这笔账和朗道算清楚。在朗道的一次报告之后，他宣称：听了半天，不得要领。朗道立即以其特有的方式，在大庭广众之下反唇相讥：“理论物理学是一门复杂的科学，不是任何人都能理解的。”这样，自然深深地触犯了约飞，朗道只好离开列宁格勒。

1932 年，朗道到哈尔科夫担任了理论物理研究部门的头儿；稍后，又兼任新建的哈尔科夫技术物理学院理论系主任。朗道到哈尔科夫去是很自然的，因为当时哈尔科夫是苏联现代物理学特别是核子物理学的第二科研中心。玻尔、泡利、韦斯科夫、珀尔斯以及许多著名物理学家，在不同时期都在那里工作过。

在哈尔科夫，朗道认识到自己有当教师的才能。他承担教授全部理论物理学的课程。朗道讲课非常吸引学生。他那精练的措辞、完美的想象和现实的内容，加上他对课程内容的深刻理解并能提出自己的新见解，使学生们受益良多。这位年轻的教师不仅讲课有独到之处，连着装也很特殊。他上第一堂课时，上穿蓝布夹克，下穿泥泞的卷腿的亚麻布裤，赤脚着凉鞋。穿着这套装束走上大学讲台，即使在那个年代的哈尔科夫，也被视为是对社会风范的挑战。直到晚年，他仍然爱好特别着装。最常见他脚踏凉鞋，身着花格子开领衬衫。仅仅在某些特殊的场合下，为了合乎礼仪他才变换一下衣装。比如，在举行授予他诺贝尔奖仪式的时候。

正是在哈尔科夫，朗道产生了要写一部理论物理学巨著的计划。这部书应该包含本门学科的所有分支，把它们作为一个整体来考虑并用同种方式来剖析。30 年后，这部洋洋大观的著作问世了。全书由八大单元组成，是一部全面阐述理论物理学的专著，也是一部优秀的教科书，已被部分地或全部地译成多种文字。

也是在哈尔科夫，朗道创立了著名的理论物理学须知（后来称为“朗道位垒”）。这是一个理论物理学的考试纲目，囊括了一个好的理论物理学家应知应会的东西。考试分九门。第一、二两门是数学，也是学生的入学考试。朗道不要求考生懂得“许多”数学知识，但必须能够解一道常微分方程的任选题，算一道能用初等函数表示的不定积分任选题，更深一些的数学知识，如群论、特殊函数、张力分析等，分别包含在物理题中。其余七门是物理题目，大致概括了朗道教科书的全貌。为了考查考生能动地掌握知识的程度，通常“仅要求”解几道题。但诸如反常塞曼效应、量子电动力学某些过程的辐射修正计算等题目，则要求做出最后结果。

朗道的理论须知

入学考试数学试题：

①任选一题：解常微分方程

②任选一题：用初等函数表示不定积分

物理试题：

①理论力学

②热力学和统计物理

③场论（包括狭义相对论和广义相对论）

④非相对论量子力学

⑤相对论量子力学、量子电动力学、场论、基本粒子论

⑥连续介质电动力学

⑦连续介质力学（流体力学、弹性力学原理）

在朗道逝世之前，仅有43位物理学家冲过这个位垒，其中至少有7名苏联科学院院士、16名科学博士和教授。

人们或许要推究，这样无所不包的考试会有什么效果。及格是很难的。特别是朗道既不提问，也不对试题进行讨论和解释。他仅仅给考生一道题，把考生安排到工作室里，让他在那儿解几个小时的题。很容易想象，对他的考生说来，穿越朗道位垒是多么可怕。为了通过考试必然付出全部精力；及格之后，精疲力竭，以致再无能力从事重要的工作。事实上也有一些成功地通过考试的人，以后就永远离开了物理学界。

在进行考试的时候，朗道并不那么郑重其事。他不理睬苏联官方的某些规定（如关于考试的数字、持续的期限以及委员务必临场等），也从来不记录考试的情况，但他内心却记住考生和他们在攀越位垒方面所取得的进展。他是一位严格的主考人。在某些问题上，决不妥协，毫不容情。初试可进行三次，但没有人能说服他专为某人再进行第四次。在哈尔科夫，有一次因为考生不懂代数的某些基本公式，他几乎把一个班全撵出考场。院长为避免引起公愤，改用了几条更为妥当的要求，并把考试委托给另一名教师进行。

1934年，朗道没有经过论文答辩，获得数理博士的学位。后来，在他过50岁生日那天，同事们把他的简历编写成一份滑稽传记。关于博士学位，“传记”上是这样写的：

委员会对这位不会写论文的年轻科学家的困境，深表同情；为此，在他“一篇也拿不出来”的情况下，授予他学衔。

朗道不爱动笔，他的大部分论文、著作是与人合写的。他起的作用，似乎仅仅是提供设想，诱导启发，推断计算，制订计划，多方评论，以及对底稿的妥切修改。有人问过，是谁写的《理论物理学教程》？叶夫根尼·栗弗席兹答道：“动笔的是我，构思的是‘道’。”

在哈尔科夫，除教学外，朗道继续进行深入的科学研究。他开始对二阶相变的理论

进行探索，发表了一系列关于铁磁性原理的重要文章。多年以后，他对一位友人说，在二阶相变理论上，他花费的时间和精力比其他课题都多。朗道是第一个提出把反铁磁性作为磁体特殊相的人。他创立了铁磁体磁畴结构理论和铁磁共振理论。他还开始对超导进行理论研究。在 1937 年到 1957 年期间，发表了大量的论文，对这个复杂现象作出了重要的理论贡献。他提出一个超导体混合态的理论，在这种状态下超导体是由正常相和超导相错列构成的；而表面张力，则存在于正常相和超导相之间。他后来又发展了这个超导性准宏观理论，可以认为是巴丁、库柏和施里弗的超导性微观理论的特例。

朗道没有在哈尔科夫长期任职，在和理工学院院长发生一次口角以后离去了。有一天，院长召见他，不断地抱怨说："你不该拿语言学院的材料来考问物理专业的学生。你问学生，《叶甫盖尼·奥涅金》的作者是谁，有什么必要？从教育观点来看，决不容许这样干。"朗道被大大地激怒了，立即回敬了一句："您说的这些蠢话，我还是头一次领教。"这当然触犯了一院院长的尊严，他要求朗道道歉，否则就把他赶出学院。朗道毫不示弱："你没有权力。"的确，院长没有免职一位正式教授的合法权力，这个权力属于部长。但是，一个心胸狭窄、不能容人的人，当他的虚荣心受到损害时，是什么事都做得出来的。当天朗道就收到了学院的免职令。出人意料的是，他既没有抵制，也不想为自己辩护。他非常了解在这场争吵中，他个人会受到怎样的损失，以及学院会受到些什么损失。

打点好行装，朗道踏上了去莫斯科的旅途。

几个星期之后，朗道的朋友和同事们听说，他在莫斯科物理问题研究所找到了工作。于是，他的最有才能的学生和同事，都追随他上莫斯科去了。因为缺少朗道，哈尔科夫便失去了魅力。从此，哈尔科夫失去一位大物理学家，莫斯科受益了。

朗道的新工作单位莫斯科物理问题研究所，是 1935 年为苏联物理学家、科学院院士卡皮查建立的。卡皮查在卡文迪许研究所和卢瑟福一起工作多年，他们是最亲密的合作者。1934 年，卡皮查照例去莫斯科探亲访友，可是有关当局突然不准许他再回剑桥工作。作为补偿，允许可按照他的计划和设想，在莫斯科建立一个新研究所。卢瑟福意识到争取卡皮查回去的一切努力都毫无效果的时候，他赠送给卡皮查一套第一流的设备。卡皮查不仅能够创建一幢第一流的设备齐全的研究所，还能挑选好同事。卢瑟福的学生对科学人才是有特殊感情的。

1937 年 2 月，卡皮查接到朗道写的一封简短的申请书。上面仅仅写着一句话：

请接受我在你所做一名科学工作者。

卡皮查在剑桥时就认识朗道，他立即批准这份申请。在苏联科研机关里，卡皮查研究所的条件是特别优越的，气氛也相当和谐，个性很强的朗道在这里工作也不再发脾气与人争吵了。反之，在这儿他赢得了荣誉和地位。没有更多的困难和人事纠纷，在卡皮查的研究所，朗道能够进行他的天才和能力注定要他从事的科研工作了。

到达莫斯科以后，朗道立即着手研究许多重要新课题，如相变、原子核统计理论、电子簇射级联理论等。与此同时，还开始他的一项最重要的研究：液态氦Ⅱ超流性理论。这是卡皮查1937年在实验室里发现的新现象。朗道很快认识到，这个现象需要从理论上加以理解和阐述，应当用全新的方法进行探讨，把氦Ⅱ完全纳入量子体系，当作量子液体来看待。朗道的这个理论充分地说明了全部观察结果，还预示若干新的成果。在以后的实验中，这个理论进一步得到了证实。

三、“中断一年”

朗道超流性理论的形成，不是一帆风顺的。1938年春天，朗道因有德国间谍嫌疑而被捕。关于他这个时期的生活，在苏联官方报刊的报道中，有许多疑惑不清之处。卡皮查在《实验·理论·实践》一书中，关于朗道这个时期的生活，写了以下几句话：“朗道一直在物理问题研究所工作到最后一息，仅在1938年中断一年……”对于“中断一年”的实际情况，我倒很想写上几行。

关于这段灾难性的岁月，在20世纪50年代末的解冻时期，朗道自己写过几行：“……今天看来，这样的控告似乎十分可笑，不过说老实话，那时，我再也不能多支持半年了，眼看要完蛋了。卡皮查上克里姆林宫要求释放我，不然，他就辞职。我被释放了。用不着过分渲染些什么，在那个年月，卡皮查的举动需要有大勇、大德和一个水晶般纯洁的人格。”

人们很少知道，介入拯救朗道活动的，不止卡皮查一个人。在哥本哈根尼尔斯·玻尔的档案里，保存着一封玻尔给斯大林的信的抄件。玻尔在信中十分强烈地表达了自己的见解，他要求斯大林运用自己的影响，赦免朗道。信中写道：

多年以来，我和朗道教授就是很好的朋友，我们俩就最关心的科学问题，保持着密切而正常的通信……

特别是我最近听到关于朗道教授被捕的谣传，使我甚为忧虑。我希望他还活在人间，但愿这种谣传是没有根据的。但是，如果朗道教授真的被捕了，我确信他是不幸的，必须解除这种误会。我不能想象，像朗道教授这样把毕生献给科学事业的人，会做无关的事。他那正直的性格，我是给予很高评价的。他的被捕应得到辩护。

考虑到苏维埃社会主义联邦共和国的科学及世界科学事业，我进而迫切地请求您，对朗道教授的不幸遭遇进行调查，如果真是一种误会，那么这位天才的富有成效的科学家，应有机会重新参与对人类进步有着重要意义的科学研究工作。

朗道的的确确很幸运，他被释放了。在那些年月里，他的许多同事失踪了，如穆·波·布朗什特杰思、恩·伊·瓦维洛夫等，或者像尤·波·鲁梅尔那样，不得不在集中营里度过许多年。

1940 年，朗道出狱以后，他破除青年时代的“重要原则”，结婚了。1946 年，他又破除了自己的另一条“原则”，他的儿子加里克降生了。在那以前，他坚持认为人不需要有孩子，小孩打扰工作。

朗道对婚姻问题有独特的见解。对于这个见解，爱德华·泰勒有一段绝妙的叙述。他写道：

朗道好发表刺激资本主义的言论。我们一起在哥本哈根的时候，我结婚了。他对我选择的对象，表示过赞许，还和我妻子打过网球。可是，有一次他突然问我们，还打算在一起生活多久。我告诉他，我们当然要长期生活在一起，根本没有打算离婚。不料，他激动地说，只有资本主义才叫人用夸夸其谈，来糟蹋好事情。

四、“废话”与“病态”

朗道创立了在苏联（不仅在苏联）最有影响的理论物理学派。他在苏联物理学界的重要作用怎样估计也不算高。然而，从更长远的角度或从旁观者的视角来看，朗道的作用似乎是有争议的。

朗道智力超人是不容置疑的。跟他一起工作令人精神振奋，但有时他那种优越感夹杂着挖苦话，也使人情绪低落。他自身是简单化作风和民主化作风、无限偏执和过分自信的奇妙混合体（民主作风当时在苏联是相当罕见的）。他性格中的一个典型特征是缺乏耐性。我可以举几个例子说明这个问题。

1931 年，尼尔斯·玻尔接到一封朗道从英国发来的电报，概括地谈到他对狄拉克报告的印象。狄拉克正试图从粒子空穴的角度，给他的公式找出解释（正电子在电子无穷海中作为空穴）。粒子空穴概念的出现，是现代物理学中最丰富的想象。现代核子物理学和固态物理学，没有它几乎都不能存在。对狄拉克的这个概念，朗道的电报简短断言为：Quatsch（德文："废话"）。当然，要人们理解和承认这个新概念是不容易的。例如，1933 年，列宁格勒第一次原子能联合讨论会在评论狄拉克的报告时，维·阿·福克说："我在试图理解这个理论的基本设想（电子海具有无穷大的质量和电荷，这一点还完全没有被确切证实），但必须承认，我感受的是异常混乱。我料想不是我一个人有这样的感受。"朗道那个时候的看法，幸而没有对狄拉克及其同事产生多大影响，他自己不久也改变了观点。

当时朗道对他不喜欢的理论或者物理学，发明了一个极特别的单词："病态"。

20 世纪 30 年代后期，朗道已不能再去国外旅行。朗道认为，与外国科学家交往，互相沟通学术思想和交换科学家（用赫尔辛基文件的辞令来表达），是科学发展不可缺少的因素。他在给玻尔的信里流露出某种忧虑，担心对他的这种封闭，会在他身上引起"病态"反应：

> 最近，我需要在国内替你整理资料。道很好！关于我的旅行计划问题，看来没有丝毫改变，并且使我逐渐感到忧虑。对于一个过着不幸的封闭生活的物理学家，有可能发展成为某种病态。
>
> 哈尔科夫，1936 年 11 月 10 日

朗道对人和对事的判断易绝对化，且行动易受感情爱恶的支配。这一点可以用两个事例来说明。根据朗道在世时选编的两卷论文集，以时间为横坐标把他发表的科学论文数量画出一张直方图，就可以看到图中的最低点是由于监禁、战争、反世界主

义和犹太人运动等外部因素的影响，这很容易理解。但是我要着重说明的是前面的部分。这部分的阴影，表示朗道公开发表过的而又拒绝纳入文集的论文。他和伊万宁柯共同发表的5篇论文，全都没有收编进去。什么原因？很难回答。最大的可能是，朗道和伊万宁柯从最好的伙伴变成“病态”的关系，所以，他决不允许伊万宁柯再参加朗道研究讨论会。假如你敢在朗道面前提到伊万宁柯的某个佳作或某篇妙文，那就完全搞糟了你和朗道的关系。

朗道智力上的优越感、缺乏克制和独断专横，有时会带来有害的后果。莫斯科人伊·斯·沙皮罗事件即是一例。1956年，沙皮罗正在积极地探索令物理学家们长期迷惑不解的“τ-θ”问题。沙皮罗得出结论：对这个问题唯一可能的解释，只能是在介子衰变中宇称不守恒。这种衰变属于弱相互作用，他由此进一步推论出一些其他的现象，如电子的纵偏振、内韧致辐射的圆偏振以及β-γ相关圆偏振。由上述现象就能够推导出β衰变的宇称不守恒。对这种违背宇称守恒现象的解释，他甚至推测到可能是和在弱相互作用的特征距离（10^{-7}cm）上的空间结构有关。当沙皮罗把这篇论文送给朗道过目时，他竟一笑了之；而没有他的同意，沙皮罗的论文是不能发表的。这篇论文一直留在他的书桌上。我看到它的时候，比李杨论文提出的时间还要早几个月。由于朗道，苏联物理学家错过一次获得诺贝尔奖的机会。

在玻尔最后一次访问苏联期间，莫斯科物理学家邀请他作报告。会上，有人问他，怎样成功地创办一个第一流的理论物理学派。他回答：“可能因为，我从来不感到羞耻地向我的学生承认——我是傻瓜。”玻尔的演说是由朗道的亲密合作者栗弗席兹译成俄文的。他译道：“可能因为，我从来不害臊去告诉学生——他们是傻瓜。”栗弗席兹的误译在听众中惹起哄堂大笑。他发觉了自己的错误，立即纠正，道歉。卡皮查也在场。他认为这个误译并非完全出于偶然，指出：“确切地说，玻尔和朗道两个理论学派的不同之处，就在于此。”

在朗道生命的最后几年，或许从第二次世界大战结束时起，他对政治愈来愈冷淡，尽量回避社会活动和行政事务。

朗道仍然是爱国者。但他赞美的对象却转向苏联科学、某些苏联艺术和俄罗斯古典文学。他的社会活动严格局限于科学界、教育界和参与有关苏联学校制度改革的讨论。很难判断是什么原因促成朗道对政治的淡漠，是“中断一年”（这是他的传记上用的婉辞）？30年代、50年代的经历？还是专心于科学事业，无暇旁顾？

作为一位著名的科学家，朗道有时不得不对某些呈送到苏联科学院或政府机关的

“天才”发现予以评定。他总是设法回避这种浪费时间的义务，当他必须做出评定时，他的评语是不留情面的：

> 我必须向你说老实话，你的来稿毫无可取之处。现代物理学是一门极其严密的科学，首先要以大量科学实验结果做依据。显然，你还完全不懂科学，却想用空话来说明你毫无所知的物理学定律，只能一事无成。如果你对物理学真正感兴趣，你不应该总想去发现什么重要定律而首先应该去学懂一点这门学科的知识。

朗道给人的印象是，他干什么事都轻而易举，似乎不必花费很大的气力便能获得成功，甚至给亲密同事也造成了这样的印象，所以，维·鲁·津茨勃克有一回跟他说：“有你这样的才能、技巧和作风，你应该能做出更多的业绩。”朗道立即回答：“不，那可不实际，我已经做了我力所能及的事。”他说这句话的态度，仿佛对这个问题考虑过似的。

五、科研活动的高潮

在第二次世界大战期间，卡皮查研究所撤到喀山。朗道和其他物理学家一起，参与解决战争引起的某些问题。官方资料没有刊载他做了些什么工作，他自己也闭口不谈，有人当面问他的时候，他报以神秘一笑而了之。同样神秘的是，1954 年授予他社会主义劳动英雄称号时，关于他的事迹，传记作者只能妄猜一番，或者照抄苏联重要科技大事一览表。

战争要结束时，朗道开始写《连续介质力学》。在这个领域里，逐渐出现许多论文，其中有些文章属于理论性的，另一些则有实践意义。这项研究涉及相对论流体力学、冲击波原理、燃烧理论、湍流理论、炸药的爆震理论等，同时，还需要进行等离子体理论的研究（等离子体振荡理论）。在后来进行的受控热核反应实验中，逐渐发现了这些研究的用途。

1946 年，朗道当选为苏联科学院正式院士。这就意味着有了地位和名望，但朗道和过去却没有什么两样，谁都可以随时去找他讨论问题，询问求教。他的时间被研究、讨论安排得满满的。星期四是留给研究讨论会的，会议在上午 11 点钟准时开始。

朗道研究讨论会只有一次被打断过。那是一起引起轰动的事件。海森伯星期三在卡皮查学术晚会上作了非线性理论的报告，参加会议的物理学家很多，只好把报告和讨论的实况用扩大器在院子里播放。第二天上午，在朗道研究讨论会上有人宣读了一封泡利给穆·丹尼什的信。泡利在信中宣判非线性理论全部破产。于是，会场掀起了轩然大波，几乎所有参加讨论的人都纷纷声明，对这个新理论没有产生很大兴趣，实际上非常不相信它。只有波梅兰丘克院士怀疑泡利的论证。对海森伯理论的评论，一直持续到有人发现这封信的每个段落的第一个字母，凑起来成为俄文单词“杜拉克”(傻瓜们)，才算了结。信是冒牌的假货，是珂·米格代尔院士和波·庞特考夫院士的一场恶作剧。他们用这种方式，表示反对星期三学术晚会那种毫无批判的作风。这是朗道第一次没能使研究讨论会镇静下来，没能诱导与会的人进行正常的议程。

二战后，朗道的科学活动进入高潮期。他发表了一系列发展超流性理论和关于氦I黏性的论文。在20世纪50年代，朗道和他的合作者一起，研究了一些最基本的课题，同时对量子电动力学进行批判性的重新计算，又开展了量子场论、基本粒子论等新课题。他这个时期对理论物理学最重要的贡献是费米液体论。

到50年代末期，一部庞大著作《理论物理学教程》基本完成了。这是朗道和他的亲密同事栗弗席兹合写的。这部书由八大单元组成，正文约有4000页，真可以称为现代理论物理学大全。《理论物理学教程》包括力学、场论、量子力学、相对论量子力学（一)、相对论量子力学（二)、统计物理学、连续介质力学、弹性论、连续介质电动力学。

朗道是20世纪杰出的理论物理学家。他有理论家的躯体和灵魂，有理论家“超人的长处”。他能把现代理论物理学的方法应用到物理学各个学科里去，从而作出卓越的贡献。他熟练地驾驭着现代理论物理的骏马，在广阔的科学田野里驰骋，因而练就一种独特的本领，能够迅速抓住任何科学课题的理论本质，然后用“理论物理学方法”加以解决。他能够轻而易举地把自己从他人观念的束缚中解脱出来，去掉其影响。他能够把难题简化，使其通俗易懂。朗道，正如他惯常说的那样，是“一位极少有的全能物理学家（百科全书派)”。费米逝世以后，他悲哀地说：“现在我是最后一个全能物理学家了……”

除了《理论物理学教程》，朗道还发表了一大批丰富多彩的著作。其中有《物理学概论》(与阿·伊·契塔格罗斯基合著)、《核子论讲义》(与雅·阿·斯莫罗敦斯基合著)、《什么是相对论？》(与尤·波·鲁梅尔合著）及《普通物理学》第一卷等。朗道著书态度的特点是：

发表一部无聊的书不会造成大灾难，不会伤害什么人。发表十部不完善的书，总比不担风险地发表一部好书要好。

六、“朗道十诫”

朗道最后一篇科学论文《基本课题》，论述的是基本粒子中的电荷抑制问题。关于这个问题，在过去几年里，朗道和他的合作者一直没有间断过研究。这篇论文具有朗道的某些特征。文中说：

能否取消理论，这是一个争论不休的问题。李模型是一个特例，它在许多方面与物理上的相互作用有很大不同；并且对波梅兰丘克的证明，人们持怀疑态度。照我看来，这种怀疑是没有根据的。例如，开伦曾多次提出，数列的奇异性，在数列求和中应被包含在内，但他从没有提出理由，去论证这一点。而今，对这种理论的取消，甚至连那些持过异议的理论物理学家也暗暗予以承认了，介子理论方面的论文几乎完全看不到了就是明证，而戴森甚至断言说，正确的理论，再过100年也建立不起来。如果有人只想到介子理论能推出一定的结果，虽然现在我们还不能充分证明它，但对这种理论的悲观主义还可能继续存在。因此我认为，试图去完善波梅兰丘克的论证是没有必要的；况且短暂的人生不允许我们在产生不了新结果的旧圈子中打转转……

我在前面曾提到，想要用一篇简短的述评概括朗道全部的科学活动，是极其困难的。他涉及的学科有量子力学、量子场理论、基本粒子物理学、核子物理学、热力学、统计物理学、连续介质力学和固体物理学的许多部分。也许概括朗道全部的科学活动的最恰当、最正确的方法，是在这里讲一下“朗道十诫”。所谓“朗道十诫”是在朗道50岁生日时，朋友和同事们把他的科学活动概述为十条，起名为“十诫”，并且把这篇概述雕刻在两块石板上，赠送给朗道。

“朗道十诫”：

①量子力学中的密度矩阵和统计物理学（1927）；

②自由电子反磁性量子论（1930）；
③二级相变（1936—1937）；
④铁磁体磁畴结构，反铁磁性解释（1935）；
⑤超导体混合态论（1943）；
⑥核概率论（1937）；
⑦氦Ⅱ超流性量子论（1940—1941）；
⑧基本粒子电荷抑制论（1954）；
⑨费米液体量子论（1956）；
⑩弱相互作用复合反馈论（1957）。

七、两次逝世

二战后，朗道成为许多科学院、科学学会的成员。例如，丹麦、荷兰和美国科学院及英国皇家学会的成员。多次接受过苏联和其他国家的奖赏，其中最高奖赏诺贝尔物理学奖，是在他发生事故以后接受的。

通知授予朗道诺贝尔奖金的电报写道：

> 斯德哥尔摩，1962年11月1日。
>
> 瑞典皇家科学院决定授予你诺贝尔物理学奖，以表彰首创凝聚物质理论，特别是液态氦。详情函告。
>
> 常务书记
>
> 埃里克·拉德贝格

在历史上第一次，诺贝尔奖不在瑞典首都由国王颁发，而是在莫斯科由大使转交。朗道正躺在医院里。

1962年1月7日，物理学家朗道在一次车祸中受了致命伤。这次可怕的横祸，结束了20世纪一位大物理学家的学术生命，而当时他正处于从事创造性劳动的年富力强时期。朗道和几位同事正去杜布纳旅行。莫斯科郊外，冰雪覆路，汽车难行。司机——也是一位理论物理学家，朗道的朋友——途中刹车，车体滑动，失去控制，猛然和迎面驶来的一辆卡车相撞。受伤的只有朗道一个人，连车里带到杜布纳的鸡蛋都没碰破。可是朗道伤势很严重，抬到医院时已濒于临床死亡状态。

这场灾祸震动了物理学界。莫斯科的物理学家们立即组成了一个救护小组，在难以置信的最短时间内给他办好了一切事情。几位物理学家日夜守候在医院，门外几辆汽车随时待命出发。为把朗道从鬼门关拽回来，司机们（也是物理学家）准确无误地及时将抢救设备和器械运进医院。几个钟头以后，一架飞机抵达莫斯科，运来了外国同行援助的珍贵药品。一个由世界上最好的专家组成的国际医疗队，及时到达莫斯科，其中就有布拉格的孔茨。医生们半真半假地说，挽救朗道生命的 33% 靠医生，33% 靠物理学家，33% 靠他自己的体质，而 1% 靠上帝。

4 月 8 日，朗道说了第一句话："谢谢你们。" 4 月 14 日，开始能用俄语和外语说话。5 月 3 日，他记起儿子加里克，想要看看他。5 月 6 日，一个研究生向他提出物理学方面的问题，他做了确切明了的答复。

朗道从这样严重的脑损伤中活下来，真是奇迹。而创造奇迹的是他周围所有的人，因为一切都是经过精心安排的，不是靠运气。几个月来，朗道的饮食是老朋友苏联科学院通讯院士阿·伊·沙尔尼柯夫准备的。他每天遵照医生的处方，准确地配好食品的定量，按规定消毒并亲自送到医院。这样的工作，对一位物理学家来说，跟普通厨师和营养师确实有不同的意义。最新鲜的肉、蛋和水果等，由一些教授和科学博士们源源不断地送到阿·伊·沙尔尼柯夫的家里。

朗道在身体上逐步好转了。他开始散步，给儿子辅导物理和数学，但是他自己再也不搞物理学了。这次严重的脑损伤，使他失去了敏锐的记忆力。他记不得人家对他说的话，也想不起物理学上的新东西。即或想起一点感官的印象，也非常淡薄迟滞，因而他宁愿避免谈论物理学。看见他的样子是令人痛惜的。乍一看，还是那个朗道，实际上是个和过去完全不同的人了。他还能正常地开玩笑、闲谈、散步，可是他自己深切地体会到，脑损伤剥夺了使他成为物理学家的素质。

作为普通人的朗道，比科学家朗道多活了 6 年。

1968 年 3 月 24 日，朗道突然旧病复发。施行一次希望不大的手术以后，病情稍有好转。4 月 1 日，病势大大恶化。他在早晨说："我过不去今天了。"像他一生说过许多对的话一样，这一次他又说对了。他知道自己要死了。他临终的话是："我这一辈子没白活，总是事事成功。"

（作者：弗·杨诺赫　张保成译）

默里·盖尔-曼

（Murray Gell-Mann，1929—2019）

盖尔－曼

粒子物理学界的奇才

M. 盖尔－曼，粒子物理学界的一位奇才，自20世纪50年代以来，在粒子物理学中一直扮演着最重要的角色。粒子物理学中的许多重要概念或理论，如奇异数、色散关系、重正化群、V-A型弱作用、PCAC定理、八重法理论、夸克模型、流代数和量子色动力学等都与他有着密切联系。特别是他于1964年提出的夸克模型，开辟了人们对物质结构认识的新篇章。他杰出的科学贡献，使他成为一名当之无愧的粒子物理学界的权威人物。有人甚至认为他是爱因斯坦的继承人之一。本文对M. 盖尔－曼其人及其重要的科学贡献作一简要介绍和评价。

一、盖尔－曼其人

M. 盖尔－曼1929年9月15日出生于美国纽约城。盖尔－曼的父母是第一次世界大战之后从奥地利移居到美国的。他的父亲阿瑟·盖尔－曼是一位语言教师，并且通晓数学、天文学和考古学。受父亲的影响，盖尔－曼终生爱好语言学和数学。如盖尔－曼十分讲究外国名字发音的语调。盖尔－曼的母亲叫波琳·瑞彻斯坦。盖尔－曼弟兄两人，他的哥哥贝内迪克·盖尔－曼曾是一家报社的摄影记者。正是在他哥哥的影响下，盖尔－曼对鸟类及自然历史产生了极大的兴趣。盖尔－曼从小就显示出很高的天赋，常被人们称为奇才。他在8岁那年就获得了一笔奖学金，从一家地方公立学校升入纽约的一所高级学校。虽然盖尔－曼的各门功课的考试成绩非常优异，但那时他并不喜欢学校的生活。他认为，学校“太单调乏味”，甚至“物理也是相当令人厌烦的”，时常放学后在家里学习他感兴趣的语言学和历史等少数几门学科。不过，学校里的橄榄球这项体育运动盖尔－曼还是十分喜欢的。

盖尔－曼刚满15岁就考入了耶鲁大学。入学那天刚好是他的15岁生日。对于新的大学生活，盖尔－曼开始感到非常困惑，因为他对自己的能力表示怀疑，正如他后来回忆所说：“由于比其他同学年龄都小，因而容易受到伤害，尤其是在我个性发展还不成熟时。”另外，他当时对自己选择什么专业并不确定。他父亲倾向于让他学习工程专业，但他不能接受。由于当时没有其他选择，他只好在入学表格上填写了与之相近的物理专业。因此，盖尔－曼认为，他能成为一位物理学家纯属偶然。盖尔－曼的这种悲观态度也是受他父母的影响。他的父亲做什么事情好像总是有始无终，而他的母亲则喜欢一些不切实际的幻想。后来，在他的大学好友的帮助下，盖尔－曼逐渐看到许多他以前从没想到要去做的事情很值得去做，如在山中旅行和滑雪。1948 年他获得了物理学士学位，并获得了麻省理工学院的研究生奖金而成为那里的研究生。至此，他从未感到过学习的困难。由于天资聪慧，他轻而易举地取得了高学分。在麻省理工学院，盖尔－曼从师于著名物理学家韦斯科夫。韦斯科夫是一位耐心随和的导师，他通过向盖尔－曼显示物理学家是如何工作的来激励他。在这里，盖尔－曼时常参加一些学术讨论会，这使他开始了解到物理学家的工作，并在心中产生了对科学进行挑战的欲望。

他的博士论文大部分是研究十分困难的中间耦合理论。他的这一工作后来证实是非常有价值的，对 1963 年诺贝尔物理学奖获得者 E. P. 维格纳的研究工作有极大的影响。盖尔－曼于 1951 年 1 月获得了博士学位。由于在研究生期间的出色工作，盖尔－曼被资助到普林斯顿高级研究院工作一年（1951）。在此期间，他与 F. E. 洛研究了如何处理场论中的基态问题。他们的这一科学工作受到许多著名物理学家的重视。盖尔－曼非常喜欢这种合作，他并不喜欢研究院里那种年轻人之间高度竞争的学术气氛。同年夏季，他在伊利诺伊大学进行了一段教学和研究。

翌年，盖尔－曼成为芝加哥大学核研究所（后来改名为“费米研究所”）的讲师。在这个研究所里工作，盖尔－曼深为以费米为中心所形成的学术气氛而激励。正如盖尔－曼所说：“费米是使研究所凝聚成整体的介子。”这时，盖尔－曼曾在麻省理工学院认识的 M. L. 戈德伯格也在此工作。这两位聪明的年轻人经常合作，对色散关系等问题进行了研究。另外，盖尔－曼还从事有关核领域中同位旋的研究。

1953 年盖尔－曼升为助理教授，并提出了著名的奇异量子数概念。这使年仅 24 岁的盖尔－曼很快成为粒子物理学界的重要人物。1954 年盖尔－曼成为副教授，该年秋季，盖尔－曼到哥伦比亚大学讲学。正是在此期间，费米离开了人世。盖尔－曼感到“费米的去世，使一切都土崩瓦解了，物理学家们也纷纷离开了（费米研究所)”。他便是其中之一，于 1955 年初离开芝加哥，又一次来到了普林斯顿高级研究院工作。同年4月19日，他与当时在那里工作的英国姑娘（一位考古学家的助手）J. M. 道结为夫妻。他们生有一个女儿丽莎和一个儿子尼古拉斯。J. M. 道于1981年12月去世。1955年9月，盖尔－曼接受了加州理工学院物理学副教授的位置，并于次年成为正教授。1967年，他成为这里的R. A. 密立根理论物理学教授。直至去世前，他一直在该院从事他的粒子物理学的研究。

由于盖尔－曼杰出的科学成就，他曾先后得到了多种奖励和荣誉。除了获得1969年诺贝尔物理学奖，他于1959年获得了美国物理学会的丹尼・海涅曼奖，1966年获美国原子能委员会颁发的E. O. 劳伦斯物理学奖，1967年获费城富兰克林学院的富兰克林奖章，1968年获美国科学院的J. J. 卡蒂奖章。他是美国科学院院士，也是美国文理科学院的成员。他曾在尼克松总统科学顾问委员会工作过。他还是英国皇家学会的外籍成员以及法国物理学会的荣誉成员。他还被许多大学授予荣誉科学博士。

盖尔－曼的兴趣爱好十分广泛。他喜欢滑雪和登山旅行。他喜欢研究野生动物和鸟类。他是一个痴迷的鸟类观察者。他曾漫游了大半个世界去寻找发现新奇的鸟类，并用他的望远镜研究观察到了数百种鸟。他还曾与他的妻子分享了这方面的乐趣。他感到，当旅行时，他可以尽力去思考物理，特别是在从科学会议返回的路程中，或当所学的东西在他脑海中汹涌时。他还喜好音乐和娱乐。对待生活，他喜爱寻求挑战和冒险，他反对单调乏味。他喜欢参加各项活动。他曾发动加州理工学院教工去说服管理部门建立行为科学的组织。1969年，他曾帮助制订了一个由国家科学院发起的环境研究计划。

盖尔－曼是一个无神论者，但他认为，宗教“可满足人们的感情需要”。他的处世哲学接近个人自由主义。

二、奇异量子数

盖尔－曼对粒子物理学中的几乎所有主要研究领域，均作出了重大贡献。特别是他关于强子分类及其结构的研究加深了人类对物理结构的深刻理解。

盖尔－曼的主要科学贡献之一是关于奇异量子数的研究。20世纪40年代末到50年代初，人们首先是从宇宙线实验，随后是在加速器实验中，发现了一批行为“奇特”的粒子（奇异粒子）。这些粒子的奇特之处在于它们通过强作用产生，却通过弱作用衰变。这按当时的理论是无法解释的。如何解释奇异粒子的这种大的产生截面和长的衰变寿命这一矛盾现象呢？1952 年，A. 派斯提出了协同产生的假设。他认为奇异粒子只能成对地通过强相互作用产生或消失。但这一假设看起来更像一条经验法则，而不是一个“解释”。1952 年初，刚到芝加哥大学的盖尔 - 曼也开始研究奇异粒子问题。由于他对同位旋一直很感兴趣，所以他开始考虑是否同位旋可以用来解释奇异粒子行为，并试图用同位旋 I=5/2 去描述奇异粒子。大约在该年 5 月，他在普林斯顿高级研究院作了一次报告。在报告中，他想说明同位旋为 5/2 假设时，却错误地说成 1，这使盖尔 - 曼开始思考他的这一口误，并很快产生了奇异数的想法。1953 年 8 月，他发表了一篇有关奇异数的重要论文《同位旋和新的不稳定粒子》。后来，在 1954 年 7 月的格拉斯哥会议上，他与 A. 派斯又联名提交了有关奇异数方面的论文，并从实验中总结出在弱相互作用中△ I=1/2 的选择定则。盖尔 - 曼又于 1956 年发表了题为《作为位移荷多重态的新粒子的解释》的论文，进一步详细地论述了他的奇异量子数概念，并提出了盖尔 - 曼 - 西岛法则（日本物理学家西岛和彦也于 1955 年独立地提出了奇异量子数方案。当时西岛和彦称奇异数为 η 荷）。关于“奇异”一词，盖尔 - 曼最初采用了“好奇”，后来改用“奇异”。这一词来自培根的语句“在比例中不具有某种奇异性是不会成为至美的”。奇异数方案的基本思想是：当时有些强子可划分为同位旋的多重态，如质子和中子可作为同位旋的二重态。人们曾尝试将具有奇异数的粒子进行类似的划分，但都没成功。盖尔 - 曼研究发现，奇异粒子多重态的荷电中心与核子二重态的荷电中心 +1/2 是有偏离的。他想，这一位移可能表示奇异粒子的一个基本量，因而他假定一个粒子的奇异数等于该粒子多重态的荷电中心与 +1/2 之差的 2 倍。规定非奇异粒子（质子、中子）的奇异数 S 为 0，而奇异粒子的奇异数 S 不等于 0，如 Λ、$\overline{K}^0$、K^- 的 S 为 −1，K^+、K^0 的 S 为 −2。他还指出，在强作用中，奇异数是守恒的，这解释了为什么奇异粒子的衰变不能由强作用引起以及在非奇异粒子的碰撞中奇异粒子为什么会成对产生。盖尔 - 曼还证明，电磁作用中奇异数也是守恒的，而在弱作用中奇异数不守恒。

奇异数方案的提出，不仅解释了奇异粒子的行为，而且还预言了一些新的奇异粒子，这些粒子后来陆续为实验所证实。它不仅建立了基本粒子与相互作用之间的一个逻辑简明的关系，而且为后来强子分类的研究工作奠定了基础。奇异数守恒已成为粒子物理学中的一个基本原则。奇异数方案的提出标志着粒子物理发展的一个新阶段。

三、八重法理论

盖尔－曼的另一杰出贡献是八重法理论。到 20 世纪 60 年代初，人们已在实验中发现大量的强子，对这些粒子进行有秩序、有规律的描述乃是粒子物理学家所追求的目标之一。早在 1949 年，费米和杨振宁曾提出 π 介子是由核子－反核子组成的假说，认为核子是更基本的粒子，以解释其他一些粒子的组成。但该理论不能解释奇异粒子的组成。1956 年日本物理学家坂田昌进一步提出了下一层次的基本粒子为 P、n、Λ（Λ 的奇异数为 −1）。坂田模型可以很好地解释各种介子的组成，但在解释重子组成时遇到了困难，如不能排除自然界中不存在的 pnV 粒子（S=+1）。1959 年，日本的小川修三在坂田模型的基础上提出了 SU（3）对称性理论。50 年代末，盖尔－曼开始试图对日益众多的强子进行分类。1958 年至 1959 年，他曾按坂田模型的方案对强子进行研究，但他对这一方案并不喜欢。1959 年早期，他决定用杨－米尔斯理论来描述强相互作用，随后他研究了杨－米尔斯理论的可能推广。由于他当时对群论并不熟悉，致使他没有取得重大进展。1960 年 12 月一次偶然的机会，他从本院的数学助理教授 R. 布洛克那里了解到了李群，并且马上意识到他所研究的八个生成元相应于 SU（3）群。这使他很快提出了八重法理论。我们知道，SU（3）群的基础表示为 3 维，坂田曾用这个表示来代表 3 个粒子（P、n、Λ）。盖尔－曼通过研究并不相信这 3 个粒子是基本的，但他也不能确定这个基础表示应当是什么。这使盖尔－曼有些失望，但他又不愿放弃 SU（3）对称性。别无选择，他只有简单地跳过这个基础表示，而转向下一个表示，即 8 维表示。他发现自旋为 1/2、宇称为正的 8 个重子正好适合他的八重法方案。他还根据当时存在的 7 种自旋为 0、宇称为负的介子，预言了第八个介子 η^0 的存在。这个预言于 1962 年被实验所证实。然而，当他考虑再下一个表示，即 10 维表示时，由于当时只有 4 种相应的自旋和宇称的重子适合于十重态，因此盖尔－曼认为考虑十重态是很危险的。这样他暂时不过多地讨论十重态，而是坚持八重态。1961 年新年伊始，盖尔－曼按照他的八重态理论，对大量粒子进行了分类。由于每 8 个粒子能填入 SU（3）群的 8 维表示中，因而他命名他的方案为“八重法”，这是依据佛教关于 8 种正确的生活方式能免遭痛苦的劝说而命名的。据此曾有人将八重法与东方神秘主义相联系，这是盖尔－曼所不愿意的，因为他并不相信神秘主义，只是借用一下术语而已。同年，盖尔－曼将他的八重法方案写成报告《八重法：一个强作用对称性的理论》，并于 1962 年正式发表了《重子和介子的对称性》这篇重要论文，进一步讨论了八重法方案。（与此同时，以色列的 Y. 尼曼也独立地提出了八重法理论。）八重法理论正如元素周期表一样，将大量已知的粒子进行了有规则的划分，并且根据某一族八重态中尚且空余的位置来预言新的粒子的存在及其性质。为了使人们发现这些粒子，盖尔－曼曾建议建造较高的加速器。盖尔－曼在提出 SU（3）八重法分类的同时，还根据对称性破缺的思想，提出了一个质量公式。如果 SU（3）对称性是精确的，那么一个超多重态中粒子应具有相同的质量，然而事实并非如此。按照"质量公式"，超多重态中的粒子质量并不是无规则的，而是服从一个相当简单的关系式。由于日本的大久保也于 1962 年独立地给出这一关系式，故人们常称其为盖尔－曼—大久保质量公式。

使八重法理论取得重大胜利的事件是 Ω^- 粒子的发现。1962 年 1 月，在欧洲核子研究中心召开的一次会议上，一些实验工作者报告了他们的实验数据。这些数据与坂田模型是矛盾的，而与八重法方案是吻合的。同时，一些实验工作者还公布了他们新近发现的两类新粒子，即 Σ^* 和 Ξ^* 粒子。盖尔－曼也参加了这次会议，他立刻意识到这两种粒子正适合于 SU（3）十重态表示，并且果断地预言了该十重态的最后一个粒子 Ω^-。同时，他还促成了布鲁克海文国家实验室进行寻找 Ω^- 粒子的实验。果然，1964 年 2 月，这个实验室的 N. P. 萨米奥斯等人宣布了他们已证实了 Ω^- 粒子的存在。不像其他大多数偶然发现的粒子，Ω^- 粒子的发现具有十分重要的意义，它不仅有力地支持了 SU（3）八重法方案，而且显示了粒子物理理论预言的重要性，成为粒子物理学的一个转折点。同年，盖尔－曼与 Y. 尼曼共同编辑了《八重法》一书。

四、夸克模型

1964 年是盖尔－曼在粒子物理学中的地位愈加突出的一年。这一年，Ω^- 粒子的发现证实了八重法的理论预言；也是在这一年，盖尔－曼进一步提出了夸克模型，由此开辟了人们对物质结构认识的新篇章。1961 年，当盖尔－曼提出他的八重法理论时，他并不满足，原因是这个理论不能回答大多数物理学家所关心的问题：难道所有的强子均是基本的吗？另外，他在提出 SU（3）八重法理论时，跳过了基础表示 3，这使他感到很不安。因为它是推导其他表示的基础表示，它应当有物理意义。对基础表示最有逻辑的解释是它应当相应于一个基础粒子的三重态，而其他粒子均可由它构造出来。但盖尔－曼当时找不到已知的粒子来填补它。这个问题一直困扰着盖尔－曼。1963年初，他来到麻省理工学院讲学。在准备他的报告时，他试图寻找最小的基本强子以填充基础表示。他发现，如果坚持整数电荷的观念，那么最小的一组粒子应为4个。他讨论了各种4个基本粒子的方案，但均不能令人满意。1963年3月，他到哥伦比亚大学访问。在午餐期间，他同哥伦比亚大学的R. 塞伯等人讨论了有关八重法理论。塞伯进而问盖尔－曼为什么没有考虑最重要的基础表示3。这激发盖尔－曼再次思考夸克的思想。盖尔－曼当时向塞伯解释了没有考虑3的原因是它需要分数电荷$\frac{2}{3}$和$-\frac{1}{3}$。盖尔－曼经过当天以及第二天的思考，意识到如果靴带方法是正确的话，那么任何基本的强子都将是不可观察的；如果这些粒子是不可观察的，那么它们就可能具有分数电荷。这使盖尔－曼开始严肃对待分数电荷的思想。他认为，分数电荷是可能存在的。为了避免实验上没有观察到分数电荷的问题，盖尔－曼假定它们限制在粒子内部。这样，他就提出了夸克模型，并于1964年2月在欧洲《物理快报》上发表了关于夸克模型的论文《重子和介子的一个简略模型》。该文虽然只有两页长和很少的公式，但却是现代物理学的一个重要里程碑。它非常简洁地阐述了夸克模型。盖尔－曼在文中开头写道："如果我们假设破缺的八重法理论能正确描述重子和介子的强作用，那么我们试图寻找这种情况的基本解释。"他进而指出："如果我们允许电荷为非整数值，那么可以构造一个简单而优美的方案。"他指出，SU（3）基本表示的三重态应为三种夸克，即上夸克u、下夸克d和奇异夸克s，且电荷分别为$\frac{2}{3}$、$-\frac{1}{3}$、$-\frac{1}{3}$。并指出，重子由三个夸克组成，介子由一个夸克和一个反夸克组成。夸克模型解释了八重法理论为什么成功地对粒子进行了分类，给出了SU（3）对称性的物理基础，同时使奇异数和同位旋有了更深刻的意义，如一个粒子的奇异数就是包含在它内部的奇异夸克S的数目。关于"夸克"一词，盖尔－曼取自乔伊斯的小说《芬尼根彻夜祭》中的词句"为马克检阅者王，三声夸克"。夸克在该书中具有多种含义，其中之一是一种海鸟的叫声。盖尔－曼认为，这适合他最初想给这些奇怪的分数荷亚单位一个奇特的发音的想法。同时他也指出，这只是一个笑话，这是对矫饰的科学语言的反抗。

盖尔－曼在文中最后还指出，寻找稳定的电荷为$-\frac{1}{3}$和$\frac{2}{3}$的夸克，将使我们进一步确信真实夸克是不存在的。这使许多人认为盖尔－曼并不相信夸克是真实的。对这点，盖尔－曼后来解释道："我这里的意思是说，它们（分数荷夸克）将永久地禁闭在强子内部。"同时，他并不关心本体论问题。他所说的真实粒子是指实验上能观察到的粒子。

对夸克模型，人们最初的反应是冷淡的。当盖尔－曼在电话中告诉在大洋彼岸的欧洲核子研究中心工作的韦斯科夫关于他的夸克模型时，这位老师的回答是："这是跨越大西洋的电话，是花费钱财的，我们不要讨论这种无聊的事情。"部分物理学家甚至到70年代初仍对夸克的存在表示怀疑，原因是自夸克模型提出后，物理学家一直没有发现自由夸克的存在。（与此同时，美国的茨威格也独立地提出了夸克模型，他称这些基本的分数荷粒子为"王牌"。另外值得指出的是，相应于夸克模型，我国物理工作者于1965年至1966年，提出并深入研究了强子结构的"层子模型"，本文在此不再详述。）

自70年代，随着高能物理实验的进行，特别是J/Ψ粒子的发现（1974）以及弱电统一规范理论的成功，人们确信了夸克的存在。现在人们认识到夸克有六味三色，除了u、d、s三味夸克外，还有粲夸克c、底夸克b和顶夸克t（1995年美国费米实验室宣布已从实验上证实了顶夸克的存在，至此，六种夸克的存在已全部被实验证实）。每种夸克具有三种颜色（红、黄、绿）的自由度。现今人们已确信夸克和轻子层次是目前人们达到的一个基本物理层次。这无疑显示了盖尔－曼夸克模型的重要地位。

五、其他重要贡献

20世纪50年代初，盖尔－曼在研究奇异量子数的同时，还从事了许多其他重要课题的研究。1953年，他与M. L. 戈德伯格合作，试图从定域场论中推导出尽可能多的一般结果。1954年，为了能够从强作用理论中得到一些准确的结论，以便于实验检验，他们提出了色散关系。这是50年代研究强相互作用的重要尝试之一。色散关系从1955年至1959年一直是盖尔－曼的一个研究课题，同时他对S-矩阵理论的发展起到了重要作用。

1953年夏，他与好友F. E. 洛还研究了后来称为重正化群的理论。这一工作已成为有关理论的标准文献。他们的工作经过进一步的发展，对70年代发展起来的量子色动力学等规范理论起到了重要的作用。著名粒子物理学家S. 温伯格曾这样评价他们的这一工作："它是在量子场论方面发表的最重要的论文之一。"

1956年，李政道和杨振宁关于弱作用宇称不守恒的提出，导致了粒子物理学家对弱作用本质的研究。从1957年春天到夏天，盖尔－曼同A. 罗森菲尔德开始研究弱作用。盖尔－曼得出了普适的费米作用具有V-A形式的假设。随后，他与理查德·费曼于1958年发表了《费米相互作用理论》的论文。这一理论给出了弱作用的普适形式。（与此同时，G. 苏达香和R. 马夏克也提出了类似的想法。）这是经过20多年曲折发展以后形成的关于弱作用的正确的唯象理论。该文还提出了弱作用由中间矢量玻色子传递的思想，为弱电统一理论的发展开辟了道路。同时论文中还包含了矢量流守恒（CVC）的思想。

1959年至1960年，盖尔－曼应邀来到法国，在法兰西学院及巴黎的其他研究机构做为期一年的访问研究。在那里，他同M. 利维合作继续研究他与费曼已开始的关于戈德伯格－特里曼关系式的推导，这导致了轴矢流的散度与π场成正比的想法。于是他同M. 利维等人得出了部分轴矢流守恒（PCAC）定理（中国物理学家周光召也在1960年独立地发表了这一理论）。

1960年3月，美国的S. L. 格拉肖也来到法国进行学术报告。在这里，他与盖尔－曼对弱电统一规范理论进行了讨论，而且盖尔－曼鼓励格拉肖发表他关于弱电统一理论的论文（1961）。这篇重要的论文使格拉肖与温伯格、萨拉姆共同分享了1979年度诺贝尔物理学奖。盖尔－曼之所以对格拉肖的工作感兴趣，是因为自1958年提出V-A理论后，他也在思考用杨－米尔斯规范理论来统一描述弱作用和电磁作用的问题。1960年秋季，格拉肖应盖尔－曼之邀，来到加州理工学院做一年的访问研究。这期间，盖尔－曼同格拉肖一起进一步研究了如何将杨－米尔斯理论应用到弱电作用和强作用中。正是此时盖尔－曼了解到了李代数，这促使他提出了著名的八重法理论。

盖尔－曼对粒子物理学的另一重要贡献是他提出和发展了流代数理论。在1958年他与费因曼合作的论文中，他们首先将流的概念应用到弱作用，并发展成流代数。流代数是60年代强作用唯象理论研究的主流之一。人们曾利用流代数得出矢量守恒、轴矢流部分守恒、阿德勒－韦斯伯格求和规则和其他一些低能定理。同时它对盖尔－曼研究八重法和夸克模型都起到了重要作用。70年代早期，盖尔－曼和弗里奇进一步推广了流代数理论，发展了光锥代数，这是一种理解标度无关性的场论方法。

1972年，盖尔－曼和弗里奇还发展了夸克的"颜色"量子数概念。这是继南部阳一朗和汉提出夸克具有另外荷思想的重要发展。盖尔－曼对倡导和发展量子色动力学理论也做出了许多必要的工作。量子色动力学的命名就是出自盖尔－曼。

盖尔－曼于1969年因关于基本粒子的分类及其相互作用方面的贡献和发现获得了诺贝尔物理学奖。瑞典皇家科学院的沃勒教授在授奖仪式上，高度评价了盖尔－曼的科学工作，并指出“十几年来盖尔－曼在粒子物理学中一直扮演着重要的角色”；他所引进的方法是“进一步研究粒子物理学的最强有力的手段之一”。整个国际物理学界对盖尔－曼获得此项殊荣都表示了热烈的祝贺。

盖尔－曼在粒子物理学中的重要地位，从下面一件事可以看出。1966年在伯克利召开的国际高能物理会议上，会议组织者准备请几位专家分别作各个方面的进展报告。当对请谁来作报告而产生争议时，有人提出了一个令人鼓舞的建议：让盖尔－曼一个人将所有的事全包下来。由于盖尔－曼在这一领域的几乎所有方面都做过工作，在90分钟的讲演中，他权威地对整个领域作了评述。

六、独特的科研风格

盖尔－曼对待科学工作具有许多独特的风格。他喜欢通过报告、论文会和交谈与其他物理学家交流思想。他不怎么阅读文献。相对于他的重要影响，他发表的文章并不多。他不轻易发表文章的原因是他有一个与众不同的观念，就是他认为发表一个错误的观点将在一个人的科学生涯中留下洗不掉的污点。他认为，一个理论学家的洞察力将由他所发表的正确观点数目减去错误观点数目，甚至减去两倍的错误观点数目来衡量。即使按照这种严格的标准，盖尔－曼的成绩也是非常优异的。盖尔－曼的另一个特点是，连他本人也不十分清楚，他好像总是喜欢将他的观点推迟一段时间（一年或一年半左右）发表出来，甚至永不发表。如他的一些重要工作只是作为预印报告成为原始文献。盖尔－曼认为，这可能是由于他想让事情考虑得更成熟一些。另外这与他一丝不苟的思考不无关系。

盖尔－曼工作方法的另一个特点是，善于根据他所熟悉的实验事实和理论基础，提出深刻的物理直觉。他注重他人的观点，反对教条；他时常另辟新的途径来思考问题。正像他对待生活那样，他对待科学也极富挑战性和冒险性。他不拘于科学的传统，时常提出一些新奇的科学概念和理论，如分数荷夸克。因而常有人认为盖尔－曼有些“离经叛道”。他独特的文学风格还时常在他的科学方案的命名中反映出来，如“八重法”“夸克”和“颜色”等术语。

盖尔－曼不仅科学成就显著，兴趣广泛，而且还对美国的教育、科学和宗教、科学与艺术、日益增长的人口问题以及日益恶化的自然环境等方面发表过自己独到的见解。

（作者：张会）

参考资料

[1] M. Gell-Mann. Isotopic Spin and New Unstable Particles [J] . Phys. Rev., 1953.

[2] M. Gell-Mann & Y. Neeman. The Eightfold Way [M] . New York and Amsterdam:W. A. Benjamin, 1964.

[3] M. Gell-Mann. Strangeness, in International Colloquium on the History of Particle Physics [J] . J. Phys. (Paris), 1982.

[4] M. Gell-Mann. Particle Theory from S-Matrix to Quark, in Symmetry in Physics (1600-1980) [M]. Barcelona: Bellaterra, 1987.

[5] L. M. Brown & L. Hoddeson. The Birth of Particle Physics [M] . New York: Cambridge University Press, 1983.

[6] A. Pickering. Constructing Quark [M] . Edinburgh:Edinburgh University Press, 1984.

[7] M. R. Crease & C. C. Mann. The Second Creation [M] . New York: Macmillan Publishing Company, 1986.

[8] A. Pais. Inward Bound [M] . Oxford: Oxford University Press, 1986.

自然密码破解人：

著名分子遗传学家

- 麦克林托克
- 德尔布吕克
- 雅克·莫诺
- 马克斯·佩鲁茨
- 威尔金斯
- 威尔逊
- 霍兰
- 尼斯莱因－福尔哈德

芭芭拉·麦克林托克

（Barbara McClintock，1902—1992）

麦克林托克

读懂玉米语言的遗传学家

芭芭拉·麦克林托克是20世纪一位具有传奇般经历的女遗传学家。她毕生从事玉米遗传学研究，在玉米细胞的染色体中发现了可以移动的基因，并将其命名为“控制因子”。她认为，控制因子可以引起染色体的断裂，并导致邻近基因的突变，从而调节基因的表达。此外，控制因子不仅存在于玉米中，它还可能存在于昆虫和其他生命体中。这是一个崭新的理论体系。然而，她的理论很长时间内未被人们接受，遗传学家们一直把基因、DNA链视为稳定的存在。1953年，沃森、克里克提出DNA双螺旋模型，更加固了这一观念。人们怎么也无法想象基因竟然可以在不同的位点之间跳跃。因而，诸如“控制”“调节”这类概念也未能进入经典遗传学家的词典当中。麦克林托克天才的理论一直受到冷遇。自20世纪50年代以来，麦克林托克一直默默地耕耘于遗传学园地之中，1983年，她终于在81岁高龄时独立荣获该年度的诺贝尔生理学或医学奖。

一、初识玉米——跨进遗传学领域的门槛

1902年6月16日，麦克林托克出生于美国康涅狄格州的哈特福德，母亲萨拉·汉迪·麦克林托克是一个喜欢冒险的勇敢的妇女，父亲托马斯·亨利·麦克林托克是不列颠群岛移民的后代。也许受家族的影响，麦克林托克天生具有桀骜不驯的个性。求学时代，她深深地迷上了自然科学，常能出其不意地以自己独特的方式来解答各种难题，而寻找答案的整个过程对她来说是一种巨大的快乐。在麦克林托克未来漫长的科研生涯中，这种快乐一直伴随着她，并成为她不懈努力的唯一源泉。

1919年，麦克林托克在康奈尔大学农学院注册入学。1921年秋，她选修了一门唯一向本科生开放的遗传学课程。在当时，几乎很少有学生对遗传学产生兴趣，他们大多热衷于农业学，并以此作为谋生手段。但麦克林托克对这门课有着强烈的兴趣，

从而引起了主讲教师赫丘逊的注意，课程结束后，赫丘逊来电话邀她选修康奈尔大学专为研究生开设的其他遗传学课程。麦克林托克欣喜地接受了邀请，并就此踏上遗传学研究的道路。

同时，麦克林托克还选修了植物学系夏普教授开设的细胞学课程。夏普的兴趣集中于染色体的结构以及在减数分裂和有丝分裂期间它们的行为的研究上。当时染色体正受到人们的强烈关注，被认定是“遗传因子”的载体。麦克林托克在康奈尔大学植物学系读研究生时，毫不犹豫地认准了这一研究方向——细胞遗传学。

当时的康奈尔大学是玉米遗传学的中心，这一研究传统由爱默生教授创立。在20世纪二三十年代，它堪与摩尔根所创立的果蝇遗传学相媲美。玉米具有明确可辨的遗传性状，当时已证明它的籽粒上糊粉层的颜色以及胚乳的性质，均受孟德尔遗传因子所控制。玉米同果蝇不同，它一年才熟一季，这就为研究人员细致深入的研究提供了充裕的时间。当时的玉米遗传学研究集中在对突变性质的发现、描述、定位和积累上。如果说是爱默生开创了玉米遗传学，那么麦克林托克则成功地实现了玉米遗传学与细胞学的联姻。

研究生期间，麦克林托克曾给一位细胞学家兰道夫担任助教。兰道夫是一位颇有成就的细胞学家，他对玉米籽粒发育的细胞形态学的详尽研究，直到今天依然是权威性的。当时他立志要完成的一项工作是确定玉米细胞中不同染色体的形态特征。然而，他所选取的根尖切片细胞其中期染色体是如此之小，以致无法确定其细节特征。因此，这一工作也被耽搁下来，似乎前景黯淡。

1925年，麦克林托克来到了兰道夫的实验室，事情立刻发生了戏剧性的变化。麦克林托克一下子抓住了问题的关键。她发现，对于细胞学研究来说，玉米的根尖切片远不是一种合适的材料，相反，玉米的小孢子细胞在分裂过程中，其中期或后期染色体更为清晰可辨。当时恰好贝林发明一种新的乙酸洋红涂片技术，这种方法特别适合于玉米，通过它可观察到每一条玉米染色体分裂和复制的全过程。麦克林托克采纳了这一方法，加之选用的材料合适，经过几周的努力，她鉴定出玉米细胞中每条染色体的不同形态特征。根据染色体的长度，她把最长的一条命名为1号染色体，最短的一条命名为10号染色体。

麦克林托克的研究成果于1929年发表在《科学》杂志上，这也是她博士论文的一部分。然而她与兰道夫的关系就此破裂了。当兰道夫梦寐以求的研究目标轻易地被麦克林托克捷足先登时，他未免有些不快甚至无法容忍。就两人的个性来讲，麦克林托克反应敏捷，富有想象力和洞察力，几乎立刻就能发现一个新现象的重要性；相对而言，兰道夫更多的是以方法而不是智力取胜。所以，两人的分裂不可避免。麦克林托克离开了兰道夫的实验室。当爱默生得知这一消息后（也许是兰道夫告诉他的），他的最初反应是站在兰道夫这一边，将麦克林托克看作事端的制造者。麦克林托克有可能觉察到了这一点，所以，她不再向爱默生汇报工作进展。然而，爱默生很快就领悟到麦克林托克的工作是如此富有成就，不久就成为麦克林托克的最强有力的支持者之一。

“小荷才露尖尖角”，麦克林托克以她在玉米细胞学方面的出色工作，成功地迈入了遗传学领域的门槛。

二、初战告捷——遗传学与细胞学的联姻

1927年春天，麦克林托克获得康奈尔大学的博士学位。她留在那里继续研究玉米中每一条染色体的形态特征以及与遗传性状的关系。那个时期可谓是玉米遗传学的黄金时期。1927年秋，比德尔来到植物育种系，在爱默生的指导下做博士论文。他后来曾以“一个基因一个酶”学说与塔特姆以及莱德伯格共同荣获1958年诺贝尔生理学或医学奖。1928年秋，罗兹也来到该系，同样在爱默生指导下做博士论文，罗兹后来成为麦克林托克亲密的同事和朋友。“英雄所见略同”，这些耕耘于玉米遗传学领域的研究者，都迫切地意识到探索染色体和基因之间相互关系的重要性。这是一个和谐友爱的集体，大家共享信息，也共享成功的喜悦。正是在这里，麦克林托克在玉米的细胞遗传学方面发表了一系列高质量论文，其成就堪与当时正在飞速发展的果蝇遗传学相媲美，并深受遗传学界巨子摩尔根的赏识。

如前所述，与兰道夫的合作虽然是不愉快的，但麦克林托克所作研究的影响是深远的。由于麦克林托克已能精确地鉴定玉米细胞中每一条染色体的形态特征，这就为细胞学与遗传学的联姻提供了良好的条件。到1931年，在麦克林托克及其他人的努力之下，在玉米中所发现的10个遗传连锁群已与10条染色体之间建立起了一一对应的关系。相比于果蝇遗传学，玉米遗传学自有其得天独厚的优势。由于果蝇的染色体十分微小，其精细特征难以辨认，所以，摩尔根一派对遗传学染色体学说的贡献主要是基于对交换实验的推断，缺乏从染色体的直接观察中所得到的证据。相比之下，玉米的10条染色体在形态上有明显可辨的特征，如着丝粒的位置、两臂的相对长短、

结节的存在与否、染色丝上着色较浓的染色粒的分布等。对每一条染色体来讲，这些标记都是以一定的形式直线地排列。如果这些标记的改变与相应的遗传学交换同时发生，这就是细胞学与遗传学联姻的强烈证据。

事实证明，麦克林托克在这一时期所从事的玉米细胞遗传学研究为她以后发现基因“转座”打下了坚实的基础。1931 年，麦克林托克发现，9 号染色体在其短臂的末端有一个明显的结。具染色结的染色体携有基因 C（糊粉层有颜色）、基因 sh（胚乳呈皱缩型）和基因 wx（胚乳为蜡质型）。遗传学交换实验表明，这些基因的次序为 wx - sh - C，并且它们都位于具染色结的短臂上，因此，可以确定染色结和这些基因之间为一连锁关系。这一实验不仅令人信服地证实了基因与特定染色体之间的关系，而且是发现“转座”的序曲。因为麦克林托克首次发现“转座”基因（Ds）就是位于这一结节附近，它对基因 C 所产生的影响，导致玉米籽粒的糊粉层显示出斑斑点点的景观。

1933 年，果蝇幼虫唾腺巨大染色体被发现。这种巨大染色体要比减数分裂时的染色体和体细胞中的染色体大上 200 倍。唾腺染色体上有明显的横纹，横纹的相对大小和空间排列是恒定的，可以作为识别唾腺染色体的标志。这一发现为果蝇遗传学的飞速发展添上了强有力的翅膀。自此以后，玉米在遗传学中的地位无法再与果蝇相抗衡。而对于急功近利的遗传学家来说，一年才熟一季的玉米也实在让人等得心焦，而几个星期就能繁殖一代的果蝇，则为观察突变的发生提供了捷径。于是，玉米成了被冷落的“灰姑娘”。然而，麦克林托克对玉米情有独钟，她穿着缝有许多口袋的工作服，冒着酷暑，继续穿梭于玉米地里，细心地观察幼苗、籽粒上的斑斑点点，并在显微镜下检查其染色体行为，而玉米对她的最好回报就是向她倾诉了许多有关染色体及基因的奥秘。

三、断裂与融合——对环状染色体的分析

1931 年夏天，麦克林托克的朋友斯塔德勒邀请她去密苏里大学工作。当时，斯塔德勒正在研究 X 辐射对玉米产生的突变效应，与此同时，缪勒正在研究 X 辐射对果蝇产生的生物学效应。由于果蝇有着更短的生殖周期，缪勒得以较早发表论文，并因此成为这方面的先驱。不过，斯塔德勒的工作同样受到了广泛的关注。其实这两人的工作风格是大异其趣的：斯塔德勒感兴趣的是突变背后的真正原因；而缪勒着重于分析通过辐射所能产生的突变范围，故而他强调突变的随机性，并认为这是一种真正的

基因突变。

从效果上来看，X 辐射会诱导产生大量的突变，其表型可以从成熟玉米的籽粒上反映出来。当时，斯塔德勒已经发现，X 射线诱导的突变致使隐性基因得到表达（由于显性基因的存在，隐性基因是不被表达的，只有当两个同源基因均为隐性基因时，生物体才会表现出隐性性状）。当时斯塔德勒有大量这样呈现隐性性状的突变植株，他想弄清楚这些植物的细胞核中染色体的行为，以确定其背后究竟发生了什么事情。对于麦克林托克来说，这方面的研究正是一种崭新的尝试。她那精湛的细胞学技术，使她有可能在显微镜下鉴定出部分染色体的易位、倒位和缺失，正因为此，斯塔德勒向麦克林托克发出了合作研究的邀请。

麦克林托克在考察后认为，隐性性状的表达全然不是由于“基因突变”所造成。X 射线引起染色体片段的部分丢失，其中缺失片段正好携有显性等位基因，由于显性基因不存在，隐性基因得到表达，这就是在玉米中看到的变异性状。

1931 年秋，麦克林托克回到康奈尔大学。这时，她收到一封来自加利福尼亚大学的信。信中作者描述了玉米的一种变异类型，它与染色体的片段缺失有关。这个片段带着某些显性等位基因，显性基因的丢失使得隐性性状在那些缺失细胞的子代中得到表达。问题是这些缺失是如何造成的。麦克林托克思索之后，猛然大悟，认定是由于环状染色体的存在。她的推断是这样的：一条染色体在两个部分处发生断裂，断裂端发生相互融合，形成一个具双着丝粒的环状染色体。大部分时间环状染色体中的两条染色单体进行独立复制。但偶尔在染色单体之间会发生姐妹线的交换，交换的结果产生了具双着丝粒的双环。由于两个着丝粒向着相反的方向运动，被牵引的染色单体就形成了一座“桥”，随着牵引力的逐渐增加，在有丝分裂的后期，“桥”在某一位点处发生断裂，断裂端进入末期核，相互又进行融合，这时形成的新环，其大小和内容就取决于“桥”上所发生的断裂位置。由于断裂位置是随机的，不是均等的，所以，当其中形成的一个环比较小时，它们常常会丢失。如果丢失环上正好带有显性等位基因，结果就是隐性等位基因得以表达。

这就是被麦克林托克所详细研究的断裂－融合－桥周期。事实上，只要染色体带有断裂端，这样的周期就会反复出现。不过，当时麦克林托克对这一过程的描述极富想象力，因为她并未在显微镜下真正看到过环状染色体的存在。仅仅是在直觉的引导下，她如同身临其境，详细逼真地描绘出了环状染色体的复制、断裂以及重新愈合这一全部过程。不过，麦克林托克同时也强调，充分信任直觉，绝不意味着以牺牲实验和观察作为代价。故此，她写信要求斯塔德勒为她继续种植去年秋天的玉米。她猜测，去年她所看到的变异现象的背后一定也有环状染色体的存在，现在她需要细胞学上的证据。1932 年的夏天，麦克林托克再次来到密苏里的玉米地，然后在显微镜下观察该批玉米细胞的染色体，果然它有环！正如设想的那样。麦克林托克天才的直觉能力得到了实验事实的证实。

对环状染色体行为的分析以及断裂－融合－桥周期的描述，促使麦克林托克深深地关注染色体断裂端的行为。染色体在自然条件下，或是以 X 射线、γ 射线和其他射线及其某些化学药品进行处理时，会发生断裂。一旦细胞觉察到其核内染色体带有断裂端时，它就会启动某种机制促使断裂端相互识别并融合，而不管双方的距离有多远。然而，正常染色体的末端绝不会发生相互融合的现象，这就表明，正常的末端一定有一种成分阻止了融合的进行，这就是“端粒”。端粒的形成受基因控制。麦克林托克发现，当某种基因处于隐性纯合状态时，它就不会启动细胞中的修复机制，断裂端也就无法愈合。今天的分子生物学已经揭示，端粒的形成与一种酶的存在有关，这就是“端粒酶”，而端粒酶确实受基因控制。端粒的结构以及端粒酶活性研究已成为当今分子生物学研究的一个重要热点。要知道，当初麦克林托克在揭示端粒的性质、断裂端的融合时，她只不过凭借显微镜下的观察以及由此作出的推断，但这些推断与今天分子生物学所揭示的事实恰恰吻合，难怪她的同事惊异于她总能在显微镜下看到一些新的东西！

麦克林托克如此关注染色体断裂端的融合行为，是因为从中发现了一种机制，那就是当面临某种突发事件时，细胞总有一套调节机制，比如启动修复机制，使断裂端愈合。麦克林托克认为，这一机制也许是必需的，因为在细胞核中，这些偶然的或常规的断裂经常会发生，如果不修复，这些断裂将会导致较大的遗传缺失从而引起严重后果。麦克林托克从中深刻地觉察到的是生命体的主动应变能力，这正是她与一般遗传学家的迥然相异之处，她更关注的是单个事件背后的整体协调能力，而“转座”理论的提出恰恰有赖于这一独特的视角。

麦克林托克在事业上风华正茂时，在康奈尔大学遇上了麻烦。在 20 世纪 30 年代的早期，寻找合适的工作可不那么容易。作为植物育种系主任，爱默生曾设法推荐比德尔和罗兹在该系工作。他对麦克林托克却爱莫能助。囿于传统，这些职位一般不提供给妇女，因为如果一个妇女出去与农民交谈有关作物的问题，他们会不搭理的。

由于康奈尔大学无法为麦克林托克提供合适的职位，她便于 1936 年接受了斯塔德勒的邀请来到密苏里大学。在这里，麦克林托克对玉米细胞核中所发生的染色体断裂–融合–桥周期继续进行独到和深入的研究，并引起了人们的广泛兴趣。1941 年，作为卡内基学院的研究人员，麦克林托克来到冷泉港，继续从事上述工作的研究。当时，第二次世界大战正酣。卡内基学院理事委员会决议“把战争研究放在第一位，为达到这个目的，应暂停和平时期的研究”。但是，卡内基学院院长布什仍然表示：“只有在很小的范围内，我们依然希望朝着遥远的文化目标继续进行研究工作。”由于麦克林托克的研究归属到了“遥远的文化目标”的基础研究之一，因此，她的工作照常进行，并不断有新的成果问世。

1941 年，受比德尔的邀请，麦克林托克来到斯坦福大学，对一种真菌——链孢霉菌作细胞学研究。正是以这种真菌为材料，比德尔和塔特姆提出了“一个基因一个酶”学说，并荣获诺贝尔生理学或医学奖。但是，链孢霉菌是如此之小，以致一直无法在细胞学上对它们作详尽的研究。麦克林托克通过显微镜，加上她那双训练有素的眼睛，成功地辨别出其中的每一条染色体，并在减数分裂的全过程中追踪它们的足迹，由此揭示了真菌体完整的减数分裂过程。

由于麦克林托克杰出的工作成就，1939 年她当选为美国遗传学会副主席，1944 年成为美国国家科学院院士，翌年担任了美国遗传学会主席。作为一名女性科学家，麦克林托克已属凤毛麟角。

就在这一片成功的赞美声中，麦克林托克开始了“转座”理论研究。

四、“转座”——一个崭新的遗传学概念

我们常见的玉米都是黄色的籽粒。然而，野生的玉米还有其他颜色。美国的中部和南部是玉米的起源地，有着玉米的原始类型，其籽粒有蓝色的、咖啡色的或紫红色的。籽粒颜色取决于玉米胚乳上糊粉层的色素。胚乳是幼苗发育的营养来源，它由两个卵核、一个精核受精而成。所以，玉米的胚乳是三倍体。糊粉层上色素的合成受玉米基因的控制。有时，我们能发现在同一穗棒上有不同颜色的籽粒，常见的有紫红色籽粒镶嵌于其中，这一现象可用孟德尔遗传定律来解释。然而，有一种现象令人迷惑不解：这就是在一个籽粒上有时会出现斑斑点点，或者是无色背景上嵌有色素点，或者是有色背景上呈现出无色区域，这是怎么回事呢？最早注意到这一现象的是爱默生，他猜测这也许是基因的不稳定性造成的。但是，它违背孟德尔遗传定律。

麦克林托克是从研究染色体的断裂端行为开始步入这一研究领域的。她发现，在玉米细胞核中的9号染色体短臂上，有一特定位点（位于结节附近）经常发生断裂并导致一系列表型上的变化，这一发现极其重要。如前所述，麦克林托克曾经发现在9号染色体短臂上的结节附近处的基因与胚乳的色素、形状、性质有关。这样就有可能通过观察胚乳的色素、形状来判断染色体断裂所带来的效应。在1944年的夏天，麦克林托克以自花授粉的方式种下了这样一批9号染色体带有断裂端的玉米，经检测发现，其子代中染色体的断裂仍发生在9号染色体的特殊位点上。断裂的结果是产生一个具有着丝粒的片段以及一个包括特殊位点在内的无着丝粒片段，无着丝粒片段游离于细胞核中，造成它上面所携带的显性基因缺失，于是同源隐性基因得到表达。从表型上来看，抑制色素形成的显性基因（I）丢失，致使胚乳糊粉层上无色的背景显示出色素，这就是玉米籽粒上的斑斑点点。犹如环状染色体所造成的彩斑模式，但它的细胞学机制与特殊位点的断裂有关。

麦克林托克敏锐地看到，不同于其他事件引起的偶然断裂，该位点的断裂是一种高度非随机性的、可遗传的事件，这就表明，该位点上存在一个控制因子，它导致染色体的解离（断裂），她命名为Ds（Dissociation，意为分解）因子。当麦克林托克运用三点测交欲精确地测定Ds位点时，竟然发现Ds是不稳定的，它可以从染色体的一个位点跳到另一个位点。这就是“转座”概念的首次浮现。

Ds所导致的解离事件似乎还受到另外一个因子的控制。麦克林托克观察到，1944年夏天所种植的那批玉米，它们的籽苗幼叶上出现一种奇特的变异类型，即在幼叶上有一对同源区域（它们来自一对姐妹细胞），其中的一半表现为色素减少，而另一半则相应地表现为色素的增多。从这一逆向关系中，麦克林托克领悟到一定是在有丝分裂期间，两个姐妹细胞中的一个得到了另一个细胞所失去的因子，该因子与调节突变频率有关，或者说它控制着Ds的解离事件，致使同源区域的色素呈现出逆向关系，这就是Ac（Activation，意为活化）因子。Ac因子与Ds因子构成一个控制体系，其中Ac因子的活动是自主的，即它能够自发“转座”（移位），并影响其他基因的表达；Ds因子的活动是非自主的，因其中央部分发生缺失，失去了自发“转座”功能，只有当基因组上有同一族的自主因子（如Ac）存在时，才能够“转座”（移位）。

遗传学交换实验表明，Ac因子相当于一个显性因子，它位于9号染色体长臂上，Ac因子与Ds因子隔开一段距离，却能遥控指挥Ds因子。但是，当欲精确定位Ac因子时，才发现Ac因子本身也可移动，又是一个“转座”因子！

后来的实验又进一步表明，Ds 因子除了能导致染色体解离，还可引起邻近基因的突变。当 Ds 因子插入显性有色基因 c 附近时，C 突变为隐性无色基因 c，或者说 C 的显色功能被抑制，于是，在籽粒有色的背景上就出现了无色区域；当 Ds 因子插入隐性无色基因 c 附近时，隐性无色基因 c 突变为显性有色基因 C，于是，在籽粒无色的背景上显示出有色区域。Ds 因子的跳跃是如此之快，致使它所控制的颜色基因时开时闭，从而表现为玉米籽粒上的斑斑点点。当然，这一切都需在 Ac 因子存在的情况下才会发生。

曾被看作基因不稳定性导致的玉米籽粒上的斑斑点点，现在通过基因的“转座”理论，就有了一个合理清晰的说明。从 1944 年发现最初的线索起，麦克林托克整整花了 6 年的时间，才构筑了一个完整的“转座”理论体系。其间大量的线索初看起来似乎毫不相关，凌乱不堪，但是，麦克林托克坚定地相信，其中必定能找到规律，从而使这些数据显现出意义来。这就是 Ac - Ds 体系的提出。

在 Ac - Ds 体系的背后还蕴藏着许多奥秘。麦克林托克发现，Ac - Ds 体系在五个已知位点上出现，其中三个与色素形成有关，第四个与淀粉组成有关，第五个与籽粒的形态有关。既然 Ac - Ds 体系能控制如此相异的基因行为，麦克林托克由此作出一个重要的推断，这就是它也能控制任何其他基因的行为。所谓基因的突变也许正是它们活动的结果。她的这一推论意义深远，因为经典遗传学的中心概念是把基因的突变看作随机的、不受控制的，而麦克林托克猜测突变受某种控制因子的制约，而这种控制因子的行为是对细胞内外环境的改变所作出的反应。

更深入的研究还表明，Ac - Ds 体系只不过是不同控制体系中最先发现的一个。比如，从基因 $A_1 \rightarrow a_1$ 的突变，就可以由不同的控制因子引起，其中有 Ac 因子、Dt 因子、Spm 因子等，它们所产生的表型完全相似，只是在做遗传学交换实验时，才体现出不同的行为。由此可见，整个“转座”理论层层叠叠，犹如一幢迷宫，然而，麦克林托克的手中有一根阿里阿德涅之线（这根线正是用她那高超的想象力以及严谨的实验事实所编织），她在迷宫中运行自如，并由此向我们揭示了整个“转座”理论的非凡魅力以及由此产生的巨大应用价值。

五、无人喝彩——从被误解到被理解

在 1951 年的冷泉港学术研讨会上，麦克林托克通报了她对“转座”理论的研究，然而出乎意料的是，当时一流的遗传学家无法理解她所用的语言，麦克林托克受到了前所未有的冷遇。

就经典遗传学而言，摩尔根的基因理论强调的是基因的稳定性、突变的随机性。比德尔“一个基因一个酶”学说突出的是基因的功能性，即基因编码合成蛋白质的能力。然而，“转座”理论恰恰与此相对立。麦克林托克强调的是，基因可以在染色体上不同位点之间甚至在不同的染色体之间跳来跳去。稳定的基因竟然能随意移动，在当时看来这近乎天方夜谭。麦克林托克还认为，基因除了编码合成蛋白质，它还是一种控制因子，比如 Ac - Ds 体系。对于控制因子来说，它的任务不在于编码合成任何蛋白质，而只在于调节、控制其他基因的有序表达。这样一种控制的概念对于经典遗传学家来说也颇为生疏。

从另一方面来看，对“转座”概念的拒绝，也反映了经典遗传学方法本身的局限性。由于用经典方法得到的结论往往是间接的逻辑推理的产物，而对于“转座”这样大胆的观点，在没有直接看到这种现象的时候，遗传学家宁可采取怀疑的态度。很显然，若是没有 20 世纪 70 年代细菌遗传学的证实，“转座”恐怕仍不会被接受。此外，“转座”现象当时仅在玉米中发现，由于缺乏普遍有效性，要科学共同体接受这种理论，也是很困难的。可见，经典的方法往往会受到实验材料的限制。除了玉米，酵母、果蝇、细菌等“转座”现象都是用分子方法发现的。麦克林托克一生都对玉米情有独钟，玉米也正是她走向成功的关键。美国科学家发现在玉米基因组的 20 亿个碱基对中，“转座”因子就占了一半以上。这简直是命运对麦克林托克特别垂青！如果不是以玉米作为实验材料，也许我们今天还无缘与“转座”现象相识。

虽然麦克林托克大胆的观念未能引起喝彩，但在经典遗传学家的心目中，她仍享有崇高的威望。在 1951 年的冷泉港学术研讨会上，有人问斯特蒂文特——摩尔根的弟子，一位杰出的经典遗传学家——“麦克林托克刚才说了些什么？”斯特蒂文特回答：“我无法听懂她所说的每一个词，但如果她如此说了，那一定就是如此！”可见麦克林托克卓越的威望。

20 世纪中期，也正是噬菌体遗传学派异军突起的年代，该学派是分子生物学的前身之一。然而在这一阵营中，麦克林托克被视为陌路人，因为这些科学家心目中的宠物是细菌、噬菌体这样一类结构简单、繁殖迅速的原核生物。噬菌体学派的创始人之一，曾是物理学家的德尔布吕克，在加盟生物学队伍之后，将物理学中的“简单性”思想、还原论做法带入生物学研究之中，认为生物学的研究应从最简单的对象着手。

既然噬菌体已包含两种最基本的生物大分子——蛋白质和核酸，它们就可被看作生命系统的基本模型，更何况它们那惊人的繁殖速度（每20分钟一代）为研究带来了极大的便利。与噬菌体、细菌相比较，玉米就是一种高等真核生物，它的生长繁殖又极为缓慢，一年才熟一次。而且玉米是一种驯化植物，甚至没有野生型，从中引申出的概念在分子生物学家看来，就不会有一般的应用价值。而冷淡了玉米自然也就冷淡了麦克林托克的工作。

同样是关于基因调节的概念，20世纪60年代初，当雅各布和莫诺提出大肠杆菌中的操纵子模型时，立刻引起分子生物学家的普遍关注。其原因在于雅各布和莫诺使用的研究对象为大家所熟悉的公认的大肠杆菌。操纵子模型提出之后，麦克林托克欢欣鼓舞，因为她希望基因的调节概念被大家接受之后，她的“转座”理论也能为大家所承认。她立刻发表文章，将操纵子模型与“转座”体系进行类比，认为操纵基因与调节基因相当于玉米“转座”体系中的Ac - Ds控制因子，它们都担当起控制与调节基因表达的功能。但遗憾的是，分子生物学家虽接受了大肠杆菌中的操纵子模型，却仍然无法接受玉米中的“转座”体系。

20世纪70年代以来，在对细菌、酵母、果蝇中陆续发现“转座”基因进行报道之后，人们才想起麦克林托克早在20世纪50年代就对玉米中的“转座”基因有过透彻的研究和报道。至此，麦克林托克那曾被看作天方夜谭式的异端思想才逐渐融入当代科学思想的洪流之中，随之各种荣誉也接踵而来：获冷泉港授予的“卓越贡献成员”荣誉称号，1978年获罗森蒂尔奖，1981年获拉斯克基础医学研究奖、麦克阿瑟奖和以色列的沃尔夫奖。1983年，她终于摘取科学界的最高桂冠——诺贝尔生理学或医学奖。

六、独辟蹊径——与众不同的研究风格

与现代的分子生物学家相比，麦克林托克具有独特的研究思路与方法。在物理学、化学的熏陶下成长起来的新一代分子生物学家，更看重的是对象的结构而非功能。他们习惯于采用简单明了的分子克隆方法，将插入顺序提纯出来，然后进行分子结构的分析。但是如此一来，这样的死分子也就失去了其活泼、能动的生物学功能。所以，当分子生物学家与麦克林托克刚刚开始合作时，他们之间甚至无法交流——因为两人说的不是同一种语言。前者仅关注什么材料适合克隆。对此，麦克林托克带着

惊恐甚至轻蔑的眼光。确实，某些等位基因是如此不稳定，以至于在一个纯合植物的两个插入等位基因中的每一个都会发生遗传改变。当时，分子生物学家已经发现，噬菌体的染色体能插入细菌基因之中，它类似于玉米中的“转座”因子，但是，麦克林托克拒不同意这样一种简单的类比，她强调真核生物的复杂性，仅相信遗传杂交实验所阐明的一切。她还断然声称：控制因子（Ac、Ds）是一种基因，但是一种不同寻常的基因，这不仅表现在它们的功能上，也表现在它们的性质上，即 Ac 因子、Ds 因子不是由具体的物质分子组成，它们仅代表染色体特定结构的一种改变形式。最终，玉米中的“转座”因子（Ac、Ds）被克隆，其分子顺序也被测定，Ds 因子具有双倍的结构，所以能导致染色体断裂。随着“转座”因子的插入，染色体的 DNA 分子也确实变长了。在这一点上，分子生物学家的做法显然是正确的。

麦克林托克的教育背景以经典遗传学为主。相比于分子遗传学，经典遗传学有其独特的优越性，因为它直接将基因与功能对应起来，省去了中间过程，而不是像分子遗传学家那样，仅关注基因决定蛋白质的过程。这就对想象力的发挥以及直观的逻辑推理能力的运用，提出了更高的要求。对于麦克林托克来说，她主要用她的眼睛以及直觉推理能力，再辅之以显微镜和少数简单的反应物（试剂），当然还有正确的杂交实验。她选择、分析、保存了大量有用的玉米株系，提供给任何对此感兴趣的人（甚至还有从未种过玉米的分子生物学家）。麦克林托克的过人之处在于她看重偶然的失败，认为这正是线索的开始。凭着一双训练有素的眼睛，她总能看出一些不寻常的事例，比如有色背景上无色区域的分布，或是染色体上某一特殊位点的断裂（不同于其他事件引起的随机断裂），以此为线索。而接下去的推理又是如此复杂，对事实的分析一环紧扣一环，以致许多遗传学家如坠雾中。但是，它充分展现了人类智力以及想象力所能达到的深度。正是在此意义上，麦克林托克认为人类基因组这一宏大工程仅仅是一种编织手艺，因为它从根本上缺乏深刻的原创性和恢宏的想象力。也许这正可说明麦克林托克对分子遗传学方法冷淡的原因。虽说麦克林托克没有受过正规的分子遗传学训练，但她自 20 世纪 40 年代起就一直在冷泉港实验室这一分子遗传学研究中心工作。她长期与分子生物学家共事，每次学术报告她都不错过，并且总能提出一些发人深省的问题，可见她是完全跟得上分子遗传学前进的步伐的。正如她钟情于玉米一样，她也钟情于经典遗传学的方法，因为它富有想象力，并且直接面对活生生的功能。

对于一个分子生物学家来说，他们更多地将细胞看作一个试管，里面充满了蛋白质和核酸的复合物。而麦克林托克则首先把生命体看作一个有序的整体，其中的每个部分都处于相互联系的网络之中，对于微小的扰动，它能发挥有益的调整功能，“转座”体系即其中的一部分。这一独到的体验深深地影响了分子生物学家。夏皮洛回忆道，当他于20世纪70年代后期首次与麦克林托克接触时，他的研究正集中于“转座”因子的分子机制上。通过与麦克林托克的接触，他意识到这些因子必须整合到有机体的整体功能时才有意义——正是循着这一正确的思路，他才深入细菌的遗传系统，并有了独到的发现。

另一位分子生物学家费克当时正研究酵母遗传学，他用的是生物化学的方法。麦克林托克对他提了一个意义深远的问题：“你认为酵母中有‘转座’因子吗？”囿于偏见，费克认为“转座”因子只限于玉米中。所以，他说通过化学诱导剂的方法，已鉴定出200多个突变，但未发现不稳定的突变。对此，麦克林托克大笑，她说，发现“转座”因子绝不能用化学的或物理的这类人工诱导的方法。她强调，“转座”是一个自然状态下发生的事件而非人为事件。对自然的而非人为状态的珍视，正是麦克林托克不同于分子生物学家的独特视角，也是她对生物学思想的一份厚重贡献。

透过麦克林托克的研究思路，我们可以看到一种崭新的科学思维模式正在兴起，那就是以尊敬代替征服，以创造性的想象代替分析、还原的逻辑。麦克林托克把自己的情感融入研究对象，还用“基因组的震惊”这一类概念来描述基因的行为，仿佛一个基因能够觉察到各种情绪，如沮丧、兴奋等，它还能识别复杂的挑战，以寻求智慧的解决方法。总之，基因组就像有它自己的生命。在她看来，“转座”因子的移动正是生命体对内外环境的改变所作出的反应，这些也许正构成了进化的基本机制。

麦克林托克的思想连接过去与未来，横跨我们的时代。她的细胞遗传学研究在当时就为她赢得了声誉；她对“转座”理论的贡献是划时代的，正在为今天的我们所接受；她的进化观念也许将成为留给未来时代的一份贵重礼物。也许以今天的标准来看，她所留下的73篇论文数目并不多，但她的论文篇篇都经得起时间的检验，这对急功近利的现代人未尝不是一种良好的警示。

麦克林托克身材娇小，但体格健壮，精力充沛，这也正是她能成为一名优秀遗传学家的良好素质。她不仅在显微镜下观察细胞中的染色体，还在烈日下种植玉米；有时碰到连续几天的暴雨，她就要在玉米地里排水、培土，使玉米根系能牢牢地固着于土壤之中。

1992年9月2日，她在冷泉港与世长辞。麦克林托克终生未婚，她把全部的挚爱都奉献给了玉米，奉献给了遗传学事业。正如诺贝尔颁奖委员会给她的致辞中所指出的：麦克林托克的成功，其意义远远超越了科学本身，“对于当局来说，保证科学的独立研究是多么重要；对于年轻的科学家来说，则证明简单的手段也能做出巨大的发现”。

确实，对于玉米籽粒上色斑的研究，初看起来似乎毫无应用价值。麦克林托克纯粹出于一种科学上的而非实利上的兴趣，默默地耕耘于这片园地之中。最终“转座”因子被证明不仅控制着玉米上籽粒色素的形成，更重要的，它还存在于其他生物之中。有关它的机理、“转座”过程中所发生的具体步骤，仍是今天分子遗传学所面对的重大课题。因此，麦克林托克的工作虽然是在经典遗传学框架内完成的，但她同时也开启了通往分子遗传学的一扇门。

面对荣获诺贝尔奖这一崇高荣誉，麦克林托克平静地说：“我觉得自己获得这种意外的奖赏似乎有些过分。多少年来，我在对玉米遗传的研究中已获得很多的欢乐。我不过是请求玉米帮助我解决一些特殊的问题，并倾听了她那奇妙的回答。”这就是麦克林托克，一位经历简单然而思想深邃的天才科学家。

（作者：陈蓉霞　禹宽平）

参考资料

[1] 伊夫林 · 凯勒 . 情有独钟 [M] . 赵台安，赵振尧，译 . 北京：生活 · 读书 · 新知三联书店，1987.

[2] P. Sanmiguel，A. Tikhonov. Nested Retrotransposons in the Intergenic Regions of the Maize Genome [J] . Science，1996.

[3] Jan Lindsten. Nobel Lectures in Physiology or Medicine (1981–1990) [M] . Singapore: World Scientific Publishing Co. Pte. Ltd，1993.

马克斯·德尔布吕克

（Max Delbrück，1906—1981）

德尔布吕克

一个并不完美的分子生物学的奠基者

一、告别量子物理学

德尔布吕克出生在一个知识分子家庭。他的父亲是柏林大学历史学教授，叔叔是该校神学教授，母亲是著名化学家李比希的孙女。他在童年及少年时期即置身于从事科研与商业的许多大家族的氛围之中，也经历过第一次世界大战期间的饥寒交迫、死亡威胁及战后的革命风波、通货膨胀。

他从孩提时就对科学感兴趣，首先关心的是天文学。对他影响最大的是一位长他8岁的物理化学家弗里德里希，后来成为德尔布吕克的指导者和终身朋友。

20世纪20年代后期，出现了量子力学，而德尔布吕克攻读研究生的格丁根大学正是量子力学的中心之一，所以他把兴趣从天文学和天体物理学转移到理论物理学，就显得十分自然了。1930年他获得理论物理学博士学位。

他的3年博士后是在英国、瑞士与丹麦度过的。在英国期间，他接触了一种新的语言和新的文化，并且扩大了生活视野。在瑞士和丹麦，他师从著名的物理学家泡利和玻尔，在科学求实精神方面获益至深。特别是在哥本哈根物理学实验室工作的两年，对他一生的学术研究方向影响至深。因为在那里他结识了玻尔，而玻尔当时正在对新的物理学所导致的物理学本质概念的基本变化进行哲学概括，并且在量子力学方面提出了并协性概念（海森伯提出的“测不准原理”就是这个概念的一例）。

德尔布吕克开始爱好生物学也是受到玻尔的深刻影响，因为玻尔认为他提出的并协性概念也适用于其他学科，特别是生物学。这个观点为德尔布吕克所深信，后来他为了验证这一点，竟然告别了量子物理学而正式投身遗传学。当时玻尔认为，为了了解生命最终是什么，就必须首先找到那些支持物质的生命集体的基本并协性关系，而这些发现可能来自生命的某种深刻的佯谬的发现。

1932 年，作为著名物理学家哈恩的助手，德尔布吕克移居柏林，希望在那里能够较密切地接触生物学。1934 年初在柏林形成了一个由物理学家和生理学家共同参加的研究小组，由著名的遗传学家、俄国移民季莫菲耶夫–列索夫斯基领导。

在这个时期，柏林的物理学界举行过一次“基础物理学的未来”学术讨论会，会议认为：物理学在最近一段时间里，将提不出有意义的课题；生物学中没有解决的课题为数最多；一些物理学家应该进入生物学领域。

德尔布吕克十分同意这个会议的上述论点。1935 年他和季莫菲耶夫–列索夫斯基、齐默一起发表了一篇题为《突变和基因结构》的文章。这篇文章写法十分独特，主要篇幅是各人发表各人的看法，只是在文章结尾部分才共同对某些生物学现象作出理论上的解释。德尔布吕克在该文中指出，在生物学中遗传学是玻尔的并协性关系最为适用的分支，因为极小的基因存在着一种长期的稳定性，它有可能包含一种深刻的佯谬。这篇文章还深刻地影响过薛定谔，使他撰写成了著名的小册子《生命是什么？》。

在此后不久，当他于 1937 年获得洛克菲勒基金会的资助，到美国加州理工学院摩尔根遗传学实验室工作的时候，他便彻底地和物理学告别，一脚跨进了遗传学的门槛。但是历史的发展并没有完全按照“基础物理学的未来”会议所预料的那样，在德尔布吕克离开哈恩不久，哈恩就发现了铀的裂变，德尔布吕克失去了参与这一重大物理学发现的机会。

但历史的发展又部分地证明了这次会议的预言，生物学里的确存在着极多待开拓的课题，物理学家在那个舞台上的确发挥了重大作用，德尔布吕克本身就是一个极好的例证——成为美国“噬菌体学派”的主要奠基人，并成为 1969 年诺贝尔生理学或医学奖的得主之一。

二、遭遇噬菌体

德尔布吕克在摩尔根实验室工作的两年期间，遇到了莫大的困难。首先，一个理论物理学家要和果蝇的染色体打交道，实在是勉为其难。他在回忆这段经历时写道：“我在阅读那些望而生畏的论文时没有取得很大进展，各种基因型都有长篇累牍的陈述。太可怕了，我简直无法读懂它。”而且要让一个善于逻辑思维的物理学家在显微镜下观察极难识别的染色体，也实在是难为他了。

正在德尔布吕克举棋不定的时候，摩尔根实验室里的埃里斯从污水中分离到噬菌体，埃里斯让他参加以噬菌体为实验材料的遗传课题。当时电子显微镜尚未发明（电子显微镜发明于1939年），所以看不到这种病毒——噬菌体。当埃里斯向他示教噬菌体时，他甚至说："我无法相信它的存在。"但正是怀疑噬菌体存在的德尔布吕克，提出了对噬菌体分阶段的生长试验的设计，试图分清噬菌体生命周期的各个阶段。在此设想的基础上，他与埃里斯共同进行了著名的噬菌体一级生长试验。报道该试验的论文发表于1939年，后来被公认为现代噬菌体研究方向的开端。

1940年，德尔布吕克转到了设在田纳西州纳什维尔市的范德堡大学工作。第二次世界大战期间，他受雇为物理学讲师，但研究的注意力仍集中在噬菌体方面。

1940年他得到了在美国的定居权。但当时他的身份是敌侨，所以在政治上受到一定的歧视，于是德尔布吕克便专心致志地把全部精力投入到科研事业之中。其实作为犹太人的德尔布吕克，如果在德国居住，是会受到迫害的。足以说明这一点的是，他那些留在德国的许多亲属大多参加了反对纳粹的斗争，有的因之而遭到逮捕。

1940年可以说是德尔布吕克学术研究的一个重要转折点，因为那一年他结识了卢里亚。卢里亚于1912年出生在意大利的都灵，1929年在都灵大学学医，1935年获医学博士，1940—1942年在美国哥伦比亚大学内外科学院任外科细菌学研究助理。1938—1940年在法国巴黎镭锭研究所从事科学研究，向巴斯德研究所的沃尔曼学到了噬菌体技术。沃尔曼是溶源性现象的发现者之一，沃尔曼发现的"温和的"噬菌体与嗣后德尔布吕克和卢里亚研究的T系列（"烈性的"）噬菌体，分别属于两种迥然不同的噬菌体。在镭锭研究所工作期间，卢里亚接触了较多的物理学知识，并且成了著名物理学家费米的朋友。他和德尔布吕克一样，当时在美国的身份也是敌侨。

1940年在美国费城举行了一次物理学年会。德尔布吕克参加这样的学术年会是可以理解的，但卢里亚竟然也偶然地涉足了这次会议。这两位都操德语的学者在会议休息时彼此认识了，交谈的内容是从理论物理学开始的，后来接触到卢里亚正在从事克吕格尔发现的葡萄球菌噬菌体问题，这正是两人共同关心的实验模型。但德尔布吕克当时对该种噬菌体抱有成见。

谈话结束以后，他们就来到纽约市哥伦比亚大学内外科学院卢里亚的实验室，在那里进行了48小时的噬菌体实验技术的交流，并且约定，第二年夏天在冷泉港实验室里继续进行共同的噬菌体实验。1941年夏，在冷泉港举行了一次以噬菌体为主题的学术会议。会议结束后，德尔布吕克和卢里亚进行了一项共同的噬菌体实验。其间，德尔布吕克在冷泉港举行婚礼，新娘是玛丽·阿德琳·布鲁斯，二人婚后共生有4个子女。

德尔布吕克和卢里亚商议后认定，噬菌体可能是研究遗传学的一种新的实验模型，有必要推广噬菌体技术于理论研究，这样就使噬菌体获得了新的研究方向。

三、“噬菌体学派”的诞生

1915 年发现了噬菌现象，嗣后戴列尔把这种设想中的颗粒称作“噬菌体”。他对噬菌体作了多年的研究，主要的研究方向一直是把它作为治疗和预防传染病的一种手段。当时世界各国研究噬菌体的学者大致都是按照这个方向进行工作的，尤其是苏联，这一研究方向得到了政府的大力支持。苏联在 20 世纪 30 年代把戴列尔请到格鲁吉亚首府第比利斯，建立了一个专门研究噬菌体的研究所，并在莫斯科集中了苏联科学院、苏联医学科学院、高等院校中有关力量对之进行系统研究。当时（一直持续到 20 世纪 60 年代）不断地报道噬菌体可以治疗和预防若干种细菌性疾病，特别是痢疾，一直发展到用行政的力量，在托幼机构中强行要求服用痢疾噬菌体预防小儿痢疾。但是长期的实践表明，这一研究方向是没有前途的，它在预防和治疗传染病方面没有出现显著的效果，于是这一研究方向就自然而然地从科技史中消失了。

德尔布吕克从 1938 年起分别与埃里斯和卢里亚成功地进行了噬菌体的一级生长试验和波动试验；在此基础上，他与卢里亚、赫尔希等人形成了美国“噬菌体学派”的核心，推动了细菌遗传学以至分子生物学的产生与发展，从而在生物学史上写下了辉煌的一页。这表明噬菌体理论研究方向是正确的。

与此相对照，当时写在苏联《医学大百科全书》（第三卷）中的下述记录成为历史上的笑柄：“近年来，在国外文献，特别是美国文献中，出现了一种对 T 群噬菌体研究方面所获得的资料万能化的倾向，这种倾向很难看作为正确的倾向。”

科学史家及分子生物学家把戴列尔的研究方向称为“近代的噬菌体研究方向”，把德尔布吕克开创的研究方向称为“现代的噬菌体研究方向”。

1943 年 1 月底，德尔布吕克邀请了一位年轻的微生物生化学家赫尔希访问他在范德堡大学的实验室。赫尔希也曾作过噬菌体的研究，并发表过多篇论文，从而引起了德尔布吕克的注意。由于双方谈得投机，德尔布吕克就邀请赫尔希加入他和卢里亚共同研究和组织现代噬菌体研究方向的行列之中，终于赫尔希成为嗣后“美国噬菌体学派”的核心人物之一，后来他们三人一起荣获 1969 年诺贝尔生理学或医学奖。科学史家戏称这个核心组是两个敌侨和一个“与社会不适应”的人物组成的。这个所谓“与社会不适应”的人指的是赫尔希，因为有的科学史家引用德尔布吕克的话说赫尔希是个不喝威士忌的人。

德尔布吕克和卢里亚相识并达成共识：研究噬菌体是研究生物自我复制的突破口。但是卢里亚声明，他并不同意德尔布吕克的如下设想——认为这是证实玻尔并协性概念在生物学中的实例；卢里亚还认为并协性关系可能来自生命的某种深刻的佯谬的想法过于浪漫。但最后卢里亚还是同意与德尔布吕克合作，并扩大其理论的影响，其方法之一就是每年暑期在冷泉港举行一次噬菌体研究的经验交流会，以吸引那些从其他学科来的学者熟悉噬菌体技术，所以从这个意义上来讲，这样的学术会议又带有培训班性质。

这种兼有培训班性质的学术会议每年举行一次，为期约 3 周。除了各自交换研究成果和研究思路，还可以自带设备在冷泉港实验室进行短期的实验。从 1945 年开始的每年一度的这一活动，影响逐渐扩大，参加的人员逐渐增多，活动方式越发丰富，例如增加了不定期内部刊物《信使》和《内部论坛》的出版，在活动的间歇期还举行各种运动，如打球、游泳等。这 3 周的活动既富有精彩的科学内容，又富有浓厚的生活情趣。最盛时达到 37 个国内外研究机构和大学数百人参加。

1944 年可以说是这个噬菌体研究组的重要转折时期，因为鉴于各地学者应用的都是各自的噬菌体株和宿主菌体系，其实验结果就难以彼此比较。德尔布吕克遂于 1944 年提出集中在 T 系列的 7 个噬菌体株（即 T1、T2、T3、T4、T5、T6、T7，特别是其中的偶数株。它们都是以 B 株大肠埃希菌为宿主菌。这 7 个噬菌体株都是当时冷泉港实验室主任——果蝇遗传学家德梅雷茨所收集的）上进行实验研究，并得到了学术年会与会者的赞同。科学史界和分子生物学界曾经把这个共识戏称为“噬菌体条约”。

当时的冷泉港在学术上著称于世的是每年一度在暑期召开的量子生物学年会，每次为期 2 周，经常研究的课题是微生物的遗传和变异。此活动于 1933 年开始，二战期间中断，后于 1946 年恢复。自从 20 世纪 40 年代中期噬菌体研究组活动开展以后，后者几乎与前者同样吸引学术界的注意，成了冷泉港暑期与微生物学有关的两件盛事。

德尔布吕克在二战结束以后，辞去范德堡大学的职务，回到加州理工学院。在那里，他彻底摆脱了物理学教职的束缚，专攻生物学，一直到他生命结束。

德尔布吕克建立的噬菌体研究组被视为分子生物学的开端，德尔布吕克的严谨思维和开放式的交流铸成了一代分子生物学家，其间获得的科研成果后来纷纷获得了诺贝尔化学奖和诺贝尔生理学或医学奖。1965 年诺贝尔生理学或医学奖得主之一、20 世纪 70 年代法国巴斯德研究所所长莫诺曾经写道：“就是在这样的场合（指冷泉港噬菌体学术年会），分子遗传学这一新的学科才获得它的躯体和灵魂。”他又写道：1946 年夏召开的以微生物的遗传和变异为主题的冷泉港会议“是噬菌体教的一次宗教会议……它有三位主教——德尔布吕克、赫尔希和卢里亚，而德尔布吕克是教皇，他在同辈中占据首席位置，正是他确定了这个‘教’的‘教义’”。

四、噬菌体研究组的解体

对于德尔布吕克在噬菌体学派中的作用，大部分学者的评价是积极的、肯定的，否则就很难设想，他们会获得 1969 年诺贝尔奖。例如 1947 年参加冷泉港学习班的西拉德及其助手诺维克把那里的课程称为“能使有物理学基础的人容易理解的生物学……在这 3 周的培训班里我们接受了许多清晰的定义、一系列的实验技术以及求得澄清和理解的精神。对我们来说，德尔布吕克几乎是单枪匹马地开辟了一个我们能够显露身手的领域”。

加州理工学院的同事欧文思评价德尔布吕克说：“马克斯（德尔布吕克的名——笔者注）是精思勤研的模范：他善于找出关键性问题，并且能够既好又省地解决这些问题，仔细而认真地思考实验方法和实验材料；他能无情地评价自己或别人的实验结果和最后结论，并敦促迅速发表，请他人进一步审查和指正。他善于把大批有才干的人集中在他的周围，往往把他们从其他领域（特别是从物理学）吸引过来，通过实例和问答来教导他们，并愿意通过几乎一切途径从事自学。”

但是真正了解他的应该说是他的最亲密的伙伴卢里亚。卢里亚对德尔布吕克的评价是一分为二的。卢里亚在 1972 年认为，在最近 25 年中德尔布吕克在推选正确思路和有成果的研究路线方面的记录是不佳的。“其部分原因是他对科研选题抱着游戏人生的态度，而这种态度正是生物学的敌人。”“至于有人说他善于选择人才，我认为，不如说他极有才华，因为和他一起工作是令人振奋的。他的思维、他的思想方法，甚至他对别人的咨询（例如对克里克的咨询）都是他的杰出之处。他在叙述和表达方面也表现出自己的卓越性，所以和他一起写作，也是同样令人振奋的。”

事实表明，卢里亚的评价是比较切合实际的，以德尔布吕克的事业为例，虽然他为分子生物学的奠基立下了汗马功劳，但是他想通过生物学，特别是遗传学的研究发现新的物理学和化学定律，尤其是想证实其导师玻尔的并协性概念适用于生物学的设想，却以失败告终。1953 年，德尔布吕克认为分子生物学的发展前途有限，于是就改变研究方向，从事以须霉属真菌为模型的感觉生理学研究，然而一直到他生命结束，仍然少有成就。

噬菌体研究组有它自己产生、发展和消亡的规律。该研究组赖以生存的根据之一是其思想与成果的开放性交流，这也是德尔布吕克的性格特征之一，是他从玻尔那里继承过来的。他特别推崇科学思想和成果的自由交流，而完全不管它们的首创性。他甚至说，他最讨厌在这方面保密。其极端的例子之一就是沃森在与克里克两人一起提出 DNA 的双螺旋的结构之后，把手稿寄给德尔布吕克，并在信中特别叮嘱不要告知正在作同一课题研究的波林。但是德尔布吕克收到该信后，还是迫不及待地给波林看了。幸亏波林看完立刻表示心服口服，没有酿成任何事端。

但是，像公开性这样一种在一定阶段可以适用的原则，并不一定适用于其他发展阶段。结果是：在噬菌体研究组成员成果辈出的情况下，大家已经不愿意完全开放自己的思路和未公布的成果，于是导致了 1960 年这个本来就松散的研究组彻底解体。用德尔布吕克的话来讲，就是："这个研究组的成功导致性格的改变和开放性的丧失，竞争的压力明显增大。"对此，他并不充分理解，于是他只好自我解嘲地说："当然各人有各人的口味、各人的需要、各人的思虑。我不认为这是令人高兴的事。"

不过德尔布吕克在噬菌体研究组这样一个松散的学术组织中的作用是被世人公认的。首先表现在 1966 年当他 60 岁寿辰的时候，加州理工学院的同事们为他举行了一次隆重的庆典；同时出版了一本纪念文集，题为《噬菌体和分子生物学的开端》，该文集收录了当时分子生物学界诸多名人的著作，突出地肯定了德尔布吕克的组织作用。

其次则表现在1969年诺贝尔生理学或医学奖的授予，虽然该奖的正式评语是"表彰他们发现了病毒的复制机理和基因结构"，但实际上他们三人的实验成果远远达不到诺贝尔级的成就。美国著名的分子生物学家、当年最年轻的噬菌体研究组成员之一的斯坦特在 1969 年的美国《科学》杂志上公开写道："为什么授奖给这三位分子遗传学的最初发起者竟推迟达 30 年之久呢？（从德尔布吕克与埃里斯共同发表噬菌体'一级生长试验'论文的 1939 年算起，正好是 30 年——笔者注）这是因为从诺贝尔奖的角度看来，其内容太综合性了。确实如此，对于诺贝尔奖得主来说，这的确是值得惊奇的，因为无论是德尔布吕克，还是卢里亚，他们的姓名都没有和任何一项专门的突破性的发现联系在一起，赫尔希的最为著名的实验仅仅是独立地证实了其他人在 8 年前所提出的推理。这倒并不是说这三位科学家迄今为止仍然不引人瞩目。相反，他们都受到广泛的尊敬，但是这种尊敬的基础对于那些陌生人（以及30岁以下的分子生物学工作者）来说是难以理解和不容易向他们解释清楚的。”斯坦特比诺贝尔委员会更直率地评价了这三位科学家，关于德尔布吕克的贡献，他写道：“30年前他们开始将经典的孟德尔遗传学转化为后来的‘分子’水平的沃森－克里克学说。”

其实诺贝尔生理学或医学奖评奖委员会的代表加德在其介绍词中并没有掩饰这一点，只不过比较委婉罢了：“大概在1940年左右，德尔布吕克开始关心噬菌体，接下来卢里亚和赫尔希也很快这样做了。他们的目的是研究所有生命过程中最根本的过程——复制。……他们是彼此独立地进行工作的，但又互相密切合作。很早他们就形成了一个学派，他们所创造的激励人们智力的气氛吸引了来自许多不同领域和具有不同观点的卓越科学家。……第一位的荣誉应该归于德尔布吕克，他将噬菌体的研究从通常的经验主义范畴（指从戴列尔开始到苏联20世纪50年代以前企图将噬菌体变为防治传染病的重要手段的研究）提升为精密的科学。他分析和确定了精密测量噬菌体生物学效应的条件。他和卢里亚一起制定了定量的方法并建立了统计学的评价标准，有了这些方法和标准，进一步的深入研究才成为可能。德尔布吕克和卢里亚的长处也许主要是理论分析，而赫尔希首先是一位杰出的实验科学家。”

五、两项研究

作为理论研究时期开端的噬菌体一级生长试验是这样进行的：将T噬菌体和细菌以1∶10混合，以保证每个噬菌体都有侵染细菌的机会。吸附几分钟后将侵染的细菌稀释到抗血清中，以除去游离的噬菌体，接着再稀释到从万分之一到百分之一的浓度，接种于培养液中；在培养过程中取样测定噬菌斑数。试验结果表明，在培养液中噬菌斑形成的数目在侵染开始后24分钟内保持稳定。在这段时期里，侵染滴度并不增加，他们把这段时期称为潜伏期。

过了24分钟以后，在培养液中噬菌斑形成的数目开始剧增，直到约10分钟后才达到平稳状态，不再增加侵染活性。他们将这一时期称为上升期。达到平稳状态的最终滴度与被噬菌体侵染的开始滴度之比叫作释放量。对于T4噬菌体来说，释放量为100，也就是说每个被侵染细菌可释放大约100个噬菌体。

他们对上述结果作了这样的解释：在潜伏期中把已经侵染的细菌样品涂布在琼

脂培养基上所产生的噬菌斑，并非来自游离的噬菌体游粒，而是来自被噬菌体侵染的细菌。这些细菌在它们的细胞内可能已经含有很多子代噬菌体了。尽管如此，涂布时却只产生一个噬菌斑，这是因为平皿中的琼脂将那些最后才从细菌中释放出来的上百个子代噬菌体限制在一个侵染中心之内。只有在潜伏期结束之后，细胞内的噬菌体已经从宿主菌内释放到培养液中，每个子代噬菌体才能在琼脂表面形成各自的侵染中心——噬菌斑。

德尔布吕克在一级生长试验论文的序言中加进的一段话，足以反映他们的评价："过去有种错误的观点认为，细菌病毒是一种化学分子而不是生物。我们的工作则表明，某些大的蛋白（其实后来证明，噬菌体的成分是核酸与蛋白质各占一半——笔者注）分子（病毒）具有在物体内增殖的特性。"

当时德尔布吕克认为，噬菌体的大小与基因相当，噬菌体的自我复制能力如此强大，受它侵染的细菌正是研究自我复制的理想的试验系统，通过这短短半小时的潜伏期观察亲代噬菌体如何在被侵染细菌体内复制是最为困难的问题。不过整个一级生长试验的意义首先在于其突出的简单性，所采取的操作可以保证所有噬菌体同步地侵染宿主细菌。总之，该论文具有德尔布吕克撰写的论文的特征：论证清晰、风格精练。

德尔布吕克在完成这个试验之后仍然念念不忘导师玻尔的思想对他的影响，甚至将这一试验的成功也归功于玻尔。1946 年德尔布吕克在一次演讲中说道："你们可能会奇怪，这些天真的门外汉怎么会了解细菌病毒的。我可以告诉你们，这完全是意外的机遇。……这位理论学家对生物学，特别是对噬菌体知之甚少，他完全是在偶然的场合闯进这个领域的。……他曾经是玻尔的学生，而玻尔是一位对生物学的基本课题十分熟悉的导师，……一个病毒进入细菌细胞，20 分钟以后细菌细胞便溶解了，释放出 100 个病毒颗粒。他可能会说：'这是怎么回事，一个病毒在 20 分钟里变成同种的 100 个病毒颗粒？这真令人感兴趣。让我们找出它是怎样发生的，病毒是怎样进入细菌的，它是怎样增殖的，它是和细菌一样地增殖、生长和分裂，还是以一种截然不同的机制增殖的……'

"也许你们乐于知道，这个带有稚气的年轻人 8 年以后是什么样子，并且会迫不及待地询问，他是否解决了这个生命之谜？这个问题使他感到为难，因为他在解决自己提出的问题方面没有取得很大进展。他的答复可能很快使这场失败合理化：'我犯了一个小小的错误。我不可能在几个月里解决这个问题，很可能这需要好几十年，而且需要好几十个人的帮助。'"

科学史家认为，一级生长试验提出的问题比它解决的问题更多。尤其是潜伏期中噬菌体在宿主菌体内究竟如何行动的这个问题很有意义。好在这个问题在 1948 年由德尔曼部分地解决了，不过他随之又提出了新的课题，从而使这个课题更加复杂化了。

德尔布吕克和卢里亚将共同进行的一项著名试验称作“波动试验”，相关论文的标题是《细菌从抗病毒性到对病毒敏感性的突变》。这项试验的设想是从发现耐受性宿主菌体而产生的。在他们的试验过程中，经过计算，每 10 亿个宿主菌体中有 2—3 个个体能够逃避被噬菌体侵染而继续产生后裔菌株。这种耐受菌在 20 世纪 40 年代后期随着抗生素的出现和广泛应用，受到了学术界的更多注意，这就是耐受抗生素的菌株。

这项观察开始于 1942 年夏，当时德尔布吕克、卢里亚和安德森成功地使噬菌体侵染每个发育阶段的大肠埃希菌，使其细胞壁裂解，并释放出数以百计的病毒颗粒。但与此同时也观察到了上述耐受性现象。

卢里亚于 1943 年 1 月设计了这项试验，用来比较细菌体内因诱导而产生的耐受性与自然选择所产生的耐受性之间的差别。结果显示，细菌的耐噬菌体突变体的产生是随机的。卢里亚把试验结果寄给德尔布吕克，德尔布吕克花了 14 天时间对该次试验结果作出了数学模型的报告。经过德尔布吕克的处理，细菌对噬菌体耐受性的波动性呈统计学上的泊松分布，后来人们认识到单个突变体细菌的多个子代能形成一个克隆。所以从某种意义上讲，波动试验还是形成“克隆”概念的前驱。这样一来，这一试验就成为卢里亚和德尔布吕克的共同研究成果。

这项试验的结果是细菌会发生突变的第一个证据，因为细菌学者从 18 世纪以来受到拉马克主义的影响，一般都接受细菌获得性遗传的概念，而对突变抱有偏见，所以卢里亚常常把细菌学说成是“拉马克主义的最后据点”。但是在他们的波动试验中，在没有加入 T1 噬菌体以前就发现少数细菌细胞中存在着耐受 T1 噬菌体性状的细菌细胞。他们的分析表明，这些突变型或它们的祖先，也许是通过那个对控制 T1 噬菌体接受点的合成有关的酶的细菌基因 ton 的突发性突变，在 ton 敏感培养物的生长和分裂期中自发地产生。由于这种细菌变异的观点和新达尔文主义的观点十分吻合，因此推翻了“拉马克主义的最后据点”。

值得一提的是，1944 年在前线打仗的法国微生物学家莫诺在美国流动图书馆中借到了一本《遗传学》杂志，读到了上述的波动试验，开始关注分子遗传学。战后他与利沃夫和雅各布共同荣获了 1965 年诺贝尔生理学或医学奖。

有的科学史家认为，有关波动试验论文的问世意味着细菌遗传学的诞生，因为德尔布吕克和卢里亚的分析表明，细菌产生耐受噬菌体侵染的机理，不是一种适应而是一种基因突变，从而间接表明，细菌也是具有基因的。这些科学史家竟然把波动试验提到 1865 年孟德尔豌豆试验而产生经典遗传学的高度。他们的依据是，虽然德尔布吕克和卢里亚并不是首先研究细菌突变的人（研究大肠埃希菌突变型的是马西米，比他们早 35 年)，正如孟德尔也不是用植物杂交研究遗传学的第一人。这种对比是否给人以拔高的感觉，值得深思。

对于波动试验另一种高度评价是这样的：1938 年李普曼从细菌能够凝结牛奶开始，提出一项成果，表明在细菌的产生过程中存在着能量的转移。1940 年，比德尔和塔特姆利用面包酶首次证实了基因的功能是对酶的特异化（从而他们荣获了 1958 年诺贝尔生理学或医学奖)。而德尔布吕克与卢里亚在 1943 年证明了细菌具有基因，从而封闭了这个圆圈。足以支持这种高度评价的事实是，在德尔布吕克与卢里亚完成波动试验后仅仅 9 个月，在法国巴黎的莫诺与奥迪罗证实了细菌通过基因突变可以获得适应性酶，而基因突变正是在该酶的合成诱导下完成的。

总之，这些高度评价都说明了一点，过去没有被遗传学家重视的单细胞生物终于进入了孟德尔开创的遗传学王国。过去被卢里亚称作“拉马克主义的最后据点”的细菌学终于被攻克了！

六、不明智的转向

1953 年，分子生物学正处于迅速发展的高峰时期，德尔布吕克却因为并协性概念未能在生物学中被证实而离开了这个值得珍视的学术领域，开始利用须霉属真菌研究感觉生理学。这一研究方向的转变粗看起来十分出人意料，很难让人理解，却是符合德尔布吕克的思维逻辑的。

须霉是一种腐物寄生性真菌，但它对光很敏感，它的菌丝会向光的方向弯曲。这种趋光性被德尔布吕克认为是一种适合于从分子水平研究感觉生理学的简单模型，正如打开分子遗传学大门的噬菌体一样。虽然 1954 年德尔布吕克在分子生物学这条主要战线上发表过几篇理论性文章，主要涉及 DNA 复制之谜和密码问题，但是后来的研究工作完全集中在须霉上。其结果正如沃森在 20 世纪 70 年代的评价那样：几乎可以说他依然故我。由此可见，转变到不正确的研究方向给一位大科学家带来何等的不幸！

须霉的研究虽然没有给科学带来突破，也没有给德尔布吕克带来更多的成功，但是简单地追述一下该菌吸引德尔布吕克的那些特性，对于后人理解一位分子生物学家如此大幅度地转变研究方向来说，是有一定的价值的。

须霉的孢囊柄（该孢囊柄是一种单细胞）呈圆柱状，在其顶端有一个生殖用的孢子。该孢囊柄在空气中的生长速度很快，为每小时2—4毫米。如果附近出现了光的照射，则其生长速度在几个小时内就会加快，而且出现趋光性。因光照的强度越高，生长的速度越快，故被称作光生长反应。在实际的试验场合中，往往使用辐射来代替普通的可见光源。

但是须霉的趋光性还有正、负两种。在紫外线的照射下出现的一种负趋光性，是向相反方向的弯曲。即使在正趋光性的场合，也会出现一段时间的逆向运动（即负趋光性弯曲）。怎样来解释光接受性、细胞内调控和细胞长大等方面互相联系的课题，就不是十分简单的问题了。德尔布吕克在这方面作了大量的研究。

感觉生理学主要是高等生物的一种特殊的生理科学，将这个课题还原为单细胞生物的趋光性，看来是难以取得突破性成就的。德尔布吕克将噬菌体作为分子生物学的模型和将须霉当作感觉生理学的突破口，看来是一种不恰当的类比。

七、对新生事物的态度

德尔布吕克对新生事物的态度也是一分为二的。舍去他对须霉研究的问题不谈，他对科学研究事业中出现的重大成果的态度，有时是很敏感很积极的，而有时则显得保守。

他对自己的学生沃森（沃森的博士研究生导师是卢里亚，但德尔布吕克也是其导师之一）与克里克一起发现了DNA分子的双螺旋结构的高度评价，反映了其敏感的洞察力。这篇沃森、克里克的论文，发表在1953年4月25日出版的英国《自然》杂志上。在此之前的3月份，德尔布吕克曾经读过沃森寄给他的底稿，4月14日他写信祝贺沃森，信中说："我和我的同事不断地探讨核酸的结构问题。我对它思考得越多，这个问题就越使我倾心。"这年夏天在冷泉港组织了以病毒为主题的年会，双螺旋结构的论文在会上进行宣读，赫尔希对之反应不佳，公开在会议上评价说："这个结构不能成为DNA遗传功能的科学判断的充分根据。"与赫尔希的态度相反，德尔布吕克作为噬菌体研究组的组织者向每一位与会者赠送了沃森与克里克的论文复印件，极力推崇这一发现。

他写信给哥本哈根的导师玻尔，在信末他写道："在生物学中正在发生非常显著的事情，我认为沃森已经完成了一项可以与卢瑟福在1911年的发现相比的成就。卢瑟福于1911年发现原子的密度集中在其核子之中，而这一发现是原子结构发现的第一步。"后来他在别的场合又说："沃森－克里克结构指出了一种希望，从三维化学即立体化学、酶化学的角度看来，完全地解决这个问题就有了可能，而这些问题过去是不清楚的。"需要指出的是，沃森与克里克的学说是在1962年获得诺贝尔生理学或医学奖后，才被全世界的学术界最终承认。

1944年在细菌遗传学中出现了一件重要的事件，那就是埃弗里等三人弄清楚了肺炎双球菌中的转化因子在DNA中。

DNA作为遗传信息的载体，是当时许多生物学家、遗传学家接受不了的，因为在他们看来，核酸不过是一种"愚笨的"四核苷酸而已。DNA不过是这类四核苷酸单调而均匀的大分子而已，正如其他的聚合物组成淀粉那样。

与此同时，更多的人相信基因中的蛋白质才可能是遗传信息的载体，因为在同一生物体中的异源蛋白质之间，或者在不同生物体中的同源蛋白质之间，在结构的特异性上存在着极大的差异。

1943年5月，德尔布吕克在范德堡大学工作时遇到了O. 埃弗里的哥哥R. 埃弗里，后者说他收到了弟弟从纽约（洛克菲勒研究所）寄来的一封长达14页的信件，叙述了用肺炎双球菌做的转化试验。但是O. 埃弗里不是噬菌体研究组的成员，有的科学史家认为，这是O. 埃弗里的成果久久未被人认可的原因之一。尽管发表该论文的是世界著名的《实验医学杂志》，因为科学史家统计了1944年发表于该刊的论文的被引用次数，结果发现噬菌体研究组主要成员很少引用这篇论文。在1944年以后的10年中冷泉港年会上也很少有人讨论这篇论文。

这种状况曾经引起德尔布吕克的不安，他认为O. 埃弗里的工作是科学思想史中的一个重要段落，不应该受到如此冷遇。后来他告诉科学史家："人们用引文的统计数来支持其不受欢迎的论点，这是不确切的。首先，至少从1942年起卢里亚和我是很重视他的工作的，甚至可能从1941年起就是如此。在O. 埃弗里的伟大发现发表之前接连有两年的夏天，我们去洛克菲勒研究所拜访他，他对我们的工作也非常关心，我们对他的工作也十分关心。虽然O. 埃弗里用的那些方法当时是很粗糙的和不确切的，但他的主要贡献在于使该试验成为可重复的。

"他在该文中确有非常令人感兴趣的东西。后来当他肯定这一发现的时候，我是最早读到他的手稿的人之一。事实上我是在几年后才发掘出这封信的价值，因为有一次在国家科学院，人们要我发言，特别是讲讲 DNA，于是我就提到了这封信，并写信给 O. 埃弗里夫妇，他们花了整整一个星期翻箱倒柜终于找到了这封信。现在已经成为 O. 埃弗里逝世后的纪念品了。我之所以谈到这一切，是因为我们非常重视 O. 埃弗里的工作和他的发现。”

由于 O. 埃弗里英年早逝，当他的成果被学术界认识以后，已经没有可能获得诺贝尔奖了，这是学术界引以为憾的一件史实。德尔布吕克作为一名分子生物学派的组织者，虽然曾经表现出他的慧眼，但由于未能认识到当时妨碍学术界评价 O. 埃弗里的发现的社会原因，所以也只能孤掌难鸣，形成不了大气候。

德尔布吕克的失误，不仅表现在他后期选择研究方向方面，也表现在他对溶源性的评价方面。如上文所述，噬菌体实际上存在着性状很不相同的两大类：“烈性的”和“温和的”。所谓“烈性的”（“有毒的”）噬菌体会侵染宿主菌，并使后者裂解。“温和的”噬菌体可在一个菌株体内有毒力地增殖，又可在某个时候侵染第二个近缘的菌株，然后消失。它并不裂解其宿主，但存在于其中，而细菌则不受损害地增殖，而且不会再受同株噬菌体的侵染。不久在培养物中又会发现游离的噬菌体，即可产生噬菌斑。这种宿主菌被称为“溶源性”菌株，而这种噬菌体则被称为“温和的”噬菌体。

德尔布吕克所推广的 7 株 T 群噬菌体都属于“烈性的”，此前一直到戴列尔，人们所接触的也大都是“烈性的”。因为噬菌体而接触溶源性较多的是法国巴斯德研究所里的沃尔曼夫妇，可惜他们在 1943 年 12 月被纳粹关进了集中营，后来销声匿迹，估计已经惨死在盖世太保的手中。接着研究溶源性的是他们的学生利沃夫。此外，澳大利亚的著名免疫学家伯内特也发现了这一现象。这两位学者先后都获得了诺贝尔奖。

德尔布吕克囿于自己的狭隘实践，不相信有溶源性菌和温和噬菌体的存在，当然在当时这种溶源现象也存在着不可预测的缺点。但是保守的思想促使德尔布吕克对法国和澳大利亚学者的工作采取一概否定的态度，并且硬说这些试验受到了活染，因为他在 B 株大肠埃希菌和 T 系列噬菌体中从未见过！

人们庆祝德尔布吕克 60 岁寿辰的时候，在纪念文集中收录了利沃夫的一篇专文《论溶源性》，可以说这是对他当年狭隘实践观念的极好批评。实际上德尔布吕克和他的噬菌体研究组接触的噬菌体都属于“烈性的”一类，完全基于一种偶然性。如果当时他们遇到了“温和的”噬菌体和溶源性宿主菌的话，情况就会大不相同：那些赖以做出众多分子生物学成就的实验模型，也不可能在科学史上放出如此耀眼的光芒。

八、消极的哲学思想

和导师玻尔相比，德尔布吕克的哲学思想显得比较零乱和肤浅。他认为科学与存在之间存在着根本性的矛盾。“在科学方面，我们似乎是永生的。我的意思是说，我们否认这样一个事实，即我们中的任何人都将不再存在。其实不仅在科学方面，在日常生活中我们似乎也是永生的。关于生活方面（在科学方面更是如此）的思维模式，整个说来，我认为人们的行动前提似乎是永恒的，仿佛死亡并不存在，特别是科学家的死亡是不存在的。”作为思虑的一部分，如果你注意一下存在主义之父——海德格尔，那么他确实给存在、人类的存在下过定义。该定义首先是趋向死亡，是一种趋向死亡的生存。其本质是一种思虑的生存、小心谨慎的生存。

“科学家所应做的是从思虑中超脱出来。科学家还试图对他周围的现象做出一个真实的全面图像。……我的烦恼在于科学的方法似乎是：科学家是不死的。我怀疑的是，它提示你正好无法表达的现实领域的丧失。”

他对科学发展的前景表示悲观，例如他曾经说过：“我认为，科学像现在这样发展下去，将会导致一种被剥夺的存在。”

总之，他后期的科研生涯长时间地处于不顺利的状态，与他前期的辉煌形成明显的对照，这可能是其悲观的哲学思想产生的根源。

考虑到德尔布吕克企图从生物学中概括出新的物理和化学规律，有人认为他在哲学上是一个还原论者。但是德尔布吕克本人否认这一点。

从哲学思想方面来说，德尔布吕克并没有留下一篇完整的哲学论文。

（作者：傅杰青）

参考资料

[1] G. S. 斯坦特. 分子遗传学［M］. 中国科学院遗传研究所《分子遗传学》翻译小组，译. 北京：科学出版社，1978.

[2] 傅杰青. 生理学或医学诺贝尔奖八十年［M］. 北京：人民卫生出版社，1987.

[3] Elsevier. Nobel Lectures in Physiology or Medicine（1963-1970）［M］. Amsterdam：Elsevier Publishing Company，1972.

[4] Horace Freeland Judson. The Eighth Day of Creation［M］. New York：Simon and Schuster，1979.

雅克·吕西安·莫诺

（Jacques Lucien Monod，1910—1976）

雅克·莫诺

基因调节理论的创立者

雅克·莫诺是少数几个光彩夺目的分子生物学家之一，是在分子水平上深入基因调节控制领域的开创探索者。他同他的合作者发现了在原核细胞的基因水平上调节控制的操纵子理论。此外，他还有其他建树，如预言信使 RNA 的存在、建立蛋白质的变构理论等。他天赋独厚，思想敏锐，多面发展，在政治、哲学、音乐等许多方面都有突出的表现。他的极不平凡的一生，给人类留下了丰富的、宝贵的遗产。

莫诺于 1910 年 2 月 9 日出生于法国巴黎。他的家庭富于艺术传统并爱好科学。他的父亲是画家，爱好音乐并喜欢读书，对达尔文的进化论有着特殊的兴趣，对科学与社会共同进步的信念颇深。这些深深地影响着莫诺，引导他走上科学的道路。他的母亲是具有苏格兰血统的美国人。莫诺是这个家庭中四个孩子中的第三个。1914 年第一次世界大战爆发，他们举家迁往瑞士和法国南方的一些地方，1917 年，定居于法国东南临地中海的城市戛纳。在进大学以前，莫诺一直在那里受教育。后来那里的住房由他继承，成为他度假、休息的场所。1976 年 5 月 31 日，莫诺因患白血病在戛纳去世。

莫诺于 1938 年同布吕尔结婚。布吕尔是考古学家，喜欢中国西藏和尼泊尔的艺术，后来成为一座博物馆的馆长。她为人谨慎稳重，在性格和文化两方面均同莫诺互补。他们有一对孪生子，一个成为物理学家，另一个成为地质学家。

一、作为科学家的莫诺

莫诺最主要的科学成就从 1940 年就开始了，经历了约 30 年的时间。他从细菌营养及细菌生长速度的关系开始研究，抓住异常的二阶段生长曲线不放，从酶的适应性的研究逐步深入到发现不只是一个基因对酶的生成负责，而是一组基因调节控制着酶的生成，等等。揭开他取得这些成就的历史背景，考察他是在什么科学基础和科学社会环境中又是在什么科学思想和逻辑思维的引导下，把科学研究一步步引向深入，的确能给人以多方面的启发。

1. 科学生涯的开始阶段

莫诺于 1929 年到巴黎大学生物系读书，1931 年获学士学位。莫诺后来才了解到，那时法国的生物学教育，与同时代的先进水平相比，落后了约 20 年。幸好那时巴黎大学学动物学的学生每年暑假都可以到北部的一个生物实验站实习，得到增长知识的机会。

在这个生物实验站里，莫诺结识了对他后来科学生涯起重要作用的 4 位法国生物学家。专长于昆虫学和海洋生物学的乔治·泰西耶，是生物实验站的站长，巴黎大学教授。莫诺从他那里得到了对生物定量描述的基本训练。其妻妹后来成为莫诺的妻子。莫诺从生物化学家路易斯·拉普金那里学到了一个重要思想，即只有用化学的和分子的描述才能给生命功能以透彻的解释。这一思想后来贯穿在莫诺一生的科学工作中。微生物学家利沃夫是莫诺的老师、同事和终生的挚友。1921 年以后他一直在巴斯德研究所工作，对莫诺的科学工作，特别是在开始阶段提供了很多帮助。在反法西斯斗争中他也支持莫诺。而对莫诺的科学生涯起关键作用的是生化遗传学家埃弗吕西。

埃弗吕西，1902 年生于莫斯科，大学毕业后移居法国。1934 年当他在美国加州理工学院摩尔根实验室学习时，遇到了后来成为美国生化遗传学家的比德尔。一年以后，他们一起到法国，从胚胎发育的观点出发，做了一个有名的实验：他们移植不同色素的果蝇幼虫眼芽，观察移植体上眼色素的变化，发现色素生成过程受基因控制的主要现象。正是这一现象引导比德尔回美国后继续研究，得出“一个基因一个酶”的概念，推动了遗传学的发展。在那时美国遗传学蓬勃发展形势的鼓舞下，埃弗吕西想方设法改变法国遗传学的落后面貌。1936 年洛克菲勒基金会资助他在法国发展遗传学。作为这项工作的第一步，他要求再去摩尔根实验室工作一年，并且要求带一名助教去受训练。莫诺正好是他看中的人选。

这时莫诺已经工作了 5 年。受过一年微生物学的训练，研究过 3 年单细胞纤毛虫，1934 年春季到格陵兰进行了生物学考察，研究自然史，1934 年 10 月转到巴黎大学动物学实验室任助教。这段经历对他巩固和提高生物学的基本知识十分有益。1936 年夏，正当他准备到格陵兰作第二次科学考察时，埃弗吕西告诉他，经过有力的推荐，洛克菲勒基金会破例同意资助尚未获博士学位的莫诺去美国学习一年。莫诺稍加考虑就同意了。从此莫诺进入了他感兴趣的遗传学领域。

然而，莫诺在摩尔根实验室这一年的表现，竟使埃弗吕西十分失望。莫诺被派在成熟的细胞遗传学家 C. B. 布里奇斯处学习细胞遗传学的基本操作技术。莫诺对此很不感兴趣，经常离开岗位去组织乐团演出。这使埃弗吕西十分尴尬，也使他发愁莫诺能否成为他在巴黎开展遗传学工作的助手。1937 年夏，资助期满，莫诺听了埃弗吕西及其兄长的劝告，放弃了在美国从事音乐工作的机会，回到了巴黎。他继续在埃弗吕西实验室工作了几个月，终因思想作风距离太远而同埃弗吕西分手了。

其实，莫诺在美国的一年还是很有收获的。这一年的经历不但使他学到了遗传学的基本知识，而且对他学风的形成有着深远的影响。当时的摩尔根实验室是美国甚至是世界上一流遗传学家云集的地方，学术思想十分活跃，经常进行自由的、紧张的、批评式的学术讨论。不同年龄、不同级别的同事之间相互的关系也是无拘束的、坦率的。这些，使莫诺第一次领略到一种同法国科学界传统迥异的风格，而这也成为后来莫诺在巴黎实验室中的学术风格。许多同莫诺在一个实验室工作过的同事，对有他参加的各种自由的学术讨论和相互间无拘束的讨论氛围都十分留恋。

2. 博士论文中遇到了难以解释的二阶段生长曲线

莫诺离开埃弗吕西，回到巴黎大学动物学实验室，在乔治·泰西耶领导下工作。这时莫诺开始准备他的博士论文，为此他去请教利沃夫。利沃夫告诉他，研究生长问题，纤毛虫太复杂，不是理想的材料，最好改用能在人工配制的培养基中生长的细菌，如大肠杆菌，便于控制各种条件。莫诺采纳了这个建议，从 1973 年起用大肠杆菌为材料进行生理研究。此后，他的工作从来没有离开大肠杆菌，只是那时候细菌尚未进入遗传学研究领域。从 20 世纪 40 年代至今，遗传学飞速发展，大肠杆菌与噬菌体已经成为被分子生物学家研究得最透彻和得心应手的重要实验工具。

莫诺用各种单糖、双糖或者两者的混合物作为能源培养细菌，得出了生长速度是糖浓度函数的结果。但是异常的现象发生了：当他用葡萄糖和乳糖同时作为能源时，曲线开始上升，当葡萄糖用完时，曲线呈现平坦，然后再上升。莫诺称之为二阶段生长曲线。1940 年 12 月，莫诺去见利沃夫，寻求对这一现象的正确解释。莫诺以为是发生了某种抑制作用。利沃夫告诉他，消化乳糖的酶需要一段时间才能出现，这类似于 1900 年就有人提出过的“酶的适应作用”。这是莫诺第一次听到这个概念。后来的一段时间里，莫诺的一系列研究都是围绕“酶的适应作用”进行的。1941 年夏，莫诺取得了博士学位。

1943 年，莫诺确认他的二阶段生长曲线是表明酶的适应作用的一种特殊生化模式。通过查阅文献，他了解到 1938 年英国的尤德金已经做过类似的实验，并提出了酶是从其“前体”转变来的，同前体经常处于平衡状态。尤德金把酶分为组成酶和适应酶两种，认为组成酶是细胞的正常成分，由于代谢的需要，经常有利于组成酶的生成；而适应酶经常只有痕量存在，虽然同前体也处于平衡状态，但只有当适应酶的底物存在时，才有利于其形成。莫诺对尤德金的假说进行了研究并加以修饰，认为在他的研究中，分解葡萄糖和乳糖的两种酶可能有一个共同的“前体”，两种酶同“前体”之间处于一种竞争状态。在开始时，有利于产生分解葡萄糖的酶。当葡萄糖被用完以后，则改变为有利于前体产生分解乳糖的酶。这一假设，在一段时间内成为莫诺研究工作的主导思想。

由于第二次世界大战的爆发，巴黎被希特勒的军队占领，莫诺参加了反法西斯的地下武装斗争。他的研究工作也因之时断时续。因盖世太保对他的搜捕，他离开了巴黎大学，到巴斯德研究所借助利沃夫的掩护，暂时得到一席之地。1943 年底到 1944 年初，他同利沃夫的一位研究生合作，开始了一组新的实验。当时，对适应酶存在着两种解释：(1) 适应酶的出现完全是由于乳糖的存在，即“底物”的存在决定了适应酶的产生；(2) 由于细菌的自发突变而产生适应酶。为了确定究竟是哪种因素起作用，莫诺等选择出一种缺乏消化乳糖能力的大肠杆菌突变体。当乳糖存在时，这种突变体能变为有消化能力的菌株，只是在生长曲线中，平坦的部分变长，时间的间隔长达一小时或更多。莫诺认为这并非由于两者存在消化乳糖的酶体系，只是消化乳糖的能力有所不同，这种基因表达的不同现象吸引了莫诺，使他继续前进。这也是他的工作同遗传学发生联系的开始。

3. 从“适应酶”到“诱导酶”

第二次世界大战结束前巴黎已经解放，莫诺仍在军队服役。他有机会到美军流动图书馆中阅览。他找到几本有关遗传学的杂志，读了 O. 埃弗里在 1944 年发表的关于 DNA 是细菌的转化因子的文章和卢里亚、德尔布吕克关于细菌自发突变的文章。莫诺顿觉眼界开阔，想集中较多的精力进行研究。他的这项工作虽不为巴黎大学重视，却受到利沃夫的支持。1945 年秋，莫诺转到巴斯德研究所微生物生殖实验室，继续其有关大肠杆菌生理的研究。

1946 年夏，莫诺随利沃夫到美国参加战后第一次召开的冷泉港专题讨论会，这成为他研究工作的新转折点。会议的主题是“微生物的遗传和变异”，对分子生物学的发展影响很大。这时“一个基因一个酶”的理论已经得到了普遍的承认。而最吸引莫诺的则是另两篇报告：一篇是德尔布吕克和赫尔希有关噬菌体在细胞中重组的报告，另一篇是莱德伯格和塔特姆关于细菌间也有“基因交换”现象的报告。他们称这种现象是细菌的有性繁殖，也就是“细菌接合”。他所用的菌株是塔特姆早已熟悉的大肠杆菌 E. coli K_{12}。从此 E. coli K_{12} 就成为遗传分析研究的重要材料。因为细菌对一个特定基因来说，其表型比高等生物要简单得多。莫诺的二阶段生长曲线的实验则作为利沃夫的细菌营养突变报告中一个重要的例证介绍给大会，这引起了与会者的注意。莫诺被邀请于下一年到冷泉港专门讨论“生长”问题的会议上作专题报告。

为了准备这个报告，莫诺查阅了全部有关文献。经过整理分析，得到了一个清晰的概念，即他所发现的现象，迄今为止，仍然是一个“谜”。他认识到他所研究的酶的适应性问题正好处于遗传学和生物化学的交叉点上。这就使莫诺坚定地沿着自己已经走过的道路走下去，放弃了在 1946 年夏冷泉港会议期间出现的改作噬菌体研究的念头。莫诺 1947 年报告的题目是《酶的适应现象及其在细胞分化中的意义》。在报告中，他明确地提出，当时的中心问题是，在适应酶的形成过程中，诱导“底物”同专一基因（或基因群）各自的作用。诱导物的作用是影响酶分子形成的全过程，还仅仅是一种激活作用，或者只促使“前体”形成新酶分子。

莫诺回到巴黎后，就集中力量从大肠杆菌中提取大量能使乳糖分解为葡萄糖和半乳糖的乳糖酶。1948 年底美国纽约大学科恩的到来，对这一工作有很大的促进作用。科恩熟悉免疫学，又长于蛋白质化学，能利用免疫学方法取得纯的乳糖酶。在对这种酶的作用进行分析时，他们发现并非只有乳糖能被此酶分解，许多含有同乳糖同样的 β - 半乳糖苷键的化合物都可被此酶分解。这就使他们决心放弃乳糖酶这一名称，而改称 β - 半乳糖苷酶。

为了进一步研究该酶的活性，科恩花了不少时间到英国和德国学习并合成多种 β - 半乳糖苷化合物。当测试该酶对各种合成化合物的作用时，他们发现了意想不到的结果。其中最主要的是，他们发现有的 β - 半乳糖苷化合物不能被这种酶分解，却可激发这种酶的形成。这表明，诱导能力并非底物所独有，也就是说诱导物不一定是底物。这就改变了适应酶的生成必须有底物存在的概念，从而也就把诱导物同乳糖体系中作为底物的乳糖的必然联系分开，为以后操纵子理论的建立拨开了迷雾。莫诺和科恩为了探明酶究竟是从“前体”转变来的，还是直接由氨基酸合成的，同许多国内外的研究工作者合作，进行了大量的工作。他们利用了当时能够利用的各种方法，包括选择各种氨基酸营养缺乏型的突变菌株，同位素示踪方法和动力学实验观测等进行实验。实验结果表明，酶在细菌体内是直接由氨基酸合成的。这就推翻了莫诺过去认为酶是从细菌体内已经存在的“前体”转变而来的假设。莫诺从实验中还认识到酶这种蛋白质是一种稳定的大分子，这与当时流行的舍恩海默的“体内组分动态平衡”的概念是矛盾的。莫诺认为舍恩海默的概念是从生物组织水平上的实验得出的，不适合蛋白质分子水平上的状况。

这样，莫诺就通过自己的实验研究，否定了他从 1943 年以来一直坚持的指导思想，即“适应酶”是由于对“底物”的适应，从体内已经存在的“前体”转变而来的假说。1953 年 10 月，莫诺同科恩等在英国《自然》杂志上，宣布放弃“酶的适应作用”的概念，建立起“酶的诱导作用”的概念，从而“适应酶”也就为“诱导酶”所取代。

然而，诱导过程是什么的问题，并没有得到解决。莫诺在探讨这一过程中提出过“普遍诱导假说”，但没有得到实验的支持，之后最终放弃了这一假说。不过他得到了意料之外的收获：其一是大量最终产物可以抑制其有关代谢途径中的酶活性；其二是发现了在胞膜上存在着一种 β - 半乳糖苷渗透酶，能使乳糖或其他半乳糖苷化合物不断地通过胞膜进入菌体。不久又发现了转乙酰酶。转乙酰酶和渗透酶这两种酶同 β - 半乳糖苷酶都是由一个共同诱导物激活的，莫诺推论控制这三种酶合成的基因必然是相邻的。虽然渗透酶的分离提取在 10 年之后才由别人做出，但这些间接的证明对操纵子理论的形成的确是有力的支柱。

4. 细菌遗传学的发展使莫诺同雅各布密切合作

20 世纪 50 年代是分子生物学建立和蓬勃发展的时期。DNA 双螺旋结构和密码理论的建立、蛋白质的氨基酸顺序分析和晶体结构分析方法的建立，特别是细菌和噬菌体遗传学的长足进展等，直接影响着莫诺的研究。

细菌的有性繁殖在 1946 年就十分引人注目。但是在 E. coli K_{12} 菌株中，有性繁殖发生的频率不高。1953 年，英国微生物学家海斯在冷泉港专题学术讨论会上，报告他发现了一种高频率 DNA 重组的 E. coli K_{12} 菌株。后来被称为 E. coli K_{12} Hfr（H、f、r 分别是高、频率、重组三个词的第一个字母）。这一突破加速了细菌遗传学的发展。

莫诺所在的巴斯德研究所也有很大的变化。这个由巴斯德在 1888 年用私人基金建立的研究所，以微生物学和免疫学的成就而享有盛誉。但是两次世界大战使这个研究所的经费困难，设备落后，研究工作的水平同世界水平间存在着较大的差距。战后，利沃夫的研究方向集中到噬菌体方面来，莫诺的到来更增加了研究的活力。20 世纪 50 年代这两个研究室受到各先进国家的重视，同国外的学术交往逐渐密切，经费和设备也得到国际上一定的帮助。于是，情况发生了很大的变化，法国巴黎逐渐成为国际分子生物学界公认的一个中心，各国学者，包括一些知名学者的访问，络绎不绝。

莫诺的实验室位于巴斯德研究所顶楼走廊的一端，专门研究 β - 半乳糖苷酶的诱导机制。位于另一端的利沃夫的实验室则研究溶源性噬菌体在大肠杆菌中如何从前噬菌体转变为噬菌体。两者之间学术交往不多。1950 年，原来学外科医学的雅各布由于兴趣的驱使，到利沃夫实验室做研究生。雅各布思想活跃，善于钻研，又长于实验。这时，为了便于进行国际学术交流，他们都改用 E. coli K_{12} 菌株作为实验材料。雅各布帮助利沃夫用细菌接合方法，分析研究溶源性的遗传性。利沃夫已经用实验表明，在少数情况下，受溶源性噬菌体感染的细菌，能够破裂产生噬菌体。如果用溶菌酶使菌膜破裂，菌内并没有什么噬菌体。利沃夫认为这是因为噬菌体的基因并入细菌的染色体后，未能表达。他称这时的噬菌体基因为“前噬菌体”，可能需要某种外界刺激才能诱发噬菌体的生成。莫诺曾协助利沃夫做了一个实验，用紫外线照射溶源性细菌，一小时后，细菌破裂，产生了噬菌体。但是，噬菌体的基因如何并入细菌染色体中，什么因素阻止其表达，噬菌体重新出现的机制是什么，都尚待解答。雅各布的到来，促进了这一研究的开展。

1953 年，雅各布参加冷泉港的学术会议时，听到了海斯关于 E. coli K_{12} Hfr 的报告。回所后，他同他的合作者沃尔曼都认为这个材料对他们的研究工作十分有利。很快他们就得到了这种菌株，并进一步研究这一菌株的性质。他们发现，细菌的有性繁殖并非像莱德伯格所说的那样，是两个细菌的全部融合，而是基因的给体（雄性）把基因插入受体（雌性），但给体的胞质并不进入受体。当他们设法使给体同受体分开时，基因也同时被割断，进入的基因不能在受体上表达。用这种方法，他们测定出在一段已知的时间内，肯定是某一种或几种基因进入了受体。这一方法很快就应用于利沃夫的研究工作中。

每天下午喝茶的休息时间，两个实验室的工作人员经常聚在一起闲谈。各自在工作中的欢乐与苦恼，新的发现和在形成过程中的一些概念理论，成为主要的话题。即使在 1954 年莫诺任细胞生化室主任后不久，实验室搬到楼下后，这种讨论也常进行。莫诺和雅各布两人都发现，他们之间的共同语言越来越多，两个实验室的研究主题虽然不同，却存在着很多能够相互沟通的地方，共同讨论对彼此都有益。于是莫诺同雅各布的关系逐渐密切，导致了十分有成效的合作研究。

5. Pa Ja Mo 实验和操纵子理论的建立

1957 年秋，莫诺同雅各布在认真讨论的基础上，提出了用细菌遗传分析的方法研究乳糖体系的计划。这时，莫诺已经选择出两种细菌突变体，它们改变了 β - 半乳糖苷酶的诱导生物合成。一种不再具有生产这种酶的能力；另一种能改变诱导性，使诱导性变为组成性，即在诱导物不存在时，突变体也可以合成 β - 半乳糖苷酶。需要进一步解决的问题是：（1）这些基因是如何表达的；（2）两种突变体的基因之间有什么关系；（3）诱导性和组成性产生的原因是什么。雅各布建立的细菌有性繁殖实验分析方法，成为解决上述问题的主要手段。

1957 年 9 月到 1958 年夏，美国加州伯克利大学病毒实验室的帕迪利用年休假来到莫诺的实验室工作。帕迪对酶学有研究，是一位十分认真仔细的实验家，早就对莫诺的工作感兴趣，研究工作的思路接近莫诺，两人的工作有时也是平行进行的。帕迪来后，同莫诺，也同雅各布合作得很好。他们共同设计了一套实验，以帕迪为主进行操作。他们首先选择制备他们所需要的各种雌雄突变体，它们须具有以下一种或两种基因：（1）能合成 β – 半乳糖苷酶的基因，以 Z^+ 为代表；不能合成该酶的，以 Z^- 为代表。（2）加入诱导物后能合成该酶的基因，以 I^+ 为代表；不需诱导物自己就能合成该酶的，以 I^- 为代表。各种突变体制备后，用细菌交配的办法，包括正反交，记录酶产生的时间和酶活性的增长速度，并找出两者之间的关系。这是一项既花费时间又需大量乏味的劳动，而且要求十分仔细的实验，但取得了突破性的结果——操纵子理论的建立。这是一项决定性的实验，后被命名为 Pa Ja Mo 实验，由三个人姓氏的前两个字母拼成。

Pa Ja Mo 实验表明，当雄性 Z^+ 进入雌性 Z^- 时，酶的合成约 3 分钟后即开始。这个现象同当时已有的理论和实验证明是矛盾的。克里克于 1957 年 9 月在英国剑桥召开的实验生物学会专题讨论会上首次公开提出蛋白质生物合成的中心法则（一年以后发表），即 DNA → RNA →蛋白质；细胞质的核糖体也已被证明是蛋白质合成的场所，其中含有大量稳定的 RNA。莫诺十分注意这方面的信息。奥乔亚等从活细胞中分离出多核苷酸磷酸化酶，更给莫诺以很大的启发，这表明单个核苷酸可以在细胞中合成多核苷酸链。莫诺根据自己的实验结果并结合上述各种情况进行综合分析，于 1960 年提出了信使理论，预言必定存在着一种能溶解的、不稳定的小分子 RNA（mRNA），能够迅速形成并转录 DNA 长链上的密码，成为在核糖体上合成蛋白质的模板，完成任务后迅速分解。而核糖体 RNA 不可能如此迅速完成这项任务。克里克、雅各布等许多人都参加过这一讨论。随后，雅各布到美国加州理工学院与人合作，进行了大量细菌培养和 mRNA 的分离提取工作，证明 mRNA 的存在。同时在哈佛大学沃森的实验室中也得到了同样的证明。其结果与操纵子理论同时在 1961 年发表。mRNA 的存在及作用是对克里克中心法则的补充。

Pa Ja Mo 实验还表明，基因 I^+ 为显性，I^- 为隐性，而且组成性 I^- 同基因的作用是间接的。因为雄性 I^+ 进入雌性 Z^-I^- 后，细菌可以产生酶，如果加入外源诱导物，酶的合成速度大大加快。如果反交，雄性 I^- 进入雌性 Z^+I^+，不加诱导物，则酶不能生成。

最典型的 Pa Ja Mo 实验就是：雄性 Z^+I^+ 进入雌性 Z^-I^- 后，对其所作的动力学研究。其结果是：几乎立即开始的酶的合成，约在两小时后停止，如果加入诱导物，酶的合成以前所未有的速度继续合成。这个结果表明细菌已由组成性变为诱导性。那么，如何解释诱导作用？

正在这时，即 1957 年底 1958 年初之际，美国的西拉德到巴黎访问。西拉德是出生于匈牙利的核物理学家，1938 年到美国，二战后，兴趣转向分子生物学，参加了美国噬菌体小组的工作。他对莫诺有关酶诱导性的研究很感兴趣。这次到巴黎，正值 Pa Ja Mo 实验进行中。他对激活作用同阻遏作用之间的关系早有所思考。在讨论中，他强烈地表达了他的思想，即诱导作用就是去阻遏作用。在乳糖酶体系中，他提出诱导酶的形成很可能是由于经常存在于活细胞中的反馈抑制物的抑制作用，而诱导物的作用正是阻止了这种反馈抑制物的作用。他称这抑制物为阻遏物。他认为诱导作用是受抗阻遏物的影响，而不是受抗诱导物的阻遏作用的影响。而莫诺的思路同西拉德的正好相反。但是西拉德的解释更符合实验的结果，诱导物的加入消除了阻遏物的作用，酶的合成开始进行，因此也更符合逻辑。这使莫诺不得不改变自己原来的思路，接受西拉德的主张。于是，就产生了 1958 年 5 月莫诺同帕迪、雅各布用法文共同发表的第一篇关于 Pa Ja Mo 实验报告中的一段话：“实验的结果恰恰提出了一个相反的假说，基因 I 决定一个阻遏物而不是诱导物的合成。这个阻遏物封锁了 β - 半乳糖苷酶的合成……”

雅各布对 Pa Ja Mo 实验的结果进行了认真的消化。他专长细菌遗传学，又有在利沃夫实验室里进行溶源性遗传研究的背景，比较容易抓住 Pa Ja Mo 实验的要点。1958 年 9 月，他同莫诺进行了一次长时间的讨论。在西拉德的意见的基础上他进一步提出，阻遏物的作用可能是封锁了其他基因的表达。针对这一作用，雅各布提出了“开关”

的设想，认为阻遏物作用的目标正是这个“开关”。他推论，必然存在着比结构基因更高一级的基因，而调节作用正是在基因水平上进行的。莫诺早就认识到他们研究的问题仅靠直觉是不够的，必须运用逻辑推理的方法，再加实验的证明，才能认识到事物的本质，但是他一直认为这种调节作用是在基因以下的水平上进行的。雅各布的设想对他是一个极大的震动。他不能否认这个设想的合理性，但也不能立即肯定，于是，他同雅各布一起设计各种实验来支持这一假设。

后来，他们设计出的实验表明，β-半乳糖苷酶的基因Z、渗透酶的基因Y和转乙酰酶的基因A都是同时受这一“开关”的控制，因为这三种酶的产量总是相关的。实验还表明这些基因的排列是顺型的。最难得到直接证明的是如何区别“开”和“关”。雅各布在溶源性噬菌体的工作中，早已发现有这种性质的突变体存在，是一种二倍体的细菌。于是大量实验从这方面探索，终于寻找到这样一种二倍体细菌。经过遗传分析，可以把突变体分为两组：一组具备发报作用，另一组具备收报作用。于是“开”和“关”就被肯定为基因，并被命名为操纵基因。整个实验表明诱导作用进行迅速，可逆性很强。

这时，一个多基因控制模型的建立条件已经具备，莫诺同雅各布经过多次讨论，提出了一个模型的初步设想：过去作为诱导基因I，现在明确改称调节基因，决定着阻遏物的生成，并区别于直接决定蛋白质结构的结构基因。操纵基因位于调节基因和结构基因之间。当诱导物不存在时，阻遏物阻止了操纵基因的开动，mRNA不能转录结构基因上的密码，蛋白质的合成不能进行。加入诱导物后，阻遏物失活，操纵基因随之开动，mRNA的转录开始，蛋白质的合成开始进行。这个既有实验又有理论的长报告，由莫诺执笔，与雅各布联合署名，题为《蛋白质合成的遗传调节机制》，发表于1961年英国《分子生物学期刊》上。

这篇报告是第一篇论述在基因水平上调节控制的科学报告，包括了从适应酶开始到操纵子理论建立的全部内容，并且第一次提出mRNA的存在和作用，修正了“一个基因一个酶”的概念。报告完成的时间是1960年12月，这时有关蛋白质生物合成的各种假说已经被分子生物学界广泛接受，但是实验的直接证据还有待充实，第一个破译遗传密码的实验报告于1961年夏才被公开。因此，这篇报告的创造性及其洞察力深受国际生物学界的赞扬。不足的是论文认为阻遏物可能是RNA。这个问题到后来莫诺研究蛋白质的变构问题时才得到解决。但无论如何，他们建立起的操纵子理论，虽然得到后来的补充完善，但其基本设想是经得起实验考验的。现已证明，这是原核细胞中普遍存在的基因调节模式。这是两位生物学家——一位专长生物化学普通细菌遗传学，另一位深刻理解细菌及噬菌体遗传学——五六年亲密合作的结果，也是法国、美国、英国许多学者长期合作的结果。

6. 蛋白质的变构调节——“我发现了第二个生命的奥秘”

正当莫诺等忙于Pa Ja Mo实验时，研究生尚热来到了莫诺的实验室。1959年9月，莫诺同他共同商定博士论文的主题：调节酶。具体地选择了异亮氨酸对苏氨酸脱氨基酶的抑制作用。在代谢中，苏氨酸经过五个步骤变为异亮氨酸。莫诺自己和其他人研究的结果都表明，最终产物的积累对前面几个步骤所需要的酶，特别是第一个步骤的酶，产生抑制作用。尚热的研究结果比前人进了一大步。

尚热测定在不同浓度的底物和抑制物中，酶活性的变化。所得到的曲线显示出酶是由两个亚单位组成的。更令人难以预料的是，当加热后，酶仍保留脱氨基的活性，却不再被异亮氨酸所抑制，即对异亮氨酸“脱敏”。莫诺对这个结果非常满意，在同尚热讨论时，提出了“脱敏现象”表明底物同抑制物在酶分子上的作用部位不同的设想。不久，莫诺又了解到他人对天门冬氨酸转甲酰酶和血红蛋白活性研究的结果，进一步明确了抑制作用同催化作用在酶分子上的作用部位不同，抑制物同底物之间不是直接的作用，必须通过蛋白质分子结构的变化。

在1961年冷泉港的“细胞调节机制”专题讨论会上，莫诺的总结发言专门谈到调节酶的作用机制问题。同年七八月间，为总结发言定稿时，莫诺创造了由两个希腊文组成的词“Allosteric”，含有三度空间的意思。后来就成为蛋白质变构的专用词。莫诺经过一番深思，预感到一个新的理论将要诞生。1961年底，他对他的同事说：“我发现了第二个生命的奥秘！”

这时，操纵子理论中的阻遏物又萦绕于莫诺的头脑中。他向雅各布提出，阻遏物的作用类似于调节酶，很可能有一种调节酶作用于阻遏物。但是经过实验的探索，并没有找到任何调节酶，莫诺立即意识到阻遏物本身必定是一种蛋白质。阻遏物遇到诱导物后，在整体上发生变构而不再起阻遏作用，从而使操纵基因开动。于是他们放弃了阻遏物很可能是RNA的设想。莫诺由此而推论，细胞的信息系统之所以能如此高效率地起作用，正是因为有各种专一的调节系统，既快速，又消耗极少的能量。但是要得到真正的科学证据，首先必须取得纯的阻遏物，才能作进一步的研究。他自己作了努力，未获成功。直到1966年哈佛大学的两位研究人员终于得到了纯的阻遏物。现已证明，阻遏物同诱导物的结合是一个可逆的变构反应。

1962年底，经过反复讨论，莫诺同尚热完成了《变构蛋白和细胞控制体系》的论文。1963年发表后，引起相当大的争论。有人批评这个理论的实验根据不够，有人说“名词是新的，但理论仍是旧的”，还有人说它“解释的能力太大了，几乎无所不包。因此等于什么也不能解释”，等等。尽管如此，酶的变构研究在生化刊物上已成为热门。莫诺一方面关注这些动态，一方面自己从事研究，特别是花了较多的时间研究蛋白质的功能结构、蛋白质大分子中亚基集合的方式，并注意到已知低聚蛋白质分子中亚基恒为双数等问题。这些研究结果，使莫诺产生了在分子对称和协同结合之间存在着相关性的思想，也就是需要在蛋白质的低级结构的基础上来解释变构转换。

尚热的博士论文于1963年写完，1965年才发表。其间莫诺花了很多时间同他讨论、修改。最后他们推导出一个数学模型，表明蛋白质由于效应物的影响，在松弛态和紧张态之间进行变构转换，从而调节酶的活性。对于美国当代酶学家科什兰的诱导配合理论，他们在第一篇文章中基本采纳，作了一些修改补充；但在第二篇文章中就不再认为其合理了，至少不适用于含有亚基的低聚蛋白质。

莫诺在1969年曾讲过一句名言：“一个漂亮的模型和理论可能不正确，但是丑陋的，一定是错误的。”这一思想贯穿在他对蛋白质变构转换的研究中。虽然客观困难较多，特别是蛋白质在溶液中的变构转换更难研究，但是莫诺的工作开辟了一个新的研究方向。

回顾莫诺约40年的开创性研究，的确经历了一个实验与逻辑推理相结合的过程。尽管中间有成功，也有失败，但最终取得了公认的辉煌成果。从方法论的角度来分析，它是从直观现象中找出问题，从逻辑推理上提出假设，用精心设计的实验来对假设进行求证。不论实验的结果是肯定的还是否定的，都需要进一步找出问题，提出假设，用实验求证。从抽象的方法上说，这是一个反复循环的过程，实际的内容却在步步深入和提高。莫诺在实验研究中重视逻辑推理，是促使他从现象深入本质的一个重要原因。

莫诺是一位实验生物学家，但又具有非凡的逻辑推理与理论概括的能力。在这一代分子生物学家中，他和克里克两人被誉为“理论家”。莫诺去世后，他的老师和终生的挚友利沃夫在颂扬他一生的科学成就时说，他不仅“有一系列的伟大发现”，而且他的“每一个发现都产生了新概念，并且开辟了新前景”，“他不仅是一个才华横溢的科学家，而且是一个声誉卓著的学派奠基人”。莫诺的确当之无愧。

二、科学研究工作以外的莫诺

莫诺的一生有着多方面的经历，他不仅仅是实验室和书斋里的学者，他的社会责任感极强，是位较突出的社会活动家。

1. 反法西斯的坚强战士、法国共产党的地下党员

1939 年 9 月，希特勒统治下的德国向英法宣战。1940 年 6 月，巴黎陷落。法国人民很快组织起反法西斯的地下组织，并逐渐扩大。不少法国科学家，包括莫诺周围的人，如利沃夫，都参加了这个时期的地下斗争。莫诺在 1940 年底同利沃夫讨论二阶段生长曲线后不久，也参加了巴黎大学的地下组织，做传递秘密新闻传单和搜集情报等工作。

1941 年 6 月德军进攻苏联，在法国的德军占领区内，由法共领导的“战斗法兰西”组织成为最强的反法西斯武装力量。莫诺幼年患小儿麻痹症，一条腿短而跛，因而免于服役。但是困难临头，莫诺毅然参加了“战斗法兰西”。在这个法共和戴高乐派联合组织中，莫诺很快就认识到法共的强大。在巴黎军事分部负有领导职责的三人小组中，两个是法国共产党员，许多行动计划和决策都是法共决定的。莫诺经过彻夜深思，决心参加法国共产党，希望能在反法西斯斗争中充分发挥作用。这时，莫诺不得不把具有犹太血统的妻子和约 2 岁的孪生子送到乡村，自己留在巴黎坚持斗争。他很快就被提升为执行官，在巴黎“战斗法兰西”参谋长、共产党员、解剖学教授普勒南领导下，负责组织和情报工作。莫诺有时把资料藏在标本室里长颈鹿的长骨骼中，逃避搜查。他还参加掩护美军空降人员的行动。这时莫诺的化名是马卡尔。

1943 年，一些知道莫诺化名的地下工作人员被捕。莫诺被迫离开巴黎大学，一切活动转入地下，有时躲在利沃夫的巴斯德研究所的实验室中，做少量研究工作。这年夏天，莫诺以巴黎代表的身份到瑞士参加全法国武装力量代表大会，统一协调全国的抵抗行动。1944 年 2 月，“法兰西国内武装”的统一组织成立，莫诺担任该组织巴黎地区第三局负责人，主持计划和作战。同年 4 月，他又成为该组织国家总部的第三局局长，通过瑞士安排美、英、法联军武装伞兵的降落和军需品。这时的莫诺，日夜忙于各种工作，为了安全，一两天就须更换住处，工作地点也经常改变。6 月底，联军在诺曼底登陆成功，其中就有莫诺的贡献。登陆人员中的雅各布，后来成为莫诺的亲密合作者。

为了全国的解放，莫诺组织人力，测绘全国地面，标明铁路线、机场、被炸毁的桥梁和交通要道，并建立全国范围的无线电广播网，使之尽快运行。巴黎解放前，他参加了罢工斗争和安排设置路障等大量工作。这些显示出他非凡的指挥才能。

1944 年 8 月底，巴黎解放，戴高乐派建立政权，不久又统一了军事指挥力量。莫诺并未立即离开部队，但已感到力量被削弱。1944 年底，独立的"战斗法兰西"终于被瓦解，莫诺退役回到学校全力投入研究工作。但他仍旧是法国共产党员，关注着国内外共产党的动态。经过半年多的观察，自认为党内各种思想和作风同他本人不能相容，于是，他退出了法国共产党。

莫诺很少谈到自己这段历史。但是他舍生忘死，为祖国、为人民、为反法西斯专政而战斗的事迹给人们留下了深刻的印象。

2. 科学哲学上的成就

莫诺的科学成就一定程度上反映了他的哲学思想和科学方法论。莫诺从他的科学工作中深刻地理解到：在分子水平上的突变是偶然的、随机的；最节约能源、最有效的调节机制，在自然选择的过程中占有优势。一旦进入种的形成过程，就进入了达尔文的以自然选择为基础的进化过程，因之也就超出了偶然的支配而进入必然的法则。莫诺在 1970 年出版的《偶然性和必然性》一书，是他从事分子生物学研究的成果。莫诺本人是达尔文主义者，他写这本书的目的是要用新的科学成就来充实达尔文主义。

莫诺这本书遭到了强烈的抵制，其中有别人对他的不理解，也有他对马克思主义的偏见和误解，因为他否认了马克思主义哲学的正确性。20 世纪四五十年代，在苏联以马克思主义为标榜批判甚至否定遗传学、量子力学、控制论等一系列真正的科学的事件，引起整个科学界特别是西方科学界极大的反感，这是完全可以理解的。但是，这些事件的发生恰恰是由于违反了马克思主义的基本原理，违反了辩证唯物主义。把这些统统归咎于马克思主义，从而否定马克思主义哲学，不能不说是莫诺本人的偏见和误解。

作为一位生物学家，对李森科的种种错误怀有义愤完全是可以理解的。1948 年 9 月，法国《战斗报》曾以"孟德尔还是李森科"为大标题，连续几个星期发表一系列文章，阐述不同的或对立的观点。最后发表了莫诺的文章，其标题是《雅克・莫诺说：李森科的胜利没有任何科学性》。文章列举了李森科在科学上的错误，认为李森科的论点缺乏物质基础，只限于意识形态等。同这类社会现象作斗争，莫诺相当悲观。他在去世前两年还说，“同这种无知战斗，永远不会胜利”，“一个人所能做到的，只是当他去世时，不要叫牧师到床边来”。

3. 出色的科学组织工作者

莫诺的组织才能，不论是早年他参加地下斗争时，还是后来他担任研究室主任期间，都十分出色。他在生命的最后5年，即从1971年他61岁时到他去世，一直担任巴斯德研究所所长职务。这期间，他的妻子去世，1972年他患肝炎，1975年他又确诊患白血病，1976年6月他原打算回戛纳稍事休息就回所工作，却因突然大出血与世长辞。可以说，他就任于身体日趋衰弱的时候，然而为研究所的组织管理做出了显著的成绩。

莫诺就任时，所内领导力量薄弱，存在的问题很多。研究工作缺乏计划，经费也十分困窘。该所自成立以来，其经费的一半来自出售本所的生物制品。因产品陈旧，影响市场销路，来自自给的经费很难保证。莫诺为此重建企业部门，开发新产品，寻找国外市场，工作颇有成效。但所得收入远不足以承担全所的经费。

过去该所经费的另一半来自国家有关部门和向私人企业申请资助。争取到这部分经费并非易事。莫诺有一个根本改革研究所的计划，需要取消或改组相当一部分已经过时的研究工作，还要根据生物医学发展的新趋势，增设相关部门。这不但要冲破重重阻力，还需要投入大量资金更新设备。莫诺一再呼吁研究工作的重要意义和经费困难的现状，以他这样一位世界知名科学家的身份，终于得到了法国政府的专款资助。研究所的旧面貌因之改观。

他是一位有权威、有主见、能指挥调度、讲效率的组织领导者。在繁忙的组织工作之余，他经常利用晚间，同研究室的研究人员讨论问题。这段时间里，他只发表了两篇文章，计划中要写的一本《时间和生命》的书，终究只停留在计划上。他还是美国1962年在加利福尼亚州圣迭戈建立的索尔克生物研究所的兼职研究员，为该所的建立提出过许多有效的建议。在许多国际学术会议上，他也是领导者和组织者。

4. 业余音乐家

莫诺从小喜爱音乐，十几岁时就学会了拉大提琴，他的大提琴始终在他身边，直到他去世。在巴黎读大学时，他曾组织过小型乐队，演奏当时在法国很少能听到的巴赫的乐曲，他自任指挥。后来乐队扩大，经常进行季节性的公开演奏。1937年莫诺到美国摩尔根实验室学习时，很快就组织起“巴赫乐团”，经常公开演出，莫诺指挥演奏的照片经常在当地报纸上刊登。当他学满一年回国时，加州理工学院竟想聘请他任校内乐团的职业指挥和大学生音乐欣赏指导教师。这使得莫诺想要终身从事音乐。但是，他缺乏正规训练，经老师、兄长力劝，他才打消了这个想法。然而莫诺对音乐的爱好始终不衰。直到 20 世纪 70 年代，他还时常做正式的演出指挥，有时还出现在电视屏幕上。他已经远远超出了音乐爱好者的水平，成为一位业余音乐家。

莫诺的业余生活是丰富多彩的，他还是登山和快艇航海的爱好者。

莫诺一生的辉煌成就，给他带来了各种荣誉，他同他的同事雅各布和利沃夫共获的 1965 年诺贝尔生理学或医学奖是其中最高的世界性荣誉，不仅为法国科学界也为法国争得了光彩。这是自 1935 年约里奥・居里夫妇获诺贝尔化学奖的 30 年后，法国人再次得奖。莫诺终生孜孜不倦，临终时只讲了一句话："我渴求理解！"这实际上正是对莫诺一生探索生命奥秘和追求真理的简明概括。

（作者：李佩珊　徐兰）

参考资料

[1] A. Lwoff, A. Ullmann. Origin of Molecular Biology: A Tribute to Jaques Monod [M]. New York: Academic Press, 1979.

[2] Horace Freeland Judson. The Eighth Day of Creation [M]. New York: Simon and Schuster, 1979.

[3] 雅克・莫诺. 偶然性和必然性：略论现代生物学的自然哲学 [M]. 上海外国自然科学哲学著作编译组，译. 上海：上海人民出版社，1977.

马克斯·费迪南德·佩鲁茨

（Max Ferdinand Perutz，1914—2002）

马克斯·佩鲁茨

科学不是一种平静的生活

马克斯·佩鲁茨是一位出生在奥地利的蛋白质晶体学家。作为伟大的科学家，佩鲁茨借助对X射线衍射技术的娴熟运用、对“同晶置换法”的创造性突破，第一个解开了血红蛋白这一重要的生物大分子结构之谜，并荣膺1962年诺贝尔化学奖。作为杰出的科学管理者，佩鲁茨以对科学精英及其创新活动的深刻了解和信赖，精心策划并创建了著名的分子生物学实验室，使实验室成为诞生原创性科学成果的摇篮。作为敏锐的思想家，佩鲁茨以满腔的热情、精彩的演讲及优美的科学散文向大众普及科学思想，弘扬科学的人性力量，使科学与伦理、和平与战争、科学家的社会责任等问题得到了新的诠释。“科学不是一种平静的生活”是佩鲁茨88年人生乐章的主旋律。

一、从维也纳到剑桥：早期的学习生活

1914年5月19日，马克斯·佩鲁茨出生在奥地利维也纳一个富裕的纺织业主家里。他的父亲雨果·佩鲁茨和母亲德丽·古德斯密特，由于在19世纪早期就将纺织和编织的机械化生产引入奥地利而成为当地有名的犹太富商。1923年，马克斯·佩鲁茨进入维也纳泽拉萨姆拉丁学校接受中学教育，该校由奥地利皇太后玛利亚执政时代的一所军官学院衍生而来。当时，基于家庭未来产业发展的需要，遵从父母的意愿，佩鲁茨选择了法律为主修专业。

在整个中学时代，佩鲁茨是个充满幻想、爱打瞌睡的小男孩，也是个成绩平平不引人注目的学生。据他自己的回忆，曾有两件事使他成为学校的公众人物。“我14岁时，得了猩红热，这成为我生命中最早的一次辉煌。因为，当时为了对教室进行消毒，全班放了三天假。为此，全班同学联名给我写了一封情真意切的感谢信。”16岁那年，佩鲁茨与两个同学一起，为学校赢得了维也纳高中滑雪比赛第一名，“这使我第一次在生活中获得别人的尊重。从那时起，体育老师总是给我打最高分，而这恰巧

也是我那平平的学业记录中的最好成绩”。学业之所以“平平”，一个重要原因在于，枯燥乏味的法律学习提不起佩鲁茨的兴趣，相反，他钟情于神秘有趣的化学世界。中学毕业时，佩鲁茨说服了父母，如愿进入了维也纳大学化学系。

20世纪二三十年代，化学领域由无机化学和矿物学一统天下。基于这种知识范式，化学家采用形态学、光学和无机化学理论来描述各种矿物特别是盐类的化学性质。但是，对于诸如“为什么水在0℃结冰，而甲烷要在－184℃才会凝结？为什么硒的一种形态会在76℃熔化，而这一熔点要高于硒的其他物质形态？为什么硫黄松软，钻石坚硬？为什么硅的一种形态如石英具有光学活性，而它的另外两种形态——鳞石英和水晶却没有这种属性？为什么水杨酸比苯甲酸的酸性强？”这样一些涉及原子排列、原子的离子化状态、原子力状态等方面的问题，鲜有人问津。因此，即便是维也纳大学化学系的资深教授，在教学中也仅仅满足于让学生“熟记卡尔·霍夫曼长达759页的《无机化学》以及保罗·卡勒长达866页的《大学有机化学》”等书中的内容。

对此，佩鲁茨以参加素以严厉著称的斯帕思教授开设的“无机化学”课程结业口试的亲身经历，描述了这种使人郁闷的学习：“口试前几天，我就听说有个女生因为背不出硅有几种不同晶体类型得了个不及格。我花很大功夫记住了这些问题，在口试时流利地背给教授听，……斯帕思教授不断用愉快的声调对我的回答表示满意。末了，还请我毕业后做他的研究生。但他从未对导致（硅）形成这几种不同晶体形态的原子结构产生怀疑，并就这一问题进行深入思考。他也没有意识到，当时的X射线分析研究已表明，硅的不同晶体形式具有不同的原子堆积方式。”在佩鲁茨看来，这种机械的学习既缺乏创造性，也无法使自己得到精神上的创新满足。因此，他无奈地“将阅读这些书视为一种能获得某种运动满足感的耐力锻炼”。而这种无谓的“锻炼”，使佩鲁茨“在几近苛刻的无机化学课程上浪费了近五个学期”。

为改变这一现状，第二学年，佩鲁茨选修了冯·韦塞利教授开设的生物化学课程。正是在这门课上，佩鲁茨了解到剑桥大学赫赫有名的化学家、1929年诺贝尔生理学或医学奖得主霍普金斯在蛋白质营养、肌肉代谢等理论生物化学方面的开创性研究。作为剑桥大学生物化学系的创始人，霍普金斯对化学未来发展和研究方向的认识，无疑极具前瞻性。他认为，化学家们应当关注有机体中的活细胞，因为“在那里，化学物质进行着各种反应，我们能够用化学方法辨认这些物质，也可用化学方法模仿这些物质的变化活动”。事实上，研究组成生命过程的各种化学反应以及这些反应赖以产生的分子结构，正是20世纪初作为分子生物学先驱人物的生物化学家们试图从化学和物理学角度了解生命现象的主要目标。而霍普金斯侧重于定性、定量地描述在各种活细胞里所发生的纷繁复杂的化学反应的研究工作，本身就体现了新兴的生物化学这一学科的前沿性成果。他的这番话，也极大地启示着化学家和物理学家去了解生物大分子结构，特别是认识被人们“视为生命系统中所发现的最重要的物质”的蛋白质分子结构。

所有这些新信息，对一个大二学生来说，既新奇又充满诱惑，更意味着挑战和机遇。听了这门课后，佩鲁茨暗暗定下了一个新目标：去剑桥大学读博士，去作更有创新性的研究。他将这一想法告诉了自己的指导老师——物理化学教授马克。马克非常欣赏这个沉默不语却执着刻苦的年轻人，决定尽力帮助佩鲁茨实现这一愿望。不久，借到剑桥大学访问的机会，马克向霍普金斯研究小组、卡文迪许实验室贝尔纳领导的结构晶体学研究小组大力推荐佩鲁茨，结果，贝尔纳答应让佩鲁茨到剑桥大学做他的博士生。

1936年10月1日，大学毕业后的佩鲁茨离开故乡维也纳，来到了自己热切向往的科学圣地——英国剑桥大学，正式注册成为剑桥大学最古老的彼得豪斯学院的博士研究生。从此，他精彩丰富的人生篇章掀开了新的一页。

二、血红蛋白：走向诺贝尔奖的漫漫长路

20世纪头20年的生物化学研究表明，蛋白质是具有一定原子组成和专一结构的有机大分子，蛋白质存在的类型多种多样，相同的蛋白质则拥有同样的分子量。1917年丹麦化学家索伦森关于蛋白质溶液渗透压的研究以及1925年瑞典物理化学家斯韦德贝里用超速离心机对蛋白质分子量的测定，都证明了上述结论。生物化学家关于生物代谢过程的研究以及对酶催化学说的发展则揭示出蛋白质与大多数动物体内氮和尿素的代谢密切相关。“活细胞中一切化学反应都由酶催化，所有的酶都是蛋白质。人们以为基因也是由蛋白质组成。”这意味着蛋白质已经成为20世纪30年代物理学家和生物化学家共同关注的焦点。问题在于，蛋白质是不是某种具有一定结构的物质？蛋白质在生命系统中的化学作用是什么？对此，人们一无所知。“它们是黑箱子”成了这一时期关于蛋白质知识的最好注解。与此同时，一些科学家注意到，“蛋白质结构是当今生物学与化学交叉地带尚未解决的主要问题，这一研究对科学许多分支的重

要意义再怎么强调也不为过”。这样，蛋白质的结构问题开始登上生物学研究的中心舞台。那么，怎样去研究这种生物大分子呢？

当时，已有一些生物化学家尝试借助物理、化学方法，特别是新兴的X射线晶体分析、结晶蛋白质、分配层析、放射性示踪等技术，以功能－结构的思路研究蛋白质的生理和生物化学活性，取得了一些喜人的突破。其中，运用X射线衍射技术分析有机大分子结构成为这一时期生物化学研究的代表性成果。1915年，英国科学家父子威廉·亨利·布拉格与威廉·劳伦斯·布拉格建立了用X射线衍射法测定晶体结构的理论基础和实验方法。17年后，英国化学家考克斯和霍沃思（1937年诺贝尔化学奖得主）对维生素C进行了X射线衍射分析，并阐明了它的化学结构。1934年，英国剑桥大学科学家贝尔纳在对包括固醇、蛋白质、病毒以及核酸在内的生物化合物结构展开广泛研究的基础上，第一次拍下了胃蛋白酶晶体的X射线照片，这使他成为蛋白质分子结构研究的先驱性人物。与贝尔纳一同展开这一研究的英国女晶体学家霍奇金（1964年诺贝尔化学奖得主）则开始运用X射线衍射分析技术测定青霉素和维生素B_{12}的化学结构，从而将这一技术的使用范围从仅限于验证化学分析结果发展为一种非常实用的分析有机大分子结构的方法。从应用的范围、测定的精确度和发展潜力来看，X射线衍射法具有其他研究方法不可比拟和代替的优势，这也使它至今仍为研究蛋白质三维结构及其功能关系的主要手段之一。因此，从很大程度上讲，X射线衍射法的完善与成熟，为探究蛋白质分子结构提供了有力的技术支撑。

正是在这种背景下，年仅23岁的佩鲁茨来到剑桥大学时，首先是以一位有机化学家的身份来接受相关学术训练的。作为科学史上一位极富想象力的科学家，佩鲁茨的导师贝尔纳很早就认识到蛋白质在生命活动中所担负的重要角色，并反复强调“生命的奥秘存在于蛋白质的结构当中”。基于这一思想，他要佩鲁茨先到矿物地质学系学习一年X射线晶体结构分析法，以掌握这一新技术。后来证明，这一训练对佩鲁茨以后的学术发展至关重要。因为它不仅使佩鲁茨获得了“从矿渣堆中挖出硅酸盐中那些肮脏的水晶薄片”进行研究的技能，还使他掌握了如何对蛋白质晶体进行X射线衍射实验以及如何对衍射图像作出化学解释的基本方法。

在剑桥大学学习了一年后，佩鲁茨意识到，要在生物化学前沿领域有所创新，运用X射线衍射法研究蛋白质结构是一个突破口。选择怎样一种蛋白质呢？科学研究的艺术不仅在于为自己找到一位好导师，还在于为“自己找到一个好问题”。这个好问题，从根本上讲，必须极具创新价值。因为，在科学研究中，“探知某种已经确定的东西是乏味的”已成为一种共识。渴求知识、追逐真理，正是激发科学家研究热情的强大动力。于是，佩鲁茨把探寻的目光投向了血红蛋白这一与生命新陈代谢活动相关的生物大分子。

与其他生物大分子相比，血红蛋白分子较小，来源丰富，且是当时仅有的几种已被晶化的蛋白质之一。尽管如此，对它的认识，人们却知之甚少，对其结构信息一点一滴的了解都是宝。剑桥大学呼吸生理学家约瑟夫·巴克罗夫特曾经评论道，一张邮票的背面就可以写下人们对血红蛋白的全部认识。这是生物化学本身的局限。更主要的是，血红蛋白分子结构要比以往已研究过的有机大分子复杂得多，研究的艰难程度也远远超出了人们的想象。但血红蛋白分子在生命活动中具有的重要意义对这一研究提出了迫切要求。从中我们可以看到，科学创新活动并不是由科学家所规划的，相反，恰恰是科学家的创新研究规划了他自己。对血红蛋白分子结构的探寻，成了佩鲁茨终其一生的无悔选择。

1938 年对佩鲁茨来说是一个交织着成功与困扰、喜悦与烦恼的年份。这一年年初，他与贝尔纳、方库琴共同在《自然》杂志上发表了对血红蛋白进行 X 射线衍射实验的初步成果。这是对血红蛋白展开研究仅一年后取得的进展。论文发表后不久，贝尔纳离开了剑桥大学卡文迪许实验室，新任实验室主任、晶体学家威廉·劳伦斯·布拉格成为佩鲁茨的论文指导老师。这位科学史上最年轻的诺贝尔奖得主拥有敏锐的科学洞察力，这不仅使他善于选择研究课题，还使他成为发掘科学人才的园丁。在看了佩鲁茨拍摄的血红蛋白晶体 X 射线衍射图后，他立刻意识到用 X 射线衍射法分析生物大分子的深远意义，并决定由佩鲁茨继续并负责结构晶体学小组的研究。这个大胆的决策，使年轻的佩鲁茨拥有了一个全新的研究空间。与此同时，布拉格还为因战争断了经济来源的佩鲁茨申请到了一笔洛克菲勒基金会奖学金，这笔每年 373 英镑的经费支持一直持续到 20 世纪 60 年代。可以说，它真正挽救了佩鲁茨的科学生涯。另外，剑桥大学生物化学实验室的凯林教授为佩鲁茨的蛋白质化学研究提供了实验场所和各种设备。种种帮助，充分体现了剑桥大学尊重和启发年轻人发挥主动性和创造性的自由研究的传统。

1940 年 3 月，经过对血红蛋白分子 3 年的 X 射线研究，佩鲁茨完成并通过了关于论述血红蛋白晶体结构的博士论文。他得出的结论是：“血红蛋白是具有明确原子结构的球状体，每一个结构都是由两个不能被扩散性电解液穿透的相同部分所组成，并且它的四个血红素大致是相互平行地排列的。”那么，这一结构的具体细节如何？

它是怎样通过复杂的结构发挥自己的功能呢？毕业后的佩鲁茨准备大展宏图。但不幸的是，由于其奥地利身份，1940 年 5 月，佩鲁茨被英国政府作为敌侨遣送到加拿大魁北克军营，拘禁了 8 个月。残酷的战争干扰和破坏了和平的生活，并迫使佩鲁茨中断了自己的科学研究。但佩鲁茨并没有放弃，回剑桥后继续拍摄血红蛋白晶体的 X 射线衍射图，并于 1942 年、1943 年接连在《自然》上发表 3 篇相关论文。

战争结束后，肯德鲁的加盟使卡文迪许实验室中蛋白质晶体研究小组的力量得到了加强。1947 年，实验室以此为基础成立了分子生物学研究小组。此刻的佩鲁茨也走到了其研究中最困难和最关键的一步：怎样根据血红蛋白 X 射线衍射图推导出分子结构。

从理论上讲，X 射线照射晶体会在特定的方向发生衍射，衍射的方向和强度由晶体中的原子种类和位置决定。只要测出晶体 X 射线衍射方向和强度的数据，就能进行数学计算，绘制电子密度图，推算出该晶体的“结构”。正是运用这一方法，布拉格父子测出了第一个晶体结构——氯化钠岩盐的结构。根据这一原理，佩鲁茨拍摄了几百张蛋白质晶体 X 射线衍射图片，再用肉眼逐个分辨和测量每张照片上几百个晶体衍射点及强度，得到了几千个数据后，再绘制相应的帕特森图像，显示频繁出现在具有较高衍射强度之间的区域间隔，以确定血红蛋白结构的主要特征。1950 年初，佩鲁茨根据计算提出设想：血红蛋白分子像一个药丸盒式结构，是一种有规则的平行多肽键结构。

没想到，这一令佩鲁茨得意万分的模型提出后不久，就被他的研究生克里克以严谨的数学计算推翻了。无疑，这是个沉重的打击。“这是一个科学研究中‘耐心’付诸东流的伤心例子，也是科学研究中永远存在着的一种危险。”这意味着，血红蛋白分子的真面目还躲藏在生命世界的深处。

虽然研究陷于僵局，但佩鲁茨并不气馁。他知道，在科学研究中过多地纠缠于一个错误的理论于事无补，必须另外寻找突破口。这时，他注意到美国化学家鲍林提出的关于 α 螺旋是蛋白质多肽链一种基本折叠方式的思想。因为，这一新思想不仅为蛋白质有精确的三维结构提供了第一个清晰的证据，还为化学家提供了一种确定分子结构的有用方法——建立化学模型。无疑，这极大地启发了佩鲁茨。他提出血红蛋白中的肽链也呈螺旋式排列，解决了血红蛋白中多肽链的折叠问题。

下一步就要近似确定分子外形，进行定量分析。用 X 射线衍射法测定晶体结构的理论依据是晶体结构同它的衍射效应之间互为傅立叶变换关系，而衍射效应是指从晶体各个方向发出的衍射波的振幅和相位。在衍射实验中，可以直接记录到衍射波的振幅，却没法直接记录到衍射波的相位。因此，解决“衍射的相位问题”也是用 X 射线衍射法测定晶体结构的关键。当时化学家普遍采用“试差法”来解决这一问题。但对复杂晶体结构，“试差法”无能为力。对此，威廉·劳伦斯·布拉格和美国晶体学家科克早在 20 世纪 20 年代就提出用重原子法与同晶置换法。但由于确定重原子位置的难题没有突破，这些方法始终未能广泛应用。

1953 年 9 月 21 日至 25 日，佩鲁茨到美国参加了著名的“帕萨迪纳蛋白质会议”。正是在这次会议中，一位荷兰科学家关于将汞原子以化学定量的比例引入一种分子结构中的研究启发了他。如果我们能将一个重原子引入血红蛋白分子中的一个特定位点的话，就能使引入重原子的血红蛋白分子像普通血红蛋白分子一样结晶，并可以通过测定由这种重原子置换产生的差异来勾画血红蛋白分子的结构。这太重要了！会议结束后，佩鲁茨通过血红蛋白与对氯苯甲酸汞的反应，成功地把重原子——汞引入血红蛋白中，制备出了重原子衍生物。以此为基础，佩鲁茨利用“差值帕特森函数”进行计算和分析，得出了重原子的位置，再结合血红蛋白及其重原子衍生物的衍射强度数据，推算出了衍射的相位。这就是至今仍广泛用于解决蛋白质结构测定中相位问题的“同晶置换法”。这的确是一个极具创新意义的突破，不仅成为佩鲁茨研究的重要转折点，也为其他进行蛋白质晶体研究的科学家指明了方向。肯德鲁正是采用佩鲁茨提出的方法，解决了血红蛋白的相位问题。

1959 年，经过 4 年的进一步探索，佩鲁茨终于解开了血红蛋白分子结构。1960 年，继肯德鲁发表了关于血红蛋白分子结构的成果后，佩鲁茨也在《自然》杂志上报道了血红蛋白低分辨率（5.5 埃）的三维结构。他用 6 个不同的重原子衍生物，利用同晶置换法测定了 1200 个衍射点的相位，计算出了 5.5 埃分辨率的电子密度图，建立了血红蛋白的低分辨率结构模型：一个长 64 埃、宽 55 埃、高 50 埃的椭球体，分子由 4 个亚基按四面体方式排列，4 个亚基分为 2 对，每一对内的 2 个亚基之间的构象相同，相互接触很少；2 对之间构象相似而不相同，且接触面很大，其接触区域的表面结构是互补的。至此，构建蛋白质大分子结构模型长达 23 年的漫长历程终于画上了一个圆满的句号。佩鲁茨与肯德鲁因此分享了 1962 年的诺贝尔化学奖。

从分子生物学的发展来看，运用 X 射线衍射法研究蛋白质分子三维结构，并以此来理解分子功能的思想直接启发和激励了那些正在试图研究核酸中类似问题的科学家。更重要的是，蛋白质方面的研究创造了许多可以简化和精练 X 射线衍射过程的新技术。这一切，对于后来的核酸研究和发展意义重大。这也是 DNA 分子结构探索晚于蛋白质研究却先取得突破的重要原因之一。因此，也就有了 1962 年在斯德哥尔摩的诺贝尔奖颁奖仪式上，化学奖授予蛋白质分子结构、生理学或医学奖授予 DNA 分子结构这两个重要生物大分子研究的独特现象。

三、分子生物学实验室：科学研究是无法计划的

如果说，血红蛋白分子是佩鲁茨魂牵梦萦的“心上人”的话，那么，由他创建的分子生物学实验室则凝聚着这位科学精英深厚的科学情感和管理理念。1947 年 10 月，威廉・劳伦斯・布拉格向英国医学研究理事会提出在卡文迪许实验室建立一个关于分子生物学方面研究小组的申请，并很快得到批准。这样，就成立了由佩鲁茨任负责人的“对生物系统的分子结构进行研究的研究小组”，后来改名为“分子生物学研究小组”，即“分子生物学实验室”的前身。

最初，这一小组只有佩鲁茨与肯德鲁两人。但慢慢地，“研究课题就像磁铁一样吸引了许多青年才俊”。克里克、休・赫胥黎和沃森是第一批加入的成员，其他的则有来自伦敦的弗农・英格拉姆，来自约翰内斯堡的布伦纳以及来自美国的保罗・多蒂、亚历克斯・里奇、西摩・本泽等人。“只有了解了生命物质的原子结构，才能认识生命的本质。而达到这一目的的方法只有物理学与化学”成为大家聚集到这个团体中的真正原因。

经过 10 年的发展，“当肯德鲁首次得到肌红血球素结构的低分辨率图像时，当马修・梅塞尔森证明两个 DNA 子螺旋中每一个都是由一个父串和一个新近合成的串组成的，以及阿瑟・科恩伯格证明新近合成串的基本序列对父串基本序列的补充与沃森和克里克的预言完全吻合的时候，形势发生了变化”。小组的成果在增加，小组的规模在扩充。为了小组未来的发展，必须拥有一个专门的、具有相当规模的实验室，而不仅仅是卡文迪许实验室中的一个分支。为此，佩鲁茨向英国医学研究理事会提交了一份关于分子生物学的研究进展以及计划建造新实验室的报告并得到了批准。

1962 年 2 月，以原来的研究小组为基础，“分子生物学实验室”在剑桥郊外落成了。同年 5 月，英国女王亲自为该实验室揭牌。刚诞生时，它只是一个有着 90 人的小型科研机构。如今，它已经成为拥有“大约有 100 位由医学研究理事会支付薪水的科学家，50 位从别处领取工资的科学家，以及 100 位学生和访问学者”和 66 个课题

的大型科研基地，并且诞生了12位诺贝尔奖得主，有4人获得英国女王颁发的一等勋章，8人获得英国皇家学会最高荣誉科普利奖章，还有几百位皇家学会会员。这些骄人成果，与担任该实验室第一任主任的佩鲁茨长达17年（1962—1979）的精英管理模式密不可分。

首先，实验室采取精英评价制度。通过对科学家科学才能的洞察和对科学研究的深刻理解，挑选一流学者到实验室工作，是实验室成立至今的宗旨。佩鲁茨本人就是一位极具亲和力的科学精英，在实验室初创时期，他那杰出的领导和管理才能得到了出色的发挥，并使实验室吸引了众多领域的科学精英。早在1958年，当美国国立卫生研究院即将终止对克卢格和富兰克林的研究资助时，佩鲁茨邀请他们加盟正在筹备的分子生物学实验室，富兰克林的去世使她无缘再次回到剑桥，而克卢格则于1961年来到该实验室，并因对蛋白质和核酸作用的结构分析获得1982年诺贝尔化学奖。1958年，英国化学家桑格因测得胰岛素序列而获得诺贝尔奖，不久，他在佩鲁茨的邀请下也来到了此地。他的到来，不仅增强了在实验室中运用化学方法研究蛋白质分子的力量，而且为实验室带来了新的人才——哈特利和哈里斯，后者则带来了年轻的同事沃克（1997年诺贝尔化学奖得主）。

分子生物学实验室地处英国上流教育中心，它兼容并蓄，网罗世界各地人才。既有休·赫胥黎这样的传统科学精英家族后代，也有像克卢格和布伦纳（由于在发育的细胞和分子机理上的重要发现而获2002年诺贝尔生理学或医学奖）这样由东欧流亡到南非的穷犹太人，更有像沃森这样才华横溢、充满自信的美国人以及米尔斯坦（因发明单克隆抗体技术而获1984年诺贝尔生理学或医学奖）这样逃离政治迫害的阿根廷人。正是云集着大量一流学者，分子生物学实验室才能够居于世界科学创新的前沿。

其次，给予实验室科学精英宽松而自由的研究条件，尊重并十分宽容地对待实验室里每一个研究人员尤其是年轻人的工作方式，是分子生物学实验室成功的又一秘诀。在体制上，佩鲁茨的主张是："劝说医学研究理事会不要叫我做实验室的主任而任命我为实验室管理委员会的主席，……这一安排把科学政策的主要决定权留给了管理委员会，而把执行他们的决定和面对医学研究理事会的财政职责交给了我。管理委员会会议召开得很少，……这一管理机制运行得很平稳，从而也让我有时间专心从事我自己的研究。看到主席站在实验室的长椅或者X射线（管）旁，而不是坐在办公桌前，这为实验室的其他人带了个好头，并激起了他们的士气。管理委员会从不直接干预实验室的研究工作，但是却努力吸引或者挽留有天分的年轻人，放手让他们进行自己的工作。”

基于这一理念，实验室重视科学家的工作，并不在乎科学家的性格和研究风格的差异。同时，实验室也并不强调科学家需要在短期内发表论文，但对具有深远意义的研究课题的扎实研究则毫不犹豫予以支持。所以，当有人对沃森和克里克那种懒散的研究作风表示不满时，佩鲁茨则回答道：“像列奥纳多·达·芬奇一样，克里克与沃森看似工作很少，却收获颇丰，他们在私下里做了大量艰苦工作，通常是在晚上。但当你看到他们时，他们总是在进行显然是无用的争论。这就是他们解决问题的方式，只有通过大量以渊博知识为支撑的飞跃性想象才能解决难题。”正是这份理解和宽容，使沃森和克里克在短短十几个月的时间里发现了 DNA 双螺旋分子结构。世界一流科研机构这种独特的创新文化氛围不仅培育了科学精英，而且使平凡的科学家做出了杰出成就。因为，正是在这样的精英管理环境中，科学家才会对科学生涯产生强烈的依赖感，才会自觉要求自己不断取得最重要的发现和发明。

再次，强调拥有一批技艺精湛的技术装备人员的重要性。根据自己科学研究的切身体会，佩鲁茨“意识到新的仪器设备对发展的重要性，并维持着大规模的机械与电子工场，从而使研究人员充分便捷地使用相关设备，这也直接激发起技术人员的积极性”。在研究小组成立不久，佩鲁茨与肯德鲁就向医学研究理事会申请资金聘请一位名叫布罗德的工程师，让他来设计一个带有旋转正电极的 X 射线管，这个仪器可以提供比商业用途高 10 倍的射线。另外，实验室还利用美国洛克菲勒基金会的资助，从美国购买了高精度相机。这些实验装备的精度远远高于同时代的其他研究机构，成为佩鲁茨和肯德鲁能够第一个解决蛋白质结构问题的有利条件。

这一早期经历使佩鲁茨认识到先进仪器设备在创新活动中的支持作用，因此，他为实验室的大型力学和电子学工场都装备了最先进的仪器，并为实验室建造了专业的技术设备仓库和一个照相工场以提供所有日常使用的化学药品和补给。同时还专门配备了服务工程师，以保证那些高精尖仪器能够一直处于运行状态。这样，当仪器出现故障时，实验室的科学家不必等待仪器生产商派出的维修人员，马上就可以解决困难了。另外，从 20 世纪 40 年代起，实验室的经费就充足到不需要研究人员为经费来源发愁。所有这些，都大大提高了实验室的工作效率。

最后，加强与促进实验室各部门科学家之间的交流。交流是获取科技创新灵感的重要源泉，真正的科学智慧不是逼出来的，而是在交流、漫谈和悠然自得的阅读或偶然的感触中产生的。卡文迪许实验室在1895年建立的每天午后茶时漫谈制，成为活跃科学思想的一个典范。以此为楷模，分子生物学实验室有一个小卖部，由佩鲁茨的妻子吉塞拉管理。在这个小卖部喝咖啡、喝下午茶以及用午餐，成为实验室里各位科学家自由交谈、结交新朋友、获得新思想启迪的好去处。1985年，一位美国分子生物学家在该实验室学术休假时，形象地将小卖部称为实验室的智力中心。

作为一个诞生众多原创性科学成果的摇篮，分子生物学实验室的管理理念是佩鲁茨60多年来从近处观察物理学和生物学精英的深切体会。正如他反复强调的，真正激动人心的原创性科学成就不是通过计划产生的，而是通过创造优良的科学环境与管理体制来推动的。“如同艺术创造一般，科学创造无须精心组织，而是从各个天才人物中自发产生的。设施完善的实验室可以加速这种创造的产生进程，但等级森严的组织，僵硬、官僚的规则，琐碎无用、堆积如山的文字工作都会扼杀这种创造力。科学发现是无法计划的，它们就像莎士比亚戏剧中顽皮的小精灵一样，会在一个意想不到的角落突然出现。”这一观念，深深印刻在分子生物学实验室发展历程之中，并形成了一个可供借鉴的科研资助模式。基于这一理念，1962年，在欧洲许多著名分子生物学家的大力支持下，佩鲁茨组建了欧洲分子生物学组织，并在1963年至1969年担任该组织的主席。从而使其科学管理的理念跨越了国界，并推动该组织在战后成为欧洲分子生物学研究的中心。

四、对科学和人性的思索：科学是必需的吗?

作为一位在分子生物学前沿开拓创新的科学家，佩鲁茨并未将研究视野局限于这一领域本身。相反，凭着渊博的知识和对人性的无限热爱，他将关注的目光拓展到科学与文化的广阔领域，成为一位“能使难题通俗易懂，并以一位科学伟人特有的热情、人性和广博知识撰写”的科普专家。而更重要的是，通过将科学和科学家置于一种人性化的社会背景中的考察，佩鲁茨探讨了当代文化中的科学本质、科学社会功能以及科学家的社会责任。

长期以来，人们坚持认为，科学研究是一种冷冰冰的、不带任何偏见、缺乏感情的事业，它摒除了一切想象特性和情感因素，而科学家仅仅是转动发现之柄的“机器人”。对此，佩鲁茨不以为然，他以自己独特的研究经历以及对20世纪许多科学同行创新活动的深入了解，向人们展示了这些科学伟人对知识和真理的不懈追求，从而强调了“科学不是一种平静的生活”的科学观。

佩鲁茨认为，在人类社会文化发展史上，音乐、绘画和诗歌以其丰富的想象和强烈的创造力成为人类永恒的精神财富。同样，作为一种充满思想活力和创新魅力的活动，科学也像艺术一样，并不是对自然的简单复制，而是对自然的再创造。在科学研究中，想象力、创造力、勃勃雄心和冲突的重要性与丰富多彩丝毫不亚于艺术。因此，科学是一项需要激情的事业。正是这种激情，给了一个科学家推开佩鲁茨实验室的房门的机会，给了他当面指出血红蛋白照片中的错误的勇气。也正是这种激情，使诸如沃森和克里克这样的年轻科学家敢于挑战权威，开拓新的学科领域。这种激情，最终也使“科学家与作家、音乐家以及艺术家一样，具有创造力这样一个共同的特性”。

因此，当代“科学家要比那些电视明星和政治家更加能够彻底改变我们的生活方式。但是，公众对科学家知之甚少，他们心目中的科学家，只是那种钻研深奥难题的漫画式人物”。为了纠正这一错误观念，佩鲁茨为《纽约书评》《伦敦书评》《科学美国人》等非专业科学杂志撰写了大量生动、有趣的科普文章，“将科学与医学世界转变为一个神奇的探险领地”。在佩鲁茨的笔下，我们不仅领略了科学探险的艰难与荣耀，还看到了形形色色的科学家群像，他们是鲍林、迈特纳、布拉格、哈伯、梅达沃、西拉德、雅各布、克雷布斯等20世纪的科学大师。从佩鲁茨栩栩如生的描绘中，我们深切体会到了科学之激情所在。

在颂扬现代科学技术给人类社会发展带来福祉的同时，佩鲁茨也意识到：“科学常常要人类付出各种代价。每一项技术进步，……在给人类带来益处的同时也都带来灾害。社会必须在这两者之间进行正确的评价，但在无法运用伦理价值或科学事实作出明确决定的时候，要作出这样一种评价往往又很困难。”也正因为如此，许多人认为，一旦科学家将技术上的可行性付诸实践的话，就意味着社会进步，而这也是技术在现代社会的巨大魅力。对此，佩鲁茨尖锐地指出，对于自己获得的科学发现，许多科学家并不能马上预见到其研究带来的革命。比如，发现DNA是遗传物质的埃弗里从未打算去发现基因的组成；发现铀核裂变现象的哈恩和迈特纳从未想去分裂铀原子核；沃森和克里克在发现DNA模型告诉他们遗传信息如何自我复制时不由大吃一惊；而当琼·韦格尔和沃纳·阿尔伯对某种细菌病毒会感染一种大肠杆菌菌株而不感染另一种菌株的现象疑惑不解时，他们根本没有预见到40年以后，他们的研究会使一头名叫多莉的克隆羊呱呱坠地。“如同孩子外出寻宝一般，科学家们并不知道他们将会找到什么宝藏。”事实上，也正是这种不确定性，使现代科学技术面临前所未有的挑战，也使科学不仅仅停留在器物层面，开始延伸到政治、文化和伦理等领域，并对后者产生了强烈的影响。

1988 年，已是耄耋老人的佩鲁茨针对粮食生产、人类健康以及能源研究等社会问题，就农业技术与粮食供应、人口增长与医疗技术、能源消费与核能技术等关系问题展开讨论后指出，科学是以普遍的客观真理为代表的理性的胜利，但科学仅有理性是完全不够的，科学必须是人性化的科学。佩鲁茨以二战中纳粹以“优生学”为名义对犹太人进行大屠杀为例，强调科学如果仅有理性，而没有对人类的爱、没有是非观念，根本不可能将人类从罪恶和灾难中解救出来，相反，会给人类带来灾难。此后，在对避孕技术、核燃料再处理技术、化学武器的研制、基因治疗技术以及核技术所作的伦理思考中，他进一步重申了“没有良心的科学是灵魂的毁灭”的科学伦理思想。

正是基于对科学中人性要素的关注，佩鲁茨严厉批评了一些科学家剽窃、欺骗、滥用科学等不良行为，批评了一些科学家为了经济或政治利益不惜出卖科学的行为。“我唯一的兴趣就在于对自然本质的了解和对现代文明的拯救。”这种兴趣和反思，也促使 81 岁高龄的佩鲁茨在荷兰皇家艺术和科学院举行的“科学家与人权国际会议”上重新揭示了新时代背景下科学家必须具备的社会道德责任感，这就是“发现自然的奥秘、为人类造福”——这样一个共同目标将世界各地的科学家联合了起来。因此，每一位科学家就像我们众多兄弟姐妹中的一员，“当一位没有犯罪的科学家遭到监禁时，……我们有责任为他（她）的解放奔走呼吁”。从根本上讲，对科学家社会责任感的呼吁，折射出佩鲁茨对社会公正性与科学正直性的不倦追求，体现了作为一位伟大科学家的宽广胸怀。

五、冰川和亨廷顿病：佩鲁茨早期与晚期的研究

早在青年时代，佩鲁茨不仅是学校里出名的滑雪健将，也是技艺高超的登山运动员。冰川和高山与他结下了不解之缘，并成为其早期研究生涯中的一个重要部分。他与威廉·劳伦斯·布拉格的见面就是以冰川为媒介的。1938 年秋的一天，佩鲁茨冲进布拉格的办公室，自豪地宣称：“我有一项你比不上的荣誉。我有一座以我名字命名的冰川。”而布拉格的反击是：“我有一条以我名字命名的乌贼。”这一富于戏剧性的见面，成为两位科学家终生友谊的开始。而冰川以及冰川流动的机制，成为佩鲁茨早

期研究的主要内容。

冰川的流动是不是也像糖浆或蜂蜜从倾斜的容器中流出来一样？如果冰川不是这样流动的话，其机理又是怎样的？这些问题一直缠绕着佩鲁茨。1938 年，在参加攀登瑞士阿尔卑斯山的探险活动中，他意外地发现了细微的雪花长成一大颗晶体的过程和机制。10 年后，在艾格尔峰的洞穴里，他解决了冰川如何流动的问题。他指出，冰川的运动不太像糖浆，更像一种柔软的金属，比如，有点像卷起来的铝。用冶金学的术语来说，冰川的滑动过程就是它展现在我们面前的结果。1953 年 6 月 5 日，佩鲁茨在英国皇家学会以《冰川的流动》为题作了演讲并在《自然》杂志上发表了相关的论文。

佩鲁茨未曾料到的是，关于冰川的研究以及相关的专业知识会使他卷入二战中一项荒唐的计划中。1942 年秋，佩鲁茨参加了英国记者杰弗里·派克发起的一项代号为“哈巴谷”的计划，该计划的目的是“找到一些使冰更坚硬并使冰冷冻得更快的方法”。看了自己在维也纳大学的老师马克所写的一份报告后，佩鲁茨发现，在水结冰前，将少量绵羊毛或木髓搅拌到其中，就可以加固冰的强度。以此为原理，佩鲁茨与一些年轻人研制出了加入添加剂的坚固冰，并于 1943 年冬制出了以坚固冰为材料的冰船模型。但由于这一计划的成本太高极其不切实际，盟军指挥部最终否决了它。参加这一类似科幻小说的战争计划，也使佩鲁茨中止正处于起步阶段的血红蛋白研究达 3 年之久。回顾这段经历，佩鲁茨感慨万千：“真正的科学，就像生长在阳光充足的暖房里的热带植物一样，会得到健康的发展。一旦暖房的窗户不再明亮，暖房一片黑暗时，科学的种子就会萎缩。战争就属于后一种情况。”事实的确如此。

获得诺贝尔奖后，佩鲁茨继续研究血红蛋白分子结构与功能的关系。在重温 19 世纪 40 年代法拉第已注意到的“除铁和氧是顺磁的外，血液却是抗磁的”现象后，了解了鲍林及其学生科里尔对血红蛋白在含氧和缺氧的不同条件下磁化率的测定情况，通过对光谱学与磁性测定技术等创造性的借鉴和应用，佩鲁茨在 1970 年“发现铁的自旋变化是触发伴随着血红蛋白与氧的化学反应的同分异构变化的根源”。在氧化过程中，血红蛋白的结构发生了较大变化。在脱氧状态中，血红素中的铁原子稍稍从血红素基团平面移开，形成紧密型结构；在有氧状态中，由于铁原子电子轴发生变化，铁原子靠近血红素基团平面时，并拖拉后者，这种启动一系列“分子杠杆”的扳机可以松开处于脱氧状态蛋白质紧密型结构，并重新排列使之转化为一种无氧的松散型结构。这就是血红蛋白运输氧的机制——一个简洁而漂亮的成果！ 25 年后，约克大学盖伊·多德森教授的一位名叫马西莫·保利的研究生证实了这一结论。

佩鲁茨将近 80 岁时，开始研究亨廷顿病的病因。1994 年，他与同事发现，谷氨酸多聚体形成的β区域中，含有某些亚基谷氨酰胺超长链的蛋白质会在细胞内构成细胞内含物，并对细胞造成伤害，这正是病因。2000 年，佩鲁茨与温德尔研究了这种异常晶体的特点与疾病之间的关系，发现病人的发病年龄与病理蛋白质中的谷氨酸多聚体长度呈指数关系。他生命中最后一篇论文是在被送到阿登布鲁克医院之前 10 分钟写下的，其内容就是这一方面的研究。2001 年 10 月 31 日，在彼得豪斯学院为庆祝佩鲁茨当选为英国皇家化学学会荣誉会员举办的小型聚会上，佩鲁茨在 10 分钟的即席演讲中，以简洁明了的语言向人们展示了其生命中最后一份科学财富。

2002 年 2 月 6 日，与吉塞拉生活了近 60 个年头，并有两个出色的孩子——维维恩（艺术史学家）和罗宾（约克大学化学系系主任）的佩鲁茨，因患癌症，离开了人世，享年 88 岁。

（作者：张春美）

参考资料

[1] G. E. 艾伦. 二十世纪的生命科学［ M ］. 谭茜，田铭，王云松，译. 北京：北京师范大学出版社，1985.

[2] Max Perutz. I Wish I'd Made You Angry Earlier: Essays on Science，Scientists，and Humanity［ M ］. New York： Cold Spring Harbor Laboratory Press，1998.

莫里斯·休·弗雷德里克·威尔金斯

(Maurice Hugh Frederick Wilkins，1916—2004)

威尔金斯

DNA 双螺旋发现的第三人

DNA 双螺旋结构的发现无疑是20世纪重大的科学事件之一，可以与爱因斯坦相对论的提出相媲美，在科学史上具有里程碑式的意义。大家每提到双螺旋结构时，很自然就想到两位科学家——沃森和克里克（双螺旋模型常被称为沃森－克里克模型），因为他们在1953年率先提出双螺旋模型，并且由于这个贡献而分享了1962年诺贝尔生理学或医学奖。但该年度由于该项成果而分享诺贝尔奖的共有三位科学家。当问起第三位科学家是谁时，许多人可能不会立即回答，甚至本身就不知还有第三位科学家。这位为DNA结构的发现作出卓越贡献，但常常被忽视，戏称自己为“DNA双螺旋的第三人”（第三人往往容易被人遗忘）的就是英国伦敦国王学院的著名生物物理学家莫里斯·休·弗雷德里克·威尔金斯。

威尔金斯对DNA双螺旋结构的发现发挥着关键性的作用，他对用X射线衍射法研究DNA结构作出了奠基性的贡献，他和富兰克林的衍射照片对沃森－克里克提出双螺旋模型起着不可替代的作用，在沃森和克里克提出双螺旋模型后，他的继续研究为DNA的结构提供了更为坚实的证据。但是由于种种原因，威尔金斯一直没有获得应该得到的尊敬，甚至由于和富兰克林之间的一些私人矛盾还遭受了许多人的指责，因此可以说是一个带有部分悲剧色彩的科学大师。2004年10月5日，这位科学大师在伦敦一家医院去世，但影响力远小于几个月前去世的另一位DNA研究方面的大师——克里克。尽管如此，威尔金斯在DNA双螺旋结构发现过程中的重要作用无法磨灭，国内对他的系统介绍较少，但这位被称为卢瑟福以后新西兰第二位世界著名科学家的事迹是分子生物学研究方面的人士应该了解的。同时也为了表达对威尔金斯的怀念和尊敬，撰写这篇威尔金斯的小传以对这位世界一流科学家有一个较为全面的认识。

一、家庭背景

1916 年 12 月 15 日，威尔金斯出生在新西兰的庞加罗阿。威尔金斯因后来的科学成就，被认为是在新西兰出生的继卢瑟福之后另一位世界著名的科学家。威尔金斯的父母都是爱尔兰人，在第一次世界大战前从欧洲来到新西兰。在那个时期，这些移民具有很强的进取心同时也拥有较高的智商，因此许多人在这里取得了巨大的成功，威尔金斯的父亲也是其中一位。

威尔金斯的父亲埃德加·亨利·威尔金斯是一个学校的医生，业余时间喜欢搞一些科学研究，尽管他的大多数研究最终并没有获得太大成功，但是仍然有部分发现得到了一定程度的应用。特别是父亲这种热爱科学的精神为小威尔金斯后来从事科学研究起到了重要的启蒙作用。

在威尔金斯还很小的时候，全家搬到了新西兰的首都惠灵顿，威尔金斯在这里度过了幸福的童年。后来威尔金斯将自己这段童年形容为生活在天堂中。尽管后来他去了英国，但他一直坚持认为自己是新西兰人，主要原因是他认为自己在惠灵顿度过了一生中最幸福的时光。此外威尔金斯还认为生活在新西兰的这一段时间也对他后来从事科学研究具有重大帮助。

当威尔金斯 6 岁的时候，他的父亲为了进一步进行预防医学方面的研究决定去英国发展，因此全家搬到了伯明翰，威尔金斯在那里开始接受教育。

二、投身物理学

1922 年，威尔金斯来到英国的伯明翰后，进入当地爱德华国王学校学习。威尔金斯在学习期间刻苦努力，成绩一直名列前茅，更为重要的是他对科学产生了浓厚的兴趣，在父亲的工作间熟练掌握了技术和实验方面的技巧，特别是在显微镜制备方面，这些知识也使威尔金斯决定学习物理学。

威尔金斯凭借优异成绩获得了一等奖学金，并且因此进入剑桥大学的圣约翰学院学习物理学。尽管威尔金斯的父亲是一位医生，但是这个奖学金对于威尔金斯而言是非常重要的，因为当时只有有钱人的孩子或者是能够获得奖学金的天才学生才能享有英国大学的教育。当时剑桥大学有许多世界著名的科学家，而威尔金斯特别幸运的是在第一年就引起了著名的同位素化学家卢瑟福的助手奥利芬特教授的注意，而第二年他的导师之一是著名的原子物理学家考克饶夫（1951 年诺贝尔物理学奖获得者），这些大师的教诲使威尔金斯对科学更加充满了向往。更为重要的是，威尔金斯还对贝尔纳的 X 射线衍射研究充满了极大的兴趣，这为后来进行物质结构研究奠定了一定的基础。

1938 年，威尔金斯从圣约翰学院获得物理学学位，随后又回到伯明翰并进入伯明翰大学物理系，在这里威尔金斯遇见了著名的固体物理学家约翰·兰德尔博士。兰德尔对威尔金斯比较欣赏，威尔金斯也得以成为他的研究助手，同时攻读学位。需要指出的是，物理系的主任就是威尔金斯大学时期的老师奥利芬特。在 20 世纪 30 年代，许多科学家对基本粒子比较感兴趣，但是威尔金斯对固态物质的组织及其特性较感兴趣，这可能与后来威尔金斯转行研究生物大分子的结构以及结构与性质间的关系有密切联系。威尔金斯在此期间主要研究固体发光机制，以磷为材料获得了一些重大成果，以至于在 1940 年就凭借磷光理论和磷原子中被俘获电子的稳定性机理的研究而获得博士学位。

1939 年第二次世界大战在欧洲战场全面爆发，英国也受到了德国的打击。在战争早期，德国取得了一系列胜利，1940 年英国处于战争的最困难时期，这时具有社会责任感的威尔金斯成为一名积极的反战主义者，也用自己的知识作出了自己的贡献。

威尔金斯在读博士期间的成果具有重大价值，如他改进了掩护雷达的阴极射线管，这些成果在当时战争和现代雷达中都得到了广泛的应用。对威尔金斯赏识有加的奥利芬特将他招募到了自己的研究小组，当时奥利芬特研究小组主要进行铀同位素的质谱分离工作。铀 235 是制造原子弹的基本原料，获得一定纯度和一定量的铀 235 是原子弹研制成功的必要条件之一，因此当美国“曼哈顿计划”准备实施时，英国相关领域的研究人员也加入其中以充实研究力量。

1943 年，威尔金斯跟随奥利芬特研究小组从伯明翰来到美国加利福尼亚州的伯克利。在奥本海默的领导下，奥利芬特研究小组成了“曼哈顿计划”的一个重要组成部分。威尔金斯发现在这里最大的快乐是可以和世界上许多著名的科学家共同工作和分享专业知识，同时也强烈意识到科学应该与实际应用紧密结合。1945 年“曼哈顿计划”取得了全面成功，研制出了原子弹，1945 年 8 月在日本领土上使用了两颗原子弹。

原子弹产生的巨大破坏力使威尔金斯产生了沉重的负罪感。后来威尔金斯回忆说，当他在伯克利进行研究工作时，并没有意识到核武器的灾难性后果，当时唯一的想法就是赶在纳粹德国之前获得成功，以免为世界带来灾难。当知道德国不可能研制成功后，威尔金斯为自己的所作所为深感内疚，这次的经历也使他在战后成为核武器强有力的反对者之一。

三、转入生物物理学

1945 年，第二次世界大战结束后，威尔金斯回到了英国，曼哈顿的经历使他在物理学方面失去了兴趣，他甚至考虑放弃科学而去巴黎做一名画家。但后来威尔金斯读了著名理论物理学家薛定谔的科普著作《生命是什么 ?》，被书中介绍的控制生命过程的复杂生物大分子的结构概念深深吸引，同时产生了浓厚的兴趣。他认为相对于固体物理学而言，生命物质的研究可能更有前途。当时许多著名的物理学家如兰德尔等相信物理学的大厦已经建立，应该向其他方面发展，其中生物学是最为重要的一个，因此许多物理学家都纷纷加入生物学研究，最为成功的是克里克和德尔布吕克。威尔金斯也接受了一些转向生物学研究的建议，再一次开始了自己的科学生涯。

威尔金斯首先来到苏格兰的圣安德鲁斯大学并成为一名物理学讲师，在这里他遇到了自己读博士时的导师兰德尔爵士。兰德尔当时也正打算转移方向——用自己的物理学知识来研究生物学，因此决定在圣安德鲁斯大学组织进行生物物理学研究，由于与威尔金斯的师生关系，邀请威尔金斯加入到自己新的研究小组。

当时生物物理学是一个全新的概念，是第二次世界大战后一门新兴的交叉学科，它涉及许多威尔金斯原本并不熟悉的知识。但威尔金斯认为生命科学对社会应该具有更多的益处，因此决定转移到生物物理学的研究中来，也接受了邀请加入到兰德尔的生物物理学实验室中。威尔金斯最初受穆勒（由于发现 X 射线诱发突变而获得 1946 年诺贝尔生理学或医学奖）成功的影响，认为超声波对遗传物质可能也有诱变作用，但结果非常令人失望，因此不得不改变研究方向。

兰德尔在圣安德鲁斯大学工作没有多长时间，就接受了伦敦国王学院的全职教授职位，因此于 1946 年将实验室搬到了伦敦国王学院，并在那里建立医学研究会生物物理小组，兰德尔成了小组的主任。作为实验室成员的威尔金斯也跟随兰德尔来到伦敦国王学院，开始了新的研究历程，于 1950 年成为主任助理，1955 年成为副主任，最终在 1970 年成为主任，可以说威尔金斯的主要科学研究都是在伦敦国王学院完成的。威尔金斯当时刚刚 30 岁，在这里开始对生命科学进行全新的探索，在这里的研究也使威尔金斯发现了 DNA 的结构。

到伦敦国王学院后，兰德尔建议威尔金斯用紫外显微镜研究细胞内部结构，威尔金斯接受了这个建议。威尔金斯改进了传统的显微镜，用紫外显微技术可以有效研究细胞中的核酸，用紫外二向色性确定烟草花叶病毒中嘌呤和嘧啶的方向，用可见光极性显微镜研究烟草花叶病毒晶体中病毒颗粒的组装过程（相关研究成果在《自然》杂志上发表），用干涉显微镜测量了细胞的干重。这些研究取得了一系列成功，促使威尔金斯进行更深入的研究。威尔金斯通过显微镜看到了细胞中的染色体，这使他非常兴奋，因为当时已经确定遗传物质就存在于染色体上，但关于是核酸还是蛋白质的问题科学界还存在一些争论，这使威尔金斯深深地为自己的研究所吸引。他也意识到用显微镜研究细胞过于复杂的整体所取得的结果无法真正深入生命的本质，需要寻找其他方法进行研究。在使用显微镜研究 DNA 的过程中发现该类分子可能按照特定规律有序地排列，根据这个特征，威尔金斯认为应该先从细胞中分离该生物大分子，然后对该分子的结构进行全面深入的体外研究，这样才能获得更加理想的实验结果。

在这个思想的指导下，威尔金斯将当时用于研究有序晶体结构最常用的方法——X 射线衍射技术应用于生物大分子的结构探索。值得一提的是，威尔金斯在 X 射线衍射技术方面没有得到系统的培训，这使他在后续研究中受到极大的限制。威尔金斯在其他科学家和研究人员的建议和帮助下，随后对 DNA、蛋白质、维生素 B_{12} 等物质的结构进行了深入研究，DNA 的研究为威尔金斯带来了巨大的声誉。

四、DNA 结构的研究

威尔金斯在 DNA 结构研究方面能获得成功既是偶然性（恰好选择了这种物质）又是必然性的结果。第二次世界大战后，生命科学开始进入一个逐渐腾飞的阶段。1950 年他提出分子生物学的概念，当时研究生命科学的主要学派有三个，分别是结构学派、信息学派和生化遗传学派。其中结构学派的大本营在英国，他们以先进的实验仪器为手段重点研究生物大分子的结构。伦敦国王学院是当时一个重要的研究中心，威尔金斯等科学家的生物大分子结构研究也是水到渠成的结果，但幸运的是威尔金斯选择了 DNA 为研究方向。

1950 年，威尔金斯在参加伦敦的法拉第学会会议时，遇到了研究核酸的瑞士化学家席格纳。席格纳当时携带了一些自制的牛胸腺高度聚合 DNA 样品并将其分发给参加会议的一些研究人员，威尔金斯也获得了这些高纯度的样品，从而开始真正意义上的 DNA 结构研究。

威尔金斯在随后对 DNA 样品进行操作时发现，当它们形成凝胶后会不知不觉产生一些纤维，当用玻璃棒触及这些纤维结构再移开时，一个细得几乎肉眼看不到的像蜘蛛网细丝一样的 DNA 纤维可以被抽出。DNA 纤维的这种完美性和一致性暗示着这些纤维中的分子应该呈直线排列。威尔金斯立刻意识到这些纤维可能是 X 射线衍射分析的极好材料，因此交给了负责 X 射线衍射操作的同事戈斯林进行处理。

戈斯林是 1949 年来到伦敦国王学院的一名刚毕业的大学生，在这里遇到了威尔金斯并加入生物物理研究小组。戈斯林负责管理 X 射线衍射仪，他在这方面较为擅长，当时主要工作是利用仪器对精子头部（研究活体 DNA 结构的最好材料）进行 X 射线衍射研究。戈斯林将威尔金斯提供的 DNA 样品拉长成纤维样，然后缠绕 35 束 DNA 纤维到纸片上，过夜后用 X 射线衍射对这些纤维状样品进行照射，几乎立刻就得到了令人鼓舞的 X 射线衍射图片。图片上具有许多完美的斑点，说明所得到的 DNA 纤维是一种晶体结构，并且有规律排列，显示碱基之间的距离为 0.34nm。威尔金斯获得成功的一个重要原因是将 DNA 纤维保持在相对潮湿的状态（含水量较大），这是由于其他研究者在研究蛋白质结构时发现，为了获得理想的衍射图案就必须使蛋白质晶体保持在液体中，而且各种水溶性的大分子构象与它们所处的液体环境密切相关。

威尔金斯等科学家使用潮湿的 DNA 纤维得到的结果相对于阿斯特伯里于 1938 年从干燥 DNA 样品得到的照片是一个重大进步。这项研究一方面大大提高了分辨率，另一方面使 DNA 保持潮湿环境，为后来富兰克林的成功奠定了坚实的基础，同时开创了第二次世界大战后用 X 射线研究 DNA 结构的先河。

这个结果令戈斯林和威尔金斯高兴万分，结合当时 X 射线晶体学研究的成果，通过分析这些衍射图案得出 DNA 是螺旋状的结构，同时估算了螺旋直径和螺距。威尔金斯得到的这种 DNA 结构后来被称为 A 型，它含水较少，容易结晶。研究结果在 1951 年 5 月 12 日那期的《自然》上发表，该论文可以看作 DNA 结构研究真正意义上的开篇之作。

但遗憾的是威尔金斯根据 X 射线衍射照片错误地得出 DNA 是单股螺旋，而且由于实验室在 X 射线衍射研究方面缺乏相关的专家，因此随后的一系列实验并没有获得更为理想的衍射照片，所以在随后很长一段时间内 DNA 结构研究没有出现太大的进展，但这项突破促使其他科研人员开始考虑加入到这一研究行列。

1951 年 5 月，威尔金斯赴意大利那波利参加了一个学术会议，在会议上介绍了 X 射线衍射技术在 DNA 结构研究方面的一些最新进展并阐述了自己在这方面的一些研究成果，同时展示了实验室获得的一系列衍射照片，引起了许多与会研究者的兴趣，其中之一就是当时正在丹麦做博士后的沃森。沃森在会上被威尔金斯的实验结果深深吸引，并且敏锐地意识到这项研究的重要性，于是会后与威尔金斯讨论 DNA 结构方面一些更加深入的问题，并提出和威尔金斯进行合作研究，但这项请求被威尔金斯拒绝。事实证明这对于威尔金斯是一个很大的遗憾，如果威尔金斯能够和沃森合作，凭借他的结构学知识和沃森生物学方面的背景，DNA 结构的发现历程可能会出现改观，甚至可能出现沃森－威尔金斯模型。

但沃森已经认定 DNA 研究会有巨大的潜力，决定放弃原来病毒方面的研究，转移到 DNA 研究。1951 年下半年，沃森来到英国另一个结构生物学研究的圣地——卡文迪许实验室，在这里遇到了克里克。克里克当时是卡文迪许实验室的一名博士生，对 DNA 的兴趣原本并不太大，但和威尔金斯私人关系较好，两个人总是喜欢在一起讨论相关的科学问题。威尔金斯多次提及自己在 DNA 结构方面的成果，但无论威尔金斯如何强调 DNA 的重要性以及 DNA 可能的螺旋结构，都没能引起克里克的重视。但经过耳濡目染，克里克获得了大量 DNA 结构方面的知识。可以认为是威尔金斯最先让克里克系统了解 DNA 结构方面的相关信息，也正是他们之间良好的私人关系，为后来沃森和克里克获得 DNA 结构照片提供了极大的便利并使他们最终取得成功。

沃森和克里克在卡文迪许实验室结识后，两人的互相欣赏使他们之间形成了紧密的科学合作关系，今天两人的伟大合作已经成为科学史上一段佳话而被广泛传颂。由于当时第二次世界大战后，英国财政不可能同时资助两个实验室进行相似内容的研究，因此伦敦国王学院和卡文迪许实验室达成一项协议，即伦敦国王学院进行 DNA 结构研究，而卡文迪许实验室从事蛋白质的结构研究。故此在伦敦国王学院已经开始相关研究的前提下，沃森和克里克根本不可能获得 DNA 研究方面的财政资助。但二人并没有放弃，而是将努力的方向转向通过构建模型的方式而不是获得衍射照片上（这将花费大量的资金）。经过不到两年的不懈努力，他们最终阐明了 DNA 这个神秘分子的结构。

1951 年 9 月威尔金斯到美国进行一段时间的学术交流，所以 DNA 结构方面的研究被暂时搁置，但此时伦敦国王学院在该方面的研究出现了一个不小的变化。兰德尔为了加强DNA结构方面的研究力量，邀请了当时X射线晶体学研究方面的专家——女科学家富兰克林加入实验室。富兰克林在1951年底来到伦敦国王学院，并迅速开始DNA结构方面的工作。凭借这方面的经验和戈斯林的帮助（戈斯林又被分派到富兰克林的研究小组同时开始自己的博士学习），富兰克林改进了原来的X射线衍射仪（威尔金斯开始使用的仪器是用战后其他仪器改装而成，因此照片效果不太理想），同时在DNA晶体制备上进行了许多重要的完善，这些工作很快就在DNA研究方面取得了一系列重大进展。

当富兰克林和戈斯林正在紧张地进行DNA结构研究时，威尔金斯从美国回到了自己的实验室，并且在关于DNA结构研究的主导权上与富兰克林产生了很大分歧。富兰克林认为自己在X射线晶体学方面经验丰富，可以独立进行DNA结构研究，因此应该是该项研究的主持人；威尔金斯则认为自己最早开展了DNA结构研究并取得了重大进展，而邀请富兰克林加入是请她协助自己更好地完成该项研究。关于谁是该项研究的负责人，二人无法达成一致，甚至合作也无法实现，最终不得不分成两个研究小组，各自进行研究。富兰克林和戈斯林接手了威尔金斯的实验基础，使用从席格纳那里获得的DNA样品继续进行研究。威尔金斯则重新建立自己的实验基础，一方面找到新的研究助手斯托克斯，斯托克斯也是一名X射线晶体衍射方面的专家，早期在卡文迪许实验室进行过相关研究，1952年9月H. 威尔逊也加入到威尔金斯的研究小组；另一方面他们在改进技术的同时还不得不制备新的样品进行研究。这次事件对富兰克林和威尔金斯的研究都带来了不利的影响：一方面使富兰克林与周围的人事关系处理不顺；另一方面使威尔金斯从头开始，延迟了他的研究进度。

威尔金斯重新开始DNA结构方面的研究，除了继续对体外纯化DNA晶体进行X射线研究，还对精子头部的DNA进行了探索。这项研究表明体内DNA也存在规则的X射线衍射图案并显示出相似的螺旋结构，这个发现的重要意义在于肯定了体外DNA晶体X射线研究的重要性，说明所获结果同样适合于生物体内部的天然状态。威尔金斯还研究了不同来源的DNA，并且发现衍射图像大致相同。这个发现对讨论DNA结构的普遍性具有重要意义，相关研究也发表在著名的《自然》杂志上。这一系列研究使威尔金斯将体外研究与体内研究结合，对真正理解DNA的结构具有十分重要的意义。威尔金斯在进行这些研究的同时，尽管取得了一系列进展，但始终没有获得较为理想的DNA衍射图片，富兰克林和戈斯林在DNA的衍射方面却进展迅速。

1953年1月底沃森访问伦敦国王学院，此时他已经了解到鲍林关于DNA三螺旋的叙述，并且意识到该模型存在错误，同时将自己的一些建议介绍给伦敦国王学院的研究小组。威尔金斯出于科学交流的目的将富兰克林得到的完美X射线衍射照片提供给沃森（现在许多人认为这是不道德的）。其实即使威尔金斯不这样做，在1953年2月，卡文迪许实验室的佩鲁茨也将富兰克林的实验结果展示给了沃森和克里克。因此以这个理由指责威尔金斯有点过分。当时美国著名理论化学家鲍林提出了DNA结构模型，这个模型为沃森提供了很多灵感。沃森和克里克在结合鲍林模型的理论内核，参考了富兰克林X射线衍射照片中的关键数据，同时对夏格夫法则（A=T，G=C）进行了合理的解释（碱基互补配对）的基础上，于1953年2月28日提出了DNA的双螺旋结构模型。沃森和克里克将自己的结果通报给了威尔金斯，威尔金斯结合自己的图片和一些实验数据对这个模型给予了充分支持，并且表示可以将自己和富兰克林的相关研究结果一同发表，以更加支持该模型。由于威尔金斯在这方面的重要作用，当时沃森和克里克提出威尔金斯可以在论文上署名，但威尔金斯拒绝了。当后来被问及原因时，威尔金斯认为“用X射线分析DNA晶体并得到一些数据是应该的，因为我是物理学家；我没有能用这些数据分析出DNA双螺旋结构模型，也是可以理解的，因为我不是生物学家。我感到，沃森和克里克用我和富兰克林的数据分析出了DNA双螺旋结构模型是十分欣慰的事，我要衷心感谢，不然我和富兰克林的数据还要在办公室抽屉中放置无用”。1953年4月25日《自然》杂志发表了沃森和克里克关于DNA双螺旋结构的经典论文，而威尔金斯研究小组和富兰克林研究小组的论文仅仅作为一个实验支持而发表。

DNA双螺旋结构模型在1952年提出时并没有那么轰动，当时一些科学家认为这个模型可能存在错误（如富兰克林在一些细节上就不同意沃森－克里克的DNA双螺旋结构模型），而另外一些传统的科学家还没有意识到DNA的重要性，科学史家奥尔贝将其形容为“双螺旋悄然登场亮相”。但是许多科学家开始为这个模型提供更充分的证据，沃森和克里克主要从信息传递方面，而威尔金斯仍然从X射线衍射角度来为DNA双螺旋结构模型提供证据。从1953年到1962年诺贝尔奖的颁发，威尔金斯小组为DNA双螺旋结构提供了更充分的实验图片和数据以检验和证实沃森－克里克假说模型的正确性。由于沃森和克里克提出的结构模型是一个平均数据（即常见的B型结构），而威尔金斯等科学家还研究了其他多种结构，常见的如A型结构和C型结构，这些数据（多篇论文发表在《自然》上）使DNA双螺旋结构模型更加可信，特别是威尔金斯小组关于不同来源 DNA 都具有相似结构的研究结果为 DNA 的遗传本质提供了更为直接的证据，所有这些都大大促进了人们对 DNA 双螺旋结构的承认，也促进了分子生物学的快速发展。可以说威尔金斯这一段时期的贡献对于 DNA 结构研究发挥了重要的作用，因为此时富兰克林已经转向了病毒的组装研究。

五、获得诺贝尔奖及其争议

许多科学家的努力使大家逐渐认识到 DNA 结构的重要性，因此为 DNA 结构的阐明作出重要贡献的科学家也得到了认可，一系列荣誉也接踵而来，遗憾的是富兰克林由于疾病在 1958 年去世，因此无缘分享荣誉，沃森、克里克和威尔金斯获得了重要的奖项。

1960 年，沃森、克里克和威尔金斯由于共同揭示了 DNA 的分子结构而获得拉斯克基础医学研究奖。这个奖项被称为“美国的诺贝尔奖”，在医学界的声誉仅次于诺贝尔奖，特别是还被看作诺贝尔奖颁发的一个晴雨表（大约 50% 以上的获奖者随后获得了诺贝尔奖，当然他们三人也属于这个行列）。1962 年他们的荣誉达到了顶峰，沃森、克里克和威尔金斯由于发现了核酸的分子结构及其对生物体内信息传递的意义而获得了该年度的诺贝尔生理学或医学奖。值得一提的是那年可以说是分子生物学的盛会，更应该说是结构生物学的巨大胜利，同年获得诺贝尔化学奖的是卡文迪许实验室的肯德鲁和佩鲁茨，他们阐明了蛋白质的结构。

尽管威尔金斯获得了 1962 年诺贝尔生理学或医学奖，但随后争议也接踵而来，关于威尔金斯的贡献及个人人品成为争论的一个核心。出现争论的一个重要原因是富兰克林。许多人认为富兰克林当时如果还健在，根据诺贝尔奖的颁奖规则，威尔金斯可能就不会获得这项荣誉，取而代之的应该是富兰克林。是否真的如此呢？

首先我们来回忆一下威尔金斯在 DNA 结构阐明过程中的贡献，可以说包含两个方面。一个是直接贡献，威尔金斯首先得到比较清晰的 DNA X 射线衍射照片（A 型 DNA），从而打开了 DNA 结构研究的大门，从这个意义上说这个原始性贡献富兰克林是无法比拟的（而诺贝尔奖的一个重要原则是原初贡献），随后又获得了一系列较为清晰的照片，虽然相对富兰克林而言照片不太完美，但是他从其他一些方面，如 DNA 在真实状态下（精子头部 DNA 结构的研究）和 DNA 结构的稳定性（不同物种来源的 DNA 结构基本类似）作出了重要贡献，这些内容对于 DNA 的研究也必不可少。在沃森和克里克提出 DNA 双螺旋模型后，他们二人从其他方面来寻找证据，富兰克林也离开了 DNA 结构研究，而威尔金斯小组独自使用 X 射线衍射法来确定结构，从而最终为大多数科学家接受沃森和克里克模型提供了许多重要的实验数据。因此可以说威尔金斯获得诺贝尔奖是实至名归，不存在任何问题。有些人仅仅看到了富兰克林照片的重要性而没有看到威尔金斯开创性工作的重要性，这可以说是指责威尔金斯的一个重要原因。威尔金斯自我评论道："(我的) 研究小组对于沃森和克里克提出双螺旋模型奠定了坚实的基础。"其实诺贝尔奖评选的一个重要标准是取得突破性成就，如 2002 年诺贝尔化学奖获得者田中耕一。另一个是间接贡献，为 DNA 双螺旋结构作出贡献的另三位科学家沃森、克里克与富兰克林都与威尔金斯有着密切联系，威尔金斯的报告激发了沃森对 DNA 的研究，克里克主要通过威尔金斯了解 DNA 结构，而威尔金斯的突破促使兰德尔邀请更有经验的富兰克林加入，从而促使了 DNA 结构的阐明，这个贡献也是不可磨灭的。正如著名科普作家马特·里德利所说："是他首先获得 DNA 的 X 射线照片，是他为克里克讲授了 DNA，是他的 DNA 衍射照片激发和鼓舞了沃森，是他的建议最终使富兰克林来到伦敦国王学院，而且最后是他证明双螺旋的正确性。"这个评语准确地描述了威尔金斯的贡献。

我们再看一下诺贝尔奖委员会对三人成果的描述中对威尔金斯工作的介绍："威尔金斯利用 X 射线晶体技术研究了不同生物来源的 DNA，……威尔金斯的 X 射线晶体技术显示 DNA 这种非常长的分子链以双螺旋的形式组装。"对应颁奖词可以看出，威尔金斯的实验对 DNA 结构的发现起着至关重要的作用，沃森和克里克则在此基础上建立了模型，同时加入了碱基配对，从而揭示了遗传信息传递的模式。

六、晚年的平静生活

威尔金斯在 1962 年获得诺贝尔奖后，仍然在伦敦国王学院任职，直到去世，但他的兴趣已经不在科研而是转移到教学之中。威尔金斯在 1963—1970 年是伦敦国王学院分子生物学教授，1970—1981 年是生物物理学教授，此外在 1974—1980 年还是伦敦国王学院医学研究委员会细胞生物物理学小组主任。威尔金斯于 1981 年退休，但仍然保持伦敦国王学院生物物理学荣誉教授的职位。威尔金斯因对分子生物学的发展作出了卓越贡献，获得了众多重要荣誉，除了诺贝尔奖和拉斯克基础医学研究奖，威尔金斯还获得了格拉斯哥大学等的荣誉博士学位以及成为英国皇家学会会员。

威尔金斯除了进行教学还积极参与社会事务，表现出了一位伟大科学家的社会责任，由于参与“曼哈顿计划”并意识到核武器对人类和平的危害，他积极参与到科学家反对核武器的运动之中。威尔金斯在1969—1991年是英国科学的社会责任协会主席，并且从1984年起还担任国际食品和裁军协会主席，为社会进步作出了卓越的贡献。

威尔金斯是一位非常谦让、平易近人的人，同时又时刻保持低调不爱出风头，他的这种性格为同事和学生所喜爱。威尔金斯不喜欢炫耀自己取得的成就，他从不为获得诺贝尔奖而处处张扬，这也可能是威尔金斯知名度较低的一个原因。威尔金斯认为自己更值得自豪的是参与核削减运动，为人类的和平和进步作出自己应有的贡献。

威尔金斯还有一个幸福的家庭，这也是值得他自豪之处。威尔金斯在参与“曼哈顿计划”时有过一段不幸的婚姻，因此战争后他很长时间没有考虑自己的个人问题。直到1959年，当威尔金斯43岁的时候，才和帕特里夏·安·奇吉结婚，他们携手度过了美满的婚姻直到威尔金斯去世。威尔金斯和妻子的业余生活是搜集雕塑品和种植园艺。他们有两个孩子，女儿萨拉和儿子乔治亚。威尔金斯在人生的后40多年里可以说是热衷于山水，寄情于社会，度过了一个幸福美满的晚年。

2004年10月5日，威尔金斯在伦敦的一家医院去世，享年87岁。伦敦国王学院宣布了威尔金斯去世的消息，但没有透露他的病因。

七、对威尔金斯的重要评价和争论

威尔金斯是一位世界级的大科学家，为科学的发展作出了卓越贡献。他的一生可以说既有成功之处，即在DNA结构发现过程中作出了奠基性贡献，也有失误所在，就是他最终没有提出DNA结构。在当时的背景下，大多数X射线晶体学家（包括威尔金斯以及后来的富兰克林）在进行研究工作时，都是单凭经验。他们尽管已注意到研究蛋白质和核酸的生物学意义，但他们的主要兴趣和动力似乎仍然在分子的构型方面。威尔金斯等科学家并不想作太多的推想或想象，而是以严格、严肃、理性的态度去掌握事实，并且经过反复推敲，小心谨慎地建立起分子的一般模型。当沃森和克里克提出共同建立模型时，威尔金斯和富兰克林都没有给予太多的注意，因此后来与重大荣誉擦肩而过。无论如何威尔金斯为人类所作出的贡献会为大家所纪念，正如英国皇家学会前主席梅所说，威尔金斯的科学成就迟早会得到公众的认可。

威尔金斯的成就主要集中在DNA结构的研究方面，他一生发表论文并不多，并不是一个“多产”的科学家，但他发表的论文都是DNA结构研究方面的经典文献，至今还具有重要的现实意义。

威尔金斯除了曾经获得诺贝尔奖，还被授予其他许多荣誉，其中最为重要的是1959年当选为英国皇家学会会员。威尔金斯去世后，许多科学家都给予了他很高的评价。伦敦国王学院免疫学教授海迪认为，威尔金斯在DNA结构的阐明中发挥着绝对重要的作用。罗宾·洛弗尔－巴杰教授说，如果没有威尔金斯的X射线数据，沃森和克里克不可能准确地描绘出DNA的结构。吉查蒂则认为威尔金斯是20世纪的一个天才，他的工作特别是在DNA方面的研究将被本世纪和以后的科学家所铭记。此外许多著名的杂志如《自然》和各类报纸都发表了讣告，表达了对这位科学家的怀念。

威尔金斯之所以没有获得应有的荣誉，一个重要原因是沃森的《双螺旋》使人们了解了威尔金斯和富兰克林之间的矛盾，而这个过程是不完全真实的。威尔金斯当时认为这本书具有很大的误导性，因此请求哈佛大学出版社不要出版。由于其他原因，最终这本书被另一家出版社出版了。此外由于一些女权主义者过多强调富兰克林受到的歧视，认为威尔金斯是最大元凶，威尔金斯的形象受到很大影响。

其实把富兰克林无缘诺贝尔奖的原因归结于威尔金斯是不公正的，威尔金斯也不愿看到这个局面。在威尔金斯的自传中，他认为如果因为DNA结构的发现而颁发诺贝尔奖且仅有一个名额的话，富兰克林是最合适的人选，这说明威尔金斯并不是一个为了夺取荣誉而采取卑鄙手段的人。在1962年诺贝尔奖演讲稿中，只有他提到了富兰克林的贡献，并提出致谢“我已故的同事富兰克林，她用巨大的能力和X射线衍射方面的经验，在DNA研究之初给予了太多的帮助”。此外在2003年DNA双螺旋模型提出50周年纪念之际，威尔金斯出版了自传《双螺旋结构的第三人》，在文中对富兰克林表示了歉意。

其实关于威尔金斯与富兰克林关系恶化的许多细节现在都无法得知，但可以肯定的是两人都为DNA结构的发现作出了巨大的贡献，这一点是任何人都无法抹杀的。四位科学家中除了沃森，其他三位都已经过世，因此是是非非不应该太过追究，重要的是他们在DNA发现过程中的贡献应该得到我们的肯定。为了表示对四位科学家的贡献和对事实的尊重，仿照许多科学界的惯例，如著名的超导模型BCS理论，可以将DNA结构称为WCWF模型，W、C、W、F分别代表沃森、克里克、威尔金斯、富兰克林（取姓氏的第一个字母），这样能够更加全面地反映科学家的贡献。

DNA 是所有分子当中最重要的一种，关于它的研究也充满了神奇的色彩，出现了许多悲剧性的人物和有争论的事件。以 DNA 结构的发现为例，从富兰克林不幸早逝而无缘诺贝尔奖（另一位科学大师埃弗里也由于种种原因未获得诺贝尔奖），到鲍林未看到清晰照片而得出错误构象和夏格夫未进一步得出碱基配对原理，到富兰克林和威尔金斯不和导致最终的 DNA 研究的中心伦敦国王学院输给蛋白质研究中心卡文迪许实验室，这些都不能简单地用巧合来解释。沃森和克里克最终成为 20 世纪乃至整个生命科学发展史上最耀眼的明星，他们的光环盖过了所有为 DNA 研究作出贡献的其他科学家，但其他科学家的贡献也需要大家了解和记忆。

正所谓历史造就了英雄，DNA 本身的重要性使威尔金斯成为世界著名的科学家，他为人类进步作出的巨大贡献也必将为人类所铭记。相对于沃森和克里克，甚至富兰克林，国内系统介绍威尔金斯的文章较少。国外 2003 年出版了威尔金斯的自传，但国内还没有中译本出现。故笔者写成此文，以表达对这位科学家的尊敬与缅怀。

（作者：郭晓强）

参考资料

[1] G. E. 艾伦 . 二十世纪的生命科学［M］. 谭茜，田铭，王云松，译 . 北京：北京师范大学出版社，1985.

[2] M. H. F. Wilkins，A. R. Stokes，W. E. Seeds，et al. Tobacco Mosaic Virus Crystals and three-Dimensional Microscopic Vision［J］. Nature，1950.

[3] 王镜岩，朱圣庚，徐长法 . 生物化学（第三版）［M］. 北京：高等教育出版社，2002.

[4] M. H. F. Wilkins，R. G. Gosling，W. E. Seeds. Physical Studies of Nucleic Acid［J］. Nature，1951.

爱德华·奥斯本·威尔逊

（Edward Osborne Wilson，1929—2021）

威尔逊

分子生物学时代的博物学家

20 世纪中后期，现代综合进化论日趋完善，达尔文革命尘埃落定，分子生物学的兴起却为进化生物学的发展增添了新的变数。爱德华·奥斯本·威尔逊正是在此时登上了博物学的历史舞台，随后在机遇与挑战并存的时代中急流勇进，成为达尔文在 20 世纪最重要的学术与精神传人之一。威尔逊最为人熟知的头衔当数“社会生物学之父”与“生物多样性之父”，分别标志着他在进化生物学的理论开拓与环境保护实践两方面的最高成就。在这个实验室研究日益挤压田野研究，而同时“环保”又代替“探险”成为人类面对自然的首要任务的时代里，威尔逊既保持了传统博物学家的纯正本色，又为当代博物学注入了新的生机与活力。

一、蚂蚁“指引”的科学之路

1929 年 6 月 10 日，威尔逊出生在美国亚拉巴马州伯明翰一个退伍军人的家庭。父母两边的家族都曾在南北战争中为南军效力，曾祖父更是当时的一位英雄人物。他早年的亲属大多务农、经商或从事航运，外曾祖母与祖母曾在莫比尔市开办了当地第一所私立学校。他本人则是家族史上第一位大学生及专业人士。威尔逊的父亲是个不安定的人，经常换工作和搬家。威尔逊 8 岁那年父母离了婚。上大学之前，威尔逊在寄宿与转学的“游牧”生活中四处辗转，却也在亚热带的海滨风光中早早体会到独处自然的美妙，野外成为他的乐园与启蒙课堂。7 岁那年的夏天，他被一条上钩的小鱼刺伤了右眼瞳孔，最终将晶状体切除而导致立体视力受损，这次事件对他未来的职业规划影响很大，此后威尔逊只好扬长避短地在地面的“小天地”里研究昆虫。1939 年，他在华盛顿读小学，这里世界一流的动物园与自然史博物馆令他大开眼界。从此他立志成为昆虫学家，除了阅读博物学尤其是昆虫学方面的入门书，他还在附近的公园里模拟探险。13 岁那年，威尔逊发现了一种新型外来火蚁，后来将其写进了他最早的科学论文。1943 年夏天，威尔逊的博物学才能在当地已经小有名气，他被一期童子军团夏令营邀请担任自然课的顾问。

中学时代，威尔逊表现出对自然科学的广泛兴趣，各领域的新进展都令他兴奋。上大学之前的一年，他开始将精力集中于蚂蚁研究，为未来可能的专业学习做准备。他先是申请了范德堡大学，可惜没有成功。接下来他打算申请入伍，以此争取二战退伍兵的入学资助，但因为右眼几乎失明，没能通过体检。最终，亚拉巴马大学生物学系向他敞开了大门。大二这年，“现代综合进化论”的浪潮席卷而来，威尔逊接触到杜布赞斯基的《遗传学与物种起源》(1937)、迈尔的《系统分类学与物种起源》(1942)与辛普森的《进化的节奏和方式》(1944）等代表作，并加入到奉此为经典的“新达尔文主义”学习小组。小组成员各有所长，他们驾驶野外考察车探遍了亚拉巴马州的荒野。1949 年，威尔逊协助州环保部完成了一项评估外来火蚁影响的科研任务，借此发表了他关于蚂蚁学的处女作。这一年他升入本校的硕士班，第二年转到田纳西大学读博士，依然主攻蚂蚁研究。田纳西州在 1925 年发生过著名的判决讲授进化论有罪的“斯科普斯案”，而此时进化论在生物学的课堂上依然没有解禁（直到 1967 年)。威尔逊在代课时尝试跟学生探讨人类进化起源的观点，几乎无人响应。在两位志同道合者的支持下，1951 年 9 月，威尔逊转学来到哈佛大学。1952 年暑假，他与同学结伴作了一次环美考察，第二年入选精英组织“哈佛学会”，在丰厚的资助下，赴古巴与墨西哥开展热带科考，随后又远赴南太平洋地区。在 10 个月内，威尔逊的足迹遍及斐济、法属新喀里多尼亚、瓦努阿图群岛、澳大利亚与巴布亚新几内亚，最后经斯里兰卡取道欧洲回国。在探险途中，蚂蚁品种的多样性与蚁群的地理分布引起了他的注意。威尔逊发现，在地处偏远或历史较短的岛上，由于外来种的侵入较少，本地蚁群呈现出“生态释放”的繁荣景象。但在新几内亚岛的一般地区，蚁群的多样性极高，呈现出“一地一种”的“斑块状分布”模式。此后，威尔逊开始在系统分类学的基础上拓展自己的研究空间，渐渐在岛屿生态学与动物行为学两方面取得了突出的进展。

1. 岛屿生态学

1955 年 9 月，归来的威尔逊获得了博士学位，并举行了婚礼，随后在哈佛大学一个临时性的助理教授职位上任教。1958 年，斯坦福大学生物学系向威尔逊提供了一个副教授的终身职位，计划由他接替一位介壳虫专家开展一个大项目。斯坦福大学的教务主任与校长亲自登门拜访，诚意十足，许诺的待遇也不错。正当威尔逊夫妇准备接受聘请之时，哈佛大学决定留住这位蚂蚁专家。经过讨论与资格审查，校方开出与斯坦福大学对等的聘任条件，夫妇俩最终留下了。稳定下来的威尔逊开始全速前进，并逐渐锁定了一个理想的研究课题——生物多样性的进化起源。他发表了当年关于新几内亚岛蚂蚁“斑块状分布”的发现，意识到多样化的种群“斑块”很可能是由一个统一的大种群被外来物种入侵切割后分别趋异的产物。外来物种来自何方？答案就在前一项发现里：“生态释放”的边缘地带。由此，威尔逊提出了“类别循环”理论：没有绝对的进化中心，边缘地带的物种就是潜在的扩张者，生态平衡是一个兴衰更替的动态过程。在与生物地理学家麦克阿瑟合作的经典论文《海岛动物地理学的平衡理论》中，类别循环过程中物种多样性与区域面积之间的定量关系被确定为：$S=\mathrm{b}A\mathrm{k}$。

其中，S 为物种数量，A 为生态区面积，b 与 k 为常数。也就是说，面积越大，物种越多。1967 年，二人合著《岛屿生物地理学理论》，系统阐释了“类别循环”与物种平衡理论，开创了 20 世纪 60 年代生物地理学研究的新局面。为了获得证据支撑，1966 年秋到 1968 年春，威尔逊利用佛罗里达湾中的岛屿成功组织了一项惊人的实验：在小岛上搭建巨型帐篷，在不伤害树木的前提下，使用毒气将岛上的昆虫尽数消灭，然后观察、记录新的昆虫群落重聚小岛的过程与模式。1971 年，美国生态学会将“默瑟奖”授予完成这项实验的威尔逊与他的学生辛伯洛夫。此后辛伯洛夫沿此方向继续探索，威尔逊则将工作重心转向了社会生物学。

2. 动物行为学

达尔文在《人与动物的情感表达》(1872) 一书中开创了现代行为学研究的两条基本路线：比较心理学与动物行为学。前一条路线经罗马尼斯、巴甫洛夫等人继承发展，在 20 世纪 20 年代至 50 年代促进了行为主义心理学的繁荣。二战前夕，洛伦茨、廷伯根、弗里施（三人同获 1973 年诺贝尔生理学或医学奖）等人在后一条路线上掀起了一场革命。

1953 年，廷伯根与洛伦茨先后访问哈佛大学，洛伦茨的讲座使威尔逊意识到：以自然选择的逻辑解释生物的“固定行为模式”不仅合理，而且相当于把动物行为学从心理学家那里“还给了”博物学家——行为学“综合”进化论的时候到了。5 年后，已扎根哈佛大学的威尔逊亲自开展了一项关于蚂蚁通信行为的研究。昆虫学家曾经猜测，蚂蚁实现个体间的沟通主要不是靠光线或声波，而是靠气味。在人类的宏观尺度上，嗅觉只涉及小范围内的微弱作用，同类的化学作用一般都被限制在个体的内环境中，但对于微小的蚂蚁乃至更小的微生物而言，体外弥散的气味分子（通过浓度或波形变化）产生的信息效应应当是相当可观的。威尔逊试图探明这种外激素的产生部位及其化学成分。他先将蚂蚁解剖，再将其不同的内脏器官提取出来捣成汁液，然后分别测试哪种汁液会影响工蚁的觅食行为。实验结果表明，起作用的是杜福氏腺液。在两位化学家的帮助下，威尔逊采集到10万只蚂蚁，对这种体液进行了萃取鉴定，最终认为其中的关键性物质可能是一种金合欢烯。20年后，一支更专业的科研团队证明，这确实是一种含有多种金合欢烯的复杂混合物。10年间，威尔逊积极地推进这项研究，并尝试与掌握电脑技术的数学家联手，取得了一系列成果。此后这个领域很快被分子生物学的后起之秀占据，威尔逊自知相关专业技能不足，渐渐不再跟进。这项“微观”研究与岛屿生态学的“宏观”研究一道，成为他转向社会生物学的两大实证基础。

二、分子生物学的机遇与挑战

威尔逊生逢现代进化论发展的关键时期。1900年，孟德尔被埋没的研究成果重见天日，在以贝特森、摩尔根为代表的两代学者的努力下，现代遗传学迅速成熟起来。孟德尔式的硬遗传观念对拉马克式的软遗传观念构成了致命的威胁。1926年，新拉马克主义生物学家代表卡默勒在质疑声中举枪自尽，新拉马克主义进化论在苏联（以李森科为代表，坚持到20世纪60年代）以外的国际学界走向末路。达尔文主义最大的科学对手倒下了，原本作为新对手崛起的孟德尔主义也与它握手言和。20世纪30年代，生物统计学路线的群体遗传学家费希尔、霍尔丹与赖特证明了孟德尔遗传学与达尔文自然选择学说并不冲突。1937年，杜布赞斯基的《遗传学与物种起源》宣告二者正式综合。以遗传学与进化生物学的“小综合”为契机，现代生物学开始寻求各个领域的“大综合”。20世纪40年代到50年代，迈尔、辛普森、斯特宾斯分别代表系统分类学、古生物学、植物学投身于“现代综合”运动。1942年，朱利安·赫胥黎以《进化：现代综合》宣告了综合进化论时代的到来以及达尔文主义在生物学界的全面复兴。到了威尔逊的大学时代，这些成果已经成为教科书中的正统内容。在统一的局面下，新一代进化生物学家得以摆脱诸种备选方案（新拉马克主义、直生论、突变论）的干扰而轻装上阵。随着自然主义纲领的全面贯彻，生命科学也在全速前进。接下来，基础生物学几乎是水到渠成地深入到分子层面。在综合进化论体系中，硬遗传观念与自然选择原理原本是相辅相成的，面对分子遗传学的突破，自然选择学说既面临升级的机遇，也面临被边缘化的挑战。

1951年威尔逊初到哈佛大学之时，基因还被普遍认为是一种复杂的蛋白质。但就在1953年，沃森与克里克揭开了脱氧核糖核酸双螺旋的神秘面纱，分子生物学便以独领风骚之势迅猛发展起来。1956年，沃森来到哈佛大学，与威尔逊同时担任助理教授。1958年，威尔逊与沃森先后获得终身聘任，田野生物学与实验生物学的新一轮较量就这样开始了。

沃森代表将物理化学方法成功引入生物学研究的新一代生物学家。在他们看来，分子生物学是生物学正统的前沿，博物学当归入已完成历史使命的“古典生物学”之列。他吸引了一批追随者，甚至将“生态学”变成哈佛大学生物学系的“贬义词”。威尔逊首先想到的应对之策，是给以进化论为纲领的博物学研究一个正式的学科名称。1958年，他开设了“进化生物学”课程，翌年正式讲授，“进化生物学”这个词就从哈佛大学传播开来。面对沃森派的围困，哈佛大学生物学系的“古典派”(包括个体生物学家与群体生物学家）在1960年组成了一个“宏观生物学委员会”，团结起来共谋出路。在威尔逊的带动下，这个组织于1962年正式改名为“进化生物学委员会”。1961年，威尔逊结识了麦克阿瑟，在他的影响下，开始尝试以生物地理学－岛屿生态学研究为途径，在种群生物学领域打通综合进化论与分子遗传学之间的隔阂，以期开创一种更具包容性也更为数学化、实验化的新综合学说。1964年，威尔逊与麦克阿瑟等志同道合者结成同盟，尝试集种群生物学家、数学家、遗传学家之力打造更为成熟的种群生物学理论，以此实现进化生物学的升级。此时，威尔逊已经想到以昆虫社会作为生物种群的样本，从而以“社会性”研究来深化“群体性”研究的新路，但众人一时还找不到一种可实现突破的新核心理论。事实上，日后成为社会生物学基石的新成果已经在这一年问世了，这就是汉密尔顿的亲缘选择学说。

孕育亲缘选择学说的土壤正是洛伦茨等人掀起革命的现代动物行为学，而这也是威尔逊当时已在关注的领域。他当时面临的瓶颈在于：如何使自然选择原理的解释范围从个体行为扩展到个体间的社会行为。1965年的春天，威尔逊由波士顿乘火车前往迈阿密，途经纽黑文时，他打开了汉密尔顿的论文——《社会行为的遗传进化》(1964年分成两部分发表)。经过一路的斟酌，威尔逊终于认识到这篇论文的划时代意义。汉密尔顿以社会性昆虫的“亲缘性”为突破口，在直接的生存利益与间接的生存利益——生育利益之外，创造性地阐发了生物界的第三种利益——间接的生育利益。三种利益分别对应于（狭义的）自然选择、性选择与亲缘选择三种自然进化机制。论文中，他将达尔文学说及综合进化论中的“经典适应性”概念扩展为“内含适应性”，前者定义为个体将基因遗传给直系后代的繁殖成功率，后者则把旁系亲属同类基因的繁殖成功率也考虑进来。根据“汉密尔顿法则”，只要当一种个体行为的利益得失之比乘以相关者的亲缘系数之后仍然大于 1（$k > 1/r$），导致这种行为的基因就有可能在相关个体所在种群的基因库中增加频率，而这种行为也就有可能在自然界中被普遍观察到。汉密尔顿以此完美破解了膜翅目昆虫不育个体的利他行为之谜。

这年秋天，威尔逊到伦敦参加皇家昆虫学会的会议，借机拜会了还是研究生的汉密尔顿，两人在伦敦的街头漫步畅谈。第二天会上，威尔逊在演讲中谈到汉密尔顿的思路，并就此与昆虫学顶尖高手们展开讨论。他胸有成竹地回答着专家的提问，复杂一点的问题就交给台下的汉密尔顿本人。有了“亲缘选择”原理，威尔逊开始试着将他的岛屿生态学与动物行为学综合起来，全力创建他心目中能够与分子生物学分庭抗礼的社会生物学体系。1969 年，弗里施的再传弟子霍尔多布勒在威尔逊的经费支持下来到哈佛大学做访问学者，1972 年受聘为哈佛大学正教授，成为威尔逊在行为学研究方面的得力助手。二人于 1990 年合著出版的《蚂蚁》，荣获 1991 年度普利策一般非小说类作品奖。在与霍尔多布勒合作的几年里，威尔逊正式开始了他的社会生物学“综合”工作。

与此同时，其他几位主将也在不约而同地推进这场“新综合运动”，致力于将分子生物学最新的基因学说吸收到进化生物学中。1971 年，威尔逊的同事特里弗斯将汉密尔顿的“亲缘选择”原理改造为“互惠利他主义”原理。1973 年，约翰·梅纳德·史密斯将博弈论引入进化论。“自然选择”与“行为”之间的逻辑链条日益清晰，一个明显的事实浮现出来：个体行为必须首先为其基因负责，然后才有希望遗传再现。1966 年，威廉斯澄清了基因在进化机制中的中心地位。1976 年，道金斯又严格区分了基因与表型的不同含义，并尝试发掘一种文化行为特有的模式复制单位——模因。威尔逊对此“基因中心视角”的发展也有所贡献，但他的思想重点不在于探讨自然选择（乃至生命本身）的基本单位，而在于以基因为主线，找到一条贯穿从蚂蚁到人类的一切社会生物的行为模式的进化论逻辑链条。在威尔逊这里，“还原”是为了给“综合”做准备。

三、社会生物学三部曲

20 世纪 70 年代是现代综合进化论的盛世，随着新达尔文主义者对动物行为学与分子生物学最新成果的充分利用，自然选择学说的解释能力已经从“个体生存”扩展到“群体生育”，又从“形态（结构功能）适应”扩展到“行为适应”。各路成果纷纷在此期间融会贯通并系统化。威尔逊在其中也扮演了重要的角色，连续推出了三部精彩的新达尔文主义社会生物学著作，为他赢得了“社会生物学之父”的称号。

1946 年，斯科特已经使用“社会生物学”一词来表示一种交叉了生物学（包括生态学与生理学）与心理学、社会学的综合性研究，而威尔逊追求的是一门独立的基础学科。早在 1956 年，威尔逊就与自己的第一个研究生奥尔特曼尝试通过打通蚂蚁与猴子的行为学研究来建立一种社会生物学体系，但终因理论基础薄弱而放弃了。直到他获得了“汉密尔顿法则”，这项工作才开始出现实质性的突破。

1971 年，威尔逊在多年积淀的成果的基础上推出了他的第一部昆虫学专著——《昆虫的社会》，同时迈出了创建全新社会生物学的第一步。书中威尔逊以黄蜂、蚂蚁、蜜蜂、白蚁为代表，详细探讨了社会性昆虫的博物学特征及其社会行为的进化起源。在结尾章“对一体化社会生物学的展望”中，威尔逊提出以“相同的参数及数学理论”打通昆虫与脊椎动物研究，进而使社会生物学从种群生物学与行为生物学等学科中独立出来的设想。1975 年夏天，威尔逊的大作《社会生物学：新的综合》问世，展望成为现实。该书内容涵盖了集群微生物到灵长类的各种“群居”动物，甚至包括人类。威尔逊还在书中提出了“基因道德”的问题，早于道金斯一年。他从“遗传进化”与“行为机制”两个角度详尽阐释了社会性动物的方方面面。经过比较，他在“社会性”的进化史上找出了四种最具代表性的生物类别：集群无脊椎动物、社会性昆虫、非人类哺乳动物与人类。

问题出在最后一章上。这一章的标题为“人类：从社会生物学到社会学”。与《昆虫的社会》的结尾一样，威尔逊为下一步研究作出了预告。这一次他认为：第一，如果承认人——真核域动物界脊索门哺乳纲灵长目人科人属智人种是一种生物，那么成熟的生物学不该止步于猩猩；第二，如果承认人是一种社会生物，那么成熟的社会生物学也不该将人拒之门外；第三，如果社会科学需要以生物学作为基础，那么社会生物学理应成为生物学与社会科学之间必要的中间环节。正是这种“人类社会生物学”思路的提出，引发了一场学术与意识形态“对流”的文化风暴。威尔逊曾作过统计，在 200 部讨论人类社会生物学的学术专著中，支持与反对的比例大致为 20∶1。他据此认为，社会生物学作为学科，自 1975 年以来一直在稳步发展，而主要的反对声浪来自科学以外的道德与政治考虑。人类学家首先发难，在 1975 年 11 月的美国人类学学会年会上，有会员提议对社会生物学予以“正式谴责”并取消两场相关主题的研讨会，但最终在玛格丽特·米德的坚决反对下没有通过此项提议。接下来，左翼学者也起来了。先是大波士顿地区几位高校专家、中学教师、学生及医生等 10 余人组成了一个旨在反对社会生物学的“社会生物学研究小组”，成员包括威尔逊的系主任勒翁廷与同事古尔德，并且总部就设在他办公室的正下方。小组还与 20 世纪 60 年代兴起的全国性激进组织“科学为人民”呼应起来。1975 年 11 月 13 日，小组成员在《纽约书评》上发表了一封公开信，题为《反对“社会生物学”》，文中全力指责人类社会生物学证据不足且政治危险。威尔逊在报摊上看到这封信，得知对方的真正用意后，他回信表达了愤慨之情。恢复镇定的威尔逊准备直取人类社会生物学。1978 年，他推出了《论人性》一书，专门针对人类的社会行为——包括攻击、性、利他主义与宗教等方面展开了进化生物学的系统论述，尤其着力于遗传学方面的起源分析。在该书正式出版之前，威尔逊遭遇了著名的“泼水事件”。

这一事件是“社会生物学之争”的戏剧高潮。从公开信发表到 1976 年初，反对者最为来势汹汹。勒翁廷等专家凭借一种“超科学”的真理观（“自然法则高于自然科学”），发表著述批评社会生物学将“社会”还原为“个体”的“生物决定论”是资产阶级意识形态的复辟。其他人则通过举办讨论会或发放传单来号召人们起来抵制这种复辟。有示威者跑到校内广场上对威尔逊喊话，要求他辞职，还有人闯进进化生物学的课堂表示抗议。有三所大学甚至趁机来“挖”威尔逊到别处的“安全地带”去工作。威尔逊的学生们看出示威者的矛头真正指向的是哈佛大学的管理层，也起而帮助老师解围。“新综合”同情者一方的动作也渐渐大起来。1977 年 8 月 1 日，“社会生物学”登上了《时代》杂志的封面。1977 年 11 月 22 日，威尔逊的新学科荣获美国国家科学奖章。与此同时，反对者则在酝酿着下一个动作。1978 年 2 月 15 日，威尔逊到华盛顿参加美国科学促进会的年会。一个有暴力记录的激进组织——“国际反种族主义委员会”号召会员到场，向人类社会生物学会场的演讲者及威尔逊本人施加压力。

威尔逊来到会场，在反对者的摊位上取了一些宣传资料和一枚胸章，领了张抗议传单，但被对方认出后东西都被夺走了。轮到他发言时，主持人的话音刚落，八名男女冲上讲台，在主席台后一字排开，高举标语，一名青年抢过话筒，对着听众发表演说。会场骚动起来，威尔逊身后的一名女子提起水壶，把水从威尔逊头上浇下来，其他人跟着高喊：“威尔逊，你全湿了！”随后反对者们返回座位，有人递给威尔逊纸巾，主持人夺回话筒向他致歉，听众起立鼓掌，台上其他演讲者（包括古尔德）起身谴责了示威者，会议继续正常进行。

9月，《论人性》如期出版，并于第二年为威尔逊赢得了一项普利策奖。威尔逊没有停下脚步，他知道对手反对以生物学解释人性的一个重要把柄，在于基因决定论者往往回避了人类社会行为的关键层面——心灵与文化。社会生物学必须正视“文化”问题。这一次，威尔逊找来了一位搭档，多伦多大学年轻的理论物理学家拉姆斯登，两人决定以严谨的数理方法对人类社会的文化行为展开生物学的解析。1981年与1983年，拉姆斯登与威尔逊分别推出了《基因、心灵与文化：协同进化的过程》与《普罗米修斯之火：关于精神起源的反思》两部合著。书中认为：基因先天决定了人体在感知、记忆、情感等方面的基础差异性，使得心灵在后天对文化基因的选择上存在相应的倾向性，这种表现称为后成法则，影响着文化运行的路径；反过来，成功的文化基因选择也使得特定的后成法则受到自然选择的青睐，最终导致相应（生物）基因在遗传进化过程中的频率增加。结果是，“人性”与“文化”都体现出特定的进化倾向，而文化能力如“普罗米修斯基因”为人类盗取的“圣火”，使自由的心灵得以在基因的控制下诞生、发展。

不料这项研究受到了冷落。起初还有一些支持或反对的声音，渐渐地，生物学与社会科学两方面都很少再关注它。威尔逊自忖批评者们并未切中要害，但学术界这种冷淡的态度令他困惑。同时他也注意到，在20世纪80年代，文化进化的生物学研究还是吸引了一批学者投身其中，只不过问题同样在于应者寥寥。日本遗传学家木村资生曾告诉威尔逊：几乎没有人找他索取这方面的资料。然而威尔逊还是坚信，“协同进化”问题是自然科学与社会科学“统合”的关键所在，即使必要的科学基础尚未完备，至少研究思路与方法已经到位，属于它的时代一定会到来。

“社会生物学三部曲”以及两部后续作品堪称威尔逊的巅峰之作。在此基础上，与分子生物学平分秋色的社会生物学已然建立起来，综合进化论实现了基因学说与行为学的“新的综合”，博物学家也获得了与数理实验科学家进一步合作的新研究范式。1998年，已经退休的威尔逊推出了这项工作的收官之作——《论契合：知识的统合》。此时的他更像一位哲学家，在书中回顾了自古希腊泰勒斯时代以来人类追求“统一知识”的梦想，进而指出，拥有成熟遗传学基础的现代综合进化论，为弥合“人文”与“科学”两种文化的分裂提供了重大的思想契机。因为，生命科学发展的大方向，也正在于整合起自然的纯粹细节与社会－人文的日常世界，以“人”——物质与精神的综合体自身为枢纽，实现人类知识在系统化水平之上的融会贯通。

四、博物学家的“生命之爱”

作为新时代的博物学家，威尔逊还在生物学的科研工作之外积极投身于环境保护事业。探索生物多样性的奥秘原本是他早年科学之路的起点，转向社会生物学之后，“基因多样性”（遗传多样性）亦未脱离他的研究焦点。化身为环保先锋之后，以进化生物学为基础，威尔逊发展出一套为“多样性”沉思而呐喊的环境哲学。

1979 年，生态学家迈尔斯关于热带雨林破坏状况的报告引起了全球环保人士的关注，也唤起了威尔逊的使命感。报告称，全球热带雨林的面积正在以每年接近 1% 的速度减少，考虑到生物地理学的“面积效应”，这意味着 0.25% 规模的物种灭绝。威尔逊随即联系到致力于组织高校科研人员参与保护生物多样性的环保领袖雷文，然后与戴蒙德、迈尔斯等学界名人一道组成了一个同盟，正式与环保人士站在了一起。接下来，威尔逊加入了世界野生动植物基金会（1986 年更名为“世界自然基金会”），担任美国分部的科学顾问。1980 年，《哈佛杂志》邀请包括威尔逊在内的 7 位专家展望未来 10 年的全球性危机，威尔逊指出了基因及物种多样性消失的问题。一时间，威尔逊就生态系统破坏、物种灭绝及相关的社会经济对策频频发声。1985 年，他发表的文章《生物的多样性危机：科学的挑战》引起了多方关注。1986 年，他参加了“生物多样性国际论坛”，由他主编的会议论文集《生物多样性》于 1988 年出版并畅销，“生物多样性”一词也开始走红，进入政治与文化的公共日常语境。1992 年，他又出版了一部专著《生命的多样性》。尽管威尔逊的名字渐渐与“生物多样性”连在了一起，但他承认，这个词是由 1986 年会议的负责人罗森提出来的。真正由威尔逊打造的是另一个更深奥的概念：生命之爱（Biophilia）。

威尔逊 1984 年的著作即以此为名。Biophilia 一词与 Philosophy 相仿，后者指“爱智慧”的文化天性，前者指“爱生物”的情感本能。严格说来这一用法也不是威尔逊首创，弗洛姆于 1964 年出版的《人心：善恶天性》一书中已经用它来表示“生命的爱”。威尔逊对它的定义为“关注生命以及类似生命过程的内在倾向”。《生命之爱》这部著作相当于对基因－文化协同进化原理在环境哲学层面展开，标志着威尔逊智识工作的重心开始由“社会生物学建构”转向“生物多样性阐释”。用他的“文化社会生物学”观点来看，“生命之爱”本身就是一个文化基因，体现为人们对自身生存环境的关心与呵护，这种倾向性经过千百万年自然选择的考验，早已成为人类本性的一部分。可以说，人与自然如水乳交融，只因“生命之爱”既是成功生存的原因，又是生存成功的结果。因此，保护环境、维护生物－基因的多样性，就是在维持人类自身摇篮的稳定性。进一步“统合”地看，人类的哲学、宗教等文化形式得以世代相传，道理也是如此。

付出总有回报。1990 年 9 月，威尔逊由于在岛屿生物地理学方面的杰出贡献及其对生物多样性保护的重大意义，荣获克拉福德生物科学奖，该奖相当于生态学与进化论领域的诺贝尔奖。1990 年 11 月 26 日，世界自然基金会为他颁发了年度金质奖章。1993 年，他因对生态学的贡献获得了一项“国际生物学奖”。这一年，他还与克勒特合编了一部文集——《生命之爱假说》，其中汇集了马古利斯、罗尔斯顿三世等一线学者的前沿成果。强强联合之下，“生命之爱”的理论更加丰满，在学术界更具影响力，也日益成为环保实践者得心应手的思想武器。

1996 年，威尔逊从哈佛大学生物学系退休，此后依然保持活跃，写作、演讲、拍纪录片、创办基金会样样出色。他又接连推出了大量新作，2010 年还写了一部关于蚂蚁的小说。社会生物学与生物多样性依然是威尔逊工作的两大主题。在 1994 年出版的自传《大自然的猎人》的结尾，威尔逊满怀深情地憧憬：“若时光再次流转，我仍然会是天堂海滩上的那个小男孩，那个对‘赛弗柔安’水母着迷不已，但是只瞥到一眼水底怪兽的小男孩。”

（作者：刘利）

参考资料

［1］爱德华·威尔逊．大自然的猎人：生物学家威尔逊自传［M］．杨玉龄，译．上海：上海科学技术出版社，2006.

［2］Peter J. Bowler. Evolution：The History of an Idea［M］. Berkeley and Los Angeles：University of California Press，1983.

［3］爱德华·O. 威尔逊．昆虫的社会［M］．王一民，王子春，冯波，等译．重庆：重庆出版社，2007.

［4］爱德华·O. 威尔逊．社会生物学：新的综合［M］．毛盛贤，孙港波，刘晓君，等译．北京：北京理工大学出版社，2008.

［5］E. Fromm. The Heart of Man：Its Genius for Good and Evil［M］. New York：American Mental Health Foundation Inc.，2010.

［6］E. O. Wilson. Biophilia［M］. Cambridge：Harvard University Press，1984.

约翰·亨利·霍兰

（John Henry Holland，1929—2015）

霍兰

遗传算法之父

约翰·亨利·霍兰，1929年2月2日出生，早期学习物理与数学专业，1959年成为美国密歇根大学取得计算机科学博士学位的第一位博士。他是世界著名非传统人工智能专家和心理学家，是遗传算法的发明人，以遗传算法之父闻名于世，同时是复杂性科学研究的先驱者之一。

一、学术生涯

霍兰曾是美国密歇根大学电子工程与计算机系教授兼心理系的心理学教授，密歇根大学复杂系统研究中心成员，世界著名的复杂性系统科学研究中心美国圣菲研究所的董事会会员和科学委员会成员以及该所的客座教授，世界经济论坛成员，圣菲研究所指导委员会主席之一。

他还曾获得美国麦克阿瑟奖和美国电气电子工程师学会的计算机先驱奖等奖项。

霍兰从事适应性研究，其主要研究兴趣是复杂自适应系统（自然和人工）、基于计算机的认知过程模型和基于计算机的思想实验模型结构等，是复杂自适应系统理论的提出者。他出版了四本相关著作：《自然与人工系统中的适应》《隐秩序》《涌现》和《推理、学习与发明过程导论》。

霍兰有多方面的才华，他曾获得的一个发明专利为：《能够学习与发现的适应性计算系统》（美国专利：4，697，242；与密歇根大学“计算机逻辑小组”成员阿瑟·伯克斯合作）。霍兰在广播与电视节目方面，有作品5项；其他出版类作品有54项，大多都是关于遗传算法、人工智能与复杂自适应系统理论方面的公开发表的学术论文。

他与阿瑟·伯克斯及其同事一道创立的密歇根大学计算机和通信科学系是现在的密歇根大学电子工程与计算机系的前身。这个专业主要研究各种复杂信息处理系统，既包括自然的又包括人工的系统。霍兰曾经有过在美国新墨西哥州洛斯阿拉莫斯国家实验室做一年访问学者的经历，这使得他有机会了解数学家乌拉姆的工作和学术，对于他后来从事复杂自适应系统理论的研究有一定的启发作用。霍兰也是密歇根大学的“巴赫”学术活动小组最早的成员之一。这个学术活动小组学术兴趣是专门讨论有关复杂自适应系统的话题。这个小组最早的五位成员是阿瑟·伯克斯、罗伯特·阿克塞尔罗德、迈克尔·科恩、霍兰和卡尔·西蒙。“巴赫”是高度跨学科的学术活动小组，成员是来自计算机科学、生物学、认知科学、数学和经济学等专业的学者。“巴赫”学术活动小组自始至终坚持活动与交流，对于霍兰跨学科思想的形成、复杂自适应系统理论的创立起到了重要作用。霍兰后来参加的第二个学术活动小组是圣菲研究所的跨学科研讨活动小组，霍兰在洛斯阿拉莫斯国家实验室的“非线性会议中心”年会的一次讲演中遇见诺贝尔物理学奖获得者、加州理工学院理论物理学教授、圣菲研究所创建人与研究成员之一的盖尔－曼，自此接受盖尔－曼邀请，参加圣菲研究所学术活动小组，成为其中一员。圣菲研究所第一任所长考恩的远景计划及其细致入微的组织工作，为圣菲研究所成员提供了理想的学术交流与知识共享环境。圣菲研究所鼓励进行深入的跨学科研究，鼓励跨专业专家间的学术交流。这对于霍兰加深复杂自适应系统基础认识和拓宽适用性理论研究思路起到了决定性作用。

应复杂系统国际研究团队邀请，霍兰在 2004 年 3 月和 2005 年 7 月访问中国科学院系统科学研究所。2004 年 3 月 15—19 日，霍兰在两次讲座中深入介绍了对复杂自适应系统研究的最新成果并探讨遗传算法、分类器系统和复杂自适应系统理论。2005 年 7 月 8 日霍兰作了一场学术报告，这对中国学者研究霍兰理论产生了积极影响。

1999 年 5 月 15—18 日，鉴于霍兰教授对密歇根大学乃至世界的诸多科学贡献，学校专门为其举办表彰会议与学术研讨会。17 日下午，在密歇根大学现代语言大楼礼堂举行隆重的表彰大会。会议由密歇根大学复杂系统研究中心主任、数学与经济学系教授、公共政策学院教授卡尔·西蒙主持。密歇根大学校长、教务长代表校方作了公开发言。来自各领域的科学家代表分别从经济学、物理学、神经科学、生态学等不同专业视角发言并对霍兰的贡献作了评论。他们高度肯定了霍兰的工作，并阐述了其对各自所从事的学科的影响及霍兰科学成就的意义。就霍兰基于遗传算法的先驱性思想、适应性主体的模型、复杂自适应系统等方面，霍兰以前与现在的学生、同事、合作者和许多与他的研究工作有关系的学者都参加了会议并进行了研讨。

二、发明遗传算法

1. 霍兰遗传算法思想产生的背景

霍兰于1974年首先提出了模拟遗传进化过程的计算方法——遗传算法，发表在题为《遗传算法和试验的优化分配》的论文中。在对费希尔的著作《自然选择的遗传理论》进行批评，以及对人工智能领域中持符号观念的艾伦·纽厄尔和赫伯特·西蒙的理论进行质疑以后，霍兰从对学习、进化和适应性的考虑中提炼出了“积木”概念。他认为通过学习而改变“积木”的结构就是适应性机制。基于此，他在坚实计算机科学背景影响下，运用0和1表示的符号串作为最基本的表达方式，作为考虑问题的表示和构建方法，通过引入交换和突变两种生物学中的遗传机制作为算子，通过计算机的模拟，提炼出了表达进化、适应性、突现和公共的进化机制的遗传算法。

2. 霍兰遗传算法构成的主要思想

遗传算法是模拟生物界进化过程而提出的一种离散动力学系统。霍兰借助遗传算法解决了适应性主体内在的、有目的地选择优良“积木”（基因组合）的机制。撇开纷繁的表层现象，他把整个生物的自然演化仅仅简化为染色体的“选择”“交换（配）”“突变”等。借助该方法，适应性比较强的染色体（规则）被选中做父母可能性更大些，是实现涌现的一种机制。过去的生物进化理论对于出现的优良性状，笼统地归因于基因突变，并没有说明为什么会有优良性状的出现。而遗传算法却成功地做到了这一点，也就是说解决了生物的演化机制问题。适应性主体就是通过选择、检验和组合综合适应度高于平均数的染色体而实现进化。一般来讲，适应的生物将是成功的父母。那么，组成它们的“积木”适应度也是较高的，在遗传算法中很可能被选为父母。通过频繁迭代，生物完成了其漫长的进化，形成了纷繁复杂的世界。

3. 霍兰对遗传算法思想的发展

霍兰在《隐秩序》《涌现》中对遗传算法作了进一步发展。出于对人类心智的突现和适应性考虑，他认为早期提出的遗传算法虽然抓住了进化本质，但是过于简单，因为没有包括产生适应性的主体。1986年，霍兰又提出了刺激－反应模型理论。这一模型是并行传递消息的基于规则的主体适应系统，能应用学习算法修改其规则。霍兰为每个适应性主体引入内部模型的概念，而每个主体，他们作为“积木”，则根据自己的模型进行预测，可以通过经验而学习，而学习是赫布式的。对于由这些主体组成的分类器系统，他引入了一个类似于认知科学中的小妖模型的机制，主体之间通过拍卖竞争的机制而相互作用，通过所谓的“传递水桶算法”而对每个主体的行为给予反馈，从而产生学习行为并适应环境。在此基础上，他又一次运用了 0 和 1 串表示方法和遗传算法来扩充整个系统的学习能力，使得系统不仅有开采式的学习，还有探险式的学习。

4. 对遗传算法的基本评价

基本的遗传算法组成部分应该包括：(1) 人工适应主体的行为编码用二进制符号串表示；(2) 人工适应主体对环境适应的程度用适应值函数表示；(3) 用遗传算子表示群体的生成演化。基本的遗传算子有繁殖算子、交叉算子和变异算子。霍兰在 1975 年提出的遗传算法是模拟生物进化的智能优化算法，现在成为进化计算研究的一个重要分支。与传统优化算法相比，遗传算法的优点是：群体搜索，不需要目标函数的导数，概率转移准则。按照生物学的可进化概念，遗传算法所追求的是当前群体产生更好个体的能力，即遗传算法的可进化性与群体可进化性，遗传算法的理论与方法研究也围绕这一目标展开。例如，如何更好地模拟复杂系统的适应性过程与进化行为。霍兰及其团队很好地研究了这一问题。

从算法视角分析，与传统的启发性优化搜索算法相比，遗传算法的本质特征在于群体搜索策略和简单的遗传算子。群体搜索使遗传算法得以突破邻域搜索限制，可以实现整个解空间上的分布式信息探索。这样就使得遗传算法获得了强大的全局最优解搜索能力，成为一种具有良好普适性和可规模化的优化算法。

从应用视角分析，遗传算法的优点是应用简单的编码技术和繁殖、交叉与变异机制来表现复杂的演化现象，从而解决非常困难的问题。刺激反应系统则将问题求解和学习机制有机地结合起来，体现了“干中学”的思想。人工适应主体技术已在优化计算、大空间搜索、问题求解和机器学习等计算领域得到广泛应用，并开始在经济学研究领域得到广泛应用。如回声模型、由 SWARM 建模解释宏观经济演化模型等。

三、创立复杂自适应系统理论

1. 复杂自适应系统理论的形成背景

20 世纪 80 年代，美国新墨西哥州洛斯阿拉莫斯国家实验室的三位诺贝尔奖获得者盖尔－曼、肯尼思·阿罗、菲利普·安德森为了开展对复杂性的跨学科、跨领域研究，联合了一批不同学科的科学家，于1984年在该实验室附近的圣菲，组建了圣菲研究所。从20世纪90年代开始，圣菲研究所致力于复杂性系统科学的研究工作。传统的管理事实上就是一种控制，在控制领域，自适应控制系统的目标是：考虑如何在系统和环境及其变化规律不确定时，通过自动调整系统的结构或参数保持一种稳定状态。而圣菲研究所对自适应控制系统的研究是从另一条思路来考虑的。他们研究的中心问题是：某种新性质是如何涌现出来的，而不是有意地去保持某种已经确定的性质，这种思想促使了复杂自适应系统的研究。在圣菲研究所几位跨学科科学家对复杂性系统研究的基础上，1994年霍兰在圣菲研究所成立10周年的演讲报告中，正式提出了具有适应能力的、主动的主体，可以根据环境变化改变自己的行为规则以求生存和发展。这标志着霍兰复杂自适应系统理论正式创立。

2. 霍兰复杂自适应系统理论的基本思想内容

霍兰在1993年的一次演说中说道："许多长期困扰我们的问题——贸易不平衡、可持续发展、艾滋病、遗传病、精神卫生和计算机病毒等，都处于它们各自的复杂系统中心。""然而，尽管存在表面上的这些许多不同，这些系统却共同具有一些显著的特征，以至于我们可以按照圣菲研究所的研究方式将它们归结为单独的一类，称为复杂自适应系统。"复杂自适应系统标志着我们的一种认识，即存在着一些一般性规律，它控制着这些复杂自适应系统的行为，而这些一般性规律指明了解决那些伴随问题的方向。霍兰终生所关心的问题都是对学习、适应性及突现等概念的理解。有几件事情对他的思想影响极大：塞缪尔的跳棋程序中所包含的关于对手的内部模型和运用这个模型去预测，并通过经验而学习的思想；唐纳德·赫布关于大脑神经网络的学习和记忆的理论；赫尔曼·黑塞写的最后一本小说《玻璃球游戏》中的思想启迪。这些思想对霍兰从事复杂自适应系统的研究与思考产生了重大影响。

复杂自适应系统理论的核心思想是适应性造就复杂性。霍兰引入内部模型、涌现、"积木"等概念，使用计算机模拟、遗传算法和隐喻等方法，为复杂系统的研究提供了新思路。下面具体阐述霍兰的复杂自适应系统理论。

第一，适应性造就复杂性。复杂自适应系统理论认为，适应性是造就复杂性的根本原因之一，是主体的内部结构和行为方式与外部环境相协调、系统内部自组织和环境共同作用的结果。复杂自适应系统理论把系统的适应性主体看成具有自身目的的、能调控自己行为的"活性"主体，而这些特性和行为的主要表现就是主体的适应性和因之而产生的复杂性。复杂产生于混沌的边缘，而系统就是通过对环境的适应到达混沌边缘的。在生物学里，适应是指生物体调整自己的结构和功能以适应环境。该生物体的结构和功能是通过不断的学习和反馈而形成的。霍兰把“适应”这一术语的内涵加以扩大，涵盖了学习及其相关过程。学习和适应的过程，对不同的复杂自适应系统差异很大。在神经系统中，个体神经元发生的适应性变化的间隔从数秒到数小时，生态系统的适应性变化可能需要数年到数千年，甚至更长。但透过时间的表象看，它们的本质是相同的。复杂自适应系统理论最基本的概念是具有适应能力的活性主体，简称主体。主体则随着时间不断进化，特点是：能学习，会成长，具有积极主动性特征。

第二，引入“积木”概念。引入“积木”概念组成内部模型是复杂自适应系统理论最富有新意之处。使用“积木”组成内部模型是复杂自适应系统的一个普遍特征。每一块“积木”可以简化为控制一定性状的基因组合。霍兰说：“从古至今，唯有一个爱因斯坦……如果进化过程在每一代都‘忘记’那些最杰出的人，那么它‘记住’了什么呢？隐式并行性给出了答案。特定的个体不会再现了，但他们的‘积木’却会再现。”这就在某种程度上较好地说明了，生物在进化过程中为什么能吸取教训而调整自己的行为更好地适应环境，因为每一块“积木”都代表着适应特定环境的机制，它们的组合有最大的适应性。当然，不同生物的适应过程有不同的时间跨度，但本质是一样的。在复杂自适应系统理论中，这个过程就是“积木”的有效组合形成内部模型的过程。复杂自适应系统的演化本质就在于发现新的“积木”，进行新的组合。那些表现出较强的综合适应能力、强度比较大的规则——“积木”会频繁地使用。在复杂自适应系统理论中，“积木”有不同层次。上一层的“积木”通过特殊的组合，派生出下一层“积木”。每一个层次的作用者对更高层次的作用者来说都起着建筑砖块的作用。例如一组蛋白、液体和氨基酸会组成一个细胞，一组细胞会组成生理组织，一组生理组织会形成一个器官，器官的组合会形成一个完整的生物体，一群不同的生物体会形成一个生态环境，等等。“积木”概念生动地说明了主体能在进化过程中主动地选择组合基因，从而涌现出许多前所未有的优良性状的原因。

第三，提出具有内在主动性的内部模型。内部模型在复杂自适应系统理论中，是适应性主体的一种实现预知的机制。它能在主体遇到的大量涌入的模式中挑选模式，然后将这些模式转化成内部结构的变化，变化了的结构即内部模型。如果从复杂自适应系统的角度来看生物进化，内部模型有着十分重要的意义。有了内部模型，适应性主体能将外界环境输入的各种信息转化成内部结构的变化。“以虫为食的鸟能预感到，具有鲜艳橙褐色鳞翅的蝴蝶有苦味道。它们如何做到这一点的？所有的复杂自适应系统都存在这个问题，它把我们带到复杂自适应系统的另一个标志面前：主体能够预知某些事情。”这涉及生物体的内在主动性问题。通常，我们把这种内在主动性局限于较高级的哺乳动物，而不是把它看成所有生物体的特性。事实上，一个大肠杆菌能自觉或不自觉地游向葡萄糖浓度大的地方；一只狼的行动，是基于由地理标志和气味共同作用而形成的一幅概念上的地图而产生的行为等。这些行为都是生物体内在主动性的表现。“进化当然远远不只是随机变化和自然选择。进化同时也是实现和自组织。”进化是变异、自然选择以及生物自组织和共同演化的结果。在理论中，变异即发生变化了的内部模型，是通过自然的选择作用形成的适应性形状。复杂自适应系统都有内部模型，虽然有些不是明确表达出来的，但都能够用来预测未来，而且复杂自适应系统的最根本适应机制之一就是改善与重组自己的“积木”。

第四，建立可操作的计算机模型。计算机的最大好处在于能够进行实际系统中不能进行的复杂性行为探索，缩短系统演化的时间跨度和随时修改演化参数等。复杂自适应系统理论借助计算机技术对现实复杂自适应系统主体的各种行为特性进行模拟，建立了回声模型，试图揭示适应性造就复杂性的根本规律。目前已经有了很大的进展。混沌来自有序，是有序和复杂之间的桥梁，有序是通过混沌到达复杂的。霍兰所称的“隐秩序”就是复杂自适应系统在系统运行中通过一种内在的自发自组织过程，使适应性主体之间相互作用形成的一种离散动力学行为。由于霍兰是从微观层次——适应性主体入手的，通过它们相对简单、有序的活动，找出其规律，进而在不同层次上进行计算机模拟，试图找出适应性是怎样造就复杂性的规律。复杂自适应系统理论借助计算机技术对现实复杂自适应系统主体的各种行为特性进行模拟，揭示适应性造就复杂性的根本规律。

第五，用隐喻解释涌现性规律。霍兰认为把两种传统——欧美科学的逻辑－数学方法与中国传统的隐喻类比相结合对复杂性问题的研究也许更有帮助。霍兰受种子萌发、国际象棋等的启发，在他的《涌现》一书中得出了“简单创造复杂”的重大命题。一粒小小的种子可以长成一棵参天大树。尽管国际象棋的规则少于 12 条，但是人们经过几百年的潜心研究，到现在还不能穷尽其所有的步法。这些都向我们昭示简单（要素、规则）可以涌现出复杂。霍兰这种透过不同的事物现象的类比，能够揭示出隐藏在背后的共同规律的思想，事实上使用的就是一种“隐喻”方法。在计算机中，模型就是一种隐喻的方法。隐喻可以暗示适应性主体的行为，隐约地朝目的方向前进。通过模拟复杂系统的行为，可以靠直觉领悟出现代科学方法无法得出的规律。隐喻与中国传统的“取象比类”比较接近，是一种为了刻画不同事物共同本质属性而进行的一种便于理解的类比或比喻。隐喻在科学研究中不一定能起到论证作用，但能开发思维、激起灵感。霍兰认为把两种传统类比相结合，对复杂性问题的研究也许更有帮助。

综合上述，复杂自适应系统理论的几个显著特点是：(1) 强调主体和环境的互动作用。这一规则揭示了系统是活的、具有生长和发展前途的机制。(2) 提出从个体的演化到系统的演化——回声模型，这种宏观和微观统一的、有机的、内在的结合，是复杂自适应系统理论又一个创新点。(3) 以前讨论系统一般把元素或部分视为死对象，复杂自适应系统理论强调了智能主体具有积极主动的“活性”特征。复杂自适应系统理论在这一点上的突破，使它具有了与以前的理论根本不同的、新的分析视角与方法。(4) 复杂自适应系统理论具有可操作性，为模拟研究创造了条件。这一点通过SWARM 建模和模拟涌现机制与过程得以体现。

当然，复杂自适应系统理论也存在一些问题。诸如：逻辑自洽性不强，有太强的生物学、经济学背景，过分依赖计算机，定量和定性结合不够，一些关键概念、难点问题阐述不够等。这说明它的理论体系的完善还需要后人进一步努力。

四、提出复杂自适应系统的涌现理论

1. 涌现思想的产生及其概念的提出

涌现的概念（“整体大于其各部分之和”）非常简单，然而它在科学、商业、管理、经济及艺术等诸多领域中都具有极深寓意。在《隐秩序》《涌现》中，霍兰用深入浅出的描述向我们生动地阐明：涌现理论能够预言许多复杂行为，同时也给予我们关于生命、智慧和组织的很多启示。涌现理论将组织管理从还原论中解放出来，提倡以整体和系统的观念对待组织管理中的复杂性问题，并提出了涌现、自组织、适应性主体、刺激反应模型、受限生成过程等一系列概念，对知识型组织创新机制的研究会产生重大影响。

在《涌现》这一著作中，霍兰比较了显示涌现现象的不同系统和模型，展现了它们之间共同的规则或规律，讲述了从“蕴含着规范、能够生成像巨大的红杉和普通的雏菊那样复杂而独特结构”的微小种子到能够通过自学习在西洋跳棋游戏中让设计者一败涂地的计算机，从能够修建桥梁、跨越深沟和驾驭树叶之舟在溪流上航行的蚂蚁群到诗人充满感情的创作等涌现现象的具体表现。霍兰渊博的学识，天文、地理、诗歌、文学无所不包的内容，充分显示了他独特的跨学科分析能力和对系统独特的研究视角——涌现性。

2. 涌现的核心内容

如果仅靠偶然性变异，不可能有今天这样丰富多样的生态系统。当系统处于混沌的边缘时，适应性主体之间的差异不断扩大而产生相互干扰，必然导致涌现性的出现，但哪个主体在交互作用中最终占优势，是不确定的。复杂自适应系统中最活跃的地方是混沌边缘，它是有序和无序之间的一种相变过程，具有有界不稳定性特征。这意味着宏观上必然产生复杂系统，但具体怎样产生是不确定的。涌现进化是一种自组织，没有外在的推动力。霍兰认为“产生较大多样性的第一步是突变，它造成了条件交配所需要的环境。随后，交换和重组将会发挥更大的作用，从而充分利用突变积累而逐渐增加的、可能的组合范围”。也就是说，生物之间的变异并不完全是偶然的，是有目的“隐约地”朝着有利的方向演进，达到一定程度以后，就开始涌现出更复杂的结构。通过自然选择的作用，涌现出新质的物种将会在自然竞争中优于旧的物种，更能适应环境，这样就实现了生物由低级向高级的进化。

霍兰继续通过抽象概括深入他的这些认识，提出了复杂自适应系统的本质，包括诸如人脑、免疫系统、生态系统、细胞、蚂蚁群以及人类社会中的组织等。他认为每一个这样的系统都是由并行的相互作用的主体组成的网络。因此，对这样一个处于某种环境内的共同演化的系统来说，没有任何事情是比较一致的。诺贝尔物理学奖获得者、普林斯顿大学凝聚态物理学家、圣菲研究所组建人与成员之一的菲利普·安德森认为复杂性的研究有两个任务：一个是研究并且理解在由多个部分组成的更宏观些的层次上的涌现现象和性质；更为重要的一个是研究在不同的功能层次之间的转化过程。复杂系统的多层次的概念对于认识清楚系统本身的结构与关系，确定其不同层次的涌现功能具有重要意义。

霍兰在研究复杂自适应系统中发现以下特征：(1) 有许多生态位，正如热带森林；(2) 没有统一的最适应的或者最佳优化；(3) 连续创新，随机平衡态是相当少的和暂时的。为了理解复杂自适应系统，我们不能整个依赖于统计控制和微分方程标准。我们必须发现属于系统的“积木块”而且研究描述“积木块”相互作用的网络，例如高新技术企业中的集成技术创新问题就是以这为原理的。这些“积木块”的相互作用是典型条件，而且随之发生的事件具有高度非线性特征。基于计算机的 SWARM 模型具有揭示复杂自适应系统行为的特征。这一特征构成涌现的基本机制与原理。

3. 涌现性提供了认识科学研究的新视角

复杂自适应系统理论对宏观与微观间的联系，给出了新的认识视角。涌现是在微观主体进化的基础上，宏观系统在性能和结构上的突变。这种突变在以往的观念中是难以认识和控制的，也不是用数据统计等数学分析方法所能完全说明的。复杂自适应系统理论的涌现性为我们认识和解释经济、社会、生态、生物的许多现象提供了新视角。从目前来看，近代科学在思想方法上的主要偏颇在于受还原论的影响严重，即片面地强调分解，而在相当大的程度上忽视综合。具体地说，这种片面性主要表现为：第一，忽视了整体性，认为只要掌握了各个局部，整体自然而然地就清楚了。第二，片面强调量变而忽视了质变，甚至认为一切质变都可以归结为量的变化，在事实上否认了质变。例如，夸大数学科学与自然科学分析方法的作用。第三，否认层次之间的差别，以为目前人类已经认识的局部规律可以在任何层次上使用。例如，牛顿力学的连续概念等。第四，用静止的观点看待事物，不承认世界有真正的发展和变化。近代科学过分强调分解，学科越分越细，而且互不交流，甚至相互排斥。过分专业化使统一的人类思想陷入分裂。计算机科学的发展，使人们分析大批量信息、模拟复杂系统的能力大大提高。从一个细胞呈现出来的生命现象到股市涨落、城市交通管理、自然灾害预测乃至社会的兴衰等，复杂自适应系统都有一些共同特点：在变化无常的活动背后，呈现出某种捉摸不定的秩序，其中涌现被认为是复杂系统的最典型的特征之一。例如，人脑与电脑相比，人脑神经元并不是按逻辑线性行动的，但整体涌现出高度的智慧。这就为人的创造性智力劳动的研究与解读提供了整体思考方法。

五、对霍兰科学贡献的评价

1. 霍兰科学思想对科学研究的方法论启示

根据中国人民大学经济科学实验室陈禹教授对霍兰复杂自适应系统理论的特点及其在认识论意义上的分析研究，结合科学思想史研究视角，我们得出霍兰科学思想的方法论启示如下。

第一，以涌现为特征的新演化观。过去的系统科学理论没有或较少阐述适应性和复杂性的相互关系，在这一方面复杂自适应系统理论实现了突破。复杂自适应系统理论通过把系统元素理解为活的、具有主动适应能力的主体，引进宏观状态变化的“涌现”概念，使从简单中能够产生复杂的观念得到有力支持。客观事物以及整个世界的发展趋势是多种多样的，存在从简单到复杂的“涌现”趋势。这种新的演化观正在得到越来越多的科学发现的支持。

第二，为层次之间关系的理解提供新视角。层次是系统科学的重要概念。从某种意义上讲，系统科学是研究层次之间相互联系、相互转化规律的。所谓局部和整体、元素和系统、个体与群体，实际上就是揭示两个层次之间的关系。现代科学兴起以后，关于层次之间的过渡与转化，主要依靠的是统计等数学方法或量化分析方法。不过单靠概率、统计分析等方法还无法解释世界的演化与宏观尺度上的涌现。复杂自适应系统理论通过承认个体的主动性，为系统演化找到了内在的、基本的动因，为理解层次概念及层次之间的越界关系提供了新视角。

第三，揭示了人与组织的智力演化机制。复杂自适应系统理论研究了随机性和确定性如何有机地结合的机制与途径。一方面，体现以下随机性：(1) 环境刺激的随机性，主体事先不知道会接收到什么样的刺激信号，只是做好准备接受刺激；(2) 反应的随机性，由于反应规则不唯一，选择哪条规则作出反应有一定随机性，新规则的产生也受随机因素支配。另一方面，系统总的理论框架是十分确定的，虽然没有规定确定的演化目标，但在一定环境刺激下，它向哪个方向发展是确定的。复杂自适应系统理论尽量在演化机制的各环节上，有规律地引入随机因素。用遗传算法进行系统研究的实践表明，这种结合能够更好地描述客观现象，既有随机性，又有确定的发展方向，而且收敛速度比单纯的蒙特卡罗法快得多。这也许能对新经济时代知识型组织的知识演化机制给出更符合实际的解释与说明。

第四，对组织智力资源管理给出新理解。最早的刚性管理思想是机械的控制观，即“我指挥，你动作”。这种早期自动控制系统观指导下的理论适用于对机器等没有生命的物体的管理。第二代管理思想是：造成一定的环境（或势），使大量无规则运动的整体效果达到某个预定目标。这是基于热力学的第二代控制观。复杂自适应系统为第三代系统管理思想提供了理论基础。在这里，环境继续发挥主要作用，但不是简单地通过统计规律，而是通过影响个体行为规则起作用。柔性管理不是通过“我推你动”的方式实现，而是遵从个体自身适应和变革的规律，通过环境“引导”个体改变自己的功能和行为，以达到客观控制的目标。该理论适于对从事创造性劳动的高级知识分子的管理。

2. 对霍兰发明遗传算法与创立复杂自适应系统理论的评价

霍兰提出的复杂自适应系统理论，揭示了适应性主体组成的复杂系统是如何演化、适应、凝聚、竞争、合作和产生多样性、新颖性、复杂性的。诺贝尔物理学奖得主盖尔－曼评价霍兰的工作："在《隐秩序》一书中，霍兰为读者讲述了21世纪科学中最激动人心的部分。作为遗传算法和'回声'模型的创始人，他清晰而风趣地解释了复杂自适应系统（特别是基于计算机的复杂自适应系统）的重要性质。沿此道路，他为经济学、生态学、生物演化和思维研究都提供了非常宝贵的洞见。"1999年5月17日下午，诺贝尔经济学奖获得者、斯坦福大学经济学教授肯尼思·阿罗在霍兰表彰奖励大会上作了题为《霍兰和经济学演化》的发言。他说："经济活动主体必须形成预期，去指导他们的行动……研究表明：遗传算法对模型化的证券市场作为组成共生演化规则结构，给出了一个可信的图景。"印第安纳大学认知科学教授、普利策奖获得者侯世达在表彰会上作了题为《约翰·霍兰：人文终结之父》的发言，他强调霍兰在揭示系统演化机制上对人类从科学与人文两个方面作出了贡献。霍兰的复杂性理论具有生物学背景。索尔克生物研究所神经科学教授史蒂文斯在表彰会上作了题为《霍兰和理解生物进化理论的作用》的发言。他说："霍兰的工作为评价现代生物学中的进化理论在复杂自适应系统中的形成提供了一个清晰的框架。"

霍兰是世界著名的科学家，是复杂性科学研究的先驱者之一。霍兰的遗传算法、复杂性理论、涌现等科学思想必将成为指导人类思考并用来解决相关领域中的实际问题的方法。

（作者：金福　陈伟）

参考资料

[1] 李夏，戴汝为．系统科学与复杂性（Ⅰ）[J]．自动化学报，1998（4）．

[2] 约翰·霍兰．隐秩序：适应性造就复杂性[M]．周晓牧，韩晖，译．上海：上海科技教育出版社，2011．

[3] P. M. Milner. The Mind and Donald O. Hebb [J]. Scientific American，1993.

[4] S. A. Kauffman. The Origins of Order：Self-Organization and Selection in Evolution [M]. New York：Oxford University Press，1993：33-38.

[5] 约翰·霍兰．涌现：从混沌到有序[M]．陈禹，等译．上海：上海科学技术出版社，2001．

克里斯蒂亚娜・尼斯莱因-福尔哈德

（Christiane Nüsslein-Volhard，1942—　）

尼斯莱因－福尔哈德
发育遗传学家

尼斯莱因－福尔哈德是德国有史以来第一位获诺贝尔奖的女科学家。她曾先后在法兰克福大学和图宾根大学攻读生物学、物理学和化学。从1979年至1980年，她与美国遗传学家维绍斯一起，用经典遗传学的方法，在显微镜下观察果蝇胚胎发育期间的突变性状，并找出与此相关的基因，从而开创了发育遗传学的新纪元。正如诺贝尔委员会发布的获奖公告中所指出的："这些基因在确定躯体设计和体节的形成过程中起到关键的作用。"在继果蝇研究之后，尼斯莱因－福尔哈德又对一种脊椎动物——斑马鱼进行发育遗传学的研究，在这个新的领域，她同样做出了重要的发现。

由此可见，尼斯莱因－福尔哈德醉心于发育学研究。这是因为她对复杂性的形成机制有着强烈的好奇，而正是在发育现象中，她看到了"复杂源于简单"这一命题的深刻含义。所以，她的工作不仅揭示了与发育有关的关键基因的存在，正如欧洲分子生物学实验室在她获得诺贝尔奖后，在其网页上指出的那样，她的工作是"发育遗传学上的历史性转折点""发育遗传学上的一次革命"，而且增进了我们对复杂性的理解，我们对世界的认识也由此变得更加丰富多彩。

一、成长的足迹

尼斯莱因－福尔哈德于1942年10月20日出生于德国马格德堡，那时二战的烽火正浓。父亲罗尔夫·福尔哈德是一个建筑师。祖父是医学教授，擅长诊治心脏和肾脏疾病。外祖母是一个画家，她的作品具有印象派风格，有着极高的欣赏价值。然而为了操持家务，她最终放弃了自己心爱的专业。但是尼斯莱因－福尔哈德从小就由衷地敬佩外祖母，因为她是一位出色的女性，她那强烈的个性和才能深深地吸引和影响了童年时期的尼斯莱因－福尔哈德。尼斯莱因－福尔哈德的父母都来自多子女的家庭，故而她的堂、表兄妹有33个之多！尼斯莱因－福尔哈德是父母孕育的5个孩子中的第二个。

童年的尼斯莱因－福尔哈德生活在法兰克福南部的一个平原，他们家有一个相当大的院子，靠近森林。由于当时正处于战争后期，物资极为匮乏，孩子所需的书和玩具尤为奇缺。但是，战争的艰难显然未对尼斯莱因－福尔哈德的童年投下阴影，这要归功于她父母的良好教养。他们从不约束孩子，所以，孩子有充分的自由做自己感兴趣的事情。父亲还总是乐于参与这些充满童稚的游戏，并与孩子共同分享其中的乐趣。尼斯莱因－福尔哈德与父亲一同讨论数学，还讨论歌德的论文，这也许是她最早的智力启蒙。尼斯莱因－福尔哈德后来承认，歌德是她最敬仰的生物学家，另一位则是达尔文。

尼斯莱因－福尔哈德的父母都富有音乐和美术修养。这使得孩子从小就有机会深受艺术的熏陶，并从中获得愉悦。尼斯莱因－福尔哈德学会了吹长笛，虽很努力，但水平总不及其他姐妹。在这个大家庭中，唯有尼斯莱因－福尔哈德投身于科学研究事业，其他人则成为建筑师、音乐家、艺术教师等。对此，尼斯莱因－福尔哈德谦逊地表示，也许是因为她的家人有耐心听她讲述她在科学方面的见解，从而鼓励了她对科学的兴趣。但是，尼斯莱因－福尔哈德毫不犹豫地将音乐视为她的第二选择，假如她不从事科学的话。

尼斯莱因－福尔哈德的祖父母深居于一座小山之中，尼斯莱因－福尔哈德的假期全在那儿度过。正是在那里，尼斯莱因－福尔哈德饲养各种动物，帮助大人收割庄稼。与自然的亲近，使她从小就迷上了动植物。她在 12 岁时，就立下了一个心愿，长大要成为一个生物学家。

在中学期间，尼斯莱因－福尔哈德的成绩毫不起眼，这是因为她常懒于做各种作业。后来她有幸看到老师的评语。评语颇能反映她的性格：这是一个知识面极为广泛的学生，但没有耐心做自己不感兴趣的事情。相反，对于感兴趣的领域，她的掌握程度超过正常教学水平。……她智力出众，有敏锐的判断力及独立的研究能力。

中学的生物学课程再次激发了尼斯莱因－福尔哈德对该门学科的兴趣。在课堂上，老师介绍了许多现代生物学的话题，如遗传学、进化论、动物行为学等。受这一教学方式的启发，尼斯莱因－福尔哈德甚至试图提出一种新的进化理论。这当然仅是少年时代的一种不切实际的幻想，但同时也反映了尼斯莱因－福尔哈德敢于闯入新领域的勇气。正是这种勇气，成为她日后科学研究的不懈动力。

1962 年，中学毕业的尼斯莱因－福尔哈德如愿以偿进入法兰克福大学学习生物学。但是在尼斯莱因－福尔哈德看来，大学所开设的课程极为乏味，缺乏新意。不久她开始听物理学的课程，还旁听数学和理论动力学，这些课程吸引了尼斯莱因－福尔哈德达一年之久，但后来她发现它们实在太难了。通过学习化学，尼斯莱因－福尔哈德才想起她的真正兴趣应是生物学。当时，德国图宾根大学的生物化学堪称一流，于是在 1964 年，她只身来到图宾根。

这是一个非常可爱的古老的小城镇。这里没有现代化的设施，但充满了浪漫情调。然而，尼斯莱因－福尔哈德还是不喜欢这儿的生物化学课程的风格，认为它更接近有机化学而不是生物学。但是，这里的教学毕竟为尼斯莱因－福尔哈德对基础学科的掌握提供了一个坚实的基础。例如，物理化学和立体化学的课程就深受尼斯莱因－福尔哈德的喜爱。最后一年，学校开设了微生物学和遗传学两门新课程，尼斯莱因－福尔哈德立刻被它们吸引。她热心地参加了各类与此有关的学术研讨会，讨论会上的题目在当时看来处于前沿研究领域，如有关蛋白质合成和 DNA 复制等。这些精彩的内容迷住了年轻大学生的心，虽说她还谈不上全部理解这些内容。

1969 年，尼斯莱因－福尔哈德成为沙勒的第一位研究生。沙勒是一个化学家，在图宾根的普朗克研究院工作。他教尼斯莱因－福尔哈德用定量的观点思考问题，尼斯莱因－福尔哈德从中受到了真正的实验训练。最初她的研究题目是“通过 RNA - DNA 杂交技术来比较某些噬菌体中的 DNA 顺序”，后来因提纯技术不过关而放弃了。最后，尼斯莱因－福尔哈德与另一位研究生合作，发展了一种新方法，可以从噬菌体中大规模提纯 RNA 聚合酶。

由此可见，尼斯莱因－福尔哈德最初接受的是标准的分子生物学训练。但耐人寻味的是，后来她厌烦了这些课题，因为这些实验全都涉及 DNA 测序，而当时重组 DNA 技术还处于酝酿之中，对于它的前景，她采取观望态度，她不想更多地涉足这一尚不成熟的领域。

不过普朗克研究院毕竟是一个充满活力的地方。当时有两位理论家吉勒和迈因哈特，他们提出一种梯度模型，以解释有序、极性是如何从混沌、均匀中自发建立机制的。尼斯莱因－福尔哈德对这样的模型简直着了迷，虽说她当时还远远无法理解这个模型的深刻含义。她感兴趣的是“模式形成”问题，这与复杂如何从简单中诞生有关。而胚胎发育面对的恰恰是这一问题。于是，尼斯莱因－福尔哈德开始大量阅读有关发育生物学方面的参考书。

另外一个强烈的影响来自分子遗传学。弗里彻正在研究大肠杆菌中的 DNA 复制。

他对影响复制的突变作了筛选，用的是相当精确的方法，工作富有效率。他的工作使尼斯莱因－福尔哈德确信，遗传学的力量在于分析复杂的过程。于是，她想寻找一种合适的有机体来作发育研究，这样尼斯莱因－福尔哈德就站在了发育生物学的门槛前，她与果蝇遗传学不期而遇。

二、从果蝇到斑马鱼

“熊在冬天交配。几个月后，母熊隐退到洞穴中去产仔，产出三或四个幼仔。在出生时，这些幼仔是不成形的肉团，只发育出了爪，母熊把它们舔成了熊的形状。”

这一近乎传奇般的说法是古罗马博物学家老普林尼（23—79）的猜测，它反映了人们对发育现象的困惑以及对这一问题的探究。确实，所有的生命最初都来自一个单细胞，然而它们的成体迥然相异。是什么因素主宰着这一神秘之链的开启或关闭？这就是发育之谜。

发育现象肯定也受遗传基因的控制。由此看来，基因主要担负两大功能：一是决定某一具体性状的表达，比如开红花还是开白花；二是在合适的时间、合适的地点启动或关闭基因的表达。前者是经典遗传学，后者是发育遗传学。

如果说，经典遗传学的发展已大大加深了对基因第一种功能的认识，那么，面对基因自身的调节机制，发育遗传学却仍是一筹莫展。胚胎学已经揭示，刚受精的卵是一个球形。它迅速分裂成 2 个、4 个、8 个，直到 16 个细胞时期，胚胎还是对称的，其中所有的细胞都是相同的。后来，细胞开始分化，胚胎变得不对称，具有头尾之分和背腹之别，再后形成体节，每个体节还会经历不同的发育，这取决于它们沿着头尾轴所处的位置。从遗传学的角度来看，究竟是什么基因控制了这些事件的发生？它们有多少？它们是相互协作的还是彼此独立的？等等。显然这还是一片有待开垦的土地。

不过前人已有若干足迹留在这片充满魅力的土地上，这就是双腹突变的发现。正常的果蝇胚胎是一个长形卵，不久它们沿着一条轴划分为明确的节段。胚胎的一端分化为头部，另一端形成腹部。可是在双腹突变中，胚胎两端都分化成腹部。此外还有一种突变，它会造成果蝇生出两对翅膀，即在本该长有平衡棒的地方，竟也长出了翅膀，这就是“同源异形”突变。它最初由摩尔根和他的学生布里奇斯于 1919 年发现，但美国遗传学家 E. B. 刘易斯对这一现象做了深入细致的工作，1995

年他与尼斯莱因－福尔哈德、维绍斯一起分享了该年度诺贝尔奖。这些现象都深深地吸引了尼斯莱因－福尔哈德。她想知道在这些突变的背后究竟蕴藏着什么样的机制，它又是如何控制发育过程的正常进行的。在 1973 年的一次会议上，尼斯莱因－福尔哈德遇见了格林，她鼓足勇气向他询问有关双腹突变的问题，并要求到他在巴塞尔的实验室工作。1975 年，尼斯莱因－福尔哈德如愿以偿来到巴塞尔。正是在巴塞尔，她与美国遗传学家维绍斯相遇。当时尼斯莱因－福尔哈德已获得博士学位，正在学习果蝇发育遗传学并将它作为博士后研究课题；维绍斯则刚好完成他的博士论文（在格林的指导下）并准备前往苏黎世从事博士后工作。两人都同样对发育问题着迷，后来他们在欧洲分子生物学实验室找到了工作（1978—1980）。在这之前，尼斯莱因－福尔哈德曾向欧洲分子生物学实验室提出过申请，但未获批准，因为欧洲分子生物学实验室认为她缺乏独自建立一个果蝇实验室的能力。也许是由于维绍斯在遗传学方面更富有资历，他们的共同申请获得了成功。这使得尼斯莱因－福尔哈德一开始就存在一种必须依赖维绍斯的感觉，对于一个富有才华且有个性的研究人员来说，这种感觉当然不妙。但随着工作的展开，他们的合作逐渐走上正轨，他们的事业终于成为一个不可分离的整体。甚至在维绍斯离开巴塞尔前往苏黎世，尼斯莱因－福尔哈德前往弗赖堡从事第二份博士后工作时，他们在学术上仍保持密切联系。

值得指出的是，在这一成功合作的背后，欧洲分子生物学实验室也起到了重要的作用。欧洲分子生物学实验室的管理思想就是尽可能多地吸引有才华的研究人员，给他们充分的自由，并高度尊重独创性的研究。故此，两人有一个小小的实验空间，他们没有教学责任，也没有论文写作任务，更无须受教授指导。正是在这一宽松的环境中，他们成为朋友。两人都有强烈的个性和专业才能，这也许很容易使他们走上独立研究的道路，但最终他们还是凭着兴趣走到了一起。

尼斯莱因－福尔哈德和维绍斯最早的兴趣是有关胚胎的广泛的形态学问题，然而受双腹突变的影响，他们很想研究在卵子形成中发育的形式是怎么受母体效应基因影响的。因为当时已经知道影响胚胎头腹分化的因素存在于卵母细胞质中，而卵母细胞质的不同浓度又是由其上代基因所决定，所以，这就是一种母体效应基因突变。他们猜测分节可能也需要受合子活性基因的表达。于是，他们共同提出了一系列关键性的问题：胚胎模式、节段的数目和特定类型是如何被决定的？它们如何随着时间而分化？母体效应基因与合子基因各自在发育中提供了怎样的关键信息？更为重要的是，是否有可能通过研究突变来确定这些基因的存在？

科学史的关键性突破往往取决于概念框架的更新而不是经验事实的积累。在今天，胚胎的早期分节与成体中结构的关系似乎已成定论。然而在当时，几乎无人相信在这条道上探索也能有所收获。由于分子生物学的思想和方法已经成为热点，尼斯莱因－福尔哈德周围的人大多热衷于DNA研究，去克隆一些有趣的基因。说到研究胚胎突变问题，他们认为无非是搜集卵和观察描述胚胎发育过程，这是多么乏味陈旧的工作。更由于实验手段尚不成熟，在活的胚胎中难以看到关键结构的形成，如节段和极性等。砍柴须先磨刀，因为相应的方法还未就绪，一些人不愿问津这个领域。

然而，尼斯莱因－福尔哈德和维绍斯以初生牛犊不怕虎之勇气，闯入了一个荆棘丛生又魅力无穷的新领域——发育遗传学。他们有一个坚定的信念，那就是可以通过研究突变胚胎来理解果蝇发育。

在经典遗传学中，突变是探明某一基因存在的关键线索。对基因功能的证实只能从突变的表型中推断出来。比如正是通过对白化病症状的分析，我们才有可能知道存在着一种控制色素合成的基因，而它的突变又导致白化病产生。由此可见，整个基因组的信息就好比是一个黑箱，对其结构功能的探索，只能通过它的外在表现突变才能获知。

然而，突变的自发产生是一个低概率的事件，这也可以想象，如果自然界中存在着频繁的基因突变，那么也就不会有今天如此稳定的生物种类，更何况大量的突变对生物体本身是有害的。所以，要通过突变作为探针来获知正常基因的功能，只能以各种人为手段来提高突变概率，这就是X射线或化学诱变剂的应用。实验的第一步就从这里开始，他们以化学诱变剂处理雌果蝇，观察其后代发生的基因突变，由此寻找正常基因的功能。

由于受双腹突变的诱惑，尼斯莱因－福尔哈德和维绍斯一开始企图确定在卵子形成中发育的形式是如何被母体效应基因决定的。但不久他们就意识到，研究母体效应基因的工作量实在太大，因为那意味着对基因的跟踪筛选要涉及三代以上。于是，他们很快调整了策略，决定从对合子的突变研究开始，这样工作相对容易展开。不过整个发育过程究竟涉及多少基因，当时还无人知晓。一般的猜测认为数量一定可观，这就足以使不少人望而生畏了。

他们的筛选逻辑是简单的。影响胚胎形式和节段数目的基因突变常会导致胚胎死亡，这就有可能通过对死亡胚胎的观察来寻找突变所造成的效应，并推断出正常基因的功能。因为胚胎发育是一个有序的整体过程，其中的每一个环节都前后呼应，故此应当找出所有负责胚胎形成的基因，而不是满足于研究一个或两个突变，这就是饱和筛选法，也就是说他们着眼于胚胎发育过程为一级联的复杂反应。因此要了解这一过程，必须预先把有关基因全部找齐。若是没有这样的思路，他们的工作就不可能如此富有成效。正如我们现在所知道的，他们通过饱和突变法所确定的基因，证明在胚胎的逐步发育中是协调工作的，并支持着果蝇的全部发育。然而这意味着他们所作的筛选将涉及数千个突变基因，其中的每一个都会导致果蝇在生命周期的某一个环节死亡，然后就是搜寻死亡胚胎的卵并寻找分节缺失。为此，他们还设计出一种新的方法，使胚胎变得透明，这样就很容易鉴定它们的发育形式。

从 1979 年的秋天到 1980 年的夏天，尼斯莱因 - 福尔哈德和维绍斯建立了近 2700 个自交系，其中有 4332 个引起胚胎致死的突变，580 个引起胚胎表型的突变，在 5000 多个涉及的基因中，有 139 个起决定性作用。一年中，两人（在实验后期又有一个博士后加入到他们的研究中）相对而坐，日复一日，在显微镜下仔细观察了数千个死亡的果蝇胚胎。他们用的是一种特殊的双式显微镜，它可以让两个人同时观察同一个胚胎。因为他们的目标是要找到每一个与发育有关的基因，故涉及的数目极为巨大。重要的是，还要仔细描述异常胚胎的表型，给出线索，说明发育中的哪一步是错误的。正如尼斯莱因 - 福尔哈德后来所回忆的："它是极为困难的，但又非常激动人心。它还充满乐趣，因为许多有趣的发现源源不断。"

这种烦琐、枯燥的观察工作有时也会被富有挑战性的讨论打断。他们经常争论某种突变胚胎是由哪种新的突变所造就，或一个基因如何具有相关功能。靠近欧洲分子生物学实验室的一家农家餐馆也成了他们经常讨论的场所，因为他们经常在那里用餐。他们总共对 2 万多只突变果蝇进行了研究，其中包含了近 4 万个突变性状，在筛选了果蝇近一半的基因之后，从中鉴定出 15 种不同的影响分节的基因，另外再加上 50 个左右影响发育程式其他方面的基因，正是它们控制着果蝇胚胎的早期发育。这些基因的突变会引起发育的种种畸变，导致节段数目的减少或重复，产生有缺陷的节段等。有意思的是，当笔者询问尼斯莱因 - 福尔哈德是如何想出饱和筛选法时，她谦虚地回答：早在 20 世纪 40 年代比德尔和塔特姆在真菌中，后来的莫诺在细菌中，已用到了这种方法。

实验结果使他们相信，胚胎发育源于一个简单的开端。尤为重要的是，结合仔细的观察和天才的推论，他们得出结论：控制体节发育的基因有三类，它们是间隙基因、成对基因和体节极性基因，它们负责体节的形成及精细划分。其中间隙基因先将胚胎沿着头尾纵轴分成若干体节，该基因的突变会造成整组相邻节段的消失。然后是成对基因将每个体节再一分为二，这一基因的突变会引起每两体节中有一节段被损坏，因而这种突变体胚胎的节段数只有正常时的一半。最后，体节极性基因决定每一节段的发育模式，体节极性基因的突变不会影响体节的总体数目，但会造成节段原型构造异常，每一节段上都有部分缺失和镜像重复。

由这三类基因所控制的胚胎早期发育，是一个环环相扣、前后呼应的过程。首先，间隙基因的激活及其表达模式受母体提供的转录因子控制，那正是母体效应基因的产物；其次，成对基因所控制的模式有 7 条带，每一条都受间隙基因产物的激活；最后，成对基因的转录产物又控制了体节极性基因的激活。这就像一个多米诺骨牌被推倒的情景。若以绘画来作比方，间隙基因就是先在一张白纸上描出大致轮廓，在此基础上，成对基因负责画出草图，体节极性基因则绘出各种细节。发育就是这样一个从无到有、从粗到细的动态过程。

这一研究成果发表在 1980 年英国的《自然》杂志上，发表后立刻受到普遍关注。1980 年 10 月 30 日发行的《自然》杂志的封面就是这三类基因相应的胚胎图谱。

尼斯莱因－福尔哈德和维绍斯的工作首次证实，发育所涉及的基因能被分成若干不同的功能区域。这是一个良好的开端，它激励了其他科学家在其他物种中寻找相似的发育基因。随之就表明相似或相同的基因也存在于高等生物乃至人类当中，并且证明它们也控制胚胎发育过程中体节的形成。

然而，果蝇作为一种昆虫有相当特殊的性质，它在许多方面与脊椎动物不同，以至于人们有理由提出怀疑，由果蝇得到的结论能应用于脊椎动物吗？这就是经典方法的局限性，由它所得出的结论往往具有物种的局限性。

所幸的是，DNA 重组技术以及基因克隆手段的出现，允许对不同动物中 DNA 或蛋白质的次序进行比较。由此得到两个重要结果：可把基因控制的产物或转录因子、蛋白激酶、信号分子等与其他动物作比较；在许多情况中，果蝇和脊椎动物蛋白质的相似性不仅仅在它们的生化特性上，还扩散到发育过程中具有真正的同源功能上。

从中得出的结论是惊人的：身体结构的基本特征，例如沿着前后轴的分化和原肠胚的极性，在不同动物中具有很大的保守性。这种保守性表明，存在着一个共同的、基本的身体结构模式，它起源于两侧对称的动物的祖先，可见调节机制有多么古老，它在进化上竟纵跨6亿年之久。

不久以后，分子生物学的克隆技术使得在分子层次上对突变基因的功能作出鉴定成为可能。许多基因的产物是转录因子，于是就解释了它们如何控制随后的发育事件，这种控制过程与信号散布、接收或解释有关，借此细胞才能彼此协调。大约已有150个与发育有关的调节基因得到鉴定。

由于尼斯莱因－福尔哈德、维绍斯以及另一位诺贝尔奖得主E. B. 刘易斯的工作，我们对由基因控制的发育过程已有初步的了解。生物体的发育都是从一个简单的模式演变而来。在这一过程中，间隙基因、成对基因、体节极性基因负责将胚胎体划分出不同的节段。在此基础上，进一步的发育受E. B. 刘易斯所发现的同源异型基因的控制。

据此，E. B. 刘易斯认为，果蝇的发育在其早期阶段出现过像千足虫那样呈直线排列的体节现象，这一体节本来只具有原始的功能。后来由于基因的突变，某一个体节产生了额外的构造，若这一构造对生存有利，它将在自然选择过程中得到保存，这就是生物体各种复杂器官的来源。但是万变不离其宗，复杂的构造原本起始于一个个相似的体节，这就是生物体中同源器官的存在以及各种外形迥异的生物体都具有共同模式的根本原因。如陆生脊椎动物全都拥有五趾型附肢，五趾肢为适应不同的环境条件会变成鸟类的翼、牛马的蹄等。此外，人的肌肉系统也由各个原始体节演化而来，这种原始分节现象的痕迹尚存于腹肌之中，从健美运动员的身上可以有所体现。

根据这一理论，我们就可解释果蝇为什么会长出两对翅膀，那是由于某种原因，该产生平衡棒的基因其功能被抑制了，于是，在起源上更为古老的翅膀基因就开始活动，从而在本不该生出翅膀的地方长出了翅膀，也许人类中的所谓“返祖遗传”现象可由此得到解释。控制基因的功能得以正确表达的机制就是同源异型基因的存在。它的突变会导致生物体的器官长错位置。

但是，E. B. 刘易斯的工作只是对节段结构上的异常作了探讨，并未解释最初的分节是如何启动的，他对自己30年来在经典遗传学上关于节段结构异常——同源异型基因的研究于1978年作了较详细的总结。无疑他的工作启发了尼斯莱因－福尔哈德和维绍斯的研究。有趣的是，分子生物学家通过DNA克隆技术分离出E. B. 刘易斯研究的影响节段结构的基因——同源异型基因和尼斯莱因－福尔哈德等研究的节段基因，发现这些基因中有一段180对核苷酸的序列具有很大的保守性。故分子生物学家把主类基因统称为同源异型基因（Hox基因）。从果蝇到人，它们的相似性达50%以上，甚至还有达到 70% 以上的。

对同源异型基因的探索，现已成为发育生物学的一个热点，英国的《自然》杂志称同源异型基因相当于生物学上的罗塞达碑（在 1799 年发现的古埃及石碑，为译解古埃及象形文字提供了钥匙），认为它犹如一把万能钥匙，揭示了生物在体制构造上的原始计划。在此基础上，科学家甚至满怀自信地声称，人类可以学会设计自身，只要完全破译这把钥匙的奥秘。

虽说是果蝇将尼斯莱因 – 福尔哈德引入了发育遗传学的大门，但是在成功面前，尼斯莱因 – 福尔哈德想得更深。毫无疑问，脊椎动物在进化上处于更高的层次，它具有的许多新的特性在果蝇身上是无法得到体现的。若要揭示高等脊椎动物乃至人的发育机制的话，必须直接面对脊椎动物。

如前所述，尼斯莱因 – 福尔哈德和维绍斯在果蝇发育遗传学中首创的饱和筛选法，曾是他们走向成功的关键。但是，若要将饱和筛选法应用于脊椎动物的发育研究，则面临许多困难。例如老鼠虽已被大量应用于遗传学研究，但老鼠的胚胎因深藏于子宫内而难以观察。又如非洲爪蟾虽易于胚胎学研究，但因成长缓慢而不适合于遗传学研究。因此，要利用饱和筛选法去研究脊椎动物的发育遗传学，必须寻找一种既适合胚胎学又适合遗传学的动物。斑马鱼即这样一种理想的实验对象。

斑马鱼起源于印度，为小型热带鱼类，成体长 3—4 厘米，孵出后约 3 个月可达性成熟。成熟的雌鱼每隔一周可产几百粒卵子，卵子体外受精、体外发育。其最大特点在于胚体完全透明，便于观察胚胎发育的全过程，并追踪个体细胞的分裂和迁移活动。

斑马鱼最初用于遗传学研究。它那优良的特性很快受到发育遗传学家的青睐。当时正在考虑对脊椎动物进一步研究的尼斯莱因 – 福尔哈德，自然也把目光转向了斑马鱼。由于她的加盟，对斑马鱼的研究又进入到了一个新的层次。

斑马鱼共有 25 对染色体，若用饱和筛选法，尼斯莱因 – 福尔哈德估计需要筛选 100 万个以上的斑马鱼胚胎才能达到和果蝇一样成功的结果。这样当她在 1987 年开始研究斑马鱼时，她首先必须解决的就是如何在实验室中饲养数百万只斑马鱼，这并不是一个比实验本身更容易解决的问题。所幸的是，他们花了 5 年的时间，终于取得了成功。

在实验过程中，尼斯莱因 – 福尔哈德和她的实验助手一起，在观察了 120 万个胚胎之后，筛选出了 1300 个具有明显异常表型的突变体。其中有些是在原肠胚形成时细胞的移动出了问题，有些表现出异常的体型，大多数缺陷则在发育后期出现，有的仅仅为一种结构（如脊索、脑或颌弓等）缺陷，有的缺陷则影响组织分化。这些研究为从分子水平进一步克隆相关的基因提供了前提。

与果蝇相比，斑马鱼表现出了不同的特点。受精卵在卵裂之后形成一个三维体，从而不同于果蝇的二维体；没有发现与间隙基因和成对基因相对应的突变模式，这也许意味着果蝇在体节模式的形成上具有特殊之处，也可能表明在鱼类中有这类基因的重复基因存在。此外，在鱼类中有大量的基因影响中枢神经系统和感觉器官的结构和功能，这在果蝇中较为罕见，表明脊椎动物的神经系统显然已大大进化。至 1996 年为止，尼斯莱因 - 福尔哈德及另一个小组在斑马鱼中确认了几千个新的突变，这些突变涉及几百个基因，它们可导致广泛的发育缺陷。另据 1997 年《科学》报道，美国国立卫生研究院正在研究是否应该进行斑马鱼基因组计划。

三、成功的启示

在分子生物学的时代，尼斯莱因 - 福尔哈德的成功代表的却是另外一种经典研究的传统，这似乎有些意外，却又在情理之中。她的成功本身就给予我们不少启示。

1. 发育与遗传的联盟

发育与遗传的关系是一个渊远流长的话题。生命从最初的孕育到成为一个完整的个体，其中就包含了遗传与发育两个方面的内容。因此，一个完整的假说不仅要说明遗传机制，还要兼顾发育现象，这就是孟德尔之前的生物学家所达成的共识。但是，当遗传与发育的机制本身尚处于迷雾之中时，两者的纠缠不清只能导致雾里看花的效果。所以，此路注定不通。

另辟捷径的是孟德尔。在著名的豌豆试验中，孟德尔倾全力研究遗传因子即基因在生物体中代代相传的规律，这就是分离定律和自由组合定律的诞生。他撇开了基因在胚胎中的活动规律，即器官分化的问题。所以，他是第一位现代意义上的遗传学家。也许这正是他遭同时代人忽视的真正原因。因为当时的人们无法想象遗传与发育怎能像“井水不犯河水”似的独立进行研究。

不过 1900 年之后，形势发生了急剧转变，孟德尔遗传学受到普遍欢迎，但由此也带来了一种思维定式，这就是遗传学家与胚胎学家各自画地为牢，双方都无暇顾及对方的研究。其实就遗传物质与性状表现的关系来看，研究基因在染色体上的定位以及基因所表达出来的性状，是一个过程的两端，是遗传学研究的对象；而研究性状是如何得到表现的，是一个过程的中间阶段，是发育学研究的对象。在遗传学与胚胎学都获得长足的进步之后，遗传学与发育学的联盟就迫在眉睫了。

经典遗传学的思路在于将特定的基因与特定的性状联系在一起，如摩尔根在果蝇中找到残翅基因、红眼基因等。现在遗传学与发育学的结合就在于将特定的基因与某一个特定的发育步骤联系起来，以阐述基因是如何调节发育过程的。而在这之前，尽管有不少学者从事发育遗传研究，但那不是严格意义上的发育遗传学，因为他们都未能将发育中的特定事件与特定基因联系起来。

尼斯莱因－福尔哈德与维绍斯研究的是胚胎发育中决定分节数目的基因，这些基因可分为三类，如前所述。这是对发育初级阶段的关键描述。通过这些工作，基因与发育步骤之间的对应关系得以真正确立，发育与遗传的研究重新结合。

说到这里，有一个问题值得我们深思。尼斯莱因－福尔哈德的研究方法完全属于经典遗传学的范畴，饱和筛选法摩尔根也能做。但是，作为胚胎学家出身的摩尔根，为什么就不能捷足先登，率先促成胚胎学与遗传学的联盟呢？摩尔根一生研究的虽是果蝇遗传学，但他念念不忘的其实是胚胎学，他尝试性地触及过细胞是怎样被调节、被控制的这样一个大问题，可以说这个问题以各种形式支配了摩尔根的一生。但令人遗憾的是，摩尔根始终未能找到一条将遗传与发育联系起来的正确途径。

其中的症结也许在于，归根到底摩尔根不是一个真正意义上的遗传学家，他还是将发育看作一个整体现象（就像孟德尔以前的遗传学家将所有的性状看作一个整体一样），所以就无法理出一个清晰的思路，使基因同一个单独的发育事件联系起来。但尽管如此，正是摩尔根首先意识到了遗传学对发育的重要性，他第一次提出了发育是由不同基因活性所控制的假设。

2. 对简单性的追求

生命本身就是一个扑朔迷离的、极为复杂的现象。有关复杂性的起源历来是一个富有魅力的话题。对于尼斯莱因－福尔哈德来说，一个基本的哲学信念深深地吸引着她，那就是复杂必定源于简单。所有的生命体都有一个最基本的原始规划，这就是简单性得以存在的根本理由。

尼斯莱因－福尔哈德由衷倾慕的两位生物学家是歌德和达尔文，而这两位伟人身上体现出的恰恰是对简单性的着迷与追求。作为诗人的歌德，在写诗之余也曾致力于寻找植物中存在的原始类型即植物发展的总方案。歌德设想，植物的原始类型方案是若干典型的叶子型，从种子生出的叶子形状很简单，但后来长出的叶子就逐渐分化，变得越来越复杂，最后出现了花和果实。所以，花瓣和果实都只是变形的叶子。从植物胚胎学的角度来看，歌德天才的思辨是正确的。E. B. 刘易斯在追溯同源异型基因概念的起源时，也曾提到歌德的名字，认为他在《植物变形记》中描述过这一现象。

至于达尔文，他的进化理论至今仍是一颗熠熠夺目的明珠。他那“所有的生命来自一个共同祖先”的命题，具有震撼人心的力量，并且已被今天的分子生物学证实，即所有的生命都有一个共同的起源。这也正是简单寓于复杂之中的深刻背景。

复杂源于简单，这不仅体现在进化的长河之中，也体现在个体生命的诞生过程之中。当然研究后者更为简捷便利。这就是尼斯莱因－福尔哈德深深着迷于发育生物学的缘由。

尼斯莱因－福尔哈德后期的工作专注于胚胎发育中梯度假说的研究。早在20世纪初，作为胚胎学家的摩尔根就提出了一个假说，他假定有压力或物质从身体的前端（头部）到末端（尾部）呈梯度分布。这种压力或物质在头部最高，尾部最低。这是最早的一个梯度模型。后来博韦里也提出，从胚胎的一端到另一端，某种物质的浓度在增大或减小。正是这一浓度梯度决定了细胞分化的命运。虽说梯度假说可以解释细胞如何“知道”它们在胚胎中的位置，但是无法解释这一梯度的形成机制以及如何在一个足够长的时期保持稳定的理由。在由许多细胞组成的正在发育的胚胎中，细胞膜会阻止能够形成浓度梯度的大分子扩散；反之在一个大的卵细胞中，扩散又会迅速调平这样一种梯度。更不用说有关这种分子信号的生化本质和作用机理尚未知晓。

然而，尼斯莱因－福尔哈德钟情于这种梯度假说，因为从中可以探索复杂性的起源。试想以一种简单的化学浓度却可造就胚胎发育的复杂模式，这本身就足够让人心动。尼斯莱因－福尔哈德和她的同事发现，最早阶段的果蝇胚胎中存在着Bicoid的浓度梯度。这种浓度在胚胎的头端最大，并沿着胚胎的纵轴逐渐降低。有一种突变体胚胎，它的Bicoid有相同的浓度而完全没有梯度，这些胚胎只产生一种结构（头或胸）。分子生物学的研究揭示，正是这种浓度引起或抑制一个或多个靶基因的转录，从而调节着发育过程。

Bicoid梯度的形成是在胚胎发育时，这种蛋白质从它在头端产生的位点扩散开来的缘故。但Bicoid是不稳定的，因此它在远距离点——在将变成腹部的末端——的浓度从未达到很高的水平，这就建立了一种浓度梯度。若把几种梯度叠加到一个胚胎区域，就能更加细分这一区域，并产生进一步的复杂性。可见正是这种简单的扩散机理精确地满足了正常发育的需要。

果蝇的优点是，在它的发育初期，受精卵中的核不断地分裂，但膜不随之分裂，于是造成了一个蔚为壮观的局面，其中一个细胞内有上万个核。由于没有膜的阻隔，这就为分子信号的扩散提供了便利条件。然而在大多数生物胚胎中，细胞膜的存在会使这种简单的扩散机理不起作用。但是，由于浓度梯度的存在是如此重要，因而有理由假定，在细胞膜上存在着一种蛋白质，使得信号分子的传递成为可能。而果蝇仅是一个特例。

但是，通过对果蝇的研究，尼斯莱因－福尔哈德坚定地相信："对一种很好的模式系统的基础研究已导致了有力的理解，它有一天能帮助我们弄清人类的发育。这些见解已经向我们提供的是对自然中最深奥的问题之一的答案——复杂性如何从最初的简单性中产生。"

复杂源于简单，这也许可看作一个哲学上的命题或信念。但是，当尼斯莱因－福尔哈德将之应用到胚胎发育的研究中时，她对简单性的输送定是建立在还原论的基础之上并且通过严格的实验手段得到的，如她对胚胎浓度梯度形成机制的详细研究，由此才使一个哲学命题上升为一种严格的科学理论。

3. 原创性思维的价值

在分子生物学的方法几乎一枝独秀的年代，尼斯莱因－福尔哈德与她的同伴维绍斯一起，在显微镜下数果蝇达一年之久，这在旁人看来，不仅单调乏味，更有落伍之嫌。可作佐证的是，当年他俩在欧洲分子生物学实验室从事果蝇早期胚胎发育研究时，周围的人很惊奇于他们为何还用三四十年代的方法数果蝇。但是不平凡的发现恰恰从平凡的手段中脱颖而出。这无疑令人深思。

对于发展中国家的科研人员来说，这尤其是一种激励。因为它证明了一个成功理论的提出，有时并不完全依赖于最先进的实验仪器，它更需要研究人员与众不同的原创性思维和独具慧眼的切入点，不用说还得有耐得住寂寞的恒心和毅力，1983 年获诺贝尔奖的麦克林托克也正是在这点上获得了成功。

尼斯莱因－福尔哈德等人只是借助经典的研究方法提出了一个简单的模型，而完善这个模型的进一步工作是由分子生物学家做出的。例如他们发现的这些节段数目基因经分子遗传学家分离后发现，它们与同源异型基因一样有一个共同的阅读框，其中含有 1800 对核苷酸，在各类生物中有很大的保守性。尼斯莱因－福尔哈德的工作为分子遗传学家克隆这类基因提供了基础，因为在分离之前，分子遗传学家就知道与分节有关的基因中的核苷酸顺序一定很特别。这是由于分节是生物进化中的大事，当生物进化到一定阶段（环节动物）开始出现体节，生物开始向更为复杂的机体结构进化。所以，与分节有关的基因一定会表现出某种共同性。然而，诺贝尔奖只属于尼斯莱因－福尔哈德等三人，发现这些的分子遗传学家与之无缘。

这恰恰是因为尼斯莱因－福尔哈德等人提供的是一种原创性思维，是一门学科中的核心概念，所以，它富有简洁的魅力；而分子生物学家随后所做的工作，虽说使这个简单的模型日趋美化、精细化、复杂化，但不是原创性的。用库恩的理论来说，前者提出了一种新的范式，而后者仅是常规科学时期的解难题活动。分量孰轻孰重，从诺贝尔奖的授予上就体现出来了。诺贝尔奖不看重那些仅仅追求完美的科学家。

由此可见，诺贝尔奖更重视的是先驱性研究成果的发明者或发现者。所谓先驱性研究成果是指该领域中某个方向的革命性研究进展，它的诞生将构成未来几年、十几年乃至几十年在这个方向上的研究热点，为后来者留下了一大片有待开垦的土地。不管后来者如何在这片土地上细心耕作和完善，诺贝尔奖是不会再降临在他们头上了，除非他们的成果取得另一个革命性进展。

尼斯莱因－福尔哈德倾其全力研究的是生物界中最迷人的现象——发育与遗传的关系。但她本人的生活谈不上浪漫迷人。尼斯莱因－福尔哈德婚后无子女，同丈夫离异——当生活和事业不能两全时，她不得不放弃生活。此后她一直孑然一人。

最后有必要强调的是，对于尼斯莱因－福尔哈德来说，促使她投身于科学研究的最大动力来自对自然的热爱以及对发育问题的强烈兴趣。这是一种超脱功利色彩的、源自生命深处的兴趣，在急功近利的当代社会中，能听到这样的心声，我们不免为之心动，并盼望有更多的人来关心自然、热爱生命——这是尼斯莱因－福尔哈德给予我们的另一个珍贵启示，它的意义不亚于她的科研成果本身。

（作者：陈蓉霞　禹宽平）

参考资料

[1] Daniel L. Hartl，Elizabeth W. Jones. Genetics：Principles and Analysis [M]. Jones and Bartlett Publishers，Inc.，1998.

[2] 伊恩·夏因，西尔维亚·罗贝尔. 摩尔根传（1866—1945）[M]. 庚镇城，译. 上海：复旦大学出版社，1986.

[3] T. H. Morgan. Embryology and Genetics [M]. New York：Columbia University Press，1934.

打开黑箱看科学：

科学人文领路人

亚历山大·冯·洪堡

（Alexander von Humboldt，1769—1859）

洪堡

19 世纪伟大的科学家和科学组织者

对于像亚历山大·冯·洪堡这样一位旅行家、探险家、科学家和伟大的科学组织者，我们很难用几句话就把他的形象勾勒出来，然而德国伟大诗人歌德却只用了一句话就完成了这项任务，他说：洪堡是一只真正象征科学丰收的羊角。

一、金子般的童心

1769 年 9 月 14 日，洪堡出生于柏林。他的父亲乔治·冯·洪堡是弗雷德里克大帝的皇太子之妃的内侍长官，沉闷的宫廷生活迫使他向大自然寻觅乐趣。他在柏林市郊环境优美的地方建了座别墅——泰格尔私寓，从国外运来树苗和花卉种在泰格尔庭院中。泰格尔的前庭与一条蜿蜒的绿荫小道相接，小道尽头是一个被百年巨树、芦苇和沙滩所围成的大湖。每年春末夏初，各种候鸟结队飞来此地栖息，生机盎然，奥秘无穷。洪堡常随父亲和哥哥威廉·冯·洪堡到此地狩猎，受到大自然陶冶。自然界成了他的第一个课堂，他尽情采集他还不知名的怪石和植物，放进他的“知识囊”——木箱中，运回家后根据想象把它们分类保存起来。

10 岁时，洪堡的父亲去世了。从此他和哥哥要在一种较为严肃的环境中接受家庭文化教育。他的母亲原是冯·科隆的遗孀，受过严格的教育。她思想保守，行动规范、正统，不允许家庭生活有较大的改变；她希望洪堡学经济，要求威廉学外交，以备有朝一日跻身普鲁士王家和政界。洪堡感受到来自母亲的压力。

洪堡的启蒙教师肯普接受了卢梭的教育思想，懂得“儿童就是儿童”这条原则，在教学方法上多采用启发式教育，较少强迫儿童过早接受不适当的知识。他无形中起到调解洪堡和他母亲的紧张关系的作用。肯普是《鲁滨孙漂流记》的德文版译者，他善于讲述《圣经》中关于远古时期热带王国的故事。洪堡在后来的《旅行记》一书中回忆他的童年时说道：“我从最年轻的时候就开始渴望到欧洲人很少访问过的那些遥远地方旅行……看地图和读旅行书时常会引起一种不可遏制的神秘的想象力，似乎我与遥远的地方和事物建立了一种形影不离的联系。每当想到我可能被迫放弃看到在南半球上空闪烁的光辉星座的一切希望时，我的心总不免阵阵发痛。”

1785 年，洪堡拜植物学家维尔德诺夫为师。维尔德诺夫在林耐分类法基础上加进了热带植物和极地植物，第一次区别了中欧和地中海植物的形态，已在国际上崭露头角。他给洪堡讲授了林耐植物分类法和维尔纳矿物分类法，并介绍了维尔纳的大陆水成论假说。

洪堡又拜物理学家赫兹为师，向他学习了电学和磁学。他在赫兹指导下在自己的住所泰格尔装上了避雷针。这是在普鲁士出现的第二根避雷针，第一根是格丁根大学在数年前安装的。

二、学生时代，欧洲旅行

1787 年 10 月，洪堡兄弟两人进入奥德河畔法兰克福大学，洪堡攻读经济，威廉攻读法律。翌年，威廉转入格丁根大学，洪堡因病辍学回到柏林，其间与维尔德诺夫的交往更加密切了。维尔德诺夫认为，植被是受地理和气候条件制约的，地理气候的改变会引起植被的变化。这就是他的植被地理学的主要观点，对洪堡产生了较深的影响，以致他后来发现山区植物随高度而变化的规律。

洪堡在柏林得知卡文迪许发现了水的化学成分，赫舍尔发现了天王星，索绪尔登上了勃朗峰，赫顿提出了火成论学说，他深感形势逼人，不待身体痊愈就在 1789 年复活节到格丁根大学就读去了。格丁根大学创建于 1737 年，生物学家海涅、比较解剖学家卢门巴赫和物理学家利希滕贝格先后在这里任教。其中对洪堡影响最大的是卢门巴赫，他创设了人种标本博物馆，与“非洲学会”的联系为学生参加非洲考察提供了可能。与洪堡一道慕名而来的有未来的数学家奥尔特曼斯，他后来曾与洪堡合作测量过柏林的地磁要素；有未来的汉诺威王奥古斯特，后因迫害格丁根“七君子”而臭名昭著；还有未来的伦敦皇家学会会长萨塞克斯公爵。他们中没有任何人像洪堡那样深刻地认识到涉及当时地质学的一场大论战的实质。以维尔纳为代表的水成论认为，大陆是由于水中物质的沉积而形成的。英国地质学家赫顿在 1785 年提出火成论假说，向维尔纳提出了挑战。这时有些人却提出十分幼稚的问题，如金字塔是火山的奇迹，又如火山地带的人民更富于造反精神，等等。洪堡对此做了批判。

对洪堡影响最深的另一个人物是普鲁士籍波兰探险家福斯特，他曾随库克进行过环球航行，回到英国后发表了轰动一时的《世界航行》。他虽然未在格丁根大学任教，但因与利希滕贝格创办了《格丁根科学和文学杂志》，而被视为格丁根的一颗新星。1790 年春，洪堡取得福斯特信任，跟他进行了一次欧洲旅行。他们经低地国家（荷兰、比利时）到达敦刻尔克，洪堡在那里第一次见到了大海。洪堡沿途对自然环境、土地和农产物，以及文化遗迹做了细心观察，显示了综合考察能力。洪堡综合考察的基础是福斯特的方法论。福斯特在一篇关于面包果树的论文中指出，只有通过研究各学科的边缘状况和考察各不相同的现象的联系，才能揭示整个自然界的基本规律。福斯特在人种学上一反 18 世纪的人种学家倾向于认为凯尔特人最优越的观点，认为在社会发展中，人种是一个较小的影响因素，人类文化的发展是各种历史因素相互作用的结果。这种朴素的唯物史观对洪堡有较深的影响，成为后来洪堡对印第安人考察的重要根据。

1790 年 6 月，他们到达伦敦。洪堡在那里访问了英国植物学家班克斯，参观了他的植物园。他考察了英国的地层结构、矿井、农产品及羊毛的差价。1790 年 7 月中旬，他们回到欧洲大陆，在美因兹分别了。福斯特是法国大革命的赞助者，1793 年他作为上莱茵地区的代表参加了巴黎国民议会，不幸于翌年 1 月 10 日病故于巴黎。洪堡也热情歌颂过法国大革命，1789 年 7 月 14 日巴黎民众攻陷巴士底狱的情景还历历在目。但他无论什么时候也不会让政治热情干扰他的科学方向。他对福斯特的早逝感到惋惜，他失去了一位朋友和尊敬的老师。

三、由学生到矿井经理

回到德国后，洪堡很快就进入弗赖堡矿业学院学习地质学去了。这所大学虽小，但由于维尔纳在那里担任院长而颇具名气，欧洲许多地质学家慕名而来。维尔纳的矿物分类法是历史上第一个矿物分类法，他的水成论则是建立在 100 万年前地球是水的世界和大陆是海水沉淀或沉积的结果这样两个假设的基础上的。尽管他不信上帝，而多少有点倾向于自然神论，但由于他的假说与《圣经》中关于洪水创造万物之说颇为相似，因而他获得了不少支持者。由于受到水成论的影响，洪堡很自然就接受了居维叶的“灾变学说”。应该说明的是，洪堡经过南美洲考察后就抛弃了居维叶的“灾变学说”。

1792 年初，洪堡完成了学业，来到上法兰科尼亚担任矿井经理。他负责的矿井仅在一年中金矿的产量就超过了前 8 年的总产量，获得了良好信誉。其间，他发明了矿井安全灯和解窒息装置。他认为，工人们辛苦劳动应该得到某种生活或文化的补偿。1793 年 3 月，他出钱办了一所矿工业余学校，并亲任主讲老师。普鲁士矿业部部长对此极为满意，决定拨款补偿洪堡的损失。洪堡拒绝了，他建议最好把这笔钱分配给那些积极协助办学的工人。

洪堡在那里还研究了地下植物和矿层结构，他发现地衣有一种特殊的光合机能，能在不见光的地方仍然产生叶绿素。因为这项研究，他获得了一枚金质奖章。他还发现菲希特尔山的蛇纹岩具有磁性，但其感应极性正好与铁磁体的相反，且不发生相互吸引或排斥作用。从现代理论来看，蛇纹岩是一种强抗磁体。

1795—1796 年，洪堡到意大利进行了一次地理和植物考察，他在经过意大利北部平原和阿尔卑斯山时发现，植物的形态随高度有很大的变化。他将植物和气象随高度的变化联系在一起，在原有的二维气象学的基础上发展出三维气象学理论，指出植物和气象随海拔高度的变化正如随纬度的变化一样，这在后来就成了植物形态地理学的一条基本定律。

1796 年秋，洪堡母亲去世了，他继承了价值 95000 泰勒的遗产。他算得上一位百万富翁了！洪堡从此不仅经济上独立了，而且也从母亲的束缚下解放了出来。1797 年 2 月洪堡辞去公职，从此成为一名全凭自己的金钱进行研究的科学家。美好而崇高的理想驱使他去寻找机会奔向还未被科学开发的新领域。

四、寻找通向新世界的道路

1797 年，当易北河冰雪消融时，洪堡到耶拿拜访了德国大诗人和自然哲学家歌德，从此与歌德建立了终生友好关系。他们讨论了共同关心的问题：地质和植物形态学。歌德十分推崇这位博学多识的年轻朋友，他在给 K. 奥古斯特的一封信上说："他（指洪堡）的兴趣特别广泛，令人激动。我们用 8 天时间也学不完他在一小时内讲授的知识。"在耶拿稍事停留后，洪堡与歌德到达德累斯顿，在那里进行了地质、地磁和天文观测。7 月 25 日，洪堡单独经布拉格前往维也纳。在洪堡看来，维也纳最迷人的地方不是它的"音乐之都"（洪堡不喜爱音乐，他把音乐视为"社会的灾难"），而是它的薛恩布隆植物馆。凯塞·弗朗兹一世和二世组织的六次远征，为该馆采集了大量西印度群岛的植物标本，这引起了洪堡对南美洲和中美洲的向往。

10月26日，洪堡到达萨尔茨堡，在那里测量了纬度，并通过化学分析发现大气中氧的浓度随高度而降低的现象。他在这里接到英国布里斯托尔勋爵的来信，邀请他陪同考察埃及。洪堡考虑到当时英法战争已经封锁海面，经英国到西印度群岛已不可能，于是他就取消了西行计划，接受了邀请。他给皮克蒂的信上说："我可能被指责与这位显贵合作，他是怪物中的怪物，我只见过他一面……我已意识到与他保持和平是不可能的。但我开支自己的旅费，我能保持独立而不至于冒任何风险，如事出不料，我便离开。况且他还是一位才子，良机不可错过。"

不幸的是，当洪堡在1798年4月底到达巴黎后就听说拿破仑在米兰逮捕了布里斯托尔勋爵，指控他犯了间谍罪。洪堡的东方旅行方案因此破灭。他在巴黎停留下来，以寻找新的机会。他在巴黎结识了拉普拉斯、拉格朗日、贝托莱、居维叶、阿拉戈和阿维等著名人物。阿维是矿物学家和晶体学的创始人，维尔纳曾在自己的矿物分类法中加进了他的晶体学的内容。洪堡与阿维讨论了火山起源的问题，从此开始扭转了对水成论的认知。他在巴黎还协助德朗布尔精确测量了巴黎的经度和子午线长度。以巴黎子午线长度的四千万分之一作为1米的规定，就是依据他们这次精确的测量数据来的。

从麦哲伦和德雷克时代开始，航海家们一直没有停止过寻找南极的努力，可是不论是英国的库克还是法国的拉佩鲁斯，都未能找到南极海岸。现在，被誉为"法国的库克"的老船长布干维尔受命组织一次规模更大的环球航行，目的是寻找南极的大陆架，以打通可以接近南极大陆的安全航线。这次航行将由年轻的博丹船长指挥。布干维尔建议洪堡参加这次航行，并将自己15岁的儿子托付给他，好让他经受一次海浪的洗礼。希望再次出现在洪堡眼前，可竟又破灭了。拿破仑不惜万金，发动了对埃及的征战，法国政府无力开销这次航海经费，计划被搁置起来了。

虽几经挫败，洪堡仍然信心满怀。这时他有幸结识了青年植物学家邦普朗。邦普朗跟洪堡一样，因为博丹的航海计划的推迟执行而被迫逗留在巴黎。共同的志向使他们走到一起，新的计划在他们之间酝酿出来，他们将依靠自己的力量到达新大陆。洪堡愿意承担一切费用，他将是邦普朗自然的领导，而邦普朗则是他忠诚的朋友。1798年10月20日，他们不辞而别地离开了巴黎，人们不知道他们将要奔向何方。

五、在新大陆的科学考察和探险

洪堡和邦普朗翻过比利牛斯山脉，经巴塞罗那和帕伦西亚，于1799年2月23日到达马德里。西班牙沿海的地中海式气候和其中部的大陆性气候，对许多人来说还是一个不解之谜。而洪堡沿途考察表明，其原因在于西班牙海岸低洼而其中部实为一个独立的高原。

洪堡在马德里见到了卡洛斯四世，向国王陈述了他的南美洲考察计划，他能讲流利的西班牙语，博得了国王的欢心，遂同意为他们签发护照。作为对西班牙政府的报答，洪堡答应为马德里博物馆收集植物和矿物标本。1799年6月5日，这在洪堡的奋斗史上是划时代的一天，他跟邦普朗登上了“皮察罗”号巡洋舰开赴南美洲，开始了长达5年的美洲科学考察和探险活动。出发前他在给弗赖斯莱本的信上说：“人应当只为美好和崇高的目标奋斗！”美好和崇高，是他的精神世界的两大要素，也是他追寻自然现象的最终目标。在他看来，人应当这样造就自己，至于其他一切小事则可让命运来安排。

“皮察罗”号停泊的第一个口岸是加纳利群岛的特内里夫岛。该岛位于北纬28度，虽处于亚热带，却属于热带气候。洪堡选择这个地方考察了超过雪线的高山——泰德峰植物随高度变化的规律。考察结果证明，他在阿尔卑斯山发现的在同一纬度上植物按高度区分为若干种类型的规律是正确的。他将泰德峰划分为热带植物区、亚热带植物区和温带、寒带和高山五个植物区。泰德峰是座刚平息的火山，海拔高度为3718米。洪堡登上此峰，胜景尽收眼底，岩浆带着刺鼻的硫黄烟味顺势流下，蓝色的火苗跳跃着。洪堡尽情享受着大自然的这种恩赐，感受到从未有过的欢乐。他掘开表土，发现玄武岩表面还有一层斑状页岩和黑曜岩石。他终于找到了玄武岩是火山的产物的证据，从而由水成论转向了火成论。

洪堡发现加纳利群岛属于年轻的地质结构，它虽然位于伊比利亚半岛和非洲西北部的毛里塔尼亚之间，但还没有迹象表明它是已经“沉沦”的“大西洋洲”的一部分。但根据斯特拉波的推断，很早以前欧、非两洲被“大西洋洲”连成一块。当洪堡乘“皮察罗”号从圣克鲁斯出发沿哥伦布走过的航线向西航行时，他就找到了驳斥古代民族通过陆路实现洲际迁移的根据。因为他发现了一条由新大陆流向亚速海的洋流，哥伦布曾经报道他发现两具印第安人尸体随此洋流漂向东方的事实，华莱士也曾发现爱斯基摩人乘独木舟由另一条洋流漂到英国北部的奥克尼群岛。这些事实足以说明古代民族的洲际迁移是通过洋流来实现的。显然，用以支持民族经过陆地实现洲际迁移的“大西洋洲”之说是不足为据的。

7月16日，洪堡到达委内瑞拉的库马纳。现在他真的进入《圣经》所说的南国异邦了，他看到的是伸向海岸的茂密的阔叶林、蜘蛛网式的藤……洪堡在这里得到了自然的启示而总结出：热带植物比寒带植物具有更强的群居性，虽然物种间强烈争夺着有限的空间，但充沛的阳光和肥沃的土壤，又使它们保持着高度的平衡。

他们在库马纳以南的卡里佩附近发现了一个洞穴，里面栖息着数百万只名为油鸱的鸟。这种鸟体形如鸽，虽是日鸟，但却习于夜间外出觅食。每逢夏天，土著人即以此鸟为食，从它们身上提取油脂。洪堡这一发现引起了欧洲学者的兴趣，后人纷至沓来。1959年在纪念洪堡逝世百年时，委内瑞拉政府将该洞列为“洪堡国家纪念馆”，油鸱鸟也得到了保护。

洪堡考察库马纳地质时发现，该地岩石主要有页岩和石灰岩，其表层岩貌与欧洲的相似，然而却是一个地震和火山多发地带。其海岸犬牙交错，无数小岛像从大陆上撕开的碎片，星罗棋布地镶嵌在锯齿形的海岸边沿。他由此推断南美洲属于年轻的大陆，是火山的产物。他后来考察安第斯山和墨西哥时就更加确认地壳下面有大量弹性岩浆，美洲的并行山脉造成的压力将继续迫使岩浆喷出，形成新的岩层。

11月18日，洪堡乘船前往加拉加斯，在西里亚角和拉布雷角看到石油浸出海面，有的地方达数千英尺（1英尺约等于0.3米）之宽。他断言委内瑞拉将是一个富庶之国。月底他到达了加拉加斯，在那里进行了两个半月的考察。当时的加拉加斯仅有4000人口，现在已变成几百万人口的重镇。它是洪堡当年考察奥里诺科河的起点。后来许多洪堡的信徒像香客一样，从这里出发去重走洪堡所走过的道路。

1800年3月27日，洪堡和邦普朗到达阿普雷河，从那里泛舟而下直达南美洲第三大河——奥里诺科河。这里丛林中美洲虎时而出没，沙滩上成群的巨鳄懒洋洋地躺着，有的竟有六七米长，水中鹤类亭亭玉立，空中鹦鹉飞翔。他们逆奥里诺科河而上（向南），然后转入该河的支流阿塔巴波河，经过一段陆路跋涉到达亚马孙河的支流内格罗河，5月7日到达这次旅程的最南端的圣卡洛斯。该地是葡属巴西的边镇。由于里斯本和马德里极度对立，在他们到来之前巴西政府就已张榜捉拿他们。5月10日，洪堡被迫离开圣卡洛斯，取道卡西基亚雷运河，于23日回到奥里诺科河上，在那里顺流北上；7月10日到达玻利瓦尔城，在那里停留了一个月（因邦普朗患热病卧床不起)，最后在 9 月 1 日步行回到库马纳，完成了奥里诺科河流域的考察工作。他们总共收集了 12000 多个植物标本，命名和分类了 1400 余个。

在奥里诺科河流域居住着食土的印第安人，这引起了洪堡的注意。他们用黏土做成小球，烤干后堆成一堆，形如小金字塔，每逢洪水泛滥无以为食时，就以土球糊口。经化验，该土成分多为二原子结构的无机物。洪堡认为土本身并无营养，不过可以刺激胃液分解，以提供人体所需最低热量。他还发现这些印第安人学会了用鳄脂来预防便秘。

洪堡在内格罗河发现印第安人常身戴由绿石做成的护身符，上面刻有怪诞的图案，而这些印第安人却不知道这些图案是怎样刻上去的。洪堡由此判断印第安人曾有过灿烂文化，只是由于欧洲人对他们的恣意屠杀，才致使这种工艺失传。他进而推断，很早以前这里曾有过组织完善的母系社会。内格罗河两岸的象形文字和实物的壁刻更引起了他的联想，壁刻高悬于河岸，从下无法登临，从上也无法接近。他认为那是内格罗河水位很高时印第安人留下的杰作。他由此得出结论：印第安人曾有过很长的史前文明，他们的才智并不低于欧洲白种人。

1800 年 11 月 24 日，洪堡和邦普朗乘船离开巴塞罗那，从此再也没有回到委内瑞拉。12 月 9 日到达哈瓦那。洪堡对古巴的资源、经济和政治进行了综合考察。欧洲人在哈瓦那转卖非洲黑奴激起了他的无比义愤。他从古巴政府档案馆查获：仅在 1786 年以前的 106 年中，英国殖民者就从古巴运走黑奴 2130000 人！

他们从巴黎发来的邮件得知，博丹船长已率船队启航，预计一年后绕过合恩角到达南美洲太平洋沿岸。洪堡决定从速赶到利马迎接船队，以便从那里到印度和菲律宾等地。在前往利马途中，洪堡他们有时被蚊虫咬得无法安身，被迫成天泡在水里或埋在沙里，有时徒步登山，历尽艰险。他们发现土著人用金鸡纳树汁来治疗热症。他还采集了这种树皮带回欧洲，金鸡纳树便引起了药物学家们的注意。洪堡在波哥大还发现了盐矿、煤田和一种被当地人称为“巨人骨”的柱牙象的骨骼化石。在他们穿越艰险的马格达莱纳山谷原始森林时，洪堡拒绝像以往白人官员那样骑在印第安人背上过去，而要坚持步行。他愤慨抨击：野蛮者不是印第安人，而是白人！他们还跨越了到处是陷阱、沼泽的帕斯托高原。

1802 年 1 月 6 日，洪堡到达基多，在那里停留了半年。这并不是因为基多总督对他特别热情，也不是因为罗莎小姐对他的迷恋（洪堡终生未娶），而是因为安第斯山脉深深地吸引着他。在洪堡看来，安第斯山脉是一架天梯，在这架天梯上各层的气候、温度、土壤和生态都有所不同。如果它正好有 90 个级阶的话，它的每一级阶正好对应于地球的一个纬度，那么从山麓到山巅我们就可以看到从赤道到极地之间的所有植物。洪堡在此基础上提出了等温线的概念：在同一等温线上，不仅温度相等，而且植物形态也相同。洪堡认为，温度对于植物的形态有着重要的影响，太阳热、地热和有机能的相互作用，便构成了有机界的宇宙图像。洪堡就这样在植物地理学的基础上形成了他的宇宙论思想。

洪堡在基多获悉博丹船队不再绕合恩角，而将绕好望角东行。他并未因此失望，因为钦博拉索山给他提供了新的希望。1802 年 6 月底，他到达该山的高处（海拔约 5900 米），主峰已经在望。可惜，一条深达数百米的冰谷阻断了他的去路，无法登临主峰（海拔 6310 米）。即便如此，他还是创造了他有史以来的最高纪录！

接着，洪堡到达了印加人文化遗址——里奥班巴，在那里找到了 16 世纪以前的经典抄本。该抄本中记有火山爆发的情况和印加人的历法。他们的历法与中国西藏人的历法颇为相似，洪堡由此认为印第安人文字很可能起源于亚洲。他在《旅行记》一书中写道：“我认为西方美洲人和东方亚洲人先前曾有过交往，这不仅仅是一种可能，虽然现在还无法说清是通过什么路线和与亚洲哪些部落建立起这种影响。”在这个分析基础上，他雄辩地批驳了关于有色人种是低等人种的说法，他说：“皮肤色的黑暗不是低级的标志……民族的野蛮是内部专制和外部征服的直接结果。”

1802 年 10 月 23 日，洪堡到达利马，这是他们在南美洲到达的最南边的一站。他在那里第一次看到了太平洋。他用天文方法测量了利马的经度，并在 11 月 9 日观看了水星凌日。他在利马的最大收获是发现了鸟粪，当地农民用来改良土壤。洪堡将鸟粪样品带回巴黎，经沃克兰化验证明，鸟粪中含有大量磷、氮元素，1 吨鸟粪可顶 33 吨农家肥。此后欧洲竟掀起了一场鸟粪热，仅 1844 年，英国就从那里运走上万吨鸟粪。美国鸟粪商接踵而至，大发其财。

1802 年 12 月 5 日，洪堡和邦普朗从卡亚俄出发前往墨西哥。洪堡发现秘鲁近海一股寒冷的洋流滚滚向北，他测量这股洋流的温度和流速。后来这股洋流被取名为“洪堡洋流”。1803 年 3 月 25 日，洪堡到达阿卡普尔科，在墨西哥进行了一年综合考察。他发现，濒临太平洋和墨西哥湾有两条狭长的火山带，他认为地壳在这里有两条裂口，东、西马德雷山脉正是由从这里喷射出的岩浆堆积而成的。

1804 年 1 月 20 日，洪堡随着满载着矿石和植物标本、阿兹特克人的雕刻品及笔记本的车辆告别了墨西哥城，取道普埃布拉奔向韦拉克鲁斯港。他决定先到美国拜访杰斐逊总统，然后再返回欧洲大陆，而不再前往菲律宾等地。他给德朗布尔的信中说："至于菲律宾，我已经暂时放弃了它……我急盼先将探险结果发表出来，希望明年尽早与你合作。人的职责是寻找能够使他更好服务于他这一代人的生活位置。"为了确立这种位置，他需要宣传，需要赞助。他到美国正是出于这种目的。

1804 年 3 月 7 日，洪堡一行乘船离开韦拉克鲁斯，经哈瓦那于 5 月底到达费城，他在那里给杰斐逊总统寄去一份南美考察纪要。当时新西班牙政府向美国提出了领土要求，希望能获得直至雷德河源头的塞宾河流域。杰弗逊总统急需洪堡提供关于那个地区的政治、人口构成、矿藏和物产的咨询意见。总统在 5 月 28 日给洪堡的回信上说："先生，我昨天接到你 24 日的函件，我恭贺你经过如此艰险的旅行后健康地到达这里……恕请接受我对你的崇高敬礼和敬意。"

洪堡在美国 6 个星期，有一半时间跟杰斐逊总统在一起度过。他们就泛美问题和巴拿马运河的开凿问题交换了意见。洪堡主张美洲最好按语言划分为三大独立体系：(1) 盎格鲁－撒克逊语系，包括美国和加拿大；(2) 葡萄牙语系，主要是巴西；(3) 西班牙语系，除上述三国外均属这个体系。洪堡在美国还参观了芒特弗农，拜谒了华盛顿陵；后又访问了富兰克林旧居，并在费城哲学学会做了讲演。

1804 年 7 月 9 日，洪堡满怀喜悦地离开了美国，他的航船向着法国彼岸驶去。

六、第二故乡——巴黎

1804 年 8 月 1 日，洪堡在船上看到了长满葡萄树的波尔多的山巅。这年法国葡萄又获丰收，大桶大桶的葡萄被送进酿酒厂。如醉如痴的法国人或为拿破仑加冕干杯或为拿破仑行将走进地狱痛饮。在欢乐的波尔多，洪堡的思想早已飞向巴黎；同时，他为邦普朗与他的分离感到难以忍受的痛苦。

还在返回欧洲的路上，洪堡就被选为法国科学院通讯院士。他的到来使巴黎科学界沸腾起来，巴黎人像迎接英雄一样把他接进了凯旋门。他在 10 月 14 日给时任普鲁士驻意大利大使的哥哥的信上说："我的名声比过去传播更广了……科学院所有成员已经审察我的绘画和标本。他们公认我对每一领域做了如此彻底的研究，仿佛是单项突破那样。就连最反对我的贝托莱和拉普拉斯，现在对我的热情也超过了任何人。贝托莱最近称道：'此人已将整个科学院团结在他的周围。'……总之一切顺利，每当我举行讲座，国家研究院总是座无虚席。"

洪堡在出征美洲前未能见到拿破仑，现在总算见到了。出乎他意料的是，他从拿破仑那里不但未能获得赞助，反而遭到了奚落。1804年12月，在拿破仑登基后的一次招待会上，拿破仑当着满朝文武官员对洪堡说："先生，你懂植物学，我夫人也懂植物学！"说完转身就走开了。1810年，拿破仑有一次竟以洪堡是普鲁士间谍为借口，责令24小时内将他赶出巴黎。拉普拉斯和沙普塔尔当即出面力劝收回成命，说明洪堡在巴黎是为了出版他的旅行著作，这才避免了一场风波。使人们不解的是，拿破仑身兼法国科学院院士，他曾经热情欢迎过电池发明者、意大利物理学家伏特，又曾亲自授予英国科学家戴维"伽伐尼电奖金"，他还是埃及科学院的奠基人，为何对待洪堡的态度如此反常？其中一种公认的解释是：巴黎人对洪堡的欢迎过于隆重，以致冲淡了拿破仑加冕仪式的气氛，因而引起他的愤恨。

洪堡承受了拿破仑的凌辱，在巴黎待下来了。这再一次反映出他的人生哲学，人应当只为美好和崇高的目标奋斗，其他一切小事则由命运来安排。他之所以选择巴黎为其第二故乡，是因为只有在那里他的工作才能得到赞赏，他的著作才能得以发表。而这些条件在柏林尚不具备。如果说弗雷德里克大帝曾雄心勃勃，请法国数学家莫培督去规划柏林城的话，那么在他去世后这张宏伟的蓝图就化成了灰烬。德国当时显著落后于法国，电流磁效应的发现者奥斯特在1801年访问德国时曾这样说过：在柏林、格丁根和魏玛，简直找不到一个可以相信的物理学家和化学家。洪堡本人也说过："我想永远不再看到柏林塔！"

洪堡在钦博拉索山创造的最高纪录激起了法国人的热情。1804年8月24日，盖-吕萨克和毕奥乘气球升入近4000米的高空，进行了高空地磁测量。在洪堡的热情鼓励下，盖-吕萨克在9月再次乘气球升到6700多米高的空中，打破了洪堡的登高纪录，同时证伪了索绪尔关于地磁场强度随高度下降的观点。

1804年12月17日，毕奥宣读了与洪堡合写的论文——《论不同纬度上地磁的变化》，提出了"磁纬度"的概念，总结出地磁场强度随纬度而升高的规律。这篇论文第一次将地磁场强度和磁倾角联系起来，在原来只有等磁偏角线的地磁图上增加了磁纬线。另外，他们的理论只承认两个地磁极，否定了哈莱的四磁极的假说。

洪堡认为，地球是宇宙的一部分，地磁力与宇宙力（特别是太阳产生的效应）及地球物理效应不可分割。作为检验宇宙力对地磁力的影响的最好的例子是，北极光对地磁场的影响，洪堡把这种现象称为"磁暴"。关于地球物理效应与地磁场的关系，洪堡则认为地热和火山可能会影响地磁现象。前一种关系已为他本人的观察所证实；

但他在多次旅行中均未发现火山对地磁场的影响，因此他对后一种关系是否存在也表示质疑。及至 1820 年安培提出地磁场是地壳中绕地轴流动的带电物质所产生的观点后，他就将安培的见解纳入了自己的理论。

1805 年，他与盖－吕萨克到意大利考察，他在罗马见到了分别 7 年的哥哥。虽然他从未屈从于家庭的观念，但他现在不能再无视哥哥的忠告：任何普鲁士科学家如不能得到他本国政府的承认，他将寸步难行。是年 11 月，他终于回到了柏林。在那里他当选为柏林科学院院士。从 1806 年 5 月到 1807 年 6 月，他在奥尔特曼斯协助下观测了地磁偏角和倾角的周日、周时变化，记录了 6000 个数据。1806 年 12 月 19 日夜间，他观察了北极光对地磁场的影响，“磁暴”的概念正是在这里提出的。

1806—1807 年的冬天，柏林最为严寒。法军在耶拿战争中击溃了普鲁士军队，并占领了柏林，在那里烧杀抢掠、洗劫一空。拿破仑为哈勒大学的民主浪潮所震怒，誓要将它夷为平地，幸得洪堡出面调停。虽然哈勒大学得救了，但洪堡未能幸免于难，他的“泰格尔”住宅遭到了蛮兵抢劫。在这种苦难和混乱的年月，洪堡写下了《自然观》一书，发出了内心的最强音：从自然界获得慰藉和力量，向黑暗势力挑战。他在书中写道：“要逃出生活风暴的人，请愉快地跟我走进森林的深处，攀越广阔的高原和草原，登上安第斯的崇山峻岭……让那些对交战民族的冲突感到倦怠的人……把他们的注意力转向静谧的植物王国，处身思量神秘的自然原理。”人们应该抛弃失望情绪，相信自然具有最高的伟力，因为“那里只有一个灵魂在激活着从一极到另一极的整个自然界——只有一个生命注入了山石、植物、动物甚至人类本身”。

1807 年 7 月 18 日，普鲁士政府屈服于法国人的武力，签订了丧权辱国的《提尔西特条约》。威廉王子被带到巴黎作为人质，洪堡受命前往巴黎继续谈判，并负有保护王子的使命。根据《提尔西特条约》，原属普鲁士的波兰被划给了萨克森公国，普鲁士人在那里的财产全部被没收。由于洪堡的财产在波兰，该条约使他濒于破产。及至 1811 年他几经周折收回了在波兰的财产，但偿还债务后所剩无几。

洪堡损失了一切，但不曾失去朋友。在巴黎困难的岁月，他与盖－吕萨克同室起居。几年后又搬到卢森堡宫东面的列斯特拉巴德街，他们在那里一起上实验室、图书馆，一起去参加会议，可谓情同手足，亲如兄弟。阿拉戈常说，洪堡总是有一种“金子般的童心”，他对待朋友的感情是那样纯真、无瑕。洪堡则把阿拉戈视为天才的化身。他们之间有许多共同爱好，有那么多的相同之处，特别显著的是他们都具有民主、自由的思想。

1814 年，普俄联军击败了法国军队，占领了巴黎，巴黎遭到了洗劫。洪堡利用他的特殊身份保护过法国自然史博物馆等重要文化机构，也曾保护过拉普拉斯等人的私有财产。同年 6 月，他陪同威廉三世到了伦敦，他向英国政府提交了东印度地区考察计划。按照这个计划，他将经波斯到帕米尔高原和昆仑山脉，考察塔克拉玛干沙漠，然后考察西藏，再翻过喜马拉雅山脉到恒河平原考察印度等地。英国政府考虑到他曾经毫不留情地揭露过西班牙在美洲的殖民统治，害怕他的激进思想将会有损于东印度公司的既得利益，遂未给他签发护照。他后来曾数度提出该考察计划，终未得到批准。可以说这是他一生中的最大挫折。

1815 年，他的《旅行记》前两卷发表了，它曾激励了几代人的科学探险活动。达尔文在随“贝格尔”号旅行时给他的老师亨斯洛的信上谈到他读《旅行记》的感想时说道：“我一直尊重洪堡，但现在我几乎崇拜起他来了。”洪堡这部著作对英国地质学家赖尔也有很深的影响。1842 年，洪堡在伦敦见到达尔文，给达尔文留下了深刻印象。后来达尔文获悉洪堡的喜马拉雅山考察计划未能如愿以偿时，给予洪堡以深切同情。1845 年，达尔文在给植物学家胡克的一封信上说：“听说洪堡的失败我甚为难受……如果你再次见到他，恳求你转达我对他的最诚挚、最善良的问候……”

转眼间，洪堡在巴黎度过了 22 个春秋，他目睹拿破仑一世帝国的兴败，也为巴黎的科学盛世贡献了宝贵的精神财富。1826 年秋，威廉三世再也不能坐视洪堡白白为他国效劳，他亲自写信敦促洪堡回国，信中说道：“我亲爱的冯·洪堡先生，你现在一定已经完成了你希望在巴黎完成的你的著作的出版工作，因此我再也不能同意你留在那个在任何真正的普鲁士人看来都恶心的国家，我等待你从速返回你的故乡。”

七、西伯利亚探险，振兴柏林科学

1827 年 5 月 12 日，洪堡终于回到了德国。柏林人模仿 23 年前巴黎人的做法欢迎他的归来。国王亲自主持了“洪堡讲座”。从 1827 年 11 月 3 日到 1828 年 4 月 26 日，洪堡在柏林共讲了 61 场。他拥有数万名热心的听众，他的这些讲座内容后来写进了《宇宙》第一卷中。

洪堡回国后奋力组建柏林－格丁根科学中心，决心使德国科学在近期内赶超法国。1828 年，他在柏林主持召开了全德自然科学家和医生代表大会，与会代表数千人，盛况空前。高斯作为特邀代表出席了会议，会议期间与洪堡生活在一起。洪堡跟高斯拟定了建立全欧地磁学联盟的计划，并提出了以格丁根为中心的全欧地磁观测网的方案。数年后，这个观测网建立起来了，其范围西起都柏林东至圣彼得堡，北起乌普萨拉南至卡塔尼亚。

1829 年，洪堡应沙皇邀请对西伯利亚地区做了一次考察。他这次考察的重点放在地磁观测和磁法探矿方面。是年 5 月 1 日，他抵达圣彼得堡，拜访沙皇后便经莫斯科到达伏尔加河，从那里乘船前往喀山。喀山是洪堡见到的第一座具有东方色彩的城市。铁木真的蒙古铁骑曾从这里出发去征服波兰和匈牙利。在那里收集蒙古金币和手稿颇具一番情趣。洪堡在那里还建立了一座地磁观测站和一所地质培训中心。从喀山到乌拉尔山的路上，洪堡看到一队队流放西伯利亚的政治囚犯，怒火油然而生。但是他汲取了抨击西班牙殖民者所得的教训，再也没有提出公开抗议，而是将这些情况详细地记录在日记中。翻过乌拉尔山，他在别列兹尼基考察河沙时发现，该地区富藏有金矿和铂矿；同时还发现此地为地磁场异常区域，推断必有大量铁矿砂。他在这次考察中开创了地磁探矿方法。最使沙皇满意的是，他在乌拉尔山发现了金刚石。接着，他在秋明河坝上发现有猛犸骨骼的化石。洪堡于 1829 年 8 月 19 日翻过阿尔泰山脉到达中国边境。他在那里受到一位年轻的中国官员的热情接待，他给那位官员赠送了铅笔，那位官员向他赠送了两本中文书。

在短短 25 个星期中，洪堡走过了 15000 多千米的行程，并十渡伏尔加河，连同他回柏林的路程在内，这次旅程全长 18000 多千米，几乎是地球周长的一半。当时他已年逾花甲。

1831 年，歌德去世了，洪堡看到了一个可怕的前景：他的朋友将一个一个地离开人间。1835 年，他的哥哥也去世了，他失去了最后一位亲人。1853 年，阿拉戈的去世给他更沉重的打击，这时他已是一个没有家庭、没有亲人、没有朋友的老人了。如果说他还感受到生活的力量的话，那就是他已成为年青一代科学家所尊敬的长者和导师。在他一生中，他曾不遗余力地为青年人创造条件，把他们中的杰出者提拔或推荐到重要的岗位上。他对有机化学家李比希的盛赞便是一个突出的例子。还在 1823 年的时候，当他第一次听过李比希的讲演后就发现他是一个难得的人才，就把他推荐给盖 – 吕萨克，之后又将他安排在吉森大学当教授，李比希就在那里写下了划时代的论著——《有机化学在农业和生理学中的应用》(1840)。李比希承认，如果没有洪堡的支持的话，他很可能一事无成。受过洪堡赞助的青年科学家很多，如数学家艾森斯坦、探险家瓦格纳、化学家密切利希、物理学家波根多夫、生理学家米勒、气象学家多弗、地球物理学家伊尔曼以及埃及学家列普修斯等。这些青年科学家常自许为“洪堡的孩子”，而洪堡常以“世界科学的公仆”的形象出现在19世纪上半叶的科学舞台上。

人们或许会问，洪堡为何有这样巨大的精力。洪堡并非超人，他的精力是来自他对世界科学共同体的向往和对友谊的信赖。他一生中曾与3000多名科学家、文学家、美术家和政治活动家有过通信来往，他每年总要发出3800余封信，而每天要用三四个小时时间写十几封信件。每当他想到一个新问题或产生某种灵感时，他就会不拘场所立即动笔写信。哪怕在酒吧喝酒时，他也会向侍者要来笔、墨、纸张，即兴写下一两张纸条，立即发给远方的友人。通信就是他为“美好和崇高的目标奋斗”的一件重要工具，虽然他的同时代人相继去世了，他还继续以这种方式来鼓励年青一代的人们，在他们的心灵上点燃前进的火炬。

洪堡从1833年起开始埋头撰写他的最后一部巨著——《宇宙》。“宇宙”一词最先源出毕达哥拉斯，其原义是指世界的秩序，地球和万物之总和。而洪堡的“宇宙”，是指整个物质世界。洪堡写这部书的目的，是要立足于自然力统一的思想，运用物理科学的方法对整个物质世界的现象进行一次大综合，以揭示使大自然不停运转的基本力量——用他的话来说，就是要寻找“一个生命”或一个自然的“灵魂”。可以说，他一辈子都在为画出这样一张地图而奋斗，在这张地图上，有植物和动物的分布区，有矿脉带、同构地质带，还有等温线、等磁场强度线、等磁偏角线和等磁倾角线等等。这些区、带、线虽各具特色，但又相互联系。从时序上来看，它们显示出强烈的规律性；从现象的多样性来看，它们呈现出明显的共性。虽然他提出的最终目标已经超越了好几代人的条件，但是他那种追寻自然现象于最简原理或终极形式的思想，100多年来一直是自然科学工作者奋斗的方向。他在《宇宙》第一卷的序言中说：“这个序言的目的，是要指明自然科学得以承担更高目标所依据的方式，通过这种方式，整个自然现象和能量将被揭示出是一种与内在生命一起跳动的实体。她如同谢林所说的，是神圣的和基本的力量……”

《宇宙》一书共分五卷。第一卷描写外部世界，目的是提供一幅自然的图景；第二卷描写主观世界，描绘科学家、诗人、画家及不同龄的学生眼中的自然世界；第三卷专门讨论天文现象，从亚里士多德时代起，一直说到赫舍尔的恒星分类法；第四卷主要讨论地磁和地球物理现象。这四卷均在洪堡生前发表。在洪堡争分夺秒书写第五卷时，他已渐渐感到精力不支了。1859年初，他预感到生命快到了尽头。4月19日，他叫佣人将他的书稿送到了出版社。5 月 6 日下午，他在私寓泰格尔离开了人间，享年 90 岁。在洪堡去世后的第二年，有一些人捐赠成立了“洪堡基金”，目的在于资助在国外从事研究的德国学者和科学家。第一次世界大战后，马克贬值，以致到了 1923 年“洪堡基金”就告完结。1925 年，“洪堡基金”由德国政府重新办起，然而在 1945 年再次被迫解散。现在的“洪堡基金”是 1953 年由外国一些科学家和学者再创的，其目的在于资助在德国进行科学研究的国外青年学者和科学家。

（作者：宋德生）

参考资料

[1] H. de Terra. The Life and Times of Alexander von Humboldt [M]. New York: Alfred A. Knopf, 1955.

[2] J. Théodoridès. Humboldt and England [J]. The British Journal for The History of Science, 1966, 3(1): 39-55.

[3] M. E. Hoare. Johann Reinhold Forster (1729-1798): Problem and Source of Biography [J]. The Society for the History of Natural History, 1971, 6(1): 1-8.

[4] E. H. Ackerknecht. George Forster, Alexander von Humboldt, and Ethnology [J]. ISIS, 1955, 46(2): 83-95.

[5] A. Ospovat. Werner, Abrham Gottlob [J]. Dictionary of Scientific Biography, 1981, 14: 256-264.

[6] K. R. Biermann. Friedrich Wilhelm Heinrich Alexander von Humboldt (1769-1859), Natural Science [J]. Dictionary of Scientific Biography, 1972, 6: 549-555.

贝尔纳

（J. D. Bernal，1901—1971）

贝尔纳

他和他的科学政治学

一、生平

1940 年第二次世界大战已经打响，德国纳粹开始对英国伦敦进行空袭。一天，在英国偏僻乡村的一个火车站走下两个人，他们来这里寻找一个废弃的掩体进行一项科学实验。目的是测试不同类型炸弹爆炸对生命及其他物体的影响，为防护体系的规划设计提供一手资料，以最大限度地避免空袭对百姓的伤害。他们其中一位就是英国物理学家兼生物学家约翰·德斯蒙德·贝尔纳。

贝尔纳给人的印象是深刻的。他肤色苍白，衣着随意，头发浓密而蓬乱，一双淡褐色的眼睛闪着智慧的光芒，常常表现出一种反传统的味道。严格说来他并不算英俊，但他杰出的才智与激进的改革热情，对许多人来说却形成了难以抗拒的魅力。他是一位具有多方面才能的人，在科学上对物理、化学和生物系统的结构和功能研究，是一个先驱者；在社会问题的研究上，他探究了科学的功能和社会结构之间的关系，被称为开拓者。他在政治上是一个马克思主义者，在许多科学家和政治团体中充当了领袖人物。他同时担任了世界和平委员会主席和世界科学工作者协会主席。贝尔纳认为科学家的责任在于把握科学的社会功能，最大限度地避免科学成为掌握在特权阶级手中的武器来剥削和压榨人民。贝尔纳一生致力于这样一个目标：让科学为民所用，造福于人类。

1. 青少年时期的教育和科学偏好

1901 年 5 月 10 日，贝尔纳出生于爱尔兰南部的一个天主教牧场主家庭。他的父亲是一个活泼、求实和永不满足的男子汉，儿童时期曾独自漂洋过海，在澳大利亚放过羊，后来又辗转回到内纳格，娶了一个移居国外、有文学造诣和教养的美国姑娘。

年轻的贝尔纳是在科学和浪漫的爱尔兰民族主义的影响下成长起来的，儿童时期主要由其母亲负责管理，他那快乐的父亲主要负责农场的事务。他经常恳求母亲为他讲外面的世界，渐渐地，他头脑中就逐步建构起了外部世界的轮廓（关于上帝、人和动物等）。受母亲的影响，他在年龄很小的时候就表现出了对物质世界的好奇。7 岁那年，一根钢针意外地刺伤了保姆的膝盖，并折断在皮肤里。保姆被送到医院，首先按照医嘱拍了 X 光片以确定钢针在膝盖内的位置。虽然贝尔纳不知道 X 光是什么，但这却放飞了他的想象力，他意识到那定会是能揭示皮下结构的一种强光。于是他以石蜡为光源，打开许多书使它们围灯而立，以便使这些书的白页聚集光线。然后，他把手放在书之间的小空隙处，试着看他手上的骨头。不幸的是他撞倒了一本书，整个观察过程随着书的“哗啦”声而终止，险些发生火灾。他在9岁时就尝试着做好多事情，还包括写自传等。

贝尔纳家族是作为印度西部的农场主和英国政客而获得成功的。贝尔纳家族的爱尔兰分支大约在 19 世纪形成，这时已开始向天主教转化。贝尔纳在 1910 年 4 月做了他自己的第一个圣餐，他妈妈在日记中写道：“上帝保佑这个过于兴奋、热烈，还很严肃的劳苦孩子。保佑他成为一个正直、真诚的人。”为了使他接受良好的天主教传统教育，贝尔纳 10 岁时被送到英国兰开夏的皓德学校学习。这个学校是耶稣教会学校斯托尼斯特的预科班。第二年 9 月他转到斯托尼斯特学校，在那里，他曾建立了一个恒爱社，后来被教士察觉，被迫停止活动。他读过耶稣会守护神阿洛伊修斯・冈萨格的传记，曾效仿阿洛伊修斯・冈萨格，按一种独特的、始终如一的逻辑相爱；同时他又施展领导才能，说服同宿舍的同学，一个小时轮换一次地整夜祈祷。这似乎预示着，在他的一生中，他要去做比他所能负担的多得多的工作。到了斯托尼斯特，他发现这所学校真的像传闻中说的那样肃穆、庄严和冷酷。在这儿一段时间后，除感受到监禁般的生活外，什么自然科学知识也没有学到。1912 年的圣诞节过后，贝尔纳暂时回到了原来的内纳格学校，而这里只有一些从法拉第演讲稿中抽取出的文本资料，根本没有正规的科学教育。所以按照他母亲的意见，贝尔纳在 1914 年 1 月转到科学教育较强、坐落在英国中部的贝德福德公立学校。他很快适应了贝德福德学校的生活，并表现出科学上的天分，尤其在数学方面，但贝尔纳的定位却似乎是要求自己会用数学而不去研究数学。1915 年初，他学习并研究了电和磁的力线，发现了电在有效范围内的磁力矩。在年终考试时他设计了一个测试一段金属导体的电阻实验，并获物理奖学金。1916 年 5 月，贝尔纳在一个黑匣子里利用分光镜看到了钾、钠、钙、钡、硫的光谱线。在他组装成分光镜的两天后，转手搞起了化学实验，他在日记中这样描述：

“弄一些可塑的瓷土把铁矿砂混入其中，用一个很小的坩埚装瓷土，加热坩埚，再往里倒入硫黄，在这样制成的硫化物中再加入水就会有硫化氢产生并释放出来。我从铁矿石中得到了氧化铁。”此外，贝尔纳和他的朋友们还是积极的天文爱好者。

1917年圣诞节将至，贝尔纳和弟弟凯文乘海上轮船回家。他们航行到金斯敦的5天之后，英国的一个海上武装轮船在爱尔兰海被德国潜艇击沉，船上100人无一生还。同一天，三艘英国驱逐舰在北海误入德国的布雷区，250多名海员全部遇难。另一艘救援驱逐舰从一艘被击毁的运输船上救下幸存者，返航途中也遭遇水雷的袭击而沉入大海。这真是一个让人恐惧的圣诞节。出于安全考虑，贝尔纳的父母没有让他返回贝德福德，而是就近回到内纳格一个中学学习。但是，一天后，那儿的中学教师就表示他们不能胜任对贝尔纳的教育。后来他又被送到柏林的芒特冈学校上学。不久那儿的校长也感觉到，自己的学校不能满足贝尔纳求知的需要。在校长的建议下他们从三一学院请了一位颇有名望的穆尔先生做家教，教授贝尔纳数学和自然科学，以便为申请剑桥大学奖学金做准备。贝尔纳只能住在附近的旅店里，每天下午被允许到穆尔先生的房间请教一个小时。

5月底，贝尔纳搭乘轮船返回贝德福德并准备争取剑桥大学奖学金的考试。为了进入剑桥大学，他与其他奖学金候选人相聚伊曼纽尔学院参加考试。他们中间有一半是公立学校的学生，一部分来自不知名的普通中学或国外的学校。第一天上午的考试，由于过分紧张，对他而言并不难的试卷他却仅做了十分之七。第二天的考试，代数、三角、偏微分等混杂在一起进行，他甚至忘记了如何去求解有关连续函数的问题。然而令人惊喜的是，在接下来的那一天早上，贝尔纳正专注于撰写《论组建国际联盟》的惊人之作时，传来了他竞争入选的消息。他从剑桥回到贝德福德找了个借口没有参加学校的期末考试，而是以极大的兴趣学习和研究结晶学，他被晶体形状的规则性、外部结构的对称性深深地吸引，欣赏着各种晶体漂亮的颜色和各种形状。一周后，贝尔纳收到已被剑桥伊曼纽尔学院录取并授予60英镑奖学金的电报。他感慨万分，在新年前夜他写道：1918年是震动整个世界的一年，对他自己而言也是人生辉煌的一年，因为剑桥大学奖学金会为他的未来梦想插上翅膀。

在剑桥大学，为了获得一个较好的知识结构和扩充对自然世界的了解，贝尔纳试图通过学习剑桥大学提供的不同课程来开阔眼界。在那里，他先学习数学，然后学习化学、地质学、矿物学和物理学。他高兴地说：“在那里，一切人类财富都展现在我的面前。在这思想的天地中，我无所偏爱，我所看到的一切都使我如醉如痴。”他选取了晶体学方面的研究，并以《关于晶体对称的数学原理》研究作为学位论文得以顺利毕业。他的百科全书式的知识后来为他赢得了“圣人”的绰号。

2. 职业生涯和社会活动

1922 年，贝尔纳从剑桥大学毕业后，应威廉·亨利·布拉格邀请来到英国皇家研究院位于阿尔比马尔街的“戴维－法拉第研究实验室”从事研究工作。他依然选定了喜爱的结晶学作为研究领域，并在布拉格先生指导下，很快进入角色，用了不到 5 年时间就在枯燥单调的工作中结出硕果，1924 年完成第一篇《石墨的晶体结构》的研究论文。他的工作推动了石墨结构及其表面的研究，在这一领域，他发挥出超人的想象力，纵横驰骋，很快把自己培养成为一个具有一定专长的实验结晶学家。

1927 年，他转而回到剑桥大学应聘结晶学讲师职位。当贝尔纳很腼腆地走进面试现场并进行自我介绍时，丝毫未能打动面试委员会的委员们。而接下来，他才思敏捷、机智巧妙且富于雄辩的演说，让他最终赢得了这一职位。主持答辩的哈钦森教授高兴地说：“除了选他，看来再没有更合适的人了。”此后，贝尔纳在剑桥大学任教整整 10 年。

1932 年，贝尔纳已成为将 X 射线晶体学用于研究生物分子的先驱者之一。1933 年，贝尔纳首次获得单晶蛋白质的 X 射线照片，并最先研究出烟草花叶病毒的结构。1937 年，36 岁的贝尔纳成为英国皇家学会会员，同年，被伦敦大学伯克贝克学院授予物理学教授职位。1945 年至 1956 年，贝尔纳被任命为建筑工程科学顾问委员会主席，同时他还是苏联、匈牙利、波兰、罗马尼亚和保加利亚等国科学院的外籍院士。1963 年任晶体学教授，并从此担任国际晶体协会主席至 1966 年。

从 1938 年到 1968 年退休，贝尔纳一直在伦敦大学伯克贝克学院工作。伯克贝克学院为他作为职业学者提供了条件，贝尔纳为伯克贝克学院的发展发挥了重要作用。在人们（包括学生）眼里，贝尔纳这位科学大师的到来奠定了学院的地位。伯克贝克学院继承了其民主、自由、注重实践的传统，这也构成了对贝尔纳的吸引力。贝尔纳虽然是一个公开的马克思主义者，并且同苏联保持密切的联系，这些并没有给他造成什么实质性的麻烦。伯克贝克学院接受、钦佩和热爱贝尔纳；而对于贝尔纳来说，伯克贝克学院不只是他的家和学术基地，还是作为一个左翼人士和一个科学家生命的一部分。

贝尔纳以他丰富的知识和对科学的敏感赢得了学术权威的地位。他总能不断地开辟出新的有价值的研究领域。他的研究兴趣可以由 1939 年在英国科学研究院所作《蛋白质的结构》的演讲所窥见。他的主要科学目标是把物理学和化学注入生物学。为此一直设想成立分子结构的研究机构。但这是一个跨学科的研究，涉及跨学科的队伍建设，再加上经济极其困难，贝尔纳所遇到的困难是可想而知的，可以说贝尔纳恢复了一个废墟中的伯克贝克学院。起初在1945年的时候，由于条件极差，他不得不借助英国科学研究院，在那儿召集组建了他的团队，成员有卡莱尔（后来贝尔纳的继任者，伯克贝克学院的结晶学教授）、海伦·梅高、布思（成了计算机科学系的奠基人），同样重要的还有安蒂亚·里梅尔（贝尔纳非常器重的秘书和私人管理员），后来加入的有杰弗里（后来是伯克贝克学院的晶体学教授）。尽管伯克贝克学院面临着诸多困难，但贝尔纳所在的系是繁荣的，因为他有了一支教师和研究团队。从世界各地跑来的学生和研究者几乎毫无疑问地组成了学院的国际团队。巨大的凝聚力不断壮大着他的学术队伍，很快组成了有力的团队，并奠定了学院在引人注目的分子生物学研究前沿的重要地位。而此时贝尔纳却转而进行他以前颇感兴趣的液体结构问题研究。

在自然科学的研究上，贝尔纳所做的主要工作是把物理学和化学带进生物学中去，他创建了X射线结晶学，并把它作为生物学研究的一个重要工具。他的研究工作几乎涉及晶体学的全部领域，他的贡献包括帮助早期晶体学家对发现的晶体结构进行图表描述。在生物有机物质方面，他研究了如氨基酸、维生素、荷尔蒙、蛋白质和病毒等，并都取得了骄人的成绩。在性荷尔蒙、蛋白质病毒和水的不同固相结构方面，贝尔纳进行了开拓性工作。他在近60岁的时候完成了他自己认为一生中最漂亮的工作——液体结构的研究。他还进一步继承和发展了老师布拉格的事业，从有机结构研究扩展到生物大分子结构的研究，形成了分子生物学中著名的结构学派，为分子生物学的发展作出了突出的贡献。他用X射线衍射法探测生物大分子的结构，探测出烟草花叶病病毒的尺度和形状，并证实了病毒有规律的内部结构。在生物大分子的合成中，贝尔纳于1951年提出：某些黏土片层间因含有大量的正、负电荷，可以吸附带电分子并能成为原始催化中心。这一理论为原始海洋的氨基酸是在某些特殊的黏土上缩合成多肽的看法提供了理论基础，实际上为生命起源的研究提供了理论依据。1959年，贝尔纳被授予格劳秀斯奖章。

贝尔纳特别强调学术交流、科学教育和普及的重要性，为此他也投入了大量的精力来进行实践。仅在1961—1962年，他在智利的康塞普西翁和圣地亚哥大学，巴西的里约热内卢大学，德国的洪堡大学、慕尼黑大学，美国的耶鲁大学作了一系列关于《分子结构、生物化学功能和演变》的演讲，另外还访问了法国物理学会，格拉斯哥、纽卡斯尔和曼彻斯特的研究机构及协会，他还为不同的学术和学生团体（包括伯克贝克学院的科学史协会）作了关于陨星、生命起源、科学文件、科学与工业的联系等的演讲，以及皇家学院的贝克演讲。贝尔纳在科学上的影响是巨大的，这不仅是因为他在自己所从事的科学研究上取得的成就，还在于他通过交流指导，为许多人成功确定专业研究方向和成长道路。经过他指导的学生或同事，许多在后来都获得了诺贝尔奖。尽管贝尔纳政治上激进，但许多人自愿地接受他的领导，学院里有很多成员钦佩他，为有这样一位著名科学家而自豪。

在从事科学职业的过程中，他对英国的科学传统进行了认真的审视、总结，并给予批判和继承。他认为英国科学的成功在于它特别讲求实用和着重类比以及健全的常识，但缺点是缺乏系统思维。这就使英国科学存在着这样一个危机："除非采取措施在适应现代条件的充分规模上加以发展，否则它就会比别国或新兴国家的科学大大落后。"强烈的责任感驱使他进行了大量的科学组织规划与管理以及科学技术史的研究。为此他曾给 200 多个国家的主要科学家、政客以及大学管理人员发函对科学技术的组织规划与管理进行调查研究。他认为科学缺乏合理的组织与管理不仅使科学效率低下，而且还容易导致对科学的误用和滥用。他对科学在资本主义世界所遭受的境遇十分痛心。为了保卫和挽救科学的命运，他投身到政治运动之中，致力于科学为民所用的和平事业，并进行了大量的探索和实践工作。1929 年他出版了《世界、肉体和魔鬼》，1939 年出版了《科学的社会功能》，1952 年出版了《马克思与科学》，1953 年出版了《十九世纪的科学与工业》，1954 年出版了《历史上的科学》，1958 年出版了《没有战争的世界》。

第二次世界大战期间，贝尔纳曾为英国国内安全部研究过轰炸的破坏问题。为了取得第一手可靠的实验资料，他利用废弃掩体亲自进行实验，甚至把自己当作实验材料和对象。所得实验数据为空袭防御体系的规划设计提供了科学依据。他随后向英国内政部提出了空袭预备警报的问题，以期最大限度地避免空袭对百姓的伤害。1942 年至 1945 年，他取得了联合作战部的任职，在那里担任了蒙巴顿勋爵的科学顾问，成为在战争中运用运筹学方法的先驱者之一。他直接参与了盟军的诺曼底登陆计划，在此计划中，他的特殊贡献是利用气球设计了空中摄影的方法，取得诺曼底海滩的信息资料，最后根据海滩波涛的形状，确定海滩的坡度和承载能力，对坦克和装甲车的登陆进行可行性分析，为盟军成功登陆开辟第二战场提供了保障。他为保护人民、反对法西斯战争贡献了力量。1945 年，贝尔纳荣获英国皇家学会皇家勋章，表彰他在揭露战争方面作出的科学贡献。

第二次世界大战结束后，经过战争磨难的贝尔纳有了更加强烈的责任感，那就是如何确保科学研究的成果不被用作破坏目的。因此，他频繁地在世界各地进行战争与和平的演讲，并投身到组织一些论坛中去，包括关于冷战所带来的危害的讨论等，像科学工作者协会、波格瓦什会议、世界和平委员会等。他为世界和平运动所作的努力，简直超出他一个人能付出的全部时间和精力，他的许多时间几乎都是在公共活动中度过的。1947 年至 1949 年，他担任了英国科学工作者协会主席。1959 年至 1965 年，他曾担任世界科学工作者协会副主席和世界和平理事会执行委员会主席。1953 年他荣获斯大林和平奖。他和社会主义国家的领导人保持了友好的关系，和反帝国主义的知识分子紧密联系。贝尔纳于 1971 年 9 月 15 日去世。他用其一生，尽其所能履行着他这样的诺言：让科学为民造福。

二、研究的历史转向与社会语境

贝尔纳作为著名的自然科学家，有许许多多科学上的原始思想应归功于他，但却都在别人的名下出版问世了。他所指导的学生，屡屡荣获诺贝尔奖，而他却从来没有获得过。有人说他缺乏“面壁十年”的恒心而蒙受了损失，这一结论未免过于简单。

1. 转向的历史与社会语境

贝尔纳出生在世界工业革命的发源地英国，他一生目睹了世界大战的毁灭和资本主义经济危机的惨状，而这一切都和科学技术密切相关。科学和技术的进展在 18 世纪后期就与正在兴起的工业、政治改革和开明的神学相联系，工业革命就此悄然兴起。工业革命最初是以机器代替人力开始的，正是在蒸汽机出现后，纺织业、冶金业、采矿业和机械制造业很快繁荣起来，使工业革命走上了快车道。工业革命实现了资本主义经济对封建经济的彻底胜利，建立了西方国家政治和经济的自由主义。

第一次工业革命加快了现代科学技术前进的步伐，从而为工业革命的进一步展开起到了推波助澜的作用。19 世纪 70 年代后工业革命进入第二阶段（第二次工业革命），西方经济发展变得异常迅猛。到 19 世纪末，经历了工业革命的西方经济已真正成为全球范围的活动，新市场、新技术以及海外贸易和投资都在朝着世界性的市场经济发展。然而与此对照的则是在工业地区的压抑和罪恶中显示出来的科学技术应用的显著后果。工人用自己的血汗增加了资本的利润，换来的却是贫富的严重分化，社会的强烈不平等。资本家为了最大限度地赚取利润，对工人进行敲骨吸髓般的剥削和压榨。缺乏照顾的儿童和失业工人流浪在街头，成为工业化中兴起的现代城市一景。同时，霸权式的掠夺和统治开始触及全球，世界范围内的争夺预示着即将到来的 20 世纪将是一个不平静的世纪。正是在这 19 世纪末 20 世纪初，科学得到了前所未有的发展。而令人深深遗憾和恐惧的是，科学亦成为改进战争技术和相互残杀的工具。“科学和科学家，第一次在历史上直接地并公然地牵涉到这时期的经济、工业和军事上的主要发展。”这一切使人们对科学的认识发生了巨大的变化，就连科学家自己的思想也陷入巨大的混乱。贝尔纳曾感慨道：无怪乎科学家们也越来越不相信科学发展本身会自然而然地使世界变得好一点。

1931 年前后，世界变得更加混乱。英国工党政府倒台，清教新政府组成。意大利墨索里尼已经掌权，德国希特勒上台，法西斯抬头。一时间，似乎只有在法西斯主义和共产主义之间进行选择，何去何从令人彷徨。实际上，欧洲在 19 世纪 90 年代，在马克思主义运动的内部就已经形成了一种马克思主义是社会进化论的基本看法。苏联的马克思主义者们支持和强化了这种理论，并产生了巨大的影响。这种看法详细地说明了从过去的人类文明到具有明显优越性的更高社会经济存在的王国——共产主义社会的各个阶段。从一个阶段到另一个阶段的这种历史的线性动态发展不可避免地随着社会经济组织的过渡而向前发展。以此看法为主导意识的科学性倾向，给马克思主义的历史阐释加上一个明显的印象：“科学性的思想使我们得知演进的下个阶段将从竞争转向合作。并且在那儿对于人而言，演化不再是盲目的。”它从理论上确认了资本主义制度是社会经济进化当中的一个暂时的形态。那么这下一个阶段无疑就是社会主义和共产主义社会。恰逢此时，1931 年 7 月初的第一个星期六的上午，在英国伦敦南肯辛顿科学博物馆演讲大厅进行了第二届国际科学技术史大会最特别的一场会议，苏联代表在那里作了一个特别报告。他们的观点使出席会议的大多数科学家感到震惊，也在贝尔纳等一些科学家的内心中产生一种激荡，形成了深远的影响。他们了解到马克思主义的发展和传播，促使俄国取得了十月革命的胜利。资本主义制度不再是遍及全球的制度了，在社会主义国家苏联，基本生产方式和社会关系完全不同于资本主义国家，科学与社会的关系也完全不同了。这是人类第一次自觉地努力设计自己的社会活动的框架，其基本原则就是利用科学和技术直接为人类造福。苏联社会主义国家建立不久，1920 年列宁就提出了“共产主义就是苏维埃政权加全国电气化”的宏伟蓝图，同年，列宁亲自领导 200 多名科学家和技术专家制订具体的全俄电气化规划。到

1931 年 4 月苏联举行第一次全国科学规划会议，大致勾画出了苏联科学家活动的舞台和前进的方向，表明了苏维埃政权要发展科学、规划科学、使科学为社会建设实际需要服务的态度和决心。十月社会主义革命和苏联社会主义建设的实践，不仅使全面规划和管理科学变得十分必要，而且成为可能。整个 20 世纪 20 年代都是苏联科学成长的黄金时代。而由于这一影响，英国共产党内绝大多数马克思主义者，接受了苏联马克思主义者对历史唯物主义的解释，把技术革命当成历史进步的主要手段。随着这种理性的科学态度在英国的出现，作为历史进步活力的技术创新得到了特别的重视，使"科学的社会关系"这一观念进一步复杂化。苏联社会主义国家就像在黑暗中的一颗闪亮的星，引导着贝尔纳的研究转向并成为他转向后的研究模板。他的代表性巨著《科学的社会功能》也恰逢此时应运而生。

2. 研究的历史转向

贝尔纳在自然科学方面所获得的成就是巨大的。他常常以杰出科学家所具有的超人敏感去开辟一个方向，而后交给他人去淘金，名利全然不顾。似乎是一直苦于自己面前总有更为重要的工作吸引他放下手头的自然科学研究任务，而把许多精力投到自然科学以外的事情上。实际上，他的研究工作已经悄悄地发生了转向。

贝尔纳的研究转向首先从思想转变开始。这种思想转变始于他的大学时代，而他的科学政治学研究转向则始于 1929 年，标志性的代表成果是《科学的社会功能》和《历史上的科学》两部巨著，转折点是 1931 年第二次国际科学技术史大会。

在剑桥的大学时代，他第一次感受到了自由的学术气氛，精神上得到了前所未有的满足。在这里他能够参加许多会议，接触各方面人士，包括知识分子，而且还有士兵和产业工人。在 1919 年 11 月 7 日的一个会议上，贝尔纳从他的朋友那儿了解到了关于俄国十月革命和有关刚刚诞生的苏维埃共和国的社会主义情况，这些信息为他开启了一个崭新的世界。恰逢此时，一位马克思主义的经济学家 H. D. 迪金森走进了他的生活，他以俄国伟大的革命实践为例，极具感染力地向贝尔纳讲解了马克思主义理论和社会主义事业。这一切深深地打动了贝尔纳，他如饥似渴地饱读了马克思、恩格斯、列宁的许多著作，诸如《共产党宣言》《资本论》《家庭、国家和私有制的起源》《唯物主义与经验批判主义》等，思想得到了升华。他认识到"我那爱尔兰爱国主义显得多么狭隘呀……人民，只有人民才能荡涤一切我们痛恨的污泥浊水……而这一切将会带来一个科学世界的新天地"。他坚信马克思主义和科学会给人类带来繁荣与和平。从此，贝尔纳便放弃了天主教信仰，转而走上了马克思主义道路。

这种转变没有任何胁迫，是那样地自然，“好像这就是他智力活动兴奋点转移的过程，其中丝毫没有胁迫或假装正经的意思”。随后贝尔纳投身到政治运动当中，1923 年贝尔纳加入英国共产党，1926 年动员支持工人大罢工，1929 年出版了自己的第一份书稿《世界、肉体和魔鬼》，讨论了人类的进步是如何有违于人类理性的三大敌人，即自然（自然力）、肉体（人类自己的躯体及其局限性）以及魔鬼（人类的感情、愚昧和无知）的问题。他开始公开地对科学和社会进行责问，这也意味着他研究转向的开始。

1931 年，第二届国际科学技术史大会上，苏联代表团的黑森运用马克思辩证唯物主义和历史唯物主义的观点来分析牛顿力学的发生与发展，作了题为《牛顿原理的社会经济根源》的报告。苏联代表团的论文结集出版，取名为《走到十字路口的科学》，贝尔纳为此书专门写了书评，发表在右翼的《旁观者》杂志上。他公开质问：是智力上自由而社会无能更好呢，还是让科学研究活动成为一个有益于社会的目标指导下的社会系统的一部分好？几个星期后，也就是 1931 年 7 月底，他首次对苏联进行了为期两周的访问。这期间，贝尔纳在剑桥大学工作。在剑桥大学，他与其他科学家组成了科学家反战小组，经常讨论 20 世纪 30 年代的经济萧条、希特勒德国的纳粹恐怖、西班牙的国内战争、日本侵略中国和英国殖民地的自由运动等问题。正如贝尔纳所坦言的：“我可以说，对我自己工作的激励，以及对我科学同行中其他几位，特别突出地对霍尔丹和霍格本的激励，肯定可以追溯到 1931 年一群马克思主义科学家访问科学史大会。”这成为贝尔纳研究转向的一个转折点。的确，1931 年是对英国部分科学家影响颇深的一年。一种新的哲学开始影响部分科学家，特别是贝尔纳，使他把目光投到科学之外，开始了他的科学政治学研究。

此后在 1932 年和 1934 年冬，贝尔纳又接连访问了苏联。苏联的社会主义建设使他更加确信，辩证唯物主义是生活中的指导思想和行动中的最有力因素。1935 年，他在所撰写的《科学与工业》一文中更强烈地表达出政治倾向。他表明自己的观点：如果说科学是帮助人类的，那么它必须要找到新的主人。1934 年，贝尔纳退出英国共产党，但一直和左翼的进步力量保持着密切的联系。我认为，他脱离英国共产党，部分原因是他对英国共产党内新生力量不同于党内传统知识分子的标新立异的不满和鄙视，部分原因是为了在国际上进行和平反战，从而为揭露资本主义制度的活动提供便利。他认为“由于自然科学影响生产方式而引起的那些社会变化，既未经计划，又未经了解，实际仍在发生一些灾难性的结果。只有把一种真正的社会科学和自然科学融在一起，才能获得对于社会活动满意而进步的社会控制”。他呼吁人们研究科学的学问，研究科学与社会结构的关系，以便把握科学，使之为民所用。他指出：“对于科学和经济活动，如果我们不知道我们行动的后果就可以声称对行动免除责任的话，是没有理由的。我们不得不去做的是把它们的功能找出来。”1939 年 1 月具有代表性的巨著《科学的社会功能》面世。这部巨著的意义很快为全世界所公认，并被译成多种文字，形成广泛的影响。其后又一部巨著《历史上的科学》诞生，《必然的自由》等其他论著也陆续出版，从而形成了其鲜明的科学政治学思想。贝尔纳认为，资本主义生产模式下，科学的挫折是一个不可避免的特征，科学只有在一种全新的社会主义制度下才能实现其全部潜力。他提出了通过建立先进合理的政治制度，通过公众参与，发挥民主对科学的调控作用，实现政治与科学的良性互动，重构科学与社会的和谐关系的思想。与此同时，贝尔纳还参加了一系列的政治活动，用他的科学政治学思想唤醒人们，推动着社会进步。

三、贝尔纳科学政治学的基本思想

贝尔纳为了“挽救”科学，以苏联社会主义为模板，开展了科研领域的“政治经济学”研究——科学政治学研究。他借用了马克思政治经济学研究范式，承认科学技术对政治的推动作用，从科研领域的生产关系入手，阐释科学与政治的关系。显然他的科学政治学是建立在传统科学观基础上的，完全不同于科学社会建构意义上的科学政治学。

贝尔纳采用历史学和社会学并行的方法来对科学进行考察，通过科学领域生产关系的研究，找出科学总体发展规律，最终试图通过政治调控，挽救科学所面临的危机，实现科学生产的高效率，使科学走上为民谋利、健康发展的康庄大道。同时特别强调合理的政治权力建设，以实现对科学的良好调控。通过对贝尔纳思想的考察，我认为他的科学政治学研究的基本纲领已经形成，即科学的社会历史性、科学的宏观可调控性、科学的民主调控。

1. 科学的社会历史性

贝尔纳科学政治学思想的基础，在于他利用历史唯物主义和辩证唯物主义的观点及方法对科学史所做的全方位考察。通过考察，给出了不同历史条件下科学所具有的不同特征，揭示出科学作为社会要素之一，与社会其他要素同形同构，并得出科学与社会紧密联系并相互影响的必然结论。这就为政治调控科学，重建科学与社会之间的和谐关系奠定了理论基础。

贝尔纳科学政治学思想与科学史有着天然的联系。贝尔纳时代，社会中的种种苦难，乃至这些苦难和科学进展间的不可避免的关联，都使人不得不集中注意力于科学的历史方面。贝尔纳认为，“要找办法克服那些面对着我们的困难并解放科学上的新力量使之为人类谋福利而非毁灭人类，那就必须重新考察目前的局势是怎样到来的”。同时他强调“此举牵连到平行地研究所有社会史和经济史对科学史的关系”。他通过考察得出结论：科学经历了相当长的历史，经历了相当多的变化，而这些变化又都和其他社会活动相联结。也就是说，科学为人类文明的一种历史性实践活动，并与其他种种人类活动相互作用着。科学上的每一个重大时期都相当于一次社会和经济变化。

贝尔纳的科学社会历史观，道出了科学历史过程的复杂性和不可逆性，更倾向于把当代科学看作一种社会行为或者说是一种社会建制，把科学看成是社会中的一个要素抑或是社会中的一个子系统。从科学的外部形态看，相应于整个社会，科学也是改变社会同时又为社会所制约的社会系统中的一环。科学建制的内部和建制本身的结构在外部条件的变化下，是可以改变的，可以使它朝向一定的目标发展。他认为，科学已经发展到可以对自身进行认识的程度。它必然可以清理出隐藏在自身当中的政治、经济、文化等因素，因而它也必然可以认识到何种因素在其自身的进展中起到了何种作用，进而适时进行调整，以使自身向一个特定的目标前进。科学的社会历史性成为科学宏观可调控性的前提。

2. 科学的宏观可调控性

贝尔纳从科学的历史入手，利用政治经济学的方法对科研生产资料、生产关系等进行了全方位考察。他认为，现代科学已经成为一个依存于社会制度的机构，它具有自己的组织系统。作为社会子系统之一的科学系统与社会系统具有相似结构，具有能量信息的交流。我们可以通过有意识的社会干预而引起科学整个系统的变化，达到对科学调控的目的。贝尔纳认为，要实施调控就要对科学系统进行结构分析。在分析复杂的科学社会结构系统时，贝尔纳设想利用专门的信号，在选定的点上导入干扰，进而“在一定部位上表示完全的位移的噪声中探测出这种波来，从而完成测量工作”。这种结构分析可以研究带有完全不同的结构成分的同形结构，从而实施一定意义上的整体化社会工程，实现政治对科学的宏观调控。贝尔纳借用马克思主义政治经济学研究方法，将科学家视为“劳动者”。他极为重视科学家作为劳动者的特性在科研工作中的体现，致力于研究“恩主”（占有科学生产资料的权力拥有者）的决策如何影响科学家和特定科研项目的过程和结果。他认为，在资金、设备、组织、人员、教育和管理上的合理决策对科学的有效发展至关重要。贝尔纳的科学可调控性已经被战时成功的科学研究活动所证实。

科学的宏观可调控性也在于它的可预测性。贝尔纳认为，对科学的发展可以进行一定程度上的预测。一方面，可以从科学和技术自身发展的需要和规律来预测；另一方面，可以从人类实际经济生活需要出发来预测。首先，从科学内部来看，他认为，科学进步有其自身发展的一般规律。我们在考察科学研究发展前途的时候，就可以看出发展的总方向，并且可以从中得出相当可靠的结论：除在其内在需要的推动下向前发展外，科学还有着外在的实际应用的可能性，而这个可能性又会为开展这门科学的研究提供实际理由。他强调，一种合理组织起来的，有效的政治、经济力量可以使科学朝向满足人类需要及最符合人类利益的方向发展。

为了科学的预测，贝尔纳强调将科学情报定量化，从而使之适应模型分析和精确化的要求，并强调指出：对科学的发展做出预测，能够使我们未来的科学进展以及应用更加合理。科学的可预测为科学的宏观调控提供了指导。

3. 科学的民主调控

贝尔纳认为，实现政治对科学的调控，目的是使科学为民所用。政治主体作为人民利益的代理者，在科技活动过程中代表公众确认科学活动的价值，调节利益分配，规范科技活动。他特别强调，“利用科学改善人生这项工作也是根本属于政治的；就是说，这种工作，走到最后一步，必须由全体人民来决定”。

贝尔纳认为只有社会主义民主国家才能做到科学技术进步等于社会进步，才能使科技价值、政治价值和公众价值取向相互一致。他深刻地指出：“我们研究科学在我们社会里的地位和生长情况而得出的主要结论是：科学已十分重要，不应当听任科学家们和政客们来处理，要科学造福而不是作孽，就必须由全民参加。”正如法国思想家埃德加·莫兰就这一问题所阐述的：科学是一个极其重大的事情，不能唯一地交由科学家来处理。科学已变得极其危险，不能全凭政治家来处理。换句话说，科学已变成了一个国民的问题，一个公民的问题。我们应诉诸公民们。科学的进步，甚至它的继续存在都主要有赖于这一群众基础。这就是说，科技与政治价值结合的正当性必须以民众价值取向为基准。

科学的公众参与和民主控制首先表现在，社会公众要求政治力量对科技带来的福利进行有效的调节分配。贝尔纳曾呼吁："科学也许部分地曾经是苟且得来的和用不公正的方式积攒起来的财富，但科学毕竟是一笔财富。到现在，这笔财富必须让大家来花费和添加！"这与美国社会学家戴维·迪克森的看法不谋而合，他认为政治的作用就是，重新整合被当前趋势所排斥的种种需要和愿望，把科学研究的目标从破坏性方面（如国防）调整转移到建设性方面（如健康和营养）。我们要改变对科学研究成果的获取条件，以便让目前条件下不能受益的群体能够从中受益。只要科学与社会民主紧密结合在一起，就能最大限度地控制科学的滥用，实现对科技利益的合理分配。

在主张合理分配科技利益的基础上，社会公众也要求科技主体对自己的行为负有道义和责任。贝尔纳面对自己所处的时代，他倡议由科学家和民众来对科学进行审查，保证科学的健康发展。"维持和发展科学的主要责任必须要归于科学家自身，因为唯独他们懂得这工作的性质和需要进展的方向。运用科学的责任却必须是科学工作者和一般人民共同负担。"他号召"新的负有责任的居民要知道他在世界上的位置，并且和他人联合一起依照他们对科学功能的理解行动起来"，参与科学的实际应用。

贝尔纳反对唯理性在政治中的运用。他在建议成立对科学进行规划的研究机构时，也特别强调民众参与的重要性。他指出，帮助政府规划的研究所，并不是取代群众在科学上的取舍权。正如郭贵春先生所指出的：在社会整体结构的系统目标基础上，对科学功能进行多层面的、开放的评判和社会化选择，是科学理性和民主统一发展的要求。因为只有在这开放性中，科学功能才能得以存在和实现，而在封闭性中只会走向窒息和衰亡。归根到底，科学的意义和价值的最后评定是出于人民。

合理分配科技利益、规范科技主体的行为是贝尔纳科学政治学让公众参与和民主控制的主要目的。他的科学的公众参与和民主控制，更多地表现在一个形式的逻辑上，而未能提出具体保障方案。这也是贝尔纳科学政治学给后人留下的一点遗憾。这一遗憾导致了贝尔纳科学政治学的实践疑难，主要表现在历史上的一些科学政治灾难。这一缺陷急需后人来研究弥补。如果能获得对科学技术的民主掌控，它必须建立在一个更加充实的策略上，而不仅是建立在公众参与决策的逻辑上。它应包括一个科技控制的政治尺度，涉及一个科学决策的控制模式，以确保让更多的公众参与到对科技的控制中来，实现贝尔纳构建的科学与政治的和谐、科学为民造福的夙愿。

（作者：韩来平　邢润川）

参考资料

[1] S. Chatterjee. Scientist as Revolutionary [J]. Frontline，2001，18(10).

[2] M. 戈德史密斯，A. L. 马凯. 科学的科学 [M]. 赵红州，蒋国华，译. 北京：科学出版社，1985.

[3] A. Brown. J. D. Bernal，The Sage of Science [M]. Oxford：Oxford University Press. First published，2005.

[4] 王兴成，徐耀宗. 科学学五十年 [M]. 沈阳：辽宁人民出版社，1986.

[5] J. D. Bernal. A Life in Science and Politics [C]. B. Swann，F. Rahamlan，eds. London：Verso，1999.

[6] J. D. 贝尔纳. 科学的社会功能 [M]. 陈体芳，译. 北京：商务印书馆，1995.

[7] J. D. 贝尔纳. 历史上的科学 [M]. 伍况甫，译. 北京：科学出版社，1959.

[8] 赵红州，蒋国华. 在科学交叉处探索科学 [M]. 北京：红旗出版社，2002.

[9] D. Dickson. The New Politics of Science [M]. New York：Pantheon Books，1984.

罗伯特·金·默顿

（Robert King Merton，1910—2003）

默顿

科学社会学之父

罗伯特·金·默顿，20世纪最具影响力的社会学家、科学社会学的创始人，于2003年2月23日辞世，享年93岁。在逾70年的学术生涯中，他以追求真知为最高目标，无私探索，成就卓然，为世界留下了巨大的精神财富。

由于其杰出的学术成就，默顿获得很高的国家荣誉和国际声誉。他是美国社会学界少有的科学院院士之一，还是英国和瑞典皇家科学院的外籍院士。他曾任美国社会学协会主席（1956—1967）、美国东部社会学协会主席（1968—1969）、科学社会学研究会首任主席（1975—1976）。由于默顿对科学社会学研究的特殊贡献，1994年9月8日，克林顿总统在白宫授予他最高学术荣誉——“国家科学奖章”，默顿成为获该奖的第一位社会学家。默顿被称为“社会学先生”，“如果社会学界颁发诺贝尔奖的话，它无疑是属于默顿的”(他的儿子罗伯特·C. 默顿是1997年度诺贝尔经济学奖的得主)。

一、贫寒但不贫乏的童年

1910年7月4日晚上，默顿降生在离著名的费城“独立广场”只有8个街区的一所楼房。父亲是一位东欧犹太移民，在费城南第三大街开了一家出售牛奶、黄油、鸡蛋的商店。由于父亲的勤劳经营，一家人生活还算过得去。但几年后，这个没买保险的小店意外着火而被毁，家庭财产严重受损。他父亲只好去了一家海军船坞当一名木匠助手，家也搬进了一幢不大的红砖平房，过着一种都市之村的“体面穷人”生活。后来，父亲失去了工作，家庭处境艰难，“几乎处在社会结构的最下层”。

但是，童年的默顿并没有产生“被剥夺感”，因为有很多公共资源就在他身边。在他只有五六岁时，就“拥有了”一座图书馆。这个离家只有几个街区的约有万册藏书的图书馆，是由安德鲁·卡内基出资开办的。从孩童开始，默顿就在这里度过了无数光阴，沉浸在知识的海洋之中。他对文学、科学、历史特别是传记和自传很感兴趣。在此，他读了大卫·布鲁斯特所写的引人入胜的《牛顿的生活》一书，这可视为他后来在写博士论文时对《国家传记辞典》进行量化分析的前奏。随着年龄的增长，他还接触了许多欧洲文学，如易卜生、福楼拜、萧伯纳等人的作品。

除卡内基图书馆外，别的公共资源也让默顿受益匪浅。离图书馆不远的地方有一个“绘画俱乐部”，它是专为寻获不得意的艺术天才而设立的一个庇护所。小默顿也常光顾那里，但他觉得自己在艺术上没有特长。为此，离家稍远的音乐学院成了他更喜欢去的地方，他经常步行去那里听管弦乐队的音乐会。这些公共文化设施把默顿带入了一个新的天地。

后来，默顿在回忆起自己的童年和少年生活时，意味深长地说道：“表面上被剥夺的费城贫民窟，恰恰为一个青年人提供了各类资本——社会资本、文化资本、人力资本，总起来可称为公共资本，即除了个人金融的各类资本。”正是这些公共资本，使家境贫寒的默顿的童年生活变得充实、富有、多彩。童年和少年的这些经历为默顿后来提出重要的社会学概念“机会结构”带来了启发（默顿喜欢且善于从自己的生活经验中提取社会学概念）。

少年默顿无疑是一位书迷，但不是书呆子，他有较强的动手能力，曾独立安装过一台晶体管收音机。他还是一位出色的业余魔术师。自默顿的父亲失业后，他一家再次搬迁，有缘认识了新邻居查尔斯·霍普金斯，一个善于玩魔术的小伙子（后来成为职业魔术师）。

当霍普（默顿对霍普金斯的昵称）向默顿传授变戏法的技巧时，他几乎成了默顿心目中的偶像。在 14 岁时，默顿已是一位相当熟练的魔术师。他经常在生日晚会或其他聚会上表演节目，自取艺名为 Robert Merlin，Merlin 是古代的一位男巫。霍普觉得默顿用一位古代男巫的名字作自己的艺名有点陈腐，默顿就在 3 年后进入坦普尔大学时，把 Merlin 改为 Merton 进行注册。

霍普对默顿童年和少年乃至一生的影响不可忽视。业余魔术师生活启发了他“角色模式”概念的产生。而霍普对默顿一家所提供的物质上和精神上的帮助，使默顿把霍普视为“代理父亲”。在 1967 年出版的《论理论社会学》一书的“致谢”中，默顿深情地写道：“霍普金斯对本书写作起了最早最大的影响，现在对他致谢已是言不及义和为时过晚。因为有了他——我姐姐的丈夫——很多人都提高了人的尊严。只要我们这些与他接触过的人还活着，他就活在我们心中，满怀热爱、尊敬的感激之情，我将此书献给霍普——一位通过自学而可施教于他人的人。”

二、哈佛的良师益友

机缘在默顿的一生中扮演着重要的角色。默顿本人也认为他的事业都与“偶发奇缘”相关联，是“偶发奇缘”把他带入坦普尔大学，也是“偶发奇缘”把他送入哈佛大学。

哈佛大学，对默顿来说具有特殊的意义，充满着令人回忆的惊喜。在这里默顿幸运地遇上了几位哈佛大学的名师，在他们的共同帮助下奠定了坚实的学术基础。

1. 在索罗金与帕森斯之间

20 世纪 30 年代初，哈佛大学成为美国最重要的社会学研究基地，吸引了众多颇有天赋的学生。不过就默顿而言，与其说是这所大学，还不如说是索罗金把他吸引到了哈佛大学。

索罗金是 20 世纪一流的社会学家之一，一生颇具传奇色彩。他出生于俄罗斯一个偏僻的山村，曾当过俄罗斯临时政府内阁总理亚历山大・克伦斯基的秘书。因政治原因，三次入狱、流放，一次差点儿被处决。前两次是因参与革命受沙皇的迫害，后一次是布尔什维克对他的处罚，幸有列宁的直接干预才得以出狱。索罗金 34 岁时移居美国，1930 年成为哈佛大学社会学系第一位教授，他也是该系的创立者和第一任系主任。早在默顿就读于坦普尔大学时，通过他的社会学启蒙老师乔治・辛普森的引见，在一次全美社会学年会上认识了已负盛名的索罗金。一见面交谈，默顿就觉得索罗金就是他要寻求的老师。这一方面是由于索罗金学问渊博，特别是对欧洲文化有深刻的理解；另一方面，也许与当时默顿本人的政治倾向有关——在二三十年代美国的大萧条时期，他与许多坦普尔大学的学生一样，是一位温和的社会主义者。

凭着优异的成绩，默顿顺利地获得了哈佛大学的奖学金，并成为社会学专业的首届研究生，不久又做了索罗金的研究助手。索罗金的指导对默顿的成长影响很大，“他帮助我摆脱了思想的狭隘性，即把社会的有效研究局限在美国本土，他也帮助我摆脱了在贫民窟环境中养成的思维方式，即把社会的基本主题集中在社会生活的表层问题上”。虽然默顿没有接受导师的理论定向——欧洲社会思想，但他与索罗金就社会学中的广泛问题，包括科学的社会方面的问题进行过深入的研讨。一次，索罗金受人之约，答应为一个协会写一篇介绍最近的法国社会学方面的文章。繁忙之中的索罗金问默顿是否愿意替他操刀。这正中默顿下怀，因为他一直对欧洲社会学怀有浓厚兴趣。

他夜以继日地工作，很快写出了《近期的法国社会学》和《迪尔凯姆的社会劳动分工》两篇论文，分别登在1934年的《社会力量》(12）和《美国社会学杂志》(40）上，这是默顿最早发表的两篇文章。这一工作为他后来建构结构和功能分析的模型打下了基础。默顿获得博士学位后，留校任教，当索罗金的助教，两人之间多有研究合作，共同发表了《阿拉伯的智力发展过程（公元700—1300年)》(1935)、《社会时间：一个方法的和功能的分析》(1937）等文章。

虽然是索罗金把默顿吸引到哈佛大学，但后来对默顿社会学思想影响最大的，却是当时还毫无名气的青年讲师塔尔科特·帕森斯。帕森斯小索罗金13岁，可谓晚辈后生，但其学术魅力，则有过之而无不及。研究生们更愿意追随帕森斯，“尽管我们是著名的索罗金的研究生，但是我们那个小集体却更乐意同不著名的帕森斯一起工作”。一些学生“身在曹营心在汉”令索罗金不快，这也成了索罗金与帕森斯长期不和的原因之一。

青年帕森斯何以有如此神力“抢”走大名鼎鼎的索罗金的研究生呢？主要在于他所开创的结构功能主义理论的巨大魅力。帕森斯的代表作《社会行动的结构》一书虽然到1937年才出版，但在5年前他就已“口头发表”，即在讲课中介绍他的理论，这给研究生们留下深刻的印象，他本人也在学生心目中树起了高大的学术形象：“好久以前帕森斯就成为社会学界的元老之一，他是我们这些人心目中的青年的元老。”

作为学生，默顿在理论上与老师帕森斯一脉相承，学习、继承他所创立的结构功能主义的传统。但默顿并不是一个循规蹈矩的学生，他并不盲从帕森斯的综合社会学理论体系，而是大胆地提出疑问。他认为，建立一个包罗万象的一般社会学理论的条件还未成熟，社会学还不到出现爱因斯坦的时候，因为还没有开普勒，更不要说还得有牛顿、拉普拉斯、吉布斯、麦克斯韦和普朗克。对于默顿的质疑和含蓄的批评，帕森斯表现出一个真正学者的风度，他表示尊重默顿的“不虔诚”，两人都有理由坚持自己的观点。

1979年，也就是默顿退休的那一年，帕森斯去世。默顿对自己的老师予以高度评价：“帕森斯的去世，使得社会学的一个时代结束了，当一个新的时代开始……将为他留给我们的社会学思想的伟大传统而鼓舞。”

2.“两顿”之交

在哈佛大学，激发起默顿对科学和技术的社会学兴趣的，不是社会学家索罗金，也不是帕森斯，而是一位经济史家E. F. 盖。盖爱好社会学，一直专注于档案研究。

默顿曾选修盖的课程，盖布置他写一篇评析 A. P. 厄舍的《机械发明史》的小论文。盖很欣赏默顿的文章，并建议他去旁听当时哈佛大学唯一的科学史课程，该课程由生物学家、业余社会学家 L. J. 亨德森和萨顿联合讲授，这样默顿与萨顿就结下了不解之缘。

乔治·萨顿是当时哈佛大学科学史系系主任和初生的科学史学科的世界性权威，默顿称他为科学史学的总设计师。萨顿关注科学发展的社会方面，“对科学史怀有社会学视角的人文兴趣”。在旁听生默顿心中，萨顿是一位令人敬畏的师长。因此，直到他开始撰写博士论文时才敢寻求萨顿的直接指导。

1933 年秋的一天，默顿壮着胆子敲开了萨顿有名的个人图书馆——Widerner 189 工作室的大门。萨顿热情邀他进屋。默顿向萨顿介绍了他的博士论文《17 世纪英格兰的科学、技术与社会》的写作计划，萨顿没有热情地赞同这个对于一名研究生来说显得过于宏大的计划，但也没有否定，只是提了一些建议。从此，默顿就成为萨顿的学生，“一个难以驾驭的”学生。

萨顿“是一位除了书信朋友，很少有亲密朋友的人”，但是他对学生，即使是偶然的学生，也是非常友好和善的。对默顿更是恩宠有加，他允许默顿自由地使用他的 Widerner 189 工作室，一直持续 3 年多的时间。在默顿学术成长的关键时期，萨顿起了关键的作用。默顿回忆道：萨顿“在一个我的训练只能算作一个入门者的领域里给予热情的鼓励和指导”，“把我从一个研究生转变为一个能与国际水平的学术共同体进行对话的新秀”。在萨顿与默顿的师生关系中，不能不提到萨顿创办的著名期刊《爱西斯》和《尤西里斯》。“近水楼台先得月”，默顿理所当然成为《爱西斯》和《尤西里斯》的直接受惠者（当然也是贡献者）。从一开始，《爱西斯》就向默顿开放，在他读研究生期间，就有 8 篇评论文章被《爱西斯》采纳。这极大地激发了默顿的写作热情（此间他也给其他杂志写了大量的评论文章），并成为他学术进步的催化剂和个人转变的动因。

1936 年春，默顿进行博士论文答辩，萨顿是 4 位评委之一。索罗金请萨顿首先提问，萨顿的第一个问题是：“默顿先生，请你告诉我，是谁发现了血液大循环？”这一问把默顿惊呆了，他怎么提这么简单的问题？

默顿回过神后答道：“当然，血液大循环是威廉·哈维发现的。有人认为他于 1616 年已在他的讲座笔记中明确指出，但直到 1628 年才公开发表。但另有人主张……”

接着默顿又借题发挥：“但是对科学史家而言，像几年前您在您书中的导言所说的，新的激动在于新的证据。13 世纪阿拉伯外科医生纳菲斯的确发现了小循环，而更早以前首先独立发现的是塞尔维特和稍晚的哥伦布。但应指出，他发现小循环不是通过解剖（解剖在他们的文化中是禁忌），而是通过理论推演得出的。而且……”

默顿讲到这里，萨顿显得很激动，他突然站了起来，敲打着桌子，大声说道：“你怎么知道那正在证实的证据呢？我的老朋友麦克斯·迈耶霍夫在开罗发现了几个阿拉伯手稿，并发表在德国的一家专业医学史杂志上，你不可能看到它。后来他给我寄来压缩译稿，拟登在《爱西斯》上，但因杂志延误还未发行。告诉我，你究竟是怎么知道这个新证据的？”

此时，默顿已不是得意而是焦虑，不过，他还是继续解释说：“萨顿先生，您知道，当我在您的 Widerner 189 工作室学习时，我常读一些放在长方活字盘上的文章，恰好碰到了迈耶霍夫的那一篇。”

这段插曲从一个侧面反映了萨顿与默顿很不一般的师生关系。萨顿的本意也许是，先问一个简单问题，让默顿放松，但没想到让默顿得到了一个表演博学的机会。萨顿并不为此而高兴，反而觉得自己受到了很大伤害，因为他担心社会学系的评委会认为他们师生在作秀。

默顿获得博士学位后，被萨顿聘请为《爱西斯》的助理编辑，负责有关科学史和社会学方面的文章编辑。特别值得一提的是，正当默顿为他的博士论文的出版犯愁时（当时正值美国的大萧条时期，出版经费很难筹集），萨顿主动提出，在《尤西里斯》上以专论系列的形式发表他的长篇博士论文《17 世纪英格兰的科学、技术与社会》。这令默顿大为吃惊且终生难忘，他说这是萨顿给他的最大“礼物”，令他的同学嫉妒的“礼物”。

后来，默顿因别的原因，辞去了《爱西斯》助理编辑的岗位（此岗后来一直空缺），并离开了哈佛大学。但是默顿与萨顿的联系并没有终止，他们之间保持了 25 年之久的书信友谊，直到萨顿去世。

3. 动人的三重奏

哈佛大学具有跨学科交流的传统，系与系之间的差别并不构成人们彼此相互认识、相互了解对方兴趣的障碍。在 20 世纪 30 年代的哈佛大学校园，出现了一个由默顿、I. B. 科恩和 B. 巴伯组成的三人小组。默顿称之为三重奏，意指他们三人对社会学与科学史之间可能存在的关系具有共同的兴趣，常常在一起进行跨专业的思考、讨论和交流。

在这三重奏演出小组中，默顿最年长，科恩居中，巴伯最小，年龄依次相差4岁。当时，默顿已留在社会学系任助教和辅导员，巴伯是该系本科生。科恩为哈佛物理系学生（比库恩早6届），1937年获学士学位后，进入研究生阶段的学习，就读于美国第一个有权独立授予学位的科学史博士点（在此之前，科学史的博士学位都是由历史系和某一自然科学系共同授予的），师从萨顿。导师萨顿以他特有的百科全书式的眼光，要求科恩通晓科学、语言、历史、哲学等领域，在他看来，这对于一个合格的科学史博士学位是必不可少的。科恩用了10年时间达到了导师近乎苛刻的要求，从而成为继艾丁之后在美国获得科学史哲学博士学位的第一人。这已注定了他将成为萨顿在哈佛的接班人。

1938年春，作为一名研究生，科恩成为默顿的后继者，在萨顿的Widerner 189工作室获得一个桌位，与5年前默顿来到这里的情形几乎一样。在这里，科恩不但可以读到萨顿私人的科学史方面的藏书，而且还可以看到让《爱西斯》写书评的新书和杂志，以及寄给《爱西斯》的打印稿。当科恩一看到发表在《尤西里斯》上的默顿的博士论文，就马上被吸引住了。“默顿对我来说是一位可敬畏的英雄。他是我唯一遇到的基于有关科学史的研究而获博士学位的学者。”作为第一批读到默顿著作的读者，科恩深感兴奋。默顿的量化分析、对科学与清教关系的探讨、有关“纯”科学家的研究动机问题，以及大量文献的应用，给他留下了深刻的印象。但是，他也产生了一些困惑，诸如这样的问题：这就是一个特定历史时期近代科学兴起的社会学分析？或者说它是一个注入了社会学定位和视角的历史研究？它是一个对或许被历史学家所忽视了的社会学的贡献？或者说它是一个不需被社会学家思考的历史解释？正由于这些困惑，与默顿面对面的对话就显得更为必要了。

三重奏的主旋律是社会学与科学史的关系。他们自导自演，通过不断的信息和思想交流，促进理解并相互提高。他们的行为无疑得到了很多老师的支持，特别是萨顿给他们提供了不可多得的条件。巴伯在他的代表作《科学与社会秩序》一书的致谢辞中也曾提到这一点：“我本人算不上乔治·萨顿的学生，但在我们长期和愉快的相处中，我从他那里学到了关于科学史和人文主义的本质的东西。他总是最慷慨地允许我利用他那Widerner 189私人图书馆。”随着交流的继续，默顿发现，三人间“认识的和社会的互动日益得到加强”，“只是偶尔觉得学科界限阻隔了我们的交流”。不过，他们并没有想到，在不久的将来会出现像科学的历史社会学这样的领域，它完全不同于像默顿的《17世纪英格兰的科学、技术与社会》那种专题研究领域。随着默顿离开哈佛大学、巴伯去海军服务，这一动人的三重奏就告以终曲，尽管后来默顿与哈佛大学的科恩仍保持断断续续的联系。巴伯完成服役后又返回哈佛大学，并成为新一轮跨学科交流的桥梁。社会学家和日益增加的青年的科学史家群体（以库恩为代表）的广泛交流、互动，在20世纪40年代的哈佛大学又出现了一个跨学科的无形学院。

三、哥伦比亚的同事弟子

1. 与拉扎斯菲尔德的经典合作

1939年，默顿离开哈佛大学去了新奥尔良的图兰大学任教授和社会系主任，两年后转入哥伦比亚大学任教，直到1979年退休。在这里，他开始了一个完全没有料到的学术生涯：与同事保罗·拉扎斯菲尔德进行了长达35年的难以置信的合作。

保罗生于维也纳，25岁获应用数学博士学位，30岁时移民美国，后创立哥伦比亚应用社会学研究所（美国第一个依托于大学的社会调查中心）。保罗与默顿，两人具有完全不同的知识背景、研究取向和学术风格。前者是一位具有数学头脑的方法论专家，精于经验研究；后者是一位地道的社会学理论家，擅长理论研究。前者是在大众传播、投票行为、舆论引导和个人行为等方面进行经验研究的先行者；后者则是致力于功能分析的范式，并应用它来研究各种社会制度的开拓者。前者是一位热衷于集体研究的组织者，后者是倾向于独立探索的思想者。但是这些差别，并没有成为他们合作的障碍，反而成了他们互补的优势。

在默顿来哥伦比亚大学之前，保罗已在领头从事广播的社会效果研究（该项目由洛克菲勒基金会发起和资助）。当时，保罗还是讲师。后来，有一个社会学教授岗位空缺，但系里不能就提名取得一致意见，问题是，是让一位强调社会理论的人还是由一位主要关心经验研究的人来担任这一职位。最终的结果是，把教授职位分解为两个较低的职位，即分别由默顿和保罗担任副教授。这一情况使默顿与保罗的关系变得不那么简单。1961年，专栏作家亨特在《"纽约人"剪影》一文中，生动地描述了他们两人之间的微妙关系：

在1941年11月，保罗觉得，作为年长者，他应显得行为得体，承认"对手"的存在。于是他邀请默顿共进晚餐，但是，就在约定好的下午，他接到"事实与数字办公室"（OFF，它是"战争情报办公室"OWI的前身）的紧急召

> 唤，要求他当天晚上对一个新的广播节目做一个听众反应检验，这一节目是OFF专门设计的，作为战前士气培养计划的一部分。当默顿携夫人到来时，保罗在他公寓的门前迎接他们，并说“太好了，你们能来这儿，太好了。可是，亲爱的默顿，先别脱下大衣。我会给你一个社会学上的惊喜。我俩不得不离开身边的女士和小姐去单独用餐，当然会尽快回来”。然后，保罗带着默顿匆忙奔向一个广播工作室，在那里已有一群人正在收听“这就是战争”的录音节目……节目后，保罗的助手开始询问听众喜欢或不喜欢这个节目的理由，这时，默顿又重新振作起来。默顿很快就察觉到刚才那种提问方式的理论缺点，于是他草写了一张便笺传给保罗……当第二拨听众进入工作室，保罗问默顿是否愿意节目后做些提问。默顿做了。保罗称赞道：“做得太好了。我们必须进一步讨论它，让我们打电话告诉女士们，使她们知道我们仍在密切合作……”工作完了后，他俩一起去了一家俄罗斯啤酒馆，谈论社会学，直到午夜。

据保罗后来回忆，他当时没有谈社会学，而是谈了他试图建立应用社会学研究所的设想，以及希望默顿加盟的愿望。

默顿参与保罗创建研究所的活动后，他们很快地找到了合作的共同的基础。他们由竞争的对手变成了合作的伙伴，一起从事一个又一个的应用研究项目。具体分工是：保罗负责对一系列方法论的出版物进行摘要、提炼，默顿则从各个经验报告中得出理论观点。他们彼此取长补短、互相影响、互相促进。起初，默顿几乎从不过问自己的研究对委托人是否有用，但在保罗的影响下，这一超然态度发生了根本的改变。在二战期间，美国政府加强对社会科学研究的利用，默顿和保罗一道参加了许多由政府组织的应用研究，如《美国士兵》研究。1948年，社会科学研究理事会召开会议，讨论应用研究与基础研究的关系，默顿被邀作定基调的报告。“通过他在哥伦比亚应用社会学研究所的工作，作为一个领头的社会理论家，默顿又获得了作为一个在社会研究的实际应用方面的专家的声誉。”默顿和保罗共同撰写了《广播和电影宣传的研究》(1943)、《大众传播、流行品味与组织化社会行为》等文章，整理了后来被广为使用的“焦点访谈”方法，最成功的莫过于他俩编辑的《社会研究中的连续性：关于〈美国士兵〉的视角和方法的研究》(1950)一书。后来默顿回忆道：“在我生命的较后的时期，我从同事拉扎斯菲尔德那里学得最多，但是他本人并没有意识到，在我们长达三分之一世纪的合作中，他已教给我许多东西。”

在一起共事的日子里，他俩几乎每个工作日都要面对面交换意见。默顿是一位生活有规律、工作很尽职的人，常常是上午 9 点来到办公室，下午 5 点离开。保罗由于行政事务较多，往往要 5 点后才有空。当他来找默顿探讨问题、商量工作时，往往碰不到面。保罗不得不拿出特殊一招，即每当下午 4 点 45 分时，他就来到默顿办公室，每次都带来一个默顿一定感兴趣的问题，这样使默顿欲走不能。于是交谈、讨论、争论就不知不觉地延续到 6 点、7 点，乃至 8 点。这个故事后来在所里被传为佳话。

默顿与保罗的科研合作，可谓是独一无二的典范。他俩珠联璧合、相得益彰，建立了强调理论与经验相结合的“哥伦比亚学派”，开拓了社会学应用领域的新视野，发展了一系列行之有效的研究方法。

2. 名师高徒、教学相长

默顿既是一位杰出的学者，也是一位出色的教师。他与保罗联手开设研究生班，培养出一大批具有良好的理论素养又精通经验研究的优秀学者，像詹姆斯·科尔曼、刘易斯·科塞、罗斯·科塞、彼得·布劳、西摩·马丁·李普塞特、阿尔文·古尔德纳等，他们都是美国社会学界举足轻重的人物。此外，默顿还通过在哥伦比亚大学设立专门“科学社会学研究项目”，培养了像哈里特·朱可曼（后来的默顿夫人）、科尔兄弟、托马斯·吉尔林等优秀专业人才。

在默顿看来，学者角色和教师角色是统一的，“教学本身就是一种学术模式”。他深谙教学相长的道理，强调师生的良性互动：“社会的和认知的相互作用在一定程度上总是双向的，虽然互动过程的参与者可能在地位、能力和权威方面并不对等。”当一批批像科尔曼这样的有天赋的学生来到哥伦比亚大学社会学系，这里就成了一个焕发智力的场所。在共同的追求下，师生相互影响（并不对称）、相互促进。老师把他的最新研究成果，通过“口头出版”的方式零距离地传给学生，学生以赞同、喝彩或者批评、质疑的方式反馈给老师，从而不断加深对问题的理解。讲授或讨论中往往诱发着新的观念，默顿总是注意在课后修正他的教案或讲稿，不断增添新的内容，并以此为乐。“每当我对一个主题或问题的反思，在讲授或讨论的过程中被新的试探性观念所取代或超越，那就是我特别愉快的日子。”

作为一位教师，他启发了无数人对社会学的兴趣，正如其高足科尔曼所说：“默顿使社会学具有了神圣的感召力，一个人一旦受到默顿的感染，将毕生为之奉献。”默顿的确有这样的感召力，科尔曼本人在哥伦比亚大学的求学经历就可让我们略见一斑。

科尔曼是美国著名的、多产的社会学理论家、方法论专家。1951 年夏，25 岁的科尔曼来到哥伦比亚大学，他本来是作为伊士曼柯达公司的一名化学师来深造的。但是，化学化工并不能激发起他的学习热情，使他全身心地投入。科尔曼是一位求知欲强、有个性的学生，但自中小学以来就觉得老师们没有很好地启发他的兴趣，从而对教师抱有一定成见，对教育表示悲观。他曾玩世不恭地说："只要他们不毁掉我们的兴趣，我别无他求。"

但是，默顿的一堂课，确切地说是 9 个月的课程，完全打破了他长期以来形成的成见和悲观。

那是当年秋季，默顿面向全校开设了一门"社会结构的分析"的课程。科尔曼带着几分期待来到座无虚席的 Fayerweather 313 教室。第一堂课下来，他就觉得默顿与众不同，与许多别的学生一样，产生了从未有过的兴奋。当该课程结束时，他觉得自己像吃了魔药、着了魔法似的已离不开社会学，并仿佛听到了"一个值得终生追求的召唤"。

默顿年轻时虽是一位业余魔术师，但是他早已不再玩弄魔法。是什么力量使科尔曼的思想发生如此大的转变呢？那就是默顿作为一位教师所具有的人格的、理论的、思想的和方法的魅力。

第一，默顿是一位对他所追求的事业——"发现社会如何运转"高度投入的人，一旦进入"状态"就全神贯注、心无旁骛。默顿把这种精神带到了课堂，深深地感染了他的学生。第二，默顿的"中层理论"，像 20 世纪 30 年代帕森斯的宏大理论一样，对学生产生了很大的吸引力。第三，默顿具备惊人的批判精神和批判能力，任何理论作品漫不经心的推理和不充分的证据都不能逃脱他的眼睛。第四，默顿不但注重理论，而且注重方法。他教给学生一套分析和评价理论作品的工具，并以帕森斯刚刚问世的名著《社会系统》(1951) 为靶子做系统分析，使学生很有收获和成就感。第五，默顿多样的兴趣、广阔的视野及跨学科的比较，激发学生产生新的兴奋点。

科尔曼仅仅是默顿众多学生中的一位代表。默顿在与其学生的互动中，形成了教学相长的良性循环。一方面学生受到老师的引导和影响，受惠于自己的老师；另一方面又支持、促进着老师的教学和研究。正如英国出版的一本《社会科学百科全书》在"默顿"条目下所写的：默顿的声誉最可靠地建立在他创立了科学社会学这一学科之上，当然，少不了他哥伦比亚的同事和学生的帮助。

四、默顿的遗产

默顿一生勤于探索、笔耕不辍。他是一位不知疲劳的工作者，也是一位对待工作一丝不苟的完美主义者。他通常是在早晨4点半就起床，从事他的研究项目。在他生命的垂暮之年，他依然坚持读书写作；在他生命的最后岁月，他顽强地与6种癌症做斗争；在他生命的弥留之际，他仍在整理自己论述“偶发奇缘”的文稿。《偶发奇缘的旅行和冒险》一书的英文版已由普林斯顿大学出版社于2004年出版。长年的辛勤劳作，结下了累累硕果。他一生共出版著作20多部，发表论文200余篇、书评约120篇。这些作品展现了默顿广泛的学术兴趣：从毒品迷恋到专门职业，从社会失范到社会时间，从友谊形式到角色冲突，从功能分析到科学的精神气质，从医学教育到多重发现，从官僚结构到中古格言的起源。由于默顿拥有如此广泛的知识面，他的学生L. 科塞把默顿比作“以赛亚的狐狸”，而把帕森斯比作豪猪（以赛亚曾引用过一位古希腊诗人的话说过：“狐狸知道许多事情，而豪猪知道一件大事。”）。但这并不意味着默顿的研究没有侧重点、主攻方向和系统性。“我的主要方向是社会学理论、研究方法和经验研究之间的关系。”他偏好以论文的形式写作，其理论观点多具原创性、启发性和开放性。他行文言简意赅，“许多作品是如此的明晰，以至于人们不能想象为什么没有别的人费心去指出它”（E. 加菲尔德语）。默顿是无可争辩的20世纪最具影响力的社会学家，他的文章被广泛引用。据信息科学家加菲尔德引证分析证实：默顿的影响远远超出了传统的社会学领域。他利用SCI和SSCI对1970—1977年期间的资料做了统计，发现共有2541篇论文引用过默顿的著作。其中社会学925篇，占36%；其他社会科学1413篇，占56%；自然科学203篇，占8%。令人难以置信的是默顿的观念和理论对医药学、精神病学、信息科学、物理学、生物学等自然科学也产生了一定的影响。他的影响也早已超越了国界，其著作至少已被翻译为28种语言。

现在，默顿已离我们而去，但他给我们留下了巨额的精神财富。如一位多年研究默顿的美国学者所说：“很少有社会学遗产是如此的丰富和饶有风味……默顿一生的全部作品已成为一个富有活力的、意义深远的思想系统，一个现代和未来社会学的更新与生机的源泉。”在此，我们无法对默顿的丰硕成就进行全面评介，只能做一简要概括。

1. 创立科学社会学

默顿学术兴趣广泛，在他众多喜爱的领域和主题中，科学社会学是他的最爱。如他自己所说："在各种社会学主题中，只有一个特别的领域——科学社会学持续地吸引着我的兴趣。"早在20世纪30年代初，当时的科学社会学像"克莱奥的继子"一样被人们所忽视，默顿就全身心地投入科学的社会研究特别是《17世纪英格兰的科学、技术与社会》的研究。半个多世纪以来，默顿总是站在科学社会学研究的最前沿，参与、引导和支持着这一学科的发展。到20世纪六七十年代，科学社会学作为一门专业学科的地位得到确立，默顿也被尊为"科学社会学之父"。连默顿的批评者、"社会建构主义"的代表人物之一卡林·诺尔塞蒂纳也承认这一点：

> 即使默顿的敌人也承认默顿是科学社会学的创始人。当他1938年发表其经典之作《17世纪英格兰的科学、技术与社会》时，科学社会学还是一个未被承认的领域。50年后，美国和欧洲已出现了大量的有关科学和技术的社会研究的项目和研究中心，科学社会学作为社会学的一个分支学科的地位已确定无疑了。

默顿作为这一新兴学科的开门人和守门人，率先研究科学的制度化问题，提出"默顿命题"，阐述科学的规范结构、科学的评估与奖励系统、为优先权而竞争、独立的多重发现、马太效应、局内人与局外人等主题，在极其广泛的方面作出了开拓性的贡献。其核心贡献在于：创立了科学社会学的概念和工具框架，并提出了默顿式的研究纲领——主要追踪、探索科学的社会文化条件，尤其是包含着独特规范和价值的科学制度本身的社会结构影响科学发展的方式。

2. 提出一系列产生深远影响的社会学概念、理论和方法

第一，倡导、致力于"中层理论"。默顿反对那种过于哲学化的包罗万象的社会学理论，他主张介于宏观的概念框架与微观的可操作假设之间的"中层理论"。"社会学需要有中途驿站""社会学只有侧重于（但不仅仅）中层理论的研究，才会有所发展；否则，如只注重发展综合的社会学体系，社会学就会停滞不前"。"中层理论"的例子有失范理论、角色冲突理论、参考群体理论、相对剥夺理论、社会流动理论、社会分层理论、权威理论、制度的相互依赖理论、社会规范的形成理论、社会分化理论、种族冲突理论、阶级和国家冲突理论等。与帕森斯所追求的"宏大理论"相比，

“中层理论”的抽象层次较低，与经验世界发生联系，其假设较易为经验性研究所检验。这一理论主张已为大多数社会学家接受和应用，影响了几代人的社会学思维。默顿也对许多“中层理论”作出了实质性的贡献，最著名的是他的失范理论，50 多年来，已有超过 250 篇文章和著作对它进行描述、扩展、检验、修正和批评，从而产生了深远的影响。

第二，完善功能分析范式。默顿批评了早期功能分析的三个有问题的假设（即功能一体性、功能普遍性、功能必备性假设），提出了作为引导整合理论和经验研究的功能分析范式。默顿认为结构的功能分析应集中关注群体、组织、社会和文化，“社会角色、制度模式、社会过程、文化模式、文化模式化情绪、社会规范、群体组织、社会结构、社会控制机制”是功能分析的主要对象。默顿强调功能分析的焦点是社会的功能，而不是个人的动机，不能把个人的主观动机与制度或结构的功能混淆在一起。为使功能分析符合实际，他提出了诸如非功能、负功能、净平衡、功能分析层面以及显功能和潜功能的概念。“默顿的发展功能分析范式的努力是现代功能主义的最重要的一曲。”其成果不但对于打算从事功能分析的社会学家很有用处，而且克服了原始功能分析过于粗糙和保守的缺陷，从而使功能主义打开了有意义变迁的通路。

第三，提出了许多具有广泛影响的专业术语。如潜功能与显功能、反功能、自我实现预言、目标置换、角色模式、角色丛、地位丛、退却主义、机会结构、本地人和世界主义者、马太效应、研究中的偶发模式、社会学的矛盾选择等。它们都已成为现代社会学的核心概念，有的甚至成为日常语言。

3. 开创社会学研究的理论与经验相结合的传统

在西方社会学界存在着一种社会理论和经验研究两者脱离的倾向和现象。一方面，一些社会学家热衷于笼统的概括，并急于尽快地找到建立宏大的社会学理论的通路，他们的格言是：“我们不知道我们所说的是否是真实的，但它至少是有意义的。”另一方面，激进的经验论者则振振有词地说：“事实就是如此，我们不管其意义如何。”也许是受自然科学研究的影响，默顿深刻地察觉到理论与经验分离的局限性，力主两者的结合。“长期以来假想的那种社会理论和经验研究的相互脱离是我始终反对的，而使两者的结合是我的贡献。”默顿的贡献就在于：一方面，他系统阐述了社会学理论研究与经验研究的相互影响、相互促进、相互结合的方式；另一方面，在他自己的科研实践中始终坚持理论与经验相结合的思想，与保罗等人合作，在诸如科层组织、大众传播、专门职业、公共政策等多个领域中取得了许多示范性成果，与此同时，还与其弟子们一道展开了一系列卓有成效的理论和经验研究，形成颇有特色的科学社会学默顿学派。

此外，默顿作为一名出色的教师，桃李遍及全美；作为一位优秀的编辑，他评阅了大量手稿，提升了无数同事和学生的出版物的水平；作为一个审稿专家，他力求遵循“普遍主义”原则，客观公正地评价同行的成果（他总共评审过200部书稿和2000篇论文）；作为一位热心的通讯员，他向全球数百名同人传递批评、鼓励和支持；作为一个公众人物，他不厌其烦地接受人们对社会学状况的询问；作为一个学术政治家，他总是试图避免科学家之间的内部冲突，并经常使完全不同的美国的和国际的社会学共同体走到一起；特别是，作为一个长期研究自然科学的社会学家，他力图使社会学成为沟通科学与人文的桥梁。所有这些，都是默顿留给我们的宝贵精神遗产。那么，究竟什么是他最重要的遗产呢？美国文理科学研究院给默顿的悼词或许能给予我们答案。

> 默顿终生致力于扩大我们对人类行为和动机的理解。在他的著作中，集中体现了历史的视野、严密的分析、深刻的心理学洞见和罕见的广泛学术兴趣。在他的肩膀上，许多20世纪社会学的创新思想被建立起来了。

是的，默顿已打开了一个富有的知识宝藏，他思想和理论的原创性、启发性和开放性，以及对社会生活的恰当理解，就是他留给我们的最重要的遗产。

（作者：欧阳锋）

参考资料

[1] 罗伯特·金·默顿. 论理论社会学[M]. 何凡兴，李卫红，王丽娟，译. 北京：华夏出版社，1990.

[2] R. K. Merton. George Sarton：Episodic Recollections by An Unruly Apprentice [J]. ISIS，1985，76(4)：470-486.

[3] R. K. Merton. The Sociology of Science： An Episodic Memoir [M]. Illinois：Southern Illinois University Press，1997.

[4] G. Ritzer. Sociological Theory [M]. New York： Mcgraw-hill，1996.

[5] 阎鹏. 真正的知识超越国界——访当代社会学大师罗伯特·默顿（Robert K. Merton）[J]. 社会学研究，1992，3：1-6.

帕拉塞尔苏斯

（Paracelsus，1493—1541）

帕拉塞尔苏斯

新科学运动的领袖与怪杰

帕拉塞尔苏斯是文艺复兴时期著名的瑞士－德国医生，历来是科学史学家们激烈争议的一位重要人物。有人把他贬为“最糟糕的炼金术士、江湖骗子和无知庸医”，有人把他尊崇为近代“科学革命的真正先驱”。他的思想十分庞杂，曾受到炼金术、冶金和制药知识的影响，也深受德国民间医学、宗教改革时期的新教观念以及文艺复兴时期赫尔墨斯主义、诺斯替教派和希伯来神秘哲学思想的感染。他试图用化学来阐释人与自然中的一切现象，从而达到对上帝的完美理解。他的学说尽管表面上充斥着一些相互矛盾的论述，但却在当时的整个欧洲产生了广泛而强烈的影响，成了科学革命时期一场持续争论风暴的中心。实际上，不研究帕拉塞尔苏斯及其思想，就不可能全面准确地理解近代科学革命。

一、家庭教育

阿尔卑斯山连绵不断的山峦把瑞士和德国紧密地联系在一起，古老的埃因西德恩小镇就坐落在德瑞边境的一个深山幽谷之中。小镇四周树木蔽天，群山高耸，气势逼人。大自然将其无穷的威力播洒在这块桀骜不驯的土地上，沉重地压迫着人们的意志。

1493 年 11 月 10 日，人们注意到，当太阳与天蝎座处于同一位置时，这个小镇发生了一件不同寻常的事情，该镇一个名叫威廉·朋巴斯特的穷困潦倒的医生家中诞生了一个婴儿。这就是后来那位叱咤风云的旷世奇才——帕拉塞尔苏斯。

帕拉塞尔苏斯出身卑微，母亲是埃因西德恩小镇修道院的一位女奴，父亲是当地的一名乡村医生和炼金术士。帕拉塞尔苏斯所受的家庭教育基本上来自他的父亲。

帕拉塞尔苏斯生性聪慧，从小受到父亲的影响，很早就迷上了医学和炼金术。而且，他还从父亲那里学到了有关采矿、矿物学、植物学及自然哲学的初步知识。为了让帕拉塞尔苏斯增加实践和感性知识，1502 年，他的父亲决定举家迁往奥地利南部城市费拉赫。在那里，年幼的帕拉塞尔苏斯进入当时著名的炼金术士兼财政家富格尔的矿地和冶金工场当学徒。正是在那里，帕拉塞尔苏斯学到了第一手冶金过程的知识，发现了煤矿工人疾病的特点（主要是矽肺和肺结核）。这一段经历为他后来关于金属生成的专业研究和矿工疾病的著作打下了扎实的基础。他的第一本论职业疾病的著作就是根据这种经验写成的。

孩童时代的帕拉塞尔苏斯思想早熟，面对着文艺复兴时代令人眼花缭乱的各种思潮，他始终处于极度激动与亢奋之中，恨不得挥舞利剑披荆斩棘，杀向旧世界的一切权威。为了让帕拉塞尔苏斯开阔眼界、增长学识，他的父亲把他送到当时几位著名的大主教门下求学，其中就有施蓬海姆修道院院长、炼金术士约翰内斯·特里瑟缪斯，他与大名鼎鼎的人文主义者阿格里帕交往甚密。阿格里帕是科学革命时代众多追求“现代化”的伟大思想者之一，有人认为他的思想最能反映出当时这一富于爆炸性、革命性和未来性的精神特征。正是在这里，帕拉塞尔苏斯受到了最初的人文主义教育。从此，人文主义精神深深地渗透进这位年轻斗士的精神血液中。

二、漫游学者

帕拉塞尔苏斯 14 岁离家求学，四处漫游。在此后的 20 多年时间里，他拜访了欧洲大陆的许多大学。他在意大利的费拉拉待了较长一段时间，并且在那里获得了医学博士学位。当时，欧洲大陆正遭受连绵不断的战争浩劫，帕拉塞尔苏斯为了获得第一手材料，继续他的研究，就到军队当了一名随军外科医生。这对于一个获得博士学位的人来说，是一个相当低微的职业，因为当时外科医生的地位和理发匠、药剂师差不多。

在游历中，帕拉塞尔苏斯十分注意向普通人学习，并从民间收集到许多治病秘方。而且，他还善于从日常生活经验中受到启发，总结出一套简便而又行之有效的治疗方法。据说，他在医书中所描述的酒和醋的一些独特疗效就是根据平常和一帮朋友们在喝酒时领悟到的。他曾经这样告诫他的读者：“医生们应该掌握的所有东西都不是在学校里学到手的。他们必须时时向老人、向被称为吉普赛的鞑靼人、向四处游历的法术师、向古老的农谚、向其他许多经常被瞧不起的人求教。从他们那里，你能学到所需要的知识，因为这些人对这类事情的认识要比任何高等学府高明得多。”由于帕拉塞尔苏斯的治疗方法与传统的医学格格不入，因而总是四处碰壁，备受冷落，尤其是得不到学院派医生的承认。

1525 年，帕拉塞尔苏斯流浪到了萨尔茨堡，当时那里正爆发一场农民战争。他深知农民遭受的连绵不断的痛苦和灾难，因而对他们十分同情，并且为他们奔走呼号。他的这种言行很快就遭到当地法院的注意。为了逃避起诉，他不久便逃离了这个城市，流浪到了瑞士和德国南部一带。他试图在这里开创一个全新的局面。

机会终于到来了。在遭受了一连串失败的打击后，1527 年，帕拉塞尔苏斯在瑞士的巴塞尔赢得了他一生中唯一一次辉煌的胜利。当时，巴塞尔著名的人文主义者、印刷商约翰内斯·弗罗本腿部受到严重感染，在遍请了当时的医学权威后仍然不见有丝毫的好转，马上就要被截肢了。在绝望之中，这位新教徒想到了帕拉塞尔苏斯。他央求他在宗教改革运动中的朋友把帕拉塞尔苏斯请到家中，作最后的努力。帕拉塞尔苏斯检查了弗罗本的伤情后，断然抛弃了那些学究们的空论，用自己独特的治疗方法，保住了弗罗本的腿。这次成功的手术使帕拉塞尔苏斯名声大振，享誉整个欧洲。当时，弗罗本的挚友、荷兰伟大的人文主义者伊拉斯谟也在这里接受了他那不同寻常的而又行之有效的诊察。伊拉斯谟怀着十分感激的心情在给帕拉塞尔苏斯的信中写道："你把弗罗本、我生命的一半从地狱里带回来了。"

这次空前的成功使帕拉塞尔苏斯立即赢得了巴塞尔的市医和医学教授的职位。然而，随之而来的是医学权威们严厉的指责和攻击，他们拒绝把帕拉塞尔苏斯纳入这个等级森严的官方机构和高等学府中。因为根据当时的规定，在进入传统的机构前，需要提交一批合格的证明材料，并且还要立下一篇必不可少的誓言。然而，帕拉塞尔苏斯不仅拒绝这样做，而且还提交了一份对传统观念进行强烈抨击的《告白书》。他声称要废除盖伦的医学，而代之以一种基于他自己的第一手经验的新型疗法。这种态度显然使医学权威们大为恼火。只是由于斯特拉堡和巴塞尔的一批宗教改革家们的极力担保，帕拉塞尔苏斯才勉强在这一职位上继续待下去。

然而，好景不长，命运又一次给他以沉重的打击。1528 年 2 月，他因在一桩诉讼案中得罪了一位政府要员而被驱逐出了巴塞尔。从此，他再也没有在传统学术机构中得到提升和正式聘用。

离开巴塞尔后，帕拉塞尔苏斯首先造访了洛伦茨·弗里斯，随后在埃斯林根待了一段不长的时间，并于 1529 年到达纽伦堡。在这里，他与当地的医学权威们又一次发生了一系列的激烈争论，这主要是在用有毒的氯制剂治疗梅毒的问题上发生了重大分歧。他在纽伦堡只待了一年就迁到了贝拉茨豪森，并在这里进行他的名著《评论书》的写作。此后，他在圣·加尔又度过了两年艰难困苦的时光，写完了他的主要的医学著作《奇书》。

不久，帕拉塞尔苏斯又离开了他的朋友、病人以及设备良好的实验室，以一个俗家传教士的身份开始了他的漫游生活，他常常食不果腹、衣不蔽体，有时甚至靠行乞度日。尽管如此，但他从没有放弃他的医学事业。1533 年，他写了一本关于矿工疾病的著作。1536 年，他的《杰出的外科医生》在奥格斯堡和乌尔姆出版问世，在巴伐利亚他写下了一部论述结石病的著作，在波希米亚的克罗曼他完成了一部形而上学的著作《机智的哲学》。与此同时，他还到处发表演说，曾赢得过众多听众的喝彩，这些听众中既有黎民百姓，也有达官贵人，还有教士僧侣。

就这样，帕拉塞尔苏斯脚步不停地从一个地方走向另一个地方，一面行医，一面写作，同时宣传他的新学说。他走遍了大半个欧洲和中东的许多地方，漫游了德国、瑞士、法国、意大利、荷兰、比利时、瑞典、丹麦、挪威、俄罗斯以及其他威尼斯影响下的国家。据说，他还到过亚洲和非洲。帕拉塞尔苏斯所到之处都成了引人注目的中心，拥护他和反对他的人们的激烈论战，促进了他的学说的广泛传播。

1538 年，45 岁的帕拉塞尔苏斯历尽沧桑，回到了费拉赫，结束了近 30 年颠沛流离的生活。在这里，他完成了最后一部著作——“加里森三部曲”。这三部曲分别是论述当地地域性疾病的《慢性病》、论述结石病的《医生的迷误》，以及反击他的对手的《七个辩护》。然而，此时的帕拉塞尔苏斯已失去了当年英俊的形象，身体呈现出一种病态的肥胖，面色憔悴不堪，并且经常伴有歇斯底里的情绪发作。由于长期的流浪生活以及无数次失败的打击和心灵痛苦的折磨，他的身体状况越来越糟糕。他终因贫病交困，于 1541 年 9 月 24 日在萨尔茨堡孤独地死去（他终身未娶），年仅 48 岁。颇具象征意义的是帕拉塞尔苏斯死后被安葬在当地圣·塞巴斯蒂安的一个济贫院里，他的墓地后来成了千百万病人络绎不绝的朝圣之地。

三、离经叛道

帕拉塞尔苏斯是一位典型的反传统型的人物。在科学革命时期众多的伟大领袖中，他在精神上是最革命的，也是最具破坏性和叛逆性的。这从他的名字上就可略见一斑。本来，他的名字叫塞弗里纳斯·朋巴斯特·冯·霍亭海姆，为了表现他的反权威性格，便改名为帕拉塞尔苏斯，意思是超越古罗马著名医学家塞尔苏斯或比塞尔苏斯更伟大。

当时由于传统的学者们热衷于追求原著的纯洁，学术界的诠释之风日盛，形式主义流行。大学里的研究对古人亦步亦趋，缺乏创造性，保守的经院主义严重地束缚了人们的思想。帕拉塞尔苏斯对这种无益于新知识增长的复古主义进行了严厉的抨击。他把矛头直接指向当时在大学里占统治地位的亚里士多德主义。在他看来，亚里士多德是一位异教徒，他的哲学和自然观体系有悖于基督教教义，他的著作充斥着异端概念，存在着许多错误：他的逻辑方法只能导致概念之间的转换，而不能产生新的知识。亚里士多德的观点直接影响了盖伦，成了盖伦医学的理论根基。帕拉塞尔苏斯对此十分反感，他在巴塞尔大学的讲坛上率先打破了传统。为了更好地让一些被大学权威鄙视的普通人学习，他将巴塞尔的药剂师、理发匠和外科医生这些位低职卑的人请进了他的课堂。而且，他宣称他的演讲是基于他自己的观察与实验，而与那些受人尊敬的古代权威无关。当时，拉丁语是公认的学术性语言，而帕拉塞尔苏斯却用被权威们诬为只有马夫和厨娘才使用的日耳曼方言来进行演讲与写作。实际上，他是第一个在大学里这么做的人。而且，为了表示他对传统逻辑学的反对，他的著作看起来行文杂乱无章，言辞含糊诡秘。更令大学里的学者们不能容忍的是，帕拉塞尔苏斯总是用焚烧古代医学权威的著作作为他的开讲仪式。这正像路德烧掉罗马教皇的训谕一样。

帕拉塞尔苏斯十分敬仰路德，他的学说也与路德的新的教义极为吻合。实际上，就时间和地点而言，医学中反传统的新的化学治疗方法与路德在1517年发动的宗教改革运动并驾齐驱。其重要中心就是巴塞尔。也正是在这里，帕拉塞尔苏斯在1527年圣约翰节明斯特城外的一次传统的学生集会上，公然将亚里士多德的追随者、阿拉伯著名的医学权威阿维森纳的一本医学教科书扔进了熊熊燃烧的篝火中。正因如此，帕拉塞尔苏斯在巴塞尔他的同事中成了众矢之的。他的医学论文亦被批得一无是处，他被人诅咒为“疯牛”“埃因西德恩的野驴”。

帕拉塞尔苏斯对古代圣贤和当代权威的猛烈抨击，一方面是为了提倡对经典的训注，认为只有通过神恩感化才有可能获得知识，另一方面是为了寻求一种基于观察和实验之上的全新的自然哲学。他认为，真正的医生应该在两部神圣的著作里寻求真理，一本是神的启示的著作——《圣经》，另一本是神创造的著作——自然。真正的医生就是自然法术师，必须通过对自然的研究来了解上帝。因此对观察与实验方法的推崇，就成了帕拉塞尔苏斯反权威的有力武器。他反复强调说，医生们应该掌握的所有东西都不是在学校里学到手的，而是在大自然中领悟的。

帕拉塞尔苏斯的反传统性格还表现在他的生活方式上。他性格粗暴，狂放不羁，嗜酒如命。他常常邀一帮穷朋友在小酒馆里狂饮作乐，直到酩酊大醉。他十分同情穷人，给他们看病从不收取分毫，而对富人却收费极高。他上街从不穿那象征着医生尊严的黑色长袍，而总穿只有劳工苦力才穿的短褂招摇过市。他总是不修边幅，加上衣服肮脏，看起来像个叫花子。这种生活方式与大学权威们的严谨和庄重格格不入。

帕拉塞尔苏斯的一系列反传统的言行，一方面使他赢得了“医学中的路德”的称号，另一方面也使他招致了大学权威们的谩骂和攻击。并且，最终将他逐出了大学的讲坛，不准传授他的“异端邪说”。然而，他的学说却受到一些激进的大学生的特别喜爱。16 世纪后期，在巴黎和海德尔贝格发生了抗议禁止帕拉塞尔苏斯学说的学生运动。

帕拉塞尔苏斯不仅兴趣极广，而且才华横溢。他生前出版的著作就有 23 部。其中 1536 年出版的《外科大全》使他的名字享誉全欧。他的大部分著作是在他去世以后才出版的。从 1541 年到 1564 年这 23 年中，他就有 42 部著作相继问世。而在 1565 年至 1575 年这 10 年间出版的总篇目就达到了 103 种。由胡塞尔于 1616 年编辑的帕拉塞尔苏斯选集就长达 2600 多页。近代编纂的他的各类著作就有 14 卷之巨，而且还有各种手稿在陆续出版。这些著作的内容十分广泛，涉及医学、宗教、哲学、伦理学、天文学、炼金术、冶金学、采矿学及占星术等。

到了 16 世纪末期和 17 世纪早期，帕拉塞尔苏斯的学说已经有了很大的影响，并且逐渐与盖伦的学说相匹敌。

四、建立新哲学

帕拉塞尔苏斯对大学里占统治地位的亚里士多德的僵化哲学深恶痛绝。他一方面对这种旧哲学进行猛烈抨击；另一方面试图通过依赖于《圣经》的自然法术和神秘哲学对自然做出另一种解释，并在这种基础上努力建立一种全新的哲学——化学的哲学。这种新哲学与亚里士多德的旧哲学背道而驰，它从某种意义上可被理解为一种自然法术。与传统的巫术不同，它是通过某种神秘的经验或者直接的实验对自然进行的调查，是一种必要的知识分支，是人向他周围宇宙进行学习的适当方式。这种新哲学“既符合上帝的法则，又没有违反人的法律”，它寻求对人、自然和造物主进行一种全新的理解，认为只有通过对神的皈依才能获得知识，而且只有通过这种方式获得的知识才能达到真理。因此，研究自然与研究上帝具有相同的意义。

帕拉塞尔苏斯的化学的哲学具有广泛的含义。下面，我们主要从大、小宇宙相统一的自然观和化学宇宙论这两个方面阐述这一新哲学的基本思想。

1. 统一的自然观

16 世纪，随着新柏拉图主义和赫尔墨斯主义的复兴，后期希腊哲学中的法术和神秘主义对文艺复兴时期的自然观产生了深刻的影响。在这里，最具影响的是意大利人文主义者斐奇诺和以他为首的佛罗伦萨的柏拉图学园的学者们的翻译和研究工作。他们把新柏拉图主义、诺斯替教派、犹太神秘主义和赫尔墨斯主义的元素与传统的亚里士多德的形式与质料的观点结合起来，详尽地阐明了两个世界的学说。这种学说蕴含了对上帝、自然与人的统一性的信仰。帕拉塞尔苏斯继承并发展了这种传统，将这种自然理论作为医学和化学的理论基础，并用来解释一切自然现象。

在帕拉塞尔苏斯看来，人这个小宇宙是其周围大宇宙的一件精美缩制品。因此，作为大宇宙的自然与作为小宇宙的人极其相似，甚至具有对应关系。在人的身上体现了自然的所有部分，在自然中则体现了人的各个方面。对人的研究有助于了解自然，对自然的研究亦有助于了解人。大宇宙与小宇宙的共通性与非共通性是宇宙间相互作用的原因。寻求大宇宙与小宇宙之间的和谐一致也就是寻求对造物主的理解。

帕拉塞尔苏斯曾告诫自然哲学家们，必须从天空、地球及其所包含的事物中学习一切。他认为，人本身就是一个天空，亦伴随着行星与恒星的运动。因此，对日月星辰的研究有助于增加“体内天空”的知识，而一个缺乏天文学知识的人则不可能拥有医学知识。他还进一步解释说，地球只是为提供果实满足人类匮乏之目的而存在的。按同样的逻辑，身体亦仅仅是因同样的理由而存在。因此，从体内生长出来的所有“食物”只是供体内的器官享用，这正如地球上果实的生长一样。了解天空与地球也就是了解人自身；同时，了解人的“体内天空”，也就是研究天文学。

大宇宙、小宇宙相类比的观念在整个文艺复兴时期曾广泛流行，尤其是在知识界和思想界产生了极大影响。这一时期的许多学者都普遍接受了这一观点，并将其作为理解世界的基本信念。帕拉塞尔苏斯为这种世界观增添了一种新的成分。

帕拉塞尔苏斯是通过精气放射将大宇宙与小宇宙这两个世界紧密联系在一起的。因为他坚信，天空上的星体通过一种神秘的精气影响到这个地球上的人类，造物主给地球上的一切事物都打下了印记，而人类为了自己的利益可以发现它们。人类是存在长链上的特别环节。人参与了神恩感化，因此，他不仅仅是被动地接受星体的影响。而且，由于宇宙的所有部分之间存在着一种普遍的共感，因而当人受到超自然的影响时，又反过来影响它。在帕拉塞尔苏斯那里，所谓“精气”实际上是一种生命力，它与空气中的硝石有关，因而大、小宇宙间的互感作用便具有了化学的新含义。而这种理论对于当时的医学则具有直接的价值，它是以化学为依据的全新的形似疗效学说——一种“以形治形”的医疗方法的理论基础。

的确，对于帕拉塞尔苏斯来说，宇宙是一个活生生的机体，到处充满着神秘的力量。人自身是生命之链的一部分，它的任务是，不仅仅要阅读古人的著作，而且还要寻找上帝种植于地球之上隐藏着的“礼物”。“一个医生不能仅仅停留于学校里所教授的纯粹的知识，而应该向老妇、埃及人以及诸如此类的人学习。因为他们在这些事情上，比任何学问家们都有经验。”但这种知识并不是每个人都能具备的，唯有通过神的皈依或者直接通过某种神秘的经验或者通过对自然所做的观察才可获得。因此，科学以及观察自然是神授的形式，是一种与神的真实联系。从某种意义上看，研究自然就是为上帝服务。

可见，帕拉塞尔苏斯统一的自然理论是建立在人、自然和造物主和谐一致的基础之上的。正如著名的科学史学家帕格尔指出的，“帕拉塞尔苏斯哲学最重要的特色就是在他的大宇宙、小宇宙间的相似性与对应性之光笼罩之下的宇宙论、神学、自然哲学和医学的重要观点”，“他是第一个对这种系统化的自然知识进行思索的人”。

2. 化学宇宙论

帕拉塞尔苏斯认为，创世是一个化学过程，造物不过是一个“化学的提炼、分离、纯化和结合”的过程。自然是用化学术语进行描述的，因此，化学是理解自然的真正钥匙。

帕拉塞尔苏斯在其《雅典的哲学》中，就是用炼金术术语来讨论造物主的。在这里，一切东西都被认为是来自原初的物质，而所有其他的“神秘的东西”则出自那些生成中的物质。与此同时，上帝被看成是把一种东西与另一种东西分离开来的化学家。

在帕拉塞尔苏斯看来，所有的“生成”都是“分离”。他比喻说，倘若将醋与热牛奶混合，将会以多种方式开始一种复杂物质的分离。它存在于一种神秘的技艺之中。这种神秘的技艺通过“渗透”使每一种简单的东西还原到它自己的特殊本质。它“将一切东西分解分离，以使一种物质回到它的原初形式”。

帕拉塞尔苏斯把创世本身描绘成一个循环过程。首先是元素的形成，然后是天空从火中分离出来。进一步的分离则产生了精神与梦（从空气中），水生植物、盐和海洋动物（从水中），木头、石头、陆生植物与动物（从地球中）。其他的物质则从那些已经创造出的物质中分离出来，这个过程一直持续到再一次得到原初的物质。因此，创世概念的形成实际上就是一种分离的化学过程。

帕拉塞尔苏斯认为，生命的源泉是一种所谓的“天空精神”，这种精神存在于太阳之中。“世界的灵魂在太阳中，而太阳是一切的中心”是文艺复兴时期化学哲学家们的普遍信念，也是当时许多人文主义者的普遍信念。的确，没有太阳光生命将不会存在。但是，太阳光以一种什么样的方式作用于地球呢？帕拉塞尔苏斯是以化学的类比来进行解释的。他认为，自然中有无数的类似于蒸馏的化学循环，这些循环使得物质不停地运动，并且在这一过程中物质得到精制和提纯，最终达到完善。

帕拉塞尔苏斯以化学类比的方式描述了雨水形成的过程。他认为，地球内存在一个所谓的“中心太阳”，这个太阳与天上的太阳相对应。“中心太阳”将地球内部的水分蒸发到地表，然后天上的太阳再把地表的水蒸发到高空。他把较低的空气层比作升华锅的锅颈。蒸汽沿着锅颈上升，并被带到顶端，遇冷而凝结变成水，由于其自身的重量而下落。在这种自然的操作过程中，地球就是接受的容器。因此，离地球较近的云层要比其上部离地球较远的云层更稠更不纯。大自然通过不断地蒸馏，将这种不纯的云层蒸发到高空，形成纯净的雨水。

因此，当雨水形成的时候便从空气中接受了生命之力，并与地球上的盐和硝石相结合，滋生万物。这样，两个太阳的光线便通过蒸馏而紧密地结合起来。

在帕拉塞尔苏斯看来，土地是一个巨大的化学实验场所。地球内部的蒸馏可以用来解释火山的爆发、山泉的起源和金属的生长。当蒸馏进行时，地表水沿着植物枝干上升，到达枝头时达到纯净、完善，于是鲜花盛开、谷物生长。而火山的形成则是由于地内的中心火（中心太阳）使得熔化的物质迸溢出地表裂缝所致。山泉的形成也是由于地内火的蒸馏作用。地下水被山体内的“中心太阳”的热量蒸发，蒸汽到达地表沿着山体上升，当冷却时，便形成清澈完美的山泉。帕拉塞尔苏斯曾这样描述过矿泉水的形成：在地球内部的某些地方，自然通过熊熊燃烧的中心火在那里蒸馏、分离硫黄矿，当地内水流经这些燃烧的地方时，根据离其远近不同而吸收了或多或少的热，然后冲出地表。这样就形成了含有硫黄的矿泉水。毫无疑问，在帕拉塞尔苏斯眼里，地球就是这样一个由上帝制作的永不衰竭的巨大的蒸馏器。实际上，在文艺复兴时期的许多著作里，上帝被描述成一个手拿蒸馏器的化学家。

帕拉塞尔苏斯对造物主的重视必然使其将注意力集中到造物过程所需的第一批果实即元素上。由于当时亚里士多德的元素构成了广为人们所接受的宇宙体系的基础，所以，引进一种新的元素体系便是冒险地向古代医学和自然哲学的整个构架提出挑战。为此，帕拉塞尔苏斯引入了另一种元素体系——三要素论：盐、硫和汞。

三要素论具有广泛的意义，可以用来描述一切东西。它既能解释与肉体、灵魂和精气三位一体相类比的概念，又能用来研究体液的变化。然而，由于帕拉塞尔苏斯没有明确地定义出这些元素，因而引起了明显的混乱。种种混淆不清的讨论，导致了各种有关元素争论的文献大量出版，在帕拉塞尔苏斯死后的一个多世纪，这场争论达到了高潮。

的确，化学宇宙的概念已经远远超出了对造物的化学解释和有关元素理论问题的范围，涉及其他各种领域。在帕拉塞尔苏斯看来，整个宇宙就是一个巨大的化学实验室，里面的万事万物都永不停息地发生着化学变化，而这些变化渗透着上界与下界的共同作用，渗透着一种神秘的上帝精神和永不衰竭的自然力。

五、医学改革

帕拉塞尔苏斯的医学理论是建立在大、小宇宙相类比的基础之上，并以化学的方式进行阐述的。

在文艺复兴那个动荡不安的时代，欧洲各地肆虐着前所未有的灾难和疾病。对禁欲的强烈反对和对新道德的普遍提倡，更使性病泛滥。欧洲人在惊恐不安中寄希望于医圣希波克拉底和盖伦的传统医学。然而，在面对这些以前闻所未闻的疾病时，传统医学显得束手无策，毫无办法，欧洲人深深地失望了。一些有远见卓识的具有批判精神的药学家和医生们只好将目光从传统的治疗方法转移到寻求新的、更加有效的药物上。正是在这种背景下，帕拉塞尔苏斯及其信徒们率先打破了传统，建立了独树一帜的医疗化学。

当时盘踞在大学讲坛上的是传统的盖伦医学理论——体液理论。按照这种理论，根据体内的特殊器官或者具体的病因来区分疾病则是不可能的。帕拉塞尔苏斯对这种古代传统极为反感。与此相反，他强调疾病是由外部因素所致，并且存在于特殊器官的局部位置中。这种局部位置取决于内在生机的状况，而不是体液的不平衡。一些帕拉塞尔苏斯的信徒则试图用一个改革了的三体液体系来取代传统的四体液体系。实际上，这种体系与帕拉塞尔苏斯的三要素学说紧密地联系在一起，认为不同类型的疾病起因于三种基本要素的不同的相互作用，因而具有化学的含义。

帕拉塞尔苏斯相信，由于人体的功能可以还原为各种化学反应，那么必定可以用化学方法制备的药物来治疗疾病。他注意到用蒸馏和提纯的方法从金属和矿物中制得的化合物来代替传统的盖伦的草药，可以对新的疾病进行有效的诊断。传统的盖伦医学主张一种“矛盾疗法”或称“互补疗法”，如果人体中产生了一种由于“热”的性质而引起的疾病，那么就必须用同一种含有“冷”的性质的药物来治疗它，以使体液恢复平衡。而帕拉塞尔苏斯则主张德国民间传统的一种相反理论——“以毒攻毒”疗法，认为导致疾病产生的毒素也可以用于治疗疾病。这种新的治疗方法成了帕拉塞尔苏斯医学的一大特色。

“对于医生来说，有什么东西比毒素更适于攻毒呢？有什么东西能比腹蛇提供更好的消毒剂呢？在最强烈的毒品中有着最好最能治病的药剂。”帕拉塞尔苏斯的这种观念根深蒂固，他在医疗过程中广泛使用有毒的矿物来治疗疾病。他曾详细描述过从砷和硝酸钾的反应中制取砷酸钾的过程，并且提倡使用汞的化合物。尽管他治好了许多疑难病症，但同时也治死过不少病人。正因为如此，这种新的化学治疗方法在医学界引起了轩然大波。

帕拉塞尔苏斯是一个杰出的诊断家，懂得对病人要对症下药，由医生直接施治。他用化学方法制备的药物治疗了当时最严重的一些疑难疾病，如梅毒、痛风、癫痫和麻风病。他第一次打破了把内科医生和外科医生分裂开来的传统，他说“没有一个外科医生不应该同时又是一个内科医生”，“如果一个内科医生同时不是一个外科医生，他就只是一个偶像，或者什么也不是，只是一个涂抹装扮出来的怪物”。

帕拉塞尔苏斯是历史上第一个对疾病进行了分类的人。正如帕格尔所指出的，“他（指帕拉塞尔苏斯）的确是指出存在着可以分类的各种疾病并且每一种疾病就是一种特殊的实在、一个实体的第一个人”。正因如此，帕拉塞尔苏斯才始终孜孜不倦地寻求用特殊药剂来治疗特种疾病。在他看来，疾病不过是人体内部的化学作用而已，自然中亦有类似的相互作用，这些作用便产生了能够治疗这些疾病的医用植物和矿物。而医生的职责则是模仿这些相互作用，从与此有关的自然植物或矿物中提取出对这些疾病具有抵抗作用的新产品。

由于疾病本身被认为是能够被特殊的变化和原因区别开来的实体，并且是能够用化学术语来定义的局部过程，因而人体生理学便具有了崭新的特殊意义。在新柏拉图主义的思想中，人在宇宙中居于一个特殊的位置。因为大世界是以化学的原则起作用的，因而人这个小世界必定亦如此。在地球中，金属矿脉的生长是由于金属的“种子”所致。同样地，疾病的产生是由于疾病的“种子”所致。这些外在的疾病的“种子”是通过空气或食物进入人体的，它们先扎下根来，然后在与某一特殊器官中的生命力或生机进行较量时成长起来。人体中的生理学是由生机所主宰，在通常健康的状况下，这些生机起着炼金术士的作用。其中最重要的是腹中的生机，它能将纯的物质和不纯的物质分离开来，将食物中无用物质和营养物质分离开来，并将有价值的部分输送到人体所需的地方，同时抛弃毒素。这一过程与蒸馏提纯十分相似，但是，一旦这种生机被损害，就不再起这样的分离作用。于是疾病的“种子”就强大起来，毒素即聚集在人体内得不到排泄，疾病就产生了。

简言之，疾病不再被认为是体液的不平衡，它直接与自然有关，与自然中的化学过程有关，只有化学才是医学唯一合理的基础。

六、历史巨人

帕拉塞尔苏斯性格十分复杂，甚至彼此矛盾。他的哲学和医学是典型的异教学说，而他本人至死仍是一位虔诚的天主教徒。他的活力论思想与当时路德的宗教改革的观念极为相关。他把自己的医学体系看作一种宗教启示，它的使命是要恢复希波克拉底医学的纯洁性，正像宗教改革家们把他们的神学教义当作恢复原始基督教纯洁的启示一样。帕拉塞尔苏斯是一个极富自由思想的人。他认为人本身是一个小世界，在精神上是自由的和自主的，万物皆包罗其中。人的自由和解放存在于精神领域里。他写道：“正像苍天及其一切星座自成一个整体一样，人本身就是一个自由和强大的苍天；苍天自己做主而不受任何生物统治，人和苍天一样不受其他生物的统治，他独立自主而不受一切的束缚，思想是自由的，并且不受任何法则的支配，人的自由就依靠自己的思想。”他有一句众所周知的座右铭：“能自善者勿为他人所治。”正是依靠这种独立自由的思想和自我完善的精神，帕拉塞尔苏斯才从古代权威的桎梏中挣扎出来，并努力去构建一个具有全新观念的世界。

从帕拉塞尔苏斯的著作里，人们第一次明确地领悟到，科学的发现产生于一种人格，各种富有生气的发现都是由活生生的个人做出的；从他的著作中，时时流露出一种不可遏制的狂怒，这一方面反映了他对经院医学的深恶痛绝，另一方面也暴露了他内心深处的痛苦和个人的强烈不满。这是数不清的个人失望长期淤积的结果。他的著作的每一页都渗透着怀疑主义的精神和新教人性的光辉；他那包罗万象的甚至有时是自相矛盾的激烈雄辩的论述，是文艺复兴这个转折时代复杂历史的真实折射。

16 世纪后期和 17 世纪早期，形成了一股搜求帕拉塞尔苏斯手稿的热潮。在这几十年中，无论是在英国、法国、荷兰和比利时，还是在欧洲其他国家，各种有关帕拉塞尔苏斯新哲学的争论的文献不断出版，当时许多著名人物，如伊拉斯塔斯、开普勒、李巴尤斯、伽桑狄、查尔顿、波义耳以及其他学者都广泛阅读了这些著作。他的学说不但影响了他的同代人，而且也影响了后来一大批化学哲学家。其中最著名的有塞弗里纳斯、迪歇纳、弗拉德和赫尔蒙特。他们不仅是医生，而且是化学的自然哲学家，是新的教育改革的先驱者，是观察方法和实验方法最强烈的支持者。在那一时期，帕拉塞尔苏斯这个响亮的名字几乎是家喻户晓、妇孺皆知的。许多人认为，他比哥白尼更适合“革命者”这个光荣称号。“他是一股真正的旋风，他将一切连根拔起，撕成碎片，只给身后留下一片废墟，就像一座喷发的火山，他到处蹂躏、破坏，但同时又肥沃了土壤，带来了生命。”

的确，帕拉塞尔苏斯的化学哲学确实促进了对自然的新的研究和新的世界观的形成。对他来说，化学在两种意义上有益于人类。其一，化学是理解作为一个整体的大宇宙的基础。他认为，宇宙是以化学的方式创造的，并将继续以化学的方式起作用。通过化学的方式研究自然，不但可以理解这个被造物主创造的宇宙，而且也可以理解造物主自身。其二，帕拉塞尔苏斯将这种化学的钥匙转向了对人体的理解。他认为，对应着大宇宙的人体必须以化学的方式起作用。身体的功能就是化学的功能。疾病被看成是化学障碍，而用化学方式制备的药物就可以阻止并治疗它。

帕拉塞尔苏斯的化学哲学对于近代科学兴起的重要作用表现在两个方面：其一，它抨击了古代传统和古代权威；其二，它通过化学来寻求自然界的普遍真理。这两种作用使得人们对传统医学和旧的宇宙论观点有了根本的改变。然而，帕拉塞尔苏斯的许多观点在我们今天看来是非科学的甚至是反科学的。他的观点深深地打上了新柏拉图主义、毕达哥拉斯主义以及赫尔墨斯主义的神秘主义和经验主义的烙印。其结果是：一方面人通过自己的努力可以自主地探究自然之秘密，另一方面又必须借助神的力量从大、小宇宙相类比的这些预先的关系上开始他的研究。表面上看这似乎有些矛盾，然而，这种倾向却正好反映了当时人们深受神秘主义与科学这种“混合物”的强烈影响。实际上，在我们今天看来是矛盾的那些东西，对于文艺复兴时期的学者们来说却并不矛盾。

帕拉塞尔苏斯的科学实践、哲学信念以及对整个宇宙的全新理解，把人们的目光从繁杂的经院传统引向了自然，并且已经涉及了与新学科的建立有关的许多关键性问题。如古代哲学家的价值、新的观察和实验的作用，涉及推理、运动的研究以及数学方法的运用，甚至涉及教育改革、社会改革等一系列重大问题，在我们面前展示了一幅全新的科学革命的图景。

帕拉塞尔苏斯曾被他的同代人誉为“医学中的路德”。他是文艺复兴时代的历史巨人之一，也是其中最难理解的一位。尽管他所处的那个时代的理性环境和知识状况在某种程度上封闭了他的视野，然而他毕竟在旧时代的“酱缸”中艰难地发现了新科学的模糊背影，而且，这个背影在后来一大批帕拉塞尔苏斯信徒们的千呼万唤中变得日益清晰、强大。帕拉塞尔苏斯的确是一位天才和怪杰。也许 C. G. 荣格的赞誉一点也不过分。他称这位瑞士同乡是伟大的科学先驱者、新精神的杰出领袖。正因如此，帕拉塞尔苏斯才永远受到后世公正的纪念，他的名字将永垂不朽。

（作者：周雁翎）

参考资料

［1］ A. G. Debus. Man and Nature in the Renaissance［M］. Cambridge： Cambridge University Press， 1978.

［2］ A. G. Debus. The Chemical Philosophy［M］. Cambridge： Science History Publications， 1977.

［3］ 斯蒂芬 · F. 梅森 . 自然科学史［M］. 周煦良，全增嘏，傅季重，译 . 上海： 上海译文出版社，1980.

［4］ A. G. Debus. The English Paracelsians［M］. London： Oldbourne Book，1965.

［5］ G. 荣格 . 人、艺术和文学中的精神［M］. 孔长安，丁刚，译 . 北京： 华夏出版社， 1989.

［6］ 周雁翎 . 略论帕拉塞尔苏斯体系［J］. 华中师范大学学报， 1990，S2： 39-43.

［7］ C. Webster. From Paracelsus to Newton［M］. Cambridge： Cambridge University Press， 1982.

内森·罗森伯格

（N. Rosenberg，1927—2015）

内森·罗森伯格
“探索黑箱”的先驱者

内森·罗森伯格，在其最重要的作品《探索黑箱——技术、经济学和历史》中讲到“经济学家长期以来将技术变革当作黑箱子里面发生的事件……经济学教授们自我约束地坚持着不要严格探求里面到底发生了什么的原则”，这个隐喻揭示了罗森伯格学术生涯的中心主题——去探索黑箱里的内容。罗森伯格主要研究活动是技术变革经济学，他的出版物聚焦于技术变革的决定因素和结果，他的研究跨越不同的产业，涉及技术变化的多样性以及科学研究与技术创新之间的互动。

一、生平述略

内森·罗森伯格，1927 年 11 月 22 日诞生于美国新泽西州的帕塞伊克市，是约瑟夫和玛利亚的第二个儿子。他在美国东海岸一个贫穷的俄罗斯移民环境中成长，物质条件和教育条件都很差，而后通过高等教育成就了杰出的事业。他在孩童时期，曾经为了帮助父母减轻经济负担做过报童。罗森伯格上大学之前一直居住在帕塞伊克市，距离纽约市曼哈顿区只有 16 千米，实际上是纽约市的近郊住宅区和工业城市。罗森伯格自小就对周遭的环境比较敏感，对经济发展和科技带来的变化有更加直观的感受和体会。虽然罗森伯格出生时，美国已经是一个经过快速工业化的国家，高楼林立、电车和汽车开始普及，工厂和企业向以纽约为中心的位置开始聚集，城市规模迅速地扩张。日益增大的贫富差距和经济大萧条带来的社会问题越来越多，罗斯福政府实行一系列的干预经济的措施，使得美国的经济得以稳定发展。罗森伯格的成长轨迹见证了资本主义的经济周期，种下了其对经济发展历史和规律探究的萌芽。而后第二次世界大战爆发，战争不仅刺激了国内经济的发展，而且客观上推动了科学技术的发展。二战的最后一年，恰巧罗森伯格完成高中课程的学习，之后他选择前往韩国服兵役并担任中士，在韩国度过了两年的军旅时光。在此期间，罗森伯格对亚洲人的生产、生活方式有了比较直接的观察，对亚洲的经济发展也有所了解。但是由于当时亚洲的整体经济水平和工业化程度远落后于欧洲和美国，所以后来罗森伯格在研究经济史时主要集中在欧美国家，而日本在战后的经济崛起使其成为他唯一关注的亚洲国家。

从韩国服完役回国之后，罗森伯格便开始了他的求学之路。1947 年，20 岁的罗森伯格被家乡的州立大学罗格斯大学录取，按照自己的兴趣，罗森伯格学习了有关经济的知识，并于 1950 年获得学士学位。由于在本科阶段表现优秀，随后进入威斯康星大学学习，并于 1952 年获得文科硕士学位，留在威斯康星大学里继续经济学知识的学习和研究。在 1952—1954 年，他被遴选为富布赖特学者前往英国的牛津大学学习，在牛津大学学习期间，结识了一些志同道合的学者，为后来的合作研究和出版著作打下了基础。从英国回到威斯康星大学后，于 1955 年完成学业获得经济学博士学位。

二、走近黑箱

20 世纪中叶，经济学家们已经建立了技术变革对经济增长推动的宏观框架，这些经济学家包括施穆克勒、阿布拉莫维茨和索洛等。他们认为技术是在一个经济黑箱内，不知从哪里来，如何而来，只是影响着经济而不被经济影响。罗森伯格受到熊彼特作品的启发，开始从微观层面研究技术经济学，他以具体的国家中的某些行业为研究对象，去探索技术进步和经济增长之间的关系。

1955 年，罗森伯格在获得博士学位之后，被位于布鲁明顿市的印第安纳大学录用为讲师，该大学是美国早期的综合型研究学术系统之一，其中文理学院的经济系是全美知名的科系，具有众多的学术研究领域，包括计量经济学、宏观经济学、货币经济学等。罗森伯格在此的两年与其说是工作，不如说是继续学习，吸收了更多的经济学知识和方法。1957 年，他转去费城的宾夕法尼亚大学做助理教授，开始将自己所学的知识应用到感兴趣的领域。罗森伯格最先研究的是英国 1945—1949 年的建筑行业发展，并著有《1945—1949 年的英国建筑业的经济规划》。在研究过程中，罗森伯格日益发觉现有的经济史研究方法的单一性，并将自己的一部分精力分散到探索新研究方法上。罗森伯格于 1961 年转到普渡大学，在普渡大学任职的 8 年里，为计量史学的发展贡献一份力量。他是 20 世纪 60 年代末普渡大学的第一计量史学小组成员，其他成员包括戴维斯、休斯及赖特（被广泛公认为创造“计量”一词的人），他们一起被公认为是计量历史学的创始人，为其他学科的研究和发展提供了一种新的工具。计量史学是对于已有的资料进行数量处理，继而制定出多种数据模型，然后开展对历史现象和过程的模拟研究。但到 1970 年之后，这些人被分散到西北大学和加州理工学院等机构，而后罗森伯格也被自己的母校威斯康星大学录用。在普渡大学期间的 1964 年，罗森伯格贡献突出，晋升为教授。

在回到母校前，罗森伯格于 1967—1969 年在哈佛大学做了两年的客座教授。在此期间，他的研究对象从英国的建筑业转移到美国的制造业，与尤瑟定合作发表了《美国制造业体系》，主要通过研究两个报告来还原美国当时的制造业体系，分别是 1885 年的美国机械委员会的报告和 1884 年瓦里斯和威特沃斯的报告。而后，罗森伯格以教授身份回到自己的母校威斯康星大学，加入由许多具有影响力的经济史学家构成的团体，有威廉森、林德特、罗思坦、卡梅伦和戈尔丁，他们一起共同推动经济史研究的发展。罗森伯格成为《经济史杂志》的编辑，并日益关注“新经济史学”。新经济史学相较于以前的经济史学，在理论方面更加注重经济学规范，在研究方法方面开始使用计量统计的方法，这是经济史研究的重大改革。罗森伯格前期在普渡大学时对计量方法的经验积累，在这时期应用于对于美国经济史的研究，不再是对于历史现象进行量化分析，而是对于推进社会历史演进进行体系构建。罗森伯格试图在新经济史学的框架之下，对社会发展与停滞、繁荣与衰退做出全新和系统的阐释，为此著有《技术与美国经济增长》。

三、探索黑箱

1974 年，罗森伯格进入斯坦福大学，真正投入到对于技术变革历史的研究，开始探索黑箱中发生的秘密，并且在研究技术变革中不只是关注微观层面，也开始思考宏观层面的影响。他总结自己过去 10 年在任教过程中撰写的有关技术的观点，特别是对于工业化社会中的经济长周期与技术创新之间的关系进行了探讨，整理出版了《有关技术的观点》。他认为：一方面，越来越多的人意识到技术变革在刺激经济增长中的中心作用；另一方面，新古典经济学虽然能够洞察到这种变化，但是想要真正深入理解它们的关系还需要走出原有的知识边界。而后，罗森伯格与文森特以研究伦敦塔桥的建造过程为例，试图了解具体技术知识是如何进行扩散的。当时斯蒂芬森应英国海军的要求，需要建造一座高等级的桥梁，他在排除拱形桥和悬吊桥等可能性之后，被迫创新使用管状设计和熟铁相结合。薄壁管状结构的张力虽得到承认，但是熟铁的性能还鲜为人知，所以他必须了解更多的知识。在费尔贝恩和霍奇金森的协助下，他们进行了一系列详尽和划时代的实验。实验的结果产生的新知识不仅仅对于建造伦敦塔桥有意义，更是为铁的系统使用提供了科学依据，对于桥梁、船舶、建筑物、起重机、机械和工程机构都有帮助。罗森伯格梳理20世纪有关技术进步的历史文献，探究科技创新如何影响科学、工业和经济，以及科技创新如何被科学、工业和经济影响，他发现技术变革和具体的技术会影响生产力、学习过程、技术转移和技术政策。他在研究技术时所使用和推崇的是马克思的观点——将技术看作社会进步的结果，更加强调技术和经济的互动作用。通过跨行业研究（包含高新技术产业、商用航空业等），发现美国经济中的技术互相依存关系，以及政府与科技创新的互动。罗森伯格进一步分析认为：科学进步深受技术因素的影响，而技术因素反过来又受到工业和经济的影响。因此，私人部门和公共部门的决策既影响供需关系，同时又有利于科学技术之间的创造性和互利性。

克莱因在1985年率先提出“链环－回路模型”，又与罗森伯格共同进一步完善该模型，这一模型也叫作“技术创新过程集成模型”。在该模型中，新的知识并不一定是创新的驱动力。相反，这一过程始于确定一个未满足的市场需求。这推动了研究、设计、再设计、生产和营销，以及所有阶段中复杂的反馈过程。它明显区别于之前的创新线性模型，即基础研究导致应用开发，然后是工程和制造，最后是营销和分销。链环－回路模型从现实角度涵盖更多与创新相关的因素，从科学技术、市场需求、组织制度和结构等多种因素的相互作用关系来认识技术创新过程。它包含五条创新路径，并且提出科学知识是各个节点都需要的东西，不仅仅是创新各阶段的基础和初始点。五条路径分别是：其一，创新的中心链，即创新线性模型中的技术推动型，基础研究—应用设计—试验开发—过程制造—市场销售；其二，反馈回路，即市场需求与设计环节的互动，类似于创新线性模型的需求引发型；其三，科学研究、科学知识和生产设计的互相作用，即这三者之间的多种回路和反馈过程；其四，各个环节的科学创新，即在创新主链接上各个环节都可能产生科学创新；其五，创新能推动科学进步。总之，创新不是简单的线性关系，而是涉及诸多因素的战略集合过程。

两次工业革命都发生在西方社会，技术进步带来翻天覆地的变化，罗森伯格对变化的背后原因非常感兴趣，与小伯泽尔合作研究从欧洲中世纪到19世纪的美国的大量历史事实，最终认为是一种不断创新的体系使得西方社会逐渐富有起来。这种体系允许广泛进行技术和组织管理方面的试验，以利用各种资源来满足人们的需求。这个体系包含关键的四个因素：具备试验所必需的各种资源；决策权的高度分散；不存在政治和宗教对试验的限制；赏罚结合的激励机制，对成功的试验给予丰厚的经济回报，对失败的试验则予以严厉惩罚。并进一步探讨了非经济因素、组织管理等对经济活动的作用。如果经济力量通过先天具备的不同生产要素推动经济朝着不同方向发展而取得科技进步，而在某些发展方向上碰到的困难比其他发展道路上的障碍更难的话，那么科技发展的速度也许就不是独立于经济发展方向的了。故而，罗森伯格认为美国19世纪的高速发展在某种程度上得益于其先天具备的资源和需求情况。罗森伯格还从信息获取的角度研究技术变革，他认为科学知识作为一种信息，对于产品设计的贡献有限，一方面是因为科学本身的局限性，另一方面是因为产品设计和科学原理关系不是很紧密。技术变化具有高度的不确定性，是因为科学知识作为信息在哪些方面得到应用充满了未知；但信息获取过程的特殊性又决定了技术变化的路径依赖，一旦开始某些研究工作，那么技术的发展路径将不可逆。

随后，罗森伯格聚焦于创新路径研究，他和莫维里以内燃机、化工和电力三大主导技术为研究案例，分别阐释了不同的产业中技术创新是受到哪些因素的影响。在内燃机的案例中，它的产生和繁荣发展离不开美国低成本的国内石油、地理分散、较多的高收入中产阶级和个人主义的风行，这些导致人们对汽车和飞机的需求。这是罗森伯格解释很多经济技术现象的一个重要视角，即是供需关系导致技术变革的发生。而在化学工业的技术发展史中，罗森伯格和戴维德更加强调研发结构、自然资源的可获得性、资金来源和外部影响之间的相互作用。在这种情境下，经济成果不是最终消费品，而像是其他工业和产品所形成的中间产品。电力产业也类似于化学工业，电力成为一个重要的经济因素而非最终产品本身。降低电力成本的发展历程中出现许多副产品，如真空吸尘器、洗碗机和洗衣机，这些副产品的技术其实早已经具备，但是却未被发展，或者是众所周知的材料，如铝却在经济上不可行。值得注意的是，电的发展史说明某些技术路径如何导致负面的经济影响。

罗森伯格对认识科技变革的思想贡献部分要归功于站在巨人的肩膀上，从前人思想中汲取灵感，其中包含了亚当·斯密、马克思和熊彼特等。他称熊彼特为激进的经济学家，因为他主张拒绝新古典经济理论中最重要和最宝贵的原则。熊彼特认为把资本主义作为一个经济系统来研究，最基本的问题是它如何引发变化而不是如何恢复到稳定状态，最基本的特征是经济变化。资本主义行为完全被自身内在逻辑主导，其实质是创新过程产生的经济变革。罗森伯格以熊彼特提出的技术内生性为逻辑起点，探索技术创新在某些社会制度中更容易产生的原因。美国之所以产生更多的创新，在他看来是因为美国的大学是内生性机构，高等教育在美国的研发比例比欧盟高。

四、荣誉和贡献

罗森伯格的学术生涯中，获得许多荣誉和奖项，如美国艺术和科学学院奖、美国科学促进会奖和瑞典工程科学院奖，他还获得了来自隆德大学和博洛尼亚大学的荣誉学位。1989 年，罗森伯格被聘任为剑桥大学的美国制度研究的庇特荣誉讲座教授，该讲座教授实行年度轮流制度，这是剑桥大学对外国学者所给予的最高荣衔之一。罗森伯格对理解技术变革的贡献与其他经济学家在各自领域作出的成绩，一起被道格拉斯在 1993 年诺贝尔奖演讲中誉为“跨越时间维度的经济绩效”。1996 年，技术史学会将该学会最高奖项“列奥纳多·达·芬奇奖章”授予他时，用“几乎以一己之力改变了经济学家们和经济历史学家们对于技术和技术变革本质的看法”的措辞来描述他的贡献。

罗森伯格对于斯坦福大学的经济学系发展有着历史性的推动作用，无论是在科学研究上还是在教学方面。罗森伯格自 1974 年进入斯坦福大学，将超过四分之一世纪的时间都倾注在斯坦福大学。他在 20 世纪 70 年代主持了“价值、技术和社会”的课题项目；1983—1986 年间担任经济学系主任；1987—2002 年间领导斯坦福经济政策研究院的“技术和经济增长”的课题项目。在 20 年左右的时间里，他带领经济系的学者和教授们，一起努力使斯坦福大学经济学系逐渐成为美国众多大学中最好的经济学系之一。罗森伯格非常重视研究生课程，根据自身的研究经验发现，掌握历史学的研究方法对于学习经济学非常重要，并促成将“经济史学”作为硕士研究生和博士研究生的必修课。他对经济学系的课程设置尽心尽力，并亲自参与到课程安排和讲授内容设计中。他激励、教导和辅导许多研究生和学者，为继续“探索黑箱”培养了后续人才，其中包括经济学家赖特和格雷夫等。他还以他的作品、知识、智慧和热情激励了世界各地的许多人，并经常被邀请参加各种活动、会议和讨论，他影响的人包括教皇、政治领袖、企业家和研究人员等。

罗森伯格具有企业家精神，热衷于教育事业，他促成斯坦福大学经济学系拥有了自己的学院大楼。在一次偶然的会面上，他遇到了著名的化学工程师兰道，他同时也是一位富有的商人，主要活跃在化工和石油化工产业。在交谈中，罗森伯格激发了他对经济学研究和教学的支持，并得到他愿意出资为斯坦福大学经济学系建设一栋教学楼的允诺，现如今斯坦福大学经济学系在使用的兰道大楼就是在罗森伯格的努力下建成的。同时，他与兰道达成长期合作的意向，共同研究经济理论、经济史和技术在化学工业中的应用，并担任编辑出版了三本著作，分别是有关技术治理的《正和战略：经济增长的技术治理》，有关技术与经济的《技术与国家财富》，以及有关化工产业和经济长周期的《化工与长期经济增长：化工产业的启示》。

在校任职的同时，他还担任联合国新技术研究所顾问委员会主席、加拿大高级研究院院士，是美国艺术与科学学院和瑞典皇家工程科学院院士。2002 年从斯坦福大学退休后并未停止有关经济与科技的研究，参与主编了《经济学创新手册》。去世前，罗森伯格遭受了记忆衰退的困扰，但好在他的妻子瑞纳和子孙们都陪在他的周围。去世时，他还是国家经济研究局董事会成员和斯坦福大学名誉教授。

五、结束语

正如澳大利亚经济学教授乔希所说的："如果罗森伯格以一件事闻名，那就是真正把经济学引入到技术变革史的研究中去。可以肯定的是，马克思并非没有意识到资本主义如何促进技术的，熊彼特也确实看到了竞争和技术变革紧密的联系。但他们却没有重视技术变革的内生性，这恰恰是罗森伯格所关注的。技术内生性不是指创新带来了新的应用程序，而是科学本身的核心。"虽然罗森伯格已经离我们而去，但是他的精神会一直激励我们继续探索黑箱的秘密。

（作者：杜宝贵　张慧芳）

参考资料

[1] S. B. Saul. Reviewed Work: Inside the Black Box: Technology and Economics. By Nathan Rosenberg [J]. The Economic Journal, 1984, 94 (373): 179-180.

[2] N. Rosenberg. Economic Planning in the British Building Industry, 1945-1949 [M]. Philadelphia: University of Pennsylvania Press, 1960.

[3] N. Rosenberg. Technology and American Economic Growth [M]. New York: Harper & Row, 1972.

[4] N. Rosenberg. Perspectives on Technology [M]. Cambridge: Cambridge University Press, 1976.

[5] N. Rosenberg. Perspectives on Technology [J]. Medical History, 1977, 87 (346): 375-376.

[6] N. Rosenberg. Inside the Black Box [M]. Cambridge: Cambridge University Press, 1982.

[7] 内森 · 罗森堡，L. E. 小伯泽尔 . 西方现代社会的经济变迁 [M]. 曾刚，译 . 北京：中信出版社，2009.

[8] 内森 · 罗森伯格 . 探索黑箱：技术、经济学和历史 [M]. 王文勇，吕睿，译 . 北京：商务印书馆，2004.

赫伯特·亚历山大·西蒙

（Herbert Alexander Simon，1916—2001）

H. 西蒙
为自然科学和社会科学结合而奋斗的杰出学者

美国著名学者、诺贝尔经济学奖获得者赫伯特·亚历山大·西蒙对中国和中国人民有深厚的友好感情。20 世纪七八十年代可以在中国看到他的身影。他出席过人工智能学会的年会；在天津主持过管理科学方面的讲习班；在北京大学讲授过心理学课程，并在心理研究所进行过学术交流。在这些似乎相距很远的学科里，他都是知识渊博的专家，而且有自己独到的见解。不少人称赞他是横跨社会科学和自然科学两大领域且把二者结合起来的多面手。他的经历给我们很多有益的启示。

一、童年

1916 年 6 月 15 日，美国威斯康星的密尔沃基市的一座普通木屋里诞生了一个小男孩。小孩的父亲亚瑟·西蒙是个电气工程师，十几年前才从法国渡海来到美国。母亲是德国移民的第三代后裔。取名赫伯特的男孩是他们的第二个儿子，大儿子克拉伦斯已经 5 岁了。因此小赫伯特受到了宠爱，他的错误往往得到宽恕。5 岁是个不小的差距，他无法和哥哥成为亲密的伙伴。不过他也并不感到孤独，这倒不仅仅是因为曾外祖母等老人都会和他一起下棋、玩多米诺游戏，而且因为他用书本、玩具或者收集邮票和甲虫也足以自娱自乐了。星期六的下午，几乎所有的孩子都在运动场上，而他常常一个人坐在家里，面前放着一副棋盘和一本棋书，就这样度过了许多小时。

家庭使小西蒙很早就接触到书本和其他文化活动，也接触到音乐和户外活动。在家乡的小学和中学里，西蒙受到了良好的教育。

他很少需要别人指导，学校教育之外，西蒙又接受了大量课外教育。他用家中找到的大批图书和当地公共图书馆出色的科学部藏书补充了自己的知识。10 岁左右，他能够靠工具书的指引自行掌握自己的学习。他学习了经济学、心理学、古代史、解析几何、微积分和物理。15 岁的那个暑假里，他读了但丁的《神曲》和弥尔顿的《失乐园》，读了伦理学教科书，还把席勒的《阴谋与爱情》译成英文，虽然译得并不好。

西蒙喜欢向大人提问题和听他们谈话。他的父亲喜欢在餐桌上讨论政治和科学。这种谈话往往发展成大呼小叫的争论，不过西蒙旁听得多，说得少。他还喜欢看父亲制作邻里中第一个无线电装置，或者看父亲制作帆船模型，自己却很少动手。尽管父亲是个发明家，儿子却没有掌握太多的技能，甚至发明梦也做得不多。他更多地梦到的是荣誉而不是发现。他怨恨哥伦布抢先发现了新大陆。很长时间里，拿破仑是他最崇拜的大英雄。

小西蒙是个内向的、好读书的孩子，他聪敏自持，不触犯别人。同时，他又是游戏、运动的积极参加者和组织者。学习从来没有妨碍他在垒球、足球、远足和野营这些活动中花费大量的时间。由于在学校里跳级，他的许多朋友都比他年长好几岁。他还是个“左撇子”。但两只手“均不可灵活使用”，垒球合队时，他常常最后一个被挑中。在中学的学生俱乐部里他也是一个活动分子。在辩论会、科学俱乐部、拉丁语俱乐部、学生议会中，他十分活跃，他甚至当过这些组织的主席。小学四年级时，他提出了一个学校政治制度的方案，要求学生权利，怀着极大的惶恐和激动将它交给了严肃的校长。幸而校长很开明，称赞而不是惩罚他的这种“叛乱”企图。以后他便成为学生俱乐部制度和规则的主要修订人。

西蒙很为自己能独立掌握一切事情而自豪，也以经常能安排好自己的事务而自夸，并且能够承受得住语言和身体上的打击，他还以牙还牙地给予还击。但是在内心里他不能肯定别人对自己的感觉，害怕把自己公开在别人面前。他喜欢躲在幕后策划。西蒙逐渐成熟了，但选择什么职业和方向还没有确定。

二、“人的行为可以科学地加以研究”

童年和少年的西蒙是快乐的，他几乎不用去做什么决定，只要去取世界奉献给他的东西就行了，而世界又是慷慨的。他的兴趣十分广泛，只是科学在其中占了越来越大的比重。如果问他将来想做什么，他的回答可以从士兵到管林人、从律师到科学家。不过基本的答案是知识分子。他曾经计算过，如果有人赠给他 5 万美元，他就可以过着非常舒适的生活，并把其余时间都用来做他做得最好的事情——学习。然而机会和他的性格已经在为他规划一条道路了。

西蒙有个舅舅叫哈罗德，是威斯康星大学法律系的优秀毕业生。他在大学里学过经济学，热衷辩论。虽然他二十刚出头就去世了，但是西蒙一家一直记着他，把他看作孩子学习的榜样。他的一些经济学和心理学书也一直保存在西蒙家里。西蒙阅读了这些书，并步舅舅后尘也热衷于辩论。在辩论中，西蒙喜欢处于少数的劣势地位，比如赞成自由贸易、单方面裁军、单一税制等，有时常常坚信这些观点。为了驳倒对方，他广泛地、深入地阅读了经济学和其他社会科学著作。虽然他并不能全部理解这些书，但是学会了批判地阅读，用这一本书和那一本书辩论。辩论中由于西蒙准备充分，他经常是胜利者。这些辩论也使他学到了一条明智的实践经验：你不能通过在逻辑上击败对方来使他们改变自己的观点；当人们无法自圆其说时，并不就感到要去承认这一点。

通过阅读和辩论，西蒙产生了“人的行为可以科学地加以研究”的想法。对大多数青少年来说，科学就是他们所学的物理、数学、化学和生物这些课程。西蒙却与众不同。他看到数学在物理等“硬”科学中是有力的工具，业已取得了辉煌的成就，但社会科学也需要有同样的严格性和数学基础。他已经对自己的方向有了初步意识。世界给了他一个出色的机会，使他在成为一个数学社会科学家的方向上走下去。

西蒙参加了芝加哥普及教育计划的奖学金考试，赢得了奖学金，顺利地迈进了芝加哥大学。当时芝加哥大学正在试行改革，对学士学位的大部分要求都由综合考试来定，要求每一个学生都通过涉及广泛的知识领域的考试，内容包括人文科学、社会科学、物理科学和生物科学，却不要求他们必须上课。这正合西蒙的意。出色的中学训练和自学使西蒙几乎不用上课就能通过前两年的考试。他十分用功，从早上六点起床到晚上十点上床，一个星期七天，他都“钻”在书本里。他一入学就选了不少高年级和研究生的课程。杰拉德的启发式教育使西蒙和很多新生一样对生物学产生强烈的兴趣，可是色盲和笨拙的实验技能使西蒙决定不再从事这个有趣的专业。

西蒙斯教授的价格理论课给了西蒙在经济学中应用推导的严格性和数学的最初感受。他决心主修经济。然而学经济要学一门会计课程。他对会计学毫无兴趣，只得转到不要求学会计的政治科学。对于一个未来的诺贝尔经济学奖获得者和商业学院创始人来说，这真是个奇特的开端。

在大学里西蒙开始正规地系统学习数学。但好景不长，第二学年开始时一个微积分教授坚持要他到课堂上课，厌烦上课的西蒙只得放弃选修数学课。但他自学数学一直坚持到 20 世纪 50 年代初。

将正规学习和自学结合起来，西蒙在经济学和政治科学中打下了广博的知识基础；同时在近代数学、符号逻辑、数理统计方面掌握了适当的技巧。他学习了一系列大学物理课程，来加强和实践自己的数学技能，并以此获得了“硬”科学是什么样子的，特别是在理论方面是什么样子的第一手认知。他还选修了计量经济学、生物物理学、逻辑和科学哲学、政治科学等课程，从中学会了用生物系统模型建立简单假设、在经济中应用数学和现代统计理论进行因子分析等方法。卡尔纳普的科学哲学课还产生了出人意料的“副产品”，西蒙始终对物理哲学感兴趣，并发表了一些关于经典力学公理化的论文。

三、进入管理领域

环境又一次给了西蒙机会，西蒙抓住了它们走上一条确定的道路，成为一个决策理论专家。市政管理课程要求交一篇学期论文，西蒙写了一篇描述故乡密尔沃基市市政管理的文章。他的教授克尔温曾经在密尔沃基市从事过娱乐行政管理，因而又建议西蒙写一篇关于这方面的文章。两篇文章都得到了克尔温教授的好评，但他奇怪西蒙为什么只描述而不作评价。西蒙从前对评价几乎一无所知，他就选修了里德利教授的市政府评价课程。根据自己的经济学训练，西蒙认为评价问题可以形式化为一个在预算约束下达到效用极大的目标的问题，并按照这个思路写了一篇论文。里德利教授很欣赏这篇文章，邀请他作为自己正在进行的“怎样衡量市政活动”研究计划的助手。于是，西蒙在 1936 年 9 月获得了学士学位，并成了研究生助手，把主要精力几乎都放在和里德利教授的合作研究上了。1937 年 2 月，他们开始系统发表自己的研究成果，每个月就要发表一篇城市不同部门的评价问题的论文。因为缺乏第一手资料，西蒙被派到好几个地方进行实地调查。1937 年 6 月 15 日是西蒙 21 岁生日，这天他和多罗西娅第一次约会，然后坐飞机去纽约和华盛顿出席专业会议，在飞机上鸟瞰了尼亚加拉瀑布。他觉得自己成熟了。当年圣诞节，他和多罗西娅结婚。西蒙后来说，这是他一生中所做的最重大的决策之一。

里德利是个好老师，后来担任了国际城市管理协会的主席。西蒙完成了关于市政管理评价的专题报告以后，也转到协会来工作，在那儿他通过工作和观察里德利教授的工作来学习管理。在协会中，西蒙既是《公共管理》（月刊）和《市政年鉴》的助理编辑，又是统计员，担起年鉴统计部分的工作，同时又是作者，为当时联合会编写的城市行政人员训练手册写了好几个章节。统计工作使西蒙努力去将这种工作机械化，迫使他掌握了IBM公司的穿孔卡片机、图表绘制机和插孔板装置的技术。这些技术使西蒙获得了使用原始计算机的经验和快乐。从此他一直对计算机抱着极大的兴趣。

1939年，西蒙担任了《市政管理技术》一书的主要执笔人。这部书旨在告诉有经验的城市管理者如何管理城市行政工作。写作这本书并不要求西蒙去发明什么新理论，只是把现有的知识和论文编成教科书就行了，他读了许多书。巴纳德的《经理人员的职能》给了他不少帮助。通过调研文献资料，西蒙对管理理论的现状不很满意。这个领域还没有真正成为现代化的科学领域，大部分管理方面的文章都是基于日常观察，而不是基于系统的观察和实验。西蒙认为，组织也能用我们认识人类一般行为的方法来加以认识。需要先有一个理论框架，然后才能弄清楚要做哪一类实验和研究。西蒙决心搞出一个关于决策管理的理论性学说。他决心写一本《管理行为》。这是个重要的决策，它决定了西蒙在以后20年间对组织进行研究的中心战略。

西蒙已经和里德利教授一起成为评价市政管理的全美国瞩目的权威。由于各个城市的财政计划都有困难，许多人对这个问题感兴趣。加州大学伯克利分校公共管理研究所在洛克菲勒基金会支持下进行地方政府工作情况的统计研究，要求西蒙为这一研究制订一个计划。计划批准后，又要求西蒙主持这个研究计划。当时正值1939年，在大萧条的危机气氛下，找份工作是人们关心的核心问题，西蒙只花了不到10分钟就决定接受聘请。

他没有对此感到后悔，在伯克利的3年是使人振奋的3年。参加研究计划的除了西蒙直接下属的5个助手，还有联邦公共事业振兴署的50个工作人员。在研究过程中有一段时间他们还管理了州救济署机构及人员。西蒙从中学会了管理一个相当大的组织，学会了如何激发一个下属。在3年的研究中，他们搞了三个专题，特别是对救济部门进行了系统的实验，这是当时在一个组织中进行过的最大的实验，其规模可以和霍桑实验相比，而设计更加系统化。在伯克利的日子正是第二次世界大战开始的时候。西蒙经常坐在山边望着海湾和金门大桥思虑着欧洲发生的动乱，挂念在希特勒铁蹄下的犹太亲友。他想参军，因为色盲不能如愿。

在这段时间里，经过特殊的安排，允许西蒙在伯克利写他的博士论文。西蒙利用一切可能的晚上和周末写出了题为《管理行为》的论文，1942年春天在芝加哥大学获得了博士学位。这时西蒙已经认识到决策贯彻在管理的全过程中，看到了决策在管理中的作用，认为最好是把“决策制定当作管理工作的同义语”。

然而，在提出他著名的决策理论之前，他还必须对自己的前途做出决策。他接受了一个朋友的安排，于1942年重新回到芝加哥，在伊利诺斯理工学院任教。西蒙认为一个工科学院为一个数理政治学家安排的环境比其他大多数大学要适宜得多。

当时正值二战期间，伊利诺斯理工学院的教学工作很忙。为了增加收入，他还在国际城市管理协会中继续兼任一部分工作。他花了不少时间去扩大自己的交往。结果，他被选入学院的战后计划委员会，这使他对大学的管理和财政有了更深的认识。

四、管理就是决策

第二次世界大战结束时，考尔斯委员会在芝加哥大学很活跃。当时参加讨论班的有许多著名经济学家，像马夏克、科普曼斯、兰格、莫迪利亚尼、弗里德曼等，西蒙也是讨论班成员之一。讨论班中的许多人是数理经济学和计量经济学的先驱者。在讨论班中，西蒙开始了第二阶段的经济学学习。他结合米德、希克斯、莫迪利亚尼等提出的数学模型仔细研读了凯恩斯的《就业、利息和货币通论》，学习了各种新的经济和统计技术，讨论了萨缪尔森关于静态和动态比较的著名论文。这篇论文对动态系统平衡态的迁移提出了一种新的系统研究方法。讨论班还讨论了如何估计供求弹性的问题，这使西蒙进一步认识了所谓识别问题。西蒙写了一篇关于全球性移民的经济学的文章，被马夏克选中参加考尔斯委员会对原子能经济效益的研究计划，承担了原子能的宏观经济效果的研究。

考尔斯委员会中的活动不仅使西蒙学到了经济学的最新进展，尤其重要的是使他接触到了第二次世界大战结束时社会科学的急剧发展。当时，运筹学和管理科学、博弈论、信息论、控制论、统计理论、存贮程序数字计算机等各种新的学科和成就如满天星斗。这些思想都紧密地互相渗透着，在西蒙看来都是以做决策为其核心的。这些学科很快产生了一种新的科学家互联网络，网络中的科学家来自物理学、数学、统计学、经济学、生物学、工程技术、哲学，甚至来自心理学和政治科学。新的网络是几乎独立于他们各自工作的特殊领域，忽略了这些科学家的背景和训练的分歧，将他们联结起来。由于在一个理工学院工作，又是考尔斯委员会的成员这种双重身份，西蒙作为数学社会科学家很早就进入了这个领域。他在冯·诺依曼和摩根斯顿的《博弈论和经济行为》出版前就看到了这本书。后来又见到了冯·诺依曼和搞形式神经元网络的麦卡洛克等新学科的活跃分子。至于风行一时的运筹学，几乎可以说是西蒙行政管理评价研究的自然延续。由于以前的经验，他也早就看出计算机大有可为。西蒙在新的领域里如鱼得水。他仍然全神贯注在人类决策问题上，但思路大为开阔，工作也有了新的方向。

1947 年，西蒙出版了《管理行为》，提出了两个很有见地的看法：人类现实的行为不可能是完全理智的，它只能达到很有限的理智；作为他们认识受限制的后果，他们有易于识别子目标的倾向。在这两个思想的基础上，西蒙把管理行为看作决策来加以研究。他首先从分析决策过程入手。通常把做决策理解成对一些可供选择的行动方针做出抉择。实际上决策应该被广义地理解为包括在能做出最后抉择之前必须采取的所有行动。其中，首先和最重要的行动是决定某件事需要不需要办，即有没有一个要解决的问题。因此，决策过程首先要提出做决策的理由，也就是要调查经济的、政治的、社会的、技术的等外部条件，收集需要的信息，从而确定要做决策的问题。有了问题，就可以逐渐找出各种解决问题的可能的行动方案，即可供选择的策略，它包括了目的和手段两个方面的问题，西蒙认为这是设计阶段。接下去就是从两个以上的方案中做出抉择。最后还要对选择的方案进行评价和检验。这就是决策的四个阶段。决策是为了指导人的行动达到未来的目标，因此必须对未来做出某种判断。可是由于未来情况的可变性，也由于决策者受到限制（不是无所不知的，没有无限的估算能力，也没有完整的、一贯的优先程序，并不可能有高度准确的预测），决策也就一定有某种风险。西蒙否定了流行的“最优化”观点，要求不去追求完全合理的决策，而只是追求足够好或过得去的决策，要求管理的人有令人满意的行为准则，争取“适当的市场份额、适度利润和公平的价格”。

西蒙利用计算机的专门术语对决策进行了系统的划分。他把决策分成程序式决策和非程序式决策两大类。程序式决策是例行的、重复性的决策，做这类决策的组织已经有了明确的处理程序，只要运用这种程序就可以了。比如确定商品价格，核定患病雇员的工资，供应办公用品等，都是有章可循的。许多职员的日常工作都是这类用标准操作程序的工作。他们也可以依照习惯来行动。这类决策比较容易采用运筹学、数学、模型等方法，能运用电子计算机的数据处理能力来进行。有组织的机构凭借明确划分管理职责和其相互关系的体制来进行程序式决策。非程序式决策却与之相反，它牵涉到的是新颖的、没有结构的、没有发生过的问题，要做的是一次性的、不完善的、有关新方针的决策，这种决策往往对未来有不寻常的影响，因而特别重要。非程序式决策的各个组成部分可能都是程序化的，比如商业管理中各部分都是标准的商业技术，但是要有一个总体的战略框架将它们拼装起来，这就要求通过有意识的思维过程系统地提出新的原则来。非程序式决策通常依靠判断、直觉和创造力，也可以利用经验做出概略的预测。为了解决非程序式决策，组织通常很重视挑选和训练经理人员。当然，不是所有的决策都能干净利落地进行分类的，程序式决策和非程序式决策只是决策中的两个极端，许多决策都介于这两个极端之间。西蒙对非程序式决策过程特别感兴趣。用判断、直觉、创造力这类方法制定决策的推理过程当时还几乎完全是一个谜，西蒙决心寻找它的谜底。在这方面取得进展之前，他的工作和生活又发生了一次不小的变化。

1947 年，西蒙接受了伊利诺斯理工学院政治和社会科学系系主任的职务，开始了漫长的系和学院的行政管理工作。1948 年，他又参与了建立经济合作管理委员会的工作，在其中担任管理工程部门的顾问和临时负责人。建立这个委员会是为了帮助美国政府执行马歇尔计划。西蒙在组织和管理方面的兴趣从观察和理论性工作扩展到了实践方面。他对以前一直没有时间落实按他的理论在组织中进行经验研究的计划深感遗憾。因而在出现这种机会时西蒙当然抓住不放。

1949 年，卡内基理工学院得到一笔钱来建立一个新的工业管理研究生院，为有科学或工程学位的学生提供商业教育。研究生院院长巴赫和西蒙大学时代的朋友库珀邀请西蒙去那儿当管理系教授。西蒙认定工业管理研究生院的环境和条件能使他实现在组织中做经验研究的计划，便欣然从命。他们三人在发展学院的课程和研究活动中起了主要作用。研究生院组织了两个主要的广泛的研究活动，一个是研究组织行为，另一个是管理科学即计量经济学。西蒙是前一部分的负责人，同时也进入了第二部分的工作，领导一个研究小组。他和霍尔特等人合作发展动态规划技术即线性决策规则来进行库存量控制和稳定生产。他们得出了在确定条件下做出最优决策的规划，然后又证明了确定性等价定理，使得这种技术能够用于不确定的条件。这时的西蒙既是组织理论家、管理科学家，又是商学院行政管理人。

西蒙等人建立工业管理研究生院的目的，是要在经济学和行为科学基础研究的基础上设置商业教育课程。他们几个人中都有一个原来在管理和商业教育上的广泛背景。作为社会科学家，他们并不把“基础研究”和“应用研究”根本对立起来。他们觉得以往的商业教育应像医学和工程在一两代以前完成的转变一样，必须转变成一种以科学为基础的专业。战后管理科学和组织理论为研究的繁荣提供了所需要的应用科学，学生在大学阶段定量研究的训练使得有可能把科学引进课程，这一切为他们的成功创造了条件。

卡内基工业管理研究生院的课程与哈佛商学院之类的传统的案例教育方法完全不同，很快，作为商学院的新模式受到了美国以至欧洲的瞩目。许多商学院都步其后尘走上了同一条道路。

在这段时间里，西蒙在数学和经济学方面做了许多工作，既有实质性的，又有方法论的。《人类模型》就是那段时间工作的总汇，代表了他用计算机模拟人类行为的第一步。

五、像人那样解决问题

组织理论是西蒙的第一个活动天地。西蒙在组织理论的研究中，设计了一个研究工业管理研究生院内部组织的实用程序。他要研究组织和费用如何受经营决策的影响，因而要详细研究做决策的过程，注意做决策的商业组织及其领导人。他越来越清楚地看到，决策问题和人类解决问题的过程密不可分。从 20 世纪 50 年代初起，西蒙就越来越多地涉及问题求解理论。当时在兰德公司的纽厄尔等人也在实验室里进行模拟防空组织行为的工作，他们来求教西蒙，请他当顾问。西蒙很快发现，他和纽厄尔两人都把人的思维看作一个“符号利用系统”或“信息处理系统”，只是两人的用词不太一样，西蒙用的是前者。他们还一致同意研究问题求解的正确途径是用计算机去模拟它。计算机模拟人的认识逐渐成为西蒙的研究中心。

西蒙对计算机一直很感兴趣，他读了所有能找到的有关计算机的资料，并早在 1950 年就看到了它在商业应用上的潜力。当时，在系统研究实验室中纽厄尔发展了一个用卡片程序计算机产生仿真雷达地图的方法。在这个方法中，计算机不是用来产生数字结果，而是用来在二维的图上画点。它不仅做数字运算，而且利用和处理非数字的符号。西蒙对此极感兴趣。他们认为能够用计算机来仿真任何一类信息处理过程，能够用计算机语言形象地描述这些过程，其中自然包括问题求解过程。1954 年，西蒙集合了一个小组，开始进行这方面的研究。

直接用计算机语言描写一个复杂过程是很困难的，他们需要有一种高水平的信息处理语言。1955 年和 1956 年春天，用了一年多时间，以纽厄尔为主建立了“信息处理”或“表处理”语言。在发展语言的同时，他们开始选择第一个努力目标。1955 年夏天，西蒙偶尔在书架上翻到罗素和怀特海的《数学原理》。这本书启发他们选择了把在几何和符号逻辑中证明定理作为第一个任务。

西蒙和纽厄尔几乎整天讨论这个问题。他们自己去证明定理，也找了些人做实验，一边思考一边把想法说出来，借以找出思维的线索。他们发现解决问题时往往遵循下述过程：把问题（两个三角形全等吗？）分解成次要的问题（如：有对边相等吗？能证明对边相等吗？），再分解成新的次要问题，直到这问题有了解答，就返回到上一层去。这是一个探索的过程，错了就回过头去找新的路线。由此看来，复杂的问题求解过程是由大量极为简单的基本元素之间相对简单的相互作用集聚而成的，因此能够用计算机来模拟这个过程，其中启发式的问题求解是关键，能帮助找到正确的途径而不必一一尝试。

西蒙等人还将《数学原理》中的证明分成尽可能小的部分，不仅分成证明步骤，而且还分出使人前进一步的所有暗示，然后将这些学到的东西努力结合进一张流程图中。日复一日，工作有了进展，流程图逐渐接近一种能在计算机上编程序的描述。1955 年 12 月 5 日，西蒙用流程图仿真了《数学原理》中定理 2.15 的证明过程，这个证明十分详细，使他承认这个图式能够编程序。他把这一天看作采用计算机进行启发式问题求解的诞辰。半年多以后，1956 年 8 月，他们在计算机上编了一个程序，给出了定理的完整证明。这个程序他们取名叫“逻辑理论家”（L. T）。“逻辑理论家”大大开阔了人们的眼界，整个人工智能和人类认识领域都显现在这些探索家的面前。

对人工智能或机器思维产生兴趣的当然不只西蒙 – 纽厄尔小组。美国达特玛斯大学的麦卡锡在 1956 年计划召集致力于人工智能的科学家和工程师共度夏季，相互交流思想。信息论创始人香农和后来的人工智能专家明斯基等人都赞同这一想法，共同发起在当年召开了第一个以人工智能为名义的学术讨论会。这个会标志着人工智能学科的正式诞生。与会的有西蒙和纽厄尔，还有麻省理工学院的塞尔弗里奇和索罗门夫，IBM 公司的摩尔和塞缪尔。讨论会后形成了几个以人工智能为目标的研究集体。塞缪尔搞出了下棋机。麻省理工学院的塞尔弗里奇等人提出有影响的模式识别程序，麦卡锡在 1960 年提出著名的 LISP 表处理语言，为人工智能研究提供了一种适用的有力的程序设计语言。这些都是人工智能领域里的奠基性工作。当然，第一项奠基性突破还当首推西蒙等人的“逻辑理论家”。

由西蒙、纽厄尔和肖等人领导的卡内基大学 – 兰德公司协作组主要是从心理学角度出发，利用心理学成就来研究人工智能的，他们形成了人工智能研究中的心理学派。“逻辑理论家”就不是根据事先编制好的固定的算法程序解题，而是采用了所谓启发式程序。它的行为已经表现出某些人推理时的心理活动和某种智能了。这个程序第一次区分了计算机的一般应用与人工智能的界限。紧接着“逻辑理论家”，西蒙和纽厄尔、克利夫等人又发展出了“通用问题求解”程序。它也是一个启发式程序，具有更大的适用范围，能解决十几种性质不同的课题，如求不定积分、三角函数、解代数方程等。他们发展的另一个早期程序是“初步感觉和记忆”程序，它提供了人类熟记语言的学习理论及模拟。这些程序都得到了不同程度的发展。

“通用问题求解”程序说明了手段—目的分析是一个基本的心理过程。比如用树木来做一张桌子，这实际上是个目标转变过程，将目标a（树木）变成目标b（桌子）。当然还需要有一定的工具。采用手段—目的分析方法先分析上面的目标转变，然后采取第二个步骤，缩小目标差异，目的在于消除或减少a与b之间的差异。桌子有一个桌面，就要在树木上造出一个平面来，以减小树木和桌子之间的差异。第三步是应用操作程序，即将程序应用于情况a，也就是用锯、刨做出一个平面来。这样不断进行手段—目的分析来解决问题，是人解决问题过程中心理活动的基本过程，“通用问题求解”程序就按这种手段—目的分析法工作。

到1965年左右，问题求解中的工作还主要限于抽象的类似解迷宫式的问题。他们分析和探讨了传教士和食人兽问题、密码问题、象棋、河内塔问题等。在对这些有良好构造的抽象问题中人类思维过程有了比较好的认识以后，人工智能研究开始转向新的方向。一个是转向并没有良好构造的问题，如建筑设计就是一个极端的例子，它的约束很少，需要提出问题。另一个方向是自然语言理解，以及自然语言理解和其他意义表述方法之间的相互作用。另外，研究也从迷宫之类学究式的问题转向现实生活中的问题。

1972年，西蒙和纽厄尔将他们关于问题求解的全部工作收集在《人类问题解决》一书中。

卡内基理工学院的人工智能研究组很快由于工业管理研究生院的毕业生补充进来而扩大了。工业管理研究生院是最先授予人工智能方面学位的单位之一，它的第一个博士便是纽厄尔，这是西蒙在1954年说服他的同事授予的。在计算机科学成为单独的系以前，该校已经授予了十几个人工智能方面的学位。以后，西蒙和纽厄尔等人领导在学院内建立了计算机科学系，这是第一批计算机系。同时，人工智能研究的影响也开始扩展到了心理学界。

六、信息处理和心理学

以往的实验心理学一般采用刺激—反应方法，像西蒙那样把出声地思考看作依据，往往被看作试图将内省作为数据来源而遭到否定。但是用信息处理观点看待心理学的看法也吸引了一部分心理学家，其中包括米勒和霍夫兰。1958年，西蒙和他们在兰德公司组织了一个工作班子，研究表处理语言、通用问题求解程序等专题。心理学开始对信息处理研究表示出一种谨慎的兴趣。同时平行发展的还有短期记忆研究和感觉的精密定时研究，这些研究也采用信息处理方式，赢得了日益增多的支持者。今天信息处理已经成为一种时尚了。西蒙于20世纪60年代在兰德公司和20世纪70年代在卡内基梅隆大学组织了一系列暑期工作班子，对今天所谓的认知心理学进行研究。他先和科托夫斯基合作，采用模拟瑟斯通的字母序列实验的行为方式处理图像，并和格雷格一起说明了获得概念的任务怎样用信息处理的术语来分析。在这些工作中，他加深了对人类认识过程及用模拟技术来理解这些过程的认识，这些工作和人工智能研究相互促进，又相互渗透。

人工智能研究在20世纪70年代开始进入模拟专家行为程序，即专家系统。这就要求了解专家是怎样贮存他们的知识的。任何领域的专长通常都表现为解决困难问题和迅速解决一般问题的能力。从教学课程上可以看出，我们知道专家应该有哪些专门知识。但是对专家如何通过直觉识别出解决熟悉类型问题的方法，如何把以前的知识与新的信息结合起来表示问题的方法，到20世纪70年代才有了长足的进展。西蒙在这方面也做了大量开拓性工作。

专家遇到的问题大多是他们以前遇到过的或与之同类的，因此解决问题要求有：(1) 识别新问题属于哪一类；(2) 在记忆中存贮解决这类问题的算法的能力。前者可以看作索引，把思想引导到记忆中的算法。西蒙等人发现，人的长期记忆中保存的信息索引项是称作“块”的有关信息单元。每个词和词组就是一个块。什么东西构成块完全取决于先前的经验。他们还发现，人的短期记忆容量受到严格的限制，这种容量不是用比特来量度，而是由块来量度的，大概在4到7块之间。西蒙等人以国际象棋为内容进行了实验。

选一个棋谱展示10秒钟，然后要求被试人将它复述出来。一个国际象棋大师几乎能够准确无误地完成这项任务，而一个新手只能复述6个左右棋子的正确位置。但是，假如棋子是在棋盘上乱放的，那么大师也只能正确复述6个棋子的位置，并不比新手高明。这儿只用到短期记忆，表明短期记忆容量只有6左右，而大师将棋谱分解成不到6个他熟悉的部分即块，才将棋谱全部复述出来。西蒙等人估计了棋谱总数，得出了5万左右的总数，这和一个受到高等教育的人掌握的自然语言的词汇量相似，因此估算出一个专家的能力包括拥有一个索引，能够记忆约5万个的项目。

西蒙还估计了成为专家需要用的时间。心理学实验表明要使一个块从短期记忆转到长期记忆需要8秒，由于专家的块不是最基本的，记忆每个块要1分钟，5万个块大约要半年。但是他的同行J. R. 海斯根据传记资料收集的材料表明要达到一个专家的地位（“大师”水平的）必须要有10年时间的努力。

这样西蒙就建立起了一套记忆的模式。人理解问题就是找到相应的索引引导到脑中存贮的某个块中，取出它所包含的解决办法。因此，西蒙发挥了纽厄尔等人提出的“理解”定义，认为“如果S具有完成任务T所需要的知识和程序，则S就理解了任务T”。这类定义明确地指出，理解要通过提出的任务来检验。面对着不同的任务要求，可以对情况有不同深度、不同方法的理解。此外，人的理解不仅来自已有的知识，而且能够从自然语言的原文（及其他类型的感官刺激）中获得新的理解。人可以学习。这对人工智能能不能有所帮助呢？

西蒙和海斯一起做了一些以人为对象的实验和以计算机模拟为对象的实验，想发现人在遇到新的和不熟悉的任务时，是怎样获得最初的模式去解释任务的指令并完成任务的。他们发现，理解程序有两个主要部分，前面是语言分析程序，接着经过处理的语言文本又受到一些程序的作用，这些程序和一些算符一起，按照指令中确定的原则使系统从一些状态转移到另一些状态。这时它先要设计出一种结构，能适应输入中提到的对象及其相互关系，这些是原先没有的东西。这样创造了问题的表示以后，再编制程序来改进它。学习必须是结合理解的学习，存储的知识应该在完成任务的时候能够应用。西蒙和海斯合作的理解程序，具有用英语接受简单的迷宫式难题描述的一定能力，能从中提出所需的信息，和存储进行比对，转化成所求的问题、环境和程序的计算机语言。

模拟人以理解为基础的学习过程的一类程序称为产生式系统。这是沃特曼、内文斯等人发展起来的，西蒙也做了一些工作。他搞了一个解代数问题的产生式系统。这个系统能进行产生式操作——代数运算，但是没有在什么条件下运用每个操作的知识。产生式操作是系统把每一种区别作为一个条件并把它和相应的操作联系起来。上述系统可以通过启发式的搜索来解决简单的代数问题。在解决这类问题之后，它在自己的搜索树上删去所有不必要的分支，只留下成功的搜索途径。然后这些途径又可以被系统利用，去获得更有效地解决代数问题的产生式。不难看出，产生式操作和西蒙"通用问题求解"中的手段—目的分析方法是完全一致的。

西蒙还对人的发现过程进行研究。他参与了 P. W. 兰利等人建立的以培根命名的 BACON 程序的工作。他们相继搞出了 6 个 BACON 程序，它们都采用了类似的数据推导的试探性程序，在没有理论作指导的情况下对实验数据进行归纳，探索有趣的规律。BACON. 1 可以看作实施西蒙等提出的一般归纳原则的工具。它在解决序列外推任务，学习合取与析取概念以及发现简单的物理定律中都表现出相当好的概括性。BACON. 2 中增加了启发式程序来处理信息序列，使它能注意到重复出现的符号序列并通过检验差异来发现复杂的多项式函数（包括波德定律）。BACON. 3 进一步增加了信息表示中描述的层次，它能够把自己的假设作为新的数据来处理，从而可以对它们递归地使用启发式程序，描述更复杂的定律和解释更多的原始数据。BACON. 3 成功地重新发现了理想气体定律、库伦定律、开普勒第三定律等重要的科学定律。BACON. 4 主要着眼于描述性发现的过程，它能发现、总结数据的描述性定律。它采用一组启发式程序来发现守恒性和数据中的倾向，提出一种假说并根据这种规律性来定义理论项，从而以简明的形式描述一组数据。除重复 BACON. 3 重新发现过的定律外，它还重新发现了欧姆定律、阿基米德浮力定律，特别是像道尔顿的定比、倍比定律等化学定律。随后他们又发展了 BACON. 5、BACON. 6 程序。BACON 程序的成就提示了建造一台实用的归纳机是可行的，它能从数据中发现人眼不容易发现的规律性和模式，得到了很高的评价。

七、计算机参与管理

西蒙在 1960 年发表《管理决策新科学》时就预测了计算机在企业管理和决策中的作用，那时计算机用于企业的还极少。他的预言大部分都被随后 20 年的实践证实了。

现代化企业中已大量采用电子计算机数据处理系统来帮助及执行程序式决策。由于人工智能研究的进展，就有可能利用启发式程序用计算机来进行某些非程序式决策。但今天还没有真正实用的启发式程序。

西蒙认为，工厂和科室的自动化与生产自动化的相似性要比人们想象的大得多。现在企业组织正在变成高度自动化的人—机系统，管理受到人—机系统特性的限制。他认为人的知识的增长是引起变革的主要原因。一方面，人要从大量的信息流中选取他希望注意的信息来进行决策管理。现在，由于电子计算机的出现，关键性的任务不是去产生、储存或者分配信息，而是对信息进行过滤，加工处理成各个要素。由于人的信息处理能力有限，稀缺的不是信息而是信息处理能力。系统应该是信息压缩机，通过组织的等级制结构来压缩信息。另一方面，由于对人的思维和学习过程——一种复杂的信息处理过程有了一种基本的理解，计算机和人工智能就能参与决策过程，间接增强人的智能。

管理有三类问题：正常结构问题、结构复杂的问题和监督问题。正常结构问题往往用程序式决策去处理，计算机可以担当起大部分工作，自动化的速度很快。结构复杂的问题有的要用非程序式决策，自动化速度要稍慢些，但人工智能可以有所帮助。而监督问题自动化进程是最慢的。因为在组织中人面临的环境里最不稳定的部分是人——上下级和同事，对此需要有极大的灵活性。而人和计算机相比，优越之处就在于他的灵活性和适应性。因此可以设想，在自动化以后，只有少量的生产线工人，但是维修、设计及管理人员却会增加，使得人的工作方式方法和职业的相对分配发生巨大的改变。

西蒙分析了复杂的组织系统，他认为复杂系统一般都是分成等级的，这是由下述理由造成的。首先，分层结构的各个部分本身是稳定系统，因此演化最可能产生出这种结构来。其次，等级制系统中无论系统的大小发生多大的变化，每个成员的通信总量几乎不变，因此这种系统各个部分之间需要的信息传输量少于其他类型。最后，对系统中的任一个特定位置而言，组织的复杂性与组织总的规模无关，因而较少面临结构复杂的问题。大的组织经常面临着分权的压力，因为分权后产生的分目标能引起激励，而且分组决策能够简化做决策的过程。但是现代通信的发展提供了更强大的分析和处理信息的能力，也使系统各个部分相互关联更强，因而有导致集权的趋势。并且在管理决策中应用自动化使得管理集中到对决策系统进行维护、改进以及对下层进行激励和培训这些工作上。同时自动化使得参谋单位扩大，从而使组织发生扩展。西蒙认为未来的组织将仍然是阶层等级式的，但是管理人员将更多地和结构良好的系统打交道，利用现代科学发展中的客观分析方法去诊断和纠正系统中的问题。

由于西蒙吸收了行为科学、系统理论、运筹学、计算机科学和人工智能等学科的内容对决策过程及组织与决策的关系等进行了分析，提出了组织理论而获得了1978年度诺贝尔经济学奖。许多大公司企业普遍采用了他的理论来指导管理。

西蒙自认为他对信息和自动化带来的技术革命的影响采取中间的调和立场。他觉得工业会有新的发展，但不会使得生产力增长速度很快，因为技术改造使得每个工人所需的资本也增加了。他认为，现代技术进步将越来越取决于信息处理能力的发展，因此工业革命已经从以能源为基础转到以信息为基础上来。同时，信息革命也加重了人的责任。“信息处理技术正在促使所有的人重视过去很少使我们关心的在一段时间距离或空间距离以外的我们的行为的后果（如污染和间接影响）。它正在把保护后代和我们自己的责任寄托于我们——或许是强加在我们身上。这样，新技术、新知识正在重新规定人类事物中的道德责任。”

八、管理实践：优秀和创新

西蒙不仅是一个组织管理理论家，还是一个活跃的实践家。他不仅在伊利诺斯理工学院和卡内基理工学院承担了行政管理职务，还在全国性的科学组织中担任过一系列职务。

他把自己在学院里的行政管理总结成两个词：优秀和创新。在条件所限下，他努力去寻找尽可能优秀的教师，并积极参加教学改革。这些改革中较大者首先是建立工业管理研究生院，然后是帮助卡内基梅隆大学建立世界上第一个并且一直居领先地位的计算机科学系，随后是在卡内基梅隆大学心理系中建立了一个小组来发展和推广计算机仿真和信息处理心理学。这些活动对全美国和全世界都是一种创新和冲击。

在全国范围内，西蒙作为社会科学研究理事会的委员会成员，积极鼓励社会科学和自然科学的联合，鼓励社会科学中的“硬”科学倾向，即增加实验室和野外的实验技能和技术，应用数学和计量化技术。社会科学和行为科学历来在自然科学研究理事会中没有实际地位。20世纪60年代以前，美国国家科学院中只有生理心理学和古人类学作为保持着科学名誉的“软”科学占有一席之地。作为联系自然科学家的社会科学家，西蒙参加了心理学家米勒、人类学家墨道克等人领导的活动，力求改变这种不适应状态。

当时运动有两种可能的方向。有许多人主张将社会科学和自然科学分开，建立独立的社会科学院和单独的支持社会科学的研究基金。西蒙和其他一些人反对分开而主张联合。他认为这有三个理由：首先，他相信社会科学在政治上太容易受到攻击而无法独立生存。其次，已经并将继续要求自然科学对国家和政府的许多公共政策如能源、污染等提出建议和忠告，而这些问题中有很大成分是社会的、心理的和经济的因素。除非在国家科学院和全国科学研究理事会中扩大社会科学部分，这些因素不是被忽视了就是交给一些业余爱好者去处理。最后，社会科学诸学科中的“硬”科学一端在包括自然科学的组织里必然比分开的社会科学组织中更强。

在20世纪60年代开始的10年中，联合政策取得了成功。国家科学研究理事会扩大了它的行为科学分会，以包括整个社会科学领域。改组后不久，西蒙出任了两年分会主席。美国国家科学院也相应地扩大，西蒙在1967年被选入国家科学院。最后，1968年，西蒙被约翰逊总统指定为总统科学顾问委员会成员。自然科学不再抵抗社会科学的“入侵”了。

西蒙在尼克松政府期间继续当了3年总统科学顾问，他主要主持环境质量小组，研究环境保护政策。

综观西蒙的工作，他研究的问题包括组织理论、经济学、计量经济学、认知心理学、计算机科学和人工智能以及经营学、行政学、政治学、社会心理学、科学哲学等社会科学和自然科学领域。研究的方法则涉及哲学、逻辑学、应用数学、系统工程、信息论、电工、计算机、人工智能等学科，在宽广的领域里作出了杰出的贡献。除了诺贝尔经济学奖，西蒙还获得过美国心理学会科学贡献奖、美国计算机学会关于人工智能的图灵奖和美国医院管理者学会管理者奖。他还获得多个名誉学位。他在自传中写过他工作的两个指导原则：使社会科学“硬”科学化，使自然科学与社会科学建立起密切的关系。西蒙一直身体力行这两条原则。西蒙已经逐渐离开了他的行政工作，但直至去世前，他仍然在继续他的研究工作，继续进行着用自然科学方法研究社会科学、使自然科学和社会科学联合这毕生的事业。

（作者：朱熹豪）

参考资料

[1] H. Simon. Administrative Behavior [M]. New York: Macmillan, 1976.

[2] 赫伯特·A. 西蒙. 管理决策新科学[M]. 李柱流，汤俊澄，译. 北京：中国社会科学出版社，1982.

[3] H. Simon. Models of Thought [M]. New Haven and London: Yale University Press, 1979.

拉斯·昂萨格

（Lars Onsager，1903—1976）

昂萨格

何以能成为跨学科创新大师？

昂萨格是当之无愧的跨学科创新大师，这在现代科学家中极为少见。尽管以 64 岁高龄才获得诺贝尔化学奖，昂萨格的诺贝尔奖级成果却绝不仅限于倒易关系，也不仅限于化学。昂萨格和妻子以及他的朋友在得知获诺贝尔奖消息之时的第一反应都是：物理奖还是化学奖？因为哪项成果而得奖？本文将剖析这位跨学科创新大师的科研历程，探究其成功背后的关键因素。

一、昂萨格的跨学科研究历程

对于许多科学家来说，由于关注点、精力、年龄等因素，一辈子的研究创造高峰往往只有一个或者两个。然而昂萨格在整个学术生涯中横跨多个领域，创造力始终不减、高峰迭起。

1. 初露锋芒（1920—1928）

昂萨格先是在挪威技术学院攻读化学工程（1920—1925），随后跟随德拜在德国做研究助手（1926—1928）。昂萨格的首个成果就发表在德国最高水平的物理杂志上，分为上、下两篇，分别刊于 1926 年和 1927 年第一期，文章中提出的公式后来被称为昂萨格极限公式。

昂萨格进入科研殿堂始于大学期间对电解质溶液的思考。作为技术学院的学生，昂萨格掌握了从实验与理论矛盾中去寻找问题的方法。1923 年，他注意到德拜的研究成果：离子化合物在溶解之前就以离子的形式存在于晶体之中，所以在溶液中必定完全电离；之所以看起来好像不完全离解，是因为离子间的静电作用；有效屏蔽距离与离子强度的平方根成反比。德拜 - 休克尔公式是强电解质溶液的当量电导公式，近乎完美地解释了 1884 年阿累尼乌斯理论的异常。但是，该公式不适用于计算电解质电导率，理论与实验偏差很大。

昂萨格认为，二者之间存在差异的原因是，不能假定中心离子全部做直线运动，应该放宽约束，允许中心离子做布朗运动。这样，就可以恢复对称性，计算值与实验测量吻合良好。1925 年底，昂萨格面见德拜并阐述了见解，德拜非常赏识他，于次年 4 月为他提供了一个研究助手的职位。在此，德拜指导昂萨格完成了昂萨格极限公式的提出，这是昂萨格科研论文的处女作，虽然是牛刀初开刃但绝对锋芒毕露。1927 年，德拜在牛津法拉第学会的一次讨论会上阐述了这个公式。5 年后，科学家用实验确证了昂萨格公式的高度精确性。

这两年为昂萨格科研生涯打下了坚实基础，扩充了物理学知识，结识了杰出物理学家。最关键的是，与大师的交流，为他提供了关于倒易关系更多的思路与火花。因为从大学期间起，昂萨格就开始思考倒易关系的普遍性。

2. 斩获硕果（1928—1933）

1928 年，昂萨格来到美国，先在约翰斯·霍普金斯大学教了一个学期的新生化学，被解聘后进入布朗大学，为研究生讲授统计力学。努力提高教学水平的同时，昂萨格花大量时间研究不可逆过程，完成了荣获诺贝尔奖的成就。

读书时昂萨格就试图把热力学的一般定律应用到具有温度、压力或势能差别的非平衡体系中。在德国，通过与谢雷尔就细致平衡问题的交谈，昂萨格获得了灵感：从反向寻找能够应用微观倒易关系这一条件的热力学或化学迁移过程。在漫长赴美的辗转旅程中，昂萨格集中深入思考了这一问题，并在 1929 年整理出初步结果，于哥本哈根会议上公布，会议论文集收录了两页纸的摘要。1930 年，该摘要发表在美国《物理学评论》上。在更细致地定义概念和条件的基础上，1931 年，昂萨格完成了关于倒易关系的详尽研究，完整论文登载于《物理学评论》上，分为上、下两部分，分别为 12 页、15 页。

倒易关系描述了不可逆热力学过程的线性唯象定律中各系数间关系，成为线性区非平衡热力学的两大理论基础之一（另一个是普利高津提出的最小熵增原理）。由于条件具有一般性，倒易关系甚至被称为热力学第四定律（也有科学家持反对意见）。昂萨格倒易关系得到了很多事实支持，在热电偶上的成功就是典型例子。

昂萨格在布朗大学完成诺贝尔奖成果，还从学生中发现了雷蒙德·富斯，富斯一直追随他并长期合作。1933 年，习惯于单打独斗式研究的昂萨格，发表首篇合作论文，与富斯研究电解质中的倒易关系。

3. 精耕细收（1933—1938）

1933 年秋，昂萨格进入耶鲁做博士后。他开始向熟悉以外的领域拓展，涉及数学、化学和物理化学三大领域。这是昂萨格学术生涯承上启下的5年，是科研基础进一步全面扎实的5年，为日后横跨多个领域奠定了良好根基。20世纪初，维安发现了电解质的导电性与离子运动速度在强电场中大大增加的维安效应。1934年，昂萨格发表于《化学物理》上的论文指出效应成因，并得出著名公式：有效离解常数与浓度无关，在强电场中正比于场的绝对值。这是维安效应的正统解释，还在艾根的诺贝尔奖成果得到了应用。

昂萨格曾向母校提交倒易关系论文纲要作为博士论文，被认为不够完善遭拒。为了补全博士后资格，昂萨格完成了达到数学博士水平的研究，1935年，向耶鲁大学化学系提交了数学系教授才能看懂的博士论文——《求解马蒂厄方程》。这标志着昂萨格的数学水平达到新高度，为他应用强有力的数学分析技巧与能力求解伊辛模型做出铺垫。

此外，昂萨格开始向物理化学拓展，研究了电介质问题。这是昂萨格追随德拜研究路线的延续。德拜曾提出极性分子理论，确定了分子偶极矩的测定方法，德拜公式为实验证实并且应用广泛。昂萨格发表于1936年的文章却一针见血地指出，德拜理论预言了极性溶液中存在从来没有被实验证实的铁电居里点，因此很可能有基础性缺陷。昂萨格提出了计算液体极性介质的内电场及其介电常数的理论，在多年后被普遍接受。

4. 广种厚收（1939—1952）

20世纪30年代末是昂萨格科研的转折点，研究领域与方式都发生了转变。就领域而言，在1939年前，除3篇论文以外，全部集中于电解质、不可逆过程。就科研方式而言，1939年以前发表的15篇论文中，除2篇合作署名外，其余的全部是独立研究。在近20年的科研训练与实践基础上，昂萨格开始向多个研究领域拓展，并且都取得了重要成果，可算是进入科研量产期。昂萨格的朋友、实验物理学家乔治·卡雷里曾经评价，昂萨格有5项成果可以获得诺贝尔物理学奖，即电解质理论、电介质理论、二维伊辛模型的精确解、德哈斯－范阿尔芬效应的理论解释、超流体的量子化环流，其中后3项均出自这个时期。

从1939年的论文来看，这是昂萨格科研生涯的转折点。是年，他发表5篇论文涉及三个领域，其中3篇是合作成果：第一篇独立文章是关于晶体中分子间静电相互作用，与后来在多维相变统计力学方面的工作相关；一篇独立论文和两篇合作文章与热扩散分离法相关，是他二战中研究铀同位素分离法的基础；还有一篇合作论文涉及湍流，这次合作引发了他对湍流的兴趣，使得他于 20 世纪 40 年代中后期独立重复发现了苏联数学家柯尔莫哥罗夫在 1941 年提出的理论。从此，单打独斗的个体研究开始走向经常性合作：1946 年以后，昂萨格共发表论文 64 篇，其中 46 篇是合作署名。

在这些成果中，最重要的是求得二维伊辛模型精确解。伊辛模型是描述物质结构变化的统计性模型，求得精确解就能从理论上描述物质相变。从 20 世纪 30 年代初起，不少科学家已从有序 - 无序转变问题及点阵气体等模型出发，采用近似法处理。昂萨格凭借高超的数学水平，经过复杂运算，历时几个月，初步得到决定热力学属性的配分函数。1942 年，该成果摘要发表于《物理学评论》上。随后，昂萨格用两年时间完善全部细节，《物理学评论》刊载了 33 页的全文。相变理论前辈、1962 年的诺贝尔物理学奖获得者列夫 · 朗道曾经评价求解精确解十分不易。与倒易关系、电介质理论需要多年才获得同行认可不同，二维伊辛模型的求解马上获得认可。曾任爱因斯坦助手的女物理学家考夫曼不顾导师昂萨格的建议，坚持改进二维伊辛模型的求解过程，虽然稍少了些精确却大大简化了过程，两人成功合作，求出模型的更多细节。

在胶体领域，昂萨格只发表了 3 篇论文，却建立了液晶理论的经典模型之一。1932 年，他发表了胶体研究的一篇摘要，10 年后，又一份简短摘要问世。1949 年，这一延续近 20 年的关注终于有了阶段性突破，昂萨格在胶体方面的最后一篇论文问世，建立起液晶硬杆模型，成为该领域的经典之作，引用率非常高。

与对湍流的兴趣始于合作研究一样，1948 年，同罗宾逊的合作论文开启了昂萨格对德哈斯 - 范阿尔芬效应的关注。4 年后，昂萨格独自提出了效应的理论解释——与费米面的几何形状有关，这一成果完成于昂萨格在剑桥大学卡文迪许实验室 1951—1952 年的访问期间。几年后，该理论得到了昂萨格在剑桥蒙德实验科学家同事的实验确证。

昂萨格不仅以杰出创新著称，还做出过多项天才式预言。1949 年的佛罗伦萨 IUPAP（国际纯粹与应用物理学联合会）会议上，昂萨格预言，超流体从层流变湍流取决于量子化环流，环流量子是 h/m，存在量子化涡线。20 世纪 50 年代初，昂萨格与费正清指出，因电子对形成准玻色子，超导体单位磁通量量子化是 ch/2e。近 10 年后，费正清才用实验证明之。

在这期间，昂萨格不时回到倒易关系，做进一步发展。1939 年、1940 年，昂萨格就热扩散发表了 2 篇重要论文，建立起气体扩散法的理论基础，是曼哈顿工程中铀同位素分离的理论保证。为响应系主任号召，昂萨格暂时性改变了纯理论研究作风，从事了一段时间的气体扩散法装置设计，并于1949年发表合作论文。

5. 再下城池（1953—1965）

1953年，昂萨格年满50岁，从生理学、创造学上来讲，创新高峰已去，然而，他在超流方面取得重要进展，还向冰的电气性能等全新领域发起进攻。1953年到1965年，昂萨格发表论文29篇，其中合作成果21篇。从论文内容与数量可以看出这一时期昂萨格的研究特点。16篇回到早年深入研究过的电解质、倒易关系问题，除1篇关于电解质的论文外，其余15篇都是合作研究，其中9篇与富斯合作完成。就在1945年昂萨格成为教授那年，富斯加入耶鲁大学化学系，两人继续合作研究倒易原理。总的来说，两人合作只是使理论更成熟，并无显著发展。

与上一个时期相比，其他13篇非早年兴趣点的论文涉及范围广泛，包括超流体液氦、玻色－爱因斯坦凝聚、金属电子论、低温下固体比热、磁通量量子化、丙烷的质子磁共振频谱、冰的电气性能等内容。最引人注目的是与彭罗斯的合作。1956年，他们将玻色－爱因斯坦液体定义为凝聚态（或超流体）系统，这一思想后来被杨振宁吸收并有所发展。杨振宁在此基础上提出了非对角长程有序的概念，这是杨振宁自认为的得意作品之一。

在这13篇论文中，6篇是独立署名。这说明，有了丰富经验后，昂萨格的研究得心应手，不断向新领域拓展。最值得一提的是，昂萨格向液氦、冰的电气性能等问题的研究转向。他认为，冰的结构和各种缺陷很重要，充分了解它将可能对生物膜的结构和性能研究有启发。昂萨格在这一问题上的兴趣应该是与剑桥大学访问期间的经历有关。佩鲁茨曾回忆，昂萨格就水与血红蛋白结合的几种可能位置和方式，与他进行过几次讨论。昂萨格的努力并没有取得成功，正如佩鲁茨所评价，一直到20世纪70年代末他和同事们才发现结合点的确切位置。

6. 宝刀不老（1966—1976）

在昂萨格生命的最后10年中，工作与生活发生重大改变，于去世前4年离开工作了近40年的耶鲁大学，前往迈阿密大学理论研究中心，但他在学术上的研究热忱并没有受影响。不过，由于精力问题，研究放缓。这期间共完成论文26篇，15篇是合作成果。除仍然继续与他人合作早期研究的电解质问题外，昂萨格对一些重要成果包括倒易关系、伊辛模型等做了总结，并延续了对冰与液氦的关注。

特别值得指出的是，昂萨格向生物学问题的拓展，发表了4篇独立论文。首篇论文发表于 1967 年，初步从热动力学角度讨论了分子生物学。最后一篇论文发表在 1973 年为他举行的学术会议上，会议名为“生命科学中的量子统计力学”。论文讨论早期生命，系统阐述了他对生命起源的一些想法。在这个问题上，他已经与艾根探讨多年。

纵然年事已高，昂萨格还对极少涉及的放射化学表现出新兴趣。在生命的最后几天，昂萨格身体已经出现异常，呼吸疼痛、双腿有静脉炎，但他依然去加拿大参加放射化学方面的一个学术会议。

二、昂萨格何以能成为跨学科创新大师?

昂萨格的卓越成果横跨物理、化学等多个领域，并作出极富创造性的重要贡献。昂萨格为何能超乎常人呢?

1. 自由的通识教育

虽然昂萨格早年接受的教育并不系统连贯，但却是自由的通识教育，哲学、文学、艺术、历史等深深地影响了昂萨格。昂萨格喜欢阅读古典文学和哲学，尤其喜欢挪威史诗，在他的一生中经常阅读并背诵给他的朋友和家人听，既用原文也自行翻译成英文。昂萨格在音乐和美术方面很有眼光，他的朋友非常欣赏。昂萨格对克里斯皮尔棋非常热爱，并十分精通，曾经告诉彭罗斯研究出一个妙招。与朋友卡雷里漫步罗马时，昂萨格跟他讲述古罗马历史。射德洛夫斯奇说：“如果向他提出关于北欧神话、园艺、微妙的克里斯皮尔棋甚至是关于有机化学的百科知识等问题，他经常会长篇大论。”恰如迈阿密大学的理论研究中心主任科苏诺格鲁所言，昂萨格是一个“科学伟人——兼具深厚的人文主义和科学素养”。

在文学、艺术、哲学、历史等方面的精通与热爱，使昂萨格面对科学问题时心智独立、视野开阔、思维发散、方法灵活。钱学森对此深有体会，他说：“我觉得艺术上的修养对我后来的科学工作很重要，它开拓科学创新思维。”科学大家，从庞加莱、爱因斯坦到薛定谔、奥本海默，从杨振宁、李政道到钱学森、袁隆平，都是科学与人文艺术的结合体。自然科学对人文艺术的发展有促进作用，人文艺术同样对自然科学的研究会产生启发，对人文艺术的热爱追求会迸发科学研究的灵感，对人文艺术的精湛理解可以融会贯通艰涩高深的科学研究内容。昂萨格有着很高的人文艺术素养，对他的科学研究不无裨益，与自由的通识教育息息相关。

2. 科学的专业养成

昂萨格在挪威技术学院有两大收获，其中之一就是认知自我特性及如何寻找科学问题，培育了专业素养。

认知自我特性是找到适合自己的科研方式、准确定位的第一步，爱因斯坦也是从年轻时就认识到自己更适合物理研究而不是数学研究，丘成桐则刚好相反；杨振宁在实验室里摸索了一年多后才明白自己更适合理论研究而不是做实验。虽然昂萨格在化学和物理方面的成就都属于理论研究，但是，在技术院校就读并主修化学工程的事实说明，他热爱实验。而且，从昂萨格一直喜欢园艺、木工等劳动，在耶鲁大学安定下来后就购买农场的事实可知，他对动手之类的工作有特殊爱好。昂萨格之所以没有延续他的实践爱好，进入大学后不久就想超越实用科学，转而投入实用所基于的理论背景研究中，与学院的训练息息相关。学校的老师，尤其是科隆柏格和赫鲁兹马克教授对昂萨格在理论方面帮助很大，使他能够正确认知自己的知识背景，指导他从多方面获取化学理论知识。

当昂萨格还是大学新生时，就被老师告知要仔细研究化学期刊，作为获得理论背景知识的重要手段。昂萨格评价说，期刊告诉了他大量与书本不符的事实，以及为何存在差异的初步解释。参考期刊而不是教材的做法显示出不足20岁的昂萨格具备了独立心智，以研究精神在大学里学习。有了独立的判断力，思考才能发展出深刻的科学原创。所以，弱冠之年的昂萨格能迅速掌握德拜刚发表于权威物理期刊上的新理论，注意到莱伯在《德国化学学会学报》最新公布的实验结果，最后提出倒易关系原理。作为化学工程系的学生，昂萨格不但关注当时在基础科学上领先的德国权威化学期刊，还关注权威物理期刊，显露出横跨物理、化学的宽广视野。

昂萨格曾对科研工作者进行分类：掌握很多方法、带着方法寻找易求解问题者是二流人才，发现问题、打造解决之器者是一流人才。就他自己而言，无疑是践行一流工作。由于理论基础扎实、工程背景深厚、对实验现象敏感，昂萨格一生中研究的主要特点都是从理论和实验的差异入手，认清问题自身，然后锻造解决问题的武器。

3. 严格的数学训练

昂萨格在技术学院的第二个重要收获，就是掌握了有力的数学工具。昂萨格进入大学之初倾向于实验研究和工程实践，经过老师的指引，开始为理论研究进行严格的数学训练，掌握了高超的数学技巧。在布朗大学期间，昂萨格还通过数学家托马金学到更多数学知识。

昂萨格在大学期间购买的《现代分析教程》，由惠特克和沃森合著，1902 年由剑桥大学出版社出版，该书以艰涩高深著称。昂萨格完成了其中大部分的习题，这些训练对他后来的研究不无裨益。哈伯德在 30 年后向他请解，怀疑《现代分析教程》中关于解析延拓的一个错误，昂萨格翻出了这本书，已经破旧散开成几个部分，哈伯德看到书里面写满了笔记、更正与扩展补充。昂萨格的博士论文应用了其中的理论，所以只有熟悉这本教材的数学系教授才能看懂论文，因此强烈建议授予昂萨格博士学位。

昂萨格在大学里获得的数学技能炉火纯青，不但在博士论文中运用自如，在后来研究中亦得心应手，产出颇丰。回顾如何求得伊辛模型精确解时，昂萨格曾称用到的数学技巧为“一两把刷子”。昂萨格所运用的“一两把刷子”不但强大，而且神秘，就连数学功底扎实的杨振宁都无比诧异，他两次拜读昂萨格的论文而无法理解其求解过程，感觉被求解过程牵着鼻子走，最后突然冒出精确解。1965 年，杨振宁与昂萨格在交谈中得知，通过对角化两条、三条、四条、五条、六条一维伊辛模型自旋链连接系统的转移矩阵，昂萨格看出了转移矩阵隐藏的乘积结构，从而猜出了精确解，交换子的计算就是为了找出此乘积。

计算二维伊辛模型精确解的过程，充分说明了昂萨格拥有精湛的数学技能和超乎寻常的洞察力。因为随着自旋链数的增加，矩阵阶数相应增加，矩阵对角化的工作量成指数增加，昂萨格能求得十多个自旋链系统的精确解，并在做完第六条时就直接猜出精确解，再用几个月时间去验证七条、八条直至十几条自旋链系统的解是否符合猜测。昂萨格的数学功底是他研究成功的一大法宝。求精确解过程中所应用的椭圆函数和四元数代数，当时很多物理学家完全不懂。昂萨格建立液晶理论时，再次使用了椭圆函数确定其中的一个集团积分。

昂萨格既拥有了提出科学问题的深邃洞察力，又学到了高超的数学技能作为解决问题的强大武器，确如学者所言，“1925 年当他获得化学工程学位时，一个旷世奇才踏入科学殿堂”。

4. 良好的科研保障

在接受通识教育、培育了优良的科研素质后，昂萨格具备了从事科研的内在条件，善于研究的特质已经在大学期间初现端倪。天才需要沃土来扎根成长。来到开放包容的美国后，昂萨格的科学研究更是如鱼得水。

虽然聘请昂萨格的第一所大学并没有给他施展才华的机会，但接下来的布朗大学、耶鲁大学都表现出了宽容的气度，没有计较昂萨格的不善于表述、不适合教学的缺陷，使得他能够在此安定下来并专心于科研。聘请昂萨格的布朗大学化学系系主任克劳斯是讲求实际的资深实验化学家，曾经在一战期间领导化学战部队，但他接受了理论家昂萨格，签署仅有本科学历的昂萨格为研究讲师。克劳斯也曾督促昂萨格做实验，但是当昂萨格研究了热扩散法分离同位素，告知所需要的唯一设备是从地下室延伸到三楼的白金管子时，克劳斯决定还是容忍他的纯理论研究。事实上，昂萨格在布朗大学的全程研究都与周围同事格格不入，以至于诺贝尔奖成果在发表时周围的同事无人关注。昂萨格在布朗大学教研究生统计力学，由于讲解太过艰涩，被学生称为“凄惨力学”。即便讲学水平并不高，昂萨格仍得以在此专注地将自大学期间就思考的倒易原理整理清晰、完善细节，这与布朗大学、耶鲁大学的宽容是分不开的。

做博士后的昂萨格并没有博士学位，耶鲁大学能灵活变通，同意他提交博士论文以满足条件。化学系教授看不懂他提交的博士论文，并没有简单否定，而是听从了数学系教授建议授予学位。昂萨格以数学博士水平的数学论文获得化学博士学位，是一大佳话；作为一个教师，他的表现仍然没有多少改进，所讲授的统计力学在此被赋予另一个绰号——“高级挪威语”。然而，在伊辛模型一文发表的第二年，昂萨格就被任命为德高望重的吉布斯教职，此时距他成为副教授仅 5 年。著名科学家吉布斯开创了用数学解决物理学和化学问题的方法，昂萨格显然无比适合这一职位。这反映了一个大学应有的兼容并蓄，给昂萨格这位思维超出常人、讲课有如天书的奇才以足够的科研保障。他也确实不负众望，在良好的学术氛围中一展身手，继续在多个新领域作出如液晶的硬杆模型、金属抗磁性、超流体的量子化涡旋理论等创新性贡献。

三、结语

昂萨格是现代科学家中少见的跨学科创新大师。从化学、物理、数学到生物学，昂萨格都有不俗表现。正如杨振宁所评价：“如果一个科学家同时具有强大的数学分析能力和物理洞察力，这是非常罕见的。拉斯·昂萨格，正是一个这样的人。他的研究涉及数学、物理和化学。”剑桥大学卡文迪许实验室第七任主任皮帕德与杨振宁的评价高度一致：昂萨格“在化学和物理方面兼具深刻洞察力，在数学上拥有惊人的技能”。昂萨格能成为跨学科创新大师，与自由的通识教育、科学的专业养成、严格的数学训练及宽松的科研环境关系密切。

（作者：刘艳琼）

参考资料

[1] P. C. Hemmer, H. Holden, S. K. Ratkje. The Collected Works of Lars Onsager (with Commentary) [M]. Singapore: World Scientific Publishing, 1996.

[2] H. C. Longuet-Higgins, M. E. Fisher. L. Onsager: November 27, 1903-October 5, 1976 [J]. Biographical Memors of Fellows of the Royal Society, 1978, 24 (1): 443-471.

[3] G. Careri. Lars, the Oracle [J]. Physics in Perspective, 2000, 2: 204-210.

[4] M. F. Perutz. The Role of Bound Water in Hemoglobin and Myoglobin [J]. Bio Systems, 1977, 8: 261-263.

[5] L. Onsager. The Motion of Ions: Principles and Concepts [J]. Science, 1969, 166 (3911): 1359-1363.

路德维希·冯·贝塔朗菲

（Ludwig von Bertalanffy，1901—1972）

贝塔朗菲

人文系统理论的先驱者

路德维希·冯·贝塔朗菲，20 世纪杰出的思想家之一。他从生物学领域出发，涉猎医学、心理学、行为科学、历史学、哲学等诸多学科，以其渊博的知识、浓厚的人文科学修养，创立了 20 世纪具有深远意义的一般系统论，使他的名字永久地与系统理论联系在一起。1972 年，法国科学家委员会曾提名他为诺贝尔奖候选人，但是在诺贝尔奖评选委员会讨论这个提名之前，贝塔朗菲不幸辞世。

提起贝塔朗菲及其一般系统论，令人想起前些年国内出现的系统理论评价热，但热过之后人们很快就趋于沉寂。这是因为：一方面当我们以功利性的标准去要求系统理论时，往往会觉得它过于抽象而无法导致具体应用；另一方面，我们对一般系统论本身的介绍又确实流于空泛，这就使得它常常成为介绍 20 世纪科学新思维的开场白，过后即退出舞台。现在当我们回过头来，追寻系统思想的源头，在其创始人贝塔朗菲那里，我们才发现，一般系统论其实蕴含有丰富的人文性和哲学意义。所谓人文主义，是指把人类的价值放在技术、商业、政治价值之上，强调个人的尊严及人是最终目的的思想。贝塔朗菲的一般系统论，自始至终贯穿了这一思想，他在著述中强烈地表现出对人类本质的理解，对当代科学技术的反思，对价值判断的思索及对人类未来的关注，总而言之，是一种对人的终极关怀。正是在这一点上，贝塔朗菲使自己与系统工程学派分开，因为后者关注的是技术处理问题，而他探究的是系统运动中所表现出的人文价值，这不是一个能用功利性标准去衡量的问题。但是，当一般系统论传入中国时，我们忽视的正是这一层次上的人文价值，而在有用与无用之间对它进行取舍，当然它只能在现实的标准面前退却了。本文通过对贝塔朗菲学术生平的介绍，以期读者对作为思想家的贝塔朗菲本人及其一般系统论有一个比较全面和更深刻一些的认识，或可以此弥补国内系统论研究现状的某些不足。

一、颠沛流离的学者生涯

1901年9月19日，正当20世纪拉开序幕之时，贝塔朗菲降生在维也纳一个古老而又赫赫有名的家族之中，其家族史可溯源到几个世纪以前，也许正是他那古老的家族，孕育了他日后对历史学的浓厚兴趣。贝塔朗菲的父亲，古斯塔夫·冯·贝塔朗菲是一个杰出的铁路管理人员，他的母亲夏洛特·沃吉尔是维也纳一个富裕出版商的女儿。由于贝塔朗菲的哥哥、姐姐都不幸早夭，所以贝塔朗菲受到了母亲极其细心的照料，10岁以前，他一直在家里接受私人教育。

少年时期，贝塔朗菲的父母离异，并又各自重新组织了家庭。贝塔朗菲随母亲与继父爱德华·卡普兰一起生活。像他的生父一样，卡普兰也是一个杰出的铁路管理人员。在度过初始的一段冷漠期之后，贝塔朗菲开始欣赏继父及其母亲生活圈子中的朋友，朋友中有艺术家、学者、科学家等，这使贝塔朗菲从小就受到学术氛围的熏陶。

在大学预科学习阶段，贝塔朗菲既涉猎了荷马、柏拉图、维尔吉尔等人的著作，还接触到拉马克、达尔文、马克思、斯宾格勒等人的理论，并且掌握了数学中的微积分。此时他的爱好广泛，兴趣还未定型，这从他还尝试写过诗、戏剧和小说中得到证明。在一个小型的家庭图书馆中，他熟悉了显微镜，同时开始学习动植物的解剖。贝塔朗菲早期对生物学的兴趣，显然与环境的熏陶有关。母亲的朋友也是他们的邻居——保罗·卡默勒先生是一个生物学家，信奉拉马克主义，他经常与贝塔朗菲一起讨论生物学问题，这对贝塔朗菲日后生物学观点的形成有着重要的影响。也许是得益于这种与众不同的求学生涯，贝塔朗菲能自由地涉猎广阔的知识领域，从而为他以后的博学和跨学科研究打下良好的基础。尽管在大学预科学习时，贝塔朗菲经常缺席，但他最后毕业时仍获得了优异的学习成绩。

在因斯布鲁克大学度过一段时期之后，贝塔朗菲注册进入维也纳大学。在那里，他强烈地被科学和哲学所吸引，并参加了由科学家和哲学家共同组成的维也纳小组的讨论会，这个小组的领袖人物就是维也纳大学哲学教授、逻辑实证主义学派的创始人石里克。对于贝塔朗菲来说，当他系统地踏进哲学门槛之际，首先受到的正是逻辑实证主义学派的强烈影响。贝塔朗菲一生都敬重、仰慕石里克，但这并不妨碍他对石里克所代表的哲学观点的反驳。逻辑实证主义认为，哲学应当同科学联姻，与形而上学分离，因此就要抛弃宗教、伦理学等有关人类价值的问题，忠实于严格客观的经验事实。正是在这一点上，贝塔朗菲认为，每一个科学上的努力都要受到当初决定从事这场努力的出发点的影响，对这一基本偏见存在的否认，就是一种伪善或道德白痴。绝对的科学客观性是一种神话，而对于人类价值没有任何兴趣的科学家也只能是一种机器人。贝塔朗菲一生的研究事业都与这种基本态度密切相关。

在生活的道路上，青年贝塔朗菲很快就领略了爱神的魅力。1924 年，贝塔朗菲遇到了后来成为他妻子的姑娘玛丽·鲍尔，相遇后短暂的接触，使他们很快成为志同道合的朋友与恋人。玛丽是一位金发碧眼、温柔美丽的女孩。她是维也纳一位商人的女儿，已从大学预科毕业，并通过了大学录取考试，正在考虑选择数学或医学专业。但是正如她多年以后所回忆的，“我没有进入大学，因为我的生涯已与贝塔朗菲融为一体”。确实，几乎从他们第一次相遇起，她就成为他的一部分，他的每项成果无一不留下她的影响的印记。他们于 1925 年 3 月结婚，婚后有一男孩，后来成为生理学家。

与此同时，贝塔朗菲在学术的道路上奋力跋涉。在石里克教授的指导下，贝塔朗菲完成了博士论文，是对一位心理生理学的先驱者古斯塔夫·费希纳的研究，这是他对心理生理学流露出浓厚兴趣的端倪。1928 年，他出版《现代发育理论》一书，这是一本评价当时流行的各种生物学理论思潮的著作，他的有机论生物学观点在此崭露头角。1932 年，他发表《理论生物学》第一卷。1933 年，《现代发育理论》被翻译成英文。随后的一年，维也纳大学任命他为无薪教师，这是一种只有荣誉没有薪水的职称，后来他在动物系担任正式教授，为医学专业的学生讲授生物学。在贝塔朗菲以后的教学生涯中，他的听课对象大多是医学院学生，这显然有利于他在生物学与心理学这两大领域从事研究与著述。

1937 年，贝塔朗菲获得洛克菲勒基金会的赞助，用一年时间研究美国生物学的发展，以便为维也纳的同类研究提供借鉴。作为洛克菲勒基金会的研究员，贝塔朗菲在芝加哥大学开设了一系列讲座，利用这一机会，他首次向公众宣传他那尚处于酝酿之中的一般系统论原理。1938 年春，他们夫妇俩又走访了美国的许多大学，这是一段美好而又辛酸的时光，因为正是在那时，他们获悉家乡已被希特勒吞并。于是，他们决定留在美国，贝塔朗菲向基金会提出申请要求再延长一年。答复是这项申请需要一封来自申请者原来大学的保证信，以便他回去后可继续得到一个求职位置。这封信很快得到了，但后来的情况却是，基金会以贝塔朗菲可以毫无困难地得到求职位置，而某些科学家和学者却处于更糟糕更需要帮助这一境地为理由，拒绝了这一申请。贝塔朗菲欣赏这一道德逻辑，但却抑制不住深深的失望。于是余下的时间，他在马萨诸塞州的海洋生物学实验室，对一种扁虫的生长性质做研究，并且利用这一机会同其他生物学家一起讨论生物学问题，他们中有摩尔根、韦斯等。然后夫妇俩在纽约乘船回欧洲，虽然他们对未来充满忧虑，但却没有料到，他们正在驰向二战的深渊。

一到维也纳，贝塔朗菲就投入到繁忙的工作中。在实验室，他又对生长的性质，包括癌的生长进行了研究。战争爆发以后，他还担任了繁重的教学工作，为医学院学生开设生物学课程。年轻人为避免进入德国军队，纷纷注册学医，于是学生人数剧增。战争期间，德国对科学家的束缚不是很严重，也许因为第三帝国的科学家在纳粹迫害下已所剩无几。最为困难的是在战争后期，1945 年 4 月，苏联军队包围维也纳期间，炸弹毁坏了大学的实验室和办公室。贝塔朗菲夫妇俩在 25 年间收集的书毁于一旦。此刻，剩下的选择除了失望就是工作。正是在如此艰难时期，贝塔朗菲开始了《生命问题》的写作，这是一部系统阐述贝塔朗菲生物学思想的著作，其中还对一般系统论的有关问题进行了探讨。

1948—1949 年，贝塔朗菲受莱迪·戴维斯基金会赞助，去加拿大渥太华大学任生物学教授，再次为医学院学生讲生物学，还帮助筹建生物学系，并获政府赞助研究生长和癌细胞问题。在那里，他发明了一种简单的癌症诊断方法，并且长期以来对生长性质的研究也取得了成果。在对细菌、昆虫、啮齿类、蠕虫、蛇的生长研究基础上，他设计了一种数学方程，可用于预测被测试物种的生长速率，还可应用于对植物、动物生长过程的基本研究。贝塔朗菲对人和动物的不同生长曲线特别重视。由于受激素的影响，人类的幼儿期延长，从而性成熟推迟。贝塔朗菲认为正是这一特性，使得人类有更多的时间来学习和创造文化，这就为人类文明的积累和符号世界的创造提供了体质上的条件。

1954 年，在接受他的加拿大身份后，贝塔朗菲辞去了加拿大的工作，接受邀请成为加利福尼亚州斯坦福行为科学研究中心的研究员。这一决定对于系统运动来说具有深远影响。因为正是在这个中心，贝塔朗菲与经济学家K. E. 博尔丁、生物数学家A. 拉波波特、生物学家 R. 吉拉德合作，成立一般系统理论学会。但中心仅维持了一年，贝塔朗菲不得不再次寻找工作。

1955 年 11 月，洛杉矶西奈山医院心理—生理研究所的精神病学家 F. 亚历山大邀请贝塔朗菲到研究所主持生物学研究。在医院中，贝塔朗菲研究用幻觉剂和镇静剂来治疗精神病人，并继续对生理学和疟疾做研究。与此同时，他还在南加州的医学院生理学系任访问学者，给另一个精神病诊断所做讲座。在此期间，他频频参加国际有关心理—生理学方面的学术讨论会，会晤心理学家皮亚杰等人。

在洛杉矶，贝塔朗菲度过了一段美好却是短暂的时光。1958 年，医院的研究经费发生困难，贝塔朗菲被迫再次寻找工作。令人啼笑皆非的是，在找寻工作时，他总是遇到一个麻烦，就是不能解释为什么在二战期间，他留在纳粹统治下的欧洲。终于他找到了一个工作。精神心理学家卡尔·门宁格意识到贝塔朗菲的系统研究对于精神病学的价值，就邀请他到门宁格基金会做访问学者。近 60 岁时，贝塔朗菲的朋友、心理学家罗伊斯邀请他到阿尔伯特大学帮助建立理论心理学研究中心，并兼任生物学系的理论生物学教授。在这段时期，贝塔朗菲发表了《机器人、人和意识》(1967)、《有机心理学和系统理论》(1968)，还有《一般系统论》，该书被翻译成德、意、法、西、日等文。鉴于他在心理学领域作出的贡献，1967 年，美国心理学会选举他为荣誉学会会员。

除此以外，贝塔朗菲还在纽约州立大学的社会科学系任职，并在理论生物学中心工作。在那里，他讲授多种有关系统科学和哲学的课程。他的同事回忆道：贝塔朗菲是一个相当外向和喜好交际的人，他毫不费力就能接近他并不认识的人。尽管他那 3 小时的讨论班定在每周五下午 4 时，但他的听众从未少于 50 人。

1971 年初，贝塔朗菲因心脏病发作住院，三星期后痊愈出院。1971 年 9 月，贝塔朗菲到了退休年龄，但又有一年的延期。在他 70 岁生日之际，他的朋友为他举行了一个生日晚会，参加者有博尔丁、拉波波特、罗杰、拉兹洛等人。

1972 年 6 月 9 日，贝塔朗菲正在工作时，他的心脏病再次发作，他被送进医院，这一次没有挺过来。

这位睿智的老人，走完了一生颠沛流离的学者生涯，但他的名字已与系统思想共存。

二、开创理论生物学领域

曾经有位学者这样表述道："生命可以被定义为是一件侥幸做成的艺术品，而理论生物学则要探索它是如何做成的。"在如何做成这一问题上，机械论和活力论有不同的回答。前者拘泥于简单还原观点，后者乞求于非科学的神秘因素。贝塔朗菲则独辟蹊径，对有机论的观点重新界定并加以探讨。从历史上看，有机论的观点由来已久，而贝塔朗菲则使其以一种崭新的面貌出现在 20 世纪的生物学舞台上。这就是说，贝塔朗菲以一般系统论的思想充实和丰富了有机论学说。

1932年，在《理论生物学》第一卷中，贝塔朗菲首次用“开放系统”的概念来描述生命体。开放系统通过持续地与环境交换物质与能量从而维持其动态存在，新陈代谢就是这样一种过程。他写道：“生命的形式不是存在着，而是发生着，它们是通过有机体同时又是组成有机体的物质和能量的永恒流动的表现形式。”生命体中的等终极性现象就是通过这种动态过程才得以完成的。所谓等终极性现象，是指有机体具有一种从不同初始条件出发，通过不同的途径，到达给定的最终目标的能力（而在非生命系统中，最终状态的获得是由初始条件所决定的）。经典例子就是杜里舒的海胆卵实验（一个海胆受精卵，分裂至四细胞阶段时，通过摇动使每个细胞分离，于是，四个细胞长成了四个幼小的个体）。这是因为在一个开放系统模型中，没有固定的途径和模式，与内外环境交换信息的结果，促使系统走向一个给定的目标。这种动态的过程以一种稳态的形式出现，这是指分解和合成的平衡，是一种自我调节的过程。贝塔朗菲把这种自我调节的稳态看作“生命系统的基本特征，所有其他的特征，如代谢、生长、发育、繁殖、自主性活动等，都是这个事实的最终结果”。

值得注意的是，贝塔朗菲所说的稳态既不同于物理学中的平衡，亦不同于坎农的自稳态。因为“虽然自稳态模型超越了旧有的机械论框架，它承认周期性的自我调节过程中有目标的方向性活动，但它仍然依附于机械理论，因为反馈模型本质上依然是建立在被动的刺激—反应框架基础上，仅仅在此基础上增加了反馈环而已，而大量的事实证明，基本的生命行为是自发的过程”。研究已经显示，器官的自律性活动，如心脏、呼吸中枢等的运动具有原始的自发性，并不是仅对刺激做出反应。当有机体处于一个缺乏外界刺激的环境中时，其正常状态不是静止而是运动的。相似地，我们还可在本能行为中发现这种自主性活动。由此看来，对刺激概念必须做出修正，如果有机体基本上是一个自主的系统，那么刺激（外界条件的改变）并不引起一个过程而是修正这一过程，这就导致一个重要结论，与通常看法相反，并不是刺激而是内在状态同正常状态的距离—需要，才决定了有机体的反应，这种需要对动物来说表现为寻找食物、交配等，在人类身上，则有更高层次的表现。所以，贝塔朗菲认为他的哲学观点中，极其关键的核心内容是“有机体并不是被动地对刺激做出反应，而是一个在本质上能自主活动的系统”。只有首先意识到这一事实，才能理解人类关系的各个领域。

虽然贝塔朗菲并不是第一个使用开放系统概念的人，虽然这个概念仅仅只是陈述了一个事实，但是，他对这个概念的应用依然有不可磨灭的贡献。因为他使这个概念成为思维的多方面工具。在贝塔朗菲的一般系统理论中，开放系统概念成了一把锁，开启了许多新领域，不仅在生物科学，而且在行为科学和社会科学。

贝塔朗菲还讨论了开放系统演化中逐步机械化这一事实。原始的系统往往具有全能性或无限的可能性，随着过程的展开，这些特征逐渐丧失，代之而起的是功能的精确化、固定化，无限的可能性被有限的现实性所替代。这就是系统演化的机械化过程。从广泛的意义来看，生物的进化、个人的成长、社会的演化乃至人类思想史的进程，都体现出这种逐步的机械化过程以及为此而付出的代价。所以进化在某方面的过分展开，同时也意味着特化，也许是进化的死胡同。但值得庆幸的是，人类的诞生正是以人类体质上的原始性为前提的。人类高度进化的不是体质上的某个器官（如动物），而是无与伦比的大脑系统。正是凭借智力上的优势，人类的足迹甚至踏上了月球。但这一进化途径同样值得反思，人类是不是该对自身如此发达的智力优势有所警觉以免误入进化的死胡同？

从有机的系统观出发，贝塔朗菲还对达尔文进化论作了重新评价。他认为，现代综合进化理论是一种机械理论，莫诺的《偶然性和必然性》是其顶峰。贝塔朗菲一生都在致力于反对这种理论。他承认，自然选择和随机突变在进化中起了重大作用，但绝不是全部。因为这不能解释自然界中明显存在着的多样性事实。新达尔文主义认为所有存在的适应性都是成功的适应机制，但这不过是一种同义反复。这一机制也不能解释极其复杂的构造如眼睛的出现。在眼睛的进化中，问题在于第一个原始器官是如何随机出现的，因为它显然缺乏生存优势，而随机突变更可能是破坏而不是改进它所具有的潜在价值。贝塔朗菲还认为新达尔文主义最不能解释的现象是从简单到复杂的进化趋势，如果最适合就能生存，那么我们今天仍有可能是微生物。

受19世纪及20世纪初期社会思潮的影响，有用成为评判进步的唯一标准，于是在达尔文进化论中，有用也正是适应的同一意义。然而在贝塔朗菲看来，进化并不仅仅表现为受利益所控制的机遇的产物，它似乎是一出忧虑的、动态的、悲剧性的戏剧。在生命的进化中，每一步都付出了代价。从单细胞到多细胞，同时引入了死亡；机械化过程使生物丧失了损伤后的可调节性，而高度发达的神经系统则给人类带来了对痛苦的意识。

所以贝塔朗菲认为，生物的进化，除了受达尔文主义理论所设定的那些原则支配，必定还有一种原则在起作用，这就是有机体内部的自主进化，或者说调整有机结构的系统原理。他认为这能解释新达尔文主义留下的空隙。“从一般生物学的观点来看，进化的基本点不是物种的形成，而是有机结构的起源……新物种的形成意味着在所有层次上有机结构的调整。”

贝塔朗菲曾从歌德的自然哲学中吸取了丰富的养料，歌德对生物学的研究使他相信，自然界中存在着一种总体设计，所有存在的植物，都可被追溯到一个共同的原始模型，所以，他致力于搜集同源性的证据。贝塔朗菲认为，歌德已凭着一个诗人的丰富想象力，领悟到了一般系统论原理，这就是对一种协调的整体性因素的追求，而且歌德的观点中还孕育着一种动态性，因为自然的原始模型不是一种静态的画面，而是从不间断的生成之流。

另一个对贝塔朗菲产生深远影响的是德国生物学家海克尔。海克尔首创生态学并提出系统重演律。但是，在贝塔朗菲看来，海克尔最重要的贡献却是接受了歌德的观点，将自然看作一个整体，由统一的自然规律和谐地支配。

显而易见，作为一名在德奥文化氛围熏陶下成长起来的学者，贝塔朗菲的学术风格具有同英美学派鲜明不同的色彩，这就是重整体、重和谐、重内在主动性。贝塔朗菲在构筑他的理论生物学体系乃至一般系统理论时，自始至终贯穿了这一风格。从广义上来说，这也是德奥文化对世界文明作出的独特贡献。

正是在上述观点的基础上，贝塔朗菲构筑了他的新生物学观点，这就是进化源于整体层次上的有机结构的调整而不是随机突变。现代生物学中的结构主义观点也继承了这一解释方式，它认为“存在某种有效的发生原则，赋予生物可以理解的统一性，也包含明显的多样性”。所以要“认识使生物体形态和行为特征成为可能的发生原则或自组织原则”。在这里，基因的作用是必要条件。但绝不是充分条件。这些思想与贝塔朗菲的观点不谋而合。当代生物学缺少的正是这种科学的生物学理论赖以建立的适当的形而上学原理。所以，今天回味贝塔朗菲的观点，仍有不少令人深思之处。

在人文性这一层次上，贝塔朗菲重新评价了达尔文理论。达尔文革命，被大多数思想家赞誉为“使人脱离了中心的神圣地位”。如果人真的走下了神坛，仅是随机选择的产物，那么对人类的潜能和命运做出幻想岂不是在浪费时间？人的尊严、理想、对未来的关注又该立足于何点？所以，贝塔朗菲一生都在与这种作为价值观的机械论做着不懈的斗争。他致力于要创立一种新的伦理体系，来珍爱人类超越生物性的能力，珍视人的自然性、不可预测性和个体独特性。于是，贝塔朗菲从理论生物学转入了心理学领域的研究，在该领域中，贝塔朗菲开始直接面对人的价值、人的尊严这一事实。

三、对人类本质的探索

自从近代科学诞生的几百年来，随着科学尤其是技术的迅猛进步，源于宗教和哲学的荣誉感日趋式微，人类正在蜕变为另一种动物。对此，贝塔朗菲怀有深深的忧虑感，他担心，这将使人成为千篇一律的产物而不是理应受到尊敬的独特的个体。于是，探寻人类的本质，就成了我们这个时代面临的关键问题。

二战后期，贝塔朗菲在维也纳开始写作这方面的论著。20 世纪 50 年代在美国时，他提出大量新观点，在他的最后一部著作《机器人、人和意识》中，他集中论述了这方面的问题。贝塔朗菲认为，人类的机械论图景植根于心理学的行为主义学派之中，该学派的先驱者是俄国生理学家巴甫洛夫。巴氏致力于研究条件反射许多年，最后形成一个理论，认为人类人格上的差异是由于个体对各种刺激做出不同反应的结果，华生的行为主义理论正是奠基于此。虽然华生的行为科学将条件反射实验限制在一些动物身上，但他还是对人类行为做了研究。先是在美国，后是在欧洲，对人类行为的研究在数十年间蔚为风尚。华生认为，心理学家应当抛弃所有主观的有关人类行为的概念，包括心灵、激情、愿望，而要集中于定量的行为上，如条件反射，由此发展出一门行为控制科学。哈佛实验心理学家斯金纳发展了巴甫洛夫的理论，将刺激—反应条件技术称作操作条件，在这种条件下，实验动物会对刺激做出反应，结果动物就会在这种环境下运作。推而广之，斯金纳提出，所有的有机体包括人类，都是刺激—反应机器，当有必要时可以通过操作条件进行控制。正如物理学家奥本海默在一次会议上戏谑地指出，心理学家控制行为犹如物理学家控制核能。当人的任何行为都可通过社会的强化予以调整时，人就失去了最珍贵的主动性，贝塔朗菲对这样的观点深恶痛绝。他指出，在过去直到希特勒时代，控制大众的意见情绪仅是统治者的一种手艺。但是在行为主义时代，它已经变成了科学。现代行为技术不是以惩罚而是以奖赏，使得他的动机成为你的动机。所以，贝塔朗菲谴责行为主义正在为极权主义行为控制提供工具。而且他还不无远见地指出：“除了物理技术的威胁，心理技术的威胁通常被忽略了，也许比原子弹的存在更危险的是导致人性堕落的心理技术。”

贝塔朗菲试图从一般系统论的角度来重新考察人类。他以开放系统模型作为出发点。如前所述，开放系统的一个重要特征，是具有自主性的活动，而不只是机械被动地对环境的变化做出反应。所有的有机体都具有这样的自主性活动，在人类身上，这种自主性活动与生物学上的本能需要或放松紧张的需要无关，而与人类特有的创造性潜能有关。行为主义学派认为刺激—反应模式足以解释所有的生命体包括人类的行为。贝塔朗菲承认，许多心理患者确实陷入了刺激—反应这一被动模式之中，或为食物和性这一本能需要所迷惑，但是，这恰恰提供了证据，只有自发行为才是正常的。

正因为生命体具有主动性，它不是被动地受制于环境，这就为人的自由意志提供了前提条件。关于自由意志，历来是哲学家们论争的课题。20世纪初期，生理学家洛布曾以动物的向性实验来推论高等动物乃至人的大脑也受制于物理、化学条件的控制，无自由意志可言。行为主义学派同样否认自由意志的存在，而把一切行为归咎于环境的控制。斯金纳说："一切控制都是由环境实施的，因此我们要为之努力的是设计更好的环境而非更好的人。"与之针锋相对，贝塔朗菲站在开放系统的立场上，以生命体的主动性来论证自由意志的存在，并将此看作人的最高特征，他指出："个体的不可预言性会随着系统复杂性的增加而增加，人类作为生命系统中最复杂的事物，充满着最高的个体自由。"

忽视生命体的自发性，也就是忽视人的创造性潜能，所以，贝塔朗菲还对受刺激—反应模式影响的教育理论表示关注。在这一模式指导下，学校教育把知识塞到学生的脑袋中，仿佛学生是一个空的容器，被动地等着装填。这一模式还使得教师窒息学生的自发创造能力，把下一代培养成机器人似的消费者和无灵魂的科学家。所以，贝塔朗菲大声呼吁，教师要致力于培养每一个学生的"自然的好奇心和创造力，对于探索的欲望及其对成功的内在愉悦"。他强调："合格的教育总是并且总将是在揭示人类潜能的意义上进行，纯粹功利性的教育最终是与人类的目标背道而驰的。"所以，"科学事业不仅要知道如何，而且还要补充人文意义上的为什么"。更进一步地，贝塔朗菲还对艺术、诗、历史等人文现象做了阐述："它们不是短期的、有用的价值，而正是自身的目标……当人这种可怜的生物，带着动物的本能，在数千种压力下，在复杂的社会中疲于奔命时——能超越动物的也仅仅是这一无用性，但这却构成了人类的本质。"

贝塔朗菲极其重视个人创造力的培养，珍视个人的独特价值。他认为群体的工作可能是富有成效的，甚至在概念的应用上是必不可少的，但绝不是在概念的起源上，亦即群体思维不能产生新的基本发现。他指出，大多数的科学发现，都是被杰出的个人所取得的，所以人类个体这个系统在所有其他系统中拥有独特的重要价值。当今所谓的后现代主义思潮，强调每个生命都是一个独特的个体，拥有自己的世界，这一观点正与贝塔朗菲的核心思想相吻合。

正是在此意义上，贝塔朗菲反对教育领域中民主的变形，他反对“所有人都拥有相同的能力和智力”这一前提的平等意义，目的是保护个人的创造潜能，但他的这一观点却常被朋友们误解，他为此而申辩：“当我攻击平等主义原理时，请不要认为我站在精英主义、种族主义或社会达尔文主义的立场上，如果我强调这一科学事实，个体之间具有差异性，并不意味着我把这些差异看作具有优劣之分，我仅是不要个体的潜能被平等主义的风暴所碾碎，因为它把各个层次上的人都拉到了最低的起跑线上。作为一名生物学家，我认为这种平等主义是荒谬的，巴甫洛夫意识到他的实验狗显示出大量的个体差异，同样的情况也可见于人类。中国文化、东方印度文化、非洲文化深深地不同于西方文化，我绝不认为我们的文明要比他们的更好，但假装我们都是相同的这却毫无意义。”华生曾说，给我一群儿童，我可以把他们培养成医生、律师、乞丐。贝塔朗菲说，仅仅是在此意义上，我毫不怀疑华生是正确的，这就是他们将成为非常可怜的医生、律师和乞丐。

人类的独特性还体现在对符号的运用上，所以，从 1946 年开始，贝塔朗菲开始涉猎符号学领域，次年就在维也纳大学做讲演。作为一个生物学家，贝塔朗菲看到符号是我们大脑进化的独特产物。符号可能起源于原始人的巫术，通过命名事物来达到控制世界的目的，现代人使这种符号巫术达到了极致，这就是几何——一种数学语言的诞生。于是，符号产生了一个全新的进化形式，其进化速度要远远超过生物学的进化。符号具有三个本质特征：(1) 符号必须是代表而不纯粹是表达一个事物，这就不同于动物的吼叫或人类自发的情感表现；(2) 符号的选择没有生物学的意义，人类的符号是一种自由选择；(3) 符号被传统（教育）而不是被本能所传递。

贝塔朗菲尤其对符号领域中的价值观念怀有浓厚兴趣。这是因为在他看来，我们的文明正面临一种价值危机，机械论的价值观或虚无主义的价值观全面泛滥，人类被机器所控制，从而失去人性导致机械化，于是，人类个体正在被还原成为杂志上所描述的卡通片形象，而人类社会正在被机械的社会秩序所控制。真正的价值失去了依托，宗教中传统的教堂就变成了社会的俱乐部；精神价值的缺乏，使得大学正在变成培养高度有技能的野蛮人的场所。

出于一位人文学者的关怀，同时也出于一位理想主义者的激情，贝塔朗菲认为当务之急是要重建人类特有的尊严，这就意味着拒绝接受人类所有价值来自生物学需要这一机械论观点，因为人类有一种自我实现的需要，这就超越了简单的生存需要。精神上的危机不是来自生物学需要的受挫，而是来自现代社会中生命的无意义以及价值、前途、目标的失落。所以，“一个病态的社会，其特征是极其简单的，这就是它为生物学需要提供得太多，但同时却处于精神饥饿状态”。

正是在力主弘扬“人性”这一意义上，贝塔朗菲拒绝还原论。他认为，我们对自己的看法，与我们行为的方式或别人对我们的行为密切相关。一个人如果认为他只不过是物理、化学层次上的机器，他就会不愿为人类的远大目标和尊严进行努力；如果人只不过是另外一种动物，他就不会致力于使人类的创造性和同情心达到顶峰。由此可见，贝塔朗菲在他的理论中，一以贯之地体现和把握了人文主义这一信念，他的理论的出发点和结果都是围绕着这个基点展开。所以对他来说，拒绝还原论并不仅仅是一种学术上的技术处理，而是服从于一个最高信念，这就是人类的独特价值。

四、系统运动的人文价值

20 世纪以来，系统运动方兴未艾，人们往往忽略各种系统理论、派别之间的不同旨趣及价值观。追溯系统理论的历史，其实是由三个独立的运动交织而成。第一层次是一般系统论；第二层次是二战期间被英、美政府资助的系统工程和系统分析；第三层次是战争后期，随着第二次工业自动化革命带来的各种复杂的工程技术等。系统运动的成员也是多样的，他们中有生物学家、行为科学家、工程师等，分别在工业界、咨询公司、大学、思想界、政府机关等部门工作。他们教书，开讲座，写关于系统研究的不同观点的文章，加入系统科学的组织，出席会议等。但是，他们在哲学背景上大不相同。有些是有机的人文主义者，有些是机械论者，有些则不在意或不具备最微弱的信仰。当然，他们有一个共同点，这就是把思维的重心从分析转向了综合。贝塔朗菲对系统运动中的实际情景看得很清楚，他意识到，系统运动中的合作性比混乱更少，但是这是一种“孕育着生命力的混乱”，其中孕育的中心思想就是“整体性”。

从公众的角度看，系统运动中卓有成效的部分显然就是系统工程和系统技术。它们的广泛成功，证明系统概念具有实际的价值。但另外，贝塔朗菲又痛惜系统工程的研究正在为机械论目标服务，这就意味着，尽管贝塔朗菲致力于以系统代替分析、以人性代替机械，深深厌恶无灵魂的技术，但他发现系统研究正在变成机械研究的一部分，系统科学集中于研究计算技术、控制论、自动化等，在成为人类和社会共享的技术的同时，也就失却了它原有意义上的人文性和伦理色彩。对此，贝塔朗菲引用了哲学家桑塔亚纳的一段话："具有讽刺意味的是，在已经学会控制事物以后，我们却因此而忘记了原先的出发点。"

贝塔朗菲所钟爱的事业，是要努力使系统理论融入到对人、对社会的观察思考中去。他多次论述这样的问题。比如，为什么人能有效地处理好与事物的关系却不能处理好与人的关系，为什么我们擅长技术却忽略行为和社会科学，答案就在于我们已能较好地将动态变化、相互作用等概念应用于自然或机器，却很少用于科学、社会和人类本身。所以，代沟的出现就在于父母不能看到孩子已经成长，许多婚姻解体是因为一方或双方没有洞察对方已有了新的需要或目标，许多生意的失败是因为市场出现了新变化，而许多政客陷于困境是因为他们没有预见昨天的政策已不适合今天世界的需要。

贝塔朗菲还提倡一种系统的生态观或生态道德，其中人与自然处于和谐共处状态中。在此意义上，他宣扬一种新的爱国主义，这就是要把对国家、民族的忠贞拓宽到对整个地球的关注和热爱，要以人类中的一员来思考行事，当然这不是要冲淡、稀释个体或各个民族的特性。

当我们从系统的观点考察人类特有的符号系统，如道德哲学中一个古老的命题，用非道德的手段去争取道德的结果，究竟是不是合理时，贝塔朗菲认为，这自然不合理。因为根据系统论观点，手段与目的作为一个整体，就不能分开考虑。然而，我们却不断地看到，现代社会对手段的重视甚至超过目的，如果技术本质上仅是一种手段，那么对技术的盲目依赖和开发，最终只会损害人类文明本身。

站在人文系统观的立场上，贝塔朗菲强调，人类所创造的社会系统必须服务于人类目标而不是相反，我们必须同这些系统相处，但绝不是为这些系统而活。这就是人类社会和昆虫社会的本质区别，个人具有不可剥夺的权利和尊严。这是一般系统论所要达到的最高目的。当今时代，人文精神日趋式微，于是，系统理论的价值在于"有效性"而非"人文性"，它只是一种技术。相反，一般系统论拥有一套完整的价值体系，它涉猎人类精神的各个领域，它反对人类的机械化，试图为人类失去的支柱提供希望，这就是贝塔朗菲思想的永恒魅力，也是一般系统论的终极价值所在。

海德格尔指出："真正可怕的东西并非世界成为完全技术的世界。更可怕得多的是人对这世界变化没有准备，我们还不能够沉思地达到适当地探讨在这个时代真正上升起来的东西。”贝塔朗菲就是在我们这个时代中面对技术的威胁真正对之做出沉思的思想家之一。

（作者：陈蓉霞）

参考资料

[1] L. V. Bertalanffy. Modern Theories of Development [M]. Oxford: Oxford University Press, 1933.

[2] B. C. Goodwin，庄宝华. 生物学中的结构主义 [J]. 世界科学，1992，2：20–23.

[3] L. V. Bertalanffy. A Biologist Looks at Human Nature [J]. The Scientific Monthly，1956，82(1)：33–41.

[4] B. F. 斯金纳. 超越自由与尊严 [M]. 王映桥，栗爱平，译. 贵阳：贵州人民出版社，1988.

[5] 冈特·绍伊博尔德. 海德格尔分析新时代的科技 [M]. 宋祖良，译. 北京：中国社会科学出版社，1993.

科学哲学两相融：

杰出科学思想家

- 昂利·彭加勒
  奥斯特瓦尔德
  罗素
  恩斯特·马赫
  卡尔·皮尔逊
  罗吉尔·培根
  皮埃尔·迪昂
- 朱利安·索雷尔·赫胥黎

朱尔·昂利·彭加勒

（Jules Henri Poincaré，1854—1912）

昂利·彭加勒

杰出的科学开拓者和敏锐的思想家

朱尔·昂利·彭加勒是法国著名的数学家、天文学家、物理学家和科学哲学家，他以其出众的才华、渊博的学识、广泛的研究和杰出的贡献而遐迩闻名，赢得了同代人和后辈人的赞誉。英国数学家西尔维斯特在1885年谈到他对彭加勒的印象时说："当我最近访问彭加勒时，……在他的不可遏止的非凡智力面前，我的舌头一开始就不听使唤了，直到过了些时间（可能是两三分钟），当我全神贯注地注视着他那充满青春活力的仪容时，我才找到了说话的机会。"法国政治家、哲学家、航空学家和数学家保罗·潘勒韦称彭加勒是"理性科学的活跃智囊"。美国著名科学史家、《爱西斯》杂志创办人萨顿在1910年的日记中表明，他试图在大学找到职位之前，有意"成为昂利·彭加勒的学生，因为他是我们这个时代最有智慧的人物"。进化论创立者达尔文的儿子、英国数学家和天文学家乔治·达尔文爵士在提到彭加勒对他的影响时说：

> 他必须是被看作是起统帅作用的天才人物；或者也许可以说，他是我的守护神！

一、显赫的彭加勒家族

1854年4月29日，昂利·彭加勒出生在法国南希。他的祖父曾在拿破仑军队中供职，隶属于圣康坦部队医院。1817年，祖父在鲁昂定居，并结婚成家，后有两个儿子。大儿子莱昂·彭加勒生于1828年，是一位第一流的生理学家兼医生，南希医科大学教授。二儿子安托万·彭加勒，曾升迁为国家道路桥梁部的检查官。

莱昂的妻子是一个善良、机敏、聪明的女性，她生有一子一女，儿子就是后来成为伟大科学家的昂利·彭加勒。安托万有两个儿子：一个是雷蒙·彭加勒，他曾于

1911 年、1922 年和 1928 年几度组阁，出任总理兼外交部长，1913 年 1 月至 1920 年初，荣任法兰西第三共和国第九任总统；另一个儿子吕西安·彭加勒是中等教育局局长，并在大学担任高级行政职务。昂利就是这个显赫的彭加勒家族中的成员。

据说，昂利不喜欢 Poincaré 这个姓。因为在法语中，Point 是“点”的意思，而 Carré 是意为“正方形”或“平方”的名词、形容词。在这位著名的数学家看来，Poincaré 意味着“点的平方”，这显然是毫无意义的。可是，有人认为，Caré 是 quarré 的后缀，法国古诗中有“挥起正方形的拳头（poing quarré）……”这样的句子，Poincaré 这个姓也许由此而来。

二、走上生活之路

看到彭加勒家族成员的显赫名单，人们也许会想，昂利·彭加勒可能会显示出某些行政管理才能。可是出乎预料的是，他除在童年时代和妹妹以及其他小朋友做政治游戏时当过高官外，从未表现出这方面的才能。在这些政治游戏中，他总是秉公办事、合理待人，他的每一个伙伴都能从他的“衙门”获取应得的报偿。俗话说，从小看大，三岁看老。昂利·彭加勒后来没有像雷蒙那样成为一个显赫一时的政治家，而成为一位诚实、正直、严肃的科学家。

昂利·彭加勒的童年是不幸的。在幼儿时，他的运动神经共济官能就缺乏协调。他的两手后来虽说都能写字画图，但他的字、画都不好看。乍看起来，他也没有什么超人的天才，这可由一件趣闻佐证。当他后来被公认是他所处时代的第一流数学家时，他接受了比内（法国心理学家）测验，结果他被断定是一个笨人。由于在他的孩提时代，母亲把全部心血倾注到子女的教育上，所以他的智力发展较快，很早就学会了讲话，不过开始也不大顺利，他思考得很快，但迟迟找不到要说的恰当词语。

5 岁时，白喉病把他折磨了整整 9 个月，从此留下了喉头麻痹症。这次疾病使得他长时期身体虚弱、缺乏自信。他无法和小伙伴们做粗野的游戏了，只好另寻他趣。

他的主要娱乐是读书，在这个广阔的天地里，他的天资通过锻炼逐渐显露出来。大约从七八岁时起，他对博物学产生了兴趣，《大洪水前的地球》一书给他留下了深刻的印象。他读书速度之快令人难以置信，而且过目不忘，往往能说出哪页哪行讲了些什么。他在自己的一生中都保持着这种视觉记忆（空间记忆）能力。他的时间记忆能力——以不可思议的准确性回忆往事——也非常强。大多数数学家好像通常通过眼睛看来记忆公式和定理，而彭加勒视力极差，他上课时看不到老师在黑板上写的东西，也不好记笔记，全凭耳朵听，这大大增进了他的听觉记忆能力。到后来，他能够在头脑中完成复杂的数学运算，还能够迅速地写出一篇论文而无需大改。人们对此觉得不可理解，在他看来，这却是自然而然的。这种“内在的眼睛”大大有益于他的工作，因为抽象的数学研究正需要丰富的想象和敏锐的直觉。

幼年的残疾使得他的手指不大听使唤，从而妨碍了实验技巧的训练。尽管他后来教过实验物理课程，也掌握了一些实验技能，但总的说来仍比较逊色，这也是他后来主要从事理论研究的原因。有人说，假使他在实验科学方面和在理论科学方面的兴趣一样强烈的话，他也许会成为与牛顿相媲美的人。

彭加勒十分喜爱动物。他初次玩来复枪时，无意中射死了一只小鸟。他为此深感内疚，再也不愿摸枪支了（除在战争期间强制进行的军事训练外）。9 岁时，他写了一篇出色的作文。法文老师认为，彭加勒的作文在形式和内容方面都有独创性，是一篇“小杰作”。这篇作文第一次表明彭加勒将来会成为一个有出息、有成就的人。

彭加勒在初等学校的学业成绩是优秀的。但是他并没有一天到晚趴在桌子上死啃书本，像其他孩子一样，他也乐于游戏和玩耍。他喜欢跳舞，还自编自演过一出诗剧。功课对他来说就像呼吸一样容易，他把许多时间用来娱乐和帮母亲干活。从小时候起，彭加勒就具有“心不在焉”的性格：他每每忘记吃饭，几乎从未记清他是否吃过早餐。这种性格直到成年也未改，比如离开旅馆时，他有时便稀里糊涂地把房间的台布、床单之类的小物件卷进自己的行李中。

在 15 岁前后，奇妙的数学紧紧地扣住了彭加勒的心弦。一开始，他就显示出终生的怪癖：当他不停地来回踱步时，那正是在聚精会神地思考数学问题，只有彻底想好了，他才把结果记在纸上。他工作时，各种外界干扰对他来说毫无影响。有一次，一位芬兰数学家长途跋涉到巴黎与彭加勒商讨问题，当女仆告诉彭加勒有客来访时，他似乎没有听到，还在继续来回踱步，整整踱了 3 个钟头。

1870 年，普法战争爆发了，当时彭加勒才 16 岁。他体弱，没有服兵役，可是也经受了风险。德国侵略者占领了他的家乡南希，他在战地巡回医院协助父亲工作。后来，他随母亲到阿兰瑟的外婆家去，他童年时代最幸福的日子就是在那里度过的。阿兰瑟位于圣普里瓦战场附近，母子三人忍饥挨饿，在滴水成冰的天气里越过一个个沦为焦土的村镇。到达目的地，映入他们眼帘的只是一片残垣断壁，侵略者的铁蹄蹂躏了美好的家园。敌人的兽行促使彭加勒终生成为一名热情的爱国主义者。但是，他从来也没有把敌国的数学和敌国军队的野蛮行径混同起来。正像埃尔米特（法国数学家）没有反对高斯（德国数学家）一样，彭加勒也从未敌视过库默（德国数学家）。可是，彭加勒的堂弟雷蒙却迥然不同，每当他提起德国人时，总是伴随着憎恨的尖叫声。在战争期间，彭加勒为了听懂德国兵的交谈和阅读德文报纸，通过自学掌握了德语。

按照法国通常的习惯，彭加勒在 17 岁（1871）进行专业训练之前接受了首次学位（文学和理学学士）考试。在考数学时，他由于迟到而心神不安，连证明收敛几何级数求和公式的简单试题都做错了。由于平时成绩优秀，他还是在数学不及格的情况下通过了学位考试。主考人说："彭加勒是一个例外，若是其他任何学生，无论如何也不会被录取。"

他进入福雷斯学校学习，在没有记一页课堂笔记的情况下赢得了一次数学奖学金，这使他的同学惊讶不已。他们以为彭加勒是个吊儿郎当的人，便闹了个恶作剧，哄骗他代表四年级学生参加数学竞赛，解一道十分难对付的数学题。彭加勒似乎没有怎么思考就直接写出了答案，然后扬长而去，而那些垂头丧气的戏弄者还在纳闷："他究竟是怎样做出来的？"在彭加勒的整个一生中，其他人也经常询问同样的问题。的确，当一个数学难题摆在他面前时，他的答案就像刚刚离弦的箭一样飞来。

1871 年底，彭加勒进入高等工业学校深造。据说，在入学考试时，一位主考人得知彭加勒是"数学巨怪"，故意把考试推迟了三刻钟，想用一道经过精心推敲的试题难倒他。结果，彭加勒回答得很出色，得到了最高分数。他尽管在数学上名列前茅，但体育成绩很不好，绘画得了零分。按当时的规定，零分意味着淘汰。主考人熟知他的情况，还是破例录取了他。

彭加勒 1875 年从高等工业学校毕业，其时 21 岁。他接着到矿业学校学习，打算做一名工程师。他满怀信心地攻读工程技术课程，一有闲空，就劲头十足地钻研数学，并在微分方程的一般解的问题上初露锋芒。1878 年，他向巴黎科学院提交了这个课题的"异乎寻常"的论文，因此于第二年 8 月 1 日得到了数学博士学位。

彭加勒并非命中注定要成为一个矿业工程师，但是在见习期间，他却表现出一个真正的工程师的勇气。在一次矿井爆炸时，他奋不顾身地冲进去营救 16 个遇险的同事，为此深得矿工们的信赖。然而，这个职业与他的志趣不相投，他又想做一个职业数学家。得到博士学位后不久（12 月 1 日），他应聘到卡昂大学做数学分析教师。两年后，他升迁到巴黎大学执教，讲授力学和实验物理学等课程。除了在欧洲参加科学会议和 1904 年应邀到美国圣路易斯博览会讲演，他一生的其余时间都是在巴黎作为法国数学界乃至世界数学界的领袖而度过的。

三、堪与高斯媲美的大数学家

1789 年的法国大革命推翻了成为社会发展桎梏的封建制度和专制政体，促进了科学的发展，使法国在 18 世纪末和 19 世纪初取代英国，一跃而成为世界科学的中心。在这里，只需提一下拉格朗日、蒙日、拉普拉斯、傅立叶、柯西等著名数学家的名字就可知法国科学的盛况了。可是，由于启蒙主义在德国的活跃和以普鲁士为中心的各诸侯国的统一，德国在世界舞台上崭露头角，继而后来居上，在 19 世纪后半期夺得了科学的主导权。尽管如此，由于彭加勒等人的继往开来，法国仍有能力自立于世界科学之林。彭加勒被认为是 19 世纪最后四分之一和 20 世纪初期的数学主宰，并且是对数学和它的应用具有全面知识的最后一个人。要知道，当时的许多数学分支都变成了封闭的体系，它们各有其特殊的术语和专门的研究方法，要同时跨越几个领域实在不易，要做个通才，更是难上加难。可是，彭加勒就是这样的通才，人们公认他是堪与高斯相媲美的大数学家。

在彭加勒出生后的第二年，高斯（1777—1855）就去世了。高斯是德国著名的数学家，被誉为“数学家之王”。他的研究遍及所有数学领域，也是非欧几何学的创始人之一。可以说，19 世纪数学的发展一开始就在数学巨人高斯身影的笼罩之下，而后来却在同样一位数学大师彭加勒的支配之中。他们两人是最高意义上的广博的数学家，并且都在物理学和天文学上作出了重要贡献。事实上，彭加勒在数学的四个主要研究领域——算术、代数、几何、分析——中的成就都是开创性的。洛夫在评价彭加勒时说过：“他的权威现在已被公认，他能够进入所有时代最伟大的数学家行列之中，未来的几代人将不可能修改这一论断。”

彭加勒的首次成功是在微分方程理论方面。这项工作开始于 1880 年，其时他年方 26 岁。对于常微分方程的研究促使彭加勒从事超越函数新类系——自守函数——的探讨，自守函数是椭圆函数的推广。彭加勒把自己发现的一类自守函数命名为富克斯函数。克莱因倒是考虑了富克斯函数，但富克斯却没有考虑过，为此克莱因就优先权问题向彭加勒提出了抗议。彭加勒的回答是把自己紧接着发现的一类自守函数命名为克莱因函数，因为这类函数正像有人所幽默地注视到的，克莱因也从未想到过。

1884 年，彭加勒在《数学学报》前五卷发表了关于自守函数的 5 篇重要论文。这一划时代的发现使不到 30 岁的彭加勒闻名于世，从此，他一生事业的魔杖被抓住了，阿拉丁的神灯被擦亮了。可是，当这组论文的第一篇发表时，克隆尼克却警告编辑说，这篇不成熟的和隐晦的论文会把期刊扼杀掉。

自守函数的研究和微分方程定性理论的研究一样，促使彭加勒重视拓扑学。1887 年，33 岁的彭加勒被选入巴黎科学院，像这样年轻的新人进入科学院实属罕见。大多数数学家在签署意见时认为，“彭加勒的工作成就超过了通常的赞扬，这必然使我们想起雅可比描述阿贝尔的情况——他解决了在他之前未曾设想过的问题。事实上必须承认，由于椭圆函数的成功，我们正在目睹数学领域里的一次革命，这次革命在每一个方面都可以和半个世纪前出现的革命相比较”。

彭加勒说过，数学家具有两种截然相反的倾向。有的人具有不断扩张版图的兴趣，在攻克某个难题后便抛开这个问题，急着出发进行新的远征。另外的人则专心致志地围绕着这个问题，从中引出所有能够引出的结果。前者像一个乘汽车的旅行家，后者则像一个徒步游客。彭加勒本人就是这样一个在数学新版图上乘车驰骋的旅行家。法国数学家、彭加勒的传记作家达布谈到彭加勒这一特点时说：“他一旦达到绝顶，便不走回头路。他乐于迎击困难，而把沿着既定的宽阔大道前进、肯定更容易到达终点的工作留给他人。”彭加勒属于库恩所说的发散式思维的科学家，对于一个科学开拓者来说，这的确是不可或缺的素质。

就这样，彭加勒接二连三地出击，雄心勃勃地进行新的征服。在函数论方面，他的每个贡献都是拓广的领域的出发点。他在 1883 年的一个结果引出了整函数和亚纯函数的庞大理论，该理论在 80 年之后仍未穷竭。他对阿贝尔函数和代数几何学也十分感兴趣。从 1881 年到 1911 年，他就这个课题写的论文和自守函数的一样多，他的一些证明方法在 1965 年之前还未有人超过。这些方法在其他现代问题上也有价值，看来其有效性还远未挖尽。在数论领域，他给出了整数型亏格的第一个普遍定义，给出“秩”的概念。这个概念的许多问题仍未得到解答，更深入地钻研他的论文也许会导致新的结果。关于代数学，他研究了次数 $\geqslant 3$ 的算术理论、非交换代数、包络代数，发现了李代数中的基本定理——彭加勒 - 伯克霍夫 - 维特定理。微分方程及其在动力学上的应用显然处于彭加勒数学思想的中心地位，他几乎每年都要发表这个课题的论文。在这方面最突出的贡献是微分方程定性理论，其中许多都是前人未曾触及到的。关于代数拓扑学，他从 1894 年开始研究，在 10 年内发表了 6 篇奠基性的论文。他定义了贝蒂数，发明了单形的同调论的一整套方法，推广了欧拉多面体定理（现称欧拉－彭加勒公式），提出了流形同调的著名的对偶定理，引进了挠率概念。有人正确地说过，直到1933年发现高阶同伦群之前，代数拓扑学的发展完全基于彭加勒的思想和方法。在关于概率论的大量论著中，他最先使用了“遍历性”的概念，这成为统计力学的基础。他在数学基础等领域也做了许多工作。尽管如此，彭加勒并不十分满意他已有的成果，他甚至说过，他从来没有发表过一篇既不后悔它的内容也不后悔它的形式的论文。

在数学哲学方面，彭加勒在发现了逻辑悖论的情况下复活了直觉主义，并且形成了广泛的运动，他的立场使他成为数学直觉主义学派的先驱。他批判了以罗素、皮亚诺等人为代表的逻辑主义和以希尔伯特等人为代表的形式主义，但也不是完全排斥他们。他极力主张，如果不求助于直觉，要从已经接受的逻辑原理推导出全部数学真理是不可能的。他多次强调直觉在数学发明中的重大作用。他说，对于纯粹数学家而言，直觉本领是必不可少的。逻辑用于论证，直觉用于发明。知道如何批判固然不错，知道如何创造当然更好。数学创造并不在于用已知的数学实在构成新的组合。任何一个人都会做出组合，但是这种组合的数目是无限的，它们中的大多数毫无意义。创造恰恰在于不做无用的组合，而做有用的、为数极少的组合。发明就是辨认和选择，可是，你如果没有在所有组合中选择的技巧，就无法辨认一个组合是否正确。逻辑可以告诉我们走这条路或那条路保证不遇见任何障碍，但是它不能告诉我们哪一条路能引导我们到达目的地，因此必须从远处瞭望目标，瞭望的本领是直觉。没有直觉，数学家便会像这样一个作家：他只是按语法写诗，却毫无思想。彭加勒还形象地比喻了专注于逻辑和受直觉指引这样两种截然相反的思想类型。他说，前者“步步进逼，效法符邦，挖壕筑垒，稳扎稳打，没有给机遇留下任何余地”，而后者“像勇敢的前卫骑兵，迅猛出击，以速制胜，但有时也要冒几分风险”。在科学的疆场上，彭加勒这位直觉主义者正是扮演了冲锋陷阵的“前卫骑兵”。

彭加勒认为，整数是不可定义的，整个数学的基础是数学归纳原理，它的可靠性被直觉地认可，也就是说，是综合的、先验的。他嘲笑罗素在《数学原理》(1903) 中把“1”定义为 $\hat{a}\{\exists x \cdot a=i' x\}$。他说，对于从未听说过数目“1”的人来说，这是一个“令人赞叹的”定义。

彭加勒认为，数学创造的产生是一个使心理学家十分感兴趣的问题，通过了解这一过程，我们有希望达到人类精神的最基本之处。他说：“潜在的自我无论如何也不比自觉的自我低下，它不是纯粹自动的，它能够辨认，它机智、敏锐，它知道如何选择、如何凭直觉推测。”他通过自己发现富克斯函数的经历详细地说明了这个问题。他说他怎样在冥思苦想、一无所获的情况下，晚上偶尔喝了黑咖啡，久久不能入睡，构成了稳定的结合。他说他在地质旅行时，脚踩上汽车踏板的一刹那，一种想法突然闯入心头。他说他在海边的悬岩边散步，是怎样突然顿悟的。他说他沿大街散步时，一个相当困难的问题怎样霎时呈现在他的面前。彭加勒总结了这种无意识工作的条件：“如果一方面有意识的工作在它之前，另一方面又被有意识的工作尾随其后，那么这就是可能的，而且肯定是富有成果的。”

四、开辟了理论天文学的新纪元

自牛顿以来，天文学向数学家提出了许多问题。直到 19 世纪之前，天文学家在处理天文学问题时所用的武器实际上是牛顿、欧拉、拉格朗日和拉普拉斯所发明的武器的改良。但是，从 19 世纪开始，柯西发展了复变函数论，他本人和其他人对无穷级数收敛问题进行了研究，天文学的武库通过数学家的努力正在扩充起来。对于彭加勒来说，他很自然地想到自己的解析学，他把这种从未运用过的数学新武器用来进攻天文学。他所发动的战役在当时是如此地现代化，以致在 40 多年后还没有几个人能够掌握他的锐利武器。

在 19 世纪，法国在理论物理学和其他学科方面失去了霸主地位，但在理论天文学方面仍然领先一步。彭加勒是这一光荣传统的继承人，他站在他的同胞克莱劳、拉普拉斯、勒维耶这些天文学巨人的肩上，当然会看得更远一些。他的主要工作有三个方面：旋转流体的平衡形状（1885）；太阳系的稳定性，即 n 体问题（1899）；太阳系的起源（1911）。

彭加勒对第一个问题的兴趣是被威廉·汤姆孙和泰特的《论自然哲学》一书中的一节激起的。此外，他在讲授流体力学时也对标准教材中关于旋转流体的处理感到不满。

彭加勒在 1885 年发表的长篇论文中讨论了由雅可比椭球体派生出来的角动量渐增的新体系的平衡形状，这种形状后来称为梨形。彭加勒认为，这种体系演化的下一个阶段可能是一大一小彼此绕着旋转的两个天体的平衡状态，该假设肯定不能用于太阳系，某些双星必然会呈现出这样的过渡形式。后来，俄国数学家李亚普诺夫和英国天文学家金斯分别在1905年和1915年证明：梨形是不稳定的。当然，现在有些人不再相信彭加勒的梨形能在宇宙演化中起任何作用。但是，至今仍然有人研究，流质经过旋转不稳定后发生的分裂可能导致形成双星体系，甚至有人认为地球也是梨形，因而彭加勒处理问题的一般方法也许可能再度得势。

彭加勒在天文学上的最大成功表现在对“n体问题”的处理上，这是瑞典国王奥斯卡二世在1887年提出的悬赏问题。设n个质点以任意方式分布在空间中，所有质点的质量、初始运动和相互距离在给定的时刻假定都是已知的。如果它们之间按照牛顿万有引力定律相吸引，那么在任何时刻，它们的位置和运动（速度）是怎样的呢？对于数学天文学来说，一群星系中的每个恒星都可以视为这样的质点，于是“n体问题”就相当于今后天空的情况将是什么样子，假使我们有足够的观察资料描述目前天空的普遍结构的话。显然，这个天文学问题不仅具有数学特色，而且具有物理学特色。

关于“两体问题”（n=2），已被牛顿完满地解决了。著名的“三体问题”（n=3）后来受到人们的注意，因为地球、月亮和太阳就是“三体问题”的典型例子。自欧拉以来，人们把它视为整个数学领域最困难的问题之一。从数学上讲，该问题归结为解九个联立微分方程组（每个都是线性二阶的）。拉格朗日成功地把这个问题加以简化，可是其解即使存在，也不能用有限个项来表示，而是一个无穷级数。如果级数在形式上满足方程组，并且对于变数的某些值收敛，那么解将存在。彭加勒在他1889年的论文中提出了一种新的强有力的技巧，其中包括渐近展开和积分不变性，并且在微分方程的接近奇点附近的积分曲线方面做出了根本性的发现。

尽管彭加勒没有解决“n体问题”，但在“三体问题”上却获得了明显的突破，因此评审团还是把奥斯卡奖——2500瑞典克朗和金质奖章——授予他。法国政府不顾瑞典国王的阻拦，也授予彭加勒“宪兵团荣誉骑士”的称号。彭加勒在写给奥斯卡奖评审团的信中说：“你们可以告诉你们的君主，这项工作不能看作是对所提出的问题提供了完美的答案，然而它具有这样的意义：它的公布将在天体力学上开创一个新时代。因此，陛下所期望的公开竞赛的结果可以认为是达到了。”

彭加勒在数学天文学方面的早期工作汇集在他的专题巨著《天体力学的新方法》（三卷本，1892、1893、1899）中。接着该书出版的是1905—1910年出版的另外三卷著作《天体力学教程》，它具有更为实用的性质。稍后又有讲演集《流体质量平衡的计算》和一本历史批判著作《论宇宙假设》。

彭加勒的传记作者达布断言（他的观点受到许多人的支持）：这些著作中的头一部事实上开辟了天体力学的新纪元，可与拉普拉斯的《天体力学》和达朗贝尔关于二分点岁差的工作相媲美。乔治·达尔文爵士在评论《天体力学的新方法》时说："很可能，在即将来临的半个世纪内，一般研究人员将会从这座矿山发掘他们的宝藏。"达布在评价彭加勒的这些工作时写道："在 50 年间，我们生活在著名德国数学家的定理上，我们从各个角度应用并研究它们，但是没有添加任何基本的东西。正是彭加勒，第一个粉碎了这个似乎是包容一切的僵硬的理论框架，设计出展望外部世界的新窗户。"

彭加勒的《论宇宙假设》普遍地被这个领域的研究者看作是经典的著作，书中对建立在拉普拉斯星云说基础上的模型的性质做了全面的分析和认真的尝试。这本书作为回顾太阳系起源的各种理论，即使在今天也值得一读，但是由于忽略了 20 世纪初其他天文学家提出的一些理论，因而有某些不足之处。彭加勒关于宇宙演化的观点是 19 世纪末有代表性的：真实世界的进程是渐变的、不可逆的，不连续的变化也明显地发生，但只是在确实需要时才发生，而且不是以大变动的形式。这种观点显然与今天流行的"大爆炸"宇宙学格格不入。

像一个直觉主义者所做的那样，彭加勒在天文学研究中的不少工作与其说是定量的，还不如说是定性的，这种特点导致他研究分析学。在这方面，他发表了 6 篇著名的论文，使该课题产生了革命性的变革。分析学方面的工作又转而顺利地应用到天文学的数学之中。

通过研究天文学，彭加勒深深体会到："天文学是有用的，因为它能使我们超然自立于我们自身之上；它是有用的，因为它是宏伟的；这就是我要说的。天文学向我们表明，人的躯体是何等渺小，而人的精神又是何等伟大，因为人们的理性能够包容星辰灿烂、茫无际涯的宇宙，并且享受到它的无声的和谐。在它那里，人的躯体只不过是沧海之一粟而已。于是我们意识到我们的能力，这是一种花费越多收效越大的事业，由于这种意识能使我们更加坚强有力。"彭加勒意味深长地说："星星不仅发出可见光，射入我们的眼睛，而且它们也向我们发出一种极为微妙的光，照亮我们的精神。"

五、成为相对论先驱的理论物理学家

彭加勒讲授物理学达 20 年以上，他以特有的求全性和充沛的精力完成这项任务，结果使得他成为理论物理学所有分支的专家，发表和出版了不同论题的文章和书籍达 70 种以上，其中特别偏好光和电磁理论。他研究了三维连续统的振幅，弄清了许多导热问题以及势论方面的电磁振荡问题，论证了狄利克雷原理。

说实在的，在物理学方面，彭加勒的运气并不怎么好。为了使他的才能得到体现，他应该晚生 30 年或多活 20 年。恰恰在经典物理学进入它的衰老期时，他却处于精力充沛的时期；当物理学重新焕发青春——以普朗克 1900 年量子论的提出和爱因斯坦 1905 年狭义相对论论文《论动体的电动力学》的发表为标志——之时，他的头脑却被 19 世纪的经典理论所充塞，以至于在他去世前，他几乎没有多少时间消化那些令人惊奇的新事物。尽管如此，他还是在物理学革命的三个领域中作出了重要贡献。

1895 年底，德国物理学家伦琴在维尔茨堡大学实验室发现了 X 射线，这一发现在西方科学界引起很大的轰动。伦琴当即把印有关于发现 X 射线通报的印刷品寄给了一些同行，其中包括彭加勒。彭加勒曾参与过阴极射线本性的争论，力图证明它们是由粒子构成的。伦琴的发现对彭加勒的激励比对其他任何法国科学家都要大。

彭加勒是科学院的成员，有参加科学院周会的习惯。在 1896 年 1 月 20 日的周会上，他展示了伦琴寄给他的第一张 X 射线照片。当他的科学院同事贝克勒耳问他射线从管子的哪部分发出时，他回答说，射线似乎是从管子中与阴极相对的区域发出的，在这个区域，玻璃变得有荧光了。贝克勒耳立即想到，X 射线可能和荧光有关，第二天就开始试验荧光物质是否会发出 X 射线。他在几周内进行了一系列实验，从而导致了放射性的发现。放射性的发现又引起连锁反应，促使居里夫人发现了放射性更强的新元素钋和镭。彭加勒对这些新发现满腔热忱，甚至把镭誉为“当代伟大的革命家”，他看到了科学的巨大革命力量。

彭加勒和洛伦兹一样，也是相对论的先驱。早在爱因斯坦之前，他就提出了建造相对论的一切必需的材料（相对性原理和光速不变原理）。

在 1895 年，彭加勒就对当时以太漂移实验的研究状况表示不满。他虽然认为洛伦兹理论是现有理论中最好的，但对洛伦兹针对每一个实验事实都要引入孤立的假设的做法进行了批评。他极力强调，人们应该针对以太漂移实验的零结果引入一个更为普遍的观点。这时他已意识到："不可能测出有重物质的绝对运动，或者更明确地说，不可能测出有重物质相对于以太的相对运动。人们所能提供的一切证据就是有重物质相对于有重物质的运动。"1904 年 9 月，在美国圣路易斯国际技术和科学会议的讲演中，他完整地提出了相对性原理，并把它作为物理学六个普遍原理之一列举出来。他说："根据这个原理，物理现象的定律应该是相同的，不管观察者处于静止还是处于匀速直线运动状态。于是我们没有也不可能有任何手段来辨别我们是否做这样一种运动。"

在彭加勒 1898 年发表的《时间的测量》一文中，他首次提出了光速在真空中不变的公设。他写道，光速不变是一个公设，没有这个公设，就无法测量光速。他认为，我们无论对于同时或两个时间间隔的相等均不能有直觉，我们自信有此直觉只不过是幻想而已。在 1902 年出版的《科学与假设》中，他再次强调了他的观点，"绝对空间是没有的，我们所理解的只不过是相对运动而已"，"绝对时间是没有的，所谓两个历时相等，本身只是一种毫无意义的断语"，"不仅我们没有两个相等的时间的直觉，而且也没有发生在不同地点的两个事件同时性的直觉"。彭加勒 1904 年在圣路易斯的讲演中甚至惊人地预见了新力学的大致图景："……惯性随速度而增加，光速会变为不可逾越的极限。原来的力学依然保持一级近似……"

饶有兴味的是，彭加勒在 1905 年还详细地讨论了利用光信号使时钟同步的问题。彭加勒的讨论不完全等价于爱因斯坦的描述，因为彭加勒在这里安排了两个观察者而不是一个观察者，然而他也得出相同的结果。彭加勒没有达到相对论，除科学上的原因之外，也有认识论方面的原因。国外学者认为，这是由于他未能把他的约定主义贯彻到底——在理论上他是一位约定论者，在实践上他却是一位经验论者。

彭加勒对量子论的发展也有过贡献，我们将在下面叙述。不用说，彭加勒也有失误，例如在世纪之交关于原子实在性的争论中，他对原子论持中立态度。但是，当有了确凿的实验证据后，他公开修正了自己的观点。这种态度是光明磊落的。

六、逻辑经验主义的始祖之一

彭加勒对科学和数学的哲学意义一直兴味盎然，但只是在 20 世纪初，当他作为一个专门数学家的伟大形象被牢固地树立起来之后，才唤起了他对非专业领域的附带热情。他于1902年、1905年、1908年先后出版了《科学与假设》《科学的价值》和《科学与方法》三本书，它们既是畅销一时的科学哲学著作，也是内容丰富、语言优美的科普读物。在那些年代，经常可以看到工人和店员们在巴黎的公园和咖啡馆贪婪地阅读彭加勒的通俗著作，尽管这些书籍印刷低劣、封面破旧。在法国的图书馆或阅览室，彭加勒的书都用手指翻脏了，显然有许多人借阅过。这些书被译成英、德、俄、西班牙、匈牙利、瑞典、日、中等文字，几乎传遍了整个文明世界。由于他的文字才华，彭加勒得到了一个法国作家所能得到的最高荣誉。人们称他为“法国的散文大师”，文学研究院接纳他为会员。一些忌妒心强的小说家心怀不满地散布说，彭加勒作为科学家能够获得这种独一无二的荣誉，是因为文学研究院经常要编辑权威性的法语字典，兴趣广泛的彭加勒显然能在工作中帮助文学研究院的诗人和语法学家，告诉他们自守函数是什么。但是众人却公正地认为，彭加勒已经得到的荣誉并不比他应该得到的多。

彭加勒在科学哲学上继承了马赫和赫兹的传统，并汲取了康德的一些思想，他的思想显然受到数学研究的影响。他有些接近马赫主义，但并不是一个彻头彻尾的马赫主义者，他被认为是逻辑经验主义的始祖之一。爱因斯坦称他是“敏锐的深刻的思想家”。

在《科学与假设》中，彭加勒坚持“实验是真理的唯一源泉”，明确表示了他的经验主义的哲学立场。从这种立场出发，他仿效马赫，批判了经典力学的一些基本概念和原理。但是他不像马赫那样仅从哲学和逻辑的角度进行批判，他还依据当时的一些实验事实，而且批判矛头也涉及经典物理学。他强调假设在科学中不仅是必要的，而且是合理的，并把假设分为三类——极其自然的假设，中性假设和真正的推广——进行论述，并指出假设要经常经受检验且不可滥用假设。彭加勒对科学的统一性和简单性也很感兴趣。他认为科学正在走向简单和统一的道路，其原因在于科学家对自然界的统一性和简单性具有坚定的信念。关于自然界的统一性，这是不成问题的，至于自然界的简单性，却不是一个容易解答的问题，不过人们可以把它看作如此而无危险。在该书中，彭加勒通过对非欧几何学的分析提出了约定主义哲学。他认为，约定是我们精神自由活动的产品，但是自由并非任意之谓。约定主义是彭加勒的创造，它后来和马赫的经验主义成为逻辑经验主义兴起的哲学基础。值得注意的是，爱因斯坦在“奥林比亚科学院”时期读过《科学与假设》，该书给他以极强烈的印象，爱因斯坦后来的某些科学哲学思想可能就源于此。

《科学的价值》引人注目的有三点：其一是关于物理学危机的论述。彭加勒通过对物理学历史和现状的考察指出，物理学已处于危机之中，这种危机是好事而不是坏事，它能加速物理学的改造，是物理学革命的前兆。其二是比较系统地阐述了他的科学观。他认为科学是一种分类方法和关系体系，科学的发展是非直线的、无止境的，科学走向统一和简单的道路，科学的基本原理具有极高的价值，并倡导“为科学而科学”。其三是毫不隐晦地表白了他的唯心主义哲学前提。

《科学与方法》分为“科学与科学家”“数学推理”“新力学”和“天文学”四部分。使人感兴趣的是第一部分，这部分除论述了科学创造的心理学外，还集中论述了科学美。在彭加勒看来，科学美是潜藏于自然的感性美之后的理性美，而理性美要由具有理性的人去把握，因而科学美必然带有浓厚的主观色彩。他用“雅致”“和谐”“对称”“平衡”“秩序”“统一”“方法的简单性”“思维经济”等词语来描述科学美的特征。彭加勒不仅把科学美作为选择事实和理论的一个标准，而且认为科学美也是激励科学家进行科学研究的持续动力。他这样说过：“一个科学家，尤其是一个数学家，他在工作中体验到和艺术家相同的印象；他的乐趣像艺术家的乐趣那样大，而且具有相同的性质。”

在彭加勒逝世后的第二年，还出版了他的一本科学哲学著作《最后的沉思》(1913)，该书是由勒邦集其遗著编辑而成的。该书由 9 个短篇组成，其内容涉及规律的进化、空间和时间、数学和逻辑、量子论、物质与以太的关系、伦理学和科学等。关于科学和伦理学的关系问题，其他三本书基本上没有涉及。彭加勒认为，科学能在道德教育中起十分有用和十分重要的作用，科学能促使我们以特殊利益服从普遍利益，能把人们改造成为具有英雄主义行为和献身精神的人。

彭加勒的科学哲学思想中包含着唯心主义的糟粕，但也不乏闪光的珍珠，值得人们探讨、发掘。

七、为追求真理奋斗到最后一息

彭加勒说，“热爱真理是伟大的事情”，“唯有真理才是美的”，“追求真理应该是我们活动的唯一目标，这才是活动的唯一价值”。彭加勒言行一致，为追求真理一直奋斗到生命的最后一息。

彭加勒富有创造力的时期是从 1878 年的博士论文开始的。在短暂的 34 年科学生涯中，他写出了将近500篇论文和30本科学专著，这些论著囊括了数学、物理学和天文学的许多分支。当我们考虑到那些开创性工作的重重困难时，不能不钦佩他高度的创造性和坚韧不拔的毅力。由于他的杰出贡献，他赢得了法国政府所能给予的一切荣誉，也受到英国、俄国、瑞典、匈牙利等国政府的奖赏。

进入20世纪，彭加勒的声望急剧地增长。1906年，他当选为巴黎科学院主席；1908年，他被选为法国科学院院士，这是一个法国科学家所能达到的最高地位。当时，他蜚声国际学术界，受到同行们的称颂，一些有志干一番事业的年轻人都想拜他为师。特别是在法国，他被视为大智者，他在各种问题——从科学到哲学，从政治到伦理——上的见解总是直率的、明快的，被公众当作决定性的意见而接受。

在最后的4年中，除恼人的疾病期外，彭加勒的生活总的来说是安定的、幸福的。他有一个美满的小家庭：温厚的贤妻、一个儿子和三个女儿。他喜欢他的子女，特别是当他们还是小孩子的时候。他也爱好交响乐。

可是，彭加勒既没有沉湎于小家庭的脉脉温情，更没有躺在荣誉和地位上高枕而卧。他说："经验并非一切，而且学者也不是被动的，他没有等待真理跑来找他，或者期待真理碰到他鼻子尖上的机会。他必须去迎接真理，正是他的思考向他揭示出通向真理的道路。"作为一个永不满足、永远进击的学者，他忘我地向新的未知版图挺进。在生命的最后征途上，他依然留下坚实的足迹。

在1908年的罗马国际数学会议上，彭加勒因病未能宣读激动人心的讲演《数学物理学的未来》。他的病是前列腺肿大，意大利的外科医生为他做了手术，这似乎可以看作是痊愈了。回到巴黎后，他像以往那样不知疲倦地工作着。但是到1911年，他觉得自己身体不适，精力减退，他说他在世上的日子不会长了。可是，他不愿放下手头的工作去休息，他头脑里孕育的新思想太多了，他不愿让它们和自己一块儿葬入坟墓。

1911年10月30日至11月3日，彭加勒应邀参加了在布鲁塞尔召开的第一届索尔维会议，欧洲21位最著名的科学家出席了会议，会议的中心议题是"辐射理论和量子"。在这之前不久，彭加勒对量子论是完全陌生的，通过参加会议，他变成新理论的倡导者和发展者，从而在量子论的历史上留下了光辉的一页。洛伦兹后来回忆说，彭加勒在讨论中表现出"他的思想的全部活力和洞察力，人们佩服他精力充沛地进入那些对他来说是全新的物理学问题的才干"。

从布鲁塞尔返回巴黎后，奇异的量子使彭加勒难以安静下来。在生命的最后时刻里，他完全沉浸在这个奇妙的世界里，以难以置信的毅力和速度从事这项困难的研究。1911 年 12 月 4 日，即布鲁塞尔会议结束后一个月，彭加勒向科学院提交了关于量子论的长篇论文的缩写本（全文发表在 1912 年 1 月的《物理学杂志》上）。他在文章中指出，量子论并不是相对论的扩展，新的冲击比过去的冲击更为使人仓皇失措，这无疑是自牛顿以来自然哲学所经历的最伟大最深远的革命。这篇论文的思想在英国物理学界引起很大的反响。

与此同时，彭加勒还在思考一个新的数学定理，这就是把狭义三体问题的周期解的存在问题归结为平面的连续变换在某些条件下不动点的存在问题，这可能是分析中根据代数拓扑学所做出的存在性证明的第一个例子。他感到自己没有时间和精力来证明这个定理了，于是在 1911 年 12 月 9 日一反通常的习惯，写信给《数学杂志》的编辑，询问是否能接受一篇未经深究和修改的专题论文。他在信中写道："……在我有生之日，我无法解决它们了。不过，它们的最后结果能够把研究引向新的、未曾料到的路线上，在我看来，它们似乎具有十分充分的发展前途。不管它们使我遭到什么蒙骗，我仍将顺从地把它们奉献出来。……"在彭加勒的这一"未完成的交响乐"发表后不久，所需要的证明由美国年轻的数学家伯克霍夫在几个月之后给出了。

1912 年春，彭加勒再次患病，可是他还是顽强地奋斗着。同年 4 月，在法国物理学会的一次讲演中，他又谈到量子论问题，他要求人们不要为推翻根深蒂固的旧见解而烦恼。就在当月公开发表的一篇评述性文章中，他再次强调"把不连续性引入自然定律"，"这样一个非同寻常的观点能够成立"。他依次讨论了热力学和概率、辐射定律、能量量子、作用量子、普朗克的新理论等。他写到，尽管量子假设面临着一些困难，我们也必须拯救它，否则我们就不会有可供建筑的基础了。他对普朗克的"倒退"感到困惑，认为"坚持最初的观点是比较合适的"。彭加勒猜想，宇宙万物像电子一样，都应当经历量子跃迁。由于在普遍的跃迁之间的不运动状态内具有无法区分的瞬时，因此必然存在着"时间原子"。这就是逝世前几个月，彭加勒在头脑中酝酿的大胆思想。

临终前三周，即 1912 年 6 月 26 日，彭加勒抱病在法国道德教育联盟成立大会上发表了最后一次公开讲演。他说，"人生就是持续的斗争"，"如果我们偶尔享受到相对的宁静，那正是我们先辈顽强地进行了斗争。假使我们的精力、我们的警惕松懈片刻，我们就将失去先辈为我们赢得的斗争成果"。他还指出："强求一律就是死亡，因为它对一切进步都是一扇紧闭着的大门，而且所有的强制都是毫无成果的和令人憎恶的。”彭加勒本人的一生就是自由思考、持续斗争的一生。

7 月 9 日，医生为彭加勒施行了第二次前列腺手术，手术是成功的。7 月 17 日，他在穿衣时因栓子（堵塞血管使血管发生栓塞的物质）而十分突然地去世了。他仅仅活了 58 岁，这正是他的能力的高峰时期。

在茫茫的夜空中，一颗“智多星”殒落了！这颗“智多星”发出了他所能发出的熠熠光亮，给人类带来了一线光明，即使在坠入大地时，也要把最后一道余光毫无保留地奉献出来。彭加勒的所作所为得到了能够鉴赏他的成就的人的赞誉。据说有这样一件逸事。在第一次世界大战期间，一些英国军官问他们国家的大数学家和大哲学家罗素：“谁是当代法国最伟大的人？”罗素不假思索地回答：“彭加勒！”“噢，是那个人！”这些对科学一窍不通的军官以为罗素指的是法国总统雷蒙·彭加勒，一个个兴奋地呼叫起来。当罗素得知他们呼叫的缘由时，便解释道：“我指的不是雷蒙·彭加勒，而是他的堂兄昂利·彭加勒。”

可是，彭加勒也曾被一些人误解，蒙受了不白之冤。长期以来，在苏联、东欧、日本和我国出版的许多书刊中，他竟被描绘成在科学史上“兴风作浪”的反面人物。当我们用事实拭去抹在他脸上的油彩和尘埃时，难道不应当做一点历史的沉思吗？

（作者：李醒民）

参考资料

[1] H. Poincaré. The Foundations of Science [M]. Authorized Translation by G. B. Halsted，New York：The Science Press，1913.

[2] H. Poincaré. Mathematics and Science：Last Essays [M]. Translated by John W. Bolduc，New York：Dover Publications，1963.

[3] ポアンカレ（Poincaré）：科学者と詩人 [M]. 平林初之輔訳，東京：岩波書店，1927.

[4] E. T. Bell. Men of Mathematics [M]. New York：Dover Publications，1937.

[5] 本多修郎. 現代物理学者の生と哲学 [M]. 東京：未来社，1981.

弗里德里希·威廉·奥斯特瓦尔德

(Friedrich Wilhelm Ostwald，1853—1932)

奥斯特瓦尔德

科学家、思想家、实践家

弗里德里希·威廉·奥斯特瓦尔德是一位伟大的学者。他是物理化学的奠基者和代言人，是20世纪起主导作用的颜色学的研究者之一，曾荣获1909年诺贝尔化学奖。他就科学哲学、科学方法论、科学天才、科学组织、一般文化问题、能源、公共教育、人道主义、战争与和平、国际主义、世界语等问题，提出了一系列诱人的见解和行动方案。他是一位鼓舞人心的教师、综合者、阐释者和科学观念的改革家，他吸引并造就出一大批有才华的学生，他善于把新思想普及到学术界或公众之中。他是一位勤于笔耕的多产作家，一生共撰写了45本书、500篇科学论文、5000篇评论文章，还编辑了6种杂志。他也是一位战斗的无神论者、反教权主义的不可调和的战士和具有强烈使命感的社会活动家。他的成就和影响举世公认，加在他身上的各种头衔多达67项：世界许多名牌大学的兼职教授和荣誉博士，各种知名讲座的主讲人，国内外不少学会和科学组织的负责人和荣誉会员，一些国家科学院的院士或荣誉院士。

奥斯特瓦尔德也是一个平凡的人。他在学校并不是标准的“好”学生；他功成名就之后，依然像普通人一样地工作和生活；他有多方面的爱好，热衷于钻研音乐和演奏乐曲，喜欢画风景画；他在53岁时毅然辞去莱比锡大学的教授职务，回到乡间宅第从事他感兴趣的事情。不用说，他像凡人一样也有错误和失足之处。

奥斯特瓦尔德丰富的思想和切实的行动，正是在伟大与平凡的两极张力中迸发、体现出来的，这样的张力也造就了奥斯特瓦尔德这样一个名副其实的人——伟大的凡人、平凡的伟人。

一、里加和多帕特：未来的创造者

奥斯特瓦尔德于1853年9月2日出生在拉脱维亚的里加，这是一个濒临波罗的海的城市，当时属俄国管辖。这个约有千年历史的古城实际上与德国都市毫无二致，其建筑样式和典章制度均与德国的吕贝克市相仿。无论是上流社会、中产阶级，还是下层贫民都讲德语，其风俗习惯和精神生活都根植于德国文化。康德的《纯粹理性批判》的初版（1781）就是由里加书店出版的。

奥斯特瓦尔德的双亲是德国移民的后裔。很自然，奥斯特瓦尔德本人无论在理智上还是在感情上都认为自己是德国人。因此，他后来在求学时期极力反对沙皇俄国推行的泛斯拉夫运动，对强迫用俄语授课十分反感，并由衷地厌恶那些变节的德国人。这就是他所谓的“德国魂”。

奥斯特瓦尔德的家境十分贫寒。其父是一贫如洗的手艺人，长期在俄罗斯流浪，后定居里加，靠制桶谋生。其母是同样贫穷的面包师傅的女儿。婚后，他们起早贪黑，省吃俭用，用积攒下的钱买了一座简陋的小屋。年幼的奥斯特瓦尔德感到十分心满意足，毕竟有一个温暖安适的家了。为了节约开支，母亲经常把父亲工棚里的锯末收集起来烧饭。经过几年的经营，他们买了新居，扩大了营业规模，家境有了改善，但仍谈不上殷实富有。

奥斯特瓦尔德的父亲身量魁梧、力大气粗、性格暴躁，一有空闲便外出打猎。不过，他倒也心灵手巧，还喜欢画画。母亲身材纤瘦，天资较高，干起活来干净利落。她除给制桶铺的工匠和学徒（6—12 人）做饭外，还要给自己家做饭，料理家务和照管孩子的重担也压在她的肩上。她一有余暇就读书看报，在有限的时间里调剂一下精神生活。母亲热心艺术，爱看戏剧。父亲只要经济允许，总是给她在市立剧院预订定期座位。奥斯特瓦尔德上有哥哥，下有弟弟，没有姐妹。他的哥哥和弟弟长得像父亲一样高大，爱做粗野、热闹的游戏，常常和父亲一起狩猎，而奥斯特瓦尔德对此毫无兴趣。他的身材、秉性和趣味都与母亲相似，喜欢一个人安静地做自己的事。母亲的言传身教，不仅对他的思想成长有很大的影响，而且也给他注入了艺术家的素质。不过，他爱好绘画的天性以及制造器物的手艺，恐怕主要得益于他的父亲。多年的流浪经历使父亲既备尝艰辛，又见多识广，他定下了一条神圣不可侵犯的家规：宁可做出最大的牺牲，也要为孩子出人头地提供一切机会。也许是这条不成文的家规，庇护奥斯特瓦尔德在青少年时期充分发展了未来创造者的个性和才能。

奥斯特瓦尔德自幼喜爱动物，他早就有意识地反对父亲和兄弟的狩猎癖好，对他们在饭桌上大谈狩猎话题感到腻烦。每当父亲让他送猎物给亲友时，他心里总是隐隐作痛。后来，从通俗科学书籍接受的爱动物的教育更增强了他的反对狩猎的情绪。

10 岁时，父亲决定把他送入一所新型的实科中学。这所学校学制为 5 年。头一年，奥斯特瓦尔德还是一个顺从的好学生，后来由于阅读了形形色色的书刊，他的眼前敞开了全新的世界，他开始自觉或不自觉地选择自己的成长道路。

少年周刊《园亭》是他最早的精神食粮。19世纪60年代，德国的自然科学和近代工业蓬勃发展、日渐兴盛，《园亭》的编辑以此为内容组织稿件。这不仅增强了奥斯特瓦尔德的爱国心，也坚定了他献身科学的志向。博物学老师妙趣横生的讲课也唤起了他内心潜在的对自然科学的爱好，他曾一度热衷于采集植物标本，捕捉蝴蝶和甲虫。

11岁时，他偶尔看到一本关于制作焰火的书。书中提到的焰火成分除惯用名和学名外，还写着化学式。他问老师那些化学式的意义，老师只是简单地回答说，到五年级就会学的。就这样，奥斯特瓦尔德在无人指导的情况下自己摸索。他用省下来的零用钱到药房买了硝石、硫黄、锑等。父母对他的举动很是支持。母亲把厨房的研钵、筛子、器皿借给他用，父亲在地下室专门为他腾出一间小屋做实验（尽管在木匠铺制作焰火有发生火灾的危险）。没有钱买制浓硝酸的曲颈瓶、玻璃管等，他设法到建筑工地干零活挣钱，也做贴花画出售筹措铜币。他按照书上所画的图进行操作、实验，终于制成了焰火。看着点燃的焰火五彩缤纷，奥斯特瓦尔德真是喜出望外。焰火点燃了他童年的热情，打开了他心灵的窗户，照亮了他通向未来的道路。在成功之时，他感到有一种近于痛苦的深奥的幸福。这种幸福，恐怕只有身历其境的人才能体会到。奥斯特瓦尔德晚年发明的幸福公式，也许与此不无关系。

不久，他又迷上了照相。当时照相技术还很落后，是湿胶棉底片的时代。奥斯特瓦尔德手头什么器材也没有，一切都得亲自动手制造。他用父亲装雪茄烟的空匣子制作相机暗箱，用母亲的观剧镜制作镜头，用涂有药胶的硬纸片作显影纸，拆下窗格上的玻璃作底片。作胶棉用的浓硝酸和乙醚在里加买不到，他就用其他易到手的化学药品制取。在其他人看来，这简直是毫无希望的举动，然而奥斯特瓦尔德却洗出了照片，他当时比制成焰火时还要乐不可支。这两次经历对他的一生是决定性的。他从中增长的见识和才干无论如何是从老师那里学不到的。不久，他又读了一位农业化学家所著的《化学的学校》，这本教育杰作在他看来比他得到的任何东西都有价值。他尽情地品味书中的有趣实验，尽可能地动手去做。而奥斯特瓦尔德当时还没有上过化学课哩！

学校的宗教课以大课的形式讲授，由当地的牧师主讲。奥斯特瓦尔德的祖辈信奉基督教，他父亲由于忙得不可开交，轻易不去教堂，母亲开始还常来常往，后来手头事情一多，也不大外出了。奥斯特瓦尔德本人幼时还尽力信仰宗教，可是这种信仰并未一直继续下去。他自己后来也记不清究竟是怎么中断的，似乎是有一次他觉得自己犯了罪过，忐忑不安地进入教堂的深处，拜倒在上帝的脚下，虔诚地祈祷赎罪，谁知上帝还是默默无言。他受到了很大的冲击，从此他对上帝不再无条件地信赖了。另外，对于把上帝的血肉作为食物的教义，他也本能地感到毛骨悚然。

奥斯特瓦尔德的兴趣十分广泛。他曾一度埋头于绘画，这对他晚年研究颜色学很有帮助。他对音乐的兴趣是由参加教堂圣诞音乐会和观看歌剧《魔笛》激起的，这对他的内在发展很有意义。他常帮助母亲到租书摊借书，因而读了不少小说。读文学书籍使他摆脱了学校和家庭的狭小环境，知道了大千世界究竟是怎么一个样子。

这样多方面的兴趣，分散了他的时间和精力，当然难以满足学校的要求。一年级他还是优等生；二年级成绩极为不好，必须重读半年；三年级由于迷恋化学游戏和实验，不得不重读整整一年；四年级又多读了半年；五年级虽未重读，与其说是学习用功了，还不如说是学校放松了管理。不过，他数学总是得高分。从三年级起开设了物理课，他成绩也特别好，尤其是物理老师演示的凸透镜实验和彩色旋转盘实验，给他留下了深刻的印象。糟糕的是，他喜爱的化学居然不及格。就这样，五年制的中学，他却读了七年。

在临近毕业考试时，奥斯特瓦尔德经过短期突击复习，对数学、自然科学、德语和文学比较放心，自信拉丁语、英语和法语也可以勉强通过，担心的是历史和俄语。为此，他找来各种世界史教科书，边熟读边比较，背下书中所有的史实，总算对付过去了。失败的是俄语。本来在考俄语前，同伴们教给了他蒙混过关的“诀窍”，但他却自命不凡，结果就落第了。要知道，在俄国统治下的拉脱维亚领地，俄语是做官入仕的必要条件。学校虽然给他发了毕业证书，但并不是无条件的：他必须补习半年俄语，才能升入大学。他只好耐下性子，又熬了半年。

在这半年内，奥斯特瓦尔德还兼做家庭教师，教几个准备入中学的孩子。这是他从事教育工作的最初尝试，他体会到一种非同寻常的满足感。家庭教师使他得到一笔从未有过的收入。他给终年辛劳的母亲买了一台缝纫机，乐得母亲合不拢嘴。奥斯特瓦尔德晚年回想起母亲当时高兴的样子，还暗暗地流过热泪呢。

父亲希望自己的儿子进里加工学院深造，将来成为工程师。奥斯特瓦尔德也感到他完全有条件成为一名优秀的技术人员。但是，他认为在无边的知识海洋里自由探究更有魅力。他渴望做一位纯粹的化学家，尽管这意味着收入可能不会宽裕。奥斯特瓦尔德需要的是感兴趣的工作和丰富的精神生活，对于豪华的住宅、漂亮的衣服和美味佳肴，他从来懒得去追求。父亲尊重儿子的选择，就这样，18 岁半的奥斯特瓦尔德于 1872 年 1 月进入多帕特大学学习。知识天国的大门向这位年轻人敞开了：这里有他梦寐以求的化学实验室和浩如烟海的化学文献。

大学的学制是 3 年，共 6 个学期。在头三个学期，他没有规规矩矩地去听课，而把时间花在其他事情上。他是里加大学生联谊会的负责人，要参加各种社交活动。他十分迷恋音乐，和一些朋友组成了弦乐四重奏乐队，他拉的是中提琴。他在联谊会会址发现了海顿的 83 个弦乐四重奏的完整曲谱，就精心研究，反复进行练习。他也演奏莫扎特和贝多芬的室内乐。他在风景画方面也大有长进，并常与同窗好友到乡间漫游。就这样，一年半的时间舒舒服服地过去了，父亲为他的课程学习深感焦虑。突然，年轻人的个性和健全的道德力量起作用了，他良心发现了！

奥斯特瓦尔德凭着极强的记忆力和自学能力，很快就补上了“刷掉”的课程。他在施密特教授的指导下学习化学，在厄廷根教授的指导下攻读物理，进步相当快。他找到一本斯涅尔编的教科书，自学数学；他的数学知识大部分来自这本书。这是一本详细涉及认识论和方法论问题的书，也最早激发了他对哲学问题的思索。奥斯特瓦尔德履行了向父亲许下的诺言，在第四学期通过了候补学位的 1/3 考试；第二个 1/3 考试是在第六学期末通过的；他为自己的成功而振奋，又一鼓作气，在一个月内就通过了最后的 1/3 考试。就这样，奥斯特瓦尔德在 1875 年 1 月获准大学毕业。他后来戏称：他在一年半的休耕地上获得了大丰收。

二、多帕特和里加：步入科学家的行列

完整的候补学位考试还要求提交一篇使原先的研究成果具体化的短论文。奥斯特瓦尔德恰当地选择了他的课题，即“论水在化学上的质量作用”，这是施密特教授的研究方向。该课题处理的是，氯化铋的浓酸化溶液随着水的不断加入，其水解作用逐渐增大。这篇论文的摘要发表在《实验化学杂志》120 卷（1975）上。它是奥斯特瓦尔德众多论著中的头一篇，预示着这位二十出头的青年人正在步入科学家的行列。

大学毕业后，他做了物理学教授厄廷根的助手。作为一位年轻的化学研究者，他的主要成就在于化学亲和力的研究，此外还有普通化学和无机化学。奥斯特瓦尔德对亲和力的研究表明，物理性质的定量值如体积度、折射率等，可能与伴随化学变化的

量的改变有关，从而提供了关于化学反应组分的相对亲和力的信息。他通过实验和研究认识到，物理学方法在解决化学问题时具有独特的优点。这在化学热力学中尤为重要，因为用化学方法分析反应的组分时，由于同时发生的对于平衡的偏离，几乎总是无法实行，另外，物理方法不会引起系统的化学变化。

在取得候补学位后不到两年，即 1876 年底，奥斯特瓦尔德提交了硕士论文《关于亲和力的体积化学研究》。他在论文中确定了稀溶液的碱酸中和反应时的体积变化，由体积度计算化学作用（亲和力），反应前和反应后的体积度是用比重瓶测量的。他发现自己用体积度方法求得的酸的亲和力顺序与其他人用热化学方法所确定的“活动性”顺序极为一致。在答辩会上，施密特顺便问他：“假如您要写一本化学教科书——上天不容——您将如何开始？”这是一个有益的暗示，就像告诫儿童不要干蠢事一样。奥斯特瓦尔德当时感到惊奇，不过他事后真的考虑如何写那本书了。

有了硕士学位，他就可以在大学做无公薪讲师了，这也是通向博士学位的必经之路。他开设了物理化学课，每周两小时，同时为自己准备撰写的《普通化学教程》收集资料，而更多的时间则用于体积化学的研究，因为这是他拟议中的博士论文的内容。

1878 年底，即在授予硕士学位后仅仅一年，奥斯特瓦尔德又获得了博士学位，时年 25 岁。在题为《体积化学和光化学研究》的博士论文中，他扩大了以往的研究范围，确定了大量的酸碱反应和其他复分解反应的折射率。他由此得到了化学反应速率的值，并用体积度方法证实了他所得之值。他扩展了关于化学亲和力的研究，使作为温度函数的均相反应与多相反应的分析得以实现。他用这种方法能够把特定的数值与“亲和力”术语联系在一起，在以往的长时期内，亲和力在化学文献中是以定性的且常常是以任意的方式被提到。

1879 年底，奥斯特瓦尔德受聘到多帕特实科中学教数学和科学。他接受了聘请，因为他仍能在大学做化学教授施密特的助手，继续他的物理化学研究。他觉得，教 14 岁到 18 岁的青少年对他来说是特别宝贵的，这会使他知道怎样才能把书写得更清楚些。

这个时候，年轻化学家在物理化学中的重要地位已得到公认。剑桥大学的米尔在 1879 年发表的评论文章《化学亲和力》中这样写道：“近年来对最终解决化学亲和力问题所作的最重要的贡献，包含在古德贝格与瓦格的两篇论文（1869 和 1879）和威廉·奥斯特瓦尔德的三篇论文（1877 和 1878）中。”米尔在十分详细地介绍了这些论文后得出结论："……他们所得到的结果对每一个化学家来说必然是显而易见的。……奥斯特瓦尔德给化学提供了解决某些最困难问题的新方法，而古德贝格与瓦格在把数学推理用于化学科学的事实中带了路。"在获得这些成果的过程中，充分显示了奥斯特瓦尔德也是一位技艺高超、操作娴熟的实验家：他会吹玻璃，会木工和金工技术，善于为预定的目标设计和制造仪器，并灵活地装配和使用它们达到所需要的结果。

奥斯特瓦尔德在多帕特的10年间（1872—1881），有两件事值得一提。其一可称为"否定"事件，即他在1879年曾申请去德国做访问学者，结果被另一个同事争去了。奥斯特瓦尔德后来说，假如他以访问学者的资格去德国，他肯定会待在占统治地位的兴旺发达的有机化学界，他的兴趣也会毫无例外地转向有机化学。没有出国倒也是一件幸事，这使他能够在物理化学这个未绘出海图的汪洋大海里操纵自己的航船，驶向彼岸的新大陆。

第二个事件是"肯定"事件。在多帕特的整个时期，他一直在弦乐四重奏乐团中拉大提琴，常常出入大学讲师古斯塔夫·赖厄家。赖厄也爱好音乐，家里成了一群音乐爱好者的俱乐部。奥斯特瓦尔德有时也改写肖邦的小夜曲，用钢琴伴奏，或练习用巴松管伴奏。在这里，他遇见了赖厄的侄女海伦妮·冯·赖厄，两人一见钟情。另外，奥斯特瓦尔德也十分注意研究配合旋律、和声学、音乐理论和艺术的其他分支。他的老师和朋友厄廷根常常开设声调技巧讲座，厄廷根请奥斯特瓦尔德也讲一讲，他欣然应允了。听众大多是女士，海伦妮姑娘也在其中，这进一步加深了他们的相互了解。1879年4月底，他们订了婚，于次年春天结婚，尽管他们当时还不得不住在单间的学生宿舍内。与海伦妮的相识和结合，是他一生中的最大幸运。在以后52年的共同生活中，她以永恒的爱情无微不至地关照他，把家庭料理得井井有条（他们有三子二女）。

1881年，里加工学院的化学教授职位空缺，奥斯特瓦尔德接受了院方的邀请。他的老师施密特向工学院的院长写了一封热情洋溢的推荐信，充分肯定了奥斯特瓦尔德的才干和成就。就这样，他28岁就当上了正教授。

翌年年初，奥斯特瓦尔德赴里加就任。在这里，他有自己的实验室和学生，有更广阔、更美好的前程，他也充分地把握了这一有利时机。里加时期（1882—1887），是他精力充沛、节奏紧张的研究时期。在1879年，他就提出，像硫化锌和氧化钙这样的化合物被不同的酸溶解的速率可以用来作为酸的相对亲和力的量度。到里加后，他沿着这个方向，开始了题为《化学动力学研究》的一系列工作。他抛开了在多帕特的静止的或平衡的方法，而把注意力放在反应速度的测量上。这组论文的第一篇针对乙酰胺的酸催化的皂化作用和酯的水解作用研究了反应速度。在这一研究中，他用很简单的方法设计了一种十分有效的恒温器，这一世界著名的恒温器立即为许多实验室所普遍采用。接着，他进行了蔗糖在各种酸存在时的转化率的实验，估计出酸的亲和力的值。他相信，各种方法得到的大致相同的亲和力数值表明，大自然肯定在这里隐藏着一个伟大的真理。在这些研究中，奥斯特瓦尔德也大大发展了接触作用或催化概念。莱比锡时期他在催化研究上的大丰收，其种子早在里加就播下了。

里加工学院的化学实验室设在酒窖里，条件很差。奥斯特瓦尔德劝说校方建立新的实验室，校方也看到他的巨大才能和日益增加的学生数目，同意了他的要求。由于里加的各种实验室都是旧式的，奥斯特瓦尔德明智地决定在1882—1883年冬季假期到德国的化学教学和研究中心做一番考察。无论从事业发展还是个人经历上讲，这一行动都是意义重大的。在莱比锡，德国著名化学家、《应用化学杂志》的主编柯尔贝（1818—1884）设宴招待了他，并表示希望他能在以后的某个时候到莱比锡工作。

奥斯特瓦尔德在他的《自传》中说，他永远记着1884年6月的某一天。这天，发生了三件使他难以忘怀的事：他牙疼得厉害，他的妻子生了一个宝贝女儿，他看到了名不见经传的瑞典年轻人阿雷纽斯（1859—1927）的博士论文《关于电解的伽伐尼电导率的研究》。像许多化学家一样，奥斯特瓦尔德的第一个印象是，阿雷纽斯的电解质导电的概念纯粹是胡说八道。进一步的研究使他深信，阿雷纽斯创造出一种简单的测量酸和碱的中和力的方法。早在多帕特，他就注意到德国化学家柯耳劳希测量的几种电导率与他所测量的亲和力的平行关系。尽管他在看到阿雷纽斯的论文之前曾就这一事实的解释做了初步的工作，但当时并不理解这种平行关系的意义。现在，阿雷纽斯的新概念提供了解释这种平行关系的钥匙。他发挥了自己的实验天才，对早先作为样品的33种有机酸进行了测量。他发现相应的电导率的确十分近似地与原先确定的亲和力系数成正比，用阿雷纽斯方法所确定的电离度是同一酸的亲和力性质的量度。正是他的热情奔放和宽宏大度的性格，促使他在同年8月到乌普萨拉拜访比自己小6岁的年轻人。这次访问是他们毕生友谊和合作的开端，他们规划了一系列重大研究项目。返回里加，他继续从事电化学研究，接连发表了4篇论文。由于奥斯特瓦尔德的影响，阿雷纽斯获取了5年时间的出国访问学者资格。

1886年，奥斯特瓦尔德看到范特荷甫（1852—1911）的小册子《化学动力学研究》（1884）。他惊奇地发现，这位荷兰有机化学家在化学热力学方面比他走得更远。

他这时已牢牢地抓住了电离概念所具有的深刻意义，把它用于亲和力、化学平衡、质量作用以及更一般的化学热力学问题，取得了许多成果。从此，范特荷甫成为物理化学的第三个巨头。在创立物理化学的过程中，奥斯特瓦尔德的阐释、表达和写作能力帮了他的大忙，阿雷纽斯和范特荷甫的工作也是经他之手才广为人知的。他还把美国物理学家吉布斯的论著译成德文，成为德国学生必不可少的读本，甚至在耶鲁大学出版吉布斯的著作之前，英国和美国的学生还不得不读德译本呢。

在里加工学院，奥斯特瓦尔德被证明是一位卓越的教师和出色的研究者。而且，他在这里还开创了两项使他闻名于世的事业：其一是出版《普通化学教程》，其二是筹办《物理化学杂志》。其实，早在1880年，他就开始着手撰写《普通化学教程》了。该书第一卷论述的是化学计量学问题，于1883年出版。第二卷论述了热化学、电化学、光化学和化学亲和力，于1886年底出版。书名中的“普通”一词并不表明该书是普及读物，而是意味着作者涉及的领域十分广泛。这本书花费了作者多年持续的劳动，可以毫不夸张地说，它创立了普通化学和物理化学，并鼓舞了数百名年轻人在几年之内聚集到奥斯特瓦尔德的旗帜之下。这一惊人的工作也是他被应聘到莱比锡做物理化学教授的重要因素。

《普通化学教程》的成功使出版商乐于考虑出版一种有关物理化学的新杂志。奥斯特瓦尔德也明智地认识到，一种专门杂志对于新学科的进一步发展是必不可少的。但是当他征询朋友们的意见时，每一个人都觉得绝对无希望。范特荷甫虽然同意联合编辑，但实际没有参与具体工作，担子落在奥斯特瓦尔德一个人身上。创刊号终于在1887年2月出版了。该杂志发表了许多最新研究成果，奥斯特瓦尔德还亲自动手写了大量书评和科学论文的批判性的摘要。这一杂志成为莱比锡物理化学学派的喉舌，成为把各国物理化学家联系起来的纽带。

奥斯特瓦尔德的生涯又出现了新的转机。1887年，他赢得了德国莱比锡大学物理化学教授的职位。奥斯特瓦尔德的梦想实现了，他现在是德国名牌大学的正教授了。他也渴望离开里加，因为即将到来的“俄国化”阴影使德国血统的人感到处境艰难。另外，他的学生大都想谋求收入较高的职业，没有几个人爱好纯粹的科学研究。

三、莱比锡：学术生涯的黄金时代

1887年9月，奥斯特瓦尔德携家人离开里加，到莱比锡大学就任。新的教授职位并非是安乐窝，他面临着两个问题：其一，他的实验室名叫第二化学实验室，而不是物理化学实验室；其二，该实验室相当破旧、简陋，它原来是专门用于农业和畜牧化学的，不适于进行物理化学前沿的精密实验，而现在除在此要组织物理化学教学和研究外，还要为化学初学者和药剂师提供实习训练的场所。第一个问题倒没有什么大不了，因为奥斯特瓦尔德没有虚荣心，他与第一实验室主任相处得十分融洽。针对第二个困难，他果断地任命了三个助手：能斯特负责物理化学，瓦格纳负责训练初学者，贝克曼负责训练药剂师。他们在奥斯特瓦尔德的指导下，工作干得相当漂亮，他们三人后来也出了名，升迁到高级职位。

奥斯特瓦尔德在冬季学期讲授无机化学，在夏季学期讲授物理化学。在里加积累起来的丰富经验，使他很快就组织起了物理化学实验课。位于莱比锡兄弟街34号的老实验室在几年之内就成为世界物理化学的研究中心，成为各国有进取心的研究生的“麦加”。为了应付众多的来访者，在走廊和地下室临时摆设了一些长凳。来自美、英等国的求学青年蜂拥而至。但是，德国学生反而占少数，这与德国有机化学的兴盛有关。德国有机化学界的某些著名人物另眼看待“离子家”，不认为奥斯特瓦尔德是化学家，因为他从未发现新物质。奥斯特瓦尔德开玩笑说：从这种观点看，他的确是够“消极的”，因为他把许多有记载的物质逐一加以破坏和分析。

直到1898年莱比锡大学新的物理化学研究所办公大楼落成之前，奥斯特瓦尔德和他的助手、学生一直待在兄弟街34号。他每天都要围着实验台跑来跑去。他的心扉始终是敞开的。据范特荷甫回忆，只要他了解或发现某种新东西，他就立即具有把它转达给其他人的欲望。难怪奥斯特瓦尔德的学生和助手对老师十分信任和尊重，他们在1903年为他举行了获得博士学位25周年纪念会，并把集体签名的46卷《物理化学杂志》奉献给他。

在学术生涯的黄金时代，奥斯特瓦尔德不仅显示了强有力的组织才能，而且也充分发挥了他的研究才智。他在莱比锡迅速建立起来的著名学派，主要以阿雷纽斯的电离理论、范特荷甫的溶液渗透理论以及热力学对溶液和化学平衡的应用为基础。但是，对于这一新化学分支的直接进展和普遍承认而言，没有什么比他1888年发现的稀释律贡献更大的了。奥斯特瓦尔德针对250种酸，他的助手针对50种碱证实了稀释律。该定律的历史意义在于，质量作用定律首次被用于弱有机酸和弱碱的稀溶液。

受到奥斯特瓦尔德支持和发展的电离理论，以定量的方法使以往彼此隔绝的物理学和化学研究一致起来。而且，以往通过观察和实验找到的规律性都能够从电离理论加以解释。奥斯特瓦尔德的《普通化学概论》(1889)及其英译本(1890)使这一崭新理论得到广泛传播，并为成千上万的学生提供了方便的教科书。

1891年，奥斯特瓦尔德立足于离子平衡原理，提出了酸碱指示剂理论，它现在还为一般分析化学教科书所采用。接着，他在自己的《分析化学的科学基础》(1894)中，详细论述了以电离为基础的化学反应理论的整个领域，包括了该课题的第一流的科学观点。这是一部使分析化学教学发生革命的著作。

19世纪的最后10年，在奥斯特瓦尔德的实验室，对催化作用进行了系统的定量的研究。其实，早在1883年，他就研究过蔗糖和甲基醋酸盐被酸水解的速率。1890年，他报道了自催化现象，并把它定义为这样一个过程："通过某些物质的存在，激发或加速这个过程，而这些物质却没有显示出进入化合物中。"他在1894年的报告中对催化概念做了新的表述："催化是通过外部物质的存在加速缓慢进行的化学过程。"他把催化作用比为润滑油对机器的作用和鞭子对懒马的作用。他总结了许多实验结果，并根据热力学定律，提出了催化剂的另一个特点：在可逆反应中，催化剂仅能加速反应平衡的到达，而不能改变平衡常数。在这个时期，奥斯特瓦尔德还出版了《接触作用学说通史》(1898)，考察了催化作用的来龙去脉，而对整个问题的更清楚的表述则是1901年的讲演《论催化作用》，它作为小册子于翌年出版。

奥斯特瓦尔德及其合作者关于这个课题的实验贡献是，处理了过饱和溶液的结晶过程——单相反应和多相反应——和酶的影响。另外，也通过催化的活性测量了酸的强度，提出了照相接触过程。他还把催化知识用于两个大规模的工业化学项目：以加热的电丝束作催化剂，使氮气和氢气在高温下合成氨(1900)；通过催化使氨氧化为硝酸，这个流程于1906年开始在工业中使用。正是鉴于"在催化作用与化学平衡和反应方面的工作，以及由氨制硝酸的方法"，奥斯特瓦尔德荣获了1909年的诺贝尔化学奖。

在莱比锡，奥斯特瓦尔德还要从事写作、编辑和学术组织事务，他的工作越来越紧张。他认为休息就是从一种脑力劳动转到另一种脑力劳动。暑假期间，他也到海滨去痛痛快快地玩一场，不过却是画几周画，借以清理他的思想。他像一个写字台一样，笔下生产出大量的智力产品。《实用物理化学测量手册》为人们提供了方便的实验工具书。《无机化学大纲》则使这个在某种程度上被忽视的学科更有趣味、更有逻辑性和合理性。《化学学校》把健全的化学思想引入年轻人的注意中心。《科学的发展》则是一本没有化学药剂的化学书，它是化学科学概念发展的历史概要。《电化学：它的历史和学说》是一本长达 1100 页的巨著，充分显示了作者对电化学及其相关领域的科学文献具有完善的统摄能力。奥斯特瓦尔德认为这是他写的最好的一本书，部分原因是书中对所涉及的先驱者的个人特点和当地风情做了生动的描写，然而它却是奥斯特瓦尔德唯一没有出第二版和没有被翻译的著作。他联合筹办《电化学杂志》，是主编组成员之一。他还创建了德国电化学学会，并任第一任主席。由他编辑并参与注释的“奥斯特瓦尔德精密科学的经典作家”丛书，是纪念碑式的宏伟事业。这套丛书由亥姆霍兹 1847 年的《论力的守恒》开始，到 1938 年已出 243 卷，到 1977 年达到 256 卷。它使自然科学上最重要的古典名著流传下来，对科学史研究具有不可估量的意义。奥斯特瓦尔德也是一位杰出的科学史家，他具有自觉的历史意识和强烈的历史感，他的许多论著都有详尽的历史材料和精辟的历史分析。乔治·萨顿在 1913 年 3 月创办科学史杂志《爱西斯》时，奥斯特瓦尔德的名字就列在赞助委员会中。

当奥斯特瓦尔德 1887 年到莱比锡大学就任时，他的就职演说的题目是《能量及其转化》，这是他在 1890 年前后致力于能量学研究的一个信号。在多帕特，他就对热力学感兴趣，吉布斯方程中的大多数项表示不同形式的能量这一事实使他深受震动。后来，热力学在物理化学研究中的巨大威力也给他留下了极深的印象。逐渐地，他越来越相信，分子、原子和离子只是数学虚构，宇宙的根本构成要素是以各种形式存在的能量，自然规律就是支配能量流通和转化的规律。奥斯特瓦尔德本来是一个原子论者，他在《自传》中生动地描述了他的突然顿悟：在初夏一个阳光和煦的早晨，他在花丛飞蝶间漫步，倾听着小鸟的鸣叫，他的整个身心充满了生命的活力，他永远不再怀疑能量的实在性是一切存在物和现象的实质。看来，这种经历是真正神秘的思想升华。有趣的是，马赫年轻时也有过类似的顿悟（突然感到“物自体”是多余的，而世界和自我是一个感觉复合体）。

1890 年前后，奥斯特瓦尔德致力于发展他的能量学思想，并稳步地围绕能量重组他的思想和著作。在他看来，能量是唯一真实的实在，物质不是能量的负荷者，恰恰相反，它是能量的表现形式。他坚持认为，能量学原理与分子运动论相比，能为化学和科学提供一个更为坚实、更为明确的基础，分子假设只不过是一种方便的假设和智力技巧。他进而宣称，物质概念是多余的，现象能够用能量及其转化来完满地加以解释。物质只不过是在同一地点同时找到的能量的复合，实物之间的差别归结于它们特定的能量含量的差别。他由能量学出发而达到普遍的自然哲学，即科学哲学或“科学的科学”。因此，人们在哲学上往往把他的能量学称为“唯能论”。奥斯特瓦尔德进而把它的能量学观念提高到世界观的高度，力图把自然科学、社会科学和人文科学囊括在能量一元论的世界观内。对于奥斯特瓦尔德的能量学和唯能论，有人批评其概念框架过于简单，也有人认为它更接近现代物理学的观念；有人指出它是唯心主义的胡说，也有人强调它包含着未来社会的新思想的萌芽。

奥斯特瓦尔德反对原子论的态度与他厌恶机械论、坚信以能量为基础的科学纲领有关。1895 年，他在德国吕贝克自然科学家会议上发表了《克服科学的唯物论》的讲演，这是他公开反对原子论的宣言，当即遭到玻尔兹曼、普朗克等人的激烈反对。到 1906 年，当分子实在性已有确凿的实验证据时，他又皈依了原子论，并在 1909 年《普通化学概论》第四版的序言中公开承认了自己反对原子论的错误。不过，这并未妨碍他对能量学和唯能论的孜孜不倦的追求。

进入 20 世纪，奥斯特瓦尔德的兴趣转移到哲学和其他更大范围的问题。1900 年，他开始向 400 人讲哲学。1901 年，他又创办了一个新杂志《自然哲学年鉴》，他本人亲自做编辑，继续全方位发展他的能量一元论观点。1902 年，《自然哲学讲演录》出版了，他在这本题献给马赫的著作中系统地展示了能量学和唯能论的方案，并广泛涉及其他科学哲学问题。1903 年，他应邀到加州大学伯克利分校访问，发表了《生物学和邻近科学的关系》的讲演。1904 年，他作为国际技术和科学会议的主要讲演者之一应邀赴美国的圣路易斯，他不是在化学组而是在科学方法论组以《论科学理论》为题发表了讲演。会后，他游览了尼亚加拉瀑布，异国秋叶之美给他留下了深刻的印象。他向他的美国学生表达了他想在美国画许多大幅风景画的计划，拟于某个冬天在纽约举办画展，并希望被人们拥立为美国风景的发现者。这个神奇的梦虽未实现，但它却显示了奥斯特瓦尔德鲜明的个性。

1904—1905 年冬天，奥斯特瓦尔德请求免去他冬季学期的讲课，校方否决了他的请求。为了集中精力从事他感兴趣的工作，奥斯特瓦尔德果断地提交了辞职书。他的这一举动并非心血来潮，早在 1894 年，他就希望摆脱教学和像院长、系主任这类的行政职务，一心一意从事研究和写作。他的朋友劝他重新考虑他的决定，萨克森教育部也要求他推迟辞职。恰在这时，他收到赴美讲学的邀请（1905—1906 年冬季和春季），他答应他从教授职位退休前再完成 1906 年夏季学期的教学任务。在美国，他在哈佛大学、麻省理工学院、哥伦比亚大学讲授哲学和化学。由于他在哈佛做了反对基督教灵魂不灭教义的讲演，美国基督教会的报纸骂他是“恶魔之子”。他这次赴美之行是作为德、美两国第一个交换教授进行的，这是德皇十分感兴趣的一项新计划。第一个选择落在奥斯特瓦尔德身上，这是他受到赞许和尊敬的最高标志。

四、“能量”舍：自由的“长矛骑兵”

1906 年夏天，53 岁的奥斯特瓦尔德提前退休，回到萨克森一个名叫格罗斯博滕村附近的乡间宅第定居。在这里，他作为一名自由的“长矛骑兵”度过了他一生的其余时光。

还是在 1901 年，他就买下了这所房子及其周围荒芜的花园和土地。暑假期间，他的子女常到此小住一段时间。正如他在 1901 年 9 月写给马赫的信中所说的，他把这所房舍命名为“能量”。现在，它扩大了，成了他一家人的永久住宅，他把他丰富的藏书也搬到这里。定居后不久，他又扩建了房舍，附设了颜色研究实验室。随着岁月的流逝，他购买了越来越多的田地，他的宅第也变成一个大庄园。他有一大笔退休金，接二连三的文稿也给他带来了丰厚的收入。

对于他这样一个具有活跃气质、广泛兴趣和显赫名声的人来说，退休不意味着平静安逸，他愈来愈多地被应邀做各种讲演。用他自己的话来说，他变成了“实践的理想主义者”。他确实也渴望把才干贡献给有益于人类的事业，把他的科学知识和哲学观点用于人类文明的进步。

他下功夫研究了天才人物的“心理图案”，写出了《伟大的人：关于天才的生物学研究》(1909)。他把天才人物按精神气质分为两大类型：古典主义者和浪漫主义者。他根据智力反应速度系统地描述了支配他们一生的规律：前者是黏液质的、忧郁的人，反应速度慢；后者是多血质的、急躁的人，反应速度快。他本人无疑属于后一类人。他继续编辑《自然哲学年鉴》，他把自己的自然哲学用来探讨各种问题——价值哲学、善行的本质等。

奥斯特瓦尔德认为，从人道主义的立场来看，学者之间的相互理解是必不可少的。在题献给阿雷纽斯的著作《一天的挑战》（1910）中，这位国际科学大家庭中地位最高的人之一把他的能量学观点与科学方法论和系统论、心理学、科学天才、文化问题、公共科学教育和国际语入门联系起来。在哈佛大学，他就研究过世界语，他相信灵活的人工语言的价值和实用的可能性。他对有机会参加在巴黎召开的国际会议表示欢迎，这促使他创造了自己的人工语言——伊多语，这是一种经过革新和改进而大大简化了的世界语。

奥斯特瓦尔德具有改革的癖好。与康德的“绝对命令”类似，他在《能量命令》(1912) 中提出：“不要浪费能量，而要利用能量。”它意味着，不要使能量衰变或降低到有用性较低的水平，相反地，要力图通过使能量转变到较高的（比较有用的）形式而利用能量。奥斯特瓦尔德通过对热力学第二定律（熵增大原理）的沉思导致了这一命令，它是一个预言性的、催促人们采取国际主义与和平主义以及系统规划保护自然能源的宣言。他在其中还提出了一系列建议：化学家的国际组织、世界通用语、国际货币、印刷页的合适尺寸、普遍裁军、标志的设立、学校的改善、新型大学、德语书写、天才的发展、妇女的地位和新历法等。不管这些改革是否能顺利实施和贯彻到底，它们总是富有启发意义的，这显示了一个敏锐的大脑和慈善的心肠在思考、关心人类社会的未来。

《价值的哲学》(1913) 以同样的风格大范围地讨论了热力学第二定律，它的历史、应用和预见性。这样的思想也反映在他几年前出版的《能量》(1908) 中，这简直可以说是一首关于能量的“叙事诗”。他还出版了一本《纪念和装饰粉画》(1912) 的书，描述了粉画的修饰问题，以及如何在露天不受燃煤的硫化物的腐蚀。

奥斯特瓦尔德极力把他已形成的科学观念用于他感兴趣的领域。在许多著作中，他都给出了幸福的数学公式，其中之一是G=k (A–W)(A+W)。在这里，G表示幸福，A表示在完成工作（做功）中花费的有用的精力（能量），W表示在克服障碍（阻力）中所耗费的精力（能量），k是能量过程转化为心理过程的因子。这是奥斯特瓦尔德用他的唯能论哲学解决感情的客观分析的真诚尝试。许多哲学家和心理学家可能会对此付之一笑，但是在科学的“大众世界”中，它是否包含着机智和忠告的颗粒呢？

奥斯特瓦尔德积极了解社会并为社会服务。他是国际原子量委员会的会员和国际化学联合会的共同创立者和临时主席。他多年来一直担任德国化学学会董事会董事。他也对化学家的训练极为关心，并且是中等教育改革的热情保护人和支持者。当时，德国企业家不满意大学训练出的化学人才知识过于专门，意见被递交到国家考试机构。奥斯特瓦尔德预见到官僚主义控制进一步扩展的危险性，在他的领导和组织下，成立了民间的“大学化学实验室主任联席会”和众所周知的“考试联合会”，高效率地开展了有关工作。

在德国著名生物学家海克尔（1834—1919）的请求下，奥斯特瓦尔德于1910—1914年出任“一元论者同盟”主席，因为他的哲学体系也是真正的一元论哲学，这与该组织基于科学传播一元论世界观的宗旨不谋而合。在1911年于汉堡召开的第一届国际一元论者会议上，他以《科学》为题发表了讲演。他说，科学是一个具有自组织功能的巨大系统，对人类精神发展有不可估量的作用，而宗教看来要走下坡路。他1913年还在维也纳做了《一元论是文明的目标》的讲演，他撰写了《一元论者礼拜日说教》，并编辑了一元论者同盟机关刊物《一元论的世纪》，坚决斥责教会伪造科学的企图，宣传无神论思想。这些出版物越出了国界，赢得了广大的读者，为此沙俄政府在1912年下令把它们列为禁书。不幸的是，他在建立一元论者移民区的尝试中失败了，损失了他相当大一笔积蓄。他在创办"桥梁"事业中也赔了本，这项事业的目标是为智力工作和文化工作的组织和结合创造一种中枢神经系统。

1913年，奥斯特瓦尔德越出了一元论者同盟的范围，积极推动退出教会运动。他在一元论者同盟内组织起"退出教会者委员会"，并与其他反教会组织联合行动，不仅就退出教会的法律问题，而且就集体退出和与教会势力进行斗争的政治目标制订了行动方案。他大声疾呼："现在，教会不仅不是世纪的文化的责任承担者，而且是对文化的压抑。""退出教会是20世纪文化的第一步，是顺理成章的一步。"正是这个行动，促成了他和德国社会民主党人的直接联系。他与德国社会民主党国会议员佩乌兹过从甚密，与李卜克内西一起参加群众游行和集会。奥斯特瓦尔德说他参加了一个"在政治上左到了极点"的运动，为此反动分子给他送了"红色秘密谋士"的绰号。

奥斯特瓦尔德积极参与国际和平运动的会议（1909—1911），谴责战争是"滥用最坏一类能量"。他鼓吹和平主义，抨击反犹太主义。但是在第一次世界大战（1914—1918）爆发后，由于他不懂得战争的帝国主义性质，他的狭隘的"德国魂"膨胀为明显的民族沙文主义。1914年10月，德国科学界和文化界在军国主义分子操纵下，发表了一个为德国侵略暴行辩护的"文明世界宣言"，包括奥斯特瓦尔德在内的93位知名人士在上面签了名。战争的进展和结局教育了奥斯特瓦尔德，他放弃了自己的错误立场，并在反对把人类推向战争边缘的运动中采取了一些实际步骤。

战争使奥斯特瓦尔德苦心经营的一元论者同盟以及其他事业土崩瓦解了，也使他不少善良的愿望和真诚的梦想破灭了，但是战争并未使奥斯特瓦尔德的大脑停止创造性的活动。作为一位技艺娴熟的风景画家，正如我们在《画家信函》中看到的，这促使他决心研究绘画艺术乃至美学的客观科学基础。他从事颜色学的研究无疑有三个原因：创造出明晰的概念和新颖的理论，成功地重返他擅长的实验工作，满足他的艺术天性。他的目标是，使任何一个人在世界任何地方都能复制出任何确定的、所需要的物体颜色，倘若他知道度量的规则和选择的标准的话。从此，成功地探寻物理、化学世界和谐的活跃的精神，又在美的王国里漫游。在战争的年代里，取暖的燃料日益匮乏。年迈的奥斯特瓦尔德把热水袋捆扎在双脚上，坚持在寒气袭人的实验室工作(这无疑是贤惠的妻子想出的好办法，它还真具有奥斯特瓦尔德的实验天才的味道)。对于这样一个沉浸在科学和艺术王国里的研究者来说，严寒和种种不便又算得了什么呢！

奥斯特瓦尔德从颜色标准化开始，对颜色进行了系统的研究，提出了定量的颜色理论，并在他的实验室生产了颜色试样和染色物质。他把白－灰－黑连续包括在非彩色中，接着确定纯灰色，并借助他自己制造的象场分割取景器的光度计确定灰色标度。他引入了纯色、非纯色和全纯色的新概念，并针对包括所有可见光谱波长之半的混合比引入术语“半色”。为了度量物体的颜色，他使用了等色调三角和色调环。为了确定色调，他制造了偏振混色器。于是，“颜色的世界就从属于测量和数目的控制之下”。为了达到色环和着色体的标准化，奥斯特瓦尔德发表了《色图集》(1917) 和《色标图集》(1920)。

他进而由颜色的标准转向颜色的和谐。因为他按人的感受特征选择他的颜色标度，即色标尺是按对数分等级的，所以他能像在音乐中那样构造和声 (和谐)。他在《颜色的和谐》(1918)、《论颜色》(1921—1926) 和《形式的和谐》(1922) 中提出了自己的观点。他认为美是和谐的关系，而和谐关系则是根本规律的具体体现。他从德国生理学家韦伯和心理物理学创始人费希纳的工作中获得了灵感，通过做形式和颜色的实验，他深信，的确存在着和谐的规律，即规律之美。奥斯特瓦尔德希望自己的颜色学研究能获得诺贝尔物理学奖，有人认为这种想法是绝对有道理的。

奥斯特瓦尔德晚年对科学史的兴趣更浓厚了，他在一生的最后几年写出了《奥斯特瓦尔德自传》。这部分三卷、洋洋洒洒 1200 页的书是一部伟大的文化史。在书中，他以敏锐的眼力、温暖的心扉、明快的格调，展示了跨越一个世纪的西方文明国家的精神史，描绘了他所在时期的世界第一流的科学家、思想家、政治家的言论和风貌。他认为，科学史能使人们向前辈学习更经济地、系统地解决现存的问题。他觉察到，实现这一目标的最恰当的途径是通过科学的组织工作。他强调：“有组织的活动，这是 20 世纪的重大任务。”“在当前的环境中，我们必须把组织者看得比发现者更重要。”他幻想一个有组织的、由科学引导的人的世界；科学的明确阐述和精密研究将消除偏见和迷信的邪恶。在向新发现和新观念的各种领域迈进中，奥斯特瓦尔德也许感到，他的生涯与他心目中的英雄歌德的生涯具有某种类似性。他后来的工作内容和风格，都是由他在少年时代对内心世界和外部世界的经验和感受决定的；而歌德的诗的形式和内容，也是在年轻时就萌动的。难怪奥斯特瓦尔德在弥留之际写下了他的最后一部著作——《歌德·先知》(1932)。

1932 年 4 月 4 日一个星光闪烁的春夜，威廉·奥斯特瓦尔德在莱比锡城平静地、安详地去世了，终年 79 岁。一个活跃的大脑停止了思维，一颗天才的巨星殒落了。他生前留下遗嘱，把全部房地产捐赠给德国科学院。后来，他的乡间宅第便以“格罗斯博滕威廉·奥斯特瓦尔德档案馆”闻名于世。

在 1933 年 1 月 27 日的纪念讲演中，唐南对奥斯特瓦尔德作了这样的评价：“在他的一生中，新思想没有一刻不在他的头脑里喷涌，他的流利的笔锋没有一刻不在把他洞见到的真理传播到光亮未及之处。他的一生是丰富的、充实的、成功的，他尽可能最大限度地使用了他的旺盛的 energe（精力、能量）。在科学上，在哲学上，谁也无法获得绝对真理，因为思维、研究和发现的巨流永不休止地奔腾着。我们可以怀着深深的真诚和敬意说，威廉·奥斯特瓦尔德为伟大的事业进行了持久的、勇敢的奋斗。”班克罗夫特作为奥斯特瓦尔德的一位最喜欢挑剔的美国学生，尽管不同意他的导师的一些观点，但仍然在 1933 年坦率地写道：“他是一个伟大的人，他做出了伟大的工作，其他人不会做出像他那样的工作的。奥斯特瓦尔德确实是一位名副其实的人。他比当代任何化学家都受到更多人的爱戴和尊重。”

奥斯特瓦尔德也受到有些人的严厉批判和指责。列宁在《唯物主义和经验批判主义》(1909) 中虽然承认奥斯特瓦尔德是“伟大的化学家”，但又认为他是“渺小的哲学家”，并给他扣上了“反动的哲学教授”“神学家手下的有学问的帮办”的帽子，甚至骂他是“糊涂虫”。在综观奥斯特瓦尔德一生的所思、所言、所作、所为之后，大概每一位有自主意识和独立思考能力的读者都会做出自己认为公正的判断。

（作者：李醒民）

参考资料

［1］ W. Ostwald. オストワルド自伝［M］. 都築洋次郎訳，東京：東京図書株式会社，1979.

［2］ 本多修郎. 現代物理学者の生と哲学［M］. 東京：未来社，1981.

［3］ W. D. Bancroft. Wilhelm Oatwald：The Great Protagonist［J］. Journal of Chemical Education，1933.

［4］ F. G. Donnan. Ostwald Memorical Lecture［J］. Journal of the Chemical Society，1933.

伯特兰·罗素

（Bertrand Arthur William Russell，1872—1970）

罗素
当代的大思想家

对爱情的渴望，对知识的追求，对人类苦难不能遏制的同情心，这三种单纯但无比强烈的激情支配着我的一生。

——《罗素自传》

罗素是20世纪声誉最著、影响最大的哲学家之一。他的学术研究及著述以哲学为中心，并广泛地涉及数学、物理学、历史、政治、教育、宗教、社会学等方面。这个举世闻名的学者，并不是一个把自己关在书斋中不问世事的人。正相反，从青年到老年，他始终积极投入社会活动，热心于把理论付诸实践。

一、在彭布罗克邸宅中

伯特兰·罗素1872年5月18日生于英格兰蒙默思郡特雷莱克。当时正是维多利亚女王统治下大英帝国的全盛时期。

罗素2岁时，姐姐和母亲先后患白喉病故。一年半之后，身体素来虚弱的父亲也去世了。这样，4岁的伯特兰和哥哥弗朗克就被带进维多利亚女王赐给他祖父的里奇蒙园林的彭布罗克邸宅中。

罗素家族是自都铎王朝以来就对英国社会生活起突出作用的贵族世家。他的祖父约翰·罗素伯爵是著名的自由党人，曾两度出任英国首相，不过这时已经是八十开外的老人，不久之后也去世了。罗素就在祖母的照管和教育下成长起来。

祖母笃信宗教，家庭生活极为严格。每天早晨8点全家祈祷，每周按时上教堂，每天冷水浴，好吃的东西即使有的话也是待客或大人吃。在这种清教徒的教育下，他经常默想自己的罪恶、缺点和愚蠢之处。说来也怪，小时连甜食及水果都不大吃的罗素，后来居然体质很强，几乎活到100岁。

罗素的家庭教育也有积极的一面：他经常在饭桌上听到自由主义观点，对于帝国主义殖民政策的抨击和非议。这对他一生坚持激进的自由主义观点绝非没有关系。祖母那种具有独立主见、不怕舆论的坚定性格，对他也有极大的影响。12 岁时，祖母送给他一本《圣经》，上面写着："不要追随多数人去做坏事"，"要坚定，要有勇气，不要气馁"。罗素的一生正是敢于坚持自己的意见、不怕孤立、从来不悲观失望的战斗的一生。他对自己家族的历史也有自己的看法，他最佩服被詹姆斯二世送上断头台的远祖。这充分显示了罗素从小就具有自由主义和反抗精神。

按照祖母的意愿罗素在家里受教育。外籍的保姆和教师教会他德文、法文、意大利文，这对于他后来的研究工作极为有用。不过，他由于缺少同龄游伴，精神上感到孤独寂寞。他经常在荒凉的大花园里独自散步冥想，很小就追求确定无疑的知识。他听说地球是圆的，就去打个地洞看看是否能到澳洲。这些事情当然没有成功，但使他感到许多知识都是值得怀疑的。

11 岁时，哥哥教他欧几里得几何学，在他面前打开了一个全新的世界。一开始，定义没有问题，但是公理却使他很失望。最初他不愿意接受这些公理。但是，哥哥说，要是不承认这些公理就讲不下去了。他想要知道后面的东西，只好勉强承认。可是，对于数学前提的怀疑却决定了他后来的工作的方向。从那时起一直到他和怀特海完成三卷巨著《数学原理》，数学一直是他的主要爱好，也是他幸福的主要源泉。

罗素的科学知识是由他叔叔洛鲁零零碎碎教给他的。他叔叔认为科学反映了神的伟大，可是富有独立思想的罗素，很快就发现科学与宗教的矛盾。在他 16 岁时所写的日记中，他用希腊文写下了自己对宗教的怀疑和批判。

在祖父的书房里，他读了大量的文学和历史著作。他后来写了不少历史书和他有广泛的历史知识是分不开的。而他的散文清晰、流畅、引人入胜，正是少年时期阅读大量英国文学的结果。

二、剑桥时代

1890 年 10 月，罗素考入剑桥大学三一学院学习。剑桥大学的自然科学和哲学传统，给罗素提供了一个把自然科学和哲学结合起来的良好条件。在剑桥大学，他感到生活在一个理性被奉为神明、智慧被视为美德的世界里，他快乐极了。

大学教授和讲课并没有对他产生什么大的影响，而自学和交流却对他影响极大。

1892 年罗素被吸收到剑桥的一个不公开的小团体中。它的成员管它叫“协会”，外人管他们叫“使徒”。这个非正式的小团体自 1820 年成立以来，一直吸收大学中著名的聪明才智之士，平均每一年级只有一两个人参加。这是一个小小的讨论会，每个星期六晚上开会，一直讨论到午夜。第二天吃过早饭，到乡间漫游，接着讨论。在这种自由讨论中，罗素结交了一批有才能的朋友。像数学家兼哲学家怀特海、哲学家穆尔和麦克塔格特，以及后来的著名经济学家凯恩斯等。这位缺乏社交经验的腼腆的贵族青年，各方面很快成熟起来。不久，他就发现剑桥大学许多最优秀人物都喜欢听他发言。在家里不准抽烟、喝酒的罗素，从这时起已是烟斗不离嘴边了。

大学三年级以前，罗素主修自己心爱的数学。但是，他对讲课很不满意，他发现老师许多证明都错了。他对于数学的基础问题极感兴趣，而当时的教法就是一个习题接着一个习题。他觉得数学不过是一些技巧，为的是应付考试。这些诀窍同字谜之类游戏又有什么不同呢？虽然在三年级终了时他以优等成绩通过了荣誉学位考试，但是，他发誓不再念这种数学。于是，他把几乎所有的数学书都卖掉了，最后一年他转修哲学。

进大学之后，他对哲学就很感兴趣，不过那时他主要读的是穆勒的书。后来，别人告诉他德国古典哲学特别是康德和黑格尔要比英国经验主义哲学家和穆勒高明得多。当时，英国正处于新黑格尔主义兴起时期。1893 年，牛津的布莱德雷出版了他的主要著作《表象与实在》，引起极大的轰动。事物、时间、空间统统不过是表象，是零散的和矛盾的，而实在不过是唯一的无所不包的、无处不在的“绝对”。罗素在麦克塔格特等人的影响下，成为黑格尔和布莱德雷的忠实信徒。他如饥似渴地钻研他们的著作，吸收他们的思想，觉得黑格尔的哲学既漂亮又能够证明。毕业时，考试优等，于是，他准备献身于哲学。因为他觉得哲学能够求得十分可靠的知识，又能对他的宗教思想指明一条出路，他准备像黑格尔那样完成一套哲学体系了。

正在他要实现他的伟大目标时，爱情闯进他的生活。早在进大学之前，他就认识一位来自美国费城的姑娘艾利丝。两人一见钟情，每年都在一起度假。罗素毕业那年同这位比他大 5 岁的漂亮姑娘订婚，遭到家里人的激烈反对，因为罗素家族世世代代都同贵族联姻。但他仍于同年 12 月与艾利丝结婚，接着到德国度蜜月，并准备他的论文《论几何学基础》。

罗素一生中主攻方向经常变化，而且他对于各方面广泛的兴趣也常常使他同时干许多事。1895 年，他主要的兴趣——哲学和数学并没有妨碍他在柏林研究马克思和社会主义学说。他第一本著作《德国社会民主主义》就是这些研究的产物，书中称赞

《共产党宣言》是一部极富文采的伟大著作。

罗素在德国参加了许多工会的集会，并且仔细读完《资本论》三大卷。英国驻德大使的夫人是他的表姐，知道他仍参加社会民主党人的活动，不愿同他再来往。而罗素夫妇倒乐意同倍倍尔、李卜克内西等人来往，对社会主义的理论和实践进行全面的考察并形成自己独立的见解。

1895年，罗素完成了他的第一篇数学基础的论文《论几何学基础》，这也是一篇哲学论文。这篇论文使他得到剑桥大学当研究员的资格，从而在以后6年中专搞研究而不必担任教课及其他任务。

这篇文章是用康德哲学精神来处理非欧几何及其他几何的。康德认为，空间是先验概念，欧几里得几何中的公理是先验综合判断。19世纪20年代到30年代，非欧几何及投影几何出现，康德的说法就出了问题。罗素为了修补康德的说法，认定这些几何中某些公理是先验的。不过，这种补救并不成功。在这方面，希尔伯特在1899年出版的《几何学基础》才真正解决问题。

1897年，他把这篇论文修订出版，成为他第一部哲学著作。

他在德国旅行时，学习了先进的德国数学，柏林的大数学家维尔斯特拉斯搞分析根本不用无穷小量。同时，他学习康托尔的著作，开始他由于不懂，觉得康托尔可能全证错了，后来他完全明白了，发现是自己搞错了。他重新读黑格尔的《大逻辑》，发现黑格尔所讲的数学完全是胡说八道，康德的数学也不对头。特别是他在穆尔的影响下，认为普通的世界的实在性不能放弃。这样，罗素背弃了绝对唯心主义转向实在论的哲学立场。他认为，否定关系的实在性也就否定了许多事物的实在性，这样使得任何一种数学的哲学都无法实现。后来罗素说："他（穆尔）发现黑格尔哲学不能用到桌子椅子上面，而我发现它不能用到数学上面，在穆尔的帮助下我从它上面爬下来回到常识……"这使罗素产生一种从监狱中逃出来的感觉。

现在，康托尔和维尔斯特拉斯，再加上非欧几何已经证明康德和黑格尔关于数学知识的理论都是错误的，于是罗素必须找出一个正确的理论。1900年，他已经得到这样的见解，即数学是逻辑的高度发展的形式。但是他不知道，德国的弗雷格早已经有同样的看法。

三、《数学原理》

1900年是罗素的精神生活的转折点。1900年7月，国际哲学家大会在巴黎召开，他在会上见到意大利数学家皮亚诺。会前，他已经读过一些皮亚诺的著作，但是，当时他没有完全掌握皮亚诺所发展的符号逻辑的体系。在会议的讨论中，他发现皮亚诺比别人都更加严格，在辩论中永远占上风，于是逐渐认识到这必定是由于他的符号逻辑。通过潜心攻读皮亚诺的著作，罗素发现这个体系正好是他寻求多年的、可以进行逻辑分析的工具。他很快就掌握了这个工具，并把这种方法推广到关系逻辑上。

9 月的日子，他感觉分外晴朗，他和怀特海一起天天讨论数学的基本概念，像基数和序数等，多年来的问题好像一下子解决了。10 月一开始，罗素就坐下来写《数学原理》。三个月如一日，每天写 10 页。到 19 世纪最后一天，20 万字的手稿大功告成了。

20 世纪到来了，罗素和怀特海开始合作写三大卷的《数学原理》。这简直是难以想象的巨大的工作，其目的就是从逻辑推导出全部数学来。一切工作进行得很顺利，可是到 5 月份出现了大问题。

康托尔曾经证明过最大的基数不存在。罗素觉得世界上所有对象的数目应该是最大的数了。这样，他就发现其中一定有些矛盾。一开始他觉得这事也许没什么大不了，结果却无法克服矛盾，于是出现数学中的最重要的悖论——罗素悖论。

我们说，一些对象称为一个集合，这些对象称为集合的元素。比如说所有偶数，…，–2，0，2，4，6，…构成一个集合，–2，0，2，…都是这个集合的元素。有的集合的元素也是集合，比如说，所有整数集合的集合。大多数集合不是它本身的元素，比如说猫的集合不是猫。那么，考虑集合不是它本身的元素的这种集合 X，所有的 X 构成集合 A。这就可以推出，如 A 是 A 的元素，根据 A 的元素的定义，A 不是 A 的元素，反过来，如果 A 不是 A 的元素，则 A 属于 A，也就是 A 的元素。这样得到 A 是 A 的元素当且仅当 A 不是 A 的元素。这个矛盾就称为罗素悖论。

罗素悖论发表之后，整个数学界大为震动。集合论是数学的基础，基础动摇了，数学的可靠性就成了问题。于是，许多数学家想出各种办法解决这个矛盾。

罗素把这一悖论告诉弗雷格，弗雷格说，“算术的基础动摇了”。弗雷格把算术还原成逻辑，最后仍不能完成。这个矛盾一直到 1906 年罗素发展了“类型论”才解决。“类型论”也是他对数学的主要贡献之一。从 1906 年到 1910 年，罗素花了几年时间辛辛苦苦地写完《数学原理》。

在写作过程中，由于怀特海有数学任务，主要的工作都落在罗素身上，他每天要干 10—12 小时，手稿越来越多。他外出时总怕房子失火把手稿点着。最后叫了一辆四轮马车将手稿运到出版社。这时，麻烦还没有完，因为这本书肯定没有销路，符号太多又难排，估计要赔600英镑。大学愿意付300英镑，皇家学会付200英镑，还剩下100英镑要自己解决。罗素和怀特海10年工作的结果就是每人赚得负50英镑！不过这部著作为他赢得了名声。1908年他被选为英国皇家学会会员，1911年被选为亚里士多德学会会长。

《数学原理》在当时可以说是逻辑的一次大革命。自从亚里士多德的时代起，形式逻辑从来没有这么大的进步。在20世纪二三十年代，许多数学家、逻辑学家、哲学家就是通过读这本书而完成自己的重要工作的。

罗素完成了《数学原理》之后，深感松了一口气。这时（1912）奥地利人维特根斯坦（1889—1951）由曼彻斯特大学转到剑桥大学听罗素讲数学哲学课。同这位20世纪最伟大的哲学家之一的交往结果是1920年代末期在欧洲哲学界引起革命性的变化。

这时罗素在《数学原理》的基础上，把在该书中使用的符号逻辑方法同他的“摹状词理论”结合起来，这样得到的产物是1914年出版的《我们对外界的认识——哲学中的科学方法》。这本书的副标题值得注意。正如他在书中所讲的，以前的哲学有两个来源：一方面是出于宗教和道德的动机，一方面得到当时科学发展的影响，有时这两方面也结合在一起。前者往往成为哲学前进的障碍，后者也不一定促进哲学的进步。因为科学的哲学有两类：一种是只注意科学研究一时的结果（结论），而把它加以一般化的哲学；另一种是并不考虑迟早要修正的科学的具体结论，而从科学的方法本身吸取营养的哲学。他认为前一种科学的哲学迟早要犯错误，必须加以回避。他选择的哲学方向是第二种，也就是运用数理科学方法的哲学。他运用他熟悉的工具——符号逻辑来处理我们对外界的认识，把命题进行分析，复合命题的真假完全取决于原子命题的真假。一句话，他把英国经验主义用符号逻辑的方法模型化。他说：“我所提出的哲学可以称为逻辑原子论或绝对多元论，因为它确认存在多种个别的事物，并否定这些事物构成某种统一性。”这种逻辑原子论的构想，对于1920年代中期出现的维也纳学派——逻辑实证主义，产生了强大的影响。这个学派的经典性著作是卡尔纳普（1891—1970）在1928年刊行的《世界的逻辑结构》，这就是接受了罗素的逻辑原子论的方案而加以发展扩大的结果。

四、第一次世界大战和俄中之行

第一次世界大战使罗素的生活产生了巨大的变化。前一阶段，他主要精力投入学术研究，也参加社会、政治活动。大战的爆发使他觉得好多观念发生变化。1914 年 8 月英国参战，伦敦街头那种战争狂热使他吃惊，也促使他开始为和平而战斗。他积极倡导和平，组织“拒服兵役委员会”。1916 年，罗素为了抗议法庭把依据良心拒服兵役的人判处徒刑写了一份传单。这份传单上没有落名字，结果散发传单的人却被捕入狱。罗素写信给《泰晤士报》声明自己是那份传单的作者，于是他被控告，被判罚款 100 英镑。他没付这笔钱，结果法庭把他在剑桥大学的图书拍卖抵作罚款。不久，剑桥大学三一学院的院务委员会也通过了解除罗素教职的决定。这时他不愿意再做一个搞纯学术研究的人。他深入思考政治问题，在 1916 年出版了《社会改造原理》。他认为，政治哲学基于一个信念，就是冲动比有意识的目的更能主宰人类的生活。他把冲动分为两类：一类是占有的冲动，一类是创造的冲动。有意义的生活大多是建立在创造性冲动上。他认为政府、战争和贫穷是占有冲动的具体表现，而教育、婚姻和宗教则是创造冲动的具体表现。罗素认为，创造力能够自由发挥应该是政治和经济改革的基本原则。这本书原来是他的讲稿，起先并没有打算印成书。想不到这本书竟一鸣惊人，并使他的经济状况有所改善。

罗素从 1914 年 8 月到 1917 年底，一直为反战活动而奔忙。1917 年底，他觉得这些活动一点用都没有，既不能把战争缩短一天，也不能少死一个人。1918 年，英国政府抓住他在反战报纸《论坛报》上发表的一篇社论中的问题，以侮辱盟国的罪名判处罗素 6 个月监禁。罗素被关在头等监房中，没有人来打扰，他认真读书，潜心写作，不仅写了一本《数学哲学引论》和其他文章，更重要的是把思想转向认识论，其结果就是他后来的哲学著作：《心的分析》（1921），《对意义和真理的探究》（1940），《人类的知识：其范围与限度》（1948）。

出狱后不久，战争停止了。欧洲混乱不堪，革命势力发展，法西斯也逐渐兴起来了。有些人寄希望于美国总统威尔逊，有些人寄希望于苏俄。但是，罗素经过长时期孤立之后，虽然看不到出路，却依然相信人们总会认清光明的前途。

1917 年十月革命的胜利震撼了全世界，罗素如同所有进步人士一样，欢呼这个胜利，盛赞列宁的伟大。1920 年春天，苏维埃政府邀请工党代表团访问苏俄，罗素作为非正式成员参加，前后在苏联待了一个月。他们在受到破坏的彼得堡受到隆重热烈的接待，不几天又到了莫斯科。他见到列宁。列宁给他的第一个印象是像个普通老百姓那样朴素可亲，可是一交谈，列宁的革命精神让罗素等人吓破了胆。英国工党当时正考虑加入第三国际，但不赞成暴力革命。罗素认为，英国有民主主义的传统，是否不用暴力革命也能建成社会主义？列宁回答说："那是空想！"关于农业的社会主义化问题，列宁表示贫农迟早要吊死富农。这一下子使罗素似乎闻到血腥气了！罗素见到高尔基，高尔基告诉他自己如何设法保护知识分子，如何保护文化财富，引起罗素的共鸣，罗素觉得在俄国人中间就数高尔基最好！

通过亲身的观察，罗素写了一本《布尔什维克主义：实践与理论》。他反对暴力革命和无产阶级专政。他认为除议会道路之外，没有通往民主社会主义的道路。这本书反映了他的资产阶级立场观点，但是他在给他的女朋友奥托林的信中写道："我认为（苏维埃政府）是这个时期合适的政府。……布尔什维克的目的就是使俄国工业化，就像美国那样。"

1920 年 8 月罗素携朵拉·布莱克来到中国。当时中国正处于五四新文化运动时期，各种思想极为活跃。在罗素之前，美国哲学家杜威已来北大讲学，产生很大的影响。罗素所到之处也受到热烈欢迎，不仅上层知识分子读他的书，听他的讲演，而且通过各种宣传渠道对社会广大群众也有所影响。他们第一次听到一位英国贵族批判英国帝国主义，第一次发现一个外国人从中国人的视角（不管对不对）考虑中国问题。据说，孙中山说过，罗素是唯一了解中国的英国人。罗素到上海时，孙中山要设宴款待他，但他已安排好动身日程，没能见到孙中山。孙中山不久也去广州主持革命活动。他对孙中山寄予莫大的希望。他第一次同中国人打交道，对中国人的机智和口才颇为赞赏。他说：在长江乘船到武汉那几天，是他这次旅行中最快活的日子。

罗素在北京一个接一个做了多次讲演，其中有《心的分析》《物的分析》《社会结构》《自由之路》《哲学问题》，这些大都先后以书的形式出版，另外还讲了政治及宗教方面的课题。

罗素还以他卓越的演说才能通俗地介绍了爱因斯坦的相对论，对现代科学知识在中国的普及起了一定的作用。更重要的是他在中国介绍了各种社会主义流派，介绍了苏俄和列宁，对中国的思想界产生一定的影响。他曾多次谈道："列宁和爱因斯坦是当代最杰出的伟人。"听他演讲的人，从梁启超到各种社会主义流派以及共产主义小组的成员都有。他在左派师生当中颇受欢迎。

北京冬天的寒冷使他得了支气管炎，在一次到西郊温泉的旅游中，转成急性肺炎，几乎送了命。当时有些中国人曾考虑把他安葬在西湖，作为对这位大哲学家的最高敬意。可是罗素老是开玩笑。他对朵拉·布莱克说："如果你要缺钱，你只需在报纸上登上广告说：'罗素死了，需要钱来埋葬这条老狗。'"大夫多次说他活不久了，最后协和医院的新抗菌血清挽救了他。日本的新闻记者因为见不到他，发出了“罗素逝世”的消息，消息很快传遍世界。可是罗素病了两个多月，居然痊愈了。他很有兴趣地阅读了自己的讣告。

罗素离开北京后到日本逗留几天。他对日本及日本人印象不好，对日本人侵略中国大为愤恨。在英国帝国主义屠杀中国人时，他也是站在中国人一边大声疾呼。这使他在英国和在中国的英国人中极为孤立，人家都说他是贵族的叛徒。这倒是一点也不假。

五、写作生涯

出乎许多人意料之外，罗素在 1921 年 9 月回到英国。这时，他同艾利丝的离婚生效，并同朵拉 · 布莱克结婚。在以后 10 年间，他写了许多通俗著作，对 20 世纪的科学革命做了热情的宣传。他写了《原子 ABC》和《相对论 ABC》，又写了《科学的未来》。

他近 50 岁时才有小孩，对小孩充满无限的爱。在他写的《社会改造原理》(1916) 以及和朵拉合著的《工业文明之前途》(1923) 两书中都有专章讨论教育。他又在 1926 年出版的《教育论——特别是幼年期教育》中提出一套改革幼儿教育的方案。对自己言论负责的罗素还要实践自己的理论。在朵拉赞助下，他们开办了一所实验学校，这是一所寄宿学校，招收附近小孩，连同他的儿子约翰和女儿凯特在内共有 20 多人。这件事本身就是对当时社会的挑战，这所学校成了新闻记者关注的目标。

这位理论家在实践上毫无经验，结果遇到意想不到的困难。首先是学校经费不足，亏钱太多。由于缺钱，夫妇两人不得不轮流到国外讲学挣钱。两人不在时，教职员就不执行他们的原则，使他们的思想得不到贯彻。可是最大的麻烦是由于错误的宣传和家长的误解，再加上记者的造谣，这个学校被搞得真是声名狼藉了。记者捏造了许多故事，说什么有一个人去叫学校的门，结果一个光屁股的女孩来开门，他大吃一惊喊道：“啊哟，上帝呀！”那个女孩一本正经地关上门说：“没有上帝！”这次办学失败的经历，他写进 1932 年出版的一本《教育和社会秩序》的书中。罗素在 1935 年同朵拉离婚后，就不再管这个学校了。

1929 年，他出版了《婚姻与道德》，这本书的自由主义观点给他带来很多麻烦。1930 年，他出版《幸福之路》，这本书实际上是他自己的经验总结。这两本书给他带来不小的收入。1931 年，哥哥去世，他成为罗素伯爵三世，但他所继承的只是个空爵位，哥哥给罗素留下一大堆负担。这一阶段，罗素写了一些重要的历史及哲学著作。

1934 年出版的《自由与组织：1814—1914》是一本非常有价值而且生动的书。这本书反映了他的历史观。他认为，历史是许多复杂的因素造成的，它们可以归结为三个方面，经济技术、政治理论、重要人物。书中对每一方面都详加解释和描述，对于马尔萨斯、边沁、马克思、杰斐逊、杰克逊、洛克菲勒、卡内基等人都做了栩栩如生的描写。

另一本书《权力》是 1938 年出版的。这是一本政治哲学著作，中心论题是，对权力的爱好是产生社会变化的主要动力，这是社会科学必须加以研究的。罗素认为，经济需求是有限度的，从而是可以满足的，但是，追求权力是无止境的。他认为应该采取“驯服权力的办法”。

这些书虽然好，可并没有像他当时的和平宣传那样更引人注意。当时希特勒上台，法西斯猖獗，他看到战争的灾祸必将临头，预感到战争的恐怖。因此，他当时的观点仍然是应该不惜一切代价寻求和平。他低估了法西斯的凶残，对当时局势的分析也不准确。比如，他明知希特勒要得寸进尺，可是他还是赞赏张伯伦搞慕尼黑协定，这显然是他的一个错误。

六、战时在美国

1936 年，罗素第三次结婚，娶了他的秘书帕特里夏·斯彭斯。1938 年 8 月正当二次大战前夕，罗素全家赴美。他们在美国待了 5 年半，表面上躲过了战争，实际上是他一生中最不愉快的时期。

到美国以后，他先后在芝加哥及加州任教。1940 年初，他还在加州大学时，纽约市工学院邀请他去讲学，于是他把加州大学的事辞了。可是，纽约市教育局任命罗素任教，引起一个主教的抗议，他根据罗素的著作，说罗素是一个反宗教、反道德的人并且身体力行。由于纽约市教育局不理睬这种反对意见，他们就找到一个布鲁克林的妇女向法院告了市教育局的状。这位夫人的律师是个富有想象力的人，他在诉状中控诉罗素的著作充满了“淫乱”“情欲”，“而且不信神，不敬畏上帝”，“无道德”，还编造了一些荒唐的谣言。因为罗素本人不能出庭为自己辩护，结果法院做出了对原告有利的判决。这样一来，罗素在美国的生活成了问题，没有学校敢聘请他教书，没有报纸杂志敢登他的文章。许多大学者像爱因斯坦、杜威、怀特海等人为他辩护，但无济于事。幸好哈佛大学还没取消邀请他做关于威廉·詹姆斯纪念讲演的聘约。这一讲演的内容以《意义与真理的探究》于1940年出版，在罗素的哲学著作中占有很高的地位。

1940年，哈佛讲演终了之后，罗素一家五口真处于困境之中了。没有工作，又没法回英国。正在这时，费城的一个百万富翁巴恩斯所主持的一个培养艺术史家的基金会，同罗素订立5年的合同，要罗素为他们讲演哲学史。可是好景不长，性格古怪而又任性的巴恩斯在1942年底就借口罗素准备不充分而先行单方面毁约。不久三一学院聘请书到了，罗素于1944年离美返英。这段时间，罗素完成了《西方哲学史》。这本书于1945年出版，成为畅销书。

《西方哲学史》的副标题是“及其与从古代到现代的政治、社会情况的联系”。与过去的哲学史不同，他着眼于哲学与其时代背景的关系。其目的是揭示哲学乃是社会生活与政治生活的一个组成部分，而并不是卓越的个人所做的孤立的思考，既是盛行的某些体系的各种社会特点的产物，也是它们产生的原因。

罗素离开美国之前，曾在普林斯顿待过一段时间。其间，他和爱因斯坦、哥德尔、泡利等人有过许多有趣的讨论和交谈。结果他发现哥德尔是一位地道的柏拉图主义者，显然相信永恒的“不”挂在天上，而积德修好的逻辑学家也许以后能指望去天上碰到它。

七、重返英国

罗素1944年5月冒着德国潜水艇袭击的危险由美国回到阔别5年多的英国。这时，罗素已经是一名坚定的主战派了。他认识到人类文明的存亡和战胜法西斯有密切的关系。

回到英国后讲了两年哲学，又写了《人类的知识：其范围与限度》，这是他最后一部重要的哲学著作，对归纳问题做了更全面的论述。但是这本书在哲学界并没有引起注意，因为当时流行的哲学已经是语义分析派的哲学了。

二次大战结束后，罗素成为红极一时的人物，官方的荣誉纷至沓来。他到处发表演说，宣扬冷战。1948年，他成为英国广播公司的里斯讲演者，讲演稿以《权威与个人》的书名出版。1949年他被选为英国科学院荣誉院士，1950年由英王乔治六世亲自颁发“嘉德勋章”，这是英国的最高荣誉。1950年底，他荣获诺贝尔文学奖，表彰他所写的“捍卫人道主义理想和思想自由的多种多样意义重大的作品”。具有讽刺意味的是，在所列举的著作中还特别提到了他的《婚姻与道德》。

这位没有因为诗、小说、剧本而得文学奖的作家获奖后，却写起小说来。他的第一部小说匿名发表于 1951 年，并悬赏猜测作者是谁，结果没有人晓得这位 80 岁老翁还有此雅兴。他的小说集《郊外的撒旦》和《伟大人物的梦魇》分别于 1953 年和 1954 年出版。评论者认为，这些作品有 18 世纪讽喻作品的格调，非常出色。

年过八十的罗素在 1952 年第四次结婚。1953 年大病一场复原后，他又开始社会活动了。他先是觉得，与其在独裁统治下生活，毋宁打一场战争。后来氢弹出现了，他主意变了。他认为与其打一场核战争，不如在独裁统治下生活。他对未来的核战争深为担忧，觉得它必将毁灭全人类。1954 年 12 月，他首先在英国广播公司呼吁禁止核武器。1955 年初，他为了加强这个呼吁，将声明送交爱因斯坦签字，爱因斯坦签字后不久就去世了。这就是 1955 年发表的有名的罗素 – 爱因斯坦声明。后来，他又向各国著名科学家征集签名，召开记者招待会，发表致各国首脑的公开信。为了使活动永久化，他组织了世界著名科学家讨论废除核武器问题的会议。1957 年 7 月，第一次会议在加拿大帕格沃什召开，他因健康关系没有出席。1958 年，他参加第二次帕格沃什会议，并做了热烈的发言。他还不满足只限于知识分子的会议，又进一步组织“核裁军运动”等群众组织，自己担任主席。他后来又搞了一个直接行动委员会，举行了著名的向美军核基地的游行。在这个组织中，激进的罗素与温和派对立，于是他辞去主席职务，拉出一支队伍，成立百人委员会，搞群众性抵抗运动。1961 年，罗素夫妇在英国国防部门前静坐示威，抗议英国发展核武器，结果被警察逮捕，判处两个月监禁。由于医生对这位年近九十的老人做出健康危险的诊断，他只在医院中被拘留一个星期。

从这时起，罗素的活动更加广泛，他与各国领导人通信，介入各种事件，并开展一系列人权活动，救援苏联的政治犯。

1963 年肯尼迪总统被刺，他不满意沃伦委员会的报告，搞了一个“谁暗杀了肯尼迪”的委员会进行调查工作。

1964 年，他卖掉自己的古书，创立“罗素和平基金会”。这时，美国增兵南越，轰炸北越，越南战争开始。1965 年，他在伦敦大会上对英国工党政府不持批判态度极为愤慨，当众撕掉了自己的工党党证，这时他的工党党龄已超过 50 年了。随后他组织世界名流如萨特、多依切、迪迪埃等人成立“国际战犯审判法庭”，经过两次审判，得出了约翰逊总统有罪的判决。1968 年苏联入侵捷克，罗素对此提出抗议。这时，罗素成为左派学生的偶像，每年圣诞节他都要收到大量贺年片和信件，反映出世界人民对这位活到老战斗到老的战士的敬意。

八、成就及影响

罗素著述之多、涉及问题之广在哲学家中极为少见。他一生中著有71种书，论文及其他文章更是不计其数。而且他的思想多变，不成体系，但始终坚持既独立思考又“从善如流”，发现不对就马上摒弃掉。有人说：“众所周知，伯特兰·罗素不是单独一个人，而是一批学者。”不止一个人说过，罗素是20世纪最伟大的哲学家或影响最大的哲学家。当代许多哲学流派和哲学家都是受到罗素的影响或以罗素的哲学为出发点的。其中可以特别举出维特根斯坦的哲学、逻辑实证主义、语义哲学以及鲍波尔学派的哲学。罗素对于逻辑学的发展所起的作用更大，而且可以说是他其他方面研究的一个基本出发点。

他对哲学的影响，用他自己的话说叫“哲学的科学化”。在罗素之前，所有哲学体系最重要的问题是本体论问题，像什么是第一性，什么是第二性，是唯心论还是唯物论，是唯理论还是经验论，等等，也就是关于世界本性的理论。但是他认为哲学中有一大部分问题可以化为所谓“句法”问题。后来，逻辑实证主义特别是语义分析学派把所有哲学问题都归结为句法问题，罗素对这点并不赞同，不过他的分析方法却以此为出发点。

他的分析方法第一个应用是“摹状词理论”。比如当人们说“金山不存在”这句话时，就同时肯定金山的存在又否定金山的存在。他要求分析保持住对“实在的健全的感觉”，而不要为了适应各种情况或应付各种困难而把“各种实在”引进来。于是，他找到一种分析带有非实在的或自相矛盾的对象的符号的命题的分析方法。他的方法是区别开两种符号：一种是固有名词，这种记号不依赖其他字或短语即有其独立意义；另一种符号是描述短语，罗素称之为“不完全记号”，它只有和其他符号在一起时才有意义。于是，他的分析方法就是把有描述短语的句子代换成一组互相关联的句子，这些句子具有下面的性质：(1) 任何句子不能包含原来的句子，也不能包含任何其他的描述短语。(2) 这些句子一起能够传达原来句子要传达的信息。(3) 而且要能懂得意思，必须通过认识，知道这些句子中的每一项。比如说“金山不存在”的意思是，“设有一个实体C，使得当X是C时，‘X是金的而且是山’是真的，否则它就不是真的”。

根据这个理论，“存在”只能用来给“摹状词”下断语。我们可以说“《威弗利》的作者存在”，但是说“司各特存在”却不合“句法”。这就澄清了从柏拉图《泰阿泰德篇》开始的2000多年来关于“存在”的思想混乱。

他的这种分析方法越来越深入地发展成一般的哲学方法。他把这种分析方法具体而深入地运用到各个领域就得到他的各种理论：作为本体论的分析，应用于抽象的宇宙论问题——罗素称为形式分析，应用于数理逻辑——即所谓逻辑斯蒂，应用于检验科学和日常生活的符号系统——他称之为“构造主义”（不是由直觉主义派生出来的构造主义）。

通过分析的方法，他取消了哲学的根本问题。他认为：心和物只是同一个“中性元素”的不同“结构”；心与物都是由直接材料组成的，两者的区别只在于基本成分的组合不同；物质和精神只是经验的两种不同的形式，精神是直接形式（主观材料），物质是间接形式（客观材料）。

他的哲学中多少稳定的要点可以归结为：

（1）存在着一个不依赖于人类思想的实在世界。

（2）通过哲学分析，我们至少在原则上能够发现，世界怎么可以通过最少的不可约成分来描述。

（3）这种描述可以采取原子命题或其否定的形式。每一个原子命题表示某些个别对象的特殊的原始关系。

（4）我们可以通过逻辑构造造成复杂命题和复杂对象。

（5）不同命题形式同各种事实相对应。从语言的结构可以推知世界的结构。

罗素在逻辑上的成就，用一句话来说就是完成了逻辑数学化的莱布尼茨“纲领”。莱布尼茨以当时代数的符号演算为楷模，希望把形式逻辑变成真正的计算，但是，他只留下一些残篇。后来，许多人进行了部分的工作，特别是布尔、施罗德，尤其是弗雷格。弗雷格曾把逻辑演算提到莱布尼茨所说“符号游戏”的高度，但是他没有发现后来罗素那些灵活性的符号体系——第一个自身有意义的符号体系。这种体系后来称为逻辑斯蒂。它是一个纯粹的形式逻辑，也就是它只讨论“完善的形式”，而去掉那些需要另加说明而引起矛盾的东西。它也是精确的形式逻辑，它不能得出不容许的断定。通过符号对所有逻辑内容进行了精确的分析，解决了几千年来像“存在”这样一类的问题，唯名论和实在论的矛盾，内涵逻辑和外延逻辑的矛盾，等等。由此，逻辑有一个坚实的基础，而且形成一个可扩展的体系。这个体系也是现在的逻辑研究乃至哲学研究、数学研究以及其他研究的出发点。

罗素在数学上的成就是和他在逻辑上、哲学上的研究直接有关的，主要是：

（1）引进罗素悖论，造成数学基础的危机。

（2）发展类型论，作为消除集合论矛盾的一种方法。

（3）与怀特海合著《数学原理》，对数理逻辑的历史发展有不可忽视的意义。

（4）在数学中引进等价类的观念。这个概念是现代数学中最常用的概念。

（5）引进数学哲学的观点。他的数学哲学观点不能完全说成是“逻辑主义”，还有许多其他的比如说柏拉图主义的观点。

罗素除在哲学、逻辑和数学方面开辟新领域、打开新世界，对20世纪思想界有着重大的影响之外，他对宗教的批判，对传统道德的批判，对帝国主义、资本主义、法西斯主义乃至对苏联霸权主义和极权专制的批判不能不说是深刻而且富有预见性的。

1970年2月2日，罗素以98岁高龄在威尔士逝世。在去世的前三年即1967年、1968年、1969年，分别出版了他的自传一、二、三卷。自传以幽默的笔调、坦率的态度回顾了他的一生，其中附有大量信件。

克拉克在他写的《罗素传》中说，论述罗素的书刊文章可以同论述拿破仑的相比，这可能是夸大其词。还有人把罗素比作穆勒和伏尔泰。对于罗素的评价，众说纷纭，莫衷一是。不过，有一点是肯定的，那就是罗素是一个热情的思想家。在他的名著《西方哲学史》中，他曾经把自古以来“理论”一词的含义解释为“热情的动人的沉思”。是的，对真理和知识的追求，对人类命运的理解和沉思，促使他去探索一个又一个的问题，写下一本又一本的专著。在他长达近一个世纪的生涯中，他怀着惊人的勇气和热情，始终坚持独立思考，坦率地发表自己的思想，并且把自己的理论付诸不倦的社会活动。罗素不是一个完人，作为一个资本主义社会中的自由主义者，他犯过错误，但他仍不失为20世纪的一个大思想家和闪烁着独特个性光辉的人。

（作者：胡作玄）

参考资料

[1] 罗素.罗素自传［M］.陈启伟，等译.北京：商务印书馆，2006.
[2] 克拉克.罗素传［M］.北京：世界知识出版社，1998.

恩斯特·马赫

（Ernst Mach，1838—1916）

恩斯特·马赫

科学家、科学史家和科学哲学家

一、“没有天赋”的少年

恩斯特·马赫出生在摩拉维亚。其祖父约翰·约瑟夫·马赫（1782—1806）是个农民。父亲约翰·内波穆克·马赫（1805—1879）受过高等教育，后来成为住在兹林的贵族巴隆·布莱顿的家庭教师。后来，他娶了约瑟芬·兰豪斯（1813—1869），她热爱音乐、绘画和诗歌，是一个快活而又文雅的女子。恩斯特·马赫1838年2月18日诞生于契尔里兹他的外公家，在图拉斯受的洗礼。

1840年，恩斯特·马赫2岁的时候，他家从契尔里兹迁到维也纳东温特希本布仑的一个孤立的农庄，父亲在维也纳当家庭教师。在这里，他们几乎是过着与世隔绝的生活，很少有客人来访。他和两个妹妹没有玩耍的朋友，有时老保姆给他们讲神怪的故事。尽管如此，他们并不因此而感到有广泛交往的必要，也不觉得孤独和无聊。

在恩斯特·马赫的记忆中还留有他童年生活的残迹。比如，他记得2岁时他如何在草地上奔跑，追逐下山的太阳；当他握着将要萌发的有弹性的植物种子时，它突然像一个活东西开放，像一个活的动物夹住他的手指时，他是如此害怕和惊奇。3岁的马赫曾经被视觉问题困扰，他不能理解为什么在近处的东西移到远处，看上去会变小。四五岁时父亲带他到维也纳，当他登上城墙往下看时人都变小了，他也感到非常惊奇。有一次，保姆带他去给邻近的一个磨坊主人送信，磨坊的直立的风车在风力的推动下转动，使他又吃惊又好奇。他出神地看着车轴的齿轮如何带动磨盘的齿轮转动。风车和机器迷住了马赫幼小的心灵。后来那个聪明的磨坊主人还制造了一台平式风轮风车。在马赫看来这个不会因风向改变而停下来的风车，比他最初看到的那个风车好懂多了。机器和机器零件充满了童年马赫幼稚的头脑。马赫后来在研究康德关于因果概念的时候，常常回忆起这些童年的经历。他写道：“这个印象把我的幼稚的思想从信仰奇迹的暗昧阶段提高到因果思想的水平。从此，我不再把我不理解的东西看作背后有什么神秘物存在……”

马赫7岁时，他的父亲开始引导和培养他热爱科学，带他做些简单的实验。有一次父亲拿了个空花盆问他里面有什么东西，他说“没有什么”。于是爸爸用一个软木塞堵在盆底中心的小孔上，然后让他把这个盆子推进一个水桶里，当花盆被压进水中一段高度时，那个软木塞突然冲出。恩斯特·马赫就是这样在父亲的引导下做实验的。他也常常自己设计一些实验，但总不够小心。例如，有一次他实验樟脑能否燃烧，结果烧了眉毛。马赫对数学很有兴趣，在父亲的指导下，他不久就能自学了。8岁时，他的代数知识已超过父亲的一些14岁的学生，他能跟着他们一起正常听课。

1847年，马赫被送到希登斯梯顿的本奈迪克多僧侣主办的一个中学初级班学习。然而，这个9岁的孩子学习希腊语和拉丁文有困难，对于“敬畏上帝乃是智慧之端”之类的格言毫无兴趣。他唯一有兴趣的课是地理课，从此欧洲大陆的地形一直深深地印在他的脑海中。但是，这个教会学校的教师认为他“没有天赋”，劝告他的父亲说，这个孩子不适于研究学问，应该让他去学一门手艺或者一种行业。于是，他父亲只好把孩子带回家，亲自教给他中学的课程。

博学的父亲在家里给他讲授拉丁文、希腊语、历史、初等代数和几何原理等。当他进步慢的时候，他父亲就对他大喊“挪威头脑”或“格陵兰人的头”。只是在阅读古典作家的作品时，这些古代语言才激发起他的兴致，马赫在理解和翻译原文方面竟达到了熟练的程度。后来多年讲授古典语言的威廉·耶路撒冷说：“多么令人惊奇，物理学家马赫在掌握古典语言上比许多专家都好！”

马赫上午听父亲讲课，下午有时间就去干农活。他自己后来说，这种经历使他懂得了“对体力劳动者应有的尊重”。恩斯特·马赫的父亲是个“自由思想者”，他也通过父亲的授课接受了这种观点。父子二人对奥地利1848年革命失败后的教会反动统治感到“压抑”。少年马赫心目中的理想国家是美国。他曾请求父亲允许他去学木工，以便他迁居到美国时有一门手艺。父亲应允之后，每星期有两个整天，他在邻近的一位熟练的木工师傅那里学习，这样他学了两年多光景。他后来还常常回忆那段有益的经历：“晚上疲倦的时候，坐在散发着香味的木堆上，设想未来的机器，如飞机之类的东西。”他认为当年学木工得到的经验使他学会了如何对辅助工作的成绩作出正确的评价。

1853年，15岁的马赫，这个天真快活的少年，进入在克罗梅日什的一所虔敬派僧侣主办的中学高年级学习。他对那些枯燥乏味的王朝更换和战争没有兴趣，对那些没完没了的宗教祈祷训练有些反感。让他感到最愉快和尊敬的是他的博物学教师，因为他给他们讲让·巴蒂斯特·拉马克的进化论和康德－拉普拉斯宇宙形成论。当时受到的最大的鼓励不是来自学校，而是他父亲的藏书。父亲的藏书中有一本康德的《未来形而上学导论》，15 岁的马赫如饥似渴地阅读了它。这部著作给他留下了深刻的印象，使他对认识论产生了兴趣。马赫强调，他的自然科学思想和心理学思想，都是受康德这部著作启发的："虽说我不墨守康德的思想，但是我仍然感激他所给予我的启发，这种启发也引导我对力学进行历史的批判的研究。"

两年后，马赫中学毕业了，这时他也不再想去美国了。他的家迁到邮高斯拉维亚附近，他的父亲在那里经营丝蚕饲养兼做临时家庭教师。1869 年他的母亲去世，他的父亲活到 1879 年。

二、四十年科学实践

1855 年马赫进入维也纳大学，学习物理和数学。他的老师冯·埃廷豪森（1796—1878）是维也纳物理研究所的领导者多普勒（1803—1853）的继任人。在他的指导下马赫成为一个熟练的实验物理学家。他制造的一个消色差双物镜给他带来最初的科学声望。1860 年，22 岁的马赫通过中世纪式的大学毕业考试并获得了博士学位。大学毕业后，马赫先是做家庭教师维持生活，"在这种令人沮丧的情况下"取得了大学编外讲师的资格，但"不晓得下一年将何以为生"。当初毕业时，他本想到在哥尼斯堡的物理学家弗朗兹·诺伊曼手下从事研究工作。但是他当时没钱买走在维也纳的称心如意的实验设备，这迫使他先去解决两个问题：第一，当一个有报酬的讲师；第二，想办法购买廉价实验仪器。整个 1861 年他向维也纳医学的学生讲了《医学大学生物理学》和《高级生理物理学》，表现出他是一个很好的教师，得到了应有的报酬。1862 年夏季，他做了一个题为《历史发展中的力学原理和机械论者的物理学》的讲演。这是他以后写的那本力学史的书（1883）的前身。

这时，马赫还产生了把物理学应用于生理学和心理学的兴趣。其原因有几个：首先是费希纳（1801—1887）1860 年出版的《心理学基本原理》一书吸引了他，其次是物理学家亥姆霍兹（1821—1894）和杜博依斯－雷蒙德在生理学和心理学方面的引导工作，最后是那时在维也纳生理学的研究特别盛行。马赫特别被冯·布吕克（1819—

1892)，一个脑生理学家、亥姆霍兹的助手的讲演打动，就在这方面进行了研究并很快获得了成果。1862—1864 年，他做了关于这方面的一系列讲演，特别是关于亥姆霍兹的最新的听觉声学发表的一系列讲演。这些讲演有一些在杂志上发表，并且在后来以《亥姆霍兹音乐理论引论》为题出版了一本书。这本书没有得到专家的承认被置之不理。他对生理学实验产生了兴趣并认为有可能取得进展以后，就不再想去诺依曼那里了。

马赫从这时起就表现出他是一个富于实践精神的科学家，在做一个编外讲师的艰苦条件下坚持研究。他最初的一些实验是相当成功的。在他的老师埃廷豪森的鼓励下，为平息关于多普勒理论的争论，他设计并建造了仪器，于 1860 年进行多普勒理论的实验研究。同年，当马赫读了费希纳 1858 年的论文和 1860 年的书中关于计算感觉的“韦柏—费希纳定律”公式，他进行了费希纳对数率的实验研究。这年，他还进行了显微照相术、几何光学的研究。1861 年，他又从事精神上的痛苦的知觉敏感性的研究。1862 年，他又改进血压测量设计和液体的分子行为的实验研究。1863—1864 年，他改进并超过亥姆霍兹在声学和耳朵结构方面的实验研究。

这期间马赫结交了两个朋友。1862 年，他认识了工程师约瑟夫·波珀－林扣斯(1838—1921)。他是马赫的第一个也是长期的哲学同盟者。1863 年，马赫结交了新闻记者和音乐评论家库尔克（1831—1897)。同马赫以后所交往的“自由思想”的朋友们一样，他俩都是犹太人。

1864 年至 1867 年，马赫在格拉茨教书和研究。1864 年，他被授予了奥地利格拉茨大学数学讲座的职位，后来又增加了物理讲座。他“很快就摆脱了当讲师时的那种贫困生活，开始进行工作而不再为挣钱糊口费心思了”。他专心致志，充分进行科学研究。三年当中，他讲了几门课程：数学、物理学、生理学和心理学。他讲授的《心理学基础》吸引了许多听众，包括大学教授。这三年期间，他出版了 3 本书，发表了 27 篇论文，关于感知觉方面的论文大约在这个时期开始发表。这期间最重要的发现是后来被称为“马赫带”的生理现象。

什么是“马赫带”呢？马赫发现，一个带有不规则的锥形黑色缺口的白色圆盘在旋转时，形成明暗分明的两条色带，而不是如所想象的那样，亮度连续变化。在 1865 年至 1868 年之间，马赫写了研究这一现象的 5 篇文章，认为这奇怪的带反映了神经抑制，不是完全“主观”的印象。不幸，他的这个神经“抑制”假说，由于当时不能被人们理解而被忽视近 30 年，直到 1890 年，一些科学家又独立地重新发现了这些带。

温德是他们之中的第一个。当他偶然地知道了马赫的工作时，他承认马赫的优先权，将其命名为“马赫带”。至今还有以“马赫带”为题名的专著出版。

马赫在心理学方面的贡献，除“马赫带”以外，人们还常常把第一个认识到格式塔性质归功于他。当1890年冯·埃伦费尔斯发表《格式塔性质》一文时，马赫说他自己早在1865年就已经在费希特的杂志上（第46卷）给出了这方面的主要思想，即经验的整体不只是等同于知觉的部分之总和。1967年出版的帕特里克·卡普雷塔的心理学著作似乎承认马赫是格式塔心理学的先驱。

在格拉茨这三年，马赫同费希纳和伊曼纽尔·赫尔曼（1839—1902）的交往对他有重要意义。费希纳的哲学和心理学思想，极大地鼓舞了马赫写一本心理学的书——《感觉的分析》，并奉献给这位莱比锡大学教授。两个人的会见使他们之间的通信增加，而费希纳反对马赫的某些观点又使得他们的通信中断。马赫搁置这部手稿达20年之久。在这段时间，他细心研究了费希纳的不同意见。伊曼纽尔·赫尔曼是个经济学家，他的见解启发了马赫去建立他的“思维经济”学说。马赫在一篇文章中写道：“政治经济学家伊曼纽尔·赫尔曼，依照他自己的专业，探求各类领域的经济要素，在1864年与他的交往使我习惯于把研究者的智力活动叫作经济的。”

1867年春天，马赫同卢多维卡·马露西（1845—1919）在格拉茨结婚。同年4月到布拉格，任布拉格大学实验物理学教授，一直到1895年。他们生了4个儿子和1个女儿。长子路德维希·马赫（1868—1951）后来成为他科学工作的合作者。三子海因里希·马赫（1874—1894）专攻化学，获博士学位不久，因服安眠药过量而死去，给恩斯特·马赫带来很大的悲痛。1867—1879年间，他出版了4本书，发表了62篇论文。这些研究大多数是科学的课题。他的著作《光－声研究》（1873）、《运动的色调变化对多普勒理论的贡献》（1874）、《动觉大纲》（1875）都是关于实验工作的著作，其中关于运动感觉的比较重要。但是《能量守恒定律的历史和根源》（1872）一书中哲学和科学一样多，因此马赫才第一次作为哲学家进入学术界。

马赫在物理学方面最著名的贡献是在声学方面有关冲击波的工作。1881年马赫去巴黎参加国际电气展览会，一个偶然的机会，他听到比利时迈尔逊的一个报告。这个报告提供了一个关于炮口喷出的压缩空气的爆破冲击的破坏作用的理论。回到布拉格之后，马赫就想建立一个实验检验迈尔逊的理论。当时，他对于解决这类问题已积累了相当丰富的经验，特别是在弹道学方面有关抛体速度及其在运动中拍照问题。1884年，马赫的第一个重大努力是从拍摄飞弹、声波、电火花波和抛体冲击波四类不同速度类型的照片入手的。1886 年 7 月 10 日，马赫终于给奥地利科学院两张成功的抛体冲击波照片。1885 年马赫发表的重要的论文，第一次用了我们现在称之为“马赫数”的表示。它是一个比例，即用声速去除流速。这个比例不久就被许多科学家采用。给予“马赫数”这一名称的是阿克莱特教授，他在 1928 年的一篇文章中使用了它。

三、卓越的科学史家

马赫是一个卓越的科学史家。他关于力学史、热学史、光学史以及能量守恒发展史的著作是研究科学史这门学科的重要文献。可以说，至今也没有任何一部科学史著作能收到像他的《发展中的力学》启发爱因斯坦创立相对论那样的显著成效。

马赫研究科学史和他的教学经历有密切关系。马赫不但是个科学家也是一个出色的教育家。1879—1880 年和 1883—1884 年他先后在布拉格大学及布拉格大学分为德语和捷克语两校后的德语大学任校长，著有《医学大学生物理概论》(1863)、《中学低年级自然科学教科书》(1886) 和《大学生物理学教科书》(1891) 等广为流传的物理学教材。他编辑过教育杂志，也热衷于普及教育，并在奥地利贵族院讲演，提倡成人教育。在大学讲课，他把历史的叙述方法作为最简单易懂的叙述方式来使用，而抽象的概括在他看来则揭示了“认识论的经济动机”。他把科学看作普遍的生命现象和进化现象的组成部分，论述了生物学上经济认识论的特质。因此，他提倡用历史的方法教科学。他认为应该阐明现代理论的逻辑发展，而不仅仅是介绍历史上个别科学家的特殊作用的历史事实，这样，通过对历史的分析研究，人们可以对现代科学获得更好的理解，而不仅是为了理解科学的过去。也就是说，马赫研究科学史的指导思想是着眼于科学的现在和未来，着眼于科学发展的逻辑和认识论上的批判分析。这是他的科学史著作的显著特点，也是他的科学史研究的成功之处。

马赫研究科学史是从 1870 年开始的。那年夏天，他因患病不能进行实验工作，就开始研究科学史。他把早在维也纳和格拉茨就已用心思考过的思想写成了《能量守恒定律的历史和根源》的大纲，1872 年成书出版。这部著作是他 1867 年发表的同名讲演和他的第一篇重要的论文《关于质量的定义》(1867) 的进一步发展，又是后来出版的他的力学史这部最重要的著作的基础。

马赫在他的《自传》遗稿 (1913) 中说，在这部著作中，他“第一次就力学和热学问题提出了关于自然科学的认识论思想”，“以尽可能概括的形式提出了关于思维经济、关于科学的任务就是从概念上确定真实事物的基本思想”，包含了“一般唯能论的要点”。《能量守恒定律的历史和根源》这本书通过对历史的考察得出否定机械论自然观的结论。他反对亥姆霍兹和克劳修斯以力学为基础用原子、分子解释热学理论的观点。他认为历史事实表明在力学发展之前能量守恒的现象就已为人类所认识。他指出，能量守恒定律的根源是人类长期经验的总结——“不消耗能量做功是不可能的”。力学并不比光学、声学、电磁学和热学更基本，它成为物理学的基础只是历史的偶然。由此他进一步批判了力学先验论，认为主张从一般因果律先验地导出力学诸法则的努力是没有意义的。但是马赫的这本书写得不够严谨，又因为书中非难热力学理论和原子论，所以不能打动当时大多数的物理学家，也没有获得哲学家的支持，只得到少数人的注意。威廉·托比亚斯在他 1876 年出版的《哲学的拓荒者》中批评了马赫的观点，而一个内在论哲学家勒克莱尔在他 1879 年出版的著作《科学的实在论》中赞扬了马赫的这本书，甚至称它是“革命的”。

《发展中的力学》是马赫最重要的科学史著作。他在世时此书就先后于 1883 年、1888 年、1897 年、1901 年、1904 年、1908 年、1912 年 7 次出版；马赫去世后又出了第八版（1921）和第九版（1933）。马赫在这部著作中批判了力学先验论，打击了机械论自然观。书中详细分析指出，牛顿的绝对时空观念没有经验根据，并认为牛顿力学把来自经验的东西和任意约定的东西混在一起了，他强调力学的现在的形式完全是历史的偶然。在这本书中，他比较集中地论述了他的思维经济学说，并从思维经济的观点阐明力学假设并不比别的优越，“把力学看作物理学其他分支的基础是没有根据的，由力学说明一切物理现象是一种偏见”。马赫的这本书同《能量守恒定律的历史和根源》命运不同，在科学家中产生了极大的影响，马赫同时代的许多著名科学家如奥斯特瓦尔德（1853—1932）、赫兹（1857—1894）、玻尔兹曼（1844—1906）都阅读了它并深受其影响。

四、维也纳大学的科学哲学教授

马赫自己曾经声明说：“我仅仅是一个自然科学家而不是哲学家。我仅寻求一种稳固的、明确的哲学立场，从这种立场出发，无论在心理生理学领域里，还是在物理学领域里，都能指出一条走得通的道路来，在这条道路上没有形而上学的烟雾能阻碍我们前进。我认为做到这一点，我的任务就算完成了。”但在哲学史上，马赫被认为是从孔德的实证主义到逻辑经验主义的中途人物。

马赫童年在感觉和因果性解释方面的那些难题，表明他从小就萌发了哲学的思维。所以，他 15 岁阅读了康德的著作后就开始对认识论感兴趣了，在维也纳上学时就偷偷地阅读了一点哲学著作。1860 年以前，他就读过贝克莱、利希腾贝格和赫尔巴特的著作。在 1860 这一年有三件事对马赫哲学思想的发展有重要影响。这就是达尔文的《物种起源》的广泛传播，费希纳《心理学基本原理》的出版和在卡尔鲁尔召开的化学会议上斯塔尼斯劳·坎尼扎罗支持阿伏伽德罗的分子学说。其后在维也纳和格拉茨工作时，他就认真思考科学中的哲学问题，最主要的是他的感觉生理学的研究把他“引向对认识论批判的研究”。他 1862 年的讲演《历史发展中的力学原理和机械论者物理学》，1867 年的论文《关于质量的定义》都是讨论科学哲学的问题。他的许多有关科学史的著作和论文，是对科学的历史分析探求科学认识论问题。1886 年出版了他的主要哲学著作，也是心理学著作《感觉的分析》。由于他在科学认识论方面的造诣，他的母校维也纳大学专门为他开设了一个科学哲学讲座，叫“归纳科学的历史和理论”，这使他成为世界上第一个科学哲学教授，直到他中风瘫痪（1898）而于 1901 年退休。退休后，他仍然在妻子的精心照料下从事著述，其中包括把他发表的一系列科学哲学讲演汇集成一本书，叫作《认识与谬误》，于 1905 年出版。这也是他的很重要的哲学著作。

马赫的主要哲学著作《感觉的分析》，于 1886 年初版，相隔 14 年才修改再版。马赫在第二版序言中说：“本书就其以前的形式来说，曾经得到多方面的热忱欢迎，但也激起了强烈的反对。”事实上，马赫从他的这部著作出版开始就成了一个有争议的哲学家。我们可以看看菲利普·弗兰克（1884—1966）在其著作《现代科学及其哲学》(1957）中的一段描述：“尽管对马赫的反感在德国科学家和哲学家中间特别显著，然而他对于某些科学家和哲学家集团来说是具有非凡的吸引力的。但是反对他的带有敌意的反应是非常强烈的。”马赫为人谦虚谨慎，在《感觉的分析》第二版序言中说：“如果说我对于那些反对我的观点没有用批判的和论战的方式做详细的讨论的话，那么，这的确不是由于我轻视那些观点，而是因为我深信这类问题不能用讨论和论战来解决。在这里，唯一有益的办法是把未成熟的思想或内容矛盾的思想，耐心地、经年累月地搁在心里，诚实地努力完成未成熟的思想或除去矛盾的成分。”他在第六版最后一章还说：“公开的批评即使是反对我，也是中肯的，而它的坦率态度对我很有教益。”

《感觉的分析》第二版（1900）在几个月内销售一空，接着出第三版、第四版……至 1911 年已出了六版。1897 年出版了英译本，1907 年出版了俄译本。这时马赫的哲学思想已经广为流传了。正如列宁在《唯物主义和经验批判主义》一书中指出的那样，马赫已经成为“最有名望的经验批判主义的代表”了。

马赫的哲学著作的影响超出了学术界，也影响到奥地利和俄国的社会主义运动。这是和马赫当时的政治态度有关系的。马赫退休后，在 1901—1913 年期间被选为奥地利贵族院议员。马赫的社会哲学的基础是信仰人类道义的进步。顺便说一下，他很赞赏中国的道德准则和正义感。他支持个人自由和限制国家权力，赞成社会经济改革，主张重新分配财产；他对资本主义世界经济和工业状况感到愤懑，拒绝在经济改革中有产者利己主义的固执观念。因此，他被称为“半个人主义和半社会主义”者。1896 年，他曾与有社会民主思想的工人并肩游行，反对基督教社会主义党。1899 年，他把一大笔款捐献给成人教育同盟和社会民主党的报纸《工人报》。1901 年，矿工举行罢工，奥地利议会贵族院表决有利于工人的 9 小时工作法案，半身瘫痪的马赫坐救护车去议会投支持票。1902 年，他成功地反对基督教社会主义党在萨尔茨堡开办一个专门的罗马天主教大学。1906 年，马赫被社会主义者、理论家狄慈根（1828—1888）的思想吸引，并且他还鼓励他的具有社会主义倾向的追随者也去研究狄慈根的著作。1907 年，马赫的政治活动达到高峰。他在贵族院投票支持改革选举法。他还为报纸写了几篇文章，反对基督教的反动行为。

马赫与奥地利社会民主党的创始人之一维克托·阿德勒以及他的儿子物理学家、哲学家弗里德里希·阿德勒（1879—1960）是好朋友，在奥地利社会民主党中间享有很高的威望。当时，由于马克思（1883）和恩格斯（1895）先后逝世，社会主义者面临着一个扩大宣传和发展马克思主义的问题。他们当中许多人认为，通过与最新的现代科学哲学和实践着的科学家的联系，马克思主义的理论会得到发展并通俗化。这样，中欧的一些社会主义者就选中了马赫的科学哲学。在奥地利是以弗里德里希·阿德勒和鲍埃尔（1881—1938）为代表的一批马赫主义者。一些俄国的社会主义者和教授也在苏黎世进行着这方面的研究。俄国的布尔什维克的重要成员波格丹诺夫（1873—1928）受到阿芬那留斯（1843—1896）早年的学生——俄国著名作家列希维奇的引导，接受了马赫主义，终于成为在俄国的马赫主义者的代表。为了维护马克思主义哲学的纯洁性，列宁于 1908 年着手写作和俄国马赫主义者论战的重要哲学著作《唯物主义和经验批判主义》，于 1909 年在莫斯科出版。

另一方面，1910 年在维也纳由弗兰克、哈恩和纽拉特掀起了一个宣传马赫实证主义哲学的浪潮。1901 年俄国由英格迈尔在莫斯科也组织了一个实证主义协会，其成员包括 20 多个一流的教授和知识分子。1911 年在柏林也开始了类似的活动，它是以希尔伯特、克莱因、黑尔姆、弗洛伊德，还包括爱因斯坦以及许多与实证主义无关的著名人物签名发表了一个宣言开始的，后来彼得楚尔特（1862—1929）和丁格勒成了这个运动的推动者。1912 年秋在柏林成立了实证主义哲学会，1913 年出版了实证主义哲学杂志。1927 年在维也纳由纽拉特组织成立马赫学会。1929 年以马赫学会和实证主义哲学会的名义发起，在布拉格召开了第一次国际性的会议，形成逻辑经验主义学派。

对于马赫，一些人猛烈地攻击他，另一些人热忱地赞美他，无论是谁几乎都不得不对他的学说采取明确的态度。的确，很少有科学思想家能够引起这样尖锐的意见分歧。那么，他研究科学哲学的一般意向，以及他的哲学学说的基本精神究竟是什么呢？

马赫自己说，他不想建立一个哲学体系，只是想寻找一种哲学立场。我们知道，19 世纪后半叶机械论的科学观受到科学发展的冲击而走向衰落。马赫无疑是最早洞察到这种倾向的人之一。为了“挽救”科学世界观的“危机”，他强调经验论，反对力学先验论。他从区分科学“解释”和力学的“解释”出发，去寻求一个不受某种特殊类型的解释限制的、适用于一切自然现象的统一的科学解释，以便将个别学科联系起来形成一个统一的整体。为此，他选取了一条达到这一目标的纯经验主义的路线，力图从科学中排除一切不能由经验证实的“形而上学”的命题。这就是马赫科学哲学的一般意向。

马赫认为，无论是唯物主义还是唯心主义哲学都含有他所谓的“形而上学”，因而不能达到统一的科学的目标。于是，他创立了标榜中性的“要素一元论”，作为他统一科学的理论基础。他主张一切物理的经验和心理的经验有一个共同的“要素”，他叫它“世界要素”。这些“要素”构成最广义的物理学和自然科学心理学的桥梁，这些“要素”按照所研究的联系，或者是物理对象，或者是心理对象。这样马赫所设想的“要素”就成为他的科学解释的基点。马赫主张“思想对事实的适应是一切科学工作的目标”，“科学的任务就是对事实做概要的陈述”。既然按马赫的设想，事实最终应分解为“要素”，而思想适应事实就是指适应要素之间的某种规律性的联系，那么，作为科学的任务的“对事实做概要的陈述”也就是对“要素”的陈述。马赫说：

“全部自然科学只能是描述和描写我们通常称之为感觉的要素的复合。”马赫还主张“思维经济”，他的统一科学的目标就是对经验做经济的描述。他认为把事实分解为“要素”，科学的任务就成了对“要素”的描述，这就是一种经济设计。他认为要求抽象理解的最大限度，只有数学函数可以提供。因此，他宣称，科学的任务就在于用数学函数来描述或描写经验事实之间的依存关系，也就是感性“要素”之间的依存关系，这是科学唯一的对象，是科学的最终目的。马赫认为，因果概念在实践生活中是有用的，但在理论上是没有根据的，因为它不能为科学实验所证实，因而是有害的。为避免这个不科学的因果性思想，他主张用数学函数代替因果概念。他认为，这样的代替在科学上可以消除因果概念中的一些主观的、非科学的因素；可以排除科学中的一切不可知因素，如物质实体可以科学地解决世界的固定不变性。

对于马赫的哲学观点，列宁在他的批判马赫主义者的著作《唯物主义和经验批判主义》中，从马克思主义哲学的立场剖析了马赫哲学思想的渊源，指明了它的唯心主义的实质及阶级作用。但这并不排除和否定马赫的科学哲学对自然科学发展的某种有益的作用的事实。

五、马赫思想与 20 世纪的物理学

马赫同量子论和相对论的创始人普朗克和爱因斯坦等人有过交往，1913 年他愉快地接待了爱因斯坦的来访。作为一个科学家、科学史家和科学哲学家，他的学术思想对相对论和量子物理学乃至 20 世纪自然科学的发展都产生了重大的影响。

普朗克年轻时曾是马赫思想的信奉者。他自己承认，在 1885 年至 1889 年间他曾是最坚定的马赫哲学思想的追随者之一，马赫的学术思想对他影响很大。1879 年，普朗克写作博士论文《论热力学第二定律》时曾阅读了马赫的《能量守恒定律的历史和根源》这本书。他对马赫思想最早的反映是在他获格丁根大学哲学系二等奖的一篇论文《论能量守恒定律》（1887）中。后来，他倾心于普遍性理论概括，从 1890 年开始探索普遍性概念。1895 年，他开始反对黑尔姆、奥斯特瓦尔德的唯能论，表现了他的哲学思想的转变。1908 年 12 月 9 日，他在莱顿大学自然科学系做题为《物理世界图像的统一》的讲演，在这个讲演的第四部分批评了马赫的哲学思想。这引起普朗克和马赫之间长达三年之久（1908—1910）的论战。

普朗克的批评在物理学家中引起了不同的看法。阿德勒、彼得楚尔特和弗兰克等

人写文章为马赫辩护，保罗·詹森、爱因斯坦和克兰茨在给马赫的私人信中表示支持马赫。马赫本人在1909年出版的他的《能量守恒定律的历史和根源》德文新版中，对普朗克的批评做了答复。普朗克的那次讲演出版后，马赫于1910年发表了《我的科学认识论的指导思想及其在当代被接受的情况》进行回答。而普朗克又以《论马赫的物理认识论——一个答复》（1910）再进行批评。

普朗克接受马赫的"统一科学"的目标，但认为一个理想的不变的体系和物理定律能够描述和说明现象并达到统一的世界图像，而不需要任何感觉要素。他特别指出，玻尔兹曼的统计理论已经有助于统一力学和热力学，并因而促进了发展一个统一的世界图像，而马赫的反对恰恰妨碍了这个统一的图像和统一科学的发展。普朗克相信原子和物理世界的实在不同于感觉对象的实在，但他认为原子、物质、自然定律是实在的，是因为它们有不变的特征。他说："不依赖于一切人和智力的独立存在状态，永恒不变，我们叫它实在。"他要求科学家们考虑，马赫的科学哲学究竟带来什么后果？是健康的还是有害的？他认为像奥斯特瓦尔德的"唯能论"，华德的"现象主义化学"，焦曼的"连续物理学"，皮克、阿德勒和马赫的反原子论等都是有害的。普朗克在莱顿大学的讲演中对马赫的批评总的来说是抑制的，只是在结尾时用了尖刻的措辞，引用了《圣经》的话"根据他们的果实你就能识别他们"。

马赫说，他对普朗克的两个哲学观点，无批判地相信一个永远不变的世界图像绝对有效和永恒不变的实在，感到好笑。马赫对普朗克在长达32页的讲演中的针对性批评非常生气。他在反批评的文字中说："我们之间的基本分歧与原子的实在信念有关。……普朗克用基督的温和，但末了用众所周知的《圣经》警句作为假先知栽赃于我，……我的回答是简单的：如果相信原子的实在如此重大，那么我放弃物理学行业，我将不当专业物理学家，并且我还交还我的科学荣誉。简言之，信仰者团体感谢你，而对我来说思想自由第一。"

1933年，勒维发表了一篇文章《关于量子论的一个历史备忘录》，说马赫在普朗克发现量子前5年（1895）在给波普尔－林库的一封信中就化学运动表明了不连续性的观点，并且在他的1896年出版的《热学原理》中也做了记载。普朗克曾仔细地读过这本书，应该是了解马赫这一观点的。关于这个问题，比布尔在1940年还写了一本书。据此，马赫的追随者尼索拉夫斯基在1949年2月14日给恩斯特·马赫的儿子路德维希·马赫的信中说，"恩斯特·马赫是普朗克量子论的先驱"。温伯格于1937年、蒂勒于1968年曾先后重演马赫关于化学运动不连续性理论的测量，以检验马赫的理论是否是一个预见，以及是否可能对普朗克的发现有重要影响。

温伯格在1937年还指出，马赫1870年以后在原子理论方面应用“*n*-维离子”的思想，预见了后来薛定谔和其他量子物理学家的工作。马赫引入*n*-维空间是为了表示可观察和测量的原子间行为的最大自由度。这个*n*-维空间或者*n*-自由度数是由对实验材料的成功的表示和正确的描述来确定。温伯格认为这个程序正是量子力学的特征，无论是马赫还是现代量子物理学家，他们的多维性假设毕竟都是服务于描述在实验中真正被观察到的东西。他说，把马赫作为现代量子力学之父是恰当的。尽管我们不一定要同意这个结论，但马赫的科学哲学思想直接或间接地影响了一大批量子物理学家，特别是哥本哈根学派，这是事实。泡利是马赫的一个积极支持者的儿子，马赫是他的法定教父。约尔旦是一个极端的马赫主义量子物理学家，他公开宣称“我是一个马赫的信徒”，并认为他已经证明了马赫的观点在理解量子力学和相对论方面是有益的。薛定谔在维也纳长大成人，也采纳了马赫的科学方法论，直到晚年他仍然以一个纯粹马赫主义的风格写道：“构成我们的精神和世界的是同一要素，心物归一。”玻尔和海森伯的科学思想中也不乏马赫思想的成分。

马赫与相对论的关系主要反映在他的著作尤其是力学史著作对绝对时空观念的批判性的研究成果，以及他关于认识论的观点的某些方面启发了爱因斯坦。

爱因斯坦对马赫思想感兴趣大约是从1897年开始的。那时他到了苏黎世，他的一位大学生朋友贝索向他推荐了马赫的著作《发展中的力学》，爱因斯坦被它强烈地吸引并深受其影响。著名的科学史家，也是爱因斯坦研究专家霍尔顿教授认为，在1905年的爱因斯坦关于狭义相对论的论文中有马赫影响的成分。马赫本人对爱因斯坦的工作也是十分关注的。1909年出版的马赫的《能量守恒定律的历史和根源》德文新版中，包含有对爱因斯坦和闵可夫斯基有关相对论工作的一个简短的评述。马赫把这个新版书寄给爱因斯坦一本。爱因斯坦收到他所敬慕的科学家马赫的赠书后，立即写了回信。这封信是1909年8月9日从伯尔尼发出的。在这封信中，他除表达“衷心感谢”之外，还对马赫和普朗克之间的争论表示了对马赫的同情，说马赫在青年物理学家当中很有影响。8天之后，爱因斯坦又写了第二封信，从信中可以看出马赫对爱因斯坦8月9日的信做了回复，马赫的回信还表示了对相对论的兴趣。爱因斯坦在第二封信中对马赫已经以“弟子”自称了。

1910年，马赫发表的两篇文章都涉及相对论方面的内容。其中一篇提到，爱因斯坦和闵可夫斯基的工作发展了他在《能量守恒定律的历史和根源》和《认识与谬误》

中提出的区别度规空间和物理空间的思想；另一篇说，他认为物理世界的动力学模型是假说，它不能详尽地描述世界的多样性，时空仍然是个问题，而爱因斯坦、闵可夫斯基等人进一步研究了这个问题。弗兰克说，他1910年在维也纳访问马赫时所得到的印象是，马赫与爱因斯坦的相对论，尤其是与其哲学基础完全一致。

1911年3月，爱因斯坦受聘为布拉格大学理论物理学教授。爱因斯坦在这年3月完成、6月交德国《物理年鉴》发表的论文《关于引力对光的传播的影响》的脚注中说，他的论文和马赫的研究完全一致。

爱因斯坦于1912年秋又回到了苏黎世联邦理工学院任教。在这里他与他的朋友格罗斯曼合作解决了广义相对论的数学问题。1913年初，爱因斯坦又给马赫写信。这封信也表示了对马赫的拜服，信中有“您对新理论所表示的友好的兴趣我非常高兴”的话。爱因斯坦在这封信中向马赫介绍了他关于引力理论的基本观点。信中说“质量的全体产生一个Gμν场，它控制一切”，这就是爱因斯坦经过反复思考和讨论，后来（1918）提出的称之为“马赫原理”的早期说法。同年6月25日，爱因斯坦又向马赫写了第四封信。信中说，如果出现日食时能观测到星光被太阳的引力场弯曲的现象，“那么您的有关力学基础的天才的研究——不顾普朗克不公正的批评——将获得光辉的证实。因为一个必然的结果是，完全按照您对牛顿水桶实验的批判的含义，惯性来源于相互作用”。爱因斯坦终于提出了相对论的引力论，并于1916年3月写了完整的总结性的论文《广义相对论基础》。

爱因斯坦还称马赫为相对论的先驱。爱因斯坦1916年发表在德国《物理学杂志》上的悼念马赫去世的文章中说，马赫“对牛顿水桶实验的那些看法表明他的思想同普遍意义的相对性（加速度的相对性）要求多么接近”。而1930年9月18日在给诺伯特·维纳的信中叙述广义相对论的来源时，他也十分肯定地说：“可以十分正确地认为马赫是广义相对论的先驱。”

但是，1913年7月，马赫在为他的著作《物理光学原理》上卷（1921）所写的序中，拒绝承认他是相对论的先驱，因为“相对论变得越来越教条”，其中还谈到他本来要写有关电磁理论和相对论的内容，因为身体的关系不得不停止。1915年底，他又向他的儿子路德维希·马赫重申他反对相对论的意见。关于这个问题虽有不少文章讨论，但仍然是个未能完满解决的矛盾。

马赫对20世纪初期的物理学革命性的变革起了思想启蒙的作用，但是20世纪科学的发展史也表明马赫的科学方法的实证主义观点不能适应科学发展的需要。正因为如此，普朗克、爱因斯坦、海森伯等这样一些著名的科学家先后以不同的程度脱离了实证主义的哲学立场。从科学哲学的发展来看，早在20世纪20年代逻辑经验主义就认识到对科学纯经验的分析的局限性，代之以经验－逻辑的分析。马克思主义强调的科学与社会经济的联系在当代已被更多的科学家和科学哲学家所重视。马赫的科学哲学的基本观点已经过时，但是马赫的“思维经济”学说中所体现的“简单性原则”，关于科学理论的数学抽象的要求以及他的统一科学的目标，正被愈来愈多的科学家所追求。就连从他的学说引申出来的“可观察性原则”也仍在一定的范围内适用。总之，马赫在历史上不愧为一个思想深沉、卓有成效的科学家。爱因斯坦说：“马赫的真正伟大，就在于他坚不可摧的怀疑态度的独立性。”

（作者：董光璧）

参考资料

[1] Ernst Mach. The Sicence of Mechnics [J]. La Salle，Illinois：The Open Count Publishing Co.，1960.

[2] 马赫.感觉的分析 [M].洪谦，唐钺，宗白华，等译.北京：商务印书馆，1975.

[3] Ernst Mach. Conservation of Energy [M]. La Salle，Illinois：The Open Count Publishing Co.，1911.

[4] John T. Blackmore：Ernst Mach [J]. Berkeley：University of California Press，1972.

[5] 弗·赫奈克.马赫自传遗稿评介 [J].外国哲学资料：第五辑，北京：商务印书馆，1980.

卡尔·皮尔逊

（Karl Pearson，1857—1936）

卡尔 · 皮尔逊

著名科学家和自由思想家

卡尔 · 皮尔逊是英国的著名科学家和自由思想家。他 27 岁便当上了大学教授，39 岁被选入英国皇家学会。40 多年间，他一直处在科学的理智力量的最前沿。他的贡献和影响是多方面的：他的专业是应用数学、生物统计学和统计学，但他又是名副其实的历史学家、科学哲学家、民俗学和宗教问题的研究者、律师、社会主义者和人道主义者、优生学家，弹性和工程问题专家、教育改革家、伦理学家，受欢迎的教师、编辑、文学作品和人物传记的作者。在他去世前三年由他的助手编选的《卡尔 · 皮尔逊的统计学和其他著作文献目录》，在 5 个主标题（研究领域）下共列举了 648 个项目。难怪皮尔逊的传记作家这样评论他的主人公："我们深信，无论科学的道路通向何方，卡尔 · 皮尔逊都充分地扮演了科学开拓者的角色，真正的进步正是从他的开拓性的工作开始的。"

皮尔逊有两个显著的特点。其一是两种遗传特征——在专业领域顽强工作的能力和在其他人占有的领域漫游的能力——在他身上奇妙地结合在一起。其二是道德力量始终引导和伴随着理智力量，也就是说，他具有为真理献身、与自然深刻地共鸣和为一个伟大目标而牺牲所有枝节问题的情操。皮尔逊的成就之所以能够达到应有的深度和广度，显然与此有关。要知道，真正的科学伟人既不是单薄的"专门家"，也不是仅凭纯粹的智力就可以企及的。

在中国和苏联的学术界，皮尔逊（旧译毕尔生）是一个多少被忽视或被误解的人物。其实，他在美国《科学家传记词典》所占的篇幅（26 页）比马赫（12 页）和彭加勒（10 页）的总和还要多。下面，我想依据有关资料，尽可能给读者一个客观的、全面的皮尔逊的形象。

一

卡尔 · 皮尔逊 1857 年 3 月 27 日生于伦敦，上有哥哥，下有妹妹。父亲威廉 · 皮尔逊为内殿法学协会会员，是一位有资格出席高等法庭的律师和英国王室的法律顾问。他才干杰出，有卓越的工作能力，在退休前曾任英国大法官法庭的庭长。他像儿子卡尔一样，对历史研究有浓厚的兴趣，去世时留下了大量的书籍和未发表的笔记。母亲范妮·史密斯，出身于海员和商船船长的家族。而皮尔逊家族则是自由民，祖籍北赖丁。卡尔·皮尔逊后40年的许多暑假都是在这里度过的，亲人的温情和乡间的静谧给他心灵带来了平衡和慰藉。他喜欢在紧张而严肃的统计学研究之余，漫步在田间的小径和山间的溪谷，但是他似乎从未强烈地感受到大海的召唤。

卡尔·皮尔逊在家里受启蒙教育直至9岁，1866年进入伦敦的大学学院中学。与其他孩子相比，他显得有点娇嫩，这也许是由双亲过虑而严加约束所致。1873年他因健康原因退学，次年做了家庭教师。他后来谈到他的这一最初职业时说："我不是一个不好的教师，但是却没有能力管理一群不想学习又想干蠢事乃至坏事的孩子。"

1875年，皮尔逊以第二名的成绩赢得了剑桥国王学院的奖学金。他在名师劳思、G. G. 斯托克斯、J. C. 麦克斯韦、凯莱的指导下学习数学，这引起了他对应用数学和弹性理论的兴趣。1879年，他以数学优等生获文学学士学位，获得第三名。

皮尔逊在学校并未局限于数学。他也阅读了但丁、歌德、卢梭的著作，旁听钦定的大学神学教授的自由讲演，与同学们广泛讨论哲学、历史、宗教、道德、社会等问题。但是，他对英王1441年强制推行的正规神学讲演感到厌恶，因为这种讲演是老生常谈，味同嚼蜡。他也不愿去教堂参加那些强迫的活动，不过他对宗教的精神、教义和历史却怀有浓厚的探索兴趣。他反对错误的权威，追求批判的精神，寻找有价值的东西。也正是在大学求学期间，他首次被斯宾诺莎的著作所吸引，斯宾诺莎的哲学明显地影响了他人生旅程的方向。他在晚年写道："我认为斯宾诺莎是独一无二的哲学家，他提出的上帝概念无论如何也是与科学相容的。"

二

接下来的一段时间，是皮尔逊智力全面勃发的重要时期。1880年4月，国王学院给他提供了研究会员基金，使他多年在经济上获得了独立。他利用这一大好时机在智力王国里漫游，竭力通过信件、诗歌、批判性的评论、随笔和讲演显示自己的才智和表达能力。

大学毕业后，他父亲的职业无疑是他的向往。1880年11月，他在内殿法学协会谋求了一个职位，在林肯客栈的房间内攻读法律。这年，他还在剑桥工程商行工作了若干周，并为中世纪语言学位考试草拟了一个中级德语和高级古德语课程表。1881年，他取得了法庭律师资格和法学学士学位，继而在翌年获取了文学硕士学位。

国王学院的奖学金延续到1886年，他在伦敦固定了他的大本营后，利用这笔钱几次到德国学习和研究。他在名师指点下研究物理学、形而上学、罗马法，聆听关于达尔文主义的讲演。不久，他对德国民俗学、对中世纪和文艺复兴时期的德国文学、对宗教改革的历史、对德国人文主义和路德的特征以及妇女问题等产生了浓厚兴趣。由于他能讲一口流利的德语，他与本地人保持着密切的接触。在此期间，剑桥大学图书馆馆员布拉德肖对他影响很大。这位老人不仅帮助皮尔逊收集材料，而且多次告诫他彻底性和忍耐性在研究中的意义。

这些历史研究结果以多种形式发表出来。1882年春，他就“德国社会生活和思想”做了10次讲演，该论题追溯了从古代到1500年德国思想的兴衰。同年后期，与大学选修课教学有关，他以《16世纪的德国社会生活和思想》为主题发表了12次讲演，主要涉及的是宗教改革时期；紧接着的有“德国的人文主义”(1883)，“明斯特市的上帝的天国”和“马丁·路德：他对德国物质财富和智力财富的影响”(1884)。他还就德国的耶稣受难剧收集了大量第一手资料。

他对斯宾诺莎的研究继续进行着。在1880—1883年，他在《剑桥评论》就该课题发表了3篇长篇评论，并就迈蒙尼德和斯宾诺莎为《精神》杂志写了一篇文章。此外，还有一批实质性的文章和评论在《学术》和《雅典娜神庙》等刊物发表。皮尔逊文思如泉、笔力雄健、文字激扬，显露出一位雄姿英发的年轻人的敏锐和自信，以及梦想一下子把整个世界都安排妥帖的渴求。布拉德肖老人约他进行了一次富有智慧和价值的谈话，从而使这位初出茅庐的年轻人在激情与理智之间保持了“必要的张力”。

皮尔逊在德国这个马克思主义的发源地接触了卡尔·马克思和拉萨尔的思想和著作，这使他在返回英国后变成一个热情的社会主义者。他把马克思主义和达尔文主义相结合，把道德、社会和多数人的福利联系在一起，形成了自己的社会达尔文主义的特殊变种，并为它取名“卡尔”。他利用星期天在工人俱乐部以马克思和拉萨尔为主题发表演说，为社会主义赞歌集撰稿，并认为社会主义应该受到赞扬。

1880年，皮尔逊以Loki为名，出版了他的第一本书《新的病态之伤感》。全书假借一个在德国漫游的年轻人阿瑟写给他的未婚妻的书信，揭示了对19世纪萎靡思潮失去信心的青年一代的精神状态。书中包含着一些诗歌和对异国风物的生动描述，读起来格外引人入胜。请听一下发自阿瑟内心的声音："依我之见，不要期望听信任何体系或方法；时间似乎太短暂了，而世界则太浩瀚了！我从科学奔向哲学，从哲学奔向我的老朋友诗人，然后，我被许许多多的思想体系弄得精疲力尽，我想象我重新返回科学时变得实际了。您难道永远认为世界上存在的一切都值得了解吗？宇宙中没有一个课题不值得研究吗？文学中的巨人，多维空间的秘密，玻尔兹曼和克鲁克斯洞察大自然的真正实验尝试，康德的宇宙理论，胚胎学的最新进展以及生命发展的令人惊异的叙述——这一切多得不可胜数，大大地超出了我们力所能及的范围！当我在这里的山坡上漫步时，一种羞愧感袭上我的心头：我不了解植物学和地质学，尽管我以爱恋的目光凝视着鲜花和岩石，但是我对包含在鲜花中的生命史一无所知，对包含在岩石中的地球史一窍不通：我头晕目眩了；我感到我们的生命太渺小了，我们的能力太微弱了。只有那些不仅会说'我不知道'，而且也能够满足于无知的人才是幸运的。"阿瑟发自肺腑的言辞难道不正是皮尔逊的心灵写照吗？在知识王国里漫游的皮尔逊的确感到极度痛苦，但这种痛苦是智慧的痛苦，它的背后则隐藏着深奥的幸福。至于那些无知的幸运儿，他们是永远也体会不到这种深沉的情感的。

在所有这些漫游中，皮尔逊的数学才能并没有完全蛰伏起来。1881 年头两学期，他代理国王学院数学教授为大学高年级学生授课。1882 年，他研究了球体在液体中有节奏振动的理论，次年便有《球体和椭球体在液体媒质中的运动》《简论无限弹性体的扭曲》两篇论文付印。

皮尔逊 1882 年出版的匿名著作是《三位一体：19 世纪的耶稣受难剧》。他把大量的历史研究、思想和激情都倾注到这部著作的写作中，大多数篇幅是按诗体写成的，书中有许多象征意义集中在责任、爱和理性的相互作用上。皮尔逊在序言中写道："现代科学和现代文化正在使我们摆脱旧的理论框架；要让它们注意，在消除人的神性时，不要忘记神的人性。"该书受到较多的注意，但也招来了敌意的批评。

到 1883 年，皮尔逊的烦恼在他的前进道路上似乎已经消除了。是年 3 月，他以《自由思想的伦理学》为题发表讲演。他把这篇讲演与其后的多篇讲演汇集在一起，于 1888 年出版了同名著作。在这篇充满激情的讲演中，皮尔逊提出了早就使人注意的"永恒的为什么"。我们为什么在这里？我们作为部分，与整体、与所有的物质事物和精神事物有什么关联？有限与无限有何关系？在皮尔逊看来，科学和哲学正在不断地给予我们关于人与自然、个人思想与抽象思想的关系以更广泛的观点，但是现存的宗教却坚持用神话和残留的教条来说明一切。对神话说明的拒斥，对所有关于有限与无限的已经确认的真理的接受，就是皮尔逊所谓的自由思想或真正的宗教知识。而自由思想的天职，就在于发现新的真理。皮尔逊指出：自由思想是难以达到的，它也许是一种理想而不是现实。“要成为一个自由思想家，抛弃所有教条主义的形式是不够的，更不必说用粗俗的讽刺攻击它们；这只是否定作用。真正的自由思想家必须具有他所处时代的最高知识，他必须站在他所在世纪的高坡，并标出过去已经达到的和现在正在达到的标记，如果他本人为增进人类知识而工作，或者为知识在他的同胞中传播而工作，那就更好了——这样的人真正可以称为自由思想的高级教士。”

按照皮尔逊的观点，自由思想并不必然等同于科学，它是比科学更大的范畴。因此，只有最伟大的诗人、哲学家和博物学家，诸如牛顿、歌德、斯宾诺莎、达尔文等人是自由思想家。他们无视教条的信仰，用他们时代的最高知识和思想武装起来，力求说明生活中的一个重大问题。而且，自由思想家也是有道德的人。“每一个自由思想家都对前人负有深深感激的义务；他必然充分尊重行动在他前面的人；他们的斗争、他们的失败与成功作为一个整体，给予他大量的知识。因此，他甚至对前人的真正的失败、错误的步骤感到同情。他永远不会忘记，他应该把什么东西归功于前人智力发展的每一个阶段。”皮尔逊指出：自由思想在使自由思想家成为他自己的理性的主宰时，也使他成为宇宙的君主，这似乎是自由思想家的信念的无穷乐趣。真正的、活生生的信念是富有创造性的、同情的和热情的信念，它注定要成为未来的信条。也许皮尔逊在拒绝以往的教条时却教条地宣布了自己的哲学真理，也许在他这位自由思想家的信条中也存在着智力偏执的危险，但是我们要想，假若他在自己的判断中没有这样自信的信念，他能获得如此之多的成就吗？

这一系列的讲演也涉及生命哲学。在《市场和研究的热情》（1885）中，他强调在研究问题时要顽强地追求真理，不能把它们引入市场来解决。“道德不是社会冲动的追随者，而是以角色为基础的行为习惯，而认识真理必须成为我们生存的一个有机组成部分。”“人人都把不道德视为无知，把不道德的人视为白痴。”“谁将宽恕你这个坏基督徒？”皮尔逊的回答十分简单：“学习和认识！”

两次关于社会主义的讲演——《社会主义的道德基础》与《理论和实践中的社会主义》——进一步阐明了年轻的历史学家和科学家的理想主义信条。在皮尔逊看来，道德是社会的：“人在行为判断中仅仅关心目前的生活，他必须尽其所能使生活充实、快乐，他必须有意识地、科学地利用现在所有的知识和以往的经验暂且这样做。不是由于害怕地狱，不是由于渴望天堂，不是由于被折磨的人与上帝，而唯一为的是拯救我们作为其中一员的社会和我们享用其中一部分的福利——为了拯救我们的同胞——我们才有道德地即社会地去行动。”皮尔逊认为，社会主义的兴起是由于认识到下述两点：人类的唯一目的是这种生活的幸福；进化的过程、群与群的斗争直接或间接地在人类中产生了强烈的社会本能，以致个体的愉快存在于促进他作为其中一员的社会繁荣之中。

这些讲演还有两点值得注意。皮尔逊谈到了马尔萨斯、性和人口问题，还提到“渐近性”学说，他在后来批评突变论时就是以此为依据的。“你可以承认它是历史的一个基本规律，从来也没有一个伟大的变革是通过跳跃发生的；从来也没有一个永远有益于社会的任何阶级的伟大社会重建是由革命引起的。正是逐渐生长、渐进变化的结果，我们称之为进化。像自然规律一样，这就是历史规律。”他进而在 1892 年出版的《科学规范》一书中写道：“改革者也往往应该是殉道者，这也许是为了小心谨慎而付出的不算过高的代价——社会作为一个整体必须小心谨慎地运动；要替换伟大的领导人可能需要若干年，但是稳定而有效的社会只能是数世纪发展的结果。”

《自由思想的伦理学》以他在 1885 年和 1886 年关于妇女问题的三个讲演结束。皮尔逊争辩说，该问题是一个要求用科学的、公正的精神研究的问题，而不能仅仅通过讲台诉诸“妇女的权利”。在做出艰苦的研究并承担责任之前，仓促给出任何定论都是有害无益的。例如，双亲的男孩和女孩的智能是否具有类似的遗传？最杰出的妇女得到高度发展以致不愿承担分娩之累难道不可能吗？家族的延续或多或少会保留他们成员的智力吗？他认为这里存在着严重的困难，必须花大力气认真研究，这在当时的确是未有先例的。难怪《格拉斯哥先驱报》以挖苦的口吻评论说：“皮尔逊先生想使土地国有化和资本国有化，他现在唯有站起来也支持妇女国有化。”

1884 年，皮尔逊被任命为伦敦大学学院应用数学和力学金史密斯学院教授，在头 6 年，他显示出坚韧不拔的工作劲头和异乎寻常的多产性。他的专业职责是讲授静力学、动力学、力学、近代几何、画法几何和投影几何，他用直观的作图法深入浅出地讲解力学问题，很受初学者欢迎。他的一位学生回忆说：“卡尔·皮尔逊在解决任何一个问题时使每一个步骤和阶段都变得十分清晰、易于领会（没有合适的教科书），愚蠢的课堂笔记在考试中毫无用处。……我与卡尔·皮尔逊接触了 3 年，却影响了我日后工作 50 年。”直到 1911 年，皮尔逊还在为学科学技术的学生讲应用数学，为学工程的学生讲制图，他也讲过天文学，并用得到的资助在学院的草坪上建立了两个小天文台，以训练学生观察天象。

在担任教授后不久，他开始为出版克利福德未完成的著作《精密科学常识》做准备，该书于1885年付印。“位置”全章、“量”和“运动”两章的大部分均由皮尔逊撰写。更为困难和繁重的任务是补写和编辑托德亨特未完成的手稿《弹性理论的历史》。在剑桥求学时，他对托德亨特提出的一个弹性理论问题做了出色的证明，为此剑桥大学出版社理事会约请他完成并编辑这部遗作。第一卷（924页，1886年出版）涉及1639—1850年的工作，其中后半部是由皮尔逊执笔撰写的。第二卷分为两编（分别为762页和546页，1893年出版），全由他负责，其中牵涉数百个人物，需要审查数百篇应用数学方面的专题论文和分析文章。在此期间，他还单独出版了《巴雷·德·圣维南的弹性研究》(1889)，并在数学杂志就相关的问题发表了若干论文。这一切充分显示了皮尔逊完成艰巨任务的能力，并确立了他作为一个应用数学家的地位。

很难说清皮尔逊升任教授后在历史和社会问题的研究中花了多少时间。除准备《自由思想的伦理学》中的七八个讲演外，他还完成了《圣容之布》(1887）一书。这是一个关于宗教史和社会史的研究，追溯了基督圣容之布的传说的发展和基督圣容之布上的肖像的历史。该书用德文写成，是题献给布拉德肖的，皮尔逊把它看作对德国雕刻史的贡献。他还完成了题为《德国的耶稣受难剧：西方基督教进化研究》的专题论文，其材料是为1883年讲课而收集的，该文迟至1897年才在《死亡的机遇及进化的其他研究》两卷专题文集中首次面世。这两卷文集的内容像《自由思想的伦理学》一样五花八门，它们的共同联系在于作者力图把所有物理的、社会的现象看作相关发展的。其中“死亡的机遇”“再生选择”“男人和女人的变异”涉及偶然性理论和统计学方法在研究社会问题时的地位。另外3篇文章（《社会主义和自然选择》《社会进化》《政治科学》）则尖锐地批判了那些“用科学的外衣伪装起来的新顽固”。在皮尔逊看来，这些人的观念是倒退和有害的，使他们的说教丧失市场是他义不容辞的责任。第二卷的4篇，除那篇基督教进化研究的主体文章外，还有《作为女巫的妇女》《灰姑娘：或德国人寻找他的运气》《亲族群婚》。皮尔逊在这里重返对德国史和民俗学的研究。

皮尔逊也是1885年形成的一个小俱乐部的成员。这个俱乐部平时有15—20人，有时还有来宾（包括几个俄国流亡者）参加，其宗旨是“自由地、毫无保留地讨论有关男人和女人的相互地位和关系的一切问题”。皮尔逊的《妇女问题》一文是作为俱乐部的开场论文宣读的，《社会主义和性》是为后来的会议讨论撰写的。这一小群男女同道者打破惯常的障碍，无拘无束地讨论道德和性的问题。阅读一下会议记录本，人们不禁为他们坦率、彻底、严肃的态度所震撼。俱乐部的秘书是玛丽亚·夏普小姐，她出生在具有浓郁文学和艺术气息的家庭，具有与皮尔逊相同的人生哲学，能够理解“生活的真谛”。他俩在俱乐部相识、相爱，于1890年结婚。婚后，她除照管小孩（他们生有一子两女）和处理家庭琐事外，还要临时充当实验助手，喂养实验用的动物。当丈夫开拓生物统计学这一新学科时，她一心一意地支持和鉴赏他的创造性的工作。她于1928年去世，次年皮尔逊与本系的一位女同事蔡尔德结婚。

19世纪90年代初，皮尔逊应格雷沙姆讲座之邀担任主讲。他在1891年3月和4月以“近代科学的范围和概念”为主题发表了7次讲演，内容涉及科学的范围和方法、科学定律和科学事实、科学的概念、科学的分类、运动的几何学、物质和力（两讲），广泛地探讨了科学的哲学基础。接着在1891年和1892年间，他又做了题为《统计学的几何学》的讲演。在对英国的政治算术学派、法国的国家科学学派和概率论学派做了回顾之后，讲演者详细描述了手头资料的各种图解方法。在1892年和1894年间，他还就“偶然性的规律”和“偶然性的几何学”发表了讲演，它们充分表明皮尔逊清楚认识到概率作为一种工具在科学研究中的地位。这一切标志着皮尔逊作为一个科学哲学家和统计理论和实践的开拓者的生涯开始了。

其间，皮尔逊还参与了其他一些事件。在改革伦敦的大学的长期斗争中，皮尔逊以及大学学院的其他成员都起了显著的作用。皮尔逊撰写的文章《伦敦的新大学：它的历史和对它的缺点的批评指南》，在1896年被选入皇家学会，两年后他接受了学会的达尔文奖。皮尔逊就大学和教育问题发表了27篇文章。

三

1891年的格雷沙姆讲座的头七次讲演，事实上为皮尔逊的科学哲学名著《科学规范》勾勒了蓝图。皮尔逊在此基础上经过深化和扩充，于1892年2月出版了《科学规范》，该书的许多章节用的就是讲演的题目。该书第二版（1900年1月出版）增补了进化论几章，讨论了生物学领域的基本概念，虽说一些话语变了，但本质的东西没有变更。1911年3月又出了第三版，增加了两章：“现代物理学的观念”（大部分由皮尔逊的助手撰写）和“偶然性和相关——因果关系的不充分性”。书的扉页赫然写着库辛的名言：批判是科学的生命。

《科学规范》被译成多种文字，影响远远超出了英国国界。对于世纪之交几代人的智力发展来说，它的出版的确是一个重大事件。一位评论家写道：“《科学规范》这部读物是引人注目的，因为（1）它以毫不妥协的方式抨击了所有各类权威，（2）它是我们遇到的第一个尝试不在任何教条主义的基础上，而是在理性的基础之上构造一种‘世界观’。”尽管这一评论有言过其实之嫌，尽管皮尔逊的基本哲学立场和一些具体观点使人难以接受，但他推理之强韧，思想之绵密，涵养之丰富，方法之娴熟，以及把科学与哲学熔为一炉的写作技巧，无论如何是令人叹服的。皮尔逊的科学哲学思想也主要体现在《科学规范》中。

皮尔逊接受了马赫感觉论和反形而上学的立场，但是他却直率申明要用“健全的观念论”代替早期物理学家“粗糙的物质论”。他强调科学的社会背景，认为良好的公民需要把科学的精神习惯应用到日常生活中去。他似乎把这看作科学活动的正当理由和主要价值，但是他也看到科学本身可在其方法中得到辩护。

像马赫一样，皮尔逊也注重“科学的统一”，但这种统一取决于科学的方法，而不是取决于科学的材料。这种方法是以证实为基础的，它排除形而上学。形而上学家是诗人，只要认出他，他就不会造成什么损害。在皮尔逊看来，可接受的道德理论与其说是从哲学家的沉思中发展出来的，还不如说是从生物学家的实验中提取出来的。

皮尔逊注意到，科学定律是描述许多现象之间的复杂关系的简洁公式。定律的“发现”是创造性的想象而不是按部就班的想象，它们是人类精神的产物。他追随英国动物学家和心理学家摩尔根说，外部对象是建构，即是“直接的感觉印象与过去的或储存的感觉印象的组合”。他指出，真实的对象和想象的对象之间的差别在于：真实的对象依赖于直接的感觉印象。

皮尔逊对感知（储存的感觉印象的物理联系）和概念（它们的心理联系）做出明确的区分。这意味着感知只不过是印象的共同表象，而概念则是关系的“辨认”。但是，物理的东西和心理的东西的差别仅仅在于程度，而不在于类别，因为物理学和心理学二者都处理感觉印象之间的关系，尽管是从不同的立场处理的。总的说来，人的大脑以同一方式工作，因此一个人与另一个人接收相同的感觉印象，形成相同的建构物，这就保证了科学的普遍正确性。

我们力图把我们的感觉印象投射出去，并把它们视为外在于和独立于我们自己，皮尔逊认为这是错误的。因为外部的和内部的区别是任意的，无非是实际的方便。人们不能断言感觉印象原因的存在，他把这样的存在的可能性悬置起来。

科学的某些概念不是直接的感觉印象，例如原子和分子。正好有两种可能性：科学家可以把原子视为真实的，从而能够具有直接的感觉印象，或者把它看作是理想的，从而仅仅是在形成定律时帮助他们的智力概念。与此对照，形而上学的概念则是与感性知觉无关的。

皮尔逊得出结论说，科学不是说明而仅仅是描述，科学只能描述现象“怎么样”，从来也不能说明“为什么”。例如，牛顿运动定律用最简单的可能术语描述广泛的现象，即感知的“程序”。说它支配自然，则是把 law（法、规律、定律）的其他意义与科学意义混淆起来。因果陈述是过去经验的规则序列的记录，不能说在它们中有必然性。皮尔逊利用与人有关的论据坚持认为，不能把力看作原因，因为在感觉经验中不能发现它们。力无非是把我们对运动解释的无知掩饰起来的名词。必然性的观念只适合于概念之间的关系，而不适合于感知之间的关系。预言和知识之所以是可能的，只是因为我们发现在我们感觉印象中的重复。即便如此，我们的知识仅仅是可知的，严格地讲应称其为信念。

科学的整体包含着感知的科学和概念的科学。科学概念一般起源于感知的概念的理想极限，这尤其在世界的数学处理中是很明显的。经验的空间和时间是感知模式。空间是关于下述事实的心理表象：感知具有把共存的感觉印象分为联系起来的印象群的能力。时间表示感知在空间一个位置的相继进行。无论空间和时间都不是无限的和无限可分的，因为每一个都要受到我们感知能力和辨别能力的限制。概念的空间和时间即数学的空间和时间是它们的经验的相似物的理想化，并且没有受到它们限制的损害。

皮尔逊认为科学的目的是建构宇宙的概念模型，建构是帮助我们描述现象相关和顺序的手段。由于认识不到这一点，科学家便接受了力、质量、原子以及生物科学中的生命的定义，这是用形而上学的朦胧弄迷糊了的定义。他对这些根本的概念做了批判、经验阐明和修正，力图消除形而上学的朦胧。为此，他也成为以马赫和彭加勒为首的批判学派的代表人物之一。

四

正当皮尔逊作为一位应用数学教师和科学哲学家受到人们的尊敬时，有两件事改变了他的专业研究方向。其一是高尔顿（1822—1911）的《自然遗传》在 1889 年出版，其二是 1890 年任命韦尔登（1860—1906）为大学学院动物学乔德雷尔教席教授。

《自然遗传》概括了高尔顿关于遗传的相关和回归概念以及技巧方面的工作，明确思考了它们在研究生命形式中的可用性和价值。在该书出版那年，皮尔逊在前面提到的那个小俱乐部读了一篇评论此书的论文，他了解到相关和回归的数学问题并未弄清。他对高尔顿的相关概念的含义十分着迷，看到这是一个比因果性更为广泛的范畴，因果性只是它的极限。它把心理学、人类学、医学和社会问题引入数学处理的领域。皮尔逊立即决定全力为统计学这一新学科奠定基础，他在接着的 15 年内几乎是单枪匹马地奋战在这一前沿领域。韦尔登在 1891 年初受命后，开始应用、拓展、改善高尔顿的测量变异和相关的方法，以寻求支持达尔文自然选择理论的论据。这些工作不久便使他在经典误差理论外碰到了一系列难题，这位剑桥动物学家的数学能力是难以解决它们的。韦尔登请求皮尔逊帮助。

皮尔逊结合准备格雷沙姆讲座和大学学院统计理论的两门课程（1891—1896），对来自生物学、物理学和社会科学的统计资料做了图示的、综合性的处理，讨论了概率理论和相关概念，并用掷硬币、抽纸牌和观察自然现象来证明它们。他引入“标准离差”术语代替麻烦的均方根误差，并论述了法曲线、斜曲线、复合曲线。他关于变差和相关的 4 篇材料发表在《哲学学报》上。他创造出 3 个、4 个乃至 n 个变数的正态相关的一般理论，揭示出早先探索的斜相关和非线性回归的一般理论。1896 年 5 月 14 日的讲演稿表明，皮尔逊已在判断误差、测量误差、个体观察者的“个人误差”的时间变量的实验和理论材料方面做出了显著的进步。

这些讲演标志着统计理论和实践的新纪元的开始。在 1893—1901 年间，皮尔逊向皇家学会提交了35篇统计学问题的论文。到1906年，他发表了另外的70多篇论文，进一步使统计学理论和应用具体化了。他的主要贡献是：统计学的一些重要问题，相关理论及其在遗传学中的应用，数理统计检验及其检验结果相应程度的一致性判据，统计假设所预期的结果，频率曲线（称为皮尔逊频率曲线系）的应用，矩量方法的应用，等等。显然，皮尔逊在这个时期把统计学牢固地建成了一门科学，但是其目的不是为发展统计学而发展它的理论和技巧，而是为研究遗传和进化问题而发展它的。

皮尔逊发展矩量方法是为了决定某些特定形式的频率分布的参数值，该形式是选择用来描述已知的一组观察数据或实验数据的。从他就该课题所发表的一系列专题论文的头一篇（1894）的标题“进化的数学理论文稿”中，人们不难看出他的意图。

皮尔逊曲线系的基础包含在该系列的第二篇论文《齐次材料的斜变差》（1895）以及后来的两篇补充论文（1901 和 1916）中，他在这些论文中分别定义了曲线类型 I 至Ⅻ，并讨论了它们的应用（由于矩量方法充当中心角色而变得容易了）。这些曲线包括有限值域和无限值域的对称和非对称曲线。皮尔逊提出它们的目的是提供各种频率曲线的选择，以适应于作为“修匀曲线”的数据，同时提供一种或多或少精确地描述我们观察到的资料的数学结构。在随后的几十年中，生物学家和社会科学家广泛应用皮尔逊曲线来处理观察数据，结果消除了人们把正态分布作为生物、物理和社会现象的变差的唯一数学模型的信仰。该曲线系在统计理论和实践中取得了未曾料到的重要性，这是由于发现许多统计适合于正态、二项和泊松分布的小样本分析，通过一个简单变换，它们即可由皮尔逊曲线表示。

皮尔逊在高尔顿、韦尔登等人关于相关和回归统计概念和技巧的基础上，建立了现在所称的极大似然方法，把一个二元正态分布的相关系数最佳值 ρ 用样本积矩相关系数 r 表示，可以恰当地称其为“皮尔逊相关系数”。在关于相关理论和在遗传问题上的应用的第一篇基础论文《回归、遗传和随机交配》（1896）中，他还推出了现在称之为“多重”相关系数和“偏”回归的表达式，给出了预言（群体）特性平均值的偏回归方程，并由此预言特性的值的大样本误差公式。在这篇论文中，皮尔逊几乎圆满地使多元正态相关的理论发展成一种实用工具。

皮尔逊在这篇论文的脚注中已经意识到，回归的线性特征和群体的综合特征（积矩）相关系数不能推广到多元斜频率分布。他在《斜相关的一般理论和非线性回归》（1905）一文中处理了这个问题。他在其中论述了相关比 η 的性质，对回归曲线的不同形式和数组内的变异性的不同模式进行了分类，给出了抛物、三次和四次回归曲线的系数的显公式。他显然偏爱他的矩量法，这是经典的最小二乘法的发展。总之，皮尔逊的斜相关理论和非线性回归，不仅使高斯的工作精致化了，而且也是向新方向迈出的重要一步。

为了验证在由连续变化的物理特性的遗传研究中发现的相关是否对于不易控制的心理和智力特性也成立，皮尔逊作出一系列努力，力图把相关方法推广到二元数据。在《论不能定量测量的特性的相关》（1900）中，他引进了“四项”相关系数 r_t，给出了大样本下 r_t，样本误差的标准差公式。为了应付中间情况，他在 1909 年的一篇生物统计论文中引进了相关的“双列”系数 r_b。在 1910 年的论文《一个变元由二者择一给出而另一个变元由多个范畴给出》中，他又引入了“双列 η”。20 世纪头 20 年，这几种系数在皮尔逊和他的生物统计学派的生物统计学、优生学和医药研究中扮演了十分重要的角色。

1914 年 9 月，主办《生物统计》杂志的皮尔逊收到了费希尔的论文手稿，其中提到具有任意相关度 $-1 \leqslant \rho \leqslant +1$ 的二元正态总体中任何 $n \geqslant 2$ 的随机样本中 r 的一般样本分布，并指出对大的正的或负的 ρ 值甚至对大样本量的分布的极限性。皮尔逊热情地做出反应，认为费希尔非常完全地得出了 r 的确切分布式，取得了非凡的进展，并希望费希尔抽时间把最后一页推广一下。手稿的最后一页引进了 r 的两个变换，与皮尔逊的思维方式不相干。皮尔逊本想在不损及费希尔漂亮理论的前提下解决他的实际困难，并就选择 ρ 和 n 值提出了他的关于 r 的频率曲线坐标表的项目。费希尔表示欢迎这个建议，但他关于概率积分的论文进展很慢。

皮尔逊和他的几位工作人员没有去竞争，而承担了另一项繁重任务：发展 r 分布矩的可靠公式，计算 ρ 坐标的数值表。从二人通信看，他们在 1914—1916 年间的关系是相当友好的。

皮尔逊等人关于小样本相关系数分布的努力结果在 1917 年 5 月以“合作研究”的论文在《生物统计》上发表。这篇论文是真正纪念碑式的事业，不幸的是，它对实际的相关分析没有产生长远的影响。该文中包含的一些材料（“论决定样品总数中‘最可几的’相关值”一节）加深了二人的裂痕。皮尔逊的材料是针对费希尔 1915 年关于《观察到的样本相关与整个总体相关的最可几值之间的关系》的论文的。皮尔逊指出从观察到的 r 估计 ρ 时的荒谬性，这等于用鞭子抽打死马。

1920 年 8 月，费希尔寄给皮尔逊一份手稿《论小样本推导的相关系数的可几误差》，其中提出的变换式有可能回答皮尔逊提出的类型问题，费希尔在文稿中以嘲笑的口吻批评了“合作研究”中的贝叶斯定理的应用。皮尔逊看后把手稿退了回去，并说明费希尔的文章不能以现在的形式发表，他更乐于看到他在其他地方发表。他认为费希尔是错的，他无法提供版面争论。这种交锋点燃了双方固有的好争论的气质，最后发展成狂暴的争吵，造成了许多不幸。

1926 年，皮尔逊证明样本回归系数的分布分别是关于相关总数回归系数对称的类型Ⅶ分布。随样本大小的增加，它对 r 分布更急剧地倾向于正态性，以致利用皮尔逊的回归系数标准误差对于低 n 值比在 r 的情况中可靠。尽管相关和回归分析的步骤今天不同于皮尔逊和他的同事原先提出的步骤，但是前者是建立在后者的基础上。皮尔逊在世纪之交采取的步骤无论如何在当时来说是开拓性的、富有独创精神的。

对于用来估计总体参数的样本函数在大样本中的标准误差问题的第一个普遍探讨，是由皮尔逊和年轻的法国数学证明者菲隆在《论频率常数的可能误差及随机选择对变异性和相关的影响》一文中给出的，该文于 1897 年 11 月在皇家学会宣读。在第二节中，有现在熟悉的关于总参数群的样本估计者的渐进方差和协方差表达式的第一个推导。今天，这些公式常与费希尔的论文《论理论统计学的数学基础》（1922）联系在一起，这是因为二者在数学上是等价的，但二者意指的东西则完全不同。这也许是皮尔逊和费希尔长期不得和解的主要障碍。

皮尔逊在《生物统计》上发表的一组编辑部文章又重新返回到这个课题，文章的总标题是《论频率常数的可几误差》，这是为答复读者的询问而准备的。第一篇（1903）处理的是统计学直方图中的胞腔频率和样本形心矩的标准误差以及二者之间的相关。第二篇（1913）从一般二元分布推广到样本，是由皮尔逊的讲演笔记整理而成的，其中给出了统计学中的许多有用的计算公式。第三篇（1920）处理的是样本中位数、四分位数、十分位数以及从一般单变元分布随机取样中的其他四分位数之取样离差的标准误差和它们的相关，讨论了估计正规总体与大样本两个对称量之差的标准离差的相对效率，弄清“最适度”原来是 7% 和 93% 之差。

《哲学杂志》1900 年 6 月刊载了皮尔逊一篇有名的论文，他在文中引入了一个准则 $X^2=\Sigma\ [(f_i-F_i)^2/F_1]$，它是观察和假设之间一致性的量度，用来作为确定概率的基础。其中差 f_i-F_i (i=1，2，…，k) 以这样的概率共同地起因于随机取样的不可避免的涨落，f_i 表示在 k 个互斥范畴第 i 个中观察到的频率，F_i 是对应的理论频率。他导出 X^2 在大样本中的取样分布是 k 的函数，发现它是类型Ⅲ分布的特化形式，现称为“关于 k–1 自由度的 X^2 分布”。X^2 准则开创了统计决策的新纪元，它无疑是皮尔逊在统计理论和实践方面的最伟大贡献之一。1904 年和 1911 年，皮尔逊又两次把他的 X^2 准则加以推广，用来检验统计学的一些问题。

在皮尔逊具有高度创新精神的 15 年间（1891—1906），除上面提到的为统计学打基础的重大贡献外，他还展开了若干其他论题，后来它们都成了统计学和其他学科的重要领域。1902 年，他以《论泊松方程判断误差的数学理论》为题发表论文。在《关于 F. 高尔顿问题的评论》（1902）中，他导出了统计学取样理论中的一个最早的表达式。1905 年在《自然》杂志上，他探讨了“随机走动问题”，这个问题今天不仅在处理布朗运动理论，而且在处理物理学、天文学、生物学和通信工程中的一些问题时都起着重要作用。

皮尔逊从他 1896 年关于相关和回归的第一篇基础论文起就卷入到遗传和进化的研究中，他充分证明了他的新数学工具在解决这些问题中的价值。在《史前人种身高的再建》（1898）和《论亲族遗传定律》（1898）中，他导出了各种亲族回归和相关系数的理论值，检验了高尔顿的身高资料，并提出推广了的高尔顿亲族遗传定律。他宣称：“……把全部复杂的遗传影响的迹象纳入简单的描述性的陈述中是十分可能的。如果达尔文的进化是与遗传结合的自然选择的话，那么必然可以证明，囊括整个遗传领域的单一陈述对生物学来说就像万有引力定律对天文学家一样是划时代的。”

在1889年和1900年夏季假期，皮尔逊在许多自愿的朋友和同事的帮助下收集资料，以检验新奇的同型理论——同一亲代子女之间的相关应该等于无差别的个体同类器官之间的相关——是否正确，结果于1900年10月6日向皇家学会递交了专题论文《论同型原理及其与遗传的关系》。贝特森这位生物学家和遗传学的先驱者被选为论文评审人，他刚刚皈依孟德尔理论。该文的摘要（大概只有5页）于11月15日宣读了，但贝特森却尖锐批评论文的论题就是错的，其他在场的人也随声附和批评它的长度和内容。

第二天韦尔登写信给皮尔逊说，看来斗争是不得不进行下去了，是否能创办一种杂志支持新学科的发展呢？皮尔逊赞同这个好主意，于12月3日致信高尔顿，指出贝特森的批评不仅针对这篇论文，而且是针对他本人的全部工作和统计学的方向的。12月29日，韦尔登写信请皮尔逊给杂志取一个比他想到的更好的刊名。皮尔逊复信建议："未来的科学应该称为biometry（生物统计学），它的正式刊名是《生物统计》。"在谋取了足够的财政支持后，该杂志于1901年10月创刊。韦尔登、皮尔逊（他是主要负责的，而且多年是唯一的编辑）和达文波特任编辑，高尔顿同意做"顾问编辑"。创刊号的编辑部文章是《统计生物学的范围》，论述了新学科的研究方向和打算刊登的文章的内容。该杂志在皮尔逊的主持下，成为世界上生物统计学的第一流杂志。

只是在皮尔逊直接上诉（以普遍原则为据，而不是以个人的不公正为据）皇家学会主席之后，《哲学学报》才于1901年11月12日发表了皮尔逊的论文。在此之前，贝特森准备了敌对的详尽批评。在贝特森的压力下，皇家学会秘书把礼仪抛在脑后，容许提前印刷贝特森的批评，并把它在1901年1月14日发给与会会员，此时皮尔逊的完整论文还未送交到会员手里，皮尔逊也未被告知是否接受发表。结果，贝特森的批评文章抢先在《皇家学会会议录》发表了。皮尔逊十分愤慨，他在《生物统计》上发表了答辩贝特森的文章，并声称不给对方在该刊答辩的权利。

关于同型理论论文的争吵，不过是19世纪90年代以高尔顿、韦尔登和皮尔逊为首的生物统计学派和以贝特森为首的一些生物学家就进化的本性进一步分裂的表现。前者认为，新种的进化是小的连续变异之影响逐渐积累的结果，而贝特森则认为不连续的"跳跃"对新种的进化来说是必不可少的。当孟德尔的学说1900年在大陆复活时，该学说的"显性"和"分离"理论的特殊本性显然与贝特森的观点一致。贝特森不仅自己变成了孟德尔主义者，而且极力使英国的生物学家都皈依孟德尔学说。此时，韦尔登和皮尔逊则成为高尔顿亲族遗传定律的信徒，贝特森素来厌恶该定律，由此在"祖传派"和"孟德尔派"之间发生了激烈的争论。皮尔逊和韦尔登并非完全拒绝接受孟德尔学说，而是担心在没有考虑显性和分离定律与其他工作有某些不相容的情况下，过于匆忙地把孟德尔主义看作完美的福音。韦尔登认为孟德尔主义对亲族遗传定律来说是一个不重要且不方便的例外，皮尔逊认为从后者可以直接导出前者，他力图把二者纳入单一的系统，但后者占优势。尽管在接着的10年间孟德尔学说牢固确立起来，但并没有完全消除生物统计方法的用途和意义。

韦尔登1906年6月去世，对皮尔逊无疑是一个沉重的打击，而且他的一些亲密助手和同事也离去了，皮尔逊无法继续开展他15年前开创的工作。但是，他的创造力并没有萎缩，在生涯的最后30年内，他发表的东西多达300项，这时他把注意力投向优生学。1906年后期，84岁的高尔顿把他一直领导的优生学资料室移交给皮尔逊，易名为优生学实验室，并于1907年移交大学学院，由一小部分人从事相对重要的酒精中毒、肺结核、精神病以及婴儿死亡的遗传和环境研究。研究结果以民族退化研究和优生学实验室报告的形式发表。后来的13种出版物作为《人类遗传文库》(1909—1933)面世，收集了大量的家谱系，形成了讨论变态、错乱的遗传及其伴随后果的基本材料。

皮尔逊在1906—1914年间曾致力于发展研究生中心，以便使统计学成为具有他本人的技巧和术语的应用数学的一个严肃分支，把统计学家训练成真正的科学家。在这一时期开初，他不仅是应用数学系主任，而且负责工程研究绘图室，给晚班学生讲天文学，指导生物统计学和优生学实验室，编辑各种出版物。1911年夏，他放弃了哥德斯米德教席教授职位，担任了第一任高尔顿优生学教席教授和新的应用统计学系负责人。是年高尔顿去世后不久，他应高尔顿亲属的请求，开始为高尔顿写传记。《F.高尔顿的生平、著作和工作》直到1930年才出齐，这三大卷传记是关于高尔顿、皮尔逊本人和早期生物统计学的最详尽的信息来源。

在第一次世界大战期间，皮尔逊的小组也卷入了战争，他们为计算者出版了一系列宝贵的计算手册。在1925年，他创办了《优生学年刊》，并作为头五卷的编辑。他和助手们编制的《统计学家和生物统计学家用表》(第一编，1914；第二编，1931)其价值似乎是永恒的。《不完全γ函数表》(1922)和《不完全β函数表》(1934)是在他指导下用了多年时间编制的，对他和他的合作者来说是纪念碑式的著作。

1932年7月，皮尔逊正式通知大学学院，他要在翌年夏天辞职退休。1933年10月，校方同意他的辞呈，并按照他的意愿为他在动物学系保留了一个办公室。他只要有可能，还像以往那样按照学院的作息时间规则地生活和工作。他在数学领域还是活跃的，并与人合作写了一篇论述克伦威尔执政时期的历史论文。他假期喜欢去距伦敦不远的萨里郡的金港湾度假，步行 10 多千米到一个鲜花盛开的坡地。面对生机勃勃的大自然，他不由自主地哀叹："当我们正想专心工作时，我们却太老了。"

1935 年，皮尔逊的精力明显衰退了。繁忙的工作终于耗尽了他的体力，尽管他依然渴望为他献身的事业继续尽力。直到弥留之际，他还坚持看完了《生物统计》28 卷的几乎全部校样。1936 年 4 月 27 日在金港湾，这位不知疲倦的学者的心脏停止了跳动，此时外面的山野正是春意盎然。

几天后，在伦敦举行的葬礼上，人们静静地倾听献给他的诗句：

这个人没有决意过日子。
而是决定去认识——
这个人葬在哪里？
在这里——这里是他的归宿。
这里浓云密布，
电光闪闪，
斗转星移！
让欢乐驱除风暴，
让平和普降甘霖！
高超的设计必须迫近相同的结局：
高尚地安息。
永别了——难道还有比人世间更崇高的，
生与死。

紧接着响起了贝多芬的第七交响乐第二乐章的乐曲，其意告诉人们，欢乐驱除了风暴。

（作者：李醒民）

参考资料

[1] Karl Pearson. The Grammar of Science [M]. Cambridge：Cambridge University Press，2014.
[2] E. S. Pearson. Karl Pearson：An Appreciation of Some Aspects of His Life and Work [M]. Cambridge：At the University Press，1938.

罗吉尔 · 培根

（Roger Bacon，1214—1294）

罗吉尔·培根

新时代最早的科学思想家

在浩繁的西方古典文献中，人们能见到柏拉图的《理想国》、亚里士多德的《形而上学》、托勒密的《至大论》，甚至奥古斯丁的《上帝之城》及托马斯的《神学大全》，却很难见到罗吉尔·培根的《大著作》。这实在是一种历史的不公正，因为就中世纪的学术水平来看，《大著作》无疑是一部真正的百科全书，其结构之完备和材料之新颖，在当时没有一本作品能与之媲美。罗吉尔·培根渊博的知识与他悲惨的命运实在太不相称。由于教会的迫害，他应有的荣誉不仅在当时遭受贬损，至今了解他在科学上的贡献的人也不多。历史应当做出公允的解释，本文就是想对这种状况做出部分的解释。

一、坎坷的学术生平

如果说但丁是中世纪最后一位诗人，是新时代最早一位诗人，那么罗吉尔·培根可以说是旧时代最后一位具有科学思想的学者，也是新时代最早的一位科学思想家。在哲学史中，罗吉尔·培根尚能跻身于哲学家的队伍里，其实在科学思想史中，他的形象应该更加光辉。他在精神上是接近他以前的伟大的阿拉伯人或以后文艺复兴时代的科学家的唯一人物。他经常抱怨自己几乎完全孤独的处境，抱怨生活上的不幸，抱怨权势者们在科学知识上所设立的种种障碍。英国著名科学史家丹皮尔曾说过："他一生的悲剧，一半是内心的悲剧，一半是外在的悲剧；一半是由当时学术环境中他的思想方法的必然局限性所致，一半是由教会权威对他的迫害所致。"

罗吉尔·培根大概生于1214年，死于1294年，他出身于英国一个很富裕的贵族家庭。7岁或者8岁就开始受教育，13岁进入牛津大学，后来当了教员。

1236年，培根到巴黎大学一面教书一面自修，受到经院哲学的全面教育。1241年，他获得巴黎大学文学硕士学位。那时，巴黎被人们称为"新的雅典"，但这位终生都顽强学习的“中世纪思想之王”并不满意。当时学术界盛行着一些恶习，人们不研究自然、不研究原著，到处是无聊的争论，甚至常常用对评论的评论所做的结论来滥竽充数。罗吉尔·培根对此表示了极大的义愤和轻蔑。他参加了托钵修会方济各会。这种宗教组织不是从贵族里吸收成员，而是从平民中来补充成员，他们采取了一种新理想：救人才得救己。托钵僧反映了中世纪欧洲促使封建制度垮台的革命力量在逐渐形成，因而深受大学生欢迎。罗吉尔·培根在此十多年里，花了 2000 法郎用来买书、买仪器、买图表、请助手和“同智者交朋友”。由此他获得“万能博士”之美称。

大约 1252 年，培根又回到了他曾卓有成效地任教的牛津大学。但他敢于向传统挑战的姿态，激怒了学校当局。以一个偶然的事件作为借口，1257 年他被剥夺了授课的权利，被赶出大学。这还只算是对他叛道精神第一次小小的警告。根据方济各会的头领、神秘主义者博纳文图拉的旨意，罗吉尔·培根被赶出了英国，在粗鲁的僧侣的严格监视下，住在巴黎寺院里，被折磨了长达 10 年之久。看管他的教徒们除了让他吃喝，不许他写作，不许他与任何人见面。他之所以参加方济各会是因为这个组织常以外表贫困而赢得一部分群众的支持，万万没有想到会落得这样的下场。

1265 年，克莱芒教皇的使节屋利克接触了培根。他得知培根的一些想法后，非常高兴，称赞他的思想。这样屋利克和克莱芒都突然成了培根的最高保护人。屋利克经常秘密与培根来往。培根也向教皇吐露他想写一部百科全书式的《大著作》。1266 年教皇给培根的第二封信中写道：“……我们愿意更好地知道你的愿望，我们请求你尽可能快地给我们寄来你誊写清楚的著作……不要顾及任何天主教的禁令和你们僧团的规章……我们还希望你在信里谈谈如何铲除你认为是真正危险的邪恶，并希望你高度秘密地、毫不迟延地开始工作。”这位教皇是一位开明的法律专家、战士和政治领袖，他从维护宗教利益出发，做了违背宗教本质的事。看来传统势力和经院哲学教条的束缚连教皇也为之心悸。

教皇的期望给培根以巨大的鼓舞，也带来不少困难。在培根受监视前，已为科学事业花掉 2000 法郎，这时就显得更加拮据了。为了使伟大的理想成为现实，他向朋友借贷，凑足了购买文具和支付誊录员的费用，以惊人的毅力，经过 15—18 个月的奋斗，完成了巨著《大著作》。全书有三卷，分七个部分：（1）人类谬误的原因；（2）哲学与神学的关系；（3）语言研究的重要性；（4）“由天文学、光学、神学、年代学和历法修改必要性所证明的”数学的重要性，其中包括有关地理方面的论文；（5）光学；(6) 实验的科学；(7) 讨论人与上帝和其他人的关系的道德哲学，其中也有对宗教进行比较研究的经验。1267 年他把《大著作》的手稿寄给了教皇。紧接着又写了两部，一部叫《小著作》，一部叫《第三著作》，以补充第一本的内容。

不幸的是，1268 年克莱芒教皇去世了，新任教皇阿斯科利是培根的死敌。培根失去了保护人，他的著作的某些手稿只好被封在牛津方济各会高等学校的书橱里。虽然著作的原本已经失传，但他的论文的手抄本却已散布在欧洲的一些藏书馆里。后来，他又计划写另一部百科著作，但只出版了部分篇章。1268 年他写了《自然哲学总则》《数学科学总则》。1272 年，培根又开始写《哲学研究纲要》。至于这个宏伟的计划如果能实现，究竟会给当时欧洲智慧的花篮里增添多少美丽的花朵，很难凭空猜想了。人类哲学史上一次认真的思考被打断了，因为培根对方济各会和多明我会的名人们提出过批评，他还没来得及完成全书，1278 年就被阿斯科利教皇因有标新立异之嫌而关进了监狱，在那里被折磨了 14 年之久。直到 1292 年阿斯科利死了，罗吉尔·培根才从监狱里放了出来。在那里，他还写了一本小册子名叫《神学概要》。他回到故乡牛津，大概是 1294 年在那里去世的。

罗吉尔·培根始终认为"古代哲学"是科学来源之一，他说对古代的智慧和科学的漠不关心会导致不学无术。尽管培根颂扬古代文化，但他不是用停滞不变的观点来对待古代。他说："知识和智慧在现实生活中能够经常地增长，因为任何东西在人类的发明中都不是完善的。我们后辈应该补充古代所不足的地方，我们在继续前人的劳动时，如果我们不是笨驴，就应该有提高的要求。"他的科学思想不仅吮吸了古代哲学的乳汁，而且还直接受到同时代先辈们的启发。

在牛津学习时，培根曾受过两个安格鲁人的教诲：一个是牛津大学校长罗伯特·格罗斯泰特（1175—1253），另一个是数学家亚当·马什（？—1258）。培根曾说过："在我们的时代，前任林肯郡主教罗伯特爵士和修士亚当·马什可以说是无所不知。"

格罗塞特懂希腊、阿拉伯及古代欧洲语言，他对培根在语言方面的研究有着直接的影响，而更主要的影响是自然科学和数学的思想。格罗塞特企图用物理数学规律来说明宇宙的全部结构和运动，这是当时思想界沟通哲学与科学的最早尝试。

二、唯物主义倾向的物质观

培根在对物质的认识方面远远超过他的同时代人。不过只有弄清了培根在哲学上唯名论与唯实论的斗争中扮演什么角色，才能理解他对物质问题的独特见解。

培根对共相问题的看法是：共相只存在于个别之中，无论如何也不依赖于心灵。他不同意唯名论把“一般”主观化，却认为：“一般”是客观地存在着，但不是在超验的世界和上帝的意识中，而是在单一的物体中。只有个体才具有真实的实在性，它们无条件地高于一般。可以说，在唯名论和唯实论的争论中，培根已越出了经院哲学的界限，他摒弃了一切经院哲学的烦琐思想，坚决地把最具体的“物”提到首位。

罗吉尔·培根似乎是一个炼金术的理论家，他早年曾经在牛津秘密地进行过炼金术的实验。他对物质的看法在他的炼金术著作中论述得十分清楚。凡熟悉亚里士多德的四元素（土、火、水、气）和论四种与此相联系的“原质”（冷、热、湿、干）的学说的人，一定会认为培根无非是重复他的理论。其实，进一步考察就会发现所有这些范畴、旧术语不过是培根充满新内容的招牌和外衣，透过外衣往里看，内容深刻而又丰富。他把炼金术分为思辨的和操作的，思辨的即论述从元素生成物体及各种金属、矿物、盐等，操作的是教导如何用人工制造比天然更好的东西（包括黄金）和用蒸馏、升华等方法，制造有效的药物。早在巴拉塞尔苏士之前，培根就强调过，医学应该使用化学提供的药物，并且他认为化学是在物理学和生物学中间的科学。培根在他的著作中还描述过从中国传到欧洲去的火药。除此以外，培根还探索出了取得磷、镁和铋的方法。

培根和所有炼金术经院哲学家们尖锐分歧的焦点是关于物质统一性的问题。这个问题的论据是他对共相问题见解的直接继续。培根认为实物的多样性和它们活动的不同特性只能用它们物质基质的多样性和不同特性来解释。他企图区别天上的物质与地上的物质，生物的物质与非生物的物质，企图用经验的材料，特别是对星球本质的观察来论证物质的多样性。这样看来，培根似乎认为，物质不是普遍的，那么自然界的一切，按其本质来说不可能是一样的。但是他否定了炼金术经院哲学家所理解的物质观。他们认为“第一性的物质”是万物的基础，它是不变的底色，在它上面完成着各式各样的物质转化，物质是神秘的“万物始源”，是“最初的原则”。而培根提出了相反的看法，他不是把不同物体的色、香、味和相对量等现象视为完全自然的起源，而认为它们反映出物“在自身内部”就是不同的，并具有特殊性。这种解释非常接近于近代哲学中的“质”。培根说，物有不同的特性（色、重量、气味等），因为它们是以要素的不同量的关系而构成的，这种特征与量的范畴的联系是培根对“特征”解释的最著名的特点之一。在分析物质结构的问题上，培根否定了德谟克利特的原子论。他试图论证两个基本观点：虚空是不存在的，物质是无限可分的。他竭力运用复杂的数学推翻“点”的观念，同时也试图去论证几何线段的无限可分割性。他似乎也承认分割的阶段性，当物质被分割到很小时，就有某种类似分子的粒子存在。他想用现代科学上所称的“分子运动”来解释许多物理的或者化学的事实。他试图在“自然的”运动形态和“强制的”运动形态的矛盾结合中寻找热现象的解释，因为当时科学和哲学的水平而未能引起人们的注意。培根一贯强调，基本范畴不是孤立的形式和物质，具体的物体便是物质和形式的统一，只有这种统一的完整实体才是真正的起作用的自然之本原。不过这样又会使形式失去能动性，从而使物质离开了潜在性的状态。这一小小的过失，并不影响培根的物质实体具有决定性的意义。他关于物质的这些见解，使他越出了 13 世纪的范围，接近于 17 世纪甚至 18 世纪的水平。

三、对数学、光学和宇宙的看法

在培根的自然科学思想中，数学几乎占据了重要的位置，他在用数学论证自然逻辑的时候写道：“数学具有（论证）包罗万象的经验（方法）……这些经验适用于所有的科学……（而）任何一门（科学）要了解这些经验都离不开数学。”

他把数学当作哲学的真正基础，并认识到学习数学作为教育训练也是十分重要的。微积分的诞生像酿酒一样有着很长一段发酵时间。在这段时间里，罗吉尔·培根坚决认为不可分量论和不可公度性是不相容的，从而启发了像牛顿、莱布尼茨这样的许多知名数学家。

数学的发展只有在一个自由的学术气氛中才最能获得成功，在中世纪最明白这个道理的人恐怕只能是反抗权威最出色的罗吉尔·培根了。他虽然也劝人阅读《圣经》，但更强调数学和实验，而他的同时代人却完全忽视数学。培根埋怨道：“数学很不幸，教父对它毫无认识”，他确信数学思想是与生俱来的并且是同自然事物本身相一致的，因为自然界是用几何语言编写而成的。他在《大著作》中鲜明地指出：“神学家以《圣经》为依据，提出很多反对数学的东西，而有些人，对不管是真正的数学和虚伪的数学都毫无所知，因而不善于把真正的数学和虚伪的数学加以区别，他们轻信权威而把真正的数学同虚伪的数学一起加以指责。”那时通过阿拉伯，已译出不少伊斯兰教徒们的数学论著，里面常常有一些把数学应用到占星术上的例子。占星术作为宿命论的一种形式，与基督教的自由意志论是格格不入的，因此，同占星术一样，数学也被弄得声名狼藉了。但是培根鼓起勇气指出了数学这种厄运的真正原因，这在当时是多么难能可贵啊。

培根认为数学先于其他科学，数学知识似乎是天赋的，因为数学处理直觉所感知的量，所以它能给人们提供真理。他在《大著作》中证明所有科学都需要数学，他的论点表明他已正确认识到数学在科学中的作用。他把数学理解为九种科学的综合：一门一般的科学，也可以称之为数学哲学；四门理论科学：几何学、算术、天文学、音乐（声学）；与这四门科目相适应的四门实践学科：与理论天文学相应的是实践占星术，与理论几何学相应的是实践几何学（包括测量术、工程术和仪器工具制造法）等。另外，培根的数学还包括地理学和医学。他还论述了数学在国家管理、气象学、水文学、占星术、光学方面的作用。

培根认为：数量的关系是数学的对象。数学是一种理想的科学，只有数学能发现和表达完全可靠的经得起推敲的真理。所有科学的正确与否都是以它所应用的数学的真伪为基础的，任何科学原理的真实性决定于能以量的数学形式来表达。这种见解也许启发过马克思。

培根认为我们对其他科学的认识唯一地依赖于数学。这完全是毕达哥拉斯的影响和认识中的柏拉图主义因素。但从方法论的角度看，对经验和数学意义的坚定信念是这位 13 世纪科学思想家的伟大历史功绩，从这一点说培根是使 16 世纪到 17 世纪整个科学和哲学领域发生革命的机械论的预言者和先驱。

培根在物理学方面的主要贡献是光学及对辐射传播的各种现象的研究。

他对光学特别有兴趣的原因可能是因为他学习了阿拉伯物理学家伊本·海赛姆的著作的拉丁译本以及格罗塞特的强烈影响。培根叙述了光的反射定律和一般的折射现象，虽然他并没有制造过一部望远镜，但他懂得反射镜、透镜的原理，并且预言过类似望远镜、显微镜的仪器实际运用的可能性。培根在确定反光镜焦点的位置上，在解释光的反射角和折射角上，在研究球面像差的问题上都获得了重要的成果。他非常注意研究凹镜和凸镜的本性，断定凹镜有放大物体的特性。他写道：“物体的图像可能被透明体分开，因此被分开的物体看来似近或似远，在非常远的距离以内，也许能念最小的字母，辨别最小的东西，观察星宿，我们盼望那些地方，……使月亮和太阳靠近地球……”，“……使隐蔽的东西成为可见的”。

作为归纳推理的一个例子，他提出一种虹的理论，这首次解释了雨滴在阳光中被折射出虹的现象。

培根的《透视学》一书是中世纪欧洲第一部主要的光学著作，它超过了格罗塞特甚至同时代波兰物理学家维帖洛的有关著作，在这部著作中可看到视觉的理论，它对研究光学规律提供了很多宝贵的材料，培根在其光学中广泛地运用了托勒密、伊本·西那，特别是伊本·海赛姆的成就。黑森的光学著作比古代光学著作前进了一大步，现在所使用的眼睛的部分名称，如“玻璃体”“角膜”“视网膜”等都是来自黑森的著作。培根的《透视学》中能看到生理学和心理学的因素，他把视力和视觉器官的学说也包括进去了，他是从清晰地叙述眼睛的解剖学和视力生理学开始的。他认为处在眼球中心的水晶体是有很多光学意义的。培根知道视觉不是在眼球内完成而是在神经中完成。这种见解是非常精辟的。他把视觉分为两个动作：光的运动由物体传向眼睛，然后由眼睛传向大脑，其实视觉的过程是在大脑，即“感觉的座位”中完成的，我们所以用两只眼睛能看见一个物体，是因为两个眼睛的神经在大脑中是汇合起来的。

培根对待先驱者们的遗产，不仅仅是继承而且是发扬，他给光学增加了一系列独特的成分，光（以及声、味等）借助于由物体上各点所发射出来的东西而直线地传播。

培根对光学的重视再一次证实了他的哲学上数学机械论倾向，即把几何学放在物理知识中的首要地位的尝试。不过培根用《圣经》的观点为光学做“论证”。这种做法对当时来说应该是可以理解的，根据培根的意见“像保护眼珠一样”的格言指出了《圣经》怎样对光学问题的重视，企图把光学的原则运用到“神学的启发”上去。他写道，上帝的灵光就像光线一样在完美的纯洁的灵魂那里透过，在不完美的灵魂那里曲射，在坏的和不纯洁的灵魂那里不透过而反射。

在物理学方面，培根还专门做过很多磁铁的实验，他像描绘“自然的伟大奇迹”那样描绘了关于磁铁的引力。他对运动的讨论仍然是步亚里士多德的后尘，不过，他尽可能想根据某些材料来研究蒸汽力。

从数学到光学再到天文学，在培根看来似乎是完全符合逻辑的一条线。对于宇宙的看法，他坚持了亚里士多德的地球中心说，很少有独到之见。值得注意的是，培根特别渴望从理论的知识中做出实践的结论，他感叹地说："权威人士不懂得天文学，而它该是多么重要，多么必需啊！"天文学是年代学和历法的基础，他强烈主张必须改革在那时所采用的不准确的儒略历，其误差是每 130 年便多一天。

培根坚决否认多宇宙，并且主张天和地是对立的。培根企图确定地球、月球、太阳和行星的直径，把天河睿智地看作星群。企图在涨潮落潮与月光之间建立起联系，这些都是很有意义的。另一方面，培根也非常注意关于约书亚似乎为了结束战斗而留住太阳的著名神话，这恐怕是与相信占星术一起所犯的最不应该的错误。对占星术的理论，培根的态度如何呢？他认为：占星术是研究"天空怎样改变物的"，"天体是一切变化的第一个本原，是世界上物质的原动力"。这些假科学的占星术幻想，是与培根许多有价值的幻想混杂在一起的，他甚至得出结论：占星术不能准确地预测到局部事件，但能预见到事件的一般进程。

四、关于地学和医学的精辟见解

为什么培根把地理学和医学也引入数学里呢？这是一个很有趣的问题。培根想确定人的行动对地理环境的依存性，而地理环境又依存于"天体"。他说："那些生活在不同的天体纬线上的人们的行动方式，由于他们的地理位置的不同而有区别，也就是说，住在接近于极地的人们的行动方式同住在南方的人比较起来是不同的……甚至同一个气候地带居民行动的方式都有区别……但这种区别的原因不在于人的本身（这不是由于他们合理的灵魂各有区别），而应该归于天体所赋予他们的身体的形态的不同……这种区别不仅与纬度相适应，同样也与经度相适应，尽管在这里的原因尚不太清楚。"

13 世纪西欧人的地理知识，一般水平是非常低的甚至于还不如古代。他们仍然以普林尼和托勒密的著作为基础，同时加上各旅行家自己所引证的材料为参考，大部分可靠的知识往往同纯粹是神话的材料交错在一起。培根在自己的地理学中，同样是既运用了文献材料，也运用了一些旅行家的经验，他实际没有给地理学增加什么新的东西。十分遗憾的是，他还不可能知道马可·波罗 1271—1295 年的中国之行，一些合理的原理在他那里与关于女儿国的以及关于走路不弯腰的人的荒谬的故事等混杂在一起。他用去很多篇幅象征地解释了"圣地"地理学，并确定了极乐世界的所在地。他可笑地写道："大地因其圆的外形而叫作地球，它好像一个车轮。大洋沿着这个圆从各方面环绕地球，并把它分为三部分即亚洲、欧洲和非洲。”

在这些真理和谬误的混合体中，有一个理论却成为人类文明史中一个起很重大的历史作用的论断。培根根据亚里士多德的著作以及植物学方面的一系列原理，详细地证明了亚洲东岸接近于非洲和欧洲的西岸。他由此得出结论说，向西方做短期旅行，经过大西洋就能到达亚洲沿岸。15 世纪至 17 世纪的学者们广泛地运用了培根的《大著作》，皮埃尔·达·阿依在15世纪初出版的《世界的形象》一书就引用过《大著作》的一处，详细地复述了培根的从西方取道去亚洲的可能性的理论。这本书是促使哥伦布决定自己著名的旅行的因素之一。哥伦布在自己的一封信中引证了《世界的形象》一书有关的一段。所以说，发现新大陆的功劳簿上还应记上罗吉尔·培根的名字。

五、“要认识真理必须进行实验”

培根说过：“凡是希望对于在现象背后的真理得到无可怀疑的欢乐的人，就必须知道如何使自己献身于实验。因为作家们写了许多报道，而一般人也相信他们离开了经验所做的推理。他们的推理是完全错误的。”看来罗吉尔·培根是一个重视经验的人，他从不迷信权威，甚至宗教的神圣结论以及在大多数人中流行的谬论。他驳斥了关于不用山羊的血就不能折断金刚钻的无稽之谈，并嘲笑关于海龙的荒诞传说，特别是当时一般人竟相信在容器中热水比冷水冻结得更快。这个结论的理论根据是亚里士多德的《气象学》第二卷：矛盾是由相反的东西所激起的。他善意地劝导人们：任何人如做这个实验，一定是冷水冻结得更快。

据有的学者考证，“实验科学”这个术语可能是培根提出来并赋予了它正确而丰富的内涵的。他断言只有实验才能有效地彻底地回答自然之谜。

他把经验分为两种形式：内部的和外部的。内部的是人通过内在启发的经验从上帝那里得到了一种理解力来认识恩赐和荣誉的神圣真理；外部的是被感情经验所唤醒的人找到了自然和艺术的秘密原因。经验的这两种形式之间的联系，在外部的特性上表现得更为突出，原因是“experientia”（经验）这个术语把这两种形式“结合起来了”。如果从本质上看，它们是有区别的，按其客体来说是自然的和上帝的，按其方法来说是人的感觉和理智的“启发”。关于地上的事物，我们只能由外部感官，主要是视觉来证实。那些不属于我们这部分世界的事物，我们是通过对它们有经验的科学家来认识的。培根举例道：亚里士多德根据亚历山大的特许遣送了 2000 人到世界各地去寻求大地表面上万物的实验知识，正如普林尼在他的《自然史》中所证实的。

培根虽然重视经验在认识过程中的作用，但他丝毫也不否认理性的重要地位。上面所说的“启发”的经验就是培根所指的理性。他把理性分为积极的和消极的。消极的理性是同人的肉体组织相联系的，而积极的理性是一种从外面渗入人的意识中的特殊实体。培根这些观点在某种程度上同巴黎的带异教色彩的阿威罗伊运动相呼应，这无疑是支持当时来自阿拉伯人的反托马斯主义的观念的。

理性能够帮助人们证实某些困难的断言，但无论如何也不能替代更不能否认外部的感性的经验。培根认为，这种经验既是人类的又是哲学的。经验在认识自然中占着绝对的统治地位。罗吉尔·培根的经验主义是指物理实验，这无疑是唯物主义的，他的经验是在客观现实世界得到的，而且是在感觉器官的参与下完成的。通过经验而获得的观念为某种客观存在提供了原型。

培根把自发产生的经验和通过辅助仪器而得来的经验加以比较，觉得后者更重要。他认为，科学家不应该是消极的，他应该“用艺术帮助自然”，特别是用适当的工具，基于这种思想，他还幻想了一种与天体的一昼夜运动刚好相符合的球形的古代观象仪。

培根甚至把其他一些实验家的证明也引入经验的概念中，在中世纪文化的环境里，由于哲学家们还没有制定出检验真理的标准，因而那些冒充学识渊博的后世者常常重复培根所反对的那些谬误。例如，酒在打碎了的罐子中三天没流出来等。这一现象说明，在当时历史条件下，培根不可能制定一套为众人所接受的检验经验认识的方法。培根也不是一个现代意义下的“经验主义者”。他在《大著作》中曾写道：“谁在探求真理时认为没有证据也行，那就最好请其抛弃经验。”他把自己的方法一方面同“思辨科学”相对立，另一方面同“纯粹实际的科学”相对立。“自然的经验是有的，但这是不完善的经验，这种经验……在方法上也没有弄清楚；运用它的只是工匠，而不是科学家。善于进行实验的本领则高于它，高于一切思辨知识和艺术，这种科学就是科学之王。”

六、一个浪漫型的科学家

德国化学家奥斯特瓦尔德曾经把科学家分为两类：古典派和浪漫派。古典派的特征是：在自己的学科领域转入另一领域是极其艰难的；浪漫派则不然，他们对多种多样的科学领域都有着百科全书般的知识，特别对边缘学科表现出强烈的兴趣，思维和概念纷至沓来，而通常并不深究细节，他们的创见和逻辑思维过程富有直觉性，常常由奇妙的联想引申而来，思维之敏捷好像飞鸟莅临太空，在科学的各个领域间自由翱翔。罗吉尔·培根是典型的浪漫派的始祖。1385 年在达尔马提亚出现了特立乌的彼得的一本书，在这本书中写道："英国人罗吉尔·培根老兄与其说爱好写作实践哲学，不如说爱好实验哲学，他完成了一些奇异的实验。"作者还给我们提供了不少这些"实验"的例子。罗吉尔·培根想"用空气凝结"的方法建筑一座从法国到英国长达 50 千米的桥，再用使空气稀薄的方法把它破坏。他想在牛津大学设立两面镜子，学生们点上灯，借助一面镜子，而另一面镜子就能看到"世界的另一端"。

到伊丽莎白时代（16 世纪下半叶），关于"罗吉尔老兄"的奇异的传说特别受人欢迎，卓越剧作家罗格林曾写了一部关于《魔术家培根》的剧本，其内容简直可以同《浮士德》相并列。培根企图把理论科学，首先是数学和透视学运用到技术上，他深信，朱里·恺撒在莱茵河南岸竖立起一些"大镜子"，这些镜子可以使他看见在不列颠的一些城市和兵营中所发生的一切。有人甚至认为，培根已经着手制出了这些望远镜、放大镜，这也未免太夸张了。实际上，就当时的生产力状况，要装备一架天体望远镜可能性是很小的，而制造某种类似眼镜的东西则有可能。

培根在军事上存在过许多幻想，例如，他认为可以用火镜烧毁全部军队，用一些特殊的镜子能够"把太阳、月亮和星星反射到我们敌人的头上"以引起他们的惊慌。他还断言，能够制造一种看不见的但能感觉到气味的气体，给敌军带去"传染病"，这不就是当今细菌武器的设想吗？在他的《大著作》中把从中国传去的火药称为"希腊火"，认为这东西是"只有花费很大力气才能获得的可怕的火"。培根把配制火药的成分叫作"硝石的盐"，是为了避免遭到政治迫害而使用的密语。英国的一位炮兵专家，专门研究了这个问题，他认为，培根实际上是制造了火药并观察过它的爆炸。

培根还有更多更美好的设想流传在他与朋友的通信中，如：可以制成只有一个人操纵的航行在江河和海洋里的船，比用很多人划的船要快；可制成一种不用马拉的速度惊人的战车；可制成一种由人驾驶的像鸟那样用翅膀飞行的机器；还有体积很小但能举起很大重量的工具；一种在海底和河底安全行走的机械。他对人类的智慧怀有无限的信心，他说："我没有看见飞行的机器，我也不知道有谁看见过它，但是我相信一个聪明人会发明这个东西的原理。"茹科夫斯基的理论和莱特兄弟的实验证明了培根的预言。虽然培根以不可动摇的魔术家的声誉载入史册，但他却尖刻地斥责了魔术。他在信里斥责魔术分文不值，斥责魔术家是“流氓、骗子、耍戏法的”。培根写道：“至于咒语之类，毫无疑问，都是假的，令人怀疑的。不可思议的东西是有的，而且是不少的，它们被哲学家在自然和艺术的活动中发现，而无用的人却不能发现。”这是培根在嘲笑那些不知道或不会把知识运用于实际的只会念各类咒语的巫师。他认为：人在自己的活动中，只能依靠科学和实践。“离开自然和艺术的作用所完成的一切，不是人为的就是臆测和欺骗。”看来，魔术家在当时人们心目中的地位还是很高的，培根获得魔术家的称号正是因为他偏爱自然科学知识，特别是他具有超凡的技术思想和丰厚的研究成果。

七、罗吉尔·培根的历史地位

培根的治学态度和他那渊博的学识，使得后世研究他而为他的历史地位表示不满的少数学者们常常在对他的评语中显得言过其实。有人想把他说成一个优秀的发明家，认为他是第一个望远镜、放大镜的发明者；某些作者企图证明培根是轮船、汽车、飞机、起重机和潜水艇的第一个发明人；英国作家更惯于说他发明了火药。这些说法不是实事求是的。幻想在科学中的作用虽然是不可估量的，但离开了历史条件特别是当时生产力的水平和社会生活的需要，幻想仍然只能是幻想。这如同把今天的技术成果完全归功于凡尔纳、威尔斯一样是荒谬的。

培根自始至终是一个教徒，是一个方济各会的修士。方济各会是法国南部群众异端运动斗争最强烈时期由教皇英诺森第三批准建立的。他们忽视甚至仇视科学。当时，这个教团的总管朋那凡杜拉曾经说过：“科学之树欺骗了许多生命之树，或者使他们受到涤罪所的最剧烈的痛苦。”培根虽然在其他方面猛烈地攻击经院哲学，但却相信巫术、占星术，并且赞同经院哲学的这样一个见解：一切科学与哲学的目的都是解释与装饰至高无上的神学。英国科学史家丹皮尔说得好：“培根自己在精神上是一位科学家和一位科学的哲学家。他出世过早，常常不自觉地和自己狭窄的眼界的局限性发生冲突。”“他虽然竭力挣扎，但总不能摆脱中世纪的心理习惯。”

这位著名的中世纪思想家口口声声是为巩固教会和赞美上帝而效力，其实在那个时代，宗教只不过是某种文化和思想的载体。罗吉尔·培根对宗教的虔诚表现得那么忠贞，以致在维护基督的尊严和打击信仰的敌人时，采取了极为真诚的态度，那就是重视知识和科学的作用。在给教皇的信中，他说道：基督教有很多敌人，同他们斗争特别迫切。因为“基督教的敌人很快就要出现”，但与敌人斗争在理论战线上的唯一的出路就是需要加强哲学的实力，而“不学无术”又妨碍了这种哲学的建立，所以同“不学无术”作斗争和推崇真理的真正手段是科学不是神学。“所有哲学运动的意义就在于经过认识创造物而认识造物主”。

罗吉尔·培根佩服阿维森纳，追随阿威罗依，称他们为“哲学的君王与领袖”。看来，这位基督徒沾染了许多伊斯兰学术之习。罗吉尔·培根引证了塞内加、西塞罗、巴斯的阿戴拉德、圣哲罗姆和圣克里索斯托姆的著作。他博览群书，无书不读，特别是阿拉伯书籍和古希腊罗马书籍，这充分说明罗吉尔·培根实质上是反基督教的。他不仅在知识论上反对教会的专横，而且在道德哲学上也和它展开了无情的斗争。他认为一切科学的目的都是教导人们精神善良，他把人们现世的幸福当作最终目的。他用最大的力量攻击他所处的当时社会的弊端：“君主和老爷们互相迫害和掠夺，用战争和苛捐杂税毁灭自己的臣民。不列颠联合王国的人们想到的只是征服，而不是对正义的关怀……”他说：上层阶级沉溺于低级趣味和肉欲的享受，……淫乱和色情非笔墨所能形容。商人中充满狡猾、欺诈、无止境的招摇撞骗。他希望公正的教皇和贤明君主用物质的宝剑和精神的宝剑来清洗这些罪恶。

他在对待亚里士多德的理论上持怀疑态度。罗吉尔·培根尊重亚里士多德，但像亚里士多德对待柏拉图那样，也不是绝对崇拜。他说：“只有亚里士多德和他的信徒在所有智者的判断中才被称为哲学家。”培根对待任何权威的态度都是慎重的，他用实验来检验天上地下的一切事物。他尊重任何一个实验的人，他曾说过：只有实验方法才能给科学以确实性。这是培根高于同时代人，事实上还高于整个中世纪欧洲哲学家之所在。

培根还很重视语言的学习，尤其懂得掌握外语的重要性。读一读培根的语言著作，他作为比较语言学、语言哲学和历史文献科学批评的创始人之一的意义就更加清楚了。培根认为，外语不仅对翻译需要，对于发展贸易、同其他民族的政治联系，“对于维护和恢复和平”，意义更是特别重大。培根本人精通拉丁文、希腊文和希伯来文。据说他编写过辞典，其语言功夫胜过托马斯·阿基纳。估计他的语言学影响过文艺复兴时期的思想泰斗们。

培根的自然科学思想是传统心理态度的一次革命性的改变。这对西方人日后冲破赤贫和饥饿困扰的社会束缚产生过极为积极的影响。他曾说过：“在掌握真理方面，现在有四种主要的障碍，它们妨害每一个人：无论人们怎样学习，都无法弄清楚他所学的问题，而总是屈从于谬误甚多、毫无价值的权威；习惯的影响；流行的偏见；以及由于我们认识的骄妄虚夸而带来的我们自己的潜在的无知。”这就是他所认为的掌握真理的四大障碍：权威、习惯、成见、虚夸。他的理论又成为另一位更有名声的培根的理论的先声。350 年后，弗兰西斯·培根好像利用了老培根的一些基本见解，相似地指出了扰乱人心的四种假象：种族假象、洞穴假象、市场假象及剧场假象。这决不能看作是一种偶然的巧合。当然，这两位培根在历史上刻下的痕迹是很不相同的，老培根默默无闻而小培根却流芳百世，这用历史唯物主义观点看是很容易理解的。普列汉诺夫曾说过：“一个伟大人物之所以伟大，并不因为他的个人特点使各个伟大历史事变具有个别的外貌，而是因为他自己所具备的特性，使他自己最能致力于当时在一般和特殊原因影响下所发生的伟大社会需要。”弗兰西斯·培根生活的时代正是资产阶级蓬勃向上的年月：哥白尼的新宇宙观、哥伦布的地理大发现以及文艺复兴、宗教改革运动的兴起刺激了生产。新兴的资产阶级需要科学、需要民主，而生产力的现状又允许科学发展，于是，科学实验大为提倡。弗兰西斯·培根一直受到王室方面的重视，官运亨通。而罗吉尔·培根却一直受到监视，甚至监禁，死后连非常有价值的著作也被搁置不问，这使得这些著作在启发人们觉醒的应该发挥的作用上受到巨大损失。所以，罗吉尔·培根对近代科学的直接贡献几乎是微不足道的。在培根那里，科学实验与神秘主义、理性和宗教常常交织在一起。但是，培根仍不失为一个伟大的科学思想家，以至于马克思在评价中世纪的思想家时曾说：“唯一特出的例外，13 世纪在学问方面比较倾向自由的是罗吉尔·培根。”

（作者：郭小林）

参考资料

[1] W. C. 丹皮尔 . 科学史［M］. 李珩，译 . 北京：商务印书馆，1975.

[2] 奥·符·特拉赫坦贝尔 . 西欧中世纪哲学史纲［M］. 于汤山，译 . 北京：中国对外翻译出版公司，1985.

[3] 北京大学哲学系外国哲学史教研室 . 西方哲学原著选读：上卷［M］. 北京：商务印书馆，1981.

[4] 斯蒂芬·F. 梅森 . 自然科学史［M］. 上海：上海人民出版社，1977.

[5] 罗素 . 西方哲学史：上卷［M］. 何兆武，李约瑟，译 . 北京：商务印书馆，1963.

[6] 普列汉诺夫 . 论个人在历史上的作用［M］. 北京：人民出版社，2010.

[7] 卡尔·海因里希·马克思，弗因德里希·冯·恩格斯 . 马克思恩格斯文库：第八卷［M］. 莫斯科：政治书籍出版社，1982.

皮埃尔·莫里斯·玛丽·迪昂

（Pirre Maurice Marie Duhem，1861—1916）

皮埃尔·迪昂

科学家、科学史家和科学哲学家

皮埃尔·莫里斯·玛丽·迪昂是法国杰出的科学家、科学史家和科学哲学家。人们公认他是科学思想界的一位重要人物，是他所处时代最伟大、最有才智的人之一。

迪昂在物理学的众多领域有卓越建树。此外，他还获取了物理科学方面的广博的历史知识，并对物理学理论的意义和范围做了深入的思考，形成了一系列引人入胜的科学哲学见解。

迪昂的一生除教学与研究外，就是写作。对于他来说，散步和沉思是最好的休息。一旦脑子闪过一个念头，他就坐下来，从容地写下一页又一页，一气呵成，无须修改和增删。他在短暂的一生中总共出版了 22 种书（45 卷），在 20 多家期刊上发表了近 400 篇科学论文和评论。法国著名物理学家德布罗伊在 1953 年谈到他的这位同胞时说："皮埃尔·迪昂作为一个不知疲倦的研究者，在 55 岁就过早地去世了，他在理论物理学、哲学和科学史中留下了大量的贡献。他的严格的科学研究的价值，他的思想的深刻，他的学识惊人的广博，使他成为 19 世纪末和 20 世纪初法国科学最卓著的形象之一。"

迪昂由于保守的政治立场、极端的宗教信仰以及有原则性的、执拗的个性，使得他一生遭遇坎坷。在生前和死后相当长一段时间内，他的学术成就即使在法国也得不到公正的承认，人们几乎没有就这位有创新精神的学者写过多少东西。在苏联和中国，人们多年来仅仅是从列宁的《唯物主义和经验批判主义》（在该书中迪昂被错译为"杜恒"）一书中得知这位所谓的"马赫主义者"的，其形象自然是残缺不全的。现在，我想依据手头的有关资料，尽可能完整地、客观地勾勒一下迪昂其人。

一

迪昂于 1861 年 6 月 10 日生于巴鲁。其父是法国北部工业城市鲁贝一个推销员的儿子；其母是一个店主的女儿，祖籍在卡尔卡松附近一个名叫卡布雷皮纳的小镇。他们后来定居巴黎，有两个男孩和一对孪生女儿，迪昂是最大的一个，自幼在家庭受教育。11 岁时，他被双亲送到一所名叫斯塔尼斯拉斯的教会中学上学。他在中学是一名优等生，精熟每一门课，其中包括古典语言（拉丁文和希腊文）、现代语言、文学、历史、科学和数学，这为他日后多方面的工作打下了坚实的基础。他对自然科学特别感兴趣，这明显地受到一位有才华的教师穆捷的影响。

中学毕业后，父亲希望儿子上综合工科学校受高等教育，以便掌握一门专业技术谋生。可是，母亲却担心科学和工程专业会削弱儿子的宗教信仰，敦促他到高等师范学院学习人文科学。他按照母亲的意愿，在入学考试中一举夺魁，于 1882 年进入高等师范学院学习，他这所学院为法国培养了相当多的文学和科学的优秀教师。由于他对献身科学事业有强烈的欲望，他选学的却是中级科学基础课程。在这里，他是一位有才华的学生，顺利地通过了学士学位考试和作为大学教师的学衔考试。1884 年，当他还是学生时，就发表了关于把热力学势用于电化学电池的论文，这是他科学生涯的开始。在大学，他还是一位名气不小的漫画家。

就在同年，迪昂向校方递交了博士论文，论述的是化学和物理学中的热力学势。由于受到马休 1869 年、吉布斯 1875 年和亥姆霍兹 1882 年关于热力学势研究工作的激励，迪昂早在获得学士学位前就做这项工作了。这篇有真知灼见的论文，推翻了用反应热作为自发化学反应标准的最大功原理，并按自由能概念严格地定义了标准。最大功原理是贝特洛（1827—1907）在 20 岁时提出的，他后来当上了法国政府教育机构的要员，并在 1886—1887 年升迁为法国公共教育部部长。

刚出茅庐的年轻人怎能料到，这一正常的举动却是他一生厄运的肇始。贝特洛对迪昂推翻他的错误的最大功原理耿耿于怀，伺机报复。在贝特洛的操纵下，学位委员会无理拒绝了迪昂的博士论文。迪昂此时也不甘示弱，他为捍卫真理挺身而出，于 1886 年发表了他的论文《热力学势及其在化学力学和电现象理论中的应用》。他认为，不管谬误在哪里出现，都要不顾个人安危去英勇斗争，这是基督徒的重要职责之一。在这部早慧的著作中，迪昂用热力学势逻辑相关地说明了下述现象：温差电、热电现象、理想气体的混合和液体的混合、毛细现象和表面张力、溶解热和稀释热、饱和蒸汽、离解、复盐溶液的冰点、渗透压、气态的液化、带电系的电化学势、平衡的稳定性以及勒·夏特利耶原理的推广。这是迪昂许多非凡的、天才的思想的首次显露，标志着他未来研究的总方向。

对于迪昂的挑战，贝特洛大为光火。他扬言，只要他还活着，迪昂就休想在巴黎任教。在中央集权制的法国，贝特洛的权势在教育界不用说是所向无敌的，迪昂不得不在 1888 年递交了另外一篇关于磁学的数学理论的博士论文。这是数学工作者的研究范围，贝特洛因隔行而难以插手。不过，尽管迪昂 1885 年为教物理在竞争考试中赢得了第一名，他仍无法在巴黎的大学谋求一个职位。贝特洛等人对迪昂的职业迫害一直持续到 1900 年，他们多次压制迪昂的职务晋升，限制他的薪水；如有可能便封锁他的成果，如无可能便毫不注明地盗用它们。要知道，在现代法国科学的历史中，还没有一个像迪昂这样的具有同样丰富、同样深度以及同样创造力的科学家被贬到外省工作。

1887 年，迪昂被迫只身到里尔大学教物理。事实证明，迪昂是一位有才气的、出类拔萃的教师。他的富有启发性的、明晰的讲演是精心地、逻辑一致地组织起来的，他的出发点是如何让学生多学，而不是让教师多教，也就是事事从学生方面的收益考虑，而不是为了讲课人的虚荣和方便。因此，每当他上课时，学生们便蜂拥而至，致使课堂爆满。他的名声在当时具有传奇色彩，即使在今天看来，他手写的讲稿也能给人以深刻印象，上面系统地加注着历史的和哲学的评论。

在里尔时期，他结识了女友夏耶，他们在 1890 年 10 月结婚，不到一年就有了头一个女儿。迪昂的家庭生活是幸福的，但却是悲剧性的短暂，他的妻子和第二个女儿不幸在 1892 年去世。从此，迪昂再未婚娶，他把全部心力放在工作和女儿身上。

在妻子逝世后不久，他不满意大学校长多次谴责实验室助手，结果与两位先前的好友闹翻了。1893 年，他请求调离。

在里尔的 6 年间，他先后出版了 3 本书，发表了 50 篇论文。他的才能和学识是众所周知的，完全可以在巴黎赢得一个好职位。但是，由于贝特洛等人的阻挠，迪昂未能去成巴黎，而被发配到雷恩大学。这个职位很不遂意，迪昂仅待了一年就决定再次调离。

尽管迪昂一再梦想赴巴黎任教，但他接到的却是在波尔多大学任职的通知书。这个令人失望的消息使迪昂极为生气，他曾考虑拒绝这项任命。他的朋友在谨慎打听后告诉他，波尔多的职位可能是通向巴黎的大道，他于是在 1894 年接受了任命。1895 年，当他 34 岁时，他升任为物理学教授，占据了大学理论物理学的教席。他曾一度致力于大学的行政事务，负责批准本省大学授予博士学位的资格，后因受到该机构内一个反教权主义成员的无端攻击而愤然辞职。迪昂背井离乡，在波尔多一待就是 20

余年，最终也未能了却在巴黎教书的心愿。

迪昂的研究兴趣大体上可以分为以下几个时期：1884—1900 年间，他的兴趣主要在热力学和电磁学方面，尽管在 1913—1916 年间他又转向电磁学；1900—1906 年间他致力于研究流体力学；他对科学哲学的兴趣主要在 1892—1906 年期间；科学史方面的研究多在 1904—1916 年间，虽说他在 1895 年就发表过科学史的论文。下面，我们分门别类地介绍一下迪昂的贡献和成就。

二

迪昂的主要科学建树在热力学领域。他的 1884 年的未被接受的博士论文不仅对热力学势的系统应用具有重大的历史意义，而且以此为起点的一系列研究，也使他与范特荷甫、奥斯特瓦尔德、阿雷纽斯、勒·夏特利埃一起成为现代物理化学的奠基人。

1887 年，迪昂对吉布斯著名的静热学论文进行了深入的批判性的分析。在《关于 J. W. 吉布斯热力学著作的研究》中，迪昂首次给可逆过程下了一个精确的定义。迪昂证明，一个系统的两种热力学态之间的不可逆过程，能够通过使系统和环境之间力的不平衡在每一步趋近于零而产生的真实过程的有限集合来构成。这种有限的过程现在称为准静态过程。如果同一过程以相反的顺序进行，且同一不真实的限度被达到，那么该过程就是可逆的。

迪昂对热力学的重要贡献之一是发展了处于动态的物体的热力学理论。在迪昂研究之前，热力学基本局限在静力学范围内。从 1892 年到 1894 年，迪昂发表了一组题为《热力学原理评论》的著名论文。在这里，迪昂首次严格地定义了不可逆“准静态”热力学过程。这是一种类似滞后现象的过程，对这种过程而言，在一个方向平衡态的有限集合与在同样两个热力学态之间的相反方向的不相同。这组论文包括迪昂两个开创性的贡献。他对热力学第二定律、熵和热力学势做了详细阐明，对热力学第一定律进行了公理化处理，这在目前看来仍是惊人的成功。值得注意的是，热量首次借助于功和能被抽象地定义了。由于这一先驱性的工作，迪昂成为物理学理论公理化的奠基人，他对其他学科的公理化研究的影响也是相当显著的。与迪昂同时代的伟大数学家希尔伯特直接受到迪昂关于热力学公理化工作的感召，先后开始了他的关于几何学和物理学公理基础的重大研究。

1896 年，迪昂发表了一篇研究黏滞作用的论文。这对应于吉布斯的“无源阻力”，属于可逆过程，而摩擦则属于不可逆过程。迪昂把摩擦作为一种普遍的物理现象，用它来研究“假平衡”问题，这属于力学化学范围。迪昂在化学热力学方面的研究成果收集在他的四卷专题论著《论力学化学基础》（1897—1899）和一卷著作《化学热力学》（1902）中。

根据吉布斯的建议，迪昂在《关于化学静力学的一般问题》（1898）中，提出了一个明确的关于吉布斯相律的非约束性证据；同时，又将它推广到超出仅仅考虑强变量的情况，并给出了确定各个相的必要条件。对于压力－温度和体积－温度这两对变量，其条件是不同的，它们的表述称为迪昂定理。此外，对于共沸性是其简单特例的“中性”系统的性质，也做了较为详尽的讨论。

迪昂十分注重假平衡和摩擦的热力学。在迪昂看来，假平衡可以分为两类：表观假平衡和真实假平衡。前者例如饱和溶液，在给一个小扰动后，它即刻便返回到热力学平衡；后者诸如金刚石或石油构成的有机化合物，相对其他物质来说，这样的化合物在热力学上是不稳定的，但却经历了整个地质时期的巨大扰动仍然保持不变。但是，如果这种扰动相当大（通过加热金刚石变成石墨），它们将转变成稳定的产物。吉布斯也持有类似的观点。

迪昂的兴趣也曾集中在流体力学和弹性学上。1891 年，他出版了《水力学、弹性、声学》（两卷）的讲义，对数学家和物理学家产生了重大影响。迪昂进而在 1903—1904 年以两卷本出版了《水力学研究》一书，它包含了关于纳维尔－斯托克斯流体的一些开创性的探索成果，以及波在黏滞流体中的传播、考虑到稳定性和可压缩性的流体等课题的研究。

在流体力学领域中，迪昂是第一个在黏滞的、可压缩的导热流体中利用稳定性条件和热力学的充足资料研究波的传播的学者。他得出了一个当时令人震惊的结果：真正的冲击波（即密度和速度不连续）或高阶不连续根本不可能通过黏滞流体传播。这与严格的非黏滞流体的结果相矛盾。迪昂证明，在黏滞流体中唯一的不连续是横向的。他引入“准波”的概念，建立关于冲击波的定理。他还推广、完善、校订了流体稳定性的早期结论。

在当时，迪昂实际上是严格的、合理的、有限的弹性理论的唯一培育者，他强调建立精密的、普遍的定理的重要性。迪昂对弹性理论进行了广泛的研究，其结果汇集在《弹性研究》（1906）一书中。在第一次世界大战前，这些理论曾起过显著的影响。

迪昂也是弹性波传播、热传导和在有限形变下黏滞连续体的开创性的研究者。

在世纪之交，迪昂与马赫、彭加勒、奥斯特瓦尔德、皮尔逊等人一样，同属非力学学派或批判学派；而当时大多数物理学家都是力学学派，力图把一切物理现象都归为力学。迪昂系统地反对这种科学中的还原论和力学自然观。他明确表示，如果科学知识仅限于流行的状态，或科学家只知道“一时的流言”，那么科学的正确思想不可能得到。迪昂也极力反对物理学中的模型理论，他偏好逻辑性和明晰性，对无逻辑性和自相矛盾的模型总是感到厌恶，即使当模型方法在新发现中变得可能和有用时，他也难以改变自己的观点。这自然有其合理之处和积极意义，但也直接决定了他对麦克斯韦理论和原子论的偏执观点。

迪昂虽然承认麦克斯韦的个人天才和理论的独创性，但却极其严厉地批评了麦克斯韦的理论。他认为，这种理论缺乏首尾一贯的和综合的逻辑结构，即使在其最终的抽象形式中也显示出人为的力学产物的标记，此外它还有符号上的错误且缺乏实验基础。由于亥姆霍兹的影响，迪昂偏爱大陆的电动力学，因为它能够用逻辑的方法由经典的基本的电磁实验来构造。经过迪昂精心阐述和改进的亥姆霍兹－迪昂理论比麦克斯韦理论具有更大的普遍性，能简单地描述光的电磁理论和赫兹实验。而且，这种理论包含两个附加参数，适当选取参数的值，麦克斯韦理论就成为它的特例。这些观点，都包含在迪昂 1902 年出版的《麦克斯韦的电理论：历史的和批判的研究》中。迪昂不久便认识到，麦克斯韦理论在他所处时代的物理学家中得到广泛的承认，而他的批评却无人问津，麦克斯韦的理论当然是胜利了。不过，他还是希望，在将来人们将会认识到，亥姆霍兹理论确实是杰出的成果。他说：“逻辑是有耐心的，因为它是永存的。”

迪昂的基本的科学思想形成于 1880—1890 年之间，即在放射性发现和佩兰实验之前。当时，为实行其“宇宙的力学解释”而使用原子和分子模型的一帮人，随意改变他们的“弹子球”模型以拯救现象，顽固地把那些自相矛盾的性质赋予原子。迪昂因偏爱逻辑和厌恶力学模型，无法接受原子、分子论。他在研究中有意识地避开依赖于力学模型的微粒理论，在他的论著中，找不到原子、分子论的描述。他攻击用小的、硬的、具有弹性的粒子来简单说明原子；他有时带点天真地攻击开尔文勋爵用齿轮和漩涡来说明自然现象的思想。他好像不知道原子模型曾给物理学带来了巨大的复兴，也完全没有预料到原子物理学在半个世纪里会有惊人的发展。即使当 1908 年佩兰的实验确证了分子的实在性时，迪昂因其执拗的个性也迟迟没有改变自己的观点，他希望像能量学这样的更为普遍的理论能够从原子论的废墟中产生。

在 1911 年，迪昂总括了他毕生努力构造的物理学理论的体系，这就是作为一种理性论的现象论的连续理论的能量学，它避免了关于物质内部终极实在的形而上学假设。其结果就是两卷专论《论能量学或广义热力学》，他认为这是他对科学作出的第一流贡献，因为该书是他对物理学和化学做了几乎 30 年的广泛研究而完成的。不过，这部专题著作略去了电磁学论题，这意味着在他的批判性的科学观点中，他没有找到满意的电磁学的能量学理论。迪昂想把力学、热力学和电磁学囊括到能量学或广义热力学的企图最终未能实现，但是他对物理学和化学诸领域的贡献即使在今天看来也还是有意义的。

三

迪昂也是现代的科学史的奠基人。在这个领域，他也许胜过了当时所有其他科学史家，因为研究的深度和广度没有人接近他。有人甚至有点言过其实地认为，与迪昂相比，他的同时代的科学史家似乎有点外行人的味道，因为他们缺乏迪昂那样卓越的才干和博大精深的素养。迪昂是第一流的科学家和科学哲学家，他有能力深刻地评价、分析、批判过去的科学工作的内容。迪昂说过，批判任何科学工作，就是要分析和评价它的逻辑结构、它的假设内容，以及它与现象的一致。只有科学家用完善的才能和巨大的信心才能做到这一点，这些人创造了基本的科学，同时也是第一流的科学哲学家，而且通晓多种古典语言和现代语言。显然，迪昂是能够完全满足这些条件的科学史家，因此他的科学史工作自然要优于其他科学史家了。

迪昂对科学史的兴趣来源于他的创造性的科学研究。他早就认为，要卓有成效地创造新科学，就要批判地理解科学和科学哲学。为了正确地理解科学哲学和科学思想的连续性，迪昂深入地、广泛地研究了科学的历史。他起初研究科学史，主要是想支持他的科学哲学，而他所进行的科学哲学研究，则是为了支持他的科学研究。其结果，迪昂成为一个智力十分高超的科学家、科学哲学家和科学史家。

迪昂 1902 年出版的《化学化合与混合：论观念的进化》和 1903 年出版的《力学的进化》，就是这样的有材料、有分析、有评论的历史批判著作。尤其是后者，可与马赫的《力学史评》（亦译为《力学及其发展的批判历史概论》，1883）相媲美。该书的第一编是自然哲学思想发展的权威性的、高明的叙述，它表明各种观念是如何受到赞成、如何发展，尔后又是如何被抛弃的；另一些观念是如何受到偏爱、如何变化、如何在转变中得以保留的。第二编是19世纪末的力学物理学的概观。迪昂当时已经看到，物理学急剧的、持续的、激动人心的成长已摇撼了古典力学的根基和古典物理学家的一些信念；由于纠缠到新的问题，力学赖以建立的基础的可靠性受到怀疑，它再次向新的领域进军。

迪昂实际上是单枪匹马地发现了中世纪的科学的历史，他对17世纪物理学和古代物理学的发展史也做出了有深远意义的和独创性的研究。迪昂幸运地在巴黎图书馆找到了许多中世纪的手抄本，他运用大量的原始资料证明，科学的发展总是连续的，从而是进化的；伽利略的思想也是由许多早期的科学工作进化而来的，并不像伽利略本人和其他人认为的那样是最早的。为了充分说明这些观点，迪昂由静力学起源的研究开始了他的考察，结果形成了两卷专题著作《静力学的起源》（1905—1906）。迪昂在书中追溯了静平衡原理从古希腊到拉格朗日的发展。他洞察到，近代科学诞生于公元1200年左右的中世纪，中世纪的部分成果被15—16世纪的一群数学家抄袭，他们把这些作为他们自己的贡献加以发表。迪昂谴责这种智力上的腐败现象，他强调指出，传统对于真正的科学进步是必不可少的。

迪昂由建立物理科学历史的实际记载，进而研究各个时代最重大的个人成就，并着手研究达·芬奇的笔记和原始材料，以及16世纪科学家的著作。16世纪的科学家从文艺复兴的人文主义者那里知道，他们的物理学实际上来源于中世纪。人文主义者抱怨中世纪的倒退已成为一种习惯性的浮夸，与此同时却一字不漏地抄录中世纪的科学手抄本——这是人文主义者的知识的真正源泉。

1905—1906年，迪昂以三卷专题著作《莱奥纳尔多·达·芬奇：他所看到的和看到他的》发表了他划时代的研究成果。他运用翔实的中世纪科学的原始资料令人信服地表明，从13世纪到16世纪，中世纪的大学，特别是巴黎大学起了重要作用。他揭示出，在托马斯·阿基纳之后出现了对亚里士多德和亚里士多德学派的思想的抨击，这是否定希腊哲学关于运动概念的思想开端，它以惯性原理、伽利略的工作以及近代哲学而告终。他确认，巴黎大学神学院1327年前后的院长让·比里当具有惯性原理的最早思想，并用拉丁术语（冲力）引入了一个量，这个量虽未明确定义，但却与我们今天所谓的动能和动量的量有关。迪昂分析了稍后的萨克森的阿尔伯特和尼古拉斯·奥雷姆的著作的重要进展，后者尤其完成了值得重视的工作，因为他关于太阳系的思想是哥白尼的先驱，他关于解析几何的工作是笛卡儿的先驱。接着，迪昂指出，达·芬奇这个具有多方面天赋的人，吸收和继承了他的先驱们的工作，铺平了科学发展的道路。伽利略正是沿着这条道路，继16世纪的许多科学之后，明确地开始了近代力学发展的历程。

迪昂然后着手独自一人对科学史——从爱奥尼亚的自然哲学家到古典物理学建立的物理学理论的历史——进行最为不朽、最为系统的研究。迪昂在短时间内所做的开创性的工作之浩繁是令人惊讶的、超越时代的。他计划在4年内写12卷书，最后只完成了10卷手稿。这部名为《宇宙体系：从柏拉图到哥白尼宇宙学说的历史》在他在世时出版了4卷（1913—1916），第5卷是在他去世后的1917年出版的，迪昂的女儿在1954—1959年监督出版了其余5卷。在1908年，迪昂还出版了一本《拯救现象：论从柏拉图到伽利略的物理学理论的观念》。这部著作是最重要的物理学历史著作的文献汇集，揭示出形式化的数学在西方科学发展中总是起着实质性的作用。该书中的有价值的历史引言，可以看作《宇宙体系》一书全部观点的浓缩。

迪昂是一位有高度教养、坚定信念和明确感受的人，他的所有判断都是与他的基本观点一致的。他也是一位热情的爱国主义者和民族主义者，他的爱国感情在一定程度上影响了他的科学观点和价值判断（但从未达到使这些观点和判断绝对无效的程度），结果他倾向于过高估计法国科学家的成就，而低估或贬低其他国家科学家的贡献。他驳斥了奥斯特瓦尔德关于“化学是德国科学”的论断，批判了德国科学中的蒙昧主义和“自然哲学”倾向。他尤其对英国科学家怀有偏见，认为他们的思想粗俗而浅薄，因为他们缺乏逻辑严密性，对科学的系统数学理论漠不关心（这些批评也不是没有一点道理，而且他从未诉诸恶语和谩骂）。他并未因牛津默顿学院的经院哲学家对运动学理论的贡献而称赞他们，也未因托马斯·布雷德沃丁对亚里士多德运动定律的重新系统阐述的重要性而褒扬他。同时，他却不恰当地高估巴黎大学在新物理学中的意义，过分颂扬布里丹、奥热默等人的贡献。他的宗教感情也使他过高评价中世纪基督教哲学家的科学的哲学。他称颂巴黎大学的经院哲学家具有月上世界和月下世界都服从同一物理定律的观念，而实际上第一个明确宣布这一点的却是德国中世纪的科学家库萨·尼古拉。尽管迪昂后来在他的著作中冲淡了他对法国人科学贡献的过高估价，但个人感情方面的因素对他在价值判断中的影响却是显而易见的。当然，迪昂也意识到，在任何创造性的科学工作的价值方面做出裁决，都需要一定的文化观点，即道德的、哲学的、宗教的和理智的观点。

通过深入的科学史研究和在科学前沿的长期探索，迪昂充分认识到历史方法在物理学中的重要性。他说，唯有科学史才能使物理学家避免教条主义的狂热奢望和皮浪怀疑主义的悲观绝望。物理学家的思想往往偏向一个极端，科学史能够做出合适的校正。他看到，通过追溯一系列做出科学发现时的错误和犹豫，它使物理学家警惕虚假的证据；通过回顾宇宙论学派的盛衰，通过发掘一度获胜而又被忘却的学说，它提醒物理学家，最吸引人的体系也只是暂定的描述，而不是确定的解释。

四

迪昂是一个在科学前沿进行开拓的第一流的理论物理学家，又是一个对科学发展的历史有渊博学识和精湛研究的科学史家，加之他还善于通过这种双重的智力结构思索物理学理论的成长、发展和范围，因而他很自然地转向科学哲学。他通过系统的思考，对物理学理论的意义提出了独到的见解，并在各种论著中系统发展了这种看法，其中最为有名的是《物理学理论的目的和结构》。它堪称现代科学哲学的经典著作，至今还与当代科学哲学家所讨论的问题和所提出的观念密切相关，其中的许多观点，即使今天读起来还是新鲜的和激动人心的。

《物理学理论的目的和结构》分为两编十一章，外加一个附录。第一编是“物理学理论的目的”，它有四章：“物理学理论和形而上学解释”“物理学理论和自然分类”“描述理论和物理学史”“抽象理论和力学模型”。第二编是“物理学理论的结构”，它有七章：“量和质”“原初的质”“数学演绎和物理学理论”“物理学中的实验”“物理定律”“物理学理论和实验”“假设的选择”。附录包括两篇文章，其一是《信仰者的物理学》，其二是《物理学理论的价值》。书中贯彻了迪昂下述成熟的思想：关于假设的逻辑作用，定律与理论的关系，测量、实验、证实和解释在构造物理学理论时的本性，作为与大陆物理学中的数学演绎相对照的英国物理学中的力学模型，物理学理论相对于形而上学解释形式或神学解释形式的自主性，物理学的精神，等等。这些结果是长期的实验经验和教学经验、广泛的历史知识以及深入的哲学思索的产物。

在迪昂看来，物理学理论是从少量的原理演绎出的数学命题的系统，其目的在于尽可能简单、尽可能完善、尽可能严格地描述实验定律。迪昂是明晰的和抽象的物理学理论的倡导者，这种理论在逻辑上是完整的、一致的，在数学上是精确的。他认为，物理学理论是物理现象的描述，不是根本的、最终的实在即所谓的形而上学的实在的解释。按照迪昂的观点，解释就是剥去像面纱一样的覆盖在实在上面的现象，以便看到赤裸裸的实在本身。观察物理现象并不是使我们与隐藏在可感觉的外观背后的实在相联系，它只是使我们以特殊的、具体的形式理解可感外观本身。迪昂的结论是，物理学理论的目的是描述实验定律而不是解释实验定律，假若其目的是后者，那么理论物理学就不是自主的科学，它就从属于形而上学。迪昂注意到，科学家很少在科学与形而上学之间做出区分，从而许多理论似乎都被视为一种尝试性的解释，是用多余的“图像”成分和解释成分加以修饰。这些理论实际包含着两种成分，迪昂称其为“描述性的”和“解释性的”成分。在这样的理论中，描述性的部分是有价值的，因而它幸存下来，并且对表面上看来不同的理论来说是相同的。迪昂反对物理学中的原子理论，正是出自他的这一观点：可靠的物理学理论不应当包含关于物质终极的内在本性的形而上学假定。他认为，形而上学地构造模型和在物理学中追求粒子的研究并不能导致揭示物质内部的终极本性，正如原子物理学这种类型的支持者的朴素实在论导致他们所思考的那样。

其实，迪昂并不是根本反对形而上学。在某种意义上，形而上学也是研究的重要对象，因为它深入到事物的实质并解释现象，因而也应当受到尊重。迪昂的本意是强调二者的区别和各自的职权范围，以免形而上学侵入科学而扰乱科学理论的目的。其实，科学与形而上学是并蒂而生的，又怎能将它们截然分开呢？就连迪昂本人也无法完全摆脱形而上学的纠缠。当迪昂认为人们能够在竞争的理论之间做出区分、能够决定哪一个在某一确定的方面更好地对应于现象的感性表现形式时，他不得不严重地依赖形而上学的信念。而且迪昂也涉及科学理论进步的另一个形而上学观点：如果人们不相信与现象的物理表现形式更好对应的理论在某种程度上比所抛弃的理论更好地反映了现象的终极物理实在的话，那么物理学的进步便是不可能的。他提出了一个进一步的形而上学判断：如果人们继续发明关于现象的相互竞争的理论，继续选择与现象的表现形式对应得更好的理论，那么这种持续改善的理论的进步便渐进地趋于这个现象的理论的有限形式；该理论是完全一体化的、十分合乎逻辑的，它把实验定律整理成类似于其的秩序，但并不必然地与其等价，这是一个高度先验的秩序，按此所理解的形而上学实在被分类。迪昂一再明确阐述说，在物理学理论促成进步的程度上，它变得越来越类似于自然分类，这是它的理想目的。物理学方法无力去证明这个断言是正当的，但是它若不是正当的，那么引导物理学发展的趋势就依然是无法理解的。理论越完善，我们便越能更充分地理解，排列经验定律的逻辑次序就是本体论次序的反映。

迪昂强调的一个引人注目的观点是，不可能有真正的判决实验，能够用来检验理论的任何一个特定假设的真理。一个假设的实验检验必然包含该理论的所有其他假设。因此，理论与实验的矛盾不仅能够通过改变一个被认定是“判决性地”检验了的假设来消除，而且也能通过改变其他假设而保留一个“判决性的”未改变的假设来消除。因此，从实验出发通过归纳不能决定一个假设集，从而有可能存在另一个假设集，它也能够描述同样的现象。正是由于这个理由，大量的假设都偏离了科学家的判断，这意味着理论依赖于个人的情趣（鉴赏力），而情趣则取决于科学家个人的文化素养。因为任何科学理论的假设的选择都是超逻辑的，由理论家的情趣管辖。所以在迪昂看来，引导科学基础建构的是科学史。他以合理的论据表明，形式化的定量的科学方法并不完全适合于物理科学，实验科学的定律和结论不能直接揭示事物潜在的最终本性。迪昂宣称，人们需要相信自己的想象力，以猜测隐藏在现象背后的实在的本性。

迪昂认为，就物理学理论发展的任何阶段而言，任何基本的元素仅具有暂定的和相对的状态。人的精神能够获悉某些关于物理世界真实的内在本性，但是人们不能剥去现象的外观，而获得关于事物终极本性的直接知识。在迪昂看来，要是人们仅仅运用定量的方法，甚至要抽出关于物理世界深刻的内在本性的知识也是不可能的。因此，某些定性的考虑也是必需的。物理科学正是在这样的两极之间定向的，即亚里士多德纯粹定性的方法和当代物理学纯粹定量的方法。物理科学由于固执于两极而遭到磨难，片面的方法使它的发展停滞了。今天，尤其是在西方，定量化“狂”已经渗透到人类事业和经验的每一部分，定量化无错误的神话已显示出真正的危险，构成了对科学和文明的威胁，因为它带来了非人性和物化，并伴随着个人自由和自由探询的丧失。迪昂当时就意识到这种类型的科学主义的危险。

谈到理论的用处，迪昂指出了以下三点：第一，在几个假设和原理下，它们通过把大量的实验定律演绎地结合在一起，从而能促进思维经济。第二，通过定律的系统分类，它们能使我们根据特定的场合，为达到特定目的而选择我们所需要的定律。第三，它能使我们预言，也就是能够使我们预期实验的结果。

迪昂关于物理学理论构成方法的叙述，显示出他的物理学理论的本质的概念。他认为形成物理学理论有这样四个相继的操作：第一，在我们着手描述的物理性质中，我们选择我们认为是简单的性质，以致其他性质将设想是它们的简单性质的聚集或组合。我们通过合适的测量方法使它们与某一群数学符号、数字、数量对应。数学符号与它们所表示的性质没有内在本性的关系，而仅是一种约定的记号。通过测量方法，我们能够使物理性质的每一个状态对应于表示符号的一个值，反之亦然。第二，我们借助于少数命题把这样引入的不同种类的数量联系起来，这些少数命题在我们的演绎中是作为原理来看待的。这些原理在该词的词源学意义上可以被称为“假设”，因为它们确实是理论赖以建立的基础；但是它们并不以任何方式宣称陈述了物体真实性质之间的真实关系。这些假设当时是以任意的方式形成的。限制这种任意性的唯一的绝对不可逾越的障碍是同一假设术语之间的逻辑矛盾，或者是同一理论各种假设之间的逻辑矛盾。第三，理论的各个原理或假设按照数学分析的法则结合在一起。数理逻辑的需要是理论家在这一展开的过程中必须满足的唯一需要。理论家计算所依据的数量并未宣称是物理实在，他在演绎中所使用的原理并未陈述这些实在之间的真实关系；因此，他所进行的操作是与真实的还是可信的物理变换对应没有关系。人们有权要求的一切就是，他的符号化是可靠的，他的计算是正确的。第四，从假设推出的各种结论可以被翻译为许多与物体的物理性质有关的判断。对于定义和测量这些物理性质的合适的方法，犹如容许人们进行这种翻译的词典和图例一样。把这些判断与理论想要表示的实验定律相比较。如果它们与这些定律在相应于测量程序所使用的近似度上相一致，那么理论便达到了它的目标，理论就是好理论；如果不一致，就是坏理论，就必须被修正或被抛弃。简而言之，这四个基本操作就是：物理量的定义和测量，选择假设，理论的数学展开，理论与实验的比较。迪昂再次强调，真正的理论不是给物理现象做出与实在一致的解释的理论，而是以满意的方式表示一组实验定律的理论。与实验一致是物理学理论真理性的唯一标准。

五

在政治立场和社会观点上，迪昂被认为是右翼分子、保皇党人、反共和政体者、民族主义者、反犹太主义者和宗教极端分子。这种看法是有一定的道理和根据的。迪昂的这种政治态度部分地是从他的中产阶级家庭继承下来的盲目的偏见，但恐怕主要来自他的强烈的基督教信仰。不了解迪昂深挚的宗教感情和坚定的宗教信条，就无法理解他的锋芒毕露的性格和过激的行为。

迪昂这位对西方文化有着极其广泛和深刻洞察的人，他的这些政治上的瑕疵是十分不能令人满意的。作为一个学者，他是一位非凡的人物，并具有真正的学者那种坚不可摧的独立性和科学良心。作为一个真正的中世纪基督教的信徒，他有着基督教绅士的道德准则和行为模式，以及基督教骑士的无畏和勇猛。他时刻准备着，一旦当他的基督教原则受到挑战时，他就立刻去进行十字军东征，不惜一切地去捍卫它们。

迪昂彻底地研究过中世纪，他对中世纪的成就怀有高度的敬意。他乐于承认，西方文明是基督教文明，这种文明在文化上融合了希腊文化，它是中世纪的创造物。中世纪的初期在人类的历史上是一个最早慧的时期，在人的生活中是一个空前的精神的、技术的和科学的进展时期。他十分清楚地意识到，一个最重要的观念，即与神圣不可侵犯的个人良心有关的独立的个体的观念——一个人秘密的内在世界、作为人的个人价值和尊严居留在这里——源于中世纪基督教的信仰。每一个人作为上帝的儿女，其精神独立、精神平等以及关于个人生活行为的选择自由，是根本的基督教信条和训诫。他也信守基督教的博爱原则，即对忏悔者仁慈和宽大。他深信，基督徒对个人寻求真理负有责任，因为耶稣基督说过，只有真理才能使人变得自由。而为正义不惜任何个人代价挺身而出，这是他所认为的基督徒的优良传统。

迪昂充分地意识到，基督教的信徒在西方文化中扮演了极为重要的角色，他们相信基督教的种种准则，这从本质上造就了西方人。对于像迪昂这样的虔诚的信徒来说，任何违背这些准则的行为都是腐蚀西方社会的基督教传统，都是挖作为基督教文明的西方文明的墙脚。在这些原则问题上，他是坚强不屈的。他不像他的一些学术同行，毫无骨气地屈从于体制化的官僚政治的意志和高高在上的要员的狂想。

迪昂就是这样披上了他的基督教卫道士的盔甲，以坚定的信念毫不妥协地回击反基督教的倾向。就连他的许多朋友，也觉得他过分认真、过于偏激了。例如，迪昂因其宗教原则，拒绝帮助乔治·萨顿创办自由主义的科学史杂志《爱西斯》。迪昂肯定地认为，他所处时代的自由主义的自由思想家是第一共和国极权主义的雅各宾派的思想体系的产物，他们这帮人是自启蒙运动以来法国社会中信奉异教的最突出的促动者。他对于无神论的马克思主义似乎也持有同样的观点。也许这种基督教观点能解释迪昂反自由主义以及其他政治态度。在迪昂看来，反教权主义的法兰西第三共和国代表着极权主义的民主政体的传统，并受到普选的支持，这便否认了上帝给予基督徒的个人权利。而且，这在平民中助长了庸俗的贪婪和对正派的公民的忌妒，从而违背了基督教的十戒，这必定是激发迪昂反对共和国政体的主要缘由之一。他批判性地审查了极权主义的民主政体，发现它违背了基督教的原则，败坏了普通法国人的尊严，并使他们变得不诚实和贪得无厌。作为信奉异教的结果，平民倾向于运用权利去选举，以此作为掠夺正派基督徒的劳动成果的许可证。迪昂认为，这种掠夺是不道德的、十足的罪恶。这是他反对普选的主要根据。对于基督教民主运动，迪昂也持反对立场，他的教条主义的态度使他看不清这是“换了面孔”的基督教，他只看到这里蕴含着一个内在的逻辑矛盾：极权主义的民主政体与基督教的基本原则格格不入。迪昂也许认为，犹太教作为基督教团体大门内的一种有组织的宗教运动，是对基督教怀有敌意，因为犹太教谴责耶稣是骗子，否认耶稣的神威，把基督教视为骗人的宗教，从而在基督徒中间产生了对基督教的怀疑情绪，这大概是迪昂成为反犹太主义者的原因。要知道，迪昂在学校和他的犹太人同学相处倒是融洽的。

除了对基督教怀有深挚的信仰和对耶稣基督无限崇敬，迪昂从不崇拜或巴结其他人，不管他们的地位多高、官职多大。他讨厌伪君子，从来也不期望怀着敬意和忠诚去拜访那些身处高位的人。即使当他的职业蒙受损失或灾难时，他也要为真理讲话，或者讲出他认为是真理的东西。这正是迪昂一生悲剧的根源。

迪昂性情自尊但不自负，敏感但不虚荣，在任何对抗中都显得刻薄但却无报复心，多虑但不虚伪，自信但不傲慢，有主见但不独断独行。他是一位值得真正的专业人员尊敬的人。可是，迪昂并没有受到尊敬，反而受到法国知识界、官僚机构有影响的一批人十足的忌妒、粗暴的迫害与无理的排斥，这在法国的历史上甚至是前所未有的。这全是因为迪昂深厚的基督教信仰、坚定的政治信念，尤其是他渊博的、使人敬畏的学术才干以及智力上的独立性。而对这一切不公正的自身待遇，迪昂从未抱怨自己的苦闷，也没有私下积极活动争取晋升。他拒绝参与学术界的政治，他是一个原则性甚强的人。

在生涯的后期，迪昂的命运有所好转。其转机在于，年迈的贝特洛良心有所发现，他后悔自己将近20年一直对迪昂采取不公正的态度，承认对迪昂的职业排斥负有责任。1900年，贝特洛改正了先前的错误，投票选举迪昂为法国科学院通讯院士。在贝特洛的支持和帮助下，迪昂首次得到了他早该得到的荣誉。其实，迪昂从来也不是为了名望或荣誉才希望到巴黎致力于他的科学工作的，而是为了追求真理和扩大他的科学影响，这一点甚至连他的对手也承认。这也是他这位基督徒的另一个显著特点。迪昂从贝特洛的积极行动中看到了贝特洛的悔悟，他立即以宽宏大度的胸怀予以回报，就像贝特洛对他的迫害从未发生过一样。迪昂的行动体现了基督教的所谓上帝之爱。

在这些年间，迪昂被选为几个外国科学院的院士，并接受了两个荣誉学位。但是，他还不是法国科学院的院士，因为在那个时候，它的院士必须在巴黎工作。1908

年，他基于自己的基督教信仰拒绝了荣誉军团的提名，因为他认为，接受由一位他所蔑视的共和党人签署的这一共和国荣誉称号，对他来说是虚伪的。他也拒绝提名他作为巴黎法兰西学院有威望的科学史教席的候选人，因为他不愿走历史的后门去巴黎。他说，他或者作为一个物理学家去巴黎，或者根本不去。1913 年，当法国科学院要增选六个外地院士时，迪昂被一致拥戴为头六个候选人之一。但是，他却力图撤回他的候选资格，以便使下一个最接近的候选人——一位 90 岁的博物学家，迪昂欣赏他的工作——能在去世前当上法国科学院院士。迪昂再次体现了基督徒的上帝之爱。

迪昂在波尔多整整待了 21 年，直至他去世。自从女儿长大到巴黎上学后，他独自一人在波尔多工作，只有在假期才能与女儿团聚。这时，他和女儿或者在卡布雷斯潘的房舍（这是迪昂从母亲那儿继承来的遗产）里度假，或者和老朋友一起到法国各地徒步旅行，他在旅途中用墨水笔或炭笔画了许多非常优美的速写画。

平时，迪昂是一个彬彬有礼、富有魅力、讨人喜欢的人，有不少亲密的朋友。他的学生也很敬慕他。在待人接物方面，他是诚心诚意的，乐于助人，经常承担一些慈善服务工作。然而，他的信仰和个性又使他得罪了一大批人，失去了许多社会联系。他 40 岁时患上的指痉挛和一生所遭受到的痛苦的胃痉挛，都与他耿直、易怒的个性有关。

迪昂身材矮小，表面看来身体好像还强健，实际上却内虚多病。1913 年，当他被选为法国科学院的外地院士时，这个迟到得多的承认使他极为高兴。他似乎焕发了青春，社会联系明显增加了。他开始对天主教学生会感兴趣，并在第一次世界大战开始后积极参加寡妇和孤儿救济会。

1916 年夏，迪昂和女儿像通常那样到卡布雷斯潘度假，并带有工作、徒步旅行和画速写的计划。9 月 2 日之夜，在相当紧张的行走之后，他的心脏病突然发作了，这种病无疑源于他儿时得过风湿热病。医生诊断他患的是心绞痛，心绞痛的征兆已出现六七年了，但长期以来被误认为是胃痉挛。迪昂顺从医生的劝告，限制了自己的活动。在 9 月 14 日的上午，他感到自己好些了。但是，当他用墨水笔画素描并与女儿谈论战争近况时，他的心绞痛又发作了，几分钟内便离开了人世，终年 55 岁，留下了未完成的手稿《宇宙体系》。他被葬在卡布雷斯潘。这位一生不知疲倦地从事教学、研究、写作和细读中世纪手抄本的伟大学者获得了休息的权利，但却是永远地休息了。

（作者：李醒民）

参考资料

[1] P. Duhem. The Evolution of Mechanics [M]. Translated by Michael Cole, Maryland: Sijthoff & Noordhoff, 1980.

[2] P. Duhem. The Aim and Structure of Physical Theory [M]. Translated by Philip P. Wiener. Princeton, New Jersey: Princeton University Press, 1954.

[3] Donald G. Miller. Ignored Intellect Pirrer Duhem [J]. Physics Today, 1966.

朱利安·索雷尔·赫胥黎

（Julian Sorell Huxley，1887—1975）

朱利安·索雷尔·赫胥黎

科学精神与人文精神融合的典范

一、早年生涯

朱利安·索雷尔·赫胥黎，1887 年 6 月 22 日出生在英国伦敦罗素广场他姨妈玛丽·奥古斯塔·华德的家中。这幢舒适的房子位于布卢姆斯伯里地区的中心，距离海德公园不过 1 千米左右。当天恰逢英国维多利亚女王登基 50 周年庆典，烟花满天，充满了节日的喜庆。朱利安可谓出身名门，父系一方，其祖父是著名的生物学家托马斯·亨利·赫胥黎，曾任英国皇家学会会长（1883—1885），以“达尔文的斗犬”闻名；父亲伦纳德·赫胥黎曾任《康希尔》杂志编辑，擅长写知识分子传记。母系一方，外曾祖父托马斯·阿诺德是教育改革家、拉格比公学校长；大外公马修·阿诺德是诗人、人文主义者；姨妈玛丽·华德是小说家，笔名汉弗莱夫人；母亲朱莉娅·赫胥黎，创办了女子学校“修道院长之田”并担任校长。此外，胞弟奥尔迪斯·伦纳德·赫胥黎是创作了《美丽新世界》的著名作家；异母弟安德鲁·菲尔丁·赫胥黎是 1963 年度诺贝尔生理学或医学奖获得者，以研究神经传导和肌肉收缩而闻名，曾任剑桥大学三一学院院长，并成为该家族中第二位英国皇家学会会长（1980—1985）。

朱利安童年的大部分时间是在英格兰萨里郡的乡间度过的。自小他就表现出对自然和生物的浓厚兴趣，而这恰恰又得到了父母的鼓励。让他记忆深刻的是 4 岁时见到的一只癞蛤蟆，从此他就深深地迷恋上了各种动植物。有一次，他看到一只漂亮的蜘蛛，连忙招呼母亲过来一同欣赏。也就是在 4 岁时，他提出了“为什么生物都有本性？”这样的问题。看到朱利安如此热爱自然而又喜欢思考，托马斯知道自己的科学事业薪火有传了，欣喜道：“朱利安显然喜爱生物学——我多想亲自来教他！”5 岁那年，在一次家庭聚餐时，托马斯谈到在鱼类中没有父母照顾子女的现象，早慧的朱利安立即插嘴道：“爷爷，那么棘鱼呢？”朱利安还给祖父写过一封信，想了解金斯利小说中的神奇生物“水孩子”。祖父在回信中大胆预言：“同样的事物，有些人看到很多，有些人却看到很少。我敢说，等你长大了，将会是一个伟大的观察者，当其他俗人一无所见时，你却能看见比‘水孩子’更美妙的东西。”

在家庭教师杜小姐的指导下，朱利安5岁时开始了初等教育。1897年，他进入希尔塞德预备学校，这是一所为伊顿公学提供优良生源的学校。父母殷切期望他能取得优异成绩，获得伊顿公学的全额奖学金。而事实上，奖学金的名额是极其有限的，年幼的朱利安在学习上承受着巨大的压力。他开始变得焦虑，出现了精神健康方面的问题。精神疾病（很可能是所谓“抑郁狂躁型忧郁症”，又称“双极情绪失调症”）一直困扰着赫胥黎家族，托马斯和朱利安都深受其折磨。不过，朱利安最终还是顶住了压力，从竞争者中脱颖而出，在第二次入学考试中获得了成功。

1900年，朱利安来到了伊顿公学，这是一所真正的贵族学校。有意思的是，托马斯在20多年前曾担任过该校的董事，正是在其倡导下，伊顿建起了科学实验室，即保守人士所称的“赫胥黎的笨大楼”。前人栽树，后人乘凉，祖父当年的贡献使得朱利安有机会接受正式的科学教育。在绰号“小猪”的生物学课程导师M. D. 希尔的影响下，朱利安确立了自己从事生物学的职业规划。朱利安认为希尔是一位真正的好老师，并且一生都感激他。通过阅读埃德蒙·塞勒斯的《鸟类的真实生活》，朱利安相信鸟类研究将是一个大有可为的领域。

朱利安是带着诗歌奖、莎士比亚奖和生物奖三项荣誉从伊顿公学毕业的。他报考了牛津大学巴利奥尔学院动物学系。在入学考试的试卷上，面对“假如你有百万英镑”的作文题，他洋洋洒洒，畅谈自己的理想，提出要买下尽可能多的未被污染的不列颠海岸线加以保护。不难看出，少年时代的朱利安，不仅具有环境保护的意识，还抱着强烈的社会责任感。这次，朱利安又成功了，获得了牛津大学的奖学金。

1906年秋，朱利安踏进牛津大学这座古老的学府。他发展了对胚胎学和原生动物学的兴趣。就读期间，受到了导师杰弗里·史密斯和实验胚胎学课老师J. W. 詹金森的影响。他们都是当时生物学界思想前卫的人物。朱利安兴趣爱好广泛，并没有将自己的视野仅仅局限于生物学这一领域。在哈罗德·哈特利的建议下，他开始研究巴斯德的生平，“这令我大开眼界，了解到科学发明的方法——直觉、执着再加上偶尔的幸运”。他还喜欢文学作品，特别是诗歌，对但丁的《神曲》和歌德的《浮士德》赞赏有加。1908年，也就是从牛津大学毕业那年，他写的一首小诗获得了纽迪盖特诗歌奖。他把奖金用来购买了一台双目显微镜。朱利安还是一位运动健将，登山是他的最爱。在大学里，无山可登，他便在夜深人静时去攀爬大楼和屋顶。

1908 年，朱利安带着最高荣誉从牛津大学毕业。这年 7 月，剑桥大学举办了达尔文百岁诞辰国际会议，而这一年又恰好是《物种起源》发表 50 周年。看着自己的老祖母应邀坐在主席台上，年轻的朱利安感触颇多，受到了很大的激励。

二、发育生物学与动物行为学研究

从牛津大学毕业后，朱利安远赴意大利，利用那不勒斯海洋生物研究所提供的生物学奖学金，开始了科学研究的生涯。这家全世界最古老的海洋生物研究机构成立于 1872 年，1874 年正式开放。由于地理位置优越，研究设施先进，它吸引了来自世界各地的知名生物学家，其中包括托马斯·亨利·摩尔根。朱利安的祖父托马斯曾在这家研究机构的创办阶段帮助解决过经费困难的问题。朱利安此时的研究方向是个体发育生物学，他选择了海绵作为研究对象。他将海绵分散成单个细胞，然后观察其复原和发育的方式。在随后发表的论文中，有这么一句话颇值得玩味："它们的命运并非是先天注定的，而是它们所接触的位置决定的。"这是科学精神与人文主义结合的萌芽。1910 年，朱利安返回牛津大学，担任贝利奥尔学院的讲师，以及动物学和比较解剖学系的实验员。此时他将注意力集中于博物学，特别是鸟类学。他利用假期的空闲，开始系统地观察水禽的求爱仪式，推究其背后的进化机理。1914 年，他在《伦敦动物学会论文集》中发表了关于凤头鸊鷉的论文，这让他一直引以为傲，自认为是鸟类动物行为学研究中的一个里程碑。

朱利安在牛津大学工作的时间并不长，这是由于他对自己的职业前景缺乏信心。从任职的第二年起，他就试图另觅高枝。到了 1912 年，他的人生发生了重大转机，一所新创办的美国大学，得克萨斯州休斯敦的赖斯大学，高薪聘请他参与创办生物学系并担任助理教授，此后他也就顺理成章地成为该系首任系主任。

1912 年 12 月，朱利安来到美国。他发现，祖父在美国依然享有较高的知名度，数十年前那些大获成功的讲座并没有被人遗忘。在约翰·霍普金斯大学初创时期，托马斯曾应邀发表慷慨激昂的演讲。当时一个神父这样评价："请赫胥黎来是大错特错，邀请上帝出席成立大会会好得多。如果把他们一起请来，那将是荒谬绝伦的。"朱利安访问了美国的许多知名大学。在哥伦比亚大学，他参观了著名的摩尔根遗传学实验室"蝇室"。摩尔根那时虽然拥护进化论，但并不相信自然选择学说，他把朱利安看成是一个妄自尊大的年轻人。不过，正是这个年轻人，慧眼识珠，聘请摩尔根手下的研究生赫尔曼·约瑟夫·穆勒担任自己在赖斯大学的助理。后来，穆勒在辐射遗传学上取得巨大成功，获得 1946 年度诺贝尔生理学或医学奖，成为继摩尔根之后首位获得诺贝尔奖的遗传学家。

为了替新工作做好充分的准备，朱利安由赖斯大学资助，赴德国进行访问研究。他先是进入海德堡大学的奥托·瓦尔伯格实验室，随后又来到慕尼黑大学的赫德维希实验室。在研究的同时，朱利安抽空拜访了其他一些学术机构，并参观了柏林动物园。结束德国之行，朱利安回到了英国，这时他在个人情感问题上遭受了重大打击。他与凯瑟琳·福德姆小姐的婚约破裂了，这让他陷入了神经崩溃的境地。在塞里雷盖特一个名叫“隐庐”的疗养院休整了几个月后，朱利安终于恢复了健康。

1913 年，朱利安带着从母校伊顿公学招聘的实验室助手约瑟夫·戴维斯再次来到美国。他全身心投入组建赖斯大学生物学系的工作中，从聘任教师、购置图书和仪器，到建设生物标本室，他都严格把关，争取做到最好。朱利安认为，生物学应该是一门完整的学科，而不是拿学分的一些孤立课程。他花费许多时间来设计和教授创新的生物课程，不仅注重科学理论的学习，还强调了大量的实验室和实地教学。与教学、行政工作相平行，朱利安继续从事科学研究，他与穆勒合作研究遗传学，探讨招潮蟹的相对生长问题。他造访了路易斯安那州阿维利岛的鸟类保护区，对保护区的创建者麦克兰尼先生的工作深表赞赏，尤其是对他采用拍摄动物纪录片来说服议会的方式留下了深刻的印象。

1915 年，朱利安决定回国为战争服务。这不仅包含着对故乡亲友的思念，更是出于爱国的考虑。朱利安返回英国后，从事的第一项任务是做邮政检查员，学习不留痕迹地拆阅信件。这份工作很快就让他感到厌倦，于是他应征入伍，先是在军需处工作，不久又调到参谋部，最后被派往意大利参谋总部。战争期间，朱利安并没有完全放弃科学研究，即使在宿营的时候，他仍然坚持观察营地周围鸟类的活动。

回国后，朱利安决定辞去赖斯大学的工作，原因如他所述，战时的牛津大学处于半死不活的状态，“在此关键时期，我感到可能我应当回去尽力”，“自从回国以后，我越来越觉得自己是个英国人，而不是一个国际主义者”，“只有作为英国社会——我的社会的一分子，才能为世界作出一定的贡献”。

战争结束后，朱利安返回牛津大学，接替在战争中阵亡的杰弗里·史密斯担任新学院动物学和比较解剖学系的高级实验员。这个时候他开始认真考虑成家立业的问题。战时，他经常造访热情好客的奥托莱恩夫人的嘉辛顿庄园，并爱上了庄园里的瑞士籍女家庭教师朱丽叶特·贝洛特。1919 年 3 月，两人喜结连理。可是，刚从战争的阴影中走出来的朱利安，感觉到战争服务已经让他疏远了生物学的基础知识，并开始怀疑自己的工作能力。他变得越来越沮丧，在第一个学期结束时，再次精神崩溃。新娘朱丽叶特陪他去瑞士看病，经过几个月的休养，才又恢复过来。

在牛津大学任教的岁月，朱利安很好地满足了那些充满求知渴望而急欲忘记战争的学生，让他们投身于思考和学习，从而培养出一批才华横溢的学生，如约翰·贝克、加文·德·比尔、艾里斯德·哈代等。在科学研究方面，朱利安首先拾起了鸟类学研究。他参与组织了一支远赴北极的科学考察队伍。在位于北极圈内格陵兰岛的斯皮兹卑尔根，朱利安与队友们观察鸟类的显耀、护雏等行为，并就鸟类仪式行为的进化起源进行探讨。这些翔实而生动的记录，以及其他的研究成果均收录在 1925 年出版的《斯皮兹卑尔根论文集》中。此外，朱利安围绕生物个体的生长和发育问题继续进行实验室研究，先后就分化、形态发生、荷尔蒙控制的生长和发育，以及基因调控等问题发表了多篇论文。其中最重要的一项研究成果，应该是他就相对生长论提出的一个经验公式，$y=bx^k$。该公式是以蟹的发育为模型建立的，y 代表蟹螯的重量，x 代表除螯以外身体的重量，b 代表一个常数。朱利安将这个经验公式推广应用于其他动物的相对生长研究，取得了较为理想的结果，为相对生长论的发展奠定了基础。此外，朱利安还参与遗传生理学的研究，而在当时，研究基因与环境对生物个体的影响，尚处于萌芽状态。

朱利安第一次成为公众关注的焦点，起因于他在《自然》杂志上发表的一篇关于美西螈的短文。美西螈是一种两栖动物，终其一生均保持幼体状态生活在水中，不用经历变态发育就可以繁殖后代。朱利安的短文描述了他在实验室人工条件下，通过饲喂牛甲状腺而成功诱导了变态发育。这些成年状态的美西螈外鳃和鳍背消退了，能够直接呼吸空气，并从水里转移到岸上生活。朱利安认为，这种现象在几千年前可能在自然界发生过，而正是自己的工作让这一失落了很久的现象得以重现。这一科学研究成果立即吸引了大众报刊的注意，成为报道的热门话题，不过大多都是对事实的曲解和夸张，甚至认为朱利安的研究不亚于发现了“使人长生不老的灵丹妙药”。

在同事们看来，这种混乱的状况对朱利安的学术前途是不利的，会给人留下江湖骗子的印象。当时批评最为激烈的是他的朋友 J. B. S. 霍尔丹。很快，朱利安通过在报刊上登载澄清事实的答辩文章，使这一事件得到了圆满的解决，不仅没有使他的声誉受损，反而巩固了学术地位，还顺便得到了一笔稿费。富有戏剧性的是，J. B. S 霍尔丹在此后几个月内，迅速推出了自己畅想未来生物科学发展状况的作品《代达罗斯，或科学与未来》，其中涉及了基因重组、定向进化、试管婴儿等内容。在此后几年间，朱利安又陆续发表了几篇科普文章，并于 1923 年出版了一部适合公众阅读的生物学著作《一位生物学家的散文》。

1925 年，伦敦大学国王学院以 1000 英镑的年薪聘请朱利安担任动物学系的系主任。虽然这份薪水打破了当时英国生物学界的纪录，第一次达到四位数，却并非朱利安跳槽的主要动因。相比之下，系主任的职务无疑更具有吸引力，因为对他这么一位年轻人来说，如果留在牛津大学，动物学系主任的职位尚遥不可及。不过，朱利安在伦敦大学也没有工作多久，他很快将来到人生新的转折点。1926 年，朱利安遇到了赫伯特·乔治·威尔斯，并应邀参与一部百科全书（《生命之科学》）的创作。正是这项艰巨而又富有挑战性的工作，让他走出学院的象牙塔，真正迈入社会。

三、自由探索与动物园管理委员会

威尔斯曾经是托马斯·亨利·赫胥黎的学生，他之所以邀请朱利安参与这项工作，固然与朱利安本人在生物学研究上的造诣有关，但其家世也是很重要的因素。威尔斯此前在《世界史纲》这部恢宏博大的著作上获得了巨大成功，因此在创作《生命之科学》的过程中，对这位年轻的合作者要求极为严格。由于威尔斯的批评，加上撰写工作本身极为烦琐，朱利安不得不做出决断，于 1927 年辞去了国王学院的工作。这在他的同事们看来，不仅仅是令人惊讶的、轻率的，甚至可以说是错误的。然而，朱利安听从了威尔斯“努力工作，做到最好”的忠告，潜心于《生命之科学》的创作。1930 年，这部百科全书式的作品终于完成了，在版税分配上，朱利安获得了五分之二，不难看出朱利安所承担工作的分量。这部作品获得了很大的成功，成为了朱利安科学普及事业的巅峰之作。正如其中译本作者郭沫若所言：“这部书在科学知识上的渊博与正确，在文字构成上的流利与巧妙，是从来以大众为对象的科学书籍中所罕见的。”

完成《生命之科学》后，朱利安以自由之身，继续勤奋工作。他虽然已经从国王学院辞职，但却保留了自己的实验室，依然是动物学系的荣誉讲师。此外，他还担任了 1927—1931 年度英国皇家学院富勒生理学讲座的教授。朱利安这一时期重要的学术专著包括《相对生长的问题》(1932) 以及与加文·德·比尔合著的《实验胚胎学要义》(1934)。除学术研究外，朱利安的社会活动日益丰富，从科学逐步向政治延伸。1929 年，受英属东非殖民地教育委员会的邀请，朱利安造访了东非的坦桑尼亚（当时是坦噶尼喀和桑给巴尔两地)、肯尼亚和乌干达，并于 1931 年出版了《非洲之观》一书，对非洲的野生动植物保护和土著居民的教育问题提出了一些建设性的意见。

朱利安在英国国内逐渐赢得了较高的知名度，这从 1930 年《观察家》杂志读者选出的“英国最聪明的五个人”名单可见一斑。朱利安排在第 16 位，超过了卢瑟福和罗素。1931 年，在伦敦举行的第二届世界科学史大会上，苏联科学家鲍里斯·赫森宣读的一篇论文《牛顿〈原理〉的社会和经济基础》引起了许多英国科学家的兴趣。同年，由苏联国际旅行社组织，朱利安以英国科学工作者联合会主席的身份，携夫人访问苏联，拜访了全苏农业科学院的第一任主席瓦维洛夫。朱利安对苏联大规模的国家计划非常感兴趣。回国后，他参与创立了一个名为“政治与经济计划”的知识分子团体。

朱利安善于充分利用当时已有的传播媒体进行科学文化的宣传，包括电台广播和电影，以及随后诞生的电视。他频繁出现在英国广播公司的节目中，就“科学与社会”这一主题进行了一系列广播演说，并于 1934 年以《科学研究和社会需求》结集出版。在利用电影这一艺术形式方面他也进行了大胆尝试，他担任了 G.B. 教学有限公司的生物学影片总监，以及电影《宇宙演化的故事》的总编。尤其值得一提的是，1934 年，朱利安指导拍摄了一部纪录片《塘鹅的私生活》。这部展现了塘鹅筑巢、进食、炫耀等场景的作品，曾荣获 1937 年度奥斯卡最佳纪录片奖。

1935 年，朱利安就任伦敦动物学会秘书，负责动物园管理委员会的工作。当时他精力相当充沛，将自己的心血倾注到动物园的发展上。他充分利用自己在科学教育和科学普及方面的经验，将自己非凡的才干尽情发挥出来。朱利安给动物园带来了许多新鲜事物，创办宠物角（后来扩展为儿童动物园)、发行《动物园》杂志、建立动物画室等。他还常常亲自举办讲座，给儿童们当解说员。这些改革措施，加上设立公共关系主任、每日举行新闻发布会等宣传策略，使得前来动物园的儿童数量迅速增加。

可是，以理论见长的朱利安，并不完全适应现实的政治生活。在动物园管理委员会任职期间，他与委员们在许多问题上存在矛盾。例如，原来动物园周日不对公众开放，委员及其私人宾客可以免费入园，朱利安建议取消这一特权，并在创办宠物角时征用了委员们的私人草地。因此，委员们常常否决他的建议，这让朱利安觉得他们是在玩弄权术，拒不采纳其合理建议。第二次世界大战爆发后，由于战时管制，加上空袭的威胁，参观动物园的游客人数开始锐减，使得朱利安的规划一再被搁置。战事一开始，朱利安就主动将自己的薪水减为一半，并通过其他渠道获得收入。可是，委员们却认为，朱利安作为一名专职秘书，不应当兼做其他工作。

1942 年，在美国洛克菲勒基金会邀请下，朱利安停薪留职赴美演讲。可是，动物园管理委员会不愿让朱利安离开岗位，认为这是不务正业，矛盾由此激化。赴美后，朱利安在一次演讲中谈及美国参战问题，当时尚未爆发珍珠港事件，故而引起一部分美国人的抵制情绪，消息传回英国，动物园管理委员会对他更加不满。不久，美国参战，朱利安无法买到船票及时回国，超出了所请假期，加上当时动物园内发生一起淹死小男孩的事故，管理委员会趁机将朱利安推下了领导岗位。由于是停薪出访，朱利安认为管理委员会的这种做法是对他的人身攻击，在晚年撰写的《回忆录》里尽显其愤慨之情。

在科学研究方面，这一时期的朱利安放弃了实验室工作，并将注意力转向生物进化理论的研究。受其祖父的影响，朱利安自小就对进化问题感兴趣，之前他研究鸟类的仪式行为，最终目的也是探索这些行为背后的进化起源和自然选择的机制。不过他早年发表的学术论文中直接探讨生物进化的并不多见。这一时期，朱利安开始了对进化生物学的系统研究，主编了《新系统学》(1940)，独立撰写了一部专著《进化，现代综合》(1942)。在后一本书中，朱利安将遗传学的最新进展与达尔文的自然选择学说有机结合起来，充分表达了新达尔文主义的观点，成为综合进化论建立过程中的一个重要标志。

从进化论的视角出发，朱利安对优生学产生了浓厚的兴趣，从 20 世纪 20 年代起，他一直是英国优生学会的活跃分子。在希特勒上台之前，朱利安与其他许多老套的优生学家一样，相信通过优生学的一些强制性措施，可以从遗传构成上对作为一个物种的人类加以改善。随着纳粹德国种族主义暴行的泛滥，1936 年朱利安与剑桥大学的 A. C. 哈登合著了《我们欧洲人》。朱利安在该书的序言中明确表述了自己的观点："目前出现的大量伪科学的'人种生物学'是为政治野心、经济目的、社会不满和阶级偏见服务的。本书的目的是收集目前有关人种的主要科学事实，即人类群体的遗传差异，并按已确认的科学原则来介绍这些事实。"此后不久，朱利安担任了英国优生学会的副会长（1937—1944），并在多年以后担任其会长（1959—1962）。

四、高等教育与联合国教科文组织

二战正酣，许多人还在考虑如何打赢这场战争的时候，朱利安就已经开始认真思索战后重建和发展的问题。1944 年，朱利安出版了一部名为《论生活在革命之中》的论文集，其中第一篇论文写于 1942 年。朱利安指出，英国应当重新审视社会问题和价值观念。他认为世界这个大舞台上所发生的一切只有用“革命”一词来形容才是恰当的。当然，他认为这场革命应当以民主的方式进行。在 1945 年英国大选中，战时领袖温斯顿·丘吉尔下台，而工党的艾德礼上台执政，这似乎印证了朱利安的预见。

1944 年，朱利安以英国殖民地高等教育委员会成员的身份前往西部非洲考察，为当地的高等教育提供建议，其中包括创办一所或多所大学的可能性。朱利安认为，以当地基础教育的现状，创办一所大学较为实际，这样能够保证高等教育的质量。不过，后来实践证明，朱利安大大低估了当地人民对高等教育的需求。这次非洲之行让朱利安患上肝炎，当他回国后，又一次精神崩溃了。直到 1945 年，朱利安才又恢复健康，恰好赶上参加俄罗斯科学院成立 220 周年庆典。本来，朱利安对苏联生物学的印象不错，但这次莫斯科之行却让他对苏联遗传学的现状深感震惊。他亲自聆听了李森科的一场报告，确信其所谓“米丘林遗传学”并没有充分的根据和可靠的检验。1949 年，朱利安在英国出版了《苏联遗传学和世界科学——李森科和遗传学的意义》(同年在美国出版，书名为《东西方遗传学》)，探讨“科学研究与政治干预之间的关系”这一棘手的问题。

1945 年，朱利安由俄罗斯返回英国后，参与了联合国教育和文化组织筹备委员会的工作。时任筹委会秘书的阿尔弗雷德·齐默恩先生恰好患病，需要离开好几个月。英国教育部的约翰·莫德爵士邀请朱利安接手这一工作，在他和新任英国教育大臣埃伦·威尔金森的劝说下，朱利安忐忑不安地接受了这一富有挑战性的工作。当时远在中国的英国驻华科学代表团团长李约瑟，得知了这一机构即将成立的消息，希望能将自己设想的国际科学合作组织纳入其中，因此他建议在组织名称中加入“科学”一词。朱利安对此极为赞同，并通过谈话和信函力促各方接受李约瑟这一建议。1945 年 11 月 1 日，在建立该组织的盟国教育部长会议的开幕致辞中，会议主席埃伦·威尔金森以英国代表团的名义提出了加入“科学”的建议。1945 年 11 月 6 日，在包括中国代表胡适在内的各国代表支持下，代表科学的“S”被写入这一个国际机构的名称中，即联合国教育、科学及文化组织。

1946 年 11 月 4 日，联合国教科文组织正式成立，朱利安被任命为第一任总干事。在美国代表团的阻挠下，提供给他的任期只有 2 年，而不是章程规定的 6 年。具体原因尚不明确，但可能与朱利安具有无神论的“科学人文主义”思想有关。在担任筹备委员会秘书及总干事期间，朱利安是一个积极主动、充满活力的实干家。他首先组织起一支精要能干的工作队伍，如任命李约瑟为自然科学部主任；其次，代表联合国教科文组织，拜访全球政治领袖，向他们解释教科文组织的目的、任务和宗旨；最后，就是与各国学术精英保持交往，传播教科文组织的理念，推广其使命。当时联合国教科文组织刚刚成立，并不知名。1947 年，朱利安连续访问南美诸国，力促他们参与当年 11 月在墨西哥召开的联合国教科文组织大会。这次大会上通过了关于基础教育、自然保护等的决议。1948 年，他又遍访中东各国，鼓励他们参加当年的贝鲁特大会。这次大会最重要的成果是成立了一个编写人类科学文化史的专门委员会。

1948 年，61 岁的朱利安任期将满，为了教科文组织的团结与和睦，他没有参与竞争下一届任期。不过他依然关心教科文组织的发展，继续活跃在该机构附属的许多国际委员会中，为自己提出的一些议案而勤奋工作。尤其值得一提的是，1960 年他访问东非，回到伦敦后在《观察家》杂志发表了 3 篇文章，对东非野生动物被大量屠杀的事实进行了揭露。这引起了公众的极大关注。此后，朱利安积极参与了世界自然基金会的创立工作。

到了晚年，朱利安获得了许多荣誉和奖项：因为科学普及方面的工作获得 1953 年度卡林加奖，因为进化理论方面的工作获得 1956 年度英国皇家学会达尔文奖章以及 1958 年度达尔文－华莱士奖章，因为在计划生育上的贡献获得 1959 年度拉斯克奖。1958 年，朱利安受封为爵士。

朱利安一生著作等身，即使不考虑其他方面的成就，他也称得上是一位杰出的散文家。还在伊顿上学的时候，老师 M. D. 希尔就曾因他的文笔之优美而赞叹。到了晚年，朱利安依然笔耕不辍，许多文章高屋建瓴，畅谈宏观问题，就人口、环境、资源等问题展开讨论。他的写作一直延续到他生命的最后阶段，这在他两卷本的《回忆录》中得到了充分的体现。1973 年朱利安不幸中风，以后健康状况欠佳。朱丽叶特尽心照顾他，直到 1975 年 2 月 14 日他去世，那天恰好是情人节。

五、科学人文主义的理论和实践

1859年，达尔文的《物种起源》问世，借用假说－演绎的方法，进化论将生物学从神学特创论的枷锁中解放出来，成为一门具体的、实证的科学。朱利安的祖父，“达尔文的斗犬”托马斯，立足于达尔文进化论，于1863年出版了《人类在自然界的位置》一书，大胆提出人猿同祖的假说，揭示了自然界和人类的统一性。这些科学真理的探索者和捍卫者，为人类认识自我、解放自我奠定了科学的基础。

作为托马斯衣钵的继承者，进化思想始终贯穿在朱利安的论著中。无论是生物学问题，还是更加复杂的人类学和社会学问题，朱利安都坚持以进化原则为标准。这种贯彻是相当彻底的，相比之下，他的祖父，尽管在公众场合是“达尔文的斗犬”，进化学说的坚定捍卫者，可是在自己的解剖学和古生物学实践中，很少提及进化论，而依然采用较早的“原型”概念。进入20世纪，科学的发展使得朱利安摆脱了狭隘的机械论和还原论的束缚。他并不是将进化简单地看作自然界的历史过程，与人类的现实发展无关的事情，而是通过引入“文化进化”的概念，将进化原则延伸至人类社会。正是基于文化进化的理念，朱利安逐步形成了自称为“科学的人文主义”（后来改称“进化的人文主义”）的观念体系。

朱利安所谓的“科学的人文主义”，滥觞于一个很偶然的事件。那是在莫雷勋爵的一篇文章里，朱利安看到了这么一句话，“科学的下一个任务就是创立一个人文主义的宗教”。这激励了具有宗教情结（从他母系一方获得）而又厌恶传统基督教教义（从他父系一方获得）的朱利安，他决心投身于这个伟大的任务。

1923年，朱利安出版了《一位生物学家的散文》，标志着他的“科学的人文主义”思想初步形成。全书的中心论点，就是生物科学可以成为新宗教的基础。赫胥黎认为，“大多数人都和过去一样，对可能性视而不见。他们试图将责任推卸给各种抽象的概念，他们认为，只要将这些概念用大写的字母拼写出来——命运、上帝、法则、不朽的正义等，它们就可以承担他们的责任”。而事实上，人们需要的是一种建设性的观念，因为，“需要建设的不仅仅是一个人的生活，更重要的是社会，以及人类未来的可能”。在《生物以及其他方面的进步》一文中，朱利安谈道，人类在生理层面的进化是客观存在的，但人类已经进入了心理进化阶段，进化主要应该从精神而非肉体的角度加以考虑。在另一篇《宗教与科学：新瓶装旧酒》中，朱利安指出，基于超自然主义的宗教，在人类历史上曾经起到过重要作用，但随着科学的发展，人类理智的增长，传统的宗教已经无法适应时代的需求。如果还想让宗教为现代人服务，那就必须抛弃过时的教条，为创建新宗教铺平道路。

在1933年出版的《我大胆所思——现代科学对人类行为和信仰的挑战》（杨丹声译著《科学与行动及信仰》）一书中，朱利安开门见山，指出本想将这本书定名为"科学的人文主义短论"，虽然最终并没有选用这一题名，但"科学的人文主义"确实是那个时代最需要的理论结晶，是现实生活的指导原则。朱利安将科学的人文主义概括为一句话，那就是"取得生活，更丰富地取得生活"。这么简洁的句子，浓缩了朱利安自己的信仰。扩展开来的话，它包含以下含义：(1) 价值仅仅来源于"生活"(即人类活动)；(2) 人类活动是精神和物质的交互作用；(3) 人类活动创造了经验、目的和概念；(4) 人类活动应视为一个整体；(5) 整体高于其中任何一个部分。

朱利安认为，无论科学、宗教还是艺术等人类活动，其中每一个都具有局限性。他谈道：

> 科学是收集和处理人类对于一切现象之可支配的诸面目的经验的方法。宗教是体验外界宇宙对于人性作为一整个的冲击的方法；宇宙和人性按照它们目前这样的情形，这种体验的方法里总会包含某种神圣性的感觉。艺术是用能传达的形式表现某种已感觉的经验的方法，这种方法内永远包含着最难释明的事物，即美的情感。从融会在一起的共同经验中，每一种各用它自己的特殊方法去选择和相关联。每一种各自告诉你现实的一部分——科学所告诉的多属于现实的永在的面目，那些能够或用思想或由实践去支配的；宗教所告诉的多属于在我们内心的天国；艺术所告诉的则是含在对于价值的个人经验本身内的内心和外界的融汇。每一种各有其范围和意义的局限，但都可以普遍地应用。

朱利安对科学的局限性有着清醒的认识，他担心当时的科学存在与古代的诺斯替教同样的危险，即自认为是永恒的真理。他相信，在"科学的人文主义"这一框架内，才能确认科学的适当地位，从而避免这一危险。

1945年，朱利安为联合国教科文组织起草纲领，在两周内写出一本60页的小册子《教科文组织的宗旨和理念》。在这本小册子里，朱利安宣称，联合国教科文组织不能依靠宗教教义或任何一个自相矛盾的学术哲学体系。相反，它应该在“科学的人文主义”这一框架指导下开展工作。联合国教科文组织的使命，就是通过鼓励不同国家、不同文化之间的交流，来传播科学思想和人文思想。可是，全世界处于意识形态混乱的状态中，没有一个普遍认可的观念体系。许多保守人士将朱利安“科学的人文主义”攻击为乔装打扮的无神论；朱利安提出的实行计划生育、控制人口增长的建议同时受到罗马天主教会和苏联共产党的抨击；右翼人士却将朱利安指责为共产主义者！最终联合国教科文组织筹备委员会决定不批准他的这份文件。

离开联合国教科文组织后，朱利安看到当时各种意识形态之间的冲突，大量知识被弃置不用，于是他与一些朋友和同事试图通过充分挖掘人类知识的宝库，以及发挥各自的主观能动性来建构一个“思想和信念的体系”，这个体系立足于现实，而又着眼于未来，它将为人类的发展提供一个“最终的或理想的目标”。他们的研究成果体现在由朱利安主编、1962 年出版的《人道主义的结构》一书中。朱利安对这一成果很满意，觉得“它能沟通查尔斯·斯诺爵士所谓‘两种文化’之间的鸿沟，并能愈合意识形态的冷战中双方之间的分裂。……由于它的启发，人的较高活动，包括科学活动、艺术活动和宗教活动都显得不是孤立的实体，而是我们进化的人类的相互衔接的机能”。

赫尔曼·约瑟夫·穆勒指出：“如果没有朱利安爵士的健全领导，现代思想上被斯诺恰当地叫作‘两种文化’的危机或许会更加加深人们思想上的分裂，把他们划分成两个不可调和的集团：一部分人只偏爱他们所认为的科学，另一部分人只赞成他们所认为的人道主义观。这种文化上的分裂产生了一种不负责任的状态。”朱利安“以自己的杰出榜样表现了一个人是可以完整地把科学家对事物的规律和意义的理解同人道主义者对人类精神和它对知觉力、美、价值以及自我表现的努力的评价结合在一个人的身上的”。

贝尔纳曾这样评价：“事实上朱利安·赫胥黎和利维教授等人的谈话说明他们对社会的理解比任何其他科学讲演人都深刻得多。”刘钝认为，朱利安是“科学的公仆，他是贝尔纳主义的信徒和伟大实践者。他的终身信念是用自己的知识为人类服务”。

姆博盛赞“朱利安·赫胥黎就是科学家的典范”，“人类的一切对他来说均不陌生”，“赫胥黎将科学与知识视为人类强盛的工具，但是这种强盛工具不应是盲目和破坏性的，而应是有益的和能起解放作用的。所以，他使教科文组织认识到世界应以人为中心（我认为是赫胥黎的人道主义所致），并且把教育、科学及文化有机地联系起来，为实现福利、和平与正义的理想服务”。

张申府对朱利安进化的人文主义的观点极为赞同。他指出，朱利安的观点包括以下几方面：“宇宙中确有进步，而人类应当负起推进进步的完全责任。个体的发展就是人类进步的最后准绳。发展了的个人是宇宙过程的最高产品。只是个人只有在有组织的社会里才能圆满地或自由地发展。他更认为价值与科学，道德与科学，或人生观与科学，应该结合，也可以结合；照科学已做的进步，价值（如善，美，真）在原则上是绝对的与在实践上是相对的，也可以融合。”据此，他发出了“凡此大意，都可说实获我心”的感慨。

当然，学者中间也有许多的反对意见。例如，詹腓力就将进化的人文主义视为“向伪科学的坠落”，他是这样评价的：“赫胥黎的宗教，即‘进化人文主义’向人类提供‘神圣责任’及‘光荣机会’，促进进化过程在地球上达到最大的成就。”他还指出，朱利安的理念与另一位伟大的人文主义者，约翰·杜威是类似的，“反映了当时科学自然主义者的假设，即有神宗教被淘汰之后，会引进人类社会的合作及科学进步的新时代”。在分析了赫胥黎在芝加哥庆祝《物种起源》出版100周年纪念庆典上的讲稿之后，詹腓力认为，“赫胥黎将‘进化’作为含糊之词加以运用”，通过波普尔式的证伪，恰恰可以将其判断为伪科学。

朱利安的这份讲稿还引起了巴伯的关注，他指出：“赫胥黎不是作为一个生物学家而是作为一个新世界观的鼓吹者在发言；由于他似乎要使他个人的哲学观点具有他所出席的科学集会的权威，因而既受到生物学家，也受到宗教领袖的批判。”巴伯一针见血：“赫胥黎从生物学中寻找指导社会和政治变化的启发的企图招来了无休止的批评。”他进一步引用了图尔明的话：“今天，宇宙潮流是朝着哪个方向的呢？我应当赶上这个潮流还是制止这个潮流呢？”根据图尔明的观点，朱利安是“把科学术语用于非科学的目的”，“在这个问题上，一个‘下了班’的科学家并不具有权威性”。

在我眼中，朱利安是一位出色的科学家和人文主义者，却并非一位严格意义上的科学哲学家或科学社会学家。我愿将他归为哲人科学家之列，他确实是一位思想深邃的哲人，同时又是一位满怀热情的理想主义者。他是维多利亚时代科学乐观主义传统的继承者，深信科学知识能够用来改善人类生存条件，科学理论能够与其他文化形式，包括宗教与艺术联系起来。这其中具有强烈的救世情结，充满了绝对论的色彩。设计一个“放之全体人类社会而皆准”的观念体系，这本不应该出自一位哲人科学家的思想，因为一旦从主观理念出发，就容易丢掉谦虚和谨慎，煞费苦心构建的却很有可能就是沙滩上的房子。恩格斯曾这样批判过："路德维希·安德列亚斯·费尔巴哈的道德论是和他的一切前驱者一样的。它适用于一切时代、一切民族、一切情况；正因为如此，它在任何时候和任何地方都是不适用的，而在现实世界面前，是和康德的绝对命令一样软弱无力的。"

当然，经历过两次世界大战，又亲身体验了冷战的朱利安，其思想也是不断发展、演变的。可以说，他将毕生的精力，奉献给了一个伟大的理想。这种终其一生不懈探索的精神，确实值得我们学习和借鉴。

（作者：游清徽）

参考资料

[1] J. S. Huxley. Memories [M]. New York: Harper & Row, 1970.

[2] 德纳拉诸. 科学人文主义先锋——赫胥黎 [M]. 香港：明报出版社，1995.

[3] [美]伊恩·夏因，西尔维亚·罗伯尔. 遗传学的先驱摩尔根评传 [M]. 王一民，王仲民，译. 北京：商务印书馆，1993.

[4] C. Kenneth Waters, Albert Van Helden. Julian Huxley: Biologist and Statesman of Science [M]. Houston: Rice University Press, 1992.

[5] 韦尔斯等. 生命之科学：上 [M]. 郭沫若，译. 桂林：广西师范大学出版社，2003.

[6] Julian Huxley. Essays of a Biologist [M]. London: Chatto & Windus, 1923.

[7] J. Huxley. 科学与行动及信仰 [M]. 杨丹声，译. 上海：商务印书馆，1935.

[8] 余翔林. 科学的前沿 [M]. 北京：科学出版社，2004.

[9] 阿马杜-马赫塔尔·姆博. 人民的时代 [M]. 郭春林，蔡荣生，译. 北京：中国对外翻译出版公司，1986.

[10] 张申府. 张申府文集：第四卷 [M]. 石家庄：河北人民出版社，2005.

探知进化揭奥秘：达尔文的后继者

- 哈维
- 格雷
- 孟德尔
- 华莱士
- 科赫
- 迈尔
- 英格拉姆
- 特里弗斯

威廉·哈维

（William Harvey，1578—1657）

哈维

血液循环学说创立人

文艺复兴运动所复活的自由探索精神，由一批实验科学家转变成为近代科学的最初成果。只有经历这一深刻的转变，才能真正结束人类历史上黑暗和愚昧的时代，产生今天这样高度发达的精神和物质文明。

伦敦东北郊有一所绿荫环抱的小教堂。威廉·哈维的坟墓就在里面。令人奇怪的是，在哈维去世200年后，教堂周围的居民只知道他是个伟人，却说不出他是干什么的。确实，哈维既没有伽利略、牛顿那样出类拔萃的才华，也没有布鲁诺那样以一死殉真理的经历，他甚至没有公开反对过宗教。然而，他确立的血液循环学说同哥白尼的日心说一样，给宗教以沉重的打击。在探索科学真理的道路上，哈维只不过是一个不倦的步行者。他不是借助灵感和偶然的发现，而是靠几十年扎扎实实的工作，奠定了生理科学的基石。哈维的道路向世界宣告了一种新的精神：仅仅只有“破”、批判是不够的，重要的是“立”，是创造；而“立”是更艰巨的创造性的工作。正因为曾经出现过哈维这样一大批在不同领域中探索前进的步行者，人类才走进了近代科学文明的新时代。

一、科学的目的是在万物中寻找神吗？

1600年2月底的一天，天气阴得可怕。中午，一个爆炸性新闻在威尼斯共和国的帕多瓦大学传开了：前几天，布鲁诺竟被宗教法庭判处极刑，烧死在罗马百花广场。年轻的大学生们议论纷纷。不少学生涌到“当代的阿基米德”——伽利略教授的屋里，倾吐不平。傍晚，在简陋的学生食堂中，新教徒和旧教徒争吵不休，打起群架，甚至还有人拔剑格斗。同学们的情绪十分激动。那个平素爱恶作剧、好热闹的英国学生——22岁的威廉·哈维，却一反常态，不置一词。他匆匆吃完了自己那一份粗糙的晚饭，离开了学校。

夜黑沉沉的。哈维在亚得里亚海滨走着，沉思着。因个子瘦小，他获得了“小哈维”的绰号。然而他很结实，生有宽厚的双肩。现在，他那黑得近乎橄榄色的脸颊紧绷着，一双小而圆的眼睛注视着黑暗中的大海，没有发觉涨潮的海浪早已浸湿了他的鞋子。一天来，一个令人不安的问题始终压迫着他的心。他甚至想喊出来：“呵！什么是真理？！”哈维早就熟读布鲁诺的著作，并喜欢布鲁诺的锋利的思想和勇敢的热情。而今，布鲁诺和他的著作都已化为灰烬了……布鲁诺的殉难使哈维意识到自己在走一条同样危险的路。哈维在走着，想着。

布鲁诺信仰并宣传日心说，触犯了地球是宇宙中心的教义。哈维研究的是人体小宇宙，他怀疑的是基督教教义中的盖伦学说。

盖伦本来是古罗马时代的一位名医。据说，他父亲曾梦见神告诉他说，他的儿子长大后应贡献给医学。果然，盖伦成为医学界的王太子。在古代，盖伦达到的成就是惊人的。他的解剖观察细致而又精巧，他的理论体系和谐而又完整。他高超的医术则传为历史佳话。哈维怀疑的是盖伦关于心脏血液运动的见解。盖伦认为，肝脏产生“自然之气”，肺产生“生命之气”，脑产生“智慧之气”。这三种灵气混入血液里，在血管内像潮汐涨落那样来回做直线运动，供养各器官，造成奇妙的有智慧的生命现象。盖伦的心血潮流运动说，使后人叹为观止，虔诚信奉。不幸的是，基督教使盖伦学说僵化了。基督教认为，世界是“一分为三”的。上帝即是“圣父、圣子、圣灵三位一体”。人可以分为僧侣、贵族、平民。自然界亦可分为动物、植物、矿物。而其中每一种又可以继续一分为三。如动物可分为鱼、兽、鸟。盖伦用三种灵气来解释生命现象，正好符合宗教的需要。基督教对盖伦学说采取拿来主义，并抽去其自由探索的精神，贴上神学的标签。这样，盖伦的自然科学家的形象就逐渐消失了，他的学说同托勒密的地心说一样，成为基督教解释自然和生命现象的理论基础。到哈维的时代，哥白尼的日心说已经引起一场思想革命，而统治医学1000余年的盖伦学说依然牢固地屹立着，并没有因为文艺复兴以来进步学者对它的批判而动摇。

哈维曾经深深迷醉于盖伦学说的美妙和博大。那些看来是包罗万象、无所不能的庞大体系往往成为热爱真理但尚未成熟的青年的崇拜对象。但是，哈维越是深入学习和观察，就越来越多地发现盖伦学说漏洞百出。怀疑自己崇拜过的事物是非常痛苦的一件事。

哈维在黑夜中痛苦地思索着。黑夜尽管漫长，但也有光明。哈维突然发现，不知什么时候升起了一轮皎洁的明月。哈维毫无倦意，不知疲劳地漫步着。他想使人拜服的医学王太子呵，难道你不能减轻热爱真理的青年的痛苦，使他在你的错误中发现一点真理吗?

清晨，哈维赶回学校。这时，早祷的钟声响了。那威严庄重的钟声似乎在警告哈维：“可怜的孩子，不要相信魔鬼的诱惑。科学的目的就是在万物中发现神的存在。”哈维抬起头来，看见自己亲爱的学校的那幢米黄色的主楼，那显得有点狭窄的校门上，精雕细镂的带翼石狮子依稀可辨。光明的亲切感涌上哈维的心头。

正是为了追求真理，哈维在先后读完坎特布里中学和剑桥的凯斯学院后，离别了故乡和亲人，投奔帕多瓦大学。当时，宗教一再宣称“上帝厌恶流血”。著名的牛津大学和巴黎大学连人体解剖也不敢做。这使哈维深感失望。而帕多瓦大学却是黑暗中的一盏明灯。它为伽利略这样受排挤的进步学者提供自由的讲坛，为哈维这样热爱科学的青年创造自由探索各种问题的学习环境。伟大的哥白尼也曾在帕多瓦大学学过 3 年医学。帕多瓦大学造就出一代伟人绝不是偶然的。早在 1222 年，保守、腐朽的教会学校波罗纳书院中逃出来 3 个人。他们厌恶枯燥沉闷的神学教条，向往自由讨论。逃到威尼斯以西的帕多瓦后，他们在简陋的旅馆中开办了自己的书院。后来，它发展成这座著名的学生大学。它是由学生组成评议会管理学校、聘请老师的。学校对学生的宗教信仰采取不干涉的方针。尽管帕多瓦大学的物质条件菲薄，但是它那自由、宽厚、进取的精神，召唤着欧洲最聪颖的心灵、最能干的青年。

哈维加快了脚步，走进校门。

哈维是这么年轻，他从来没有梦想过自己会成为哥白尼那样创立新学说的思想巨人。他只是渴望在黑暗中寻找生命科学的太阳。他结实而又年轻的身体内，热血在沸腾着。对真理痛苦而又执着的追求使哈维产生一种强烈的渴望，这就是创造!

二、寻找新的路

在那连绵不断的白垩陡岸后面，故乡福克斯通市渐渐临近了。哈维站在甲板上。眼前混浊的海水浸染在单调的时深时浅的灰色之中，使人感到压抑。他把手伸进紫褐色的紧身上衣口袋里，摸着柔软的羊皮纸的医学博士文凭。那上面写着：“持此证书者，可以在任何国家、任何地方行医、讲课、任教、组织答辩、开药方……”他想：有了它，可以告慰年迈的爸爸和病弱的妈妈了。但是，为了它，同学们是怎样嘲笑过哈维呵。这一切，已无法解释清楚了。

1602 年，著名的解剖学家法布里斯主持了哈维的毕业答辩。在圆形的讲演厅中，法布里斯威严地坐在讲台上，他的前面点了一排蜡烛。

“请谈谈，‘生命之气’是怎样流到全身去的？”

哈维避开老师的目光，用流利的拉丁语答道：“肝脏把食物变成血液后，一部分由静脉送出去，被各器官吸收；另一部分送到右心室，通过心膈间小孔渗入左心室，在那里和来自肺的带有生命之气的血液混合，再由动脉输送到全身……”

哈维摆出一副忠于盖伦经典的好学生的面孔，一字不差地背诵着，甚至他通过解剖观察明明知道心膈间并无小孔，他依然按照盖伦的说法背诵。考试顺利地通过了。

宿舍寒冷阴暗。小窗户上蒙着粗亚麻布。哈维在床边埋头解剖一条活鱼。他常常从市场上买各种活的小动物回来解剖。“小哈维，你仔细看看吧，心膈上有没有小孔？”一个同学趁机挖苦哈维。另一个法国同学凑过来说：“我们的小博士恐怕有记忆障碍。前天我还听他说过塞尔维特的肺小循环有道理呢！”照哈维的脾气，他会神经质地跳起来吵架。但是现在哈维咬紧了牙，像没有听见似的继续解剖。他的心里却热辣辣的，再也不能平静下来。

海风吹拂着哈维的头发。他把手放在栏杆上。是的，盖伦错了，错了。文艺复兴以来，有多少人批判过盖伦呵！最早对盖伦学说提出异议的是天才的艺术大师达·芬奇。他一生解剖过 70 余具尸体，发现心脏有 4 个腔，而不像盖伦说的只有 2 个。还有两个著名的批判者。一个是半个多世纪前在帕多瓦创立解剖生理学派的比利时医生安德烈·维萨里。当他还在保守的巴黎大学读书时，为了做人体解剖实验，常常深夜溜出学校，去偷挂在绞架上的犯人的尸体。他的老师西尔雅是盖伦学说的忠实信徒，维萨里就据实物指出盖伦的错误。老师无言以对，大骂维萨里是卑贱的疯子。西尔雅声称伟大的盖伦绝不会犯错误，凡是解剖观察与盖伦著作不符之处，只能用人体在上一世纪里发生了变化来解释！ 1543 年，哥白尼发表日心说的同时，29 岁的维萨里出版了解剖学巨著《人体结构》。这本书大胆地纠正了盖伦著作中 200 多处错误。维萨里立即遭到整个社会的攻击。甚至有人造谣说他解剖活人。最后，维萨里被迫去耶路撒冷忏悔旅行，归途，船只遇难，横死荒岛。另一个批判者塞尔维特是西班牙学者。他是维萨里的同学，生性好辩、锋芒逼人。塞尔维特在《基督教的复兴》一书中，用 6 页篇幅批判了盖伦的心血潮流说，提出血液由右心室流到左心室不是经过心膈上的孔，而是经过肺作“漫长而奇妙的迂回”。结果，他被教会判处火刑，烧死前还把他活活烤了两个钟头。所有医科大学仍然严格按照盖伦学说讲授。学生也只有精通了盖伦学说，才能拿到医学博士文凭。这就是必须正视的现实。

为什么无数解剖事实证明了盖伦的错误，盖伦学说依然处于正统地位呢？这真是一个十分严肃的问题。哈维想：盖伦错了，百余年来，多少人都指出过这一点。但是，什么是对的呢？心脏为什么会跳动？一切就这么简单吗？盖伦学说的大厦为什么推不倒？难道先驱者的鲜血不能提供有益的教训吗？如果我们不能告诉人们什么是对的，什么是真理，只是一味地指出盖伦的错误，那么我们能有立足之地吗？不，我要走一条新路。

哈维回到故乡，又来到大伦敦。在亲友们看来，小哈维还是那么年轻。然而，他已经不再是一只向往科学真理的热情的小鸟，而是一只展翅欲飞的雄鹰。他坚信，只有通过实验才能实现他对科学真理的追求。而实验需要他付出一辈子的精力和创造性劳动。

1604 年，哈维成为皇家外科协会的会员。1605 年，他娶了名医布牢温的女儿，有了一个温柔贤惠的妻子。1607 年，他在著名的圣巴托罗缪医院当了医师。

哈维的住宅离医院不远，在著名的史密斯广场附近。“血腥的玛丽”统治时期，曾有 40 个新教徒被烧死在那里。每天上午，哈维匆匆穿过又窄又弯的街道去医院。下午，他在家里的私人诊所接待病人。晚上，他有时和妻子一起去看戏。那些年代，大戏剧家莎士比亚正活跃于伦敦的舞台上。哈维的生活真是舒适极了。他有喝上等咖啡的嗜好，这在当时也显得有点奢侈。哈维的 6 个弟弟都是商人，其中一个在中东贩卖香料和饮料的弟弟每年供给他咖啡。哈维把很大一部分收入用于科学实验，家里有一间他称为“博物馆”的大房子。大书架上排放着瓶子、罐子和木桶，里面养着鱼、青蛙、鳗鱼、蝾螈。大小不一的笼子挂在天花板上，养着各种鸟。另一间大得有点出奇的屋子里放有兔笼和狗窝，还有一张工作台。台上整齐地放着带刻度的容器、哈维自制的解剖工具，还有一个用猪尿泡做的注射器。哈维一有空闲就要钻到里面，常常通宵不眠。他每天都要在羊皮纸上认真记录他的观察。这是他最大的乐趣。

哈维比他的先驱者看得更远。他决心建造一座新的大厦。他深知，新学说的大厦不建立起来，那么旧学说、旧体系即使再陈旧腐朽也不会倒塌。思想的垦荒者如果只去清除愚昧的野草，而没有在这块空地上不失时机地播下真理的种子，那么，要不了多久，这块浸满先驱者血汗的空地就会重新长满宗教迷信的荆棘。哈维决心做一个播种者。而培育科学种子的工作来不得半点儿马虎。他要走的路还很漫长。哈维已经用解剖刀割取过智慧之树上的禁果，深深为探索真理时那种严肃认真、充满希望的内心感受所激动，新思想在召唤着他，无论如何，他都要走下去，奋斗一辈子……

三、“地上也有天上的运动”

夜深了。蜡烛在桌子上闪着光，照亮了写在羊皮纸上的一大堆数学符号。哈维在空空的大屋子里走着，一只手来回抚摸悬挂腰间的长剑的剑柄。哈维在帕多瓦就养成了佩剑的习惯。几天来，他几乎是在狂热地计算着。

经过测量，哈维发现，如果盖伦的心血潮汐运动说是对的，血液排出后就被各器官吸收，那么肝脏在一小时内就必须造出 3 倍于体重的血，一天要造 70 倍于体重的血！他由此得出结论说：“其数量之大绝不是消化的营养所能供给的。”

哈维想：既然身体不可能在短时间内造那么多血，那么，心脏从什么地方得到源源不绝的血液呢？血液流出后又到什么地方去了呢？

还在帕多瓦读书时，哈维就具备了循环的哲学思想。在哥白尼的日心说的启发下，哈维想：血液为什么不可能是绕着心脏做循环运动呢？心脏难道不是身体内的太阳吗？

伟大的科学家从来不拘泥于传统观念的框架，而善于从他生活的时代吸取最先进的思想，站在新的角度来考察前人的遗产。在盖伦生活的 2 世纪，人们普遍认为完美的圆周运动只属于天界，地上只存在有起点和终点的直线运动。所以，盖伦学说里，血液产生于肝、消失于全身的理论，显得合情合理，天经地义。不！地上也有天上的运动，哈维从来没有忘记时代赐予他的豪情。古罗马的哲人，眼界是狭小的。而现在，整个地球向我们敞开着，伟大的哥伦布、麦哲伦的航行不也是循环运动吗？哈维的思想集中到循环这一点上。

他说：“潮湿的土地被太阳晒热时水分就蒸发，水蒸气上升，下降为雨，再来润湿土地。一代代的生物就是这样产生的，暴风雨和流星也是这样由太阳的循环运动引起的。”当哈维站在这样的高度来看待世界时，他已经成为一个思想家了。地上的人并不比天上的神更卑贱。人的身上也存在着和日月星辰一样伟大的运动。

几天来，这关键性的计算使哈维确信：血液犹如德谟克里特的原子一样，既不可能在一瞬间被创造出来，也不会在一瞬间消失。哈维激动地来回走着，似乎感到鲜红的血液在体内不停地循环着。而心脏呵，难道不就是生命的不知疲倦的太阳？

妻子走进来。她那温和的目光似乎在责备哈维通宵不眠。她拉开厚厚的紫色窗帘。哈维笑了，紧张工作的一天又开始了。

对于一个严肃的自然科学家来说，决不会陶醉于新思想的光辉之中，他必须认真细致地为新思想打下牢固的实验基础。布鲁诺也曾经提出血液循环的设想，但那还不是科学。现在，哈维要用实验来奠定循环思想的科学基础了。

银色的解剖刀闪闪发亮。哈维像一个勇猛沉着的战士，眼睛熠熠闪光。一条活蛇被固定在木板上，半透明的肉在解剖刀下分开了。鲜红的管型心脏在有节奏地缓慢地跳动着。这样的实验他做过千百次了，但他还要重复地做下去，因为这是关键性的实验。根据循环思想，只要扎住与心脏相连的静脉，血液不能流回心脏，心脏就应该变空变小；如果扎住动脉，心脏就会因排不出血而胀大。哈维用小镊子紧紧夹住静脉，蛇心马上变小变白了。一松开镊子，心脏又立即充血。再用镊子夹住动脉，心脏就胀大变紫，似乎顷刻就要爆裂，蛇身抽动着。哈维松开镊子，兴奋地抹去额头的汗珠。再也没有比这简单的实验更有力地证明血液是循环运动的了。

有的人做到哈维这一步就会以为大功告成了。但哈维是个十分严肃的科学家。荣誉和成功、年岁的增长并没有使他失去纯真。他像孩子一样，总是不断地向大自然母亲提问为什么。为什么血液能在体内循环？血液又是怎样循环的？不弄清这些问题，哈维是不会满足的。通过多年的实验，哈维终于证实了：心脏跳动、动脉搏动和静脉瓣结构，保证了血液在体内循环运动。但由于显微镜尚未发明，哈维当时也就无法解决动脉血是如何流到静脉中去的问题。他认为血是通过肌肉中的细孔流过去的。

哈维从来都是把生命看作高度协调的整体，总是力图从功能来理解结构的意义。他不做没有思想的实验。实验是验证他对生命理解的方法，而不是目的。所以哈维并不是重复古已有之的解剖观察和分类描述，而是在活体上做功能实验。这样，哈维在创立血液循环学说的同时，也创立了生理科学的基本方法——活体解剖。一门崭新的科学——生理科学诞生了。

认识真理的过程是复杂的。要从现象到本质，从思维到实验，千百次循环往复。哈维说过："学问不在教条中，而在精巧的大自然中。"他一辈子都在研究生命。但他的实验绝不是盲目的。建立新学说与革命性的新概念的引入、新方法的应用，关系极大。科学家不仅要有献身真理的精神，还要有把科学实验和哲学思想融为一体的气魄，有不怕失败、数十年如一日地坚持工作的毅力，这样才能把新思想立起来。而在追求真理的过程中，科学家的怀疑精神和探索毅力，则始终是推动他登上科学高峰的源泉。

四、“一切都托付给爱真理的热忱”

1615 年，哈维应聘为医学院解剖学外科讲座的终身教授。

哈维走上讲台，看了看讲稿上写的讲授原则：“不要称赞或贬低别的学者，因为他们很好地工作过，即使有错误也可以原谅”；“不要和别人争辩”；“不要讲得太烦琐……”哈维有些激动。他决心把自己多年来的研究成果公之于众。不是去指责别人的错误，而是告诉人们什么是对的。

讲台下面放着六块木板。哈维精心解剖出来的心血系统、神经系统的标本分别放在上面。哈维教授用流利的拉丁语很快地一直讲到下课，但是没有引起任何反响。他失望地离开了课堂，在阴冷的街道上徘徊了很久……又一头扎进实验室。

哈维行医的名气与日俱增，很多上流社会的人找他看病。1616 年，英王詹姆士一世聘请他当了御医。詹姆斯一世很喜欢哈维的稳重，却派给他最无聊的工作。哈维要为一些被诬为巫女的妇女做生理检查。哈维没有利用职权把这些可怜的女人送到火刑场上。

1628 年，也就是在哈维公开演讲血液循环说 13 年以后，一天午饭后，哈维和妻子正在喝咖啡。光线透过镶有彩色玻璃的窗户射到一只毛色美丽的鹦鹉身上。这只懂事的鹦鹉不停地做出一些可笑的动作、发出奇怪的声音。它多么想给这对结婚 20 余年而无子女的老夫妻以家庭的欢乐呵！这时，老仆人送来一封信。

“我们不要失去一个让全欧洲都知道您的思想的机会。”德国出版商菲茨在信中热情地写道。他说他决定支付出版的一切费用。哈维感动得流下了眼泪。一个商人竟有这样的眼力和魄力是他万万想不到的。哈维想起，两年前，他为病重的国务大臣弗兰西斯·培根看病时，曾多次向培根讲血液循环的问题。而培根这样伟大的哲人竟然认为那是无稽之谈。同事中反对哈维的人就更多了。而现在，他 50 岁了，头发已经花白，一个出版商对人类思想进步的高度责任感使他下决心把文稿送出去。

一种新学说一旦以著作的形式出现，那它就脱离了个人的思想，而进入历史的行列，就将受到历史的惊涛骇浪的冲击，在批评和争议中鉴定自己的价值。

《心血运动论》很快就在法兰克福印行出版了。

在这本书中，哈维写道：“以下要说的乃是前所未闻的新鲜事物，我不仅怕少数人的猜忌对我不利，而且怕全体人类要和我作对，因为人人都会被成为人的第二天性的习惯、经过传播而深入人心的学说以及尊古心理的影响所支配。”“但我意已决，把一切托付于爱真理的热忱和思想开通者的同情。”

这本专著分为 17 章，行文简洁，朴实无华。哈维用非常干净有力的几句话总结了他的学术思想：“一切推理和实证都表明血液是由于心室的跳动而穿过肺脏和心脏的，由心脏送出分布全身，流到动脉和肌肉的细孔；然后通过静脉由外围各方流向中心，由较小的静脉流向较大的静脉，最后流入右心房。由动脉和静脉流出流进的血液量，绝不是消化的营养物质所能供给的，也比专供营养用的血液量大得多。因此，有绝对的必要作出结论：动物的血液是被压入循环而且是不断流动着的；这是心脏借跳动来完成的动作和机能，也是心脏的动作和收缩的唯一结果。”

不出哈维所料，真理很快招来反对它的风暴。来自巴黎、威尼斯、莱顿的反对信件和文章潮水般地涌到哈维的写字台上。带头反对哈维的是巴黎医学院院长里阿兰。里阿兰也以精通解剖享有盛名，同哈维关系不错。但他解剖的目的同哈维相反，是为了捍卫盖伦的权威。每当一个庞大体系面临瓦解的危机时，总有一些最有名望的权威出面捍卫它。里阿兰的拼命反对，使哈维的学说越过英伦海岛，在欧洲引起强烈反响。

对哈维的抨击简直是五花八门。威尼斯有个学者，叫巴里撒纳斯，硬说肺静脉里流的是空气，而不是血。哈维反问他，为什么肺静脉的结构像静脉血管而不像气管？对方强词夺理道：“事物就是这个样子，因为造物主要它们这样。”著名的爱丁堡大学教授普利姆罗兹则嘲笑哈维学说无用，他挖苦地说：“以前的医生也不知道血液循环，但也会看病。”哈维顽强地宣传他的学说。1636 年，哈维奉王室之命到纽伦堡，那里有个著名的老医生霍夫曼。哈维写信邀他来看解剖示范表演。老先生来了。哈维的演讲已使大多数听众信服，只有霍夫曼摇头不已，频频提问刁难。谨慎耐心的哈维终于忍无可忍，掷刀而去。

哈维的学说影响非常深刻和广泛，甚至在莫里哀的剧本和法国诗人布瓦洛的作品中，都出现了反对血液循环的保守者形象。这种角色总是预先拒绝一切新事物，并通过作出大学决议这种行政手段来“禁止血液体内徘徊的学说”。据说，哈维的医生业务也受到损害。只不过因他又担任了查理一世的御医，受国王保护，才没有受到人身的摧残。

赞成哈维学说的有著名的进步哲学家笛卡儿和伽桑狄。笛卡儿赞同血液循环的观念，但反对哈维把循环的动力归于心肌的运动。笛卡儿是机械唯物论者。他认为机器要凭借外力才能运转。人体也是机器，不能例外。笛卡儿找不到人体的外力，于是就求助于上帝和灵魂的观念。这就是影响欧洲思想甚深的二元论哲学。

发人深省的问题是：为什么盖伦学说被批判了百余年却没有动摇它的统治，而哈维的学说一问世，盖伦学说的卫道士就感到了可怕的威胁呢？为什么塞尔维特、维萨里把批判的锋芒指向盖伦却没有推翻它的力量，而哈维的著作没有一句直接批判盖伦的话却一举摧垮了盖伦学说呢？这一历史事实，恰恰有力地显示出“立”的力量。只有把经得起实践考验的新事物“立”起来了，旧事物才会被取代，才会消亡。很多人以为，只有布鲁诺、塞尔维特那样的殉难者才称得上与宗教斗争的勇士。事实上，焚烧宗教叛逆者的火光，更加衬托出宗教统治的黑暗，激发起人们的义愤。而唯有科学的创造，才标志着我们已经进入新时代。

五、蝌蚪的尾巴带来最后的胜利

1657 年 6 月 2 日，初夏，黄昏。

在敞开的百叶窗前，一个满头白发的老人安详地坐在大安乐椅上。今天的太阳迟迟不肯下落，老人慈蔼的目光恋恋不舍地望着夕阳。他已经 79 岁了，他不知道是否还能看到明天的太阳。

半个多月来，哈维每天都这样坐在窗前。他是那么地悲伤。因为，他再也不能走了。他曾经是个不倦的步行者。从中学时代起，小哈维就是一个杰出的步行者了。在剑桥凯斯学院东北部的河谷里，他穿过美丽的石楠丛，踏着浓密的青草，在星空下沉思着，心中充满了对生命科学的向往。在帕多瓦，在湛蓝的大海边，在清澈的咸水湖畔，他低头走着。在伦敦那弯曲的街道上，他出诊、讲课……在科学的道路上，他始终不知疲倦地向前走。他晚年醉心于鸡的胚胎受精和发育问题，甚至还研究数学。

哈维的晚年是痛苦而又凄凉的。妻子早已去世，又没有子女。1640 年，英国爆发了资产阶级革命。哈维是查理一世的御医和友人，又是王子的监护人。他认为这次革命是叛乱。在连年战争中，哈维一直追随王室。革命党攻占伦敦后，抄了保皇党哈维的家。1649 年，查理一世被判处死刑。哈维灰心至极，认为世界的末日已经到来。好友们逃散了，国王死了，他经常出入的宫廷被焚毁了。哈维感慨万分地说：“国家布满了风浪，而我是风浪中一只颠簸的小船。”克伦威尔执政时，皇家医学院推选哈维当院长，他以年老为理由推辞了。他内心实在是认为，在一个没有国王的国家出任院长，是对国王的背叛。

6 月 3 日，哈维终于因中风而躺倒了。黄昏时，他静静地躺在床上，最后一次睁开了眼睛。哈维看了看夕阳，又看着周围的亲友。他似乎想说话，但已经不会说了。他慢慢掏出怀表，深情地注视着它。在几十年如一日的解剖实验中，这块怀表始终是哈维最忠实可靠的助手。哈维是那样地热爱生命，他在追求真理的道路上从不停步，现在，他就要回到大自然中去了。哈维慢慢阖上双眼，与世长辞了。他把所有的财产捐赠给皇家医学院，奖励那些从事发现自然奥秘的人。

哈维去世后没有多少年，血液循环学说中的最后一个疑点也消除了。1660 年，意大利的马尔比基用显微镜看到了青蛙肺里的毛细血管。1688 年，荷兰科学家列文虎克用他自制的精致显微镜观察蝌蚪的尾巴。他惊喜地写道："最初看着，真使人欢喜之至，血液像小河流般循环流往各处。"他宣布："所谓动脉和静脉，实际上是连在一起的。"这就是毛细血管。科学仪器的进步，终于使人们亲眼看到了血液循环。任何科学诞生之初，都不会尽善尽美。它也绝不会摆出俨然是绝对真理的架子去阻塞人们前进的道路。哈维学说中的疑点，正是后人前进的起点。20 世纪以来，哈维在生理科学中采用过的数学方法和力学方法，正在生物科学中大放异彩，产生出富有生命力的新分支。

哈维生活在人类社会剧烈变动的时代。当时，新兴资产阶级登上了政治舞台，近代科学诞生了。这个时代需要而且产生了一批伟人。但是，他们同任何时代任何伟大人物一样，不是也不可能是完人。第谷不相信哥白尼的日心说，培根反对哈维的血液循环理论，牛顿求助于上帝的第一次推动，哈维忠于腐朽的王室，大化学家拉瓦锡在法国大革命中被送上了断头台……然而，并不能因此而否认他们是科学史上的伟大人物。这些伟大人物，只可能在某些方面走在时代的前列。他们都是从旧世界里成长起来的，当他们抓住真理时，便所向披靡，成了新时代的创造者。他们各自在自己的阵地上，点燃了进步的火炬。正是这星星点点的火光，汇成了新时代的黎明。

哈维的一生告诉我们，伟大的科学家绝不是神，也不是圣人。他们只不过是科学上的老实人。尽管他们当中有的人可能在政治上曾经是时代的落伍者，但子孙后代将永远纪念他们对科学的贡献。多年过去了，哈维对真理的追求，在科学实验中的赤子之心，犹如他那不朽的学说一样，仍然闪烁着动人的光辉。

（作者：刘宁）

阿萨·格雷

（Asa Gray，1810—1888）

格雷

有神进化论者

1858年7月1日晚上，伦敦林耐学会的会议正如常举行。交流最新的科学发现是这种会议的一大功能。在这次聚会上，在植物学家约瑟夫·胡克和地理学家查尔斯·赖尔的精心安排下，三篇有关进化论的文本先后被宣读：首先是达尔文写于1844年的一篇概要，其次是他于1857年9月5日写给阿萨·格雷的信，最后是华莱士寄给达尔文的论文。这样的安排是为了证明达尔文的优先权；很久以前他就构思出了进化论假说，但迟迟未发表，直到1858年他收到华莱士的论文。在此之前，他只向胡克、赖尔和格雷几位密友透露过他的理论。

那么，阿萨·格雷是何许人也？他如何能进入达尔文的学术核心圈子？他与进化论进入美国有什么关系？鉴于国内学界对格雷的研究较少，本文将以这段跨大西洋科学交流史为背景，介绍格雷这位美国19世纪最重要的植物学家的生平，论述他为达尔文进化论进入美国所作的贡献，并以他为例讨论当时的分类学者如何在进化论、分类学与基督教信仰之间寻求平衡。

一、新大陆的杰出植物学家

格雷于1810年出生于纽约州中部的一个村镇。他家里先后以制革坊和小农场为生，家境尚可，因此他得以接受在当时还算不错的教育：十二三岁时进入离家不远的克林顿语法学校，学习拉丁语和希腊语；15岁时升入当地的一所中学费尔菲尔德文实学校；一年后又进入其时正欣欣向荣的费尔菲尔德医学院学习医学。按照格雷在自传中的记述，正是在费尔菲尔德医学院，化学教授哈德利激发了他对博物学的兴趣。哈德利是一个由医师改行而来的博物学家——这在当时是很普遍的，当时的医学院因为要开设草药学等课程，间接地提供了博物学教育，大植物学家林耐以及格雷本身都是由医生改行的。此外，当时的学科分化尚未深入，博物学家们常常横跨多个领域；哈德利将自己的研究限于化学、矿物学和植物学，格雷也跟着他进入了这些领域。

1827 年冬，17 岁的格雷接触到由布鲁斯特主编的《爱丁堡百科全书》。该书对植物生理学和分类学进行了讨论，并介绍了林耐的人工体系和安托万·裕苏的自然体系，由此激发了格雷对植物学的兴趣。不久后，他买了一本美国当时很流行的植物学教科书——伊顿的《植物学手册》，第二年春在当学徒行医的同时开始辨认植物、采集植物标本。在哈德利的帮助下，格雷开始与当时美国为数不多的植物学家如阿尔巴尼的贝克博士、纽约的托里博士等通信，向他们请教植物学问题，并向他们寄送植物标本。值得一提的是，正是贝克博士引导格雷注意到菊科的多样变异性，后来菊科成为格雷最喜欢的一个科；而托里则成为他一生的导师兼挚友，对他处处提携，并正确地预言格雷"早晚有一天会在科学界闹出些动静"。

1831 年 1 月格雷毕业，拿到了医学博士学位，回到老家行医。不过由于他对医学解剖比较敏感，所以不久就放弃了医生这个行当。尽管当时社会所能提供的学术工作机会并不太多，但格雷还是有志于进入这个领域；如他的早期信件所显示的那样，那时的他挣扎在困窘的生活中，有时也会怀疑他所挚爱的科学能否让他维持生计，但终究还是保持了乐观的态度，并决心为此作必要的牺牲。

在当时的美国，博物学相对其他科学来说更为发达。一方面，19 世纪本就是博物学的黄金时代。欧洲自殖民扩张伊始就开始留意所到之处的自然资源，博物学是他们的重要手段，当时向殖民地派遣植物猎人、物种标本采集者都是相当寻常的事，博物学也逐渐成为一种时尚的消遣。这一趋势在 19 世纪达到了顶峰。另一方面，美国作为新生的共和国更有着统计国土上动植矿物资源的迫切需求。在 1815—1844 年间，无论从学者数量还是发表作品数量来看，博物学都占据了美国科学的半壁江山。这样的背景加上格雷本身所具有的植物分类天赋，使他笃定了以植物学为生的决心。

之后的几年格雷断断续续地在纽约州和宾夕法尼亚州获得了一些教学或采集植物的机会：1831—1834 年在纽约州中部的尤蒂卡教中学生化学、地理学、矿物学、植物学；1834 年成为托里的助手，但由于托里所在学校不景气没有持续很长时间；同年 12 月，格雷在纽约博物学讲堂宣读了他对莎草科刺子莞属植物的研究，该属物种较少，且大部分在北美发现，由此确立了他植物学家的身份。1835—1836 年，他的第一本植物学教科书——《植物学手册》出版，同时他开始与托里合作编写《北美植物志》。这是美国人自己编写的《北美植物志》。作为曾经的殖民地，当时对北美植物最具研究的是欧洲人，有关北美的植物志亦多由欧洲人编写，美国植物学家常常需要前往欧洲去比对模式标本。而托里和格雷都深切地爱着自己的国家，他们立志推进美国的科学，终结本国学术领域中的“骗子行为”，编写一部全面的北美植物志就是这一意愿的部分体现。

格雷慢慢有了些名气，1836年夏，他被国会聘为“美国远征探险队随行植物学家”，但格雷后来为密歇根大学的教职放弃了这一职位。1838—1839年，他远赴欧洲为新成立的密歇根大学采购书籍和仪器——这在当时的美国教育界也是常见之事，毕竟彼时的欧洲在学术、教育上远胜美国，是后者心目中的“取经圣地”，托里也曾于1833年赴欧洲为新成立的纽约大学购买书籍和仪器。格雷在此行中结识了诸多欧洲博物学家，包括达尔文。1841年11月10日，格雷被选为美国艺术与科学院成员，之后多次担任该学院的通信秘书（1844—1850、1852—1863）、出版委员会主席（1846—1850）及主席（1863—1873）。1842年经哈佛前校长昆西的引荐成为哈佛大学的博物学教授，教授植物学和动物学，并监管哈佛植物园。至此，格雷才有了稳定的收入，生活逐渐稳定下来。6年后，他与波士顿的一位大家闺秀简·劳瑞结为夫妻，此时格雷已38岁，即便在现在也是相当晚婚的年龄了，这也可算作他为挚爱的科学所做的必要牺牲吧。两人终生无子。

格雷生活的时代正是美国疆域向西向南扩张的时代，美国政府随之进行的探险塑造了格雷的研究事业。1848年6月，格雷携新婚妻子拜访华盛顿，此行之后他担当起整理1838年威尔克斯远征所采集的植物标本的重任。美国国会为此支持格雷和妻子赴欧洲访学一年（1850年夏至1851年夏），因为有许多模式标本都在欧洲，格雷需要前去比对标本。稍后1853—1854年的铁路调查又给格雷送来许多新标本。这次调查的植物报告比较顺利，最后出版了皇皇十二卷，从此美国西部植物不为人知成为历史。美国的在外扩张也给格雷带来许多机会，比如佩里打开日本国门，随行的莫罗和威廉姆斯将采集的标本送给格雷，格雷最终将其加入佩里报告中。

如同林耐向全球各地派出了使徒一样，格雷作为一个室内植物学家（不亲自去野外采集的植物学家），也为自己培养了许多植物标本采集者。尤其在进入哈佛后，他逐渐从小学院教授变为大都市植物学家。比如，他对阿巴拉契亚山南部的植物一直很有兴趣，在那里有些老朋友给他寄标本。赖特在美国东南部、古巴、日本、澳大利亚及其他地区为格雷进行采集，他在日本的下田和函馆采集了一些颇能反映日本植物特色的标本，这些标本后来成为格雷一篇重要论文的材料。瑟伯、芬德勒、艾维德伯格、伯兰迪尔还从加勒比地区、墨西哥及更南部向格雷寄送植物标本。他还与圣路易斯的恩格尔曼合作探索得克萨斯州和新墨西哥州的植物。

美国在19世纪50年代的扩张活动和那些田野采集员的辛勤劳作，使得格雷获得了有关北美东部、西部以及以日本为代表的东亚地区植物的第一手材料，这些材料使他看到了整个北半球的植物区系关系。1856年，格雷在当时美国最有威望的科学杂志《美国科学杂志》发表了一篇文章《美国北部植物统计》，这篇文章被格雷的传记作家杜普雷看作是美国植物学史的里程碑，并且是植物地理学的奠基之作，尽管其中格雷对统计学的应用在很多方面都是粗糙的。

更重要的可能是格雷于1859年发表的一篇文章《赖特在日本所采集的显花植物的特征兼对日本植物群与北美及北半球温带其他地区植物群关系的观察》。在这篇文章中，格雷指出了一个他早在19世纪40年代就注意到的现象，即东亚植物群与北美东部而非西部植物群之间存在明显的类似。格雷并非这一现象的首要发现者，林耐的使徒之一霍莱纽斯早在他1750年的博士论文中就论及了这一现象。不过是格雷使这一问题成为科学界关心的议题，所以这一分布模式有时也被称作“阿萨·格雷间断分布”。对于这一现象是如何形成的，格雷最初倾向于多次创造说，即是造物主在多地的分别创造，但后来通过与胡克、赖尔的交流以及与阿加西的辩论，他开始采用气候变化来解释。他打碎、融合了达尔文、赖尔、英国植物学家边沁和美国地理学家达纳的理论，提出一种解释模型：在第三纪时，温带植物到达北极圈，美洲和亚洲的温带植物相连，由此发生了混合。第三纪后的冰川期迫使植物南迁。冰川期结束后是温暖的河流期（它与下文的阶地期都是由达纳提出的），于是温带植物再次北移，美洲和亚洲的温带植物通过白令海峡再次相连、混合。随后是一直持续到现在的寒冷的阶地期，植物在此期间再次南迁。“由于植物的混合、交换主要发生在北半球高纬度地区，由于等温线在我们的东部偏向北，而在我们的西部海岸偏向南”，西部的物种并未能迁徙参与这两次混合，因此北美东部而非西部的植物与东亚植物更相像。为什么这两地的许多植物是相近种而非相同种呢？对于这一问题，达尔文的物种演变理论是一个可能的解释。这样，格雷关于这一分布模式的知识在当时支持了达尔文的理论，此外这一现象至今仍然是植物地理学、植物系统分类学等学科的研究对象。

这些文章以及与欧洲植物学家的交往，使格雷成为美国当时少有的几位有国际声望的科学家之一。他持续不断地在当时的重要科学刊物上发表他的发现，并且还作为《美国科学杂志》的通讯秘书发表学会纪要和科学文献汇编，将欧洲的最新科学成果介绍给美国科学界。此外，格雷还出版过若干植物学教科书；他与托里一道，促进美国植物学界和教育界从林耐性体系转向了自然体系，为美国的植物学教育作出了贡献。美国之后一代植物学家也有许多是他培养的，比如大名鼎鼎的贝西。有几种植物以格雷命名，比如他于 1840 年卡罗来纳探险中发现的格雷百合。

格雷于 1888 年去世。当时的美国学术界与他刚进入时的情形已大为不同：借鉴德国模式的研究型大学正在崛起，现代美国大学体系初具规模，从而提供了许多学术工作机会；职业化、专业化大大加深，很难再想象同一教授兼授地理学、化学、博物学等多门学科。更重要的是，在对动植物的研究中出现了明显的生物学转向，即不再以分类学为主，而是转向了实验室研究和生理学研究。博物学似乎成了一个过时的标签，分类学家统治植物学界的日子一去不复返了。尽管格雷很强调植物的构造与生理学——这在他所编写的植物学教科书中有明显的体现——但他的主要工作仍在博物学框架之内。他为美国植物分类和植物学教育所作的贡献，已足以令他在美国植物学史上留下浓墨重彩的一笔，不过，他的职业生涯远未止步于此。生活在博物学黄金时代的格雷，凭借自己的学识参与了当时博物学最激动人心的事件，他职业生涯的巅峰时刻由此到来。

二、与达尔文的交往及将《物种起源》引入美国

如前所述，早在格雷第一次访欧期间，他就已经与达尔文见过面了（1839）；第二次访欧时两人也曾会面（1851），不过直到 1855 年才开始互相通信。当时约瑟夫·胡克与格雷已有不少信件往来，两人的关系比较亲密，在信中既讨论植物的分布、变种与品种的起源等问题，也聊周边的人和事。1854 年春，胡克与格雷在讨论两种相距遥远但十分相像的植物究竟是不同物种还是变种时（当时已发现了许多类似案例），胡克为格雷在信中所展现的推理能力与学识所折服，于是将他的一封重要来信转给达尔文阅读。达尔文对格雷表示赞赏，不过当时他正忙于藤壶研究，直到当年 9 月才重新回到“物种理论”上。11 月时，达尔文重新考察世界范围内的植物地理分布问题，他遗憾地发现尚未有学者比较美国与欧洲的植物群；他只好从了解美国的植物入手，格雷的《美国北部植物手册》成为他的主要参考书目。

1855 年 4 月 25 日，达尔文首先写信给格雷，请教有关美国高山植物的问题。达尔文的谦逊品性在这封信中展露无遗：

> 我希望您仍记得，我曾在邱园被介绍给您。我想求您帮个大忙，我知道我对此无以回报。不过我想这个忙不会给您带来太大的麻烦，然而却会令我受益良多。我不是植物学家，我所问的植物学问题可能在您看来十分可笑——几年来我一直在收集有关“变种”的事实，当我得出任何能在动物中得到验证的一般性结论时，我总试图在植物中进行验证。……

达尔文附上了从格雷《美国北部植物手册》中抄录的高山物种清单，请教这些植物的生境和分布范围。最后他还问格雷是否发表过美国和欧洲相似显花植物的清单，以便一位非植物学家可以判断这两个植物群之间的关系。如果没有，“如果我建议您发表这样一份清单，您是否会认为我非常冒昧？……我向您保证，我知道我这样做多么冒昧，不是植物学家却向您这样的植物学家提出这样一个最无关紧要的建议；但根据我从我们共同好友胡克那里所看到、所听说的关于您的消息，我希望并且认为您会原谅我，并相信我……”

正是这封信促使格雷写作那篇《美国北部植物统计》，该文第一部分发表于1856年9月的《美国科学杂志》，第二部分于1857年发表。达尔文是位大师，他善于博采众长、兼收并蓄。他需要生物在地球上的分布方式作为证据支持他的进化论，所以促使格雷、胡克、阿方索·德堪多等人去分析数据，去问大问题——这几位植物学家后来被当作植物地理学的共同奠基者。

两人的交往是双向渗透的。就格雷而言，他也需要与胡克、达尔文的交流来支持他与阿加西的辩论。阿加西生于瑞士，后移居美国，任哈佛的动物学教授，创办了哈佛比较动物学博物馆。他是格雷在美国科学界的对手。两人有着完全不同的行事风格：阿加西具有杰出的社交天赋，不仅是位极具魅力的公众人物，获得了美国大众及政府的大力支持与资助，而且也是当时美国多个科学圈子的核心人物，包括剑桥科学俱乐部、星期六俱乐部和科学闲人帮。格雷则相对低调很多。两人在一些科学观点上也是针锋相对的，比如阿加西偏向于唯心论、浪漫主义，格雷则是理性的、经验主义的。按照杜普雷的说法，“格雷更像个18世纪末的人，……而阿加西则体现了那股导致18世纪理性主义向19世纪唯心主义转变的革命性力量”；阿加西认为人种是多起源的，并不拒斥奴隶制甚至为奴隶制辩护，格雷则反对奴隶制——南北战争期间，他坚定地站在北方联军一边，维护国家统一，不但购买战争债券，而且还在给达尔文的信中慨叹自己没有孩子很遗憾，因为“没有儿子可送去战场”；等等。两人对物种分布模式的解释也不同：如上文所述，当时的博物学家们已经注意到全球范围内的物种分布呈现出一种模式，有些十分相似的物种在相距非常遥远的地区出现；作为基督徒他们都相信创造论，而阿加西相信灾难论和物种的多次创造论，即一个物种可以在不同地方被多次创造；格雷和胡克则尝试着用气候变化来解释，他们认为只存在一次创造，当下物种的分布模式是由气候变化及随之而来的物种迁徙引起的，达尔文提出的物种演变理论则支持并完善了他们的这一解释。

两人间关于物种的讨论促使达尔文向格雷透露了他正在思考的理论。在 1857 年 9 月 5 日致格雷的一封信中，达尔文详细阐述了他的自然选择理论，以及他新近关于物种趋异的思考，他认为这可以解释后裔不同种系的起源。如前文所述，这封信后来被作为证据在林耐学会宣读。

华莱士和达尔文的联名文章公开后，胡克、赖尔、格雷等人总算可以公开谈论进化论了，不用再藏藏掖掖。格雷成为美国宣传达尔文理论的主要人物，他积极地将达尔文及其理论介绍给美国科学界，并以此来对抗阿加西。1859 年 4 月，格雷在哈佛大学科学俱乐部的一次聚会上，大致讲述了达尔文与华莱士的理论，"部分是为了看看它能在这些人之间激起多大的浪，部分是不怀好意的，为了让阿加西坐立不安，这些观点与他钟爱的那些观念如此针锋相对"。不过这一理论在当晚并没有引起很大的反响。这既是因为当时在场的人未意识到达尔文理论的革命性，也是因为之前《自然创造史的遗迹》的发表和拉马克的理论为达尔文理论做好了铺垫和缓冲。

《物种起源》出版后，格雷保护达尔文的利益在美国不受盗版商的侵害——当时尚没有一部国际版权保护法。第一版时，原本达尔文打算送给格雷一份印刷样品，但他和出版商都忽略了。第一版大卖，所以他寄了一份第二版给格雷，并拜托格雷帮助出版美国版并"为任何利润做任何必要的安排，为了我和出版商"。格雷立马与波士顿的一家印书商蒂克纳与菲尔茨商议合作出版美国版。不过，由于当时美国只能授予美国公民版权，所以任何出版商都可以盗印。当格雷听说纽约的两家出版商正在印刷时，就写信给他们要求停止，由他在波士顿出版最新的修订版。这两家中的一家哈珀放弃了，另一家阿普顿则已出版，不过愿意付版税，格雷决定接受后者的条件，于是后者成为达尔文在美国的出版商。阿普顿提供两种选择，50 镑一次性买断，或者 5% 的版税，格雷为达尔文选择了后者。到 1860 年 5 月，出版商付给达尔文 22 镑，达尔文将部分回馈给格雷，以感谢他所做的种种安排。

《物种起源》出版后一年内，格雷先后在《美国科学杂志》上发表了两篇书评，并在《大西洋月刊》匿名发表了三篇文章，介绍达尔文的学说，也介绍了赫胥黎与牛津教区主教威尔伯福斯及生物学家欧文的争论，回应对达尔文理论的质疑，并借此大力抨击阿加西的理论。格雷的书评颇受达尔文的好评，后者甚至计划以“联合出版”名义刊行美国版《物种起源》，以格雷的评论开始，书名《达尔文与格雷的物种起源》，但此事并未成功。发表在《大西洋月刊》上的三篇文章措辞谨慎，但整体上对达尔文的进化论无疑是肯定的。达尔文建议出个小册子，后来格雷请《大西洋月刊》的发行方蒂克纳与菲尔茨印了些，名为《自然选择与自然神学并不抵触》，并通过楚伯内公司在伦敦发行。达尔文费心费力推广格雷的小册子，不过格雷的小册子并未说服威尔伯福斯主教，也未说服达尔文接受他的解读（详见下文）。格雷还将数百本小册子有选择地分发给博物学家、神学家、评论家以及多个图书馆。后来格雷所写的这些文章及之后写的相关文章于 1876 年编成集子《达尔文学说》出版，并几次重印。

两人的交流不止于此。达尔文还曾向格雷请教关于兰花的问题，包括绶草属和斑叶兰属，询问这些花的螺旋形态是否能帮助昆虫导航，进而达到为花传粉的目的。达尔文关于植物的书格雷几乎都写了书评并介绍给美国科学界。1868 年时，格雷携妻子去欧洲度假，顺道去达尔文的唐恩小屋拜访他。除此之外，两人一直以书信方式交往，直到达尔文去世。

三、格雷的有神进化论

进化论史专家皮特·鲍勒曾于 20 世纪 80 年代提出了“非达尔文革命”的观点，认为达尔文的《物种起源》仅仅是掀起了进化观念对物种不变观念的革命，并没有使自然选择原理深入人心。不过格雷的例子有些不同；正如杜普雷和鲍勒指出的那样，他接受了达尔文物种可变和自然选择的观点，但并未放弃设计说，并未否定上帝对自然进程的参与，而是提出了自己的有神进化论。

格雷祖上是爱尔兰移民，信奉苏格兰长老会。他幼年时所接受的宗教教育可能只是让他对长老会有了模糊的接受，成年后在托里夫人的影响下，成为虔诚的公理会信徒。在达尔文 1857 年 9 月 5 日来信之前，格雷是物种恒定说的坚定支持者。1844 年《自然创造史的遗迹》发表后，格雷坚决反对其自发说，1846 年格雷在《北美评论》上发表了一篇长文，称《自然创造史的遗迹》是“异教咒语”。他认为无论是从理论上还是神学上，物种演变说都最招人反对，而非特创论。这一时期的格雷虽然避免在植物学著作中使用上帝或造物主这样的术语，但他相信自然中存在“一种特殊的设计”，物种不仅有造物主，而且还有管理者；物种是某种超自然在多处的独立创造，一个物种并不能从另一个物种中生长出来。直到1857年，格雷仍在他出版的教科书中称物种之间是有“明确边界的”。

后来在与达尔文讨论同一属物种的地理分布时，格雷对达尔文提出了疑问：“我从未看到有什么可信服的理由可以得出结论说，同一属的几个种肯定有共同的或连续的分布区域。说服我，或者给我看看任何相关证据……”于是达尔文写了1857年9月5日那封信，称“物种不过是强定义的变种罢了”。尽管格雷和当时的许多博物学家一样，认识到物种可变理论给分类学带来的威胁：稳定的物种是分类学的基础，这样分类学家才是科学共同体中受尊敬的一员；失去这个基础，他们就难逃物种贩子之名了。但达尔文的证据和他多年的经验说服了他；他毕竟是一位诚实的科学家。1859年时他这样写道：

> 我已经倾向于……承认，所谓的紧密关联的物种可能在许多情况下都是某个原种的线系后裔，就像驯养的品种一样；或者换句话说，物种（如果是指原始形式）偶然变异的领土比通常设想的要宽广，当这些派生形式被隔离后可能像其原初形式一样持续地不变地繁衍。

《物种起源》出版后，格雷成为美国首要的达尔文进化论宣扬者，不过他并没有完全接受这一理论。格雷在为《物种起源》所写的书评中并不称自己为皈依者，对此他向达尔文和胡克解释说，这既是出于策略考虑，也是事实：“我说过你们应当在这里获得公正对待，我做到了……”“每天我都能看到我那些评论的分量……如果称自己为皈依者可能就没有这样的效果了……但同时这也是事实……”

对格雷来说，将上帝完全从自然进程中赶出是他的宗教所不允许的。1859年10月，格雷在信中告诉胡克，他对同源物种由变异衍生而来没有任何异议，但他对达尔文“将这一观点推演到极致”感到迷惑——“全世界都成了亲戚”——他也不太能接受自然过程完全是随机的。“你将如何贯通宗教哲学与你的科学的哲学。”“如果我无法将它们贯通成一致的整体……我会感到不安的。”

于是格雷对达尔文的理论作了自己的理解，设计出一种有神进化论。首先，他指出进化论并不必然是“无神论的”。他在《美国科学杂志》上发表的书评中指出，达尔文的《物种起源》常常被批评为“无神论的”，但这并没有道理，尤其考虑到当时的其他“更反动的”科学假说都没有受到如此抨击：“引力理论和……星云假说假定一种普遍的、终极的物理因，自然中的所有后果都必定是由这种因导致的。”“而达尔文仅仅是采用了一种或一系列特定的、近似的因，并论证说当前的物种多样性是或可能是偶然地由这种因引起。作者并没有说必然会引起。”如果人们可以用达尔文的理论支持一种无神论自然观，那么他们就可以以此种方式利用任何科学理论；既然引力理论和星云假说并没有背上这样的罪名，那么达尔文的理论也就不应当受到这样不公平的待遇了。

在格雷看来，科学仅仅是对“第二因”或“自然因”的追问。而设计论证或目的论证已经“得出了确定的结论：一位智慧的第一因、自然的预定者是存在且继续起作用的，……”“有机自然界充满了明显的、不可抗拒的设计迹象，并且作为一个联系的、一致的体系，这一证据表明了整体的设计性。”“接受达尔文的假说并不会扰乱或改变这一信仰的基础。”因此，不必因“盲信物种没有第二因”而拒绝达尔文的理论，尽管也无须将该理论当作“真的”。

由此可以看出格雷与达尔文的差异所在。达尔文早已摆脱了自然神学的影响，对他来说上帝即使存在也只是在最抽象的意义上；而格雷深受自然神学的影响，他的上帝不仅是一位创造者，位于世界的开端之处，而且还是一位管理者，仍然在自然进程中起着作用。

不过格雷并没有让上帝成为选择者；他承认达尔文的自然选择是起作用的，是这股客观的、机械的、筛选的力使有机体适合其环境：这是格雷与其他创造进化论者的不同之处。他在“变异”中为上帝找到了位置。他发表在《美国科学杂志》上的一篇文章中写道：“但变异本身也有起源。从对过去的观察中我们无法预言什么样特定的变异会出现……（它）是同样神秘或无法解释的，只能假定存在某种上帝意志。”在发表在《大西洋月刊》上的另一篇文章中继续写道：“由于变异的物理原因是完全未知的、神秘的；我们应建议达尔文先生在他的假说中假定，变异是被引导沿着一定的有益路线的。”

此外，格雷的上帝还可能在自然进程中发挥着另一种作用：进行特别创造。格雷用人造工具的类比来说明“变异—自然选择”机制与特创论是可以并行不悖的，这一类比充分体现了自然神学对他的影响：

> 看起来以下两种情形是同样可能的：特殊起源在恰当时机一次又一次地出现（比如人类的创造）；或一种形式在恰当时机被转变为另一种，比如一些连续物种仅仅在某些细节处有所不同。用一个通俗的比喻来说明吧：当新情境或新条件要求时，人类会根据自己的智慧改变他的工具或机器。他会对他所拥有的机器做小的改变和改进：比如他给一条旧船装上新帆或新船舵。这对应于变异。……随着时间的流逝旧船会破旧会损毁；最好的品类会被选来做特定用途，并被进一步改进；这样原始船只会发展出平底大驳船、小艇、单桅帆船及其他品种的水上工具——正是多样化，以及连续的改进，引起那些不那么适用于特定用途的中间形式的消失；这些逐渐变得没用，成为灭绝物种：这是自然选择。现在，假如取得了很大进展，比如发明了蒸汽机：尽管这发动机可以被用于旧船上，但更明智、更切实的做法是按照改进的模型做一条新船：这可能对应于特别创造。无论怎样，两者并不必然互相排斥。变异和自然选择可能起了作用，特别创造也可能起了作用。为什么不呢？

在格雷看来，人就是一个特别创造的例子。不过可能正因为他赋予了人特殊地位，他后来也反对社会达尔文主义，并不认为“物竞天择，适者生存”适用于人类社会。

格雷将变异的发生归功于上帝以及他对特创论的支持，都意味着他在解释自然现象时部分地放弃了自然主义的解释路径。这样的做法对科学而言是很不利的，如此解释将使遗传学的出现成为不可能，并且会大大减小进化论的解释力和适用范围。格雷在这里表现出了某种逻辑上的不一致。他曾说过，仅仅以神圣意志来解释物种分布及其起源“将把整个问题移出归纳科学的领域”。然而，他并没有将他的归纳科学进行到底，而是在缺乏物理证据和物理原因时就诉诸上帝。

格雷的有神进化论并没有被很多学者接受，虽然迄今为止美国仍有些基督徒试图从格雷处寻找支持。不过他的立场的确有助于平息达尔文学说所激起的宗教上的反对，达尔文也想利用格雷的设计论证来影响温和的反对派。正如一位后世评论家指出的那样，如果说赫胥黎是达尔文的“斗犬”的话，那么格雷就是达尔文的“和平鸽”。他试图平息公众对《物种起源》的反对。达尔文曾写信告诉格雷：“如果不是有那么四五个人（支持）我早就被击溃了——你就是其中一个。”

一直到最后，格雷都是位有神论者，而达尔文则自称是不可知论者。1868 年达尔文在《动物和植物在家养下的变异》一书的末尾公开否认了格雷的有神进化论，好在两人的友谊并未因此受到太大的伤害。格雷作为一位虔诚的基督徒，不得不在信仰与科学之间做出妥协。他或许代表了西方最后一代在自然神学与现代科学之间摇摆的科学家。

（作者：杨莎）

参考资料

[1] J. Browne. Charles Darwin：The Power of Place [M]. Princeton，New Jersey：Princeton University Press，2002.

[2] J. Endersby. Imperial Nature：Joseph Hooker and the Practices of Victorian Science [M]. Chicago：The University of Chicago Press，2008.

[3] A. H. Dupree. Asa Gray：American Botanist，Friend of Darwin [M]. Baltimore：The Johns Hopkins University Press，1988.

[4] G. H. Daniels. American Science in the Age of Jackson [M]. New York：Columbia University Press，1968.

[5] A. Gray. Darwiniana：Essays and Reviews Pertaining to Darwinism [M]. New York：D. Appleton and Company，1889.

格里戈·约翰·孟德尔

（Gregor Johann Mendel，1822—1884）

孟德尔
现代遗传学的奠基人

在科学史上，像牛顿、达尔文这样的科学家因其重大的科学发现和卓越的科学成就，生前就赢得了世界性的声誉。但是也有一些科学家虽然作出了重大的科学发现，却由于种种原因，并没有引起科学界的注意和重视，甚至被忘却、埋没。然而很多年后，随着科学的发展，这些被埋没的天才人物才重新为人们所认识，并由此获得了他们本来所应有的荣誉。科学史上这种事例俯拾皆是。奥地利神父、现代遗传学奠基人孟德尔就是最典型的一个。

一、在苦难中磨炼

格里戈·约翰·孟德尔祖籍德国。1822 年 7 月 22 日（据中泽信午著《孟德尔的发现》一书，孟德尔的生日是 1822 年 7 月 20 日）——这天正是圣玛格德伦诞辰日——他出生于奥地利西里西亚地区的海钦道夫（现属捷克的海恩西斯）。他父亲安顿·孟德尔是个贫苦的农民，拿破仑战争期间，他曾在军队服役，战争结束后回家务农。孟德尔的母亲罗赛恩是个园林工人的女儿。她心地善良，精明能干，生过四个女孩、一个男孩，孟德尔排行第二。孟德尔出生时，奥地利正处于哈登斯堡王朝统治时期，安顿·孟德尔家田地很少，他不得不靠打短工和租种地主家的地来维持全家的生计。

幼年的孟德尔勤奋好学，学识过人。他 6 岁破蒙读书，4 年就学完了小学的全部课程，深得启蒙老师玛吉他的喜爱，被称为“乡村小学的高才生”。1832 年，孟德尔小学毕业后，以全校第一名的优异成绩考入了拉波尼克初级中学。一年后又因学习成绩优秀而转学到特洛堡大学预科学校（相当于现代的全日制高级中学）。在特洛堡学习期间，孟德尔的学习生活是很艰苦的，奶油和面包全靠父母从家里送来，常受腹饥之苦。1838 年，由于家乡遭受自然灾害，粮食歉收，父亲安顿·孟德尔在一次劳役中又受了重伤，失去了劳动能力，家里只能断断续续地供给他很少的生活费用。生活的磨难降到了年仅 16 岁的孟德尔的头上——他只得靠当家庭教师来自谋生路。他知道，一个贫苦农民的儿子能读上中学，并非易事。因此，他奋发读书，自强不息，多次被评为优等生。在他的中学毕业证书上，除神学外，其余各门功课的成绩都是优秀。他的物理学老师弗朗茨说他“在物理学方面，是全班学得最好的”。

中学时代，孟德尔就很喜爱自然科学和哲学。他对特洛堡大学预科学校不开哲学课程深为遗憾。因此，1840 年中学毕业后，他最大的愿望是能到奥尔米茨大学哲学学院学习。当时父母已无法支付他的学习与生活费用，他又难以在那里找到一个家庭教师的职业糊口度日，所有的努力都失败了。失望和对前途的焦虑深深刺激了他，以致他病倒了一年。孟德尔的妹妹特蕾西亚十分同情他，为了使孟德尔能够继续上学读书，她拿出了自己的嫁妆费。在妹妹的资助下，1841 年秋，孟德尔进了奥尔米茨大学哲学学院。在这里，他除了学习普通的自然科学课程，主要是攻读德国古典哲学，特别感兴趣的是黑格尔与康德哲学。

二、仁慈的神父，热心的教师

在布尔诺城区的斯伯堡格山脚下，有一群占地面积不小、呈四方形的古老建筑物，这就是圣托玛斯·奥古斯丁教派修道院所在地。1843 年 9 月，21 岁的孟德尔为生活所困，被迫中途辍学到这里当一名见习修士，取名格里戈。正如他后来在简短的《自传》中所说的：“他（孟德尔《自传》是以第三人称写的）感觉到不得不跨入人生的另一站，这样可摆脱艰苦的生活斗争。他的处境决定了他的职业选择。”

但是，孟德尔进修道院后不久就很快觉察到，在修道院不仅可免于生活上的饥寒困苦，而且也有着良好的学习环境，仍然可以钻研自然科学。该修道院所在地布尔诺是摩拉维亚地区的科学文化中心，修道院里有很多神父都是当时奥国颇有名气的学者。如主教纳普是大学教授，他对哲学、神学、语言学和数学、生物学都有相当的研究，发表了不少有关神学和自然科学的专著和论文。神父泰勒、克拉塞是有名的植物学家，他们在纳普主教的支持下，在修道院内建立了一个小植物园和一个植物标本室，搜集和栽培了不少显花植物的奇异品种。那时候的孟德尔还不是生物学家，但却是一个生物学爱好者。因此他对克拉塞管辖的植物园和植物标本室产生了浓厚的兴趣，与他接触频繁。克拉塞也很喜欢这个新来的年轻的修士，经常向孟德尔传授植物学和果树栽培学知识，指导他用植物做杂交实验。受克拉塞等人的影响，孟德尔变得愈加酷爱自然科学，“不遗余力地通过自学和请教知名学者来弥补自己知识上的缺陷”。

为了取得神职，孟德尔也不得不硬着头皮去学习那一大堆枯燥无味的神学课程：教义学、教会史、教义问答、教会考古学、宗教法、宗教释义、神学伦理学……修完神学课程后，在他25岁生日那天，即1847年7月22日，他被任命为副主祭司，一年后提升为神父，负责教会医院的传教工作。但孟德尔很少去医院说教，却经常偷空跑到小植物园栽培果树，练习植物杂交的技术。同时又因孟德尔患有轻微神经质病，他在看到病人痛苦情形时，便感到极端的恐惧。于是主教纳普便改派他到策涅姆大学预科学校当代理教员。在今天看来，这样的任命几乎是不可能的。因为孟德尔没有通过教师甄别考试。但在19世纪的欧洲，教会享有与政府同等的权力，而且有很多学校都是在教会的直接控制之下。这样，1849年9月，孟德尔来到策涅姆大学预科学校任教，讲授数学与希腊语。几年后，又应聘到布尔诺新式学校任代理教员，讲授物理学与博物学。从此开始了他的教师生涯。

到了学校以后，孟德尔简直如鱼得水。他的演说才能使他适宜于当一名教师。他讲课深入浅出，生动形象。他常使用启发式教学方法，如课堂提问方式就饶有风趣。他根据学生学习成绩的优劣而依次将他们编号，每个学生都有自己的号码。若要对36号同学提问，他就说：“3乘以8等于24，24加12等于36。现在请36号同学回答问题。”他的这种提问方式不仅使学生上课专心致志，用心听讲，而且也激励学生奋发读书，以保证或争取将自己的号数排在前面。由于孟德尔出色地完成了他所承担的教学任务，因而受到了国家社会道德教育部的通报表扬。

孟德尔对学生有着深厚的感情，从不摆师长架子，学生们都非常乐意接近他。每逢节假日，在他的修道院房间里，总是挤满了学生。这时候，孟德尔感到格外开心，热情地招待他们。对学生们来说，他既是良师，又是益友，凡是受教于他的学生，无不崇敬他。20世纪初，奥国学者伊尔蒂斯为写孟德尔传记而到布尔诺搜集资料时，曾会见过孟德尔生前教过的几个学生。他们怀着崇敬的心情谈论着孟德尔，说他是一个“仁慈的神父，热心的牧师”。著名气象学家利兹纳说：“正是孟德尔使我渴望和酷爱自然科学。”

三、维也纳时代

孟德尔一生中的黄金时代是在教育战线上度过的。遗憾的是，他终生未能取得一名正式教员的资格，而只能以代理教员的身份立足于讲坛之上。为了当上一名正式教员，1850 年夏，孟德尔参加了在维也纳大学举行的教师转正考试，但是名落孙山。这次考试分两个阶段进行，考生只有第一阶段的考试合格后，才能参加第二阶段的考试。孟德尔顺利通过了第一阶段的考试。在第二阶段的考试中，他的物理学考得很好，试题解答论述透彻，逻辑严密，文字流畅，受到大学物理学教授、物理学评卷人冯·包姆加特纳的好评。他在试卷上批阅道："答卷表明考生有着扎实的物理学基础知识，但没有超过传统科学的范畴。"问题主要出在博物学考试中。孟德尔对大学动物学教授、博物学评卷人克奈尔给出的"哺乳动物的分类及用途"的试题一无所知。最终考试未能通过。

考试的失败，对孟德尔来说是一个不小的打击。但庆幸的是，他结识了包姆加特纳教授。教授认为孟德尔很有物理学天资，因此，1851 年暑期前夕，他给纳普主教写了一封信，建议主教送孟德尔到维也纳大学学习。纳普接受了教授的建议，这样在同年 10 月，孟德尔来到了他向往已久的维也纳大学。

孟德尔是在布尔诺的理智风气中成长起来的，到了维也纳后，他更是贪婪地吮吸着知识的营养。他广泛阅读，而最感兴趣的是数学、物理学和生物学。除了学习必修课程，凡是与自然科学有关的学术报告，他都去听，有关自然科学问题的讨论会，他都争取参加。作为一个"进修生"，他的学习时间很有限。他如饥似渴地学习着，从不逛街，不看戏，不听音乐，节假日也不例外。就这样，他在短暂的两年中，学完了一般学生需要三年才能学完的大学基础课程，为未来的事业打下了牢固而又全面的自然科学知识基础。

维也纳时代在孟德尔一生中占有极为重要的地位，可以说是他科学生涯的伟大转折点。他所以能成为一个卓越的科学家，与他在维也纳大学的学习是分不开的。大家知道，维也纳大学是奥地利的最高学府，也是欧洲最古老的大学之一。在这里集中了一大批优秀的科学家。例如，大学理学院院长、物理学教授多普勒是"多普勒效应"的发现者，他在物理学研究方面有着较深的造诣，对 19 世纪物理学的进展也有透彻的了解。他的科学研究方法不同于当时很多科学家采用的传统的培根归纳法，他首先分析某种自然现象，然后提出一个假设，并根据这一假设确定具体的研究方法，而后设计并进行实验加以证实或否决。孟德尔在大学学习时，多普勒曾带过他的实验物理学课。有段时间，孟德尔还在多普勒实验室做过实习实验员。从多普勒那里，孟德尔不仅学到了一个科学家所必须具备的娴熟的实验操作技巧和敏锐的观察能力，而且还在研究方法上受到了基本的训练。

著名物理学家兼数学家冯·爱汀豪森是孟德尔的数学老师。多普勒逝世后，他接任大学理学院院长，培养出了马赫这个在20世纪初显赫一时的大物理学家。早在1826年，爱汀豪森就出版了《组合分析》一书，孟德尔在大学学习时，曾仔细阅读和认真钻研过这部著作，从中学到了数理统计和概率论的基本知识。爱汀豪森在科研方法上有一个很大的特点，就是喜爱用数学方法来研究所探讨的问题。他相信数学方法可以运用于其他各门自然科学。爱汀豪森的这个思想是很深刻的，它牢牢印记在孟德尔的脑海中。孟德尔后来在植物杂交研究中应用的数理统计方法，多半是从爱汀豪森这一闪光的思想中受到启迪的。

在大学时代，孟德尔最为崇拜的老师是植物生理学教授翁格尔。翁格尔是进化论的先驱者之一。他在1852年出版的《植物学通信》中，就阐述了物种进化的思想，这几乎导致他被解除教授的职务。在教学中，他经常向学生灌输生物变异与进化的思想。他认为，在自然群体中，变异是普遍存在的，细小变异产生变种或亚种，显著变异则形成种间差异。他鼓励学生积极进行植物杂交的实验。为了说明植物杂种的形成和变异的本性，他假定在植物细胞内有某种“要素”的存在，这种“要素”在形成生殖细胞时可以重组，从而产生新的植物品种。不过翁格尔的这种思想只是一种臆测，但对生物学爱好者孟德尔来说，却留下了特别深刻的印象。他在后来的植物杂交研究中，吸取了翁格尔思想的精华，并加以发展，从而形成了自己的杂交遗传理论。

由上可知，多普勒、爱汀豪森和翁格尔等人不仅是传统知识的传播者，而且也是充分注意当代科学发展前沿的科学家。他们的科学思想和科学方法无不对孟德尔产生了很大的影响。孟德尔正是在这些名师的教育与指导下，受到了严格的技术训练和全面的基础培养，学到了这些大科学家进行科学研究的思想方法和工作方法，了解到当代科学发展的状况和突破口，这就使他后来有可能将数学、物理学与生物学结合起来，移植并运用数理方法来研究生物的遗传问题，从而作出了重大的科学发现。

1853年8月，孟德尔结束了维也纳大学的学习生活回到布尔诺。离校前夕，他申请参加了维也纳动物和植物学会，成为该会的最早会员之一。就在这一年，他撰写了他的第一篇论文《一种有害的昆虫——豌豆蟓》，发表在该会主编的杂志上。从论文题目可以看出，在维也纳时代，孟德尔就开始对豌豆植物产生兴趣了。

四、植物杂交的实验及贡献

科学史表明，从18世纪中叶起，欧洲许多国家的生物学者，如瑞典博物学家林耐、法国生物学家布丰、德国植物学家克尔罗伊特等，就已进行了动植物的杂交实验。一般来说，这个时期人们进行动植物杂交实验的目的，是围绕“杂交能否产生新种”而做的。到18世纪末，这个问题基本上得到了解决。如林耐本来是个神创论者，他极力主张物种不变论。但通过杂交实验，事实迫使他不得不承认杂交也能产生新种。到了19世纪，人们关于动植物的杂交研究，便朝着两个方向发展。一个方向是为了生产实践，即为了提高农作物的产量和培育观赏植物新品种。英国园艺学家戈斯、植物育种家奈特等人的实验就是为此而做的。另一个方向是为了理论研究，即以杂交实验为手段来探讨生物的遗传与变异的奥秘。法国博物学家诺丹、荷兰植物学家盖尔特纳、瑞士植物学家内格里等人的实验大都如此。虽然这些学者研究目的各不相同，但殊途同归，他们几乎都得到了相似的实验结果。这就是他们在杂交实验中，都观察到了杂种性状的一致性和杂种后代性状的多态性等遗传现象。但为什么会产生这种有规则的遗传现象？或者说，生物性状的遗传是否有规律可循？对于这样的问题，他们当中没有一个人能作出令人满意的回答。因此，“事实无须重新确定，但却需要解释”，也就是说，探讨生物性状的遗传问题，已成为19世纪的生物学家们迫切需要解决的重大课题。孟德尔正是在这种形势下为适应科学发展的需要而进行植物杂交实验的。

应当指出，促使孟德尔进行植物杂交实验也还有别的因素。例如，对于19世纪初生物学界关于“物种是否具有稳定性”问题的争议，孟德尔也很关注。一些生物学家如翁格尔拒绝相信物种的稳定性，认为杂交可使物种发生变异；一些生物学家如盖尔特纳则相信物种有着稳定性，认为物种与变种之间有一条截然分明的界线。翁格尔是孟德尔大学时代的老师，盖尔特纳则是他所崇拜的生物学家。他们之间的对立观点不能不影响到孟德尔。因此，孟德尔从维也纳回到布尔诺后，就着手进行植物杂交的实验，看来与解决这个有争议的问题有着很大关系。

孟德尔是在1856年开始用豌豆植物做杂交实验的。他从种子商和朋友那里搞到了30多个不同的豌豆品种，分畦种在修道院内一块大约200平方米的园地里。全部实验都采取正反交的方式，并在严格的人工授粉条件下进行。为了防止风和昆虫可能引起的异花授粉，他将每个经过人工去雄授粉的花都用小纸袋保护起来。到了收获季节，他又将每个实验品种分开收割与储藏，同时记下每个品种植株所结的种粒数。那时候很多人认为：养蜂、嫁接果树是正常的职业，而把豆粒按圆满或皱瘪的形状分别计数，不厌其烦地去统计则是反常的行为。有人甚至讥讽孟德尔这样做“只不过是为了消遣”。但孟德尔相信，“这是我们最后解决问题的唯一办法，而这个问题的重要性在关系到有机体的进化史方面是难以过分估计的”。因此，他对庸人们的嘲笑置之不理，而仍然不厌其烦地工作着。据统计，在整个实验中，孟德尔栽培了数以千计的植株，进行了 350 多次人工授精，数了 10000 多颗圆满或皱瘪的种粒。可以想象，倘若没有顽强的毅力、科学的态度和正确的方法，实验是难以顺利进行下去的。

在总结前人实验的经验中，孟德尔清醒地认识到，仅用观察和描述这种单一而又落后的研究方法，要揭示生物性状的传递规律简直是不可能的。他认为，要在前人实验的基础上有所突破，就必须革新现有的杂交研究方法。因此，他在大规模实验中，精心地制定并运用了一整套的科学研究方法。他首先花了两年时间，对用于实验的品种进行“纯系”培育，从中挑选出能够真实遗传而又具有明显性状差异的品种。通过进一步观察，他又从这些具有明显性状差异的品种中，确定了 7 对易于识别的可区分性状，如高茎植株与矮茎植株、圆形种粒与皱形种粒等等。在确定实验植株的各对区分性状后，他首先观察 1 对区分性状的遗传，而后才观察 2 对和 2 对以上性状的遗传。这样，大约在实验进行到第五个年头的时候，即 1861 年，孟德尔成功地观察到了杂种的显性现象和杂种后代性状的分离现象。在此基础上，孟德尔通过对实验结果的统计分析，发现每对性状的分离比例都是 3∶1，很有规则。为了解释这种有规则的遗传现象，孟德尔提出了他的著名的遗传因子的假说。他假定：植株的性状是由生殖细胞内的某种“因子”决定的，在形成配子时，成对因子彼此分离，不同对因子自由组合、机会均等。运用假说，孟德尔圆满地解释了长期以来人们在杂交实验中观察到的而又无法解释的现象，这在植物杂交实验史上还是第一次。

孟德尔治学态度非常严谨。他虽然以假说解释了已有的实验结果，但他并没有因此而满足。为了检验假说的科学性，他设计了一种“回交”实验，也就是用杂种同纯合亲本类型杂交。回交实验的结果同预期值相等，因而证明了假说的正确性。

因此，到了 1863 年，孟德尔已经形成了他的遗传理论。可他还没有急于将自己的实验结果公布于世。因为他感到他的理论“是很难同当代的科学知识相吻合的，因而在没有得到其他植物品种的实验证实之前，发表这样孤立的实验结果，无疑有着双重的危险，对实验者本人和他所从事的事业都有危险”。所以他在 1863 年后，又用玉米、菜豆等植物品种做杂交实验，以便“确定在豌豆属里发现的发育规律是否也适应于其他植物品种”。在这些推广实验中，不少植物杂种的发育是遵循着豌豆属中同样的规律的，这就证明了他的遗传理论对于许多植物品种也是适用的。

1864 年秋，作为中学代理教员的神父孟德尔结束了他的大部分实验。在此前后，他经常同好友、布尔诺自然科学协会主席尼塞尔谈论他的实验进展情况。尼塞尔是一个气象学家，他并不理解孟德尔实验的重要意义，但却很感兴趣。在他的鼓励与支持下，1865 年 2 月，孟德尔在布尔诺自然科学协会的一次会议上，报告了他用 8 年时间在豌豆杂交实验中所得到的成果。这是他有生以来第一次面对着数十名专家、学者和教授所做的学术演讲。会员们很有兴趣地听取了孟德尔的报告，但却不理解报告所说明的内容。会上无人提问，会后也没有讨论。尽管如此，学会还是要求发表孟德尔的演讲稿。1866 年初，孟德尔在重新核对了实验记录并发现无误后，便以《植物杂交的试验》为题，将其发表在布尔诺自然科学协会的会刊上。

《植物杂交的试验》是遗传学史上最重要的经典论著之一。1900 年，这部著作被重新发现后，曾被译成英文、法文、俄文等好多种文字出版。我国林道容先生于 1936 年第一次将它译成中文由上海商务印书馆出版。1957 年，吴仲贤先生重新校译了这部著作，由科学出版社出版发行。这部著作不过三万字，但它如实记载了孟德尔的历史性功绩，集中体现了孟德尔对现代遗传学乃至整个生物学所作的杰出贡献。

首先，正是在这部著作中，孟德尔最先明确提出了杂种性状的分离律和自由组合律，即（3∶1）ⁿ的遗传法则，最早以科学的假说解释了这一现象，从而揭示出了生物遗传的基本规律。从此，遗传与变异的秘密被揭开了，以前被认为由某种魔力决定的神秘的遗传与变异问题，现在被看作某种物质因子独立分离和自由组合的结果，使人们对生物遗传与变异的认识由神学进到科学。科学史业已证明，孟德尔所阐明的生物遗传的基本规律，不仅奠定了现代遗传学的科学基础，而且在农学、医学、人类学、园艺学等方面也得到了广泛的应用，大大促进了这些学科的发展。特别是 20 世纪 40 年代以来，人们将孟德尔定律同分子生物学结合起来，发展了标志着生物学革命的分子遗传学。如果说现代遗传学能以神奇的速度发展起来，成为 20 世纪自然科学中思想最活跃、成就最卓著的带头学科之一，那么追根溯源，不能不归功于孟德尔的重大发现。

其次，正是在这部著作中，孟德尔初步形成了他的颗粒式遗传理论，这无论对遗传学还是对生物进化学说都有着重大的理论意义。我们知道，在19世纪的生物学界，融合性遗传是一种非常时髦的理论。达尔文以及达尔文主义者不仅用它来解释生物的生殖和遗传，而且还用它来说明生物进化的机理。但是按照这种理论，杂种形成时，精卵细胞所携带的遗传物质便会发生融合，亲代发生的变异到了第十代就会全部消失，自然选择就不可能发生作用，生物也就没有什么进化可言。这显然是达尔文学说的一个大漏洞。达尔文失足的地方，孟德尔获得了成功。孟德尔的遗传理论表明，遗传是颗粒式的，而不是融合性的，这种颗粒式物质结构各自具有相对独立性，它们在形成配子和受精过程中只彼此分离和自由组合，但绝不发生融合。因此变异在杂交之后并不消失，而是一代一代地保留着，虽然有时并不表现出来。只有这样，自然选择才可能把变异积累起来形成新种，物种也才能不断进化。显而易见，孟德尔的这种颗粒式遗传理论不仅代表了遗传学的正确发展方向，现代遗传学已经证明孟德尔因子即基因是一种独立的结构单位，有点像念珠，它以线性方式排列在染色体上；而且也弥补了达尔文进化论的一大缺陷，充实和发展了达尔文学说。

最后，正是在这部著作中，孟德尔总结并提出了一整套科学的杂交研究方法，如纯系培育、性状分类、回交实验等等。特别是他开创性地引进和运用了数理统计方法来研究生物的遗传问题，从而把遗传学的研究从单纯的观察和描述推进到定量的计算分析，为现代遗传学的研究奠立了方法论基础。因此，从某种意义上说，孟德尔的科学研究方法，对于促进生物科学的发展，其意义并不逊色于他所发现的生物遗传的基本规律。正如美国学者邓恩指出的："对于生物学思想的发展来说，孟德尔的证明方法意义更为重大。"

此外，也正是在这部著作中，孟德尔在阐述质量性状遗传的同时，也提出了数量性状遗传的思想。他在菜豆实验中，发现菜豆花色的遗传不同于豌豆属，杂种后代的花色除了红花和白花，还有浅红、紫红等一系列过渡的类型。对于这种现象，孟德尔是用因子的组合作用来解释的。他假设红花菜豆的花色是"两个以上完全独立的颜色的组合"，即 $A=A_1+A_2+\cdots\cdots$，它同开白花的矮菜豆一样授精后"就会产生杂种组合 $A_1a+A_2a+\cdots\cdots$"。因此，杂种 A_1a 和 A_2a 两个系列的组合，"一定要产生一个完整的颜色系列"，即 $(A_1+a)^2\times(A_2+a)^2=1A_1A_1A_2A_2+2A_1A_1A_2a+2A_1aA_2A_2+4A_1aA_2a+1A_1A_1aa+1A_2A_2aa+2A_1aaa+2A_2aaa+1aaaa$。他指出，在这9个不同的组合类型的系列中，每个类型所含的因子不尽相同，因而它就代表着不同的花色。

由此不难看出，孟德尔的上述实验结果和说明，同42年后即1908年瑞典遗传学家尼尔逊·爱尔用多因子假说（后来发展成为微效多基因理论）来解释小麦种子颜色的遗传是十分类似的。现在我们已经知道，尼尔逊·爱尔是在孟德尔著作被重新发现后，“第一个试图运用孟德尔的方法来改良农作物品种的研究者”。看来，他一定读过孟德尔的论文，或许从中受到启发，从而创立了数量遗传学。因此，从这点来说，孟德尔对菜豆花色遗传的分析，已经包含有数量性状遗传思想的萌芽，他是提出数量性状遗传思想的先驱者之一。

五、性格倔强的主教，兴趣广泛的科学家

1868 年 4 月，孟德尔在教育战线上度过了十六个春秋之后，离开了布尔诺新式学校——他要回到修道院就任主教之职。他结束了教师生涯，但他的科学生涯却始终没有结束。这年 5 月，他在给内格里的信中写道：“最近，我的生活发生了意外的变化，我这个默默无闻的人被神父们推选为终身主教。这样，我由一个普通的实验物理学教员的职务来到了对我来说是非常陌生的领域。我担心要熟悉这一工作将花费很多的时间和精力，但这不会阻止我继续进行我所喜爱的杂交实验；一旦我熟悉了新的工作岗位，我甚至希望能用更多的时间和精力去从事这种实验。”孟德尔是这么说的，更是这样做的。他在担任主教后，并没有中断他的科学研究活动。一方面，作为一个大主教，他担负着“神圣的”宗教职责；另一方面，作为一个科学家，他仍坚持他所喜爱的植物杂交的实验和气象学等研究。

孟德尔晚年进行的实验，主要有毛蕊花、耧斗菜、水杨梅、紫茉莉、山柳菊、野豌豆、石竹等植物品种的杂交实验。其中比较著名的并对孟德尔科学生涯有着巨大影响的是山柳菊杂交实验。这个实验花费了他近十年的时间和相当大的精力，但实验结果却使他感到很失望。因为山柳菊属杂种行为同豌豆属迥然不同，大多数杂种都能纯一传代。这种反常的现象使孟德尔感到困惑不解。1870 年 7 月，他在致内格里的信中指出：“我发现山柳菊的杂种行为完全不同于豌豆属的杂种，不禁感到十分奇怪。我们在这里讨论的显然是仅仅遵循更高一级、更一般规律的个别现象。”在这个实验中，孟德尔也得到了一些稳定的杂种，但总的说来，实验是不成功的。实验失败的原因现在很清楚，主要由于山柳菊属某些品种是“无融合生殖”，即雌雄配子不发生核融合，因此，杂种后代当然不可能发生分离现象。山柳菊属的这种生殖特点，在当时是全然不晓的。只是到了 1910 年，瑞典植物学家奥斯登菲尔德和劳恩基亚尔才揭开这个谜。

19 世纪 70 年代初，孟德尔就山柳菊杂交实验的结果，写了一篇题为《人工授精得到的山柳菊杂种》的论文，发表在布尔诺自然科学协会的会刊上。

孟德尔是一个兴趣广泛的科学家。他在从事植物杂交实验的同时，还对气象学、园艺学、天文学也保持着相当浓厚的兴趣。尤其是他对气象学的研究，一直持续到他生命的最后时刻。

同植物杂交的实验一样，孟德尔的气象学研究也始于 1856 年。19 世纪 60 年代后，他便给气象学家、维也纳中央气象学院奥勒西克当助手，负责观察布尔诺地区气象情况。他研究气象学的仪器很简单，只有一个温度计、一个湿度计、一个气压计和一个雨量计。他就是用这些简陋的仪器，在学校以及后来在修道院里数十年如一日，坚持观察和研究。19 世纪 70 年代前后，孟德尔陆续发表了不少有关气象学的观察资料和研究论文，引起了国内外气象学界同行的注意。其中最为重要的一篇论文，是他于 1871 年撰写的《1870 年 10 月 13 日的龙卷风》，它刊在布尔诺自然科学协会的会刊上。在论文中，孟德尔认为龙卷风的发生并不是什么鬼神的作用，而是大气层中两股反向流动的气流相冲突的结果。很可惜，尽管孟德尔的这一观点同现代气象学关于龙卷风的成因的说明极为相似，但在当时未引起科学界的重视。孟德尔之后，气象学家们一方面抱怨前人对于龙卷风的解释不那么“令人满意”，另一方面却又不去阅读孟德尔的论文，这也是令人费解的事实之一。

除进行植物杂交实验和气象学研究外，孟德尔也曾一度致力于园艺学的研究。他出身于乡村农艺世家，父亲安顿有着娴熟的果树嫁接技术，是当地有名的果树嫁接能手。受家庭的影响，孟德尔自幼就对园艺学颇感兴趣。到了修道院后，他曾广泛搜集有关园艺学的书籍，刻苦攻读过果树栽培学和植物育种学。他把祖辈的好传统也带到了修道院，培育出了不少观赏植物和有核果树新品种。1859 年，在布尔诺举办的奥地利全国观赏植物新品种展览会上，孟德尔送展的优良品种格外引人注目，受到了有关专家的好评。此后，孟德尔在园艺学界名声大振，先后被国家和摩拉维亚地区聘请为有关园艺学博览会的评委和主持人。晚年，他还荣获过奥地利皇家园艺学会颁发的勋章。

孟德尔晚年遇到了一个“不幸的事件”，这就是他因拒绝缴纳新的牧师税而与政府发生了激烈的冲突。按照帝国议会 1874 年春通过的一项征收新的牧师税的议案规定，孟德尔的修道院每年要上缴新税 7300 多弗罗林，这差不多等于修道院全部财产的十分之一。孟德尔对此表示强烈反对。他向政府提出申诉，要求撤销议案，或者减少税收。他的申诉得到了几乎所有地方教会的主教们的支持，形成了一股与政府对抗的力量。1876 年，帝国政府不得不出面干涉。他们软硬兼施，胁迫孟德尔撤回申诉。但孟德尔天性执拗，软硬不吃，拒不缴纳新税。这样，他与政府的关系逐渐恶化起来，结果导致政府查封了修道院的财产。这场冲突持续了 10 年，那时候在奥地利全国，差不多没有一个人不知道孟德尔这个“性格倔强的主教”。持续 10 年的冲突不仅严重影响了孟德尔的身体健康，同时也耗尽了他晚年的大部分时间和精力，使他过早地中断了植物杂交的实验。这对孟德尔来说，确实是一个“不幸的事件”。

孟德尔的晚年是很凄惨的。他终生未婚，孑然一身，过着孤独寂寞的生活。学术上的不得志、山柳菊实验的失败、与政府关系的恶化……一连串的打击使他常常郁闷和忧愁，他的身体逐渐垮了下来。1883 年圣诞节后，他的慢性肾炎病再次复发。他经受着失水的折磨，但却很少呻吟。他大部分时间是躺在沙发上，只是感到困倦时才上床睡觉。1884 年 1 月 4 日，孟德尔抱病做完最后一次气象学观察和记录后，心脏病又一次打击了他。1 月 6 日凌晨，当服侍他的修女整理他的床褥时，发现他靠在沙发上溘然长逝了。

1884 年 1 月 9 日，布尔诺修道院为孟德尔举行了葬礼。参加葬礼的有当地政府的官员和教会的高级人士，有天主教神父和修女，还有布尔诺各个自然科学协会的代表以及数千名穷苦人。他的遗体被安葬在布尔诺中心公墓。这天，《布尔诺日报》发布了孟德尔逝世的讣告，并写下了如下的颂词：

> 他的逝世使穷人失去了一位捐赠人，使人类失去了一位品质高尚的人、一位热心的朋友、一位自然科学的促进者、一位模范的神父。

是的，孟德尔确实是一位人民的朋友。在他担任主教期间，他每年都将修道院的部分岁收施舍给穷苦人。19 世纪 70 年代后，他还出任摩拉维亚地区孤儿收养院院长。至今在摩拉维亚地区还流传着这位“好心的主教”如何捐款资助穷人的故事。

孟德尔富有正义感，思想激进，对当时奥国政教合一的专横制度表示不满。1848 年，欧洲爆发了资产阶级革命，维也纳人民为反对哈登斯堡王朝的黑暗统治，举行了著名的“三一三维也纳起义”，孟德尔对这场革命表示同情。晚年，他思想日益“自由化”，成为激进的资产阶级政党——德意志自由党的一名追随者。在 1872 年大选中，他公开投票支持自由党，这对于一个天主教主教来说，确实是很不寻常的。

孟德尔是一位杰出的科学活动家，他参与创建了奥地利气象学会和布尔诺自然科学协会，是这两个学会的最活跃成员之一。他先后出任过摩拉维亚地区农艺学会、养蜂工作者协会、园艺工作者协会和布尔诺自然科学协会的主席、副主席等职务，并多次以学者身份出国参观访问。他对促进奥国自然科学的发展和增进奥国同欧洲其他国家的学术交流作出了积极的贡献。

作为一个科学家，孟德尔留给后人的著作并不多。他不是多产作家，一生中只写过十几篇论文，而且几乎都被人们忽视。这是遗传学史乃至科学史上的一大憾事。

六、“我的时代一定会到来”

1866年，孟德尔的论文发表后，并未引起科学界的注意和重视，他感到很失望。这年12月31日，他写信给欧洲植物杂交研究的大权威内格里，随信附有他的论文和一些豌豆杂种种子，希望得到内格里的赞同与支持。但事与愿违，孟德尔得到的却是近于否定的回答。内格里以他在生物学界的显赫权威而对孟德尔的工作保持沉默，显然直接影响了生物学界的其他学者。但孟德尔坚信他的理论对于生物进化学说有着“难以过分估计的意义”，他对好友尼塞尔说：“我的时代一定会到来。”

可是，事实上，“孟德尔时代”的到来，经历了一个非常曲折复杂的过程，他的科学成就是在被埋没了35年之后，才为人们所重新发现。

我们知道，在19世纪，除了内格里，至少还有四位科学家，如德国生物学家霍夫曼、福克，俄国生物学家施马尔豪森和美国学者贝利看过孟德尔的论文；同时，刊有孟德尔论文的布尔诺自然科学协会的会刊，被赠送给国内外120多个科研机构和高等院校，如英国皇家学会、法国科学院、美国的哥伦比亚大学和国内的维也纳大学等。但当时的科学家，其中包括内格里在内，谁也没有识别出孟德尔论文的科学价值，竟让这个在遗传学史上具有划时代意义的发现，在人们的眼皮底下溜过。人们不禁要问：为什么孟德尔的重大发现会长期无人问津，以致被埋没了35年之久呢?

如前所述，在孟德尔时代，很多生物学家都把融合性遗传理论奉为经典，而孟德尔则提出了完全不同于融合遗传的另一种理论——颗粒式遗传。这种理论超越了他的同时代的人，使得当时的生物学家难以看出它的重要意义。因为在他那个时代，科学上还没有弄清细胞的减数分裂和生物受精的详细过程，染色体学说尚未建立，他所假定的遗传因子还不能在实验上得到确证。科学的发展还没有为人们认识孟德尔理论准备好条件，这是孟德尔的发现被埋没的根本原因。

孟德尔的杂交研究方法和论文的表述方法不同于传统的生物学研究方法，这给人们认识他的理论带来了一定的困难。大家知道，19 世纪的生物学还纯粹是一门描述性科学，它的主要研究方法只是观察和实验，进行定性分析。这个时期的生物学家还几乎没有运用过数学方法来研究生物学问题。只是孟德尔在他的杂交研究中，才开创了运用数学方法来研究生物遗传规律的先河。正因为如此，当时的生物学家们对孟德尔运用的数理统计方法感到新颖和陌生。他们没有认识到数学在生物学研究中的重要作用，因而对孟德尔运用数学方法来研究生命现象觉得不可思议，对他所表述的生物的遗传为概率定律所支配也就感到不可理解。

孟德尔论文是在达尔文巨著《物种起源》出版不到 7 年之际问世的，当时的科学界，特别是生物学界正处于“达尔文热”时期，人们的注意力主要集中在生物进化问题上。因此，生物学研究的一些分支无疑被人忽视了，甚至被忘却了。另外，当时很多生物学家在达尔文的影响下，都把生物的进化仅仅归结为自然选择的结果，而没有认识到杂交也是生物进化的一种动力，因此他们也就不能理解孟德尔理论对生物进化学说的重要意义。

孟德尔理论的局限性和不足之处，也是造成人们忽视他的科学发现的一个重要原因。其一，孟德尔理论只适用有性生殖的生物，而对无性生殖的生物则不适用。他的山柳菊杂交实验就是一个明显的例外。因此，长期从事山柳菊杂交实验的内格里，就根本不承认孟德尔理论的普遍意义。在他看来，孟德尔所发现的遗传定律“只不过是经验的现象，因为它还不能被证明为是合理性的”。其二，孟德尔在论文中提出了性状不变的观点。他认为，杂种的性状总是不加改变地传给后代，并在后代中保持稳定，不再发生变异。因此，他主张杂种的稳定性、间断性和独立性，否认杂种的变异性、连续性和流动性。这显然同达尔文关于物种变异的观点相抵触。所以那些信奉进化论的博物学家，会有倾向性地把孟德尔理论看作“物种不变论”的变形和延续，因而也就不可能接受他的理论。

孟德尔发表论文时，只是个默默无闻的神父兼中学代理教员，职业的偏见和狭隘的思想，使当时的生物学家们很难相信这样一个“小人物”竟能发现一些大科学家未能发现的生物遗传的规律。本来，内格里是最有可能使孟德尔的发现得到社会承认的人，这不仅在于他直接看过孟德尔的论文，并同孟德尔保持了长达 8 年的通信，而且他的研究方向和研究方法与孟德尔也很相近。但他对孟德尔的工作始终保持沉默，在他有关遗传的论文和著作中，他从未提及过孟德尔。其原因可能还在于他认为孟德尔不是生物学家，而只是一个“科学同路人”。他曾说过：“有机体的起源问题是植物生理学中一门高超的学问，只有那些在最模糊的专业领域能够作出正确判断的人，才能探究这个问题。”内格里的这种观点，显然代表着当时很多生物学家的看法。所以在孟德尔逝世时，人们只想到他们埋葬的是一个仁慈的主教，而根本没有想到他是一个卓有成效的科学家。

但是，科学规律是不可能永远被埋没的。20世纪初，经过差不多整整一代人的共同努力，人们终于重新发现了孟德尔遗传定律，使被埋没了35年之久的孟德尔著作重见天日。孟德尔的预言为历史所证实。

19世纪下半叶，细胞学有了很大的发展。继比利时胚胎学家贝内登于1883年第一次系统阐明了卵成熟与受精的详细过程后，德国生物学家鲍维里、魏斯曼和亨肯等人先后发现了细胞的减数分裂方式。1888年，沃尔德耶确立了染色体概念，而鲍维里首次提出了染色体个体学说。19世纪末，科学家又发现了在细胞分裂前期的染色体联会现象。此后，鲍维里和美国学者萨顿根据已发现的细胞学事实，各自提出了孟德尔因子位于染色体上的观点，从而建立了遗传染色体学说。至此，人们重新认识孟德尔理论的时机已经成熟，剩下要做的事就是如何重视孟德尔的遗传定律。

在这方面，有三位科学家的工作起了至关紧要的作用。他们是荷兰的德弗里斯、德国的科伦斯和奥地利的丘歇马克。正是这三个人的工作，最终揭开了重新发现孟德尔遗传定律的帷幕。

德弗里斯是第一个重新发现孟德尔遗传定律的人。他在1893—1899年做罂粟、报春花等品种的杂交实验中，发现了杂种的分离律。1896年左右，他从贝利的《植物育种》一书的参考文献目录中，知道了孟德尔的论文，并立即找来进行了研究。但他天真地相信自己的工作超过了孟德尔，“他将孟德尔的工作与自己的发现相比较时，低估了前者的意义”。因此，他在1900年春差不多同时完成的法文论文《关于杂种的分离律》和德文论文《杂种的分离律》初稿中，一处也没有提到孟德尔。但在法文论文寄往法国科学院后不久，发生了一件意外的事情：他的朋友贝捷林斯克给他寄来了一份孟德尔的1866年论文的油印本。此时，德弗里斯感到有必要在德文论文中加进一些有关孟德尔工作的字句。于是他重新修改了德文论文，在结语中作了如下的说明：“这项重要的研究（《植物杂交的试验》）竟极少被人引用，以致在我总结我的主要实验并从实验中推导出孟德尔论文中已经给出的原理之前，竟然不知道有这项研究。”1900 年 4 月，《德国柏林植物学会学报》发表了德弗里斯的论文《杂种的分离律》，首次公开宣布孟德尔遗传定律被重新发现了。

在德弗里斯的论文公开发表之前，杜宾根大学讲师科伦斯在豌豆杂交实验中，也发现了孟德尔分离律。1899 年冬，他从福克的著作《植物杂种》中了解到孟德尔的论文。他觉得，在知道孟德尔论文的情况下，他的工作并不是开创性的，而只不过是“再发现”而已。翌年 4 月，他完成了他的经典论文《关于种间杂种行为的 G. 孟德尔的定律》，明确表示他用自己的实验证实了孟德尔发现的遗传定律。

丘歇马克是三位重新发现者中最年轻的科学家。他在 1898 年进行的豌豆杂交实验，本来是用以验证达尔文关于杂交授粉和自花授粉的效应问题，但他意外地得到了孟德尔式的分离比率。像科伦斯一样，他也是在 1899 年冬读了福克的著作之后，才知道孟德尔论文的。1900 年 4 月，他看到德弗里斯的论文后，匆忙赶写了一篇题为《豌豆的人工杂交》的论文。5 月，他将论文寄给德国柏林植物学会，同科伦斯的论文一起发表在该会的学报上。

这样，在 1900 年年初，德弗里斯、科伦斯和丘歇马克三位科学家，几乎同时各自独立地发现了孟德尔遗传定律。三位重新发现者的工作表明，在相同的实验条件下，自然定律一定会不断再现出来。同时它也启示人们：一个优秀科学家所做的事，其他科学家也能做到。

可是，尽管《德国柏林植物学会学报》和《法国科学院记事录》都发表了德弗里斯等三位科学家的论文，但并未“轰动整个生物学界”。只是在英国生物学家贝特森看到孟德尔论文后，通过他的热情宣传，孟德尔理论才在欧美各国广泛传播开来。

贝特森是在 1900 年 5 月从德弗里斯寄给他的论文中了解到孟德尔工作的。他很快从皇家学会资料馆中找到了孟德尔的论文，并在前往出席皇家园艺学会的会议途中看完了它。他感到，“孟德尔对实验结果的说明是精确而又完备的，他从实验中推导出来的原理，对于人们研究生物的进化问题有着重大的意义”。5 月 8 日，贝特森在大会上作了题为《作为园艺学研究课题的遗传学问题》的演讲，他结合德弗里斯的论文，着重介绍了孟德尔的实验。这样，出席皇家园艺学会的会员们第一次听到了孟德尔的名字，知道了孟德尔的工作和他的发现。从这以后，贝特森以极大的热情来宣传、传播孟德尔学说，他立即将孟德尔的论文译成英文，将其发表在皇家园艺学会的会刊上。正是这篇译文，使得孟德尔的论文首先引起了英语国家中科学家的注意，继而在世界各国产生了巨大的反响。许多国家的生物学者重做了孟德尔的若干实验，几乎都得到了与孟德尔相似的结果。同时，贝特森和屈埃诺经过用家禽和小家鼠作杂交实验，证明了孟德尔定律对动物界也是适用的。

由此，孟德尔获得了国际性的声誉。由于有了孟德尔的发现，一门新的学科——研究生物的遗传与变异的科学——遗传学诞生了，孟德尔被誉为遗传学之父。他所期待的时代终于来到了。为了纪念这位成就卓著的科学家，1910 年，世界上 150 多名知名学者倡议并捐募，在布尔诺建立了一座孟德尔纪念碑，碑文上写着：

研究者 G. 孟德尔神父

1822—1884

科学界的朋友

1910 年敬立

一百年过去了，孟德尔的科学成就作为最优秀的科学遗产之一，已被综合进人类的知识宝库之中，孟德尔作为一个伟大的科学家将永垂科学史册。

（作者：张青棋）

参考资料

［1］R. C. Olby. Origins of Mendelism［M］. New York：Schocken Books，1966.
［2］H. Iltis. Life of Mendel［M］. New York：Hafner Publishing Co.，1966.
［3］孟德尔 . 植物杂交的试验［M］. 吴仲贤，译 . 北京：科学出版社，1957.
［4］斯多倍 . 遗传学史［M］. 赵寿元，译 . 上海：上海科学技术出版社，1981.

阿尔弗雷德·拉塞尔·华莱士

（Alfred Russel Wallace，1823—1913）

华莱士

达尔文的“骑士”

自然选择原理是当代生物进化论的灵魂，早期达尔文主义者们正是由此出发，揭开了人类博物科学—生物学领域科学革命的序幕。这一原理的发现者是科学史天空中一对著名的双子星：达尔文与华莱士。主星达尔文光彩夺目，伴星华莱士却鲜为人知，例如在国内，他的名字只偶尔出现在比较通俗的科学史叙事中，成为达尔文的一个影子。事实上，华莱士在维多利亚时代的曙光与暮色之间度过的漫长一生是非常精彩的。他通过刻苦自学与不懈奋斗，从社会底层脱颖而出，与达尔文分享了科学王国中一块重要的领地，也获得了为社会正义呐喊的话语权。他以宣扬、捍卫“达尔文主义”为已任，又是欧文主义乌托邦理想的追随者，他察觉到“自然选择”与“社会进步”之间的可能矛盾并试图求助风行于当时的“灵学”化解之。在他自己的时代里，华莱士扮演了科学家、灵学家、意见领袖等多重角色，这也为他在后世成为“达尔文法庭上的异端”埋下了伏笔。

一、成长之路

阿尔弗雷德·拉塞尔·华莱士于1823年1月8日出生在威尔士的阿斯克，据说他的家族血统可以追溯到13世纪的苏格兰英雄威廉·华莱士。他的父亲年轻时曾是一位绅士，母亲也出身名门，但在他出生时家道已经中落。1836年，华莱士从一所拉丁学校退学，开始为生计奔波。他先后跟着两个哥哥做学徒，社会成为他最好的大学。在“技工学会”中，他了解到工人阶级普遍的生活状况与政治诉求，接触到欧文的乌托邦思想，并在激进主义者潘恩《理性时代》的影响下对传统教会产生怀疑，成为不可知论者。通过阅读科姆的作品，他还对颅相学等早期“心理科学”产生了浓厚兴趣。从土地测量员大哥威廉那里，他学到了测绘技术以及地质学、化石方面的常识。当时正值英国博物学的黄金时代，华莱士也加入到自然爱好者的行列，利用野外工作的便利，在分类学书籍的指导下采集标本。1844 年，因测量业不景气，华莱士离开大哥，凭借勘测、绘图与文字能力在莱斯特找到了一个收入不高的教职。在当地图书馆，他读到洪堡、马尔萨斯等人的重要著作，并结识了一位擅长采集甲虫的学徒——后来的昆虫学家贝茨，由此进入了本地业余博物学家的小圈子。在莱斯特，华莱士还通过霍尔的催眠术讲座第一次接触到"心灵研究"，这成为他"智识成长的一个重要部分"。1845 年，威廉意外离世，华莱士辞去教职，接手了他在尼斯的土地测量生意，间或与二哥约翰一道接一些土木工程项目。其间他跟贝茨保持着通信往来，继续开展博物学研究。1847 年 4 月，《动物学家》杂志介绍了他发现的一种虎皮斑金龟，这算是他第一个正式的"科研成果"。

1844 年，钱伯斯匿名出版《创世自然史的遗迹》（以下简称《遗迹》），成为以自然主义（自然神学）眼光公开探讨生物进化的第一人。此前，康德 - 拉普拉斯的星云假说所涉及的无机界进化问题已经引起英国公众的广泛兴趣，但有机界进化问题却还是一个禁区，《遗迹》首次打破了这个禁区，提出一种以物种演变与个体发育相类比的生物进化论，立刻激发起社会大众阅读讨论的热潮。华莱士恰巧席卷其中，钱伯斯的理论为他指明了继续探索的方向。在 1845 年 12 月 28 日致贝茨信中，华莱士写道：

> 看来我比您更欣赏《遗迹》一书，我认为它并非匆忙概括的产物，倒是一种天才的假说，能够得到一些惊人证据及类比的有力支持，但还有待更多证据证明，未来的研究将投射更多光芒到这一领域。无论如何，它为每一位自然的观察者提供了关注的课题：他们观察到的每一事实都必将支持或反对它，由此为采集提供激励，也为应用采集到的事实提供目标。我观察到许多杰出作家都极为支持动植物物种进步式发展的理论，与此课题直接相关的是一项非常有趣的哲学工作。

进化论在当时是一种激进的思想观念，因为生物"进化"有可能为社会"进步"提供科学依据，它得到改革派人士的认同。此时华莱士奋斗在社会底层，对社会等级制与贵族世袭制相当不满，作为欧文主义的信徒，他积极寻求凭借知识改变命运的办法。《遗迹》几乎是钱伯斯专门写给华莱士的书，使他当即成为一名进化论者。应该说，华莱士生活在英国极其辉煌的年代：1832 年"改革法案"通过，工业革命在政治改革促进下勇往直前；"交通领域的工业革命"兴起，印花税的废除与印刷技术的创新又为言论自由与知识传播铺平了道路。1837 年维多利亚女王登基，“日不落帝国”进入全盛期。与此同时，海外市场与殖民地的扩张也拓展了博物学家的活动范围，远洋科考盛行起来。在洪堡、达尔文等人游记的激励下，华莱士决定放弃测量业，到向往中的热带地区从事探险采集工作。旅行的时机渐渐成熟了，华莱士约上贝茨同行，出行前他在信中写道：

我开始感到对仅有本地的采集品相当不满足——从中学不到什么东西了，我真想搞到一个科，彻底地——主要是带着物种起源理论的观点进行研究。

经过一番必要的准备与训练，两人扬帆远行，于 1848 年 4 月 26 日到达南美的帕拉。他们即时将标本复本运回国内出售，开始了职业博物学家的生涯。然而这对搭档四个月后就在亚马孙丛林中分道扬镳了，原因不详。华莱士在亚马孙流域浪迹四年，通过考察物种地理分布为进化论寻找证据。1849 年 6 月，华莱士的弟弟赫伯特也追随而来，但他在探险兴趣和采集能力上都不及哥哥。1850 年 8 月，华莱士北上内格罗河，赫伯特返回帕拉准备回国，在这里赫伯特遇见了包括鞋子在内被助手洗劫一空的落魄的贝茨。1851 年 6 月 2 日，赫伯特遭受到热带黄热病的袭击，虽然有贝茨悉心照料，最终还是被夺去了生命。险恶的状况还没有完，1852 年 7 月 12 日，伤痕累累的华莱士启程回国，途中他乘坐的“海伦号”突然起火沉没，珍贵的标本和手稿几乎都被毁掉了，一行人在救生艇上度过了惊心动魄的 10 天，幸运地被过往的“乔丹森号”救起，而这艘船在安全性和储备方面也存在问题。10 月 1 日，九死一生的华莱士终于回到英国。经过四年的历练，一位杰出的博物学家已经成长起来了。

二、发现“自然选择”

离开南美时华莱士发誓不再远行，但上岸后他又萌生了到安第斯山或菲律宾群岛探险的念头。经纪人斯蒂文斯为华莱士兑现了一笔 200 镑的保险金，并带他出席伦敦昆虫学会的会议，他的工作得到了与会同行们的称赞。凭借残存资料和记忆，华莱士一年之内出版了 2 本书，发表了 6 篇论文。在《亚马孙流域蝴蝶的习性》一文中，他指出，“我们可以认为那些专属某一区域的昆虫是最年轻的物种，即处在动物形态一系列漫长演变的最后阶段”。他开始跻身科学界，定期参加昆虫学会、动物学会及地理学会的活动，专业素养提升很快。1854年年初的一天，华莱士第一次遇见了达尔文，当时他正在大英博物馆研究马来群岛的昆虫并为下次出行做准备。两人短暂交谈了几分钟，谁都没想到日后还会有一场意义重大的进化论会师。

1854年4月20日，华莱士抵达新加坡，开始历时8年的马来群岛之旅。这次他身边带着一名16岁的助手查尔斯，两人分工协作，到5月底已经寄给斯蒂文斯大约1000件标本。群岛上物种繁多，华莱士几乎每天都有新发现。受仍在南美的贝茨的启发，华莱士也开始发表他的考察报告，两人的工作进展一度走在英国动物学界的前沿。在领略自然界生物多样性的同时，华莱士始终关注物种问题，此时他手中又多了一件强大的理论装备：赖尔的均一论。在达尔文主义的形成过程中，均一论影响巨大，它"尝试用现在起作用的原因解释地球表面从前的变化"（赖尔《地质学原理》的副标题），反对地质学研究中的特创论解释，在科学方法论上非常富有启发性。科学史家鲍勒曾评论道："赖尔是一位施洗者约翰，他被派来为达尔文最终战胜自然神学与基督教历史观预备了道路。"对于华莱士，赖尔同样是一位领路人。在马来群岛，华莱士身边带着一本第四版的《地质学原理》，在笔记中，他一直在思考赖尔关于环境渐变—均变影响生物分布的观点，并在想象中与其展开讨论。华莱士将均一论运用到求证进化论的田野实践中，渐渐从亲缘物种的分布规律上质疑起赖尔非进化论的"物种引进"观：

> 赖尔坚持认为，通过外部环境改变，一个物种不可能转变为另一个物种，因为当环境发生改变时，已经适应这种新环境的物种就会前来替换掉原来的物种。但是这意味着，这种物种更替将是急速而非渐进的。

然而在考察途中，华莱士搜集到越来越多的物种渐进更替的证据。1855年，华莱士发表论文《制约新物种出现的规律》（以下简称《规律》），在一系列地理学—地质学命题的基础上，总结出自然界物种分布的规律：

> 每一物种的出现在空间与时间上都对应着一个此前存在的亲缘物种。
>
> 这条规律是对进化现象的静态描述，由此得到一幅生物之间相互联系的树状亲缘图谱：物种是那样繁多，形态与结构的改变又如此不同，大量物种可能作为现存物种的原型物种，如此造成了一系列繁复的亲缘线分支，像老

橡树的嫩枝或人体的血管系统一样错综复杂。

《规律》发表后，华莱士向达尔文探问国内学界的反应，两人开始建立通信联系。达尔文在信中承认两人想法接近，还告诉他赖尔与布莱斯都曾提醒自己注意这篇论文，但他没有透露已发现自然选择原理的秘密，只是说他比华莱士走得更远。实际上，赖尔为《规律》到唐恩找过达尔文，提醒他华莱士“似乎在采取自然选择理论的解释”，但达尔文低估了华莱士的工作效率，又顾虑发生类似《遗迹》遭到围攻的情况，还是没有下定决心推出他的“物种大书”。然而华莱士的脚步很快，1858 年 1 月 4 日，他在信中向贝茨透露了自己的计划：

> 我很荣幸收到达尔文的信，信中说他同意我文章的“几乎每一个字”。现在他准备出版关于变种与物种的巨作，20 年来他一直在收集资料。如果证明自然界物种与变种的起源没有差别，那么他可以省去我写作假说第二部分的麻烦。如果他得出另一结论，我就麻烦了。但无论如何这将对我的工作有所促进，您和我的采集也将提供最有价值的材料，用来揭示与证明这一假说的普适性。

《规律》已经考查了进化可能是“怎样”的，而这里的“第二部分”则涉及进化是“如何发生”的问题。1858 年的论文《论变种无限远离原种的倾向》(以下简称《倾向》）推进了这一步。根据华莱士本人回忆，当时他停留在特尔纳特，正经受着间歇热的折磨，“某件事”使他想起了马尔萨斯的人口理论，想到战争、疫病、饥馑、事故等对人口数量的“积极抑制”有可能同样适用于野生动物甚至是任何一个物种，接着他脑中又闪过斯宾塞的“适者生存”，灵感降临了：生存斗争可能正是物种发生变化的自然机制！当晚他就开始动笔，又连续用了两晚写成《倾向》，然后赶上最近的一班邮轮把它寄给了达尔文。

《倾向》中并未出现“自然选择”字样，但明确指出了生物与环境的适应关系对于物种进化的决定性意义：

> 来自同一原种的大多数或者也许是全部的变种，一定在个体习性或能力上具有某些有限的独特特征，无论这些特征有多么微小。甚至只是一种颜色

上的改变，使它们或多或少地彼此区别开，都能影响到它们的安全状况；过多或过少的毛发发育，都会改变它们的习性。更重要的改变，例如四肢或任何外在器官在力量或尺寸上的增加，将影响它们获取食物的模式或栖居地的范围。……如果任何物种获得了增加些许生存能力的变异，这一变种一定不可避免地在一定时间内显示出数量上的优势。如同年老、食物浪费或短缺导致死亡率的增加，变异的结果也一定是这样。在两种情况下会有一些例外的个体，但平均看来这法则将一定有效。所有变种因此分为两组——在相同环境下达不到亲本种数量的，以及迟早获得并保持数量优势的。现在假设这一地区的物理环境发生了变动——长期的干旱、植被被蝗虫破坏、寻找"新乐园"的食肉动物的突然闯入——任何使生存变得艰难、迫使物种全力以赴避免灭绝的改变，显然，在所有个体组成的物种中，那些数量最少而组织最不完善的将首当其冲，如果压力够大，它们必然很快绝迹。同样的原因持续作用，接下来受害而数量减少的就是该物种的亲本种，相似的不利条件反复出现，它们也可能会逐渐灭绝。优势变种将独自存活下来，在环境重新变得适宜时，它们的数量将迅速增加，并将占据已经灭绝的物种与变种的位置。

这段论述可算作华莱士在邂逅达尔文之前独立探索的最远处，也标志着华莱士版本自然选择原理的发现。《倾向》引发了蝴蝶效应，达尔文收到它之后感到自己有可能失去自然选择学说的优先权，一时陷入纠结。在"微妙的安排"下，同年 7 月 1 日林耐学会补选成员的紧急会议上，赖尔与胡克临时撤换掉他人的文章，组织报告了达尔文与华莱士的最新成果，报告内容依次包括达尔文 1844 年 230 页手稿的摘要、1857 年 9 月 5 日达尔文写给格雷的信以及华莱士的《倾向》。报告于 8 月 20 日正式发表在学会刊物上，标题为《论物种形成变种的倾向及论自然方式选择下变种与物种的保持》。"华莱士事件"促使达尔文调整进度，于 1859 年 11 月 24 日推出《物种起源》，"达尔文革命"拉开序幕，而 1858 年 7 月 1 日这一天一般被看作现代进化论的诞生日。

三、"灵学进化论"

联合论文发表后，华莱士已然成为达尔文身边的先锋人物，遂结束了捕猎天堂鸟和红毛猩猩的生活，于 1862 年 3 月 31 日回到了英国。除了理论贡献，华莱士采集标本的数量、质量及编目水平都令同行刮目相看，一颗科学新星冉冉升起。回国前一年，英国鸟类学联盟吸纳他为荣誉会员，回国后他又接到了伦敦动物学会高级会员的邀请。此后，华莱士全面启动了各项研究工作，尤其是欣然地将自然选择学说归到达尔文名下而极力捍卫，在达尔文主义初创期扮演了重要角色。在他清晰文笔的论证下，许多持异议的科学家接受了进化论，及时鼓舞了主帅达尔文的士气，胡克因此称赞他是达尔文“真正的骑士”。

除此之外，华莱士在标本制作技术、生物地理分布及人类学等方面也不时有成果问世。华莱士是最早涉足人类进化问题的科学家之一，1864 年 3 月 1 日，他在伦敦人类学会会议上宣读论文《由“自然选择”理论推论人类种族起源及古人类的进化》，引起较大反响。文章折中了欧洲沙文主义与单一起源论：一方面承认共同祖先，强调自然选择对种族体态差异的塑造；另一方面认为精神进化为人类所独有，自然选择不再作用于人类身体而只在智力道德方面进行引导，种族优劣分化由此而生，欧洲人则是被自然所选择的“最适者”。华莱士此时相信，自然选择将引导人类精神能力不断进步，世界终将呈现一派自由平等的乌托邦景象。然而沿着这一思路，他与达尔文之间的观念分歧渐趋明显，唯灵论也开始在他的思想中浮现。

回国后，华莱士开始考虑婚姻问题。他先是向一位棋友的女儿“L 小姐”求婚，可惜失败了，这使他一度萎靡不振。1865 年 1 月，他向达尔文诉苦，达尔文安慰他说治疗痛苦念头的最好办法就是努力工作。这时，受姐姐方妮影响，华莱士接触到 1848 年源自纽约继而风靡欧美的灵学活动。灵学家宣扬灵魂不灭，组织“降神会”，宣称灵媒（多为年轻女子）可凭借超能力与灵魂进行沟通，吸引了大批追随者。然而直到 1865 年秋天，他还是没能走出低谷，达尔文写信敦促他尽快发表马来群岛考察记，以免坐失良机，而他沮丧地说如果找不到妻子这个可能永远都写不出来。好运降临了，通过朋友，华莱士认识了植物学家米滕的女儿安妮，1866 年 4 月 5 日，两人举行了简单的婚礼，从此相伴终生。安妮是华莱士理想的贤内助，帮助他重新打起精神，继续辛勤地写作。

转向灵学的华莱士开始推荐名流朋友们一起参加降神会，并表示不妨对灵学家的解释存有分歧，但至少要正视灵学现象的真实性，而以此可揭示现有科学的局限性。他还出版了小册子《超自然的科学方面》，宣传他的神奇经验以及灵学的重大意义。然而，接受华莱士“宣教”的人大多态度消极，只有钱伯斯表示支持，甚至相信灵学将带来一场思想革命。达尔文知道华莱士的“异端”行径后没有明确表态，同行中却传来批评的声音。科学家当中也有人与华莱士并肩作战，例如铊的发现者克鲁克斯，华莱士主攻唯灵理论，克鲁克斯则致力于降神术的“实验研究”。

随着子女出世，家计问题摆在眼前。1870 年 1 月，华莱士与一个人品低劣的地平论者打赌，为赢得 500 镑，他运用勘测技术证明了地球是圆的，不料却引来对方无休止的恶意诋毁与劳神伤财的诉讼事务。这年 2 月，他当选为伦敦昆虫学会会长，但这个职位并没有固定收入。他向一家博物馆求职，也没有成功。1871 年 2 月，为他建造别墅的工头携款潜逃，使他的经济状况雪上加霜，他无奈只好做些为学院学生阅卷、为赖尔等人校稿子这样的临时工作，或向大英博物馆出售私人藏品。1876 年春，《动物的地理分布》（以下简称《分布》）出版，此书以进化论眼光探讨全球陆栖动物的分布情况，被誉为动物地理学集大成之作，在新的动物志研究出现之前通行了 80 年。书中华莱士按物种进化特征将地球生物区域分为六个部分，其中东洋区与澳洲区之间的界线是他在马来群岛考察时勘定的，就是著名的“华莱士线”。《分布》的版税使他逃离了破产的边缘，然而生活依然艰辛。1874 年，华莱士起名为“斯宾塞”的大儿子不幸死于猩红热；1876 年 6 月，另一个儿子也染了重病。在同年 9 月的科促会年会上，华莱士全票当选为生物学组主席，负责人类学会场的讨论。会上，他与克鲁克斯一道力挺一篇含有唯灵论内容的论文，引起激烈的争论，顿时成为科学界的众矢之的，出任学会会长的希望也因此大受影响。接下来，科学界与灵学界之间酝酿已久的战争爆发了，华莱士又卷入了不光彩的“斯雷德案”。他不惜声誉地出庭为灵学家斯雷德作证，并当庭陈述了自己 11 年来的灵学历程，为灵学研究的自由和正义性辩护。此后几年，华莱士淡出科促会，与科学家同行保持着距离。

科学家—灵学家的双重身份在华莱士这里并不矛盾，一方面他将灵学视为前程远大的新科学，另一方面他的进化理论也需要唯灵论的帮助。华莱士持一种强适应主义的自然选择万能论，认为生物的一切特征都应来自环境的要求。然而，当涉及人类自身的进化过程时，种种问题还是使他感到棘手。1864 年的人类学论文虽展望了乌托邦“自然而然”实现的美好远景，但在具体细节上，自然选择机制如何导致人类超越于动物界之上、如何保障道德文明的出现及持续等具体问题是被悬搁起来的。按照达尔文的思路，华莱士下一步应该为高级精神能力的适应性起源提供更多的科学论证，继续（像在性选择与隔离机制等问题上表现的那样）坚持一贯的自然主义解释，然而华莱士却沿唯灵论方向走上了一条“捷径”。对于“仅凭自然选择盲目的物质性力量是否可能导致人性高贵与社会和谐”这一敏感问题，华莱士在某种意义上回答了“否”，虽然他提出了另一种可以回答“是”的“类科学”解释方案，但应该说还是由激进的科学进化论向传统的神学进化论倒退了。

1869年春，在刚刚成功推出《马来群岛》之后，华莱士通过一篇为赖尔著作所做的书评阐发了他的人类学新观点，经由唯灵论将超自然因素引入了自然选择学说。达尔文事先有所预料，他写信对华莱士说：“我希望您没有太完全地谋杀了您自己和我的孩子。”文章中，华莱士认为自然选择在从低等动物到人类的一般方面的进化过程中充分有效，但对于人类独特的精神能力则需另当别论。具体说来，人体至少有四处特征不符合“适者生存”原则：脑、手、外貌及言语功能——野蛮人的脑与当代欧洲人的脑一样发达，手一样灵巧，外貌一样精致，也一样具有语言天分，但它们在原始环境中的利用率却是相当低的，有时甚至还是一种弱点（如无毛的皮肤）。这些“反常”的特征是如何在生存斗争中出现，并且代代相传的呢？华莱士的答案是：它们都是与人类的高级精神能力相关的，且共同塑造了作为文明基础的人类道德本性，而精神进化符合的是“适者生存”之外的更高级的“适应”标准——“适者进步”，因此是由一种超自然力量定向选择的结果：

> 若全面承认人类的起源与所有生物的起源一样，都是以相同的伟大法则为中介，似乎仍有证据表明，有一种力量指引那些法则沿确定的方向、向着特定的目的发挥了作用。……在人类种族的发展中，一种超级智能为了更高贵的目的，引导了同样的法则。

这样，人类实际上就成了灵魂世界驯养的高级动物，在“灵魂不灭”的前提下，心智与道德的优越性同时具备了直接的适应价值。这种“灵学进化论”由此既为华莱士保住了乌托邦理想，又捍卫了达尔文主义，实在是后达尔文时代调和科学与神学的一次勇敢的理论尝试。鲍勒曾指出，19世纪发生的只是“非达尔文革命”，理由即在于自然选择学说当时未被充分接受，以致目的论继续广泛存在于此后的进化理论之中。华莱士的努力正体现了这一点。

达尔文为华莱士感到惋惜，认为他没必要在人的问题上急于寻求特殊原因。赖尔对华莱士的思路倒是颇认同。1870年，华莱士出版《自然选择理论文集》，修订收录了《规律》与《倾向》等重要文章，改写了1864年的人类学论文，又在《自然选择作用于人的局限》一文中展开1869年书评中的讨论，提出了宇宙的本质是“意志的力”的自然哲学观点。像1858年一样，华莱士的鲁莽出马再次刺激了达尔文，使他放开了在人类问题上的拘谨姿态，遂于1871年出版了《人类的由来》，运用其容纳多元机制（性选择、相关律、泛生论等）的自然选择理论来集中揭示人类的自然进化之谜。

四、“社会华莱士主义”与“后达尔文”岁月

1878年，华莱士出版了《热带自然文集》(1891年与《自然选择理论文集》合并为《自然选择与热带自然》)，内容涉及热带地区的博物学状况、拟态现象、性选择以及开现代环保主义先声的原始丛林保护问题。生计仍是华莱士的现实问题，1874年开始的经济萧条使他几乎是孤注一掷的投资也蒸发了，而当初失踪的工头这时却回来反咬他违约建房，又使他损失了一笔100镑的诉讼费。找个稳定的经济来源已是当务之急，1878年7月，华莱士请出版商麦克米伦帮忙申请《自然》杂志的编辑职位，又求助胡克与达尔文推荐他到埃平森林做监管，但都失败了。他还曾尝试申请学院里的职位，也没有结果。1880年，华莱士出版《分布》的姊妹篇《岛屿生物》，这让达尔文看到了他回归阵营的迹象。达尔文决定为华莱士的经济问题再出一把力，在赫胥黎的帮助下，终于为他申请到一笔每年200镑的政府养老金。有了这笔钱，华莱士的晚年生活相对有了保障，他开始更多地将灵学进化论运用到感兴趣的社会政治领域，凭借这种“社会华莱士主义”而成为活跃一时的公众意见领袖。

多年来对阶级分化状况的厌恶、在投资失败中对经济制度的不满、在诉讼事务上对法律体系的失望，以及从灵学群体受到压制看到社会的不宽容，刺激了华莱士原本并不淡漠的政治热情，他越来越多地利用话语权和影响力从事时事评论或社会活动，为下层民众摇旗呐喊。首先是贸易问题，华莱士撰文主张平等的互惠政策，反对以提高进口税抵制法、美等国的贸易保护主义。土地国有化问题是他晚年活动的焦点之一，年轻时的工作经验使他对土地分配中的不公正深有感触，19世纪50年代阅读斯宾塞关于土地改革的著作也深化了他的认识。他曾在70年代初写过相关文章，密尔也曾就此邀请他加入土地改革组织，他也同意了，但此事因密尔在1873年去世而搁浅下来。80年代前后，爱尔兰新教地主垄断土地引发动荡，华莱士借此发表看法，重燃起宣传土地改革的热情。在1880年《如何使土地国有化》一文中，华莱士提出应先将土地收归国有，然后再按不同价值出租给佃农耕种。这篇文章促成了1881年土

地国有化协会的创立，华莱士当选为主席，该协会成员相信现存土地制度是贫困与道德沦丧的罪魁祸首。华莱士邀请斯宾塞加入未果，但采纳了他的建议：首先向公众集中阐释现状的不平等，以寻求支持。华莱士在宣传中强调：土地与空气、食物一样是个人不可剥夺的公共财富。达尔文对协会表示支持，但他劝华莱士不要为这些“诱人的”问题远离了博物学。这时期，乔治的《进步与贫困》对华莱士影响很大，乔治认为贫困的根源不是人口的过度增长，而是人与人之间的不公正，他相信在合理的社会中，人与人应该是共生的关系，而土地是生存与财富的根源，因此还地于民是社会进步的必然要求。1881 年 11 月，华莱士出版《土地国有化》一书，向英国工人阶级宣讲悲惨生活的根源，传播土地改革思想。年底，土地国有化协会请乔治来做演讲，华莱士与他结识，此后两人著作的销量一度攀升。这一年华莱士依然精力旺盛，除了忙于协会事务，仍在《自然》发表生物地理学与标本采集方面的科学文章。他还在考察原始语言的基础上提出了一种“嘴形理论”，认为有些词汇起源于姿势而非语音。

1882 年 4 月 19 日，达尔文在唐恩辞世。华莱士与赫胥黎、胡克等人代表科学界为他扶柩。在没有达尔文的岁月里，华莱士前方的路还很长。两个月后，都柏林大学三一学院授予他法学名誉博士学位，之后他因为眼疾休养了两年，1885 年又重整旗鼓，积极参加了一个关于贸易萧条问题的有奖征文活动，作品后来扩展成《坏时代》一书。此书批评了欧洲的社会状况，指出整治经济萧条的根本办法在于推行更为高级的道德教育。1886 年 10 月 9 日到 1887 年 8 月 20 日，在朋友帮助下，华莱士再次远渡重洋，赴北美做巡回演讲。在波士顿，他的代理人在宣传海报中称他为“世上健在的最杰出的博物学家”。演讲中他也提到了超自然选择的进化目的论，并将“适者生存”进一步阐释为“适者永存”：

> 其他低等动植物王国的存在理由与目的，甚至包括我们的整个物质世界，正是尊贵、完美的人类形式的终极产物。凭借它，通过斗争与努力，与身体、道德上的邪恶不断开战，人的灵魂——人自身——将得以发展，并预备一种更高级的永恒存在。

华莱士在波士顿还结识了达尔文的好友格雷，并应邀在聚会上讲述发现自然选择的传奇故事。在哈佛大学，华莱士做了博物馆学方面的演讲。哲学家詹姆斯也是一位灵学爱好者，1884 年他参与创建了美国心灵研究会，得知华莱士到来，便邀请他一起参加降神会。华莱士一路上结交科学界与灵学界的好友，又领略到美国博物学研究及政治发展的优越状况，感叹在美国自由的文化氛围中科学界与灵学界并没有像在英国那样水火不容。1887 年 5 月 23 日，华莱士在加州与阔别 40 年的二哥约翰团聚，除安排科学、灵学演讲外，他还把哥哥带进降神会，试图通过灵媒的石板显字与“神灵世界”中的其他亲人建立联系。华莱士还在加州结识了早期环保运动领袖缪尔，与他一同游览当地的原始森林。日后两人有通信往来，缪尔可能还曾到英国拜访过华莱士，华莱士的环境思想对他的环保事业无疑是一种积极的支持。北美之旅途中关于达尔文主义的讲座反响很好，回国后，65 岁的华莱士决定在此基础上出版他的第一部进化论专著，书名就叫《达尔文主义》。该书于 1889 年出版，令 1864 年由赫胥黎打造的“达尔文主义”一词再放光彩。书中华莱士援引魏斯曼的种质遗传学，坚持自然选择是进化的唯一机制，但作为动力因，它在三个特殊阶段上需要目的因——超级智能的辅助：（1）有机界的出现；（2）动物感知的出现；（3）人的出现。三个阶段之间的跃迁是超级智能定向选择的结果，而永恒的灵魂世界将是进化的终点。

1900 年，孟德尔被重新发现，遗传学的突破使进化论者分成博物学传统与实验传统两个阵营。博物学传统的华莱士欣赏孟德尔理论的新奇，但与当时大多数人一样，他并没有意识到“孟德尔革命”正在上演，而日后正是这场革命使得达尔文主义绝境逢生，最终获胜。

19 世纪八九十年代，华莱士还积极支持反对种牛痘的社会运动。他根据统计数据质疑种牛痘的效果，批评政府的强制接种政策，认为只有推动社会正义与教育进步才是治疗各种流行病的根本手段。受到贝拉米乌托邦小说《回顾》的影响，1889 年，华莱士公开宣称自己是一名社会主义者，向往一个没有阶级的平等社会。“社会华莱士主义”还有另外两个亮点：优生学与女权主义。对于高尔顿的优生学，他认为重点应在于培养更多的优等人，而非更多地压制劣等人；对于斯宾塞的优生学，他相信魏斯曼学说已经动摇了它的理论基础——基于获得性遗传的用进废退观念。华莱士指出，欧洲社会环境已经恶化，非正义一方得势，优秀品质反而缺少生存空间，“优”的标准已经混乱，社会达尔文主义者在体制内部的修改当然也就没有意义，而只有从根本上扫清现存的阶级制度，再造一个以公平与正义为基础的社会，才能从根本上使人类向着正确的目标迈进。他进而认为，在一个健康的社会里，女性将成为自然选择的重要代理人：当女性受教育程度提高，一方面晚婚晚育将增多，这会缓解人口的过度增长；另一方面女性择偶也将更为主动，由此无须政府干预，智力与品行上的弱者将通过性选择而被自然淘汰掉。

五、幸福的晚年

1889年年底，牛津大学授予华莱士民法博士荣誉学位，从此他便被称为“华莱士博士”。荣誉纷至沓来：1890年，伦敦皇家学会将第一枚“达尔文奖章”授予了他；1892年，皇家地理学会授予他“奠基人奖章”；1893年，伦敦皇家学会终于吸纳他为会员。1895年，一位企业家赞助他到瑞士做关于19世纪科学进展的演讲，演讲整理成1898年的《奇妙的世纪》一书，回顾了19世纪重大的科技发明与理论突破，也为牛痘术的盛行与颅相术的没落表示遗憾，为催眠术和心灵研究遭到冷落而鸣不平，认为与科学成就相比，欧洲的社会成就是落后的。1898年，国际灵学者大会在伦敦召开，华莱士当选为会议主席。他在开幕词《正义，而非慈善，作为社会改革的基本原则》中指出：首先，现代灵学已经不再拘泥于来世的奖善罚恶信条，转而强调生命是道德与智力的连续体，尘世生活是对灵魂的训练；其次，恶劣的社会环境致使个体无法充分发挥其优良品质，各种慈善措施亦无法解决实质问题；最后，只有建立一个机会均等的正义社会，才能重建人类进化的健康秩序，使人类灵魂的高尚本性得以发展。1902年，华莱士在布劳德斯顿建了一座名为“老果园”的新居，令他感到满足，但建造开销使他再次濒临破产。于是，年近80岁的华莱士开始闭门钻研天文学，用6个月时间写成了《人在宇宙中的地位》一书，1903年出版，及时缓解了经济压力。书中提出了一种“太阳系中心论”，根据当时的资料，指出太阳系处在宇宙的中心位置，如果宇宙法则是均一论的，那么这个位置的生物即使不是唯一的，也是最特别的，因此人类可能是宇宙中独一无二的智能生物，地球则是培育智能的唯一场所。此书在当时获得很大成功，书中这种综合生物学与宇宙学的思路也得到了今天“人择原理”研究者的认同，他们由此奉他为“宇宙生态学”的先驱者。1907年，华莱士又推出《火星能居住吗？》一书，以1903年书中的论点否定了火星生命说。专著的畅销鼓舞了华莱士，1905年，他趁热打铁地出版了两卷本的自传《我的一生》，从头回顾自己走过的岁月。

华莱士的晚年是幸福的，随着“对头”们纷纷离世，他已经成为德高望重的国之瑰宝以及伟大时代的见证人，更多的光环落在他的头上，科学家、文人、政客与一般仰慕者们也纷纷登门拜访。1908年7月1日，为纪念达尔文主义问世50周年，林耐学会将第一枚金质“达尔文－华莱士奖章”授予了他。同年年底，华莱士又接连获得科普利奖与大英联邦荣誉勋章。这些对于当今的科学家而言都是至高的荣誉。1909年，为纪念《物种起源》出版50周年，克鲁克斯邀请他在英国科学研究所做演讲，演讲的成功激发了他新的灵感，遂写成《生命的世界》一书，1910年出版。这一次，华莱士从唯灵论的思想根源——斯韦登堡的神秘主义出发，将宇宙描绘成一个精神性的有机整体，万物在其中协同运行，通过自然选择实现灵魂从物质世界到永恒世界的进化。已经摆脱传统宗教束缚的自然科学界对此很不以为然，大多数人都为华莱士终究跳不出目的论的陷阱表示惋惜。1913年11月7日，华莱士在老果园安详辞世，有人建议将他安葬在达尔文的身边，但安妮遵从华莱士的嘱托，让他安眠在了布劳德斯顿海边小山上的一座墓园里（安妮1914年辞世，亦葬于此）。这一年，他还有两本新书——《社会环境与道德进步》与《民主的反抗》问世，作品继续针对英国的社会状况发出正义之声。伦敦科学界为华莱士在威斯敏斯特大教堂做了一块浮雕，纪念这位伟大的维多利亚人。此后，随着世界大战的爆发与维多利亚时代的终结，华莱士其人其说已渐渐不再为现代人所熟悉，灵学成了“精致的伪科学”，科学与人文也分裂为“两种文化”。然而，自然选择理论却实现了一场革命，在更为坚实的生命科学基础上，为人类理解世界、文明与自身照亮了道路。华莱士致力一生的达尔文主义事业，在新的时代里空前兴盛起来。

（作者：刘利）

参考资料

[1] R. A. Slotten. The Heretic in Darwin's Court：The Life of Alfred Russel Wallace [M]. New York：Columbia University Press，2004.

[2] A. R. Wallace. My Life：A Record of Events and Opinions [M]. Vol. I. London：Chapman & Hall LD.，1905.

[3] P. J. Bowler. The Non-Darwinian Revolution：Reinterpreting a Historical Myth [M]. Baltimore：The Johns Hopkins University Press，1988.

[4] J. L. Brooks. Just Before The Origin：Alfred Russel Wallace's Theory of Evolution [M]. New York：Columbia University Press，1984.

[5] M. Shermer. In Darwin's Shadow：The Life and Science of Alfred Russel Wallace-A Biographical Study on the Psychology of History [M]. New York：Oxford University Press，2002.

罗伯特·科赫

（Robert Koch，1843—1910）

科赫

结核杆菌的发现者

结核病被认为是人类历史上最重要的传染病之一，由于患者通常显得比较苍白，结核病也被称为“白死病”。考古学家曾在古埃及的木乃伊身上发现了它的踪迹，并且有人相信结核病起源于70000年前的非洲。结核病具有较高的感染性和致死率，据19世纪的统计，全人类有七分之一死于结核病，三分之一以上的中年人都患有结核病。长期以来，这一疾病的病因一直是一个谜团，直到19世纪80年代科赫发现了结核杆菌，才最终将结核病判定为一种由结核杆菌引起的传染病。

1882年3月24日，德国医生罗伯特·科赫在柏林生理学学会作了一场名为《论结核病》的报告，他清晰地论证了结核杆菌是结核病的致病因，解决了长期以来人们对结核病病因的困惑。科赫在结核病研究领域作出的重要贡献，使他荣获了1905年的诺贝尔生理学或医学奖。为了纪念科赫发现结核杆菌，1995年世界卫生组织还将3月24日定为“世界防治结核病日”。

然而，从1881年8月着手结核病研究到1882年3月在柏林生理学学会上报告研究成果，科赫实际上只用了不到8个月。科赫何以在这么短的时间内做出长期以来其他人无法完成的工作呢？美国微生物学家布洛克在其撰写的科赫传记中指出，结核病研究是科赫细菌学研究的顶峰，科赫凭借着矢志不移的信念和过于常人的耐心，在之前工作的基础上作出了这一重大发现。法国细菌学家康博和德朗古则强调前人研究和两项技术的创新（染色技巧和固态培养基）。德国医学史学家格拉德曼还指出，从1880年开始科赫不再是单兵作战，而是成为帝国卫生部的一名领导，团队合作促使很多新技术的快速出现。实际上除了这些因素，还有一个重要的历史背景——细菌致病说的兴起，以及细菌学研究范式的形成。

其实从炭疽菌研究开始，科赫就是细菌致病说的拥护者，之后关于外伤、显微拍照、显微镜改进、染色技巧、纯净培养、消毒的研究都是为了论证细菌致病说。实际上，在研究结核病之前，科赫就已经形成了一套完整的细菌学研究范式。科赫之所以可以在短时间内就得出结核杆菌致病的结论，是因为结核病研究是在其细菌学研究范式下解决的第一个难题。

一、细菌致病说

19 世纪中期，流行病的起源和传播是一个巨大的谜团。一些人坚持“瘴气说”，认为腐烂物质散发出的有毒空气或“瘴气”导致了疾病，流行病是一种不具有传染性的区域性疾病，除了“瘴气”，还与饮食、环境、情绪、不检点的行为相关。另一些人则坚持“传染说”，认为流行病是由一种特殊的细菌引起并传播的，这些细菌直接或者间接地从患者传播给健康的人。

科赫在格丁根大学的老师亨勒是“传染说”理论的早期支持者之一。亨勒 1840 年就发表文章称，传染物质是一种活体，并且指出可以通过实验的方法分析传染病。到了 19 世纪中后期，疾病是否由细菌引起这一问题成为整个欧洲医学界讨论的核心议题。当时主流的生理学家，例如柏林的菲尔绍和维也纳的比尔罗特完全否认微生物在传染病中的作用。但是，细菌致病说的拥护者克勒布斯遵从亨勒的教导，做了许多白喉、天花和创伤感染的接种和培养研究，认为虽然细菌不是疾病，但是它是引起疾病的原因，并且可以繁殖。然而，由于克勒布斯的实验技巧很差，他并不能通过实验向同行证明他想法的正确性。此时的人们仍然无法回答到底是疾病导致了细菌还是细菌引起了疾病。

受亨勒和克勒布斯的影响，科赫也是一名“传染说”的支持者，他的研究工作从一开始就是立足于细菌致病这一观点的。19 世纪 70 年代，为了证明细菌致病说，很多科学家都选择了炭疽热研究。其原因为：(1) 炭疽菌相较于其他细菌比较大，可以轻易地通过显微镜观察；(2) 在疾病的最后阶段，血液中存在大量炭疽菌，非常便于取样；(3) 在动物实验中可以容易地传播这种疾病；(4) 炭疽菌是一种重要的家畜病，涉及巨大的经济利益，并且偶然会传染给人，造成医学问题。

科赫也参与到了炭疽菌的研究中。通过日常观察，很多人已经知道在某些牧场放牧会使牲畜感染炭疽菌，并且这些牧场的“毒性”会持续多年，但是人们并不知道为什么会这样。为了寻找导致炭疽热的凶手，科赫利用小鼠、豚鼠、兔子、青蛙、牛、羊等动物进行了大量实验。科赫将患炭疽热死去的羊的血，接种给豚鼠，豚鼠第二天就死了。通过解剖亡鼠，科赫在其血液、淋巴结和脾脏中发现了杆状物。科赫又将亡鼠的脾血接种给新的健康鼠，新鼠会出现同样的症状并很快死去。通过重复这一接种过程，科赫可以将炭疽热传播十几代。同时，科赫利用显微镜仔细观察，发现杆状物的长短有变化，长的边缘会出现一些凹陷，仿佛就要被分开一样。科赫推测，这些杆状物是活的，并且通过伸长和分裂繁殖。科赫认为这些杆状物的存在是疾病传播的必要条件。但是携带细菌的血液几天后会丧失它的传染性。因此，这些血液无法证明土壤中长期存在的“毒性”。

为了进一步观察这些杆状物，科赫将炭疽物质接种到兔子的角膜上，使原本透明的房水变得浑浊。科赫立即认识到房水是培养细菌的一种培养基，房水变得浑浊证明细菌在繁殖。通过在温暖、潮湿和通风良好的环境中用显微镜观察，科赫发现杆状物会膨胀、伸长，形成长长的丝状物。丝状物会捕获一些微小颗粒，形成一些具有折射性的小球。科赫认为这些球体就是孢子，当炭疽杆菌遇到不适宜生长的环境时，就会形成孢子，孢子可以在恶劣环境中存活多年。一旦孢子遇到适合的环境，炭疽菌就会再次生长。这就解释了土壤的“毒性”如何持续多年的问题。科赫发现了孢子在炭疽热中的重要性后，立即建议将患病动物焚烧或者深层掩埋，防止孢子形成。

虽然在科赫之前细菌致病说就已经出现，但是科赫关于炭疽热的研究首次将特定细菌和特定疾病联系起来。科赫关于炭疽热的研究得到了德国当时著名植物学家科恩的赞赏，1876年，在科恩的帮助下，科赫的文章发表于科恩自己主持的期刊《植物生物学通讯》。这篇名为《炭疽热病因学，以炭疽杆菌的发展周期为基础》的文章奠定了科赫研究的基础，成为科赫细菌学研究范式的开端。

“范式”概念源于库恩的《科学革命的结构》，根据库恩的描述，大致可以看出范式是一个共同体成员所共享的信仰、价值、技术等的集合，是一种对本体论、认识论和方法论的基本承诺，是科学家集团所共同接受的一组假说、理论、准则和方法的总和，这些东西在心理上形成科学家的共同信念。然而，一个范式究竟是如何产生的则很难说清。但是根据库恩的研究，可以总结出范式的几个特点：(1) 一定程度的公认性，即存在一个共同体；(2) 一个研究纲领，即存在基本信条、研究方法、研究方向等；(3) 成功可模仿的先例。这三个特点同时具备时，我们才能说存在一个范式。当一个范式正式形成时，即进入常规科学时期，科学家的工作就是“解难题”，适用于范式的问题通常会很快被解答。

此时科赫的炭疽菌研究，并不符合范式的三个特点。作为基础信念的细菌致病说当时只是一种假设，虽然有部分科学家支持，但并没有有力的证据证实，也没有统一的研究方法和研究方向。只能说科赫通过炭疽热研究，坚定了对细菌致病说的信念。然而，正是在这一信念的引领下，科赫逐渐构建了一套细菌学研究范式。

二、科赫的细菌学范式

虽然科赫在炭疽热研究中取得了一定成果，但是想要证明细菌致病说，让学界接受科赫的研究并不容易。因此，在随后的几年中，科赫一直在寻找能够让人信服的研究方法，来证明细菌致病说。这些方法整合起来就是我们现在所说的科赫原则：(1) 在所有病例的发病部位都能发现这种细菌；(2) 这种细菌可从病体中分离出来，并能在体外培养成纯菌种；(3) 将这种纯菌种接种给健康动物后，能引起相同的疾病；(4) 在接种纯菌种而致病的动物身上，仍能分离、纯培养出同种细菌。通过科赫原则，科赫构建起了细菌学研究的范式。

科赫原则并不是一种思想构建，而是科赫以大量的实验为基础总结而成的研究方法。为了能够在患病动物组织中看到细菌并展示给同行，科赫首次在细菌学研究中使用了显微照相术；为了获得高质量的照片，他改进了显微镜，并利用苯胺染料给细菌染色；为了分离和培养纯净细菌，科赫改进固态培养基，发明浇注平板培养法，改进了灭菌法；为了证明细菌是疾病病因，科赫进行了大量的动物实验，小鼠、豚鼠、兔子、狗、青蛙、鸟、猴子等都成为他的“宠物”。

虽然 19 世纪 20 年代末，随着显微镜技术的进步，显微镜已经成为医学研究必不可少的工具，但是由于不可能给所有人当场演示自己的研究成果，细菌学家不得不通过手绘的方式将自己的研究成果呈现给同行。然而，由于显微镜质量和观察技巧的不同，手绘图并不能满足细菌学成果沟通的要求。

为了向众人更好地展示自己的研究成果，科赫在炭疽热研究之后转向了对显微照相术的研究。显微照相术不仅促使科赫改进他的显微镜，而且还促使他完善了制备细菌样本的方法。

为了获得更高质量的照片，科赫与当时知名的显微镜制造商有过频繁的通信。显微镜制造商根据科赫的要求，制造了符合科赫需求的配件。经过亲手改装，科赫的显微镜的质量得到明显提升。起初，科赫按照赖夏特和施杜恩拜克的垂直照相法进行拍摄，由于焦距有限，显微镜最大只能放大 300 倍。后来，科赫改进了拍摄方法，他采用水平拍摄法，得到了其想要的倍数。

除了拍照设备和方法的改进，制备细菌样本对显微照相也非常重要。细菌在液体中是透明的，并且还会移动。科赫发现通过烘干的方式可以将细菌固定在载玻片上，这样不仅可以终止细菌运动和布朗运动，而且可以固定样本。科赫特别强调这种干燥保存技术的重要性，因为干燥的制备物可以保存几周甚至几个月，可以用于对比研究。烘干样本之后，就可以给制备物染色。布雷斯劳大学的魏格特发现最好的染色剂是苯胺染料，他将这一方法推荐给了科赫。科赫发现用苯胺染料染色的细菌会与其他物质区分开来。科赫详细记录了染色过程，强调染料选择和冲洗的重要性。这些染色技巧后来成为科赫发现结核杆菌的重要基础。

1877 年，在科恩的帮助下，科赫的第二篇论文《细菌的制备、保存和拍照方法》同样发表于《植物生物学通讯》。在这篇论文中，科赫详细描述了他对细菌的制备、染色、观察和拍照的过程，并且精心挑选了 24 张细菌照片。细菌照片的首次发表引起了学界的广泛关注，并且由于科赫将实验步骤描述得非常详细，其他同行可以轻易地重复这一工作，使得科赫的细菌染色和拍照技巧在细菌学研究中得到了广泛传播。科赫还发现细菌照片除了用来与同行交流，还可以用于给细菌分类，观察照片可以避免眩光引起的眼部不适，并且通过拍照还能对不同种类和时期的细菌进行对比研究，显微照相也成为细菌研究的重要方法之一。

但是，科赫在研究疾病组织中细菌的生长时发现，原来的显微镜并不适用于观察组织中的细菌，并且他的拍照方法也无法给组织中的细菌拍照。虽然在科赫的时代，显微镜技术已经有了十足的进步，但是仍然难以满足观察像细菌这样微小的物体。此时就不得不提到阿贝。他当时是卡尔·蔡司显微镜公司的光学顾问，他发现当显微镜放大倍数增加时，图像并不会变得更清晰，从而认识到了放大和分辨率的差异。经过大量的测试，阿贝发现使用油镜可以提高分辨率，1879 年首次发表了他对油镜的研究。实际上，科赫在 1878 年就已经到卡尔·蔡司公司拜访过阿贝，并且获得了一台装配油镜的显微镜。在 1879 年阿贝的论文中，他还提到科赫在细菌研究中使用了他的油镜。但是仅靠油镜还是无法观测微小的细菌，显微镜还必须装配一个适当的光照设备。阿贝的另一个重要贡献就是聚光器的改进，即阿贝聚光器，它可以照亮整个制备物，虽然会产生眩光和色差，但是在科赫的年代，阿贝设计的显微镜极大地提高了细菌的可观测程度。科赫之后的研究中基本上使用的都是阿贝设计的显微镜设备。可以说，阿贝和卡尔·蔡司公司为科赫提供必需的研究设备，反过来科赫的成功又促使卡尔·蔡司公司成为世界知名的显微镜制造商。

在 1878 年发表的关于创伤感染的研究中，科赫首次介绍了染色技巧、阿贝设计的油镜和聚光器。新的研究设备和技巧，使科赫可以清楚地观察到比炭疽杆菌更小的微生物。科赫辨识出了六种传染性疾病，两种鼠类传染病、四种兔类传染病，它们在病理学上和细菌学上呈现出明显的区分。由此，科赫推断人类外伤传染病也是由类似的特殊寄生物引起的，并区分了不同的疾病——败血症、坏疽、脓疮。科赫反对当时流行的不同形态的细菌都是同一物种的观点，认为细菌有不同的种类，每种细菌都能引起一种独特的临床病征。据此，科赫认为，通过总结所有传染病的生理特征来寻找病因是徒劳的，只有通过研究疾病的特定病因，一种特定的疾病才能被理解。

为了证明特定疾病是由特定细菌引起的观点，则需要从自然患病的动物身上分离出纯净的细菌，然后将纯净的细菌再接种给健康的动物，引起相同的症状并发现同样的细菌。科赫之前的研究只能证明含有某种细菌的物质可以导致某种疾病，并不能确证细菌就是罪魁祸首。因此，纯净培养物对细菌研究至关重要，如果无法获得纯净培养物，人们就无法确定到底是哪一种物质导致了传染病。

虽然 19 世纪的微生物学家们已经意识到纯净培养物对微生物研究的重要性，但是由于培养方法的不同，他们获得的纯净培养物的质量良莠不齐，这也导致他们对细菌和传染病的认知各不相同。

培养基是纯净培养过程中的关键。19 世纪，大部分微生物学家都是使用液态培养基，李斯特是第一个用有限稀释法培养出纯净培养物的人。但是液态培养基可能会在同一种培养基中分离出不同种类的微生物，因此液态培养并不适于培养纯净物。为了克服纯净培养的难题，科赫根据施勒特 1875 年利用土豆切片培养有色菌落的研究和布雷非德给出的获取纯净培养物的原则，开创了浇注平板培养法，他先将细菌在液态培养皿中培养，然后将它们倒入平板培养皿中，使它们固化。一旦培养基固化，不同种类的细菌就会在培养基的不同部位各自生长，这就防止了它们相互污染，并确保它们免于外部入侵。这个技巧的核心是要找出一种可以根据温度变化从液体转化为固体的培养基。科赫尝试了多种可供致病菌生长的培养基，例如营养肉汤培养基和普通肉汤培养基。科赫没有直接寻找一种可供致病菌生长的固态培养基，而是通过添加明胶，使一种可供致病菌生长的液态培养基固化。

科赫详细记录了制备营养明胶的方法，“我将致病菌和非致病菌在熟土豆或营养明胶上不断培养、接种，直到观察不出它们特征的明显变化。它们保持着它们的形态和生理特征……作为纯净培养物生长数月而不发生变化”。由于许多致病菌在土豆培养基上并不生长，只在营养肉汤培养基上生长，因此科赫只能添加明胶使营养肉汤转化为固态培养基。这一方法后来得到了广泛使用，它不仅可以用于培养致病菌，而且可以用于培养所有的微生物。

1881 年，科赫总结了他的培养方法，以《致病微生物研究》为题发表在《帝国卫生部通讯》上，这是科赫自 1880 年到柏林帝国卫生部任职以后发表的第一篇论文。科赫在文章中强调，纯净培养物是所有传染病研究的基础，提倡用明胶制作固态培养基培养纯净物，因为明胶培养基允许实验者分离出独立菌落，从而确保培养物的纯净性。这篇论文丰富了科赫早期的细菌学研究方法，除了讨论培养纯净物的方法和技巧，还发表了大量（84 张）疾病组织中的细菌的照片。后来，这篇论文被视为“细菌学的圣经”，文中的照片也长期被载入教科书中。通过纯净培养研究，科赫还意识到，细菌培养过程中无菌环境的重要性。之后，科赫专门研究了杀菌物质和杀菌过程，以及杀菌物质对某种细菌种类的抑制或破坏活动。同年，科赫发表了三篇关于杀菌的报告，他宣称石碳酸不如汞喷雾，新鲜的蒸汽要比热空气的杀菌作用好，强调通过严格地使用无菌技术来避开污染的重要性。消毒、灭菌后来在医疗实践和公共卫生领域得到了广泛的应用。

1881 年 8 月，科赫作为德国政府的代表参加了在伦敦举行的第七届国际医学大会，世界各国多数活跃的医学研究者都参加了这次会议。虽然科赫并没有在医学大会上发表论文，但是会议期间，科赫的支持者——英国著名外科医生李斯特邀请科赫到他的实验室，演示科赫发明的纯净培养技术，科赫的法国对手巴斯德也前来观看。科赫的演示非常成功，就连巴斯德也称赞科赫的技巧是“一个很大的进步”。

可以说，科赫通过对炭疽热和创伤感染的研究坚定了他对细菌致病说的信念，通过对显微照相术、显微镜、染色法、培养基、灭菌法的研究创造了一套完整的细菌学研究方法。实际上，当科赫到柏林帝国卫生部任职后，在《帝国卫生部通讯》上发表他的细菌学研究方法时，一个以科赫细菌学研究方法为中心的细菌学研究范式就已经建立起来。虽然细菌致病说不是科赫的首创，但是科赫是第一个给出证明方法的人。并且由于科赫方法的有用性，大量细菌学家来到柏林跟随科赫学习，形成了以科赫为核心的细菌学共同体。在科赫范式的影响下，科赫的助手吕夫勒分别在 1882 年和 1884 年发现了鼻疽杆菌和白喉杆菌。科赫的学生加夫基 1884 年发现了伤寒杆菌。曾经在科赫实验室工作过的冯·贝林和埃尔利希分别于 1901 年和 1908 年获得诺贝尔生理学或医学奖。科赫本人也于 1905 年因结核病研究获得诺贝尔生理学或医学奖。

三、结核杆菌的发现

由于结核病对人类的影响极大，因此人们一直对结核病保持高度关注。1881 年伦敦医学大会上，结核病问题就是大会重要议题之一。受会议影响，科赫回到柏林后便决定要找出结核病的病原体。但是经过考察，科赫惊异地发现，结核病研究居然充满了争议。

虽然 1819 年法国医生雷奈克就推测某些表现出不同临床特征的疾病存在特定联系，例如结核疹、肺结核、淋巴结核等，由于这些疾病都会出现结核节，因此他推测它们可能是由共同的原因引起的。但是这一观点并没有被主流学界接受，因为当时的医学科学家都在研究不同疾病结节的结节形式，而不是寻找结节的原因。当时德国的医学巨擘菲尔绍就通过对结节的生理解剖研究，得出了结核结节是其他疾病的变形的结论，并且认为肺结核与其他形式的结核完全不同。

尽管如此，执着于病因研究的医学研究者们，还是想要证明结核病的传染性。1863 年威尔曼利用动物实验证明结核病的传染性。1877 年克勒布斯提出要将结核病传染视为一种未被识别出的细菌导致的传染。1879 年，魏格特发表论文称，不同形式的结核是同一种疾病，不应该通过疾病的生理解剖来判断它，而应该通过致病因来确定。之后在科恩海姆、萨洛蒙森、鲍姆加滕、塔佩纳等人的确认下，结核病已经被认为是一种传染病，但是不论是在疾病组织中还是培养物中，人们一直没有观察到可能的致病菌。如何证明是某种细菌导致了结核病一直困扰着人们。

科赫在研究结核病之前，就已经从威尔曼那里得知了动物实验对结核病研究的重要性。作为帝国卫生部的部门主管，科赫可以容易地从柏林夏洛蒂医院的“肺结核病房”拿到大量的结核物质，进行动物实验。从一开始，科赫的目的就是要证明，是一种外源物质作为病原体导致了结核病。为了这一目的，科赫将前六年积累的研究技巧全都利用起来，包括显微照相术、组织染色、纯净培养物分离、动物接种。虽然这些在研究炭疽病和创伤感染时非常有效的方法同样适用于结核病，但是科赫还是遇到了很大的困难。结核病组织中的病原菌很难被染色和辨认，并且在培养基中生长缓慢，想要证明它的存在需要极大的耐心和强大的信念。

结核分枝杆菌很难被常见的细菌染色剂染色，因为其细胞壁含有丰富的蜡质。科赫的重要贡献之一就是发现了结核杆菌的染色方法。

科赫发现，豚鼠可以容易地在实验室被结核杆菌感染，但是在自然环境中豚鼠并不会得结核病。通过给豚鼠接种不同来源的结核物质，科赫发现豚鼠都会出现相同的临床症状和生理解剖特征，这使他确信结核病与炭疽热、创伤感染一样是一种典型的由微生物引发的传染病。从这一结论出发，科赫工作的目标就是要证明这种微生物存在于疾病组织中。因此，科赫按照其构建的细菌学研究方法开始对结核病展开研究。

科赫从结节部位提取一些结节物质，将其放置在载玻片上观察，并用不同的染色剂染色。科赫最常用的染色剂是埃尔利希发现的亚甲蓝，通过染色，科赫隐约看到了非常微小的杆状物，长大约是宽的两倍。科赫发现这些杆状物只出现在结核组织中，在对照组里并不出现。为了确认杆状物就是导致结核病的病因，科赫像先前一样，先为这些杆菌拍照，以获得细菌的客观图像，但是科赫发现结核菌似乎被一种具有特殊性质的物质环绕着，很难被染色。经过大量测试，科赫发现最好的方法是用俾斯麦棕对制备物进行复染，然后用蓝光对棕色制备物拍照。棕色制备物吸收蓝光，在照片底片上会变暗，而蓝色细菌则会变得明亮和透明。虽然科赫用俾斯麦棕对制备物复染是为了增加蓝色杆状物的对比度，但是当科赫拍照前观察这些制备物时，他惊奇地发现在棕色的背景中微小的杆状物已经呈现出蓝色。在棕色的背景中，他们可以容易地分辨出大量的杆状物。通过大量进一步实验的核实，科赫确定他发现了一种新的区分结核组织中的细菌和其他物质的有效方法，这一方法还可以用来区分结核杆菌和其他的细菌。

在用这一新技巧证明了在所有可能的结核组织和液体中都存在典型的杆状物之后，科赫认为有必要用新的染色剂重复整个实验。但是当科赫使用显微镜观察新的制备物时，他并没有看到蓝色的杆状物，即使这一制备物已经用新的亚甲蓝溶液染色，并用俾斯麦棕复染了一整天。然而在先前的制备物中科赫可以轻易观察到蓝色杆状物。因此，科赫推测，之前的染色剂中肯定存在某些适宜于结核杆菌染色的物质，可能是之前的染色剂从空气中吸收了某些适宜于染色的物质。实验室空气中最常见的成分是氨气，科赫由此推测在实验室中长时间放置的亚甲蓝溶液可能从空气中吸收了少量的氨气。科赫立即在新的亚甲蓝溶液中添加了一些氨气，再次进行染色时，结核杆菌就可以被很好地染色。其原因是氨气溶于水呈碱性，实际上给亚甲蓝溶液添加任何碱，例如氢氧化钠或者氢氧化钾，都可以使染色剂变得有效。然而，科赫并没有在讲座中和之后发表的论文中提到这一细节，这一细节还是埃尔利希描述的。埃尔利希在1882 年 5 月 1 日柏林内科学会的会议上，描述了科赫的方法，并利用苯胺替换氨，品红替代亚甲蓝，改进了科赫的染色过程。

科赫很清楚，细菌的存在并不能证明它就是疾病的病源。为了证明结核病是由结核杆菌引起的寄生性疾病，科赫必须避开结核组织中其他可能存在的细菌，将结核杆菌分离出来，进行纯净培养。分离出的纯净细菌还必须可以将疾病传染给其他动物，并且导致和接种自然形成的结核相同的病状。如何培养这种细菌就成了核心问题。实际上，这对科赫来说并不是什么太大的难题，因为科赫 1881 年的论文就已经提出了解决这一问题的方法——平板培养法，结核杆菌培养仅仅是对其方法的再一次实践。

因此，当时的问题就简化为从病人或实验动物身上取出结核杆菌，放到培养基上培养。然而，培养过程中却遇到了一些难题。细菌在普通培养基上生长得十分缓慢，在室温下根本无法成功培养。又由于明胶的熔点在 24—28 摄氏度，体温下培养还会使营养明胶液化，导致培养失败。

经过不断尝试，科赫终于利用羊或牛的血清，遵守严格的时间和温度控制，制造出了一种封闭在试管内的透明固态培养基。虽然科赫还首次介绍了琼脂培养基，但是科赫首选的还是凝固血清，因为菌落在凝固血清上生长较快，并能展示出更多的特征结构。利用制造出的培养基，科赫制定了一套培养结核杆菌的方法。首先，用消过毒的工具解剖患有结核病的动物，使用火烧过的铂丝迅速将结节转移到固态血清表面，这一过程必须尽可能快，因为打开试管棉塞的时间越长，被污染的可能性越大。为了证明结核杆菌是致病因，科赫不断地强调，要尽可能避免培养物被污染。完成结节转移后，将培养试管放置在 37 或 38 摄氏度的恒温箱中。最初的一周，培养物不会出现显著的变化。如果第一天就出现了明显的变化，那就意味着它们被污染了，实验失败，因为污染通常会导致血清液化。如果一切顺利，用显微镜放大 30—40 倍的情况下，人们会在第七天看到细菌菌落。通过染色，利用高倍显微镜看的话，就能看到它们全是由结核杆菌构成的。通常，两三周后，它们会在培养基表面形成很小的一团鳞状的、干涸的、固态的菌落，之后便不再生长。如果想要继续让其生长的话，则需要在 10—14 天的时候，将其转移到新的培养基上。如此反复就可以得到所需的量。

得到纯净培养物之后，如何证明从结核物质中获得的纯净培养物是导致结核病的唯一原因就成为结核病研究中最关键的部分。科赫通过 13 组系列动物实验，给小鼠、大鼠、豚鼠、仓鼠、兔子、刺猬、鸽子、青蛙、猿、猴子接种了结核物质和纯净培养的结核杆菌，以及其他可能的物质。在这些实验中，科赫通过不同的方式感染动物，有些是接种结核物质，有些是将结核物质注射到动物腹腔，有些是注射到动物眼前房，有些是直接注射到血液中。无一例外，所有的动物都感染了结核病。接种后这些动物不仅会出现结节，而且在结节组织中可以观察到大量结核杆菌。就像科恩海姆、萨洛蒙森、鲍姆加滕给动物接种结核物质一样，科赫直接给它们眼前房中注射了微量的纯净结核菌，动物出现了众所周知的结核性虹膜炎。

科赫在他的论文中强调，所有的实验动物都不是自然感染结核病的，并且所有接种后的动物都感染了结核病。第一，自然感染和诱发感染都不可能导致短时间结节的爆发。第二，对照动物依然健康；它们和被感染的动物的生存条件一样，唯一不同的是它们没有被接种结核杆菌。第三，除了接种结核杆菌，大量的豚鼠和兔子还被接种和感染了其他可能的物质，但它们并没有出现典型的结核病症。只有当接种结核杆菌时，实验动物才会出现结核病的症状。

科赫总结到，结核物质中的结核杆菌不仅出现在结核病中，而且导致了结核病。这些杆菌是结核病的真正致病因。科赫还以此定义了结核病，结核杆菌是结核病的必要条件，而不是结节。结核杆菌会出现在肺结核、粟粒性结核、干酪性肺结核、肠结核病和淋巴结核中，这就意味着同一微生物会引发相同疾病的不同形态。

实际上在 1882 年 3 月 24 日那场著名的讲座之前，科赫对他的成果能否被接受并不乐观，据科赫的助手吕夫勒回忆，在去讲座的路上，科赫预测可能要经历一年的苦战，他对结核杆菌的发现才能得到医学界承认。讲座之前，科赫布置实验台时，将超过 200 件的实验用品放置在桌子上。科赫带来了他的所有设备，显微镜、装有培养物的试管、爱伦美氏烧瓶、装有培养物的方形玻璃盒，以及储存在酒精中的致病物质。最后，桌子上还摆满了白色的小型培养皿，每个培养皿中都包含一种培养物。房间中挤满了人。讲座进行得缓慢而细致，科赫以强有力的证据，向观众展示了结核杆菌的存在。当科赫完成他的讲座时，全场沉默。没有欢呼，没有问题，没有辩论。参加了这场讲座的人后来回忆了当时的沉默，所有人都不是无聊或者质疑，而是被这一卓越的工作深深折服。慢慢地有一些观众回过神来，为科赫鼓掌。然后，很多人开始仔细观察科赫的制备物、纯净培养物和其他的演示。1908 年的诺贝尔奖得主埃尔利希是当时最重要的观众之一，他曾回忆说："那一晚是我科研生涯中最为重要的经历。"

三周之后，科赫的文章就刊登在《柏林临床周刊》上，然后在全世界范围引起轰动。正如大多数重大科学发现一样，结核杆菌的发现也存在着优先权的争论。鲍姆加滕和奥夫雷希特可能与科赫同一时期在结核物质中看到了细菌，但是他们没能给细菌染色，并像科赫那样证明它。杜博斯夫妇（1953）就曾写道："在科学领域，人们总是将荣誉给予那个说服了全世界的人，而不是第一个提出这个思想的人。”

四、结语

巴斯德和科赫都被称为现代医学的奠基人，他们也都对细菌致病说作出了巨大贡献。但是相较于对巴斯德的关注，国内学者对科赫研究则相当缺乏。根据本文的梳理，可以看出科赫的研究非常成体系，他的目标就是通过实验证明细菌致病说。不像巴斯德将他的工作建立在一个广泛的哲学基础之上，科赫的工作是严格依据医学问题推进的。科赫在研究结核病之前所有的工作都围绕着两个问题展开：(1) 如何观察到患者体内的细菌，(2) 如何证明是细菌导致了疾病。围绕第一个问题，科赫改进了显微照相术、显微镜、染色技巧，成功看到了疾病组织中的细菌；围绕第二个问题，科赫发明了平板培养技术，分离出了纯净培养物，成功证明了特定细菌会引起特定的疾病。

回到文章开头的那个问题，科赫何以在 8 个月时间内做出长期以来其他人没能完成的研究呢？可以说，细菌致病说构成了科赫细菌学研究的核心信念，显微照相术、染色技巧、纯净培养、科赫原则等构成了证明细菌学信念的研究方法，细菌学研究的核心信念和方法又共同构建了细菌学研究的领域和方向。科赫正是在其建构的细菌学范式下，成功地解决了第一个适用于该范式的难题，证明了结核杆菌是结核病的唯一致病因。

（作者：夏钊）

参考资料

[1] 托马斯·库恩.科学革命的结构 [M].金吾伦，胡新和，译.北京：北京大学出版社，2003.

[2] E. Metchnikoff. The Founders of Modern Medicine：Pasteur，Koch，Lister [M]. New York：Walden Publications，1939.

[3] C. Gradmann. Laboratory Disease：Robert Koch's Medical Bacteriology [M]. Baltimore：The Johns Hopkins University Press，2009.

恩斯特·迈尔

（Ernst Walter Mayr，1904—2005）

迈尔
达尔文的使徒

恩斯特·迈尔是一名德裔美籍生物学家，以其在分类学、群体遗传学和进化论方面的研究工作而闻名于世。因为他对进化论思想的发展和传播作出的卓越贡献，被学界誉为“20 世纪最伟大的进化生物学家”“达尔文的使徒”“20 世纪的达尔文”。迈尔活了一个世纪，在生物学不同领域取得的科学成就超出了好几个人所能取得的科学成就。

一、迈尔其人

迈尔于 1904 年 7 月 5 日出生在德国南部巴伐利亚州肯普滕的一个医学世家，他是家中的次子。尽管迈尔的父亲奥托·迈尔是一名法律工作者，但是迈尔的教父、祖父和曾祖父都是医生。迈尔的父亲是一位观鸟爱好者，他经常带孩子们进行户外远足，观察当地的野生动植物。年幼的迈尔痴迷于自然界的一切，尤其是对鸟类观察充满了热情。他从哥哥那里学会了当地所有鸟类的名字和形态特征，还阅读了为业余爱好者发行的博物学杂志《宇宙》。他称自己是“一位天生的博物学家”。

和德国当时的许多家庭一样，这个富裕的家庭遭受了第一次世界大战以及随即而至的德国经济崩溃所带来的痛苦。迈尔的父亲在战争中死去，当时年纪不足 13 岁的迈尔随家人一起离开巴伐利亚州，举家迁往德累斯顿，在那里他完成了自己的中学学业。1922 年 4 月，还在读中学的迈尔加入了新成立的萨克森鸟类学会，并结识了鲁道夫·齐默尔曼，此人成为他在鸟类学方面的启蒙导师。1923 年 2 月份，当迈尔通过高考之后，他的母亲奖励他一副双筒望远镜。

1923 年 3 月 23 日，在莫瑞茨伯格湖边，迈尔发现了一只被他鉴定为红头潜鸭（雁形目鸭科潜鸭属）的动物，该物种据科学记载称自 1845 年之后就再未在萨克森出现过，并且当地俱乐部就迈尔的发现正确与否争执不休，无法达成一致意见。于是有人建议迈尔在前往格拉夫瓦尔德（迈尔要去那里的大学读医学）的路上去拜访当时鸟类分类学的领头人——施特雷泽曼教授。经过一番严格询问之后，施特雷泽曼教授认可了迈尔的看法，并发表了他的发现结果。这是年仅 19 岁的迈尔开始他博物学工作的第一步，也是他所发表的近 700 篇科学论文中的第一篇论文。通过这件事情，施特雷泽曼教授对这个年轻人的丰富学识以及过人观察力留下了深刻印象，并建议他在假期去做博物馆鸟类学部门的志愿者。关于这件事，迈尔本人后来写道，“这就仿佛有人给了我一把通往天堂的钥匙”。

在格拉夫瓦尔德大学读书期间，迈尔利用他全部的空暇时间观察鸟类。当然他从未因此而忽略医学专业知识的学习，按照迈尔自己的话说，“学医是为了符合家族的传统”。在大学第一个学期结束后，施特雷泽曼教授安排测试他辨认旋木雀（雀形目旋木雀科）标本，结果迈尔正确鉴定出了绝大多数的标本。施特雷泽曼教授称赞他是“天生的分类学家”。当他在 1925 年以优异成绩获得格拉夫瓦尔德大学的医学学位之后，并没有追随家族传统成为一名医生；由于鸟类学才是他真正的兴趣所在，加之他对野外探险活动的由衷热爱（迈尔曾在 1961 年接受哈佛校友公告牌采访时说：“我当时对遥远的地方很好奇，而且觉得如果做一个医学博士，就没有太多机会去旅行了。”），当年轻的医学毕业生迈尔听到施特雷泽曼教授建议他说，放弃医学研究，进入柏林博物馆，并且如果能够在 16 个月获得博士学位的话，他就有机会前往热带地区参加鸟类收集的探险活动时，他就毫不犹豫地转向柏林大学，师从齐默博士学习鸟类学，并且在 16 个月之后，即 1926 年 6 月 24 日获得生物学博士学位（2001 年 6 月，在他获得博士学位后 75 周年，柏林洪堡大学授予他第二个博士学位）。同年 7 月 1 日，年仅 21 岁的迈尔博士得到柏林博物馆提供的助理职位，月薪是 330.54 德国马克。

在 1927 年布达佩斯召开的国际动物学大会上，经由施特雷泽曼教授介绍，迈尔结识了英国银行家和博物学家罗斯柴尔德爵士，后者拥有当时世界上私人收藏数量最多的鸟类标本，并且一直在寻找能够去新几内亚岛采集极乐鸟的人选。当罗斯柴尔德爵士请他代表自己和纽约的美国自然史博物馆去往新几内亚探险时，迈尔欣然接受了这一机会。他一直渴望去遥远的异国他乡，像 19 世纪伟大的博物学家们一样去未知世界探险。于是从未离开过欧洲的迈尔第一次离开故土，前往新几内亚和所罗门群岛进行探险考察，去实现他年轻时代最伟大的抱负。在这次充满了冒险、与世隔绝、面临死亡和热带疾病威胁以及被土著野人袭击的旅行中，迈尔发现了大量此前为西方科学界所不知的动植物物种，并且发现那里的鸟群，由于和同一物种其他个体之间相互隔离，已经积累了遗传差异。他在南太平洋度过了两年半的时光，其间总共收集了3400多个鸟皮，将样本运回博物馆以备鉴定和分析；此外他还命名了兰科植物的38个新物种。在迈尔停留新几内亚期间，他还受邀陪同惠特尼南海探险队前往所罗门群岛。在这次为期两年半的艰险旅行中，甚至一度传出迈尔被当地土著人杀死的消息。但实际上，迈尔在他的当地向导陪伴下，安全地完成了收集标本的任务，并与向导建立了良好的关系。新几内亚岛和所罗门群岛各种动物的地理分布特点给他留下了深刻的印象，使他在鸟类学、分类学、动物地理学与进化论领域获益匪浅，并且积累了丰富的野外实践经验。迈尔在其学术研究生涯早期关于一个物种被分离为子代种以及由少数奠基者创建的种群（奠基者种群）的研究使之成为确立现代综合进化论的领袖之一。这个将达尔文思想（自然选择）和孟德尔学说（遗传学）结合在一起的理论体系包括了基因突变和重组的生物学过程、染色体结构和功能的变化、生殖隔离以及自然选择，并且这一历程使其证实了达尔文从未成功证实的事实：新物种起源于隔离种群。他将该调查结果发表在1942年出版的著作《分类学和物种起源》中，为自达尔文开始的进化论的综合画上了圆满的句号。时至今日，这本著作仍然是进化生物学的经典名著。

迈尔于1930年返回德国，并在1931年接受美国自然史博物馆馆长一职，前往纽约赴任。他在那里扮演着一个重要的经纪人角色，收购罗斯柴尔德爵士的禽皮标本，因为当时后者为了支付一笔勒索赎金，不得不出售其珍贵的禽皮标本；这一部分标本成为迈尔此后20年研究工作中的一个重要组成部分。远离纳粹势力肆虐的祖国，迈尔永久性定居在了美国，并于1935年与玛格丽特·西蒙结婚。迈尔夫妇一共生育了两个女儿。他们的幸福婚姻稳定维系了55年之久，直至玛格丽特于1990年辞世。

由于二战爆发，再次前往南太平洋进行科学考察活动成为不可能的任务，迈尔就专心研究美国自然史博物馆收藏的标本，并且开始愈发对进化生物学研究产生浓厚的兴趣；而进化生物学在20世纪40年代早期正陷入一个僵局。进化论之父达尔文描述了特定物种通过自然选择的方式进化的过程，但从未对来自共同祖先的后代如何能够产生巨大分歧从而形成不同物种的机制加以说明。20世纪早期重新发现的孟德尔遗传机制为现代遗传学奠定了基础，但早期的孟德尔主义者坚持认为：孟德尔在研究工作中采用的严格数学方法及其发现的豌豆高度等形状的不连续变异现象推翻了达尔文的连续变异观点。这就是遗传学与自然选择学说结合成“综合进化论”之前的境况。而且，进化论当时面临的最大困难之一就是缺乏一个明确的物种概念。人们假定物种包括大量共有某些可识别特征的生物个体，但具体有哪些特性是明确可靠的，却又存在诸多争议。没有一个明确的物种定义，就不可能回答物种如何起源和分化的问题。

在这个概念混乱、争论不休的进化生物学“春秋战国”时代，负责鉴定保存在美国自然史博物馆的众多鸟类标本的迈尔陆续发表了大量鸟类分类学方面的著作。他发表的鸟类分类学论文超过了 100 篇，包括《西南太平洋的鸟类》（1945）在内。迈尔在 1940 年提出一个物种的定义，即“生物学物种”的概念；他认为物种不仅仅是一群形态相似的个体，而且是“一群能够（或可能）相互配育的自然种群，它们与其他这样的种群在生殖上相互隔离”。这一定义被研究诸如哺乳类、鸟类和鱼类等现存高等动物的科学家视作是一种简洁的表达方式，从而被科学界广为接受，并引导研究者们发现了大量此前未知的物种。在他长达 80 年的学术生涯中，他一共命名了 25 个鸟类新物种和 410 个亚种。迈尔曾经谈到过自己对美国和德国鸟类学会之间存在的差异感到吃惊，他注意到德国的学会“要更加科学，更加注重生活史和繁殖鸟类种以及最新文献的报道”。于是他结合德国良好的研究传统，来指导美国年轻的鸟类学家，并通过这种途径影响了美国的鸟类学研究工作。迈尔在纽约林耐学会的资助下组织了一月一次的研讨会，并且鼓励研讨会的成员们进行各自具体的研究项目。迈尔这样评价自己和当地观鸟者们在一起的时光：“在刚来纽约的那几年，我只是一个身处大城市的异乡人，我在林耐学会找到了志趣相投的人，后来就变成了友谊，这是我生命中最重要的事情。”

1953 年，迈尔成为哈佛大学动物学系亚历山大·阿加西动物学教授，并在 1961—1970 年期间担任哈佛大学比较动物学博物馆馆长一职，他主持了该馆的新建工程，而新建的图书馆则在 10 年后以他的名字命名。1975 年，迈尔作为动物学荣休教授退休，著作等身，荣誉无数。在退休之后，他依然笔耕不辍，继续在不同期刊上发表了 200 余篇文章，数量超过许多科学家终其一生所发表的论文数量。他于 1982 年出版了《生物学思想发展的历史》，此书涵盖了生物学的历史、观念的发展和哲学等诸多方面，被誉为生物学思想史上的史诗巨制，并因此获得科学史领域的最高荣誉——萨顿奖章；他甚至在 99 岁高龄还出版了《进化是什么？》一书。迈尔所著 25 部著作中，有 14 部是他 65 岁之后出版的。迈尔甚至在他度过百岁生日之后依然坚持写作。百岁生日那天，他还接受了《科学美国人》的采访。

1954 年迈尔当选为美国国家科学院院士。他一生中获得 7 个国家的 16 所大学和研究机构授予的荣誉博士学位，并获得过多达 33 个奖项，涵盖了一个科学家在其研究领域可能获得的所有奖项：1970 年的国家科学奖章、1983 年的意大利巴仁奖、1994 年的国际生物学奖和 1999 年的克雷福德生物科学奖——进化生物学家和生态学家的诺贝尔奖，还有 1986 年的科学史学会萨顿奖章——科学史领域的至高荣誉。

迈尔于 2005 年 2 月 3 日逝于美国马萨诸塞州贝德福德的家中，享年 100 岁。自此以后，科学界失去了一位巨人和充满灵性的思想者。哈佛大学动物学教授兼比较动物学博物馆馆长詹姆斯·汉肯如是评价说："迈尔关于物种形成的理论有一些争议，但是没有人怀疑他是个天才；他对博物学和进化生物学——特别是鸟类有着深刻的见解。"此外，"他还是自然史博物馆杰出的支持者"。

二、在生物学研究领域

迈尔以鸟类学家的身份开始了他长达 80 年的学术生涯，并最终成为生物学进化思想发展史上的一位巨人。观其一生，他的工作可以大致归纳为三次综合：第一次是将鸟类学、分类学和动物地理学综合在一起，这是迈尔于 1926—1953 年期间分别在柏林自然历史博物馆和美国纽约自然历史博物馆任职时完成的工作；第二次是从 1953 年开始，直至 50 年代后期，他着力推动进化生物学的发展，研究并阐明了进化过程中新性状的出现、隔离机制的本质、生物学物种概念、种群生态—地理分离的重要性以及进化的双重性质（"垂直的"种系渐变和"水平的"地理空间进化）；第三次是他自 50 年代末开始对生物学史和生物学哲学进行的综合。迈尔发现：在科学发展的历史中，同样存在类似有机体进化过程中出现的主题、概念、问题和观念的进化。

迈尔最初以及后来很多突出的学术研究成果都是围绕着鸟类学进行的。他非常重视鸟类学研究对人类知识体系，尤其是进化论体系的巨大贡献。迈尔曾就鸟类学在不同领域（系统分类学、进化生物学、物种的形成、进化形态学、生物地理学、生态学、种群生物学、生理学和行为学）知识积累和科学进步中做出的成绩进行过详尽评述，并且主张鸟类学家凭借对观察数据的科学处理以及精心设计的对照观察，充分说明在实验已经被认为是科学研究唯一方法的时期，鸟类学家以其卓越的研究成果证明观察同样是一种重要的科学研究方法。

迈尔最为著名的工作是其对现代综合进化论的杰出贡献。在 20 世纪 20 至 50 年代生物学家综合达尔文自然选择学说以及孟德尔定律的伟大工程中，作为建筑师之一的迈尔强调性选择在进化中的作用，并坚持自然选择的主要对象是个体生物而不是基因、细胞、遗传特征、器官、群体或者物种。他在1942年出版的书《动物学家的系统分类学与物种起源观点》成为现代综合进化论的奠基石之一，自此从达尔文开始的进化论的综合得以完成。这本著作同时使他成为该理论的奠基人之一。如今这一综合理论已被生物学界广为接受。

迈尔也协助创办进化论研究学会和专门研究进化生物学的杂志《进化》。同时他倡导生物学史和生物学哲学的研究，在他之前其他许多生物学家都忽略了这一领域。

迈尔在20世纪30至40年代的工作使其闻名遐迩，其著作《动物学家的系统分类学与物种起源观点》与杜布赞斯基的《遗传学与物种起源》以及辛普森的《进化的速度和样式》构筑了进化论的"现代综合"体系，该体系将孟德尔的遗传学理论和达尔文的进化以及自然选择理论成功地结合在一起。迈尔倡导异域式物种形成，他假定分布区不重叠的种群之间积累的适应性遗传变异能够导致杂种体内非等位基因的相互作用，尤其是一个基因对另一个基因所表现的显性现象减弱，从而导致后代不育。亦即地理隔离导致生殖隔离，而生殖隔离则是物种形成的基础。这种观点可以追溯到他的生物学物种概念，他认为物种不仅仅是一群形态相似的个体，而且是"一群能够（或可能）相互配育的自然种群，它们与其他这样的种群在生殖上相互隔离"。迈尔称这是一个由"鸟类学家与某些昆虫学家例如英国的爱德华·波尔顿和卡尔·乔丹一起倡导"的概念。这一定义被研究诸如哺乳类、鸟类和鱼类等现存高等动物的科学家视作是一种简洁的表达方式，从而被科学界广为接受。但这一假设只适用于进行有性生殖的物种，而忽略了无性生殖的物种，并且不同种的成功交配在生物的演化过程中甚至可能占有一席之地。所以自生物学物种的概念问世以来，就不可避免地面临着来自不同领域的质疑，有人希望能够依据物理"定量的"或"实验的"标准定义物种，也有人质疑古生物学家如何才能检查化石的生殖隔离；关于无性繁殖生物的物种概念，迈尔认为有必要将物种的定义修正为"物种不但是以生殖隔离为特征而且它还以占有物种特异性的生态（学）生境为特征"，以便借助于高度多样化的生境来分辨单亲繁殖生物之中的物种分类单位。鉴于植物相比于动物更为复杂的繁殖现象（例如多倍性、杂交、自花授粉以及植物个体的固定性等等），凡尔纳·格兰特等人又指出在植物物种的概念与迈尔的生物学物种概念之间就存在巨大区别。

迈尔在美国纽约自然历史博物馆工作的21年间，描述了南太平洋鸟类的26个新种和455个新亚种。他因此被称作"在他同时代及其以后研究者中，对现存鸟类的种和亚种描述最多的人"。他的鸟类学研究帮助他形成了生物学物种概念；此外他的边域性物种形成理论也被视作物种形成的标准模式之一，并且成为间断平衡理论的基础。

20 世纪 40 年代的遗传学家严重依赖数学模型进行进化研究，几乎没有遗传学家会留意观察野生状态下的不同物种或者进行野外试验。作为一个受过传统生物学训练的、几乎没有数学背景的科学工作者，迈尔对早期遗传选择研究领域中那些采用数学方法研究进化论的遗传学家（霍尔丹、费舍尔等人）持批评态度，并把这样的研究方法称为“豆袋遗传学”(20 世纪四五十年代，在遗传学教学实验中，采用装在袋子中的各色豆子代表基因，模拟每一代基因的分离和组合，故被迈尔讽为“豆袋遗传学”)。在他看来，这种只考虑增减基因的进化遗传学并没有考虑到基因间可能存在的相互作用，而且他主张还应该将生殖隔离等因素纳入考虑范围之内。事实上，正是在数学群体遗传学与研究种内和种间地理变异的博物学家们的群体思想相融合之后，现代综合进化论的框架才得以大致形成。也是基于类似的想法，迈尔也批评卡尔·沃斯用 16S rRNA 的分子系统学分析定义古菌的研究工作，认为他虽然遵循亨尼希的支序分类学传统，却在很大程度上忽略了自新征，即忽略了真核生物重要的衍生特征。

迈尔与分子遗传学家也有过类似的分歧，他认为分子遗传学家都是还原论者，只关注个别基因或者分子，而不考虑作用于整个有机体、种群和物种的环境因素。迈尔将生物学划分为研究近因的功能生物学和研究远因的进化生物学两大领域，并且强调虽然大多数功能生物学现象能被分解为物理—化学成分，但生物学研究由于其不同于非生命物质研究的特殊性，物理学和化学的研究方法并不完全适用于生物学的主题内容。

三、在生物学哲学研究领域

作为一位罕有的、对生物及其相关诸多领域具有全面而广泛了解的科学思想大师，迈尔一方面在生物学研究方面获得了令人瞩目的成功，另一方面也致力于思考生物学哲学的问题，从而有力推动了当代生物学及其哲学的发展。

首先，他竭力争取生物学的自主性地位。身为一名动物学家的迈尔抱怨说，那些摆放在书架上标着“科学哲学”的众多书都应该重新将标题换作“物理学哲学”更为合适。迈尔极力反对“大物理沙文主义”，并且坚信长期以来被尊奉为圭臬的物理学的历史和方法论不足以构成科学本身的历史和方法论，物理学的语言并不是构成纯正科学理论的唯一语言。作为现代综合进化论的巨擘之一，迈尔一贯坚持生物学不同于其他学科，作为一门自主的、基于历史偶然性和众多不可预测与巧合因素而成的学科，生物学与物理学有着本质的差别，因此无定律可言。规则，而非定律，是人类在生物学里所能发现的全部东西；并且认为以物理学为中心的科学史和科学哲学与生物学之间没有多少相关性。他强调指出，生命系统具有明显层次结构，并且在从低级层次向高级层次系统发展的过程中，往往会突现新的特质。达尔文进化论的出现显示了物理世界图景的不完善性。它引入了物理学世界图景所轻视或缺少的一些概念，如变异、过程、偶然性、多样性、概率、不确定性、目的性和历史性。几个世纪以来，人们习惯于以物理学的眼光看待科学史、评价其他的学科，习惯于把物理学看成是科学的模范，而"科学哲学"就一直等同于"物理学哲学"。但是，生命是最为复杂和最为高级的物质形式，一个统一的科学应该以"生命"为研究中心才有可能建立起来。在生命科学中，历史叙述比定律解释更加重要，概念或原则的发展是生物学进步的重要象征，生物学家运用所谓的目的性语言是正当合理的，物理科学不是科学的标准范式。那些实证主义的现象描述或者证伪主义的刻板教条或者所谓物理主义的范式都无法体现生物学这一多分支的综合学科思想的独特性。迈尔致力于建立一种新的科学哲学，它不仅包括物理科学的而且还包括生物科学的原理和概念，唯有如此，才有望统一生命科学和物理科学的世界图景。从这个角度来看，在当代生物学哲学自主论和分支论两大理论倾向之争中，迈尔是坚定的自主论者。他主张生物学，尤其是进化生物学有其独特的研究传统和概念框架，所以他特别反对物理沙文主义。

其次，在迈尔的很多著作中，他都反对进化生物学中的还原主义思想。摩尔根等遗传学家曾嘲笑进化论研究是猜测性而非实验和还原性研究，甚至宣布遗传学研究几乎就是化学研究。生理学家和细胞生物学家一时间成为生物学界最受尊重的成员，那种以物理学范式和数理逻辑方式进行研究的风气成为时尚。在迈尔看来，将所有进化现象都还原到基因层次，然后用"上溯"推理的方式来尝试解释更高层次的进化过程，这种方式注定要失败。因为进化的压力是作用在整个生物体上的，并且进化涉及个体的表现型，涉及群体，涉及物种，进化不是"基因频率的变化"。在他看来，生物有机体的独特性决定了生物学的自主性，从而也决定了生物学哲学的特异性；概率性定律、目的性说明和解释等成为生物学哲学的独特之处。而这些特异性是以决定论与非决定论、本质主义与非本质主义的哲学论战为基础的。

迈尔还对支配着西方世界思想千年之久的本质论进行了深刻的批判，在达尔文之前，西方世界通常是采用本质论的眼光看待生命属性的，也就是设想所有物种自始至终都是不变的（其实时至今日，仍有一些反对进化论的宗教人士坚持这种观点），这些固定的特性界定了具体实体的“本质”。在进化论出现之前，本质论作为一个科学理论经历了长期的演进；持本质论观点的生物学家断定所有物种都是恒定不变的。这种思想指导下的分类学家们认为各个物种都有其理想的形式；作为这个物种的完美体现，即“模式 / 类型”，它具有该物种的所有特征。只有与该模式足够相似的个体才能被纳入到该物种。这是与从进化角度理解生命的重要基础——种群思想完全不相符的一种观点。杜布赞斯基曾经一针见血地指明：“如果不按照进化思想思考问题，生物学的一切将无法理解。”迈尔清晰地指出：种群思想宣称的、用于描述生物群体的统计学术语是抽象的（也就是说，不是这个世界的客观真实的特征），而且由个体表现出的变异是这个世界具体而实在的特征，从而使之成为建构生物理论体系的首要因素。与本质论相反，种群思想将物种视作真实存在的个体（而非集合体），并认真对待该物种每个个体的变异。“不存在两个完全一样的个体或者生物学事件，只有通过研究变异才能真正理解生物学的过程。”

迈尔也是一个直言不讳的科学方法捍卫者。其中一个著名的例子就是他批评哈佛大学教授保罗·霍罗威茨寻找外星人的研究，说这样的研究是在浪费大学和学生资源，因为它不能对科学问题做出解答。迈尔也反对以基因为中心的进化论观点；他提倡对整个基因组进行研究，而不是仅仅针对孤立的基因本身。他一直坚持认为：在现代进化论思想中，作为选择目标的基因不能也不应该成为一个正确的观念，这一点应该成为现代进化论思想确凿无疑的一个信念。所以他批评理查德·道金斯关于进化对象是基因的基本理论根本就不是达尔文主义。针对这个论点，迈尔认为：“有些人认为基因是选择的目标，这种想法完全是不切实际的；对于自然选择而言，基因完全不可见，而且就是在基因型中，基因也是和其他基因相互作用的；这种基因之间的相互作用使一个特定基因既不会变得更加有利也不会变得更加不利。事实上，比如像杜布赞斯基，致力于所谓致死染色体的研究，这种染色体在一个组合里相当成功，在另一个组合中却变成致命性的。所以，像英国的道金斯他们仍然认为基因是选择的目标，这种想法明显是错误的。在 20 世纪三四十年代，人们广泛接受基因是选择对象的说法，这是因为这是唯一能够让他们运用数学的途径；但是现在，选择的目标是个体的整个基因型而不是基因。除了些许的修改，达尔文的基本理论在过去 50 年内并没有发生什么改变。”

此外，迈尔还澄清了群体论者和类型论者之间的本质区别，即：在类型论者看来，类型（理念）是真实的，而变异则是幻象；而在群体论者看来，类型（平均值）是一种统计学上的抽象，而只有变异是真实的。借此，这两种看待自然界的思路差异得以厘清。

四、在生物学史研究领域

迈尔在生物学迅猛发展的20世纪，敏锐地意识到遗传学和分子生物学的进展对进化论的影响。他回顾说，“进化生物学在其头90年（1859年至20世纪40年代）包括两个极为不同的领域：种群的演进变化和生物多样性，它们分别是遗传学家和博物学家（分类学家）的领域。这一阶段的历史通常是由遗传学家们写就的，他们经常会忽视生物多样性的进化。作为一个博物学家，我认为这种忽视是历史分析中的重大缺憾”。

作为一个进化论的忠实捍卫者，迈尔自始至终从各个方面为进化论进行不遗余力的辩护。例如，当波普尔认为“自然选择”理论是不可检验的，是同语反复，缺乏经验内容时，迈尔就针对波普尔的观点，对“适者生存”和“自然选择”说法的来源以及含义进行了澄清，并进一步推动达尔文进化论思想的发展。例如，迈尔指出：如果任由与迈尔同时代的分子生物学家对进化论的轻蔑态度自由发展下去，那么傲慢的分子生物学家们终将发现，如果没有了进化思想的逻辑，他们的研究领域将变得毫无意义。例如，迈尔反对让医科学生牢记人体206块骨头的名称却不给他们开设一门进化生物学课程的荒谬做法，因为进化生物学会使那些未来的医生从自然进化（设计）的角度理解人体及人体机能。

鉴于达尔文从唯名论的立场认识“物种”，即在哲学意义上，达尔文认为物种这个概念不是真实的，物种并不存在，存在的只是相互作用的个体。迈尔和朱利安·赫胥黎以及乔治·盖劳德·辛普森一起，在20世纪50年代厘清了“物种问题”。确定了物种是真正的生物实体，有其自己的特征和历史。迈尔与杜布赞斯基一起，将对物种的定义发展为“一群能够相互配育的自然种群，它们不能与在同一地区的其他这样种群进行基因交流”。基因交流的障碍（即生殖隔离）的提出为进化生物学家们提供了一个客观标准，使得研究物种究竟如何产生成为可能。虽然生物学物种的概念在理论和实际应用上还面临一些问题（比如它适用于诸如细菌一类营无性生殖的生物），但截至目前，它仍然是过去几十年里所提出的多种物种定义中应用较为广泛的一个概念。全世界学习生物学的学生牢记这一概念已经有超过半个世纪的时间了。

在进化论的研究方面，迈尔认为“从生理学和进化的角度看，将基因视作自然选择中的独立单位是毫无意义的”。他坚持应该将诸如生殖隔离等因素考虑进来。因此，他质疑数学模型与进化论研究的相关性；基于同样的理由，他也极力反对卡尔·沃斯等人在分子进化方面的研究。对此，詹姆斯·克罗等人提出了不同意见。实际上，也正是由于切特韦里科夫、费歇尔及霍尔丹等人采用数学方法定量研究自然选择在群体进化中的作用，才使得群体遗传学的发展有力推动了进化论思想的发展。

迈尔自 20 世纪 70 年代之后开始成为一名多产的生物学史作者，特别是进化论的历史。他的代表性著作包括《生物学思想发展的历史》(1982)、《一个绵长的论证：查尔斯·达尔文和现代进化论思想的综合》(1991) 以及《这就是生物学》(1997)。他将生物学史的写作扩展到生物学思想发展史的深度，在此过程中，他采用了包括常规的历史分析、逻辑分析和考据等方法，也实践了他独特的概念和学说梳理、对立面考察、错误学说的启示以及思想体系（世界观）分析等研究方法。他的写作风格流畅而清晰，令众多英语是母语的作者也自叹不如。

关于科学史写作中争论已久的辉格史倾向，奠定了迈尔在生物学史研究领域重要地位的《生物学思想发展的历史》一书，也使迈尔被指责为辉格史学科史的编写者，虽然迈尔也反对极端的辉格史倾向，但他承认极端的反辉格史事实上是无法实现的。

五、结语

对于迈尔的杰出成就，他的同代人以及后辈都有许多中肯的评价。美国生物学家道格拉斯·弗图伊玛的评语充分表现了科学界对他的敬仰之情：“人们禁不住惊叹这位德国人的巨大的、无所不包的综合能力：伽利略将毕生的精力奉献给浮士德，瓦格纳将艺术与总体艺术的整合，其中，所有的人类历史与经验都被写成史诗神化。迈尔的《生物学思想发展的历史》似乎延续了这一传说：一本所有生物学的历史。文中充满诸如还原论的失败、生物学从物理学中的独立之战、群体思维从本体论的束缚中解放出来等话题。迈尔的目标是将所有生物学历史整合到一起，在过去的历史中汲取成功的思想，为科学哲学指明方向。”

迈尔在他 100 岁生日之际，在《科学》上发表了一篇论文，回顾了自己近 80 年来进化论研究的历程。在结束语中，他这样写道：“对于活跃的进化论者们而言，新的研究带来了一个最令人鼓舞的消息：进化生物学是一个无止境的新领域，仍然有很多未知的事物有待发现。我的遗憾就是，我将不能再与诸位一同去享受这些未来的发展了。”其实，正如人们所相信的，虽然进化论生物学的天空陨落了一颗充满理性的巨星，但他的光芒并未就此消失，他的思想将会继续在年青一代的进化生物学家中得到体现和发展。

（作者：程路明）

参考资料

［1］J. Haffer. Ornithology，Evolution，and Philosophy：The Life and Science of Ernst Mayr 1904–2005［M］. Berlin：Springer，2007.

［2］E. Mayr，W. B. Province. The Evolutionary Synthesis：Perspectives on the Unification of Biology［M］. Cambridge：Harvard University Press，1998.

［3］Mark V. Barrow. A Passion for Birds：American Ornithology after Audubon［M］. Princeton，New Jersey：Princeton University Press，1998.

［4］E. Mayr. Systematics and the Origin of Species，from the Viewpoint of a Zoologist［M］. Cambridge：Harvard University Press，1942.

［5］恩斯特·迈尔. 生物学思想发展的历史［M］. 第2版. 涂长晟，等译. 成都：四川教育出版社，2010.

［6］恩斯特·迈尔. 进化是什么［M］. 田洺，译. 上海：上海科学技术出版社，2009.

弗农·马丁·英格拉姆

（Vernon Martin Ingram，1924—2006）

英格拉姆

分子医学之父

过去的20世纪，科学技术得到了迅猛发展，许多学科都取得了突破性的进展，其中以两大学科最为突出，那就是物理学和生命科学。前50年，可以说是物理学的天下，以普朗克等的量子力学和爱因斯坦提出的相对论为标志，使物理学界发生一场巨大的革命；后50年生命科学成为科学的主流，以1953年沃森、克里克DNA双螺旋模型的提出为标志，到70年代基因工程、单克隆抗体技术的出现使其达到了一个高潮。生命科学的巨大进步也为医学发展发挥了巨大的推动作用，其中1956年镰刀型贫血病人血红蛋白单氨基酸替换的发现则标志着医学进入分子水平，而作出这项重大发现的科学家就是刚刚去世的德国裔美国籍的弗农·马丁·英格拉姆。这个成就可以说是医学甚至生命科学发展过程中的一个分水岭，在科学史上具有里程碑式的意义。然而20世纪50年代的生命科学领域是一个大师频出的时代，许多作出重大贡献者都获得了诺贝尔奖，从而使他们的知名度大大增加，而同时由于种种原因，许多同样作出重大贡献的大师却未能获得这项荣誉，如艾弗里、富兰克林、查格夫以及刚刚去世的英格拉姆等，他们的受关注程度明显较低，这对他们显然是一种不公正的待遇，而本文通过介绍被誉为“分子医学之父”的英格拉姆的生平、科学成就及科学历程以对他和分子医学的发展有一个全面的理解。

一、早期求学

1924年5月19日，英格拉姆出生于德国的布雷斯劳（现为波兰西南部城市，更名为弗罗茨瓦夫），父亲是一位犹太人，并且还是一位成功的木材经销商，因此家庭条件较为优越。英格拉姆从小就对自然科学充满了极大的兴趣，他回忆道，“从10岁开始就总是试图理解许多事物的工作机理”。英格拉姆总喜欢修补和改装一些简易设备，在当时的纳粹德国安装无线电接收器是一种非法行为，受到当局的严格禁止，然而英格拉姆还是制备了一个简易接收器，尽管存在危险，但是他可以通过这个设备了解到外面发生但当局不予报道的事情。1938 年，英格拉姆 14 岁的时候，由于德国希特勒针对犹太人的迫害日益加剧，因此全家搬到了伦敦。

1941 年，英格拉姆进入伦敦大学伯克贝克学院学习。伯克贝克学院与许多传统学院有很大的不同，它的课程主要包括化学、数学和动物学等自然科学，更为重要的是学院还提供了周末课程，使学生可以获得更多自然科学方面的知识。英格拉姆回忆道，在二战期间他和其他同学非常幸运，因为伯克贝克学院是唯一没有撤离的学院，所以学生们还可以继续接受正规的教育。但为了战争的需要，学生在学习之余还需要进行一定的工作以保障战时的需要，其间英格拉姆在一家生产安非他明等药物的化工厂工作，该工厂的主要目的是为正在进行的战争提供急需药品。这份工作使英格拉姆有机会接触到许多优秀的科学家，特别是能够聆听到一些非常重要的演讲，这使他对动物生理学产生了极为浓厚的兴趣，而正是这段经历使英格拉姆最终从事了生物化学的研究。1945 年，英格拉姆获得化学学士学位，并且继续留在伯克贝克学院，跟随巴罗教授学习物理有机化学。

1949 年，英格拉姆获得了有机化学的哲学博士学位，随后进入美国开始了自己的博士后研究。英格拉姆在美国先后完成了两个博士后研究，首先由于获得洛克菲勒基金会奖学金而进入纽约洛克菲勒研究所（洛克菲勒大学的前身），跟随库尼茨教授学习蛋白质的制备、纯化和结晶方法，第二个博士后在纽黑文耶鲁大学福如顿实验室进行多肽化学的研究，并发明了一种新的 N 端蛋白质测定法。这两项研究为英格拉姆在蛋白质研究方面奠定了坚实的基础。

二、进入剑桥

1952 年，英格拉姆准备回到英格兰，但令他失望的是发出的 32 份申请信都石沉大海，音信皆无，这让英格拉姆非常焦急，由于当时的通信方式还比较落后，因此英格拉姆只能苦苦等待着回信。巧合的是，恰在此时福如顿实验室加入了一位来自英国的博士后古特弗罗因德。古特弗罗因德来自英国剑桥大学，对卡文迪许实验室的医学研究委员会非常熟悉，重要的是还与该委员会主任——著名的蛋白质 X 射线晶体学家佩鲁兹关系密切。古特弗罗因德告诉英格拉姆，佩鲁兹当时正需要一位蛋白质化学方面的专家，特别是具有可将特定重金属原子放置在血红蛋白晶体特定位置从而可进行

X 射线晶体分析的研究人员，而英格拉姆相信自己可以做得很好。古特弗罗因德鼓励英格拉姆申请这个职位，而随即英格拉姆就向佩鲁兹提交了申请。尽管英格拉姆未抱太大希望，然而没想到的是 1952 年 9 月被卡文迪许实验室 MRC 接受，这样英格拉姆就愉快地回到了英格兰。

20 世纪 50 年代的剑桥大学在生命科学领域可以说是大家云集，领导蛋白质结构研究的肯德鲁和佩鲁兹，阐明了 DNA 双螺旋结构的沃森和克里克都在卡文迪许实验室，而阐明了胰岛素一级结构的桑格在剑桥大学的生物化学系与英格拉姆所在实验室也就几步之遥。在充满学术氛围和坚强实力的科研圣地，英格拉姆取得重大成果也在情理之中，尤其是桑格的实验室就在附近，这为英格拉姆的蛋白质研究提供了很大的保证。MRC 的实验室尽管不大，但其中的仪器在当时却都非常先进。英格拉姆所在的生物化学室只有 4 个人，隔壁的一间大办公室住的就是克里克，后来沃森和布雷内也加入其中。实验室主持人佩鲁兹和肯德鲁分别使用 X 射线技术研究血红蛋白和肌红蛋白的结构。实验室还有一个装备精良的仪器室，这为高水平的实验研究带来了极大的便利。

在当时，世界上有两个主要的蛋白质结构研究中心，一个是佩鲁兹的实验室，另一个是美国加州理工学院鲍林领导的实验室，它们的一个共同特点是研究的主要物质都是血红蛋白。佩鲁兹、鲍林和其他研究者之所以选择血红蛋白是基于以下几个方面的原因：血红蛋白可以将氧气从肺运输到全身组织，因此具有非常重要的生理功能和实际应用；血红蛋白在血液中的含量非常丰富，尤其是红细胞中含有高浓缩的血红蛋白，因此容易制备高纯度和高质量的样品；血红蛋白容易被结晶，因此非常适宜使用 X 射线晶体衍射研究高级结构。

佩鲁兹需要有人帮助制备一种血红蛋白携带重金属原子的衍生物，以有效进行蛋白质 X 射线晶体衍射分析。英格拉姆根据当初的申请而专一负责这项工作，一方面由于蛋白质化学方面的背景，另一方面由于血红蛋白分子结构本身的特殊性，所以被证明是一件非常简单的工作。血红蛋白分子的 1/2（αβ 亚基）结构具有不对称性，只含有单一的半胱氨酸活性巯基，因此非常容易将汞原子结合其上，并成功实现结晶，这个衍生物的成功制备和晶体化使佩鲁兹和学生很快于 1954 年就得到了血红蛋白的第一张三维投射图，该项研究为佩鲁兹最终获得诺贝尔奖发挥了重要的作用。由于佩鲁兹研究小组在血红蛋白结构方面的巨大成功，而当时蛋白质高级结构的研究还是一个新的课题，因此吸引了世界各地大量的参观者，这造成实验室逐渐变得非常拥挤，而这恰恰又是一个成果丰富实验室的最好象征，也部分印证了卡文迪许实验室在50年代生命科学的中心地位，于1962年囊括了诺贝尔化学奖和生理学或医学奖。这段时间，英格拉姆不得不在一个旧的自行车棚改装的实验室中研究，然而也就是在这里，他获得了镰刀型贫血血红蛋白水解肽段的第一张指纹图谱。

顺利地完成了佩鲁兹委派的任务给英格拉姆留出很多宽余的时间，英格拉姆逐渐开始了独立的科学研究。英格拉姆首先对血红蛋白分子中血红素与蛋白质中氨基酸侧链之间关系产生浓厚兴趣，一开始认为血红素基团可能与氨基酸发生共价结合。为了验证这个推测，英格拉姆开始制备并研究含有高度可见血红素基团的血红蛋白胰蛋白酶水解片段。然而结果并非如此，从血红蛋白的X射线衍射结构中未发现血红素与任何氨基酸侧链形成共价键，相反它们通过非共价键的形式实现了精确的相互作用。尽管这个结果未达到预期目标，然而这项研究一方面使英格拉姆发现了新的现象，另一方面对血红蛋白有了更深入的认识，而就在此时一个偶然事件使英格拉姆开始研究镰刀型贫血的发病机理。

三、镰刀型贫血的研究

镰刀型贫血最早于1910年由赫里克描述，该病主要在非洲和美洲黑人中高频率发生，发病者在很小的时候就会死去，然而对其发病原因一直缺乏完全的了解。1949年，美国密歇根大学的遗传学专家詹姆斯·尼尔对镰刀型贫血的遗传学特征进行了深入研究，发现它的发病符合孟德尔遗传规律，并得出是一种单基因隐性遗传疾病，纯合体病人会出现严重贫血。

对镰刀型贫血在分子水平的研究则开始于1948年，波士顿医院血液科的卡斯尔将镰刀型贫血情况告诉给当时著名的蛋白质化学家鲍林，而鲍林对该问题表现出极大的兴趣。临床的一系列观察表明镰刀型红细胞主要成分——血红蛋白的行为存在异常，根据这种现象鲍林和学生艾塔诺及同事决定使用当时研究蛋白质化学新出现的方法——电泳来区别两者的差异。结果显示两者泳动速度确实存在不同，镰刀型贫血病人红细胞中的血红蛋白（hemoglobin S，HBS）比正常血红蛋白（HBA）的电泳速度慢，随后等电点分析表明无论氧合还是脱氧状态HBS都比对应HBA等电点高，据此鲍林推断HBS应该比HBA多2—4个净的正电荷。这个发现不仅令人信服地说明了特定基因可以影响特定蛋白质的化学结构，而且还说明蛋白质的结构改变可以导致疾病的发生。因为镰刀型贫血是由于蛋白质结构改变而引起的疾病，是在分子水平上阐明的发病机制，所以鲍林创造了一个新名词分子病来描述这类疾病，而镰刀型贫血也顺理成章成为第一种被鉴定的分子病。

鲍林的研究尽管清晰地表明血红蛋白结构改变是造成镰刀型贫血发生的原因，然而现在留下了一个更大、更为重要的问题，HBS 到底发生了什么改变，或者说两种血红蛋白的结构到底存在什么不同。这个问题涉及基因如何控制蛋白质，当时推测的一种可能是镰刀型贫血基因的突变仅仅是一些血红蛋白结构化学分子改变的可能性（不具有确定性），符合统计学分布，最终导致疾病的发生（该解释还是认为基因与蛋白质之间缺乏必然的线性关联）；另一种解释是基因突变效应非常精确，可以导致其决定的产物在特定位置发生改变。两种理论何种正确的关键是镰刀型血红蛋白到底发生了什么改变，而当时仅仅使用电泳来研究全蛋白根本无法很好地解决这个难题，因此鉴定血红蛋白中的差异随即成为科学界的一个挑战，考虑到血红蛋白的分子量，因此这是一个显而易见的挑战。

另一件事也促使英格拉姆对 HBS 结构的研究。20 世纪 50 年代中期，克里克敏锐地意识到基因的突变将导致蛋白质中氨基酸序列改变，后来这种思想在分子生物学领域引起了一场革命（克里克后来的中心法则在一定程度上就是这种体现）。尽管克里克在 1955 年就已提出该观点，然而当时还缺乏直接证据说明蛋白质由基因来编码，因此克里克和英格拉姆决定通过实验来验证，他们选择禽类卵中溶菌酶作为研究对象，由于当时可用的分析手段有限，因此无法得出明确的结论，这意味着需要换用其他材料来研究。然而，英格拉姆真正选择 HBS 作为研究对象是由于 HBS 本身是佩鲁兹前期工作的一项内容和一次偶然事件的结果，而正是对血红蛋白的研究为克里克的观点提供了部分证据。

佩鲁兹在早期研究时曾经关注过镰刀型贫血病人体内的血红蛋白，并且于 1950 年已经发表文章，阐述了镰刀型红细胞在缺氧的静脉内容易被破坏，而导致贫血的原因是在无氧情况下，镰刀型贫血病人的血红蛋白溶解度低最终沉积使红细胞遭到破坏，但具体原因却无法解释。后来，佩鲁兹的主要精力集中在血红蛋白高级结构的阐明，因此镰刀型贫血就暂时搁置下来。幸运的是英格拉姆完成佩鲁兹指派的计划不久，一位访问学者的到来为该计划的启动发挥了巨大的推动作用。

艾利森是一位研究镰刀型贫血的细胞生物学家，他的研究发现尽管带有 HBS 基因纯合体会由于贫血而致死，然而 HBS 基因杂合体人群并不表现出严重贫血，相反该人群对疟疾却具有较强的抗性，这个发现很好地解释了镰刀型贫血在非洲普遍存在的原因，疟疾在非洲较为常见，因此 HBS 基因容易保留下来。艾利森之所以来到 MRC 是由于佩鲁兹也对镰刀型贫血感兴趣，并且在蛋白质结构方面拥有巨大的实力。艾利森的初衷是能够获得 HBS 蛋白的晶体，并使用 X 射线衍射得到其空间结构，然后与正常的 HBA 结构（佩鲁兹已经获得）进行比较，从而对 HBS 的作用机制有深入的理解。然而遗憾的是艾利森的想法未能得到实现，原因是 HBS 蛋白很难获得理想晶体，因此获得结构图也无从谈起。艾利森只能无奈地离开佩鲁兹实验室，为了表示对佩鲁兹的感谢，将实验剩余的 HBS 蛋白样品全部赠予了实验室。这对英格拉姆而言是一个天大的礼物，这样 HBS 蛋白样品问题解决了，正常 HBA 蛋白英格拉姆可以从自己血液中获得，而 HBA 的提纯也是佩鲁兹实验室的常规方法，材料解决了，接下来的问题是如何对两者进行分析了。通过这件事可以看出英格拉姆成功的原因之一是在正确的时间（分子生物学刚刚诞生）、正确的地点（拥有超强蛋白质研究实力的卡文迪许实验室）选择了一件正确的事情（比较 HBS 和 HBA 的区别）。

四、血红蛋白单氨基酸突变的发现

尽管英格拉姆的准备工作做得很完善，然而真正实施起来还存在很大的难题。20 世纪 50 年代初期，只有少数科学家相信纯的蛋白质是一种由特定氨基酸构成的生物大分子，许多科学家还坚信蛋白质是一种复合物，而不是纯净物。虽然当时已通过氨基酸含量分析说明一种纯蛋白质只含有氨基酸，但由于测量手段所限，精确度不高，很难排除其他成分的存在。1934 年，贝纳尔和同事制备成功胰蛋白酶的结晶，并获得其 X 射线衍射照片，这是最早的蛋白质结构图，尽管这个事实也说明蛋白质是一种纯净物，然而当时分辨率只能达到 6 埃，这为研究结果增添了许多不确定性，因此在 20 世纪 50 年代蛋白质结构研究还是一个只有很少人敢涉足的领域，这为英格拉姆的研究带来了巨大的挑战。然而有利的是，1953 年桑格胰岛素 A、B 链测序刚刚完成，这对英格拉姆的研究工作具有极大的启发，然而真正实施起来还是困难重重。

佩鲁兹的 X 射线研究初步显示血红蛋白的结构是一个左右对称结构，应该由两部分组成，因此只需要研究 1/2 的结构（总分子量大约 68000，1/2 即 34000），因为这部分可能含有大约 300 个氨基酸（后来证实这 1/2 结构实际上包含 αβ 两条链），即便如此血红蛋白的分子量仍然是胰岛素的 6 倍，并且是单独胰岛素 A 链的 15 倍左右。桑格胰岛素的测定花费了10年时间，尽管当时蛋白质测序技术得到了一定的改善，然而血红蛋白的全序列测定仍然是一项很大的挑战。英格拉姆决定转化策略，不对血红蛋白进行全序列测定，而是重点集中在鉴定两种血红蛋白的差异上。对HBA和HBS氨基酸组成分析未检测到明显差异（当时的测定水平根本无法从组成上鉴定出单一氨基酸差异），因此英格拉姆认为两者差异将非常小，决定将血红蛋白首先分解成中度大小的片段，再从中寻找差异。英格拉姆在借鉴桑格胰岛素测序成就的基础上，在许多方面进行了重大的改进。

桑格使用部分酸水解和胃蛋白酶降解相结合的方法将胰岛素首先水解为小的肽段，然后对这些肽段进行氨基酸组成分析和末端基团分析，最终将所有信息综合得出最后结果。但是桑格测定法的缺点是酸和胃蛋白酶的选择性差，对于小的蛋白质如胰岛素适用，然而对于大的血红蛋白却存在巨大困难，产生过多的小肽即使用当时分辨率最高的技术——纸层析都无法进行处理。英格拉姆修改了该方法，选择使用当时特异性最高的胰蛋白酶对血红蛋白进行水解，该酶只识别蛋白质中的精氨酸和赖氨酸两种残基，而根据氨基酸组成分析结果知道这两种氨基酸只含有20多个，因此最后估计得到大约24个肽段，事实也证实确实如此，从而解决了水解片段过多难以分析的难题。然而接下来面临着一个更大的难题，英格拉姆不打算对所有肽段进行测序，而只对两种血红蛋白存在差异的片段进行分析，问题是如何找到差异片段。

当时能够对蛋白质进行分离的技术有两种，电泳和纸层析。英格拉姆首先选择纸电泳分离两种形式的血红蛋白水解片段，结果却并未发现明显差异，随后又使用纸层析分析也未获得理想结果。这两种技术在当时是分辨率最高的方法，它们都无法分辨则意味着很难找到第三种可用的技术，然而英格拉姆敏锐的洞察力使这个问题得到了很好的解决。英格拉姆决定将电泳和层析两种方法联合使用，首先在pH6.4缓冲体系对血红蛋白水解片段进行纸电泳（第一向），完成后再在同一介质的垂直方向执行纸层析（第二向），最后通过茚三酮显色来观察分离得到的肽段，这可能是第一次采用双向法对蛋白质进行差异分析，并且获得了极为满意的结果。英格拉姆发现所得两个图谱整体形状几乎相同，唯一明显区别在4号肽段，接下来的测序只对4号肽段进行。

英格拉姆将4号多肽点单独洗涤并富集后进行序列分析，包括氨基酸组成分析、末段基团确定和Edman降解测序等，由于该肽段长度明显较短，因此很快就获得了结果。4号肽段含有8个氨基酸（后来证明其位于血红蛋白β链N端），其中7个氨基酸在HBA和HBS中完全一致，仅第6个氨基酸存在差异，在HBA中为谷氨酸，而在 HBS 中却换成了缬氨酸。英格拉姆对这个结果感到十分惊奇，他不相信包含多达 300 个氨基酸残基的血红蛋白如此微小的差异能导致化学行为和生物学功能出现巨大改变，并且当时还未发现一种疾病是由于单氨基酸的变异而引起的。为了进一步证实这个结果，英格拉姆和同事随后又使用其他蛋白酶如胰蛋白酶和胰凝乳蛋白酶再次对两种血红蛋白进行水解，随后利用电泳和层析双向分离并对差异点进行分析，所有结果都显示除第 6 位谷氨酸外其他氨基酸未有任何差异。即使如此，英格拉姆仍对自己的结果存在一定怀疑，并且认为研究方法灵敏性可能还未达到要求，可能还存在其他氨基酸差异而未鉴定，一直到几年后 HBA 和 HBS 的全序列被完全测定，才证实英格拉姆当初发现的正确性。这个事实也充分说明科学大师在研究中的严谨态度。

1956 年和 1957 年，英格拉姆在《自然》上发表了两篇短文来阐述这个结果，说明 HBS 中由于单一氨基酸的替换而造成血红蛋白功能异常，因此现在一般将 1956 年认为是单氨基酸替换发现的年份。实际上英格拉姆这两篇论文只包含很少的实验细节，并且由于条件所限部分实验证据在解释上还存在错误，幸运的是英格拉姆很快意识到这些不足，随后又于 1958 年发表文章弥补了这些不足，并详细解释了血红蛋白氨基酸差异所导致的功能失常机制。首先中性的缬氨酸代替负电荷的谷氨酸使 HBS 的整体携带负电荷减少，这导致其电泳速度减慢，从而解释了鲍林当初的发现；这种氨基酸代替还导致脱氧状态下 HBS 容易聚集成长的纤维状结构，从而破坏了红细胞的柔韧性，细胞的脆性增加并出现镰刀状，最终溶血而导致贫血，这在分子水平上解释了镰刀型贫血的发生机理。

镰刀型贫血血红蛋白（HBS）单一氨基酸替换的发现在当时的历史条件下具有十分重要的意义，主要体现在以下几个方面。第一，它为1942年比德尔－塔特姆的“一个基因一个酶”提供了实验支持（镰刀型贫血基因突变导致了蛋白质的氨基酸替换），两位科学家于 1958 年分享了诺贝尔生理学或医学奖；第二，镰刀型贫血成为第一个被清晰阐明发生机理的人类疾病，并且由此得出遗传突变造成疾病发生的根本原理及分子病的深入人心推动了随后医学遗传学的发展，今天已有血友病和囊性纤维化等单基因疾病的发生原理被阐明；第三，镰刀型贫血发病机理的阐明也使该病的研究成为一种模式，随后的广泛研究为该病的诊断、预防和治疗提供了重要保证；第四，英格拉姆在研究 HBS 过程中还首次引入双向技术，制备了第一张蛋白质“指纹图谱”，该原理为随后的科学发展起到了巨大的推动作用，如亚纳夫斯基于 1964 年就是在该方法的基础上证实了“一个基因一条多肽链”，而疾病研究和蛋白质组计划中广泛应用的双向电泳思想源泉就来自此。

血红蛋白单氨基酸突变的发现被英格拉姆自认为是一个“意外”。在 20 世纪 50 年代蛋白质分析技术还相当有限的情况下，能够从 300 多个氨基酸中找到一个发生改变的氨基酸真的有运气成分在其中。1958 年鲍林对英格拉姆的发现评论为：令人吃惊的是，血红蛋白结构中在 1 万多个原子中只有大约十几个原子的差别，然而就是这如此微小的差别却决定了人的命运。当然更重要的是英格拉姆缜密的科学思维和充满学术氛围的卡文迪许实验室，这才是英格拉姆真正成功的关键。

1958 年，英格拉姆再次来到美国，这次选择了马萨诸塞州的坎布里奇（著名大学麻省理工学院和哈佛大学的所在地），他最初打算在这里进行 1 年的休息旅游，然而这次旅行却改变了他的人生轨迹。英格拉姆回忆道：“在美国，分子生物学取得了很大的发展，与英国发生的非常不同。”他认为这种环境更适合自己在科学方面的发展，尤其是麻省理工学院当时是分子生物学的中心之一。同一年，英格拉姆进入麻省理工学院，并在这里度过了他的后半生（在这里工作了 48 年之久）。

在麻省理工学院，英格拉姆获得了一份访问副教授的职位，最终于 1961 年成为教授。英格拉姆除了深入研究镰刀型贫血，还扩展了研究范围，将其他血红蛋白异常疾病作为新目标，特别是一些发病率高、血红蛋白电泳行为存在异常的疾病。由于英格拉姆在 HBS 研究方面坚实的基础，以及 50 年代末电泳、层析、蛋白质测序技术等都得到很大改进，蛋白质、多肽的分辨效果更为理想，因此为蛋白质化学的研究带来了一个春天，如抗体蛋白结构阐明、核糖核酸酶一级结构阐明、安芬森定则提出等，因此英格拉姆在血红蛋白研究方面又取得了一系列重大成果。

1958 年，英格拉姆和第一个研究生亨特发现了另一种血红蛋白单氨基酸替换，这种蛋白被命名为 HBC，它的第 6 位谷氨酸变为了赖氨酸，结果血红蛋白功能异常同时伴随贫血的出现，该疾病在西非部分地区发生率较高。随后的实验证实这是由于基因的等位性引起，而英格拉姆首先通过蛋白研究发现了人类基因的等位性。英格拉姆通过对血红蛋白深入广泛的研究，发现了有超过 200 种的血红蛋白一级结构异常，从而导致电泳行为的改变，这些变异的血红蛋白大多数是单氨基酸替换，个别是多氨基酸变化，然而这些改变大多对血红蛋白的功能影响极小，对人体无害，只有很少氨基酸替换才造成功能异常而伴发疾病。对多种血红蛋白的一系列研究使英格拉姆发现了蛋白质的多态性，为核酸多态性的研究提供了大量的素材。

在蛋白质水平上的巨大成功使英格拉姆准备深入研究血红蛋白的特性。英格拉姆认为“镰刀型细胞的工作使我考虑分子遗传学在研究中的应用，例如（血红蛋白）变化的原因是什么”。英格拉姆随后的研究开始集中于遗传学方面，从而发现镰刀型贫血血红蛋白的单氨基酸替换是由于单碱基突变（CTT → CAT）所造成，从而使人们对镰刀型贫血的发生有了全面的认识。英格拉姆对血红蛋白的全面研究使他成为该领域的权威之一，于 1963 年出版了专著——《血红蛋白的遗传和进化》，全面详细阐述了人类大多数血红蛋白异常疾病的原因和分子机制。更为重要的是英格拉姆还使用血红蛋白研究了脊椎动物的演化史，尽管该项研究没有后来细胞色素 c 的成功，但毕竟作出了勇敢的尝试，有利于随后的科学发展。

1961 年到 1973 年，英格拉姆与纽约哥伦比亚大学的马克合作进行血红蛋白的研究，因此每个月总有几天在纽约度过，这意味着英格拉姆需要在美国东海岸坎布里奇和纽约之间进行着频繁的变换。在此期间，英格拉姆研究了血红蛋白的胚胎学，并且分析了胎儿和成年人血红蛋白结构差异的原因，从而对血红蛋白的类型有了更全面的理解。英格拉姆还研究了其他类型的贫血，特别重大的一项成果是发现了地中海贫血存在两种类型，分别为 α- 地中海贫血和 β- 地中海贫血，这个发现对疾病的诊断和治疗具有重要意义。

英格拉姆在麻省理工学院的前 20 年重点研究了血红蛋白的结构和性质，这是由他的专业基础决定的，此外还可与当时热门的分子生物学相结合，如 60 年代 tRNA 成为新出现的重大中心问题之一，英格拉姆与同事研究了红细胞内的 tRNA 与发育的关系，但这些不是他们实验室研究的重要内容。

五、神经系统疾病的研究

20 世纪 80 年代，英格拉姆的兴趣开始逐渐转移到神经科学方面，最后集中在早老性痴呆上。按照英格拉姆的说法，这次转变部分原因来自他与第二任妻子贝丝的一次交谈。贝丝是波士顿一家医院研究神经发育迟缓疾病如 Down 综合征（唐氏综合征）的内科大夫助手，回家后总是谈及工作方面的事情，这使英格拉姆对这些神经退行性疾病有了初步的看法。英格拉姆结合自己研究镰刀型贫血方面的经验提出自己对 Down 综合征的看法，镰刀型贫血是一种遗传性突变，而 Down 综合征可能也具有这种特征，不同的是 Down 综合征可能由于某种特定神经纤维蛋白的遗传性突变而引起。这促使英格拉姆开始对 Down 综合征进行深入研究，而最终结果显示远没有想象中的简单。

尽管自己的预期失败，然而通过对早老性痴呆和 Down 综合征的研究，英格拉姆对这个崭新的领域深深着迷。所有的 Down 综合征病人在 40 岁后都逐渐发展为早老性痴呆，这意味着两种疾病之间存在某种密切联系，如两种疾病大脑内 β- 淀粉样蛋白的含量都增加。在早老性痴呆中，大脑中正常产生的蛋白质在分泌到细胞外之前开始裂解为异常小肽，这些小肽中 β- 淀粉样蛋白会自我折叠、凝聚而沉淀，破坏了神经元的功能，同时造成该病出现斑块状结构。英格拉姆认为，这种结果在生理上具有破坏性，“快速的凝聚，其中的一些凝聚体对神经细胞具有毒性”。

然而肽裂解调节异常的发生原因现在尚不得而知，并且早老性痴呆确切的发病机制在科学界还存在很大的争论。英格拉姆相信，异常凝聚的蛋白质提供了一个与神经元相互作用的新表面，而他的研究也显示二者确实可以相互作用，并且造成神经元膜上钙通道的打开，引发钙离子流入，而这种具有信号传递作用的钙离子快速、失控的内流阻碍了神经元对其他刺激物反应的能力，最终使该神经元功能丧失。英格拉姆对早老性痴呆发病机理的阐述是当前最主要的论点之一，然而并非所有研究人员都同意他的观点。如部分科学家认为是错误折叠多肽和铜、锌等金属的相互作用产生了有毒的活性氧物质（ROS），而 ROS 才是真正的毒害之源，而英格拉姆则认为 ROS 的毒害作用是在钙离子内流之后产生的。

目前，大多数科学家都接受 β- 淀粉样蛋白是造成许多神经退行性疾病发生的原因，因此英格拉姆实验室寻找可以阻止神经损伤和消除疾病的策略以能够缓解这类疾病的症状。为了实现这个目标，英格拉姆一方面开发了可结合异常聚集蛋白的诱导肽，以阻止错误折叠的产生；另一方面还通过高通量筛选，从 3000 多种化合物中寻找到一种小分子化合物 DAPH，DAPH 可以减少钙进入细胞，从而最终消除早老性痴呆错误折叠蛋白的聚集。通过这两个策略，为早老性痴呆的治疗提供了新的选择。接下来将进行这些药物的体内实验以验证该化合物的作用，尽管其确切疗效现在还无法判定，然而正如英格拉姆所评论的，“我非常高兴发现了这种极度可怕疾病的候选化合物”。

英格拉姆在早老性痴呆方面的研究也为相关疾病如亨廷顿舞蹈症和皮质 – 纹状体 – 脊髓变性的治疗提供了新的视点。然而，作为蛋白质化学家的英格拉姆并没有满足于这个结果，他还需要知道这种分子的作用机理和详细过程，因此还需更广泛层面上对这些神经退行性疾病的发生和治疗进行深入研究。

英格拉姆除了在科学方面取得巨大成就，还在艺术方面拥有一定的天赋。其实早在儿童时期，英格拉姆就继承了父母在音乐方面的天赋，并向往将来能够献身艺术，然而 10 岁时在阅读完百科全书后，才改变了想法，希望将来成为一名化学家。英格拉姆还对摄影充满了激情，许多作品都具有很高的艺术价值。英格拉姆没有太多的时间来从事他喜欢的艺术，因为科学研究花费了他的大多数时间。1961 年，英格拉姆获得伯克贝克学院的理学博士最高学位。对于这个学位，英格拉姆谦虚并且半开玩笑地认为，“这个学位的唯一好处是让我拥有穿上华丽学位礼服的权利”。

英格拉姆是一位真正的学者和教育家，他将大部分精力都奉献给了麻省理工的教育事业，除对教学本身充满极大的热情外，还对学生充满了深厚的感情。英格拉姆在生物系完成科学研究和教学计划的同时，还积极参与学科的发展。1989 年到 1999 年，英格拉姆担任生物系实验研究小组（ESG）组长，10 年间，英格拉姆使 ESG 成为学生和教师员工教育革新的场所，并且他是教师中最早构思应用互联网于教学的革新派之一，为学校教育作出了巨大贡献。1996 年到 1999 年及 2005 年，英格拉姆还担任学术执行委员会成员，为生物系整体实力的增加做出了重要贡献。

英格拉姆除关心学生的学习和科研外，还对学生的生活倾注了大量心血。1985 年到 2001 年，英格拉姆和妻子贝丝担任 Ashdown 社区的舍监，负责管理学生的宿舍，不知疲倦地为居住在这里的学生服务。当学生在生活和学业上遇到困难时，英格拉姆都会给予他们极大的鼓励和支持，并且在毕业时和学生们一起庆祝，以怀念其间度过的幸福时光。英格拉姆送走了一批又一批的学生，同时又开始为新的学生服务，对于已经 70 岁高龄的老人而言，这可能是他晚年最大的快乐，而一个如此伟大的科学家能够十几年如一日地为学生服务在科学史上是非常罕见的。

英格拉姆夫妇的付出也赢得了巨大的回报，他们得到学生们极大的爱戴，一个曾经居住在这个社区的毕业学生为了表达对他们夫妇长期工作的感谢，将一颗 1981 年发现的小行星（编号 6285）以英格拉姆的名字命名。

英格拉姆被认为是一位新古典主义大师，他既可以在实验室游刃有余，又可以在音乐会上潇洒自如。英格拉姆具有令人吃惊的能力，既是一位著名的科学家、极优秀的教育家和艺术家，又是一位热情和充满同情心的普通人。

英格拉姆在一次不慎摔倒时受伤，而于 2006 年 8 月 17 日在波士顿去世，享年 82 岁。

六、重大影响

英格拉姆非常喜欢待在实验室，喜欢亲自动手实验，尽管后来年事已高，然而他仍然坚持不懈。这意味着在英格拉姆实验室工作的学生将获得他本人的指导，因此他的实验室也成为最受学生欢迎的实验室之一。

英格拉姆的科学贡献和成就得到科学界的广泛认可，他 1970 年就当选为英国皇家学会外籍会员，后来还被选为美国科学院院士（2002）和美国艺术和科学院院士。1967 年，英格拉姆获得美国人类遗传学会授予的艾伦奖，1988 年成为麻省理工著名的威尔逊生物学讲座教授。英格拉姆是许多著名研究机构的成员，如美国化学协会、英国生物化学协会等。2005 年 5 月，英格拉姆成为美国科学院院刊的编辑委员会成员。

镰刀型贫血是由于血红蛋白单氨基酸替换，这成为分子生物学领域的经典发现之一，也是医学史上最重大的发现之一。麻省理工学院的生物学教授沃克认为，英格拉姆的发现绝对称得上分子生物学史上具有里程碑意义的发现之一。鲍林和英格拉姆在镰刀型贫血方面的研究工作使医学遗传学不再是传统形式的遗传学，而成为综合各学科的研究成果，应用多学科技术深入到基因和基因产物（酶、蛋白质）关系的研究，遗传病也从过去单纯的性状、症状观察发展到生化异常或生化表型诊断，在此基础上发展到今天的基因诊断。

目前，分子医学已成为生命科学和医学领域的热点之一，为阐明多种疾病的发生规律、机理从而最终为疾病的诊断、预防和治疗提供了巨大的帮助。英格拉姆的发现为分子医学的发展起到了巨大的推动作用，虽然英格拉姆最终未获得诺贝尔奖，然而已经达到诺贝尔奖级别，一方面确定了镰刀型贫血的发病机理是由于单个氨基酸替换，而重要的是发明了使用胰蛋白酶分析蛋白质的方法在生化上得到了广泛应用。英格拉姆不能获奖的一个重要原因是 20 世纪下半叶生命科学发展太迅速，诞生了太多的大师，而诺贝尔奖人数的限制必然使一部分卓越的科学家与此无缘。但镰刀型贫血由于是第一个被发现的蛋白质单一氨基酸替换导致的疾病，并且该发现推动了随后分子生物学领域的飞速发展，因此英格拉姆被科学界称为“分子医学之父”，以表达对他的崇高尊敬。

英格拉姆对科学的好奇和执着值得我们铭记，而沃克对英格拉姆的确切评价是，一个卓越的科学家，一位卓越的天才和一个绝对完美的人。国内全面介绍英格拉姆生平及科学贡献的文章很少，只提及1956年镰刀型贫血HBS单氨基酸替换的重要性，而本文对该发现的历史背景、发现过程及发现意义进行了全面的阐述，此外还介绍了英格拉姆的生活、科研和业余生活，以能够对第一种被理解发病机制的分子病——镰刀型贫血的研究过程有所了解，同时还对这位科学大师有一个全面的认识。

（作者：郭晓强）

参考资料

[1] 祖述宪，温亮．上个千年医学的伟大成就［J］．医学与哲学，2001，9：23-28.

[2] 饶毅．科学环境：一个诞生了DNA模型和12个诺贝尔奖的实验室［J］．科学对社会的影响，2003，2：61-64.

罗伯特·特里弗斯

（Robert Trivers，1943—　）

特里弗斯

桀骜不驯的卓越进化理论家

1859 年《物种起源》一书出版以后，达尔文的一般演化和共同祖先的思想很快就被人们接受了，而其学说的核心部分自然选择学说，直到大约 80 年后进化论的现代综合时期才被生物学界主流认可。现代综合运动把自然选择学说和孟德尔遗传学结合了起来，在自然选择的进化学说的基础上把生物学界统一了起来。

20 世纪六七十年代是进化生物学的又一英雄时代，涌现出以英国进化生物学家汉密尔顿为首的一批优秀的进化理论家。他们提出了一系列新的进化思想，为生物及人类社会行为演化研究提供了理论工具。而美国进化生物学家罗伯特·特里弗斯正是这批进化理论家中的一位佼佼者。

一、生平述略

特里弗斯是一位有着传奇般人生经历的美籍犹太裔进化理论家。他在一个外交官家庭长大，兄弟姐妹七人，排行第二。12 岁时特里弗斯就决定要成为一个科学家。起初他对天文学有兴趣，但不久之后就转向了数学。他 1961 年进入哈佛大学读书的时候本来学的是数学专业，但很快失去了对数学的兴趣。他感到自己对物理学缺乏直觉力，又不了解化学和生物学，于是就打算将来做一名律师，为弱势群体服务，向社会不公开战。但在美国的教育制度下，本科阶段没有法学教育。他就转学美国史，打算毕业后再攻读法学学位。随后特里弗斯心灵深处的科学家的一面又显现出来了——他感到，美国史知识里充斥着美国史学家的自我欺骗，他们不过是力图通过建构历史来证明美利坚民族是世界上最伟大的民族而已。

大学三年级时，特里弗斯旁听了一门哲学课，了解了著名哲学家维特根斯坦。接着就在其后的五周内陷入躁狂、兴奋状态，整夜阅读维特根斯坦的作品，并确信他是第一个真正理解了维特根斯坦思想的人。然后特里弗斯就精神崩溃，入院治疗了两个半月。按照著名科学哲学家和科学史家库恩的看法，与历史学者比起来，哲学学者和科学工作者更为相似，因为他们都关心何为对错。这样看来，特里弗斯一时着迷于哲学尚可理解。

特里弗斯本科快毕业时申请到两所大学的法学院继续学习，可惜都未能如愿以偿。1965 年毕业后不久他就在哈佛大学所在的剑桥镇找到了一份工作，公司给他分派的任务是为小学五年级学生撰写关于动物的小册子。他的生物学知识很少，以前从未上过生物学课程，就自学生物学。公司也雇佣生物学家德鲁里辅导他。特里弗斯逐渐找到对进化论的兴趣。在这个公司工作 3 年后，1968 年他就到哈佛跟随大名鼎鼎的进化生物学家迈尔攻读博士学位。必须承认，特里弗斯很幸运地碰到了一位不仅学识渊博而且对学生的学习、研究都能给予恰当而体贴的指导的好老师。例如，当时哈佛的遗传学课程偏向分子生物学方向，对进化生物学研究用处不太大。迈尔就力排众议，允许特里弗斯不选修遗传学课程，具有遗传学知识即可。事实上，迈尔安排特里弗斯阅读一些遗传学文献，两人定期在迈尔办公室讨论这些文献，以此让特里弗斯达到学业要求。

特里弗斯于 1973—1978 年在哈佛大学留校任教。他迄今的多数最重要的研究工作都是在哈佛读研究生和工作期间做出的。英国著名作家布朗曾经评论道："如果特里弗斯像某些人预料的那样死于 20 世纪 70 年代，他会成为 20 世纪科学界的一位伟大的传奇式英雄。"在哈佛期间，特里弗斯虽由助理教授升任副教授，但最终未能获得终身教职。特里弗斯暗示，这是由于著名进化生物学家路翁亭阻挠。路翁亭当时是哈佛组织与进化生物学系的系主任，反对用所谓社会生物学解释人类行为，曾向一帮学生贬称特里弗斯为"学术投机分子"。另一说是，特里弗斯任教期间也曾因躁狂抑郁症而精神崩溃，哈佛校方不能不有所顾忌。躁狂抑郁症困扰了特里弗斯一生。据他本人回忆，他一生中总计有一年多时间因为此疾病被警察或医院封闭起来。

特里弗斯离开哈佛后转赴加州大学圣克鲁兹分校工作，任生物学正教授。在加州大学期间，特里弗斯结识了左翼激进政党黑豹党创建人纽顿，与之成为好友，并曾加入黑豹党，也曾与纽顿合作发表论文，纽顿也是他的一个女儿的教父。他在加州大学工作了 16 年，后来由于某种未知原因，他称这 16 年是他人生中最大的错误。确实，在此期间，他的学术产出较少。1994 年特里弗斯转到罗格斯大学任教，任人类学和生物学教授，直至 2017 年夏退休，其间曾多次与个别同事或校方发生冲突，被禁止在 5 个月内进入校园或暂停教职。其中有一次是由于怀疑合作者窜改数据。特里弗斯 2008 年要求《自然》撤掉那篇 2005 年发表的基于此数据的论文，他是作者之一；经过多年不懈抗争，终于让《自然》于2013年满足了自己的心愿。特里弗斯的一生跌宕起伏，有如天马行空，所以也有人称之为“进化生物学独狼”。

特里弗斯的主要学术成果收录在他2002年出版的著作《自然选择和社会理论：罗伯特·特里弗斯选集》里。这里需要稍微注意一下的是，进化生物学家讲到的“社会”并不专指人类社会，往往指的是多个有机体相互影响的情况，这多个有机体就构成一个“社会”。

特里弗斯2007年因为“对社会演化、冲突与合作的分析”获得了克拉福德奖。诺贝尔奖不授予包括进化生物学在内的某些学科，克拉福德奖就是瑞典皇家科学院和克拉福德基金会为了弥补这个缺憾而设立的，有进化生物学和生态学的诺贝尔奖之称。由于这个奖项也颁给生物学以外的几个学科，生物学家每隔3或4年才有机会获奖。

二、哈佛岁月

20世纪70年代在哈佛读书和工作期间，特里弗斯发表了5篇后来成为经典的重要学术论文，分别提出了互惠利他行为理论、亲代投资理论、特里弗斯－威拉德理论、亲子冲突理论，以关于社会昆虫（如蚂蚁、蜜蜂等过群居生活的昆虫）的数据来检验汉密尔顿的广义适合度理论。（此论文的意义相对较小，下面不作详细介绍。）这些论文体现了他迄今为止的主要学术成就。

特里弗斯自觉地把自己的作品看成达尔文主义和汉密尔顿理论框架内的工作。像很多进化生物学家那样，他受汉密尔顿影响很大。他曾经回忆：“我竭力模仿汉密尔顿的思维方式，尽管模仿得不好：只要可能，就下降到基因层次进行表述，这样就较为确定得到了正确的论点，并且如有可能就把论点量化。”

特里弗斯认为，他的主要学术思想可用于解释包括人类在内的各种各样的有机体的行为。确实，特里弗斯的一系列重要作品既对生物学家也对人文社会科学学者产生了非常广泛而深刻的影响。这从根本上应归功于其思想的原创性和穿透力，与其清晰、明快而活泼的语言风格也不无关系。

1. 互惠利他行为理论

所谓互惠利他行为，就是进化生物学文献里讲的狭义的合作行为，即对行动双方的繁衍都有利的行为。汉密尔顿和威斯特等人都曾指出，要在互惠合作行为与利他行为之间作出区分，“互惠利他行为”是不合适的用法，实质上就是互惠行为或合作行为。特里弗斯酝酿撰写关于互惠利他行为的论文时，汉密尔顿曾建议他更改论文题目，但他未听从。当然，名词上的分歧并不能降低互惠利他行为理论对互惠合作行为的实质上的解释能力。

特里弗斯举了三种互惠利他行为或称合作行为的例子。第一个例子是海洋里的清除共生现象。有些鱼类和虾专门充当“清洁工”，负责清洁其他一些鱼类身上的细菌、寄生虫和坏死的组织，并以这些东西为食物。被清洁者不会吃掉清洁工，甚至会主动张开嘴，让清洁工游入自己的口腔工作。清洁工通常在固定的地方提供“服务”，被清洁者倾向于让熟悉的清洁工做清洁工作。这种共生显然对双方都是利大于弊的。再一个例子是，若有天敌扑向一个鸟群，较早发现天敌的鸟会发出惊叫。鸟的惊鸣对它本身也是有利的。例如，若鸟发现外敌不发出惊叫，捕食者吃掉其他鸟后更有精力捕捉它，也更可能形成关于被捕食者的具体形象，等等，这些都于不发惊叫之鸟不利。第三个例子是人类社会里的合作行为，包括遇到灾难或危险时相互帮助，分享食物，等等。例如，在某一群体中所有人早晚都会遇到溺水的危险等假定条件下，如果每个人只要见到有人溺水都积极相救，那么每个人溺水死亡的概率都会降低很多。

按照互惠利他行为理论，不管行为者之间是否有亲属关系，在行为者之间存在持续交往的情况下，容易进化出普遍的互惠合作行为，因为合作行为给行为者生存、繁衍带来的好处大于招惹的代价。此时，请联想汉密尔顿法则 $rb-c>0$。r 指行动者与行动接受者之间的亲缘系数，b 指行动给行动接受者带来的繁衍上的好处，c 指行动给行动者的繁衍带来的成本。按照这个法则，如果某种社会行为符合 $rb-c>0$，那么这种行为将被自然所选择。而特里弗斯理论的主要意思是，在行为者之间没有亲缘关系的情况下（即 $rb=0$），由于合作行为对于行动者后代繁衍的净收益即“$-c$”大于 0，所以它们 / 他们之间的合作行为能演化出来从而普遍存在。简言之，互惠利他行为理论是汉密尔顿理论逻辑的扩展。

后来阿克塞尔罗德和汉密尔顿的工作的实质贡献就是借助于博弈论和数学从形式上再现了特里弗斯理论的思想。两人也把互惠利他行为理论与数学家发展出来的著名的囚徒困境模型联系起来。囚徒困境模型是博弈论的经典例子，其基本意思是：如果两个理性的个人之间只有一次博弈（交往），则双方不会相互合作。但按照互惠利他理论的思路，如果双方之间重复博弈，则双方都会与对方合作。简言之，互惠利他理论能深化我们对经典博弈论的认识。整个生命世界都广泛存在合作现象。在汉密尔顿和特里弗斯等先驱者之后，从进化的视角考察合作问题在自然科学和人文社会科学工作者中都逐渐蔚然成风，今天已经发展成为一个著名而庞大的研究领域。

2. 亲代投资理论

特里弗斯关于互惠利他的论文发表后，有一天在哈佛比较生物学博物馆碰到比他高两级的研究生格里尔。格里尔后来成为澳大利亚的一个著名生物学家。两人聊天时，特里弗斯告诉格里尔，以后要探讨亲代投资和性选择问题。格里尔说："不对，这不是做科学的方式。你应该就互惠利他行为做一两个实验，然后写一篇评论性文章，可能还要召开一次会议。这样说吧，你应该把这个领域变成你的地盘，占住这个地方。"但特里弗斯不愿故步自封，遂有后来的几篇经典论文问世。

所谓亲代投资，指的是父母对子女的任何投资或曰投入。这种投资有助于特定子女的生存和繁衍，但不利于父母投资于其他子女，因为投资给某个子女会导致对其他子女的投资减少。亲代投资包括用于生殖细胞存活的投资，也指有利于子女的其他任何投资，例如怀孕、哺乳、照料和保护子女等。对于包括人类在内的所有有性繁殖的物种而言，雌（女）性的生殖细胞都大于雄（男）性的生殖细胞，因而受孕时雄（男）性的投资小于雌（女）性。对于包括人类在内的大部分物种而言，受孕后雌（女）性对子代的投资也大于雄（男）性。

亲代投资理论有两项预测。其一，对子代投入较多的性别，择偶也更为挑剔，因为这也是更有利于自身的繁衍成功的。例如，若不挑剔，碰到不健康或不负责任的配偶，子代更可能夭折，自己的投入就"不划算"，自然选择过程就会偏爱择偶挑剔的行为。其二，对子代投入较少的性别，争夺配偶时则会更激烈，以此吸引择偶较为挑剔的异性。读者可以设想一下：假定在某个物种的早期，所有个体都没有上述行为特点；如果后来由于基因突变，少数个体的行为开始遵循亲代投资理论的逻辑；由于这样的行为有利于个体繁衍，经过长期演化之后，该物种绝大多数个体将具有最初因突变而来的一个或多个基因，使得它们的行为符合亲代投资理论。

这个理论是可以检验或证伪的。例如，如果能发现，在一个物种里，雄性对子代的投入较多，但雌性择偶更加挑剔，雄性之间更激烈地争夺配偶，就证伪了这个理论。当然，实际上来自经验世界的数据没有证伪这个理论。在个别物种里，雄性比雌性的投入多，结果两性差别也符合理论的预测，即雄性择偶更为挑剔，雌性争夺配偶更为激烈。在包括人类在内的大多数物种里，雌性都比雄性对子代的投资多，相应也能发现亲代投资理论所预测的两种两性差别。

在特里弗斯的论文发表之后，亲代投资和繁衍成功这两个术语逐渐成为进化生物学文献乃至于进化社会科学文献的常见词汇。但亲代投资理论的实质理论贡献在于，它是对达尔文性选择理论的一个重要拓展。达尔文也看到了两性不同的择偶倾向与激烈的择偶竞争这样的现象，并由此解释有机体性状的演化。而特里弗斯引入了亲代投资的概念来解释这相同的现象。他的理论引导研究者沿着两性有差别的亲代投资的思路考虑两性差别，往往能使研究者得到超出原论文的新的预见，或者用亲代投资理论把众多已知现象以简洁的方式重新组织起来。例如，在如人类这样的物种里，父亲对子代的投资对子代的生存和繁衍影响较大，按照亲代投资理论的思路，择偶时女性将比男性更看重对方是否有抱负、勤奋、能挣钱；而对世界各地文化的研究表明确实如此。亲代投资理论被很多生物学者和人文社会科学学者广泛应用于研究两性差别，大概是人文社科学者基于进化论研究男女两性差别的最重要的理论工具。

3. 特里弗斯－威拉德理论

特里弗斯－威拉德理论的更常见提法是“特里弗斯－威拉德假说”。鉴于此“假说”已经较为普遍地被进化生物学界认可，笔者仿照某些进化生物学家称之为“特里弗斯－威拉德理论”。

1970 年，特里弗斯给哈佛一门关于灵长目动物行为的课程做助教；威拉德是数学系的研究生，选修了这门课。特里弗斯有一次在课堂上提到费雪性别比原理，即在某些条件下自然选择会导致出生性别比趋于 1∶1。另一次特里弗斯提到女性的择偶倾向，即女性喜欢沿着社会经济地位阶梯向上寻找配偶；同时提到，这可能导致社会经济地位较高的女性和社会经济地位较低的男性找不到对象。威拉德就敏感地意识到，社会经济地位较高（较低）的父母会生下相对比例较高的男婴（女婴），因为这样的父母会留下较多的后代。实际上到此为止，今天所谓的特里弗斯－威拉德理论的雏形已经出来了。当时特里弗斯鼓励威拉德发展这个想法，把它一般化，并给他介绍了两个文献。但是威拉德却止步不前了。这门课结束后特里弗斯就自己坐下来发展这个思想。特里弗斯写成的论文被《科学》杂志接受后，威拉德要求把自己列为第二作者，特里弗斯同意了——“幸亏他没要求成为第一作者！”由这个事例可以看出，在科学研究中，原创性思想是多么重要——论文完全是特里弗斯写出来的，而威拉德仅仅贡献了一个粗糙的思想。

特里弗斯－威拉德理论的推理建立在三个假定的基础上：A. 条件（例如以体重衡量）较好的雌性比条件较差的雌性更有能力生育、抚育幼崽，并且前者的幼崽在亲代投资期结束的时候也会更为健康、健壮。B. 动物幼崽的身体条件倾向于延续到成年期。C. 成年时条件的差别对雄性繁殖成功的影响大于对雌性繁殖成功的影响。即条件较好的雄性动物会排斥掉其他许多雄性的繁殖机会，获得比其他雄性更大的繁殖成功，而条件较好的雌性通过较好的子代投资能力只能获得繁殖成功上的适度提高。

如果一个种群或人口满足上述假定条件，可以想象，根据亲代投资期的条件调整性别比及对子女出生后的投资的一个或多个基因将会在该种群或人口中累积起来。总之，遵循自然选择的逻辑推理，不难得出特里弗斯－威拉德理论的两个预测：A. 条件较好的动物相对更容易生儿子，而条件较差的动物相对更容易生女儿。B. 条件较好的母亲倾向于在子女出生后投资于儿子，而条件较差的母亲更倾向于投资于女儿。

特里弗斯－威拉德理论按照身体条件区分动物。他们认为这个理论也适用于人类，但要按照社会经济地位区分人类。那么，依据这个理论，社会经济地位较高的母亲相对更容易生儿子，倾向于在子女出生后投资于儿子，社会经济地位较低的母亲则反之。

性分配理论或性别比理论是进化生物学的传统研究领域。达尔文对此作了初步探索，后来费雪和汉密尔顿都对此作出了重要贡献。（费雪被很多西方进化生物学家视为达尔文之后、汉密尔顿之前最伟大的进化生物学家。）著名进化生物学家弗兰克把特里弗斯－威拉德理论看作自费雪以来关于鸟类和哺乳动物的性别比理论的最重要的发展。

特里弗斯－威拉德理论吸引了许多生物学家和社会科学家去做相关的经验研究。根据生物学家卡梅伦的元分析，研究设计较好的哺乳动物性别比研究几乎普遍支持这个理论。至于我们人类，历史研究往往都支持这个理论。例如，人类学家发现，在 18 和 19 世纪的德国，下层农民要比上层农民更加重视抚育女儿。近年来，关于当代美国人口和湖南、河南农民的研究也都找到了支持该理论的证据。这是很有意思的。人们往往认为，东亚和南亚一些国家普遍存在着重男轻女的文化。而研究表明，如果说中国农民重男轻女的话，家境较好的农民更加可能如此。这似乎是偏离于人们的常识的。而现代科学的发展似乎在越来越远离所谓的常识。

4. 亲子冲突理论

按照亲子冲突理论，所谓亲子冲突，指的是在有性繁殖的物种中，特别是在人类社会里，父母和子女就父母对子女的资源投入应如何在子女中分配以及子女应该如何对待其他亲属等方面的分歧、冲突。冲突的原因则在于，虽然父母和子女有 50% 的基因是一样的，但仍有 50% 的差异，因此，对父母有利的，不一定对子女有利。

例如，哥哥 5 岁，弟弟 1 岁，父母会更偏爱照料弟弟。对父母而言，两个孩子是一样的，各自都有 50% 的基因跟自己一样，但小儿子因为幼小、脆弱，更易夭折，更需要照料，否则父母的适合度就更可能降低。对大儿子而言，其弟弟只有 50% 的基因与他一样，他则 100% 拥有自己的基因，他的价值是其弟弟的 2 倍。假设父母对哥哥或弟弟的特定照料为哥哥或弟弟带来的将来繁衍成功的功效各自可以以 2 表示。若父母只照料弟弟，弟弟的收益为 2；由于弟兄两个只有 50% 基因一样，哥哥的收益为 1；相对于父母只照料哥哥的情况，这时哥哥的收益较低（1 : 2），因此哥哥往往会抱怨父母偏爱弟弟。

再如，一位母亲和自己的儿子之间的亲缘系数 r 是 0.5，和自己的亲侄子之间的亲缘系数为 0.25，儿子与侄子之间的亲缘系数为 0.125，母亲要比儿子更希望儿子无私帮助侄子（利他行为）。按照汉密尔顿不等式 $rb > c$ 或 $b > c / r$，从儿子的角度看，在 $b > 8c$ 的情况下，他将会对其表兄弟做出利他行为；但从母亲角度看，她愿意在 $b > 4c$ 的情况下对侄子做出利他行为，但她却希望，对儿子而言，只要 $b > 2c$，儿子就应对侄子做出利他行为（一个儿子有一半基因与自己相同，一个侄子有四分之一基因与自己相同，因而一个儿子相当于两个侄子）。父亲与其妻的侄子之间没有血缘关系，他不会希望儿子对那位侄子做出利他行为。当然，也许有人说，在人类当中，这种情况下父亲难道不是经常希望儿子做出“利他行为”吗？例如对方有困难时借钱给对方。在笔者看来，按照互惠利他行为理论的精神实质，此种情况下的所谓利他行为通常是互惠合作行为，因为寄希望于将来的回报，或回避可能的报复，而不是损己利人的利他行为。再如，父母一般都希望子女选择一个能促进子女无私帮助亲属的配偶，因为能增进父母的广义适合度，但这么做不一定能增进子女的广义适合度，于是父母和子女在择偶上也会发生冲突。

在特里弗斯以前，汉密尔顿也曾探讨过亲子冲突问题，尽管仅仅是附带论及这个问题。在这些先驱者之后，亲子冲突已经成为进化生物学的一个重要研究领域。威斯特等三位牛津生物学家把亲子冲突视为在广义适合度理论基础上发展出来的最为成功的研究领域之一。尽管人文社科学者对亲子冲突理论的应用相对较少，但该理论的影响也呈不断扩大之势。

三、老骥伏枥

1. 自我欺骗的演化理论

特里弗斯在为道金斯《自私的基因》第一版（1976）写的序言里就简略提出了自

我欺骗演化的思想，以后又几经扩充、发展。他的自我欺骗理论比较完整、全面地体现在其 2000 年和 2011 年的作品里。

在特里弗斯看来，有机世界里比较普遍地存在着欺骗现象。例如，有的蝴蝶可以伪装成毒蛇的头，以吓退敌人；有些病毒可以伪装成宿主身体的某种成分，以躲避宿主免疫系统攻击。所谓自我欺骗，指的是有意无意地选择接受某些虚假信息而摒弃真实信息。特里弗斯认为，人类和许多动物中都比较普遍地存在着欺骗与自我欺骗。例如两只动物相互虚张声势，夸张地炫耀武力，可以看作欺骗对方，吓阻对手。如果假设两只动物格斗能力完全一样，一只动物意识到自己在摆姿态，就会主动退却，另一只动物则过于自信，换句话说更善于自我欺骗，就赢得了胜利。但特里弗斯主要分析的是人类社会里的自我欺骗。

特里弗斯的自我欺骗理论的基本论点是，人类所以演化出自我欺骗，是为了更好地欺骗他人。同时，进行自我欺骗有助于调整个人的身心以更好地面对未来。这些都是有助于个体的生存和繁衍的。比如，若一个人完全明白自己在欺骗他人，不会自我欺骗，一般情况下说话声调会变高，会快速眨眼睛，因此欺骗行为容易被识破。人们往往把稍微美化过的照片当作自己的真实形象，即人们心中的自我要比真实的自我更为漂亮，这就属于一种自我欺骗。人们也会有选择地忘却不好的往事，有意无意地把它当作虚假信息排斥掉。再如，美国人做过调查，发现 80% 的高中生认为自己的领导能力在平均水平以上，大学教授更糟——94% 的大学教授认为自己的学术水平在中等以上。显然人们在主动排斥掉自己不愿意接受的信息而评价自己。

特里弗斯谈到了自我欺骗理论可以与神经生物学、免疫学及心理学等方面的研究结合起来。但或许更令人文社会科学学者感兴趣的是他关于自我欺骗与科学发展之间关系的看法。在特里弗斯看来，自然科学取得成功的一大因素在于建立了排斥自我欺骗的机制。受控实验就是一个典型例子。例如进行新药实验时，往往把患同一种疾病的实验对象分为对照组和实验组，对照组只用安慰剂，实验组则真的使用新药，过一段时间再看看新药到底有无用处。反之，一个或几个心情抑郁的人找到精神分析师或心理咨询师诊治，若症状缓解，精神分析师或心理咨询师也许会感叹："我是多么了不起啊，我用的理论多么了不起啊！"其实，如果病患事先找到一个没受过专门训练但热心助人、性格开朗的人求助，也可能达到同样效果。社会科学里很少有排除自我欺骗的机制，加上人类社会里广泛存在欺骗与自我欺骗，因此社会科学的发展就较为缓慢。同理，生物学里关于有机体社会行为的理论发展得也比较缓慢。文化人类学的传统研究方式是记录、考察异民族的生活，侧重于把异民族成员自己的陈述当作他们真实生活的反映。既然这些陈述往往是自我欺骗而不自知，特里弗斯认为，文化人类学在很多方面已经成为关于其他民族自我欺骗的学科。

2. 反对群体选择论

自然选择在什么层次发挥作用，是个体或分子、基因层次，还是群体层次？应该从哪个层次的选择入手考察生物进化？自达尔文以来，选择层次问题一直处于争议之中，今天仍是进化生物学和生物学哲学的热点问题。

美国进化生物学家威尔逊和哲学家索伯的多层次选择论大概是20世纪末以来学界提出的最著名的群体选择思想。在他们看来，自然选择发生在基因之间、同一群体的个体之间和同一种群内的各个群体之间，哪个层次的选择力量较强依具体情况而定；群体选择对于塑造人类行为尤为重要。

特里弗斯对群体选择论的看法集中体现在他对威尔逊和索伯思想的批评上。在特里弗斯看来，他们的书"是彻头彻尾令人失望之作"。他从实在论和工具论两个角度批评了群体选择思想。从实在论角度看，群体选择在多数物种、大部分时间内都是一种微弱的力量，不足以对生命演化造成重大影响。熟悉进化论史的读者应该明白，特里弗斯的同辈学者威廉斯和梅纳德－史密斯等人批评群体选择论时也主要采用实在论的论调。从工具论角度看，现代生物学忽视群体选择论的主要原因在于，群体选择论作为一种理论工具"缺乏成就"。在特里弗斯看来，能够由群体选择论加以解释的现象，通常都能由个体选择或基因选择来解释，在这种情况下是没有必要认真对待群体选择论的。

特里弗斯引用的一个例子涉及汉密尔顿的关于偏雌性别比的著名论文——汉密尔顿从个体选择和基因选择的角度，解释了在某些盛行兄弟姐妹近交的动物物种里，为何繁殖的女儿远远多于儿子。简单地讲，设想存在繁殖的儿子和女儿之比为1∶1的一个动物物种，给定兄弟姐妹近交等条件；如果由于基因突变，哪怕仅仅导致极个别个体繁殖的女儿数量远远超过儿子，这样的个体将留下更多第三代后代，经过长期演化之后，该物种成员将主要或完全是当初发生了基因突变的个体的后代，由此该物种就会存在严重的偏雌性别比现象。群体选择论者的解释可能是：在该物种内部的各群体之间，有的群体存在偏雌性别比现象，有的则不存在；由于前者能繁殖更多后代，在后者这样的群体内部，儿子之间存在激烈的争夺配偶的竞争，等等，反而不利于后代繁殖，长期演化之后，如后者这样的群体所占比例就会降到微不足道甚至消失的地步。

特里弗斯认为，这一类强调群体之间有差别的生存和繁衍的群体选择论调并不算错，但不使用这类论调也能很好地解释生命现象；而且，这类群体选择的解释都是学界已知的，也没有带来什么新的洞见。特里弗斯没有很明确表达出的一层意思是：相对于群体选择论，个体选择和基因选择的视角才更有助于解决一个个问题（他给一个假想的访问者的一个建议：如果你对群体选择有兴趣，不要理会诸如群体选择的历史等大而无当的东西，而是深入各个个案，看看群体选择论能有什么样的解释力）。确实，特里弗斯提出的关于互惠利他、亲子冲突、性别比、自我欺骗等生命现象的一系列创见都是在个体选择和基因选择基础上做出的。特里弗斯从工具论角度对群体选择论的批评似乎是反群体选择论者的一个新动向。

3. 怎样做科学?

在其 2002 年出版的文集里，在每一篇论文的前面和后面，特里弗斯都做了一些与论文多少有关的评论。这些评论不仅有助于我们了解进化生物学史，而且对科学工作者如何做科学应该也有一定启发意义。

特里弗斯告诫读者，要想写出一篇经典论文，应该分五步走。由于特里弗斯主要是一个理论家，所以他的建议应当是主要对于理论论文写作而言的。第一步是选择一个重要论题。第二步要紧紧围绕论题持续做一些思考。在科学论文里，常见的做法包括对所研究的问题做一番文字说明，并评论以往的相关研究的不足之处。在特里弗斯看来，研究者在这些方面不应花太多精力，而应关注你要解决的问题。第三步是外推，即尝试把自己的思路应用于解释不同领域的现象。特里弗斯表示，他的办法跟生物学家通常采取的办法相反，他首先尝试用某一思想解释人类行为，然后再推之于其他物种，并争取解释尽可能多的物种和现象。另外，表达自己的论点时，应尽可能少地附加上该论点成立所需的假定条件。达尔文等人探讨合作的演化时，提到了不少假定条件，例如合作参与者应具有一定的智力水平。在特里弗斯看来，过多的假定条件限制了他们思想的一般性，使之只适用于人类。提出这些假定条件也没有必要，因为这些假定条件能轻易演化出来。第四步是以自己学科的语言用简洁而清晰的方式写作。特里弗斯认为，简洁、清晰的写作风格既便于读者阅读，也有利于作者，因为作者会被迫把自己的论题思考清楚。在第五步，要用文中形成的理论观点在论文末尾重新组织已有信息，即重新观照现实世界。在特里弗斯看来，这一步是非常重要的，因为它赋予了论文以生命，加深了我们对已知事实的理解。

特里弗斯认同著名物理学家费曼关于教学与研究能相互促进而不应分离的观点。依特里弗斯，表面上看来，把更多时间用于学术研究有助于学术产出，但事实上这却是一个陷阱。一个人总会有脑子里没有新想法的时候。这时，如果能有一个教学岗位，就可以专注于教学，教学就可能给他带来灵感。具体说来，其一，要为别的头脑准备材料，就需要把有关知识思考透彻。其二，教学时可得到来自学生的反馈，即便只是学生询问的一些天真的问题。这些都可能有助于研究者产生新的思想，促进下一步的研究工作。

特里弗斯在20世纪80年代后的重要工作还包括：与生物学家伯特合作撰写并出版《冲突中的基因》一书。汉密尔顿的广义适合度理论实质上把有机体个体的一个个基因看作试图在最大限度上复制自身的"行动者"。既然如此，各个基因之间就可能存在冲突。因此，20世纪60年代之后，进化生物学界里就逐渐形成了一个称为基因组内部冲突的新的研究领域。而伯特和特里弗斯的书就是对这个领域的经验研究工作的第一部综述性著作。

四、历史地位

正如美国生物学家阿尔科克所指出的那样，进化生物学基本上分为两部分：一类侧重于重建生物演化史，另一类则注重考查有机体性状由于自然选择－进化而引起的适应问题。前者主要指古生物学研究，后者主要指行为生态学和社会生物学。

在进化生物学里，"适应"指的是由于自然选择而引起的促进后代繁衍的性状。生物学文献也常常用这个词指称有机体性状由于自然选择而变得更能促进繁衍的过程。"社会生物学"指的是对有机体社会行为（即个体之间相互作用的行为）的生物学基础特别是进化上的基础的研究，生物学家往往认为这个词是包容于"行为生态学"（有时也称为"进化生态学"）之内的，即后者是更一般的术语。但是也有生物学家认为，可以把它们替换使用，"不必把它们分得很清"。经过20世纪七八十年代关于社会生物学的论战，"社会生物学"一词已经在很大程度上被污名化。因此，近年来很多西方学者为了避免争议，常常回避使用这个词，而倾向于使用行为生态学的提法。

在20世纪六七十年代，汉密尔顿、威廉斯、特里弗斯、普莱斯、梅纳德－史密斯、威尔逊、道金斯和亚历山大等优秀的进化生物学家风云际会，他们的研究工作为行为生态学和社会生物学奠定了理论基础，推动了这个新的研究领域的形成。他们的学术思想也渗透进医学和人文社科界，推动了进化医学和包括进化心理学、进化人类学、进化伦理学等分支在内的进化社会科学的兴起。在这些人里面，除了英年早逝的普莱斯以及道金斯和亚历山大，其他人都获得过著名的克拉福德奖。

汉密尔顿的广义适合度理论是行为生态学、社会生物学以及进化社会科学里的部分领域的最重要的理论基础。这个理论也被很多西方进化生物学家看作达尔文自然选择理论的现代版本。特里弗斯也是20世纪六七十年代进化生物学变革中涌现的最重要人物之一，他提出的互惠利他理论和亲代投资理论等一系列理论也为行为生态学、社会生物学和进化社会科学提供了极为重要的理论工具。

在进化生物学界之外，威尔逊博得了“社会生物学之父”的名号。这在很大程度上是因为威尔逊1975年出版了《社会生物学》一书，这部书影响极大。他博采众家之长，将来自方方面面的科学发现汇总到一个框架下，并用“社会生物学”一词统称这个领域。但我们能够看到，汉密尔顿和特里弗斯等人在《社会生物学》初版以前就提出了所谓社会生物学最重要的一些理论。不过，他们的作品主要发表在专业的科学期刊或书里，当时尚未引起社会大众及其他学科学者的广泛关注。

威尔逊主要是因为他与麦克阿瑟提出的岛屿生物地理理论而获得克拉福德奖的。岛屿生物地理理论讲的是，岛屿物种丰富程度跟其面积等因素有关。因而这个理论与进化论关系不大。当然，威尔逊在蚂蚁研究方面也做出了一流的工作。此外，在《社会生物学》等著作里，威尔逊把各方面的研究工作糅合起来，做到融会贯通而游刃有余。这自然也不是一般的科学工作者能做得到的。在进化论方面，威尔逊的主要贡献大概在文化演化和群体选择的思想等方面。但这些都不属于很有原创性的工作，因为在他之前其他进化生物学家就提出了这一类思想。事实上，我们细心一点就可注意到，除了媒体和其他学科学者，很少有西方进化生物学家把威尔逊当作所谓“社会生物学之父”。特里弗斯21世纪初曾经在哈佛访学，在一次课堂上，他告诉听众，威尔逊把自己打造成“(社会生物学) 这个学科之父，其实他是这个学科的名字之父”。也正如美国生物学家哈根所指出的那样，“尽管E. O. 威尔逊通常被看作社会生物学的创造者，但他对社会生物学理论发展起的作用不大。他的主要贡献是通过1975年出版了《社会生物学》一书……给这个领域起了个名字”。

其实，威尔逊本人在自传中也承认，“此后几十年来，一门可观的事业就这样建构在这一篇论文之上”，即汉密尔顿1964年的广义适合度理论论文是社会生物学的理论基础。在其2012年出版的著作里，威尔逊还是承认，广义适合度理论是40年里

“高级社会行为演化的最终原因的标准解释”，是“社会演化的老范式”。在进化生物学里，最终原因指的是自然选择。威尔逊也承认，“1971 年到 1974 年这四个光灿的年头里，特里弗斯为社会生物学理论辟出一条崭新道路”。

法国早年著名物理学家和科学史家迪昂曾区分广博的心智和深刻的心智。广博的心智善于把纷繁复杂的事物统合起来，但拙于抽象、概括；深刻的心智则善于看穿现象背后的力量，但不太善于把众多要处理的纷繁对象串起来。在一流的进化生物学家里，如果说威尔逊（和道金斯）近于广博的心智，汉密尔顿和特里弗斯等人则近于深刻的心智。

哈佛生物人类学家德沃尔认为，体现了特里弗斯一生主要成就的文集《自然选择和社会理论》算得上《基因之土上的狭窄道路：汉密尔顿文集》的伴侣。考虑到汉密尔顿在进化论史上的崇高地位，这是很高的评价。美国动物行为学会前主席格瓦迪称，“他是这个世上我们所知的关于自然选择和社会行为的两三位最有创造性的思想家之一”。道金斯称之为“当今最有原创性的进化论思想家”。在汉密尔顿和普莱斯等人凋谢之后，这么说是算不得很过分的。威尔逊也曾经讲：“特里弗斯是我们时代最有影响——也始终正确——的几个理论进化生物学家之一。”牛津生物学家威斯特称之为“自查尔斯·达尔文以来影响最大的进化生物学家之一”。美国著名心理学家和语言学家平克认为，特里弗斯是“西方思想史上伟大的思想家之一”。1999 年，美国的《时代》杂志把他评为 20 世纪 100 位最伟大的思想家和科学家之一。在笔者看来，以上评价总体上来说是恰当的。

（作者：罗力群）

参考资料

［1］恩斯特 · 迈尔 . 生物学思想发展的历史［M］. 第 2 版 . 涂长晟，等译 . 成都：四川教育出版社，2010.

［2］达尔文 . 人类的由来及性选择［M］. 叶笃庄，杨习之，译 . 北京：北京大学出版社，2009.

［3］威尔逊 . 社会生物学：新的综合［M］. 毛盛贤，等译 . 北京：北京理工大学出版社，2008.

［4］威尔逊 . 大自然的猎人：生物学家威尔逊自传［M］. 杨玉龄，译 . 上海：上海科学技术出版社，2006.

科学殿堂有巾帼：

古今杰出女科学家

希帕蒂亚

（Hypatia，370—415）

希帕蒂亚

人类历史上最早的女科学家

欧几里得的名字几乎是家喻户晓，他的名著《几何原本》流传两千多年，直到今天，各国中学的几何课本还是以它为基础的。该书已用各种文字印了1000版以上，除《圣经》以外，大概没有任何一种书拥有如此多的读者。可是，若问希帕蒂亚与《几何原本》有什么关系，就很少有人能回答了。其实，《几何原本》之所以能广泛流传，是与希帕蒂亚的辛勤工作分不开的。她与父亲共同修订的《几何原本》，成为所有现代版本的基础。不仅如此，她还是人类历史上最早的女科学家，在数学、天文、物理以及哲学方面，都作出令人瞩目的贡献。

一、少年时代

希帕蒂亚生于公元370年的亚历山大，亚历山大是罗马帝国的一个重要城市。早在公元325年左右，罗马帝国的君士坦丁大帝便开始用宗教作为统治的工具，逐渐把哲学、政治、法学，以及科技、教育都置于基督神学的控制之下。希帕蒂亚出生的时候，亚历山大的知识分子正生活在危难之中。基督教已成为摧残科学的工具，狂热的宗教徒把数学和其他自然科学看作异教。有人甚至说："数学家应该被野兽撕碎或者活埋。"他们认为，世界上只有《圣经》最神圣，而且里面有取之不尽的知识，研究与《圣经》无关的学问都是异教。这是一个科学开始衰退、黑暗即将降临的时代。古希腊人早已认识到地球是球形，而当时的教父们却宣称大地是平的，宇宙像帐篷一样罩在大地之上。在残酷的宗教斗争中，基督教的势力在亚历山大迅速扩展，这对于那些一心从事科学研究的人是十分不利的。

希帕蒂亚的父亲赛翁是一位数学家和天文学家，在著名的亚历山大博物院工作，那是一个传授和研究高深学问的场所，赛翁经常在院里演讲。这个博物院有着悠久的历史，它始建于公元前290年左右。博物院内有当时世界上最大的图书馆，藏书多达

750000卷。那时的书和现在不同，是把字写在经过加工的纸草[1]上，然后再装订成册。图书馆旁有一个研究院，研究院相当于现在的大学，欧几里得、阿基米德等大科学家都曾在研究院传徒授业，研究学问。博物院里有陈列着古希腊文艺珍品的画廊和雕塑大厅，还有供生物学家研究和大家观赏的动物园、植物园。

公元前47年，罗马帝国的皇帝恺撒派兵焚毁停泊在亚历山大港口的埃及舰队，大火蔓延到市区，烧毁了博物院内的不少图书。公元前30年，恺撒占领埃及，亚历山大落入罗马人之手。但希腊文化的传统没有被破坏，学者可以继续研究。尽管没有“黄金时代”（公元前300—前200）那种磅礴的气势，还是出现了希腊数学的“白银时代”（250—350），代表人物是亚历山大的丢番图和帕波斯。丢番图的代数学在古希腊数学中独树一帜，而帕波斯的数学研究是对几百年来前人成果的总结。赛翁生活的时代，希腊数学已成强弩之末，博物院也趋于衰落了。用“荒凉”一词来形容当时的博物院，是很恰当的。392年，罗马皇帝狄奥多西下令拆毁希腊神庙，包括有一个大图书馆在内的著名的塞拉庇斯神庙被毁，藏书几乎全部散失，庙宇被改为基督教的修道院。其他各地的神庙也都遭此厄运。大批希腊学者被基督教徒斥为异教徒，生活不得安宁，甚至有生命之危，不得不逃离亚历山大。赛翁还是勤勤恳恳地在博物院工作，并尽量避开宗教斗争。

那时的知识界和政界都是排斥妇女的，但赛翁是一个思想解放的学者，他不遗余力地培养希帕蒂亚这个极有天赋的女儿，鼓励她做一番大事业，成为一个完美的、不亚于男人的学者。实际上，希帕蒂亚成年后做的事情，以前的妇女从未做过，甚至连在梦中都不曾想过。

希帕蒂亚是一个非凡的女子。她不仅容貌美丽，而且聪明好学，谦虚而有胆识。童年时代，她就显出超人的才智。10岁左右，她已从父亲那里学到了相当丰富的算术和几何知识。她对相似三角形的性质特别感兴趣，因为利用这些知识，可以算得人无法到达的物体的高度或长度。在父亲的启发下，她懂得了如何利用金字塔的影长和相似三角形知识来求金字塔的高度。

随着年龄的增长，希帕蒂亚的兴趣越来越广泛。她不仅喜欢数学、天文和物理，而且喜欢讨论那些与科学有关的哲学问题。在17岁的时候，她参加了关于芝诺悖论的辩论。芝诺是公元前5世纪的希腊哲学家，他曾提出四个关于运动的著名悖论。其

1　纸草是尼罗河下游的一种植物，古人把它的茎剖成薄片，压平后用来写字。

中一个是“阿基里斯追龟说”，阿基里斯是传说中的长跑健将。这个悖论的大意是：跑得最快的人永远追不上跑得最慢的人。由于这个结论显然不符合实际，一些不爱思考的同伴便以为不值一驳。但希帕蒂亚认为芝诺的悖论发人深省，不能因为它错得太显然就不去追究错的原因。芝诺的推理是这样的：乌龟从起点 A 出发，爬过一段距离到达 B。然后，阿基里斯才跑离 A 点去追赶乌龟。当阿基里斯到达 B 时，乌龟已向前爬了一小段，到达 C。待阿基里斯跑到 C 时，乌龟已爬到 D……这样，乌龟总在阿基里斯前面。希帕蒂亚指出：芝诺的推理包含了一个不切实际的假定，他限制了赛跑的时间。希帕蒂亚的这一思想源于亚里士多德，她读过亚里士多德的哲学著作，知道这位大哲学家对芝诺悖论的评论。我们假设阿基里斯一秒钟跑 10 米，乌龟一秒钟爬 0.1 米，再假设先让乌龟爬出 99 米，那么，通过简单的计算可以知道，阿基里斯只要花 10 秒钟就能追上乌龟。而芝诺设计的方案，是不让阿基里斯跑够 10 秒的。

在父亲的教育下，希帕蒂亚很快成为一位有独立思想、学识渊博的人。20 岁以前，她读完了几乎所有大数学家的名著，包括欧几里得的《几何原本》、阿波罗尼奥斯的《圆锥曲线论》、阿基米德的《论球和圆柱》、丢番图的《算术》等等。这位年轻的姑娘，其数学水平已经和父亲差不多了。她凭自己杰出的数学才能和毅力，同父亲合作完成了对《几何原本》的修订和评注工作。希帕蒂亚时代离《几何原本》成书已经六七百年了。当时没有印刷术，这本著作抄来抄去，各种抄本差别很大，有不少错误。希帕蒂亚同父亲一起，搜集了能够找到的各种版本，认真比较，去伪存真，并写了许多评注。经父女二人的修订，书中几乎没有任何差错了。他们还对该书的文字进行了润色和加工，使之更适合读者阅读。他们的评注对读者理解欧几里得的思想有很大帮助。这个修订本问世后，立即受到广泛欢迎，学术界公认这是最好的版本，大家争相传抄，而不大理睬其他的版本了。史书上称其为“赛翁版”，它是当今各种文字的《几何原本》的始祖。

除数学以外，希帕蒂亚还读了不少希腊哲学家的著作。哲学家们在讨论世界是什么样子，是由什么构成的，社会发展的动力是什么，人的知识是从哪里来的，人应该怎样活着，……这些问题都引起了希帕蒂亚的浓厚兴趣。她特别推崇大哲学家柏拉图的思想，柏拉图哲学强调“理性”，尤其是数学的“理性”，认为“感性”和“直观”是靠不住的。希帕蒂亚常常与其他学者一起讨论哲学问题，她在那些老资格的学者面前，一点也不胆怯，大展雄辩之才。赛翁骄傲地称希帕蒂亚是他的“哲学家女儿”。

二、出海求学

希帕蒂亚已经20岁了，父亲的知识和亚历山大的藏书满足不了她日益增长的求知欲，她要出海求学了。390年的一天，她乘坐的一艘巨大的商船从亚历山大港起锚，驶向地中海北岸的雅典，这是一个著名的希腊城市。她去雅典的目的，是进一步扩大自己的知识领域，接受世界上第一流的学术成果。

希帕蒂亚知道，这是一次难得的学习机会。但慈父已不在身边，一切都要自己作主。前面会遇到什么样的坎坷呢？她不得而知。回首往事，她思绪万千。在父亲的教导下，她学会了搏击海浪，熟悉了纵马疾驰，掌握了丰富的知识，养成了良好的品德。她默默地回忆着父亲的教导：绝不要让顽固的信念妨碍自己去接受真理。父亲还告诉她："宗教是虚妄的，有自尊心的人绝不要把它当作终极的信条。"希帕蒂亚终身不信教，显然是受了父亲的影响。她的这种思想使她能在探讨科学的道路上轻装前进，但在当时的社会环境中，也为自己的不幸结局埋下了祸根。

基督教本来是奴隶和平民的宗教，表现出对奴隶制的不满。教徒们相信世界是上帝创造的，上帝的儿子便是拯救人类的基督。公元3世纪，罗马帝国的统治者为了维护自己的统治，开始利用基督教来麻痹人民，宣扬今生要忍耐、顺从，以便来世享福或者死后升入天堂。基督教逐渐被有钱有势的人所控制，他们在社会各阶层发展教徒。罗马皇帝君士坦丁授予基督教会一系列特权，如教士可以免除城市徭役，可以免税。他本人还拿出一部分财产捐赠给教会，并在晚年接受基督教的洗礼而入了教。4世纪末，罗马帝国将基督教定为国教，排斥一切相信希腊宗教或其他宗教的人，如果这些人不放弃自己的信仰，就会被斥为"异教徒"，遭受迫害。他们甚至把那些不信教的人也当作"异教徒"。

希帕蒂亚对基督教的思想束缚十分厌恶。她要自由地思想和生活，要毫无拘束地发挥自己的才能。

希帕蒂亚在雅典受到热烈欢迎，因为她的名字早已由那些去亚历山大访问的学者带到了雅典。她在雅典住下后，当地的名流、学者不断来拜访她，真是门庭若市。有人向她请教数学，有人同她讨论哲理。她性格开朗，举止大方，她的智慧和美貌给每个见到她的人留下深刻印象。她在小普鲁塔克当院长的学院里学习历史和哲学，精读了古今各派的哲学名著。同时她还抓紧时间，继续钻研数学。

当时，雅典的数学已经落后，许多学数学的人读不懂希腊数学的经典著作。而希帕蒂亚早就读懂了，并有不少独到见解。她对数学的精通，尤其是对欧几里得几何的精辟见解，令雅典的学者钦佩不已，大家都把这位二十出头的姑娘当作了不起的数学家。在和她交往的过程中，一些英俊少年不由得对她产生爱慕之情，求婚者络绎不绝。但希帕蒂亚认为，现在正是自己钻研学问的黄金时代，她要干一番大事业，不想让爱情和婚姻过早地进入自己的生活。再说，她的择偶标准是很高的。美男子和富家子弟固然不少，但她更看重才学。在这方面，她没发现一个满意的。因此，她拒绝了所有的求爱者。

三、多才多艺的科学家

希帕蒂亚在雅典求学之后，又去意大利访问，约在395年回到家乡。这时的希帕蒂亚，已经是一位相当成熟的科学家了。她在亚历山大一边传徒授业，一边从事科学研究，并对科学作出多方面的贡献。她是有历史记载的第一位女科学家，她的工作推动了数学、天文、物理等各学科的发展。

除与父亲合作完成对《几何原本》的修订外，希帕蒂亚又独立写了一本《丢番图〈算术〉评注》，这是一项富有成效的工作。丢番图生活在3世纪的亚历山大，被称为“代数之父”。他的《算术》实际是一本代数问题集，包括50多种类型，共189个代数问题，都可用方程求解。其中的不定方程最为著名，被称作“丢番图方程”。实际上，不定方程便是未知数个数超过方程个数的方程（组），因为方程的解不确定，所以叫不定方程。一个方程含两个未知数，或两个方程含三个未知数，都是不定方程。如果不加限制，这种方程有无穷多组解。例如，对方程 $2x+3y=10$，只要给定一个 x 值，就可得到一个对应的 y 值。《算术》中一个最简单的不定方程问题是：将平方数16写成两个数的平方和。列出的方程应是 $x^2+y^2=16$。在正有理数范围内，丢番图给出的解是 $\left(\frac{16}{5},\frac{12}{5}\right)$。在正整数范围内，此方程无解。

丢番图解题的技巧非常高超，有些方程很难懂。希帕蒂亚为了帮助学生理解丢番图的数学思想及方法，对他的《算术》进行了详细的评注。这实际是一本教科书，书中有她自己的不少新见解，并补充了一些新问题。有的评注写得很长，可以看作论文。她的评注促进了古希腊代数学的传播与发展。

希帕蒂亚还评注过阿波罗尼奥斯的《圆锥曲线论》（8 卷本），并在此基础上写出适于教学的普及读本。阿波罗尼奥斯是 3 世纪的亚历山大几何学家，是用平面截圆锥所得截线来解释圆锥曲线的始祖。像她的希腊祖先一样，希帕蒂亚对圆锥曲线很入迷，写过好几篇研究圆锥曲线的论文。但在她死后，人们却把这种曲线忽略了。一直到 17 世纪，科学家们认识到更多自然现象，如行星运行轨道，以圆锥曲线描述最为合理，于是重新激起研究圆锥曲线的热情。

丢番图的《算术》和阿波罗尼奥斯的《圆锥曲线论》是流传至今的两部非常重要的古希腊数学著作。希帕蒂亚的评注也随这两部书流传下来，使我们得以窥见这位女数学家的智慧。

天文学方面，希帕蒂亚写过研究托勒密的著作。托勒密是公元 2 世纪的希腊天文学家，他在一部 13 卷的教科书中，把那个时代的数学及天文知识系统化，取名为《数学书》。中世纪的阿拉伯学者重新为它命名，叫《天文学大成》。书中包含大量的天文观测、理论成果以及丰富的三角知识。托勒密是地心说的创始人，认为地球处于宇宙的中心，日、月、星辰都环绕地球而运行。直到 16 世纪哥白尼的《天体运行论》问世之前，托勒密的体系一直在天文界居主导地位。虽然它比不上哥白尼的日心说，但在进行天文计算及预测方面，还是相当有效的。希帕蒂亚和父亲合写了《天文学大成评注》。其中第 3 卷的评注是希帕蒂亚独立完成的，赛翁曾指明这一点。她还协助父亲，为托勒密的另一部著作《实用天文表》写了评注。该书包含许多经过实测的天文数据及重要的计算结果，是天文工作者可以随时查阅的手册，所以也被译作《天文手册》。他们的评注很详细，深入浅出，不仅便于教学，也可用来自学，对天文知识的普及起了很大作用。

在托勒密工作的基础上，希帕蒂亚写了一本名为《天文准则》的书，里面有若干反映天体运动的数据。该书已失传，少量内容保留在《天文学大成评注》中。

希帕蒂亚不仅从事天文学理论的研究，还亲自设计和制造天文仪器。最著名的是一种“星盘”，它是借助投影原理制成的，可以用来测量恒星的位置，还能推算时间。可惜流传下来的资料太少，无法复制。下图只能约略反映星盘的形状。

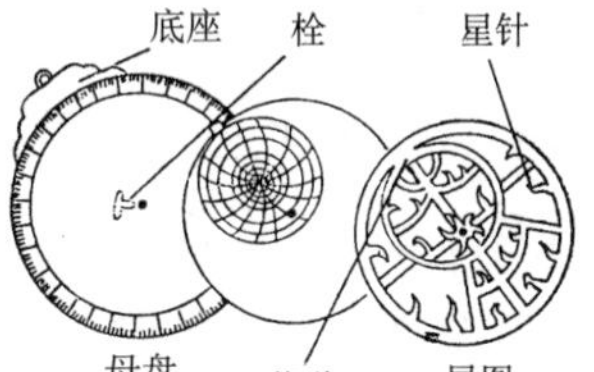

星盘示意图

希帕蒂亚对物理也很感兴趣，她曾设计过“滴漏”，这是一种利用匀速滴水来计时的工具，是古代的钟表。至于靠齿轮传动的机械钟，是很久以后才发明的。她还设计了测量液体比重的仪器、提取蒸馏水的装置以及测定物体水平的水平仪。这些器具的实用价值很大，各地工匠争相仿造，在人们的生产和生活中发挥了重要作用。

当时的科学与哲学是密不可分的，希帕蒂亚便是一位科学家兼哲学家。她在雅典的学院里学过普罗提诺的新柏拉图主义，这一哲学流派将柏拉图学说与毕达哥拉斯、亚里士多德学说综合在一起，核心内容是物质的统一性与等级结构学说，具有明显的数学基础。当时的雅典学者强调这种哲学的神秘性和排他性。希帕蒂亚接受了新柏拉图主义的基本思想，但她不追求神秘性，也不排斥其他哲学流派。她赞成一种宽容的新柏拉图主义，主张把哲学用于科学，在与其他流派并存的自由气氛中发展自己的哲学体系。她的哲学观点受到广泛的欢迎，新柏拉图主义在亚历山大迅速传播。正如当时的一位哲学家所说：“哲学已经离开了雅典，由于希帕蒂亚的辛勤培植而在亚历山大昌盛起来。”

四、她领导一个学派

希帕蒂亚从海外归来后，便成为亚历山大博物院里的教师，主讲数学和哲学，有时也讲授天文学和力学。博物院此时已失去它往日的辉煌，基督教逐渐渗入到博物院，教徒的活动多了起来。但希帕蒂亚仍大胆地宣讲科学和哲学，阐述柏拉图、亚里士多德和其他著名哲学家的思想。许多青年从四面八方聚到亚历山大，拜她为师。她不仅学识渊博，而且循循善诱，讲话如行云流水，引人入胜。从欧洲、亚洲、非洲来的学生都喜欢听她讲课。几年以后，她便成为亚历山大最引人注目的学者了。教学之余，她经常与各地学者讨论科学或哲学问题，她的家成了学者聚会的中心。

希帕蒂亚在亚历山大积极传播新柏拉图主义，强调哲学与科学，尤其是哲学与数学的结合。她崇尚自由、民主，反对宗教束缚和专制。她的学生越来越多，约公元400年，她便成了亚历山大的新柏拉图学派的领袖。她常常披一件古代哲学家喜爱的斗篷，在市中心的广场上发表演讲，展开哲学问题的辩论。她的博学、雄辩及平等态度，吸引了无数的听众。她从不因自己是女人而在男性学者面前退缩，也从不因自己的名望而在后生面前摆架子。她的人格受到广泛赞誉，在当时的学者圈中，没有第二位妇女能与她媲美。演讲完毕，她的身边还常常簇拥着她的学生和崇拜者，她与这些听众边走边谈，气氛宽松而热烈。许多从海外来求学的青年，都以能聆听这位女科学家的教诲为荣幸。

希帕蒂亚太热衷于自己的事业了，她全身心地投入科学与哲学活动，以致很少考虑个人问题。她终身未婚，始终是一位充满活力和感染力的学者。

希帕蒂亚的精彩演讲吸引了城里的许多官员，她的听众甚至包括亚历山大市长奥雷斯特斯。市长钦佩希帕蒂亚的学识与为人，经常向她请教。在哲学和政治方面，两人有许多共同语言，逐渐成为莫逆之交。奥雷斯特斯常常乘着华丽的马车来拜访希帕蒂亚，询问她对各种事物的见解，希帕蒂亚也试图以自己的思想影响奥雷斯特斯的施政纲领。她不会料到，正是她与政界要人的交往，引发了一场悲剧，而她自己则是这场悲剧的主角。

虽然当时的基督教与科学的对立日益明显，希帕蒂亚的学生中还是有一些基督教徒。其中最著名的是来自昔兰尼（今属利比亚）的西奈修斯，他后来成为托勒密城的主教，也是一位哲学家。保存至今的西奈修斯的信中有七封是写给希帕蒂亚的。在一封信中，他向希帕蒂亚请教如何制作星盘和滴漏。在另一封信中，他热情赞扬希帕蒂亚的演讲以及她和学生之间的亲密关系，说她不仅是一位老师，而且像一位慈爱的母亲和善解人意的姐姐。他说希帕蒂亚是他终生不忘的恩人，因为她教给了自己如何做人。他在信中请求希帕蒂亚把她设计、制造的液体比重计寄来，以便他研究、仿制。他还提到在他设计的天文仪器中用到希帕蒂亚的成果，并向老师表示谢意。

希帕蒂亚与某些基督徒的友好关系并没有改善教会对她的态度。恰恰相反，教会为自己的教徒被一个不信教的科学家吸引而十分恼火。希帕蒂亚笃信理性是真知的源泉，认为科学高于宗教，并提倡思想自由。这一切，都被基督教视为异端邪说。尽管希帕蒂亚不信任何宗教，但教会还是把她攻击为“异教徒”。在当时，这是一顶非常吓人的帽子。按照他们的逻辑，不信基督教的人必信“异教”，因此为基督教所不容。在这个基督教势力猖獗的城市，希帕蒂亚发现自己处于十分危险的境地。但她相信邪不压正。她想：“我不信基督教，但并没有反对教会，难道他们会加害于我吗？”她认为，即使基督徒中有个别歹徒，他们也不敢下手，因为她会得到市长的保护。所以，她以坦荡的胸怀和无畏的精神面对一切。对那些找她麻烦的基督徒，她毫不退让，教徒们常被她驳得哑口无言。但这不是一个崇尚理性的社会。那些狂热的基督徒并不指望“说服”这位哲学家，只想有朝一日拔掉这颗眼中钉。善良的希帕蒂亚不会想到，她即将成为一场政治斗争的牺牲品！

五、虽死犹生

412年，来自耶路撒冷的西里尔当上了亚历山大的大主教，这是一个狂热的基督徒。按当时法令，一个地区的主教与行政长官的权力是平行的。但实际上，由于基督教势力的增长，主教的权力往往超过行政长官。西里尔也企图攫取亚历山大的最高权力，而奥雷斯特斯并不轻易放权。于是两人之间的矛盾日益加剧，成为政敌。因为希帕蒂亚与奥雷斯特斯关系密切，所以西里尔也对她怀有敌意。她那种崇尚自由的态度，进一步加深了教会对她的仇视情绪。西里尔当上大主教后不久，便在全城推行所谓反对“异教”和“邪说”的计划，新柏拉图主义也在“邪说”之列，这对希帕蒂亚是极为不利的。

为了维护自己的权力，奥雷斯特斯决心打击西里尔的气焰。他逮捕了西里尔的一个追随者并公开拷问，一些犹太人指控西里尔鼓吹邪教。西里尔立刻进行报复，挑起了一场基督徒与犹太人的冲突，结果，一个基督徒在冲突中被打死了。西里尔恼羞成怒，令基督徒占领了犹太教堂，把数以千计的犹太人从城中赶走。然后，他不顾奥雷斯特斯的强烈反对，把注意力转向清除城里的新柏拉图主义者。为了希帕蒂亚的安全，奥雷斯特斯劝她向基督教让步，但她拒绝放弃她的哲学主张，坚持宣传科学，提倡思想自由。她不向基督教示弱，也不主张采取暴力行动。她认为，主教和市长的矛盾应该和平解决，不同的观点应该在平等的基础上自由竞争。

奥雷斯特斯感到自己已无力制止西里尔对犹太人和新柏拉图学派的迫害，于是上诉罗马皇帝。几乎同时，西里尔也上诉罗马皇帝，指责奥雷斯特斯反对基督教会，迫害基督教徒。西里尔是以教会名义上诉的，但奥雷斯特斯无动于衷。于是，西里尔纠集了约500名教徒，他们包围了奥雷斯特斯，群起而攻之，指控他犯下“异教徒”的罪行。尽管奥雷斯特斯声明他也是基督徒，曾在君士坦丁堡（即拜占庭，君士坦丁迁都此城后改名）受过基督教洗礼，但他们毫不理睬。其中一个叫安蒙纽斯的，抄起一块石头向奥雷斯特斯砸去，打得他头破血流。愤怒的人群抓住安蒙纽斯，把他打死了。

安蒙纽斯的死引发了希帕蒂亚此后的悲惨命运。西里尔决心进一步削弱奥雷斯特斯的力量，他的下一个打击目标便是希帕蒂亚。415年春，一个谣言在亚历山大的基督徒中迅速传开，说希帕蒂亚是使奥雷斯特斯与西里尔结仇的邪恶分子，只有把她除掉，才能缓和行政长官和主教之间的紧张关系。希帕蒂亚感到这是不祥之兆，她知道，她对科学和自由的宣传在基督徒中产生了巨大影响，妨碍了西里尔的计划，这个残忍的主教不会放过她。但希帕蒂亚并没有在压力面前退缩，她继续去博物院讲课，传播她的思想。她想：谣言毕竟是谣言，自己从来没有挑拨市长和主教的关系。恰恰相反，她曾不止一次地劝奥雷斯特斯尽量克制，避免矛盾激化。她一直主张在合法的范围内解决分歧。但事与愿违，她的朋友和朋友的政敌彼此采取了暴力，结果把她卷了进来。她以仁爱之心待人，别人却以险恶之心回报。她一心考虑如何传播科学，她的对手却在盘算着如何除掉她。西里尔的信徒已探好希帕蒂亚从博物院回家的路线。415 年 3 月的一天，他们埋伏在她必经的凯撒瑞姆教堂旁边。毫无思想准备的希帕蒂亚乘马车过来了，这群暴徒立刻冲过去，拦住马车。他们把她从车上拉下来，迅速拖进教堂。希帕蒂亚知道，他们要对自己下毒手了，但她面无惧色，怒斥他们的无耻行径。灭绝人性的暴徒剥光她的衣服，用锐利的贝壳割她的皮肉，直割得她全身血肉模糊，奄奄一息，然后砍去她的手脚，扔到火堆里活活烧死！直到尸体化成灰烬，暴徒们才扬长而去。

希帕蒂亚的死并没有解决奥雷斯特斯与西里尔之间的矛盾。尽管杀人凶手力图把事情做得很机密，他们把希帕蒂亚劫到教堂的情景还是被一个叫彼得的读经师见到了。这位有正义感的基督徒立刻向市长报告。虽然奥雷斯特斯没来得及营救希帕蒂亚，但却严惩了凶手。他知道此事与西里尔有关，当面质问西里尔，西里尔故作惊讶，说他根本不知道这件事，还装模作样地对这场惨绝人寰的谋杀案表示愤慨，对希帕蒂亚的死表示同情。因为没拿到充足的证据，奥雷斯特斯也奈何他不得，于是向罗马教廷申报了希帕蒂亚的遇害经过，请求调查并惩罚幕后指挥者。调查工作受到西里尔的百般阻挠，一再以所谓“缺乏证据”而延期。西里尔知道，教廷关心的是维护基督教的尊严，对希帕蒂亚这样一个不信教的人的遇害，不会太重视。所以，他气焰嚣张，不仅不配合调查，还在城里散布谣言，说奥雷斯特斯是挑起是非、扰乱这个城市安宁的罪魁祸首，奥雷斯特斯意识到自己不是西里尔的对手，害怕希帕蒂亚那样的厄运会降临到自己身上，于是悄悄地离开了亚历山大。看到自己的政敌败下阵来，西里尔喜形于色。他为了逃避罪责和欺骗世人，竟谎称希帕蒂亚还活着，住在雅典！对这一弥天大谎，没有人敢公开揭穿，此事便不了了之了。

西里尔是否直接指挥了对希帕蒂亚的谋杀，至今是个谜。但大量证据表明，他曾在许多场合表示对希帕蒂亚的敌意，说她是基督教的绊脚石。正是他造成的仇视希腊科学与民主、仇视那些不信教的科学家的政治氛围，使惨案的发生成为可能。当他的追随者安蒙纽斯被打死后，一些狂热的教徒曾在他面前表示要进行严厉的报复，要杀死奥雷斯特斯的朋友希帕蒂亚。西里尔并未制止他们，因为这种话正合他的心意。所以，他至少是默许了对希帕蒂亚的杀害。西里尔的罪责是不可逃避的，他将被永远地钉在历史的耻辱柱上!

希帕蒂亚的惨死标志着新柏拉图学派在亚历山大和整个罗马帝国活动的结束，也标志着希腊科学发展的终结。希帕蒂亚死后，她的学生和追随者在当地站不住脚，纷纷逃走。随着基督教的传播和发展，占星术和神学代替了科学研究，科学明显衰退。641 年，亚历山大被阿拉伯人攻占，博物院内的一切被付之一炬，希腊科学彻底衰亡了。欧洲进入了基督教占统治地位、排斥科学与民主的黑暗时代。

希帕蒂亚并没有被人们遗忘。她死后，亚历山大到处传颂着她的业绩，赞扬她的智慧和为人，感叹她的不幸遭遇。只是在西里尔的淫威之下，不敢公开表示出来罢了。雅典的人民也十分怀念这位善良、美丽的女科学家。希帕蒂亚死了，但她播下的科学种子却没有死亡。后来，一些学者带着她修订过的《几何原本》，带着阿基米德、丢番图等大数学家的著作和其他科学家的著作来到拜占庭，使希腊科学的种子在阿拉伯世界生根、发芽、开花、结果。15 世纪，古希腊的科学成果反传回欧洲，冲破了中世纪的黑暗，引起了一场史称“文艺复兴”的伟大运动，成为近代科学的开端。在人们所敬仰的那些为古希腊科学作出重要贡献的优秀学者中，便有希帕蒂亚的名字!

千百年来，希帕蒂亚被各族人民深深怀念着。她成为许多歌剧和小说的主人公。影响最大的是1853年出版的金斯利的小说《希帕蒂亚》，小说中的希帕蒂亚栩栩如生，再现了她的聪明、美丽、执着和善良。

（作者：孔国平）

参考资料

[1] M. Alic. Hypatia's Heritage [M]. Boston: Beacon Press, 1986.

[2] I. Mueller. Hypatia, Women of Mathematics [M]. Westport, CT: Greenwood Press, 1987.

[3] E. E. Kramer. Dictionary of Scientific Biography, Vol. 6 [M]. New York: Charles Scribner's Sons, 1972.

[4] T. L. Heath. History of Greek Mathematics, Vol. Ⅱ [M]. Oxford: At the Clarendon Press, 1921.

[5] L. M. Osen. Women in Mathematics [M]. Cambridge: The MIT Press, 1974.

[6] 吴文俊. 世界著名科学家传记 · 数学家Ⅴ [M]. 北京：科学出版社，1994.

玛丽亚·加埃塔纳·阿涅西

（Maria Gaetana Agnesi，1718—1799）

阿涅西

近代第一位真正的女数学家

中世纪，欧洲在教会统治下几乎只有教士才识字，一般贵族都不通文墨，商人识字极少，工农群众更是文盲。在基督教影响下，女性如果接受教育便被认为是诱惑与罪恶的渊源。因此女性非但不能接受高等教育，就连最基本的阅读与写作权利也被剥夺。15 世纪中叶君士坦丁堡（今伊斯坦布尔）沦陷后，许多学者移居罗马，他们给欧洲带来新的知识与批判性思想，促进了文艺复兴的发展。活版印刷的使用以及纸张的大量生产，也加速了文化知识的传播。希腊的数学典籍和新教思想家的著作在欧洲广泛流传，加速了思想进步和社会发展。

文艺复兴的号角冲破了中世纪漫长的黑暗，科学战胜了神明，意大利跃居为世界科学和文化的中心。不少人开始明白看书、识字的重要性。他们将这些人类认识世界最基本的技能视为自己的左右手，把知识看成珍贵的东西。在崇尚知识思想的驱动下，富人们纷纷为子女聘请家庭教师，即使是穷人的子弟也有机会去公办的学校接受教育。随着接受公共教育和参加文化活动人数的不断增加，第一部专为女性撰写的书籍问世了。女性的尊严得到广泛的认同，她们不再因接受教育或有文化被奚落、被嘲笑，年轻女子在学校甚至可以和青年男子并肩而坐。

女性同男性一样开始享有学术自由，才华横溢的女性还会受到意大利科学院、大学及宗教组织的欢迎，这成为 18 世纪博学女性成功的主要原因。在这种有利的文化与历史背景下，意大利女性从事了艺术、医药、文学、哲学、科学、语言学及数学等方面的许多工作。女性在学术界获得成功的例子屡见不鲜，仅 17、18 世纪在数学方面颇有建树的女性就有莫尔扎、阿尔丁黑利、博罗梅奥、皮斯科皮亚、维拉蒂、梅达利亚等。18 世纪的玛丽亚·阿涅西就是上述女性中最重要、最杰出的一位。

一、聪慧好学显天资

1718 年 5 月 16 日，阿涅西出生于意大利米兰一个富裕的家庭。她很小就被公认为神童，1723 年的一首十四行诗称赞她“5 岁就说得一口比塞纳河仙女还悦耳的法语”。此外，阿涅西 9 岁通晓拉丁语、希腊语、德语、西班牙语、希伯来语等多种语言，11 岁就具有将希腊语立即翻译成拉丁语的能力。

阿涅西的父亲彼得罗·阿涅西出身于殷实的丝绸商人之家，三次婚姻使他拥有 21 个子女，阿涅西是他与第一任妻子安娜·布里维奥的长女。彼得罗曾任欧洲最早的大学——博洛尼亚大学数学教授，在子女的教育甚至是生活方面起到决定性作用。他很早就为阿涅西及其妹妹玛丽亚·泰雷萨·阿涅西[1]聘请资深的私人教师，讲授语言学、哲学、数学、自然科学与音乐等课程。为了荣获米兰贵族头衔，彼得罗以贵族家庭的生活方式为标准，不仅在家中修建藏书阁，还定期举行家庭集会，地方执政官、参议员、大学教授、传教士、国外游客都可以到他家中朗诵诗歌以及讨论科学问题。阿涅西和泰雷萨在父亲的要求下参加了此类家庭集会。在集会演讲中阿涅西充分展示了她独特的语言天赋与渊博学识，她能自如地使用对方的语言进行交流和讨论，讨论的内容涉及逻辑学、机械学、流体力学、天体力学、弹性学、化学、植物学、矿物学等多门学科。泰雷萨则在讨论间歇，为客人弹奏拨弦古钢琴。

1727 年夏天的一次集会中，阿涅西凭记忆发表了一篇很长的拉丁文讲演，基本内容是维护女性学习人文科学与自然科学的权利。这次集会的出席者有地方行政官和参议员，阿涅西出色的演讲激发起他们强烈的兴趣，他们决定以阿涅西的名义出版一个活页文选。实际上，维护女性接受教育权利在当时是个流行话题，梅纳热曾在《女性哲学家的历史》中提出。1723 年，帕多瓦大学教授瓦利斯内里把一次会议讨论的主题定为是否允许女性学习自然科学与人文科学。1729 年，汇集意大利半岛所有关于这一主题的文稿出版了，其中包括阿涅西 1727 年的演讲稿。1730 年，阿涅西精通多种语言的天赋在米兰等地已经广为人知。然而 1730—1732 年间，一场“怪病”侵袭了阿涅西。这段时间，紧张的学习和母亲的去世使阿涅西屡屡遭受剧烈神经疼痛的折磨，发作时家人不得不将她的手脚固定起来以免她伤到自己。在医生的治疗及家人的帮助

1　玛丽亚·泰雷萨·阿涅西，杰出的作曲家、钢琴家、歌唱家及歌词作者，其肖像至今仍挂在拉斯卡拉剧院博物馆。

下，阿涅西渐渐恢复了健康。

1738年阿涅西20岁，她完成学业并出版了《哲学命题》。这是一部关于哲学与自然科学的拉丁文论文集，其中191篇哲学论文正是根据家庭集会讨论的内容编写而成，包含逻辑学、本体论、灵物学、物理学等。此时，意大利因卷入波兰与奥地利的战争，沙龙文化已经进入停滞阶段。然而直到1739年，阿涅西仍处于米兰社交活动的中心。

> 我来到一个宽敞豪华的房间，那里大约有30位来自欧洲各个国家的访客，阿涅西端坐其中。她20岁左右，相貌平平，举止典雅……贝洛尼先以拉丁语与这位年轻的姑娘交谈，她应答自如。接着他们开始讨论，从泉水的产生到潮汐的原因……之后，我同她就肉体与灵魂的关系、光的传播、颜色的实质等话题讨论了近一个小时。她犹如天使一般，带给我从未有过的快乐。阿涅西还特别迷恋牛顿的哲学；她这等年轻竟对抽象的科目如此熟悉简直令人不可思议。不过，尽管我对她涉猎之广惊讶不已，我更惊愕于她竟能非常纯正、轻松、准确地说出拉丁语（一种很少有机会使用的语言）……

勃艮第最高法院院长德布罗斯参加1739年7月16日阿涅西家庭集会后发出这样的感言。

彼得罗以自己颇有造诣的女儿而自豪，但阿涅西忸怩的性格与公开的集会演讲所需要的激情格格不入。1739年家庭集会后，阿涅西明确表示不愿长期抛头露面，她非常渴望进入女修道院成为修女。弗里西生动地形容了彼得罗闻听此言的反应，“他好像被闪电击到一样”。无法掩饰如此珍爱的女儿要离他而去的悲痛，彼得罗恳求她留下。在长期协商后，彼得罗应允了阿涅西的要求：她可以随时出入教堂，她可以穿着简朴，她可以不参加非宗教活动，她可以到马焦雷湖照顾贫穷体弱的女性。阿涅西留下了，间或为了取悦父亲，她仍旧参加家庭集会，但她光彩夺目的公众生活就此结束。

二、宗教与数学研究

退出社交活动后，阿涅西致力于宗教研究。据她第一个教会神父雷纳说，阿涅西自幼年就表现出对宗教的特殊爱好。1725 年阿涅西 7 岁，雷纳为阿涅西提供了模仿基督教传统的教材，其中包括信仰者教会生活的一系列教规。阿涅西的家庭教师及通信者有很多也是热衷于现代科学实践的权威传教士，如神父马纳拉，曾任罗马及博洛尼亚大学数学教授并从 1747 年起在帕维亚讲演的修道士兰皮内利，那不勒斯大学教授及那一领域的主教修道士布兰科内以及帕维亚实验科学的积极支持者、阿涅西的教师与朋友贝洛尼。也许正是这些人的宗教热情，熏染了阿涅西，使她后来成为虔诚的基督教徒。

阿涅西参加教会活动的目的是加快教育的现代化，同其他“开明的天主教徒”立志提高年轻人与穷人的教育一样，她提议天主教教学工作应有效结合现代科学，并强调教育过程中女性参与的重要意义。阿涅西还是意大利天主教启蒙运动的主要倡导者。她的宗教习俗、虔诚的信仰、教会新精神的思想深深地影响了她对数学的追求。培养基督教徒时，她将大量实用性知识归于数学，因为她将数学看作对信仰者精神生活起重要作用的智力实践，正因如此，阿涅西给予数学特殊地位。在她看来“科学知识”仅指几何与算术，任何来自经验的知识都可能出错，只有数学（最终是几何）能带来绝对可信的事实。

1739 年后，阿涅西在参加教会实践的同时，深入研究数学。她自学了牛顿、莱布尼茨、费马、欧拉、笛卡儿及伯努利兄弟的数学著作。1740 年，阿涅西邀请兰皮内利到米兰指导她的数学。在兰皮内利的帮助下，阿涅西又学习了雷诺的微积分教材《分析论证》。其实，阿涅西对数学的兴趣早在她十几岁时就有所表现。例如 14 岁时，阿涅西就能利用解析几何及弹道学知识来解决问题。她与私人教师的通信也表明，早在 17 岁，她就在贝洛尼的指导下学习并评注数学家洛必达的著作《圆锥曲线分析论》。该评注是阿涅西的第一部数学著作，尽管最终未能发表，却仍然受到审稿教授的称赞。

随兰皮内利学习时，阿涅西还与研究微积分学的意大利数学家们，尤其是里卡蒂伯爵通信交流。此外，她研读了意大利早期的一些数学著作，例如兰皮内利的老师、博洛尼亚大学教授曼弗雷迪 1707 年的专著。这些著作主要讨论微分方程，是意大利出版的关于无穷小分析的入门书，虽然有些内容已经有些过时。微积分虽然是当时数学科学中最高深的分支，却很少有人从事研究：一是没有全面的教材，只有少数教师有能力将其技巧介绍给学生；二是相关的资料很分散，莱比锡的《学报》、巴黎科学院的《文集》及许多期刊杂志中都只有部分介绍。基于以上原因，阿涅西萌发了将这些材料系统化，富有条理地将代数、解析几何、微积分等知识呈现给意大利青年人的想法。此后，阿涅西便开始了一生中最重要的工作——创作《分析讲义》。据史料记载，阿涅西是一位梦游症患者。在此期间，她往往在梦游中解出一些白天不能做出的数学难题，成为当时家喻户晓的逸闻趣事。为了在最好的环境下出版这部数学著作，彼得罗投资将一家出版社的设备安置在自己家中，以方便阿涅西监督管理。

三、《分析讲义》创佳绩

在阿涅西的努力下，1748 年《分析讲义》终于在米兰出版。它用意大利语书写，出版时采用托斯卡纳方言——但丁等人发明的书面语言。全书共有 1070 页，由四开的两大卷组成，涵盖初等代数、方程理论、解析几何、微积分学、无穷级数、初等微分方程等经典内容，强调了 18 世纪中期流行的数学概念的重要性，对数学分析知识做出清晰的阐述。该书基本内容可分为四部分：一是处理有穷分析以及最大值、最小值、正切、拐点、轨迹作图、圆锥曲线等基本问题；二是讨论无穷小分析；三是讨论积分学，具体给出积分法则并处理用函数表示幂级数等问题；四是处理微分方程及反正切等内容。《分析讲义》对数学的重大贡献在于：它以系统的方式及独特的说明，将分散于不同著作甚至是国外期刊中的数学内容（包括各种例题及习题）综合起来，凭借娴熟的技巧与敏锐的洞察力简洁阐述了半个多世纪以来产生的新的数学方法。

《分析讲义》一经出版，便在学术界引起了一场轰动，被公认为是关于有穷、无穷分析最完整的著作之一，是女性编著最杰出的数学巨作之一，并赢得全欧洲学术界的喝彩。阿涅西也因此被公认为是一位数学家，是意大利在数学分析领域作出贡献的第一位数学家。此外，该书还被誉为法国数学家洛必达早期著作《阐明曲线的无穷小分析》之后第一部通俗易懂的微积分教材，并被广泛翻译作为教科书使用。法译本（第二卷）由达安特米翻译、夏尔·博叙补充，1775 年法国科学院授权出版。院方评价该著作：“组织严密、条理清晰、语言准确，是一部能让读者迅速并深入了解分析基本概念的最完整、最令人满意的著作。”英译本由剑桥大学卢卡斯数学教授科尔森翻译，1801 年德马塞尔投资在英国出版。编辑赫林斯介绍该译本时写道：“他（科尔森）发现她（阿涅西）的著作如此精彩，以至于他不得不用心学习意大利语，唯一目的就是将它更准确地译成英文，以便英国的青年人能像意大利的青年人一样受益匪浅。”阿涅西的《分析讲义》被认为是学习欧拉专著最好的入门书。据拉格朗日的一位朋友回忆，拉格朗日在学习欧拉、约翰·伯努利、牛顿的专著之前曾研习过阿涅西的《分析讲义》。

兰皮内利使阿涅西的研究不拘泥于形式，并鼓励她完成了这部大作。为此，在《分析讲义》序言中阿涅西表达了对兰皮内利的感谢："在整个学习过程中，出于对数学的热爱，我强迫自己致力于其中。然而，如果没有兰皮内利可靠与英明的引导，我必将被错综复杂而又不可逾越的困难纠缠不清。"

其实，阿涅西创作《分析讲义》时，微积分的应用已发生很大变化。确切地说，莱布尼茨体系的支持者热衷于微积分的算法及其在不同数域的广泛应用，而牛顿学说的信奉者则着重微积分应用的几何意义。1730年左右，两种研究方向分歧严重，以致两学派之间的交流越来越困难。莱布尼茨学派如巴塞尔及北意大利的数学家们，迅速发展了微积分的代数算法，并将其具体应用于力学、机械学、水力学等。英国数学家则相反，主要考虑的仍是微积分的几何意义及其在天体力学上的应用。结果，18世纪期间英国数学家专心研究牛顿的几何方法，甚至拒绝阅读任何用莱布尼茨记号书写的东西，使得英国数学落在后面。

阿涅西在《分析讲义》中详尽阐述了北意大利莱布尼茨学派的微积分内容，尽管采用"微分"，阿涅西表明其实际上等价于牛顿的"流数"；她坚持几何证明的优先性，忽略了力学与水力学的应用，而这对1719年继承帕多瓦大学数学教授尼古拉·伯努利职位的波伦尼至关重要。也许正是这些不同于欧洲大陆数学著作的特点，吸引英国与法国的数学家争相翻译该书。当英国数学家就代数的本质与微积分基础进行讨论时，《分析讲义》的英译本在英国广为流传，再次提升了它在欧洲大陆的地位。其实，科尔森已将阿涅西介绍的莱布尼茨的微分符号改成牛顿的流数符号。其英译本的编辑赫林斯将阿涅西的著作视为牛顿学说——"几何"——关于代数与微积分有价值的入门书，并在阿涅西的著作中写道："代数明智地应用于高等几何，这使它成为介绍流数法原理的一部精彩导论。"

四、"阿涅西曲线"载史册

阿涅西认为数学是人类思维能获得肯定的唯一领域，肯定来于证明，证明只能通过对几何原理的认识与应用得到，而不是对代数算法的操作。这种思想体现在《分析讲义》中，主要表现在两个方面：首先，其代数与微积分基本建立于几何思想之上，例如，她强调方程的几何构造技巧及无穷小的几何意义；其次，欧洲大陆数学家从事微积分研究的主要目的是考察其在力学与经验物理学中的应用，但《分析讲义》上千页的书稿中没有一个此类应用的例子。阿涅西考虑代数与微积分的基础概念与方法，主要为了解决几何问题及研究特殊曲线，后者之一就是“阿涅西曲线”。

这支与阿涅西的名字联系在一起的正矢曲线，使阿涅西从此名垂青史。阿涅西定义这支曲线如下：如果 C 是以（0，a / 2）为圆心、a 为直径的圆，过原点 O 的变量直线 OA 与直线 $y=a$ 相交于点 A，与圆相交于点 B，过点 A 平行于 y 轴的直线与过点 B 平行于 x 轴的直线相交于点 P，那么点 P 的轨迹即为该曲线（见图一）。

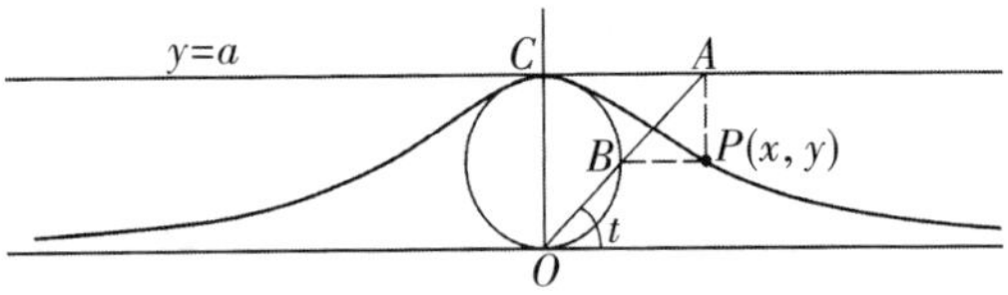

图一

18 世纪所研究的曲线都是代数曲线，即它们的方程由 $f(x, y)=0$ 给出，其中 f 是 x 和 y 的多项式。17 世纪，笛卡儿按照曲线方程的次数对曲线进行分类的计划深深地打动了牛顿。于是他用适合于各次曲线的方法系统地研究了各次曲线，第一个对高次平面曲线进行了广泛的研究。牛顿关于三次曲线的工作激发了关于高次平面曲线的许多其他研究工作，按照这个或那个原则对三次和四次曲线进行分类的课题继续使 18 世纪和 19 世纪的数学家们感兴趣。阿涅西研究“阿涅西曲线”时也着重研究了它的方程，因她视 x 轴为纵轴而 y 轴为横轴，故得出曲线方程为 $xy^2=a^2(a-x)$。而如今均采用 x 轴为横轴、y 轴为纵轴，故现在该曲线笛卡儿方程为 $yx^2=a^2(a-y)$ 或 $y=a^3/(x^2+a^2)$。

“阿涅西曲线”是一支特殊曲线，对于特殊曲线的研究，历史上不乏其人。雅各布·伯努利 1694 年讨论了双纽线的性质，之后以“伯努利双纽线”著称，其方程为 $a^2(y^2-x^2)+(y^2+x^2)=0$。雅各布还对对数螺线深有研究，他发现经过各种变换后，其结果还是对数螺线。在惊叹这曲线的奇妙之余，遗言要将这曲线刻在墓碑上，并附以颂词“纵使变化，依然故我”。约翰·伯努利 1691 年解出悬链线问题。此外还有方程为 $x^3+y^3=3axy$ 的笛卡儿叶形线等。

历史学家们最近获悉：费马 1665 年研究过“阿涅西曲线”并给出其方程；格兰迪在他的著作中曾为“阿涅西曲线”作图。据美国数学史家博耶说，牛顿也给出过这支曲线的作图。而这一切，阿涅西当时毫不知情。后人为了纪念阿涅西的贡献，把由上述方程表示的平面曲线称为“阿涅西曲线”。我国翻译者根据曲线的形状译作“阿涅西箕舌线”。

“阿涅西曲线”最初的名字为“女巫阿涅西”，关于它的由来一直流传两种说法。一种认为：该曲线由直线旋转生成（见图二），拉丁文 vertere 意为旋转，衍生为 versiera，故命名 versiera。又因 versiera 还是意大利语 avversiera 的缩写，后者意为“魔鬼的妻子”。于是，当阿涅西的原文被译成英文时，科尔森很可能将“versiera”一词译成“witch”，从此该曲线便以“Witch of Agnesi”即“女巫阿涅西”为人所知。另一种说法是：阿涅西命名这支曲线为“la versiera”，科尔森翻译时将“la versiera”误认为“l' aversiera”。后者意为“女巫”或“女魔鬼”，因此而得名“女巫阿涅西”。总之都是因为误译而致。

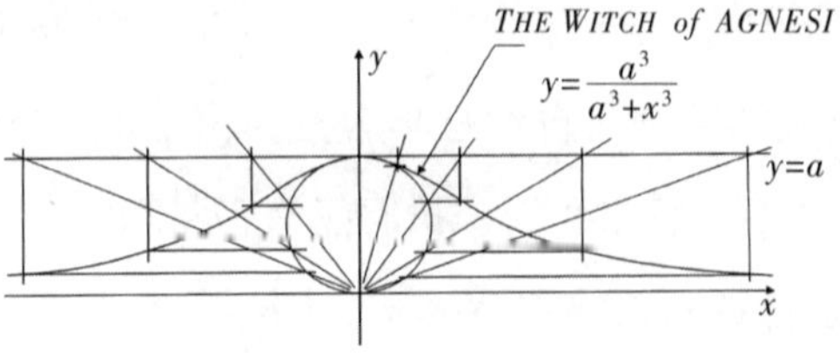

图二

“阿涅西曲线”呈钟形，并以 x 轴为渐近线。早期，由于没能与机械学、物理学的应用联系起来，故而没受到应有的重视。如今，“阿涅西曲线”除许多有趣的性质外，在现代物理学中还有大量特殊的应用。许多数学家都热衷于这支曲线的讨论，他们通过一个相似变换改变曲线纵坐标的标度，构造出一支“伪阿涅西曲线”。19 世纪—20 世纪意大利数理逻辑学家皮亚诺，也抵挡不了来自阿涅西曲线的诱惑，对它进行深入研究并创制出一支构造过程类似“女巫阿涅西”的曲线。

五、崇高荣誉于一身

1748 年，《分析讲义》出版后，大量名人的祝贺信纷至沓来，包括维拉蒂、里卡蒂、波莱尼、蒙蒂哥尼等。1749 年，她的著作呈献给奥地利女皇玛丽亚·特里萨时，女皇特赐她一枚名贵的钻石戒指和一个镶满钻石与宝石的水晶首饰盒，以表示对她的赏识。阿涅西还被推选为意大利博洛尼亚科学院成员，并获得国家最高荣誉奖。而法国科学院当时仍禁止女性工作，没有接受阿涅西。

此时，阿涅西不仅在学术界享有声誉，在威尼斯人哥尔多尼创作的喜剧《荷兰医生》中也有提及。1756 年这部喜剧在米兰上演，相关剧情如下：一位疑病症患者居登在一位著名医生的工作室候诊。卡罗利纳是一位妇人的仆人，正在查找一本书……她向居登解释："这个医生的侄女也就是我的女主人，想看一本最近在米兰出版的分析学著作。"居登听后非常吃惊。"您认为女性研究几何很奇怪吗？"卡罗利纳问道，"那您一定会更惊讶，因为这部著作的作者玛丽亚·阿涅西是一位意大利女性，我的老乡，不是荷兰人……她可真是一位卓越、博学的女性，为我的祖国增添了荣耀……"

最令阿涅西兴奋的莫过于受到同样爱好数学的教皇贝内迪克特十四世的赞誉。教皇赏识阿涅西罕见的才能，预言她将是最伟大的分析学教授之一、她的著作将使意大利及博洛尼亚科学院名声大振，并在两封信中表达了对阿涅西的敬意。第一封信署名日期 1749 年 6 月，教皇在信中祝贺阿涅西的著作获得成功，还送给她一枚金质奖章和一顶镶满钻石的荣冠。第二封信注明日期 1750 年 9 月 26 日，时值阿涅西 32 岁，教皇任命她为博洛尼亚大学数学与自然哲学教授。信中说："……我们认为应该授予您大学数学教授职位，您不用感谢我们，我们应该感谢您……"证书上署名日期 1750 年 10 月 5 日，由教皇亲自送到博洛尼亚大学。阿涅西与其父亲曾在同一所欧洲最著名的大学担任教授，成为该大学历史上少有的事件。该大学评议委员会将阿涅西列入教授团的名册，长达 45 年之久。她是意大利第二位女教授，也是第一位女数学教授。

可是，后来的历史学家们对她是否任职有不同看法：有的认为她留在米兰，从未就职；有的认为她只有在父亲患病时任职。追溯史籍，一般认为她接受了名誉教授职位，1750—1752 年期间任博洛尼亚大学"数学与自然哲学"教授，直至父亲 1752 年 3 月去世。

六、慈善事业献爱心

彼得罗的去世，成为姐妹俩生活转折的标志。泰雷萨嫁给皮诺蒂尼，一个彼得罗明确表示不喜欢的人。阿涅西则放弃了深入研究数学的志向。1762 年，都灵大学就拉格朗日近期发表的变分法论文征求阿涅西的见解，她的答复是已不再关心此类问题。一些谣言将阿涅西放弃数学的原因归于"她厌恶了意大利人对她数学著作的漠视"，实则不然。阿涅西得到了大量关注与赞美，她的传记甚至比 18 世纪所有数学家的传记还多。如今的古文物收藏中心，她的《分析讲义》比同时代的法国、德国、英国数学教师的书籍还要稀有珍贵。阿涅西放弃数学研究的真正原因，可以从她的一段话中得到答案："人类通常为了达到某种目标而有所为，基督教徒的目标则是为上帝带来荣耀。我希望我做到了，因为我的研究对人类有益。之所以顺从，因为那是我父亲的意愿。如今，我已经找到更好的方式为上帝服务。"

1752 年后，阿涅西倾心于慈善事业。她将全部资金用于慈善事业，不仅将宅邸改建成一家收容所，还在其他地方投资修建济贫院。她与下层社会的妇女一起工作，对贫穷、苦难、绝望的病人，尤其是妇女，施以帮助。为了竭尽全力工作，她节衣缩食，甚至毫不犹豫廉价卖掉了女皇赐予的礼物及教皇赠送的荣冠。与此同时，她管理家务，母亲般照顾众多的弟、妹，对他们进行引导、教育。她的弟弟朱塞佩 13 岁时退学，由阿涅西在家中单独辅导。如此重大的责任很可能正是阿涅西一生未婚的原因之一。

1771 年里奥尔齐奥慈善机构开业，大主教波佐博内利任命她为女性负责人。1783 年，阿涅西搬到里奥尔齐奥慈善机构居住，她悉心呵护那些患病的妇女长达 28 年，直至 1799 年 1 月 9 日因肺炎去世。里奥尔齐奥慈善机构所有人都为她的逝世感到悲恸不已，并在年报中尊称她为"安慰病患和濒临死亡女人的天使"。

阿涅西去世后被安葬在米兰市罗马门外的墓园，与 15 位著名老人葬在同一墓穴中，碑文上雕刻"以虔诚、博学、著作精彩而闻名于世"。1899 年 1 月 9 日，是她逝世 100 周年纪念日。米兰市为了表彰她的贡献，以她的名字命名了一条街，并立下一块柱石，碑文上镌刻赞颂她的文字："十八世纪意大利光耀的数学界中的博学通儒"。米兰市有一所师范学校也以她的名字命名，并且提供奖学金给贫穷女学生，以表示对她的敬意。

玛丽亚·阿涅西以其卓越的数学成就为后人尊敬，以天使般善良的心灵为世人传颂。她不仅是一位著名的女数学家，更是一位伟大而杰出的女性，她光辉的形象与不凡的业绩永远留在人们心中。

（作者：郭轶男　王青建）

参考资料

[1] 张世华.意大利文艺复兴研究[M].上海：上海外语教育出版社，2003.

[2] Lynn M. Osen. Women in Mathematics [M]. Cambridge：The MIT Press，1992.

[3] C. Truesdell，Maria Gaetana Agnesi [J]. Archive for History of Exact Sciences，1989.

[4] Massimo Mazzotti. Maria Gaetana Agnesi，Mathematics and the Making of the Catholic

Enlightment [J] . Isis，1992.
[5] G. J. Tee. The Pioneering Women Mathematicians [J] . The Mathematical Intelligencer，1983.
[6] 梁宗巨 . 数学家传略辞典 [M] . 济南：山东教育出版社，1989.
[7] 刘荫岛 . 外国女名人小辞典 [M] . 北京：知识出版社，1990.
[8] 莫里斯 · 克莱因 . 古今数学思想 [M] . 朱学贤，等译 . 上海：上海科学技术出版社，2002.
[9] 徐品方 . 女数学家传奇 [M] . 北京：科学出版社，2005.
[10] Hubert C. Kennedy. The Witch of Agnesi-exorcised [J] . Mathematics Teacher，1969.

玛丽·索菲·热尔曼

（Marie Sophie Germain，1776—1831）

热尔曼

法国科学史上的杰出女性

一、奇妙的克拉德尼图形

1808年，德国物理学家克拉德尼访问巴黎，做了一个有趣的实验。他把细沙均匀地撒在一个金属盘上，然后在盘的周围迅速拨动小提琴的琴弦。只见那些沙粒像经过训练的士兵一样，进行有规律的移动。不一会儿，这些沙粒便组成一幅美丽而对称的图案，图案的背景上（即各节线之间）则几乎没有沙粒。继续拨动琴弦，则沙粒只是上下移动，绝不散开。旁观的人简直以为克拉德尼在变魔术！有人检查了一下金属盘及上面的沙粒，并未发现异常之处，于是把细沙重新均匀地撒在盘上。另一个人拿起提琴，模仿克拉德尼，不停地拨动琴弦。那些沙粒又像听到指挥一样，排成和刚才一样的图形。人们为这一现象陶醉了，不再怀疑它的真实性。据说，克拉德尼向拿破仑演示这一现象时，拿破仑也十分惊异。但人们不禁要问，产生这种现象的原因是什么？在当时，包括克拉德尼本人，都不能给这种现象以合理的解释。于是，法国科学院设立了一项3000法郎的专项奖金，宣布此奖金将授予第一个给这一现象作出数学解释的人。拉格朗日预言：问题的解决标志着数学分析的突破。

谁能摘取这一桂冠呢？数学界、物理界的学者们，还有许多对这一现象有兴趣的人翘首以待。时间一年一年过去了。1816年初，科学院突然宣布：这一问题已为索菲·热尔曼解决！整个巴黎轰动了，这位以前名气不大的法国妇女，立刻成了人们谈论的话题。

二、少年时代

热尔曼生于1776年4月1日的巴黎。她父亲是一个丝绸商人，名叫安布罗斯，曾当选为法国议会议员，代表第三等级的利益，后来成为法国银行的理事。热尔曼的母亲叫玛丽。他们有三个女儿，索菲排第二。

安布罗斯学识渊博，朋友如云，家里经常聚集一些学者，在一起讨论各种哲学问题及法国的政治问题，对小热尔曼有着潜移默化的影响。家里有一间藏书丰富的图书室，热尔曼识字之后，便常在里面看书。她聪明好学，尤其喜爱读科学家的传记，许多科学家成为她崇拜的英雄。13 岁那年，她从一本数学史著作中看到阿基米德的事迹，深受感动。蒙图克拉的《数学的历史》记载：阿基米德生活在叙拉古（今属西西里岛），在相对平静的环境中研究数学。但是当他 75 岁时，和平被罗马军队的入侵所破坏。一个罗马士兵走近阿基米德，向他问话。此时的阿基米德正全神贯注地研究沙盘上的一个几何图形，以至没顾上回答问题，他甚至埋怨士兵妨碍了他的研究！结果，他莫名其妙地被士兵用长矛杀死了。读到这里，热尔曼难过地掉下了眼泪，她进而得出结论：数学居然能使人痴迷到忘记生死的程度，它必定是世界上最迷人的学科！从此，她便立下了当数学家的宏愿。

当时的法国公立学校不招收女生。热尔曼便自学了拉丁语、希腊语，并开始阅读牛顿、欧拉等数学大师的著作。她整天废寝忘食地看书，引起了父母的反对，他们认为女孩子不必读那么多书，劝她注意休息。但她仍看书到很晚。于是，父母便开始干涉她了。他们强迫她上床睡觉，然后拿走卧室的灯，甚至拿走她的衣服并关闭暖气。但在他们走后，热尔曼点燃早已准备好的蜡烛，把被子裹到身上，继续读书。第二天早上，她父母发现点剩的蜡烛和结了冰的墨水瓶时，才知道她对数学是如此着迷。疼爱她的双亲被感动了，由阻挠变成了支持，她从父亲那里得到许多指导。18 岁时，她已打好了牢固的数学基础。她逐渐感到，父亲的图书室已经满足不了她的求知欲了。

要进一步学习数学，就要走出家门。这时正是法国数学蓬勃发展的时期。1794 年，公共工程中心学院在巴黎成立了。它就是后来的综合工科大学，著名数学家拉格朗日、蒙日等都在那里任教。热尔曼非常高兴，以为自己梦寐以求的深造机会来了。她立即打听报考的地点、日期，但令她失望的是：这所大学同其他大学一样，也是不招女生的。

一心求学的热尔曼设法收集该校的讲义。她听说一个叫勒布朗的男生因故离开了巴黎，而学校尚不知此事。于是，她便化名勒布朗，取得了学校给勒布朗的学习材料和习题，并且每周以她的化名交上习题的解答。她像在校学生一样，用一个学期时间学完了拉格朗日的《分析学讲义》。期末，她写了一篇学习心得寄给拉格朗日。拉格朗日十分赞赏这位勒布朗，约她面谈。当他知道作者是一位19岁的姑娘时，非常惊奇。站在他面前的这个女孩脸上丝毫没有娇媚之态，有的只是坚毅和诚实及潜藏着的非凡的智慧。拉格朗日对热尔曼赞誉有加，说她在数学上很有前途。此后的几年中，他经常对热尔曼进行指导，支持和鼓励她研究数学。他还自愿当了热尔曼的教父。热尔曼结识了科学界的不少学者，她的虚心好学及聪慧机敏博得了大家的好感。许多人与她通信，进行义务指导。通过这种方式，她不仅获得了高等数学教育，还学到文学、生物学和哲学知识。

三、奋斗在数论王国

1798年，勒让德的《数论》出版了。数论是研究整数性质的一门科学，被称为“数学中的女皇”。那些奇妙的性质及优美的证明深深地吸引了热尔曼，她如饥似渴地学习。这本书对她的学术生涯产生了巨大影响，她写信给勒让德，得到了对方的热情帮助。实际上，由于当时的妇女没有进大学的机会，热尔曼的进步除了自学外，主要得益于几位数学大师的指导。与她交往的数学家中，最有名也是最为人称道的，是她与高斯的友谊。

1801年，大数学家高斯发表了《算术研究》，这是一本数论专著，代表了当时世界数论研究的最高水平。该书系统总结了前人的成果，解决了一批困难的历史名题。

热尔曼熟读了高斯的著作，并得出自己的一些新结果。1804年，她决定直接给高斯去信，讨论数学问题。这时的热尔曼已28岁，在巴黎也小有名气了。但她仍害怕这个大人物会因她的性别而不认真对待，于是再次使用了她的化名，在信的末尾署名勒布朗先生。她对高斯的敬畏从信中看得很清楚：

> 不幸的是，我智力之所能比不上我欲望的贪婪。对于打扰一位天才我深感鲁莽，因为除了所有他的读者都必然拥有的一份倾慕外，别无理由蒙其垂顾。

高斯仔细阅读了她信中的数学见解，对她的工作给予很高评价，认为她在数论方面已有相当深的造诣，并把她视为自己的知音，说：“我很高兴数学找到了你这样有才能的朋友。”从此，两人常在通信中讨论数论问题。但高斯并不知“勒布朗”的真实身份，甚至不知她是一位女子。热尔曼从高斯的信中受益匪浅，而她的创造性思维有时也激发了高斯的灵感。不过，高斯太热心于自己的课题了，对热尔曼的信，他只回答那些与自己课题有关的问题。

1806 年，拿破仑入侵普鲁士。不久，法国军队攻占了汉诺威，高斯的住处离此城不远。消息传到热尔曼耳中，她立刻为这位异国朋友的安全担心。她想到阿基米德的惨死，那位举世闻名的科学家就是在自己的城市被敌人攻占后，无辜地遭到杀害的。她深怕高斯遭此厄运，因而寝食不安。她反复考虑："我应该为朋友的安全做点什么呢？"突然，她想到占领该城的法军司令帕尼提是父亲的好朋友，何不给他写封信呢？她鼓足勇气，亲笔给这位指挥官写信，询问高斯的安全，情真意切地恳求帕尼提不要伤害高斯，说他在科学上的伟大贡献对世界是有利的，对法国也是有利的，而高斯本人从未与法国为敌。这位军官似乎并没有加害高斯的打算，收到热尔曼的信后，立即表示将约束他的士兵，不让他们伤害高斯这样的科学家。他甚至派了一个使者去问候高斯的安全，并提到热尔曼对他的关心。高斯十分惊讶，说他根本不认识热尔曼，与他有联系的那位法国人叫勒布朗。谈着谈着，高斯恍然大悟：热尔曼就是勒布朗，她化名勒布朗与他联系！高斯十分感动，来人走后不久，他便亲自给热尔曼写了一封热情洋溢的信：

> 在晓得我一向尊敬的"勒布朗"先生竟变成做出如此辉煌成就的索菲·热尔曼时，你可以想象我的惊讶和仰慕之情了。你的表现，实在是令人难以相信的范例！一般而言，对抽象的科学，尤其是对神秘的数论的爱好是非常罕见的。这门高尚的科学只对那些有勇气深入其中的人展现其迷人的魅力。而当一位在世俗的眼光看来一定会遭遇比男子多得多的困难才能通晓这些学问的女性终于成功地越过种种障碍洞察其中最令人费解的部分时，那么毫无疑问她一定具有最崇高的勇气、超常的才智和卓越的创造力。事实上，还没有任何东西能以如此令人喜爱和毫不含糊的方式向我证明，这门为我的生活增添了无比欢乐的科学所具有的吸引力绝不是虚构的，如同你的偏爱使它更为荣光一样。

信的落款时间是"1807 年 4 月 30 日"。

从此以后，高斯更加热情地指导热尔曼的数论研究，不仅是有问必答，而且常常主动向热尔曼介绍新思想、新成果。到 1808 年，热尔曼已经攀上数论研究的高峰，敢于向世界难题——费马大定理发起冲锋了。

费马大定理是法国数学家费马提出的一个著名定理。

1637 年左右，费马在丢番图的《算术》第二卷第八题“将一个平方数分为两个平方数”旁边写道：

> 要将一个立方数分为两个立方数，一个四次幂分为两个四次幂，一般地将一个高于二次的幂分为两个同次幂，都是不可能的。对此，我确信已发现一种美妙的证法。可惜这里空白的地方太小，写不下。

这就是数学史上有名的费马大定理，可用现代术语简述如下：$n>2$ 时，$x^n+y^n=z^n$ 没有正整数解（其中 n 为整数）。这个定理十分简单却极难证明。费马逝世后，人们试图找到他对这一定理的证明，但翻遍他的遗稿和藏书也未能如愿。于是，许多数学家跃跃欲试，想证明这一定理。但直到 20 世纪 80 年代，也没有人能给出普遍的证明。也许，费马所谓“美妙的证法”有误，而他自己并未意识到这一点。实际上，人们只发现了他对 $n=4$ 时的证明。后来，大数学家欧拉证明了 $n=3$ 的情况，勒让德证明了 $n=5$ 的情况。雄心勃勃的热尔曼试图给出定理的一般证明。但勒让德告诉她：这是很难做到的，应该一步步地逼近这一目标，有限而有效地解决这一问题。热尔曼接受了这一劝告，她深入研究了费马、勒让德和高斯的有关数论的著作，并在信中多次与勒让德讨论费马大定理。

总的来说，热尔曼采用了一种新的策略，不再像前人那样证明一个个特殊的情形，而是一次就得出适合许多情形的解答。经过反复论证，她终于提出并证明了后人称为热尔曼定理的结论：对大于 2 小于 100 的一切素数 n，若 x、y、z 与 n 互素，则方程 $x^n+y^n=z^n$ 没有正整数解。

这一定理是热尔曼对数论发展的重要贡献，是该领域的一块基石，发表在热尔曼的著作《哲学作品》中。她的定理被后人改进和发展，但没有人能取代她的定理。在这一定理的基础上，勒让德和库默尔做了进一步的工作，去掉了 n 为素数及 x、y、z 与 n 互素的限制，使定理发展为：对大于 2 小于 100 的一切整数 n，$x^n+y^n=z^n$ 没有正整数解。此后，人们利用热尔曼的方法，不断增大 n 的数值。1908 年，迪克森证明了 $n<1700$ 时，定理成立，后来又把 n 扩大到 7000。在迪克森的《数论史》中，详细叙

述了热尔曼在数论方面的贡献，列举了她发现的好几个定理。到 1986 年，数学家证明了 $n<125000$ 时，费马大定理成立，这是到那时为止关于费马大定理的最佳结果。把 n 提高到如此大的数值，是利用大型电子计算机加上精巧的方法来实现的。但是，只靠增加 n 的数值，是不能最终证明该定理的。即使把 n 增加到 1 亿，也不能说明 n 等于 1 亿零 1 时是正确的。数学的发展呼唤理论上的重大突破。

1994 年 10 月，英国数学家安德鲁 · 怀尔斯终于在前人成果的基础上取得根本性突破，对费马大定理给出了完整的证明。这是他对此问题连续七年执着研究的结果，发表在 1995 年的《数学年刊》上。其意义远远超过了解决一个数学难题，而是在扩展数学王国的边界！

除研究费马大定理外，热尔曼还证明了高斯的几个未证明的数论定理，并与高斯共同解决了一些曾困扰高斯和拉格朗日的在数论和矩阵方面的问题。她还与高斯讨论天文问题，从中可以看出她对拉普拉斯天文理论的深刻理解。她在与勒让德的通信中，也提出并证明了一些新定理。1808 年，勒让德的《数论》再版时，便包含了热尔曼的成果，其中有些内容是以热尔曼的名字命名的，如热尔曼数。若素数 n 使得 $p=2n+1$ 也是素数，则称 n 为热尔曼数，或热尔曼素数。例如，5 是热尔曼数，因为 $2\times5+1=11$ 是素数；而 13 不是热尔曼数，因为 $2\times13+1=27$ 不是素数。热尔曼用巧妙的方法推出，对于热尔曼数 n，$x^n+y^n=z^n$ 不存在正整数解。她还证明了另一个相关定理：$n>1$ 时，n^4+4 为合数。

四、为数学物理奠基

虽然热尔曼在数论方面取得巨大成功，但并未引起人们的多大注意，因为在当时的巴黎，人们不重视如此抽象的纯数学问题。当她转向弹性理论的研究时，情况就不同了。1808 年，高斯被聘为格丁根大学的天文学教授，他的兴趣从数论转移到应用数学方面，他与热尔曼之间关于数论问题的通信也基本停止了。在对费马大定理的研究取得阶段性成果后，热尔曼对纯粹数学的兴趣也开始减弱。拉格朗日曾劝说她不要把注意力从纯数学上移走，以便在数论等领域取得更大成果。但自从 1811 年法国科学院悬赏解决克拉德尼问题后，她便被美妙的克拉德尼图形吸引住了。她决心用她的数学知识攻克这一物理难题。

热尔曼从事的学科叫数学物理——以数学方法研究物理问题的一个应用数学分

支。这一学科在当时刚刚起步，所用的主要数学工具是微分方程。在热尔曼之前，欧拉已在这一领域做了开创性工作。热尔曼学习并翻译了欧拉的有关著作，领会了数学物理的精髓，然后着手推导有关克拉德尼图形的微分方程。9 月，她认为自己得到了这一图形的合理解释，于是迫不及待地写成论文，寄给了法国科学院。勒让德、拉普拉斯和拉格朗日是评委。勒让德审查了她的论文，认为在数学上还应补充一些内容。12 月，委员会正式通知热尔曼，论文中的一个方程有误，不能获奖。这次比赛中，没有任何人获奖。但热尔曼的文章包含了创造性成果。后来，拉格朗日从她的前提出发，推导出一个正确的关于弹性表面振动的偏微分方程。

热尔曼得知评议结果后，没有气馁。她吸取了失败的教训，反复核实数据，进行严密推导，终于写出内容丰富的第二篇论文。1813 年，比赛继续进行。10 月，热尔曼把论文寄给了勒让德。在这段时间里，并没有其他人解决这一问题。一些数学家对此有兴趣，但不敢问津，因为拉格朗日曾表示：以现有的数学知识解决这一问题是不够的。但一位没有受过正规高等教育的妇女却敢于向它发起强攻，这是多么了不起啊！勒让德和拉普拉斯审阅了这篇论文。12 月 4 日，勒让德复信热尔曼，在肯定了文章的成就之后，指出她在双重积分方面还有解释不清的地方。

热尔曼的第二篇论文是一篇相当优秀的论文，稍加改进后就可以达到获奖要求。但论文被搁置了。1814 年 8 月，泊松在一次学术会议上宣读了他关于弹性曲面的论文，中心问题是解释克拉德尼图形。这篇文章得益于热尔曼的论文，并直接运用了她的方程。热尔曼在论文中已对这一方程进行了详尽的推导，并指出它在弹性理论方面如何有用。实际上，热尔曼的文章在发表前被人盗用了，而她本人还不知道。

比赛仍在进行，泊松竟然在他主编的一个杂志上发表了他的论文，期待着奖金能落在自己手中。在悬赏初期，拉普拉斯曾希望泊松获奖，而泊松在数学分析方面的造诣也是举世公认的，他想自己的获奖不会有人怀疑。而且这时，他还担任了评委！

热尔曼发现自己的成果被盗用后，非常气愤，立即给评委会写信投诉。勒让德和拉普拉斯支持热尔曼的意见，在评委会上，他们与泊松展开了辩论。在事实面前，泊松不得不承认自己未经作者允许而采用其成果是错误的。委员会决定，把论文退给热尔曼作必要的修改，把她列为可能获奖的第一候选人。

热尔曼的第三篇论文题为《弹性振动研究》，它只有第二篇论文的一半长，但很精彩。文中深刻阐述了一般弹性表面的振动规律，所用方法比泊松的更精确。这篇文章是 1815 年完成的。

1816 年初，她的论文交给法国科学院后，评委会一致决定通过了她的获奖。她成为第一个荣获法国科学院奖金和金质奖章的女数学家。在发奖仪式上集结了一大群人，他们想目睹这位女数学家的风采。但令大家失望的是，热尔曼没有在仪式上露面。这是为什么？人们猜测着，议论着，也许是身体原因，也许是正在外地来不及赶回，也许是出于对泊松的不满，谁也说不清楚。

热尔曼的第三篇论文是弹性力学的基础，也是早期数学物理方面的重要成果。后来，傅立叶、纳维埃、柯西等关于弹性的研究工作都依赖于热尔曼的成果。热尔曼的名字在欧洲不胫而走，她被誉为近代数学物理的奠基人。法国优秀数学家团体热情地吸收她为会员，著名数学家勒让德、柯西、傅立叶、泊松和纳维埃都是这个团体的成员。她还应邀出席法国科学院会议，成为法国历史上第一位不是以夫人身份出席这种会议的女性。在当时，可以说是这个权威机构给予女子的最高荣誉了！

1821 年，热尔曼在巴黎发表了她的获奖论文。这篇经过改进的文章，题为《弹性曲面理论研究》。文中以四阶偏微分方程形式给出弹性表面的一般振动原理的表达式，即

$$N^2\left[\frac{\partial^4\rho}{\partial {s_1}^4}+2\frac{\partial^4\rho}{\partial {s_1}^2\partial {s_2}^2}+\frac{\partial^4\rho}{\partial {s_2}^4}-\frac{4}{S^2}\left(\frac{\partial^2\rho}{\partial {s_1}^2}+\frac{\partial^2\rho}{\partial {s_2}^2}\right)\right]+\frac{\partial^2\rho}{\partial t^2}=0$$

这里 N 是具有均匀密度的弹性表面上的一个物理常数，S 是平均曲率半径，是在曲面上逐点变化的。应该强调的是，平均曲率的概念 $\left(\frac{1}{S}\right)$ 是热尔曼首次引入的。她定义的平均曲率是两个主曲率的算术平均值。有了这个概念，才使得以数学方法描述弹性规律成为可能。一个弹性表面可以分成无数个微小的平面，各小平面间的夹角用 $\frac{2\pi}{n}$ 表示，当 n 无穷大时，就得到平均曲率。热尔曼的方程适用于任何弹性表面，包括曲率为零的表面，例如用小管吹出的肥皂泡和理想平面。

热尔曼的成就赢得了科学界的赞誉。柯西说："这篇文章的作者及主题的重要性都是值得数学家注意的。"纳维埃则风趣地写道："这是一项只有一个女人能完成而只有少数几个男人能看懂的巨大成就。"普隆尼伯爵称赞她是"19 世纪的希帕蒂亚"。

这样一位出色的科学家，本应被吸收进法国科学院，仅仅因为她的性别而被拒之门外。1822 年，傅立叶当选为法国科学院的永久秘书，他颁发的一个条例便是允许妇女参加法国科学院的某些活动，如公开的学术会议。这对热尔曼是有利的。傅立叶做出这一决定可能与热尔曼的影响有关，因为他一直与热尔曼保持着友谊。此后，热尔

曼虽然不是法国科学院成员，却可以较多地参加法国科学院的活动了。

热尔曼在获奖论文的基础上继续研究弹性，于1824年向法国科学院提交了另一篇论文。在这篇文章中，她进一步推广了自己的成果，使之适用于厚度是变量的弹性薄膜。拉普拉斯、泊松和普隆尼负责审查她的论文，认为有些缺陷，但没有嘱作者修改，而是搁置一旁了。直到1880年普隆尼的文集出版时，才附上这篇有价值的论文，使读者知道了热尔曼在50多年前取得的成果。

1826年，热尔曼又完成了一篇重要论文《关于弹性曲面的性质、界及范围的说明》。这一次，她在柯西的鼓励下，未送法国科学院审阅便将论文发表了。文章写得很成功，法国科学院的成员也意识到这一点。如果她是男人，肯定会被法国科学院吸收。但在当时的社会里，女人是不能进科学院的。那时研究数学物理的人很少，热尔曼几乎是在孤军奋战。1831年，热尔曼发表了她的最后一篇论文《关于曲面曲率的报告》。文中进一步阐述了平均曲率的概念及其应用，对弹性理论和微分几何作出新的贡献。

热尔曼的弹性理论在工程技术中得到广泛应用，特别是在建造作为巴黎标志的埃菲尔铁塔时发挥了重要作用。工程师们应用了她的成果，特别注意到所使用材料的弹性。为了表彰和纪念，埃菲尔铁塔上刻有72位专家的姓名，但竟然没有热尔曼！对于此事，后人曾不平地写道：

> 对一位如此有功于科学并且由于她的成就而在名誉的殿堂中已经获得值得羡慕的地位的人做出这种忘恩负义的事来，那些对此负有责任的人岂不该羞惭愧疚？

五、哲学研究

在从事科学研究的同时，热尔曼对哲学也很感兴趣。她写过两篇关于思维的文章，一篇是《思维的多样性》，另一篇是《思维的一般性》。第一篇写于青年时代，包括当时各自然科学分支的简介，认为数学和物理居于主导地位。她的第二篇哲学论文受到法国著名哲学家孔德的赞扬。文章的核心是：自然科学与人类的动机、方法论及文化是统一的，它们之间没有本质的区别。孔德称赞这篇文章是该领域的一个值得注意的发展，而且很有学者风度。她的哲学论文《论不同时代文化中的科学与文学》则以一种美妙的文学风格，比较全面地阐述了她的哲学观点。

1828 年，她发表了关于弹性的哲学文章，试图用分子论的观点解释弹性。

1829 年，热尔曼患了乳腺癌。但她并没有消沉下去。相反，她忍着疼痛，全力以赴地进行哲学研究，取得了令人瞩目的成就。她探讨了科学与艺术的关系，探讨了人类知识的发展史及社会的本质。她的思想深受孔德实证主义的影响。孔德认为哲学不应以抽象推理而应以“实证”的事实为依据，实际上就是以人感觉到的事物为依据。在热尔曼的文章中，表现出明显的重视感知的倾向。但她也受到笛卡儿学派的影响，认为有规律支配无机界。她相信生物界包括人类自身也是受规律支配的，这些规律可以被发现，被用来预测未来。热尔曼认识到，为了把握事物的规律，应该把复杂的事物简化，排除各种非本质因素，就像莱布尼茨在数学中，拉普拉斯在天文学中，以及朱西厄在生物学中所做的那样。她希望在心理学和社会学领域也这样做。她的哲学强调人的道德与物理世界的统一。她赞成孔德将进步和秩序作为哲学的基本概念，认为哲学家应努力寻求社会安定，寻求社会与个人的和谐。当时，卡文迪许、拉瓦锡等已发现土地、空气和水的组成，朱西厄、布丰和歌德发展了植物分类学说，人们对科学的发展及人类的前景持乐观态度，热尔曼也是这样。

由于热尔曼的早逝，她未能像预计的那样对哲学进行更系统的研究。她终身未婚。死后，哲学作品由侄子赫伯特发表，书名为《索菲·热尔曼的哲学著作》。

在热尔曼的晚年，高斯考虑到她在科学上的杰出贡献，曾建议格丁根大学授予她名誉博士学位。高斯的建议被采纳了。可惜的是，她在即将获得这一荣誉之前，不幸死于乳腺癌。科学研究是热尔曼生命的全部，直到去世前几个月，她仍然孜孜不倦地做学问，不知病魔正在吞噬她的生命。实际上，她一生没有得到任何学位和职务。1831 年 6 月 27 日，她怀着遗憾离开了那个重男轻女的社会，享年 55 岁。死亡证明书上这样记录她的身份：“无职业未婚妇女。”她被葬在巴黎的一个公墓里，墓前有一块小石碑。

热尔曼的成就说明她是科学界的一位杰出女性。稍后进入科学界的富兰克林女士称赞她是“法国历史上具有最深刻思想的妇女”。

（作者：孔国平）

参考资料

[1] M. W. Gray. Women of Mathematics [M]. Westport, CT: Greenwood Press, 1987.

[2] L. M. Osen. Women in Mathematics [M]. Cambridge: The MIT Press, 1974.

[3] E. E. Kramer. Dictionary of Scientific Biography, Vol. 5 [M]. New York: Charles Scribner's Sons, 1972.

[4] 西蒙·辛格. 费马大定理——一个困惑了世间智者 358 年的谜 [M]. 薛密，译. 上海：上海译文出版社，1998.

[5] 陈竹如. 世界著名科学家传记·数学家Ⅵ [M]. 北京：科学出版社，1994.

[6] L. E. Dickson. History of the Theory of Numbers [M]. New York: Dover Publications, 1950.

赫莎·马克斯·艾尔顿

（Hertha Marks Ayrton，1854—1923）

艾尔顿

杰出的英国女科学家

19 世纪 60 年代，新的工业革命爆发，英国经济迅速发展，随着社会工业化和城市化的日益加剧，社会上对各类职业女性的需求与日俱增。1870 年，英国颁布了初等教育法案，即《福斯特教育法》，规定 5—10 岁的男孩和女孩必须接受基础教育。1899 年，强制教育的年龄延长到 12 岁，这为女子中等及高等教育的发展奠定了坚实的基础。

19 世纪，英国爆发了新大学运动，强调实用的科学教育，力图面向全社会培养实用人才，主张不分性别、宗教与政治倾向进行教育。在一批有远见的倡导者的努力下，英国出现了隶属于综合大学、以女子学院为主要形式的高等教育机构。1866 年，英国女子高等教育权利运动的先驱——埃米莉·戴维斯策划筹建女子学院。1869 年 10 月 16 日，英国历史上第一所女子寄宿学院正式成立，第一批学生有 5 名女生。1873 年 10 月，该学院正式定名为“格顿学院”。剑桥大学格顿学院招收女生，为众多才华出众、勤奋读书的女生接受高等教育提供了机会与舞台，从这里走出来的赫莎·艾尔顿，就是一位杰出而坚强的女科学家。

一、生平述略

赫莎·艾尔顿原名菲比·莎拉·马克斯，1854 年 4 月 28 日出生在英格兰苏塞克斯郡佩特沃斯市郊的小镇波特西。父亲利瓦伊·马克斯在赫莎 7 岁时去世，她的母亲爱丽丝·特丽萨·马克斯在赫莎的父亲去世 7 个月后，生下了赫莎的妹妹温妮。赫莎是家中第三个孩子，照看妹妹温妮的责任就落在她的身上，直到温妮离世。

赫莎 9 岁时，她的阿姨马里恩·哈托格将其带去伦敦，与她的表兄妹们一起接受教育，赫莎在阿姨全家的帮助下完成了早期教育。哈托格一家人有着极高的天赋，他们为赫莎提供了包括数学、音乐、古代与现代语言等方面的基础教育。阿姨教赫莎音乐，姨父阿方斯·哈托格讲授法语，这为赫莎以后与法国科学界的交往创造了条件。赫莎的表哥纽玛和马库斯都曾在剑桥大学学习。纽玛是赫莎数学和拉丁文的启蒙者。马库斯的自由主义思想深深影响了赫莎。表弟菲利普是一名化学家，1904 年至 1920 年任伦敦大学的教务主任，之后担任孟加拉国达卡大学的副校长。表姐海伦娜是一名出色的艺术家，她曾为赫莎绘制肖像。小表妹塞西尔是一名钢琴家、作曲家。在哈托格一家的影响下，赫莎爱上了数学和艺术，其中绘画成了她晚年的一大爱好。

在英国的维多利亚时代，传统的女学生形象多为乖巧淑女型，但赫莎与此大相径庭，言行举止更像是一个假小子，性格也比较固执，这或许与她父亲早逝、家境贫寒有关。少年早成的赫莎为了贴补家用，求学期间一直做兼职工作，包括家庭教师、刺绣等，这些经历磨炼了她坚强的毅力，也扩大了她的社交圈，成为她日后科学生涯获得成功的因素之一。不过，家庭的重担也影响了她的身体健康和求学经历。

1873 年，赫莎结识了剑桥大学格顿学院的创始人之一——芭芭拉·博迪雄，博迪雄夫人致力于妇女进步运动，尤其关注妇女的教育问题。通过博迪雄夫人，赫莎了解到格顿学院招收女生，促使她决心去格顿学院学习。但因几次生病，直到 1876 年，赫莎才在博迪雄夫人的资助下，进入剑桥大学格顿学院，当时格顿学院仅有 25 名学生。1877 年 11 月，她与格顿学院的其他 5 位女生一起参加了被称为“Little Go”的剑桥大学初试，赫莎与其他两位同学同列第一等，这样，赫莎正式进入剑桥大学学习。

赫莎在剑桥大学的第一位数学导师是圣约翰学院的麦克阿里斯特，他是数学荣誉考试优胜者、史密斯数学奖获奖者。赫莎最喜欢的导师则是格雷布鲁克，正是他发掘了赫莎在数学方面的天赋，后来赫莎考取伦敦大学时，格雷布鲁克给予她很大帮助。赫莎与同学组建数学小组，讨论各种各样的数学问题以及解决方法。与此同时，赫莎对应用物理学也产生了兴趣，经常关注《自然》杂志上留声机、麦克风等科学发明。除了学习，赫莎在格顿学院参加了丰富多彩的课外活动，包括合唱团、戏剧表演等，她还和同学组建了一支消防队，并前往伦敦消防队学习经验。后来这支格顿消防队发展起来，并一直保留至今。

1880 年，赫莎参加了在 5 天内进行总计 50 个小时的数学荣誉考试，虽然她通过了考试，但是当时剑桥大学并不向女性授予学位而仅授予证书。1881 年，赫莎顺利通过了伦敦大学的考试，获得了理学学士学位。赫莎离开剑桥大学后，在肯辛顿和温布尔登教书，但她与剑桥大学格顿学院的联系并未就此割断，1886—1892 年，赫莎在剑桥大学格顿学院委员会担任学生代表。

1885年5月，赫莎与芬斯伯里学院物理老师威廉·艾尔顿结婚。1886年，他们的女儿出生了，他们以博迪雄夫人的名字为孩子取名芭芭拉。赫莎剑桥大学毕业时26岁，从事学术研究是结婚生子以后，婚后的20多年赫莎作为一名家庭妇女从事科研工作。她能在物理、数学等方面取得成就的重要因素，是来自其丈夫威廉的鼎力支持。

威廉·艾尔顿是英格兰的电气工程和物理教育的先锋人物，曾在开尔文勋爵的指导下学习电学。他曾在印度电报部门工作，28岁时成了那里的电气主管，之后回到英国在大西部铁路线电报部门工作。1873年威廉受邀前往东京的工部大学校，开设应用电学的课程。在5年中，他和约翰·佩里完成了一系列杰出的工作，麦克斯韦对他们的评价是“对欧美在世界电学发展的中心地位起了威胁作用，使之远离欧美指向了日本”。1879年，威廉·艾尔顿与化学家亨利·阿姆斯特朗创立了城市行业协会学院，该学院是英国的第一家工学院。1884年，他们又开始着手在南肯辛顿创办英国伦敦城市行业协会学院，后与帝国理工学院合并。他在1881年被选为英国皇家学会会员，1901年获得皇家奖章，1890—1892年担任物理学会会长，1892年担任电气工程师学会会长。

1923年8月26日，饱受病痛折磨的赫莎·艾尔顿去世。赫莎的挚友艾略特·勃朗特向格顿学院捐赠3000英镑成立了赫莎·艾尔顿科学奖学金。

二、学术成就

赫莎的学术研究主要包括电弧、沙纹、线段分割器三个方面，这些研究都与实际应用紧密相关，赫莎对这些研究的源起来自于威廉·艾尔顿，也得益于威廉·艾尔顿的帮助。

1. 电弧的研究

1893年，威廉前往芝加哥参加电气学会议，他的男仆却误将威廉写的文章点火燃尽，而威廉没留下任何底稿。当时在英格兰的赫莎，前往威廉的学校，在威廉的助手和学生们的帮助下继续威廉的实验，并随时将研究进展写信告诉给丈夫。在这个过程中赫莎对电弧产生了浓厚的兴趣，于是她深入细致地研究电弧现象，发现了一系列电弧的重要性质。

1895—1896年间赫莎在《电学家》杂志上发表了12篇关于电弧的文章。1902年，她将这些研究成果整理成《电弧》一书出版。这本书讨论的电弧特性，是19世纪以来关于电弧最全面的著作，受到广泛好评，一本德国的杂志高度赞扬了这本书清晰的阐述。《电学家》杂志的编辑特里称《电弧》是赫莎“细心观察与缜密思考的结果”，评价这本书“与其说是关于理论知识不如说是关于应用的”。

19 世纪 90 年代末期，赫莎向英国科学促进会的年会递交了 3 篇关于电弧的文章。1899 年 3 月，赫莎在电气工程师学会的会议上报告了《电弧的嘶嘶声》一文。她是第一位在该学会作报告的女性，同年她被选为该学会的第一位女性会员，直到 1923 年去世，她是唯一的一名正式女性会员。

1899 年，赫莎主持了在伦敦召开的国际妇女大会物理学分会，同年 6 月在英国皇家学会的大会上演示了她的电弧实验。1900 年，在巴黎举行的国际电学大会上赫莎提交了题为《连续电流下的电弧光》的论文。1901 年，约翰・佩里在英国皇家学会宣读了她的文章——《电弧原理》。20 世纪初的十年里，赫莎经常参加英国的电气工程师大会和法国物理学会的会议。1901 年的《英国皇家学会会刊》刊登了赫莎《电弧原理》一文的摘要。1902 年的《英国皇家学会会刊》全文发表了她的这篇文章。20 世纪初，赫莎已然作为电弧方面的专家扬名英国科学界。

2. 沙纹的研究

1901 年赫莎陪伴威廉前往马尔加堡疗养时，开始了对于由水的波浪运动形成沙纹的研究。在她之前已经有人做了这方面研究：达朗贝尔和拉格朗日于 18 世纪建立了波动的数学理论。瑞利勋爵对水槽中的沙纹进行了研究。地质学家亨特提出沙纹形成并非来自于水波浪的边界，而是由于水流退潮时对泥沙的冲击。瑞士水文学者福雷尔研究了决定沙纹的波长的因素，认为波长随着深度的增加而减小。乔治・达尔文为了找出形成海岸上沙纹的确切因素进行了多次实验。

赫莎对于福雷尔、瑞利勋爵、达尔文的工作十分熟悉，回到伦敦后，她投入了沙纹的构造的研究。赫莎构造了一系列大小不一的水槽，开始研究驻波。赫莎认为沙纹的产生与驻波上大小不同的力有关，她使用了铝粉和青铜粉等多种混合物进行实验，最终发现能完全溶于水的黑胡椒粉最为适合，可以指示驻波内上升和下降的力量。赫莎推断沙纹不同的波长是由于水的深浅和泥沙颗粒大小不均造成的。

1904 年 6 月 16 日，赫莎在英国皇家学会报告了她在这方面的一篇文章《沙纹的起源与发展》，而此举也让她成为第一位在英国皇家学会作报告的女性。此文的摘要随后发表在《英国皇家学会会刊》上，全文则发表在 1910 年 10 月的该杂志上。《论驻波中水的非周期和残余运动》一文发表在 1908 年 4 月的《英国皇家学会会刊》上。

赫莎先后于1904年8月向英国科学协会工程分部、1907年6月向物理学会作了关于沙纹的报告。其后在1908年和1911年的英国皇家学会就这个题目作了进一步报告。

3. 艾尔顿扇与线段分割器

第一次世界大战期间德国军队将氯气作为毒气投放到英军战壕中，对此赫莎构思了一种可以用来驱散毒气的类似于风扇的装置，后被称为艾尔顿扇。赫莎利用模型，将火柴盒排在一起模拟战壕的矮墙，通过实验，她发现清除战壕中的烟雾比清除防空壕和碉堡中的烟雾更容易。赫莎设计的风扇约一英尺见方，固定在一个T形把手上，这种风扇对气体迎面扇动的时候，可产生一个圆柱形的旋涡，将空气送入前方。

赫莎本可以选择继续做这方面的理论研究，然而她毅然选择推广这种风扇，在与陆军部周旋了近两年后，赫莎设法说服了陆军部的电气工程主管沃丁厄姆于1917年观看了她的演示实验，沃丁厄姆肯定了这项发明的价值。于是，赫莎设计的艾尔顿扇正式被军方接受并投入生产，超过十万个被投放到西部前线使用。1919年10月，赫莎的论文《驱逐毒气的新方法》在《英国皇家学会会刊》发表。在文中，她解释了使用烟雾模拟毒气的原因、模拟所使用的器具和方法、艾尔顿扇的模型、军用艾尔顿扇的设计、艾尔顿扇的测试结果并分析了艾尔顿扇驱逐毒气的机理。

1885年，赫莎改进设计了一种结构与伽利略在1597年设计的比例规结构相似的线段分割器，利用相似三角形的性质将线段分割为若干等份。经过赫莎改进的线段分割器结构简单、使用方便，由伦敦近郊霍尔本的威廉·史丹利公司生产。这种线段分割器可将线段分为2—80之间的任意等份，也可以将不规则图形分为几个部分，并将不规则图形转为规则图形便于求解面积。这些功能对画家作画、温度计刻度的确定、房顶设计、绘制地图、航海图中的测距都有实际应用价值。这个小发明获得了许多好评，1885年1月22日的《自然》杂志介绍了线段分割器的工作原理和使用方法，称其是建筑设计师和工程师的实用小工具。

三、社会活动

1. 提名英国皇家学会会员

历史上第一位在英国皇家学会的记录上出现的女性是纽卡斯尔公爵夫人玛格丽特·卡文迪许，她曾前往英国皇家学会参观波义耳和胡克演示的实验。19世纪中叶，英国皇家学会引入座谈会的形式，由学会主席邀请来宾进行与科学有关的实验演示，

1876 年开始有女性被邀请参加。1901 年 5 月，赫莎向英国皇家学会投递了《电弧原理》一文，6 月 20 日，此文的通讯作者佩里教授在英国皇家学会的会议上宣读了赫莎的文章，这是第一次在英国皇家学会宣读由妇女撰写的科学论文。

1902 年 2 月，佩里联合多位皇家学会成员提名赫莎加入英国皇家学会，联名的有天文学家、摄影师阿布尼，物理学家、工程师埃弗雷特，工程师亨里奇，天体物理学家洛克耶爵士[1]，电话电报行业的先锋人物普利斯，物理学家福斯特，化学家蒂尔登，化学家、博物学家梅尔多拉。洛克耶是《自然》杂志的创始人和第一个编辑，他坚定地支持女性加入科学社团。蒂尔登则是女性加入化学学会运动的发起者，1904 年居里夫人入选化学学会外籍会员时正值蒂尔登担任主席。伦敦大学物理学教授福斯特曾积极参与 1860 年开始的“伦敦名媛”教育协会，这个活动促成了 1878 年伦敦大学开始招收女性。

赫莎的候选证明资料中写道：

> 赫莎与《电学家》杂志、《电气工程师学会会刊》、英国科学促进会以及皇家学会的通信可以充分证明赫莎在电弧方面的长期工作，并获得许多新的结论。委员会决定在妇女是否有资格成为候选人这一问题上未取得一致意见之前不宣读赫莎的证明材料。

这是在英国皇家学会的历史记录上首次有女性被提名，而且是一位已婚女性。针对这种情况，英国皇家学会委员会向律师征询了意见。他们得到的回复如下：

> 经研究决定，已婚女性没有资格当选皇家会员。宪章中是否允许未婚妇女加入皇家学会仍是个疑问。皇家学会章程是建立在只有男性可以加入学会的基础上，即使宪章允许此类选举，在不对皇家学会章程进行修改的情况下，我们认为女性并不可以被选为会员。若女性被选举，她的已婚身份会使得她无资格。在这样的情况下，我们认为若皇家学会希望吸收女性会员，则需要对宪章进行一些补充，而不是直接使用新的学会章程，如果通过这种方式吸收未婚女性作为皇家会员，无疑是对宪章的挑战。

1 洛克耶爵士，即约瑟夫 · 诺曼 · 洛克耶，英国天文学家，氦气发现人之一。

于是，赫莎由于是一名已婚女性，提名成为英国皇家学会会员被拒绝。

1919 年，英国国会颁布《性别取消资格（移除）法令》，禁止特定行业因性别因素和婚姻状况而认为其无资格、无能力胜任该工作，而拒绝其加入该职业。英国皇家学会直到 1925 年才承认该法令。直至 1943 年女性生物化学家斯蒂芬森以及晶体物理学家朗丝黛尔被提名并加入英国皇家学会。

2. 获得休斯奖章

休斯奖章是以英国科学家大卫·休斯命名的奖项，旨在表彰那些“在物理学方面有原创性发现，特别是在能源的产生、储藏和应用方面有出色工作”的科学家们，由英国皇家学会每年颁发一次，获奖者能获得一枚镀金的奖章及 1000 镑的奖金。委员会倾向于把奖项颁发给正处于事业中早期的科学家，休斯奖章于 1902 年首次颁发给“在电学方面有着诸多贡献，特别是关于气体放电现象研究”的约瑟夫·约翰·汤姆孙。

1906 年 11 月 30 日，因在电弧和沙纹方面的原创性研究工作，赫莎获得了英国皇家学会颁发的休斯奖章，成为第一位单独获此殊荣的女性[1]。

《自然》杂志对当年的获奖情况做了报道，并指出近期发生的两件事情说明了越来越多的人意识到女性在科学领域的作用，其一是赫莎获得休斯奖章，其二是居里夫人接替去世丈夫的教席，成为在巴黎大学教授物理学课程的第一位妇女。报道评价赫莎与居里夫人拥有完成这类科研工作所必须具备的创新能力，并能独立完成自己的科学研究。英国皇家学会将休斯奖章单独授予赫莎，而不是将她放在一位男性的从属地位，这也证明了英国皇家学会认识到了由女性独立完成的工作的重要性。

有意思的是，英国皇家学会做出拒绝赫莎入会的决定时，担任英国皇家学会会长的是威廉·哈金斯，1906 年英国皇家学会委员会会议上做出授予赫莎休斯奖章的决定后，哈金斯在 11 月 2 日给时任剑桥大学卢卡斯教授和英国皇家学会秘书长的拉莫尔的信中写道：

亲爱的秘书长：

感谢您告诉我这个有些让人感到意外的消息。

---

1 居里夫人在 1903 年与丈夫皮埃尔·居里分享了英国皇家学会颁发的戴维奖章，成为第一位获得英国皇家学会颁发的奖章的女性。

这对于那些尚在监狱中的女权主义者而言无疑是天大的好消息。我相信正值成立 30 周年的格顿和纽纳姆学院将为此狂欢整夜。报纸上也将会充斥着各种进步女性撰写的文章。我认为会长先生会亲自邀请赫莎参加晚宴，请她发表讲话。毕竟她是迄今为止唯一获此殊荣的女性，我相信主席先生一定会邀请她，并安排她坐在自己的身边。

今时今日，我们是否还要拒绝这个皇家学会奖章获得者加入皇家学会？

1906 年格顿和纽纳姆学院成立 30 周年的纪念活动与休斯奖章的颁发恰巧同一天举行，时任英国皇家学会会长的瑞利勋爵邀请赫莎参加了休斯奖章颁发后的晚宴。

3. 与居里夫人的交往

居里夫人传记的作者罗伯特 · 里德对赫莎的评价是：

一位有着极高天赋的不同寻常的女性。有着一双碧绿的眼睛和一头浓密黑卷发的苗条女子……作为一位刚刚失去了物理学家丈夫的女物理学家，赫莎与居里夫人有着天然的联系。不论何时到巴黎，赫莎都会去拜访居里夫人，与她讨论自己的工作。

作为一名杰出的女科学家，赫莎和居里夫人有着长期的亲密交往。1903 年 6 月皮埃尔 · 居里在英国皇家学会做关于镭的发现的报告时，一同前往的居里夫人结识了以艾尔顿夫人身份出席活动的赫莎。居里夫妇逗留英国期间曾受邀到艾尔顿夫妇家做客，居里夫人与赫莎遂成为好友，友谊持续终生。居里夫人曾对赫莎说："我深受你的影响，因为你总能让人感觉到希望就在前方。"

这两位从事科学工作的女性有着众多的共同点，她们都有两个女儿和强烈支持她们的丈夫，居里夫人是波兰人，赫莎是犹太人。赫莎被英国皇家学会拒绝，而居里夫人也有着相似经历，曾被法国科学院拒之门外。

1911 年春天，赫莎前往巴黎，向物理学会介绍她在沙纹方面的研究工作。其间，赫莎与居里夫人多次见面，并去居里夫人家做客。赫莎邀请居里夫人和她的两个女儿到英国做客。其后，赫莎与居里夫人一直保持着通信，互相鼓励。1911 年末，与朗之万的绯闻几乎击垮了已经 44 岁的居里夫人，在得知居里夫人的病情后，赫莎与居里夫人的姐姐博洛尼亚联系，询问居里夫人的近况。赫莎极力邀请居里夫人来英国，并对她们的行程做了详细的计划，1913 年 7 月，居里夫人以斯科洛夫斯卡夫人的名义渡过英吉利海峡，在汉普顿与赫莎母女碰头，赫莎母女和居里母女相处十分愉快，居里夫人和伊蕾娜在一起写英文诗，几个月来一直病恹恹的艾芙身体也有了好转。在英国期间，没有任何媒体知道居里夫人的英国之行，赫莎为居里夫人母女提供了平静的生活。

对待政治问题，赫莎与居里夫人有着截然不同的态度，赫莎积极投身到妇女参政活动中，而居里夫人则与这种活动保持距离。尽管如此，她们对于对方的选择仍十分理解。赫莎曾表示自己或许应该像居里夫人一样专注于自己的科学研究工作。居里夫人对英国妇女因参政运动被关押在监狱中表示极大的同情。一向谨慎的居里夫人在 1912 年春天给赫莎的信中表示自己对于英国妇女在参政运动中为了女性的权利所作的斗争十分感动，而且告诉赫莎可以在请愿书上加上她的名字，因为她相信赫莎的判断，并衷心希望妇女参政运动获得成功。

皮埃尔・居里去世时，许多英国的报纸报道此消息时称其为镭的发现者而只字不提居里夫人，赫莎对此进行了反击，解释道“错误本身很难纠正，然而将一位女性的工作归功到男性身上的错误就像猫一样一次次逃脱被消灭的境遇”。

4. 参加女性主义运动

赫莎晚年正值女性主义运动第一次浪潮，在 1906—1913 年间她致力于女性主义社会活动，她和女儿芭芭拉参加了很多争取妇女参政活动的集会，成为英国妇女社会政治联盟的活跃分子。虽然赫莎本人未曾公开表示，可是她已经意识到她身上承载着“女科学家”的责任，需要为科学界的女性们创造更宽广的未来。1912 年，赫莎成为由女子开设的儿童医院的副主席。1918 年，筹建了国家科学工作者联盟[1]。1919 年，作为英国大学妇女联合会副主席的赫莎帮助筹建了国际大学妇女联合会[2]。

四、结语

赫莎是 19 世纪末英国杰出的女科学家，涉猎物理和数学领域，是电弧方面的专

1 国家科学工作者联盟，是英国科学工作者的联盟，成员包括多位诺贝尔奖得主，成立于 1918 年，1927 年更名为科学工作者协会。

2 国际大学妇女联合会，1919 年成立，旨在增进国际大学妇女之间的了解和友谊，促进教育事业的发展。

家。尽管由于已婚妇女的身份，赫莎被英国皇家学会拒绝加入，但因为电弧和沙纹方面的原创性工作，赫莎成为第一位单独获得英国皇家学会颁发的休斯奖章的女性，这无疑是对其科研工作的肯定。赫莎具有高尚的道德素养，她努力推广艾尔顿扇，努力减少一战中士兵因毒气受到的伤害。作为一名维多利亚时代的女性，赫莎在进行科学研究的过程中受到了各种歧视，一生饱受偏见，类似的经历让坚强的赫莎与居里夫人惺惺相惜，她以孱弱的身体努力争取男女平等，并为之作出了努力。

作为物理学家、工程师，赫莎有着旺盛的精力、过人的胆识和很高的天赋，赫莎接受了良好的教育，先后得到了哈托格一家提供的启蒙教育、博迪雄夫人的资助、丈夫的理解和居里夫人等朋友们的支持。赫莎在经营一份平静的家庭生活的同时坚持着科学研究，对科学的热情一直持续到晚年。赫莎年轻时将“凡事要检验，善美要坚守”这句话作为自己的座右铭，这一准则也贯穿了她人生的始终。

（作者：尹晓冬　王志）

参考资料

[1] 陆伟芳. 英国妇女选举权运动 [M]. 北京：中国社会科学出版社，2004.

[2] 伊丽莎白 · 里德姆 · 格林. 剑桥大学简史 [M]. 李自修，译. 济南：山东画报出版社，2007.

[3] E. Sharp. Hertha Ayrton，1854-1923，a memoir [M]. London：Edward Arnold，1926.

[4] J. Mason. Hertha Ayrton (1854-1923) and the Admission of Women to the Royal Society of London [J]. Notes Rec R Soc Lond，1991.

[5] J. J. Tattersall，S. L. McMurran. Hertha Ayrton：A Persistent Experimenter [J]. Journal of Women's History，1995.

[6] A. P. Trotter. Mrs Ayrton's Work on the Electric Arc [J]. Nature，1924.

[7] H. Ayrton. The Mechanism of the Electric Arc [J]. Proceedings of the Royal Society of London Series A，1902.

[8] H. Ayrton. The Origin and Growth of Ripple-Mark [J]. Proceedings of the Royal Society of London，1904.

[9] H. Ayrton. The Origin and Growth of Ripple-Mark [J]. Proceedings of the Royal Society of London Series A，1910.

[10] H. Ayrton. On the Non-Periodic or Residual Motion of Water Moving in Stationary Waves [J]. Proceedings of the Royal Society of London Series A，1908.

爱丽丝·哈密尔顿

（Alice Hamilton，1869—1970）

哈密尔顿

美国职业卫生之母

19 世纪末，美国已成为了世界上最重要的工业化国家，工业化的发展在给社会带来巨大财富的同时，也产生了大量的职业安全和健康问题，产业工人将面对着很多与工作相关的伤害和疾病。从事那些危险行业的工人更是面对着严重的职业危险性，他们在工作场所每天呼吸着有毒有害的烟尘或烟气、穿着沾满有毒有害物质的衣服，职业中毒的情况经常发生，但当时美国政府对这种危险的工作环境却很少监管。20 世纪初期，美国的改革者兴起了一场齐心协力改进工业文明负面影响、改善产业工人职业卫生与安全的运动。爱丽丝·哈密尔顿是这场运动最卓越的领导者之一，她亲自到工厂观察工人作业条件并证明工人所患疾病与其所从事的职业有害物质的相关性。她还明确提出建议，消除不卫生的工作环境因素，为美国职业安全卫生体系的建立与发展作出了极大的贡献，被公认为是“美国职业卫生之母”。

一、生平述略

爱丽丝·哈密尔顿 1869 年 2 月 27 日出生于印第安纳州韦恩堡一个注重慈善和教育的富裕家庭，她在家里的 5 个孩子中排行第二。她的父亲从普林斯顿大学毕业，酷爱古典文学，但家里却安排他做了一个商人。她的母亲也成长于富裕的家庭，受到了良好的教育，认为爱心、知识与信仰，是家庭给孩子最好的三样礼物，鼓励孩子们去追求自己的理想。

哈密尔顿在 17 岁之前没有到当地的公立学校接受教育，而是按家庭教育方案在家里接受教育。在家里她学习了她父母认为最重要的语言、文学和世界史等科目，仅语言科目就学习了英语、法语、德语和拉丁语。按哈密尔顿家族的传统，哈密尔顿在 1886 年被送到位于康涅狄格州法明顿的波特女子学校学习了两年。波特女子学校由教育改革家莎拉·波特于 1843 年创办，是一所私立女子大学预科学校，开设的课程十分丰富，每个学生都可以根据自身的喜好和特长来选择课程。哈密尔顿在波特女子学校选修了拉丁语、希腊语、德语等课程。在波特女子学校学习的两年，虽然对她未来从事的医学职业没有提供学术上的准备，但给了她最好的品格教育，教育她正直、自制、坚强，尊重知识与热爱生活，这些成为她日后科学生涯获得成功的因素之一。

哈密尔顿在波特女子学校学习期间，决定要进入医学院学医，成为一名医生，她曾说："作为一名医生，我能去我愿意去的任何地方，无论是遥远的岛屿还是城市的贫民窟，同时也可以肯定我在任何地方都是有用的。"她的家人都反对她的选择，因为当时医生这个职业还没有成为受人尊敬的职业，但哈密尔顿努力说服了她父亲，相信她选择这个职业是认真的。1888 年她在波特女子学校完成学业回到韦恩堡后，为弥补自己科学知识的欠缺，跟着韦恩堡中学教师学习了物理和化学。1890 年哈密尔顿进入韦恩堡医学院，学习了生物学、解剖学等课程，完成了医学预科教育，1892 年转学到密歇根大学医学院。密歇根大学医学院是美国领先的医学院校之一，它不仅强调临床和实验教学，也注重严格的科学研究训练。哈密尔顿在密歇根大学只学习了三个学期，由于成绩优异，在 1893 年底被准予提前毕业，并授予医学学位。随后她到位于明尼苏达州明尼阿波利斯市的西北妇幼医院实习了 2 个月，进而又到更有名望的位于马萨诸塞州波士顿的新英格兰妇幼医院实习了 9 个月。通过医院实习，哈密尔顿发现自己不适合从事临床医学工作，而是喜欢从事基础医学的研究工作。在密歇根大学老师的劝告下，1895 年秋天哈密尔顿来到德国学习细菌学和病理学。但当时德国的大学不允许妇女入学，经争取最终莱比锡大学和慕尼黑大学允许她旁听课程，但要求她隐匿在男生当中别被发现。1896 年秋天她回到了美国，她又在约翰斯・霍普金斯大学攻读研究生，在年轻病理学家西蒙・弗莱克斯纳的指导下，进行了一年的病理学研究工作。

1897 年哈密尔顿完成约翰斯・霍普金斯大学的学业之后，在位于伊利诺伊州芝加哥的西北大学女子医学院找到了第一份工作，任病理学教师。哈密尔顿接受这份工作不仅仅因为这使她有了一份取得薪水的工作，更重要的是使她有了作为志愿者在赫尔馆生活的机会。赫尔馆是美国著名的社会服务机构，由美国社会改革家劳拉・简・亚当斯和埃伦・盖茨・斯塔尔于 1889 年在芝加哥创立，主要为移民和其他贫民提供帮助。同年哈密尔顿入住赫尔馆，并在那里生活了 22 年。在赫尔馆居住期间，她白天在医学院进行教学工作，晚上和周末参加赫尔馆的社会服务工作。她建立了一个健康儿童诊所，为附近家庭 8 岁以下的孩子提供援助，为贫穷的移民开设了卫生教育学习班。

1902年西北大学女子医学院关闭，哈密尔顿以细菌学家的身份，到刚成立的芝加哥传染病纪念研究所工作。1902年秋天，一场伤寒病袭击了芝加哥，赫尔馆成了重灾区的中心。哈密尔顿应用她的医学知识发现了赫尔馆周边社区伤寒高发的原因。通过对这场伤寒病的调查，哈密尔顿开始关注公共卫生问题。在随后的肺结核病因的研究中，她确认不卫生的作业条件和每天14小时工作后的疲劳是贫穷工人对疾病抵抗力减弱的因素之一，这是她把职业和疾病联系起来的一个早期的案例。

哈密尔顿由于生活在贫穷的工人社区，使得她对工人每天面对的问题越来越感兴趣，特别是职业伤害和职业病。1907年哈密尔顿阅读了英国工业卫生学家托马斯·奥利弗爵士在1902年编辑出版的著作《危险行业》，这本书详细记录了车间的毒物和其他危害。《危险行业》的内容引起了她强烈的共鸣，于是她开始对职业病方面的科学文献进行详细研究。哈密尔顿在欧洲的文献中发现了很多关于各种职业病及其控制方面的研究，这些研究有很重要的意义，同时她发现美国医学界对此研究得却非常少，发表的有关工业中毒的文章更是屈指可数，这促使她开始了围绕美国工业卫生条件的研究工作。1908年9月哈密尔顿在美国《慈善组织与平民》杂志发表了她的第一篇关于职业病方面的文章，这也是美国研究妇女职业病的第一篇论文。

1908年12月伊利诺伊州州长查尔斯·迪尼恩组建了伊利诺伊州职业病委员会，也被称为"迪尼恩委员会"，芝加哥大学社会学教授亨德森被任命为委员会主席，哈密尔顿成为委员会成员。一年之后，伊利诺伊州议会同意资助一个为期9个月的职业病调查。职业病委员会决定由哈密尔顿负责领导一个由医师、医科学生、社会工作者等23人组成的调查团队，进行这次美国历史上的首次工业职业病调查。哈密尔顿领导调查队详细调查了伊利诺伊州使用铅、砷、黄铜、一氧化碳、氰化物和松节油等物的工作场所，她本人主要集中于铅暴露的调查。

1912年哈密尔顿接受美国劳工局局长查尔斯·尼尔的邀请，成为美国劳工统计局的职业病特别调查员，从此再没有回到芝加哥传染病纪念研究所的实验室里。作为职业病特别调查员，政府并不发给她工资，只是最后购买她的调查报告。她接受了这个工作，部分原因是它是一项科学工作，但很大程度上是因为它对人类的健康是实用的。在随后的近10年当中，哈密尔顿在全国范围内调查了铅和其他毒物的职业中毒情况，这些工作不仅直接促使产业界提升了工业卫生标准，也促使联邦政府确实相信引入工人伤害赔偿是必要的。1913年劳工统计局新任局长洛雅尔·米克（1913年劳工局改名为劳工统计局)，他赞扬了哈密尔顿的工作："由联邦劳工局进行的铅中毒研究已经促使一些铅涂料、陶器、瓷砖和蓄电池的制造商消除或改变了一些最危险的工艺过程，这使工人不再遭受铅中毒的危害。"

1918 年哈佛大学医学院创立了工业卫生系，时任哈佛医学院院长的戴维・埃兹尔向哈佛大学校长推荐哈密尔顿，认为哈密尔顿的研究工作"毫无疑问，无论从广度还是深度，在国内同行中是无人可比的"。1919 年 3 月，哈密尔顿被哈佛大学聘为工业卫生系的助理教授，讲授工业医学，成为哈佛大学历史上的第一位女教师。当时哈佛大学对女性还存在歧视，不招收女生，对哈密尔顿也提出了三条歧视性约定：不能进入教师俱乐部、不能得到足球票、不能参加毕业典礼。哈密尔顿则要求每年仅在秋季学期进行教学，春季学期继续进行她的职业病现场调查工作，同时还要定期回赫尔馆生活一段时间。可能这种工作安排，使得她在哈佛大学一直到退休也没有升职，始终担任助理教授。哈密尔顿的任命在当时是一个大新闻，全国多家报纸进行了报道和评论。《纽约论坛报》以醒目的头条新闻《哈佛教师中的女性——最后的城堡倒塌了——女性得到了应有的承认》进行了报道。在哈佛大学工作期间，哈密尔顿的研究主要集中于工业毒理学领域，1925 年哈密尔顿出版了美国第一本毒理学教材《美国的工业毒物》，1934 年出版了《工业毒理学》专著。

哈密尔顿的工作也得到国际的认同，从 1924 年开始，哈密尔顿作为唯一女性委员，为国际联盟卫生委员会服务了 6 年。1924 年哈密尔顿应苏联公共卫生部的邀请，利用六周的时间调查了苏联工业医学的进展情况。

1935 年 1 月，哈密尔顿以"荣誉退休教授"身份从哈佛大学退休。她退休之后，移居康涅狄格州哈德莱姆，继续担任劳工部劳工标准部门的兼职医学顾问。她在 1937—1938 年对人造丝生产行业进行了调查，在 1937—1943 年期间为宾夕法尼亚女子医学院开设工业毒理学讲座。

哈密尔顿一生没有结婚，她把一生的爱献给了所追求的事业，为州和联邦政府提供了超过 80 篇的危险行业调查报告，这些报告促进了美国州政府和联邦政府的职业安全健康立法。哈密尔顿在多年的职业病调查中，借鉴欧洲的职业卫生经验，发展了自己独创的"现场流行病学"方法，创立了美国的工业卫生和工业毒理学学科。1970 年 9 月 22 日去世，享年 101 岁。

二、探索工业毒物

职业卫生学科起源于欧洲，随着工业革命的爆发得到了不断的发展。在20世纪初期，美国的职业卫生研究明显落后于欧洲，由于当时对职业病研究得很少，也使得劳资双方对工作场所中化学品的危险性是不了解的，也很少有工厂雇佣医生监控工人的健康，对工人的健康和安全漠不关心，以至于1910年9月在比利时布鲁塞尔召开的第二届国际职业病大会上，一名比利时代表发言说："众所周知，在美国没有工业卫生。"

20世纪早期铅是在工业中应用最为广泛的有毒化学品，爱丽丝·哈密尔顿对职业卫生的研究在1910年调查伊利诺伊州工业行业中铅中毒状况时就开始了，这使她成为美国对职业病进行系统研究的第一人。

铅中毒是世界上最早被发现和最为人所知的职业病之一。意大利医学家、史学界公认的职业卫生开创者拉马齐尼，深入各地调查访问，观察各种行业工人的工作情况和健康状态，在1700年出版的《论手工业者的疾病》中详细描述了陶器工和油漆工的铅中毒状况。英国医生查尔斯·萨克拉在1832年描述了水管工人、铅白制造工、房屋油漆工、纸张染色工和陶器工的慢性职业铅中毒状况。托马斯·莱格爵士在1898年成为英国的第一个工厂医学检查员，强调工业铅中毒的原因"几乎完全是由于铅尘和铅烟"。美国在17世纪、18世纪对陶器、白镴（锡铅合金）和铅粒制造以及铅冶炼等行业中的铅中毒案例已有记录。随着美国落基山脉诸州铅矿床的发现，在19世纪下半叶铅中毒案例大量增加。人们对铅的危害在19世纪已经很清楚了，但直到哈密尔顿进行铅暴露调查之前，在美国很少有人关注铅中毒的预防与控制。由于当时还没有可靠的诊断铅中毒的检测方法，哈密尔顿主要利用自己确定的一个严格标准，来确诊铅中毒病例，就是病人必须有齿龈铅线。哈密尔顿使用的主要调查方法有访谈、医院记录和直接观察。哈密尔顿每次在进入调查现场之前，先学习该产业的工艺技术，然后在现场详细观察所有的工艺工程，仔细检查医院和药房的记录；如果需要的话，进一步在工人家里或工会大厅，有时是在酒吧，访谈工人和工会领导人。最终形成了自己独特的"现场流行病学"调查方法：对工厂进行彻底的现场检查，寻找疾病与特定工业过程的相关性，汇编医院确诊的中毒病例。

哈密尔顿对洁具上釉作业的铅暴露调查是从一个病例开始的。哈密尔顿在亚历山兄弟医院发现一个腹绞痛并且双腕下垂的病人，该病人说在一家洁具工厂上班，工作是给浴盆上釉。但哈密尔顿在英国和德国的铅中毒病例文献中并没有发现从事这种工作的，她当时也不知道这是一个使用铅的行业。哈密尔顿于是去了芝加哥西边地区一家洁具工厂，工厂管理人员向她保证所用的瓷漆中都没有使用铅，并邀请她检查了生产车间，看到车间有 6 名工人正使用瓷漆给金属浴盆涂装。她记下了瓷漆的名称，又去了生产该瓷漆的工厂，同样也被告知瓷漆不含铅。哈密尔顿感到很困惑，她又去拜访那个病人，得知她调查的工作岗位并不是上釉的操作。她觉得自己是无知的，不知道什么是上釉作业。最后又在芝加哥西北地区找到了一家工厂，发现了上釉的操作工序。上釉的操作是把搪瓷釉粉撒在灼热的浴盆上，搪瓷釉在浴盆熔化，流过浴盆表面，制成搪瓷釉面。她发现车间空气中充满了搪瓷釉粉尘，在这粉尘中可能富含铅的氧化物。她从工人那里得到了搪瓷釉粉的样品，随后咨询了 13 位化学家，证明搪瓷釉粉中含有 20% 的可溶铅，这种可溶铅可在胃中溶解。最终，哈密尔顿确定美国洁具工厂的上釉作业是一个危险的铅暴露职业。

哈密尔顿先后访问了 304 家工厂，差不多是伊利诺伊州所有使用铅的工作场所，调查发现了此前未被工业界和政府部门识别及更多关注的使用铅的行业和职业，发现了 77 个可引起工人铅中毒的工业过程，找到了 3 年内发生的 578 例铅中毒病例，第一次发现涂装作业是一个铅暴露职业。哈密尔顿及其领导的调查团队所做的工作是美国公众理解工作与健康关系的转折点。1910 年 6 月哈密尔顿在美国第一届全国工业疾病会议上报告了她对伊利诺伊州工业铅中毒的研究结果，这个研究结果具有里程碑意义，这个报告指出在铅冶炼和铅白制造行业中铅中毒是高风险的，同时在涂装行业也存在大量的铅中毒现象。“在很多地方铅白制造被认为如果不是最危险的行业，也是最危险的行业之一。在美国比在欧洲更加危险……当然，涂装行业是声名狼藉的涉铅行业，几乎在每个医院或诊所中铅中毒病例大多数是来自涂装工人。”从此人们不再争论铅白是不是一种毒物。1911 年 1 月哈密尔顿把调查报告提交给州长，报告证明了职业与疾病之间的相关性，同时提出了为从事危险职业的工人提供防护措施并定期进行体检的建议，这个调查报告使得几个月后伊利诺伊州通过了《伊利诺伊州职业病法》，其建议也被采纳。随后，哈密尔顿写了大量的文章，发表在通俗的、政府的和专业的报刊上，宣传铅中毒是一个现实和严重的医学问题。

1912 年哈密尔顿担任美国劳工统计局的职业病特别调查员后，首先调查了美国全国的铅白制造行业。她基于在伊利诺伊州的调查经验，通过寻找铅尘和铅烟，利用她的“现场流行病学”方法，调查了美国知名的25家铅白生产企业中的23家，发现了在1910年1月至1911年4月期间发生的358例铅中毒病例，其中16例是致命的病例。哈密尔顿并不满足于发现和记录职业暴露的情况，她还亲自与工人、企业的管理者、企业主沟通，努力说服他们，控制这些职业暴露，同时她对每家企业如何改进工人作业条件都给出了具体的建议。当时无论是医生还是工厂管理者都认为铅中毒主要是由于工人没有充分地洗手而导致铅被摄入，只要保持双手干净就能预防工业铅中毒。但哈密尔顿发现呼吸铅尘和铅烟是铅中毒的主要原因，预防铅中毒的措施就是防止产生铅尘和铅烟，保持工作场所空气清洁。哈密尔顿努力说服他们：“过去30年的研究表明铅进入人体是通过吸入或吞咽，而不是通过皮肤吸收。”“即使工人每天不洗手，一天也只会在三餐时吸入铅，但他每分钟呼吸16次，无论多么经常洗干净他的双手，当空气中含有铅时，他都会吸入体内。”预防铅中毒的基本原则就是要预防铅尘和铅烟以任何形式进入鼻子和口腔中。很多企业如位于伊利诺伊州的国家铅业公司等接受了哈密尔顿的观点，给工人配备了呼吸器，免费为工人洗衣服，鼓励工人在吃饭前用肥皂和温水洗脸和双手，下班后淋浴洗澡。

1913年哈密尔顿在提交给劳工统计局《涂装行业的卫生》的报告中，提出使用铅涂料的危险主要来源于空气中的涂料粉尘和粘在手上的涂料在吃饭或吸烟时被带进嘴里。在涂装行业，应全面禁止在室内使用铅涂料。1914年美国涂料制造业协会鼓励开发“卫生无铅”涂料，1929年美国公共卫生协会工业卫生委员会铅中毒分会推荐用锌钡白代替铅白。1914年6月哈密尔顿在《美国公共卫生杂志》发表论文，概括了工业铅中毒的证据，同时更重要的是这篇文章是一个行动倡议，呼吁医生们要对工人的健康负起责任，离开舒适的办公室去观察他们的病人的工作过程，去了解工作场所职业暴露的真相。

1914年第一次世界大战的爆发使得与战争相关产业迅速发展，因为需要大量的炸药，生产TNT、苦味酸和雷酸汞等化学品的工厂迅速增加，这也带来了新的关注点。哈密尔顿开始调查军火产业。由于军火工厂的保密性，哈密尔顿不得不亲自去发现这些工厂位于何处、生产何种产品。比如，由于对炸药苦味酸的调查使她来到了新泽西州的沼泽地，她或循着化学工厂特有的烟气，或通过发现穿着沾满橙色和黄色颜料衣服的工人，搜寻到工厂所处的位置。哈密尔顿的关于军火工业危险性的报告使得很多安全规程被相关工厂采用。在战争期间，哈密尔顿没有特别突出地去抗议战争，而是把主要精力放在了有关工人福祉的事情上，持续地进行她的调查工作。她把揭露职业危害、建立防护标准、撰写调查报告作为一种爱国的责任、一种真正的“战争”，然而这种“战争”没有一般战争的破坏性，而是造福人类健康的。哈密尔顿为了她的调查工作，有时不得不做一些非常危险的事。1919年，已是50岁的哈密尔顿调查了位于亚利桑那州的铜矿。在铜矿，她或是沿陡峭的爬梯进入黑暗的矿洞，或是四肢着地爬过低矮的洞穴，或是小心谨慎地越过横跨在深深的矿石坑上的铁轨。

在工业卫生专家、医生、企业主开始采取措施，保护工人免受铅中毒危害的时候，一个更具破坏性的危险出现了。铅化合物——四乙基铅作为汽油抗爆剂于1921年12月在美国通用汽车公司戴顿实验室实验成功，添加了少量四乙基铅的汽油（含铅汽油）辛烷值抗爆性明显改善，四乙基铅一时被誉为“上帝的礼物”。1924年10月标准石油公司的新泽西工厂在总共49名工人中，有5名工人因铅中毒死亡，35人出现严重的有机铅中毒的神经系统症状。在美国公共卫生局局长休·卡明呼吁下，1925年5月20日在华盛顿召开会议，组织工业、劳工、公共卫生等方面的专家评估四乙基铅的状况。参会人员分成了观点对立的两派，来自产业、化学和工程界的人员认为不能允许像工业中毒这样的小事情阻碍了巨大的工业进步，而卫生专家则持反对的观点，认为首先考虑的应是公民的健康。哈密尔顿同意卫生专家的观点，认为四乙基铅带来的环境卫生问题将会比职业卫生和安全问题更加严重，没有任何有效的措施能保护公众免除含铅汽油普遍使用后带来的危害。她说道：“你可以控制一个工厂内部环境，但是你如何控制一个国家的环境？”会后，哈密尔顿继续发表评论：“我不相信使用含铅汽油是安全的，还没有一个涉铅行业，即使在最严格的控制下，认为永远没有所有危险。凡是有铅的地方，即使在最严格的监管下，铅中毒的案例也迟早会发生。”40年后加州理工学院地球化学家克莱尔·卡梅伦·帕特森给出了四乙基铅对大气环境污染的证据，证实了哈密尔顿观点的正确性。美国国家环境保护局于1973年宣布将逐步淘汰含铅汽油，最终于1986年美国停止使用含铅汽油。

镭的发现是科学史上又一件影响深远的大事，但镭辐射对人体的伤害却迟迟未得到认识。在揭露镭中毒的过程中，哈密尔顿起到了关键作用。美国镭业公司1917年开始用含镭的夜光涂料生产各种仪器的夜光表盘和夜光手表盘。公司雇用的表盘涂布女工大多是不足20岁的少女，后被称为“镭女孩”，她们把含镭的夜光涂料用驼毛画笔小心涂在表盘的数字和指针上。最致命的环节是每涂完几块表盘，驼毛笔就会分叉变形，姑娘们需按照监工的指导，用嘴唇和舌头舔润笔尖来保持锋锐，相当于一天数十次“镭从口入”。在1921年冬天开始有女工患病，出现恶性贫血、牙齿脱落、颌骨坏死等病症，随后有几名女工死亡。新泽西州的劳工部对工厂进行了一次检查，没有发现工厂违反法律，在涂料中也没有发现已知的危险化合物。1924 年 4 月哈佛大学公共卫生学院生理学教授塞西尔·肯特·德林克与两名同事在美国镭业公司的要求下，对镭业公司进行调查，发现所有工人都是发光的，从头发、脸、手、胳膊到衣服等都是发光的。从工厂收集的粉尘是发光的并具有轻微的放射性。他们让几只猫吸入粉末状的发光涂料，随后发现镭沉积在猫的骨骼上。因为过量的 X 射线照射可导致下巴坏死，塞西尔·肯特·德林克认为是镭引起了表盘涂布女工的“下巴腐烂”。1924 年 6 月塞西尔·肯特·德林克把调查报告反馈给美国镭业公司，但美国镭业公司不认可这个结论，同时也不让公开。在哈密尔顿的劝说下，1925 年 8 月塞西尔·肯特·德林克公开出版了他的调查数据和结果。但这个结果并没有真正确定镭是表盘涂布女工所患疾病的根本原因。1925 年 10 月埃塞克斯郡法医哈里森·马特兰德博士通过解剖死者的尸体，确定表盘涂布女工所患疾病为职业中毒，即镭中毒。但是哥伦比亚大学工业卫生系弗雷德里克·弗林在 1926 年 12 月在《美国医学会杂志》发文，认为在发光表盘的涂布过程中不存在工业危害，涂布女工所患疾病可能是梅毒、溃疡膜性咽喉炎或细菌感染引起的。1927 年 5 月弗雷德里克·弗林又发表第二篇论文，认为镭如果不是导致女工所患疾病的主要原因，就是部分原因。哈密尔顿和新泽西州消费者联盟做了些调查，发现弗雷德里克·弗林被美国镭业公司雇用，作为顾问为美国镭业公司服务。哈密尔顿对弗雷德里克·弗林进行反击，首先给他在哥伦比亚大学的上级写信，以试探和暗示的口吻，说她对弗雷德里克·弗林漂浮不定的研究结论感到非常困惑，对他继续与美国镭业公司保持雇用关系是不理解的。弗雷德里克·弗林回信说，他对这个问题还在研究，发现现在下结论还为时过早。哈密尔顿用严厉的口吻回复，敦促他非常认真地考虑所下的结论，她警告：“你是个年轻人，在你的科学职业生涯刚开始的时候，应该小心，不要疏远，也不要引起在你从事的领域比你年长且更杰出的人们的怀疑，这不是一个不重要的问题……如果你打算继续你的科学工作，我想你应该承认人们心中对你严重的疑惑，甚至怀疑，这些人的善意和谅解对你应该是重要的。”哈密尔顿的警告起到一些效果，1928 年弗雷德里克·弗林发表第三篇论文承认“放射材料是那些麻烦的根源”。

1935 年 1 月哈密尔顿从哈佛大学退休后，又返回劳工部，担任劳工标准部门的兼职医学顾问。作为顾问，她进行调查、提供建议、参加会议、在听证会上作证并提示劳工部关注被忽视的问题。这期间她最重要的一项工作是参与黏胶人造丝制造业中毒物的研究。黏胶人造丝制造过程中使用危险化学品二硫化碳，二硫化碳为全身性毒物，可累及心血管系统、神经系统、生殖系统、内分泌系统和视觉系统等，属于高毒物品。她第一次接触到二硫化碳是在1914年，发现了在硫化橡胶生产中发生的二硫化碳中毒病例。但是，尽管她积极努力，同时欧洲也有相当多的病例报道，但在美国并没有引起多少关注，始终没有对二硫化碳进行系统的调查。当哈密尔顿收到黏胶人造丝工人有严重疾病的报告后，她非常担忧。她说服劳工部，于1937年在宾夕法尼亚州开始调查，随后把调查工作扩展到了其他九个州，调查报告《黏胶人造丝工业的职业中毒》在1940年由美国劳工标准部门出版。

哈密尔顿通过不知疲倦的努力，以她的非权力领导力，带领她的团队，调查工厂工人作业条件，识别工业装置中有毒材料的职业暴露，研究危险化学品对人类的影响，使政府和工业界转向对一些化学品的毒性效应进行关注，包括铅、苯胺染料、一氧化碳、汞、四乙基铅、镭、苯、人造丝生产中二硫化碳、硫化氢等，使数以千计的人得到了安全的作业条件。由于她的工作，1937年美国通过新的法律要求对职业病给予补偿，1970年在她去世3个月后，美国国会通过了《职业安全卫生法》。

三、参与社会活动

1895年春天，哈密尔顿在即将去德国学习之前，在韦恩堡的卫理公会聆听了劳拉·简·亚当斯女士的演讲，大受感动。亚当斯谈到了坐落在芝加哥的赫尔馆，使她下决心要加入亚当斯的团队，成为赫尔馆的一个居民。

第一次世界大战的爆发，改变了哈密尔顿的人生轨迹，在致力于职业病调查工作的同时，也开始活跃于维护妇女权利及和平运动中。1915年4月在亚当斯的带领下，哈密尔顿和大约50名美国人参加了在荷兰海牙召开的国际妇女大会。来自交战国和中立国的1100多名妇女代表呼吁由中立国在交战双方之间调解，通过谈判结束第一次世界大战。1919年5月哈密尔顿再次返回欧洲，参加在瑞士苏黎世召开的国际妇女大会。会议谴责了《凡尔赛条约》，预测它将会在欧洲族群间产生冲突，这将导致未来的战争。会议代表们还呼吁立即为数百万正在挨饿的欧洲人配送食物。会后，哈密尔顿调查了战败国德国战后的饥荒。哈密尔顿看到了战争给人民带来的苦难之后，使得她在第一次世界大战后近20年内保持着反战的态度。但在1932年和1938年两次对德国的访问，目击了纳粹的暴政和反犹太主义，使她的观点慢慢地发生了改变。第二次世界大战爆发后，她支持美国加入这场世界反法西斯的战争。

哈密尔顿一生当中为追求社会的公平正义，多次对有争议的社会问题大声呼吁。20 世纪 20 年代，哈密尔顿卷入了萨科 – 万泽蒂事件。萨科和万泽蒂案件是美国司法史上的著名冤案，在世界范围内引起巨大的抗议浪潮。为使萨科和万泽蒂能得到公正的判决，哈密尔顿四处奔走，大声呼吁。为使萨科和万泽蒂能被缓期执行，1927 年 8 月 22 日哈密尔顿和其他 5 位著名人士面见马萨诸塞州州长，但努力最终失败了，第二天得知萨科和万泽蒂被处决。

二战以后，哈密尔顿越来越多地担心美国与苏联的冷战冲突会威胁到国内公民的自由，于是她无数次签名请愿、给国会议员写信、给当地的报纸写文章、参加集会活动，致力于保护公民自由权利。1951 年罗森堡夫妇因原子弹间谍案被判处死刑，哈密尔顿签名上书，力劝杜鲁门总统改变对罗森堡夫妇的死刑判决。哈密尔顿反对 1952 年的《移民与国籍法案》(亦称《麦卡伦—沃尔特法案》)，因该法案授权司法部驱逐认为从事破坏活动的移民和已入籍公民出境。她在 20 世纪 50 年代抗议麦卡锡主义，还倡议承认中华人民共和国。在 20 世纪 60 年代抗议美国参与越南战争，1963 年发表了给肯尼迪总统的公开信，请求尽快从越南撤军。

四、崇高的荣誉

哈密尔顿因对预防职业病和改善工人健康方面的贡献，生前身后获得了多个奖励和荣誉。1947 年，她获得“拉斯克公共服务奖”。1948 年她的母校密歇根大学授予她荣誉博士学位。1953 年她被美国职业与环境医学会授予“克努森职业与环境医学终身成就奖”，这是美国在职业与环境医学领域的最高荣誉。1973 年哈密尔顿入选美国国家妇女名人馆。1995 年为纪念哈密尔顿对公共卫生的杰出贡献，美国发行了纪念邮票。2002 年 9 月 21 日美国化学会把她开创性的工业毒理学成就指定为美国国家历史化学地标。

哈密尔顿的名字也频繁地被多个研究机构或大学作为其机构或科学奖项的名称。1987 年美国国家职业安全卫生研究所以她的名字命名的实验室为“爱丽丝 · 哈密尔顿职业安全与健康实验室”，并在同年设立了“爱丽丝 · 哈密尔顿奖”，奖励在职业安全与健康领域作出卓越贡献的科学家。1993 年美国工业卫生协会设立了“爱丽丝 · 哈密尔顿奖”，奖励在职业与环境卫生领域作出卓越贡献的女科学家。2011 年哈佛大学为纪念本校的第一位女教师，设立“年度爱丽丝·哈密尔顿奖”，奖励在公共卫生领域作出贡献的年轻女科学家。1993 年加利福尼亚大学旧金山分校为纪念爱丽丝·哈密尔顿，设立“爱丽丝·哈密尔顿讲座”。1997 年美国环境史学会设立“爱丽丝·哈密尔顿奖”，每年奖励一篇在环境史研究领域的最佳论文。为表达对哈密尔顿的敬意，后来的修订者把她编写的《工业毒理学》的书名改为了《哈密尔顿和哈迪的工业毒理学》。

五、结束语

爱丽丝·哈密尔顿首先是一位研究铅中毒的专家，她还是一位卓越的工业企业变革推动者，呼吁道义而非私利，赢得了劳资双方的尊重。作为美国工业毒理学的先驱、社会活动家，她主持了美国第一个职业病调查委员会，获得了美国第一个工业医学领域的大学教职。爱丽丝·哈密尔顿一生的工作，自始至终都是为了改善工作场所的环境。为发现工业毒物，她深入矿山、工厂，徒步在城市最危险的地方，她在一个男性主导的领域获得成功。在她 88 岁时，她曾这样说：“对于我来说，最满意的事是现在的情况变好了，其中有我的一份功劳。”1969 年，在她 100 岁生日时，美国总统尼克松发来贺电，赞扬她“为我们的人民和各行各业人们的幸福作出了永恒的贡献”。

（作者：沈玉龙　沈天骄）

参考资料

［1］M. P. Guillemin. Occupational Hygiene Education and Status：Global Trends and A Global Future［J］. The Annals of Occupational Hygiene，2006.

［2］E. Bendiner. Alice Hamilton's War on Occupational Disease［J］. Hospital Practice，1995.

［3］V. J. McCoy. Alice Hamilton：The Making of a Feminist-Pragmatist Rhetor［D］. Atlanta：Georgia State University，2006.

［4］W. T. Moye. BLS and Alice Hamilton：Pioneers in Industrial Health［J］. Monthly Labor Review，1986.

［5］D. F. Salerno，I. L. Feitshans. Alice Hamilton，MD：Gaining Visibility for Industrial Medicine［J］. Journal of Epidemiology & Community Health，2003.

［6］J. W. Ward，C. Warren. Silent Victorise：The History and Practice of Public Health in Twentieth-

Century America [M] . Oxford: Oxford University Press, 2007.

[7] G. Markowitz, D. Rosner. Deceit and Denial: The Deadly Politics of Industrial Pollution [M] . Berkeley: University of California Press, 2002.

[8] L. N. Magner. A History of Medicine [M] . 2nd. Boca Raton: Taylor & Francis Group, 2005.

[9] S. L. Baron. Alice Hamilton (1869–1970) : Mother of US Occupational Medicine [J] . American Journal of Public Health, 2009.

丽丝·迈特纳

（Lise Meitner，1878—1968）

迈特纳

核科学中的杰出女先驱

1990 年底，《美国物理学期刊》上发表了《核科学中的女先驱》一文，文中按姓氏字母的顺序列出了 16 位在核科学的早期发展中作出过一定贡献的女科学家，并讨论和评价了“居里夫人综合征”。这种“综合征”就是指把一位名人当成“箭垛”，把一切优良言行和丰功伟绩都归给他（她），而对他（她）的任何缺点和过错则讳莫如深的那种庸俗而幼稚的做法。我们认为，《核科学中的女先驱》一文的评论是精辟公允和洞中时弊的。事实上，这样的“综合征”是一种流行颇广且根深蒂固的“传染病”，它对科学史的传播和发展危害甚大；特别是在那些学术落后和道德败坏的领域或团体中，由于昏聩学阀的武断专横和卑鄙市侩的“每天搅水不止”，这种顽症可以发展到十分猖獗而严重的地步！

另一方面，这种“综合征”也可以有“负值”。就是说，某些人物受到屈抑，他们的重要成就受到一部分人有意无意“淡化”的情况，也可谓屡见不鲜。本文所要介绍的在奥地利出生的女科学家丽丝·迈特纳就有过这样的遭遇。由于在放射现象的研究方面做出了开创性的成绩，她从 1924 年（当时量子力学还未诞生）开始，就不止一次地被提名为诺贝尔化学奖的候选人，但是这种提名从来不曾获得通过。由于阐明了重核裂变的实质，她在许多国家曾经名噪一时，但是某些鼎鼎大名的德国学者却绝口不谈她的贡献，甚至在论述核物理学的发展时也不提她的名字。这种情况，难道不是很值得人们深思的吗？

我们有鉴于此，特地收集了一些资料，准备对迈特纳的生平和成就作一概括的介绍，也许可以多少医治一点这种令人厌恶的“综合征”吧！

一、生平

丽丝·迈特纳于 1878 年 11 月 7 日生于奥地利首都维也纳，比普朗克小 20 岁，比爱因斯坦和哈恩大 1 岁，比玻尔大 7 岁，比薛定谔大 9 岁，比海森伯大 23 岁。她的父母都是犹太人，父亲是很有地位的律师和棋艺高手，思想开放，并没有按犹太教的教义来教育子女，而是让他们全都接受了基督教的洗礼。丽丝·迈特纳在 8 个孩子中排行第三，有两个姐姐，她二姐的儿子弗里茨后来成为著名的核物理学家，和迈特纳在工作和生活上都有许多的联系。

迈特纳的一生有大约三分之一的时间是在维也纳度过的，另三分之一的时间是在德国的柏林度过的，后来她在十分危险和困难的情况下离开了自己的事业和师友，被迫从纳粹的暴政下逃出，经荷兰、丹麦而到了瑞典，在那里从事研究工作直到 81 岁。然后她到英国定居，以便接受弗里茨的必要照料。1968 年 10 月 27 日，在她的 90 岁寿辰的几天前，她在剑桥的一个养老院中逝世。

迈特纳从幼年时起就对自然界的现象和规律深感好奇，她立志学习自然科学。但是，为了以后的谋生，她在中学毕业之后先考取了一个当法文教师的资格，然后经过刻苦努力，又取得了大学入学资格，于 1901 年进入了维也纳大学。当时大学中的女学生还很少，她在那里曾受到过男学生们的戏弄，但是玻尔兹曼等人的讲课使她获益匪浅。1905 年，她以一篇关于非均匀媒质中的热传导的论文获得维也纳大学的博士学位，成为获该校博士学位的第二位女物理学家。

玻尔兹曼逝世以后，维也纳大学曾想聘请普朗克接替他的职位。普朗克也曾有意受聘。他到维也纳短期访问时见到了迈特纳，对她的才华甚为赏识。后来普朗克因柏林大学竭力挽留而没有走成，于是迈特纳就打算到柏林去从事理论物理学方面的工作。但是就在这时，她接触到了刚刚兴起不久的放射性科学，而这种研究后来就成了她一生主要的精力所寄!

迈特纳于 1907 年到柏林，在大学中听普朗克等人的课，并逐渐成了普朗克家的好朋友。有一段时间，她找不到做实验的地方，鲁本斯曾经建议她到他的实验室去工作，但是迈特纳生性腼腆，有点惧怕鲁本斯的巨大声望。后来她遇到了哈恩。当时哈恩正在研究放射化学，需要找一个物理学家来互相合作。迈特纳愿意和他合作，但是化学研究所的所长费舍尔不许女子进他的实验室。于是哈恩和迈特纳只好找了一个空闲的“木工房”来进行自己的测量。这种情况直到妇女受高等教育的权利在德国得到确认时才有了好转。1913 年，迈特纳正式进入迁到新址的化学研究所，在那里和哈恩进行了 20 多年的密切合作。

1914 年，第一次世界大战爆发，他们的研究工作也基本上中断了。哈恩应征入伍，而迈特纳也自愿到奥地利军队中当了一名X射线透视操作员。她经历了艰苦的生活，常常要接纳许多语言不通的波兰士兵，往往每天工作长达20小时。但是，这时她也偶尔有点短时间的休假，她总是尽量争取和哈恩同时到柏林去进行一点实验工作。

1912—1915年，她曾任普朗克的助教。1918年，迈特纳成为化学研究所物理部的主任。战争结束以后，她于1922年获得大学授课资格。当时她的求职演讲讨论的是宇宙射线问题，而德国报纸却把她的研究错误报道成“化妆物理学”。1926年，她被提升为副教授，但是她没有讲过什么课。

她一直按时参加柏林大学的学术讨论会，在那里认识了许多著名的学者，曾被爱因斯坦称为“我们的（德国的）居里夫人”。当1920年玻尔到柏林访问时，她被人们推举去见玻尔，要求与玻尔和一些“非巨头人物”单独座谈，所有的正教授不许参加。这就是那次有名的“无巨头座谈会”。从那以后，她和玻尔保持了真挚的友谊。1930年12月间，人们在蒂宾根召开物理学会议，因为主要讨论的是核物理学，所以泡利在一封来信中称他们为“亲爱的放射性的女士们和先生们”。其中“放射性的”女士当然指的是迈特纳。在那封信中，泡利第一次像开玩笑似的提出了给后来带来深刻影响的“中微子”（当时泡利称之为“中子”）概念。

当1933年希特勒在德国成为元首时，迈特纳由于有奥地利国籍，起初还没有受到什么直接的迫害。但是到了1938年3月，纳粹德国并吞了奥地利，迈特纳的处境立即严峻起来了。当时她已在德国工作了二十多年，她在那里有自己的工作、生活和各种的联系，因而对她来说离开德国就意味着重大的牺牲。虽然经过许多有影响人物的多方疏通，她的解职仍然一天天地迫在眉睫。国外的许多朋友，包括玻尔在内，都想尽了办法帮助她。但是他们的力量也很有限。当时从纳粹德国逃出去的人很多，人们在援助方面深感力不从心。同时，纳粹当局不许犹太人出国，不发给他们护照，而一些外国领事馆已不再承认迈特纳的奥地利护照，因此她的出国遇到了不可克服的困难。最后，经过了许多周折，只好采取“非法”出境的办法。当时唯一可能的去向是坐火车到荷兰。7月11日，荷兰物理学家考斯特悄悄地来到了柏林，住在荷兰籍物理学家德拜家中，他已经在荷兰给迈特纳办好了入境手续。7月13日，他们乘火车离开柏林；临行之时，迈特纳的钱包中只带了10马克，哈恩把一个他母亲遗留下来的钻石戒指送给她，以备不时之需。当时她已59岁，离开住了几十年的柏林而走上完全不可知的旅途，她的凄惨心情是可想而知的。

火车过境时，会受到德国“党卫军”的检查。迈特纳没有“合法的”护照，当然是很危险的。不过结果还好，火车上没有出事，他们在荷兰境内的一个小站下车，上了考斯特的一位邻居来接她们的汽车。

在荷兰短期停留以后，迈特纳就去了哥本哈根。当时玻尔的研究所有很好的研究条件，许多青年人（包括许多流亡科学家）正在那里顺利地工作着，而迈特纳的外甥弗里茨也在那里。但是研究所的经费是很紧张的。据说迈特纳不愿意争夺那些青年人的地位，从而不肯久留在哥本哈根，过了不久，她就应西格巴恩的邀请去了瑞典，我们知道，就在那年的圣诞假期中，她和弗里茨得到了关于铀核的“裂变”的概念。

迈特纳在瑞典住了22年。虽然来到时已经年近花甲，但她还是很好地掌握了瑞典语，并建立了自己的研究小组，发表了一些有关核性质的论文。1946年，她到美国华盛顿的“天主教”大学当了半年访问教授，并被美国报界推选为那一年的“著名妇女”。

1960年，她到英国定居，因为她的一些亲友正住在伦敦和剑桥。当时她的头脑仍然很清楚，仍然到处旅行，探亲访友，发表学术演讲。但是她渐渐耳聋，影响了她的学术活动。后来身体逐渐衰弱，直至去世。她的遗体葬在一个乡村教堂的墓地中，那里还葬有她最小的弟弟。

二、放射性的研究

物理学中的许多分支，例如力学、热学、电学、磁学等，都可以追溯到很古老的时代，而核物理学则不然，它有一个明确的起点，那就是世纪交替时期放射性物质的被发现——在此以前，人们简直不知道任何和原子核有关的事实。

当迈特纳在20世纪初期登上历史舞台时，人们对放射性现象的本性和规律还所知甚少。她在1905年通过斯特凡·迈耶的介绍而接触到了放射性的课题，那时人们对于α射线在通过物质时是否会发生偏转还知道得很不确切。虽然当时迈特纳并没有打算终身从事这方面的研究，而是正在准备到柏林去研究理论物理学，但她到底还是设计并进行了一些实验，证实了某些偏转确实是存在的。她的实验属于这方面的最早实验之列，而我们知道，后来正是关于α射线的偏转的研究，引导卢瑟福发现了原子核。

到了柏林以后，她遇到了哈恩，和他进行了长期的密切合作。哈恩的主要兴趣在于发现新元素并研究它们的化学性质，而迈特纳的兴趣主要在于研究放射性元素所放出的射线。1907 年放射性的现象还刚发现不久，人们已经知道了 α、β、γ 射线的本性，同时放射性元素的自发转化的概念也已提出，但是由于还没有发现原子核，特别是还没有提出同位素的概念，所以人们的认识还是很模糊、很混乱的。从 1907 年到第一次世界大战，哈恩和迈特纳联名发表了许多篇论文。当然，那些论文在今天看来只有历史意义了，但是从中也可以看出当时的某些趋势。

由于 α 射线在物质中有很明确的射程，从而就可以很准确地测定它的能量。对 β 射线来说情况却比较复杂。这种射线在通过物质时似乎是逐渐衰减的，没有明确的射程，从一开始 β 粒子的能量测量就成了一个令人困惑的问题。当时哈恩他们采用了一个简单的假设，认为每一种纯的放射性元素都放出具有确定能量的 β 粒子。事实上，由于中微子的存在，这种假设当然是不对的，但在当时看来这似乎是唯一可取的假设，而且它对哈恩和迈特纳的研究工作也起了很好的作用。

第一次世界大战打乱了他们的工作。但是他们仍然在特别紧张的生活中尽可能抽出时间来间断地做了一些研究。在研究放射性物质时，有时也确实需要有些长时间的间断和等待。他们就用这种办法来寻求新的元素。当第一次世界大战即将结束时，他们已经写好了关于镤的发现的论文。

第一次世界大战结束以后，德国在政治和经济上的大动荡给他们的工作造成了很大的困难，但他们还是继续研究了镤的性质，并发表了几篇论文。大约从 1922 年起，迈特纳开始发表由她一个人署名的论文。这些论文的内容越来越多地转向了蜕变 β 的本性和规律。在 20 世纪 20 年代中期，特别是由于伽莫夫的工作，量子理论对原子核的应用已经取得了令人信服的结果，按照那种思想，包括迈特纳在内的许多人都相信由同一种原子核放出的 β 粒子应该有确定的能量，或者最多也只能分成各自具有确定能量的几组，换句话说，β 射线的能谱应该是分立谱。然而实验上测得的却是连续谱，于是人们想了许多办法来解决这种矛盾。例如，可以设想，能谱的连续性是一种次级效应的结果，而能谱的上限就是 β 粒子刚从原子核逸出时的真实能量。然而后来就出现了量热学的实验，测量的结果表明，每一个 β 粒子放出的总能量的平均值不是能谱的上限而是能谱的平均值。这想必震惊了迈特纳。她用更精密的方法重做了实验，得到了和上述结果一致的结果。1929 年，她和奥尔特曼联名发表了这方面的论文。这样的结果加深了人们的困惑，以致玻尔又一度试图到他那“守恒定律的统计本性”的想法中去找出路。我们知道，这一难题终于导致了泡利“中微子”概念的提出。

迈特纳不太重视新仪器的发展，她自己不曾发明过什么重要仪器。但是她很善于利用别人发明的新仪器来解决别人不曾想到的问题，这表明她有很敏锐的理论头脑，能想到一些关键性的问题。1926 年，盖革和弥勒发展了他们的计数器，于是迈特纳就让一个学生做这方面的实验。当那个学生抱怨说隔壁的一个 γ 射线源影响他的工作时，迈特纳立即意识到可以利用新仪器的巨大灵敏度研究高度准直的窄 γ 射线束的衰减过程。这种研究引导她把电子偶的产生看成了导致衰减的原因之一，从而她的工作也就成了最早观察到正电子的存在的实验之一。

有人说，微观物理学的发展似乎和德国政局的演变有一种"相关性"。当然，这得看你如何理解这种"相关性"，但是无论如何必须承认二者之间是存在过很大的相互影响的，或者说，德国的政治、经济的状况在很大程度上影响或决定了德国乃至全世界的科学发展。20 世纪 30 年代初期，核物理学中发生了一些重大的事件。在 1932 年、1933 年和 1934 年，人们依次发现了中子、正电子和人工放射性。这种急剧的进步鼓舞了广大的物理学家，人们纷纷进行了新的实验和探索，其中包括费米等人用中子来诱发核反应的研究。但是当时的世界政局却绝不是多么美妙。费米的某些结果被法西斯党徒歪曲宣传，以证明当时意大利独裁制度的"优越性"，而希特勒一伙也攫取了德国的政权，并且很快地推行起他们那种倒行逆施的反动政策来。大批的犹太科学家开始被解职，受到各种越来越多的粗暴迫害。他们不得不离开德国，到别的地方去谋生和工作。可以想象，在这样的政治风暴中，迈特纳的心情是不会平静的。但是她仍然坚持了工作。1934 年，她再次和哈恩合作，开始进行新元素的寻求。当时费米用中子轰击原子核，得出了一些新的结果，而意大利法西斯分子就大吹大擂，说"意大利人"发现了"铀后元素"等等。事实上，当时关于那些结果还没有最后的定论，人们正在进行着更广泛和更深入的研究。迈特纳他们的探索也是其中的一个重要部分，可惜他们的工作还没有得到什么显著的结果，迈特纳就被迫离开了自己的岗位和她居住了二十多年的德国。

三、重核裂变的发现

迈特纳做了一生科学研究工作，取得了许多的成绩。总的来看，这些成绩只有同行才能了解，而一般群众则是对它们不了解和不关心的，但是重核裂变的发现则不同。在一定意义上，可以认为裂变的发现比镭元素的发现带来了更加直接和更加强烈的社会效应，因此引起一般群众的很大注意也是很自然的。事实上，除个别例子以外，一般的知识分子多少都知道一点这一发展的情况，但是真正能够系统了解和正确评价这段历史的人却不一定很多。

早在1933年10月，弗里茨就已经离开了德国，他先到英国工作了一年，然后就于1934年转到了丹麦，直到希特勒的入侵已经迫在眉睫时才设法离开。

1936年，玻尔就提出了他的原子核的液滴模型和核反应中的“复核”概念。这些发展为裂变概念的出现准备了先导性的条件。

1938年圣诞假期中，刚刚到达瑞典不久的迈特纳，应邀到瑞典西海岸上的一个小镇去过节，她邀请了弗里茨到那里去。后来弗里茨说，那是他平生最重要的一次出访。

当弗里茨来到瑞典时，他本来想和迈特纳谈谈自己正想做的一个实验，但是迈特纳不要听，而让他看一封哈恩的来信。这封信使他们甚感困惑和震惊。原来，迈特纳在离开柏林以前已经和哈恩一起进行了几年有关中子对铀元素的作用的实验。人们本来指望，铀核俘获中子以后可以生成比铀更重的元素，乃至生成原子序数更高的元素（“铀后元素”）。但是后来的化学分析却证明，反应产物中似乎包含着比铀更轻的镭。这已经是很难理解的了。但是当时哈恩在那封信中却说，当进行化学分析时，他和他的合作者斯特拉斯曼使用了钡的化合物，结果却发现，核反应的放射性产物不能用化学方法和钡分开。这意味着产物中含有放射性钡。这在当时是完全没有想到的和不能理解的。弗里茨想到，会不会是实验做错了，但是迈特纳却说像哈恩那样的化学家不可能出这样的错误。

但是铀怎么会成钡呢？在此以前，人们早已知道了放射现象就是一种核变成另一种核的转变过程，而且大约在20年前就已实现了核的人工转化（卢瑟福所说的“现代炼金术”）。但是，直到那时人们所知道的一切核反应都只是核的微小变化，核所吸收的或放出的都只是一些“碎屑”——质子、α粒子之类。而我们知道，哈恩等人所遇到的现象，则是一个重核裂成大小相近的两个较轻的核。实验的最初目的本来是企图得到更重的核，而结果却把原有的核打成了两块。这一点在当时是出人意料的。特别是，按照当时已有的“结合能”的知识，把一个核打成两块一般就需要高得难以达到的能量。但是弗里茨习闻玻尔的议论，迈特纳熟悉有关核的各种数据，他们分析了铀核的特殊性，认为它分裂成两块是可能的，而且这种分裂足以说明哈恩等人的实验结果。

弗里茨带着激动的心情回到了哥本哈根，他要向玻尔汇报自己的想法。当时玻尔正要动身去美国，只有几分钟的时间和他交谈。但是他刚一开头，玻尔就嚷起来："啊，我们曾经当了什么样的傻瓜呀！啊，但这真太妙了！事情当然应该是这样！你和丽丝·迈特纳已经写了一篇有关此事的论文没有？"弗里茨说还没有写成论文，玻尔嘱咐他在论文发表以前不要把这种发现讲出去，然后就动身去了美国。

弗里茨给迈特纳打了几次长途电话，二人合写了一篇短文。他向一位在研究所工作的美国生物学家请教，一个细胞变成两个细胞的变化叫什么，那人说叫 fission（分裂），于是他们就在自己的论文中用了 nuclear fission 一词，我们把此词译为"核裂变"。他们的论文寄到英国的《自然》周刊，可惜因为没有玻尔的催促，论文过了一个多月才得以发表。

这可急坏了玻尔！在赴美的海船上，他和助手罗森菲耳德仔细分析了迈特纳他们的概念，得到了一些进一步的细致认识。但是玻尔只对罗森菲耳德说迈特纳他们的论文就要发表了，忘了嘱咐罗森菲耳德暂时不要说出去。当时罗森菲耳德以为论文应该已经发表了，所以一到美国他就向少数的朋友们介绍了情况，立即引起了那些人的极大注意。

1939 年 1 月 26 日—28 日，第五届理论物理学华盛顿会议召开。裂变的消息传到会上，在物理学家中引起了轰动，美国报纸也纷纷报道，许多大学中的研究小组连夜进行实验（新闻记者守在旁边），很快就有不止一个小组得出了正面的结果，这时玻尔还没有得到哥本哈根的任何消息。弗里茨不知道美国的情况，他还慢条斯理地做着正常的工作。玻尔力图劝阻美国方面的同行们暂缓发表消息，甚至为此而和费米闹得有些不愉快；同时他又接连向哥本哈根发出电报，要求赶快向他通报研究进展的情况。但是那时美国的"决口"已经堵不住了。

直到较晚的时候，玻尔的次子汉斯才在给玻尔的信中提到了弗里茨他们的结果，玻尔立即向美国方面通报了情况。当有人问及消息的来源时，他说是"我儿子"在来信中讲的。后来人们看到论文上的署名是弗里茨（和迈特纳），就猜测说，"这不可能是他的儿子，一定是'女婿'！"因此，在那一段时间内，关于弗里茨是玻尔的女婿的传言曾广为流行，尤其是在外行人中。

这时哈恩和斯特拉斯曼的论文也发表了，在美国许多人也已经重做了弗里茨做过的证实高速裂变碎片的存在的实验。由于各方论文发表的时间相差不多，人们对于提出裂变概念的"优先权"问题曾经有过一些不同的说法。一般说来，这种分歧主要起源于人们在学术观点和资料掌握等方面的不同，并不涉及人们的道德问题。但也有个别的人物，甚至是在学术上做出过伟大成就的人物，一直坚持只把裂变的发现归功于德国人哈恩，而至死也不肯承认“犹太人”迈特纳和弗里茨所作的基本贡献。这种态度是十足主观和反历史的，实在令人不能无憾！事实上，没有哈恩等人的实验资料，当然谈不到发现裂变现象，而没有迈特纳和弗里茨的物理图像，也同样或更加不能说已经发现了裂变现象，何况“裂变”一词本身就是弗里茨所引用的呢。

我们知道，裂变现象的发现和进一步研究，直接引向了核能的大规模释放，标志了核时代的正式到来。

四、几点补充

在瑞典安定下来以后，迈特纳继续发表了一些论文，主要是研究了在回旋加速器中得出的一些新原子核的性质。

迈特纳一生结识了许多最伟大的科学家，包括普朗克、爱因斯坦、玻尔等等。我国著名的核物理学家王淦昌在20世纪30年代初是她的学生，在她的指导下完成了博士论文。她获得了许多引人注目的成就，但是她从来没有改变自己的腼腆性格。第二次世界大战结束以后，美国有人想拍一部介绍原子弹研制过程的电影，制片人和迈特纳联系，请她在科学内容方面给予指导，并征求她的同意，在影片中让一位女演员来扮演她。结果被她一口回绝。她表示，关于科学内容，他们可以去请教她的外甥弗里茨；至于被编到电影里去出头露面，她认为“那就像赤身裸体地走过百老汇大街一样地难堪”。

她有很强烈的同情心和正义感，在这方面，她和某些巧言令色、文过饰非的德国科学家大不相同。第二次世界大战期间，关于纳粹匪徒如何虐杀犹太人的消息已经多少流传到了国外。但是人们大多将信将疑，不十分相信文明人能做出那种极端绝灭人性的事来，而且极少有人曾经想到那种暴行会有那么大的规模和强度。纳粹势力即将崩溃时，“死亡营”中的残存难民得到了拯救，其中有一些被送到了瑞典。这些虎口余生的人们骨瘦如柴、衣衫褴褛，其惨状催人泪下，这种景象想必大大地震动了迈特纳。她后悔，不该在希特勒上台以后还留在德国工作那么几年。听了英、美电台关于纳粹集中营的客观的报道后，她放声痛哭，整夜不能入睡。

迈特纳爱好音乐，能弹钢琴，但在十分熟识的人们以外她从不弹奏。到了晚年，她还常常回想起当年在柏林时每周一次在普朗克家的音乐聚会。

迈特纳一生获得了许多崇高的荣誉。她是许多国家的学术团体的成员，许多大学都曾授予她荣誉博士学位，她于 1955 年当选为英国伦敦皇家学会的会员。她获得了各国颁发的各种奖章和奖金。她一生发表了一百多篇学术论文，包括和别人联名发表的，反映了她数十年勤奋工作的成果。

（作者：黄纪华）

参考资料

［1］M. F. Rayner-Canham，G. W. Rayner-Canham. Pioneer Women in Nuclear Science［J］. Amer. J. Phys.，1990.

［2］E. Crawford. et. al. The Nobel Population 1901-1937［M］. The Regents of University of California，1987.

［3］Otto Robert Frisch. Lise Meitner 1878-1968［J］. Biogr. M. of F. R. S.，1970.

［4］R. L. Sime.Lise Meitner's Escape from Germany［J］. Amer. J. Phys.，1990.

［5］R. H. Stuewer. Bringing The News of Fission to America［J］. Physics Today，1985.

［6］胡济民，许良英，汪容，范岱年 . 王淦昌和他的科学贡献［M］. 北京：科学出版社，1987.

［7］戈革 . W. 海森伯的学术和人品［J］. 自然辩证法通讯，1990（01）.

朱丽亚・鲍曼・罗宾逊

（Julia Bowman Robinson，1919—1985）

罗宾逊

数学界的杰出女性

在人类几千年文明历史的长河中，数学，作为科学与艺术最完美的结合，始终在人的思维中占有极为重要的位置。它几乎是所有科学所不可缺少的，从未有任何一门科学能够像它那样泽被天下。数学家是创造、传播、应用数学知识的担当者，从某种意义上来说，数学很大程度上是数学家的个人创造，而数学知识要得到真正的理解和广泛的传播，也要靠数学家的著作及讲授。古往今来，我们从不缺乏伟大的智者，逐步打开通往真理圣殿途中的重重关卡。然而我们也不无遗憾地看到，能够在数学家的称谓后冠以自己姓氏的女性，是多么的稀少。即使历史的年轮已驶入现代，这种状况依旧没有得到多大的改善。

然而在这种逆境中，仍有一些杰出的女性挣脱世俗的桎梏，在数学天地中一展才华。朱丽亚·罗宾逊就是其中的一位。她不仅由于数学上的出色成就而当选为美国科学院院士、美国数学会首位女主席，向人们证实了妇女在数学研究中的能力，而且致力于向正徘徊于数学边缘的妇女伸出援助之手，帮助她们找到正确的方向，向人们展示了女性在社会活动中同样影响重大。

一、少女时代

朱丽亚·罗宾逊 1919 年 12 月 8 日出生于密苏里州的圣路易斯一个普通的商人家庭，是家中的第二个女儿，姐姐康斯坦丝·瑞德比她年长两岁，她的父亲拉尔夫·鲍曼是一位机械器具经销商，母亲海伦·鲍曼在朱丽亚两岁的时候不幸去世。丧妻的巨大悲痛几乎彻底击垮了她们的父亲，他对一切都失去了兴趣，无力照料两个年幼的女儿，将原有的生意草草结束后便将姐妹俩送到了亚利桑那州的菲尼克斯，和她们的祖母住在一起。直到与埃迪尼亚·克里德鲍夫结婚后，这对夫妇才搬到亚利桑那州与女儿们团聚，接着举家迁至加利福尼亚州的圣迭戈安顿下来，3 年之后，家中的第三个女儿降生。

幼时的朱丽亚瘦弱多病。9岁时，一场猩红热使她不得不和家人隔离了一个月。第二年，严重的风湿病再次侵袭了这个羸弱的女孩，并且对她的一生造成了难以挽回的伤害。由于反复发作，朱丽亚不得不在护理站卧床休养一年。那时，治疗这种病的唯一方法是日光浴，而且必须将患者完全隔离。这一年，朱丽亚生活在孤独中，连姐妹也不能见。过早地失去母爱无疑给朱丽亚的生活造成了无可弥补的创伤，而她原本内向的性格也在长期疾病的困扰下愈发深沉内敛并且不善言辞。她经常静悄悄地待在角落里，很难引起他人的注意，但不经意中展现出对数学的浓厚兴趣着实令她的家庭教师大为惊叹，这位在朱丽亚病愈后辅导她学习五到八年级课程的教师提到，2的平方根是一个无限不循环小数，这个算式曾经令朱丽亚苦思冥想，神魂颠倒。

重返学校就读于九年级时，数学已让朱丽亚深深着迷。其他的女孩们早在低年级时就已经逃离了数学课堂，因此，朱丽亚成为了数学及物理课堂上唯一的女生。尽管在学校成绩出众，但由于孤僻少言，缺乏自信，她很难克服这种强烈的不安全感。事实上，很多时候，她不得不依赖康斯坦丝代替她当众发言。1936年，她顺利毕业，而且取得了数学与科学课程中许多荣誉。同时，由于在科学学科中涉猎广泛且成绩突出，荣获了Bausch–lomb奖章。此时的朱丽亚已是全家人的骄傲，这个沉默寡言的女孩儿在令大多数男生都感到头疼的数学上倾注了那样多的心血和热情，让她的父母感到既惊奇又自豪。

1936年，16岁的朱丽亚以优异的成绩考入了圣迭戈州立学院（即现今的圣迭戈州立大学）。毫无意外地，她选择了数学作为主修专业，并开始为未来的从教生涯做准备（当时的学院侧重于师资力量培养）。那时，她还不知道学习数学可以从事其他的职业。朱丽亚在圣迭戈度过了一年平静的时光，她羞涩内向的性格并没有随着年龄的增大而有所改变，相反，在数学系这个充满男性气息的环境中，一个相貌平凡、个性沉静却对数学充满激情与憧憬的女孩和周围的一切显得那样格格不入。朱丽亚努力尝试着接受一切：公平与歧视，欣赏与不屑，快乐与失落……原本她以为大学时光就会这样度过，直到突如其来的噩耗打破了平静的生活。

20世纪30年代是一个动荡不安的时代，前所未有的经济大萧条迅速席卷了整个资本主义世界，几乎无人幸免。对于鲍曼一家而言，这无疑令原本就不富裕的家境雪上加霜。多年积蓄在无可抑制的通货膨胀下丧失殆尽，这样残酷的现实让朱丽亚的父亲陷入了无法自拔的绝望中，最终他选择了结束生命来逃避，那时，朱丽亚刚上大学二年级。尽管父亲的去世给这个并不富裕的家庭带来了沉重的打击，但并未遏制她对数学的热爱，她设法筹措到了每学期 12 美元的学费，在圣迭戈学院继续读书。日子是艰难的，对朱丽亚来说，最难忍受的并不是物质上的匮乏，而是心灵上的寂寞——一种缺少知音的孤独，直到她来到了伯克利。

二、在伯克利

在姑姑和姐姐的帮助下，18 岁的朱丽亚转到加利福尼亚大学伯克利分校读高年级。我们可以看出，这段岁月在她心中留下了多么美好的回忆，使她乐于以那样深情的笔触描绘那些难忘的日子：

> 在伯克利，我很快活，那是一种充满喜悦的幸福。因为，在圣迭戈，根本没人和我志趣相投。如果真如布鲁诺·贝特尔海姆所说，每个人都有属于自己的童话，那么从前的我无疑是羞怯的丑小鸭。然而，在伯克利，突然间，我发觉自己竟也变成了白天鹅。这里有那么多的人，无论是教师还是学生，对数学都和我一样兴奋痴迷。我不仅被选为数学联谊会的荣誉会员，而且还可以参加许多系里的社会活动。最重要的，在这儿，我遇到了拉斐尔。

拉斐尔·罗宾逊在朱丽亚的生活中无疑扮演了极其重要的角色，对于朱丽亚来说，他不仅是伴侣，更是保护者与引路人。在进入伯克利的第一年，朱丽亚正是随着当时已是副教授的拉斐尔学习数论课程。这个班只有 4 名学生，因此边散步边讨论数学问题便成为了他们最喜欢的上课方式。这种轻松融洽的氛围使朱丽亚在学业上收获颇丰，而拉斐尔真挚深厚的情感逐步温暖了她那敏感而孤独的心。1941 年 10 月，在读完研究生二年级第一个学期的课程后，朱丽亚成为了罗宾逊太太。

20 世纪 40 年代的伯克利规定，同一家庭中的成员不能在同一系中授课，因此结婚后，朱丽亚不得不放弃了数学系的助教工作。所幸 1940 年前后，朱丽亚参加了著名的统计学家杰兹·内曼的讨论班，对数理统计进行了广泛研究，这帮助她在伯克利的统计实验室取得了一个职位。二战时期，她还加入了大名鼎鼎的兰德公司，参与了某些秘密军事项目的研究。她巧妙地利用球带面积可由其高度决定的阿基米德原理解决了某个军事战略的对策问题，令人大为惊叹。在她唯一的一篇关于对策论的论文中，她解答了博弈论中的一个收敛问题，其结论迄今仍是这一理论的基本结果之一。

朱丽亚出色的工作赢得了内曼的青睐，这位世界统计学界的权威曾希望她能够专注于该领域的研究，并专门为她安排好了职位。但是，对数理逻辑的热爱最终让朱丽亚婉言谢绝了他的好意。

结婚以后，朱丽亚将大量心思投入到新建的小家庭中，满怀欣喜地布置新居，享受着新婚的幸福与快乐。不久，怀孕的喜悦又将她整个占据，她热切地期待着这个孩子的降生。然而，风湿病遗留下的心脏组织创伤，使她失去了这个孩子。当医生告诫她绝不能再冒险怀孕时，她被击垮了。长久以来对于完美家庭的渴望，对于成为母亲的憧憬，令年轻的她难以面对如此沉重的打击。而不能在数学系中求得一席之地，研究心爱的数学问题，无疑更是雪上加霜。朱丽亚陷入了深深的痛苦与迷茫中，曾一度想放弃自己的追求。在她情绪最低落的时候，拉斐尔的支持和鼓励成为了她坚强的依靠，在度过了一段相当艰难的低潮之后，对数学强烈的兴趣战胜了她的脆弱与茫然，朱丽亚终于从厚重的阴霾中挣脱出来。

1948 年，朱丽亚获得了加利福尼亚大学伯克利分校的博士学位，登上了人生新的高峰。她的导师是著名的波兰逻辑学家、数学家阿尔弗雷德·塔斯基，他是波兰华沙逻辑学派的代表人物，也是数理逻辑中模型论的奠基人，与被誉为“亚里士多德和莱布尼兹以来最伟大的逻辑学家”的哥德尔交往密切。1946 年，由于战争的原因，哥德尔来到了普林斯顿大学，与正在那里访学的朱丽亚相识。他关于数理逻辑的高深见解让原本就痴迷于数理研究的朱丽亚如鱼得水，在他的指导下，朱丽亚完成了博士论文《代数中的定义和决策问题》，并证明了比例数域中算法的不可解性定理。也是在这一年，她开始了对于希尔伯特第十问题的研究。

三、第十问题

1900 年，第二届国际数学家大会在法国举行。当时，各国数学精英云集巴黎，交流学术思想，报告研究成果，一时之间，巴黎的空气中似乎都弥漫着数学的气息。

38 岁的德国著名数学家戴维·希尔伯特教授在大会上做了发言。有些出人意料的是，他的演讲题目叫作《数学问题》。它的内容并不是某个定理的具体证明，也未提出全新的论断或猜想，而是展望了数学的未来，列出了在新世纪里数学家应该努力解决的问题。在演讲中，希尔伯特强调了这门科学发展方向问题的重要性，考察了重大而富有成果的问题的特点，阐述了对于问题的“解答”的要求。然后他提出并讨论了23个重要的数学问题，他相信，这些问题的解决，必将大大推动20世纪数学的发展。事实证明，他的想法是完全正确的。《自然》杂志评论说，20世纪的数学家中，几乎没有谁的工作不是从这些问题中拓展出来的。的确，从发表之日起，这23个问题就成为了数学家力图攻克的难关，人们把解决希尔伯特问题，哪怕是其中的一部分都看成是至高的荣誉。

希尔伯特第十问题的描述简洁明了，即：

> 10 丢番图方程可解性的判别。
>
> 设给了一个具有任意多个未知数的整系数丢番图方程，要求给出一种方法，使得借助于它，通过有穷次运算可以判定该方程有无整数解。

这一问题是23个问题中最古老的，它的起源可以上溯至2000多年前的古希腊数学时代。希尔伯特将历史遗留题目加以总结和拓展，提出了上述命题。它的实质是找出一种能行的算法（所谓“能行”就是按照一定的规则，能在有穷步中机械地得到结果）。

在希尔伯特第十问题提出后的前30年，数学家们按照传统的方法加以研究，但始终没有取得明显的进展，直到20世纪30年代后期，数理逻辑发展成为一门成熟的数学学科后，一批逻辑学家和数学家的杰出工作，直接影响第十问题的最终解决。

朱丽亚着手研究第十问题，起始于一个很偶然的机会。这个题目实际上是她的导师塔斯基在一次教师的聚会上，向拉斐尔提出的，用来说明一些很容易定义的集合，却存在无法定义的非二次的补集。这给了朱丽亚一个提示，因为希尔伯特第十问题实际上也是一个判定问题，与朱丽亚在博士论文中证明的比例数域定理的算法不可解性有某些微妙的关系。

一个数域，当然存在一个构造，用逻辑符号建立 $F=(F, +, \cdot, 0.1)$。域理论的逻辑语言变量定义在 F 内。常数为0，1；函数符号 $+, \cdot$；逻辑关系符号 $\neg$，$\wedge$，$\vee$，$\rightarrow$；以及量词 $\forall$，$\exists$。典型的命题如下：

$$\forall x \exists y \exists z \forall w\ (P(x, y, z)=Q(x, z, w) \wedge R(x, z)=S(w))$$

其中 P，Q，R，S 是多项式。一个给定域 F 的理论就是用逻辑语言表示出的关于 F 的所有真命题的集合。而（对于 F 理论的）判定问题就是能够有效地判断出这一理论中哪些命题是正确的。塔斯基证明了在实数域 R 及复数域 C 中判定问题可解。而朱丽亚的思路与她的老师相反，她通过证明整数群是 Q 中一个可定义的子集，从而成功地推导出 Q 域上的判定问题不可解的结论。并由此，整数环 Z 上的判定问题（即丢番图方程可解性所涵盖的部分）也可归结到 Q 域解决。

朱丽亚对于与 Q 域相关的整数集的定义很简单：

$\mathrm{In1}(n)$：$\forall ab\ (\Phi)\ (a, b, 0) \wedge \forall m\ (\Phi\ (a, b, m) \to \Phi\ (a, b, m+1) \to \Phi\ (a, b, n))$

其中，$\Phi\ (a, b, k)$：$\exists xyz\ (2+abk^2+bz^2=x^2+ay^2)$

如果将所有的量词提取出来，就会得到类似于 $\forall ab \exists m \forall xyz\cdots\cdots$，和不是一个丢番图的定义 $\exists xyz\cdots\cdots$，但是这可以推导出 Z 上的丢番图问题，亦即希尔伯特第十问题。

这个问题牢牢地吸引住了朱丽亚的目光，并积极地投入到研究工作中。她认为，想要证明一个无从定义的东西无论如何太困难，因此，选择了从另外一个角度着手。

1950 年，国际数学家大会在美国的剑桥召开，朱丽亚在会议上作了 10 分钟报告，宣读了自己的研究成果。同在会议上发言的数学家马丁 · 戴维斯的演讲内容也是关于第十问题的，但二人的思路却完全不同。

要证明丢番图方程整数域内的不可解性，可以先证明它在我们更熟悉的域——自然数域内不可解，即对于任一丢番图方程 $P\ (x_1, \cdots, x_m) =0$，都有另一个丢番图方程 $Q\ (x_1, \cdots, x_n) =0$，使得若 $Q = 0$ 有自然数解，那么 $P = 0$ 有整数解。因此，如果我们可以通过一种算法来判断丢番图方程在整数域内是否可解，那么在自然数域内，我们也应该可以得到一种算法。在证明不可解性的初期，大量的工作围绕这一中心展开。

根据戴维斯的定理，如果 $R\,(b_1, \cdots, b_m)$ 是自然数的一个谓词，则我们称 R 的任意公式的丢番图表示

$$Ex_1\cdots Ex_n\,P\,(b_1, \cdots, b_m, x_1, \cdots, x_n) = 0,$$

其中 P 是整系数多项式，那么，这一公式对于某些值 $(b_1, \cdots, b_m)$ 是真的，当且仅当 $R\ (b_1, \cdots, b_m)$ 是真的。

戴维斯猜想每一可计算的不可列谓词都有一个丢番图表示，如果这是真的，我们就可以得到可计算但不可举、不可解的谓词 $S\ (b)$ 的一个丢番图表示

$$Ex_1\cdots Ex_n\,P\,(b, x_1, \cdots, x_n) = 0.$$

那么对于一个给定的值 b，对应的方程 $P\ (b,\ x_1,\ \cdots,\ x_n)=0$，就没有算法判定它是否有自然数解，丢番图方程就可以被证明是不可解的。

朱丽亚解决第十问题的方法与戴维斯刚好相反。她避开证明所有的可计算不可列谓词都有丢番图表示，而是试图为一类特殊且重要的谓词——幂（即谓词 $x=y^z$）、二项式系数（$x=C_y^z$）、阶乘函数（$x=y!$）以及谓词"X 是素数"构造丢番图表示。她设想，如果可以证明所有简单幂函数的增长都符合丢番图关系的话，就能够进一步证明全体。尽管她还没有取得完全的成功，但她证明了上述的谓词都有丢番图表示，至少成幂增长的函数有这种表示。

朱丽亚回忆道："在此之前，阿尔弗雷德和我都疏漏了戴维斯关于体系存在性的证明。会后，戴维斯告诉我，他看不出有什么希望能将我所列举的例子推广到一般情况——我说我做了我能做的一切，并想'你又怎样才能去掉那些一般性的量词呢？'我猜我们都在正确的道路上前进，但认为对方是错误的。"

朱丽亚沿着认定的方向继续前进，她敏锐地察觉到贝尔方程对于冲击第十问题具有举足轻重的作用，并从 1952 年开始，进行系统而深入的研究。贝尔方程丰富的性质使得朱丽亚几乎证明了幂函数可以表示成为若干个丢番图方程组。成功似乎近在咫尺，但又仿佛遥不可及。

四、真诚合作

重大的突破发生在 1960 年。马丁·戴维斯和希拉里·普特南共同证明了每个可计算的不可列谓词 $R\ (b_1,\ \cdots,\ b_m)$ 都可以用以下的公式表示：

$$Ex_1\cdots Ex_n\ T\ (b_i,\ \cdots,\ b_m,\ x_1,\ \cdots,\ x_n)=0,$$

其中表达式 T 由字母 b_i，$\cdots$，b_m，x_1，$\cdots$，x_n，自然数，加号"+"，减号"−"，乘号"×"，和用字母表示的幂（即 x^y）组成。但他们的证明中用到了一个还未被证明的系数猜想，这点缺陷在尤为强调逻辑严密性的数论领域，是无法被忽略的。于是，他们将证明寄给了朱丽亚，希望得到帮助。戴维斯后来回忆："她的第一反应，是立即回信向我们展示如何避免烦琐分析的方法。几周之后，她又告诉我们如何用已知的素数原理来代替我们在计算过程中所使用的还未被证明的素数猜想。而后，她又竭力简化了复杂难懂的证明，使得公开发行的版本中的定理证明既通俗易懂，又优雅简洁。"

最终，三人联名的文章《含幂的丢番图方程的决定问题》发表于 1961 年。这一定理是一项杰出的成果，它成功地证明了含幂的丢番图方程的不可解性，但是它仍然不能去除对于全体谓词的疑虑（即对于每一个谓词，都有一个“真正的”丢番图表示）。因此，如果素数群和 2 的乘幂构成的群有丢番图表示的话，那么，这些群可以被适当多项式的正值构成的群所代替，当时流行的数论直觉在 1969 年还不相信这是百分之百可能的。

1970 年，苏联科学院院报发表了一篇题为《可枚举集是丢番图的》的文章，作者是年仅 22 岁的数学家马季亚谢维奇。马季亚谢维奇成功地为幂增长的函数及乘幂本身建立了丢番图表示：

$$a=b^c \ \langle - \rangle \ Ex_1 \cdots Ex_n P\ (a,\ b,\ c,\ x_1,\ \cdots,\ x_n)=0.$$

他察觉到斐波那契数列具有某些奇妙性质，并对此善加利用，在戴维斯和普特南及朱丽亚的研究成果上，完成了一个重要的定理：一个集合是递归可枚举的当且仅当它是丢番图的。从而最终判定了希尔伯特第十问题是递归不可解的。

这篇文章的发表立刻成为数学界轰动一时的新闻，马季亚谢维奇是那样年轻，才刚刚取得硕士学位，在国际数学界还未有知名度，研究这个问题的时间也并不很长。人们在惊讶赞叹的同时也不禁将惋惜的目光投向了朱丽亚，那时，她研究希尔伯特第十问题已经超过了 20 年。

尽管现代数学已经发展成为一种合作的文化，但出于对荣誉的渴望，数学家的心中仍不免会存在这样的顾虑：当自己已经完成了证明的主要部分，但仍然未找到最后部分的演算。而就在这个时候，如果他的突破性的工作泄露出去，那就无法阻止别人在此基础上继续前进，并完成证明。但这样的想法在朱丽亚身上似乎从未出现过，她诚恳地向马季亚谢维奇表示祝贺，并给予他热情洋溢的肯定。没有人会怀疑她的真诚，因为熟悉朱丽亚的人都知道，对于她而言，能够将问题解决比什么都重要。她曾说，她并不在意这个问题是不是由自己解决的，只是她一定要知道答案，她不想带着遗憾离开人世。其实在世人知晓马季亚谢维奇的名字之前，朱丽亚就已经和他有了交流。马季亚谢维奇一再提到，朱丽亚的成果距最后的证明极为接近，而且她的工作对他有着至关重要的影响，为他提供了坚实的基础并且触动了他的灵感。1969 年，马季亚谢维奇第一次给朱丽亚写信，请求朱丽亚将约翰·麦卡锡的备忘录邮寄给他。马季亚谢维奇收到的，是一份经过朱丽亚推敲整理后的复件，其中包含了最主要的公式和辅助定理。他后来写道：“我相信只有像朱丽亚那样，在这一思维方向上已经花费了大量的时间，经过严密的考虑，才能从这些备忘录中得到启示，重新构建整个证明。”

这样友好的开始奠定了他们之间良好的合作关系。在宣布希尔伯特第十问题已经解决之后，对于数学的痴迷的热情和孜孜以求的态度使得朱丽亚与她的合作者继续并肩前行，尽管条件不便（由于当时没有电子邮件，书信来往需要大量的时间），但是他们之间共同的追求与合作的默契使得一切困难都迎刃而解。当然，其中也并不是一帆风顺的。有时，他们似乎竭尽所能也不能前进，而其他的数学家又随时都可能用更新鲜的想法来改进他们的结论，这种紧迫感让马季亚谢维奇时时感到压力。朱丽亚时常劝慰她年轻的伙伴："当然，其他人取得突破，超越我们的论文是完全有可能的，但是我们应该想到，这对于数学而言，是很有好处的。"1975 年，他们联名发表了论文《可将任意丢番图方程的未知量化简为 13》，这是一个非常美妙的证明，它标志着对于丢番图方程不可解性的证明简化取得了突破性的进展。在这之后，马季亚谢维奇又将未知量的数目化为 9 个，但这一次，朱丽亚却坚决拒绝署名，她写信给马季亚谢维奇说："我不想成为 9 个未知量那篇论文的联名作者——我已经告诉所有的人那是你取得的进展。事实上，如果签上我的名字，会让我觉得自己很蠢——当然，假设我真的做出了什么那就另当别论了。"

朱丽亚与马季亚谢维奇的成功合作一直持续到她的身体出现问题后才不得不终止，但是他们之间的忘年交令双方着实受益匪浅，朱丽亚写道："我真的很高兴能够合作（尽管相隔万里），我们取得的进步明显要比任何一方单独工作所能取得的要大。"

五、政治热情

多数数学家在他们的研究和教学工作之外，几乎没有其他的社会活动，与频繁的会议、选举相比，他们更愿意待在象牙塔中，与世无争。何况在 20 世纪中期，妇女的地位不高，妇女的意见经常被忽视，从政的女性屈指可数。然而，朱丽亚却一举打破了两桩世俗的樊篱。沉默少言的性格并没有压抑她对于政治的敏感与热情，相反，她用女性独有的细腻与敏锐的视角观察并思索着这个纷乱复杂的世界。

她并不像人们想象的，只是一个问题的解决者，她更是一个生活的积极参与者。她关心周围所有的事物，小至如何可以帮助同事的孩子愉快而又快速地掌握英语（她的方法是让孩子读南希·朱的故事），大至加利福尼亚大学（那个时代，学校的确存在大量的问题）、民主党、美国乃至世界。

1952 年，民主党候选人阿德莱·史蒂文森在总统竞选中失利，导致整个民主党面临分崩离析的厄运。朱丽亚意识到了这场危机，并请姐姐康斯坦丝写信给《新共和党》的编辑，阐明自己的观点。这封信恰好发表于民主党高层会议召开前夕，引起了很大的震动。康斯坦丝后来回忆："所有参加会议的政要们都在谈论着这封信，询问谁是康斯坦丝·瑞德。其实，这封信的文字虽是康斯坦丝写的，但字里行间澎湃的政治激情却属于朱丽亚。"

尽管朱丽亚的政治生涯由于健康原因仅仅持续了 6 年，但她所展现出的坚定的信仰、昂扬的热情与亲力亲为的积极态度却给曾与她共事的人留下了深刻的印象。她信守公平、公正的原则，富有很强的正义感与责任心。人们至今仍然记得，在那个多事的 50 年代，在臭名昭著的麦卡锡主义统治时期，她挺身而出，与所有坚守正义的人们并肩战斗，反对学校实行种族隔离，抵制反共宣誓，并公开在法庭上为拒绝宣誓而被开除的人们进行辩护。她孱弱的身体与坚强的意志形成了如此鲜明的对比，让人们不禁对这瘦弱的身躯中所蕴含的高尚的灵魂和勃发的力量而肃然起敬。

六、崇高荣誉

1970 年前后，朱丽亚已经很有名气了，但她似乎并没有意识到自己的名字因和多篇著名的论文相连而早已蜚声国际。她认为她只是数学家拉斐尔·罗宾逊的妻子，一位平凡的家庭主妇。然而既然数学已经成为她生活中不可分割的部分，便注定要为她的生活增添非凡的色彩。

1975 年，她被提名为美国国家科学院院士。这项提名让她身边的朋友和同事备受鼓舞，因为他们最了解朱丽亚的勤奋与成就，在她过去的同事提供的一份工作纪要中，我们可以看到她生活的侧影："星期一，证明定理；星期二，证明定理；星期三，证明定理；星期四，证明定理；星期五，那定理是错的。"那时，尽管阿尔弗雷德·塔斯基和杰兹·内曼都已年迈体衰，他们还是专程赶回华盛顿，向委员会解释朱丽亚工作的重要性。1976 年，朱丽亚顺利当选。这是一项很高的荣誉，至 1985 年，美国有 1442 名院士，其中妇女寥寥可数，而在数学方面，她更是唯一的女性。同年，伯克利终于授予她全职教授的职位，这在当时的伯克利，是一个空前的决定。由于健康状况的限制，朱丽亚只能承担四分之一课时的工作量。针对这个问题，科学院顾问团主席桑德斯·麦克莱恩曾专门致信："在我看来，即使罗宾逊博士只能承担部分工作，将教授职位授予她也是非常适当的决定。她在数理逻辑及其相关问题方面的成就极为杰出，完全可与美国任何一流大学中的功勋教授的成绩相媲美，而做出这样的决定对加利福尼亚大学伯克利分校是尤为适宜的。”

朱丽亚接受了这个职位，但出乎她意料的是这仅仅是接踵而来的各种荣誉的开始。各种授奖与采访的电话接连不断，一时之间，平静的生活被搅乱了。朱丽亚开始感觉到苦恼。在她看来，作为数学家是她的工作，而受到过度的关注令她紧张而尴尬，她写道：“事实上，我只不过是一名数学家，并不想被人看成是开创了这个或那个纪录的第一位妇女。我宁可作为数学家被人们记得，仅仅是因为我证明过的那些定理和解决过的那些问题。”

1982 年，朱丽亚以绝对的优势当选为美国数学会的第一位女主席，并获得了为期 5 年的共计 60000 美元的麦克阿瑟基础奖金。这是继她成为数学会首位女官员 4 年后得到认可的体现。虽然她一向注重隐私，不愿意成为公众的焦点，但是这次，她觉得无法拒绝，一种强烈的使命感要求她必须做些事情来改善当时普遍存在于数学界的性别与种族歧视。

朱丽亚坚信没有任何理由可以阻止女性成为数学家，同时确信要改变目前的状况，必须积极行动起来，帮助更多女性在大学中获得职位。她说：“如果我们不试着改变些什么，那么永远都不会有变化。”她积极参加数学妇女学会的工作，讨论如何鼓励年轻女性进入数学领域以及如何支持女数学家的研究工作。她到女教师俱乐部去，强烈呼吁应当创造机会让所有人自由地迈进通向数学的道路。

在对青年人的一次讲话中，朱丽亚谈道：“数学家应该是这样一个团体，不分地域、种族、信仰、性别、年龄甚至时代，将自己的一切奉献给艺术和科学中最美丽的部分——数学。”她积极组织活动，讨论如何帮助有数学天赋的其他种族的青年（包括黑人）发挥他们的才能。她始终不懈地在为所有的学生创造机会，鼓励研究生和年轻的助教们充分相信自己的能力。她成为女数学家和其他种族数学家精神上的领袖与行动上的楷模。她将有志献身于数学研究领域的人们紧密团结在一起，并竭力为他们创造更多的机会，帮助他们取得成功。

七、终曲

1984 年夏天，朱丽亚就已经得知自己患上了白血球过多症。在与病魔抗争的日子里，她始终坚强乐观，从未放弃过希望。弥留之际，她向在她一生中起到重要影响的人们致谢，除父母之外，还有她在圣迭戈学院念书时的一位副教授，是他建议朱丽亚到伯克利深造；她的丈夫拉斐尔·罗宾逊，如果没有他，她无法想象自己会成为一名数学家；她的导师阿尔弗雷德·塔斯基，他的数学研究恰好适合朱丽亚，假如没有他，她的数学生涯或许会有很大不同；杰兹·内曼，是他无私的资助让朱丽亚得以深造研究生课程；还有马季亚谢维奇，他对于希尔伯特第十问题的最终证明了却了朱丽亚的一大心愿，而且他们之间跨越了年龄、性别和地域的友谊与合作，令她愉快而满足。

1985 年 7 月 30 日，朱丽亚·鲍曼·罗宾逊与世长辞。遵照她的遗愿，没有举行葬礼，为了寄托深深的哀思，人们将捐款送到她生前建立的用以纪念她的导师阿尔弗雷德·塔斯基的基金会，以助有志投身于数学研究的莘莘学子一臂之力。妻子逝世后，拉斐尔·罗宾逊教授以朱丽亚的名字建立了纪念基金，这项基金的收入用来支持学习数学的学生完成课程，以及为研究生继续攻读博士学位提供经济援助。

与她之前的几位伟大的女数学家，如索菲·热尔曼、索菲娅·科瓦烈夫斯卡娅、埃米·诺特相比，朱丽亚在社会活动中取得了前所未有的肯定。但是，女性在数学中的地位仍旧没有得到彻底的改善。朱丽亚的成就不仅在于她在数学研究中取得的成绩，而且在于她以前瞻的目光，致力于为更多的妇女研究数学创造更加良好的环境。

朱丽亚受到人们的尊敬与爱戴，不但因为她得到了很高的荣誉，更是因为她温和的举止、内敛的幽默、睿智的思想与高尚的人格，她对数学无与伦比的热爱为她赢得了广泛的朋友。她是一位真正的数学家，一位开创时代的伟大女性，她不平凡的一生将永远为人们所牢记、怀念。

（作者：武修文　王青建）

参考资料

[1] 胡作玄．数学与社会［M］．长沙：湖南教育出版社，1991.

[2] 李美霞，余美荣．当代杰出的女数学家——朱·罗宾逊［J］．百科知识，1987.

[3] 梁宗巨．数学家传略辞典［M］．济南：山东教育出版社，1989.

[4] 张奠宙，马国选等．现代数学家传略辞典［M］．南京：江苏教育出版社，2001.

[5] 康斯坦丝·瑞德．希尔伯特——数学世界的亚历山大［M］．袁向东，李文林，译．上海：上海科学技术出版社，2001.

[6] 胡久稔. 希尔伯特第十问题 [M]. 沈阳：辽宁教育出版社，1987.

[7] 西蒙 · 辛格. 费马大定理——一个困惑了世间智者 358 年的谜 [M]. 薛密，译. 上海：上海译文出版社，1998.

罗莎琳德·埃尔希·富兰克林

(Rosalind Elsie Franklin，1920—1958)

富兰克林

一位过早凋谢的科学之花

1962 年，哈佛大学的沃森、剑桥大学的克里克和伦敦国王学院的威尔金斯因为“发现了核酸的分子结构及其在生物体信息传递中的作用”而分享了该年的诺贝尔生理学或医学奖。早在 1953 年 4 月 25 日他们在英国《自然》杂志上发表论文，提出了 DNA 双螺旋结构模型，从而开创了分子生物学的新时代。此后的 50 多年，分子生物学取得了飞速的发展，已经渗透到了生命科学的各个领域，更为重要的是今天的 DNA 双螺旋不仅仅被看作是一个分子结构，而是成为了分子生物学的象征，并且作为 20 世纪 4 种基本模型而被永远载入了科学史册。遗憾的是 1953 年那期《自然》杂志上共登载了 3 篇与 DNA 双螺旋结构相关的论文，而这 3 篇论文对 DNA 的发现都是至关重要的，但仅有两篇论文的主要作者获得了 1962 年的诺贝尔生理学或医学奖，而第三篇论文的主要作者却因为英年早逝而与这项荣誉擦肩而过了。可能是由于早逝而未获得诺贝尔奖的缘故，也可能是性别方面的原因，她在 DNA 阐明中的作用被忽视了几十年，这不能不说是一个遗憾。这篇论文的作者就是著名的女科学家罗莎琳德·埃尔希·富兰克林，她所提供的 DNA 晶体 X 射线衍射照片对 DNA 双螺旋的发现起着决定性的作用。

2003 年，恰逢 DNA 双螺旋模型提出的 50 周年，世界各地的分子生物学家通过各种方式来纪念这个伟大的事件。而本文希望通过介绍富兰克林的一生，重点是她在 DNA 双螺旋发现过程中所起的作用，也从一个侧面了解 DNA 双螺旋结构的阐明经过，对这位带有一丝神秘色彩的女科学家有一个较全面的了解。

一、幸福的童年

1920 年 7 月 25 日，富兰克林出生于英国伦敦一个富有的犹太家庭，她是家中的第一个女孩（她还有 1 个哥哥、2 个弟弟和 1 个妹妹）。富兰克林家族的人员具有非常良好的品质：有信心、有能力、对社会有思考力等，她的父亲埃利斯·富兰克林也不例外，埃利斯·富兰克林本身是一位成功的商业银行家，具有一定的社会地位，同时具有犹太民族的优良品质，对富兰克林的成长有着重要的影响。富兰克林的母亲穆里尔·韦利也出身于一个有一定社会地位的家庭，并受过良好的教育。

由于富兰克林生活在一个良好的家庭环境中，她的家中总是充满着对自由、逻辑等大家感兴趣的问题的激烈的争论和热烈的辩论，而家中的每一个成员都参与讨论，小小年纪的富兰克林也不例外，她也为自己的立场发表看法，辩论中大人开放的思想和深邃的洞察力都深深地影响着她，也使她从小就形成了鲜明的个性，当时就敢于和有一定保守性的父亲进行激烈的辩论，这为富兰克林以后在科学研究中的独立思考奠定了良好的基础。

富兰克林虽然只是一个小女孩，但是却有男孩子一样的坚强性格，从小就喜欢独立做一些家庭事务，不喜欢像其他同龄小朋友那样玩洋娃娃之类的玩具，而且有一种不服输的劲头。另外，在小时候就显示出了聪明的个性和极高的创造性。当富兰克林6岁的时候，相对于其他同龄的小朋友就表现出了极高的运算天赋，每次和小朋友在一起玩耍并进行数学方面的测验时，她得到的结果总是又快又正确的。富兰克林就是在这种良好的家庭环境中度过了自己幸福的童年，可能这些为富兰克林以后的成功奠定了良好的基础。

二、求学阶段

当富兰克林9岁的时候，她被送进一所寄宿学校。可能是学校环境和家庭环境的差异，刚开始她竟然不能很好地适应那里，她的脾气有时显得非常坏，并且也表现出了明显的不合群。尽管如此，富兰克林却可以全身心地投入到学习中，因此学习成绩一直比较优良。随着时间的推移，富兰克林逐渐适应了周围的环境，和其他的同学也慢慢友好起来，在学习之余，她还在其他方面取得了一定的成绩，如在曲棍球、游泳、绘画等方面比较感兴趣，表现出了一定的艺术天赋，同时也说明富兰克林比较善于动手，而不仅仅注重理论。

富兰克林11岁时，她唯一的妹妹出生了，因此她转学到了伦敦西部的圣保罗女子学校学习，这所学校一向以对学习要求严格而出名。富兰克林在这里更加努力学习，特别是她逐渐表现出了对自然科学的极大兴趣，尤其是物理和化学。以至于在富兰克林 15 岁的时候，就树立了自己的理想，那就是将来成为一位科学家，这从 1940 年夏天给她父亲的信中提到的对科学的看法中可以看出："……科学和日常生活不能也不应分离。科学对我来说是生命的部分诠释，迄今为止它被理解为基于事实、经验和实验的学问……"

20 世纪 30 年代的英国可以说思想是非常保守的，特别对于像富兰克林这样一位出生于一个正统犹太家族的女孩子来说，她的选择无疑是一件离经叛道的大事，这自然会遭受到她家庭的强烈反对。尤其是她的父亲，他对女儿求学的期望是将来成为一个社会工作者，而不是去从事科学研究工作。富兰克林坚强的性格，在一定程度上可以说具有一定的固执性，这就决定了她必然会为了自己的追求而和父亲展开激烈的争论。她的不懈努力最终使父亲的态度变得比较缓和，最终同意了她的决定。富兰克林从此更加刻苦学习自然科学知识，并且在 1938 年以优异的成绩进入了剑桥大学的纽汉学院，开始更加深入、全面地学习自然科学方面的知识。

富兰克林在剑桥大学学习期间十分刻苦，特别是在物理和化学方面倾注了更多的心血，从而在自然科学理论方面打下了坚实的基础。富兰克林在学校各方面都取得了优异成绩，因此在 1941 年从剑桥大学顺利毕业，同时获得了物理化学专业的学士学位。

三、初期研究

富兰克林虽然在剑桥大学期间掌握了大量的理论知识，但是在实验方面却相对比较欠缺，因此一毕业，她就申请到了一个奖学金，在诺里什的实验室进行气相色谱方面的工作，这可以说是富兰克林逐步走进科学研究生涯的开始。富兰克林在这里仅仅工作了一年，掌握了一定的实验技能，便由于战争原因改变了工作。

1942 年，第二次世界大战期间，英国正处在战争的困难时期，具有强烈责任感的富兰克林决定去做一些与战争有关的研究工作，从而为国家奉献自己的一点力量。因此，她去了英国煤炭应用研究会，进行煤和石墨特性方面的研究工作。富兰克林的研究内容主要包括煤在加热时的结构变化；无规则碳转变为石墨的机理；碳和石墨的显微结构等。经过努力工作，特别是凭借她的聪明智慧，富兰克林在这些方面都取得了巨大的进展。同时富兰克林还以炭的孔状结构为题完成了论文，使她在 1945 年拿到了剑桥大学的物理化学博士学位。到 1947 年富兰克林共发表了 5 篇重要的论文，虽然数目不是太多，但是富兰克林的这些研究成果开创了高强度碳纤维这个新的研究领域，并且具有巨大的应用价值，直到今天在核电站中所使用的特殊石墨碳棒就应用了她的研究成果，特别是她的部分开拓性论文至今还在被该领域的研究人员引用，说明了她的研究成果的重要意义。如果算上富兰克林随后用 X 射线衍射技术所做的一些与碳相关的研究工作和发表的 10 余篇研究论文，那么她所取得的关于碳元素的一些研究成果使物理化学家们改变了对煤及其相关物质显微结构的看法。

1947 年，富兰克林为了自己能在实验技术方面有一定的提高而离开英国到了法国巴黎，在那里的中央政府化学实验室进行工作。实验室的负责人是雅克·梅林，他在使用 X 射线研究无序晶体方面是公认的专家，具有很高的学术造诣，而用 X 射线衍射方法来研究物质结构是当时比较有效的方法，因此富兰克林的这个选择使她日后能够成为 X 射线晶体学方面的专家，并且用这种方法来阐明 DNA 结构是非常有益的。

富兰克林在实验室同行的帮助下，凭着自己的勤奋和天赋，进步得非常快速，在初步掌握了实验方法后，她还把这种新的实验方法应用到自己原来的研究领域。富兰克林用 X 射线衍射方法研究碳纤维在加热过程中转变成石墨时发生的结构变化情况，取得了原来实验方法无法比拟的效果，同时大大加快了这个领域的研究进程，从而也改观了对碳显微结构的看法。在掌握了实验技术的同时，富兰克林还充分体现了自己在实验方面的天赋，她非常善于做一些比较精妙的实验，而且所得到的结果都是那样的完美，可以这样说，她就像一个艺术家一样在进行着科学研究。在法国的这段时间，富兰克林在应用 X 射线衍射技术来研究像煤这样的不完美晶体方面变得非常精通，在当时已经成为用 X 射线解决有机物构造的专家，同时她精湛的技术赢得了同行的赞誉，也为自己下一步加入到 DNA 的研究行列奠定了良好的基础。

富兰克林在法国的 3 年，一直生活在一个友好的气氛中，与同事之间的相处关系比较融洽，同时也逐渐地接受了法国浪漫式的生活方式，因此可以说，富兰克林在工作和为人处事方面都得心应手，已经非常喜欢自己所处的工作环境。但是 1951 年富兰克林的一个决定却打断了这种相对平静的生活，同时也改变了她的命运。

富兰克林当时打算更换一下工作，而伦敦国王学院的约翰·兰德尔也正在寻找一位 X 射线方面的专家来从事生物学方面的研究工作，最后他们通过其他人取得了联系，并且还达成了意向。此后不久富兰克林就被聘为伦敦国王学院的研究员，加入到用 X 射线衍射技术来研究 DNA 的结构当中。同时富兰克林的这次工作变动使她的科学研究生涯中有了对生物学产生深远影响和贡献的机缘，也是她的职业生涯中一段重要的经历。真的是时势造英雄，历史的选择将富兰克林推到了事业的巅峰，可以说今天大家谈及富兰克林时，议论最多的就是研究核酸这段历史。

四、研究核酸

首先将当时的历史情况描述一下，美国微生物学家艾弗里和他的同事麦克劳德、麦卡锡在 1944 年用肺炎链球菌转化实验首次证明了 DNA 为遗传物质，引起了许多科学家的重视，特别是从 1950 年之后，掀起了研究 DNA 的一个高潮。

美国生化学家查格夫从 1950 年对 DNA 的碱基组成进行了更加精密的实验，得到了查格夫规则，即腺嘌呤（简写为 A）和胸腺嘧啶（简写为 T），鸟嘌呤（简写为 G）和胞嘧啶（简写为 C）的含量分别相等。这个结果为 DNA 双螺旋结构中的碱基配对提供了实验基础。

而另一个研究小组就是伦敦国王学院的兰德尔和威尔金斯小组，他们应用 X 射线衍射来研究 DNA 的结构。

用 X 射线衍射的方法来研究 DNA 是由英国物理化学家阿斯特伯里开创的。他在 1938 年就得到 DNA 的 X 射线衍射照片，并且初步得出结论：DNA 具有周期性，周期值为 3.3Å（这一数值与碱基平面距离 3.4Å 非常接近）。这是研究 DNA 结构的第一步，虽然所得结果非常有限，可是阿斯特伯里的开创性工作为阐明 DNA 结构开辟了道路。用这种方法来系统研究 DNA 结构一直持续到 1950 年的威尔金斯。

威尔金斯是一位物理化学家，当时在伦敦国王学院进行烟草花叶病毒和核酸中碱基变化的研究。1950 年，威尔金斯在一次学术会议上得到了一些 DNA，随即将它们送给了戈斯林（他是兰德尔的一个研究生），而戈斯林几乎是立刻得到了 DNA 的 X 射线衍射照片。威尔金斯一开始就获得令人非常鼓舞的结果，因此决定开始 DNA 的结构研究。威尔金斯从照片中推论 DNA 为螺旋结构，同时估算了螺旋直径。可以说，这在 DNA 结构的研究方面迈出了一大步。但是距离问题的解决还很遥远，而且威尔金斯一直认为 DNA 是单股螺旋。

兰德尔也被这个进展所吸引，为了进一步研究 DNA 的结构，同时也为了加强研究小组的力量，他邀请富兰克林前来伦敦国王学院共同从事研究。尽管兰德尔的初衷是加强研究力量，但是这个安排并未取得预期的效果，反而为以后的人事纷争种下了根苗。因为威尔金斯和戈斯林已经开始了这方面的研究，因此威尔金斯认为富兰克林是来帮助他解决问题的。而富兰克林在X射线衍射学方面经验丰富，可以独立应用该技术进行DNA方面的研究工作，因此认为这个问题应该由她全权负责。

更不幸的是，当富兰克林于1951年底到达伦敦国王学院的时候，兰德尔恰巧离开，而她只能自己来处理这件棘手的事情了。她原本打算由她自己主导进行这方面的工作，威尔金斯协助她来完成，但是威尔金斯没有接受这个建议，最后他们不得不分成了两个研究小组，同时这件事也使他们之间的关系非常坏，他们几乎互不理睬，就更谈不上科学合作了，他们之间的不和睦也造成了富兰克林的悲剧。

富兰克林到达伦敦国王学院后，按照兰德尔当初的建议与戈斯林一起开始对DNA进行系统的研究。富兰克林应用自己在法国所学到的技术，同时改良了原来的仪器，使实验有了较大的进展。富兰克林首先把DNA制成更为细小的纤维，然后再使这些纤维形成纤维束，并用较好的X射线束来研究这些纤维束，特别值得提及的是他们还观察了DNA样品在相对湿度在70%—90%之间这个变化范围内的衍射照片。凭着娴熟的技术和改进的方法，富兰克林和戈斯林很快就发现DNA存在两种形式：A型和B型。A型含水较少，因此容易形成晶体，也就容易得到质量较好的X射线衍射图像，但它不能反映DNA的真实结构（威尔金斯当初得到的结果就是A型）；相对而言，B型含水较多，在一定程度上可以反映DNA的真实结构，但也较难得到理想的照片，但是初步结果显示它较A型简单且规则。这两种形式没有较为严格的区分，只是含水不同时表现不同，如果含水适量时，两种形式会混在一起同时存在。富兰克林的一个重要贡献在于她得到了B型DNA的X射线衍射图像，而她后来的研究主要是这种形式的DNA。在今天看来，B型DNA更接近DNA的实际状态，沃森和克里克在1953年提出的双螺旋模型也是B型DNA的模型。

富兰克林对所得到的照片和数据进行了科学的分析，由此初步得出，B型DNA应该是一种螺旋型结构，当时她认为可能是两条或三条长链的缠绕（相对于威尔金斯单螺旋）。此外DNA非常容易吸水和脱水，而水分子主要被吸引在DNA链中的磷酸基周围，富兰克林根据这些特征推测磷酸基团应该位于DNA链外面，而碱基则相反，它位于DNA链的内部（这是第一次提出这种模型），这种结构与DNA的酸碱滴定结果也完全相符。可以说，这为最终阐明DNA的结构迈出了至关重要的一步。

1951年11月，富兰克林在一次有关DNA结构的报告中将其最新得到的DNA的A和B两种类型的照片和数据提供给了听众，在这些听众中就包括沃森和克里克。

沃森是在剑桥大学做博士后的一名美国学生。当时，23岁的他已经在芝加哥大学取得了动物学的学士学位而后在印第安纳大学取得了博士学位。他对遗传学产生了兴趣，于是就在卢里亚的实验室进行噬菌体方面的研究，不久他就争取到一份奖学金，去了丹麦进行博士后的工作，继续进行病毒的研究，此外这段时间沃森还弥补了化学知识方面的不足。1951 年 5 月在意大利那不勒斯的一次会议上，沃森听到了威尔金斯谈到 DNA 的分子结构，并且看到了 DNA 的 X 射线晶体照片，于是他就决定终止在丹麦的博士后工作，去剑桥大学卡文迪许实验室进行研究 DNA 的工作，这个决定今天看来对 DNA 双螺旋模型的建立可以说有着重要的意义。他在卡文迪许实验室遇上了克里克。

克里克是一名物理化学家，主要从事蛋白质结构方面的工作，但是他和沃森的相遇改变了他的研究方向，于是两个年轻人就一起开始了 DNA 结构的研究。那是二战之后的英国，经济状况较差，因此科学经费的使用非常严格，由于兰德尔实验室已经进行 DNA 方面的研究工作，因此他们得不到研究支持，不过他们并没有放弃，而是用有限的信息来构建各种模型，以期最终解决这个问题。沃森和克里克比较喜欢用模型的方法来建立 DNA 的结构，因此两个人听完富兰克林的报告后，立刻就建造了他们的第一个 DNA 结构模型：碱基在外的三螺旋模型，但是这个模型当时就遭到了富兰克林的批评。他们并不气馁，依旧继续他们的模型设计，但大多是建立在假说的阶段，是不成熟的。

1952 年 5 月，富兰克林第一次得到 B 型 DNA 较好的衍射照片并进行了更为详细的分析。富兰克林先从衍射图像中的点及点的密集程度出发，并考虑衍射点的分布特点，经数学变换，将衍射图像诠释为分子中的各种化学键的键长、键角等结构要素，所得结果更加可靠，特别是运用帕特林重叠法证明了磷酸基团必定是在 DNA 分子的外部，并且更加确定地得出 DNA 是双螺旋，且为反向。这是富兰克林第二次得出的 DNA 模型，这个模型可以说较为完美了，但富兰克林是一个严谨的科学家，她并没有立刻宣布自己的结果，而是继续进行研究以提供更加充分的证据来证明自己的论断。由于她的研究一直处于某种程度的孤立状态，一方面是她的实验环境，另一方面是她也缺少与其他科学家的沟通，从而使她的工作最终功亏一篑，没有到达最后的巅峰。

与此同时，克里克收到了美国的病毒学家赫尔希的一封信，在信中赫尔希介绍了自己和同事所做的 T2 噬菌体侵染实验，明确证明了 DNA 是遗传物质。这封来信增加了克里克的紧迫感，也加速了他和沃森研究 DNA 的步伐。

1952 年底，富兰克林又得到了 B 型 DNA 可以说非常完美的衍射照片，由照片初步得出了 DNA 的轮廓，如 DNA 为双螺旋，两条链向两个相反方向伸展，磷酸排列在链的外侧，碱基排列在内侧，并具有 3.4Å 的间距，螺旋的直径为 20Å。并且准备了一篇报告，提交给了兰德尔，后来克里克也得到了这份报告。可以说，富兰克林得到的结果已经非常完善了，她离最终解决 DNA 仅一步之遥，这次也是最好的一次机会可以让她首先取得成功，但不幸的是她却错过了这次宝贵的机会。

1953 年 1 月 30 日，富兰克林仍在继续进行她的 DNA 晶体衍射工作的时候，威尔金斯却偷偷将她得到的 B 型 DNA 的 X 射线衍射照片提供给了沃森，沃森和克里克立刻意识到它的重要意义，在结合美国化学家鲍林（美国著名理论化学家，他由于在化学键方面的贡献而获得了 1953 年诺贝尔化学奖）研究的启示、查格夫规则及其他方面的一些证据的情况下，他们最终得出了 DNA 的双螺旋模型，并迅速将结果发表在 1953 年 4 月 25 日的《自然》杂志上[1]。沃森和克里克的 DNA 的双螺旋模型简单地说就是富兰克林的模型加上碱基配对原理，但毕竟是两人率先提出的。

富兰克林在 1952 年底就确定的 DNA 双螺旋的一些基本特征，且结合后来的实验数据更加确定了她的猜想，她在 1953 年 3 月 17 日将研究结果整理成文，但就在准备发表时，发现沃森和克里克破解 DNA 结构的消息已经出现在新闻简报中了，于是只能将论文做了一下适当修改，也将论文提交给《自然》杂志并在 4 月 25 日那期上发表。虽然她和戈斯林的论文和沃森、克里克的论文同时发表，但是现在仅仅被作为 DNA 双螺旋的一个证据而已，而双螺旋的真正发现者就属于了沃森和克里克。就这样富兰克林在这场竞争中以失败而告终，DNA 的双螺旋结构模型的发现权就与她擦肩而过了。

五、转向病毒

由于和威尔金斯的矛盾，富兰克林在 1953 年那篇重要的论文没有发表之前就离开伦敦国王学院而去了伦敦大学的另一个学院伯贝克学院，在那里她虽然继续进行了 DNA 方面的一些研究，但可能在伦敦国王学院受到的伤害太重，也考虑到新的工

---

1 关于发现 DNA 的过程更为详细的了解，请阅读《双螺旋：发现 DNA 结构的故事》和《DNA 世纪之回顾——遗传物质构造及机能的研究发展史》。

作环境的实际情况，富兰克林的研究重点慢慢转移到了病毒方面。在伯贝克学院，她在著名的晶体学家伯纳尔的研究室进行工作，伯纳尔的主要研究领域是利用物理方法来研究生物大分子特别是蛋白质的结构，并且和阿斯特伯里一样，也是该领域的一位先驱性人物。在伯纳尔的实验室，富兰克林找到了一位新的合作伙伴——克卢格开始了蛋白质的结构研究，重点在于烟草花叶病毒的结构和组装机制。富兰克林和克卢格凭借着娴熟的实验技能和刻苦的工作精神，在该领域取得了一系列重要的进展（克卢格由于这些工作及以后的相关成果而获得了 1983 年的诺贝尔化学奖），富兰克林又迅速成为了病毒领域研究的专家。富兰克林除进行烟草花叶病毒方面的研究外，还对其他病毒如脊髓灰质炎等病毒进行了一定的研究，并且取得了成功。富兰克林在伯贝克学院的成功进一步说明她是一位伟大的科学家，不管是什么工作，她总能做得非常成功，特别是她在实验结果方面，可以说每次所得到的物质结构照片都是极其的漂亮，伯纳尔在为富兰克林所做的讣告中将她描述为“在工业物理化学领域公认的权威……作为一个科学家，富兰克林小姐由于在她所从事的每一件工作中都能做到极端清晰和完美而著名”。

在伯贝克学院工作期间，富兰克林共发表了关于病毒方面的重要论文 17 篇，其中 4 篇发表在英国著名的《自然》杂志上，为结构病毒学奠定了坚实的基础，特别值得提出的是富兰克林第一次确定了核糖核酸和蛋白（病毒外壳蛋白）在组装过程中的相互关系。可以这样认为，富兰克林在这短短的 5 年间（如果考虑到生病的原因，还不足 5 年），在蛋白质结构领域又取得了突出的成就。

富兰克林的个人生活一直都风平浪静，与她对放射线的“胆大妄为”相比，她对异性的态度却出奇地冷淡。然而，在 1955 年当加利福尼亚理工学院的一位年轻研究员——卡斯帕到她的实验室参观时，却打破了她一如既往的生活。他们开始变得亲密起来，卡斯帕很可能是富兰克林第一次明确恋爱关系的对象。但是，命运似乎总是对富兰克林缺少一些眷顾，她唯一的一次恋爱也由于她随后疾病的原因而终结了。

六、不幸早逝

虽然伯贝克学院可以让富兰克林暂时忘却了 DNA 研究中的不快，并且在新的研究领域也取得了巨大的成功，但是又一件不幸的事情降临到了富兰克林的头上。可能由于富兰克林过于投入工作，并且在工作中经常使用放射线，一方面是她不注意自己的防护，另一方面是当时的实验条件的原因，在1956年夏天富兰克林在一次做实验的过程中，突然感到身体非常不适，随即被送进了医院。结果对富兰克林是一个巨大的打击，她被诊断得了卵巢癌，而且已到了晚期。但是即使在这种情况下，富兰克林仍然没有放弃她所热爱的研究工作，她一直工作到病情恶化到让她实在无法继续工作时，才不得不停止了自己的实验。

1958年4月16日，富兰克林的疾病严重恶化，不幸去世，年仅37岁。显然富兰克林的早逝使她已没有机会得到应得的荣誉和尊敬了（指1962年的诺贝尔生理学或医学奖）。

富兰克林终身未婚，把全部的精力献给了科学事业。在短短的一生中，从1941年毕业开始算起，仅17年的科研时间，她在3个领域——煤的物理化学、DNA的晶体结构和病毒蛋白结构均取得了卓越的贡献，特别是在后两个领域中，富兰克林都有资格荣登科学界的最高荣誉——诺贝尔奖的领奖台，而遗憾的是她的英年早逝已经使她不可能得到那些原本应该得到的荣誉了。就富兰克林而言，她献身科学决不仅仅是为了荣誉，而且因为她热爱科学，喜欢探索未知的世界，即使受到不公正的待遇时，她也没有太多地怨天尤人，而是继续进行自己的科学研究，以揭示更多的自然奥秘。其实富兰克林短暂的一生几乎就没有得到多么重大的荣誉，但是她仍然无怨无悔。对富兰克林来说，只要她作出了选择，就值得她为之付出，哪怕是生命。富兰克林留给我们的不仅仅是科学知识本身，更重要的是献身科学的精神。她虽然没有获得诺贝尔奖，但是就她对科学的贡献而言，已经称得上是一位伟大的科学家了。正如爱因斯坦评价居里夫人一样：“领袖人物正直的道德品质对于当代和历史进程来说，也许比单纯的智力成就具有更大的意义。即使后者，它们取决于伟大的品格，也远远超出了人们通常认为的那样。”虽然富兰克林在某些方面无法和居里夫人相媲美，但是对她本身而言，并没有太看重那些荣誉，这些优良品质使她也可以称为20世纪科学界伟大的女性了。

七、身后评价

DNA双螺旋的发现者之一沃森，在他的著作《双螺旋：发现DNA结构的故事》前半部分中，虽然对富兰克林有过不公正的评价，称其为“罗西”，但在书的后半部分还是对富兰克林给予了较高的评价：“不过遗憾的是，罗莎琳德·富兰克林已于1958年中年夭折，时年37岁。鉴于我曾对她的学术和个人品德方面有过错误的评价（如本书的前半部记述的那样），所以现在有必要阐述一下她所取得的成就。她在金氏学院实验室所从事的X射线的研究工作越来越被认为是杰出的。区别DNA的A型和B型结构，这项工作本身就足以使她赢得声誉。更为出色的是，她在1952年就曾运用帕特林重叠法证明磷酸基团必定是在DNA分子的外部。其后，她转到伯纳尔实验室，着手于烟草花叶病毒的研究。她的工作使我们关于TMV螺旋结构的定性概念很快发展成一幅精确的定量图谱，从而确定了基本的螺旋参数，证实了核糖核酸链处于从中心轴到外周的中间位置上。”书中还对她献身科学的精神进行了高度的评价：“我与克里克都极为赞赏她那正直的品格和宽宏大量的秉性。只是在多年之后，我们才逐渐理解了这位才华横溢的女士。她为了取得科学界的承认进行了长期的奋斗，而这个世界往往把妇女仅仅看作是研究工作之余的一种消遣玩物。在她意识到自己的生命垂危时，她没有叹息和抱怨。直到去世前的那几个星期，她还在不遗余力地从事着高水平的工作。富兰克林这种勇敢的精神和高贵的品质是值得我们学习的。”

克卢格在《自然》杂志上发表的2篇文章中，曾报道过富兰克林取得的巨大成就，并惋惜地说：“她离发现DNA的结构已经非常接近了。”

最有意思的是在富兰克林度过了2年最不愉快的职业生涯的伦敦国王学院建造了一座名为富兰克林—威尔金斯的大楼以纪念她和她的同事威尔金斯。

2002年1月20日，英国《观察家报》上提到帕特里夏·休伊特设立了富兰克林奖，每年的奖金为30000英镑，以奖励作出显著科学贡献的女科学家。

2002年，Brenda Maddox出版了富兰克林的传记《罗莎琳德·富兰克林》，对富兰克林的一生及其贡献进行了全面的描写，以使大家对这位女科学家有一个正确的认识。

总的来说，科学界对富兰克林的认识还是远远不够的，对她在DNA发现过程中的作用也了解不多。生物化学的经典教科书——沈同教授等编著的《生物化学》中对DNA发现的描述，仅提及威尔金斯提供了DNA的X射线衍射照片，而未提到富兰克林。而在另一个重要教材《分子遗传学》中，提及沃森和克里克发现双螺旋时，也未说到富兰克林的X射线衍射照片。从而说明富兰克林的真正贡献还没有被完全认识。

八、关于富兰克林和诺贝尔奖

关于富兰克林应该获得的荣誉的争论仍在继续，特别是富兰克林一直被作为诺贝尔奖歧视女科学家的一个例证而被广泛地提及。主要原因可能源于富兰克林的好友赛伊尔所写的《富兰克林和DNA》一本书，在书中赛伊尔对富兰克林的遭遇进行了描述，但是部分内容是失真的，过于强调周围环境的因素，而对富兰克林的个人因素没有仔细地剖析。但事实如何呢？不可否认富兰克林是一流的科学家，并且在DNA结构的阐明上起着非常重要的作用，她得到的DNA的X射线衍射照片，如伯纳尔评价的那样“相对于已经获得的任何物质的X射线照片来说，它是最漂亮的”。而且也就是沃森看到她的X射线衍射图之后才最终得出DNA正确结构的。但是富兰克林的最终失败首先不能怪罪诺贝尔评奖委员会，因为她于1958年去世使得她已经没有了获得诺贝尔奖的资格，而且从DNA双螺旋发现到1962年颁奖也仅9年时间，也不存在故意拖延时间的借口。特别是英国另一位女晶体结构学家霍奇金就获得了1964年的诺贝尔化学奖，更加说明诺贝尔奖相对来说还是公正的。而且对女性科学家的歧视其实不能仅怪罪于诺贝尔奖，而应该是整个科学界，1903年居里夫人就获得了这项荣誉，而且是第一位获此荣誉的科学家，但是在居里夫人去世前都未成为法兰西科学院院士。另外，即使富兰克林1962年与沃森和克里克分享了这个荣誉，是否就意味着成功呢？其实事实也不会那样，大家提到双螺旋，首先想到的就是沃森和克里克，而很少提到威尔金斯，即使富兰克林获奖，可能也和威尔金斯的处境相似，说明最终双螺旋的成功者只有两位，那就是沃森和克里克。正如威尔金斯在谈到这个问题以及他和富兰克林的关系时所说：“如果你把这件事情看作是一项比赛，那么刚一开始，我们就输了，因为我们未能一起工作。”严格地说，富兰克林是一位优秀的实验型科学家，她所得到的结果都是相当的完美，但是从这场竞争中的最终失败可以看出她的一些缺点，首先她对DNA的重要性认识不够，因此在对待DNA的态度上远远没有沃森和克里克紧迫，在手中已经拥有较完美的B型DNA图片，却迟迟不去发表结果(虽然本着科学的作风，但是科学界仅承认第一人)，最终错过了发现DNA的优先权。其次富兰克林也缺乏和其他相关领域科学家的交流，只是在进行DNA晶体方面的工作，对于DNA的其他相关知识了解较少，她所得到的DNA结构模型也仅仅是双螺旋，而并未包含碱基配对，而这一条恰恰是DNA作为遗传物质的真正体现，因此即使富兰克林真的首先提出双螺旋，但是沃森和克里克的碱基配对思想对双螺旋也是必不可少的。此外她对沃森和克里克的双螺旋模型并非完全接受，如她在1953年出版的《晶体学报》中写到“分歧使我们在细节上难以达成共识”。所以，这一切都使富兰克林没有成为发现DNA双螺旋的真正英雄。

九、结束语

纵观富兰克林短暂的一生，可以这样说，她是一位卓越的实验大师，在X射线晶体学方面作出了里程碑式的贡献，但是她在理论方面和性格方面存在一定的不足，最终导致了在DNA双螺旋结构的阐明中没有取得最终的胜利。今天对DNA的深入研究更加凸显出它的重要性，特别是人类基因组计划的实施，使DNA双螺旋已经成为了一个时代的象征，因此了解它的发现过程是非常有意义的，关于DNA的发现已有许多文章进行了阐述，因此本文以富兰克林的生平为主线，也从侧面了解DNA双螺旋结构发现这段不同寻常的历史，目的在于让大家知道DNA双螺旋的提出者除沃森和克里克外，还有一位贡献者——富兰克林，从而使大家对这位20世纪伟大的女性科学家有一个较为全面的认识和了解。

无论如何，富兰克林是值得世人怀念的，她在DNA双螺旋结构发现过程中的贡献是任何人都无法抹杀的，写这篇小文以缅怀这位过早凋谢的科学之花。

（作者：郭晓强　郭振清）

参考资料

[1] R. E. Franklin，R. G. Gosling. Molecular configuration in sodium thymonucleate [J]. Nature，1953.

[2] 蒲杜嘉，寇恩. DNA世纪之回顾——遗传物质构造及机能的研究发展史 [M]. 孙克勤，译. 北京：世界图书出版公司，1989.

[3] J. D. 沃森. 双螺旋——发现DNA结构的故事 [M]. 刘望夷，等译. 北京：科学出版社，1984.

[4] 沈同，王镜言. 生物化学 [M]. 第二版. 北京：高等教育出版社，1990.

[5] 孙乃恩，孙东旭，朱德煦. 分子遗传学 [M]. 南京：南京大学出版社，1990.

[6] 罗丹. 被遗忘的英格兰玫瑰——双螺旋结构发现背后的女英雄 [J]. 国外科技动态，2003 (3).

中外著名科学家传记

典藏版

第V册

王大明　刘　兵　李　斌　主编

中原出版传媒集团
中原传媒股份公司
大象出版社
·郑州·

第Ⅴ册目录

工开万物：

实验物理学家

伦琴
卢瑟福
密立根
布拉格
卡皮查
拉比
塞格雷

吴健雄

威廉·康拉德·伦琴

（Wilhelm Conrad Röntgen，1845—1923）

伦琴

卓尔不凡的实验物理学家

1901 年 12 月 10 日，伦琴因发现 X 射线而获得第一届诺贝尔物理学奖。从那时起到今天，100 多年过去了，又有很多科学家获得了诺贝尔奖。但回顾历史，会发现伦琴确实有其卓尔不凡的地方，他不但是一位精湛的实验大师，在实验研究方面有很多创新理念，同时还是一位卓越的教育家，对培养学生的个性发展和管理大学也有其超前观点，值得树碑立传。

一、蹒跚的求学历程

1845 年 3 月 27 日，威廉·康拉德·伦琴出生在德国下莱茵省鲁尔河流域边缘的一座小城伦内普，现在已并入附近的雷姆沙伊德市。伦琴的祖父是当地福音教会的会长，父亲弗里德里希·康拉德·伦琴是一个殷实的商人和呢绒厂主，母亲叫夏洛特·弗洛温，出生于荷兰的阿姆斯特丹，她家与伦琴家有表亲关系。她是一位聪明、深明事理的女人，其一言一行在伦琴童年幼小的心灵都留下了深刻的印记。成年后，当伦琴遇到困难时总是会情不自禁地想到：

在这样的困境下我母亲会怎样做或怎样说呢？

沿着这一问题的思考经常引导他摆脱艰难的处境。当时的德意志有 350 多个邦，普鲁士企图用武力把分散割据的德意志统一起来。伦内普虽属普鲁士，但由于战争危机潜伏，1848 年，当伦琴 3 岁时，父亲把自己的企业搬到了荷兰的阿佩尔多恩，伦琴进入了当地的一家私立学校学习，他在学校里没有表现出任何特殊的才能。父母起初希望他成为商人，然后作为独生子继承父亲的呢绒事业，但命运并没有按照父母的意愿去安排。

1862年底，伦琴进入现属于荷兰的乌得勒支市一所技术学校学习。伦琴在该校的学习情况并不怎么顺利，他在这里因被诬告画了一位教师的漫画而被不公正地开除了学籍，事实上漫画是别人画的。但被开除的事情使他最终失去参加取得中学毕业证书考试的机会，无法顺利进入大学。1865年初，在舅舅的帮助下，伦琴以旁听生的身份进入乌得勒支大学，选修了哲学和几门自然科学课程，其中有巴莱奇讲授的数学分析、里斯讲授的物理学。但他仍然无法获得正式的大学学籍。为了能进入大学深造，他去了瑞士的苏黎世，那里不需要中学毕业证书，但对那些没有中学毕业证书的人，学校规定要进行一次专门的入学考试。伦琴因面试表现出色，免去了入学考试，于1865年11月进入苏黎世工业大学学习机械工程。

苏黎世工业大学位于苏黎世湖旁边的山坡上，依山傍水，景色宜人。校园内，工学部、博物馆、图书馆的大楼都很有高等学府的气派。伦琴在苏黎世工业大学的3年中，埋头攻读数学、物理学、机械制图、机械工艺、水文学、热力学和冶金学等专业课程，他的刻苦精神得到了同学们的敬佩。这所大学当时有许多著名教授，例如对广义相对论的成形起了很大作用的克利斯托维尔和在热力学方面作出了卓越贡献的克劳修斯等，伦琴跟随克劳修斯学习热力学课程。

1868年，克劳修斯因受聘为维尔茨堡大学教授而离开了苏黎世工业大学，接任者是孔特。孔特是当时柏林大学著名教授马格努斯的学生，担任教授职位时才29岁，1866年因发明用粉尘图形测量声速的方法而名声大震。他有敏锐的洞察力和非凡超群的实验才能，是19世纪德国一流的实验物理学家。孔特教授一方面在课堂上总是板着面孔，令人畏惧，在学生中以毫不留情、要求严格而著称；另一方面在讲课中则条理十分清晰、深入浅出，富有吸引力。特别是他的实验课，讲究程序，注重方法，追求精确性。伦琴开始听孔特主讲的光学理论课，并在孔特的实验室里做关于气体的种种不同属性的实验。伦琴对孔特老师特别尊重，把他奉为自己的人生楷模。1868年8月，伦琴由于毕业成绩优异，破格提前获得了机械工程师的资格证书，并成为孔特主持的实验物理研究所的助手。孔特在研究工作中的态度是事必躬亲、言传身教，尤其对伦琴特别信任和厚爱。在实验物理研究所协助孔特工作半年后，伦琴独立选定了他一直关注的“空气比热”问题作为自己的研究课题，这个问题实际上克劳修斯曾经探讨过。1857年克劳修斯在他的著名论文《论热运动形式》中，初步讨论了比热理论，但是还没有精确地测出定容比热和定压比热的实验比值，伦琴决心完善克劳修斯的热力学理论，补上这个空缺。他在孔特的支持下，经过一年的努力，于1869年6月以一篇有关气体理论的杰出论文获得了哲学博士学位，随即被聘为苏黎世工业大学的助教。在他的学位论文评语中，有评审者这样评价了伦琴：

在数学物理学方面具有丰富的知识并表现出独立的创造才能。

二、追随孔特的脚步

1869年，在维尔茨堡大学任物理学教授的克劳修斯接受了波恩大学的邀请，又空出了自己的职位，维尔茨堡大学随即聘请孔特接替这个职务。1870年，孔特接受这一教职并邀请伦琴一同前往，伦琴欣然同意，追随了孔特老师的脚步。维尔茨堡大学和别的德国古老大学一样，虽然名声在外，但经费并不宽裕，导致物理学研究设备相当陈旧。学校本来答应了孔特扩建实验室的请求，因经费困难而难以全部兑现。孔特和伦琴只能因陋就简，一面自己动手设法改进实验室，一面继续进行从苏黎世带来的研究课题。

当年，伦琴就在权威学术刊物《布坎多罗夫年鉴》上发表了题为《关于空气比热在等容和等压状态下的关系》的论文，这是他博士论文的进一步延续。德国著名科学家威廉·奥斯特瓦尔德对此工作的评价很高，说伦琴早在给孔特当助手时所取得的成果就值得赞扬。

孔特教授也意识到，这位年轻助手的实验才能和富于自我批评的精神，在不久的将来必将助力他成为一名前途远大的实验物理学家。因此孔特对他的要求也格外严格，让他亲自动手制作设备和仪器，学会利用简易的仪器来获得高精度的测量结果。这些经历给伦琴留下了深刻印象，也使他养成了对实验研究讲究精益求精的习惯和对实验工作的深入认识：

实验是最强有力的杠杆，我们可以利用这个杠杆去撬开自然界的秘密。

就在这时，孔特老师又面临新一轮的职务跳槽，准备转任斯特拉斯堡大学教授。

斯特拉斯堡大学原属法国，在1871年的普法战争期间被德意志帝国占领。普鲁士首相俾斯麦利用法国的战争赔款重建了斯特拉斯堡大学，且于1872年4月将其改名为威廉皇家大学。重新开办的大学增添了大量先进的研究设备，聘请了很多有才干的年轻教授。例如在化学方面，著名染料专家、未来诺贝尔化学奖获得者阿道夫·冯·拜耳被聘为化学系主任；物理学方面，33 岁的孔特被邀请来组建物理研究所。而 27 岁的伦琴则继续追随孔特的脚步，作为助手协助他的工作。孔特教授到任后不久就取得了一项突破性进展，即研究出一种在固体和气体中都能测量声音传播速度的新方法，这就是著名的“孔特实验”。伦琴此时也开展了自己的独立性研究工作，致力于电磁学方面的实验。当他把写好的论文交给孔特和拜耳审阅时，他们认为这篇论文写得相当出色，并推荐给斯特拉斯堡大学的学术委员会，帮助伦琴获得一个正式的教职。1874 年 3 月，伦琴终于被委任为该大学的讲师，这为他的继续升迁打开了大门。1875 年 4 月，由于伦琴在实验方面的成就，符腾堡州的霍恩海姆农业科学院任命他为该校物理学和数学正教授职务。

霍恩海姆是位于南德第二大城市斯图加特南边的一个小城镇，霍恩海姆农业科学院就像一座农庄，森林和河流环绕着的校园，木质结构的校舍，到处都有发酵池在“噗噗”地冒泡，散发着酒精的气味。伦琴发现，这里作为一个生活的地方挺不错，但物理实验设备则非常简陋，作为研究单位更是令人沮丧。在霍恩海姆的一年时间里，伦琴常有英雄无用武之地的感觉。这不禁让他对斯特拉斯堡大学的学术氛围更加怀恋。“知徒莫如师”，孔特了解到他的心思后，奔走相告，积极活动，最后设法又把他召回到斯特拉斯堡大学，担任了副教授职务。从正教授到副教授，经济上有一定损失，但对醉心于科研工作的伦琴收益更大。

在斯特拉斯堡的学术氛围中，伦琴如鱼得水，研究工作很快就有了新的进展。实际上，伦琴的特长并不在理论，他不是地道的数学物理学家，而是像法拉第一样，具有以直观的形式提出物理理论的能力。他的手稿中很少出现公式，按照德国著名物理学家索末菲的话说，他属于那种不需要“数学拐杖”的人。他凭借着简单的仪器，就取得了令科学界瞩目的研究成果。如同赫兹、马赫、奥斯特瓦尔德和 19 世纪德国其他的实验科学家一样，伦琴也具有非常高超的动手技能，这是他后来能取得重大成就的基础条件之一。

在斯特拉斯堡短短的几年时间，伦琴就以自己卓越的实验成就跻身知名科学家行列，也引起了同行科学家的瞩目。随后，在亥姆霍兹、基尔霍夫和迈尔等著名科学家的推荐下，伦琴于 1879 年担任了吉森大学讲座教授和物理研究所所长。

三、吉森岁月

吉森大学建于1607年，到伦琴任职的1879年，已有270多年的历史。该大学的历史高光时刻，是由化学家李比希所创造的。但伦琴并没有赶上与伟大的李比希共事的机会，因为他已于伦琴到任时的6年前不幸离世。当然，伦琴来此并不是为了给李比希的事业锦上添花，而是为了开拓属于自己的未来。

实际上吉森大学当时并没有像样的物理实验室，伦琴到任后，吉森大学倒是给他拨了一笔建设实验室的经费，但数目有限，不能随心所欲地花费。这时候，作为经验丰富、动手能力强的实验物理学家，伦琴的特长得到了充分发挥。他不仅坚持白手起家、艰苦奋斗的精神，而且亲自设计蓝图、动手制作仪器等，起到了言传身教、以身作则的榜样作用。实验室就这样建立起来了，助手和学生也很快到位，教学和科研工作随即展开。

在伦琴的时代，大多数教学和科研工作实际上都没有现成的仪器可资直接利用，多少都需要改造或完全自己制作。科研能力在很大程度上也体现在对仪器的改造或制造方面，这恰好是伦琴的长项。例如他在一项“水蒸气中的热吸收”研究和教学工作中，就利用了自己制作的高灵敏度温度计来指导学生做实验。在实验中，他用本生灯给含有水蒸气的潮湿空气和另外的干燥空气同时加热，并测量它们的温度变化情况。结果表明，潮湿的空气，其温度更加容易升高。由此最后得到了水蒸气比干燥空气更容易吸收热量的结论。

19世纪末，无论改造还是制造仪器，没有机床或其他工作母机，基本都得自己手工进行，有对手工技艺的要求。伦琴的手工技艺无疑是很高的，因为他不但把它看作是一种技能，而且还当作是一种休闲娱乐般的调节。他曾写道：

> 我始终认为，当一个人心情不舒畅、郁郁寡欢的时候，手工劳作可以给他带来真正的心满意足；你总是会很快地看到经过自己的努力所取得的既有结论和预期成果。

伦琴也将这个观念贯彻到了自己的实验室，他在实验室的墙上贴的标语是：“应当自己动手制造研究仪器！”“谁破坏仪器，谁就是我们的敌人。”

伦琴也继承了孔特教授的风格，对待学生相当严肃，以至于在学生当中普遍流传着“伦琴教授是非常严厉的老师”的看法，学生对伦琴教授既畏惧又崇拜。因为他在科研中的成就，伦琴在吉森大学逐渐取得了非常崇高的地位。

伦琴在此连续任职 9 年，这是他一生中的重要阶段。他的研究方向也发生了一定改变。他开始涉猎电磁学和光学方面的课题，并取得了多项成就，其中在电磁学领域的成就意义重大。这项成果是在法拉第 - 麦克斯韦电动力学的基础上取得的。他当时要解决的是，在两块带电的电容器极板之间运动的像玻璃板之类的电介质中有没有磁效应产生的问题。按照麦克斯韦的电磁理论，不论电场变化与否，电介质中都会有磁效应产生。1878 年，美国物理学家罗兰宣布他检测到了运动的静电荷（不流动的电荷）所导致的磁效应，但后来一直没有人再做这个实验。罗兰的结果吸引了伦琴的注意力，他抓住这个课题反复进行实验，终于发现了介质中移动的电荷的磁场，由此撰写了一篇题为《论在一均匀电场中运动的电介质所产生的电动力学力》的文章，于 1888 年在普鲁士科学院的刊物上发表。这篇论文充分显示了他善于把理论与实验相结合的非凡才能，不仅以实验结果证明了磁效应的存在，而且说明了可以用麦克斯韦理论来定量地解释这个效应。荷兰莱顿大学的洛伦兹把伦琴的这一发现称为“伦琴电流”，“伦琴电流”现象的发现为洛伦兹后来创立的电子理论奠定了重要基础。后来德国物理学家索末菲说，伦琴仅此发现就能够在物理学史上流芳百世。

除“伦琴电流”的发现外，他所做的晶体物理学研究工作也很有开拓性，其中包括对石英的电气特性——热电效应和压电效应的研究。

在吉森大学的 9 年间，伦琴共发表了 18 篇论文，这些论文都显示了他“具有超人的智慧、深邃的学识和独特的构思”。这使他赢得了普遍的赞誉，以至于耶拿大学和乌得勒支大学都向他伸出了橄榄枝，邀请他担任物理学讲座教授。但伦琴的心另有所属，他更中意的是维尔茨堡大学。

四、维尔茨堡的辉煌

1888 年 10 月，维尔茨堡大学的实验物理学教授出缺，伦琴与日俱增的声誉，使他成为这一职位的理想继承人。伦琴本人也对维尔茨堡大学情有独钟，这是他早年曾经工作过的地方，也是他科研开始起步的地方。当年因为经济条件所限，他曾与导师孔特教授在此制作过很多研究仪器，如今科研环境已大大改善，没有理由不旧地重返，开展新一轮的事业。伦琴欣然接受了维尔茨堡大学物理研究所所长职务。到任后，他把实验课所有学生召集起来，移植了吉森大学实验室的准则，讲了自己对于维护良好师生关系的要求：

> 你们要知道，研究物理学需要掌握两个武器，那就是设备和计算，其中设备尤为重要，你们必须精心爱护所使用的仪器，这是与我建立良好师生关系的前提，请你们牢记我这几句话！

从1888年到1893年间，即伦琴在维尔茨堡大学当教授的5年里，他在固体和液体性质研究方面发表了17篇具有重要影响的论文，并注重交流，与世界各地100多位同行科学家交换过出版物。在这些人中，著名的有荷兰的范德瓦尔斯、洛伦兹，英国的丁铎尔、W. 汤姆孙、瑞利，美国的罗兰等。此时年近五十的伦琴共发表了48篇科学论文，其中包括热电、压电、电解质的电解现象、介电常数及晶体方面的研究等，科学界普遍重视伦琴的研究成果。

果不其然，1894年，伦琴凭着自己作为著名物理学家的声望，众望所归地被委任为维尔茨堡大学校长。此时的他可以说是已经功成名就，就算不再做任何科学工作，他也能维持自己在科学界乃至在社会上的地位，但他的个人意愿仍然是从事科学研究。他那时并不知道，自己一生最重大的科学发现还没有登场。

1895年11月，伦琴的校长职务即将任期届满，他一下子轻松下来，又着手自己喜爱的科研工作。此时，伦琴把目光投向了一段时间以来比较热门的希托夫－克鲁克斯管，以及赫兹和勒纳等人的阴极射线相关研究，重复了这些人的实验，并认为其中尚有不少问题需要解决。他当时用的实验仪器是带断路器的火花感应圈、希托夫气体放电管和荧光屏，实验中发现了当放电管的薄铝窗和涂有氰化铂酸钡的荧光屏很接近时，荧光屏上有荧光产生，这证明阴极射线在穿透薄铝窗后还具有穿透几厘米空气的能力。为加强实验的准确性，他用硬纸板和铝箔把放电管包起来，以此来消除放电管对外界的影响。

1895年11月8日夜晚，伦琴发现了一个意外现象。为防止紫外线和可见光的影响，不使阴极射线管内的可见光漏出管外，他用黑色硬纸板把放电管密封好，再接上高压电流进行实验。这时，他发现1米外的一个涂有氰化铂酸钡的荧光屏发出了微弱的浅绿色闪光，一切断电源闪光就立即消失。这一发现使他十分惊奇，他重复实验，把荧光屏一步步移远，即使在2米左右，屏上仍有较强的荧光出现。当他带着这张涂料纸走进隔壁房间，关上门，拉下窗帘，荧光屏在管子工作时仍继续闪光。伦琴确信，这一新奇现象是迄今为止尚未被观察过的东西。在1895年最后的几个星期中，他没有对任何人讲述过自己的观察，无论是协作者，还是同行。伦琴独自工作，用木板、纸和书来实验，以便确认这个偶然的观察现象是否为确定的事实。作为一位谨慎的研究者，伦琴希望得到“完美无瑕的结果”，然后再公布。就像伦琴后来所说的那样，这是一个突然降临到他头上的“伟大的命运”。

在长达7个星期的时间内，伦琴独自在实验室里研究这个新东西及其特性。为了排除视力的错觉，他利用感光板把他在荧光屏上观察到的现象记录下来。他吩咐助手把食物送到研究所，并在那里安放了一张床铺，以便无须中断地利用仪器，特别是利用水银空气泵进行研究工作。1895年12月22日晚上，他说服他的夫人充当实验对象，当他夫人的手放在荧光屏后时，她简直不敢相信，荧光屏上出现了一只戴着戒指、骨骼毕露的造影，而这就是她自己的手！这种实验对伦琴夫人，也像以后对许多人一样，仿佛产生了一种死亡的征兆。

伦琴的观察证据确凿，他确信自己发现了一种新的神秘射线。1895年12月28日，他给维尔茨堡物理学医学学会递交了一份简洁的通讯文章，题目为《一种新的射线——初步报告》。那时的伦琴对这种射线究竟是什么还不了解，这就是他在第一份通报中按代数上的未知数符号“X”命名的原因。伦琴后来写道：

> 起初，当我做这个穿透性射线的发现时，它是这样奇异而惊人，我必须一而再、再而三地做同一实验，以便绝对地肯定它的实验存在。除去实验室中这个奇怪现象，别的我什么也不知道。它是事实还是幻影？我在怀疑和希望之间弄得精疲力尽，也不想让其他思想干扰我的实验。

1896年初，伦琴把他的新发现公之于众，立即引起了巨大轰动。其反应之强烈、影响之迅速，实为科学史上所罕见。所有研究机构的物理学家都开始仿造伦琴的实验设备，抓紧时间重复他的实验。伦琴陆续收到了W. 汤姆孙、斯托克斯、庞加莱、玻尔兹曼等著名科学家的来信，这些热情洋溢的信都赞扬他为科学作出了极大贡献。伦琴曾是科学“普及”的反对者，他担心科学成就将庸俗化。由于这个原因，他从未向听众作过通俗普及报道或报告。1896年1月23日，伦琴在他的研究所举行了第一次也是唯一一次公开报告会。报告会上，伦琴请求用 X 射线拍摄当时在场的维尔茨堡大学著名解剖学家克利克尔的一只手。克利克尔欣然同意了这个请求。过了片刻，拍好的干板经过显影后显示出这位 80 岁老人形状优美的手骨，全场响起暴风雨般的掌声，克利克尔立即建议把这种射线命名为“伦琴射线”。

同年 9 月举行的英国科学促进会年会上，协会主席利斯特提出：

按首先明确地向世界揭示它们的人命名。

后来，美国物理学家罗兰认为：

应该把“伦琴射线”和“X 射线”的名称并用。

这就形成了后来两种名称混用的情况。同时，国际科学界另一个对伦琴表示敬意的做法，是把 X 射线（或 γ 辐射）的照射剂量单位命名为“伦琴”。伦琴的这次报告引起了人们广泛关注，该报告印刷成单行本后，曾经在短时间内出版了五次。它还被译成了英文、法文、意大利文和俄文等多种文字。

X 射线被发现后，立刻就在医学界得到了应用。它为医学诊断提供了一个有力的新工具，因为它能轻易穿透人体软组织，通过骨头时却大部分被吸收，透过人体后的 X 射线透射到荧光屏上，通过强弱不同的荧光像就能看清人体中的骨骼和大部分机体。伦琴发现 X 射线的消息传到美国才 4 天，美国人就用 X 射线找出了一个病人腿上的子弹。随后的一个月内，许多国家都竞相开展类似实验，一股热潮席卷欧美，盛况空前。1896 年 5 月，美国发明家爱迪生在纽约隆重举行了伦琴射线展览会，并向观众亲自做 X 射线表演。

19 世纪曾被称为“科学的世纪”，科学发现、产业革命等各种新奇迹层出不穷。到 19 世纪末，一种科学特别是物理学的终结论思潮逐渐浮现。其原因主要是当时经典物理学已经相当完善，它的几个主要分支——牛顿力学、热力学和分子运动论、电磁学和光学等都已建立起完整的理论体系，在应用上也取得了巨大成果。想要继续发展，难度非常大，甚至不可能。很多人认为科学的发展已经到头，后面的工作只能在小数点后几位去找了。X 射线的发现，揭开了一个过去不为人所知的新世界，大大地活跃了人们的思想，把物理学家们从机械论的教条中唤醒。不久之后，随着法国科学家贝可勒尔发现天然放射性、居里夫妇分离出放射性元素、英国J. J.汤姆孙发现电子，以及大量对X射线本性的研究，人们不得不对物理学前景进行重新评估，从而推动了新的物理学革命。卢瑟福曾明确指出：

1895年伦琴射线的发现，标志着物理学史上一个伟大时代的开始，标志着新、旧物理学自然的分水岭。

五、在慕尼黑的晚年

1900年，巴伐利亚政府邀请伦琴转任慕尼黑大学教授、新成立的物理研究所所长和巴伐利亚物理度量衡馆馆长，伦琴却对维尔茨堡大学有着深厚感情，舍不得离开自己功成名就的地方和学校的科学界同人。但维尔茨堡归巴伐利亚管辖，作为臣民的伦琴只能服从，他不情愿地离开维尔茨堡去了慕尼黑。

慕尼黑是巴伐利亚邦首府，16世纪以来就是行政和艺术中心，慕尼黑大学是当时德国具有很高国际声望的大学。统计物理的主要创始人玻尔兹曼曾在这里工作过，索末菲已在这里主持着一个庞大的理论物理研究所，除此之外还有众多国际一流学科。伦琴到达后，把自己在维尔茨堡大学的严谨管理模式也带到这里。他主持的研究所规模很大，单独占据了一座三层建筑物，主要工作就是研究X射线的本性问题。伦琴在此同时带着十几位博士生，他依然对学生要求非常严格，只有那些作风顽强、勤奋有为的学生才有机会进入伦琴的研究所。

1901年，伦琴由于X射线的发现，成为世界上第一位诺贝尔物理学奖得主。是年12月10日，在瑞典的斯德哥尔摩伦琴接受了诺贝尔物理学奖。不久慕尼黑大学也召开了庆祝伦琴荣获诺贝尔奖的大会。伦琴自己其实对获奖这件事看得很淡，他在大会发言时说：

对科学家来说，最大的快乐是无论对什么问题，都不拘泥于偏见，自由自在地继续进行研究；对研究者来说，没有比问题得到解答时候那样心满意足、无比喜悦的了，无论外界怎样承认或夸奖都比不上它。

伦琴总计获得过6个国家的各种奖章和奖金奖励达21次，还被世界各地的50余所大学和协会授予名誉院士、荣誉博士和会员等。在众多名利面前，伦琴泰然处之，从没表现出张狂或不可一世的骄横，甚至有时还有一种孤独感。这可能与他素来不以物喜的性格以及人变老之后的心态有关。他把自己全部精力都倾注于新的实验研究和培养下一代科学家身上，很少参加科学之外的活动，只是偶尔才参加他所创办的物理学恳谈会以及德国自然科学家和医生协会的活动。1907年以后积极在慕尼黑参与这些活动的青年物理学家玻恩，因未曾见过伦琴而深感遗憾。

伦琴在慕尼黑期间经历了第一次世界大战的全过程，对战争持反感态度。据他的学生、苏联著名物理学家约飞说，伦琴不属于君主制度的保护者，而是资产阶级自由主义的捍卫者，他在1914年夏天没有屈从于战争的歇斯底里，并且谴责过自己同行们的伪爱国主义。但是，在政治问题上，伦琴跟当时的大多数自然科学家一样，也是经常缺乏远见和轻信别人的人。他曾随大流在德国科学家和艺术家《致文化界》的民族主义呼吁书上签了名，这份呼吁书竭力掩饰德国的战争政策，粉饰德国军队对别国的入侵。事后，伦琴为这件事十分懊悔。当奥斯特瓦尔德在其一元论战争宣言中草拟“德国领导下的欧洲”计划时、当海克尔在《关于世界大战的见解》一书中提出“把从波罗的海经英吉利海峡到直布罗陀的异国领土全部划给德国”的时候，伦琴以警觉的眼光来看这些问题，他希望从“深重的灾难”中拯救祖国，追求“理智的和平”，并且反驳了他的两个同行“泛日耳曼主义的方式”。由此可见，伦琴秉持的是反对军国主义、维护世界和平的立场。

1915年3月27日，伦琴70岁生日的时候接到一封电报，发报者是德国军队的冯·兴登堡元帅，内容是授予他“铁十字勋章”，以表彰他所发现的“X射线”对战争救护的贡献。实际上，“X射线”诊断术对交战双方的伤员救护都起到了极大作用，这是令伦琴在战争的煎熬中唯一感到慰藉的事情。

在战争期间艰难困苦的条件下，伦琴一方面要照料久病不愈的夫人安娜·贝尔塔，另一方面还要忙于科学研究和人才培养。战争刚刚结束的1919年，妻子贝尔塔去世了，他们没有亲生儿女。在随后的岁月中，他自己孤独地生活。1920年，75岁的伦琴辞去了慕尼黑大学的教职，但照样按时去研究所的办公室进行未完成的工作，主要是整理出版最后一部著作——关于晶体物理学的手稿。伦琴离职以后，来自维尔茨堡大学、于1911年获得诺贝尔物理学奖的维恩成为他在慕尼黑大学的继任者。

伦琴在慕尼黑退休后的生活其实非常困难，甚至可以说是一贫如洗。他本来有一笔存放在银行的5万马克诺贝尔奖金，但这笔钱他从一开始就宣布要捐赠给维尔茨堡大学，后来在生活十分窘迫的时候，他也坚持自己当初的诺言，分文不动。但使他特别痛心的是，这5万马克加上20余年的利息，因战争导致的通货膨胀，在战后已经贬值到微不足道的地步。这使他资助学术发展的愿望落空，对他心灵的打击可想而知。

在贫病交加中，1923年2月10日，伦琴因肠癌在慕尼黑与世长辞，终年78岁。死后骨灰被安葬在吉森家族的一块普通墓地中。

对于伦琴的性格和人品，他的好朋友鲍维利这样评价道：

> 他的突出性格是绝对的正直，我们可以这样说，从哪种意义上讲，他都是19世纪理想的化身：坚强、诚实而有魄力；献身科学，从不怀疑科学的价值；他对人民，对记忆中的事物以及对理想具有一种少有的忠诚和牺牲精神……

六、远见卓识的教育家

伦琴并不仅仅是个冷静严肃的科学家，他在担任维尔茨堡大学校长和作为教师指导学生的活动中都证明了自己也是个出色的教育家。

1894年，伦琴接任维尔茨堡大学校长时，正是德意志后来者居上、人才辈出的时代。对于大学教育，大家都有自己的想法，而伦琴强调的是科学研究、思想教育和陶冶理想。他在校长就职演讲中说道：

> 大学是科学研究和思想教育的培养园地，是师生陶冶理想的地方，大学在这方面的重大意义大大超过了它的实际价值……只有如此，我们的大学才会被尊重，只有如此，我们对于这种学术自由的职业才能当之无愧……

从他接任维尔茨堡大学校长之日起，他一直遵守自己制订的计划，使这所大学成为研究者的共同体，并开创了严格的学术规则。在大学人事选择上，他不考虑个人好恶、家庭的社会地位，只考虑研究成果的独立性和独创性，以此来决定大学教授的位置。这种激励研究创新的方法，使每个有志于大学教职的人都热衷于科学研究，进而不断在学术上取得成绩。伦琴凭着自己卓尔不凡的才能、严谨治学的作风、脚踏实地的精神，成为维尔茨堡大学历史上最好的校长之一。

作为教师，在思想上，他要求学生要培养探求真理、绝不盲从的批判精神；在学风上，他提倡兢兢业业、踏实求学的态度。他不但自己透彻理解实验物理的研究方法，而且能向学生清晰阐述，他的动手能力和实验技巧也都从不保密，而是向学生倾囊相授。他在慕尼黑的学生弗里德里希说：

> 每次都认真周密地准备实验，每个实验都在全新的高水准上进行……他的讲课为已具备物理专业知识的人们提供了富有智慧的启迪。

他要求学生在任何实验中都要有敏锐的眼光，为学生选择博士论文方向异常仔细，强调独立精神，提倡学术评判，让他们在科学发展中享受到追求智慧的乐趣。他在给学生出考题时，不仅难度大、范围广，而且不按常规，也不在乎考试结果，想通过这种方式来发展学生的能力，培养他们的素质。他也特别注重学生的个性发展，因材施教，他的学生约飞说：

> 伦琴是物理研究所独揽大权的主人，他把研究所组织得非常出色，他作为一个教师得到了人们深深的崇敬，又像一个主考官那样以自己的严谨令人敬畏。

在慕尼黑，伦琴的周围很快就聚集了一大批造诣深厚的年轻物理学家，其中的厄瓦尔德后来成为X射线光谱学方面的专家，弗里德里希和克尼平为冯·劳厄的X射线衍射构想提供了明晰的实验证明，1902年从俄国来的青年约飞后来成为伦琴的亲密合作者和得力助手。约飞于1905年在石英晶体压电效应的课题研究中“以最优异的学业成绩”获得博士学位，并于1906年回到俄国。他在以后的岁月中经常去伦琴那里学习访问，和伦琴建立了终身友谊。他还在圣彼得堡创建了一个晶体物理学研究学派，为俄国培养了诸如朗道、谢苗诺夫等一批精英人才，奠定了俄国在晶体学、半导体方面的研究基础。约飞晚年的回忆录中有大量关于伦琴事迹的描述。

七、淡泊名利、热爱生活

X射线的发现使伦琴一举成名，他也清楚知道自己的发现在科学上、医学上和工艺上的巨大价值。然而，他不曾动过任何从这项发现中谋取金钱利益的念头。柏林通用电气协会建议以高价换取伦琴未来的一切物理发现用于技术目的的专利权，伦琴拒绝了这项建议，认为研究成果应全人类共享。美国一家照相器材公司愿出几百万美元买他的X射线发明专利，他也坚决予以拒绝：

> 发现和发明属于全人类，它们不应当以任何方式受到专利、证书和合同的伤害或受到任何集团的控制。

正如一位美国科学家所指出的：

> 他的实验室对着专利部门的窗户永远是关闭的。

科学家莱维说：

> 这是我遇到的一位不仅有伟大的成就而且有最高理想的科学家。

伟大发明家爱迪生也说：

> 伦琴教授大概从未从他的发现中得到一块钱的收益，他属于那种为了发掘自然奥秘的乐趣和热爱作研究的纯科学家。

伦琴淡泊名利的事迹还有几件。他出生的家乡伦内普市，曾授予他伦内普城荣誉公民的称号，他愉快地接受了。但当巴伐利亚王室授予他贵族爵位时，他却婉言谢绝。当伦琴获得第一届诺贝尔物理学奖后，同平时不参加授奖大会的作风相反，他于1901年12月出席了颁奖典礼，并接受了瑞典皇储授予的奖状、金质奖章和奖金，但谢绝了在授奖典礼上的演讲。这已成为诺贝尔奖历史上唯一的特例。他还作出了另一个决定，就是宣布把奖金全部献给维尔茨堡大学，作为发展科学之用。1904年，伦琴接到转任柏林大学教授和领导帝国物理技术研究所的聘书，这在当时蓬勃发展的德国物理学界是无上光荣的，该职位的第一任是亥姆霍兹，第二任是他的恩师孔特，然而他却以对首都柏林环境的不熟悉为由，拒绝了这个邀请。

当然伦琴也并不是书斋里只知道死读书的书呆子，他除对自己的科学研究事业的执着和痴迷外，其实也非常热爱生活。在大学时代，他就醉心于瑞士的秀美山川，对这种大自然的造化有一种崇拜的心理。他与在苏黎世认识的女友，后来成为妻子的安娜·贝尔塔遍游瑞士，频繁访问阿尔卑斯山谷，他们后来也一再旧地重游，一生游览达40多次。他喜欢登山运动和在旷野和森林中漫游，喜爱划船、滑雪和骑马。他还是一个酷爱打猎的人，终生都保持这一爱好。

伦琴是那个时代最典型的学者，他在德国，初期经济上极为贫困，社会地位卑微，但却始终坚守着丰富的学术世界和内涵深邃的精神追求，常常能够在嘈杂的尘世中活得自在、充实，耐得住寂寞，心静志坚。尽管他可以借助于自己的发现而获得巨大的利益，他却不为之所动，并把自己的发现奉献给全人类，这种甘于寂寞，视名利为粪土的生活作风，为现代学人树立了光辉典范。

八、个性鲜明的科研风格

伦琴的科研风格，概括起来可以用十六个字表达：善于思考、勇于创新、锲而不舍、精益求精。这些特点很多科学家都具备，但将其融为一体并形成鲜明个性的，非伦琴莫属。

从历史上看，善于独立思考的人大都有以下特点：博学、爱问、刻苦钻研和重视思维方法。伦琴就是这样的人，具有充盈的学力，知识渊博使他思维缜密而见解深刻，对事物内在本质的透彻领悟使他具有创见性并能预见未来，使科研少走弯路："双眼自将秋水洗，一生不受古人欺。"在伦琴之前，克鲁克斯在1879年就抱怨说：放在阴极射线管旁的底片出现模糊的阴影，勒纳已经看到了阴极射线管附近的荧光，但他并没有认真对待这"莫名其妙的次要现象特征"。伦琴以其锐利的探索眼光、有准备的头脑，对每一个神奇现象穷追不舍，终于取得了突破。这说明伦琴既能集中前人的智慧，又能超越前人，在充分实验研究的基础上通过分析综合，提出自己的真知灼见，这是伦琴作为伟大实验物理学家取得重大发现的内在原因。柏林科学院在祝贺伦琴获得博士学位50周年的贺信中写道：

科学史告诉我们，在每一项发现中，功劳和幸运独特地结合在一起，在这种情况下，许多外行人也许认为幸运是主要的因素。但是，了解您的创造个性特点的人将会懂得，正是您，一位摆脱了一切成见，把完善的实验艺术与最高的科学诚意和注意力结合起来的研究者，应该得到作出这一伟大发现的幸福。

关于锲而不舍、精益求精，法国生化学家巴斯德在学术上取得伟大成就以后，有很多人想知道什么力量使他获得如此巨大的成功，巴斯德说：

告诉你使我达到目标的奥秘吧！我唯一的力量就是我的坚持精神。

伦琴的成功也就是巴斯德所说的坚持精神，他从1870年作为孔特的助手一直到1920年从慕尼黑大学退休，在实验室中整整奋斗了50年，他曾有无数次失败的教训才获得成功的经验。他发现X射线时已在实验室工作了25个年头，他每一次实验在观察和测量方面所表现出坚持不懈的毅力和实事求是的精神都令人敬佩。他在解决每一个问题时，都做得彻底全面、一丝不苟，一次又一次地设计新的对照实验来证明所得的结果准确无误，对于任何不以正确的实验为根据的假设都抱怀疑态度；他能够几周持续和反复地做同一个实验得出自己确信无疑的结论；他不论走到哪里，都以极其仔细的观察和精确的测量而著称。成名后，他在接受一位新闻记者的采访时说：

我不是预言家，也不喜欢预言；我继续我的实验研究，我从不发表没有把握的结论。

这种精益求精的科研态度，给有幸见到他的每个人都留下了难忘的印象。德国著名生物学家奥斯特瓦尔德，把天才的自然科学家分为两大类：经典派和浪漫派。他在《伟大的人们》一书中写道：

浪漫派第一件关心的事是解决现有的问题，以便为新问题腾出位置，经典派第一件关心的事是彻底地研究现有的问题，以便无论是自己还是同代人中的其他任何人，都不可能再去改善所得的结果。

按照奥斯特瓦尔德的划分，伦琴和亥姆霍兹、高斯一样应属于经典派，他不轻易发表论文，一生总共发表了58篇，这对大科学家来说是极为少见的，但仅凭其第49篇论文就足以名垂青史。这篇以《一种新的射线——初步报告》为题的论文，以精练明晰的方法来透彻地阐述科学研究的成果，成为学术论文的经典，冯·劳厄在评价伦琴的成就时写道：

> 伦琴的发现之伟大，从下述事实即可想而知：……尽管因第一次发现而兴奋激昂，但巨大的勇气和自制力却使他保持镇静和理智清醒。伦琴付出的劳动，使他在1895年和1897年之间写出了3篇论文。这3篇论文对事物叙述得如此详尽无遗，以致在整整10年之中不可能补充任何新的东西。据我所知，在所有论述发现的文章中，疏漏如此之少者寥寥无几，伦琴的论文写得何等精心！

我国现在正处在经济转型、学术创新、变革理念、走向世界的一个新的历史时期，伦琴在科学研究上的成功之路是德国当时现代化建设中的一位典型科学家的真实写照。今天，我们对伦琴的科学研究历程作一次历史性的回望和反思，对我国现在的科教兴国和国家创新体系的建立将产生有益的启示。

（作者：杨庆余 周荣生）

参考资料

[1] Otto Glasser. Wilhelm Conrad Röntgen and the Early History of the Röntgen Rays [M]. London: John Bale, Sons & Danielsson, Ltd., 1933.

[2] 埃米里奥·赛格雷.从X射线到夸克——近代物理学家和他们的发现[M].夏孝勇，等译.上海:上海科学技术文献出版社，1984.

[3] 弗里德里希·赫尔内克.原子时代的先驱者：世界著名物理学家传记[M].徐新民，译.北京:科学技术文献出版社，1981.

[4] Loren R. Graham. Science in Russia and the Soviet Union: A Short History [M].London: Cambridge University Press, 1994.

欧内斯特·卢瑟福

（Ernest Rutherford，1871—1937）

卢瑟福

核物理奠基人和培养人才的巨匠

英国伦敦的威斯敏斯特教堂，就在牛顿和达尔文墓附近，于1937年10月25日葬下了物理学家卢瑟福的灵柩。英国国王和首相的代表及多名政要出席了葬礼，皇家学会会长、英国科学促进会主席等著名学者，在挽歌和哀乐声中安葬了这位新原子论的开拓者、核物理的奠基人和培养出众多诺贝尔奖获得者的伟大科学家。由此可见，卢瑟福在英国乃至国际科学界的崇高地位，堪与牛顿和达尔文并列而无愧。苏联著名物理学家卡皮查曾这样评价说：

> 卢瑟福不仅是一位伟大的科学家，而且也是一位伟大的导师。……科学史告诉我们，一位杰出的科学家不一定是一位伟人，而一位伟大的导师则必须是伟人。

一、来自新西兰的优秀生，发展无线电的先驱者

但凡见过卢瑟福的人，都会留下这样的印象：从他高大魁梧的体魄和纯朴、敦厚、爽朗的性格来看，他更像一个农民；从他优雅诙谐的气质及深邃而透彻的思考能力来看，他又像一个科学家。能把农民和科学家形象集于一身的人不多，卢瑟福算其中之一。这可能与他成长的自然条件和家庭环境分不开。

卢瑟福祖籍苏格兰，祖父全家迁到新西兰后以制造车轮为生。父亲约翰·卢瑟福做过车轮工匠和农民，后来经营木柴和亚麻生意。恰在卡文迪许实验室建立的1871年，8月30日卢瑟福出生于新西兰纳尔逊城附近的泉林村，童年受到做农民的父亲和做教师的母亲的双重教育。他母亲是一位有教养和贤淑的妇女，对卢瑟福早年有着重要的影响。她一直保留着曼彻斯特大学物理教授斯图尔特写的一本自然科学教科书，

书的序言上有卢瑟福 10 岁时写的一段“批语”：

> 这本书给的知识并不多，但它以与自然接触来训练人的思想，为此，从描绘的一系列简单实验中推导出重要的科学真理，它可唤起和加强学生的观察能力。

这种从简单实验探索重要科学真理的启示，后来成为他终身治学的重要方法。

卢瑟福在少年时代就在数学、物理和制造实验仪器方面显示出不凡的才华。从中学至研究生毕业，他靠获得各种奖学金而沿着学制的阶梯逐步进入科学的乐园。1893 年他以数学和物理两科考试第一名的优异成绩从纳尔逊学院毕业，打破了该学校的历来成绩纪录。毕切尔顿教授在科学实验和严格治学方面对卢瑟福后来的科学道路起了重要作用，指导他从 1894 年开始研究交变磁场中铁的磁化及制作磁检波器，并取得从窑洞隔障碍物短距收发无线电信号的成绩，发表了题为《高频放电使铁磁化》的论文。

1895 年剑桥大学在 J. J. 汤姆孙的倡议下，利用 1851 年创立的博览会奖学金制，卡文迪许实验室在英国首先设立从国外选拔研究生的制度。虽然卢瑟福的名次落在比他高一年级的麦克劳林之后，但麦克劳林因结婚而未被选取，因此实验室录取了卢瑟福作为 J. J. 汤姆孙的研究生。这真是天赐良机，卢瑟福面前打开了通向世界科研中心的大门。

J. J. 汤姆孙了解到卢瑟福的成绩、志向和看了他的论文后，给卢瑟福写信说：

> 我很高兴你能来卡文迪许实验室工作，并将给你一切帮助！

卡文迪许实验室是英国第一个公立的物理实验室，它是为了振兴英国 19 世纪后半叶的物理学，由剑桥大学校长第七代德文郡公爵为纪念著名化学家卡文迪许而倡议和出资于 1871 年开始兴建的。第一任卡文迪许实验室教授是以创立电磁理论闻名的理论物理学家麦克斯韦，他晚年为推进实验物理学的发展和创建卡文迪许实验作出了重要贡献。他创立了有系统的教学和科研相结合的体制，建立了实验室的自制仪器设备和学生自己动手做实验及培养批评精神等优良学风和传统，对实验室百多年的发展产生了重大影响。第二任卡文迪许实验室教授是瑞利勋爵，他在学术界的崇高威望和与政界上层的广泛联系，为实验室的发展创造了有利条件。1904 年他把获得的全部诺贝尔奖金献给了实验室，作为扩建和购置仪器、图书之用。第三任卡文迪许实验室教授是 J. J. 汤姆孙，由于他在数学上的才能和长于构思实验等优点，而于 1885 年在仅 28 岁时被破格聘为实验室负责人。他是一个思想开放、学风民主、善于运筹和管理的科学家。他适应近现代科学交替时期的历史要求，首次从国际上选拔研究生，录取女生，实行个人和集体研究相结合，广开渠道推进民主讨论。他任实验室负责人长达 35 年，在把实验室建成现代世界物理学的第一个重要科研中心方面，起了关键性的作用。

能进入剑桥大学并在 J. J. 汤姆孙指导下在卡文迪许实验室学习，卢瑟福喜出望外。他急忙启程，成为第一个到达这个实验室的研究生。他在给女友玛丽・牛顿的信中写道：

> 我是到达卡文迪许实验室的第一个成员……如果一个人得到像 J. J. 汤姆孙这样的人的培养，就会安全地得到应有的位置，J. J. 汤姆孙会尽量去帮助他的。

J. J. 汤姆孙打破卡文迪许实验室研究电标准测量、磁学和气体放电的传统，全力支持卢瑟福研究无线电。在这里，卢瑟福改进了他简陋的磁检波器的灵敏度，又制成一个大的磁检波器。1895—1896 年间，收发无线电信号的距离从 0.5 英里增至 2 英里，创当时最高纪录。消息传遍剑桥大学，人们传说：

> 从新西兰来了一只年轻的野兔，它的洞挖得很深。

各学院从卢瑟福身上看到研究生制的优越性，纷纷筹建起来。

1896 年 6 月 18 日卢瑟福第一次登上英国皇家学会的讲坛，报告他的磁检波器原理，对于年轻的卢瑟福来说，这是一件了不起的大事。在 1902 年给《电学家》杂志社的信中，卢瑟福指出这些结果是在马可尼之前取得的，并建议马可尼应用磁检波器，认为它比金属屑检波器好得多。所以，后来英国电报和电话公司曾为无线电的发明权和专利问题，要卢瑟福出来作证，只是由于他的大度和不重私利，才解决了这场纠纷。卢瑟福实际上是发明无线电的先驱者。

二、放射性理论的奠基者，荣摘诺贝尔奖桂冠

19 世纪末是近代物理学陷入严重危机和酝酿现代物理学革命的重要时期，1895 年 X 射线的发现揭开了现代物理学的序幕，接着发现了放射性钋和镭。卡文迪许实验室在 J. J. 汤姆孙领导下立即投入 X 射线、气体放电和放射性的研究。卢瑟福在无线电上的研究还没有取得可供实用的结果和应有的承认，J. J. 汤姆孙劝他转入了工作急需的气体放电研究，他发现电子所用的仪器和测量方法，不少是卢瑟福设计和研制的。在贝可勒尔发现铀的放射性后，卢瑟福立即用以研究气体离子化，而于 1898 年发现和命名了 α 和 β 射线，并进而发现钍的放射性。

卢瑟福在研究生毕业时，正值加拿大麦吉尔大学物理教授卡莱达尔应聘去伦敦帝国理工学院任教，J. J. 汤姆孙在推荐他去麦吉尔大学的信中说：

> 在我的学生当中，没有一个在创造性的研究方面比卢瑟福有更大的热情和能力……我认为实验室能有卢瑟福先生任物理学教授将是幸运的。

于是，卢瑟福得到聘请。烟草富翁麦克唐纳向麦吉尔大学捐款建立的麦克唐纳物理实验室，有着世界第一流的实验设备。卢瑟福宁愿拿着按当时英国标准看并不算高的每年 500 镑的薪金，也愿意去加拿大工作，因为他把实验设备的好坏看得重于金钱。

在麦吉尔大学，卢瑟福的放射性研究是从钍的放射性开始的。他发现钍放射出一种“射气”，使与它接触的物质产生放射性。又发现钍和镭的“射气”及其活性沉淀各有特定的半衰期。这些新奇现象引起他极大的兴趣。就在此时，1899 年底，他的私人生活也发生了变化，他短暂放下自己的研究工作回到新西兰，同多年的女友玛丽·牛顿结婚。1901 年 3 月，他唯一的女儿艾琳出生。

从新西兰归来后，卢瑟福重新投入放射性“射气”的研究。为了搞清半衰期现象产生的原因及定量测定衰变过程，卢瑟福需要一个化学家的帮助。1900 年夏天，拉姆塞的助手索迪到麦吉尔大学做放射性化学示范表演。他们约定进行合作，从而开始了放射性研究的重要时期。他们发现从钍分离出来的钍 X 在几周内失去放射性，而与其接触的钍化物则恢复其原来的放射性，当把测定的数据绘成放射性与时间的函数关系曲线和图表时，发现钍 X 的半衰时间与钍的放射能力加倍的时间相等，为卢瑟福发现

的半衰期提供了有力的证明。这时，关于放射性的原因有很多说法，开尔文等提出外因论，在1903年发表的《关于镭射气的讨论》论文中，认为：

当镭将热量放出到其周围的可称量的介质时，某种以太波可提供给镭以能量。

而卢瑟福和居里夫人则认为放射性是一种原子内在的性质，是放射性元素放射α、β和γ射线时自发转变为另一种原子时产生的。1902年卢瑟福和索迪合写的两篇《放射性的原因和性质》论文，受到《哲学杂志》主编开尔文的非难。卢瑟福特地赶回剑桥向J. J. 汤姆孙求援，J. J. 汤姆孙向开尔文保证论文发表的后果由他负责，文章才得到发表。这两篇提出放射性变化定律和天然放射性元素家族传递规律而奠定放射性理论的论文，首次突破了古典原子论的框架，引起国际科学界的极大注意。1903年索迪回英国工作，卢瑟福又与化学家波特伍德合作，发现了镭最终衰变为铅的镭族衰变谱系图。其中α粒子是带正电荷的氦粒子，β射线是负电子束。至1914年又与安德瑞德合作证明γ射线是一种X射线。1904年他发表著名的第一次贝克里安讲演中，除系统阐述了他在放射性研究中的主要发现外，又提出用矿石含镭量计算铅的生成率，算出矿石（也可测定地球）的年代为五六亿年，否定了开尔文根据引力势能和陨石碰撞理论计算的2000万至4000万年。当时一个杂志以“地球末日延期”的大标题，头版头条报道卢瑟福开创了用放射性计算地球和古物年代的测龄方法。

1904年卢瑟福出版了《放射性》一书，被学术界视为经典著作。1914年卢瑟福在《原子结构》论文中对他自己的放射性理论的意义作了这样的评价：

原子是一个大能库。……放射性现象的研究清楚地表明不仅重元素原子有很复杂的结构，而且这个原子不是永久不变的和不可破坏的……放射性的研究深刻地修改了旧原子概念，……它们的原子有一个有限的生命，并在其自身中播下它们最后灭亡的种子。

他以实验事实，首次突破了统治科学史达2000多年的古典原子论框架。

放射性的研究使卢瑟福闻名于世，1903年他被选为英国皇家学会会员。在给妻子的一封信中他曾预言获诺贝尔奖要10年，结果只用了4年。在1908年庆祝他获奖的大会上，J. J. 汤姆孙说：

> 在能向科学作出的一切贡献之中，介绍新的观念是最伟大的。……没有一个人能比得上卢瑟福教授以更严格的态度验证他的观念，没有一个人能比他更接近诺贝尔奖建立者的设计。

在麦吉尔大学时期，他写了40—50篇论文，绝大多数具有第一流的水平。他在美国耶鲁大学做了关于“放射性衰变”的讲学，1906年在伦敦汇集成书出版。这个时期，卢瑟福进入世界第一流科学家的行列。

三、发现原子核，实现元素的人工转变

1907—1908年间，卢瑟福拒绝了耶鲁大学的高薪重聘，也谢绝了J. J. 汤姆孙的推荐，没有出任伦敦国王学院的物理教授，而于1908年秋接受了A. 舒斯特的邀请，去曼彻斯特大学继任朗沃尔斯物理讲座的教授。他再次放弃金钱的诱惑，为了学术环境，到世界学术中心的英国和A. 舒斯特建立的第一流物理实验室。他的助手和学生们一致认为他在学术上的最大成就，出现在曼彻斯特时期。如果说在麦吉尔大学，他的成功得力于同助手的合作，那么在这里则应归功于他建立了一个高效能的研究集体和他的卓越组织才能。

放射性的研究成果，使卢瑟福成为这方面世界上最著名的权威专家。各国有志于探索原子奥秘的优秀青年物理学家，纷纷奔向曼彻斯特，云集在卢瑟福周围。他们如饥似渴地向卢瑟福学习知识，而卢瑟福则向青年人吸取朝气和智慧，因为他感到这会使自己思想更年轻和更富于进取心。

卢瑟福对放射性已研究了10年，他深知要了解原子及其内部组成，α射线的动能比β和γ射线大得多。他开创以α粒子轰击原子这种对撞法，至今已成为揭示物质微观结构的典型方法。盖革原是A. 舒斯特的助手，现在同卢瑟福一起研制计数器（1913年盖革回德国后予以改进，称为盖革计数器）。1900年，卢瑟福让研究生马斯顿协助盖革用α粒子轰击金箔，发现了大角散射现象，有些α粒子约以90°方向偏转，有的像撞击墙壁一样从原方向射回，箔片越厚、原子量越大，射回的α粒子越多，这与过去公认的小角散射不同。卢瑟福起初认为这有些像一张薄纸将15英寸炮弹弹回并使

炮弹向发射者自己发射一样不可能。他紧紧抓住通常易于忽略的这个新现象，以其特有的洞察力和直觉，意识到这里孕育着一个重大的突破。他试图从原子内部结构寻求答案。老布拉格以前在信中曾告诉卢瑟福说，日本物理学家长冈半太郎于1904年曾提出过原子卫星结构的设想，但未被实验证实过。

卢瑟福认为，大角散射只能用α粒子与原子中央存在的密实核相互作用来解释。据当时卢瑟福的数学助手、老达尔文的孙子C. G. 达尔文的回忆，在1911年初期的一个星期天的傍晚，卢瑟福邀他们共进晚餐，谈话中卢瑟福提出了原子有核模型，并请他帮助计算而提出α粒子大角散射公式，C. G. 达尔文认为这是他一生中最伟大的时刻。原子核的发现和这个原子结构模型是于1911年3月7日在《哲学杂志》上发表的《α和β射线的散射和原子结构》论文中宣布的，但原子核具有正电荷这一点则是在5月发表的《α和β粒子被物质散射及原子结构》论文中提出的。后一篇论文中卢瑟福正确地提出原子由带正电荷的原子核和外围电子组成，指出核和外围电子的不稳定性是放射性元素放射α、β和γ射线的原因。这个模型和原子核的存在随后被威尔逊用云室法和盖革、马斯顿多次用闪烁法证实。

卢瑟福根据事实批判了开尔文于1902年提出和J. J. 汤姆孙于1903年根据小角散射实验予以发展了的原子模型。开尔文认为玻璃体电（即正电）均匀分布在原子内的空间或分布在同心球面上，树脂电（即负电）或电子占据在原子内的部分空间中。J. J. 汤姆孙则于1903年5月在美国耶鲁大学讲学时，提出电子是原子的基本组成单位，把开尔文的上述想法发展为正电均匀分布在原子内，电子则由于与其他电子相排斥和与正电体相吸引而处于原子内的平衡位置，这就是有名的“葡萄干面包模型”。按经典电磁理论，电子绕核运转的同时必以电磁波的形式放射能量，因此轨道逐渐缩小而陨落到核上。卢瑟福敢于突破经典电动力学框架、批判开尔文和J. J. 汤姆孙的原子模型，完全是因他相信实验的可靠性。

显然，卢瑟福对经典电动力学的叛离需要一种新理论的说明，这个任务恰好落在1911年3—6月在他的实验室进修的丹麦青年玻尔身上。玻尔后来一再说这4个月对他的终生起了决定性的作用，这期间他用量子论说明卢瑟福的原子模型及提出核外电子具有定态轨道的思想，并与卢瑟福取得一致的看法，这可由卢瑟福于1912年10月（在玻尔论文发表之前）发表的《放射性物质发射β和γ射线的起源》论文中看出。他写道：

总之，证据强烈表明，由γ射线引起β射线或反之，其能量的转变是以确定的单位发生的，这对既定的电子环来说是特定的，并由一环向另一环变化。

这里的“环”就是后来玻尔说的电子定态轨道。玻尔关于原子结构量子论的三篇论文系 1913 年 3 月、6 月和 9 月寄给卢瑟福，经后者的仔细审阅和修改后，推荐到《哲学杂志》发表的。他们从此结下终身父子般的深厚情谊，科学界往往将他们的原子模型统称为“卢瑟福－玻尔原子模型”。在 1914 年发表的《原子结构》论文中，卢瑟福提出原子核半径不超过 3×10^{-12} cm，原子半径约为 10^{-8} cm。他写道：

核虽很小，但其自身包含了由强电力紧密结合在一起的大量正和负电荷的很复杂系统……

由此预言或暗示了原子核内存在一种将基本粒子结合在一起的强力。

卢瑟福发现原子核和提出原子有核结构模型，标志着自然观和科学基本观念产生了一次重大的突破，它引起了一系列重要发现。如布罗克提出核电荷数决定于原子序数，原子性质取决于核外电子数。法詹斯、索迪和鲁塞尔发现放射性位移定律，特别是莫斯莱在卢瑟福指导下发现元素的 X 射线谱线与原子序数的关系，可由各元素的谱线序列预见和鉴定新元素的存在，其价值堪与元素周期表的发现媲美。卢瑟福至此时取得的成就，可从居里夫人于 1913 年在伯明翰举行的英国科学促进会议上的讲话得到说明。她说：

卢瑟福博士是一个在世的人，作为镭发现的结果，他向人类赠送了一些不可估价的礼品。我劝英国注意卢瑟福博士，他在放射性上的工作使我大为震惊，伟大的发现很快传开。对这个发现来说，镭的发现只是一个序幕。

1913 年卢瑟福出版了《放射性物质及其放射性》一书，系统总结了他研究放射性和原子结构的成果。这个成就不但在科学界，甚至在整个社会都产生了巨大而广泛的影响。第二年亦即 1914 年，他就被英女王授予“爵士”称号，以表彰他在科学上建立的卓越功勋。

这时候，第一次世界大战爆发了，他的年轻助手和学生纷纷奔向前线，他自己也参加了有关侦察潜艇的研究工作。但是，马斯登用α射线轰击氢原子的新发现一直萦绕在他的脑海，卢瑟福产生了用α射线使核分解及其产生嬗变的思想。他在1917年12月和1918年11月给玻尔的信中写道：

> 我试图以此法击破原子……我希望你能在这里讨论一些我们进行核碰撞的设想。在已得到一些惊人的结果后，还想要得到一些推论的证明，将是一个繁重而长期的事。

大战一结束，他立即投入实验室，用α射线轰击轻元素核，于1919年6月在《哲学杂志》连续发表4篇《α粒子与轻原子碰撞》的论文，宣布发现了α粒子使氧和氮原子蜕变并放出氢核，并认为氢是氮和氧等轻元素的基本组成单元。在卢瑟福家中的一次晚餐会上，根据C. G. 达尔文和福勒的建议，为纪念氢是一切元素组成基本单位的提出者——蒲劳脱，将打出的氢核定名为质子（proton）。

卢瑟福极其敏锐地抓住马斯登新发现的迹象，终于首次实现了原子核的人工分裂和证实了质子的存在，从而登上他在科学征途上的第四个高峰。

卢瑟福及其实验室的成就是巨大的，但他们用的仪器设备则是简单的。用明晰的思想、简单的仪器和简洁的实验，做出最先进而可靠的成果，可以说是卢瑟福从事科学研究的特色，他继承和发扬了麦克斯韦为卡文迪许实验室留下的优良传统。麦克斯韦应聘为第一任卡文迪许实验室教授时提出三个条件：实验室、图书馆和造仪器的工厂。他指出：那个用自己制造的常引起差错的仪器的学生，比用别人仔细调整过的因而易于相信并不敢弄坏仪器的学生，学到的东西常常要多些。他说：

> 我从不劝阻别人进行实验，即使他找不到正在期待的东西，也可以找到其他的东西呀！

日本现代物理的奠基人长冈半太郎在参观了卢瑟福的实验室后，给卢瑟福的信中写道：

> 我被你所用仪器的简单性和取得的光辉成就所震惊。……我钦佩你用极简单的方法取得了光辉的成果。

四、卡文迪许实验室教授，培养人才的巨匠

1919 年，年事已高的 J. J. 汤姆孙从卡文迪许实验室退休，担任了剑桥大学三一学院院长。作为第三任卡文迪许实验室教授，他在把这个实验室发展为现代世界物理学研究的主要中心上起了关键性的作用。要遴选麦克斯韦 - 瑞利 - 汤姆孙的继承人是一个事关重大的问题。像学术界普遍看法一样，J. J. 汤姆孙终于选择了他的得意门生卢瑟福担任第四任卡文迪许实验室教授。但是，J. J. 汤姆孙在这个实验室工作已达 40 年，他希望仍留在实验室做一个研究人员，并仍享有原有的研究条件：房间、助手和实验室。卢瑟福非常尊重自己的老师，但他担心打破只有一个教授的传统会给工作上带来不便。他们四次通信磋商，终于达成协议，J. J. 汤姆孙只保持必要的研究条件，而把卡文迪许实验室教授和实验室指导权让给卢瑟福。这在科学史上已成为让贤的一个范例。1919 年 4 月 2 日，卢瑟福被正式任命，夏末走马上任。

在卢瑟福面前的实验室，处于战后恢复时期，主要研究人员离散，急需招收和培养新一代的研究人才。在曼彻斯特时期，在他周围的都是知识基础扎实并做出重要成绩的优秀人才，他把主要精力放在研究上。而现在，他必须把主要精力放在造就人才和使他们多出成果方面。卢瑟福是科学史上培养第一流科学人才最多的科学家，他培养的科学家中仅诺贝尔奖获得者就达 13 人。在麦吉尔时期，他的助手中后来获诺贝尔奖的有索迪和哈恩。他在曼彻斯特时期造就了大量第一流人才，其中玻尔、赫维西和查德威克后来都获得诺贝尔奖。人们公认如果莫塞莱没有在大战时中流弹牺牲于前线，肯定也会获得诺贝尔奖。在卡文迪许实验室，卢瑟福造就了更多的优秀人才，仅得过诺贝尔奖的就有阿斯顿、阿普顿、布莱克特、考克罗夫特、瓦尔顿、狄拉克、鲍威尔和卡皮查。

除前面提到的索迪和玻尔外，阿斯顿原是 J. J. 汤姆孙的助手。他于 1919 年发明的质谱仪可测定大量元素的同位素，于 1922 年获诺贝尔化学奖。哈恩于 1905 年在麦吉尔大学做过卢瑟福的助手，此后一直从事放射性化学和核物理的研究，1938 年发现铀核裂变，于 1946 年获诺贝尔奖。赫维西原是卢瑟福在曼彻斯特时的助手，在卢瑟福的指导下研究放射性元素在生物体内的示踪问题，1922 年他在哥本哈根又用莫塞莱法发现铪，于 1945 年因这些发现获诺贝尔奖。虽然卢瑟福的实验室主要研究放射性和核物理，但是他仍不遗余力地爱惜和使用有才华的其他专业的人才。如阿普顿、考

克罗夫特、狄拉克和卡皮查都是学电气工程的，却受到卢瑟福破格的欢迎和全力的帮助。战后，阿普顿到剑桥大学，希望继续研究无线电，卢瑟福要他搞核物理，他说："我将违背你，向前进。"在卢瑟福的帮助下，他终于在1930年发现了电离层，于1947年获诺贝尔奖。1937年卢瑟福去世时由阿普顿代理指导实验室，后来人们认为如果他能做第五任卡文迪许实验室教授，这个实验室将在射电天文学、微电子技术等方面作出更重大的贡献。

考克罗夫特原是卢瑟福在曼彻斯特大学的本科学生。他执意要随卢瑟福到剑桥大学做研究生。卢瑟福说"你只有考取第一名我才录取你"，后来他果然以最优异的成绩进入卡文迪许实验室。1928年伽莫夫在玻尔理论物理研究所根据量子力学提出核势垒存在隧道效应。该年10月他访问剑桥大学时，同卢瑟福和考克罗夫特讨论，提出按此理论用能量不大的α粒子可击穿核，因此可以制造一台低能加速器。这个看法得到卢瑟福的同意和支持。卢瑟福说："我一辈子也没花那么多钱，看你们怎么办。"结果由荷兰利物浦电器公司制成60万伏高压倍加器。1932年3月考克罗夫特和瓦尔顿用它加速质子轰击锂核，产生高速α粒子，实现锂核的人工蜕变，证明了量子力学处理微观粒子问题的正确性，并将α粒子的动能变化与反应粒子的质量联系起来，首次验证了爱因斯坦质能关系式的正确性。考克罗夫特和瓦尔顿因此于1951年获诺贝尔奖。

卡皮查是苏联人，1921年来到英国剑桥大学做研究生，他在高压电磁场和低温物理方面的才华受到卢瑟福的特别器重，便用工业家蒙德捐献的部分资金为他建立了著名的蒙德实验室。卡皮查后来在低温物理上的重大贡献发端于这时的研究。以他为首的卡皮查俱乐部，主要成员有考克罗夫特、布莱克特、狄拉克和奥里凡特，他们探讨重大物理问题，制度严格，学风民主，促进了卡文迪许实验室的发展。1934年他回苏联探亲被苏联政府挽留。卢瑟福为此很伤心，亲自给苏联政府写信并派狄拉克等去交涉，都未成功。为了卡皮查在回到祖国后能继续从事科学研究，卢瑟福将卡皮查使用的设备全部送给苏联，并派考克罗夫特去帮助安装。卡皮查被迫留在苏联后心情一直不好，卢瑟福至少每隔两个月给他写一封信，劝他道：

> 你将来的幸福要靠你埋头于实验室的工作，过多思虑往事，对任何人都没有好处。

卡皮查后来对苏联物理学特别是低温物理的发展起了重大作用，因此于 1978 年获得诺贝尔奖。

狄拉克原学电机工程，大学毕业后学物理，在理论物理上有众所周知的重大贡献，但是他的实验技术不行，他的工作得到卢瑟福及卢瑟福女婿福勒的很大帮助。卢瑟福对他的空穴理论十分赞赏，常开玩笑地问：“你的空穴怎样了？你的空穴存在吗？”他的空穴预言与布莱克特于 1932 年用自动化云室发现宇宙射线正电子有直接的关系。显然狄拉克获诺贝尔奖是人们所预料的。

布莱克特也是在战后做卢瑟福的研究生的，起初接替要回日本的清水，从事改进云室为半自动化的工作。他按卢瑟福的要求，用这种云室测定 α 粒子轰击轻元素核的径迹。至 1924 年夏天，他共拍 25000 张照片、44 万条径迹，其中发现有 8 条呈现卢瑟福曾发现过的原子人工转变产生的粒子径迹，即轰击后只出现氮核和从氮核打击氢核的径迹，而 α 粒子的径迹消失了。这种图像说明 α 粒子被氮核俘获转变为氧的同位素 $_8O^{17}$，因而首次人工制成同位素并且为卢瑟福于 1919 年实现元素人工转变提供了确证。1931 年制成计数器自控的云室，从宇宙射线中发现 γ 射线轰击大气粒子会产生正负电子对，证明了狄拉克的“空穴”预言。次年，又独立地从宇宙射线中发现正电子，客观上起了验证安德森稍早发现正电子的作用。由于这些重要贡献，他于 1948 年获诺贝尔奖。鲍威尔于 1925 年来到卡文迪许实验室做研究生，在卢瑟福指导下研究核物理，于 1927 年获得博士学位后成为丁铎尔的助手。他是用乳胶照相法研究宇宙射线的发明者。1946 年鲍威尔在阿尔卑斯山顶实验室用此法发现了 π 介子（汤川秀树所预言的）和 μ 介子，因此于 1950 年获诺贝尔奖。

在卢瑟福学生中值得特别提及的是查德威克，他是卢瑟福在曼彻斯特时期的研究生。他于 1913 年随盖革去德国研究核物理。第一次世界大战期间，被作为人质关入监狱，但他在狱中克服重重困难继续研究，并与被俘的英国军官埃利斯合作。战后，他们回到卢瑟福身边，查德威克成为卢瑟福最得力的助手。卢瑟福早在 1920 年的第二次贝克里安讲演中，从氢及其同位素的性质比较出发，预言了具有与质子同质量但电荷为中性的粒子（1927 年明确定名为中子），并预言它作为子弹对核具有更大的穿透力。卢瑟福要查德威克通过实验去寻找它。1932 年 5 月，查德威克终于沿卢瑟福的思路通过实验发现了中子。中子的发现在核物理的发展中具有重大意义，它不仅标志着基本粒子物理学的诞生，而且作为轰击铀核的子弹，为后来发现快、慢中子引起核转变、铀核裂变与原子能大规模释放创造了条件。因此，查德威克于 1935 年获诺贝尔奖。

在卡文迪许实验室，卢瑟福手下有五员大将：查德威克、布莱克特、考克罗夫特、埃利斯和奥里凡特。埃利斯在德国监狱中向查德威克学习了放射性和核物理知识，来实验室后在卢瑟福指导下从事这方面的研究。1919 年 C. G. 达尔文提出 β 衰变过程中能量不守恒，后来玻尔根据当时观测的 β 衰变能谱，提出统计上守恒、对于单个过程是不守恒的假说，引起学术界很大的争论。埃利斯花了十几年时间终于将核外与核内放射电子产生的能谱分开，搞清了 β 衰变的真正能谱，为泡利提出三体衰变和费米建立 β 衰变理论和提出中微子概念，创造了条件。这个工作得到泡利的高度评价。据说他后来因未能获得诺贝尔奖而气愤地去做燃料部部长了。奥里凡特是澳大利亚人，在战后成为卢瑟福的研究生和助手，1934 年与卢瑟福一起发现了氢的同位素——氚。

1930 年，卢瑟福与查德威克、埃利斯合写并出版了《放射性物质的辐射》一书。1937 年卢瑟福又发表了《新炼金术》。这两部著作系统总结了他多年研究的一系列重要成果，指出古代炼金术家的幻想在今天科学基础上变成了现实。

值得特别一提的是我国一些物理学家，在 20 世纪二三十年代曾有幸得到卢瑟福的教诲。颜任光约在 1925 年，赵忠尧在 1931 年，先后到卡文迪许实验室做过短期访问学者。赵忠尧于 1933 年写的《硬 γ 射线与原子核的相互作用》论文，实际上已独立地发现正负电子对，经卢瑟福推荐和加批语后由《自然》杂志发表。1937 年卢瑟福致信赵忠尧，欢迎他到卡文迪许实验室做访问学者，从事较长时间的研究，但因七七事变爆发未能成行。我国到卡文迪许实验室做卢瑟福的研究生的科学家有 4 人，他们是霍秉权（1930—1934）、李国鼎（1934—1937）、张文裕（1935—1938）和周长宁（1937—1939）。他们亲受卢瑟福的教导和卡文迪许实验室优良学风及传统的熏陶，对我国的物理学的发展不同程度上都作出了贡献。

20 世纪二三十年代，卢瑟福由于在科学研究和造就人才上取得的重大成就，已经成为世界上影响最大的物理学家。1923 年他当选为英国科学促进会主席，1925—1930 年任英国皇家学会主席，1930—1937 年任英国科学和工业研究部的顾问委员会主席。在这些重要的学术岗位上，他恪尽职责，以自己的学识、影响和卓越的组织才能，对英国科学技术发展起了重大作用。1934 年和 1935 年，卢瑟福相继发起和担任学术援助委员会及保卫科学和知识协会的主席，为大批科学技术专家安排了工作。爱因斯坦、玻恩和亥特勒等都是应他的邀请去剑桥大学的，不久爱因斯坦应普林斯顿高等研究所之聘，赴美任职。

1931 年元旦，卢瑟福被授予勋爵，这是英国科学家可能得到的最高社会荣誉。但他却一再声明不要叫他“勋爵”，仍愿以一个平凡的科学工作者自居。

五、科学思想、方法和学风

卢瑟福的著作与爱因斯坦的明显不同的是，他几乎没有一篇专门系统论述科学思想、方法和学风问题的，甚至引用科学哲学词汇的地方也很少。

但是，这决不能表明卢瑟福不重视科学思想、方法和学风问题。仔细研究一下卢瑟福的著作、讲演稿和他的科学活动，就自然会发现其中始终存在一条主线，他的学生们称这为“卢瑟福的研究路线”，他的朋友们叫作“卢瑟福学派”。这就是：全实验室和谐一致地合作，运用实验的方法，明快而可靠地揭示科学真理。

卢瑟福继承了英国的实验哲学传统，但既不像它的奠基者培根那样去从哲学含义上探讨哲理，也不像牛顿那样“不做假说”，更不像法拉第那样单枪匹马地只从实验中寻求答案，而是在现代科学研究的条件下，在卡文迪许实验室的传统和经验的基础上，作了很大的发展。

卢瑟福相信从实验事实出发，突破和提出新的概念和理论。但是，这种概念和理论只有得到实验的验证时才能信得过。对那些经反复实验验证的新概念和新理论，卢瑟福又敢于维护。因为这样，在 20 世纪初期，他曾在镭放射性的来源、原子是否为最基本的物质组成单位、地球年代的测定和原子结构模型等问题上，与英国当时的物理学权威、晚年趋于保守的开尔文勋爵，发生了四次严重的争论。当爱丁顿在一次会议上说电子只是一种观念时，卢瑟福应战说：

> 你侮辱我心爱的女人，不存在！不存在！为什么我看到电子像餐桌上的汤匙一样清楚。

卡皮查曾给卢瑟福起了个“鳄鱼”的绰号，象征他像鳄鱼一样吞吃知识，那样勇猛地追求科学真理。

卢瑟福在培养研究生时，凡属重要的实验，特别在发现新的现象时，他总要亲自做一遍，以弄清真实情况。每当学生陷入错误的理论或对实验情况说不清楚时，卢瑟福就让他“回到实验室去！重做实验！”

在国内外科学史研究界，有一种卢瑟福不重视理论的说法，这一方面是由于在量子力学刚出现时，他认为用经典理论能说明他发现的低能核物理和放射性现象。这时，他说过：

> 理论物理学在玩弄数学符号游戏，而我们在卡文迪许实验室做出可靠的事实。

对于海森伯的测不准原理，他认为：

> 对我来说，它是非科学的，而且从一个不可能用实验证明的理论去直接或间接地广泛推论，是危险的。

另一方面，曾到中国来讲学的巴基斯坦物理学家萨拉姆提到卢瑟福不重视量子力学，所以在卡文迪许实验室的学生不学量子力学时，当时在我国的科学家中造成了一定影响。事实是当卢瑟福与伽莫夫合作，并在高压倍加器实验后，证明量子力学计算高能α粒子引起核转变比经典力学更准确时，卢瑟福便很快改变了看法。他赞扬薛定谔的波动力学，对伽莫夫应聘去美国非常惋惜。他曾与数学家 C. G. 达尔文合作，这已传为美谈。他对狄拉克的支持和赞赏也可作为他重视理论工作的明证。据我国物理学家张文裕教授介绍，卡文迪许实验室是学量子力学的，卢瑟福讲课中曾一再提出理论特别是量子力学的重要性。所以，卢瑟福并不像有的人所说的那样，对理论的态度那么不近人情和“霸道”，而是他作为一个实验家，当时采取了谨慎态度。对实验中产生的复杂理论问题，他有一句口头语：“让理论家去照顾它吧！”

卢瑟福作为核科学的奠基人，对原子能的大规模释放和利用，曾一度作过不恰当的预言。1933 年他讲过：

> 我们不能控制原子能达到有任何商业价值的范围，并且我相信我们没有能力做到这一点。

1936 年他又说：

当全部有效的进展随着轰击粒子能量的增加而提高时，用此法从原子中得到有用的能量是少有希望的。另一方面，中子的最近发现及证明其以低速产生核蜕变的有效性，打开了新的可能性，……但对于用于技术目的来说其规模则太小了。

这些后来被事实否定的预言经常被人引用是可以理解的。他明确指出："我们对物质的兴趣是纯科学的。"他对原子能的应用不感兴趣，让学生不要把精力老放在这里，应多搞些切实可行的东西。

卢瑟福的一个学生说，他的成功在于"善于领导一个科研集体"，这句话有一定道理。20 世纪与过去的科学研究不同，理论深、学科多和实验仪器精密而复杂，为了适应这个特点，研究方法也必须从以个人为中心转变到将个人的才能与集体的力量结合起来。J. J. 汤姆孙适应了这个转折，取得了成功，他的学生和继任者——卢瑟福则有了更大的发展。

卢瑟福在领导科研集体上有一个发展过程。他在麦吉尔时期是与几个人合作，曼彻斯特时期和 1930 年前的卡文迪许实验室时期则是一个小集体。1930 年后由于加速器的出现，实验研究必须靠很多人协作，从此开始了较大规模的集体研究时期。这个发展过程主要是由实验设备的复杂程度决定的。

卢瑟福深刻认识到继承在科学发展中的重要性和善于组织一个科研集体的重要性。他认为科学研究：

很大成功和智慧应归功于过去时代那些伟大人物的劳动，他们明智地奠定了可靠的基础，在这个基础上科学家们才创造了今天。

实验工作使他深刻认识到：

科学是逐步前进的，每个人依赖于它的先行者的工作。当你听到一个发现时，可肯定地说它是由一个人对另一个人的影响产生的。科学不是取决于一个人的思想，而是取决于几千个人共同的智慧，所有的人想一个问题，而且每个人做它的部分工作，添加到逐渐建立起来的知识大厦之中。

同时他也强调了科研领导人的重要性。他说：

> 这样的科研组织者应该对科学研究有卓越的能力，并激励和指导别人沿有成果的路线进行研究，这样的人是很少的，但对于一个研究组织的成功却是本质的。

卢瑟福是这样一位科研领导者，他的学风民主，把一个科研集体组织得像一个和睦的大家庭。对不同国家、信仰、性别和能力强弱的研究者、助手和学生，都能做到平等公正待人，而且一旦接受就负责到底，将其引向成功之路。卢瑟福的心和实验室紧密相连，他的情绪和大家共通。玻尔说过他早晨到来时有如太阳突然照耀，有时又像天空突然笼罩着乌云。当卢瑟福在走廊哼着“前进！基督的战士！”时，说明实验室工作正常；当他哼着挽歌时，说明贵重的仪器被损坏或出现重要的疑难。他的一句诙谐的话，常常使沉闷的气氛一下子活跃起来。

卢瑟福对学生和助手的研究课题非常重视，他参与制订重要的研究计划和实验方案。在选题上，他很尊重学生的特长和爱好，从不强求。如果你一时定不下来选题，他就为你创造条件，并等待你。张文裕教授原在国内学习磁学，当他刚到卡文迪许实验室时，卢瑟福问他带什么题目来，张先生回答说没有带题目，卢瑟福就让他先到一组，说慢慢就会有你的题目。莫塞莱刚去时带了 3 个题目，卢瑟福帮他选择了其中的 X 射线光谱与原子序数的关系这个题目，结果获得世人的赞扬。当时，实验室有一句谚语：卢瑟福能“给课题带来光明”。每当课题结束之前，他已想好下一个课题，并以不可阻挡的力量带学生冲向新的高峰。他的所有学生，都是乘兴而来，载誉而归。有的学生后来说卡文迪许实验室的秘密，在于能把即使一个普通的人造就成第一流的人才。他的一位朋友说：“他从未树立过一个敌人，也未失去过一个朋友。”他的学生离开后，都与他保持终生的友谊。

他讨厌夸夸其谈和不务实际，特别是对同代人。他的性情急躁，当有人不爱护或损坏仪器时，他往往会发脾气。但是，他的坦诚、善良和友爱的素质和欢愉的性格，填补了这个不足。他乐于同青年人在一起，这会使他感到有朝气和年轻。他对不懂的专业从不充作内行，还会请这方面的专家合作，补偿自己的不足。

每天下午 4 时为实验室“茶歇时”休息时间，人们不分职务和级别，随意参加，上至天文下至地理，形势、新闻无所不谈，当然也谈起个人的实验。很多新的观念在这里迸发，许多疑难此时摊开，这被认为是实验室一天中最好的时刻。“茶歇时”通过学生传到各地，如玻尔理论物理研究所、普林斯顿高级研究所，张文裕教授甚至把它推广到杜布纳核子联合研究所。每星期有一两天的傍晚，教授邀请几个人在家里共进晚餐，“餐时”也就自然成为新观念新思想出现的良机，如原子有核模型、质子的名称等都是这时提出来的。

善于领导一个和谐和高效能的研究集体，是卢瑟福研究出成果和培养出人才的关键所在，这对导师和学生是有利的。

值得特别提出的是卢瑟福在科学研究上除具有深邃的洞察力和构思物理图像的能力外，还始终站在科研的前沿。查德威克赞扬卢瑟福：

对物理过程有最惊人的洞察力，能用几个标志说明整个课题。

玻尔和鲁塞尔等也认为他的最大才能是对科学问题的洞察力，张文裕和钱临照先生同样认为卢瑟福最重视洞察力和物理图像。这种洞察力来源于他的求实精神和因之产生的天才直觉，这种直觉又来源于确信自然的和谐及客观真理的简单性。卢瑟福在长期实验和构思过程中，养成了用几句话或物理图像明确说明一个复杂问题的能力，并下意识地迅速反映出来。这在他的历次重大发现中表现十分突出，如根据人们极易忽略的大角散射现象和 α 射线轰击氢原子时发现类似氢谱线的粒子光谱，分别意识到原子核的存在及其人工蜕变，并放出质子。又如根据氢及其同位素原子电荷相同和原子量的差异为质子质量的整数倍这个事实，预见到中子的存在，并让查德威克有意识地探索和发现了中子。

卢瑟福指导研究生，极其注意他们的洞察力和构想物理图像的能力与素质。他每次进实验室，首先问学生看了哪些书和实验有什么问题，如果你只叙述过程而说不出新想法和提出新观念，他是不高兴的。他甚至要学生说出某一想法的提出者是谁，又是怎样想出来的。他认为培养学生的独立思考能力和创造性极其重要。一个研究集体的好坏关键在于形成一个好的学风和传统，一个研究人员和学生的好坏主要在于求实精神和构思新思想和图像的能力。他批评当时美国和加拿大不少科学家在办公室中花费过多时间，而应当把时间自由地用于研究上。他劝告教授们应花更多的时间去想，花少量时间去做，只有这样才能获得出色的工作质量。时时观察科学发展的动向，始终使自己处在科研的前沿，卢瑟福一生一直活跃在研究的突破口上，并以献身科学真理的精神和旺盛的精力组织力量予以突破。所以，伊夫说卢瑟福“永远处在波浪的峰巅之上”，这恐怕是一个科学家保持学术青春的关键之一。

1937 年 10 月 19 日，一直康健的卢瑟福因疝病很快去世了。这位伟大的科学家临死前嘱咐他的妻子：

> 记住，赠给纳尔逊学院一百镑！

他说完一个小时后便与世长辞了。

卢瑟福一生中获得了一个科学家所可能得到的几乎一切崇高荣誉，除去前面介绍的诺贝尔化学奖、爵士和勋爵这些崇高的荣誉和英国皇家学会及英国科学促进会主席职务外，1925 年他荣获皇家学会最高荣誉奖——柯普莱奖章，并被几十个世界著名大学和科学院聘为荣誉教授和国外院士。

（作者：阎康年）

参考资料

[1] A. S. Eve. Rutherford [M]. London: Cambridge University Press, 1939.

[2] J. Chadwick. The Collected Papers of Lord Rutherford of Nelson [C]. Vol. II. London: George Allen & Unwin Ltd., 1963.

[3] J. L. Heilbron. Ernest Rutherford and the Explosion of Atoms [M]. Oxford and New York: Oxford University Press, 2003.

罗伯特·安德鲁·密立根

（Robert Andrews Millikan，1868—1953）

密立根

一不留神投身于物理学的文科生

罗伯特·安德鲁·密立根是美国最负盛名的科学家之一。他是第一个在美国出生的获诺贝尔物理学奖的物理学家。他领导美国最有生气的科研与教育中心之一——加州理工学院达 25 年之久，他是 20 世纪 20—30 年代美国科学界最活跃的领袖人物之一。作为一个成功的教育家、科学家、科学事业的领导人，密立根的一生是 20 世纪上半叶美国科学家们所起的新作用的缩影。从他 1893 年真正投身于科学到 1953 年去世，60 年的时间里，美国科学由落后走向了高度繁荣，密立根是这一巨大变化的见证人，并在其中扮演了重要角色。正如阿瑟·康普顿所说：

很难再能找到一个其一生比密立根更能代表现代历史发展过程的人。

一、投身物理学的三部曲

在美国伊利诺伊州，有一个人口稀少、风光秀丽的乡村小镇名叫莫里森。密立根就出生在这里，那正是 1868 年 3 月 22 日，美国南北战争结束后的第三年。密立根 7 岁的时候，全家迁到了艾奥瓦州的马科凯塔城，他在那里长大成人。

密立根的家庭是平淡无奇的普通家庭。他父亲是当地公理会的一个牧师，年薪仅 300 美元，全家兄弟姐妹 6 人，生活虽算不得贫寒，但也绝说不上富裕。

密立根小时候也是一个平淡无奇的孩子，不是什么神童，智力上从没有显示出不同寻常之处。小时没有读过多少书，也没有渴望要读书。他 8 岁才开始上学，到 17 岁高中毕业时，还没有受过多少自然科学知识的教育。这也难怪，当时美国科学的发展还仅是刚起步阶段，况且他生活的地方又比较偏僻。上高中时，仅有的一位物理教师也不怎么懂物理学，只要他对书中的某一原理想不通，就斥之为谬论：

声音怎么能是由空气传播的呢？胡说！孩子们，这完全是胡说八道！

据说他还是校长呢，难怪密立根一开始就很讨厌物理学。

1885 年，密立根高中毕业了。他为了能够继续读书，就得自己想办法挣钱。他到锯木厂做过杂工，还担任过法庭的记录员。到 1886 年秋，18 岁的他终于挣得了一笔钱，进入了美国中部还算是不错的一所学校——奥柏林学院。在这里，他对希腊语、拉丁语和代数有浓厚的兴趣，对物理学却并不喜欢，甚至有点讨厌它。但后来一个偶然的机会却使他与物理学结下了不解之缘。

那是 1889 年春末，奥柏林学院需要物色一名教师，教授预科学生的物理学。希腊语教授帕克找到了密立根。密立根非常惊讶："我对物理学一窍不通呀！"教授的回答是不容置疑的："任何一个能够学好希腊语课程的人都能够教授物理学！""好吧，我尽力试一试，但你必须承担后果。"密立根就这样被强行推进了物理学的王国。这是他在投身物理学的道路上迈出的第一步，而促使他迈出这一步的除帕克教授外，主要原因还是金钱。讲课的报酬可以解决自己的学习费用，多少还能抽出一部分供弟弟妹妹们上学，这对密立根有很大的吸引力。生活的艰辛往往使人们能够显示出自己都意想不到的才能，20 世纪一位伟大的物理学家就是这样一不留神、不自觉地投身到物理学领域。

教学的巨大压力促使密立根开始真正地认真学习物理学，在此过程中他改变了对这一学科过去所持有的偏见。不久，在真正登上奥柏林学院的物理讲台之后，密立根原本就具有的口才天赋首先发挥了作用，他的讲授相当生动活泼，接着他的较强动手能力也有了表演舞台，口头演讲与演示实验相结合，密立根的教学方法很快就得到学生和校方交口称赞。这次成功，鼓舞了他的自信心。

1891 年秋，密立根从奥柏林学院毕业，获得文学学士学位。在大学期间，他尽管承担教学工作，但功课很好，经常在班上名列前茅。人也很活跃，曾担任过预科学生的指导员、班主席、学院年报的副主编等。他还是学校有名的体育运动员。这些都培养了他的社会活动能力，为他后来卓有成效地进行科研组织与管理工作打下了基础。

大学毕业后，密立根本想找一个薪水较高的职业，但在当时经济萧条的年代，谋职谈何容易！他只得留校继续任教，并兼教体育。在此后两年的时间里，他利用工作之余，啃完了 J. J. 汤姆孙那冗长而枯燥的《电动力学》。在这里还几乎没有人懂这本书，他完全是自学的。由此，奥柏林学院于 1893 年授予他硕士学位。

直到这时，密立根仍没有意识到自身所蕴藏的物理学才能。一个又一个的成功曾使他激动、振奋，但随之而来的却是烦恼与恐惧，因为他总是怀疑自己从事物理学的能力，这又使他不安，这种情绪以后也伴随着他很长时间。1893 年秋，又是那位教希腊语的帕克教授，悄悄地将密立根的成绩单和一封推荐信寄给了哥伦比亚大学。不久，密立根就获得了哥伦比亚大学 700 美元的奖学金，成为那里唯一的一名物理学研究生。

1893 年是美国物理学史上具有重要意义的一年：康奈尔大学的尼科尔斯教授创办了《物理学评论》杂志；芝加哥大学的海尔创办了《天体物理评论》杂志。就在这一年，密立根迈出了他投身物理学道路上的第二步。从某种意义上来说，这一年确实是美国物理学一个新时代的开始。

密立根在哥伦比亚大学遇到了一批对物理学真正有兴趣的人，其中浦品教授对密立根的影响最大。当时浦品刚从剑桥大学和德国学成归来，思想活跃，知识渊博，尤其善于利用扎实的数学知识和熟练的分析技巧解决复杂的物理问题。在浦品的影响下，密立根在数学和分析技巧方面受到了较严格的训练。这也使他以后在分析实验安排和随后的理论问题的考虑中处于有利的地位。

学生崇拜老师，老师未必赏识学生。在哥伦比亚大学第一学年结束的时候，正是密立根最为崇拜的浦品教授使他失去了奖学金。由于奖学金名额有限，浦品要为他所在的电气工程系的一个工科研究生争取奖学金，结果就将密立根挤掉了。失去了奖学金，密立根的日子很不好过，并且动摇了他本来就不坚定的自信心。后来他不得不靠为别人代课来渡过难关。

1894 年 6 月，密立根第一次结识了对他一生都有重要影响的迈克尔逊。迈克尔逊由于在 1878—1890 年间精确地测定了光速和进行了著名的以太漂移实验而成为美国物理学界的大明星。出于向这位大师学习的渴望，密立根专程来到了芝加哥大学，并在这里度过了整个夏天。他听了迈克尔逊的课和一些演讲，还在自己的小房子里同这位实验大师交谈过几次，他真的感到兴奋。他后来回顾说：

> 迈克尔逊观测技巧的高超，分析的精美，描述的精辟——这一切给我们所有这些有机会看到他的实验工作并听到过他的介绍的人留下了极为深刻的印象。

这位初见世面的年轻人爱上了实验物理学，决心要成为迈克尔逊式的物理学家。

在这里，迈克尔逊关于物理学发展的思想也深深地影响了密立根。“物理学的发展只能通过精确测量得到，要在小数点后面第 6 位上寻找。”这是当时物理学界普遍流行的一个观点，而有点孤陋寡闻的密立根第一次明确地从迈克尔逊这里听到这一点。这对于他形成自己的物理学思想和以后的研究工作都产生了不容忽视的影响。

1895 年，密立根完成了他的博士论文《关于炽热的液体和固体表面所放射出的光的偏振的研究》，并以此获得了哥伦比亚大学博士学位。

这时，浦品教授已认识到了密立根的才能，竭力劝他到欧洲深造。但密立根苦于无钱成行，而且家里也正期待着他早谋职业，尽快挣钱。当浦品第三次劝告他的时候，他坦率地说明了这一情况。浦品惜才如命，当即决定借给密立根 300 美元。

1895 年 5 月，密立根终于启程赴德国。这是他在投身物理学的道路上迈出的第三步，从此，他就真正地献身于物理学。

就在这一年的 12 月，德国的伦琴宣布发现了 X 射线，从而揭开了新物理学的帷幕。几个月以后，法国的贝可勒尔发现了放射现象。这些重大发现预示着急风暴雨般的物理学革命即将到来。密立根正是在这样一个令人振奋的时刻来到了现代物理学发源地之一德国。在 15 个月的时间里，他先后在柏林和格丁根两地学习和研究，其间还周游了欧洲大陆。

柏林和格丁根是当时两个科学圣地，常常荟萃着一批又一批科学明星。生活在这些科学明星之中，密立根如同看到了一个新的世界，鼓舞了他对新物理学的热情，使他常常处于一种难以抑制的激动之中。

在这里，密立根在治学方法上也受益匪浅。在著名的物理化学家能斯特的实验室进行研究时，能斯特广泛的研究兴趣，对于有希望的研究课题与方法的敏锐的洞察力，给密立根留下了深刻的印象。能斯特指导研究生的专题讨论会方法使密立根感到特别“鼓舞人心”，而能斯特组织物理学家、化学家联合研究两学科交叉的一些边缘问题的做法，直接使密立根萌发了合作研究的思想。

密立根后来在回顾这一时期的学习时指出：

> 再也没有比在这一时刻待在德国更加幸运的了。

的确，当他于 1895 年离美赴德时，他还是一个仅受到有限古典物理学训练的年轻人，到回国的时候，他已渴望能在新物理学的研究中出类拔萃了。

1896 年，密立根收到了他的母校奥柏林学院聘请他任物理学讲师的聘书，年薪 1600 美元。不久，他又收到了迈克尔逊的电报，聘请他担任芝加哥大学的助教，年薪 800 美元，他毫不犹豫地接受了迈克尔逊的邀请。这可能是他第一次以事业而不是以金钱来决定取舍。他难以等待了，匆匆结束了在德国的学习，以行李和大衣作抵押，搭船回国。这时他已 28 岁了。

二、振兴美国物理学教育

回到在当时是全美国最著名的芝加哥大学的物理系，又在迈克尔逊大师身边工作，密立根如愿以偿，非常兴奋。他跃跃欲试，急于在新物理学的发展中作出自己的成就。

但是，事情往往难遂人愿。校方给他分配了繁重的教学任务，使他难以集中精力从事研究。一开始，他教授一年级大学生的物理实验课。在他之前教授这门课的是该系的助理教授斯特拉顿，即后来大名鼎鼎的美国国家标准局主任和麻省理工学院的院长。1898 年，斯特拉顿离开芝加哥以后，密立根又承担了教授高年级实验课程的任务，并开始教授热力学、辐射和电磁学等课程。

亲身的教学实践，使密立根深感美国物理教育之落后。在这里，普遍使用的物理教材还是多年前翻译法国人的，许多内容早已过时。老师的教学方法始终是希望通过照本宣科使得学生记住每一个基本原理。实验课是不被重视的，物理系学生仅有的一门实验课程也学时不足，且与课堂教学相脱节。他明显地感觉到，美国物理学教育的这种落后局面与欧洲大相径庭，如果不尽快加以改变，势必将阻碍美国物理科学的发展。

密立根认为，尽快编写出具有最新知识水平的教科书是提高美国物理学教育水平的关键。1897 年，他与斯特拉顿合作，编写出了《大学普通物理学实验教程》一书。不久，在校方的积极支持下，他制订了庞大的编写教科书计划。很快他又写出了大学一年级用的《力学、分子物理学和热学》教程。该书终于在 1902 年正式出版，作为大学物理教程的第一卷。这是当时美国人自己编写的最新物理教程。由于它介绍了许多最新的知识、观点，并采用了课堂教学与实验室相结合的编写手法，因而一出版就受到了热烈欢迎，在美国大学中广为使用，在 35 年的时间里未作修改而一直畅销。

1908 年，密立根又出版了这一教程的第二卷《电学、声学与光学》（与米尔斯合著）。这一套物理教程的出版，标志着美国大学物理教科书达到了一个新水平，而且对以后出版的一些美国大学物理教程也有着很大的影响。

要想提高整个物理学教育的水平，密立根深知高中物理教育的重要性。1906 年，他编写出版了高中学生用的《物理学第一教程》和《中学物理实验教程》（均与盖尔合著）。这套书出版不久，就被尊为美国高中的标准教材，为成百万学生所采用。而且在经过连续五次的修订后，在 20 世纪 40 年代仍然非常畅销。这一教材的编写手法相当巧妙，它将物理学的基本原理同其迷人的历史和英雄伟人结合在一起，唤起了千百万学生对物理科学的兴趣，促进了物理学在公众中的传播。

密立根还与别人合作，翻译出版了德国人德鲁德的名著《光学原理》一书。但是据说密立根从事这一工作每小时的报酬还不足 5 美分。

密立根为改革物理学教学方法做了大量的工作，他大力倡导物理教学中课堂与实验室密切结合的方法。他坚信，这是使学生们最有效地理解物理学的基本原理和对物理方法获得独创性见解的唯一手段。在芝加哥，他首先牢固地确立了物理系学生的实验课程。他的这一思想还随着他的教科书的不断出版而扩散。在他编写的教科书中，附有大量的实验课，这些都是他精心选择或亲自设计的，并且都与课堂教学内容相吻合。由于这些教程被普遍采用，因而这一教学方法也就受到了广泛的注意，"帮助发动了人们对物理科学感兴趣的浪潮"。

当然，在美国最早提倡课堂与实验室相结合的并不是密立根，而是麻省理工学院的皮克林，他在 1869 年就提出过这一主张。但是，这在当时并没有产生多大的影响。可以毫不夸张地说，在很大程度上，正是由于密立根的工作，美国物理学教育才开始了新时期。

当时，芝加哥大学物理系虽由迈克尔逊主持，但他并不是培养人才的能手。他对教学没有太大的兴趣，也不喜欢同自己的研究生进行合作研究。因此，迈克尔逊逐步将许多教学、行政管理工作推给了密立根。1898 年，密立根开始教授研究生的课程，不久就受命主持每周一次的研究生专题讨论会，1900 年又开始负责研究生的选题、指导工作。在密立根与其他人的共同努力下，芝加哥大学物理系以高水平的教学闻名遐迩，培养出了大批物理学人才，为美国物理科学的发展作出了很大贡献。

正当密立根在物理教育领域大显身手的时候，爱情闯入了他的生活。1899 年，他结识了来自伊利诺伊州的姑娘布兰查德。姑娘年轻、漂亮，是芝加哥大学希腊语专业的学生。很快两人就情投意合、相亲相爱了。姑娘的父亲是一位富有的机械制造商，他更看重于金钱，认为女儿和这位穷小伙子结婚是一种冒险。由于父亲的坚持，姑娘只好恳求密立根，要尽快达到每年至少有1500美元的收入，否则，他们只能天各一方。这对密立根宏伟的抱负无疑是一个强烈的刺激，他开始夜以继日地奋斗。

1902年4月10日，密立根终于被"批准"同布兰查德小姐结婚。由于他在物理教学上的成就，不久，他被提升为助理教授，1907年又晋升为副教授。1940年，美国物理教师协会授予他奥斯特奖章，以表彰他对发展美国物理学教育所作出的卓越贡献。

事实上，从踏进芝加哥大学的校门那天起，密立根就渴望着能成为一名成功的研究型物理学家。为此他也进行了不懈的努力。12年来，在进行繁重的物理教学工作的同时，他始终坚持每天抽出6小时从事自己的研究。在此期间，最初他从事在格丁根所进行的关于电介质问题的研究，接着他又研究了在压力、体积不变的条件下自由气体的冷却膨胀、高真空中的放电效应、铀矿及其他放射性矿的起源以及光电效应与温度的关系等问题。但是艰苦的努力并非总能够成功。12年来，密立根仅发表了3篇研究论文，其中有两篇还是与他的学生合作发表的。就连密立根本人也哀叹：

> 作为一个实验物理学家，至今我似乎还没有取得什么成功。

但他也坚信，通过持续不断地努力，还是会有所收获。果然，不久之后，他的努力终于有了回报。

三、奠定现代物理学基础的实验大师

1908年，标志着密立根研究生涯中一个崭新时期的开始。密立根选择了具有重大意义的一个研究课题——测量电子的电荷。

电子是由J. J. 汤姆孙在1897年发现的。10年来，人们对电子电荷进行了无数次的测量，其中包括J. J. 汤姆孙本人所进行的实验，但都没有取得精确结果。随着现代物理学的迅猛发展，精确测量出电子电荷，已成为非常迫切需要解决的问题。这不但关系到现代物理学的精确性，更重要的是关系到原子结构、辐射理论、电的概念等一大堆现代物理学的基本问题。再者，从事这一课题的研究与密立根所特有的才华与性情也是一致的。他所在的芝加哥大学赖尔森实验室素以精确测量闻名，这是迈克尔逊所奠定的传统。多年来，他接受了迈克尔逊传授给他的严谨、精确和耐心，这是他的长处。因而密立根在此时此刻选择这样一个题目是相当明智的。

当然，密立根对这一课题的选择也不是在一夜之间想出来的。早在 20 世纪初，他就已密切注视卡文迪许实验室关于这一问题的工作。1906 年，他就开始多次重复威尔逊的实验，只是没有得到更精确的结果。

这时，他首先仔细研究了所重复过的威尔逊方法，终于从中发现了导致误差的主要原因：在威尔逊云室中，被测云雾的顶部总是处于一种模糊不定的状态。经过改进以后，这一误差就基本消失了，测量精度有了很大提高，测得 $e=4.06\times10^{-10}$ e.s.u.[1]。通过进一步观测，密立根又发现这时影响测量精度的主要原因是水珠的蒸发。为了克服这一误差因素，他发明了一种“平衡水珠法”，从而能够对单个微滴进行测量。这是测量电子电荷技术的一大突破。测量精度又大大提高了一步。1909 年夏，他已测得 $e=4.65\times10^{-10}$ e.s.u.。而且更重要的是，由于实现了对单个微滴进行测量，通过比较发现了电荷的量子化特性：电荷量是不连续的，所有微滴所携带的电荷都是所测到的电子电荷的整倍数。这也就说明电子电荷不是统计平均值。

密立根就是这样不断地发现问题、解决问题，把测量精度一步一步地推向前进。不久，他又发现了利用固定在云室上的喷雾器在云室中产生微滴的方法，取代了由膨胀和凝固云来产生微滴的方法，从而有效克服了温度、空气对流等因素对测量精度的影响，同时也为油滴方法的产生打开了大门。

密立根利用油滴方法，在 1910 年测得 $e=4.891\times10^{-10}$ e.s.u.。7 年后，即 1917 年，他测定 $e=4.774\ (\pm0.005)\ \times10^{-10}$ e.s.u.。获得对于电子电荷的这一精确测量值，从整个科学界来看，差不多使用了整整一代人的时间。而且，在密立根所有这些实验中，他都不容置疑地证实了电子电量不是一种统计平均值，电荷具有量子化特性。

由于密立根的工作，人类第一次精确地测量到了基本的电子电荷，认识到了它的基本性质。电子电荷如同光速一样，是自然界中最基本的常数之一，如果没有关于它的精确知识，可想而知，现代物理学就不会成为一门精密科学，它就将如同一座建筑在沙滩上的大厦，随时都有倾覆的危险。

密立根的第二项工作是用实验检验爱因斯坦的光电效应方程。

1　e. s. u. 为静电单位。

1905 年，爱因斯坦提出了光量子理论，对此作出了圆满解释。但是，当时大多数物理学家都视之为异端邪说。在他们看来，光量子的存在比光电效应本身还要神秘。作为一个正统的实验物理学家，密立根对这一“天才的猜测”的反应也许比大多数人更为激烈，他认为这是一个“不可思议的”“大胆的”和“粗枝大叶的”假说。为了使人们抛弃这一理论，他从 1907 年起，先后从事了几项旨在否定这一理论的实验，但都没有取得成功。有一次似乎是成功了，密立根还为此得意过一阵子，但不久他又发现，是实验本身出了毛病。

直到 1912 年，爱因斯坦的这一理论到底能否成立，还一直是个谜。这时，刚好密立根有关电子电荷的工作告一段落，他决心彻底地用实验来检验这一方程。

密立根的实验装置设计得相当巧妙，测量工作是精心进行的，一切都无懈可击。但最后的结果证明：爱因斯坦的光电效应方程在每一个细节方面都是严格成立的。三年艰苦努力的结果完全出乎密立根所料。试图否定这一理论的实验反倒成了使它成立的实验基础。面对着无可置疑的实验事实，密立根终于改变了对这一方程的看法。

在进行这一实验的同时，密立根还第一次由光电效应测出普朗克常数 $h=6.624\times 10^{-27}$ erg · s。这是当时所能取得的最精确数值。

由于密立根无懈可击的实验证据，爱因斯坦和玻尔分别于 1921 年和 1922 年被授予诺贝尔物理学奖。密立根由于在有关电子电荷、光电效应研究中的杰出成就而被授予 1923 年度的诺贝尔奖。瑞典皇家科学院诺贝尔委员会主席在授奖仪式上致辞时指出：

> 如果密立根关于光电效应的研究给出了不同的结果，爱因斯坦方程可能就没有价值了，玻尔理论也就失去了支持。

爱因斯坦本人在评论密立根这一工作的重要性时指出：

> 我非常感谢密立根关于光电效应的研究，它第一次决定性地证实了在光的照射下从固体物体中发射的电子同光本身的频率有关，这个量子理论的成果给研究辐射的微粒结构奠定了理论基础。

密立根在有关电子电荷和光电效应的研究中，充分体现了他在研究工作中两个最突出的特征：

（1）严谨的工作作风。密立根在实验工作中的基本信念是："要利用现代的手段达到这个时代再也无法改变的结果。"为此，他以顽强的毅力，几乎是无止境地追求实验的可靠性和精确性，从而不断提高自己研究成果的价值。1913 年，密立根测 e 值已达到很高的精确度，但他还指导当时正在芝加哥大学学习的中国学生李耀邦利用他用过的仪器，在固体球粒上测量出电子电荷。

（2）实事求是的科学态度。密立根在研究工作中严格尊重实验事实。对于凡是他认为在实验上已证实了的理论，不管他对这些理论以前的看法如何，他都很快就接受。他虽然曾坚决反对爱因斯坦的光电效应方程，但在这一方程得到实验上的证实以后，他立刻就接受这一事实，并为使人们普遍地接受这一方程而积极努力。但由于他认为，产生这一方程的光量子理论在实验上未得到完全检验，因而直到 1923 年他还对这一理论能否成立表示怀疑。

在测量电子电荷的工作中，密立根曾在一个油滴上测到过 2/3 电子电荷 $\left(\frac{2}{3}e\right)$。当时密立根正在同奥地利物理学家 F. 艾伦哈夫脱就有无亚电子问题进行激烈的争论，F. 艾伦哈夫脱对此持肯定态度，密立根持否定态度。但是密立根仍然毫不犹豫地公布了这一事实。现在看来，这是否说明那个油滴上带有一个夸克，我们不得而知，但密立根这种实事求是的态度是值得称道的。对此，狄拉克曾赞扬他"具有伟大的科学诚实"。

四、杰出的科学组织家

由于研究工作中的杰出成就，密立根于 1910 年荣升为芝加哥大学物理学教授，1914 年入选美国文理科学院，1915 年当选为美国科学院院士，1916 年荣任美国物理学会主席，他成为美国最著名、最为人们所尊敬的物理学家之一。但是，他从不把自己关在象牙宝塔里，他越来越多地关心整个国家科学技术水平的提高，关心国家的发展与强盛。

1914 年 8 月，第一次世界大战爆发。1917 年 2 月美国正式参战。密立根也被卷进了这场战争，他并不是在战场上冲锋陷阵，而是动员、组织科学家为战争需要服务。早在美国参战前，密立根与著名的天文学家海耳等人就清楚地看到，现代科学技术在战争中的有效运用，将会在一定程度上决定战争的进程。同时他们也敏锐地意识到，这将是促进美国科学发展的绝妙的机会。因而，经过他们及其他人的共同努力，终于成立了旨在动员组织科学界为战争工作服务的国家研究委员会（简称NRC）。到美国参战的时候，密立根就离开了芝加哥大学，常驻华盛顿，全面主持NRC的工作，并取得了巨大的成功。

在此期间，密立根卓有成效地领导了反潜艇研究。他以卓越的组织才能，将科学界、工业界的一大批学者、专家组织起来，进行合作研究，并同英、法科学家密切协作，在不长的时间里成功研制出了三种类型的潜艇探测器，为消除德国潜艇的威胁起到了重要作用。此外，密立根还领导或参与领导了战争期间的几乎每一项重要的军事研究工作。

密立根积极利用这一机会提高科学与科学家的地位，“竭尽全力奠定最有可能促进美国科学发展的基础”。在此期间，他发起创立了国家研究委员会研究补助金计划。这个计划对于培养美国高水平的专业科学人才起到了非常积极的作用，被认为是美国科学迅速发展的主要推动力之一。与此同时，密立根还与海耳和著名化学家诺易斯等科学家共同努力，使NRC成为一个战后协调全国科学研究工作的常设机构。战后，NRC对促进美国科学的发展发挥了积极作用。

密立根始终认为，科学家的职责不仅仅在于探索自然，还应当关心国家科学事业的发展，关心社会，为国家的强盛出力。他积极参与战争工作与他的这一思想认识相一致。他在战争中的工作也确实达到了自己的目的。

战争结束后，密立根谢绝了海耳等人要他担任NRC主席的请求，返回了自己的实验室，重新开始中断了22个月的研究工作。

返回芝加哥不久，密立根就开始了对宇宙射线的研究。宇宙射线是由奥地利物理学家V. 黑斯在1911年左右首先确定存在的。密立根独具慧眼，敏锐地意识到，对这一空中出现的放射性现象的研究有可能对整个物理学的发展产生广泛的影响。1919年他闯入了这一领域，1922年开始进行大规模探测。可能连他自己都没有想到，他在这个领域中几乎耗费了整个后半生，道路曲折，毁誉参半。

首先，在这个领域中他取得了许多有重要意义的成就，开创了现代宇宙射线研究之先河。他确定了宇宙射线起源于太阳系以外的宇宙之中，并为其命名；首次探测到了宇宙射线每日、每年的强度变化；独立探测到了其“经度效应”；在他领导的对宇宙射线的研究中，安德森发现了正电子和介子，取得了大量的有关原子结构和核衰变的信息资料；培养了大批宇宙射线研究专家。这些都使他多年来获得了宇宙射线研究的领袖之美称。

但是，密立根在取得这些成就的同时也遭受到多次失败。

1925 年，密立根开始研究宇宙射线的组成与产生这样一些基本问题。起先他提出了宇宙射线是高强度的 γ 射线，即它是由光子组成的假说。1928 年，密立根又据此假说，提出了产生宇宙射线的“原子建造”假说，认为宇宙射线是由多数氢原子在宇宙空间结合成一些重原子时所释放出的结合能所致。但是到 20 世纪 20 年代末期，科学界探测到了宇宙射线的“纬度效应”，完全否定了密立根的原子建造理论。

1934 年，密立根提出了产生宇宙射线的原子湮灭假说。这是一个短命的假说，刚问世不久就被实验否定了。

科学探索中出现失误是正常的，即使一事无成，也不足为奇。然而，密立根在失败之中还夹杂着顽固。由于他自己没有探测到宇宙射线的“纬度效应”，他顽固地坚持自己的错误观点。为此，他同阿瑟·康普顿进行过激烈的论战，以致个人关系几乎完全破裂。由于奥本海默发表文章，含蓄地表示不同意他的观点，他就明显地冷落奥本海默。密立根的顽固立场激怒了许多研究宇宙射线的科学家。

20 世纪 20 年代末 30 年代初，正是密立根在科学界的地位与声誉都处于巅峰之际。成功使他过分自信，荣誉与地位使他有点陶醉。学术上的不同意见，他居然看作是对自己地位的挑战。以不科学的态度来对待科学问题就势必要失败，任何人都不能摆脱这一规律。

但是也应当指出，密立根在宇宙射线研究的后期屡遭失败也有一定的客观原因，当时研究宇宙射线的产生这样的问题的条件还不成熟。

密立根的研究兴趣相当广泛，曾涉足过许多物理学的研究领域。他曾对裸原子光谱进行过较详尽的研究，其结果产生了“电子自旋”的概念。他研究了极端紫外线光谱，观测到了最短的紫外线为 λ=136.6 埃，从而弥补了电磁波频率光谱中未探索的间隔，并确定了光学光谱与 X 射线光谱在本质上是一致的。密立根还研究过金属中的冷辐射、气体中的布朗运动、X 射线的吸收、在特殊条件下斯托克斯定律的修正等课题，都取得了一定成就。密立根对气体的黏滞系数问题也有着浓厚的兴趣，曾指导过当时在芝加哥大学学习和工作的中国留学生颜任光从事这一课题的研究，并取得了有意义的成果。

密立根的得意门生、发现了正电子和介子的安德森曾经问过密立根：

你为什么能在大多数人意识到其重要性之前就能发觉那么多的物理学新领域？

他回答说：

噢，我阅读《科学文摘》。

这样的回答是令人失望的。但是，这不正说明密立根具有敏锐的洞察力吗？

五、加州理工学院的崛起

第一次世界大战使美国发了一笔横财，也捞到了国际性的政治资本，随着战争的结束，它步入了世界舞台的中心。不少美国人陶醉了，沉浸于对美国的自豪之中。由于密立根主持过 NRC 的工作，他并没有被这种乐观气氛冲昏头脑，因为他深知当时美国的科学技术充其量只是二流水平。

如何改变这一状况呢？战争刚一结束，密立根就提出了他明确的思想：(1) 积极选拔和培养人才，改变目前美国大学的结构与环境，使研究与教学有机结合，形成一种创造性的研究气氛。(2) 广泛开展合作研究。合作研究已经显示出是现代科学发展的一大趋势。他认为，在和平时期，仍必须像在战时一样，组织起工业、大学中的研究人员进行合作研究。

依靠个人的天才推动历史车轮前进的时代已经过去了，假如要想将这些车轮迅速地推向前进，就必须大力开展合作研究。

密立根正是带着这些思想回到芝加哥的。但是，在这样一个人才济济、等级森严的地方，他宏伟的抱负难以施展。

然而，在美国西海岸的加利福尼亚州，未来一所著名的学府却在等待着他的到来。这就是后来举世闻名的加州理工学院。加州理工学院位于环境优美、空气清新的傍山小镇帕萨迪纳，当时还只是一所名不见经传的小学院。但是，它的董事会里却有一批有识之士，他们求贤若渴，广纳良才。他们在战前就曾多次邀请过密立根。战后，为了使他到来，他们可谓煞费心思，不仅大量筹集资金，还建立庞大的物理实验室等。但是更吸引密立根的是，这里有他的老朋友——海耳和诺易斯。这两人都是密立根在 NRC 的老搭档，他们有过成功合作的经历，在有关社会、发展科学的问题上有着一致的见解。而且他们三人本身就是从事有关物理、化学、天文学合作研究的极强阵容。只要他们精诚合作，就能使加州理工学院发展越来越好。

1921 年 6 月 2 日，密立根离开了他整整奋斗了 25 年的芝加哥大学，正式入主加州理工学院。作为接受聘请的条件，他提出了一个相当苛刻的要求：不参与行政管理工作。而校董事会居然接受了。他们太了解密立根了，这只不过是戏言而已。

当时的加州理工学院教师不过 60 人，学生不足 400 人，从没有培养过博士研究生。面对着这样的局面，密立根毅然宣称：加州理工学院必将发展成为不亚于世界上任何地方的数理中心和学院。密立根的第一个行动是革新建制。他建议校董事会取消校长职务，建立一个由他本人任主席的校执行委员会，行使校长职权。委员会由 4 名董事、4 名教师组成，他们都是最关心学校发展而又最有威望和成就的，他们每个人的责任与权力完全相等。此外，密立根还领导建立了一个由 15 人组成的教师委员会，负责协助执行委员会处理一般的行政事务。这样，密立根以一种集体领导体制，取代了校长制。

这种崭新的大学管理体制在美国还是首创，发挥了多数人的才能与智慧，大大提高了工作效率，又减轻了担任行政管理工作的科学家的负担。而且更重要的是这有效地消除了在美国大学中普遍存在的校长与教师队伍和董事会之间的各种矛盾，人们一心一意地为学院的发展而奋斗，整个学院充满了活力。

在学科上密立根选择物理学作为学院起飞的基点。他和他的执行委员会都有一个统一的认识：物理学是其他许多学科的基础，只有首先将这里建成一个物理学中心，然后才有可能将它建成一个强大的多学科的中心。

这里有充裕的资金。一位著名的内科医生又捐赠了 25 万美元，用于建造物理实验室。而且执掌化学实验室的诺易斯也主动降低自己学科的地位，以优先发展物理学。

密立根在这里还发现了一位栋梁之材，这就是英国著名的数学家、物理学家 H. 贝特曼。但仅此一人，毕竟太少了。聘请国内优秀物理学家到此任职实在困难。谁愿意离开热闹的学术中心而到这里来冒险呢？密立根只好发起了一个邀请著名物理学家来访问的计划。

密立根凭借个人的威望和广泛的联系，接连邀请了一大批物理学家到校访问讲学或从事合作研究。来访者中包括迈克尔逊、洛伦兹、C. G. 达尔文（著名的进化论创立者达尔文之孙）、埃伦费斯特、玻恩、薛定谔、索末菲、爱因斯坦、玻尔等。这样一批批著名的物理学家不断到来，一扫加州理工学院以前沉闷的学术空气，物理学面貌大为改观。

在邀请前来的物理学家中，理论家占了绝大多数，这是因为密立根首先要发展加州理工学院的理论物理学。20 世纪 20 年代初，美国的实验物理学已经达到了比较高的水平。密立根较早认识到，不改变理论上的落后状态，美国物理学，乃至整个科学的发展势必受到严重阻碍。因此，战后为发展理论物理学，他本人进行了很大努力。1921 年，密立根力排众议，从欧洲请来了才华横溢的年轻物理学家 P. 爱泼斯坦，1922 年，又从伊利诺伊大学拉来了著名的数学物理学家 R. 托尔曼，再加上贝特曼教授，这样，在加州理工学院就形成了一支美国最早的现代物理学专业梯队，并且很快就发展成为美国主要的理论物理学中心。

此外，加州理工学院刚建不久的诺曼 · 布利奇实验室很快就发展成为美国最大、最好的实验室之一。为了促进合作研究，它同威尔逊山天文台开始了合造世界上最大的 200 英寸（约 508 厘米）的望远镜，还同南加州的爱迪生公司合作建造了先进的高压实验室。

到 20 世纪 30 年代初，加州理工学院已人才辈出，硕果累累。1926 年它培养出了 8 名物理学博士，和加州大学（伯克利分校）并列全美各大学之首。而 1930—1935 年间，它共培养了 59 名物理学博士，将其他大学远远地抛在了后面。

作为一位伟大的科学家和科学事业的领导者，密立根具有一种整体观念，努力促进科学的全面发展。1925 年，他从加州大学请来了著名的地质学家 J. P. 布瓦尔达教授和 C. 斯托克教授，建立起了加州理工学院的地质系。1927 年，他与海耳一起说服著名的遗传学家摩尔根离开他工作了 24 年的哥伦比亚大学，来到了帕萨迪纳，执掌新建的生物系。密立根独具慧眼，当时就预见到了生物科学的重要性。到 1931 年他甚至预言：

> 在未来世纪中有重大变化的学科将是生物学，而不是物理学。

加州理工学院 20 世纪 20 年代末期航空学的发展则是密立根惊人的洞察力与卓越

的社会活动能力相结合的产物。早在20世纪20年代初，他就认为加州理工学院应当大力发展航空工程学。1926年，他亲自出马，千方百计，终于说服古根海姆基金会同意资助加州理工学院，兴建一个航空实验室。1929年实验室建成，他亲自请来了著名的航空动力学大师冯·卡门主持。

在这里，所建的系都是经过充分考虑，严格选择的。密立根的原则是不建则已，要建就必须是高水平的。因此，他每建一个系，总要不惜代价请一个权威专家来主持。有些系，没有合适人选，宁可不办，也决不聘用平庸之才。

密立根当然没有忽视为各学科的发展寻求资金。他结交极广，“关系网”庞大，是一位筹钱的老手。在他任职期间，加州理工学院每个学生平均占有的经费在全国各大学中一直是最高的。据说，后来一些基金会都怕他了，一看他来，人们都要锁上保险柜。

密立根在领导加州理工学院时，他的一些办学政策是崭新的，如研究与教学的相互促进。他始终坚持，高水平的大学应当是高水平的研究与教学的有机结合体。

密立根还重视基础科学教育。他认为，无论是培养科学家，还是工程师，基础科学教育都是最为重要的。在这样一个工科院校中，学生的基础科学课程甚至远远超过了理科大学。到1955年，美国工程教育学会开始将这一条作为工科教育的基本原则。

密立根甚至重视人文学科。加州理工学院专门建立了人文与社会科学系，并规定，大学生所选课程中人文社会科学不得少于1/4。这样，加州理工学院的学生素以基础扎实、适应性强、富于创造力而闻名。

在密立根的出色领导下，加州理工学院在20世纪30年代初就真正崛起了。它的物理系、化学系在美国国内几乎无人匹敌，生物系、航空工程系具有世界一流水平，地质系、人文与社会科学系在国内均属上乘。人们这样评论它：“它代表着当今世界最有意义的研究和教育事业。”正如密立根所确信的那样，榜样是最好的老师，到20世纪40年代初，在美国的许多大学中研究活动得到了广泛开展，密立根的办学方法被普遍采用，这对美国科学的发展起到了很好的促进作用。

密立根在领导加州理工学院期间，从没有中断过自己的研究工作。作为物理学界的领袖人物，他的目光并不是仅仅盯着加州理工学院，他仍然关心着整个国家物理科学的发展。在此期间，密立根还担任了美国科学促进协会的主席、罗斯福总统的首届科学顾问委员会成员、国家科学执行委员会副主席。他广泛地召集、主持各种学术报告会、讨论会，活跃物理学界的学术空气，促进国际、国内的交流与合作。他还经常向公众发表科学演讲，在美国公众中有科学的代言人之称。

1945 年，77 岁高龄的密立根辞去了他在加州理工学院的职务。

六、独特的保守主义者

密立根在科学研究和科学组织活动中取得了突出成就，但他在科学思想和政治倾向上都有着保守的一面。

密立根对于科学发展中的“革命”相当反感，他认为：

> 科学的进步几乎从来不以革命的方法而实现……革命几乎是永远不会发生的。

在他看来，科学的发展总是循序渐进的，新的科学知识的发现和建立只不过是对旧知识的补充和扩展而已。例如，他就认为爱因斯坦的相对论包含了牛顿理论的全部，这算不得革命，只是扩展，由此他还声言：“让革命的改革家们思考这些事实吧！”

密立根对科学革命的态度，决定了他对那些具有革命性意义的理论猜测的态度。他指出：

> 在科学上可以有些好的猜测，也可以有许多看来有理的解释，但它们都不是真实的知识。

因而他对于现代物理学中一些最伟大的革命性理论，一开始都没有表现出什么热情，甚至还激烈反对过爱因斯坦的相对论和光电效应理论。从这一方面来看，密立根保守的思想倾向是很明显的。

但是，应当特别指出，密立根对于新物理学中所发现的革命性的实验事实的态度却是科学的，这同他对革命性理论的态度形成了鲜明的对比。他对于 X 射线、放射性、电子、镭等现代物理学中的新发现，一开始就表现出了极大的热情，并感到欢欣鼓舞。在他看来，这些新发现正表明了物理学发展的希望。

密立根对于新理论的提出和新事实的实验发现的两种截然不同的态度是由他关于物理学发展的思想所决定的。他始终坚信物理学的前途是灿烂光明的，是一定会大发展的，但是他又认为，这种发展应当是建立在“比金字塔更加牢固、更加持久的基础之上的”，因而这就应当通过有秩序的程序和精确的测量来达到。在这一思想的支配下，他才认为，那些未经过严格的实验检验的天才的猜测是不牢靠的，对物理学的进步是不利的。而那些实验发现则是客观存在，因此不管它们的出现与他所接受的古典理论有多么大的出入，他都毫无保留地接受。这样就形成了密立根对科学革命的反感、对实验事实的尊重。可以说，密立根的保守主义倾向明显地带有他实验家的特征。从实质上来看，密立根仍然是物理学革命中的促进派，他同那种顽固维护旧物理学传统的保守派还是有明显区别的。

正是这种使新物理学在牢固的基础上稳步发展的信念，才使他在研究工作中几乎是无止境地追求严谨和精确。对实验事实的严格尊重，培养了他严肃的科学态度。这两点正是他研究工作中的突出特征，并贯穿于他一生的科学活动之中。正因为如此，他能在实验物理学的广泛领域中取得杰出成就不是偶然的。

密立根从不把自己仅仅限制在实验室中。他关心社会，对国际、国内的许多重大问题都要发表自己的看法。但在不少问题上他也表现出了保守的倾向。

在有关社会发展的问题上，他认为社会发展最根本的原因在于科学进步，因而他对于进行社会变革持激烈的反对态度。作为罗斯福总统的首届科学顾问委员会成员，他强烈反对罗斯福的“新政”，反对政府对经济的干预，主张自由发展经济。他还反对政府对大学的支持。

在发展美国科学的问题上，他始终坚持“分散化”的原则，主张充分发挥私人的积极性，反对政府进行任何形式的“集中”。他认为，政府对科学过多的干预会使科学丧失其独立性和自由，这对科学的发展将是一个灾难。第二次世界大战结束后，美国政府酝酿建立政府支持科学研究的机构——国家科学基金会，密立根对此激烈反对。他不顾年迈，四处奔走，企图阻止这一机构的建立，但是大势所趋，这位当年美国科学界叱咤风云的人物如今在这个问题上却找不到几个支持者了。

还应当指出的是，虽然密立根在如何发展美国科学的问题上有其保守的一面，但是在实际工作中他又具有大胆改革、勇于创新的一面。不管怎样，他始终将促进美国科学的发展作为自己的职责，他能够清醒地认识到国家科学事业发展的主要问题，善于打破旧框架，开创新局面。因而，在实际工作中他仍对美国科学的发展作出了重大贡献。

密立根投身于物理学时，美国的物理科学还是相当落后的，到他结束自己的科学生涯时，美国已成为世界物理科学的中心。密立根的一生经历了这一变化的整个历程，是这一巨大变化的见证人，并为此而满怀信心地奋斗了半个多世纪。他为增进人类知识和促进美国科学发展所作出的贡献，在他同时代的美国科学家中是很少有人能与之相比的。

1953 年 12 月 19 日，在科学的疆场上驰骋了一生的密立根安然长逝，终年 85 岁。回顾密立根丰富多彩的一生，我们可以看到，他始终如一地将自己与增进人类知识和促进美国科学发展的伟大事业联系在一起，并将这一伟大事业置于个人的抱负之上，这正是他的伟大之处和他取得如此杰出成就的最根本原因。

（作者：张炜）

参考资料

[1] Robert A. Millikan. The Autobiography of Robert A. Millikan [M]. London: Macdonald, 1950.

[2] Robert H. Kargon. The Rise of Robert Millikan: Portrait of a Life in American Science [M]. Ithaca: Cornell University Press, 1982.

[3] Robert A. Millikan, Electrons (+ and −), Protons, Photons, Neutrons, Mesotrons and Cosmic Rays [M]. Chicago: University of Chicago Press; London: Cambridge University Press, 1947.

[4] Robert A. Millikan. Science and Civilization [M]. New York: Charles Scribner's Sons, 1930.

威廉·劳伦斯·布拉格

（William Lawrence Bragg，1890—1971）

布拉格

最年轻的诺贝尔奖获得者

本文要介绍的是1915年度诺贝尔物理学奖获得者之一的威廉·劳伦斯·布拉格，而与他同时获奖的是他的父亲威廉·亨利·布拉格。威廉·劳伦斯·布拉格不仅是物理学领域X射线晶体学的主要开创者，为它的发展贡献了毕生精力，而且也是将这项技术引入生命科学研究的重要倡导者，为分子生物学的建立奠定了坚实基础。他首创X射线晶体结构分析时年仅22岁，荣获诺贝尔奖时也只有25岁，至今仍保持着最年轻的诺贝尔奖获得者称号的纪录。

一、阿德莱德：在令人鼓舞的科学气氛中度过的少年时代

威廉·劳伦斯·布拉格（以下简称布拉格），1890年3月31日出生于澳大利亚港口城市阿德莱德。布拉格的父亲威廉·亨利·布拉格（以下简称老布拉格）是剑桥大学的高才生，毕业后由J. J. 汤姆孙推荐，远涉重洋去澳大利亚阿德莱德大学接替兰姆的数学和物理学教授职位。3年后，老布拉格与南澳大利亚州邮政总长和政府天文学家托德的女儿格温多林·托德结婚，次年即生下布拉格。

出生在这样一个科学家庭之中，布拉格从小就有机会耳闻目睹父亲和外公的许多科学活动。布拉格6岁那年便与X射线结下了缘分，那时X射线才发现不久，他父亲已经在阿德莱德大学制成了一只X射线管，碰巧当时布拉格摔坏了胳膊，于是就用来给他拍摄X射线照片以检查骨伤。从此，X射线给布拉格留下了深刻的印象。另一方面，布拉格的父亲也特别注重对年幼的儿子进行潜移默化的科学熏陶。布拉格在古稀之年还清楚地记得，父亲在外公的天文台安装地震仪以及他们在南澳大利亚州首次架设马可尼无线电报机的情景。

除了父亲和外公的科学活动让他耳濡目染，布拉格所接受的学校教育也十分良好。他5岁就上学，先在一个由修女会开办的学校学习，后进入预科学校。在预科学

校里，布拉格已经显示出了他在空间思维方面的才能，他偷偷地旁听了几次高年级的几何课便能向同班同学讲解其中的定理。布拉格 11 岁那年，父母把他送入当地一所有名的英格兰教会学校圣·彼得公学，在这里布拉格共学习了 8 门课，包括英语、英国文学、法语、拉丁语、希腊语、经文、数学和化学。在这 8 门课中，布拉格除了对数学怀有浓厚的兴趣，还特别喜爱化学课中的实验。化学老师对他也特别器重，常常让他在午休时间到实验室里准备下午的实验，而下午上课时则由他来做演示实验。这是布拉格第一次亲身接触科学实验，使他第一次对科学方法产生了浓厚的兴趣。他常常在课余时间与弟弟一起搞一些小制作，例如利用父亲学校里的技工送的废旧零件，装配成简单的莫尔斯发声器和电话机等。布拉格的另一个课外兴趣是搜集贝壳，他常常沿着海滩寻找罕见的贝壳，还发现过一个乌贼的新品种，被贝类学家命名为布拉格乌贼。

1905 年，年仅 15 岁的布拉格进入了父亲所在的阿德莱德大学，学习数学（主科）和物理学（副科），这是他第一次接受正规物理教育。在大学学习的几年正值他父亲科学研究生涯的新起点。老布拉格在到阿德莱德大学任教的头 8 年（1896—1904）里一直将主要精力集中在教学和学校管理上，其间只发表过 3 篇有关静电学和电磁场能量方面的小论文，从 1904 年起才开始了一系列具有独创性的研究。首先是关于 α 射线射程及其气体电离的研究，以后又扩展到对 γ 射线和 X 射线气体电离的研究，就这样在此后的 4 年内他接连发表了 12 篇有分量的论文，从而很快在澳大利亚乃至英国本土的物理学界建立起声望，跻身于一流的富有创见研究者的行列。这期间，老布拉格经常与儿子谈论自己的研究工作，这就使学生时代的布拉格了解到一些科学研究的前沿问题。由此可见，布拉格从小就已生活在一种浓厚的科学气氛中了，这对他日后在科学研究中取得成就无疑具有很大影响。

此后不久的 1908 年，年仅 18 岁的布拉格以优等成绩在阿德莱德大学获得数学学士学位。恰好在这年他父亲被聘为英国利兹大学物理学讲座教授，次年他便随全家来到英国，并于暑假后进入剑桥大学三一学院继续攻读。在这里，布拉格开始了他长达半个多世纪的科学生涯。

二、剑桥大学：与父亲共创 X 射线晶体学而分享诺贝尔奖

布拉格进入剑桥大学的第一年仍然是主攻数学，先后听过怀特海、哈代等名家的

课，一心朝着未来成为数学家的方向发奋苦读。在学期末临考前，他却不幸患了肺炎，但还是坚持在病榻上带着高烧参加了考试。对此，老师十分感动，特别为他的考卷写了评语，说其中充满了活力和热情。布拉格日后曾风趣地说，是“高烧帮了大忙才会有这么好的结果”。由于表现出色，第一年末他获得了数学科目的大奖学金（与之相对还有小奖学金）。然而，在父亲的劝说和敦促下，布拉格从第二学年起，毅然放弃了作为主攻方向的数学而改学物理。凭借着深厚的数学功底，布拉格只用了一年时间就学完了全部必修课程，并以优等成绩通过了自然科学荣誉学位考试。此后，布拉格便转到了著名的卡文迪许实验室，开始在剑桥物理学“伟大长者”J. J. 汤姆孙爵士的指导下从事实际的科研工作。

J. J. 汤姆孙给布拉格的研究课题是测量离子在气体中的迁移率。那时的卡文迪许实验室除了布拉格之外，还有大约 40 名研究生在 J. J. 汤姆孙的指导下从事研究。在这种情况下，实验室的仪器设备就显得有点满足不了研究的需要了。尽管附设有一个金工车间和一名技工，学生们做实验还是得自备工具箱，自己动手。这事难不倒布拉格，因为早在阿德莱德大学时期，由于那里的实验室几乎没什么专业仪器，布拉格父子曾专门去一个工厂学习过金属车削，并学会了自己设计制作仪器。所以到英国后，老布拉格的利兹大学实验室里各种研究仪器和加工设备一应齐全，随时都可以使用。这就给布拉格创造了利用假期去父亲实验室工作的条件。

1912 年的暑假，布拉格照常来到父亲的实验室。当时老布拉格刚刚得知冯·劳厄、弗里德里希和克尼平关于 X 射线晶体衍射现象的报告，于是父子俩便讨论了起来。按照冯·劳厄的解释，晶体由空间点阵组成，相当于一个三维光栅，而 X 射线的晶体衍射现象则正好说明了 X 射线是像光一样的波动。冯·劳厄还提出了一个三维点阵衍射的数学理论，并试图以此来对闪锌矿即 ZnS 晶体的衍射图进行定量分析。其中为了与实验结果相符合，他作了两个简化问题的假定：（1）ZnS 晶体为简单立方晶体；（2）入射 X 射线仅包含五种特定的波长。但他的定量分析与实验结果的对比仍然难以令人满意。对此，老布拉格根据自己此前对 α 射线、γ 射线和 X 射线的研究，提出了与冯·劳厄相反的观点。他认为 X 射线应该是一种中性粒子流或带异号电荷的偶极子流，总之是微粒而不是波动。布拉格受父亲的影响，也是微粒论的支持者。所以，暑假期间父子俩想方设法用微粒理论来对冯·劳厄衍射图作出解释。当假期临近结束时，布拉格还设计了一个实验以验证冯·劳厄图上的斑点会不会是沿着晶体中原子间的空隙或“通道”射出来的 X 射线微粒造成的。但他的实验没有得出任何肯定结果。父子俩的这次尝试可以在老布拉格后来（1921 年 10 月 18 日）写给《自然》杂志的一封研究信中看到。实际上，那时候德国亚琛技术大学的斯塔克也曾独立地提出过一个类似的解释以说明冯·劳厄图的成因。

暑假结束，布拉格回到剑桥大学，但他还在思考着冯·劳厄的照片。经过反复研究，最后他开始确信冯·劳厄把衍射图的产生归结为一种波的衍射效应可能是正确的。不过他同时发现冯·劳厄在分析 ZnS 晶体的衍射图时所作的两个假定值得怀疑。问题的端倪来自下图所示的一个实验事实，即当照相底片从靠近晶体的位置远移时（从 P_1 到 P_2），照片上的衍射斑将由圆形变为椭圆形。如果按冯·劳厄的假定，入射 X 射线波长为定值，那么根据光学原理，出射线只有在某个确定的角度才能产生衍射，也就是衍射线应该是平行的。

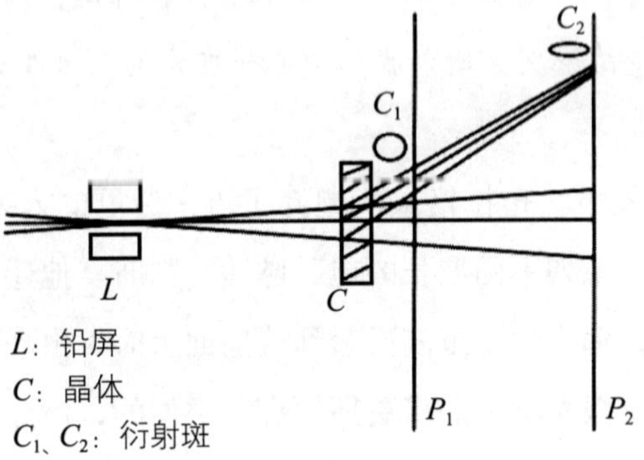

布拉格对衍射斑形状变化的解释

但这显然难以解释照相底片远移则衍射斑变扁的实验事实。由此看来，冯·劳厄的假定必须抛弃，但若抛弃了冯·劳厄的假定，又如何才能圆满地解释 ZnS 晶体的衍射图呢？这时，有几位物理学家的理论观点给了布拉格很大启示，使他灵感突发、茅塞顿开，困难也就迎刃而解。

启示之一来自发明了物理仪器云室，并以其名字命名的威尔逊。他那时常在卡文迪许实验室开设物理光学讲座，在一次讲座中他指出：

> 我们可以把一束白光看作是各种单色光的复合，这些单色光通过一个衍射光栅就分解成一个光谱；同时，我们也可以把它看作是由一系列不规则的脉冲组成的，当它们通过一个光栅时就产生一列列不同波长的波从而形成光谱。

布拉格听过威尔逊的讲座，对他这几句话印象特别深刻。

启示之二来自提出著名旋度公式的数学物理学家斯托克斯，他早在 1896 年，即伦琴的新发现不久后，就对 X 射线的本质发表了自己的见解，认为这种射线是一些波长很短的电磁辐射脉冲。当时法国的利埃纳尔和德国的维谢尔也提出过类似的理论。布拉格是在 J. J. 汤姆孙的讲座中听到斯托克斯这个理论观点的。

启示之三来自化学家巴洛和普珀关于晶体结构的理论。他们曾提出像 ZnS 那样的立方晶体中原子是密排的，即我们现在所说的立方密排——除在立方体的八个角上占有原子外，在其六个面的中心也有原子。他们的这个理论很少为当时物理学家所知，而布拉格回忆说：

> 碰巧我知道……那时我参加了一个小型科学社团，那里的一个成员给了我一份有关该理论的论文。所以我知道原子在空间点阵中是排列成面的！

在这些思想的启发下，布拉格果断抛弃了冯·劳厄的入射 X 射线波长为一定的假定，而把它看作是一系列不同波长的电磁脉冲。同时，他还发现如果将点阵的阵点看成是排列成面的话，那么当一束波投射到这些面上时，由平面阵点散射而来的子波就形成一个反射波，这跟光学中的惠更斯原理是类似的，由此他大胆引入了“镜面反射”的概念。而应用镜面反射的概念，布拉格便轻易地解释了前述的实验结果，因为在那个实验中 X 射线可看作是被晶体中的原子面所反射，反射线沿竖直方向有汇聚的趋势，所以底片放得愈远，其上面的衍射斑就显得愈扁。最后，他进一步尝试把 ZnS 晶体看作是面心立方晶体，用这种原子排列果然圆满地解释了其衍射图。

于是，布拉格于 1912 年 11 月 11 日向剑桥哲学学会宣读了这篇题为《晶体对短波长电磁波的衍射》的著名论文，报告他几个月来的研究成果。

概括地说，这篇论文包括如下三个方面的重大发展：(1) 把衍射斑解释为入射线在晶体内部原子面上的反射；(2) 假定入射线为连续谱，而反射平面对波长适合面间距的入射线具有选择作用；(3) 证明了闪锌矿为面心立方晶体，而非简单立方晶体。此外，在该论文中布拉格首次提出了一个著名的关系式，即后来所称的布拉格定律：$n\lambda=2d\sin\theta$，不过当时的形式为 $n\lambda=2\cos\Theta$（这里，θ 称为掠射角，为入射线与反射平面之夹角，而 Θ 为入射线与反射平面法线之夹角，显然 $\Theta=90°-\theta$，故 $\cos\Theta=\sin\theta$）。

在论文宣读完毕后的讨论中，威尔逊提出了这样一个问题：既然晶体内的原子面能够反射 X 射线，那么晶体表面上的原子是否也能反射 X 射线呢？在威尔逊的建议下，布拉格用一片约 1 毫米厚的具有光滑解理面的云母片做了实验，结果证明其解理面也能反射 X 射线。这样，镜面反射的思想便得到了进一步的证实。

布拉格这篇论文的重要性，在于它揭示了可以用 X 射线的晶体衍射来获得晶体结构的信息。正如布拉格自己所说：

> 我们俩处理 X 射线晶体衍射问题的最大差别是，冯·劳厄是通过假定入射线中存在某些特定的波长来解释衍射束的强度，而我则是用衍射束的强度来揭示晶体中原子的排列。

这篇论文实际上已经标志着 X 射线晶体学的诞生。

布拉格的研究结果引起了剑桥大学化学系主任普珀教授的很大兴趣，因为这些结果似乎可以用来证实他和巴洛提出的晶体结构的理论。他给了布拉格一些氯化钾和氯化钠晶体的样品，认为它们的结构可能更为简单，鼓励布拉格继续进行实验。布拉格立即拍摄了它们的衍射照片，结果表明其衍射图确实比闪锌矿的还要简单。根据衍射图中衍射斑的分布和强度变化，布拉格很快获得了这两种晶体的结构，从而完成了第一个完整的晶体结构分析。因为急于继续用这种冯·劳厄照相的方法去测定金刚石的结构，所以上述两种晶体结构的研究结果布拉格并未马上发表，直到 1913 年 6 月才向皇家学会报告了这些结果。

然而，当布拉格用同样的方法去测定金刚石结构的时候却遇到了困难。这是因为照片上衍射斑的强度不仅与晶体结构有关，而且还与入射线中不同波长的波的强度有关，这样结构稍微复杂一点问题就会变得十分困难。1913 年暑假，布拉格带着这个问题再次来到父亲在利兹大学的实验室，他发现利用父亲得到的特征 X 射线照射晶体并用父亲设计的 X 射线分光计测量其反射强度就能避免上述困难。于是，父子俩立即将这种方法应用于金刚石结构的测定，结果很快得出了正确的结构。此后，布拉格还利用 X 射线分光计测定了萤石、黄铁矿和方解石等晶体的结构。1914 年，布拉格开始与父亲联合写作《X 射线与晶体结构》一书，在这本书中，父子俩总结了他们在 X 射线晶体结构分析开创阶段所做的工作。

1914 年 8 月，英德之间发生了战争，布拉格被迫中断其晶体结构研究而加入皇家骑炮兵，一年后又被派往法国从事声波测距的研究。1915 年冬，正当布拉格在比利时前线建立一个声波测距装置时，传来了布拉格父子双双荣获该年诺贝尔物理学奖的喜讯。

尽管由于战争的原因，布拉格父子均未能出席授奖仪式，但是他们俩的获奖却在诺贝尔奖颁奖史上创下了两项纪录，即父子分享诺贝尔奖的纪录和布拉格的获奖年龄最小（25 岁）的纪录，从而传为佳话。

三、曼彻斯特：建立研究学派、完善 X 射线分析方法

第一次世界大战结束后，布拉格于 1919 年初重返剑桥成为三一学院的讲师，同年秋前往曼彻斯特大学接替卢瑟福出任兰沃西物理学讲座教授和物理系主任职位，当时他才 29 岁。在该校副校长、晶体学教授米尔斯爵士的支持和协助下，布拉格很快建立起了 X 射线晶体学实验室。他在给当时任教于伦敦大学学院的父亲的信中充满信心地写道：

> 我自己的仪器已快安装好了，詹姆斯和我正等待着开始我们的研究。我已经有了一两个想法想试一试。

布拉格这里所说的“一两个想法”之一，便是离子具有特定大小的思想。

其实，早在一战前夕布拉格就在思考这个问题了，但是接踵而来的战争使他不得不将其搁置一边。到任曼彻斯特后，他的第一项工作就是继续这方面的研究。根据其 X 射线结构分析，布拉格发现离子化合物中各离子中心间的距离在相当高的近似程度上遵守一种相加定律。这一发现使他马上意识到离子可能就像一个具有特定大小的球体，也就是说可以给每一个离子规定一个半径，只要使两个离子半径之和正好等于离子化合物中该两离子中心间的距离即可。这里，离子中心间的距离是可以用 X 射线分析测定的，但仅有这个数据，正负离子的半径各为多大却仍难以确定，因为可以认为它们相等，也可以给正离子半径加上一个值同时在负离子半径中减去同样的值，离子中心间的距离仍可保持不变。可见，要确定离子半径的值，必须要引进一个能够标记它们范围的基准。基于这一想法，布拉格于 1920 年发表了首批实验测定的离子半径数值。遗憾的是，在选取基准线时他用的是黄铁矿（FeS_2）中两个硫原子间的距离，由于实际上黄铁矿中两个硫原子间的链是共价键，其间的结合较离子键紧密，所以由

此得到的硫离子半径就比实际的偏小。布拉格的这一错误后来被瓦萨斯谢纳纠正，后者通过对折射率的研究确定了共价氧负离子半径的数值并以此为基准获得了一套离子半径的数值。之后，离子半径的数值又由戈耳什密特在其关于地球化学的著作中作了进一步的订正。它们在日后的矿物结构分析中起了重要的作用。

布拉格所说的“一两个想法”之二是关于 X 射线反射强度的定量研究。在 20 世纪 20 年代乃至 30 年代，多数晶体学家都还是采用冯·劳厄照相的方法测量 X 射线衍射，当时这种方法只能得到反射 X 射线的相对强度即定性数据，而用定性数据测定复杂晶体结构是十分困难的。为此布拉格与他的同事詹姆斯和博赞基特从 1921 年起开始了对 X 射线反射强度的定量研究。这一研究具有两个方面的意义：一是检验 C. G. 达尔文于 1914 年提出的 X 射线反射强度公式；二是测量原子散射因子 f，即一个原子与一个自由电子相比的散射 X 射线能力，它是测定复杂晶体结构的基本数据参数。在这项研究中，他们所用的晶体是结构已知的岩盐即氯化钠晶体，所用的测量仪器是 X 射线分光计，所用的测量方法是布拉格的父亲在战前提出的扫描法。

整个实验工作相当费时，需要很高技巧，但他们还是取得了成功。其结果表明，岩盐晶体对 X 射线的反射十分接近于理想不完整晶体（即嵌镶晶体）的达尔文公式。根据这个公式，反射 X 射线的强度正比于结构振幅（F，即整个晶胞与一个自由电子相比散射 X 射线的能力）的平方，这样就可以根据反射强度确定每一个反射结构振幅的绝对值，并进一步得到钠和氯的原子散射因子实验值。他们的这项工作激起了同在曼彻斯特大学的理论家哈特里的浓厚兴趣，他于 1925 年根据原子的玻尔轨道模型计算了 f 的理论值，后来为了提高 f 的精确度他还提出了著名的求解多电子原子问题的自洽场方法。

关于 X 射线反射强度的定量研究，尤其是它与温度和晶体本身完整性的关系，布拉格本人并未继续研究下去，他把这些工作留给了詹姆斯，自己则重新致力于晶体结构的测定并在以后的几年内频繁外访，参加各种学术活动。早在 1921 年初，布拉格就去过布鲁塞尔，出席主题为“原子和电子”的第三次索尔维物理学会议。1922 年秋，布拉格又携带新婚不久的妻子前往瑞典斯德哥尔摩补作了他的诺贝尔演讲，其演讲的题目为“晶体对 X 射线的衍射”。

这次斯德哥尔摩之行使他与阿伦尼乌斯和韦斯特格伦等瑞典科学家建立了友谊。1924 年夏，布拉格首次访问北美，先是在安阿伯讲学，后又去多伦多出席在那里举行的英国科学促进协会的年会。在上述这些出访活动中，布拉格一方面进行学术交流，另一方面广泛吸引各国有才能的年轻科学家来自己的实验室工作。据布拉格本人回忆，他在曼彻斯特的18年间（1919—1937），先后有77位国内外科学家到他的实验室从事X射线晶体结构或相关的研究，其中1935—1936年间还有3位中国学者陆学善、余瑞璜和郑建宣也到该实验室学习和工作。虽然实验室中成员来自世界各地，科学背景也不尽相同，但大家都怀有共同的兴趣、共同的目标，会聚一堂，在布拉格的领导下形成了所谓“曼彻斯特学派”。这个学派和老布拉格在伦敦的类似学派培养了英国第一代X射线晶体学家。

从1925年起，布拉格和他的学派开始了他们的硅酸盐矿物结构的研究计划，其最初是为了发展出一套具有多个参数的复杂晶体结构的分析技术。因为硅酸盐的结构正好具有足够多的参数而且很容易获得生长良好的天然晶体，所以便成为这一研究的理想材料。另一方面，他们此前对X射线反射强度的定量研究也为测定这种多参数的复杂结构提供了可能。1926年，布拉格与布朗合作完成了第一个硅酸盐橄榄石的结构测定，紧接着又测定了绿柱石的结构。在此后的几年内，布拉格与他的曼彻斯特学派测定了几乎所有能找得到的硅酸盐矿物结构，建立了一套测定复杂结构的标准方法。

1930年，布拉格发表了《硅酸盐的结构》这篇长达69页的论文，对整个工作进行了总结。1937年他还就这一论题发表了题为《矿物的原子构造》的专著。按照布拉格自己的说法，硅酸盐结构的研究是曼彻斯特学派的一大贡献。的确，这一研究不仅为复杂结构的测定发展了一套标准方法，而且还使矿物学这门古老学科的一些基本观念发生了深刻的变化。对其他结构的系统分析还表明，各种类型的硅酸盐的基本性质多半取决于其中SiO_4四面体的连接方式——角与角的连接或边与边的连接，但不可能有面与面的连接——从而形成三维结构、平面结构或链状结构。对于这一精彩的结论，布拉格曾十分满意地指出：

> 古希腊人曾力图将科学化为数学关系和规则图形，如果他们知道，我们有幸赖以生活其上的轻型物质“浮渣”[1]，其构造乃源于四面体的几何性质，他们将会多么高兴。

---

1 指硅酸盐物质，因其比较轻、熔点也比较高，经常像渣子一样浮在上面构成地壳的主要成分。

硅酸盐结构的研究还带来了布拉格在曼彻斯特时期的另一项具有重要意义的工作，即二维傅立叶级数法的首次应用。傅立叶级数法最早是由布拉格的父亲老布拉格于 1918 年提出的，但此后 10 年中一直没有引起人们的注意，直到 1925 年才由美国物理学家杜安“重新发现”，同年另一个美国人哈维格斯特应用此法给出了晶体散射密度的表达式，1926 年康普顿又将绝对强度的测量引入傅立叶表达式。

上述研究者的工作只是为布拉格应用二维傅立叶级数法做了理论上的准备，使它成为现实可行的方法乃是由于布拉格本人的工作。首先，布拉格在分析绿柱石结构的过程中已经尝试过一维傅立叶级数法，并从中认识到可以将尝试法和傅立叶级数法结合起来解决所遇到的“相位问题”；其次，布拉格已利用对称性条件和离子半径的知识获得了透辉石的正确结构，这时才可能根据这一已知的结构模型计算作为傅立叶系数的结构振幅的相位，并结合相应的反射强度测量进行傅立叶综合。这是一项独创性研究而非傅立叶级数的简单应用。二维傅立叶级数法和在此基础上发展起来的三维傅立叶级数法为下一个阶段的生物大分子结构分析提供了有效手段。

除硅酸盐结构的研究之外，布拉格的曼彻斯特学派还在合金结构的研究中作出重要贡献。瑞典的韦斯特格伦原是对合金结构进行 X 射线分析的先驱，1926 年布拉格派自己的研究生布拉德利去瑞典向韦斯特格伦学习合金结构的 X 射线分析技术，此后布拉德利便成为曼彻斯特集团中研究合金结构的骨干，布拉格称他领导的小组是国际物理冶金学的研究中心。虽然布拉格本人并未直接参与这项研究，但却在各方面给予了热情的支持，还经常邀请一些理论家如莫特、休姆－罗瑟里、贝特和派尔斯等来自己的实验室讨论这项研究的理论意义。他自己也曾经与威廉斯合作研究过合金结构中的有序无序转变现象。

在基础性研究不断取得进展的同时，布拉格对 X 射线分析在工业中的应用也日益重视。他认为，一个国家只有具有发达的工业，物理学研究才能获得必要的资助，所以物理学家应该将其相当一部分精力用于解决实际问题。为此，他在曼彻斯特组织了一系列在工业中应用物理学的研讨会。1937 年 11 月，当布拉格离开曼彻斯特大学时，他的新职位就是以促进科研成果应用于工业为宗旨的英国国立物理实验室的主任。

四、卡文迪许实验室：领导科研的组织和管理、开拓研究新领域

由于卢瑟福的突然逝世，1938年英国物理学界展开了一次有趣的“占椅子游戏”：布拉格从英国国立物理实验室来到剑桥大学接替卢瑟福的卡文迪许实验室主任职位；布莱克特从伯克贝克学院前往曼彻斯特大学替补布拉格离开后的空缺；而贝尔纳则从剑桥大学去了伯克贝克学院继任布莱克特的物理系主任之职。这次，布拉格是在一个十分困难的时刻接任卢瑟福的职位的。首先，众所周知，卡文迪许实验室在卢瑟福领导期间曾经是世界核物理研究的中心，但是一战后核物理研究已经越来越朝着所谓“大科学”的方向发展，卡文迪许实验室以至剑桥大学的传统和结构已不太能适应这种变化，加上布拉格本人并非核物理学家，所以这种中心地位在布拉格的任期内能否维持下去是个未知数。其次，第二次世界大战爆发的危险迫在眉睫，很可能和第一次世界大战一样，许多科学研究人员将不得不卷入战争，实验室的研究工作因此会面临难以开展的境地。尽管如此，布拉格还是在任期内交出了一份令人满意的答卷，不但领导实验室走向新的高度，他本人在二战期间也完成了不少富有创见的研究工作。

首先，他提出了一种构思新颖的光学变换方法。在晶体结构分析中应用傅立叶级数法需要进行大量的计算，这在数字计算机出现之前是一件十分艰巨的工作。能否用一种物理途径代替上述计算呢？布拉格利用阿贝的显微镜成像理论对可见光的衍射和X射线的衍射进行了比较。按照阿贝的理论，显微镜的成像可以看作是二次衍射的结果，其中透镜的作用有如一台模拟计算机，它通过物理的途径实现傅立叶变换，即透镜能使物体产生衍射图形从而成像。但是，透镜不能使X射线聚焦，所以无法让透镜产生X射线的衍射图形，这样就无法形成被衍射物体（即晶体）的结构图像。为了解决这一困难，布拉格采用了一个变通的办法，就是用可见光代替X射线，这就产生了所谓的光学变换法。在实际应用中光学变换法可以有两种用法。一种是做一个开有小孔的障板，其中孔的面积正比于X射线衍射图形中结构振幅的大小，孔的位置安排在相应的衍射斑的位置上，这样便可得到它的光学衍射图形，该图形就是原子排列的二维投影的像，布拉格将产生这种图像的装置称作“X射线显微镜”。另一种用法则正好相反：从一种猜想的原子排列图像出发制作晶体结构平面投影模型，原子用障板上的小孔表示，光从后面照射这块障板，通过许多所谓的“蝇眼”透镜在照相底片上产生障板的像，形成一个交叉光栅，用这种光栅得到的光学衍射图形可与实际的X射

线衍射图形进行比较，从而判定所猜想的原子排列是否正确。光学变换方法在解决复杂晶体结构的测定中是一种有用的辅助方法，如霍奇金就曾在测定青霉素结构的过程中应用过这种方法。二战后，布拉格把进一步发展光学变换法的工作交给了利普森，后者经过钻研后大大推进这个方法，还专门就此写了一部专著，书名为《光学变换》(1964)。

除此之外，在二战期间布拉格对金属研究的最大贡献是提出了金属结构的泡筏模型，应用这种简单、直观的模型，他研究了金属的塑性流变等问题。二战后，他进一步用这个模型研究了位错的产生、运动及其与金属塑性流变的关系等，这一工作在位错理论的建立和流传方面产生了积极作用。

上述两项工作充分体现了布拉格重视基础理论和实验的科学研究特色，同时也不忽视实际应用。

布拉格平生的一大业余爱好是绘画，而他的科学生涯也近乎是一种艺术活动，正如他的学生佩鲁茨所说：

> 他从事科学研究的方法也是一种艺术的方法。他喜欢用简单的模型来解释科学概念，例如，用肥皂泡筏说明金属的形变，用一种称作X射线显微镜的光学仪器把观察到的X射线衍射图形转变成一幅结构图像；用蝇眼借助于可见光模拟X射线衍射，用一把钉有螺旋状排列起来的钉子的扫帚柄作为螺旋状多肽链的模型。正是这种富有艺术和想象力的眼光才使他把X射线衍射简单地看作是来自一组平行的点阵平面的反射，而不是像冯·劳厄那样同时列出具有三个式子的数学方程组。

某种程度上，可以说布拉格的工作将斯诺所谓的科学与人文这“两种文化”自然而然地统一起来了。

二战结束后，布拉格开始了他的重振卡文迪许实验室计划。他认为，战后的卡文迪许实验室已不可能像以前那样仅仅由一个研究小组在一个具有影响力的领袖人物领导下展开小作坊式的科研活动，规模必须扩大。比较理想的研究单元是科研人员 6 到 12 人，助手若干名，再加上一个或多个熟练的技工和一个能够制作各种常用仪器的附属工厂。所以，到 1948 年，卡文迪许实验室的研究人员被分成为六组，分别从事核物理、无线电物理、低温物理、晶体学、金属物理和数学物理的研究。除在一些总的原则上彼此保持协调、科研经费总数受到限制之外，布拉格给了这些研究小组尽可能多的自主权。卡文迪许实验室的这种扁平化和民主化管理方式在整个剑桥大学也有很大反响，对实验室此后的发展更是产生了深远影响。

在上述六个研究小组中，布拉格对包含在无线电物理小组内的射电天文学和包含在晶体学小组内的生物分子结构研究——后来发展为分子生物学——这两个新的分支学科给予了特别支持。正是这两个新的研究领域使卡文迪许实验室再次领先于整个世界，产生了赖尔、休伊什、佩鲁茨、肯德鲁、克里克等一批诺贝尔奖获得者。限于篇幅，这里仅就布拉格帮助佩鲁茨建立分子生物学实验和他本人在蛋白质结构研究中的工作作一简要介绍。

卡文迪许实验室对蛋白质结构的X射线研究始于贝尔纳。早在1934年贝尔纳就与他的学生克劳福特拍摄了第一张结晶蛋白（胃蛋白酶）的X射线衍射照片。1936年，来自奥地利的年轻的大学毕业生佩鲁茨加入这一研究行列，他选定血红蛋白晶体作为博士研究的课题，试图揭开其结构的奥秘。1938年，贝尔纳调往伯克学院，他的晶体学研究班子也随之前往，唯有佩鲁茨因无法找到资助而留了下来。原来佩鲁茨到卡文迪许实验室攻读博士学位是靠父母的资助，1938年纳粹德国入侵奥地利，父亲所开的纺织厂被毁，因此非但不能再资助他读书，就连自己的身家性命也难保。佩鲁茨想找个工作挣点钱以完成学业，然而在当时的英国外国人是不允许找工作的。就在这个欲回（国）不能、欲留不成的时刻，布拉格来到了卡文迪许实验室，他看了佩鲁茨拍摄的血红蛋白X射线衍射照片，马上意识到了将X射线分析应用于研究生物大分子结构的前景，很快就为佩鲁茨申请到洛克菲勒基金的助学金。佩鲁茨完成博士论文后，布拉格又为他申请了英国帝国化学工业公司为期三年的研究金，使他能在卡文迪许实验室继续从事血红蛋白的结构的研究，并招收了第一位研究生肯德鲁。1947年，当这笔研究金临近结束时，布拉格要求校方为佩鲁茨提供一份工作，但校方的反应似乎不太积极，大概他们认为让一个化学家（佩鲁茨在大学里学的是化学）在物理系从事实际上是生物学课题的研究不太合适。为此，佩鲁茨曾一度有过放弃血红蛋白研究而去工业界找个工作的想法。就在这个关键时刻，布拉格找到了医学研究委员会的秘书、营养学家爱德华·梅兰比爵士，向他解释说，佩鲁茨正四处寻求经费，要是能够获得资助，其工作成果将能在分子水平上揭示生命运动的奥秘。在布拉格的一再鼓动下，梅兰比决定冒险资助此项研究。于是，1947年10月卡文迪许实验室内正式成立了“医学研究委员会生物分子结构研究的小组”，这就是现在的分子生物学实验室的前身。从此，佩鲁茨的血红蛋白结构研究便有了稳定的经费来源，研究队伍也随之壮大起来。

布拉格帮助佩鲁茨建立实验室后，自己也开始参加到了具体的蛋白质结构测定工作中。1950 年，他与肯德鲁和佩鲁茨合作对多肽链形状进行了研究，提出最有可能的形状是螺旋结构，遗憾的是由于他们没有认识到肽单位的平面构型特点以及每圈螺旋中的氨基酸数目为非整数的可能性，因而未能得出正确的结构。次年，鲍林基于他们的工作而提出了正确的结构即 α 螺旋。

尽管初试不利，但布拉格对蛋白质工作的热情却有增无减。1952 年，布拉格和佩鲁茨发表了两篇讨论血红蛋白分子外形的论文，首次获得了定量性信息。同年，他们又利用血红蛋白晶体为单斜晶体的特点，以及其晶胞在结晶水含量变化时产生的收缩和膨胀特性，并应用随机函数的傅立叶变换所遵循的最小波长理论，确定了反射的正负号，从而计算出分子的电子密度在 C 晶轴上的投影数。这一方法尽管所得的相位信息不多，也不能普遍应用，但它作为一种辅助方法为佩鲁茨日后应用同晶置换法于蛋白质结构测定的可行性提供了有力佐证。如果说同晶置换法的成功应用为彻底解决相位问题从而最终测定球状蛋白质的结构打开了通向胜利的大门，那么 1954 年布拉格与佩鲁茨完成的血红蛋白分子电子密度的平面投影便是进入大门后迈出的第一步。这之后，由于布拉格去了皇家学院，他没有再直接参与血红蛋白结构测定的工作，而佩鲁茨则继续着相关研究，最终与肯德鲁共获 1962 年的诺贝尔化学奖。同一年获得诺贝尔生理学或医学奖的，是曾在英国剑桥卡文迪许实验室学习和工作过的两位年轻科学家沃森与克里克（与威尔金斯共同获得），他们琢磨 DNA 双螺旋模型的 1951—1953 年间，正好也是布拉格任职实验室主任的时间。

五、皇家学院：致力于少儿科学教育和大众科学普及

皇家学院的全称为“大不列颠皇家学院”，由拉姆福德伯爵（即本杰明·汤普森）创建于 1799 年，其最初的目的是“传播并介绍有用的机械发明和技术革新的知识，并通过科学演讲和实验来进行将科学应用于日常生活的教学”，经费来源为私人捐赠。经过其早期的几位研究者，特别是戴维和法拉第的努力，形成了自己独特的风格，即一方面在实验室内进行科学研究，另一方面在学院的演讲厅开设各种科学讲座，向听众报告最新的科学发现。在戴维和法拉第时代，听众主要是伦敦的上流社会人士，这

样做的目的当然是为了争取更多的捐款——在皇家学院的整个历史中，经费问题始终是一个让其领导人煞费苦心的问题。当布拉格于1954年初来到皇家学院时，他所面临的最紧迫问题仍然是经费。特别是随着无线电广播、电视和科普杂志等各种传播媒介的发展，皇家学院在传播科学知识方面的传统地位遭到了严重挑战，所以靠举办讲座吸引少数富裕人士捐款的办法已不能满足其庞大开支，经费窘迫问题变得更为突出。要彻底解决这一难题，布拉格认为皇家学院必须面向更广泛的社会公众，提供更多的服务，以争取新的资助来源。为此，布拉格在他的任期内为皇家学院开设了两个新科学讲座，并把自己的主要精力集中在这一工作上。

首先开设的是面向中学生的讲座，这个讲座实际上是传统圣诞演讲的一个发展。圣诞演讲由法拉第创始于1826年，在每年圣诞节后的两个星期内共安排6次讲座，形成了一个系列，主要对象是12—17岁的少年。而布拉格新开设的讲座与圣诞演讲的不同之处在于它是整年进行的。开设这样的讲座，其目的不是重复课堂上讲过的知识，而主要是向中学生们演示一些实验，这些实验在学校里由于条件的限制，学生们仅能在教科书上读一读或在课堂上听一听，基本上都属于纸上谈兵，动口不动手。而1954年开始的新讲座，头三讲由布拉格亲自主持，主题是电学，不但讲，主要是动手做各种相关实验。1954—1955年间，同样的内容重复演讲和演示了四个场次。以后其规模不断扩大，到1965年，讲座一个单元的场次达到了10讲，其内容丰富且各不相同。这样的讲座安排一年内重复4次，全年便可向大伦敦区内的中学分发22000张入场券。这个新讲座不仅受到了学校和教育当局的热烈欢迎，而且也引起了工业界的关注和兴趣，使他们看到了皇家学院在训练未来科学家和工程师过程中的重要作用。这时，布拉格便抓住时机向工业界争取捐款。工业界也很快作出反应，成立了一个新型的捐助者集团。于是，捐款迅速增加，很快使皇家学院摆脱了经费困境，各项活动蓬勃开展起来。

1964年起，布拉格又在皇家学院开设了另一个讲座，其对象是没有受过科学训练的政府公务员，主要目的是向他们普及一些科学方法、历史和哲学方面的知识，而不仅仅是介绍具体的科学事实。如布拉格在自己主讲的“电学与磁学”一讲中，就曾以伽伐尼的实验为例，特别强调了好奇心在科学研究中的作用。

除了布拉格本人外，他还邀请了其他一些英国著名科学家充当主讲人。这个讲座从一开始提出设想起就得到了英国财政部的大力支持，开办之后也受到了参加听讲的大多数政府公务员的欢迎，其意义和影响力至今仍值得回味。

布拉格还充分利用新发展起来的电视这种大众传播媒介进行科学普及和宣讲。他和皇家学院的同事们与英国广播公司（BBC）密切合作，编制了一系列电视科普讲座。由于布拉格在电视屏幕上的出色演讲，给广大观众留下深刻印象，以至于当他有一天在大街上碰到一位做果菜生意的妇女时，直接被认了出来。那位妇女惊奇地告诉他说，他与她昨晚在电视上看到的那个人真是判若两人。由此足见布拉格的讲座在一般公众中所产生的影响。

在热心致力科学普及的同时，这个时期的布拉格也仍然领导和组织着前沿科学的研究和探索。早在 1948 年，他曾应邀担任索尔维物理学会议主席，并连续主持了 2 次会议。来皇家学院后他又继续主持了主题分别为“金属中的电子”（1954）、“宇宙的结构和演化”（1958）和“场论”（1964）等 3 次索尔维物理学会议，成为该著名物理学会议历史上继洛伦兹之后第二个主持过 5 次会议的人。

至于布拉格在卡文迪许实验室时期所热心关注的蛋白质结构的测定，来皇家学院后他已很少具体参与，但他所领导的戴维－法拉第实验室却仍在蛋白质结构的测定中不断努力钻研，并最终作出了重大贡献。布拉格到皇家学院时就带了卡文迪许实验室部分年轻成员过来，他本想让佩鲁茨和肯德鲁也一起过来，但考虑到剑桥的环境对他们保持研究活力可能更有利，所以没有坚持要他们过来。不过仍然与他们保持着密切联系，并联合进行有关研究。就这样，戴维－法拉第实验室也加入了部分血红蛋白和肌红蛋白的研究工作。在这些研究工作中，菲利普斯和诺思等在数据的自动收集和计算机程序设计方面作出了特别重要的贡献。此外，在布拉格 75 岁生日的前夕，也就是他退休的前一年，即 1965 年，菲利普斯等还在皇家学院用 X 射线衍射测定了溶菌酶分子的完整三维结构，这是第一个得到成功测定的酶分子，它的测定同时证实了第二位诺贝尔化学奖得主费歇尔早年提出的关于酶和底物间关系的“锁和钥匙”假说。这一成果也是布拉格在领导皇家学院期间所完成的一项重大科研成果。

1966 年 9 月，在辛勤从事科研工作半个多世纪后，已经 76 岁的布拉格退休了。但他仍然保留着皇家学院名誉教授的称号，也还经常去那儿作演讲，直到 5 年后的 1971 年。这年 7 月 1 日，布拉格在他家附近的医院告别了人世，享年 81 岁。

在他身后，留下了给物理学、化学、矿物学、冶金学乃至生物化学和分子生物学带来过革命性影响的 X 射线分析这一探索物质世界奥秘的锐利工具。

（作者：王建安）

参考资料

[1] W. L. Bragg. The Development of X-ray Analysis [M]. London: G. Bell and Sons, Ltd., 1975.

[2] M. F. Perutz. Origins of Molecular Biology [J]. New Scientist, 1980.

[3] M. F. Perutz, Bragg. Protein Crystallagraphy and the Cavendish Laboratory [J]. Acta Cryst., 1970.

[4] W. L. Bragg. The Structure of Some Crystals as Indicated by Their Diffraction of X-rays [J]. Proc. Roy. Soc. Lond., 1913.

[5] 诺贝尔奖获得者演讲集：物理学（第一卷）.[M].宋玉升，等译.北京：科学出版社，1985.

彼得·利奥尼多维奇·卡皮查

（Пётр Леонидович Капица，1894—1984）

卡皮查

经历奇特、成就杰出的苏联物理学家

1978 年 10 月 17 日，瑞典皇家科学院从斯德哥尔摩致电苏联莫斯科物理问题研究所，电文中讲道：

> 亲爱的卡皮查院士：瑞典皇家科学院今天决定将 1978 年的诺贝尔物理学奖分成两部分，其中一半颁发给您，以表彰您在低温物理学领域中根本性的发现和发明。

此时，卡皮查已是 84 岁的高龄了。而他为之获奖的工作，却是在将近 40 年前做出的。卡皮查一生中最重要的科学工作大多与极端条件的创造和对极端条件下物质性质的研究相关。在这些研究中，他将科学家的才能和工程师的素质在自己身上奇迹般地融为一体。在生活中，他那时而一帆风顺、时而遭遇坎坷的经历更给他蒙上了一层传奇色彩。卡皮查曾说过：

> 人可以分成三类：一些人站在前列，把他们的能力用于推进科学、文化和人类的发展——他们是进取者。另一些人占绝大多数，他们在一旁与进步同行，没有干预也没有帮助进步。最后一类人则站在后面，踌躇不前、保守、怯懦而且没有想象力。

毫无疑问，在这种分类中，卡皮查当之无愧地属于第一类人中的佼佼者。

一、早年生涯

1894 年 7 月 9 日，彼得·利奥尼多维奇·卡皮查出生在俄国圣彼得堡附近科特林岛上的喀琅施塔得。卡皮查家族既有波兰贵族的血统，也继承了俄国知识分子的优秀素质。他的父亲利奥尼德·彼德罗维奇是一位才华出众的军事工程师，曾为发展俄国的武装力量作出过重要贡献。他的外祖父伊罗尼姆·伊万诺维奇·斯特布尼兹斯基是位杰出的数学家、天文学家和享有国际声誉的地理学家，帝国科学院的通讯院士。卡皮查的母亲奥尔加·伊罗尼莫芙娜是一位儿童文学和民间文学方面的专家，在俄国文化史上也占有一席之地。但在对卡皮查的培养中，学习数学和科学的姨母亚历山德拉所起的作用似乎更大一些。正是她首先发现卡皮查很快就掌握了几何学的知识。从中学时代起，卡皮查就养成了一种爱好，喜欢修理钟表，将它们拆开，再自己组装上。这种工艺方面的技能在他以后的科学生涯中发挥了很大作用，但在其他方面，特别是语言方面，卡皮查却并不出众，甚至有些迟钝。他曾进入喀琅施塔得一所注重人文学科教育的文科中学学习，但一年后就不得不离开那里，转入另一所理科中学。具有讽刺意味的是，在70年后，当他第二次获得苏联社会主义劳动英雄的称号时，他的半身塑像在喀琅施塔得市公共广场上落成，却正好面对着他当年被赶出来的那所文科中学。

由于理科中学并不开设拉丁语和希腊语课程，卡皮查中学毕业后无法进入当时最有名望的圣彼得堡大学，因此，1912年，他只好选择了圣彼得堡工学院。两年后，第一次世界大战爆发，学业暂时被打断，他应征入伍，成了波兰前线一支医疗队的司机，1916年退役后，才又回到学校继续学习。他在圣彼得堡工学院很幸运地遇到了著名物理学家约飞。当时，约飞是彼得格勒物理学界的带头人，正致力于发展有别于俄国传统的现代物理学派，他将卡皮查吸收到自己领导的物理实验室中。

1916年，卡皮查将一篇题为《渥拉斯顿纤维的制备》的论文发表在《俄国物理和化学学会会刊》（物理卷）上。他一反传统地采用电解的方法，对制备工艺进行了改进。这项工作首次展示了卡皮查在工艺方面的出众才华。除此之外，他还采用了一种异常简单的方法来制造很细的石英纤维，仅仅是用一张弓把蘸了熔化的石英的箭射到一块天鹅绒上，拉出来的石英纤维就随之在空气中凝固。他对此技艺非常得意。

1918年，卡皮查大学毕业后，留在圣彼得堡工学院物理和力学系任讲师，同时也成了约飞在彼得格勒建立的物理技术研究所中的研究人员。他与约飞的关系也愈发密切了。此时，国内的经济日益困难，到秋天时，每日配给的面包只有50克，根本填不满肚子，冬季几乎没有燃料取暖，一部分教授和讲师纷纷移居国外。就是在这样的情况下，约飞仍设法留住了包括卡皮查在内的一批优秀弟子，并组织和主持了一个研讨班。在研讨班上，讨论了各种物理问题，大家毫无拘束地交流各种观点，时间经常持续到深夜。其中，弗伦克尔曾详尽地介绍了英国物理学家卢瑟福在原子核研究方面的惊人发现。但此时卡皮查却绝没有想到未来自己会与这位伟人结下不解之缘。

1919 年，卡皮查提出了一个设想，可以用弯曲的晶体来使 X 光光束聚焦。直到 10 多年后，才又有人在似乎不知道卡皮查（以俄文发表的）论文的情况下，描述了同样的想法，并使之实现。1920 年，卡皮查和他的同事谢苗诺夫（1956 年诺贝尔化学奖获得者）一道又提出了一个用实验方法来测量原子磁矩的设想：在原子束通过一个很强的非均匀磁场时，观察原子束的离散。这篇文章直到 1922 年才发表，但在文章送交到发表之间的这段时间里，德国物理学家斯特恩和盖拉赫也提出了本质上基本相同的方法，并付诸实践。由于这一实验为空间的量子化提供了证明，1943 年，斯特恩获得了诺贝尔物理学奖。尽管卡皮查的这些想法是领先和具有独创性的，但由于当时国内物资极度缺乏，不仅没有必要的工具和仪器，甚至连普通的裸线都很难弄到，因此，卡皮查未能及时地把这些想法变成现实也就不足为怪了。当然，这是很令人遗憾的。

就在此时，一场灾难落到了卡皮查身上。在内战的动乱中，传染病流行，先是他的儿子患猩红热去世，紧接着，他的妻子和女儿又双双死于正在彼得格勒肆虐的西班牙流感。大约与此同时，他的父亲也死于流感。这一连串的打击使卡皮查悲痛得不知所措，无法再继续他的研究工作，也彻底改变了他后来的生活道路。

1920 年 11 月，约飞成为俄国科学院院士。在他的努力下，一个名为“苏联科学院恢复与其他国家联系委员会”的机构成立了。委员会的另一位重要成员是著名的航海工程师和应用数学家克里洛夫院士，他后来成了卡皮查的第二个岳父。这个机构可以自由地用外币在国外购买科学仪器，并得到了据列宁专门指示而拨出的一笔专款。不过，此机构另一项不公开的任务是要向国外的学者们解释在新制度下的科学政策。约飞和克里洛夫都相当了解和珍惜卡皮查的科学天赋，所以他们让卡皮查也加入进来，希望到海外旅行或许能帮助他摆脱痛苦。但是，当时德国、法国和荷兰等国都不愿冒险接受一个或许是年轻的共产主义鼓动者的人，所以，1921 年 3 月，约飞只好先行到了柏林。在那里，经过一番疏通，约飞为卡皮查搞到了去英国的签证。同年5月，卡皮查终于乘船到达了他的第二故乡英国。

二、剑桥岁月

1921年6月初，卡皮查等到了从汉堡乘船前来伦敦的约飞，他们一同开始了在英国的科学访问。6月12日，他们访问了剑桥的卢瑟福，受到热烈欢迎。卢瑟福当时已是名望卓著的物理学家，在他所取得的成就中，三项最重要的成就是提出放射性元素衰变理论、提出原子的有核结构模型以及用α粒子轰击某些元素而实现人工核嬗变。当时，在卢瑟福领导下的剑桥大学卡文迪许实验室也成为世界上实验放射性研究、原子物理学和原子核物理学研究的中心。卡皮查自然希望能有机会在此深造，并一展身手。约飞对此也没有意见。关于卡皮查向卢瑟福提出学习申请的事情，有一段广泛流传、脍炙人口的故事。卢瑟福当时说，实验室已经过分拥挤，无法再接受卡皮查的申请了。让卢瑟福惊讶的是，卡皮查机智地问了一个似乎不相干的问题："在您的实验中误差通常是多少？"卢瑟福回答说："大约百分之二到百分之三。"卡皮查马上指出，卡文迪许实验室现有大约30个研究人员，再多一个人也不会被注意到，因为这是在误差范围之内！就这样，卡皮查终于说服卢瑟福将自己留了下来。

新来卡文迪许实验室工作的人，通常要在查德威克的指导下进行一两个月的工作实践，以熟悉各种有关技能并进行测试，由于卡皮查的刻苦勤奋和技能超群，只用了两个星期，查德威克就很满意地让他通过了课程。当然，在卡文迪许实验室，对卡皮查影响最大的，还是卢瑟福本人。这一点在他从剑桥寄给母亲的信中清楚地表达了出来。1921年8月，他写道：

……昨天我初次就一个科学研究课题和卢瑟福教授谈了话。他很和蔼，把我带到了他的房间，并给我看他的仪器。尽管他有时暴躁，但他肯定有某种过人之处。

在10月份，卡皮查又写道：

……卢瑟福对我越来越亲切。他见到我时，便向我点头致意，并询问我的生活情况，但我有点害怕他。我正好在他的书房隔壁工作。这很不妙，因为我吸烟必须要小心，如果他看到我嘴里叼着烟斗，那可就糟了。不过感谢上帝，他走路脚步很重，我可以从脚步声中区分是他还是别人。

卡皮查在听卢瑟福和查德威克等人讲课的同时，在卢瑟福的建议下，于8月初就开始了对α粒子能量变化的研究。这属于卢瑟福本人很感兴趣的研究课题。以前人们通过对α粒子穿过磁场时的偏转来进行测量，但无法测量低能粒子。卡皮查的办法是，采用灵敏的博伊斯辐射微热计，通过测量α粒子穿越物质时产生的热效应来研究其能量损耗。这个方案以惊人的速度获得了成功。在实验室中，由于辐射微热计极其灵敏，甚至可以探测到大约2千米外一支蜡烛的火焰，对百万分之一度的升温就有反应，所以它要求使用者有超乎寻常的技能。而卡皮查巧妙地避免了任何会淹没实验结果的偏离效应。9个月后，他就完成了一篇论文，经卢瑟福审阅，很快就发表在《皇家学会会刊》上。此时，卡皮查可以说真正地成了卢瑟福学派中的一员。这篇论文的开头标明为第一部分。然而，再没有什么第二部分问世。因为卡皮查的大脑已完全为另一个新想法所占据，就是通过测量α粒子在磁场中轨迹曲率的变化，来研究α粒子速度沿轨道各点的变化。问题在于，α粒子质量较大，现有的磁场不足以使其轨道充分弯曲。在用螺线管产生强磁场时，由于电磁产生的热效应，当电流超过一定强度，就会将螺线管烧毁，即使采用冷却的方法，技术上也有无法克服的困难。卡皮查对解决这一困难的新奇想法是，在百分之几秒的时间内给螺线管通很大的电流，产生强脉冲磁场，由于通电时间短，电流所产生的热就不会破坏线圈。卢瑟福当即对此想法产生了兴趣，并认为它会成功。于是，卡皮查用一个低容量的蓄电池作为电源，通过让其和一个螺线管短路来获得强脉冲磁场。在花去了卢瑟福150镑的经费后，到1922年11月，他就已取得了满意的成果。一张有三条曲线的照片摆在面前，这三条曲线就是α粒子在磁场中的轨迹。卢瑟福对这三条曲线异常欣喜，实验室的许多人也前来参观照片，并赞不绝口。由于这项出色工作，卡皮查在剑桥大学的地位得到巩固。1923年1月，他被正式认可为攻读博士的研究生，时间从1921年10月算起，考虑到他在俄国的工作，又减免了一年的学习期限。这样，在1923年6月14日，卡皮查以题为《α粒子在物质中的穿越和产生磁场的方法》的论文获得博士学位。不过，这也是他最后一项在卢瑟福个人专长的原子核物理学领域中的研究工作了。他在写给母亲的信中讲：

遇到卢瑟福时，我问道：“卢瑟福教授，你不认为我看上去更聪明些了吗？”这一有些不同寻常的问话引起了卢瑟福的兴趣：“为什么你应该看上去更聪明些呢？”我回答道：“我刚刚变成了博士。”卢瑟福立即向我祝贺，并说：“是的，你的确显得更聪明了，加上你又理了发。”随即大笑起来。

在卡文迪许实验室的人员中，敢于对他们的领导卢瑟福如此放肆的也许只有卡皮查一个人。但卢瑟福非但毫不介意，反而接着又推荐他，使他获得了为期3年的麦克斯韦奖学金，尽管他已取得了博士学位。

接下来，卡皮查又对他的装置作了进一步的改进，用一台特殊设计的发电机代替了蓄电池。用此装置，可以在极小的体积中获得高达32万奥斯特的脉冲强磁场，这个磁场强度远远高于普通磁体所能达到的场强。后来，回到莫斯科后，他又用这台设备将纪录提高到50万奥斯特，这是后话。虽然脉冲磁场只持续大约百分之一秒，但这段时间对于研究α粒子已是绰绰有余。卡皮查自己喜欢讲两个与此有关的小笑话。一个笑话是说，如果知道怎样利用，百分之一秒就是很长的时间。另一个笑话是说，他（卡皮查）是科学界被付给最高薪水的人，因为他一年总共只工作了几秒钟。

致力于产生强磁场装置的工作，标志着卡皮查科学生涯中的一个重要转折点。同时也是剑桥大学的物理学研究从设备简单的实验走向利用大型、复杂的现代设备的一个重要转折点。卡皮查随后将他的研究方向转向了固体物理。利用这套装置，他测量了各种金属在磁场中电阻的变化。他发现，金属的电阻率随磁场的增大是线性增加的。这一现象被称为“卡皮查线性定律”，直到20世纪60年代，随着金属理论的发展，才对此现象有了较好的理论解释。

从一般科研工作的常规模式说，若在一个地方取得了突破，则应乘胜追击，继续在此扩大战果。比如卡皮查就应该充分利用他改造的强磁场装置，不断替换材料把实验无限地做下去，从而不断出成果。但卡皮查却不是这样的人，他后来在给卢瑟福的一封信中，就曾这样批评苏联物理学家瓦维洛夫，说瓦维洛夫一生就靠一套装置，只变换实验材料和实验条件，就满足于自己是在做科学工作。卡皮查则不然，他没有将自己局限在过去的成果中，而是不断探索新的领域。在20世纪30年代初，他已把注意力转向了另一个新兴的极端领域——低温技术。

卡皮查的目标是进一步研究金属在低温下的性质，为此就要另起炉灶研制制取低温的设备。第一步是建造氢液化器。为了克服在不纯的氢气中冷却时杂质会堵塞管道的困难，他聪明地采取了这样一种措施：只在一封闭的循环系统中使用少量极纯的氢气，用它来冷却大量的商品氢，并让杂质沉淀到热交换器底部，以避免堵塞。这台氢液化器只要20分钟就可以启动。

接下来是建造氦液化器。当时，在世界上别处为数不多几家能液化氦的实验室中，在液化氦的过程中都是采用液氢进行预冷。但氢气易于爆炸，很不安全，而且用这种方法液化氦的程序复杂，很费时间。人们虽然早就知道，可以利用焦耳－汤姆孙效应，采用绝热膨胀的办法直接液化氦，但因为在很低的温度下，所有的润滑剂都将凝固，活塞的润滑问题一直无法解决。面对这一难题，卡皮查又一次别出心裁地从没有办法的地方想出了办法：既然润滑剂不行，干脆就不用润滑剂！他只是简单地让活塞周围留下百分之几毫米的缝隙，当压缩活塞时，从缝隙中逸出的氦气自身便起了润滑作用。在卡皮查的努力下，1934年，第一台依据这种想法设计制造的氦液化器终于在剑桥大学诞生了。这台液化器一直使用了10多年。后来，人们称这种类型的液化器为卡皮查液化器。它为美国人柯林斯在1947年设计的商用氦液化器奠定了重要基础。从此，膨胀机在氦液化器中的应用得以开始。

多年后，卡皮查在一篇纪念爱因斯坦的文章中说，对于爱因斯坦，他最为赞赏的是有关光电效应的工作，因为它给出了在射出的电子的能量与普朗克常数之间极其简单的关系。卡皮查也喜欢乌克兰哲学家斯科沃罗达的一句名言：

> 我们必须感谢上帝，因为他以这样的方式创造世界，使每一件简单的事物都是真的，而每一件复杂的事物都是假的。

在卡皮查自己的工作中，不论是在工程工艺方面，还是在纯科学方面，也同样体现了这种对简单性的追求。当然，在他每一项简单而又有独创性的想法中，都闪耀着智慧的火花。

由于在科研方面硕果累累，卡皮查在剑桥大学的地位也越来越高。1924年，他成为卡文迪许实验室的磁学研究助理主任，1925年成为剑桥大学三一学院的研究员。1929年，卡皮查当选为英国皇家学会的会员，这在当时对一个外国人来说，是很少能获得的殊荣。1930年，卢瑟福说服皇家学会，从蒙德的遗赠中拿到了15000英镑，专门为卡皮查建造了一所从事高磁场和低温研究的实验室，取名为蒙德实验室，由卡皮查担任实验室主任。实际上，早在1922年，卢瑟福就对卡皮查讲过：

如果我有可能为你建立一个专门的实验室，让你可以和你自己的学生在里面工作的话，我将非常高兴。

当蒙德实验室在1932年正式落成时，人们看到，门口的墙上有一幅鳄鱼的浮雕，实验室里面又有一幅卢瑟福的浮雕。这是卡皮查在以他独特的方式向卢瑟福表达敬意。其实，卡皮查早就在他给母亲的信中把卢瑟福称为“鳄鱼”了，至于为什么起这样一个绰号，有过种种不同的说法，其中最有道理的也许还是卡皮查自己的解释：

在苏联，鳄鱼是一家之父的象征，令人赞赏和敬畏，因为它有直挺挺的脖子，无法回头。它只是张着嘴，一往无前——就像科学，就像卢瑟福一样。

在剑桥大学，卡皮查经常在一些讲座中介绍自己的研究工作。这些讲座也是独具特色的。例如，他在黑板上写的内容往往与口中讲的不一样。有一次，休恩伯格在课后请他澄清一下自己听课笔记中的矛盾之处，卡皮查却说：

如果我把一切都讲清楚，没有任何矛盾，那就没有留给你去思考的东西了。

在一次半通俗性的演讲中，他曾这样讲：

我将试图这样来表述，让95%的人听懂5%的内容，让5%的人听懂95%的内容！

卡皮查还把俄国的传统带到了剑桥，成功地组织了一个讨论班，人称“卡皮查俱乐部”。卡皮查自然是永久的主席。他对自己在剑桥留下的这个印迹十分自豪。讨论班从1922年10月17日开始第一次会议，参加者缺席两次便被除名，而且只有在参加者自己作了报告之后，才能成为永久成员。“卡皮查俱乐部”对推动剑桥大学物理学的发展起了不小的作用。像玻尔、埃伦费斯特、弗兰克、海森伯、朗之万等杰出的物理学家都在此讨论班上作过报告，至于更年轻的一代人，像朗道、查德威克、考克罗夫特等人，更是讨论班中作报告的主角。有时，讨论的内容也会超出物理学之外。1934年8月21日，讨论班举行了卡皮查在任的最后一次会议——第377次会议！随着卡皮查的离去，讨论班由考克罗夫特继续负责主持，又坚持了许多年。

也是在剑桥期间，卡皮查可以经常去法国、德国、比利时与荷兰等国参加各种物理学会议，其中包括两次出席在布鲁塞尔召开的索尔维会议。1927 年 4 月，他在巴黎结识了克里洛夫（前面提到的与约飞一同帮助卡皮查出国的那位院士）的女儿安娜·阿列克谢耶芙娜，两人当即坠入情网，很快就回剑桥大学结了婚。1929 年，第一个儿子谢尔盖出生了，他后来成了一位出色的物理学家和苏联电视台通俗科学节目的主持人。1931 年，小儿子安德烈出生，他后来成为一名地理学家，曾数次参加南极考察工作，并当选为苏联科学院通讯院士，他是这个家族中的第四代院士。这是一个幸福的家庭，尤其是安娜，一位友人曾评价说：

> 有些女人生来是妻子，有些女人生来是母亲，而安娜既是母亲，更是妻子。

这一切似乎还不够，卡皮查追求的还要更多。1931 年卢瑟福被封以贵族爵位，这件事给卡皮查留下了很深的印象。他甚至曾向一位朋友询问：“一个外国人可以成为上议院的议员吗？”

卡皮查正值春风得意之时，他多么希望这种一帆风顺的生活永远继续下去！但就在这时，命运突然和他开了一个不小的玩笑。

三、回国风波

当卡皮查初到剑桥大学时，他只打算待过冬季，然而，一转眼，13 年过去了。不过他始终保留着苏联国籍。就在 1929 年他当选为英国皇家学会会员时，苏联也把他选为苏联科学院通讯院士。从 1926 年起，卡皮查几乎每年夏天都要回国一次，看望母亲，讲学，以及在高加索山或克里木半岛度假。他成了一位具有特殊身份的苏联公民，可以自由地来往于英国和苏联之间。从 1926 年到 1931 年，几次邀请分别来自托洛斯基、加米涅夫和布哈林。1929 年，加米涅夫曾请他担任正在哈尔科夫建造的乌克兰物理技术研究所的顾问，卡皮查虽对此建议有兴趣，但他对加米涅夫讲，苏联的条件不适合他工作，他在国外工作会对苏联更有贡献，他可以在夏季回国访问期间对研究所的工作提出建议。于是，在苏联政府的认可之下，卡皮查继续保持了他的特殊身份。

1934 年 8 月，卡皮查像往常一样偕夫人回国，先是在列宁格勒参加了门捷列夫大会，又在哈尔科夫讲学。10 月初，当他与安娜要返回剑桥大学时，却被苏联政府告知说，以往的特许不再有效，卡皮查必须留在苏联。几天后，安娜得到允许，一个人回到英国去照看孩子们，并将这一消息带到了英国。

关于卡皮查被强行留下的原因，人们众说纷纭。卢瑟福认为是由于卡皮查曾向朋友夸下海口，说他能改变这个时代电子工业的整个面貌，而苏联人对纯科学与应用技术的关系并不十分了解，想留下他为发展苏联的工业而工作。休恩伯格提出了另外两个可能原因，一是苏联理论物理学家伽莫夫出访西方时没有回国，因此苏联针对这个情况采取了预防措施；另一原因是苏联的第二个五年计划要迅速发展科学，需要有大量出色的科学家在国内参加工作。美国科学史家贝达什还谈到，更可信的是因为苏联人怀疑卡皮查在为英国政府进行军事研究，从而宁愿他回国工作。而且，有文献证据表明（尽管不是广为人知），他的确曾从事过这种工作。

卡皮查被扣的消息传来后，在英国这一方，卢瑟福马上开始频繁而多方地活动，试图帮助卡皮查重返剑桥大学。一开始活动是在私下进行的。卢瑟福曾写信给苏联大使麦斯基，希望苏联政府能改变这一决定，但麦斯基回绝了他。卢瑟福也曾写信给英国首相鲍德温、写信给他从前的学生玻尔，法国物理学家朗之万等许多人也介入了。他们甚至试图发起一次联名请愿。但是在科学的国际主义与苏联本国利益的这场冲突中，这些方法都未能奏效。

卡皮查留在苏联，相当长一段时间无事可做，情绪极度沮丧，他在给妻子的许多信中，不止一次地讲“我一生从未像现在这样孤独”，“有时我觉得我要发疯了”。他甚至产生了放弃物理，想和巴甫洛夫从事生理学研究的念头。1934 年 12 月 28 日，苏联官方颁布了建立物理问题研究所的政令，并任命卡皮查为所长。当卡皮查从报纸上读到对自己的任命时，却只感到震惊。正如他在给安娜的信中所讲的：

> 对任何事情，最好是让做他的人认为他是在按自己的意愿去做，而不是按照命令去做，甚至自我欺骗地这样认为。只有士兵才需要命令。

在苏联有这样一则传说，卡皮查问莫洛托夫：“你难道不知道鸟在笼子里不会唱歌？”莫洛托夫则回答道：“这只鸟会唱的。”

卡皮查强调没有剑桥大学的设备他无法工作，卢瑟福那方也意识到让卡皮查回剑桥大学已经无望，于是改变了帮助他的方式。经谈判，苏联政府最后同意以3万英镑向英国购买卡皮查在剑桥大学蒙德实验室的设备。在卢瑟福和考克罗夫特的大力帮助下，设备运抵苏联。卡皮查也只能接受现实。他在1935年10月给卢瑟福的信中感叹：

> 我们毕竟只不过是在河流中漂浮的物质微粒。我们称此河流为命运。我们可以控制的一切只不过是稍许偏转一下轨迹和保持不沉没。河流支配着我们。

新物理问题研究所的基建工程于1935年初开始，虽然进展缓慢，但到1936年底，一切终于安顿下来。

四、低温研究

在新的物理技术研究所中，卡皮查很快又完成了一系列出色的工作。最初，他仍用从蒙德实验室买来的强磁场装置作了一些研究，如对曼塞效应的研究等，但他很快就把主要的精力投入到低温研究中去，其中最突出的是他对液氦性质的研究。

自从1908年荷兰物理学家昂纳斯首次成功地液化了氦气后，液氦的种种奇特性质吸引了许许多多物理学家，不断有新的发现。例如，液氦在2.19K（λ点）处发生了相变等。1936年，荷兰物理学家凯索姆等人又发现，在λ点之下，液氦有极高的导热性。这一发现引起了卡皮查的注意。但他却认为，这种热传递也许是由于液氦极低的黏性所导致的对流所造成的。为了证实自己的观点，卡皮查在1937年设计了一个简单的实验。他使用两块很光滑的玻璃片，其间留有极窄的缝隙，以观察液氦在缝隙中的流动。实验的结果表明，在λ点以下的液氦Ⅱ的黏性至多是在λ点以上的液氦Ⅰ的$\frac{1}{1500}$倍。为此，他类比金属的超导电性，把在λ点之下处于特殊状态的液氦称为“超流体”。这就是液氦超流动性的发现。事实上，这个巧妙的实验构思正好可以用他后来的一段话作为注脚：

> 我根据长期从事实验工作获得的经验了解到，正确估计初学者能力的最

好方法同估价一个成熟科学家的能力一样，都可根据他发现一个解决问题的简单方法的天然倾向和能力来做出。

与此同时，在剑桥大学蒙德实验室工作的英国物理学家艾伦和米塞纳也用毛细管的方法独立得出了相同的实验结果。最后，这两篇重要论文一起发表在 1938 年的同一期《自然》杂志上。

在液氦的超流动性发现后，各国物理学家在对液氦Ⅱ的认识和了解方面纷纷取得进一步进展。在这些进展中，很重要的就是由卡皮查随后进行的一系列实验，表明在液氦Ⅱ中热量的流动伴随着液体的机械流动。在此基础上，苏联理论物理学家朗道提出了他关于液氦的二流体理论，并预言了在液氦中“第二声”（一种温度波）的存在。朗道因此获得了 1962 年的诺贝尔物理学奖。

此外，卡皮查 1941 年还在实验中发现，当热流从固体流向液氦Ⅱ时，在界面处存在有温度的不连续，这种现象被称为“卡皮查界面效应”或“卡皮查热阻”。它成了人们在以后低温研究中多年关注的课题。顺便提一下，卡皮查为了培养人才，每年要从莫斯科大学挑一个优秀的毕业生来物理问题研究所从事研究并完成毕业论文，我国低温物理学家管惟炎 1956 年曾被卡皮查挑中在物理问题研究所工作，对这一课题进行了深入的研究，并发现了“反向卡皮查热阻”。

除纯科学研究之外，卡皮查在低温领域的另一类工作更侧重工程技术，主要是发展了新的、可以用于工业的大规模廉价简易液化空气的方法。1939 年他设计并建成了第一台液化空气用的膨胀透平机，用这种机器可以生产大量的商用氧气，这给低温技术带来了重大的变革。

1941 年，物理问题研究所迁至喀山。在这期间，卡皮查的工作也有了相应的变化。当时，在苏联部长会议的领导下成立了一个负责液氧生产的机构，叫氧委员会，卡皮查成为这一机构的负责人。这是他第一次兼任政府部门的工作。他在战争期间研制出世界上功率最大的生产液氧用的透平机，为苏联的工业提供了急需的大量氧气。直到 1943 年物理问题研究所迁回莫斯科时，他还在负责一所生产氧气的工厂的事务。为这些工作他还获得了许多专利。

由于卡皮查的出色成果，他在 1939 年成为苏联科学院正式院士。1941 年和 1943 年，他两次获得斯大林奖。为了表彰他在制氧方面的成果，1945 年卡皮查又获得了列宁勋章、“斧头镰刀”金质奖章和社会主义劳动英雄称号（卡皮查于 1964 年、1971 年、

1974年又三次获得列宁勋章，1974年再获社会主义劳动英雄称号和“斧头镰刀”金质奖章，并多次获得苏联和国外的多种荣誉和奖励)。特别是1944年，由于在磁学和低温领域中的贡献，卡皮查获得了美国费城富兰克林学院授予的富兰克林奖章。卡皮查是第一个获得此项荣誉的苏联科学家。在授奖仪式上，卡皮查讲道：

> 在我荣幸地接受的这枚奖章上，铸有本杰明·富兰克林的形象，他是自由与民主的伟大斗士，是他那个国家的公仆。从他生活和工作的时代至今，已过去大约200年了。这些年中，我们的生活方式、国家体制、科学和我们的关系都发生了巨大的变化。但是，对于我们来说，富兰克林为之服务的伟大人道主义理想依然不可动摇。对我们来说，他依然是坚持民主和自由伟大理想的榜样……因此，我把这枚镌有伟大的科学家和民主战士的奖章看成是苏美两国科学家在战时和即将到来的和平时期进一步努力合作的象征。

五、正直无畏

有这样两件卡皮查在剑桥的逸事。一件是，当卡皮查刚到卡文迪许实验室时，卢瑟福曾向他宣布了一条“禁令”：在任何情况下都不允许他在实验室里进行共产主义宣传。后来当卡皮查的第一项研究成果发表时，他在送给卢瑟福的一份抽印本上题词说，此文可证明他到该实验室是来搞科学研究而不是进行共产主义宣传的。卢瑟福见到后大怒，咒骂着将抽印本退给卡皮查。卡皮查早已料到会这样，马上把另一份早准备好的、已写上很得体题词的抽印本送上。卢瑟福显然很赏识这种先见之明，于是争吵就平息了。另一件逸事是，当蒙德实验室落成时，英国首相鲍德温前来祝贺。卡皮查向他介绍实验室的各种设施，以及为预防爆炸事故而特别设计的屋顶。鲍德温向卡皮查问道：“是这样吗？”卡皮查回答道：

> 噢，是的，你可以相信我。因为我不是政治家。

然而，卡皮查并非消极地回避一切与政治有关的事。在他一生中，多次在重大关头表现出他的正直与无畏。例如，1938年，物理学家朗道莫须有地被指控为“德国间谍”而遭到逮捕，卡皮查在几次努力拯救无效后，直接上书斯大林和莫洛托夫，说没有朗道他的工作就无法继续下去，要么无罪释放朗道，要么他自己就辞职离开研究所。1940 年春，朗道在关押了近一年后终于被无罪释放，在这当中卡皮查的作用是关键性的。多年后，在卡皮查七十寿辰时，朗道曾这样讲：

> ……今天看来，这样的控告似乎十分可笑，但那时这可不是笑话。我在狱中度过了一年，但显然无法再支持半年——我简直要死了。……用不着渲染什么，在那些年月，卡皮查的举动需要大勇、大德和水晶般纯洁的人格。

对卡皮查自身影响最大的是他拒绝在贝利亚的领导下为苏联研制原子弹而工作。据说，他曾写信给斯大林，说贝利亚“就像一个手拿指挥棒但却没有乐谱的乐队指挥”。对此，赫鲁晓夫曾在他的回忆录《最后的遗言》中这样写道：

> 我们要卡皮查真正去做资产阶级报纸说他曾做过的事：我们要他为我们的核弹计划工作。……问题在于，他拒绝接触任何军事科研工作。他甚至要说服我，说他出于某种道德信念，不能从事军事科研工作。

也许正是由于这一点，1946 年夏天，卡皮查被解除了物理问题研究所所长的职务，而当时官方的说法却是因为他“对苏联和国外制氧技术傲慢的态度”和“未能按计划日期使冶金工业采用新的装置”(尽管这与他因对制氧技术的贡献而获得的种种荣誉相矛盾)。在此情况下，卡皮查不得不离开研究所，到他在尼科利纳山间的“别墅”隐居起来。在山中的隐居生活中，卡皮查仍然没有停止科研工作。他在此期间一方面进行了一些纯理论性的研究，例如“论风对海浪形成之作用的问题”“悬挂点振动的摆的动态稳定性”“贝塞尔函数根负偶次幂的和的估计值”等，这些工作显示出他在理论方面的素养，既抓住了问题的本质，又机智地简化了数学的分析。另一方面，他开始在小木屋中装备自己的实验室，自己动手去做一些必要的实验装置。他对球形闪电提出了自己独特的见解，并付诸实践。在此方面，卡皮查开始了在另一个新方向——大功率电子学——上的研究。特别是他设计并制成了一种线性的磁控管——尼科管，这是以尼科利纳山来命名的。它可以产生和聚集几千瓦分米波段的电磁辐射，在几秒钟内就可以产生让石英熔化的温度。随后，卡皮查将尼科管用于研究热核过程，开始了在等离子体方面的实验。简陋的条件并没能完全将卡皮查束缚，却在另一个领域中激发了他的灵感。

六、晚年活动

直到1954年，卡皮查的隐居生活才结束。他把亲手建成的家庭实验室移交给了物理问题研究所。1955年，卡皮查被重新任命为物理问题研究所所长。此后，在科学工作上，卡皮查主要从事等离子体方面的研究，这是从他被贬职时开始出现的转向。他相信这方面的研究也许会为未来能源问题的解决找到出路。1969年发表的消息表明，他已观察到在束状高频高压放电中形成的高温等离子体。进一步地，卡皮查继续努力在更大的规模上进行等离子体实验。

在晚年，卡皮查发表的科学论文逐渐少了下来，但他在另外一些领域中却更加活跃。从1965年起，卡皮查终于又获得了出国的许可。他先后到了丹麦、英国、南斯拉夫、波兰、荷兰、印度、加拿大、美国、瑞士和意大利等国，有时是接受各种荣誉称号和奖章，有时是进行访问、讲学和出席学术会议。与此同时，他不断地撰写文章，进行演讲，讨论科学组织工作、杰出科学家在科学中的作用、科学思想及教育等诸方面问题，但是，卡皮查尤其关注的是全球性问题。他明确地指出：

> 在我们这个世纪，对许多问题的解决已超出了任何单一国家的能力范围，而只有靠全球规模的努力才能达到。在原子弹和核战争的威胁面前，人们才首次觉醒，认识到人与自然之间的关系所具有的全球性特征。人们已普遍接受的看法是，在世界上任何一处爆发这种战争，都会在几个小时内污染整个地球，并把人类推向末日。着眼于这种威胁，人类必须放弃使用核武器。

卡皮查认为，全球性问题的三个主要方面有：(1) 技术与经济方面，涉及自然资源的枯竭；(2) 生态方面，指人类和人类赖以生存的自然之间的平衡问题；(3) 社会经济方面。卡皮查认为与这些问题相关过程的动力学可以用指数函数来描述——其进程最终会导致爆发式的突变。因此，他认为：

> 在国际范围内解决全球性问题的需要将促进人类努力走向和平共存和裁

军。……人们将感到自己是近邻，面对着全球性危机这个迫在眉睫的共同敌人，这种危机将使人们齐心协力去共同奋斗。

如此等等，卡皮查在纯科学之外的许多论述引起了人们相当的注意。1980年，著名的美国波士顿科学哲学研究丛书专为卡皮查出版了一本文集——《实验、理论、实践》。这也是首位苏联科学家在此套丛书中系统地阐述自己的观点。后来，在为反映建立25年来波士顿科学哲学讨论会情况而出版的《二十五年的素描》一书中，共收有19篇论文，其中就包括卡皮查的《复杂的科学问题》一文。

1984年，当人们正准备为卡皮查庆祝九十大寿之际，在3月底，卡皮查因严重的中风住进了医院，4月8日就溘然与世长辞。此时，距他90岁的生日只差3个月时间。在走过如此奇特的生命旅程，为科学的发展作出如此众多的重要贡献后，卡皮查也可以说是死而无憾了。他的名字将在科学的史册中永存。

（作者：刘兵）

参考资料

[1] D. Shoenberg. Piotr Leonidovich Kapitza [J]. Biographical Memoirs of the Royal Society, 1985.

[2] F. B. Kedrov. Kapitza: Life and Discoveries [M]. Moscow: Mir Publishers, 1984.

[3] L. Badash. Kapitza, Rutherford, and the Kremlin [M]. New Haven: Yale University Press, 1985.

[4] D. ter Haar. Collected Papers of P. L. Kapitza [M]. Oxford: Pergamon Press, 1964-1986.

伊西多·艾萨克·拉比

(Isidor Isaac Rabi，1898—1988)

拉比

平民、科学家和政治活动家

在一般的物理学史上，伊西多·艾萨克·拉比仅因1939年发明分子束核磁共振方法精确测量原子和原子核磁矩并荣获1944年度诺贝尔物理学奖而留下一笔。其实，拉比一生经历复杂，科学贡献巨大，最为重要的，他甚至可以说是美国物理学从20世纪30年代到60年代发展史以及美国科学与政治相互关系史的一个缩影。

了解拉比，我们不仅了解了一个平民、一个物理学家，而且从某种意义上也可以一瞥美国物理学的演变以及美国科学家卷入战争、政治的种种行为表现。

一、童年：艰辛生活与科学启蒙

1898年7月29日，拉比出生于奥匈帝国最东北部伽利西亚一个叫莱曼诺夫的小镇（今位于波兰境内靠近捷克边境）。他父亲戴维·拉比是一位贫穷的犹太人，不仅未受教育也没有特别的职业技能。小拉比出生后不久，为了谋生，戴维就和同伴远涉重洋到了美国纽约。不久，拉比的母亲带着不满周岁的他也踏上了美国之路。

在纽约，拉比一家开始住在纽约曼哈顿区最东南的犹太移民聚居区，那里又脏又乱。由于语言和技能较差，拉比的父亲做过各种杂工：守夜人、煤窑工、“冰棒人”、工厂苦工……拉比的童年就是在这样的家庭和环境中度过的。

在拉比家附近的街区，白天到处都是野孩子。开始他常遭欺负。后来，小拉比通过给他们讲各种故事而成了他们的“福神”。这种从小以天赋和锻炼而养成的、能实际影响他人的能力，拉比保持了一生。

拉比的原名叫“Israel Isaac Rabi”，但在入学登记时，拉比母亲英语不好，她把“Israel”发音为“Izzy”，而在英语中，Izzy是Isidor的缩写读音，于是在登记册上，小拉比从此就成了“Isidor Isaac Rabi”。

拉比的科学启蒙并不是来自学校。3岁那年，父母把他送入一所犹太启蒙学校。

教师不负责任地用意第绪语（犹太国际语）教穷孩子们读《圣经》，拉比在那里只学会了识读意第绪语。后来，拉比一家搬到纽约布鲁克林的布朗斯维尔，父亲开了一家杂货店，日子稍好了点，拉比进了公立学校。但是，学校仍然很差，师资和设备都十分匮乏，拉比去学校根本打不起精神来。有一天一个同学带来一本有趣的书传阅，于是他第一次知道了除学校外还有图书馆可以向人们传授各种知识，而那里还可以由自己去自由选择，就像选择菜单一样，而不必被人填鸭式地硬灌倒胃口的东西。那年拉比 10 岁。他在布鲁克林公共图书馆分馆卡内基图书馆里饥不择食地从字母“A”开始的书架读起，开始读了许多儿童读物。后来他又发现了一个“A”的科普书架。他抽出了一本关于天文学的书，数十年后拉比回忆起来感慨地说：

> 这比任何其他别的什么都决定了我后来的生活——读了一本关于天文学的书。

通过图书馆，小拉比如饥似渴地读了大量科普书籍，其中许多都出自名家之手。读了电磁方面的书后，他还在家中建造了一个小小实验室，从事简单的实验。毫无疑问，小拉比已决定献身于科学。

二、误入“歧途”：从化学到物理学

在选择高中和以后选择大学时，拉比并没有从他适合什么加以考虑，而只想摆脱那种贫穷、无知和迷信的环境。他虽然立志投身于科学，但却不知投身于哪一学科。他后来说：

> 我知道我想成为一名科学家，但没人指点迷津，我不知道怎样达到目的……我的兴趣在物质结构上。

那时，原子物理学或关于物质结构的物理学还没有成为物理科学中最重要的部分，1915 年的物理教科书只有很少或根本没有关于原子结构的内容。

1916 年，拉比以插班生身份进入康奈尔大学电工系。在电气工程类课程之外，拉比受同宿舍同学影响研修了一门实验化学课程。在该课程中，老师给了学生一点儿未知化学成分的物质样品，让他们通过实验确定其中的化学元素。这种探索性给了热爱科学的拉比一种似乎成为真正科学家的感受：

> 我认为这很好——像是研究。我做得非常好，特别是各种非常规分析方法。对于科学，化学是一个非常好的向导。它是可触知的，你能亲眼看到事物的发生。

于是，拉比把主修方向从电工方面改变到了化学方面。1919 年他取得了化学学士学位。

毕业后返回家乡的拉比，在纽约勒德尔实验室找到一份从事分析各种物质（如人奶）和家具磨光材料的工资很低的差事。但他只干了几个月就辞了职，他发现自己不善于从事也讨厌从事琐碎小事的毫无创造性的工作。他后来又做过一段银行簿记员的工作，但都很快辞职不干了。从 1919 年到 1922 年近 3 年时间里，在朋友和家庭的帮助下，无业的拉比大部分时间是在纽约公共图书馆里和与朋友们讨论科学中度过的。在此期间，拉比的父母既没有表示出他们有什么不满，也没有逼迫他去找工作。他们知道自己的儿子才智过人，有独立见解。在 1922 年，他的几个好朋友陆续离开布鲁克林，拉比也申请到一笔奖学金，又回到康奈尔大学做攻读化学学科的研究生去了。

在 1922 年，拉比所感兴趣的原子结构已经是物理学最活跃的前沿，不过它还没有出现在教科书上。更进一步，那些一流的物理学家都在欧洲。而美国，引人注目的是爱迪生，是实用的电灯、电话。美国物理学的实用特征和落后状态呈现给拉比的，实际是一幅错误图景。结果他误入“歧途”。在重返康奈尔大学后不久，他发现了这点：

> 我很快发现我所喜爱的那部分化学原来叫物理学。如果有人早点告诉我，那就不知道要挽救我多少年。

由于失掉了不少时间，拉比很快制订了一个以分钟计算的学习计划，他按这个计划做了 6 个月，去补充物理学的有关知识。通过这一段艰苦努力，拉比找到了感觉。物理学是如此简洁，它的极少数概念经过正当有效的扩展就能覆盖从极小原子到庞大银河的整个自然界。他欣喜若狂，他在物理学中看到了概念群的美丽和魅力所在，这种令人心醉神迷的感觉，过去在学习化学中从未出现过。

拉比原想继续留在康奈尔大学学习物理学，但他未能申请到物理学奖学金，那年（1923）又遇到了后来成为他妻子的美丽姑娘海伦·纽马克，而海伦要去纽约亨特学校上学，于是他决定到纽约的哥伦比亚大学学习物理学。1923年底，已经25岁的拉比终于满足了自己的愿望。

哥伦比亚大学对学生要求比康奈尔大学更严格。拉比在康奈尔大学养成的“懒散”在这里得到了部分的克服。但是拉比家境仍然不宽裕，他吃住在家，而且课余和假期还要为家里和自己赚些钱，这样下来，第一学期所修的四门课程他只通过了两门。1924年春，经人介绍，他在纽约市立学院谋到一份物理兼职辅导教师的工作，年薪800美元。在当时，这对拉比来说真是一笔不小的收入。拉比的经济状况大大改观，他终于可以摆脱杂事潜心攻读和研究他所喜爱的物理学了。

在作博士论文时，拉比开始显示出他的创造性才能。他的指导教师威利斯教授是一位磁学专家，他建议拉比设计一个测量钠蒸气在磁场中的反应即磁化率的实验以完成博士论文。这个题目其实并不太对拉比的胃口，因为这种实验若按照传统方法去做，既复杂又困难，而拉比又最不愿意从事这种烦琐的工作。当拉比正为此犯愁时，恰逢诺贝尔物理学奖得主布拉格来美国讲学，他从布拉格讲演中提到的测量晶体极化率的方法与结果中受到启发；另外，在图书馆查询资料时，他也从麦克斯韦的著作《电磁通论》中受到重要启发，从而想到了一种新的比较测量实验方法。该实验的核心是把被测晶体放置在某种可以提高或降低磁化率的溶液中，通过改变磁极位置并使液体磁化率与晶体磁化率相当，然后再比较水与该溶液的磁化率而精确测定晶体磁化率的方法。这个方法充满了智慧和技巧，拉比大约只花了6周时间就精确完成了实验。1927年，他获得了博士学位，论文发表在同年的《物理评论》第29卷上。在把这篇论文送交《物理评论》主编的第二天，他和海伦举行了婚礼。

三、学习主旋律

1921—1922年，德国物理学家斯特恩与他的同事盖拉赫为新物理学作出了一个重要贡献，那就是用实验验证了量子论关于空间量子化（索末菲提出）的观点，证明了它的正确性。

1926年，斯特恩－盖拉赫实验的结果及其论文译文在美国翻译出来并流传，此时拉比还未毕业。他和他的同学看出了个中意义，于是开始研读新物理学一些创始人的论文，如德布罗意、泡利、戈耳什密特、乌伦贝克、薛定谔等，并且还试图将薛定谔的量子力学思想扩展到分子体系上以解决某些问题。

1926年，拉比和同学克罗宁、比特和泽曼斯基等合作，完成了一篇将薛定谔方程运用于对称陀螺能级研究的论文（许多分子都具有对称陀螺性质，所以其结果可以应用于分子光谱能级研究），并把它送交《物理评论》主编，但是它被拒绝了，理由是太长。当拉比和克罗宁压缩了文章再次送去时，同样的论文已经发表在1926年底的德国物理学权威杂志《物理学杂志》，论文作者是两位德国物理学家。而拉比他们的论文虽然在1927年2月号的《物理评论》上发表了，但已失去了首创意义。鉴于此点，拉比发现，美国物理学还很落后，没有进入物理学研究的前沿。于是他决定去欧洲，拜一流物理学家为师，学习物理学的主旋律。恰好此时哥伦比亚大学有几个赴欧留学的奖学金名额，拉比获得了巴纳德基金资助，1927年6月，他离开美国赴欧留学。

拉比先去了瑞士苏黎世，目的是找薛定谔。不巧的是，这位奥地利物理学家已去柏林就任理论物理所所长之职了。于是拉比只好去了慕尼黑大学索末菲那里。索末菲接受了这个年轻的美国人。在索末菲那里工作的几个星期中，索末菲经常邀请他的学生们一起喝茶，讨论问题。拉比通过这种方式学会了从讨论中学习量子力学，获益匪浅。他说：

> 虽然我从未在那些伟大的教师名下学习过，但我比95%的德国学生都对此更为适宜。

尽管如此，他还是感到在索末菲这里缺乏他直接需要的东西，那时他正在利用新量子力学计算分子物质的磁化率。于是他辞别这位和蔼的老人前往新物理学的圣地——哥本哈根，拜访理论物理学的领袖人物玻尔。

1927年9月中旬，拉比到达玻尔研究所时，玻尔等人都已度假去了。他说服看门人给了他钥匙，在玻尔研究所又继续他关于氢分子磁化率的研究与计算。在这里，他似乎感到有一种神秘的创造气氛，因而产生了不少富有创造性的灵感。9月下旬，所里的研究人员陆续回来了，10月初玻尔本人也回来了，他对这个美国青年的出现异常惊讶，也许是对拉比擅入研究所不愉快，无论拉比怎么解释并谈起他正在进展的工作，玻尔还是礼貌地请拉比离开，但把他介绍到了汉堡大学泡利那里。

从哥本哈根来到汉堡大学，是拉比学术生涯的一个重要转折点，这不是因为泡利对拉比很好，也不是因为泡利的学术地位，而是因为拉比在泡利那里遇到了正在此地工作的斯特恩，后者对拉比的学术研究产生了决定性影响。

事情多少有点偶然和神秘色彩，他在斯特恩实验室遇到了两位博士后研究人员：来自苏格兰的弗拉雷泽和来自美国伊利诺伊大学的约翰·泰勒。拉比德语不太好，作为斯特恩实验室的常客，跟讲德语的人交流多少存在一点困难。但弗拉雷泽和泰勒都讲英语，交流起来毫无障碍，因此三人成了好朋友。虽然拉比在泡利手下作关于X射线散射的理论研究，但他实际上对弗拉雷泽和泰勒参与的分子束实验更为关注。特别是由于这些物理学家不大喜欢理论，而拉比可以为他们的实验及其结果提供有帮助的理论背景，并解答某些问题，于是他成了斯特恩实验室的编外人员。

当时，斯特恩分子束实验采用的是非均匀磁场，这样必须精确掌握分子束传播路径上各点的磁场强度，这给实验精度带来不少麻烦。而这些问题弗拉雷泽、泰勒甚至斯特恩都没有深入考虑过。拉比则开始琢磨，如果不考虑非均匀性，只用一个均匀磁场能否偏转原子束呢？作为类比，当一束原子进入一个非均匀磁场时，相当于一束光进入一个棱镜，然而光之所以被偏转，关键并不在于“非均匀”的棱镜，而在于它是从空气介质进入到了玻璃介质里。拉比由此想到，如果一束原子以某个掠射角穿过一个均匀磁场，它们的飞行方向应该也会被弯折，弯折的大小与原子的磁矩相关。这个1927年12月以来就进入到他脑海中的念头非常诱人，检验起来也并不复杂，因为均匀磁场强度较易精确测量，因而原子束偏转量所表征的原子磁矩大小，通过简单计算就能得出。他很快把这一想法告诉了斯特恩，斯特恩的反应既迅速又直截了当：

> 那你为什么不动手去做实验，而只让思想去工作？

拉比听后有点懊恼，觉得真不该向斯特恩多嘴。因为，第一，他来欧洲是学习理论物理的；第二，他对实验其实并没有十分深厚的功底与经验，他的博士论文实验只用了6周时间，而且通过理论考虑还走了个捷径，所以并未能从中获得太多技能；第三，他讨厌日常琐碎小事，当初之所以从化学转向物理学，除了寻求和谐的逻辑与统一性，就是为了躲开烦琐。现在，如果真动手做这个实验，毫无疑问，将要面对的是一个对他而言既麻烦而又需要精细操作的工作。此时，两个好朋友泰勒和弗拉雷泽鼓励和支持了他，告诉他被斯特恩邀请去做实验是一种荣誉，帮助拉比增强了自信并意识到这一实验的意义。最终他开始动手为实验做具体准备与设计。

经过大半年的努力，到1928年底，拉比的原子束实验接近尾声。与斯特恩实验不同的是，拉比实验采用了均匀磁场，并将原子探测器即一个照相感光板放置于磁场之中，而不是与磁场互相分离。拉比让原子束以与磁场强度非正交的角度进入磁场，如果他的想法是正确的话，那么进入磁场的原子束因磁矩的不同将被分成两束，通过照相底板将能够记录下来这个结果。实验中，当拉比和泰勒确信进入磁场的原子束达到最佳曝光时间后，他们停止了操作，小心翼翼取出感光胶片，进入暗房冲洗。一会儿，一条扫描影像显现出来，接着另一条也显现出来，它们有清晰尖锐的边缘而且相当分离。这张照片证明了拉比偶然提出的想法是对的。拉比异常喜悦，他把照片印了许多张，送给同在汉堡大学留学的朋友比特、康登、泽曼斯基。斯特恩对此的反应既亲切又审慎。他对拉比说：

> 赶快先给《自然》杂志写个简报发表它……如果你先在德国发表，别人会以为那是我的东西，而它是你做出来的。

在这里，斯特恩表现了一个科学大家的高尚品格。拉比遵照斯特恩的意见，先写了一个简报寄给《自然》杂志发布，然后又写了一个详细完整的实验报告发表在德国的《物理学杂志》上。他的这项工作，无论在理论构思还是实验技能上，都表明拉比已经跻身于世界一流物理学家行列，也为他后来的发展奠定了坚实基础。

在欧洲和汉堡大学，拉比不仅在科学研究上学习到了新量子力学的理论知识并从事了最前沿的一流实验工作，而且在与新物理学的一流作曲家、演奏家们一起谱曲演奏量子力学交响乐的过程中也深深地领略了他们的不同风格：泡利的稳健、斯特恩的直觉，都给他以深刻印象。此外与这些处于学术巅峰之际的智者相比，拉比发现他自己并不差，正如哈里特·朱克曼引用一位诺贝尔奖得主的话所描述的一样：

> 你仿佛是一个普通的网球选手正在跟一位冠军打网球。你会抽出一些过去从未梦想过的好球。

拉比此时已踌躇满志，做好了一切冲刺新纪录的准备。

四、科学贡献：从分子束核磁共振实验到“拉比树”

拉比本人在科学研究上最重要的贡献，就是他从20世纪30年代初开始的对核磁矩的研究与一系列精确测量实验。他所发展起来的分子束核磁共振方法也是其他核磁共振方法与技术的先导和基础。在这些研究过程中，他还培养出一大批卓有贡献的、对美国物理学发展具有深刻和广泛影响的物理学家。为此，1937年他升任哥伦比亚大学正教授，1944年荣获该年度诺贝尔物理学奖金。

关于核磁矩问题，1911年卢瑟福核模型提出后，有人就曾推测原子核具有电磁矩。原子光谱的精细结构发现后，1924年泡利正式提出原子核具有自旋角动量和磁矩。1926年，斯特恩指出可以利用分子束实验测量核磁矩，但由于实验难度较大，直到1933年，斯特恩、弗里什、爱斯特曼等才成功运用分子束实验测量了氢分子中质子和氘核的磁矩，结果表明，质子磁矩比狄拉克理论预言$\left(\mu_{\mathrm{N}}=\dfrac{\mathrm{he}}{4\pi \mathrm{MC}}\right)$大2.5倍左右(误差约为10%)。尽管实验精度不高，但结果意义重大，斯特恩因此荣获1943年度诺贝尔物理学奖金。

拉比在跟随斯特恩工作期间掌握了分子束实验方法，此外他对原子结构一直怀有浓厚的研究兴趣。因此，在海森伯的推荐下，拉比在1929年受聘于哥伦比亚大学后，一方面以理论物理学家的身份为物理系教师与研究生开设“量子力学”“统计力学”课程，另一方面开始从事分子束实验研究。早在斯特恩1933年实验之前，拉比就以敏锐的直觉和鉴赏力认识到原子核磁矩的测量，对于了解核力性质以及建立正确的核模型是至关重要的。然而要从事实验研究，首先需要资金以建立实验室。这一点拉比较幸运，首先他深得当时哥伦比亚大学物理系主任佩格勒姆的信任，所以虽然当初他发表的论文并不多，但到1931年他已被晋升为副教授。其次，受20世纪30年代早期经济危机冲击，研究经费十分困难。就在这时，拉比的同事、著名化学家尤里（因发现氘而获1934年诺贝尔化学奖金）从卡内基基金会获得了一笔数目为7600美元的资助费用，他分给拉比一半。当别人问尤里为什么时，他告诉他们说：“那个人将要获得诺贝尔奖。”拉比后来又陆续得到自己学校和其他一些基金的资助。

在运用分子束实验测量各种核磁矩的研究中，拉比充分发挥了他既是一个理论家又是一个实验家的双重优势。1931年他与布雷特提出磁场中核磁矩和电子耦矩的观点，该观点被称为“B-R”理论，形成了后来实验的理论基础。在理论方面，1936年拉比和他的学生扎卡赖亚斯、凯洛格提出非绝热跃迁确定核磁矩的思想，以及他与学生施温格尔（1965 年诺贝尔物理学奖得主）关于非绝热跃迁的理论工作，都是分子束共振实验的基础理论。

在实验方面，拉比一面采用了斯特恩分子束实验的许多技术与设备装置，一面又大胆改进与创造。在 1929 年实验的基础上，他在 1938 年又成功地完成了新的实验。实验原理和装置及其所得结果如图 1、图 2 所示：

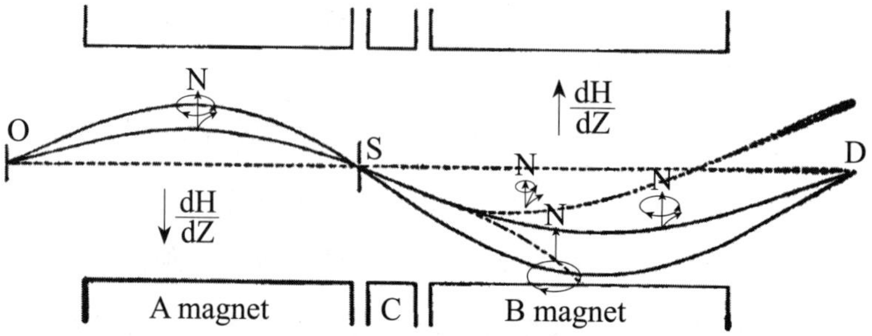

图 1　实验原理

磁场 A 是非均匀磁场，作用是使原来从源 O 中射出的直线行进的分子束发生偏转；磁场 B 方向与 A 方向相反，也是非均匀磁场，作用是使分子束再形成反偏转，射到 A、B 磁场不存在时应到达的地方，在该处放置探测器 D。实验最巧妙的设计，是在磁物 A、B 之间的衔接处引入了一个均匀强磁场 C，并在这个均匀磁场垂直方向上加了一个振荡磁场 R（见图 2）。当均匀磁场足够强时，可使核自旋彼此去耦，因而可把核视为自由核。这时，原子核如同原子一样，像一个小磁铁，具有磁矩。通过精细调整和控制振荡磁场 R 频率，可以使原子核从一种量子状态跃迁到另一量子状态，引起核自旋磁矩方向改变。于是当这个核进入磁场 B 时，就会偏离原来的路线，不再到达探测器 D。在实验中，连续调节振荡磁场频率，就会在某些频率上发现探测器的输出降低。测定这些频率，就等于直接测量了引起自旋跃迁所需的能量，而该能量与核磁矩成正比。拉比测量结果的精度高达十亿分之几，分子束核磁共振方法一时间被传为佳话。

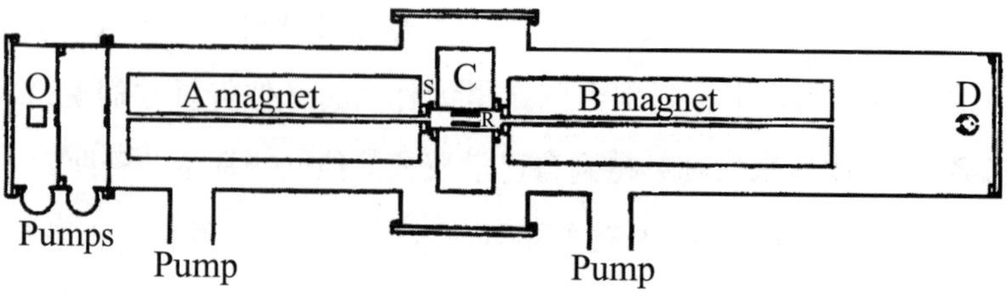

图 2　实验装置

正如所有的科学研究或迟或早总会被后继研究赶上和超过一样，拉比的分子束核磁共振研究也不例外。然而，他的研究与成就却是其他核磁共振方法以及许多相关研究的基础与先导。1967 年 5 月 23 日在哥伦比亚大学举行的欢送拉比教授荣退的集会上，他的学生兼同事扎卡赖亚斯用一幅“拉比树”图画形象而客观地描述了拉比对美国物理学和整个物理学事业的贡献。从“拉比树”这棵养分浓厚的主干（核磁共振）上生长出不少有意义的分支：电子顺磁（1948）、自旋共振（1954）、光磁共振（1955）、铁磁共振（1948）、铯原子钟（1953、1955）、射频光谱、射电天文学（1955、1958）等，其来源都直接或间接受到拉比研究的影响与激励。

更值得提及的是，拉比通过合作研究方式培养了对 20 世纪美国物理学发展颇有影响的一大批年轻精英。早在欧洲学习期间，在格丁根大学图书馆，他发现美国出版的《物理评论》杂志根本不受重视，经常被捆成一包而不上架，这也说明了美国物理学研究的落后状况。从那时开始，他与奥本海默、康登等人不约而同地下定决心，要使美国物理学达到世界一流水平。到 20 世纪 60 年代时，拉比的这个愿望不仅早已实现，而且可以品尝它结出的果实了：

> 筑巢在“拉比树”各个分支上，有 20 位诺贝尔奖桂冠荣膺者，其中 10 位是美国人，另外 4 位的工作是在美国做出的……

他们中很多人是拉比的学生与合作者。

虽然在课堂上，拉比似乎并不是一位常规意义上的好教师，他甚至“糟透了”，他的学生都这样评价他的课，说其教学组织性、逻辑性都谈不上有多好。但拉比的优势是将教学与科研相结合，能看出有价值的问题，能击中要害。所以那些想要投身物理学研究的学生都愿意找他，同他交谈并向他请教。因此，很有意思的是，这位“笨嘴拙舌”的老师，却在 1981 年获得了美国物理教师协会的最高荣誉——奥斯特奖章。该奖章是为奖励“在物理教学上有突出贡献的人”。这表明优秀教师的标准并非仅仅表现在口才上。

五、科学与文化

拉比不是一个只懂得物理学的“象牙塔”教授。他非常关注科学与文化的关系，关注科学的人文意义与社会作用。除了科学著述，在这些相关领域中，他也留下许多真知灼见。

在科学研究中，拉比相信直觉，追求创造性，厌恶繁杂琐碎之事，他欣赏科学上美的事物，追求善的东西。他从不把物理学研究看成纯功利或谋生的手段，也不把它看成娱乐或智力游戏，而是把它作为接近上帝的一种方式，是理解人类自身及其他所生活的宇宙的一种方式。

拉比把科学视为文化的核心，又把智慧看成联系科学与文化的纽带和活跃于其中的活的灵魂。在《科学：文化的核心》（1970）这本著作中，他写道：

> 对于我，科学的价值含量或古典文学的价值含量既不在于它们那独树一帜的题材，也不在于那鸿篇巨制的伟大内容，而在于包含在这些学科中的精神和活的传统。只有这种精神和传统才使它们富有生机。

拉比敏锐地觉察到，在科学与人文主义之间存在着种种隔阂，他对两者间愈来愈分离的趋势感到忧虑。1957 年他卧病在床还与拜访他的斯诺讨论过科学与人文主义。后来斯诺在著名的“两种文化”的演讲中阐述了这些观点。斯诺曾对他儿子说，拉比是为他提出两种文化观点提供了思想基础的人。

拉比清楚地认识到，科学精神与传统不仅远未被大众所理解，而且也未被所谓管理公共事务的“有教养的”人们所理解：

> 横亘在科学家与非科学家心灵沟通之路上的最大障碍，就是交流的困难……，(最不幸的是) 这个交流的渠道通常还只是一个单行道。……非科学家无法以愉快的心情和理解力听懂科学家的心声。不论科学的宇宙观、统一性原理和它那声名赫赫的传统如何，科学都似乎无法再与绝大多数有教养的外行人交流了。这些人已经退化到了既不具有今日科学知识的背景，也不具有为理解科学将对他们的世界所具有怎样的影响力所必需的智力工具的地步。取而代之的，仅仅是对科学怀有的混杂着恐怖和藐视的敬畏情感。……科学家也似乎越来越像来自另一星球的生物，一个说话含义深奥难以理解的生物，或者一只手播撒抗菌素另一只手拿原子弹的生物。

鉴于此，科学家必须承担社会责任：

只有科学和人文主义相互融合，我们才能渴望达到那种体现我们今天和整个时代精神风貌的智慧水准。科学家必须学会讲授智慧精神之中的科学，而且按照人类思想和创造的历史去讲授它们，……我们的非科学家同事们也应理解，如果他们所教的事物不顾及伟大的科学传统及其成就，即使他们言辞优雅、雄辩，对于这个时代，那他们也会黯然失色，毫无意义。只有科学与人文主义携手并肩，我们才能有希望在发掘人类思想的共同性上获得成功，而这种共同性将引导我们走出黑暗与混乱。

正是基于这些认识，拉比以一个科学家和公民的身份积极参与社会公众事务，在促进科学事业进步方面（他是欧洲核子研究中心的积极促成者）、促进各国科学文化交流和和平利用原子能方面，作出了重要贡献。

在文化习俗方面，拉比也有一个独特之处，也可以说是一个根深蒂固的偏见，他认为妇女不适合从事科学研究，所以他从未有一个女学生或女同事。这也可以说是这位伟大科学家身上不多见的白璧微瑕。具有讽刺意味的是，“上帝”却只给了他两个女儿。

六、政治：雷达、原子弹和科学顾问

在 20 世纪 30 年代，拉比在欧洲留学时结识的朋友和同事，如布洛赫、贝特，也包括他的导师斯特恩，由于纳粹反犹太主义迫害，都在 1933—1938 年间陆续流亡到了美国。拉比对此既困惑又不安。他不理解，为什么有着良好的教育、优美古典音乐、伟大文学、一流科学的德国竟然会出现毁灭人类文明的倒行逆施？

1940 年春，在第二次世界大战爆发后，美国政府建立了一个保密检查委员会，开始控制出版物中有关核物理特别是铀裂变研究的信息。1940 年 6 月前后，纳粹开始大举进犯欧洲大陆，法国投降了。在这种形势下，美国总统罗斯福同意建立国家防御研究委员会（NDRC）。拉比此时也想以某种形式参加到反对纳粹的战争中去。恰好这时麻省理工学院召开了一个核物理学应用会议，拉比应邀参加了。这表面上是一个普通的学术会议，但是出席会议的有好几位深度介入 NDRC 活动的科学家如杜布里奇、卢米斯、劳伦斯等，他们借会议之名来物色物理学家，以建立一个发展军用雷达系统的辐射实验室。几天后，拉比就被相中并吸收到麻省理工学院的辐射实验室，从事雷达研制与管理工作。在这里，拉比充分发挥出了一名卓越科学家的创造力和影响力。到 1941 年春，当辐射实验室主流人员还在研制 10 厘米波长的微波雷达系统时，拉比就已又率领一批科研人员开始着手前瞻性地研制分辨率更高的 3 厘米波长雷达。在科研管理方面，拉比建议采取民主科学管理体制，而不接受战时军事管制的方式，为此军方一开始曾非常不满。但随着科研成果源源不断涌现，工作效率之高让军方不得不承认他们的方式不适用于科学家。在辐射实验室，杜布里奇是主任，卢米斯和拉比是副主任，三人各有各的风格。然而，很多科研人员更愿意去找拉比谈问题和研究，因为拉比眼光锐利，经常能一下击中问题要害；同时，他又是个修养良好的聆听者，愿意倾听来自各路人马的想法，并向他们提出有价值的建议。杜布里奇后来回忆说：

> 很明显，拉比的才智太广泛了，以至于不能把他限制在实验室的某个部分……拉比自主的决策，加上我们的支持，是使整个实验室各个部门展望明天的动力……他是一个向前看的研究指导者，这是非常宝贵的。

在与军方打交道的过程中，拉比敢于坚持主见，同时又灵活地协调了实验室与军方的关系，这使辐射实验室和拉比本人都与军方特别是海军部建立了良好关系。这种关系也一直延续到战后，为美国政府和军方向美国基础科学提供资助打下了良好的基础。战后，哥伦比亚大学物理系和建立在哥大附近的布鲁克海文国家实验室（拉比是奠基人之一）都曾从美国政府（如海军部）那里获得过巨额资助。这一切都与拉比的影响力有很大关系。

在制造和发展原子弹的问题上，拉比实际是最早知情人之一。1939 年科学家西拉德首先是通过拉比找到费米，传递了有关核裂变可以导致制造炸弹的讯息，当时费米不以为然，认为最多只有 10% 的可能。是拉比说服了费米，促使这个讯息逐步传递给了美国总统。

1942 年夏，成立了以奥本海默为首的研制原子弹的洛斯阿拉莫斯实验室，奥本海默要拉比出任实验室副主任。拉比拒绝了，他提出了许多理由，如家庭、个人和辐射实验室离不开等，但内心深处却是由于讨厌炸弹，在 1932 年他看到日本飞机轰炸上海的悲惨情景之后尤其如此。炸弹使平民也无法幸免，所以他更愿意发展雷达而不是原子弹。不过，拉比答应做奥本海默的不领薪金的顾问。1943 年 2 月，在奥本海默的请求下，拉比说服了贝特和巴彻、阿尔瓦雷茨、班布里奇、诺曼·拉姆齐等人参加了曼哈顿计划。由于这些著名科学家的加持，曼哈顿计划的实施质量与速度都得以大大提高。

在曼哈顿计划实施的各个阶段，拉比都是一个起过重要的实际影响的人物。像在辐射实验室一样，他力劝奥本海默对洛斯阿拉莫斯实施科学民主管理制度，而只把保密事务交给军方。拉比自己说：

> 我认为我在洛斯阿拉莫斯对战争的最大贡献就是帮助说服奥本海默使实验室文职化。

由于亲眼所见第一颗原子弹那比一千个太阳还亮的巨大爆炸威力和向日本投掷原子弹造成的悲剧，战后的拉比也积极参加了原子武器国际控制与国际和平利用原子能方面的活动。拉比不愿抛头露面，所以他的活动总是在“幕后”。拉比和奥本海默实际上是核军备控制计划的最早发起人，在拉比家中，他们两人讨论了有关问题，他们的共识是，希望把原子能置于国际监督与控制之下。他们确信必须把原子知识与任何一种特定色彩的旗帜分离开来。拉比和奥本海默的观点通过奥本海默的“前台”努力和拉比的“幕后”活动，最后成功地写入了《关于原子能国际控制的报告》，后来它变成了众所周知的巴鲁克计划。但因为苏联很快爆炸了它的第一颗原子弹，这个努力基本上失败了。

苏联爆炸原子弹前后，美国政府完全是两种状态：爆炸前，美国认为他们还可以控制和垄断原子弹 10—20 年；爆炸后，美国政府一片惊慌，似乎共产主义的“侵略”已迫在眉睫。这两种状态都错误地估计了形势。1949 年 10 月 31 日，建立于 1946 年 8 月的美国原子能委员会（AEC）下设的总顾问委员会，应总统杜鲁门的要求召开了一次商讨对策的咨询会议。这是一次未能形成一致意见的会议。因为其中绝大多数成员未能就研制有关超级炸弹达成一致意见，虽然在研制原子弹的问题上他们也表达了希望避免超级炸弹的意愿。而拉比和费米则强烈表示反对制造氢弹和超级炸弹，在他们签字的少数人观点的附录里，他们认为：

> 美国总统应该告诉美国人民和全世界，从基本道义出发，研制这种武器

是错误的。同时我们也欢迎世界各国与我们签订不研制这种破坏力巨大的核武器公约。

然而，杜鲁门总统却给了他们一个完全不同的回答。1950 年 1 月 10 日，杜鲁门向全国宣布将继续发展和研制原子武器特别是氢弹和超级炸弹。拉比和费米以及另一些顾问成员为此感到愤怒和忧虑。拉比知道一场核军备竞赛已不可避免了。拉比后来说：

我们的原意是美好善良的，但我们所做的，却是把这种力量托付给了那些不理解它、不尊重人类文明精神的人们了。

在美国总统艾森豪威尔任职期间（1952—1960），拉比曾促使他建立了总统科学技术顾问机构。1957 年 10 月 5 日，在与总统艾森豪威尔举行一个会议时，拉比第一个发言，他认为美国的许多政治决策太缺乏科学因素，以至于出现了大量盲目和非理性行为，因此他建议总统设立一个常设机构即总统科学顾问委员会（PSAC），这个意见被艾森豪威尔接受了。从此，美国政府机构中出现了一个正式的科学顾问机构。

1950 年，拉比曾被美国政府委任为驻联合国教科文组织的美国代表。在此期间，他积极倡议建立欧洲核子研究中心（CERN），积极呼吁加强原子能国际控制和原子能和平利用。1954 年，作为顾问委员会主席的拉比，开始得到艾森豪威尔的支持，筹备召开一次原子能和平利用国际会议。会议筹备相当困难，麦卡锡主义的非美调查活动已波及许多科学家，奥本海默正在受审，拉比和许多科学家出席了听证会支持奥本海默，而当时主持听证会并想置奥本海默于死地的人中就有原子能委员会（AEC）主席斯特劳斯。召开和平利用原子能会议，有斯特劳斯的支持非常重要。拉比地位微妙但是他处理得相当好：一方面为朋友作了辩护，一方面也未失去斯特劳斯的支持。

拉比又对当时联合国秘书长哈马舍尔德施加影响，终于使联合国在 1954 年 12 月 4 日通过一项召开国际和平利用原子能会议的决议，并成立了一个顾问委员会。1955 年 8 月 8 日—22 日，第一届和平利用原子能的国际科学技术会议如期在日内瓦召开。后来很久，当拉比被人问及他对以往自己的种种活动中哪些是感到满意并具有特殊意义时，他自豪地回答说：

我非常引以为荣的就是日内瓦和平利用原子能国际会议。

1988 年 1 月 11 日，年近 90 岁的拉比与世长辞。回顾他获得诺贝尔物理学奖后的后半生，本来他还可以继续投身于物理学研究事业，但到 20 世纪 50 年代中期，他在物理学方面的研究工作基本停顿下来，而投身到了政治这个更广阔的舞台上。在这个舞台的幕后，他始终以“顾问”的方式推进着美国科学与政治的关联。我们无法对此作出简单的“对”或“错”的评判，我们也无法把结论放在“假若”的基础上，况且拉比也不是服务于政府、参与政治的第一个科学家。当后人回看拉比当时的主要所作所为，包括致力于发展原子能的和平利用和原子武器国际控制，以科学因素影响政治权力及其决策行为等，作为一位科学家，还能再苛求他什么呢？

（作者：吴彤）

参考资料

[1] John S. Rigden. Rabi，Seientist and Citizen [M]. New York：Basic Books，Inc. Pub.，1987.
[2] I. I. Rabi. On the Principal Magnetic Susceptibilities of Crystals [J]. Physical Review，1927.
[3] I. I. Rabi. Refraction of Beams of Molecules [J]. Nature 123，1929.
[4] 郭奕玲，林木欣，沈慧君. 近代物理发展中的著名实验 [M]. 长沙：湖南教育出版社，1990.
[5] I. I. Rabi. Science：The Center of Culture [M]. New York：World Pub.，1970.

埃米利奥·吉诺·塞格雷

（Emilio Gino Segrè，1905—1989）

塞格雷

技术精湛的实验物理学大师

意大利出生的美籍物理学家埃米利奥·吉诺·塞格雷，是一位杰出的实验物理学家。他一生主要在光谱线的禁戒跃迁、里德伯态、分子束研究、中子慢化、新化学元素的发现以及核子碰撞等广阔的领域取得了丰硕成果。由于反质子的发现，他与张伯伦一起摘取了1959年诺贝尔物理学奖的桂冠。他不但是一位杰出的科学家，同时还是一位颇具性格魅力的教师，他从较高水平上引申出具有科普文风的讲课风格，通俗明了地讲述了一位实干科学家的经验之谈。他还是科学史的终身爱好者，他把亲身经历的许多重大事件，用简洁而流畅的文笔记录了下来，向读者展示了物理学发展历程中生机勃勃的画面。

一、追随费米，广阔交游

1905年2月1日，塞格雷出生于意大利罗马附近的一个古老的小镇蒂沃利的一个犹太家庭里，父亲朱塞佩·塞格雷是意大利著名的工业企业家，母亲阿美丽亚·特莱维斯出生于佛罗伦萨，从小受过很好的教育。塞格雷有两个哥哥，分别比塞格雷年长14岁和12岁，大哥安吉罗后来曾在大学任职，二哥马坷继承父业成为意大利知名的企业家。塞格雷在蒂沃利完成小学学业，1917年全家搬到罗马，他进了马米亚尼中学。在中学时代他就学习了格拉泽布鲁柯的《光学》、鲍勒的《初等天文学》、麦克斯韦的《热学》、雷卡的《量子论》和笛卡儿的《方法论》等，这些书给他留下了深刻的印象。1922年7月，他中学毕业后遵从父母的意愿，进入了罗马大学学习工程学而没有选择物理学。他的大学同班同学中有一位叫马约拉纳的，是一位著名的数学天才。

1927年春天，塞格雷认识了费米的好朋友拉塞蒂。拉塞蒂是罗马大学的助理教授，也是一位出色的物理学家。不久以后，拉塞蒂就把塞格雷介绍给费米。当时费米正在找学生，而塞格雷正在找老师，他们不谋而合。费米堪称科学天才，是意大利物理学的希望，也是意大利最早懂得量子论和相对论的年轻学者，在年仅25岁时就担任了罗马大学的理论物理学教授。

费米见到塞格雷后，给他出了个小小的研究课题，让他计算一根粗绳垂吊时产生的振动。结果塞格雷的答案很让费米满意，从此开始了他们的师友之谊。费米开始时只是利用业余时间对塞格雷进行指导，但塞格雷仍从他那儿学到了多方面的物理学知识，如光的狭缝衍射、气体中分子的平均自由程、涨落、光谐振的经典理论分子旋光力、扩散真空泵、X射线衍射等。关于费米与学生之间的密切关系，费米夫人后来回忆说：

> 在费米的指导下，他们迅速对科学产生了难以置信的热情，他们对物理热爱的程度可以和人类热恋的程度相比。每天他们想的、谈的全是物理。

费米认为，理论可以通过讲课教会，但实验技巧只能通过在实验室里当学徒学到。同时，塞格雷遵从费米的教导向拉塞蒂学习怎样利用干涉仪和摄谱仪进行分光试验。1927年秋季，塞格雷从工程系转到物理系，并开始学习费米的一部新作《原子物理学导论》，同时学习高等物理、数学物理等课程。1928年7月4日，塞格雷以论文《水银和锂蒸气的反常色散》获得博士学位。

1928年，塞格雷和阿马尔迪合作，在意大利林琴科学院的院刊上发表了平生第一篇关于“拉曼效应的量子理论”的论文，这是他博士论文的概述。1929年，塞格雷和阿马尔迪又发表了论文《带状光谱的反常色散》。随后，在费米的帮助下完成了一篇关于“分子光谱频带的反常色散”的论文，解释了频段高端附近的那组吸收谱线所显示的折射率的特殊变化。

费米因为他自己杰出的物理学研究和领导才能，以及有口皆碑的个人品德和人格魅力，吸引了许多年轻物理学者和学生来到罗马大学，并逐渐形成了以他为首的所谓物理学研究的“罗马小组”。该小组成员有拉塞蒂、塞格雷、阿马尔迪和马约拉纳等。这个小组当时年龄最大的成员25岁，最小的阿马尔迪仅19岁。费米虽为人随和，但在学术方面十分严谨，对自己和学生发表论文方面有严格的要求，在《物理学杂志》或《自然》杂志上只允许发表他认为重要的论文，结论不太重要的用意大利文发表。这样就使得罗马小组很快在国际科学界取得了声誉。这吸引了更多优秀的年轻物理学学生、学者前来拜师学习。较早来的有贝特、佩耶尔和普拉切克等，后期来的有爱德华·塞勒、伦敦、布洛赫、英格利斯和芬博格等。塞格雷就在这样的氛围下成长起来了。

1930 年 11 月，塞格雷以短信的形式给《自然》杂志寄了一篇论文，这是完全由他自己独立思考的第一篇有价值的论文。根据原子物理学的定律，电子从一个能级跃迁到另一个能级，同时发射光子；有时跃迁规则遭到违反，出现所谓的禁戒跃迁。这一发现与碱金属光谱中的某些（S–D）禁戒跃迁有关。塞格雷在论文中指出：这种禁戒跃迁起因于通常在一级近似计算中所忽略的电四极辐射，这可通过观察这些谱线的塞曼效应来证明。沿着这一思路，塞格雷使用罗马大学一部大型希尔格棱镜光谱仪，成功地观察到了氢放电产生的紫色连续光谱中的吸收线。他将吸收管置于磁场中，吸收线加宽到近乎消失，把仪器调到最大分辨力，终于辨认出自己预言为四极辐射的那类塞曼效应。他将此成果写成题为《四极线中的塞曼效应》的论文，由费米推荐在《物理学杂志》上发表。这个成就，使塞格雷在罗马大学理论物理所的朋友圈中获得了“四极爵士”的绰号，也使这位青年科学家信心大增。

塞格雷在深入研究塞曼效应时，发现罗马的实验条件有限，难以获得进一步的成果。此时，荷兰著名物理学家德拜访问罗马，建议他到外国实验室去。当时有四个实验室可能有适合于他所研究项目使用的衍射光栅，即图宾根的拜柯实验室、波恩的科南实验室、柏林的帕邢实验室和阿姆斯特丹的塞曼实验室。塞格雷立即写信联系，塞曼效应的发现者彼得·塞曼很快回信，热情邀请他到阿姆斯特丹来合作工作。

1931 年夏初，塞格雷来到阿姆斯特丹。其时塞曼已 66 岁，不再做实验了。他给塞格雷的印象是彬彬有礼、和蔼可亲，是一位出色的实验家和光学大师。塞曼习惯于从创新的角度考虑一项实验，所用的方法总是出人意料。虽然他不低估理论的力量，但对理论的质疑态度时常使人感到耳目一新。他对每一个实验都要求做到完全彻底，从考虑极为周全的实验中寻找意外事情的发生，和他谈话常常使人受益匪浅。

塞曼非常欣赏塞格雷，帮助他申请洛克菲勒奖学金，并接纳他为退休前的关门弟子。塞格雷在阿姆斯特丹很快就取得了所有预料中的结果以及其他几项成果，为合作研究画上了圆满的句号。回到罗马后，他继续研究禁界线，并发现塞曼效应中的一些其他有趣的特点，揭示了并非起因于四极辐射的禁线的缘由，并从理论上表明在 X 射线光谱中也应该有四极禁线。德国物理学家索末菲在其再版的著名专著《原子与光谱》中引用了他的这些成果，这足以令塞格雷感到自豪。

此时，罗马小组的精神领袖费米感觉要复兴意大利的物理学，就必须着眼于未来，培养和造就更多具有国际眼界与科研技能的青年人才。他借助于洛克菲勒基金会的奖学金，不断派遣小组成员去国外著名实验室接受训练。按照计划，费米建议塞格雷利用该奖学金提供的机会去德国汉堡大学，在那里跟从斯特恩学习真空技术和分子束，因为这是罗马小组所欠缺的。于是，1931 年底，塞格雷又来到了汉堡大学投入斯特恩的门下。

斯特恩是德国少有的既有财富又有声望的实验兼理论物理学家，年轻时曾到布拉格和苏黎世追随爱因斯坦。早期工作是在统计热力学和量子理论方面，后来的兴趣转到了分子束实验方法上，他以创造性的设计证明了这一方法是研究分子、原子和原子核特性的强有力手段。1922 年他和盖拉赫合作的斯特恩－盖拉赫实验更是脍炙人口。通过这个实验，一举证明了空间量子化的真实性，并为“电子自旋”概念的提出提供了实验基础。1922 年斯特恩到汉堡大学建立了一个研究所，该研究所规模不大，但却是国际上分子束研究中心。他们创造了分子束技术研究的一套独特方法，很多相关研究课题都是从这里开始的，并通过人员的互访和交流扩散到世界各地。美国的拉比曾在这儿学习和研究，在原子的磁矩和磁共振问题上做出了杰出工作，后来回到哥伦比亚大学更是获得了一系列重大成果。在斯特恩的领导下，汉堡研究所在 1926—1933 年间，连续发表了 30 多篇有关分子束领域有创见性的论文。这些成果不但奠定了研究所的重要地位，也最终将斯特恩送上了诺贝尔领奖台。

到达研究所后，塞格雷首先通过观察斯特恩及其学生如克瑙尔、弗里什、希努尔曼和约瑟菲等人的工作学习技术。弗里什那时是斯特恩的个人助理，正在进行两项重要实验：用氦原子验证德布罗意波和测量质子磁矩。斯特恩建议塞格雷完成量子化空间动力学的实验，他向塞格雷解释了这项实验的目的、所依据的理论以及现有仪器的详细情况。仪器是塞格雷到来之前的一个美国学生费普斯制作的，但在他还未取得成果时奖学金到期了，未能得到成果就离开了。塞格雷对遗留下来的仪器进行了彻底研究，认为其产生磁场的方法应该改进，但当时他还没想清楚应该如何去做。有一天，他在阅读麦克斯韦的著作《电磁通论》一书时，偶然看到了书中的一张插图，描述在均匀磁场中通过直导线的电流所产生磁场的受力情况。这张普通插图却激发了塞格雷的想象力，他马上意识到也许可将这个办法应用到分子束装置中来解决空间动力量子化问题，不过可能需要改变相关的理论分析。斯特恩在听取了塞格雷的新想法后立即表示赞同，让塞格雷按照自己提出的方法重新制作仪器。就这样，塞格雷用自己设计的实验装置很巧妙地实现了实验构想，并获得令人满意的结果。不久后，该研究成果经拉比推荐，发表在美国刊物《物理评论》上。

经过一年多的学习，1932 年 10 月，塞格雷回到罗马，和费米一起开始对原子超精细结构进行研究，并共同署名发表了包含标准费米 – 塞格雷公式的著名论文。塞格雷也继续了之前的光谱禁线四极辐射研究，他很清楚还有其他机制可以引起禁戒跃迁，其中包括能产生随机电场离子放射的效应。塞格雷认为钾和钠在这方面的作用可能有所不同，并在实验中观测到这些金属有主量子数很高的激发态，与之对应的是半径巨大的电子轨道。塞格雷形象地把这些称作“肿胀原子”，后来的标准名称是“里德伯态”。随后塞格雷发现，在适用场的塞曼效应中，“肿胀原子”应表示为一个二阶项，通常的理论中该项被理所当然地忽略，但塞格雷的实验证明它在某些适当场合中起了重要作用。二阶塞曼效应、谱线位移以及电场对系限附近谱线的效应等工作是阿姆斯特丹工作的延续，这些课题现已成为光谱学的重要分支。

早在中子发现以前，费米就意识到原子物理学的黄金时代已经过去，未来属于原子核物理学。所以他要求小组成员加强对核物理学最新发现文献的研读，时刻领悟新发现的意义。1932 年，英国卡文迪许实验室的查德威克发现中子，从此开辟了核物理学的新纪元。中子发现之前，α 粒子是轰击靶核的炮弹，中子发现后，费米立刻想到用中子做炮弹的效能要远远高于 α 粒子。原因在于 α 粒子受到原子核中正电荷的排斥作用，不能穿透原子核，而中子却能顺利穿透原子核。开始费米用镭加铍作中子源，按原子序数从小到大依次轰击所有的元素，试图生成它们的新的放射性同位素，第一个成功的元素是氟。下一步要尽力将所有的元素都激活，然后对生成的全部放射性同位素进行研究。

发现了这个新的科学金矿后，费米立即邀请塞格雷、拉塞蒂和阿马尔迪一起工作。在这项研究中，当然费米是首领，但每个人均有自己的专职，在所有阶段他们都充分合作，一旦出现问题就一起讨论，罗马小组就像一支训练有素的管弦乐队，通过费米的指挥，演奏出超一流的美妙音乐。他们对能找到的所有元素进行了系统的中子辐照，使轰击实验进行到了钍和铀。1934 年，罗马小组证明了轰击铀所生成的放射物不是铀的同位素，但却错误地推断它们为超铀元素（其实是铀裂变产物），从而错失了发现核裂变的机会。这个机会留给了 1938 年 12 月的哈恩和斯特拉斯曼，他们通过用慢中子轰击铀原子核，实现了现代炼金术，并获得了巨大能量。但他们这个成就也凝结了包括费米和塞格雷等人曾经做出过的努力。

1934年夏，塞格雷和阿马尔迪赴英国剑桥大学的卡文迪许实验室访问，并把罗马小组中子研究的论文原稿交给卢瑟福。卢瑟福此时是卡文迪许实验室主任和皇家学会主席，已达到了事业辉煌的顶点。卢瑟福细心纠正了他们论文中的一些英语表达上的错误后，立即转交《皇家学会会刊》发表。在剑桥，塞格雷也是剑桥的那些年轻一代的物理学精英，包括卡皮查、奥里凡特、查德威克、考克罗夫特等。值得一提的是他们与别尔格和韦斯科特的交流。通过交流确立了钠的（n，γ）反应的一个明确无误的事例，这对两个月后发现慢中子起了重要作用。

1934年10月22日，塞格雷和阿马尔迪在不同条件下把中子源和银箔靶用石蜡包起来，进行了几次辐照银箔的实验后观察到了一种奇异现象：石蜡大大增强了中子的激活力，接着用其他两三种物质代替石蜡做实验都没有那种效果。很快费米想出了对石蜡效果的一种解释：他认为石蜡中的氢原子与从中子源来的中子发生弹性碰撞，从而使后者速度减慢，而较慢的中子比起较快的中子更容易被俘获。中子与氢原子发生弹性碰撞后平均要损失一半能量，这点很容易明白，但较慢的中子在诱发核反应上比较快的中子更有效的观念却是意想不到的，这与过去的习惯思路正好相反。费米进一步猜测中子会被减速到能量等于介质分子的热扰动能，在室温下大约为0.03电子伏，现在称此过程为慢化。当晚由费米口授、塞格雷执笔写给《科学研究》杂志的一篇短文很快发表。慢中子的发现引出很多问题，为此他们重新调整了整个研究计划，测量了许多物质的“水效系数”（指在标准的条件下，浸没水中多大深度后能增大放射强度），验证了慢化假说是正确的，从此把研究中心从中子辐照的生成物转向中子的慢化过程。1934年12月，在第一次发现慢中子六个星期之后，罗马小组就慢中子技术所具有的重大潜在的实用价值申请了专利。

二、任职西西里

1935年10月，对塞格雷来说是一生中的重大转折，他从罗马物理研究所的助理研究人员被委任为西西里岛巴勒莫大学的教授。巴勒莫是意大利南部西西里西北岸的一座美丽的海滨城市，曾是与法国波旁皇室有亲戚关系的西西里王国的都城。环绕巴勒莫周围的环山就像镶嵌在戒指周围的宝石，偶尔经过的强劲寒流和周边山梁上出现的罕见的积雪，构成了巴勒莫独有的美景。此时，塞格雷刚刚30岁，正处人生而立之年，他想尽自己所能做好工作，树立现代新法教学的样板，并在意大利的一个新研究中心做一些意义深远的开创性工作。在个人生活方面，他也春风得意，1936 年 2 月 2 日，与一位年轻漂亮、风度高雅、仪态端庄、充满活力和智慧的德国出生的犹太血统姑娘埃弗丽蒂结婚，并按父母喜爱的传统方式建立了完全独立的小家庭。

巴勒莫大学的物理研究所是一座新建筑，但在科研上还处于一片荒漠状态。塞格雷的首要任务是组织好工科学生的主要公共课和讲授高等物理学，同时积极开展研究工作。他对同事态度友善，工作努力，并明确表示自己不打算做候鸟一样的过客，将尽其所能改善这里物理学的状况，使西西里的同事们很快把塞格雷当成他们中的一员。塞格雷利用研究所已被弃置约 50 年不用的仪器和一些自己制作的新仪器做了很多物理演示实验。为了启动新的科研工作，他自制了一台标准的电离室，同时购买了静电计和研究放射性现象所需的其他设备，并聘用年轻人做助理教授，很短时间就将研究工作轰轰烈烈地开展起来。另外，鉴于在巴勒莫大学学物理的学生多数将成为中学教师，塞格雷编撰了《初等物理学——从高等物理学的观点看》一书给学生参考。此书风格效仿克莱因用德文撰写的数学著作，创意新颖，效果颇佳。

早在 1933 年夏，塞格雷就曾与费米首次访问美国，1936 年的学年结束时，他再次访问了美国加州的伯克利，收获很大，满载而归。回到巴勒莫后，塞格雷立刻开始研究在伯克利弄到的经高能加速器轰击过的材料，并着手用常规的放射化学技术进行化学分离，很快发现带来的材料中含有异常丰富的放射性物质。他在这些材料上找到了从靶中溅射出的多种物质，除磷以外，还有放射性钴、锌或银，以及其他未知物质。他首先离析出大量的半衰期约为两个星期的磷 -32，并立刻想到它可用于生物学实验。他为生理学教授阿尔托姆详细介绍了那时相当新颖的放射性磷的示踪技术，并在放射测量方面给予帮助。阿尔托姆把示踪技术应用到磷脂代谢上，从此他们开始了卓有成效的合作并取得较好的成果。

1937 年 2 月，塞格雷收到美国物理学家劳伦斯从伯克利寄来的一封信和装有一些放射性材料，尤其有一片曾用作回旋加速器偏转板零件铝箔管的包裹，向他询问有关用氚轰击钼原子会产生什么东西的问题。塞格雷马上猜想铝箔管内应该含有一种新的 43 号元素，理由很简单，用氚轰击原子序数为 42 的钼后，通过已知的核反应，应该生成 43 号元素及其一些相关同位素。随后他与人合作进行了这项研究。他们把对象放射物与所有的已知元素分离开，以明确它不是其中任一元素的同位素。然后，从几种化学性质确定了 43 号元素和它的同位素。他在此后被玻尔邀请参加的 1937 年 9 月举行的哥本哈根会议上报告了这些工作，产生了一定程度的轰动效应。43 号元素的发现，被从不恭维人的费米认为是当年度物理学最出色的成果。所谓“43 号元素”，实际就是第一个人造化学元素。第二次世界大战之后，一般的核反应堆都可生产出宏量的 43 号元素。此时，塞格雷发现自己先前的研究不仅正确而且已分析出了新元素的主要性质。至此，他和合作者佩里埃将它命名为“锝”（意指人造的），以纪念他们的发现。

1937 年，本来无论在个人生活还是学术工作上对塞格雷来说都是收获颇丰的一年，但外部局势却正值风云变幻、一触即发的关键时刻。1938 年 6 月 25 日，塞格雷从那不勒斯踏上了去美国的旅程。

三、踏上新大陆

塞格雷到达芝加哥之后，就踏上了去伯克利辐射实验室投奔劳伦斯门下的路，并通知夫人埃弗丽蒂立即去美国。从此，塞格雷告别祖国，投入到新大陆的怀抱。而美国则敞开胸怀，接纳了包括他在内的一大批欧洲流亡科学家。在二战结束前的 1944 年，塞格雷夫妇俩在宣誓效忠后正式成为美国公民。

伯克利辐射实验室的劳伦斯，是一个天生从零开始建立伟大事业的首领，他将一大批杰出人才聚集在自己的周围并得到大家的尊敬和拥戴。他善于进行细心观察并冷静做出判断，让大家充分发挥各自的独特才能，而在功劳归属问题上素来慷慨大度。他认为：大家的成功如果是在辐射实验室取得的，也就等同于他自己的成功。在劳伦斯的鼓舞和启发下，伯克利辐射实验室成为一个团结奋进的集体和物理学界的一个重要研究中心。他所创立的“大科学”和大规模物理学研究风格，成为二战后大科学研究的样板。

塞格雷加入劳伦斯的辐射实验室时，正当其人才济济、硕果累累之时。实验室的年轻人各有所长：阿尔瓦雷茨和麦克米伦聪明过人，威尔逊才华出众，库克西为人慷慨、善解人意，受过英国式绅士教育的桑顿，在他身上结合着出色的专业才干和高尚的人品。他们聚集在劳伦斯周围，全力以赴投入研究工作。塞格雷在伯克利俱乐部还认识了一位年轻化学家西博格，他对周围发生的事情都很感兴趣，总是眼观六路、耳听八方，不仅进行有机化学研究，还运用自己丰富的想象力为同人所提出的研究设想提供支持，因此很快就成为塞格雷的亲密合作伙伴。

来辐射实验室几天之后，塞格雷就与西博格一起寻找锝的短寿命同位素，这是塞格雷在巴勒莫研究工作的自然延伸，也是塞格雷选择伯克利的首要原因。用氘轰击钼得到的新放射性物质立刻展现出一种前所未有的有趣现象，它是核素同核异能的一个事例。早在 1936 年，冯·魏扎克对同核异能的激发态提出一种理论解释，认为原因是核素角动量大，而这恰好禁止了向小角动量的低能激发态跃迁，从理论上还可推出核素内存在着大量的反转电子。塞格雷和西博格追寻并找到了这种电子。1938 年 9 月 14 日，他们向《物理评论》杂志写信报告了这一发现。若干年后，核素的同核异能被用作效力很大的诊断工具，成为核医学的主要支柱。到伯克利后不久，许多学生都意识到塞格雷工作的意义，并自愿同塞格雷合作。吴健雄是第一位。她是一位来自中国的美丽、聪明的女子。当她认识到在塞格雷这里能学到真东西后，就加入到他的工作中来。

1939 年初，哈恩和斯特拉斯曼发现核裂变的消息传到了伯克利，人们立刻进行了重复实验。在重复哈恩和迈特纳轰击的铀箔靶中，除发现铀 −239 半衰期为 23 分钟的放射性外，还显示出另一种半衰期约为 2 日的放射性元素。塞格雷着手从化学上对此进行研究，他怀疑这是半衰期 23 分钟放射性物质的 β 衰变产物，因而是质量为 239 的 93 号元素（镎）的一种同位素。但塞格雷没想到 93 号元素的化学性质会与稀土元素相似，因此错误认为这是留在铀箔中的由重稀土元素构成的裂变碎片，这使他失去了发现 93 号元素（镎）的机会。随后，塞格雷与朗斯多夫及吴健雄合作，对裂变产物进一步研究，从而发现了氙（^{135}Xe）是海量的中子吸收者。

1940 年初，伯克利建成了 60 英寸回旋加速器，可以将 α 粒子加速到能够穿透重元素的能级。塞格雷立即提议用 α 粒子轰击铋靶，以期获得失踪的 85 号元素同位素，他描述了生成 85 号元素的计划。几天后的一个早晨，两名研究生科诺和科森按照塞格雷提议的思路，用回旋加速器引出的 α 粒子轰击铋靶时，观察到了许多巨大的脉冲。塞格雷立即对这一结果进行化学分析，确信这就是卤族元素中最末的 85 号元素，他们把它命名为砹（意为不稳定）。

塞格雷在伯克利也参与了最终将导致发明核武器的一些前期基础性研究，即对核燃料钚（^{239}Pu）的分离及性能的早期研究。这个研究始于 1940 年 6 月，当时劳伦斯实验室的麦克米伦用氚轰击铀，然后利用他和阿尔贝松以前发明的化学方法从中离析出一种来源于镎的放射性物质，当它进行 β 衰变之后，他发现其残留物中仍可发射出 α 粒子。他猜测这种现象可能与残留物中存在着 94 号元素钚有关。对此，塞格雷和肯尼迪、西博格、瓦尔等人合作进行了更深入研究。他们采用慢中子轰击铀，最后测出了钚的裂变截面。开始阶段，他们只是在化学上利用一种稀土载体将镎从受过轰击的铀中离析出来，并让它衰变，但这样得到的样品质量略大、纯度不够，无法对其α放射过程和裂变过程进行精确测量。1941 年 5 月，瓦尔利用他发明的新离析法将这个试样提纯薄化到约 200 毫克，然后由塞格雷、肯尼迪和西博格对其进行了物理测量。随后几个月，他们基于实验数据推断出这个试样所含的 94 号元素的质量，并根据其质量和α放射性强度计算出了该元素的衰变周期。对其慢中子轰击导致裂变的截面实验与计算，也得到了相当好的结果。到 1941 年 5 月，已经能够确定钚的慢中子裂变截面与铀 -235 基本相等，它的衰变周期大约为 25000 年。至此，他们已得到了具有实践意义的结果，即钚用作核燃料或核爆炸物是可行的。这个结果，开辟了释放核能的一条新途径。塞格雷、肯尼迪、西博格和瓦尔联名向《物理评论》写信报告了这一重大成就。

在西拉德和爱因斯坦的建议下，1940 年 2 月，美国政府制定了曼哈顿计划。1943 年 3 月，塞格雷接受奥本海默的邀请来到洛斯阿拉莫斯国家实验室，加入了曼哈顿计划研制原子弹的核心工作圈，并成为其中重要角色。

要使原子弹正常爆炸，首先必须把足够质量的裂变材料聚集起来，然后注入能够引发链式反应的中子。聚集前注入的中子不仅会降低原子弹的效力，还将使其发生不可预料的“提前起爆”。尤其对核材料钚，由于其矿物中杂质而带来的高强度α放射性会产生轻元素杂质，从而释放出多余的、不必要的中子，导致裂变材料提前起爆。解决的办法就是设法去除杂质，将钚提纯到极高纯度。这项工作既需要技巧，也需要耐心。

1943 年 6 月，塞格雷在洛斯阿拉莫斯峡谷中找到一处林务员遗弃的名叫“小鸟”的林间小屋，作为自己团队的研究场所。之所以要远离洛斯阿拉莫斯国家实验室本部，是为了防止那里的放射性干扰。他们在峡谷的顶端安装了探测仪器，以保障不受放射线带来的干扰和危险。他们在这个简陋的“实验室”里首次进行了自发的裂变实验。实验不但证实了钚 -240 是用中子辐照钚 -239 所生成的具有高自发裂变率的同位素，而且还观察到钚 -240 生成后使样品的自发裂变增多。这一发现导致洛斯阿拉莫斯的工程出现急剧转折，把主攻方向由铀弹转向钚弹，第一颗投于广岛的原子弹就是用的钚材料。在塞格雷的领导下，他实验室的助手之一、加州理工学院发现正电子的著名物理学家安德森的学生尼德迈尔，在此发明了一种原子弹的内向爆炸法（即爆聚法），用此可以避免原子弹提前起爆问题。同时，冯·诺伊曼、塞勒和费米等人也对爆聚法的理论分析作出了贡献。

1945 年 7 月 16 日 5 点 30 分，在洛斯阿拉莫斯 20 英里以外的霍尔纳多，一阵强光照亮了大地，其亮度远超中午的阳光。这就是世界首次原子弹爆炸的场景。有一个现场的小故事，说试验爆炸发生后，费米迅速站起来向空中扔出一些小纸片，并测量了其在冲击波中飘扬的速度，并立即取出一张移动速度与爆炸能量之间函数关系的计算表，由此得到爆炸能量的即时估计……

原子弹爆炸试验成功，甚至超出了预料的结果。这是大量科学家夜以继日工作的成果，其中也包含了来自意大利的犹太科学家塞格雷数年的心血。但他的眼光并没有局限在这项战争科技的范围，而是继续思考着科学本身的进展及其基础问题。

四、反质子的发现

1945 年 7 月，塞格雷辞去了洛斯阿拉莫斯的职位回到伯克利担任加州大学教授，重新回到了自己的研究领域，终于也有机会着手进行一些长期以来很感兴趣但被战争中断的研究课题了。

塞格雷一直认为，核子之间的相互作用是一个非常值得考察的领域，而且已经有许多著名理论物理学家在理论研究方面提出了有洞察力的见解，例如日本的汤川秀树提出核子之间的力是一种基本的自然力，π 介子是传递这种力的媒介等。但在实验方面还处于差强人意的状态，所以是一个很有潜力的领域。以前因为装备的限制，只能在低能量条件下进行一些实验。现在，随着大科学装置的进步，可以利用较高能量进行更高角动量态的实验，从而获得意义更大的新信息。特别是伯克利加州大学劳伦斯实验室迅速发展的加速器为此提供了独一无二的良机。1946 年底伯克利劳伦斯实验室应用了频率调制和稳相原理的 184 英寸同步回旋加速器投入使用，并于 1947 年起用中子射束进行中子—质子间碰撞的研究。这为塞格雷提供了独一无二的机会。

在此期间，塞格雷周围也开始形成了一支以助手、博士后和研究生为骨干的研究团队，其特色就是以核子碰撞实验为中心，用大科学实验方法研究核子等微观粒子。团队的骨干包括年轻科学家张伯伦，他也曾在塞格雷的手下参与了洛斯阿拉莫斯的核武器研究工作，之后，于 1946 年去芝加哥在费米指导下取得了博士学位。1948 年夏，张伯伦回到伯克利担任讲师，重新加入到塞格雷研究小组中。其他重要成员还有约克、威甘德、伊普西兰蒂斯和高德哈伯等。他们在实验中不仅测量粒子的完全碰撞截面，而且也测量其偏振、关联作用等一系列参数，所以搜集到异常丰富的实验数据，并从这些数据中得出关于 s、p、d 等分波的相移情况等。这些工作不但对于验证当时已有的核子理论有很大意义，对于理论的进展也产生了重要影响。

当然，塞格雷团队最重大的工作，就是寻找并找到了理论所预言的一种反粒子——反质子。这最早起源于 1928 年狄拉克对于反粒子的理论预言，这个预言在 1932 年由于加州理工学院的安德森在宇宙射线中发现了正电子而得到证实。此后的多年中，实验物理学家们一直在宇宙射线中寻找其他反粒子，特别是反质子，但却一直没有结果。伯克利在设计 184 英寸高能质子同步稳相加速器的时候，劳伦斯和辐射实验室的物理学家们有意识地选择 6 千兆电子伏特的能量值作为实现目标，就与反质子的寻找有关联。1947—1955 年，伯克利劳伦斯实验室的多个研究小组从不同角度参与了搜索反质子的行动，而塞格雷小组是其中的主角。塞格雷确定了两个进攻方向：一是着眼于确定粒子的电荷和质量，二是集中力量观察趋于静止的反质子在湮灭时的伴生现象。按照第一个进攻方向，塞格雷和张伯伦、威甘德、伊普西兰蒂斯设计建造了一个质谱仪，它具有若干新的技术特色。按照第二个进攻方向，当时在塞格雷小组中工作的高德哈伯负责把照相乳胶暴露到他们设备所产生的可能富含反质子的射线区域中去“感光”。最终的探测工作在 1955 年 8 月 25 日启动，几天后就观察到了反质子的信号。对反质子的识别依据，主要是测量粒子的速度、动量和所带电荷的情况。速度信号就是示波器上的踪迹，它记录一个粒子通过有速度选择作用的契伦科夫探测器的路径，并由同一粒子飞越两台探测器之间距离所用的时间来确证。粒子径迹给出其动量及电荷的信号，速度和动量决定着粒子的质量，再与电荷的信号一起考虑，便可以识别它们是否为反质子。此外，他们还通过检验证明，能量低于阈值的质子不会产生相应的信号。他们在实验中观测到大约可以在每隔几十万个粒子通过设备时探测到一个反质子，这种很好的信号以每几个小时一次的频率出现，塞格雷认为这个新发现的粒子就是寻找中的“反质子”。1955 年 10 月 1 日，质谱仪实验已完全证实了反质子的存在，此后不久乳胶方面的工作再一次确证了它的存在。随后，塞格雷小组分别通过《物理评论》和《自然》杂志公布了这一重大发现。

反质子是当时发现的第二个反粒子，是继正电子发现以后人类揭示反物质世界奥秘的又一重大成就。以此为起点，迄今为止，人类已经发现了几乎所有相对于强作用来说比较稳定的粒子的反粒子。

由于这项工作，1959 年，塞格雷收到一封来自瑞典科学院的正式电报，通知说该年度的诺贝尔物理学奖已被授予他和张伯伦，以表彰他们对反质子发现所作的贡献。

五、晚年的志趣

二战后物理学的研究方式发生了巨大改变，特别是实验物理，离开大型设备已经不大可能，从法拉第到卢瑟福的那种依靠个人技巧和简单装置就能获得重要进展的时代已成过去。随着研究队伍的日益庞大、新设备装置的不断更新、工程协作的经常化，对项目研究组织者的要求也越来越高。他们不但要精通本专业的知识，还得随时了解纷至沓来的相关新知识，例如计算机数据处理等。所以在发现反质子之后的20世纪50年代后期，已过知天命之年的塞格雷清楚地意识到，大科学研究已经是年轻人的事业，自己的角色应该发生转变。

实际上，塞格雷从一开始就是个兴趣广泛的人。在科学领域内，他不但是杰出的科学家，同时还是一位勤勉的教育者。在大学任教时，他教授过的内容遍布了物理学各个分支学科，包括物理光学、量子力学、光谱学、热力学和原子物理学等。学生对他的授课方法非常欢迎，认为他的讲课虽不像其他人那样精雕细琢，但却很有创意，是一个实干科学家的经验之谈。他在讲课时能从较高水平上引申出具有科普文风的那种通俗明白的表达，不仅仅给听众提供技术性的具体信息，还同时把人们的理解力提高到他们从未达到的高度。

中年之后的塞格雷更成为一个专注的核科学传播者。1946年后，他采用贝特的著名论文集、费米演讲集以及他本人的一些非常重要的笔记作为蓝本来讲授核物理学。当这些书不能反映最新的研究进展时，他又花了5年时间，于1963年出版了《原子核和粒子》一书，作为自己和其他相关人员的教材。这本书至今已被翻译成了多种文字在全世界传播，并被多次重新修订再版。此外，他还根据战前盖革和谢尔主编的德国《物理学手册》的样式，编辑了一部大型的实验核物理学手册，这是一项价值极大的工作。由于核物理学的发展，任何一个人在当时都不可能单独写成整部书，每一章的撰写都需要一个甚至更多掌握第一手材料的专家。塞格雷组织了一个专家组，并且指导编辑工作，最终完成了三卷本的《实验核物理学》。第一卷于1953年出版，最后一卷出版于1959年。这部著作十分成功，成为核物理学工作者的案头必备工具。塞格雷还是《原子核科学年鉴》的创始人，是这项事业的骨干人物，从1952年成为编辑开始担任这项工作，一直到1977年卸任为止。

塞格雷从小就喜欢科学的历史，阅读过大量有关物理学史、化学史、数学史等各个学科历史方面的书籍，可说是个科学史的终身爱好者。年轻时他作为一位活跃的科学家，亲身经历了许多科学进展的重大事件，接触到许许多多重要的历史人物，他也能够意识到这是在自己研究工作之外所获得的一份宝贵财富。1950 年以后，他把科学史研究作为自己的职业使命之一，开始写作和记载自己所经历过的那些科学中的光辉岁月。为此，他与麻省理工学院的科学史家库恩过从甚密，在库恩收集量子力学原始资料这一艰巨的任务中，塞格雷给予了巨大帮助。1960 年前后，塞格雷自己开始作科学史方面的演讲，他参加了在纽约召开的第十届国际科学史大会，并作了萨顿演讲，主题为“发现中子的后果”。继而又在伯克利加州大学作了一系列有关 20 世纪物理学的演讲。这些演讲构成了他那本著名的科学史著作《从 X 射线到夸克——近代物理学家和他们的发现》的雏形。该书最后于 1976 年出版，迄今已被翻译成了意大利文、法文、德文、希腊文、日文、西班牙文、葡萄牙文、希伯来文和中文等各种文字版本。

物理学大师费米去世后，塞格雷作为费米早期的学生和朋友之一，写成了《恩里克·费米》一书，此书由意大利林琴科学院（1961）和芝加哥大学出版社（1965）出版。继《从 X 射线到夸克——近代物理学家和他们的发现》之后，塞格雷还完成了他的姊妹篇《从落体到无线电波》一书。他的这些介于科学史和科普之间的著作，都有一个明显的共同特点：叙事简洁明了，文笔活泼流畅，向读者展示了物理学发展历程中一幅生机勃勃的画面，成为科学史爱好者和研究者的入门读本。他还以日记、手稿和大量可以找到的文献作为第一手资料，写成《永动的心智》的自传体科学史著作，展现了他那非同寻常的科学经历。从他极度率直但又宽容的性格及其对人和事的见解中，读者能真实地感受到他那做人的智慧和亲切的人文关怀。

塞格雷一向热爱大自然、酷爱户外活动，年轻时喜爱爬山和远足，中年时曾多次到俄勒冈的罗格河以及蒙大拿的萨莱门河上进行放筏漂流，充分享受置身荒野的那种自然粗犷的景致和颇具浪漫色彩的历险。随着年龄和身体状况的变化，他享受大自然的方式也发生了改变。年老时钓鱼和采蘑菇成为他的嗜好，他积累了垂钓各种鱼类的丰富经验，并把它传授给志趣相投的朋友们。到了古稀之年，他还频繁地接受来自国外的讲学邀请，曾到过南美、北欧、亚洲、非洲等不同信仰、不同制度的地区和国家进行学术交流和访问，是一位勤勉的科学文化使者。

1989 年 4 月 22 日，这位在意大利出生和成长、在美国伯克利建功立业的伟大科学家与世长辞，享年 84 岁。

（作者：杨庆余）

参考资料

[1] Emilio Segrè. A Mind Always in Motion [M]. California: University of California Press, 1993.

[2] Laura Fermi. Atoms in the family [M]. Chicago: University of Chicago Press, 1995.

[3] Nuel Pharr Davis. Lawrence and Oppenheimer [M]. New York: Simon and Schuster, 1968.

[4] Richard Rhodes. The Making of the Atomic Bomb [M]. New York: Simon & Schuster, 1986.

[5] Emilio Segrè. From X-Rays to Quarks: Modern Physicists and Their Discoveries [M]. Berkley: University of California, 1980.

吴健雄

(Chien-shiung Wu，1912—1997)

吴健雄

与诺奖擦肩而过的华人女实验物理学家

吴健雄出生于江苏太仓浏河镇。她对 20 世纪的实验物理学有一系列重大贡献，其中最为人称道的是 1956 年夏天至 1957 年 1 月完成的用钴 60 做 β 衰变的实验。这个实验发现了宇称在弱相互作用下的不守恒，推翻了一个被当时物理学界的绝大多数科学家视为不容置疑的“宇称守恒定律”，打开了物理学的新视野，奠定了她在物理学史上的不朽地位。

一、与李政道、杨振宁一起促成现代物理学上的重大发现

1957 年，对全世界的华人来说，是具有特殊意义的一年。两位华人物理学家——李政道、杨振宁——以他们革命性的贡献得到了这一年的诺贝尔物理学奖。这是华人科学家首次获得这种奖励。

李、杨获奖的原因是众所周知的。1954 年至 1956 年间，在对最轻的奇异粒子（即后来称为 K 介子的粒子）衰变过程的研究中，人们发现，有一种粒子衰变成两个 π 介子，称为 θ 介子；另一种粒子衰变成三个 π 介子，称为 τ 介子。精确的测量表明 θ 与 τ 具有相同的质量、寿命、电荷等性质，是同一种粒子。但是，从角动量和宇称守恒的要求看，θ 与 τ 不可能是同一种粒子。一时间，这一疑难困扰着物理学界，成为热门的“θ-τ 之谜”。大多数物理学家认为这是两个不同粒子，只是它们的怪异之处还无法解释。一直关注着这个问题的李政道、杨振宁到 1956 年春天想法有了突破。他们怀疑是不是物理学家一直相信也的确很可靠的宇称守恒只在强作用下成立，而在弱作用下不一定成立。如果这个假定成立，那就可以把 θ、τ 看作是同一种粒子的两种不同的衰变模型，这样谜题就解开了。于是，他们从这一方面着手，检验了大量的理论文献和实验资料。他们吃惊地发现，到那时为止，所有已经做过的实验都没有证

明过弱相互作用中宇称是否守恒，都与弱作用下宇称是否守恒问题无关，而整个物理学界竟然没有人注意到这个情况。到6月，他们完成了关于这个问题的一篇论文。

李、杨论文的题目是《弱相互作用中宇称守恒的探讨》，发表在1956年10月1日出版的《物理评论》第104卷第1期第254页至258页。编辑部标注的收稿日期是1956年6月22日。没有任何迹象表明编辑部特别重视这篇稿子。在这个由美国物理学会主办的大型刊物上，这个时期每年发表的论文和实验报告在1000篇以上，合订起来有五六千页（16开本），有关的作者多达两三千人（次）。李、杨的这篇后来得了诺贝尔奖的论文排在这一期的45篇论文的倒数第二篇，今天要从这城墙砖一般厚重的期刊合订本中找到它，还得有点耐心。

李、杨论文共有5个页面，包括1个引言、6节正文和1个附录。引言交代了问题的背景和他们立论的核心意图，从这里可以清楚地看到，他们是如何从对新近的θ、τ实验数据的评述进入到对弱作用下宇称问题的思考的，显示了杰出的理论物理学家所具有的敏锐洞察力、出色批判力和对于物理学普遍规律的执着关注。6节正文的题目分别是现在的实验不涉及宇称不守恒、β衰变中宇称守恒的探讨、β衰变中宇称守恒的可能的实验测试、介子和超子衰变中宇称守恒的探讨、介子和超子衰变中宇称守恒的可能的实验测试、讨论。附录是一个数学计算，说明：

> 初看起来大量与β衰变有关的实验可以证明弱β作用中宇称是守恒的，但我们仔细检查之后发现事情并非如此。

整篇论文的内容，就是极其简明的论文摘要所概括的两句话：

> β衰变和超子与介子衰变中的宇称守恒问题已被检查过。建议在这些相互作用中可以测试宇称守恒的可能的实验。

遗憾的是，并没有多少人响应他们的建议。因为从来没有人做过这样的实验，而且实验的条件和要求也很复杂。只有一个人为之心神不宁，这个人就是吴健雄。吴健雄对宇称问题原本并未很在意，在李政道第一次向她介绍他与杨振宁研究的这个问题时，她就感到了问题的重要性。在为李政道、杨振宁的构想提供参考意见的几次讨论后，她决定立即着手李、杨建议的实验中的第一项实验。几个月之后，她和美国国家标准局的科学家安布勒等合作的实验完成了，得到了明确的结果，从而肯定了李、杨对弱作用中宇称是否守恒的质疑，探明了“宇称守恒”定律不适用的范围，促成了一场“对称性革命”。

吴健雄是第一个看出了李、杨宇称质疑的深刻意义、第一个组织实验进行探查、第一个发现宇称在弱作用下不守恒的实验物理学家。物理学定律是不分左右的，这是自从近代物理学创立以来一直毫无疑问的基本原理。这样一种观念牢牢地占据了物理学家的头脑，宇称不守恒根本没有进入他们的视线和头脑。当时在物理学前沿有影响的物理学家，都不相信宇称会出现不守恒的情况。那时的许多一流的物理学家，如费曼、布洛赫、泡利等，都对李、杨的质疑很不以为意。在吴健雄之后接任美国物理学会会长的诺曼·拉姆齐当时曾想做这个实验，但经费曼一说，未能坚持。与吴健雄同在哥伦比亚大学物理系的低温物理学家加温在得知吴健雄的实验结果后，曾很快做出了李、杨建议的另一项实验。当初吴健雄曾争取过与他的合作，但由于他并不看好这个课题，忙着他认为更重要的工作而没有答应。

选择什么样的物理学实验是对实验物理学家眼力、品位和能力的检验。物理学杂志上有着各种各样的实验构想，实验物理学家既受到本身知识、经验的限制，又受到实验设备、实验经费等条件的牵掣，只有确信自己所要做的实验的意义，才能投入人力、物力、财力去做这项工作。杨振宁曾说：

> 吴健雄的工作以精准著称于世，但是她的成功还有更重要的原因：1956年大家不肯做测试宇称守恒的实验，为什么她肯去做此困难的工作呢？因为她独具慧眼，认为宇称守恒即使不被推翻，此一基本定律也应被测试。这是她的过人之处。

现在的人们（包括许多物理学家和科学史专家）往往单说李、杨“发现了弱相互作用下的宇称不守恒”，如果同时讲到李、杨、吴，则说李、杨“发现”，吴等“证明了李、杨的发现”。可以肯定地说，这两种说法都很有商榷的余地。实际上，李、杨他们并没有发现宇称不守恒。杨振宁后来回忆当时的情况说：

> 在那个时候，我并没有押宝在宇称不守恒上，李政道也没有，我也不知道有任何人押宝在宇称不守恒上。

对于杨振宁和李政道这样的话，人们似乎并没有给予应有的注意，以为他们因为吴健雄而在说客气话。的确，对于杨振宁、李政道赞赏吴健雄的话，人们有理由抱着更审慎的态度来对待，因为杨、李得吴健雄之助一举成名，他们的说法中难免有感情因素。但是，我们仔细研读李、杨的论文可以发现，杨振宁这句话不过是他们论文引言第二段一个意思的另一种说法，丝毫没有故意为吴健雄说话。论文说，通过对已有实验的检查表明，宇称守恒在强相互作用和电磁相互作用中是高度准确的，但在弱作用（如介子和超子衰变中，以及各种费米相互作用中）宇称守恒到目前为止只是没有实验证据支持的外推的假设。接着，李、杨特意用括号说明，或许有人以为θ-τ之谜可以看作是宇称守恒在弱作用下被打破的一个指示。不过，由于我们现在有关奇异粒子性质的知识不足，这个论据还未可确信。它所提供的只是刺激宇称守恒的探索性实验。事实上，李、杨全文没有一个地方说他们“发现”了弱作用中的宇称不守恒，无论是计算发现、推理发现还是实验解释发现。

还有一种相当流行的说法：

> 李、杨提出了宇称在弱相互作用中不守恒的原理，吴健雄等的实验证明这个原理是正确的。

事实上，在实验完成之前，物理学理论和实验数据中没有任何资料可供用来支持宇称在弱作用中不守恒，李、杨对究竟有没有这个现象并没有断定，只是分析了以往的实验为什么没有触及弱作用中的宇称问题，用什么实验能够检查弱作用中的宇称情况，以及如果弱作用中宇称不守恒，还可能会进一步发现什么。所谓“提出原理”一说，也值得商榷。

究竟应该怎样看待在这场物理学理论变革中由李、杨与吴健雄分别代表的理论和实验两方面不同的地位，是个值得从物理学史的角度认真研究的问题。实际上，这里是两项发现，两项紧密相关而又应该有所区别的发现。李、杨从θ-τ问题，深入到弱作用中的宇称问题，通过研究发现弱作用中的宇称守恒未曾有实验证据。李、杨在这件工作上的贡献在于：所有在物理学前沿的科学家中，没有人看出物理学大厦在这里存在问题，也没有人指出应该在这个方向集中力量作研究，而他们指出了值得研究的方向，提出了一个清晰的研究思路，从而指引了物理学研究的新领域。这是一个发现，发现了问题和解决问题的方向与途径。吴健雄率先组织实验探测弱作用中宇称情况，发现弱作用中宇称是不守恒的。这是另一个发现，发现了人类从未见过也从未检查过的自然现象（自然规律）。这两项紧密相关而又有所区别的发现，打开了物理学的新视野，促成了人对自然认识的一个根本性变革。所以我认为，应该把宇称在弱相互作用中不守恒的发现称为“李－杨－吴宇称发现”。这样才能对这场物理学史上堪称革命的事件在理论与实验两方面不同的贡献，给予公允的表述与评价。

“李－杨－吴宇称发现”深刻地改变了我们原先对自然的看法，对物理学产生了重大而深远的影响。没有“李－杨－吴宇称发现”，就不会有弱矢量流守恒定律的发现，也就不会有弱作用与电磁作用统一的发现。这些都已为物理学后来的发展所证明。

“李－杨－吴宇称发现”是华人科学家第一次在纯科学研究领域中产生了轰动世界的影响，它对于改变华人在世界科学发展史上的地位和形象，具有重大历史意义。中华民族的文明历史上，将永远记载着他们的伟大贡献。

二、未曾得诺贝尔奖，令人扼腕与不解

李政道、杨振宁因指引宇称发现而获得了 1957 年诺贝尔奖，实际做出这个发现的吴健雄却被拒之门外。除了李政道、杨振宁、丁肇中这些华人科学家，吴健雄在伯克利的老师奥本海默、塞格雷，哥伦比亚大学的拉比，以及 R. B. 威尔逊、施泰因贝格尔、莱德曼、诺曼·拉姆齐、西博格、雷恩沃特等多位物理学大咖，至少有 10 位诺贝尔奖获得者认为吴健雄应该得到诺贝尔奖。著名科学报道专家江才健在 1989 年至 1996 年撰写吴健雄传时，曾经飞行 3 万多英里，在欧洲、美国、加拿大访问了 50 多位相关人士，其中包括前述人物中仍然健在的人士，为我们提供了大量第一手材料。

首先是奥本海默，他在向吴健雄通报 1957 年诺贝尔奖评审结果的第一时间，即表示了惋惜。1957 年 10 月，吴健雄在纽约州北部一个大学讲课，奥本海默突然打来电话，告诉她说：“杨振宁、李政道得到了今年的诺贝尔奖。”那时候还担任普林斯顿高等研究所所长，对杨、李、吴的工作都很了解的奥本海默，为此举行了一次晚宴，邀请吴健雄和杨、李等人参加。他在晚宴前作了简短的讲话，表示这次宇称不守恒发现有三个人功劳最大，除了杨、李之外就是吴健雄。他特别强调不可忽略吴健雄的贡献。在这一年诺贝尔奖颁奖之后，奥本海默又公开表示吴健雄也应该得到此项荣誉。

他曾经特别指出，懂得如何做出宇称不守恒的β衰变效应的，只有吴健雄和在伯克利指导她的老师塞格雷两人。塞格雷在他的《从X射线到夸克——近代物理学家和他们的发现》一书中认为，宇称不守恒可能是战后最伟大的理论发现，它消除了一种偏见，这种偏见未经足够的实验验证，就曾被当成一条原理。而在这个发现中作出最大贡献的，是李政道、杨振宁、吴健雄三位华人科学家。

20世纪30年代主持哥伦比亚大学物理系，并将之发展成为美国最顶尖物理中心的拉比，1986年在一项公开聚会演讲中指出，“吴健雄应该得到诺贝尔奖”。吴健雄在伯克利时期的同学，曾经一手创建起位于芝加哥的费米国家实验室的R. B. 威尔逊也说，吴健雄应该得诺贝尔奖。

在年轻时就和杨振宁、李政道相熟，和李政道、吴健雄同在哥伦比亚大学共事的施泰因贝格尔认为：

> 当年颁奖没有把她包含进去很可惜，李政道和杨振宁提出理论构想，但是宇称不守恒毕竟是由她做实验发现的，我认为这更重要，而且在此之前，她已经在我们的领域有突出成就，我非常不能理解授奖委员会的决策。

1988年施泰因贝格尔得到诺贝尔奖之后，美国科学界有广泛影响力的《科学》杂志刊出了一篇文章，报道他和莱德曼，以及当年哥伦比亚大学的物理学家、后来改行开电脑公司的施瓦茨。那篇文章说，施泰因贝格尔和许多其他人都有相同的观点，认为吴健雄应该是1957年诺贝尔奖的共同得奖人。施泰因贝格尔与奥本海默、吴健雄一样，也是李、杨论文末了表示谢意的五个人中的一个，是参与这项工作的较小圈子中的一个，较早知道他们的研究，并给予过有益的建议。

和吴健雄研究领域相近、1989年诺贝尔物理奖得主诺曼·拉姆齐，以及早年与她同时在伯克利的加速器上做实验、1951年诺贝尔化学奖的得主西博格，也都认为吴健雄毫无疑问是应该得诺贝尔奖的。

20世纪40年代到50年代，吴健雄在哥伦比亚大学的同事，并且合作进行实验、1975年诺贝尔物理学奖得主雷恩沃特，在获知自己得奖后，打电话给吴健雄，认为她远比自己更有资格得奖。

20世纪50年代，在吴健雄任教的哥伦比亚大学得到博士学位，后来成为杰出粒子物理学家，并担任了长岛布鲁克海文国家实验室主任的沙缪斯，他的观点代表了后一辈科学家中不少人的观点。他说：

> 我一直以为她（指吴健雄）已经得到了诺贝尔奖。在我看来，她是属于那个应该得诺贝尔奖圈子中的人。

和吴健雄同行的著名科学家，曾经担任在日内瓦的欧洲最重要高能物理实验室（CERN）主任、欧洲和德国物理学会会长的夏帕认为，吴健雄绝对应该和杨、李同时列名于诺贝尔奖之中，因为是她头一个做出实验结果的。

至于一般的科学家，我们可以举出法伊的看法作一个代表。法伊是美国屈指可数的女性物理学家和女性参与科学的推动者，她和她丈夫对大气中原子弹试验造成的放射性危害的研究，促进了在大气中试验原子武器的停止。这位极有个性、好打抱不平的女物理学家，在她的自传体回忆录中，不止一次地说到吴健雄。她为吴健雄辩护说：

> 吴健雄应该与李政道、杨振宁共享1957年诺贝尔物理学奖，李、杨做的是理论方面的工作，而她用极其漂亮的实验证明他们是正确的。

有物理学背景的科学报道专家、不列颠百科全书物理学作者和编辑夏龙·麦格瑞尼，通过大量采访后撰写了《诺贝尔科学奖中的女性》一书，其中用专章介绍了吴健雄的工作。这部书一共介绍了14位科学界女性，其中9位是诺贝尔奖得主，另有包括吴健雄在内的5位没有得到诺贝尔奖的。但作者认为她们“在获得诺贝尔奖的项目中起了决定性的作用”。作者认为：

> 这些女性在大学作为学生寻求得到科学教育和从事她们心爱的科学研究与发现事业，都遇到了严酷的歧视。

这是代表科学报道界和评论界的一种看法。

考察一下当时诺贝尔物理学奖的授奖情形。从1901年至1956年，有66位得奖者。其中主要从事实验、实验技术或者实验分析和研究并获得重要发现、发明或测量结果而获奖的，有51位，约占77%。理论性的贡献或基本上是属于理论研究的有15

位，约占23%。1957年至吴健雄去世的1997年，有88位得奖人。其中主要从事实验、实验技术或者实验分析和研究并获得重要发现、发明或测量结果而获奖的，有54位，约占61%。理论性的贡献或基本上属于理论研究的有33位，约占39%。大体上前50年更重视实验类结果，后50年略微朝着重视理论类贡献方面倾斜了一点点。前期偏重实验的结果，以致爱因斯坦不能以他最为重要的理论工作相对论而得奖，只能以光电效应这样似乎更偏于实际的工作获奖。因为略向偏重理论方面的调整，以致吴健雄发现宇称在弱相互作用下的不守恒的实验没有给奖。在前后相继的两个50年中，诺贝尔物理学奖趣味性的微妙变化，或许是吴健雄不能获奖的一部分原因。但是总的来说，诺贝尔物理学奖是很重视实验成果的，得奖者中实验与理论占有的比重是68.8%∶31.2%，而不是一半对一半。在这样的总体背景下，宇称在弱相互作用下不守恒的重大发现，只给予理论方面的奖励而未给予实验方面的奖励，似乎并不符合诺贝尔奖的一贯精神。何况，就吴健雄来说，其贡献并不只在宇称不守恒问题上的发现。

三、堪与一流物理学家比贡献

我们可以比较几个与吴健雄有些类似的实验物理学家，或与吴健雄的工作类似的实验物理学项目。

其一是密立根。密立根的名字在中国科学界并不陌生，他是李耀邦、颜任光等中国最早一批物理学博士的老师，为中国培养了周培源、赵忠尧、钱学森、钱伟长、谈家桢、卢嘉锡等现代科学的先驱或中坚。密立根荣获1923年度诺贝尔物理学奖，其主要贡献是1910年发明了油滴法，精密测定电子电荷，证实电荷有最小单位，1916年又用实验证实了爱因斯坦光电效应方程的有效性。物理学史著作和著名科学家传记对他的这些贡献都有具体介绍。

吴健雄的贡献与密立根的有不少类似。吴健雄一生的工作主要在β衰变上。她使β衰变成为“最敏感、最实际和最有力的”“研究弱相互作用的探测手段”，“一次又一次地对研究弱相互作用起了重要作用”。她有15项重要的科学工作，包括：(1)关于轫致辐射和核裂变的研究（1938）；(2) β谱的形状（1946）；(3) 宇称不守恒（1957）；(4) 矢量流守恒假设（1962—1964）；(5) 双β衰变和轻子守恒（1970）；(6) 第二类流CVC理论（1977）；(7) 放射性和能级图；(8) 奇特原子；(9) 穆斯堡尔谱学及其应用；(10) 湮没量子的本征宇称；(11) 康普顿散射湮没光子的角作用和隐变量；(12) 血红蛋白；(13) 正电子偶；(14) 粒子探测和仪器；(15) 超低温核物理。吴健雄时代与密立根时代有一个很大的不同，密立根时代的物理学发现，大都可以很容易让公众明白，并且其中不少能很快转化为公众的常识，而吴健雄时代的物理学发现，即使是高级知识分子，如果不做物理学研究，也所知不多。就是想了解，也不那么容易。所以对于吴健雄的物理学贡献，一般人是没有什么概念的。根据我国物理学家陆埮院士的看法，其中至少也有三项重要贡献，一个物理学家如果做成这三项中的任何一项，就可以名垂青史了。

除了本文第一节中已经说过的首次发现弱作用宇称不守恒这一项，另两项是β衰变理论检验和首次对弱作用矢量流守恒的证明。

β衰变是物质放射性的三种表现形式之一，其发生过程是一种重元素原子的核子会自动发射出超高速的电子和中微子，从而使该元素在此过程中转变成另一种元素。β衰变是三种放射性现象中最神奇、最微妙的一种，它是核物理中的一种典型弱作用过程。通常而言，电子是围绕在原子之外的，并不存在于核子之中。不过，在β衰变的过程中，核子里的中子会分裂形成一个质子、一个电子和一个中微子。电子和中微子以极高的速度从核子迸出，会使核子失去极多的能量。而质子仍留在较为稳定的新核子之中。在吴健雄开始研究β衰变时，人们已经知道费米在中微子假设基础上提出的β衰变理论，但是这个理论还没有被证实，中微子也还没有被发现。费米理论所预言的β能谱包括有允许谱以及各级禁戒谱。那时人们的实验结果甚至与最简单的允许谱也不相符合。特别是其低能端有过剩电子。吴健雄与艾伯特合作，将放射源做得足够均匀、足够薄，对 ^{64}Cu 的β谱进行了仔细的测量，消除了低能电子过剩，得到的结果与费米理论预言的允许谱符合得非常好。这个结果很快得到了许多人的证实。为了对费米理论进行彻底检验，还必须对各种禁戒谱进行测量。吴健雄与她的合作者进行了一系列实验，对禁戒谱（特别是唯一禁戒谱）的测量，也支持了费米的β衰变理论。吴健雄的这些工作澄清了当时存在的许多严重分歧，对于β衰变机制的确立起了关键性作用。加州理工学院的诺贝尔奖获得者威廉·福勒观察后说：

> 她的β衰变研究最重要的是不可思议的精密度，我们的实验室也做同一领域的研究，她比我们做得好……那些想重复她的实验以及与她竞争的人，发现她总是对的。

关于对弱作用矢量流守恒的证明，她是第一个做出成功实验的人。在宇称不守恒被发现后，弱作用的正确形式很快确定了下来，它是由矢量流和轴矢量流产生的。电磁作用是由电流与电磁势相耦合产生的。电流是一种矢量流，这种流是守恒的（即电荷守恒）。最早，葛尔希坦和泽尔多维奇于 1955 年就提出了弱矢量流也守恒的可能性，但那时人们甚至还不知道弱作用中是否有矢量流参与。只有到宇称不守恒被确立以后，人们才知道弱流由矢量流和轴矢量流组成（即所谓的 V-A 理论）。1958 年，费曼和盖尔曼才第一次正式提出弱矢量流守恒的假设。1963 年，吴健雄和她的合作者对 ^{12}B 和 ^{12}N 衰变 β 能谱进行了细致的测量，比较了它们的形状修正因子。虽然已有人做过这种实验，但终未获确切结论。吴健雄和她的合作者首次成功地完成了这个实验，确证了弱矢量流守恒。1977 年，吴健雄等又仔细分析了 1963 年的实验，用更好的 β^+ 衰变费米函数，以及分支比和 *ft* 等参数的新值，重新作了计算，再一次确认了弱矢量流守恒的结论。这个实验意义非常深刻，不仅建立了一条新的守恒定律，而且也为弱作用和电磁作用的统一成功地树立了第一块里程碑。

第二个可以比较的例子，即实验发现“反粒子”。狄拉克在对业原子的粒子的性质进行了数学分析后，认为每个微观粒子必存在着一个“反粒子”，这才符合相对论波动方程逻辑推理的一贯性或对称性。他据此预言了“反电子”“反质子”等的存在。狄拉克在 1927—1930 年提出这个理论。1932 年，加州理工学院的安德森就发现：当高能宇宙射线穿过威尔逊云室中放置的铅板时，从铅原子中击出一些粒子，其中有一个粒子的轨迹和电子的轨迹完全一样。但弯曲的方向却相反！这就是说，这种粒子与电子质量相同，而电荷相反。这样，他从实验中发现了狄拉克的“反电子”，他称之为“正电子”。1955 年，张伯伦和吴健雄的老师塞格雷用千兆电子伏高能加速器，加速质子轰击铜靶以后，终于找到了反质子。安德森、张伯伦和塞格雷都因上述业绩而分别获得 1936 年、1959 年诺贝尔奖。狄拉克则早在 1933 年就因 1927 年提出的电磁场二次量子化理论而得到诺贝尔奖。在这一项“反粒子”的发现中，狄拉克的贡献是理论方面的，而安德森、张伯伦、塞格雷的贡献是实验方面的。从实验的手段、难度和结果的意义诸方面来看，都与吴健雄的宇称实验不相伯仲。

第三个相似的例子是实验发现粒子的波动性。1923 年，法国物理学家德布罗意为了解释光的波动性和微粒性的矛盾，受到光具有波粒二象性的启发，提出像电子这一类公认为粒子的物质也应具有波的性质。1927 年在纽约贝尔电话实验室工作的戴维森和助手革末，在一次偶然机会中获得一张电子在晶体中的衍射照片。英国的物理学家 J. J. 汤姆孙也以类似方法得到了电子衍射照片。衍射是波动性的典型表现，只有波在经过小孔、狭缝、光栅或晶体点阵类光栅时才能形成衍射图像。电子波的存在证实了德布罗意的设想，他因此获得 1929 年诺贝尔物理学奖。戴维森和 J. J. 汤姆孙因用实验证实了德布罗意波，证实了电子的波粒二象性，共享了 1937 年诺贝尔物理学奖。戴维森和 J. J. 汤姆孙的发现，与吴健雄对费米 β 衰变理论的系统证明、弱相互作用中的宇称发现或矢量流守恒定律的证明比起来，也很难说谁的更重要或者更困难。

与吴健雄类似的还有弗兰克、赫兹、鲍威尔等。德国物理学家弗兰克和赫兹在 1914 年做电子轰击原子实验时，证实了玻尔的量子能级的跃迁理论，他们获得了 1925 年诺贝尔物理学奖。英国人鲍威尔 1947 年在升入高空的气球中，用特殊摄影技术，观察到宇宙射线中的介子，证明了日本物理学家汤川秀树 1934 年提出的介子理论。鲍威尔在 1950 年因此获得了诺贝尔奖。

如果我们跳出 20 世纪物理学的范围来比较，吴健雄的工作同样是物理学史中不可忽略的里程碑。不过这会涉及太多的人物和事件，此处暂且略而不论。

四、对她评价中的种种不公和误解，应该予以澄清

由于诺贝尔奖的巨大影响力，它反过来成为公众评判一个科学家水准的国际性尺度。获得诺贝尔奖的科学家被人们看作是一流科学家，而没有获得诺贝尔奖则是没有达到一流的水平，虽然这在实际上和逻辑上都没有充分根据。因为吴健雄没有得到诺贝尔奖，不仅社会上一般人对她没有应该有的认识，甚至物理学界或科学史界专家也往往人云亦云，对她没有作出应该有的评价。

1. 关于在实验中做出宇称不守恒发现的优先权问题

有人以为吴健雄的宇称发现并不是最先做出的，与她同时甚至比她还早的另有其人。因为加温、莱德曼、魏因里希等人合作的实验报告与吴健雄等的实验报告发表在同一期《物理评论》上，并且编辑部的收稿日期标明都是 1957 年 1 月 15 日，这就使有的人做出了上述结论。例如：

> 莱德曼……最早在 π－μ－e 衰变过程对李－杨宇称不守恒原理做出实验检验。和吴健雄的钴 60 实验同一天向《物理评论》提交论文。

事实上，虽然这两篇报告同时向《物理评论》提交，同时发表，但他们的实验却不是同时进行、同时完成的。在加温等人的报告中，明确写道：他们是在得知吴健雄等实验的初步结果后才决定开始做这个实验的。在这篇总共两个页面的报告中，有三个地方提到“吴健雄等的工作”。一处是在报告的开首，说明他们决定做这个实验是在吴健雄等用定向核β衰变得到初步结果之后。原话是：

> Confirmation of this proposal in the form of preliminary results on β decay of oriented nuclei by Wu et al. reached us before this experiment was begun.（本设想的确认，是在此实验开始之前，吴等人的定向核 β 衰变工作初步结果已为我们所知而引发。）

另一处是在报告正文的结束部分，作者感谢李政道教授给他们阐明李、杨论文，同时归功吴健雄教授在他们这个实验之前在哥伦比亚大学讨论会上做的有关钴60实验的初步结果的至关重要的报告。第三处是在尾注6中，标明他们所指的吴健雄等的工作，就是排在他们的文章前面的吴健雄等的《在β衰变中宇称守恒的实验检测》。由此可以推想，《物理评论》编辑部在收到这两篇内容相关的报告后，向作者做了详细了解。否则，加温等人如何知道他们的报告正好排在吴健雄等人的报告的后面呢？编辑部的这个细心而又负责的做法，消除了日后在这项发现问题上任何关于优先权的争论。所以，如同陆埮院士所说，吴健雄在这个问题上的首创性是没有任何疑问的。无论开始参与者有多少，后来加入工作者有多少，吴健雄是第一位首创者的地位是无人能够取代的，也无人可与之并肩而立。

2. 吴健雄与美国国家标准局合作者的主从关系问题

还有一种观点认为，吴健雄的宇称发现是与美国国家标准局的科学家一起完成的，实验设备是美国国家标准局的，人力也主要是他们的。没有美国国家标准局科学家发展的低温原子核极化技术，这个实验根本做不起来。和安布勒等人有合作关系的泰默尔，在宇称实验做完后不久，就在一份杂志中写了一篇文章，指出这个实验如果没有美国国家标准局是做不成的。英国牛津大学的科学家、安布勒和赫德森两人的老师、英国牛津低温物理实验先驱柯提，1958 年 3 月在美国物理学会出版的《今日物理》杂志上刊出了一篇文章，题目是《原子核定向和原子核冷却》。文章除了交代这种技术发展经过和重要性之外，特别指出在宇称不守恒实验中，低温物理学家不可或缺而且是关键性的角色。他为他们的重要性被忽视而不平。泰默尔和柯提针对当时舆论中普遍认为“哥伦比亚大学推翻了宇称定律”，不知道这项贡献与美国国家标准局的关系，没有给予美国国家标准局的低温物理学家应有的荣誉，站出来为他们辩护，无可厚非（李政道、吴健雄、加温、莱德曼等都在哥伦比亚大学学习或工作，哥伦比亚大学又通过新闻发布会等形式大力宣传），但由此导向抹杀吴健雄在这个实验中组织者、设计者、主导者的作用，则同样是不公平的。

对于吴健雄在 β 衰变方面的权威地位，美国国家标准局的科学家是相当尊敬的。他们承认，如果不是吴健雄来提议开始这个实验，他们是绝对不会也不能进行这个实验的。在他们共同联名发表的实验报告结尾，有一句“衷心感谢李政道和杨振宁教授和我们中的一人（吴健雄）所作的激发灵感的讨论”，也表明了他们是承认吴健雄在这项实验中的核心地位与源头作用的。我们对这几位科学家的科学成就整个情况所知甚少，无从评价，但有一些资料可以作为参考。1966 年出版的十五卷的《麦格罗希尔科技百科全书》，其中有一卷《麦格罗希尔现代科学人》，介绍 1940 年以来 426 位当代科学中的领军人物。其中有包括吴健雄在内的 7 位女性科学家，而未见有安布勒等的事迹，由此可见，吴健雄在科学上的成就，无论是在那个时候，或者是在那之前、之后，和这项实验中的其他 4 名合作者都不是在同一个等级上的。

3. 吴健雄等的宇称实验的灵巧性问题

虽然有很多实验物理学家和理论物理学家称赞吴健雄的实验为物理学史上“最漂亮的实验”或“最美的实验”之一，但也有人认为吴健雄的实验虽说精准，效率却不高。她的实验组用几个月时间完成的实验，后来人们只用几天就完成了。吴健雄的实验不算灵巧。

吴健雄生前对此批评似有回应。她曾经说，如果早知道实验观测到的不对称效应会是这么大的话，也许可以免去许多如此细密的查验工作。但是，一向以细致、谨慎著称的她还是以为，周全的准备总是值得尽全力去做的。

更为值得注意的是，在李政道、杨振宁提出问题的时候，除她以外没有人愿意投入巨大的精力来对待这个问题。尽管用加速器产生的 μ 介子比她用 β 衰变能够远为容易地解决这个问题，但这也是后来才知道的。在不能确信会有如此重大的发现前，没有人相信，也没有人愿意做这样的尝试！科学发现在当时是困难的，知道谜底以后的实验则较为容易。创造性的实验正如亥姆霍兹所说的登山那样：

前面没有现成的路可以遵循，只能缓慢而又艰难地攀登，经常因为在前进的道路上遇到障碍而被迫折回，有时依靠判断，有时凭着运气，一小段一小段地探索前进，当他终于到达了预期的目的地时，却沮丧地发现原来另有捷径，只是他在开始时没有找到正确的出发点。

吴健雄等的宇称实验把低温核极化技术和粒子计数技术两项尖端技术结合在一起，又在两个不同的单位合作，本身就是一种实验方法和实验组织的创新，研究过程的困难是异乎寻常的，成功与否难以预料。其间经历多次失败，才逐渐接近正确的方向，获得可靠的结果。

对于这种只能在探索中前进的开创性工作，杨振宁也有类似的心得。他在回顾1956年的心路历程时说，研究像θ和τ之谜这样一个问题，一个人完全不知道到哪里去找答案，因此就很难集中在任何一个单一方向上去做研究。一旦一个人得到了解答的线索之后，他就能集中他所有的力量在求解答的工作之中。但是在那之前，他的思想总是在不同的地方停留，无法清楚地确定任何事情。

五、同时代华人女性科学家的杰出代表、中华民族永远的骄傲

女性接受科学方面的高等教育并进入到学术界，在世界历史上都是比较晚的事情。法国在1861年，英国在1878年，意大利在1885年，开始允许女性进入大学学习。但直到19世纪末20世纪初，女性接受高等教育仍有很大困难。很能说明问题的一个例子是爱米·诺特，她是为抽象代数学奠定基础的伟大女数学家，但她早年从求学开始就经历了一系列困难和歧视。她克服困难坚持读完了大学，并取得了博士学位。但仍然不能像男性那样谋到任何一种学术职位。非常赏识诺特的著名数学家大卫·希尔伯特在1915年邀请她加入他的格丁根团队工作。他在试图为她争取一个无偿讲课的权利时都没有成功，申请被管理当局以“与法律不相符的要求”为由而拒绝了，因为当时条例规定只有男性才有开课的权利。在评审会上，希尔伯特愤而斥责：“这里是大学，而不是澡堂子！”直到数年后当妇女的法律地位得到改善时，诺特才终于获得了讲课的权利。但她后来因犹太人身份遭受迫害而移民美国，在美国培养了一大批优秀数学家后，她本人却一直只能担任副教授，直至去世也未能升任正教授。有人认为这也是某种性别歧视的结果。

在中国，女性受教育的权利是在19世纪末被提上日程的。光绪二十三年（1897），梁启超作《倡设女学堂启》指出，办女学堂，使女子接受教育，这样，“上可相夫，下可教子，近可宜家，远可善种。妇道既昌，千室良善”。整整10年后，梁启超作《学部奏定女子师范学堂章程折》，向朝廷报告说：“京外臣工条奏请办女学堂者，不止一人一次。……且近来京外官商士民创立女学堂，所在多有。”提出制订章程加以规范。辛亥革命以后，女子教育随着整个国民教育事业的发展而发展，但总量和相对数量都还很小，女子高等教育则还是空白。根据国民政府1918年发布的1915年8月至1916年7月教育统计，全国在接受初、中、高等教育的男学生为411.3302万人，女学生仅为18.0949万人，女与男之比，为一与二十之比还不到。全国没有一所女子大学或专门学校，也没有一位女子在大学或专门学校接受高等教育。1919年3月，国民政府教育部发布的《全国教育计划书》提出，在北京筹设一所女子高等师范学校，以应时势之需，以后再在各省择要增设。1920年夏，南京高等师范学校在中国大学历史上首开女禁，招收正式女生8名、旁听生50名，与男生同堂学习，引起社会轰动。从这里可以看到，单就时间来说，在中国，女性进入高等教育领域比西方晚不了多少。但是，由于实际的社会发展程度、经济发展程度的落后，女性受教育的普遍程度与西方比，有非常大的差距。

对于华人来说，产生世界性的科学影响是以接受西方科学教育为前提的。华人女性出国留学到20世纪初始有记录。吴健雄1930年进入国立中央大学（其前身是南京高等师范学校）读书，1934年毕业。正是在这个中国现代女子高等教育的重要发源地之一，她得到了当时国内最好的高等教育。毕业以后她先到浙江大学做了一年助教，后到上海，进入设在亚尔培路的中央研究院物理研究所，在我国第一代海外留学归来的女博士顾静徽女士领导下从事光谱学研究。1936年，吴健雄赴美留学，她应该算作华人女子去海外求学的第二代了。

女子海外求学的第一代人中除了物理学家顾静徽，还有革命家秋瑾、文学家陈衡哲（1921年时的东南大学的第一位，也是当时全国唯一的华人女教授）等。第一代女子在海外接受了高等教育，回到国内，或投身革命，推动了中国社会的进步，或进入了大学和学术界，起了传播薪火的作用。在吴健雄这一代华人女性科学家中，产生了一批有影响的物理学人物。其中有代表性的，可以举出王明贞（1906—2010）、陆士嘉（1911—1986）、王承书（1912—1994）、周如松（1912—2005）、何泽慧（1914—2011）、林兰英（1918—2003）、谢希德（1921—2000）等。与她们同时代或稍晚些的其他领域的女科学家，有化学家黄量（1920—2013），地质学家池际尚（1917—1994），地层古生物学家郝诒纯（1920—2001），天文学家叶叔华（1927— ），计算机科学家夏培肃（1923—2014）。在妇幼卫生科学领域，则有“我国妇幼卫生事业的拓荒者”杨崇瑞（1891—1983），护理事业的开拓者聂毓禅（1903—1997），世界著名妇产科学家林巧稚（1901—1983），儿童少年卫生学家、医学教育家叶恭绍（1908—1998），等等。这些女性科学家的成就是相当出色的，例如，王明贞曾在著名物理学家乌伦贝克的指导下，对玻尔兹曼方程作了许多研究，其博士论文《玻尔兹曼方程不同解法的研究》（1942）首次独立地从福克－普朗克方程和克拉默斯方程中推导出自由粒子和简谐振子的布朗运动。她与乌伦贝克1945年合作的有关布朗运动理论的研究结果，在近几十年的时间内一直作为了解布朗运动的最主要文章之一，据《新清华》网络版介绍，至2002年王明贞96岁华诞时，已有1278次引用。另外何泽慧与钱三强合作，1946年研究并发现了核裂变的三分裂现象，并在之后首先观察到四分裂现象，等等。

与这些杰出女性相比，吴健雄的贡献和影响更具有世界性质，因为她长期工作在20世纪的世界科学中心。当1936年吴健雄赴美留学时，奥本海默等一批美国年轻学者刚从欧洲学成归国不久，但科学的重心已经开始向美国转移。随后，由于第二次世界大战对欧洲的影响，爱因斯坦、费米、冯·诺伊曼、哥德尔、外尔、诺特、塞格雷、冯·卡门等一大批欧洲科学家移居美国，正式确立了美国在世界科学界的中心地位。在这一过程中，吴健雄开疆拓土，独领一方。20世纪40年代她即成为β衰变实验方面享有国际声誉的一流专家。20世纪50年代她与李政道、杨振宁完成了宇称发现。20世纪60年代她组织了矢量流守恒实验。20世纪70年代她当选为美国物理学会会长，与密立根、康普顿、奥本海默、拉比、费米等一样成为物理学的一代旗手。由于吴健雄的出色物理学研究工作，她被普林斯顿大学和哈佛大学等20多所著名高校授予荣誉博士学位或聘为荣誉教授，获得了包括美国国家科学勋章和沃尔夫奖在内的40多项奖励，与居里夫人、迈特纳、玛丽·梅耶等科学女性一道，被物理学界公认为是人类历史上最杰出的女性物理学家。

在中华民族的历史上，有许多杰出的女性，相对说来，女科学家比较少，而产生世界性影响的女科学家更少，产生重大世界性影响的女科学家则少之又少。吴健雄是华人女性中第一位有重大世界性影响的女科学家，是华人女性的杰出代表，值得我们自豪和纪念。

（作者：肖太陶）

参考资料

[1] 江才健.吴健雄——物理科学的第一夫人[M].上海：复旦大学出版社，1997.

[2] 陆埮.吴健雄的主要科学贡献——为纪念吴健雄逝世一周年而作[J].现代物理知识，1998.

[3] 埃米里奥·赛格雷.从X射线到夸克——近代物理学家和他们的发现[M].夏孝勇，等译.上海：上海科学技术文献出版社，1984.

[4] 冯端，陆埮.半个世纪的科学生涯——吴健雄、袁家骝文集[C].南京：南京大学出版社，1992.

[5] 阿·热.可怕的对称——探索现代物理学中的美[M].荀坤，劳玉军，译.长沙：湖南科学技术出版社，1992.

顶天立地：

通信与航天科学工程师

亚历山大·格雷厄姆·贝尔

（Alexander Graham Bell，1847—1922）

贝尔
有线电话之父

第二次工业革命的重要内容是电气工业的兴起，而电气工业初期有四个巨头：威斯汀豪斯、爱迪生、贝尔和特斯拉。1846 年 10 月 6 日，威斯汀豪斯在美国纽约出生；4 个月后，1847 年 2 月 11 日，后来号称“发明大王”的托马斯·爱迪生在美国俄亥俄州出生；又过了不到一个月，1847 年 3 月 3 日，未来的电话之父亚历山大·格雷厄姆·贝尔在大洋彼岸苏格兰爱丁堡出生。半年之内，三个未来的电气巨头相继出生，也算一件令人称奇的事情。四巨头中的第四人特斯拉，则在此之后 10 年，出生在欧洲的克罗地亚。

一、少年时代

贝尔成长在一个语言学世家。他的祖父是位喜剧演员，嗓音纯正，口齿清晰，还时常讲授关于如何发声和演讲的课程，出版过一本论述口吃的著作和一本关于演讲术的著作，被誉为“驰名的演讲术教授”。

贝尔的父亲由于发明了“可视语言”而成为世界闻名的语音和演讲教师。“可视语言”是一套可以写在纸上的表达语音的符号系统，各种不同的符号分别代表喉咙、舌头和嘴唇的动作。因此这套系统不仅能在英语中使用，还可以在其他语言中使用。

贝尔的母亲尼·伊莱扎·西蒙兹比他父亲大 10 岁。当他父亲最初遇到她时，她是一名画家。那时她的听力已经很糟糕了，要通过一支听管才能听到声音，却弹得一手好钢琴。

贝尔父母亲的性格和习惯极为不同。母亲非常虔诚，观察力很敏锐。父亲对做礼拜这类事总是漫不经心，甚至有点儿怀疑论倾向。但他们之间的感情极为融洽和美。贝尔的母亲去世后，他父亲曾在信中说：

她是那样善良，那样温柔，在52年的共同生活中，我从未看见她那甜美的脸上皱起眉头。

贝尔很小的时候就表现出他母亲那样高的音乐天赋。看到他弹钢琴进步很快，母亲曾请来当时一位著名的钢琴家给他上课。曾有过那么一段时期，贝尔和他的老师都期望将来有一天他能成为大型音乐会的钢琴手。当然，这个希望没有保持多久。

像许多著名科学家一样，贝尔小时候的功课实在不怎么样。他对拉丁文和希腊文课程腻烦透了，对数学简直一筹莫展，对物理和化学连碰都不敢碰。那时他的最大兴趣是大自然，解剖过好几种动物。他一度还对当时使用玻璃片底板的原始照相术非常入迷。

大约14岁时，贝尔在一位朋友的父亲的鼓励下完成了他的第一项发明。那位老人有一座磨坊，恰巧叫“贝尔磨坊”。在磨面过程中有一个问题需要解决，就是要在麦粒碾碎之前把碾上来的糠皮去掉。贝尔认为用硬毛指甲刷干这个事情比较合适。他还发现磨坊里有一个搅拌桨板装置，就建议老人把这个装置改装为一个旋转轮刷。老人照着做了，效果非常好，该装置用了很多年。

15岁时，贝尔迎来了他“一生的转折点”。这年，他从读了四年的六年制中学退了学，到伦敦同72岁的祖父生活在一起。身为语音学教师的祖父对孙子要求非常严格，又善于引导。他常常和孙子一起朗诵莎士比亚的作品，激发孙子的朗诵天赋。倔强的老头儿命令孙子脱去少年的服装，戴上羊羔皮手套，头戴大礼帽，手持拐杖，变成地地道道的伦敦绅士。贝尔对都市生活的种种约束感到不大自在，却第一次意识到人的独立性和目标的严肃性。一年后回到家乡时，他感到自己已经由“一个不大成熟的孩子变为一个成人”了。

在贝尔由伦敦返回爱丁堡之前，父亲曾带他到当时著名的电气实验家查尔斯·惠斯通爵士的实验室参观。几年前，这位实验家曾研制出一种“说话机器”。据爵士说，几百年前就有人致力于这种发明，都未获得成功。爵士演示他制作的说话机器时，机器“说”出了几个简单的词和句子，声音吱吱嘎嘎含混不清。

这激发了贝尔的极大兴趣。回到家乡后，他和哥哥梅利一起制造“说话机器”。他们的模型同惠斯通的大不相同。他们复制了一套近似于人的发声器官。他们用白铁皮做喉管，用橡皮做喉头和声带，用杜仲胶制造出颌、牙齿、咽和鼻腔，并制出橡皮嘴唇和面颊，上下腭是用橡胶和棉花做的。舌头最令他们头痛，最后用套上胶皮的六段活节把问题解决了。不过使用时还要靠杠杆操纵舌头的起落。至于肺，他们只好自己上了，用嘴去吹气管。

当然，这种笨方法不可能获得真正的成功。不过令他们略感欣慰的是，有一次这个模型发出的带哭腔的“妈妈”声非常逼真，以至于善良的邻居担心地前来询问“小宝贝”是否有些不适。对于这两个发明新手来说，这算是不错的结果了。从此让机器说话的梦想深深地印在贝尔的脑海中。

二、语音教师

家庭的影响和自己的天赋，使贝尔 16 岁时就在苏格兰北海岸埃尔金的一所“培养小绅士”的学校——西屋学校里教演讲术和音乐，而且十分成功。1864 年夏天他回到爱丁堡深造。1867 年贝尔以优等成绩在爱丁堡大学毕业，又到西屋学校任助理教师。在那里，贝尔继续探索讲话的奥秘。为了确定元音的音调，他把许多不同的音叉放在嘴边，看看什么调的音叉会发出共鸣。他把自己的这种实验方法告诉当时著名的语音学家亚历山大·埃利斯。埃利斯说，贝尔实际上独立地重复了杰出的科学家亥姆霍兹的方法。埃利斯还提到，亥姆霍兹利用电磁振荡来使音叉组中的某一音叉振动，并通过控制不同音叉的音量来发出元音。

显然，贝尔误以为亥姆霍兹已经能把声音通过电流从某一地点传递到另一地点了。由于这个完全错误的印象，把声音传送到远处某地的想法在他的头脑中扎下根来，并在近 10 年后得以实现。

1868 年，贝尔开始利用父亲创造的可视语音教失聪的孩子说话。在这个时期，贝尔就有了做电学和电报的业余爱好。不久，贝尔的祖父去世了，贝尔就到伦敦当父亲教学工作的助手，并在伦敦大学选修了解剖学和生理学课程。

1870 年 2 月和 5 月，贝尔的弟弟泰德和哥哥梅利不幸先后死于肺结核病。悲痛万分的父亲感到恐惧：谁能保证病魔不会威胁到他剩下的这个儿子呢？经过深思熟虑，他决定离开气候潮湿阴冷的苏格兰，全家迁往北美。这一年的 7 月，他们漂洋过海来到了加拿大安大略省的布兰特福德。身体虚弱的贝尔并不情愿离开英国，但过了一段时间，他不仅情绪恢复正常，身体也渐渐强健。

美国波士顿当时有一所失聪儿童学校，该校的女校长萨拉·富勒早就听说过贝尔父亲曾利用可视语音系统来培养失聪儿童的说话能力。1871 年贝尔到该校任教。不久，贝尔又被邀请到宾夕法尼亚州北安普敦的克拉克学校，只用了几个星期，他就帮助那里的失聪儿童学会了400多个英语音节的发音。

1872年秋，贝尔在波士顿定居，开办了一所专门培养从事听障人士教育的教师的学校。第二年，他成为波士顿大学的发音生理学家和演讲术教授，并继续从事失聪儿童的教育工作。

三、从多工电报到电话

贝尔出色的教学工作，使他有机缘结识了两个人，这两个人对他后来事业的发展有着重要影响。其中一个人是加德纳·格林·哈伯德。他是克拉克学校的董事长，失聪儿童教育的积极赞助人，又是一位成功的商人和律师，并身兼机械和电气发明的专利代理人。他的女儿梅布尔在5岁时由于一场猩红热听力丧失。哈伯德一直对传统的单靠符号的失聪儿童教育方法甚为不满，并一直请教师用口头方法教女儿说话。当他发现贝尔用的可视语音方法后，如获至宝，两个人很快成了莫逆之交。后来，哈伯德成了贝尔的岳父。事实证明，这位岳父是再理想不过的人选了。

另一个人是托马斯·桑德斯。他5岁的儿子乔治是贝尔的学生。这个小孩由于贝尔的指导获益极大，这样桑德斯也成为贝尔的好友，而且他和哈伯德后来都成了贝尔的“业余爱好”——电气发明的赞助人。

最初，贝尔搞电气实验的主要目的是研究发声的规律。但是，一项新采用的发明使他改变了自己的主攻方向。1872年底，他在波士顿的报纸上看到西部联合电报公司采用了斯特恩斯的双工电报系统的消息。这项新发明使原来的单根电线由同一时间只能发送一份电报变为可以同时对发两份电报，效率提高了一倍。斯特恩斯也一下子成了富翁。

这使贝尔又想起了早就听埃利斯讲过的亥姆霍兹实验。一年前，贝尔家的一位朋友、麻省理工学院的朗诵术教授刘易斯·门罗提议贝尔利用该校的同类设备重做这个实验，并借给贝尔有关声学的最新著作。在实验中，贝尔用音叉做断续器，即用一般音叉的振动端来产生音频断续电流，并用该断续电流产生的磁力不断变化的电磁铁使另一音叉振动起来。

贝尔突然意识到，他的实验实际上提示了一种实现多工电报而不仅仅是双工电报的方法。若将几个亥姆霍兹音叉分别调谐到不同的频率，每个断续器就可以传送一份电报。这个想法如能实现，一根电报线就能起到原来数根电报线的作用，这将会带来何等的经济效益啊！

当然，贝尔当时并不知道，除他以外，西部电气制造公司的霍利·格拉伊以及尚未成名的爱迪生等人也开始研究多工电报。哈伯德和桑德斯了解到贝尔的想法后，立即解囊相助，不过有一个附加条件：如果将来该项发明带来什么利益的话，他们将各分享三分之一。

贝尔面临的首要难题是要制出一种能分离出不同频率的组合电报的接收机。他虽然是位发明天才，却远不是个能工巧匠。他可以设想出自己的各种实验装置，却不知道怎样才能把它们制造出来。于是他到波士顿法院街一家由查尔斯·威兰斯开办的仪器工厂去寻求帮助。这个小工厂的名声颇高，能够根据订单为用户制造任何一种复杂的电气仪器。说来也巧，几年前爱迪生正是在这里的车间完成了他最初的发明，因此，后来这个地方被称为"发明的圣地"。

一天，一位名叫托马斯·沃森的青年技工正在车间里干活。他手艺高超，这天当他制作出一种雷管引爆实验装置时，突然看到一位身材瘦高的人径直向他走过来。这个人头发浓密黑亮，面色苍白，鼻子很大，高高的前额微微后倾，留着小胡子和络腮胡子，动作敏捷干脆。他就是亚历山大·贝尔。原来，厂里已经决定让沃森担任贝尔的助手。后来，他们成了再默契不过的一对搭档。

贝尔关于电话原理的设想大约产生于1874年夏季。他的思想迸发过程我们不大清楚，但他在半年后首次向沃森吐露了自己的想法。后来沃森回忆说：

> 一天晚上，我们因搞这个（电报）装置搞得精疲力尽而稍事休息时，贝尔对我说："沃森，我想把我的另一个想法告诉你，我看准会使你大吃一惊……"他讲的字字句句我一直都没有忘记，从那时起就像数学公式一样留在我的脑海里。他说："如果我能让电流的强度精确地随着声音发出时空气密度的波动而变化，我就能用电传方法传送话音。"随后他画了一张他打算制造的装置的草图给我看，我们讨论了把它制造出来的可能性。总之它的花费太大，而且它能工作的机会太不确定，不足以打动他的经费支持者。他们坚信，对贝尔来说，最明智的是完成谐音电报机，那时他就会有钱和闲功夫去建造电话之类的空中楼阁了。

贝尔还曾去请教美国科学界的元老约瑟夫·亨利。一开始他介绍了自己搞的多工电报，最后又踌躇地介绍了自己有关电话的设想。亨利指出这是“一项伟大发明的萌芽”，并催促他去研制而不要简单地发表自己的想法。当贝尔说明自己没有必备的电学知识时，亨利直截了当地说：“掌握它！”

根据赞助人的意见，贝尔只好先去搞他的多工电报。1875 年 6 月 2 日下午，天气异常闷热，贝尔和沃森仍在威兰斯的电气车间顶上的阁楼苦干。他们用螺丝钉把铁簧片紧固在电磁铁的磁极上来代替电磁音叉。沃森在一间小屋里摆弄一组电磁簧片，用电线连通的另一组电磁簧片放在另一间屋子里由贝尔监听。不听话的簧片让人急疯了，螺丝松了不行，太紧了簧片又会贴在磁极上无法振动。当一个不听话的簧片又不振动时，沃森用手指头拨了一下想让它恢复振动，结果依然如故。这时，突然传来一声喊叫，紧接着贝尔冲出他的房间，嚷道：

刚才你干什么来着？什么也别改变，让我看看！

原来，在沃森拨动簧片的同时，贝尔听到接收端的簧片发出一种包含着许多泛音的音色丰富的拨琴弦似的声音，这和他平时听到的嘶哑的嗡嗡响声完全不同。问清原委后，贝尔立即想到：沃森拨动簧片的时候，弹片离开了磁极，振动得像一个膜片，送出了连续变化的电流，而过去簧片仅仅是在或触或离地振动，电流是断断续续的，声音当然难听。贝尔又很快联想到：如果不是拨动簧片，而是靠说话的声音振动簧片，不是也可以引起相应的电流波动吗？这恰恰是对一年前最初电话设想的突破，当时他苦于无法将非单一频率的声音变为波动电流，现在终于有了一个可以试试的办法了。

不成功的多工电报实验启示了实现电话设想的方法，这正是一次意义非凡的机遇！而这机遇之所以成为真正的机遇，不仅仅因为正好该装置能把振动变成波动电流，不仅仅是正好有人去拨动簧片，也不仅仅是正好有人守在接收端旁，更重要的是因为贝尔有一颗“有准备的头脑”，他一直对电话设想念念不忘。

意外的收获使贝尔坚信，感应电流并不是微弱得无法利用。他还认为，用膜片代替簧片一定能研制出更好的受话器。

于是贝尔用一张羊皮纸膜加强簧片的振动力量，这样收听的人可以听到对方说话的微弱嗡嗡声，但听不清说的是什么。此后的几个月一直进展不大。1876 年初，贝尔想到了一种巧妙的办法：在圆筒的下口蒙上一层膜片，膜片的中央向下伸出一根楔形针，该针部分浸在含电解质的溶液里，那么，随着膜片的振动，针与溶液的接触面积就会不断改变，那么经过针和溶液的电路的电阻也将发生变化，并引起与之串联的听筒线圈电流的变化，达到传声的目的。贝尔对自己的新思想满怀信心，未等到实验结果就于2月14日向美国专利局递交了他的第一份有关电话的专利申请。事后证明，这真是太及时了！

新的实验方法也不是一帆风顺的，半个多月都没有结果。3月10日，沃森突然从一直不争气的听筒里听到了非常清晰的呼叫声音：

> 沃森先生，快来，我需要你！

原来，贝尔不小心把蓄电池里的硫酸溅到身上，不禁大叫起来。这竟成了科技史上值得永远流传下去的一句话。沃森大喊道：

> 我听见了，听见了！

两个人情不自禁地奔到一起，紧紧地相互拥抱。贝尔此刻的心情是无法平静的，三天前，他的电话专利申请得到了美国专利局的批准，而今天，电话真的研制成功了。这证明了他所抱定的信念是对的。他在十几天前给父亲的信中就断言：

> 一切都是我的，我肯定会取得荣誉、财富和成功。

四、轰动世界

也许是又一次幸运的巧合，1876年正是美国独立一百周年，同年6月在费城举办的百年纪念博览会为电话的宣传提供了一个极好的机会。

哈伯德正好是马萨诸塞州（波士顿所在的州）科学与教育展览委员会的委员，他极力要求贝尔参加这个博览会。由于他的努力，博览会增加了一张展桌，桌后墙上贴的标牌上写着：

电报及电话装置，由A.格雷厄姆·贝尔研制。

贝尔本人却顽固地拒绝出席博览会，他宁愿去处理失聪儿童学校的事务。最后是他的未婚妻梅布尔硬把他拉到火车站。事后贝尔谈到他“一点儿也不想离开波士顿”，但看到这位姑娘（当时只有18岁）苍白而焦急的面容时被感动了，于是登上了火车。

1876年7月25日，一群特邀的著名专家对电气展览进行评判。闷热的天气使专家们汗流浃背，而无数的展品又使他们眼花缭乱。当他们来到贝尔所在展厅时，已疲惫得无力顾及安放在楼梯旁角落里贝尔的那张小展桌了。这时，人群中突然有一个人向贝尔走去，并热情地向贝尔打招呼。此人正是年轻的巴西皇帝佩德罗二世。巧得很，这位陛下在11天前刚刚在波士顿访问了贝尔的失聪儿童学校，对他的教学方法深表钦佩。如今发现他还是位电气发明家，便惊奇地询问他发明的东西。

皇帝陛下的驻步，使那些评判委员们也走了过来想看个究竟。著名的英国科学家威廉·汤普森——后来的开尔文勋爵有幸第一个在走廊的另一头拿起了听筒，当听筒里发出“你听懂我说什么了吗”的问话时，他惊愕极了，不由得跑到贝尔跟前，说自己确实听懂了。佩德罗二世拿起听筒时，听到贝尔正在朗诵《哈姆雷特》的台词“是或不是”，他一下子从椅子上跳了起来，大喊道：

我听见了，我听见了！

电话这一绝妙的发明引起了一片轰动。宾夕法尼亚大学的一位教授说：

我听到用电气方式传送说话声音的消息非常惊讶和高兴。这个装置一展出它的作用方式就一目了然了。它是一项简单得惊人的发明，令第一次看到它的人感到奇怪的是，它怎么没在很早以前就被发明出来呢？

汤普森也在当晚兴奋地谈到，昨天认为不可能的事，今天就目睹了它的实现，这是他在美国见到的最惊人的东西。

在一片赞叹声中，贝尔获得了“百年纪念奖”。就这样，他的电话在极短的时间里为公众所知，这是任何广告商都无法做到的。

当时的电话还需要做许多改进，以扩大通话距离。一两个月后，贝尔在父母家附近，成功地把通话距离扩大到七八千米。此时，沃森辞去了威兰斯工厂的职务，一心同贝尔合作，他获得了贝尔电话十分之一的专利权。1877 年 2 月 13 日，《波士顿环球报》的头版印着醒目的大字标题：

电话传送：电线传送人类声音报道的第一条报纸快讯

原来，头一天贝尔在 18 英里以外的塞勒姆向正在波士顿的沃森口述了一篇该报记者要求电传的新闻，以证实电话长途通话的能力。不久，贝尔的两位日本学生也试用了电话，证明用日本话也可以打电话。

1877 年夏，对贝尔可以说是双喜临门。在百年博览会上成功之后仅一年，他就筹建起贝尔电话公司，开张营业。与此同时，他同爱慕已久的姑娘梅布尔·哈伯德结了婚。

刚刚成立的贝尔电话公司采用了贝尔岳父哈伯德的一条极为明智的建议：不采用出售电话而采用出租电话的办法扩大业务。这就使许多对使用电话是否必要、是否合算而拿不定主意的顾客打消了顾虑，因为这可以避免一开始就支付一大笔开支。实际上，人们一用上电话，就觉得离不开它了。结果，由于可以长期收取电话费，对公司来说反而更合算。事实证明，这个建议对于公司的发展是至关重要的。

贝尔公司在纽黑文设立了世界上第一个电话局，最初只有 21 家用户。但是仅仅一年以后，单在纽约的用户就增加到数千家。1881 年，电话首次通话约 5 年后，贝尔夫妇的资产便已达上百万美元。这一年，德国柏林的第一个电话网也交付使用。1910 年，全世界的电话用户超过了 1000 万。

五、略胜一筹

贝尔对电话的发明权是举世公认的。但是事实上可以毫不夸张地说，就像一次马拉松比赛，贝尔在冲刺时仅先于对手一肩之隔。

事情是这样的。1876 年 2 月 14 日，美国专利局在收到贝尔的电话专利申请之后仅几个小时，又收到了另一个人提出的关于电话的专利申请，其中也叙述了利用液体可变电阻制造送话器的方法，与贝尔的极为相似。在重大发明的历史上，这真是令人难以置信的巧合。

这个人叫伊莱沙·格雷，当时 41 岁，是电气工程师和职业发明家。从他的种种背景来看，似乎应该抢在贝尔之前。他早在 9 年前就发明了自调式继电器，后来又建立了美国首屈一指的电气设备公司。

他在 1872 年了解到西部联合电报公司采用新发明的双工传送系统消息后，也想到了多工电报系统将能带来更惊人的效益，但苦于一时找不到解决问题的方法。这时，熟悉声学的贝尔已决定沿着电磁音叉的方向前进了。

1874 年初的一天，格雷的侄子在摆弄他的电磁振荡电路时，格雷听到了一种与平时不同的嗡嗡声，他仔细一看，原来是侄子将电磁铁感应线圈的一根接头放在一个澡盆的边沿上轻轻摩擦。格雷发现，若改变电磁铁簧片的振动频率，嗡嗡声的频率也会改变。这不是可以改造成某种发声—送声装置吗?

格雷不久就研制出了一种由电磁铁和铁膜片组成的扬声器以代替那个需要不断摩擦的澡盆，效果好多了。这使格雷很快想到这种装置的潜在用途之一是用一组频率不同的发声器制造一种电琴（类似于后来的电子琴，他称为音乐电报)，另外两种用途是多工电报和电话。

此时格雷一下子赶上了正在笨手笨脚一筹莫展地试制多工电报的贝尔。但是格雷把电话复杂化了。他误以为每只送话器只能传送单一频率的声音，而人声的频率是极复杂的。好在根据傅立叶变换原理，任何复杂的波形都可以分解成一组特定的正弦波，这样为了传送人声就必须同时使用若干不同频率的送话器。这似乎太复杂、太遥远了，于是格雷把精力放在多工电报上。

贝尔听到格雷也在研制多工电报的消息后，加快了自己研制的进度。同时他对电话的考虑越来越多，1875 年 6 月后他把全部注意力转向电话。

格雷对贝尔转变工作方向一事不以为然。他在这一年的 10 月给他的专利律师写的信中说道：

> 贝尔似乎把他的全部精力花在通话电话上。虽然在科学上这是很有意义的，但目前它并没有商业价值，因为电报业用现在采用的方法沿一条线可以传送的电报比用这种系统要多。目前我不想把我的时间和资金花在这项不会取得效益的研究上。

看来，格雷由于工程师的职业习惯而被弗兰西斯·培根所说的“洞穴偶像”遮住了眼睛。用评价电报效率的方式即计算发报字数的办法来估计电话是行不通的，也许对电报专家来说，莫尔斯电码就像字母那样好用，但一般顾客可没有这种本事。至于那些通过电话窃窃私语的情人们，又怎么会乐意使用电报呢？尽管如此，几个月后，当格雷看到两个小孩在玩由两只空锡罐和一根绷紧的弦组成的“电话”时，大受启发，很快想出了用膜片和液态可变电阻制造送话器的办法。格雷想到这种办法要比贝尔容易多了，因为他的公司已在制造和销售一种液体可变电阻。

此时，若格雷立即申请专利就能捷足先登，但他看不到电话的价值而忙于多工电报，最后申请时间比贝尔晚了几小时。

贝尔在30多岁就获得了极大成功，在滚滚而来的荣誉和财富的包围下，他一直进行着他的双重工作：发明和听障人士教育。他在1879年买了一套《不列颠百科全书》，竟从头到尾读了一遍。他和成功以前几乎没什么两样，当然这不包括他的体形。由于他妻子的努力，结婚才几个月，他的体重就由原来的75千克增至91千克，后来竟达113千克。

贝尔是个出名的“夜游神”。他宣称，没有夜晚就等于剥夺他的生命。他常常工作到深夜，在凌晨独自散步或沉浸在自己弹奏的钢琴曲里，一直熬到早上4点钟才上床睡觉。为了不让他自己发明的电话的讨厌铃声妨碍他的睡眠，他常常用毯子将电话裹起来。1895年他去日本旅行，人们安排他在某天上午晋见天皇。这天，他的仆人不得不把他从床上拖起来，给他穿上衣服，扶着他进入皇宫。他迷迷糊糊地会见了天皇，回到饭店又躺倒在床上。下午2点钟他醒了，问仆人什么时候领事来带他去见天皇。

贝尔还有许多古怪的毛病和习惯。他非常怕热。他喜欢树木和山岗、湖泊和岩石，甚至下雨和刮风，却不能容忍在睡觉的时候有一缕月光落在他身上或他喜欢的东西上。他有些孤僻。在百年博览会的辉煌成功后，他在信中对梅布尔说：“我常常感到自己喜欢躲在看不见的角落里。”他还说过自己“以某种方式显得对事比对人更感兴趣”。

六、电话之外

几乎所有的人都认为电话是贝尔最重要的成就，大概唯一的例外是贝尔本人。他认为自己有一项发明不亚于甚至超过了电话，这就是光话机。

贝尔是1878年在伦敦皇家学院演讲时提出这一设想的。1879年，贝尔开始动手研制光话机。这一次他请了另一个在威兰斯电气工厂工作过的青年技工查尔斯·泰恩特做他的助手。就在贝尔的二女儿出生的那个月——1880年2月，贝尔和泰恩特首次成功地进行了光束通话的实验。他们把一块自己研制出来的很灵敏的硒光电池串入电话线路。阳光通过远处一面与话筒连接的反光镜照射到硒电池上。这样，说话的声音将引起反光镜的振动，并影响到硒电池接受的光通量，这就使听筒线圈的电流发生变化，最后发出声音来。不久，光束通话的距离扩大到213米，贝尔风趣地说：

> 我清楚地听到了阳光发出的声音：我听到阳光在笑，在咳嗽和歌唱。我能听到阴影，还能用耳朵察觉出一朵云彩在太阳前面经过。

他称他的新发明为“光话”，认为它前程无量。

1897年，贝尔又用弧光灯代替阳光进行光话实验，其通话距离已达数十米。不过这项发明最终并未获得应用。现在看来，“光话”遇到的最大问题是缺乏高定向性的光源和理想的像电线那样柔软的低损耗传输介质。而今天，由于激光技术和光导纤维技术的发展，贝尔的理想已经变为现实。实际上，现在的光纤通信专家也把自己的工作看作贝尔思想的继续。实际上，没用几十年，光话就已取代电缆电话而占据了通信领域的统治地位。

另一项与贝尔有关的重要发明是改进的留声机。严格地讲，这项发明是由“伏打学会”完成的。1880年，贝尔用法国政府授予他的5万法郎的伏打奖金建立了这个学会。该学会的三名成员是贝尔本人、泰恩特和刚从英国来的奇切斯特·贝尔。后者是贝尔伯父的儿子，一位化学教授。

“伏打学会”对爱迪生发明的类似玩具的圆筒式留声机不大满意。他们首先用蜡代替了圆筒上记录声音的铝箔，然后将上下振动的唱针变为左右振动，这样播放的次数就大大增加了。最后，奇切斯特又出了一个好主意，将转筒变成了平面转盘（唱片），使留声机成为风行世界的商品，他们由此获得了几十万美元的收入。贝尔用自己分得的20万美元建立了一个为听障人士谋福利的托管基金。

贝尔的另一项发明——贝尔探针使他获得了某大学的荣誉医学博士学位。他做出这一发明的起因是美国政界的一次不幸事件。

1881 年，美国总统詹姆斯 · 加菲尔德后背中枪，子弹留在身体里，若不取出来可能致命。但问题是找不到子弹的确切位置，无法进行手术。贝尔得知这一消息后立即来到华盛顿。贝尔和泰恩特制造了一个简单的探测仪器，它有两个电极：一个是平面型的，贴在患者的皮肤上；另一个是探针，除了针尖其他部位都涂上了绝缘漆。探针头若触到子弹头，整个回路的电阻会突然下降，耳机会发出咔嗒声。他们当着总统、医生的面，成功地把藏在一大块生猪肉里的子弹探测了出来。但总统未来得及手术便去世了。可是贝尔的"探针"在后来的救护技术中发挥了重大作用，甚至在 X 光机出现后的第一次世界大战中，简便易行的"探针"仍在广泛使用着。

就在贝尔绞尽脑汁设法抢救总统生命时，他自己也遭遇了不幸：刚刚出生的第一个儿子因呼吸困难去世了。这个打击促使他发明了一种帮助危重病人呼吸的装置——"真空套筒"，实际上是人工肺的前身。贝尔的这种套筒使用时不大方便，未得到广泛采用，却启发别人设计出更有效的人工呼吸系统。

现在音响的强度单位是"分贝"，这是根据贝尔的名字命名的。这是由于他发明了听力计。1879 年，贝尔发现许多儿童听力减弱时几乎没有人能察觉到。为了准确测量儿童的听力，必须研制出一种能发出不同响度声音的仪器。贝尔利用调节两个感应线圈间隔的方法，使听筒音量按要求变化。这种听力计的价值很快就被人们承认，一次普遍测试表明，有近 10% 的儿童听力较弱。

贝尔的创造火花总在不断地迸发。例如，他曾有一个利用照片印刷制版（后来的照相制版）计划。他还提出一种利用硒的光敏特性制造"电眼"的方法，这也许是电视摄像技术思想的鼻祖。

但是耗费精力最多的是贝尔对飞行器的研制。贝尔对飞行的神往始于童年。贝尔真正着手研究飞行是与他的老朋友史密森研究所的秘书长塞缪尔 · 兰利的影响分不开的。兰利是一位物理学家，是美国航空事业的先驱。1891 年贝尔看到了兰利的一次航空模型表演，不久自己就设计并试验了几种直升机模型。

1903 年，莱特兄弟成功完成首次动力飞行。这巨大的荣誉未能归于贝尔，根本原因之一是他选错了航空技术的突破方向。贝尔十几年引人注目的努力，在后人眼里似乎有点儿像堂吉诃德对风车的挑战。

不知为什么，从 1898 年开始，贝尔就越来越固执地认为，航空技术的最好方式是载人的巨大风筝，它可以确保飞行员的安全。贝尔的风筝采用了四面体桁架结构，据说该结构最坚固。甚至在 1905 年 12 月，也就是莱特兄弟首次飞行两年后，贝尔还在大张旗鼓地进行他的首次载人风筝试验。当时吓得魂不附体的“飞行员”随着“寒风号”风筝飘到 10 米的高度。而那时，莱特兄弟已能进行 30 分钟的连续飞行了。

事实使贝尔不得不暂时扭转一下自己的方向。1907 年，贝尔建立了一个航空技术研究小组，即所谓的“航空协会”。这个协会有一条规定：每个成员有一次机会提出自己的飞机设计方案并由协会实施制造。

当然最先实施的是贝尔的设计：该飞机机翼由 3400 个小四面体构成，坚固自不必说，可是飞行阻力太大，实际上根本飞不起来。

“航空协会”的第一架能飞起来的飞机叫“红翅号”，但它由于没有控制侧向平衡的机构而撞在地面上。“航空协会”一架又一架的飞机相继取得了越来越大的成功。协会解散后，他们分享了这些成果。然而贝尔仍然顽固地坚持进行载人风筝的试验，1912 年 3 月，在贝尔 65 岁生日那天，他的最后一架风筝“小天鹅Ⅲ”进行了不成功的第一次同时也是最后一次飞行。

贝尔的另一理想——制造在水面飞行的船只，是从 1908 年开始实施的。最初贝尔和他的助手设计制造了 HD-1 型水翼船，一个直接的目的是拖带和帮助他们研制的水上飞机起飞。贝尔于 1919 年完成的 HD-4 型水翼船获得了空前的成功。9 月 9 日，这艘五吨重的水翼船以每小时 114 千米的速度打破船舶航速的世界纪录。第二年，贝尔和鲍德温一起获得了这种新型水翼船的专利。

七、永不疲倦的探索者

贝尔把自己一生相当多的时间花在公益事业上。他创办学校，出版好几种杂志，建立基金会。他对听障人士的教育和福利给予了特殊的关注，出资建立了全美听障人士口语教育促进会和专门探索聋哑问题的研究所——伏打研究所。

1887 年的一天，一个在一岁半就丧失了视力和听力的小姑娘被她父亲带到贝尔那儿请求帮助。她就是海伦·凯勒。很多年以后她写道：

> 我做梦也没想到那次会成为我从黑暗走向光明的大门。

正是贝尔请来“奇迹的创造者”安妮·沙利文对她进行培养和教育，使她成为世界闻名的盲人作家。贝尔在后来的整个生涯中都是海伦忠实的朋友和支持者。

从贝尔的整个生平来看，这些只能算是插曲。他的中心工作就是发明。他是一位很奇特的大发明家。把贝尔和爱迪生这两个同龄的大发明家比较一下我们就会发现，贝尔和爱迪生都缺乏理工科正规学校教育。不同的是，爱迪生具有极强的动手能力，人们简直找不出什么活儿是他不能干的。而贝尔的一双手如果不是弹钢琴而是干活儿的话，可以说笨得出奇。他的朋友柯蒂斯说：

> 他（贝尔）什么东西也不能自己做出来。我没有见过任何一个人像他那样不会使用工具……不过他有一种惊人的办法能把他的思想传达给那些具有机械加工本领足以将其制造出来的人。

与工程界的专家们相比，贝尔具有更丰富的想象力，更少成见，有他自己特殊的判断力。这正是他胜过格雷之处。

贝尔一看到电话有成功的希望，就甩掉了多工电报的研究，全力去研制电话。当时有的电报业杂志断定电话“没有直接的实际用途”，依然“只是一种科学玩具”。这些说法丝毫没有动摇贝尔的决心，却助长了格雷轻视电话价值的倾向。格雷甚至在费城百年博览会后仍没有从他的错误判断中摆脱出来，他当时说：

> 至于贝尔的通话电报，它仅能引起科学界的兴趣，其商业价值将是有限的。

从这里可以看出，贝尔非专家的短处如何变成了长处。

贝尔的另一个短处是缺乏足够的物理知识。最明显的例子就是他在1876年写的那份价值连城的专利申请书。其中他写道：

> 电波动也可以通过用另一种方法增加或减少电阻来产生……例如，用水银或某些其他液体形成伏打电路的一部分。这样，导线浸在液体中愈深，液体的电阻愈低。从而，浸在液体中导线的振动便引起电流起伏。

显然他错误地估计了水银的电阻，如果他真的使用了水银，他的电话是无法传输声音的。

好在缺少物理学知识的贝尔更缺少当时物理学界的偏见。电话获得巨大成功之后，一位当时的电学权威摩西·法默对沃森说：

> 那样东西（指电话的思想）最近十来年在我的眼皮下晃了有十几次，但每一次我都视而不见。不过如果贝尔也精通电学的全部知识，他就永远也发明不了电话。

若干年后，贝尔也对这种看法表示同意。也许这是指前面提到过的贝尔对声音引起的感应电流的偏见。

然而，如果我们想起贝尔在制造四面体结构风筝时表现出来的偏执，也就不难理解有时短处也会起着消极作用了。

贝尔的另一个特点是不愿意建立类似爱迪生的“发明工厂”那样的固定科研机构，似乎更乐意选择临时的搭档或建立针对特定课题的临时机构。可能他认为发明是一种难以预料的活动。当今著名的贝尔实验室是在他去世几年后才由他的公司设立的。

也许贝尔的最大特点是他那永不休止的探索精神。在他生命的最后一年，贝尔的糖尿病严重起来，人也消瘦了，但创造思想的火花没有熄灭。他又提出了一些新的发明并对原有的发明加以改进。其中有改进的光话机、水翼拖靶船，从海水中制取淡水的装置，以及一种太阳能循环式热水器。这正像他自己在这个时期所说的那样：任何一个人只要坚持不懈地进行观察、记住观察到的东西并且寻找愈来愈多有关事物怎么和为什么的答案，他是不会患神经衰弱的。

1922 年 7 月，贝尔的健康明显恶化了，不得不病卧于新斯科舍的家中。正值炎热的季节，他让人把自己的病榻搬到住宅的门廊下，在那里他可以望见喜爱的群山。

8 月 2 日清晨，曙光出现在东方，梅布尔焦急地呼唤着贝尔的名字，恳求他不要离开她。贝尔的嘴唇动了一下，微笑着用手指头在她的手心里写了一个“不”字，便与世长辞了。

8 月 4 日下午 6 点 25 分，贝尔安葬于他家附近的山上。在这一时刻，全美国的电话中断了一分钟，以示哀悼。他的墓碑上仅刻着他的名字、生卒年月和一句话——“一名美国公民死去了”。

也许应该用贝尔在 1902 年说过的一句话作为他的墓志铭。他在谈到一个发明家的生活时说：

这是艰苦而扎实的工作，不过，这正是我的乐趣。

（作者：刘二中）

参考资料

[1] Catherine Mackenzie. Alexander Graham Bell: The Man who Contracted Space [M]. Boston: Houghton & Mifflin Company, 1928.

[2] Orlando J. Stevenson. Talking Wire: The Story of Alexander Graham Bell [M]. New York: Messner Incorporated, 1947.

[3] David A. Hounshell. Bell and Gray: Contrasts in style, politics, and etiquette [J]. Proceedings of the IEEE, 1976 (64): 1305-1314.

尼古拉·特斯拉

（Nikola Tesla，1856—1943）

特斯拉

电气化技术的重要开拓者

2022 年 8 月 15 日，埃隆·里夫·马斯克领导的特斯拉公司最重要的上海超级工厂宣布，第 100 万辆电动整车下线，这距 2019 年 1 月 7 日工厂开工只有 3 年多。实际上，特斯拉公司是在马斯克介入前的 2003 年 7 月 1 日，由马丁·艾伯哈德和马克·塔彭宁共同创立。他们将公司命名为“特斯拉汽车”，以纪念伟大的电气发明家尼古拉·特斯拉。

特斯拉是电气革命的四巨头之一，但比其他三人小 10 岁左右。尽管他后来的名气不如爱迪生和贝尔那样大，但他创立的多相交流供电和动力系统——近代最重大的发明之一，为 20 世纪的电气化工业革命直接铺平了道路。追溯他一生的足迹，重新思考他的成功与失败，对我们将不无益处。

一、牧师的儿子

曾在 19 到 20 世纪之交的美国一再掀起波澜的特斯拉并不是土生土长的美国人。1856 年 7 月 10 日，他出生于一个名叫斯米良的村镇，现在这个地方属于克罗地亚的利卡省。他的父亲是一名牧师，他的母亲是一名家庭主妇，虽是个文盲，但她却极有天赋，能背诵大段大段的诗歌，还曾发明了几种改进的家庭用具，如牛奶分离器等。

特斯拉的父母曾打算让他继承父亲的职业成为一名牧师。然而，完全不同的志趣却使他走了另一条道路。特斯拉对周围的自然界和科学知识充满了好奇。还不满5岁，他就进行了他的第一项“发明”——在小河边上插了 3 根顶端带杈的树棍，上面架着带长轴的小水轮，于是一架小水轮机运转起来了。

在 9 岁那年，他再次表现出对动力问题的特殊兴趣。这回，他制造了一架有 4 只风扇的风力机模型，转动的风轮通过皮带带动了另一只小轮子。他在 14 岁那年，曾观察到一次由一个雪球引发的雪崩，于是想到，雪可以变成动力。当他看到一幅关于尼亚加拉大瀑布的画片时，曾这样说道：

总有一天我将利用它。

当时有谁会想到，33 年后，这真的成为现实。

特斯拉说服了自己的父母，同意他去学习自然科学和电气。不久，他成了奥地利格拉茨工业学院的一名大学生。

二、智慧的火花

1878 年的一天，波耶斯克尔教授向特斯拉所在的那班学生解释格拉姆直流电机的构造和原理。他通过实际演示表明：这种电机既可以当作马达也能当作一台发电机。22 岁的特斯拉同其他同学一样被这奇妙的原理深深打动了。然而，特斯拉并不满足，他看到直流电机的电刷与整流子的接触之处闪着电火花，就站起来向教授提出这样一个问题：是不是能设计这样一种马达，它没有电刷和整流子，那样就可以避免产生电火花了。

波耶斯克尔教授不以为然，他进行了一番冗长的讲演，解释为什么这样一种想法是不切实际的。特斯拉一时无话可说，但他并不信服，他绝不会轻易放弃自己关于无刷电机的梦想。

两年后，他转到布拉格大学。又过了一年，他在新成立的布达佩斯电话公司找到一项差使——担任主任电气师。尽管生活有了保障，但他念念不忘的仍是发明无刷电机，可惜此时他仍未找到切实可行的方案。当时，世界上已有人发明了简单的交流发电机，并用它为弧光灯供电。特斯拉猜想是否能利用交流电来推动无刷电机，但是当时人们设计的交流电动机都不能进行有效的运转。

期待已久的思想突破终于临近了。那是 1882 年 2 月一天的黄昏，特斯拉和担任机械师的朋友西杰蒂在布达佩斯公园里散步，他慢慢吟诵歌德《浮士德》里的诗句，并沉浸在这一绝作美妙的意境之中。突然，他站住了，脑海中出现了一个铁芯转子在磁场中不断旋转的画面。这正是他几年来百般寻找而不可得的钥匙！于是：

思想像一阵闪电涌现出来了，顷刻之间真理被揭示在面前。

他赶忙找来了一根树枝，在沙地上画出一幅草图，向自己的朋友解释他的想法。

按照他的想象，可以把两组定子线圈按相互垂直的角度放置，而将一个铁芯转子（上面没有绕组）放在它们之间。两组定子线圈分别通入同样频率的交流电，但所用电流的相位相差90度。这就是说，一组线圈的电流变得最大时，另一组线圈的电流为零，而另一组电流变得最大时，前一组电流又减小到零，这样，两组线圈产生的变化磁场便合成了一个方向不断旋转的磁场。于是，铁芯转子就会被吸引并且跟着磁场方向旋转起来。很明显，由于采用了互不同步的多相交流电产生旋转磁场，电动机的整流子及电刷都变得不必要了。

他意识到自己终于可以自称为发明家了。他回忆道：

> 这正是我渴望得到的东西。……阿基米德是我的理想。我钦佩美术家的作品，但我以为，美术作品不过是些影子和相貌。而发明家呢——我想，他们为世界创造出来的东西，都是摸得着看得见的，实实在在，能干顶用。

然而，特斯拉发明的绝不仅仅是一种无刷电动机，他立即开始将这种思想扩展为多相交流电有关的系列发明：

> 我一生还没有过如此欢乐幸福的心境。各种念头像泉水一样在我心坎上源源涌现，唯一的困难就是如何迅速地将这些念头变为现实。
>
> 我想出来的各种装置，在我看来都是切实存在的，每一点细节都了如指掌，哪怕是最微小的磨损痕迹也不例外。我满心喜悦地想象那电动机在不停地飞转……当天生的爱好发展成为强烈的欲望时，一个人会以惊人的速度奔向他的目标。我在不到两个月的时间里，实际制作出了几种型式的电动机，搞出了全套系统的几件新式样……

特斯拉很快设计出另一种无刷电机——感应电动机。在这种马达里，他用绕着闭合线圈的转子代替原来的铁转子。这种转子的旋转速度不会与旋转磁场同步，而是稍慢一点儿，这使转子线圈里产生感应电流，而这种感应电流又能迫使转子不断在磁场的作用下转动。

他还想出了分相感应电动机和其他类型的同步多相电机，设想了一整套产生、输送、使用交流电的单相和多相电机系统。现今世界上绝大多数电力都是通过特斯拉多相系统产生、输送、分配并转变为机械动力的。

三、交流电与直流电之战

此时，特斯拉高兴地想："人们再也不用像奴隶那样做苦工了，我的马达将给他们带来自由。"然而，由于没有资金的支持，他连一架模型都难以造出来，更谈不上造样机了。

在这一年的秋天，他经人推荐进入了设在巴黎的大陆爱迪生公司。在那里，他负责设计发电机以及检修分布于法国和德国的发电厂。他曾设法向该公司的负责人证明自己设计的电力系统的优越性，可惜没有成功。

然而，那里的经理巴切罗（曾与爱迪生共事的英国工程师）对特斯拉的才能却十分赏识，建议他到美国去，为此，还专门写了一封热情洋溢的推荐信。

特斯拉后来回忆说：

> 我将我那颇为寒酸的家当变卖了，锁上房门，赶到火车站。这时，火车正要出站，我才发现我的钱和车票都丢了。怎么办？……我此时此刻得当机立断。我追着车跑，同时脑海里矛盾纷乱的思绪上下翻腾，就像一台冷凝器振荡不止。我突然灵机一动，在这紧要关头有了主意……

连行李都丢失了的特斯拉，赶忙搜出身上仅有的零钱，一下跃上了火车。在码头，他凭借软磨硬泡登上了轮船。当他于 1884 年 8 月到达纽约时，仅剩下 4 分硬币、一本诗集、一张飞机设计草图和满脑袋的思想了。谁也看不出，这位一贫如洗的第 518592 号移民，竟能大大影响这个国家工业的发展。

特斯拉很快进入了爱迪生公司的机器厂，担任该公司的发电机设计师。他竭力设法使爱迪生这位伟大的发明家理解多相交流系统的好处，但爱迪生并不感兴趣，认为交流电太容易伤人。两个人不断发生争执，肝火越来越盛，后来发展到相互指责对方智力低下的程度。不久，特斯拉愤然离开了爱迪生的公司。由于没有收入，他沦为美国到处都有的掘土工。令人啼笑皆非的是，他口袋里就装着自认为可以使人们免除苦工的电动机设计图。

后人常指责爱迪生当时因循守旧，对交流电的兴起缺乏思想准备，压制新的发明。这确有道理，然而，我们也应看到，交直流电之争不仅是个技术问题，也直接影响到各方面的经济利益。

大家都知道，爱迪生在发明碳丝灯泡的同时，也发明了相应的直流输配电系统。当时，直流电的缺点是很明显的。由于使用和输送过程中电压较低，为了传送同样的功率，必须有较大的电流。而线路电阻损耗与电流强度的平方成正比，因此，向远距离输电十分不经济。这样，只能在用户的附近建立发电厂。

交流发电机虽然能得到较高的电压，在输、配电过程中还可以通过升压和降压来大大降低线路损耗，扩大供电距离，但在当时却没有任何实用的交流电动机。因此，在特斯拉的发明出现之前，爱迪生如果不打算仅仅为照明供电的话，就只能选择直流供电系统。

当爱迪生听到特斯拉的主张时，他已经花费了大量的人力物力建立了一系列直流电厂，由于专利制度的保护，他能保持独家经营，获得高额利润，以回收发明和建厂时耗费的巨额投资。因此，即使爱迪生理解到多相交流供电系统的好处，他也难以真正接受下来。改用交流电系统不仅需要新的投资，丧失独家经营的特殊好处，还要受到乔治·威斯汀豪斯的制约。

发明了火车空气制动器并在经营中获得巨大利润的威斯汀豪斯在看到爱迪生公司的成功后，就产生了经营电力的强烈愿望。无奈，爱迪生的专利使他在直流电领域无缝可钻。于是，他就想经营交流电系统以避开爱迪生的专利。当他得知法国的戈拉德和英国的吉布斯发明了交流变压器时，就下决心买下他们的专利权。这样，他就可以利用传输距离远这一优势来与爱迪生抗衡了。因此，当时的爱迪生即使想涉足交流电也迟了，交流变压器的专利已被买走了。

1886 年，威斯汀豪斯电气公司正式成立，第一年春天就建立了 6.4 千米长的 3000 伏交流输电线路，从此业务逐渐兴旺起来。但是，由于人们还不知道特斯拉的思想，不知道如何用交流电来驱动电机，因而无法向工厂传送动力。好在许多地方首先要解决的是照明问题，这个矛盾尚不突出。

威斯汀豪斯的异军突起，使爱迪生感到致命的威胁。于是他发动了一场攻击交流电的宣传战。他的公司花了数千美元在报纸、杂志、广告上宣扬交流电如何危险，会如何威胁人们的生命。爱迪生本人也专门撰文说明“电击危险”，还在研究所召集新闻记者，进行用 1000 伏交流电将猫、狗电死的演示。

威斯汀豪斯也不甘示弱，一再阐明，他的系统提供的民用电是通过变压器减了压的，绝不会有任何危险。于是，在商业上和宣传上，两大供电体系的激战就正式爆发了。

四、打破僵持局面的一击

特斯拉刚到美国的时候，对这种形势不甚明了。1887 年，这位掘土工人终于找到财政上的支持者，在纽约距离他以前的老板兼敌手爱迪生几个街区的地方——南十五街（现在的西大道）33 号开设了自己的实验室。在这里，他把头脑中蕴藏已久的设计变成了一个个的实际模型，证明他的研究不仅完全实际可行，而且种类繁多、用途甚广。

1888 年 5 月，他获得了关于“电力传输”多相系统的美国第 382280 号专利。同年，他在美国电气工程师学会作了一次演讲，介绍了多相交流电机的原理，给与会者留下了极为深刻的印象。人们终于开始看到特斯拉思想的巨大价值。

威斯汀豪斯得知特斯拉的工作后，立即看出这正是他想要实施的交流电系统获胜的关键。他专程到纽约拜访了特斯拉，并买下了特斯拉有关的 40 余项专利权。尽管人们一直传说威斯汀豪斯付给特斯拉一张 100 万美元的支票，并答应电力设备每生产 1 马力就再付给他 1 美元。但是，有证据表明，威斯汀豪斯仅付出大约 20 万美元，而且还是给特斯拉的公司的，特斯拉个人只能得到其中的三分之一。

无论事实究竟如何，这的确是特斯拉个人的一大突破。他可以有钱去进行自己一系列新的发明创造了。从此，他开始与威斯汀豪斯合作，设计和制造了各种各样的交流发电机和电动机。

交流电机的技术突破，使爱迪生的形势大为不妙。但一件意外的事情，却杀了一下交流电的势头。原来，纽约制定了一道把死刑绞架改为电椅的规定，而电椅使用的是交流电。这一下又引起了一般人对交流电的恐惧，使交流电的生意大为下降。特斯拉对此一直对爱迪生耿耿于怀，他坚信这一定是爱迪生在后面捣了鬼。

尽管交流电、直流电两种系统犹在酣战，然而特斯拉技术的出现，已经使真正的工程技术人员看出交流电时代即将到来。这正如拿破仑与威灵顿在滑铁卢杀得难解难分、死伤殆尽时，突然发现增援英方的普鲁士军队在远方出现，尽管拿破仑还能挣扎一会儿，但惨败已不可避免。

1893 年，在哥伦布发现美洲新大陆 400 周年之际，要在芝加哥举办一次宏大的世界博览会。这是一次难得的机会，需要安装 25 万盏灯及必备的发电、供电系统。威斯汀豪斯公司以不到爱迪生公司一半的标价抢到了这笔生意，目的在于宣扬交流电的实力。

5月1日这一天，博览会开幕了。晚上，最主要的建筑物——机械大厅一片灯火辉煌。威斯汀豪斯公司建造的特斯拉式的发电厂成了该博览会最引人注目的成就。共有12台1千马力（1马力=735瓦特）的交流发电机，每台发电机都可以点燃1万盏16枚烛光的大灯。它充分显示出交流电可以进行多么巨大规模的电力传送。

这一辉煌胜利使全世界看到了特斯拉系统的潜力，从而推动了另一个更为巨大的进展：威斯汀豪斯公司赢得了开发尼亚加拉瀑布电力资源的巨额合同！原来，早在1886年，为了开发尼亚加拉瀑布12万马力的水力资源，有人建立了一个名叫国际尼亚加拉委员会的组织。而按最初的电站方案，要设置238台水轮机和数英里长的传动轴，这是完全不切实际的。1890年，由世界最著名的科学家开尔文勋爵领导的这一国际尼亚加拉委员会宣布以2.2万美元的奖金征求切实可行的电站建造方案。

送交的17种方案中只有两种用的是交流电系统，其余都是用直流电系统。经过审查，该委员会发现没有一种方案值得授予奖金，于是，委员会在1891年宣告解散。

然而，在1893年的世界博览会举办之后的10月份，威斯汀豪斯已经签署了制造头两台5000马力尼亚加拉发电机组的合同。1895年，第一台发电机开始发电。过了不到两年，一条长约35千米的交流高压电线将尼亚加拉的电力送到了布法罗市。“几乎在一夜之间，尼亚加拉电厂成了全世界的电气奇迹。”

至此，直流电系统已经战败。到1896年，纽约爱迪生公司开始利用多相交流电系统来扩大它的供电范围。几年后，它在所有的新建电厂中都采用了特斯拉的系统。由于爱迪生坚持了错误主张，他的电气公司的股东们要求他退出领导岗位，并将公司更名为通用电气公司。不久，该公司又和威斯汀豪斯公司达成协议，双方都有权使用对方拥有的专利技术。

五、又一位伟大的魔术师

人们常把爱迪生称为“门罗公园的魔术师”，这是因为他的奇妙发明太令人不可思议了。实际上，特斯拉更像一位真正的魔术师，因为他不仅有神奇的发明，还有出色的表演才能。

在芝加哥1893年世界博览会上，特斯拉并不满足于向观众展示他的多相交流发电系统，他还特别进行了一系列个人表演。例如，他把一枚金属制成的“鸡蛋”放在桌子上面的天鹅绒桌布上，一按电钮，只见“鸡蛋”稍尖的那头立在了桌布上，并飞速旋转起来，这使观众大为惊愕。原来，他在桌面下安装了一组类似于他设计的感应电动机所使用的线圈。一通电，产生的旋转磁场就像带动电动机转子那样带动了“鸡蛋”。

不一会儿，他又站在一个台子上，让电压高达100万伏的电流通过自己的身体。看到这样的实验，观众们都喘不过气来。谁都知道，几百伏的电压对人体已经十分危险了，然而特斯拉接触高数千倍的电压竟然安然无恙。他一边表演一边得意地宣称：爱迪生绝不敢用所谓安全的直流电作同样的表演。

实际上，特斯拉使用了频率极高的交流电，电压高而电流很小，这样，由于“趋肤”效应，电流仅沿身体表面流动，无法伤害体内的神经系统。而如果改用普通频率的交流电，特斯拉早就送命了。

最令人瞩目的是特斯拉的“冒火的剑”，它有点类似于今天日光灯的玻璃管。令观众不可思议的是，它并没有与任何导线连接，却能发出明亮的光，就像被火烧红了似的。特斯拉挥动完“冒火的剑”，又拿起一个没有导线的圆球来。谁都没想到，这圆球也发出明晃晃的光芒。

所有这些使特斯拉的名字在美国家喻户晓的表演都是由他在世博会之前的几年研究出来的。早在他的多相系统卖给威斯汀豪斯之前，他就打算发明一种不同于爱迪生白炽灯的照明系统。在早些时候，赫兹和克鲁克斯已经发现，用放电的电容器，可以产生高频振荡电流，如果同时把适当的高压高频电流通入一个充有不同气体的玻璃管，将会发出不同颜色的光。

特斯拉对这样一种光源十分感兴趣，问题是他必须发明出一种更好的高频高压电源来。经过一番努力，这种电源终于产生了，这就是著名的“特斯拉线圈”。该线圈是空心的，由初级绕组、次级绕组及相应的振荡电容器构成，据说可以产生各种不同频率和强度的电流，他发现，手持充气玻璃管靠近这种振荡线圈时，感应电流将会流过他的身体和管内气体，使玻璃管发光，这就是他所谓“冒火的剑”的秘密。

除了发现充气管可以发出不同颜色的光辉之外，他还证明，在玻璃管内壁涂上荧光物质后，能大大增加亮度，揭示出了大约半个世纪后发展起来的日光灯的发光原理。

在那几年的研究中，他还制出了原始的霓虹灯和氖灯，设计了加热金属内部的高频加热法，发现该法还可以加热人体内部组织，这为后来的透热疗法和微波灶打下了基础。

他还曾试验过一种小型电磁振荡器，他将其安装在实验室的一根铁杆上，没想到机器开启后左邻右舍的房屋和门窗都剧烈振动起来，使警察不得不前来干预。据说，他曾满不在乎地对前来采访的记者说，如果他高兴的话，他可以在数分钟内摧毁整座布鲁克林大桥。

特斯拉的伟大创造和奇幻表演，使他成了备受新闻界瞩目的人物，人们开始注意到他的各个方面。

他身高在1米8以上，可是只有64千克重，被形容为“骨瘦如柴”的人。他前额高耸，眼睛不大而深陷，鹰钩鼻子下面的一撮小胡子，使他更富于魔术师的风度。他那黑而直的头发、黑而明亮的眼睛，似乎是斯拉夫人的某种特征。而有些人则把他那双大手上奇长的拇指看作天才人物的一个标记。他直言不讳，讲究礼貌，像个旧式的欧洲大陆人。

人们对他当掘土工时的生活方式一无所知，但对于他在成功之后的“讲究”却传闻很多。他对穿着一丝不苟，与爱迪生的大大咧咧大相径庭。他曾对他的秘书说，他是纽约第15大街衣着最好的人。他通常都穿有腰身的外衣，头戴黑色的圆顶礼帽，手戴灰色羊羔皮手套，总带着手杖。据说，一双2.5美元的手套他只戴一个星期，丢掉时还跟新买的一样；领带也是一星期买1条，而且只要1美元的那一种；他只穿白色的丝绸衬衣，睡衣上绣着他名字的开头字母，穿脏了就扔掉，从来不送到洗衣店去……

他不愿过多交际，仅有很少几位朋友，其中包括著名作家马克·吐温。他总是单独一个人在纽约一家头等饭店里用餐，使用专门留给他的一张桌子，即使他不在，别人也不许在那儿用餐。他似乎特别讲究卫生，每顿饭都要换干净桌布，还要用去一摞餐巾来擦他要用的碟子和餐具。饭后，他会立即赶回实验室进行他的研究工作。

尽管讲究吃穿，对他来说，科研仍是超越一切的东西。他从未结过婚，甚至也没有过女朋友。这并不是由于他缺乏吸引异性的魅力，事实上，确有几个大家闺秀对他有意思，但他有自己的志向。他说：

> 我打算将我的全部生命贡献给我的工作，由于这个原因，我拒绝了一位极好女子的爱情和友谊。

他还对记者谈到，一个发明家有如此热切的性格和热情的品质，如果将自己给予一位女子的话，他将会放弃其他一切东西。他还这样说：

这也是件憾事；有时，我们感到那么孤独。

六、挫败

名誉和地位似乎使特斯拉变得不十分清醒，甚至有点儿追求虚荣了。他不仅醉心于各种哗众取宠的表演，还对科学技术之外的种种问题发表奇特见解。例如，他在1900年6月份的《世纪》杂志上一篇长达36页的文章中，除了大谈太阳系末日的世界外，还大谈宗教、体育运动、葡萄酒和威士忌、白开水、预防疾病、个人卫生、道德、素食主义、无知等等。他认为，妇女除了操持家务和生儿育女外，要求其做其他事情是一种罪恶。他还谈到结束一切战争的灵丹妙药是研制某种类似机器人的东西来进行战斗，这样人类就不必亲自卷入战争了。

有成就的科学家和发明家对生疏领域的问题夸夸其谈，这在国外并不少见，遗憾的是，这种浮夸作风竟渗入他的科研工作中。正当特斯拉的新型电光源的研制大有希望的时候，他却停止了这项工作，把目光转移到另外一个他认为重要百倍的领域。

在21世纪的今天，有许多公司在努力开发为家用电器或电子设备“无线输电”的技术。他们也许不知道，这其实可以看作是特斯拉当年玩剩下的。

不知为什么，特斯拉那时开始觉得，他完全可以设计出一种“无线电力传输系统”——不借助任何导线，就能将动力传送到地球上的任何一个角落！事实上，他一再公开声明他完全能做到这一点。

特斯拉的理论十分吸引人。他认为地球本身是一个十分良好的导体，电流十分容易通过。他设想，电可以像某种不可压缩的流体流进水池那样充入地球这样一个大电容器。于是，人们无论在地球的什么角落，都可以随时汲取所需的电能。某家刊物在介绍特斯拉的计划时说：

> 家庭不用导线就可以点电灯和得到动力，飞机及其他陆地和海上交通工具也是一样。你将能到达任何一个地方，沙漠或山顶，山谷或农庄，可以装配一架很精致的仪器，小到可以塞进衣箱的程度，它将供给你做饭的热能或为你提供阅读用的灯光。

特斯拉的名声帮助他筹集了大量资金，著名的金融家 J. P. 摩根也解囊相助。1899 年，他开始在科罗拉多州的科罗拉多喷泉谷附近建造无线电力输送站。在电站建筑物的内部，他建造了一架世界上最大的特斯拉线圈，初级线圈的直径达 2.4 米，套在外面的线圈高 3 米，直径 3 米。建筑物的上面有一座数十米的高塔，塔顶是一个巨大的金属球，与巨型线圈相连通。特斯拉的目的是利用这套设备在导线上产生 1 亿伏特 30 万赫兹的交流电并导向地球，以此来周期性地改变地球的电势，同时也在塔顶的圆球上产生相反的交变电势。

按照近代的观点来看，这似乎是历史上功率最大的无线电发射机。然而它的功率太大了，在实验开始后，圆球上发出条条闪电，使得半径 19 千米内，建筑物的避雷针都电光闪闪。据说在夜晚实验时，草原上空不断雷鸣轰轰，天线附近的许多蝴蝶被无情地卷入线圈，人们的鞋跟与地面之间出现了点点火星，甚至 800 米之外吃草的马匹因为蹄上钉有蹄掌而招来电击，一下子都变得狂暴起来。特斯拉和助手们的鞋底上都钉上了厚厚一层软木或橡胶底，以避免电击。他们个个用棉花堵住耳朵，然而在轰响的实验站里，耳朵好像被什么东西在扎，耳膜几乎要撕裂了。

试验的详细数据和结果一直没有公布于众，无论如何，这是当时已知的最壮观的电气实验，它耗电如此之大，曾多次造成科罗拉多地方电网断电。

无论实验之前还是之后，人们都对特斯拉的无线电力传输系统深表怀疑。在科学技术原理上，特斯拉的设想并非无懈可击，即使无线输电是可能的，但由于潮湿的土壤和海水都导电，也会大量吸收电能，使该系统的传输效率低到让人无法忍受的程度。从人们看到的实验情况来说，大面积的电闪雷鸣也不是该系统的目的，失败是明显的。

然而，特斯拉却不承认其计划有任何缺陷，尽管他拿不出有力的事实和数据，却一再在报刊上或讲台上声称，他的远距离无线输电系统的“实际可行性已得到彻底证明”。1902 年，特斯拉又靠发行债券筹集到一大笔钱，在长岛开始建造另外一座高塔，这是所谓世界范围无线输电计划的第一部分。可是，塔未建成，钱就花完了，工程停了下来，再也无人理睬。直到第一次世界大战初期，该塔被人秘密地炸毁了，据说是在当时的反德浪潮中，由一个自发组织的治安会干的，因为他们误以为该塔是敌方的谍报电台。

特斯拉甚至还计划在尼亚加拉瀑布建造另一个类似的装置，但他再也筹不到钱了。不过他从未放弃过自己的想法，在 1928 年，他还对《大众科学》的记者说，三年之内，他的世界输电系统将进入商业开发阶段。

无论特斯拉自己怎么说，在世纪之交的前后几年，他的这项发明已经失败了。说来也奇怪，美国19世纪七八十年代出现的几位发明巨匠——爱迪生、贝尔和特斯拉，都遭到了某种失败。爱迪生在19世纪90年代发明了磁力选矿法和精铁矿粉的烧结法，这可以大大提高高炉炼铁的效率，一些钢铁厂试用后，都表示愿意大量订货。爱迪生花了约200万美元（大部分是他自己的钱）建成了巨型选矿和烧结厂，很快就达到了商业性生产的标准。就在即将获得巨大收益之际，传来了一个惊人的消息，在明尼苏达州沿苏必利尔湖沿岸的米萨比山脉发现了巨大的富铁矿，这使爱迪生的烧结厂没有必要存在了。他的投资——大部分个人财产几乎化为乌有，从此他一直未能恢复到原来那样富有。

如果爱迪生遭受的灾难纯属运气不佳，那么贝尔的挫折却是由于自己的固执。贝尔大约与莱特兄弟同时研究飞行，却错以为飞行的最好方式是载人风筝，在10余年的时间里花费大量资金和精力进行实验，最终注定失败。然而他只动用了少部分财产，并没有伤到元气。相比之下，特斯拉的损失最为惨重，他不仅丧失了自己的全部财产，而且几乎丧失了自己的全部信誉。人们从此感到他是个说大话的人，再也不肯为他的计划投资了。

尽管对于发明家来说，失败是与成功纠缠不清的影子，但他们几人的这些重大失败却说明19世纪晚期的辉煌胜利多少使他们的头脑发昏。特别是特斯拉，他单凭头脑的想象和推理，就发明了一系列多相交流电的电机和电器，而且被后来的实验和生产完全证实，这就使他极为自信，甚至到了固执的程度。别人的怀疑和评判本应使他慎重一些，但他都不屑一顾。他认为任何小型实验和严密论证都是不必要的，最后发展到不尊重事实的地步。说来也真令人遗憾，特斯拉成功于交流输电，最后又在无线交流输电上惨败，从此一蹶不振。

七、后半生

在特斯拉那不大为人们所知的后半生里，天才的火花与顽固的阴影仍然形成了鲜明的对比。他一生曾获得700余项专利权，他的一项关于无线电装置回路的专利，使意大利发明家马可尼的一项专利被最高法院判为无效。他曾发明了无线电遥控的舰船，可惜未被军方采用。他还描述了雷达（十几年后才在英国出现）的基本原理，提出了电视机电子扫描的原理，当时人们还在研究利用机械旋转圆盘扫描的电视机。他还设计了同步电钟，预言铝将成为极重要的金属结构材料并在很大程度上代替铜做导线。

他还提出了利用太阳能炼铁，利用地热能发电，还设想出与外星居民通信联系的系统。

然而，他至死都坚持原子能是荒谬的，比永动机还糟。他说：

> 一架由原子动力推动的马达是荒谬的，因为打碎一个原子所需要的能量远比从它获得的有用功多得多。

他也不愿意相信电子的存在，并且一再攻击爱因斯坦的相对论。

他日益陷于贫困，在从他的发明中获得巨大利益的美国，竟无人向他伸出援助之手。他已经没有钱来维持一间实验室和做实验了。尽管如此，他仍然时常把记者请到家里，向他们宣布自己关于发明的新设想。他谈到一种能从周围环境中吸收能量的机器，一种火箭汽车，还谈到过一种喷气式飞机。根据他的描述，这是一种质量不到 90 千克的飞机，能承载重得多的乘客和货物垂直起飞。它采用烧油的蒸汽轮机为动力，上升速度可达每分钟两三千米，水平速度可达每小时 640 千米。

随着年龄日益变老，特斯拉渐渐蜷缩到他个人的梦幻世界中去。每逢他的生日就去采访他的记者们，听到他的预言越来越不切实际，渐渐地不再把他看作是一位严肃的科学家，而是看作一位无害的怪老头了。他几乎不和人们往来，却成了一位鸽子迷。人们常常看到他在纽约公共图书馆前的广场上或公园里喂鸽子，可爱的鸽子纷纷落在他的头上、肩上和手臂上。如果自己病了，他就会雇一个人按时去喂那些鸽子。

在他去世前的几年里，他几乎身无分文。此时，他的祖国没有忘记这个杰出的儿子，开始每年向他提供 7000 美元的接济。

1943 年 1 月 8 日早晨，女佣人在敲他的屋门时久久听不到回答，之后发现特斯拉已经与世长辞。也许到这时，许多美国人已经不知特斯拉是什么人了。然而，历史却清楚地表明，在特斯拉的身后，是一个因电气化技术而变得更加灿烂辉煌的世界。

（作者：刘二中）

参考资料

[1] Ernest V. Heyn. Fire of Gennius [M]. New York：Anchor Press，1976.

[2] Margaret Cheney. Tesla-Man Out of Time [M]. Austin：Prentice-Hall Inc.，1981.

[3] 刘二中. 发明创造的艺术 [M]. 北京：科学普及出版社，1988.

[4] 刘二中. 创新工程师指南：发明创造与成功之路 [M]. 合肥：中国科学技术大学出版社，2005.

亚历山大·斯捷潘诺维奇·波波夫

（Александр Степанович Попов，1859—1906）

伽利尔摩·马可尼

（Guglielmo Marconi，1874—1937）

从波波夫到马可尼

把无线电之蛋立起来的人[1]

可以说，无线电广播、电视、传真通信是20世纪的重大技术创新，也是人类社会生活中必不可少的技术。回顾从1862年麦克斯韦提出电磁理论到1909年马可尼获诺贝尔奖这近50年的无线电早期发展史，可以清晰地看到，一项重大的科学理论成果转变成改造社会生活的巨大技术力量要经过很多人的努力奋斗。在众多无线电发明家中，马可尼与波波夫是佼佼者。令人感慨的是，尽管他们的顽强探索精神、他们的才华以及他们毕生献身于无线电事业的经历都很类似，但是由于他们所处的社会条件是如此不同，以至于他们的遭遇和对社会所发生的作用也大不相同。固然，在科学技术史上并不能完全以成败论英雄，但科技发明家与他所处的社会条件之间的关系却是十分引人深思的。

一、赫兹波引起的震动

早在1862年，年方31岁的英国物理学家麦克斯韦在法拉第研究的基础上，提出了著名的电磁理论，预见了“位移电流”即电磁波的存在。不过，直到麦克斯韦逝世，他的理论都没有得到证实，因为人们一直未能发现这神秘的电磁波。

1888年，奇迹出现了。德国一位年轻的教授发明了一种简单的电波环装置，成功地检测出从莱顿瓶或火花隙发生器辐射出的电磁波，并且证明了电磁波和光波一样，具有反射、折射、衍射等性质。这位年轻的教授就是海因里希·赫兹。

赫兹本人是一位物理学教授，他和麦克斯韦一样，是做理论物理研究的。他探测电磁波的目的，是检验麦克斯韦理论，对于电磁波是否能用于实际考虑不多。世界上最早想到利用电磁波传递信息的人，是一位聪明的工程师胡贝尔，他后来成了赫兹的

1　本文在写作中曾得到陶栻同志帮助，谨此致谢。

朋友。胡贝尔在1889年给赫兹的信中谈到这一设想。但赫兹答复说，如果要用电磁波进行无线电通信，大概得有一面像欧洲大陆那样大的巨型反射镜才行。他实际上否认了这种可能。赫兹于1894年不幸病故，年仅36岁，所以他没有机会看到自己的发现所产生的巨大社会影响。

1888年以后，探索赫兹波的应用成为当时最吸引人的研究课题。第一个发展赫兹研究成果的是法国物理学家布冉利。1890年，他发明了金属屑检波器，并于同年利用他的发明使电磁波的探测距离达到140米以上。

之后的1894年，英国皇家学会会员洛奇对布冉利的发明作了进一步改进。这位长着一脸络腮胡的教授将金属屑检波器同继电器、打字机相连，组成一台接收机。洛奇利用这种改良的装置，在数百米距离之间进行了莫尔斯电码的无线传送。

与此同时，远在南太平洋的新西兰岛上，一位来自农村的大学生卢瑟福也在埋头实验。这位身材高大的23岁小伙子正在新西兰坎特伯雷学院读四年级，选择了“赫兹波的研究”作为学位论文。他躲在一间破旧阴冷的地下室里，发明了一种新型的磁性检波器。1894年，他因此获得了理学学士学位，引起国内外科学界的关注。卢瑟福比洛奇小20岁，许多人都认为他是最有希望的无线电发明家。同一年，卢瑟福在一座长约18米的工棚里进行了电波收发表演。

美洲大陆也不甘寂寞。1893年，面庞清瘦、才华横溢的塞尔维亚人特斯拉在纽约发表了电磁波接收的调谐原理，并首次用无线电波启动了远处的电灯开关。他那过人的睿智还表现在预言了无线电广播和新闻传真的可能性。

除了布冉利、洛奇、卢瑟福、特斯拉，在向无线电进军的行列里，还有许许多多埋头探索、默默无闻的先行者。他们没有惊人的发现，大多数没有留下姓名，然而他们的每一步脚印都给后人提供了宝贵借鉴。可以说，无线电的发明是历史的必然产物，是整个人类智慧的结晶，绝非哪一个天才独自一人的创造。

二、世界第一份无线电报

1895年春天，年轻有为的卢瑟福获得奖学金赴英深造。富有戏剧性的是，随身携带磁性检波器的卢瑟福到英国剑桥以后，并没有成为无线电发明家。在J.J.汤姆孙的引导下，他的精力和智慧转向了微观领域，并最终成了20世纪最伟大的原子核物理学家。就在这年5月7日，在圣彼得堡俄国物理化学会的物理分会上，36岁的波波夫宣读了关于“金属屑与电振荡的关系”的论文，并当众演示了他发明的无线电接收机。波波夫成为无线电领域最明亮的一颗新星，全世界都在注视着他。

波波夫于1859年3月生于俄国乌拉尔一个矿区小镇，父亲是一位牧师。波波夫儿时爱到矿上去玩，矿场的一切都使他感到新奇。他在很小时就学会了木工，能自己制作好玩的水磨机械模型，12岁时就表现出对电工技术的爱好，自己做了个电池，还用电铃把家里的钟改装成闹钟。小学毕业后，父亲把波波夫送入神学校。父亲的意思是让他将来进神学院，但少年波波夫对物理和数学更感兴趣，他这两门功课成绩出众，连神学校校长也颇感吃惊，认为他的未来不应埋没在“修道”之中。

1877年，18岁的波波夫考入圣彼得堡大学数学物理系。大学期间他非常刻苦，家里不能供给他学费，波波夫常常是半工半读，维持学业。他在夜间担任家庭教师，还给电灯公司当过电灯匠。

波波夫觉得圣彼得堡大学不能发挥自己的才华，中途转学至一所森林学院。这所学校虽不如圣彼得堡大学有名，但师生融洽，学术思想也更加自由。

1882年，波波夫以优异成绩大学毕业。第二年被喀琅施塔得海军水雷学校聘为教员。这所学校离圣彼得堡不远，该校的实验室当时在俄国是数一数二的，有许多精良的电学仪器。波波夫在学校里除了完成教学任务，还进行着有关电磁方面的研究。在最初的几年中，他参加过日全食观测，兼职过电灯公司的电气技师，对电灯的推广抱有很大的热情。据说曾经一位朋友问到他的雄心时，波波夫回答：“我要走遍俄国，为整个俄国带来光明。”

1888年，波波夫29岁时，赫兹发现电磁波的消息传到俄国。他也被强烈地吸引住了，并成为一名热心的研究者。他曾经十分感慨地说：

> 用我一生的精力去装设电灯，以广大辽阔的俄国来说，只不过照亮了很小的一角；要是我能指挥电磁波，便可以飞越整个世界了！

就在第二年，波波夫成功地重复了赫兹的实验。在一次公开的演讲中，他提出了用电磁波进行无线通信的设想。据现有的资料看，他是继胡贝尔之后第二个提出这个思想的人，而他成了第一个实现这一思想的人。

5年后，波波夫制成了一台无线电接收机。这台接收机的水平与洛奇的相当，但灵敏度却要高许多。波波夫的独特贡献，是首次在接收机上使用了天线。有一次，波波夫在实验时无意中把一根导线碰到金属屑检波器上，发现接收机检测电波的距离比往常有明显增加。波波夫找了很久都找不出原因，感到很奇怪。后来，他突然发现是一根导线碰到了金属屑检波器。波波夫把导线拿开，电铃就不响了，除非把实验距离缩小到原来那样远。这个意外发现使波波夫喜出望外，他索性把导线接到金属屑检波器的一端上，并把检波器的另一端接地，结果实验距离大增。这根导线就是世界上第一根天线。即使在现代无线电接收机中，天线也是不可缺少的组成部分。波波夫把他的接收机首先用于雷电检测上，1894 年 6 月他成功地记录下了天空中的闪电。

1895 年 5 月 7 日，波波夫当众演示了他发明的无线电接收机。人们注视着大厅讲台上的波波夫，他穿着朴素，留着契诃夫式的胡子，表情平静，举止沉着。波波夫的助手雷布金在大厅的另一端操作火花式电波发生器。波波夫的接收机由金属屑检波器、电铃、继电器、记录器和一根垂直的天线组成。当雷布金接通火花式电波发生器时，接收机的电铃立即响起来；断开发生器，铃声就中止。当时出席会议的都是物理学界知名人士，其中有的头脑保守，原来对电波传递信号并不相信，这次亲眼所见、亲耳所闻，让他们不得不信服。这一大，被后来的苏联政府定为“无线电发明日”。

1896 年 1 月，俄国物理化学协会杂志《电》一月号发表了波波夫介绍这次实验的文章，立即引起世界学术界的瞩目。不久以后，波波夫用电报机代替电铃作为接收机的终端。这样，他的装置就成了一台无线电电报机。

1896 年 3 月 24 日，波波夫和雷布金在俄国物理化学协会的年会上，正式演示用无线电电报机传递莫尔斯电码的无线电讯号。当时在场的观众有 1000 多人。实验时，发射机放在附近的森林学院化学馆里，接收机装设于物理化学协会会议大厅。雷布金拍发讯号，波波夫接收，通信距离为 250 米。物理分会会长佩特罗司赫夫基教授将接收到的电报字母逐一写在黑板上，最后得到的报文为：“Heinrich Hertz”（海因里希·赫兹）。这表示出波波夫对这位电磁波先驱者的崇敬。这份电报虽然很短，却具有重大的历史意义。这是世界上第一份有明确内容的无线电报。

三、来自意大利的青年

1896 年，正当波波夫取得辉煌的研究成果的时候，一个意大利青年登上了开往伦敦的邮船。他眉清目秀，看上去像个怕羞的少女。他寸步不离地守着一个大箱子。这位 22 岁的意大利青年名叫马可尼，箱子里装着他发明的无线电收发装置。马可尼就这样登上了无线电发明史的历史舞台，开始了他那使无线电研究进程发生巨大变化的人生征途。

马可尼 1874 年生于意大利北部博洛尼亚。父亲是一个农场主，母亲是爱尔兰一个贵族的后裔。赫兹发现电磁波时，马可尼还是一个 14 岁的少年。

马可尼 16 岁时，有个老师送给他一本电学杂志，叫他仔细阅读。杂志上有几篇介绍赫兹实验的文章，写得通俗有趣。那位老师名叫李奇，本身就是一位电波研究者。

马可尼读完老师推荐的文章，不由得心驰神往、若有所悟：世上有这样神奇的电波，我们难道不能加以利用吗？他在李奇老师的指导下，开始做一些简单的电磁实验。

聪明的小伙子一面埋头实验，一面开始收集有关电磁波研究的各种资料。马可尼有三个最大的特点：一是敢想，二是想了就做，三是善于吸取他人的成功经验。这三大长处是他一生事业成功的秘诀。在 17 岁时，马可尼就搜集了各家的论文，其中既有布冉利、洛奇、特斯拉这些大师的研究成果，也有其他一些不太著名的人的文章。凡是他能找到的，他都千方百计找来了。

马可尼详细阅读了这些资料，用了足足一年时间理解它们。毫无疑问，马可尼经历了许多次失败。父亲常常笑他是一个“不切实际的空想家”。然而，马可尼并不丧气。1894 年，敢想敢干的儿子终于取得了初步的成绩。一天，他把母亲请上顶楼实验室，小实验台上摆着一台简陋的装置。只见马可尼一按电钮，楼下客厅里传来一阵铃声，而楼上和客厅并没有导线相连。这是马可尼第一次实现无线电信号传送，当时他 20 岁。

1895 年夏天，马可尼的实验突破了室内范围。他在父亲的花园里进行了一次非常成功的电波传递实验。他用的发射装置是李奇改进的火花振荡器。接收机与波波夫的很相似，有洛奇的金属屑检波器、电铃、电池，还有一根天线。后来有的苏联学者因此指责马可尼“抄袭”了波波夫，这显然有些偏执。科学发明本身就是一场接力赛，没有继承，就没有发展。马可尼的成功，就在于他善于博采众家之长，进而最终成了这一事业的集大成者。

这一年秋天，马可尼又前进一步，据称他把电波传送距离扩大到 2.7 千米。不过这次实验不是当众举行的，不能作为正式记录。

这时的马可尼像一只羽翼初丰的雏鹰，渴望着广阔的蓝天。意大利的天空对他来说已显得太狭小。据说他曾给意大利邮电部写信，请求给予资助，但没引起重视。为了寻求无线电的实际应用，22岁的马可尼决定前往英国。

四、“马可尼把鸡蛋立了起来”

有人说马可尼是幸运儿，确实如此。伦敦亲切地接待了这个异乡青年。抵英不久，他的发明就获得了英国政府颁发的专利，时间是1896年6月2日，专利号为12039/96。专利局的一位官员还给他一张名片，介绍他去找英国邮电总局的总工程师威廉·普利斯博士。

普利斯是英国电信界的权威，曾多年研究无线通信。当他看到在英国《电气技师》杂志上发表的关于马可尼申请专利的简报后，不由得慕才如渴，急于想亲自见见这位青年发明家，无奈杂志上没有马可尼的住址。于是他派了许多人到各家旅馆去寻访。正当他四处打听时，一天上午，一位手提箱子的俊小伙登门来拜访他：

> 我叫马可尼，无线电报的业余爱好者。

小伙子腼腆地笑了笑，手里仍提着大箱子。马可尼在普利斯的办公室里演示了无线通信实验，使人耳目一新。总工程师看见马可尼的机器相当粗笨，里面的部件也不是什么稀奇的东西，不由得幽默地说：

> 人人都认识鸡蛋，只有马可尼知道怎样把鸡蛋立起来！

接着，普利斯请马可尼留在邮电局里，支持他继续做实验。

1896年12月12日，普利斯在伦敦科技大厅举行题为“无线电报”的科普演讲，听众十分踊跃。演讲行将结束时，主讲人意外地宣布了一个消息：

> 有一位年轻的意大利发明家马可尼先生，前不久到我这儿来了。他带来了一套新的电报装置，可以不用导线，而通过无线电波进行远距通信！

接着，普利斯把一直坐在旁边的马可尼介绍给大家。看见这位意大利发明家如此年轻，有人轻声说：“还是个孩子呀！”在这之前，许多人还以为这青年是普利斯带来的文书。

马可尼从讲台下取出两个形状普通的大盒子。一个盒子里装着发射机，由电池、线圈和一对形似铜哑铃的赫兹振子组成。另一个盒子是黑色的，里面是带继电器的金属屑检波器，盒子外面有两条水平铜带，作接收天线用，盒顶装着电铃。

马可尼将两个盒子分别放在大厅的两角，一个自告奋勇的听众当发报员，马可尼守着接收机。当发报人按下电键时，马可尼面前盒子上的电铃立即发出铃声。为了证明这当中没有弄虚作假，马可尼举起盒子，在会场中到处走动。每一个观众都听到了铃声。整个大厅顿时变得比游乐场还要热闹……

就这样，普利斯把年轻的发明家推荐给公众，使他走上了社会舞台。全英格兰都知道了马可尼和无线电报。普利斯本人是无线电研究的失败者，但是他帮助和扶植了马可尼的成功，他同样算得上无线电的一名功臣。

五、两种命运

马可尼得到普利斯的帮助是他一生最大的幸运。

普利斯居于英国电信界的领导地位，论年龄可以做马可尼的父亲；论研究无线通信的资格，比布冉利、洛奇还老。相比而言，马可尼不过是一个初出茅庐的新手。但普利斯居高而不自傲，看见一个后生研究出自己多年未研究成功的东西，他是那样高兴，又是那样谦虚。他不仅鼓励这个年轻人，为这个年轻人宣传，还设法争取政府的资助。这一切对马可尼的事业产生了重大影响。正是在普利斯的大力倡导下，英国邮电局对马可尼的初期研究给予了许多慷慨的支持。

当然，马可尼的成功还有重要的社会原因。英国有良好的科学传统，政府比较重视科学发明。特别是英国与海外有广泛的联系，马可尼的发明如果得到实际应用，首先对航海的船舶具有不可估量的价值。但是当时，仍有不少人对无线电报能否得到实际应用表示怀疑。据说连著名的开尔文都曾说：

> 无线电报通信，这很好呀。不过我宁可相信“一个幼儿骑马送信”！

波波夫的遭遇却恰恰相反。由于沙俄的腐败无能，波波夫的发明未得到政府的关心和帮助。当他第一次申请沙皇当局拨发实验经费时，愚蠢的海军部长竟批示道："对于这种幻想，不准拨款。"后来，由于海军上将马卡洛夫的一再坚持，当局总算拨下来一笔钱。波波夫最后拿到这笔钱时，只得苦笑起来：仅有300卢布！偌大一个沙俄帝国，只拨出300卢布发展无线电事业，真是让人啼笑皆非。

形成鲜明对比的是，当波波夫为缺钱发愁时，普利斯则非常欣喜地通知马可尼，英国邮电总局同意给他提供全部经费和实验用的各种资源，以便进一步实验海上通信的可能。这两位发明家，一个是逆风行舟，一个是顺风航船。因此波波夫虽然比马可尼早一年取得研究成果，却没有多久就落到了后头。在相当艰难的条件下，这位俄国发明家仍顽强地进行实验。

1897年春，波波夫在喀琅施塔得港口停泊场进行无线电报实验，可靠通信距离达到640米。同一年夏季，波波夫和雷布金在巡洋舰"阿非利亚"号和教练舰"欧罗巴"号进行无线电通信联试，最大距离达到5千米。这次实验是比较著名的。在实验过程中，波波夫和雷布金发现，电磁波会被中间驶过的第三艘军舰反射。30多年后出现的雷达，就是根据这一原理发明的。当时，波波夫曾把这个现象报告给海军喀琅施塔得港司令部并预言了它的实用价值，可惜未引起重视。

仿佛是一场无形的比赛，当波波夫在喀琅施塔得港做实验时，马可尼也在紧张地进行跨海通信实验。地点在布里斯托尔海湾。这次实验对马可尼来说等于是一次举足轻重的考试。究竟他的发明有没有生命力，将由实验结果回答。普利斯对这次实验寄予很大希望，特意让自己最信任的助手乔治·肯普协助马可尼。实验结果很理想，马可尼将无线电讯号成功地传过了海湾，距离为14.5千米。

为了纪念这次重要实验，半个世纪后人们在这里举行了隆重的纪念仪式。

六、超过波波夫

马可尼进行无线电跨海实验的成功，也引起了意大利政府的重视。同年6月，马可尼接意大利驻英使馆的通知回国，在岸上建立了一座陆上电台，与意大利军舰通信距离延长到近20千米。不久，意大利国王、王后在罗马接见了这位青年发明家，并很有兴趣地观看了他的实验演示。

1897年7月，马可尼重返英国，开始研究无线电的商业应用，并在伦敦成立了无线电报信号公司（1900年改为马可尼无线电报公司）。

紧接着，马可尼在怀特岛建立了一座电台，名为尼特无线电台。怀特岛位于英格兰南端，对岸是狄更斯的故乡朴次茅斯。在英国地图上，这只是一个不太引人注目的小岛，但就在这个无名之地，马可尼进行了一系列著名的通信实验。

通常说来，一项发明只有当它可以商用时，才算有了实际应用价值。世界上第一份商用无线电报就是在怀特岛拍发的。尼特无线电台竣工后，许多政府官员和社会名流前来参观。有一天，开尔文勋爵也莅临此地。这位大西洋海底电缆通信的创始人对无线电曾表示过怀疑，事过一年，在怀特岛的电台机房里，他很愉快地给普利斯等老朋友拍发了电报。电报拍完后，开尔文从袋中掏出一先令硬币交给电报员。在场的人都觉得诧异，电报员也以为这位勋爵在开玩笑，所以执意不收。开尔文笑了笑说：

> 这是拍发这些电报的费用，它标志着商用无线电报的开始。

他坚持一定要付款，电报员收下了这不平常的一先令。这是世界上第一次收费的无线电商业电报，而拍发它的人恰恰是长途有线通信的奠基人。

1898 年 7 月，马可尼的无线电报系统正式投入商业使用，为爱尔兰都柏林《每日快报》报道赛艇比赛实况。同年 12 月，马可尼在南海岬灯塔和一艘灯船之间建立了无线电通信。这艘灯船第二年 3 月同一艘邮船在海上相撞，幸亏它装有无线电报，及时将出事消息发到南海岬，南海岬立即派救生艇赶到出事地点，将遇险者全部救起来。这是利用无线电首次营救海上遇险者。

马可尼取得这些成果后，1899 年盛夏，他成功实现了英法海峡两岸的无线电报联络，再次刷新了无线电通信距离的纪录，将这一纪录提高到 45 千米。跨越多佛尔海峡的通信实验在当时颇为轰动，英法各报都用头版作了报道。同一时间，波波夫在俄国黑海舰队进行实验，通信距离仅为 17 千米。

1899 年 7 月，马可尼的通信系统首次在英国海军演习中使用。随后，英国皇家海军与马可尼签订了一项合同：次年为英国海军装备 28 艘军舰上和 4 个陆地上的通信站。这是马可尼公司获得的第一个重要合同。

这年 9 月至 10 月，马可尼应邀到美国访问。他用随船携带的无线电装置报道了在美国领海举行的国际快艇比赛。归途中，马可尼将通信设备装在所乘的“圣·保罗”号船上。当船驶过大西洋驶进英国海域时，马可尼成功地同 106 千米以外的尼特无线电台进行了通信联络。

无线电信号第一次突破了100千米的传输距离！时间是1899年11月15日。

是的，虽然1895年波波夫拍发了世界上第一封无线电报，但仅仅三四年时间，马可尼就赶到了前面。他第一个使无线电投入商业使用，第一个使无线电成为海上救生的利器，也第一个使无线电信号越过了英法海峡。

一个戏剧性的事实是，也是在1899年11月，波波夫的工作才开始被俄国海军部重视。当时俄国战舰“阿普拉克辛海军上将”号在格兰德岛附近触礁，为了营救，波波夫在科特卡城和该岛间组织建立了俄国第一条实用无线电报线路，距离40千米，完成了营救任务。三个月后，通过这条无线电通信线，还救出27名偶然遇险的渔民。当时在喀琅施塔得港担任司令的马卡洛夫收到波波夫的报告，非常高兴。这位留着长髯的海军上将立即给波波夫发了一封热情的贺电。

马卡洛夫是俄国第一个理解波波夫事业的人，他是波波夫的“普利斯”。遗憾的是，俄国不是英国，马卡洛夫一个人扭转不了乾坤。正如苏联《俄国物理学史纲》一书感叹的：

> 由于营救战舰“阿普拉克辛海军上将”号时，成功地应用了无线电报，海军部这才相信了波波夫发明的效用。波波夫受托在俄国军舰上训练士兵使用无线电报。但是宝贵的时间已经一去不复返了！

七、飞越大西洋的“S”

1900年10月，马可尼开始在普尔杜建设第一座大功率无线电发射台，该台采用了10千瓦的音响火花式电报发射机。马可尼开始了他建立欧洲和美洲间的无线电通信计划。他雄心勃勃、大胆沉着，决心让信号飞越2800千米的大西洋，这连很多内行都认为难以实现。当时，人们认为电磁波和光波都是直线传播，不能绕射，因而不可能绕过地球的曲率。更何况当时的无线电收发装置还处于婴儿时期，连电子管放大电路、超外差式接收电路都还没有发明使用。马可尼是一个敢想敢为的青年发明家，众人断言办不到的事，他偏要认真地去实现。

马可尼建立普尔杜发射台耗资数万英镑。这样一笔巨款，对波波夫来说是望尘莫及的。当马可尼在普尔杜建造世界上最大的无线电发射台时，俄国国内连最普通的收发报机都不能生产。为了解决海军装备的急用，波波夫于1900年夏天不得不风尘仆仆地到法国和德国去购买电台。当时巴黎正举行国际电气展览会，波波夫的发明也参加了展出。8月18日，展览会评判委员会授予波波夫大金质奖章。这是对波波夫的表彰，也是对沙俄帝国一个极大的讽刺。

1901年冬天，一切准备就绪。马可尼开始向越过大西洋的目标进军。

11月26日，马可尼在肯普和另一名助手佩基的陪同下，乘“撒丁”号船从利物浦启航，驶向加拿大的纽芬兰。当时气候严寒，甲板上常常结着薄冰，整个航程平淡无奇。望着滔滔的大海，马可尼不由得心潮起伏。他知道他们正在进行一次历史性的航行。40多年前，勇敢的开尔文沿着这一航线，铺设了大西洋第一条海底电缆。今天，他要去开拓一个新的领域，完成人类通信史上更伟大的壮举。

12月6日，星期五，船到达纽芬兰的圣约翰斯港。抵达纽芬兰的第三天，实验的所有准备工作都圆满完成。12月11日开始架设天线，马可尼先决定使用气球。由于天线很长，相当重，他们用了一只直径4米的大气球，里面充满了氢气。但当气球升到约3米高时，忽然刮起大风，气球竟被卷走了。第一次实验还未开始就失败了。

第二天，风仍然未停息。马可尼心想改用风筝可能会好些，4年前他在布里斯托尔海湾的成功就是用的风筝。就在当天上午，他们赶制好一个正六边形的大风筝。在一阵紧张的操作之后，风筝牵引着天线升了起来。天线下端固定在一根粗大的电线杆上，并通过一根引线从窗户引入医院内的机房。风筝在大风中左右飘摇，但终于被控制住了，一直升到120多米的高空。

马可尼记录了他当时激动的心情。他写道：

关键的时刻终于来到了，为了给它铺平道路，我做了6年持续而艰巨的工作。来自各方面的批评和困难从未使我动摇过。我即将检验我的理论的正确性，证明马可尼公司和我已获得的300余种专利。为了实验和在普尔杜建造大功率无线电站花费了数万英镑，这笔钱是不会白花的。

成败在此一举。为了更有把握，马可尼决定不用以往实验采取的莫尔斯电码记录仪作终端，而改用电话机来直接收听金属屑检波器的输出信号，因为在当时人的听觉比记录仪灵敏得多。这个事实是1899年波波夫做通信实验时首先发现的。

1901 年 12 月 12 日到了预定的通信时间。大家屏声静息地等候着。大约到中午 12 点半时，电报键突然发出尖锐的“咔嗒”声，表明有什么信息来了！马可尼立即抓起听筒，紧张地聆听。

千真万确，这就是来自大西洋彼岸的信号！三个微小而清晰的“嘀嗒”声在马可尼耳畔响起，这相当于莫尔斯信号的三个“点码”，即“S”字母。

马可尼异常激动，在一瞬间他几乎不敢相信这是事实，于是把电话机递给身旁的肯普说：“肯普先生，你听听有什么没有？”肯普接过听筒，兴奋地贴在耳朵上。几秒钟之后，他一下喊起来：“是他们的信号，是的！三点短码！”

从普尔杜发来的“S”字母信号，越过大西洋，被他们清晰地收到了！这个信号是马可尼预先约定的。此刻，马可尼抬起头来，望了望空中随风翱翔的风筝，眼睛里闪现出快乐的光芒。他确信，不用电缆进行横越大西洋通信的时代已经不远了。随后，他们又收到 25 次“嘀嗒”声。实验已经成功，这是确定无疑的事了！

实验结束后，马可尼同肯普、佩基微笑着走出大楼，站在石阶上。一直等候在外的摄影记者为这三个战友照了相，这是一张非常珍贵的历史留影。

出乎意料的是，这一轰动的新闻传开后，立即引起各种不同的反响。对于这个无线电发展史上的重大突破，欢呼和赞叹的人自然是多数，但表示怀疑的也大有人在。另一些怀有敌意的报刊，显然是领了某些公司的津贴，也跳出来反对马可尼，大吹冷风。在关键时刻，英国最有影响的《泰晤士报》挺身而出，接连发表文章，积极宣传马可尼的实验，并给予很高评价。许多年后，马可尼在回顾这段不平凡的经历时，还充满感激之情。他说：

> 当时这个国家某些权威的技术报刊是反对我的，他们不遗余力地怀疑我以及我在长距离无线通信上的工作。《泰晤士报》却相信我，并且迅速和有力地抨击那些守旧派。无线电自 1901 年后已有了巨大进步，而我常常怀念早年的日子，深深地感激那些非常友好的鼓励和支持，知道像《泰晤士报》这样一个大报是相信我的，这给了我勇气和力量。

1903 年春天，《泰晤士报》开始用无线电从美国向英国传送新闻。每日的最新消息，当天即可见报。这时候，马可尼的事业取得了世界范围的大发展。英国、意大利、加拿大、美国、德国、比利时、刚果等许多国家的海岸、要塞都装备了马可尼的无线电台。成百艘在大西洋航线上的邮船，也纷纷采用了马可尼的装置。无线电开始成为全球性事业。

八、荣誉、发明权及其他

在科学史上，常有这种情况：当一项重大发明刚刚破土而出时，总会遇到种种非难和阻力，而一旦它扎下了根开花结果，接踵而至的就是有关发明权的争执——究竟谁是真正的发明者？个人的虚荣，集团的私利，某些狭隘的民族意识，常常使这种纠葛变成一场国际的争夺战。

当无线电的灿烂前景展现在世界面前时，无线电的发明权也成了许多公司或集团逐猎的目标。有的国家不承认波波夫的工作，有的对马可尼的贡献提出非议，第三种人则问道：功劳究竟归波波夫、马可尼，还是更早的先行者呢？

几位无线电的先驱者，对发明权却怀着谦虚的精神。

早在1898年，布冉利就表示：

> 虽然我所常常称作原理性实验的无线电导体实验能够成为无导线电报的基础，但我却没有任何侵占这个发明权的念头，因为我从来没有想到过发送信号。

这位第一个发展了赫兹研究成果的法国科学家，把发明的荣誉让给了后来者，他说：

> 无线电报实际上是从波波夫的实验中产生的。

卢瑟福也表了态。这位新西兰人1910年在《卡文迪许实验室的历史》一书中曾自豪地说，在马可尼着手进行无线电报的实验之前，他就已经进行了半英里外检测无线电信号的实验了。不过这位原子物理学家并没有争夺无线电发明权的意思。他是推崇马可尼的。他说这些话，只是对自己早年陶醉的课题流露出一种缅怀。

对无线电有过重大贡献的另一位科学家、英国的洛奇声明说：

> 当时我忙于教学工作，以至于无法从事电报或任何其他方面的研究工作，我也没有能够有预见地抓住那些已经对海军呈现出不寻常的重大意义的

电报……

波波夫怎么说呢？他既肯定自己的工作，又承认马可尼的贡献。不过对后者提出了轻微的批评。在全俄电气工作者第一次代表大会上，波波夫在报告中谈道：

> 马可尼是否知道我的仪器，这或许是可能的……马可尼把许多众所周知的事实归功于自己……无可置疑，长距离电报通信方面，首次的实际成果，是马可尼最早达到的。

总体而言，这位俄国发明家最后还是能够讲究实事求是。

但是俄国政府却没有这样“谦虚”。1908 年，俄国物理化学协会专门成立了一个委员会，对发明无线电的优先权进行调查。该委员会向许多外国学者发信征询意见，最后宣布波波夫享有发明无线电的优先权。这些俄国的爱国教授们理直气壮地说：是波波夫最早传递了无线电报，连布冉利都承认这一点，马可尼理当靠边站！

英国的学者们则不服气。他们提出了似乎更充足的理由：瓦特并没有发明蒸汽机，但他发明了在冷凝器而不是在汽缸中冷凝蒸汽，从而使原始的不经济的引擎变成了实用的蒸汽机，最终导致了一场工业革命。莫尔斯也不是第一个发明电报机的，但莫尔斯发明了莫尔斯电码，电报才成为广泛应用的通信工具。同样，马可尼的确没有在波波夫之前作真正的无线电报表演，但是他第一个使无线电走出实验室，也是他第一个让无线电越过海峡，飞过大西洋，变成真正实用的通信工具。世界上公认瓦特发明了蒸汽机，公认莫尔斯发明了电报，自然也应公认马可尼发明了无线电！

基于同样的理由，1905 年 5 月 4 日，在美国关于无线电发明权的一场诉讼中，北美巡回法庭判定马可尼为无线电发明者。宣判时，法庭庭长有一段别具一格的判词，后来成了无线电史上著名的文献。这段判词如下：

> 据说，由于全球的科学界都被赫兹 1887 年[1]关于电波的史无前例的新发现所惊醒，有人因此试图否认马可尼的伟大发明。实际上，9 年过去了，没有一个人使电波得到实际应用或取得商业上成功的结果，而马可尼是第一个

---

1 判词写赫兹验证电磁波为 1887 年，实际上一般公认为 1888 年。

说明并利用赫兹波成功传送简明易懂的信号的人。

马可尼对火花电报技术的正确贡献，可以叙述如下：麦克斯韦和克鲁克斯提出了用击穿放电产生电振荡的理论，赫兹证实了这个振荡并说明了它的特性。洛奇和波波夫发明了仅限于演讲和局部实验的装置，或是像雷雨观测这种不能实用的仪器。马可尼发现了有效地把这些振荡转变为一定信号的可能，并利用他自己手中的工具，结合别的实验室已不用的仪器进行了一系列深入的实验，改而复用，用而复改，终于使他的发明发展为完整的系统，从而成功地变成商业上的运用。

别的发明者，在电领域的大海中冒险向前，他们遇到赫兹波的浪潮却让它滚滚而去，并未意识到这种新潮流注定会促进世界商业的货运和贸易。他们也曾注意到能揭示其特性的现象，但怀疑其实现的可能，并担心在破浪前进中会遇到想象中的暗礁、海峡的阻碍以及搁浅的沙洲。马可尼则敢于扬起风帆，到未知的潮流中去勘探，他第一个揭开了新的航线。

威廉·汤森庭长的这段颇富文采的判词，后来获得世界大多数国家的公认。这表明，人们在判定一项科学发明权时，把谁使这项发明对社会生产产生重大影响放到了必要的高度。20世纪以来，科学技术对现代人类生活发生了如此巨大的革命性影响，是和这种价值观念有着内在联系的。

1909年11月，因为发明无线电的功绩，35岁的马可尼荣获该年度诺贝尔物理学奖。同时与马可尼分享这个荣誉的，还有一位阴极射线荧光管发明人德国物理学家布劳恩。而在这以前三年，1906年1月13日，波波夫患脑溢血突然去世，年仅47岁。这位为发展无线电而不懈奋斗的俄国科学家，最后淡泊终身。如果说马可尼是无线电史上幸运的弄潮儿，波波夫则是一位悲剧性人物。在探索无线电的群英中，他第一个脱颖而出，但由于沙俄的腐朽，他的事业得不到自己国家的重视和鼓励。他热爱祖国，曾几次谢绝了外国科研机构的聘约，最后是壮志未酬，遗恨千古。

波波夫的遭遇，不只是个人的悲剧，也是沙俄帝国的悲剧。1905年5月，俄国波罗的海舰队在对马海峡遭到装备有优良无线电通信设备的日本联合舰队的伏击。而俄舰因通信系统落后，耳目迟钝，指挥不灵，结果全军覆没。对马海战之惨败，不啻是对最早发明无线电的沙俄帝国的最大嘲弄。

九、浮海为家

马可尼在无线电上的巨大成功，使他获得很多荣誉。除诺贝尔物理学奖外，他还得到美国的富兰克林奖章、俄国和西班牙的勋章和其他一些名目的奖章。诸如什么议员、元老、院长、侯爵、会长等头衔，更是数不胜数。一个人成了名，到处都来锦上添花，这似乎已成惯例。不过马可尼并不爱出风头，在荣誉面前还能够自持。人人都知道他是无线电发明家，他却常以一名“业余爱好者”自居。

1918 年 9 月，马可尼采用等幅波发射，在英国和澳大利亚间传递了第一份无线电报。从 1916 年至 1922 年间，他又开拓了短波通信的研究。1920 年，马可尼买了一艘“伊莱特娜”号游艇。他把这艘在第一次世界大战中被英国海军大将所用过的奢华游艇，改装成为一艘浮动实验室。艇内除有书房、卧室、洗澡间外，最引人注目的是无线电舱，里面装有实验仪器和各种长短波无线收发报机，专供通信实验用。马可尼在这条船上乘风破浪，浮海为家，进行了许多重要的通信实验。他曾对朋友说：

> 我生来是作为水手的。我热爱大海，不但因为它把我从陆地上的烦恼中带走，而且因为在海上我可以随心所欲地去思索、研究和实验。

马可尼生前对中国怀有友好感情。1933 年 12 月，马可尼曾访问我国。他从日本出发，于 12 月 7 日抵达上海，受到上海各大学联合会、中国无线电工程学校、中国科学社、中国工程师学会、中华无线电研究社等 14 个团体的热烈欢迎。马可尼参观了上海交大，为了纪念他的功绩和欢迎他的莅临，在上海交大工程馆前立了一根纪念铜柱，命名“马可尼铜柱”。马可尼和夫人亲自参加了植柱仪式。这次访华给马可尼留下了深刻印象。他曾对人说，在京浦列车上经历了这样长的旅途，再翻开世界地图把中国和意大利一比，不禁深有所感。

当然，世上没有完人。马可尼一生中也有过瑕点，他研究过杀伤性武器，并为当时意大利政府的侵略战争出过力。

1934 年 4 月 25 日，马可尼 60 岁生日。世界各地拍来了贺电。为了纪念他的伟大贡献，国际海上无线电协会代表 50 个国家，一致通过把 4 月 25 日命名为国际马可尼日。

1937 年 7 月 20 日，马可尼病逝。全世界都哀悼这位无线电巨人离开了人间。葬礼举行时，罗马有上万人参加送葬行列。英国所有邮局的无线电报和无线电话都静默 2 分钟，以表示对马可尼的悼念。

马可尼一生的历史，也就是无线电发展的历史。当马可尼 22 岁到英国时，无线电还在摇篮中；当他载誉离世时，无线电已成为遍布全球的一项伟大事业。正如一家著名杂志在他逝世时所评论的：

多少人仅仅满足于证明无线电的可能，他却实现了。这无疑是伟大的！

（作者：松鹰）

参考资料

［1］Orrin E. Dunlap. Marcon，the Man and His Wireless［M］. New York：The Macmillan Company，1937.

［2］马克 · 拉伯伊 . 古列尔莫 · 马可尼传：联络世界的人［M］. 蔡留琴，殷倩，译 . 长沙：湖南科学技术出版社，2022.

［3］季米赖席夫 . 俄国物理学史纲：下册［M］. 蔡宾牟，叶叔眉，译 . 上海：科学技术出版社，1957.

威廉·布拉德福德·肖克利

（William Bradford Shockley，1910—1989）

肖克利

毁誉参半的半导体科学家

在20世纪众多科学天才中，威廉·布拉德福德·肖克利是为数不多的备受争议、毁誉参半的人物。在科学上，肖克利有重大贡献，创下了一连串光辉业绩，最引人注目的是与约翰·巴丁、沃尔特·布拉顿因发明晶体管而分享了1956年的诺贝尔物理学奖。鲜为人知的是，肖克利还是较早发现“慢中子效应”和设计出核反应堆的科学家之一。肖克利不仅参与发明了晶体管，而且把晶体管引向实用之路，他点燃的“晶体之火”，照亮了以半导体硅为基础的信息革命之路。2002年，在斯坦福大学举行的纪念肖克利的会议上，会议的组织者说：

> 肖克利就是那个把硅带到硅谷的人。

但在他的科学成就光环之外，也围绕着一片片与他的科学家声名不太和谐的云翳。最使他陷于尴尬地位的就是他晚年所大力提倡并以捐献精子加以支持的“新优生学”。为了从多个方面认识肖克利，让我们依据所掌握的资料对肖克利的科学贡献和优生观念及其引发的争议进行探讨。

一、简略生平

肖克利的母亲科拉·梅·布拉德福德是斯坦福大学早期的毕业生，是美国第一位享有矿藏测量员头衔的女性。据说27岁的她眼光很高，最终嫁给了51岁的从英国来美国开采金矿的工程师威廉·希尔曼·肖克利。老肖克利虽是英国人，却毕业于麻省理工学院，除了工作，他在音乐、语言和文学等方面均颇有教养，是个谈吐文雅的英国绅士。有意思的是，老肖克利曾作为英国投资代表在中国工作过5年，与清政府官员打过交道。他们俩于1908年在英国完婚，1910年2月13日生下了儿子威廉·布拉德福德·肖克利。

肖克利 3 岁时，一家人从英国回到美国，定居于加州旧金山附近的帕洛阿尔托。小时候，肖克利在小朋友中间的表现比较“称王称霸”，已经显示出某种强势人物的苗头。8 岁时，父母把他送到了当地一家有名的私立学校，据说他入学的智商测试值是 129 分，很聪明，但还没到天才的程度。两年后，父母为矫正他的顽劣性格，还曾送他到帕洛阿尔托的军事学校参加过训练。

读到中学时，肖克利提前一年完成了初中学业，之后随父母迁居好莱坞，就读于好莱坞的一所高中。此时，他开始对自然科学，尤其是物理学表现出极大兴趣，即使在暑期，他仍然到洛杉矶培训学校去进修物理课程。1925 年初，15 岁的肖克利亲手制作了一台矿石收音机，这成为他接触电子产品的契机。不幸的是，这年 5 月他的父亲去世了，这对肖克利的打击很大，他的坏脾气愈加严重。高中期间，肖克利在自然科学方面的学识经常有超过老师之处，于是他就经常在课堂上把比老师简便的解题方法讲给同学听，就是为了让老师难堪。这导致他在临毕业前虽然取得了物理竞赛第一的成绩，却仍被老师以他提前修过这门课、有作弊之嫌为由剥夺了到手的奖励金杯。他倒也无所谓，依然因自己“相当擅长物理学”而扬扬得意，并断言“我们的时代是个伟大的机械时代”。

肖克利在加州理工学院完成了本科学业，这所学校给他的最大帮助与其说是给予学识，不如说是遇到一位恩师，即他在加州理工学院的指导老师：阿诺德·贝克曼。贝克曼是一位化学家、企业家，最后还成为风险投资者，在肖克利创办半导体公司的初始给过他很大帮助。

1928 年 9 月肖克利从西部到东部，进入麻省理工学院读研。当他学习到当时刚出现不久的量子力学理论的时候，立刻被其深邃的思想和优美的形式所深深吸引，立刻决定深入钻研这个理论，并利用这个理论开展研究工作。按照麻省理工学院的体制，学生与导师可以双向选择，肖克利选择了物理系主任斯莱特作为自己的博士论文导师。在斯莱特的指导下，肖克利研究了利用维格纳 - 塞茨分级递推近似计算法估算氯化钠的能带值，首次尝试将能带理论应用于化合物。对于这项成果，肖克利很是自豪，但对导师的指导评价却不高，他甚至自负地说：

> 是我经过极其复杂的能带计算，为真实的晶体首次勾勒出了关于能带分布的真实画面。

此话并非完全没道理，但因此否定导师的作用其实也是不太恰当的。肖克利与导师斯莱特的相处因此并不融洽，甚至在毕业时的聚会宴中，肖克利都没有邀请斯莱特，并表示："我要永远地怠慢他。"这也是他后来为人诟病的缘由之一。但有点讽刺意味的是，几年后两人又成了同事与好友。

肖克利于1933年8月在加利福尼亚与琼·贝雷结婚，次年有了长女艾利森，拖家带口的肖克利急需较高报酬的工作来养家糊口。1936年，当他刚刚谋得耶鲁大学物理系讲师职位的时候，时任贝尔实验室研究部主任的凯利也给肖克利提供了一个到该实验室工作的机会，并且薪水优厚，达到了肖克利的期望。肖克利立刻放弃耶鲁大学教职，就任贝尔实验室的研究人员。实际上，肖克利的此次好运气是他的一位老师莫尔斯大力推荐促成的。当然，肖克利在量子力学方面良好的素养也是凯利相中他的主要原因。肖克利不负厚望，第一年就发表了8篇论文。更为重要的是，他还成功申请了自己平生的第一个专利—— 一个通过屏栅使一束电子流聚焦的器件。这些成就意味着他赢得了在贝尔实验室发展的第一步。

第二次世界大战期间，1942年5月肖克利应莫尔斯的要求加入了由其领导的"反潜武器指导小组"。只用了几天时间，他就发现了美国海军飞机在反潜方面低效的问题所在。后来，他通过综合分析得出纳粹飞机没有装备雷达的关键性信息，为盟军制定海战方案提供了可靠依据。但肖克利对二战的最大贡献，是他于1944年研制的一个能对B-29轰炸机飞行员进行高效训练用的新型雷达视镜装置，他还花费了三个月时间穿梭于世界各地的盟军空军基地指导实施。由于此项贡献，肖克利于战后的1946年被授予了平民的最高战争奖——国家功勋奖章。

二战后，肖克利回到贝尔实验室工作，并兼任美国国防部顾问。1958—1962年，肖克利还兼任美国空军科学顾问委员会顾问。1962年，肖克利成为美国总统科学顾问委员会最年轻的委员之一。

肖克利由于与巴丁、布拉顿等人共同发明了晶体管，成为引人注目的人物。在获得诺贝尔奖的呼声迭起时，1955年，肖克利在他本科导师贝克曼的仪器兼风投公司的资助下离开位于东部新泽西的贝尔实验室，回到童年的故乡旧金山，创建了以他自己的名字命名的"肖克利半导体实验室"。翌年，肖克利与巴丁、布拉顿三人不出意料地获得了诺贝尔物理学奖。此时，顶着诺贝尔奖获得者的光环，肖克利踌躇满志地在一处离斯坦福大学不远、名叫"山城"的地方成立了自己的公司，扩大实验室规模，并招到了一批极具天资的年轻人，这就是"硅谷"的最早萌芽。但在不久后的1957年，由于多种原因导致了肖克利公司的一批年轻科学家共 8 人出走，史称“八大叛逆事件”。肖克利实验室遭受严重挫折，随后，经过重组，该实验室于 1960 年转售给马萨诸塞州的晶体管公司。肖克利仍在其中充当研发者的重要角色，但公司从未获过利。1965 年，不得已，公司又被卖给了美国国际电话电报公司，并迁到南部的佛罗里达州，最后还是没能逃过破产的命运。肖克利自己的晶体管公司尽管并不成功，但却为“硅谷”的发展充当了“播种者”的角色，后来许多新兴半导体及其相关业务的科技公司，都可追溯到他的实验室、他本人以及“八大叛逆事件”中的那批年轻科学家。

肖克利的实验室破产后，他重回贝尔实验室工作，后来又在斯坦福大学担任讲席教授，讲授工程与应用科学课程。其间，他的研究课题“科学思维的脑力工具”还获得过美国联邦政府的大额资助。1965—1975 年，肖克利在任职贝尔实验室行政顾问的同时，也兼任了美国陆军高级顾问以及美国宇航局顾问，并于 1968 年获得了自己人生的最后一项专利。

之后，他的兴趣转到“人口和优生”研究，不料却引来更多的矛盾和争议，甚至影响到家庭成员之间的关系。1989 年 8 月 14 日，肖克利逝世于斯坦福大学医院，享年 79 岁。他的儿女们还是从报纸上才获悉了他去世的消息。

二、肖克利的科学贡献及其间的争议

肖克利的科学研究领域主要是固体能带、铁磁畴、金属的塑性、晶粒边界理论、有序－无序合金、半导体理论的应用以及电磁理论等，发表论文 100 余篇。1950 年发表的《半导体中的电子与空穴》和 1952 年发表的《几乎完全晶体的不完整性》都是有名的文章。此外，肖克利和皮尔逊合著有《肖克利的优生和种族观点：应用科学解决人类问题》。

肖克利一生共获得 90 多项美国专利权。其中比较典型的有：

“半导体放大器”（美国专利号 2502488），他的第一个关于晶体管的专利，申请于 1948 年 9 月 24 日。

“双稳态电路”（美国专利号 2655609），用于计算机，申请于 1952 年 7 月 22 日。

“用离子轰击法制造半导体器件”（美国专利号 2787564），植入非纯材料的扩散过程法，申请于 1954 年 10 月 28 日。

“生长单晶体的程序”（美国专利号 3031275），提高了生产基本材料的过程，申请于1959年10月20日。

“碳化硅晶体的生长法”（美国专利号3053635），扩展了其他半导体的材料，申请于1960年9月26日。

肖克利一生荣誉等身，科学方面有：美国国家科学院院士、美国物理学研究所研究员；除1956年度的诺贝尔物理学奖之外，1951年获得约翰·斯科特奖章，1952年电气与电子工程学会授予的莫里斯·利布曼纪念奖金，1953年美国物理学会授予的奥利弗·E. 伯克利固体物理学奖，1954年美国国立科学院授予的最高奖——科姆斯托克奖金，1963年美国机械工程协会授予的霍利奖章，1966年加利福尼亚理工学院授予的卓越校友称号，1969年美国宇航局授予的公共服务组织奖等。

此外，肖克利还被美国《时代》杂志评选为“20世纪最具影响力的百名人物”之一，被授予国家功勋奖章并受到空军协会的荣誉嘉奖。

但在他最有名的贡献，即晶体管的发明问题上，肖克利却是个具有争议的人物。

早在1944年，研究部主任凯利据贝尔实验室总裁巴克利的指示——从战争转向和平时期的机构改组方针，首先将肖克利和布拉顿召回，准备重建固体物理组。1945年夏，贝尔实验室给筹备中的固体物理组制订科研任务，主要目标是研究半导体、导体、电介质、绝缘体压电和磁性材料在内的固体物理，寻找控制固体原子和电子排列和行为的方法，获得新的有用性质。1946年1月，贝尔实验室正式成立了固体物理研究组，其下分半导体物理组和冶金组。半导体物理组由肖克利担任组长，他同时还和化学家S. 摩根任固体物理研究组的共同负责人。在肖克利推荐下，实验室聘请了固体理论物理学家巴丁加入团队，由此组成了理论、实验和电路方面的联合研究小组。此团队先后发明了点接触型晶体管、结型晶体管和场效应晶体管等，开创了微电子科技和信息时代。

所有故事都是由研究部主任凯利的“电话切换应该是电子化的”这个期望开始，此方向成了引导肖克利那时在贝尔实验室半导体物理组的主要工作目标。半导体物理组的使命就是寻找一种固体放大器来替代能耗成本高、可靠性差的真空电子管放大器。一开始，肖克利利用量子力学理论为P型和N型半导体勾画了能级图，揭示了当外部强电场作用于P–N结时这些能带的变化情况，即利用外加电场影响到半导体内的电子和空穴的行为，使半导体电路产生明显的场效应。但是，把一个外加电场加在半导体上以影响它的导电性的设想都在实验时无一例外地失败了。

这个结果使肖克利很困惑。1945年10月巴丁到来后，肖克利向他提出了这一问题。约半年以后，巴丁认为是“表面态效应”阻止了场效应产生于半导体表面。于是，半导体组就转向“表面态效应”的研究。1947 年 11 月 21 日，巴丁提出了在硅晶体片上形成点接触的方案，经布拉顿的妙手设计和反复调试，终于在回路中得到了微弱的放大电流。12 月初巴丁提出改用耐反向高压的锗晶体，巴丁和布拉顿用一条细金丝接触锗晶体的表面，得到了输出信号电压放大 2 倍和功率放大了 330 倍的惊人结果。15 日，根据巴丁的测算，布拉顿将两条金属线的接触点距离缩小到了 0.004 厘米。第二天下午，他们进行了改进后的首次实验，获得了放大 1.3 倍的电流，输出电压也放大了 15 倍的神奇结果。这个放大器能使音量增大 100 倍。同在贝尔实验室的皮尔斯建议把这一新型放大器命名为“晶体管”（Transistor），其取意为跨越阻力，英文是个组合词：Transfer 的前半部分加 Resistor 的后半部分，即 Trans+istor。

在申请专利时，贝尔实验室一开始拟提交四份专利申请，其中第四份是最关键的一份，即点接触型晶体管。肖克利提出的场效应原理因为与曾经担任过德国莱比锡大学教授、后移居美国的朱利叶斯·利林菲尔德于 1930 年申请的“外延场效应晶体管”专利冲突，不能包含在第四份专利申请中。贝尔实验室为此还成立了专门委员会来调查研究利林菲尔德的专利。而巴丁和布拉顿则坚称点接触型晶体管的发明是他们两人各有一半贡献，并以实验室笔记的记录来佐证。作为组长的肖克利不能分享此专利，这不仅使他很恼火和沮丧，更严重的是在半导体物理小组内深深地植入了分裂的种子。后来，贝尔实验室的管理层决定每一张公开的巴丁和布拉顿相片中必须有肖克利，肖克利也将在贝尔实验室的官方宣传点接触型晶体管发明中扮演突出角色。但真正导致肖克利“名誉受损”的是美国《新闻周刊》的报道。当时，美国的大多数报刊都是由美国电话电报公司档案室所公布的“巴丁和布拉顿是在肖克利的领导下”给予报道的。而《新闻周刊》在报道时却只提到了肖克利，并且说：

是他在探究半导体的性能时偶然发现这一规律的。

这就引发了很多人对肖克利欲贪整个晶体管天下之功的争议。其实，肖克利当时倒并不想削弱巴丁和布拉顿工作的重要性，只是想把自己也包括进去而已。于是肖克利便主动向《新闻周刊》发信要求对所报道的失实内容给予更正。《新闻周刊》在更正的同时也把肖克利的信件刊登了出来。

专利申请和新闻报道事件也曾使诺贝尔奖委员会对肖克利是否应该包括在晶体管

的发明人之中存有异议。这就使本应于1954年就颁发给晶体管发明人的诺贝尔奖推迟了两年，到1956年才予以颁发。关于肖克利的谣传即使在颁奖后也未能因事实的澄清而消散。肖克利还为此致信诺贝尔奖委员会质问是谁对他的获奖存有异议。

其实，肖克利的获奖是源于他的结型晶体管发明权。而结型晶体管不但是他的独特创造，也是实用晶体管的真正开端。早在1946年11月肖克利就建议将硼酸酯液滴置于P–N结界面处，并在液滴上加电压。由于布拉顿突患感冒待在家里，另一位研究人员皮尔逊就继续了布拉顿按肖克利建议所设计的实验。实验表明，采用肖克利的方案，确实可以对流经P–N结的电流进行控制。只是由于锗晶体的换用带来的振奋，这一研究便被搁下了。点接触型晶体管成功后，肖克利一直认为它是简陋和不实用的。于是他以极大热情投入到了一种新的放大器设计中。

1947年12月31日夜晚，他设计出了P–N–P“三明治”结构的放大器初步模型。20多天后的1948年1月23日，肖克利又有了新的突破，他以N–P–N模型代替了原先的P–N–P模型，用电子取代空穴来充当基本载流子，三层半导体均与电源相连，可以更好地控制每层电压和层间电压，他还把这种放大器命名为“高功率大面积半导体阀”。直到2月13日，肖克利才在实验室报告了他的结型晶体管发明方案，这使包括巴丁和布拉顿在内的其他研究人员也感到非常钦佩。

1948年6月26日，贝尔实验室为肖克利的结型晶体管填写了专利申请文本。7月，肖克利在《贝尔系统技术杂志》上发表了后来成为半导体研究领域权威的论文《半导体的P–N结和P–N结型晶体管的理论》。1950年4月7日，第一只商用结型晶体管制造成功。

诺贝尔物理学奖最后对晶体管的发明奖励缘由是：巴丁关于表面态的理论突破、布拉顿的点接触型晶体管的证明和肖克利的实用结型晶体管的发明。这也算是对争议的一个定论和对流言的一种否定。虽然肖克利在点接触型晶体管专利权之争中略有争功之嫌，但独享结型晶体管的发明权却是实至名归。

1955年3月，第一只扩散型硅晶体管问世。肖克利马上意识到，用新开发的浮区提纯法，就能够工厂化生产响应频率为几百兆且耐高温的晶体管和电子开关，除满足美国新一代高科技武器系统的要求外，还有助于凯利的“电子化电话系统”之梦的实现。而贝尔实验室却远未认识到这一价值，这是导致肖克利决心自己创业的根本原因。而恰在这时，他遇到埃米（之后成为他第二任妻子）并得到她的鼓励，这也算是另一个动因。

肖克利与老师贝克曼的仪器制造公司建立合作关系，于1955年9月在贝克曼公司旗下建立了一家子公司，这就是位于旧金山湾区山城安东尼路391号的肖克利半导体实验室，由肖克利任实验室主任。肖克利当时宣布说，他要建立“世界上最具有创造性的团队来开发和制造晶体管，以及其他的半导体器件”。肖克利在选聘该领域最优秀科学家的能力上是无人能比的。他所招到的第一个人，就是在麻省理工学院获得博士学位、当时正在研制响应频率最高晶体管的29岁的诺伊斯。第二个是毕业于加州理工学院、年仅27岁、曾在霍普金斯的应用物理实验室工作过的物理化学家G. 摩尔。后来又陆续招到了具有惊人才能的瑞典出生的物理学家赫尔尼，父亲是冒险资本家的克莱纳，来自西部电器公司、后来成为肖克利半导体实验室的生产部经理和主任助理的克纳皮克，来自麻省理工学院的拉斯特，来自道化学公司的罗伯茨和来自加州大学伯克利分校的乔安斯等人。这些人都无一例外地接受了肖克利亲自主持的测试。

一开始，肖克利坚信半导体的未来是硅而不是锗，他也使所有人明白他的目标是生产硅晶体管。而他雇用的每个人都完全赞同他的决定。实际上，这些人也是冲着这一有前景的目标而来。但是，肖克利心目中想要建造的是一种硅晶体器件，而不是晶体管，他要做的是一个四层的二极管，也是他在贝尔实验室曾研究过的复杂半导体器件的某种延续。为防止走漏消息，肖克利还特意在远离实验室的另一处大楼上设立了一个秘密研究组，而这相当于把实验室分成了两个截然不同的组成部分。其管理模式也有森严的等级制度，下级必须服从上级的指令，也就是所谓的“野鹅按队飞”。他这种大权独揽的做法引起了员工的不满，甚至受到抵制。1957年1月的一次会议上，诺伊斯告诉肖克利，大家对他的这种铁腕管理方式存在着“普遍不满”，摩尔也抱怨说继续这样下去必将导致“精神崩溃”。结果，在准备庆祝公司成立一周年的前一天，乔安斯成了第一个打辞职报告的雇员。诺伊斯回忆说：

> 我认为我和肖克利的主要问题是，你做了一项工作，那么他会打电话给贝尔实验室来核对它是否正确。他并不信任你！

与此同时，肖克利半导体公司仍然没有产品出售。诺伊斯认为多层二极管是一项错误的技术决策，他和另外几个人私下抽时间仍然继续研制硅晶体管。

此时，肖克利实验室已经处于分裂的边缘。其间贝克曼曾于1957年5月就此问题抵达实验室一探究竟。结果肖克利并不给自己老师一点面子，当众顶撞了贝克曼。

这使得公司一些人觉得公司高层间也有裂隙。贝克曼抵达后的第二天一早，公司有8个不满公司现状的人决定要告诉贝克曼“真相”。贝克曼经过与这些人反复商讨后，决定改组实验室，剥夺肖克利的领导权，让他做顾问。但贝克曼后来又妥协了，同意肖克利仍然继续掌管实验室，只另设一个总经理职位，直接对贝克曼负责。这8个人感到自己被拆了桥，在肖克利实验室恐已难再待下去。于是，在1957年9月18日，诺伊斯、摩尔、拉斯特、罗伯茨、布兰克、格利尼克、赫尔尼和克莱纳8人集体辞职了。这就是被肖克利所痛斥的“八大叛逆事件”。

今天看来，肖克利当时设计的多层二极管，其实是个很高明的概念，从某种意义上讲，它实现了电子线路的开关转换功能，可算是初级的集成电路。但在当时的生产条件下，这种二极管的稳定性很差。正如美国科学史家邦丢派迪阿所说：

> 肖克利是二极晶体管潜在作用的少数载流子发射的革命性概念的唯一发明者……肖克利结型晶体管革命性理论的发明带来了半导体革命，掀起了硅时代。

三、肖克利与优生学

对于优生学，一般的看法是，人类的进步也和其他生物一样遵循自然淘汰法则——“优胜劣汰”。但随着文明的进步，作为进化原动力的这种淘汰作用变得迟钝了，有些地方甚至出现了所谓“逆淘汰”现象。这时候，从理性的角度看，人类确实应该进行文明进化的自我省察。

“优生学”具有悠久历史。古希腊哲学家柏拉图曾建议：国家不仅应在个人生活上实行干涉，并且须在生殖上进行控制。他主张奖励身心两健的男女结婚，以谋善良子孙的生殖；同时应禁止恶质者结婚，把他们流放到孤岛上，以遏其繁衍。亚里士多德也有类似的看法。

现代优生学的建立者是达尔文的表弟高尔顿，他于19世纪中期就开展了对优生学的研究，并将毕生精力贡献于此。高尔顿的优生学定义是：改善未来人类的精神和身体的学问。他在1911年临终时捐献了自己的全部财产设立“高尔顿研究所”。1912年，英国第一届优生学会在伦敦召开。美国人最早开展这方面研究的是卡耐基研究院下设的优生学记录所，由优生学家达文波特任所长，曾进行了多次大规模优生学调查。20 世纪，欧美各国广泛开展了关于优生学的研究，出版多种期刊和研究报告。优生学逐渐成为一门相对成熟的学科。

由于医学的进步，许多原来会被自然淘汰的特殊生理体质或有严重生理缺陷的人体性状得以生存，并且还可能被遗传下去。虽然其数量并不多，但从长期的观点看，的确存在着扩散的可能性。很大程度上，这种对扩散的担心在优生学者当中成为一种共识。成立于 1931 年的美国人口协会和成立于 1928 年的科学调查人口问题国际联合会等公立学术机构，都曾经就缺陷的扩散问题进行过调查和研究。美国也出现了一些民间的研究机构，如迈阿密大学研究人口问题的塞利普斯基金、俄亥俄州米尔班克记忆基金等，这些民间机构于 1936 年在普林斯顿大学设立了研究协调办公室。这就是优生学的时代背景。当然，学术研究并不等于种族歧视，但有时候两者会混淆在一起，令人难以分辨。

实际上肖克利年轻时就注意到了所谓优生学问题，这在他与前妻的信件中可以看出。肖克利冒着损害自己声誉的危险表达了在当时的政治上不受欢迎的观点："种族、智力和优生"对人类种族未来的基因遗传很重要，并认为这是他职业生涯中最为重要的工作之一。肖克利也曾解释他的目的是"应用科学的创造力来解决人类的问题"。

在公众面前，肖克利最早表达他的优生观点是在 1963 年，当时他到位于美国中部的古斯塔夫斯学院参加一个"诺贝尔科学会堂"举行的诺贝尔奖得主年会。那时世界尚处于冷战和核恐怖时期。在会议举办的记者招待会上，有一名记者问肖克利，核战争发生的概率是多大？肖克利回应说："一半对一半。"然后又推论道：

> 但是如果真有核战争的话，人类将至少不得不开始控制自己的遗传。我认为文明世界现在的环境是反进化的。很多能干的人实行了节育而使家庭人口很少。如果真的有一场核战发生，那将会有很多的遗传遭到毁灭，以致人类将不得不被强制计划生育，是的，即等同于"控制繁殖"。如果我们现在就开始明智的人口质量评估，那将使核战带来的被动更少。

之后，1965 年 1 月古斯塔夫斯学院继续举办的"诺贝尔科学会堂"年会的主题是"遗传与人类的未来"。肖克利是受邀发表演讲的三位诺贝尔获奖者之一。他声称这次会议是"他一生的转折点"。

演讲中，肖克利认为对人类最具威胁的三个问题是：核战争、饥荒和人类的遗传退化。第三个问题是他演讲的重点。他列举了老鼠智力遗传的实验来支持自己的观点。最后总结道：

没有理由怀疑遗传规律对人的智力和情感遗传也适用。

肖克利称自己并不是遗传学家，但作为数理科学家，他认为可以应用统计学来分析人类行为和生物研究状况。

科学界和社会公众对此反应很迅速。除报纸上大量口诛笔伐的文章外，科学界也出现了激烈的反对之声。例如斯坦福大学的一批遗传学家联合签名反对他的主张，其中包括1958年因遗传学研究获得诺贝尔奖的莱德伯格。他们发表公开信予以激烈驳斥，认为肖克利的解决办法是“极权主义”的“伪科学”。

肖克利就这封公开信对自己的观点进行了辩解，称自己并无“种族歧视”或“种族主义”的嫌疑，无非是按照科学研究的方式方法对优生学问题进行了一些讨论而已。同时还抓住公开信中对他的“伪科学”指责进行了反击，认为自己完全采用的是科学方法，如果说这就是“伪科学”，那么请对方不妨具体说明一下，到底什么地方是“伪”？这封信让斯坦福大学的遗传学家们意识到了肖克利的顽固和坚持力，他并不是个容易打倒的靶子。

在1966年10月的一次美国科学院大会上，肖克利还专门就此问题作了报告。他公开呼吁科学院和其他国立科学组织克服对“种族主义”观念的忌惮，要求科学家来研究遗传在美国的贫民中到底有什么影响。他指出：

我不能心安理得地绕开这一挑战，而且我有更大的义务面对它……

会后，美国科学院院长专门指派了一个遗传学家委员会去研究肖克利提出的问题。其理由是用理性明智的研究去消除社会可能存在的误解：

在当时的社会环境中对社会争论点有一种压倒性的强烈感情——我们正试图在平等的机会里寻找出路——那就意味着不可能进行明智的研究……那将不仅仅是误解。

但在当时那种各式社会抗议活动此起彼伏的环境下，想要理性探讨“种族和智力遗传”这个本来就富有争议的问题，或者把其作为一个纯粹的学术问题来处理，几乎是不可能的。肖克利的反对者们不但围攻他，而且也试图限制和剥夺他说话的权利。为此他已经被扣上了“纳粹”和种族主义者的帽子。

肖克利本人却一直坚持自己的观点。从1970年开始，他不但在斯坦福大学建立了“人类遗传素质研究基金”，而且还设计了“关于减少环境遗传的不确定性以及人种和种族遗传的方法”研究项目。1971年，肖克利接连在《教育研究评论》杂志上发表数篇文章，一方面批评一些有关环境决定智力遗传的观点，另一方面继续宣扬自己以及其他研究者所得到的关于黑人与白人之间存在所谓15点智商差异等论点。肖克利曾在论文中介绍自己所从事的主要研究领域时，列举了三个，前两个是“科学思维的脑力工具研究”“人类素质统计研究”，最后一个才是“电磁理论研究”。这说明肖克利对物理学之外的优生学非常看重。

在社会反应方面，肖克利遭遇了多次攻击。例如在1972年1月，有十几名青年人闯入肖克利正在上课的教室，对他进行围攻。还有一次是在1972年2月，一群青年学生烧了肖克利的肖像，并砸了他的汽车。诸如此类的攻击，在一段时间内几乎成了肖克利的家常便饭。但在重压之下，争强好胜的肖克利仍然并不屈服。他认为自己强调的是人群遗传，不是仅仅针对特定种族的遗传。

四、结语

肖克利作为杰出的物理学家，曾经站在科学创新和技术创新的最前沿，不但推动了知识的深化，也开创了一个范围极其广泛、影响非常深远的科学应用场景，这就是他在晶体管发明中的贡献。他不仅认识到晶体管能够取代真空管、充当电子开关，而且认识到晶体管将开辟电子学新应用领域，是计算机的“理想的神经细胞”。这的确是肖克利的远见。

正如有评论者所说的那样：“肖克利是一个笃信简化方法的人。”正是在简化方法的指引下，肖克利取得了科学上一个又一个突破，不仅发明了结型晶体管、场效应晶体管，而且还制造了集成电路的雏形——四层结构二极管。

肖克利虽是个科学上的天才，却不是一个成功的管理者。从贝尔实验室固体物理组的分裂到肖克利半导体实验室的破裂，肖克利管理才能的缺失是有目共睹的。他自幼受到好莱坞文化影响，乐于到处表现自己的性格，但这也成了他人很难容忍的缺点。多疑、敏感的性格特点和独断霸道的作风是阻碍他成功管理的绊脚石。

出于对人类未来的关心，肖克利一头扎进了他并不熟悉的领域——优生学，希望能够借科学之力找到人类未来的希望之路。在这条路上肖克利受到众多非难。从肖克利性格上看，对认定目标的执着追求之顽强，也使人们对他敬而远之。

当然，肖克利是一位科学的笃信者，相信科学之力可以解决一切问题。这既是他不懈奋斗的动力之源，也是他一生幸运与不幸之源。

（作者：刘树勇　王晓义）

参考资料

[1] Joel N. Shurkin. Brocken Genius-The Rise and Fall of William Shockley，Creator of the Electronic Age [M]. New York：Macmillan，2006.

[2] 赖尔登，霍德森. 晶体之火——晶体管的发明及信息时代的来临 [M]. 蒲根祥，译. 上海：上海科学技术出版社，2002.

[3] 汪华英，姜璐，赵铮，编. 诺贝尔奖讲演全集：物理学卷 [C]. 福州：福建人民出版社，2004.

[4] 许乔蓁. 晶体管效应的发现——纪念第一个晶体管诞生四十周年 [J]. 自然辩证法通讯，1988（5）：50-57.

[5] 任白涛. 优生学与遗传及其他 [M]. 上海：商务印书馆，1934.

[6] Nicholas Agar. Liberal Eugenics：In Defence of Human Enhancement [M]. Malden，MA：Blackwell Pub.，2004.

西奥多·冯·卡门

(Theodore von Kármán，1881—1963)

冯·卡门

航空航天中的乘风扶摇者

1963 年 2 月 18 日上午，白宫玫瑰园里贵客云集。美国第一枚“国家科学奖章”的颁发仪式将在这里举行。这一崇高荣誉的获得者就是现代航空大师西奥多·冯·卡门。

八旬高龄的冯·卡门由于患有严重的关节炎，在走下台阶时显得步履艰难。年轻的美国总统赶忙上前搀扶住他。老人抬头报以感激之情。然而，他轻轻摆脱了总统伸出的手，淡然一笑道：

总统先生，下坡而行者毋需搀助，唯独举足高攀者才求一臂之力。

这是冯·卡门逝世之前两个半月的事情。一枚最高勋章与一句含义双关的俏皮话，大致可以勾画他的整个生涯：勋章标志着他在科技事业上所建立的功勋，而俏皮话则刻画了他丰姿多彩的个性。

文艺复兴时代是“一个需要巨人而且产生了巨人——在思维能力、热情和性格方面，在多才多艺和学识渊博方面的巨人的时代”。20 世纪科学技术突飞猛进，使得这样的巨人几近灭迹。因而，像冯·卡门那样同时涉足理论和应用科学，在航天技术中乘风扶摇、大展方略的科学家，在 20 世纪属于凤毛麟角之列。

一、初露才智的匈牙利青年

19 世纪中叶，匈牙利还附属于奥匈帝国。一个裁缝店老板的儿子，名叫莫里斯·卡门，从维也纳大学留学回国后，成了布达佩斯大学的教育学教授。他把毕生精力献给了中学改革事业。由于在教育事业上成绩卓著，莫里斯受到了皇帝的爵封。从此，他的家庭就增添了一个封姓——“冯”。

这时，莫里斯已是四子一女的父亲。他的第三个儿子就是西奥多·冯·卡门。当他 1881 年 5 月 11 日降生于世时，他的父亲已经当上了匈牙利国家教育局的秘书长。不过，他的这个儿子并没有靠着爵位的荫庇登上仕途，却成了一个举世闻名的大科学家。

儿童时代的冯·卡门就显露出数学天赋。当他 6 岁的时候，便能在很多客人面前用不到一分钟的时间心算出六位与五位数字的乘法。不久以后，他还通过自学完全掌握了百分比的运算。这个小孩的数学天赋着实使父亲感到惊奇，莫里斯从全面教育出发，不得不采取措施抑制西奥多在数学方面的智力发展，让他多学人文科学知识。

9 岁那年，冯·卡门进入了明达中学。这所后来被誉为“名人摇篮”的中学，是他父亲教育改革的活样板。它培育出了许多著名人士，其中包括 1943 年诺贝尔化学奖获得者海韦西。

在明达中学，师生关系融洽，充满民主气息。那儿没有生硬的教育，传授知识采用形象生动、循循善诱的方式。教师先把学生的注意力引向他们熟悉的周围世界，然后启发他们从中可以得到什么结论，最后概括总结出书本上记载着的那些定律。这样的教育程式不仅使冯·卡门懂得了科学规律是怎样得来的，而且还使他懂得了如何去讲授他所获得的知识。

冯·卡门在父亲的启发下，从小就培养了探索自然奥秘的好奇心。8 岁时他就能讲出行星运行的图像。“为什么落下的雨点有大有小？”“空气为什么看不见？”面对冯·卡门的疑问，他的父亲说：“人不仅有视觉，而且还有思想，这是人与动物最重要的差别。”法国大数学家庞加莱的名著《科学与假设》也曾经深深地吸引了这个中学生，他知道了世界远比我们看到的要复杂。因而，冯·卡门不仅细心察视周围世界，而且思索着自然现象的谜底。

17 岁的冯·卡门是个身材修长、不拘衣着的青年，长着一双忧郁的眼睛。他作为一个中学优等生进入了约瑟夫皇家工艺大学。这所大学是当时匈牙利唯一的工科大学，但水平一般，大部分教师都很平庸。

工科大学的学习偏重于机械设计和绘图。但是，一个偶然的机会使冯·卡门开阔了眼界。他发现有一种引擎在运转到某一速度时便会颤动起来，发出很大的噪声。经过仔细观察和思索，他发现原来是阀门的开关与引擎的转速之间产生了共振。过去良好的数学训练发挥了威力，冯·卡门很快把这一现象提炼成一个数学问题，并且提出了圆满的解决办法。冯·卡门带着自己的工作成果去请教从事机械学研究的彭基教授。教授给予很高的评价，并且热情地把他的文章收集在一本集子里。

首次成功大大鼓舞了这个年轻的一年级大学生。他突然发现自己具有理论分析的才能，感到自己将来不应该当一个仅仅应用已有知识的工程师，而应该成为一个真正的科学家，从事基本问题的研究，去发现新的自然规律。

大学毕业以后，冯·卡门在军队中服役一年。其后，他当了彭基教授的助教。三年助教生涯使他从彭基教授那儿学到了很多实际应用知识。但是，他的雄心壮志却在基本现象的探索方面。200多年前，瑞士著名的天文学家和数学家欧拉，已经解决了“弹性平衡的失稳问题”，即通常所谓的“欧拉压杆问题”。可是，在工程问题中，把压杆看作一个完全弹性体，这是一种粗糙的近似。冯·卡门决定攻钻这一难题。

经过一段时间的艰苦探索，他采用复杂的数学方法，基本上解决了这一问题。这一成功在他的大学同事中引起了很大的震动，人们认为他是一个前程远大的青年。

“欲穷千里目，更上一层楼。”25岁的冯·卡门争取到了匈牙利科学院的奖学金，来到了当时世界科学的一大圣地——格丁根。

二、在格丁根打下根底

格丁根是德国中部的一座小城。20世纪初，它的人口不过两万人。然而这是一座学院城，它在近代科学文明中颇有名望。

古老的建筑、媚人的花园、幽曲的街巷，一派静穆的庄严气氛。中世纪的墙垣环抱着一片浓郁的林荫，格丁根大学的哥特式建筑镶嵌其间，尖塔形的屋顶具有浓烈的教堂风味。

格丁根大学是1734年创建的一所古老的普鲁士大学，当时是世界理论科学的中心。自由独立的教学和研究氛围，孕育了许多杰出的科学家，如数学大师高斯、黎曼、希尔伯特和克莱因，以及量子理论的奠基人普朗克等。

格丁根也是近代流体力学的发祥地。那时被誉为“空气动力学之父”的路德维希·普朗特正在那儿主持工作。普朗特也是学工程出身。他主张必须搞清工程问题背后的物理现象，把理论与设计结合起来。他十分注意怎样从复杂的工程问题中抽出基本的物理过程，再用简化的数学方法加以分析。这与冯·卡门的想法十分契合。

在普朗特的指导下，冯·卡门利用那儿良好的实验条件，对于非弹性杆的弯曲现象作了一系列研究，这方面的工作成为以后飞机结构设计和建筑设计的重要依据。

1908 年，在通过了博士学位的答辩之后，冯·卡门顺从父意，决定去巴黎考察，因为莫里斯向来十分钦佩法国的思想家和哲学家。

一天晚上，在巴黎的咖啡馆里，女友告诉他一个消息："明早五点，在郊外将要举行欧洲第一次两公里的飞行表演。"这次激动人心的表演给冯·卡门留下了深刻印象。航空飞行的壮丽事业打动了他的心。刚好不久之后，从格丁根寄来了聘请信，普朗特要他回去担任实验室的助手，参加格丁根第一个风洞的筹建和"齐波林"（一种飞艇的名字）的设计。他愉快地接受了这一邀请，从此开始了航空科学家的生涯。

格丁根风洞是为齐波林的设计服务的，冯·卡门协助普朗特完成了德国第一批空气动力学实验，同时，他还担任了力学课程的试用教员。

这一时期对于冯·卡门来说是十分珍贵的。当时，一批科学名星云集于格丁根，具有天才组织能力的克莱因主持了一系列讨论会，爱因斯坦、希尔伯特、闵可夫斯基、洛伦兹等这样一些著名学者经常出席。讨论会是最新科学思想的传送带，敏捷的思维、丰富的想象以及创造激情，吸引了很多年轻科学家。冯·卡门置身于这批科学大师之间，眼界大开。之后他之所以能在航天技术的广阔领域中作出许多贡献，同这一阶段打下的广博基础大有关系。

尤其是希尔伯特与克莱因这两位各有所长的数学大师，他们对冯·卡门产生了深刻影响。纯粹数学家希尔伯特用他特有的数学技巧解决了一些重大的物理理论问题。这使卡门确信数学是自然规律的要素，他在以后运用数学工具解决工程问题上的能力高人一筹，同这一阶段所受的熏陶有关。

作为应用数学家的克莱因，主张数学应当和工程相结合，他首次开设了应用数学和应用力学讲座，还在格丁根主持筹建了天文、机械和光学等研究所。在他的领导下，理论科学的圣地格丁根同样成了世界工程技术的发祥地。由于受到克莱因的强烈影响，冯·卡门要把科学和工程融合起来的信念更加坚定起来，这一信念成为他日后行动的准则。

这时，在冯·卡门变化多端的科学生涯中，出现了一段小插曲。

20 世纪初叶乃是物理学的革命时期。放射性的发现揭开了原子奥秘的帷幕，微观世界的探索成了格丁根科学大师们的主要话题。有一次，希尔伯特作了一个有关固体原子结构的报告。这个引人入胜的新领域立即使冯·卡门产生了浓厚的兴趣。于是，他和当时还是青年物理学家的玻恩进行了一段时期的合作。

要使物体的温度升高一度，就要给它一定的热量，物理学家把这一量值叫作比热。按照以前的经典理论，物体的比热不随温度改变。可是，那时新的实验表明，在低温下，固体的比热很快趋向于零。1906 年，爱因斯坦曾经把他创立的光量子学说应用于这一问题，但是在极低温度下的结果让他不甚满意。1912 年，当他把全部精力转向引力问题的时候，玻恩和冯·卡门的合作研究却取得了决定性的突破。他们看出爱因斯坦工作的缺陷在于仅仅考虑了单个原子的振动，而实际上必须考虑固体原子之间的相互作用。他们提出了现在称之为“晶格”的固体结构假设，从而得到了与实验结果相符的比热公式。

然而，就在他们取得这一成功的同时，瑞士苏黎世的一位物理学家德拜采用更为简单的模型解决了这一难题，他的论文比玻恩和冯·卡门的论文早发表几个星期，因而，玻恩和冯·卡门没有获得“首创权”。

冯·卡门对原子结构同样也有过不少正确的设想。但是，又被著名丹麦物理学家玻尔捷足先登，首先创立了完备的原子模型。两次延误时机之后，冯·卡门便把全部精力投入流体力学的研究。

在科学研究中，机遇往往属于那些洞察力非凡的人们。1911 年到 1912 年期间，冯·卡门的老师普朗特正在研究边界层分离现象。他让一个名叫西门子的研究生设计了一个水槽，用来观察圆柱体后面的分离现象，但出乎意料地发现水槽里的水流不断发生摆动。普朗特对于这一现象并不介意，他把原因归结为圆柱不够圆，或者水槽做得不对称。但是，不论如何调整实验装置，依然消除不了这种摆动。

冯·卡门思维敏捷，善于洞察事物本质。当他知道这一现象之后，立即加以深究。实验表明，流水在圆柱后形成两排交叉的涡旋。于是冯·卡门进行了数学分析，从理论上证明只有交叉排列的涡旋才是稳定的。他在三个星期内完成了两篇出色的论文，成为流体力学中一次重大发现的标志。

流体流经一个障碍物，便会在它后面留下两排交叉的涡旋，这一现象早已被人注意。人们发现，早在意大利的一幅著名宗教画中，画家也画下了这种涡旋。一个名叫贝尔纳的法国科学家，亦做过很多实验研究。但是，冯·卡门抓住了这个使自己的名字永载史册的机会，第一次从理论角度阐明了这一现象。由于这两排交叉的涡旋好像是大街两旁的两排路灯，于是，人们把这一现象叫作“卡门涡街”。

风吹高压输电线发出嗡嗡声响，潜望镜可能产生激烈振动，飞行器受到阻力，等等，这些自然现象都是由于“卡门涡街”的结果。当时还发生过一个惊心动魄的事件。美国华盛顿州有一座横跨塔科马海峡的大桥，它是一位著名建筑师的美学杰作。1940 年 11 月 7 日，狂风大作，在强烈的“卡门涡街”作用下，这一别出心裁的建筑物发出了急剧的扭曲振动，最终在不到一个小时内崩塌殆尽。从此，“卡门涡街”成为建筑设计必须考虑的重要因素。

三、亚琛工业大学的名教授

冯·卡门在格丁根取得了出色的成就，可他仍然是一个“试用教员”。曾有一个英国女学生好奇地问冯·卡门：

试用教员是一种什么职位？

冯·卡门带着他特有的幽默回答道：

试用教员照样给学生开课。不过，他永远不可能成为教授，除非他同教授的女儿结了婚。

的确，在当时的德国，科学宝座往往是丈人传给女婿，而不是父亲传给儿子。卡门眼看前程渺茫，于是4年之后，他回匈牙利应聘当上了一家矿业学院的教授。可是，他所任职的这所矿业学院既无实验设备，又无好的学风。待了没多久，在克莱因的推荐下，冯·卡门又一次跳槽来到亚琛工业大学。

亚琛位于德国西部边境，是一座具有悠久历史的文化古城。在冯·卡门的主持下，航空系的实验室和风洞作了改建。不久，第一次世界大战爆发。他被奥匈帝国的炮兵召回服役 4 年。战后，他在匈牙利苏维埃共和国的教育部中当了一段时期的大学副部长。政局的多变使他感到厌烦，他终于又回到了亚琛，开始了长达 10 多年的教授生涯。

这个不修边幅的青年教授，经常穿着一件沾有粉笔灰的背心，裤子也不烫便跨进教室。但是，他语言生动，讲解透彻，富有想象力，教学效果极其出色。

冯·卡门的讲课取得成功，并无特殊诀窍。他认为，首先是教员本人要把讲解的课题搞得一清二楚，然后根据学生的平均水平进行讲解。他主张采用简单直观的方式讲解问题，略去次要的细节，抓住问题的本质，从复杂的问题中抽出事物的要素，这是他一贯的风格。另外，在讲课中，他往往采用形象的比拟和直观的图解，选择人们常见的现象作为例子，从而使课堂充满生气。有时，这位爱出风头的教授采用魔术师的手法，先是有意使自己掉入数学陷阱，然后巧妙地把自己解救出来。在他的手中，数学方程式犹如木偶一般，在学生面前栩栩如生。

当时的德国，教授颇为威严，师生之间往往隔着一条鸿沟。可是，冯·卡门却豁达大度，作风随和，他与同事和学生打成一片。他认为教授与学生之间只有贡献和学历上的差别，但没有贵贱之分。他认为教学相长，教学不仅培养了人才，而且教师也会受到学生的启发，在讲授中深化自己的知识。当他在教室中看到学生由于领会了新的知识而现出光彩焕发的神情时，心中感到无比的欢快。

冯·卡门绝无学究气息。在这一时期，他一边教学，一边兼任企业部门的顾问，收入日益丰厚。有一次，一个小工厂的老板来求教于冯·卡门教授。原来他厂里有一台机器处于快要振坏的危险中。冯·卡门很快找出了毛病，建议把齿轮转过90度。机器果然停止了振动，工厂老板高兴得眉开眼笑。可是几天之后，他拿着冯·卡门开出的账单，来向卡门诉苦：

齿轮就这么转了个90度，要我付这么多钱？

冯·卡门干脆利落地回答：

那好，你把齿轮转回去，我把账单撕掉。

工厂老板顿时哑口无言。

冯·卡门生活富裕，性格开朗，喜欢过热烈的生活。在他的倡导下，一种自由讨论的民主学风逐渐形成。人们围坐在咖啡馆的桌旁，一起抽烟、下棋、聊天。但是，更重要的是交流学术思想，洁白的桌布上往往写满了数学方程式，许多创造性的观念就是在这种无拘无束的气氛中孕育而成的。

冯·卡门终身未婚，他那宽敞的住宅是学术交流的场所。每逢周末，宾客满堂，有教授，也有助手和学生。在这里，人们可以听到不同国家的语言，随着时光的流逝，富有启发的讨论在进行着，而一盘盘糖果和点心，一杯杯饮料和美酒，也就消耗殆尽。

另一种比较正规一点儿的交流方式是每周一次的茶话讨论会。学术动向、工作报告、难题会诊便是主要节目。有一个助手，起初由于怕自己的思想被人“偷走”，不愿讲解自己进行的工作。冯·卡门告诉他：与人交流讨论，只会丰富自己的思想，得到收益。后来，这个助手终于在实践中尝到了甜头。

这时的冯·卡门，已经羽毛丰满，颇享盛名，出任了亚琛空气动力研究所所长。他在1922年到1926年期间，组织并主持了三次国际应用力学会议。世界各国的许多著名科学家前往参加。这些会议，后来演化为每4年举行一次的“国际理论和应用力学联合会”例会，对于本门学科的发展起了极大的促进作用。

至今仍被人称作流体力学中最大难题的“湍流”问题，在这一时期获得了第一次重大进展。而且有趣的是在这一进展中，普朗特和冯·卡门这一对师生之间展开了友好的竞赛和合作。在1924年的会议上，冯·卡门首先提出了“湍流”概念，并初步阐明了它的理论基础。两年之后的会议上，普朗特把气体分子运动论的观点移用于这一问题，大大简化了问题的描述。这一开创性工作吸引了冯·卡门的注意，他从更加普遍的观点分析问题，提出了一种新的理论观念，可是缺乏实验数据。冯·卡门便派人去格丁根，普朗特把长期积累的实验资料，包括未发表的最新数据无私地告诉了冯·卡门。在1926年的第三次国际应用力学会议上，冯·卡门作了题为《湍流中的力学相》的报告，而普朗特只是让人报告了实验新数据。其后，普朗特从另一不同的角度也得到了与冯·卡门一样的结果。湍流理论的这一进展至今仍是工程湍流计算中的重要依据。

这一对师生之间的你追我赶，友好合作，相互促进，成为科学史上的一段佳话。

四、加州理工学院的全盛时期

在美国西海岸的加利福尼亚州，有一个幽美的傍海小城镇——帕萨迪纳。那儿有一所著名的大学——加州理工学院。那时，著名的物理学家、诺贝尔奖获得者密立根教授担任该校执行委员会主席。他是一位有卓识远见的组织者。在他任职期间，革新建制，广纳贤良，使学院的面貌焕然一新。

1926年，在古根海姆基金会的资助下，学院决定把原来的航空小组扩大为航空研究生院，并兴建一个实验室（简称GALCIT）。开始筹建的实验室需要物色一位能干的主任，冯·卡门无疑成为最合适的人选。这时，具有犹太血统的冯·卡门，一方面在德国已经开始感受到纳粹排犹主义的压力，另一方面，美国学术界欣欣向荣的气氛同他的性格十分投合，终于在1929年底同意出任GALCIT的主任。年近半百的冯·卡门教授在格丁根和亚琛积累了丰富的教学科研经验，美国学术界的自由气息使他感到如鱼得水，他的灵活机变、善于创造的才能得到了充分施展。在GALCIT这个不大的舞台上，他很快导演了一出举世瞩目的宏伟戏剧。

由于冯·卡门的创导，新的研究机构从一开始就充满活力，在研究工作中勇于探索，具有独创性。根据以往的经验，冯·卡门深深懂得，迅速的学术交流和坦率的民主讨论乃是培育科学创造力并使之开花结果的肥沃土壤。于是，在他的亲自主持下，每周举办一次充分发扬学术民主的研究例会，所有的人都要简短地报告自己的工作进展，大胆提出对于未来工作的设想，同时也坦率地讲出工作中遇到的困难，一起商量解决办法。这种不拘形式的报告会，不仅活跃了学术氛围，而且大大开阔了思路，激发了创造热情。

冯·卡门的到任，还促成了全世界著名学者的经常来访，为实验室提供了学习新知识的好机会，大大促进了研究工作的进展。1936年，英国著名的流体力学家豪沃思来访，他与冯·卡门合作完成了有关湍流统计理论方面的著名论文。次年，豪沃思的导师戈尔茨坦前来讲学，他在这里完成了《流体力学现代发展》一书的校订。后来，比奥特教授还与冯·卡门合写了《工程中的数学方法》这一名著。许多学者还把他们的得意门生推荐到帕萨迪纳，曾任GALCIT主任的李普曼，就是1939年由他的老师推荐来的。

由于冯·卡门的影响，GALCIT形成了不拘礼仪、融洽和谐的师生关系。上课从不点名，老师鼓励学生提问打岔。但是冯·卡门对于学生的要求却认真严格，他经常亲自主持口试，毫不含糊，不过最后记分总是宽大的。在这种活泼紧张的气氛下，人人心情舒畅，奋力前进。

在主持GALCIT工作期间，冯·卡门以往那种把理论研究同工程技术密切结合起来的主张得到了极好的贯彻。当时美国的航空工程和其他工业一样，正处于蓬勃发展的阶段。工程师经常来到GALCIT登门求教。冯·卡门及其同事们全都热忱地欢迎这种接触，因为这不仅丰富了实验室的研究计划，而且也开辟了研究经费的来源。

在这一时期，GALCIT解决了大量工程实际问题。冯·卡门自己的工作领域也比以往更加广阔。他不仅解决了飞行技术中的许多关键问题，而且也解决了水坝裂缝和风磨发电的工程设计。甚至他还参加了海耳天文台的大型反光望远镜的建设，建议用油膜作为衬垫，解决了转动润滑问题，使得这个坐落在帕洛马山上重达425吨的庞然大物能够蠕动身躯，张开它那直径达200英寸的大眼睛，窥视着繁星密布的夜空。

发展科学技术的关键在于人才的培养和使用。以才智出众、独具风格的学科带头人为中心，往往能形成新的学派。发扬学术民主，鼓励自由创造，长期稳定地开展研究，这是科学取得迅速发展的必要条件。1930年到1942年，GALCIT在冯·卡门领导下硕果累累，桃李满天下。这一机构获得了国际流体力学研究中心和培训基地的声誉，它的出版物几乎统治了整个流体力学领域，冯·卡门指导了两代科学家和工程师，开拓了新领域，为航空技术奠定了扎实的科学基础。他所培养的学生遍布五大洲，其中有些仍是当代宇航事业的主角。

我国著名力学家钱学森，那时也在CALCIT工作。20世纪30年代末期，火箭技术还处于摸索阶段。钱学森等5位青年科学家，看到了这一技术的发展远景，成立了一个名曰“火箭俱乐部”的研究小组。这一小组后来成长为著名的加州理工喷气推进实验室，成为火箭喷气技术的一大中心。

这一研究小组在冯·卡门的帮助指导下，研究完成了飞机的火箭助推器。而且，由于冯·卡门的倡导和支持，他们还创建了航天喷气公司。这一公司后来发展成为一大企业——通用航空喷气公司。从此，开辟了喷气式飞机横跨大洋、火箭导弹在空中穿梭的新时期。

五、美国空军的智囊人物

1935年，冯·卡门前往罗马参加了一次国际高速飞行会议。全世界许多著名的空气动力学家齐集一堂，探讨了超声速飞行的可能性。

冯·卡门完全意识到超声速飞行将会展示怎样诱人的前景。于是，他一回到美国便立即前往华盛顿，向政府当局提出建立大型风洞，向高速飞行迈进的建议。但这一开始并未受到政界和军界要员的重视。

而在此期间，德国和意大利则建立了高速大型风洞，大力发展了涡轮喷气技术，试制成功了喷气式飞机。这对于美国的空军，是一个巨大的潜在危险。

这时，一个军界的有识之士看出了发展超声高速飞行技术的紧迫性。他就是美国军用航空公司的首脑——阿诺德将军。这位身材敦实、西点军校出身的军官，以前曾经与冯·卡门讨论过在轰炸机上安装火箭助推器的问题，他对发展喷气飞行技术具有浓厚的兴趣。因而，当冯·卡门向他建议建造四万马力的大风洞时，阿诺德慨然允诺，接着，冯·卡门要求建造一个美国最大的工业风洞的建议也被采纳。后来的事实表明，冯·卡门的智慧与阿诺德将军的胆识相结合，对美国空军的建设起了重要作用。

1944 年 6 月，第二次世界大战临近结束。而冯·卡门由于肠癌动了大手术，正在纽约疗养。一天，他接到阿诺德将军的电话，要他去机场商谈。这次在将军私人小汽车里的秘密会见，也许要载入美国空军建设的史册。阿诺德将军认为美国在战争中无疑将赢得胜利，并且他认为美国的空中威力起了决定作用。因而，他现在关心的是今后的空军建设。他要冯·卡门组织一批专家，制订今后二三十年，甚至五十年的空军发展计划。

阿诺德的打算，正中冯·卡门的下怀。他不久便组织了一个由 36 个专家组成的科学顾问团，其中有在最前沿工作的著名空气动力学家，也有雷达专家、电视显像管的发明人、空军技术顾问等。这是一个由既有才干又有远见的一批技术专家组成的智囊团。在第一次会议上，阿诺德将军要求他们进行调查，为了促进美国空中优势的发展，在各个有关的科技领域中都应做好哪些工作。

正当顾问团忙于制订发展计划的时候，第二次世界大战已近尾声。阿诺德将军意识到赶紧把德国的先进军事科学成果和技术专家接收过来是一条可取的捷径。于是卡门被授予“少将”军衔，并率领包括钱学森在内的一批专家乘坐 C–54 飞机，来到了硝烟弥漫的德国。

他们考察了不伦瑞克附近隐蔽在一片松林中的一个德国空军的秘密研究所，它是纳粹头子戈林直接领导的。这个由 56 幢建筑组成的研究机构，设有研究导弹、飞机引擎的成套仪器设备。大战期间有成千人在这里工作。写出的秘密研究报告就有 300 万份，重达 1500 吨。冯·卡门领导的考察团详细地察看了这里的研究设备，审讯了有关研究人员，分析了那里的技术成果。

接着，他们又前往诺德豪森、格丁根、亚琛和慕尼黑作了调查。德国设在佩内明德的 V–2 火箭基地当时已被苏军解放，因而考察团未能前往。不过那里的 400 名工程师和技术人员已经逃到了慕尼黑，通过对这些人的审讯，考察团才获悉，虽然当时的 V–2 火箭只有 300 千米的射程，但德国已经在着手研制一种可达美国纽约的 4800 千米射程的火箭。这一系列考察摸清了德国的火箭导弹技术已经赶在美国的前面。

冯·卡门途经苏联、匈牙利回到美国后，应阿诺德将军的要求，写了一份题为《我们在何处？》的报告。其中把美国和德国在战争期间的科学发展作了比较，并指出美国已有可能研制 9600 千米射程的导弹，这种导弹可以轰击世界上任何一个目标。

后来，卡门又重返欧洲，还派人去日本搜集了军事科技情报。经过近一年的准备，1945 年 12 月，他向当局递交了一份题为《朝着新水平前进》的报告。报告的引言中写道：

> 第一次世界大战主要由人的力量决定了胜负。科学和技术起了重要的但在某种程度上又是次要的作用。……德国方面人力的完全枯竭是战争失败的主要决定因素。
>
> 第二次世界大战从一开始就带有技术的特点。德军在技术准备上的压倒性优势确保了它初期在欧洲大陆的辉煌战果。但是德国空军在战略轰炸上的缺点、德军经验的缺乏以及它在两栖作战准备中的失调，致使它对英国的进攻破产。同盟国势如破竹，特别是美军的空中威力，最终成了德国失败的主要因素。

报告论证了有效的科学组织对武器制造的决定作用，还具体探讨了超声速飞机和火箭的一些技术问题。这篇报告还有一个名为《科学——空中霸权的关键》的附件。

这篇报告对美国当局产生了十分深刻的影响。以后几年内，在冯·卡门的影响下，美国空军逐步建立了许多研究机构。例如，1947 年成立了超声速无人驾驶飞机发展中心。1948 年还成立了“兰德公司”，后来它成为著名的智囊机构。1952 年成立了阿诺德工程公司。1957 年又成立了以冯·诺伊曼为首的美国原子能委员会。后来，美国国防部还成立了研究计划的高级机构。

科学家的智慧与政治家的胆识结合，开出了奇花异果。到了 1957 年，阿诺德的计划和冯·卡门的报告已付诸现实。火箭导弹已经大量生产，超音速飞机横越大洋，人造卫星也即将上天……

由于冯·卡门的报告起了如此深远的作用，有人把它誉为“美国空军的蓝图”，冯·卡门也成了美国空军的首要智囊人物。许多军事企业家、军界首脑经常出入他的家门。同时他也经常在五角大楼里带着很重的匈牙利口音指点各种各样的技术问题。他也穿着空军服装出入议员和将军们的办公室。由于他在布达佩斯、格丁根和亚琛这些遥远的智慧之乡成长，受到完全不同于美国军界传统的熏陶，他那特有的才智和风度，以及对自然现象和技术战略的惊人洞察力，使五角大楼的将帅们佩服得五体投地。

六、国际航空大师

第二次世界大战的枪炮声刚刚平息，冯·卡门便凭借联合国教科文组织的名义，尝试筹建国际科学合作组织。他几度飞越大西洋去巴黎商谈，还去非洲撒哈拉沙漠考察。这些努力虽然促成了数次开发沙漠会议的召开，但他向往的国际流体力学研究中心却始终未能建立。

1949 年 8 月，北约组织成立。冯·卡门立即想到：为什么不用北约作为国际科学合作的“试验工厂”呢？经过一段时间的奔波，冯·卡门的主张终于得到最高当局的采纳。他们设立了一个发展航空研究的咨询小组，并在比利时筹建了一个有名的实验室——气动力学训练中心（后改称为冯·卡门中心）。这些对于战后欧洲航空研究的再度复兴起了巨大的推动作用。

20 世纪 50 年代，冯·卡门还主持了在巴黎和哥本哈根召开的两次国际航空会议，并创建了国际宇航科学协会。这个协会还成立了一个附属机构——国际宇航科学院，一度推动了国际宇航事业的发展。

冯·卡门活动的足迹几乎遍布全世界。很难找出一个国家的航空工业未曾同他产生过联系。即使在旧中国，十分脆弱的航空事业也曾受到过他的指点。

1929 年，冯·卡门路经中国时，就建议在清华大学开设航空课程。1931 年，日本帝国主义侵占中国东北三省，国民党政府迫于全国人民的抗日要求，试图建立一支空军。他们从美国和意大利购买了一批飞机，并且在南昌开办了一所飞机工厂。

清华大学为了培养航空人才，创办了航空系。冯·卡门应清华大学的邀请，派遣他的养子、当时已经成为年轻航空技术专家的沃登道夫来华担任该系的科学顾问。在他的指导下，清华大学航空系的师生在南昌建造了一座大型风洞。

1938 年 6 月，冯·卡门应邀来到了中国。他看到清华大学已经开设了航空系，心里很高兴。他认为中国航空工业的发展首先取决于培养人才。其后，他立即动身前往上海、南昌等地。在南昌，他观看了即将竣工的大型风洞，这一风洞是当时世界上最大的风洞之一。冯·卡门认为一旦中国摆脱了内外困境，其所拥有的巨大科学潜力必将迸发出来。

冯·卡门的这一良好祝愿，终于在新中国变成了现实。在解放后不久，中国已经自己设计制造了飞机、建立了一支英勇的空军，而且还用强有力的火箭把人造卫星送到了地外空间。而在这番宏伟的事业中，冯·卡门培养的中国学生施展了他们的才能。

冯·卡门在加州理工学院时期，培养了一些出色的中国科学家。他们之中，有大家熟知的钱学森、郭永怀、钱伟长，以及留在美国工作的林家翘等。钱学森领导创建了中国科学院力学研究所，启动了中国的航空航天事业，是“两弹一星”元勋。郭永怀作为力学家也为中国科学和国防事业作出极大贡献，不幸于1968年以身殉职、为国捐躯。钱伟长虽然曾受到不公待遇，但仍然为新中国的科学事业发挥了巨大作用，特别是晚年老骥伏枥，担任上海大学终身校长直至2010年去世。另外还有几位曾在加州理工学院受过教育的第二代专家，后来也在我国各个科研岗位上担任重要角色。

在冯·卡门漫长的科学生涯中，衰老似乎降临得特别晚，年过七旬以后，他仍然频繁地周游列国，奔波于巴黎、罗马以及其他欧洲城市之间，或是参加各种会议，或是与学界、军界和企业界的人物商谈。

他的日程表真是令人惊叹：六点起床，七八点钟与来客（少则一人，多则十余人）共进早餐；他口授信函，直到中午，然后浏览一下世界各地寄来的大量书刊论文；以烈性威士忌开始午餐，往往又是一次业务商谈。当然有时为了欢迎贵客或以前的学生，他会在下午三点午睡，五点起床准备夜间的晚会。他具有一种非凡的能力，在主持其他活动的时候还能进行科学思索，有时他干脆关闭了他的助听器，沉思起来。他常常在聚会中溜走一两个小时，去推导一个方程或拟写一篇论文。有时，他能彻夜不眠，连续工作几十个小时，在那烟雾缭绕的房间里，饮着一杯杯烈酒，完成他那深奥的论著。

要说思想品性，他并非完美无瑕，随着他的名声像火箭一样扶摇直上，他的虚荣心也与日俱增。尤其是到了晚年，他简直感到离不开人们对他的颂扬。但是他并不专横，也不老朽。70岁时，他还集中精力钻研了一门生疏的学科——燃烧学，并在法国索尔本大学讲授这门学问。他把燃烧化学与流体力学结合起来，奠定了近代燃烧理论的基础。

1963年的白宫授勋仪式之后，冯·卡门立即飞往巴黎，而后回到亚琛进行温泉疗养。但是，在浴池里，一阵咳嗽突然发作，所有抢救不再有效。这位老人的心脏过于衰竭，他在82岁寿辰的前五天辞别了人间。几天之后，他被运回帕萨迪纳，并在好莱坞公墓下葬。这位一代世界流体力学的风流人物，终于结束了他那带有传奇色彩的一生。然而，在日益增多的飞行物体上，仍然铭刻着他征服风神的宏伟业绩。

（作者：赵国英　朱保如）

参考资料

[1] 冯·卡门，李·埃德森.冯·卡门：航空航天时代的科学奇才[M].曹开成，译.上海：复旦大学出版社，2019.

[2] S. Goldstein. Theodore von Kármán，1881-1963 [J]. Biographical Memoirs of Fellows of the Royal Society of London，1966 (12)：335-365.

[3] H. L. Dryden. Theodore von Kármán [J]. National Academy of Sciences，Biographical Memoirs，1965 (38)：344-384.

[4] M. H. Gorn.The universal man：Theodore von Kármán's life in aeronautics [M]. Washington：Smithsonian Institution Press，1992.

亚历山大·谢尔盖耶维奇·雅科夫列夫

（Александр Сергеевич Яковлев，1906—1989）

雅科夫列夫

苏联传奇飞机设计师

亚历山大·谢尔盖耶维奇·雅科夫列夫是苏联最有影响的优秀飞机设计师之一。仅在第二次世界大战期间，他所设计的歼击机生产出来用于作战的就有36000架之多，占当时苏联歼击机产量的三分之二，为苏军取得制空权打败德国法西斯军队立下了汗马功劳。他设计的于1943年投产的“雅克-3”“雅克-9”歼击机的主要性能明显优于当时德、英、美、日等国的同类飞机，并取得了辉煌战果。二战结束后，由于分工的调整，雅科夫列夫的飞机设计工作显得不如阿尔乔姆·伊万诺维奇·米高扬（1905—1970）等人的那么引人注目，但实际上他仍然完成了大量令人赞叹的开创性工作。本文重现了这段被人遗忘或忽视的历史。

一、中学生设计师

1906年3月19日，亚历山大·谢尔盖耶维奇·雅科夫列夫出生在莫斯科的一个普通职员家庭。他的曾祖父是伏尔加河沿岸的一个农民，祖父在莫斯科开了一家蜡烛店，父亲在一家商行做职员。9岁时，雅科夫列夫考入了一家私立中学。一开始，他酷爱的是历史、地理和文学，曾是学生文史杂志的编辑和话剧组的成员。但他对技术也一直很感兴趣，小时候常把车辆等玩具拆坏，研究里面的构造。11岁时，他读完了19世纪法国著名科幻作家儒勒·凡尔纳的全部作品后，这激发了他对技术的极大兴趣。当时为了能够多读点儿书，小雅科夫列夫经常先假装睡觉，等家长们都入睡后，再悄悄起来，打开电灯看书，并且一看就看到凌晨三四点钟。

十月革命后，雅科夫列夫所在的私立中学与一所女子中学合并为公立学校。此时他除了学习，还劲头十足地参加社会活动，并被选为学生会主席。在毕业前夕，航空又成了他最入迷的领域。

原来，当时的苏联开展了全民性的支援航空建设事业的活动，成立了航空之友协会，会员发展到上百万人。雅科夫列夫带头组织了“少年航空之友”支部，成立了航空模型制造小组。他们做出来的第一架模型虽然只飞了 15 米远，但大家却高兴万分，激发了更大的“航空热”。

1923 年夏天，刚从九年制中学毕业的雅科夫列夫听说当年 11 月将在克里木举行首次滑翔机竞赛，就直接找到了竞赛的组织者、飞行员兼设计师阿尔采乌洛夫，要求作为研制滑翔机的助手。不过，他们设计制作的外号叫“蛮猴”的飞机却存在许多设计上的问题，试飞时，没有飞出去多远就摔坏了。

但雅科夫列夫却通过这次参赛，看到了其他参赛飞机的表演。这使他产生了自己设计一架真正滑翔机的想法，尽管当时他只是一个 17 岁的中学毕业生。他知道，这需要人指教。于是，他找到了刚刚结识不久的空军学院的学员谢尔盖·弗拉基米罗维奇·伊留申。

雅科夫列夫算是找对人了。伊留申为人热情，又极富才华，他后来设计的“伊尔 –2”强击机为苏联卫国战争的胜利立下赫赫战功。伊留申不仅为雅科夫列夫指定了必读的专业书籍，还把自己的飞机结构和强度计算课笔记借给他阅读，并帮助他解决在设计和计算中遇到的问题。

为了制造自己设计的滑翔机，雅科夫列夫回到母校寻求帮助。十几个同学加入了制造滑翔机的小组。几个月之后，飞机终于造出来了，经过专门委员会的检查，雅科夫列夫和他的小组被获准参加第二届滑翔机竞赛。在竞赛过程中，驾驶员对雅科夫列夫飞机的飞行性能很满意。人们公认这架飞机的结构是成功的，雅科夫列夫也获得了 200 卢布的奖励。这实际上成为他飞机设计师生涯的起点。

雅科夫列夫深知，要成为真正的设计师必须接受正规教育。当时要进入茹科夫斯基空军工程学院学习，必须具备在红军服役的经历。为此，雅科夫列夫放弃了许多升学和就业的机会，并在伊留申的帮助下，先进入空军工程学院教学修理工厂工作一年多，才达到调到机场飞行支队当机械兵的目的。

在飞行支队服役期间，雅科夫列夫在业余时间里也没有闲着。他开始设计一种装置小型发动机的运动飞机。不到一年时间，他就完成了全部设计和计算，并且很快就得到了苏联国防航空化学建设后援会技术委员会的批准，同时还得到制造这架飞机的拨款。

8 个月后的 1927 年 5 月，这架轻型双座飞机“阿伊尔 –1”制造完毕，并且顺利完成了飞行试验。6 月份，“阿伊尔 –1”完成了从塞瓦斯托波尔直达莫斯科的飞行，创造了体育运动飞机的两项世界纪录：不着陆飞行1420公里以及续航时间15小时30分。为此，身为机械兵的雅科夫列夫获得了奖金和奖状，并终于被接纳为空军工程学院的学员，实现了他的夙愿。

在空军学院学习期间，雅科夫列夫顺利地完成了各门课程，并不断设计出新的轻型飞机。在学习的第一年，他设计了装置80马力“西门子”发动机的带浮筒飞机，可以在莫斯科河起降。第二年，他又完成了“阿伊尔-3”和“阿伊尔-4”的设计。其中“阿伊尔-3”是一架安装了60马力“瓦尔特”发动机的单翼双座飞机。该机创下了双座小功率飞机的两项世界纪录：1750公里不着陆航程纪录和每小时170公里的长距离平均速度纪录。

二、从“地下工厂”起家的设计局

1931年，25岁的雅科夫列夫从空军学院毕业，被分配到缅任斯基工厂工作。该工厂是当时苏联仅有的两个大型飞机设计中心之一即中央设计局的一部分。另一个大型设计中心是由安德烈·尼古拉耶维奇·图波列夫领导的中央空气流体动力学研究院设计局。前者研制轻型飞机，主要是歼击机、侦察机和强击机，后者侧重研制重型飞机，主要是轰炸机、运输机和客机。

当时中央设计局的情况有些复杂。雅科夫列夫拒绝去设计组，而要求从事车间工艺师的工作。这一选择使他很快熟悉了飞机制造的工艺流程，对他后来提高飞机设计的工艺性极有益处。在此期间，雅科夫列夫也没有停止业余时间的飞机设计工作。由于已有的成绩使他已深得苏联国防航空化学建设后援会的信任，并继续得到相关的制造费用，因此他无须取得工厂负责人的认可便可开展业余设计工作。在雅科夫列夫热情的感召下，一些年轻工程师和工人也利用业余时间参加了研制工作。由于这些事是“半地下”进行的，直到他们的样机拖到机场时，别人才知道他们的工作。

在此后的二三年时间，雅科夫列夫接连设计制造出了“阿伊尔-5”等三种飞机。“阿伊尔-5”为一种三座飞机，使用的是苏联生产的100马力发动机，后来顺利投产，生产了约1000架，多作为联络飞机。其中两种单翼飞机的成功，使雅科夫列夫确信单翼飞机比双翼飞机有明显的速度优势，由此他的目光开始转向歼击机。

当时他所在的中央设计局的设计师格里戈罗维奇和波里卡尔波夫刚刚研制成功480马力的“伊-5”单座双翼歼击机，最大速度已达到每小时280公里，机动性极好，具有世界一流水平。然而雅科夫列夫经过反复对比计算，使用同样 480 马力的“埃姆 –22”发动机，他设计的单翼双座飞机的时速可望达到 320 公里。经过认证，苏联国防航空化学建设后援会决定再次给予经费支持。

1932 年夏末，当“阿伊尔 –7”这种新型飞机组装完成并拖到机场时，全厂为之震动，连厂长都不知道有这样一架飞机！这时，设计局的负责人已经意识到，雅科夫列夫是一名危险的竞争者，他的业余工作成果已对工厂计划内成绩构成重大威胁。

经过试飞，“阿伊尔 –7”飞机的时速达到了 330 公里，成为苏联当时速度最快的飞机。这立即引起了空军指挥机关的注意，要求观看试飞情况。然而这一次出现了意外，机翼上的一块副翼在飞行中脱落了，飞机被迫强行降落在一块很狭小的货场内，好在没有机毁人亡。

这种事故在新型飞机的试制和试验过程中是很难避免的，而且适当增加副翼的强度就能弥补已有缺陷。然而，对于设计局某些领导来说，却是打击雅科夫列夫的大好机会！于是，他们派来了一个委员会调查这次事故，结论竟是“禁止雅科夫列夫从事设计工作”。

一开始，雅科夫列夫的设计小组被赶到一家小工厂仓库的一角，后来又被勒令离开厂区。无奈之下，雅科夫列夫向《真理报》和当时的监委主席鲁祖塔克做了申诉。由于后者在经过仔细调查后的干预，当时航空工业总局的局长给设计小组提供了一块场地——一个生产铁床的工厂的半间破旧房屋。后来，在《真理报》的舆论干预下，整个铁床工厂都划归给雅科夫列夫，设计小组有了自己的实验工厂，他们的日子才开始好过起来。

在这里，他们设计并试制出了“阿伊尔 –9”等 5 种新飞机，其中“乌特 –2”双座教练机在第一次飞行时最大时速就达到了 210 公里。这种飞机从 1936 年一直生产到 1946 年，累计产量达到 7000 多架。由于“乌特 –2”飞机在 1935 年航空运动表演中的突出表现，斯大林首次注意到并接见了雅科夫列夫。在雅科夫列夫以后的设计师生涯中，斯大林曾给予他极大的信任和支持。

三、第二次世界大战前的奋起直追

1933 年到 1936 年间，在苏联政府“飞得最高最远和最快”的号召下，航空技术有了相当快的进步。重获自由的波里卡尔波夫相继设计出最大时速为 360 公里、机动性好的双翼歼击机“伊 –15”和时速 460 公里、起落架可收放的单翼歼击机“伊 –16”。而此时已独立出来的图波列夫设计局则成功地设计出“斯勃”快速轰炸机和装 8 台发动机的巨型飞机“安特 –20”，还研制出高速远程轰炸机“德勃 –3”。这些成就给苏联空军领导人和一些设计师造成了某种错觉：认为苏联的航空技术已处于世界领先地位。

1936 年，西班牙内战爆发。在战争初期，苏联援助的“伊 –15”和“伊 –16”歼击机遇到的是德国的“梅 –109”歼击机，后者装的是 610 马力发动机，时速不超过 470 公里，与苏联飞机相近，但机动性略有不足，因此德国人未能占到什么便宜。这种情况愈发助长了苏联空军领导人的盲目乐观情绪。

但此时的德国人却在拼命追赶。他们根据初期西班牙空战的教训，彻底改进了“梅 –109”飞机：换装了 1100 马力的“戴姆勒 · 本茨 –601”发动机，将飞行时速提高到 570 公里；换装了 20 毫米口径的大威力机炮。这样德国歼击机对苏联歼击机就取得了绝对优势，并在后来的空战中打得苏联飞行员措手不及。

第一架“梅 –109”飞机是后来名声赫赫的德国设计师威廉 · 梅塞施米特在 1935 年设计出来的。当时的德国空军部副部长埃尔哈德 · 米尔希与梅塞施米特不和，就对该机持否定态度。但是该机在西班牙的表现使其投入了批量生产，它的各种改型成为第二次世界大战期间德国歼击机的主力。“梅 –109E”这种型号的飞机在 1940 年英吉利海峡空战中也是主力机种之一。它对英国空军当时主要的歼击机“飓风”占有一定优势，后者时速仅 520 公里，比前者慢 50 公里。英国利用它完备的雷达防空指挥体系，才勉强顶住了德国的空袭，直到自己的新型战机“喷火”式单座歼击机大量投入使用，才松了一口气。

“喷火”式飞机是英国天才设计师雷金纳德 · 米切尔设计的。他在 20 岁就成为一家航空工厂的主任设计师，头一年就设计了一架水上飞机参加施奈德杯国际速度大赛。在 1927 年的大赛中，米切尔新设计的飞机速度达到每小时 450 公里，超过了墨索里尼事先大肆吹嘘的意大利“马基 – 卡斯多利吉”飞机（时速 434 公里），获得了冠军。第二年，米切尔设计的全金属结构飞机又获得了冠军。第三年，米切尔获得第一名的飞机时速已达到了创纪录的 575 公里。

1934 年，米切尔开始研制他的“喷火”式歼击机。两年后，这种飞机就开始参加航空节的表演。1937 年米切尔去世时，该飞机已投入批量生产。“喷火”式飞机的火力只有航空机枪，稍逊于德军飞机，但它的时速已达到 586 公里，已略优于

“梅 –109E”，因而在伦敦上空保卫战中立下赫赫战功。

由于缺乏准备，战前美国人只有类似 P–40“战鹰”这样的歼击机，其时速只有 520 公里，甚至无法对付日本的“零式”飞机。战争爆发后，他们陆续研制成 P–39、P–47、P–51 等优秀歼击机，其中“雷电”重型歼击机的时速可达 640 公里。美国人的舰载机、远程轰炸机、远程运输机的性能也十分优越。

到 1938 年底，相比之下，苏联空军装备的落后状态已经令领导人非常担忧了。

1939 年初，苏联领导人在广泛听取航空工业技术人员、飞行员等各方面人士意见的基础上，决定采取断然措施，让二十几位新老设计师，分别去设计新型歼击机和轰炸机。苏联必须抢在战争的前面！

在这之前，雅科夫列夫设计局刚刚在空前短的时间里主动研制出一种高速双发动机侦察机（后被军方改作近距轰炸机）。它采用的发动机与“斯勃”轰炸机相同，但由于空气动力外形更为合理，速度却大为提高，达到每小时 560 公里，比当时的苏联歼击机还要快！这让斯大林大喜过望。苏联最高苏维埃主席团决定授予雅科夫列夫一枚列宁勋章、一辆“吉斯”牌小轿车和 10 万卢布奖金。不久，斯大林就请雅科夫列夫参加研制新歼击机的竞赛，并要求他在 8 个月之内，即 1940 年新年之前把飞机拿出来。

雅科夫列夫在斯大林的建议下，充分参考了一位曾在西班牙和蒙古诺门坎参加过空战的飞行员杰尼索夫的意见。他认为，苏联空军将歼击机分为机动型和快速型两种概念是不妥当的；歼击机必须有无线电设备；原有的射击武器口径太小，安装位置也不恰当。

雅科夫列夫决定在正研制的“伊 –26”（“雅克 –1”）歼击机上装 20 毫米口径的机炮和两门速射机枪，并使用克利莫夫正在研制的“埃姆 –105”发动机。

雅科夫列夫和他的助手经过几个月的奋战，终于在 1940 年 1 月 1 日前拿出了“雅克 –1”的样机，并将其推到机场上。经过上千次的检查，首次试飞终于开始了。他和几个助手站在旁边，好像患了疟疾似的，浑身在抖。试飞极为顺利，其时速可达 590 公里，机动性极佳，完全可以与德国人的歼击机相抗衡。到 1940 年的五六月份，“雅克 –1”和米高扬设计的“米格”、拉沃奇金设计的“拉格”都已试飞成功并投入批量生产。与此同时，一批富有创造力的年轻设计力量也造就出来。

就在雅科夫列夫刚刚完成他的第一架歼击机之际，一副新的重担又放在他的肩上。原来苏共中央已决定解除卡冈诺维奇航空工业人民委员（相当于部长）的职务，任命高尔基州委原书记沙胡林为新人民委员，并决定任命雅科夫列夫为副人民委员，负责航空科研和试制工作。

雅科夫列夫极力推辞，他不愿意他的设计工作受到影响。斯大林把问题提到共产党员纪律的高度，才使他接受了任命。

就这样，年仅 33 岁的雅科夫列夫又兼任了新的领导职务。从此，他每天上午在自己的设计局和工厂上班，下午直至深夜都在航空工业人民委员部工作。他直接分管飞机研制总局，领导着包括中央空气流体动力学研究院在内的各科学研究院以及各个飞机设计局，工作十分繁重。雅科夫列夫大胆调整了总局的干部，充实了精通专业的技术专家，对各部门和下属单位的工作进行规划；清理了各研究院的课题，砍掉了不必要和没有实际意义的题目，把技术力量集中到当前和长远看来非常关键的问题上；推动了新的高速风洞等大型实验室的建设；编写了设计工作的"百科全书"——《设计师手册》；特别是推动成立了专门负责新研制飞机试飞工作的机构——试飞研究院。

雅科夫列夫的领导工作成效十分显著。到 1941 年上半年，又一批新的飞机和设备研制成功并投入批量生产，其中包括歼击机"米格 –3""拉格 –3""雅克 –7"，强击机"伊尔 –2""伊尔 –4"，轰炸机"彼 –2"，以及各种新型飞机发动机。苏联空军的装备水平似乎有望赶上甚至超过德国人。

四、取得制空权

然而，意料之外、情理之中的事情发生了。1941 年 6 月 22 日，数百万德国军队向苏联西部边界发动了突然进攻。德国空军袭击苏联边境的 66 个机场，使苏联在当天上午就损失了 1200 架飞机，其中 900 架是在机场上被炸毁的。德国人在苏德战线投入了大约 4940 架飞机，一下子取得了压倒性优势。

战争开始前，雅科夫列夫曾三次随团参观德国的航空工业。苏联人甚至购买了 5 架"梅 –109"歼击机、2 架"容克斯 –88"轰炸机和几架其他飞机。经过比较，雅科夫列夫确认，此前已经投产的苏联"拉格""雅克""米格"歼击机和强击机"伊尔"、轰炸机"彼 –2"已具有同样水平的竞争力。但令人遗憾的是，苏德战争爆发时，上述新式飞机装备部队的数量却极其有限，并且其中相当一部分在战争的第一天就被炸毁在地面上了。

为了夺回制空权，支援地面战斗，必须大量生产新型战机。然而，随着德军向东迅速推进，苏联主要的飞机制造厂正处于沦陷的险境，因此必须立即迁移到西伯利亚的安全地区去，重新开始生产。这使得苏联空军面临的形势更加严峻。

从 1941 年秋季开始，雅科夫列夫就全力组织飞机工厂的迁移和重新投产工作。不久，雅科夫列夫被派往西伯利亚组织歼击机的生产。他在莫斯科的工厂的搬迁专列到达西伯利亚后仅三个星期就重新恢复生产，又过了三个月，产量已大大超过在莫斯科的水平。

在苏联军民的努力下，1942 年 1 月份，飞机产量为 1093 架，2 月份为 915 架，3 月份已恢复到 1647 架，7 月份就达到 1941 年 6 月战前水平的 1.3 倍。1942 年苏联生产了 25000 架军用飞机（平均每月已可以向部队提供 2260 架飞机）。而这一年德国工厂生产的军用飞机为 14700 架。这使得苏德战场的空中态势开始扭转。

在对英、对苏作战中，德国人发现他们不可一世的“梅 –109E”歼击机，面对“喷火”式飞机和“雅克 –1”飞机，已没有什么优势，因此急忙对其进行改进。这样，在 1942 年春，就出现了“梅 –109F”型飞机。它进一步改进了气动外形，安装了更大马力的发动机。后来为了改进火力，又搞出了“梅 –109G”型飞机，并投入斯大林格勒战场。所有这些改进，使得“梅 –109”飞机的速度提高了，火力增强了，装甲变厚了，但也大大增加了飞机的重量，使其机动性明显下降。

为了对付德国人改进的歼击机，苏联人也需要提供性能更好的飞机。然而战争的形势又不允许飞机产量受到明显影响。因此，雅科夫列夫决心生产一种改进型的“雅克”歼击机，使用原有的发动机，却大大提高飞机的速度和机动性。这似乎是不可能的，但他决心另辟蹊径。

经过开战以来的实战考验，雅科夫列夫看到了“雅克 –1”飞机的潜力。他跳出了各国歼击机不断增加马力，导致飞机重量增加和机动性下降的怪圈，改为从减轻飞机重量、减少飞机阻力入手来提高飞机性能。

为此，他大胆地将机翼面积由 17.5 平方米减少到 14.5 平方米，将沉重的木质机翼大梁换成很轻的硬铝大梁，将发动机水冷散热器埋进机身，将润滑油散热器安排到机翼里面，减小飞行员座舱盖的阻力，连飞机尾轮也改为在飞行时可以收入机身。几乎所有的飞机零部件的重量都加以重新精打细算。同时，他还尽力保持了飞机生产工艺和飞机维护的简单性。改进而成的“雅克 –3”歼击机的飞行时速一下子提高了 70 公里，大大超过了对手。

不久，新型“雅克 –3”飞机便大批运到前线，替换原来的“雅克 –1”。

1943 年 7 月 5 日，著名的库尔斯克大会战打响了。德军为这场战役调集了包括“梅 –109”最新改进型、“福克・沃尔伏 –190”歼击机和“客克斯 –88”轰炸机在内的 2000 架飞机参加战斗，立即遭到了苏军“雅克 –1”“雅克 –3”“拉 –5”等歼击机的迎头痛击。在该战役中，苏空军每次出动几乎都达到 400 多架。空战空前惨烈，仅在敌人主动进攻的 6 天当中，苏联飞行员就击落了 1037 架敌机，终于压倒了敌人。10 月，“雅克”歼击机又试装了克利莫夫设计的功率更大的“维克 –107”发动机，效果非常好。这种飞机就是“雅克 –9”歼击机，它的最大时速已超过 700 公里！为此，斯大林将“雅克 –9”歼击机的总设计师雅科夫列夫晋升为中将。

在苏联军民的努力下，1943 年生产了 34900 架飞机，第二年产量又上升到 40300 架。1944 年初，苏联空军保持有 8813 架作战飞机，而德国人只有 3073 架。到 1944 年 6 月，德军在前线只有 2796 架飞机，而苏联空军此时已保持有 14787 架飞机，彻底掌握了制空权。

可以说，雅科夫列夫的“雅克 –3”，尤其“雅克 –9”是第二次世界大战中最优秀的大批量生产的歼击机。它的飞行速度不仅超过了英、德的主力歼击机，也超过美军使用的歼击机 P–51“野马”(时速 600 公里)、P–39“空中眼镜蛇”(时速 580 公里)、P–47“雷电”(时速 640 公里)。其改进机型“雅克 –9DD”歼击机的不着陆航程为 2000 公里，可以进行远距离护航和攻击。

雅科夫列夫设计的歼击机性能卓越，深受苏联飞行员的喜爱，产量越来越高，用于第二次世界大战的就有 36000 架，占苏联当时歼击机总数的三分之二。

雅克飞机也给参战的盟国飞行员留下了极好的印象。一位法国飞行员在战后回忆：“1944 年 10 月，诺曼底飞行团自由法兰西大队在 10 天里击落了 119 架德国飞机，唯一的损失是两名飞行员受伤。这个大队飞的是‘雅克 –3’飞机，击落的大部分是‘福克・沃尔夫 –190’和‘梅塞施米特 –109G’。”很多法国飞行员宁愿驾驶机动性更好的雅克飞机，而不愿驾驶美国的“雷电”式飞机。

近半个世纪后的 1991 年，美国加利福尼亚圣莫尼卡飞行博物馆还曾请雅科夫列夫设计局为其再复制一架“雅克 –3”飞机，可见影响之大。

五、进入喷气时代

由于内燃机动力的螺旋桨飞机的先天局限性，它的最大速度不可能接近音速，这样，第二次世界大战的结束也就宣布了内燃机动力歼击机时代的终结和喷气式飞行时代的开始。

其实，早在第二次世界大战开始前10年，当时还是英国皇家空军飞行员的弗兰克·惠特尔，就已经开始考虑涡轮喷气发动机了。他在皇家空军学院受训期间意识到，活塞发动机因受到吸入空气量的限制，其功率在高空会减少，同时，螺旋桨在飞行速度很高时效率也会变得很低。为此，他极力思考可能的出路，提出了可以利用某种发动机的喷气来推动飞机前进的想法，并且计算出这种发动机的巡航高度可达35000米。

但直到1935年，惠特尔的公司才找到一个财团提供支持。1937年4月，他设计的U型喷气发动机运转起来。1941年5月，英国的第一架装配喷气发动机的飞机飞上了天空。但由于技术很不完善，这种飞机对战争没有什么影响。

尽管如此，此时的英国也已大大落后于德国。因为早在1939年8月，德国著名的飞机设计师恩斯特·海因克尔设计的装有380公斤推力的喷气发动机的单翼机就飞上了天空。后来他又研制成功了“亨-280”这种世界上第一架喷气战斗机，但并未投产。

德国1943年底投入批量生产的喷气式飞机是梅塞施米特设计的“梅-262”飞机，它使用了两台最大推力为900公斤的喷气发动机，最大时速超过同盟国歼击机约160公里。但到战争结束时，它也仅生产了1400架，又被希特勒改作战斗轰炸机使用，因而未能充分发挥其空战的特殊性能。

战后，英、美等国立即开始了喷气式飞机技术的竞争。1945年11月，美国格洛斯特公司试制的“流星-IV”飞机，创造了时速969.9公里的世界新纪录。1948年9月，英国的无尾喷气式飞机“DH-108”在俯冲时，达到1120公里的时速，差一点儿跨过音障。

然而，在这些创纪录飞行的前后，一架又一架的飞机坠毁了。

当然，苏联工程师也没有闲着。在战争期间，雅科夫列夫曾在“雅克-3”飞机上加装液体燃料火箭加速器，使其最大时速达到800公里。但这种办法并不可靠，试飞员曾开玩笑地说："飞这种飞机就像跟母老虎接吻一样，既可怕，又没任何乐趣。"

战后，雅科夫列夫设计局立即开始了使用喷气发动机的"雅克 –15"飞机的研制工作。当时苏联已获得了德国人的"梅 –262"喷气机。航空工业人民委员沙胡林主张先仿制这种飞机，雅科夫列夫则表示反对。因为据他了解，这种飞机稳定性差，操纵复杂，曾发生一连串事故，难以取得飞行员的信任。最后，雅科夫列夫的意见占了上风。

为了避免早期喷气式飞机可靠性太差的问题，雅科夫列夫决定采取谨慎的做法：利用飞行员十分熟悉的"雅克 –3"歼击机，仅换上一台新的"埃尔德 –10"（缴获的"尤莫 –004"）涡轮喷气发动机。这样，除了机头需要做一番彻底修改，机舱、机翼、尾翼、起落架等都没做大的改动。结果，飞机非常轻，也很容易操纵，时速超过 800 公里，比原来的"雅克 –3"快 100 多公里。

1946 年 4 月，"雅克 –15"首次试飞就获得成功。就在同一天，同一个机场上，"米格 –9"飞机由格林奇克驾驶，也完成了首次试飞。"米格 –9"是米高扬设计局研制的第一种喷气歼击机。它是全金属单座飞机，采用中单翼呈梯形。它在机身下部安装了两台推力各 800 公斤的"埃尔德 –20"（缴获的"BMW–003"）喷气发动机。采用了前三点式起落架，使驾驶舱的视野更为良好。装备武器的火力也很强。由于推力强大，最大时速可达 900 公里。

"米格 –9"飞机的主设计师是米高扬和米哈伊尔·约瑟夫维奇·古列维奇。他们早在苏德战争开始前就研制了"米格 –3"歼击机。当时米高扬只是一名年轻的设计师，而古列维奇是苏联老一辈设计师波里卡尔波夫的助手。"米格 –3"的高空速度很高，但在德军俯冲轰炸机和歼击机活动频繁的中低空，其机动性能却不十分理想，故在苏德战争开始后不久就停产了。

米高扬几年后就以"米格 –15"而闻名世界。这种飞机采用了后掠式机翼和尾翼、气密座舱和弹射座椅，最初装一台 2270 公斤推力的"埃尔德 –45"（仿英国"尼恩"）喷气发动机，后改用 2700 公斤推力的"维克 –1"发动机，具有极强的火力，速度可达每小时 1050 公里。在朝鲜战场上，"米格 –15"的速度、火力、爬升能力和垂直机动性都优于其对手——美国的 F–86"佩刀"式战斗机，但在水平机动性、续航能力、对地攻击性能方面则略逊于后者。

实际上，在 1950 年前后，雅科夫列夫设计局也搞出了几种后掠翼歼击机的新方案，但斯大林认为已经有了优秀的"米格 –15"飞机，暂时就不必考虑研制新的歼击机，最好走“米格”机改型的道路。这样，“米格”飞机就成为二战后苏联歼击机的主流。

在1946年夏季，由于设计工作太忙，雅科夫列夫已决定辞去航空工业部（原航空工业人民委员部）副部长的职务。斯大林经过询问同意了这个要求，但保留了他该部科学委员会主席的职务，同时苏联部长会议晋升雅科夫列夫为上将。

由于工作时间有了保证，到1949年为止，雅科夫列夫设计局又研制成数种新飞机：喷气式飞机“雅克－17”、重型空降用滑翔机“雅克－14”、歼击教练机“雅克－11”、初级教练机“雅克－18”和喷气歼击机“雅克－23”。

1953年，长航程巡逻机“雅克－25”飞机试飞成功，投入了批量生产。这种飞机不仅在当时的喷气式飞机中续航时间是最长的，而且其总体布局很有进一步发展的潜力，成为1958年以后批量生产的、有各种用途（首先是前线轰炸机）改型的“雅克－28”系列超音速作战飞机的基础。

1967年7月，在苏联航空节的飞行表演中，出现了苏联第一架垂直起落喷气战斗机。它未经滑跑就垂直上升到50米的高度，逐步开始水平加速，并收起起落架，随后旋风般从观礼台掠过。飞了一圈后，飞机又开始减速，接近着陆点后垂直下降，平稳着陆。这就是雅科夫列夫设计局研制的“雅克－36”。它实际上是在英国鹞式飞机之后，世界上第二种投入使用的垂直起落喷气战斗机，曾用来装备苏联最早的航空母舰。

六、从“飞行车厢”到喷气式客机

雅科夫列夫领导的设计局是一个极富才智、充满了创造性的集体。他们往往在十分困难的条件下取得人们意想不到的成就。

1952年夏末，雅科夫列夫、图波列夫、伊留申以及几个直升飞机设计师被叫到克里姆林宫，参加紧急会议。原来，政府领导人认识到苏联直升飞机技术已严重落后于美国，担心仅靠原有的专业设计单位在短时间内不足以扭转这种局面，决定动员搞固定翼飞机的设计局协助研制大型直升飞机。大多数人都感到十分为难，这完全是十分陌生的领域。只有一直搞直升飞机的米哈伊尔·列昂捷维奇·米里建议在原有12座设计方案的基础上试制一种直升机。

第二天，雅科夫列夫同意搞一种24座位的直升机。然而，政府却只给他们一年期限，但也答应要什么给什么。他们别无出路，只有服从。相比之下，美国从20世纪三四十年代就开始搞直升机，到50年代初，其载重量也不超过1吨。美国皮亚谢茨基宣称将制造载重2—3吨的直升机“YH–16”，但其1955年试飞时在空中解体了。

经过反复论证，雅科夫列夫和他的同事们对纵列式双旋翼直升机这种奇特的布局方案最感兴趣。他们不仅要依靠原有的设计经验，还要对新出现的问题进行深入的理论分析和计算。然而，对如此复杂的飞行器，不可能把一切问题都预见到，其中最主要、最复杂、最不可预料的就是振动问题。为了保证研制速度，他们一下子就试制了四架原型直升机，分别用于实验室静强度试验、机场动强度试验、试飞和国家验收试飞。所有的重要部件事先都要在工厂和研究单位做试验，例如旋翼叶片试验的振动次数达到上千万次。

主要的麻烦出在整机的动强度寿命试验上。从运转的头几小时起就出现了振动，一会儿在这个转速上，一会儿又出在另一个转速上，一会儿排除了，一会儿又出现了，简直无法应付。以至于大家第二天早上见面，不是互致早安，而是问：“振动怎么样了？”经过几个月的努力探索，最后通过改变叶片的特性才解决了这个难题。

1953年初冬，直升机交付国家鉴定试飞，但命运又一次捉弄了雅科夫列夫。原来，一位机械员在驾驶舱内进行最大转速升力试车时，将直升机系留在地面的4根钢索相继拉断，机体腾空而起。手足无措的机械员唯一能做的就是关掉油门，结果直升机从七八米高摔到地面。此后，试飞部门变得谨小慎微，几个月里也没有做多少试飞，直到朱可夫元帅直接过问，才迅速完成了试飞和鉴定。

这种“雅克–24”直升机的载重能力是空前的。机舱长40米，可装载货物或两辆小轿车（在2000米以下高度可载重6.5吨）。它曾载4吨货物升到2903米的高度，载2吨货物升至5082米的高度，创造了两项世界纪录。直到1957年这两项纪录才被米里设计的大型直升机“米–6”打破。

雅科夫列夫设计局的另一项出人意料的成就是“雅克–40”。这是一种喷气式中型客机，可载24—32位乘客。它一下子填补了20世纪60年代支线飞机的空白。意大利航空公司首先购买了“雅克–40”，经过飞行实践，认定它的水平很高。米兰的《速度》报认为“雅克–40”是“在西方没有对手的苏联飞机”。

截至1979年，雅科夫列夫设计局设计和研制出的飞机种类不计其数，其中投入批量生产的飞机就多达75种型号，累计总量高达66000架。

七、充满激情的理性实干家

雅科夫列夫一生的事业可以说是与苏联的发展同步进行的。他不仅获得过苏联英雄称号和 8 枚列宁勋章，还获得过表彰其终身成就的国际航空协会大金质奖章。他把自己的一生融入航空事业，甚至他的妻子卡佳·梅德尼科娃原来也是一位飞行员，曾创造过女子飞行世界纪录。他们在 1938 年一见如故，不久就结为连理，相伴终生。

我们回顾雅科夫列夫的历程，会发现他的一生充满了创造的激情和渴望。他曾说过：

> 一个设计师首先应该是一个幻想家，正是在这些幻想里产生着新颖的思想、新的设计构思以及如何将其实现的途径，争取把幻想变成现实，这是一个人，特别是一个设计师生活的最大意义。

在少年时代，他曾担心老一辈人会把一切都发明完了，自己就没有机会发明了。后来才明白，技术的进步是无止境的，一些任务的完成，其实只不过是为了提出新的更为复杂的任务。他回忆道：

> 在我制造滑翔机的时候，我心头就浮现出制造飞机难以抑制的渴望。接着又想制造一架更好的。当我制造飞机的时候，我又在想：只要这架飞机能飞起来，我生活中什么也不要都行。可是当飞机制造出来并开始飞行时，又产生了一个新的愿望，再制造一架飞得更快、飞得更好的飞机。当我设计的第一架歼击机根据政府的决定命名为“雅克”，并生产了数千架的飞机装备了苏联军队的时候，我的幻想大概算是实现了吧，可是新的幻想又产生了。我给自己提出了新的目标，探索那未知的因素、试验、计算，最后是欢庆取得的新胜利，而在这整个过程中我也得到了最大的满足。

像莱特兄弟等航空先驱那样，雅科夫列夫并没有止步于幻想，而是投身于实干。在中学还没有毕业的时候就动手帮助别人加工滑翔机，甚至设计并制造成功了自己的载人滑翔机。雅科夫列夫又绝非忽视理论的盲目实干家，他对相关理论抱着极大的热情。他为了得到学习航空理论的机会，获得进入空军学院的资格，宁愿放弃其他大学，先去当一名机械兵。

雅科夫列夫的过人之处在于他将理论研究与实践摸索结合到了艺术的高度，这正是一名飞机设计师的最高境界。他说过：

> 只具有设计师的禀性或从小就对技术感兴趣是不够的。即使在数学、物理学或结构力学方面有很高造诣也是不够的。如果让我来说，设计不仅仅是一门科学和技术，还是一门艺术。

当机械兵的时候，雅科夫列夫在机场附近发现一条大沟里堆满了上百架失事飞机残骸。他一有时间，就在残骸堆里翻腾。这与其说是在寻找有用的飞机零件，不如说是在研究各种飞机的结构和薄弱环节。用他自己的话说，“这是一所真正的大学，虽然它别具一格”。

雅科夫列夫在研制“飞行车厢”的过程中，曾请示中央空气流体力学研究院，召集所有可能出力的专家，共同研究直升机的振动问题。一些专家提出自己的建议来克服振动；而有一些人拿出各种图表和公式，试图证明这种振动是不可能排除的，其根源在于该直升机设计布局的固有缺陷；甚至有人说连美国人都无法排除“YH-16”直升机的振动问题，不必再浪费时间了！

但雅科夫列夫并没有泄气，他不会轻易接受轻率的理论推理。他意识到：必须从一个个机件入手，将振动问题一一排除干净。在那些日子，他的脑子无论白天还是黑夜都被振动问题占据着，几乎感到已经山穷水尽。一天，雅科夫列夫恍然大悟：所有可能的振源中，最严重的应该是旋转叶片。如果改变一下叶片的振动特性，结果会怎样呢？为了弄清楚是否确实是因叶片引起的振动，科研处长基利季舍娃建议把叶片截短半米试一试。两个星期之后，缩短50厘米的旋翼片装上了直升机。试飞员启动了发动机，直升机飞了起来。在20分钟的飞行过程中，他们反复试验了旋翼的各种工作状态，竟然在任何状态下都没有出现轻微振动，振动问题就这样克服了。

与一般飞机设计师相比，雅科夫列夫表现出实干家所必需的、更突出的组织才能。在中学他被同学们选为学生会主席。在滑翔机小组，在地下工厂，在设计局，在航空工业部，在他的热情、真诚、魄力和智慧的感召下，他的周围总能聚集起一个个充满活力的团队，创造出一个又一个不俗的成就。他在二战前后担任航空工业部副人民委员一职，对他的能力和品质是一次严峻的考验。面对斯大林的严厉甚至苛求，他仍然能够坦然以对。

有一次，斯大林突然责问雅科夫列夫，因为他听说雅科夫列夫利用职权为自己的设计局谋求了更多的好处。航空工业部部长赫鲁尼切夫用具体的数据证明事实恰恰相反。雅科夫列夫设计局工厂的规模和机床的拥有量都不如图波列夫、伊留申、米高扬等设计局。雅科夫列夫平静地向斯大林说明：他早就预计到有可能遭到种种非难，因此开始在人民委员部，后来在航空工业部的工作过程中，他从来未做过任何一件让斯大林以后能谴责他的事。斯大林十分惊讶，并吩咐"如果是这样，应该为他创造不比别人差的条件"。

雅科夫列夫还是航空工业"文明生产"的倡导者。早在1935年他建立自己的设计局时，就把它变成了一个"文明工厂"，其清净程度不亚于疗养院。这要求所有的职工都必须遵从严格的清洁行为规范。由于雅科夫列夫视吸烟为恶习，他的工厂也许是苏联最早禁止吸烟的正规企业之一。许多职工家属对他千恩万谢，因为他制定的纪律迫使她们的丈夫戒了烟。

雅科夫列夫主要的业余爱好是艺术欣赏和阅读写作。他亲笔撰写的《一个飞机设计师的故事》和《生活的目的》为许多国家的读者所熟悉。他认为："一个专家要想在技术和科学上有所创造，那么他在文化修养的各方面都要有相当水平，音乐文学和绘画是会促进技术创造过程的。"也许这些话有助于我们思考雅科夫列夫过人创造力的来源。

（作者：刘二中）

参考资料

[1] A. S. Yakovlev. Gool of Life [M]. Moscow：Poitizdat，1972.

[2] Bill Gunstoon. Yakvlev Aircraft since 1924 [M]. London：Putnam Aeronautical Books，1997.

[3] J. Taylor. History of Aviation [M]. London：New England Library，1978.

[4] Douglas Rolfe. Airplanes of the World [M]. London：William Kimber，1971.

[5] M. C. Арлазоров. Артём，Микоян Москова：Молалая，Гвартя，1978.

[6] 李树山. 世界空军史 [M]. 北京：军事科学出版社，1998.

谢尔盖·巴甫洛维奇·科罗廖夫

（Сергей Павлович Королёв，1907—1966）

科罗廖夫

从囚徒到苏联运载火箭之父

谢尔盖·巴甫洛维奇·科罗廖夫是苏联著名火箭设计师，苏联科学院院士。在他的带领下，苏联成功研制了洲际弹道火箭，成功发射第一颗人造地球卫星、“东方号”和“上升号”系列宇宙飞船，实现了人类历史上第一次载人宇宙飞行，第一次人在太空行走。他是列宁奖金的获得者，拥有“社会主义劳动英雄”的称号。然而，他又是斯大林主义的受害者，1938—1944 年他在监狱劳改营中度过了 6 个春秋。

一、充满激情的青年时代

1907 年 1 月 12 日，科罗廖夫出生在乌克兰日托米尔一个教师家庭。在他两岁的时候父母便离异，这造成了他比较封闭、自立性强的性格。当科罗廖夫四五岁的时候，母亲发现他对蓝天有着深深的向往。

1917 年，他来到敖德萨，开始了在学校的学习生活。此时，乌克兰正处于政权频繁更迭的动荡时期。1920 年 2 月，苏维埃政权取得胜利后，形势才逐渐趋于好转。这段时期，他认识了他家附近海上航空大队的驾驶员，并常常随着飞行员一起飞向蓝天，激发了他少年时期的兴趣和爱好。

1924年，科罗廖夫考入基辅理工学院机械系，这里是培养未来航空工程师的摇篮。在大学学习期间，科罗廖夫是年龄最小的学生。他一边读书，一边打零工，以支付在大学的学习费用。两年后，他又来到了莫斯科鲍曼高等技术学校继续学习。同时，科罗廖夫还在莫斯科滑翔学校学习制造、驾驶滑翔机。他痴迷各种滑翔机，在科特贝尔地区举办的全苏滑翔机比赛中，他亲自驾驶自己设计的滑翔机在空中飞行 4 个多小时。

在莫斯科鲍曼高等技术学校学习期间，他最喜欢飞机设计师图波列夫讲授的飞机制造课程。1929 年 9 月，图波列夫在科罗廖夫毕业论文答辩时说：

航空事业没有轻松的道路，如果你不怕困难，我们的道路向你敞开着！

这一年，科罗廖夫拜访了后来被誉为“苏联航天之父”的齐奥尔科夫斯基。这位现代火箭理论的奠基人对于科罗廖夫未来的道路选择起到了决定性作用。科罗廖夫后来回忆道：“齐奥尔科夫斯基对未来人类飞向宇宙坚信不疑，我从他那里离开之后，只有一个目标：建造火箭，飞向太空！”

1931年9月，科罗廖夫与航空液体动力中心研究所的工程师仓德尔在莫斯科组建了“反作用运动研究小组”，科罗廖夫领导着这个小组的科技委员会，小组的科研工作得到了国防委员图哈切夫斯基元帅的有力支持。1932年，这个小组已经发展为国家研制火箭飞行器、液体弹道火箭的研究所。

科罗廖夫与仓德尔、吉宏拉沃夫、颇别多诺斯采夫等青年科学家一起以满腔的热忱投身于火箭的研究中。在他们工作的地方横挂着巨幅标语——“奔向火星！”

20世纪30年代初期，科罗廖夫开始研制液体燃料火箭。1933年8月17日，苏联第一枚液体火箭“GNPA–90”在试射时达到了400米高度，这是他们走向成功的重要一步。当时只有美国和德国研究液体火箭。科罗廖夫认为，必须首先研制装有反作用发动机的飞机。同年3月，在列宁格勒召开的全苏大气层研究会上，科罗廖夫作了一个报告，阐述了人类乘坐火箭飞机飞向大气层的可能性。1934年，科罗廖夫出版了专著《大气层中的火箭飞行》，在书中他强调了弹道火箭的重要性，探讨了使用火箭达到科学和军事目的的可能性，指出必须建造反作用发动机。他把该书寄给了齐奥尔科夫斯基并得到了很好的评价。

1934年，苏联的火箭研究基地基本建立起来。然而，战争的乌云愈来愈明显，如何强化国防成为苏联科学家的工作重点。根据图哈切夫斯基元帅的命令，1933年9月，“反作用运动研究小组”与列宁格勒燃气动力实验室合并成一个“反作用科学研究所”，这是世界上第一个反作用科学研究所，由克列梅诺夫担任所长，科罗廖夫担任副所长。1936年，科罗廖夫成功试验了217型带翼固体高射火箭和212型液体远射程火箭，研制液体带翼和远程空对地导弹方案已经基本成熟。

反作用科学研究所的上级主管部门是重工业人民委员会下属的弹药管理局，这个管理局只对作为炸弹的大型武器感兴趣，不关心发展火箭事业。此时，科罗廖夫的好友仓德尔去世，一些同事相继离开研究所。科罗廖夫意识到，这是国家唯一一个可以从事火箭技术项目研究的科研机构，他留了下来，集中全部精力研制带翼火箭。1938

年前夕，科罗廖夫研制火箭操控系统，包括212型液体带翼远程火箭和204弹道火箭，还有用于轰炸目的的空对地201型火箭。

二、大清洗劫难

1937年秋天，苏联大清洗开始。科罗廖夫于1938年6月27日被捕，罪名是“参与托洛茨基反苏组织”“滥用国家资金，企图削弱苏联国防”。在审问期间，他遭到残酷殴打以致下颚骨折。从此以后，他既不能大幅度转头也不能完全张嘴。1966年，医生在给他做手术时正是由于无法使他张嘴而导致抢救失败。

为了让科罗廖夫承认自己的“罪行”，内务部的审讯人员以科罗廖夫的亲人相要挟：

> 如果你不承认对你的指控，明天将逮捕你的妻子，把你的女儿送到孤儿院！

他别无选择，只能在自己的“罪行”书上签字。

1938年9月25日，经斯大林、莫洛托夫等政治局委员签字同意，科罗廖夫被列入“第一类”罪犯的名单，所谓“第一类”就是“枪决”。幸好当时大清洗的浪潮有所缓解，法院没有完全按照内务部的意见判处科罗廖夫死刑，而是判10年有期徒刑，当时他只有31岁。随后，他被发配到西伯利亚的科尔玛金矿做苦役。

科尔玛劳改营的生活条件和劳动条件异常艰苦。据统计，有大约60万“人民的敌人”在这里接受劳改。数十人挤在一个寒冷、潮湿、阴暗的屋子里住着上下铺，他们每天劳动长达12小时以上，经常挨饿、被殴打，在劳改营中每天约有25—30人死亡。长时期的饥饿和营养不良使科罗廖夫的体重只有45公斤。在1939年11月的一天，他终于无法起身而被当成死人装入麻袋。就在准备拉走的时候，他被好心人救下才没有被活埋。科罗廖夫的母亲到处奔波求人，她求过苏联最高苏维埃代表、苏联的飞行英雄格罗莫夫、格利卓杜波娃，希望他们能够利用自己的影响与法院沟通重新审理科罗廖夫一案。

在劳改营中，科罗廖夫给斯大林写信，他在信中强调的不是个人境遇，而是国家的利益，是他为之奋斗的火箭事业。他写道：

> 苏联的飞机应该比可能出现的敌对国家的飞机具有绝对的优势，最主要的是飞行速度和飞行高度。然而，现在的形势是，敌对国的飞机完全可能打

击我国的任何目标……出路只有一个：建造火箭飞机。

1940年6月，法院对科罗廖夫案件重新审理，刑期由原来的10年改为8年，随后他被遣送到别乔雷地区修筑铁路，那也是异常艰苦的地方。此时，苏联肃反运动导致一大批航空航天领域的精英被以各种罪名投入到监狱，他们被集合在一起，在所谓的设计局实则为监狱研发飞机。苏联著名飞机设计师图波列夫也未能幸免，他被诬陷而失去自由在莫斯科内务部29号特殊设计局负责飞机的研制工作。尽管自己还是在押之身，但他作出了极大努力坚持将科罗廖夫调来，共同研制作战飞机。这是科罗廖夫命运的转折点。

三、卓著的科学技术成就

1. 强化国防力量

来到图波列夫所在的设计局后，科罗廖夫马上着手研制作战飞机。他向内务部提交了新的设计方案——“火箭鱼雷AT”。很快，新式飞机成功试飞。1941年6月，德军入侵苏联，图波列夫所在的设计局转移到了后方奥姆斯科市。面对德军的入侵，科罗廖夫要求当一名飞行员到前线同德军作战。但是，此时已经恢复自由并担任领导职务的图波列夫拒绝了科罗廖夫的请求：“你走了，谁造飞机？”在图波列夫的鼓励下，科罗廖夫努力工作，并被任命为飞机组装车间副主任。

与此同时，科罗廖夫继续研究火箭发动机。当他得知在喀山16号飞机制造厂的科学家囚犯格鲁什科正在研究反作用发动机装置的时候，他要求调到那里去，他的请求获得了批准。很快，实验设计局成立了由科罗廖夫担任设计师的火箭发动机研制小组。为进一步提高飞机的飞行速度，他在飞机上加装火箭发动机作为助推器。发动机安装到飞机后，科罗廖夫亲自试飞。试飞中，飞机出现故障导致飞机尾部受损。当科罗廖夫从机舱里被救出来的时候，他说：

好在我亲自试飞，我已经知道事故的真正原因了。

1943年，在科罗廖夫的努力下，装有火箭装置的飞机第一次完成了单独飞行，借助于火箭的助推，飞机的起飞滑跑距离缩短了整整70米，比其他飞机更快升空，性能也有所提升。

鉴于科罗廖夫对苏联国防作出的贡献，1944 年 7 月 26 日，他与其他 29 名科学家囚犯被提前释放（但不是平反）。科罗廖夫获得自由后，他没有急于回到分散多年的亲人身边，他要把失去的时间尽可能夺回来。他给妻子写信，告知他还不能马上回到亲人身边：

> 无数人还在流离失所，我相信我很快就能见到你。

他给母亲写信，表达了高兴之情：

> 我有了 22 平方米的单独房间，有两扇窗，阳台上还有门。阳光是那么充足，这是我以前所没有感受到的，我体会到了太阳的价值。

为了做完那些还没有完成的实验，他在喀山又工作了 10 个月。

1944 年，德国已经成功研制出液体火箭发动机，使用这种发动机的火箭在性能上远远超过苏联，也远超美国所研制的同类火箭。同年 6 月，德军使用 V–1 火箭对英国进行了猛烈的轰炸。后来，德国又研究出自动操控弹道的 V–2 火箭并成功进行了 250 公里试飞。这一年，战争形势发生变化，苏军开始转入反攻。科罗廖夫作为代表团成员出访德国苏军占领区，收集 V–2 火箭研究资料。在德国的佩内明德市的诺德豪森火箭中心，他似乎不是昨日的“囚犯”，而是代表团团长。他像将军那样指挥、命令其他人。随行人员也甘心听他的吩咐——他是火箭方面的真正专家。科罗廖夫分析了德国火箭工艺后得出结论，苏联可以借鉴 V–2 火箭研制出性能更好的火箭。

二战结束后，冷战随之开始，强化国防成为苏联的当务之急。1946 年 5 月 13 日，苏联部长会议做出决议，要发展苏联的火箭工业，在莫斯科郊外加里宁格勒（今科罗廖夫科学城）成立了 88 号火箭技术研究所，科罗廖夫被任命为总设计师。这个决议不仅决定了科罗廖夫的未来命运，也在 11 年后为苏联打开了通向宇宙的大门。1948 年 3 月，科罗廖夫奉命向斯大林汇报研制 РДД 火箭的进展情况。斯大林要求复制德国火箭，以尽快装备苏联军队。这次与斯大林的会面使科罗廖夫深受鼓舞。在他的领导下，很快就设计出完整的 РДДV–2 火箭。这一年，又进行了 Р–1（复制 V–2）火箭试验，使用的材料和图纸都是苏联本国的。1950 年，该型火箭开始装备部队。

当时，苏联大多数人都认为火箭只是一种会飞的大炸弹，这个项目自然要由弹药管理机构负责。至于航空界，人们对将液体火箭发动机应用于飞机上的发展前景缺乏足够的认识。而科罗廖夫认为，液体火箭不是简单的炸弹，它是一个复杂的系统。

1949 年 8 月 29 日，苏联成功爆炸原子弹，打破了美国的核垄断。但是，用火箭打击目标距离问题凸显出来。因此，必须解决火箭远距离飞行的问题。火箭飞行 300 公里在当时已经是一种奇迹，然而，科罗廖夫对此并不满足。1952 年，他研制了 P-2 火箭，成功进行了 600 公里的飞行试验，这一射程可以到达美国某些海军和空军基地。1953 年，研制成功 P-5 火箭，飞行距离可以达到 1200 公里。此后，科罗廖夫的团队不断研发出新式火箭。1955 年，研发出 P-11M 可以携带原子弹的火箭和用于潜艇的 P-11ΦM 型火箭以及可以携带氢弹的 P-7 型火箭。1956 年，研制出可以携带核弹的 P-5M 型火箭。1957 年，他们研制出洲际弹道导弹 P-7，重量达 283 吨。然而，科罗廖夫清楚地认识到，苏联液体洲际导弹的性能还不如美国，美国使用的是固体燃料火箭，发射前不需要加注燃料。于是，科罗廖夫又集中全力研发出 PT-1 和 PT-2 型固体燃料洲际导弹。此后很长一段时间，苏联一直使用这种导弹。现在，俄罗斯研发的各种新式导弹其实都是以 PT-2 型导弹为基础加以改进的。科罗廖夫成为一位把火箭技术与核弹技术结合在一起的总设计师，科学界和军方高度评价科罗廖夫的巨大贡献。1953 年，他被推选为苏联科学院通讯院士，1956 年被授予“社会主义劳动英雄”称号，1958 年他当选为苏联科学院正式院士。

2. 飞向太空

1954 年，当苏联政府做出决议要研制洲际导弹 P-7 的时候，科罗廖夫就想到这将是一个可运载卫星的火箭。他向相关部门呼吁要借助于这种火箭发射人造地球卫星，并不断阐述人类进入太空、登上月球的重要性和紧迫性。

1955 年 6 月，在给苏联科学院提交的研究活动报告中，科罗廖夫指出，利用火箭飞行器实现超距离和任意高度的超高空飞行在原则上是可行的。目前制造人造地球卫星和载人高空飞行研究星际空间的宇宙飞船日趋接近现实。

1956 年 1 月，他向赫鲁晓夫陈述研发人造地球卫星的重要性。赫鲁晓夫同意了他的建议，但附加了一个条件，不能影响洲际导弹的进一步研发。科罗廖夫研制人造地球卫星的想法也得到了苏联科学院的支持。为了研制卫星和宇宙飞船，他不断与各个领域的科学家进行交流，特别是物理学家和医生。关于卫星的形状，科罗廖夫认为：球体，只能是球体！球体能给人一种良好的感觉，它和太阳的形状要像。

1957 年 8 月 3 日，第一枚洲际导弹发射成功，但运载火箭的推力还不足以将卫星送入地球轨道。科罗廖夫大胆地在第一级火箭采用四台侧挂发动机与主发动机并联工作的方法，巧妙地在较短的时间内解决了推力不足的问题，又避免了研制新型大推力运载火箭的巨额投入和技术风险。同年 10 月 4 日，利用这种“捆绑式火箭”，苏联成功发射了第一颗人造地球卫星。卫星的成功发射震惊了全世界，尤其是美国朝野，美苏两国之间的太空竞赛也由此拉开序幕。鉴于科罗廖夫为航天事业作出的巨大贡献，1957 年 12 月 30 日，他荣获列宁奖金。

卫星发射成功后，科罗廖夫没有急于将人送入太空，而是先用小动物做试验，取得经验后再考虑搭载宇航员。1960 年 12 月，专为载人而设计的第三艘宇宙飞船在返回大气层时被烧毁，这一事故对科罗廖夫是一个很大的打击。但是，科罗廖夫并没有失去信心，他改进了飞船的降落装置，使只搭载动物的第四艘载人飞船在绕地球一周后安全返回地面，成功地验证了人类进入太空的可行性。在科罗廖夫的努力下，1961 年 4 月 12 日，加加林搭乘“东方 1 号”运载火箭实现了人类首次太空飞行，这一壮举又一次震惊了世界。随后的“东方 2 号”到“东方 6 号”的太空飞行都相继取得成功，飞行时间由最初的 108 分钟延长到 94 小时，并两次完成了两艘飞船的编队飞行。“东方 6 号”的宇航员捷列什科娃成为世界上第一位女宇航员。1965 年 3 月 18 日，列昂诺夫搭乘“上升 2 号”又把科罗廖夫的人类在太空中行走的设想变成了现实。

科罗廖夫又在考虑建立一个可以操控的、能长期在太空工作的空间站——“联盟”号。他对未来的空间站进行了具体的规划和设想：空间站有专门的生活区；宇航员可以不穿宇航服从事科研工作；在飞行过程中两个飞船可以对接；宇航员可以从一个飞船进入到另一个飞船。虽然这一设想还没有实现科罗廖夫就离世了，但是，他生前已为此做了大量工作，后来有些设想变成现实是与科罗廖夫的前期工作分不开的。

科罗廖夫在航天领域的贡献还表现在对月球等星球的多次探测。奔向月球、奔向火星、奔向金星是他在青年时代的梦想。苏联的月球探测启动于 20 世纪 50 年代，当得知美国制定登月计划时，赫鲁晓夫说：

> 不能把月球送给美国人！

1959 年 1 月 2 日，在科罗廖夫的领导下，苏联发射了“月球 1 号”探测器，由于没有查明的原因，两天后它从距月球 6000 公里处飞过并进入太阳轨道。同年 9 月 12

日，“月球 2 号”探测器发射成功，把苏联的国旗带到了月球，10 月 7 日，“月球 3 号”探测器在距离月球 60—70 公里处拍摄了地球上观测不到的月球背面的照片。1966 年 2 月 3 日，苏联发射的“月球 9 号”在月球上成功软着陆，发回一批月球的全景照片。尽管这次发射探测器是在科罗廖夫去世之后，但是，其技术基础仍然是科罗廖夫在世的时候奠定的。除向月球发送探测器外，科罗廖夫还组织过对火星和金星发射探测器，为人类星际探索迈开了重要的一步。

四、无名的总设计师

科罗廖夫在苏联航天史上的成就是巨大的。他创造了数个世界第一：第一颗人造地球卫星、第一次载人太空飞行、第一次人在太空中行走、第一个能在太空中工作多年的空间站，这一切都与科罗廖夫院士的名字紧密联系在一起，他成为当之无愧的“苏联运载火箭之父”。然而，科罗廖夫的名字在他生前一直不为外界所知。当第一颗人造地球卫星发射成功后，瑞典诺贝尔奖金委员会希望将卫星的设计者列入诺贝尔奖候选人的名单。他们致信苏联政府，询问谁是卫星的设计者，赫鲁晓夫回答说：“卫星的设计者是全体苏联人民！”由于科罗廖夫的研究工作涉及苏联国防安全，苏联政府决定科罗廖夫不能公开使用自己的名字，去世前不能公开自己的身份。于是，科罗廖夫的名字不存在了，他的名字被苏联当局视为高度机密，科罗廖夫与诺贝尔奖失之交臂。

当加加林飞向宇宙获得成功后，科罗廖夫的女儿娜塔莎和人们一起走上街头尽情欢呼。人们都想知道背后的设计师是谁，娜塔莎很想告诉人们，这个设计师就是自己的父亲！然而，这在当时是绝对不可以的，科罗廖夫的家人也被要求永远对其工作保持沉默。航天工程的每一次壮举完成后，都会在克里姆林宫举办庆功宴会，只有在这个圈子里，人们才公开称科罗廖夫为总设计师。当苏联的航天事业取得了一个又一个举世瞩目的成就后，常常有人问科罗廖夫：

> 所有的荣誉都成了别人的，既不让你出国，也不让你公开发表自己的研究成果，你不觉得受到伤害？

科罗廖夫回答说：

我没有想过这个问题！

作为一系列航天壮举的幕后功臣，科罗廖夫曾经几度与死神擦肩而过。他差点儿被当成“反苏维埃分子”而被枪决，差点儿在劳改营被冻死饿死，却都奇迹般活了下来。当科罗廖夫回到亲人身边后，他给亲人讲述他是如何被审讯的，如何被判刑的，如何被流放到西伯利亚的，又如何来到图波列夫飞机设计局的。讲完后他说：

以后你们永远不要再问我这方面的事情了，我要把这些都忘掉！

然而，他忘不掉，直到去世，他都痛恨金子，因为金子能勾起他被流放到金矿的痛苦回忆。1955 年，他致信相关部门要求平反，他写道：

我从来都没有参与组织反苏维埃的活动，请对我的案件重新审查并给予彻底平反。

然而，这一天他又等了足足两年，在第一颗人造地球卫星发射前半年即 1957 年 4 月 18 日才为他彻底平反，彻底否定了对他的各种指控。此时，他已经是苏联科学院的通讯院士、“社会主义劳动英雄”、国家重点保护的国防尖端技术人才。恢复自由后，他从劳改营只带回一个铝制的水杯，这个水杯他一直保留到去世。去世的时候，他名下的存折只有 16.24 卢布。对于物质生活，他总是说：“这是小事儿，不重要！”

流放时期恶劣的环境、几十年不分昼夜的工作使科罗廖夫积劳成疾。他的直肠上长了一个肿瘤，动脉也有硬化的征兆。重病中的科罗廖夫壮志未酬：

再给我 10 年时间就够了，事情不是很多了，到月球，到火星！

1966 年 1 月 5 日，他不得不住进医院。1 月 14 日，他逝世在手术台上。苏联政府给予科罗廖夫相当于国家高级领导人的悼念规格。1 月 16 日，苏联广播第一时间、苏联各大报纸均在头版头条报道科罗廖夫逝世的消息。他的遗体被安放在联盟大厦圆柱大厅供人们瞻仰。次日，尽管莫斯科十分寒冷，但仍有数以万计的莫斯科市民自觉排成长队来瞻仰这位富有传奇色彩的科学家的遗容。他的名字、他的肖像，甚至他的功绩，人们只是在1月16日才首次听到和看到。1月18日，苏联科学院院长科尔德什在遗体告别仪式的讲话中说道：

我们的国家和世界科学界都失去了一位伟大的科学家。他的名字与我们这个科技时代伟大的探索——开创人类征服宇宙的时代紧密联系在一起。

苏共中央总书记勃列日涅夫与其他苏共政治局委员亲自将科罗廖夫的骨灰盒放到了克里姆林宫的墙下。科罗廖夫在世的时候，他的名字不为外界所知。他去世后，苏联媒体高度赞扬他是一位卓越的科学家，却对他在30—40年代受到的屈辱和迫害缄口不言。

为纪念科罗廖夫，1966年，苏联科学院设立“科罗廖夫金质奖章”和“科罗廖夫大学生奖学金”；在日托米尔、莫斯科、拜科努尔都矗立着科罗廖夫的塑像；在一些城市还有科罗廖夫纪念馆；在萨马拉有以科罗廖夫命名的航空航天大学；在莫斯科、圣彼得堡等38个城市都有以科罗廖夫名字命名的街道。他还是唯一一位尚未获得平反就被授予“社会主义劳动英雄”称号的科学家。

五、结语

科罗廖夫喜欢火箭科技事业的挑战性，在失去自由的6年里他仍然痴迷火箭和飞机的研究。他不是为了取悦当局以获得减刑，也不是为了奖赏，火箭事业就是他的最大兴趣。工作的时候，他忘记了痛苦，忘记了屈辱，甚至忘记了自己还是囚犯。只是由于火箭事业关系到苏联的国防，他才成为最高当局关注的重要人物。

科罗廖夫是理性与幻想的有机统一体。在开辟航天事业的过程中他的功绩是无人匹敌的。毫无疑问，他超越了他的前辈齐奥尔科夫斯基和图波列夫。科罗廖夫的逝世对苏联宇航事业是一个无法估量的损失。1968年，N1火星探测火箭制造成功，但是，连续发射四次全都以失败告终；1974年，升级版的N1火箭准备就绪，却由于种种原因而取消发射。

科罗廖夫有过两次婚姻。他的第一任妻子温采吉尼是一位医生，在科罗廖夫失去自由的6年中她独自拉扯女儿，度过了最艰难的岁月。她受人尊敬，个性独立。在莫斯科医院工作颇有成就的她不愿意到边远荒凉的火箭试验场工作。也许是他们长期分离的原因，他们逐渐无法接纳对方。他们的婚姻终于在1948年结束了。女儿娜塔莎永远是科罗廖夫心中的痛。女儿得知父亲“背叛”家庭后，将父亲的所有照片都撕成碎片。在女儿满18周岁的时候，远在火箭试验场的科罗廖夫给她写信：

> 衷心祝贺你成为伟大苏维埃祖国无愧的公民。你要热爱自己的人民和生你的这片土地。你永远都不要忘记你的父亲，不要忘记那个爱你的父亲。

科罗廖夫的第二任妻子耶尔莫拉耶娃是科罗廖夫所在单位的英语翻译，1948年他们结成伉俪。

科罗廖夫是不幸的，他出生在动乱年代，幼年因父母离异而失去父爱，在报效祖国的金色年华身陷囹圄长达6年，占去了他整个生命的十分之一还多。流放地异常艰苦的环境严重损坏了他的身体健康，使其过早离世。然而，科罗廖夫又是幸运的，他有过欢乐与充满激情的青年时代，他的兴趣、他的爱好、他的理想恰恰是与国家的需要联系在一起的，这为他的理想变成现实创造了条件，他在实践中展现了自己的才华和价值。他在短暂的一生中为苏联、为世界宇航事业留下了宝贵而丰富的遗产，科罗廖夫的名字将永远是苏联乃至世界航天航空领域的骄傲。

（作者：曾晓娟　严建新）

参考资料

[1] Чертов Б. Сергей Королев: безымянный главный конструктор [J]. Вестник Российской академии наук, 2007(10): 56-69.

[2] Королева Наталия. С. П. Королев отец к 100-летию со дня рождения. Книга первая 1906-1938 годы. Москва: Наука, 2007.

[3] Ребров Михаил. Сергей Павлович Королев жизнь и необыкновенная судьба. Москва: Олма-пресс, 2002.

[4] Романов Александр. Королев. Москва: Молодая гвардия ЖЗЛ, 1996.

[5] Томский В. Неизвестный Королев главный конструктор будущего. Москва: Яуза, 2011.

[6] Ветров Г. С. С. П. Королев и космонавтика. Первые шаги. Москва: Наука, 1994.

沃纳·冯·布劳恩

（Wernher von Braun，1912—1977）

冯·布劳恩

20世纪火箭工程的奠基人

一、当过机械学徒工的物理学博士

1912年3月23日，沃纳·冯·布劳恩出生于东普鲁士的维尔西茨（今波兰境内）。那时他的父亲马格努斯·冯·布劳恩男爵是省议会议员，以精明强干而出名。后来，马格努斯又成为德国魏玛共和国的农业部长，也是德国储蓄银行的创办者之一。为此，他带着妻儿移居柏林。他的长子西吉斯蒙德1911年出生，次子即沃纳，幼子马格努斯生于1919年。

冯·布劳恩征服宇宙的热情溯源于母亲的影响。他的母亲埃米·冯·布劳恩男爵夫人出身贵族世家，是一位很有教养的女士。她酷爱文学和音乐，能熟练地用6种语言会话，还是一个业余大文学爱好者。她很注意培养小沃纳的好奇心。当儿子在路德派教堂行坚信礼时，她没有按惯例给他金表，却给了他一副望远镜。冯·布劳恩回忆说：

> 于是，我也成了一个业余天文爱好者，从而对宇宙产生了兴趣。

后来，他对有朝一日把人送上月球的飞行器产生了好奇心。冯·布劳恩13岁时在柏林豪华的使馆区街道上进行了他第一次火箭试验。他从一个焰火商那里买到了六支特大号的焰火，绑在自己的滑坡车上。冯·布劳恩回忆道：

> 车子完全脱离了控制，拖着彗星尾巴似的火焰冲了出去。我万万没有想到我的火箭会有这么大的威力。最后，焰火在雷鸣般的一声巨响中燃烧干净，车子也停了下来。警察很快就把我抓住。幸好没有人受伤，所以我就被释放了，交给了农业部长——我的父亲去管教。

当时他发现，有许多东西值得探究，但是这些在他上的法国人办的大学预科学校课程里几乎都没有。在十分关键的一个学年，冯·布劳恩打定主意要在父亲的汽车房里自己动手造汽车。但是这位年轻发明家的汽车没造好，却耽误了他复习功课的时间，结果冯·布劳恩的数学和物理两门功课都不及格。他父亲决定让他转往另一所风格不同的学校。1925 年，冯·布劳恩读到了赫尔曼·奥伯特写的《通向星际空间之路》一书。从此，他毫不犹豫地选定了自己的终身事业——征服宇宙空间。实际上，他一开始读此书时并不那么轻松愉快：

> 打开一看，我吓呆了，满纸都是五花八门的数学公式，叫人莫名其妙。我跑去找数学老师，问他怎样才能弄懂赫尔曼·奥伯特说的话。他要我好好学习数学和物理，那恰恰是我最差的两门功课！

冯·布劳恩决心要取得成功。他全力攻读这两门叫人头痛的学科，成绩逐渐提高。1928 年，他转学到北海施皮克罗格岛上的赫尔曼·利茨学校。这所学校的学生上午上完 6 小时课以后，把下午的时间花在木工、石工或农事方面。这比起把拉丁文散文翻译成法文来，更让他喜欢。因为渴望弄懂奥伯特航天书里的各种符号，他知难而进，不久就成了班上功课最好的学生。

后来他回到柏林，在夏洛滕堡工学院注册入学。按照学校严格的校规和极其注重实践的条例，他必须同时在博尔西西机器厂当学徒。进厂头一天，一个工头给了他一块和茶壶一样大的铁块和一把锉刀，要求把它做成一个完好的立方体。冯·布劳恩最初锉出来的东西无论如何也不能让工头满意。后来他回忆说：

> 5 个星期过去了，铁块越来越小，我的手指却越来越粗糙。但是，我决心磨出一个他挑不出毛病的立方体。最后，我把费尽全力做出来的成品交给他，只比胡桃略大一点。他透过布满灰尘的眼镜凝视着，对每一面都作了检查，我的心直跳。全部辛苦所得到的报偿只是他说了一声“好”！

冯·布劳恩不仅当过钳工学徒，还开过车床和牛头刨床，并且在铸工车间和锻工车间干过三个月。学徒期满后，他还在机车装配库工作过。

冯·布劳恩进入工学院之时，德国正处于业余爱好者研究火箭技术的热潮之中。

不断有人把火药火箭用于驱动雪橇、车辆甚至飞机，打破了若干世界纪录。但是影响最大的还是赫尔曼·奥伯特教授，由于他写的理论与实践相结合的宇航著作，他常常被人们誉为“现代火箭技术的先驱”。1930年春，奥伯特从罗马尼亚老家回到德国，准备开始进行实验，以证实他的论点：火箭动力的最佳来源是液体而不是火药。就在这个时候，冯·布劳恩通过朋友的帮助，幸运地会见了奥伯特。冯·布劳恩对奥伯特说：“我还在技校学习，除了业余时间和热情以外一无所有，但是我能帮助做点什么事吗？”教授说：“你马上就来吧。”冯·布劳恩参加了奥伯特创建的德国空间旅行协会，很快又成为理事会成员。

奥伯特还得到其他的助手鲁道夫·内贝尔和克劳斯·里德尔等人的帮助。他们的微型液体火箭发动机实验在1930年7月终于获得成功。奥伯特请来了国立化工研究室的一位里特尔博士，证明发动机在90秒内能产生出7公斤的推力。在这一过程中，消耗汽油和液氧4.79公斤。可惜的是，奥伯特由于经济上的原因，不久以后重新被迫在罗马尼亚任教。但是他的助手鲁道夫·内贝尔带领大家继续研究液体燃料火箭技术。冯·布劳恩后来说：“回顾过去，我们的事业主要是基于乐观主义和一片痴迷，但是这并不妨碍我们在火箭发动机设计方面取得十分可观的进展。但是，我们还是必须要把第一枚火箭射上天，没有这种看得见摸得着的成就来为我们增光，就很难指望我们自命不凡的火箭飞行场在经济上能生存下去。”

1931年夏天，冯·布劳恩暂时到瑞士苏黎世的联邦工学院去深造。10月份他回国，正赶上内贝尔小组头一次公开表演发射微型火箭“米拉克1号”。由于推力不足，在发射导轨中上升不到一半的距离，就因燃料耗尽又悄悄地落到原来的位置上。没过几个星期，这种火箭终于成功上升到1000英尺以上的高度。

冯·布劳恩于1932年春从夏洛滕堡工学院毕业，并获得航空工程学士学位。但是，他决定转入柏林大学。在奥伯特以及内贝尔火箭小组的研制实践使他认识到，要掌握火箭和宇航技术征服外层空间，仅有工学知识是不够的，还必须精通更多的包括物理、化学和天文学在内的理论科学，才能透彻地理解相关问题的所有方面，并建立新的火箭发动机理论。当时，杰出的物理学家马克斯·冯·劳厄和埃尔温·薛定谔都在柏林大学任教。他一面在大学学习，一面利用德国陆军提供的研究经费，建立起自己的小组，设计并试制更大的火箭发动机。这样，在那几年的时间里，年轻的冯·布劳恩就实现了基础理论学习、工程设计与制造以及实验研究的高度紧密结合。得天独厚的条件和机遇，使一位杰出的科技天才迅速成长起来。

1934 年，这位年仅 22 岁的学生工程师于柏林大学毕业，并获得了物理学博士学位。他写的论文被评为最高等级——特优。论文论述了液体推进剂火箭发动机理论和实验的各个方面，开创性地分析并解决了包括发动机中发生的复杂喷射、雾化、燃烧、离解、气态平衡和膨胀等一系列关键问题。但是因为军事安全方面的原因，这篇论文长期不允许发表。直到第二次世界大战之后，军事限制取消了，这篇论文才得以印刷出版。大约 30 年后，德国宇宙飞行协会还将该文作为其正式期刊的特刊重新出版。

二、从 A-1 到 V-2

实际上，无论奥伯特小组还是内贝尔火箭小组都没有像样的经费来源，只能依靠宇航爱好者的捐助和义务劳动以及通过宣传和发射表演获得其他一些社会赞助。这与几年前美国的火箭先驱戈达德的境遇何其相似。1926 年 3 月，戈达德在几个助手的帮助下，第一次把世界上首枚液体燃料火箭发射出去，虽然上升高度只有 12.5 米，水平飞行距离仅 56 米，但在之后的十几年里，他和妻子仍坚持进行火箭研究。然而，没有较多的经济来源，要发展可供实用的液体燃料火箭技术是根本不可能的。到二战前，戈达德的工作已处于停滞状态。

1932 年春天，德国火箭小组的工作终于引起了德军军械部的注意。火箭技术并未被《凡尔赛和约》所禁止，当年起草该和约时人们还没有考虑到火箭的发展。军械部希望德国能发展一种液体推进剂火箭，可以用工业方法生产，射程比任何大炮都远。经过几次接触，军械部发射技术及军火弹药主任卡尔・贝克尔上校同意给冯・布劳恩和内贝尔的小组一定的财政支持，条件是试验小组得准备在一个陆军基地的围墙内秘密地进行工作，并接受军方的领导。内贝尔等人因不愿受到约束拒绝了这个条件。然而冯・布劳恩心中有数，玩具般的“米拉克 2 号”实际上只是为制造真正的液体推进剂火箭而进行的一次微不足道的尝试。他脑子里反复地思索着陀螺仪控制、燃气舵、致动器、熄火控制、供给泵、电磁活门等问题。他已经意识到，仅仅依靠个人的努力走不了多远。液体燃料火箭的整体结构、装置、元件和材料都必须以最轻的重量承担极大的负荷。要取得成功，首先就得开始大规模的试验计划，陆军的资金和设备，似乎是通向真正的宇宙航行的唯一切实可行的途径了。

从 1932 年 11 月起，冯・布劳恩继续在柏林大学注册上学的同时已经是陆军的一个不穿军装的雇员了，任务是发展液体推进剂火箭。他在库莫斯多夫靶场的混凝土试验井里建立了他的实验室，只有一个助手。到 1933 年 1 月，他们制成了第一台供试车台试验用的小型水冷式发动机。在第一次试验中，这台很小的发动机竟然产生了 140 公斤的推力，持续 60 秒钟，当局大为惊异。

后来的试验却屡遭挫折。冯·布劳恩记得内贝尔说过，现代发明主要就是把已知的、现成的部件组合在一起。仅仅有钱还不行。在陆军的支持下，他找来焊接、仪器制造等各方面的行家，组成了他领导的第一个完整团队，通力协作，造出了 300 公斤推力的液氧—酒精发动机，通过了静态试验。而装有这种发动机的 A–1 火箭用了 6 个月时间才造出来。发射试验时，点火还不到半秒钟，火箭就炸成了碎片。原来是点火过晚，在燃烧室里积累了过多可燃混合物。

由于某些原因，他们并没有制造第二枚 A–1 火箭，而是彻底重新设计了一种新的火箭，即 A–2 火箭。原先装在 A–1 火箭头部的大飞轮，被移到两个燃料箱中间靠近重心的地方，这个陀螺将起稳定作用。陆军部决定将原来秘密研究火箭车的经验丰富的团队并入冯·布劳恩的队伍，大大加强了他的研制实力。

1934 年 12 月，圣诞节前几天发射了两枚 A–2 火箭，都达到大约 1.5 英里的高度，试验获得了成功。陆军部立即拨出更多经费，研制团队士气大振。冯·布劳恩于是着手研究进一步改进的火箭——A–3 火箭。这种火箭将首次装备完整的三维陀螺仪控制系统、控制火箭姿态和方向的燃气舵和燃气舵致动器，并能携带相当重量的记录仪器。其中陀螺仪控制系统是由一位奥地利原舰长兼陀螺仪权威设计者设计的，后来发现存在严重缺陷，导致 1937 年的三次 A–3 火箭发射都失败了。后来经过局部改进的 A–3 火箭起名为 A–5。A–4 这个名称，准备留给一个更加雄心勃勃需要更多研制时日的火箭工程，他们原本希望在 A–3 火箭之后制造该种火箭。

1937 年 4 月，库默斯多夫的火箭专家搬到波罗的海之滨的佩内明德，这里已经建起了复杂的综合性火箭制造和试验设施。原来，两年前德国空军的官员看到冯·布劳恩的工作后，意识到火箭在航空方面的潜力，决定投入 500 万马克，建设新的火箭设施。战争期间，在佩内明德工作的人达数千之多。为了加快进度，除了增加上千名劳动力以外，冯·布劳恩还邀请了 36 名工程学、物理学和化学教授到佩内明德来，举办“献智日”，目的是要引起他们的兴趣，得到帮助。

希特勒注意到冯·布劳恩的工作是在 1939 年。3 月 23 日希特勒来到冯·布劳恩以前在库默斯多夫炮兵射击场的试验站。一开始，他听冯·布劳恩说 A–5 只不过是一个研究用的不能带弹头的火箭，大失所望。但是当他听到 A–5 的放大型 A–4 能把一吨爆炸物载送到 180 英里以外时，他就比较有兴趣了，问研制这样的导弹需要多长时间。实际上，在 1943 年看了一部关于处于试验阶段的 A–4（后来的 V–2）火箭成功发射的影片之前，希特勒一直怀疑大型火箭永远上不了天。

1943 年 7 月，冯 · 布劳恩在东普鲁士的总部第二次见到了希特勒。希特勒正为德国城市不断遭到同盟国轰炸而暴跳如雷，决定把 A–4（V–2）火箭的生产列为全国最优先的项目。当时，冯 · 布劳恩提到火箭将以每秒 1000 多米的速度撞击地面，触地时的冲击力将使破坏作用成倍提高。希特勒低着头听冯 · 布劳恩把话讲完，说道：

> 教授，我不能接受这种理论。在我看来，触地速度如此之快，唯一的结论是需要一种极其灵敏的引信，才能保证弹头正好在触地时爆炸。否则弹头就会钻到地下去，爆炸只能掀起一大堆泥土。

希特勒的看法，致使一种新型引信系统的产生。

V–2 火箭的第一次发射是在 1942 年春进行的。火箭轰鸣着上升了一秒钟，便重重地落了下来，在巨大的爆炸声中炸得粉碎。近一个月后，第二枚 V–2 火箭突破了令人担心的音障而继续上升，突然间，它开始摇晃起来，随后在空中解体了。后来知道，这是由于外壳强度不够。1942 年 10 月 3 日发射的第三枚 V–2 火箭飞行十分成功，到第 63 秒时导弹还看得见，之后便渐渐消失了。火箭达到的最高高度是 85 公里，射程达 190 公里，横向偏差 4 公里。虽然射程没有达到设计预定的 275 公里，但是火箭专家们已经喜出望外。当时看来，V–2 火箭是个庞然大物，长约 14 米，直径约 1.5 米，重约 14 吨。大型火箭梦想已经变成现实。

在冯 · 布劳恩的主持下，V–2 火箭取得的技术突破，除了陀螺仪—燃气舵控制系统外，还包括：垂直发射方式；利用液体燃料冷却燃烧室壁和喷口壁的方法；利用过氧化氢接触高锰酸盐产生蒸汽推动燃料泵的装置；最大飞行速度达到 1.5 公里 / 秒；超音速空气动力学和弹道学方面的一系列进展。很多年后，冯 · 布劳恩还得意地说：

> V–2 导弹是一种很好的火箭，它唯一的毛病是落在一个错误的行星上了。

当 V–2（A–4）计划取得突破之时，德国的特殊作战计划——核弹计划也在紧张进行。1943 年 8 月 17 日星期二下午，挪威威默克重水工厂的高级德国军官聚集在佩内明德最高主管多恩贝格尔将军的办公室，讨论加速生产问题。冯·布劳恩是最激动的一个，他大声说道：“我们首先应该在和平与平静中发展，我们必须大量生产重水，并且加快特殊作战计划。”但是就在那天晚上，英国皇家空军的数百架四引擎轰炸机炸毁了威默克重水工厂的设施。几乎与此同时，英国皇家空军还把佩内明德和三家被指定大量生产 V−2 的工厂夷为平地。战后的资料表明，高度保密的 V−2 计划和特殊作战计划已为英国所获知，情报是由著名的间谍“秃鹰”——保罗·洛斯伯格提供的。

德国的核反应堆计划由于失去关键的中子减速剂重水而停滞不前，V−2 导弹的生产却在继续。1944 年 9 月 8 日，德国人在荷兰海牙郊外发射了第一枚用于实战的 V−2 导弹。发射后不到 6 分钟，这枚带有 1 吨炸药的火箭在伦敦附近的奇齐克爆炸，造成严重破坏。每一枚批量生产的 V−2 导弹需要大约 38000 德国马克，不到一架战斗机的五分之一，是一种比较便宜的武器。二战期间数千枚 V−2 导弹的攻击造成英国巨大的损失。资料表明，2742 人被 V−2 炸死，6467 人受伤，大量建筑物被毁。不过，由于盟军掌握了制空权，空袭对德国造成的损失更大。

冯·布劳恩的研制班子在 1945 年初被迫撤离佩内明德之前，已经开始转向研制射程约为 375 英里的有翼 V−2（A−9），但没有完成。他还曾设计过一种推力达 200 吨的火箭助推器 A−10，以及以它为基础的洲际多级火箭，但战争的失败已经临近。

三、从“头脑财富”到美国英雄

冯·布劳恩的火箭班子来到美国完全是一件两相情愿的事情，1945 年 1 月的最后几天，冯·布劳恩召开了一次绝密的高级人员会议，讨论万一德国失败他们的去向。决定十分一致，全都赞同向美国投降。不久，他们奉命从佩内明德撤到哈次山脉附近的布莱罗德小镇。3 月，他们又被转移到巴伐利亚南部。5 月初，冯·布劳恩的队伍主动向美军第 44 师投降，他们还巧妙地保存了大量有关导弹计划的秘密文件。当时这些火箭专家究竟抱着何等诚意想为美国服务，已经难以证实，德国的武器曾经给英国、苏联和欧洲的其他部分国家和地区造成了巨大破坏，但对美国本土毕竟没有带来直接的破坏。也许美国人在这方面的怨恨情绪会少一点。

托夫托伊是当时美国驻欧洲军械技术情报组组长。他和冯·布劳恩见过面后，建议把这一批实际设计和研制 V−2 的科学家带回美国。他感到他们所能传授的知识，比任何战地情报组专门收集的知识都要多。他拟定了一个118位德国专家的名单，目的是要组成一个前往美国的配套齐全的班子，要第一流人才：有创造性的设计师、科学家，以及不但能帮助装配和发射缴获的V–2，而且能继续研制复杂武器系统的试验工程师，这就是所谓的“头脑财富”。1945年9月冯·布劳恩来到美国。按照“文件夹合同”，冯·布劳恩的班子要为美国的火箭研制提供全面协助。从1946年初到1951年7月1日，冯·布劳恩的班子协助陆军军械署导弹技术人员、布利斯堡的导弹营和通用电气公司，制造和发射了70枚V–2火箭。

1947年3月1日，他与姨表妹玛丽亚·冯·克维施托普在兰兹胡特结婚后，就和这位白肤、金发、碧眼的美丽姑娘一起回到美国。1948年12月生了小艾里斯。1955年4月15日，包括冯·布劳恩在内的40名德国人及其妻子、儿女在亨茨维尔城被宣布成为美国公民。

1950年美国陆军制定了第一个大型导弹计划，即红石计划。当射程200英里的火箭研制工作取得迅速进展时，有些人提出了集中研究500英里、1000英里，甚至射程更远的导弹的设想。第二年国防部长下达指示，同意有关建议，把红石火箭最后研制任务交给冯·布劳恩的班子，并把这种火箭列为重要项目。1953年8月，红石火箭试飞成功。它最突出的特点是拥有当时最先进的制导系统。该系统由一个带有空气轴承陀螺仪的稳定制导平台、空气轴承加速度表和空气轴承校平摆组成，精确度极高，提高了导弹的命中精度。红石导弹还首次在自动控制装置中用晶体管代替电子管，不仅减少了重量，还大大提高了可靠性。

1956年2月1日陆军弹道导弹局成立，任命冯·布劳恩为该局发展处长。这个局的任务包括导弹研究和试制、元件装配、样品生产、静态试验和发射、后勤保障和野外维修问题。到1957年12月，该局已经发展到4100名文职人员，还有1300名军事编制人员。红石火箭成功后，1955年又开始了丘比特计划。1957年5月31日，丘比特火箭飞行第一次获得圆满成功。这说明，美国的中程弹道导弹计划进展顺利。不久，意外的情况突然出现。1957年10月4日苏联成功地发射了世界上第一颗人造地球卫星，走在美国前面。消息传来，朝野一片哗然。11月3日，苏联人又利用人造卫星2号把小狗“莱伊卡”送入轨道，有效载荷为1100磅。这清楚地表明，苏联人已具备发射洲际弹道导弹的能力。

早在1954年春天，冯·布劳恩就建议把红石导弹和“火神式”导弹结合起来，把一颗5磅的卫星送入轨道。但是官方决定支持海军的并无把握的“先锋号”卫星计划，不允许“二等公民”发射美国第一个航天器的思想占了上风，把冯·布劳恩晾在一边。“先锋号”的预算估计为1100万美元。结果，整个计划从头至尾一切费用的总预算多达1.11亿美元。最糟糕的是，这项计划一再后延，屡遭失败，甚至连许多研制人员都失去了信心。

听到苏联发射人造卫星的消息之时，冯·布劳恩的脑子里已经装着一份说明陆军弹道导弹局能力的财产清单，他已经把该做的每一步工作都反复想过千遍。冯·布劳恩和他的上司共同商量，决定代表陆军正式向国防部建议，修改红石发动机，利用在丘比特-C计划中积累起来的知识和导弹构件，在90天内把一颗美国卫星送入轨道。

1958年1月31日下午10时55分，冯·布劳恩用红石战术导弹、一些小型研究用火箭和“中士式”发动机拼凑起来的粗笨的混合运载火箭，在佛罗里达州卡纳维拉尔角终于点火起飞了。114分钟后，圣迭戈观测站收到了“探险者1号”卫星发出的信号，证明发射成功了。冯·布劳恩上了《时代》杂志的封面。白宫举行盛大的仪式，艾森豪威尔总统向冯·布劳恩颁发美国公民服务奖。到处都安排了庆祝活动，导弹研制基地所在的亨茨维尔市街上人们载歌载舞。沃纳·冯·布劳恩博士成了一个民族英雄。

此后两年，冯·布劳恩班子一直在卓有成效地进行“探险者”系列卫星计划和“先驱者”计划。1960年7月，冯·布劳恩雄心勃勃的土星计划启动了。此后不久，艾森豪威尔总统决定把4000人的冯·布劳恩班子转让给1957年底成立的国家航空航天局。从“土星1号”火箭上，可以看到V-2以及A-10捆绑式发动机放大以后的影子。“土星1号”和土星1B虽然已经是庞然大物，但要实现把美国人送上月球的目标，还需要更加强大的运载工具——“土星5号”第一级。它的推力大约为770万磅，有五台F-1发动机，每台F-1所能生产的推力，要比可靠的“土星1号”整个第一级的总推力150万磅还多。

“土星5号”装配好以后，竖起来高达363英尺，加满燃料重量将近640万磅。后来，它成功地把“阿波罗”8号、9号、10号、11号、12号、13号、14号、15号、16号和17号送上太空。当“阿波罗11号”航天器把宇航员阿姆斯特朗等三名宇航员送上月球，并且使他们返回地球后，全世界都为之震惊。此时，美国的航天技术在全世界首屈一指，已经是毫无疑义了。冯·布劳恩在科学界的声望也达到了新的高度。

1970年，新任的国家航空航天局局长托马斯·O. 佩因博士把冯·布劳恩调到华盛顿，任命他为代助理局长，负责制订未来的计划，分配给他的头一项任务是争取国会批准一项载人火星计划。考虑到费用太大，国会无意通过这样一项超级阿波罗计划。冯·布劳恩面临的另一项难题，是在经费大大压缩的情况下如何挽救原定需要100亿美元的航天飞机项目。他花了一个月的时间搞出了一种新的航天飞机构型，可以节约50亿美元！新设计的关键是：原来设计的有翼返航助推器将用固体燃料火箭助推器代替。这种助推器可以用降落伞落在海洋上，进行回收，下次再用。这是一种简化的航天飞机，成本降低了一半。如果不是冯·布劳恩的努力，航天飞机可能至今仍只是一种设想。

四、“三位一体”的开创者

按照赫尔曼·奥伯特教授的说法：

> 沃纳·冯·布劳恩是人类进入宇宙的先驱者。尽管障碍重重，但他对自己的目标从不动摇。他是新技术的创造者之一。他代表着一种新型的科学家，集学者、工程师和管理人员于一身。

冯·布劳恩像其他杰出的学者一样，富于幻想，具有出众的想象力。他早年的幻想通过自己和同行的努力一个又一个变成了现实。为了吸引更广泛的支持，他在1948年甚至写了一部小说，来探讨大规模火星探险的可能性。在书中他探讨了和火星探险有关的许多技术问题和非技术问题。冯·布劳恩设想，用10艘航天飞船组成一支飞向火星的船队，最后将有7艘飞船回到地球附近，所有乘员利用3个返回舱回到地面。冯·布劳恩把稿子寄到各个出版社去，结果一连18家美国出版社都拒绝了他的稿子。最后，还是一位专业作家把它改写成一部扣人心弦的科学幻想小说才得以出版。但是因做了太多的改动，致使冯·布劳恩最后退居为合著者。

早在1952年3月，冯·布劳恩在《柯里尔》杂志上发表的一篇文章里就描绘了一幅载人航天站的蓝图。他估计，要建立这种航天站可能需要为时10年的技术准备，花费约40亿美元。实际上，这应该看作是今天国际空间站的雏形。他在1952年的另一篇文章中还写道：“这种航天站可以改装成一种极其有效的原子弹运载工具。”在这里，我们似乎可以看到里根“星球大战”计划的影子。

作为具有柏林大学博士学位的工程师，冯·布劳恩对理论研究的热爱是不言而喻的。但是，他对动手实践的能力也极为重视。他到美国多年以后还对中学时期的动手课程念念不忘：

> 用双手劳动、建筑堤坝，使施皮克罗格岛的学生理解并看重给工人分配工作的实际意义。我肯定，要不是我在赫尔曼·利茨制度下接受了“弄脏双手”的训练，我后来的工程教育就不完整。

他对进入工学院时的学徒工经历也赞赏有加。他说，在工厂当了6个月工人，对实际工程问题的理解比大学的任何一学期都要深刻。当年工学院毕业时，他甚至还考取了飞机驾驶员执照。

冯·布劳恩深厚的理论素养和丰富的工程经验，使得一些别人苦恼多日的难题碰到他都迎刃而解。有一次一位工程师在用真空泵控制航天器内部湿度时一筹莫展。冯·布劳恩看了看，说道：“你们应当变个戏法——把真空泵送到外层空间的真空中去不好吗？”结果按这个办法效果非常好。

冯·布劳恩把航天工程的质量视为生命。他时刻梦想着能有那么一天，航天火箭会变得和航空班机一样可靠。他坚持对元件和机器进行反复试验。他强调保持一切管道、阀门和燃烧室洁净的重要性。他要求全体人员和承包商的工作都像瑞士手表那样精密准确，不出任何差错。冯·布劳恩认为，火箭的质量和可靠性不是通过检查得到的，必须依靠制造过程中的一丝不苟，要以一种完全的宗教虔诚来进行工作。

也许更为突出的是他对团队的组织和领导才能。按照赫尔曼·奥伯特教授的说法：

> 沃纳·冯·布劳恩像一个乐队指挥一样，指挥着各种独奏演员，并懂得怎样把他们引向一个共同的目标……他的成功是建立在他的天才和干劲的基础上的，但是他的人品也同样重要。

冯·布劳恩上中学时曾成功地说服校长买了一台5英寸的天文望远镜，并在同学中组织了一个土木建筑小组，建造天文台的外围结构。这初步显示了他的组织才能。

冯·布劳恩主持会议的办法独特而又巧妙。让每个人都有机会发言以后，再把大家的意见综合起来，使每个人都感到自己对他所规定的目标和提出的行动纲领出过主意，因而必须承担义务。然后他又转向那些在讨论中持不同意见的人，问道："这个意见你听了怎么样？可以求同存异吗？"他们总是这样回答的："我将尽力支持。"会议结束时，每个人都知道要做什么，而且冯·布劳恩还对将要作出贡献的每个实验室的实力和弱点、有利和不利条件都了如指掌。

在冯·布劳恩的项目里，彼此密切配合的理念占有重要地位。几乎在有关火箭或宇航技术发展的每一次讨论中，他都会使用"集体"或"协作"这样的字眼。他认为，就像打棒球一样，固然需要优秀队员，但是这些队员之间互相配合的好坏才决定着他们是劲旅还是弱队。冯·布劳恩曾说，一个火箭计划要取得成功，很大程度上依赖于对在试验飞行中看到的故障进行又快又准的分析能力。显而易见，整个项目的地理布局和组织体系越分散，这个任务就越艰巨。因为越分散越容易造成误解，研究人员越难形成一个统一的集体，越难使足够的人员熟悉整个系统，而整个系统的每一个组成部分都有出问题的可能。

他认为：靠管理部门的命令，人为拼凑起来的研制机构，在高级导弹系统的竞赛中是没有成功的希望的。这类任务只能由一个和谐稳定的工作团队来完成。按照冯·布劳恩的看法，一个优秀的集体，无论是棒球队还是导弹研究班子，都应具备用朴素的科学语言难以评估的某些特点。在一个优秀的集体里，有一种归属感、自豪感、集体荣誉感，使大家的行动带有自发的成分。一个优秀的集体应该像一棵树或一株花一样，慢慢地有机地成长。如果操之过急，往往要出毛病。施肥过多，花会枯死。不管是科学家、工程师还是机械师，都必须学会正确评价同事的才能和造诣。

冯·布劳恩还曾说，应该最大限度地委派权力，被委以重任的人应该谦逊，用专横的方式管理导弹计划不可能成功，有效的上下沟通十分重要。如果一个大型研制机构的具体工作人员想出来的好主意，无法让高级管理部门知道，那么，这个集体就要退化。要让集体中的每一个人都知道，诚实不吃亏，即使有把自己牵连进去的风险也不要紧。像火箭研制这样艰巨的集体任务，绝对的诚实是完全不可缺少的。冯·布劳恩认为，一个优秀的团队需要有健康的新陈代谢速率。他说：

> 在一个有生气的集体中，每个人都应该有公平的提升机会。没有这种机会，这个集体就会停滞不前，一事无成。

作为一位极有影响力的宇航设计大师，冯·布劳恩具有现在看来似乎过于乐观的宇航理念和技术创新哲学倾向。他最著名的一段话是：有人问我们努力想飞到月球和其他行星上去的目的时，我们也可以用麦克斯韦被问及他研究电磁感应的目的之时所提出的不朽反问来回答："一个新生婴儿出生的目的是什么？"他说，常常听到这样的问题："我们为什么要搞人造卫星？""你们为什么要到月球上去？"提出这些问题是完全无视人类生存的主要动机。人类在重大的挑战面前从来是不示弱的。因此，真正的问题应该是"我们为什么不这样做呢？"

他甚至相信航天事业有利于世界和平。在载人航天尚未实现时，他曾说，航天旅行最有意义的使命是：将来有一天，我们的卫星飞船绕着地球转；轨道站上的人可以看到，在布满繁星的无尽夜空中，我们的星球只不过是许多行星中的一个。到了那一天，在我们居住的星球上将不会再发生自相残杀的战争。整个地球上的人都把目光转向太空，以热切的心情去从事进入深层空间的新冒险。那时候，人类将准备进入漫长的、迄今在地球历史上的第二阶段——宇宙时代。

冯·布劳恩对技术和技术革命的影响十分关注。他认为：技术革命给本行星上人类生存的组织带来了一系列全新的、前所未有的问题。政治秩序的静态形式和迅速变化中的技术状况之间的差别，将来很可能会像过去一样成为不断冲突的根源。每一项重大发明改变人类生存基础的程度都比国家之间签订的条约或政治家之间的协定要深刻得多。

冯·布劳恩承认技术时代存在许多不愉快的方面，但是，对任何一个致力技术进步的文明社会来说——世界上几乎没有一个文明社会是不致力于技术进步的——走回头路是不可能的。而技术革命要保持生气，就必须有科学研究的不断促进。只有注入新发现和新发明的养料，技术革命才能继续沿着进步的道路呼啸前进。对新的研究计划进行评判，单凭直接目的和可能的实际应用是不聪明的，也是不现实的。

从人类社会和历史发展的角度，冯·布劳恩对技术和技术革命寄予了极高的期望。他认为：技术就是征服自然力，技术确实是人类有效地根除奴隶制祸害的第一次机会，也是唯一的机会。只有依靠技术的帮助，人们才有希望建立起一个文化有机体。在这个有机体中，不是只有少数得天独厚、骑在众人头上的人才能得到发展，而是人人都有根据普遍自由的原则发挥自己才能的平等机会。

1972 年 6 月，冯·布劳恩辞去了国家航空航天局代助理局长的职务。他为美国陆军和国家航空航天局工作了 27 年。他觉得，实际上他对国家航空航天局已经没有多大用处了。因为全面的预算紧缩，很难再为任何重大的新目标开辟新的起点。同年

7 月，冯 · 布劳恩加入费尔柴尔德公司，任副总裁之职，主管有关直播卫星、通信卫星、定时卫星等各类实用航天器的开发。

1975 年夏天，冯 · 布劳恩和妻子玛丽亚到加拿大去度假。一天早晨，他发现自己有轻微内出血，感到有点儿吃惊。经过彻底检查，证明他患的是大肠癌，不得不进行了手术。两年后的 6 月 16 日，火箭工程的一代宗师冯 · 布劳恩在弗吉尼亚的亚历山大里亚逝世。

对于一位为自己的空间探索理想不屈不挠、坚持奋斗的人来说，65 年的岁月有些短。但是，正如他病重时所表示的，也许他是世所罕见的真正心满意足的人之一。他说：

> 有幸几乎终生身负重任，致力于实现自己童年幻想的人，你还能举出很多来吗？如果我明天就死去，我回顾自己的一生是充实的，激动人心的，深有报偿的。一个人还需要别有他求吗？

（作者：刘二中）

参考资料

[1] Bob Ward. Mr. Space：The Life of Wernher von Braun [M] . Washington，D. C.：Smithsonian，2004.

[2] Wernher Von Braun. Space travel：A History [M] . New York：Harper & Row，1985.

[3] Frederick Ira Ordway. The Rocket Team [M] . New York：Crowell，1979.

[4] Erik Bergaust. Wernher von Braun [M] . Washington，D. C.：National Space Institute，1976.

演化、机理与心智：

生命科学的探索者

- 德弗里斯
- 埃尔利希
- 茨维特
- 埃弗里
- 罗莎琳·萨斯曼·耶洛
- 梅里菲尔德
- 奈塞尔
- 瓦雷拉

雨果・德弗里斯

（Hugo de Vries，1848—1935）

德弗里斯

生物突变论的创立者

曾经有人说过，雨果·德弗里斯是继达尔文、孟德尔之后又一位对生物学作出重大贡献的生物学家。他在科学园地辛勤耕耘60多年，创立了生物突变论，第一个重新发现了孟德尔遗传定律，在植物生理学上提出了细胞渗透理论，为生物科学的发展建立了不朽的业绩。现在，无论是在生物学教科书上还是在科学史著作里，德弗里斯的名字被人反复提及，他的理论被人广泛应用或评论。所有这些都使得德弗里斯堪称一位值得纪念的生物学家。

一、名门子弟

1848年2月16日，德弗里斯出生于荷兰北方的一座小城哈勒姆。在19世纪的荷兰，德弗里斯家族政治上显赫，经济上富有，文化上闻名，可谓名门望族。德弗里斯的祖父亚伯拉罕是虔诚的基督教徒、欧洲印刷史上的著名专家。叔父马蒂亚斯在莱顿大学执教，是荷兰新文学的先驱。父亲赫里特也是荷兰著名文学家、法学博士。他不仅具有很高的文学素养和渊博的法学知识，而且还表现出卓越的政治才能。他先后担任过地方省府议员、帝国国会议员，还曾出任帝国内阁司法部长。德弗里斯的母亲玛利亚·刘芬斯是一位大家闺秀，也是德弗里斯的启蒙老师。

受家庭影响，德弗里斯自幼就受到了良好的教育。他很小的时候就被送到哈勒姆一家颇有名望的教会学校读书。他天资聪颖，勤奋好学，学习成绩一直在班上名列前茅。毕业后，他以优异成绩考入大学预科学校。德弗里斯出身书香门第，按照他父亲赫里特的愿望，是想把他培养成文学家或者法学家。但年少的德弗里斯却对生物学有着浓厚的兴趣。赫里特没有强迫德弗里斯服从自己的意愿，而是支持了儿子的选择。德弗里斯后来成为一位名垂后世的大生物学家，是与他父亲的教育与支持分不开的。在中学时代，德弗里斯热爱大自然，对植物学有着浓厚的兴趣，尤其注重搜集植物标本，表现出了罕见的生物学天赋。14 岁那年，他利用暑假徒步漫游了荷兰各地的山川，搜集到许许多多五颜六色、千姿百态的植物标本。有时候，他为了获得一个标本，跋山涉水，往返几十里路程，有时甚至风餐露宿。家人为他担惊受怕，而德弗里斯却为得到一个新标本而沉浸在喜悦之中。到 19 世纪 60 年代末，德弗里斯几乎搜集齐了荷兰国内显花植物标本，小小年纪就成了远近驰名的植物标本大收藏家。毫无疑问，这些植物标本对于荷兰植物学研究具有极大的科学价值。

1862 年，德弗里斯的父亲赫里特当选为国会议员后，举家迁居海牙。德弗里斯自幼接受严格的宗教教育，由于海牙没有新教团体，每到周末他都返回莱顿做礼拜。这种生活一直延续到德弗里斯考入大学才告结束。

二、初涉科坛

在生物学史上，德弗里斯是绝无仅有的在青少年时代就涉猎科学研究领域的生物学家。他在大学预科学校时就因广泛搜集植物标本而享有盛名，因而受到荷兰著名植物学家萨林格的赏识，他特意聘请德弗里斯到荷兰植物学会标本室做植物分类工作，那年德弗里斯16岁。从此，德弗里斯与植物学结下了不解之缘，开始了他所喜爱的植物学研究。

1866 年，德弗里斯考入莱顿大学，攻读植物学。其实，这个时候的德弗里斯已经成为名副其实的荷兰植物专家了。在大学里，他如鱼得水，在知识的海洋里遨游。他刻苦攻读了达尔文的《物种起源》和尤利乌・冯・萨克斯的《植物学教程》等名著。特别是萨克斯的著作是专论植物生理学的，它给德弗里斯留下了深刻的印象。正是这部著作引导他走上了研究植物生理学的道路。德弗里斯的大学毕业论文就是有关植物生理学的，这篇题为《论温度对植物生长现象的影响》的论文使他荣获优秀毕业论文金质奖。几年后，他又以此文获得了博士学位。

1870 年，德弗里斯大学毕业。这年仲秋，他只身来到海德堡，师从植物学家霍夫迈斯特。第二年夏天，他慕名前往沃兹堡，进入欧洲著名学者、植物生理学奠基人萨克斯的实验室工作。萨克斯是德弗里斯最为崇拜的科学家，到他身旁工作，是德弗里斯所梦寐以求的，现在终于梦想成真。德弗里斯头脑灵活，思维敏捷，又勤于操作，很快就成为萨克斯的得力助手，萨克斯把他视为自己最得意的门生之一。他们师生合作十分密切，友谊与日俱增。后来德弗里斯离开沃兹堡，前往阿姆斯特丹一所中学执教博物学，但每到假期，德弗里斯都会回到萨克斯的实验室工作，而不是回家与父母团聚或外出旅游。对德弗里斯来说，在中学执教并非难事，但却没有空余时间从事他所喜爱的植物学研究，他感到很苦恼。萨克斯对德弗里斯的境况及前途表示了极大的关注。他认定德弗里斯是一位很有培养前途的青年。于是，1873 年，萨克斯便极力保荐德弗里斯到普鲁士农业部供职。在这里，德弗里斯一边工作，一边开始撰写有关农作物生长发育的论文。他先后完成了 19 篇有关红三叶草、马铃薯和甜菜的系列研究论文，分期发表在普鲁士《农业年鉴》上。德弗里斯开始在科坛崭露锋芒。在此期间，德弗里斯还对植物细胞的渗透作用进行了初步研究，为他日后在这个领域有所建树打下了基础。

在 19 世纪的欧洲，大学教师是一个令人向往的神圣职业。要成为一名大学教师，必须通过由知名专家教授组成的评委会的论文答辩，取得任职资格。1877 年，德弗里斯以一篇关于细胞发育的论文顺利通过了论文答辩，成为哈雷大学植物生理学讲师。他由此成为植物生理学在荷兰的开拓者。三年后，他应聘前往阿姆斯特丹大学任教。其时，德弗里斯已过而立之年，正是施展抱负、大展宏图的极佳年龄。他在认真教学之余勤于笔耕，不但教学质量上乘，还取得了丰硕的科研成果，赢得了全校师生的肯定。1881 年 33 岁生日那天，德弗里斯晋升为教授。此后，德弗里斯便开始了他的植物生理学和遗传学研究，并取得重大研究成果，一举成为遐迩闻名的生物学家。

二、植物生理学研究

在德弗里斯的科学生涯中，他的研究领域十分广泛，从植物学到细胞学，从进化论到遗传学，他都有涉猎。在 1871—1875 年间，德弗里斯主要是研究植物生理学问题。他有着扎实的植物学功底、科学的思维方法和娴熟的实验技巧，因而在植物生理学研究中硕果累累。德弗里斯尚在莱顿大学读书时，他就研究了植物生长与向性问题。他通过观察研究发现，植物的生长运动除前人已发现的“向阳性”和“向地性”之外，还有“向上性”与“向下性”运动。德弗里斯认为，植物的这四种特性都是有益于生长发育的。运用这四种特性，人们就足以解释植物的生长与运动方式。1872 年，德弗里斯又研究了攀缘植物枝头转动的机制。他首次在植物生理学上明确提出，攀缘植物的嫩枝转头不是应答性的，而是由与植株同步生长的环带嫩枝引起的。达尔文极为欣赏德弗里斯的这一工作。他在《攀缘植物》一文中引用了这一研究成果，并给予较高的评价。大学毕业后在霍夫迈斯特的实验室工作时，德弗里斯还研究了植物细胞质体在进入适当浓度盐溶液时产生的收缩现象。他想通过这项研究来确定一个生长的植物有机体的细胞壁的增长，有多少是细胞生长的结果，有多少是由细胞液膨压引起的细胞壁扩张的结果。德弗里斯由此发现，植物的生长主要是由膨压引起的细胞壁扩张的结果。

德弗里斯最早是以植物细胞学研究而享有盛名的。他对植物生理学的最大贡献是采用质壁分离方法比较了各种植物有机体细胞的渗透压，由此证明压力的大小同细胞液和细胞壁的弹性有关，从而提出了著名的细胞渗透理论。在早期实验中，德弗里斯发现，如果某种植物细胞持续浸泡在浓度较大的盐溶液中，那么细胞会随即缩小，然后细胞质体开始收缩，并与细胞壁分离开来，直到在细胞里形成一个小球体。德弗里斯把这个过程叫作“质壁分离”。后来，德弗里斯在实验中还发现，如果将植株细胞浸泡在浓度很大的盐溶液中，细胞开始收缩时正好发生质壁分离现象。在细胞收缩时，溶液渗透压正好与细胞的渗透压相等。德弗里斯用“等压”概念来描述这种现象。他还确定了每种化合物都有自己的等压系数。中性有机化合物和有机酸的等压系数为 2，带有 1 个碱原子的盐的等压系数为 3，带有 2 个碱原子的盐的等压系数为 4；带有 1 个碱金属原子的氧化物的等压系数为 2，带有 2 个碱金属原子的氧化物的等压系数为 4；其余类推。这就是德弗里斯总结概括出来的等压系数定律。运用这个定律，他可以确定细胞中每种细胞液对渗透所起作用的比例大小。后来，物理学家范特霍夫在德弗里斯工作的基础上建立了稀释溶液的离解定律，成为早期物理化学的一个重要成果。运用等压系数定律，德弗里斯解决了当时一些悬而未决的科学难题。例如，棉籽糖的分子量长期无法确定，在荷兰皇家学会专门为此召开的会议上，德弗里斯运用这个规律在很短时间内就计算出了它的分子量，在学会内产生了很大的反响。

四、细胞内泛生论

到 19 世纪 80 年代，德弗里斯的植物生理学研究在荷兰如日中天，如果继续进行这方面的研究，可望取得更大成果。可是，到 19 世纪 80 年代末，谁也料想不到他会突然放弃长达十几年的植物生理学实验，而转向植物的遗传与变异的研究。人们推测，德弗里斯在科学研究方向上做如此重大转折，一方面可能是由于看到达尔文进化论受到挑战，处于进退维谷状态（详见后文）；另一方面可能是面对当时关于生物遗传理论的异常混乱状况，而想另辟蹊径。那个时候，尽管奥地利神父孟德尔已经提出遗传因子概念作为生物遗传的基本单位，并以此阐述了生物遗传的两个基本规律，但这个天才发现却被瑞士植物学家内格里扼杀于摇篮之中。因此，到 19 世纪下半叶，对生物遗传的奥秘，人们仍不知晓。当时的生物学家对生物的遗传与变异的解释存在着各种不同的观点，其中主要有达尔文“暂定的泛生说”(1868)、高尔顿的“血统论”(1875)、魏斯曼的“种质说”(1882)、内格里的“异胞质”说（1884）等等。这些理论归纳起来可以分成两类：一类是以魏斯曼的“遗子”为代表，主张每个遗传单位具有物种的全部性状；另一类是以达尔文的“胚芽”为代表，认为每个遗传单位具有一个细胞的全部特征。德弗里斯认真研讨了上述所有理论，并作出了批判性的评述。他认为，达尔文等人的理论都没有清楚地分辨出生物世代之间性状传递和基因分化的区别，也没有将遗传单位与物种性质加以区分。

1889 年，德弗里斯在自己多年细胞学研究的基础上，发表了他的第一部遗传学专著《细胞内泛生论》，明确提出了他的不同于前人的生物遗传理论。他认为，生物的每一个外部性状都是由细胞内一种看不见的特殊颗粒决定的，德弗里斯把这种颗粒称为“泛生子（Pangene)”。他指出，泛生子是遗传学必须研究的对象，“恰如物理学和化学要回到分子和原子水平一样，生物学必须引进这些单位，为的是通过了解它们的组成来解释生命现象”。按照德弗里斯的观点，每一个泛生子都由无数的分子组成，它能生长和繁殖。细胞分裂后，泛生子就被平均分配到子细胞中。德弗里斯认为，泛生子存在于细胞核中，并发生向细胞质的运动。所以他假定遗传性状是由胞核向胞质传递的。如果某个泛生子发生变化，那就形成变种，成为新的物种的起源。毫无疑问，德弗里斯的遗传理论比先前的任何理论都类似于他后来重新发现的孟德尔遗传学说，他提出的“泛生子”则非常接近现代遗传学的“基因”概念。实际上，1909 年，丹麦遗传学家约翰逊就是认识到孟德尔的“因子”与德弗里斯的“泛生子”极为相似，所以他在将孟德尔遗传单位取名为“Gene”（基因）时，就是采取缩短德弗里斯的“Pangene”一词，取其词尾而得名的。从现代遗传学观点来看，德弗里斯的《细胞内泛生论》是 19 世纪论述有关遗传学问题最为透彻也最有预见性的经典名著（孟德尔的论文除外)。它的重要意义不仅在于它阐发了与现代遗传学十分接近的遗传理论，而且还在于它为德弗里斯重新发现孟德尔遗传定律做好了思想准备。德弗里斯正是在他的这一遗传理论指导下才进行有关植物杂交的实验，从而作出了重大发现。但令人遗憾的是，这部富有天才预见的著作问世后，在当时并未引起人们的注意，没有产生它应有的影响。只是到 11 年后，孟德尔的论文重新为人们所发现，人们才记起德弗里斯的这一著作。这不能不说是生物学史上的一大缺憾。

五、创立生物突变论

德弗里斯在大学时代就读过了达尔文的《物种起源》，由此对进化论产生了浓厚兴趣。1877 年，他到伦敦参观访问，此行的最大收获是拜会了他心中的偶像达尔文。从此他与达尔文建立了通信联系和友谊。达尔文进化论在荷兰的传播与发展同德弗里斯的名字是分不开的。

尽管德弗里斯较早接受了达尔文进化论思想，但他对物种的起源与进化的研究直到 19 世纪 80 年代才开始。其时，达尔文自然选择学说正受到严重挑战。按照达尔文的观点，自然界没有飞跃，物种主要是通过微小变异逐渐产生新种并进化的。由于达尔文主张融合性遗传，所以他不能解释自然选择何以能够将微小变异积累起来形成新种，达尔文的反对者正是以此攻击进化论的。德弗里斯虽然信奉进化论，但他并不满足于解释达尔文理论，或者为这个理论增添若干证据。他在认真研究达尔文理论基础上，还进 步致力于发展这一理论。为此，他用月见草、罂粟等几十个植物品种做杂交实验，探究物种的变异与起源问题。在月见草杂交实验中，他有了异乎寻常的发现。1886 年，德弗里斯在希尔沃萨姆城郊的一块废弃的马铃薯田地里，发现生长有两棵与众不同的红秆月见草。他将其带回阿姆斯特丹，种在自己的实验园地里。他将这两个月见草品种进行自花授粉，结果它们都能真实遗传。他又将这两个月见草品种进行杂交，在杂交一代和杂交二代之中，出现了既不同于它们的亲本，彼此间又不相同，且在当时谁也没有看见过的三个新类型：一个是小月见草，其植株矮小，其他性状类似于亲本；一个是晚月见草，其叶片宽，叶柄长；还有一个是红斑月见草，因叶片带有红条纹而得名。此外，他还在杂交五代中得到了一株巨型月见草，它叶片宽而硕大，花大。这些新产生的品种都能或者几乎能纯一传代，变异很稳定。德弗里斯把这些新品种称为突变体。通过月见草杂交实验，德弗里斯认识到，达尔文强调的那种微小变异不是形成新物种的真正基础。物种的起源主要是通过跳跃式变异——他称之为突变——来实现的。为了解释月见草何以能够产生如此丰富的突变体，在经过 16 年的实验研究之后，在 1901 年至 1903 年期间，德弗里斯撰写并出版了堪称他生平得意之作的二卷本《突变论》，集中阐述了他的生物突变论思想。其要点如下：

（1）新的基本种可以不经过任何中间阶段或过渡形态而突然出现；

（2）新种一经产生，就表现出稳定性；

(3) 就性状而言，新产生的大部分品种相当于基本种，而不是变种；

(4) 形成新的基本种的突变发生在所有方向上；

(5) 突变是周期性地出现的。

尽管“突变”一词并非德弗里斯首创（华根在他之前就已使用过这一概念），但德弗里斯的生物突变思想却是全新的。他认为，突变是通过一系列急剧变动、突进或跳跃来实现的。一个物种在突变前，可能以潜在状态存在着一种发生这种突变的倾向，他把这种“潜在状态”的发生叫作“前突变”。德弗里斯还对突变做了明确区分：他把提供有利性状的突变叫作“进步突变”，把那些提供无用性状甚至有害性状的突变叫作“退化突变”。他认为只有进步突变才对物种的进化起作用。

突变论的创立，使德弗里斯在欧洲一举成名，他被公认为20世纪欧洲最杰出的生物学家之一。许多生物学家，尤其是达尔文主义者对德弗里斯学说表示赞赏与欢迎。因为突变论解答了达尔文学说中许多使人迷惑费解的问题，回击了一些反进化论者的攻击，从而大大向前推进了达尔文进化论。

首先，突变论消除了达尔文进化论中有关新产生的变异有可能因融合而被冲淡的疑问。根据突变论，新的变异通常从一开始就将物种分开，因此新种之间不能杂交；即使能够杂交，也只能产生不能繁殖的后代。所以融合的冲淡不会出现，变异不会消失而被保存下来。

其次，德弗里斯承认自然选择在物种起源中的作用。他认为，新的变异首先由突变产生，然后选择对这些变异起作用。选择本身就像一个筛子，淘汰不适应的物种，保留适应物种。这种观点非常类似于现代达尔文主义。

再次，反进化论者（例如开尔文勋爵）针对达尔文关于物种是通过微小变异进化的观点，提出地球的年龄远没有足够时间允许如此繁多的动植物品种缓慢进化。达尔文亦感到这是他的学说遇到的一个真正的难题。德弗里斯的突变论为此提供了一个绝妙的说明。根据突变论，物种进化的方式是迅速的而不是迟缓的。如果一个新物种在一代之间从另一个物种中直接产生，那么大量新物种在科学家估算的地球年龄之内出现，就容易得到解释了。

最后，根据古生物学记录，两个邻接地层间存在的两种有关联的化石形态是有间隙的，达尔文认为这是由于化石记录本身不完全造成的。这种解释实际上是不能令人信服的。德弗里斯认为，这是由于突变是非连续的、大规模跳跃的，所以不存在中间的或过渡的形态。显然，德弗里斯的上述说明简洁明了，具有一定的说服力。所以许多生物学家对德弗里斯突变论给予了很高的评价。美国学者德文波特评论道："德弗里斯的伟大著作《突变论》如同达尔文的《物种起源》一样，开创了生物学领域的新纪元。"另一位美国学者贝克尔也说："自从达尔文的《物种起源》出版之后，没有任何一部著作能够像德弗里斯的《突变论》那样对生物界产生了如此深刻的震动。"

其实，德弗里斯突变论对进化论的贡献远不在于它解释了达尔文自然选择学说无法解释的各种疑问，更重要的在于他第一个将实验方法引入非实验性及富于臆测的进化论领域中。德弗里斯认为，运用实验方法研究进化论问题具有重要意义。他指出："迄今为止物种的起源不过是一种比较研究的对象。一般人都相信，非常重要的现象不能直接观察到，更不要说进行实验研究了……本书的目的旨在证明物种是由跳跃进化产生的，个体跳跃进化的发生，可以像其他生理过程一样观察到。用实验方法，我们才可能有希望阐明新物种起源所遵循的规律。"结果，他获得了极大的成功。此后，人们对于进化论的研究便由比较、推测和形态描述进入实验领域，使得进化论更加密切地与生理学，并最终与物理学、化学领域联系起来。这是进化论问题研究的一大历史性进步。正如德文波特所说："德弗里斯工作的重大作用是创立了实验法。有关实验的争论仅仅是判断它本身的价值。如果说突变学说所产生的广泛影响是引导人们用实验方法去研究进化问题，那确实是很恰当的。"

在20世纪头十年，突变论在生物学界造成的影响如此之大，以至于人人都在谈论它。它甚至超过了孟德尔遗传定律被重新发现的影响。然而，另一方面，对这个理论持批评态度的也大有人在，只不过严厉的批评只是在1910年之后才出现。英国生物学家贝特森在重做了德弗里斯一些有关月见草杂交实验后，并没有获得纯一传代的品种。所以他认为德弗里斯获得的所谓"纯系"很可能是杂种。此后，又有不少生物学家对突变现象进行了反复研究，但像德弗里斯所说的突变现象，还没有在月见草品种之外的其他生物中观察到。后来美国学者斯特蒂文特和埃默森通过细胞学研究发现，月见草有独特的染色体遗传结构，其遗传行为极为复杂。普通月见草是2倍体（14条染色体），德弗里斯所发现的突变体如巨型月见草是4倍体（28条染色体），另一突变体晚月见草是3倍体（15条染色体）。实际上，德弗里斯所说的突变现象即大突变在现代遗传学看来属于染色体畸变，它与摩尔根遗传学所说的突变即基因突变是不同的。因此，到20世纪20年代，生物学家逐渐抛弃了突变学说，其主要原因就在于它是一种特殊的异常现象，没有普适性。当然，突变论被抛弃并不意味着德弗里斯发现的突变现象是毫无意义的。在自然界，无论是动物界还是植物界，都存在着大量真实的突变。后来美国遗传学家摩尔根将这一概念用于说明新等位基因的起源。在基因学说中，突变仍是进化的基石和原材料。遗传学家和进化论者在摩尔根给予的“突变”一词的新意义上达成了统一。

六、重新发现孟德尔遗传定律

1900年春天，生物学史上发生了一个重大事件：被埋没35年之久的孟德尔遗传定律被三个植物学家几乎同时各自独立地重新发现。德弗里斯是第一个再发现者，此外还有德国杜宾根大学的科伦斯和奥地利农业实验站的切尔马克。

如前所述，德弗里斯是从19世纪80年代末开始进行植物杂交实验研究的。起初，进行这些实验的目的是探索物种的起源与变异问题。然而，从实验中他意外地发现了杂种性状有规则的分离现象。1893年，他用靡菲斯特罂粟（黑色、显性）同丹尼伯洛格罂粟（白色、隐性）杂交，两年后得到158棵带黑斑植株和43棵白色植株。1896年，他用这些子代植株进行自花授粉，所有隐性植株都能纯一传代，显性植株有的能纯一传代，有的则再次发生分离，比例为1095棵黑斑植株比358棵白色植株。1897年，他用多刺曼陀罗（开蓝花、显性）同无刺曼陀罗（开白花、隐性）杂交，杂种无一例外地表现为开蓝花、多刺的同一类型。第二年，用这些杂种自花授粉，结果约有72%的植株开蓝花，28%的植株开白花。在其他品种的实验中，德弗里斯发现显性植株在总植株数中所占比例约为75%，隐性植株约占25%（参见表1）：

表1 德弗里斯人工杂交实验的结果

显性	隐性	隐性（%）
加氏麦仙翁	小亚细亚麦仙翁	24%
白屈菜	条裂叶白屈菜	26%
昼开剪秋罗	夜开剪秋罗	27%
夜开剪秋罗（有茸毛）	无茸毛剪秋罗	28%
月见草	短柱月见草	22%
罂粟（靡菲斯特）	罂粟（丹尼伯洛格）	28%
矮罂粟（单瓣花）	矮罂粟（重瓣花）	24%
玉米（淀粉质）	玉米（糖质）	25%
天仙子	白色天仙子	26%

根据这些实验结果，德弗里斯得出了如下两个基本原理：

（1）就两个相对性状来说，杂种只表现其中的一个，并得到充分的发育。因此，杂种在这方面无法与它的两个亲本中的一个相区别。这里没有出现过渡类型。

（2）在形成花粉细胞和卵细胞过程中，两个相对性状彼此分离，在多数情况下，这种分离遵循着简单的概率规律。

德弗里斯把前一个定律叫作显性律，后一个定律叫作分离律。1899 年 7 月，在英国皇家学会召开的国际杂交学者代表会议上，德弗里斯向大会报告了 30 多个植物品种的杂交实验结果。翌年初，他同时用德文和法文写了两篇论文，题为《杂种的分离律》和《关于杂种的分离定律》。其实，这时候的德弗里斯已从贝利的著作《关于杂交育种和杂交》中知道了孟德尔的论文，但他在两篇论文原稿中都未提及孟德尔。这年 3 月他将法文论文寄往法国巴黎科学院。没过多久，他收到代尔夫特大学细菌学教授贝哲林克给他寄来的孟德尔论文的副本。贝哲林克在信中写道："我知道您正在研究植物杂种，因此给您寄来我偶然发现的一个署名为孟德尔的人在 1866 年写的一篇论文，它或许对您的研究有所帮助。"这时候德弗里斯感到有必要在德文论文中加进一些有关孟德尔的字句。于是他匆匆修改了德文论文，在论文结尾部分做了如下说明："这项重要的研究（孟德尔《植物杂交实验》）竟极少被人引用，以至在我总结我的杂交实验并从实验中推导出孟德尔论文中已经给出的原理之前，竟然不知道这项研究。"而后，他将论文寄往德国柏林植物学会。不久，《巴黎科学院记事录》和《德国植物学会学报》相继发表了德弗里斯的论文，从而揭开了孟德尔遗传定律再发现的序幕。此后，《德国植物学会学报》又分别发表了科伦斯的论文《关于种间杂交后代行为的 G. 孟德尔定律》和切尔马克的论文《豌豆的人工杂交》。这样，到 1900 年春夏，被埋没 35 年之久的孟德尔遗传定律终于为人们重新发现。现代遗传学也就从此产生和发展起来。作为孟德尔遗传定律再发现第一人，德弗里斯的工作起到了决定性作用。孟德尔的论文能重见天日，德弗里斯是功不可没的。

美国遗传学家邓恩在谈到德弗里斯在重新发现孟德尔遗传定律过程中的作用时这样说过："很明显，德弗里斯绝非只是一个孟德尔定律的再发现者，他还是一个普遍规则的创立者。"这是因为德弗里斯的有些工作超过了孟德尔。例如：孟德尔只是在豌豆等少数植物品种上证实了分离律，而德弗里斯则在 30 多个植物品种中检验了这一规律。孟德尔虽然提出了遗传单位的概念，但他又认为遗传单位是不变的，它只发生分离和重组，以此决定生物的性状；而德弗里斯则认为遗传单位的重组决不会导致新种产生，只有遗传单位的可突变性才是物种变异的源泉。从这点来说，德弗里斯的观点更接近于现代遗传学理论，他对现代遗传学的建立与发展起着自己独特的作用。

七、晚年生涯

从19世纪80年代到20世纪初，这20多个春秋是德弗里斯科学生涯的黄金时代。在这段时间里，德弗里斯先后提出了植物细胞渗透理论，创立了生物突变论，第一个重新发现了孟德尔遗传定律。这一切确立了他在生物学史上他人不可企及的历史地位。20世纪第一个十年后，德弗里斯虽然还继续从事他所喜爱的生物突变的研究，但他的主要精力已转向教学和培养年轻学者。特别是在继奥德曼斯之后担任阿姆斯特丹大学教授时，他更是把教书育人作为首要之事来做。他在科学上享有的盛誉使得当时欧洲许多国家的年轻人都纷纷投考到他的门下，在他的指导下主攻植物学。他一生指导和培养了数十名博士生，其中有数人后来都成为很有成就的生物学家。在荷兰，德弗里斯的名字是家喻户晓、妇孺皆知的，在科学界他也蜚声海内外。德国柏林大学、美国哥伦比亚大学和其他国家的一些著名高等学府都授予他荣誉博士学位，并盛情邀请他前往执教。但德弗里斯热爱自己的祖国，他婉言谢绝了别国的邀请，以年逾花甲之高龄仍活跃在阿姆斯特丹大学讲坛上。直到1918年他70岁时，按荷兰政府规定到了退休年龄，他才依依不舍地离开阿姆斯特丹大学，迁居到隆特恩的一个边远村庄。他在那里新建了一个实验室，并开辟了一个植物园地，继续从事他的科学研究活动。德弗里斯在高校执教40余年，弟子遍布欧洲，可谓桃李满天下，因此他的退休生活并不孤独。他的好友和先前的学生常到乡村陪伴他，他在世界各地的崇拜者也常来拜访他。更令他高兴的是，阿姆斯特丹大学高年级学生为完成学术论文，常到他的实验室工作，以求得这位科学大师的指导。德弗里斯总是高兴地与年轻人在一起做实验，他感到自己的晚年生活充满了生机活力。然而，1935年5月31日，这位叱咤科坛的人物终因心力衰竭而猝然去世，享年87岁。

德弗里斯一生著述颇丰，是生物学史上罕见的多产生物学家。除了上述几部（篇）有重大影响的论著，他还大约发表了700篇论文。1918—1927年间，他亲手编辑出版了7卷本研究论文集，内容涉及植物学、细胞学、生理学、遗传学和进化论等学科。他的名字经常出现在《自然》《科学》《遗传学》《植物学公报》等权威学术刊物上。由于卓越的科研成就和诲人不倦的教书育人精神，德弗里斯一生赢得了许许多多的荣誉：1905年他被接受为英国皇家学会外籍荣誉会员，1906年荣获英国皇家学会达尔文勋章，1926年又获林耐学会金质奖章。他总共被授予11个荣誉博士学位，荣获17枚金质奖章。他还在荷兰许多科学学会或团体担任重要职务，为荷兰乃至世界科学事业的发展贡献了毕生精力。德弗里斯曾以创立突变论而被提名为诺贝尔生理学或医学奖候选人，尽管后来没有正式得奖，但由此可以看出他的科学业绩在科学界的影响是多么巨大、多么深远。

德弗里斯对自己的科学研究事业执着追求，锲而不舍。1915年后，他根据月见草实验而提出的突变学说被科学界淡忘后，德弗里斯仍一如既往继续研究。他在退休迁居到隆特恩之后，仍在植物园中种有各种类型的月见草，用来做杂交实验，观察其遗传特性及规律。他晚年撰写的论文中，大部分是关于月见草实验的。1927年，他自己选编的最后一部论文集就是专论月见草的。他将突变论的创立视作生平得意之作，其意义甚至超过他重新发现孟德尔遗传定律。1935年，他在去世前一个月还撰写了一篇题为《论月见草的半隐性原基》的论文，发表在《进化与遗传导论》上。

德弗里斯晚年还致力于欧美之间科学的传播与交流。1904—1906年，他曾两度远涉重洋，应邀前往美国加利福尼亚大学伯克利分校讲学。1912年，他第三次访美，参与组建得克萨斯州的霍斯顿水稻研究所。他每次访美归国后，都撰写访美见闻，向国内教育界、科学界介绍美国大学教育和科学研究进展情况。

作为一名科学家，德弗里斯并非完美无缺之人，他在晚年的科学活动之中亦有失误之处。这主要表现在他过分看重了他所创立的突变论，而低估了孟德尔论文的理论价值。在孟德尔定律的三个再发现者中，他对孟德尔发现的态度是不公正的。科伦斯与切尔马克都认为自己的工作只不过是“再发现”而已，表现出一个科学家应有的科学道德。德弗里斯却不然，他认为自己是在不知道孟德尔工作的情况下发现分离律的，如果没有孟德尔，那么关于杂种性状的分离律就应该叫作“德弗里斯定律”。所以，他对科伦斯、贝特森等人将遗传学定律称为“孟德尔定律”愤愤不平。正因为如此，1906年，科学界倡议在捷克的布尔诺为孟德尔建立纪念碑时，他拒绝在倡议书上签字。尽管德弗里斯身上有着这些让后人遗憾的地方，但他作为一位为人类作出重大贡献的科学家，永远值得我们尊重和怀念。德弗里斯逝世后，美国《科学》杂志发表的讣告用下面一段话，高度评价了德弗里斯作为科学家的一生：

> 很少有科学家像德弗里斯那样，在他们的理论和实验领域中产生如此深

远的影响。他目光敏锐，耐心搜集实验数据；他不知疲倦，认真观察，善于解释实验结果。……他精于理论，富于创见，同时注重实验室和园地的数据采集。他是拓荒者，又是预言家。德弗里斯的名字将永远铭刻在所有生物学家的心中。

（作者：张青棋）

参考资料

[1] Charles Coulston Gillispie. Dictionary of Scientific Biography [M]. vol.14 New York: Charles Scribner's Sons, 1974.

[2] A. Blakeslee. Hugo de Vries (1848-1935) [J]. Science, 1935, 81 (14): 581-582.

[3] 厄恩斯特·迈尔. 生物学思想的发展：多样性、进化与遗传 [M]. 刘珺珺，胡文耕，彭奕欣，等译. 长沙：湖南教育出版社，1990.

[4] 亨斯·斯多倍. 遗传学史：从史前期到孟德尔定律的重新发现 [M]. 赵寿元，译. 上海：上海科学技术出版社，1981.

[5] G. E. 艾伦. 二十世纪的生命科学 [M]. 谭茜，田铭，王云松，译. 北京：北京师范大学出版社，1985.

[6] H. 德弗里斯. 杂种的分离定律 [J]. 张青棋，译. 科学技术与辩证法，1992，9 (3)：52-55.

[7] Robert C. Olby. Origins of Mendelism [M]. London: Constable, 1966.

[8] 哈里特·朱克曼. 科学界的精英：美国的诺贝尔奖金获得者 [M]. 周叶谦，冯世则，译. 北京：商务印书馆，1979.

保罗·埃尔利希

（Paul Ehrlich，1854—1915）

埃尔利希

化学疗法的先驱

一、学生时代

1854 年 3 月 14 日，保罗·埃尔利希出生在德国西里西亚的斯特林小镇上一个富有的犹太人家庭。他是家中唯一的男孩，上有三个姐姐，下有一个妹妹。埃尔利希的父亲伊斯马·埃尔利希是酿酒商，曾经营过小旅馆，他勤于思考，富有眼光，颇受当地人敬重。母亲罗莎·魏格特聪慧漂亮，精明强干。埃尔利希的祖父是富有的酒商，拥有一座藏书丰富的私人图书馆，晚年常向当地居民进行科普演讲。埃尔利希的家族中，出过不少杰出的教育家和科学家。他的表兄卡尔·魏格特是著名的组织病理学家，既是他的终身挚友，又是他崇拜的偶像。

1860 年，埃尔利希进入当地一所小学就读。10 岁那年，到离家 30 多公里的布雷斯劳城的一所人文中学求学，寄宿在一位教授家里。他并不很出众，讨厌听课和考试。他后来的秘书马夸特小姐在《埃尔利希传》中讲述了一些埃尔利希的逸闻趣事：假期里，他喜欢与其他学童玩耍打闹，爱到乡间的田野里抓小动物。一次，他和几个好友抓了一串老鼠和青蛙，偷偷放在家里的浴室里，吓得家中的小保姆惊恐万状。尽管顽皮淘气，但埃尔利希很早就表现出对治疗病人的兴趣。当他还是个 11 岁的孩子的时候，就自己开出一张处方，让镇上的一位药剂师配制出一种止咳药水。

“学校是沉重的枷锁，因为在我一生中，对自由始终都有一种强烈的渴求。”他后来这样说道。然而，对感兴趣的科目，他又非常投入。他特别喜欢数学和拉丁文，并且成绩优异。解数学难题，他最得心应手，而拉丁文因其严密的逻辑结构，深得他的偏爱。他一生都迷恋拉丁文，在他后来的写作中，埃尔利希常在德文中夹杂些拉丁文词句，还常用拉丁语格言表述他的思想。他最感恼火的是德语作文。毕业考试的时候，老师出了一道作文题《生活：一个梦》，他是最后交卷的学生。他写道：“生活是化学事件，是普通的氧化过程，而梦则是发生在脑中的化学过程，是一种脑的磷光现象。”由此可见，科学的种子已深深地埋在他的脑海中。然而，这篇作文令校长和老师非常生气，被判为劣等。幸好埃尔利希的拉丁文和其他几科成绩优良，校方才勉强让他毕业。

1872 年夏，埃尔利希进入布雷斯劳大学，表兄卡尔·魏格特就在这里任教。埃尔利希受到年轻的解剖学家威廉·瓦尔代尔的关照，两人结下了终身的友谊。瓦尔代尔当时是著名的生理学家鲁道夫·海登海因的助手。或许是受瓦尔代尔和魏格特的影响，埃尔利希立志学习医学。按照德国大学的惯例，学生可以自由转学，无任何限制。几个月后，瓦尔代尔被斯特拉斯堡帝国大学聘为教授，埃尔利希随同转入该大学就读。埃尔利希在斯特拉斯堡大学读了三个学期，这对他一生的发展具有决定性的影响。

瓦尔代尔是杰出的解剖学家。他在德国第一个将化学引入医学；1863 年，他第一个用苏木紫进行组织染色；他利用显微镜，研究了神经纤维、听觉器官、结膜及喉的组织学，创造了神经细胞、染色体、原生细胞等新术语，他提出的神经元理论，至今仍被普遍接受。他认识到，埃尔利希天资聪颖，思维独特，不同于一般的医科学生，因此经常给予鼓励以激发其天赋。埃尔利希在瓦尔代尔的影响下，对生物染色产生了浓厚的兴趣。马夸特小姐在《埃尔利希传》中有段生动的记述：

> 在一次解剖学实验课上，瓦尔代尔教授发现埃尔利希的实验台上布满了多种颜色的斑点，问道：“你在干什么？”“我正在用染料进行实验，先生。”埃尔利希将试管举到老师面前，手和脸上都沾满了着色剂。教授查看了试管和桌上那些已经染色的切片。很显然，这位学生并没有按照常规的实验安排操作，而是在进行创造性的探索，并获得良好的结果。教授赞许地点点头：“很好，继续试吧。”

埃尔利希是瓦尔代尔最得意的门生之一，经常被瓦尔代尔邀请到家里做客，二人建立起长期的亲密关系。瓦尔代尔预言，埃尔利希前程似锦，无可限量。

埃尔利希不愿去听那些枯燥刻板的课程，但是，他贪婪地阅读他感兴趣的有关组织学和铅中毒方面的著作，并具有从中快速吸收精华的能力。对兴趣以外的课程的忽视，无疑造成他在某些知识方面的缺陷。然而，埃尔利希选定了主攻方向，并掌握了为达到目标所需要的必要知识。他认为，完全没有必要去学习那些与目标无关的东西。在准备医学预科考试的时候，埃尔利希对结构有机化学和染料化学产生了浓厚的兴趣，然而，他很少去听贝耶尔主讲的化学课，这多少有些让人感到不可思议。贝耶尔是凯库勒和本生的学生，在染料化学方面的造诣深不可测，被尊称为“德国染料化学之父”，后于1905年获诺贝尔化学奖。期末的化学考试，埃尔利希却获得了“极优”的成绩，贝耶尔向同事瓦尔代尔极力称赞埃尔利希的化学天才。后来每每谈起这件事，埃尔利希都感到非常自豪，既是为这个“极优”的成绩，又是为自己是贝耶尔的“学生”，尽管贝耶尔或许并不认识他这位学生。

通过医学预科考试后，1874年埃尔利希接受表兄魏格特的劝告，返回布雷斯劳大学攻读病理解剖学。他在这里完成了博士论文课题的研究。其间，1876年在弗赖堡大学生理学研究所学习一个学期，1878年最后一个学期在莱比锡大学度过。在布雷斯劳，埃尔利希无疑给实验解剖学家科恩海姆、组织学家魏格特、生理学家海登海因、植物学家和细菌学家费迪南德·科恩留下了深刻的印象，同时又幸运地受到这些名师的指导和影响。他在最合适的时候来到最合适的地方，因为这是布雷斯劳大学最辉煌鼎盛的时期，人才济济，名师如云。

科恩海姆，伟大的病理学家，是维柯最杰出的一位学生。在布雷斯劳大学的六年里，科恩海姆创建了著名的病理学研究所。作为组织病理学家，他创立了冷冻新鲜组织用于显微研究的方法，用银盐和金盐标记神经末梢，对骨骼肌进行了研究，在炎症和栓塞等方面的研究，造诣精深。他是一位足智多谋的研究者，也是一位循循善诱的教师，培养出许多才华超群的学生。对于埃尔利希天才的独立思维能力和对染料和细胞相互作用的不寻常的探索精神，科恩海姆非常欣赏并给予热情的鼓励。埃尔利希的表兄魏格特，因生物染色和神经组织学的贡献闻名于世。他对苯胺染料和显微染色的兴趣，直接影响了埃尔利希。他对埃尔利希在布雷斯劳的学习和研究关怀备至。在布雷斯劳，对埃尔利希产生重大影响的第三位伟大学者海登海因，是卓越的生理学家和独立的思想家。他对埃尔利希从事染料化学及染料和细胞相互作用的研究，给予大力支持。在他那里，埃尔利希知道了在生物学中进行可靠的实验、定量测定和独立思考的重要性。对埃尔利希产生重大影响的第四位人物科恩，科恩是生理植物学研究所的教授，被认为是继林耐之后最伟大的植物学家。科恩最早认识到新发现的微生物世界的重要意义。他发表的关于细菌分类和细菌生物学的论文，被认为是该领域的经典。科恩乐于助人，一直支持埃尔利希。从科恩那里，埃尔利希知道了微生物、植物细胞、显微染色的重要性和具有开放头脑的价值，知道如何提出科学假说并进行思考。

1876年，埃尔利希有幸结识了前来布雷斯劳大学病理学研究所访问的著名细菌学家科赫。所长科恩海姆在介绍埃尔利希时说道："这是小埃尔利希，极擅长染色，但通不过考试。"这最初的相会，给二人留下了难忘的印象。

埃尔利希在表兄魏格特的实验室里开始研究苯胺染料对细胞和组织的选择性作用，1877年发表了他的处女作，这是他博士论文的一部分，论述了苯胺染料在显微技术中的应用。这年，经过补考后，他终于通过了国家医学考试。1878年，他在科恩海姆教授的实验室里完成了博士论文《关于组织染色的理论与实践》，这年他24岁。他将论文提交给莱比锡大学，主要是由于魏格特和科恩海姆受聘移居莱比锡，他们是埃尔利希的论文导师，对埃尔利希在染色方面的兴趣一直给予鼓励和支持，又最熟悉他的工作。他证明，所有的选择性的组织染色，即能使组织之间产生差异的染色，都可以分为两类：一类是直接染色，色素不改变地进入一种组织，但不进入另一种组织；第二类即所谓的附属染色，有色物质先与另一化合物（媒染剂，如明矾）结合，然后色淀与组织（纤维）结合。埃尔利希深入研究了第一类染色，因为大多数组织染色属于这一类。从化学的观点来看，显然苯胺就属于第一类染料。他认为，化学结合同样是这类染色的基础，动物纤维本身起了媒染剂的作用，通过化学结合，使染料失去其一个基本的性质，即溶解性，于是产生色淀。并且指出，合成的苯胺染料中，既有显酸性的染料（如曙红），又有显碱性特征的染料（如品红），因此根据化学关系，能够获得所需要的选择性染色。他还描述了大量独特的染色细胞。这篇论文，显示出"作为化学家的埃尔利希"的独特的思维能力，几乎包含了他后来所有的科学思想的胚芽，并最终得出他一生中最伟大的科学发现。

二、染色研究

1878年获博士学位后，埃尔利希受聘于柏林夏里特医院，先在著名的实验病理学家、肝病学权威弗雷里希斯手下任助手，后晋升为主治医生。弗雷里希斯赏识埃尔利希的才干，积极支持他的染色实验研究，甚至取消了他的日常门诊事务。从各方面看，这里的实验条件都非常简陋。但几乎他所有创造性的、重要的染色工作都是在这期间完成的。他的同事和清洁女佣对他经常在实验桌上洒满染料颇有微词。一位同事就直截了当地说："你一工作，桌上就留有染料痕迹。"他几乎使用过当时发现的所有染料。1880年，他对白血球进行鉴别染色，创立了著名的三元酸染色法，并提出嗜酸性白血球、嗜碱性白血球和嗜中性白血球等术语。1882年，科赫宣布发现结核杆菌。埃尔利希立即着手寻找一种新的、更灵敏的选择性染色结核菌的方法。他利用这种微生物易和酸性物质结合的性质，创造了新方法，今天使用的各种方法都是在他的原始技术基础上改进而成的。

1883年，埃尔利希与年轻漂亮的平库西小姐喜结良缘。她是纺织品富商的女儿，聪颖贤惠，后来生育了两个女儿。1885年，埃尔利希发表了专著《机体的需氧量》，首次以染料作为氧化还原指示剂来指示新陈代谢活跃的细胞的内部状况，展示了他对机体组织和器官中氧气分布的研究，引起了医学界的广泛关注。两年后，该著作获得蒂德曼奖，并作为任职资格论文帮助埃尔利希成为柏林大学内科学“编外讲师”。

1885年，弗雷里希斯去世，继任者格哈特教授是一位刻板守旧的临床医学家，他认为埃尔利希的工作应当限制在传统的临床医学上，而埃尔利希已将实验室工作视为研究生涯中不可缺少的部分。这给埃尔利希的心理上带来了不小的压力。埃尔利希在这压抑的环境中工作了两年，1887年初，他用自己发明的方法，诊断出自己患了肺结核病。1888年，他趁机离开医院，携妻子去埃及疗养，从而摆脱了与格哈特的摩擦和冲突。在夏里特医院的九年，是他取得极为丰硕成果的时期，除专著《机体的需氧量》外，他还发表了44篇论文。

1889年，埃尔利希病愈后回到柏林。由于得不到合适的职位，在岳父的慷慨帮助下，他在柏林建了一个很小的私人实验室。他发现亚甲蓝可以染色神经末梢的敏感神经。他和李普曼进一步研究，发现纯化的亚甲蓝能够治疗神经痛。显然，这种染料能干扰神经传导，因此可作为止痛药。

由于科赫的举荐，埃尔利希被柏林的莫阿比特医院短期聘为结核病部的负责人。他的工作是用科赫的结核菌素治疗病人，以证明这种药物的有效性。不幸的是，结核菌素并无疗效，招致公众对科赫的批评。后来发现，结核菌素是有效的结核病诊断剂。

三、免疫化学

1891年，埃尔利希来到科赫的传染病研究所，这是德国最著名的细菌学研究机构。科赫周围聚集了一大批优秀的青年科学家，与埃尔利希一起工作的有布里格、贝林、北里柴三郎和瓦色曼等人。初来研究所时，科赫将埃尔利希带到实验室，说道："在这里，你尽管干你喜欢干的事。"埃尔利希作为无薪特约研究人员工作了三年，其间，获得了柏林大学副教授头衔。他对贫血症的血液染色研究进行总结，并开始转向免疫学的新领域。

19 世纪 90 年代初，免疫学蓬勃发展，科学家发现了血清中的有毒物质，进行了细菌培养。例如，在1888年，纳托尔证实血液的杀毒作用，巴斯德的学生埃米尔·鲁和耶尔森在白喉细菌培养滤液中发现有毒物质。1890 年，布赫纳在正常动物的血液和无细胞血清中，鉴别出一种非特异溶菌因子，他称之为"防御素"。同年，科赫的助手贝林和北里柴三郎，在被白喉或破伤风细菌感染的动物的血清中，各自独立发现具有特异性的免疫物质，它能中和或消灭由细菌产生的外毒素，他们为这种血清物质创造了"抗毒素"一词。由于得到相同的结果，科赫让二人合作研究。他们联名在《德国医学学报》发表了一篇论文，贝林很快又单独发表了一篇。血清抗毒素的被动免疫性的发现，直接导致免疫性的体液学说的创立。

由于血清毒素和细菌毒素的重要性日益突出，以及科赫的影响，埃尔利希转向免疫学研究。1891 年，他巧妙地利用纯化的植物毒素（相思豆毒素和蓖麻毒素）使动物血清中产生抗毒素。他认为，血清抗毒素（抗体）的形成是一个化学过程。他证明通过母乳能够将免疫物质传递给婴儿，还阐明了主动免疫和被动免疫的根本差异。

1892 年，赫希斯制药公司为了获得贝林生产白喉抗毒素的方法，同意拨款支持贝林的动物实验研究，双方签订了协议。然而，临床试验证明，贝林血清制品中白喉抗毒素的强度太低，无法用于实际的治疗。贝林找不出有效的方法浓缩这种抗毒素，承受着来自制药公司的巨大压力，因为制药公司已经投巨资兴建了血清生产线。更让贝林忧心的是，在巴斯德研究所的埃米尔·鲁的领导下，法国可能会率先生产出自己的商用抗毒素。

1893 年，在科赫和贝林的再三劝说下，埃尔利希同意与贝林合作研究。他根据从研究植物毒素获得的经验，立即着手攻克提高白喉抗毒素效力的难关。不久，他设计出测定血清中抗毒素含量的定量方法，并且解决了大量生产白喉抗毒素的一系列技术难题。科塞尔、瓦色曼和埃尔利希在夏里特医院进行了临床试验，结果证明了白喉抗毒素治疗的惊人成功。贝林因此获得巨大的国际声誉，同时也卷入优先权之争，包括和科赫的专利权的争论。次年，贝林离开科赫研究所，去哈雷大学任卫生学教授。

1894年，埃尔利希与赫希斯制药公司正式签订了12年的生产抗毒素的合同，规定了从产品销售利润中返还给埃尔利希的百分比。然而，1896年，埃尔利希终止了合同，这时他受聘担任斯特吉茨血清研究所的所长，这是一家由政府开办的研究机构。他认为，继续接受外面公司的报酬会与自己的研究兴趣发生冲突。据秘书马夸特小姐回忆，埃尔利希抱怨，在白喉抗毒素的专利权税方面，自己受到贝林的欺骗和算计。贝林获得了改进的白喉抗毒素专利权，并独自建立了与赫希斯制药公司的商业关系，后来在马尔堡开办了自己的工厂，建造了高大的楼房，获得巨额利润，成了一个极其富有的人，而埃尔利希差不多一点儿好处也没有得到。

埃尔利希是一位友善、宽厚的人，尽管有过不愉快的事情，他与贝林仍保持多年友好的通信，在公开的演讲和著述中，多次表达对贝林早期科学发现的敬意。埃尔利希偶尔也会表露出他的不满，如在1899年写给马夸特小姐的一封信中，便对贝林进行了尖锐的指责，并披露了许多事情的真相，包括贝林曾试图隐瞒这种高效力的白喉血清是应用了埃尔利希独创的科学原理的结果。

巧合的是，二人出生只相差一天（贝林生于1854年3月15日，埃尔利希生于1854年3月14日）。到1901年，含有标准化白喉抗毒素的商业血清广泛用于救治患病的儿童。1895年，贝林获得贵族封号，被称为冯·贝林。1901年，贝林和埃尔利希均被提名为首届诺贝尔生理学或医学奖候选人。然而，该年的奖单独授给了贝林。

埃尔利希的科学才干，受到普鲁士教育与医学事务大臣阿尔特霍夫的赏识。阿尔特霍夫是位性格直率奇特、睿智而有魅力的政治家，对支持大学和科学研究不遗余力。他把埃尔利希这样天才的年轻科学家，看作德国最宝贵的财富，即便不能为其谋得与其才能相匹配的学术职位，也要设法提供施展才华的其他机会。他与德国许多著名科学家建立了深厚而亲密的友谊。1895年初，他在科赫的传染病研究所内，为埃尔利希建立白喉抗毒素实验室。在埃尔利希的指导下，科塞尔和瓦色曼进行实验研究，不久又将破伤风抗毒素的标准化纳入他们的课题中。由于要干的事太多，实验场地显得尤为拥挤。1896年，阿尔特霍夫在柏林郊区斯特吉茨创办了皇家血清研究所，埃尔利希任所长。该研究所是利用以前一家小饼干厂改建而成的，条件依然简陋，但埃尔利希已非常满足。他常对他的朋友瓦色曼说："这个研究所虽小，但它是我自己的。只要有一个小水龙头，一只酒精灯和一些吸墨纸，即使在马房中，我也一样能工作。"1897年，埃尔利希发表了他的经典论文《白喉抗毒血清的标准化及其理论基础》，为后来毒素和抗毒素的标准化奠定了基础。他提出"最小致死量"的概念，以表示毒素的强度。他把“最小致死量”定义为“皮下注入250克重的豚鼠体内，在96小时能杀死该动物的最小毒素剂量”。他把抗毒素的标准单位定义为能中和100倍最小致死量毒素的抗毒素剂量。在这一研究中，埃尔利希和助手进行了艰苦的实验工作，用于动物实验的豚鼠不下1万只。1897年，埃尔利希因这一成就，被聘为枢密医学顾问。

在1897年这篇重要论文中，埃尔利希提出了著名的“侧链”理论来解释免疫过程。后又经过多次修改，这个理论变得越来越复杂和牵强附会。他认为，抗毒素不可能是由毒素派生出来的，而是通过活的有机体的反应产生的。他假定，毒素含有代表其毒性的特殊结合簇，即毒性簇，毒素通过它可以与称为受体的细胞成分相结合，这种受体相当于附在苯环上的“侧链”。这样，细胞成分被“中和”，因此，受体即不能发挥正常的代谢功能，于是细胞就产生更多的受体，其中有些进入血流。血流中的受体能吸收和中和毒素，从而保护机体细胞。埃尔利希还假定，毒素和抗毒素之间存在着相当稳定的化学关系。

这一理论，对免疫学和药物学作出了重要贡献，同时也受到同辈科学家的广泛批评。他们认为，这一理论太烦琐，而且太过于迷恋某些有机化学方面的假设。最严厉的责难，首先来自博尔代，他是巴斯德研究所的所长，血清学和免疫反应理论的先驱，后来在1919年获诺贝尔生理学或医学奖。他根据物理现象，特别是胶体的相互作用，来解释毒素和抗毒素的相互关系，对埃尔利希依据化学反应提出的“侧链”理论持否定态度。第二位重要的批评者，是著名的物理化学家阿伦尼乌斯，他因电离理论获得巨大的名声，1903年获诺贝尔化学奖。他对免疫化学有浓厚的兴趣。他认为，埃尔利希提出的涉及共价键和假定生成某种新物质的生物化学理论，无法解释抗原与抗体的反应。人体和试管一样，必须遵从物理化学定律，因此，免疫应答的测量应该使用精确的方法，并服从物理化学定律，如质量作用定律。阿伦尼乌斯甚至武断地指出：“物理化学家发现，某些至今仍被医学界接受的生物化学理论，都是建立在绝不可靠的基础上的，必须由与普通化学定律相一致的理论所代替。”另一位反对者格鲁贝尔，是奥地利细菌学家，细菌凝结素的发现者之一，他反对抗体的绝对特异性，认为在适当条件下，会发生非特异性反应。

埃尔利希强烈捍卫建立在结构有机化学基础上的“侧链”理论，反对物理化学的范特霍夫－阿伦尼乌斯学派。他认为，物理化学方法最适合于不需进行多少复杂计算的情形，在组织中，存在需要进行生物分析的多重因素，因此，最好用两种方法。他还讥笑格鲁贝尔在免疫学领域缺乏直接经验。

埃尔利希是铸造新术语的天才。为了阐述他的学说和观点，他创造了主动免疫、被动免疫、抗体、补体、受体、类毒素、侧链等术语。

四、化学疗法

阿尔特霍夫认识到，埃尔利希是非常卓越的科学家，理应获得正教授的头衔。但是，在柏林又很难为这位犹太科学家找到合适的职位。阿尔特霍夫便设法为他寻找更宽敞的实验室。1899 年，普鲁士政府在法兰克福创办了皇家血清研究所，该研究所建有宽敞的实验大楼。埃尔利希被任命为所长，他的研究条件大为改观。此时他的眼界已超越了血清疗法，而转向疾病的化学疗法。因此，他坚持认为，该研究所应该叫皇家实验疗法研究所。1901 年，阿尔特霍夫说服特奥多尔·斯特恩基金会在研究所内建立一个癌症研究室。埃尔利希与皮肤病学家、病理学家阿波兰特教授合作进行肿瘤研究。他们证实，将肿瘤从一个动物向另一个动物连续移植几代，动物患恶性肿瘤的机会大大增加。还证明，通过连续的接种，肉瘤会转变成癌。埃尔利希认为，与细菌相比，癌细胞是一种寄生虫，它影响寄主的营养和免疫性。

1906 年，“乔治·施派尔之家”化学疗法研究所落成，它毗邻实验疗法研究所，由施派尔的遗孀捐资修建，以纪念故去的丈夫。埃尔利希兼任该研究所的所长，在就职演说中，埃尔利希回顾了从 33 年前作为一个医科学生对铅在人体中的不同分布的兴趣，到走向化学疗法研究道路的历程。该研究所装备精良，资金充裕，使他能全身心地投入到对传染病的系统研究中。埃尔利希显赫的名声，吸引了来自世界各地的科学家前来访问或合作研究。他组建的化学家和细菌学家队伍，阵容强大，闻名于世。

在来法兰克福之前很久，埃尔利希就曾尝试用化学武器快速消灭寄生虫。1880 年，拉弗朗在感染上疟疾的病人的血液中，发现一种疟原虫。1890 年，埃尔利希观察到，亚甲蓝能使疟疾寄生虫着色。1891 年，在柏林莫阿比特医院与古特曼的合作中，埃尔利希用亚甲蓝医治两例疟疾病人，发现这种染料确有一定的疗效，但不如奎宁的疗效好，无法彻底治愈这种疾病。这一微小的成功，对埃尔利希的科学生涯起了决定性作用。埃尔利希认为，亚甲蓝这种染料，对寄生虫具有亲和力，且对人体相对无毒。于是，他与工业化学家合作，探索在亚甲蓝上联结有毒基因的可能性。在初步的研究之后，由于财力和物力等各方面的原因，埃尔利希的兴趣转向了免疫学，十年后才又回到化学疗法领域。

在法兰克福，埃尔利希有了充足的人力、物力和财力，使他终于能够实现利用染料（后来是有机砷化合物）作为化学炮弹进攻病原体的想法。他复活了古老的帕拉塞斯的特效药思想。他的目标是要创立一种新的疗法，即用大剂量的某种特效药物，既能消灭入侵的细菌，又不影响宿主组织的疗法。用他的话说，就是“我们必须学会用魔弹消灭细菌，这种疗法应该是体内消毒的一种形式”。

埃尔利希创立了基本的药物学概念——药物的“化学治疗指数”，它是最小的治疗剂量与最大允许度的剂量的比值。他发现某些细菌天然具有抗化学药品的能力，或能够获得这种抵抗能力。他将原来用于解释抗原－抗体反应而提出的受体概念，用于解释染料和砷剂在化学疗法中的选择性作用。

为了找到抗感染的试剂，埃尔利希安排化学家温伯格和本达提供指定的化学制品，他的好友劳本海默教授提供染料。埃尔利希的同僚鲍尔、贝特海姆、卡勒和弗朗茨·萨克斯合成了许多化合物。在助手志贺洁、秦佐八郎的帮助下，埃尔利希的研究小组用数千种染料和化合物系统地进行了动物实验。

埃尔利希并不是简单、随意地选择化学物质。他选择化合物和改变化合物上的侧链，主要是出于对化学理论和动物实验结果的综合考虑。他是一部“化学百科全书”，而不是一位化学实验家。他厌恶复杂的仪器，就犹如他喜欢复杂的理论一样，他平常只使用一些试管和酒精灯，其实验技能还不足以将“侧基”加到染料分子上。他招募了许多优秀的有机化学家协助他工作。由于他具有丰富的有机化学知识，他能构想出具有潜在医疗价值的新分子。

1904 年，埃尔利希和志贺洁公布了他们第一种成功的化学治疗剂——锥虫红。他们试用这种新合成的红色染料治疗通过人工方法感染上锥虫病的老鼠，发现能很快清除老鼠血液中的寄生虫，且没有明显的毒性。而进一步的实验发现，锥虫红对染病的豚鼠、狗，以及更大的动物和人体中的锥体虫没有任何疗效。但是，这次在治疗老鼠锥虫病中取得的初次成功，对后来用其他染料进行抗锥虫病实验起了促进作用，无疑是化学疗法中的第一个突破。1906 年，一个法国研究小组发现，锥虫蓝能更有效地杀灭锥体虫。

锥虫红是一种偶氮染料，埃尔利希认为，起治疗作用的因素主要来源于“偶氮”基团，于是联想到与氮同族的砷，因砷的毒性更大，推测若将“偶砷”基团引入染料，或许是更有效的药剂。不久，埃尔利希用砷化合物进行类似实验，发现砷化物几乎能破坏所有的锥体虫菌株。埃尔利希习惯于研究科学文献，对原生动物学家绍丁的工作非常熟悉。绍丁和霍夫曼发现了引起人类梅毒病的梅毒螺旋体，并认为梅毒螺旋体是一种原生动物，与引起昏睡病的锥体寄生虫同群。埃尔利希想到，有机砷化合物对治疗梅毒可能有效。

埃尔利希开始关注有机砷剂“阿托西”。托马斯和布伦尔发现阿托西具有杀灭实验动物体内锥体虫的能力。科赫曾用阿托西治疗欧洲流行的昏睡病，但有使人致盲的副作用。1907 年，埃尔利希和贝特海姆弄清楚了阿托西的真正化学结构是对氨基苯砷酸的单钠盐。之后，埃尔利希和同事对阿托西和由工业化学家提供的大量阿托西衍生物的疗效进行实验。1909 年，埃尔利希的助手秦佐八郎发现，有一种编号为 606 的阿托西衍生物对感染梅毒的家兔有治疗作用。先前，埃尔利希的实验室已用过这种化合物，不知为何，结果竟然发现对梅毒没有作用，就没有再进一步实验。秦佐八郎是位细心、专注的梅毒实验专家，他重新实验，获得意外成功。随后，在黑猩猩和人体上的实验也获得了成功，当年获得了“埃尔利希－秦氏 606”专利。次年，在德国威斯巴登内科医学大会上首次公布了这一发现，在世界上引起轰动。埃尔利希免费为患者提供了 6.5 万份药品。埃尔利希常说成功需要“四 G”：Geduld（耐性）、Geschick（能力）、Geld（资金）、Glück（运气）。在谈到 606 的成功时，他说：“走了几年霉运，现在总算时来运转了。”

埃尔利希将这种新药命名为“洒尔佛散”。如果使用得当，它能有效杀灭梅毒螺旋体，尤其是受感染后及早施药，疗效更佳。然而，埃尔利希要发明一种理想抗菌剂（魔弹）的梦想，在洒尔佛散身上并未真正实现，因为它具有副作用，在低剂量时，还会使螺旋体产生抗药性。但是，这一发现，当时作为治疗性病最有效的方法，具有重大的现实意义。在 20 世纪初期，梅毒是一种可怕的传染疾病，犹如今天的艾滋病一样。洒尔佛散使无数的病人恢复了健康。1912 年，埃尔利希又发明了洒尔佛散的改进剂“新洒尔佛散”（又称 914），它有极好的疗效，并且比 606 更易溶于水。

五、埃尔利希的晚年

在他生命的最后几年里，埃尔利希不得不与那些说他是骗子、奸商、不讲道德的实验者的指控进行斗争。他被漫画家讽刺。一些狂热之徒将他看成恶魔，他们怨恨这位成功治愈了梅毒的医生。面对这些嫉妒者恶毒的人身攻击，埃尔利希被迫自卫，包括诉诸法律。他获得了洒尔佛散的专利，战胜了敌手，赢得了这场“洒尔佛散战争”，但他也因此精疲力尽，并患上了抑郁症，分散了他对科学研究的精力。

1914 年第一次世界大战爆发后，埃尔利希研究所的科研被迫中断，转向常规的血清生产。他一生嗜烟如命，导致他身体虚弱，健康状况不佳，糖尿病、动脉粥样硬化和神经痛长期折磨着他。现在，他又遭受着战争的折磨，因为战争与他减轻人类痛苦的理想是相违背的。1914 年圣诞，埃尔利希遭受了一次轻微的中风，不久被迫到疗养地休养。1915 年 8 月 20 日，埃尔利希再次中风后与世长辞，享年 61 岁，安葬在法兰克福犹太人公墓。在葬礼上，他的朋友、著名药物学家埃林格尔称埃尔利希是给世界留下丰富遗产的科学巨人。贝林发表了纪念演讲，称埃尔利希是他所创立的学科王国的国王。《泰晤士报》评论说，他打开了一扇通往未来世界的大门，全世界都受他的恩惠。

埃尔利希性格独特。他在自己的领域里，具有非常广博的知识和超常的记忆力，对其他领域，他会坦率地说出自己的无知。他的阅读面较窄，主要局限于科学期刊。唯一例外的是他喜欢阅读福尔摩斯侦探故事，他认为福尔摩斯收集证据的方法与自然科学的研究方法极具相似。他与柯南道尔有些交往，在书房里，挂着这位作家的画像。他还有一个消遣方式，就是他常说的“我累了，就在家里做数学演算”。

埃尔利希没有德国名教授惯常的那种自大的作风。他性情温和、幽默，乐于助人。他不喜欢体育运动，爱乘马车，法兰克福的马车夫都与他相熟。他不修边幅，衣着随便，衬衫上写满难以辨认的符号，衣袋里装着铅笔、抹布、菜单和涂满公式、符号的明信片。他甚至穿着睡衣接待来访的科学家。他对新观念、新思想是开放的，他常说：“这个理论很荒谬，但我还要试一下。”他偶尔也在实验室用简单的仪器进行一些化学操作，许多化学药品和试剂都没有标签，其名称均记在他的脑子里。

埃尔利希一生获得许多荣誉。1903 年，获普鲁士金质科学奖章；1908 年，因对免疫学的贡献获诺贝尔生理学或医学奖；1909 年，洛克菲勒研究所给予他 1 万美元奖金；1911 年，获李比希奖章；1912 年和 1913 年，因对化学疗法的贡献获诺贝尔化学奖的提名，虽未获奖，但他被公认为化学疗法之父。埃尔利希一生获得了 10 个荣誉博士学位。1904 年，被阿廷根大学聘为荣誉教授；1910 年，被选为英国皇家学会的外籍会员；1914 年，被聘为法兰克福大学教授，在法兰克福他受到极大的尊敬。他的研究所和住宅所在的那条街更名为埃尔利希大街。第二次世界大战以后，实验疗法研究所以他的名字重新命名，并设立了享有很高声誉的埃尔利希医学奖。

（作者：张清建）

参考资料

[1] Charles Coulston Gillispie. Dictionary of Scientific Biography [M] .vol.4 New York: Charles Scribner's Sons, 1971.

[2] Frederick H. Kasten. Paul Ehrlich: Pathfinder in Cell Biology [J] . Biotechnic & Histochemistry, 1996, 71 (1) : 2-37.

[3] 赵匡华 . 化学通史 [M] . 北京: 高等教育出版社, 1990.

[4] P. 科勒德 . 微生物学的发展 [M] . 王龙华, 高小琪, 译 . 北京: 科学出版社, 1985.

米哈伊尔·谢苗诺维奇·茨维特

（Michael Semenovich Tswett，1872—1919）

茨维特

色谱技术的创始人

色谱分析是分析化学和有机化学中重要的实验方法。这一方法的创始人就是茨维特。著名有机化学家卡勒 1947 年在国际纯粹与应用化学联合会举行的会议上指出："没有哪种发现像茨维特的色谱吸附分析那样对有机化学产生如此巨大的影响，它极大地拓宽了有机化学家的研究领域。如果不使用这种新方法，在维生素、激素、类胡萝卜素和其他大量天然化学物质的研究方面，绝不可能取得如此巨大的进展和丰硕的成果。"今天，色谱技术已得到迅速的发展，并渗透到科学和技术的许多领域，在生物学、生物化学、医药学、石油化工、环境保护、食品工业等方面，都得到广泛的应用。

一、生平简介

1872 年 5 月 14 日，米哈伊尔·谢苗诺维奇·茨维特出生在意大利北部小镇阿斯蒂，当时他的父母正前往瑞士，途中路过该镇。茨维特的母亲是意大利人，生下他后不久病逝；父亲是俄国人。茨维特在瑞士长大，童年在洛桑度过。1891 年，他考入日内瓦大学数学物理系。1893 年，获理学学士学位，并继续在该大学攻读，直至博士毕业。他对生物学、化学、物理学都有浓厚的兴趣。1894 年，因对茄科植物的解剖学研究，获日内瓦大学授予的戴维奖章。1896 年，通过博士论文《细胞的生理学研究》答辩，获博士学位。

1896 年夏天，茨维特随父亲返回祖国俄罗斯。他先到辛菲罗波尔，后迁到圣彼得堡，在科学院的列斯加夫特教授的实验室工作。由于他是在瑞士获得的博士学位，不被俄国当局承认，因此难以谋得合适的教职，不得不在俄国获取新的学位。

在圣彼得堡，他结识了俄国许多著名的植物学家。科学院的法明岑院士让他到自己的实验室进行硕士论文的研究工作。1900 年，在许多著名科学家推荐下，茨维特才成为圣彼得堡自然科学家协会的会员。

1901 年，茨维特完成硕士论文《叶绿素的物理化学结构》，并在喀山大学通过答辩。他原打算留在喀山，但苦于找不到合适的工作，次年 1 月，移居波兰华沙。在华沙大学他任过实验室的勤杂工、植物与生理系的助教，后升为“编外讲师”，取得讲课资格。1907 年，他担任兽医学院植物学讲师。第二年，被华沙工学院聘为高级讲师。1910 年，在华沙大学通过博士论文《植物界和动物界的色素》的答辩，获博士学位。这篇论文以专著形式出版，并获俄国科学院的阿赫马托夫大奖。在迁居华沙的 14 年里，茨维特对叶绿素进行了广泛而深入的研究，并由此创立了 20 世纪最重要的分离方法——色谱法。

1915 年，德国军队占领华沙，茨维特随工学院撤往莫斯科，随后迁到下诺夫哥罗德。在战争年代的艰难条件下，他主持植物系的教学和实验室工作，而他的健康状况也每况愈下。1917 年，他被尤里耶夫大学聘为教授。1918 年 2 月，德军进驻尤里耶夫市，8月，他随校迁往沃罗涅日市，他的健康状况也进一步恶化。1919年6月26日，茨维特因病逝世，终年 47 岁。

二、色谱法的创立

1. 萌芽

1896 年茨维特向日内瓦大学提交的博士论文《细胞的生理学研究》，研究对象就是叶绿体。不过，那时还只限于从细胞生理学角度看待问题，与后来推动色谱法创立的研究工作没有直接联系。色谱法的创立，与茨维特 1899—1901 年间在俄国科学院为完成硕士论文进行的研究密切相关。1903 年在华沙所作的演讲报告中，他就指出：“这项工作始于几年前我研究叶绿素在石油醚中的不溶性所作的某些实验。”在 1910 年出版的专著中，他再次指出：“色谱法的最初线索可以在 1901 年的工作中找到。”

在研究中，茨维特观察到，石油醚极易溶解离析态的叶绿素和相关的色素，却不能从植物叶中直接提取出这些色素，而乙醇溶剂（甚至在其他溶液中加入少量乙醇）则很容易直接提取出植物叶中的色素。经过深入研究，他认为：这种现象并不是由于叶绿素“不溶于”石油醚而“溶”于乙醇溶剂，也不是由于叶绿素在乙醇提取过程中发生了化学变化而溶解，“这种特性很可能是由于植物组织的分子力的干扰，也就是说是由于吸附”，“石油醚对色素的溶解力小于植物组织的吸附力，而吸附力能被某些其他溶剂如乙醇所抵消。因此，即使在石油醚中加入少量无水乙醇，也能使所有的色素立即提取出来”。

为了验证自己的推测，茨维特用含有纤维素的滤纸进行了模拟实验。他先用乙醇提取出植物叶中的色素，蒸发掉溶剂，再将提取出的色素溶解于石油醚中，然后浸入滤纸。他发现，石油醚只能从滤纸上提取出胡萝卜素而不能提取出叶绿素，但在石油醚中加入少量乙醇，则能提取出所有色素，从滤纸和溶液的颜色变化很容易观察到这种现象。叶绿素可以这种方式随意由可溶态转变成不溶态，或由不溶态转变成可溶态，而不改变色素的化学性质。由于滤纸的纤维素和色素之间不存在化学亲和力，他认为，唯一的解释是它们之间存在着吸附力。

茨维特推测，既然滤纸对石油醚中的叶绿素具有吸附作用，那么，某些粉末状物质也可能具有类似的性质。茨维特进一步认识到，对这一问题进行系统的研究，“将会阐明吸附的本质，并有可能建立一种以吸附为基础的分离物质的新方法”。

1901 年 10 月 30 日，即他在喀山大学通过硕士论文答辩后一个月，茨维特在圣彼得堡俄国自然科学家和医生协会的第八届会议上，作了题为《叶绿素的生理学研究方法和任务》的报告，公布了他的设想并演示了一些基本的观察现象。

2. 初创

茨维特迁居华沙后，用 14 个月的时间深入研究了利用吸附分离植物色素的可能性。1903 年 3 月 21 日，在华沙自然科学家协会生物学家分会举行的会议上，茨维特作了题为《一种新型吸附现象及其在生物化学分析中的应用》的演讲报告。报告内容包括色素溶液的制备、粉末状物质对叶色素的吸附研究，最后提出了以“过滤”和“吸附沉淀”为基础的分离方法。

制备色素溶液，是研究的第一步。在研钵中，将新鲜的植物叶同玻璃末和镁土或碳酸钙（以中和叶子中的酸）一起迅速捣碎，加入丙酮，继续研磨，滤去悬浮微粒。在滤液中加入含 10% 无水乙醇的石油醚溶剂，研磨后过滤。在滤液中加水并振荡，乙醇进入水相，色素则溶解在石油醚相中。

在报告中，茨维特公布了他对 100 多种无机和有机吸附剂的研究结果。据他所说，他如此广泛地试验众多物质，目的是“建立一个不依赖分子结构的物质吸附的基本定律”，以及“探明这些物质对叶绿素的化学作用”。茨维特用如下三种方法来试验这些物质：

（1）将研细的吸附剂装入空心玻璃柱。该柱上粗下细，用一个小滤纸杯挂在底部小口处。倒入纯石油醚，赶尽柱内空气。然后将色素的石油醚溶液倒入柱内，进行过滤。根据颜色变化，观察吸附是否发生。

（2）将叶绿素的石油醚溶液和吸附剂加入小试管中，振荡，离心分离。

（3）对于那些吸湿性的物质，先将吸附剂倒入研钵，加入色素的石油醚提取液，共同研磨。然后，按第二种方法倒入小试管中，振荡，离心分离。

茨维特发现，在这些吸附剂中，菊粉的效果最佳。将色素的石油醚溶液与试管中的菊粉进行振荡，部分色素立即吸附在菊粉上。菊粉沉在试管底部，呈绿色，而上层清液显黄色，如用的菊粉量稍多些，溶液变成无色。加入足够量的菊粉，溶液中只留有胡萝卜素。他发现，有几种溶剂都能使沉淀上的色素释放出来，其中含10%无水乙醇的石油醚效果最好。

碳酸钙、氧化铝与菊粉类似。他也观察到，某些物质不仅吸附叶绿素，也吸附胡萝卜素和叶黄素；极个别吸附剂还可能改变色素的化学组成。他还发现木炭的性质很特别，它吸附叶绿素的能力相当强，用纯乙醇也无法将木炭吸附的色素提取出来。

如上所述，在初期的研究中，茨维特用两种方法分离色素：一是将滞留色素的吸附剂沉淀，二是将色素溶液通过装有吸附剂的玻璃柱进行过滤。他对第二种方法做了如下描述：以菊粉做吸附剂，“将色素提取液通过吸附剂粉末进行过滤，由此观察到的吸附现象是非常有趣的。最初从柱子底部小口流出一种无色液体，随后流出的是黄色液体(胡萝卜素)。在菊粉柱的顶部形成一条亮绿色的环，稍后，在柱的下部又出现了一个非常清晰的黄色环。然后，用纯石油醚淋洗菊粉柱，黄色环和绿色环显著变宽，并向柱下移动。……如果柱不是太长，那么，黄色环可能下移到柱底的开口，从而流出黄色的石油醚溶液。……绿色环内也存在差异，深蓝绿色在环的下部，黄绿色在环的上部”。

这显然与色谱分离毫无二致。然而，这并不是茨维特最偏爱的分离技术。他最推崇的方法是他所称的“分步差示吸附沉淀提取法”。此法将色素溶液与吸附剂混合，色素吸附在吸附剂上沉淀下来，再用合适的溶剂提取出色素。然后在色素中加入无水乙醇（含80%）和石油醚混合溶剂，色素在两种溶剂中分配，从而分离成单一色素，可根据紫外吸收光谱进行鉴定。他用这种方法从植物叶中分离色素，结果得到纯的胡萝卜素、叶黄素α、叶黄素β和叶绿素。

综上所述，可知茨维特已经清楚地描述了现今称为柱色谱的基本原理，只是他没有使用这一术语。他于1903年所作的演讲报告，两年后才发表在俄国的一家地方刊物上。因此，在1906年他在著名刊物《德国植物学报》发表两篇重要论文前，他的成果实际上无人知晓。尽管如此，演讲的发表日——1903年3月21日，仍应作为色谱法的诞生日。

3. 发展

在1903年演讲后的几年时间里，茨维特异常沉寂，几乎没发表过论文，但他并没有闲下来，他在进一步发展他的分离技术。

1906年6—7月间，茨维特向《德国植物学报》连续投寄了《叶绿素的物理化学研究》和《吸附分析与色谱法》两篇论文，详细描述了他创立的新方法及其在叶绿素化学上的应用。“色谱”一词最早出现在这两篇著名论文中。在第一篇论文中，他写道：“像光谱中的光线一样，色素混合物的不同成分有规律地排列在碳酸钙柱上而彼此分离，由此可以进行定量和定性鉴定。”茨维特称这种有规律的排列图案为色谱图，相应的方法为色谱法。

在这篇论文中，茨维特虽然仍讨论差示沉淀和提取的可能性，但其主要目的是解释与吸附有关的现象。他指出，色谱法是在吸附剂柱上进行的用溶剂提取色素的分离方法。他写道：“存在确定的吸附顺序，各种物质都按这个顺序互相取代。下面最重要的应用，就是根据这一规律，将叶绿素的石油醚抽提液，通过装有吸附剂的柱子进行过滤（我常用碳酸钙做吸附剂，将它装在一小玻璃管中，压紧）。这些色素就会按照吸附顺序，从上至下沉积在不同的色带上而彼此分离。这是因为强吸附色素要取代弱吸附色素。如再用纯溶剂冲洗柱子，各色层将进一步展开。”然后，用木棒小心地将吸附剂从管子中推出，放在平板上，用刀把各色环层切开，再分别将它们溶解在合适的溶剂中。这样就能得到纯度很高的各种色素。

在第二篇论文中，茨维特描述了一套组合装置，它由直径为2—3毫米、高30—40毫米的多个小色谱柱构成，并可加压。茨维特详细描述了制备高效色谱柱的方法，指出必须用颗粒细小均匀的吸附剂，太粗则色谱图的界限模糊不清。吸附剂对于被分离的化合物在化学上是惰性的，以免改变被分离物质的化学性质。茨维特认为最合适的吸附剂是碳酸钙、蔗粉和菊粉。

这篇论文还涉及合理使用溶剂的问题。茨维特指出，不同的溶剂对组分（指混合物中的各个成分）有不同的影响。在某些情况下，改变溶剂或在已用溶剂中加入另外的溶剂，可使试样组分更好地分离。

茨维特指出，尽管他主要研究植物色素，但色谱技术并不限于植物色素，其他物质无论是有色的还是无色的，是有机物还是无机物，均可适用。

在论文中，他详细说明了从绿色植物叶中分离色素的方法，包括使用不同溶剂和用紫外吸收光谱鉴定分离的化合物。

4. 完善

1910 年，茨维特的博士论文《植物界和动物界的色素》以专著形式出版。这部著作对动植物色素尤其是叶绿素的研究工作进行了总结，并专门论述了吸附和色谱法。尽管多数材料取自原先的论文，但也包含不少新的内容。例如，他试验的吸附剂扩大到 126 种，精心研究了取代吸附现象，确定了吸附序列；再次强调了吸附剂对分析组分的化学惰性的重要性。在溶剂方面，他研究了 23 种不同溶剂及使用混合溶剂的可能性，认为苯和二硫化碳是最优溶剂，但他强调“每种溶剂都有其优缺点和自身适用的范围”。

他详细论述了分离混合组分的机理，认为是被吸附物质在溶剂流的作用下的迁移过程。他写道：“由于不同物质通常具有不同的吸附常数，合适的溶剂通过吸附剂柱时，被吸附物质将以不同的速率运动，因而逐步分离成独立的吸附色带。”

他还提出了在 20 世纪 30 年代后广为使用的淋洗技术。他写道：“由于叶黄素 α 色带和叶黄素 β 色带在苯中的迁移速度很快，因此，可以用苯分别将这两种色素从柱上淋洗下来，使它们彼此分离。”

他还描述了一套大的色谱装置：柱直径 30 毫米，他认为这是一个近似的上限，太大则会导致溶液非均匀流出；柱长 80 毫米，太长则溶液流得慢。他指出，这种大的色谱柱可用于制备目的。

总之，茨维特这部专著对色谱法的各个方面进行了详尽无遗的论述，可以称得上是一部详细的色谱法大全，直至今天仍有重要的参考价值。

三、色谱法的埋没与复兴

虽然茨维特 1903 年的演讲和 1910 年的著作只以俄文发表，但他的绝大多数论文（包括 1906 年的两篇重要论文）都发表在西方著名的科学杂志上。1907 年，他在德国植物学会举行的一次会议上，还演示了色谱技术。然而，在 20 多年时间里，他的新分离方法并没有受到科学界的重视。其中一个重要原因是德国著名化学家维尔斯太特对色谱法的排斥和不信任。维尔斯太特是植物色素尤其是叶绿素化学领域的权威，他在 1915 年获诺贝尔化学奖就是因为“在叶绿素化学领域的卓越贡献”。很自然，他的态度对人们接受和使用色谱法具有举足轻重的作用。而茨维特本人是植物学家而非有机化学家，对于当时的欧洲化学界来说，他显然是个局外人。1913 年，维尔斯太特在其名著《叶绿素的研究》中称色谱法是一种“离奇的方法”，认为它不适用于制备工作。他写道：“色谱法只能在试样很少的情况下使用，似乎不适用于制备目的。……在叶绿素组分的分离过程中，尚不知如何避免叶绿素的变异。”在随后发表的一篇论文中，他仍持相同的观点：“茨维特认为我们分离的叶黄素是2—3种叶黄素的同晶型混合物。这位尊敬的植物学家的假设，同他的许多观察一样，不可能是正确的。很可能，叶黄素在茨维特的色谱分析过程中由于氧化的结果，发生了化学变化。因为在吸附的情况下，极易发生氧化作用。”这是由于维尔斯太特和他的助手在实验中使用了不合适的吸附剂所致。茨维特也曾观察到，叶绿素在某些吸附剂上可能分解，于是建议使用菊粉或蔗粉做吸附剂。遗憾的是，茨维特的忠告没有引起维尔斯太特的注意。

在酶的研究中，维尔斯太特的实验室也使用过色谱法。他的观点开始转变。在1928年出版的有关酶的专著中，他写道：“尽管茨维特的方法不适用于制备工作，但他通过吸附将叶色素的混合物分离成各组分，虽然只是在分析规模上。”“茨维特用色谱吸附法研究叶绿素及其衍生物，获得了重要成果。但这种方法不适用于更大规模的工作，即制备目的。”他仍然强调色谱法不适用于制备目的，但似乎承认，在小规模的分析方面，这种技术是重要的。

维尔斯太特过分强调制备工作，这也反映出当时有机化学家的一种普遍态度。19世纪后期到第一次世界大战前，有机化学家的主要兴趣是合成与分离提纯。他们用萃取和结晶的方法，从千克级的产物中分离出一两种重要化合物，而没有兴趣分离产物中的所有组分，也不需要以非常少的试样进行研究。其实当时无机化学又何尝不是如此呢？居里夫妇因为从8吨矿渣中分离出1克纯氯化镭而备受推崇。因此，茨维特的技术是超越其时代的，只有在化学家认识到在少量试样的情况下进行全分离的重要性后，色谱法才会被人们真正接受。如色谱学家施瓦布在1937年指出的那样：

> 在天才的俄国植物学家茨维特创立这种方法并成功地用于植物色素的提取后，这项技术在文献中被埋没了25年之久。只有在新问题的压力下，生物化学迫切需要分离数量少、性质极端相似的化合物的可靠方法之后，色谱法才能获得迅速而辉煌的复兴。

当然，茨维特的方法并没有被完全遗忘，仍有极少数植物学家和生物化学家用它来研究叶色素。瑞士弗里堡大学的德黑尔1911年开始使用色谱技术，发表了《叶绿素的紫外吸收光谱和荧光发射光谱》《无脊椎动物中色素的研究》等论文。美国科学家帕尔默于1913年利用色谱技术完成了博士论文《胡萝卜素——牛奶脂肪中重要的天然色素》。1922年，帕尔默出版了研究类胡萝卜素的专著，详细描述了茨维特的工作和技术。这部著作对色谱法的复兴具有重要作用。

1930年9月，奥地利年轻的研究生莱德雷尔到海德堡大学库恩教授领导的化学研究所研究类胡萝卜素。他为证实库恩提出的蛋黄中的叶黄素是叶黄素和玉米黄质的混合物的假设，需要进行精密的分离。他对文献进行了仔细考察，从帕尔默的著作中了解到茨维特的色谱技术。1930年12月，在库恩的指导下，他用碳酸钙做吸附剂，在一个小色柱中成功地制备出叶黄素和玉米黄质。随后，他又做了一个直径7厘米的更大的色谱柱，对用100个鸡蛋制备的"叶黄素"溶液进行分析，结果证明库恩的假设是正确的。1931年，库恩和莱德雷尔在德国《自然科学》《德国植物学报》《霍佩·赛勒生理化学学报》发表了三篇论文，公布了他们的研究成果。这标志着色谱法的复兴。

随即，瑞士的卡勒、鲁日奇卡和匈牙利的策希迈斯特等科学家迅速掌握了这项"新"技术，在天然有机化合物的研究中取得了极为丰硕的成果，并推动了色谱技术的进一步发展。卡勒在1937年，库恩在1938年，鲁日奇卡在1939年相继获诺贝尔化学奖。从此以后，色谱法得到普遍认可，成为最有效的分离提纯手段。

（作者：张清建）

参考资料

[1] K. Sakodynskii. The Life and Scientific Works of Michael Tswett [J]. Journal of Chromatography, 1972, 73 (2): 303-360.

[2] L. S. Ettre, C. Horvath. Foundations of Modern Liquid Chromatography [J]. Analytical Chemistry, 1975, 47 (4): 422A-446a.

[3] Leslie S. Ettre, Albert Zlatkis. 75 years of Chromatography: A historical dialogue [M]. Amsterdam: Elsevier Scientific Pub. Co., 1979.

[4] G. Svehla. Comprehensive Analytical Chemistry [M]. Amsterdam: Elsevier Scientific Pub. Co., 1980.

奥斯瓦尔德·西奥多·埃弗里

（Oswald Theodore Avery，1877—1955）

埃弗里

约克大道的奇才

洛克菲勒大学位于美国纽约市约克大道第 63 至 68 街，前身为洛克菲勒医学研究所，由洛克菲勒捐资创办于 1901 年，1965 年更名为洛克菲勒大学，以产出众多诺贝尔奖得主享有盛名（截至 2022 年底，共有 26 位学者获得诺贝尔奖）。在这样一个名家云集的科学圣地，有一位未获此殊荣却无法被历史遗忘的人，他就是细菌学家、免疫化学先驱、分子生物学奠基人之一的奥斯瓦尔德·西奥多·埃弗里。因 1944 年发现 DNA（脱氧核糖核酸）是遗传物质而对生命科学产生重要影响，1958 年因细菌基因重组获诺贝尔生理学或医学奖的莱德伯格认为，埃弗里的工作"搭建了一个 DNA 现代研究的历史性平台"，"预示着遗传学及生物医学的分子生物学革命"。埃弗里虽未获诺贝尔奖，却得到很多其他荣誉，其中重要的有 1945 年科普雷奖和 1946 年拉斯克奖，还担任了许多科学学会的会员，如美国科学院院士和伦敦皇家学会会员等，被 1978 年拉斯克奖得主奥斯特里恩誉为"约克大道的奇才"。

一、生平述略

埃弗里 1877 年 10 月 21 日出生于加拿大新斯科舍省的哈利法克斯，父亲是英格兰后裔，浸礼会牧师，1887 年全家移居美国纽约。埃弗里童年生活的街区到处充斥着贫穷和混乱，但因为父亲工作的缘故，他有机会接触一些富人，洛克菲勒就曾向他父亲赠送 50 美元支票并发出家庭聚会的邀请。他成年后温文尔雅的外表与寡言少语、坚忍收敛的个性，很难说与这种成长经历无关。1893 年，从纽约男子语法学校高中毕业后，埃弗里进入纽约州汉密尔顿的科尔盖特学院，三年后进入科尔盖特大学，1900 年毕业获文学学士学位。然而，不知是由于家庭生活与宗教慈善事业有着密切关系，还是出于对医学发展前景的关注，1900 年，没有一点自然科学基础的埃弗里却选择了去学医。他后来的同事、为其撰写了传记《教授、实验室和 DNA》的勒内·杜博斯认为，或许是幼年时母亲的一次重病和莫名其妙的起死回生对他选择学医产生了影响。1904 年，他从哥伦比亚大学内外科医师学院毕业，获得医学博士学位，并在纽约开始临床实习。临床工作使他感到沮丧，倒是英国细菌学家赖特爵士关于免疫调理素的演讲吸引了他，于是他申请了纽约城市卫生委员会的资助去研究调理素，并通过同学结识了霍格兰实验室细菌学部主任怀特，1907 年实习结束后来到霍格兰实验室。在这里，他开始了“通过化学结构了解致病菌生物学特性的系统学习和工作”，并承担护理学生的教学工作，因为博学和循循善诱赢得了一个终生享有的可爱昵称“教授”。埃弗里最初的工作是乳酸菌研究，1910—1913 年间，因怀特患肺结核而转向肺结核研究并发表了系列研究论文，正是这些论文吸引了洛克菲勒医学研究所医院首任院长鲁弗斯·艾沃里·科尔的注意及三顾茅庐的邀请。1913—1943 年，埃弗里在研究所正式工作了 30 年，但直到 1948 年才真正离开，在田纳西州纳什维尔和家人一起度过了他生命中的最后时光，1955 年 2 月 20 日因肝癌去世。

二、研究工作及主要成就

埃弗里绝大部分时间从事肺炎球菌方面的研究，主要成就包括 1928 年前肺炎球菌免疫化学研究和 1944 年发现 DNA 是遗传物质。埃弗里在 1913—1948 年间的工作大致可分为以下几个阶段：

1. 1913—1919 年：肺炎抗血清研究

1901 年研究所成立时的目标是在美国打造一个一流的专门医学研究机构，在首任所长弗莱克斯纳主张下确立了以化学为基础的医学研究方向。结合当时美国疾病流行状况，大叶性肺炎、脊髓灰质炎、风湿热、心脏病和肾病等成为研究所科学家们关注的对象，弗莱克斯纳本人研究脊髓灰质炎，而被奥斯勒爵士称为“头号死神”、每年夺去 5 万名美国人生命的肺炎球菌则是 1910 年成立的研究所医院院长科尔的主要研究方向。1913 年前，德国科赫研究所的诺伊费尔德已将肺炎球菌分为Ⅰ、Ⅱ、Ⅲ三型。1913 年，科尔小组正致力于肺炎球菌抗血清研究，多切兹被安排对纽约患者感染的肺炎球菌进行类型鉴定。同年，多切兹报告除诺伊费尔德发现的Ⅰ、Ⅱ、Ⅲ型肺炎球菌之外，还有毒力较弱的Ⅳ型。科尔小组还研制了针对Ⅰ型肺炎球菌有效的抗血清。埃弗里到研究所后的工作就是与多切兹合作对患者血清肺炎球菌进行分型鉴定及抗血清研制。1916 年，他与多切兹共同发表文章，认为抗血清虽不能将肺炎球菌杀死，却能抑制肺炎球菌某些氨基酸和碳水化合物代谢，并将这种作用称为“抗生性免疫”，而“抗生性免疫”是通过降低某种酶活性实现的。这种假设遭到了包括科尔在内的所里其他科学家质疑，他们认为其作用机制更可能是通过抗体。这一次的经历使埃弗里在日后发表学术观点时变得极为谨慎和深思熟虑，甚至影响了 20 多年后他对待自己的重大发现的态度。1917 年，二人合作发现感染有荚膜的肺炎球菌的患者血清和尿液中含有特异性可溶性物质（Specific Soluble Substance，简称 SSS），且与致病性有关。

研究一度因美国参加第一次世界大战而中断。1917 年埃弗里加入美国陆军医疗队，1918 年参与大流感研究并负责军队医官急性呼吸系统疾病诊断方面的培训工作，培训内容主要结合他在肺炎球菌方面的研究进展，这些内容在后来他又讲给研究所年轻同事们听的时候，被同事们奉为经典。

2. 1919—1929 年：“糖衣微生物”研究

第一次世界大战结束后，埃弗里又回归到肺炎球菌研究，认为要彻底弄清抗血清作用机制，必须先弄清 SSS 的化学本质。1922 年，医院化学实验室的海德伯格在埃弗里多次邀请下加入对 SSS 的研究，1923 年发现 SSS 是存在于肺炎球菌荚膜的多糖且具有抗原特异性。这一发现挑战了只有蛋白质才具有抗原性的传统认识，肺炎球菌也因此被埃弗里称为“糖衣微生物”。为进一步排除实验中混入蛋白质的可能性，埃弗里又邀请有机化学家戈贝尔加入，1925—1926 年发现组成多糖的方式不同，细菌的类型就不同，且致病性不同。与海德伯格和戈贝尔的合作研究使埃弗里认识到有荚膜糖衣具有致病性，要消除其致病性，埃弗里考虑是否能找到可以将糖衣瓦解的物质。1927 年，当海德伯格离开研究所时，埃弗里喜遇土壤微生物专业毕业的杜博斯，他热切地将希望寄托于杜博斯微生物降解方面的专长，迅速为杜博斯争取到了奖学金并开始与其合作。1929 年，杜博斯果真分离出能够降解Ⅲ型肺炎球菌糖衣的酶，之后二人继续对这种酶进行纯化。这也成为埃弗里在 20 世纪 30 年代的核心研究方向，直到磺胺类药物出现才停止。

1919—1929 年的研究工作依然是为了找到能够在临床上有效治疗肺炎的方法，然而随着研究的进行，埃弗里的工作越来越倾向于基础研究，埃弗里小组的工作在无形中打开了细菌学、免疫学和化学研究的新领域，埃弗里、海德伯格等也因此成为免疫化学研究的先驱。

3. 1928—1940 年：细菌转化的早期研究

细菌转化的研究工作开始于 1928 年“格里菲斯实验”后。1923 年，英国卫生署的格里菲斯发现 Ⅰ 、Ⅱ 、Ⅲ和Ⅳ型肺炎球菌都有 S 型（平滑型）和 R 型（粗糙型），S 型具有致病性而 R 型不具有致病性，R 型和 S 型可以相互转化。关于 S 型具有致病性的认识，埃弗里的早期研究与格里菲斯的研究具有一致性，但关于 R 型与 S 型转化，二人的观点有不同之处。1922 年，埃弗里研究发现 Ⅰ 型和 Ⅱ 型肺炎球菌在疾病恢复期会消失，取而代之的是毒力较弱的Ⅳ型肺炎球菌，并认为这种转变是由 R 型突变造成的。格里菲斯则认为这种转变正是 S 型向 R 型转化的结果，与埃弗里在临床上的发现并不矛盾，甚至可以为其提供佐证。1928 年，格里菲斯又报告了进一步的实验，即“格里菲斯实验”：将Ⅱ –S 型细菌以高温杀死，再将其残骸与活的Ⅰ –R 型肺炎球菌混合，实验结果显示此组合可将宿主小鼠杀死，而且从这些死亡的小鼠血液中可分离出活的Ⅱ –S 型与Ⅰ –R 型细菌。格里菲斯由此得出结论，认为Ⅰ –R 型肺炎球菌被死亡的Ⅱ –S 型肺炎球菌所含的一种“转化因子”转化而成为具有致病性的Ⅱ –S 型。在这个实验中，不仅有 R 型转化为 S 型，而且还有Ⅰ型向Ⅱ型肺炎球菌的转化。“格里菲斯实验”挑战了 20 世纪 20 年代以来的传统认识。传统观点认为 R 型转化为 S 型是适应环境的结果，而Ⅰ型向Ⅱ型的转化则是物种的转化。埃弗里也因此在开始时并不相信“格里菲斯实验”的有效性，他认为肺炎球菌的特定型是稳定的，且可通过研究有效对抗物来实现对肺炎的治疗。一种型向另一种型的转化挑战了传统的细菌学理论，也使临床更加困惑。可是不久，德国的诺伊费尔德和洛克菲勒医学研究所的同事都验证了“格里菲斯实验”。1929 年，研究所的道森和中国学者谢和平完成了体外实验。1930 年道森离开研究所，阿洛维又将实验推进一步。阿洛维将 S 型细菌打碎后过滤，使细菌的外壳和未完全粉碎的细菌被过滤掉，将提取物放在 R 型细菌培养基中，结果发生了转化。实验结果表明，是转化因子导致了细菌由一种型转化为另一种型，且这种转化因子可以用酒精萃取为固体物质。埃弗里最终不情愿地接受了格里菲斯的观点，然而当他一旦接受，便立刻预见到这可能给细菌学及医学带来的影响，1932 年他与阿洛维共同发表了关于转化研究的论文。1934 年夏，埃弗里与刚到研究所的麦克劳德合作，继续进行转化因子的实验。此时埃弗里患上了格雷夫斯病，并于 1935 年做了甲状腺手术。尽管他对麦克劳德的工作依然关注，可身体状况却使他不能全身心投入到研究工作中。1934—1937 年间，麦克劳德从有荚膜Ⅱ型肺炎球菌中分离出易发生转化的 R 型毒株，该毒株被用于以后的绝大部分转化实验。麦克劳德的转化实验比以前更加稳定，并采用了新方法提取转化因子，此后研究陷入低谷而停止，直到1940年才恢复。1928—1940年间关于细菌转化的研究，是埃弗里除糖衣降解核心研究之外的一个关注点，而非主要研究方向。

4. 1940—1944年：转化因子研究

1940年，埃弗里又开始关注细菌转化研究。同年，麦克劳德离开研究所去了纽约大学。1941年麦卡蒂加入，与埃弗里共同完成后面的研究工作，即转化因子的提纯。对麦克劳德的方法进行改进之后，他们从肺炎球菌样本中得到了具有生物活性的转化因子。此时的埃弗里越来越全神贯注于转化因子的纯化和鉴定工作。最初的研究中，转化现象是不稳定的，难以在细菌培养中稳定传递下来。埃弗里日后回忆说，很多时候他都想把这东西从窗户丢出去，但经过坚持不懈的努力最终获得了成功：他们将由Ⅱ-S型转化而来的R型肺炎球菌培养30代后，再在培养基中加入从Ⅲ-S型肺炎球菌中提取出来的高纯度的转化因子，结果发现在下一代中产生了大量的Ⅲ-S型肺炎球菌，并可保持几代稳定传递。转化因子到底是什么？埃弗里和麦卡蒂研究发现蛋白酶和脂肪酶不能够抑制其活性，于是认为转化因子不是蛋白质或脂类物质，但也不是像荚膜糖衣一样的物质，因为糖类不可以用酒精萃取。他们很快又发现这种物质富含于核酸中，不是RNA（核糖核酸），因为能够破坏RNA的酶不能破坏也不能激活转化因子。他们又发现转化因子具有高分子量，最后通过DNA分子鉴定实验证明转化因子是DNA。由此埃弗里得出结论：这种引起转化和细菌稳定遗传特性变化的物质是DNA。

这一结论是具有挑战性的，因为当时的传统观点认为DNA分子结构简单，不可能是遗传物质，只有结构更加复杂的蛋白质才可能是遗传物质。埃弗里预见到这一结论的挑战性有可能使早年与多切兹合作引发的质疑再次出现，1943年4月，埃弗里与麦克劳德、麦卡蒂三人首先向研究所科学顾问委员会递交了研究报告，在提请研究所内科学家对此进行充分的评估和审查后，1943年底才提交发表论文，1944年正式发表，论文题目为《导致肺炎球菌类型转化的物质的化学研究：Ⅲ型肺炎球菌脱氧核糖核酸片段诱导的转化》。

5. 1944—1953年：发现验证阶段

即使埃弗里在发表成果时已经非常严谨并经过深思熟虑，但成果在发表之后的数年里仍饱受争议，研究所生化遗传学家艾尔弗雷德·埃兹拉·米尔斯基数次在研究所及公开场合声称提取物中混入了蛋白质，而混入的蛋白质才是遗传物质。作为埃弗里的同事，米尔斯基的影响是不可低估的，尽管埃弗里和麦克劳德也曾在1946年对其工作进行说明，在当时对生物医学研究极具影响的冷泉港会议上也作了相关报告，反对声音却一直都没有停止，直到1952年冷泉港实验室赫尔希和蔡斯实验成功及1953年沃森和克里克DNA分子双螺旋结构模型确立后，质疑声才渐渐散去。为此，埃弗里的验证性工作始终在进行，此时的合作者是霍奇基斯。后来的研究证明，混入的蛋白质不超过0.2%。

1944年埃弗里67岁，可谓大器晚成的科学家，然而他是“一个拥有无尽求知欲和为此不懈努力”的科学家。埃弗里几乎把全部精力都用在研究上，他非常严格地将个人生活和工作分开，同事们几乎从未听他谈及个人感情及家庭方面的事情，这种态度甚至反映在他对他人工作的评价中。1943年，因发现人类血型而荣获1930年诺贝尔生理学或医学奖的兰茨泰纳去世，埃弗里受邀为其写讣告，在编辑几次恳请他对兰茨泰纳的个人生活作些评价时，他都以“实验室之外的事情与科学家的成就无关”为由拒绝。除了在实验室的工作，埃弗里每天最快乐的事情就是与他的室友、另一个单身汉多切兹的午夜畅谈。多切兹后来离开了研究所，但直到1948年埃弗里离开研究所，二人始终合住一个公寓。在多切兹撰写的回忆录中，他认为埃弗里“在这里感到满足和愉快”，“这里有发挥他全部细菌学研究兴趣的环境”。杜博斯1927年来到研究所，他工作的地方紧挨着埃弗里狭小的办公室，因为埃弗里习惯于不关上自己办公室的门，杜博斯便有很多机会看到办公室里埃弗里的状态：

> 在他很少有的自己独处的时候，他愿意慢慢地从自己实验室的一端走到另一端，轻轻地哼着歌剧《特里斯坦与伊索尔德》里单调的牧羊曲。他的凝视仿佛直指他的内心深处，那沉思着的额头似乎使他的身躯显得更加瘦小。有那么一瞬间，他似乎远离了这个外在的世界，而这种凝神思考又会在有人来打扰的时候立刻消失，转而回到现实中来……

在研究所工作的35年里，这种凝神思考给很多同事留下了深刻印象。除这种“简单的逻辑思考”外，“完美的实验过程及完全的客观性”与“最少的机械实验”等都被他的同事们用来形容他的工作状态。他忌讳那种动手不动脑的工作，从他对多切兹工作的赞许可以看出这一点，他说自己“从来没见过他（多切兹）匆匆忙忙把什么东西从一个试管里拿出来，毫不思考为什么就放到另一个试管里”。埃弗里总能发现问题并为此学习新知识，总能与他人合作使研究取得新突破，有人说，“科尔选择了人”，而埃弗里则“用了他们的脑”。面对荣誉，埃弗里保持着令人难以置信的泰然和低调，他经常讲的一句话是：“吹泡泡是非常令人愉悦的一件事，然而你自己必须是第一个刺破那些泡泡的人。”1944年他被授予英国剑桥大学荣誉学位，1945年获得科普雷奖。令人啼笑皆非的是，他以自己身体状况不好而只能乘坐头等舱，但又付不起费用为由，两次拒绝了去英国的邀请。当伦敦皇家学会会长梅达沃亲自到洛克菲勒医学研究所为他送奖章时，却看见埃弗里正独自专心致志于他的试管和培养基，便与随行人员在埃弗里察觉之前悄悄离开了实验室。杜博斯认为，这是因为他们理解埃弗里就是这样的科学家，他“痛恨自己的工作被打扰”。

三、为什么与诺贝尔奖擦肩而过？

埃弗里一生有两项发现使其获得诺贝尔奖提名，瑞典生化学家、1948年诺贝尔化学奖得主蒂塞利乌斯认为“埃弗里的工作使其成为最该获奖的人”。然而，就是这样一个“最该获奖的人”，多次被提名却多次未果，多年以后仍有诸多学者对其原因进行探析。

1970年，1946年诺贝尔化学奖得主斯坦利撰文称埃弗里的发现是“没有被发现的”发现，认为20世纪30年代列文“四核苷酸假说”的主流影响及人们对蛋白质结构多样性所寄予的高度期望，对同期其他科学家的工作如“查加夫法则”及赫尔希和蔡斯实验等的关注，瑞典科学家关于DNA和蛋白质的研究进展，以及战争对科学家工作方向的调整和科学家的身心疲惫等，都使这一发现理所当然地被忽视；埃弗里本人在对待这一发现态度上的过于严谨和低调，洛克菲勒医学研究所的科学家对其发现的保守态度甚至是质疑等，都是导致其未能获奖的原因。同年，英国爱丁堡大学的波洛克在第3届格里菲斯纪念大会上以《DNA的发现：一个充满机遇、偏见和真知的讽刺性故事》为题发表演讲，为埃弗里的工作鸣不平。此外，还有很多科学家对埃弗里的工作都给予了高度评价。据查加夫回忆，他正是在看了1944年埃弗里的文章之后，才将研究方向调整到DNA并发现了“查加夫法则”，因此在1947年去瑞典时积极提名埃弗里为诺贝尔奖候选人。伦敦皇家学会会长梅达沃认为埃弗里的研究是“20世纪最令人关注和惊讶的生物学实验”。莱德伯格曾于1972年写信给当时诺贝尔委员会委员卡斯佩松询问原因，卡斯佩松在回信中说，第二次世界大战中德军的封锁致使瑞典科学家直至战争结束前都无法了解埃弗里早年在免疫化学方面的工作及后来对DNA的认识。至于莱德伯格询问的1944—1955年这段绝大部分在战后的时间里埃弗里多次被提名却未能获奖的具体原因，卡斯佩松认为需要在诺贝尔委员会资料解密之后方可说明。2002年，瑞典卡罗林斯卡医学院生化学教授、当年诺贝尔委员会委员哈马斯滕的学生、1971—1991年诺贝尔委员会委员赖卡德的文章《奥斯瓦尔德·埃弗里与诺贝尔医学奖》为后人了解这段历史提供了帮助。文章回忆，1944年前的卡罗林斯卡医学院有25名教授，除哈马斯滕在洛克菲勒基金会支持下的研究工作之外，很少有人从事基础研究。卡斯佩松曾是哈马斯滕的学生及后来的主要合作者，1944年时也是卡罗林斯卡医学院教授。卡罗林斯卡每年一度的评奖，首先由这25名教授对获得提名的项目进行口头或书面评估，最后由声望较高的3名科学家组成委员会作出最终决定：不值得奖励、目前不值得奖励或值得奖励。根据赖卡德的文章，埃弗里的提名因缘由不同可分为三个阶段：1932—1945年、1946—1951年和1952—1955年。1945—1955年间，哈马斯滕一直担任诺贝尔委员会委员，另外几位参与评定埃弗里工作的委员分别是卡斯佩松及其合作者、细菌学教授马尔姆格伦，以及卡罗林斯卡医学院化学系主任特奥雷尔，后者作为提名者参与奖项竞争并最终成为1955年诺贝尔生理学或医学奖得主。考虑到这一情况，赖卡德认为："不难想象，在这种情形下，无论是卡斯佩松还是特奥雷尔，谁都不会强烈支持埃弗里得奖。"文章对不同阶段的详细情况也有说明。

第一阶段：1932—1945年间埃弗里因肺炎球菌荚膜多糖抗原特异性研究每年都被提名。这期间共作了四次书面评估报告，其中一个报告由哈马斯滕完成，但无论是哪一个，结论都是"不值得奖励"。

第二阶段：1946—1951年间是针对发现DNA是遗传物质的提名。自1946年起，有科学家开始以"DNA的细菌转化"被提名，以后每年也都有。1946年哈马斯滕的评估以"埃弗里的DNA混入了蛋白质，蛋白质才是转化因子"为结论致使历史重演。赖卡德认为，基于同样研究DNA的学术背景，哈马斯滕"理解埃弗里要把蛋白质努力从DNA中分离出去所面临的困难"，他根本就不相信埃弗里有办法将蛋白质从DNA中分离出去，认为正是这些没有被分离出去的蛋白质携带了遗传信息。除这样的认识之外，此时的哈马斯滕对同位素标记法很感兴趣，热衷于此法对核酸合成及其与蛋白质合成之间关系的研究，但最终因没有合适的光谱仪而未能成功。所以关于DNA和蛋白质及其之间的关系，哈马斯滕没能搞清楚。由此看来，哈马斯滕的研究背景和学术倾向使其轻易地忽视了埃弗里的研究成果。除哈马斯滕之外，另一位委员卡斯佩松此时正热衷于光学仪器制造和核酸与蛋白质紫外线光谱分析，并且取得了一定成果：1940 年前发现 RNA 参与蛋白质合成，1946 年发现昆虫染色体上的 DNA 位于特定区域并参与基因复制。但卡斯佩松并没有沿着这条思路深究下去，和同时代的其他科学家一样，他认为只有蛋白质结构的多样性才为基因的功能提供了可能，DNA 在基因复制中的作用是为蛋白质由小分子聚集成大分子提供支架，无论是 RNA 还是 DNA，其在蛋白质合成中都只起辅助作用。赖卡德认为哈马斯滕之所以不相信埃弗里的结论，还因为受到了卡斯佩松的影响。就这样，诺贝尔委员会的专家们基于“蛋白质才可能是遗传物质”的一致观点，很自然地否定了埃弗里的提名。可是，就在埃弗里研究被否定之后的几年里，不断有人报道 DNA 在遗传中的作用，这不得不使诺贝尔委员会在 1952 年对埃弗里的工作进行重新评定，这也是第三阶段的开始。

第三阶段：1952—1955 年间依然是针对发现 DNA 是遗传物质的提名。1952 年的评定由马尔姆格伦完成。因为此前其他人的实验研究也将遗传物质指向 DNA，马尔姆格伦的报告认为埃弗里所说的遗传物质不太可能是混入的蛋白质，但因缺乏最后证据而“目前不值得奖励”。埃弗里的提名再一次石沉大海。1952 年赫尔希和蔡斯实验被学术界广泛认可，1953 年 DNA 分子双螺旋结构模型确立，此情此景下的诺贝尔委员会于 1954 年由哈马斯滕对埃弗里工作进行了历史上的最后一次评定。报告很简短，这一次哈马斯滕接受了 DNA 是遗传物质的观点，并指出这一发现具有重要意义，但鉴于其机制尚不清楚，埃弗里的工作仍然是“目前不值得奖励”。关于这一次否定，赖卡德认为，1926 年诺贝尔生理学或医学奖的颁奖错误对评估埃弗里的工作产生了影响，哈马斯滕选择对埃弗里的研究结果继续考验情有可原，然而埃弗里于 1955 年去世；况且三羧酸循环的发现和脊髓灰质炎研究作为 1953 年和 1954 年的强有力竞争者，以及卡斯佩松本人参与化学奖角逐，都大大冲击了埃弗里的竞争力。如果埃弗里可以活得更久，是否有机会在以后的时间里获奖？赖卡德做出这种假设，在谈到 1958 年、1959 年和 1962 年因 DNA 研究获奖的莱德伯格、科恩伯格、沃森、克里克和威尔金斯，以及此后诺贝尔委员会的人员变动时，表达出为埃弗里不能得奖的深深遗憾。赖卡德的解释有其合理性，但除却这些因素，是否还有鉴于赖卡德和哈马斯滕师生关系而不能直言的个人原因呢？

四、结语

埃弗里一生中绝大部分时间都在实验室里度过，其成就在分子生物学、细菌遗传学及免疫化学发展史上具有里程碑式意义。他所取得的成就与他的个人秉性和研究所都密不可分。埃弗里虽已故去，但从他曾讲过的这段话尚可感知其关于科学工作的态度及在洛克菲勒医学研究所工作时的感受：

> 一般来说，（科学家）无疑是工作在为人类谋福利的岗位上……自古以来就有一个传统，科学研究没有鲜明的旗帜和地理疆界，更没有贸易壁垒。完全的科学思想和知识的自由交流，是一切科学探索成功的前提，这些条件对于科学共同体而言，就如同《人权法案》对于民主生活一样重要。

在埃弗里的内心，洛克菲勒医学研究所拥有这样一个共同体，研究所为这个共同体提供了完全的科学研究的自由。埃弗里就是这样和这个共同体中的成员们一起，遨游在科学探索的海洋里，并成为洛克菲勒大学历史上非常重要的一位科学家。1965 年 9 月 25 日，在洛克菲勒医学研究所正式更名为洛克菲勒大学的那一年，一座纪念碑在洛克菲勒大学的西北角竖立起来，灰色的大理石上只简单地刻着埃弗里的名字、生卒年、在洛克菲勒大学工作的时间。

简约的石碑犹如埃弗里的一生，永远定格在洛克菲勒大学校园里，默默告诉人们科学家成长的环境和个人秉性对于科学成就的取得是多么重要，一项科学发现从提出到被世人接受是多么艰难，然而其功绩又是怎样被后人所铭记。

（作者：张艳荣）

参考资料

[1] J. Lederberg. The Dawning of Molecular Genetics [J]. Trend in Microbiology, 2000, 8(5): 194–195.

[2] Robert Austrian. Oswald T. Avery: The Wizard of York Avenue [J]. The American Journal of Medicine, 1999, 107(1A): 7S–11S.

[3] Arnold Henry Eggerth. The History of the Hoagland Laboratory [M]. Brooklyn, N.Y.: [s.n.],

1960.

[4] René J. Dubos. The Professor, the Institute and DNA [M] . New York: The Rockefeller University Press, 1976.

[5] Colin MacLeod. Obituary Notice: Oswald Theodore Avery, 1877-1955 [J] . Journal of General Microbiology, 1957, 17 (2) : 539-549.

[6] George W. Corner. A History of the Rockefeller Institute [M] . New York: The Rockefeller Institute Press, 1965.

[7] Fulvio Bardossi. Oswald Avery and the Sugar-Coated Microbe [J] . The Rockefeller University Research Profiles, 1988, 31 (Spring) : 1-4.

[8] M. R. Pollock. The Discovery of DNA: An Ironic Tale of Chance, Prejudice and Insight [J] . Journal of General Microbiology, 1970, 63 (1) : 1-20.

[9] Peter Reichard. Oswald T. Avery and the Nobel Prize in Medicine [J] . Journal of Biological Chemistry, 2002, 277 (16) : 13355-13362.

罗莎琳·萨斯曼·耶洛

（Rosalyn Sussman Yalow，1921—2011）

罗莎琳·萨斯曼·耶洛

放射免疫测定发明人

20 世纪是生命科学迅猛发展时期，许多领域包括分子生物学、免疫学和内分泌学等都取得重大突破，而推动科学发展的重要动力之一在于技术上的重大革新。20 世纪 50 年代，许多激素包括胰岛素、甲状腺素、甲状旁腺素和促肾上腺皮质激素等已被发现并具有了广泛临床应用，但由于这些物质在体内含量极低，因此对它们浓度的精确测定成为科学界的一大挑战，其难度也成为探索这些激素生理功能及作用机制的障碍之一。1959 年，放射免疫测定（RIA）技术的发明则极好地解决了这个问题，引发内分泌学及相关研究领域的一场革命。RIA 是美国两位科学家罗莎琳·萨斯曼·耶洛和所罗门·亚伦·伯森合作完成的，罗莎琳也因此于 1977 年荣获诺贝尔生理学或医学奖，遗憾的是伯森意外早逝而无缘分享这份荣誉，但罗莎琳在获奖词中对伯森的贡献给予极高评价。罗莎琳是 20 世纪为数不多荣获诺贝尔科学奖的女性，她的成就被当作励志故事鼓舞着许多女性亦加入到科研探索领域，部分女科学家也取得重大成就。本文主要介绍 RIA 技术的发明过程及罗莎琳的生平与奋斗经历。

一、求学年华

1921 年 4 月 19 日，罗莎琳出生于美国纽约市的布朗克斯，是家中唯一的女儿，有一个哥哥。罗莎琳的父母都是犹太人，父亲西蒙·萨斯曼是俄罗斯移民后裔，在纽约拥有一家小公司，母亲克拉拉·萨斯曼则是德国移民后裔。虽然罗莎琳父母均未受过高等教育，但他们鼓励并支持孩子们努力学习，两个孩子最终都完成了高等教育。全家都特别喜欢阅读，罗莎琳很小就对图书表现出极大兴趣，甚至在晚饭前还坚持阅读，罗莎琳的哥哥也每周都去图书馆借书。

小时候，罗莎琳就非常聪明且主动性强，在学习上积极上进并极有主见，这些优良品质为她将来的成功奠定了基础。8 岁时，罗莎琳就向往成为一名科学家。当时女性极少从事科学研究，罗莎琳则被自然科学拥有的内在逻辑性及解释外部世界的强大能力所深深吸引。罗莎琳在公立学校完成初等教育后，进入沃尔顿高中继续学习。罗莎琳是沃尔顿高中毕业生中两位诺贝尔奖获得者之一，另一位是1988年诺贝尔生理学或医学奖获得者埃利恩，她也是一位女性。罗莎琳起初对数学非常热爱，但在一位富有激情的化学老师感召下而转向化学。

高中毕业后，罗莎琳顺利考入纽约市立大学的女子分校亨特学院，在多位物理学教授指导下，又逐渐对物理学产生浓厚兴趣。罗莎琳在阅读完居里夫人的小女儿艾娃为母亲写的传记后，对物理学的热爱进一步深化，特别重要的是罗莎琳后来的研究与居里夫人也有一定关联。两位女科学家进行的都是放射性同位素研究，居里夫人发现了放射性现象并纯化了两种放射性同位素，而罗莎琳则将放射性同位素应用于临床化合物检测。成功后的罗莎琳一直认为居里夫人的传记对拥有科学抱负的女科学家而言是必不可少的读物。1939年1月，罗莎琳聆听了意大利裔美国物理学家费米（1938年诺贝尔物理学奖获得者）的一个学术报告，报告介绍了新发现的核裂变现象，并对其重要性进行了全面阐述：一方面具有引发核战争的潜在危险，另一方面也显示出放射性同位素用于医学研究和其他和平用途中的可行性。这次报告在增进罗莎琳热爱物理学的同时，也加深了她对放射性同位素的理解。罗莎琳通过学习相关物理学知识，获悉20世纪30年代物理学（特别是核物理学）是最热门的研究领域之一，几乎每一项重大发现都可荣获诺贝尔奖。这一系列事件强化了罗莎琳对物理学的热爱。

二、结缘物理学

1941年1月，罗莎琳以优异成绩（物理学和化学均为A）从亨特学院毕业，并获得物理学和化学双学士学位。但罗莎琳想继续进行物理学深造时却遭到父母的强烈反对，父母的想法与当时传统观念一致，认为罗莎琳成为一名小学教师的目标更为实际，但罗莎琳却坚持自己的主张。然而，当罗莎琳向普渡大学提出物理学研究生申请时却遭到拒绝，理由是她作为犹太女性，必须先保证能在毕业后找到一份工作。罗莎琳无法作出这个保证，因此只能放弃。此外罗莎琳还打算进入医学院学习，但由于当时美国医学界对犹太人和女性的双重歧视政策，这个想法也注定无法实现。最后罗莎琳不得不进入纽约的一家秘书学院学习。

由于罗莎琳会打字，她成为哥伦比亚大学临床学院著名生物化学家鲁道夫·舍恩海默的秘书。舍恩海默具有较高的国际声誉，是利用同位素标记生物分子进而研究代谢（如胆固醇代谢等）的权威之一。此外，罗莎琳还学习了速记法，因此成为哥伦比亚大学另一位生物化学家海德伯格的秘书。海德伯格被称为“免疫化学之父”，其在免疫化学方面的研究对罗莎琳将来的工作也具有重要帮助。

罗莎琳进入秘书学院不久，美国加入第二次世界大战而开始大量征兵，这造成多所大学研究生院出现男生生源严重短缺的现象。为了避免学院关闭，许多大学开始破除陈规接受女性以弥补差额。在申请的几所大学中，罗莎琳最终选择了伊利诺伊大学厄巴纳－香槟分校物理系，这是她申请的最著名的学校。1941 年 2 月中旬，罗莎琳收到伊利诺伊大学的邀请函，并获得一份物理学教学助理工作。当年夏天，罗莎琳参加了纽约大学举办的物理学免费课程以强化自己的相关知识。

1941 年 9 月，罗莎琳进入伊利诺伊大学厄巴纳－香槟分校工程学院，开学后才知道，她是学院 400 名学生中唯一的女生，而且还是 1917 年建院以来第一位女生。入学第一天，罗莎琳就与亚伦·耶洛相识，他也接受物理学研究生教育。他们很快相爱并于 1943 年 6 月结婚，共有两个孩子。罗莎琳在大学的成绩一直非常优异，1942 年获得物理学硕士学位，1945 年 1 月获得核物理学博士学位。

当时，同位素示踪技术已经在农业方面得到广泛应用，而罗莎琳认为同位素可能有更为广阔的应用空间，因此选择这个课题作为研究方向。罗莎琳的导师是著名核物理学家莫里斯·戈德哈伯。戈德哈伯的专业是粒子物理学，他后来长期担任美国布鲁克海文国家实验室主任，最著名的贡献是 20 世纪 50 年代发现中微子具有“左手螺旋度”。罗莎琳跟随戈德哈伯熟练掌握了放射性物质检测仪器的使用方法，这是 RIA 技术将来成功的关键之一。尽管罗莎琳研究生期间的大部分课程都很优秀，但一次实验测试中却获得“A^-”，这使物理系主任告诉她女性不适合在实验室工作，这件事说明当时对女性从事科研的歧视还非常明显。

1945 年 1 月，罗莎琳毕业后回到纽约，成为联邦电信实验室的助理工程师，而她也是该实验室唯一一名女性工程师。1946 年，罗莎琳回到亨特学院，担任物理学讲师和临时助理教授，在这里一直待到 1950 年春。在这个女子学院中，罗莎琳讲授物理学的对象不是女性，而是退伍军人。1946 年，在完成教学的同时，罗莎琳还志愿进入哥伦比亚大学临床学院伊迪丝·昆比博士实验室工作。昆比博士是放射学领域的先驱，当放射科学仍处于萌芽期时，她就率先开发了 X 射线、镭和其他放射性同位素等的应用方法，当时研究重点是放射性物质通透性的测量，从而设法降低医生受到放射性物质辐射的风险。跟随昆比博士，罗莎琳进一步掌握了放射性同位素应用的相关经验，并对放射性同位素临床应用有了更多认识。

1947 年 12 月，罗莎琳进入位于纽约布朗克斯的退伍军人管理局医院做兼职顾问。在这里，借助自己在同位素研究方面的背景知识，罗莎琳协助组建了放射性同位素服务部，该服务部也是美国新国家发展计划的第一批支持项目。服务部成立后，罗莎琳开始与服务部主任伯纳德·洛斯维特及不同临床科室的医生联合开展相关研究项目，充分挖掘放射性同位素在临床诊断、治疗和分析等方面的应用潜力。

三、科研合作

1950 年，罗莎琳离开亨特学院，正式全职加入退伍军人管理局医院。尽管罗莎琳在放射性同位素方面非常擅长且努力工作，但她仍然只能担任放射性同位素服务部的主任助理。罗莎琳为服务部制订了有关同位素服务、教学和研究的详尽计划，但在进一步工作中，她意识到如要发挥服务部的最大功能，则急需一名内科医生的加入。服务部主任为罗莎琳推荐了大量候选人，但都被否定，最后将伯森介绍给罗莎琳。两人的谈话结果使罗莎琳对伯森非常满意，评价伯森是最聪明的医生，也是最合适的人选。

伯森 1918 年出生于纽约市，父亲是一位俄罗斯移民且是一位犹太人。伯森小时候非常擅长数学，但他的理想却是成为一名医生。1938 年，伯森从纽约城市学院毕业后向 100 多家医学院提出申请，却由于他的犹太人身份而被拒绝，最终进入纽约大学，获得一个理学学位和一份奖学金，得以在牙科学校讲授解剖学。1941 年，伯森进入纽约大学医学院学习，1945 年毕业，获得医学博士学位。毕业后，伯森开始在波士顿城市医院实习，次年作为军队卫生官员服役两年。1948 年，伯森也加入了退伍军人管理局医院，成为一名住院医师。

1950 年 7 月，伯森正式加入放射性同位素服务部，开始了和罗莎琳长达 22 年的合作，直到 1972 年 4 月 11 日去世。伯森和罗莎琳的合作不仅促使了 RIA 的发明，而且也帮助罗莎琳最终荣获诺贝尔奖。罗莎琳认为，服务部要想取得成功，多学科背景非常必要，以将粒子物理学的概念和方法有效整合到医学领域。只有当一个跨学科团队中每一位成员都能很好地了解对方的知识，才可达到最大效果。罗莎琳除擅长同位素应用外，还非常熟悉医学，而作为内科医生的伯森还拥有物理学和数学方面的背景，因此尽管两位研究人员专业不同，但在沟通上却非常顺畅，完全没有不同领域间的隔阂，这是二人成功的一个重要因素。

随后，罗莎琳和伯森展开了富有成效的合作研究。他们最早开始探索甲状腺和肾脏如何清除血液中的碘元素，为此开发了一种可测定单位时间内甲状腺对碘血液清除率的方法。应用放射性碘（^{131}I），他们很容易测定在设定的 35 分钟内的清除率，从而可快速确定甲状腺的功能。他们还先后将放射性同位素应用于血容量测定、甲状腺疾病临床诊断和碘代谢动力学等研究。

合作中，伯森往往处于主导地位，一方面医学背景使伯森更熟悉医学相关领域和专业杂志，另一方面性别因素使他更容易加入当时男性主导的专业学会和相关领域。罗莎琳则重点负责实验室研究，因此实验进展较为快速。

当时放射性同位素在医学中的应用还是一个全新领域，所获得的结果具有极大新颖性和创新性，因此短短几年间，罗莎琳和伯森合作在著名的《临床研究杂志》上发表论文多篇，逐渐确立了在学术界的重要地位。

此外，罗莎琳和伯森还将放射性同位素的应用拓展到更广范围，包括珠蛋白、血清蛋白、小肽和激素等在体内的分布。当时最容易获得的高纯度激素是胰岛素，因此他们决定重点研究胰岛素。按照罗莎琳的说法，之所以选择胰岛素作为研究对象，是因为胰岛素是当时最容易得到纯化形式的激素，比其他激素更适合在实验室研究。其实罗莎琳对胰岛素感兴趣还有一个家庭原因，她的丈夫就是一位糖尿病人。而在所有内分泌腺紊乱疾病中，糖尿病的受累人群最大，从而使胰岛素的重要性更为突出。正是由于对胰岛素的深入研究，罗莎琳和伯森才最终发明了 RIA 技术。

四、首次突破

早在 1921 年，加拿大科学家班廷和贝斯特就用狗的胰腺制备了提取物，并证明该提取物包含降血糖物质。随后他们进一步获得更加纯化的胎牛胰腺提取物，并将其成功用于治疗一位患有糖尿病的 14 岁小男孩，该实验开启了胰岛素的应用历史。1923 年，牛胰岛素实现商业化并临床应用于糖尿病治疗。但在胰岛素临床应用中发现，不同糖尿病患者对胰岛素存在显著敏感性差异，据此英国希姆斯沃思爵士于 1936 年将糖尿病分为两种类型，即 1 型糖尿病（胰岛素敏感型）和 2 型糖尿病（胰岛素不敏感型），但对 2 型糖尿病胰岛素不敏感机制却无法解释。1952 年，匹兹堡医学院临床科学系主任阿瑟·米尔斯基认为，2型糖尿病人肝脏可生成大量灭活胰岛素的酶，从而使胰岛素治疗不敏感，这将造成胰岛素在2型糖尿病人体内清除率较高，即胰岛素在体内存留时间短。但这种解释正确与否不得而知，因此罗莎琳和伯森决定通过测量放射性标记胰岛素在糖尿病人体内的存留情况来验证该假说。

罗莎琳和伯森首先将 ^{131}I 连接到牛胰岛素分子上（该过程称为同位素标记），随后将带有少量放射性的胰岛素注射给三组受试人群：无糖尿病的正常志愿者（作为对照）、未接受过胰岛素治疗的2型糖尿病人和接受过胰岛素治疗的2型糖尿病人。在随后几小时内频繁收集血样并检测放射性，以测定 ^{131}I 标记胰岛素代谢速度和在血样中消失的时间。结果却出人意料，前两组的胰岛素清除率基本相同，但第三组的清除率却明显高于前两组（与预期相反）。为了解释这个矛盾结果，罗莎琳和伯森进一步联合应用超速离心、盐－乙醇分馏和纸电泳等技术进行实验，发现经胰岛素治疗的糖尿病人体内存在可与胰岛素结合的球蛋白，该球蛋白具有经典抗体的特征。正是由于应用胰岛素治疗产生抗体从而与新注射的胰岛素形成复合物，最终使胰岛素在体内存留时间延长。

这些实验结果一方面颠覆了米尔斯基的假说，从而形成了基于免疫应答反应研究糖尿病的新领域；另一方面挑战了当时免疫学界存在已久的理念，即小分子量蛋白质（如分子量只有6000道尔顿的胰岛素）无法激发免疫应答，因此也不可能产生抗体。罗莎琳和伯森的研究第一次明确说明小分子量蛋白质也可激发免疫应答，但主流科学界并不愿意接受，他们的投稿首先被《科学》杂志拒绝，接着又被《临床研究杂志》拒绝。虽然经协商后投稿最终被《临床研究杂志》接收并发表，但被要求将论文中的“胰岛素抗体”一词用“胰岛素结合蛋白”代替，以减少科学界的反对意见。当罗莎琳和伯森的实验结果在随后被其他多家实验室证实后，这个发现的重要性不言而喻，它一方面说明人类免疫系统可识别小分子物质并做出免疫应答，从而拓展了对免疫系统的认识，另一方面也为RIA技术的发明奠定了坚实基础。

罗莎琳对这次杂志拒稿印象深刻，当获得诺贝尔奖后，还在获奖演讲中提及这次事件，并展示了拒稿信。在后来的一次谈话中，罗莎琳勉励年轻人说，新思想最初被排斥，而这些思想后来被证明是对的，将变为学说；当你足够幸运的时候，你还可以将拒稿事件作为诺贝尔奖演讲稿的一部分。

五、发明 RIA

罗莎琳和伯森的这个发现逐渐被科学界所接受，胰岛素抗体也开始获得认可，两位研究人员开始考虑胰岛素抗体是否可作为实验室研究的重要工具。正是这种独特的洞察力促使了 RIA 的发明。罗莎琳和伯森首先研究 ^{131}I 标记的牛胰岛素与糖尿病人体内胰岛素抗体之间的结合动力学。^{131}I 标记胰岛素可与未标记胰岛素竞争结合胰岛素受体形成复合物，因此体系中未标记胰岛素含量增加导致 ^{131}I 标记胰岛素的结合下降。在体系中胰岛素抗体数量确定的情况下，两种胰岛素与抗体的结合成反比关系，这种数量关系确定了 RIA 开发的理论基础。初步实验尽管说明人血清的胰岛素抗体可用于牛胰岛素的测量，但它对人胰岛素的亲和力太低，因此无法进行实际应用。1959 年，这个难题被克服，罗莎琳和伯森从免疫的豚鼠中纯化得到抗牛胰岛素血清，该血清与人胰岛素具有较强结合力。在此基础上，罗莎琳和伯森成功开发了 RIA 技术，并最早于 1959 年在《自然》杂志上发表简短文章（2 页），第一次介绍了应用 RIA 测定血清中胰岛素的方法。1960 年 5 月 2 日，在第 52 届美国临床研究学会年会上，罗莎琳为 4000 多名研究者介绍了她与伯森从 100 例接受糖耐受实验的糖尿病人 1 毫升全血中成功测量胰岛素含量的方法。这个结果具有极大的新颖性和启发性，听众中的专业人员立刻意识到该发明将可能引发一场重要的免疫学革命，因为这是第一次应用免疫学方法精确且特异测定激素含量。在当年 7 月出版的《临床研究杂志》上，罗莎琳和伯森发表论文详细介绍了 RIA 的操作过程，包括豚鼠免疫、^{131}I 标记胰岛素制备和纯化、免疫检测原理、结果校正和实验操作等。这篇论文也成为《临床研究杂志》历史上高引用率文章之一，截至 2004 年统计数为 2341 次。

RIA 的测定可描述为：当体系中存在胰岛素抗体时，先加入的 ^{131}I 标记胰岛素与抗体结合，随后加入一定量未标记胰岛素，则二者存在竞争关系。利用纸层析技术将与抗体结合和未结合的胰岛素分开，通过检测放射性而确定两种形式 ^{131}I 标记胰岛素的比值。这种比值与加入的未标记胰岛素浓度之间存在一定的函数关系，通过这种关系可利用已知浓度的胰岛素绘制标准曲线，借助标准曲线可确定未知浓度胰岛素含量。

RIA 技术的发明是免疫学、同位素研究、数学和物理学等的一次完美结合，它提供了测量胰岛素含量的极佳方案。以前的测量方法是首先注射组织或血清提取物到正常或去胰腺动物，随后通过检测血糖下降幅度来确定。这种方法的弊端在于敏感性差（检测量下限为 1000 μU/ml），无法测定正常人血清中胰岛素含量（10—20 μU/ml），即使测量也需要 100 毫升血浆。尽管后来开发出胰岛素体外测定实验，但需检测糖摄入或糖原合成过程，因此敏感性也极差。RIA 从根本上解决了这个问题，只需要很少的血样就可完成测定。尽管结合和未结合胰岛素的分离需要纸电泳这个耗时过程，但每天仍可完成 250—300 个样本的检测。

RIA 是第一个应用同位素研究抗原 - 抗体反应的技术。在此之前，科学家的手段非常有限，主要借助观察沉淀或其他现象，如红细胞凝集等。因此 RIA 的发明激发了理论免疫学，它一方面阐明了糖尿病发生机制和糖内稳态生理学的特征，另一方面还为免疫学提供重要的新见解，并最终影响到生物医学几乎每一个领域。RIA 技术最早用于测量胰岛素，随后拓展到其他激素的测量，从而为许多生理和病理问题提供了新的解释。RIA 技术具有足够的敏感性，可以测定每毫升体系中 10—20pg（$1pg=10^{-12}g$）胰岛素量，甚至少于 1pg 的促肾上腺皮质激素（ACTH）。

RIA 在随后的应用领域得到进一步拓展，包括非多肽激素、非激素型多肽、酶、病毒、抗体和药物等。RIA 在筛选血液中各型肝炎病毒方面具有独特优势，此外在血液中外源物质检测、癌症诊断、侏儒儿童的生长素治疗、不育夫妇激素含量测试、维生素与治疗药物药效学研究等方面也具有广泛用途。RIA 技术的发明使内分泌学成为医学研究最热门领域之一，此外还直接或间接影响到医学的每一个分支。

尽管 RIA 的敏感性和特异性极高，但却存在一系列弊端：一是它需要特殊的设备来检测放射性，因此完成测试的费用较高；二是该过程应用到放射性物质，因此需要特别的防护措施和严格的许可程序。今天，非放射性同位素标记如酶和荧光标志物等可代替放射性同位素，目前最常用的酶联免疫吸附测定法（ELISA）在原理上与 RIA 相似，其区别在于 ELISA 使用酶标记抗体取代同位素标记，因此检测时通过测定酶促反应产生的光信号而取代放射性信号。当然，由于 RIA 具有敏感性较高、受外界影响较小等优点，因此所得到的结果更为可信，在某些检测中仍然保留。放射过敏原吸附试验是 RIA 的一个拓展，用来检测过敏反应中的过敏原。

六、荣誉和遗憾

RIA 的发明为罗莎琳和伯森带来了巨大荣誉，他们先后分享美国临床化学联合会授予的范斯莱克奖（1968）、迪克逊奖（1971）和加拿大授予的加德纳基金会国际奖（1971）等一系列科学奖励。但遗憾的是，1972 年伯森在参加一次科学会议时突发心脏病去世。罗莎琳万分悲痛，她用伯森的名字为实验室命名，以在将来发表论文时仍保留伯森的名字。伯森的早逝使他无缘后来多个奖项。罗莎琳凭借在 RIA 发明中的贡献又先后获得现代医学杰出成就奖（1976）、拉斯克基础医学奖（1976，她是该奖设立以来第一位获奖的女科学家）、班廷奖章（1978）和美国国家科学奖章（1988，美国国家最高科学奖）等。特别是在 1977 年，罗莎琳由于“测定肽激素 RIA 方法的发明”而分享诺贝尔生理学或医学奖的 1/2，另外 1/2 则由沙利和吉耶曼分享，其原因是“大脑多肽激素生成的发现”。尽管按照诺贝尔奖颁奖原则，伯森已无资格获奖，但其在 RIA 发明中的贡献将永远被后人铭记。

1975 年，罗莎琳当选美国科学院院士，1979 年又当选美国艺术与科学院院士，此外她还是法国医学科学院外籍院士（1981）。1974—1985 年，罗莎琳先后获得 37 个学校的荣誉博士学位，包括哥伦比亚大学、亨特学院、约翰·霍普金斯大学、纽约医学院、普林斯顿大学、伊利诺伊大学、华盛顿大学、叶史瓦大学和比利时根特大学等。1978—1979 年，罗莎琳担任美国内分泌学会主席，成为该学会第一位女性主席。

1968 年，罗莎琳成为退伍军人管理局医院放射性同位素服务部执行主任，1970—1980 年，升任核医学服务部主任，此外还一直担任实验室主任。1968—1974 年担任西奈山医学院研究教授，1974—1979 年担任杰出教授。1979—1985 年，罗莎琳还担任叶史瓦大学爱因斯坦医学院教授。1991 年，罗莎琳从退伍军人管理局医院退休，但仍然利用自己的业余时间和诺贝尔奖获得者的声誉投入到科学教育和幼儿照顾等宣传中去，以引起社会对这些领域的更多关注。

七、深远影响

2011 年 5 月 30 日，罗莎琳在纽约布朗克斯的家中去世，享年 90 岁，多家杂志和报纸都刊发了纪念文章和讣告。罗莎琳一生的贡献主要体现在以下几个方面：

第一，卓越的科学成就。罗莎琳的成就除了早期 RIA 的发明，还体现在后期研究中的许多发现。罗莎琳和伯森及其他同事与学生又先后阐明了多肽激素如 ACTH 和生长素等的生理作用，从而为这些激素异常引发疾病的病理学机制提供了全新认识。罗莎琳和伯森在 RIA 发明及应用方面的先驱性贡献对推动现代免疫学的发展具有重要意义，对其他学科包括免疫学、心血管病学、胃肠道学、肾病学和神经科学等也发挥了推动作用。20 世纪 70 年代以后，罗莎琳和学生重点研究胃内激素，阐明了同一激素可存在不同形式，且在不同部位还存在功能差异等，这对激素作用的理解具有重要意义。罗莎琳被认为是 20 世纪最伟大的美国科学家之一，她通过发明 RIA 而改变了临床医学的面貌。当然，由于本身一些原因，罗莎琳在随后内分泌学发展过程中也存在一些不足，包括对血液中胰岛素分子的存在、胰岛素自免疫、胰岛素抗性及肽激素表面受体等的研究，但这些失误无法影响罗莎琳的巨大贡献。

第二，崇高的科学精神。20 世纪 70 年代，RIA 已在世界 40 多个国家上千家基础研究和临床应用实验室得到了推广和应用。1978 年，RIA 试剂盒的年销售额超过 1 亿美元。尽管 RIA 有着广泛应用和巨大商业价值，但罗莎琳和伯森却拒绝为他们的新技术申请专利，相反却在 20 世纪 60 年代初期开放自己的实验室，为 100 多位研究者培训 RIA 使用方法。罗莎琳和伯森还努力将 RIA 技术推广到普通应用领域，使该技术更多地为人类造福。罗莎琳宣称，他们从来没有考虑过为 RIA 申请专利，专利是以赚取利益为目的而远离大众需求，他们的想法是让更多人都可免费应用 RIA 技术。对罗莎琳而言，她首要关注的问题不是医学技术与赚钱之间的密切联系，而是技术本身给科学和人类带来的巨大价值。罗莎琳也从未担任过制药公司的顾问，因为她认为这将妨碍 RIA 技术的更好使用。事实上，罗莎琳和伯森的科学研究没有获得任何研究资助。

第三，女性科学家典范。罗莎琳在医学研究中的成就是巨大的，如果再考虑到女性在科学研究领域中遇到的障碍，她的成功就更显伟大。罗莎琳是继 1947 年诺贝尔生理学或医学奖获得者格蒂·特里萨·科里后第二位获得该项奖的女性科学家（至今也仅有 13 名女性诺贝尔生理学或医学奖获得者）。罗莎琳克服了学术界对女性科学家的偏见，证明科学领域女性较少成功的原因不是缘于任何的先天不足，而是受到社会或文化等方面强加于她们的限制所致。罗莎琳还很好地处理了家庭与事业的关系。在作为一位伟大科学家取得一系列重大成就的同时，罗莎琳还是一位优秀的妻子和母亲。罗莎琳一方面每周花费大量时间在实验室进行科学研究，另一方面还为家庭收拾家务和准备饭菜，在事业和家庭上显示出过人的能量和激情。罗莎琳是许多从事科学研究的女性科学家的典范，她通过自己的成就证明女性在完成家庭责任前提下，完全可能取得卓越科学成就。作为女性科学家，罗莎琳一方面积极争取女性平等，另一方面又反对过多强调女性身份而产生新的不平等。1961 年，罗莎琳拒绝接受联邦妇女奖，原因在于该奖仅授予女性，在她看来这是一种反向歧视，意味着妇女不能在更广阔的范围内竞争。获得诺贝尔奖后，《妇女家庭杂志》准备颁发一个特殊女性奖给她，罗莎琳再次婉言拒绝，她认为这个奖项仅仅突出她的女性身份而不是科学成就。

2000 年，尤金·斯特劳斯为罗莎琳撰写了传记《罗莎琳·耶洛，诺贝尔奖获得者：她的生活和医学工作》，全书对罗莎琳的科学贡献、科研历程及成功背后的艰辛进行了全面描述。

20 世纪，女性在科学研究过程中受到种种限制，罗莎琳的成功显得更为不易，而 RIA 技术的发明更使她成为 20 世纪为数不多的著名女科学家之一，其科学精神和学术贡献值得大家了解并进一步向其学习。

（作者：郭晓强　郭振清）

参考资料

[1] R. S. Yalow. The Nobel Lectures in Immunology. The Nobel Prize for Physiology or Medicine, 1977 Awarded to Rosalyn S. Yalow [J]. Scand J Immunol, 1992, 35 (1): 1-23.

[2] Adolph Friedman. Remembrance: The Berson and Yalow Saga [J]. J Clin Endocrinol Metab, 2002, 87 (5): 1925-1928.

[3] Rosalyn S. Yalow, Solomon A. Berson. Assay of Plasma Insulin in Human Subjects by Immunological Methods [J]. Nature, 1959, 184 (Suppl 21): 1648-1649.

[4] Stanley Blumenthal. The Insulin Immunoassay after 50 Years: A Reassessment [J]. Perspect Biol Med, 2009, 52 (3): 343-354.

罗伯特·布鲁斯·梅里菲尔德

（Robert Bruce Merrifield，1921—2006）

梅里菲尔德

固相肽类合成的发明者

蛋白质是生命的基本组成元件之一，同时又是功能重要的生物大分子，在众多生命过程如物质代谢、运输、转运和基因表达调节等方面发挥了关键性的作用，因此对蛋白质的研究一直是生命科学的主要内容之一。对生命科学研究而言，不可避免需要一定量的蛋白质。在20世纪50年代主要是从天然产物中提取蛋白质，但由于蛋白质本身的丰度差异较大，部分蛋白质提纯存在很大困难。对合成化学家而言，蛋白质的复杂性无疑是一个重大挑战。20世纪初，科学家就阐明了蛋白质合成的基本原理，一个氨基酸的羧基和另外一个氨基酸的氨基发生脱水反应形成肽键，这样形成的化合物就是肽，而分子量大的肽就被称为蛋白质。尽管蛋白质合成原理比较简单，但在体外实际操作却困难重重，一方面需要尽可能减少不必要副反应的产生（保护基团的引入），另一方面还需要每一步产物的分离，整个过程非常烦琐，因此蛋白质合成方面的进展一直比较缓慢。20世纪50年代实现了有活性蛋白质的液相法合成，是该领域的一项重大突破，然而该方法在合成多肽过程中存在耗时和费力的缺陷，直到20世纪60年代，一种新的蛋白质合成方法——固相肽类合成（SPPS）的出现及随后的自动化，才使蛋白质合成得到普及。而最早构思出该方法的是美国著名生物化学家、1984年诺贝尔化学奖获得者罗伯特·布鲁斯·梅里菲尔德。

一、热爱化学

1921年7月15日，梅里菲尔德出生于美国得克萨斯州的沃思堡市，是家中的独子。父亲乔治·梅里菲尔德第一次世界大战期间曾在法国服役，战后进入沃思堡商学院学习商业管理。1923年，梅里菲尔德全家跨越西南大沙漠来到加利福尼亚州的圣巴巴拉市，父亲乔治找到了一份负责家具销售和室内设计的工作，因此当时的家庭条件较为宽裕，然而不久到来的美国经济大萧条给全家带来了严重的灾难。1928年起，父亲乔治为寻找到一份工作而四处奔波，搬家达25次之多，而幼年的梅里菲尔德也先后进入11所不同的学校就读，最终全家在南加州的蒙特贝洛市定居，梅里菲尔德也进入当地的高中就学。

在高中阶段，梅里菲尔德学习成绩优异，他第一次接触化学时就深深地被该学科吸引，并树立了将来从事化学事业的理想，在化学领域取得重大成就成为其一生奋斗的目标。梅里菲尔德还对天文学有特别的爱好，上高中时就独立制造了一台小型反射望远镜，在年度科学竞赛中还荣获亚军。通过这些业余爱好，梅里菲尔德掌握了许多重要的科学方法，同时还锻炼了自己的实际操作能力。

1939年，梅里菲尔德首先进入帕萨迪纳专科学校学习，然而两年后却转入加州大学洛杉矶分校的化学专业继续学习。加州大学洛杉矶分校拥有一支非常优秀的化学研究团队，包括系主任威廉·扬和生物化学教授马克斯·邓恩等，因此梅里菲尔德在这里奠定了较为坚实的化学基础。大学期间，梅里菲尔德还有幸进入邓恩实验室进行科学研究，参与了一种复杂氨基酸衍生物——多巴（DOPA）的化学合成过程，在取得成功的同时也体验了科研的艰辛。多巴是一种重要的神经递质，常用于一些神经疾病如帕金森病等的治疗，因此这项研究具有十分重要的意义。

1943年，梅里菲尔德从加州大学毕业，进入位于加州圣佩德罗的帕克研究基金会，成为一名实验室技术员。梅里菲尔德主要负责大鼠和鸡的喂食、称重和清扫圈舍等日常工作，此外还协助实验室科研人员对氨基酸混合物进行人工配比，以确定其对动物生长的影响。梅里菲尔德在工作中发现自己在科研能力方面还存在很大的不足，需要进一步学习充实，因此1944年在安海斯－布希公司的一份奖学金资助下，梅里菲尔德回到加州大学洛杉矶分校，成为邓恩生物化学专业的研究生。

梅里菲尔德首先做了三年的化学教师，直到1948年才开始进入邓恩实验室进行研究，他利用微生物学方法测定酵母细胞中嘧啶的含量，这在当时是一项非常重要的研究，因为不久查加夫借用其他方法分析出嘌呤和嘧啶碱基的含量，得出著名的“查加夫法则”（DNA分子中嘌呤总量和嘧啶总量相等），为沃森和克里克DNA双螺旋结构的阐明提供了重要证据（这项进展也被视为20世纪最重大突破之一）。1949年，梅里菲尔德凭借嘧啶定量方面的研究获得生物化学博士学位。在博士毕业的第二天，他与生物学家伊丽莎白·弗朗结婚，后来育有六个孩子。

在梅里菲尔德博士毕业前，纽约洛克菲勒医学研究所（1965年更名为洛克菲勒大学）的生物化学家伍利正在寻找一个研究助手。在邓恩的推荐下，梅里菲尔德获得了一份从1949年7月1日开始的一年博士后研究助手职位。由于在随后的工作中表现出色，梅里菲尔德的任期一再延长，直到最终成为这里的正式员工，且整个职业生涯都在这里度过。伍利是维生素研究方面的先驱和抗代谢物研究领域的权威，此外还是5-羟色胺药理学方面的专家，他对梅里菲尔德将来的科研生涯具有十分重要的影响。

在洛克菲勒医学研究所的早期科研生涯中，梅里菲尔德主要跟随伍利研究细菌的生长因子，包括他在研究生期间发现的二核苷酸生长因子和伍利已经发现的肽类生长因子——促长肽。这些因子对细菌生长都有促进作用，但机制不详。促长肽是一种由5个氨基酸构成的小肽，为了确定其结构和功能，梅里菲尔德一方面需要分离并纯化该小肽，另一方面还需要将其进行化学合成。多肽的液相合成在当时刚刚实现，这方面的经验较少，因此梅里菲尔德在随后漫长的11个月时间内才合成了产率只有7%的促长肽。梅里菲尔德对耗时如此之长很不满意，他认为即使考虑到自己在合成手法上较为生疏，但当时一位非常熟练的肽合成化学家也将不得不付出大量时间和精力。对于作为生物化学家的梅里菲尔德而言，蛋白质是主要研究内容，因此肽的合成也是实验室的日常工作之一，如此费时的操作必将阻碍实验进展。考虑到自己的实验进度，梅里菲尔德决定改进传统的肽类合成方法，而当时蛋白质研究取得的重大进展为梅里菲尔德的成功提供了重要保证。

二、肽合成研究现状

20世纪五六十年代是蛋白质化学发展史上的一段黄金时期，在蛋白质一级结构的确定和化学合成方面都取得了一系列重大突破，涌现出众多科学大师，诺贝尔化学奖多次授予蛋白质研究领域也说明了这种情况。

蛋白质一级结构是指蛋白质分子中所包含的20种氨基酸排列顺序，它是蛋白质空间结构和生理功能的基础。不同蛋白质的一级结构也不相同，因此为了合成特定肽类或蛋白质，必须首先知道其一级结构。1955年，英国剑桥大学的桑格研究小组历时十余年而确定了第一种蛋白质胰岛素（包含51个氨基酸残基）的一级结构，为此赢得了1958年诺贝尔化学奖。另外两位蛋白质研究方面的天才是洛克菲勒医学研究所的穆尔和斯坦，他们改进了蛋白质测序方法，最终于1963年确定了包含124个氨基酸残基的核糖核酸酶的一级结构，为此分享了1972年诺贝尔化学奖。在这些重大进展的推动下，大量肽类激素和重要蛋白质的一级结构被阐明，这为蛋白质合成提供了必要的序列信息。另外，穆尔和斯坦是梅里菲尔德的同事，他们在蛋白质研究中的经验和技术为梅里菲尔德的成功提供了重要保证。

随着蛋白质的重要性被逐渐发现和相关研究的进展，科学家很早就开始探索肽类的人工合成。肽类的合成最早可追溯到 1882 年德国化学家库尔提乌斯完成的第一个肽衍生物——苯甲酰双甘氨肽的化学合成，但真正的突破则来自德国生物化学家费歇尔于 1901 年完成的游离双甘氨肽合成。费歇尔被认为是 19 世纪最伟大的有机化学家和生物化学家，由于在糖和嘌呤方面的工作而获得 1902 年诺贝尔化学奖。费歇尔对肽的合成富有极大的激情，并且为此作出了许多奠基性的贡献。费歇尔阐明了肽键的本质（氨基酸之间脱水缩合后的化学键），同时引入多肽合成的基本思路——反应基团的活化和侧链基团的保护。当时人们对蛋白质结构的理解还非常有限（生物大分子的概念尚未完全确立），肽类合成需要的一些试剂如可逆性保护基也没有被发现，但费歇尔意识到肽类合成的重要性，积极尝试并取得了一系列重大突破，他使用较为笨拙的酰卤法合成了含有三种不同氨基酸的八肽。由于当时尚无法测定肽类序列，因此合成拥有特定活性的肽类几乎不可能。

费歇尔的学生贝格曼在肽类合成方面取得了重大飞跃，他开发出一种后来被应用很长时间的氨基保护基团——苄氧羰基，后来在洛克菲勒医学研究所建立自己的实验室进行肽的合成。遗憾的是贝格曼不幸早逝，未能作出更大的贡献，但他在肽类合成方面的开拓性贡献奠定了随后研究的基础。贝格曼对梅里菲尔德影响非常大，梅里菲尔德在进入洛克菲勒医学研究所工作以前就已经非常敬佩贝格曼的工作，他后来以能够在贝格曼曾经工作过的实验室研究为荣，尤其令他自豪的是继承了贝格曼的办公室和桌子。

真正合成具有生物活性肽的是美国生物化学家迪维尼奥，他经过多年的努力最终于 1953 年合成了催产素，临床试验证明其与天然提纯的催产素具有相同的生物活性，迪维尼奥由于这项巨大贡献而获得 1955 年诺贝尔化学奖。梅里菲尔德与迪维尼奥也有密切联系，促长肽的合成就是二人紧密合作的结果。

蛋白质研究的快速发展使其不仅在学术圈，而且在制药工业都显示出巨大的价值，越来越多的研究人员意识到肽类和蛋白质可作为一类重要生物活性分子而得到广泛应用，因此对肽和蛋白质合成的需求在逐渐增加，而迪维尼奥的工作清晰说明蛋白质的化学合成完全可以实现。当时合成蛋白质利用的是费歇尔早期构思并由其他科学家发展出的液相合成法。以一个二肽合成为例来阐述其基本原理：首先，第一个氨基酸的羧基和第二个氨基酸的氨基及侧链活性基团被保护以阻断副反应发生，随后激活第二个氨基酸的羧基从而形成肽键，反应完毕后选择性移去保护基则生成游离的二肽，这个二肽需要从副产物和未反应的起始原料中分离。合成分子量大的多肽则需要重复以上程序。反复的基团保护、羧基激活、成肽反应、保护剂去除和肽类的分离使整个蛋白质合成过程十分冗长而烦琐。按照每一步反应产率为 90%（这在当时是一个极高的产率），完成 100 步反应后全部产率只剩下 0.003%，因此为了获得足够量肽类产物，需要使起始产物尽可能多。如果一个人想合成一个分子量大的多肽（更不要说蛋白质），其困难就显得不可逾越。因此蛋白质合成被看作一项费时和需要高超技巧的工作，一种肽的合成往往花费几年时间，有时还会以失败而告终。如我国几十位科研人员就是利用液相合成法，花费几年时间才最终于 1965 年完成了牛胰岛素（包含 51 个氨基酸）的人工合成。如果合成更大蛋白质，则显然难上加难。当时把合成超过 100 个氨基酸的蛋白质形容为攀登科学界的珠穆朗玛峰。面对这种状况，梅里菲尔德认为需要重新考虑蛋白质合成的思路。

三、固相肽类合成的发明

在 1959 年 5 月 26 日的实验室笔记中，梅里菲尔德记载了构思新蛋白质合成方法的历程。由于理解到该问题的紧迫性，他写道：“现在需要一种快速、定量和自动合成蛋白质的方法。”梅里菲尔德当时认为可以将化学合成中新生成肽的羧基与一种固体聚合物相连，这将大大减少羧基的反复保护程序并简化中间肽的分离。梅里菲尔德将自己的想法告诉了伍利教授，在得到同意的同时还获得极大鼓励。尽管梅里菲尔德的构思较为简洁，但实际操作中则需要解决多种实际问题，如合适的固体支持物、有效的偶联试剂、合适的保护基团和去保护基团等的选择，最后从固体支持物上移去肽所需要的条件等。梅里菲尔德最初考虑大约需要三个月就可以解决问题，但实际上花费了三年时间才最终实现了当初的设想。

梅里菲尔德遇到的最大难题之一是化学上尚没有将不溶性聚合物与肽链相连的先例。当时虽然已有大量关于聚合物合成与修饰研究方面的论文发表，然而却没有报道将两种不同聚合物连在一起的方法。不久，梅里菲尔德从一份 1957 年英国的专利文件中得到灵感，最终将羧基与聚苯乙烯树脂（后来改进出多种聚合物）相连。梅里菲尔德还需要开发出更理想的氨基保护基团，他改进传统方法，选择了叔丁氧羰基（BOC），因此该方法又被称为 BOC 法。为了证实该方法的可行性，梅里菲尔德需要首先尝试合成一种肽类物质。这是一种全新合成方法，缺乏合成经验，需要尝试多种试剂，因此实验过程中不可避免地出现了一些预想不到的问题，到第二年年底时仍未获得理想结果，连梅里菲尔德自己都开始怀疑当初的设想是否真的可以实现，但伍利对此却大力支持。梅里菲尔德全身心投入到实验摸索之中，以至于三年未发表一篇论文。1962 年春天，梅里菲尔德终于使用这种新方法合成一个四肽 Leu-Ala-Gly-Val，他将该方法称为 SPPS，该结果首先在美国实验生物学联合会举办的会议上公布，随后全文于 1963 年在《美国化学会志》上发表，成为该杂志的经典论文之一（排名第 5 位）。

SPPS 是蛋白质合成研究史上的一场革命。该方法的基本原理是：先将第一个氨基酸的羧基端连接到不溶性聚合物，随后让另一个羧基端活化的氨基酸与其反应生成二肽，将带有二肽的聚合物分离后，用相似策略依次将第三个、第四个氨基酸连接其上，直到所有氨基酸添加完毕，最后将多肽上所有保护基团去除后从聚合物上释放。SPPS 相对于传统液相合成法的优点显而易见，每一次氨基酸添加合成后复杂的产物纯化工作被简单的聚合物洗涤所代替，这使副产物和剩余反应物的去除变得简单易行，大大提高了多肽的产率，单一添加反应的产率可达到 99.5% 甚至更高，因此更适合大分子量蛋白质的合成。

梅里菲尔德发明的 SPPS 一方面使需要研究多肽或蛋白质功能的生物化学家非常高兴，因为这将极大加快他们的研究进程；但另一方面却使拥有传统思想的多肽合成方面的专家对此重大改进表示惊讶甚至感到不安，他们不相信合成过程中不需要中间产物的分离、纯化和鉴定工作就可以实现最终的肽类合成，有些人甚至认为 SPPS 是一种滑稽的思维，全然不是化学方法，应该在化学界禁止该概念。但是梅里菲尔德和他的研究小组继续进行 SPPS 的改进和新肽类的合成，用数据和自信回应了批评者的质疑。

四、SPPS 自动化的实现及核糖核酸酶的合成

尽管梅里菲尔德的方法相对于传统方法有很大的进步，然而肽类化学家大多不愿放弃经典技术而采用 SPPS，因此在随后的几年中，仍然只有梅里菲尔德研究小组和少数化学家进行 SPPS 的尝试。由于早期实验中走了部分弯路，第一个四肽固相合成

花费了近三年时间，如此耗时必然阻碍新方法的推广和应用，因此需要进一步的改进。随后，梅里菲尔德研究小组在树脂的选择及氨基酸固定、氨基和侧链的保护及去除、成肽反应、合成后目的多肽的裂解及纯化等方面进行了完善，从而使合成速度大大加快，不久后合成含有 9 个氨基酸的缓舒激肽只用了 8 天时间，并且该方法可以使合成蛋白质的长度增加、稳定性增强，同时纯度也获得极大的提升，产率也大大提高，同样进行 100 次反应，产率从液相合成的 0.003% 升高到 61%，这为合成更大蛋白质提供了可能。

梅里菲尔德在优化 SPPS 的过程中发现肽类合成是由许多重复步骤（氨基酸的依次加上）构成的，因此开始考虑是否可实现肽类合成的自动化，实际上只有先实现固相合成才可以考虑自动化。梅里菲尔德于 1965 年与约翰·斯图尔特合作，在自家房子的地下室成功设计了第一台自动肽类合成仪的原型，并随后进行了完善。自动肽类合成仪的发明是技术上的一个巨大突破，随后的几年中，梅里菲尔德在第一个研究生马歇尔帮助下用该仪器合成了一系列蛋白质，如血管紧张素、催产素和胰岛素等小肽。当然早期的肽类合成仪只适合实验室应用，真正意义上的肽类合成仪出现在 20 世纪 80 年代初期，从而实现了市场化。随着一系列较小分子量肽合成的成功，梅里菲尔德决定向合成更大分子量蛋白质进行挑战，1967 年梅里菲尔德的第一位博士后德国人居特的到来为此提供了重要保证。

梅里菲尔德决定使用 SPPS 合成牛胰腺核糖核酸酶 A，之所以选择此酶作为合成目标是由于前期合成的均为分子量相对较小的激素，而分子量超过 100（核糖核酸酶由 124 个氨基酸构成）且具有催化功能的蛋白质（酶）尚未实现合成。此外，核糖核酸酶一级结构于 1963 年已由梅里菲尔德的同事穆尔和斯坦阐明，其三级结构此时也已被阐明，特别是安芬森利用核糖核酸酶可逆变性实验得出了著名的“安芬森法则”（蛋白质一级结构决定高级结构。安芬森由于这项成果而获得 1972 年诺贝尔化学奖），因此核糖核酸酶 A 的化学合成将为此提供更为直接的证据。

核糖核酸酶的合成需要经过 369 个单独的化学过程和 11391 步化学反应，是一项非常艰巨的任务，但 SPPS 相对于传统方法已经大大节省了时间和花费。梅里菲尔德的最初目的仅仅在于证明，具有高度催化活性和特异性的天然酶也可在实验室合成，而从长远来看，更为重要的目的在于提供一种研究酶的新方法，研究人员可通过修饰酶的结构而改变活性或底物特异性。梅里菲尔德使用凝胶过滤、层析和电泳等技术鉴定表明，化学合成的核糖核酸酶与天然酶在性质上完全一致。研究还发现合成的核糖核酸酶拥有较高的酶催化活性，同时具有极高的底物特异性，这意味着化学合成酶在实际应用中是可能的。梅里菲尔德利用化学合成的核糖核酸酶在体外实现了内部四对二硫键的正确形成，即合成的核糖核酸酶具有正确的三级结构，实现了当初证明“安芬森法则”的目的。

1969 年 1 月 16 日，梅里菲尔德和默克公司的赫希曼小组（使用经典的液相合成法）在洛克菲勒大学举办的一个新闻发布会上同时宣布了这个化学合成核糖核酸酶的结果。这项成就被认为是医学发展史上最重大突破之一，同时也被认为是具有里程碑意义的事件。第二天《纽约时报》以《第一次合成了一个酶》为题在头版头条位置报道了该消息，同时配发了两个研究小组参与人的照片。尽管化学合成的核糖核酸酶在后来并没有得到太多实际的应用，然而在合成该酶过程中积累的经验为新药合成打开了大门，搭建起了化学和生物学之间的一座重要桥梁。

五、SPPS 的改进及广泛应用

尽管梅里菲尔德成功合成了超过 100 个氨基酸残基的核糖核酸酶 A，但随后的研究发现这只是一个特例，因为许多较小分子量蛋白质仍无法使用 SPPS 合成。以胰高血糖素为例，这是一个包含 29 个氨基酸的激素，1968 年才由一个研究团队经过几年的合作应用液相法实现了首次合成，但应用 SPPS 却无法实现，这使原来对此持怀疑态度的科学家更加排斥 SPPS。梅里菲尔德和学生在研究中发现传统 SPPS 存在很大缺陷，因此决定进行全面的改进和完善，如合成过程中应用的固体支持物、蛋白质裂解反应、侧链反应试剂等，而重点以攻克胰高血糖素为目标。

1977 年，梅里菲尔德的研究生斯韦特兰娜·莫伊索夫使用改进后的 SPPS 完成了胰高血糖素的粗合成，随后使用凝胶过滤和离子交换层析的方法纯化了该激素，与天然的牛胰高血糖素比较发现理化性质完全相同，尤其是大鼠高血糖实验证明其活性也完全一致。到 2006 年，梅里菲尔德实验室已经合成超过 200 种的胰高血糖素类似物(包括激动剂和抑制剂)，从而为结构功能研究提供了重要保证。梅里菲尔德同时还合成了一系列生物活性肽，如胸腺素 α1、表皮生长因子和抗菌肽等，尤其是抗菌肽的合成对抗菌机制的理解及新抗菌药物的开发具有重要意义。这些成就及世界各地其他实验室使用 SPPS 合成多肽方面的成功，使科学界逐渐接受了 SPPS。此外，许多实验室也对 SPPS 进行了完善，如 1972 年卡尔皮诺引入 9- 芴甲氧羰基（FMOC）作为氨基保护基团，从而使反应条件更温和，应用更广泛。需要提及的是进入 20 世纪 70 年代后，蛋白质合成在方法学上取得了又一项重大突破——基因工程。1972 年，斯坦福大学的伯格首先在体外实现基因重组，他由于这项贡献而获得 1980 年诺贝尔化学奖。1973 年，赫伯特 · 韦恩 · 博耶和斯坦利 · 诺曼 · 科恩则将重组基因转移到大肠杆菌内并成功实现蛋白质表达。基因工程是利用生物体内的基因表达系统进行蛋白质的生物合成，不需要基团保护和中间产物的去除，保真度和效率都更高，因此显示出更大的应用潜力。1977 年，利用基因工程实现了人类生长抑素的合成，随后又有一系列蛋白质如胰岛素、生长素和干扰素等被依次合成，基因工程成为合成蛋白质的主要方法。

然而，SPPS 仍有重要的用途，科学家们先后开发出天然化学连接（NCL）和表达蛋白连接（EPL）等方法以对其进行进一步完善，尤其是后者融合了 SPPS 和生物体核糖体蛋白合成的思路，可以定点引入非天然氨基酸和生物物理检测。相比生物技术，使用化学合成方法制备蛋白质和制备抗体省时省事，且特异性高。随着 SPPS 的不断完善和成熟，在生产短链肽的基础上，也开始进行大分子量蛋白质的合成，并且取得一系列成功。2007 年，使用 SPPS 合成了包含 203 个氨基酸的 HIV-1 蛋白酶，与天然蛋白酶相比具有相同的催化活性。

SPPS 除在肽类和蛋白质合成过程中显示出巨大价值外，还被应用于其他生物大分子如多糖和核酸等的合成，且取得巨大成功，尤其在寡聚核苷酸合成方面显示出巨大的应用价值。DNA 合成也曾被看作一件费时耗力的工作，以制备一个包含 21 个碱基对的双链 DNA 为例，在引入 SPPS 前通常需要一个熟练的研究人员全身心投入四年时间才能完成，而随着合适化学试剂和固体支持物的发现，应用 SPPS 进行 DNA 合成使时间缩短到仅仅一天，更为重要的是 SPPS 的引入也使 DNA 合成最终实现了自动化，人们可以按照指定程序合成需要的 DNA 产物，从而使合成包含 100 个核苷酸以上高纯度、高产量的 DNA 成为可能。高质量 DNA 的合成，为基因工程和人类基因组计划的发展发挥了巨大的推动作用。此外应用 SPPS 合成的寡核苷酸在 DNA 杂交研究中也有广泛应用，SPPS 已成为遗传学和生物化学研究中最基础的技术之一。进入 20 世纪 90 年代，组合化学与多肽合成技术相结合出现了组合肽库，SPPS 被广泛应用于药物开发的研究，在化学、生物化学、医药、分子生物学等领域均发挥了巨大的推动作用。SPPS 还被应用于多肽标记与修饰，在研究蛋白结构与功能模拟多肽方面发挥了重要作用。随着蛋白质组时代的到来，SPPS 将有更大的应用空间。

梅里菲尔德在 1959 年构思 SPPS 的最初目的仅仅是更省时省力地完成多肽的合成，

然而令他无法想象的是这项工作带来了合成化学领域面貌的一次巨大改观和合成方法领域的一场革命。SPPS 极大地促进了生物化学、药理学和医学的进展，从而使系统研究酶、激素和抗体等蛋白质生理活性的结构基础成为可能。值得一提的是，SPPS 既没有被梅里菲尔德也没有被洛克菲勒大学申请专利，该技术被社会无偿使用，体现了梅里菲尔德崇高的科学家品格。

六、重大贡献和崇高地位

随着 SPPS 的广泛应用和巨大价值的体现，科学界也授予梅里菲尔德众多荣誉。1984 年，梅里菲尔德由于“固相蛋白质化学合成方法的建立”而独享了该年度的诺贝尔化学奖。瑞典皇家科学院在颁奖时评价道：“梅里菲尔德固相化学方法在多肽和蛋白质化学领域带来了一场革命，没有梅里菲尔德的研究，今天一些几天就可以完成的实验或过程可能花费几年甚至几十年。”梅里菲尔德发明了简单而具有独创性的多肽和蛋白质制备方法，这种方法使蛋白质研究迅速发展，从而开拓了一个新的研究领域，并且大大促进了生物化学、分子生物学、药理学和医学的发展，特别重要的是在药物开发和基因工程方面有实际的意义，其速度和效率相对于传统方法明显提高。SPPS 为一些疾病如高血压、糖尿病等的药物开发带来了希望，并且成为生命科学研究的重要手段。

除诺贝尔奖外，梅里菲尔德还获得科学界众多重大荣誉，包括拉斯克基础医学奖（1969）、盖尔德纳国际奖（1970）等，由于在合成有机化学方面的创造性工作而获得美国化学协会奖（1972）、尼科尔斯奖（1973）、美国多肽讨论会第二届艾伦 · E. 皮尔斯奖（1979）、皇家学会化学奖章（1987）、拉尔夫 · F. 赫斯曼肽化学奖（1990）、约瑟夫 · 鲁丁格奖（1990）、西博格奖（1993），以及由于对生物分子技术的卓越贡献而获得生物分子来源学会奖章（1998）。1998 年，美国《化学化工新闻》将梅里菲尔德评价为过去 75 年对化学事业 75 位最大贡献者之一。梅里菲尔德还获得多个学校的荣誉博士学位，包括科罗拉多大学、耶鲁大学、俄亥俄医学院、科尔盖特大学、波士顿学院和瑞典乌普萨拉大学。1972 年，梅里菲尔德当选美国科学院院士。美国肽类协会为了纪念梅里菲尔德而设立了梅里菲尔德奖章，该奖章每年颁发一次，以奖励在肽类研究领域取得卓越成就的科学家。

梅里菲尔德培养了大量的研究生和博士后，影响了一代肽类科学家，这些人目前已成为科学界和工业界的领军人物。他还曾担任《国际肽和蛋白质研究杂志》和《肽科学杂志》的编委。梅里菲尔德一直被科学界誉为“肽类科学的巨头”，这是对他崇高学术地位的最精确描述，还没有一个科学家可以像他那样影响肽类科学整个领域，并将其带到如此高的水平。在同事和合作者眼中，他是一位谦恭、生活有规律和低调的人。他的科研生涯可作为一个模式，其证明了科研中独立思考的重要性，他在优秀同事帮助和自己努力下使大家对 SPPS 的批评声音逐渐平息；他还认识到改进和优化思想的重要性，用事实论证自己的发现对相关研究领域问题解决的重要性并积极推广应用。因此，梅里菲尔德的思想对目前和将来的化学家都是一份珍贵的礼物。

1957 年，梅里菲尔德成为洛克菲勒医学研究所助理教授，次年升任副教授，在 1966 年成为生物化学教授，并于 1984 年担任小洛克菲勒讲座教授，这是该校最高的学术级别。1992 年，梅里菲尔德退休，但仍然继续在实验室工作。2006 年 5 月 14 日，梅里菲尔德在长期疾病后于新泽西州克里斯基尔的家中去世，享年 84 岁。英国《自然》杂志刊发了讣告，将梅里菲尔德称为 20 世纪下半叶最有原创思想的科学家之一，他的学术成果引发了有机化学领域的一场革命。

肽类合成研究已跨越了 100 多年的时间，其中有许多开拓性的发现，而梅里菲尔德的 SPPS 无疑是其中最突出的一个，在有机化学合成与生物化学研究中都得到了广泛的应用。

（作者：郭晓强）

参考资料

[1] Arthur M. Felix. A Brief Biography of Bruce Merrifield：His Life and Legacy [J]. Biopolymers，2008，90（3）：158-161.

[2] Alexander R. Mitchell. Bruce Merrifield and Solid-Phase Peptide Synthesis：A Historical Assessment [J]. Biopolymers，2008，90（3）：175-184.

[3] R. B. Merrifield. Solid Phase Peptide Synthesis. Ⅰ. The Synthesis of a Tetrapeptide [J]. J Am Chem Soc，1963，85（14）：2149-2154.

[4] R. B. Merrifield，J. M. Stewart. Automated Peptide Synthesis [J]. Nature，1965，207（996）：522-523.

[5] Nicole Kresge，Robert D. Simoni，Robert L. Hill. The Solid Phase Synthesis of Ribonuclease a by Robert Bruce Merrifield [J]. J Biol Chem，2006，281（26）：e21-e23.

乌尔里克·奈塞尔

（Ulric Neisser，1928—2012）

奈塞尔

认知心理学的伟大开拓者

乌尔里克·奈塞尔是美国著名认知心理学家，在心理学史上是一位富有开拓精神的传奇人物。他在学术领域总是扮演着“边缘人”和“反叛者”的角色，从来不迎合主流，却一生都在适时把握并改变着认知研究的新方向。正如著名心理学家尤金·威诺格拉德等人所说，尽管奈塞尔“似乎真的不能很好地把握主流，但在许多情况下，似乎是主流习惯于追随他”。奈塞尔先是在反叛行为主义主流的浪潮中，以《认知心理学》（1967）这部堪称认知心理学界“圣经”的开山之作，催生了认知心理学学科，掀起了认知革命的浪潮，并由此博得了“认知心理学之父”的雅誉。相隔近十年之后，他又以另一部标志性著作《认知与现实：认知心理学的原理与含义》（1976）对传统主流认知心理学取向即信息加工取向宣战，呼吁走出实验室进行具有生态效度的认知心理学研究。奈塞尔先后对知觉、记忆、思维、自我和智力等多个认知领域进行了颇具开拓性的生态学研究，试图真正实现认知心理学的生态学转向。在这些具体研究中，最负盛名的当数批判传统机械记忆研究模式的生态记忆研究，它在特定领域确实改变了认知心理学的研究方向。凭借所取得的学术成就和声望，奈塞尔在20世纪最著名的前100位心理学家排行榜中名列第32位。

一、早年生活与教育

奈塞尔于1928年12月8日出生在德国基尔市一个富有声望的犹太人家庭。他的父亲汉斯·奈塞尔是一位著名的经济学家和社会民主党员，在基尔的世界经济研究所工作。母亲夏洛特·奈塞尔曾经是一位拥有社会学学位的天主教徒，在德国妇女运动中非常活跃。奈塞尔还有一位大他四岁的姐姐。特别值得一提的是，奈塞尔父亲的叔叔阿尔贝特·奈塞尔是“淋病奈瑟氏菌”的发现者，这给奈塞尔家族带来了无限的荣耀。在这样一种家庭氛围中，小奈塞尔在女家庭教师的陪伴下过着幸福温馨的童年生活。

1933 年，希特勒开始掌控德国政权，美好的一切即将被打破。在纳粹主义和反犹主义的阴霾笼罩下，奈塞尔父亲所在的世界经济研究所面临倒闭的威胁。为逃避可能降临的灾难，奈塞尔的父亲带领全家于 1933 年 9 月移民到美国宾夕法尼亚州的斯沃斯莫尔镇定居。父亲在宾夕法尼亚大学的沃顿学院工作，有着丰厚稳定的收入，以至全家人并未感觉到美国正在经历一场经济大萧条。母亲加入斯沃斯莫尔教堂，成为长老会教徒。奈塞尔在住处附近的学校读书。他对自己的犹太人身份有着莫名的强烈排斥，极力渴望成为地地道道的"美国男孩"，归属于他所在的美国人同龄群体。尽管并不擅长棒球运动，但由于它是全美国人喜欢的运动，奈塞尔仍然极为迷恋棒球，没完没了地收听棒球比赛。正如他后来所说："我强烈地依恋这个全美国人运动的一个原因可能是，它证实了我作为一个美国男孩的身份。我需要能确保这种身份才安心，因为我天生无权享有它。"在棒球比赛中的多次失败，促使奈塞尔成为一个终生同情和捍卫弱势者的人。

1941 年太平洋战争爆发后，奈塞尔的父亲在美国物价管理局工作了一年，1943 年又转到纽约的社会研究新学院研究生院任教授。奈塞尔则到新居所附近的西温哈卡中心高中读书。他在学习方面游刃有余，成绩非常优秀，很快便成为"优秀学生联合会"的一员。尽管成绩优秀，但奈塞尔是个性格内向的孩子，甚至有点儿自卑。他不擅长与人交往，甚至缺乏购物能力，常常感觉自己是一个难以被同龄人接受的"局外人"。为摆脱这种窘境，他尽一切努力从思想和行为上把自己变成百分之百的美国人。他开始从情感上疏远自己的家庭，竭力排斥父母的犹太人口音、学术兴趣、欧洲人的文化价值观与学术界的朋友。到该上大学的时候，或许是为了证实自己的"强者身份"，奈塞尔毫不犹豫地选报了哈佛大学，并且如愿以偿地成为西温哈卡中心高中校史上第一个考上哈佛的学生。

1946 年，奈塞尔进入哈佛大学主修物理学。他起初打算成为一名科学家，但逐渐发现物理和化学等科学课程并不怎么能引发他的兴趣，甚至令他无比厌烦。于是，他开始选修历史、政治和文学等具有刺激性的课程，开始阅读小说、打桥牌、参加音乐会和联谊会，开始思索像意志自由之类的深奥问题。正当奈塞尔为自己的专业方向困扰之时，心理学史家波林的心理学导论课拯救了他。尽管波林的课并不精彩，而且将很多社会心理学的主题排除在外，但他把心理学描绘成一个年轻而充满活力的科学领域。奈塞尔内心思忖，心理学刚出茅庐，前途大有可为，说不定自己也能作出一些新的贡献。于是，他连续选修了几门心理学课程，逐渐将心理学确定为自己的主攻方向。此外，莱因探讨超感知觉问题的《心灵所及》（1947）一书也激发了奈塞尔对心理学的兴趣。奈塞尔与同学卡恩合作开展了一项关于超感知觉的实验研究，取得了较为理想的结果，研究成果发表在1949年的《超心理学杂志》上。在之后的整个暑假，他和卡恩又进行了多项超感知觉研究，但都以失败告终，这使得奈塞尔决意不再进行此类研究。在学习心理学史的过程中，奈塞尔首次接触了许多相互冲突的理论，特别是行为主义和格式塔心理学。他立即选择了反对行为主义而支持格式塔心理学。一方面，他认为行为主义"自下而上"的人性观机械而沉闷，而韦特海默等格式塔理论家"自上而下"看待人性的方式更为合理；另一方面，出于同情弱势者的性格，他不满行为主义在当时占据绝对统治地位，而要为格式塔心理学呐喊助威。奈塞尔还选修了弗里克的实验课程、利克莱德的方法课程，以及布鲁纳和波斯特曼的知觉和动机课程，了解了心理学的新进展。更重要的是，他选修了米勒的语言与交流课程，较早地了解了语言学和信息理论，而且他还接受了米勒的建议，多学数学特别是高等代数等未来心理学需要的知识。这些都为奈塞尔后来从事认知心理学的信息加工研究奠定了基础。在米勒指导下，奈塞尔以《视觉刺激对绝对听觉阈限的影响》为题完成了本科毕业论文，获得学士学位。

1950年秋，奈塞尔慕名到格式塔心理学创始人之一苛勒所在的斯沃斯莫尔学院攻读硕士学位。奈塞尔在斯沃斯莫尔学院的两年是快乐和宝贵的，他除了参加和斯沃斯莫尔学院的荣誉学生一样的硕士班课程，还担任导师的研究助手和教学助手。在学习过程中，奈塞尔得到了苛勒尤其是汉斯·瓦拉赫和亨利·格莱特曼的悉心指导，从他们那儿学到了不同的研究心理学的方式。他还和纳赫米亚斯、格莱特曼合作撰写了一篇批判赫尔消退理论的文章，发表在1954年的《心理学评论》上。

1952年，奈塞尔认识到，行为主义大势已去，而格式塔心理学似乎也不再是一个可行的选择，时新的观点是信息论。于是，他想到了他的大学指导老师、正在麻省理工学院任职的米勒。来到麻省理工学院后，奈塞尔对那里的课程和研究导向甚是失望，因为没有人对他的反行为主义观点进行积极响应。1953—1954年，因家庭缘故，他趁机回到斯沃斯莫尔学院担任了一年讲师。1954年，奈塞尔再次进入哈佛大学心理学系学习。为了弥补过去几年学业上的损失，他刻苦努力，第一年就通过了各种资格考试。1956年，他博士毕业，获得心理学博士学位，但他并没有立即离开哈佛，而是继续攻读博士后，并在哈佛大学获得了一个讲师职位，讲授关于感知觉的课程，还获得了国家卫生研究院的一个研究员职位。一年以后，即1957年，奈塞尔离开哈佛，奔赴布兰迪斯大学任职。

二、开创认知心理学学科

当时，马斯洛任布兰迪斯大学心理学系主任。奈塞尔对其所倡导的重视人性的人本主义取向倍加赞赏，但他没有接受马斯洛的规劝走上人本主义道路，而是认为心理学的“第三势力”当是认知取向的。慷慨宽容的马斯洛尊重了奈塞尔的选择，支持他从事认知方面的研究。由于布兰迪斯大学离哈佛大学不远，奈塞尔经常参加哈佛大学认知研究中心的研讨。不过，对他影响最大的认知理论家是麻省理工学院林肯实验室的奥利弗·塞尔弗里奇。塞尔弗里奇主要研究机器模式识别问题，尤其是手写字母或莫尔斯电码等模式的识别，还颇有创意地提出了字母识别的平行加工模型——鬼蜮。后经奈塞尔建议，他们二人于1960年在《科学美国人》上共同发表了这一成果。随后，奈塞尔进行了人类模式识别的实证研究。为弥补常规反应时（亦称“潜伏期”，指从刺激开始出现到发生反应所需的最短时间）方法的缺陷，奈塞尔设计了一种视觉搜索范式：被试（心理学实验或心理测验中接受实验或测验的对象）向下扫描一栏字母或数字，直到目标出现时才做出选择反应。扫描速率（显示目标位置与搜索时间之间关系的函数的斜率）便可反映每一次识别所需要的时间。这一范式是后来心理测时法的一种早期形式，也是奈塞尔创建认知心理学学科前最著名的研究成果。

20世纪五六十年代，尽管行为主义仍占据心理学主流地位，但受惠于现代科学的迅速发展，在行为主义强势抵抗下艰难跋涉的认知研究赢得了可喜的发展空间。以信息加工理论为基础的认知心理学思想兴起，其最重要的标志是1956年9月在麻省理工学院召开的信息理论学术研讨会。心理学的信息加工研究涉及知觉、注意广度、视觉搜索、计算机模式识别、人类模式识别、问题解决和记忆等多个方面，“已经充分到保证有一本书那么长的总结”。然而，尽管学者们原则上都认为，行为主义所持有的机械而被动式的学习理论不足以解释人类主动获取知识的内在复杂心理过程，但心理学界仍然缺少一部从信息加工视角阐述人类认知问题的完整而系统的专著。

长期从事认知心理学研究的奈塞尔，此时正为心理和计算机的关系问题所困扰。一方面，他认为计算机操作和编程是分析心理过程的一种好观念；另一方面，他受格式塔心理学和人本主义心理学影响而无法接受心理和大脑仅仅是计算机这一提议。随着思考的不断深入，奈塞尔在二者之间达成了妥协，在强调人性的前提下，运用计算机的信息加工观点来说明人的认知过程：知觉和模式识别是输入，回忆是输出，二者之间是某种心理加工。到 1964 年末，他再也按捺不住内心的冲动，“我的生命似达到某种高峰状态，宛如水银泻地一样，我感到心中有说不尽的话要讲……我决定将这些不同的程序纳入一本书中”。

1965 年春，奈塞尔利用公休假时间开始撰写这本著作，历时两年半于 1967 年出版，并在心理学史上第一次以“认知心理学”命名。奈塞尔撰写此书的首要目标是展现认知心理学研究的概貌并对相关研究进行整合，赋予各种不同的研究范式以合法地位。他在书中对“认知”下了明确定义，即认知是“感觉输入被转化、简约、精加工、储存、恢复和应用的全过程。它与这些过程相关，甚至当它们在缺乏相关刺激的情况下运行时，如在意象和幻想时也是如此。诸如感觉、知觉、想象、保持、回忆、问题解决和思维等术语，和许多其他术语一样，都指的是认知的假设阶段或方面”。这个定义一直为现代认知心理学家广泛认同和采用。

奈塞尔以认知过程各环节的先后顺序作为安排该书结构框架的逻辑线索，即刺激信息输入→多次转换和重构→在记忆和思维中的运用。这本书由四个部分组成，第一部分是导论，只包括第 1 章（认知取向），阐述作者关于认知取向的基本观点及本书内容框架等；第二部分“视觉认知”包括第 2—6 章，分别阐述图像储存和言语编码、模式识别、焦点注意和形象合成、词汇作为视觉模式、视觉记忆；第三部分“听觉认知”包括第 7—10 章，分别阐述言语知觉、声像记忆和听觉注意、主动言语记忆、句子；第四部分“高级心理过程”只包括第 11 章，论述记忆和思维的认知取向。综观全书，该书主要关注知觉、注意、记忆和语言方面的内容，而对思维、概念形成、问题解决和推理等更高级认知过程的内容论及较少，这反映了当时认知研究水平的局限性。不过，奈塞尔在书中明确指出了记忆和思维的认知性研究路线，为日后认知心理学向重视高级认知过程的研究方向发展提供了指导。此外，该书所列出的 321 本参考书中有 60% 是 20 世纪 60 年代出版的，这充分说明该书代表了当时认知心理学的最新研究成果。

奈塞尔的这部《认知心理学》专著，首次将以往零散的认知心理学研究整合成一个完整的学科框架，并在心理学史上首次赋予认知运动一个正式名称。它的出版，标志着现代认知心理学即信息加工取向的认知心理学作为一门学科正式诞生。该书出版后引发了轰动，促进了认知心理学的发展。各大学心理学系忙于创建认知实验室并聘请认知心理学家，召开认知研讨会，发表和出版关于认知研究的论著。不仅《实验心理学杂志》等传统的杂志向认知研究侧重，而且还有许多新杂志纷纷产生，如《认知心理学》(1970)、《认知》(1972)、《认知科学》(1977)、《记忆和认知》(1985) 等。认知心理学还延伸到心理学的其他分支学科，如发展心理学、社会心理学、人格心理学和变态心理学等。

《认知心理学》出版后，赢得了来自各方的赞誉。巴尔斯称赞说："到目前为止，这些著作中最成功的是奈塞尔的《认知心理学》(1967)，它首次呈现了对与日俱增的经验研究进行整合的观点。它给一场已经蔓延开来，但直到那时还仅仅被模糊地感知到的运动命了名，并使之明朗化。……奈塞尔在合适的时间写了合适的书。"心理学史家舒尔茨夫妇称赞说："在心理学史上，这本书起到了里程碑式的作用。"《50 位最伟大的心理学思想家》(2004) 的作者希伊称赞该书是"认知革命的催化剂"。总之，《认知心理学》的问世标志着行为主义已逐渐走向衰落，认知心理学作为新的力量登上心理学舞台并逐渐占据主流，心理学史从此掀开了新的一页。作为《认知心理学》的作者，奈塞尔毋庸置疑地成为这门新兴学科的开创者，并被公认为"认知心理学之父"。

三、实现生态学转向

1967 年，奈塞尔转到康奈尔大学任教。尽管《认知心理学》的出版使他成为心理学界家喻户晓的明星，但认知心理学脱离现实生活的发展态势逐渐令他感到失望，如存在着太多心理测时研究、太多相互冲突的模型，而对人性的关注过少。于是，在接下来的一段时间内，奈塞尔没有紧跟认知心理学的新进展进行实验研究，而是开始反思认知心理学的发展前景。幸运的是，这个时候他结识了康奈尔大学著名生态心理学家吉布森。吉布森对《认知心理学》中的种种信息加工实验完全不感兴趣，而主张使用具有生态学有效性的方法来研究认知。他信奉现实主义，并把知觉者看作主动的信息寻求者。这些观点对奈塞尔产生了深刻影响。奈塞尔逐渐认识到，认知心理学已误入了一个狭隘的"死胡同"，认知心理学家们将研究范围局限于人为实验室情境中，只从事一些与实际生活无关的琐碎心理现象研究，而忽视真实生活情境中的认知，致使研究缺乏生态效度。他渴望建立一门新的且更具生态性的心理学，走出实验室研究日常生活中的认知，避免使认知心理学重蹈行为主义的覆辙。

1973—1974 年，奈塞尔在行为科学高级研究中心度公休假，出版商建议他修订已出版六年的《认知心理学》。然而，在修订的过程中，奈塞尔越来越讨厌阅读迅速增加的认知心理学文献。正如他本人所言："不幸的是，做这件事情意味着要阅读快速增加的认知文献——这一类文献被信息加工模型和心理测时法所主导。我对它的厌恶迅速增长，终于有一天，为了拯救我的生命，我感觉我不能再多读一份反应时研究报告了。"于是，他抛却已写的草稿，花费两年多的时间完成了与《认知心理学》截然不同的经典之作《认知与现实：认知心理学的原理与含义》(1976，以下简称《认知与现实》)。

《认知与现实》旨在推广吉布森的生态学观点，实现信息加工范式与生态学研究范式的结合，试图改变认知心理学自身的发展方向。本书主要致力于解决《认知心理学》问世以来发生的四个重要问题：一是人性的概念问题。近年来认知心理学的发展令人失望，局限于特定的实验室情境，而忽视实验室之外的环境，无助于对人性的深入认识。二是认知心理学的发展问题。当今的认知心理学发生了什么变化？如何看待？其大方向是否真的富有成效？三是吉布森对认知心理学的基本假设提出了挑战，信息加工观点需要重新被审视。四是注意、容量和意识问题。奈塞尔在写作《认知心理学》时尽量避免讨论意识，因为他觉得那时的心理学还不足以研究这一问题，任何的尝试只能导致无知和胡乱推测。然而，此时的许多认知模型都把意识看作信息加工的特殊阶段，这是不对的，需要做出新的理论解释。

该书共包括9章内容，其中第1章是导言部分。奈塞尔在导言中开宗明义地指出："一种对未来发展有着重大影响的心理学理论能够改变整个社会的信念，正如精神分析确实已经做到的那样。然而，这只可能发生在这一条件下：该理论解释的是人们在真实的、具有文化意义的情境中的行为。该理论阐明的必定不是无关紧要的问题，它必须对这些情境中的被试自身具有某种意义。如果一种理论缺乏这些品质——如果它不具备今天所说的'生态效度'——那么它迟早会被抛弃。"接下来，他以内省心理学、精神分析和行为主义的盛衰为例进行了阐述。奈塞尔认为，内省心理学之所以被舍弃，除了内省方法本身的缺陷，另一个重要原因就是它远离日常生活，所持的人性观过于狭隘和理性，仅仅适用于实验室情境。与之相对，精神分析和行为主义不仅促进了人们对人性的进一步了解，而且能应用于日常生活，因而它们取得了成功。由此，奈塞尔建议，为避免重蹈内省主义的覆辙，认知心理学不应再过于依赖信息加工的计算机模型，而应实现更为"现实的"转向——走出实验室，重视文化，关注发生在日常生活中的知觉和记忆的主要特征，重视研究的生态效度。

在奈塞尔看来，这种"现实的"转向具有深刻的内涵：首先，认知心理学家必须更加努力地理解发生在日常环境和有目的的自发性活动背景中的认知。这并不意味着实验室实验的终结，而是致力于研究那些具有生态重要性的变量而非那些易于操控的变量。其次，认知心理学家有必要更多地关注知觉者和思考者所生活的真实世界的细节，以及真实世界中易得信息的细微结构。已有的研究过于追求心理的假设模型，而未充分分析影响心理形成的环境。再次，心理学必须设法接受人们实际上有能力习得的认知技能的精密性和复杂性，以及这些技能要经历系统发展这一事实。让缺乏经验的被试在短暂的时间内执行新奇的、无意义的任务，这种纯实验几乎不能建立令人满意的人类认知理论。最后，认知心理学家必须审视其研究对于人性这一更为根本问题的意义，而不能将之完全留给行为主义者和精神分析学家来决定。

在接下来的章节中，奈塞尔主要考察了知觉，以及日常生活中的视觉、图式、注意、认知地图、想象、记忆、言语和认知的结果等问题。其中，他关注较多的是知觉。奈塞尔认为，知觉不仅是基本的认知活动，而且是认知与现实的交汇点。基于这种认识，他创造性地提出了一种新的知觉理论——知觉环理论，并用实验说明之。其观点是：人们的视线中存在许多可以利用的信息，对这些信息的选择需要图式的活动。选择信息的活动会改变原有图式，使之再选择新的信息，这又会进一步改变图式，如此循环往复。这一循环活动存在于每一知觉系统之中。人们注意某些事物，无非是将这些事物置于一个知觉环中。知觉环理论既强调了大脑中原有认知结构的作用，又突出了环境中刺激的作用，是奈塞尔对信息加工认知心理学进行生态学改造在知觉领域的典型体现。

《认知与现实》的出版标志着奈塞尔的认知心理学思想发生了生态学转向，同时也标志着认知心理学在20世纪70年代的一个重大变化——生态论认知心理学初露端倪。虽然生态论认知心理学是由吉布森提出的，但正是由于奈塞尔凭着他在认知心理学中的地位积极地加以推广，生态论认知心理学的影响才能逐步扩大，使得认知心理学的发展进入了一个新阶段。关于《认知与现实》一书所处的地位，我们可以这样表述：在认知心理学发展的历史上，有两部著作不容忽视，它们的观点几乎截然不同，却出自一人之手，而且颇有点“自己反自己”的味道。其中一部在认知研究领域掀起波澜，标志着一种研究取向作为一门新学科正式登上了心理学舞台；相隔仅十年不到，另一部著作又诞生，而且它是以一个“拯救者”的身份，试图将之前的那种研究取向引向一个新方向。尽管《认知与现实》的目标并未像预期的那样完全实现，它的影响力也远远不及前一部，但这不是它的过错，我们只能说这是由“历史的惯性”所决定的，即一种新的学术潮流（这里指信息加工取向的认知心理学）一旦兴起，人们就很难在短时间内使它大幅度地改变方向。不过令人欣慰的是，它毕竟使认知心理学的“历史车轮”向前迈了一大步，并且它将继续对认知心理学甚至整个心理学的未来发挥作用。

四、生态记忆研究

到 20 世纪 70 年代末，特别是吉布森去世后，用生态学方法研究日常生活背景中的记忆成为奈塞尔的主要兴趣所在。自 1885 年艾宾浩斯以无意义音节为材料研究记忆以来，在严格控制的实验室条件下机械地研究记忆一直是记忆研究领域的主流范式，而在真实生活情境中研究日常记忆的自然传统一直处于边缘地位。奈塞尔坚持认为，在生活背景之外研究记忆的做法是不可取的，而用生态学方法研究日常生活中的记忆才是明智的。他希望能在记忆的生态研究方面取得真正突破，从根本上改变大家对记忆研究的态度和模式。

1978 年，关于“记忆的实用方面”的国际研讨会在英国威尔士的卡迪夫举行。奈塞尔趁机作了题为《记忆：重要的问题是什么》的精彩发言，阐明了对记忆进行生态学研究的基本观点。他在发言中坦率地表达了这样的观点：“传统的记忆心理学百余年的努力没有取得什么成绩，部分原因在于它系统地避免了最有趣的问题。正如对动物行为自然的、生态的研究被证明比传统的‘动物学习’研究要有趣得多一样，对记忆的自然研究可能要比它的实验室研究更富有成效。”为了表述记忆的研究现状，奈塞尔还形象地提出了一条规则：“如果 X 是记忆的一个有趣的或具有社会价值的方面，那么心理学家几乎从未研究过 X。”这次演讲报告，可以说是奈塞尔正式涉足生态记忆研究领域的宣言书。

在生态记忆研究方面，奈塞尔最典型的案例要数对水门事件中尼克松总统的白宫法律顾问约翰·迪安的记忆进行的个案研究。在研究中，奈塞尔主要利用了两种资料来源：一是在总统办公室召开的两次重要会议（分别在 1972 年 9 月 15 日和 1973 年 3 月 21 日召开）的录音文本记录，这些文本保持了原样，未经尼克松编辑处理；二是水门事件调查委员会对约翰·迪安就这两次会议的内容进行盘问的文本记录。这两次会议都与尼克松总统有关，在水门事件调查中起着关键作用。奈塞尔将每次会议的录音文本记录与迪安在盘问期间对会议的陈述进行了详细对比和分析。结果表明，在许多情况下，尼克松根本就没有说过迪安后来回忆中他所说过的话，至少不是在迪安认定的情境下说的。奈塞尔认为，基于意愿、欲望、自我中心等人格特质的重构在迪安的回忆过程中扮演着至关重要的角色，甚至在他试图讲真话的时候，迪安也禁不住要强调自己在每个事件中的独特作用。但是，奈塞尔并不认为迪安经过重构的记忆是完全错误的。虽然迪安混淆了一些事件的内容、时间和地点，重组了一部分在尼克松办公室内对话的内容，但在某种意义上或者在“更深层次”上，迪安的确是在讲述与尼克松的白宫有关的事实。奈塞尔把迪安的记忆称为“重复情节记忆”，代表一系列重复出现的事件的共同特征。奈塞尔的这一研究案例于1981年在《认知》杂志上发表，引起了广泛关注，许多记忆心理学家开始逐步尝试研究日常生活中的记忆。奈塞尔也成为最早走出实验室专门研究记忆的心理学家。

为表明记忆生态学研究的趣味性，推广记忆研究的生态化，趁1980—1981年度公休假期间，奈塞尔编著了《观察的记忆：在自然背景中的记忆》（1982）一书。该书不同于一般记忆心理学的理论教科书，它是一部带有故事性的趣味读物，一般读者甚至外行读者阅读起来都游刃有余。书中所选取的阅读材料都是颇具代表性的日常记忆研究案例，内容涉及童年回忆、目击证词、“闪光灯”记忆、特殊人物的记忆等多个主题。每个案例的导读和评论都通俗易懂，并且通俗中蕴含着深刻的道理。和15年前的《认知心理学》一样，《观察的记忆：在自然背景中的记忆》没有让奈塞尔失望。它在特定范围内改变了认知心理学的发展方向：记忆的生态学研究有了很大发展，并且继续保持着良好发展势头。在记忆研究领域，生态学方法某种程度上已经成为一种可行的替代信息加工的方法。一股生态记忆研究的潮流以令人吃惊的姿态出现，内容涉及自传体记忆、学校学习记忆、期待记忆和注意分散、法律证词记忆，以及事件、地点、人物和其他记忆等，这些研究都是来源于现实生活的记忆研究。当然，该书所引发的批评也很多，但奈塞尔都泰然处之，“如果有人不辞辛劳地攻击一部已出版的作品，那么它一定是重要的！”

1983年，奈塞尔来到亚特兰大的埃默里大学任讲座教授，并启动了“埃默里认知研究计划”，相继举办了多次学术研讨会，继续对记忆进行生态学研究。在奈塞尔经手的诸多记忆研究中，特别有趣的是对有关“挑战者号”空难记忆的研究。1986年1月28日，美国“挑战者号”航天飞机意外发生爆炸。次日早上正在沐浴的时候，奈塞尔突然想到这一灾难场景对许多人而言可能会成为一种“闪光灯”记忆，这是一个获取基线描述资料的好机会，得赶紧抓住。于是，那天早上的晚些时候，奈塞尔布置了一份特殊作业，让心理学系的大一新生填写一张与“挑战者号”遇难有关的调查问卷，内容涉及他们何时听到这个消息、在哪里听到、当时在做什么、和谁在一起、谁第一个通知、当时感觉如何等。三年后，他再次联系这些已入毕业班的学生，对他们进行重测并附加了一个新题目，即他们“对自己答案的确信程度”。结果令人惊讶，只有大约十分之一的人能正确回忆当日现场的每一个细节，四分之一的人存在部分错误，而相当多的被试者所报告的满怀信心的记忆是完全错误的。例如，其中一个女生回忆说：“一个女孩子尖叫着穿过了宿舍，大喊‘航天飞机爆炸了’。”相反，她最初的描述显示，她实际上是午饭时从朋友那里得知这个消息的。当被试者看到1986年他们自己原来的说法时，很多人都为现在的说法与之产生的差距而惴惴不安，但他们继续认为自己此时此刻的说法是正确的，而原来的说法可能有出入。奈塞尔将这种“错误”称为“叙述重构”。

作为生态记忆研究的“领头雁”，奈塞尔在埃默里大学主持的生态记忆研究成果主要体现在“埃默里认知文集”系列的第二卷、第三卷和第四卷中。它们分别是《记忆的再思考：记忆研究的生态学取向和传统取向》（1988）、《年幼儿童的认知和记忆》（1990）和《情感和回忆的准确性：“闪光灯”记忆研究》（1992）。

五、晚年对自我和智力问题的探索

奈塞尔在60岁时仍然继续开拓着自己的研究领域，逐步对自我等问题进行深入研究。他将生态学和深度认知这两种曾经被视作对立的研究取向结合到一起，提出了一种新的自我理论。在奈塞尔看来，自我可以通过五类信息来加以详细说明。据此，自我可以有五类：（1）生态自我，指个体参照自身所处的当前物理环境而直接知觉到的自我，如“我是在这个地方的一个人，正在从事这一具体活动”。（2）人际自我，指通过种族特有的情感融通和相互交流的信号来表现的自我，如“我是这里的一个正在进行人际交往的人”。（3）扩展的自我，指基于我们个人记忆和预期的自我，如“我是具有某些特定经历并且经常做一些具体而熟悉的常规事务的那个人”。（4）私密的自我，指一个人的经验在某些方面是不能和别人直接分享的，如“我是唯一一个能感受到特有苦痛的人”。（5）概念的自我，是由人们对自己的看法决定的，其意义来源于各种基于社会的假设和理论，并且这些假设和理论一般是关于人性特别是关于我们自己的。有些理论通过社会角色（如丈夫、教授、美国人）来界定自我，有些理论则通过假设的内在实体（如灵魂、无意识心理、心理能量）或具有社会意义的维度差异

（如智力、吸引力、财富）来说明自我。

在自我的这五个层次中，前面的两种自我是建立在直接知觉基础之上的，后面的三种自我不是人们直接体验到的，而是建立在内省和思维基础之上，也即通过对过去的生态自我和人际自我的回忆、想象和思考，对当前环境中的自我进行新的建构。可见，奈塞尔的这个自我理论是发展得比较好的、比较完整的生态学理论。它既注意到了有机体与环境的交互作用（在生态自我和人际自我中体现），又注意到了有机体内部机制的发展（在扩展的自我和私密的自我中体现），体现出奈塞尔将生态学理念与深度认知观点相结合的研究思路。1988 年，奈塞尔将这一理论整理成文章发表在《哲学心理学》杂志上，题为《五种自我认识》。随后，奈塞尔将自我的研究增列进了“埃默里认知研究计划”，举办了五次学术研讨会，取得了丰硕成果，主要体现为三卷“埃默里认知文集”：《知觉到的自我：自我认识的生态学和人际的起源》（1993）、《回忆的自我：自我叙事的建构与准确性》（1994）和《背景中的概念自我：文化、经验、自我理解》（1997）。

奈塞尔对智力和教育问题也进行了积极关注：智力如何测量？社会阶层和种族在智商上的差异应该如何解释？早在 1986 年，他就编辑出版了论文集《少数族裔儿童的学业成绩：新视角》。1994 年，赫恩斯坦和默里的著作《钟形曲线：智力与美国生活的阶层结构》引发了热烈争论。1995 年，为解决由此产生的种族、教育、遗传和智力等问题，美国心理学会决定成立特别工作小组，并推举奈塞尔为该小组的负责人。1996 年，奈塞尔主持撰写的研究报告《智力：已知与未知》在《美国心理学家》杂志上发表，引起了强烈反响。随后，奈塞尔组织召开了他在埃默里大学的最后一次学术会议，专门论述“弗林效应”问题，即自 20 世纪 30 年代起，美国人的平均智商分数每 10 年增长 3%。后来，他将此次会议的内容编辑成《上升的曲线：智商的长期增长及相关测量》（1998）一书出版。

1996 年，奈塞尔在埃默里大学退休后再次回到康奈尔大学，任该校名誉教授，直至 2012 年 2 月因帕金森综合征而去世。

回顾奈塞尔的一生，他不仅是一位独特的思想家，而且是一位卓越的学术领导者和组织者，一名多产的作家。他发表学术论文百余篇，出版专著、编写文集 10 余部，曾获得古根海姆研究基金和多个荣誉博士学位，并担任美国国家科学院院士、美国艺术和科学院院士、美国实验心理学家学会成员。

（作者：王申连　郭本禹）

参考资料

[1] 万燕华. 认知心理学之父：奈瑟 [J]. 大众心理学，2005(4).

[2] 孙晓敏，张厚粲. 二十世纪一百位最著名的心理学家(Ⅰ) [J]. 心理科学，2003，26(2)：343-345.

[3] C.詹姆斯·古德温. 现代心理学史：第2版 [M]. 郭本禹，吕英军，司群英，等译. 北京：中国人民大学出版社，2008.

[4] 李绍昆. 美国的心理学界 [M]. 北京：商务印书馆，2000.

[5] Bernard J. Baars. The Cognitive Revolution in Psychology [M]. New York：The Guilford Press，1986.

[6] Duane P. Schultz，Sydney Ellen Schultz. A History of Modern Psychology (9th) [M]. California：Wadsworth Publishing Company，2007.

[7] Noel Sheehy. Fifty Key Thinkers in Psychology [M]. London：Routledge，2003.

[8] Ulric Neisser. Cognition and Reality：Principles and Implications of Cognitive Psychology [M]. San Francisco：Freeman，1976.

弗朗西斯科·瓦雷拉

（Francisco Varela，1946—2001）

瓦雷拉

心智科学时代的赫耳墨斯

赫耳墨斯不同于大多数希腊神祇，那些神往往只掌管生活的一两个方面，赫耳墨斯却关系到生活的很多特性。

——庞思奋《哲学之树》

弗朗西斯科·瓦雷拉，一位科学团体中可爱、敏锐、对人类个体富有同情心且充满才气的研究者，他在许多领域成就斐然。同时他还是一位一丝不苟的学者、一位严谨的实验神经科学家。他拥有探索多学科领域的勇气，而大多数人往往对此畏葸不前。尽管某些人对其在许多领域上做出大胆推测并杂糅在一起及热衷于挑战已然确立的信念的做法持有异议，但这种在学科间罕见的联系能力促使他成为一位非常特殊的学者，并且让他的朋友与合作者总是对他情有独钟。

——纽约大学医学院脑研究实验室主任 E. R. 约翰

弗朗西斯科·瓦雷拉，智利著名生物学家、神经科学家、心智科学（或认知科学）家与哲学家。瓦雷拉终生致力于生命、心智和意识之本性的研究，他以心智科学界的赫耳墨斯形象闻名于世。在其短暂、充盈而又富有传奇色彩的一生中，瓦雷拉不仅是心智科学创生和蓬勃发展的见证者，也是其中积极的参与者和研究者——他提出并倡导了一些开创性的心智研究观念和进路。

在其探寻生命、心智和意识之本性的哲学－科学生涯中，瓦雷拉曾经说过：“我估计在我的一生中只有一个问题：为什么涌现的自我，这些虚拟同一性，会在创造世界的所有地方——无论在心智/身体层次、细胞层次或是跨有机体层次上——到处出现？这个自我涌现的现象是如此多产，以至于它不停地创生出一些全新的领域：生命、心智和社会。”为了回答这个问题，瓦雷拉开始了一个贯穿生命—心智—意识的全景式的研究计划，这些工作具体包括：(1) 关于生命本性及生命与认知关系的自创生研究；(2) 关于心 / 身关系、认知主体与环境间关系的具身心智和生成认知研究；(3) 关于意识研究中第一人称与第三人称关系的“神经现象学”纲领；(4) 一些关键主题的实验研究，如三色视觉、意识事件的大尺度神经整合的神经动力学、癫痫发作前患者脑电图的动力学变化及其预测等。值得称道的是，瓦雷拉在他的科学生涯中表现出一种独具魅力的研究风格：第三人称的实验方法与第一人称的体验方法相辅相成、直觉与实证互为砥砺、灵性与理智彼此接引、科学与人文交相辉映。这正如古希腊神话中宙斯之子——足蹬飞鞋行走在天与地之间，沟通各界讯息并将那些看似毫不相干的领域联系起来的信使赫耳墨斯。

一、生平传略

1946 年 9 月 7 日，瓦雷拉出生于智利的一个重要港口城市塔尔卡瓦诺（在南美洲土著方言中这个名字意味着“来自天堂的雷鸣”）。他的父亲是一位享有名望的建筑工程师，母亲是一位敏感的艺术爱好者。父母赋予瓦雷拉两大特质——智慧与敏感性，使其兼具分析性的科学思维与体悟性的人文关怀于一身。瓦雷拉 3 岁时举家迁往智利首都圣地亚哥，在那里他度过了绝大部分的童年时光。此后，他进入圣言学院接受了深厚的古典教育，这些教育使他在文学、艺术、哲学和科学上终身受益。尽管瓦雷拉只将心思花在自己最喜欢的事情上，但他还是在几乎所有的科目上获得了优秀的等级。他很早就彰显出对生物科学和数学的爱好，并沉迷在亚里士多德、加塞特和萨特的哲学思考之中。

毕业之后，他考入圣地亚哥天主教大学医学院，并于 1963 年获得生物科学的三年制学士学位。作为一名医学生，他邂逅了以胡安·比亚尔为代表的第一批导师，他们均给予处于青年时期的瓦雷拉以深远的影响。在瓦雷拉求学于医学院的第一年里，比亚尔博士允许他进入自己的实验室，在那里瓦雷拉以学徒的身份参与对卵磷脂组织化学着色的神经装片的研究。这是他第一次“亲手”体验细胞生物学。1966 年 4 月，在比亚尔博士的引荐下，瓦雷拉在智利大学科学系的实验室拜访了著名生物学家温贝托·马图拉纳。1967 年，他在马图拉纳指导下获得智利大学生物科学的硕士学位，在那里他接受了严格的生物学、物理学与数学训练。同一时期，为了打下更为广泛的基础，瓦雷拉还开始在智利古老的师范学院研习哲学。在那里，弗朗西斯科·索莱尔通过阐述胡塞尔、海德格尔与梅洛·庞蒂的工作向他介绍了欧洲现象学，这些工作为其后来将现象学与认知科学联系在一起打下了烙印。而在科学系，费利克斯·施瓦茨曼传授他以亚历山大·柯瓦雷为代表的法国学派的科学哲学思想。1968—1970年间，瓦雷拉追寻导师马图拉纳的足迹来到哈佛大学继续深造。他在基思·波特和托尔斯滕·维泽尔（1981年诺贝尔生理学或医学奖得主）的共同指导下完成了题为《昆虫视网膜：复眼中的信息加工》的博士论文，并由此获得博士学位。

从哈佛大学毕业之后，他于1970年回到了智利并就任智利大学的助理教授，在那里他与恩师马图拉纳开始了一段富有成效的合作时光。为了回答生命本性的问题，他们一起提出了“自创生”概念。通过这个概念，他们指出，有机体是一个具备产生其自身组件能力的组织不变性的闭合系统。然而，1973年发生在智利的军事政变迫使大批的智利科学家开始移民。瓦雷拉和家人也在这时被迫逃离智利。他先是流亡到哥斯达黎加，最后定居于美国科罗拉多州的博尔德并接受了位于丹佛的科罗拉多医科大学的助教职位。在这所大学里他授课并继续从事研究直到1978年。这一时期他的兴趣是将自创生理论应用于免疫系统，并将其设想成一个交互的封闭网络。在与科蒂尼奥等其他杰出免疫学家的交流中，瓦雷拉进一步发展了他的观点。在定居博尔德的几年里，瓦雷拉经历了生命中的一个重要转折——他开始涉足佛教修行和佛教哲学，并拜邱扬·创巴仁波切为师而成为一名藏传佛教静心的严肃修行者。他同时也为位于博尔德的纳洛帕学院（现为纳洛帕大学，全美超个人心理学研究的三大重镇之一）组织筹办夏季科学项目。该项目尝试将西方大学的课程与东方冥想或沉思训练结合起来。1978—1979年间，他作为林迪斯法尔内协会的驻校学者，在纽约大学医学院的脑研究实验室访学了一年，开展了“知觉框架与α波节律”研究。1980—1985年间他重返智利大学（1984年他作为高级访问研究者在德国法兰克福的马克斯·普朗克研究院进行脑研究），主要从事人类和鸟类色觉的神经生理学研究，并涉足自治性、自指、细胞自动机、人工智能及实验认识论等主题。1985年，他与马图拉纳一起出版了名著《知识树》，该书展示了一个有关人类理解的生物学根源的新颖视角。

1986年，瓦雷拉再一次离开智利并移居法国巴黎。在那里，他以神经科学研究所和认识论应用研究中心为基地，组建了一个研究视觉神经生理学的团队，并于1988年被任命为法国国家科学研究中心主任。1990年，瓦雷拉与世界宗教界人士合力创办了“心智与生命研究院”，该组织旨在为科学与佛教之间的交流提供平台。在这一时期，瓦雷拉与E. 汤普森和罗施合作开展了一项围绕认知科学与人类经验互惠关系的研究。在这项研究中，他们开启了一个在认知科学、现象学与佛教传统之间的深广对话。这项历时多年的研究的结果就是现在堪称经典的《具身心智：认知科学和人类经验》（1991）一书。书中明确提出并论证了具身心智、生成认知、人类认识的中道及生命体与环境共演化的自然漂移说等重要思想。

伴随着20世纪90年代意识研究的兴起，瓦雷拉的科学生涯迎来了又一个创造性的高峰。他开始了关于意识的观念性思考和实验研究。这些工作主要体现在以下三个方面：（1）大尺度整合的神经动力学研究。他相继开展了有关不同脑区中同步振荡的神经动力学研究、有关知觉活动时脑区中相位－锁定和同步振荡研究，以及癫痫发作前患者脑电图的动力学变化及其预测。在去世前一个月，他与同事提出了“脑网”思想，即一个统一的认知瞬间的涌现依赖于大尺度的脑整合，而该整合的最合理的机制就是由多频段上的同步振荡所调节的动态联结的形成。（2）神经现象学。在1996年，为了应对查默斯提出的意识“困难问题”，瓦雷拉提出了“神经现象学”方案。（3）推动意识研究共同体的建立。瓦雷拉是多个意识跨学科交叉研究的群体积极而热情的支持者，例如他是意识科学研究协会（1994）的创始人之一，直到去世前夕他仍在积极地考虑筹办2002年意识科学研究协会的会议。他还是亚利桑那州立大学意识研究中心的强有力的支持者，并成为《意识研究杂志》的编辑顾问团成员之一。他同样也是一个新创刊物《现象学与认知科学》的设计者和咨询顾问编辑。

然而不幸的是，早在20世纪90年代初，瓦雷拉就罹患了丙型肝炎，随后病变为肝硬化和肝癌。虽然他于1998年接受了肝脏移植手术，但并未取得理想的效果。2001年5月28日，由于两周前的一次放疗导致病情加剧，瓦雷拉溘然辞世。他的骨灰安葬在蒙特格兰德他父母避暑别墅的花园里，毗邻埃尔基山谷。

在其杰出的学术生涯中，瓦雷拉获得了诸多荣誉，如：由艾尔弗雷德·P. 斯隆基金赞助的神经科学奖（1976—1978），曼努埃尔·诺列加美洲科学奖（1986），古根海姆美洲亚历山大·冯·洪堡奖（生物科学）（1986），法国天主教科学家基金（1986—1991），科学与文化贡献的意大利总统勋章及法兰西共和国参议员的金质奖章（1999）。

二、学术贡献

1. 自创生

自创生理论是由马图拉纳和瓦雷拉在20世纪70年代首次提出的，旨在解决“生命究竟是什么”这一难题，其主要思想在二人合著的《自创生与认知：生命的实现》

一书中得到了比较完整的体现。

“Autopoiesis（自创生）”一词来自希腊语，其含义是“自我生产”。这个带有哲学意味的词语试图说明：生命体的一切生命活动的目的都在于维持其自我生产的组织不变性。最小的自创生例子是生物学上的单细胞。它通过内部自我生产出的细胞膜与外部环境区分开来，而细胞膜同时是其进行内部生产的必要条件。生命体处于不断从环境吸收营养、排出废物的相互作用的过程中。自创生强调：首先，生命体与环境的相互作用是由生命体自身结构决定的，而生命体与环境的相互作用最终是为了实现生命体的自创生组织。其自身结构决定了与环境相互作用的方式，也决定了其自身结构的变化。因此，生命体之所以能够在变化的环境中生存下来，在于其与环境的相互耦合过程，而不是达尔文意义上的生物对环境的“适应”。其次，生命体是组织闭合的，它的组织产物即是它自身，然而组织闭合并不代表它是物质能量闭合的，在这个意义上它对于环境又是开放的。事实上，自创生理论旨在说明生命体的自我生产的特性，在这个意义上它已经表现出了最基本的主体性。与自创生相对的是“他创生”，比如某些人工制造物如一辆汽车无法通过它自己来实现它的自我生产。因为制造和运转所必需的材料完全来自外界，而最重要的是，汽车本身并不能实现它自己的功能，它的功能是由外在的人所赋予和驾驭的。

关于满足自创生的条件曾经有好几种说法，瓦雷拉在后来的著作中提出了以下关于自创生的简化定义：“一个系统若是自创生的，则（1）系统必须有一层半透性边界；（2）这个边界必须由边界内发生的反应网络所制造；（3）反应网络必须包含再生此系统成分的反应。”例如，在单个细胞中，细胞外围被一层细胞膜所包围，这层细胞膜起到一个半渗透膜的作用，外部物质和能量可以通过细胞膜的筛选而进出，而这一切都是由细胞的生命活动决定的。细胞膜是新陈代谢活动的条件，同时细胞膜又是由新陈代谢过程生成的，这里存在着一个循环因果关系。

自创生理论的意义在于，它为弥合科学与人类体验之间的鸿沟提供了一种可能，确切而言就是对于主体性的关注。传统的生命科学和认知科学将主体性从具体的生命个体中剥离出来，用科学的、抽象的第三人称的视角来看待生命。生命是个体在具体境况中通过其生命活动实现自身的过程，而不是静态的 DNA 指标。感知从属于生命体的生命活动，它是生命体通过与外部世界的关联更好地实现自身的方式。从一个静态的、抽象的、第三人称的视角转向具体情境中的第一人称的体验，这是自创生理论对于生命和认知理论最大的贡献。

2. 具身心智与生成认知

具身的或具身化是当代理解心智与身体关系的一个关键概念，它也是“第二代认知科学”认知观的基石之一。作为具身心智观的主要倡导者和研究者，瓦雷拉提出了具身心智观，这是基于一种对认知科学中理性主义与经验主义（或又称之为客观主义与主观主义）立场之间对立的超越——他称之为“认知科学的中道”：有机体的认知活动既不是对预先给予的“外在存在”的恢复也不是对“内在存在”的表征与投射，而是依赖于有机体经验与身体，通过具身行为的方式而涌现生成的。所谓具身，主要包含以下两层意义：第一，认知依赖于经验的种类，这些经验来自具有各种感知运动的身体；第二，这些个体的感知运动能力自身内含在一个更广泛的生物、心理和文化的情境中。所谓行为，则强调了感知与运动的过程、知觉与行为本质上在活生生的认知中是不可分离的。在个体中这两个方面的联结并非纯粹偶然的，而是通过进化耦合在一起的。而生成认知则进一步预设了认知结构是从身体、神经系统与环境之间再现的感知运动耦合中涌现出来的。其包含两个层面：(1) 知觉存在于由知觉引导的行动；(2) 认知结构出自循环的感知运动模式，它能够使得行动被知觉引导。

瓦雷拉首先以颜色知觉为例雄辩地论证了具身心智观的合理性。在颜色知觉方面，传统的理性主义认为颜色仅仅是物体表面的反射率。通过借鉴大量视觉心理学、神经心理学与病理学方面的证据，瓦雷拉指出：“如果颜色仅是物体表面反射率，那么我们应当能将这些颜色的特征与相应的表面反射率特征匹配起来。但是并不存在这样对应的特征。表面反射率可以根据它们是否反射光谱区域中更多或更少的短波、中波和 / 或长波来进行分类，但它们既不能被归类为唯一的或二元的，也不能被归类为与其他反射率相对应。而且这些唯一性、二元性和对立性也不能在光的结构中得以发现。因此，规定颜色是什么的属性完全没有非经验的、物理的对应物。”其次，瓦雷拉又援引了来自跨文化心理学与人类学的研究发现，如说英语的人倾向于夸大接近绿 - 蓝分界线的那些颜色的知觉距离，而说塔拉乌马拉语的人则并不这样。因此，一方面，视觉系统并不像理性主义者假设的那样是以预先给予的对象来呈现的，相反，对颜色的认知依赖于我们的具身知觉能力；另一方面，它也不像经验主义者认为的那样，颜色范畴脱离于我们共有的生物和文化的世界。对于生成认知的含义可以通过瓦雷拉时常引用的一则实验予以阐明：赫尔德与海因在黑暗中饲养了几只小猫，且只在控制条件下才让它们见到光。其中一组猫可以允许正常走动，但它们每一只都被套了车架与篮子，篮子里面各装一只第二组的猫。因此，两组猫都享有同样的视觉经验，但第二组猫完全是被动的。几周后发现第一组小猫行为正常，而第二组小猫走路跌跌撞撞，看起来就像是瞎的。这个研究说明物体不是通过特征的视觉提取被看到的，而是通过行动的视觉引导而被看到的。

具身心智与生成认知观的意义在于，首先，这两个概念一方面拓宽了心智科学的视野，同时把活生生的人类经验和内在于人类经验的转化的可能性囊括其中；另一方面，也拓宽了一般日常经验的视野，以求从心智科学已取得的深刻洞见与分析中印证常识。其次，作为捆绑在一起的一对孪生概念，二者互为支撑，既从本体论层面上界定了心智的本质，又提供了一种揭示这一本质的认识论基础与动态机制。

3. 神经现象学

1996 年，查默斯提出了“为什么认知或心智事件总是伴随着现象体验”的疑问，即所谓意识的“困难问题”或“解释的鸿沟”。为了应对并化解这一难题，瓦雷拉发表《神经现象学：一种应对困难问题的方法论救治》，详细勾勒了神经现象学方案的概貌。瓦雷拉指出，没有哪种纯粹的第三人称的理论假设或模型能够克服解释的鸿沟。他敏锐地认识到了第三人称进路的失败原因：“在所有机能主义的解释中所缺乏的不是解释的连贯性，而是它与人类生命的疏远。只有将生命放回其中才能消除这一鸿沟，而不是寻求一些‘额外的成分’或深奥的‘理论修正’。”“神经现象学”这一术语同时受惠于西方哲学的现象学传统和东方的“心学”传统。其核心目标是通过将精确和严格的现象学探索得到的经验融入意识的认知神经科学实验报告，从而产生新的数据。因此，在方法论上，神经现象学强调：（1）通过对经验进行有训练的现象学探索来获取丰富的第一人称数据；（2）使用这些原始的第一人称数据来揭示有关意识生理过程的重要性。

神经现象学的首要任务是采用第一人称的现象学方法来获取原始且精确的第一人称数据。虽然被试作为一个自身经验的观察者和报告者，其能力存在差异是非常自然的，但这些能力却可以通过不同的现象学方法予以增强。“第一人称方法”是指通过实践训练可以增强被试在不同的时间尺度上对其自身经验的敏感性。这些实践包括对注意和情感控制的系统训练。这些实践存在于现象学、心理治疗和反思式冥想等传统中。使用这些方法能让被试获得接近自身经验的某些方面（如短暂的情感状态和注意的量）的机会，而在被试的言语报告中有关经验的其他方面就会被忽视或无法利用。另一方面，实验者采用第一人称方法来策划使用现象学报告，能获取更多至今不为人知的生理过程，比如脑电图与脑磁图记录到的大脑反应的变化。在实验水平上，神经现象学的“工作假设”是采用第一人称的方法对与意识有关的生理过程的分析和解释进行严格的限制，使其产生出现象学意义上精确的第一人称数据。此外，以这种方式产生的第三人称数据最终将会限制第一人称数据，使得二者的关系成为一种动态的“互惠约束”。

神经现象学的意义在于，首先，它为化解意识的困难问题寻找到一条独特的进路，其不同于任何尝试解决该问题的传统心智科学方案。在这个科学纲领下意识研究的第一人称与第三人称方法首次被有机地整合起来，用以探索意识经验的主观性。虽然这个纲领在最初提出时含有许多猜想与假设的成分，但随着瓦雷拉的博士生卢茨等人后续实验的深入，该框架的指导性、合理性与预见性正被不断地证实。其次，它引领了自然化的现象学运动，有助于经典现象学分析的革新。

三、评价与影响

系统考察瓦雷拉的影响并做出合理评价本身就是一项至今未能完成的事业。而在这个过程中，瓦雷拉的赫耳墨斯形象再一次清晰地浮现出来。

1. 人格魅力

瓦雷拉那与生俱来的人格魅力犹如赫耳墨斯，他不仅是雄辩之神与诸多同道的庇护神，也是“在长生不老的众神里最先展示善意的人”(《荷马史诗》)。无论是长期合作还是短期共事的同事，也无论是深稔熟谙抑或萍水相逢的朋友，都会被他那出类拔萃的领袖气质与舍我其谁的担当精神所感动，更被其幽幽散发出的令人难以抗拒的善意与亲和力所吸引。美国计算机学家与“人工生命之父”克里斯托弗·兰顿教授这样形容道：“有一种人能在你坐下来听他讲话时用一种鼓动的风格口齿清晰地谈论他的观点，你还发现自己频频点头地说：‘对，对，对，这一切真的很棒。’瓦雷拉就是这种人。”瓦雷拉的忘年交、心智哲学家汤普森则回忆了15岁那年与瓦雷拉初识时的场景：“弗朗西斯科提出了一些可应用于身心问题的关于二元性和自指的观点，我记得阅读这篇文章时就觉得它讲了很重要的东西，但却无法完全理解。我还记得听过他和物理学家戴维·芬克尔斯坦关于自然系统和逻辑及数学之间关系的争论。尽管以我的知识和经历还无法理解，但他们的争论仍使我着迷。”葡萄牙免疫学家科蒂尼奥深情地缅怀道：“我非常幸运能与他结伴走过这一段短暂的时光。倘若没有弗朗西斯科·瓦雷拉，我的科研与人生都将变得黯然失色。”而从瓦雷拉强烈的人本主义关怀及其给予周围人——妻子、孩子、朋友、学生与同事的热心和率真中，我们可以再次领略到他的庇护神形象。瓦雷拉的同事兼挚友、心理学家罗施教授铭记着这样一件往事："在第一次心智与生命会议期间，当我们听说会前注射的丙种球蛋白可能将我们置于感染艾滋病的威胁之下，而会议期又遭逢印度国内宗教动荡与排灯节前夕的特殊日子，所有与会者都为此担忧不已。我记得清晨我们一群人坐在宾馆的大厅里，与飞机晚点及天真的美国科学家瞪大眼睛形成鲜明对照的是，弗朗西斯科竟兴味盎然地为我们判断着哪一次爆炸是燃放烟花的声音，而哪一次又是枪炮声。从那时起我逐渐明白，弗朗西斯科是那么令人舒坦。这是一个安逸的人，他的身体与其所处环境之间是如此和谐……他让每个旅行者无论身处何地都能感受到在家的感觉。随后，当所有已被接种的与会美国学者开始生病的时候，弗朗西斯科又展现出另一面：他深切地注视着那些由他负责带领并关照的与会者，目光中流露出伟大的仁慈。"

2. 学术与社会活动

一方面，在古希腊神话中赫耳墨斯不仅负责沟通人神之间的信息，而且在将神谕传达给凡人时，他还需要把神界的语言转换为人间的语言，因此这涉及的就不纯粹是传达，还有翻译、说明与诠释（"诠释学 [Hermeneutics]" 就以赫耳墨斯的名字为词根）。瓦雷拉在学术与社会生活领域内，也同样都展示出赫耳墨斯一般的强大沟通、组织、传播、诠释能力。在沟通方面，他肩负沟通心智科学众多内部分支与外部学科的使命，并通过匠心独运的假设构思、身体力行的实证修悟与纵横贯通的嫁接联系将生物学、心理学、神经科学、数学、系统科学、人工智能、现象学及宗教学紧密地整合起来。这种联系与沟通能力对于旨在解开人类意识本质、起源与发展规律，而又面临学科内部各分支壁垒重重、学科本身定位模糊不清局面的心智科学而言具有重要意义。瓦雷拉的工作开辟并推进心智科学的"综合科学"时代加速来临。在组织方面，在瓦雷拉的积极筹措与倡导下，2001 年 5 月 21—22 日在美国麦迪逊的威斯康辛大学举办了"心智、大脑和情绪的转化：关于冥想的神经生物学和生物 - 行为学研究"会议，这次会议无论对于瓦雷拉本人抑或整个心智科学界都是一个美梦成真的事件：为了进行有关长期修行者的冥想对认知和情绪效应的认知神经科学研究，西方最好的脑科学与东方佛教的冥想修行及心理学领域的学者汇聚一堂。又如，尽管瓦雷拉的大部分科学生涯都在智利之外的国度展开，但他经常与工作在不同研究领域的智利科学家保持着密切的接触。在传播知识与观念方面，瓦雷拉于 1999 年加入了一个由智利政府命名的"千禧年倡议"基金会，用来支持科学研究。在逝世前六个月他还组织了一次由智利生物学与生物技术千年协会赞助的“2000 年千禧年会议”。在这次会议上，他作了题为《大脑与意识》的报告，报告厅内座无虚席，听众们都被瓦雷拉最近在人类心智领域内的探险历程所吸引。在诠释方面，瓦雷拉的论著中经常引用生动且具有说服力的论据，如通过阐述细胞在含蔗糖食物中的活动规律来论证自创生系统的本质。部分诠释甚至超越了一般学术意义上的建构，而升华为一种对心智与生命关系的深刻洞悉，最终通过心智科学的深化而植入到大众心中。

在这种沟通能力背后，折射的是瓦雷拉天才的创造力与联系力，他被誉为“伟大的观念催化剂”。他常常告诫自己的学生：“观点飘浮在空气之中，想要抓住、理解并发展它们就必须时刻敞开头脑。”著名理论生物学家考夫曼同样毫不掩饰地赞叹：“弗朗西斯科 · 瓦雷拉有着惊人的发明创造能力和随心所欲的想象力。”德国文献学、新闻学与生物学家博克森博士也评价道：“瓦雷拉是一位综合的大师……并且是一位受人尊崇、令人兴奋、充满激情的特殊天才研究者。他就是为建构类似认知科学的现代系统理论而生的。在国际科学舞台上，他永远是一位非正统的灵感启发者。”临床心理学家马克斯 — 塔罗与马丁内斯形象地将瓦雷拉在跨学科领域的贡献比喻为“像涟漪一样荡漾开来”。

但另一方面，赫耳墨斯的信使角色还隐含着另外一面。在古希腊神话中，虽然传信是赫耳墨斯的职责所在，但他带来的消息并不一定总是明晰的，恰好相反，他所传达的神谕以晦涩著称。尤其是当公元 2—3 世纪后赫耳墨斯与埃及的托特神结合成至尊赫耳墨斯之后，赫耳墨斯更是成了神秘学的象征。医学家与工程学家希利斯就曾直言不讳地指出“弗朗西斯科 · 瓦雷拉是一个神秘主义者”。兰顿教授在惊叹瓦雷拉的诱人吸引力之余，又加了如此一番评价：“然而，一旦你离开那个房间，从他那无比迷人的魅力下解脱出来后，你就很难确切地理清他曾说过的内容。”美国生物学家马古利斯对此也深有同感：“我知道弗朗西斯科的一些研究工作，但是他经常说一些我根本就不懂的话……在辨别生命系统与工程或其他非生命系统之间的基本区别上，我很尊敬弗朗西斯科所起的作用，但是，我认为，他将他表达观点的方式弄得不清不楚。”澳大利亚麦考瑞大学哲学系贝恩教授则对瓦雷拉的神经现象学表示了困惑：“尽管瓦雷拉取得了某些进展，但是究竟何为神经现象学依旧令人难以理解。神经现象学家该做些什么？该怎样做？它又在何种程度上成为一种与众不同的研究计划？”

我们将这种特殊的思考与表达方式称为“瓦雷拉风格”。这大致主要是由以下三方面原因造成的：（1）瓦雷拉本人长期以来从事心智科学的跨学科研究，而不同学科内部从思维方式、研究范式与方法到表述方式均存在巨大的差异，甚至是相互抵触的。(2) 著名心智哲学家丹尼特指出，瓦雷拉是心智科学领域内的革命家，而不是改良者，“他尽力想让传统上看待事物的方式显得一无是处”。(3) 心智现象本身的复杂性、抽象性正如同神谕之玄奥。瓦雷拉曾感叹道：“我尝试以新颖的方式探究事物，但任何事物都没有看似的那样简单，它们都是复杂的，也并不容易洞悉与表达。”

因此，我们完全可以将这种争议搁置在一边而来继续考察其影响。自瓦雷拉去世以来，《意识研究杂志》《认知科学趋势》《意识与认知》《人工生命》等学术期刊持续发表悼文、颂词与纪念性的文章。其中《现象学与认知科学》《生物学研究》与《控制论与人类认识杂志》相继出版纪念性特刊。2001 年 10 月 13 日，由巴黎第五大学哲学家德普拉扎组织、法国国际哲学学院承办的“心智的本质：现象学哲学、神经生物学与精神传统的十字路口——瓦雷拉的纪念日”会议在巴黎召开。2004 年 6 月 18—20 日，在著名的巴黎索邦大学黎塞留圆形剧场举办了规模更大的“从自创生到神经现象学：致弗朗西斯科 · 瓦雷拉”学术研讨会，来自数学、神经科学、免疫学、理论生物学、认知科学、哲学与社会科学领域内的学者汇聚一堂，在一种宽松的氛围下，以复杂系统的视角来探讨生命、心智与人类关系的根本原则。同年夏季，心智与生命研究院首次开设一年一度的“弗朗西斯科 · 瓦雷拉科研基金奖”(15000 美元 / 人)，用以资助资深科学家、青年科学家与佛教沉思学者在精神性与科学的前沿领域开展积极合作，迄今已有大量杰出的初级研究者获得资助。2005 年，纪录片《蒙特格兰德：何谓生命》开播，影片记录了瓦雷拉对自己一生的反思及其家庭成员、前沿科学家、朋友和思想家对他的回忆。

3. 在当代跨学科领域内的反响

近年来，瓦雷拉思想中所孕育的赫耳墨斯式的渗透力正逐渐扩散、深化至心智科学内外其他的新兴学科领域与主题中，并呈现出左右逢源、水乳交融的新局面。首先，由瓦雷拉生前提出的具身心智与生成认知思想愈来愈为心智科学界所认同，从而间接地引爆了第二次认知革命。具身、生成已经与嵌入、延展并列为第二代认知科学的四大心智观并以摧枯拉朽之势撼摇着基于“计算机隐喻”的传统认知观念。而有关具身性与生成主义的观念也出现在诸多研究主题中，如教育中的认识论、学习、教学设计、半机械人与认知范围的设计等领域。其次，瓦雷拉的神经现象学方案不仅在应对意识“困难问题”的道路上引发了更多学者的关注，而且伴随镜像神经元的发现，以加莱塞为代表的神经科学家已将该方案的触角延伸至“交互主体性”领域内，并掀起了一股研究热潮。“心身问题与他心问题”这一对自笛卡儿时代而来的“世界之结”有望在统一于神经现象学的框架之内被渐次解开。近来，神经现象学的方案还被直接借鉴于开发具有超人类主义的脑机接口、激发学习潜能的沉思训练及精神分析实践。再次，瓦雷拉的自创生理论作为一种看待生命与心智复杂关系的认识论视角也被应用到更多学科领域，如传播媒介生态学、社会学与管理学。最后，从广义上而言，在心智科学时代的背景下，瓦雷拉的工作有效地沟通科学与人文，可以视为斯诺意义上的“第三种文化”之典范。

也许从赫耳墨斯神杖上缠绕的双蛇到作为其哲学符号的衔尾蛇，无不暗含了一种对瓦雷拉“自指”、追求完美与生命不息精神的诠释，也寓意了人类在追问心智何来道路上永恒更生、无限发展的循环模式。因此，正如心智哲学家汤普森在悼词中所说：

> 尽管弗朗西斯科去世了，尤其在他丰富多样的研究计划将要结出硕果时离去，这是一个不可估量的损失，但他独特且典范的研究风格从未如此强大，而这将在未来的岁月中继续激励我们。

（作者：陈巍　徐燕　郭本禹　李恒威）

参考资料

[1] 庞思奋．哲学之树［M］．翟鹏霄，译．桂林：广西师范大学出版社，2005.

[2] E. R. John. In Memoriam：Francisco J. Varela（1946–2001）［J］. Journal of Consciousness Studies，2001，8（8）：66–69.

[3] A. Palacios，J. Bacigalupo. Francisco Varela（1946–2001）：Filling the Mind–Brain Gap：A Life Adventure［J］. Biological Research，2003，36（1）：9–12.

[4] F. 瓦雷拉，E. 汤普森，E. 罗施．具身心智：认知科学和人类经验［M］．李恒威，李恒熙，王球，于霞，译．杭州：浙江大学出版社，2010.

[5] Eugenio Rodriguez，Nathalie George，Jean–Philippe Lachaux，et al. Perception's Shadow：Long–distance Synchronization in the Human Brain［J］. Nature，1999，397：430–433.

[6] Evan Thompson. Mind in Life：Biology，Phenomenology，and the Sciences of Mind［M］. Cambridge：Harvard University Press，2007.

[7] 约翰·布罗克曼．第三种文化：洞察世界的新途径［M］．吕芳，译．海口：海南出版社，2003.

[8] Eleanor Rosch. For Francisco Varela：Explorer of the Phenomenal World［J］. Biological

Research, 2003, 36 (1) : 13-15.

[9] N. Katherine Hayles. Unfinished Work: From Cyborg to Cognisphere [J] .Theory, Culture, & Society, 2006, 23 (7-8) : 159-166.

[10] Kyrill A. Goosseff. Autopoeisis and Meaning: A Biological Approach to Bakhtin's Superaddressee [J] . Journal of Organizational Change Management, 2010, 23 (2) : 145-151.

开创比特新时代：信息科学巨匠

■ 沃康松

查尔斯 · 巴贝奇

乔治 · 布尔

诺伯特 · 维纳

阿兰 · 图灵

杰克 · 基尔比

西摩 · 克雷

■ 马文 · 明斯基

沃康松

（Jacques de Vaucanson，1709—1782）

沃康松
人形自动机黄金时代的开创者

沃康松是18世纪最为著名的人形自动机设计专家，他开创了“模拟式人形自动机”时代，并建立了“模拟式人形自动机”的设计标准。1738年，沃康松所建造的人形自动机“长笛手”在巴黎公开展出并引起轰动，它被视为世界上第一个实存的“安卓”(机器人)。狄德罗在其所编的《百科全书》中，将“长笛手”视为“安卓”原型。1739年，沃康松公开展出了其另外两个“安卓”——“管乐演奏者”和“鸭子”。与此前的人形自动机（或依附于自动机的人形机械）相比，沃康松的自动机设计是基于“模拟”方法，即“复现”人类或动物的内部结构或生理过程，“模糊了机器与人、生命体与非生命体之间的界限”。在沃康松的影响下，西方世界出现了人类历史上第一个“安卓”制造热潮。此外，沃康松还成功地将其人形自动机设计方法应用到机械制造领域，发明了世界上第一台完全自动化的织布机，并对此后得到广泛应用的雅卡尔提花机的发明提供了直接的技术支持。

一、沃康松生平

沃康松于1709年2月24日出生于法国的格勒诺布尔，其父是手套工，母亲是天主教徒，父亲在沃康松10岁时去世。沃康松年幼时法国统治者为路易十四，加上战乱，特别是法国与西班牙之间的战争，导致了严重饥荒。

1715年，母亲将其送到耶稣会朱利学校接受教育，由于母亲经常带他参加祷告活动，小沃康松便有机会观察教堂中的机械物如钟表，并研究其内部构造、运作过程。尽管小沃康松必须参加宗教课程，但是他对机械设备兴趣非常浓厚，如当他看到一艘只完成船体建造的模型船时，便将其制作完成，并使其在学校池塘中穿过。“沃康松早期所有力图成为一个机械师的努力，都以某种方式与宗教相关。他可以在做祷告时观察钟表；其在耶稣会学校的数学老师是一个僧侣。”

1725年，沃康松来到里昂成为一个学徒，对于出身贫穷家庭的他来说，这是唯一可以继续从事机械研究的道路。他于1727年获得一个工作坊，并在一个贵族的赞助下建造自动机。但是，沃康松却受到了来自宗教的挑战。如1727年，为了迎接当地的一位行政长官，沃康松特地为其制作了一些可以为晚餐服务并清理餐桌的自动机。但是，出乎意料，同行的一位政府官员却认为这些自动机是对当时教义的背叛，并命令拆除他的工作坊。沃康松感受到了危险，借口患病返回到家乡格勒诺布尔。1728年，沃康松来到巴黎并在那儿停留了三年，在"皇家花园"参加了一些医学和解剖学课程，在那里，巴黎金融家塞缪尔·伯纳德给予了他很大支持。

1731年，沃康松前往鲁昂，遇到了外科医生克劳德·尼古拉斯·勒卡特和弗朗索瓦·奎斯奈。勒卡特鼓励沃康松建造用于医学研究的"人造躯体"，沃康松于1732年成功地制作了一个类似躯体。由于"人造躯体"无法为其带来金钱与社会地位，沃康松便在牧师让·科尔维的资助下转向自动机研究，并获得大量报酬。他于1735年回到巴黎，并成功地进入了上流社会。1736年，沃康松与法国富人让·马尔甘达成协议，后者同意为沃康松提供资助，让其制造自动机，作为回报，马尔甘拥有这些自动机三分之一的所有权。但是，沃康松却突然病重卧床四个月，据说正是在昏迷中，沃康松梦到了以安东尼·柯塞沃克所制造的雕像为外形、会吹笛的人形自动机。1737年，沃康松的第一个真人大小人形自动机——"长笛手"制作完成，并于1738年2月在巴黎圣日耳曼博览会公开展出8天，然后移至朗格维尔酒店。当时，参观门票为3个里弗，相当于一个普通工人的周薪，且每一次只允许10—15人参观，每天最大参观人数为75人。展出取得巨大反响，《法国信使报》在1738年4月的一篇报道中这样描述："在大约两个月的时间里，整个巴黎都在怀着惊奇的心情欣赏着一个机械产品，这是最奇特的作品，同时也许是最令人感到心悦诚服的作品。"1739年，沃康松带来了另外两个作品——"管乐演奏者"和"鸭子"。这三个自动机为沃康松带来了金钱、名誉和社会地位，并结识了伏尔泰、博物学家布丰等社会名流。

1741年，沃康松将三台自动机卖给了三个里昂商人。之所以要出售它们，原因可能是：首先，沃康松不仅仅希望成为一个机械师或艺人，他试图获得更广泛的社会认同，而在那个时候，机械师被法国学术圈所轻视；其次，沃康松是一位爱国者，他希望利用自己的机械学知识为法国人民造福，如伏尔泰曾经说服腓特烈二世邀请沃康松加入其宫廷，但是沃康松拒绝了，他想留在自己的国家。不久，沃康松便从国王路易十五那里获得了新职位——丝绸生产督察，他们希望沃康松能够利用机械学知识来提升法国纺织业的竞争力。在那个时候，法国纺织业面临来自意大利皮德蒙特高原地区的激烈竞争，且已落后于英格兰。沃康松数次到法国当时的丝织业之都里昂进行调研，以图发现问题及获得解决之道。沃康松经过调研发现，如何高效地将丝从茧中抽出并缫成线以及缫线过程缺乏专业训练人员是问题所在。为此，沃康松一方面于1744年在里昂成立由皇家财政部支持的皇家制造厂，缫丝过程由受过专业训练的工人依据标准严格实施。另一方面，从1742年起开始推进纺织过程的自动化。但沃康松的做法侵犯了当地商人及自己经营店铺的劳动者的利益，他们举行了大规模的抗议活动。1745年，路易十五下令大赦，沃康松被迫逃回巴黎，在那里，他专注于发明更好的织机，于当年就开发出世界上第一台完全自动化的织机。1746年，沃康松成为巴黎皇家科学院院士。

在此后的几十年里，沃康松在位于莫泰因酒店的工作坊内，与助手一起，致力于发明有用的机械工具。1757年，沃康松在与狄德罗竞争皇家科学院副机械师职位时，成功击败后者。18世纪50年代，沃康松在欧布纳建立了一个丝织厂，实际上这是第一个现代意义上的工厂，它比理查德·阿克赖特在德比郡所建立的棉纺厂早了20多年。但是，沃康松的这家工厂于1775年倒闭。在生命的最后几年里，沃康松开始收集器械进行展出，并将其收藏，后又将大约300件机械品捐赠予路易十六，这些藏品成为法国国立工艺学院的基础。

1782年，沃康松去世，孔多塞侯爵在悼词中写道，沃康松的“创造性发明，不仅仅包括他的自动机，还包括他的一些‘有用’工具，为此后那些开明人士提供了灵感”。

二、沃康松以前的人（或神）形自动机历史演变过程

沃康松以前的人形自动机，绝大部分是依附于其他事物（如钟表、机械石窟等）的机械人物形象，在这里需要指出：文章中的“人形”不仅仅是指“像人类”的机械形象（如国王、祭司、敲钟人等），还包含以各种“神”及“宗教中的耶稣、天使”等形象所出现的自动机。

人形自动机的历史甚至可以追溯到古埃及，普赖斯曾提到一个古埃及木制雕像（时间约为公元前20—前18世纪），它可以发出声音，并能够用“神”（古代由祭司代替）的声音进行解释。

菲隆和海伦是古希腊最为著名的自动机发明家。菲隆在《机械原理手册》中便谈到了一些含有人形机械物形象，如水流控制自动机中的机械人物，它是静止的，掌握着水能否流出，发挥着软木塞的作用。海伦在《气体力学》和《自动机》中，也描述了一些含有人形或神形机械形象的自动机，如：(1) 祭坛自动机中有两个举行献祭仪式的祭司，它们将水倒于祭坛使火熄灭（它们是静止的）；(2) 喇叭手自动机：如果有气体进入喇叭手口中，喇叭便会发出声音；(3) 大力神自动机：大力神赫拉克勒斯站在一个台子上，台上有苹果，如果有人捡起，他便会将箭射向蛇的口中；(4) 自动剧场：剧场会移动，上有酒神巴克科斯和胜利之神，它们围绕祭坛移动，并伴随着鼓和铙的声音旋转起舞。

随着罗马帝国的分裂，拜占庭帝国及阿拉伯世界逐渐将古希腊的经典文献引入东方，其中便包括菲隆和海伦的自动机文献。公元前6世纪初期的《时钟描述》便记载了加沙市集的一个自动机钟表，上有太阳神、森林女神等机械形象：太阳神雕像每12个小时便从左向右移动，大力神每小时敲鼓一次，狄俄墨得斯根据小数来吹响小号。而阿拉伯－伊斯兰世界的自动机制作专家加扎里，在《关于精妙机械设备的知识》中描述了50多个自动器械，机械人物形象多出现于其中（往往被称为“奴隶”，角色包括船工、赶象人、侍酒人、指时人等），它们是动态的，可以整体移动，或是身体的某些部位做出特定的动作（如划桨、倒酒、指时、奏乐等），且往往以人群方式出现，如：(1) 机器人乐队，使用了可编程的凸轮，使演奏者演奏不同旋律与乐器，被认为是早期的可编程自动机，类似的还有“行船乐队”；(2) 自动机钟表，如象钟，上有机械人物“写作者”，每半小时便会从左向右移动并抬起左臂，然后其左边的机械鹰吐出口中铜球，经过一条机械龙的下巴最终落下，敲击铙钹，发出声音报时。但是，也有一个单体人形自动机“酒伴”，是第一个有记录的单体仿人机器人：它右手拿着高脚杯，左手持睡莲，国王用高脚杯喝酒时，会将剩下的一部分酒倒入“酒伴”的酒杯中，“酒伴”抬起酒杯并点头，动作重复几次之后，国王选择所要取笑的人，告诉他“酒伴”可以喝酒，当客人给其喂酒之后，“酒伴”便会将此前所有的酒洒在客人衣服上，使其成为嘲笑对象。

11世纪至13世纪，西班牙、意大利（特别是西西里）成为向西方世界传播古希腊文明的重要地区。特别是自15世纪起，越来越多的古希腊手稿包括海伦的《气体力学》引入西方，如15世纪贝萨里翁将其传播至意大利。依据里斯金的观点，最早的机械人物形象大多出现于教堂，以宗教主题表现，如机械耶稣、机械魔鬼等，“在

15 世纪晚期及 16 世纪早期，在欧洲大陆，通过机械（耶稣、天使、恶魔图像）来说明事件的合法性，非常普遍且流行”。如 1538 年，英国宗教改革前期，鲍克斯利修道院展示了一个神奇的机械基督“恩典”，可以展示哭泣、咬嘴唇、皱眉、微笑、口吐白沫、点头、低头向下、升起等动作，它是通过一条条丝线来控制的；法国迪耶普的圣雅克教堂，机械的“永生的主父”出现在教堂顶部，机械天使在他周围飞翔；1502 年，法国图卢兹附近的拉巴斯坦镇，一个机械圣母由一群旋转的机械天使围绕，慢慢升空；1499 年，威尼斯圣马可广场钟表中，有吹号角的天使、在圣母和孩子面前鞠躬的麦琪等。

自 16 世纪，含有动物、人、神形象的自动机开始在世俗世界（如市政厅、贵族庄园或市政钟楼）流行。如 1560 年左右，查尔斯五世让钟表匠图里诺为其制作了一个机械修道士，约 16 英寸（1 英寸 =2.54 厘米）高，可迈步，举起十字架，眼睛、头可以转动，嘴可开合。随着生理学的兴起，一些自然哲学家对人体构造进行研究，设计具有人形外貌及机械原理特征的单体人形自动机，如于 1495 年研制了一个机械骑士，头部可以移动，嘴巴可以开合，并可以完成挥臂、坐立等动作。此外，机械石窟也非常普遍，法国工程师考斯描述了许多机械石窟，具有代表性的是 1615 年的加勒提阿石窟：维纳斯坐于大贝壳之上，其后是一个坐于石头之上的独眼巨人，吹着排箫；绵羊从四面八方出现。这[illegible]石窟由两个水轮驱动，由两个水管喷嘴控制，管子通过一个平衡机构交替开合，推动水轮、滑轮做出特定运动。

三、沃康松人形自动机设计的范式转换

1738 年 2 月，沃康松的第一个人形自动机“长笛手”在巴黎圣日耳曼博览会首次展出并取得巨大成功。“长笛手”如真人大小，可像真正的音乐家一样吹笛，连续演奏 12 首曲子。巴黎科学院院长也对它感兴趣，并让红衣主教弗勒里去参观。1738 年 4 月，沃康松造访了巴黎科学院，展示了这一人形自动机，并向巴黎科学院提供了备忘录“关于一个自动机运转机制的描述”来解释设计细节。1739 年，沃康松展示了另外两个自动机——“管乐演奏者”和“鸭子”。“管乐演奏者”可演奏大约 20 首不同曲调；而“鸭子”则更加神奇，可模拟自然鸭子的进食、消化和排便过程。弗朗索瓦－玛丽·阿鲁埃在诗《人类的灵魂》中写道：“勇敢的沃康松，普罗米修斯的对手 / 似乎能够模仿大自然的力量 / 从天堂取火，并使它的身体动起来。”

沃康松的自动机有自己的特点：

1. 从外部功能展示到模拟的技术设计范式转换

沃康松此前的人形自动机（或是说 18 世纪 40 年代以前的人形自动机），主要采取“外部功能展示”模式，即强调机械人物（或机械“神”）能够模仿人的某些外部身体动作，使其从外观看起来像人或“神”。这种模式具有如下特征：（1）不涉及人的内部身体构造及生理过程，或是说它并不能够使机械人物或机械“神”模仿自然人的内部生理机能，在外部动作（果）与内部身体机理（因）之间，无法使观众形成一种联想。（2）从学科基础角度讲，往往仅涉及机械学、液体力学，与生理学无关。这些自动机往往以菲隆和海伦的设计为基础，通过水和火驱动，用虹吸管来输送液体，以圆柱体、平衡物及滑轮作为机械装置。（3）外部动作较为简单、僵硬，如摇头、点燃祭坛、挥臂、倒酒、指示时间等，主要动作部位为头、眼、手臂、手腕等（不涉及手指、面部各器官的相互配合、胸、肺等），无法形成对自然人动作的精确复现。（4）主要作用是娱乐或装饰，与人体研究（如解剖学、发声学）无关。

而与之不同，沃康松的自动机则是基于模拟方法。模拟意味着使自动机还原人类或动物器官的组合方式及功能，甚至是生理过程。莫兰曾将沃康松视为“模拟之父”。沃康松的自动机不仅仅是使自动机的外部动作看起来与人类或动物相似，而且是基于人体或动物的内部构造及功能机理来实现其外部功能，也就是说，沃康松试图“复制”人类。如“长笛手”不是像以前的音乐自动机那样在里面安装音乐盒，而是像自然人一样用“气”来吹动笛孔发出声音，它有自己的“肺”（风箱），甚至有人使用自己的笛子来测试它，同样可以演奏成功。这种模式的特征包括：

（1）从外形尺寸层面看，沃康松以前的机械人物的尺寸大小与自然人相差较大，往往体积较小，难以给人以自然人的感官刺激，如加扎里烛灯上的机械人物高约为 14.5 英寸，另一个手拿鱼和酒杯的机械“奴隶”，高约为 36 英寸；而沃康松的“长笛手”高约 6.5 英尺（1 英尺 =12 英寸 =0.3048 米），“管乐演奏者”也如真人大小。

（2）从机械实体的独立性层面看，沃康松的人形自动机是单独、独立实体；而此前的人形或神形自动机往往是其他机械物（如机械钟表等）的一部分，且采用同一场景多个机械人物或机械“神”方式，缺少一种独立的“个体人”意蕴。

（3）从动作模仿程度看，沃康松的自动机能够更细腻地展示人或动物的动作，如其“长笛手”可以模仿人的“口吹气”“手指移动”“口腔及唇的移动”“笛子随曲调移动”等动作；“管乐演奏者”可以精确地演奏两种乐器——小鼓和管乐，这是“外部功能展示”模式所无法实现的。

（4）从学科基础来看，沃康松的自动机设计是机械学与解剖学、生理学的结合，“毫无疑问，这是人体解剖学的发展，尤其是神经系统的解剖，这引导着沃康松的机械制造过程”。

2. 从神性依附到机械世界观的文化范式转换

沃康松之前的人形或神形自动机，具有“神性依附”特征，主要是指：这些人形或神形自动机往往负载着特定的文化和宗教内涵，其“自我运动”被神秘化，如古埃及的“会说话的脑袋”便是为了使人们相信神的灵魂存在其中。特别是在基督教世界，它们成为一种展示宗教文化、保持宗教特殊社会地位的文化符号，在机械学知识缺乏的条件下，这些自动机所具有的“自我运动”特征与宗教神秘地结合在一起，“这些机械圣像——赋予教堂生气的机械耶稣、圣母、永恒的父、天使、魔鬼——在中世纪的天主教世界里，观众在面对它们时并不能非常清楚地区分哪些是物质，哪些是精神，哪些是世俗，哪些是神圣”。如肯特郡的机械基督“恩典”，它的各种动作及表情也被教众描述为神的旨意，且每当复活节，便会有大量朝圣者朝拜这一“神的化身”。

而沃康松所依随的是机械论世界观，他力图将此前自动机所蕴含的迷信、神的崇拜等非理性因素排除在外。实际上，随着文艺复兴运动的兴起及宗教改革运动的推进，在意大利、德国等地，人形自动机的世俗含义得到强调，但在英国、法国等地，采用自动机方式复现“人”依然是禁忌，“动物，至少是其最高形式的人类，只属于神的艺术。只有上帝，或是比人类更高级的事物，才可以制造人工生命”。而随着近代哲学和科学的兴起，笛卡儿、牛顿等所提倡的机械世界观逐渐成为近代社会的最重要的文化要素之一，他们将人体比作一台机器，认为“人的身体仅仅是一座用土做成的雕像或机器”。

沃康松的人形自动机则顺应了笛卡儿哲学，试图说明：人类和动物的身体并非是超自然事物，或是“巫术”，它们的结构、功能可以通过机械学知识来加以设计和模拟，“它们将作为观众的劳动者、哲学家、国王等所关注的哲学问题戏剧化，即人或动物的功能本质上是否可以通过机械的方式展示出来”。沃康松的三个自动机为笛卡儿的观点提供了一种物质实体，证明其关于整个世界（包括人类身体）都是机器思想的正确性。实际上，在沃康松所生活的时代，用机械方式复现人体依然是一种禁忌，如 1727 年，为了迎接当地行政长官，沃康松特地为其制作了可以为晚餐服务的自动机，但却被认为是对神的“亵渎”，因为“将人比作机器是不可接受的”。

实际上，沃康松建造人形自动机，与当时机械学与医学、解剖学逐渐结合这一历史背景紧密相关。当时，从笛卡儿到拉美特利，机器与医学之间的关系引发了广泛好奇心，机械师与外科医生力图通过自动机器来模拟人体的功能，如博雷利谈道："自动机似乎与动物之间存在着一些相似性，因为它们的可移动的、有组织的身体都遵循着机械学定律，同时也都可以通过自然力来驱动。"1739 年，沃康松曾经的老师乐·凯也认为，"从自动机中你可以看到其如何遵循机体整体的功能"。正是在这种背景之下，沃康松开始从事建造机械躯体和人形自动机的事业，试图基于人体功能机理、结构形式，以机械的方式对其精确模拟，"沃康松的自动机跨越了许多边界，并可被视为是启蒙的象征"。

四、三个自动机的具体设计及工作原理

在具体设计中，沃康松的模拟式自动机是基于人体结构与功能（如肺的呼气吸气、嘴唇开合、手臂转动、胃的蠕动等）来实现特定动作，他曾经详细描述"长笛手"如何模拟人体："通过小杆运动来加大'长笛手'嘴的张开程度，从而模仿自然人张开嘴巴发出低音这一动作；通过小杆将'长笛手'嘴唇后拉，模仿一个人将嘴唇外移、从长笛口移开的动作；通过小杆使风从风箱中吹出，模拟自然人通过胸部肌肉的挤压，将气体从其肺部中吹出这一动作。"

1. 沃康松人形自动机的前期技术积累——建造动态人工躯干

沃康松的人形自动机建造事业始于其人工躯体研究，沃康松的解剖学知识和设计动态人体躯干的经验，对其自动机设计起着重要作用，"毫无疑问，这是人体解剖学的发展，尤其是神经系统的解剖，这引导着沃康松的机械制造过程"。人工躯体主要用于解剖学教学和研究，它是一种动态机械装置，可模拟人体的某些功能，相对于传统的、以尸体为标本的自然解剖学，动态的人工躯体可以"尽可能如实地复制人类或动物的器官功能"，如血液流动。

1731 年，沃康松在鲁昂遇到了法国外科医生乐·凯，在那个时候，乐·凯对以机械方式来复制人体结构和功能非常感兴趣，用此证明其放血理论。乐·凯对沃康松制作动态人体躯干起着非常大的影响，"对于沃康松来说，通过传统方法获得解剖学知识，即通过对尸体的经验性观察及解剖……是不充分的，应该通过一种工作模型或逼真的机械模拟来弥补其不足"。1732 年，沃康松成功地制作了一个动态人工躯干，他

这样描述：一个具有自运动功能的物理机器，它包含有许多自动机，能够通过火、空气及水的运动来模拟许多动物的自然功能。

由于制作动态人体躯干主要用于医学研究或教学，受众较小，难以带来收入，沃康松便将注意力转向人形自动机。当他的三个自动机获得成功后，路易十五便让沃康松负责一项解剖学工程，即建造一个可模拟人类血液循环的人体机器。但由于此后沃康松被委任为丝绸生产督察，这一工作中断。但沃康松从没有完全放弃这一工作，1741 年，当沃康松在里昂视察丝绸制造时，他向里昂科学院提交了一份“人体躯干”建造计划，沃康松这样描述：“建造一个人形自动机，使其能够通过自己的运动来模拟动物的功能，如血液的循环，呼吸，消化，以及肌肉、肌腱和神经的组合等。”但这项工程过于复杂，且沃康松期望值过高，最终没有付诸实施。20 年后，沃康松试图建造一个基于循环系统水力模型的动态躯体，由火生热驱动，使液体和空气在橡胶管中运动，以模拟人体器官功能。

2. 第一个人形自动机——“长笛手”及其工作机理

“长笛手”高约 6.5 英尺（198 厘米），放置在一个木制方形底座上，主体为木质材料，只有手臂用硬纸板制成。它模仿了夸瑟沃所制作的、位于杜伊勒里花园入口处的雕像。“长笛手”有柔软的舌头、嘴唇和手指，盖住长笛孔的地方是皮革，以使笛孔柔和。

“长笛手”由重物来驱动，其内部有一套可以使手指、嘴唇、长笛移动的机构，并结合一套风箱系统将不同强度的空气吹入“长笛手”口中，从而使长笛发声。这套机制可以分为两套装置——底部传动装置和上部传动装置：

（1）底部传动装置，即风力（“肺部”）控制系统。底部传动系统会产生吹长笛所需的空气，并可决定吹气压力的变化，是一套模拟人的肺部呼气的装置，主要通过风箱及曲柄来控制：①风箱部分。风箱共有 9 个，6 个位于基座的底部，3 个位于曲柄上部，每 3 个风箱构成一个小单元（其所产生的风通向一根管子），3 根管子相互独立，并在“长笛手”胸部合为一体，并经过喉咙，通过一个小腔进入“长笛手”口中，最后在嘴唇处（压在长笛孔上）结束。②传动装置部分。位于基座右侧有一个运动机构（由几个轮子构成），以重物（用脚踩动）激发，转动一个含有 6 个曲柄的轴（约 2.5 英尺，76.2 厘米），曲柄间隔相等。曲柄形状不同，均连接一根绳子，缠绕在一双滑轮上，绳子端部与 9 个风箱上部小板关联：当轴转动，拉动绳子，通过滑轮拉动一根处于风箱上部小板的杆，使风箱开合。由于曲柄形状不同，从而产生不同体积和强度的空气，进入连接着它们的管道中。③风力强度。基座下部右边的 3 个风箱，每个会产生约 4 磅（1 磅 =0.4536 千克）的力；而左边的 3 个风箱，每个产生约 4 磅的力；最后3个风箱，其所产生的空气压力最小，其重仅相当于风箱上部小板的重量。④风力开合控制机构。在喉咙处小腔中有可移动机关，可开闭通向舌头的管子。

（2）上部传动装置，即“身体移动”控制系统。这是一套模拟人的手指、嘴唇，以及长笛移动的机构，其构成为：①一个带有小件的圆桶，均分为 15 个部分，每部分含有一个提升件（距离均为 1.5 英寸，3.81 厘米）。②一套由 15 个小杆所组成的键架，位于圆桶上部，杆的一端与圆桶上的提升件相连，杆的另一端由钢丝固定，并连接到“长笛手”的手指、嘴唇、风容器。③有 3 根钢丝与通向胸部的风容器相连，钢丝末端与风容器阀门相连；与手指连接的钢丝有 7 根，其中 4 根控制右手手指，3 根控制左手手指，钢丝被拉动时，手指便上升；与嘴部相连的钢丝为 4 根，钢丝通过脖子，到达嘴巴，最终与嘴唇相连，可完成四种动作：第 1 根钢丝使嘴唇张开，形成风流；第 2 根钢丝可以使嘴唇更加接近；第 3 根钢丝可以将嘴唇往后拉；第 4 根可以使嘴唇到达笛孔边缘处。④圆桶上有小件，与圆桶上的提升件连接，小件的形状、位置、长度与圆桶上提升件之间的距离，可以定“长笛手”的手指、嘴唇、舌头的位置变化、时间长短以及风力的性质，从而形成特定的音乐曲调。⑤这套机构由一个转动轮驱动圆桶进行。

（3）程序控制系统，即“发音”机制。圆桶轴右端是一个螺丝状物，其上缠有一根长约 1.5 英寸的线，它可以使圆桶旋转 12 圈。圆桶的 15 个部分自左至右形成一种螺旋式前进路线，这便意味着，（连接手、嘴唇等的）杆（及钢丝）与圆桶上提升件接触的每一个点都是不同的，不会重复。最终，在钢丝的拉拽下，与之相连的嘴唇、手指等将根据特定的程序（即放置不同形状、不同位置的小件）完成所设定好的动作，并发出相应的声音，如：① D 音调发音机制。首先，将一个小件置于连接到口部的小杆之下，使嘴唇以更大程度张开；然后，将一个小件置于可以将风容器阀门打开的小杆之下，使风箱所产生的风通过；最后，将一个小件置于能够使舌头运动的小杆之下。如果这些动作持续进行，便可以发出 D 调。② E 调发音机制。在 D 调的基础上，增加一个可将“长笛手”右手第三根手指提起的小件，使第五个笛孔打开，并使嘴唇更加接近笛孔。③双倍频发音机制。将一个小件置于可将嘴唇推到笛孔边缘之外的小杆之下；然后设置一个可使两嘴唇更加接近的小件；最后，将一个小件置于可控制 2 磅风力的风容器阀门的小杆之下。④三倍频发音机制。将嘴唇推向笛孔使孔径更小，设置一个可控制 4 磅风力的小件，较强的风压及较小的孔径可使风速增加，形成三倍频。

3. 更为复杂的设计——“管乐演奏者”“鸭子”及其工作机理

在设计出“长笛手”之后，1739年，沃康松带来了另外两个自动机——人形自动机“管乐演奏者”和“鸭子”。其中“鸭子”最著名，“它是你所能想象的最令人惊奇的事物，一件几乎超越人理解范围的人类作品”。

（1）“管乐演奏者”的结构及工作机理

“管乐演奏者”如真人大小，站立于基座上，是一个普罗旺斯牧羊人形象，可演奏大约20首不同的曲调。它可以精确地演奏两种乐器：一只手持管乐，管身有三个乐孔；管乐右边是面小鼓，由另一只手持小棍敲击，小鼓的敲击与管乐保持曲调一致。沃康松对“管乐演奏者”演奏过程及机理解释较少，他只强调包括许多杠杆和不同类型的发条。

“管乐演奏者”与“长笛手”在很多方面类似，但前者更为复杂，设计难度更高：首先，它需要演奏两种乐器（管乐与小鼓）；另一方面，管乐的演奏更加困难，因为其孔径固定，且只有三个孔，因此所有音调变化必须由风力的细微变化来控制。在制作过程中，需要对管乐及小鼓所可能发出的所有频段及音调变化进行分析，“我必须给管乐不同的风力，其风速变化甚至连耳朵都无法跟得上其节奏……每一个音符，甚至是半音符，都必须演奏出来”。沃康松指出，要发出“上B”调（最高音调），“管乐演奏者”需要胸部肌肉发出56磅（1磅=16盎司=0.4536千克）的力；而要发出最低的E调，胸部要发出1盎司（1盎司=28.3495克）的力。

沃康松还发现，管乐在演奏过程中所需要的风压范围比人们预想的要大，且一个重要的科学发现是，特定音调所需的风压受它前面音调类型的影响，如：相比吹奏C调后面的D调，吹奏出E调后面的D调，其所需的风压是前者的两倍，原因在于，音调越高，其泛音共鸣越强。但这一发现在很长时间里都没有为人所关注，直到1860年，亥姆霍兹才较为完整地解释了泛音原理。

（2）“鸭子”的结构及工作机理

“鸭子”由铜镀金构成，在制作之前，沃康松对活物鸭子进行了仔细研究，它可以模仿自然鸭子的每一个动作，如拍打翅膀、喝水、溅水、被激怒等，甚至是消化过程，这是世界上第一个可模拟生物生理过程的自动机，“这一人工鸭子将玉米吃进嘴里，吸入胃中，在那个狭小的空间里进行化学反应，分解出食品中不必要的部分，将之挤入管子之中，最后从鸭子身体的另一端排出”。

鸭子由一个缠绕在圆柱体上的重物驱动，圆柱体上面是一个更大的圆柱体，由小圆柱体驱动。大圆柱体上有许多凸轮，这些凸轮可以激活由30个杠杆组成的系统，杠杆会连接到鸭子身体的不同部分，从而形成各种不同的运动。所有的轮子、杠杆、绳线均通过腿部与身体的其他部位相连。消化过程是通过相互连接的管子进行的，食物会进入肛门，肛门中有类似括约肌之类的材料，将废物排出体外。为了制作鸭子的肠，沃康松使用了弹性橡胶管，这一材料被认为是历史上第一种与其类似的物质。沃康松在给方丹的一封信中说，自然鸭子的每一个细节几乎都可以用人工方式进行模拟，一只翅膀的运动部件便达400多个，可以模拟三类骨头的运动：第一类是翅膀中肱骨的运动，其旋转运动与自然的肩胛骨非常类似；第二类是翅膀中肘骨的运动，它与肱骨一起作用，由一个可被称为屈戌关节的部分进行驱动；第三类是桡骨运动，其端部固定在翅膀翼一端，可以在肱骨小腔中进行转动。

关于“鸭子”是否真的可以像自然界鸭子那样消化，沃康松的语言是模棱两可的。一方面他解释说这一消化过程“复制于自然”，就像是“真正的鸭子”。另一方面，他又解释说，“我不想把这看作一个完美的消化过程”。实际上，沃康松想展示的是，动物机能可以通过机械的方式模拟出来，不属于造物主或超自然的东西，“与那些位于里昂、斯特拉斯堡的精美的、由发条所驱动的公鸡没有什么区别”。随着时间的推移，人们开始怀疑“鸭子”消化过程的真实性。1783年，一位观察者仔细观察了它的消化过程，发现食物并没有进入胃，而是被放置于鸭口底部。巴黎科学院终身秘书孔多塞在给沃康松的悼词中写道：“这不是沃康松的错……自然界功能的运行方式是沃康松所不能模拟的。”

五、从人形自动机设计到全自动织布机的发明

1741年，沃康松被任命为法国的丝绸生产督察，为了提升法国纺织业的竞争力，他将自己的机械学知识及自动机设计经验及理念（如人形自动机设计过程中的“全自动”理念、织机运动与人体动作的相似性等）运用到自动织布机的设计过程之中，实现了由工匠（自动机设计者）到工业技术发明者的角色转换。“1745年的自动织布机……是沃康松三个自动机的近亲，它们都由巴黎工匠（沃康松）建造，且工作原理类似。”1745年发明的世界上第一台完全自动化的织布机，他将其形容为：“即使是马、牛、驴，都可以利用这一机器，织出比当时最聪明织工（织得）都要漂亮和完美的绸布。”

雅科曾说，“长笛手”与沃康松织布机在工作机制上有很多相似之处：(1) 两者都可以进行无限重复的机械运动；(2) 都拥有控制各部件进行特定运动的程序；(3)“长笛手”的圆柱体上有小件从而控制其运动，而在织布机上则有穿孔纸带，来控制经纱的运动。

沃康松全自动织布机使用了源自鲁修和法尔孔的穿孔纸（卡）带及横针系统，来控制经纱与纬纱的连接，实现织物样式和图案的自动编织（注：1725 年，里昂工人鲁修引入了缠绕于有孔圆桶之上的穿孔纸带以及一排横针，通过孔的有无及排列组合来控制经纱与纬纱的连接与否，从而实现了纺织过程自动化。实际上，这一系统与自动机技术也有着渊源，因为鲁修的织布机运用了音乐自动机上的“钉桶”思想，而他的父亲是一个乐器匠，因而他对于“钉桶”应该非常熟悉，他应该知道圆桶上的钉的位置、形状，包含着能够控制音乐自动机发出特定音乐的信息。与之相似，将含有特定孔的排列组合的纸带缠绕于有孔圆桶上，便可以将纺织图案信息附着其上，通过控制经纱与纬纱的连接，来实现特定纺织样式）；另外，这一织机在设计上具有很多独创性因素，如将挂钩系统置于织机顶部，从而实现（像“长笛手”等自动机的）完全自动化；其梭子系统也非常独特，使用两个模拟人手一样的夹具，使梭子能够来回（像手递手一样）传递。具体来讲，沃康松全自动织布机的核心要素包括：

1. 沃康松全自动织布机的编织系统

沃康松全自动织布机编织系统包括两个核心要素：(1) 按行排列的针（两行），每一个针末端都包括有一个曲钩，它以直角方式穿过相应的针眼，并挂起一个可以将经线提起的小绳；(2) 连接在一起的穿孔纸带，缠绕在一个上面含孔的圆桶上（直径约 12 英寸）。不同的纺织图案被设计成纸带上不同小孔的组合，而诸多穿孔纸片连接在一起，从而形成特定纺织图案的信息。当用手按压穿孔纸带时，纸带上的小孔，连同曲钩系统，将决定经纱与纬纱是否可以连接在一起：当针所碰触到的部分是纸带上的无孔部分时，针便向前，与之相连的曲钩不会翘起，经线则保持在原位；相反，当针与穿孔纸带上的孔相遇时，便滑进圆桶中的孔内，而相应的曲钩翘起，曲钩所挂住的经线同样翘起。

2. 沃康松全自动织布机的梭子系统

沃康松全自动织布机的一个创新是梭子系统，它与约翰·凯于 1735 年发明的飞梭不同。飞梭系统是推动梭子使其在木板上来回移动；而沃康松的梭子系统由两个固定在木制载体上的夹具构成，这一载体通过直线往复运动，使梭子在经纱层上来回移动，这与人的双手传递东西相似。

3. 沃康松全自动织布机的自动化系统

区别于鲁修和法尔孔，沃康松全自动织布机的关键特征是：他将挂钩系统集中置于织机顶部，从而省去了相应的重物和钩线系统（如滑轮箱、尾绳），实现了纺织过程的完全自动化。例如，要确保织机正常工作，沃康松全自动织布机只需一个曲柄操作人员转动曲柄，便可带动其他所有部分。而如果使用动物或水力系统，除了更换穿孔纸带圆桶外，织机可以完全实现无人操作，而法尔孔织机则需要两个工人来管理。

但是，沃康松的全自动织布机并没有被市场所接受，“最终被放置在法国国立工艺学院的阁楼中”。原因是多方面的，如其不能处理复杂图案，但从根本上讲，这源自沃康松对自动化的过度追求。沃康松是一个技术完美主义者，这与其前期的自动机制造有着密切的关系，自动机强调动作的程序性、连续性、无人化，然而当将这种技术价值移植到工业体系当中时，会面临诸多因素，如成本控制、与现有工业体系的相融度等因素的挑战，它太过于超前，难以被纳入当时的纺织体系之中。可以说，沃康松由工匠角色向工业技术发明者及工业管理者角色的转换并不成功。但是，这一全自动织布机却为雅卡尔发明其“雅卡尔提花机”提供了直接经验，后者弱化了“完全自动”理念，通过有限的改进，使织机与当时的纺织工业体系更好地融合在了一起。

六、沃康松模拟式人形自动机设计范式的传播及影响

沃康松的三个自动机在自动机发展史上扮演着不可替代的角色，它们成为人工生命这一新科学的重要标志，引发了人类历史上第一次“安卓”设计热潮（自 18 世纪中期至 19 世纪中期），“沃康松的成功掀起了一场名副其实的、持续了一个世纪的自动机热潮”。

这三个自动机曾在欧洲的许多国家和地区公开展出，如 1741 年沃康松将其自动机出售给三个里昂商人，此后他们带着这三个自动机在许多国家展出，如 1742 年在伦敦，最远到了圣彼得堡。此后，手套制造商迪穆兰获得了这三个自动机，自 1746 年开始，他走遍欧洲公开巡展，如 1746 年冬在法兰克福，1747 年在汉堡，1752—1753 年在纽伦堡。瑞士钟表匠里奇斯汀还模拟沃康松，重新建造了一个新“鸭子”，但工作原理不同。

在这一过程中，沃康松的自动机影响了许多钟表匠或工程师，其基于模拟方法来设计“安卓”的方法，成为此后“安卓”设计者的技术标准。在当时作为世界钟表制作中心的德国和瑞士，涌现了许多著名的“安卓”发明家，甚至巴贝奇在发明其差分机的过程中，也受到当时的人形自动机设计的影响。如 1760 年，德国制表匠弗里德里希·冯·克劳斯为神圣罗马帝国皇帝弗朗茨·斯蒂芬设计了一个人形的书写自动机，这是历史上第一个具有文字书写功能的“安卓”；1774 年，瑞士钟表匠杰奎特·德罗兹父子制作出三个“安卓”：“作家”“绘图人”和“羽管键琴演奏者”，这也是沃康松之后最著名的“安卓”，其中“作家”被认为是现代意义上的第一台可编程机器，可最多写出 40 多个字符。很明显，他们在制作这些“安卓”时受到了沃康松的影响，“当皮埃尔 – 杰奎特·德罗兹 17 岁时，沃康松的‘鸭子’正在欧洲巡回展出，他的工作受到了沃康松‘鸭子’自动机的影响。最后，他开始设计自己的自动机”；1784 年，德国钟表匠伦琴等设计出“扬琴演奏家”；1810 年，来自德勒斯登的乐器制造商考夫曼制造了一款“吹喇叭”的“安卓”，可用两种声音演奏曲调。

这些基于沃康松模拟方法的“安卓”，其外形、功能更像人类，动作也更加自然，并被赋予了更多社会、文化、情感内涵，社会礼仪、人与人之间的互动准则等也被纳入“安卓”的动作设计过程之中。如德罗兹父子所设计的“羽管键琴演奏者”，在演奏时，其胸部的起伏与音乐旋律相呼应，眼睛的移动与音乐相呼应，其凝视动作表达着对观众的期待，在演奏结束后它还向观众鞠躬，期望获得赞扬，“它好像在感受自己的音乐一样”；“作家”在写字时还会做出吹掉纸上的粉末这一动作。德罗兹父子力图赋予这些人形自动机以情感、文明、优雅，这与当时启蒙欧洲的“情感”社会是相符合的，“这种在社会关系中培养与分享情感的努力，是当时启蒙欧洲‘情感’时代所追求的目标的一部分”。甚至在这一时期，拥有“智能”和“互动能力”的“安卓”也被设计出来，匈牙利工程师沃尔夫冈·冯·肯佩林于 1769 年设计出“下棋”人形自动机“土耳其人”。“土耳其人”可以达到专业棋手水平，曾经打败过普鲁士国王腓特烈大帝、拿破仑和查尔斯·巴贝奇。更令人惊奇的是，它还可以纠正错误棋步。但是，多年以后，人们认为“土耳其人”所谓的“智力”是虚假的，巴贝奇认为，一定是有一个小矮人（或腿部残疾人）藏在“土耳其人”前面的柜子里操纵棋局，但这种“互动式”的“安卓”，为人们扩展关于机器的想象力、反思机器与人的关系提供了新的载具。

沃康松制造的“安卓”及此后的各种“安卓”是传播机械世界观的重要工具。因为作为上帝创造物的人——这一一度被视为是最复杂、最神秘，甚至是禁忌性的事物，如果能够通过机械的方式加以模拟，便可以被视为是机械论哲学的关键性突破，它们证明笛卡儿关于整个世界（包括人类身体）都是机器的这一思想，正如笛卡儿所说，“当你被那些最强大的机器、最不寻常的自动机，以及人类聪明才智所设计的最令人印象深刻的奇迹和最精妙的技巧所惊叹时，我将向你揭示它们背后的秘密，是如此的简单和直接，以至于你将不再有理由将人类所创造的任何事物神秘化”。康明秀在谈及沃康松的自动机时曾经说过，虽然沃康松之后，人们设计出了更复杂、更像人类的人形自动机，但均未达到沃康松所获得赞誉的高度，原因之一便是，沃康松的自动机是证明机械论哲学的第一个实体，它所带来的冲击是前所未有的。

（作者：王彦雨）

参考资料

[1] M. D. Moran. Jacques de Vaucanson：The Father of Simulation [J]. Journal of Endourology，2007，21（7）：679-683.

[2] J. Riskin. The Restless Clock：A History of the Centuries-Long Argument over What Makes Living Things Tick [M]. Chicago：University of Chicago Press，2016.

[3] G. Wood. Living Dolls：A Magical History of the Quest for Mechanical Life [M]. London：Faber & Faber，2003.

[4] M. Kang. Sublime Dreams of Living Machines：The Automaton in the European Imagination [M]. Harvard：Harvard University Press，2011.

[5] S. De Price. Derek，J. Automata and the Origins of Mechanism and Mechanistic Philosophy [J]. Technology and Culture，1964，5（1）：9-23.

[6] B.Woodcroft. The Pneumatics of Hero of Alexandria [M]. London：Taylor，Walton and Maberly，1851.

[7] Ibn al-Razzaz al-Jazari. The Book of Knowledge of Ingenious Mechanical Devices [M]. Dordrecht：Reidel Publishing Company，1974.

[8] R. Jessica. Machines in the Garden [J]. Republics of Letters：A Journal for the Study of Knowledge，Politics and the Arts，2010，1（2）：16-43.

[9] V. De Jacques. An Account of the Mechanism of an Automaton，or Image Playing on the German-Flute [M]. London：Medicine，Science and Technology，1742.

[10] A. M. Blackman. The Rite of Opening the Mouth in Ancient Egypt and Babylonia [J]. The Journal of Egyptian Archaeology，1924，10（1）：47-59.

[11] A. Voskuhl. Androids in the Enlightenment：Mechanics，Artisans，and Cultures of the Self [M]. Chicago：University of Chicago Press，2015.

查尔斯·巴贝奇

（Charles Babbage，1791—1871）

查尔斯·巴贝奇
计算机史上被误判的先驱者

20 世纪 40 年代问世的第一台真空管电子计算机主要设计师、美国哈佛大学计算中心的霍华德·艾肯，在校园偶尔看到一台 19 世纪留下的自动化机械计算机模型时，不禁为之一震：假如这位发明者活到今天，我肯定会失业。这位发明者不是别人，正是维多利亚女王时代英国著名数学家，计算机史上被误判的自动化计算机的伟大开拓者，将英国科学衰退归咎于政府政策无能的剑桥大学风云人物、科学体制化的促进者——查尔斯·巴贝奇。艾肯目睹的那台模型是由巴贝奇之子亨利·巴贝奇按照他父亲设计的图纸制造并于 1896 年赠予哈佛大学的。

历史已证明，这位发明者的创造性设计堪与 19 世纪最惊人的智力成就相抗衡，甚至从“科学革命”意义上可将他的名字与孟德尔并列。

一、初入剑桥园

1791 年，查尔斯·巴贝奇出生在英国德文郡托特纳斯镇的一位银行家的家庭，自幼受到良好的家庭教育。进入学龄期后，父亲特地为他请来了知识渊博的家庭教师。酷爱读书的巴贝奇对周围事物有着强烈的好奇心，很早便表现出天才般的智慧。他在进入大学前未光顾过任何一家公立学校的大门。

1810 年，巴贝奇考取了著名的剑桥大学，在三一学院学习。此刻他踌躇满志，为考取这样一所名牌大学而自豪，期望在这里学习科学以便来日施展这方面的才华。然而，入学不久他便发现，站在讲台上授课的老师所教的知识大多已为自己所掌握，有时老师甚至不及自己。他感到大失所望，不满情绪与日俱增，他开始言行越轨，无视校规，常常使老师难堪。尤使他不解的是对那些深奥的数学理论，他比那些老师懂得还多，他想知道这是为什么。

原来，19 世纪早期，英国人讲授的数学还未超出牛顿时代的成就。英国人似乎为狭隘的国粹主义所陶醉，那场由牛顿与莱布尼茨为争夺微积分发明的优先权而引发的两大民族之争所残留的阴影此时还笼罩着英伦三岛，他们对莱布尼茨提出的并经法国数学家所改进了的微积分记号法仍弃之不顾。在剑桥和牛津这样的大学课堂上，讲授数学的老师仍沿用牛顿的“点”符号，所授内容仍然是17世纪的，而且这类老牌大学此时已成了培养律师和神职人员的场所，重心根本就不在科学。与培养出掌握若干科学领域人才的欧洲大陆国家大学相比，它们所培养出来的只不过是“受过良好教育”的“绅士”。

作为剑桥学子，巴贝奇从对老师的不满发展到对大学现行教育制度的不满。在同约翰·赫歇尔、乔治·皮科克结识后，他首先考虑的就是要扭转这一落后的状况，他们一致要求当局改革现行的教育制度，还向政府提出自己的主张。

为恢复剑桥大学的数学教学活力，巴贝奇与这两位伙伴一道创立了一个旨在把大陆数学介绍到英国的数学分析学会，巴贝奇建议将这个学会称作“为反对‘点－主义’（点是牛顿用的符号），并拥护‘d－主义’（d是莱布尼茨用的符号）而奋斗的学会”。巴贝奇为此撰写了一本书名很长并得到及时出版的书——《和大陆竞争对手立于同一基础的英国数学家们》。此举在剑桥校园立刻引起一场轩然大波，但受到许多学生的欢迎。

这场运动一直持续到他们大学毕业以后。后来的历史发展表明：正是以巴贝奇为首的这个学生社团的推动，才把大陆数学介绍到剑桥大学中来。

初入剑桥校园的巴贝奇也为当时流行的各种数表错误百出而愤怒。这些由机械计算产生的数表不仅位数少、精确度低，距使用者要求相差甚远，而且各种数表堆积如山、冗长乏味，使用起来极为不便。从计算、打印到排版，每道工序都会出错，作为例证，当时有位科普作家从这些数表中随机抽出40本，竟查出3700处错误，有些还是印刷过程中出现的。依据这些数表会使会计人员在实际工作中出现巨额款项的差错，依据这些数表会使轮船在航行中迷失航向，或触礁，或搁浅。

巴贝奇既精通这些数表的制作程序，又是过分挑剔这些错误的分析者。他能从一些数表中一组相同的错误入手，追踪到这些数表的版次，推测出这些错误是因未予校正而再版沿袭下来的。他曾同赫歇尔一道校对两份被“精心处理”过的天文表，两人都为这两份表之间出现的许多人为错误而惊诧不已。巴贝奇由此萌生了放弃天文学而研制计算机的念头。

巴贝奇认为，计算机能够为逐项清除数表中所有错误来源提供手段。此时他设想的计算机与17—18世纪出现的简易的台式计算机不同，这种计算机不仅能进行准确计算，而且能按既定程序进行自动计算并将计算结果打印在穿孔纸带上或软件盘上，从而根除手工誊写和制版印刷过程中的错误。待打印的计算数据能够从软件盘上直接输出，由此而清除错误发生的每一次机会。

自此以后，研制自动化计算机的设想强烈地吸引着他。巴贝奇确信这是可行的，能够实现的。于是，从 1812 年起，他就开始构思这一发明计划。

二、研制差分机

1821 年，在得到父亲的支持后，巴贝奇着手研制自动化计算机。

1822 年，巴贝奇设计出实验模型，其时这项研究已耗费了那位银行家的大笔财产。巴贝奇决定向英国政府提出申请，寻求政府的财政资助，使自己接近这一目标。

1823 年，英国政府决定支持巴贝奇这一发明计划，皇家委员会专门组织一个权威小组对他的申请进行审理，决定给予资助。当时政府对巴贝奇的发明方案表现出少有的热情。研制期间，还有一位资深的公爵和一位伯爵夫人前去探望。这使巴贝奇备受鼓舞。巴贝奇将自己研制的自动化计算机取名为“差分机”。他这样命名是因为这种计算机运用了数学上已知的有限差分原理，利用差分法可求出数学式的值。下面就是使用此方法给出 *n* 次方数表各项数值的例子。

现以 4 次方为例，令 $y=x^4$。一级差分由相邻两个 4 次方值相减得到（如 16−1=15）；二级差分由相邻两个一级差分值相减得到（如 65−15=50）；三级差分由相邻两个二级差分值相减得到（如 110−50=60）；循此程序可得到四级差分值。不难发现，四级差分等于一个常数（如 84−60=24）。一般地，*n* 次方的 *n* 级差分均为一个常数且恒等于 *n* 阶乘（*n*！）。若借用回归即逆向加法运算就能推出 4 次方数表的其他数值。差分法运算原理详见下表。

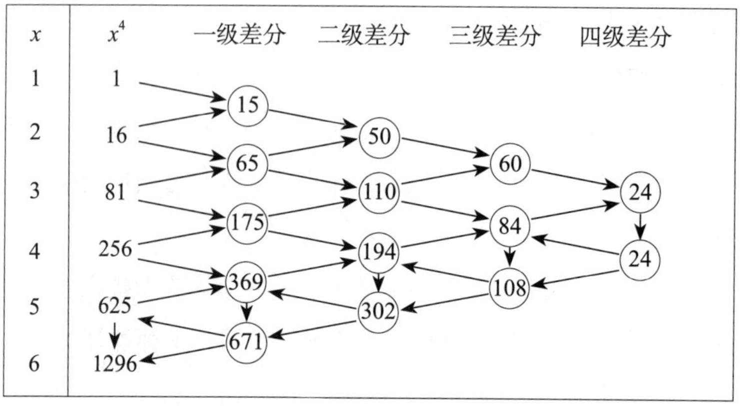

现将回归加法运算解释如下：

由第一行四级差分值下移一行或称降位移行即可给出新一行四级差分值（24），然后将新的四级差分值与已知的相邻三级差分值相加就得出新三级差分值（24+84=108），再将此值与已知的相邻二级差分值相加就得出新二级差分值（108+194=302），循此程序可得出新一级差分值（302+369=671），最后将此值与已知的 5^4 (=625) 相加，就得出 6^4 (=1296)。依此类推，即可得到 7，8，9，…，n 的 4 次方值。

巴贝奇还发现，差分法可运用于所有数学函数，因为它们总可以变换为多项式，一般形式为：$y=a_nx^n+a_{n-1}x^{n-1}+\cdots+a_1x+a_0$，且 n 阶多项式中的第 n 项的 n 级差分总归是常数，恒等于 $a_n \cdot n!$，特殊情况下，当 $a_n=1$ 时，此常数即为 $n!$，正是它构成了差分法的基础。

多项式常被用于表示物理学及工程学科中的若干关系。多项式还可用来求某些函数的近似值，如三角函数和对数函数，它们均可被展开成多项级数。

若将这一原理用于计算机上，那么这种计算机只要运用加法就足以给出多项式的连续值，至于乘除法很难进行机械操作，而且也是不必要的。既然函数值的每一步计算都是在前一步计算基础上进行的，因此只要前一步计算正确，后一步一定正确，依次连续计算就能给出最后的正确结果。

考虑到设计的经济，巴贝奇差分机使用的是十进制数字系统，而不是现代电子计算机通常使用的二进制数字系统。和早期出现的机械计算机采用的齿轮结构相似或受前人的启发，巴贝奇的差分机也采用了这种结构。十进制数字系统的每一组数字都被刻在每个对应的齿轮上，这种刻有数字的齿轮就是巴贝奇差分机所使用的数字轮。每项计算数值由相啮合的一组数字轮的旋转方位显示。差分机的控制装置保证只显示有效的多位数值。巴贝奇还夸下海口，声称他的差分机准能给出正确的计算结果，除非出故障，但它绝不欺骗人。

巴贝奇起初最雄心勃勃的计划是要制造一台实比的差分机。到 1830 年，他完成了这台差分机的某些部分，并将这台差分机称作“差分机 1 号”。这项始于 1821 年的研制计划经十年努力，包括图纸设计、结构改进和元部件制造，到 1831 年不得不宣告破产。此间所耗用的经费是惊人的。究其主要原因是巴贝奇与他的得力助手也是该工程主要工程师约瑟夫·克莱门特就薪金支付和机器运行调整发生激烈争辩所致，从争论的形式上看，至少可以说技术不是其主要原因。直到 1834 年，《爱丁堡评论》还对这台差分机给予广泛而肯定的介绍。

差分机 1 号由基本的加法元件构成，这些元件按照差分程序累计计算从而使主机完成既定的运算任务。这台机器与 17—18 世纪问世的加法机相比，不仅具有首次为人所知的自动化计算优点，而且型号巨大，结构复杂，整个设计需要用 25000 个元部件。由如此之多的元部件组装起来的机器估计将高达 8 英尺，长达 7 英尺，宽达 3 英尺，重达数吨。花耗之大是可想而知的。到克莱门特于 1834 年向巴贝奇索取最后一笔薪金时，工程的总造价已达 17470 英镑。这在当时是极罕见的。作为比较，由约翰·布尔于 1831 年研制的蒸汽机火车头，其总花费也仅为 784 英镑。

研制期间，克莱门特对差分机 1 号工程所作的贡献是很大的。他完成了该机所需 25000 个元部件中的 12000 个，几乎占了一半，其中大量元部件是作为零散部件被锻压在一起的。克莱门特到 1832 年还为差分机 1 号自动化工作部件进行组装。这在当时来说不具有第一流金属加工技巧和组装技能的人是不能胜任的。有位技术史家曾就此作过评价：正因为巴贝奇对其差分机所使用的大量金属元部件的高精度需求才大大扩展了 19 世纪机械加工精度的极限，而且他认为即使从今天的意义上说，也是一项值得注意的成就。

英国政府最终于 1842 年终止了对这项工程的资助，部分原因是政府听取了乔治·艾利的劝告。其时，艾利是英国第一流天文学家，正是他断言巴贝奇差分机“毫无价值”。其实，巴贝奇差分机对银行家、导航人员、保险统计人员以及从事繁重机械计算的工作者来说是相当有吸引力的，当时确有一厂家愿意为巴贝奇生产差分机，并就此与巴贝奇讨价还价，而另一厂家则对日后改进了的分析机颇感兴趣。另一部分原因是无休止的耗资且巴贝奇又未能如期完成其发明计划，导致政府对他不信任。

差分机 1 号工程在失去政府支持后，最后不得不宣告破产，这在巴贝奇科学生涯中留下了不可弥补的创伤。巴贝奇还受到一个致命的打击，36 岁那年，他失去了全力支持他的爱妻和父亲，还有一子夭折。极度哀伤严重损害了他的健康。

三、新的尝试

差分机 1 号的运算能力虽然使人难忘，但它只能从事和完成一些简单的计算和固定程序的计算任务。作为计算机史上的先驱者，巴贝奇的声望在很大程度上取决于另外一种更加精密的设计，即具有多功能的分析机。

早在政府决定最后终止对差分机 1 号工程资助前的 1834 年，巴贝奇就意识到进一步设计出能进行任何程序运算的计算机的可能性，也就是说，依据任意给定指令的自动计算是可能的，巴贝奇将之称作“分析机”，又叫“解析机”。巴贝奇后来将此研究计划提交给政府，期望得到政府的再次支持。

起先，巴贝奇计划使他的分析机成为有多种用途、能按任何指定程序计算的机器，与现代电子计算机相比，二者在许多特征上有惊人的相似之处。它具有四则运算的基本功能，其内部结构具有彼此独立的“存储”和“数据处理”装置，功能上等效于现代电子计算机中的“记忆”和“信息处理”，而“存储”与“数据处理”相分离正是现代电子计算机主要设计特征。

巴贝奇分析机可以使用穿孔的资料卡片编排程序。此技巧为法国人雅卡尔早先用于提花织品以控制布纹图案。拜伦勋爵素有数学天赋的女儿艾达·洛弗内丝——《论巴贝奇领先设计》一文的作者，在当时曾对他给予极高评价：分析机编织的代数图案如同雅卡尔编织的花纹和树叶。洛弗内丝是理解和评价巴贝奇工作意义的最有权威的人。

分析机还能根据计算目的选择运算程序，依据这些程序能求出复杂函数值。1840年，巴贝奇在都灵的一次科学会议上向人们介绍自己的研究计划，声称他的分析机能处理高达50位的输入数字，输出100位的计算结果，并且能将此计算结果打印在穿孔纸带上或绘制成图表。

尽管技术史家习惯上认为巴贝奇分析机还停留在有待于物理上予以实现的阶段，事实上只是一些远未交付制造的、酝酿中的设计图纸。对该机持谨慎态度的巴贝奇自1834年起就一直在推敲，直到他谢世为止。为差分机1号的命运所刺激，巴贝奇未能认真尝试制造他的分析机，计算部位的小规模试验到他谢世时还在进行，与之相匹配的元部件由他的儿子制造出来，这是巴贝奇分析机设计留下的唯一遗产。

为保证分析机基本运算功能的实现，必须考虑开发可以自动进行倍加和倍减运算的机械装置，并为一复杂的控制系统所控制。这种装置就是更简单、更精致的差分机，巴贝奇将它称作“差分机2号”。

与差分机1号相比，它有两个显著优点：一是计算的有效位数增加了10位，达31位，精确性有了进一步提高；二是所使用的元部件只有差分机1号的1/3，比起前者要经济得多。

1847—1849年间，巴贝奇为差分机2号精心制订研究计划，并为之绘制出20幅主图纸和一些附加说明的图纸。该机的工作原理是这样的：整部机器是靠置于右边的摇把驱动，转动摇把可带动由14对竖直排列组成的凸轮装置旋转，旋转的这种装置可以控制计算机循环计算的定时进行。输入数字被储存在8根竖直排列的柱子中，每根柱子含有31个数字轮，数字的最低位位于柱底，最高位位于柱顶。计算初值由数字轮输入，经由手工操作使得每个数字轮分别显示各自所在的数位（个位、十位、百位……）的十进制数字系统中的数值。在装有31个数字轮的柱子下部有一组传动齿轮和一些控制杆，将它们与驱动凸轮耦合时，能够回归、降位并驱动装有数字轮的柱子，由此执行程序运算。

巴贝奇认为差分机2号具有的显著优点势必对未来使用者具有相当强的诱惑力，势必引起有关方面的注意，能够促成政府再次支持。为此，他是慎之又慎，又经3年的精雕细琢，于1852年将此项发明计划提交给政府。然而，政府的答复只能令他再次沮丧。政府此举显然是差分机1号工程失败的结果所致，因而使此项发明计划一搁置竟达150年之久。

为研制差分机2号，巴贝奇几乎被逼到变卖家产的地步，在当时非但得不到人们的理解，反而被认为是个“疯子”。有位知名作家曾这样讥讽巴贝奇：他不仅自己要计算天文学和航海使用的数表，而且扬言要修改其中的错误，想制造出一种机器，尤其是想制造出一种立即可以打印结果的异想天开的机器，这难道还是人吗？巴贝奇在给当时政府的一位财政大臣的信中表达了他的忧伤，这种有特殊功能的机器可以立即算出前任财政大臣任期内的巨额支出，并且还能将它处理为零。可惜的是，不懂数学的人是不了解它的价值的，这就决定了这门科学不可能再有进步。

从科学社会学视角来看，巴贝奇的话在今天仍有现实意义，科学是一项社会工程，是社会建构的产物，尤其需要政府的支持，而政府支持科学的前提则取决于政府官员在多大程度上理解它的价值。

巴贝奇就是在既得不到政府支持又遭人讥讽的逆境中以天才般的智慧设计出一系列图纸，又将它留给了20世纪的人类的。他坚信，不管今天怎样被认为是无益的知识，到后世终将变成大众的知识，这就是知识的性质。

受《爱丁堡评论》那篇介绍和评价性文章的启发，为巴贝奇的精神所激励，也为差分机运算能力所诱惑，瑞典一个由父子组成的研究小组——乔治·舍茨和他的儿子爱德华·舍茨——制造出3台差分机，绝大部分元部件是自行设计、自行制造的。1843年，他们制造出第一台木结构差分机，其加工工具主要是些简陋的手工机械和原始车床。与巴贝奇差分机相比，无论从有效位数还是从整部机器的加工精度上讲，都是相当粗糙的。可是，舍茨父子却能在瑞典皇家科学院进行成功的表演。1853 年，他们在一位来自斯德哥尔摩的技师伯格斯特龙的帮助下，制造出另一台差分机，还在 1855 年巴黎博览会上赢得荣誉奖章。他们在去巴黎途中顺便访问了伦敦，特地拜访了巴贝奇父子。具有讽刺意义的是他们还在皇家学会进行了成功的表演。

与这家父子相比，巴贝奇是非常不幸的。如果将此不幸与他那创造性的天才联系起来，差分机的破产不能不说是一个不解之谜。自尊而有原则的巴贝奇在大学时代就因其特有的胆识和魄力对剑桥大学教育制度进行过公开指责和辛辣讽刺而享有盛名，若将此与他那发明计划的破产联系起来，则更增添了几分不公正的和辛酸的悲剧色彩。巴贝奇也因此狼狈不堪。在科学生涯中，他度过了不得志的一生，度过了遭人指责和嘲笑的一生。他给人们留下了偏执、古怪和暴躁的印象，甚至到了 20 世纪 60 年代还有位作者以《性情暴躁的天才：发明者巴贝奇生平》为题撰写了他的传记。

围绕着这位发明者留下的不解之谜，技术史家们展开了争论，但大多倾向于这样的解释：维多利亚女王时代的机械加工技术水准不足以制造高精度的差分机。此种解释实质上含着这样一个基本假定，即巴贝奇的发明计划是注定要失败的。如日本科学史家左松芳郎就认为，巴贝奇设想在英国政府的援助之下，以自动分析机模型来实现，限于当时的水平，无论如何是不可能的。直到第二次世界大战期间，哈佛大学计算中心的艾肯才把巴贝奇的梦想实现了。一位西方的技术史家爱德华·德博诺则认为即使制造出了这位幻想家的计算机也是不完美的，而且不能使用，因为制造这种计算机所要求的精度远远超出当时工程师们的设计能力。本文开头引用的艾肯的“假如”似乎也加强了这一看法，我国出版的技术史书刊也大体持这种看法，并将巴贝奇发明计划的破产归因于客观上不可实现性，并以此作为论证主客体辩证关系的一个例证。

持相反观点的几位研究者另有看法，在他们看来只要提及舍茨父子的成功之举即可说明问题。由艾纽因·B. 亨尼西主编的《技术与发明史》一书将此发明计划的破产归因于经费不足。英国一位计算机工程师、计算史家多伦·D. 斯沃德经考证，认为无任何证据显示维多利亚女王时代英国的技术加工水准不足以制造巴贝奇差分机。

四、150 年后的复制工程

1979 年起，澳大利亚悉尼大学的一位计算史研究者——阿兰·G. 布罗姆利多次来伦敦访问，对保存在科学博物馆的巴贝奇设计的图纸和留下的笔记进行详细考察，确信差分机2号可以在维多利亚女王时代被制造出来，且能够进行运算。为布罗姆利的自信所驱使，计算机工程师斯沃德产生了一个大胆的想法：人们虽然都熟悉巴贝奇那不幸的命运，但为什么就没有人尝试制造出他的差分机以便找出其中的原因呢？若如此，技术史家们所争辩的问题也就解决了。

远在澳洲的布罗姆利早有此意。1985年，也就是在斯沃德就任科学博物馆计算与控制处负责人之际，布罗姆利携带一份计划实施建议书来到伦敦，向博物馆当局提出这样的建议：应赶在巴贝奇双百诞辰年之前的1991年底把巴贝奇差分机2号制造出来。这项具有历史意义的建议马上就被博物馆决策层所采纳。于是，一项为期6年的“巴贝奇计算机工程”在中断150年后又被重新立项并付诸实施。

对于该项工程的发起者和积极参与者布罗姆利与斯沃德来说，实施此工程本身就是在从事巴贝奇所开创的事业，他们感到意义非同一般。不过，实施不久，此项工程便把他们带入了相当陌生的技术领域。一大堆技术难题摆在他们面前，经费来源的危机与工程本身的技术困难时时都在出现。为此，布罗姆利和斯沃德决定选择差分机2号作为巴贝奇计算机工程的主体部分，因为它的图纸仍保持原样，而差分机1号的图纸已出现令人遗憾的缺漏，再则差分机2号又是更为经济的设计，若暂不考虑复杂的打印装置，那么时间和代价允许他们集中于主机的制造。

为解开巴贝奇计算机是否隐含着技术上的不可实现性之谜，研究者得回到19世纪中叶。他们首先要做的是对原设计图纸进行周密的勘察。差分机2号设计方案的资料文献由20张主图纸和数张摹图及附加说明图纸构成。当他们仔细勘阅这些图纸时，发现有几处并非逻辑上的缺陷，其中有一重要装置看起来是多余的，而另一些装置依照主图纸看又下落不明。如开始一项计算所需的初始数据是经过未锁的转轴输入，靠人工将自由转动的数字轮旋转到适当位置来显示的。看起来设计者似乎省去了这种拴锁装置，而这一节省甚不恰当，因为这将缩短其使用寿命且易受外部干扰。

研究者还发现了设计上的一大失误，涉及数字轮之间耦合的传动装置，这一关键部件在加法运算中能保证进位的顺利进行。当将1加到n个9连排的数字上时对这种保证正常进位装置的严重考验就发生了。差分机2号不像人们通常习惯的那样，从右到左依次相加，而是先将奇数柱上的数字加到偶数柱子上去，然后再将偶数柱子上的数字加到奇数柱子上去。巴贝奇以他那别出心裁的方式设计了他的传动装置。在第一个计算循环期内，差分机2号执行31位数加法，不用进位，而是在每个待进位的数字轮上配有一个用弹簧顶住的预警装置。在第二个计算循环中，配有预警装置的这种数字轮接受指令使用自己特有的驱动装置推动高位数字轮转到相应位置。

实际上，巴贝奇图纸上显示的传动装置难以运转，数字转动方向也有问题，带有预警装置的驱动机构不可能按照原图纸设计的那样运行。这些缺陷与巴贝奇那天才的智慧和严谨的风格构成了巨大反差，这使研究者陷入沉思。斯沃德和布罗姆利经反复思考作出大胆的推测：一种可能是这些缺陷是被巴贝奇当作一种密招故意置于其中的，以此应付当时活跃在工业部门的间谍；第二种可能是设计本身或制图过程中的疏忽所致；三是二者的综合作用。

就总体来看，这些问题不会损害逻辑及运算法则，但不必要的装置应予以省略，缺失的拴锁装置应当添加上去。布罗姆利还通过改变数字轮的转动方位解决了传动问题。原驱动摇把采用 4∶1 减速齿轮缓解了研究者对大型差分机 2 号能否靠手工驱动的疑虑。这种减速比能在摇转动把手时省力，当然也使整部机器的运转速度变慢。

但是，为生产差分机 2 号所需的大批复杂而高精度的元部件提供何种金属材料，以及怎样的技术加工水准才符合当时的情况使研究者陷入一种两难境地：今天所做的一切能不损害差分机的历史真实性吗？莫非唯一目的就是要证明巴贝奇的设计在逻辑上与技术上是正确的和可实现的吗？为避免这个难题他们必须依照巴贝奇本人的设计和当时的技术条件来解决问题，无论是材料选取还是金属加工水准都严格限制在那个时代所能得到和所能达到的限度内。为此，他们对巴贝奇计算机工程原设计方案重新修改，以便使添加上去的每个装置都能从以后的实际运行中随时移走，保持原机的风貌。

1989 年，一台微缩的试验装置被制造出来并通过了计算逻辑和传动技术检验，结果表明是可靠的。这一模型的试制成功对于日后测试其他样品部件，制造实比差分机 2 号有着重大意义，它为走向这一目标的研究者指出了方向。

为制造实比的差分机 2 号，得估计它的造价，需要每一个元部件的图纸。1989 年，博物馆与一家特种工程公司签订合同，由这家公司负责将巴贝奇设计的原图纸资料作为权威资料绘制所需图纸。缺失的资料和详细尺寸、选材、公差、制造手段以及一些精细结构部件得补充上去，个别元部件尺寸由实测或按比例测绘原图纸获得。特种工程公司共绘制出 50 幅新图纸，为差分机 2 号所需的 4000 个元部件中的每一个都给出详细说明。

幸存的部件显示，巴贝奇在当时使用的材料主要是青铜、铸铁和钢。为了不损害历史真实性，布罗姆利和博物馆的迈克尔·赖特建议仍采用这些材料，但他们在帝国科学技术学院的同事经过对幸存部件进行材料取样分析后提醒他们可以选择适量现代青铜掺入其中。

在元部件的制作过程中，为保证其历史真实性，他们从未作出任何使用现代机床加工的尝试，差分机 2 号所用的 4000 个元部件约有 1000 种不同规格，有较高程度的重复现象。在这些重复部件的生产中，他们才动用现代金属加工工艺，使用焊接方法将有关部件相衔接，当时克莱门特则采用锻压法，这在效果上是等价的，丝毫无损历史真实性，他们感到问心无愧。他们相信，出于同样考虑，巴贝奇也会采用与之类似方法制造这些同规格部件。

由这些元部件所反映出来的差分机精度表明研究者当初的担心是多余的，因为布罗姆利和赖特测量了差分机 1 号幸存部件，发现由克莱门特完成的那些元部件其精确度极高。同规格元部件完全可以相互替代，一般公众包括大多数技术史家所持有的 19 世纪中叶机械加工技术水准或精度远不足以制造出巴贝奇计算机的看法是不符合史实的。研究者还发现，即使采用现代标准制造这些部件，其误差范围也不见得比 19 世纪更小。

特种工程公司预计用半年左右的时间绘制出所需的 50 幅图纸，而实际上到 1990 年 1 月才告结束，博物馆为之所付出的代价也是惊人的。此后的工作更加艰巨，时间和造价容不得他们有丝毫的轻松感。

如果说当初的差分机 2 号发明计划的破产归因于经费缺乏，那么这一危机在 150 年后的今天也时有可能发生，研究者被严格局限在同负责制造和组装这台机器的债权人所签的固定造价合同范围内行事，他们生怕重蹈巴贝奇那种无休止花费的历史覆辙。在几经艰难的讨价还价后，科学博物馆与那家特种工程公司就造价达成协议，也就防止意想不到的技术难度等一系列缓冲条款达成一致。为慎重起见，科学博物馆还从五家颇有声望的计算机公司——国际计算机有限公司、休利特·帕卡德公司、兰克·兹欧沃克斯公司、西门子·尼克道夫公司以及纽尼塞斯公司——调用保险金以防典当家产。

1990 年 6 月初，正当最后一份合同即将签订时，不幸的事情发生了。用其保险金资助巴贝奇计算机工程的那五家公司在经营 35 年后竟不约而同地宣布破产，参与该项工程的两名重要工程师雷吉·克里克和巴里·霍洛韦成了这一突发事件的首批受害者，他们于 6 月 7 日被特种工程公司解雇，形势急转直下。如果签约时间提前一天的话，那么博物馆将处于更加被动的境地。他们不得不谋求其他生路，寻找其他经费来源。他们感到这次突发事件已经危及该项工程在巴贝奇双百诞辰年之前如期完成的目标。

博物馆官员于6月8日上午召见了被解雇的克里克和霍洛韦这两位重要工程师，当天中午他俩就成了博物馆的雇员。布罗姆利和斯沃德等人花了一整天时间起草了一份新的合同，及时向转包厂家寄去元部件订单。为赢得时间，斯沃德于这天下午跑步至附近邮局向生产厂家寄去各种必用图纸和订单，他们以分秒计算这项工程完工的最后限期。

五、历史如是说

经过建设者们6年的努力，差分机2号主机终于竖立在科学博物馆最引人注目的地方。固定与组装工作于1990年11月开始，到1991年5月完成。至此，这个奇妙而复杂无比的庞然大物被置于博物馆的“做差分：查尔斯·巴贝奇及计算机之诞生”展览厅中央。1991年6月27日，该厅正式对外开放。即使到这个时候，工程师们仍放心不下，因为重达3吨的差分机2号主机尚未进行过一次正式计算，还处在不可思议的人为干扰中。为此，斯沃德等人发展了抗干扰技术以便追踪干扰来源，所以，即使在展览期间他们也休息不得。

1991年11月29日，距巴贝奇双百诞辰约1个月时，差分机2号首次进行了成功计算。在高达7次方多项式运算中，它给出了前100位有效输出数据，未发现误差。整个博物馆及建设者们都沉浸在难以言表的喜悦之中。到这一天为止，该项工程累计耗资近30万英镑，约合50万美元。

差分机2号主机的建成及其运算的成功向人们展示了作为设计师和工程师的巴贝奇具有多方面的精湛技能。一些技术史家早先争论的巴贝奇所要求的高精度标准到底是必要的还是误入至善论歧途的产物，现在有了结论：巴贝奇之所以坚持高精度要求，是基于对精密工程的判断。参与该项工程的建设者们已经从他们亲身体验中感到了强调高精度的重要性。他们本来打算利用由电子计算机控制的机器来生产差分机2号主机的重合部件，后来实践证明绝非易事。紧密衔接起来的元部件其公差不超过千分之一英寸被证明是非常必要的，尤其是传动装置所使用的部件。

差分机2号主机的制造过程也间接显示出巴贝奇的设计是何等的变幻莫测和足智多谋。主机的建成使人们对这位先驱者肃然起敬，他完全具备使这台复杂机器运行成为现实的能力。多数技术史家们往日持有的维多利亚女王时代英国技术水平不足以制造巴贝奇计算机的观点随着这一工程的竣工而成为过去。巴贝奇在技术与发明史上已是人们非承认不可的人物，再也不该是大多数技术史家们笔下的“幻想家”和“梦想家”了。其地位再也不该像他们所描述的那样，对希卡德计算机（1623）、帕斯卡加法机（1645）、托马斯四则计算机（1820）大书特书，而对巴贝奇计算机的评价则寥寥数笔。

现在，前往伦敦去参观巴贝奇差分机的学者络绎不绝。差分机2号将作为精密工程雕塑品之一绝而令人赞叹，而它的设计者，计算机史上被误判的先驱者则更为人所仰慕。假如他的发明计划能得到政府始终如一的支持，整部计算机史又该怎样写呢?

六、其他工作与经历

作为数学家，巴贝奇撰写过多篇较有影响的论文，涉及函数论及应用数学各分支领域，尤因标志法设计而闻名遐迩。这一设计不仅简化了繁杂工程图纸的绘制工序，而且对那些训练有素的设计者简化其“迂回”手法也大有帮助。他还热心于将差分原理应用于各种数表的制作。由他完成的适用于从1到108000自然数的8位对数表在当时所有流行的数表中是最可靠的。

此外，他还对运筹学进行过数学分析。为火车头设计出第一个测速计，为航海人员设计出忽明忽暗的灯光装置以确定灯塔方位，甚至还写过一部关于课税和一本关于经济学的著作，尽管他算不上是一位经济学家。

为促进与大陆国家的学术交流，他还在大学时代就同赫歇尔、皮科克一起翻译过法国著名数学家拉克鲁瓦的《微积分》，为引进“d”符号系统做了奠基性工作。

然而，这些还不是巴贝奇生活的全部。在19世纪英国的历史舞台上，他不仅扮演了科学家、发明家、工程师等角色，而且还有强烈的社会责任感，扮演着社会活动家的角色。当他还在剑桥校园的时候，就开始思考英国科学缘何衰退的问题。大学毕业后，巴贝奇也没有停止对上述问题的思考，继赫歇尔于1828年前后对英国科学作出全面批评后，巴贝奇那惊世骇俗之作《论英国科学的衰退》一书在伦敦出版。巴贝奇在该书中慧眼独具，透彻地剖析了导致英国科学衰退的根本原因。他指出，英国科学之所以衰落，关键问题是科学研究大部分还是一种业余活动，既没有得到政府支持，又没有成为一种专门的职业，科学研究活动远未形成一种制度。反观大陆国家，尤其在法国，科学研究已开始成为一种特殊的职业，也是最吸引人才的职业。而在英国，最吸引人才的不是科学而是律师。巴贝奇惋惜地说，英国的人才就这样被糟蹋掉了，弄得人们把一个知识渊博的科学家变成一位勉强过得去的律师。巴贝奇还指出，英国的这种陈旧的业余传统已远不能适应时代要求，像数学这样的学科现在要求人们对它付出所有精力，通常那些有闲暇而不受任何其他事务干扰的人才能进行研究。他号召建立起一个关心科学发展的人的组织，要求政府予以关注，重新调整科技政策。

1828 年，巴贝奇出席了由自然哲学家洛伦茨·奥肯倡议的一年一度在德国各个城市轮流召开的讨论当年科学进展的会议，这使他深受启发。他认为英国也应该有这样的集会组织，以促进英国科学发展。巴贝奇认为已不可能再指望皇家学会这样的组织来振兴英国科学，尽管皇家学会在历史上起过重要作用，因为此时的皇家学会已面目全非了，非科学家的会员人数在大量增加，以至于到 19 世纪初，会员中科学家与非科学家人数之比竟达到一半对一半的地步，不仅如此，非科学家还控制了这个学会，一度成了名副其实的社交俱乐部。直到 19 世纪 30 年代还有人讥讽皇家学会，说它作为科学组织其生命已经停止了。正是在这一背景下，巴贝奇号召应成立类似德国科学促进会那样的科学组织。

如果说《和大陆竞争对手立于同一基础的英国数学家们》一书的出版在剑桥校园掀起一场轩然大波的话，那么巴贝奇后一部著作《论英国科学的衰退》则更具影响，它震惊朝野各界，使得当时英国政府一位财政大臣罗伯特·皮尔爵士非常难堪，他不得不为政府政策辩护，并矢口否认英国科学有任何衰退的迹象。对此抱有同感的苏格兰学者却表示出异常欢迎的态度。为响应巴贝奇号召，《爱丁堡评论》发表了一系列要求改革大学教育制度、促进英国科学发展的文章，为这场运动推波助澜。

在以巴贝奇为首的一大批有识之士的严厉批评和强烈要求下，英国皇家调查委员会后来终于决定对剑桥和牛津等大学进行实地调查，并采纳了巴贝奇等人的主张，要求国会通过法案确保大学教育制度改革的进行。在皇家调查委员会的努力下，国会遂通过改革剑桥和牛津大学教育制度的法案，一场空前的改革运动首先在这两所大学展开。

巴贝奇关于成立关心科学的组织的倡议也得到了积极响应，英国科学促进会于 1831 年成立。皇家委员会亦在 19 世纪 30 年代初采取了一系列改进措施，初步恢复了它的生机。改革后的剑桥大学不久便重振雄风，不仅在古典学术研究方面卓有成效，而且在现代科学研究方面也获得了重大进展。作为各门科学之冠的物理学再度在这里得到适宜的土壤和气候，培养出许多世界一流的物理学家。此后又在麦克斯韦等人的倡议下创建卡文迪许实验室，使剑桥再次成为人们熟知的科学研究中心。

继德国之后，科学体制化进程在英国终于有了长足发展，巴贝奇也因此获得殊荣。当代科学史家、科学社会学家在述及近代科学体制化过程这一主题时，巴贝奇的功绩是不能不提及的。

1814 年，巴贝奇和比他小一岁的名叫乔治亚的姑娘结婚，13 年间共生下 8 个孩子，活下来 3 个。

1816 年，巴贝奇任东印度大学数学教授。

1827 年，远在意大利旅行的巴贝奇终于接到盼望已久的剑桥大学聘书，任命他为该校的数学教授。

1871 年，这位英国数学家、计算机史上的先驱、科学体制化的促进者因病在伦敦逝世，享年 80 岁。

（作者：浦根祥　钱卉）

参考资料

[1] F. Brown Stuart. Mr.Babbage's Wonderful Calculating Machine [J]. Popular Science, 1993.

[2] B. Hennessy Eileau. A History of Technology & Invention [M]. New York: Crown Publishers, 1977.

[3] 陈光. 略论近代科学体制化过程 [J]. 自然辩证法研究，1987.

[4] 斯蒂芬 · F. 梅森. 自然科学史 [M]. 上海外国自然科学哲学著作编译组，译. 上海：上海人民出版社，1977.

乔治·布尔

（George Boole，1815—1864）

乔治·布尔

现代信息技术的数学基础奠基者

人类历史上经历了四次信息革命。首先是语言的产生，这使人们有了表达感情、沟通信息的工具。接着是创造文字，信息不仅可以通过语言传递，而且可以通过文字记录、传递。第三次信息革命是发明了印刷术，使人类在信息交流、记载、传播等方面达到一个便捷、准确、快速、广泛的阶段。而今天，我们已经步入现代数字信息时代，人类在记载、传播、交流内容等方面有了更大的进步，这是第四次信息革命，其标志就是计算机和网络的广泛使用。数字信息技术的发展，使人们的学习和交流打破了过去的时空界限，为人类能力的提高和发挥带来了新的空间。

关于信息技术，人们经常会提到被称为“计算机之父”的美籍匈牙利人冯·诺伊曼，他在20世纪40年代提出的存储程序概念直到今天仍然是计算机工作的基础；此外还有图灵，甚至是巴贝奇等人。然而，如果没有布尔代数为计算机设计奠定数学基础，计算机的硬件是设计不出来的，没有硬件的支持，冯·诺伊曼的存储程序概念就无法实施。从这个意义上来看，在19世纪创设布尔代数的乔治·布尔为今天的计算机发展也作出了巨大的贡献。同时，网络技术也离不开布尔代数，当使用互联网上的搜索工具时，通过定义输入的术语之间的关系，布尔数学的概念将帮助我们查找信息。计算机和网络是当今信息学的主要技术，而乔治·布尔发明的布尔代数正是为此服务的，因此，可以说乔治·布尔是现代信息技术在数学基础方面的奠基者。

今天，乔治·布尔已经被公正地认为是计算和信息技术创始人之一，正是由于他的天才工作，我们才能够拥有数字唱片、数字电视和因特网等一系列科技创新成果。但他在一段时期内却又是信息革命中一位被忽略的英雄，本文根据有关研究资料，略述其道德文章，以期尝试还原其应有的历史地位。

一、制鞋匠的儿子

乔治·布尔于1815年11月2日出生在英国伦敦林肯郡，是制鞋匠约翰·布尔的大儿子。当时的英国，制鞋匠所处的社会地位基本上属于所谓“下等阶级”，能够获得的生活和学习条件相比于“上等阶级”有很大的差别。布尔出生的那一年欧洲恰好发生滑铁卢大战，战争带来的社会动荡和物资匮乏对下等阶级的生活产生了很大的影响。因此，布尔从小就陷入贫困的命运。但是布尔并不屈服于命运的安排，他没有像其他同样贫困的孩子那样恭敬而感激地诵读教义手册，严格遵循阶级的界限，安于愚昧和贫穷，在艰难困苦的生活条件下，布尔依然从小就开始通过各种渠道进行学习。在这方面，他的制鞋匠父亲也为自己的孩子创造了力所能及的条件。布尔的父亲虽然只是一个下等阶级的鞋匠，但对科学却有执着的热爱，尤其是对光学特别感兴趣。他的爱好和学习精神无疑也影响到了布尔。布尔在仅仅7岁时，就对数学产生了浓厚兴趣，这个兴趣得到了父亲的支持和鼓励。在布尔快到11岁生日的时候，他的父亲在一本几何书上写道：“乔治在1826年11月1日读完了这本书。”

1827年，已经12岁的布尔才有机会进入正规学校学习。然而，这个学校的学费比较昂贵，对于以制鞋为业的家庭来说，很快就难以负担了，布尔不得不转入另一所比较廉价的学校。但在这所简陋的学校里，布尔广泛阅读历史、地理和科学书籍，尤其喜欢小说和诗歌，学习取得了很大的进步。

在维多利亚时代前后的英国，懂一点儿拉丁文，或者再稍微懂一些希腊文，往往就是一个上等人的标志。虽然当时没有多少儿童能够读懂拉丁文，但如果能了解一些拉丁文的语法，仍然是高贵的标志。因此，布尔在12岁入学的时候，他的兴趣发生了一些转变，从科学转向了语言学习。然而，布尔所在的学校不教拉丁文，布尔认为要走出贫困，必须学习拉丁文和希腊文。在父亲的鼓励下，他开始自学拉丁文，并且表现出很强的自学能力。约翰·布尔也向儿子介绍了一些相关的文学名著，当他不能再教给他儿子拉丁文的时候，他向自己的朋友，一个书商威廉·布鲁克求助，这个朋友教给了小布尔一点初级的语法知识，而后能力不逮，布尔就得靠自学了。不过威廉允许布尔使用自己的藏书，这使布尔受益匪浅，威廉也成了布尔的终生好友。

通过一段时间的学习，布尔认为自己已经掌握了足够的拉丁文知识。于是，1830年5月，他牛刀初试，把一首荷马的诗翻译成英文，并在当地的报纸上发表了。他父亲为儿子所做的事情感到骄傲，这件事也为布尔赢得了“神童”的称号。然而，这件事在社会上也引起了一场不大不小的争论，一些人对布尔奉承，而另一些人则是对他进行羞辱。一个当时的古典文学大师公开表示，一个孩子不可能完成那样的翻译，所以其中必定有诈。此举使布尔感到受了侮辱，他下决心努力弥补自学的不足。之后的两年时间里，尽管依然没有他人帮助，布尔仍坚持拼命自学拉丁文和希腊文。终于，功夫不负有心人，布尔开始能够将许多拉丁语散文写得庄严得体、语法严谨正确了。正是这种早期的语言学习训练深深影响了布尔的逻辑思维，他觉得构建逻辑代数和学习语言是类似的，这为他后来发明布尔代数打下了很好的基础。之后，布尔又自学了法语、德语和意大利语，在欧洲大陆科学出版物被翻译成英语之前，他就已经能够阅读原文了。

布尔 16 岁时，家庭的贫困使他不得不辍学去工作。他找到了在一所小学教书的工作，同时还兼职做另一所学校的助理教员。布尔在这两所小学工作了四年，他赚到的所有钱却只够用来勉强维持家庭生活。他希望有份体面的工作，就他当时所教的小学而言，算不上好名声的行业，更不要说是理想的职业了。布尔决定做一名教士，他对神学和精神生活都有兴趣，希望进入教堂进行关于神学的理论研究。但是他富有逻辑的思想使他发现很难接受神学的教条，特别是三位一体论。他的是非之心不容许他完全接受《圣经》中的说法。

二、自学成才的数学教授

20 岁的时候，布尔开办了自己的私立学校。在学校里，数学是必修课程，所以布尔也必须给学生们教数学。这种情况也促使布尔很快对数学重新产生了兴趣。可是，当时的教科书有很多不足。开始他对教科书的错误表示惊讶，接着是不满与轻蔑，他开始更加认真地研究数学。布尔每读一篇文章或者再读的时候，都要完全理解了才放下。同阿贝尔和伽罗瓦一样，布尔只能靠自学才能掌握这些数学知识。即使没有辅导老师，布尔也坚持了自己的钻研。在没有任何帮助的情况下，通过不断的努力，他凭自学读通了拉普拉斯的《天体力学》。这本书是拉普拉斯最艰深的著作之一，只有认真研读才可能融会贯通。然而，这本书中的数学推理充满了脱漏和许多的“显而易见”，这为布尔的自学增加了许多困难，但是他坚持下来，并最终完全理解了该书的内涵。布尔研读的另外一本著作是拉格朗日的《分析力学》，该书通篇没有一个用来说明分析的图示，可以想象，布尔要读懂这本书需要多大的勇气和毅力。与此同时，布尔还依靠顽强的毅力，在没有任何人指导的情况下，尝试着开始进行数学研究，并写出了一篇关于微分变量的论文。

布尔在孤独的研究中又取得了另一个成就——他发现了不变量。后来，在英国数学家西尔维斯特和凯莱的努力下，代数不变量的理论得到发展，而布尔的工作为他们奠定了基础。事实上，如果没有不变量的理论，相对论也就不可能产生。著名的数学家拉格朗日本来应该是不变量的发现者，但是很可惜，他并没有在意这个对他来说不起眼的新“东西”。但是布尔凭着对代数关系的对称和美的强烈感觉，看到了拉格朗日忽略的东西，这为后来者的研究工作作好了铺垫。

布尔所处的年代，数学著作发表的机会不是很多。一般来说，期刊或者学报都是发表自己学术团队成员的文章。幸运的是，布尔将自己的论文寄给了《剑桥数学杂志》，这是创刊于1837年由苏格兰著名数学家D.F.格雷戈里所主持的一种期刊。布尔寄给《剑桥数学杂志》两篇关于“符号分离方法”的论文，主编格雷戈里对布尔论文的独创性表示赞赏，并且很喜欢他的写作风格。他和布尔通信交流，对两篇文章提出一些修改建议，并于1841年将其刊登在《剑桥数学杂志》上。格雷戈里的热情以及他和布尔的志同道合使他成为布尔一生的好友。

真正使得布尔在数学界扬名的是他在1847年出版的《逻辑学的数学分析》一书，这也是布尔第一次公开发表自己的研究成果。关于这本书的缘起，还有一段插曲，也是19世纪上半叶英国学术界的一场著名争论。争论的一方是哈密顿，另一方是德·摩根。当时英国有两个颇有名气的哈密顿，一个是大家熟知的数学家威廉·罗恩·哈密顿爵士（1805—1865），另一个则是苏格兰的哲学家威廉·哈密顿爵士（1788—1856）。此处提到的是后者。他凭着自己的伶牙俐齿，当上了爱丁堡大学的逻辑学和形而上学教授。他对数学并不在行，但是却认为自己无所不知。在讲授哲学时，他曾公开宣扬“过度研究数学使头脑完全丧失哲学和生活所需要的智力”“数学根本无助于养成逻辑习惯”等。因此，他认为，数学是毫无价值的。

争论的导火索是一宗关于逻辑命题的讨论。在传统的亚里士多德逻辑中，讨论的命题是一种“主－谓”形式的命题，亚里士多德的三段论也是建立在对这种命题进行推理的基础上。它们有四种基本的形式：①全称肯定命题：所有X是Y；②全称否定命题：所有X不是Y；③特称肯定命题：有些X是Y；④特称否定命题：有些X不是Y。

这四种命题中只有主词是被量化的。1833 年，哈密顿在《爱丁堡评论》上发表了《逻辑学》一文，提出了谓词量化。他将经典逻辑中的四个绝对命题改为八个：①所有 A 都是所有 B；②所有 A 都是一些 B；③一些 A 是所有 B；④一些 A 是一些 B；⑤任何 A 都不是任何 B；⑥任何 A 都不是一些 B；⑦一些 A 不是任何 B；⑧一些 A 不是一些 B。英国数学家德·摩根在 1846 年撰写了一篇题为《论三段论的结构》的文章，内容也讨论了“主－谓”形式的命题，并于当年 11 月 9 日在剑桥哲学会上宣读。哈密顿认为德·摩根抄袭了他的思想，由此公开指责德·摩根进行了剽窃。德·摩根进行了答辩，从而引发了一场争论。正是这次争论，驱动了布尔写作自己的第一本著作《逻辑的数学分析》，并及时公之于众。布尔当时是德·摩根的敬慕者，同时也是德·摩根的忠实好友。虽然布尔当时不过是一位小学教师，但他已经和许多一流的英国数学家建立了联系。对于这场争论，布尔认为德·摩根是正确的，而哈密顿则似乎近于无理取闹。因此，布尔在 1847 年出版了《逻辑的数学分析》一书，以此来反驳哈密顿的观点。在该书中，布尔指出：哈密顿的观点不是基于科学的调查研究而得出，仅仅是根据哲学的观点得出的。布尔认为探究事情的真伪不能超越人的智慧的限制，如果哲学的本质是那样的探究，那么逻辑就不属于哲学了。基于这样的认识，布尔得出逻辑系统的基础是：逻辑不应该和哲学联系在一起，而应和数学结合。逻辑不仅构建了一门科学，而且是探究自身起源和本质的科学，逻辑和数学密不可分，数学也是探究起源和本质的科学。布尔认为哈密顿的上述“谓词量化”不是在数学领域的探究，只是在哲学观点上的自圆其说，而德·摩根则从数学上对“主－谓”命题进行了论证。

这是布尔第一次公开自己在这个领域所做的工作。这个薄薄的小册子立刻赢得了德·摩根的热烈赞扬，这位大师级的数学家公开承认了布尔的工作。实际上，这只是布尔的初步成果，7 年后，该工作将获得更大的进展。由此，布尔开始开辟出一个新的数学领域。

此时，小学教师布尔很希望能够进入大学进一步深造，他的朋友们也曾邀请他去剑桥大学接受正规的数学教育。然而，由于家庭贫困，他的父母完全依靠他来赡养，他不得不继续留在小学教书，以获得收入贴补家用。但他随时都在寻找合适的机会改变自己的状况。机会来自 1830 年到 1840 年间，当时政府计划在爱尔兰建立一些新的大学，以满足不同宗教信仰人群的教育。开始，布尔申请一个文科教授的职务，但是天主教徒反对他作为神学院的教授，因为布尔是个无神论者。1849 年，布尔再次申请教授职务，这次申请数学教授，选举委员会最终接受了他，任命他到爱尔兰科克城的女王大学就职。自学成才者终于了却夙愿，成为一名职业数学家。布尔充分利用这个宝贵的机会，尽管工作依然繁重，但相比小学教师却要轻松许多，并且不再为经济而担忧。

布尔在科克城女王大学讲授了几门课程，包括微分方程、微积分、分析力学等。在布尔看来，数学是要通过实践进行推理、教授的，要通过语言、文学和名著学习来平衡。他坚持认为人们只有完全理解了才能记住，同时一份清晰的笔记是必要的。他认为，应该培养年轻人养成勤奋、诚实、互爱的习惯，并且能够辨别是非；培养学生良好的道德是教师最难完成的任务，但是这是教学中的重中之重。

事实上，作为教师，布尔很成功。他上课一丝不苟，充满激情，效率极高。有学生回忆说，布尔上课的时候不像一个教授，而更像一个艺术家，他在黑板上的推理演示如同画家在作画一样充满吸引力。布尔善于和学生交流，而且他又是那么地谦虚谨慎，对每一位学生都公平对待。他探讨教学方法，希望全体学生都能学懂。布尔富有感染力的教学受到学生们的欢迎，很快，他成为学生们最喜爱的老师之一。他也喜欢和学生交往，学生们时常邀请他一起散步，通常他都接受学生们的邀请，但是偶尔也会忘记和学生的约定。

布尔在此期间进行了各种各样的数学研究工作，但主要方向还是继续完善已做的工作。布尔有时候思考问题十分专注，以至于忘记了周围的一切。有一次，全班同学等他上课，却发现布尔在教室里陷入了沉思。学生们等了一段时间，布尔还在思考，于是他们就悄悄地离开了教室。布尔似乎根本没有看到他们，后来他认为没有学生来上他的课。

1854 年，他出版了《对于奠定逻辑和概率的数学理论基础的思维规律的研究》(简称《思维规律的研究》）一书，这是他早期工作的继续。布尔因此巩固了他过去在数学界所获得的声望。这时，他 39 岁。

三、布尔代数

人们很早就想利用计算的方法来探索人类思维中的逻辑推理过程。17 世纪，莱布尼茨就试图发明一种通用的科学语言，借助于这种语言的符号和语法结构来指导推理，就像数学中的公式计算一样。莱布尼茨认为逻辑语言可以通过使用一些表意的符号，每一个符号代表一个简单的概念，组合各种符号来表达复杂的思想。他也想建立一种能够推理的代数，通过演算来完成一切正确的推理过程。在进行这些工作的时候，他已经隐约有了现在的逻辑加法、乘法、等同、否定和空集这样的概念，同时他注意到需要研究一些抽象关系，例如包含、等价等，还有一些关系的传递性和对称性。但是由于各种原因，莱布尼茨的想法并没有实现，而他关于逻辑代数的细节问题直到 20 世纪才被人们发现，因此他对逻辑代数的发展并没有直接的影响。事实上，布尔关于逻辑代数的工作应该是首创的，他所建立的“布尔代数”基本上完成了逻辑的演算工作。

布尔在 1847 年出版的《逻辑的数学分析》一书中，初步建立了“布尔代数”，并创造一套符号系统，利用符号来表示逻辑中的各种概念。布尔建立了一系列的运算法则，利用代数的方法研究逻辑问题，初步奠定了数理逻辑的基础。而 1854 年的《思维规律的研究》对此理论进一步完善。布尔代数首先是作为一种类演算建立起来的，后来布尔又对它作了命题演算和概率演算的解释。布尔代数的公设和使用形式逻辑相比，用类的包含关系解释，因而更加直接，并且可以给它们与古典逻辑一致的解释。

假设 K 是一类不确定的元素 a，b，c，…，而 $a+b$ 和 $a\times b$（或者写作 ab）是两个不确定的二元运算 + 和 × 的结果。因此，布尔代数有 10 个公设：

I_1. 如果 a 和 b 在类 K 中，那么 $a+b$ 在类 K 中。

I_2. 如果 a 和 b 在类 K 中，那么 ab 在类 K 中。

II_1. 有一个元素 Z，使得对于每一个元素 a 有 $a+Z=a$。

II_2. 有一个元素 U，使得对于每一个元素 a 有 $aU=a$。

III_1. $a+b=b+a$。

III_2. $ab=ba$。

IV_1. $a+bc=(a+b)(a+c)$。

IV_2. $a(b+c)=ab+ac$。

Ⅴ. 对于每一个元素 a，有一个元素 a'，使得 $a+a'=U$，$aa'=Z$。

Ⅵ. 在类 K 中至少有两个不同的元素。

如果上述的类 K 换成集合 B，同时也满足这 10 个公设，则形成一个布尔代数。从这些公设可以看出整个经典逻辑都能通过由公设生成的代数，使用符号建立起来。这就发展起来了“逻辑方程”的理论：逻辑中的问题被转换成方程，然后使用代数的方法求解这些方程，再按照逻辑数据重新解释这个解，给出原始问题的解答。

例如，关系 $a\subset b$（a 包含在 b 中）是由以下方程中的任意一个定义的：$a+b=b$，$ab=a$，$a'+b=U$，$ab'=Z$。我们考虑 $ab=a$，如果 a 包含在 b 中，那么既在 a 中又在 b 中的一切是 a 的全体。

从 10 个公设中，我们能够证明下面关于“包含”的定理：

1. $a\subset a$。
2. 如果 $a\subset b$，$b\subset c$，那么 $a\subset c$。
3. 如果 $a\subset b$，$b\subset a$，那么 $a=b$。
4. $Z\subset a$（其中的 Z 是 II_1 中的元素——可以证明满足 II_1 的唯一的元素）。
5. $a\subset U$（其中 U 是 II_2 中的元素——也是唯一的元素）。
6. $a\subset a+b$；如果 $a\subset y$，$b\subset y$，那么 $a+b\subset y$。
7. $ab\subset a$；如果 $x\subset a$，$x\subset b$，那么 $x\subset ab$。
8. 如果 $x\subset a$，$x\subset a'$，那么 $x=Z$；如果 $a\subset y$，$a\subset y'$，那么 $y=U$。
9. 如果 $a\subset b'$ 不成立，那么至少有一个与 Z 不同的元素 x，使得 $x\subset a$，$x\subset b$。

再看一些关于布尔代数的其他例子：最简单的布尔代数只有两个元素 0 和 1，并通过如下规则定义。

∧	0	1
0	0	0
1	0	1

∨	0	1
0	0	1
1	1	1

它应用于逻辑中，其中的 0 为假，1 为真，∧为与，∨为或，¬为非。涉及变量和布尔运算的表达式代表了陈述形式，两个这样的表达式可以使用上面的公设证实为等价的，当且仅当对应的陈述形式是逻辑等价的。两元素的布尔代数也可以应用于电子工程中的电路设计，工作原理遵循上述的规则。

从布尔的《思维规律的研究》一文的题目上，也许能够看出他的一种理想：因为人脑是进行理性的逻辑思考的，所以，如果能够使用数学来表征逻辑，那么就可以使用数学来描述大脑是如何工作的。这种想法在今天看来或许有些幼稚，可是正是这种理想为计算机的发明做好了铺垫工作。

在《思维规律的研究》中，布尔把逻辑简化为较为简单的一类代数，他写道：

> 现在下面几页的实际研究，把逻辑在它的实际方面的应用，展示为借助

> 于有确定解释的符号，以此来进行运算的体系，并只服从于建立在该解释基础上的规律。但是同时，它们把那些规律展示为在形式上与代数的一般符号规律相同，只添加了一点，即逻辑符号还得服从于一些特别的规律（例如，在逻辑代数中，$x^2=x$，它能被解释作“一个类 x 及其本身所共有的那些东西的全体的类，只能是类 x”）……也就是说，在通常的代数中，每一个 x 等于它的平方并不成立，而在布尔代数中这是成立的。

在这种代数中，适当的材料上的“推理”成了公式的初等运算，这些公式比中学代数的公式还要简单。

传统的代数解题时，都要遵循一定的规则，这些规则和生活实践一致，所以人们早已习以为常。另外，传统的代数总是处理数字问题。布尔代数的重大意义在于，它重新设计了计算规则（即前述公设），同时脱离了数字概念，使其变得更加抽象。即，在布尔代数中，操作的对象不再仅限于数字，而是更广泛的集合（或者类），一个类表示一组事物，或者是集合。

在传统代数中，操作符 + 和 × 被用于表示加法和乘法运算。在布尔代数中，同样用到了 + 和 ×。这似乎会引起混淆。人人都知道在传统代数中如何对数字进行加法和乘法运算，但是如何对“类”进行加和乘呢？在布尔代数中并不进行传统的加或乘法运算，相反，这两个运算符号有着完全不同但更为广泛的含义。符号 + 意味着两个集合的合并，所谓两个集合的合并，就是进行了这个操作后，形成了一个新的包含了第一个集合所有元素与第二个集合所有元素的集合。为避免传统代数和布尔代数之间的混淆，有时候用符号 ∪ 和 ∩ 而不用 + 和 × 来表示并运算和交运算。但为了表明布尔对数学的划时代性影响，本文依然沿用他的原始符号，而不为他的代数引入新的符号。为了使布尔代数更加完整，还需要两个符号。符号“1”在布尔代数中表示“整个宇宙（全集）”，也就是一般所谈论的每件事物。所需要的另外一个符号是“0”。在布尔代数中，“0”表示空集，即不含任何事物的集合，当求取两个完全相互排斥的集合的交集时，这两个集合没有任何的公共元素，也就是他们的交集是没有元素的，那么这个集合就是空集“0”。

布尔创造的这套符号运算系统就是利用符号来表示逻辑中的各种概念。同时，布尔建立的这一系列的运算法则利用代数的方法研究逻辑问题，奠定了数理逻辑发展的基础。从上面的例子可以看出，布尔代数的理论比较容易理解，甚至说比较简单。所以，也许有人会问：这个理论能解决什么复杂的实际问题？事实上，在布尔代数刚刚诞生的时候，人们确实曾质疑过它的实用性。欧洲大陆著名的数学家轻蔑地称它为没有数学意义的、哲学上稀奇古怪的东西，他们不认为英伦三岛的数学家能在数学上作出独特贡献。只有德·摩根对布尔的工作大加赞赏，他指出：

> 布尔的逻辑系统是天才和勤奋的结合体……布尔发明的代数的符号运算过程，作为数值计算的一个工具将能够表示任何思维活动，为逻辑的全部系统提供了法则，这在布尔没有证明之前谁也不曾相信……我可以确信地说，布尔的工作不仅渗入到更高的数学层次，而且他开拓了数学的一个新的领域。

20世纪初，怀特海和罗素更在其巨著《数学原理》中高度评价布尔代数为纯数学："纯数学是布尔在一部他称之为《思维规律的研究》的著作中发现的。"此说一出，立刻引起世人对布尔代数的注意。但是，布尔代数的应用确实是更晚的事情。1938年美国的信息论之父克劳德·香农在他的硕士论文中引用布尔代数来实现开关电路，他把布尔代数发展成为适合设计、分析开关电路的形式，在技术领域，特别是自动控制、电子计算机的逻辑设计方面开创了新的前景，引起了人们的重视。事实上，所有的数学和逻辑运算，例如加、减、乘、除、乘方、开方等，全部能转换成二值的布尔运算。

随着布尔代数在自动化技术、电话转接和计算机工程等方面的广泛应用，布尔代数也得到充分的发展。布尔的数学理论至今无可动摇，计算科学遵循他的推理，电力工程依靠他的理论，甚至人造卫星图都以他的工作为基础。

四、声誉和家庭

布尔在当时的社会上声誉甚好，而赢得这样的好名声，不仅靠他久负盛名的天才数学才能，还在于他乐于助人的品格。他思维活跃，关心社会，主动帮助有困难的人。从下面几件事中可以对他的道德人品管中一窥。

维多利亚时代的英国，一方面工业革命蓬勃兴起，经济飞速发展；另一方面，也出现了严重的贫富差距，大量贫民流离失所，生活无着，导致犯罪丛生，社会动荡。布尔不是钻在象牙塔中不闻窗外事，而是常关心社会问题，表现出了一个科学家应有的社会责任感。在林肯市，曾出现过一个被称为“悔过女人之家”的组织，布尔也是这个组织的成员。这个组织的宗旨是帮助那些被迫卖淫的年轻女孩。布尔不但为其前后奔走，而且经常捐钱捐物。他时常对林肯市的某些社会弊病表达出深深的忧虑之情，在给一个朋友的信件中，布尔这样写道：“我发现在维多利亚时代早期，林肯这儿，就有 30 座臭名昭著的建筑，主要是在女同性恋城堡地区。这儿不在法律的监管之下，是犯罪的温床。市长甚至承认林肯是同等城市中最放荡的。”布尔热心帮助那些失足女孩，希望通过自己的努力使她们脱离苦海。

布尔还对英国的机械学会情有独钟，这或许是因为在年少时受到其父亲的影响。而机械学会在当时比较保守的知识人士中间属于比较开明的社会团体，它甚至摒弃性别歧视而接收女性会员，这在当时是非常了不起的做法。布尔因此很赞赏和喜欢这个学会，时常参与他们的活动，并多次免费为会员们作报告。

此外，布尔的信件中也经常流露出悲天悯人的情怀。移居爱尔兰之后，布尔和妹妹及其他亲友之间有过大量的通信，其内容反映了 19 世纪中期科克城的很多情况，这也是布尔留给后人的一笔宝贵财富。1849 年，当布尔刚到科克城时，就被所闻所见的贫穷深深震撼，他在信中写道：“其恐怖远远超过我以前所遭遇的。”1850 年，科克城遭遇洪涝灾害，布尔也曾被洪水困在楼上。人们，包括他的朋友要出行，竟然只能在原来的街上坐小船。从他的信件所透露的信息中可以看到，在科克城的上流社会，整日是花天酒地；而同时在下层社会，却有很多乞丐群集在街头，无以为生。布尔的信件中还反映了 19 世纪英国学术界的一些情况，例如他在信件中时常提到学校的财政问题，表明当时教授的工资支付系统也是依赖于学校的招生情况。

1849 年，当布尔申请去科克城的女王大学工作时，由于没有正规文凭而遇到了困难。这时，布尔乐于助人的品格帮了他的忙，许多人为他写推荐信给科克女王大学。其中有当地的神职人员，也有剑桥大学的编辑，还有几封来自当时著名的科学家。其中一封来自林肯市的推荐信这样写道：“我们非常乐意并真诚地向您推荐受人尊敬的布尔先生，他品格高尚，德才兼备，他非常能胜任在贵校的职位。”信后署名的是林肯市市长埃欧德曼和若干地方官员。林肯市的人们在布尔去爱尔兰的科克城之前，赠送给他一个价值 20 英镑的银质墨水瓶，还有 30 英镑的书籍（当时布尔的年收入不过 250 英镑），机械委员会送给布尔一套昂贵的物理 - 地理地图集。

布尔由于在数学逻辑方面的出色表现，很早就获得了一系列奖励，包括 1844 年获得了英国皇家学会颁发的金质奖章，1851 年当选为科克城女王大学科学院的院长，

1857 年被选为伦敦皇家学会会员。

在家庭生活方面，布尔直到 1855 年 40 岁时才结婚，他与妻子玛丽·埃弗雷斯是在此前的 1850 年相遇的。玛丽的叔叔是女王大学文学院副院长，也是一位希腊文教授。布尔跟玛丽在叔叔家相遇时，布尔 35 岁，玛丽 18 岁。玛丽从小深受另外一位集探险家和科学家于一身的叔叔乔治·埃弗雷斯的影响，因此也喜爱科学，并且她曾在家跟随父亲学习过数学。在科克城，通过叔叔的介绍，玛丽认识了布尔。她向布尔请教一些关于声学的知识，当她得知布尔是个数学家时，也向布尔请教数学问题。通过学识上的交流，他们成了无所不谈的好友。玛丽回家后，一直与布尔保持着通信联系，这使他们的友情不断加深。

1855 年，玛丽的父亲去世，她因家境贫穷移居到科克城的叔叔家。布尔就在这时向她求婚，二人于同年缔结良缘。婚后，布尔建议玛丽到大学继续学业，这使玛丽最终成为一名儿童教育方面的专家，并取得了一些成绩。布尔夫妇养育了 5 个女儿。在家庭生活中，布尔不但是个模范丈夫，同时也是一个值得称道的好父亲，他时常帮助妻子购物、照顾孩子，还特别关心孩子们的教育问题。在长期的教学生涯中，布尔已经积累了丰富的教育经验，他把这些经验也应用到了女儿们的教育上，为她们设计了适当的教育计划，使女儿们都获得了良好的教育，健康快乐地成长。而他的 5 个女儿后来都有所成就，其中三女儿艾丽西亚·布尔·斯托特女承父业，成长为一名数学家，在多维空间上的几何图形可视化方面有着令人瞩目的成绩。小女儿艾捷尔·丽莲嫁给波兰革命家伏尼契，并于后来创作了闻名世界的小说《牛虻》。

布尔晚年的身体状况一直不好，双眼都有疾病，并且还有遗传性的肺病，在潮湿的气候下，时常加重。1864 年 11 月 24 日，布尔冒着大雨步行去学校作报告，衣服淋湿了，但是他没有马上换掉，因此罹患感冒，然后不幸肺部也受到了感染，从此一病不起，最后于 12 月 8 日逝世。

布尔去世后，为了纪念他，科克女王大学竖立了一扇巨大的朝向东方的布尔纪念窗。后来又修建了一座宏伟的以布尔命名的图书馆，还设立了布尔数学奖学金。1967 年，英国皇家学会以布尔的名字为月球的一个环形坑命名，以此作为对这位伟大数学家的永久纪念。然而，真正的纪念是无形的，是贯穿在现在和将来的无数电子线路、计算机和互联网应用中的，看不见摸不着但却无时无刻不在起着重要作用的布尔代数。

（作者：苏洪雨　江雪萍）

参考资料

[1] Addison Greenwood, Marcia F. Bartusiak. Science at the Frontier [M]. Washington D. C.: National Academy Press, 1992.

[2] D. McHale. George Boole: His Life and Work [M]. Dublin: Boole Press Limited, 1985.

[3] G.Boole. On Certain Theorems in the Calculus of Variations [J]. The Cambridge Mathematical Journal 2, 1841: 97-102.

[4] 汪晓勤.德·摩根:19世纪的数学名师、数学家和科学史家[J].自然辩证法通讯,2001,23(1):70-84.

[5] 李文林.数学史教程[M].北京:高等教育出版社,1998.

诺伯特·维纳

（Norbert Wiener, 1894—1964）

诺伯特·维纳

控制论创始人

今天，已经有越来越多的人认识到：控制论、信息论、系统论影响并改变着20世纪的科学图景和人对世界的认识。为什么美国数学家维纳能够成为控制论的创始人？难道仅仅因为他是一个受过多种学科高等教育的神童、一个才华横溢兴趣广泛的科学家吗？如果我们把维纳一生丰富多彩的科学活动放到20世纪深刻的科学技术革命的背景上来看，就会发现，正是因为他具有与这股革命潮流相一致的高度自觉的科学精神，才使得他的科学活动生气勃勃，富有远见和魄力，才使得他在相距甚远的学科中作出巨大贡献的同时，又能够从方法论的高度鸟瞰科学图景，从而创立了跨学科的横向学科——控制论。控制论也使维纳超越一般科学家，成为影响人类思想发展的科学伟人之一。

一、昔日神童

诺伯特·维纳1894年11月26日出生在美国密苏里州的哥伦比亚。他父亲里奥·维纳出身于俄国犹太学者家庭，年轻时一个人漂洋过海到了美国，上岸的时候口袋里只有50美分。他历尽艰险，努力奋斗，当过工人和农民，终于凭自己掌握四十多种语言的才能当上了哈佛大学的斯拉夫语教授，全家随他迁到马萨诸塞州。这个不相信困难的人决心把儿子培养成天才。

小维纳不负父望，从小就表现了非凡的才能，3岁就能看书了。家里有很多藏书，他一钻进去就忘了其他一切东西。他什么都读，最感兴趣的是科学。达尔文的进化论深深印入他的脑中，威尔斯和儒勒·凡尔纳的科学幻想小说给他打开了一个神奇的新世界。维纳立志要当个科学家。7岁的维纳就学了从初等数学到解析几何的全套数学课本，学了物理、化学，加上法文、德文、拉丁文，还看完了大部头的精神病学书。没完没了地看书，他的眼睛越来越坏，看不清东西，笨手笨脚的，字写得一塌糊涂。

维纳的算术很差，但他却很喜欢代数，也学得很好。他一下子被 a 乘 b 等于 b 乘 a 这个规则吸引住了，决心自己证明它。最后他想出了一个办法，把一个矩形转 90 度，长变成宽，宽变成长，面积却没有变，$ab=ba$！维纳高兴极了。可是做算术题还是要扳着手指算，毫无办法。他算几年级呢？父亲决定亲自教育他。本来家庭教育就够叫小孩紧张了，还碰上个非常严厉、脾气火暴的父亲。父亲常常为了儿子的一点小错而大发雷霆，把小维纳训得眼泪汪汪的。母亲只好出面干涉，这太紧张太可怕了。40 年后维纳回忆起这些事还不免两眼发潮。不过这种严格训练也有好处，维纳很轻松地念完了高中，11 岁就上大学了。

图茨学院虽然离家很近，但总算逃开了父亲的管束，维纳很高兴。他学的是数学，不过课都不深，只有方程论深一点，讲到了伽罗瓦理论，他没有听懂。物理和化学对他的吸引力倒不小。维纳兴致勃勃地做了接收无线电波的实验，那是他自己设计的，做得很漂亮，要不是二极管诞生了，说不定还会大有用处的。看来少年的维纳不是个数学神童，而是个工程上的神童。维纳的兴趣广泛，变得也很快。第二年他读了一大堆哲学：斯宾诺莎、莱布尼茨、詹姆斯。第三年又把兴趣转到生物学上。数学、物理、生物、哲学加上电工构成了维纳一生的科学活动领域，控制论就是它们的结晶。三年大学生活就是他一生的缩影。维纳书念得不错，可是他太早熟了，很不适应社会，又被父亲管得很紧，局促不安，在不幸的自负和沮丧中摇摆着，很容易冲动又很容易丧失信心。他的父亲还坚决认为维纳不过是个普通的孩子，全靠他的教育有方才成了个神童。维纳的思想更混乱了，这使他在成功中获得的自尊心带上了自我怀疑的味道，一辈子也没有完全摆脱掉。

一心想当生物学家的维纳，14 岁大学毕业后又进了哈佛大学研究院学动物学。在做生物解剖时，维纳手忙脚乱，搞得一团糟。他的思想太快而行动太慢了，老是跟不上，近视眼也跟着捣乱，他只好狠狠心扔下了生物，与其他实验和观察科学也绝了缘。维纳不是个轻易屈服的人，他仍然喜爱生物学，将来还要卷土重来，在生物学中大显身手。可是现在他不得不转到康奈尔大学去学哲学，第二年又回到哈佛。这都是他父亲一手安排的。这一段日子维纳可不好过。他感到十分沮丧，觉得自己“走在一个黑暗的隧道中，不仅看不到尽头，甚至也不知道有没有尽头”。光明终于来了。18 岁时，维纳在哈佛大学获得了数理逻辑的博士学位，接着又得到一个访问学者的名额，动身到英国学习去了。

二、吸取欧洲的最新科学思想

1913 年 6 月，年轻的维纳来到剑桥大学，跟随著名数学家和哲学家罗素学习。维纳终于离开了他的父亲。每个青年人都要有这种独立的经历，对维纳这个一向处于父亲严格控制下的年轻人来说尤其重要，这是一次解放。维纳意气风发。罗素对维纳产生了很大的影响。他告诉维纳“一个搞数理逻辑和数学哲学的人应该懂得很多数学”，并为维纳安排了许多数学课程，指导维纳完成了一系列关于数理逻辑研究的论文。他还教会了维纳如何抓住真正有哲学意义的争论，特别是他要求维纳重视物理前沿的进展。他告诉维纳，爱因斯坦的工作具有头等重要的意义，要求维纳阅读爱因斯坦 1905 年的三篇著名论文以及玻尔的原子理论。维纳以后的数学工作几乎都来源于物理和工程，罗素是他的指路人。爱因斯坦的论文中有一篇是讲布朗运动的，这个课题后来成了维纳最重要的工作之一。罗素是个好老师，维纳很尊敬他，但尊敬不等于盲从。这个学生是敢于提出不同意见的，他对数理逻辑的体系就不迷信。1914 年，维纳在《哲学、心理学和科学方法》杂志上发表了题为《相对论和科学方法》的论文，强调了观察者的作用，并对逻辑体系的完备性表示了怀疑。20 年后哥德尔定理证明维纳对了。

罗素要去美国讲学，1914 年春天他把维纳送到格丁根去完成他一年的学业。格丁根当时是世界数学中心，人才荟萃。希尔伯特是个数学全才，代表了数学传统。他从不故弄玄虚，总是紧紧抓住基本思想，把高度的抽象能力和对物理现实的感受结合在一起。他成了维纳向往的榜样。维纳就跟大师们学数学。在这些智力相当的高水平欧洲学者中间，维纳不再感到神童带来的压力，他成为一个青年数学家了。当时这些数学家们经常在罗恩咖啡馆中毫无拘束地聚谈，在这种自由的空气中维纳迅速成长。在工作中他常常会不由自主地着迷和激动起来。数学和艺术是相类似的创造性活动，没有这种激情就不会有成功。不过当时的维纳还缺乏信心，还没有确定自己的方向，离出成果还有很长一段路要走呢！

第一次世界大战爆发后，维纳回到了美国。当时美国的名牌大学居然没有一个抓住这个年轻的天才，维纳又陷入了徘徊。他在哥伦比亚大学和哈佛大学都待过，但都待得不长。在哈佛的时候，维纳在拓扑学上做出了些成绩，被吸收进了哈佛数学会。故步自封的哈佛的教授们很看不起年轻人，维纳饱受白眼。更有甚者，数学系主任奥斯古德因为自己错过了发现勒贝格积分的机会，就不准学生用它。维纳实在受不了这种气氛，他要求平等和自由讨论。他离开哈佛，到缅因大学教了一段时间数学，还做过工程师。他正在寻找自己的路。空闲的时候，他用初生牛犊不怕虎的劲头搞四色问题、费马定理这些世界难题，但没有获得什么成果。美国参战后，维纳一心想从军为国效力，偏偏力不从心，那副眼镜就叫人不敢收他。1918 年他只好以平民身份在阿伯丁射击场参加编制高射炮射击表，也算为战争出了一把力。在这里他第一次接触到防空火力系统，也第一次看到了高速计算机的必要性。战争结束，他又失去了合适的工作。

三、选定方向：把数学和物理结合起来

生活中的转机到了。1920 年，维纳到麻省理工学院当数学讲师，对他来说这是个十分合适的学校。学校正在从一个工程技术学院变成一所大学，很欢迎维纳这样的数学家。维纳也以他的热情、正直和敏捷的智力为学校作出了重大贡献。他不再觉得别人轻视他，也没有巨大的压力逼他非成功不可。他可以自由地和同事们谈他的新想法，错了不会有人讥笑，也没有人乱捧他，更没有人鼓励他盲目乐观。维纳如鱼得水，感到非常自在。他精神焕发，开始了自己的数学家生涯。

说来叫人不相信，当时的维纳对现代数学几乎一无所知，他不知道泛函分析、勒贝格积分和积分方程这些前沿领域。一个偶然的机会他打开了现代数学的大门。他的妹妹也是学数学的，她的男朋友在欧洲阵亡，把数学书留给了她。维纳从妹妹那里读到了弗雷谢、奥斯古德、勒贝格等人的著作，马上就转到数学分析上来了。但是搞什么问题呢？

维纳的一个朋友巴奈特出了个主意，建议他搞函数空间的积分问题。维纳动手干了起来，用两年工夫解决了它，并形成了他以后工作的基本方法和核心：用勒贝格积分的方法处理统计问题，使他获得了巨大的成功。勒贝格积分处理各种复杂区域的积分，它正好处于数学和物理的交界处，是最适于描述世界的工具之一。维纳一下子抓住了这个很好的武器。还是在剑桥大学时，哈迪就使维纳认识到数学是表述对宇宙的观察的一种严格和必需的中介。维纳也认为数学应该和物理结合起来，“它的最大使命是从无序中发现有序”。他要为自己的数学问题找个物理模型。维纳经常在麻省理工学院的办公室靠着窗户面对着美丽的查尔斯河，注视着河里的波浪和涟漪，不止一次想给它的运动找出规律来，这一下正好碰上了。维纳把湍流作为函数空间积分的模型。可是湍流太复杂了，搞不下去，失败了。湍流研究后来启发了维纳的自相关和正

交相关函数的思想，可眼下只好另找途径。维纳选了个老相识——布朗运动，获得成功。它比较简单。浮在水面上的花粉小颗粒受到四周水分子不停的碰撞，在水面上做无规则运动，这就是布朗运动。维纳早就读过爱因斯坦研究作布朗运动的粒子的统计行为的论文。现在维纳想研究的是单个粒子的途径，更确切地说是所有这些路径的系综。维纳证明了所有这些路径除了概率为0的集合外，都是连续但又不光滑即几乎处处不可微的，并且用勒贝格积分的方法计算了这些路径上函数的平均值。维纳的这项研究后来对概率论有很大影响，可以说是现代概率论的开创性工作。不过维纳在当时并没有认识到这一点，他还是沿着统计物理和数学结合的道路走了下去。

布朗运动只是自然界里大量存在的非决定性行为的一种，这些运动都不能用牛顿的经典力学而要用吉布斯的统计物理来描述。维纳觉得吉布斯的统计观点是个了不起的思想，可惜还有点问题。一是吉布斯的统计观点仍以牛顿力学为基础。从牛顿力学的机械观念来看，自然界的运动之所以会出现不确定性，只是因为我们的知识还不够完备，无法找出因果之间的必然性。这种机械决定论在生机勃勃、变化多端的生物世界面前遇到了极大的困难。物理学的发展则把它的基础动摇了，绝对精确的测量实际上是无法实现的。对生物学与物理学训练有素的维纳，十分敏感地认识到，不确定性和机遇是自然界本身就具有的特征，物理学的时间和生物学的时间一样是不可逆的。这样，维纳摆脱了机械决定论，从统计观点来看待自然规律。他和其他科学家一起，改变了科学界对偶然性的认识。吉布斯统计力学的另一个问题是吉布斯没有找到合适的数学工具，缺乏数学严格性。维纳则致力于把勒贝格积分和统计物理结合起来。沿着这个方向，他搞出了许多漂亮的工作。维纳建立了广义调和分析，处理不能用经典傅立叶积分处理的不完全周期函数，并用它给出了陶伯定理的新证明。维纳建立了一套把复杂运动分解成简单振动之和的思想和方法，把它用于量子力学，帮助玻恩引进了算符，将矩阵力学改造得不仅适于元素辐射的离散谱，而且适合于像太阳光谱那样的连续谱。

当时的量子力学领域是人才辈出的地方，海森伯、狄拉克、泡利、冯·诺伊曼一个接一个崛起。维纳无意和他们竞争，又回到了自己的领域，但他并没有忘记量子力学，经常出入于这个领域。那时维纳到处取得成功，势论研究、积分方程都有不小成就。他还给出了矢量空间的一个公理集，这项工作和巴拿赫的工作几乎完全一致，一起奠定了巴拿赫空间代数这个数学新领域的基础。可是维纳很快离开了这个大有前途的领域。因为他不喜欢和人竞争，又感到巴拿赫空间没有实际应用，和物理结合不上。再加上他在布朗运动的研究上已经取得了进展，这方面的数学工作全是他自己做的，他为此而感到自豪。

离开巴拿赫空间代数这个领域，也许有点可惜，但有所不为才能有所为。用维纳的话说："想做一切等于什么都不能做。"留在代数上，或许也是个大数学家，但是他选的路却使他为人类作出了更大的贡献。和当时的许多数学家不同，维纳不是把数学看作纯形式的东西，而是看成"认识和改变社会面貌的工具"。他说过："一个有用的数学家就必然是改变社会现实的有力因素。"他的工作主要是把数学和物理结合起来。这个正确的方向指引他获得了一系列成功，最后引导他创立控制论。尽管有些数学家从他们的偏见出发，认为维纳的数学不严密，算不上一个数学家，然而历史却给出了公正的评价，承认了维纳在数学和科学上的地位，同时也就是承认了数学和物理、工程及其他学科结合是一条大有前途的路子。

维纳的数学工作获得了认可，他的自信心恢复了，许多荣誉接踵而至。但他仍然是个谦虚爽直的人，厌烦虚伪的交往，荣誉和安逸不是他追求的东西。1933 年，维纳当选为美国科学院院士，不久他就宣布放弃了这个别人求之不得的职位，因为他讨厌投票。他当美国数学会副会长也没有几天。不过他和学生的关系却很好，经常和学生们一起散步、爬山、下棋。他和学生下棋总是输，输了还要再接着下，可怎么也赢不了。学生都很喜欢他。上课的时候维纳往往把他的研究工作搬到黑板上去，和学生一起探讨。有时写了一黑板，停下来看看，发现不对，他说声"错了"，擦掉重写。学生懂了，他就很高兴。当时电机系有个叫莱维逊的研究生听维纳的课，听得很入迷，维纳发现了，马上把自己的手稿交给他去看。几天以后，莱维逊把手稿拿了回来，指出了证明中的一个漏洞，还另外证出一条引理。维纳大为高兴，马上坐到打字机旁把这个证明打出来，署上学生的名字，就寄到杂志上去发表了。当时，莱维逊站在一旁，惊异地看着这个出名的教授给学生打文章。此后维纳又把莱维逊调到数学系，为他解决家庭问题，将他照顾得很周到。莱维逊后来也获得了波策奖。当初，维纳自己通过博士学位时，尽管文章不错，考试却很勉强，多亏教授们高抬贵手才过了关。维纳一直记着这件事，在他的教学生涯中他从来没有难为过学生。

四、与工程技术人员合作

麻省理工学院的建筑和美国其他大学不一样，不是一个系一幢楼分开的，而是用一条很长的走廊把所有的系都连在一起。维纳是这儿的一个活跃人物，他和许多系都有联系，尤其和电机系关系更密切。他对电子实验室有很大的影响。大家都愿意找他解决问题，他也乐意为工程技术问题寻找数学方法。可惜有时他的方法抽象得太厉害了点，妨碍了工程师们马上用它。老早工程师们就用亥维赛的算符运算进行电路的分析和设计，可是一直没有理论根据。不少数学家认为这根本算不上是个数学问题，看不上眼。维纳却不这么看。它有实际意义嘛！维纳把它和广义调和分析对应起来，在严密数学的框架中将它形式化了，还得出了新结果。今天，维纳的复域傅立叶分析已经是电路分析的标准工具了。当时维纳也用它去设计电路。那时候维纳收了个中国学生李郁荣，是贝尔电话实验室请他代培的研究生。他俩很快建立起亲密的关系，维纳以理论为主，李郁荣以技术为主，配合得非常好。维纳把通信问题放到新的统计基础上去考虑，指出了电网络参数间的相互关系和它们在电网络的分析与综合中的重要性。从这个观点出发，他们先用傅立叶级数分析电路，设计可调纠错网络，后来集中力量攻滤波器设计问题。工作进展得很快，维纳解决了一系列数学难点，李郁荣在工程上出了不少点子，他们很快搞出了一系列发明，设计出了很好的电子滤波器。东西是好的，可是申请专利却费了很大劲，维纳对这一套太没有经验了。最后专利被贝尔电话公司买去锁进了保险箱，自己不用也不让别人用，怕别人竞争。维纳气得够呛。他的工作应该为人类而不是为私人谋取利益。

不久，李郁荣回国在清华大学任教授，他建议邀请维纳来清华讲学。1935 年夏天，维纳带着全家来到中国。他为中国师生开了傅立叶分析的课程，华罗庚、赵访熊、吴新谋、段学复等都听了他的课。知识渊博、才华出众而又平易近人的维纳给大家留下很好的印象。中国的一切也引起维纳极大的兴趣。他请了一位中国老先生教他中文，维纳夫人也是个热心的学生。他们很快就学会了几句中国话，老是兴致勃勃地用中国话和别人打招呼，甚至他回国以后还是一碰上东方人就要说几句中国话。在清华，他和李郁荣继续合作改善滤波器，使它能用到布什的微分分析机上去。布什的机器是用继电器以模拟方式解常微分方程的，维纳对此很感兴趣，一直和布什合作并想把机器发展成能处理偏微分方程。他想用电视扫描方法解决偏微分方程的多变量问题，这就要求这种计算机速度要快，还要是数字式的。

战争的阴影越来越重了。希特勒在欧洲横行霸道，迫害犹太人，日本帝国主义在东方侵略中国。维纳回美国的第二年，抗日战争就全面爆发了。维纳为了支援中国人民的抗日斗争到处募捐。他还积极援救和安排犹太难民。同时也在考虑战争中他应该做什么。上次大战的经验使他把注意力集中到计算机和电路分析上。维纳向布什建议造高速计算机，并指出它应该是电子的，数字式的，要用二进制，要使用自动程序，让机器自己作逻辑判断，要有数据存储装置。布什觉得当时实现不了，将它束之高阁。计算机的发展证明维纳的意见是对的，他很有先见之明。不搞计算机，维纳就和别格罗合作从事防空火力控制装置的设计工作。当时飞机越飞越快，在战争中作用也越来越大，防空问题变得很重要。飞行员采取机动飞行，飞得又快，高炮瞄准很困难，人跟不上，必须使用自动控制，那就要能预测飞机将要飞到的位置，好指挥炮火向那儿射击。维纳用他的调和分析处理这些飞行轨迹的时间序列，发展了一套获得最优预测的方法，后来被称为“维纳滤波”，在设计自控装置中起了很大的指导作用，战后在通信和控制中都获得广泛应用。火控系统中还有个问题，就是人的作用。炮手是人，不会像钟表一样精确到分毫不差，怎样减少人造成的误差呢？负反馈，用负反馈就能使误差减小。不过负反馈也要适当，太大了就会引起振荡，闹不好会把系统也给毁了。人有没有这种情况呢？维纳觉得神经活动中就有负反馈机制。他去找他的老朋友罗森勃吕特。

五、从科学方法论的私人讨论会到国际会议

罗森勃吕特是个生理学家，早在20世纪30年代就认识维纳并成了好朋友，两个人都对科学方法论感兴趣。罗森勃吕特那时在哈佛医学院工作，他搞了一个关于科学方法论的私人讨论会。参加讨论会的人有医学家、物理学家和数学家。不用说，维纳是中坚分子。每月一次，大家坐下来，由某个到会者宣读一篇有关方法论的论文。论文一读完就会受到连珠炮一样的批评和攻击。会议的气氛是自由活泼的，批评也都是善意的，可是毫不讲情面。半通不通的思想，过分的自信和妄自尊大都无法在这种猛攻下守住阵地。有些人受不了，不来了。可是经常来的人无不感到这对他们是莫大的帮助。

在这些讨论中维纳和罗森勃吕特建立了这样一种信念：“在科学发展上可以得到最大收获的领域是各种已经建立起来的部门之间的被人忽视的无人区。”科学的发展使得学科越分越细，人们的知识面越来越窄，越来越专业化。可是分久必合。专业化使人们只关心自己领域里的事，而科学发展却使许多学科去研究同一对象，它们应该合起来。维纳他们一直期望着有朝一日能集合一批有共同理想的自由的科学家，各行

都要，出于对整体的理解和互相取长补短的愿望去一起开发一个新领域。到了20世纪40年代这种梦想终于实现了。

神经系统有没有反馈不足或反馈过度的情况呢？罗森勃吕特回答是有的。小脑受伤的病人捡铅笔的时候手在铅笔附近不可控制地来回摆动，就是抓不住铅笔，这是反馈过度。脊髓痨等运动性共济失调病的病人反馈不足，也不能伸手抓住铅笔。看来反馈机制对神经系统和自动控制机构一样重要。神经系统和自动控制机的相似之处还不仅在此，它们都是通过从外界获取信息以及由传出消息引起的动作和外界有效地联系起来的，它们处理的对象都是信息。

人类社会从一开始就有人与人之间的通信，手势、语言、文字是主要的通信方式，后来有了有线电、无线电。直到第二次世界大战前后，维纳和香农等人分别建立起信息量概念，才在统计的基础上建立了通信理论。维纳把消息看作由一连串二中择一事件构成的时间序列，并考察这些时间序列的统计特征。维纳指出，信息不仅取决于说的是什么，还取决于可能说什么，它的测度就是在统计力学中叫作系综的一个可能信号集的性质，并把单位信息量规定为对具有相等概率的二中择一事件作出单一选择时所传递出去的信息。这显然是来源于他以前的数学工作：调和分析、概率论……维纳和香农等人一起，建立了以统计为基础的信息论，使通信理论从电机工程中独立出来，成为独立学科，为通信工程的设计提供了理论基础和方法。不过，维纳想得更远一些。在所有的控制系统里，都要知道控制对象的情况才能发命令，命令的执行情况也要收集起来，才能谈得上控制，否则就是失聪者的对话，是不会有效果的。要控制就要有通信。控制就是通信。

现在有了一个待开发的新领域了——控制和通信。无论是机器的还是动物的或者人的，控制和通信都有共同点。信息、反馈、控制、稳定这些概念，神经生理学、心理学、通信工程、自动控制、计算机科学这些学科，大家都感兴趣，应该一起来干。1943年初，维纳和罗森勃吕特、别格罗合作发表了一篇题为《行为、目的和目的论》的论文，根据随意活动的关键是反馈的思想，论证了目的性就是负反馈活动。1942年底，他们在纽约讨论神经中枢抑制的会上，一说出自己的想法，立刻引起了注意和反响。神经生理学家麦克卡洛和数理逻辑学家匹茨立刻用反馈机制来构造了一个神经元模型。此外，第一代计算机的设计制造者艾肯、冯·诺伊曼等人对此也大感兴趣，经常和维纳交换意见。他们认为需要把感兴趣的人都召集到一起开个会。1943年底，这个会在普林斯顿召开了，维纳是主持人。到会的人中有工程师、数学家，也有生理学家。大家从自己的工作出发对信息问题发表了看法，进行了热烈的讨论。会议开得很成功。大家觉得这些人尽管专业不一样，却有一个共同的思想基础，每一个专业的人都可以利用别人的已经成熟的概念。看来很值得进一步加强合作，最好有一套共同的词汇，省得大家各讲各的行话。感兴趣的人越来越多了，1946 年在纽约召开的反馈问题讨论会来的人就更多了，心理学家、人类学家、社会学家都纷纷赶来，他们也要和信息、反馈打交道。参会的人一天到晚读论文、讨论，越谈越觉得有共同点，越感到这问题十分有趣又十分重要，干脆以后每半年开一次会，在这些会上，一个新的领域就这样逐步开辟出来了。

古代科学是用一种总体的观念看待世界的，那是一种含糊的、不精确的看法。科学的发展使人们发展了一种分析的方法，将自然界的各个部分相对孤立起来，将它们分割成一小部分一小部分加以研究，这使得人们对自然界的认识大大精确大大深入了，形成了各种门类的自然科学，造成了学科的分工。可是自然界的一切事物都是有联系的，分析的方法尽管具有能够进行深入研究的好处，却割断或忽略了这些联系。随着科学的进步，这种方法的局限性就越来越显示出来了。科学本身需要一种新的统一的整体的观点。而现代生产与战争更是大规模的活动，需要动员整个社会的力量。尤其是在第二次世界大战前后，通信工程、电子计算机设计制造，伺服机构和其他自动控制装置的研究，以及生理学、心理学、生物学的研究，都已经开始相互交叉渗透，都把信息和反馈作为研究对象。建立起新的科学的整体观点、综合观点已经势在必行了。时代的需要提出来了，谁站出来回答时代的挑战呢？因此 20 世纪 40 年代几乎同时有维纳的控制论和贝塔朗菲的一般系统论这两门讲整体讲综合的新学科出现。维纳站在前列不是偶然的。他一直坚持从物理和工程中发现他的课题，开展数学工作，又一直对生物学有极大的兴趣。对哲学和方法论的兴趣又使维纳相信自然界和科学都是统一的，他在自己的著作中多次引用爱因斯坦说过的一句名言：“上帝精明，但无恶意。”他和爱因斯坦一样认为自然界是存在着客观规律的，并且极力主张各门学科的专家联合行动。这使他敏锐地抓到了问题的实质，一下子用信息通信和控制跨越了机器和活体间的鸿沟，为一门新的边缘学科奠定了基础。他热诚地投身于 20 世纪科学技术革命的潮流中，既能从事创造性的科学理论方面的突破性研究，又能深入到工程技术领域中去抓住富有社会技术效果的新鲜问题；既能敏锐地在物理、无线电工程、数学、生物这些不同学科中开展研究，又能不拘泥具体学科的藩篱而从统一方法论高度寻求共同的规律，这使他高于同时代的许多其他科学家，这些特点正是 20

世纪科学技术革命所体现的科学精神。高度自觉的科学精神使维纳的天赋才华放出异彩，使他那热情的探索富有远见。

今天，这种系统的、整体的新科学观已经深入各门学科中，使人们对世界的认识更深入了。维纳把这种系统和联系用精确的、数学化的语言表述出来，赋予一种科学的形式。维纳积极主张的开拓边缘学科的想法今天也成为现实，这是现代科学潮流的一个重要特征。这种潮流引起了科学思想的重大变革。

六、1948 年：《控制论》

在维纳和其他科学家的共同努力下，控制论已经初具雏形，就等着正式宣布它的诞生了。1946 年夏天维纳去法国南锡参加国际数学会议时，遇到了最后一个“助产士”。出版商弗赖曼是个很有见地的人，很支持科学活动，他是法国布尔巴基数学学派的后台。他建议维纳写本书把控制论介绍出来。维纳答应了。维纳给这个关于动物和机器中的通信和控制的整个领域起了个名字——“控制论”。名字来源于希腊语，原意是舵手，后来安培曾用它来表示治理国家的学问。书在 1948 年出版了。书中，维纳阐述了他建立控制论的思想基础——统计观点。他认为世界不是完全必然的，而是充满偶然性的。控制论就来源于这样一个“交互依赖而又不完全的世界”，在这个世界中量的变化是统计的。他在书中论述了信息、反馈、通信、控制、稳定、系统等重要概念。

维纳在《控制论》一书中谈了自己对信息的认识。他说：“信息就是信息，不是物质也不是能量。不承认这一点的唯物论，在今天就不能存在下去。”在信息的物质载体发生变化的时候，信息可以保持不变。打电报的时候文字变成数码又变成无线电波送出去，在接收地又转变成文字，形式发生了许多变化，但是信息即电报的内容并没有发生变化。听无线电广播时，收音机收到的无线电波的能量大小并不足以说明收到的是音乐是讲话还是一点意义也没有的噪声。所以信息和物质、能量是有巨大差别的。同时，信息的传输又不能离开物质和能量，离不开物质载体，也必须伴有能量损耗。信息代表了人对自然的更深层次的认识，大大开阔了我们认识世界的眼界和深度。信息反映了客观实体之间的相互联系和系统内部的组织程度。另外，信息还和认识论有很大关系。后来，维纳在《人有人的用处》一书中把信息规定为“我们对外界进行调节并使我们的调节为外界所了解时而与外界交换来的东西”。维纳对科学持有一种操作主义观点，他认为“今天的科学是操作的科学，这就是说，今天的科学认为每一种陈述本质上都联系到一些可能的实验或可观测的过程”。在爱因斯坦的相对论和量子力学中，观察者在“改变观察结果方面的作用，是绝对不能忽视的”。因此维纳极为强调信息通信的作用，认为交换信息是人的“内在生活”和“社会生活的本质”，是人“对外界环境中的种种偶然性进行调节并在该环境中有效地生活着的过程”。

维纳提出的另一个关键概念是反馈。维纳等人认为神经系统活动的最重要特征就是它们具有反馈活动。维纳的这种观点为神经生理学的研究辟出了新径，同时也具有很大的哲学意义。早在1943年的文章《行为、目的和目的论》中，维纳就用行为主义的方法来研究了目的论问题，他略去客体的特定结构和它的内在组织而只检验客体的输出以及输出对输入的各种关系。他定义“行为就是一个实体相对于它的环境做出的任何变化”，并且根据这种变化的不同将行为逐级进行分类，最后将有目的的即趋向某一目标的行为分为非反馈的和有负反馈的即目的论的行为两类。他认为因果过程常常不是单向进行的，而是环形的，“一切有目的的行为都可以看作是需要负反馈的行为”，因此“目的论等于由反馈来控制的目的”，它与非目的论相对立而不是和决定论对立。

维纳所具有的高度自觉的科学精神清醒地反映在他对自己所处时代的理解上。在《控制论》一书中，他说：“17世纪和18世纪是钟表的时代，18世纪末叶和19世纪是蒸汽机的时代，现在是通信和控制的时代”，他强调“每个时代的思想都被反映在那个时代的技术中”。因此，笛卡儿把低等动物看作自动机器，莱布尼茨用钟表的模式构造他的自动机世界——单子世界，19世纪有人把生命看作热机，而维纳认为现代控制机“则通过印象的接受和动作的完成同外界联系起来”，它本身也可以具有学习过程和进化过程。

维纳在《控制论》一书中还提出了一系列重要问题：机器会不会使人退化？会不会控制人？大脑是不是机器？信息的本质到底是什么？它在哲学中的地位如何？这些问题对科学和哲学产生了巨大的冲击，直到今天仍然是科学和哲学界深感兴趣和热烈争论的重要问题。

《控制论》这本书轰动了世界，给维纳带来了世界声誉。他在书中提出的新颖独特的观点和方法吸引了无数读者，全世界都在谈论控制论，有赞成的，有反对的，还有认为控制论万能的，也有将它斥为伪科学和占星术的，议论纷纷。但明显的趋势是，不承认控制论科学地位的人越来越少了。

无疑，社会是个用各种通信方式把人联结起来的系统，也有它的动力学，反馈在其中也起着重要作用，它能够作为控制论研究的对象。人们也从一开始就注意到了控制论在社会科学上的应用。维纳就看到了信息、通信在社会中的重要作用，不过他却认为控制论很难用于社会科学。他持这种悲观态度的理由是他认为统计数字太不可靠了，影响社会统计的因素太多。社会科学主要靠行家作判断。在这个问题上维纳显得有点保守了，这和他过分强调统计有关。实际上控制论并不一定要用统计。研究表明，控制论在社会科学中大有用武之地，它在改变社会科学的研究方法和思想观点，并且已经在促进社会科学的大发展中发挥着重要的作用。

七、科学、科学家与社会

控制论为自动化打开了大门，这既能给人类造福，使人摆脱机械劳动并促进生产发展，也会制造失业及其他社会问题。怎么办呢？不要技术进步吗？不。维纳要求建立一个以人的价值为基础而不是以买卖为基础的社会，让自动化为人类造福。他认为科学发明像一把“双刃的剑”，既可能给社会带来好处，也可能带来灾难。维纳还特别指出在西方社会中科学往往成为富人的工具，他们对待科学发明“只要有利可图，就不管它们在以后可能带来怎样的危害”。他到处宣传他的观点，在工会领导人和企业家中东奔西走，大声疾呼，呼吁公众行动起来制止少数人为了私利滥用自动化而使人贬值的危险发生。当时许多科学家由于原子弹轰炸广岛和长崎而奋起呼吁制止战争，制止滥用科学成果。维纳比其他科学家更先进了一步，他看到了科学技术本身就能对社会产生巨大的影响，能改变社会的面貌和结构。这种看法今天已经被普遍接受了。维纳独具慧眼当得益于他把社会看作系统的控制论观点。维纳不仅用言论，而且采取了果断的行动来反对将他的思想用于军事目的。大战结束后，有个飞机公司要求维纳为一些武器研究做点计算，维纳一口回绝了。维纳是有话不藏在心里的人，他对保密制度、压抑和控制人的思想的做法都提出了尖锐的批评。这给他带来不少麻烦，可是他始终不悔。只是由于他的世界声誉，他才免遭进一步的迫害。

20 世纪 40 年代末，维纳已经 50 多岁，体力开始衰弱，智力却没有减退。他不仅是控制论的发现者、综合者和统一者，还是它的普及者和宣传者。1950 年维纳写了《人有人的用处》一书，专门论述了控制论和社会的关系。维纳在书中畅谈了通信与学习、语言、有机体、法律、社会政策等的关系，描绘了第二次工业革命的前景，也提醒人们警惕独裁者、战争狂人和唯利是图者滥用自动机和控制论的成果来奴役人民。这本书范围广泛、见解精辟、通俗易懂，受到极大的欢迎，对传播控制论起了很大的作用。维纳到处演讲，热心的听众往往把会场挤得满满的，长时间地鼓掌、欢呼，表达他们对控制论的喜爱。维纳在加州大学伯克利分校演讲时，原定讲一个小时，可是听众热情太高了，讲了两个小时人们还舍不得让他走。

满足和闲暇从来不是维纳追求的东西，他不停地工作，白内障也不能使他停下来。眼看不清，他就口述了两本自传：《昔日神童》和《我是个数学家》，用谦虚而又坦率的态度生动地描写了他的生平。《随机理论的非线性问题》一书的出版就更有意思了。它是写在麻省理工学院物理系的研究班教室里的黑板上的，李郁荣用相机拍下了这些长达 5 英尺的方程式，学生们根据照片和录音带整理出了抄本。维纳一生发表了 240 多篇文章，写了 14 本书，其中还包括一本长篇小说、两篇短篇小说。

数学一般被认为是年轻人的学问，维纳不服老，仍然在数学领域中坚持奋斗，探讨非线性问题。晚年，他的主要研究阵地又移到生物学上来了。维纳研究的神经反馈开拓了神经生理学的新领域。他还研究了心脏的节律活动。最重要的工作是脑电波分析和自组织系统。这简直是要在木板最厚的地方钻两个孔。尽管维纳做了不少开创性工作，但是都没有来得及钻透。他没有接触分子生物学，这是很遗憾的。

维纳退休了，他的体力和脑力都衰退了，甚至会在大街上找不到自己的汽车，只好一辆一辆地用钥匙去试。尽管忘了这些低级的事情，他却没有忘记较高级的事情，他还在继续工作。生命的最后一年，他发表了 3 篇论文，出了一本书——《上帝和高兰公司》。最后这本书还是论述控制论未来的社会效果的。

1964 年 3 月 18 日，心脏病又一次打击了维纳。像他的许多朋友希望的那样，他死时没有经受多大的痛苦，告别了这个他曾经以不安和希望的目光注视过的世界。维纳是在访问欧洲时死在瑞典的。如果有诺贝尔数学奖的话，他早就来这儿领过奖了。逝世前两个月，他由于“在纯粹数学和应用数学方面并且勇敢地深入到工程和生物科学中去的多种令人惊异的贡献及在这些领域中具有深远意义的开创性工作”获得了美国科学勋章。维纳平静地死去了，但是他开创的事业激起了无数青年人的热情，他们在他开辟的领域中开始了自己的职业生涯。这些人数越来越多的年轻人把自己的时代叫作控制论时代，这是对维纳最好的纪念。

（作者：朱熹豪）

阿兰·图灵

（Alan Mathison Turing，1912—1954）

阿兰·图灵
近代计算机理论的创始人

图灵是英国著名的数学家，也是近代计算机理论的创始人之一。他因提出理想计算机——图灵机的理论而享有盛誉。他在1950年发表的《计算机与智能》（其中提出了著名的图灵测验）曾在西方世界引起巨大反响，并引起关于机器能否思维的长期、广泛的争论。

图灵在科学上的贡献是多方面的，甚至包括某种化学理论。他的思想具有突出的开创性和惊人的洞察力。他的工作方法和性格特点也是奇特而又发人深省的。纵观他的一生，我们不得不承认他是科学史上一位难得的奇才。

一、从剑桥到普林斯顿

1930年，18岁的阿兰·图灵获取了剑桥大学的数学奖学金，第二年他就来到这所古老学府的皇家学院学习。头一年，这位舍本中学引以为豪的数学小天才在考试中竟然成绩平平。这也许是因为他的兴趣太广泛了。他参加了学院的划艇俱乐部，曾代表学院参加赛艇比赛；他总爱帮别的专业的学生解决人家学科的难题，谢尔平斯基已用复杂方法证出的一条定理，他又找出一种简单得多的证法，为此颇为得意；低年级的死板功课使他感到索然无味，他自己就一下子钻入高深的数学分支中去了。总之，他在荣誉学位的第一部分考试中只得了二等。但是，在学位的第二部分考试中，他轻易地挽回了面子，成为带B星（表示成绩极佳）的一等合格者，并得到了哈罗德·弗莱奖学金。这是一名数学专业的学生所能期望的最高奖赏。

不久，他的数学天才就一次次地表现出来。他在1934年写的第一篇公开发表的论文《左右殆周期的等价》，被教授们誉为“非常漂亮的小证明”。紧接着，他另一篇关于高斯误差函数的论文使他一下子由大学生变成了皇家学院的研究员，当时他还不满23岁。不过那时最使他得意的似乎是：在得到这个任命的当天晚上，他打纸牌竟赢了院长几先令。

这只是初露头角。一年以后，也就是 1936 年，他写的关于可计算数的论文发表后，在国际数学界引起了很大反响，这奠定了他在数学界的牢固地位。

有关这篇著名论文的情况是这样的。1931 年，也就是图灵进入剑桥的那一年，哥德尔发表了关于不完全性定理的论文，使数理逻辑获得了重大进展。但是还有一个重要的数学难题摆在人们面前：怎样判断一类数学问题是不是机械可解的，或者说，一些函数是不是可计算的？

这个使许多大数学家一筹莫展的前沿难题，似乎正合这位初生牛犊的胃口。图灵很快就解决了这个问题，这令人感到惊讶，特别是他所运用的方法更使大家目瞪口呆。

为了定义“可计算性”这个难以把握的概念，他异想天开地搬出了一种“理想计算机”，也就是赫赫有名的“图灵机”。用机器的概念来解决抽象得不能再抽象的元数学问题真是前所未有。当时最好的数字计算机不过是手摇四则计算机，而由一个读写头和一条纸带构成的通用图灵机却可以按照适当的程序写出任何可计算数。实际上它的功能相当于 5 年以后才开始出现并逐步发展起来的程序控制通用计算机。

在这个定义的基础上，他经过详细论证得出了与格丁根大学的大数学家希尔伯特看法相反的结论：存在着不可计算数，或者说，存在着一类数学问题，它们不可能通过有限的固定步骤得到解决。

可惜的是，1936 年春正当他打算把这篇论文提交出去的时候，丘奇关于“递归函数”的论文于 3 月份发表了。从本质来说，丘奇论文的结论与图灵相同，但所用的概念与后者相距甚远。在当时看来，图灵的方法不过是更新奇更简洁一些。10 年以后，人们才逐渐发现他的理论有巨大的优越性，因为那恰恰是计算机科学理论的基础！

也许正是由于图灵的论文迟了几个月，他才能到美国普林斯顿研究院去做丘奇的研究生。丘奇对他倒是格外器重。1936 年秋天图灵到那儿不久，丘奇就为他安排了一次关于可计算数的演讲。图灵的思想引起冯·诺伊曼等著名教授的极大兴趣，但在同学们中间却显得高深莫测，得不到反响。这使他深感失望，觉得来美意义不大，甚至打算在半年后中断学业返回剑桥。这可急坏了这所学院的院长艾森哈特。院长举出种种道义方面的、社会方面的理由劝图灵待下去，并暗示会给他更高的物质待遇，说得天花乱坠，他最终点头答应。

总的来说，图灵在普林斯顿的学习和生活是轻松愉快的。他发表了几篇群论方面的文章。他的博士论文题目是《建立在序数上的逻辑系统》，该文于 1939 年在《伦敦数学学会汇编》上发表，据说其开创性不下于那篇关于可计算性的论文。他在课余十分活跃，参加了曲棍球队，曾代表本院到其他城市去比赛。他还常参加俱乐部的演出。说也奇怪，图灵平时说话有点儿口吃，表演起来却轻松自如。

他本来期望看到美国的民主之花，但入目的却是人们的粗俗，甚至研究院的同学们都喜欢自吹自擂，这同剑桥的风气截然不同。剑桥才是最让他称心如意的地方。

1938 年初夏，图灵结束了在普林斯顿的学业。他经过反复考虑，谢绝了素负盛名的冯·诺伊曼教授让他留在普林斯顿工作的请求，并立即登上归程。

当图灵乘邮轮东去时，粗看起来他的样子与来美时没有什么变化。他后脑勺上竖起来的那缕褐发让人觉得好笑，但略呈方形的下巴显示出内心的坚定。最使人印象深刻的是那双深陷而清澈的蓝色大眼睛，而微微翘起的鼻子带着点儿孩子气，又使人猜不透他的年龄和身份，他变得更成熟了，对未来踌躇满志。他反复思虑着科学技术领域里一项潜在的重大突破，尽管当时它还不大为人们所注意，但图灵一想到它便容光焕发，跃跃欲试。

发明一种能自动完成数学计算的机器，多少年来就是人们的幻想。从帕斯卡的“加法器”到莱布尼茨的手摇四则计算器，再到批量生产的实用型四则计算机，人们费尽心血，也只能借以进行一步一步的运算。19 世纪的英国数学家查尔斯·巴贝奇提出来一种诱人的全新设想：应该制成一种能够自动完成一连串运算的计算机即分析机。但是，巴贝奇父子在试制过程中遭到了技术上的失败，使人们感到自动数字计算机仍旧是天方夜谭。一些物理学家和工程师转而去研究模拟式计算机。就在图灵进入剑桥大学的那一年，一名叫布什的美国工程师设计的电气模拟式计算机取得了重大进展，它可用来解某些微分方程。于是各国纷纷开始研制。人们渐渐发现，这种机器的缺陷同它的成绩一样大：计算精度和通用性差，而且这是一种无法弥补的先天不足。因此，又有人重新考虑数字计算机，巴贝奇的名字在某些杂志上又被提到。

在图灵完成可计算性方面的论文的前一年即 1935 年夏天的一个晚上，一位名叫大卫·钱珀瑙恩的朋友在图灵家中与他一起纳凉闲叙，话题又扯到了计算机。图灵虽说专攻数学，但对工程问题的兴趣也极浓厚，对计算机也不例外。钱珀瑙恩开玩笑说，如果造出一台自动计算机，也许只有像阿尔伯特厅那样大的屋子才能放得下。可能正是这些谈话启发了图灵，使他想到：机器比人简单得多，用它来定义可计算性比把握人的计算能力要好办得多！于是，像变魔术一样，工程上的设想打进了数理逻辑的迷宫。但是三年后图灵即将重新踏上岛国故土之际，他的逻辑头脑已在盘算制造一台比较通用的自动计算机的可能性。

二、布莱奇雷——战争与计算机

从美国返回英国后，图灵立即恢复了皇家学院研究员的职位。他在数学理论研究之余果真搞起了计算机。据他的朋友钱珀瑙恩回忆，就在这一年，图灵为了求 Z 函数的根，“已经设计了一个对牵涉到诸如 $\arccos 2\pi t/Pr$（Pr 是第 r 个素数）这样的项的数列求和的机器”。钱珀瑙恩记得“该机器包括一套齿数为素数的齿轮”。他“曾陪阿兰（图灵）到工程实验室去了一两次，帮助加工这些齿轮，但是第二次世界大战打断了这个雄心勃勃的计划并且它再也没有完成”。

同样令人遗憾的是，图灵的设计图未能保留下来，使我们无法判断这台计算机究竟是数字机还是模拟机，或是二者的混合物。不过，若无战争的干扰，很可能它也会在计算机工程史上占据一席之地。

第二次世界大战一爆发，图灵立即被征召到外交部通讯部所属的布莱奇雷密码学校从事破译密码的工作，投入了那场秘密战争的漩涡中心。其间的内幕一直属于绝密，直到差不多 30 年以后才披露了一点儿事情的梗概。

密码学校设在白金汉郡的布莱奇雷公园内。当时同图灵一起来到布莱奇雷工作的还有不少英国第一流的数学家及第一流的国际象棋棋手，其中包括皇家学会会员纽曼和英国象棋冠军亚历山大。这是很自然的事，因为破译密码与数学和博弈的关系最为密切。他们是幸运的，因为他们没有像第一次世界大战时的同行那样被送到前方的战壕里。这也许是由于著名诗人鲁珀特·布鲁克和著名年轻物理学家莫斯利在那次大战的阵亡给人们留下了惨痛的教训。然而后来的事实证明，幸运的恰恰是英国和盟国。如果没有图灵等人的巨大功绩，也许英国已经战败。

布莱奇雷的工作面临着巨大困难。德国人为保证他们“闪电战”的神经中枢——无线电通信的快速与安全，制造了一种被英国人称为“谜语”的密码机。每部“谜语机”有 3 个或 4 个转子及一个反射器，它们由一定的线路连接起来。每个输入字母要依次经过每个转子的简单代换，到达反射器后再经过各转子的代换变成另一个输出字母。特别是，每变换电文中的一个字母，各转子就要按照具体的秘密规定转动不同的角度，这样就改变了变换方式。另一台按同样规定转动的“谜语机”很容易自动地将电文恢复原样。另外还经常选用不同的转子并改变插接板。这样每次发报时，机器可能处于的不同内部状态数量是个极大的天文数字。若猜不出确切的内部状态，电文就无法破译。因此，破译德军密码的工作最初看来毫无希望。

图灵领导着代号为“8 号房”的分部。其中心任务是对付德国海军使用的那种最复杂的“谜语机”。他手下有 10 余名数学家、4 名语言学家和 100 名从事一般计算的姑娘。图灵有时开玩笑地称这些姑娘为“奴隶”，因为她们的工作非常死板而枯燥。其中有一位漂亮姑娘有较好的数学头脑，曾和图灵很要好，可惜这段浪漫史未能延续下去。图灵后来一直没有结婚。

在布莱奇雷，图灵的学识令人敬畏，人们都称他为“教授”，不少人反而不知道他的名字。“教授”和他的同事们经过艰苦努力，工作开始有所进展。但是，破译的速度太慢，很容易由于过时而失去它的重大价值。因此，制造一种能够部分地代替“奴隶们”的工作的快速计算机的任务就提了出来。

最初的计算机的代号叫“炸弹”，图灵参加了这种机器的设计。显然，计算机不可能试遍发报的“谜语机”所有可能的初始状态，因而必须对这种计算机的工作原理提出创造性的思想。据古德回忆，一个不大容易想到的基本思想是图灵提出的，它极大地提高了这种计算机的能力。

“炸弹”大约有 8 英尺高，被人形容为“女神铜像”。它内部装有与“谜语”密码机的转子相对应的转轮和复杂线路。目前，人们还不清楚当时苏联人是否研制了类似的计算机。如果不把他们考虑在内的话，“炸弹”就是世界上第一台高速密码分析机。

在“炸弹”的基础上，道利斯山的邮电研究所根据纽曼等人提出的规范又设计并制成了“海斯·罗宾逊”密码分析机。图灵也频繁地参与了这种机器的研制工作。该机已使用了数十个电子管和光电读入器。1942 年该机安装完毕并开始试用。

1943 年底，又制成了“巨人”密码分析机。这种机器主要是由邮电研究所的弗劳尔斯设计的。它的大量计数电路和逻辑电路都是电子线路，使用了大约 1500 个电子管，极大地提高了处理数据的能力。按照英国人的看法，它是世界上第一台数字式专用电子计算机。

图灵没有直接参与这台计算机的设计工作，但他同别人一起提出了该机必须满足的要求。在这年 3 月之前的几个月里，他曾在美国执行某些秘密任务，大概涉及两国在密码分析机上的合作。后来，不少人猜测图灵的美国之行曾导致他同冯·诺伊曼的会面，从而推动了世界上第一台数字式通用计算机埃尼阿克计算机的诞生。但英国兰德尔教授的调查表明，在战争期间两人会面一事并无可靠的根据。

有趣的是，虽说“巨人机”的主要设计人员基本上都不是数学家，但他们都很了解图灵的通用理想计算机思想，而且很明了这种高深思想与自己所从事的工作的紧密关系。很多曾在布莱奇雷工作的人都回忆起当时对图灵的通用机思想的讨论。这也许同在战争压力下数学家们与工程师们的通力合作有关，也许同图灵本人就在他们中间有关。总之，在第一台专用电子计算机诞生的日子里，理论与实际的关系比后来人们的一般看法来得更为紧密。

那些在大西洋彼岸研制埃尼阿克计算机的莫尔学院的人们，当时是否都了解图灵的思想还不得而知，但至少冯·诺伊曼是清楚的。他曾一再向别人强调：“如果不考虑巴贝奇、洛夫莱斯和其他人早先提出的有关概念，计算机的基本概念属于图灵。”

在布莱奇雷紧张而繁忙的日子里，图灵并没有终止在一般计算机方面的研究。他被人们看作一名业余电子工程师，自己设计并动手装配了各种各样与计算有关的电子装置。因为他常常是关起门来搞研究，所以人们很难搞清楚这些装置的详情。就在“巨人”制成前后，他的思想已经远远向前发展。他不仅在考虑通用电子计算机的计划，甚至打算用这种计算机来进行某些智能活动。他的智能机器的妙想引起了密码学校的人们尤其是年轻人的极大兴趣，甚至导致了一次次的热烈讨论。当然也有不少人觉得未免太离奇。

战争的烟云并未使人们丧失幽默感。在布莱奇雷，有关“教授”的笑话最让大家觉得开心。图灵从来不拘小节，毫无架子，常常显得心不在焉。每逢春夏之交，他都容易患一种花粉引起的过敏病。为了防止看不见的花粉的侵袭，他想出了一个高招：在骑自行车上下班时戴上一个防毒面具。“教授”第一次以这副尊容“驾到”时，大家不禁愣住了，继而又笑得前仰后合。

“教授”偶尔会到公园围栅外边散步。他常常停住脚步凝视着围栅陷入沉思。他的这种举止引起了当地保安部门的怀疑。有一天，他再次到一个地方散步时，两名便衣警察已经恭候多时了。经过一番严格的盘查，“教授”终于被放走了。但是，“教授”被捕的趣闻却传遍了整个密码学校。

在战争形势非常险恶的时期，他为了不让自己的存款落入敌手，就把这些钱兑换成银锭，埋藏到郊外的一个秘密地点。等到局势好转他前去挖掘时，却找不到这些“财宝”了。后来他还自制了土探雷器，并请了帮手去寻找，仍然一无所获，这使他懊恼不已。

布莱奇雷的破译密码工作取得了辉煌成果，使英国军事当局在战争的大部分时期得以洞悉德军的主要部署和动向。例如，在破译了地中海和北非地区德军的“谜语”之后，为隆美尔将军运送给养的船队几乎全被击沉。这位常胜将军后来的每一个战斗计划都被对方知悉，难怪他被英美联军打得全军覆没。

为了表彰布莱奇雷对人们的巨大贡献，在战争胜利时，图灵等人被授予了英国荣誉军官的“O.B.E.”勋章。

三、“ACE”（电子计算机）报告

1945 年底，也就是第二次世界大战结束后不久，世界上第一台通用电子计算机埃尼阿克在美国完成制造。这台计算机的计算速度震惊了全世界。可惜，甚至在它完工之前，一些人，包括它的主要设计者就已经认识到，它的控制方式已经过时了。

原来，埃尼阿克计算机并不是像现在的计算机那样利用一条条指令（也就是程序）来进行控制的，而是利用硬件或者说是利用由插接板和转换开关所连接的逻辑电路来达到控制运算系列的目的。它可以在几分钟之内完成一项复杂运算，但是要改变一下运算题目，要花十几个甚至几十个小时才能做好准备。因此，设计一种新型的程序控制的电子计算机的艰巨任务摆到人们面前。

1945 年 3 月，冯·诺伊曼、埃克特、莫奇利等人提出了著名的 EDVAC（电子离散变量自动计算机）报告，叙述了一种有关存贮程序控制的电子计算机的总体设想，规定这种计算机应该由运算器、控制器、存贮器及输入输出装置等五个部分组成，但没有提出更细致的结构。近年来公开的材料表明，提出有关存贮程序计算机的第一份比较详尽的总体设计方案的不是别人，恰恰是图灵。

战争刚刚结束，图灵就向英国政府有关部门提出了制造大型电子计算机的建议。他谢绝了回剑桥当讲师的邀请，并在 10 月份被推荐到泰丁顿英国国家物理实验室任职。他在 EDVAC 报告的基础上，融合了自己在战前以及战争期间迸发出来的一系列天才思想，于 1945 年底写出了 ACE 计算机总体设计方案的报告，并被作为国家物理实验室研制 ACE 计算机的主要基础。可惜，这份报告在相当长的时期内都未发表。

大约在半年之后也就是 1946 年 6 月，冯·诺伊曼等人在《电子计算机装置逻辑结构初探》的报告中提出关于 EDVAC 计算机比较详细的总体设计，成为计算机发展的主流。

但毕竟是图灵首先提出了某些重要的计算机设计思想，而他的某些古怪想法，尽管在当时显得另类，在后来却表现出新的意义。例如，就 ACE 报告来看，这种计算机采用了独特的运算方式。它的运算器的运转（微操作）不单单是由内部的逻辑线路组成的控制器所操纵的，还有一部分微操作是由运算器内部一个寄存器发出的信号决定的。这就与广泛使用的“常规逻辑控制方式”不同，而与后来的“存贮逻辑控制方式”或“微程序控制”有某些类似之处。很明显，这有利于变换运算器的运算方式，但这又有什么用呢？在当时不大能看出来。

到了 1972 年，美国宝来公司制成了一台具有特殊性能的计算机 B–1700。它是一个仿真系统，其核心就是微程序控制，可以通过不同的微程序来模拟不同机器的硬件，因而可以直接使用其他机器的程序，而不必像一般计算机那样，只能以低速靠程序系统的帮助来执行别的机器的程序。无巧不成书，图灵在 1945 年写的报告也在 1972 年发表了。当人们在 20 多年前的图灵的报告中发现了仿真系统思想基础的最初来源时，不能不深感惊讶，赞叹不已。

另外，指令寄存器和指令地址寄存器的概念——计算机技术的最根本概念之一，也是由图灵在该报告中首先提出来的。众所周知，通用计算机必须具备执行条件分支指令的能力，也就是说根据运算的中间结果自动改变下面的运算程序。有了指令地址寄存器，只要根据“条件”改变一下寄存器内的“地址”，也就改变了下面的程序。这实际上就是图灵的想法。

图灵在这篇报告中还提出了子程序和子程序库的思想，以及关于错误自检系统的想法，甚至还考虑到机器自动编译程序的可能性。有趣的是，如果我们对 ACE 报告仔细加以分析，就会发现图灵理想计算机的影子。

例如，一条微指令直接控制一个微操作这种运算方式与理想计算机是很相似的。在理想计算机中，对应于一条指令的每一个操作也是极简单的，但却能组成任一种复杂运算，适应性很强。另外，条件分支指令及子程序思想的实质也可以在理想计算机中看到。

图灵报告中的部分设计思想反映在 ACE 计算机的模型机——“Pilot ACE”中。这种机器于 1950 年制成，获得了较大的成功，后来又生产了 30 台，这在当时是不多见的。大型的 ACE 机是在 1958 年完成的，与图灵最初的设计相比有了很大改变。但“图灵仍被看作是它的发明者”，“是它的一般逻辑思想特别是它们之中比较革命的方面”的首创者。

四、“图灵测验”与智能机器

1952 年 1 月 14 日，英国 BBC 电台在第三套节目里安排了一段别开生面的内容，吸引了无数听众的注意。广播的是几位著名科学家进行辩论的实况。辩论的题目为“可以说自动计算机能思维吗？”参加辩论的有皇家学会会员杰斐逊爵士、剑桥大学研究员布雷斯维特、皇家学会会员纽曼教授，以及图灵。

在纽曼的温和支持下，图灵劲头十足地坚持计算机能思维，第一个冲出来与对方辩论。反对派的代表是杰斐逊，他也毫不相让。但是面对图灵切中要害的步步进逼，他最后只好用这样的话来抗辩：“图灵，有那么一天，比如说在第四套节目里听两台机器讨论人们为什么认为它们在思维，那就是开玩笑。”

如果他们当时知道，甚至在 30 年后人们对这个问题仍未取得比较一致的意见的话，或许他们争论的劲头就不那么大了。实际上，无论是杰斐逊爵士还是图灵都在这方面作了许多研究，而且已经打过笔墨官司。前者在 1949 年出版的讲演录中已经阐明对这类时髦观点的不同见解，而后者则在第二年发表的《计算机与智能》（重新发表时题为《机械能够思维吗？》）一文中驳斥了杰斐逊爵士的某些看法。正是在那篇文章里，图灵提出了著名的“图灵测验”。

很明显，要想把机器能否思维的问题讨论清楚，首先要给“能够思维”下一个明确的定义。但是要给出这个定义，其难度不亚于给出“可计算性”的定义。图灵再次表现出令人羡慕的机智，以图灵测验这种使人赞叹的方式回避了哲学的陷阱。该测验就是一个“模仿游戏”。模仿游戏要由三个人来玩：一个男人 A，一个女人 B，以及一个同他们隔离开的询问人 C。C 为了弄清楚 A、B 两个人中谁是男人，可以通过电传打字机提出各种问题，而 A 为了使 C 作出错误的判断可以随意回答。图灵测验则要求由一部计算机来担任 A 的角色，看它能否像人那样使 C 经常作出错误的判断，并以此来判断该机器能否思维。图灵在这个定义的基础上对反对机器能够思维的各种意见作了有力驳斥。可以说，即使在今天，图灵测验仍有重要的哲学价值，仍然是人工智能领域的重要话题。

图灵对机器智能的前途充满信心，这根源于他多年来坚持不懈的探索。在提出 ACE 报告以后，图灵在国家物理实验室又干了一年多。一方面他感到 ACE 计算机的发展速度太慢，另一方面工程师们对他的各种要求感到难以满足。这种矛盾导致了他从 1947 年后半年开始到剑桥休假一年。随后他便辞去了国家物理实验室的职务，来到曼彻斯特大学任讲师，并担任曼彻斯特电子计算机计划的助理主任。他为这台当时存贮量最大的计算机编制了大量子程序，并出版了《曼彻斯特电子计算机程序员手册》。这些年，他在机器智能方面可以说是硕果累累。1947 年，他在一次计算机会议上作了题为《智能机器》的报告。第二年，他为国家物理实验室写了关于学习机的报告。1950 年他发表了那篇提出图灵测验的文章。之后还发表了一篇关于计算机下棋的文章。

其中《智能机器》报告中的思想极为深刻、新奇，似乎远远超出了当时人们的想象力。1959 年，该报告编入《图灵选集》首次发表，未引起人们的普遍注意。直到 1969 年在爱丁堡大学编的《机器智能》文集第五集里论文再次发表以后，也就是人工智能的研究工作取得了一定实际进展之后，人们才开始理解这篇报告的开创性意义。

在这篇报告里，图灵在论述了智能机器的可能性之后，就以他特有的理论彻底性对包括智能计算机在内的所有机器作了严密的分类：

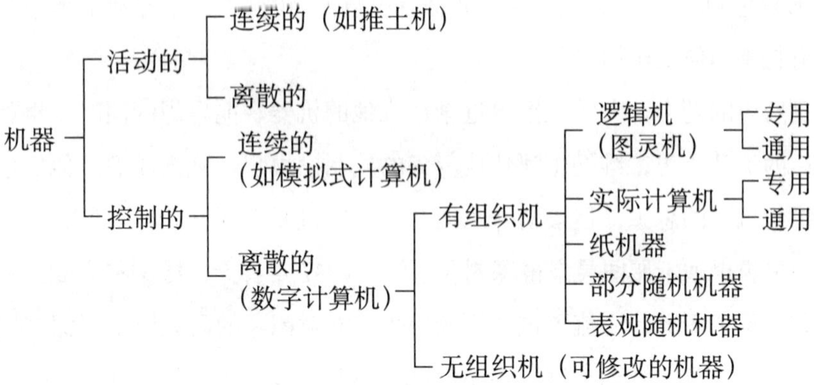

其中最突出的是，他把数字计算机分为两类：一类是有组织机，一类是无组织机。有组织机不仅包括图灵机和一般的真实计算机，还有纸机器和随机机器。什么叫纸机器呢？图灵写道："用写下一套步骤规则并请一个人去执行它们的办法来达到一台计算机的效果是可能的。这样一种人与写好的指令的结合将被称作一个'纸机器'。"这是很有趣的，因为图灵把手工计算也归到他的计算机系列中去。这使人不由得想起他在布莱奇雷的那些"奴隶"，甚至联想到他关于可计算性的定义。

当然，最耐人寻味的是所谓"无组织机"。他说："在其构造上是很随机的机器将被称为'无组织机'。"他把无组织机看作类似于人脑的东西。他认为，这种机器既无固定的构造，也无固定的程序，但在外部信号的刺激下却可以逐步改变自己的行为。

或者说，无组织机是可以被组织起来的，是可以接受教育的。但是，组织或教育只能通过外部信号的干预，而不能通过螺丝刀和电烙铁。干预的结果将使一台无组织机转变为一台有组织机或通用计算机。

如何更有效地利用干预来训练机器呢？他提出了“奖－惩”的办法。如果机器对于外部的信号的尝试性反应是对的，将得到一个“愉快”刺激，使这种内部状态通过“记忆”加以巩固，否则就被删除掉。这样，利用记忆系统，机器就会形成一个个子程序，变成各种用途的通用计算机，当然也包括智能计算机在内。

实际上，到20世纪90年代为止，所有执行人工智能的计算机都没有突破通用计算机的框框，因而都算不上无组织机。要实现图灵的梦想，需要极大数量的功能、极为灵活的硬件和惊人的存贮容量，短期内根本无法做到，在几十年前就更让人无法想象了。无怪乎纽曼夫人曾这样回忆：“我记得大约在1949年，阿兰和我丈夫坐在我们在鲍敦的花园里，讨论那台曼彻斯特计算机和它将要完成的各种工作。这样的讨论已进行过多次，我不会参加进去，也不大留意其内容。但是，突然有句话钻进了我的耳朵，使我不禁感到脊背发凉。阿兰在沉思后说道：‘我料想，当它到了那个阶段，我们将不知道它是如何工作的。’”

也许是历史的巧合，大约在图灵逐渐形成他的机器智能思想的同时，也就是在战争结束前后的那几年里，维纳、阿什比等人的控制论思想也逐渐成熟。他们也考虑到有关“自组织机”的思想，但最初并未同数字计算机联系在一起。他们有关“智能机器”方面的思想也远不如图灵来得深刻和系统。1947年春天，维纳在去欧洲大陆的中途，在英国会见了图灵，交流了这方面的思想，并对图灵的研究留下了深刻印象。也许正是由于这次会见，维纳在这一年10月份所写的《控制论》序言中才这样说：“图灵也许是第一个把机器的逻辑可能性作为一种智力实验来研究的人。”

五、计算机大奖以他命名

1951年春天的一个晚上，图灵母亲的家中举办了一次气氛欢快的招待会，对图灵当选为英国皇家学会会员表示庆祝。特别令图灵高兴的是，在纽曼首先提名之后，罗素立即表示附议。在皇家学会证书上正式签字时图灵相当激动以至于字迹难辨。正如他自己说的那样，当时就好像有个监视他的人“正用自己的生命守护着那张证书”。也许心情更不平静的是他母亲，她的眼睛里流露出由衷的喜悦和骄傲，自己的小儿子终于成为一位举世公认的天才。对于这样一位具有数学和发明双重天赋的非凡人物，也许有必要追溯到他的童年甚至家世。

阿兰·图灵的祖父就具有突出的数学天赋。不过，图灵的父亲却对数学一窍不通，甚至对于负数乘负数等于正数这样一个规则也感到不可思议。另一方面，图灵的外祖父是一位很杰出的铁路工程师，曾在印度负责修建过好几座巨大的铁路桥梁。图灵外祖父所属的斯托尼家族，本来就是科学世家，19 世纪曾出过一些杰出的物理学家和工程师，其中有三人是皇家学会会员，一个人甚至当过都柏林分会的主席，曾预言过电子的存在，被人们称为“电子斯托尼”。

图灵并没有机会直接受到这些前辈的教诲。他母亲受过高等教育，对图灵的成长倾注了不少心血。图灵从小就表现出创造性倾向。据他母亲回忆，他的首次“科学实验”是在 3 岁时进行的：他的一个玩具上的小水手碰坏了，他就把掉下来的小胳膊小腿埋在花园里，等待长出一个小水手来。他的父母曾长年在印度，他和哥哥约翰留在英国，他就无拘无束地搞起各种各样的“发明”来。这个星期刚刚制成一种利用野草汁配制的特殊饮料，几个星期后又为他爸爸发明了一种“混合烟草”。

大约 10 岁时，别人送给他一本名叫《每个孩子都应该知道的自然奇观》的书，从此他对科学着了迷，并且再也没有动摇过。他 12 岁时在给母亲的信中曾说过这样一句话：“看来我总想用最普通的东西……来做东西。”这从某个侧面预示了他一生的特点。

上中学后，他就表现出难得的数学天赋。大约在 15 岁，他独自发现了计算 $\tan^{-1}x$ 的值的格里高利序列。当他去问这个数列是否正确时，他的老师还以为他是从哪本书上抄下来的。他对物理、化学等自然科学的兴趣也极为浓厚，课外搞的实验更是五花八门：从悬挂在楼梯间的自制“傅科摆”到用球形灯罩绘制的天球仪，从饲养果蝇观察它们的遗传规律到用火堆烧制陶器，从用自己拣来的海藻提炼碘到在宿舍的窗台上点燃由化学药剂产生的气体……可以说是无所不包。在 15 岁时，他还写过一个相对论的梗概以帮助母亲理解这个理论。

但他对拉丁文和英文等课程丝毫不感兴趣，使那些注重平衡教育的教师大伤脑筋。有一段时间，图灵的书写糟得吓人，他母亲甚至在节日里陪着他重新抄写。经过一个学期的努力，老师在期终的评语却是“同以往任何时候一样差！”到了要发毕业证书时，文科教员同数理方面课程的教师发生了激烈的争执。前者认为图灵的考试不合格不能毕业，后者认为这个在数学竞赛时屡屡获奖的天才学生若不能毕业实在荒谬。校长采取一种折中的办法，给了他一次文科补考的机会。最后他终于以很不错的成绩通过了补考。不久以后，他就迈进了剑桥的大门。

无论在学生时代还是成年以后，数学对他来说似乎都是一种乐趣，是一种活生生的东西。按照他的一位熟人的说法，图灵“能够扫一眼就把整页的数学论文完全理解，能用这么一瞥就读完报纸上的一个段落的人就很罕见，而他会把许多页的计算完全丢开，一下子跳到前头，用心算来进行论证并说出定理和推论”。这位熟人还说：“我从未遇到过一个能如此全面地精通本专业的全部分支的数学家。首先他充满了热忱——他把自己在研究中感受到的乐趣传递给他的学生和同事们，并使他们的工作仿佛是激动人心的挑战而不是由如此众多的讲师们组成的庄严典礼。”另一方面，虽然他的数学洞察力如此敏锐，但是研究时奋力向前的急切心情常常导致他犯一些最简单的算术错误。

不循惯例是图灵的一个突出特点，甚至在他的数学著作中也常常不借用别人现成的结果而另搞一套，这无形中使别人感到难懂。最令人惊叹的是他能在几个根本不同的领域里都有所建树。从数理逻辑、群论到计算机，从破译密码到机器智能，最后几年又搞起了有关“形态形成”的化学理论，据说这与生命起源有密切关系。

除了发表的著作，他还有不少有趣的思想，其中有些想法与别人的独立工作不谋而合。战争刚刚结束时，他曾同朋友们在水上泛舟，言谈之间提起舵的滞后反应，他说，他确信存在着一种过分补偿的规律，这个规律会在各种不同的领域中得到非常广泛的运用，而他已经着手去作一些描述。很可能，在他看到维纳等人的著作后，才发觉自己无意中重复了别人已在进行的工作。

虽然图灵在研究方面屡建奇功，但在社交方面很不活跃，甚至有点儿孤僻。人们公认他为人善良、诚实、谦虚，还有点儿天真，但是过度的羞怯有时也阻碍了同一些人的交往。杰斐逊教授曾谈到他对图灵的印象：“在我看来，他对人情世故如此无知，如此孩子气，对于一般模式来说是个如此异乎寻常、如此不合规范的人……如此漫不经心。他的天才闪闪发光，因为他还没有完全成年。我想，他是一枚科学的珍贝。”

总的来说，图灵是忽视常规的，但有时也抱住一些死规矩不放。例如，他坚决反对英国同事给他写信时称他为“博士”。因为他的博士学位是美国的，所以按照他的看法，在美利坚合众国之外使用这个头衔是错误的。一些朋友知道他有这个忌讳，就故意借此和他开玩笑。

图灵的腼腆并没有妨碍他在熟人中表现他的幽默感甚至搞点恶作剧。据弗莱德·克莱顿教授回忆：有一次，图灵和大卫·钱珀瑙恩用一台录音机捏造了一个虚假的讨论会，图灵扮演得非常逼真，以至于克莱顿教授在最初几分钟相信这是收音机广播，险些上了当。爬山是图灵的一大爱好，有时会发现一些山洞，他就用泥块仿照穴居野人的样子伪造几幅壁画，以蒙骗粗心的考古学家。

作为一位著名学者，最难得的是他出色的长跑成绩。战后，他加入了沃尔顿体育俱乐部，并两次打破了该俱乐部的长跑纪录。1947 年举行了英国业余体联的马拉松冠军赛，图灵因故当天才赶到比赛地点。也许是由于年龄大的缘故，在赛途中他曾因抽筋而躺倒在路旁。尽管如此，他还是进入了前 15 名，比冠军慢 13 分钟。在这次成功的鼓舞下，他曾计划参加即将来临的奥林匹克运动会的预选赛。为此，他开始进行比较正规的训练。后来，由于髋部受伤他不得不放弃了这个计划，但这并不妨碍报纸上把他称为“电子运动员”。

图灵在曼彻斯特大学工作期间，曾在乡间买下一所房子。他把其中的一间小屋改装为实验室，进行了种种不同的电气及化学实验。有的实验是为了研究，有的纯粹是为了好玩。有时他像小孩子一样，不满足于观察实验结果，还冒险用手指去试试，再加上他粗心大意，曾几次触过高压电。由于图灵做的实验很不安全，有时他的合作者宁愿到厨房去做自己的工作。

在他生命的最后一段时期，他曾给一把小勺电镀上金，用他外祖父的金壳大挂表作为金的来源！这个实验大概使用了氰化钾，这种药品就放在一个抽屉里。当时他进行的另一种实验是所谓的“荒岛游戏”，就是试验一下利用电池和荒岛上所能找到的天然物质可以制出哪些化学物质，其中也包括氰化钾。

1954 年 6 月 8 日，图灵的女管家发现他死在自己的床上。据推测，这发生在前一天夜里。经过调查，死因是氰化钾中毒。究竟是自杀还是失误中毒很难完全肯定，因为他死后实验室里的一项“荒岛游戏”的实验还在进行之中。卧室内未发现氰化钾，桌子上还放着一封未发出的接受邀请去看戏的信。凡是在那几天遇到他的人都认为当时他心情很愉快。

无论他的死因到底是什么，毋庸置疑的是他的早逝是科学界的一大损失。他还未满 42 岁，正处于智力的巅峰状态。他在“形态形成”方面的研究有希望获得更深入的结果。如果他还在世，他那充满独创性的头脑肯定还会出现许许多多奇特的思想。

人们为他的突然去世而震惊，而痛惜，在回顾他一生的贡献时不由自主发出种种赞叹。为了纪念他的巨大功绩，美国计算机协会从 20 世纪 60 年代开始设立了一年一度的图灵奖，以表彰那些在计算机科学中作出突出贡献的人们。

图灵离去至今已经70年了。人们对他的印象不仅未随着岁月的推移而淡漠，反而愈来愈有力地感受到他的洞察力之深刻。

大家都知道，冯·诺伊曼于1945年起草的EDVAC方案中包含了一个根本的思想，就是“存贮程序”的概念。过去人们很自然地认为这个概念的提出者就是冯·诺伊曼。但是他去世后，特别是20世纪六七十年代以来，人们又对此产生了争议。当时莫尔小组的莫奇利和埃克特认为这个概念是他们最先提出的，而一起工作的戈德斯坦等人则坚持认为是冯·诺伊曼先提出的，但都拿不出直接的证据。1973年，英国的兰德尔教授提出，图灵1936年可计算性的论文就已经隐含着把指令存贮在计算机主要记忆中的最早建议。因为在通用图灵机里，指令和运算数据都放在同样的纸带上，不仅有同样的读写速度，而且同样是可修改的，这正是存贮程序控制计算机的根本特征。

1969年，美国的瓦尔丁格在他的博士论文中提出了一个有关人工智能的独特思想，即借助证明来实现程序设计，引起人工智能界的很大兴趣。恰恰在这一年，图灵的《智能机器》报告又重新发表了。北京大学的吴允曾教授指出，实际上图灵在1947年写的这篇报告就已经明确提出，可以把自动程序设计的问题转化为机器证明的问题。我们看到，在这里图灵超越时代竟达22年！

1981年《科学美国人》第11期上刊登了美国杜克大学一位副教授尼约特写的题为《蝴蝶和蛾类翅膀的彩色图案》的文章，对人们从20世纪20年代就开始研究的蝶翅条纹的规律问题提出了新的见解。他认为可以假定蝶翅上的颜色取决于两种化学物质的浓度。其中一种物质是由几个叫作“眼”的特定点向四周呈梯度扩散的，而另一种物质则是沿着一个或两个方向呈梯度分布的，这样就很容易解释蝶翅上的各种花纹。实际上，如果我们把这种思想与图灵1953年前后有关“形态形成”的思想加以对比时，就会发现前者不过是后者的粗浅特例。图灵把决定颜色或形态的各种化学物质称为“成形素”。他不仅找到了形成平面形态（如奶牛体表的花斑）和立体形态（如放射形虫和叶序分布方式）的规律，还利用场论中常用的算符给出了在各种复杂条件下的一般公式。图灵的有关文章发表在当时的《皇家学会会员通讯录》中。该刊的发行量很小，同时他那深奥的数学公式令当时的生物学家们望而生畏，因而并未受到广泛的注意。当今天的一些生物学家为这类问题苦苦思索时，他们仅仅触及图灵有关思想的一些皮毛。

如果联想到前面已经谈到的有关ACE计算机和智能机器的重要思想，我们不能不承认图灵是一位科学史上罕见的具有非凡洞察力的奇才。他的独创性使他在生前就已闻名海外，而他的深刻预见性使他在死后备受敬佩。他在不同领域中的一些开创性思想由于超出当时人们的理解力而一度默默无闻，结果弄得二三十年后一些人的独立研究成果似乎不过是在表明图灵思想超越时代的程度。我们不知道这样的科学人物还能找出几位，他们的思想使他们虽死犹存。正如《图灵传》末尾所引用的诗句：

他并非在长眠安息，
那渴望的心怎能为死亡所沉寂？

（作者：刘桅帆）

杰克·基尔比

（Jack S. Kilby，1923—2005）

杰克 · 基尔比

集成电路的开拓者

1961 年 10 月 28 日，美国《商业周刊》就集成电路与晶体管的关系发表了这样的评论："以集成电路广泛应用为主要特征的电子工业迅速蔓延的这场革命既可以被写成一部晶体管发展史，也可以将晶体管的问世视为对这场革命所作的一次火力侦察。"这表明集成电路的发明才真正宣告了信息革命的来临。它也预示着如果有人因发明了晶体管而能够问鼎诺贝尔物理学奖的话，那么，发明集成电路的人也同样，甚至更应该获得这项殊荣。也许是评奖标准的原因，肖克利、巴丁和布拉顿因其对信息革命作了一次火力侦察早在 1956 年就获得了诺贝尔物理学奖，而集成电路的发明者直到 2000 年才获得这个意外惊喜。

这是一个姗姗来迟的诺贝尔奖，是科技史上又一个延迟承认的典型案例。正因为是延迟承认，人们对该项成就的评价才会附加补偿色彩。这就是还在改变着我们的时代、我们的生活方式和生产方式的集成电路或芯片的发明，而取得这项重大成就并因此获得 2000 年度诺贝尔物理学奖的就是美国著名电子工程师，被人们誉为"芯片之父"的杰克 · 基尔比。由于他根本就不是经典意义上的"物理学家"，故而他获得的这项殊荣也就有了超乎寻常的含义。

一、饱受挫折的青少年时期

杰克 · 基尔比，1923 年出生于美国密苏里州杰弗逊城，童年的绝大部分时间是在堪萨斯州的一个小镇上度过的。基尔比幼年时美国经济正处于大萧条时期，这对亟待发育的基尔比来说算是一次不小的考验。经常性的营养不良使得他从小就骨瘦如柴。随着年龄的增长，他的这一自幼就发育不良的特征就更加显现出来了。

基尔比的父亲是一位电气工程师，因工作勤奋、善于管理而逐级晋升，直至成为堪萨斯电力公司总裁，他所领导的公司供电范围遍布美国西部各州。正因为有了这样的出身背景，基尔比自幼就同电子学结下了不解之缘。

基尔比经常随父母一道出游，他们最喜欢去参观那个巨型发电站。好奇心极强的基尔比经常同父亲一道钻进那些充满油污的大型发电机和变压器的内部去排查故障。这一经历使得童年的基尔比对电流、电压、电阻、电容、变压器等概念产生了极大兴趣，他的动手能力也得到了一定程度的提升，同时也使得他从小就能够在一些复杂问题面前处变不惊。

随着短波无线电的问世，人们迎来了无线电通信时代。当然，这也是电子管的时代。在罗斯福政府推行新政后，美国联邦通信委员会开始为业余搞无线电收发报业务的人发放营业执照。好奇心甚切的基尔比同许许多多的青少年一样，迷上了无线电通信。他如饥似渴地学习无线电知识，他的父亲还为他买来了这方面的书籍和杂志。经过一段时间的学习，他掌握了其中的要领。不久，他就通过了专门为那些需要领取营业执照的无线电收发报人设置的资格考试。领取营业执照后，基尔比就经营起自己的无线电收发报业务，他将自己的无线电台取名为 W9GTV。他在这期间也以优异成绩通过了中学的毕业考试。

1941 年，基尔比满怀信心地报考了麻省理工学院。这是一所名牌大学，也是世界一流工程师的摇篮。遗憾的是他仅缺了 3 分（该校当年录取分数线是 600 分，基尔比的考分是 597 分）而未能如愿，只好仓促地转入他父母的母校——伊利诺斯大学。这次落榜对基尔比打击很大，以至于他在成名后还对此耿耿于怀，并由此怀疑起制定刚性录取分数线的客观公正性。事实上，麻省理工学院也因这 3 分的差距失去了培养这位未来的大发明家、诺贝尔奖获得者的机会。

就读于伊利诺斯大学时，他又一次受到了命运的捉弄。他入学后不久，“珍珠港事件”就爆发了。在罗斯福总统就“珍珠港事件”发布全国参战动员令后，美国正式宣布对日作战。基尔比同那个时代的许许多多的青年学生、青年学者一样，为响应国家号召不得不中断自己的学业和事业，投身到战争中去。作为一名相当于班长的军人，基尔比被指派到缅甸和印度战场。这也是美国通往中国战场的交通要道，许多军用物资、燃料等只能从这里运往中国，支援设在那里的美国空军基地。基尔比的使命是为那些正在开辟对日作战第二条战线的游击队从事他所擅长的无线电收发报工作，兼无线电通信设备维修管理员。这也是一项危险性极高的差事，常常是“打一枪换一个地方”。基尔比在那里一待就是几年，直到战后他才有机会完成他在伊利诺斯大学的学业。

二、冷对晶体管上空的“乌云”

那是1947年的秋天，由于长期参战的缘故，他只能以一般性成绩从大学毕业，在一家公司的中心实验室开始了他的职业生涯。第二次世界大战期间，这家名为米尔沃基的公司，也就是此后的全球联通公司，已经借用绢网印刷法在陶瓷片上印刷单片电子电路。当他们将印刷电路同“活动的”元器件诸如真空管之类相耦合时，这种连接方法为电子引信提供了制作虽粗糙却合乎要求的微型化引爆电路。基尔比开始将这种印刷技术应用到制作无线电及电视机电路板上，中心实验室则期望借助于这种制作方法来开辟战后商业市场。这段工作经历对基尔比日后发明集成电路是有益的。

当晶体管于1948年问世之后，基尔比自然想到了各种元器件的集成问题。特别是在聆听了著名物理学家巴丁在马奎特大学就固体物理学所作的精彩演讲后，他对晶体管技术这项研究更加兴趣盎然。

1952年，他所在的公司购买了一份生产晶体管的专利许可。基尔比受公司委派，有幸参加了在贝尔实验室举办的第二次晶体管技术专题研讨会。他在这期间得首先完成公司交给自己的任务，就是利用这次专题研讨会尽可能搜集最新的技术信息。研讨会期间，基尔比使出了浑身解数，很快就掌握了晶体管制作工艺的要领。这对自幼就嗜好电子学的基尔比来说可是个千载难逢的机会。

回到公司中心实验室后，基尔比立即组建了由他领导的助听器研发小组。他们将由绢网印刷法印制的电子电路同4个晶体管相耦合，率先开发出带有集成电路创意的助听器，在市场上受到了消费者的青睐。

1958年6月，为庆祝晶体管问世10周年，一场新闻发布会在晶体管的原创基地——贝尔电话实验室举行。实验室主任墨文·卡列对半导体产业前景作了如下评估：“我们将在未来10年内继续开发半导体电子技术，预计在下一个10年内，我们将会在这一领域取得比自二极管发明以来25年内所获成就的总和还要大的成就。”这次新闻发布会对晶体管的潜能还作了如下预测：“此前不可能出现的大型系统现正处在开发之中，两年之内所有商业化的计算机将实现完全晶体管化……可以预见，到下一个10年结束之际，大型电子系统将会装配数百万个固体元器件。可以设想利用这些晶体管及相应的半导体器件是完全能够组成此类复杂电路的。”

贝尔实验室半导体研究部负责人杰克·莫顿还透露了如下信息：“这些固体器件

有可能扩张到人类的心智领域，由此将对社会产生重大影响，它远胜于原子能和平利用给人类社会所带来的影响。也许人们所能作出的最保守的预言就是晶体管电路拥有广泛的应用前景，它将会给我们带来今天还不可能预测到的新的发展方向。”

就在这充满乐观情调的地平线上也有一朵令人烦恼的“乌云”在笼罩着。在这些日益变得复杂化的电子系统中，要装进成千上万个晶体管及相应的电子元件可不是件容易的事，元件与元件之间的相互连接问题还处在探索阶段，每一个晶体管均拥有2—3根引线，相互连接时还需小心翼翼地对待。此外，还需要同二极管、电容、电阻及其他所必备元件相连接。这种繁冗乏味的工作在当时还是靠手工完成的，而且也只能靠手工完成，它通常是在生产线上由女工来操作。虽然女工拥有这方面的优势，但在拥有数千个固体器件的大型电子电路中，若有一处接头出了问题，整个电路就会陷于瘫痪状态。退一步说，即使晶体管能够取代真空管，且能够解决真空管带来的某些问题，但它还是不能解决日趋复杂、日趋精细的电子电路的所有问题。实际情况往往是当它解决了某个问题的同时，又引出了另一个问题。

及至20世纪50年代末，成千上万个工程师和电子电路设计者还在苦恼这个令人烦恼的难题。这个难题通常归结为如何使整个电子电路微型化。目标已经变得非常明确，即必须使复杂电路系统趋于最小化。换句话说，在给定功能和给定空间的复杂电子电路中，如何使其所包含的电子元件尽可能最大化，且每一个单元都能独立地完成属于它分内的工作。这是非常棘手的难题，如果解决不了，晶体管的发明价值就得大打折扣，在所有电子电路领域用晶体管取代电子管的期望就会落空，信息技术时代就不可能如期而至。

总之，微型化的电子电路，即集成电路，其进一步的发展已经成了继晶体管发明以来又一个必须突破的难题。而且，晶体管的发明价值现在已经强烈地依赖于集成电路的发明。换句话说，社会对晶体管的需求现在已经转化为对集成电路的需求，尤其是对于急切需要用晶体管替代电子管的美国军方来说，对集成电路的需求已经变得迫在眉睫了。

对集成电路有着迫切需求的美国军方迅速采取行动，海军部率先组建了微电子工程部，紧随其后的陆军通信兵种也制订了微型电路的开发计划。这两家研究机构都在寻求如何使复杂而精细的电子电路变成单元化的、可信赖的、可批量生产的、相互间能够保持联系的、归一化的、可印刷的电路板块。这种想法在20世纪50年代就已经司空见惯了。

类似于贝尔实验室这样的工业加科研的组织对集成电路也有着迫切的需求，他们大都倾向于使用这些可印刷的电路板块，将大量晶体管及其他的必备元件镶入其中，其技术性要求是一块完整的电路板块在功能上必须是独立的、可替代的，一旦出了故障即可被方便地替换掉。

20世纪50年代，一批具有远见卓识的工程师们开始寻求消除单一元件相互连接，代之以将每一个元件的引线集中起来进行连接的途径，他们希望借此能够形成由一组元件构成一个电子电路的单片电路。这一想法逐渐演变为众所周知的“集成电路”。美国空军研究机构继海、陆两军之后，及时制订了分子式电子电路研究计划，目标是用一系列固体元器件来组成单片集成电路。

最早萌发集成电路思想的也许要数英国皇家雷达研究所的杰弗里·达默了。他在1952年5月递交给英国电子电路专题研讨会的论文中称：“随着晶体管技术的不断发展及半导体技术逐步投入应用领域，设想由它来构成板块形式，以此组装成电子设备，且元件与元件之间根本不用导线相互连接，现在看起来是可能的了。这种由晶体管及其他元器件组成的电路板块可以由绝缘层、导电层、滤波层、放大材料层，以及由位于各种不同层相互直接导通区域的电子功能层组成。”

1957年，达默劝说他的老板同英国一家公司签订一份资助性研究合同，以致力于该目标的实现。但并未获得多大进展，只不过制作了一个模型，并用它来演示如何实现电子开关的转换功能。这种开关电路就是日后出现的、广为人知的触发电路，它也许是用硅晶体元器件来实现的。

试图沿着这些思路进行探索的还有美国无线电公司、威斯廷豪斯公司（又称西屋公司）及其他一些公司的工程师们。他们所探索的目标通常只作为微型化或集成电路总体研究计划的一部分。但到了晶体管诞生10周年之际，还没有一家公司实现预设的目标。他们对这些集成电路担心的问题是：将一组半导体元器件集中连接，由此制成的板块式电路在性能上将不可避免地被证明是次于将单一元器件分别连接，由此组成的传统电路。他们由此推断集成电路只不过是一种富有挑战性的理想而已。经过这10年的努力，他们发现这种理想同现实之间的距离非但没有接近，反而继续背离。

也许正是这朵“乌云”的扩散使得这一时期的许多科学家和工程师在走向集成电路的途中纷纷止步。就连走在最前沿的、半导体技术力量最为雄厚的贝尔实验室的科学家和工程师们也在通往集成电路的途中止步不前了。贝尔实验室的一个研究小组自

20 世纪 50 年代中期起就在开发带有集成思想的四层结构的二极管，应该说技术上是不成问题的，他们所担心的问题倒是这种集成电路难以生产，即使生产出来其可信度也不会很高。

贝尔实验室工程师们的逻辑是，如果每单个元器件的可信度为 0.9（也就是 90%），那么，将 N 个元器件连接起来的整体可信度则为 0.9 的 N 次方。特别地，当 N 趋于无穷大时，整体可信度趋于 0。据此推测，集成的思想只能适用于少数元件，这也就是为什么他们那么专心于四层结构二极管开发的原因所在。摆在他们面前的问题是如何保证集成后的电子电路具有高质量和高可信度。他们认为要实现这一目标就得寻找到一种绝妙的生产工艺，即尽可能增加电子元件，尽可能减少单个元件与元件之间的连接。这种想法看起来是合理的，可它被证明是错误的。

基尔比可管不了这种法则是否真会起作用，他对这朵“乌云”的态度是泰然处之，顺其自然，因为他有自己的法则。在他看来，之所以会有这朵“乌云”，是因为这种电路在制作工艺上采用了锗晶体材料，因而存在着固有的“非均质现象”，芯片表面的某些区域有缺陷，而另外一些区域则几乎是完美无缺的。只要开发出新材料，消除这些缺陷，单个元件的稳定性可以高达 99.99%，如果将单个元件进行倍增，以至于增加到 N 倍时，其可靠性仍然是 99.99%（即 99.99% 的 N 次方仍然是 99.99%）。如此是可以制成可信度极高的集成电路的。正是基于这样的判断，发明集成电路的使命就落在了不受传统思维束缚的基尔比身上。

三、发明集成电路

像许多工作在晶体管技术前沿的工程师一样，基尔比也意识到了集成电路的前途将取决于硅晶体材料的开发。1956 年 1 月，他再次参加了在贝尔实验室举办的第三次晶体管专题研讨会。在这里，他获悉了最新出现的、应用扩散工艺生产晶体管的技术信息，还掌握了如何将这项工艺运用于锗晶体和硅晶体材料的开发。不过，要在自己所在的这家公司的中心实验室安装这样的生产流水线还是一笔惊人的开支，尤其是硅晶体扩散工艺生产流水线，估算起来，至少需投资 50 万美元，这对一家小型公司来说是根本办不到的。于是，基尔比于 1958 年初开始向不下一打的公司发函，寄去个人简历，期望寻找到一位新雇主来实现自己关于使电子电路微型化的理想。经多次接洽，他决定到一家在硅晶体管前沿勇于开拓的公司就职，这就是得克萨斯州的得克萨斯仪器公司。

此时，得克萨斯仪器公司正在寻求各种途径，力争使自己成为美国陆军部电路微型化研究计划的协作伙伴。他们使用绢网印刷法，将个体元器件与印刷电路集束在微型晶片上。如果再向前跨一步，将这些微型化晶片给组合起来，就如同日后出现的集成电路板一样。可基尔比却一点也不喜欢这种微型化方法，对他来说，这不过是一种勉强凑合的“异机系统”，充其量是解决主要问题的辅助手法而已。

在其他员工享受为期两周的集体度假期间，作为公司的新雇员，基尔比只能独自一人在公司实验大楼工作。他在笔记本中写道：“这些天来，得克萨斯仪器公司有一个集体度假规定，没有人愿意拿出度假时间和我一道工作，由于我是一位新加盟者，还不能享受集体度假的福利，因而在这期间我只能被留在人去楼空的工厂里干我自己该干的活。”就在这期间，他开始反复思考这样的问题：能否改变技术路径，开发出全新的制作工艺和制作材料。后来的事表明这是基尔比一生中最为关键的时期，许多关于集成电路的思想就是在这期间爆发出来的。

1958 年 7 月 24 日，基尔比的灵感突然像泉水一般涌了出来，他在日记本里这样写道：“包括许多电子电路的极端微型化的电路板块是能够实现的。这些包含电阻、电容、晶体管及二极管的电子电路可以被集成在一个微型硅片里。”接下来他又写了整整 5 页纸，涉及如何使这些装置付诸实际应用，如何在生产流水线上将一个完整的电子电路生产出来，以及如何将这些完整的电子电路在硅片上集成等。

基尔比的灵感还可以被归结为运用硅片来制作包括所有电子电路的元件。他回忆说：“那时还不曾有人设想要用硅晶体材料将这些电子器件进行整体集成。当时人们所担心的问题是：电阻、电容及半导体材料还未有上乘的质量，在价格昂贵的条件下，再将这些元器件集成起来其费用将是难以估量的。”但如对此进行分步集成则是可能的，借助于单片电路同单片电路的首尾相接，再利用批量的加工技术，如利用半导体材料的扩散工艺及气相沉积技术，原则上是可行的。但基尔比所希望的是同步集成，他还希望待集成的电子元件能够大幅度降价。此时，一种新型的照相平板印刷技术已经成熟，它已成为随手可得的工艺，它允许在硅片表面上印制出更加精细、更加复杂的几何图案。与之相比，由得克萨斯仪器公司开发出来的绢网印刷程序就显得极其粗糙而笨拙了。

当其他员工陆续归来时，基尔比已经将他的思想条理化了。他将自己的成熟想法报告给公司老板威利斯·阿德科克。这位老板建议他用这种新方法，以传统的连接方式，把导线和固体元器件连接在硅片上初次尝试最基本的集成电路。基尔比接受了老板的建议，于 1958 年 8 月底完成了这项初试任务。

接下来的工作就是要在硅片上集成振荡电路。不过，这一次基尔比遇到了不小的麻烦。尽管这家公司在研制和培育硅晶体领域曾经是作为开拓者而置身于半导体工业的，但公司在扩散工艺问世后却迟迟没有采用。因此，公司里根本就没有合适的硅样品供基尔比试验。他只能退而求其次，取锗晶体样品而代之。他用再提纯的锗晶体充当电阻，而将镶于其上的一个 P–N 结来当作电容，再用几根轻薄的金质导线将这些元件连接起来。基尔比承认，“它不仅看起来丑陋，而且事实上也是粗糙的”，可它毕竟能够工作!

1958 年 9 月 12 日，他和阿德科克、得力助手 M. 谢泼德以及其他几位同事一同目睹了这次实验。他将 10 伏特电压加在输入端的两根导线之间，只见示波器荧屏上立即出现了波澜起伏的绿色条纹，显示了该振荡器的振荡频率高达100万赫兹。至此，集成电路的思想遂成为现实。

一个星期过后，基尔比又演示了集成的触发电路，又一次使用了锗晶片。这次演示实验仅使用了两个晶体管，演示的结果照例如他所预期的那样。实际上，早在两个月前他就将这些思想写进了他的日记本。不过，由于缺乏必要的条件，这两个原型只能以极其笨拙的方式利用锗晶体材料来体现他那非常成熟、非常复杂的构思。其中，第一个原型所包含的技术思路是最重要的，它首次使用了晶体管，并获得了成功。这两个原型虽然很笨拙，但这些实验均毋庸置疑地证实了集成电路确实能够借助于一片半导体材料来实现。

1958 年 10 月，基尔比又专心致力于检测和提高制作集成电路所必备的工艺。他的具有划时代意义的工作就是努力使照相平板印刷技术适应于确定半导体表面上的一些特定区域，这些区域恰好对应于集成的电子元件。基尔比在锗晶体材料方面取得进展之后又回到了硅晶体材料领域（这才是集成电路的发展方向），并寻找到了如何将电阻、电容镶于其上的新方法。与此同时，其他一些设计者也开始设计出由锗晶体元器件构成的触发电路，并侥幸地获得了成功。奇怪的是他们并没有使用手边随处可得的硅晶体材料。

1959 年 1 月 28 日，就在基尔比的努力接近完成时，一个意外消息传至得克萨斯仪器公司。该消息称美国无线电公司正就他们自己开发的集成电路准备专利申请材料。这则传闻着实令得克萨斯仪器公司的人心惊胆战，他们迅速行动起来，匆忙以基尔比的名义草拟专利申请文件。在发明专利优先权竞争方面总显得慢一拍的得克萨斯仪器公司的人现在像旋风一样地为基尔比所取得的成就在忙碌着。

1959 年 2 月 6 日，得克萨斯仪器公司的专利代理人将一份内容宽泛的“微型化电子电路”的专利申请文件递交给位于华盛顿的美国专利局。该文件声称：“与以往研制出来的微型化电子电路有着鲜明对比，目前取得的发明是全新的，不同于以往任何微型化电子电路的概念。依据该发明的技术原理，要实现电路微型化终极目标，仅需用一种半导体材料就可以将所有的电子元件给集成起来，且集成的工艺仅涉及有限步骤，有利于投产。”

1959 年 3 月，在美国无线电工程研究院举行的年度新闻发布会上，得克萨斯仪器公司向新闻界正式公布了自己的这个革命性发现——“固体电路”。尽管其问世的触发器及连带的电子电路比起铅笔尖来大了许多，甚至超过其 10 倍，但基尔比的助手谢泼德在发布会上仍郑重宣布：“我认为这是得克萨斯仪器公司所开发的最富有意义的技术成就，因为我们已经向外界披露硅晶体管在商业上是可以获得的。”这则突如其来的新闻和基尔比卓有成效的工作使得无线电公司不得不败下阵来。他们实际上是在虚张声势，但客观上却起到了敦促得克萨斯仪器公司尽快公布集成电路问世的消息的效果。

四、“多重发现”引出的专利权之争

基尔比现在用不着担心美国无线电公司这样的庞然大物，可他得小心防范电子产业的暴发户——费尔柴尔德公司的一举一动。据可靠消息，集成电路的思想在这家公司也出现了。

1959 年 1 月底，在费尔柴尔德公司工作的罗伯特·诺伊斯的确有了集成电路的想法，他是在思考“一种新的硅材料处理技术有可能引发半导体新技术分支”时萌发这一思想的。诺伊斯曾经是第一个来硅谷拓荒的肖克利的部下，是肖克利半导体公司的技术精英之一，因对肖克利的经营方式及管理不善等表示出强烈不满，在经过一番没有任何效果的抗争之后，才带领其他 7 位成员一道从肖克利公司“集体叛逃”。

1958 年，出生于瑞士的一位物理学家，也是那 8 位“叛逆者”之一的简·霍尼成功地开发出了一种“台面晶体管”的生产工艺。诺伊斯高兴地对霍尼说：“当这一工艺完成之后，我们就拥有了覆盖着良好绝缘层的硅晶体表面，你可以在表面上打孔，使元器件直接同绝缘层下面的硅晶体保持良好接触。”如此，只有某些杂质，如镓元素能够扩散到硅晶体层中去，而像磷元素及其他杂质则不能扩散到里面去。不过，这种生产工艺只能适应于硅晶体材料（这是走向集成电路的关键一步），不能适应于锗晶体材料。

就这样，借助照相平板印刷技术，霍尼设法为公司提供了生产极其精密的电子元件的技术路径，它拥有极端微型化的优点，其直径远远低于千分之一英寸。这种超微型电子元件为费尔柴尔德公司带来了财路，它使得一种全新的生产工艺成为可能。在公司专利代理人的敦促下，诺伊斯开始思考是否可以利用这种生产工艺开发出其他生产工艺。作为公司研究与开发部领导人，对这些问题的思考自然就成了他的分内之事，每当他陷入沉思时就有一些奇特的想法出现在他的脑海中。

1959 年的最初几周内，诺伊斯开始考虑早些时候出现在杜默尔和基尔比脑海中的同一个问题，即如何研制集成电路。

1959 年 1 月 23 日，他有了新的想法。他回忆说：“将所有的电子元件集中起来，将多重功能设计集成在一个硅片上，以此适应于多种需求想必是可行的。”他将这些想法写进自己的日记本中。他继续写道：“为了制作元件与元件之间能够相互连接的集成板块，并作为生产工艺的组成部分，有必要使每一单位的固定元器件的体积、重量给降下来，同样，每单位活动元件的价格也必须给降下来。”

这与基尔比的想法相差无几，但在实际发明过程中，这两人所走的技术路径又有所不同：基尔比专注于如何利用同种材料制作不同元件，采用同步集成法；诺伊斯则致力于元件与元件之间的连接方式，采用分步集成法。诺伊斯不愿使用粗笨的导线，因为它比被连接的元件的本身尺寸还要大，且这种连接方法还得使用手工。诺伊斯要采用的连接方法是借助于照相平板印刷技术，将精细导线如铝质导线，直接置于批量生产工艺的过程之中，当你需要在某个地方同硅晶体表面进行连接时，只要在对应的二氧化硅表面打孔即可。在随后的操作步骤中只要将精细金属接头镶入其中，再用细长导线将它们相互连接，半导体材料的导电行为就完全发生在硅材料表面层下方，表层与内层之间彼此绝缘。由此，诺伊斯将分步集成的思想向前推进了一步。

诺伊斯认为，借助于领先的扩散工艺和照相平板印刷技术，将数百个晶体管集成在同一块硅片上是可行的。诺伊斯对自己的这种有关硅晶体集成电路的思路又思考再三，前后达一个月之久。也许当时他认为这是一种冲动，况且当时的费尔柴尔德公司正在为成功地开发出台面晶体管，并已经投入商业运营而乐此不疲。但当听说得克萨斯仪器公司将要发布一条重要新闻时，诺伊斯马上就猜出得克萨斯仪器公司的人很可能要宣布他们已经成功地研制出集成电路。他决定召集一次会议，将自己的集成电路思想告知同人。

1959年春，诺伊斯同专利代理人一道，起草了一份有关集成电路的专利申请文本。由于已经知道得克萨斯仪器公司先于他们向国家专利局递交了专利申请文件，可又不知详情，他们在专利申请文本中作了特别说明，这是用公司自己开发的台面晶体管技术来制作集成电路。他们在给国家专利局递交的长达30页的申请文件中将他们所要申请的专利命名为“半导体结构的领先设计”，要求保护的理由是：

> 本发明专利所提供并得到证实的、服务于制作集成电路的领先设计将适用于不同半导体应用领域；本发明专利所要制作的电子电路就其结构而言将更加紧凑，更加易于批量生产，其型号比起以往任何时候出现的同类专利产品要小得多，也简便得多；本发明专利有利于将许许多多的半导体元器件集成在一块半导体材料的内部。

事实上，有关集成电路的想法是在两个完全不同的地方几乎同时出现的，当诺伊斯注意到了可以以完全不同的路径对电子电路进行集成的秘诀时，他所使用的分步集成法本质上就是借用了各种现成技术的相互叠加，而他所使用的这些技术在当时的半导体工业界是可以获得的。其中，有许多技术都是由贝尔实验室开发的。他认为：“毫无疑问，即使我没有这些想法，即使该项专利没有出现在费尔柴尔德公司，那也肯定会在别的什么地方，或由别的什么人在不远的将来同样会拥有这样的思想，同样会做出这项发明，只要那里的技术发展到这样的程度，这种思想就会产生，这种发明就会有人做出。”

诺伊斯的这段话实际上就是美国著名科学社会学家罗伯特·金·默顿于1957年总结出来的“多重发现”原理的摹本。“多重发现”的本义就是，科技史上任何重大发现或重大发明都是由两个或两个以上的人在不同的地方同时做出的，或在不同地方不同时间各自独立做出的。集成电路的发明正好验证了这个原理。

较早拥有集成电路思想的还有肖克利，如他关于四层结构的二极管设计思想就是一种聪明绝顶的创意。从某种意义上讲，它是最初级、最基本的集成电路，因为它已经实现了电子电路的开关转换功能，且这样的开关电路相当于含有两个晶体管、两个电阻、一个二极管和一根导线的连接网络。所有这些元件均集成在一块硅晶片上。遗憾的是如果要制作它并使之派上用场则需要“对几乎每一个元件及半导体表面特性进行精确控制”，可在生产过程中要使其具有均质性和稳定性是极其困难的。如果肖克利能够成功的话，他也许就是最早发明集成电路的人。

肖克利对集成电路的另外一个贡献就是他在1945年设想出来的场效应晶体管(MOS晶体管)，因为它成了日后集成电路的标准晶体管。肖克利始终认为，借助于硅晶体材料和扩散工艺是能够将这种理想转化为现实的，但这些努力在肖克利的公司里并没有获得多大进展。

贝尔实验室的一个研究小组自20世纪50年代中期起也在开发肖克利的四层结构二极管，应该说在技术上是不成问题的，成问题的地方是他们对集成电路的可靠性作出了错误的判断。当然，贝尔实验室在此期间还是有了突破性的进展，那就是他们在1960年成功地研制出第一个实用型场效应晶体管。

五、历史的补偿

1961年4月25日，美国国家专利局授予第一个关于集成电路的专利权。不过，这份专利并不是授予基尔比，而是以诺伊斯名义出现的。也许是因为诺伊斯的那份专利申请文件的内容相对集中，易于对其进行审查，从而使他在这场专利竞赛中以后来居上的姿态赢得了优先权。基尔比是在次日从来自华盛顿的电话里获得此消息的，他的专利代理人告诉他，他的那份专利依然在专利局排队。不过，诺伊斯的那份专利文本的审查者提出了一系列必须接受异议的理由，一旦这些理由成立，他们可以对诺伊斯的专利权提出指控。

这两家公司的专利代理人各执其词，针锋相对。如果按照惯例，即依据“申请在先”原则，即使诺伊斯的专利获得批准，基尔比仍然可以在此后的异议期限内对诺伊斯的专利提出指控，直至专利权归基尔比所有。可两家公司的工程师们，尤其是基尔比，都在致力于争先将各自的产品推向市场。这场专利权之争并没有人们想象得那么激烈。

不管怎样，基尔比无疑是集成电路的原始发明人，诺伊斯则是集成电路的另一位独立发明人。如果基尔比的专利意识强一点的话，他的专利申请文本就会被提前几个月递交到美国国家专利局；如果专利代理律师的工作做得再简洁扼要一些的话，就不会有诺伊斯的机会，除非诺伊斯能够证明自己的集成电路有更好的工艺或更高的性能。

总之，集成电路是在基尔比、诺伊斯等人的努力下诞生的，晶体管作为集成电路的主要细胞由此获得了最为广泛的繁衍。下面以集成电路的使用为核心对信息革命的重大事件作些回溯：

1961 年 3 月，诺伊斯所在的公司向市场推出了 6 个系列的显微型电子电路元件，并开始将其出售给美国国家航空航天局和一些商用设备制造厂家。

1961 年 5 月，美国总统约翰 · F. 肯尼迪在一夜之间就为集成电路创造了关键性市场，因为他发布了这样的消息，美国的目标是要在 60 年代末将人送上月球。工作在国家航空航天局的工程师们关注着每一份要求他们将航天器送上月球的电报，而微型化的电子元件恰好适应了载人宇宙飞船所必备的航天计算机、航天无线电通信和其他方面的集成电路的需求。

1961 年 10 月，基尔比所在的公司向市场推出自己的 51 个系列的固体电子电路。他们是在仅有米粒大小的芯片上制作电子元件的。每一块芯片都能够将许多单个元件包容在内，它当时可以包括两打之多的晶体管、二极管、电阻和电容。

1961 年 10 月，基尔比和他的助手们继续向前大胆探索，首次向市场推出了一台袖珍式计算机。它是由 587 块芯片制成的，重约 10 盎司，或相当于 280 克，但它计算数据的能力却不亚于传统计算机。

1965 年，随着计算机集成电路制造技术的日新月异，英特尔公司创始人之一戈登 · 摩尔给出了这样的预测：计算机芯片每隔 18—24 个月就会有新的芯片诞生，新一代芯片的晶体管容量要比前一代增加一倍，性能也将提升一倍。这就是著名的“摩尔定律”。

1971 年 11 月，由诺伊斯创办的英特尔公司正式向市场推出了名称为 4004 的第一个微处理器，又叫计算机芯片和中央处理器，含有 2300 个晶体管，其线宽为 10 微米。

1982 年 2 月，英特尔公司向市场推出了名称为 80286、所有计算机都能使用的标准芯片，含有 134000 个晶体管，其线宽为 1.5 微米。

1990 年 10 月，英特尔公司向市场推出了名称为 intel 386SL CPU 的芯片，含有 855000 个晶体管，其线宽为 1 微米。

1997 年 1 月，英特尔公司向市场推出了名称为 Pentinum Processor with MMX technology 的芯片，共有 4500500 个晶体管，其线宽为 0.35 微米。

及至 2001 年，线宽为 0.25 微米的计算机芯片已经问世，0.18 微米的计算机芯片也在开发之中。

值得一提的是，诺伊斯因在 1968 年创办了英特尔公司，其营业额从 1968 年的“0”开始，到 1981 年的 9.6 亿美元，再到 2002 年的 300 多亿美元，从微型企业发展到“蓝色巨人”，既享受到了发明给他带来的巨大利益，又享受到了经营该项发明的巨大成功，信息革命给予他的奖赏已经到了无以复加的境地。

可对于基尔比来说，一方面，由于其所在公司专利意识的淡薄，在这场专利之争中失去了本应属于他的优先权；另一方面，也由于他本人缺乏经营发明的机会或经营发明的能力，这场革命给他带来的奖赏与诺伊斯相比就显得令人扼腕痛惜了。他在发明了集成电路后只能继续充当职业发明家的角色，他虽然再没有做出过第二个类似于集成电路那样的重大发明，但他在职业生涯中依然为他所忠诚的得克萨斯仪器公司以及为我们这个信息社会贡献了 60 余项专利技术。

历史没有忘记他，基尔比尽管没有诺伊斯活得那样风光，那么轰轰烈烈，但他的工作还是得到了人们的承认。他于 1970 年获美国国家科学奖。1982 年，他的大名被载入美国发明家名人堂，成为与汽车发动机发明者福特、电灯发明者爱迪生和飞机发明者怀特兄弟齐名的美国发明大师。除此之外，他还是美国电器与电子工程协会的资深成员。

时隔多年之后，他终于获得了人人为之羡慕的最高奖赏——2000 年度诺贝尔物理学奖，由于另外两名获奖者的工作（高频晶体管和激光二极管）无法与集成电路的发明完全等量齐观，所以，在这次诺贝尔奖奖金的分配上，基尔比分享其中的 50%，其他两人则分享另外的 50%。这也表明历史在以各种可能的方式来补偿基尔比。

2001 年 6 月，78 岁高龄的杰克·基尔比应邀来中国，在北京大学就集成电路未来发展趋势及在中国的前景作了一次专题报告。

有一点是值得我们注意的，就是 2000 年度的诺贝尔物理学奖开始集中授予直接给人类带来巨大福利的职业发明家，这是否意味着物理学奖的评奖标准有了更多的功利因素？如果是这样，它会给我们以怎样的启示呢？

（作者：浦根祥）

参考资料

[1] T. P. Hughes. The Evolution of Technological Systems [M] // The Social Construction of Technological Systems. New Dimensions in the Sociology and History of Technology. Cambridge: MIT Press，1989.

[2] G. E. Mooer. Cramming on More Components onto Integrated Circuit [J]. Electrons，No. 19，1965.

[3] R. N. Noyce. Microelectronics [J]. Scientific American，No.3，1977.

[4] M. Wolff. The Genesis of the Integrated Circuit [J]. IEEE Spectrum 12，No.7 (July). 1976.

西摩·克雷

(Seymour Roger Cray，1925—1996)

西摩·克雷

世界超级计算机之父

超级计算机，概括起来讲，是指在当时的生产工艺条件下，采用最先进的技术、工艺设计生产出来的功能最强、运算速度最快、存储容量最大、面向科学与工程的最高档次的电子计算机系统。超级计算机通常由多个甚至成百上千的处理器（机）组成，具有强大的数值计算能力和数据处理能力，能计算普通个人计算机和服务器不能完成的大型复杂课题。超级计算机广泛应用于科技、工业、军事等最尖端领域，超级计算机的研制能力已成为国际上衡量一个国家综合国力和科技水平的最重要标志之一。世界上谁最早提出了超级计算机的概念已经无法考证，但是从真正意义上说，第一个研发出符合超级计算机定义的产品的人是西摩·克雷，他研制的以“Cray-1”亿次超级计算机为代表的“克雷”系列世界最快超级计算机，引领国际超级计算机发展潮流数十年，他无可争议地被人们尊称为“世界超级计算机之父”。

一、才华初显

西摩·克雷于 1925 年 9 月 28 日出生在美国威斯康星州的切彼瓦镇。他的父亲也叫西摩·克雷，毕业于明尼苏达大学，早年在北方州立电力公司做土木工程师。那时候当地的电力供应主要来自水电。切彼瓦河流经威斯康星和明尼苏达，在南边汇入密西西比河。北方州立电力公司在该河上建造了四五个水坝，以获取绝大部分电力。老克雷被派往威斯康星，为建设水坝服务，解决水坝蓄水处理等工程问题。他十分钟爱这项工作，出色地完成了任务，被当地官员任命为切彼瓦镇的工程师，从此留下来继续工作。

父亲对科学技术执着和追求完美的精神，对小克雷产生了潜移默化的影响，使他从小就对电气着迷。早在 10 岁的时候，克雷就能够制作电码信号穿孔纸带，并在家里的地下室建立了一个“小实验室”，摆弄各种类型的电气设备。在切彼瓦镇读初中时，他给家中自己的房间和妹妹卡罗尔·克雷的房间架设了电线，以便两人可以在每晚十点熄灯后互发莫尔斯电报玩。克雷高中时，那时还没有发明电子计算机，作为电气设备业余爱好者，他经常花许多时间待在学校的电气实验室，钻研无线电、电动机和电气线路等。电学课老师生病请假之时，总是请克雷“代班”为同学们讲课。切彼瓦瀑布高中的年鉴记载，克雷的一个同学莫尼克曾在毕业时留言道：“随着科学日益重要，许多同学将会投身于此。克雷已经先行一步了，整个高中生涯他都痴迷于科学。如果有人要预测他的未来，我敢说他将来一定会在科学领域有所作为。”

1943 年正值第二次世界大战，克雷高中毕业后加入了美国陆军，担任步兵通信排无线电操作员。经历短暂的欧洲作战任务后，他被派往菲律宾，在那里参加了破译日本海军通信密码的行动。与此同时，电子计算机正是在二战迫切的军事需求推动下开始研制的。当时美国军方非常需要一种高性能工具来计算及时准确的弹道火力表，在此背景下，世界上首台可以持续运行的计算机埃尼阿克计算机（Electronic Numerical Integrator And Computer，ENIAC）于 1946 年在美国费城宾夕法尼亚大学的摩尔电气工程学院研制成功，发明人是以莫奇利和埃克特为首的研制小组，著名科学家冯·诺伊曼带着原子弹研制过程中的计算问题也加入其中。而此时即将退役回国的克雷，并不知道自己今后将与这一改变他一生的发明联系在一起。

1947 年，克雷在老家举行了婚礼。婚后不久他和妻子就一起赴威斯康星大学就读。一年后，两人为追求更好的专业学习又来到了明尼苏达大学。在这所他父亲曾经就读的母校，年轻的克雷于 1950 年获得电气工程学士学位，1951 年又拿到了应用数学硕士学位。在大学里，他专心于数学，当时他对电子计算机并不了解，只知道那是一种具有两种状态的基本电路，但是他已意识到未来将是一个电子数字计算的世界。当临近大学毕业时，克雷比较茫然，经常在校园里走来走去，问自己：“下一步该怎么走？”幸运的是，有一次学校一位资深教授从路边窗口探出头冲他喊道：“如果我是你，就不会待在市井街区，而是到工程研究协会（Engineering Research Associates，ERA）去，那里才是你施展才华的好地方。”工程研究协会由一个美国前海军实验室发展而成，是美国首批采用数字电路的计算设备单位之一，当时正在给军方制造密码设备。克雷听从这位老师给予的建议，马上就赶去了工程研究协会。

1951 年，当他入职工程研究协会的当地一家公司时，公司刚成立一年多，这里原来是位于明尼苏达圣保罗的一家老式滑翔机厂，曾为诺曼底登陆制造了大量木质滑翔机，战后为美国海军建造专门的加密设备。克雷开始从事各种计算机技术，从真空管和磁放大器到晶体管，然后在 1100 系列计算机上工作，该机成为后来的知名产品 UNIVAC。由于公司刚成立，克雷也不懂设备，他花了很多时间在图书馆阅读资料，研究计算机的工作原理，有机会他也去参加工程研究协会的学术活动，聆听冯·诺伊曼这样的大师演讲。然而他很快发现，对于研究计算机没多少参考资料，他想自己进行实践与创新。为避免娱乐又使工作不被打扰，克雷经常利用晚上工作，这成为他一生的习惯。研究中，克雷十分注意收集和听取各方面信息，从其他计算机设计师那里了解经验教训。

就在这家小公司，克雷设计了他的第一台计算机——ERA 1103。这是一台电子管计算机，属于最早采用磁芯存储器的机器之一，存储容量为 4K—12K，字长二进制 36 位，加法操作时间为 44μs。

两三年后，工程研究协会被雷明顿－兰德公司所收购，不久斯帕利兼并了公司业务，接着由鲍劳斯收购，后来又由优利兼并，但人员和产品并没有随所有权的改变而改变，克雷的工作也没受到影响。然而，当公司高层将产品重点转向商用小型计算机时，克雷带着他的大型科学计算机梦想离开公司，和好友比尔·诺里斯等人于 1957 年创建了控制数据公司（Control Data Corporation，CDC）。

在控制数据公司，克雷是技术专家，兼任公司副董事长。他的目标是研制第一流的、比任何当时可用的计算机都更快的科学计算机。他说服了其他高层，并在公司资金困难时拿出自己的 5000 美元全部家当购买了公司股票。于是，控制数据公司和克雷开始建造大型科学计算机。他们很快从工程研究协会那里夺走市场，获利达 60 万美元。

当控制数据公司规模扩大后，克雷发现那里的职员精神涣散，于是他搬出市区，回到切彼瓦镇，在那里建立了一个研究和开发部门，为控制数据公司制造 CDC 1604 计算机，这是克雷的第一个工程项目，其目标是以最低的价格尽快地制造出一台大型计算机。当时晶体管还是较新的电子器件，克雷决定采用这种器件来建造 CDC 1604 机。他发现在明尼阿波利斯的本地零售商店卖出的晶体管有次品，其价钱比从工厂买便宜得多。于是，他买到了所需的全部晶体管。克雷认真地利用这种次品晶体管设计高度容错的电路并取得成功，证明了那些低于标准的器件通过精心设计，可以达到研制计算机的预期目标。他说："我用生产收音机的次品晶体管，建造了第一流的计算机。"CDC 1604 机是第一台全晶体管化大型科学计算机，在科学计算机市场上打败了它的竞争对手——基于穿孔卡片的 IBM 计算机。

克雷希望尽快建造规模更大、功能更强、速度更高的科学计算机，这便是CDC 6600。根据美国原子能委员会的秘密订货，CDC 6600于1957年开始研制，1964年一经推出便成为当时世界上速度最快的科学计算机，在计算机发展史上具有重大影响。因为它首次达到了1MFLOPS（百万次浮点运算每秒）以上的处理能力，故被工业界普遍认为是第一台真正意义上的超级计算机。它在技术上有很多创新，主要有：指令系统简洁；操作面向寄存器有8个字长各60位的指令缓冲器，可存放16—32条指令，其中包含循环指令段，可不必访问主存而快速执行；有10个操作部件和一个采用“记分牌”的先行控制部件，从而实现并行操作；由具有4K字的32个模块组成的磁芯存储器，可以交叉访问；还具有10台独立的外围处理机，组成输入/输出控制系统等。CDC 6600的性能为1961年国际商业机器公司（International Business Machines，IBM）推出的大型计算机“斯屈莱奇”的约3倍，而售价却比斯屈莱奇低，因而深受市场的欢迎。CDC 6600的设计、研制和生产取得了巨大成功，不仅许多机器安装在美国国家实验室等科学研究单位，发挥了巨大的计算能力，极大地推动了科学技术的进步，而且对于计算机技术本身的发展也起到了显著的促进作用，特别是在计算机体系结构方面，为以后超级计算技术、精简指令集计算机技术（RISC）和超标量技术的产生和发展提供了宝贵经验。

不久，克雷在CDC 6600体系结构的基础上，采用了门级延时为1.5ns的高速电路，又研制成功运算速度达每秒1500万次的更强科学计算机CDC 7600，于1969年1月面世，成为20世纪60年代末70年代初全球性能最高的计算机。

像美国洛斯阿拉莫斯国家实验室、劳伦斯利弗莫国家实验室等从事核武器研究的单位，迫切需要这样功能强、性能高的超级计算机。但对一般用户来说，机器的性能太高了，而且价格昂贵，在财力上难以承受，所以超级计算机的应用领域较窄，销量受到一定限制。1972年，大型科学计算机的市场变小了，控制数据公司打算中止在这个领域的努力，而克雷认为市场还会兴旺起来，于是，克雷选择离开控制数据公司，开辟自己的事业，创办了克雷研究公司（Cray Research Inc.，CRI）。

二、闻名于世

20世纪70年代至80年代是超级计算机的腾飞时期。

冷战期间，为了赢得与苏联的军备竞赛，美国大力发展战略核武器、航空航天等高精尖技术，这些都涉及海量复杂的科学与工程计算问题。虽然国际商业机器公司、尤尼瓦克公司和控制数据公司等计算机公司提供了一些超级计算机，但仍无法满足美国政府和军方的需要。美国国防部高级研究计划局批准，由伊里诺斯大学负责研究设计，由宝来公司承包制造了一台超级计算机 ILLIAC-Ⅳ，于 1972 年完成，标量速度每秒运算最高达到了惊人的 1.5 亿次。美国得克萨斯仪器公司和控制数据公司也先后推出每秒运算速度 1 亿次以上的超级计算机 TI-ASC 和 STAR-100。但这三台机器的共同缺点是系统规模庞大笨重、高速度不可持续运行、实际效率低下、功耗巨大，使用起来十分不方便。例如 ILLIAC-Ⅳ在交付美国国家航空航天局使用后很长一段时期工作不稳定，1975 年不得不进行停机大检查，花了 10 个月，从逻辑设计到工艺制造，找出来上千个故障与隐患，11 万颗系统电阻全部更换。

此时，克雷也瞄准了新一代超级计算机的研发，他把克雷研究公司建在了切彼瓦的福尔斯区，一开始公司既无厂房又无工人，第一台机器还是由当地电子设备承包商制造的。公司 12 个创始人中有 7 个来自控制数据公司，克雷担任董事长，公司只生产超级计算机。为了解决资金问题，支持克雷的一些商界老板们联名给华尔街送去一份提案，结果大获成功，使得克雷研究公司在没有销售、没有营业额，甚至连一个项目都还没有，赤字 240 万美元，只有 8 个潜在用户的情况下强行上市，最初的 6000 股立马筹集到了 1000 万美元，为研制新机器打下经济基础。

控制数据公司等竞争对手利用多处理机系统构建超级计算机，就是把多台标量处理机互联起来共同解决一个问题，但是多台处理机的调度和同步等是一个棘手难题。克雷对此另辟蹊径，他考虑到使用超级计算机数值的气象预报、航天飞行器设计和核物理研究问题中存在大量向量运算的特点，采用了向量处理的方法，利用多个独立的部件实现的并行操作，转化为把它们组成向量模式的流，再结合流水线结构实现操作的高度并行性。1972 年开始，他亲手设计和研制了一台向量超级计算机，用自己的名字命名，叫作 Cray-1。

Cray-1 发展了 CDC 6600 和 CDC 7600 机的成功之处，采用了一系列创新的技术，如向量数据类型和向量运算、ECL 高速集成电路、向量寄存器、向量链接技术、高密度组装技术和高效的冷却技术等，并改变以往超级计算机机柜为立方形的传统形式，大胆采用圆柱形的结构，规模精简，美观大方。Cray-1 于 1975 年研制成功，在美国洛斯阿拉莫斯国家实验室进行了长时间的严格测试，于 1976 年正式推出。

Cray-1 是首次采用集成电路的超级计算机，全机只有 4 种 ECL 集成电路，它们是延迟时间为0.5ns—1ns的高速5/4与非门、低速5/4与非门、读写时间为6ns的16×4位双极型寄存器芯片、1024×1位双极型存储芯片；共有8个字长64位的向量寄存器以及后援寄存器B、T等，主存容量为2兆—8兆字节，共12个全流水线化的功能部件，可以高度并行地进行面向寄存器的向量运算和标量运算；指令格式规整，只有16位和32位两种，有4页指令缓冲站，可存放256条短指令或128条长指令，这样一般循环程序指令或常用子程序可以存放在指令缓冲站中，而不必重复访问主存储器，确保程序的高速运行。此外，几条相关的向量运算指令可使流水线链接运行，从而大大提高向量运算的并行度。除硬件外，还装配了FORTRAN语言、COS操作系统和实用程序等，后续还开发了库软件。

Cray-1有几个特点十分新颖：向量运算，例如能把两个64对操作数的集合叠加在一起，产生64个结果，这些都可看作只执行了一条指令的结果；流水线处理，就是计算机的功能部件均分成站，使指令能分布执行，例如64个加法并不同时进行，而是流水线式地完成的，按机器的每时钟周期一个结果的速度流出，直到64个结果流完为止；圆柱形机柜结构，共有12个楔形机架，排成270度的圆弧柱，整体上像一个巨大的字母“C”（克雷名字的首字母），这样可使圆柱内部地板上的互联导线达到最短，确保80MHz的时钟频率（当时世界上计算机最高的时钟频率）得以实现，并且占地面积仅有8平方米左右，为TI-ASC和STAR-100的二十分之一。氟利昂液态冷却技术是Cray-1的专利，在装电路板的铝架中间，设有很多蛇形冷却管道，与地下的巨大氟利昂液态装置连接起来，用以解决以如此高密度组装的超级计算机的散热问题。

Cray-1的性能高，峰值向量运算速度达每秒2.4亿次浮点操作，标量运算速度也可达每秒5000万次，显著优于当时已有的亿次超级计算机ILLIAC-Ⅳ、TI-ASC、STAR-100，在科学计算方面的解题能力相当于40台IBM 370大型通用计算机，而售价却与后者同样为500万—800万美元，因此受到了计算机界和超级计算机用户的高度赞扬和广泛欢迎，赢得了科学计算和特大规模数据处理的市场，到1979年为止，出厂的Cray-1已有16部之多。Cray-1体系结构的简洁性和新颖性事实上也成为国际向量计算机的标准模式，后来许多国家研制和生产的向量计算机都是以Cray-1为蓝本的。1978年开始研制的中国第一台亿次巨型计算机“银河-I”的体系结构就是主要借鉴了Cray-1的设计思想。

接下来，克雷又设计和研制了性能更高的Cray-2、Cray-3、Cray-4等系列超级计算机。

Cray–2 为四向量处理机系统，单处理机基本上保留 Cray–1 的结构，采用门级延时为 0.3ns—0.5ns 的 16 门阵列芯片，始终周期为 4.1ns，主存储器容量为 2048 兆字节，指令缓冲站是 Cray–1 的两倍，为 8 页，另增加一个容量为 128 字节的局部存储器。这台机器于 1985 年研制成功，当主存储器采用动态存储器芯片时，系统峰值处理速度为每秒 18 亿次浮点操作，当采用静态存储器芯片时，则达每秒 22.5 亿—25.0 亿次浮点操作，比 Cray–1 快 10 倍之多，首次安装在美国国家航空航天局，用来模拟航天飞机的超大型风洞实验。Cray–2 研制成功时的 20 世纪 80 年代中期，克雷研究公司的超级计算机竟一度占到全球 70% 的市场份额。

1988 年诞生的 Cray–3 为八向量处理机系统，采用 ECL 和集成度为每芯片 300—500 门的砷化镓逻辑芯片以及 1K 位砷化镓静态存储芯片（用于寄存器），使 Cray–3 的时钟频率高达 500MHz，峰值性能高达每秒 60 亿—100 亿次浮点运算。该机虽然研制成功，但因此时克雷研究公司在商业上出现了问题，从未出售过。

1989 年，由于管理层意见分歧，克雷离开了自己创建的克雷研究公司，在科罗拉多又开办了一家克雷计算机公司（Cray Computer Corporation，CCC），开始全力投入他的 Cray–4 研制项目，时钟频率又比 Cray–3 提高一倍，全部采用砷化镓电路，预计速度突破每秒 1000 亿次以上。但令人遗憾的是，Cray–4 并没有最终完成。

冷战的结束意味着政府预算的削减，加之个人电脑市场逐渐火热，使得超级计算机的销售一落千丈。1995 年，克雷计算机公司迫于资金压力宣布破产。1996 年，古稀之年的克雷不甘心，再次发起挑战，创办西摩 · 克雷公司（Seymour Roger Cray，SRC），开始了新一代大规模超级并行计算机的研发工作。然而此时厄运突然降临：1996 年 9 月 22 日下午 3 点，克雷驾驶汽车离开科罗拉多，在驶向 I–25 公路时，后面有两辆车发生冲突，其中一辆为了躲闪，急速撞到克雷的车，使汽车几经翻滚，倒在路边。克雷的颈部、肋骨和头部都严重受伤，立即被送往医院进行手术抢救。最终，因伤势过重，10 月 5 日凌晨 3 时左右，西摩 · 克雷的心脏永远停止了跳动，享年 71 岁。

三、克雷的科学思想与精神

在研制超级计算机方面，克雷从不觉得自己是先驱。他说，自己是“书呆子”，只想做一个工程师。成功的关键在于他的科学思想与精神，概括起来主要有以下几点：

第一，敢于冒险，勇于创新，始终追求建造世界第一流的超级计算机。克雷一生的几次创业都不简单，这与他研制世界第一超级计算机的人生理想密切相关。在工程研究协会时，克雷创新采用磁芯存储器设计了他的第一台计算机 ERA 1103，成为电子管计算机中的佼佼者。当公司的发展和自己研制超级计算机的目标渐行渐远时，他冒着失业的风险离开工程研究协会，创办了控制数据公司，研制的 CDC 1604 计算机是当时世界上独一无二的全晶体管化计算机，也成为当时世界上最好的商业计算机。CDC 1604 机成功后，克雷向计算机界的巨头国际商业机器公司发起挑战，抢在国际商业机器公司雄心勃勃的“360 计划”之前，出人意料地宣布研制成功世界上第一台超级计算机 CDC 6600。国际商业机器公司董事局主席小沃森曾在备忘录中写道：“国际商业机器公司为什么不能在超级电脑方面领先一步？要知道，控制数据公司的研制班子才 34 人，其中还包括一个看门人。”当控制数据公司高层满足于 CDC 6600 以及改进型 CDC 7600 独霸市场不思前进时，克雷为继续建造更快的超级计算机再次离开，冒着可能失败的最大风险又创办了克雷研究公司。那个时候，刚刚发明集成电路的仙童公司还不清楚这玩意儿到底有什么用，克雷就大胆地把集成电路技术首次应用在 Cray–1 上，使之成为世界上第一台可持续实现亿次超级计算的机器。尽管 Cray–2 之后的 Cray–3、Cray–4 基本都失败了，后来创立的克雷计算机公司破产，西摩·克雷公司被收购了，自己出车祸去世，但克雷“永争第一”的精神却不断激励着后来人。

第二，坚持超级计算机体系结构简洁性的设计思想。计算机体系结构的简洁性是克雷一贯秉持的重要设计思想，在他研制的各代计算机产品中都得到充分体现。克雷认为，“（在计算机界）大多数人都能设计出好的中央处理器（Central Processing Unit，CPU），但极少数人才能打造出好的体系结构”。最初的 1103 机就是他在这一思想的指导下实现的，它异常简约，不含任何不必要的东西。在商业竞争中，克雷始终坚持简洁性原则，甚至在 20 世纪 80 年代才风靡全球的精简指令集计算机设计思想（Reduced Instruction Set Computer，RISC）产生之前，他就提出并采用了类似精简指令集计算机设计思想的设计理念“简即是美”。他曾说：“我的指导思想是简洁性，不要把任何多余的东西放进不必需的地方，这样就可以尽量简单地设计计算机”，“回到最基本，使机器尽可能高效、精简”，“我设计电子计算机就像设计帆船，尽力使它简单”。Cray 系列超级计算机把克雷的简洁思想发挥到了极致，他一个人就独立设计完成了全部的硬件与操作系统。

第三，创造新型超级计算机的方法学。克雷有自己的创造新型计算机的方法学。他说："洞察力来自顾客……过去三四十年来，我的许多创新都来自用户。他们会告诉我哪里有问题。在下一代产品中我就改善这些问题，这种方法极具革命性。基本上从我设计的第一天起，就有了这种继承性。"他从使用过早先机器的顾客那里取得反馈信息，研究他们的抱怨和要求，从这些意见中，总结出经验教训，并提出一些创新的思想，并考虑如何用在他的下一个设计中。对克雷来说，一个工程项目计划的设计过程是非常重要的。设计的基本概念是他自己提出的，但是需要支持者去实现他的理想，克雷认为这是有效而正确地完成各项任务的仅有方法。一旦一项任务完成了，而且得到肯定，那么另一项新的计划就该开始了。在设计新计算机的基本部分时，他的方法是首先提出一些问题，例如"计算机的指令系统是什么""存储器的存储容量多大""存储器是用什么做的"等，一旦这些问题确定了，他认为就可以开始建造计算机了。

第四，排除一切干扰，专注自己喜爱的超级计算机研究工作。克雷从小就常常醉心于自己感兴趣的电气设备。在回顾中学时期因不怎么接触外界而饱受老师和同学诟病时，克雷曾自嘲道："那时我把所有的时间都花在电气工程实验室，真的没有足够精力再参加交际活动。"研制 CDC 6600 时，克雷带领 30 多人隐入威斯康星州的密林深处，四年多没有出来参加任何社会活动，埋头研制机器，连国际学术机构为他颁奖，克雷也不愿抛头露面前去出席。作为公司的二把手，克雷一年只去总部看几次，而公司的首席执行官只能在有预约的情况下一年见他两次。也有些时候，非常重要的高层会亲自赶往密林中的红嘴鸥瀑布下听克雷的讲座。会后，他们到当地的小吃店喝酒聚餐，克雷总是匆匆吃完一个热狗面包就赶回去工作。为此，克雷获得了"丛林隐士"的绰号。在开发 Cray-1 时，克雷和他的助手每天午后数小时都扎在实验室干活，下午四点回家小憩，晚上他又独自一人回到公司工作到次日凌晨。Cray-1 成功后，克雷觉得与日俱增的声望不是什么好事，过多的行政事务与社会活动使他不能专心于自己的目标。克雷干脆将董事长的位子让给公司总裁，自己只保留董事会成员的身份，并成为公司唯一的研究与开发承包人，他又可以集中精力了。克雷总是谢绝各种科学商业团体的邀约讲演活动。1976—1981 年，他没有见一个记者。克雷也很少让公司的职员去拜访他，每天下午他都不会接听电话。用克雷的话说，他可以专注于计算机"物"的部分，而非"人"的部分了。

克雷一生为超级计算机技术的发展作出了不可磨灭的突出贡献，社会各界对他的评价都很高。1968 年，克雷就被国际计算机信息处理协会美国基金会授予 W. W. 麦克道威尔奖。1976 年，取得了很大成功的 Cray-1 首先被美国军方科研部门用于研制增强安全性能的战略核弹头，美国国防部官员称克雷为“美国民族的智多星”。在他去世十多年后的 2009 年，克雷研究公司研制的超级计算机“美洲虎”以每秒 1759 万亿次的浮点计算能力，在第 34 届超级计算机世界 500 强中排名第一。

（作者：司宏伟　冯立昇）

参考资料

[1] IEEE. Computer Society. Tribute to Seymour Cray [EB/OL]. https://www.computer.org/web/awards/about-cray，2010-08-24.

[2] J.M.Charles. The Supermen：The Story of Seymour Cray and the Technical Wizards Behind the Supercomputer [M]. Cambridge：John Wiley & Sons，1997.

[3] 胡守仁. 计算机技术发展史 [M]. 长沙：国防科技大学出版社，2006.

[4] National Academy of Engineering.Making a World of Difference：Engineering Ideas into Reality [R]. National Academies Press，2014.

[5] 陈厚云，王行刚. 电脑的成长：六十年代计算机发展史 [J]. 自然辩证法通讯，1980，2(6)：52-63.

[6] 司宏伟，冯立昇. 世界超级计算机创新发展研究 [J]. 科学管理研究，2017，35(4)：117-120.

[7] 王行刚，陈厚云. 信息时代的黎明——七十年代计算机发展史 [J]. 自然辩证法通讯，1982，4(4)：51-59.

[8] 司宏伟，冯立昇. 中国第一台亿次巨型计算机“银河-Ⅰ”研制历程及启示 [J]. 自然科学史研究，2017，36(4)：563-580.

[9] J.Markoff. Computer Whiz Seymour Cray [N]. New York Times，1996-10-06(2).

[10] D. M. William. Midwest Computer Architect Struggles with Speed of Light [J]. Science，1978，199(1)：404-409.

[11] 白瑞雪. 巅峰决战 [M]. 长沙：湖南科学技术出版社，2014.

马文·明斯基

（Marvin Lee Minsky，1927—2016）

马文·明斯基

卓越的人工智能科学家

人工智能自问世半个多世纪以来，已经取得了长足的进展，由于其应用的广泛性及存在的巨大研究开发潜力，吸引了越来越多的科技工作者投入其研究中。尤其是20世纪80年代以来，出现了世界范围的新技术开发高潮，许多发达国家的高科技计划以计算机技术为其重要内容，而尤以人工智能为其基本组成部分。人工智能成为国际公认的当代高技术的核心部分之一。

在人工智能的兴起和发展中，涌现出了一大批伟大的科学家，马文·明斯基是其中一位杰出的代表。明斯基是麻省理工学院电子工程和计算机科学教授，他的研究引领了人工智能、认知心理学、神经网络、图灵机理论和回归函数这些领域的理论与实践的发展潮流。他发明了世界上第一台共聚焦扫描显微镜，提出了框架理论、心智社会以及情感机器等众多理论和观点。他是第一位获得“图灵奖”的人工智能科学家。可以说，在人工智能的发展历程中，明斯基的名字丝毫不逊色于阿兰·图灵、麦卡锡、香农、西蒙和纽厄尔等大师级的人物。

一、家庭情况

马文·明斯基1927年8月9日生于美国纽约。他的父亲是一名眼科医生，同时又是一位艺术家。他的母亲则是一个活跃的犹太复国主义者（真是有趣的巧合：麦卡锡的母亲是来自立陶宛的犹太人，活跃的女权主义者）。小学和中学，明斯基上的是私立学校，对电子学和化学表现出较多的兴趣。他的活动范围基本上是知识分子阶层。1945年高中毕业后明斯基应征入伍，在芝加哥北边的大湖海军培训中心和其他约120名新兵一起接受了训练。按明斯基本人后来的说法，这是他第一次也是最后一次和非学术界的人员混在一起。

1953年，明斯基迎来了自己人生的重要时刻，他和一位医生，也就是他后来一生的妻子格洛丽亚·鲁迪什结婚了。我们都知道，有很多名人在事业上非常成功，但是在婚姻问题上却不是很顺利，甚至有过数次婚姻。然而明斯基的婚姻非常幸福，他与妻子相濡以沫一生，他们一共有三个孩子：玛格丽特、亨利和朱莉安娜。

二、投身人工智能研究

1946 年明斯基在退伍之后进入哈佛大学主修物理，但他选修的课程相当广泛，从电气工程、数学到遗传学等，涉及多个学科专业，有一段时间他还在心理学系参加过课题研究。当时流行的一些关于心智起源的学说和理论使他难以接受，比如新行为主义心理学家斯金纳根据一些动物行为的事实提出理论，把人的学习与动物的学习等同起来。明斯基对此很不以为然，这激发了他要把这个问题弄清楚的决心。后来他放弃物理改修数学，并于 1950 年在哈佛大学本科毕业，之后进入普林斯顿大学研究生院深造。第二次世界大战以前，图灵正是在这里开始研究机器是否可以思考这个问题的，明斯基也在这里开始研究同一问题。1951 年，明斯基提出了关于思维如何萌发并形成的一些基本理论，并建造了一台学习机，名为 Snare。在 Snare 的基础上，明斯基综合利用他多学科的知识，解决了使机器能基于对过去行为的知识预测其当前行为的结果这一问题，并以《神经网络和脑模型问题》为题完成了他的博士论文，1954 年在普林斯顿大学取得博士学位。

20 世纪 50 年代，是人工智能发展的早期。在现代计算机诞生初期，第一篇讨论关于人类智能机械化的可能性的文章是计算机科学的创始人之一、后来被人们称为人工智能之父的阿兰·图灵于 1950 年所著的《计算机与智能》。同一时期，美国科学家约翰·莫奇利等人制成了世界上第一台电子数字计算机埃尼阿克计算机。随后又有不少人为计算机的实用化不懈奋斗，其中贡献卓著的应当是冯·诺伊曼。目前世界上占统治地位的依然是冯·诺伊曼计算机。电子计算机的研制成功是许多代人坚持不懈努力的结果，这项划时代的成果为人工智能研究奠定了坚实的基础。同一时代，美国数学家诺伯特·维纳的控制论的创立，美国数学家香农信息论的创立，英国生物学家阿什比所设计的脑等，这一切都为人工智能学科的诞生作出了理论上和实验工具方面的巨大贡献。

1954 年获得博士学位之后，明斯基又回到了哈佛大学，进入到了社会学会工作。在 1955 年，明斯基作出了自己的一项重大贡献——发明了世界上第一台共聚焦扫描显微镜。如今这款机器是世界各大实验室使用的标准机型，但是在当时以及随后相当长的一段时间里，这么有意义的发明却被人们忽略了。或许只有在我们进行了更多的研究之后，才能察觉出这项研究的意义，这也是有可能的。值得一提的是明斯基只发表了他发明的样品，他并不仅仅是成功地发明了一个显微镜，而是做出了一个值得我们骄傲的研究典型。但当他给一些人展示这项发明时，人们只是一瞥而过，没有一个接受他的概念的人。当时，哈佛是许多著名的专家学者云集的地方。安德鲁·格利森的数学课、约翰·韦尔什的神经生理学、马库斯·辛格的神经解剖学、乔治·米勒的心理学，以及赫伯特·戈德斯坦的古典机械学等都是非常经典的课程。但是明斯基对实验课情有独钟。在实验室里，明斯基会重现过去那些伟大的物理实验：将波带片放在玻璃片上染色，然后从屏幕中观察它的焦点；从显现的中线看过去两条道路的长度好像是一样的，而测量这些长度的工具不过是镜子和光线而已。

在哈佛社会学会的几年里，明斯基享有许多特权，没有义务和责任，也不需要受到监督。学校里所有的便利条件都为他所用，而明斯基只信守一个简单的誓言，就是寻找真理。这种自由正是他当时所需要的，因为他在课程上做了一些变动。明斯基的时间有限，无法在显微镜下弄懂有关大脑的知识。所以那几年他一直在琢磨其他的方法。后来明斯基转换了一种方式，从更大的范围入手来看思维是如何将步骤分解成一个比一个小的部分的。可能这样学习更有利于我们掌握更多大脑的底层运转程序。

时间证明了这个新的方法是有效的。不过后来解决光线散射的问题又成了明斯基的一大困扰。还好当时社会学会的高级成员爱德华·珀塞耳给明斯基在林曼物理实验室弄了个办公室，里面的窗子正对着哈佛校园，而且只要明斯基有需要就可以使用任何实验室和实验设备。(那个房间曾是西奥多·莱曼的办公室。在一张旧书架夹层的文件里明斯基发现了有关衍射光栅的规律，此时他深深地为这位资深的光谱学家感到惊叹。）后来明斯基发现要避免光线散射，就必须排除其他无关光线的干扰。

明斯基在研究过程中发现，一个理想的显微镜能够对样品的各个试点进行检查并测量出散射光的数量，或者是测量被试点吸收的数量。但如果同时做太多次这样的测量，那么试点的焦点图像则会因畸变的散射光遮盖而产生倾斜，那么所观察到的就不是那个试点了。只要一次只照射样品的一个试点，那么大部分这种多余的光线是可以避免的。要完全消除所有的散射光是不可能的，因为散射的原因是多种多样的，但是消除瞄准观测试点的光就容易得多了。只需要使用第二台显微镜（不是聚光透镜的），用针孔透镜对单个样品试点进行成像。这可以按数量大小来消除样品上的光线，而又不会降低焦点的观测亮度。但是有些焦点光源也会因为焦距没对准而在成像板中发生散射。但这些光线也能够很好地规避，只需要在成像板也就是物镜的另一边安装另一个微孔透镜。

虽然在这过程中遇到了重重困难，但是明斯基仍旧坚持制作显微镜的梦想。后来明斯基在自己的回忆录中提到了让他继续坚持下去的一个重要动力，那就是他的姐夫莫顿·阿姆斯特是一位专利代理人，而且非常喜欢这个设备，因此明斯基继续坚持这个实验。社会学会的成员又一次给了他帮助，这次是卡罗尔·威廉斯邀请明斯基去他的实验室来制作它。这个全新的显微操纵器非常简单：明斯基从正确的角度加强了三个扩音器的音圈，并将它们用电线在对角裱好的针形探头上绑牢。只需要简单地改变三个音圈的电流，就可以让这个针形探头指向任何空间方位。经过艰苦的努力，明斯基最终完成了共聚焦扫描显微镜的发明，这个在当时并不起眼的发明却在后来的几十年里对人工智能领域的发展起了重要的作用。事实上明斯基发明这个显微镜所依赖的概念，后来被耶鲁大学的埃格、达维多维茨，牛津大学的谢泼德、威尔逊、布拉克霍大，以及阿姆斯特丹的几所大学发扬光大。

三、达特茅斯会议

20 世纪 50 年代的人工智能研究者大多受到阿兰·图灵等人的影响，其中就包括明斯基、麦卡锡、香农、西蒙和纽厄尔等人。明斯基博士毕业之后回到了哈佛工作，1956 年夏天，他与麦卡锡、香农等人一起发起并组织了成为人工智能起点的“达特茅斯会议”。在这个具有历史意义的会议上，明斯基的 Snare，麦卡锡的 α-β 搜索算法，以及西蒙和纽厄尔的“逻辑理论家”是会议的三个亮点。

“达特茅斯会议”是一次影响深远的历史性会议。这次聚会本来属于朋友间沙龙式的学术研讨，与会者也仅仅只有 10 个人，主要发起人是达特茅斯大学的青年助教麦卡锡、哈佛大学的明斯基、贝尔实验室的香农和国际商业机器公司信息研究中心的罗彻斯特，他们邀请了卡内基 – 梅隆大学的纽厄尔和西蒙、麻省理工学院的塞尔弗里奇和所罗门诺夫，以及国际商业机器公司的塞缪尔和莫尔。

麦卡锡是东道主，也是主要发起人。麦卡锡 1927 年生于波士顿，1948 年加州理工学院毕业，1951 年在普林斯顿大学获得博士学位。1948 年 9 月，他参加了一个“脑行为机制”的专题讨论会，会上冯·诺伊曼发表了一篇关于自复制自动机的论文，提出了可以复制自身的机器的设想。这激起了麦卡锡的极大兴趣和好奇心，自此就开始尝试在计算机上模拟人的智能。这一阶段，他的研究工作就得到了冯·诺伊曼极大的肯定。在达特茅斯会议前后，麦卡锡的主要研究方向是计算机下棋。麦卡锡经过艰苦探索，终于发明了著名的 α-β 搜索算法，使搜索能有效进行。在 α-β 搜索算法中，麦卡锡将结点的产生与求评价函数值两者巧妙地结合起来，从而使某些子树结点根本不必产生与搜索。α-β 搜索算法至今仍是解决人工智能问题中一种常用的高效方法。

而参加此次会议的另一个重要人物就是明斯基，此时的明斯基是哈佛大学数学系的助教。他为这次会议带来了名为 Snare 的学习机的雏形（主要学习如何通过迷宫）。Snare 是世界上第一个神经网络模拟器，其目的是学习如何穿过迷宫，其组成中包括 40 个“智能体”和一个对成功给予奖励的系统。Snare 虽然还比较粗糙和不够灵活，但毕竟是人工智能研究中最早的尝试之一。

卡内基 – 梅隆大学的西蒙和纽厄尔所带来的成果也让此次会议大放异彩。他们带来了启发式程序“逻辑理论家”，它已能证明数学名著《数学原理》一书第二章 52 个定理中的 38 个定理。

这些青年学者的研究专业包括数学、心理学、神经生理学、信息论和计算机科学，分别从不同的角度共同探讨人工智能的可能性。他们的名字人们并不陌生，例如香农是信息论的创始人，塞缪尔编写了第一个电脑跳棋程序，麦卡锡、明斯基、纽厄尔和西蒙都是“图灵奖”的获奖者。在会上他们第一次正式使用了人工智能这一术语，从而开创了人工智能的研究方向。这次历史性的聚会被认为是人工智能学科正式诞生的标志，从此在美国开始形成了以人工智能为研究目标的几个研究组，如纽厄尔和西蒙的 Carnegie RAND 协作组、塞缪尔和格伦特尔的国际商业机器公司工程课题研究组、明斯基和麦卡锡的 MIT 研究组等。

在这次会议上，诸位专家学者对于什么是人类智能（或者说智力）进行了广泛深入的探讨。有人从生物学角度将其定义为“中枢神经系统的功能”，有人从心理学角度将其定义为“进行抽象思维的能力”，甚至有人主张把它重复地定义为“获得能力的能力”，或者不求甚解地说它“就是智力测验所测量的那种东西”。正如《大不列颠百科全书》指出的那样，这些定义并未被人们所普遍接受。既然连人类智能都无法给出精确的定义，对人工智能也只好众说纷纭了。例如，西蒙认为：人工智能是机器学习人类怎样完成如编制计算机程序等智能行为的技术。鉴于图灵用行为来判断机器是否具有智能，麻省理工学院的温斯顿说：“人工智能就是研究如何使计算机去做过去只有人才能做的智能的工作。”而对于这个问题，明斯基也提出了自己的观点，他认为人工智能一方面帮助人类思考，另一方面使计算机更有用。明斯基作为人工智能的倡导者之一，是坚信人的思维过程可以用机器去模拟，机器也可以有智能的。他的一句流传颇广的话就是：“大脑无非是肉做的机器而已。”在这次会议上，明斯基提出了他对智能机器的看法：智能机器“能够创建周围环境的抽象模型，如果遇到问题，能够从抽象模型中寻找解决方法”。这个定义影响到以后30年智能机器人的研究方向。

这些定义至少使我们明确了，达特茅斯会议确立的这一新兴学科，研究的对象仍然是一种计算机系统，这种计算机能够表现出人类智力活动的特征，从而延伸和“放大”人类的智能。

四、创建MIT人工智能实验室

1959年，在达特茅斯会议结束三年后，明斯基从哈佛转至MIT，同时麦卡锡也由达特茅斯来到MIT与他会合，两位老朋友在这里共同创建了世界上第一个人工智能实验室。在他们两人的领导下，整个人工智能领域也随之深深烙上他们的印迹。1959年麦卡锡发明的表（符号）处理语言LISP，成为人工智能程序设计的主要语言，至今仍被广泛采用。明斯基有开创性的1961年的论文《迈向人工智能》概述和分析了以前的成果，并提出了人工智能这个新生学科的主要问题。1963年的论文《事物、大脑和模型》论述了制造自我意识机器的问题。在1969年的论文《感知器》中，他和他的好朋友西摩·佩珀特论述了无循环学习和模式识别机器的功能和局限。这期间，明斯基还设计和参与制造了能够感觉、在一定范围内可操作目标的机器手臂，这是人工智能发展史上的一个里程碑。

20世纪60年代末到80年代初是人工智能发展的兴盛时期。这一时期学术交流的发展对人工智能的研究有很大推动作用。1969年国际人工智能联合会成立，并举行第一次学术会议IJCAI-69（International Joint Conference on Artificial Intelligence），以后每两年召开一次。随着人工智能研究的发展，1974年又成立了欧洲人工智能学会，并召开第一次会议ECAI（European Conference on Artificial Intelligence），也是每两年召开一次。此外，许多国家也都有本国的人工智能学术团体。在人工智能刊物方面，1970年创办了《人工智能》国际性期刊，爱丁堡大学还不定期出版《机器智能》杂志，还有IJCAI会议文集、ECAI会议文集等。此外，许多国际知名刊物也刊载人工智能的论文。

在这一时期，第一个能演示具体领域知识的专家系统DENARAL，是由被誉为“专家系统和知识工程之父”的费根鲍姆所领导的研究小组于1968年研究成功的，它可以根据所提供的化学分子式和质谱分析图来预测有机物分子的结构。接着，其他专家系统相继出现，包括医疗诊断专家系统、计算机结构设计专家系统、符号积分与定理证明专家系统、钻井数据分析专家系统和电话电缆维护专家系统等。这些系统的性能可以与同类专家的智能相匹敌。这是人工智能应用研究在当时的重大进展，立即受到广泛的重视，其投资力度加大，参加人数剧增。从GPS诞生到专家系统的不断出现，表明以逻辑为基础的符号计算处理方法，无论在智能模拟还是在智能系统的建造上都同样能取得成功。

1977年费根鲍姆进一步提出了知识工程的概念，这一思想成功地指导了许多智能系统的研制，并被广泛应用于各个领域。在开发专家系统的过程中，许多研究者获得共识，即人工智能系统是一个知识处理系统，而知识表示、知识利用和知识获取则成为人工智能系统的三个基本问题。

其实早在1975年，也就是费根鲍姆提出知识工程概念的前两年，明斯基就与MIT人工智能实验室的同事们一起开创了一种知识表示的模式——框架理论。框架理论的核心是以框架这种形式来表示知识。框架的顶层是固定的，表示固定的概念、对象或事件。下层由若干槽组成，其中可填入具体值，以描述具体事物特征。每个槽可有若干侧面，对槽作附加说明，如槽的取值范围、求值方法等。这样，框架就可以包含各种各样的信息，例如描述事物的信息，如何使用框架的信息，对下一步发生什么的期望，期望如果没有发生该怎么办，等等。利用多个有一定关联的框架组成框架系统，就可以完整而确切地把知识表示出来。

明斯基最初是把框架作为视觉感知、自然语言对话和其他复杂行为的基础提出来的，但一经提出，就因为它既是层次化的，又是模块化的，在人工智能界引起了极大的反响，成为通用的知识表示方法被广泛接受和应用。不但如此，它的一些基本概念和结构，也被后来兴起的面向对象技术和方法所利用。比如后来出现的XML（可扩展标记语言）和RDF（资源描述框架）这两种可用于开发语义网的重要技术。RDF通过一些包括对象、属性、值的三元组来表达意思。这些三元组可以用XML标记表示。此外，明斯基的框架理论也成为当前流行的一些专家系统开发工具和人工智能语言的基础，例如，著名的KRL（Knowledge Representation Language）就是1979年由鲍勃罗夫（他也是1992年获得ACM软件系统奖的Interlisp的主要开发者之一）基于框架结构设计与实现的。框架理论的另外两个特殊贡献是：一、它最早提出了“缺省”（default）的概念，成为常识知识表示的重要研究对象；二、从框架发展出“脚本”表示方法，可以描述事件及时间顺序，并成为基于示例的推理CBR（case-based reasoning）的基础之一。

在提出框架理论之后不久，明斯基还对机器人技术按照自己的理解进行了改进。其实早在达特茅斯会议上，明斯基就提出了他对智能机器的看法：智能机器能够创建周围环境的抽象模型，如果遇到问题，能够从抽象模型中寻找解决方法。后来在MIT人工智能实验室里，明斯基与他的几个学生一起研究，把人工智能技术和机器人技术结合起来，开发出了世界上最早的能够模拟人活动的机器人Robot C，使机器人技术跃上了一个新台阶。

明斯基对于机器人技术的发展具有突出的贡献。从1968年美国斯坦福研究所公布他们研发成功的机器人谢克，到1978年美国万能自动化公司推出通用工业机器人PUMA，标志着工业机器人技术已经完全成熟。而1999年日本索尼公司推出的犬型机器人爱宝（AIBO），一经面世，当即销售一空，从此娱乐机器人成为目前机器人迈进普通家庭的途径之一。包括科幻小说家艾萨克·阿西莫夫，也是明斯基的好朋友，在小说《我，机器人》中所订立的“机器人三定律”等等，可以说，其中处处都渗透着明斯基的机器人思想。

在20世纪七八十年代，明斯基在MIT人工智能实验室的研究成果是很丰富的。他在当时的另一个大举措是和他的几个学生一起创建了著名的思维机公司，开发具有智能的计算机。20世纪80年代中期思维机公司开始推出著名的“连接机”系列CM–1、CM–2和CM–5，把大量简单的存储–处理单元连接成一个多维结构，在宏观上构成大容量的智能存储器，再通过常规计算机执行控制、I/O和用户接口功能，能有效地用于智能信息处理。CM–1由4个象限组成，每个象限包含多达16384个一位处理器，全部处理器则分为4096组，组间形成12维超立方体结构，其集成峰值速度达到每秒600亿次。CM–5的结点数更多，功能更强。

五、心智社会与情感机器

在MIT，明斯基结识了一位好朋友以及事业上的合作伙伴，这就是著名的人工智能教授西摩·佩珀特博士。佩珀特并不是地道的美国人，他 1928 年出生于南非，1954—1958 年在英国剑桥大学从事数学研究，1958—1963 年在瑞士日内瓦大学师从著名教育家和儿童心理学家皮亚杰，并与其一起工作，正是这段经历促使其思考如何利用数学去理解和解释学习者的学习与思维。

20 世纪 60 年代初，佩珀特进入 MIT 的人工智能实验室，他是著名的 MIT 媒体实验室的创建者之一，并一直在该实验室工作。佩珀特最著名的成就之一是于 1968 年发明的 LOGO 编程语言。1970 年与其同事合著了人工智能著作《认知器演算法》。自 20 世纪 70 年代开始，他一直致力于通过 LOGO 语言帮助儿童成为他们自己“智力建设”的建设者。

在 70 年代早期，明斯基和佩珀特开始阐明一个叫作“心智社会”的理论，它通过观察成长中的儿童的心理和活动来进行人工智能的研究。该理论认为儿童心理并非单一机制的产物，而是产生于多因素不同策略的交互作用。他们认为这种多样性是很必要的，因为不同的任务需要不同的机制，这就把心理学从一些不结果实的“基本”原理（虚无的心理学概念定义）转变成为对不同因素的可操作性研究。

在 70 年代和 80 年代早期，这些理论零散地出现在各种论文中。佩珀特用主要精力来把这些理论应用于教育，而明斯基继续主攻该理论。1985 年，明斯基出版了《心智社会》一书，在书中每一页都提出一种解决心理现象的机制或说明另一页方案的问题。

人类的心智是什么？它是如何运行的？明斯基在其《心智社会》一书中提出了如上问题。他探究了众多问题，从精神进程的最简单组成到对大型思维构建组织的建议，最终谈及了几乎每一个人都可能会问的关于人类认知的问题：我们是如何辨认物体和景物的？我们是如何运用词汇和语言的？我们是如何实现目标的？我们是如何学会新的概念和技能的？我们是如何理解事物的？什么是感受和情感？“常识”是如何运行的？

在找寻以上问题答案的过程中，明斯基并没有找寻一种所有人类的认知现象都产生于此的“基本原则”，比如某种通用的推理方法、全能表述或统一的数学理论。相反，为了解释心智的众多功能，明斯基向读者提及了一种理论，这种理论让如下观点熠熠生辉：心智包含众多不同的机制，每一个心智就是一种“心智社会”，这种社会拥有非常多的结构和进程，对于每一个人来说，这种社会是世代基因进化的特有产物，是几千年人类文化进化的特有产物，也是许多年个人经历的特有产物。

麻省理工学院人工智能实验室是一所世界领先的人工智能实验室，其研究范围涵盖众多，包括机器学习、知识表达、机器人操作、自然语言处理、计算机视觉及常识推理等方面。因此，在当时，较之于其他团队来说，麻省理工学院人工智能实验室里的同事们或许对认知过程的真正复杂度要更加明了。

尽管《心智社会》一书非常出名，然而要将这种理论付诸实践的想法却非常少。其中的一个难处在于，明斯基是分片段、分层次地将这种理论展示出来，而且，他的文章更多关注的是“机制”方面的内容，这些内容只有在术语表中才可被特别区分开来。

明斯基的心智理论对整个人工智能的研究起到了举足轻重的作用。在《心智社会》中，明斯基首次提出将意识移植到机器之内的实现可能，电子脑的出现就是这个原理的直接证据。作为极端化的物体，电子脑的原型是 1998 年 9 月 23 日国际商业机器公司宣布推出的可穿戴 PC，这种 PC 第一次将人体与 PC 直接联系起来。这一理论对于认知科学的发展也起到了启示作用，它直接促进了认知主义的核心思想——认知信息加工理论的发展。

或许是因为明斯基的体系框架太超前了，在 20 世纪的八九十年代，很少有人工智能研究人员可以很轻松地理解明斯基所论述的所有内容，包括学习、推理、语言、感知、行为、表述等。这样的状况一度使明斯基感到很失落，但是随着这个领域的不断成熟，人工智能领域内的拥有这些观点的研究人员数量在不断增加。

理论的本身并没有停止发展。《心智社会》体现出了明斯基一定时期的观点。2006 年，他又出版了续集《情感机器》，这本新书描述了明斯基 20 世纪 80 年代后期以来所具有的许多观点，提供了更多的理论用来解决感觉、目的、情感和多层次的有意识思考问题，其中的一些问题可以引起对其他问题的思考。

这本书主要谈论了两个大的问题：一是描述人类大脑是如何运行的；二是研制能够感觉和思考的机器。明斯基最终把这两个问题串联起来，他在探讨人类大脑的同时，也勾勒出了未来机器的一个模板，那就是像人一样灵活，善于思考，具有情感。对于人类的精神活动，明斯基在《情感机器》中提出了一些新观点。与《心智社会》提出的一些理论相比，《情感机器》把注意力主要放在人类最高级和最成熟的想法上，讨论思维如何运行，何时把它看作独立进程的集合等问题，因此两本书所讨论的主题没有多少是相同的。要想理解任何一个复杂的事情，需要从多个角度来看——明斯基尽力“从内部”的视角来描绘思维——同时也提出了一些可用来建立“心智”机器的技能。

明斯基不仅在科学上成就卓著，同时也是一个爱好广泛的人。他本人是一个狂热的音乐爱好者，是伟大的音乐家贝多芬的忠实乐迷。在《情感机器》中，他对认知、情绪、音乐、幽默感、人工智能等问题都有独到的解读，语言也写得十分浅白易懂，适合所有对这些问题感兴趣的一般读者。在一次接受美国记者采访时，明斯基曾经说道："贝多芬是最伟大的实验者，他尝试了各种新的音乐类型，这个人发明了一百种新的思维方式。我觉得情绪不过是思维方式罢了。如果听过音乐之后，你的思维方式没有改变，那最好还是不要听了。"音乐不仅帮助我们用不同的方式思考，音乐唤起的情绪和思维方式也和自然状态下产生的不同。它触及的那部分意识是其他过程所无法触及的。这就是明斯基带给我们的观点。

《情感机器》的大部分理论是由明斯基本人提出的，但很多相关的想法是在早期同西摩·佩珀特、亚伦·斯洛曼、丹尼尔·丹尼特等学者以及他的学生一起工作时就产生的。特别是他的学生——已故的普什·辛格（他写了很多关于明斯基思想的评论文章），他曾是明斯基最忠实的合作伙伴。

明斯基关于《心智社会》与《情感机器》的很多想法受到西摩·佩珀特、麦卡锡、沃伦·麦卡洛克、曼纽尔·布卢姆、雷·所罗门诺夫、香农、奥利弗·塞尔弗里奇、纽厄尔、西蒙、罗杰·尚克、道格拉斯·莱纳特、爱德华·弗雷德金和肯尼思·哈泽等人思想的影响。当然，也有很多想法来源于他的妻子，在过去的20年里，这些想法都直接或间接地推动了其理论的发展。

六、获得荣誉及世人评价

明斯基在人工智能领域的贡献是多方面的。作为一名伟大的人工智能科学家，同时也是一位思想家，他的科学贡献和哲学思想对人工智能、认知科学、科学哲学等领域的发展都作出了突出的贡献，为世人所尊敬，因此，他获奖无数。在1969年，明斯基获得图灵奖，这是第一位获此殊荣的人工智能学者。其后，麦卡锡（1971）、西蒙和纽厄尔（1975）、费根鲍姆和劳伊·雷迪（1994）等5名人工智能学者先后获奖，在截至2010年获图灵奖的40名学者中占了近1/6，可见人工智能学科影响之深远。明斯基在接受图灵奖时发表了题为《计算机科学的形式和内容》的演说。明斯基在演说中讨论了在计算理论、程序设计语言和教育三个方面的所谓"形式和内容的混淆"问题，并发表了自己的看法。其中相当篇幅是批评当时的"新数学"的。他主张对儿童的数学教育，不但要强调形式，也不应忽略内容。

除了获得图灵奖，明斯基还于1989年获得MIT所授予的基利安奖。1990年他获得日本政府所设立的“日本奖”。此外，明斯基还是日本东芝公司媒体艺术和科学领域的教授，美国科学院和美国工程院院士，他曾出任美国人工智能学会AAAI的第三任主席（1981—1982）。

明斯基一生桃李满天下，他的学生后来都成为了美国一些著名大学的教授，比如普什·辛格，去世之前是MIT的计算机教授，还有斯科特·法尔曼，也是明斯基的得意门生，现在是卡内基－梅隆大学的教授。

明斯基与许多很有个性的科学家不同，他做人低调、随和，是一个非常谦让、平易近人的人。他的这种性格为学生们所喜欢，同时也使他结识了许多事业上很重要的伙伴和朋友，像西摩·佩珀特、麦卡锡、沃伦·麦卡洛克、雷·所罗门诺夫、香农、纽厄尔、西蒙等人。

在肯定明斯基的科学贡献与哲学思想的同时，我们也应清楚地看到，他的一些思想比较激进，而且直到现在也存在着一定的争议。明斯基曾经说过他的目标是希望构建一个像人一样的机器人，甚至比人更加优秀。明斯基曾作过这样的预言：“在三年到八年的时间里，我们将研制出具有普通人一般智力的计算机。这样的机器能读懂莎士比亚的著作，会给汽车上润滑油，会玩弄政治权术，能讲笑话，会争吵。到了这个程度后，计算机将以惊人的速度进行自我教育。几个月之后，它将具有天才的智力，再过几个月，它的智力将无与伦比。”他的这种观点遭到了另一位图灵奖获得者威尔克斯针锋相对的抨击，孰是孰非，有待进一步的科学研究和实践去判断。

（作者：路寻）

参考资料

［1］李红霞.人工智能的发展综述［J］.甘肃科技纵横，2007（5）：17-18.

［2］Marvin Minsky. A Framework for Representing Knowledge［M］. In P. H. Winsten（ed），the Psychology of Computer Vision，1975.

［3］Push Singh. Examining the Society of Mind［J］. Computing and Informatics，2003：1，3，8.

［4］Marvin Minsky. The Society of Mind［M］. Simon & Schuster，1988：5-9，71-72，132-133，203-205.

［5］邹淇.超级机器人计划——人工智能之父马文·明斯基访谈录［J］.世界科学，2007（3）：7-10.

数理之光耀东方：

亚洲科学先驱

- 拉曼
- 拉马努扬
- 玻色
- 萨哈
- 萨拉姆
- 长冈半太郎
- 桑木彧雄
- 汤川秀树

拉曼

（Chandrasekhara Venkata Raman，1888—1970）

拉曼
土生土长的印度科学家

历史是以往全部客观存在的总和，历史学却不是这个总和，而是对其中一些事件的选择辑录。当然，如何选择辑录的标准代表了不同的历史观念。在各式各样的标准或历史学中，总有那么一些事件是大家都会注意到并将之作为重要的历史学内容加以记载的。例如在距今将近一个世纪前的1930年，肯定发生过许多事情，随着岁月流逝，能为人们所记录下来的事件已经寥寥无几，但其中有一件事情却注定要载入史册，那就是印度有一位叫拉曼的物理学家在这一年荣获了诺贝尔物理学奖。其特殊性在于，这件事打破了欧美科学家对这项科学界最高荣誉的垄断。[1]拉曼作为土生土长的印度人而获得诺贝尔物理学奖，证明了东方人有能力在现代科技领域与欧美西方人并驾齐驱。印度物理学家拉曼在中国并不那么广为人知，但他的科学事迹还是很值得我们学习借鉴的。本文为其作传，或许多少能在这方面弥补一下这个缺憾。

一、昔日神童

在印度的东南部省份泰米尔纳德邦，沿高韦里河流域，有一个名为坦贾武尔的城市，它在印度历史上称为坦乔尔，是一个曾显赫一时的地方，著名的朱拉王朝就建都于此。坦乔尔还是泰米尔文化和古印度梵文化的交汇地，由于宗教的原因，这里的人们对音乐文化有特殊的偏好，不但发明了各种各样的乐器，而且创造出有特色的音乐流派，著名的现代卡纳蒂克音乐[2]就起源于此地。

---

1 实际上，拉曼的同胞、印度诗人泰戈尔于1915年已经获得了诺贝尔文学奖。但很多人认为文学很难客观评价，很大程度上是评奖委员们主观意向的反映，没有自然科学那么客观。但无论如何，泰戈尔作为非欧美人种的印度人能被授予诺贝尔文学奖，也是一件很有意义的事情。

2 卡纳蒂克音乐，是流行于南印度的音乐，从古印度文化演化而来。与北印度音乐风格相比，它更适合于人声，没有器乐专用的曲式结构。

拉曼的祖辈生活在坦乔尔地区的一座小村庄里，他的家族是一个婆罗门家族，祖父是一位知识渊博的泰米尔学者，父亲曾接受过现代教育，先在一所中学任物理和数学教师，后来到当地的一所学院任教。拉曼的母亲则出身于一个梵文世家。这对夫妇养育了八个儿女，拉曼出生于 1888 年 11 月 7 日，是他们第二个儿子。关于拉曼的名字或许得稍加解释，因为在他成名后他的名字经常引起人们的误解。拉曼的全名是：钱德拉塞卡拉·文卡塔·拉曼，根据印度南部的习俗，一般人都没有姓，全名的第一部分是父名，第二部分是专起的名字，第三部分是所属教派的名字，这部分通常只能由家里的大儿子继承，例如拉曼的大哥钱德拉塞卡拉·苏拉曼尼亚·艾耶，就是严格按此方式起名的。但拉曼的名字却有所不同，他出生时所起的名字是文卡塔拉曼，前面加上父名就构成了全名，没有第三部分。当他上小学时不知什么原因，把名字分开来写成 C. V. 拉曼，后来就一直沿用下去。在英国，称一个人为 Mr. 时，后边要跟他的姓，而如果他被封为爵士，用 Sir 来称呼时，后边却应跟他的本名，例如对著名 X 射线晶体学家威廉·布拉格，可称其为 Mr. Bragg 或 Sir William。许多人按这种方式理解拉曼的名字，结果出了不少笑话：《自然》杂志曾用 Sir Venkata 称呼拉曼，在英国和印度，拉曼被不同的人用 Sir Chandrasekhara、Sir Raman 和 Sir C. V. 称呼过，曾有个年轻的美国科学家友好地询问拉曼的本名是什么，拉曼告诉他是“Sir”。

拉曼的父亲爱好广泛，家里收藏了大量图书。另外，在他任教之余还酷爱音乐，除熟悉各种印度民间乐器外，还拉得一手相当棒的小提琴。这样的家庭环境对拉曼的成长有很大的影响，他从父亲那里继承了对科学的兴趣和对音乐的爱好，而母亲则培养了他的自信心和坚强的个性。拉曼小时候是个所谓的神童，4 岁就开始读书识字，12 岁时以全优的成绩考入当地的一所大学预备学院就读，他虽然年轻，但自信心十足，在刚入学时还发生过这么一个小插曲：按照该校的惯例，每个新生入学后必须由学校给配备一名指导教师（所谓“导师制”），当问及拉曼希望谁做他的导师时，这个 12 岁的少年竟回答说：

> 不，谁也不要，先生！

直把征询的教师气得七窍生烟，命令他立刻从学校滚出去，因为这里已不是幼儿园，不是小孩子随便嬉戏的地方。事实上，拉曼的确还是个小孩子，当时他毕竟不过 12 岁。

拉曼于 1903 年离开家乡的小城，以获得奖学金的资格进入马德拉斯首府学院[1]读大学。这所学校是当时印度南部的最高学府，学校的教授全部由欧洲人担任。拉曼在这里不但继续着对物理学的兴趣，而且特别喜欢上英文课，他后来回忆道：

> 英文课教师是比尔德拜克和埃里奥特两位教授，课堂通常设在一个能俯瞰大海的教室里，座位的设置方式是这样的：如果学生们不喜欢听课的话，他们能尽情地远眺蓝色的海平面，或者算一算冲上岸边的海浪数目。不知道还有没有其他的学英文的学生能够这么幸运地一边欣赏着变幻莫测的图景，一边聆听着仿佛来自美丽大海的声音？……比尔德拜克教授在他的英文课堂上所提倡的那种精神、所创造的那种气氛至今仍活生生地留在我的记忆之中。

1904 年，16 岁的拉曼就通过了学士学位考试，其中物理和英文两门课的成绩之优，使他获得了金质奖章。

鉴于拉曼在学业上的优异成绩，当他取得学士学位后，许多老师都建议他去英国深造，但当地一位民间医生却力劝拉曼不要去那里，认为英国的气候绝对不适宜于他的孱弱体质。拉曼听从了这个建议，放弃了留洋的念头。从后来发生的一些事情（例如印度的数学天才拉马努扬[2]在英国的遭遇）看，拉曼的这个决定也许是正确的，拉曼本人后来也经常提到那位民间医生，一直对他充满了感激之情。由于这个决定，拉曼留在印度继续求学，他第一次出国已是 17 年之后当他 33 岁时才发生的事了。

拉曼在马德拉斯首府学院攻读物理学硕士学位，他的导师是物理学系主任琼斯教授，这位教授是个非常有绅士风度的谦谦君子，但在学术上没什么大的建树，拉曼对他的印象是：

> 琼斯教授相信应该让那些有能力自己照顾自己的学生自行其是，结果使我在首府学院求学的四年期间享受到几乎难以置信的学术自由。有个细节可以证明这一点：在我读硕士的第二年，我记得全年只上过一次课，主讲正是

---

1 所谓“首府学院”，是英国殖民政府在印度三个地区所设立的公立大学，即马德拉斯首府学院、加尔各答首府学院和孟买首府学院。

2 拉马努扬是印度的一位数学奇才，1914—1919 年在英国追随哈代从事数学研究，不幸患病，回到印度后不久，于 1920 年去世。下一篇传记介绍了他的成就。

琼斯教授本人。

在后来评论拉曼五十寿辰纪念文集时，英国《自然》杂志曾抱怨他完全忽略了琼斯教授在他成长过程中的重要作用，实际上，琼斯教授的作用与其说是给他学识，倒不如说是给他自由。

读硕士期间，拉曼十分珍视自由支配时间的机会，他几乎一天到晚泡在实验室里，利用一些诸如透镜、三棱镜、光栅和弦振仪等常见且简陋的仪器进行学习和研究，并于1906年底在当时英国权威科学刊物《哲学杂志》上发表了自己平生第一篇论文《来自矩形孔径的不对称衍射谱带》。这篇文章从表面上看似乎也并没有什么重要的创见，只不过提出了一个多少被别人忽略了的小问题，但实际上这里已包含了甚至与拉曼效应有关的一些重要线索，对于这一点，美国约翰斯·霍普金斯大学的伍德教授颇有感触，因为他本人也曾涉足过这个问题的研究，他认为沿这条思路继续下去，肯定会接触到拉曼效应，他很遗憾自己错过了一个机会。这篇文章的发表，对于远离科学研究中心的一个不入流学院的18岁大学生拉曼来说，还具有其他不同寻常的意义：第一，它证明了自己有独立进行科学研究的能力；第二，这个研究完全基于印度本土，除一些必需的资料（有趣的是，拉曼所在的马德拉斯首府学院图书馆当时居然还没有订阅《哲学杂志》，也没人告诉过他存在着这样一本重要的科学刊物，拉曼是在距学院5千米以外的另一个公共图书馆里自己找到《哲学杂志》的）外，没有借助外力；第三，这篇文章是马德拉斯首府学院有史以来在《哲学杂志》上发表的第一篇论文。这个成功增强了拉曼的自信，他接着又进行了液体表面张力的研究，结果发表在1907年的《哲学杂志》上，这篇论文得到了当时备受推崇的大物理学家开尔文勋爵的赞扬。

在拉曼的成长过程中，书籍可能起了最重要的作用，一开始他从父亲的藏书中获得了好处，后来又从学校和各种公共图书馆里获得博览群书的机会，关于哪些书对他的影响最大，他自己是这样描述的：

我所阅读过的书籍可以开出一个很长的书目，那么这些书是否对我有影响呢？是的，从狭义的方面讲，它们使我熟悉了诸如古希腊和罗马史、现代印度和欧洲史、形式逻辑、经济学、金融和财政理论、后梵文学者和英文作家的作品等，当然就更不必说自然地理、化学，以及纯粹数学和应用数学、实验物理学和理论物理学的各个分支了。除去这些科目和书籍对我的技术性浸润之外，能否找出对我的精神世界和人生道路的选择产生重大影响的东西呢？回答是肯定的。我想在这里提及一部著作。

一种目标明确的人生需要有一个轴心或支撑点，使它得以牢固地树立起来并可以围绕着这个中心自由活动，具体到我个人的情况，我想的确是有这么个轴心或支撑点的，它可能不是对科学的热爱，甚或是对大自然的热爱，而是一种抽象的理想主义，或者说是一种对人类精神价值和人类进行奋斗取得成就效能的信仰，我所采纳的这个理想主义观点来自埃德温·阿诺德[1]的伟大著作《亚洲之光》。我清楚地记得我读到悉达多[2]抛弃一切身外之物，追求真理并发出最后的光辉时所感受到的那种巨大震撼，那时我还非常年轻，足以对此留下深刻的印象，它使我认识了对既定目标孜孜不倦地追求本身就是人类的一种伟大。其实这种精神对我们印度人并非是一种陌生的东西，不过没能一以贯之地身体力行而已。不可思议的是，作为我们这个国度历史上最伟大的人物之一，佛陀并没有在我们的生活中留下深刻的印记。

对拉曼产生影响的科学著作很多，主要有欧几里得的《几何原本》和瑞利的几部有关光学的著作，他特别推崇亥姆霍兹的《论音调的感觉》一书，他还了解到亥姆霍兹著有另一本题为《视觉生理学》的书，可惜一直无缘拜读，后来他本人以此为题写了一本书。

19岁时，拉曼顺利获得了硕士学位，并已独立完成了好几项研究，他的“神童”光辉没有随着时间的推移而变得黯淡，反而在此后的日子里不断显示出更强的亮光。

二、加尔各答岁月

作为大英帝国殖民地的印度，当时一般学子的常规，是拿到当地的学位后还得去

1 埃德温·阿诺德（1832—1904），英国诗人和学者，以史诗《亚洲之光》（1879）闻名于世。该诗以精美的语言叙述了释迦牟尼的生平和学说。他的另一部史诗《世界之光》（1891）以基督教为题材，但远没有前一部成功。

2 即佛教创始人释迦牟尼，他的本名为乔答摩·悉达多。

英国“镀镀金”，只有这样才有在大部分政府机构或其他机构谋得一官半职的资格。拉曼由于健康原因，无法按此常规行事。而以他当时的资历，根本不可能进入大学或其他科学研究机构（事实上这类机构当时少之又少）从事专门的研究工作。一种比较好的，实际上也是唯一的选择，就是报考政府财政部，因为只有这个部门不刻意要求国外学历。对拉曼而言，还有另一个便利条件，即他的大哥艾耶当时已是该部门的职员，可以帮他了解考试的一些情况。就这样，拉曼速成地学习了经济、财政和金融等有关知识，然后参加考试，结果以第一名的好成绩被政府财政部录取。

在等待正式聘任的时候，拉曼与一位名叫罗卡森达丽的姑娘喜结良缘。按照印度人的习俗，儿女的婚姻一般要由父母做主，但与中国的风俗相反，婚姻的成功与否不取决于彩礼，而往往取决于女方陪嫁的多寡。但拉曼与罗卡森达丽的婚姻与众不同，他们是经过自由恋爱而结合的，他们的相识还颇有点浪漫色彩：有一天拉曼去拜访一位朋友，忽然听到隔壁房间传来一阵悠扬的歌声，唱歌的是一位姑娘，也许是一种巧合，她所唱的那首歌曲名是《拉玛，有谁与你相同？》（*Rama*，*is there anyone your equal*？），歌中的“拉玛”跟“拉曼”的发音很接近，歌声吸引了拉曼，他开始了与这位姑娘的交往，然后姑娘顺理成章地成了他的新娘。而且，拉曼谢绝了女方的全部陪嫁，这在当时很有点儿惊世骇俗的意味。婚后罗卡森达丽没有改名，但人们习惯称她为拉曼夫人。拉曼夫人在谈起她的婚姻时常爱开玩笑说：她始终弄不清楚拉曼当初娶她是不是为了多得到那 150 卢比的津贴，因为财政部的确给拉曼增加了这笔津贴。拉曼夫人总体来说是一位很传统的印度妇女，即便在丈夫成名后，她也一如既往地操持着家务，使拉曼得以全力以赴地投入到自己的研究工作中去。

大约在 1907 年的年中，拉曼被派往加尔各答担任总会计师的一名助理，他没有去成大英帝国的首都，却带着新娘去了大英帝国殖民地的首都，与爱因斯坦年轻时的经历相似，开始了他长达十年的专职公务员、业余科学家生涯。

加尔各答是当时英属印度政治、经济和文化中心，但在科学研究方面，除 J. C. 玻色等少数几个有些声望的科学家零敲碎打地出点成果之外，基本上还处于一片空白状态，这种状况的根本改变要等到拉曼、萨哈和 S. N. 玻色等一大批具有国际水平的印度科学家成长起来之后。拉曼到加尔各答走马上任的同时，正像他后来所说的那样，并未放弃献身科学研究的理想，而命运之神似乎也在冥冥之中为他准备好了实现这个理想的条件，创造这个条件的人是一位名叫西尔卡尔的医生。

西尔卡尔在大学时就是一个民族主义者，他拿到了行医的资格，却无心开业，他的最大志趣在于如何将西方的教育系统和科学知识引入印度，使这个民族尽快地强大起来，摆脱英国的殖民统治。实际上也就是所谓教育救国和科学救国。另外一个现实的考虑是：当时印度的科学研究机构极少，虽也有一个名为“亚细亚学会”的科学组织，但都为英国人所把持，印度人无缘问津。西尔卡尔的梦想是建立起一个民间科学机构，向印度人传播科学知识并专供印度人进行科学研究用，他心目中的模型是伦敦皇家学会和英国科学促进会。为此他奔走呼吁达数十年之久，最终获得了印度人包括一些著名人士的广泛支持，并筹集到了一大笔资金。但这个计划的真正实现还得等到一位开明的孟加拉总督上任之后。这个机构于 1878 年正式成立，被命名为“印度科学培育协会”，里面设有演讲厅和实验室。这个协会在举办较高水准的科学讲座和向大众普及科学知识方面还算差强人意，但在科学研究方面一直没有太大的起色，最主要的原因是找不到合适的研究者人选。可惜西尔卡尔先生没能等到拉曼的到来，他带着壮志未酬的遗憾于 1904 年去世了。

拉曼事先并不知道有这个协会存在，他是在上班的途中从电车的窗子往外眺望时瞥见了协会的招牌，于是他在下班后敲开了协会的大门。开门的人是德伊，他在此后的四分之一世纪中成为拉曼最得力的助手之一。拉曼在里面看到一间布满灰尘的实验室，还有一些简陋的仪器，这些正是他梦寐以求的东西。经与有关工作人员接洽后，拉曼最后见到了协会的现任主持人，也是西尔卡尔先生的侄子阿姆雷特·莱尔·西尔卡尔。他张开双臂欢迎了拉曼的到来，他说：

> 这么多年来我们一直就在等待着像你这样的人！

拉曼获得了特殊许可，可以在任何时间使用协会的实验室和仪器设备。从此，他过上了一种双重生活。拉曼夫人曾提供了一份拉曼每天活动的时间表：早晨 5：30 去协会的实验室，上午 9：45 回家洗漱用餐，然后去财政部上班，下午 5 点下班后直接去实验室，晚上 9：30—10：00 回家休息；遇到星期天，则全天都泡在实验室。这种生活安排对一个年仅 20 来岁的人来说，实在是太单调乏味了，但拉曼除短期被财政部派往外地出差外，从未间断过。他后来在科学研究上取得辉煌成就，不光是因为先天的因素，可能主要还是因为后天的勤奋所致。“印度科学培育协会”由于拉曼的加入，在短短的几年里也开始名声大振，一跃而成为印度顶尖的科学研究机构之一。

拉曼这段时期的研究兴趣主要集中于声学方面，对音乐的热爱使他决定将科学研究和“艺术家的愉快”结合起来。他深入探讨了弦振动问题，还特别关注小提琴和印度鼓的声学机理，10 年当中发表了 30 多篇论文，这些论文基本上来源于他个人的观察和感受，在某种程度上游离于当时科学发展的主流之外。有趣的是，拉曼对科学研究工作的沉迷并没有影响到他在财政部出色地履行自己的职责，在他后来即将离开财政部，去从事专业科学研究时，该部部长发出了“我们将失去最好的工作人员”的感慨。

1917 年，当时的印度政府从加尔各答迁往德里，拉曼个人也经历了他一生中的一次重要转折。他在财政部供职期间，坚持业余科学研究，并取得了令人瞩目的成绩，这一切给加尔各答大学副校长慕克吉留下深刻的印象。于是在他的斡旋下，拉曼被聘为该校理学院新设立的“帕利特物理学讲席”教授。这个讲席是以私人捐献基金为基础设立的，是物理学专业的首席教授职位。但拉曼之所以接受这个职位完全是出于便利科学研究的考虑，若从经济的角度看，新职位的薪金只及原来的一半。此外，他已有被提升到最高阶层的趋势，所以是很得不偿失的。朋友们都替他感到惋惜，认为他的最好选择是当一个不失风雅的业余科学家。可拉曼本人决心已定，他只提出了一个条件：不去英国接受所谓的就职培训。因为按该校的规定，没有国外学历的人要担任重要教职，必须再进行一次培训。拉曼拒绝了这个有点歧视意味的规定，最终作为土生土长的印度人担任了帕利特教授。从此，他可以全身心地投入到科学工作中去。虽然他可以不再为财政部的责任分心，但仍处于两面作战的境地：一条战线在大学，他既要教书，又要指导实验；另一条在印度科学培育协会，他自己的研究仍在协会的实验室里进行。许多当年的学生回忆起对拉曼最初的突出印象时，都会提及他常常像冲锋似的走进教室上课的情形。拉曼在此任教达 16 年（1917—1933）之久，可以说，他一生中的大部分重要研究工作就是这一时期在这个地方完成的。另外，加尔各答大学理学院物理系在此前后会聚起一批崭露头角的年轻物理学家：如 S. K. 班纳桀、M. 萨哈、S. N. 玻色、S. K. 米特拉、S. N. 巴素等人，他们不断在欧洲权威刊物上发表论文，逐渐让外界意识到加尔各答大学作为一个新兴科学研究机构的存在，而拉曼是这个群体的核心人物。

三、大海的颜色

拉曼成为专业科学家和大学教授后一个显著优越性，就是吸引来了一批年轻学生在自己的周围，这样他就不但可以继续个人所感兴趣的研究课题，而且可以开辟一些新的诸如晶体光学特性、电磁学和X射线衍射等更广泛的研究领域。加尔各答大学增加了博士学位课程之后，拉曼又成为第一批可以指导博士研究生的导师，尽管他本人没有博士头衔。如果这种头衔只是表明一种能力，那么拉曼已不需要它了。尽管如此，加尔各答大学还是于1921年授予他荣誉博士学位。

1919年，小西尔卡尔先生不幸去世，拉曼立刻被选为继任者，担当起印度科学培育协会执行主任的重任。他的职责是每年向协会董事会提交两份工作报告：一份是科研工作总结，另一份是行政和财政工作总结。研究报告是拉曼的专长，自然不在话下，但另一份却常常难倒拉曼，症结倒不在报告本身，而是实际所涉及的财政问题：科研经费永远是不宽裕的。拉曼想出了很多办法来解决这种经费捉襟见肘的窘况，他利用协会所出版的研究简报与世界各地许多协会和学术团体建立起交换关系，也与各国许多著名大学建立了这种关系，这样既弥补了协会无钱买书和订阅大量杂志的缺陷，又能及时获得研究信息，甚至是还没有发布的最新动态。

拉曼在科学研究上的杰出表现，引起了国际科学界的注意，1921年他应邀代表加尔各答大学出席了在英国牛津举行的不列颠大学年会，已33岁的拉曼第一次载誉跨出国门。在英国期间，拉曼在皇家学会作了关于弦仪器理论的学术报告，获得极大的成功。他还会见了若干大名鼎鼎的英国物理学家，如J. J. 汤姆孙、卢瑟福、布拉格等，自觉受益匪浅。拉曼在伦敦参观时，对斯特·保罗教堂的低声走廊印象极深，后来写过3篇有关这类走廊的论文。

在游览了几个欧洲国家之后，拉曼取道地中海返回印度。途中，水天一色、蔚蓝苍茫的大海深深地震撼了他的心灵，此前在瑞士访问时所看到的蓝色冰川也曾给他留下难以忘怀的印象，他突然对海水为什么是蓝色这个问题产生了浓厚的兴趣，他甚至等不到回国，就开始在轮船上着手探索起这个奥秘来。这是他进行可见光散射问题研究的开始，也可以说是日后发现拉曼效应的契机。

英国物理学家瑞利曾用太阳光被大气分子散射的理论解释过天空的颜色，他认为散射后的蓝色光比红色光要多，或者说红色光大部分被吸收，蓝色光大部分被散射，所以天空一般呈蓝色。瑞利在进一步研究海水的颜色机理时，认为水分子比较密集，因而入射光较少产生散射，他还认为海水本身并没有什么颜色，其看上去之所以呈蓝色，是因为它反射了天空的颜色。瑞利还给出海水呈蓝色的另一个可能的原因，即水对光线的吸收作用，他写道：

> 如果某种液体绝对透明，但含有悬浮于其中的微小颗粒的话，那么它将弥散蓝色性质的光。

拉曼认为瑞利的解释很难令人信服，他先后在《自然》杂志和《皇家学会会报》发表数篇文章，用实验和理论分析证明：水分子将太阳光散射从而使海水呈现蓝色的机理，完全与大气分子散射阳光使天空呈现蓝色的机理相同。他的理论解释引用了所谓爱因斯坦－斯莫卢霍夫斯基涨落理论，在实验方面，他通过观察光线穿过纯净水、冰块等材料时的散射情况获得了大量证据，最后不但证明了自己的观点是正确的，而且还通过与他人合作，推广了爱因斯坦－斯莫卢霍夫斯基理论。

关于这段经历，拉曼在诺贝尔奖的颁奖仪式上的演讲中有过生动的描述：

> 1921 年夏，我到欧洲的航行使我有机会第一次看到地中海的美丽蓝色之光，这种现象似乎很像是由于阳光被水分子散射引起的。为了检验这种解释，最好是找到光在液体中漫射所遵循的规律。1921 年 9 月我返回加尔各答后，立刻开始了这个课题的实验，并且很快就了解到，这个课题的意义远远超出了我工作的特定目的，对它的研究打开了非常广阔的领域。的确，研究光的散射，看来可以把人们带到深奥的物理化学问题中去。正是这个信念使这个课题成了我们后来在加尔各答活动的主题。

整个 20 世纪 20 年代是拉曼科学研究生涯的巅峰时期，他实际上同时在许多领域里驰骋，特别是声学和光学。声学可说是拉曼个人兴趣所在的传统领域，拉曼之所以于 1924 年被英国皇家学会选为会员，就是因为他在声学领域里的不凡表现。在拉曼之前，声学只建立了理想弦振动的线性理论，拉曼在弦振动的激发、固结点的运动以及联结弦的运动与小提琴琴身的桥效应等方面的理论和实验研究，都有独到之处，为经典声学增添了不少现代内容。此外，他对钢琴、印度鼓等乐器的振动模式也进行过深入研究。他的论文《乐器和它的音调》曾被收入盖革和施尔主编的权威性著作《物理学手册》中。

拉曼是第四个被推举为皇家学会会员的印度人，此后有个故事被流传开来：在他获得这个荣誉时，人们纷纷向他表示祝贺，并问下一个会是什么，拉曼答道："当然应该是诺贝尔奖金。"这个故事也许不可全信，但它的确生动地反映出拉曼十分自信的个性特点。他在成为有国际影响的科学家之后，与外界的交流更加频繁。1924 年他出席了在英国举行的全英科学促进会年会，之后渡过大西洋，先访问了加拿大的多伦多，然后去美国参加富兰克林研究所成立 100 周年庆典，接着应密立根的邀请，作为客座教授赴加州理工学院讲学四个月。这对他不仅是一次交流的机会，而且是一个极大的荣誉，因为密立根此前邀请过的三位讲座人分别是索末菲、洛伦兹和爱因斯坦。拉曼在美国期间，与美国的科学界进行了大量的接触，特别是他与刚刚完成一项新发现的康普顿过从甚密，这对他后来发现新效应恐怕有比较直接的影响。

在两人交往之初还发生过一个小插曲：康普顿头一天先去拉曼工作的实验室拜访了他，并邀请他第二天去自己家共进午餐。第二天，当拉曼如约造访时，为他开门的是个白人女佣，她一看见拉曼就惊呼道：

啊！我的上帝，是个黑人！

这一举动深深刺激了拉曼，跟在女佣后边的康普顿飞一般地冲出门外，窘迫地向拉曼连连道歉赔不是。拉曼对康普顿个人当然不会有什么芥蒂，但这件事长久地留在了他的记忆中。

在结束这次长时间的旅行返回印度后不久，他于 1925 年初又应邀前往苏联，参加俄罗斯科学院建院 200 周年纪念典礼。这些旅行既让世界认识了拉曼以及他所代表的印度科学家，也更大地开阔了拉曼自己的眼界，他深感应进一步加强印度的科学体制化。为此，作为创始人之一，拉曼积极推动建立了印度的最高科学咨询组织“印度科学会议”。这个组织于 1924 年成立，在印度的科学发展中发挥了重要的作用。1926 年，拉曼又创办了印度的第一份物理学专业杂志《印度物理学杂志》，并多年担任该杂志的主编。可以这么说，在印度早期的现代科学研究、教育和体制化活动中，拉曼扮演了一个无可替代的角色。

四、发现拉曼效应

拉曼效应简单地讲（当然用量子理论阐述它的机理还是比较复杂的）是这样一种现象：假设有一束频率为 v 的光线入射到某种介质（固体、液体或气体）中，除一部分被吸收外，其余的光线将被该介质的分子散射，散射线有两种情况：其一是散射后频率保持不变，仍为 v，因而光线的颜色也保持不变，这种过程通常称为瑞利散射；其二是散射线的频率变化为 v'，颜色也有一定的改变，这就是所谓拉曼散射。为什么在拉曼之前没人能发现这种现象，是因为拉曼散射是一种相当微弱的效应，要观察到它的确非常困难。现在通常使用较强的激光光源，用带有高倍聚光镜的分光计，还有精密的检波器才能进行拉曼光谱的研究。当时而言，一套拉曼光谱学的实验设备价值至少要上万美元。令人惊叹不已的是，拉曼只利用了一些十分简陋的仪器，如他的光源是自然光源（太阳光），当然后来也用过简单的水银灯加聚光透镜作光源，以及小型老式分光计、滤色镜（或称滤波器），没有专门的检波器，只能用人的肉眼作检波器，这些全部加起来价值不过几十美元，就完成了拉曼效应的发现，这不能不说是个奇迹。

如前所述，拉曼进行可见光研究所取得的第一项成果，是于 1921—1922 年发展起来的用以解释海水颜色的分子散射理论及相关的实验方法。随后，拉曼和他的助手曾发现一种荧光效应，当时他们用太阳光作光源，观察它穿过蒸馏水的散射线，他们发现，若在入射线的光路中放置一个紫色滤色镜，则射出的散射线退极化现象明显增加，然后他们进一步观察可见光被多种物质，特别是一些液体散射的情况，结果观察到一种较通常的散射线波长有微弱变化的二次射线，这大约是在 1924 年，他们当时将此种微弱射线归结为某种“荧光”现象。在此期间，康普顿发现 X 射线散射新效应的论文发表了。拉曼又于当年游学美国，有机会与康普顿当面切磋他的新发现，这对拉曼拓宽思路，引发某种联想是有很大帮助的。

拉曼与他的助手对他们所发现的“荧光”现象不敢轻易下什么结论，这是因为这种二次射线太微弱了，要对它进行任何深入研究，首先得把它提纯和分离出来。拉曼及其助手经过长时间的努力，逐渐找到了把这种“荧光”效应分离出来的实验手段。他们是这样进行的：用实验室屋顶上的定日镜把太阳光送进实验室，经会聚后入射到实验样品（液体或固体材料）上，在入射和出射光路中分别放置一对互补滤色镜（他们常用的是一对蓝 - 紫和绿色滤镜）。拉曼发现：穿过样品的蓝色散射光，经过绿色滤镜后并未完全消失，还能观察到一点相当暗淡的光线。按照实验设置的特性，可以认定这种射线的波长应不同于入射的蓝光，但可以把它解释为由于样品中含有某些杂质，从而激发出的荧光。这种解释后来被否定了，因为经过大量实验，拉曼发现：(1）该现象在 80 多种不同的经过精心提纯的液体样品中无一例外地存在着，这些样品不会都含有杂质；(2）特别是在丙三醇（甘油）样品的实验中，不但这种现象较为明显，而且最后的出射线已被极化，成了完全不同于自然光的偏振光。这就说明原来以为是荧光的射线实际上是一种特殊的二次辐射，并且这种效应是一种普遍的效应，拉曼和助手们当时将它命名为“分子散射”，这是基于他们将此现象与克拉默斯－海森伯色散理论相联系。他们用了5年多时间进行这项研究。真正的突破发生在1928年2月，而且只用了几天，水到渠成。1928年2月16日，拉曼给《自然》杂志发出了第一封短札，简要地描述了这项新发现及其实验和理论解释，这封短札于发出后的第44天正式发表。现在已经知道，拉曼关于这一课题的头三篇论文都是用电报的形式发往《自然》杂志的，[1]这证明他既清楚地意识到这项发现的重大意义，同时对发现的优先权问题也相当重视，后来的事实证明他的这番苦心不无道理。

拉曼随后改进了实验装置，他让助手把光源换成一台石英水银灯，这种灯光源强度较大，且特征谱线较少，从而增加了入射线的单色性和出射线的清晰度。在对苯液体样品的实验中，拉曼再次验证了从前边的实验中所发现的异常散射效应。这一次（1928年2月29日），拉曼将这一发现通知了加尔各答的一家报社，该报社立刻以新闻的方式将此消息公布于众。此后，拉曼又利用具有较高分辨率的石英棱镜摄谱仪把散射光谱拍摄下来，从这些照片可以清楚地看到散射线频率（或波长）的变化（包括频率的减小和增大两种情况），并可以测量这种微弱的谱线位移。测量表明：这些位移符合分子的振动频率。这时拉曼又认识到：在发生此效应的过程中，有时入射光量子的部分能量被用于激发分子振动能级向高能态跃迁，结果使得散射光量子的能量比入射时有所减少；有时又会发生相反的情况，分子从高能态向低能态跃迁，把能量传给入射光，使散射线能量有所增加。这便是效应发生的简单机理。

1928年3月16日，拉曼在班加罗尔举行的“南印度科学协会”成立大会上，详细地报告了他的发现及其理论解释，报告的题目为《一种新的辐射》。报告中，他除描述新辐射的主要特点外，还采用量子理论给予这个效应以恰当的解释。他指出，克拉默斯－海森伯色散理论可以适用于这种现象的解释：入射光量子的一部分被散射物质的分子吸收了，其余部分则被散射，散射可分为正常和反常两部分，正常散射是瑞利散射，反常散射即新发现的辐射之一，其机理与康普顿效应相似；新辐射中能量增大的部分，是因为一开始散射物质被吸收的那些能量有时又会再传给入射的光量子，

---

1 拉曼的第一封电报发于1928年2月16日，第三封发于3月22日，相隔只有36天；而这三篇短文在《自然》杂志上发表的间隔恰好都是44天，可谓奇矣！

使其在散射后能量增加，从而频率增大（波长变短）。这个报告的全文于当月月底发表在《印度物理学杂志》上。但由于该刊物当时创办伊始，影响不大，发行量也很小，所以拉曼另将此文的单行本打印了2000份，分发给世界各地的领衔物理学家和若干重要研究机构。至此，发现拉曼效应的过程大致告一段落。

上面提到拉曼三次用电报把他的发现报告给《自然》杂志，是出于对优先权的考虑，这确实不是杞人忧天。事实上，早在1923年，奥地利物理学家斯梅卡尔就曾预言过通过观察散射光来检测分子振动迁移的可能性。几乎与拉曼同时，巴黎的物理学家罗卡尔甚至已经进行过有关光散射的理论研究，并在某种程度上预言了“拉曼效应”的存在，只是因为缺乏实验证据，才推迟了论文的发表。罗卡尔的同事卡班斯曾试图观察这一效应，但没能成功，原因是他选择了气体当实验品，而气体分子太稀疏了，散射作用十分微弱，用肉眼根本看不到。后来，当拉曼的前两篇短文发表后，罗卡尔和卡班斯轻车熟路，立刻就得到了预期的结果。此外，在莫斯科，苏联物理学家兰茨贝格也于同时期独立地发现了拉曼效应，但他们没有立刻意识到这种效应的重要性和普遍性，没有对效应表现最显著的液体物质进行验证，他们的结果仅来源于对石英晶体材料的单一研究，而且他们的论文发表日期也晚于拉曼的文章。所以，最后的优先权归于印度人拉曼。

拉曼的新发现很快传遍了全世界，引起国际科学界的广泛关注和高度评价，英国皇家学会将之称为“二十年代实验物理学中最卓越的三四个发现之一”。美国光谱学权威伍德写道：

> 拉曼教授辉煌而惊人的发现，为分子结构的研究开辟了一个全新的领域。……显然，这个非常美妙的发现是拉曼长期潜心研究光散射的结果，它是光量子理论最有力的证据之一。

众所周知，20世纪初，随着普朗克光量子假说的出现和爱因斯坦对此概念的进一步阐述，200多年前牛顿关于光的粒子性学说又开始复活。1924年康普顿效应的发现，海森伯于1925年预言在可见光中可能也会有类似的效应存在。但拉曼是在这个预言之前就已开始光散射研究的，并最终得到确凿的结论。发现拉曼效应的意义，正如前文已提及的伍德的评价：它是继康普顿效应之后，又一个光量子理论的有力实验证据。

拉曼本人一开始只简单地把这个发现称为“一种新辐射”，此后有一位英国物理学家普林斯海姆写了一篇介绍文章，提议将这个发现称为“拉曼效应”，而把效应产生的新谱线叫作“拉曼光谱”，这一命名很快被各国科学家所接受。[1]

拉曼效应在研究分子结构和化学成分方面的重大作用很快就被人们认识到了。在效应发现之前，分子振动能谱和转动能谱的测量，是采用红外区的吸收来进行的，这种测量相当困难，当时全世界只有几个装备精良的实验室能开展此类研究。大多数光谱学家亟需一种更便利的方法来开展这一领域的工作，拉曼效应的发现正好满足了这个需要。利用拉曼光谱，可以把红外区的分子能谱移到可见光区进行观测，从而使一般实验室都能问津分子能谱的研究。据统计，1928 年，即拉曼公布其发现的当年，就有 58 篇与拉曼效应有关的论文发表；第二年，这个数目增加到 175 篇。在拉曼效应发现后的头十年中，有关此课题的论文总数超过了 2000 篇，所研究的各种化合物多达 2500 余种。1962 年，由于激光技术的问世，拉曼效应的研究获得了单色性极好、方向性强、功率很大的理想光源，从此拉曼光谱更成为一门用途广泛的权威性技术。例如，在 1977—1982 年的五年当中，《化学文摘》上标题中有“拉曼”一词的论文共计 10384 篇，拉曼光谱研究的重要性和广泛性由此可见一斑。

由于这项发现，拉曼于 1930 年被授予诺贝尔物理学奖。获奖消息是加尔各答一家新闻机构用电话通知拉曼的，当时拉曼正在实验室工作。他的一名学生接了电话后，激动地冲进实验室向他报告了这个消息。拉曼的反应相当平静，他只问道：

> 是我独享，还是必须与陌生人分享？

当然，拉曼是唯一获奖人。

五、后期的工作与生活

印度现代物理学史上有两位巨人，一位是拉曼，一位是萨哈。拉曼是南方人，萨哈是北方人，两人曾在加尔各答大学共过事。也许是地域或宗教方面的原因，两人在 20 世纪 30 年代失和。30 年代中叶，拉曼离开加尔各答前往南方的班加罗尔，而

1 当时只有苏联科学界未采用此命名，而称之为“光的复合散射”，一直沿用到 20 世纪 70 年代。

萨哈则很快从安拉阿巴德返回加尔各答接替了拉曼的位置。拉曼去南方的目的，一是出任由一个富商出资创办的印度科学研究所所长之职，另一个目的是为筹建印度科学院做些准备，因为萨哈已于此前在北方邦创建了一个国家科学院。这两个机构名称相近，里面不无对抗的意味。当然，有人认为这对印度物理学的发展也许不是一件坏事，因为从此印度的物理学研究在某种程度上分成了两个派别，并形成类似相互竞争的态势。

拉曼在班加罗尔开展了新领域的研究工作，他与纳特合作，探索过超声波在液体中引起的散射现象，还积极参与晶格力学方面的研究。当然他出于个人兴趣的某些研究也一直没有间断过，例如，他研究鸟的羽毛、贝壳、肥皂泡和古旧眼镜等物体的颜色和光谱，晚年甚至还研究鲜花的光谱。

作为所长，拉曼有一项重要职责，就是为研究所延揽合格的人才。他在做这件事时，不但注意印度国内的后起之秀，如聘任了巴巴和纳特等人，还把眼光投向国外。20 世纪 30 年代初，希特勒在德国推行排犹政策，许多犹太科学家被迫背井离乡，拉曼感觉这是网罗一流科学家的好机会。他写信给当时已流亡到英国剑桥的玻恩，建议他帮忙提供一份德国杰出犹太物理学家的名单，说如果这些人有意来印度工作的话，可以安排正式聘任。但玻恩以对班加罗尔的条件不了解为由，拒绝了拉曼的提议。但他本人却接受了拉曼的邀请，于 1935 年秋天到达印度。玻恩这样描述他对拉曼的印象：

> 我们从一开始就喜欢上了拉曼夫人，她丈夫是几天后才露面的。与他的会面和交谈令人兴奋，海蒂（玻恩夫人）说他身着印度服装、顶戴头巾的模样，看上去简直像是一位《天方夜谭》中的王子。

对于聘任外国科学家来印工作的举措，拉曼有更深一层的考虑。他认为：过去的通常做法，是送年轻人到外国学习，这些人慢慢习惯了国外科学研究的氛围和优越的实验室条件，当他们回到印度之后，反而有点格格不入，不太适应本地的科研环境了。这样的效果远不如邀请国外高水平的科学家来印度访问讲学并结合这里的具体条件指导学生来得好。所以，他筹措资金，积极与国外科学家接触，为此做了很多努力，也取得了一定的成效，除玻恩外，还有一些欧美科学家来印讲学。

1943 年，印度科学院获得了一大块政府拨给的位于班加罗尔近郊的土地。拉曼利用这块土地建起了一个新的研究机构——拉曼研究所，该所于 1948 年落成，拉曼任第一任所长。就在此前不久，印度已从英国的殖民统治下独立出来，拉曼被新政府授予“国家教授”职称。

20 世纪 50 年代，由于对晶格力学的涉猎，拉曼的研究兴趣集中在考察矿物和宝石的光学性质方面。事实上，他当年获得诺贝尔奖金之后，将这笔钱的大部分用来购买了一批钻石和其他宝石，用于对它们进行拉曼光谱的研究，现在他又回到这个课题上来。他专门设计了一些实验装置，研究拉长石系列矿物，这类矿物常有红、蓝、绿等彩晕，其中珍品便是各色宝石，从不同角度观察，其色彩会有变化，例如可以从孔雀蓝变为祖母绿，再变为金黄，等等。拉曼为这类现象找到了合理的解释：这种现象是由矿石的拉米拉结构（层状或板状结构）中各种化学成分的混合引起的。他认为月亮宝石的席勒效应（一种闪光效应）也出于类似原因，都是各组分的双折射所致，他也用同样的办法检测过蛋白石和珍珠等物质。

到 20 世纪 60 年代，拉曼又对颜色的视觉问题产生兴趣，1968 年，当他八十寿辰时，以《视觉生理学》为题，将历年所撰写的几十篇关于颜色视觉的论文结集出版，这是他生前出版的最后一部著作。

拉曼晚年身体状况一直良好，始终坚持研究工作和其他的社会活动，甚至在他去世的一个多月前，他还在拉曼研究所的报告厅向公众作过题为《听觉理论》的学术演讲。1970 年 11 月 21 日，这位印度科学一代宗师在班加罗尔寿终正寝，享年 82 岁。

拉曼一生获得过数不清的荣誉，除诺贝尔奖、美国富兰克林奖、英国皇家学会的休斯奖、苏联列宁奖等各种奖金奖章外，他还被许多国家的科学机构和团体选为会员或荣誉会员。特别值得一提的是，1936 年，刚成立不久的中国物理学会在吴有训的提议下，推举拉曼为该会的荣誉会员，这是中国物理学会第一次开展此类活动。

作为一个普通人，拉曼很有个性，虽然有时有些自负，但待人率直诚恳。他朴实的谈吐、从不哗众取宠的作风给接触过他的人留下了深刻的印象。犹如诗人泰戈尔所言：

> 他是有福的，因为他的名望并没有比他的真实更光亮。

作为实验物理学家，拉曼更趋向古典和自然，他经常向人表示：大自然就是他的实验室，发现拉曼效应就始于对大海颜色的探索，其他研究对象，如乐器、宝石和鲜花等，无不与大自然密切相关。这一点是他与印度的另一位物理学大师萨哈十分不同的地方。当然，他并非忽视国际物理学发展的动向，例如，他曾努力促成一些西方国家一流物理学家访印，以便了解物理学的最新发展情况。但就他的个人兴趣和天性而言，他更喜好纯自然的东西。拉曼能在简单的条件下，创造出不简单的成就，完全归于他对科学的挚爱和踏实的科学态度，当然，还有他用自己的一生作证明的那种：

> 胜利的精神，在阳光下把我们带到正确地方的精神，以及作为一个文明古国的后裔，必须而且必然在这个行星上找到我们正确位置的精神。

（作者：王大明　郭振华）

参考资料

［1］ G. Venkataraman. Journey into Light-life and Science of C. V. Raman［M］. Bangalore：Indian Academy of Sciences，1988.

［2］ C. C. Gillispie. ed. Dictionary of Scientific Biography［C］. vol. XI. New York：Charles Scribibner's Sons，1975.

［3］ C. V. Raman. Books that Have Influenced Me［M］. Madras：G. A. Natesan & Go.，1947.

［4］ N. K. Jain. Science and Scientists in India［M］. Delhi：Indian Book Gallery，1982.

［5］ A. Jayaraman. Chandrasekhara Venkata Raman［J］. Phys. Today，1988，41（8）：56.

［6］ C. V. Raman. A New Radiation［J］. Indian J. Phys，1928，（2）：387-398.

［7］ S. Pinzaru，W. Kiefer. Raman's Discovery in Historical Context［C］. Confocal Raman Microscopy. Springer Series in Surface Sciences，vol 66. Cham：Springer，2018.

拉马努扬

(Srinivasa Aaiyangar Ramanujan，1887—1920)

拉马努扬

印度的奇才数学家

希尔伯特的名字在数学界是家喻户晓的。1900 年 8 月 6 日，他在第二届国际数学家代表大会上向数学界提出了著名的 23 个数学问题，成为世界数学史上的重要里程碑，为 20 世纪的数学发展揭开了崭新的一页。可是，若问拉马努扬是一个什么样的人物，就很少有人能回答了。事实上，他是 20 世纪少有的印度奇才数学家，其数学才能并不亚于希尔伯特。正如英国剑桥分析学派的奠基人哈代所评价的那样：

> 如果按照严格的数学标准来衡量一个数学家的才能，我只能得 25 分，利特尔伍德得 30 分，希尔伯特得 80 分，而拉马努扬得 100 分。

但由于拉马努扬的不幸早逝，其巨大数学潜能没有充分发挥出来。本文将对他的生平、思想及数学成就进行介绍，也许会对我们有所启示。

一、童年和少年时代

拉马努扬 1887 年 12 月 22 日出生于印度马德拉斯省所属坦乔尔县的一个中型镇——贡伯戈纳姆附近埃罗德村的一个没落的婆罗门家庭，该镇现以庙宇著称于世。他父亲在当地一家薪水微薄的零售布店当会计，母亲无固定职业，只能在家中做些杂务活儿，他的所有亲戚尽管种姓也很高，但却很贫穷。

7 岁时他被送到贡伯戈纳姆中学，在那儿一读就是 9 年。在 10 岁前他就显示了非凡的数学天赋，凭着自己的才气算出了地球赤道的长度。12 岁时他就自学了数学家龙内所著的《平面三角学》。该书于 1894 年在剑桥出版，内容包括复数对数、格雷戈里级数、π 值计算、级数求和与展开等知识。当他读后不久就独立发现了欧拉公式，可后来在罗尼的《三角》第二卷得知这是个已知结果时，心中十分遗憾，只能默默地把这个结果珍藏在自己心中。

真正打开拉马努扬数学心灵之门的钥匙是另一位业余数学家卡尔的著作《纯粹与应用数学基本结果概要》(后面简称《概要》)，那年他正好 15 岁。

有关卡尔的生平现在所知甚少，他原是伦敦的一名私人教师，大约 40 岁时到了剑桥，后成为冈维尔和凯斯学院的学者。1880 年和 1886 年先后出版了《概要》两卷书，现在几乎找不到了。但剑桥大学的图书馆中珍藏着一本，贡伯戈纳姆大学图书馆中也有一本，拉马努扬的朋友帮他借到了。这本书无论如何都不算是一本好书，但也不是三流的书，而是一本以真正的学者身份写成的具有自身风格和特点的书。它深深地影响了拉马努扬，而拉马努扬也使这本书出了名。据哈代推测，这本书可能是卡尔备课笔记的概要，内容包含了 A 级考试课程，6165 条定理，附有的证明通常只是相互参照的条目，这也正是这本书最显著的特点。书中大部分公式都被拉马努扬推广了，且对推广的公式也毫无证明。由此可推断，拉马努扬所展示的数学观点和方法一定来源于卡尔。

卡尔的书中有些章节讨论代数、三角学、微积分和解析几何等常见的课程，但书中却只字未提数论，而拉马努扬在这方面却作出了惊人的成就。从这方面看，拉马努扬的一些数学观点和方法又不是来自卡尔。

总之，卡尔是这个具有不同寻常天赋孩子的有力鼓舞者，是他的智慧火花迸发的燧金石，对他的数学成就起了重要的推动作用。

拉马努扬喜欢独处静思，尤其喜欢心算，并对数字有超常的记忆力，他能记住 π 小数点后的很多数字。1903 年 12 月，他通过了马德拉斯大学的入学考试，翌年进入贡伯戈纳姆公立大学的初级文科班。这所大学有较高的学术水平，且坐落在高韦里河旁，与剑桥大学很相似，素有“南印度剑桥”的美称。拉马努扬当年就获得了该校的苏布拉马尼亚姆奖学金，这一奖学金通常授予在英语和数学方面双科兼优的学生，足见他当时的数学才能在当地是多么的出类拔萃。

二、不太幸运的天才

拉马努扬对数学的过分迷恋，导致后来一系列不幸事件接连发生。他因把学习其他课程的时间都花费在数学上，最后考试以失败告终，未能升入高级班，随后奖学金也中断了。考试的失意，再加上朋友的影响，他逃到北部的泰卢固小镇上躲藏了起来，时隔不久，又返回原学校。因为缺课，1905 年未得到学期毕业证，1906 年他到了马德拉斯的帕凯亚帕学院学习，因中途生病又回到贡伯戈纳姆。1907 年 12 月，他以个人学生身份参加美术考试而未能通过。

他的父母因他在学习上的失败而改变了态度，决定让他挣钱养家。于是拉马努扬开始做私人教师教数学，但他那奇特的思维方式和教学方法使他的学生难以接受，很快就没人来听课了。此时，唯一能使拉马努扬在孤独中得到安慰的是对数学的研究，没有人能理解他的工作，他所得到的成果已远远超过了当时印度所能找到的任何一本数学书。他头脑中不仅充满了对数的各种设想，而且拼命并狂热地分解、计算它们。他经常把得到的结果藏在帆布床上，以躲避父母对他的惩罚。

为使自己的儿子回到现实中来，按照印度的习俗，1909 年父母为 22 岁的拉马努扬定下了一门亲事，并很快举行了婚礼。新娘是一位比他小 12 岁的小女孩，名叫贾纳克。两人婚后经常分居，只是偶尔生活在一起。事实上，在长达 11 年的婚姻生活中，两人在一起的时间不足 3 年。

为养家糊口，拉马努扬需要寻找一份稳定的工作，但由于大学的糟糕经历，找工作对他而言十分困难。大约在 1910 年，他请求一位较有影响力的朋友艾亚尔帮助，艾亚尔曾是印度数学会的奠基人，他为拉马努扬找了一份临时秘书工作。数月后，拉马努扬又被引荐给一位喜欢数学的税收官拉奥，他是一位业余数学家，很欣赏拉马努扬的数学才能，后来在其传记中描述初见拉马努扬的印象时写道：

> 他身材矮小，满脸胡须，不修边幅，但有一颗聪明的大脑袋，一双有神的大眼睛，不管他走到哪里，腋下总夹着一本破旧的笔记本。他实际比较贫穷。当他打开笔记本给我讲述他的发现时，我立刻感受到了一些非同寻常的东西，但我以现有的水平不能辨别出他讲的究竟是对的还是错的。我让他再讲一遍，他这样做了，不一会儿，他探测出了我的无知，于是向我讲述了一些简单结果，慢慢地，他把我引向了椭圆积分和超几何级数。最后，他把发散级数的理论也教给了我。我问他要求什么，他说仅要一点食物以求温饱，以便使他能作更进一步的研究。

拉奥认为，做秘书工作不是摆脱困境的长久之计。1912 年 3 月，他把拉马努扬带到了马德拉斯，成为该地港务局办公室的一名正式职员，年薪约 30 英镑，此外，拉奥还发给了他一段时间的津贴。这样，拉马努扬的温饱问题总算基本解决了，他可以专心从事数学研究了，此时他已经25岁了。

25岁前对一个数学家的生涯而言绝对是一个关键阶段，历史上无数大数学家都是在此时作出卓越的贡献，但拉马努扬却因对数学的过分执着而失去受正规教育的机会，因生活的极度贫困而不得不把时间花费在养家糊口上。这位天才的数学思想因此被耽误了，其数学潜能再也没有充分发挥出来，这不仅是印度数学史上，也是世界数学史上的重大损失。

1911年拉马努扬在印度数学会杂志上发表了第一篇论文《关于伯努利数的一些性质》，1912年他超常的数学才能才渐渐为人们所理解。在此之前，他的所有发现都记在两个破损的笔记本上，第一个笔记本记录了他的最初发现，共有134页16章，外加80多页的零散手稿。后来，他把第一个笔记本加以整理，得到第二本，共225页21章，另加100页的新结果，约有120条公式，主要包括无穷级数、椭圆积分和无穷乘积等方面的内容。

对拉马努扬此时的成就众人评价不一，但他的著作影响着数学的现在和未来是毋庸置疑的，其深奥性和独特的创造性也令人交口称赞，只因缺乏严格的逻辑证明而让后人难于理解，否则，这些著作的影响力要比现在大得多。假设拉马努扬在早年时能受到正规教育的话，他一定会成为一位更伟大的数学家，发现的东西比现在会更多、更重要。对拉马努扬而言，25岁之前接受的教育和各种生活上的遭遇，使他失去的比得到的要多得多。

三、千里马巧遇伯乐

由于印度当时的数学水平不高，国内几乎没有人能读懂拉马努扬的著作。于是，他的朋友艾亚尔极力主张他把研究成果寄给英国著名数学家，最初的两位都没有回音。1913年1月16日，他再次鼓起勇气写信给第三位数学家——哈代，在信中介绍了自己的身份后，他这样写道：

> 最近我读了您的一篇文章，是关于无限大阶的，在第36页上，我发现迄今没有一个确定的表达式能给出不大于一个给定常数的素数个数。我找到一个公式非常接近于真实的结果，误差可以忽略，我恳求您能过目附上的论

文，如果您确信有价值，我希望这些定理能发表……

拉马努扬附上的结果实际上是没有证明的120条公式，哈代立刻被深深地感动了，后来他在回忆看到这封信的心情时说：

我从未看到如此多的公式，但内行人一看就知道是出自高水平的大数学家之手，且它们一定也是正确的，否则，没有人会有如此的想象力来捏造出这么多公式来。

哈代收到这封信后，像从乱石中发现了一颗珍珠，于是立刻写信邀请拉马努扬到剑桥工作，但拉马努扬的母亲坚决反对，并且他自己也有些犹豫。因他出身于婆罗门种姓家族，按照规定，穿越海洋就意味着背叛家族，当再次回到家时必遭排斥。此外，由于拉马努扬在国内已小有名气，1913 年 5 月，马德拉斯大学授予他每月 75 卢比为时两年的研究基金。这使他的生活已经比较宽裕，可以满足他整天在数学的王国里自由翱翔的愿望，而不必再为生活奔波了。因此，拉马努扬没有接受哈代让他去剑桥工作的邀请。

哈代十分失望并继续写信劝说。当哈代的一位同事内维尔去印度马德拉斯演讲时，设法找到了拉马努扬并竭力劝说他去英国。这次终于说动了拉马努扬，英国的斯普林和沃克先生又帮他申请到了每年 60 英镑的特殊津贴，这对于这位已婚的印度人来说可以过得较为宽裕了。于是，拉马努扬克服了等级种姓制度和家庭的反对，于 1914 年 3 月 17 日踏上了前往英国的行程，到剑桥的三一学院访问学习。

哈代仔细研究了拉马努扬的工作，发现他在数学知识上的局限性和深奥性同时让人吃惊。一方面，拉马努扬可以独立发现 ζ 函数的性质，研究解析数论的尖端问题；另一方面，他对复变函数却只有相当模糊甚至肤浅的认识。更重要的是，他似乎不知道证明为何物，只是得心应手地交替使用论证、直观和归纳。哈代对他进行了适当的引导，结果非常成功，拉马努扬的数学才能也因而得到有效发挥。有一个时期，他的创作非常迅速，以至于有时不得不停止工作，因那时出版他论文的伦敦数学会的资金比较短缺。

拉马努扬在英国的 5 年所写作的大部分论文，实际上都是在原来基础上加以扩展而来的。他总共发表了 21 篇论文、17 篇注记，多数刊登在伦敦的数学刊物上，也有的发表在法国科学院杂志和德国的数学杂志上。在这些论文中，有3篇最具有影响力。第一篇是关于算术函数，文中主要介绍了τ函数，并对它的大小作了恰当的估计，这个工作对数论和模形式产生了深远影响。第二篇是关于n的素因子范数理论的，是与哈代合作完成的，被认为是概率数论的奠基石。第三篇是关于组合分析中的渐近公式的，也是与哈代合作完成的，被认为是解析数论中最深奥、最有用的方法之一。此方法后来被称为哈代－拉马努扬－利特尔伍德方法，也就是通常说的“圆法”。

正当拉马努扬的创作处于鼎盛之时，他的身体状况却急剧恶化。1917年夏，他因劳累过度病倒了，有的医生给他诊断可能是肺结核，但从化验单中知道不是这种病，究竟是什么病，现在仍是一个谜。后人推测很可能是缺少维生素，因为他是一个严格的素食主义者，且经常工作到忘了吃饭的地步，致使营养严重缺乏，所以这种推断是比较合理的。

因为拉马努扬身体不佳，所以医生认为他如果返回故乡的话，那么无论从环境还是饮食上应该都会对他的健康大有好处。但当时英国正处于战争时期，长途旅行十分危险。因此，他不得不暂时留在英国。在他生命的最后两年中，拉马努扬被迫往返于医院和学院之间，一边治病一边仍坚持数学研究。他的病情一直没有好转，反而更严重了。但令人惊奇的是他的数学研究却并未受到任何影响，突出表现在对数论的研究上。他能以一种神奇的方式论证各种数的特征，正如利特尔伍德所说：

> 每一个正整数必定是拉马努扬的朋友。

有一次，拉马努扬又病倒了，住进了帕特尼医院，哈代乘坐一辆出租车看望他。当他俩谈到出租车的号码时，哈代说：

> 出租车的号码是1729，对我来说这是个相当平淡无奇的数字，但愿它没有什么不好的兆头。

拉马努扬立刻回答：

> 不，它是个非常有意思的数，是最小的能用两种不同的方式表示成两个立方和的数，即 $1729=12^3+1^3=10^3+9^3$。

仅凭直觉拉马努扬就作出了准确判断，这让哈代惊叹不已，也充分显示了拉马努扬不同于常人的对数字的敏感，以及他独特的思维风格。

除疾病的折磨外，一些与数学研究相关联的问题也在折磨着拉马努扬。他越来越清楚，自己在印度所做的许多工作不过是重复了欧洲数学家已建立的理论，但他已经为此耗费了多少青春岁月！尽管他在英国取得了很多成就，但却不能弥补和追回过去所浪费掉的那些宝贵时光。可能就是这种强烈的失落感和孤独感，使拉马努扬经常情绪低落到发狂，甚至发展到有一次纵身跳进了铁轨中，幸亏火车及时刹住了，拉马努扬才幸免于难，但他被警察局拘留，经过哈代的极力辩解，才使他被释放出来。

拉马努扬因为在英国取得了重大成就，1918 年初，他被选为英国皇家学会会员，同年又成为剑桥大学三一学院会员，他是印度第一位同时荣获这两项头衔的人。

1919 年，第一次世界大战结束，国际航班安全通航，拉马努扬终于因疾病缠身而被迫回到印度。他的妻子后来回忆说，拉马努扬回来的第一句话就说当初应该把她也带到英国去，意思是说如果那时有她在身边照顾的话，他的身体状况也许会好得多。对此有人推测拉马努扬十分后悔去英国。他的妻子否认了这一说法，认为拉马努扬在英国停留那段时间是他一生中最美好的时光，并对哈代的帮助充满无限感激。他回来后不久，马德拉斯大学就邀请他担任教授，拉马努扬却无奈地说：

> 很遗憾，我的疾病阻止我担任这一职务，等我康复后，我会欣然接受的。

然而就算是故乡的温暖气候和爱人的精心照顾，也没有使拉马努扬的病情好转，1920 年 4 月 26 日他不幸早逝，年仅 32 岁。

四、主要数学成就

拉马努扬一生著述颇丰，成果累累，共发表了 37 篇论文，还有 3 个手稿本。他的论文集于 1927 年出版，手稿本也在 1957 年以直接影印的方式发行。此外，他最后留下的一些零散手稿已由数学家兰金整理出来公开出版。根据这些著作，可以大致总结出他的数学成就主要涉及数论、无穷级数、代数、分析等方面。

在数论方面，拉马努扬因为对数字有超常的洞察力，几乎单枪匹马地重建了数论理论中的许多分支，并推导了许多基本定理和公式，其中比较著名的是建立了计算 π

的精确公式，并由此得到了 π 的近似值。

我们知道，人们对 π 的近似计算是一项悠久的数学传统研究，从古代希腊的阿基米德、中国的刘徽，到近代的牛顿、高斯等都对 π 的近似计算有过比较深入的研究。特别是在电子计算机产生以后，人们对 π 的近似值的精确度和计算速度研究就更加增强了。到 20 世纪末，π 近似值的计算已精确到 64 亿位，到了 2022 年 3 月，谷歌云平台上 π 值的近似计算已达到 100 万亿位。那么，人们对 π 的近似值研究又有何意义呢？一方面，它可用来检验计算机的复杂程度和可靠性；另一方面，追求 π 的更准确值能使数学家发现许多引人入胜的数论新领域，它是智力发展在数学上的一种标志。

拉马努扬对 π 的研究工作来自他对模方程的研究。粗略地说，模方程就是以 x 为自变量的函数 $f(x)$ 和以 x 的整数次幂为自变量的同一种函数，如 $f(x^2)$、$f(x^3)$、$f(x^4)$ 之间的三个代数关系式。模方程的阶就是整数次幂的次数。最简单的模方程是 2 阶的：$f(x)=2\sqrt{f(x^2)}\ /\ [1+f(x^2)]$。当然，并不是每个函数都满足模方程，但存在一类函数满足模方程，这种满足模方程的函数称为模函数。例如，函数 $f(x)=16x\prod_{n=1}^{\infty}\left(\frac{1+x^{2n}}{1+x^{2n-1}}\right)^8$ 就是一个模函数，与其相关的 7 阶模方程是 $\sqrt[8]{f(x)\,f(x^7)}+\sqrt[8]{[1-f(x)]\,[1-f(x^7)]}=1$。拉马努扬对各种模方程都有过深入的研究，其中他详细研究了模方程满足其他一些条件的解，即奇异值。有一类奇异值对应于一个数值序列 K_p 的计算，其中 $K_p=f(\mathrm{e}^{-\pi\sqrt{p}})$，$p$ 为整数。这个序列 K_p 具有一个非常奇特的性质，即它的对数表达式 $\frac{-2}{\sqrt{p}}\ln\left(\frac{K_p}{4}\right)$ 的值与 π 的前面许多位的值一样，且 p 越大，这两个值相同的位数就越多。

拉马努扬求这种奇异值的能力是无与伦比的。他在最初写给哈代的信中，给出了 $p=210$ 时的奇异值：$K_{210}=(\sqrt{2}-1)^2(2-\sqrt{3})(\sqrt{7}-\sqrt{6})^2(8-3\sqrt{7})(\sqrt{10}-3)^2(\sqrt{15}-\sqrt{14})(4-\sqrt{15})^2(6-\sqrt{35})$，将其代入对数表达式，得出的结果与 π 的前 20 位相同，而由 $p=240$ 得出的结果则与 π 的前 1000000 位相同。应用这种方法，拉马努扬构造了一系列著名的有关 π 级数的表达式，有些包含在 1914 年发表的正式论文《模方程和 π 的近似表示式》中，其中有一个颇为著名的级数是 $\frac{1}{\pi}=\frac{\sqrt{8}}{9801}\sum_{n=0}^{\infty}\frac{(4n)!(1103+26390n)}{(n!)^4 396^{4n}}$

（其中 $n!=n\cdot(n-1)\cdot(n-2)\cdot\cdots\cdot2\cdot1$，而 $0!=1$）。根据这个公式，每增加一项，π 可增加 8 位 π 的正确数值。用这个公式还可编制精度极高的计算 π 值的迭代算法，它能使计算迅速地收敛于 π。虽然拉马努扬不知计算机为何物，但他对迭代算法的许多方面早就预见到了。这样，计算机不仅可以使拉马努扬的研究成果得到应用，而且复杂的代数操作软件使我们能对拉马努扬以前单独无援走过的路作进一步的探索。

拉马努扬在数论方面还给出了欧拉方程 $x^3+y^3+z^3=w^3$，形如

$$\begin{cases}x=3a^2+5ab-5b^2,\\y=4a^2-4ab+6b^2,\\z=5a^2-5ab-3b^2,\\w=6a^2-4ab+4b^2\end{cases}\quad 和 \quad\begin{cases}x=m^7-3m^4(1+p)+m(2+6p+3p^2),\\y=2m^6-3m^3(1+2p)+1+3p+3p^2,\\z=m^6-1-3p-3p^2,\\w=m^7-3m^4p+m(3p^2-1)\end{cases}$$

的解，但不是一般解。

他还发现了勒让德定理：n 是 3 个平方数之和，当且仅当 $n=4^a(8k+7)$ 时成立；以及施陶特关于伯努利数的定理：$(-1)^nB_n=G_n+\frac{1}{2}+\frac{1}{p}+\frac{1}{q}+\cdots+\frac{1}{r}$，其中 p，q，…，r 是使 $p-1$，$q-1$，…，$r-1$ 是 $2n$ 约数的奇素数，G_n 是整数。他和哈代、利特尔伍德系统发展的“圆法”为整数分拆、华林问题注入了无限活力，并为此作出了突出贡献。

华林问题于 1770 年由英国数学家华林提出，可叙述为：对每个整数 $k\geqslant2$，存在一正整数 $s(k)$，使得每个正整数 n 均可表示成 s 个非负整数的 k 次方之和，即不定方程 $x_1^k+x_2^k+\cdots+x_s^k=n$ 对每一个正整数 n 均有非负整数解 x_j（$1\leqslant j\leqslant s$）。拉马努扬详细讨论了 $k=4$ 的情况。后来哈代、华罗庚等著名数学家对它作了更深入的研究。

整数分拆是把正整数 n 分成不计次序的若干个正整数之和。以 $p(n)$ 表示 n 的不加限制条件的所有分拆个数，拉马努扬与哈代合作求出了 $p(n)$ 的相当精确的渐近公式：

$$p(n)\sim \mathrm{e}^{\pi\sqrt{2n/3}}\sim\frac{1}{4n\sqrt{3}}\,\mathrm{e}^{\pi\sqrt{2n/3}}$$

后来拉德马赫又得出更精确的公式。

无穷级数方面，无穷级数一般分为发散级数和收敛级数。从 18 世纪开始，它一直被认为是微积分不可缺少的一部分。伴随着微积分的深入发展，无穷级数理论也日臻完善。然而从拉马努扬所受的教育来看，他对无穷级数的理论可能是无知的，但他却能以其敏锐的直觉思维得出一大批无穷级数的求和公式。最为典型的是，他给出调

和级数 $\sum_{k=1}^{\infty}\frac{1}{k}$ =7.48552932 和 $\sum_{k=100}^{1093}\frac{1}{k}$ =0.08882524 的近似值，写出了一个特殊函数的一般公式 $\Phi(a,n)=1+2\sum_{k=1}^{n}\frac{1}{(ak)^3-ak}$，且 $\lim_{n\to\infty}\Phi(a,n)=\Phi(a)$。同时，他由此推出有关调和级数的结论：

$$\sum_{k=1}^{n}\frac{1}{k+1}=\frac{n}{n+1}+\sum_{k=1}^{n}\frac{1}{(2k)^3-2k}$$，得到 $\frac{1}{2}\Phi(2)=\ln 2$；

$$\sum_{k=1}^{n}\frac{n-k}{n+k}=2n\sum_{k=1}^{n}\frac{1}{(2k-1)(2k)(2k+1)}-\frac{n}{2n+1}$$，得到 $\Phi(3)=\ln 3$；

$$\sum_{k=1}^{n}\frac{1}{n+k}+\sum_{k=0}^{n}\frac{1}{2n+2k+1}=\Phi(4,n)=\sum_{k=1}^{4n+1}\frac{(-1)^{k+1}}{k}+\frac{1}{2}\sum_{k=1}^{2n}\frac{(-1)^{k+1}}{k}$$，得到 $\Phi(4)=\frac{3}{2}\ln 2$。

他还解决了如何加速一级数收敛和渐近收敛的方法，作为一典型实例，他认为当 x 为非负数时，级数 $\sum_{k=0}^{\infty}\frac{(-1)^k k!}{x^{k+1}}$ 发散，但若考虑积分 $I=\int_0^{\infty}\frac{\mathrm{e}^{-x}}{x+u}\,\mathrm{d}u$，令 u 的次数逐次增加，我们就得到级数的渐近收敛性。

总之，拉马努扬好像对无穷级数情有独钟，他能发现很多有关无穷级数的知识，世界上几乎没有任何一位数学家能与之相匹敌。

代数方面，主要表现在超几何级数和连分数方面所取得的成就。在其手稿本中，专门有两章详细讨论了超几何级数，他给出了一大批公式，其中最为著名的影响较大的有三个恒等式：

杜格尔－拉马努扬恒等式：

$$\sum_{n=0}^{\infty}(-1)^n(s+2n)\frac{s^{(n)}}{1^{(n)}}\frac{(x+y+z+u+2s+1)^{(n)}}{(x+y+z+u+s)_{(n)}}\prod_{x,y,z,u}\frac{x_{(n)}}{(x+s+1)^{(n)}}=$$

$$\frac{s}{\Gamma(s+1)\Gamma(x+y+z+u+s+1)}\prod_{x,y,z,u}\frac{\Gamma(x+s+1)\Gamma(y+z+u+s+1)}{\Gamma(z+u+s+1)},$$

其中 $a^{(n)}=a(a+1)\cdots(a+n-1)$，$a_{(n)}=a(a-1)\cdots(a-n+1)$。

罗杰斯－拉马努扬恒等式：

$$1+\frac{q}{1-q}+\frac{q^4}{(1-q)(1-q^2)}+\frac{q^9}{(1-q)(1-q^2)(1-q^3)}+\cdots=$$

$$\frac{1}{(1-q)(1-q^6)\cdots(1-q^4)(1-q^9)\cdots}$$

及

$$1+\frac{q^2}{1-q}+\frac{q^6}{(1-q)(1-q^2)}+\frac{q^{12}}{(1-q)(1-q^2)(1-q^3)}+\cdots=$$

$$\frac{1}{(1-q^2)(1-q^7)\cdots(1-q^3)(1-q^8)\cdots}。$$

他在连分数方面的杰作是给出了包括

$$\frac{1}{1+}\frac{e^{-2\pi}}{1+}\frac{e^{-4\pi}}{1+\cdots}=\left\{\sqrt{\frac{5+\sqrt{5}}{2}}-\frac{\sqrt{5}+1}{2}\right\}e^{\frac{2\pi}{5}}$$

及

$$\frac{1}{1+}\frac{e^{-2\pi\sqrt{5}}}{1+}\frac{e^{-4\pi\sqrt{5}}}{1+\cdots}=\left[\frac{\sqrt{5}}{1+\sqrt[5]{\left\{5^{3/4}\left(\frac{\sqrt{5}-1}{2}\right)^{5/2}-1\right\}}}-\frac{\sqrt{5}+1}{2}\right]e^{\frac{2\pi}{\sqrt{5}}}$$

等公式在内的关于 $\frac{1}{1+}\frac{x}{1+}\frac{x^2}{1+\cdots}$ 方面的分数理论。此外，他还给出了其他的一些相当漂亮的公式，像拉盖尔公式：

$$\frac{(x+1)^n-(x-1)^n}{(x+1)^n(x-1)^n}=\frac{n}{x+}\frac{n^2-1}{3x+}\frac{n^2-2^2}{5x+\cdots}$$

就是典型一例。

分析方面，拉马努扬在此方面定然不会给人以深刻的印象，因他不懂函数论，离开函数论就无法从事真正的分析研究，但他仍然重新发现了数量惊人的最为优美的解析恒等式，例如，黎曼 ζ 函数的函数方程：

$$\zeta(s)=\sum_{n=1}^{\infty}\frac{1}{n^s}，即 \zeta(1-s)=2(2\pi)^{-s}\cos\frac{1}{2}s\pi\Gamma(s)\zeta(s)；$$

泊松求和公式：

$$\alpha^{\frac{1}{2}}\left\{\frac{1}{2}\Phi(0)+\Phi(\alpha)+\Phi(2\alpha)+\cdots\right\}=\beta^{\frac{1}{2}}\left\{\frac{1}{2}\Psi(0)+\Psi(\beta)+\Psi(2\beta)+\cdots\right\},$$

其中 $\Psi(x)=\sqrt{\frac{2}{\pi}}\int_0^{\infty}\Phi(t)\cos xt\mathrm{d}t$，且 $\alpha\beta=2\pi$；

阿贝尔函数方程：

$$L(x)+L(y)+L(xy)+L\left\{\frac{x(1-y)}{1-xy}\right\}+L\left\{\frac{y(1-x)}{1-xy}\right\}=3L(1),$$

其中$L(x)=\frac{x}{1^2}+\frac{x^2}{2^2}+\frac{x^3}{3^2}+\cdots$；等等。

我们不能不被拉马努扬的天才数学思想所折服，而究竟他是怎样取得这些成就的，尚待进一步探讨。

五、对后人的影响

拉马努扬的数学贡献为现代数学家从事数学研究提供了很好的史料，对现代数学的发展也产生了深远的影响。哈代由于与拉马努扬长期合作，对他的数学思想与成就较为熟悉，于是在纪念拉马努扬诞辰 50 周年后不久，哈代就出版了《拉马努扬》（副标题是关于其生平及工作的十二篇演讲）和《拉马努扬论文选集》两部著作。事实上，哈代后期所取得的主要数学成就无不与拉马努扬的工作有直接或间接的联系。另外，青年数学家沃森也被拉马努扬惊人的数学才能所感动，在哈代的帮助下，他对拉马努扬的手稿作了细致的研究，相继出版了《拉马努扬的手稿》《关于同余理论》《拉马努扬 $\tau(n)$ 的函数表》《最后难题——Mock Theta 函数的说明》及《超越数理论》等著作和论文。他的学生卢什方斯也以拉马努扬的 q 级数为基础，撰写了题为《划分函数与其相关函数的同余性质》的博士论文。1929 年，威尔顿在《剑桥哲学学会数学学报》上发表了《关于拉马努扬算术函数 $\tau(n)$ 的一个注记》的论文，此论文影响很大，已被应用于函数分析、调和分析、概率论及数论等诸多数学分支。

最能体现拉马努扬对后人影响的是纪念其诞辰 100 周年大会。此会于 1987 年 6 月 1 日至 5 日在美国的伊利诺伊大学举行，到会者有多达 125 名有声望的数学家和物理学家，每个人都向大会呈交了论文，而每篇论文都与拉马努扬的数学工作有关，这在数学史上是比较罕见的。

会后，印度数学基金会向拉马努扬的夫人捐赠了 20000 卢比奖金，以答谢拉马努扬对数学作出的贡献，而其夫人则用这笔款项设立了拉马努扬基金，从 1988 年起用以奖励在数学方面有突出贡献的印度数学家。后来，拉马努扬所在的大学为他建造了一尊雕像，以勉励后人积极进取，奋发向上。

拉马努扬的数学思想已被现代数学家和物理学家应用于诸多数学和物理学分支，有关他的 q 级数理论已被应用到统计力学中，他在代数与计算方法等方面的贡献已在概率论、数列渐近线、数的分拆、超几何级数等中充分体现出来。他与哈代、利特尔伍德系统发展的“圆法”使整数分拆、华林问题和哥德巴赫猜想等一系列著名数论问题的研究取得了大踏步的进展。正如这次大会的组织者安德鲁斯先生所说：

我预计在2037年纪念拉马努扬诞辰150周年大会上，在他所创造的数学王国里将会绽放出更加绚丽多彩的鲜花。

（作者：张新立　王青建）

参考资料

[1] G. H. Hardy, Ramanujan. Twelve Lectures on Subjects Suggested by His Life and Work [M]. Cambridge: Cambridge University Press, 1940.

[2] B. C. Berndt, Ramanujan-100 Years Old (fashioned) or 100 Years New (fangled)? [J]. The Mathematical Intelligencer, 1988, 10 (3): 24-31.

[3] 张奠宙，赵斌. 二十世纪数学史话 [M]. 北京: 知识出版社，1984.

[4] G. H. 哈代. 一个数学家的辩白 [M]. 李文林，戴宗铎，高嵘，译. 南京: 江苏教育出版社，1996.

萨提恩德拉·纳什·玻色

（Satyendra Nath Bose，1894—1974）

玻色

毛遂自荐的量子统计学家

在 20 世纪二三十年代，印度的一些杰出科学家做出了一批让世界物理学界瞩目的成果。S. N. 玻色、萨哈和拉曼就是他们的代表。1924 年，玻色这位名不见经传的印度物理学讲师发表了论文《普朗克定律和光量子假说》。在文章中，他批评了普朗克和爱因斯坦等物理学家推导黑体辐射公式的方法，指出在这些方法中普遍存在着量子现象与经典物理概念的逻辑矛盾，并提出了新的推导方法，获得了逻辑一致的量子论结果。以该文为基础，爱因斯坦连续发表了《单原子理想气体的量子理论》I 和 II 两篇论文，从而不仅创立了著名的玻色 – 爱因斯坦量子统计理论，而且预言了物质在一定条件下存在玻色 – 爱因斯坦凝聚态。70 余年后，物理学家发现了金属原子气体在低温状态下的玻色 – 爱因斯坦凝聚现象。目前，这一方向的研究已经成为物理学的前沿领域之一。

玻色作为一位远离西方科学主流社会的东方物理学家，为推动量子理论的发展作出了重要贡献。玻色在印度所接受的是殖民地性质的西方科学教育和印度本土文化的熏陶，其成长道路和所作出的科学贡献都是耐人寻味的。可以说，在玻色的身上，既体现了西方科学的精神，也展现了东方传统文化的智慧。在玻色的科学生涯中，爱因斯坦不仅对其科学研究工作给予了热情的帮助，而且又将其原创性思想向前大大发展了一步。这件事已经成为物理学史上既相当感人又富有启发性的一个典型案例。

一、成长于动荡的时代

1894 年元旦，萨提恩德拉 · 纳什 · 玻色出生在印度孟加拉邦的加尔各答。其父苏伦德拉 · 纳什 · 玻色是一位会计，曾经在东印度铁路公司的工程部工作，后来建立了自己的化学制品及药品公司。母亲阿莫蒂尼 · 德维受过一点初等教育，她省吃俭用，照顾着有七个孩子的大家庭。19 世纪末和 20 世纪初期是印度民族觉醒的年代。1905

年英国殖民当局总督柯曾勋爵以提高行政效率为借口，对孟加拉邦实行分治，其目的是削弱孟加拉进步知识分子的力量，破坏孟加拉人民的团结。孟加拉邦实行分治后，印度各阶层人民反抗殖民统治的情绪像野火燎原一样遍及整个孟加拉，并且波及其他地区。孟加拉人民开展了抵制英货、斯瓦德希[1]和普及国民教育运动，公开反对殖民政府，由此而迫使英国殖民当局在1911年宣布取消了孟加拉邦的分治。当然，抗议者也付出了代价，印度的首都被当局从加尔各答迁往德里。

S. N. 玻色即成长在这个激荡着民族主义和爱国主义的时代。他在印度为人们所熟知的名字是萨提恩·玻色。据说，玻色3岁时，一位孟加拉占星家为他占卜说：

> 这个小孩在他整个一生中会遇到很多坎坷，然而他会用异乎寻常的智慧去克服它们并获得大的名望。

他的父亲非常关注儿子的前途，很小就送他去学校接受教育。少年的玻色在学习上没有遇到什么困难，在加尔各答接受完小学教育之后，于1907年进入加尔各答的印度教高级中学。在中学里，由于数学老师的引导和校长的鼓励，他对数学和自然科学产生了浓厚的兴趣并很快显露出在这方面的天赋。在一次数学考试中，玻色创造性地运用多种方法解题，老师因此破例给了他110分的成绩，创造了这个学校的最高纪录。他的老师预言，玻色将来一定会成为像拉普拉斯和柯西一样的大科学家。成就一番事业的理想和不断学习新知识的渴望从中学时代就深深地植根于玻色的心底。在读中学期间，玻色喜欢自己动手制作一些简单的实验仪器。他与要好的同学合作，设计制作了望远镜和其他一些科学仪器。这为其在以后的科学研究工作中设计制作很多新仪器奠定了基础。

二、西方科学教育与东方传统文化的熏陶

1909年，玻色考入位于加尔各答的首府学院学习。这是印度建立的第一所英语学院。这所学校的原名是加尔各答印度教育学院，由印度学者罗伊倡导，于1817年创建。罗伊对于印度的思想文化和哲学有着深厚造诣，对印度的知识分子阶层有着很

---

1 斯瓦德希，Swadeshi，即使用国货的孟加拉语。

大的影响。他曾写信给总督，强调“数学、自然哲学、化学、解剖学以及其他有用的科学”对教育的必要性。因为印度是一个多民族、多宗教的国家，殖民当局害怕其他宗教团体在高等教育上提出同样的要求，所以1854年当局接管了该校，更名为首府学院。多民族加上不同宗教的融合，客观上使首府学院成为印度科学与民主思想的发祥地。玻色和其他一些同时代的杰出科学家都成长在这种富有灵感的理想主义氛围之中。加尔各答首府学院1909届学生中的许多人后来都成为了各领域的精英。

首府学院当时因为有物理学家J. C. 玻色和化学家P. C. 拉伊在此任教而享有盛名。J. C. 玻色被称为印度的伽利略，是印度第一个实验物理学家。他在无线电传输试验上取得了很大成功，与意大利物理学家马可尼同一年试验成功电报机，但后者首先申请了专利。J. C. 玻色在1885年就发现了毫米波，早于西方科学家半个世纪。后来他转向研究生物，发现了在含羞草中存在神经系统。他预言了通过光合作用利用太阳能的可能性，并提出了存储信息记忆模型的物理学概念，这使其成为现代控制论学科的先驱。P. C. 拉伊对于学生来说更具影响力。他作为印度科学技术发展的“先驱”，在印度人民中间享有很高的声誉。除在化学基础研究中卓有成效的工作以外，他还出版了《印度化学史》（二卷）和《印度古代和中世纪化学史》。拉伊强调建立自己国家的工业基础，并鼓励建立私人企业。作为一位著名科学家，拉伊为社会改革做了很多事情。他有一句名言：

> 我是一位科学家，实验室是我工作的地方，但是，在特殊的时期里，即使是科学家也必须响应国家的召唤。

P. C. 拉伊和J. C. 玻色是S. N. 玻色最敬仰的两位老师，他们的学术和人格都对玻色产生了重要影响。1913年，玻色大学毕业。1914年5月5日，他与乌萨巴拉·高希结为伉俪。第二年，玻色考取加尔各答大学混合数学系硕士研究生，经过两年的学习，以第一名的成绩获得了科学硕士学位。

印度孟加拉邦当时流行的斯瓦德希精神的一个表现是国民教育的本土化。随着抵制英国货运动的开展，学生们将学习热情转向印度自己的文化和传统。加尔各答大学副校长慕克吉爵士因势利导，引导学校的发展。在他的领导下，加尔各答大学成为繁荣的学术研究中心。1912年，该校成立了大学科学学院，并利用著名法学家塔拉坎什·帕利特和拉什贝哈里·高希的捐款设立了教授席位和助学金。慕克吉善于发现和使用人才，使加尔各答大学很快有了自己的特色。这所大学规定，所有的教授席位必须聘用印度人，由此引起了殖民政府的反对，于是政府拒绝给予大学更多的资金支持。但是慕克吉坚持认为，即使挨门挨户地乞讨也不向殖民政府妥协。

1915 年几位获得硕士学位的年轻人被慕克吉挽留下来，希望他们留校开设物理和数学课程。他们之中就有萨哈和 S. N. 玻色。1916 年，玻色被聘为讲师。在工作中，他非凡的才能得到了朋友和同事们的公认。他非常重视科学研究工作，因为他坚信社会的进步总会伴随着科学的进步，而人类的进步也会得益于科学的发展。

1916 年，玻色作为讲师任职于新成立的加尔各答大学科学学院，这是一所研究生院，由此使玻色能够继续其物理和数学的研究工作。当时正是第一次世界大战时期，科学方面的最新书籍和论文很难出现在印度。幸运的是，德国科学家布吕尔来到这里，带来了一些德文近代物理书籍和论文。玻色一面努力学习德文，一面阅读欧洲最新的关于量子理论和相对论的著作。吉布斯的统计力学激发了玻色在这方面的兴趣。他也研究关于爱因斯坦相对论的论文，并且经过爱因斯坦本人允许，玻色和萨哈共同翻译了爱因斯坦和闵可夫斯基合著的相对论论文，由加尔各答大学出版社编辑成论文集于 1920 年出版。1918—1920 年，玻色发表了四篇论文。第一篇与萨哈合作，1918 年发表在伦敦《哲学杂志》上，是关于在有限体积条件下气体分子状态方程的研究，即萨哈 – 玻色方程的论文。第二篇是关于平衡态的应力方程，发表在 1919 年加尔各答数学学会报告上。第三篇论文于 1920 年同样发表在上述学会报告上。第四篇论文是关于里德伯原理，1920 年发表在《哲学杂志》上。这一阶段，玻色研究工作的主要方向是在理论物理学方面，主要是利用相对论和量子论解决不同状态下的分子或原子体系问题。这些研究为他下一阶段的出色工作打下了良好的基础。

玻色在闲暇之时喜欢读孟加拉文、英文和法文著作。他翻译了一些法国小说，并且参加了文学讨论会。历史和文学也强烈地吸引着玻色，他喜爱杜特的著作，并且非常珍爱泰戈尔的小说和诗歌。泰戈尔曾把自己用孟加拉文写成的描述宇宙与微观世界的《宇宙知识》一书送给玻色。

佛教文化也深深地影响着玻色，他在几次公开的场合中说：

> 在所有来到过这个世界的人中间，我认为最伟大的是乔答摩·悉达多。

玻色虽然不是佛教徒，但他表现出了对佛学文化的深刻理解和崇拜。印度政治家和思想家贾瓦哈拉尔·尼赫鲁是这样认识佛学文化与近代物理学的关系的：

> 然而令人惊奇的是，佛的这种哲学把我们带进了一种多么接近于近代物理学和近代哲学思想的某些概念的境界啊。

美国著名物理学家奥本海默也说过：

> 在原子物理学的发现中所表现出来的……关于人类认识的一般概念……即使在我们自己的文化中它们也有一定的渊源，而在佛教和印度教的思想中更具有中心地位。我们所要做的发现只是古代智慧的一个例证，一种促进和精细化。

这些评价说明，印度文化中有一些思想与现代物理学的基本精神是一致的。

玻色经常说，每一个人都有这样或那样的才能，应该努力地发掘它，并且通过持之以恒的练习和艰苦的工作而凸现出光芒。玻色不但是这样倡导的，而且用他的行动作了最好的诠释。另外，玻色非常喜爱孟加拉的艺术和音乐，能很好地演奏一种类似于小提琴的孟加拉乐器“艾斯拉伊”。他还谱写了几首新的拉格（印度教一种传统曲调），他本人也被认为是优秀的业余音乐家和音乐评论人。

三、一篇论文引发的连锁反应

1921 年，达卡大学贾葛拉什学院在达卡市成立。由于较高的薪酬和更好的设施，很多有才能的教师离开加尔各答来到达卡，其中就有 S. N. 玻色。1921 年，玻色被聘为达卡大学贾葛拉什学院的物理学高级讲师。

在达卡大学贾葛拉什学院工作期间，玻色在量子物理方面做了一些重要的工作，特别是对普朗克黑体辐射公式的推导。1923 年，玻色将他的论文《普朗克定律和光量子假说》寄给伦敦《哲学杂志》，希望得到发表。但稿件很快被退回，评议结果是不予发表。1924 年，玻色将论文原稿又寄给爱因斯坦，他在附信中写道：

> 尊敬的先生，我冒昧地随信寄上我的文章，希望您不吝赐教！您将明白

我所推导的普朗克公式的系数……完全有别于用经典电动力学的推导。

玻色论文所讨论的普朗克定律推导问题，也是爱因斯坦长期关注的问题。在玻色以前，普朗克公式的推导总是部分地利用了经典物理理论，与量子论假设存在不相容的矛盾。

从1905年3月到1906年11月，爱因斯坦在德国《物理学杂志》上连续发表了《关于光的产生和转化的一个启发性观点》《关于光的产生和吸收的理论》和《普朗克的辐射理论和比热理论》三篇论文，探讨了推导普朗克公式的不同方法。1916年，爱因斯坦发表《关于辐射的量子理论》一文，从一个新的角度重新推导了普朗克公式，其中应用了由经典物理导出的维恩公式，并建立了一个半经典半量子的光吸收和发射理论。爱因斯坦深知量子论基础中存在着深刻的矛盾，即在推导普朗克定律时存在逻辑上的不自洽。1913年，他在《科学家M.普朗克》一文中说：

要是物理学家为这一普适函数而牺牲的所有脑汁可以拿来称一称的话，那么就可以看到一个感人的场面，而这种残酷的牺牲现在仍然见不到尽头呀！

玻色的这篇论文正是针对量子论的基础问题——量子论假设与经典电动力学的不相容的矛盾而写的，而这正是爱因斯坦一直以来希望解决的问题。玻色的论文分两个部分：第一部分分析了从1901年普朗克公式发表以来的多种推导方法，指出这些方法都利用了经典电动力学来推导与频率有关的函数因子，从而导致了能量的不连续性与经典物理能量连续发布观念不相容的矛盾。玻色指出：

这就是所有推导中不能令人满意之点，因此，总是一再有人企图做出没有这种逻辑缺陷的推导，也就不足为奇了。

论文还重点分析了1916年爱因斯坦本人最满意的推导方法。虽然这个方法企图不依赖经典物理，使用了分子同辐射场之间的能量交换假设，但玻色一针见血地指出：推导过程利用了维恩的位移公式和玻尔的对应原理，而维恩公式是以经典物理为基础的，所以这种方法仍然不能解决不相容的矛盾。在论文的第二部分，玻色给出了新的推导方法和推导过程。他认识到必须把光量子假说和统计力学结合起来推导普朗克公式，这就不必用到经典理论。玻色推导的关键是用光子状态计数，而不是用光子数计数，这就意味着与光子状态相同的其他粒子也满足同样的方法。这里玻色所说的统计力学，不是经典物理的麦克斯韦－玻尔兹曼统计，而是他发现的一种新的与量子理论相对应的统计理论，即后来以他和爱因斯坦姓氏命名的量子统计法。

玻色的这篇论文得到了爱因斯坦的高度认可。爱因斯坦把该文从英文翻译为德文，并转寄给德国《物理学期刊》，同时以译者的名义在论文后面加了一个评注，指出了玻色工作的重要意义：

> 在我看来，玻色对普朗克公式的推导意味着一个重要的进展。这里所用的方法也得出我要在别处阐述的关于理想气体的量子理论。

1924 年 7 月 2 日，玻色的这篇论文在《物理学期刊》8 月号上发表。

在玻色这篇论文的启发下，1924 年 9 月和 1925 年 2 月，爱因斯坦在普鲁士科学院院刊上相继发表论文《单原子理想气体的量子理论》Ⅰ和Ⅱ，推广了玻色的统计方法，建立了一个普遍适用的量子统计理论——玻色－爱因斯坦统计。爱因斯坦在文章中强调：

> 如果玻色对普朗克辐射公式的推导被认真地对待，那么人们也就不应该绕过这个理想气体理论；因为，如果把辐射理解为量子气体已经证明是正确的，那么量子气体同分子气体的类似性就必定是完全的了。

论文Ⅰ主要提出了玻色－爱因斯坦量子统计理论，阐述了理想气体“简并”理论。文章首先确定单原子分子体系小于给定能量值的一切状态的相容积，由此即可确定一定能量微元区间的相格数。与玻色论文中光子态占据相格情况完全类似，即每一个相格包含的分子数是任意的。从容积 V 中分子数 n 的概率表示和体系平均能量的概率表示推导出每个相格的平均分子数，这样就很容易得出分子数和平均能量的统计表示，从而完全确定热力学平衡条件下的宏观状态分布率。这就是爱因斯坦在玻色理论基础上建立的玻色－爱因斯坦统计。

1926 年 8 月，一向以严谨著称的理论物理学家狄拉克发表了一篇论文，完善了量子统计的费米－狄拉克理论。至此量子统计理论的大厦已经完全建立起来。在这篇论文中，狄拉克把服从玻色－爱因斯坦统计的粒子命名为“玻色子”，这是对玻色工作的最好褒奖。

玻色和爱因斯坦的量子统计理论很快引起了物理学家们的注意，也对薛定谔波动力学的建立产生了一定的推动作用。爱因斯坦在《单原子理想气体的量子理论》II 中引用了德布罗意的物质波理论，并强调了其重要性，由此引起了薛定谔对德布罗意工作的重视。为了为德布罗意的物质波概念建立理论基础，薛定谔最终创立了与海森伯矩阵力学等价的波动力学。1926 年 4 月，薛定谔写信给爱因斯坦说：

> 如果不是您的一篇论文（论文Ⅱ）在德布罗意工作的重要性方面给我留下印象，整个理论就不会由我现在得出，乃至永远不会得出。

爱因斯坦在论文 II 中经过分析得出结论：饱和理想气体在给定容积 V 的情况下，如果温度不变而气体密度不断增加（如等温压缩），则多余的气体分子就会“凝聚”起来，成为不动的分子，其余的仍然保持为一种“饱和的理想气体”。这种状态后来被称为玻色－爱因斯坦凝聚态，简称 BEC。此外，论文 II 还讨论了玻色气体与经典理想气体的区别、理想气体的起伏特性和低温气体的黏性等，并导出了饱和理想气体的状态方程等。

从 1925 年爱因斯坦预言 BEC 以来，这一课题一直被许多第一流的物理学工作者所关注。在杨振宁保存的 1946 年 10 月至 1947 年 7 月参加费米晚间演讲的笔记中，记录了当时讨论的一个题目就是关于玻色－爱因斯坦凝聚问题。1957 年，李政道、杨振宁、黄克孙在理论上系统地研究了 δ 相互作用下稀薄玻色气体的 BEC。1985 年，朱棣文和他的同事在实验室里实现了利用激光冷却原子气体和利用原子捕集器囚禁原子的技术，为 BEC 的实现奠定了物理实验基础。20 世纪末，美国科罗拉多实验室天体物理联合研究所、麻省理工学院和莱斯大学等都通过实验手段实现了玻色－爱因斯坦凝聚。2002 年，中国科学院上海光机所也在实验上实现了 BEC。BEC 作为新的物质状态，为实验物理学提供了一种全新的介质。关于 BEC 的研究，现在已经成为众多物理前沿学科的一个重要研究领域。例如：在应用技术方面，研制高准确度和稳定度的原子钟和精密原子干涉仪，用于测量原子物理常数和改善微重力测量的精确度；利用 BEC 的相干性，进行微结构的刻蚀，研制微电子回路；等等。

四、爱因斯坦的扶持和友谊

1924 年，爱因斯坦收到 S. N. 玻色的第一篇论文时并不认识玻色，他将文章的作者误认为是 J. C. 玻色的侄子 D. 玻色，那时 D. 玻色已经是知名的物理学家了。

在论文《普朗克定律和光量子假说》发表后不久，玻色又把《存在物质时辐射场的热平衡》的文章寄给爱因斯坦，后者同样将论文翻译为德文推荐发表，但同时也提出了一些疑问，所以玻色想找一个机会向爱因斯坦证明自己的根据。1924 年 9 月，由于得到爱因斯坦对其工作的高度评价，达卡大学批准玻色到欧洲进行为期两年的学术研究。因此，玻色获得了会见欧洲一流科学家的机会。玻色在巴黎结识了法国物理学家朗之万，在朗之万的推荐下，玻色先后在德布罗意和居里夫人的实验室工作。1925 年 10 月，玻色从巴黎到达柏林，见到了仰慕已久的爱因斯坦。经爱因斯坦介绍，他结识了玻尔、薛定谔、海森伯等著名的物理学家，还参加了玻恩主讲的量子理论课程班。在与这些物理学家的讨论中，玻色使他们认可了自己的观点。在一次邀请玻色参加的学术会议上，玻尔在演讲中遇到了一时难以解决的困难。在黑板前，他停止了演算并转向玻色问道：

> 玻色教授，能给予帮助吗？

而此时玻色正闭着眼睛坐在座位上，令听众惊讶的是，玻色睁开眼睛，立即走到黑板前解决了这一问题。玻色的智慧和独特的个性赢得了大家的尊敬。

1926 年，在柏林的玻色从朋友的来信中得知，达卡大学物理学教授的职位空缺。玻色的同事和朋友都劝其申请这一职位，但玻色自己因为没有博士学位的头衔而颇为踌躇。他为此去求教爱因斯坦，而爱因斯坦非常惊讶地说：

> 在你的学科上你是如此的精通，难道他们还需要任何其他的证明或推荐吗？

爱因斯坦马上写信给达卡大学当局，信中写道：

你们能发现像萨提恩德拉·纳什（玻色）一样精通专业的其他科学家吗？他完全适合这一职位。

1926 年，玻色被达卡大学任命为物理学教授并担任了物理系主任。

玻色一直虔诚地把爱因斯坦作为自己的“Guru”[1]，在所有与爱因斯坦的通信中，玻色对他都是这样致辞的。爱因斯坦也接受了玻色的情感。玻色每一次遇到困难，他都乐于帮助解决，像老师帮助自己的学生一样。爱因斯坦的肖像一直挂在玻色办公室的墙上，这样，玻色就可以从爱因斯坦勉励的目光中得到科学研究的动力。

五、教育家的风范和爱国者的情怀

1916 年，玻色作为讲师在新创办的加尔各答大学科学学院开始了自己的事业。那时，他除教授物理以外，还要教授相关的其他学科。由于没有教科书，教学变得较为困难。但是玻色把每一次课都讲解得非常清楚，并且帮助学生解决学习中遇到的每一个困难。玻色鼓励学生要充满自信，并经常讲：不要因为权威而接受某种解决问题的方法，只有你认为它是正确的才接受。他还鼓励学生多读书，扩大自己的知识面。学生们在课余时间也能自由地向玻色寻求指导和帮助。他的敬业精神是超乎寻常的，他绝不允许自己的私事或困难干扰自己的工作。在他担当达卡大学物理系主任期间，一些研究生要求延期考试，玻色没有答应。个别学生威胁说，如果不同意他们的要求就罢课甚至绝食抗议。玻色回答道：

我可以辞职，但是我不会在没有正当理由的情况下将考试延期。

在他的坚持下，同学们最终收回了自己的要求。

玻色的出色工作，获得了各种赞誉。牛津大学将其列入杰出人物名录。面对这些荣誉，玻色总是保持格外的谦恭和谨慎。他在各种场合总是大力赞扬别人的工作，但却很少提及自己。一个名叫辛格的作家希望为玻色撰写一部传记，玻色对此并不热心，当作家去玻色那里收集资料时，玻色却反问道：

---

1 Guru，即印度教中的宗教指导教师。

您为什么浪费您的宝贵时间来写我的什么传记呢?

在生活中，玻色从不追求财富，而将自己的一切都奉献给了科学教育事业和穷苦大众。他全心全意为国家服务的精神，为其他人树立了榜样。玻色渴求社会的发展和进步，厌恶划分种姓的制度，仇视高贵种姓生来认为自己是优越的而贱民生来是卑贱的世俗观念。他认为所谓高贵人的伪善是社会的公害，是应该鄙视的，国家应该伸出双手去欢迎每一个人。

在那个时代，英语对于接受教育的大多数印度人来讲，有着相当大的吸引力。而玻色则认识到了印度本土语言的重要性。他认为科学如果要为广大民众所理解，就必须用母语教学。1948 年，玻色在孟加拉建立了一个科学协会，协会的所有信件都使用孟加拉文。协会从创建伊始就出版了孟加拉文期刊《科学与知识》，开创了用孟加拉语向大众传播科学知识的新途径。在 1948 年到 1973 年的 25 年间，科学协会为普及科学举行了一系列展览和孟加拉文的科学演讲比赛。协会有自己的图书馆，并且用孟加拉文出版了一些科学书籍。玻色不遗余力地领导和发展着这个机构，以推进民族科学普及工作。另外，玻色为了把母语引入教育做了大量的工作。为了这个目的，他还用孟加拉文写了几本书。1945 年，作为加尔各答大学的凯拉物理学讲座教授，玻色用孟加拉语给研究生讲授专业物理课程。他的努力极其成功，以至于加尔各答大学最终获得了殖民政府的批准，可以用母语教学。玻色相信，随着民族独立和自由的来临，人们将会逐渐消除殖民时期的障碍。玻色坚持用母语教学的做法，也遭到了一些人的反对，但他没有失去信心，仍然尽最大的努力去达到这个目的。

玻色希望把自己的精力尽量放在科学研究和教育领域，但他逐渐意识到，在这个国家要想取得科学的进步，不借助政治的力量是做不到的，他不得不进入政界。1952 年，他成为一名印度国会上议院议员。他利用这个职位为科学和社会做了不少有益的工作。从 1952 年到 1958 年，玻色在政治领域以兼职的身份不知疲倦地工作了 6 年。

六、归宿

1928年，玻色被一些物理学家提名推荐诺贝尔物理学奖，但结果并没有如愿。70年后，玻色－爱因斯坦理论所预言的BEC在实验中实现，也许这才是对玻色、爱因斯坦这一工作的最好肯定。

1945年，玻色从达卡大学重新回到加尔各答大学，任凯拉物理学教授。他保持这一职位一直到1956年退休，并且成为这一职位的荣誉退休教授。玻色一生共发表24篇科学论文。数量并不算多，但质量非常高，内容涉及统计物理、相对论、量子力学、X射线晶体学、热致发光学和统一场论等领域。玻色出版了《光量子统计》《仿射连通系数》等科学著作，还以孟加拉文出版了《阿尔伯特·爱因斯坦》等几本通俗科普著作。虽然玻色的工作集中在数学物理理论方面，但他在物理实验方面也是享有声誉的，特别是X射线晶体学和热致发光学。玻色对化学、地质学、动物学、人类学、工程学等其他学科也有浓厚的兴趣。在化学方面，他达到了相当专业的水平。突出的例证是，他合成了至今还作为眼药水重要成分的化合物。

玻色的重要贡献不仅仅是在科学研究方面，他对努力改进印度的教育，促进科学技术的普及和广泛应用起了极其重要的作用。1939年，他担任印度科学会议物理学分会主席；1944年，他在德里担任印度科学会议主席；1949年，他当选为印度国家科学研究院主席。玻色得到的最高学术荣誉是在1958年当选为伦敦皇家学会会员。

1956年，玻色从加尔各答大学退休后，被任命为桑蒂尼克坦的威斯瓦－巴拉底大学的副校长，直到1959年离任。同年，他被授予印度国家教授荣誉。1964年，德里大学授予他名誉科学博士学位。

> 印度人不可能在科学上取得任何伟大的成就，他们最多在诸如哲学这些学科成为专家。

这是某些西方人对印度人的印象，而玻色以他杰出的工作驳斥了这些偏见。玻色一生都在为祖国服务，在科学、教育、政治和社会改革等领域都作出了一定的贡献。1964年，玻色的纪念文集在他70岁生日的时候出版。1974年，在他80岁生日的同一个月，纪念量子统计理论诞生50周年的会议隆重召开，这是对他一生成就的最大祝贺。此后不久，玻色因突发心脏病住进了医院，于1974年2月4日停止了呼吸。斯人已去，玻色－爱因斯坦统计、玻色子和玻色－爱因斯坦凝聚却永留人间。

（作者：林祯祺 张逢 胡化凯）

参考资料

［1］ R. C. 马宗达，H. C. 赖乔杜里，卡利金卡尔·达塔. 高级印度史：下［M］. 张澍霖，夏炎德，刘继兴，等译. 北京：商务印书馆，1986.

［2］ 王大明. 南亚科学之光——介绍印度三位现代物理学先驱［J］. 物理，1994，23（8）：505-510.

［3］ 钱临照，许良英. 世界著名科学家传记：物理学家Ⅲ［C］. 北京：科学出版社，1994.

［4］ M. Dutta. Satyendranath Bose，Scientist，Patriot and Man［C］. Calcutta：Proceedings of the International Symposium on Statistical Physics，1974.

［5］ 范岱年，赵中立，许良英. 爱因斯坦文集：第二卷［C］. 北京：商务印书馆，1977.

［6］ Stephen F. von Welk. Crossing Borders，Stretching Bounderies：The Bose－Einstein Lectures on Indo-German Cooperation in Science，Technology and Environment［C］. Delhi：Manohar，2000.

米格那德·萨哈

（Meghnad Saha，1893—1956）

萨哈

南亚天体物理学先驱

1953年的9月至10月，来自世界各地的贺信像雪片一样飞向印度城市加尔各答，发信者中包括若干鼎鼎大名的人物，如丹麦的玻尔，德国的海森伯、玻恩和哈恩，美国的费米、劳伦斯、奥本海默和康普顿兄弟，法国的约里奥·居里，还有英国的琼斯和李约瑟等。这些贺信是为了祝贺一位印度人——米格那德·萨哈的六十寿辰而来。那么，萨哈究竟何许人也，能劳动众多科学大师向他表示敬意？本文不揣谫陋，尝试回答这个问题。

我们断言萨哈是“印度天体物理学家”，而实际上他出生在达卡，即今天的孟加拉国首都。若按现在的版图，他似乎应算是孟加拉国人。但在历史上，孟加拉国和巴基斯坦都曾处于印度的英国殖民统治之下[1]，而萨哈主要生活在那个时期，并且他的研究和教学工作基本上是在加尔各答和安拉阿巴德两个城市进行的，这两个地方今天仍是印度的地盘。此外，在目前的一般科学史著作（如《科学家传记大辞典》）及众多天体物理学的教科书中，几乎无一例外地把萨哈列为印度人，所以，本文认为萨哈是印度的物理学家，当不至有什么大的疑问。

一、早期生平

1893年10月6日，萨哈出生于英属印度孟加拉省达卡郊区的一个小村里，距达卡约30英里。他的父亲是个小商人，母亲是家庭妇女，全家八个孩子，萨哈排行第五。养活这么多儿女，父母的艰辛可想而知，家里的生活字典里唯有“温饱”二字。在这样的家庭条件下，想使孩子们接受良好的——在当时就是英国式的教育，实属奢侈之想。

萨哈的父亲曾试图让家里最大的男孩，即比萨哈年长13岁的大哥念完中学，但

1　巴基斯坦于1947年独立，分为东、西巴基斯坦。1971年，东巴基斯坦又宣布独立，即今天的孟加拉国。

他毕业之后并未给家庭带来经济上的好处，所以父亲便不打算让其他孩子接受比小学更高的教育。在这种状况下，萨哈甚至在小学时就不得不一边上学一边在家里的店铺帮忙。但萨哈的小学老师们很早就看出了这个学生的天赋潜力，于是极力劝说他的父亲送他去城里的中学深造。

当时达卡处于英国殖民统治之下，其南部比较发达，相当一部分人都能讲英语(当地通行的是孟加拉语)，并且有若干设备精良的中学。而萨哈所居住的达卡北部郊区则恰恰相反，甚至从村子到达卡约 30 英里的路程内也难以找到一所比较好的中学。但幸运的是，在该村以南 7 英里处的另外一个村子里，有一所差强人意的中学。萨哈的父亲终于被老师们说服，在这件事中，萨哈的大哥起了关键作用，他不但帮着劝说父亲，而且还跑到 7 英里外那所中学所在的村子里，以将来的报答为条件，为萨哈就学找到一处免费食宿的住家，即该村的村医戴斯先生家。萨哈后来念念不忘戴斯先生在他求学期间所给予的巨大帮助。

就这样，在当时印度东部默默无闻的一隅，这位未来的印度科学巨星开始知识启蒙。在这所学校里，最让萨哈折服的是一位数学老师，大概就是他使萨哈迷上了数学；最令他失望的是一位英语老师。

1905 年，12 岁的少年萨哈以全优的成绩升入达卡市的一所大学预科学校，他的同班同学中，有两位后来也步入科学殿堂，分别成为印度著名的数学家和电机工程专家。萨哈入预科学校不久，碰上了一场政治风波——孟加拉省的反分治运动。孟加拉是当时英属印度最大的省份，省府为加尔各答。英国殖民政府为分化半个世纪以来日益强大的反抗活动，将该省内印度教徒和伊斯兰教徒分而治之，通过了一项法案，将孟加拉划为两个省。这一行动激起了当地人的强烈反对，反对者的先锋就是大学、中学的学生。有一次印度总督到达卡视察，学生们群起上街抗议，少年萨哈是运动的活跃分子。事后，当局对积极参与此次行动的人进行了惩罚，萨哈因此失去了免缴学费和享受优等生津贴的待遇，这使他的学业和生活都受到了威胁，不得不另谋出路。最后终于找到一所私立教会学校，但所获得的津贴不足以维持全部开支，只好由他大哥再补贴一点，以坚持学习。在此校，萨哈也参加了达卡浸礼教会的圣经学习班，甚至在一次全孟加拉浸礼教会学校高年级圣经考试比赛中夺得第一名，得到 100 卢比的奖金和一本装帧精美的《圣经》。前者对他的穷困生活倒是不无小补。

萨哈在这里学了 4 年，1909 年毕业，在全孟加拉毕业会考中，他名列前茅，其中英语、孟加拉语、梵语和数学都得了满分。接着升入达卡学院（相当于大学）开始正式科学课程的学习，这些课程包括数学、物理和化学，还有英语。萨哈还选修一门外语——德语，任课教师是一位刚从维也纳学成归来的印度人。萨哈的数学和化学等课程成绩优异，但德语由于初学，成绩不甚佳，这影响了他的总成绩，大概也影响了他的情绪，他只在达卡学院待了两年，没等毕业，就转学到加尔各答的首府学院。

萨哈于 1911 年来到加尔各答，攻读科学学士学位，他完全依靠学生津贴为生，生活依然很清苦。在这里，他仍选修了德语，并且是全班唯一选此课的学生。有一次一位同学开玩笑说萨哈的 Eigenschaften（性格）是不屈不挠，从此他便在朋友中获得了这个德文绰号“爱跟傻分”。到三年级时，他的老师之一，便是印度现代科学的先驱 J. C. 玻色。同班同学中，有许多人后来成为印度大科学家，如 S. N. 玻色、森、高希和慕克吉等，这四人后来曾先后担任过印度科学会议的主席，他们的杰出表现，极大地提高了印度科学的国际地位。

萨哈取得学士学位后，又开始攻读应用数学（数学物理）方面的硕士学位。学习期间，他曾几次因生计困难—— 一个弟弟也在加尔各答求学，因而是两人的生计——而想辍学，报考财政部的职位，终为老师和同学们所劝阻。他维持生活的办法是当家庭教师，有很长一段时间，他每天骑自行车奔波于全城各处，为有钱人子弟辅导功课。

第一次世界大战使英国处境困难，印度各地的青年又利用这个时机掀起反殖民主义的独立运动。萨哈的同学中甚至有人参加了武装斗争组织，从事从德国偷运武器进来的活动。萨哈本人也曾涉足过某些活动，但他打定主意，不在政治方面走得太远。这部分地是出于家庭原因：父母一直指望他能在经济上自立并给家里一些帮助，以供养其他兄弟念书。但主要还是出于他自己的一种观念：他认为整个国家在经济上的发展应占主导地位，离开经济进展的革命是没有意义的，而科学则是经济进步的原动力，加上对科学研究自身的个人嗜好，使这个一度激进的青年最终安于书斋和实验室的生活。

二、初登学界

1916 年，加尔各答大学的副校长、数学家慕克吉爵士制订了一项计划，旨在把该大学从过去那种只负责教学大纲、考试等事务的管理协调型机构，转变为真正教学型大学。计划中包括建立一个科学研究院，招聘若干教师进行科学硕士研究生的培养工作。英国殖民政府并不支持此项改革计划，所以不给予财政方面的帮助。慕克吉只有设法寻求私人捐助，最后加尔各答的两位著名律师慷慨解囊，使慕克吉爵士的改革计划得以实施。建立起来的研究数学实体之一是大学理学院，下设数学、物理和化学等系。

萨哈由于在首府学院学习成绩优异，毕业后直接被加尔各答大学理学院数学系聘为助教，辅导学生的流体静力学和地理制图学等课程。但他因与数学系管理人员发生一点矛盾，来后不久就转到了物理系任教。在他的同事中有同学 S. N. 玻色和高希等人。当时正值第一次世界大战期间，物理系唯一的一位教授去德国访问，结果却被扣留在那儿无法回国，C. V. 拉曼是一年多之后才应聘来此担任帕利特物理教授的。所以，萨哈和他的年轻同事们这段时间实际上群龙无首，是独立进行实验和教学工作的。萨哈负责热力学课程，这是过去多少被他所忽视的领域，现在非他莫属。而他在无人可求的情况下，一边自学一边教学，真有点儿现学现卖的味道。

萨哈的自学既得益于学院较完整的图书杂志资料，也得益于他那已非洋泾浜水平的德文。那时物理学革命正蓬勃展开，许多概念处于急骤变化之中，而加尔各答大学的英国老教授们所制订的教学大纲，无视这些变化，仍停留在经典理论的框架内。萨哈从德文文献中熟悉了量子辐射理论和狭义相对论，并接触到广义相对论，他和一批青年教师一起，极力冲破各种阻碍，将物理学的最新进展纳入教学内容，使印度学生的物理知识基本上能跟上时代的步伐。

有件小事说明萨哈在印度国内对物理学革命的敏感：1919 年第一次世界大战甫告结束，由英国剑桥大学的爱丁顿教授率领一支观测队赴南非观测日食，以验证爱因斯坦所预言的光线弯曲效应，这是一个著名的轰动事件，在世界各地都引起极大反响。加尔各答的头号畅销报纸《活动家报》亦想赶这个时髦，介绍相对论及其验证情况，但一时苦于找不到熟悉此领域的学者，最后还是名不见经传的青年人萨哈自告奋勇，为报纸解决了难题。他撰写文章介绍爱因斯坦的工作和观测验证的有关情况，这可能是印度国内第一次公开发表的有关相对论的文章。此后不久，萨哈又与 S. N. 玻色合作，将爱因斯坦的一些原始论文翻译成英文，由加尔各答大学结集出版。

萨哈在自学现代物理理论的同时，亦开始了独立的研究工作，他的第一篇论文题目为《论麦克斯韦的应力》，发表在 1917 年的《哲学杂志》上。论文对庞加莱所给予电磁应力的解释提出不同看法，并从狭义相对论的观点出发，给出带电运动粒子的李纳 – 维谢尔势一种简单表达式。现在回看，萨哈的研究起点是相当高的，从 1917 年到 1919 年，在不到三年的时间里，他就在《哲学杂志》《物理学评论》等国际权威性科学期刊上发表了近 10 篇论文，内容涉及热力学、电磁学、狭义相对论、量子辐射理论和天体物理学等领域。此外，萨哈对实验物理也有浓厚的兴趣，他曾用拼凑起来的简单装置测量过光压，以检验麦克斯韦对此所作的预言。以前已有人做过这方面的实验，但远未形成定论，萨哈的实验相当精巧，结果也不错，可惜发表在当地的小刊物上，未引起多大注意。他在科学上的最重要工作——萨哈热电离理论——也是在此时期基本完成的，这个工作奠定了他的科学生涯。令人印象特别深刻的是，萨哈的所有这些工作，都是在印度当地进行的，而且他本人当时也没有任何赴国外学习进修的记录。所以说他是印度本土上成长起来的科学家，非常恰如其分。

这些研究成果使萨哈在科学上已具小成，加尔各答大学因此授予他博士学位。另外，他也找到了自己的另一半，一个姓罗伊的姑娘，并很快缔结了良缘。至此，萨哈多年的艰苦生活终于告一段落，以后的日子犹如顺水行舟，不再那么沉重和颠簸了。

1919 年，萨哈同时获得两项研究资助，这使他得以踏上国际科学舞台，开始了第一次欧洲之旅。他于当年 9 月搭乘“忠诚号”邮轮，扬帆向外面的世界驶去。他先到达英国伦敦，投到皇家理工学院福勒教授的门下，跟随他学习天体物理学和光谱学的理论和实验技术。在伦敦的 5 个多月里，萨哈曾去剑桥作短期访问，见到了渴慕已久的 J. J. 汤姆孙。他还改写了几篇过去完成的论文，并竭力在实验上为自己的热电离理论寻找证据。后来，福勒推荐他去德国能斯特的实验室继续寻找实验证据。由于第一次世界大战留下的阴影，能斯特一般不大喜欢英美同行来自己的实验室访问或工作，但他却接收这位印度人，还为他提供了良好的工作条件。萨哈在这儿停留了一年多，虽然找到热电离理论的一些有利证据，却还不能得出最后的定论。

他在德国的主要收获是定期参加每周在柏林大学物理研究所举行的讨论会。这个讨论会的参加者包括了德国相当一部分知名物理学家和化学家，萨哈在这里见到了许多科学大师，如普朗克、爱因斯坦、劳厄等，与他们同堂切磋，使他受益匪浅。他还把自己在伦敦改写的论文《论恒星光谱的一个物理学理论》送给慕尼黑大学的索末菲，受到索末菲高度评价，并邀请他去慕尼黑讲学。萨哈到达慕尼黑时，恰巧碰上印度诗人泰戈尔也在此访问。泰戈尔的来访引起公众的极大兴趣。索末菲也登门拜访过他，并对他谈起萨哈，极力赞扬萨哈在科学研究上的造诣和成就。第二天，当萨哈前往谒见诗人时，泰戈尔待他有如慈父，还邀请他回国后到自己家里做客。这次会见给萨哈留下终身难忘的印象，因为他一直十分景仰这位诗人，甚至到了崇拜的程度。

萨哈在慕尼黑的演讲稿被译成德文，在德国杂志上发表了。此后，他曾在瑞典逗留了一个月，后又返回英国，到牛津参加了英帝国大学会议，拜见了当时如日中天的爱丁顿勋爵。勋爵将他邀请到家做客，并把自己的助手米尔恩介绍给他。这位米尔恩后来扩展了萨哈的理论。萨哈在这里还见到了 C. G. 达尔文，他是英国著名的物理学家，也是生物进化学说的创始人 C. R. 达尔文的孙子。萨哈与之结成终身好友。

三、关于热电离理论

萨哈对物理学的最大贡献，就是提出了一个所谓“热电离理论”，关于它在物理学上的地位，美国芝加哥大学物理学家弗兰克曾这样评价说：

> 我们当时还不能预见到这个理论注定要在现代天体物理学中打开全新的一章，它的重要性是怎么估计也不过分的。

曾任哈佛大学天文台台长的门泽尔则这样写道：

> 他（萨哈）对天体物理的早期贡献正是促使我进入此领域的动力，以他名字命名的著名公式，已成为解开恒星大气之谜的钥匙。

康普顿甚至为此推荐萨哈为诺贝尔奖候选人。虽然萨哈最后并未能获得诺贝尔奖，但他的这项研究的确是天体物理学早期开创性成果之一。

自 19 世纪中叶光谱分析被用于恒星研究以后，积累起大量的资料，虽然有许多科学家努力钻研这些资料，但一直未能找出一种简单的办法，从整体上解释各种事实。特别是 20 世纪初，福勒等人系统地拍摄太阳色球光谱时，注意到一种奇怪的现象：太阳大气中钙元素的 H 和 K 线远远高于一些较轻元素如氢、氦和钠等的同类谱线。这个领域引起了萨哈的兴趣，他就是从这里入手而进入天体物理学的研究的。

萨哈首先根据量子辐射理论提出一种选择辐射压的观点，他认为光压对不同的元素存在不同方式的压力作用，特别是对钙元素的压力之强，远远超过其他元素，这就导致其谱线发生异常。萨哈关于这个问题的第一篇论文在《天体物理学杂志》上发表了，但他经过推广和精确化之后的第二篇论文，在寄给该杂志时，由于工作人员的疏忽，却被遗忘在抽屉里达 18 年之久，后来，1936 年，当萨哈访问叶凯士天文台并询问起此事时，论文才被找出来还给了他，但时机已经错过，英国的米尔恩已在萨哈第一篇论文的启发下，发表了一系列关于此课题的文章。萨哈在自己的文章杳无音讯之后，只将其中的一小部分摘发在本地的小杂志上，没有引起任何注意。

但这项研究把他引向热电离理论。当时，爱丁顿正在构造恒星的内部结构理论，他的一项假设是：恒星内部的高温将使原子丢掉其大部分电子。这个假设只停留在定性层次上，因为不知道原子失去电子的具体过程及其机制。德国物理学家科尔许特曾尝试给出一种解释，未果。能斯特的一名助手埃格特接着用假设电离能的办法来解决此问题。萨哈则一步就跨越了埃格特，他看出根本无须假设元素的电离能值，因为这个值直接可从元素的光谱分析中精确推出，或者从弗兰克和赫兹的电离势测定实验中实际测得。萨哈通过自学所掌握的热力学知识此时变得极为有用，他利用相平衡理论很快就得到了一个公式，在此公式中，极热气体的电离度可用气体温度和压力来表征，使爱丁顿的假设变成具体的过程。然后作为实例，他把此公式运用于解释太阳或恒星大气性质，很容易地说明了外层弧光的消失和闪光的增强是压力降低所致。根据萨哈公式，他还解释了另外一个长期悬而未决的现象，即太阳光谱中总是缺少铷和铯这两种元素特征谱线的原因，这是因为电离度随着温度的升高而增加，随着压力的增高而减小。在同等条件下，对低电离势的元素而言，其电离度必然低下。由此也可以根据电离势的大小预言热动平衡条件下元素的分布区域。萨哈的这项研究结果，以《论太阳色球中的电离》为题，发表在 1920 年英国《哲学杂志》上。文章虽是 1920 年才刊登出来，但是在 1919 年他去英国之前就已完成并寄出了。

后来，由于优先权的考虑，曾有人对他这篇文章写于何处产生过怀疑。因为从发表的时间看，萨哈似乎有机会从福勒或者能斯特那里得到启发和指导。特别是文章刊出之前，他也见过米尔恩，而米尔恩嗣后极大地扩展了萨哈的理论。这种怀疑实质上是不相信印度人有能力在本土上做出国际水平的工作，因为后来的情况表明：当时一些大物理学家，如牛津大学物理学教授林德曼、荷兰莱顿大学的克拉默斯等也在研究同一课题，在这场竞赛中萨哈赢得了胜利。

萨哈作出这项平生最重要的贡献时，年仅 26 岁。他去英国及德国的实验室工作，中心目的就是进一步在实验上确证自己的理论。在皇家理工学院福勒的实验室工作期间，萨哈利用自己的理论，对太阳元素进行深入分析，并预言：通常太阳光谱中缺少的铷和铯两元素的谱线，将可以在太阳黑子的较冷气体中找到。这项预言几个月后便被美国威尔逊山天文台的天文学家罗素部分证实了，因为他在太阳黑子的光谱中发现了铷的共振谱线。

萨哈还与福勒合作，试图寻找计算总星系之熵的新方法，由此便可把他的热电离理论建立在一个更加稳固的基础之上，关于这些问题的论文，在 20 世纪 20 年代的头几年中陆续发表出来。

萨哈公式 1933 年又由美国天体物理学家门泽尔用统计物理方法推导出来，至今仍作为天体物理的一条重要公式而被应用于研究之中。萨哈本人后来的研究工作，也大都围绕着自己的热电离理论进行。

四、教授生涯

1921 年底，萨哈从欧洲载誉归来，不料等待他的是濒临绝境的加尔各答大学理学院。

慕克吉爵士当初设立这所理学院并教授研究生水准的课程时，就遭到殖民政府当局的反对，只是由于他基本上自筹经费，所以没有被禁止，但当局并未改变对此事的懊恼，他们把这看成是一种低学术水平但却含有对英国离心的行为。尽管后来政府任命的塞德勒委员会经过考察，认为这些课程是卓有成效的，政府当局仍通过削减学校的若干财政预算来施加压力。财政上的刁难立刻使理学院的正常运行步履维艰。慕克吉发现有时连教职工的工资也开不出来了。萨哈就是在此情形下回到加尔各答的。虽然慕克吉如他不久前给萨哈的信中所应允的那样，聘萨哈为新设立的凯拉物理学教授，但萨哈很快就发现自己根本得不到一个实验室，甚至连一名助手也没有。这种情况使他难于开展任何像样的研究工作。他勉强在这儿坚持了一年，最后仍不得已而另谋出路了。

他同时接到三个以上大学的聘书，选择了其中的安拉阿巴德大学。 这里地处印度北方邦东南部，是恒河与亚穆纳河的交汇处，属于印度教圣地之一。在加尔各答大学，研究气氛很浓，但各教授之间的竞争也激烈得令人窒息。而在安拉阿巴德大学，萨哈是唯一的物理学教授，虽没有竞争的推动力，但他却可以充分自由地利用还算不错的实验室。最使他不满意的地方是该校的图书馆太落伍了，只有一些旧书和为数不多的几种英文刊物。于是他向校方要求更新图书，不料财务长把他领到书架前，指着满架的旧书说：

> 请问您是否已经全部看完这些书？

萨哈唯有苦笑道：

> 没有，没人能做到这一点。

于是乎财务长理直气壮地责问道：

> 既然如此，您为什么还要费钱买新书？我看您最好把这些书全读完后再来找我！

萨哈稍后欲改善实验室设备时，有过类似的遭遇。

尽管有这些小小的不愉快，萨哈仍比较喜欢这里的环境，他在这里一待就是16年，用自己的学识和心血，培养了一批又一批青年学子。他从大学一年级的课程开始，一直教到硕士毕业水平，既讲理论课，也指导实验课。事实证明他是一名优秀的教师，他的学生多次在全印度的考试竞赛中获胜，甚至有一次还包揽了全部科目的冠军，至于在北方邦，那就占绝对的优势了。他的学生中有多人后来成为著名的科学家，特别是在气象学领域，他的学生曾连续接任印度气象局的总管。

当然，萨哈并不认为考试成绩好的学生就一定能从事研究工作，他十分相信爱迪生的说法：灵感只占百分之二,百分之九十八的成功还是要靠艰苦的劳动。但他同时也认为不能从事科学研究的学生并不一定不是优秀人才，他鼓励学生在自己擅长的领域中发挥潜力，创造业绩。他的学生中也出过政府部长、大法官和企业家多人，例如，在甘地被刺案中担任法官的就是他的一位学生阿特玛奇兰，他还有一位学生慕克吉后来成为孟买电影公司的总导演。

萨哈在教学上的一个突出特点，就是注意培养学生的独立思考能力，让学生们不一定按照他的思路来解决问题。他的学生之一科塔里后来成为德里大学教授、国防部技术顾问，就是沿一条自己的道路成长起来的，但得到萨哈的大力帮助。

萨哈一边教学，一边努力开展研究。他的实验室设备不佳，需克服很大困难才能进行光谱拍摄实验。萨哈在很长一段时间里，是为健全实验室而努力。这个问题一直到1927年他被英国皇家学会接纳为会员，印度总督特批给他每年5000卢比的经费时才算初步解决。这时他的身边已聚集起一批年轻的同事和学生，大家经常利用暑假期间的三个月进行研究。此时是全年最炎热的季节，但没有教学任务，可以全力投入科研。萨哈曾接近发现复光谱的发生机理，但德国的洪德比他早几个月公布了这项发现，使他功亏一篑。这恐怕主要得归因于通信上的困难，当时无论是寄出或收到国外论文杂志，晚上一年半载是常事。萨哈徒有苦恼而已。

受弗兰克分子吸收光谱研究的启发，萨哈也带领助手和学生研究过光化学作用，获得过一些结果和新的想法。其中一部分发表在罗伊爵士的七十寿辰纪念文集上，但大部分想法无法被彻底地研究和深化，一则是由于缺乏必要的仪器设备，二则是参加工作的大部分学生后来转到别的题目或离校而去。20 世纪 30 年代中期，安拉阿巴德大学物理系在萨哈的领导下，还形成过一个所谓“电离层研究学派”，对大气电离层或臭氧层进行了较系统和深入的研究工作。这个学派的活动一开始很有气势，运气也不错，头两年就获得一批成果，引起了科学界的刮目相看。但接下去的情形便有些蛇尾之象，根本原因是学术带头人萨哈于 1938 年离开了这里，其次是另一位骨干也转行到气象局当了气象学家，使学派最后落得无疾而终的结果。

但萨哈把对大气电离层的研究兴趣带到了加尔各答大学（1938 年他又回到这里任帕利特物理学教授）。他的兴趣可归结为两个相关的问题：（1）垂直无线电波通过电离层的传播；（2）电离层中各分层的不同起因。这些问题都与他的热电离理论有关。在热动平衡的条件下，萨哈公式无疑是正确的。但实际上存在着大量难以完全满足平衡条件的情况，例如，太阳光落在地球大气层上就属此类。太阳光携高温而至，同时，大气层中的气体却处于远较其为低的温度状态。萨哈就此一类问题深入研究后得到许多结果，其中包括下述两点：（1）在太阳光的作用下，氧气在 100 千米或以上的高度被完全分解；（2）电离层中各不同分层的成因，可能源于太阳远紫外光中的单色辐射线。萨哈提议，为了证实他的预言，应在 50 千米以上的高度，即臭氧层以上，对太阳光谱进行拍摄。美国科罗拉多大学的研究小组后来在 80 千米的高度进行了拍摄，证实了萨哈的预言。

五、科学与传统文化

萨哈在预科学校和大学时的同学森回忆说，萨哈最喜欢的科目是数学，次之的便是历史。他博览各种印度古籍，终生不辍，心中常常激荡着一股民族感情。但萨哈是一位真正的科学家，他深知怎样正确对待民族文化传统与科学的关系。在这方面他有大量精辟的论述。

1925年，他被选为印度科学会议物理分会主席。在就职演说中，他一方面斥责了贬低印度文化的观点：

> 有一种普遍的想法，即认为那些我们今天正在教授给学生的创造性工作从未在这个国家中出现过，是完全从欧洲输入的。这仅仅是半个真理，否则，我们决不会有富有成果的医学、天文学和数学。

另一方面他也对盲目自信、夜郎自大的观点进行了抨击，他引述自己一位老师的话说：

> 我已从贤哲们的嘴里听到了许多，我也在典籍中看到了许多，但我决不轻信任何未经我验证的东西……很不幸地，在印度，这个真知灼见被愚昧蒙蔽了，人们只把古代经典奉为最高的学术。……但最近的一些例证表明，印度人的大脑在创造性科学工作上是极有潜力的。

萨哈对甘地所领导的不合作运动和其他自由运动怀有敬意，并给予过多种帮助，但他却反对那种倒退式的复古主义，这特别表现在他对一些诸如“回归村社”“尊崇卡搭”[1]等复古口号的激烈批评上。他认为这些口号不仅无益，而且有害。为自由而战，决不意味着为贫穷或愚昧而战。独立正是为了更好地消除贫困，而不是回归愚昧。科学技术应是自由的同盟者，而不像提倡复古主义者所讲的那样，是自由的敌人，他认为社会公众被那些错误的口号误导了，因此，有必要大力扫除错误观念的流行。为此，他写了一系列的文章，包括《论工业化的哲学》《再思我们的未来》《对印度的一个普通答案》等，大部分发表在他参与创办的《科学与文化》杂志里。

萨哈是一个言行一致者，最典型的事例，是他顶住来自各方面的压力，从不佩戴“卡搭”，这个行动使他甚至招致许多亲密朋友的责难。有一次他的师长和朋友罗伊一定要他回答不戴卡搭的具体理由。萨哈坦率地说：

> 卡搭通常是用来遮盖深重罪孽的，但我没什么罪孽要掩盖，所以我没有

1 卡搭，Khaddar，即印度土布做的头巾。

必要戴那玩意儿。

朋友说他反对印度的传统，他就引用著名吠陀预言家雅根亚沃卡的事例作为回答：他与老师瓦什姆帕亚那就其所教的《黑耶柔吠陀》发生了争执，雅根亚沃卡直率地告诉自己的老师，他认为老师的教法和解释都是错误的。据说老师听后大怒，勒令学生把从他这儿所学的全部知识如数归还，雅根亚沃卡立即把知识吐了出来。这些知识被传说中的神奇鹧鸪鸟提提拉吃掉了，而雅根亚沃卡与老师断绝关系后，却创建了一个全新的体系《白耶柔吠陀》。

当印度独立后，萨哈在朋友们的鼓动下准备竞选议会议员时，拒绝佩戴卡搭的行为又给他带来了麻烦。萨哈一直遵循自己青年时代立下的规则：与政治保持一定距离。但他又常常鼓吹科学研究应当有计划，为此他曾致力于各种组建全国性科学组织的活动。独立后，朋友们责问他：既然你一贯鼓动制订全国性的科研规划和工业发展规划，现在机会来了，你为什么不积极介入，发挥影响力以实现自己的设想呢？于是萨哈决定以无党派人士的身份参加人民院议员的竞选活动。一位极有影响的国会参议员有一天访问了他，并提出一连串的问题：

问：您为什么要跻身于人民院的选举？

答：我是在朋友的鼓动下参加的，他们认为我的关于国家计划、工业化和河流整治计划的建议将对政府很有帮助。

问：您知道您的资格是不能被接受的吗？

答：我并不知道为什么。

问：因为您总是出言不逊地反对恰卡[1]和卡搭，而它们是议会活动的基本条件。那么您准备放弃原来的主张吗？

答：绝对不。

问：为什么？

答：因为我相信并且已证明过我的主张，即提倡那些原始技术表现出倒退和反科学的心理状态，而处于这种心理状态的人一旦掌握了权力，必将给国家带来灾难。

---

1 恰卡，Charka，民间纺纱轮。

问：如果这就是您的观点，那么您将失去竞选议员的资格。

答：如果这就是你们的条件，那么我将不屑于获得这个资格，因为我喜爱科学远甚于你们的那些口号。

结果萨哈自动退出了选举，任凭朋友们百般劝说也无用。有趣的是，那群卡搭迷议员不久又被一群反卡搭的议员所取代。1951 年，当萨哈再次参加选举时，以极大的优势当选为人民院议员。

六、科学活动家

20 世纪初，现代科学的种子开始在印度土地上播种和发芽。标志之一便是各种专业学会纷纷建立，如 1907 年成立的印度数学学会、1909 年成立的印度科学促进会、1914 年成立的印度科学会议等。1930 年以前所组建成立的各种科学类社团约有 30 个。萨哈是推进此类科学建制化活动的积极分子。早在 1925 年，他就被选为印度科学会议数理分会的主席；1931 年，他一手创办了北方邦科学院，并担任该院第一任院长。1932 年 3 月，北方邦科学院落成并正式开展活动，萨哈在自己的就职演讲中特别强调要将科学精神引入印度，要利用科学技术来解决这个国家的经济问题。他在最后这样说道：

实际上对许多思想家而言，当今世界上的大量罪恶乃是源于人类组织系统已无法适应不断变化的条件。由于通信方法的改变使不同地区能更快地联系和沟通，这个世界正在变成经济和文化上的统一单元，但政治家却仍坚持着他们的奥林匹亚时代的观点。

他抨击了狭隘的民族主义情绪与科学精神不相符，并警告如不彻底改变这种情绪，就有引发新的世界大战的危险。仅仅 7 年之后，他的话不幸言中了。

1934 年，北方邦科学院更名为“国家科学院”，在这个科学院的一系列早期活动中，后来成为印度总理的尼赫鲁曾多有参与，他的某些思想，如经济计划、科技对经济的作用等，肯定受到萨哈的巨大影响。萨哈后来与尼赫鲁一直保持密切的关系，成为他的科学顾问。

与北方邦科学院先后成立的地方性科学院还有由 C. V. 拉曼领导的班加罗尔的印

度科学院。萨哈对这种状况不很满意，他希望能够以英国皇家学会或普鲁士科学院为蓝本，建立起一个全印度统一的科学院。1934 年，他利用在孟买参加印度科学会议第 21 届年会的机会，正式提出了自己的建议：建立一个全印科学院，其地位应处于科学金字塔的顶端，其成员既有荣誉性质也有学术上的权威性。其主要功能应包括向国家科学研究基金的管理提出决定性建议，对国家事务从科技方面提出建议，代表印度开展国际科技交流等。孟买会议十分重视萨哈的建议，很快便组织了一个专门委员会研究萨哈建议的可行性。最后，经各地方科学团体和机构同意，决定成立名为“印度科学研究院”的组织，作为萨哈提议中的全印最高科学机构，之所以称为“研究院”是鉴于当时印度已有数个“科学院”，而在法语中，科学院乃是研究院的分支机构。印度科学研究院成立于 1935 年，是现在的印度科学院（1970 年改此名）的前身，萨哈开始时任副院长，1937 年至 1939 年成为其第二任院长。

萨哈也是印度最早倡议国家规模河流整治的著名科学家之一。他对水患问题的关注，始于学生时代。1913 年，他亲眼看到了加尔各答近郊达莫德尔河一场洪水所造成的灾难，从此便积极参加赈济灾民的活动，他与罗伊爵士一起建立了一个北孟加拉救援委员会，并担任委员会的宣传工作。这个委员会为灾民募集过大量款项和物资，萨哈在其中发挥了重要作用。1923 年达莫德尔河又一次泛滥时，萨哈甚至扔下自己的研究和教学工作，全力以赴投入到救援会的工作。作为委员会的宣传负责人，萨哈撰写了许多有关水患的文章。他认为若想根除水灾，首先必须对河流进行彻底的调查和研究，然后在国家的统一规划下进行整治。作为科学家，他特别提议成立一个水力学研究实验室，全面研究水灾问题和水力的利用问题。他的建议直到第二次世界大战即将结束之际才得以实现：在加尔各答以北 20 英里处建立了一个“孟加拉河流研究所”。萨哈本人曾进行过大量水力学方面的研究，他以达莫德尔河为例，分析了河流系统的治理和利用等。他的研究在第二次世界大战结束后受到尼赫鲁和其他政治家的高度重视，使他成为独立后印度政府整治河流问题的高级顾问。

1938 年，萨哈重返加尔各答大学，接替退休的 J. D. 玻色执掌帕利特物理学教席时，已被一个新兴的领域——核物理学所吸引。当时印度几乎没什么人注意到这个领域，而萨哈则因 1936 年去美国访问时，参观过加州大学伯克利分校劳伦斯的加速器实验室，途经哥本哈根时，又从玻尔及其同事和学生那里听到许多有关核研究的议论，这些都给他留下深刻印象。1939 年初，哈恩和迈特纳发现核裂变的消息传来，更使萨哈意识到这个领域的巨大潜力和尽快开展研究的必要性。但他同时也深知研究需要大量经费投入，不可能由大学独力承担或仅靠私人捐助，只能依赖政府支持。但在英国殖民政府统治下，这种支持绝无可能。萨哈费尽心思，想出一条解决办法：他利用自己担任“国家计划委员会”顾问的身份，与该会主席尼赫鲁多次交涉，反复陈明核能对国家的重大意义，终于获得 6 万卢比的拨款，用以在加尔各答大学建立一个核物理研究所。萨哈与同事一道从美国购进制造加速器的巨大磁铁和其他仪器，同时自己动手解决电力供应设备和真空装置等。这个所于 1944 年建成，这可能是亚洲最早的核能专门研究机构之一。萨哈于该所建成的当年又去美国考察过一次，但一无所获。因为当时已是第二次世界大战的紧要关头，美国的核武器研制正进入白热化阶段，一切核能资料都成了最高级军事机密，随便打听要犯美国的大忌。虽然萨哈在美国有许多物理学家朋友，但没有一个人敢向他泄漏一丝有关核能研究的情况。萨哈以被美国情报人员传讯过两次的代价，换得空手而归的结果。

二战后的 1949 年，独立后的印度政府成立了原子能委员会，萨哈却遇上了麻烦，因为该委员会竟然未将培养核能人才列入计划。这样一来，以培养研究人员为宗旨的加尔各答大学核物理研究所将难以得到政府足够的财政支持。此外，萨哈还面临着另一重难题：研究所的实际领导权操在加尔各答大学当局手中，而几年来的经验证明，那是一种毫无效率的领导。萨哈利用自己的影响，首先说服大学当局，然后又代表大学当局与政府进行磋商，最后终于达成了协议：将该研究所变为由政府和大学共同管理的准官方全国性核能机构。管理者为一个 9 人委员会，其中政府与大学各任命 4 人，萨哈本人则为终身委员兼研究所所长。这就保证了经费来源，为印度的核能研究和人才培养建立了一个稳固的基地。

在筹建核物理研究所的过程中，萨哈一直坚持核物理的研究和指导研究生的工作。他开始时从宇宙射线着手，用威尔逊云室测量中微子的寿命等。他也致力于理论探索，寻找不稳定核的 β 放射能量释放表达式。这些研究皆取得良好效果，他在此领域发表了数十篇论文。

20 世纪 40 年代中期，萨哈还被选为“印度科学培育协会”的副主席和秘书长，从此他极力推动这个印度最早科学团体（建于 1876 年）向正规化方向发展，使其成为印度科学组织系统中一个重要成员。

萨哈之所以努力推动科学活动，基本动机就是希望以科学的发展带动经济的发展。他曾这样说：

> 如果我们想成功地与困扰着我国 90% 人民的贫穷作斗争，建立富裕和进步生活的基础，我们就必须最大限度地利用自然界给予我们的知识。

他对科学的社会功能有充分的认识，这使他在自己的晚年基本上放弃了不涉足政界的念头，转而积极参与各种社会活动，为推动印度科学的发展以及科学的应用作出了巨大贡献。作为一位科学活动家，他的影响在印度科学界独步一时。

萨哈在科学上的创建、他的思想和他在印度社会活动中所发挥的作用，赢得了人们的普遍尊敬。1953 年，当他六十寿辰时，由他的学生之一、德里大学天体物理学教授科塔里发起成立了一个萨哈六十寿辰庆祝委员会，委员会成员几乎包括当时所有著名的印度科学家。委员会收集到大量的萨哈研究手稿、文章和照片等原始资料，并收到来自世界各地及印度国内的许多贺信及回忆文章，最后编辑成一本萨哈纪念文集。当时萨哈本人身体十分健康，他仍忙于核物理研究所和印度科学培育协会的各项工作。1956 年初，萨哈为核物理所的某些问题而赶赴新德里，与有关政府部门进行协商。不料旅途的劳累使他病倒了。几天之后的 1956 年 2 月 16 日，萨哈不幸逝世，离他六十寿辰庆祝活动过去还不到 3 年。

萨哈一生致力于科学研究，后半生更是努力担负起科学家的社会责任。在前一方面，他一生发表论文逾百篇、学术专著 4 部；在后一方面，他发表的科学与文化及有关教育计划、河谷整治、原子能利用等各种文章也超过了 100 篇，真可谓著作等身，功勋卓著。为了纪念他，1958 年，印度科学研究院决定设立萨哈科学奖，这是科学院首次以人名命名的奖项，有趣的是，第一个获奖人便是萨哈的同学兼好友 S. N. 玻色。

最后，让我们引用一段英国科学史家李约瑟的话作为结束。李约瑟在他致萨哈六十寿辰庆祝委员会的贺信中写道：

> 作为印度最杰出的科学家之一，萨哈教授的智慧之光远远超出自然科学本身，他毅然承担起科学家的社会责任，就像今天印度民族在国际上所起的作用一样，他在印度社会中发挥了卓越的作用。

（作者：王大明）

参考资料

[1] C. C. Gillispie. ed. Dictionary of Scientific Biography [C]. Vol. XII. New York: Scribner's Sons, 1975, 70-71.

[2] S. N. Sen. ed. Professor Meghnad Saha: His Life, Work and Philosophy [C]. Calcutta: M. Saha Sixtieth Birthday Committee, 1954.

[3] N. K. Jain. Science and Scientists in India [M]. Delhi: Indian Book Gallery, 1982.

[4] V. Chirol. India: A Historical Survey of Political, Economic and Intellectual Developments [M]. New Delhi: Deep & Deep Pub., 1983.

[5] R. H. 福勒 . 统计力学：下册 [M]. 王昌泰，等译 . 北京：科学出版社，1989.

[6] 刘咸 . 印度科学 [M]. 南京：正中书局，1947.

[7] A. Rahman. Scientific Societies in India [M]. New Delhi: CSIR., 1965.

[8] C. N. R. Tao. ed. Science in India [C]. New Delhi: INSA., 1985.

阿卜杜斯·萨拉姆

（Abdus Salam，1926—1996）

萨拉姆

第一个获得诺贝尔物理学奖的穆斯林

从牛顿写作其伟大著作《自然哲学的数学原理》首先提出万有引力理论的17世纪80年代起，中间经过麦克斯韦方程组的建立到20世纪30年代哈恩和迈特纳发现原子核裂变现象、费米提出中子衰变理论以及日本的汤川秀树创立原子核内部粒子相互作用的介子理论止，经过了大约两个半世纪的漫长岁月，和无数近现代物理学家的不懈努力，人们才基本弄清了自然界存在的几乎可以将所有物质运动的原因都囊括其中的四种基本相互作用力，即长程的牛顿质量万有引力、中程的电磁作用力、短程的弱相互作用力和强相互作用力。前两种主要表现为宏观物理和中观化学与生物等现象，后两种则局限在微观世界，是原子核及所谓基本粒子得以存在变化的基本动力。

伟大的爱因斯坦认为自然界是统一的，不应该把它人为地分为四个不同部分。所以他在其后半生中的大部分时间里，都在追求一种所谓“大统一理论”，即试图将这四种基本相互作用统一起来，纳入到一个完整结构中的理论。虽然他个人的努力失败了，但他的这个理想追求却遗留下来，激励着后辈物理学家们继续朝着这个方向迈进。在后代的努力中，最早获得成果的就是“弱电统一理论”，即将电磁作用和弱相互作用在某种程度上统一起来的理论模型。提出类似理论模型的共有三位物理学家，他们是美国的S. 格拉肖、S. 温伯格和巴基斯坦的A. 萨拉姆。他们三人因为这项贡献，于1979年共同获得了诺贝尔物理学奖。

前两人作为科技强国美国的物理学家，获得诺贝尔奖似乎是在意料之中的事，而第三位的巴基斯坦人萨拉姆，不但是个相对落后国家出来的人，而且还是个伊斯兰教徒，他的获奖多少有些出乎一般人想象。其实从他的成长经历看，他不但能秉承东方文明的传统，而且能透彻地理解西方文明的精华，是一位天才物理学家，他的获奖完全在情理之中。

一、家庭背景和早期岁月

阿卜杜斯·萨拉姆于1926年1月29日出生于当时还属于印度旁遮普邦下属农业区江格县的一个小镇子里，1947年印度和巴基斯坦同时独立，该地划归巴基斯坦，所以萨拉姆最后应算是巴基斯坦人。当然更重要的是，他的家庭是个伊斯兰教家庭，而巴基斯坦与印度分离的主要因素就是宗教信仰上的差异，所以，从精神意识的角度来讲，萨拉姆也应归属于伊斯兰教国家巴基斯坦。

萨拉姆的家庭算是当地一个乡绅家庭，或者也可说是个书香门第。他的祖父是镇子上的宗教学者兼传统医生，在当地很受人尊敬。萨拉姆的父亲虽然也是穆斯林，但接受的是英国殖民政府相对现代的教育，和当地普通人相比，不但会说英文，而且各方面都具有较高素养。这是因为他一方面继承了伊斯兰教的传统文化，另一方面也从西化教育中接触到西方文化，所以能够同时汲取两种文化的营养。这个特点对于萨拉姆后来的成长可能具有决定性作用。在职业上，他父亲一开始充任了当地的中学教师，后来升任江格县教育办公室主任，成为一个小官吏。其家庭生活算不上特别富裕，但也并不贫困，是个比上不足比下有余的状况。因此，父亲对于作为长子的萨拉姆寄予了无限希望，期盼他能出人头地，光耀门楣。

萨拉姆是他父亲第二个妻子的第一个孩子，第一个妻子因难产而去世，留下一个女儿。所以萨拉姆上面还有个姐姐。而他下面有六个弟弟和一个妹妹，所以这是个很大的家庭。但作为被寄予厚望的长子，萨拉姆从小就得到了父母无微不至的照顾和偏爱。他母亲来自一个虔诚的伊斯兰教徒家庭，母亲的哥哥是个伊斯兰传教士，成年后在非洲传教20多年，在当地很有影响。所以萨拉姆从小就在母亲的影响下，成为一个虔诚的穆斯林。

萨拉姆6岁半在当地的小学上学，是个安静听话的学生。一般人认为只有那些从小不安分的孩子日后才可能成为天才人物，但这个规律并不适用于萨拉姆。因为他虽然并不像一般男孩那样调皮捣蛋，但学习却非常优异，8岁的时候就升到了四年级，用一年多时间读完了一般小孩四年才能读完的课程，而且还取得了第一名的好成绩。他的小学成绩单上有这样的记载：

阿卜杜斯·萨拉姆在江格中心小学于1934年3月举行的四年级考试中

名列第一。

他在当地读完小学和中学，1940 年 14 岁时以江格县考试成绩第一名的资格进入旁遮普邦首府拉合尔的政府学院读大学。该校有印度教、锡克教和伊斯兰教等不同信仰的学生，所以在某种程度上以不同信仰为群体展开了彼此之间的竞争。而萨拉姆作为一个穆斯林，由于他的学习成绩优秀，所以经常成为穆斯林学生群体的代表人物。这种宗教性竞争的激励，无意中成了萨拉姆学业的重要动力。

另一个动力来自对未来道路的设计。在那个巴基斯坦还没有独立、整个印度还处于英国殖民统治下的时代，一般学子最好的出路，就是大学毕业后通过文官选拔考试，然后谋得一个稳定的体制内政府官吏职位，这样首先就能保证自己和家庭的衣食无忧。如果日后能够步步高升，最后进入高级官吏行列，则不但衣食无忧，还能够光宗耀祖。实际上，萨拉姆的父亲从一开始就给儿子选择了这条可以通往“罗马”的平坦大道作为人生目标。而作为一个从小就很懂事听话的孩子，萨拉姆自己也一直为此而努力学习。但这种通道因为第二次世界大战的爆发而关闭，主要是英国殖民政府因忙于应付战争，无限期地暂停了文官系统的选拔考试，这就给很多原来准备走这条道路的学子带来了选择上的麻烦。对于萨拉姆而言，他的成绩一直是全校第一，通过文官考试似乎犹如囊中取物，等于说是在胜利果实已经触手可及的时候，进入的大门却突然关闭了，这得是多么大的打击啊！

但让萨拉姆感到些许安慰的有两件事：一件是选拔考试不过是“暂停”，也许未来还有机会，所以得继续做好一切准备而不能有所松懈；另一件是在他努力学习的过程中，一些科目本身所散发出来的魅力吸引了他的注意力，当然也就分散了对于原来人生目标追求的聚焦。这些吸引他的学习科目，最早的一个是数学。其证据就是 1942 年，当萨拉姆还是大学二年级学生的时候，他就写了一篇研究论文，题目是《拉马努扬的一个问题》，发表在 1943 年当地的一份大学生期刊上。论文中，萨拉姆对拉马努扬所提出的一个解代数方程的方法进行了优化，得到了更加简洁可行的方案。以此为起点，萨拉姆开始进入了科学领域畅游，甚至有时候都忘记了父亲为自己制定的成为文官的人生目标。

萨拉姆在拉合尔政府学院于 1944 年获得学士学位，两年后又获得硕士学位。在文官道路仍然不通的情况下，他最终听从兴趣的召唤，走上了科学研究的道路。这里面也有几分运气因素：第一个幸运之处是，当地有位富商为支持第二次世界大战的进行建立了一个基金，但钱还没花完战争却结束了，于是这笔钱被转用来作为奖学金资助当地优秀学生去英国留学，而萨拉姆顺利考取了这个奖学金，从而获得赴英国留学的机会。1946 年 9 月，萨拉姆乘船到英国，进入剑桥大学的圣约翰学院攻读博士学位。第二个幸运之处是，就在他刚刚获得奖学金赴英国留学不久，这个奖学金却因为印度与巴基斯坦的“印巴分治”而取消了。就差一步，萨拉姆将无缘剑桥大学。[1]如果他那时留在巴基斯坦，则命运如何殊难预料。第三个幸运之处是，剑桥大学圣约翰学院恰恰就在那个时候需要招收数学物理专业的学生，因为量子物理大师狄拉克那时就在圣约翰学院教书，需要有学生听课。于是，萨拉姆吉星高照，运气极佳地成为狄拉克的学生之一。从此，萨拉姆开启了一场科学上的开挂人生。

二、剑桥求学与量子场论重整化

1946 年，当 20 岁的萨拉姆投入剑桥大学圣约翰学院开始科学上的进一步深造时，始于世纪之初的物理学革命实际上已经到了尾声。先是爱因斯坦的狭义相对论和广义相对论风靡科学界，然后是普朗克引入量子概念，之后由玻尔、海森伯、泡利、薛定谔等一大批物理学家发展为整套的量子力学理论，最后又由狄拉克等将两者结合起来，形成了相对论性量子力学，整个新物理学的基础由此奠定。

新的范式建立起来后，接下来的问题就是如何将其应用到解决具体的物理难题中去，例如，对于电子、光子、原子核中的质子和中子等当时已知的基本粒子，如何计算和预言它们之间的相互作用。日本物理学家汤川秀树引入了“介子”场来描述原子核中质子与中子间的相互作用，费米则引入“中微子”来解释原子核衰变时的弱相互作用。特别是结合经典电磁场理论和实验，物理学家们逐渐建立起所谓“量子电动力学”以及推广到其他基本粒子场的“量子场论”，而且，该理论被称为“标准理论”。但在理论的发展中，也发现了一些难以理解的问题，其中一个最典型的难题是，如果用量子理论解释电子行为，例如，当一个原子中的电子短暂地变为一个光子加一个电子（例如量子跃迁过程），那么对于这个两粒子系统（电子 + 光子），虽然其总动量等于初始电子的动量，但其动量的组合方式却有无穷多种，由此将导致初始电子动能可

---

1 实际上，当初与他一块获得奖学金的五个人当中，只有他一人真正到了英国学习，其他四个人就因为拖延了几个月而被取消资格，最终没能留学成功。

能出现无穷大的情况。而这明显是错误的，因为实际的初始电子动能肯定不会是无穷大。物理学家们发现不仅是对电子的产生和湮灭，在其他一些诸如电场激发产生“真空极性”、原子核衰变发射电子和虚拟“中微子”等场合，也都存在着各种所谓“无穷大”难题和需要假设存在着各种虚拟粒子（例如“中微子”“介子”等）的问题。为了消除量子场论中形形色色的无穷大难题，物理学家提出了很多办法，主要就是利用物理参数的重新定义或调整数学方法以处理和回避无穷大，此即量子场论“标准理论”的“重整化”。

萨拉姆到剑桥大学学习的时候，适逢重整化进入一个小高潮时期。当时主要有三条重整化路径，其一是日本物理学家朝永振一郎的变分法，其二是美国施温格尔的协变法，其三是美国费恩曼的路径积分法。不久之后的 1949 年，普林斯顿的英裔物理学家戴森证明三种方法在数学上是等价的。这些物理学上的进展，年轻的萨拉姆并未能直接参与，作为剑桥的大学生，他只是个旁观者，但又是个近距离观察者。特别是上述这些人当中的最后一位综合贡献者戴森，此前也是剑桥大学毕业生，曾在三一学院跟随著名数学家哈代攻读数学，后来与萨拉姆有过交集。萨拉姆之所以选择量子场论作为博士论文题目，也与戴森的点拨有很大关系。

当然，在 1946—1949 年的时候，萨拉姆还是个初学者，没来得及参与这些早期的工作。但他学习成绩优异，最终获得了剑桥大学圣约翰学院数学物理双第一的荣誉学士学位，然后就返回了巴基斯坦。此时，地方的文官选拔考试又开始举办，但这对萨拉姆已经没有多大吸引力了，他已经选定了科学研究作为自己的终身职业。回国来只是为了迎娶父母为他预定好的未婚妻，等待了他好几年的表妹伊姆图尔·哈菲兹。婚后不到半年，他就返回英国剑桥，继续自己的科学事业。因其在圣约翰学院的优异成绩，使得他此次有机会进入了剑桥大学著名的卡文迪许实验室攻读博士学位，但萨拉姆很快就发现自己没有什么实验才能，他后来坦诚地写道：

> 做实验，需要一种我不具备的品质——耐心和摆弄仪器的本事。我知道我干不了，根本不行，我恰恰缺少耐心。

所以进入卡文迪许实验室后，萨拉姆放弃了实验方面的尝试，全力集中于理论钻研。而他所钻研的理论，就是量子场论中的标准理论，特别是介子理论的重整化，即在戴森工作的基础上加以扩展和优化，得到更明确的结果。正如派斯在《基本粒子物理学史》一书中所说：

……根据戴森在1949年陈述的一条基本定理，对于每一阶次，有三种并且只需三种重整化就够了……此定理的复杂证明发轫于戴森，订正于萨拉姆，精炼于温伯格，并由其他人详细阐述。

萨拉姆自己后来也写道：

我是由于弗里曼·戴森的帮助才卷入这个问题的。他是负责整个发展的人，也列出了重整化提纲，需要指出的是，他列这一提纲是为了研究电动力学的规则，而不是为了研究介子理论。戴森那时碰巧在英国。于是我打电话对他说："也许你能帮助我解决这个使我们大家都感到困难的问题——介子理论的中心问题。我可以去拜访你吗？"戴森说他明天就要回美国，要我马上去见他。这又是一次影响我一生的偶然事件。当我见到戴森，并向他征求答案时，他回答说："我没有答案，只有一个推测。"当我听到这话时，吃惊得就像大地从脚底下滑走了一样。因为对我来说，戴森简直就像个神人，我原来指望他是知道所有这些答案的。无论如何，他对这一题目给予了高度启发性的讲解，从而把我推上了正确的轨道。最后，我终于证明出戴森的推测是正确的。这使我获得了博士学位，并且立即得到了普林斯顿研究员的职位。

萨拉姆当时并没有立即去普林斯顿高级研究院就职，而是在1951年又返回到祖国巴基斯坦，就任拉合尔大学的数学系主任。获得博士学位时他只有25岁，心中充满对祖国的热爱和感恩，当然也可能还有对父母和妻子的个人感情，所以获得博士学位后他毫不迟疑地返回了巴基斯坦，既可为国效力，也可就近照顾自己的家人。他就任拉合尔大学的职位后，一做就是三年。但在这三年里，当时巴基斯坦大学机构官僚作风，并没有能够进一步激发他回报祖国的豪情，相反倒是给他带来了满怀沮丧。例如，在1951年圣诞节，著名物理学家泡利到印度的孟买访问讲学，萨拉姆前往听讲并与泡利交流，却不料遭到拉合尔大学当局的训诫，说他此举属于"旷工"，要进行处罚。相当于大学教授不能根据自己的需要进行学术交流，得由管理当局来决定一切，这样的外行粗暴管理内行的行为，肯定让教授难以接受。另外，那时该学校也没有其他高水平的数学和物理学者，学生也普遍不喜欢难度很大的纯科学教学内容，大都将上学当成未来投身文官系统的敲门砖。最后，学校的图书和期刊资料也非常缺乏。毫无疑问，对于一个世界顶尖的理论物理学家而言，这种环境是相当苦闷和封闭的。所以，萨拉姆在忍受了三年学术上的封闭生活之后，不得已重新返回英国也就不难理解了。

除此之外，还有一个社会原因值得提及，那就是宗教教派之间的矛盾。萨拉姆家族信仰伊斯兰教，但他父亲加入的是一个称为“艾哈迈迪”的教派，所以萨拉姆跟随父亲自然也是这个教派的穆斯林。但实际上，这个教派是在19世纪末才创立的新教派，在当时的巴基斯坦社会中属于支流少数派，很多时候甚至还处于一种因为被压迫而不断反抗的状态。就在萨拉姆任拉合尔大学数学教授期间，旁遮普邦就发生了一次迫害艾哈迈迪教派的暴乱事件，很多艾哈迈迪教派信徒因此遭到了噩运。这种情况刺激了作为艾哈迈迪穆斯林的萨拉姆，使他最终下定决心离开家乡。1954年初，他带着妻子和孩子回到英国剑桥大学，担任了大学讲师，也开启了他科学生涯的最重要收获期。

三、宇称不守恒、三种玻色子与弱电统一理论

萨拉姆赴英国剑桥大学担任讲师，据说是该校历史上第一个穆斯林教师。而且他的这次赴英，也得到了旁遮普政府的同意，每个月还发给他180卢比的特殊津贴。而剑桥大学的报酬则达到每年800英镑。他的教学职责是主讲圣约翰学院的“狄拉克课”[1]，即毕业班的量子力学综合讲座。但他仍未放松科学研究工作，在剑桥大学的三年里，连续发表了多篇重要研究论文，内容包括量子场论、强相互作用和弱相互作用，其中也提及了宇称问题等。

1957年，刚刚31岁的萨拉姆已经在国际核物理界享有很高声望，被英国帝国理工学院聘为教授，这也创造了穆斯林学者在西方科学界所任职位的新纪录。据说剑桥大学的教授们曾劝告萨拉姆不要去那个“铁匠学院”——这是当时很多英国学者对帝国理工学院的戏称，但萨拉姆为了摆脱剑桥大学讲师繁重的教学和学生督导工作，更

1 本应由狄拉克上的课，但因狄大师经常忙于科研、会议或其他活动，便由别人代替上课。但对代替的人实际上都有严格要求，并非随便找人代替。

好地投入到研究中去，权衡再三，最终还是接受邀请到帝国理工学院担任了理论物理学教授，年薪达到3000英镑。

从1957年到1964年，萨拉姆在帝国理工学院工作了8年，前后发表了50多篇论文，在规范场论、宇称不守恒和初步的弱电统一理论方面做出了卓有成效的探索工作。在宇称不守恒理论方面，萨拉姆实际上差不多比李政道和杨振宁略微晚一步得到了这个猜测。1956年当萨拉姆参加一个在美国西雅图举行的粒子物理学会议之后，在返回途中突然领悟到了宇称不守恒与中微子必须零质量光速传播所导致难题之间的联系。他回忆说：

> 那一年（1956），我在西雅图会议上听到杨振宁教授讲到他和李政道教授关于到目前为止还神圣不可侵犯的左右对称原理，在弱核力的范围里有遭到破坏的可能性。李－杨认为，在弱核力的相互作用中放弃左右对称，$\tau-\theta$ 之谜就会有一个可能解。我记得在返回伦敦的飞机上……无法入睡，一直在考虑，大自然为什么就应该在弱相互作用中破坏左右对称，大多数弱相互作用的特点与泡利中微子辐射现象有关。在飞越大西洋时，我想起了关于中微子的一个富有创意的问题，那是几年前在我通过博士学位答辩时，派尔斯教授曾问我：根据麦克斯韦电磁规范对称原理，光子是没有质量的；那么，为什么中微子也没有质量？

当时，不但萨拉姆并不晓得个中原因，提出问题的派尔斯自己实际上也不知道究竟为何。就在萨拉姆飞越大西洋的时候，他的脑中突然灵光闪现，即在弱相互作用的解释中其实可以有两种选择，或者是完全满足左右对称的以光速运动的零质量中微子方案，或者是有一个微小质量的中微子，但其传播速度却应小于光速。前一种选择可以完全满足作为自然界基本美学原理的左右对称性，而后一种则将破坏表面的左右对称即宇称守恒，但在理论上却依然可以成立，并且完全解决了诸如 $\tau-\theta$ 之谜的难题，此即所谓底层场的对称破缺。他将此研究写成论文发表后，却没有得到多少反响，直到1957年吴健雄等人从实验上证明了宇称不守恒在弱相互作用中的确不成立，李－杨由此获得了当年的诺贝尔物理学奖。曾有人认为萨拉姆也应一起分享这个奖，但从提出的时间上看，李－杨的优先权并无可挑剔之处。

宇称不守恒问题是萨拉姆在后来攻克弱电统一理论过程中的一个步骤，中间还经历了他对杨振宁－米尔斯所提出的规范不变性场方程之外的独立规范不变性条件的研究。这也是他对宇称不守恒问题研究的延续。在其中，他预言了有两种带电的中等质量粒子参与了弱相互作用的传递过程。这两种粒子就是著名的 $W^{\pm}$，是矢量玻色子。但他的研究曾经遭遇了泡利等人的质疑，泡利问道：

你的论文有些不明之点，如果静止质量是无限大（或非常大），它怎么能和规范转换 $\beta\mu \rightarrow \beta\mu + \gamma\mu A$ 一致？每个读者都会明白你有意识地在这里隐藏了什么东西，并会向你提出同样的问题。

泡利这里指出的就是萨拉姆最早将弱相互作用的 β 衰变和电磁作用的 γ 辐射结合到一起的问题。萨拉姆提出在弱相互作用过程中，为了保持类似电磁场中电子通过交换光子来产生相互作用电磁理论规范不变性，其中就应该存在着类似光子那样的短暂过程性交换的中间粒子，其性质是一种自旋为整数的玻色子，萨拉姆称其为 W^{+}，它的反粒子是 W^{-}，通常将正粒子与反粒子一起写作为 $W^{\pm}$；而为了统一处理弱相互作用和电磁相互作用，则又需将 $W^{\pm}$ 与 γ 辐射光子当作同一类粒子，但它们之间存在着差异，这就需要引入第三种质量更大的中性粒子，萨拉姆称其为 Z^{0}，这样才能相互协调，满足规范场转换的不变性。在这里，萨拉姆又预言了第三种玻色子 Z^{0}。这个粒子的预言后来在 1973 年欧洲核子中心实验室得到了证明，由此证明萨拉姆关于弱相互作用与电磁相互作用的统一理论符合实验事实，因而是成立的，此为后话。在这个理论中，萨拉姆认为存在着一种中性流，弱相互作用与电磁相互作用不过是这种中性流的两个分量，或者两种不同的表现。因此，弱相互作用与电磁场是可以统一使用同样的理论方式进行处理的，同时，由于底层场的对称破缺，从而可以自然而然地推出弱相互作用中宇称必然是不守恒的。

由于这些杰出的研究工作，1959 年，当萨拉姆只有 33 岁时，就被推选为英国皇家学会会员，并在之后的几年中获得了一系列奖励和荣誉，成为国际粒子物理学界的著名人物。

在此期间，由于更多的实验装置和技术例如加速器、宇宙射线探测仪等不断投入使用，并且性能也得到迅速改进，实验中所发现的基本粒子越来越多，粒子理论物理学家们却沮丧地发现，规范场论的重整化理论面临很多困难，首先是量子场论在弱相互作用中实际上无法有效“重整化”，对于强相互作用则完全无用，导致大量粒子行为无法给出有效预言。因此，粒子物理学亟待另辟蹊径来寻求处理这些粒子的理论问题。

面对新发现的令人眼花缭乱的众多基本粒子，为厘清其相互联系，很多物理学家都投入了大量的精力进行研究。海森伯认为质子与中子除有无电荷的差别外，在其他方面，特别是在质量上，几乎没有区别，因此，在物理处理上可视为是同一类粒子，或者是一个矢量的两个分量，亦即所谓“双重态”。而日本物理学家坂田昌一等从1955年开始，提出了所谓“坂田模型”“名古屋模型”以及“四重态模型”等理论假设，认为大多数基本粒子可能都是由三种更基础性粒子，即质子、中子和1949年发现的具有奇异性的λ粒子及其反粒子所构成。这个思路启发了在英国帝国理工学院的萨拉姆及其合作者沃德和来自以色列的学生奈曼等认识到粒子整体对称性对粒子家族分类的重要性，从而提出多重态的自旋介子假说。他们的工作进而启发了美国的盖尔曼和他的学生茨威格分别提出“八重态模型”以及“夸克模型”。盖尔曼还依据此模型以及对称性预言了一种新的高奇异数粒子Ω粒子的存在，这种粒子于1964年在实验中被发现而得到了验证，盖尔曼因此获得了1969年的诺贝尔物理学奖。

当时，依据大小、质量、寿命、自旋、对称性、守恒等参数，粒子物理学已经为大量粒子找到了家族谱系的基本来龙去脉，从而初步建立起以轻子、重子（或强子）和夸克等为标志的分类体系。这些分类的本质与电磁作用、弱相互作用和强相互作用关系密切，其中光子是电磁作用的中介，π介子是强相互作用的中介，而弱相互作用的情况则要复杂得多。从1934年费米提出的β衰变理论，到1956—1958年费曼和马尔萨克等修正的V−A理论，都无法令人满意，主要原因是不能在理论描述中被重整化，并且不能与已经发现的传递粒子建立联系。当萨拉姆引进了中间粒子$W^{\pm}$后，弱相互作用理论迎来了转机，从过去的费米子系统转为玻色子系统，因而也与电磁作用直接联系在一起。先是施温格尔将光子与$W^{\pm}$视为同一粒子家族成员，提出了一个重整化方案。但因光子无质量，而$W^{\pm}$则具有较大质量，如何能被视为同一组粒子并没有什么过硬的物理依据，属于人为附加项。之后，施温格尔的学生格拉肖继续这个课题的研究，并找到了初步重整化路径，但却由于数学算法上的错误一时陷入困境。萨拉姆此前一直在考虑着规范场的重整化，并将之应用到介子场处理问题，因而对于重整化无法应用于弱相互作用耿耿于怀。其间，芝加哥大学的日裔美籍物理学家南部阳一郎提出了对称性的自发破缺，英国物理学家希格斯经过深入探讨，认为要保持对称不变性要求就必须引入一个中间场，或者说弱相互作用的发生机制应该有一个不为人所知的中间过程，其中牵涉到不为人所知的几种中间粒子。这几种粒子就是前文所提到的 $W^{\pm}$ 和 Z^{0} 三种矢量玻色子，通过这些中间粒子的不同作用，弱相互作用可以以两种方式发生，一种与电磁作用别无二致，也使弱作用如同强作用那样保持规范场的对称不变性。而另一种弱作用则不然，在其作用过程中存在着更复杂的中间过程，但只要引入适当的中间粒子，则问题将得到解决。由此萨拉姆逐渐认识到，电磁力与核子内的弱相互作用虽然在强度上有很大不同，但在本质上却没有根本的区别。电磁作用的中介 γ 光子与弱相互作用的传递中介 Z^{0} 实际上都可以理解为 $W^{\pm}$ 及其中性粒子的某种混合。通过对这些中间粒子的综合考虑，特别是引入 Z^{0} 玻色子加入弱作用的第二种复杂作用机制，则将可以形成一种完整的符合规范的理论，由此可说明电磁作用和弱相互作用就是这些粒子所参与中介后的不同表象或不同分量。特别是弱作用中的复杂路径需要引入一个能够符合规范要求的中间过程（希格斯过程），并会产生一种弱电的“中性流”，最终的电磁力和弱核力都可以描述为是此“中性流”的不同分量。此即萨拉姆的形式化弱电统一理论。实际上他的整个关于弱电统一理论的工作早在 1957 年前后就已开始，经过十年的持续努力，最终到达光辉的顶点。他的完整工作成果发表在 1968 年斯德哥尔摩举行的第八届诺贝尔研讨会的论文汇编中。

就在萨拉姆持续自己的研究时，美国加州大学伯克利分校的一位年轻物理学家温伯格也在苦苦探索弱电统一问题。20 世纪 60 年代中期，差不多与萨拉姆前后脚，他从重整化 SU（2）× SU（2）对称群的破坏入手，考虑整体对称破缺在强相互作用下的规范不变性虽不能成立，但经过适当修改，即为中间玻色子矢量引进所谓“温伯格夹角”，就能够适用于电磁作用与弱相互作用的规范对称性路径，其结果就是他从些许不同于萨拉姆的思维路径，也导出了与萨拉姆类似的结果。就这样，最早由格拉肖发轫，由萨拉姆和温伯格接力，三人也在不同场合，通过多种渠道保持着交流与沟通，最终完成了电磁与弱相互作用的统一形式化表达，即弱电统一理论。

弱电统一理论中的 Z^{0} 玻色子及其派生的“中性流”是个关键，也是检验弱电统一理论的主要根据。1973 年，欧洲核子中心实验室在实验中检测到了这种弱中性电流的存在，从而证明了弱电统一理论的正确性。六年之后的 1979 年，萨拉姆与格拉肖和温伯格共同获得了诺贝尔物理学奖。他们的获奖原因是：

> 他们对基本粒子的电磁和弱相互作用统一理论的贡献，特别是对弱中性电流的预测。

四、其他工作

早在20世纪50年代末，当萨拉姆还在英国伦敦帝国理工学院任教时，由于他在理论物理方面的杰出研究工作，已经在国际物理学领域享有了相当高的声誉。他的事迹也传回了祖国巴基斯坦，引起巴基斯坦政界的关注，特别是当时的巴基斯坦总统阿尤布·汗，对他称赞有加。他邀请萨拉姆参加了1959年巴基斯坦的第一届科学委员会，并在会议上赞扬说：

> 我必须说，看到阿卜杜斯·萨拉姆来到我们中间，我是多么高兴。……我深信，由于他参加这一委员会的工作，将会增加委员会所提建议的威信和分量。

1961年，阿尤布总统还邀请萨拉姆担任巴基斯坦总统首席科学顾问一职，许诺给他高报酬并要求他全职工作。进入政府工作曾经是萨拉姆年轻时的目标和梦想，但这时候高官厚禄对于已成为著名学者的萨拉姆已经没有多大吸引力了。他在犹豫了好一阵子，经过深思熟虑之后还是接受了这个工作，条件一是不拿工资，二是当然也不能全职工作，相当于身兼英国大学教授的同时充当巴基斯坦总统顾问。他之所以愿意接受总统顾问的职位，一是出于他早在幼年时代就产生的对于祖国的依恋和对人民的同情，二是他作为一个虔诚的穆斯林教徒的使命感。他曾经这么写道：

> 在我的国家巴基斯坦，有50%的人每天只能挣18美分并靠此生活，75%的人每天的生活费不足14美分，包括了每日两餐、衣物、住房以及可能得到的任何教育。

他认为祖国的贫穷落后，主要是民众的愚昧造成的。那么为了唤起民众、改变国家面貌，首先要从改变国家领导层的思想意识做起，特别是能够对总统施加影响，肯定于国于民都大有好处。所以他愿意充当总统科学顾问，首先能够用科学影响总统和整个领导层的认识，对于国家的发展有重要意义。其次是可以利用自己的地位去做一些推进科学和教育事业的实事，比如，设立科学研究机构、建议适当的研究项目、资助有才华的青年学生，等等。在萨拉姆任职期间，他帮助筹建了国家原子能委员会和空间与高层大气研究委员会等五个委员会，还成立了一个直接归总统领导的科学技术研究局；为政府做出了许多建言，例如，建议提高科研经费，将国民生产总值的 1% 用于科研、加强国防科学、促进大学理工科和公共医药卫生研究、重视农业和粮食生产加工技术研发、重视以本国原料为基础的工业发展，等等。他还在各种会议和公众中发表了大量演讲。从 1961 到 1974 年，萨拉姆服务了两届巴基斯坦总统，为祖国的科技发展和教育事业作出了宝贵贡献。

在为祖国义务工作的同时，萨拉姆并没有放松科学领域的探索。1964 年，他离开英国帝国理工学院，被任命为设在意大利的里雅斯特新成立的国际理论物理中心创建主任。这个机构是联合国教科文组织下属的一个非政府间科技交流中心，其目的是帮助发展中国家在数学和物理相关学科获得更多的前沿信息和交流机会。萨拉姆在此任职期间，确实为推动很多发展中国家的科学进步做了大量工作，其中也包括对中国的巨大帮助。

虽然萨拉姆在任职国际理论物理中心主任后，增添了不少行政管理工作和其他社会活动，但他并没有放松自己在粒子物理学方面的研究。前文所述的关于弱电统一理论的研究，最重要的部分都是在这个时期完成的。

同时，对于粒子物理的其他部分，例如强相互作用的规范对称性等问题，他也同时进行着深入研究。其成果之一于 1965 年发表在《英国皇家学会会报 A》上，题目为《强相互作用对称性的协变理论》。

那个年代，在理论物理前沿不断推进的同时，实验方面的研究也在继续深化，其标志就是各国陆续建起了大大小小的各种粒子加速器和宇宙射线探测设备。其中最著名的是 1954 年在瑞士与法国边境建立的多国合作粒子物理研究实验室，欧洲核子中心实验室——欧洲核子研究组织，弱电统一理论的实验验证就是在这个实验室完成的。其他国家也不断建造各种高能物理装置，取得了一系列粒子物理方面的成果。其中在 1968 年，美国马里兰大学的实验物理学家约瑟夫·韦伯发明了一个用于探测引力波的仪器——共振棒，声称自己利用此仪器探测到了爱因斯坦广义相对论方程中所预言的引力波信号，由此掀起了一股研究引力波的热潮。萨拉姆也关注了此事并相信韦伯所做的工作，还投入到有关引力波的一些理论计算中去。他的工作把广义相对论和量子场论结合起来，取得了很好的效果。

还值得一提的是，从 20 世纪 70 年代初开始，萨拉姆与印度裔美国物理学家帕蒂合作，对质子及其内在结构进行了深入探究。质子与电子都是带电粒子，但它们之间的区别除质量上的不同外，应该还有其他更深层的差异。萨拉姆认为，在弱电统一理论中关注的只是电子和中微子之类的粒子，没有引入夸克假设。而如果质子是由夸克组成的，则类似的物质或者都可能存在着一种根据对称性而结合在一起的机制。由此，他们共同发表了一系列研究论文，提出了所谓帕蒂－萨拉姆模型，利用夸克机制发展了一种适用范围更广的粒子规范对称性理论。

在此期间，萨拉姆身兼数职，不仅是个出色的物理学家，也是祖国巴基斯坦的总统科学顾问，还是第三世界科学推动机构的国际理论物理中心主任。在科学研究方面他取得了累累硕果，但在巴基斯坦总统顾问一职上，前期效果还算有一定彰显，后期到 1969 年阿尤布总统被推翻，紧接着东西巴基斯坦陷入分裂动乱年代，萨拉姆作为顾问也进入了一个相对艰难的时期。直到 1971 年布托上台担任总统后，他才勉为其难地继续担任科学顾问一职。布托之所以继续留任萨拉姆，很可能是为了寻求在核武器制造方面的机会。萨拉姆本人一直提倡原子能的和平利用，但他对祖国是否制造原子弹则持一种比较暧昧的态度，甚至为寻求这方面的帮助，曾专门在 1972 年到中国访问过。

1974 年，萨拉姆回到意大利的国际理论物理中心，一边进行科学研究，一边把更多精力投入到推动发展中国家的科学研究事业和减贫活动中去。因为他深信，只有科技进步才是发展中国家脱贫致富的不二选择。为此，他以国际理论物理中心为基地，不遗余力地争取各种资源和捐资，为发展中国家培训高水平科研人员，并推动与他们的合作研究。特别是在计算机技术兴起之后，他在中心设立了微处理实验室，为将计算机技术引入物理学研究下了很大功夫。

1983 年，萨拉姆为扩大对发展中国家科学技术事业的支持力度，倡议建立了一个第三世界科学院（2004 年改名为发展中国家科学院），是一个非政府、非政治和非营利性的国际科学组织，致力于支持和促进发展中国家的科学研究。萨拉姆担任创院院长，一般院士从发展中国家的著名科学家中推举产生，外籍院士则从发达国家的著名科学家中推举。总部也设在意大利的里雅斯特，经费来源主要有意大利政府、国际原子能机构、联合国教科文组织和其他国家政府和非政府机构的捐助。萨拉姆利用这个机构，对发展中国家的科技事业给予了全力的帮助，其中也包括中国。

中国从 20 世纪 60 年代以来与巴基斯坦建立了良好关系，民间现在将巴基斯坦亲切地称为“巴铁”，就是对这种关系的一种肯定。之所以能够形成这种关系，除了双方政府领导人的努力，也与萨拉姆的贡献分不开。

五、六次访问中国

从1965年到1987年，在前后20多年的时间里，萨拉姆六次来到中国访问。这与他本身来自发展中国家以及始终对发展中国家的科技发展十分关心有直接关系。这些访问不但加强了中国与巴基斯坦两个国家之间的友好关系，作为高水平的科学家，他的访问也对中国科学的发展产生了良性影响。

1965年，39岁的萨拉姆第一次来华访问。这主要是一次政治交往，他作为巴基斯坦阿尤布·汗总统的随访人员，另一个身份是国际理论物理中心主任。访问行程中除与阿尤布总统一起的政治性集体活动外，他还有两项个人行程：作学术报告和与周恩来总理的单独会面。萨拉姆的学术报告听众是中国科学院原子能研究所的研究人员，内容是介绍国际理论物理中心正在研究的强相互作用粒子的相对论性SU（6）对称方面的工作。除此之外，周恩来在周培源的陪同下与萨拉姆共进午餐。席间，他们谈论了有关“如何加强中国物理学的研究以及为此需要做些什么”等问题。萨拉姆回忆了对中国的第一印象：

> 我第一次访华，使我认识了一个新的世界。

中国对他来说是一个新的文明、新的文化传统，这使他立刻爱上了中国的一切。也正是这种友好情谊的建立，开启了萨拉姆与中国长达20多年的往来。

第二次访华是在1966年，周恩来总理以个人名义邀请萨拉姆参加当年在北京召开的“北京科学讨论会1966年暑期物理讨论会”。

萨拉姆在全体会议上作了题为《基本粒子对称性理论研究》的学术报告，介绍了欧美基本粒子理论10年来的发展情况以及他的近期工作情况。萨拉姆表示，有不少现象表明基本粒子具有内部结构，过去的对称性理论已经过时。特别值得一提的是，当时中国物理学家的一些科学工作引起了萨拉姆的关注和重视，他对中国物理学家在这次会议上的报告给予了较高的评价，尤其是对当时北京基本粒子理论组提交的有关层子模型的文章给予了较高的评价，称层子模型为“第一流的科学工作”。

1972年，萨拉姆以巴基斯坦布托总统科学顾问的身份第三次访华，其使命是寻求中国在核物理方面的帮助，但没有取得实质性结果。访问期间他在北京作了学术报告。报告分两个部分，一是介绍当时国际物理学界热议的话题——引力波，二是对引力波问题进行了一番严格理论计算和推导。报告受到中国物理学家们的高度评价。

1978年，萨拉姆第四次到中国访问，此次来华，正值中国召开了全国科学大会、迎来科学春天之际，他与美国物理学家温伯格在参加了在日本东京举行的第十九届国际高能物理会议之后，携手一同来到中国。萨拉姆不但为中国科学界介绍了国际物理学前沿进展情况、参观了北京当时刚刚开始不久的高能物理加速器施工现场，还再次热情邀请中国科学家赴意大利的里雅斯特国际理论物理中心访问学习。1979年，就有包括黄昆等在内的第一批中国物理学家访问了国际理论物理中心，从此以后，中国与国际物理学界建立了越来越密切的合作交流机制。萨拉姆的首议之劳，功不可没。

1986年9月，萨拉姆作为第三世界科学院创院院长第五次访华，主要是寻求中国对于第三世界科学院所推进的南南科技合作项目给予帮助。

萨拉姆先到安徽合肥市参加了亚洲地区微机学院的开学典礼。该微机学院是由国际理论物理中心主办，中国科学技术大学承办，目的是培养能在实验室中设计、制作和组成微机处理系统的人才，促进与加强国家间的科技交流，是萨拉姆献给中国的一份厚礼。在名誉校长严济慈的主持下，授予萨拉姆中国科技大学名誉博士学位。

9月23日，邓小平在人民大会堂会见了萨拉姆。邓小平表示：中国愿意为推动第三世界科学技术的发展尽力，并对第三世界国家之间开展的科技交流、分享合作成果表示赞赏。他还强调说：

> 中国是发展中的社会主义国家，不论任何时候都不会忘记第三世界的穷朋友。唯利是图、损人利己的事中国决不去干。这是我们的基本路线。

萨拉姆第六次也是最后一次访华是在1987年，当时萨拉姆已经61岁，也已经是中国人民的老朋友了。其访问目的是来参加第三世界科学院的第二次大会。

这次大会于当年的9月底在北京举行，参会者有来自第三世界和部分发达国家的科学院院长、主管科技事业的政府高级官员和著名科学家150多人。大会的成功举办在一定程度上促进了第三世界国家间的团结与合作，扩大了中国在第三世界国家的影响，更为中国与第三世界科学院的长久密切联系打下了基础。

开幕式上，萨拉姆首先举行了隆重的授勋仪式，为邓小平颁发了荣誉勋章（由李先念代领），以感谢中国政府和邓小平本人对第三世界科技事业的关怀和支持。接着他向大会致开幕词，并指出了召开这次大会的两个目的。首先是回顾总结第三世界科学院在加强南南、南北科学合作方面取得的成绩，其次是要研究南北之间在科学方面不断加深的鸿沟。他希望中国能在第三世界发挥作用。

随后，萨拉姆向四位获得第三世界科学院奖的科学家颁奖，他们分别是中国的赵忠贤、印度的威斯瓦米特、埃及的哈桑和巴西的佩肖脱。

会议期间，中国主办方还组织外宾对有中国特色的科研单位进行参观，包括中科院物理所、力学所、遗传所、地理所、遥感所、高能所、半导体所、生物物理所、计算机所、电子所、自动化所和中国农科院农作物种质资源研究所、中国医科院基础医学研究所、协和医院、北京大学、清华大学等数十个科研机构和高校，使他们对中国科学文化的历史和现状有了一定的了解。

萨拉姆的几次访华既使中国物理学家了解了国际物理学前沿领域的发展状况，也积极推动了中国的研究成果走向国际，还通过国际理论物理中心和第三世界科学院为中国培养了大批科学人才，对中国物理学的发展产生了积极影响。此外，萨拉姆的几次访华也增强了中国与巴基斯坦两国之间的友好往来，促进了中国与国际的学术交流。

六、穆斯林科学之星的陨落

萨拉姆一生都是虔诚的穆斯林，虽然他所属的艾哈迈迪教派一直不被巴基斯坦主流教派所承认，有时候甚至还遭到迫害，但他并没有因此动摇自己身为伊斯兰教信徒的自豪感。他认为，伊斯兰科学曾经有过黄金时代，作为当代的穆斯林，应该树立起重新恢复昔日辉煌的精神。所以他总是以一种教徒式的谦卑态度和勤奋的工作方式对待科学研究和所有其他活动。

1979年当萨拉姆获得诺贝尔物理学奖时，他在颁奖仪式上的演讲中这样说道：

> 我是第一个获得诺贝尔物理学奖的穆斯林，这打破了魔咒、消除了数百年来困扰穆斯林青年的自卑感。这是一个在宗教、文化和科学之间没有冲突的人所做到的。

除了诺贝尔物理学奖，萨拉姆一生获奖无数，有众多荣誉头衔，是英国皇家学会会士、美国国家科学院院士、美国科学与技艺科学院院士、第三世界科学院创院院长、瑞典皇家科学院荣誉院士、苏联国家科学院外籍院士等。以他的名字命名的奖项、机构和街区等也数不胜数。总之，他在生前就已经誉满全球，身后也影响久远。

在个人生活方面，萨拉姆是个非常低调的人，不事张扬，非常简朴，严格将私人生活与公共事务区分开来。他一生结了两次婚，第一任夫人是他的表妹，第二任夫人是一名信仰伊斯兰教的牛津大学女教授。两任夫人共为他养育了四个女儿、两个儿子。

萨拉姆一生都是个爱国者，对祖国巴基斯坦怀有深厚感情。当年他刚获得诺贝尔奖时，就立即将全部奖金捐献出来在巴基斯坦设立了一个基金，用以鼓励年轻科学家，并回到祖国作公开演讲。

到 20 世纪 80 年代中后期，年届花甲的萨拉姆可能因为长期高强度的脑力劳动，患上了退行性神经疾病，90 年代初就已无法走路，靠轮椅才能移动。

最后，1996 年 11 月 21 日，耗尽平生心血的萨拉姆在他位于英国牛津的家中不幸去世，享年 70 岁。

四天后，按照他生前的遗愿，他被运回巴基斯坦故乡，葬在家族墓园，父母的旁边。

据报道，当地有上万人参加了他的葬礼，说明他在当地普通百姓中的巨大影响力。他的墓碑上写着自己和父母的名字以及生卒日期，墓志铭的第一行字是：

> 1979 年因物理学工作成为第一位获得诺贝尔奖的穆斯林。

但不幸的是，“穆斯林”这个词被当地政府按照否认艾哈迈迪教派是穆斯林的 1973 年宪法修正案给涂抹掉了。这也算是个小小的悲剧，但肯定并不能抹掉萨拉姆内心的信仰。

（作者：王大明　孙婧涵　尹晓冬）

参考资料

[1] A. 加尼 . 阿卜杜斯 · 萨拉姆——一个穆斯林国家的诺贝尔奖金获得者 [M]. 周轩进，译 . 北京：科学出版社，1987.

[2] 赖载兴，等．理想与现实——阿卜杜斯·萨拉姆文集 [M]．陈养正，周燕梅，译．北京：科学出版社，1989.

[3] G. Fraser. Cosmic Anger Abdus Salam-The first Muslim Nobel Scientist [M] . Oxford: Oxford University Press, 2008.

[4] M. A. Salam, R. Delbourgo, J. Strathdee. The Covariant Theory of Strong Interaction Symmetries [J] . Proceedings of the Royal Society A, 1965, 284 (1396) : 146-158.

[5] A. Salam. The International Center for Theoretical Physics [J] . Physics Today, 1965, 18 (3) : 52-53.

长冈半太郎

（Nagaoka Hantarō，1865—1950）

长冈半太郎

日本现代物理学的拓荒者

20 世纪中期到 21 世纪初的近 70 年间，日本的物理学研究取得了若干举世瞩目的成就，迄今已有 12 位诺贝尔物理学奖获得者。除江崎玲于奈 1957 年发明的新型半导体和 2014 年赤崎勇、天野浩、中村修二发明的蓝色发光二极管直接应用于生产之外，其他人都是在相对远离应用的理论物理学领域有所建树。就亚洲范围来看，为什么日本人能够独占鳌头，在不太长的时间里涌现出如此多的诺贝尔奖成果呢？除去个人境遇的因素，从社会宏观的角度看，应该与特有的某些社会文化传统息息相关。

无论学术界还是普通公众，通常都认为日本是个比较重视文化传统传承的国家，例如，所谓千年一系的皇室血统，从遣唐使时代就一直流传下来的千年寺庙建筑、家族工匠技艺，等等。反映到科学领域，其对现代科学的引进、学习和研究传统，应该始于 19 世纪的明治维新时代，从那时起，在特有的文化土壤中也逐渐形成了对于现代科学包括物理学的研究传统，并不断传承下来。日本诺贝尔物理学奖获奖者的相互背景关系约略显示出其间的传承脉络。例如，2008 年获得诺贝尔奖的小林诚和益川敏英都是“二战”后奠定日本基本粒子论研究基石的坂田昌一的弟子，而坂田昌一则是日本第一位诺贝尔物理学奖得主汤川秀树的助手与合作伙伴；2015 年获得诺贝尔物理学奖的梶田隆章是 2002 年诺贝尔物理学奖得主小柴昌俊的学生，而小柴昌俊的指导教授是 2008 年获得诺贝尔物理学奖的南部阳一郎，南部阳一郎的导师是朝永振一郎，朝永振一郎是日本第二位获得诺贝尔物理学奖的理论物理学家，也是汤川秀树在京都大学的同窗好友。朝永振一郎、小林诚、益川敏英等都是凭借着在汤川秀树 1946 年创刊的科学杂志上发表的论文而获奖。再往前追溯，就到了本文的主人公长冈半太郎，他在 1922 年陪同和主持了现代物理学泰斗爱因斯坦对日本的访问，而那时候还是中学生的汤川秀树、朝永振一郎等，在听到爱因斯坦、长冈半太郎等人的讲解之后，不约而同地下定决心选择物理学研究作为自己未来的职业……

从科学史的角度回顾日本的物理学崛起之路，如果说日本第一代物理学者山川健次郎[1]是日本引进西方经典物理学的开山鼻祖的话，那么比他小11岁的长冈半太郎则是把日本物理学从经典引向新物理学并走上国际科学舞台的关键人物。他历经日本明治、大正和昭和三个时代，并在世纪转换时期提出了所谓“土星型原子模型”，这个重要研究成果，标志着日本物理学家快步从经典阶段过渡到新物理学，从而跟上了世界新物理学革命的步伐，也为日本的现代物理学研究奠定了基础。

一、成长之路

长冈半太郎于1865年8月15日出生于日本长崎县。父亲长冈治三郎是肥前国大村藩（今长崎县大村市）的一个藩士，倒幕运动中作为大村市的监军参加了东征，后被明治政府录用为文职官员，转任于东京、大阪等地。母亲叫长冈几久。

作为小官吏子弟的长冈半太郎在8岁以前，一直在大村藩校（武士子弟学校）五敬馆学习。他在这里接受的是日本传统的汉字素读（只读字面，不求其意）教育。1874年初夏，长冈半太郎跟随父母搬到东京，进入一所叫作汤岛的小学学习。在该校学习期间，他曾经当过留级生：

> 留级的理由是：尽管没有缺席过课程，但是，根本不能理解老师传授的知识，头脑过于迟钝。

由此可见，后来的物理学家长冈半太郎小时候非但不是什么神童，甚至还是个被人嫌弃的“迟钝”儿。当然即便是笨蛋，也得坚持把学上完。1876年，11岁的长冈半太郎进入相当于初中的公立学校学习，但半年后，他又转入东京一所官立的英语学校。在这所学校，他所学习的课程主要包括语文课、算术课、写字课等。这所学校的特点是全英语授课，在这种语言环境下，长冈半太郎打下了良好的英语基础。两年后的1878年，由于父亲长冈治三郎调到大阪工作，因此，长冈半太郎也跟随父亲一起来到大阪，转入大阪当地的官立英语学校。翌年，长冈治三郎又从大阪调到福冈县工作，14岁的长冈半太郎又一次被迫转学。这次，他被转到东京大学的预科学校学习。

1　山川健次郎（1854—1931），1875年毕业于美国耶鲁大学，1879年成为日本东京大学第一位物理学教授。1901年担任东京大学校长。他是日本现代物理学教育和研究的开山人物。

长冈半太郎在东京大学预科学习期间，前文所述的日本第一位物理学教授山川健次郎已经在东京大学开设了物理课，预科学校也有相关的初等课程。所以长冈半太郎也初步接触到有关物理学方面的一些基础知识。据记载，他每个星期都会有 3 个小时左右的物理课，主要内容涉及力学、静电学、流体力学、热学、光学、磁学等方面的基础知识。除此之外，在数学和其他科学领域，他也学习了代数、几何、三角、生理学、植物学、动物学、无机化学等。

1882 年 9 月，17 岁的长冈半太郎升入东京大学理学部学习。在理学部的第一年，主要学习了有关数学、物理学、天文学、化学、地质学和伦理学等很多方面的课程，相当于进行了比较广泛的通识知识学习。从 1883 年 9 月的第二学年开始，学生们就要升入到一个专门的学科进行学习了。此时，长冈半太郎也开始为选择什么专业而大伤脑筋。他心里可能是想选一门自然科学比如物理学作为专业，但他也记得在课堂上从未听到过东方人在自然科学方面有什么重大成就。这就在他心中引发了一个疑问：东方人是否缺乏研究自然科学的能力？假如是那样的话，我能学好物理吗？于是，他决定休学一年，专门思考这个问题。

休学期间，长冈半太郎遍览各种书籍，其中也包括一些中国古籍，例如《山海经》和《庄子》等。他还对古代中国的科学技术史进行了探究，其目的是要弄清楚东亚人是否也有能力在科学上作出原创性贡献。在此过程中，幼年的素读教育功底发挥了作用，他能够快速地阅读各种古代典籍。在仔细研究过若干中国的经典著作之后，他开始坚信亚洲人在自然科学方面也是有天赋的。其原因，就是他了解到古代中国人研究过北极光现象，精确记录了天体的运动，还发明了指南针，等等。这些成就使长冈半太郎增强了自信，由此，他决定选择学习物理学。1884 年，长冈半太郎复学后，进入物理专业学习。

三年时间倏忽而过，1887 年 7 月，长冈半太郎从东京大学物理学专业毕业。同年 9 月，升入该校研究生院，专攻力学和电磁理论。翌年，他发表了自己平生第一篇论文《扭转和纵向应力对镍的磁化强度的综合影响》，这开始显示出他强干的科研能力。因此，1890 年 4 月，长冈半太郎还没有研究生毕业，就被直接聘任为东京大学理学院副教授，当时他年仅 24 岁。

1893 年初，28 岁的长冈半太郎因磁致伸缩现象的研究而获得了东京大学的理学博士学位。这是自 1887 年日本制定“学位令”，东京大学开始授予博士学位之后所授出的第三个理学博士。第一个理学博士是于 1888 年授予了研究天文学的寺尾寿，第二个理学博士是于 1891 年授予物理学专业的田中馆爱司，长冈半太郎是东京大学的第三位理学博士，也是第二个与物理相关的理学博士。

由于长冈半太郎在物理学领域的优异表现，在他获得博士学位的当年，日本文部省以“数学物理学研究”的名义，将长冈半太郎派往德国深造，同时他也肩负了解欧洲各国科学发展状况的重任。长冈半太郎接到该通知后，于 1893 年 3 月从东京出发前往德国柏林。

在柏林，他进入柏林大学学习。此时的柏林大学在物理学领域大师林立、人才辈出，例如提出能量守恒定律的大物理学家亥姆霍兹、声学方面的著名实验物理学家孔脱、研究辐射问题的理论物理学家普朗克等。长冈半太郎在此如鱼得水，遨游在物理学的海洋之中。当然他最喜欢的是亥姆霍兹的课，他一边学习，一边将自己在柏林大学的所学所感通过写信的方式寄回日本。在他进入柏林大学仅仅 4 个月的时间后，就在《东洋学艺杂志》上发表了题为《谈柏林大学物理实验情况》的系列通报，向在日本国内的学者们详细介绍了柏林大学的具体情况，使那些身在日本的同行详细了解到柏林大学物理学研究的进展和前沿概况。

一年后的 1894 年 3 月，长冈半太郎为了向仰慕已久的统计物理学大师玻尔兹曼求教，特意来到玻尔兹曼执教的慕尼黑大学听他授课。在慕尼黑大学学习期间，他通过玻尔兹曼老师在课堂上条理清晰的讲授，弄清楚了概率是如何在物理学中应用的。半年后，长冈半太郎又跟随玻尔兹曼来到维也纳大学，听他讲授气体分子运动论。通过学习，长冈半太郎不但加深了对物理学前沿的了解，而且大大增强了自己的研究动力。

1895 年 5 月，长冈半太郎从维也纳大学回到柏林大学，迎来了在德国留学的最后一年。在这一年中，他集中学习了相关的数学工具，例如拓扑流变学、曲线曲面论、函数论、椭圆函数论等。与此同时，世纪末的新物理学革命徐徐拉开了帷幕，其标志就是伦琴对于 X 射线的发现，这个发现很快就拓展到原子本身的放射性问题，也涉及了原子结构的问题。这些进展很快吸引了长冈半太郎的注意力，导引他不久后转向原子论的研究。

在留学期间，他听到了发现 X 射线的消息，立刻把它介绍给国内，这才使日本的原子物理学研究正式开展起来。

1896年，长冈半太郎回到日本后，成为东京大学首任理论物理学教授。他一方面担任应用数学和理论物理学的教学工作，另一方面也接续研究生时期就已开展的对磁偏角和岩石弹性波以及对全国各地的重力进行测定等地球物理方面的实验工作。同时，他也密切关注着国际新物理学的动向，特别是原子物理学的进展。不久之后，他就投身于这个领域，并取得了令世人刮目相看的成果。

二、提出土星型原子模型

早在19世纪初，当英国化学家道尔顿复活了古老的原子论以后，科学家们就开始试图赋予原子以某种结构。1814年，法国物理学家安培设想化学原子是由一些亚原子粒子组成的。1826年，德国的费希纳建立了一种动力学原子模型，他假定原子就像一个太阳系那样是由万有引力维系着并且有相似的结构。这个模型后来被韦伯所采用。随后，电子的发现使人们普遍认识到带负电荷的电子是一切原子的基本组成部分，而原子在通常情况下呈现电中性的事实，又表明原子中还有与电子电荷等量的正电荷。所以，研究原子结构首先要解决原子中正负电荷的分布问题。

到20世纪初的1904年之前，科学界关于原子可能的结构模型提案大致分为三类：（1）勒纳型原子模型；（2）J. J. 汤姆孙型原子模型；（3）佩兰、长冈半太郎型原子模型。这样多种的原子构造在同一时间被提出来，是因为关于原子的构造还存在许多不确定的因素。在这些不确定的因素中，特别是阳电荷的分布状态、原子内的电子数等情况的不清楚，成为主要原因。1903年，勒纳以阴极射线的气体吸收证明高速电子能穿透几千个原子的厚度，表明原子内部大部分空间是空无所有的，刚性物质大约只占全部空间的10^{-9}。所以他设想，有正负粒子组成的极小“刚形体配偶”飘浮于原子太空中。J. J. 汤姆孙的原子结构论是以元素进化论为基础的。他认为所有元素的原子都是由激烈运动着的原始成分（电偶极子）经过长时间逐渐互相结合而成的，放射性原子就是在这种进化途中尚未处于稳定状态的原子。J. J. 汤姆孙认为原子模型是这样一个构造：有一个均匀带正电的球体，同时在与该球同心的圆周上等间隔地排列着相应的电子，电子在圆周上以一定的角速度做旋转运动。1901年，法国物理学家佩兰在一次演讲中设想，原子的中心是一些带正电的粒子，外面围绕着电子，电子运行的周期对应于原子发射光谱线的频率。他的设想已经把原子结构同光谱线联系了起来。

长冈半太郎在1900年赴巴黎参加了第一届国际物理学家会议，会上不但听到了居里夫人就原子放射性所作的报告，也接触到包括勒纳、J. J. 汤姆孙、佩兰等人的原子模型。这些信息给了他很大启发，也引起了他极大的研究兴趣。经过深入的思考和分析，他在1903年底提出了自己对于原子模型的设想。一开始他只是在东京的数学物理学一次会议中用口头报告的形式提出了这个模型：

在一个理想的原子模型中，粒子运动可以解释频段光谱和放射性现象。

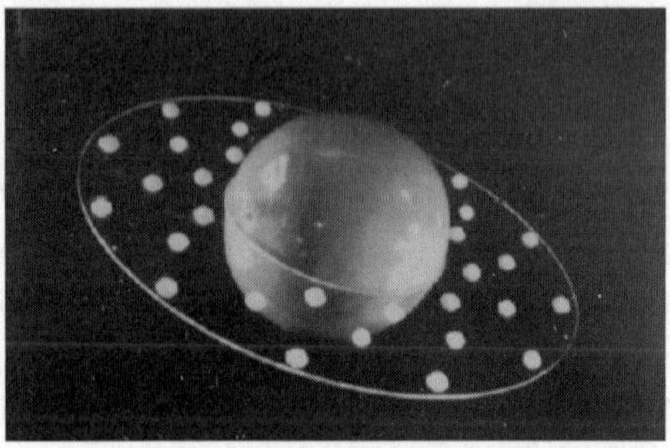

图1　长冈半太郎土星型原子模型

1904年，长冈半太郎正式发表了关于原子模型的第一篇论文《粒子在一个理想原子模型中的光谱和放射性现象》。在文章中，他否定了J. J. 汤姆孙模型，认为正负电荷不能相互渗透。他把自己提出的原子模型称为“土星模型”：在原子中心区域是阳电荷球、阳电荷球外侧环上等间隔分布着电子（图1），而这些环上的电子相对于环的中心以大致相同的角速度做圆周运动。为了保持这个系统的力学稳定性，又因为电子之间存在相互反弹力，所以这些电子必须围绕阳电荷做圆周运动，而且，中心阳电荷球的质量必须非常大。当时的经典物理学发光理论认为，原子放出的光谱线是由原子内部的电子振动所产生的。而在长冈半太郎的原子模型中，环上电子的回旋运动会因为受到一些外力的作用而产生微小振动。这些环面内的微小振动，将引发出线光谱；而在与环面垂直方向上的微小振动，将表现出带光谱。也就是说，电子整体在做公共圆运动的同时也会各自做其固有的微小振动。

长冈半太郎通过实验得到，线光谱受到外磁场的影响表现出塞曼效应，带光谱无法表现出塞曼效应。他认为，后者的原因就在于带光谱是电子在与环面的垂直方向上产生的振动所形成的。对于原子的稳定性问题，长冈半太郎提出，如果相互排斥的电子围绕着中心（正电子）旋转，整个系统（可以想象为一个理想的原子）对于微小振动就将是稳定的。沿垂直面的横向振动，其频率公式与经验带谱公式相似，容易证明横向振动不受外磁场的影响，这是带光谱的特点之一。在环上沿着径向方向传播的波，其频率公式可以认为同线光谱一致。在外磁场中，一条谱线将分裂成反向圆偏振的双重线。对于原子的放射性问题，他认为，电子环实际上是准稳定的，只要扰动持续充分长的时间，环就会瓦解，此时环上的电子和中心的正电粒子就会分别形成β射线和α射线。这样就解释了原子的放射性衰变问题。长冈半太郎进而认为，通过对这些易受影响的系统诉诸共振和受迫振动，诸如光电效应一类的问题也许就都能够得到解释。

他在自己的论文中写道：

> 我所讨论的体系是等质量的多数粒子（现在所说的电子）在圆周上等角间隔地排列，相互之间的库仑力与距离的平方成反比例。在这个圆的中心存在一个质量很大的粒子（阳电荷球），并且按照库仑法则吸引着周围的粒子（电子）。假使中心的引力非常大的话，这个体系对于一般微扰来说，具有一定的稳定性。

几年后，长冈半太郎在他的第二篇系统论述原子模型的论文《原子的模型（二)》(1909）中，对自己的土星型原子模型的力学稳定性进行了进一步讨论。他认为原子中心的阳电荷球 E 比电子的电荷 e 要大得多，这是个必要条件。关于系统的稳定性可以进行如下计算，假设从中心球到粒子 k 的距离为 R_k，若系统的总能量为 U，势能为 V。由此可得方程：

$$\frac{\mathrm{d}^2}{\mathrm{d}t^2}\sum mR_k^2 = 4U - 2V$$

若粒子 k 和粒子 l 之间的距离为 r_{kl}，它们之间的作用力大小为 $\frac{e^2}{r_{kl}^2}$；若被扰动的圆轨道半径为 r_k，粒子 k 和中心球之间的引力大小为 $\frac{Ee}{r_{kl}^2}$，粒子的角速度为 ω_k。则由上式可近似得到：

$$2U - V = \sum m\omega_k^2 r_k^2 + \frac{1}{2}\sum\sum\frac{e^2}{r_{kl}} - E\sum\frac{e}{r_k}$$

如果 E、e 以及 ω_k 的值和 r_{kl}、r_k 的值相近，$2U-V$ 的值就会约等于 0；如果给 r_{kl}、r_k 一个微小的扰动，则 $2U-V$ 就表征着微小扰动的数值。在这种情况下，注意到 E 若比 e 大很多时，系统就将维持相当大的稳定性。

围绕着这个主题，长冈半太郎实际上发表了一系列相关论文。例如《基于土星型原子模型的光色散》《折射率和密度之间的关系》《土星型原子模型的相互作用》《基于土星型原子模型的维里定律、特征方程和焦耳－开尔文效应》等。他通过发表这些论文想要达到的主要目的，就是尝试构造出一种理想原子，用以说明物质的相关物理性质。他认为，通过对理想原子的研究，也许就能够逐步弄清真实原子的结构。但在这项理论研究中，光谱实验始终是制约理论探讨的硬约束，如果不能与光谱实验结果很好地吻合，则理论的正确性将会被大打折扣。在长冈半太郎的原子模型研究中，随着在光谱实验的带谱线中观察到微弱的反常塞曼效应，以及进一步发现了磁场对发射带谱线的直接效应，对他的理论提出了尖锐的反证。同时，随着卢瑟福等人提出了新的原子结构的太阳系模型，并与实验结果有着更密切的适应性，最终促使长冈半太郎放弃了自己的土星型原子模型。但他的模型在整个国际物理学界原子结构研究过程中也产生了很大影响，甚至卢瑟福模型在很大程度上也受到了土星型原子模型的启发。卢瑟福在 1911 年给长冈半太郎的信中写道：

> 你将会看到我所采纳的原子模型结构与你在几年前的一篇论文里提到的结构有些相似。虽然那个时候我还没有查阅到你的文章，但是我记得你确实写过这方面的文章。

虽然从最后的结果看，长冈半太郎的原子模型本身并没能获得成功，但却为后来者打开了成功之门。科学的发展规律就是前人不断为后人铺路，成为后人攀登的肩膀。从这个意义上说，长冈半太郎又是个成功者。另外，从日本物理学发展史的角度看，他则是开现代微观原子结构研究之先河并达到国际水平的第一人。

三、地球物理和电磁波传播问题研究

长冈半太郎不仅是个理论物理学家，实际上他在理论和实验两方面都表现优异。在理论方面，除前述的关于原子结构的土星型原子模型及其计算外，他还在数学物理和椭圆函数表等方面都有所建树。而在实验方面，他在研究生阶段就开展的磁学研究，以及在此基础上所拓展的日本有关大地磁场、重力测定和电磁波传播等广阔研究领域中，都大有斩获。

早在长冈半太郎还在东京大学学习、临近毕业的时候，他就和英国外教诺特老师一起对日本关东地区北部、北海道等地的地磁场进行了观测。这个研究项目是由诺特和学长田中馆爱司负责的测定全国各地地磁场项目中的一个组成部分。长冈半太郎关于地球物理学的研究由此开始，并一直贯穿了他的整个研究生涯，无论期间有什么其他研究课题，长冈半太郎都没有放弃过地球物理领域的研究工作。这项工作与其说是一项学术，不如说是一个非常现实的需求。因为日本是一个地震频发的国家，对于地震成因和如何规避风险的问题，始终是科学界无法回避的现实。

1889 年日本熊本大地震和 1891 年浓尾大地震之后，长冈半太郎都奔赴地震现场进行了调查研究。特别是在浓尾大地震时，他和田中馆爱司一起，对由地震引起的地磁场变化情况进行了仔细调查。他们的研究结果为日本防震提供了一定的认识基础，日本政府在 1892 年成立震灾预防委员会时，长冈半太郎被吸收为委员。随后他和田中馆爱司一起合作，为在全国范围内设置气象站以及地震仪的选择，展开了调查并提交报告。

地震不但与地磁的变化关系密切，作为一种机械振动，也与地下的岩石弹性及其振动有很大关系。为此，从 1905 年开始，长冈半太郎就岩石的弹性以及地震波的传播方面的问题进行了一系列实验研究，在此后的数年（1905—1912）间，连续发表了 11 篇关于地震波传播实验及其机制问题的论文。例如《关于地球的刚性和地震波的速度》《关于地震波的副振动的存在》《地震波的分散》《作为余震说明的残留现象》《表面负荷问题以及对地球物理学现象的应用》等。这些研究基于实测的若干数据，也应用了相关的力学理论，具有相当高的水平，不但提高了日本本土的科学研究水平，也在很大程度上创设了用科学方法解决实际问题的范例。

在其第一篇论文《关于地球的刚性和地震波的速度》中，长冈半太郎利用地球的章动周期引起的经纬度观测变化之间的关系，对地球岩石弹性模量进行了分析研究，进而利用弹性模数推算出地球岩石中地震波的传播速度。可以说他的这个思路是一个相当巧妙的办法，当然也需要仔细对比观察资料。他的基本思路是将地球视为具有一定弹性的自转加公转的刚体，通过其完全刚性章动律即所谓“欧拉周期”和弹性章动律即“钱德勒周期”的比值，找出其弹性模量，进而计算出机械波（地震波）在这种具有一定弹性的刚体中的传播速度。长冈半太郎的测量和计算结果是：地球这个半刚性的弹性体，其纵波的传播速度约为 7.0 千米 / 秒。这个结果与实际观测数值非常吻合，与他们对地震观测数据记录中得到的地震波的平均速度几乎完全一致。而在横波方面，如果将地球视作一个非压缩性刚体，则计算所得的横波传播速度平均约为 4.0 千米 / 秒，此数值也多次反映在地震观测记录中，可以说基本吻合。以此为起点，长冈半太郎对地震、火山、地形学以及地球物理相关问题进行了更深入的研究，其水平也处于当时国际比较高的水平。他对地球物理研究的兴趣一直保持到晚年，他平生最后一篇论文《地球旋转期的微小变动》发表于 1943 年，当时他已 78 岁。

1914 年，他把目光投向更大的领域，开始研究有关太阳黑子对于地表电磁波传播影响的问题，并发表了若干论文。这应该属于比较早注意到太阳黑子运动对地球影响的研究。除此之外，长冈半太郎还发现了流星离子对于无线电波传播的影响，并于 1932 年发表了论文《流星对于无线电传播过程的影响》。此文也引起了物理学界的关注。此时，长冈半太郎已经年过花甲，却仍然活跃在科研第一线。

当然长冈半太郎的贡献不仅仅是自己个人的科研工作，他一辈子教书育人、扶掖后进，在日本物理学教育方面也有很多可圈可点的业绩，包括培养了若干优秀学生，还包括创建东北大学、执掌大阪大学、创办日本理化研究所等，成为日本名副其实的一代科学宗师。

四、一代科学宗师

日本作为东亚国家，自古以来都属于广义的汉文化圈，长冈半太郎幼年时期所接受教育中的“古籍素读”，就是以中国古代典籍为主要对象。现代物理学对于日本传统文化而言，属于不同性质的外来文化。在输入之初，可能带有一定的被动接纳色彩。但到明治维新时代，就转变为一种相对主动的欢迎姿态了。1877 年东京大学创立时，日本政府聘请了许多外国学者来日授课。其中包括来自美国的门登霍尔、来自英国的尤因和诺特等，他们先后被东京大学聘为物理学教授，为日本近代物理学的引进打下了一定基础。这个时候，长冈半太郎刚刚进入东京大学预科班，但也有幸成为日本最早接触到西方物理学基础知识的一代学子。

1879 年，从美国留学归国的山川健次郎成为日本第一个物理学教授，东京大学物理专业中才算有了本土教师。但直到 1887 年，当田中正平、田中馆爱司、长冈半太郎等本土学习物理学的学生毕业，并开始涉足初步的物理学研究后，日本的物理学才算慢慢进入到相对自立的时代。其中长冈半太郎关于磁致伸缩现象的研究是最早的代表性成果。此后，日本物理学家的研究活动逐渐频繁起来，并在不长的时间内开始跻身于国际物理学界。

长冈半太郎相信亚洲人在智力或科学天赋方面并不输于西方人，甚至在道德操守上还远胜过西方人。这个观念最早是他在大学休学一年中通过博览典籍和自我沉思时就有所领悟的，在后来的学习和研究工作中，又不断得到了加强。尽管那时日本乃至整个亚洲的科研水平都远远不及欧美国家，特别是在物理学方面，几乎所有重要理论、实验都是欧美科学家的成果。但长冈半太郎年轻时所树立的这种执念一直留存着，他有着一种不服输、不气馁的精神，决心要通过自己乃至几代人的不懈努力，提高日本的科研水平，使其逐渐走向世界的前列。

类似地，他的东京大学学长田中馆爱司和其他同时代人可能普遍都有这种情结。1887 年 6 月 7 日，长冈半太郎在写给田中馆爱司的一封信中这样说道：

> 在实际工作中，我们必须要拥有开放的视野、敏锐的判断力和对事物透彻的理解，不屈不挠。我们不允许落后于那些看似专心工作，实则心不在焉，任何小事情都会让他们停下工作或看、或听、或议论的人……没有理由让白人在每个方面都超前于我们，如你所说，我希望我们能在 10 年或 20 年内打败那些白人，我才不想在地狱里用望远镜去看我们后代的胜利。

信中流露出强烈的追赶意识，当然长冈半太郎在此后的近 20 年科研生涯中基本实现了自己的诺言，虽然并没有实现“打败那些白人”的目标，但也使日本本土的科研水平接近或部分达到了国际前沿水平。毋庸讳言，在他年轻时的这种执念中也充斥了某些民粹主义的狂热，这是长冈半太郎的历史局限性所在，当然也与当时日本的社会背景有一定联系。晚年的他经过第二次世界大战战败的伤痛，已经逐渐克服了这种狭隘的民粹思想。

作为日本第一代走上国际舞台的物理学研究者，可以说日本早期有一定水准的本土物理学相关研究，大都与长冈半太郎有联系。除他本人在地磁学、地球物理、电磁波传播、原子结构模型等方面的高水平工作外，田中馆爱司的地震调查及观测记录，他也是主要合作者。他的学生本多光太郎进行的钢铁材料冶炼方面的研究、学生中村清二进行的流体力学研究、学生日下部四郎太进行的岩石弹性研究等，全都是以长冈半太郎的研究为基础，或者在他的指导下所展开的。在长冈半太郎半个多世纪的科学教育生涯中所培养的学生几乎遍布日本物理学的各个学科领域。例如，日本基本粒子论创始人之一的仁科芳雄是他的研究生，日本第一位诺贝尔物理学奖获得者汤川秀树既是仁科芳雄的学生，又是长冈半太郎在大阪大学任校长期间的学生，而且是在他的不断鼓励和帮助下获得成功的。

日本明治时代创办了四所著名大学，即东京大学、京都大学、东北大学和九州大学。其中东北大学的创建与长冈半太郎密切相关。

东北大学的前身是东北理科大学，是继东京大学之后在日本建立的第二所理科大学，于 1907 年 6 月创办于仙台。从筹备到正式开学，经历了 4 年时间。大学的创立委员包括日本现代科学元老田中馆爱司、藤泽利喜太郎、樱井锭二和长冈半太郎等人。在这些人当中，最为努力奔忙、物色人选、劳神费心的就是长冈半太郎。

他在 1936 年回顾当年建立东北大学的过程时这样写道：

> 那是距今约 28 年前的事情了。当时的专门学务局长福原镣二郎来到实验室。因为实验室内部非常狭窄，我们只能在走廊中谈工作的事情。福原镣二郎看到这种状态，吃惊于必须在这样恶劣的环境下工作的同时，也带来了重要的使命，那就是最近在仙台新建东北大学的事情。他说：想让您选择一些能够胜任的教授人选，还请您务必接受这个工作。幸运的是我想起了当时身为讲师的本多光太郎、研究生刚毕业的日下部四郎太等优秀人才。我们在谈话过程中就决定了物理学方面的人选。其他如化学、数学、地质学等方面的人选，在不到 10 天的时间里也最终确定了相应人选。特别指定该校的校长为泽柳政太郎。我们考虑了环境、建立东北大学所需的设备以及预算等问题，决定向国外派遣留学生，同时我们也在器材的购买上尽了力。而且，在建校前曾去欧洲进行过一次走访学习，以出席某国际会议的名义，半年内参观了许多大学。这对于东北大学的建立有很大益处。

为筹建东北大学并购置设备，长冈半太郎于 1910 年第三次到欧洲考察。他在考察中发现，由于相对论的出现，在物理学界掀起了一股革命浪潮，使他受到很大震动。长冈半太郎领悟到：能够支撑研究机构使其进行独创性研究的并不是设备，也不是金钱，而是高水平有创新精神的研究者。从此他就有了一个鲜明而强烈的主张：

> 搞研究首先是人，其次是人，然后还是人，最后才是设备。……要打破

论资排辈的陈规陋习，要大胆起用有独创精神的年轻研究人员。

他不赞成什么“大器晚成”说，而主张“大器早成”。所以无论是在东京大学任教，还是在创建日本理化研究所和担任所长或是在大阪大学任校长时，长冈半太郎都积极扶掖后进，全力培养年轻人。他对学生辈的本多光太郎、中村清二、日下部四郎太、仁科芳雄等都是悉心教导，大力鼓励；对再下一代的汤川秀树、朝永振一郎等，就更是不遗余力地推荐了。

长冈半太郎从欧洲归来后也将国际物理学界正在掀起“物理学革命”的信息带回到日本，这也成为狭义相对论在日本传播的契机。此后，在他与学生桑木彧雄、石原纯等人的推动下，相对论理论在日本科学家中受到广泛关注。1922 年，还是在长冈半太郎、石原纯和桑木彧雄等人的积极活动下，日本改进社邀请爱因斯坦访问日本成行，由此在全日本掀起了一股“爱因斯坦热”。爱因斯坦在到访期间作了20多次演讲，其中有 7 次是在东京大学，由长冈半太郎主持。这进一步促进了相对论和新物理学在日本的传播和普及，对日本物理学的长足发展产生了直接影响，特别是对下一代日本青少年的科学熏陶和启蒙，产生了超乎想象的效果。其中最明显的例子，就是听过爱因斯坦讲座的两名中学生汤川秀树和朝永振一郎，从此立志投身物理学研究，最终成为日本最早获得诺贝尔物理学奖的人家。

20 世纪初，当长冈半太郎原子模型的研究得到卢瑟福等人的推崇后，他很快成为蜚声世界的日本物理学家。从第一次世界大战前夕的 1913 年起，诺贝尔奖物理委员会就经常邀请他作为物理学奖候选人的提名专家。1949 年，日本的第一位诺贝尔物理学奖获得者汤川秀树就是通过长冈半太郎的推荐而最终成为获奖人的。在给汤川秀树的推荐信中，长冈半太郎写道：

这是我第一次满怀信心地推荐我的同胞作为诺贝尔奖的候选人。

那时候，长冈半太郎已经年过八十，离他去世已没有多长时间了。

五、晚年

1926 年，年过六十的长冈半太郎从东京大学的教学工作岗位退休，改任日本理化研究所研究员职务。这时候的他早已功成名就，社会声望也达到了人生的顶峰，不但被推选为日本学士院的院士，而且担任了第十三任院长职务。但他并没有停止自己的研究工作，仍然孜孜不倦地进行研究，继续探索电磁场受外磁场干扰下如何传播，以及地震和海啸等有关课题的研究工作。

晚年的他也获得了很多荣誉：1930 年被苏联科学院授予荣誉院士称号；1931 到 1934 年，他应邀担任了新建的大阪大学首任校长，在这里，他遇到了年轻的汤川秀树，并给予他很多鼓励和帮助；1934 年被选为贵族院议员；1937 年被授予日本最高文化勋章；1939 年被推举为日本学士院院长兼学术振兴会理事长。

长冈半太郎在晚年常常以严厉长者的形象出现在人们面前，使人敬畏。在明治、大正时期，日本的物理学界几乎只有他一个人获得了引人注目的成绩。为了把日本物理学的研究提高到国际水平，他培养和激励了几代日本物理学的后起之秀，成为日本物理学的一代宗师。

1950 年 12 月 11 日下午 5 点左右，85 岁的长冈半太郎突然去世。就在逝世前的一个小时，他仍然在自己的书房里钻研地球物理学问题。

他的葬礼于 5 天后举行，日本学士院、众多学术团体和各大学都派出代表参加，当时的政府文部省大臣天野贞祐在葬礼上发表了“失去这样一位伟大的科学家是日本文化界以及教育界的遗憾，同时献上我们对于长冈半太郎的无比尊敬”的悼词。相隔半个世纪后的 2000 年，日本邮政发行了长冈半太郎的纪念邮票。

（作者：白欣　周蕊）

参考资料

[1] 板倉聖宣，木村東作，八木江里．長岡半太郎伝［M］．東京：朝日新聞社，1973.

[2] 伊文成，等．日本历史人物传：近现代篇［M］．哈尔滨：黑龙江人民出版社，1987.

[3] 魏凤文，申先甲．20 世纪物理学史［M］．南昌：江西教育出版社，1994.

[4] 广重彻．物理学史［M］．李醒民，译．北京：求实出版社，1988.

[5] 長岡半太郎．回顧談［J］．日本物理学會誌，1950（5）：322-328.

[6] 斉藤幸江．長岡半太郎の原子模型の評価［J］．物理学史研究，1969（1）：43-53.

桑木彧雄

（Kuwaki Ayao，1878—1945）

桑木彧雄

相对论在日本的早期传播者

桑木彧雄曾任东京帝国大学物理学讲师、九州大学教授、松本高等学校校长、日本科学史学会首任会长，在日本理论物理学领域起到先驱者作用。他曾于1906年最早认识到洛伦兹变换与爱因斯坦相对论时空变换的区别，意识到爱因斯坦相对论的重要性和重大意义。早在1909年，当他在德国留学时就拜访过还在瑞士伯尔尼专利局工作的爱因斯坦，彼此就时空问题交换了各自的认识与观点。这一时期，他还拜访了在相对论建立过程中作出贡献的物理学家马赫、庞加莱和洛伦兹等。1922年爱因斯坦访日期间，桑木彧雄陪同爱因斯坦在日本作有关相对论的演讲，为相对论在日本的传播作出了贡献。他从哲学层面和认识论层面对相对论予以关注，对相对论及物理学相关哲学背景的研究独树一帜。在日本物理学界，提到相对论就会关联到桑木彧雄，说起桑木彧雄就想到爱因斯坦。本文以这位日本物理学者与爱因斯坦的交往和爱因斯坦在日本的相对论演讲为线索，论述桑木彧雄在日本传播和研究相对论方面的贡献及他与爱因斯坦访日的相对论演讲对日本学术研究的直接或间接影响。

一、生平概要

桑木彧雄于明治十一年（1878）出生在日本东京，父亲是旧金泽蕃士桑木爱信，其兄桑木严翼是日本的一位哲学家，在日本开辟了对于康德哲学思想的最初研究。桑木彧雄出生的明治时代正是日本近代科学成长和发展初期，政府为了把日本推向紧随西方发达的现代化国家，采取强行灌输西方科学技术的手段，大量聘请西方教授、专家，积极学习和摄取西方科学技术，这些在世界近现代史中都是罕见的。以明治时期为例，当时日本政府聘请的外国专家多达3000人，来自世界25个国家。明治十年（1877）东京大学创立时，学校曾聘请了诸多物理学外籍教授讲课，包括美国俄亥俄大学教授门登霍尔、英国的尤因和诺特等。在西方科学家的影响下，日本物理学家长冈半太郎和本多光太郎[1]的磁学研究成为日本乃至世界物理学领域的强项，日本自然科学的各个领域均取得了较大进展。

桑木彧雄从小对自然科学有着浓厚的兴趣，接受了正规的学校教育。中学的桑木彧雄渐渐展露才华，《诸学须知》《物理阶梯》之类的科普杂志最先使他对物理学产生兴趣。明治三十二年（1899），他考入东京帝国大学理科大学物理学专业，师从山川健次郎。大学期间的桑木彧雄深受山川健次郎和长冈半太郎的影响，阅读过庞加莱的《时间的测量》和洛伦兹的《论地球和以太的相对运动》等原著，并将庞加莱法语版的《实验物理学与数理物理学的关系》翻译成日文。在他开始学习物理学的 19 世纪末 20 世纪初，经典物理学理论体系基础发生了根本性变革，桑木彧雄与比自己小半岁的爱因斯坦一样，曾反复研读过马赫的《力学的科学》，思考解决 19 世纪末物理学危机的途径，与欧洲物理学家们几乎同时了解到有关新进展。

1904 年，桑木彧雄以优异成绩毕业，立刻成为东京帝国大学物理学讲师，但在不久后的日俄战争中服役，中断了一年多时间的教师生涯。战后，1906 年，他回到东京大学继续物理学研习，开始接受基尔霍夫的科学描述法（所谓“描述主义”），并对物理概念分析极感兴趣。当年 7 月 6 日，桑木彧雄在由日本东京数学物理协会主办的年会上，提出了对“绝对运动”概念的认识，比较了当时物理学家和哲学家对“绝对运动”概念尤其是绝对运动在坐标系协调中的不同认识与观点，发表了《绝对运动》一文。1907 年 2 月，他又发表了《关于电子的形状》一文，比较了爱因斯坦相对论变换与洛伦兹变换对待不同坐标系时空问题的相同之处，从认识论的角度认为洛伦兹的收缩公式以及电子论似乎验证并激发了“关于时空的基础概念”的研究，表明他开始关注时空理论的讨论与研究进展。

当时的日本从哲学到医学再到自然科学各个领域，基本上都以德国为师，社会上弥漫着一股崇德情结。1907 年 10 月，桑木彧雄与兄长桑木严翼也随着这股热潮留学德国。他到柏林大学师从量子论创始人普朗克。

那时候，爱因斯坦刚于两年前的 1905 年发表了后来闻名于世的《论动体的电动力学》一文，而在那时，由于他没有对当时科学家们所普遍关注的“电磁世界观”（将所有物理现象都还原为电磁现象）有任何涉及，更没有加入当时物理学家们所热议的

1　本多光太郎（1870—1954），日本物理学家，强力磁钢的发明者，他的发明使日本在特殊钢材的研究方面处于当时世界领先水平。

“电子理论”主题问题的讨论，因此，他的文章毫无悬念地被当时的物理学界所忽视。但也有人慧眼识珠，这个人就是普朗克。他很快就认识到爱因斯坦论文的重要性，并在1906年发表了《对狭义相对论的最普遍的表达方式的尝试》和《应用狭义相对论讨论黑体辐射》两篇论文，非常推崇爱因斯坦创立的新理论。就这样，德国乃至欧洲的其他科学家们才开始注意到来自瑞士专利局一个名不见经传的小人物所创建的新理论——相对论。1908年，爱因斯坦的数学老师闵可夫斯基在科隆举行的德国科学家年会上，将四维时空模糊不清的文字表述用清晰的数学形式表示出来，他在报告中指出：

> 四维时空中的事件类似于三维空间中的点，空时中的事件间隔也类似于平面上两点之间的直线距离，时空是相对的。但是，空时间隔是绝对的……
> 它将这条空时轨迹称为“世界线”。

跟随普朗克学习的桑木彧雄，应该亲眼看到了这一系列事件当中的很多情节，特别是他也参加了科隆的这次年会，并被闵可夫斯基的数学处理和热情洋溢的报告深深打动。此外，他还向出席会议的其他一些德国物理学家，例如索末菲、维恩、玻恩、埃伦菲斯特等进行了请教和讨论。特别是，他在会后专程拜访了当时在维也纳的马赫、在伯尔尼的爱因斯坦、在巴黎的庞加莱和在莱顿的洛伦兹等人。这些经历使桑木彧雄对新的相对论理论产生了浓厚的兴趣，并有了更加深入的理解。

有关桑木彧雄留学期间的一系列经历，在他的《留学杂记》中有较为详细的记录。其中特别值得一提的是他对爱因斯坦的专程拜访。那是在1909年3月11日，桑木彧雄访问了当时还在瑞士伯尔尼专利局任职的专利审查员爱因斯坦，并且在当日下午受邀前往爱因斯坦家里做客，成为爱因斯坦在瑞士家里招待的第一位亚洲人。爱因斯坦后来这样评价与桑木彧雄的那次交谈：

> 我很清楚地记得你的伯尔尼之行。那时，你是我所知道的第一个日本人，也是第一个东亚人。当时，你丰富的理论知识让我吃惊。

1910年，留学归国后的桑木彧雄受山川健次郎的邀请在九州大学担任应用力学教授，同时也开始了他在日本对于相对论理论的研究和传播。他主要通过两大途径来完成此项使命：一是撰写研究性、介绍性文章和著作并翻译相关性文章和著作；二是贯穿在学校的教学当中，也包括协助邀请爱因斯坦到日本访问讲学。1911 年，桑木彧雄在《相对论的时间与空间概念》一文中，介绍并拓展了爱因斯坦相对论以及闵可夫斯基四维时空理论的主要观点，还将普朗克的《机械自然观下新物理学的地位》翻译成日文。1913 年，桑木彧雄与长冈半太郎合作，将洛伦兹的《电子理论》翻译成日文。此外，他陆续发表了多篇与相对论相关的研究文章，无论在研究选题还是在研究方法上，都与欧洲当时的科学家基本同步进行。之后，因深受兄长对于康德哲学研究的影响，他逐渐将研究兴趣转向了物理学的一些基础性问题，从哲学的认识论层面来考虑相对论理论和宇宙学等，越来越沉醉于科学哲学性研究。此后，他翻译了爱因斯坦相对性原理，完成了《绝对与相对》《物理学绪论》《物理学与认识》等一系列专著。

1927 年至 1928 年，桑木彧雄再次访问欧洲，收集了爱因斯坦大量原始珍贵文献，整理了爱因斯坦以及相对论的相关史料，于数年后的1934年出版第一部日语版的《爱因斯坦传》。在传记中，他以大量史料详细记述了爱因斯坦的家庭背景、少年时代、大学时期接受的教育和思考等，论及狭义相对论以及广义相对论的创立和实验验证及其反响等。传记最后详细论述了与相对论有关的其他科学家，包括洛伦兹、庞加莱、普朗克等，分析了他们为相对论的奠基所作出的杰出贡献。该书在附录中列出了爱因斯坦自 1901 年以来的所有相关论文题目、演讲及报告、著述等。该书 1936 年由我国沈因明翻译，商务印书馆出版，成为我国出版的早期第一部最权威的爱因斯坦传记。

之后的桑木彧雄越来越关心科学哲学和科学史。1938 年，他从九州大学的教授席位退休，转任旧制松本高等学校校长。1941 年，63 岁的桑木彧雄被任命为日本科学社会历史学会的第一届主席，完成了《近代科学的展开》《科学史考》《明治以前的日本自然科学的发达》《黎明期的日本科学》等科学史方面的著作。1945 年，他在信州因病去世。

二、桑木彧雄对相对论的理解及传播

在 19 世纪末至 20 世纪初的物理学发展历程中，马赫等人通过对牛顿力学的批判开始质疑经典力学的绝对正确性。这期间包括若干线索，主要的有麦克斯韦的电磁理论以及电磁波传播速度完全由媒质的电磁常量决定，这个特性与经典力学产生了矛盾。另外，在洛伦兹的电子论中以太作用及电子的绝对运动问题等，均无法用牛顿力学完美解释。在此背景下，各种假说及对牛顿力学的某种修订时有浮现。1906 年，在远离欧洲科学中心的日本，桑木彧雄发表了题为《绝对运动》的论文。他在文中将牛顿提出的绝对静止坐标体系与洛伦兹定义的名为以太的体系，以及马赫提出的所有运动都是相对的观点进行了比较，然后这样概括运动的性质：

> 运动是在一定规律中保持着的联系，而且，由洛伦兹定义的以太体系完全是一种可行的假设，这种假设对构建运动体系理论是有必要的。

虽然这种认识在时间上晚于爱因斯坦，但考虑到近现代物理学在日本当时才刚刚开始普及后不久，能有此认识也已相当不容易。在文章结尾部分，他写道：

> 由于洛伦兹电子论仅仅是以其他相关运动为依据，至于是否会被取代，则另当别论了。

这暗示了桑木彧雄已经意识到洛伦兹时空观的局限性以及对爱因斯坦新时空理论的希冀。

桑木彧雄后来回忆，尽管那时这个理论（相对论）并未被广泛认可，他却坚持认为该理论所可能具有的重要性，并且试着写了篇讨论相对论的文章，即《关于电子的形状》。他在文中论述了爱因斯坦论文有关时空的要点及假说，并将爱因斯坦理论得到的有关电子形状的结论与洛伦兹收缩公式得到的结果进行了比较，认为：

> 洛伦兹与爱因斯坦用的是不同的方法，爱因斯坦是通过将绝对运动的概念从理论基础中去除的方式对待该问题的。

他的这篇文章是由日本当时著名哲学家、京都大学哲学教授朝永三十郎（1965 年诺贝尔物理学奖得主朝永振一郎的父亲）审阅的。科学论文由哲学家审阅，这个举动在当时日本科学界也是十分罕见的。联系到朝永振一郎后来获得诺贝尔物理学奖，朝永父子俩中间曾经出现的物理学者桑木彧雄，也许是冥冥之中的某种安排。

1909 年留德期间，桑木彧雄对于在相对论上作出实质性贡献的人一一进行了拜访，亲历了相对论初期发展的曲折历程。他讲述自己在瑞士专利局拜访爱因斯坦的经过：他们在一起交流了彼此对运动问题的认识，讨论了普朗克 1908 年在莱顿作的题为《物质世界观的统一蓝图》的报告，他们还一起讨论了许多其他事情。桑木彧雄讲述了爱因斯坦当时是这样评价马赫的：他足够冷静，有逻辑但仍不足以成为一个哲学家。桑木彧雄当时还询问了爱因斯坦有关匀加速运动相对论是否可以否定牛顿在“绝对旋转水桶”实验所展示的以及马赫在水运动相对于星系系统的绝对旋转中的问题。桑木彧雄后来用日文发表了他拜访爱因斯坦的经过以及爱因斯坦对他的评价。

1910 年 12 月，物理学家长冈半太郎从欧洲发给东京大学师生一封公开信，信中写道：

> 我 7 月抵达柏林后遇到了许多物理学家，有英国的、法国的、德国的、奥地利的、意大利的和美国的。他们都高喊“革命，革命”，他们发现了一个迄今为止隐藏在大自然背后的秘密——时间、空间和质量……请日本师生关注。

信件由东京大学的《时代杂志》全文发表，当时有一位年轻的物理学专业学生石原纯通过《时代杂志》看到了这个关于科学革命和相对论话题的讨论，引起极大兴趣，从而下决心远赴欧洲学习理论物理学。他同时也读到了由桑木彧雄翻译的《机械自然观下新物理学的地位》以及《相对论的时间与空间概念》等文章，并开始思考相对论问题，1912 至 1914 年在留学欧洲期间，曾跟随爱因斯坦学习过，后来在相对论理论方面浸润很深，不但发表过有关相对论研究的论文，而且回国后继承了桑木彧雄的事业，在日本广泛传播了相对论学说。

桑木彧雄的重要文章《相对论的时间与空间概念》1911 年 3 月由《东京大学物理学杂志》发表。该文比较了爱因斯坦相对论变换原理与洛伦兹变换原理之间的不同以及因果联系，介绍了包含闵可夫斯基基于四维时空数学发展的狭义相对论时空观，并从认识论层面对相对论的概念和原理进行了论述。这是日本最早全面介绍爱因斯坦相对论的文章。

与此同时，学校教育方面对相对论问题的教学也开始出现，东京大学的物理课上出现了有关四维时空的介绍和讨论，这对于相对论的传播和普及产生了更加深远的影响。此时，正好也有大批中国留学生赴日本学习，其中有几个对相对论感兴趣的学生，比如许崇清、李芳柏、文元模等，就是从日本学校了解到爱因斯坦及其相对时空观的。他们归国后成为相对论在中国传播的先驱。

作为物理学者的桑木彧雄，他的兴趣其实主要是在物理学的基础问题上，他对相对论的研究也主要是基于时空的哲学基本问题。在这方面，他深受物理学家兼哲学家马赫的影响。桑木彧雄于1912年发表的《物理学上的认识问题》一文，批判性地比较了普朗克、爱因斯坦的现实主义和马赫的经验主义，阐述了其对物理学认识论方面的观点。桑木彧雄在文中阐述的看法与他曾经的老师普朗克否认经典理论的局限性完全不同，他宣称：牛顿力学和爱因斯坦的观点可以被看作不同公理体系下的几何图形及其相关适用性，只不过，牛顿力学已被限制，将来肯定会有更多的限制。从这篇文章可以看出，桑木彧雄当时已经确信牛顿力学具有局限性，并且应该接受爱因斯坦的新观点。这是在1912年，爱因斯坦理论刚刚发表不过六七年的时候。

1919年11月6日，伦敦皇家学会及皇家天文学会报告了当年日食观察及计算结果，伦敦《泰晤士报》以《科学的革命、新时间空间论、牛顿引力论的颠覆》为题作了长篇报道，从而惊动了欧洲各国。1920年，桑木彧雄发表《关于万有引力的新发现》一文，对爱因斯坦的广义相对论和引力场方程以及广义相对论的三个实验验证进行了介绍。1921年，岩波书店出版了桑木彧雄与池田芳郎翻译的《爱因斯坦相对性原理》[1]。该书是爱因斯坦完成广义相对论后亲自撰写的相对论普及读本，面向的是从一般科学和哲学的观点出发对相对论感兴趣，但是对理论的数学工具并不熟悉的读者。桑木彧雄后来在《爱因斯坦的哲学》一书中写道：

> 狭义相对论本身，其研究范围在性质上，是从事科学基础研究的哲学家绝对不能忽视的课题。

尽管很多哲学家对此已有所论述，但桑木彧雄并不认为物理学上的理论决定了哲学上的讨论，他认为："爱因斯坦的'无法测量得出并非物理学上的概念'，其结果是物理学的结构从认识论上来讲变得纯粹。"由此可以看出，桑木彧雄是从认识论和哲学层面理解并传播爱因斯坦的相对论理论的。

1927年至1928年，桑木彧雄再次访问欧洲并与爱因斯坦就相对论哲学问题进行了进一步讨论，还收集了爱因斯坦自1901年以来所发表的各种文献，归国后完成了

---

1 该书在中国由爱因斯坦的中国学生夏元瑮1921年翻译后发表在《改造·相对论号》上，1922年4月由商务印书馆以《相对论浅释》出版，是中国最早的《狭义与广义相对论》汉译本。

《爱因斯坦传》一书。该书与其说是爱因斯坦的传记，不如说是桑木彧雄基于在欧洲的经历，亲身体会了20世纪前半期物理学变革而作为时代见证人的心声。爱因斯坦本人对桑木彧雄的工作给予了高度评价，他向桑木彧雄赠送了一幅彩纸，上面写着：

> 致物理学者、认识论学者桑木教授：
>
> 你是第一个乐于了解我的日本物理学者。
>
> 请作为友谊的回忆。
>
> ——爱因斯坦，自然是高高在上的女神

三、爱因斯坦的日本演讲

爱因斯坦1922年访日之前，与他在瑞士会过面的日本物理学家有三位，分别是桑木彧雄、石原纯和爱知敬一[1]。关于爱因斯坦访日的缘起，已经有一些文章专门进行过研究，此处不再赘述。其大致过程是在1921年，日本有一家文化企业改造社，社长山本实彦在罗素的推荐下，欲邀请爱因斯坦访日讲学，其间曾请桑木彧雄修书给爱因斯坦，最后得到了爱因斯坦的同意。于是，爱因斯坦于1922年底至1923年初在日本访问了约一个半月，在各地就相对论和相关议题进行了学术演讲和公众演讲，对日本科学界和整个社会都产生了巨大影响，而桑木彧雄也在这次活动中扮演了重要角色。

1922年11月17日，当爱因斯坦一行乘坐的邮轮抵达神户港时，迎接他的除了改造社社长山本实彦夫妇，还有科学界的代表人物东京大学教授长冈半太郎、日本东北大学的石原纯与爱知敬一，以及当时任职九州大学教授的桑木彧雄。

在43天的日本之行中，爱因斯坦受到日本科学界、教育界、文化界，高校学生还有普通大众的热烈欢迎，进行了密集的交流活动。他不但作了7场学术演讲，还作了9场公众演讲，见表1。除此之外，他还参加了多场由大学、学术机构和其他组织举办的各种庆祝集会，其中东北大学师生为了欢迎他的到来，还创作了三幕六场

1 爱知敬一（1880—1923），日本物理学者，东北帝国大学理科大学（现为日本东北大学理学院）物理学科教授。爱因斯坦在1922年访问日本时，他曾在仙台市公会堂担任爱因斯坦讲演的翻译。

的《相对性理论》话剧。整个日本除北海道外，爱因斯坦几乎与日本大部分高校的师生都有过直接接触，与民众也有大面积接触。从学生到市民，从官员到皇室，人们都想目睹大师风采，甚至他演讲所用过的稿纸和黑板也被有心人收藏。整个行程中，桑木彧雄不但听取爱因斯坦的学术演讲，而且陪伴他到各处作公众演讲。特别是当1922年12月25日爱因斯坦到达他所在的日本九州大学访问时，他作为直接的东道主全程陪同爱因斯坦参观了大学理工学院的实验室、教室和博物馆等，并参加了基督教青年学会举办的圣诞晚会。晚会上，爱因斯坦兴奋地亲自上演了三曲小提琴独奏。

爱因斯坦一旦开始演讲，就总是十分投入于知识海洋的遨游，以至于常常忘记了时间和行程安排。因此，他的演讲时间也总是会超出预定时间。在东京大学物理系7天的系列学术演讲中，听讲的人主要是教师（以教授为主），达到了120人，学生人数只有5名研究生和10名本科生，这是因为爱因斯坦曾经敦促过东京大学教授长冈半太郎，要求听讲者必须包括本科生，这才安排了一些学生听讲。爱因斯坦学术演讲的内容围绕着相对论基础及其意义展开，与他1921年5月在美国普林斯顿大学演讲内容类似。其中几次演讲还带去了他的论著——《相对论的意义》，该书是“普林斯顿科学文库”的开山之作。演讲中，爱因斯坦主要从物理学中的空间与时间概念，从光速不变原理到狭义相对论的原理，从洛伦兹变换、尺缩钟慢效应等讲到广义相对论的等效原理、引力方程等。

关于爱因斯坦日本演讲的风采和影响，日本学者有多种记叙。其中留学法国3年刚回日本的数学家小仓金之助，在听完爱因斯坦的演讲后写道：

> 我从来没有见过这样一位演讲者，他一直面带微笑并且异常冷静。他不擅长计算和严格的逻辑推理，但是，他拥有强烈的直觉。他向我们展示了直觉的重要性，正是爱因斯坦的直觉成为他创建相对论的基础。

表1 爱因斯坦在日本演讲一览表

日期	标题	地点	时间/小时	听众人数
11月23日	狭义与广义相对论	庆应义塾大学三田大礼堂	3+1	2000
11月24日	物理学中的时间和空间	神田青年会馆	4	满席
11月25日	光速不变原理	东京大学理学部中央讲堂	1.5+1.5	135

续表

日期	标题	地点	时间/小时	听众人数
11月26日	相对性原理	东京大学理学部中央讲堂	1.5+1.5	135
11月27日	自然法则和洛伦兹变换共变性	东京大学理学部中央讲堂	1.5+1.5	135
11月28日	张量解析法	东京大学理学部中央讲堂	1.5+1.5	135
11月29日	张量微分法	东京大学理学部中央讲堂	1.5+1.5	135
11月30日	万有引力	东京大学理学部中央讲堂	1.5+1.5	135
12月1日	广义相对论	东京大学理学部中央讲堂	1.5+1.5	135
12月3日	相对论原理	仙台市公会堂	不详	不详
12月8日	相对论原理	名古屋环形技院大厅	不详	满席
12月10日	相对论的哲学问题	京都市公会堂	2+2	满席
12月11日	相对论与伽利略	大阪中央公会堂	1.6+1.5	2500
12月13日	相对论原理	神户基督青年公馆	3	1500
12月14日	我是怎样创立相对论的	京都大学大厅	不详	满席
12月24日	广义和狭义相对论原理	福冈市大博剧院	不详	3500

另外，当时还是东京大学的本科生后来成为东京大学地震学教授的松泽畅，在听了爱因斯坦演讲后的感受是：

> 四维世界物体的运动总是沿着一条曲线，它是物体运动的最短距离。爱因斯坦正是在牛顿力学一级近似的基础上，花了十年时间才得到弯曲时空的理论。牛顿力学并非像人们说的应该扔掉，牛顿力学应该被尊重。

当时，从牛顿力学推导爱因斯坦的相对论对他来说显然是新知。

东京大学实验物理学教授寺田寅彦在事前的一篇日记（写于1922年11月13日）《相对论的另一面》中写道：

> 爱因斯坦将于23日至29日开始每天一场的讲座。我可能听不懂什么。但是，如果我长时间看着他的脸，就会对我产生一些影响。我很期待他的到来。

听完演讲后，11 月 30 日，他又写道：

> 一些老教授将爱因斯坦团团围住，我们没有机会接触到他（寺田寅彦当时 44 岁）……现在他的讲座已经达到高潮。那些我曾经不理解的问题，一旦经过爱因斯坦的解释就会深深地刻在我的脑海里，这简直就是一个奇迹。

寺田寅彦听讲座时还就光谱问题提问过爱因斯坦，爱因斯坦作了仔细说明，使他豁然开朗。实际上，爱因斯坦当时比寺田寅彦还小一岁，寺田寅彦仍然抱持着一种崇敬的态度对待爱因斯坦，感觉自己收获很大。

前文已经提到，爱因斯坦除在东京大学的 7 场相对纯粹的学术演讲外，还在东京、仙台、大阪、神户、福冈和京都等地就狭义和广义相对论作了 9 场普及性质的公众演讲。在名古屋环形技院大厅，由于没有暖气，爱因斯坦穿着厚厚的大衣演讲。当时还是中学生的田村（东京大学物理学教授）回忆道，他当时是在大厅的边沿听演讲的，为了能充分理解相对论的真谛，他后来还专门阅读了相关的书籍，例如《张量微积分》和《科学的哲学入门》等。他认为爱因斯坦的那次讲演深深影响了他。

在京都市公会堂，爱因斯坦的演讲偏重于相对论的哲学问题方面。在京都大学，应京都大学哲学家西田几多郎的要求，爱因斯坦即兴演讲了他是怎样创建相对论的，受到学生的热烈欢迎。爱因斯坦回顾了他创建相对论的思路和经过，那次演讲所形成的题为《我是怎样创立相对论的》的演讲文字后来成为研究者们追寻相对论创立过程的重要文献。

1965 年因“重整化理论”而成为日本第二位获得诺贝尔物理学奖的理论物理学家朝永振一郎，当时只有 16 岁，但也参加了爱因斯坦的公众演讲。他后来回忆说：

> 时空的对称性、四维世界、非欧几何，所有这些神秘的东西让当时还是中学生的我着迷，物理世界是如此神奇！ 我当时就在想，这些美妙的世界将等待我们去研究。

从那时开始，朝永振一郎就下定决心从事物理研究。比朝永振一郎还小一岁的日本第一位诺贝尔物理学奖获得者汤川秀树，当时还只是个初中学生，他没有能够获得机会直接聆听爱因斯坦在东京的演讲，但却从参加了演讲会的高中同学那里听到有关爱因斯坦相对论的种种议论，从而开始阅读《科学哲学导读》和石原纯的《相对论》等相关文章，他回忆道：

在我的潜意识里，以理论物理学为方向，或许就是从这时渐渐开始的。

或者可以说，爱因斯坦访问日本对于日本科学发展的影响，最为重要的就是对日本年轻一代学生潜移默化的影响，激发了数以万计的青年学生投身科学事业，其中不乏在校中学生和大学生从此立志或立即从事物理学研究的热情和激情。从这个意义上讲，日本人是幸运的，因为他们在第二次物理学革命——相对论和量子力学发展过程中直接接触到了其中的最大贡献者爱因斯坦，也直接接触到物理学革命的基础和根本问题，使得日本的物理学进入了与国际同步的快速发展轨道，迅速从经典过渡到近代物理学。

这里面也有桑木彧雄的贡献，因为他不但是促成爱因斯坦访日的直接推动者之一，而且在这之前的十年间就已经为相对论及其物理思想和哲学基础的传播做了大量奠基性工作，而爱因斯坦的成功访日及其火爆演讲，正是他长期培育和准备土壤上的一个水到渠成的表现。

四、对日本物理学研究的影响

就桑木彧雄在日本物理学发展中的作用而言，他并非一位对物理学的某个专门理论或专业实验直接作出多大贡献的研究者，他的贡献更多是在哲学和思想层面对以相对论为代表的新物理学的认识和传播。他最早看出了相对论的重要性，对于20世纪初期经典物理学危机也有着比较充分的理解，这与他的经历有着密切的联系。他留学欧洲期间，对德国和其他欧洲国家的物理学家进行过广泛的结交和拜师学习，例如，曾拜访过马赫、爱因斯坦、庞加莱和洛伦兹等在相对论建立过程中作出杰出贡献的物理学家，并与他们就物理学问题进行了广泛交流与讨论，还与他们建立了某种个人友谊。正因如此，在那个相对论还没有被科学界广泛认可的时候，他就已经敏锐地获知了这个理论的先驱意义和革命性，因此发表论文对此理论进行介绍，并就其基础性和重要性进行探讨和传播，这就显示了他对科学前沿问题的敏感与直觉，也对以相对论为代表的新物理学在日本的传播起到了巨大的推动作用。他基于自身经历著书、翻译研究相对论，从哲学层面上对相对论予以关注，翻译、出版相对论相关著作多部，对日本物理学家和哲学家都具有重要的影响。特别是他与作为相对论研究者的石原纯、寺田寅彦等人一起，通过探讨相对论及物理学相关哲学背景，开始对物理学的哲学基础进行深入思考。而他从认识论思考物理学本质问题，帮助了日本人快速接受物理学领域的量子革命，影响了 20 世纪日本物理学的发展。

在爱因斯坦访日这个日本物理学发展史上的重大事件中，桑木彧雄也扮演了重要角色。一是他接受改进社社长山本实彦的委托，利用自己与爱因斯坦的良好私人关系帮助发出邀请，并最后成功获得爱因斯坦访问日本的允诺，促成了这次访问。二是他不仅事前向改造社提供了有关爱因斯坦从学术到个人品质等各方面的资料，还在爱因斯坦访日期间积极向日本各类杂志、媒体寄送稿件，热心介绍爱因斯坦的理论和个人魅力，从而不但提高了爱因斯坦在日本科学界的声望，也在社会公众中扩大了他的影响。三是在爱因斯坦访日期间，直接陪同爱因斯坦在京都、仙台、福冈等作相对论的公众演讲，为大众特别是青年学生理解相对论的基本含义和价值起到巨大作用，影响到很多青年学子投身于物理学研究事业，很快就涌现出诸如汤川秀树、朝永振一郎等新一代日本物理学家，迅速攀登上国际物理学的最高舞台。

（作者：白秀英　白欣）

参考资料

[1] 石蔵甚平.九大における科学史文献［J］.图书馆情报，1996，12（2）：73.

[2] 会田军太夫.九大时代の桑木彧雄先生［J］.自然，1981，12：88-96.

[3] 岡邦雄.桑木彧雄先生［J］.科学知識，1947：20-24.

[4] 桑木彧雄.物理學と認識［M］.東京：改造社，1922.

[5] 桑木彧雄.爱因斯坦传：二册［M］.沈因明，译.上海：商务印书馆，1936.

[6] 桑木彧雄.近代科學の展開［M］.東京：社會教育協會，1941.

[7] 桑木彧雄.黎明期の日本科學［M］.東京：弘文堂書房，1947.

汤川秀树

（Yukawa Hideki，1907—1981）

汤川秀树

东西方文化的科学结晶

1949年12月10日，一个来自日本的物理学家汤川秀树满面春风地从瑞典王储手中接受了该年度的诺贝尔物理学奖。他因提出所谓介子场理论而对现代物理学所作出的贡献终于获得了世界公认，他也成了日本的第一位诺贝尔奖获得者。消息传到日本，举国轰动。首先受到鼓舞的，当然是日本的科学界人士。曾经担任过汤川秀树母校——京都大学校长的冈本道雄教授回忆说：

> 当时，我还是医学部的副教授，在战后的穷苦日子里挣扎，但“日本的汤川秀树教授荣获1949年度诺贝尔物理学奖”的消息却让我们这些从事同样科学研究的人受到很大震动。

此时，汤川秀树在一般日本人眼里已不仅仅是一个伟大的物理学家，而且还是一个空前的“社会英雄”和“伟人”。在“汤川效应”强烈的时代，许多年轻人纷纷慕名报考京都大学物理系。一个物理学家受到全社会的如此崇拜和爱戴，在日本历史上恐怕也是绝无仅有的。

现在，汤川秀树已作为一位国际著名的物理学家而载入世界科学的史册。美国著名科学家韦斯科夫曾将汤川秀树和爱因斯坦、玻尔并列在一起，称他为“科学大师”。确实，很多日本人认为汤川秀树就是东方的爱因斯坦，是东方的玻尔。在他身上，不仅可以发现那些伟大科学家所共有的高贵品质，而且还可以看到他作为一个东方人的个性和特点。也许可以这么说，他实质上是东西方文化的结晶。

一、出生于学者家庭

1907年1月23日，汤川秀树出生于东京，当时取名为小川秀树。一年以后，他父亲受聘于京都大学，全家移居京都。从此，他几乎一直就在那里生活、学习和工作。

他是在一个学者家庭中长大的。父亲小川琢治（1870—1941）是日本著名地质学家，母亲小川小雪是长崎师范学校校长的女儿。汤川秀树是他们的第三个儿子。

在汤川秀树眼里，小川琢治是一个令人可畏的“严父”，而小川小雪则是一个和蔼可亲的慈母。汤川秀树对母亲最为佩服的是，她曾努力做到对他们这些孩子一视同仁，不仅在生活方面，而且在对孩子们的前途安排方面也是如此。例如，小川琢治曾一度打算让他的五个儿子中最沉默寡言的汤川秀树在高中毕业后进技术学校。这种想法遭到了汤川秀树母亲的抵制。她坚信，像汤川秀树这种在童年时代不声不响的人同样能成为取得伟大成就的人。后来事实证实了他母亲的看法，汤川秀树和他的几个兄弟都成了某一方面的著名学者：老大小川芳树是东京大学的冶金学教授，老二贝冢茂树（后入赘于贝冢家）是京都大学的东方历史学教授，老三汤川秀树（后入赘于汤川家）是京都大学的物理学教授，老四小川环树是京都大学的东方文学教授，只有老五小川滋树不幸死于第二次世界大战中。

汤川秀树虽生于明治时代末年，但是他的家庭仍保持着明治维新以前知识分子家庭让孩子从小习汉学的传统。汤川秀树从小受到了十分严格的家庭教育。但他对中国古代儒家学说并不抱好感，认为儒家学说只讨论道德问题。因此，他刚上中学时，在他父亲的书房里找到《老子》和《庄子》这两本书，便立刻被吸引住了。他觉得从中国道家的著作中可以接触到一种比较自由的思维方式，这对他来说是一种很大的乐趣。他终生都保持着对中国老庄学说的特殊兴趣。甚至在他后来从事现代物理学研究的那些岁月中，他还时时重读老庄的书，并从中获取教益。

在少年汤川秀树身上，还看不到促使他后来成为一位理论物理学家的任何因素。当时，他是一位文学爱好者。他读过许多文学书，包括日本、中国和西方的文学作品。

汤川秀树看小说的时间较早。在上小学一年级以前，他就已开始自己阅读十卷本的《太阁记》了，这是一部描述丰臣秀吉事迹的日本历史小说。作为一个日本人，他当然对日本文学作品怀有特殊的亲切感。他甚至通读了有朋堂文库的古典作品集，尤其入迷于正宗白鸟、吉田弦二郎、仓田百三等人的作品，十分欣赏他们所散布的那种虚无伤感的情调。不过相比之下，他似乎更喜欢中国小说，他甚至在几十年以后仍能记住《水浒传》中一百单八将中的大部分人名。在中学时代，他曾被罗曼·罗兰的《约翰·克利斯朵夫》所感动。托尔斯泰的《人生论》曾引起过他对“人生意义”的沉思。但是，他最喜欢读的西方文学作品却是俄国作家陀思妥耶夫斯基的小说。

二、重新选择：从数学到物理学

汤川秀树的性格很内向，从小就喜欢独处，而且非常羞怯。他很少和小朋友往来，而且害怕在课堂上回答老师的提问。在入学前，家里人都管他叫“我不愿说”。因为他对于所有麻烦的事情都以“我不愿说”这句话来搪塞。他对家里人关闭了自己的心灵窗户。他不愿接触别人，别人也无法了解他。家里除了祖母和母亲，几乎都未能发现他的潜在能力。

1913 年，汤川秀树读小学一年级。他在小学里学得最好的课程就是书法和数学。尤其是在数学方面，他曾表现出了异乎寻常的才能。当他的哥哥在中学里开始学习求等差级数总和的方法时，他却独自发明了这种方法。他表面上显得十分孩子气，但实质上却具有十分强烈的竞争意识，老师曾对他写过这样一句评语：“有强烈的自我意识，而且内心刚毅。”

1919 年，汤川秀树进入京都府立第一中学。他仍很少交朋友，同时也变得越来越沉默寡言了。为了尽可能多地避免与他人接触，他常躲在图书馆里看书。同学们给他起了一个绰号，叫“权兵卫”（无名小卒）。这时，他对数学越来越感兴趣了，但却并不怎么喜欢物理学。大约在他上初中四年级（当时的日本学制）时，大概是爱因斯坦访日带来的影响，他开始比较热衷于做物理实验。在他阅读的书目中也出现了一些科学哲学的书，例如，田边元的《最近的自然科学》和石原纯的《相对论原理》。他通过阅读田边元的书，第一次知道了“量子论”这一名词，并且开始崇拜量子论的创始人普朗克。

1923 年，汤川秀树进入京都第三高等学校读高中一年级。在第一学期末的立体几何考试中，由于他按自己的方法而没有照先生课堂上讲的方法进行证明，结果只得了 66 分。这一事件激怒了他，使他从此打消了想当数学家的念头。他认为，如果数学是一种必须始终按照教师传授的方法来解题的学问，那么他不愿献身于这样的东西！高二时，他开始学物理学课程。他在课余时间里热衷于解物理习题。这时，他对物理学的兴趣与日俱增。他经常逛京都的“丸善”书店，买到了德国物理学家赖歇的《量子论》。这本书使他感觉到当时理论物理学正处于暗中摸索的状态，从而受到了激励。高三时，他又读了普朗克的《理论物理学导论》（第一卷），并发现自己能很容易地读下去了。在报考大学第一次填志愿表时，汤川秀树按照父亲的愿望填写了“地质学”。但是，他很快发现自己没有能力从事这方面的研究。因此，在第二次填志愿表时，他终于下定决心，填上了“物理学”。于是，在1926年，汤川秀树从京都第三高等学校毕业后，终于考上了京都大学理学部物理学科。同时考上的还有他的同学朝永振一郎。

汤川秀树最终选择了理论物理学。这种选择虽然是各种因素促成的，但是从根本上来说却是与他的孤僻的性格有关。他自己曾经这样说过：

> 由于天性不好交际……我需要在一种不太需要交际的研究领域中工作……在这种心理状态下总是支持着我的东西是继续从事我的创造性活动的可能性。没有了这种可能性，我就会没有任何指望了，而这也就是我如此热衷于理论物理学的缘由。

三、自学量子力学

1926年4月，当汤川秀树进入京都大学时，20世纪初发生在欧洲的那场激动人心的物理学革命事实上已近尾声。新量子论或量子力学的两种表述形式，海森伯的矩阵力学和薛定谔的波动力学，都已相继完成。年轻的汤川秀树很快就对这种新物理学有了兴趣。他相信自己也许能够对它的发展作出某种贡献。

当时京都大学理学部已采用学分制，因此学生选课比较自由。在大学第一年，汤川秀树将大部分时间用于听数学课。在物理学方面，他听了玉城嘉十郎教授的“力学”和石野又吉教授的“热学”。这两门课程虽和新物理学多少有点关系，但毕竟还不是新物理学本身。事实上，当时大学的讲课还不可能涉及新物理学，只是在热学理论课中对旧量子论有一点简短的描述而已。汤川秀树是通过阅读玻恩的《原子力学》一书才开始接触量子力学的。对他来说，新量子论尽管颇具魅力，但却很难。从那时起，玻恩成了他最佩服的科学家之一。

当时，汤川秀树从教授们和高年级学生的交谈中还了解到这样一种情况：就量子力学的两种等价的形式体系而言，薛定谔的波动力学似乎比海森伯的矩阵力学容易理解得多，因而更受物理学家们的欢迎。尽管他当时还是一个刚进大学不久的学生，但是他仿佛受一种“使命感”的驱使，觉得自己面对正在激烈变化中的物理世界再也不能无所事事了。因而，在大学第二年，他就一头扎进了物理系图书室。他想尽可能快地了解过去两三年中在外文杂志上，尤其是在德文杂志上发表的有关新量子论的论文。可是，业已发表的论文数量相当可观，新到的杂志在图书室的陈列架上越积越多，这使他有点手足无措，不知从何着手。不过，他很快就找到了出路：系统地阅读薛定谔本人的论文，因为它们在当时是最容易理解的。在从大学二年级到三年级初期，他完全投身到薛定谔的论文中去了。与此同时，他对光谱学实验也很感兴趣。到三年级在寻找指导教授时，他曾一度想进木村实验室跟随木村正路教授研究光谱学。后来，经过再三考虑，终于和朝永振一郎、多田政忠一起进了玉城嘉十郎教授的理论物理研究室。玉城嘉十郎教授曾留学于英国剑桥大学，精通流体力学和相对论，但对刚刚完成的量子力学几乎不感兴趣。不过，玉城嘉十郎教授一向尊重学生自己的选择，只要不超出理论物理学的范围，不管研究什么，他都不加干涉。汤川秀树和朝永振一郎都选择了研究量子力学。但事实上他们几乎是自学的。自此，汤川秀树的奋斗目标已经非常明确：他想在上大学三年级期间拼命赶上理论物理学的前沿。这使得他的大学第三年成了十分繁忙的一年。

1929 年 3 月，他从京都大学毕业，以无薪助教的资格继续留在玉城研究室里进行自己的研究。在毕业前夕，他曾为物理学革命已近尾声而感到烦恼。他想：

如果原子世界通过量子力学而得到完全的理解，那么留给我去开拓的将会是什么样的天地呢？我想努力成为一个理论物理学家是不是为时太晚了呢？

他当时虽然还只有 22 岁，但是他认为自己在年龄上已不算太小了。因为那时对发展量子力学作出贡献的大多数物理学家都是在 20 多岁。例如，海森伯、狄拉克、泡利、费米都诞生于1900—1902年，而他们都是在23岁或24岁左右就已取得了很大的成就。1928 年，即在他大学毕业前的一年，英国的天才物理学家狄拉克发现了“相对论性波动方程”——新物理学两大支柱即量子力学和相对论互相融合的初步成果。这对于汤川秀树是一大刺激，或者更确切地说是一种冲击。他意识到自己必须学习狄拉克的这种新电子论。他的大学毕业论文就是有关狄拉克新理论的。1929 年秋，他大学毕业后不久，恰逢海森伯和狄拉克到日本访问。对于他来说，听这两位年轻天才的演讲，实在是一种很大的刺激。不过，他很快就认识到，他完全没有必要为“余生也晚”感到苦恼，因为他发现当时有两大研究课题尚无人问津：第一个是进一步发展相对论性量子力学，第二个是把量子力学应用于原子核问题。

然而，面对这两大课题又从何着手呢？汤川秀树曾经这样说过："我绝不能够处理我听说别人已经解决了的问题。"的确，狄拉克的电子理论虽然在原子核外部取得了异常的成功，但是原子核内部结构仍然是一个谜。当时人们认为原子核是由"质子和电子"构成的，但是汤川秀树却已经预感到按照这种观点是无法理解原子核的各种性质的。核内"电子"必定具有不同于核外电子的某种行为。因此，他认定自己的研究触角应当伸向这一领域。不过，他也认识到在研究核内"电子"的行为以前，应当首先研究核外电子与原子核本身的相互作用，具体做法就是研究（氢）原子光谱的超精细结构。他开始应用狄拉克的电子理论进行这方面的研究，并通过简单的推理获得一些新的结论。这就是他最初的研究工作。他把这些结果写成详细报告，提交给玉城嘉十郎教授，可是玉城嘉十郎教授却把报告放在保险箱内一锁了之。不久，汤川秀树就在一份专业杂志上读到了费米关于同一课题的论文。眼看这位年轻的意大利物理学家走在了自己的前面，他感到很失望。于是，他只得暂时改变研究方向，转而研究量子场论的问题。他注意到在海森伯和泡利当时发表的《论波动场的量子力学》(1929)论文中存在着"无穷大"的困难。他试图解决它，但是经过多次努力未获成功，只能暂时作罢。他的研究就这样几乎陷于停顿状态。他趁此间隙，到日法学馆去进修了法语。他又重新感到了孤独。这种局面一直持续到 1932 年。后来，他曾回忆当时的情况说：

我有一种紧迫感，但是，不管我感到压力多大，我的工作却似乎毫无进展。

四、难忘的 1932 年

1932 年，对于汤川秀树来说是终生难忘的。年初，他的学习伙伴朝永振一郎离开京都去了东京，到日本理化研究所新建的仁科研究室工作。这次分离使他感到很凄凉，后来也成为他想调换一个新环境的理由之一。4 月 3 日，他和大阪汤川肠胃病医院前院长汤川玄洋最小的女儿汤川寿美结婚，并入赘汤川玄洋家，从此改姓"汤川"。婚后，汤川秀树就搬到了大阪岳父家居住。同时，他被聘为京都大学理学部讲师，开讲量子力学课。听过他早期讲课的学生有坂田昌一、小林稔和武谷三男等。他们都认为，这位年轻讲师讲课并不怎么高明，尽管他们后来都很佩服他的理论研究工作。

这一年对于物理学，尤其是对于核物理学来说也是十分重要的一年。可以说，那是核物理学史上最富有成果的一年。

在实验方面，首先引起汤川秀树注意的是这样三起革命性事件：第一起是查德威克发现“中子”，第二起是安德森发现“正电子”，第三起则是考克罗夫特和沃尔顿实现人工核蜕变。当时，这三起事件使得核物理学从一个次要的研究分支突然变为研究的主流。不过，在汤川秀树看来，其中对理论物理学具有特别重大意义的则是中子的发现。他认为，中子是解开原子核之谜的一把钥匙。尽管中子的发现者查德威克认为，关于“中子是一种新的基本粒子”的想法“没有什么可取之处”，但是汤川秀树却始终坚持这一观点。他认为，作为一种新的基本粒子，中子将和质子一起构成原子核。

在理论方面，日本以外的一些物理学家，例如，海森伯和伊凡宁柯正分别沿着同样的思路建立新的原子核理论。其中，海森伯的《论原子核结构》一文引起了汤川秀树的浓厚兴趣。他翻译了这篇论文，还写了一篇综述性的介绍文章，发表在 1933 年的《日本数学物理学会会志》上。这是汤川平生第一次发表作品。海森伯在论文中一方面提出了有关质子 - 中子的核结构理论，正确地把中子看作基本粒子，另一方面提出了所谓中子结构理论，错误地把中子看作为质子 - 电子复合体，认为在适当的条件（例如 β 衰变）下，它会分裂成一个质子和一个电子，而这时能量和动量的守恒定律也许就不再适用了。中子究竟是基本粒子还是质子 - 电子复合体呢？汤川秀树在当时就对这个问题持保留意见，他认为：

> 这个问题，如同 β 衰变问题那样……不可能用今天的理论来解决。而且只有解决了这个问题，人们才能够断言核内电子不会独立存在的观点是否正确。

不过，海森伯在此基础上运用量子力学方法并通过与氢分子或氢离子的类比，引出了他的著名的“电荷交换力”思想。这对于汤川秀树是很有启发性的。海森伯在论文中讨论了两种交换力：中子 - 质子交换力和中子 - 中子交换力。关于前者，海森伯写道：“它可通过设想交换无自旋、遵从玻色统计的电子得到说明。”正是这种从交换“电子”的角度去理解核力的思想大大启发了汤川秀树，使得他的注意力开始集中到核力即作用在构成原子核的中子和质子上的力的本性上来。对核力问题的思考，最终使汤川秀树提出了著名的介子理论。

五、介子理论的诞生

从事后来看，汤川秀树建立介子理论的方法是很简单的。抽象地说，他是运用了“类比法”。说得具体些，就是通过运用核力场和电磁场的类比来预言介子的存在。电磁场是人们熟知的。古典电磁学理论早就告诉我们，荷电粒子间的电磁作用是通过以波动形式在空间传播的电磁场来传递的。而在量子论看来，电磁波又具有粒子行为，也就是说，对应电磁场有“光子”这种粒子存在。量子电动力学的研究已明确指出，电磁相互作用是通过交换光子来传递的。那么，两个核子的相互作用是否也可以通过交换什么粒子来实现呢？这样的联想是十分自然的，而这就是所谓“类比”。事实上，在 1932 年，汤川就已经达到了上述的“类比”水平。他最初在海森伯论文的启发下，认为中子和质子是通过交换“电子”来传递相互作用的。但实际上，从这种媒介“电子”到真正的“介子”，汤川秀树在暗中又摸索了两年的时间。事后回想起来，他曾不无感叹地说：

> 我在能够到达目的地之前却首先误入了歧途……

的确，实际的科学发现道路并不像科学史家们描述的那么简单。汤川秀树曾对科学家在其科学发现道路上的艰辛探索活动做过这样生动而又恰当的描述：

> 那些探索未知世界的人是不带地图的旅行者；地图是探索的结果……事后找出捷径并非难事，而困难却在于一边开辟新路一边寻找目的地。

他对核内世界的探索就是这样一种不带地图的旅行。1932 年，当他踏上旅途时，除海森伯等人留下的一些足迹外，他还不知道目的地的方位，只有靠自己去摸索。事实上，如他自己所言，从 1932 年到 1934 年是他“一生中最困难的两年”。

1933 年 4 月，在仙台召开的日本数学物理学会的年会上，汤川秀树生平第一次作了研究报告。报告的题目是《论核内电子》。在报告中，他虽然已意识到“电子”充当传递核力场的媒介粒子有着许多困难，但是他仍力图用满足狄拉克波动方程的电子场来作为核力场。在他发言后，仁科芳雄建议他不妨使用满足玻色－爱因斯坦统计的

“电子”。但是，当时汤川秀树还没有能完全摆脱这样一种保守的愿望，力图用已知的粒子来理解核力场。

从仙台会议回来后不久，汤川秀树的长子春洋出生了。5 月，他又受聘兼任新建的大阪大学理学部讲师。他轮流到京都大学和大阪大学讲课。他的研究仍在继续进行，但进展不明显。同年夏，他搬到了苦乐园新居。

1934 年很快来到了。汤川秀树因为自己的研究工作毫无起色开始急躁起来。同年 4 月，他终于辞去了京都大学的职位，成了大阪大学的专职讲师和“汤川小组”的负责人，并迁入大阪市区的新物理大楼。他后来回忆自己当时的心情时说：

> 我觉得在这个楼里好像非努力工作不可似的，有时感到好像有人在驱赶着我。

在介子理论形成过程中，费米理论对汤川秀树起过十分重要的作用。原先人们对 β 衰变的理解是：原子核在衰变过程中仅仅放出电子（或正电子），但这样却遇到了“能量不守恒”的问题。费米通过引进泡利的“中微子”假说解决了这个问题。现在，按照费米理论，在 β 衰变过程中，原子核将放射出“电子”和“中微子”这样一对粒子。这样，至少向汤川秀树显示了引进新粒子（中微子）而取得成功的实例。

读了费米《β 衰变理论》论文后，汤川秀树很想知道强核力问题能否用同一种方式来解决，也就是说，中子 – 质子相互作用能否通过交换电子 – 中微子对来传递呢？几乎在同时，苏联物理学家塔姆和伊凡宁柯也正在沿着同一思路进行研究。他们在《自然》杂志上发表了自己的计算结果：电子和中微子交换的力过于微弱以致无法说明核力。鉴于当时已知的基本粒子只有光子、电子、质子、中子和中微子五种，因此，只留下这样一种可能性：传递核力的粒子是除这五种粒子外的其他未知粒子。汤川秀树想：

> 我不妨跳出包括新的中微子在内的已知粒子的范围，向外寻找属于核力场的粒子。

确实，当他这样想时，似乎就已离自己想达到的目标越来越近了。但是，在真正达到目标之前，他还是熬过了许多个不眠之夜。甚至在他妻子生下次子高秋的那天

（1934 年 9 月 29 日）晚上，他还在苦苦思索着核力场的特征问题。

1934 年 10 月初的一天晚上，汤川秀树突然想到一个关键问题——核力的作用距离 r 和所要求的新粒子的质量 m_u 成反比关系：

$$m_u = \frac{\lambda h}{c} = \frac{h}{cr}$$

式中：$\lambda = 1/r$，是力程参量。现在就可以这样来估计新粒子的静止质量：已知 $h = 1.05 \times 10^{-27}$ 尔格 · 秒，$r \approx 2 \times 10^{-13}$cm，$c = 3 \times 10^{10}$ 厘米 / 秒，代入上述关系式，即得

$$m_u = 1.75 \times 10^{-25} \text{ 克}$$

这就是说，新粒子的静止质量约是电子质量（$m_e = 9.1 \times 10^{-28}$ 克）的 200 倍。次日早晨，汤川秀树得到了这个结果。

在和菊池小组一起吃午饭时，汤川秀树报告了这一结果。菊池提醒说，在威尔逊云室中应能见到这种粒子。汤川秀树则自信地回答说，这种粒子可以在宇宙射线中被找到。此后不久，他分别在日本数学物理学会的大阪分会的例会（10 月）以及东京本部的例会（11 月）上宣布了这一理论。仁科芳雄向他表示了祝贺。当时，夫人汤川寿美不断催他："请快点写出英文论文，公之于世界。"于是，他花了一个月的时间写出了他的成名之作——《论基本粒子的相互作用（Ⅰ）》。这篇用英文写的论文被发表在《日本数学物理学会记事》1935 年第 17 卷上。在论文中，汤川秀树称他的新粒子为"重量子"或"U 量子"。后来在其他场合，他开始称之为"中间子"。英文最初译作 mesotron（源于希腊文 mesos，意即"介于两者之间"）。1939 年，印度物理学家巴巴建议使用 meson 这一名称。[1] 中文一律译作"介子"，当时意指其质量介于电子和质子之间。当然，现在情况已发生很大变化。20 世纪 60 年代以来发现的许多短寿命介子，大多数都比质子还重，但人们仍沿用"介子"这个名称至今，如同人们后来发现一些基本粒子有内部结构之后仍沿用"基本粒子"这个名称一样。

后来人们公认，1935 年是汤川秀树的介子理论问世之年。当时，尽管汤川秀树的论文是用英文写的，而且发表在一种发行面相对较广的日本重要刊物上，但是介子理论在西方世界遭遇冷淡竟长达两年之久。1937 年春，玻尔访日，也参观了大阪大学。当汤川秀树向玻尔谈起介子理论时，玻尔几乎不感兴趣，只是问汤川秀树："难道你

---

1 另一说法是海森伯在一次国际会议上建议使用这一名称的。见乔治 · 伽莫夫的《物理学发展史》（北京：商务印书馆，1981）第 302 页和他的《物理世界奇遇记》（北京：科学出版社，1978）第 211 页。

喜欢一种新的粒子吗？”这从一个侧面反映了当时西方物理学界对于新粒子概念的态度，实际上当泡利最初提出“中微子”概念时，也曾受到过同样的待遇。可是，就在玻尔离开日本后不久，却从美国传来了安德森和奈德迈尔等人在宇宙射线中发现一种新的荷电粒子的消息。同年 7 月，汤川秀树在一篇文章中指出，安德森等人发现的粒子可能就是“介子”。由此，汤川秀树的理论开始受到国外同行们的注意。奥本海默、塞伯和巴巴等人也开始研究介子理论。这种形势激励汤川秀树和他的学生、合作者们进一步发展介子理论。从 1937 年到 1938 年，汤川秀树和坂田昌一、武谷三男等人先后联名发表了《论基本粒子的相互作用》的第二、第三和第四篇论文。到发表第四篇论文的 1938 年，汤川秀树的工作已开始受到国际学术界的普遍肯定。在这一年，他因理论工作成就获得大阪大学理学博士学位。次年，他从大阪回到京都，受聘为京都大学理学部教授。1940 年，他荣获日本学士院奖。1943 年，又获得日本文化勋章。

虽然到 1947 年人们才搞清楚安德森在 10 年前发现的粒子并不是汤川秀树预言的“介子”，但这丝毫不影响汤川秀树的声誉。早在 1942 年，汤川秀树的学生坂田昌一和井上健就已提出“双介子理论”，认为存在两种不同的介子，一种叫作 π 介子，是汤川秀树所预言的传递核力的介子，另一种叫作 μ 介子，几乎与原子核不发生作用，而且前者能够较快地自发衰变成后者。安德森发现的粒子只是 μ 介子而已。1947 年 5 月，鲍威尔等人采用照相乳胶研究宇宙射线的方法验证了两种介子的机制。1948 年，美国首次用加速器产生了人工 π 介子。至此，汤川秀树的介子预言才真正得到了实验证实。

1949 年，已在美国哥伦比亚大学任教授的汤川秀树被授予了该年度的诺贝尔物理学奖。

六、介子理论以后的研究

1948 年，汤川秀树应奥本海默的邀请，赴美国任普林斯顿高级研究所的客座教授。从那以后，他主要从事基本粒子理论的基础研究。

这方面的研究最早可以追溯到 1929 年海森伯和泡利关于电磁波场量子力学的一篇论文。这是“第一个有关电磁场的完全相对论性量子理论”。虽然它后来经过各种形式的重新表述，但是都未能改变其本质，至今仍然不失为描述基本粒子世界的唯一依据。一方面，这个理论虽然能很好地描述基本粒子的生成、湮灭、相互转化、能量、动量和电荷守恒等基本粒子世界的量子力学和相对论的特征，但是，另一方面，由于它把基本粒子描述成为完全没有大小的点状粒子，因此就隐含了所谓的“发散困难”或“无穷大困难”。例如，在电子的情况下，假设电荷集中在一个点上（电子是点状粒子），那么该点切近处的电场就会很强。这种场的能量计算，遵照距离平方倒数的规则，将得出发散为无穷大的值。这当然不是什么新问题，而只是“发散问题”或“无穷大奇点问题”的最简单表现。这种发散问题不但在量子电动力学中会遇到，而且在早期的经典电动力学中也会遇到。

如前所述，汤川秀树刚从大学毕业就遇到了这一非常棘手的问题。当时，他迫于无奈只得暂时把它放在一边而一头扎进了原子核和宇宙射线的理论，从而引导他走向了介子理论。不过，他并没有完全忘记那个属于场论基础的“发散问题”，甚至在思考介子理论的同时，他还惦念着那个问题。例如，1934 年 4 月 4 日，他在数学物理学会的年会上作了题为《相对论性量子力学中的几率振幅》的报告，提出了后来被人戏称作“圆圈理论”的一些思想。从大学毕业到晚年，他“一直抱有建立起某种有着牢固基础的理论的想法”。

在建立介子理论以后，促使汤川秀树把思路再次转向更加基本问题的最初契机，是坂田昌一、井上健等人于 1942 年提出的“双介子理论”。坂田昌一等人坦率地承认存在着 π 介子和 μ 介子，这两种介子可以互相配合地说明宇宙射线现象。但是，在当时汤川秀树并不满足于这种仅仅承认存在某种事物的理论，他开始怀疑过去的包括介子理论在内的量子场论的基础。他说：

> 如果存在这样奇怪的粒子，那么现在的场论就必须彻底修改了。

于是，他就开始在参加各种会议时，在黑板上画一些“圆圈”来表示闵可夫斯基时空中的区域。他把自己的这种“圆圈理论”思想概括到了一篇问答式的论文中，论文的题目是《论场论的基础》，分期发表在日本 1942 年的《科学》杂志上。1943 年，朝永振一郎在这种“圆圈理论”的启发下提出了“超多时间理论”，并以保守主义的重整化演算方法（仍坚持点状粒子的观点）巧妙地处理了（实质上是回避了）“发散问题”。但汤川秀树对朝永振一郎的处理方式仍不满意。

1949 年，汤川秀树将“圆圈理论”进一步发展成为“非定域场理论”。他认为，“发散问题”的关键可能就在于以往的定域场理论习惯于把基本粒子当作无广延性的一个“点”来处理。他说：

> 没有大小尺寸的点，怎么可能具有许多不同种类的基本粒子的个性呢？

因此，他考虑给基本粒子指定一种物理广延性。1950年，他将自己的这种思想整理成了名为《非定域场的量子理论》的文章，发表在美国《物理评论》杂志上。非定域场论的基本思想是，基本粒子不是点，而应当具备固有的物理广延性，这样就有可能解决“发散问题”，同时也就有可能产生出基本粒子的多样性。不过，这种理论往往跟量子力学和相对论的一般原理相抵触。因此，汤川秀树直到晚年仍在摸索这方面的问题。

到20世纪60年代，汤川秀树在中国老庄哲学的启发下开始把基本粒子概念归结为一种“时空的基元域”。他引用了中国唐代诗人李白的名句“夫天地者万物之逆旅，光阴者百代之过客”来类比基本粒子与时空的关系。他设想李白所讲的“逆旅”（旅店）就是“基元域”，“光阴”是指时空，而“过客”则是指基本粒子。非定域场论涉及一种四维广延性。最初是从“实体”角度去考察基本粒子的，即认为粒子占据着广延区域，他关心的是粒子本身的广延性。但这样看问题却遇到了和量子力学以及相对论不一致的困难。于是，又促使他改从“虚空”的角度去考察。他想：

> 也许我们可以通过首先考虑一种无能量的虚空来处理这个问题。这就是说，我们从我们的时空世界中分离出一种有限的无能量的元区域。

为了避免在定域场中“点状粒子”所遇到的困难，他就给这个区域的尺寸规定一个下限，即：

> 一个对应于最小时空量子的极限，这就是一个不能再进一步有意义地细分的区域。我们可以把它叫作基元域。

而且，按照各个基元域与能量联系方式的不同，可以把这种区域和各种各样的基本粒子等同看待。这就是说，必须联系时空本身的结构来考虑基本粒子的本性。具体做法就是，在时空中引入非连续性的结构。由于基元域具有一定的时空广延性，不是无限小，因此确定基元域的基本方程不再是微分方程，而是“差分”方程。他认为：

> 在求解差分方程时，我们得到的解一般比从微分方程得到的解多得多。从许多解中，如果我们能挑选出那些合用的来，并且能够把它们适当地系统化，那么我们或许就能克服长期以来一直如此难办的无穷大问题。

1966年，他在《理论物理学进展》增刊上发表了题为《原子论和空间、时间的可分割性》的论文，正式提出了“基元域”理论。不过，这个理论一直到他逝世时也没能完成。

总的说来，从20世纪40年代后半期起到他逝世为止，汤川秀树关于基本粒子的非定域场论、时空描述和基元域理论的研究并没有获得预期的效果。如同爱因斯坦、德布罗意和海森伯那样，由于种种原因，汤川秀树在物理学上未能再次享受到他年轻时集中精力通过短期决战获得成功那样的幸运。

七、重视培养学生创造力的导师

1953年，为了表彰日本第一个诺贝尔奖获得者汤川秀树，日本政府决定在他的母校京都大学设立基础物理学研究所。不久，汤川秀树本人从美国回到日本，出任该所的第一任所长，直到1970年退休为止，并将所获的诺贝尔奖的奖金全部捐赠给了这个研究所。他希望在日本，尤其是在京都大学能够不断地涌现出更多的像他那样的年轻物理学研究者。

在汤川秀树的内心深处有着一种对人类、社会、家庭、朋友和年轻研究者们的责任感。后来成为夏威夷大学名誉教授的渡边慧始终感激汤川秀树对自己的帮助。早在20世纪40年代末，年轻的渡边慧准备赴美，正在为拿不出旅费而发愁时，已在美国的汤川秀树向他伸出了援助之手，自己拿出1000美元资助了他。而且，在以后的交往中，汤川秀树闭口不谈此事，使渡边慧深深体会到了什么叫重学术轻金钱的师生之谊。

在汤川秀树的努力下，京都大学的基础物理学研究所成为日本的研究中心。汤川秀树不满足于自己在专业领域里所取得的成就，非常关心相关领域的科学进步。在他的鼓励下，他周围的年轻人纷纷从事各种新兴学科的研究。20世纪50年代初，沃森、克里克提出DNA双螺旋模型时，基础物理学研究所就已开始有人研究“生物物理学”了。60年代宇宙学兴起时，汤川秀树也很关心身边的年轻学者有关天体核物理的研究。到70年代，汤川秀树又对电子计算机的发展表示关注，使得基础物理学研究所和从事信息处理研究的前田宪一教授的研究室发生了横向联系。1974年底，报纸杂志上发表了美国洛斯－阿拉莫斯实验室介子工厂用π介子治疗癌症的消息，汤川秀树对于自己过去所预言的介子能用于治疗癌症这一点尤为高兴。他曾把医学和核物理学方面有关的16人召集到京都大学基础物理学研究所，商议把介子疗法引进日本，从而终于使有关部门制订了包括派年轻研究者出国进修等内容的发展计划。

汤川秀树培养年轻人，尤其重视发展他们的创造力。他常说：

> 掌握困难的数学公式是很好的。但是，物理学的真正进步靠的是独创性。如果在独创性方面你们不和我竞争，那么在这一点上我就不会负于你们。

事实上，他在50岁以后，也一直在考虑这样一个问题：

> 不单是我自已，而且还有年轻的研究人员，都是怎样才能充分发挥创造力的？

为此，他在从事物理学研究的同时，还对创造理论进行了广泛深入的研究，不但写了创造理论的专著，而且还在日本组织了创造性研究会，以推动对创造力开发的研究。

八、投身于社会活动

汤川秀树年轻时曾经为了尽量避开同社会接触而选择物理学为研究方向。但恰恰是物理学又使他重新接近社会。一方面，由于他在物理学研究上取得了举世公认的成就，从而受到了社会的尊敬，政府的各种委员会以及社会团体组织都纷纷慕名而来，力图给他挂上各种头衔，并要求他参加他实际上并无多大兴趣的许多社交活动。对此，汤川秀树总是抱怨这些“乱七八糟的任务”太多，尽管他想采取“能推则推”的态度，但是他仍觉得应接不暇。另一方面，由于他的专业知识被用于军事领域而导致全人类面临核武器的威胁，尤其是日本成为最早受核武器之害的国家，使他感到震惊。如同世界上一切有正义感的科学家一样，他终于毅然决然地投身于废除核武器和争取世界和平的运动。

1948 年，汤川秀树到达普林斯顿不久，就与爱因斯坦见面。爱因斯坦对汤川夫妇说：

> 为了避免全人类的毁灭，必须成立一个使地球上不再发生战争的机构。那除把世界组成联邦之外别无他途。

这引起了汤川秀树对世界联邦运动的兴趣。1953 年，他从美国回到日本，利用各种机会宣传“世界联邦”的思想。1955 年，他成为反对使用核武器和废除战争的《罗素－爱因斯坦宣言》的 11 位签署人之一，同时，他还和下中弥三郎、茅诚司等人组成呼吁世界和平七人委员会。1957 年，他出席了根据《罗素－爱因斯坦宣言》在加拿大召开的第一届帕格沃什会议。1961 年，汤川秀树在维也纳召开的世界联邦主义者世界联合会的世界大会上当选为主席，夫人汤川寿美也担任了日本的世界联邦建设同盟的主席。汤川秀树曾对他的夫人说：“世界的半数以上是妇女，希望你在世界联邦能拼命去干。”1962 年，汤川秀树和朝永振一郎、坂田昌一共同筹组了关于核裁军的“第一届科学家京都会议”。1975 年，在京都召开的第二十五届帕格沃什会议上，汤川秀树当选为日本最早的帕格沃什会议主席。当时，他刚动过癌症手术不久，是坐在轮椅上出席会议的。1981 年 6 月，亦即在他逝世前的三个月，他抱病出席了第四届科学家京都会议，并在会上作了演讲。他说：“虽感疲惫，但不能休息，相反要尽力为之。”

1970 年，汤川秀树从京都大学退休。从学术界引退后，他成了名誉教授，但仍保留基础物理学研究所的管理委员、《理论物理学进展》的主编和理事长等职。他定期到研究所出席杂志的编辑会议等，会后就顺便在研究所的会议室里吃午饭，并与年轻的同事们闲谈一两个小时后回家。这已成了他退休后的生活日常。此外，他仍经常接见许多国内外的采访者，从事和平运动的热情有增无减。不过，他的晚年主要是在读书中度过的。

汤川秀树是一个多才多艺的人，琴棋诗画，几乎无所不能，尤以善作“和歌”（日本的一种诗歌形式）最为世人称道。晚年，他还出版了一本个人诗集《深山木》。他写诗不仅是出于爱好，而且还把它当作一种“消除大脑疲劳的休息方式”。他小时候常和几个兄弟、两个姐姐一起向日本书法家山本竟山学习书法，而他绘南画的技巧则是后来向岳父汤川玄洋学的。为了排解晚年的寂寞心情，汤川秀树还学弹过三弦。他也善于下围棋。这时，他虽然并没有放弃物理学的研究，但却感到力不从心，无法那么拼命了。他最后的科学论文是发表在1968年《理论物理学进展》增刊上的两篇题为《基元域和基本粒子的场论（Ⅰ和Ⅱ)》的文章，那还是在退休前与片山泰久、梅村勋合写的。

1975年，汤川秀树开始被病魔缠身。从此，他的健康一直处于时好时坏的状态。他在动了前列腺手术后，因发现癌细胞又立即动了第二次手术。1980年初，他因患肺炎和心脏器质性病变住过一次医院。但到1981年夏，他的身体状况似乎有所好转。8月23日，他在外出散步时摔了一跤，仅眼下部位受伤。在此期间，他患了感冒，因发高烧，得了肺炎，需要住院。9月8日，他因患急性心脏器质性病变于午后2时溘然长逝。

（作者：周林东）

参考资料

［1］ 桑原武夫，井上健，小沼通二．汤川秀树［M］．东京：日本放送出版协会，1984.

［2］ 汤川秀树．创造力和直觉［M］．周林东，译．上海：复旦大学出版社，1987.

［3］ L. M. Brown. Hideki Yukawaand the Meson Theory［J］. Physics Today， 1986（39）， 12.

［4］ 井上健．一筋の道［J］．自然，1981，11.

［5］ 渡边慧．みでとな人生セな［J］．自然，1981，11.

［6］ 中村诚右郎．伟大な汤川秀树博士さしのぶ［J］．科学朝日，1981，11.

人名对照

A

阿贝 —— E. Abbe

阿贝格 —— R. Abegg

汉斯・阿贝尔 —— Hans Abel

阿贝尔 —— N. H. Abel

索伦・阿贝尔 —— Soren Abel

阿贝尔松 —— Philip Abelson

阿比安卡尔 —— Shreeram Shankar Abhyankar

阿布拉莫维茨 —— M. Abramovitz

阿克莱特 —— J. Ackeret

阿克尔克内希特 —— E. H. Ackerknecht

阿克曼 —— W. Ackermann

埃达 —— Ada

亚当斯 —— J. C. Adams

沃尔特・亚当斯 —— Walter Adams

威利斯・阿德科克 —— W. Adcock

劳拉・简・亚当斯 —— Laura Jane Addams

弗里德里希・阿德勒 —— Friedrich Adler

维克多・阿德勒 —— Viktor Adler

阿德里安 —— C. E. Adrian

彼特・阿范纳茜尔耶夫 —— Peter Afanassejev

阿范纳茜耶娃 —— Afanassjewa

阿夫塞柳斯 —— J. Afzelius

乔治・阿加西 —— George R. Agassiz

阿加西 —— Louis Agassiz

玛丽亚・加埃塔纳・阿涅西

—— Maria Gaetana Agnesi

阿戈尔 —— I. Agol

阿格里帕 —— Agrippa

爱知敬一 —— Aichi Keiichi

艾根特拉 —— H. E. V. Aigentler

霍华德・艾肯 —— Howard Aiken

皮埃尔・达・阿依 —— Pierre D' Ailly

艾里 —— C. B. Airy

乔治・比德尔・艾里 —— George Biddell Airy

艾亚尔 —— S. N. Aiyai

艾伯特 —— A. A. Albert

阿尔科克 —— J. Alcock

J. 亚历山大 —— J. W. Alexander

R. 亚历山大 —— R. Alexander

亚历山德罗夫 —— P. Alexandloff

亚历山德罗夫 —— P. S. Alexandrov

阿列克谢耶芙娜 —— Anna Alexeevna

阿尔－法尔加尼 —— Al-Farghani

阿尔文 —— H. Alfven

艾伦 —— I. F. Allen

艾伦 —— J. S. Allen

林乐知 —— Young John Allen

艾伦多弗 —— Carl Barnett Allendoerfer

路易・艾黎 —— Rewi Alley

艾利森 —— Tony Allison

奥尔曼 —— G. J. Allman

阿洛维 —— James Lionel Alloway

阿尔弗 —— R. A. Alpher

阿尔特霍夫 —— F. Althoff

奥尔特曼 —— Stuart Altmann

阿尔瓦雷茨 —— Luis W. Alvarez

阿马尔迪 —— Edoardo Amaldi

B

加文·德·比尔 —— Gavin de Beer
比尔斯 —— C. W. Beers
贝多芬 —— L. van Beethoven
柏格森 —— Begson
冯·贝林 —— Emil Adolf von Behring
贝哲林克 —— M. Beijerinck
约翰·贝克 —— Johan Bekker
勒贝尔 —— Le Bel
贝尔 —— A. G. Bell
埃里克·坦普尔·贝尔 —— Eric Temple Bell
汤若望 —— Johann Adam Schall von Bell
贝尔 —— John G. Bell
贝拉米 —— Edward Bellamy
贝拉维蒂斯 —— G. Bellavitis
贝尔特拉米 —— E. Beltrami
贝玛德 —— F. E. Bemard
本达 —— Louis L. Benda
贝内登 —— E. Beneden
蒋友仁 —— Michel Benoist
边沁 —— G. Bentham
边沁 —— J. Bentham
本泽 —— S. Benzer
贝拉尔 —— Berard
伯格 —— Paul Berg
贝吉乌斯 —— F. Bergius
贝格曼 —— H. Bergmann
贝格曼 —— Max Bergmann
贝格曼 —— T. O. Bergman
亨利·伯格森 —— Henri Bergson
伯格斯特龙 —— W. Bergstrom
贝利亚 —— L. Beria
伯兰迪尔 —— Jean Louis Berlandier
贝尔纳 —— J. Bernal
伯纳尔 —— J. D. Bernal
塞缪尔·伯纳德 —— Samuel Bernard
贝尔奈斯 —— P. Bernays
丹尼尔·伯努利 —— Daniel Bernoulli
伯努利 —— Jakob Bernoulli
约翰·伯努利 —— Johann Bernoulli
尼古拉·伯努利 —— Nicolas Bernoulli
伯恩施坦 —— C. H. Bernstein
伯恩斯坦 —— Felix Bernstein
伯斯 —— Lipman Bers
所罗门·亚伦·伯森
—— Solomon Aaron Berson
路德维希·冯·贝塔朗菲
—— Ludwig von Bertalanffy
贝尔塔 —— Anna Bertha
贝特海姆 —— Alfred Bertheim
贝特洛 —— M. Berthelot
贝托莱 —— Berthollet
贝托莱 —— C.-L. Berthollet
贝特朗 —— J. Bertrand
伯特隆 —— A. Bertron
贝萨里翁 —— Bessarion
贝西 —— Charles E. Bessey
贝斯特 —— Charles Herbert Best
贝特尔 —— Annemarie Betel
贝丝 —— Beth
汉斯·贝特 —— Hans Bethe
沃利克·贝蒂 —— Eurico Betti
波尔林 —— A. Beurling
博伊斯特 —— F. V. Beust
贝弗里奇 —— William Beveridge
维克斯勒 —— B. H. Bexcnep
艾蒂安·贝祖 —— Etienne Bezout
皮埃尔·贝祖 —— Pierre Bezout
巴巴 —— H. J. Bhabha
布托 —— Zulfikar Ali Bhutto
比安基 —— Luigi Bianchi
比布尔 —— Bibl
伦纳德·比克尔 —— Lennard Bickel
比贝尔巴赫 —— L. Bieberbach
比内梅 —— J. Bienayme
别尔格 —— Dane Bierge
比尔曼 —— Biermann

比尔纳茨基 —— Biernatzki

比格斯 —— W. Biggs

毕利干 —— Anatole A. Billequin

比尔罗特 —— T. Billroth

比内 —— A.Binet

毕奥 —— Edouard-Constant Biot

毕奥 —— J. B. Biot

小伯泽尔 —— L. E. Birdzell Jr.

伯克霍夫 —— G. D. Birkhoff

比特 —— Francis Bitter

比耶克内斯 —— Vilhelm Bjerknes

比昂松 —— B. Bjornson

步达生 —— D. Black

朵拉・布莱克 —— Dora Black

布莱克特 —— P. M. S. Blackette

布莱克威尔 —— K. Blackwell

埃米尔・布兰查德 —— Emile Blanchard

布兰克 —— J. Blank

约瑟夫・布拉施克 —— Josef Blaschke

布拉施克 —— W. Blaschke

彼得・布劳 —— Peter Blau

布洛赫 —— Eugère Bloch

布洛赫 —— F. Bloch

布洛克 —— R. Block

布洛德 —— K. A. Blöde

勒・布隆德 —— Le Blond

布卢姆 —— D. M. Bloom

布洛姆斯特兰德 —— C. W. Bloomstrand

曼纽尔・布卢姆 —— Manuel Blum

布卢门巴赫 —— F. Blumenbach

布鲁门塔尔 —— Blumenthal

布莱斯 —— Edwards Blyth

巴隆・布莱顿 —— Balon Blyton

博贝廖夫 —— D. K. Bobylev

博歇尔 —— Maxime Bôcber

博赫纳 —— S. Bochner

波德 —— J. E. Bode

玻登斯坦 —— Max Bodenstein

芭芭拉・博迪雄

—— Barbara LeighSmith Bodichon

波特兰德 —— G. Bodländer

波伊提乌 —— A. M. S. Boethius

玻姆 —— D. Bohm

哈拉德・玻尔 —— Harald Bohr

尼尔斯・玻尔 —— Nieis Bohr

波杰森 —— Bojesen

博林 —— J. T. Bolin

博尔舍夫 —— Bolshev

玻尔兹曼 —— L. Boltzmann

波尔扎 —— O. Bolza

玻尔查诺 —— B. Bolzano

勒邦 —— G. Le Bon

波拿巴 —— Charles Lucien Bonaparte

博纳文图拉 —— Bonaventura

邦孔帕尼 —— B. Boncompagni

邦丢派迪阿 —— P. K. Bondyopdhyay

邦克 —— M. Bonk

爱德华・德・博诺 —— Edward de Bono

邦普朗 —— A. Bonpland

布尔 —— G. Boole

布思 —— A. D. Booth

卡尔・博哈特 —— Carl Wilhelm Borchardt

德・博尔克 —— M. de Borck

博德 —— Borda

博尔代 —— Jules Bordet

博雷尔 —— A. Borel

博雷尔 —— E. Borel

乔瓦尼・阿方索・博雷利

—— Giovanni Alfonso Borelli

波林 —— E. G. Boring

诺曼・布劳格 —— Norman E. Borlaug

古斯塔夫・玻恩 —— Gustav Born

玻恩 —— M. Born

波伦哈克 —— Konnad Bornhak

博罗夫科夫 —— A. A. Borovkov

博罗梅奥 —— Clelia Borromeo

博苏克 —— Karol Borsuk
博赞基特 —— C. H. Bosanquet
博施 —— C. Bosch
玻色 —— D. M. Bose
J. C. 玻色 —— Jagadis Chandra Bose
S. N. 玻色 —— Satyendra Nath Bose
包斯恰尔 —— Bosscha
博叙 —— C. Bossut
鲍斯韦尔 —— William Boswell
玻特 —— W. Bothe
博特 —— Raoul Bott
巴西勒・布洪 —— Basile Bouchon
博尔丁 —— Kenneth Ewart Boulding
布勒—— Marcellin Boule
布干维尔 —— L. A. de Bouqainville
布凯 —— J. C. Bouquet
鲍维利 —— Boveli
博韦里 —— T. Boveri
安东尼・鲍尔 —— A. Bower
鲍勒 —— Peter Bowler
博耶 —— Boyer
赫伯特・韦恩・伯耶 —— Herbert Wayne Boyer
玻意耳 —— R. Boyle
布拉科诺 —— H. Braconnot
布拉德伯里 —— J. Bradbury
布拉德福德 —— Cora May Bradford
布拉德利 —— A. J. Bradley
布莱德雷 —— Francis Herbert Bradley
布拉德肖 —— H. Bradshaw
托马斯・布雷德沃丁 —— Thomas Bradwardine
威廉・亨利・布拉格 —— William Henry Bragg
威廉・劳伦斯・布拉格
—— William Lawrence Bragg
第谷 —— Tycho Brahe
婆罗门笈多 —— Brahmagupta
勃拉姆斯 —— J. Brahms
布雷斯韦特 —— R. B. Braithwaite
理查德・布雷思韦特 —— Richard Braithwaite
布兰特 —— Brandt
布冉利 —— Edouard Braolley
布拉顿 —— W. Brattain
布劳尔 —— R. Brauer
布劳恩 —— Karl Ferdinand Braun
冯・布劳恩 —— Wernher von Braun
布劳恩米尔 —— A. von Braunmühl
布伦尔 —— Anton Breinl
布雷特 —— Gregory Breit
布雷非德 —— O. Brefeld
布伦纳 —— Sydney Brenner
布伦特 —— R. P. Brent
布伦塔诺 —— F. Brentano
布雷斯特 —— C. J. Brester
布雷顿 —— Breton
布雷特施奈德 —— C. A. Bretschneider
贝勒 —— E. V. Bretschneider
步日耶 —— Abbe Breuil
布儒斯特 —— D. Brewster
布鲁斯特 —— William Brewster
布里奇曼 —— P. W. Bridgman
裨治文 —— Elijah Coleman Bridgman
布里格 —— Ludwig Brieger
布里格斯 —— H. Briggs
布里格斯 —— Lyman J. Briggs
布里尔 —— Alexander Brill
布里尔 —— R. Brill
布里渊 —— L. Brillouin
布林克曼 —— Brinkmann
布廖斯基—— E. Brioschi
布里奥 —— C. Briot
伯利逊 —— Brisson
布洛克 —— J. Brock
布洛克 —— T. D. Brock
布罗德曼 —— K. Brodmann
布罗克 —— Van der Broek
德布罗意 —— L.-V. de Broglie
白劳里 —— F. Broili

阿兰·G. 布罗姆利 —— Allan G. Bromley
布罗米奇 —— Bromwich
鲁珀特·布鲁克 —— Rupert Brooke
威廉·布鲁克 —— William Brooke
布隆斯坦 —— A. Brostein
布罗德 —— C. D. Broud
布鲁厄姆 —— Henry Brougham
布劳沃 —— H. A. Brouwer
布劳威尔 —— L. E. J. Brouwer
布尔巴基 —— Nicolas Bourbaki Brouwer
布朗 —— A. Brown
布朗 —— G. B. Brown
乔治·布朗 —— George W. Brown
希思·布朗 —— Heath Brown
莱斯特·布朗 —— Lester R. Brown
R. 布朗 —— Robert Brown
W. P. 布朗 —— W. P. Brown
布朗宁 —— Robert Browning
玛丽·阿德琳·布鲁斯
—— Mary Adeline Bruce
布鲁克 —— R. H. Bruck
布吕克 —— E. Brücke
布吕尔 —— Odette Bruhl
布吕尔 —— P. J. Bruhl
布隆 —— Viggo Brun
布鲁纳 —— J. Bruner
不伦瑞克 —— Brunswik
巴博 —— M. Buber
布赫纳 —— Hans Buchner
布克斯鲍姆 —— David Buchsbaum
巴克 —— Thomas Buck
巴克兰 —— W. Buckland
巴克利 —— Oliver Buckley
布达耶夫 —— H. C. Budaev
布丰 —— G. Buffon
布哈林 —— N. Bukharin
布林斯基 —— Bulinskii
约翰·布尔 —— John Bull
布兰 —— William Bullein
本生 —— R. W. Bunsen
邦特 —— H. Bunte
约翰·伯克哈特 —— J. Burckhart
伯克斯 —— Burgers
卡尔·比勒 —— Karl Bühler
让·比里当 —— Jean Buridan
阿瑟·伯克斯 —— Arthur W. Burks
伯内特 —— F. M. Burnet
伯恩赛德 —— W. Burnside
伯特 —— A. Burt
万尼瓦尔·布什 —— V. Bush
布谢尔 —— W. D. Bushell
布丢 —— J. Buteo
巴特勒 —— H. M. Butler
巴特拉 —— H. Buttlar
布泽斯库尔 —— B. P. Buzeskul

C

卡约里 —— F. Cajori
科利考特 —— J. B. Callicott
康博 —— E. Cambau
卡梅伦 —— E. Z. Cameron
卡梅伦 —— R. Cameron
坎贝尔 —— G. Campbell
坎佩尔 —— A. Campell
加缪 —— Charles Camus
卡奈瑞 —— R. Canary
阿方索·德堪多 —— Alphonse de Candolle
迪康热 —— C. du Cange
斯塔尼斯劳·坎尼扎罗 —— Stanislao Canizzaro
格奥尔格· 康托尔 —— Georg Cantor
M. 康托尔 —— Moritz Cantor
帕特里克·卡普雷塔 —— Patrick J. Capretta
卡拉巧利 —— Caraccicli
卡拉缪尔 —— J. Caramuel
卡拉特奥多里 —— C. Caratheodory

丘奇 —— A. Church
赫维斯泰克 —— Chwistek
西塞罗 —— Cicero
列维－奇维塔 —— T. Levi-Civita
克莱罗 —— Clairarnt
克莱劳 —— A. Clairaut
克拉佩龙 —— Clapeyron
克拉克 —— Alvan Clark
克拉克 —— P. Clark
克拉克 —— Ronald W. Clark
克劳德 —— Marie Claude
克劳修斯 —— R. E. Clausius
克拉维斯 —— Christoph Clavius
克莱 —— L. Clay
弗莱德·克莱顿 —— F. W. Clayton
克莱伯施 —— A. Clebsch
克莱芒 —— Clement
约瑟夫·克莱门特 —— Joseph Clement
克利福德 —— W.K.Clifford
克洛斯 —— Wilhelmine Closs
科布利兹 —— Coblitz
科恩 —— I. B. Cohen
迈克尔·科恩 —— Michael Cohen
科恩 —— Paul Cohen
科恩 —— R. S. Cohen
斯坦利·诺曼·科恩 —— Stanley Norman Cohen
科恩 —— F. Cohn
科恩 —— Melvin Cohn
科恩海姆 —— J. F. Cohnheim
科尔伯特 —— E. H. Colbert
科尔丁 —— L. A. Colding
哥德斯坦 —— E. Coldstein
鲁弗斯·艾沃里·科尔 —— Rufus Ivory Cole
科尔布鲁克 —— H. T. Colebrooke
詹姆斯·科尔曼 —— James S. Coleman
柯林斯 —— S. C. Collins
科尔森 —— John Colson
可伦坡 —— Columbo
威廉·科尔韦尔 —— William Colwell
康普顿 —— A. H. Compton
康普顿 —— K. T. Compton
孔德 —— A. Comte
科南特 —— James Bryant Conant
康登 —— Edward Condon
孔多塞 —— Condorcet
康克林 —— E. Conklin
科尼比尔 —— W. D. Conybeare
库克西 —— Don Cooksey
库利奇 —— J. L. Coolidge
库利奇 —— W. D. Coolidge
库珀 —— B. Cooper
哥白尼 —— N. Copernicus
科普利 —— Copley
科德尔 —— E. F. Cordell
科里 —— R. B. Corey
格蒂·特里萨·科里 —— Gerty Theresa Cori
科克 —— J. M. Cork
科诺 —— Robert Cornog
科伦斯 —— C. Correns
科森 —— Dale Corson
科里尔 —— Charles Coryell
刘易斯·科塞 —— Lewis Coser
罗斯·科塞 —— Rose Coser
科萨利 —— P. Cossali
科瑟拉 —— E. Cosserat
科茨 —— R. Cotes
科塔 —— Cotta
库仑 —— Coulomb
库珀 —— A. S. Couper
库朗 —— R. Courant
库辛 —— Victór Cousin
科蒂尼奥 —— A. Coutinho
柯万 —— C. Cowan
考恩 —— George Cowan
柯珀 —— W. Cowper
考克斯 —— C. M. Cox

德根 —— Ferdinand Degen
戴恩 —— Max Dehn
德哈斯 —— W. J. de Haas
德朗布尔 —— Delambre
德拉罗赫 —— Delaroch
德拉韦 —— Marie Delavay
德尔布吕克 —— M. Delbrück
德利涅 —— P. Deligne
德尔萨特 —— J. Delsarte
德梅雷茨 —— M. Demerec
德谟克利特 —— Dēmocritos
当儒瓦 —— A. Denjoy
丹尼特 —— D. Dennett
丹尼斯 —— Nicolas Denys
戴奥特哈 —— Define Deodhar
德普拉 —— N. Depraz
杰波夫 —— Desboves
笛卡儿 —— R. Descartes
德文郡公爵 —— Seventh Duke of Devonshire
德沃尔 —— I. Devore
亨利・德维克 —— Hery de Vic
德弗里斯 —— Hugo de Vries
凯瑟琳・玛丽・迪尤尔
—— Katherine Mary Dewar
杜瓦 —— J. Dewar
约翰・杜威 —— John Dewey
德黑尔 —— C. Dhéré
戴蒙德 —— Jared Diamond
李玛诺 —— Emmanuel Diaz
狄更斯 —— Charles Dickens
迪金森 —— H. D. Dickinson
迪金森 —— R. Dickinson
戴维・迪克森 —— David Dickson
狄克森 —— H. Dickson
迪克森 —— L. E. Dickson
狄德罗 —— D. Diderot
迪迪埃 —— Didier
狄慈根 —— Josef Dietzgen
丢多涅 —— Jean Dieudonné
狄尔泰 —— W. Dilthey
查尔斯・狄拉克 —— Charles Dirac
狄拉克 —— P. A. M. Dirac
狄利克雷 —— P. G. L. Dirichlet
杜勃罗留波夫 —— N. A. Dobrolubov
多布罗夫 —— G. M. Dobrov
杜布赞斯基 —— Theodosius Dobzhansky
多切兹 —— Alphonse Raymond Dochez
盖伊・多德森 —— Guy Dodson
多德森 —— J. Dodson
德曼 —— A. Doermann
古斯塔夫・德奇 —— G. Doetsch
多尔德 —— Albrecht Dold
伊丽莎白・多尔 —— Elisabeth Doll
多尔福斯 —— Engelbert Dollfuss
多米尼克 —— Fructueux Dominique
唐纳森 —— S. Donaldson
唐南 —— F. G. Donnan
卢公明 —— Justus Doolittle
多普勒 —— Doppler
马基・多里亚 —— Marquis Doria
多恩贝格尔 —— W. Dornbeger
多罗西娅 —— Dorothea
保罗・多蒂 —— Paul Doty
杜格尔 —— Dougall
道格拉斯 —— J. Douglas
道 —— J. M. Dow
德雷克 —— Francis Drake
德朗古 —— M. Drancourt
德雷伯 —— Henry Draper
德雷本 —— B. Dreben
杜里舒 —— Hans Adolf Eduard Driesch
塞西尔・肯特・德林克 —— Cecil Kent Drinker
德鲁德 —— P. Drude
德鲁里 —— W. Drury
杜安 —— W. Duane
杜波依斯-雷蒙德 —— E. DuBois-Reymond

E

恩格尔曼 —— George Engelmann

英格迈尔

—— Peter Klementich Von Engelmeyer

恩格勒 —— C. Engler

恩兹 —— C. P. Enz

埃弗吕西 —— Bois Ephrussi

爱泼斯坦 —— Paul Epstein

伊拉斯谟 —— D. Erasmus

埃拉托色尼 —— Eratosthenes

埃德曼 —— B. Erdmann

爱尔多斯 —— Paul Erdös

埃尔曼 —— Erman

埃尔娜 —— L. Erna

艾维德伯格 —— Louis Cachand Ervendberg

埃舍里希 —— G. von Escherich

埃斯马克 —— Esmarch

艾森 —— C. G. Essen

爱斯特曼 —— I. Estermann

冯・爱汀豪森 —— Von Ettinghauson

倭铿 —— R. C. Eucken

欧几里得 —— Euclid

约翰・阿尔勃兰克・欧拉

—— Johann Albrencht Euler

莱昂纳德・欧拉 —— Leonhard Euler

保罗・欧拉 —— Paul Euler

埃弗雷特 —— Charles C. Everett

埃弗里特 —— C. W. Everitt

攸英—— James Alfred Ewing

厄瓦耳 —— P. P. Ewald

埃克斯纳 —— F. Exner

F

法布里斯 —— Fabrice

法德尔 —— E. Fadell

法尼亚诺 —— Fagnano

斯科特・法尔曼 —— Scott Fahlman

福雷乌斯 —— R. Fåhraeus

费尔贝恩 —— W. Fairbairn

法扬斯 —— K. Fajans

让・巴蒂斯特・法尔孔 —— Jean Baptiste Falcon

法尔廷斯 —— G. Faltings

方库琴 —— L. Fankuchen

法拉第 —— M. Faraday

法赫吉—— Paul Farges

法默 —— Moses G. Farmer

约翰・法勒 —— John Farrar

福尔斯 —— H. Faulls

迪费 —— Du Fay

法伊 —— Fay Ajzenberg-Selove

法耶 —— Faye

法约尔 —— Henri Fayol

费希纳 —— G. T. Fechner

芬博格 —— Eugene Feenberg

费林 —— H. Fehling

费格尔 —— H. Feigl

费根鲍姆 —— E. A. Feigenbaum

费根鲍姆 —— M. Feigenbaum

费特 —— W. Feit

费耶尔 —— L. Fejer

费克特 —— M. Fekete

费利西 —— N. Felici

芬德勒 —— Augustus Fendler

费尔古孙 —— J. Fergusson

费马 —— P. Fermat

费米 —— E. Fermi

费拉里 —— Lodovico Ferrari

路德维希・安德列亚斯・费尔巴哈

—— Ludwig Andreas Feuerbach

费耶拉本德 —— P. Feyerabend

约安・费曼 —— Joan Feynman

梅尔维尔・费曼 —— Melville Arthur Feynman

费曼 —— R. Feynman

斐波纳奇 —— L. Fibonacci

费希特 —— J. G. Fichte

菲尔德 —— John Field

弗里施 —— Karl von Frisch
弗里什 —— O. R. Frisch
弗里施 —— Ragnar Frisch
弗里施 —— U. Frisch
弗里西 —— A. F. Frisi
弗里奇 —— J. Fritschi
弗里奇 —— H. Fritzsch
约翰内斯·弗罗本 —— Johannes Froben
弗罗贝尼乌斯 —— F. G. Frobenius
弗罗比歇 —— Martin Frobisher
弗罗姆 —— Erich Fromm
福如顿 —— Joseph Fruton
傅兰雅 —— J. Fryer
富克斯 —— I. L. Fuchs
富格尔 —— Fugger
蕾西·菲林格 —— Resi Führinger
富勒 —— Sarah Fuller
约翰·富尔顿 —— John Farquhar Fulton
富斯 —— R. Fuoss
富特文格勒 —— P. Furtwängler
道格拉斯·弗图伊玛 —— Douglas Joel Futuyma

G

加贝尔斯贝格 —— F. X. Gabelsberger
加博尔 —— D. Gabor
伽达默尔 —— Gadamer
加夫基 —— G. Gaffky
加弗龙 —— H. Gaffron
加加林 —— Yuri Alekseyevich Gagarin
甘恩 —— J. G. Gahn
盖尔 —— Gale
盖尔 —— H. C. Gale
伽利略 —— G. Galilei
加莱塞 —— V. Gallese
加洛韦 —— T. Galloway
伽罗瓦 —— Evariste Galois
高尔顿 —— F. Galton
塞缪尔·约翰·高尔顿 —— Samuel John Galton
特铁斯·高尔顿 —— Samuel Tertius Galton
伽伐尼 —— Galvani
伽莫夫 —— G. Gamow
甘斯 —— Richard Gans
加德 —— S. Gard
加德纳 —— F. Gardiner
加德纳 —— J. Gardner
加菲尔德 —— E. Garfield
加菲尔德 —— James A. Garfield
加尼特 —— W. Garnett
盖尔特纳 —— C. Gärtener
加温 —— R. Garwin
伽桑狄 —— P. Gassendi
伽赛特 —— J. Ortega Y. Gasset
加特曼 —— L. Gattermann
宋君荣 —— Antoine Gaubil
高斯 —— C. F. Gauss
高斯 —— K. F. Gauss
伽夫罗格鲁 —— Kostas Gavroglu
盖－吕萨克 —— J. L. Gay-Lussac
盖根堡 —— L. Gegenbauer
格林 —— Walter Gehring
盖革 —— H. W. Geiger
盖基 —— A. Geikie
盖特耳 —— H. F. Geitel
盖尔范德 —— I. M. Gelfand
盖尔芬德 —— Israel Gelfand
阿瑟·盖尔－曼 —— Arthur Gell-Mann
贝内迪克·盖尔－曼 —— Benedic Gell-Mann
盖尔曼 —— M. Gell-Mann
根特 —— F. A. Genth
艾里·乔治 —— Airy George
乔治 —— Henry George
热拉尔丹 —— A.Gerardin
热尔贝 —— Gerbert
热尔迪 —— P. Gerdil
热尔岗 —— J. D. Gergonne

格拉德曼 —— C. Gradmann
格雷厄姆 —— F. Graham
格雷厄姆 —— Robert K. Graham
格雷姆 —— T. Graham
格拉伊 —— Holy Grail
格拉马蒂奇 —— N. Grammatici
格兰迪 —— Guido Grandi
谷阑阶 —— Granger
兰安生 —— John Grant
格兰特 —— R. Grant
凡尔纳·格兰特 —— Verne Grant
格拉斯曼 —— H. G. Grassmann
格劳斯坦 —— W. C. Graustein
阿萨·格雷 —— Asa Gray
格雷 —— Elisha Gray
格雷 —— John Gray
阿琳·戈林鲍姆 —— Arlene Greenbaum
格里诺 —— G. Greenough
格里尔 —— A. Greer
格雷格 —— L. Gregg
格里高利 —— James Gregory
格雷戈里 —— W. K. Gregory
格雷戈里 —— C. Gregory
格雷戈里 —— D. Gregory
格雷夫 —— A. Greif
格列尔 —— L. Grelle
格雷林 —— Kurt Grelling
格里格 —— Edvard Grieg
格里森格尔 —— Griesenger
格里菲斯 —— Frederick Griffith
格利菲思 —— J. S. Griffith
格里菲思 —— Phillip Augustus Griffiths
格利尼克 —— V. Grinich
格林内尔 —— George Bird Grinnell
格罗莫夫 —— M. Gromov
罗伯特·格罗斯泰特 —— Robert Grosseteste
格罗斯曼 —— H. Grossmann
格罗斯曼 —— Marcel Grossmann
特雷莎·格罗素 —— Teresa Grosso
格罗滕迪克 —— A. Grothendieck
格勒奇 —— H. Grötzsch
格罗夫斯 —— Groves
格鲁贝尔 —— Max Gruber
G. 葛塞尔 —— Gsell
柯黛琳娜·葛塞尔 —— Katharina Gsell
吉约 —— Guillaud
吉耶曼 —— Roger Guillemin
古基尼 —— Guisnee
葛尔德保 —— C. M. Guldberg
贡德尔芬格 —— Joachim Gundelfinger
格尼 —— R. Gurney
古特弗罗因德 —— Herbert Gutfreund
弗朗西斯·格思里 —— F. Guthrie
弗雷德里克·格思里 —— F. Guthrie
居特 —— Bernd Gutte
古特曼 —— Paul Guttmann

H

肯尼思·哈泽 —— Kenneth Haase
哈韦尔莫 —— Trygve Haavelmo
夏洛特·哈伯 —— C. Haber
哈柏 —— F. Haber
赫尔曼·哈伯 —— H. Haber
阿达玛 —— J. Hadamard
斯文·哈定 —— Sven Hadin
哈德利 —— J. Hadley
海克尔 —— Ernst Haeckel
黑夫利格尔 —— André Haefliger
哈根 —— E. H. Hagen
埃迪特·哈恩 —— E. Hahn
哈恩 —— H. Hahn
哈恩 —— O. Hahn
伊本·海赛姆 —— Ibn-al-Haitham
霍尔丹 —— J. B. S. Haldane
乔治·埃勒里·海耳 —— George Ellery Hale

霍莱纽斯 —— Jonas P. Halenius

哈尔福德 —— R. H. Halford

霍尔 —— E. H. Hall

霍尔 —— J. Hall

霍尔 —— M. Hall

霍尔 —— Spencer Hall

哈雷 —— E. Halley

哈利韦尔 —— J. O. Halliwell

哈尔马 —— Halma

哈劳恩 —— G. Haloun

哈尔彭 —— Paul Halpern

哈尔西 —— William Frederick Halsey Jr.

阿勒苏埃 —— Armand Halsouet

D. 哈密顿 —— D. Hamilton

爱丽丝・哈密顿 —— Alice Hamilton

汉密尔顿 —— R. Hamilton

哈密顿爵士 —— Sir William Hamilton

汉密尔顿 —— W. D. Hamilton

哈密顿 —— William R. Hamilton

哈马舍尔德 —— Dag Hammarskjöld

哈马斯滕 Einar Hammarsten

汉姆生 —— Knut Hamsun

汉 —— Moo-Yan Han

汉克尔 —— H. Hankel

詹姆斯・汉肯 —— James Hanken

汉勒 —— W. Hanle

汉森 —— A. Hansen

汉斯廷 —— Christopher Hansteen

汉斯坦 —— H. B. Hanstein

汉奇 —— A. Hantzsch

哈代 —— G. H. Hardy

托马斯・哈代 —— Thomas Hardy

哈纳克 —— A. von Harnack

哈罗德 —— Harold

哈珀 —— William Harper

乔治・哈拉 —— George Harrar

哈里斯 —— C. D. Harries

哈里斯 —— Ieuan Harries

哈里斯 —— J. Harris

哈里斯 —— M. E. Harris

哈里奥特 —— T. Harriot

哈里森 —— T. Harrison

罗伊・福布斯・哈罗德 —— Roy Forbes Harrod

哈罗德 —— Orville Goodwin Harrold，Jr.

哈罗德・哈特利 —— Harold Hartley

哈特利 —— Brian Hartley

哈特曼 —— J. Hartmann

哈特里 —— D. R. Hartree

哈维 —— William Harvey

哈泽内尔 —— G. F. Hasenöhrl

哈桑 —— Saad S. M. Hassan

哈塞 —— H. Hasse

哈塞尔 —— Odd Hassel

秦佐八郎 —— Hata Sahachirō

赫尔维茨 —— B. Haurwitz

豪斯道夫 —— Felix Hausdorlf

阿维 —— R. J. Hauy

哈维格斯特 —— R. J. Havighurst

霍沃思 —— W. N. Haworth

海迪 —— Adrian Hayday

海斯 —— William Hayes

海曼 —— W. Hayman

黑德 —— H. Head

杰弗里・希思 —— G. T. Heath

约瑟夫・希思 —— J. L. Heath

罗伯特・希思 —— R. S. Heath

塞缪尔・希思 —— S. Heath

希思 —— T. L. Heath

维罗尼・希思 —— V. M. Heath

奥利夫・亥维赛 —— O. Heaviside

托马斯・亥维赛 —— T. Heaviside

唐纳德・赫布 —— Donald O. Hebb

赫克 —— E. Hecke

斯文・赫丁 —— Sven Hedin

希加德 —— P. Heegaard

黑格尔 —— G. W. F. Hegel

海伯格 —— J. L. Heiberg
海德格尔 —— Martin Heidegger
海德伯格 —— Michael Heidelberger
鲁道夫·海登海因 —— Rudolf Heidenhain
海尔布伦 —— J. L. Heilbron
海尔布龙纳 —— J. C. Heilbronner
海因 —— A. Hein
丹尼·海涅曼 —— Dannie Heineman
海因克尔 —— Ernst Heinkel
奥斯卡·海因洛特 —— Oskar Heinroth
海森伯 —— W. K. Heisenberg
广中平祐 —— Heisuke Hironaka
海特勒 —— Walter Heinrich Heitler
海哈尔 —— D. Hejhal
赫尔德 —— R. Held
海拉 —— Hella
赫勒 —— Alex Heller
黑勒 —— G. Heller
海林格 —— E. Hellinger
伯恩哈德·赫尔曼 —— Bernhard Hellmann
赫利 —— Eduard Helly
黑尔姆 —— Geor Helm
亥姆霍兹 —— H. von Helmhotz
海明威 —— Harriet Lawrence Hemenway
亨佩尔 —— Hempel
亨德森 —— A. Henderson
亨德森 —— L. J. Henderson
亨肯 —— H. Henking
亨勒 —— J. Henle
亨莱因 —— Petter Henlein
艾纽因·B. 亨尼西 —— Eileon B. Hennessey
亨里希 —— L. Henrich
亨利八世 —— Henry Ⅷ
亨利 —— Joseph Henry
亨利 —— O. Henry
亨泽尔 —— K. Hensel
亨肖 —— Henry W. Henshaw
亨采特 —— Hentzelt
亨齐 —— Henzi
赫尔巴特 —— J. F. Herbart
赫伯特 —— William Herbert
埃尔布朗 —— Jacques Herbrand
赫格洛兹 —— Gustav Herglotz
艾里冈 —— P. Hérigone
赫尔曼 —— R. Herman
伊曼纽尔·赫尔曼 —— Emmanuel Hermann
埃尔米特 —— Charles Hermite
希罗 —— Heron
查尔斯·贾德森·赫里克
—— Charles Judson Herrick
赫林 —— Conyers Herring
赫恩斯坦 —— R. J. Herrnstein
赫歇尔 —— W. Herschel
约翰·赫舍尔 —— John Herschel
赫歇尔 —— J. F. W. Herschel
赫尔希 —— Alfred Hershey
F. W. 赫歇尔 —— Frederick Willam Hershey
古斯塔夫·路德维希·赫兹 —— G. L. Hertz
亨利希·鲁道夫·赫兹 —— H. R. Hertz
赫兹 —— M. Herz
赫茨菲尔德 —— K. F. Herzfeld
赫尔佐克 —— S. Herzog
赫茨普龙 —— Ejnar Hertzsprung
赫西奥德 —— Hesiod
赫尔曼·黑塞 —— Hermann Hesse
黑森 —— Hessen
鲍里斯·赫森 —— Boris Mikhailovich Hessen
赫维西 —— Georgede Hevesy
休伊什 —— A. Hewish
海耶 —— D. R. Hey
海廷 —— A. Heyting
希伯特 —— J. T. Hibbert
希克斯 —— W. M. Hicks
希伯特 —— Erwin N. Hiebert
希格曼 —— G. Higman
希尔伯特 —— David Hilbert

希尔 —— A. V. Hill
希利斯 —— W. Hillis
希姆斯沃思爵士 —— Sir Harold Himsworth
冯・兴登堡 —— Von Hindenbury
广重彻 —— Tetu Hirosige
赫希曼 —— Ralph Franz Hirschmann
赫斯特 —— T. A. Hirst
希辛格 —— W. Hisinger
希斯帕伦西斯 —— Jean Hispalensis
希特勒 —— Adolf Hitler
希托夫 —— Hittorf
约尔特 —— E. Hjorth
霍布斯 —— T. Hobbes
霍布森 —— E. W. Hobson
合信 —— Benjamin Hobson
霍克希尔德 —— G. P. Hochschild
费迪南德・霍赫施泰特 —— Ferdinand Hochstetter
霍奇金 —— Dorothy Hodgkin
霍奇金 —— T. Hodgkin
霍奇金森 —— E. Hodgkinson
简・霍尼 —— J. Hoerni
范霍夫 —— Jacobus Hendricus van't Hoff
卡尔・霍夫曼 —— Karl Hoffman
霍夫曼 —— D. Hoffmann
霍夫曼 —— Erich Hoffmann
霍夫曼 —— Roald Hoffmann
霍夫曼 —— A. Hofmann
霍夫迈斯特 —— W. Hofmeister
侯世达 —— Douglas Hofstadter
霍格本 —— L. Hogben
霍德里得 —— T. Holdred
约翰・亨利・霍兰 —— John Henry Holland
霍尔多布勒 —— Bert Hölldobler
霍利切尔 —— W.Hollitscher
巴里・霍洛韦 —— Barrie Holloway
霍尔姆博 —— Bernt Michael Holmboe
霍姆格伦 —— Holmgren
霍尔斯特 —— Erich von Holst
霍尔特 —— C. Holt
霍尔顿 —— Gerald Holton
霍纳 —— Homer
本多光太郎 —— Honda Kōtarō
洪尔 —— H. Hönl
阿万特・胡格 —— E. Han't Hoog
胡克 —— R. Hooke
胡克 —— A. Hooker
胡克 —— J. D. Hooker
威廉・胡克 —— William Hooker
霍普夫 —— Heinz Hopf
查尔斯・霍普金斯 —— Charles Hopkins
霍普金斯 —— F. Hopkins
霍普金斯 —— Mark Hopkins
霍普金斯 —— W. Hopkins
霍纳 —— W. C. Horner
保罗・霍罗威茨 —— Paul Horowitz
霍特 —— F. J. A. Hort
奥西亚松 —— Hosiasson
罗彼塔 —— L' Hospital
霍奇基斯 —— Rollin Douglas Hotchkiss
休斯敦 —— E. I. Houston
豪特曼斯 —— Fritz Houtermans
霍夫兰 —— C. Hovland
霍伊尔 —— F. Hoyle
于阿尔 —— P. Huard
哈伯德 —— Gardiner Greene Hubbard
哈勃 —— Edwin P. Hubble
胡贝尔 —— Heinrich Huber
胡贝尔 —— R. Huber
胡德 —— Johann Hudde
赫德森 —— John Hudson
哈金斯 —— William Huggins
休斯 —— D. E. Hughes
休斯 —— J. Hughes
洪堡 —— Alexander Von Humboldt
休谟 —— D. Hume

I

J

焦曼 —— Jauman
方济各・沙勿略 —— Francisco Javier
金斯 —— J. H. Jeans
托马斯・杰斐逊 —— Thomas Jefferson
杰斐逊 —— G. Jefferson
杰弗里 —— J. Jeffery
詹纳 —— W. Jenner
詹宁斯 —— S. A. Jennings
詹金斯 —— J. A. Jenkins
詹金森 —— Jenkinson
詹森 —— J. Jensen
保罗・詹森 —— Paul Jensen
圣哲罗姆 —— St Jerome
杰文斯 —— S. Jevons
朱厄特 —— Frank Jewett
金克斯 —— J. Jinks
吉特克马锡 —— E. C. Jitchmarsh
乔安斯 —— V. Joans
约飞 —— A. F. Joffe
约翰逊 —— W. Johannsen
约翰 —— E. R. John
杨格非 —— Griffith John
约翰逊 —— J. A. Johnson
约翰逊 —— W. Johnson
约里奥・居里夫妇
—— Frederic Joliot-Curie,
Irene Joliot-Curie
冯约利 —— P. G. von Jolly
琼斯 —— H. S. Jones
琼斯 —— R. Llewellyn Jones
琼斯 —— Thomas D. Jones
若尔当 —— C. Jordan
卡尔・乔丹 —— Karl Jordan
约当 —— M. C. Jordan
约尔旦 —— P. Jordan
约尔根森 —— S. M. Jörgensen
约瑟夫 —— H. W. B. Joseph
约瑟菲 —— B. Josephy
乔希 —— G. Josh
焦耳 —— J. P. Joule
乔伊斯 —— J. Joyce
尤尔 —— Christian S. Juel
尤霍什 —— B. von Juhos
朱克斯 —— J. B. Jukes
朱利亚 —— G. Julia
儒莲 —— Stanislas Julien
荣格 —— Carl Gustav Jung
安托万・裕苏
—— Antoine Laurent de Jussieu

K

卡克 —— M. Kac
卡勒 —— Erich Kähler
卡恩 —— D. Kahn
凯拉 —— E. Kaila
凯泽 —— F. Kaiser
墨文・卡列 —— M. Kaley
加米涅夫 —— L. Kamenev
卡默勒 —— Paul Kammerer
卡恩 —— Daniel Kan
康德 —— I. Kant
坎特罗维茨 —— Arthur Kantrowitz
卡普兰斯基 —— Kaplanskiy
阿伦斯・卡珀斯 —— C. U. Ariëns Kappers
卡普坦 —— Jacobus C. Kapteyn
阿尔・卡克希 —— Al-Karkhi
冯・卡门 —— T. von Kármán
卡勒 —— P. Karrer
卡斯帕罗夫 —— G. Kasparov
卡索 —— Kasso
卡斯特纳 —— K. W. G. Kastner
卡塔耶夫 —— Nikolai Kataev
考夫曼 —— B. Kaufman
考夫曼 —— S. Kauffman
考夫曼 —— F. Kaufmann

约翰·戈特弗里德·考夫曼
—— Johann Gottfried Kaufmann
考施 —— G. A. Kausche
约翰·凯 —— John Kay
凯泽尔 —— H. Kayser
基勒 —— J. E. Keeler
凯索姆 —— W. Keesom
凯尔豪 —— Baltazar Keilhau
凯林 —— David Keilin
凯库勒 —— F. A. Kekulé
凯兰 —— Kelland
G. 凯勒 —— G. Keller
凯勒 —— Helen Keller
奥特－海因里希·凯勒 —— Ott-Heinrich Keller
克勒特 —— Stephen R. Kellert
凯洛格 —— Kellogg
凯利 —— Gregory Maxwell Kelly
凯利 —— Mervin Joe Kelly
开尔文 —— Kelvin
（威廉·汤姆逊，W. Thomson）
肯布尔 —— E. C. Kemble
肯普 —— Christine Kemp
肯普 —— W. Kempe
沃尔夫冈·冯·肯佩伦
—— Wolfgang von Kempelen
肯德尔 —— Kendall
肯德鲁 —— John C. Kendrew
开奈利 —— A. E. Kenelly
肯尼迪 —— Joseph Kennedy
肯内利 —— A. E. Kennelly
肯尼思 —— Kenneth
开普勒 —— J. Kepler
亚历山大·克伦斯基
—— Alexander Fyodorovich Kerenskiy
克尔温 —— J. Kerwin
凯恩斯 —— J. M. Keynes
约翰·内维尔·凯恩斯 —— John Neville Keynes
海亚姆 —— Omar Khayyam
花拉子米 —— Al-Khowarizmi
古德夫·库什 —— Gurdev Khush
克尔恺郭尔 —— S. Kierkegaard
基连尼 —— H. Kiliani
金 —— V. L. King
金斯利 —— Charles Kingsley
克尼平 —— R. Kinpping
基尔霍夫 —— G. R. Kirchhoff
克雷克 —— William Senhouse Kirkes
克拉塞 —— Klacel
克拉普罗特 —— M. H. Klaproth
克勒布斯 —— E. Klebs
克勒布斯 —— G. A. Klebs
克林 —— S. C. Kleene
菲利克斯·克莱因 —— Felix Klein
莫里斯·克莱因 —— M. Klein
O. 克莱因 —— O. Klein
克莱纳 —— Gene Kleiner
克莱恩 —— Franz Kline
M. 克莱因 —— M. Kline
克兰 —— S. J. Kline
克卢格 —— Aaron Klug
克鲁格尔 —— Klugel
克纳皮克 —— Dean Knapic
克纳斯特 —— Bronisław Knaster
克瑙尔 —— F. Knauer
弗里德里希·冯·克瑙斯 —— Friedrich von Knaus
克奈尔 —— R. Kner
克内泽尔 —— Helmuth Kneser
奈特 —— C. Knight
奈特 —— T. Knight
诺波夫 —— Leon Knopoff
克诺普 —— K. Knopp
克诺尔 —— L. Knorr
卡林·诺尔－塞蒂纳 —— Karin D. Knorr-Cetina
C. G. 诺特 —— Cargill G. Knott
埃莉斯·科赫 —— Elise Koch
科赫 —— H. von Koch

罗伯特·科赫 —— Robert Koch
科赫 —— W. Koch
克贝 —— P. Koebe
克尔罗伊特 —— J. Köelreuter
戴进贤 —— Ignatius Kögler
科古特 —— Kogut
苛勒 —— Wolfgang Köhler
科尔劳施 —— F. W. G. Kohlrausch
科尔劳施 —— K. W. F. Kohlrausch
科尔许特 —— Kohlschutter
柯尔贝 —— Hermann Kolbe
科尔钦 —— Ellis Kolchin
克利克尔 —— Köllicker
塞缪尔·柯尼希 —— Samuel König
库普曼 —— B. Koopman
科普曼斯 —— T. Koopmans
柯本 —— W. P. Köppen
科恩伯格 —— Arthur Kornberg
柯罗连科 —— V. G. Korolenko
科施米德尔 —— Koschmieder
科什兰 —— D. Koshland
克斯吉纳斯 —— G. N. Koskinas
科塞尔 —— Hermann Kossel
科斯特斯 —— Kösters
科塔里 —— D. S. Kothari
科托夫斯基 —— K. Kotovskiy
柯瓦列夫斯卡娅 —— C. B. Kovalevskaya
科瓦尔斯基 —— Lew Kowarski
亚历山大·柯瓦雷 —— Alexandre Koyré
克拉 —— I. Kra
克拉夫特 —— V. Kraft
克喇末 —— H. Kramers
克拉萨 —— P. Krassa
克劳斯 —— C. Kraus
克雷布斯 —— Krebs
克赖因 —— Mark G. Krein
克莱塞尔 —— G. Kreisel
克赖斯基 —— B. Kreisky
金楷理 —— C. T. Kreyer
克罗宁 —— Ralph Kronig
克吕格尔 —— Krueger
阿瑟·克鲁克伯格 —— Arthur Krukeberg
克鲁尔 —— W. Krull
克雷洛夫 —— A. H. Krylov
库恩 —— R. Kuhn
库恩 —— T. S. Kuhn
库默尔 —— E. E. Kummer
孔脱 —— August Adolf Eduard Eberhard Kundt
小平邦彦 —— Kunihiko Kodaira
库尼茨 —— Moses Kunitz
君克迩 —— F. Kunkel
孔思曼 —— C. H. Kunsman
库拉托夫斯基 —— Kazimierz Kuratowski
科苏诺格鲁 —— B. Kursunoglu
库斯特 —— F. W. Kuster
桑木彧雄 —— Kuwaki Ayao

L

拉塞佩德 —— Lacépéde
拉赫曼 —— Lachmann
拉孔达米纳 —— Lacondamine
拉克鲁瓦 —— S. F. Lacroix
拉夸 —— A. Lacroix
拉登堡 —— R. Ladenburg
雷奈克—— René Théophile Hyacinthe Laënnec
拉格朗日 —— J. L. Lagrange
佛朗西斯科·拉格朗吉亚—— Francesco Lagrangia
吉斯佩·路道维克·拉格朗吉亚
—— Giusppe Lodovico Lagrangia
拉盖尔 —— Laguere
拉朗德 —— J. Lalande
让·巴蒂斯特·拉马克
—— Jean Baptiste Lamarck
兰姆 —— Charles Lamb
兰姆 —— Willis Eugene Lamb

朗伯 —— J. H. Lambert
拉梅 —— G. Lamé
兰帕 —— Lampa
兰措什 —— Lanczos
兰道 —— E. Landau
兰道 —— R. Landau
朗德 —— A. Lande
兰兹伯格 —— G. S. Landsberg
兰茨泰纳 —— Karl Landsteiner
莱恩 —— E. P. Lane
朗 —— Serge Lang
兰格 —— Lange
朗之万 —— P. Langevin
朗兰兹 —— Robert P. Langlands
兰利 —— Samuel Langley
朗缪尔 —— I. Langmuir
朗斯多夫 —— Alex Jr Langsdorf
克里斯托弗・兰顿 —— C. Langton
拉普拉斯 —— M. Laplace
拉普拉斯 —— P. S. Laplace
能斯特・赖朴吾 —— Ernest Lapwood
拉莫尔 —— J. Larmor
卡尔・斯宾塞・拉什利 —— Karl Spencer Lashley
拉斯克 —— E. Lasker
拉斯特 —— J. Last
莱瑟姆 —— M. L. Latham
劳本海默 —— August Laubenheimer
劳厄 —— M. von Laue
洛朗 —— A. Laurent
洛特曼 —— A. Lautman
拉弗朗 —— C. A. Laveran
拉瓦锡 —— A. L. Lavoisier
拉夫连季耶夫 —— M. A. Lavrentiev
劳伦斯 —— E. O. Lawrence
劳威尔 —— F. William Lawvere
保罗・拉扎斯菲尔德 —— Paul F. Lazarsfeld
拉扎鲁斯 —— Lazarus
路易斯・利基 —— Louis Leakey
莱维特 —— Henri Leavitt
勒贝格 —— H. Lebesgue
勒克莱尔 —— Anton Leclair
莱德伯格 —— Joshua Lederberg
莱德雷尔 —— E. Lederer
莱德曼 —— L. Lederman
米塔列夫勒 —— Gosta Mittag-Leffler
莱夫谢茨 —— Solomon Lefschetz
勒让德 —— A. M. Legendre
理雅各 —— James Legge
莱曼 —— George Lehman
莱默 —— D. N. Lehmer
丹尼尔・莱尔曼 —— D. Lehrman
莱布尼茨 —— G. W. Leibniz
莱特纳 —— G. von Leitner
道格拉斯・莱纳特 —— Douglas Lenat
伦纳德 —— H. S. Leonard
奥尔多・利奥波德 —— Aldo Leopold
勒雷 —— Jean Leray
勒梅特 —— G. Lermaitre
罗学宾 —— Pierre Leroy
莱谢蒂茨基 —— T. Leschetizky
列希维奇 —— V. V. Lesevichi
列文 —— Phoebus Aaron Theodore Levene
列维 —— H. Levi
莱文生 —— N. Levison
利维 —— K. Levy
莱维 —— P. Lévy
刘易斯 —— D. J. Lewis
刘易斯 —— G. N. Lewis
勒翁廷 —— Richard Lewontin
汉斯・路易 —— Hans Lewy
洛必达 —— Guillaume de L'Hospital
利布里 —— G. Libri
桑志华 —— Emile Licent
利希滕贝格 —— Georg Lichtenbeg
利克莱德 —— J. C. R. Licklider
李 —— S. Lie

利伯曼 —— C. T. Liebermann
李比希 —— J. von. Liebig
威廉・李卜克内西 —— Wilhelm Liebknecht
利埃纳尔 —— A. M. Liénard
利普曼 —— H. W. Liepmann
莱特希尔 —— James Lighthill
利林菲尔德 —— Julius Lilienfeld
林肯 —— Abraham Lincoln
林德布拉德 —— Bertil Lindblad
林德勒夫 —— E. Lindelöf
林德曼 —— F. A. Lindemann
林德特 —— P. Lindert
林德利 —— J. Lindley
林迈可 —— Michael Lord Lindsay
林赛 —— J. H. Lindsey
林德斯泰特 —— Anders Lindstedt
林克 —— P. F. Linke
林奈 —— Carl von Linné
林奈 —— Linnean
林尼克 —— B. Linnik
林顿 —— Frod Linton
奥瑟・利奥内斯 —— Aase Lionaes
刘维尔 —— J. Liouville
西摩・马丁・李普塞特 —— Seymour Martin Lipest
李普曼 —— F. A. Lipmann
里普斯 —— Theodor Lipps
李普希茨 —— R. Lipschitz
利普森 —— H. Lipson
李斯特 —— J. Lister
约翰・本尼迪克特・李斯廷
—— Johann Benedict Listing
利特尔 —— M. Little
李特伍德 —— John Edensor Littlewood
利文斯顿 —— M. S. Livingston
利文斯通 —— R. W. Livingstone
利兹纳 —— Liznar
罗巴切夫斯基 —— N. I. Lobachevsky
罗彻斯特 —— N. Lochester
雒魏林 —— William Lockhart
洛奇 —— O. J. Lodge
洛布 —— J. Loeb
洛伊 —— Loewy
洛格斯顿 —— M. Logsdon
罗卡森达丽 —— Lokasundari
弗里茨・沃尔夫冈・伦敦
—— Fritz Wolfgang London
海因茨・伦敦 —— Heinz London
罗尼 —— Loney
龙华民 —— Nicolas Longobardi
朗丝黛尔 —— Kathleen Lonsdale
卢于道 —— Loo Yutaoa
罗密士 —— E. Loomis
卢米斯 —— L. Alfred Loomis
房龙 —— H. W. Van Loon
洛尔希 —— Edgar Lorch
洛伦兹 —— H. A. Lorentz
洛伦茨 —— E. N. Lorenz
康拉德・洛伦茨 —— Konrad Lorenz
洛里亚 —— G. Loria
洛施密特 —— Loschmidt
洛夫莱斯 —— Lovelace
罗宾・洛弗尔－巴杰 —— Robin Lovell-Badge
洛厄尔 —— A. Lawrence Lowell
洛厄尔 —— J. R. Lowell
勒维 —— Heimrich Löwy
鲁桂珍 —— Gwei-Djen Lu
卢卡斯 —— D. Vrain-Lucas
卢金 —— H. Luggin
卢米茨希 —— O. Lummitzsch
拉姆斯登 —— Charles J. Lumsden
伦德 —— T. Lund
隆格 —— G. Lunge
卢里亚 —— S. Luria
吕特格 —— H. Lütge
路德 —— G. Luther
卢茨 —— A. Lutz

卢津 —— N. N. Luzin
利沃夫 —— André Michel Lwoff
李亚普诺夫 —— A. M. Lyapunov
赖尔 —— C. Lyell
莱曼 —— T. Lyman
李森科 —— T. Lysenko

M

麦克阿瑟 —— Robert H. MacArthur
麦考利 —— F. S. Macaulay
麦克尔斯菲尔德 —— Macclesfield
麦吉利夫雷 —— William Macgillivray
玛高温 —— D. J. Macgowan
马赫 —— E. Mach
海因里希·马赫 —— Heinrich Mach
约翰·约瑟夫·马赫 —— Johann Josef Mach
约翰·内波穆克·马赫
—— Johann Nepomuk Mach
路德维希·马赫 —— Ludwig Mach
马什瑞 —— Trueman Machenry
麦凯 —— J. S. Mackay
麦克莱恩 —— S. Maclane
麦克劳德 —— Colin Macleod
麦克米伦 —— Alexander Macmillan
马登 —— Frédéric Madden
马德隆 —— E. Madelung
玛格达伦 —— Mary Magdalen
马勒 —— Gustav Mahler
迈蒙尼德 —— M. Maimonides
麦斯基 —— I. Maisky
马约拉纳 —— Ettore Majorana
马勒伯朗士 —— N. Malebranche
马尔姆格伦 —— Berndt Malmgren
马尔萨斯 —— Thomas Robert Malthus
马尔采夫 —— A. I. Mal'tsev
麦克米伦 —— Edwin MaMillan
曼德博 —— Benoit B. Mandelbrot
曼德斯塔姆 —— L. I. Mandestam
约翰·曼德威尔 —— John Mandeville
曼德尔 —— Otto Mandl
冯·曼戈尔特 —— Hans Von Mangoldt
马宁 —— Yuri Manin
亨利希·曼 —— Heinrich Mann
托马斯·曼 —— Thomas Mann
曼那瑞 —— Mannoury
马可尼 —— Guglielmo Marconi
马登 —— A. Marden
让·马尔甘 —— Jean Marguin
马古利斯 —— L. Margulis
玛利亚 —— Maria
马里 —— A. J. F. Marie
马里奥特 —— E. Mariotte
马克 —— H. Mark
马卡姆 —— John Markham
马克斯 —— Paul Marks
马克瓦特 —— Markwart
马夸特 —— M. Marquardt
马尔 —— Marre
马夏克 —— J. Marschak
亚当·马什 —— Adam Marsh
马歇尔 —— Alfred Marshall
马歇尔 —— Garland Marshall
丁韪良 —— W. A. P. Martim
马蒂诺 —— J. Martineau
马丁内斯 —— M. Martinez
哈里森·马特兰德 —— Harrison Stanford Martland
卢多维卡·马露西 —— Ludovica Marussig
正田建次郎 —— Masada Kenjirou
马萨里克 —— Tomas Masaryk
仓西正武 —— Masatake Kuranishi
马施克 —— H. Maschke
马斯洛 —— A. H. Maslow
马夏克 —— R. Mashak
梅森 —— Joseph Robert Mason
马西米 —— Massimi

米尔曼 —— D. P. Milman
米尔恩 —— E. A. Milne
阿方斯 —— Alphonse Milne-Edwards
爱德华 —— Henri Milne-Edwards
米尔诺 —— John Willard Milnor
米尔斯坦 —— César Milstein
明金 —— Ferdinand Minding
闵可夫斯基 —— H. Minkowski
明斯基 —— Y. N. Minsky
明斯基 —— Marvin Lee Minsky
苗拉提 —— A. Miolati
艾尔弗雷德·埃兹拉·米尔斯基 —— Alfred Ezra Mirsky
阿瑟·米尔斯基 —— I. Arthur Mirsky
米塞纳 —— A. D. Misener
米泽斯 —— R. von Mises
米切尔 —— Barry Mitchell
米切尔 —— R. Mitchell
密切利希 —— E. Mitscherlich
米塔施 —— A. Mittasch
米滕 —— William Mitten
姆洛捷耶夫斯基 —— V. B. Mlodzeevsky
麦比乌斯 —— A. F. Möbius
莫迪利亚尼 —— F. Modigliani
穆瓦尼奥 —— F. Moigno
穆瓦桑 —— H. Moissan
棣莫弗 —— Abraham de Moiver
斯韦特兰娜·莫伊索夫 —— Svetlana Mojsov
默勒 —— C. Møller
莫洛托夫 —— V. Molotov
莫尔扎 —— Tarquina Molza
蒙德 —— L. Mond
蒙日 —— G. Monge
莫宁 —— A. S. Monin
莫尼尔 —— Monnier
莫诺 —— Jacques Monod
门罗 —— Lewis Monroe
蒙塔古 —— C. Montagu
蒙特尔 —— P. A. Montel
蒙哥马利 —— Deane Montgomery
蒙蒂克拉 —— J. E. Montucla
慕克吉 —— J. N. Mookerjee
慕克吉爵士 —— Lord Asatosh Mookerjee
摩尔 —— E. H. Moore
摩尔 —— G. E. Moore
穆尔 —— John Coleman Moore
莫尔 —— R. Moore
穆尔 —— Stanford Moore
迈克尔·E. 莫兰 —— Michael E. Moran
莫尔 —— T. More
德·摩根 —— A. de Morgan
摩尔根 —— Lloyd Morgan
摩根 —— S. Morgan
托马斯·亨利·摩尔根 —— Thomas Henry Morgan
摩尔根 —— Thomas Hunt Morgan
摩根 —— John Pierpont Morgen
摩根施坦 —— O. Morgenstein
莫根斯特恩 —— O. Morgenstern
埃德加·莫兰 —— Edgar Morin
森田纪一 —— Morita Kiiti
莫雷 —— E. W. Morley
马礼逊 —— Robert Morrison
莫罗 —— James Morrow
莫尔斯 —— M. Morse
莫尔斯 —— P. Morse
莫尔斯 —— Samuel Morse
杰克·莫顿 —— J. Morton
莫桑德 —— C. G. Mosander
莫斯莱 —— H. Moseley
莫泽 —— J. K. Moser
莫斯托夫斯基 —— A. Mostowski
木村资生 —— Motoo Kimura
穆芳 —— Ruth Moufang
孟振生 —— Joseph-Martial Mouly
蒙巴顿 —— Louis Francis Albert Victor Nicholas Mountbatten

穆捷 —— J. Moutier

莫维里 —— D. C. Mowery

李大斐 —— D. Moyle

莫扎特 —— Mozart

缪尔 —— John Muir

慕维廉 —— William Muirhead

穆克尔 —— G. C. Mukerj

米尔德 —— G. J. Mulder

米尔德 —— H. L. Mulder

穆勒 —— Hermann Joseph Muller

缪勒 —— A. Müller

缪勒 —— Johannes Müller

马利肯 —— R. S. Mulliken

芒福德 —— D. B. Mumford

蒙克 —— Edvard Munch

蒙克 —— S. Munk

芒罗 —— H. A. J. Munro

罗斯・芒罗 —— Ross H. Munro

明斯特堡 —— O. Münsterberg

麦奇生 —— R. Murchison

默里 —— C. Murray

默雷 —— F. J. Murray

马斯克 —— Elon Reeve Musk

马斯普拉特 —— J. Muspratt

穆欣布罗克 —— Musschenbrock

墨索里尼 —— Benito Amilcare Andrea Mussolini

迈尔斯 —— Norman Myers

N

纳赫米亚斯 —— J. Nachmias

内格里 —— K. Naegeli

内斯 —— A. Naess

纳菲斯 —— Ibnal Nafis

永尾凡 —— H. Nagao

长冈半太郎 —— H. Nagaoka

纳格尔 —— E. Nagel

耐格里 —— C. Nägeli

中山正 —— Tadasi Nakayama

南部阳一郎 —— Nambu Yoichiro

南森 —— Fridtjof Nansen

内皮尔 —— J. Napier

纳普 —— Napp

纳什 —— John Forbes Nash Jr.

纳特—— N. S. N. Nath

内森 —— C. Nathan

诺丹 —— C. Naudin

亨利 —— Henriqueo Navegador

内贝尔 —— Rudolf Nebel

尼德迈尔 —— Seth Neddermeyer

奈德迈尔 —— S. H. Neddermyer

李约瑟 —— Joseph Needham

詹姆斯・尼尔 —— James Neel

奈尔 —— Louis Eugère Felix Néel

尼曼 —— Y. Ne’ eman

尼赫鲁 —— Jawaharlal Nehru

奈德 —— H. Neider

奈塞尔 —— A. Neisser

乌尔里克・奈塞尔 —— Ulric Neisser

涅克拉索夫 —— P. A. Nekrasov

纳尔逊 —— L. Nelson

那莫伊 —— Peter Nemenyi

能斯特 —— W. H. Nernst

内龙 —— André Néron

内斯比特 —— C. J. Nesbitt

内斯 —— J. W. van Ness

内托 —— Eugen Netto

诺伊费尔德 —— Fred Neufeld

诺伊格鲍尔 —— O. Neugebauer

诺埃曼 —— Bernhard Neumann

卡尔・诺伊曼 —— Carl Neumann

诺伊曼 —— F. E. Neumann

弗朗兹・诺伊曼 —— Franz Neumann

冯・诺伊曼 —— John von Neumann

诺伊拉特 —— O. Neurath

纽顿 —— H. Neuton

奈望林纳 —— R. Nevanlinna
内维尔 —— E. H. Neville
内文斯 —— Nevins
纽博尔特 —— F. G. Newbolt
纽厄尔 —— A. Newell
纽曼 —— M. Newman
纽马克 —— Helen Newmark
牛顿 —— I. Newton
奈曼 —— J. Neyman
尼科尔斯 —— Edward L. Nichols
尼科尔斯 —— N. B. Nichols
尼科尔森 —— P. Nicholson
尼科尔森 —— S. B. Nicholson
尼科尔森 —— W. Nicholson
尼科尔 —— Nicole
约翰・尼德豪泽 —— John Niederhauser
尼尔森 —— Jacob Nielsen
尼采 —— Nietzsche
尼格里 —— P. Niggli
尼约特 —— Nijhout
尼科尔斯基 —— S. M. Nikol' skii
尼伦伯格 —— Louis Nirenberg
西田几多郎 —— Nishida Kitarō
西岛和彦 —— K. Nishijima
仁科芳雄 —— Nishina Yoshio
尼塞尔 —— Nissel
尼文 —— W. D. Niven
诺亚克 —— A. Noack
诺贝尔 —— Alfred Nobel
内尔廷 —— E. Noelting
爱米・诺特 —— Emmy Noether
马克斯・诺特 —— Max Noether
诺德海姆 —— L. Nordheim
比尔・诺里斯 —— Bill Norris
诺思 —— A. C. T. North
道格拉斯・诺思 —— Douglass C. North
诺伍德 —— R. Norwood
弗里茨・诺特尔 —— Fritz Nother
诺维克 —— A. Novick
罗伯特・诺伊斯 —— Robert N. Noyce
诺伊斯 —— A. A. Noyes
克里斯蒂亚娜・尼斯莱因－福尔哈德
—— Christiane Nüsslein-Volhard
纳托尔 —— George Nuttall

O

奥伯特 —— Hermann Julius Oberth
奥布霍夫 —— A. M. Obukhov
奥基亚利尼 —— Occhialini
奥乔亚 —— S. Ochoa
奥尔登堡 —— R. Oldenbourg
奥斯特 —— H. C. Oersted
厄廷根 —— A.von Oettingen
小川修三 —— Ogawa
奥格登 —— Charles Kay Ogden
小仓金之助 —— Ogura Kinnosuke
欧姆 —— G. S. Ohm
洛伦茨・奥肯 —— Lorenz Oken
奥尔德姆 —— T. Oldham
奥勒西克 —— Olexik
奥利芬特 —— M. Oliphant
托马斯・奥利弗爵士 —— Sir Thomas Oliver
奥尼尔 —— B. O' Neill
昂纳斯 —— H. K. Onnes
昂萨格 —— L. Onsager
奥本海默 —— J. R. Oppenheimer
奥德 —— George Ord
奥伊斯坦・奥尔 —— Oystein Ore
尼古拉斯・奥雷姆 —— Nicholas Oresme
奥罗万 —— E. Orowan
奥特柳斯 —— Abraham Ortelius
奥尔特曼 —— W. Orthmann
奥斯古德 —— William Fogg Osgood
奥西波夫斯基 —— T. F. Osidovsky
大岛 —— M. Osima

奥斯勒爵士 —— Sir William Osler

奥瑟曼 —— R. Osserman

奥斯登夫德 —— A. S. Ostenfeld

奥斯特瓦尔德 —— F. W. Ostwald

奥德曼斯 —— C. Oudemans

奥特雷德 —— W. Oughtred

乌斯塔莱 —— Émile Oustalet

欧文 —— Richard Owen

欧文思 —— R. Owens

P

帕乔利 —— L. Pacioli

帕格尔 —— Page

潘恩 —— Thomas Paine

潘勒韦 —— P. Painleve

派斯 —— A. Pais

帕莱 —— R. Paley

佩利 —— William Paley

帕利特 —— T. N. Palit

鲍乃迪 Archimandrite Palladius

帕尔默 —— L. S. Palmer

巴麦尊 —— Palmerston / H. J. Temple

庞思奋 —— S. Palmquist

庞迪我 —— Didace de Pantoja

马西莫・保利 —— Massimo Paoli

西摩・佩珀特 —— Seymour Papert

帕普斯 —— Pappus

帕拉塞尔苏斯 —— Paracelsus

帕迪 —— Arthur Pardee

帕累托 —— V. Pareto

帕克 —— Barry Parker

帕克 —— P. H. Parker

巴夏里 —— H. Parkes

帕金森 —— C. N. Parkinson

帕里洛 —— Pablo Parrilo

塔尔科特・帕森斯 —— Talcott Parsons

帕斯卡 —— B. Pascal

帕什 —— Pasch

帕基耶 —— L. G. D. Pasquier

帕斯曼 —— D. S. Passman

巴斯德 —— Pasteur

帕蒂 —— Jogesh Pati

克莱尔・卡梅伦・帕特森
—— Clair Cameron Patterson

帕蒂森 —— G. S. Pattison

泡利 —— W. Pauli

约瑟夫・泡利 —— W. Joseph. Pauli

鲍林 —— L. Pauling

波特 —— R. Pauthenh

巴甫洛夫 —— I. Pavlov

戴维・佩恩 —— David Payne

皮科克 —— G. Peacock

罗伯特・皮尔 —— Robort Peal

朱塞佩・皮亚诺 —— Giuseppe Peano

伊贡・皮尔逊 —— E. S. Pearson

皮尔逊 —— Gerald Pearson

皮尔逊 —— K. Pearson

皮尔逊 —— Roger Pearson

佩希曼 —— H. von Pechman

佩德罗二世 —— Pedro Ⅱ

皮尔 —— R. Peel

佩格勒姆 —— Pegram

佩耶尔 —— Rudolf Peierli

派尔斯 —— R. Peierls

派尔斯 —— R. E. Peierls

皮尔斯 —— Benjamin Peirce

皮尔斯 —— C. S. Peirce

佩肖托 —— Mauricio M. Peixoto

约翰・彭德 —— M. P. John Pender

珀西瓦尔 —— J. Percival

徐懋德 —— Andreas Pereira

佩雷尔曼 —— Grigori Perelman

博克森 —— B. Pêrksen

皮兰 —— J. Perrin

佩兰 —— René Perrin

佩里 —— Matthew C. Perry

佩鲁茨 —— M. Perutz

彼得森 —— P. C. J. Petersen

珀蒂 —— A. T. Petit

彼德罗维奇 —— Leonid Petrovich

彼得逊 —— S. Petterssen

彼得楚尔特 —— Josef Petzoldt

普凡德尔 —— Alexander Pfänder

菲利蓬 —— P. Philippon

菲利普斯 —— D. C. Phillips

菲利普斯 —— J. Phillips

菲利普斯 —— R. S. Phillips

菲隆 —— Philon

菲普斯 —— T. E. Phipps

皮亚杰 —— Jean Piaget

皮亚齐 —— G. Piazzi

皮卡 —— E. Picard

皮克 —— G. Pick

皮肯 —— L. Picken

皮克林 —— E. C. Pickering

皮尔斯 —— John R. Pierce

皮古 —— Arthur Pigou

毕苏茨基 —— Józef Piłsudski

派因斯 —— D. Pines

平克 —— S. Pinker

皮帕德 —— A. Pippard

皮萨列夫 —— D. I. Pisarev

皮斯科皮亚 —— Elena Cornaro Piscopia

皮彻 —— E. Pitcher

皮维陀 —— J. Piveteau

普拉切克 —— George Placzek

埃尔温・普朗克 —— Erwin Planck

戈特利布・普朗克 —— Gottlieb Jakob Planck

海因里希・路德维希・普朗克

—— Heinrich Ludwig Planck

普朗克 —— M. Planck

威廉・约翰・普朗克

—— Wilhelm Johann Planck

柏拉图 —— Plato

普林普顿 —— G. A. Plimpton

普吕克 —— J. Plücker

普鲁塔克 —— Plutarch

波埃纳鲁 —— V. Poénaru

波根多夫 —— J. C. Poggendorf

泡尔 —— R. Pohl

庞加莱 —— Jules Henri Poincaré

昂利・彭加勒 —— Poincarè

安托万・彭加勒 —— Antoine Poincaré

朱尔・昂利・彭加勒 —— Jules Henri Poincaré

莱昂・彭加勒 —— Léon Poincaré

吕西安・彭加勒 —— Lucien Poincaré

雷蒙・彭加勒 —— Raymond Poincaré

普安索 —— L. Poinsot

泊松 —— S. D. Poisson

波拉尼 —— M. Polanyi

波尔 —— E. C. Pole

波莱尼 —— Giovanni Poleni

波伦 —— M. Pollan

波拉德 —— A. W. Pollard

波洛克 —— Martin Rivers Pollock

波利亚 —— G. Polya

鲍因托夫 —— Alexander M. Poniatoff

蓬泰库朗 —— de Pontécoulant

庞特里亚金 —— L. S. Pontryagin

波普 —— A. Pope

波普 —— W. J. Pope

波普尔 —— Karl Popper

约瑟夫・波珀－林扣斯

—— Josef Popper-Lynkeus

普凯特 —— Adele Porkert

基思・波特 —— Keith Porter

波特伍德 —— Portwood

波瑟 —— K. A. Posse

波塞尔 —— L. de Possel

波斯特曼 —— L. Postman

凡・雷恩西勒・波特 —— V. R. Potter

Q

R

赖夏特 —— O. Reichardt
赖歇 —— Fritz Reiche
赖兴巴赫 —— H. Reichenbach
赖希施泰因 —— T. Reichstein
里德 —— Whitelaw Reid
赖德迈斯特 —— K. Reidemeister
莱因斯 —— F. Reines
赖特 —— S. Reiter
雷里奇 —— Franz Rellich
伦纳 —— Karl Renner
雷尼 —— Alfréd Rényi
雷维里 —— Revelli
古斯塔夫·赖厄 —— Gustav Reyher
海伦妮·冯·赖厄 —— Helene von Reyher
赖厄 —— S. Reyher
杜布瓦·雷蒙 —— Emil du Bois-Reymond
雷诺兹 —— W. F. Reynolds
莱因 —— J. B. Rhine
罗雅谷 —— Jacques Rho
理柏罗 —— Br. Melchior Ribeiro
雅格布·里卡蒂 —— Jacopo Riccati
里奇 —— G. Ricci
利玛窦 —— Matteo Ricci
赖斯 —— John Andrew Rice
赖斯 —— S. Rice
亚历克斯·里奇 —— Alex Rich
理查兹 —— T. W. Richards
L. F. 理查森 —— L. F. Richardson
理查森 —— Roger Richardson
里希特 —— J. B. Richter
里希特 —— P. H. Richter
里克特 —— H. Rickert
里德利 —— C. Ridley
马特·里德利 —— Matt Ridley
里德尔 —— Klaus Riedel
黎曼 —— G. F. B. Riemann
黎斯 —— F. Riesz
M. 黎斯 —— Marcel Riesz
里尔克 —— Rainer Maria Rilke
安蒂亚·里梅尔 —— Antia Rimmel
里斯 —— Rise
杰西卡·里斯金 —— Jessica Riskin
里特尔 —— A. Ritter
李特尔 —— C. Ritter
里特尔 —— J. W. Ritter
瓦尔特·里茨 —— Walther Ritz
罗伯逊 —— D. Robertson
罗宾 —— Robin
罗宾逊 —— A. Robinson
罗宾逊 —— Joe Robinson
朱丽亚·鲍曼·罗宾逊
—— Julia Bowman Robinson
拉斐尔·罗宾逊 —— Raphael Robinson
洛克 —— Joseph Rock
若柯朋 —— Dorothea Rockburne
洛克菲勒 —— Rockefeller
罗德巴克 —— G. W. Rodeback
罗丹 —— B. Rodin
罗果辛斯基 —— W. W. Rogosinski
罗奥 —— J. Rohault
罗伊 —— Jacques Roi
霍尔姆斯·罗尔斯顿 —— Holmes Rolston Ⅲ
罗马尼斯 —— George Romanes
罗曼诺夫 —— M. Romanov
罗默 —— A. S. Romer
罗默 —— P. Romer
伦琴 —— Wilhelm Röntgen
罗斯福 —— F. D. Roosevelt
罗斯科 —— H. E. Roscoe
亨里希·罗泽 —— Henrich Rose
罗森 —— F. A. Rosen
罗森 —— G. Rosen
罗森 —— Walter Rosen
内森·罗森伯格 —— Nathan Rosenberg
罗森费尔德 —— A. Rosenfeld
罗森菲尔德 —— L. Rosenfeld

罗斯 —— W. D. Ross

罗斯贝 —— C.-G. A. Rossby

罗瑟兰 —— S. Rosseland

罗塞尔 —— J. B. Rosser

勒罗西尼奥尔 —— R. Le Rossignol

罗斯柴尔德 —— Rothschild

罗思坦 —— M. Rothstein

玛丽・鲁 —— Mary Rou

劳思 —— E. J. Routh

罗兰 —— H. A. Rowland

雷伊 —— C. Roy

罗伊 —— Raja Rammohan Roy

罗伊斯 —— T. R. Roycc

罗森塔尔 —— S. Rozental

罗齐尔 —— Ferdinand Rozier

约翰・鲁安 —— John Ruan

鲁本斯 —— H. L. Rubens

格洛丽亚・鲁迪什 —— Gloria Rudisch

鲁道夫 —— C. Rudolff

鲁 —— de la Rue

保罗・鲁菲尼 —— Paolo Ruffini

罗明坚 —— Michele Ruggieri

雅各布・鲁 —— Jacob Ruhe

拉姆福德 —— Count Rumford

（即汤普森 —— Benjamin Thompson）

龙格 —— Carl Runge

卢什方斯 —— J. M. Rushforth

拉塞尔 —— John Russel

罗素 —— B. Russell

罗素 —— Henry Norris Russell

卢斯特 —— Rust

拉特格斯 —— Rutgers

卢瑟福 —— E. Rutherford

鲁日奇卡 —— L. S. Ruzicka

赖尔 —— M. Ryle

S

萨克斯 —— Alexander Sachs

弗朗茨・萨克斯 —— Franz Sachs

尤利乌斯・冯・萨克斯 —— Julius von Sachs

萨克 —— O. Sackur

萨克罗博斯科 —— Johannes de Sacrobosco

塞德勒 —— Sadleir

萨哈 —— Meghnad Saha

夏仁德 —— Randolph C. Sailer

坂田昌一 —— Sakata Shōichi

萨哈罗夫 —— A. D. Sakharov

萨拉姆 —— A. Salam

索尔克 —— Salk

萨尔蒙 —— G. Salmon

萨洛蒙森 —— C. J. Salomonsen

扎梅尔松 —— Hans Samelson

萨米奥斯 —— N. P. Samios

桑普森 —— Sampson

塞缪尔 —— A. Samuel

萨缪尔森 —— P. A. Samuelson

桑德斯 —— Thomas Sanders

桑德森 —— M. L. Sanderson

桑格 —— Frederick Sanger

桑塔洛 —— Luis Antonio Santalo

桑塔亚纳 —— G. Santayana

萨律 —— P. F. Sarrus

萨顿 —— G. Sarton

笹川良一 —— Sasakawa Ryoichi

佐藤 —— Sato Pyosuke

索绪尔 —— H. B. de Saussure

索特 —— F. Sauter

萨维奇 —— Leonard J. Savage

萨伐尔 —— Félix Savart

萨韦里安 —— Saverien

萨维尔 —— Henry Savilian

阿尔伯特 —— Albert of Saxony

安妮・塞尔 —— Anne Sayre

沙赫特 —— J. Schächter

夏勒 —— Heinz Schaller
沙利 —— Andrew Victor Schally
罗杰・尚克 —— Roger Schank
绍德尔 —— Juliusz Schauder
绍丁 —— Fritz Schaudinn
谢尔 —— Scheel
舍勒 —— M. Scheler
谢尔 —— Paul Scherrer
爱德华・舍茨 —— Edvard Schetz
乔治・舍茨 —— George Schetz
朔伊贝尔 —— J. Scheubel
席勒 —— F. Schiller
希尔普 —— P. A. Schilpp
A. 施莱格尔 —— A. Schlegel
F. 施莱格尔 —— F. Schlegel
施古德 —— G. Schlegel
施莱辛格 —— H. I. Schlesinger
施利克 —— M. Schlick
舒罗塞 —— M. Schlosser
施马尔豪森 —— Schmalhausen
施迈德勒 —— W. Schmeidler
施密德 —— E. Schmid
施密德 —— Wilfried Schmid
施密特 —— E. Schmidt
F. K. 施密特 —— F. K. Schmidt
施密特 —— Karl Schmidt
施米特 —— R. Schmitt
施穆克勒 —— J. Schmookler
希努尔曼 —— R. Schnurmann
舍恩伯格 —— M. Schöenberg
舍恩海默 —— R. Schoenheimer
舍恩拜因 —— C. F. Schönbein
舍恩夫利斯 —— A. M. Schönflies
叔本华 —— A. Schopenhauer
施雷克 —— P. Schrecker
施赖埃尔 —— Otto Schreier
施罗德 —— E. Schroder
薛定谔 —— E. Schrödinger
施勒特 —— J. Schroeter
舒伯特 —— H. Schubert
舒尔茨夫妇 —— D. P. Schultz & S. E. Schultz
舒尔茨 —— J. K. Schulze
舒尔 —— I. Schur
舒尔茨—— Issai Schuz
施瓦布 —— G. M. Schwab
施瓦茨 —— L. Schwartz
费利克斯・施瓦茨曼 —— Felix Schwartzman
施瓦茨 —— H. A. Schwarz
史瓦西 —— Karl Schwarzschild
施韦德勒 —— Egonon Schweidler
施温格尔 —— J. S. Schwinger
索伦森 —— Scoren Scorensen
斯科特 —— D. Scott
斯科特 —— John Paul Scott
沃尔特・斯科特 —— Walter Scott
斯克罗普 —— G. J. P. Scrope
西博格 —— Glenn Seaborg
西博格 —— C. T. Seaburg
塞尔 —— F. C. Searle
西尔斯 —— W. R. Sears
塞巴斯蒂安 —— St. Sebastian
塞伯 —— R. Serber
谢切诺夫 —— I. M. Sechenov
塞奇威克 —— A. Sedgwick
塞奇威克 —— W. F. Sedgwick
塞迪约 —— L. P. E. A. Sedillot
塞贝克 —— T. J. Seebeck
塞夫斯特穆 —— N. G. Sefström
塞格雷 —— Emilio Gino Segrè
塞弗特 —— H. Seifert
赛茨 —— Frederick Seitz
赛尔伯格 —— Atle Selberg
塞伦卡 —— E. Selenka
塞尔弗里奇 —— Selfridge
鲁德照 —— Alvaro de Semedo
谢苗诺夫 —— N. N. Semenov

索迪 —— Frederick Soddy
索霍茨基 —— Y. B. Sohotsky
弗朗西斯科・索莱尔 —— Francisco Soler
所罗门 —— L. Solomon
索罗门夫 —— R. Solomonff
雷・所罗门诺夫 —— Ray Solomonoff
罗伯特・索洛 —— R. M. Solow
索尔维 —— Ernest Solvay
萨默塞特 —— Edward Seymour Somerset
索末菲 —— A. Sommerfeld
索菲亚 —— Sophia
索罗金 —— Pitirim. A. Sorokin
舒拉 —— M. Soula
苏利耶 —— André Soulié
骚塞 —— R. Southey
本杰明・索思韦尔 —— Benjamin Southwell
斯帕尼尔 —— Edwin Henry Spanier
斯帕思 —— Ernst Spath
斯派克特 —— C. Spector
斯贝塞 —— Speiser
斯彭斯 —— Edward F. Spence
斯宾塞 —— E. Spencer
斯宾塞 —— H. Spencer
斯彭格勒 —— Spengler
施普纳 —— Emanuel Sperner
斯宾诺莎 —— Spinoza
赫塔・施波纳 —— Herta Sponer
斯普拉格 —— Isaac Sprague
斯普林 —— F. Spring
斯夸尔斯 —— Lewis Squires
斯拉法 —— Piero Sraffa
斯塔德勒 —— Lewis Stadler
斯塔特 —— H. Van de Stadt
埃尔文・斯泰克曼 —— Elvin Stakman
斯坦利 —— Wendell Meredith Stanley
斯坦顿 —— G. Stanton
斯塔克 —— Johannes Stark
埃伦・盖茨・斯塔尔 —— Ellen Gates Starr
弗朗茨・施陶丁格 —— F. Staudinger
赫尔曼・施陶丁格 —— H. Staudinger
斯托弗 —— R. C. Stauffer
斯特恩斯 —— J. B. Stearns
斯特宾斯 —— George Ledyard Stebbins
斯特布尼兹斯基
—— Ivanovich Stebnitsky
斯蒂尔 —— L. P. Steele
斯滕 —— A. Steen
斯滕 —— John Steen
斯廷罗德 —— Norman Steenrod
约瑟福・斯忒藩 —— J. Stefan
施特格米勒 —— W. Stegmüller
斯特格纳 —— W. Stegner
斯坦 —— William Stein
斯坦伯格 —— R. Steinberg
施泰因贝格尔 —— J. Steinberger
斯泰纳 —— J. Steiner
斯泰因豪斯 —— Hugo Steinhaus
施泰尼茨 —— Steinitz
施泰因科普夫 —— W. Steinkopf
斯捷克洛夫 —— B. A. Steklov
斯坦特 —— G. Stent
斯捷潘诺夫 —— V. V. Stepanov
弗朗茨・斯蒂芬 —— Franz Stephan
斯蒂芬 —— J. F. Stephen
斯蒂芬森 —— Marjory Stephenson
斯蒂芬森 —— R. Stephenson
斯特恩 —— C. Stern
莫里茨・斯特恩 —— Moritz Stern
斯特恩 —— O. Stern
特奥多尔・斯特恩 —— Theodor Stern
史蒂文斯 —— Charles F. Stevens
斯蒂文斯 —— Samuel Stevens
史蒂文森 —— L. G. Stevenson
斯泰芬 —— S. Stevin
鲍尔弗・斯图尔特 —— B. Stewart
约翰・斯图尔特 —— John Stewart

斯图尔特 —— R. Stewart
施蒂费尔 —— Eduard Ludwig Stiefel
斯提吉斯 —— Th. J. Stieltjes
施蒂费尔 —— M. Stifel
施托克 —— A. Stock
斯托克勒 —— F. Gareao-Stockler
斯托克斯 —— Alec Stokes
斯托克斯 —— G. G. Stokes
威廉・霍顿・斯托克斯
—— William Haughton Stokes
斯托雷平 —— П. А. Stolypin
斯通 —— E. Stone
斯通 —— Marshall Harvey Stone
艾丽西亚・布尔・斯托特 —— Alicia Boole Stott
斯特拉博 —— Strabo
斯特拉斯曼 —— F. Strassmann
斯特拉顿 —— S. Stratton
施特劳斯 —— Strauss
尤金・斯特劳斯 —— Eugene Straus
施特雷克尔 —— A. Strecker
施特雷泽曼 —— Erwin Stresemann
斯特罗伊克 —— D. J. Struik
约翰・威廉・斯特拉特 —— John William Strutt
斯特鲁韦 —— V. V. Struve
司徒雷登 —— John Leighton Stuart
斯塔基 —— E. J. Stuckey
齐兰畦 —— Nancy Stuckey
斯特姆 —— C. Sturm
施图普夫 —— Karl Stumpf
施杜恩拜克 —— C. Stürenberg
斯特蒂文特 —— A. H. Sturtevant
苏达香 —— G. Sudarshan
祖德霍夫 —— K. Sudhoff
修斯 —— E. Suess
末纲恕一 —— Suetsuna Joichi
萨格登 —— Sugden
沙利文 —— Annie Sullivan
萨林格 —— W. Suringer
萨斯坎德 —— Susskind
托马斯・萨顿 —— Thomas Sutton
铃木通夫 —— M. Suzuki
斯韦德贝里 —— T. Svedberg
多伦・D. 斯沃德 —— Doron D. Swade
斯瓦米纳坦 —— M. S. Swaminathan
斯韦登堡 —— Emanuel Swedenborg
郇和 —— Robert Swinhoe
西洛 —— Ludvig Sylow
西尔维斯特 —— J. J. Sylvester
西奈修斯 —— Synesius
辛格 —— J. L. Synge
塞格 —— G. Szegê
赛戈 —— G. Szego
西拉德 —— L. Szilard
瑟勒希－扬瑟 —— M. Szöllösi-Janze

T

塔凯 —— A. Tacquet
泰戈尔 —— Rabindranath Tagore
高木贞治 —— Takagi Teiji
泰恩特 —— Charles Sumner Tainter
泰特 —— P. G. Tait
田丸节郎 —— S. Tamaru
塔姆 —— I. Y. Tamm
田中正平 —— Tanaka Shōhei
田中馆爱司 —— Tanakadate Aikitsu
田中耕一 —— Tanaka Koichi
塔内里 —— P. Tannery
塔佩纳 —— H. E. von Tappeiner
马克斯－塔罗 —— T. Marks-Tarlow
塔彭宁 —— Marc Tarpenning
塔尔斯基 —— A. Tarski
塔尔塔利亚 —— Niccolo Tartaglia
泰特 —— J. Tate
塔特姆 —— E. Tatum
泰勒 —— Brook Taylor

F. B. 泰勒 —— F. B. Taylor

泰勒 —— Frederick Winslow Taylor

泰勒 —— G. I. Taylor

泰勒 —— Geoffrey Taylor

约翰・泰勒 —— John Taylor

戴乐仁 —— John Bryan Taylor

泰希米勒 —— O. Teichmüller

乔治・泰西耶 —— George Teissier

泰莱格迪 —— Valentine Telegdi

特勒 —— E. Teller

特曼 —— L. M. Terman

泰默尔 —— G. Temmer

丁尼生 —— Alfred Tennyson

寺田寅彦 —— Terada Torahiko

泰尔康 —— O. Terpuem

邓玉函 —— Johann Terrenz

特斯拉 —— Nikola Tesla

阿克曼・托伊布纳 —— A. Ackermann Teubner

塞勒 —— A. Thaler

泰勒斯 —— Thales

泰纳尔 —— L.-J. Thénard

特奥多鲁斯 —— Theodorus

西昂 —— Theon

特奥雷尔 —— Axel Hugo Theodor Theorell

玛丽亚・特里萨 —— Maria Theresa

蒂勒 —— J. Thiele

蒂勒 —— T. N. Thiele

梯也尔 —— Adolphe Thiers

汉斯・蒂林 —— Hans Thirring

托马斯 —— H. W. Thomas

汤姆 —— René Thom

汤普森 —— Benjamin Thompson

（即拉姆福德伯爵 —— Count Rumford）

E. 汤普森 —— E. Thompson

J. G. 汤普森 —— J. G. Thompson

汤普森 —— W. H. Thompson

威廉・汤普森 —— Willam Thompson

汤姆森 —— J. A. Thomson

J. J. 汤姆孙 —— J. J. Thomson

W. 汤姆孙 —— William Thomson

（即开尔文——Kelvin）

桑顿 —— R. L. Thornton

索普 —— W. H. Thorpe

思罗尔 —— Thrall

思雷福尔 —— W. Threlfall

图埃 —— Axel Thue

瑟伯 —— George Thurber

瑟斯顿 —— W. P. Thurston

瑟斯通 —— Thurstone

蒂德曼 —— A. Tidman

蒂尔尼 —— Myles Tierney

蒂策 —— Hemrich Tietze

蒂尔登 —— W. A. Tilden

蒂默 —— Timmer

季莫菲耶夫 - 列索夫斯基

—— N. W. Timofeeff-Ressovsky

廷伯根 —— Nikolaas Tinbergen

蒂塞利乌斯 —— Arne Wilhelm Kaurin Tiselius

蒂萨 —— L. Tisza

堤希玛 —— E. C. Titchmarsh

威廉・托比亚斯 —— Wilhelm Tobias

托克维尔 —— A. C. de Tocqueville

托德 —— C. Todd

托德 —— D. P. Todd

托德亨特 —— I.Todhunter

托夫托伊 —— Holger N. Toftoy

托伦斯 —— Tollens

托尔曼 —— R. C. Tolman

托尔斯泰 —— Tolstoy

托马金 —— Y. Tomarkin

朝永振一郎 —— Tomonaga Shinichirō

汤斯托尔 —— C. Tonstall

托里 —— John Torrey

托里拆利 —— E. Torricelli

图尔明 —— Toulmin

唐恩 —— H. Towen

U

V

威尔曼 —— Jean Antoine Villemin
维利耶 —— B. de Villiers
塞缪尔·文斯 —— Samuel Vince
圣文森特 —— St. Vincent
文森特 —— W. G. Vincent
达·芬奇 —— Da Vinci
菲尔绍 —— R. Virchow
维尔吉尔 —— Virgil
威斯瓦米特
—— Mysore Ananthamurthy Viswamitra
维维亚尼 —— Vincenzo Viviani
维维恩 —— Vivien
弗拉基米罗维奇 —— Bakhrushin Vladimirovich
范·弗莱克 —— John Hasbrouch van Vleck
沃伊特 —— W. Voigt
伏肯斯坦 —— Volkenstein
沃尔塔 —— A. C. Volta
伏打 —— Alessandro Volta
伏尔泰 —— Voltaire
沃尔泰拉 —— V. Volterra
福伦德 —— D. Vorländer
弗里斯 —— Hendrikde Vries

W

瓦格 —— P. Waage
范德瓦耳斯 —— J. D. van der Waals
范德瓦尔登 —— B. L. van der Waerden
瓦格纳 —— Julius Wagner
瓦格纳 —— K. W. Wagner
瓦格纳 —— M. Wagner
瓦尔 —— Arthur Wahl
魏斯曼 —— F. Waismann
沃尔德 —— A. Wald
威廉·瓦尔代尔 —— Wilhelm Waldeyer
瓦尔丁格 —— R. J. Waldinger
威尔士 —— D. B. Wales
韦利 —— J. Waley
沃克 —— G. Walker
沃克 —— John Walker
沃尔 —— G. E. Wall
华莱士 —— Alfred R. Wallace
亨利·华莱士 —— Henry Wallace
华莱士 —— J. Wallace
华莱士 —— W. Wallace
汉斯·瓦拉赫 —— H. Wallach
沃勒 —— I. Waller
沃利斯 —— J. Wallis
沃尔曼 —— Henry Wallman
沃尔特 —— J. Walter
瓦尔顿 —— Ernest Thomas Sinton Walton
瓦尔堡 —— E. Warburg
瓦尔堡 —— O. Warburg
奥托·海因里希·瓦尔堡
—— Otto Heinrich Warburg
沃伯顿 —— H. Warburton
沃德 —— H. N. Ward
沃德 —— Henry Ward
沃德 —— John Ward
沃德 —— Samuel Ward
华林 —— E. Waring
沃伦 —— Robert Penn Warren
瓦尔沙夫斯基 —— S. Warschawski
瓦萨斯谢纳 —— J. A. Wasastjerna
沃什尼策 —— Gerard Washnitzer
瓦色曼 —— August von Wassermann
沃特曼 —— D. Waterman
沃森 —— D. M. S. Watson
沃森 —— G. Watson
沃森 —— G. N. Watson
沃森 —— J. Watson
沃森 —— J. D. Watson
约翰·布鲁德斯·华生 —— John Broadus Watson
沃森 —— Thomas A. Watson
小托马斯·约翰·沃森 —— Thomas J. Watson Jr.
袆理哲 —— Richard Quarterman Way

韦弗 —— W. Weaver
韦伯 —— E. H.Weber
韦伯 —— H. M. Weber
海因里希・韦伯 —— Heinrich Weber
马克斯・韦伯 —— Max Weber
威廉・韦伯 —— Wilhelm Eduard Weber
韦德伯恩 —— J. H. M. Wedderburn
艾布・瓦法 —— Abul Wefa
魏格纳 —— A. L. Wegener
魏敦瑞 —— F. Weidenreich
魏尔斯特拉斯 —— K. Weierstrass
韦格尔 —— Herbert Weigel
魏格特 —— C. Weigert
卡尔・魏格特 —— Karl Weigert
韦伊 —— A. Weil
韦伊 —— Louis Weil
温伯格 —— Arthur von Weinberg
温伯格 —— Carlton Bereda Weinberg
温伯格 —— S. Weinberg
温伯格 —— W. Weinberg
魏因里奇 —— Marcel Weinrich
温斯坦 —— Alan David Weinstein
魏斯曼 —— A. Weisman
外斯 —— Pierre Ernest Weiss
魏斯贝格 —— A. Weissberg
魏森贝格 —— Korrl Weissenberg
韦斯科夫 —— V. F. Weisskof
韦斯科夫 —— V. Weisskopf
魏森博克 —— Weitzenböck
魏茨曼 —— C. A. Weizmann
冯・魏扎克 —— Carl von Weizsacker
韦尔比 —— R. Welby
韦尔奇 —— W. H. Welch
韦尔登 —— W. F. R. Weldon
爱德华・韦尔豪森 —— Edward Wellhausen
威尔斯 —— H. G. Wells
约翰・韦尔什 —— John Welsh
维尔纳 —— A. G. Werner
冯・韦塞利 —— F. von Wessely
韦斯特 —— J. West
韦斯科特 —— H. C. Westcott
韦斯特格伦 —— J. Westgren
威斯汀豪斯 —— George Westinghouse
外尔 —— H. Weyl
韦罗克 —— Jacob. J. Weyrauch
理查德・惠利 —— Richard Whalley
惠斯通 —— C. Wheatstone
安娜・惠勒 —— Anna Johnson Pell Wheeler
约翰・惠勒 —— J. A. Wheeler
休厄尔 —— W. Whewell
惠斯顿 —— W. Whiston
怀特 —— Benjamin White
怀特 —— M. White
怀特海 —— A. N. Whitehead
怀特黑德
—— John Henry Constantine Whitehead
惠特尼 —— Hassler Whitney
惠特尼 —— W. R. Whitney
惠特克 —— E. T. Whittaker
惠特尔 —— Frank Whittle
威德曼 —— J. Widman
维谢尔 —— E. Wiechert
威甘德 —— Clyde Wiegand
威兰 —— H. Wieland
维恩 —— W. Wien
赫尔曼・维纳 —— Hermann Wiener
维纳 —— N. Wiener
维绍斯 —— Eric F. Wieschaus
托尔斯滕・维泽尔 —— Torsten Wiesel
维格纳 —— E. P. Wigner
威尔伯福斯 —— Bishop Samuel Wilberforce
维尔钦斯基 —— Ernest Julius Wilczynski
怀尔德 —— Raymond Wilder
怀尔斯 —— A. Wiles
莫里斯・威尔克斯 —— Maurice Vincent Wilkes
埃德加・亨利・威尔金斯 —— Edgar Henry Wilkins

威尔金斯 —— M. Wilkins
埃伦·威尔金森 —— Ellen Wilkinson
威兰斯 —— Charles Willams
威拉德 —— D. Willard
维尔德诺夫 —— K. L. Willdenow
卡罗尔·威廉斯 —— Carroll Williams
威廉斯 —— E. J. Williams
威廉斯 —— George C. Williams
威廉姆斯 —— S. Wells Williams
韦廉臣 —— Alexander Williamson
威廉森 —— A. W. Williamson
威廉森 —— J. Williamson
威利斯 —— Albert Potter Willis
威利斯 —— B. Willis
维尔施泰特 —— R. Willstätter
威尔逊 —— Agnes Wilson
亚历山大·威尔逊 —— Alexander Wilson
威尔逊 —— C. T. R. Wilson
威尔逊 —— D. S. Wilson
威尔森 —— E. Bright Wilson
爱德华·威尔逊 —— E. O. Wilson
E. B. 威尔逊 —— Edmund Beecher Wilson
爱德华·奥斯本·威尔逊 —— Edward Osborne Wilson
威尔逊 —— Ernest Wilson
威尔逊 —— G. Wilson
H. 威尔逊 —— Herbert Wilson
简·威尔逊 —— Jane Wilson
R. B. 威尔逊 —— Robert B. Wilson
威尔顿 —— J. R. Wilton
温德 —— C. H. Wind
温德尔班德 —— W. Windelband
温德尔 —— A. H. Windle
温斯顿 —— P. Winston
温特尔 —— J. J. Winterl
维廷格 —— Wilhelm Wirtinger
温廷格 —— Wilhem Wintinger
维帖洛 —— Witelo
维特 —— Ernst Witt
维特根斯坦 —— L. Wittgenstein
沃普克 —— Franz Woepcke
卡尔·沃斯 —— Carl R. Woese
维勒 —— F. Wöhler
沃伊特 —— M. Woit
沃尔夫 —— E. Wolf
沃尔夫林 —— H. Wölfflin
渥拉斯顿 —— W. H. Wollaston
沃尔曼 —— E. Wollman
王 —— W. Wong
伍德 —— R. W. Wood
詹姆士·伍德 —— James Wood
伍德豪斯 —— R. Woodhouse
伍德华 —— Arthur Smith Woodward
伍德沃德 —— R. S. Woodward
伍利 —— Dilworth Woolley
沃丁厄姆 —— Charles Henry Wordingham
唐纳德·沃斯特 —— Donald Worster
兰厄姆 —— F. Wrangham
雷恩 —— C. Wren
芮沃寿 —— A. F. Wright
莱特兄弟 —— Wright Brothers
赖特 —— Charles Wright
赖特 —— G. Wright
迈克尔·赖特 —— Michael Wright
赖特 —— Sewall Wright
赖特爵士 —— Sir Almroth Edward Wright
赖特 —— Thomas Wright
朗斯基 —— J. M. H. Wronshi
威廉·冯特 —— W. Wundt
伟烈亚力 —— A. Wylie
怀斯 —— W. Wyse

X

克叙兰德 —— G. Xylander

中外著名
科学家传记

典藏版

第Ⅳ册

王大明　刘　兵　李　斌　主编

中原出版传媒集团
中原传媒股份公司
大象出版社
·郑州·

第Ⅳ册目录

科学耕耘新大陆：

北美科学家传

- 亨利
- 尤曼斯
- 亨利·罗兰
- 海耳
- 沙普利
- 狄克逊
- 布什
- 西拉德

约瑟夫·亨利

（Joseph Henry，1797—1878）

亨利

接过“富兰克林披风”的人

自富兰克林之后，美国在科学上沉寂了数十年之久，是约瑟夫·亨利的科学研究成果重新唤起了美国人的自信心，因此他被称为接过“富兰克林披风”的人，也是美国科学大厦的早期奠基人。他既重视应用，也强调纯科学，可以说他是把美国的科学研究活动引向了协调发展道路的关键人物之一。

一、在苦难中磨炼

约瑟夫·亨利是移居美国的苏格兰清教徒后裔。父亲威廉·亨利是个穷苦的马车夫。威廉·亨利终日辛劳，全家也就能维持基本温饱而已。因此，约瑟夫·亨利很小的时候就被送到乡下和他的外祖母生活在一起，并就读了当地的乡村小学。为减轻外祖母的负担，稍大一点时，他就开始一边学习一边在附近的小商店里做零工。亨利小时候在学习中并没有显露出什么特别的才能，据说只是对传奇小说很感兴趣。

在亨利 14 岁那年，父亲去世，他回到奥尔巴尼和寡母相依为命。为了生活，他不能继续学业，不得不投师学习修理钟表和宝石研磨。但亨利并不喜欢这样的工作，他的心思在其他方面，大概是受莎士比亚著作的影响，他那时想当一名演员。不久，他的师傅经营失败，他反而因此获得了自由，实现了多年的愿望，参加了一个由年轻人组成的戏剧表演团体。亨利身材修长，面目清秀，适合扮演许多角色。他安排舞台效果的奇特才能和出色演技很快使他在奥尔巴尼拥有了众多粉丝，使他在当地演艺界小有名气。而这段经历为他日后作为科学教育家和学科领导人所需要的演讲才能打下了基础。

大约在他 16 岁那年，一个偶然机会改变了亨利的整个人生道路。有一天，亨利身体有点不舒服，就留在宿舍里休息，无意中捡起同宿舍人丢下的一本书翻读起来以消磨时间。这是神学博士格雷戈里写的一本科普读物，书名叫《经验哲学、天文学、化学普通讲义》。引起亨利注意的是开头的问题："你向空中扔一块石头或者射出一支箭，为什么它不沿着直线，也就是你所给予的方向，一直向前运动呢？……反之，火焰和烟为什么总是向上升，虽然没有使它们沿着那个方向运动的力？当你把蜡烛倒过来的时候……为什么它的火焰不落向地板呢？……再者，你窥视清澈的井水，看见自己的脸庞和形象，仿佛画在那里，为什么会如此？你被告知这是由于光的反射而形成的，但什么是光的反射呢？"这样一连串的问题和对它们的回答，第一次使亨利对科学产生了兴趣。亨利一口气读完了全书，立刻决定辞去在剧团担任的职务，献身于新奇的科学事业。这本书的主人得知亨利对它极感兴趣，慷慨地把书送给了亨利。亨利的身边一直保存着这本极为普通的书，在他的记忆中始终保存着这段难忘的经历。1837 年，他在书的扉页写道：

> 这本书，虽然不是一本深奥的书，但上帝保佑，它对我的一生产生了巨大的影响。当我大约 16 岁那年，它偶然落在我的手中……它把我的思想凝聚在对自然的研究上，使我在读它的当时就决定立刻献身于对科学知识的追求。

投身科学事业，就凭亨利在哥尔韦尼乡村小学学到的那些知识谈何容易。亨利自己也深深地意识到这一点，于是他决定接受系统的教育，为实现他的理想打下坚实的基础。亨利先是上了奥尔巴尼市的夜校，很快就获得了在那里能获得的所有知识。

1819 年，亨利通过自学，作为一名超龄生被奥尔巴尼学院破格录取。但在整个学习期间，贫寒的家境使他不得不多次中断学习出去挣钱。他先后有将近一年的时间在乡下小学教书，挣得一些钱来交纳学费。最初的一个月，他的工资只有 8 美元，后来才增加到 15 美元。在奥尔巴尼学院里，他系统地学习了数学、化学、物理学、生物学和解剖学。他不满足于学院的教育，还自修了许多其他课程。他的刻苦精神和优异成绩博得了院长的赞赏，他还是学生的时候就被聘为助教，经常帮助院长做一些化学实验。

1822 年毕业后，为了维持生活，他曾当过两年的家庭教师，还做过奥尔巴尼学院和奥尔巴尼历史和艺术协会的图书管理员。这期间，他一边贪婪地阅读各种科学文献，一边因陋就简地做一些实验，初步体会到了科学研究的乐趣。

1824 年，亨利向奥尔巴尼学会宣读了他的第一篇论文，题目是《蒸汽的化学和机械效能》。亨利通过自己的研究表明，蒸汽由锅炉里喷出来而突然膨胀时，温度会降低，有时候蒸汽喷到手上都不烫手。亨利为此还设计了一种装置进行这方面的表演。

在这篇论文里，亨利并没有什么新的发现，但他的演示却极为成功，显示了他作为一位实验物理学家的才能。

1825 年，纽约地方政府准备修一条从哈得孙河西端到伊利湖的道路。经过朋友介绍，亨利作为测量技术员在工地上工作了一段时间。但不久之后，他就迎来了新的机会。

1826 年春天，他因出色的学识和动手实验能力，被聘为奥尔巴尼学院数学和物理学教授，从此结束了青年时代那种贫困、颠簸的生活，开始了历时半个世纪的精彩科学生涯。

二、接过“富兰克林的披风”

1827 年，在富兰克林的电学研究轰动欧洲 70 年之后，亨利在奥尔巴尼学院开始了自己关于电和磁的研究。

在这 70 年间，电磁学研究在美国几乎无人问津，因为当时还看不出电磁学研究能给人们带来什么实质性的好处，一向注重实用的美国人对此不感兴趣是很自然的。然而，亨利却独具慧眼，他认为“抽象科学”是技术进步的基础，技术的每一项重大突破都是以科学的重大发展为前提，因而决心将电磁学作为自己的终身研究课题，并坚信这样的研究最终必将造福于人类。

19 世纪初，在纽约首府的奥尔巴尼学院虽号称高等学府，但实际工作环境并不怎么优越，甚至可以说很糟糕。首先亨利每年需要把大量时间花在教学上，只有很少的时间用来进行研究。其次他也没有专门的实验场地，唯一能用来进行实验的房子是学院的礼堂。当学校开学时礼堂另有他用，实验工作就得停顿下来。因此，亨利的大部分实验工作只能在假期里做。再次就是实验器材非常缺乏，研究工作常常因为缺少诸如一个锌片这样的小物件而不得不中断。然而对亨利的研究工作最不利的还不只这些，因距离遥远和通信手段的落后，美国与当时科学活动的中心欧洲的信息隔绝，才是令研究者最头痛的问题。但就是在这样艰苦的环境里，亨利仍然坚持着，不屈不挠地从事着他自认为有价值的研究工作，并最终为电磁学的发展作出了独立而巨大的贡献。

1827 年 10 月 10 日，亨利发表了自己第一篇关于电磁学的论文，内容是关于电磁学实验装置的若干改进。戴维·布鲁斯特看了亨利的论文后激动地说：“‘富兰克林披风’已经落在年轻的亨利身上了。”

在亨利所处的时代，美国一些学校的课本中虽然已经有了一些关于电和磁的内容，但几乎所有学校都采用传统的教学方式来讲授这些知识，即基本都是照本宣科，而缺乏实验式授课。亨利对此并不以为然，他不满足于空口宣讲，而是更喜欢采用直观的实验演示来帮助学生理解课程内容。他认为，通过对眼睛的刺激而产生的印象是最深刻的。用实验来演示电和磁的特性及它们之间的相互作用一定能使学生对电和磁获得更加明确、更加形象的认识。在电和磁的演示实验中，电磁铁是必不可少的装置。由于当时的电磁铁磁力有限，有许多实验不能获得令人满意的效果。为了使课堂上有关电和磁的演示实验效果更加明显，亨利决定改进当时的电磁铁。

在当时文献资料极度匮乏的环境中，亨利幸运地得到了一本介绍安培理论的书。他认真研究了安培的理论，对电流的磁效应有了更进一步的认识。改进电磁铁的工作就是在安培理论的直接指导下进行的。亨利认为，制作电磁铁时要注意：

> 绝缘导线本身而不是绝缘被磁化的软铁棒，一组线圈紧密地覆盖在铁棒的整个表面，这样获得的效果更接近于安培的理论。

亨利的这一改进现在看来稀松平常，再简单不过，可在当时却是非常难得的进步。那时候，市场上根本就没有绝缘导线出售，所有的金属线都是裸露的，实验需要的一根根绝缘导线都是亨利亲手制作而成。导线一经绝缘，情况就大不一样。首先，它可以在软铁上绕得更加紧密，并且还可以缠绕许多层，这样就增加了线圈的匝数。线圈匝数增加，磁力也就自然增强。此外，导线绕得越密，每一个电流环流和软铁棒的轴就越接近于垂直。这样，按照安培理论，所有电流环流产生的磁力方向也就和软铁棒的轴线方向趋于一致。

由于没有现成的绝缘导线，为制作电磁铁，亨利就得用好多个夜晚来自己手动绕制绝缘导线。1828 年 6 月，亨利用这种方法制成了第一块电磁铁，它的磁力比斯特金的电磁铁大得多，而体积并没有增加多少。

1830 年 5 月，亨利和他的表妹亚历山大小姐结婚，从此亨利有了帮手。妻子经常和他一起工作到深夜，他们一起绕制绝缘导线，以便尝试制造更大的电磁铁。

亨利的这项工作很快就得到了大家的认可。1831 年，耶鲁大学的西利曼教授邀请亨利为耶鲁大学的实验室制作一台大型电磁铁。亨利用尽了他手头所有的丝线和绸布也没有把应该绝缘的金属线缠绕完，最后只得用掉了他妻子心爱的裙子，才完成了最后一段导线的绝缘。当亨利制作的电磁铁竟能提起 1000 千克的重物时，尽管他平时以淡泊宁静著称，这时也不禁高兴得欢呼起来。后来亨利为新泽西学院制作了一台更大的电磁铁，它可以提起1600千克的重物。

一台电磁铁能提起1600千克的重物，现在看来似乎并不怎么稀奇。但在1831年的时候，别说没有强大的交流电，就连丹尼尔电池[1]也还没有问世呢。那时，通常使用的电源就是伏打电堆，它所能提供的电流非常弱，用如此弱的电流来制造强力电磁铁，其困难程度可想而知。因此亨利当初能够制造这样强大的电磁铁，的确是一个惊人之举。

亨利把他制作的电磁铁分为两种：一种叫作“强度磁铁”，一种叫作“量度磁铁”。“强度磁铁”要使用“强度电池”，也就是有许多金属片的电池，或是几个电池的串联。“强度磁铁”能在远处被激励，它是由单线圈构造的。亨利发现，磁力随着线圈匝数的增加而增加，但有一个限度，用现在的话说，就是电源和外线路的阻抗必须匹配。“量度磁铁”只使用“量度电池”，即单个电池，它只能在短距离内被激励，由短而粗的导线缠制而成。这种磁铁能够增加电流的磁效应而无须大的电池。

今天来看，用绝缘导线制造电磁铁的这一改进对于电磁感应现象的发现和电磁电报的发明实际上有着决定性的意义。因为这种装置可以大大增加感应电流的强度，从而使人们有可能觉察到感应电流的存在。法拉第就是在亨利改进的电磁铁基础上，用绝缘导线制成了有名的感应圈。法拉第在1839年的日记中指出，在英国除他本人外，还有5个人从亨利那里得到了线圈。应用亨利的“强度磁铁”把信号传到很远的地方，这是任何电磁电报的发明者必须首先做到的。在电磁铁得到改进之前，虽然有许多人试图用电磁铁来传递信息，但从来没有人获得成功。

电磁铁的这一改进是亨利在电磁学研究道路上迈开的成功一步，为他日后的许多研究打下了基础。

三、终生憾事

奥斯特发现电能产生磁后，一个崭新的，也是自然而然的问题，即磁能否产生电就立即摆在了相关科学研究者的面前。可以说法拉第是比较早认识到这个问题的人之

1 丹尼尔电池，即1836年由英国物理学家约翰·丹尼尔根据伏打电堆发明的硫酸锌铜化学电池。它比伏打电池的电力强很多，最早不仅用于科学实验，也用于多种商业场合，例如铁路信号灯等。

一，他对此进行了深入研究，并于1831年发现了电磁感应现象。

关于电磁感应现象的发现，人们对于法拉第工作的了解已经足够多了。另一个也意识到这个问题的人就是远在美洲大陆的亨利。但长期以来关于亨利也是电磁感应现象独立发现者的历史事实，人们却知之甚少。实际上，亨利不仅仅是电磁感应现象的独立发现者，他很可能早于法拉第发现电磁感应现象，只是由于他过于谨慎而失去获得发现优先权的机会，铸成了他的终生憾事。

亨利制成第一块电磁铁后就一直在考虑这样的问题：怎样由磁产生电？亨利相信用他的电磁铁所提供的强大磁力，有可能在其他人失败的地方获得成功。那时候，绝大部分人在这个研究领域中所使用的都是天然磁铁。而当时能找到的天然磁铁的磁力，实际上远远小于亨利的电磁铁。另外，天然磁铁不能改变极性，也不容易失去磁性，而电磁铁能在瞬间改变极性，并且能根据需要使磁力增大、减小或者消除。正是基于这两点，亨利对他的实验充满了信心：

> 我早就想到，如果按照我的计划在这种研究中用电磁铁代替普通的磁铁，可能更有希望获得成功。

根据亨利的女儿玛丽·亨利的叙述，亨利是在1830年夏天发现电磁感应现象的，不过，效果不很明显，一向做事谨慎的亨利不愿贸然发表这一成果。他希望在发表之前扩大这一成果，使产生磁电的效果更加明显。但是，由于时间和材料的限制，直到1831年8月，他才开始制作一个更大的电磁铁，为扩大他的成果做准备。

和法拉第相比，亨利的研究工作有很多不利条件。首先，当时的美国在科学研究上相比于欧洲非常落后，电磁学的先驱奥斯特、阿拉戈、安培、欧姆、毕奥、萨伐尔无一不是欧洲人，所以法拉第显然比亨利能够更多更快地了解到最新研究成果。自从富兰克林以后，美国几乎没有人从事电磁研究，亨利的研究只能建立在欧洲人的研究成果上。但是，美国与欧洲远隔重洋，亨利无法及时了解到电磁研究的最新进展，几乎就是单枪匹马在黑暗中摸索。其次，法拉第当时在最富有研究气氛和装备精良的英国伦敦皇家学会实验室工作，而亨利则形单影只地工作在一个科研装备和条件都极差的学校，所有东西都要自己制备，设备不足和材料缺乏常常使他不得不中止正在进行的实验。再次，法拉第专职从事研究工作，有充裕的时间，而亨利只能算是一个业余研究者，沉重的教学负担常常使他无暇顾及亟待解决的问题。

亨利一直不知道法拉第的工作，到了1832年6月才在《哲学年鉴》4月号上看到了《皇家研究院活动记录》标题下的相关报道。报道并没有详细介绍实验过程，只是简单地叙述了结果。亨利读完这则报道后，非常沮丧，直到晚年还后悔没有及时发表他的研究成果。他曾难过地对他的老朋友说：

我应该早一点发表它们，但我的时间太少了。我想以更好的形式表达我的结果，我怎么能知道在大西洋彼岸也在忙于这样的事情呢。

亨利感到失望，觉得公布自己的研究结果已毫无意义。但是，耶鲁大学的西利曼教授竭力敦促他在自己所办的杂志——《美国科学杂志》上发表其研究成果。后来，亨利的研究结果经过整理，刊登在1832年《美国科学杂志》的7月号上。在这篇论文里，亨利介绍了他的实验装置和实验过程：用一根大约9米长的漆包线绕在一块17.5厘米长的衔铁中间，激励时可提举300千克的重物。将绕着线圈的衔铁跨过马蹄形电磁铁的端部固定，使之不能运动。衔铁上线圈的两根约12米长的引线中间连接着电流计。实验的时候，将和电磁铁两根引线相连接的电极突然浸在一瓶稀硫酸里，在浸入的瞬间，电流计指针向西偏转了30度，若干次摆动后，指针恢复到原来位置。当电极从稀硫酸里撤出时，指针又向东偏转了20度。实验的结果使亨利认识到：

一方面磁是通过电池里的电流作用在电磁铁的软铁里产生，另一方面通过与电磁铁接触产生磁的衔铁反过来在绕在它上面的线圈里感应出电流。

电流的产生主要是由于：

磁作用在一种情况下的瞬时产生和在另一种情况下的突然中止。

亨利的实验和法拉第的实验明显不同。法拉第是使磁铁在线圈中或是使直导线在磁极前运动而产生电流，本质上他所得到的是由机械运动所催生的电动势而导致的电流。而亨利的电磁铁和衔铁都没有运动，是靠磁感应强度的变化在线圈中产生了电流，是一种电流—磁场—电流的转换过程。因此，在某种程度上说，亨利的靠磁感应强度变化激发电流的发现，可能比磁铁的运动更有普遍意义，或者至少具有同等的重要性。由此可以看出，法拉第和亨利是用不同方法从不同的角度发现了电磁感应现象。从这种意义上讲，他们之间实际上并不存在优先权之争。

关于发现电磁感应现象的优先权问题，虽说在世界上没有引起激烈争论，但也确实存在着不同说法。根据历史资料分析，亨利在 1830 年夏天或是在 1831 年夏天发现了电磁感应现象，看来是完全有可能的。因为亨利从未争过这个优先权，如果他的发现真的在法拉第之后，他就不必私下后悔了，何况还有他女儿的叙述作为佐证。然而，遗憾的是并没有可靠的第一手材料能证明亨利的发现早于法拉第。不管是法拉第还是亨利最先发现了电磁感应现象，毋庸置疑这一发现本身都是科学发现史上的一件大事。电磁感应现象的发现为人类寻找到了打开电能宝库的钥匙，它使得机械能、热能等各种形式的能量转化为电能成为可能。亨利虽然未能获得发现电磁感应现象的优先权，但是，历史材料无可辩驳地证明他至少是电磁感应现象的独立发现者。

四、“美国式的实验真了不起”

1837 年，亨利获得带薪假期，和好朋友一道漂洋过海，前往他向往已久的欧洲旅行。他在英国和法国受到热烈欢迎，会见了许多当时的一流科学家，特别是法拉第。亨利和法拉第多次见面，彼此之间很快就建立了真诚的关系。这两位巨人在一起大谈发现电磁感应现象的重要性，却绝口不提是谁最先发现了电磁感应现象。法拉第邀请亨利到伦敦皇家学院去做关于电磁学中的数学理论的演讲，亨利丰富的数学知识是法拉第所不能比的。

有一天，在伦敦皇家学院的实验室里，英国著名科学家法拉第、惠斯通、丹尼尔等正进行着一次非常有意义的实验，他们试图从温差电堆里引出电火花。当时亨利也在场。温差电堆的一端插在冰里，一端放在红热的炉子上。丹尼尔首先走上前去，拿起和温差电堆连接的两根导线，把它们的末端接触在一起不停地摩擦。在场的人都睁大眼睛，希望能看到闪亮的火花。然而事与愿违，无论丹尼尔怎么摩擦，导线末端也没有产生出火花来。惠斯通和法拉第也接连做了实验，结果同样未能尽如人意。他们泄气了，觉得温差电堆产生的电流太小，不足以引起火花。最后，法拉第希望亨利也来试一试。只见亨利不慌不忙地走上前去，把一根长导线在手指上绕成密集的螺线，又在螺线里面插进一根软铁棒，然后把它们接到线路中去。当他把两根导线的端部在一起摩擦时，明亮的火花出现了。亨利的成功博得了所有在场者的赞赏。法拉第拍着手说："美国式的实验真了不起！"

电火花的产生是电流自感现象的表现。亨利的成功在于他对电流自感现象有比较深入的了解。亨利有关自感现象的研究结果最早发表在1832年《美国科学杂志》的7月号上。在这篇文章中，亨利以大量的篇幅描述了他发现电磁感应现象的实验，然而这些不但于他所失去的东西无补，反而使他成了美国普通人抱怨的对象。他们责怪亨利失去了使美国人出人头地的机会。但是，不引人注意的、仅有十几行字的最后结尾却给亨利带来了莫大的荣誉，成了美国人的一大骄傲。这一点亨利当时也是万万没有想到的。这段文字记载了他在电磁实验中发现的以前从没有人注意到的现象——电流的自感现象。

早在1829年8月，亨利用实验证明了不同长度的导线对电磁铁提举力的影响，在用"强度磁铁"和"强度电池"组合电报线路时，他就意外地看到了当有电流的长导线断开时可以产生明亮火花。为了搞清楚这是怎么回事，他接着又用短导线和螺线进行实验，结果发现：

> 如果电池的作用非常强烈，短线也能产生火花。在这种情况下，只需等若干分钟，作用就会减弱，短线不再产生火花。这时候如果换上长线，又可以获得火花。把导线绕成线圈，效果明显增加，它似乎同样部分地依赖于线的长短和粗细，我仅仅通过假定长线被充上更多的电来说明这些现象，当结被破坏时，通过它的自身作用而放出火花。

实际上，最先发现破坏通电长导线的结时能产生火花的未必就是亨利。但是在亨利以前，没有一个人能超出自然观察的范围，从这一普通现象中看到更深刻的东西。亨利第一次有意识地关注到这一现象，并为探索它的本质设计了一系列专门实验。亨利一向认为实验比自然观察更能深刻揭示事物的本质和发现现象的细节。亨利十分推崇古希腊人的归纳法，但他也常常批评他们的观察是漫不经心的，说他们的所谓术语"经验"只涉及观察资料而不包括更有效的实验方法。正是这种注重实验的精神，使亨利在其他人忽视的普通现象中发现了新鲜的东西。更进一步的是，亨利不但发现了作为现象的电流自感效应，而且还试图从科学原理的高度去理解和解释。他当时的理论是假定长导线比短导线能够充上更多的电流，虽然这一解释并不十分确切，但从能量守恒的观点（能量守恒定律当时还没有被发现）来看，它无疑具有一定的真理性，只是亨利没有认识到其中有一个电磁转换的过程而已。但这又说明亨利当时已经接近了能量守恒的思想。

1832 年底，亨利移居普林斯顿，在新泽西学院任教。由于教学的压力，一开始他未能持续在奥尔巴尼所进行的研究。当时，几乎没有一个欧洲人读过亨利的论文。法拉第在不知晓亨利工作的情况下，也进行了这方面的研究，独立发现了自感现象。1834 年 11 月，他在《哲学杂志》上发表了自己的研究成果。这比亨利研究成果的发表晚了两年多，并且法拉第这时候也没有超出亨利当初对自感现象的认识。

法拉第文章的发表，促使亨利再一次着手研究这个问题。1835 年 1 月 16 日，他向美国哲学会介绍了他为进一步研究自感现象而设计的各种实验以及实验中得出的结果。亨利一共设计了 14 个实验，定性地确定了各种形状导体的电感大小，使人们对电感现象的本质有了更深刻的认识。

无论是电磁感应现象还是电流自感现象的发现，亨利都没有争取过优先权，但是科学界还是一致把发现电流自感现象的荣誉归于亨利。为了纪念亨利的这一成就，在亨利去世后，1893 年 8 月召开的国际电学家会议正式命名“Henry”为电感的标准单位，“Henry（亨）”（电感单位）和“Farad（法）”（电容单位）、“Ohm（欧）”（电阻单位）、“Ampere（安）”（电流强度单位）一起成为世界上所有国家共同使用的电磁学计量单位。

当时参加会议的有来自 9 个国家的 26 名科学家，德国著名科学家亥姆霍兹主持了会议。采用“亨利”作为电感单位的动议是由法国科学家马斯卡特提出的，最后获得了一致通过。一个美国人的姓氏被用作为科学上的标准单位，这在美国科学史上还是第一次。

亨利的研究绝不只限于电磁学方面，物理学的其他许多领域都留下了他的足迹。这些研究大都和电磁学一样处在当时的最前沿，亨利在物理学基础研究方面的巨大成就，鼓舞起美国人的自信心，也一定程度改变了欧洲人对美国人的某些偏见，向全世界显示了美国人的才能。英国物理学家弗莱明对亨利的工作给予了极高的评价，他在一本书中写道：

> 在杰出的研究者中，法拉第和亨利的名字应该排在前面……亨利的科学著作很值得仔细研究，我们不仅从中看到了这位发现者所作出的清晰解释，而且看到了他持有和提出的深奥而又有创见的见解，它们表明亨利早就达到

了只是最近才充分产生影响的科学发现的水平。

五、有线电报的发明和无线电报的发现

电磁电报机的发明是19世纪上半叶的一件大事，它大大地促进了信息交流，有力推动了生产的发展。可以毫不夸张地说，电磁电报机的发明是现代信息革命的源头。亨利虽然不是实用电磁电报机的发明者，但他却是进行电磁电报研究的先驱者，大西洋两岸实用电报机的发明都曾得到他的直接帮助。

人类早就渴望更加迅捷的通信方法，在电现象被发现后就不断有人尝试用电来传递信息。早在1753年，苏格兰的莫里森就提出过用摩擦电传输信息的思想并创造了实际方法，由此产生了所谓的“电流电报”和“化学电报”通信方式。这些通信方式一直到莫尔斯发明电报前还在使用，但由于它们各自的不足之处，事实上并未得到广泛普及，仅在很小范围内使用。

最早设想用电磁铁来传递信息的可能是英国的巴洛。不过，经多次实验后，巴洛于1825年得出结论说：“我发现仅200英尺长的导线，（磁力）就非常明显地减少了，于是，我很快就觉得这个主意是不可行的。”电磁电报的另一个发明者惠斯通直到1837年还认为电磁铁“不能用于电报，因为足够的吸引力不能传递到嵌在一个长线路中的电磁铁”。然而，此前在1831年，亨利就已经用他的电磁铁证明了这种设想的可行性：

> 电流的作用在通过长线路时，至少不会明显地减少，这一事实能直接应用于巴洛先生制作电磁电报的设想。

亨利成功的关键在于他不自觉地应用了当时还没有问世的欧姆定律，使包括电磁铁在内的外线路和电池匹配。不久，亨利用电磁铁进行了传递信息实验，还发明了模型电磁电报机。在奥尔巴尼学院时，亨利把电报线架在他的住处和实验室之间，用简单的信号语言在他的住处和实验室之间通话。搬到普林斯顿以后，他进一步改进了这一装置，并把地球作为一根导线，把线路的两端放在两口井里，使地球为闭合回路的一部分。亨利很可能是世界上第一个用地球做实际回路的人。接收信号的地方有一个木制的杠杆，杠杆一端连着一根短铁棒，另一端连着一个用来敲铃的小锤，铁棒正对

着电磁铁的磁极，当发信号的人接通电源时，由于电磁铁发生作用，铃铛被敲响，信息就这样从一个地方传到了另一个地方。后来，亨利又发明了继电器，它使得电信号在电报线中的传输就像接力赛跑一样，每当信号衰减到一定程度的时候就被设在中途的继电器加强，利用继电器可以把电信号传送到任何地方。

在美国，第一架实用电报机的发明人是莫尔斯，他曾得到亨利的极大帮助。莫尔斯原是一名肖像画家，没有受过什么科学教育，缺乏电磁学知识，只是在欧洲旅行途中看到过一些业余爱好者所做的电磁实验。但他由此产生了利用电来发明新型通信装置的大胆念头，并为此画了一些草图，其后花了整整 3 年的时间去制作他所设计的装置，结果毫无收获。因为他使用的是一个单电池和一块斯特金电磁铁。纽约大学的盖尔读过亨利的论文，了解亨利关于电磁电报的一些知识。当他 1837 年看到莫尔斯的一份设计时，对莫尔斯很同情，于是建议莫尔斯采用串联的电池和绝缘的绕组。采纳了盖尔的建议后，莫尔斯的电报能将信息传出 300 多米。后来盖尔前往南方任教，莫尔斯只好动身去普林斯顿直接向亨利本人求教。亨利纠正了莫尔斯设计中的一些错误，让他采用自己发明的继电器。在亨利的帮助下，经过几年的不懈努力，莫尔斯终于在 1840 年取得了美国第一架电磁电报的专利权。后来，又获得国会拨款，架设了一条从巴尔的摩到华盛顿的电报线。1844 年 5 月 24 日，这条电报线首次传送了信息，有线电报获得成功，并以此为标志，迎来了一个全新的现代通信产业的诞生和发展。

在英国，人们普遍认为惠斯通是电磁电报的发明人。有许多材料证明惠斯通曾得益于亨利的指点。那还是 1837 年 4 月，当时亨利正在英国访问，有一次去伦敦皇家学院，惠斯通正在设计他的电报装置。他发现自己使用的电磁铁不足以在远处产生电信号，试图采用两套线路来补偿长线路中的电力损失。亨利检查了他的装置并讨论了他的计划，向惠斯通指出了采用两套线路的缺陷，告诉他如何使电池和线路匹配。惠斯通正是采用了亨利的方法才最后取得成功。英国的费伊曾这样写道：

> 直到会见了亨利，惠斯通才知道欧姆定律在电报线路上的应用，这是确定无疑的。

另有一位英国权威人士说过这样的话："我们坚定地认为，亨利为发展电报所做的比惠斯通曾经知道的全部总和还多。"

如果说有线电报的发明为信息革命开辟了源头，那么无线电波的发现则引发了信息革命的洪流。

1827年，萨瓦里在实验中发现莱顿瓶在放电时，放在不同地方的小钢针磁化后，磁性有时候不一样。1838年，亨利曾在一篇论文里讨论过萨瓦里的问题。1842年，他报告了他进一步进行的莱顿瓶振荡放电实验：他让莱顿瓶放电时产生的瞬时电流通过一个中心放着钢针的线圈，结果发现针的南北极会发生变化，虽然莱顿瓶每次的放电电流方向并没有改变。他还发现不同型号的钢针磁化后极性并不一致。亨利把这些现象解释为正、反方向的振荡放电，直到在互感和自感的作用下达到平衡为止。他说：

> 放电——无论它的特性如何，不能用从莱顿瓶的一边到另一边的单向电移动来表示。这些现象要求我们承认一个方向上的主要放电，然后有若干次前后反射作用，每一次比前一次更弱，直到获得平衡为止。

亨利用他的振荡放电理论圆满地解释了被磁化的钢针极性不一致的现象。是不是只有莱顿瓶放电才是振荡的呢？亨利觉得这里面大有文章。于是，他设计了各种各样的实验，对不同的放电现象进行研究。一次，一个偶然的发现使他大为吃惊：由上层房间一个线路末端放出的足够强烈的火花磁化了放在正下方地下室里平行线路中的小钢针。两处垂直距离9米，其间隔着两层楼板和天花板。"感应"竟可以无须导线传播，在相当远的地方发生，这是亨利万万没有想到的。火花怎么会使9米以外的小钢针磁化呢？亨利经过思索，敏感地想到了莱顿瓶放电的振荡性，觉得这里的火花也应该是以振荡的方式从他的晚餐室传到了地下室。经过实验，情况确实如此。现在我们知道，亨利实际上接收到了电磁波。

为了进一步研究电火花的传播，亨利做了一个类似富兰克林测定雷电性质的实验，不过，他用的是"感应"原理。他用他的白铁房顶作为"感应"面，一根导线一头焊在房顶上，一头放在水井里，线路的中间接上螺线放在他的书房里。当天空出现闪电时，放在螺线里的小针被磁化了，哪怕闪电是在十几公里以外的地方，雷声都几乎听不见。结果和莱顿瓶放电一样，同时磁化的不同型号的小钢针，极性不一致。这说明闪电的放电也是振荡性的。

根据对电流和磁的相互作用以及电火花传播的观察，亨利得出结论：电是以波的形式传播的。在1851年8月提交给美国科学促进协会的一篇关于振荡放电和它的感应能远距离传输的论文里，亨利说：

因为这是电流改变方向的结果，它们一定在周围空间产生一系列即使和波不一样，也是类似于波的起伏运动。

在这里，亨利关于电磁传播的波动性的思想已经很明朗了，亨利凭借一个伟大科学家所特有的直觉，天才地猜测到了电磁运动的本质，这在电磁场理论尚未确立的当时是难以想象的。亨利的这一思想启发着许多后来的研究者，最后被麦克斯韦概括在他的方程组里。直到 1856 年，法拉第还在日记里记录了对亨利的这些研究感到的惊讶。

六、为了美国科学事业的腾飞

美国在殖民地时期和建国初期，经济落后、技术薄弱，当时的人们不得不一方面模仿和移植欧洲现有技术，另一方面借助于欧洲人发展的科学原理开发适合自己国情的新技术。美国建国后不久颁布的专利法刺激了美国人发明创造的热情，结果涌现出一大批技术发明和革新能手。仅 1850 年一年，美国就批准了 2813 项专利，平均每天 7 项。

亨利在积极从事电磁学基础研究时，美国普通民众正为国家众多的技术发明以及由此带来的改善生活条件的前景满怀希望。许多人认为，科学不过是高雅之人的一种消遣，只有技术才是改变社会的真正动力。从事实际工作的人普遍对理论探索者持有偏见，认为所谓科学只是纯粹的假设，从这些假设中不能得到任何好处。就是在科学家内部，也有不少人对科学的社会作用抱着怀疑的态度，甚至有人放弃科学研究而专事发明。

大批有才华的人因此拥向技术界，使得本来就落后的基础理论科学的研究难以振兴。如果美国一如既往地只重视技术发明而忽视基础理论科学的研究，它在技术上的重大进展最终必将停止。要想使美国的经济始终保持良好的发展势头，根本的方法就是为技术发明和经济发展奠定牢靠的基础，使科学和技术协调发展。

亨利早在奥尔巴尼学院任教时就已萌发了“抽象研究”和“实用研究”协调发展的思想。他认为，科学和技术的协调发展并不意味着两者总是保持不变的比例，而是在不同的历史时期，由于社会经济发展水平不同而应该有所侧重。在经济不发达、技术比较落后的情况下，应当较多注意技术的开发和应用，从而为科学发展提供足够的物质基础；在经济发达、技术领先的时候，则应较多注意基础科学研究，以便为技术的开发创造出更丰富的知识储备。

亨利在以后担任科学领导工作期间始终力图使这一思想付诸实践。

1846年12月，亨利举家从普林斯顿的新泽西学院移居华盛顿，出任史密森学社的第一任社长。此后的32年，他一直在国家一级的层次上指导和推动着全国的科学研究活动，把美国的科学事业不断推向新的水平，为美国科学事业在20世纪的腾飞奠定了基础。

新泽西学院，即普林斯顿大学前身，其工作条件比奥尔巴尼学院好得多，在这里，亨利对电流自感现象进行了深入的研究，改进了他的模型电磁电报机，成功地解释了莱顿瓶放电现象，猜测了电磁运动的波动性，进行了电流高次感应的实验。亨利的工作得到学院董事会的赞赏，年薪从原来的1000美元提高到1500美元，而当时有的教授年薪只有600美元，学校还专门为他建造了住房。亨利对这里的条件很满意，他常常回忆说，在普林斯顿度过的14个年头是他一生中最幸福的时光。然而，为了开拓更广阔的科学生涯，他还是放弃了这种自由自在的生活，离开了普林斯顿。虽然他已经意识到新工作将十分艰巨，有可能要卷入令人厌烦的无休止的争论之中，同时也意味着将没有时间和精力来从事纯粹的科学研究。

史密森学社的创办资金来自一位英国富商兼化学家史密森的10万英镑遗产，美国政府是经过一番犹豫踌躇之后才接受了这笔捐赠，并通过一项正式法案在华盛顿特区建立了这个机构。这是美国第一个带有某种半官方、全国性的科学机构，由副总统、首席法官、三名参议员、三名众议员和三名自由公民组成的董事会作为最高监管机关，社长所领导的行政部门进行日常运行管理。实际上，对于应该把史密森学社办成一个什么样的机构，从1838年到1846年，国会曾为之争论了8年之久，但最后还是没有争出个所以然来。只能先干起来再说，走一步瞧一步。

史密森学社董事会成立后，董事们主张将遗产收益的一半用于藏书。亨利认为这与国会图书馆的作用重复，对科学事业的腾飞并不能产生什么特别作用。他主张要将收益的大部分用于支持开创性的研究，并为实现这个主张进行了多年努力，最后终于获得一定的成功。

在史密森学社所资助的众多基础研究项目中，最突出的是人类学研究。亨利认为，人类学是一门综合性学科，人类学研究的进展必将带动其他学科的研究，为物理学、博物学、考古学、语言学、历史学的研究提供广阔的园地。美国19世纪著名人类学者摩尔根的相关研究就曾得到史密森学社的大力支持。

为了推进美国的基础科学研究活动，亨利设立专门的资金来为研究者出版那些含有新发现、新见解，但销售量比较少，普通出版商不愿出版、作者又无力出版的科学论著，使从事科学研究的人能及时了解科学研究的最新进展。而在此之前，许多有价值的论著由于没有发表机会而被埋没。这种情况在当时很普遍。到亨利逝世时，史密森学社共出版了 21 卷大 4 开本的“史密森学社的贡献”系列图书，其中包括 100 多篇不可能由当时的任何出版机构出版的重要论著。

亨利还在学社里设立了国际交流部，旨在和国外的科学机构交流科学情报，让全世界都能及时了解到美国科学家们的科学成果，也让美国科学家们能尽快知晓世界科学的最前沿。亨利早年的经历使他深深感到地理上的闭塞和科技信息的缺乏是限制、阻碍科学发展的重要因素。

为了改变普通公众对科学抱有的偏见，史密森学社还定期举办学术演讲活动，邀请许多国内外知名科学家和学者参加演讲，英国著名学者丁铎尔和赫胥黎都曾登过史密森学社的讲台。他们精彩的演讲在美国一度引起轰动。亨利高兴地看到，他发起的这场演讲活动很快扩展到全国几乎每一个稍具规模的城市，活跃了思想，开阔了人们的眼界，加速了科学信息的传播，在一定程度上改变了社会公众的爱好。1873 年，纽约《论坛》的编辑里德就此发表评论说：

> 10 至 15 年前，这所大学的学生课外阅读、课外谈论的主要内容，是英国诗歌。但是，现在情况变了，阅读和谈论的完全是英国的科学了。赫伯特·斯宾塞、约翰·斯图尔特·穆勒、托马斯·赫胥黎、达尔文、丁铎尔等科学家已经完全取代了丁尼生、布朗宁等诗人和作家的席位。

史密森学社的建立和发展有力推动了美国的科学研究活动，特别是“抽象研究”活动。为了更有效、更广泛地在全国范围内开展各种“抽象研究”活动，亨利还帮助建立了许多全国性的科学学会，并在不少学会担任职务，指导它们的工作。

1868 年，亨利被推举为美国国家科学院第二任院长。国家科学院 1863 年在南北战争的炮火声中诞生。国家科学院在成立的头几年里，并没有起到它应有的作用。在亨利接任院长职务时，国家科学院已濒临垮台。亨利上任后，取消了那些仅有金钱和地位而并没有什么科学才能者的院士资格，吸引那些具有开创性研究的科学家进入国家科学院，从而引领了全国的科学研究工作，使国家科学院摆脱了危机，真正成为全国最高科学机构。今天，美国国家科学院集中了世界许多一流的科学家，全世界的诺贝尔科学奖获得者有一半以上是美国人，这些人有四分之三以上在获奖前就已经是国家科学院院士。

在亨利等人的积极鼓动和热情支持下，19 世纪末，美国的科学组织结构网基本形成。亨利后半生所从事的科学组织工作为美国科学事业在 20 世纪的腾飞奠定了牢固的基础。但这一点似乎并未被更多的人所认识。科学史与科学社会学家贝尔纳曾这样评论说：

> 约瑟夫·亨利的例子是最悲惨的事例之一。他的才能不在法拉第之下，但他在史密森学社担任社长而虚度了大半生。

按照贝尔纳的这段评论，似乎科学组织工作不算对科学的贡献。这就未免失之偏颇了，实际上贝尔纳本人在其《科学的社会功能》中，就曾大声疾呼全社会要加强对科学的组织和管理。就对美国整个科学事业的贡献来说，亨利的后半生工作并不亚于前半生。也许亨利失去了直接在科学研究中可能会得到的个人贡献和荣誉，但却赢得了整个美国科学事业的繁荣。就对整个人类的科学来说，情况也是如此。当时的科学中心在欧洲，亨利个人的科学成就可能未必能影响整个科学的发展进程，但亨利的科学组织工作却改变了整个美国的科学状况，少了一个继续从事物理学研究的亨利，但不久之后就增加了诸如吉布斯、迈克耳孙、密立根、康普顿等这样一大批具有国际声望的美国物理学家及其科学成果，这为 20 世纪世界科学中心从欧洲向美国转移准备了良好条件。在历史的关键时刻，一个科学组织家比一个单纯从事科学研究的科学家发挥的作用更大，亨利的经历就是最好说明。

七、让科学造福于人类

亨利相信科学具有巨大的社会功能，科学的发展应该而且一定能够造福于人类。他之所以大力支持“抽象研究”，最终目的就是要使人们从中得到更多的实惠。一旦某个科学原理有了应用于实际的可能，他总是尽力使之成为现实。他觉得，科学研究如果不为国民利益服务，不为正义事业服务，它的价值将大为降低。因此，亨利在担任有关政府职务期间，除大力支持全国的“抽象研究”外，还亲自组织了许多与国民福利有关的“实用研究”。

在美国，恶劣的气候经常使大面积庄稼受到损害，特别是沙尘暴，更是令人生畏。早在奥尔巴尼时期，亨利就立志要进行气象研究，掌握天气的规律，使人们免遭恶劣气候之害。1825 年，纽约州建立了一个气象观测系统，为每一个自愿参与这一工作的学院提供气象设备。亨利积极地为其工作，他和贝克博士等人负责把所有的观测结果编制成表。1830 年，亨利还绘制了一张所有气象站的经度、纬度和标高表。

亨利认为大气现象一定和普遍的物理原理有关，气象研究有助于物理原理的发展，物理原理也一定能在气象研究中得到应用。他强烈地意识到，要想战胜恶劣的天气，需要进行更广泛、更持久、更系统的观测。1839 年在普林斯顿的时候，他和贝奇一起鼓励美国哲学会正式向联邦政府请求在全国范围内建立气象站，但没有成功。亨利出任史密森学社社长后，实现这一愿望的机会来到了。

亨利到任学社后一年多，就在他的第二个年度报告中提出了关于气象研究的合作计划：由分散在全国各地的志愿观测者组成的大网络获得气象记录材料，进行大气现象的研究和天气形势的预报。史密森学社建立的这套气象观测系统大大超过了欧洲的规模，是世界上第一个电报通信气象观测系统。1869 年，国会通过了建立美国信号服务气象局的法案。史密森学社的气象观测系统最后全部移交给了新的气象局。

1852 年，美国灯塔研究会成立的时候，菲尔莫尔总统任命亨利为灯塔研究会的实验委员会主任，负责有关的实验工作。由于灯塔上使用的鲸油越来越贵，研究会决定寻找一种廉价的代用品。为此，亨利在斯塔滕岛上的灯塔站安排了一个内部涂有黑色涂料的防火暗室，对各种有可能作为鲸油代用品的油料进行实验，测定它们的各种性能。实验表明：猪油比鲸油的比重大，在灯芯中的毛细作用比鲸油小，流动性也比鲸油小，因而燃烧时发出的光远不如鲸油的强烈、明亮，但是，猪油的流动性和毛细作用随着温度的增加比鲸油来得迅速，大约到了 120℃时，猪油的这些特性超过了鲸油。这说明，只要条件适合，猪油完全有可能替代鲸油作为灯塔上的照明材料。通过改进当时灯塔上使用的灯具，到 1866 年，猪油最终取代鲸油，使用在所有的灯塔上。猪油比鲸油燃烧时发出的光更强烈、更明亮，而当时它的价格只有鲸油的四分之一。这一代替每年可为政府节省 10 万美元。

南北战争期间，亨利坚决反对南方的分裂活动，支持林肯总统代表的正义事业。史密森学社成了战时科学研究的重要基地。亨利对国内战争期间的航空队长、最早的气球驾驶员洛厄的气球实验极感兴趣，鼓励他进行研究并帮助他见到了林肯总统。这次会见促成了气球在南北战争中的使用。林肯在南北战争期间签署了一系列支持科学技术发展的重要法案。因此，我们可以说，在亨利进行的许多实验中，他的合作者和助手常常就是林肯总统。

亨利在他生命的最后几年里，用了大量时间来指导雾信号的研究。当时在海上出现雾的时候，光信号不起作用，雾信号是用放炮来表示的，但它效率低，爆炸时间间隔长，持续时间短，危险而又昂贵，因而撞船事故时有发生。为了保障海上的航行安全，亨利指导了大量研究工作，最后试制成功一种新的警报器。新的警报器利用钢簧片的振动束发声，用蒸汽来推动簧片振动。1867 年，在桑迪湾进行了大规模的比较实验，最后确定了汽笛警报器的有效尺寸和外形。使用每平方厘米 6 千克的气压，簧片每秒振动 350 到 400 次。在通常情况下，这种警报器发出的声音能传到 30 千米以外。汽笛警报器的使用，使海上事故大为减少。人们一致认为，这种警报器是当时世界上最理想的雾信号系统。

1878 年 5 月 13 日，亨利因患肾脏病在华盛顿与世长辞。他被安葬在乔治敦的橡树山公墓，参加葬礼的有政界和科学界的知名人士、和亨利有联系的各种团体代表及许多私人朋友。根据国会参、众两院的决议，纪念亨利的仪式于 1879 年 1 月 16 日在众议院大厅里举行。纪念仪式由副总统主持，总统、内阁成员、两院议员、史密森学社的董事和各科学团体的代表参加了纪念会。在美国历史上，从来没有一个毫无政治或军事声望的科学家享受过如此待遇。安放在史密森学社大楼前和国家图书馆圆形大厅里的亨利的青铜塑像是对亨利的永久纪念。

（作者：解道华）

参考资料

［1］ A. P. Molellaetc. ed. The Essays and Lectures of Joseph Henry［M］. Washington： Smithsonian Institution Press， 1980.

［2］ A Memorial of Joseph Henry［M］. Washington： Smithsonian Institution Press， 1881.

［3］ J. Henry. On the Production of Current and Sparks of Electricity from Magnetism［J］. American Journal of Science，and Arts， 1832， 22（7）： 402-408.

［4］ J. Henry. The Papers of Joseph Henry［M］. Vol. I. Washington：Smithsonian Institution Press， 1972.

爱德华·尤曼斯

（Edward Youmans，1821—1887）

尤曼斯

第二次工业革命时代的科学传播者

19 世纪中后期是美国工业迅猛发展的时期，也是世界第二次工业革命来临和兴起之际。这次工业革命不再是常识与经验的产物，而是与科学知识的积累和传播有密不可分的关系。在美国，有这么一批科学技术的传播者，他们的活动对工业革命和经济社会的发展起到了至关重要的推动作用。在这些人中，爱德华·尤曼斯是非常杰出的人物之一，是集科学家、作家、演讲者、编辑和教育家于一身的一代科学达人。

爱德华·尤曼斯的一生与英国哲学家、生物进化论信徒赫伯特·斯宾塞紧密相连，他们之间相互扶持，为生物进化论在美国的传播与普及发挥了重要作用。尤曼斯于 1872 年创办的《大众科学月刊》至今已有 150 年的历史。这本在美国和国际上都具有广泛影响的科普刊物，在传播科学知识、帮助公众形成科学思维习惯方面的贡献和“长盛不衰”的发展历程已经成为科学传播界的传奇。

一、生平述略

距今 200 多年前的 1821 年，爱德华·尤曼斯出生于纽约州首府奥尔巴尼一个普通的农村家庭。父亲文森特·尤曼斯是一位农夫兼马车制造者，他虽然不富裕但很有主见，而且思维敏捷、口才雄辩。母亲凯瑟琳·斯科菲尔德是一名教师，据记载，她是一位做事谨慎小心、为人大方得体的妻子和母亲。爱德华·尤曼斯在很大程度上承袭了父母性格上的特点，成人后一方面思维缜密、滔滔雄辩，另一方面又踏实做事、认真做人。

追溯尤曼斯家族的足迹，除曾祖母是来自荷兰的移民外，他的父系祖先均是纯粹的英国人，母亲的祖父是爱尔兰人。尤曼斯富有同情心和迷人的风度及活力四射的个性特征，也许跟他的一小半爱尔兰血统有点关系。

尤曼斯对生活的简朴态度和对自然的美好感觉既是源于出身，也是通过早期的训练培养出来的。童年时代，尤曼斯家境贫寒，父亲经营一家马车店，依靠微薄收入养家糊口。身为 7 个孩子中的长子，他很早就担负起家庭的责任，帮忙照顾弟弟妹妹，长兄如父般地关怀他们。可以说家庭对尤曼斯的影响和教育远远大于学校，虽然他们的生活并不富足，但有很多真正的乐趣。父母不辞劳苦地工作，就是为了子女取得良好的教育。虽然赚钱不多，但是书籍和报纸却是尤曼斯生活中不可或缺的东西。不仅如此，尤曼斯的家庭氛围美好而和谐，邻居们经常聚集到他的家中讨论热门话题，内容涉及政治、神学、社会改革、农业发展等各个方面。儿童和少年时期的尤曼斯就已经能够针对某些问题充满热情地发表自己的一些见解了，这种经常性的讨论无疑为他提供了一系列锻炼独立思考能力和培育演讲口才的好机会。

上学之后，尤曼斯热爱读书又喜欢讨论问题，而且他也幸运地遇到了一位优秀的启蒙老师——古德叔叔。这位老师摒弃了通常的那种“填鸭式”教学方式，善于激发学生的独立思考能力，使尤曼斯从中逐渐学会了质疑和检验的学习方法。结束学业后，尤曼斯还是会经常拜访这位令他钦佩的师长，他们保持了长久的师生之谊。除了传授知识，古德叔叔对个性的尊重也给尤曼斯留下了深刻印象，这对他后来伦理道德观的形成具有启发意义。之后，当达尔文表明有机进化在个别的植物和动物身上自发地发生时，尤曼斯就断言人类中的个体在思想领域也有同样珍贵的表现，应该去尊重和培养那些给予族群最佳进步的机会。

青年时代的三个特殊因素直接促成了尤曼斯对科学的强烈追求和衷心热爱。这三者是眼睛失明、农业耕作和宗教信仰。

少年尤曼斯曾是个身强力壮且热爱锻炼的运动男孩，他的视觉非常敏锐，在射击活动中总是率先击落目标。他的兴致还体现在很多田野活动上，劳累并快乐着。但是，这一切都被一场突如其来的眼睛疾病给打断。尤曼斯在 13 岁时不幸患上了一种眼部炎症，导致视力急剧下降。但他没有沉沦，仍旧用微弱的残余视力坚持阅读和写作，口袋里总是装着一张报纸、一本小册子，或者是一本书，利用每一段闲暇时间阅读，节省出午餐时间进行写作。在那些黑暗的日子里，尤曼斯用清教徒般的精神追求他的目标，他常常忽视朋友们的劝告，几乎是“没有娱乐活动”。从 14 岁到 17 岁，他的生活完全是在薄弱的视力与热情的读书中度过的，他似乎没有意识到潜在的危险，即使意识到了，根据他的所作所为，估计也是宁愿失明也不想成为一个无知的人。由于他的那些“轻率”行为以及庸医的不当治疗，到 17 岁时他几乎完全失明。漫长的十几年失明岁月打乱了他的学习计划，但却使他找到和确定了未来的职业规划。30 岁，他在纽约接受治疗时，得到一位名医的细心照料，视力终于得到了部分恢复。从这个不幸事件中，尤曼斯一方面体验到生命之脆弱，另一方面又深感科学之强大。于是他下定决心毕生投身科学事业，将科学的福音传播出去。

16 岁之前尤曼斯在农场帮父亲干活，正是这段耕作经历燃起了他对自然和科学的浓厚兴趣。他发现父亲和邻居们的耕作方式盲目、原始，认为这是他们缺乏科学认识的表现，于是他提出应该在科学原理的指导下管理农业生产。后来他在研究农业化学时，发现学生们总是被强行灌输一些化学名词，而不理解真正的化学原理和化学反应过程，于是在 1852 年，当他的眼睛复明后，立即着手设计了一张化学图集，用彩色图表和符号来表示化学元素和化学原理，并附有解释性文字。该图集是一张使用彩色画面传达定量信息的开拓性出版物，7 年前英国曾出版了一本伯恩版的《几何原本》，尤曼斯很有可能从中获得了灵感。由于这张化学图集的巨大成功，尤曼斯进而开始编写化学教科书，尽量通俗易懂、简洁明了。这本教科书被当时耶鲁大学的本杰明 · 西利曼教授评为化学领域最优秀的四本教科书之一，发行量达 15 万册，奠定了尤曼斯作为科学作家的良好口碑。

至于宗教对尤曼斯的影响，还要追溯到他的家族渊源和文化传统。尤曼斯的父母都是新英格兰的清教徒，他常常被父母的虔诚精神所感染，为人处世也勤奋、冷静、和善，体现了马克斯 · 韦伯所极力描述的那种清教的伦理道德。他的中间名字利文斯顿是由外祖母取自一位令人尊敬的牧师，其用意是希望尤曼斯也能从事这一职业。虽然尤曼斯充分承袭了家人乐善好施的品格，但他认为拯救人类的灵魂不一定非得成为一名牧师，科学普及这一工作也许更能展现人的崇高品德和深邃思想，所以他常常说服家人传播科学才是世界上最重要的工作，他要以自己的方式影响人们的思想与行为，这一想法逐渐得到了家人的理解和支持。

除了家庭的影响，美好而和谐的婚姻也是支撑尤曼斯从事科学工作的重要动力。1861 年，已经四十不惑的尤曼斯与一位法学家的遗孀，优雅、有教养、文学底蕴深厚的威廉 · 李结婚。她是一位富有理解力与智慧的妻子，对于丈夫所期望从事的科学工作表现出极大的理解与热忱。通过担任丈夫的抄写员，以及他事业、旅行上的助理和伙伴，威廉 · 李帮助尤曼斯与英国和美国的很多杰出人士建立了亲密关系，赢得了尤曼斯发自内心的赞许。婚后第二年，尤曼斯在妻子的陪同下首次到英国和欧洲大陆旅行，拜访了赫伯特 · 斯宾塞等英国和欧洲的知名人士，并最终与他们建立了友谊。

从 19 世纪早期开始，科学知识在刚刚建国不久的美国开始传播，并逐渐形成了一股风气，其基本方式方法就是开始以各种媒介载体告诉人们科学是什么、科学家是什么样的人、他们都知道些什么、这些知识对普通人有什么价值和意义等。随着社会的发展和人口的增长，科学普及工作的规模和数量也在增加，慢慢形成了一定的社会性机构和制度，载体也在不断多元化和多样化，包括书籍、期刊、公共讲座、博物馆、年鉴、报纸和业余科学组织等。尤曼斯积极参与了上述制度化过程，在多种机构中都工作过。可以说，不断促进美国的科学传播就是他终其一生所从事的事业。

1852年是尤曼斯生命的一个重要转折点，青年时代黑暗、痛苦且漫长的失明岁月终于结束了，他很快就成为科学演讲中的佼佼者。在接下来的17年中，他在美国许多城镇发表与科学主题相关的演讲，播撒科学思想的种子，唤起人们在科学方面的兴趣。尤曼斯自己对那些与生物进化论有关的科学和哲学著作特别感兴趣，总是尽一切所能，通过报纸或期刊等出版物把这些科学和哲学的观点与思想推向广大公众。正因为此，他与赫伯特·斯宾塞、托马斯·赫胥黎等著名主张进化论的哲学家和科学家结下了深厚友谊。在他的推广和帮助下，斯宾塞的著作在美国成为畅销书，发行量达到13万本。这在19世纪对于学术性著作而言，的确是一个惊人的销量。在他的推动下，斯宾塞所主张的进化论在美国也产生了广泛的社会影响。

尤曼斯的许多工作都是与一家名为阿普尔顿的出版公司共同合作进行的，在合作的过程中，他希望该公司除出版图书之外，也能够考虑出版一本以科学为主题的期刊，以便更好地在美国民众中普及科学知识。这个愿望在1869年终于得以实现，一本最初名为《阿普尔顿大众文学、科学和艺术期刊》的出版物正式出版发行，由尤曼斯担任主编。这样一来，他就获得了一个相对稳固的园地来及时为公众报道当时的最新科学知识和先进科学思想。但由于公司担心曲高和寡会失去普通读者，导致商业利益上的损失，因而对刊物的科学内容版面不断进行限制，致使有关科学内容的报道越来越少，这引起尤曼斯很大不满。最终的结果是在仅仅担任主编一年后，尤曼斯就决定辞职，另谋出路。之后他通过给一些报纸撰写文章和到大学兼职教授科学课程的方式，一面维持生活，一面继续传播科学知识。但他的办刊物传播科学知识的梦想并未泯灭，只是在等待另一个适当机会的来临。

作为一名科学活动家，1871年，尤曼斯策划了一个名为“国际科学丛书”的图书出版活动。这是尤曼斯利用自己已经形成广泛影响的科学传播者名声，遍邀欧洲科学界各个领域中最杰出的科学家撰写的一部丛书。除内容的考究、规模的庞大外，尤曼斯还对丛书在纽约、伦敦、巴黎、圣彼得堡和米兰等地的出版发行工作做出精心安排，使丛书无论是在影响力还是销售方面，都获得巨大成功。到1888年尤曼斯去世之前，该丛书已出版了64卷。

纵观尤曼斯一生所取得的成就，其中最耀眼也对后世影响最大的，当数他于1872年创办的《大众科学月刊》。该期刊以其作者之权威、报道之广泛、消息之及时、内容之实用、思想之深刻、文字之流畅、插图之精美等一系列优点，获得了公众的普遍欢迎，也成为尤曼斯一生事业的高光亮点。刊物在他的主持下发行了28期，除密切关注当时的主要科学议题，刊登大量杰出科学家的纯科学文章外，也聚焦很多现实技术问题，解决民众的急迫关切。刊物的创办及畅销，对美国科学传播事业产生了深远影响。时至今日，这本刊物（刊名后改为《大众科学》，去掉了“月刊”一词，是因为现在每月不止出版一次了）不但仍在美国出版发行，成为一本有150年历史的普及性科学刊物，而且还扩增有11个版本，以9种文字（包括中文版）在全世界各地同步发行，创造了科学传播事业的一个传奇。

尤曼斯一生对工作极度充满热情，导致他过度劳累，身体健康受到严重损害，结果未老先衰、英年早逝。所以在某种程度上，他是个矛盾的人，一方面热爱科学、传播科学，另一方面自己在健康领域又不怎么遵守科学道理，特别是在他过世的前几年，可能是深感来日无多而拼命工作，终于耗尽了全部精力，健康状况每况愈下、一蹶不振。从1882年开始，他的肺部出现严重问题，但他还在坚持工作，直到1886年一病不起，生命的尽头到来。

尤曼斯的生平活动除大量巡回演讲、编辑出版丛书和科学刊物之外，还自己钻研多个领域的科学知识，发表许多熔研究性与普及性于一炉的著作，其中一部分曾一时洛阳纸贵，成为当时的畅销书。例如《酒精和人的体质》（纽约，1853）、《化学图谱》（1854年修订扩展）、《家庭科学手册》（1857）、《力的守恒和相互关系》（1864）以及《现代生活所需要的文化》（1867）等。从这些议题广泛的著作中，可以看出尤曼斯是个科学上的多面手，不但精通化学、生物学等学科，对物理学也多有认识，并且还提出了若干超前的科学观点和判断，这使他跻身当时的科学作家行列，并且这些畅销书也为他个人带来可观的收入。当然他本人的愿望，还是当一名科学知识的传播者。

二、科学演讲

北美独立战争后的19世纪上半叶，经过几十年的沉寂，由于语言文化上的天然连接，新生美国与老牌英国的关系逐渐解冻。加之在工业技术上对英国产业革命的模仿，在经济上作为英国和欧洲原材料产地和成品销售市场，反映在文化领域就是对英国的亦步亦趋。特别是在英国进入所谓“维多利亚黄金时代”，导致来自英国的文学家和出版物在美国也成为主流，人们甚至以追逐伦敦的流行议题为时髦，从而淹没和丢失了很多美国自己的独立性。

针对这种社会状况，美国本土涌现出一批提倡创造本土文化新传统的学者和文化人，例如著名的爱默生、诗人惠特曼等。他们主要是从人文方面提倡新文化，而在科学方面比较突出的，就是尤曼斯。

尤曼斯也学习了爱默生等人的方式方法，经常举办公开演讲会，但他是以科学方面的内容吸引听众。这种演讲往往是系列的，既有固定会堂式的，也有巡回式的，当然也会向听众收取一定的费用，就像报道新消息的媒体也会收费一样，吸取新思想其实也是有代价的。当然，演讲者们需要具备相应的能力，也要讲究相应的技巧。

1852 年，尤曼斯终于从长达 13 年的失明岁月中解脱出来，他立即投入到科学演讲的队伍中，从此开始了 17 年（直到 1869 年）繁忙而充满乐趣的科学演讲者生涯。其实，尤曼斯的科学演讲经历可以追溯到他的童年时代。那时，只有 13 岁的尤曼斯便说服父亲给他买了《康斯托克的自然科学》。他在家中自学这本书，并且用自己设计发明的仪器反复做实验。他制作出一个离心水轮并向邻居家的孩子们解释其科学原理，这可以视为尤曼斯科学演讲的最早尝试。

已过而立之年，既对化学和物理学都颇感兴趣，又喜欢向公众普及科学知识的尤曼斯，选择科学演讲作为职业，似乎是顺理成章的事情。他的第一次演讲便充满了戏剧性。当时演讲的主题是“有机生命与大气的关系”，需要用简单的化学仪器当场给听众做科学实验。也许是因为初次面对如此多听众而产生了紧张感，也许是因为视力还没有完全恢复而看不清字，他无法依靠演讲稿，想表达的东西开始时总是在舌尖打转，无法顺利吐出。就在评价氮气的惰性特征时，他指向眼前装满氮气的广口瓶，却不想一下子把广口瓶从桌子上撞倒了。面对如此情景，尤曼斯倒也没有惊慌失措，而是惊醒般深吸一口气，迅速回归到平时那种妙语连珠、充满情趣的演讲状态，从而挽回了演讲现场的热烈气氛。熟悉演讲的人都知道，没有什么东西比笑声更能调动听众情绪、充当演讲中的润滑剂了，尤曼斯实际上具有一种调皮话张口就来的能力，所以第一次演讲圆满结束。当然，笑话虽然有趣，但绝不是演讲的主菜，科学内容才是演讲的生命。

所谓时代造英雄，尤曼斯的科学演讲活动恰逢其时。自牛顿时代以来，所有新奇而重大的科学发现和技术发明逐渐进入人们的视野，令人目不暇接。19 世纪号称“科学的世纪”，出现了诸如道尔顿原子理论、赖尔地质演化理论、达尔文生物进化理论、拉普拉斯天体力学理论等许多新鲜的科学知识和诸如蒸汽机、汽船、火车等新的工程技术进展，这一切与社会经济发展问题交织在一起，为尤曼斯这样一名科学普及者提供了丰富多彩的素材和最佳的传授时机。虽然在科学普及领域，尤曼斯不是开创者，但他总是能在科学理论的发展过程中迅速抓住要义，并将其转换成公众能够理解的方式进行阐释和传播，这是一般科学传播者所不具备的能力。他还创造了用大量图示和实验的办法来说明理论，自己感兴趣的东西往往也急切地想与他人分享，他对科学普及的热情丝毫不逊色于对科学本身的热爱，这使他成为那个时代最杰出的演讲者之一。

他的演讲经常是场场爆满，有的听众听了一遍还要再听一遍。在尤曼斯写给妹妹的一封信中提到，在一个狂风暴雨的晚上，当他在阿什塔比拉做演讲时，一位教师不顾恶劣的天气驱车从 10 英里外赶来，听过演讲之后，他感叹道：“我还要再听一次！”他说，这次演讲开启了他在科学上的第一幅“图景”，将成为他学习的转折点。尤曼斯还很喜欢与听众互动，每次演讲结束后，他习惯以轻松自由的方式引导听众彼此畅谈，也总能从中得到有用的线索，了解到什么样的授课方式是最有效的，怎样找到高水平听众与低水平听众的结合点等。

尤曼斯到美国各地巡回演讲，足迹遍布上百个小镇。演讲过程充满着艰辛，过度劳累使他的眼睛肿胀发炎，后来还患上了风湿病和重感冒，以至于不得不退出他所钟爱的演讲课堂。他在这 17 年里积极进行公开的科学演讲，在美国公众的心中播撒下科学思想的种子，逐渐促使他们形成科学思维，是他们科学教育的启蒙者。他所到之处，人们头脑中的新思想、新问题正在形成，当地居民的思维更加开阔。这些效果在后来更是清晰可见，赫伯特·斯宾塞的哲学思想在其他所有讲英语的国家都没有像在美国这样得到如此广泛的接受和认同便是最好的证明。1873 年，布法罗一家报纸称，尽管尤曼斯以科学家著称，但他作为一名公认的科学教育家也是相当成功的。

三、传播进化哲学

尤曼斯不仅是一位科学演讲者，他作为出版社的顾问与科学演讲者的工作是互为支撑、相互促进的。当时美国很多地方存在着狭隘的地方主义倾向，不关注欧洲或世界其他地方的动向，不思进取，死抱着一些固有的传统观念，例如基督教关于自然的观念、人的观念和社会观念。尤曼斯认为这种来自中世纪甚至更早的传统见解对新时代的发展而言可能是有害的，至少是不利的。因此需要有人来打破封闭的僵局，引进更新颖的思想和见解。尤曼斯适逢其时，自觉自愿地承担了这种社会角色。

在还处于失明状态的那些日子里，有一天他在妹妹的陪同下到阿普尔顿出版公司的书店寻找一本书。在相互交流中，公司创办人威廉·阿普尔顿深感尤曼斯谦虚好学、理想远大，因此对他十分赏识，特意聘请尤曼斯担任了公司的出版顾问。在尤曼斯的建议下，公司开始出版当时已经开始流行的一些新锐科学家的著作，例如赖尔、达尔文、赫胥黎、丁铎尔、海克尔以及其他科学家和哲学家的作品。通过出版其著作，尤曼斯也与这些科学家中的很多人建立了深厚友谊。一方面，他们从尤曼斯那里获得了著作出版上的大量支持和帮助；另一方面，尤曼斯也从他们那里学习到最新的科学知识和见解，其中最为突出的一位便是当时热心宣扬演化哲学的英国年轻哲学家赫伯特·斯宾塞。

1856 年，尤曼斯偶然在《外科医学评论》上看到了一篇对斯宾塞新书《心理学原理》的评论，进而对斯宾塞的著作产生了浓厚兴趣。他发现斯宾塞的学说很对自己的口味，因为斯宾塞不但主张新时代的“科学大全”是对中世纪旧时代“神学大全”的全面替代，而且认为科学自身也将综合统一在一个框架之内。特别是斯宾塞实际上早在达尔文的生物进化论发表之前，就已经提出了一个所谓“社会进化”的观念，他将人类社会与生物有机体进行了类比，认为进化才是社会发展的最基本规律。当然他后来也引进达尔文进化论的自然选择法则到社会领域，鼓吹优胜劣汰、适者生存也同样适合人类社会的运行。这一套社会进化论学说在欧美国家曾经很流行，所以吸引到当时持科学主义观念对待社会问题的尤曼斯，应该也不是什么奇怪的事情。如同几十年后中国的严复翻译（实际是改写）《天演论》，也在中国宣扬社会达尔文主义，并得到国人的大力喝彩一样，是一个时代的产物。

尤曼斯在 1872 年曾专门发表了题为《赫伯特·斯宾塞和进化论》的演讲。在演讲中，他开头就说道：

在我们这个时代，思想世界发生的关于进化论的变化，在进步思想的历史上是前所未有的。20 年前，这个学说几乎被普遍认为是毫无根据和荒谬的猜测。现在，它被许多最有才能的科学人士承认为既定的原则，并且几乎所有人都承认它具有真理的基础，无论它最终采取何种形式。此外，它开始在许多主题的研究和考虑方式中产生了强大影响，而那些坚持相信它的人不再被指责为无礼的恶棍或不可救药的傻瓜。

那么，为什么要相信乃至传播斯宾塞的学说呢？尤曼斯继续说：

现代科学长期以来受到传统信仰力量的限制，但事实和推理的力量最终证明它们才是更加强大的力量，并且也证明了目前关于世界起源的流行观念是不正确的……很明显，一个思想的伟大时代已经到来，因为看待自然和事物的观点从根本上永远改变了……生活、思想、人、科学、艺术、语言、道德、社会、政府和制度都是经历了渐进和持续发展的事物，只能用这种方式来解释，即增长和进化理论……（斯宾塞是）第一个从探索的角度，根据进化原理，制定出一个全面哲学体系（的人）。

所以说，斯宾塞的哲学体系，就是尤曼斯所追求的一种试图用科学或“事实和推理”来理解整个世界的包罗万象的统一理论基础。这也是他之所以热心宣扬斯宾塞理论的初衷。实际上，在他和其他很多人的努力下，斯宾塞哲学的确在美国广为流行了很长时间。

在具体的事务上，1860 年，经过尤曼斯的积极争取，纽约阿普尔顿出版公司开始进口发行斯宾塞的著作《教育论》，并且不久就获得了他的多部著作在美国的发行权。正是这一业务的达成，促成了尤曼斯与斯宾塞长达后半生的友谊。

1861 年，尤曼斯新婚燕尔，第二年他带着妻子到欧洲旅行，就是在那个时候他见到了斯宾塞。斯宾塞比尤曼斯大一岁，早年是铁路工程师，后来转为职业学者和撰稿人。尤曼斯拜见斯宾塞的时候，他已经四十不惑，发表了几部哲学、政治学和教育学方面的著作，风靡整个英国甚至欧洲。但由于常年写作，积劳成疾，斯宾塞当时的健康状况较差，有时候甚至需要鸦片来解除痛苦。但作为一位自由学者，除了书籍的版税，他并没有其他固定的收入来源。要恢复身体状况，开展更大的研究计划，斯宾塞需要扩大自己作品的销量。这方面，他除获得赫胥黎等人在英国的帮助外，来自美国的尤曼斯对他的助益也是十分巨大的。所以可以想见斯宾塞对待尤曼斯夫妇的态度将会很殷勤热情，令尤曼斯对他留下良好印象。实际上也的确如此，尤曼斯在见到斯宾塞其人后，感觉他人如其文，充满睿智和激情，令人敬仰。这就增加了他将更多斯宾塞的著作引进美国的信心。

尤曼斯筹划了一系列对斯宾塞著作及其理论观念进行宣传和推广的工作。他亲自为这些作品撰写书评和图书简介，在各种报纸和杂志上发表，并取得了良好的宣传效果。他不仅要求自己不遗余力地撰写书评，并且每当找到其他适合的作家，他也推荐斯宾塞的作品，鼓励他们以同样的热情为媒体撰写书评。在美国，即使是那些为了获得商业利益而孜孜不倦的图书销售商，在宣传方面做出的努力也远远不及这位怀着普及进化论、改造整个国家精神的传播者。

尤曼斯一边在美国不断努力推广斯宾塞的著作，一边通过书信鼓励斯宾塞本人继续坚持创造性写作。他们彼此的书信来往，不仅讨论基本哲学问题，而且也经常涉及书在美国的定价、发行条款、发行数量等内容。可以说，尤曼斯为推进这些他心目中的最有价值的哲学著作在美国的出版竭尽了全力。

但到1865年秋天，伦敦忽然传来一条令人沮丧的消息——斯宾塞的作品将不能继续出版了，原因就在于至1865年夏天，因订户不足，出版他的作品已给出版社造成了高达1100英镑的亏损。当这一情况传到美国时，尤曼斯立即决定通过增加5500美元的订量来弥补损失。他把全部的精力投入到扩大订阅的活动中去，最终总计增加到7000美元的订量，帮助斯宾塞渡过了出版难关。在尤曼斯的努力下，阿普尔顿公司先后引进了斯宾塞大部分的著作，其中最具代表性的包括《心理学原理》《教育论》《第一原理》等。若要将尤曼斯与斯宾塞两人的关系做一概括，阿普尔顿先生的一句话最为贴切："我可以告诉你们一件事——只要尤曼斯活着，斯宾塞就不会倒下。"

四、创办《大众科学月刊》

整个19世纪，大西洋的两岸都是期刊的世纪，无论对于普通大众还是那些专业的读者，期刊都是一种非常重要的媒介，因而得到高速发展。期刊出版业的飞速扩张首先得益于印刷业本身的技术变革，当时是以蒸汽为动力的转轮印刷机为主，它能同时印刷两面。其次，义务教育制度的实施使得民众的识字率大大提高，期刊读者不再仅限于精英阶层而是拓展到大众。最后，美国那时相对宽松的报刊管理机制为创办者提供了便利。

在美国早期的期刊中，有科学技术内容的就已占到一定比例。比如当时比较流行的刊物《美国评论月刊》里，就有一个由博物学家拉芬内克负责编辑的固定栏目，给大众介绍自然界的动植物知识以及民间所流传的一些妖魔鬼怪的故事和一些科学方面的专门文章。还有在1827年的《美国评论季刊》杂志的头几期中，就曾直接刊载了大量科学技术新进展方面的内容。所以说，大众期刊用来传播科学知识从一开始就有了，只是并不普遍而已。

后拿破仑时代人们对科学的兴趣开始变得浓厚了许多，这除了教育事业发展的功劳，新的工业化浪潮以及文化理想的转型都起到相应的推动作用。一方面，在第一、二次产业革命中，美国不仅大量引进国外先进技术，而且高度重视自主发明和自主创新。许多新技术、新发明在美国开始出现。对个人特别是那些起点较低、没有什么资本的个人而言，通过智慧型技术发明来发财，不啻为一条相对简捷的进阶路径。有需求就有市场，期刊媒体在助益发明家的路上也不断拓展了自己的生存之道。另一方面，随着经济的发展、社会富裕程度的增加，人们的文化品位也在不断转型。19世纪的美国著名媒体人惠特劳·里德，1873年发表评论说：

> 10至15年前，这所大学的学生课外阅读、课外谈论的主要内容，是英国诗歌。但是，现在情况变了，阅读和谈论的完全是英国的科学了。赫伯特·斯宾塞、约翰·斯图尔特·穆勒、托马斯·赫胥黎、达尔文、丁铎尔等科学家已经完全取代了丁尼生、布朗宁等诗人和作家的席位。

于是，专业和业余的科学期刊也纷纷问世，并试图瞄准所有的读者对象。1818年，耶鲁的西利曼创办《美国科学和人文科学杂志》，虽然其目标读者对象是不断增长、表现活跃的全职科学家，但对那些普通读者，该杂志也想照顾到，然而现实难以两全，专业科学家嫌其水平低，业余爱好者则抱怨看不懂，最终导致其处境艰难，没有能够生存下去。此外，其他一些面向公众但又曲高和寡的期刊，如同样创办于1818年的《科学杂志》，以登载初等数学问题和家庭化学实验为特色，但也没能坚持到年底便停刊了。虽然之后林林总总还有许多科普期刊仍在不断创办，但停刊来得同样快。直到1872年，由尤曼斯所创办的《大众科学月刊》问世，才结束了科普期刊短命的历史，成为第一个持续办刊成功的科学普及期刊。

实际上尤曼斯很早就产生了创办一份科普期刊的念头，但限于客观条件和资金问题，一直没能付诸实践。

机会来自斯宾塞。尤曼斯多年来致力于斯宾塞著作在美国的传播，斯宾塞在美国已经逐渐成为一个几乎家喻户晓的人物。而尤曼斯作为赫伯特·斯宾塞在美国的代理人，就可以利用他的名声去做一些对实现自己愿望有利的事情。1872 年 5 月，尤曼斯与一家名为《银河》的期刊进行洽谈，希望连载斯宾塞的《社会学研究》一书的内容。但是事情进行得并不顺利，《银河》出版商拒绝了这一提议。尤曼斯当即决定寻找出版商，自己创办一本期刊，发表这些文章，相信凭借斯宾塞的名声能够办刊成功，实际上在他主编的几十期《大众科学月刊》中，他刊登了 90 多篇斯宾塞的文章。

我很高兴事情按照这样的方式发展。我期待拥有一种自己能够掌控的媒介已经很久了，现在终于可以了。

在《大众科学月刊》首期的“编辑书桌”栏目中，尤曼斯向公众清晰地阐释了此刊涉猎的范围和所要达到的目的。科学研究的工作，已经有几个世纪的历史了。科学研究人员在他们各自领域的专业期刊上，发表原创性工作成果，同行间相互评议，从而促进科学进步。然而，科学传播的工作尚未很好地展开，这显然成为人类文明进步的下一个重要任务。因此，尤曼斯希望通过自己的努力，将科学研究中的最新知识和成果传播给普通大众读者，提升他们的科学素养。“随着科学知识对社会各个阶层的人们发挥着越来越重要的作用，”他在第一期谈道，“这需要更加有效的传播方式。《大众科学月刊》的创办就是为了达成这一目标，满足其他美国期刊所不能满足的需求……本刊将提供各种前沿学科中有关科学探索的有启发性的文章，辅助大众科学教育工作。文章将包括论文、原创和精选文章，涉及的学科较为广泛，由世界各国最杰出的科学家撰写文章，向非科学人士阐释他们的最新观点。”

谈到这本期刊的读者定位时，尤曼斯表明，《大众科学月刊》的读者对象不是文盲，而是受过普通高等教育的人，包括大学、学院、研究院及美国数以百计的高等学校中成百上千的毕业生。他们所接受的教育普遍是文学，基础科学只占很小部分，但是他们思维活跃，能够跟上非技术人员的连贯思维。“我们的期刊将针对这些特点，培养他们养成自学科学的习惯”。

1872 年 5 月，第 1 期《大众科学月刊》正式出版发行。这本 128 页 8 开本的刊物，以精选文章为主要内容。尤曼斯将斯宾塞的《社会学研究》一书作为卷首文章，并计划将这一著作分期连载。第一期还包括尤曼斯妹妹的一篇译自法文的论文、尤曼斯自己的一篇短文以及尤曼斯弟弟文章的一些片段。虽然创办期刊的计划酝酿时间很短，但结果却是意想不到的成功。斯宾塞的文章得到极大的关注，期刊的需求量也平稳增加，第 1 期和第 2 期印刷的 5000 本全部售完，不得不加印的 2000 本也立即脱销，第 3 期计划发行 7000 本。到了 8 月，本以为仲夏的炎热和市场停滞会使销售量下滑，但《大众科学月刊》却依旧持续了较大的发行量，而且对往期刊物的需求也在增加。这样的成绩，不仅令尤曼斯欣喜，连出版商也感到震惊。

创办期刊的辛劳并没有阻止尤曼斯再一次尝试科学演讲。但这一次，因为身体不好，他不得不在开始不久后就停下来，很快又回到了他的编辑工作。从 1872 年 11 月 20 日尤曼斯写给妹妹的信中，可以了解到尤曼斯当时的情况。

> 亲爱的妹妹：
>
> 事情非常糟糕。看来我不应该承担这项工作（指科学演讲）了。我患上了重感冒——浑身发冷、头疼、喉咙疼、胸疼，连骨头都疼。在阿克伦时，我不能在屋子里生火，整日挨冻。我在演讲中冒冷汗，每天不得不在早上 5 点 30 分出门，没有可以到达火车站的交通工具，所以只能在靠近火车站的简陋的家里睡觉，整夜颤抖。我总是发烧，而且整夜无法合眼。那是一个可怕的夜晚，但是我搭上了一辆车，在 5 英里的行程中打了一个盹儿。我不认为我可以继续演讲了，但我也不能上床睡觉和休息，当然，我必须试着这么做。我打算讲一小时的课，因为我不能站更久。昨晚我多次惊醒，睡得很不舒服，今早起来浑身僵硬疼痛。更糟糕的是，有一天我不得不在暴风雨中到达几英里外的罗迪，我不得不承受这一切。虽然我早已知道自己是摇摇晃晃的，但还没意识到自己还有多少生命力和抵抗力。

由此可知，《大众科学月刊》正是在尤曼斯结束其科学演讲者职业生涯之后诞生的。

《大众科学月刊》创刊后，主编工作占据了尤曼斯的主要精力，在他的经营管理下，《大众科学月刊》出版了 28 期，这成为他余生的主要成就。

随着科学知识的积累和发展，尤其当科学技术变得日趋专业化时，对非专业人员而言科学与技术都变得难以掌握。这时候科学技术的普及就变得格外重要，否则科技将成为人们无法接近的怪物，也无法实现工业革命的目标。科普作者担负起为外行听众进行翻译、解释专业科学知识的职责，而“翻译”和“解释”这两个词在 19 世纪的《大众科学月刊》中就被广泛使用。实际上，这种工作与科学本身的研究相比，其难度不低，因为翻译、简化和浓缩复杂科学技术专业知识并非轻而易举。而尤曼斯可以说是最早迎接这个挑战并获得成功的人。

这本新期刊经营一年半后，发行量迅速攀升至 12000 份左右，这在当时是一个令人难以置信的数字。到 1886 年，发行量更是达到了 18000 份，这对于当时价格不菲的期刊来说，的确是不同凡响的业绩。

如果说该期刊初期的成功是基于人们对斯宾塞的膜拜，以及对新刊物的好奇心所致，那么，后来订阅数的平稳上升，则是人们真的开始喜爱这份刊物，包括从形式到内容的一切方面。当然，科学技术本身的吸引力也是一个基础。关于刊物当时被喜爱的情况，有一位名叫霍姆斯的读者写信说：

> 我要告诉你我有多么依赖《大众科学月刊》，它就像潜水钟里的空气一般，每出一期，我就得到新鲜的空气。

这本刊物的内容除包括原创文章和从其他期刊和书籍中精选出来的文章外，还有学术演讲的副本。“编辑书桌”栏目是该刊的经典栏目，主要是评论文章和科学科普的杂集。每期刊登一幅著名科学家的肖像插画，并配上简短的人物传记。当然赫伯特·斯宾塞是其中最大的贡献者，连同尤曼斯对进化理论持续不断的宣传，《大众科学月刊》简直成了进化论思想的代言人。

尤曼斯将其人生的最后 15 年奉献给了《大众科学月刊》，他主持编辑的期刊（1872—1887）堪称一部知识宝库。他总结道：

> 我不属于那些幸福的凡人，只是为了生存而工作。《大众科学月刊》已经与全美公共图书馆联结在一起，它将以超乎寻常的力量保住自己的位置——至少坚持到下个世纪。我可以自豪地说有证据表明阅读它会增长许多知识。

事实证明，这本期刊不负尤曼斯的心血和期望，它不仅坚持到了 20 世纪，而且在 21 世纪的今天，仍在继续蓬勃发展。

（作者：杨晶　王大明）

参考资料

[1] Charles Haar. E. L. Youmans：A Chapter in the Diffusion of Science in America [J]. Journal of the History of Ideas，1948，9 (4)：193-213.

[2] John Fiske. Edward Livingston Youmans Interpreter of Science for the People [M]. New York：D. Appleton and Company，1894.

[3] John Fiske. A Century of Science and Other Essays [M]. Boston and New York：Houghton，Mifflin，and Co.，1899.

[4] E. L. Youmans. Popular Science Monthly Vol. 1 [C]. New York：D. Appleton and Company，1872.

亨利·奥古斯特·罗兰

（Henry Augustus Rowland，1848—1901）

亨利·罗兰
美国物理学的继往开来者

1991 年，美国约翰斯·霍普金斯大学物理系从原来的老建筑“罗兰楼”迁移到了新落成的伯鲁堡中心，1929 年建成的老“罗兰楼”被重新命名为“泽外尔·克里格楼”。罗兰的名字虽然从那座建筑物的墙上消失了，但霍普金斯大学物理系的名字却改为“亨利·A. 罗兰物理学和天文学系”。先后以同一个人的名字来命名物理系的建筑进而为物理系冠名，这在全世界范围的大学里也很罕见。显然，这位亨利·罗兰不是一般人物。

的确，亨利·A. 罗兰正是美国物理学史上一位大名鼎鼎的人物。他是继本杰明·富兰克林、约瑟夫·亨利之后，在 19 世纪末与吉布斯和迈克耳孙等美国的科学巨人比肩而立、享有世界声誉的实验物理学家，是美国物理学会的创始人和第一届理事长，是“美国曾经孕育出的最重要的科学家之 ”。

一、出生在革命年代

1848 年在世界历史上是个动荡和革命的年代，欧洲发生了由法国二月革命推翻复辟的波旁王朝肇始的波及其他欧洲国家的一系列革命，欧洲的面貌为之一变。与欧洲相对的大西洋彼岸，因为在加利福尼亚州发现金矿所引发的淘金热吸引了大批人拥向西部，其中包括未来的美国铁路大王之一科利斯·波特·亨廷顿。他在这一年从纽约出发来到加利福尼亚，并在西部先后碰到了马克·霍普金斯、利兰·斯坦福和查尔斯·克罗克等人，他们四人最后组建了美国中央太平洋铁路公司，并修筑起横贯东西海岸的大铁路，表征了美国由疆域扩张进入了一个西部大开发和工业大发展的年代，由此也拉开了其工业革命和经济起飞的序幕。

在文化和科学方面，1837 年，爱默生在美国波士顿的坎布里奇发表题为“美国学者”的演讲，被认为是美国文化史上的第一个里程碑。也有美国历史学家将这个时期看成是美国科学自主创新腾飞的开端。1837 年，美国人塞缪尔·莫尔斯发明有线电报；1839 年，美国历史上第一个理论物理学家威拉德·吉布斯出生；1846 年，美国政府第一次接受私人捐助并建立了全美国第一个科学机构——史密森学社；1848 年，罗兰出生；1852 年，美国未来的第一个诺贝尔奖获得者阿尔伯特·亚伯拉罕·迈克耳孙出生。虽然并不能仅凭几位重要科学家的诞生——就算他们都是天才，或者几件单独事件的发生——就算这些事件都很重要，就完全决定了美国科学历史发展的轨迹，但毕竟它们确实有一定的象征性意义。

就在这个革命的、动荡的年代，罗兰出生在美国宾夕法尼亚州的霍乃斯戴尔一个声名显赫的神学世家。其祖上曾利用教会讲道的机会为美国的独立运动疾呼，从而深深地卷入到美国革命中去，乃至于在英国舰队开赴罗得岛时不得不逃亡。他的父亲亨利·奥古斯特是家族一长串受人尊敬的新教牧师名单中的最后一位，他曾经殷切希望罗兰长大后进入耶鲁大学学习神学，以便日后继承家族的荣誉成为一名优秀牧师。但罗兰在很大程度上辜负了父亲对他的期望，他从小就对神学不感兴趣，稍微长大后对化学和工程十分着迷。父亲最后尊重年轻的罗兰的意愿，在 1865 年送他进入伦塞勒技术学院学习，伦塞勒技术学院是 1824 年由斯蒂芬·冯·伦塞勒创办的，是美国最早建立的工业技术性学校之一。

罗兰于 1870 年从该校毕业并取得民用工程学方面的学位，先后到铁路上担任勘测员，到俄亥俄州的伍斯特学院当教师，最后于 1872 年回到了伦塞勒技术学院担任物理学助教。有趣的是，在将近半个世纪前，罗兰的前辈，美国物理学家约瑟夫·亨利从奥尔巴尼学院毕业之后，也曾在铁路修建工地担任过类似的职位，并且也是给伦塞勒技术学院的一名教师当助手，最后，亨利又回到了奥尔巴尼学院任教，开始了其伟大的科学生涯。两个人的早年经历居然很相似，不知道是巧合还是工业革命年代学习科学技术的年轻人的必由之路。从此之后，在教学之余，罗兰将全部时间都花在电磁学实验方面。他第一个潜心研究的是关于铁磁性方面的课题。罗兰是按照法拉第的思路进行研究的，经过实验，他发现了铁磁体在磁场中被磁化时的一些特性。但当他把自己的研究心得写成报告投递给《美国科学杂志》时，却遭到了拒绝。罗兰不死心，又将报告邮寄给英国物理学家麦克斯韦，当时正值麦克斯韦发表了一系列电动力学论文，出版其划时代巨著《电磁通论》并创立其电磁理论的重要关头，但因为电磁理论在数学上太复杂、太难懂，一般人难以理解，所以麦克斯韦理论还没有得到科学界普遍的认可。而罗兰的实验与麦克斯韦的理论大有关系，所以立刻得到了麦克斯韦的大加赞赏，并推荐给英国的《哲学杂志》发表。这篇论文获得了欧洲科学家的重视，但在美国，几乎没有什么人注意到罗兰的论文。

二、约翰斯·霍普金斯大学第一位物理学教授

罗兰越来越对自己在伦塞勒技术学院乃至在美国进行物理学研究的困难环境产生了厌恶，后来他于1883年在美国科学促进会的一个会议上大声疾呼：

> 我敢在此断言，如果一个人真正喜欢，他就可以找出时间进行科学研究。但在这儿，庸碌无为的国家环境压迫着我们，使我们难得如愿以偿。我们的大学和学院少有对第一流人才的应有尊敬，我甚至听到过一所著名学院的管理者如此宣称：教授不得进行研究，因为那是浪费时间。

罗兰难觅一席之地踏踏实实做科学研究的困惑在1875年碰上丹尼尔·西奥特·吉尔曼时宣告结束。吉尔曼当时正应邀从西部来到东部，雄心勃勃要按照德国的模式为建立一个具有健全的研究生制度、真正成为美国第一所研究型高等学府的理想奔走，并急切网罗学术人才。

吉尔曼在此之前曾执掌过设在伯克利的加利福尼亚大学分校，他是出身于东海岸的世家子弟，毕业于耶鲁大学，是一个决意献身于科学研究的人。当然他更看重纯科学研究，而多少有些轻视应用性的研究，所以当他还在伯克利时就开始引进科学素质教育的课程。1875年，当一位巴尔的摩富裕商人、贵格会教徒约翰斯·霍普金斯决定捐助设立一所新的私立大学——约翰斯·霍普金斯大学时，吉尔曼接受了这所新建大学筹备校长的职位。

吉尔曼的正式校长就职仪式于1876年举行，来自英国的生物进化论著名辩护者托马斯·亨利·赫胥黎在仪式上发表了演讲。吉尔曼为淡化教会色彩，在其就职仪式结束时没有进行当时重要聚会一般都必须有的祈祷程序。这引起了教会组织的不满，有一份长老会的周刊就曾警告说：年轻学生应该远离霍普金斯，因为“那儿拒绝全能的主的荣誉”。吉尔曼更重视的是促进科学和教育的发展。

吉尔曼为霍普金斯大学确定的方向是“鼓励研究”——但不一定为终极的应用目的，只为研究本身。为此，他认为必须延揽最好的教师，而好的教师就是那些“自

由、有竞争力、乐于进行原创性研究的人”。作为美国知识界的一个风向标，霍普金斯的理念成为美国教育改革运动的基石。

约翰斯·霍普金斯大学的建立，令年轻的罗兰兴奋不已。因为在当时，似乎除霍普金斯大学的吉尔曼之外，其他大多数校长都利用经费和人事的权力来鼓励教师从事单纯的教学，并轻视甚至压制教师从事科学研究工作的趋势。霍普金斯大学即将成立之际，喜欢任用年轻人的吉尔曼，大胆任命了年仅 27 岁的罗兰为该校的第一位物理学教授。

据说先是麦克斯韦向吉尔曼推荐了罗兰，然后又有美国西点军校的一位人士也向吉尔曼高度评价了罗兰，以至于吉尔曼当时就打电报将罗兰邀请到西点军校进行了交流：

> 他告诉我他的科学之梦，我告诉他我的高等教育之梦。

约翰斯·霍普金斯大学最开始的学术团由 6 名教授组成，最年轻的罗兰心情愉快地成为其中一员。在这里，他首先被派往欧洲学习实验室技术并采购仪器设备。在德国柏林的亥姆霍兹实验室（5 年后，迈克耳孙也来到这里），他恢复了自己过去因为仪器缺乏而中断的一项基础性实验工作，这是一项探讨带电旋转盘磁效应的实验，此问题在以麦克斯韦方程为主题的各种讨论中也是一个引人注目的问题。实验并不简单，因为既要求进行深入的理论计算，也要求一个广泛的探测范围，包括对其边缘的情况进行精密的测量，罗兰经过努力，出色地完成了这项工作。实验设置包括将一个类似老式留声机唱片的硬橡胶圆盘固定于一个电动机的轴上，用一块毛织品对其进行摩擦，使硬盘被带上静电，然后让盘子旋转起来，再用一个磁针靠近它。罗兰发现在这种情况下磁针会产生偏转，而且盘子旋转的速度越快，磁针的偏转就越大。这似乎说明，磁场的产生不仅仅是电流在导线中的运动所致，也可以通过静电场的运动来实现。罗兰的这项实验，证明了一个运动中的充电物体也可以产生磁场。在此之前，该实验室的其他人都失败了。这个现象及其研究引起了科学界很大的关注。

之后，罗兰广泛收集了当时能得到的最好的一些科学研究仪器，并带回到约翰斯·霍普金斯大学。罗兰的实验室设备在当时的美国堪称豪华配置，一般其他大学的物理实验室（如果有的话）大都极其简陋，普遍只适用于简单的教学示范用途。就当时的美国整体而言，大部分大学或学院的物理学教师们不得不在可能的时候玩点什么花招或猫腻，以便为所需的仪器争取点资金，但更多的时候，他们是自掏腰包（例如迈克耳孙测量光速的实验）来购买仪器，以开展自己的研究工作。

这个时期的罗兰醉心于科学研究，一心一意扑在实验研究上，这就难免会疏忽教学工作。在学校，他总是尽可能少地参与行政管理和教学，以至于在他的学生和同事们看来，罗兰是个难以接近的人，顽固而偏执，严厉而直率。虽然他在早期因为自己繁忙的研究工作，经常忽视对研究生们学习的指导，但在后期却将越来越多的精力放在对学生的培养方面，因而培养出了大量有前途的学生。据统计，从 1873 年到 1890 年，美国大约有 22 名物理专业的学生从国内获得博士学位，其中大多数是从霍普金斯和耶鲁大学获得的。吉布斯当时就在耶鲁大学，虽然也是个经常不见其踪影的老师。

虽然罗兰于数学也有相当的造诣，并且从事过一些理论性工作，但他的真正天才还是在实验方面。19 世纪 70 年代后期和 80 年代的大部分时间他都是在实验室里度过的，由此获得了一系列有价值的研究结果。例如，他权威性地确定了绝对欧姆值、荷质比、热功当量，第一个证明了水的热容随温度的变化而变化。他建议并指导自己的研究生爱德温·霍尔进行实验，这最终导致了霍尔效应的发现。

除基础性的，或者用他的话说是纯科学性的研究外，罗兰其实也有不少应用性的研究和发明，例如，在 1897 年他发明了多用打印电报机，使用这种机器，可以通过打印机来传送电报，并可接收到打印格式的电报信息。此外，他甚至还设计了一种装置，以利用尼亚加拉大瀑布的水力来产生电力。

三、罗兰光栅

罗兰在科学研究方面最重要的工作是在 1882 年前后创制的用于光谱分析的衍射光栅及利用这种装置所进行的太阳光谱测量。

众所周知，每种元素都以特征颜色或特定波长组合的谱线发出光辐射，如果用此原理分析太阳和恒星光谱，就能够获得许多关于太阳和恒星的情况，例如其化学组分和温度等，从而可以确定星体的化学构成和它是以固态、液态还是气态的方式存在。为了将混合于光束中不同颜色的光线区分开来，一开始研究者使用玻璃透镜，即三棱镜来获得谱线。但透镜的色差太大，于是就有人发明了另一种工具，即光栅——一个每英寸上面密集地刻画着上千条细线的反射板来进行光谱分析。

1876年，当罗兰刚刚开始他在霍普金斯大学的科学生涯时，光谱学还处于比较初级的阶段，但它又是一个19世纪晚期新兴的并且在物理学和天体物理学中的重要性不断增加的研究领域。天文学家当时已经开始使用光栅进行太阳或其他恒星的光谱线的分析，但所使用的光栅相当简陋，在真实的光谱线中自然夹杂了很多其他致命的错误信号。罗兰由于对此领域的兴趣，也加入到光谱学研究的行列中去，他幸运地很快就取得了若干重要成果，其原因就在于他发明了一种进行这项研究的锐利武器——新式凹凸面光栅。

一般而言，用光栅所获得的光谱线的纯度与精确度依赖于光栅线的间隔是否规则，而这又依赖于刻画光栅的设备是否完美，而当时由于制造设备的简陋，使得光栅线很难刻画得均匀细致。罗兰经过研究，认为问题主要出在刻蚀光栅细线的画线机导轨螺旋上。这种机器在每刻完一条线时，控制的导轨螺旋就会在光栅上移动一点距离。“但螺旋从来不完美”，光栅的用户、作为当时一项庞大星图研究计划的光谱分析人员，霍普金斯大学的一位天文学家阿兰·乌奥默托也这样认为。每当螺旋运动一次，所画的光栅线就会略微偏移一点，最后的积累结果，就造成了光栅线总体的不均匀和各栅距间的差异。为克服这个问题，罗兰经过反复摸索，独立地设计出一种改进方法，使改进后的设备能刻画出毫无偏离的栅线，更重要的是，他还用自己的设备创制出一种新型的光栅，在新的光栅上，栅线不是被刻在平面上，而是刻在了球面上。

就这样，罗兰精巧地为刻线机制造出一种具有几乎完美无瑕的加工精度螺距的螺旋，同时采用球面的圆盘取代了原来的平面盘来制作光栅，这种光栅所产生的光谱极其清晰和精确。罗兰利用这种光栅绘制的太阳光谱图比以前任何其他形式的光栅都要精确很多。

罗兰的球面光栅可以很方便地将整个光谱线聚焦在一个圆环上，它彻底淘汰了总是会吸收掉部分谱线的玻璃透镜，并大大缩短了扩展谱线测量所需要的时间。1883年罗兰在伦敦展示他的仪器时，得到了广泛的赞许。在法国，有人就听到一名研究光谱的学生抱怨说：“我们必须从头做起。”罗兰除为自己的实验研究制造这种新式仪器外，也小批量地制造这种光栅，并以很高的价格提供给其他的物理学家和世界各地的光谱学家与分析人员，很快他的凹凸面光栅就成了欧洲和美国各实验室里的常备仪器和标准配备。时至今日，还有一些天体物理学家在继续使用着罗兰式的光栅。

他用这种光栅重新测量了太阳的谱线，所获得的并公开发表的太阳光波长表，比前人最好的结果还要精确10倍以上。1888年他制作的“太阳常规光谱照相图表”是一幅超过 11 米长的光谱图，这个图在此后的多年当中成了科学界太阳光谱表的一个标准。

关于罗兰本人对这个仪器之看重，反映在他自己起草的遗嘱中，他要求将其骨灰埋入霍普金斯大学实验室的墙壁里，那儿就是他曾创造这一革命性设备的地方。

在科学研究方面，除撰写了若干高水平的研究论文外，罗兰还写过一些科学小册子，其中包括《论热功当量》(1880)、《论用于光学用途的凹面光栅》(1883)、《论太阳光谱线中相联系的波长》(1886) 等。

四、亨利的接力者

美国的物理学研究，自富兰克林作为业余爱好者所进行的电学研究在 18 世纪末犹如一道闪电划过北美的天空之后，就进入了长时间的沉寂。直到 19 世纪 20—30 年代约瑟夫·亨利的出现，才打破了僵局。

亨利无疑是个天才的科学家，他独立发现了电磁感应现象、自感现象等，成为美国独立后最出色的物理学家。更为可贵的是，他还积极参与了美国科学体制化建设。亨利是史密森学社在 1846 年建立时的第一任社长和美国科学院的第二任院长。他还和其他科学界同人一起创立了美国第一个全国性的科学社团组织——美国科学促进会。这个组织虽然外行人只要付钱就可加入进来成为会员，但该会的规章有效地保证了能遴选出专业科学家来担任高层管理人员，例如其中的常设委员会委员的资格就要求必须是曾向各种科学会议提交过论文或在科学促进会支持的刊物上发表过论文的人。这样，美国科学促进会就不仅仅像早期的英国伦敦皇家学会那样是个清谈俱乐部，而是基本具备了科学专业学会功能的社团组织。

亨利对美国科学事业的另一个巨大贡献，就是他对基础科学（用他的话说即“抽象科学”或“纯科学”）研究的重视和提倡。

19 世纪是美国工业革命的世纪，诸如电话、电灯之类的实用技术取得了惊人的发展和进步，这反过来又大大推动了美国的工业建设。欧洲人对此很不以为然，认为美国人虽然有点技术才能，但缺乏文化，粗俗、重利而少教养，很多欧洲人都将美国人看作是欧洲文明的“末流”，甚至大力赞扬过美国的托克维尔也在其著作《论美国的民主》中这样写道：

在美国，人们潜心于科学的纯应用部分的研究，而在科学的理论方面，只注意研究对应用有直接必要的那一部分，而在这方面他们也经常表现出求真、自由、大胆和创新的精神。

但是在美国，却几乎没有一个人专心研究人类知识在本质上属于理论和抽象的哪一部分。在这方面，美国人把所有的民主国家都有的，但我以为不如美国那样强烈的一种倾向，表现得特别突出。

高级科学或科学的高级部分的研究，最需要沉思，而在民主社会内部，却很少有什么东西适于沉思。在民主社会，既没有贵族制国家的那种因为自己有钱而可以高枕无忧的人数众多的阶级，又没有贵族制国家的那种因为无望改善处境而不再进取的阶级。每个人都在积极活动：有的是希望掌权，有的是希望致富。在这种熙熙攘攘、利害冲突频仍、人们不断追求财富的环境下，哪里有必要的安静供人们进行深刻构思呢？当你周围的一切都在活动，而你本身已被裹进席卷万物的激流并且每天都漂浮在这个激流之上的时候，你怎么能停下来思考高级科学呢？必须把建立已久的平安无事的民主社会中发生的经常性运动与几乎是伴随民主社会的诞生和发展而发生的骚乱性和革命性的运动决然分开。

这种看法虽然偏激，但也不无道理，甚至美国康奈尔大学一位科学家也这样描述过当时美国人对科学传播的观念：

在这个国家，纯粹为追求科学真理而献身科学的人是而且必然是很少的。鲜有人能投身那种不求别的回报，只求能为人类再多增加点知识就令其心满意足的工作中。既爱好科学又有办法献身于科学的人就更少了。

哈佛天文学家本杰明·戈尔德1869年卸任美国科学促进会主席职位时发表演讲，除了总结广为人知的美国抽象或纯科学研究的不足，还特别谈到了“需要实现这样一种研究设置和环境，即绝大多数人凭借个人的力量是永不可企及的；需要从‘生存斗争’中节省出时间和精力；最重要的是，需要有称职的科学顾问为科学研究的新人提供指导”。作为约瑟夫·亨利学派中最年轻且急躁的成员之一，戈尔德强调指出，无论过去还是现在有多少困难，他这一代人的责任很明确——缩短美国成为“世界科学领先者”的时间，使所有其他国家都尊敬美国。

作为亨利思想的接力者，早在大学读书时期，罗兰就发现自己根本没有从事纯粹工业生涯的野心。他那时就决定献身科学，献身那种“不是为窃取钱财，而是赢得尊敬”的研究。

但学术物理学在美国全国范围内既没有自己的专业刊物，也没有自己的专业学会。美国物理学家更熟悉发表在《美国科学杂志》上的而不是出现在英国、法国或德国的那些顶尖期刊上的研究论文。所以，在 19 世纪 70—80 年代，不论是唯一被美国国内科学界人士所重视的《美国科学杂志》，还是美国科学促进会这唯一活跃的全国性科学社团，都没能有效地为纯物理学研究而不是应用性的研究建立起一套好的评价标准。

虽然当时美国已经有了发现世界级水平的光栅的罗兰，迈克耳孙正因为对光速的精密测量研究走向美国人将获得的第一个诺贝尔物理学奖，而吉布斯也正在撰写其将会轰动科学界的理论统计物理学论文，但在 19 世纪 90 年代初，美国大约只有 200 名科学研究人员从事跟物理学相关的工作，而其中大约只有五分之一的物理学家能够定期发表研究论文。这些人士大都拥有博士学位并在欧洲留过学，分布于当时大西洋两岸都感兴趣的一些主要物理学领域，包括热学、光学、电学和磁学等。暂且不计罗兰、迈克耳孙、吉布斯等人，整体而言，此时的美国物理学家在世界物理学研究领域中完全处于边缘地位。

与欧洲主要国家的同行相比，作为一种职业的美国物理学家在规模上要小很多。如果说美国的物理学家被经费和实验室装备所困扰，那么欧洲人也同样如此，但欧洲物理学家还是远比他们的美国同行完成了更多的研究工作。美国甚至在 19 世纪 90 年代初发表的论文数量与 20 年前的 19 世纪 70 年代初并无多大的差别，尽管美国此时的经济实力已经赶上了所有的欧洲国家。

罗兰为了大力倡导纯科学研究，甚至不惜借攻击和贬低技术性的发明来抬高“纯科学”，这表现在他于 1883 年担任美国科学促进会副主席时的庆典演说中。在美国实用主义思潮开始盛行的 19 世纪后半期，这种观点多少有点显得不合时宜。所以他最终还是被迫承认和感谢技术发明对国家的基本支撑作用，但他对纯科学依然痴心不改，认为只有纯科学的创造才能最终决定国家的持久强盛。

1883 年，作为国家科学院院士和提倡纯科学研究的代表性人物，亨利·罗兰在其就任美国科学促进会负责物理学方面的副主席的演讲中说道：

> 在这个国家，为了创建物理科学所必定要做的事情，不光是电报、电灯或其他诸如此类的冠以科学之名的用具。譬如新发明了一道美味佳肴的厨师，在某种程度上也是为世界造福，但我们决不会将他作为化学家而尊敬。

关于美国物理学的源流，罗兰的论述比之公众不关注抽象科学要来得更深刻。对于罗兰作为优秀的基础科学研究者而言，横在美国科学系统面前的只重视实用技术而忽视纯科学研究的困难反映了“一个将任何事都想当然的民主国家的傲慢无知”。

罗兰认为，在当时美国差不多400家的高等教育机构——罗兰称之为“一团蚊子而不是雄鹰”——中，几乎没有一家真正配得上称为大学。在真正的大学里，伟大的科学家将获得充足的资金，受到鼓励，得到助手还有更多学生的协助。他认为这么多的美国高等教育机构中只有17家有20名以上的教师，只有8家获得的经费在百万美元以上。而在欧洲，罗兰进一步谈到，那些“伟大的科研机构”为促使每个物理学家尽到其“最大的努力”，提供的“全部是最高的工作标准和范例”。在美国，无论是国家科学院还是其他的什么学会或机构都没有做到这一点。

罗兰的演讲不仅仅是批评，也为美国物理学勾画出一幅未来发展的蓝图。罗兰虽然没有明说，但隐含的意思毫不含糊，那就是要立足于本土创造出杰出的物理科学，为此就要把注意力集中到一流大学的教育宝藏上，也要求在国家范围内将最好的科学家组织起来形成网络，共商物理科学的标准。就近期而言，需要建立起一个金字塔形的体制结构来推进抽象物理学的进步，科学精英集团在塔尖统领，而塔基则为一切人才开放。这个设想成为罗兰在美国建立物理科学的基本纲领。

五、荣誉和最后的理想

作为一位科学研究者，罗兰在专业领域赢得了他那个时代所能获得的几乎所有的荣誉：他于1880年获得了约翰斯·霍普金斯大学的荣誉博士学位，并在1883年和1896年分别获得耶鲁大学和普林斯顿大学的荣誉博士。1881年获得巴黎电学会的荣誉军团爵士称号，1896年成为英国科学促进会的通讯会士，1899年被选为英国伦敦皇家学会的外籍会士，他还是伦敦物理学会12名外籍会士之一。1881年被推选为美国科学院的院士。1884年因为在光学和电学方面的研究而获得了美国文理科学院授予的拉姆福德奖章，1897 年又获得了该院的麦托西奖章。1890 年在巴黎博览会上因为他的光栅而获得金质奖和奖金。其他专业性的荣誉还包括被政府委派为代表参加各种制定电学单位的国际会议等。

但他在功成名就后并不满足于个人在专业上的成就，他更愿意看到美国整体在科学事业上的进步。他努力培养学生，不断发表公共演说，倡议鼓励高水平的纯科学研究。可以说，正是经过罗兰 20 多年的不懈努力，美国不但纯物理学的水平有了大幅度的提高，而且研究人员的数量也有了明显的增长，纯科学和科学家的社会地位有了很大的提升。而这些反过来也增强了包括罗兰在内的美国物理学家们的自信心。有个传说的小故事可资说明罗兰的自信程度。在世纪之交，有一次，罗兰被牵涉到了一桩诉讼案件当中，法庭在庭审的过程中曾经认定过这样一个事实，即罗兰是“这个国家在电学的定律和规则领域中最著名的权威……”，之所以这么认定，据说是罗兰在法庭宣誓时曾说过，他是世界上最伟大的物理学家。类似的其他关于美国科学家的看似狂妄自大、荒诞不经的传言还有许多，无论是否真实，这些传言实际上都传达了某种信息，那就是美国物理学家在 19 世纪末的时候已经大大增强了自信心。经过长期的奋斗，他们终于开始崭露头角，即将实现高水平的超越。

当然罗兰为科学奋斗的道路也有艰辛，他不但要忍受生活上的寂寞，还要克服经济上和健康上的困难。罗兰到 1890 年才与巴尔的摩医生乔治·哈里森的女儿亨瑞塔结为伉俪，之后不久，他就患上了严重的糖尿病。为了保证家庭财政开支，罗兰在研究之余也曾致力于开发一种多用电报机技术，虽然这个发明在技术上十分成功，在商业上却并不成功，而经济上的窘困情况直到 1901 年罗兰逝世时也没有多大改观。

但罗兰还是一心期望能为美国的物理学事业留下点什么东西，作为美国新创刊的《物理学评论》的积极拥护者，也是美国物理学会的发起人之一和第一任会长，1899 年在美国物理学会会长就任仪式上，罗兰发表了《物理学家的最高目标》一文，为美国物理学树立高标准作出了最后的努力。

对美国物理学家群体来说，19 世纪 90 年代在专业领域上的一项巨大成就，就是《物理学评论》的创刊。这首先得归功于康奈尔大学的年轻教授爱德华·尼克尔斯，他利用校董们提供的津贴于 1893 年创办了这份刊物，希望给年轻物理学家提供有价值的论坛。在那段艰苦的日子里，很少有年轻人加入到物理学这个行业，以至于到了世纪之交，物理学家的人数也并不比 19 世纪 80 年代末多多少。《物理学评论》所发表的四分之一以上的文章来自康奈尔的物理学家，常规的事实收集型论文充斥着期刊。汤姆孙发现新物质的那年，《美国科学杂志》的主编达纳就美国物理学的状况对罗兰叹息道："没有做出什么一流的工作。"

美国作为一个正在崛起的工业大国，但只对科学作出了"小得令人痛苦"的一点贡献，这使克拉克大学的亚瑟·韦伯斯特教授感到很苦恼，他是哈佛的毕业生和亥姆霍兹门下的博士。在克拉克大学任教的他几乎处于隔绝状态，这经常令他备感困扰。从人数较少的国家科学院的聚会中他无法获得更多的研究信息和灵感，而且对于相对封闭的国家科学院，他也颇有微词，因为作为年轻人，"我们几乎没什么希望加入其中，而且即使加入了也未必快乐"。于是，韦伯斯特决定倡议创立一个不排外的论坛，在那里，像他这样的科学家有可能听到本专业顶尖人物的论述。1899年初，他开始呼吁组建美国物理学会。罗兰利用自己的声望，对这些年轻物理学家的努力都给予了大力的支持。

在19世纪末，经罗兰、迈克耳孙、韦伯斯特和尼克尔斯等人倡议，有36位美国物理学家聚集到纽约的哥伦比亚大学，发起组织美国物理学会。而性格孤僻的吉布斯因当时对这个组织持谨慎态度而拒绝参加这次会议。罗兰等人在会议上为新的组织起草了章程，该章程采取了开放式的态度，为任何对物理学研究感兴趣的人敞开了加入学会的大门。而且，为了减少地理上的障碍，章程还倡导在全美各地都建立分支机构，以便利大家就近进行交流。

作为美国物理学界的泰斗，罗兰一方面提倡与国际接轨的高水平纯科学研究，另一方面他又有保守的一面，即对新物理学时代的到来心存疑虑。可一生追求纯科学研究的他，仍然鼓励年轻物理学家们积极参与国际科学研究的竞争，为美国的科学赢得受人尊敬的一席之地。但病入膏肓的他，是注定看不到新物理学在美国发扬光大的那一天了。他寄厚望于新成立的物理学会，在最后就任物理学会会长的致辞中，他说道：

> 我们国家的很多人才都在追求所谓的应用科学过程中浪费掉了……但是你们的出现表明这种情况不会永远持续下去。

这似乎成了他的遗嘱。

之后没过几年，科学新纪元的到来就从体制上的可能性证实了罗兰的预言。

《物理学评论》的创刊和美国物理学会的建立也在相当程度上为这个专业领域建

立起了国家标准，之后慢慢成为国际标准。罗兰的创建最优秀科学的理念不断被落实，尽管美国物理学在世纪之交仍深深地掩藏在欧洲同行的阴影下。在这方面，美国物理学家很难胜过欧洲人，尤其后者在1900年之后的10年间在X射线、放射现象和电子的研究方面做出了一些小成果。对于美国物理学家来说，主要问题不在课题的选取，而在于课题的质量。无论是新物理学还是经典物理学，绝大部分仍保持着事实收集型研究的传统。为了弥补这个缺陷，一些美国主流和多产的科学家试图在他们各自的研究机构中扮演更主要的角色。他们的影响力结合着机构自身的特殊环境氛围，终于使得在研究性学校里、在新的物理学专业组织里、在新老国家科学机构中，逐渐开始推行一个更加重视纯科学研究的专业标准。

如果这个职业需要一些对罗兰的重视高水平基础科学研究的纲领来说必不可少的科学机构的话，那么建立高标准首先需要最优秀的科学人才。在罗兰的年代，有一批高产出的科学精英人物，因为美国多半的研究成果都是由这些占全部人员八分之一的研究者发表的，但这个高产精英群体中的大部分人仍然不能与世界级优秀科学家相提并论。X射线、放射现象、电子这些问题的发展几乎是在没有他们的参与下完成的。之后的十年内，这些发现几乎没有得到美国物理学家的多少响应，很少有美国的博士论文沿着由伦琴、贝可勒尔、居里夫妇和汤姆孙开辟出的路线前进。《物理学评论》上所发表的五分之四的文章都只涉及“前X射线”物理学。

但情况在罗兰去世之后的年代里逐渐发生了变化。似乎是为了印证美国纯物理学研究的潜力一样，首先是迈克耳孙于1907年成为美国第一个获得诺贝尔奖的物理学家。他的同行们为之欢呼雀跃之日，也是罗兰为纯科学所做辩护已初步得到丰硕回报之时。在很大程度上，这个结果也可以说明，纯科学研究在物理学界不断的呼吁和努力下，的确开始获得了比以前更大的支持。更为重要的是，在美国物理学研究和高等教育都不断加强的趋势下，物理学领域从体制上开始朝着罗兰提出的创建最优秀科学的纲领方向前进。研究生教育中心开始出现，虽然绝大多数本土的年轻物理学家们还只能从霍普金斯、康奈尔、耶鲁、哈佛和芝加哥等5所大学完成其博士阶段的学习，但其数量在增加，范围也在不断扩展。

在美国本土包括约翰斯·霍普金斯大学在内的5所最早开始招收研究生的研究生院中，为攻读博士学位，学校将一些学生引向了新物理学的研究方向。而在这些新一代的年轻科学家中，霍普金斯大学在这个时期产出了美国全部物理学博士的30%，罗兰致力于发展高水平纯物理学研究的理想，在他生前已经开始在美国扎下了根，在他去世后 20 年内就由下一代人数更加众多、能力更加卓越的年轻美国物理学家实现了，其中密立根、康普顿等人就是他们的杰出代表。以此为开端，美国逐渐在国际物理学领域占据了主导地位，到第二次世界大战之后，诺贝尔物理学奖获得者名单中，大部分都是美国科学家的名字了。

六、简短结尾

罗兰于 1901 年 4 月 16 日逝世于美国马里兰州首府巴尔的摩市，遵照他的遗愿，骨灰被放置在他曾经工作过的地下实验室的墙壁内，以便让他和实验室永远相伴。

实际上，罗兰的科学工作在他那个时代可能是重要的，但从科学发展的历史来看，未必就是特别不能缺少的。从这个意义上说，他之所以能赢得后世的特别尊重，大概主要不是因为他具体的科学研究工作，而是他接过了富兰克林、亨利的衣钵，在美国上下都只重视应用研究的潮流下，竭力倡导和鼓吹基础研究（当时叫抽象或纯科学研究）对国家发展的重要意义的缘故。当然他本人并没有看到新世纪的科学革命，但他作为美国从世界边缘走向科学中心的几代科学家中一个关键性的环节，起到了重要的继往开来者的作用。很多人都认为美国后来之所以成为世界科学的中心，在很大程度上是因为希特勒在德国迫害部分科学家使得这批科学家逃亡到美国，从而此消彼长，使美国意外发了一笔战争财，就此一跃成为科学强国。这个观点有一定道理，但远不能包括全部原因，甚至不是主要的原因。因为科学在一个国家或地区的迅速成长，外因永远不可能是主要因素，要理解其中的关键原因，还得从其内部寻找，否则科学的发展似乎就成为一种带有很大偶然性的过程，而毫无规律可言了。而美国自 19 世纪中期以来，特别是在南北战争之后，不但经历了以“西进运动”为契机的经济大发展，而且也经历了本土文化和科学的启蒙和发展。对纯科学或基础科学的重视，跟经济实力的增强有关，也跟本土文化和科学的启蒙有关。可以说，在那个时候，就为 20 世纪美国科学的大发展埋下了伏笔。

罗兰是科学启蒙活动中的关键人物之一，因此，罗兰在美国科学从只重视实用到基础与实用并重的发展历程中具有极其重要的地位，也得到了美国科学界的极大尊重。美国物理学会在 1999 年庆祝其自身 100 年诞辰时，在一篇重要纪念文章中重新引证了罗兰被认为是展示了该学会宗旨的讲话：

为了鼓励科学的成长，我们能够做到的最好事情，就是把所有对它有兴趣的人都集合到一起，讨论它的问题，评价彼此的工作。最要紧的就是要提供一种方法，通过它使得科学中优秀的内容能够被世界所了解。

美国物理学会成立时只有36名成员，而在它成立100周年时，其成员已经达到41786人。在这个发展壮大的过程中，亨利·奥古斯特·罗兰这个名字已被深深镌刻在美国科学史的里程碑上。

（作者：王大明）

参考资料

[1] Robert V. Bruce. The Launching of Modern American Science 1846—1876 [M]. Ithaca, New York: Cornell University Press, 1987.

[2] Daniel Kevles. The Physicists, The History of a Scientific Community in Modern America [M]. Cambridge: Harvard University Press, 1995.

[3] H. A. Rowland. A Plea for Pure Science, The Physical Papers of Henry Augustus Rowland [M]. Baltimore: Johns Hopkins Press, 1902.

[4] H. A. Rowland. The Highest Aim of the Physicist [J]. Science, 1899, 10 (8): 825-833.

乔治·埃勒里·海耳

（George Ellery Hale，1868—1938）

海耳

大科学时代的先驱

1969 年底，当位于美国加利福尼亚州洛杉矶市以东 16 千米处的大熊湖太阳观测台建成之际，有关机构将位于洛杉矶市西北 32 千米处帕萨迪纳附近的威尔逊山上始建于 1904 年的威尔逊山天文台和位于加利福尼亚州圣迭戈东北 80 千米处的帕洛玛山上建于 1928 年的帕洛玛山天文台等几处世界著名天文观测研究机构重新命名，合称为海耳天文台，为的就是纪念曾经在这里创建威尔逊山天文台和帕洛玛山天文台，并亲自主持建造了当时世界最大的科学仪器——100 英寸胡克望远镜的美国科学家乔治·埃勒里·海耳。

海耳所推动建造的 100 英寸反射式光学望远镜，于 1904 年开始筹建，1917 年建成。在此后的 31 年中，它一直是世界上最大的光学望远镜，直到 1948 年 200 英寸的海耳望远镜建成。这架 100 英寸反射式光学望远镜，对现代大文学，特别是新兴学科天体物理学的发展起到了至关重要的作用。著名天文学家哈勃使用这架 100 英寸望远镜完成了银河外星系和宇宙红移等一系列重要发现。1948 年，当以海耳名字命名的 200 英寸望远镜最终建成时，距离海耳去世已经 10 年之久。但这台当时世界最大光学望远镜，也是由海耳本人从 1928 年开始筹备，为其最终的建成奠定了坚实的基础。海耳先后主持了两个重要天文台的建设，即叶凯士天文台和威尔逊山天文台。利用美国工业化成功后的有利条件，广泛游说、筹集资金、精心设计，建造了一系列世界之最的大型天文望远镜等科学研究仪器，为美国跨入世界科学先进行列作出了不朽贡献。他也是世界范围内大型科学装置的早期建造者，是推动大科学时代来临的先驱者。

一、出身富商的小天文爱好者

乔治·埃勒里·海耳，1868 年出生于美国芝加哥市，是当地富商威廉·埃勒

中外著名科学家传记

典藏版

第Ⅰ册

王大明　刘　兵　李　斌　主编

中原出版传媒集团
中原传媒股份公司
大象出版社
·郑州·

图书在版编目(CIP)数据

中外著名科学家传记：典藏版 / 王大明，刘兵，李斌主编. -- 郑州：大象出版社，2024. 12. -- ISBN 978-7-5711-2560-8

Ⅰ. K816. 1

中国国家版本馆 CIP 数据核字第 2025SX4622 号

中外著名科学家传记：典藏版

ZHONGWAI ZHUMING KEXUEJIA ZHUANJI：DIANCANGBAN

王大明　刘　兵　李　斌　主编

出 版 人　汪林中
项目策划　李光杰
项目统筹　董嬰华
责任编辑　王大卫　王曼青　成　艳　董嬰华　张韶闻　张士彬
责任校对　张绍纳　牛志远　安德华　赵　芝　任瑾璐　李婧慧
数字编辑　陈豆豆
装帧设计　王莉娟
责任印制　毛林红

出版发行　大象出版社（郑州市郑东新区祥盛街 27 号　邮政编码 450016）
发行科　0371-63863551　总编室　0371-65597936
网　　址　www.daxiang.cn
印　　刷　北京汇林印务有限公司
经　　销　各地新华书店经销
开　　本　787 mm×1092 mm　1/16
印　　张　232. 5
字　　数　4129 千字
版　　次　2024 年 12 月第 1 版　2024 年 12 月第 1 次印刷
定　　价　1280. 00 元（全 5 册）

印厂地址　北京市大兴区黄村镇南六环磁各庄立交桥南 200 米（中轴路东侧）
邮政编码　102600　　电话　010-61264834

序言

朱清时

本书收录了200多位中外著名科学家的传记，这些传记全部都来自中国科学院1979年创刊的《自然辩证法通讯》杂志。该杂志从创刊伊始就设立了一个科学家人物评传的固定栏目，迄今已届45年，先后刊登了200多篇古今中外科学家的传记，其中大部分都是近现代科学家，例如数学领域的欧拉、伽罗瓦、阿贝尔、黎曼、希尔伯特、庞加莱、哈代、陈省身、吴文俊等，物理学领域的麦克斯韦、玻尔兹曼、玻尔、普朗克、薛定谔、海森伯、泡利、钱三强、王淦昌、束星北等，化学领域的李比希、维尔纳、施陶丁格、朗缪尔、鲍林、侯德榜、卢嘉锡、徐光宪等，以及天文学、地学、生物学、计算机和若干工程科学领域的科学家。

值得注意的是，本书不但收录了欧美各科学领域的名人，还收录了许多亚洲科学家，例如印度最早获得诺贝尔物理学奖的拉曼、日本第一位获得诺贝尔物理学奖的汤川秀树以及巴基斯坦的诺贝尔物理学奖获得者萨拉姆等，这些证明了非欧美国家的科学家也可以为现代科学的发展作出重大贡献。还有一个特别之处，就是本书专门收录了一些女科学家的传记。例如从实验中发现核裂变，从而为原子弹的制造创造了前提条件的德国女物理学家迈特纳；验证了李政道、杨振宁宇称不守恒理论的杰出华裔女物理学家吴健雄；曾经遭受歧视的女数学家爱米·诺特；命运多舛的女生物学家富兰克林；等等。中国近现代科学家的身影也出现在这些传记文章中，例如晚清数学家李善兰、华蘅芳，中国近代地质学的先驱张相文、“龙骨大王”杨钟健，以及前面提及的物理学家钱三强、王淦昌、束星北，化学家侯德榜、卢嘉锡、徐光宪等，表明中国科学家经过几代人的努力，已经迅速赶上了现代科学发展的潮流，并且大有超越趋势，令人欣慰。

我近些年来对量子理论比较感兴趣，本书也收录了很多在量子物理学方面作出贡献的科学家，这对读者理解量子理论在科学领域和更大范围内的影响力有帮助，也为大众更深入理解量子的内涵提供了好机会。因为量子概念的提出不仅仅在科学领域是重大突破，对于认识自然界的基本规律有很大价值，在认识人的心灵方面也有不可忽视的价值和意义。了解量子科学家在创造量子理论过程中的所思所想，想必会对量子究竟是什么有更深刻的理解。

在平装版丛书推荐词中，我曾也题写过“弘扬科学家精神，很有意义”。如今再出典藏版，作为《自然辩证法通讯》杂志编委会主任，我感到非常高兴。我认为无论是对专家学者们的继续探究，还是对普通公众学习科学家精神，应该都会有所帮助。

说到科学，我认为其实并不是特别神秘的东西，科学家们也并非高不可攀，而是一些普普通通的人。但从另一方面看，他们又绝不普通，他们通过自己异于常人的努力，一则改变了整个世界，二则改变了他们自己。科学家们揭开了许多自然奥秘，让这个世界变得更加透明、更可理解。他们在改变世界的同时，也通过或艰苦卓绝、或惊天动地的奋斗，让他们自己的那些本来也许平淡无奇的人生，变得色彩斑斓、波澜壮阔。

这部典藏版收集了很多科学家的故事，从中可以一窥科学家的世界，不仅包括他们的科学世界，也包括他们的精神世界。我建议诸位读者朋友在阅读这些故事的时候，第一无须以高山仰止的姿态，而要以好奇探险的心态，去感受那些科学思想的火花、科学方法的奥妙和科学精神的真谛。第二可以设身处地观察和思考，从科学家与平常人一样的生活的喜怒哀乐中，来反思和体会他们的失败和成功。

最后，如果读者朋友得出了这样一个结论——科学原来并不神秘，科学家也很普通，他们不过就是比常人付出了更多努力——那么恭喜你，你已经略窥科学门径，剩下的就是要坚持“不忘初心”，最后才能“方得始终”。

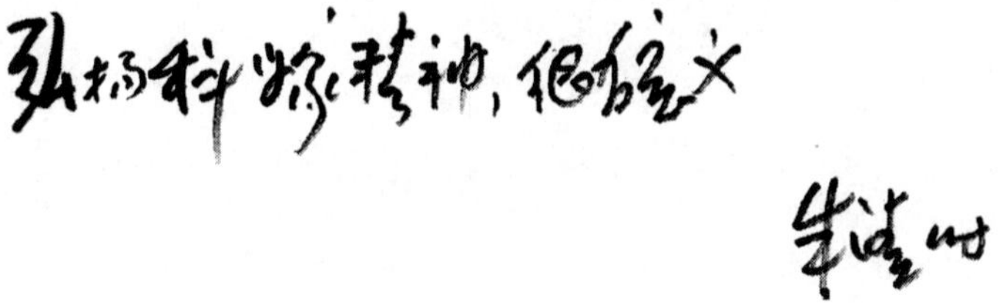

2024 年 4 月 15 日

“中外科学家传记丛书”总序

马克思和恩格斯合写于19世纪40年代的《共产党宣言》中，曾有这样一段生动的描述：“自然力的征服，机器的采用，化学在工业和农业中的应用，轮船的行驶，铁路的通行，电报的使用，整个整个大陆的开垦，河川的通航，仿佛用法术从地下呼唤出来的大量人口——过去哪一个世纪料想到在社会劳动里蕴藏有这样的生产力呢？”马克思和恩格斯说的那一切，还不过是19世纪的景况。到了21世纪的今天，随着核能、电子、生物、信息、人工智能等各种前人闻所未闻的科学技术的飞速发展，人类社会面貌进一步发生了翻天覆地的甚至马克思那个年代都无法想象的巨变。造成所有这一切改变的最根本原因，毫无疑问，就是科学技术。而几百年来，推动科学技术发展的直接力量，就是一大批科学家和技术专家。

中国是这几百年来世界科学技术革命和现代化的后知后觉者，从16世纪末期最初接触近代自然科学又浅尝辄止，到19世纪中期晚清时代坚船利炮威胁下的西学东渐，再到20世纪初期对“德先生”和“赛先生”的热切呼唤，经过几百年的尝试，特别是近几十年的努力，已逐渐赶上世界发展的潮流，甚至最近还有后来者居上的势头。例如，中国目前不但在经济总量上居于世界第二的地位，而且在科学研究的多个前沿领域也已经名列国际前茅。最可贵的是，中国已经形成了一支人数众多、质量上乘的科研队伍。

利用科学技术来推动社会经济的发展，中国已经尝到了巨大甜头，科学技术是第一生产力的观点深入人心。从政府到民间，大家普遍关心如何进一步落实科教兴国战略、推动创新促进发展，使中国在科技创新方面更具竞争优势，培养和造就出更多的科技创新人才，使中国在现代化道路上能走得更长远、更健康。

为实现上述目标，一方面需要提高专业科学研究队伍的水平，发扬理性思考、刻苦钻研、求真求实、勇于创新的科学精神；另一方面也需要增强和培育整个社会的公众科学素养，造就学科学、爱科学，支持创新、尊重人才的文化氛围。这套“中外科学家传记丛书”的编辑和出版，就是出于这样的考虑。

通过阅读和学习科学家传记，一是可以更深刻地理解科学家们特别是那些在重大历史转折关头作出了伟大贡献的科学家的科学思想和创新方法，二是可以更鲜活地了解到科学家们的科学精神和品格作风，三是可以从科学家们的各种成长经历中得到启发。

本丛书所收录的 200 多位中外著名科学家（个别其他学者）的传记，全部都来自中国科学院 1979 年创刊的《自然辩证法通讯》杂志。该杂志从创刊伊始就设立了一个科学家人物评传的固定栏目，迄今已逾四十年，先后刊登了 200 多篇古今中外科学家的传记，其中包括文艺复兴时期的欧洲科学家、远渡重洋将最初的西方近代科学知识带到中国的欧洲传教士，当然大部分都是近现代科学家，例如数学领域的希尔伯特、哈代、陈省身、吴文俊等，物理学领域的玻尔、普朗克、薛定谔、海森伯、钱三强、束星北、王淦昌等，以及天文学、地学、生物学、计算机科学和若干工程领域的科学家。值得指出的是，这些传记文章的作者，大都是在相关领域学有专长的专家学者。例如：写过多篇数学家传记的胡作玄先生，是中国科学院原系统科学研究所的研究员；写过多篇物理学家传记的戈革先生，是中国石油大学的物理学教授；此外还有北京大学、清华大学、上海交通大学、中国科学技术大学等多所国内著名大学的教授，以及中国科学院、中国医学科学院和中国科技协会等研究机构的专家。所以，这些传记文章从专业和普及两个角度看，其数量之多、涉及领域之广、内容质量之上乘、可读性之强，在国内的中外科学家群体传记中都可以说是无出其右者。

考虑到读者对象的广泛性，本丛书对原刊物传记文章进行了重新整理编辑，主要集中在如下几个方面：一是在总体设计上，共分29册，每册收录8篇人物传记；二是基本按照学科领域来划分各个分册；三是每分册中的人物大致参考历史顺序或学术地位来编排；四是为照顾阅读的连续性，将原刊物文章中的所有参考资料一律转移到每分册的最后，并增加人名对照表。

当前，中国正处在从制造大国向创造大国转变、急需更多科技创新和科技人才的重要历史时刻，希望本丛书的出版对于实现这个伟大目标有所裨益，也希望对广大青少年和其他读者的学习生活有所帮助。

总目录

第Ⅰ册

第Ⅱ册

第Ⅲ册

第Ⅳ册

第Ⅴ册

第Ⅰ册目录

现代数学的开拓者：

欧美数学名人 I

- 欧拉
- 贝祖
- 拉格朗日
- 伽罗瓦
- 阿贝尔
- 黎曼
- 切比雪夫
- 戴德金

莱昂纳德 · 欧拉

（Leonhard Euler，1707—1783）

欧拉

18 世纪数学的中心人物

莱昂纳德·欧拉，是著名的数学家、力学家、天文学家、物理学家，是圣彼得堡科学院、柏林科学院、巴黎科学院、英国皇家学会、巴塞尔物理与数学学会的院士及会员。

一、数学情缘

1707 年 4 月 15 日，欧拉诞生在瑞士巴塞尔市一个普通的新教神甫家庭。欧拉的父亲保罗·欧拉是一个牧师，但他对数学有着特殊的偏好，这影响了欧拉。听父亲给他讲数学上的益智故事成了欧拉最美好的享受，什么蒂多公主用半圆的图形圈走了酋长的大块土地，宰相达依尔在棋盘上要走了国库的全部粮食，这好像一下子激发了欧拉的数学兴趣。父亲保罗是欧拉的启蒙老师。

欧拉在巴塞尔市的一所文科学校接受了最初的正规教育。学校开设的课程主要是德文、拉丁文、希腊文和神学，但欧拉对这些课程极不感兴趣，学得也不怎么样。他经常满脑子都是父亲给他讲的数学小问题，像黄金分割、毕达哥拉斯定理等。每逢节假日他都乐意回到父母身边，听父亲给他讲数学故事，或乱翻父亲的藏书。有一天他翻到鲁道夫的《代数学》，立刻就被书中的公式和符号吸引住了。他开始只能读懂很少的一部分，事实上当时他所在的学校也没有几个人能读懂它。当时巴塞尔市的一位业余数学家约翰·伯克哈特给了欧拉很好的帮助，并引导欧拉做完了鲁道夫的另一本习题集。欧拉研究数学是从鲁道夫的书开始的，尤其是鲁道夫的著作中采用了大量的数学符号（这些符号的一部分成为现代数学符号的基础），对欧拉的数学思想和他以后的数学工作产生了深刻的影响。

1720 年秋天，13 岁的欧拉考上了巴塞尔大学文科。当时约翰·伯努利教授在该校任教，约翰教授对微积分、无穷级数、常微分方程、变分法、坐标几何、微分几何方面的研究，尤其是对悬链线、最速降线的研究闻名于世。他每天讲授基础数学课程，同时还要给少数高才生开设深奥的数学讲座和物理学讲座，这正是欧拉梦寐以求的。他每次都提前来到教室，认真地听课和做笔记。不管讲课内容难易，他总是约翰教授最忠实的听众。这样，约翰很快就以一个卓越数学家的敏锐眼光观察到了这个学生的数学天赋，以至于约翰教授决定从自己宝贵的时间中挤出每礼拜六的下午，专门为欧拉辅导、答疑，这样欧拉就有信心去攻读一些内容深奥的书，不仅起点高而且学到了从事数学最根本的方法。在教授家里，欧拉还结识了约翰的两个儿子尼古拉·伯努利和丹尼尔·伯努利，他们也是出色的数学家。他们比欧拉大几岁，在欣赏欧拉数学天赋的同时，给予了他很多鼓励和帮助。读大学期间，除在数学上投入很大的精力外，欧拉还有着广泛的兴趣，他爱好文学，甚至花费时间去背诵佳作名篇，他能背诵《伊尼衣德》全篇。

1722 年，欧拉获得了巴塞尔大学的学士学位，第二年他又完成了他的硕士论文《试论笛卡儿和牛顿的哲学思想》，并顺利地通过了论文答辩，1724 年 6 月 18 日获得了哲学硕士学位。1726 年，欧拉在《博学者》杂志上发表了他的第一篇论文，阐述了他对在有阻尼介质中等时曲线的结构问题的研究。第二年，欧拉用代数方法，成功地解决了炮弹在空中飞行的弹道问题，他的数学才能初露端倪。同年，巴黎科学院为解决船桅的最佳布置问题征文，评审委员会认为欧拉在应征文章中熟练地运用数学方法解决了船桅在航行中的一系列问题，专门为欧拉颁发了奖状（他没有获得奖金）。此后从 1738 年到 1772 年，欧拉共 12 次获得巴黎科学院的奖金。

1726 年经丹尼尔推荐，欧拉受聘为圣彼得堡科学院医学部院士助理。1727 年 4 月 5 日欧拉离开了巴塞尔，5 月 24 日到圣彼得堡。从此，欧拉再也没有回到过瑞士，但他始终深爱着自己的祖国，至死也没有改变他的瑞士国籍。

二、圣彼得堡初显才华

就在欧拉踏上俄国国土不久，较为开明的女皇叶卡捷琳娜一世去世了。彼得大帝年幼的孙子继位，权力却落在了以公爵多尔戈鲁斯为首的莫斯科旧贵族手中，混乱的政局对科学院的外籍学者极为不利。几经周折，他最终被任命为科学院数学部助理院士。

1731 年，欧拉被任命为科学院物理学部教授。1733 年，丹尼尔回巴塞尔后，欧拉接替了他的职位，转任数学部教授，同时又当选为圣彼得堡科学院院士。在这之后，欧拉结识了瑞士画家、时任科学院预科学美术教师的G. 葛塞尔，并于1733年冬与他的女儿柯黛琳娜·葛塞尔结婚。第二年，他们有了第一个儿子约翰·阿尔勃兰克·欧拉。

从1727年至1741年，在圣彼得堡的14年间，欧拉以他的勤奋和专注迎来了他科学生涯的第一个黄金时代，在分析学、数论、图论、几何学、三角学、代数方程、微分几何以及力学、航海学、造船学、天文学、地理学等领域做出了许多辉煌的发现和工作。截至1741年，他完成了近90种著作，还有大量的札记，公开发表了55种，其中包括两卷本巨著《力学或运动科学的分析解说》。欧拉以他卓越的成绩赢得了巨大的声望。早在1728年，欧拉的导师约翰教授在给他的一封信中就称他为“最善于学习和最有天赋的科学家欧拉”。1737年，约翰教授称欧拉是“最驰名和最博学的数学家”。

1738年，巴黎科学院为求解彗星的运行轨道，向全世界的科学家征文悬赏。这个欧洲许多著名学者几个月未能算出的天文学难题，欧拉用他自己发明的数学方法，仅用3天就完成了。过度的劳累影响了他的身体，尤其是对眼睛的损害特别严重，不久他的右眼失明了。

1740年秋天，俄国女皇安娜·伊凡诺芙娜暴病而死，政局再度骤变。欧拉此时与圣彼得堡科学院粗鲁、专横的顾问D. 舒马赫尔产生了摩擦。应普鲁士国王腓特烈大帝的邀请，1741年6月19日，欧拉离开了生活14年的圣彼得堡，7月25日到达了柏林。

三、柏林25年

欧拉最初被任命为柏林科学院院士、物理数学研究所所长，领导、规划该所物理、数学两个学科的研究工作，自此他把自己最辉煌的年代都献给了柏林科学院。他是科学院院务委员和学术著作出版委员会委员、科学院图书馆的顾问，管理着天文台和植物园的人事、财务，他还负责历书和地图的出版工作。科学院院长莫培督外出期间，他就主管整个科学院的工作。1759年莫培督去世后，尽管腓特烈一直没有正式任命他为院长，欧拉事实上一直领导着整个科学院，直到他离开柏林。

在柏林期间，欧拉一直被保留着圣彼得堡科学院院士资格，领取年俸，为圣彼得堡科学院编辑院刊的数学部分、介绍西欧的科学思想、购买书籍和实验仪器、推荐研究人员和研究课题、培养人才等。他经常把自己的学术论文寄往圣彼得堡，他的论文约有一半是用拉丁文在圣彼得堡发表的，另一半用法文在柏林出版。

欧拉的科学才能和成就在这一段时间内逐渐为世界所承认。1749 年当选为伦敦皇家学会会员，1753 年被聘为巴塞尔物理数学会会员，1755 年成为巴黎科学院院士。柏林时期是欧拉科学生涯的第二个黄金时期，他至少准备了 380 篇（部）论著，出版了其中大约 275 种，其中包括《寻求具有某种极大或极小性质的曲线的方法》(1744)、《天体轨道计算基础》(1745)、《火炮与弹道学》(1745)、《无穷小分析引论》(1748)、《船舶制造与航海学》(1749，本书观点是在圣彼得堡形成的)、《月球运动理论》(1753)、《微分学原理》(1755)，后三本书是在圣彼得堡科学院的资助下出版的。

欧拉参加了三场著名的争论，它们对数学的发展极有意义。一是在 1747 年前后，他和达朗贝尔关于负数对数的争论，欧拉对这个问题有成功的解答，但他的工作并未被人们接受。二是与达朗贝尔、丹尼尔关于弦振动方程的争论，长达 10 年之久，争论后期又有拉格朗日和拉普拉斯等陆续加入，使这场争论又延续了 10 年，最终导致了 18 世纪偏微分方程理论的建立，并成为三角级数理论的助产士。三是 18 世纪四五十年代与达朗贝尔、拉格朗日的争论，在此之前还有与丹尼尔关于无穷级数敛散性的争论。欧拉确实看到了发散级数的某些困难，但总体上他对这个问题的认识还是不清楚的。通过争论，他们预见到了关于无穷级数的两个充满生命力的思想，后来得到了承认。第一个是发散级数可以用来给函数作数值逼近。第二个是级数可以在解析运算中代表函数，即使这个函数是发散的。

欧拉不愿拍马钻营地讨好腓特烈，这使他的言行越来越不适合腓特烈的口味了。1759 年莫培督死后，欧拉一直在国王的监督下领导科学院的一切工作。1763 年当欧拉听说腓特烈要把院长之职授给达朗贝尔时，他开始考虑离开柏林。达朗贝尔虽然由于数学上的争论和欧拉有点芥蒂，但他耿直地告诉腓特烈，把任何数学家置于欧拉之上都是不恰当的，可能这使腓特烈更加生气。当圣彼得堡科学院了解到这一情况后，立即禀告女皇叶卡捷琳娜二世，女皇很快就给欧拉寄来了聘书，欧拉 1766 年 7 月 9 日离开柏林，28 日重新回到了圣彼得堡。

四、重返圣彼得堡

女皇叶卡捷琳娜二世以非常隆重的仪式迎接欧拉全家的到来，在涅瓦河畔为欧拉一家 18 人准备了豪华的住宅，并派去了自己的厨师管理欧拉的膳食。来到圣彼得堡的那年冬天，欧拉由于白内障几乎失去了左眼的视力，1771 年欧拉完全失明了。幸好在他完全失明之前，他已经能用粉笔在黑板上盲写公式，助手再把它们抄下来，他再口述一些对公式的说明。这样，完全失明以后的 17 年间，欧拉的著作产量并没有降低，他几乎一半的著作是在 1766 年以后完成的。

1771 年冬，圣彼得堡的一场大火殃及欧拉的住宅，房子里面的陈设，包括藏书全部葬于火海。1773 年 11 月，陪伴欧拉几十年的妻子柯黛琳娜去世。欧拉面对接踵而来的不幸，始终没有停止过他的研究和著述，仅仅在 1776 年他就写下了 56 篇重要论文，计 1000 多页。这段时间，他在微分方程、微分几何、数论、代数、光学、力学、天文学、船舶学、航海学等方面都作出了显著的贡献。主要著作有《刚体运动理论》(1765)、三卷本《积分学原理》(1768—1770，大部分内容是在柏林准备的)、《给一位德国公主的信》(1768—1772，内容是在柏林准备的，它一出版就引起了世界的轰动，并被译成多国文字，再版了 12 次)、两卷本《关于代数学的全面指南》(1770)、三卷本《屈光学》(1771—1772)、《月球运动理论和计算方法》(1772)、三卷本《船舶操纵及结构理论》(1773—1774)。另外，像“二次互反率”等一些重要贡献也是在这一时期完成的。

五、“他停止了生命，也停止了计算”

1783 年 9 月 18 日上午，欧拉和平时一样，为孙女辅导了数学课程，用粉笔在两块黑板上做了有关气球运动的计算。下午，圣彼得堡科学院院士莱克赛尔和富斯来访，欧拉坐在客厅的沙发上，抽着烟，喝着茶，兴致勃勃地和客人谈论着蒙高飞兄弟的气球飞行，还介绍了他推导的气球受力公式，讨论了两年以前 F. W. 赫歇尔发现的天王星轨道计算，并简述了自己的计算思想。下午 5 时左右，欧拉手中的烟斗突然掉到了地上，嘴里喃喃地说“我要死了”，就失去了知觉。他患的是脑溢血。晚上 11 时许，欧拉停止了呼吸。

在巴黎科学院的追悼会上，法国数学家孔多塞在悼词结尾耐人寻味地说：“他停止了生命，也停止了计算。”

欧拉生前曾对叶卡捷琳娜一世的宠臣奥尔洛夫伯爵说：“我死后要给科学院留下足够刊登 20 年的文稿。”实际上欧拉的遗作直到 1862 年才刊登完。1907 年，瑞士自然科学史协会决定出版《欧拉全集》，德奈斯特罗姆从分散发表在不同杂志、科学院丛书和其他书中整理出一份欧拉著作清单。欧拉一生共出版了 850 篇（部）著作，另外有 31 种是在他的授意下写成的，其中尤以数学方面为最。约有 40 位数学、力学、天文学、物理学和自然哲学的不同分支的专家参加了该全集的编辑工作，原计划出版三集 72 卷，但在出版过程中又增添了第四集十几卷。

高斯说："对于欧拉工作的研究，将仍旧是对数学不同范围的最好学校，并且没有别的可以替代。"

拉普拉斯说："在数学领域，18 世纪是欧拉的世纪。"他还说："读读欧拉，读读欧拉，他是我们大家的老师。"

美国著名的数学史家莫里斯·克莱因说："没有一个人像他那样多产，像他那样巧妙地把握数学；也没有一个人能收集和利用代数、几何、分析的手段，去产生那样多令人钦佩的结果。他是顶呱呱的方法发明家，又是一个熟练的巨匠。"

欧拉是数学通才的第一个，也许是最伟大的一个。阿拉哥指出，他成功的原因之一是他决不妄自尊大，他经常写一些初级易懂的东西，教授与发现相结合。他不是一个狭隘的数学家，在文学和科学的各个方面，他至少是知识渊博的。

欧拉的成功得益于他非凡的记忆力和心算能力。他 70 岁时还能准确地背诵年轻时看过的《伊利亚特》，并能指出每一页的头行和末行。他能背诵当时数学领域的全部公式和前 100 个素数的前六次幂。他不仅能心算普通的初等运算题目，而且也能心算高等数学中的算式。孔多塞讲述了一个例子：欧拉的两个学生在计算一个复杂的收敛级数时，需要把它们的前 17 项加起来，当他们算到第 50 位的时候因相差一个单位而争执了起来，欧拉心算了整个计算过程，给出了正确的答案，欧拉的心算天才传为佳话。

欧拉的成功不仅仅缘于他的天才，对科学的执着追求和献身精神，使欧拉无论何时何地，身处困境还是置身于嬉闹的孩子们之间，他都能平心静气地把自己整个身心投入到研究中去。这是坚强的毅力，这是对人类科学事业的无限信仰，使他认为他应该这样做。

1755 年，19 岁的青年拉格朗日给欧拉写信讨论"等周问题"的解法。欧拉注意到拉格朗日的论文很有见地，他就把自己这方面的论文压下，让拉格朗日的论文优先发表，使拉格朗日成为"变分法"的创始人之一，并由此很快出名，成为一名优秀的数学家。1766 年，欧拉在离开柏林前，还向腓特烈推荐拉格朗日为柏林科学院物理数学研究所所长，尽管他们在很多问题上公开辩论过。欧拉的道德情操由此可见一斑。

六、欧拉的数学业绩

作为 18 世纪最杰出的科学巨匠，欧拉首先是一位数学家；作为一名举世闻名的数学大师，他首先是一位分析学家。他发展了伯努利家族继承的莱布尼茨学派的微积分，工作几乎遍及 18 世纪数学的每一个分支，并都作出了重大贡献。

1. 分析学方面

约翰在给欧拉的一封信中说：“在我向你们介绍高等分析的时候，它还是一个孩子，而你正要把它带大成人。”《欧拉全集》29 卷的纯数学的内容，有 17 卷属于分析学领域，所以他被同时代的人们誉为“分析的化身”。

欧拉从年轻的时候就注意到，莱布尼茨的分析学使用了大量的数学符号，使之表达起来整齐、简洁、明了，容易让人接受，在这一方面要优于牛顿的体系。所以欧拉始终注意符号的采用，他一生发明了许多重要的数学符号，很多一直沿用至今。比如 e（自然对数的底）、f（x）、$\sin x$ 等三角学中的一些符号，Δy、$\Delta^2 y$ 有限差分符号，求和符号∑，i 表示虚数单位，数列 $\frac{1}{n}$ 及其前 n 项和 S_n 等。

函数概念是全部数学最重要的概念之一，尤其是它对分析学摆脱几何上的直观走上代数化的道路，起了至关重要的作用。莱布尼茨最先提出函数概念。约翰·伯努利初步将函数概念公式化。欧拉先后两次给出了函数的定义，明确地表述了函数要用解析式来表达（虽然这种思想有很大的局限性，但它在当时的确反映了对函数概念认识的进步）和对应的思想。他区分了代数函数和超越函数、一元函数和多元函数、显函数和隐函数。但他在函数的连续性上还存在着模糊的认识。在三角函数方面，欧拉用比值给出了三角函数的定义，给出了正弦和余弦的级数表示，建立了指数函数、对数函数和三角函数的联系，从 $\sin^2 x+\cos^2 x=1$ 出发，系统化了三角函数的公式，并得出了一些形式优美而又非常重要的公式，如棣莫弗定理等。

他研究得出了许多微积分公式，导出了函数恰当微分的必要条件，对一元函数、二元函数的极值问题也得出了许多重要的结果。欧拉叙述了不定积分的方法，计算了许多困难的定积分，创造了变量替换等积分方法，他引入了 β 函数与 r 函数，并发现了它们的许多性质，明确了二重积分的概念，并给出了累次积分的程序，发现了椭圆积分的加法定理与乘法定理等。

2. 微分方程方面

欧拉在解决力学、物理问题的过程中创立了微分方程这门学科，他给出了任意阶常系数线性齐次微分方程的古典解法，最早引入了通解和特解的名词。他发明了用降阶法求解常系数非齐次线性方程的解法，常数变易法、积分因子法、欧拉折线法等都是他的发明。欧拉在研究弦振动、鼓膜振动、管内空气运动等问题过程中，对二阶线性偏微分方程做了深入的研究，如位势方程、贝塞尔方程等，得出了许多重要结论，数学史上对偏微分方程线性研究的第一篇论文是欧拉完成的。

3. 变分学方面

欧拉的《寻求具有某种极大或极小性质的曲线的方法》是变分学史上的里程碑，标志着变分学作为一个新的数学分支的诞生。这本书收集了他从1738年到1744年间关于变分法最小作用原理的一般求解问题的研究成果，对测地线尤其是最速降线等问题做了充分研究，得出了一些极重要的成果，如欧拉方程等。

4. 级数方面

欧拉是18世纪对无穷级数研究得最多的数学家，他把无穷级数与有限项多项式等量齐观地进行运算，得出了许多有意义的结果，如著名的ξ函数、有限差演算法等。他还研究了调和级数，引入了级数变换、傅立叶三角级数及其系数公式。另外，欧拉对无穷乘积、连分式也有深入研究，他的工作给今后无穷级数的研究指明了方向。

5. 复变函数论方面

欧拉把实函数的许多结果形式推广到复数域，并得到了复数域关于代数运算和超越运算封闭的结论，还在解析函数的一般理论方面取得了最初的进展，对复函数的积分也得出了新方法（代换方法）。欧拉用保角映射把复变解析函数用于理论制图学等方面。

6. 数论方面

数论自古至今都在吸引着无数的最优秀的数学家加入，欧拉对数论也作出了巨大的贡献。他证明了费马小定理，以及费马大定理当n=3，4时的情形，他发明的欧拉定理和欧拉函数在数论中占有极重要的地位。欧拉发现的二次互反率是18世纪数论中最富开创精神的成果，高斯称它为“算术中的宝”，由它出发后世的许多数学家都做出了许多重要的发现。欧拉解出了许多经典方程，如丢番图分析、佩尔方程等。他开创了解析数论这门新学科，第一个明确定义了ξ函数。欧拉巧妙地证明了素数无穷，即欧几里得定理，在完全数、亲和数、素数方面做出了许多惊人的发现。

7. 代数学方面

1732 年欧拉对 G. 卡尔达诺的三次方程解法做出了第一个完整的讨论，1742 年他第一次阐述了所有实系数 n 次多项式都可以分解为一次或实二次因式的积，即具有 n 个形如 $a+bi$ 的根。他的《代数学入门》是 16 世纪中期以来代数学的一个系统总结，此书出版以后，很快被译成英、荷兰、意大利、法等多国文字。1737 年欧拉基本上证明了 e 和 e^2 是无理数。早在 1744 年他就认识到了代数数与超越数的区别，他还正确地解决了复数的对数问题。

8. 几何学和拓扑学方面

18 世纪广泛地探讨了二维解析几何和三维坐标几何，欧拉在这些方面也作出了突出贡献。他引进了曲线的参数表示，极大地发展了二次曲线理论。他还探讨了三次曲线、高次平面曲线。他通过欧拉角坐标变换研究了锥面、柱面、椭球面、单叶和双叶双曲面、双曲抛物面（这是他发现的）、抛物柱面，稍后他给出了齐次线性正交变换，对曲面的研究达到了极高的境界。欧拉还扩充了极坐标的使用范围。

在微分几何方面，欧拉于 1736 年引进了平面曲线的内在坐标概念，从而开创了曲线内在几何的研究。证明了摆线的渐展线还是摆线，给出了扭曲线理论的完整论述，引进了球面指标线、曲率、曲率半径、密切平面等概念，给出了密切平面的方程。1728 年，欧拉给出了曲面上测地线的微分方程，1760 年在他的《关于曲面上曲线的研究》中建立了曲面的理论，这是微分几何发展史上的新篇章。他把曲面表示为 $z=f(x, y)$，而且引进了现代的标准符号：

$$p=\frac{\partial z}{\partial x},\ q=\frac{\partial z}{\partial y},\ r=\frac{\partial^2 z}{\partial x^2},\ s=\frac{\partial^2 z}{\partial x\partial y},\ t=\frac{\partial^2 z}{\partial y^2}$$

他引进了曲面的参数表示，研究了空间曲面和可展曲面的关系，并且证明了任何空间曲面的切线族添满或构成一可展曲面。

欧拉对拓扑学也作出了重大贡献，他解决了哥尼斯堡七桥问题，是拓扑学和图论的先声。欧拉得出的凸多面体中顶点数 V、棱数 E、面数 F 之间的关系式 $V-E+F=2$ 是拓扑学中重要不变量之一。

七、欧拉的数学思想

欧拉的研究领域如此之广，著作是如此丰富，除他惊人的勤奋和天分之外，还在于他深邃的数学思想。

1. 以解决具体的物理问题为根本目的，忽略数学对严密性的要求

欧拉在完成数学抽象模型、给出解法、选择结果、验证结论的整个过程中，很多时候以实际情况为准绳，忽略数学本身对细节、推理严密性的要求。这样的思想虽然会影响到他个别结论的正确性和完善性，但就他所处的数学时代、他的多产和开创性工作来说，无疑是合理的、卓越的，他为 19 世纪甚至 20 世纪的数学发展提供了无限的契机，打下了坚实的基础。

偏导数的演算是由欧拉研究流体力学问题的一系列文章提供的。对振动弦的研究促使欧拉推广了函数的概念，不再认为函数的解析表达式必须唯一，开始考虑函数的连续与否的问题，甚至还放宽了对数函数自变量的取值范围，允许取复数做自变量了。欧拉对级数的研究表现出了极端的不严密性，他有时候不考虑收敛性，任意地取代级数中的变量，比如他会从 $\frac{1}{1-x}=1+x+x^2+x^3+\cdots$ 中，令 $x=-1$ 得，$\frac{1}{2}=1-1+1-1+\cdots$，但他确实在级数理论方面作出了重要贡献。1747 年，欧拉在研究行星扰动理论时，得到了函数的三角级数表示。1777 年，欧拉在研究天文问题时，用三角级数的正交性得到了其系数表示。在对摆在有阻尼介质中的运动的研究中，在关于带有任意多个有重量的柔软细绳的振动的研究中，以及对声在空气中的传播等问题的研究中，欧拉开始了二阶微分方程的研究，那些微分方程的特解大多都依赖于具体问题的物理条件，大多情形下只能凭借实际情况，否则他还不能给出解。他关于偏微分方程的研究缘于粗细可变弦的振动问题和鼓、长笛、管风琴、铃等乐器发声的研究。他在 1755 年的一篇文章中说：“如果我们不能洞察关于流体运动的完全知识的话，那么归结其原因不在于力学，或不在于已知的运动原理不够充分，这里是分析的本身抛弃了我们，因为流体运动的全部理论正好被化归成分析公式的解。”从他的话中，我们可以看出欧拉的数学对物理的依赖程度。

2. 归纳和类比

欧拉是善于归纳和类比的大师，他凭借敏锐的观察、大胆的猜测和巧妙的证明，得出了许多重要的发现。我们从他的《关于整数因子和的一个非常奇特规律的发现》一文中可以看出作为数学大师的欧拉在这方面的气魄。

他先定义了符号 $\sigma(n)$ 表示数 n 因子和，他归纳出一般规律 $\sigma(a^n)=\frac{a^{n+1}+1}{a-1}$，更一般的 $\sigma(a^\alpha b^\beta c^\gamma d^\delta)=\sigma(a^\alpha)\sigma(b^\beta)\sigma(c^\gamma)\sigma(d^\delta)$。这样任一个数的因子和都能够求出了。

为了求出因子和序列的规律，欧拉列出了从 1 到 99 各数的因子和序列表，并从中归纳出如下的公式：

$\sigma(n)=\sigma(n-1)+\sigma(n-2)-\sigma(n-5)-\sigma(n-7)+\sigma(n-12)+\sigma(n-15)-\sigma(n-22)-\sigma(n-26)+\sigma(n-35)+\sigma(n-40)-\sigma(n-51)-\sigma(n-57)+\sigma(n-70)+\sigma(n-77)-\sigma(n-92)-\sigma(n-100)+\cdots$

并作如下说明：

Ⅰ. 每两个加号之后有两个减号；

Ⅱ. 要从 n 减去 1，2，5，7，12，15，…诸数，若取其差，易见其规律：

数 1，2，5，7，12，15，22，26，35，40，51，57，70，77，…

差 1，3，2，5，3，7，4，9，5，11，6，13，7，…

在差这一列里交替出现了 1，2，3，4，5，6，7，…与 3，5，7，9，11，13，…，并且可以把这两个序列写到任意长；

Ⅲ. 这序列虽然无穷，但每次只取到括号中的数大于 0 为止，不取负数；

Ⅳ. 若公式中出现 $\sigma(0)$，其值不定，应以 n 代之。

从如此庞杂的数列中归纳出如此复杂的递推公式，得出整齐的规律，我们把这完美的结果归因于欧拉对归纳法的巧妙运用。实际上，欧拉在他的分析学、数论、级数等许多领域都出色地运用了归纳法，其中许多结果脍炙人口，流芳百世。

类比推理是指根据两种事物在某些特征上的相似性，做出它们在其他一些特征上也相似的结论，对科学发现来说，它是一种行之有效的方法，这在欧拉的工作中有突出的表现。比如，在求解 $\sum_{n=1}^{\infty}\frac{1}{n^2}$ 这个著名的问题中，欧拉就表现出了他对类比方法的出色运用。

设 $2n$ 次方程

$$b_0-b_1x^2+b_2x^4-\cdots+(-1)^n b_n x^{2n}=0 \tag{1}$$

有 $2n$ 个根 β_1，$-\beta_1$，β_2，…，β_n，$-\beta_n$，则

$$b_0-b_1x^2+b_2x^4-\cdots+(-1)^n b_n x^{2n}$$

$$=b_0\left(1-\frac{x^2}{\beta_1^2}\right)\left(1-\frac{x^2}{\beta_2^2}\right)\cdots\left(1-\frac{x^2}{\beta_n^2}\right) \tag{2}$$

比较两边的系数得

$$b_1=b_0\left(\frac{1}{\beta_1^2}+\frac{1}{\beta_2^2}+\cdots+\frac{1}{\beta_n^2}\right) \tag{3}$$

设方程 $\sin x=0$，即 $\frac{x}{1}-\frac{x^3}{3!}+\frac{x^5}{5!}-\frac{x^7}{7!}+\cdots=0$　(4)

设 $x\neq 0$，方程（4）两边同除以 x 得

$$1-\frac{x^2}{3!}+\frac{x^4}{5!}-\frac{x^6}{7!}+\cdots=0 \tag{5}$$

$\sin x=0$ 有无数个根：0，π，−π，2π，−2π，3π，−3π，⋯

所以方程（4）有π，−π，2π，−2π，3π，−3π，⋯无数个根。

欧拉类比方程（1）和（5），得出了

$$1-\frac{x^2}{3!}+\frac{x^4}{5!}-\frac{x^6}{7!}+\cdots=1\times\left(1-\frac{x^2}{\pi^2}\right)\left(1-\frac{x^2}{(2\pi)^2}\right)\left(1-\frac{x^2}{(3\pi)^2}\right)\cdots \tag{6}$$

再次类比方程（2）和（6），得出了

$$\frac{1}{3!}=\frac{1}{\pi^2}+\frac{1}{2^2\pi^2}+\frac{1}{3^2\pi^2}+\cdots$$

即 $\frac{1}{1}+\frac{1}{2^2}+\frac{1}{3^2}+\cdots=\frac{\pi^2}{6}$。

在解题过程中，欧拉类比有限项多项式的展开规则，把无限项多项式因式分解；他再次类比有限项与有限项恒等的规则，得到无限项与无限项恒等的规则，最后非常巧妙地得出了结论。

3. 数学直觉和数学美

直觉是指对情况的一种突如其来的顿悟和理解，使长期思考的问题突然之间得到解决或澄清。“数学也是一门需要创造性的学科，在预测能被证明的内容时，和构思证明方法时一样，数学家们利用高度的直觉和想象。”“逻辑和直觉各有其必要的作用，二者缺一不可。唯有逻辑能给我们以可靠性，它是证明的工具；而直觉则是发明的工具。”欧拉在他的许多工作中就体现了这种思想。

尽管莱布尼茨等那个时代的许多数学家都不相信“任一实系数多项式都能分解成实系数的一次因式或二次因式的积”，哥德巴赫也不相信，并给出了反例，欧拉却断言它能成立，尽管他没能证明它。凭借直觉的力量，欧拉努力给出了哥德巴赫反例的因

式分解，而且证明了该命题直到六次多项式都成立。欧拉相信费马大定理的正确性，尽管他只能证明 n=3，4 时的情形。欧拉在给哥德巴赫的一封信中说："无论如何，'每个数都是两个素数之和'这一定理我认为是相当正确的，虽然我并不能证明这一点。"欧拉还预言了当时数论上的许多论断的正确性，如费马的"每一个正整数是不多于四个平方数的和"（他花了 40 余年的时间也没能证明它）等。他也给出了许多命题，如"两个互质数的平方和的任何约数也是两个数的平方和"，"形为 $3n+1$ 的素数能唯一地表示为 x^2+3y^2 的形式"。遇到这样的问题，在证明之前的直觉给了他许多智慧和力量，当然分析是必不可少的，关键是许多问题在当时无法按部就班地解决。

直觉在数学发现中起着重要的作用，那么直觉更深一层潜在的诱导因素是什么？这显然更接近心理学的研究范围。但内心对数学美的体验和追求是诱发这种直觉的因素之一。对数学美的崇尚，使数学家用简单、统一、对称、整齐的眼光审视、要求他们所面对的数学对象，一些重要的发现在这样的过程中诞生了。

欧拉有许多优美的数学结果，如他求得了许多优美的级数：

$$\frac{1}{2}=1\pm\cos x+\cos 2x\pm\cos 3x+\cos 4x\pm\cdots$$

$$\frac{\pi^2}{6}=\frac{1}{1}+\frac{1}{2^2}+\frac{1}{3^2}+\cdots$$

$$\sin x+2\sin 2x+3\sin 3x+\cdots=0$$

$$\cos x\pm 4\cos 2x+9\cos 3x\pm\cdots=0$$

这些整齐、对称、富有规律的式子会让任何有数学素养的人都叹为观止。他曾经得到过这样一个式子 $e^{\pi i}+1=0$，数学中最重要的常数 e，π，i，1，0 都集中在这个式子中了，一种数学大家庭统一的壮观美油然而生。他曾受音乐审美学主要问题的推动，力图证明变粗细的或者不均匀的弦会发出不和谐的泛音。在处理流体内任一点的速度分量 u、v、w 时，欧拉曾证明了 $u\mathrm{d}x+v\mathrm{d}y+w\mathrm{d}z$ 必定是一个恰当微分。他引进函数 s，使得 $\mathrm{d}s=u\mathrm{d}x+v\mathrm{d}y+w\mathrm{d}z$，于是

$$u=\frac{\partial s}{\partial x},\ v=\frac{\partial s}{\partial y},\ w=\frac{\partial s}{\partial z}$$

但是，不可压缩流体的运动遵从所谓连续性定律，即

$$\frac{\partial u}{\partial x}+\frac{\partial v}{\partial y}+\frac{\partial w}{\partial z}=0$$

这在数学上表达了运动过程中既没有物质被消灭也没有物质产生这个事实，于是由此

推得

$$\frac{\partial^2 s}{\partial x^2}+\frac{\partial^2 s}{\partial y^2}+\frac{\partial^2 s}{\partial z^2}=0$$

欧拉通过这些简洁、整齐、对称的位势方程，表达了数学与自然的和谐，美与真理达到了完美的统一。

（作者：李鹏奇）

参考资料

[1] 吴文俊．世界著名科学家传记：数学家IV［M］．北京：科学出版社，1992.

[2] E.T.贝尔．数学精英［M］．徐源，译．北京：商务印书馆，1991.

[3] Beitrage zu Leben und Werk. Leonhard Euler 1707–1783［C］. Gedenkband des Kantons Basel Stadt，Birkhauser Verlag Base，1983.

[4] 莫里斯·克莱因．古今数学思想：第二册［M］．上海：上海科学技术出版社，1979.

[5] R 塔东　莱奥纳尔·欧拉通信集的编辑出版情况［J］．科学史译丛，1983（2）.

[6] 严敦杰．早期输入中国的欧拉学说［M］// 科学史集刊编辑委员会．科学史集刊：第一期．北京：科学出版社，1958.

[7] и．г．孟尔尼科夫．列奥那尔·欧拉和初等数学［J］．厦门数学通讯，1958（1）.

[8] 欧拉．无穷分析引论［M］．张延伦，译．太原：山西教育出版社，1997.

[9] 李文林．数学珍宝：历史文献精选［M］．北京：科学出版社，1998.

艾蒂安·贝祖

（Étienne Bézout，1730—1783）

贝祖
西方消元理论的开拓者

18 世纪下半叶，方程的代数理论迎来了新的进展。关于多项式的基本知识已众所周知，计算技巧日益高超，以现代标准来衡量亦是如此。而且，这一时期最显著的研究精神与卡尔达诺时代迥然不同：不再考虑这些理论是否可应用到解数值方程上，也没有涉及任何实际问题。这一学科就数学性而言变得愈加纯粹，并且，它的发展愈加来自自身动力的推动。在不到一个世纪的时间内，在一些天才数学家的推动下，它经历了一段快速发展的时期，并强烈地改变了整个代数学的主题。18 世纪代数方程发展的方向之一就是方程组理论，而从方程组中消去未知量的卓越方法，是由贝祖第一个在 1764 年的文章中勾勒出大致轮廓，并在他的《代数方程的一般理论》(1779) 中公布于众的。

一、贝祖生平简介

艾蒂安·贝祖，1730 年 3 月 31 日生于法国内木尔镇上的一个古老家族，1783 年 9 月 27 日卒于法国枫丹白露附近的逻各斯。他的母亲是海伦·珍妮，父亲皮埃尔·贝祖是内木尔镇上的一个司法官，艾蒂安·贝祖是这个家庭的第二个儿子。由于他的父亲和祖父都曾担任当地的地方司法官，所以父亲也希望艾蒂安子承父业。尽管身上肩负着来自家庭对于其职业的希望和压力，数学知识却强烈地吸引着这个年轻人，尤其是在他读过莱昂纳德·欧拉的著作之后，书中精深的数学知识对于艾蒂安的吸引力远远超过了其父母对其职业选择的期许，贝祖一接触到欧拉的著作，便立志献身于数学研究工作。他在 1756 年出版了一本文集《动力学》，接着，又发表了《求量的微分》(1757)，1758 年发表了《求曲线长》，其中后两篇文章是关于积分的研究。

他在数学上的造诣很快就得到了法国科学院的赏识。1758 年，贝祖被任命为法国科学院的力学助理，同年，又成为皇家监察官。1763 年，舒瓦瑟公爵任命贝祖为数学科学教师，并任命他为海军警卫审查官。他在任期内被委以重任，为那些将要成为海军军官的年轻人撰写一部数学教科书。贝祖因为这本始源于政治任务的教科书而闻名一时，这部教材最初是以 1764 年到 1767 年出版的四卷本著作《数学教程》形式而问世的。这些书的定位是教授军人关于航海或弹道学所需的初等数学以及力学知识，所以实用性较强。

1768 年，舰炮审查官加缪去世。贝祖被指派接替他的位置。于是，他在炮兵部队中又担任了相同的职务，成为炮兵部队的审查官。在此期间，他开始致力于撰写另一部数学教科书，即在 1770 年到 1782 年出版的一部六卷本著作《数学教程大全》。这是一部非常成功的著作，在很长一段时间内，它都是学生希望进入巴黎工学院学习的教材之一，著作中部分内容就来自为这些学生开设的讲座课程。格拉比纳曾经在《科学传记辞典》中这样写道："教授非数学人士的经历决定了这部著作的风格：贝祖在讲代数之前先讲解几何学，因为他发现尽管初学者理解几何中的证明，但他们不足以熟悉数学推理以理解代数论证的作用。他避开那些令人望而生畏的术语'公理''定理'……并尽量避免那些非常相近而又很详细的论证。"

尽管他撰写的这些教材因为缺乏严谨而招致了一些批评，但当时仍然在法国被广泛地使用。19 世纪初期，这些著作还被翻译成英文在美国及其他一些法国以外的国家传播开来，当地的一些学校也开始将其作为教材而使用。一名叫约翰·法勒的译者在哈佛大学里使用这部教材的英文版来教授微积分。显著的实用性定位以及叙述的简洁性，都使得这些著作在美国广受欢迎。这些译本在相当大程度上影响了 19 世纪美国数学教育的形式和内容。

贝祖在 1768 年晋升为科学院的力学会员，1770 年晋升到可以领取养老金的职位。正如我们已经提到的，贝祖是以教科书作者的身份而出名的，但是他也同样因其在代数学，尤其是方程方面的工作而闻名于世。在他 1763 年的任命之后，作为一个负责任的教师和审查官，教学工作占据了他大部分的时间和精力，于是只剩下非常少的时间来进行数学研究，因此，他决定限制自己研究的范围，只研究一个不太宽泛的学科——方程理论，以便能在一个有限的领域内得到有价值的结果。他最初的两篇文章（1758—1760）是关于积分的研究，从 1762 年开始，他则全身心地投入到了代数学的研究之中。

格拉比纳在传记里写道："贝祖结婚很早并且非常幸福，尽管他平时沉默寡言，而且有些沉闷木讷，但是了解他的人都说他是一个非常仁慈并且热心的人。在 1763

年，贝祖成为一个父亲……”

在1783年贝祖去世后，在他出生的城镇内木尔竖立了一座雕像以纪念他的伟大成就。

二、贝祖关于消元理论的文章和著作

贝祖研究数学的方法很有趣，他经常使用一种“简化假设法”来钻研一般问题的特殊情况，这在今天仍然是得到一般结果的好方法。他致力于处理最一般的问题，但是由于这通常超出了自己的数学知识可以达到的程度，所以他总是处理他能够解决的一般问题的特殊情况。这种方式总是可以渐进地理解问题的一般情形直至最终被解决，贝祖称之为“简化假设法”。这种研究方式对于贝祖的第一篇关于代数学的文章《关于有代数解的一类方程的研究》（1762）中的思想非常重要。在这篇文章中，他研究了含一个未知数的单个方程可以通过将其写为含两个未知数的两个方程而得以解决。他写道：

众所周知，一个确定方程总是可以看作是含两个未知数的两个方程当消去其中一个未知数时的结果。

当然，从表面上看这样并不会有助于解方程，但是，贝祖假设其中一个方程具有特别简单的形式，例如，他假设两方程之一仅含有两项，一项具有次数 n，另一项就是常数项。这篇文章还介绍了贝祖最重要的贡献，也就是解决一个联立方程组而使用的消元法，这个方法的结果就是得到一个只含一个未知数的结式方程。

这篇文章为解特定 n 次方程提供了一种方法。贝祖将解含一个未知数的 n 次方程的问题与利用消元解联立方程组的问题联系起来，这样一个过程与18世纪对于通过将一个 n 次方程（看作由 n 个线性因式的乘积而构成）中根与系数关系的研究类似。如果这两个辅助方程之一具有非常简单的形式——比如，仅含有最高次项和一个常数项——贝祖发现这样就可以得到解的形式。如果一个仅含一个未知数的给定方程的系数的形式由这样一个特殊解而构成，则这个 n 次方程就可解。

这篇文章的重要性在于，它将贝祖的注意力从明确地解 n 次方程问题——18世纪代数学的关注点——转移到了消元理论上，即他所作出最重要贡献的领域。对于贝祖而言，消元理论的核心问题就是：给定含 n 个未知数的 n 个方程，去求被贝祖称为仅含一个未知数的结式方程。这个方程含有出现在 n 个给定方程的解中的那个未知数的所有值。贝祖希望求得的这个结式方程具有尽可能低的次数，也就是说，含有尽可能少的多余根。他也希望求得这个方程的次数，或者至少是这个次数的上确界。

他对于解方程中应用行列式方面也做出了重要工作。这方面的文章就是他在 1764 年发表的《结式方程次数的研究》。由于这篇文章中含有解联立方程组的思想，西尔维斯特在 1853 年称方程组的系数矩阵的行列式为"贝祖式"。

在这篇文章中，贝祖探讨了欧拉关于求由含两个未知数的两个方程产生的方程的方法，并且计算这个方程次数的一个上确界。他将自己的方程组扩展到含 n 个未知数的 n 个方程的情形。但是，尽管欧拉的方法可以得到结式方程次数的一个上确界，贝祖发现这个方法对于高次方程组使用起来太麻烦。于是在 1764 年的文章末尾，他给出了一个具较低次数的结式方程（现在称之为"贝祖式"）的另一种方法。

在 1764 年的文章开头，贝祖通过在被称为"贝祖表"中的系数的排列来表示我们称为行列式的记号。他在解联立线性方程组时说明了这个表的作用，可以作为衡量这些方程是否可解的一个标准，这就为他在求结式时提供了一个准则。西尔维斯特在 1853 年明确地给出了这个线性方程组系数的行列式。

贝祖注意到自己关于结式次数的假设和欧拉不一致以后，继续从事这个问题的研究，并且在 1763 年 1 月向巴黎科学院提交了一份关于进一步研究结果的摘要。不过，需要完成这项工作的时间以及通常的发表延迟，导致他最终的文章《任意次数的一般方程的解》直到 1765 年才出现在科学院的专题论文上，而且直到 1768 年才公开发表。这篇研究报告被认为影响巨大，因此有必要在此阐述一下。

贝祖首先是以当前知识的回顾而开篇的。他说，给出一个一般方程的解，就是对于每一个根按照系数给出代数表达式。而且，这样的表达式可以包含次数直到方程次数的根。原因就是次数为 n 的方程的解可以至少含有一个 n 次根，也就是一个次数为 n 的根式。如果方程的常数项是零，次数减至 $n-1$，因此解也可含有次数为 $n-1$ 的根，基于相似的讨论，因此有自 n 以下的每一次数的根。

这个方法使得贝祖得到一个重要的结果：(i) 次数为 n 的方程的完全结式的次数是 $n!$；(ii) 每一项的次数是一个 n 次幂使得结式本质上化简为一个次数为 $(n-1)!$ 的方程。显然，随着 n 的增加，结式的次数也会快速地增加，并且要远远高于原方程的次数，不过，它的解会包含次数不超过 n 的根，并且解决它的困难程度也不会大于解原方程的难度。

这些文章以及贝祖后来又发表的关于方程理论的文章结集成册于1779年出版，即《代数方程的一般理论》。在这本书的扉页上还记载着贝祖致敬当时的海军内务部长的题献。这本著作中最著名的成就就是贝祖定理的陈述和证明："任意个含相同个数未知数的任意次数的完全方程的最终方程的次数，等于方程次数的乘积。"在这本著作里，贝祖也给出了麦克劳林关于两个代数曲线交点结论的完美证明。

在欧拉之后，贝祖定义了一个完全多项式，他将完全方程用一个多项式来定义，这个多项式含有次数不超过多项式次数的未知数的所有可能乘积。对于各种不完全方程组而言，贝祖也计算了结式方程的次数小于方程次数的乘积的情况。但是，弄清楚这个问题需要面对的困难就是，他既没有使用简单的下标符号来标注未知数，也没有用下标符号来标注他的方程。尽管如此，他还是通过冗长而又繁杂的代数操作并借助少量的归纳论证证明了他的定理。

这个证明使得人们惊讶于贝祖的独创性，他像欧拉那样，不仅能够巧妙地处理公式，而且能够选择其中最有效的途径。他通过发现1，2，3，…阶的情形而归纳出n阶的结果，并为此而进行论证。而且，当时还未使用带有编号的下标，所以他使用的符号很不方便。

贝祖简略地强调他的定理有一个几何解释："可由代数方程表示的三张曲面的彼此相交的交点不能多于这些方程次数的乘积。"但是，这个几何解释必须修改以适用于特例，比如，三张平面可交于一条直线的情形。

贝祖关于结式的工作启发了现代消元理论的研究，包括柯西和拉格朗日对于消元过程的精简以及西尔维斯特关于结式和惯性形式的工作。在《代数方程的一般理论》的序言中，贝祖抱怨代数学变成了一门被忽视的科学。但是他的成就说明了一个事实：即使他的同时代的人不能解n次一般方程，也并不代表代数学中没有富有成效的研究领域。

三、贝祖关于消元理论的成就

如笛卡儿和牛顿所预示的那样，几何朝代数的方向发展，则有必要探讨联立方程组问题。笛卡儿提出将平面曲线分为代数的和非代数的两类，并且对于前一类，根据它们的次数再进行划分。在研究二次轨迹性质上，分析很快就超越了纯粹几何学，欧拉很容易地就证明了两个二次轨迹相交的方程次数为 4。一般化的下一个步骤就是确定消元式的次数，或是满足两个任意次（m 和 n）联立方程的交点的方程。如上所述，这个问题在 1764 年分别由欧拉和贝祖独立地解决了，与欧拉对于数学的兴趣之广不同的是，贝祖当时将自己限定于这个很窄的研究领域。他们都给出了消元式的次数是 mn 的结果，也就是相交轨迹次数的乘积，并且都通过将问题简化为从一个辅助线性方程组中消元而证明了这个定理。也就是说，他们都依赖于后面被命名为“行列式”的形式结构。这最初发表的结果虽然仅限定于两个方程的情形，但是也足以让贝祖因此而声名在外，但是，对于贝祖而言，这只是刚刚拉开他长达一生对于消元式研究的序幕。

消元理论的发展肇始于牛顿《广义算术》（1707）中关于一些特殊情形的消元法则之中。然后是欧拉接棒迈出了重要的下一步，欧拉早期关于消元的工作看起来都是独立于牛顿的，并且是受到曲线交点研究的启发，这与当时克拉默的研究焦点一致，并且两人各自得出相近的结果。其实，早在 18 世纪 50 年代早期，欧拉就明确地解释、评论并发展了牛顿的法则，只不过这项工作直到 1766 年才公开发表。而与此同时，与欧拉的想法似乎平行进行的贝祖也在研究着消元的问题。贝祖研究了牛顿的法则以及欧拉和克拉默早期的工作，他对于这个理论的发展贡献在 1767 年发表，也就是在欧拉后一篇文章发表一年以后。但是，直到 1779 年，贝祖才给出了最为清晰以及最一般化的阐述。其实直到那时，贝祖对于方程理论的贡献并不被人熟知，但是，从此以后却成了 18 世纪消元这个故事中的领军人物。

贝祖将消元理论拓展到含两个以上未知数的两个以上方程的系统中，并不直接与解方程问题相关，这里对于他的工作给出一个简短的陈述，以说明到 18 世纪 60 年代这个理论的发展情况。当贝祖在 1760 年早期写下他的文章《结式方程次数的研究》时，欧拉的《新方法》（1766）还并未发表，贝祖只是知道牛顿 1707 年、欧拉 1748 年以及克拉默 1750 年的研究成果，所有这些成果都被贝祖引用在他的文章中。他说，牛顿已经发现了很多有用的结果，但是他的方法导致了多余的根，并且除前几个简单例子外，这个方法使用起来非常费力。欧拉和克拉默也为此做出了改进，但是仅仅针对的是两个未知数的两个方程。贝祖羡慕他们的方法，并说，如果欧拉他们的方法可应用于更多方程时，则他不会寻求其他方法。他指出，甚至对于三个三次的方程，从两个方程中一次消去未知数会导致一个次数是 81 的消元方程，过程麻烦得难以想象，实际上，这个次数不大于 49（他并没有说明是如何知道这个次数的）。

根据贝祖所言，主要的困难在于准确地探知多余因式。即使对于两个方程的情形，工作量也会让那些最无畏的计算者望而生畏。然而，对于多于两个方程的情形，则不尽然，人们也许会徒劳无功，唯一的希望就是转而一次比较两个方程。贝祖问道，带领人们穿越这样一座迷宫的线索是什么呢？他相信到目前为止，没有具体方法来求得具有正确次数的消元方程，或者甚至是知道这个正确的次数是多少，这就是他将要解决的问题。

贝祖在写于 1762 年的文章《关于有代数解的一类方程的研究》中，讨论了他没有接受欧拉的假设。他致力于笛卡儿用于解四次方程的方法来证明他称为结式方程或者 la reduite 的次数一定是 6。基于相同的理由，他预计五次方程的结式次数是 10，并且结式的次数一般要比原方程次数高。欧拉在 1733 年得出了一个不同的结论，即结式次数比原方程次数要低。对于四次方程的著名的次数为 6 的笛卡儿结式仅含有未知数的偶次幂，所以可以看作一个三次方程来解。相似地，三次方程的结式，尽管次数是 6，但是仅含有三次幂和六次幂，所以可看作一个二次方程来解。这样的结果使得欧拉提出，总是会得到一个次数比原方程次数要低的结式，这种说法听起来比贝祖的更容易让人接受。

从某种程度上说，早在 17 世纪就有数学家已预测到了这种分歧的存在。胡德、格里高利和莱布尼茨都已经发现：解一个次数为 5 的方程会得到一个次数为 10 甚至是 20 的方程。而奇恩豪斯似乎非常确信的是，有可能将任意方程的次数降低一次。欧拉和贝祖不知道格里高利、奇恩豪斯和莱布尼茨当时并没有公开的想法，或者是他们知道胡德对于次数为 10 的方程的推导，但是他们并没有提及这一点。因此，随着他们对方程结构的研究越来越深入，于他们而言，问题似乎是重新开始了一样。

贝祖首先发现解方程组得到一个更高次数的方程即结式并不是如前人所言是由于所使用方法不当所致，而是解方程组的一个必然结果，即结式次数要高于原方程次数。欧拉给出的方法中得到的最终方程没有多余的因式，并且同时可以确定最终方程的真正次数，但只适用于方程都是完全方程或是所缺项是某一未知数最高次项的情况。克拉默在他的曲线分析中用一种非常优美而简单的方法来讨论相同的问题。自此，很多非常杰出的分析学家开始探讨这类问题，但是他们把注意力全部放在简化计算上。尽管这些方法对于两个未知数的两个方程非常有用，但是它们不适用于大量的方程和未知数时的情形。

将这种方法应用于大量的方程和未知数的情况时，需要两两联立这些方程。然而，尽管这些联立的结果没有多余因式，但仍然不必要地提高了问题的复杂度。随后而来的消元法不仅需要更高的不必要的要求，还导致了更为复杂的表达式，且复杂程度随着消元数量的增加而快速增长。除此以外，还不能辨别出多余因式。贝祖认为这种复杂性的主要原因之一来自欧拉和克拉默方法中两两联立方程的需要。在他看来，使用成对的方程进行消元就是在消元过程中引入不相关的信息。他由此推断，也许可以通过一次联立多一些的方程来得到更为简单的结果，并且当时所有已知方法并不能带来任何突破，因此他创立了多项式乘数法进行消元，巧妙地规避了上述困难，以此求得次数最低、形式最简的最终方程。

结式次数的问题由贝祖在《代数方程的一般理论》中，给出了最清晰并且最一般化的阐述（欧拉在 1764 年的论文中也独立地回答了这个问题），也即这本著作中最著名的成就——贝祖定理的陈述和证明。

值得一提的是，雅可比和明金分别在 1836 年和 1841 年对两个方程的组合也给出了贝祖的消元法。但是他们谁也没有提到贝祖，也许他们并不知道贝祖的工作。然而，有一篇关于此事毫无意义的评论，就是关于雅可比和明金两人在 60 年后将与贝祖等同的方法和结果作为创新而出版的评论。其实这并不表示他们两人的工作是不必要的，但至少可以证明贝祖的工作是领先于他的时代的。

四、贝祖理论的发展历程及影响

今天已经认可的理论，甚至是任何科学中的平凡真理，都是以前曾被怀疑或者是被认为新奇的理论。一些最重要的东西长期以来不受重视甚至几乎被忽视。阅读科学史的第一个作用就是本能地惊讶于过去的无知，但是最根本的意义还是赞叹前辈们所取得的成就，以及因为坚持和天才而得之不易的胜利。容易轻信的年轻学生们理所当然地认为每一个代数方程一定有一个根的想法最终让位于虚数领域被征服的喜悦，以及对证明这个命题的天才——高斯的赞赏。

高斯和伽罗瓦所揭示的理论在今天的一般数学意识中占主导地位，即使当它并不活跃的时候也是如此。对于单个方程解性质的普遍理解构成了 3 个世纪以来塔尔塔利亚、卡尔达诺、费拉里以及众多杰出学者辛苦工作的目标，最后以拉格朗日和阿贝尔的工作达到顶点。关于一个未知数的单个方程的理论到了今天即使没有完成其所有的细枝末节，也至少完成了它的基本理论以及上层建筑。

大多数学生都熟悉关于一个未知数的两个方程的结式的构成模式，或者是两个变量的两个方程的消元式，布里尔和诺特证明了牛顿用于形成低阶方程组结式的等价过程，尽管没有明显地扩展到关于两个未知数的方程组上，但是，它有两个专利有助于一般化进程：第一，它对于联立两个方程消去任一未知数给出了直接方法；第二，求得的结式是两个原函数的一个线性组合，其乘数是变量和给定函数系数的有理函数。那么，如果涉及更多的方程以及更多变量时，这两个特征中的哪一个会更有用呢？值得记住的是，在 1765 年甚至还不知道消元式的次数时，贝祖从一个方程组中消去两个或更多未知数的计划所追求的主要效用就是它应指明结果的次数（比如，三个给定阶数的平面的交集的具体数值）。

逐步适用于某些系统化序列的直接方法的使用自然是更有魅力的，并且这种模式近来被广泛应用——最大公因式方法——因为其可以在每一步中提供更有说服力的演绎论证。但是，因为贝祖在找到更为可行的方法之前试验了很多年，因此他指出这种方法也有其不足之处。如果像克罗内克那样决定使用这种方法的话，必须仔细加以辨别每一结式中的必要因式和不定因式，并且学会预先计算每一结式的次数。贝祖最终选择了这个两难之境的另一支号角，利用自己可以使用假设的权利，大胆猜测另一种做法将会是成功的。

他的假设就是从 $k+1$ 个方程中可以一举消去 k 个变量，并且所得结果会是给定函数的一个线性组合。这一结论等价于著名的诺特基本定理，而且它的证明通常基于结式的存在性以及特定次数，因此我们承认这样的操作带有冒险的成分。

自然而然地，他的著作被后面的学者们做了诸多改进，其中最为成功的就是内托教授，他在自己的杰作《代数学》（1986）中给出了大量补充性引理。弥补一个理论自身的不足之处与发现一个新理论应得到同样的荣誉，只有通过如此众多的细致耐心和对科学忘我的奉献精神，实证真理的本质才能变得牢不可破、坚不可摧。

遗憾的是，贝祖只是探讨了数值方程的消元方法，这是因为在当时，射影群下的不变量的形式理论尚未形成。当这个理论出现以后，人们对于结式中的代数学的兴趣变得有如对于消元式中的几何学的兴趣那样浓厚。因此，对在平面中从三个方程中消去两个坐标的结果加以研究，一个不变量等于 0 就给出了三条曲线有一个公共点的条件。但是，三条曲线也可能有两个、三个或者更多的公共点。凯莱因此提出：如果一条曲线的第一极有公共点，那么当再次相交时，次数是多少呢？他自己给出了答案。布里尔的问题则更为一般化：当三条阶数不同的曲线有 d 个交点时，再出现一个公共点的条件是什么？同样，他自己回答了这个问题，也因此创立了关于简化判别式以及简化结式理论的雏形。

虽然只是探讨了两种形式的结式，在简短地回顾了关于结式次数的定理发展的可能性之后，让我们看一下贝祖对于他自己研究的重要性的个人看法，他在书中的序言里说："本书的宗旨在于数学某一分支理论的完成，所有其他分支正在等待它以获得自己的进步。"然后，在书中他嘲笑那些曾放弃研究的人仅仅是刚开始对于他们遇到的代数关系的复杂性进行研究，他说："同样吸引人而且很重要的无穷小分析……已吸引了所有的注意力并且所有的研究者投身其中，有限量的代数分析似乎成了不会再有任何发展的领域，或者说是任何关于这方面进一步的研究都是徒劳无功而已……如果我们仔细观察就会发现这样一个事实，即关于任意问题的解可能取决于无穷多未知数的无穷多方程，至今为止我们只知道关于两个未知数的两个方程的情形，再强调一次，我们只了解在不引入任何与问题无关的信息时如何处理这种单一的情形，则我们应坚定地认为在这个问题上，所有事情都尚未完成。"

在用了 463 页篇幅阐述了他的方法之后，贝祖这样总结道："我们认为有可能的是，没有哪种代数方程是我们没有给出方法来求最终方程的最低可能次数的，系数之间存在或者不存在某种关系时可能会引起那个次数的降低。"

这种观点也许有些过分乐观了，至少是希望能找到方法，通过比贝祖的方法较少的劳动而得到列举的结果。但是，毫无疑问这个目标实在太高了，值得穷尽毕生的精力来奉献于此，但是，他在序言中的结论确实激起了我们的崇拜与赞叹之情：

> 我们希望这本书通过吸引分析领域中当代分析学家的天分和智慧，来证实这个理论在分析学中的伟大进步。如果就我们从哪里开始处理这些问题的以及在哪里停止研究而言，我们应该认为自己是幸运的，应该发现，我们已经履行了自己对于社会应尽的一些责任和义务。

如果一部著作通俗易懂、妙趣横生并且相称于同时代的科学知识，那么长达一生不懈地工作就不是在虚度光阴，贝祖的《代数方程的一般理论》就是这样的一部著作。

大约在 2002 年，帕里洛教授在麻省理工学院开办了一系列数学讲座，他的报告主要是阐述基于平方和方法的多项式约束的多项式最优化算法。之所以说是带有启蒙性质，是因为很多平方和最优化方法依赖于：(1) 使用多项式乘数；(2) 将多项式中各种单项式看作独立变量来考量，这样可以导致很有趣的算法化简。而早在 200 多年前，当处理多项式方程组时，贝祖用的也是这样的方法。所以我们研究贝祖的方程组理论对于更为细致地研究这方面的课题不无裨益。

综上所述，对于贝祖在代数方程理论中所做的工作进行研究，有着历史和现实的双重意义。

（作者：周畅　段耀勇）

参考资料

[1] T. Mora. Solving Polynomial Equation Systems I: The Kronecker-Duval Philosophy [M]. Cambridge: Cambridge University Press, 2003.

约瑟夫·路易斯·拉格朗日

（Joseph Louis Lagrange，1736—1813）

拉格朗日

18世纪伟大的数学家和天体力学家

两个多世纪以前，拉格朗日这位活跃于欧洲科学舞台的杰出人物，曾经在数学、天文学、力学等许多方面作出了重要的贡献。他是18世纪科学的象征，又是19世纪科学的旗手。他的成就使意大利、德国和法国为之感到光荣。

一、家庭与社会

1736年1月25日，在意大利都灵城内，陆军会计官弗朗西斯科·拉格朗吉亚和他的妻子特雷莎·格罗素的第一个儿子降生了。这个婴儿就是后来名扬世界的数学家、力学家和天文学家约瑟夫·路易斯·拉格朗日。

不过，在拉格朗日诞生时的洗礼记录中可以发现，当初父母给他取的名字是吉斯佩·路道维克·拉格朗吉亚（Giusppe Lodovico Lagrangia）。似乎他并不喜欢这个名字，在青年时代，他常把自己的名字写成路道维塞·拉·格朗日（Lodovice La Grange），或者鲁依吉·拉格朗日（Luige Lagrange）。从1754年发表第一篇学术论文起，他又用上了德·拉·格朗日（De La Grange）这一别名，人们也常这样称呼他。一个比较正统的名字出现在1792年，当时用于他的第二次结婚婚约上，是约瑟夫·路易斯·拉·格朗日（Joseph Louis La Grange）。1814年，当达朗贝尔代表法国科学院，为拉格朗日写颂词时，才又把拉·格朗日（La Grange）改写成拉格朗日（Lagrange），这个名字一直使用到拉格朗日的死亡证书上。

据说，拉格朗日的父辈是居住在意大利的地道的法国人。在法军占领意大利期间，他的曾祖父一度被派往法国服役，并担任了骑兵队队长。《里昂条约》[1]签订以后，

1 《里昂条约》：查理·伊曼纽尔与法国亨利四世订立的条约，用萨伏依西部的几个省份换得萨卢侯爵领地，以取得独立自由权。

才投入了萨伏依公国的统治者查理·伊曼纽尔二世麾下。后来这位曾祖父娶了一位罗马女人，致使拉格朗日家族渗入了意大利血统。

在拉格朗日的祖父一代，这个家庭开始发迹。他的祖父在都灵筹建了一家承包建筑工程和防御工事的公司，自任财政总管。这项事业足以使拉格朗日家族跻身于都灵的中上层社会。但是好景不长，祖父死后，这家由拉格朗日父亲及其兄弟掌管的公司，由于经营不善，于 1800 年被当局查封宣告破产，到拉格朗日成年的时候，他的家庭已经失去了昔日的气派。

意大利是一个长期被侵占和分裂的国家。拉格朗日诞生前夕，1713 年，《乌得勒支和约》把西班牙占有意大利的大部分领土分配给了奥地利的查理大公。在欧洲列强的入侵下，意大利的领土被瓜分，民族意识和历史传统受到了破坏，而国内的封建贵族加紧压榨勒索，民不聊生。18 世纪 30 年代，一场先后在米兰、托斯卡纳和那不勒斯兴起的中产阶级改革运动出现了。

拉格朗日年轻时，正赶上法国资产阶级蓬勃开展的启蒙运动。在中学时，拉格朗日并不热爱数学，他更爱好文学。当时，法国的新思想在意大利中等家庭中很有影响。平等、自由的观念在意大利的青年人中广泛流传。一批 18 世纪法国资产阶级启蒙思想家的最新著作陆续在意大利出现。像孟德斯鸠的《论法的精神》、卢梭的《社会契约论》以及狄德罗等人所编的《百科全书》，在意大利青年中间很有吸引力。年轻的拉格朗日正是从这些著作中吸收了新兴的资产阶级思想。

拉格朗日的父亲希望儿子能当一名律师，其原因是律师职业最受欢迎。当时，至少有十种法典，包括罗马法典、诺曼底法典、西班牙法典和奥地利法典。由于法典多而杂，又常常互相矛盾，所以许多诉讼案难以了结，这就给一大群律师提供了发财的机会。仅那不勒斯城，就供养着近三万名律师。对于父亲的安排，拉格朗日并不反对，他从启蒙思想家那里吸收了“法律万能”和“天赋人权”的思想，觉得律师正是追求“天赋人权”的职业，因此他愿意为此而做出努力。

不过，如果认为年轻的拉格朗日是法国启蒙思想家的忠实信徒，是律师职业的追求者，那就错了。17 岁那年，当拉格朗日思想趋于成熟的时候，他被“精密科学”，说得明确些，是被数学吸引过去了。从此，在科学的道路上，拉格朗日认真地走完了自己的一生。

二、数学家之路

拉格朗日 14 岁进中学，在跟老师培卡利亚和雷维里学习物理和几何的时候，便表现出在这些学科里的良好才能。最初是几何学吸引了他，后来一个偶然的机会，读了哈雷的一篇介绍微积分作用的文章《论分析方法的优点》，便又被分析深深吸引住了。这时他才真正感到“分析才是自己最爱的学科”。

说不上是天才还是勤奋的缘故，或许是强烈的兴趣的驱使，拉格朗日不久就在数学研究上做出了成绩。1754 年，18 岁的拉格朗日取得了第一项研究成果，他得出两函数乘积的高阶导数公式：

$$(uv)^{(n)}=u^{(n)}v^{(0)}+C_n^1u^{(n-1)}v'+C_n^2u^{(n-2)}v''+\cdots+C_n^ku^{(n-k)}v^{(k)}+\cdots+u^{(0)}v^{(n)}$$

并指出它与牛顿二项式展开公式的类同之处。对这一发现，拉格朗日当然是兴奋的。他给当时著名意大利数学家法尼亚诺写了封信，详细介绍了他的发现的具体内容，并以信的形式将文章付印发表。同时他又略带羞涩地给当时正在柏林担任柏林科学院物理数学研究所所长的大数学家欧拉写了一封信，希望得到欧拉的指正和支持。欧拉当时是怎么反应的，目前不得而知。不过，当拉格朗日不久从莱布尼茨和约翰·伯努利的通信中得知，他的这项发现，早在半个世纪以前已被莱布尼茨得出的时候，他真有些说不出的懊丧，生怕被人误认为是剽窃者甚或是骗子。

这当然只是拉格朗日数学研究生涯开始时的一个小小的波折。好在这一波折发生时，拉格朗日的思想已经转向了对变分法的研究。

变分法在当时是数学的一个崭新分支。虽然有关变分法的问题早在牛顿的时候已经提出。牛顿之后，莱布尼茨、伯努利兄弟、罗彼塔以及惠更斯也都相继研究了最速降线、等时曲线、测地线以及等周问题等各种变分法问题。但是，无论是牛顿还是他以后的许多人，都没有给各种变分法问题以统一的认识和一般的处理方法。是欧拉首先完成了这项工作。欧拉于 1744 年发表的《寻求具有某种极大或极小性质的曲线的方法》，以大量的实例，证明了他的方法的一般性和有效性。欧拉这本书的出版，标志着变分法作为一个新的数学分支的诞生。

拉格朗日对变分法的研究，就是受欧拉工作的启发而开始的。当时，欧拉所使用的方法是几何的，他曾经试图把几何与分析结合起来，但没有成功。这就为拉格朗日的工作留下了余地。1754 年，拉格朗日创立了求积分极值问题的纯分析的一般方法。

第二年他对这个方法做了系统的总结，并给欧拉寄去了。信是 8 月 12 日发出的，9 月 6 日就收到了欧拉的回信。欧拉凭着他大数学家的敏锐目光和宽广胸怀，充分肯定了青年拉格朗日的方法，并决定把他原先打算发表的关于变分法的一篇文章压下，让拉格朗日的文章能在更大程度上施展它的影响。关于"变分法"这一名称，就是在拉格朗日给欧拉的信中首先提出的，拉格朗日当时称之为"变分方法"，欧拉则简称为"变分法"。

欧拉确实很器重这位后生，当他 1756 年再次接到拉格朗日的来信，得知拉格朗日已经在将变分法用于力学研究并取得了进展时，便与他的上司、柏林科学院院长莫培督取得联系，建议柏林科学院聘任拉格朗日。他认为这无论是对柏林科学院还是对拉格朗日本人都是十分有利的。但是，拉格朗日对此却十分冷淡，当欧拉把这个想法告诉他时，他毫不犹豫地谢绝了。他还是愿意留在意大利，做他刚任不久的皇家炮兵学校的教授。不过，拉格朗日后来还是担任了柏林科学院的国外通讯院士。

拉格朗日拒绝去柏林科学院任职的原因或许有多种，但他希望能在都灵也建立一个科学院却是很明显的。1757 年，一些年轻的都灵科学家聚会商讨了这件事，拉格朗日建议在都灵科学院建立之前，为了加强科学家之间的联系，可先成立一个都灵科学协会，大家定期聚会并出版刊物。他的建议得到了与会者的赞同。杂志《都灵文集》也及时出版了。拉格朗日是《都灵文集》的最主要组织者和撰稿人，从 1759 年出版第一卷起，每卷都有他的文章，其中前三卷几乎包括了拉格朗日在都灵撰写的除了讲义和译稿的所有著作。

从 1754 年的第一篇论文起，拉格朗日步入了数学的大门。他不仅开创了变分法问题分析形式的一般解法，并由此派生出对被积函数具有高阶导数的单重和多重积分的研究，而且出色地把变分法用到了动力学上。他是第一个将最小作用原理用具体的数学形式[1]表示出来的人。这一工作不仅使他得到了著名的运动方程，而且还推出了力学的几个主要定律。这些成就后来都包括在他的《分析力学》一书中。尽管后人对拉格朗日在数学上的贡献有各种不同的评述，但拉格朗日自己则始终不仅把发明变分法作为他研究生涯的第一项成果，而且还看作他在数学研究中的最杰出成就。

1　这种具体形式是指对于单个质点而言，质量、速度和两个固定点之间的距离的乘积的积分是一个极大值或极小值。即对于这个质点所取的实际路径而言，$\int mv\mathrm{d}s$ 或者 $\int mv^2\mathrm{d}t$ 必须极大或极小。

三、数学成就与失误

自从 17 世纪费马在数论中打了一个前哨战以后，数论在 18 世纪留下了一系列孤立的问题，这就给欧拉、勒让德和拉格朗日提供了充分施展才能的机会。拉格朗日对数论的兴趣产生于 1765 年前后，这在很大程度上是由于欧拉的影响。其实不仅在数论方面，在数学许多问题的研究中，拉格朗日都明显地表现出对欧拉所研究的问题怀有特殊兴趣，尤其是对欧拉尚未解决的问题。

1759 年，欧拉试图用连分式求解所谓 Pell 方程（$x^2-Ay^2=1$）失败后，拉格朗日就开始注意 Pell 方程。1766 年，拉格朗日首先获得 Pell 方程解的存在性证明，接着又连续 4 年对原先的成果做出拓广。

数论研究中的及时成功，给了拉格朗日很大的鼓舞，他一鼓作气在这个领域做了一系列研究。1766年，他把欧拉得出的二次不定方程 $ax^2+2bxy+cy^2+2dx+2ey+f=0$（其中系数都是整数）的不完全解，推广成为完全解。1770 年，他又把欧拉花了大约 40 年时间尚未证明成功的费马断言，即每一个正整数是不多于四个平方数之和（重复出现的平方数按出现的次数论个数）证明成功。1771 年，拉格朗日又证明了数论中著名的威尔逊定理：对每一个素数 p，量（$p-1$）！+1 能被 p 整除；反之，如果这个量能被 q 整除，那么 q 定是个素数。为了证明这个定理，拉格朗日自己又得出并证明了：n 是素数的充要条件是 n 能整除（$n-1$）！+1。1773 年，他又在欧拉关于整数的型表示方面所取得的一些特殊结果的基础上，做出了关键性的发现：如果一个数能被一个型表示，那它就能被许多互相等价的其他的型表示，这些互相等价的型可从原始型用变量变换 $x=\alpha x'+\beta y'$，$y=\gamma x'+\delta y'$ 得出，其中 α，β，γ，δ 都是整数，且满足 $\alpha\gamma-\beta\gamma=1$。拉格朗日这一工作为后来高斯建立型的理论奠定了基础。

拉格朗日对数论的研究，引起了达朗贝尔的不安。这倒不是出于妒忌，而是出于长辈对后辈的关心。达朗贝尔希望拉格朗日把功夫花在分析上，而不是花在数论上，他不相信数论有什么用。达朗贝尔比拉格朗日年长 19 岁。在 1754 年拉格朗日首次在数学上取得成就时，达朗贝尔已名扬全欧，成为欧洲许多科学院的院士。在数学上达朗贝尔关心的是分析、微分方程、代数等领域，并在其中作出了许多重要的贡献。也许是出于一种对自己所关心对象的偏爱，当他看到拉格朗日在他爱好的领域内作出成绩时，显得特别高兴，反之便焦虑不安。达朗贝尔对拉格朗日的关心是真诚的。事实上在 1763 年拉格朗日第一次去巴黎之前，达朗贝尔根本就未见到过拉格朗日，他仅从《都灵文集》中了解拉格朗日的工作和成就。1763 年 9 月初，两位 18 世纪科学界的伟人才初次见面。达朗贝尔对拉格朗日在都灵未被重视的地位感到忧虑，他趁自己去普鲁士的机会，请柏林当局向都灵宫廷说情，他把拉格朗日说成是都灵的无价之宝。达朗贝尔的干预在都灵取得了成功。不过，这更多表现在都灵皇室对拉格朗日的索求上，而不是资助上。

对于达朗贝尔的关心，拉格朗日是感激的，但他不能像达朗贝尔那样无视数论。拉格朗日似乎更能从数学家的自身价值来看待数论。他认为，数论问题具有奇妙的性质和艰深的难度，因此很值得数学家为之倾倒。为了得到达朗贝尔的谅解，拉格朗日专门写了封信，十分婉转地向他说明了自己研究数论的情由和遇到的困难。

后人很难把拉格朗日的科学研究明显地划分出时间段，在 1766 年至 1787 年拉格朗日科学研究的多产时期，他几乎涉及了数学、天文学、力学等在当时科学发展中最敏感、最突出的各种问题。即使在数学研究上，拉格朗日也常是穿插地进行着对各个分支的研究。

在微积分方面，除人们熟知的“拉格朗日中值定理”“拉格朗日方程”“拉格朗日余项”以外，更具影响的工作还要算他那重建微积分基础的最雄心勃勃的尝试。这一尝试最早体现在 1772 年。当时他为柏林出版的《论文集》杂志撰写了一篇题为《从相对计算到差分的种类》的文章，这篇文章实际上就是 1797 年出版的《解析函数论》的一个提纲。当时拉格朗日从二项式展开式和微分运算之间存在着类似点，去设想将微积分归结为代数的做法。在《解析函数论》中这个思想体现得更明显和具体。这一年他还单独发表了关于这个主题的一篇论文，题目是《包含着微分学的主要原理，不用无穷小或正在消失的量、或极限与流数等概念，而归结为有限量的代数分析艺术》。题目明显地表达了拉格朗日的意向，它似乎是冲着牛顿而来的。

其实，拉格朗日对在他之前的包括从牛顿到欧拉对于微积分基本概念的描述，都不甚满意。他说，所有这些“虽然在现实中是对的，但作为一门科学的基础却是不够清楚的，因为科学的确实性应基于它自身的证据”。拉格朗日认为，微积分实际上是一种以无穷项多项式（无穷级数）为对象的代数，因此关于微积分概念的基础应该建立在其严密性毋庸置疑的代数学上，这样不仅微积分的基础有了保障，而且还可以避免由于引入极限而带来的抽象推理和分析思维。拉格朗日对他自己的这种想法十分自信，他甚至认为，牛顿当时不曾想到这点真有些不可思议。然而，在这点上拉格朗日失误了。

拉格朗日的微积分代数化做法，是建立在任意一个函数 $f(x)$ 都可展成幂级数这一点上的。这样，函数就成了无穷多项式，函数的各阶导数就是无穷多项式中的各项系数。但事实上，函数的可展性并不是无条件的。函数的可展性要建立在各阶导数的存在性上。因此，拉格朗日的做法，不仅失去了可靠性，而且把函数的可展性与可导性的关系搞颠倒了。拉格朗日在世时，1812 年，法国数学家朗斯基就曾经明确地反对过拉格朗日的设想，后来柯西又对拉格朗日的这一尝试作了总结性批判。柯西是拉格朗日尝试的积极反对者，而且以其对数学界的重要影响，结束了拉格朗日尝试在 18 世纪末 19 世纪初所造成的影响。

不过，现在看来，尽管拉格朗日关于奠定微积分基础的尝试失败了，但他为分析的基础脱离几何和力学作出了不可磨灭的贡献。因为在这方面他的影响是决定性的。顺便指出，现在微积分学中著名的拉格朗日中值定理和无穷级数中的拉格朗日余项，最早都是见之于《解析函数论》一书的。

1767 年至 1777 年，拉格朗日对代数方程表现了极大的兴趣。在这期间，他处理了一般数值方程的解法、代数基本定理的证明、方程的级数解法、二次方程无理根的连分数表示，以及关于方程中虚根形式等许多问题。他在 1771 年发表的《关于方程代数解法的思考》一文达到了对这一课题研究的最高峰。

解方程原是一个传统问题，19 世纪以前代数学的基本内容就是由方程的解法构成的。自从塔尔塔利亚、费拉里先后解决了三次方程、四次方程的一般解法以后，解四次以上方程的问题就成了代数学的中心课题。17 世纪，曾由莱布尼茨和他的朋友奇恩豪斯做过认真的研究，但没有获得有效的结果。进入 18 世纪以后，方程的代数解法问题就格外突出了。

18 世纪，有两个人对这个问题作出了最重要的贡献，一个是法国数学家范德蒙，另一个就是拉格朗日。范德蒙和拉格朗日不仅研究的问题相同，而且取得成果的程度和时间也相差无几，只是拉格朗日的表述比较开阔和清晰，对后世影响较大而已。不过，在对待荣誉的问题上，拉格朗日表现得很豁达，他公开赞扬范德蒙研究的深度和独创性。拉格朗日并没有彻底解决四次以上方程的代数解法问题，但是，他在这个问题上所做工作的意义却完全不能低估。他的工作不仅向人们展示了用代数运算解一般高次方程（$n>4$）的不可能性，而且他还给出了洞察代数方程对 $n \leqslant 4$ 时成功和 $n>4$ 时失败的道路。尽管他的结论不那么明确，他为这个结论所作的说明也不那么有力，但他提供了尔后彻底解决问题的思想基础。这包括，结束16世纪意大利数学家采用的对不同次方程逐个探索求根公式的办法，采用统一的方法导出二、三、四次方程的求根公式，从中观察这些方法对于解更高次方程能够提供什么线索；引进对称多项式理论、置换理论及预解式概念，并指出根的排列理论是“整个问题的真谛”，这被后来伽罗瓦的研究证明是完全正确的，从而为得出置换或代数群的理论创造了条件。

18世纪数学的主要成果集中在微积分、无穷级数、常微分方程、偏微分方程、变分法、代数、数论以及解析几何和微分几何上。除了几何，拉格朗日对他所处时代的所有数学分支都作出了积极的贡献，而且以其在微分方程中的贡献最为丰富。

在二阶常微分方程方面，拉格朗日主要研究了黎卡提方程，这个方程因可以用来求解一般的二阶常微分方程而受到重视。拉格朗日结合他对流体力学的研究，探讨了黎卡提方程的解法，同时还导出了所谓“拉普拉斯型函数”的概念。在高阶微分方程方面，拉格朗日不仅研究了常系数微分方程，其中包括齐次和非齐次的，而且极大地推进了对变系数方程的研究。拉格朗日得出了齐次方程的通解是由一些独立的特解分别乘以任意常数相加而成的结论，同时他还指出已知 n 阶齐次方程的 m 个特解，可以把方程降低 m 阶。在对变系数微分方程的研究中，拉格朗日又提出了伴随方程的概念[1]，并发现非齐次常微分方程的伴随方程是原方程所对应的齐次方程。拉格朗日还是解高阶微分方程的参数变值法的发明者，他把这个方法应用到了解高阶方程组上。拉格朗日对线性微分方程组研究的又一成果是线性变换的特征值概念。他还对奇解与通解的联系首先做出了系统的研究。他研究出了从通解消去常数得到奇解的漂亮方法，更重要的是，他给出了奇解是积分曲线族的包络的几何解释。

18世纪在偏微分方程研究中的主要成就，是其在弹性力学（弦振动）、流体力学和万有引力问题上的应用，这方面拉格朗日同样表现得十分出色。他于1762年发表的关于声学的两篇论文，使他一下子就在偏微分方程特别是波动方程领域步入了泰勒、丹尼尔·伯努利、欧拉、达朗贝尔等大数学家的行列。1788年发表在柏林《论文集》上的《校正牛顿的关于声音传播和波动的二个相对原理的方法》，更使他的声誉大增。

拉格朗日对流体力学的研究早在都灵时就开始了。去柏林以后，特别是在1781年至1785年间，他先后在流体运动理论、流体碰撞等方面做了深入研究。对于拉格

1 伴随方程的名字是1873年才由富克斯正式提出使用的，但其概念拉格朗日早已提出了。

朗日在这方面的成就，拉普拉斯曾评论道：“拉格朗日的分析无论在论述的漂亮和结论的一般性上，已不能添加什么东西了。”

在偏微分方程方面，拉格朗日的主要成就还表现在对一级偏微分方程的处理上。正是由于他的工作，偏微分方程在 18 世纪有了唯一的系统的理论。1772 年，拉格朗日首次提出非线性一阶方程的一般理论，这个理论给出了将一阶非线性方程化为线性方程的方法。1774 年，他又发表了题为《微分方程的特定积分》的论文。拉格朗日在论文中详细讨论了一阶偏微分方程的完全解、通解和奇解之间的关系。这项工作使他的同时代人惊叹不已。拉普拉斯称它“是一篇论题重要、方法漂亮、手法精明的分析学者的杰作”。1779 年，拉格朗日完整地给出了解一阶线性微分方程的方法，他将 $P\frac{\partial z}{\partial x}+Q\frac{\partial z}{\partial y}=R$（其中 P、Q 为 x、y、z 的函数）与齐次方程 $P\frac{\partial f}{\partial x}+Q\frac{\partial f}{\partial y}+R\frac{\partial f}{\partial z}=0$ 等价，通过对齐次方程的求解来获得非齐次方程的结果。

四、天体力学大师

拉格朗日无疑是一位出色的数学家，但正如美国数学史家莫里斯·克莱因所说的：“尽管拉格朗日的工作涉及许多数学分支——数论、代数方程论、微积分、微分方程和变分法——与许多物理分支，但是他的主要兴趣是把引力定律应用于行星运动。”说得明确些，拉格朗日的许多数学成就是在他对天文学的研究中产生的，这不仅包括微积分、微分方程，甚至包括变分法和代数。拉格朗日的天文学家印象应该比数学家的印象来得更具体，难怪人们称他为天体力学大师。

很难确切地说出拉格朗日对天文学的兴趣是从什么时候开始的。不过，他后来在这个领域中所做的具体研究，似乎都与巴黎科学院提出的有奖竞赛有关。

1762 年，巴黎科学院提出一个关于月球天平动的问题，悬赏征答，要求用万有引力解释月球何以自转，并永远以同一面对着地球，且产生岁差和章动。当时，拉格朗日这位 26 岁的青年数学家的分析技巧已经在变分法以及声学的研究中崭露头角，巴黎科学院的大奖赛对他自然是一个很大的激励，他第一次应征了。获奖者的名单定于 1764 年揭晓。在揭晓的前一年，拉格朗日就把论文写好了，题目是《研究由皇家科学院提出的有年度奖金的天平动问题》。这篇论文对平移和旋转的平均运动的等价性提供了令人满意的解释，但是在说明月球赤道的所有交点的运动是相同的和黄道上月球轨道的所有交点的运动是相同的这两方面收效甚微。即使这样，拉格朗日的这篇关于月球天平动的论文在当时已经居于领先地位。在并不拘泥于严密性的巴黎科学院中，他的论文论述得相当好。

拉格朗日在天体力学中的活动，使他有机会跻身于科学界的名流之中。当时，天文学是科学的宠儿，数学则是它的婢女。事实上，几乎所有的18世纪著名数学家都不同程度地献身于天文事业，特别是天体力学。1763年年初，拉格朗日应他的法国同行的邀请，去巴黎做了一次旅行，他原打算在巴黎待一段时间，在天体力学方面做一些更深入的探讨，但由于身体不好，这个打算未能实现。1765年春，拉格朗日经日内瓦返回都灵，在瑞士逗留期间他特意赶到巴塞尔看望了丹尼尔·伯努利。当时丹尼尔已因在数学和流体动力学方面的出色成就而名扬全欧。拉格朗日还专程去费尔奈庄园拜访了当时法国名流，哲学家兼文学家、史学家伏尔泰。当时伏尔泰定居在这个法国和瑞士边境的村庄。71岁高龄的伏尔泰热情地接待了年轻的拉格朗日，给拉格朗日留下很深刻的印象。

拉格朗日成功地赢得了巴黎科学院1764年度的奖金。这　成功不仅鼓舞了拉格朗日自己，而且也鼓舞了巴黎科学院。巴黎科学院决定把一个更难解决的木星四卫星理论问题提出来作为1766年的大奖赛题。这实际上是一个六体问题，很难获得精确结果，达朗贝尔和克莱罗曾因此公开反对出这个问题。但是，1765年8月拉格朗日还是给巴黎科学院寄去了论文《研究木星的一些卫星的不等式》。他通过对微分方程的一系列计算，获得了问题的近似结果。1766年，拉格朗日因此而再次获奖。

正当拉格朗日撰写第二篇应征论文时，达朗贝尔却在为拉格朗日谋求一个良好的研究条件而忙碌着。1765年秋，达朗贝尔通过他与普鲁士国王腓特烈大帝的关系，建议给拉格朗日在柏林科学院谋求一个职位。但当他征求拉格朗日本人的意见时，却意外地遭到了拒绝。拉格朗日回信说："柏林对我来说似乎一点也不适合，因为那里有欧拉先生。"其实，欧拉是很器重拉格朗日的，当他于1766年离开柏林第二次去圣彼得堡时，还特意指定拉格朗日继任他的柏林科学院物理数学研究所所长的职位。

1766年3月4日，达朗贝尔再次写信给拉格朗日，说欧拉即将离开柏林，正式告诉他欧拉走后空缺的职位将由拉格朗日接替。拉格朗日回信表示犹豫，说如果都灵政府愿意提高他的物质待遇和科学地位的话，他还是愿意留在都灵。这比前一封信有了让步。但是都灵政府显然是没有指望了。4月26日，达朗贝尔向拉格朗日转达了腓特烈大帝颇为自负的表示："欧洲最大的皇帝希望欧洲最大的数学家在他的宫廷中。"因此，拉格朗日7月初便动身去了柏林。途经巴黎时，拉格朗日去看了达朗贝尔。在巴黎待了两个星期，他于9月20日应邀到达英国伦敦，然后取道汉堡于10月27日到达柏林。11月6日他正式被任命为柏林科学院物理数学研究所所长。在柏林，他很快就和兰伯特、约翰第三·伯努利结成知己，但他与卡斯蒂永一直很难相处，只要这个年轻人从他身边经过，他就愠怒地走出科学院。

拉格朗日在柏林科学院的任务是每月出一篇论文，同时主持科学院的数学学术活动。教学任务基本停止了，不像在都灵皇家炮兵学校和后来在法国综合技术学校任教授那样，每周有一半时间忙于上课。不过，他的收入是极好的，拉格朗日为此感到满足。在柏林的20多年间，他没有为进一步增加收入而提出过任何要求。

巴黎科学院已习惯于把拉格朗日列入每两年一次的大奖赛的人选，达朗贝尔也总是要求他参加。1768年的竞赛题目仍然是关于月球理论的，但拉格朗日对这次竞争表现得很冷淡，他给达朗贝尔写信说："国王会喜欢我为你们的奖金而竞争，因为他认为欧拉也正在从事这方面的研究，但在我看来，这似乎更是一个我不去进行这一研究的理由。"拉格朗日这里说的是否真实很难断定，因为他后来对不参加这次竞争所作的辩解是身体虚弱，而且后来几次在欧拉参加的竞争中，拉格朗日也都参加了。

1772年，拉格朗日以论文《三体问题》参加了巴黎科学院的第三次论文竞选。这是一篇绝妙的文章。论文中拉格朗日创造了用微分方程解三体问题的降阶方法。我们知道，设三个天体的质量为m_1、m_2、m_3，它们的位置共有九个坐标，运动方程为九个二阶微分方程，共十八阶。很早以前，就得到了三体问题的十个首次积分，即三个动量积分、三个质心运动积分、三个动量矩积分（又称三个面积积分）和一个能量积分。由于三体问题中三个质点组成一个保守的力学系统，不受任何外力的作用，所以这些积分就是力学中动量守恒定理、质量中心运动定理、动量矩守恒定理和能量（机械能）守恒定律的体现。这十个首次积分都是变量（坐标及速度）和时间的代数函数，故称代数积分，又称经典积分。拉格朗日在这篇文章中提出了利用十个经典积分以及消去自变量和交点经度的方法，把三体问题的十八阶微分方程组降低到了六阶，从而为三体问题的解决创造了有利的条件。在《三体问题》中，拉格朗日还开创了求解限制性三体问题的新途径。天体力学中的所谓拉格朗日特解就是他首先从圆型限制性三体问题得到的。由于拉格朗日在三体问题上的杰出贡献，巴黎科学院特发5000镑的双倍奖金同时奖励他和欧拉。

巴黎科学院两年一度的天文学论文竞选如期进行，拉格朗日也以他出色的研究成果一次次得奖。1774 年，他因以《论月球的长期时差》回答了科学院提出的“解释月球的长期加速度时差”问题而获奖。1780 年，他又以论文《通过行星活动的观察研究彗星的摄动理论》获双倍奖金 4000 镑。但在 1776 年和 1778 年，拉格朗日没有获奖。一次是他没有报名，另一次是报了名而未交论文。这是拉格朗日决心摆脱竞赛牵制，自己独立选题研究天体力学的必然结果。

1775 年 5 月，拉格朗日给达朗贝尔写信说：“我决定退出竞赛，因为我正准备完全给出从行星的相互作用得出行星原理的变差理论……”拉格朗日说到做到。就在这两年里，他先后写出了《在时间岁差上研究天体轨道和黄道交点运动以及行星轨道的倾角》《论行星轨道交点的运动》《论黄赤交角的缩小》三篇很有分量的论文。1780 年，拉格朗日参加了最后一次竞赛后，他更以独特而高效的研究方式开创了近代天体力学的研究。1782 年，他开始了对远日点的长期加速度变差理论和所有行星离心率理论的研究。体现这项研究成果的是他撰写的三篇论文：《二均差的组成部分的长期的均差理论》《行星运动轮毂的变化》和《行星运动的周期二均差理论》。如果说巴黎科学院的大奖赛使拉格朗日步入了优秀天体力学家行列的话，那么他后来独立的一系列研究成果更使他成为大行星运动理论的主要开拓者，成为 18 世纪天体力学家的三杰——欧拉、拉格朗日、拉普拉斯——之一。

五、巨著《分析力学》

在天体力学中拉格朗日以其多产的、高质的论文而著称，这既体现在他一生的成百篇论文中，更体现在他的巨著《分析力学》之中。

拉格朗日从 19 岁就开始了分析力学的研究，这位年轻的科学家当时就立志希望在这个领域能有所建树。他曾经诙谐地说道：“牛顿最侥幸了，因为他发现了宇宙的数学规律，而这宇宙又仅有一个。”言下之意，牛顿是捷足先登，而他只有以更大的功力才能取得相当的成就。

1755 年，拉格朗日在变分法研究上取得进展后，便把这种分析形式的变分法应用到力学研究上去了。1756 年他给欧拉写信，告诉欧拉他应用变分法研究力学所取得的成果。欧拉接到信后，当即给拉格朗日回了信，不仅热情地鼓舞这位年仅 20 岁的年轻人，而且很认真地对拉格朗日所研究的问题做了具体且深入的讨论。欧拉还把自己得出的由最小作用原理推得的一个精确的动力学定理告诉了拉格朗日。这个定理对拉格朗日的研究十分有用，后来拉格朗日把这个“漂亮的定理”从单个质点移动拓广成平移动的情况，并由此建立起分析力学的理论基础。

当然，欧拉只是给拉格朗日引了路，主要的事情还是靠他自己去做。拉格朗日做得相当出色。他从欧拉那里接过最小作用原理，第一个用具体形式把这个原理表示了出来；他又利用最小作用原理和变分法导出了著名的运动方程；进一步，他又引进了现在所谓的“广义坐标”和“广义动量”的概念，运用变分法和最小作用原理导出了“广义的”动力学方程。广义坐标具有广泛的解释能力，整个这一套理论和方法能够描述远比牛顿经典力学广泛得多的物理系统，成为现代理论物理学一个强有力的工具。

自1755年至1766年拉格朗日在都灵的10余年研究活动中，由于有教学任务的牵制，他未能以很多的时间来从事系统的写作，但是对分析力学的专题研究始终没有中断过。这些专题研究的成果后来都成为《分析力学》的基本素材，不少内容被全盘移入著作中。其中有1762年前他对弦振动问题的研究。在这个专题上拉格朗日撰写了两篇论文，即《关于声音的本质和传播的研究》和《关于声音的本质和传播的研究近况》。1762年写的题为《用前面的方法（变分法）解决不同的力学问题》的论文，以独特的风格和博大的观点被全部收进《分析力学》中。此外，《分析力学》还收有他1765年9月写的关于利用线性变换的特征值概念研究木星和土星运行轨道的文章，以及在他去柏林以前关于天体力学方面的研究论文。

在柏林的20年是拉格朗日公务最清闲的年月，自然也是他可以集中精力搞研究的时候。来到柏林不久，拉格朗日就为撰写《分析力学》做具体准备，他把《分析力学》看作多年专题的综合成果，是他自己观点的集中体现，因此很下功夫。在该书中他从有效速度原理出发，提供并组织了力学的基本定律，证明了它们之间的相互联系或彼此独立，进而指出了各定律应用的方式和范围。整本书分成静力学和动力学两大部分，每一部分又再分别对固体和流体做出处理。这样全书就自然地分成了四部分。《分析力学》严格以分析方法（数学分析）作为处理问题的唯一手段，考虑到读者的可接受性，书的编排采取循序渐进的方式并且设置多种直观图表。更可推崇的是，拉格朗日在对每一部分做深入叙述的时候，都先谈一下所述内容的历史。他认为历史提供了现实成果的雏形，不了解雏形及其发展，是很难深刻理解现实的。与牛顿的《自然哲学的数学原理》相比较，《分析力学》不仅在力学的数学分析化方面有了较大的发展，而且体系优美和谐，叙述朴实无华，以至哈密顿称它是一部

“科学诗篇”。

1782 年 9 月 15 日，拉格朗日首先写信给达朗贝尔，透露他“几乎已完成了一部分析力学论著”，同时隐约地表示出对出版问题的忧虑。事实正如拉格朗日所预料的，这本力学经典的出版遭到了许多麻烦，从 1783 年到 1787 年，拉格朗日和达朗贝尔忙碌了整整四年，还是难以找到一个出版人。

1787 年，拉格朗日终于在巴黎找到了出版人，同年他也离开柏林定居巴黎。勒让德为筹备出版工作帮了很大的忙。他担负起收集定理证明的重担，勒让德先前的教师马里受委托担任编制参考文献的任务，同时还答应尽可能地买进所有出售的副本。

1788 年，《分析力学》终于出版了。拉格朗日的朋友都为之高兴，并向他表示祝贺，但拉格朗日却想到了再版。他感到书的有些内容显得有些陈旧，必须加进一些先进的东西才能保持其新意。到巴黎后，拉格朗日在《法国研究院论文集》中发表了一些论文。这些论文对分析力学的发展作出了开创性的贡献，其中有《在力学中任意常数的变分的一般理论》(1809)、《再论在一般公式简洁应用中力学问题的任意常数的变分的一般理论》(1810) 等，这些内容在再版书上都得到了补充。

1811 年，再版的《分析力学》第一卷问世。但当拉格朗日致力于第二卷的再版时，他不幸去世。因此这一卷直到 1816 年才出版。1853 年《分析力学》第三版问世。

六、在法国大革命的日子里

拉格朗日的事业是丰富多彩的，然而他的生活却并非如此，在 18 世纪欧洲变幻莫测的时代里，他的生活显得平静而单调。

拉格朗日 19 岁当教授，此后在都灵的 11 年里他独身一人，除了教书就是进行科学研究撰写论文，很少外出活动，甚至未曾离开过都灵。1767 年 9 月，他与他的姨表妹维多利亚结婚。维多利亚是一个温顺的女子，早先曾在都灵的拉格朗日家生活过很长一段时间，两人虽称不上青梅竹马，但也情投意合。对维多利亚作为妻子，拉格朗日是满意的。他曾写信给达朗贝尔，说他的妻子是一个“当之无愧的家庭主妇”。但是，维多利亚未曾生育，尽管拉格朗日宣称他不想要孩子，但对此总不无遗憾。不久，维多利亚生病了，而且一病近 10 年。这 10 年正是拉格朗日科学研究和著作的旺盛时期，他一方面奋发地研究工作，一方面又关切地惦记着妻子。

1781 年，都灵宫廷表示出希望拉格朗日回去的意向，他们请拉格朗日的老朋友卡拉巧利试探，后来又由西契利总督出面，条件是让拉格朗日担任刚建立不久的都灵科学院哲学部主任。对这项建议，拉格朗日深感为难。都灵是他的出生地，那里有他曾经从事过的事业，都灵科学院正是他衷心希望建立的。柏林的环境毕竟远比都灵优越，这里有腓特烈大帝的支持，而意大利不仅科学研究难以得到重视，它的整个国土也在外国人的控制下。妻子的病也使他不得不考虑暂居柏林。不过，当 1783 年都灵科学院正式成立时，拉格朗日还是担任了该院的名誉主席。

然而，意外的事情发生了。1783 年 8 月，拉格朗日的妻子去世。妻子的死使拉格朗日悲痛欲绝，他感到孤独，似乎总有一种难以自控的感觉。1786 年 8 月腓特烈大帝的去世使他在柏林又失去了一个最有力的支持者。感情和事业上的两大支持者相继丧失，使拉格朗日失去了在柏林生活的信心和勇气，他想离开柏林，而且越快越好。

1786 年冬，一个个外交使团和信件来到柏林宫廷，都建议拉格朗日去他们那里，都愿意为拉格朗日提供优厚的待遇。在众多的建议者中拉格朗日选中了巴黎科学院。1787 年 5 月 18 日，拉格朗日动身离开他生活了 20 年的柏林，7 月 29 日正式在巴黎科学院挂名。在这之前他曾是巴黎科学院的国外通讯院士。而柏林科学院仍然每年为他支付相当丰厚的俸禄，直到他 1813 年去世。拉格朗日的到来，给巴黎科学院增添了光彩，人们尊敬拉格朗日的名望，更钦佩他渊博的知识。他的知识除数学、天文学和力学外，还有哲学、历史、宗教、语言和医学。

1789 年，随着巴士底监狱的一声呐喊，法国资产阶级革命开始了。尽管拉格朗日以局外人的身份来对待这场革命，但是生活在法国这一革命航船中的拉格朗日，不能不因革命与反革命的争夺造成的航船震荡而有所思考和表现。拉格朗日的处世哲学是慎重。他离开都灵到柏林之前就给自己确定了一条准则：严格地遵守所在国的法令，不管这种法令是否正确。他认为这是每一个精明的人的重要生活准则。显然，这是一条明哲保身的处世原则。在这一原则指导下，拉格朗日度过了革命时期的种种突然变化。尽管他不时地以很大的兴趣关注着这场革命，有时还给予同情，但是这种热情始终不如他在巴黎的一些同事。

1791 年，拉格朗日第二次结婚，新娘是巴黎科学院的同事、天文学家莫尼尔的女儿，名叫列尼・佛朗哥斯・阿德拉黛。婚礼曾由于路易十六化装外逃，婚约得不到签署而耽搁。后来改由亲王签字。这次结婚和第一次一样是幸福的，但拉格朗日仍没有孩子。

1789 年 5 月，法国国民议会宣布成立。废旧制建新制的任务被一一提出。新的度量衡制度也被提出来了，科学院接受了制定系统而又永久有效的度量衡制度的任务。拉格朗日被吸收进度量衡改革委员会，并担任了该委员会的主席。在 1793 年 6 月至 1794 年 7 月的雅各宾派革命民主专政时期，委员会中的一些人，如拉瓦锡、博德、拉普拉斯、库仑、伯利逊以及达朗贝尔曾被开除出委员会，但拉格朗日仍在其位，尽管当时他还是一个来自柏林这一敌对国的人。有意思的是，法国国民议会设想完成的建立各项新制度的工作，都由于受到种种阻力半途而废，唯独拉格朗日领导的那个度量衡改革得到了有效实施。以“米突”为单位的十进米突制就是这时制定的。这种制度不仅用于长度计算，而且用于面积、容量、重量和货币计算。由于它依据十进位，所以计算起来十分方便。后来除了英语国家，世界各国都采取了这种制度。

1794 年夏的热月政变把以罗伯斯庇尔为首的雅各宾民主派送上了断头台。1795 年，热月党人组成反动的督政府，同年 6 月 25 日他们以民族议会的名义成立了大地测量委员会，拉格朗日再次被提名参加。这一工作使他有机会重新开始了对天文学的研究，此间他和舒尔茨、波德等人一起编制了《星历表》。

1795 年 10 月，立法团公布了筹建巴黎师范学校（巴黎师范大学的前身）的法令，目的是培训师资使教育标准化。这项法令促使拉格朗日再一次走上教育阵地。在前一年春，拉格朗日还参加了由蒙日倡议建立的中央公共工程学校的筹备工作，这所学校后来改为综合技术学校。无论是师范学校还是综合技术学校，都是近代法国科学的温床，它们为法国培养了一批世界一流的科学家。

1799 年 11 月 9 日，著名的雾月十八日政变爆发，拿破仑上台，一夜间执政府就取代了督政府。拿破仑以其铁的手腕使法国统一在他的思想和旗帜之下。出于需要，拿破仑对自然科学十分推崇。政变不久，他便把一批自然科学家吸收进了保守的参议院里，其中包括拉格朗日、蒙日、贝托莱、卡诺、拉普拉斯等人。拿破仑经常给自然科学家一些恩惠，特别是对跟随他远征埃及的人更为重视。像蒙日、卡诺等人都先后受拿破仑的封爵，还担任海军部长、殖民部长、内政部长等职。拉格朗日也受到过拿破仑的好处，拿破仑不仅使他成为第一帝国的参议员，而且成为帝国荣誉勋章的获得者。但是，拉格朗日没有在这个激荡的时代里为拿破仑政权做更多的事情，因为 1810 年以后拉格朗日的身体每况愈下。

1813 年 4 月 11 日早晨，拉格朗日与世长辞。法兰西民族失去了一位使之骄傲的伟人，人们争相悼念他。在法国，参议院和科学院都举行了追悼会，拉普拉斯以参议院的名义，拉塞佩德以科学院的名义分别致了悼词。拿破仑还亲自下令“收集拉格朗日的论文”。在意大利，各大学也都举行了追悼会或报告会。可惜柏林没有什么表示，因为普鲁士已加入了刚成立的反法联盟。4 月 14 日，拉格朗日的遗体被送往巴黎万神殿安葬。

（作者：袁小明）

参考资料

[1] D. E. Smith. History of Mathematics [M]. New York: Dover Publications, 1923.

[2] Forest Ray Moulton. An Introduction to Celestial Mechanics [M]. New York: Dover Publications, 1914.

[3] Carl B. Boyer. The Concepts of The Calculus [M]. New York: Columbia University Press, 1939.

[4] 莫里斯 · 克莱因 . 古今数学思想：一至四册 [M]. 上海：上海科学技术出版社，2009.

[5] 中国大百科全书：天文卷 [M]. 北京：中国大百科全书出版社，1980.

[6] 绍庚 . 纪念拉格朗日逝世 150 周年 [J]. 数学通报，1963（08）：25-26.

[7] 瑟诺博斯 . 法国史 [M]. 沈炼之，译 . 北京：商务印书馆，1972.

[8] 赫 · 赫德，德 · 普 · 韦利 . 意大利简史：从古代到现代 [M]. 罗念生，朱海观，译 . 北京：商务印书馆，1975.

[9] Howard Eves. An Introduction to the History of Mathematice [M]. London: Saunders College Pub, 1984.

埃瓦里斯特·伽罗瓦

(Evariste Galois，1811—1832)

伽罗瓦

青年数学家、战士和人

伽罗瓦带着致命的枪伤，静静地躺在病床上。弟弟坐在一旁恸哭着。突然，伽罗瓦吃力地睁开眼睛，这双昔日充满自负和愤怒的激情的眼睛，闪着柔和的濒死的光。他低沉地说："不要哭，我在 20 岁的年纪死去，需要我的全部勇气。"在拒绝神父为他祈祷之后，伽罗瓦死去了。

这一天，是 1832 年 5 月 31 日。

在数学发展史上，这是一个令人诅咒的日子。不少人喟叹，伽罗瓦的死使数学的发展推迟了数十年。不管这种富有感情色彩的说法是怎样失之偏颇，人们还是公认，年轻的伽罗瓦的研究工作开创了数学史上的一个新时代。而对于这一点，伽罗瓦去世半个多世纪后才逐渐被认识。

一、"他被数学的鬼魅迷住了心窍"

埃瓦里斯特·伽罗瓦生于 1811 年 10 月 25 日。故乡布尔－拉－林是距巴黎 18 里远的一座小城镇。伽罗瓦出生的这年秋天，威震世界的拿破仑皇帝在奢华的杜伊勒里宫廷内，正忙于对普鲁士、瑞典的初秋外交，并积极部署侵俄战争。翌年，侵俄战争失利，拿破仑帝国趋于崩溃。1814 年，波旁王朝复辟。就在拿破仑从厄尔巴岛卷土重来发动"百日政变"期间，伽罗瓦的父亲——一个有责任心的自由党人——当选为本市市长。这是一个以 1789 年为开端的伟大革命时代转入保守沉闷的波旁王朝复辟的历史时期。伽罗瓦的童年就是在这样的年代度过的。母亲是当地法官的女儿，聪明而有教养，是伽罗瓦的启蒙老师。除了教授各种基本知识，作为古代文化的热烈爱好者，她还把古希腊文学中的英雄主义、浪漫主义灌输到儿子稚嫩而敏感的心中。

12 岁那年，伽罗瓦离别双亲，考入著名的路易－勒－格兰皇家中学。伽罗瓦在这里感到孤独、压抑。因为他的同学大多是出身资产阶级上层圈子的纨绔子弟，一心只想着为自己谋个牢靠的前途，缺乏理想和才华。而在老师们的眼里，尽管伽罗瓦具有“杰出的才干”，但这位体格柔弱的少年被认为“为人乖僻、古怪、过分多嘴”。1826 年，校长和老师以伽罗瓦的体质差、判断力还不成熟为理由，一致反对他升入学校最高年级——一年级。重读二年级，使这个 15 岁的优等生的生活发生了重要而又值得纪念的转折：伽罗瓦毫无阻碍地被批准去上数学课了。

在伽罗瓦短暂的一生中，并没有像高斯、巴斯卡那样在幼年时就显示了惊人的数学才华的记载。他接触数学似乎太晚了。但伽罗瓦一踏入数学领域，立即就表现出一种只有数学大师才具有的那种注重推理方法的简洁和清晰的非凡天赋。伽罗瓦痛恨内容贫乏、编排琐碎的教科书，对老师只注重形式和技巧的讲课方式也深感失望。他在后来的一封信中曾大为感慨地叹道：“不幸的年轻人要到什么时候才不整天听讲或死记听到的东西呢？”15 岁的伽罗瓦毅然抛开教科书，直接向数学大师的专著求教。著名数学家勒让德的经典著作《几何原理》，使他领悟到清晰有力的数学思维内在的美。拉格朗日的《论数值方程解法》和《解析函数论》，则使伽罗瓦的思维日趋严谨。接着，他又一口气读完了欧拉与高斯的著作。一旦学完了这些数学大师的著作，这个勇敢的少年又滋长了一种自信：他能够做到的，决不会比大师们少！伽罗瓦的老师常说“他被数学的鬼魅迷住了心窍”。是的，伽罗瓦陷入如痴如狂的深刻精神追求之中了。

伽罗瓦学数学的道路是与众不同的：抛开课堂苦心自学，学习中表现出惊人的理解力和自信心。这是世俗所指责的少年人的狂妄自大吗？不。如果一个具有非凡天赋的年轻人想要在科学事业上有所作为，但又不具备与传统方式和观念决裂的勇气，不具备对自己创造才能的坚定信念，那无论如何也不可能成为在科学史上提出革命性新概念的先驱者。然而，伽罗瓦从一开始就选定的探索新领域的独特道路和独特思维方式，也注定了他今后要一再遭受挫折和磨难。

1828 年，伽罗瓦满怀信心地投考综合技术学校。结果，考试失败了。同年 10 月，伽罗瓦从初级数学班升到数学专业班。这个班的教师是 33 岁的里查教授。这是一位热情而有才华的教师。他讲课优雅，思维清晰，想象力丰富，尤其是他具有发掘科学英才的敏锐判断力和高度责任感，这一切使里查先生在科学史上占有光荣的一席之地。在他知名的学生中，除伽罗瓦以外，还有预测海王星存在的著名天文学家勒威耶和杰出的数学家厄米特。

里查教授把伽罗瓦看作自己最有天赋的学生。他明确地指出，这个思维敏捷的少年“只宜在数学的尖端领域中工作”。在里查的帮助和鼓励下，伽罗瓦写出了第一篇数学论文并向科学院提交了备忘录。这篇杰出的论文的命运我们下面还要专门讲。需要指出的是，伽罗瓦这时已开始了他那艰难而又伟大的创新的数学研究工作。

1829 年，这是伽罗瓦那短暂的、充满惊人事件的青年时代的开始。7 月 2 日，伽罗瓦所尊敬的父亲由于受不了保守的天主教牧师的恶毒诽谤而自杀身亡。当时，伽罗瓦正在准备升学考试。不久，伽罗瓦第二次投考综合技术学校又遭失败。以产生卓越数学家而闻名于世的综合技术学校，就这样无情地再次把一位年轻的数学家拒之门外，这到底是为什么？老师和同学们谁也不怀疑伽罗瓦的学识和天赋，他们认为考试的失败是伽罗瓦那过分刚直不阿的气质所造成的。有的人说，考场上伽罗瓦拒绝回答对数问题，因为它过于简单。还有人绘声绘色地说，被激怒的伽罗瓦居然把黑板擦布往主考官头上扔。愚蠢自负的主考人比内和富尔西放肆的狂笑使伽罗瓦深感耻辱。后来伽罗瓦在圣佩拉吉监狱时，还写到了“主考人的狂笑”。

伽罗瓦忍受着失去父亲的悲痛和落考的耻辱，家庭收入大大减少了，他还有母亲和 14 岁的弟弟，下一步该怎么走？这时，深切关怀着伽罗瓦命运的里查老师，劝告伽罗瓦到师范大学读书。

伽罗瓦两次考试的失败说明了什么呢？难道能简单地怪罪于伽罗瓦的缺乏自制力和主考官的浅薄吗？不，这是一个天才学生对陈腐的考试制度的抗议。对当时的数学教学，伽罗瓦在后来的一封信中一针见血地指出：“为什么主考人只向学生提问错综复杂的问题呢？可能是他们深怕自己被他们的投考人所识破吧！”伽罗瓦认为这种做法只会导致学生“要求考试过关”，而不得不发展一门“研究老爷们的癖好和他们的情绪”的“新学科”。

伽罗瓦不是神童。神童是受到社会特别注目和特殊培养的骄子。而伽罗瓦遭受的则是挑剔和嘲弄。面对社会对他的压制和命运的挑战，具有狂风暴雨般激情的伽罗瓦总是奋不顾身地挺身应战。从此，伽罗瓦勇敢地走上了他那动荡不定而又光华夺目的短促的生活道路。

二、“这班人落后了一百年！”

1829 年 10 月，伽罗瓦被录取为师范大学的预备生。1830 年 2 月，在签字同意毕业后为国家服务 6 年之后，伽罗瓦成为正式学生，生活费用总算有了着落。

进入师范大学后，伽罗瓦怀着极大的热情相继写出几篇数学论文，并满怀信心地以此应征法国科学院的数学特奖。在科学史上，很难找到像伽罗瓦这样重要的研究成果被如此轻慢的先例。伽罗瓦入师范大学前，他在里查帮助下寄出的那篇论文，科学院在1829年6月1日举行会议决定由普恩科和哥西负责审查。令人惊讶的是，数学权威哥西竟然毫不经意地把伽罗瓦的手稿遗失了。而伽罗瓦这次寄出的数学手稿被转到大物理学家、数学家傅立叶手中不久，傅立叶便溘然去世了。这时，科学院对一个青年学生的工作采取了掉以轻心的态度，不认为有通知关于他的著作的遭遇的必要。

伽罗瓦被激怒了。他被迫把自己所做的工作再次写成研究简述，寄往科学院。他在所附的简短绪言中，要求审稿者至少要仔细读完他写的东西。1831年1月17日科学院举行例会，委托拉克鲁阿和泊松两位数学家审查伽罗瓦的研究简述。伽罗瓦得知后，立即给科学院院长写了封很不客气的信，尖锐地提醒科学院的权威们，不要“第一因为我叫伽罗瓦，第二因为我是个大学生”而“预先决定我对这个问题无能为力”。他还不无辛酸地刻薄地反问道：“我的手稿是否将要再次遗失？”在这种咄咄逼人的压力下，两位数学家于7月11日宣读了伽罗瓦的研究简述，并否定了这项工作。

虽然，拉克鲁阿和泊松没有像高斯看了年轻的阿贝尔著作后那样，声称：“太可怕了，竟然写出了这样的东西来！”但事实上他们并没有读懂伽罗瓦的著作。假如他们也具有里查那样的胸襟和热情，那么，面对这份他们既看不懂也挑不出毛病的文稿，是否会直觉地感到其中包含着杰出的数学思想而使之公布于世呢？确实，伽罗瓦的思想是如此深邃，以至于当时无论哪一位学者都很难估量这一工作的价值。

伽罗瓦的数学研究工作，是围绕着代数方程的根式解展开的。要理解他的数学工作的意义，必须简单地追溯一下数学史。

公元前2000年，巴比伦人就能解二次方程了。但一般的三次代数方程，直到16世纪才被意大利数学家解决。接着，很快就找到四次代数方程的解法。数学家们再接再厉地向着五次及更高次的代数方程进军。然而，他们遇到了料想不到的困难。拉格朗日说这一难题“好像是向人类智慧的挑战”。正是这位大数学家看出了人们徒劳无益地在繁复的数学运算中挣扎，指明根的排列理论比根号解更有意义，并且他还机智地预见到也许五次以上的代数方程没有一般的根式解。

1824年，年轻的挪威数学家阿贝尔解决了拉格朗日没有证明的难题。他出色地证明了五次以上的一般代数方程没有根式解。阿贝尔光荣地摘取了数学女皇皇冠上的一颗明珠。

看来伽罗瓦生不逢时，恰恰只晚了一步。实际上，伽罗瓦首先感兴趣的不是具体的数学问题，不是研究高次代数方程所得出的具体结论。他感兴趣的是解决这些问题的一般方法，是能概括这些具体成果并决定数学长期发展的深刻理论。

人们为什么会在运算的浩海中迷失几百年？尽管人们证明了这个问题的不可解，但这本身不是带着盲目性吗？摘取明珠是一场动人心弦的竞赛，是一场智慧、毅力和运气的竞赛。然而更加宝贵的是摘取明珠的方法和途径。

在伽罗瓦以前的数学家，他们总是努力从已知的概念和定理出发努力寻求新的证明，致力于数学技巧的竞争。而伽罗瓦所走的道路却是寻找新问题所需要的新名称、新符号，也就是首先进行概念的突破，然后用新概念来构造新的证明。伽罗瓦用非常独到的思路来研究解方程的步骤，他注意到方程的根的对称性以及根变换之间的关系。他把自己独特的数学概念称为群。

群的概念虽然在伽罗瓦之前就出现了，但只是一具没有生命的躯壳，伽罗瓦使它有了活的灵魂。他的工作不是研究方程本身，而是研究和方程相联系的变换群。这样就可以使方程的特性反映在变换群的特性上。弄清了群的规律性，也就解决了方程的求解问题。

更重要的是，群所处理的是抽象的对象，由群的理论研究获得的一般结果，带有深刻的普遍性。因此以群论为代表的数学理论，是处理问题的一种深刻的现代数学方法，为其他研究工作提供了有力的数学工具。比如，化学家早就知道自然界结晶体的类型是有限的。但是利用群论就从数学上证明了结晶体的类型只有 230 种。群论用统一的方法研究看来是千差万别的事物，如方程的根、晶体结构、空间变换、基本粒子的对称等，在错综复杂的现象中探讨共同的结构，从而使研究者准确地抓住事物之间的联系。伟大的数学家希尔伯特把伽罗瓦的理论称为“一个明确的概念结构的建立”。这种理论对于近代数学、力学、物理学的发展，甚至对于 20 世纪的结构主义哲学的产生和发展，都产生了巨大影响。

伽罗瓦的划时代的数学研究被埋没并非偶然。当时，牛顿力学已日臻完美，而数学界诸如拉格朗日、欧拉、高斯这样的泰斗的辉煌成就，使一般人沉醉于对形式和技巧的盲目追求中，把贫乏的思想隐藏在华丽的计算后面。人们普遍认为，数学的目的在于计算，在于精确。伽罗瓦一反潮流，大声疾呼：“难道数学的目的仅在于计算、在于精确吗？”并且声称：“我在这里进行分析之分析。”当时科学界对技巧和形式的崇拜远远超过对创造和开拓的追求，当然也就不会承认伽罗瓦工作的价值。而创造精神的瘫痪必将导致对青年人的科学新思想的压制。哥西和泊松只能算旧时代的数学家，他们注重研究、修补旧体系。当时数学新时代的曙光已出现在地平线上。像非欧几何学、集合论、群论等科学思想新体系，都是在这个时代孕育的。但只有勇敢地面向未来、坚定地追求未来的科学家，才能看到新时代的曙光。无怪乎伽罗瓦在谈到他同时代的数学家时，痛切地说："这班人落后了一百年！"

伽罗瓦清楚地意识到他的处境。他说："有一种人，命运决定他们来做好事，而永远不坐享其成。我担忧，我是属于这种人。"他是注定要受到不公正的待遇的，因为他的思想超越了同时代的人。他不愿放弃战斗，就势必一再碰壁。这是战斗者的意识。这种意识是痛苦的，然而却是高贵的。它只属于为数不多的开拓者。

三、"妨碍我成为科学家的，恰好是我不光是个科学家"

伽罗瓦进入师范大学一年，正当他做出卓越的研究工作之时，法国历史上著名的1830年"七月革命"爆发了。伽罗瓦立即卷入风潮，成为一名勇敢的战士。

师范大学是法国最保守的学校之一。"七月革命"爆发时，师范大学校长吉尼奥是教育部门官员中唯一禁止学生参加示威游行的人。这个人愚蠢、浅薄，作风专横霸道，毫无气节，总是站在胜利者一边。在他的手下，师范大学成为一座毫无生气的教堂。7月28日和29日，攻占杜伊勒里宫战斗打响，全校只有两名学生敢于冒犯校长的权威试图溜出校门参加战斗，其中之一就是伽罗瓦，但两次都未成功。伽罗瓦还参加了资产阶级共和派激进分子组成的"民友社"，是师范大学中唯一参加这个组织的人，他还报名参加了国民自卫军炮兵队。

校长吉尼奥在"七月革命"风潮中摇身一变，由查理十世的热烈拥护者突然变为刚攫取政权的路易·菲力浦的忠实信徒。1830年12月，《学校公报》发表长篇文章揭露吉尼奥，并援引了一封署名"师范大学一学生"的信。该信用事实揭露吉尼奥的无耻投机。吉尼奥恼羞成怒，未经调查就认定这封匿名信是伽罗瓦写的。4天后，吉尼奥在尚未得到批准的情况下，滥用校长职权，宣布开除伽罗瓦的学籍。这个老奸巨猾的官僚，一面写信给教育大臣称伽罗瓦是道德败坏的青年，害群之马，一面又挑唆学生告密。有14名文学系学生联名在《学校公报》上发表文章指责伽罗瓦。伽罗瓦对此深感痛心。这种情况下，《学校公报》编辑部并没有挺身出来保护这个无畏而又无辜的青年。伽罗瓦成为这一事件的唯一受害者。1831年1月8日，国民教育委员会批准了开除伽罗瓦的决定。一个19世纪最有才华的青年就这样被无情地剥夺了最后的深造机会。

1月9日，即伽罗瓦被正式开除的第二天，《学校公报》上刊登了伽罗瓦的一则声明，说以后每逢星期四下午他将在凯洛特小书铺讲授高等代数，“讲座将向听众介绍不曾公开讲授过的若干理论，其中某些理论完全是独创的”。科学史上，还不曾有过19岁的科学家以讲授自己独创的学术见解来借以谋生的事例。这件事反映出伽罗瓦对整个社会对他的压制迫害，保持着高傲的蔑视。

1831年4月，“民友社”举行了一次200人规模的庆祝胜利的宴会。坐在前排中央的伽罗瓦，一手举杯一手持刀，说道：“为路易·菲力浦干杯！”会场立即骚乱。路易·菲力浦属于波旁王朝侧系奥尔良皇室，他借助“七月革命”当了国王，但登极后的所作所为却令共和派和广大人民失望。第二天，伽罗瓦被逮捕。罪名是教唆谋害法兰西国王生命的未遂罪。6月15日，法庭开庭审理此案。当时，没有一个人认识到，坐在被告席上的这个身体柔弱、精神活泼的青年是当代最伟大的数学家。伽罗瓦简短而辛酸地回答庭长的提问，时而迅速地说出几句激动人心的话来。当问及他的身份时，他满不在乎地说：“帮人补习数学。”由于共和党人律师窦本的出色辩护，伽罗瓦被宣告无罪释放。

一个月后，伽罗瓦率众走上街头，游行纪念攻占巴士底狱。伽罗瓦再次被捕，并判处9个月监禁，关押在圣佩拉吉监狱。在革命重新高涨的年代，伽罗瓦绝不是个旁观者。巴黎市民经常看到这位神情忧郁、面色苍白的青年出现在大无畏者的行列中。某些科学史家常为伽罗瓦的这段历史痛心，为他没有埋头书斋而遗憾。在他们看来，如果伽罗瓦不把自己的宝贵精力浪费在政治活动中，那么他的成就就会大得多，人类受益也会大得多……

可惜，历史不是按照这些评论家的意志写的。伽罗瓦生活在经历了资产阶级大革命后的法兰西，生长在压制革命、摧残人才的波旁王朝复辟时期。历史已经深刻地改变了法国的社会结构和人们的精神面貌，伽罗瓦又怎么可能例外呢？伽罗瓦不是那种因为害怕社会斗争的急风暴雨而躲进科学的象牙之塔中的人，也不是那种对祖国和人民的未来漠不关心、一心想在科学中寻求个人出路的人。他是个勇敢追求真理的科学家和战士。

一位科学家最可贵的品质就是对真理的追求。因为对真理的忠诚，使一个科学家烈火焚身也无所畏惧。这种追求，可以驱使杰出的原子物理学家为捍卫民族的独立和人类的尊严拿起枪杆进行巷战。无论是生活的艰难还是舆论的嘲笑压迫，都不能使一个追求真理的科学家丧失斗志。科学家取得的灿烂的科学成果，不过是这种可贵品质放射出的光辉。

在伽罗瓦身上，这种追求表现得更加真诚，更加狂热和不顾一切。他把科学理想和社会理想结合起来，不论在数学王国还是在现实斗争中，至死保持着对真理的忠诚，始终与旧世界势不两立，始终面向未来。如果硬要把数学家伽罗瓦和战士伽罗瓦分裂开来，那么我们只能得到一个残缺和畸形的伽罗瓦。伽罗瓦本人从不为自己的活动后悔。在给挚友舍瓦烈的信里，他说：“妨碍我成为科学家的，恰好是我不光是个科学家。我内心激愤得违反理智，但我不像你那样补充说：‘非常遗憾。’”伽罗瓦临死前曾对自己的一生做了这样的总结：

“永别了，我已经为公共的幸福献出了自己大部分的生命！”

四、“我们是小孩，但我们精力充沛，勇往直前”

伽罗瓦20岁生日是在圣佩拉吉监狱中度过的。他在狱中写了两部科学著作，准备获释后发表。

他在笔记中深刻地指出：“科学不过是人类智慧的这样一种产物，它注定了去研究和探索真理，而不是发现和认识真理。”他对未来数学的面貌也独具慧眼，说：“让计算听命于自己的意志，把数学运算归类，学会按照难易程度，而不是按照它们的外部特征加以分类——这就是我所理解的未来数学家的任务，也是我要走的道路。”他还老实地承认“经常碰到一些我无法克服的困难”，尽管他知道那些自以为是的人因此而不放过嘲笑他的机会。伽罗瓦还写了些含义晦涩的片言只语，但也切中时弊。他写道：“等级制度甚至对地位卑下者来说也是一种工具。”又写道：“教授们受科学院的打击。科学院受过去的打击。过去受另一个过去的打击。”“由于一个人需要战胜另一个人，一个时代需要战胜另一个时代，所以产生了科学上和文学上一些持续不断的反动……”这些已显示出伽罗瓦有可能成为一个思想家。伽罗瓦饱尝压制打击之苦，却热情地向往着科学家之间的真诚合作，他说：“科学家生来并不比所有其余的人要过孤独的生活；他们也是属于特定时代的人，而且迟早要协同合作。到了那时候，将有多少时间腾出来用于科学！”

伽罗瓦在狱中郁郁寡欢。著名政治家、化学家腊斯拜是他的难友。一天，有人与伽罗瓦打赌一次喝完一杯酒。伽罗瓦接受了挑战，后果当然很可怕。腊斯拜为此写道："宽容这位柔弱而大无畏的少年吧！……为了科学和德行，请爱护他的性命吧！再过三年，他必将成为真正的科学家。"腊斯拜预言的三年期限，对伽罗瓦那短促的青春来说还是太长了。1932 年 3 月 16 日，伽罗瓦因病从圣佩拉吉监狱转到一所受警察监护的医院。医院负责人福耳特里埃兼为警察局做情报工作。4 月 29 日，伽罗瓦获释。但他仍在医院逗留了一些时候。伽罗瓦打算在 6 月初离开巴黎。他给舍瓦烈的信中说："要在一个月之内尽情享受一个被释放的人的甜蜜的快乐……"可是，就在福耳特里埃家中，伽罗瓦遇见了一个女人，造成 5 月 30 日决斗。这个女人是什么人，人们至今也不清楚。

5 月 29 日，决斗的前一天，伽罗瓦写了三封著名的信。一封是给共和派的同志们，一封给 N. L. 和 V. D.，还有一封是给他忠实的朋友舍瓦烈的。从这些信来看，伽罗瓦参加决斗是违心的。他恳求 N. L. 和 V. D.："你们应当证实，我是违背自己的意愿而参加决斗的。"给共和派全体同志的信中，他激动地写道："我将成为一个下流的卖俏女人的牺牲品而死去。""我请求我的爱国朋友们不要责备我不是为了自己的祖国而献出生命。"他呼叫着："苍天作证，我曾用尽办法试图拒绝这场决斗……"最后，他用他特有的感人至深的热情和真诚说："我将带着不受谎言、不受爱国者的血所沾染的良心到坟墓里去。"

给舍瓦烈的信是三封信中最出色的一封，它显示了伽罗瓦作为一个科学家的无畏的个性。信很长，主要部分是谈他的数学工作。他向朋友报告说，"我在分析方面有了某种新发现"，并坚定地认为"不管泊松说了些什么话，我坚信它是正确的"。他还回顾了自己的研究工作："我一生中不止一次敢于提出我没有把握的命题。"伽罗瓦死后，人们在桌上还发现两张纸条。其中一张上写着："这个论据需要补充。现在没有时间。1832 年。"很明显，在决斗前夕，伽罗瓦仍在校正他的数学著作。

5 月 30 日清晨，冈提勒的葛拉塞尔湖附近，决斗双方在相距仅几公尺远的地方互相射击。伽罗瓦的枪里是没有子弹的。一颗子弹击中他的腹部，顿时血流如注，伽罗瓦倒在春天的绿草中。几个小时后，一个农民发现了他，把他送往科申医院。第二天，5 月 31 日，伽罗瓦就去世了。死时未满 21 岁。

伽罗瓦的死是个悲剧。他内心愤怒的激情的浪涛终于冲破了理智的堤坝，把他吞没了。他血气方刚，才华横溢，生活在保守压抑的复辟时期与革命高涨年代之间短短的间隙之中。他短促的一生中不断面对残酷的压制和挑战，每一次他都大无畏地挺身应战。两次投考综合技术学校落选，父亲自杀，被师范大学开除，数学手稿两次被遗失，两次被捕，9 个月的狱中生活，决斗……这一系列惊人的事件都集中在短短的几年之中。无怪乎伽罗瓦要说：“我的内心需要暴力。我要为我经历过的许多苦难复仇雪恨。”“我经受过的汹涌的激情将如何使之消灭痕迹呢？”他痛苦而又热烈地叫着：“憎恨，只有憎恨！谁对目前不感到刻骨的憎恨，而对未来不怀着真挚的热爱呢？”伽罗瓦的一生过于刚直，每一次应战他都碰出了火花，被击倒在地。但在这最后一次生命与死亡的决斗中，他再也没能爬起来……

对伽罗瓦死于决斗，科学史家们常常感到遗憾。普里林在考察维苏威火山时，被突然爆发的火山灰掩埋；魏格纳考察格陵兰冰川于 50 岁生日时丧身……这些人的死，是为了科学，为了人类的福祉。据说，马克思也曾受到过决斗的挑战，但马克思对此报以轻蔑的微笑。是的，无论是科学家还是战士，他们的使命和责任，比个人荣誉和一时的意气冲动更为重要。也许，伽罗瓦太年轻了，他不被社会了解和尊重，自己也不珍惜自己的价值。不论怎么说，伽罗瓦参加决斗是犯了一个不可挽回的错误。

伽罗瓦死后，他的名字长期被人遗忘。伽罗瓦的全部数学著作由他弟弟转给了舍瓦烈。但舍瓦烈找不到愿意出版这部著作的人。只有伽罗瓦的老师——值得尊敬的里查教授，深信它的巨大价值。里查把手稿交给他的另一个学生——大数学家厄米特保存。一直到 1846 年，著名学者约瑟夫 · 李维才在他创办的数学杂志上，第一次发表了这部著作。这是一本薄薄的仅 60 页的著作。20 世纪后，人们才愈来愈感到这本数学小册子的分量。

伽罗瓦临死前曾说过：“不要忘了我，因为命运不让我活到祖国知道我的名字的时候。”

执行伽罗瓦遗愿的，正是他那 60 页的数学文稿。

（作者：乐秀成　刘宁）

尼尔斯·亨利克·阿贝尔

(Niels Henrik Abel，1802—1829)

阿贝尔

挪威的民族英雄

挪威是一个伟大的民族，但是她作为一个民族国家也还是比较晚的事。现代的挪威王国从人口上来说很小，不但不能同中国相比，就是比她的北欧邻国瑞典和丹麦也略逊一筹。从历史上看，在我们的主人公阿贝尔出生时，挪威是丹麦的属国，不久之后，也就是 1814 年成为瑞典的属国，一直到差不多百年之后的 1905 年，挪威才成为一个独立的国家。

当然，这样的小国按 GDP 计算远远赶不上中国，可是它的人均 GDP 却世界领先，甚至超过美国及日本。作为北欧的福利国家，幸福指数也名列前茅。尤其难能可贵的是，人口少，经济总量虽小，却对世界文明作出非凡的贡献。挪威用自己纳税人的钱颁发了数学上堪与诺贝尔奖匹敌的阿贝尔奖。它彰显了挪威的民族英雄——阿贝尔，也给自己国家带来了荣耀。

一个民族也好，一个国家也好，最令其人民自豪的当然是它对世界文化和精神文明的贡献。挪威也有许多立足世界文化之林的科学家、艺术家、作家、探险家、哲学家……他们都是近 200 年涌现出来的，令人想不到的是，打头儿的是数学家阿贝尔。除阿贝尔等世界一流的数学家外，我们还应该提一下其他领域的 8 位名人：

剧作家易卜生是最有影响力的挪威剧作家，特别是对中国。五四运动前后，《新青年》发表了“娜拉专号”，鲁迅也写过《娜拉走后怎样》。可他没有获得诺贝尔文学奖。挪威作家有三位获得这项殊荣，他们是比昂逊、汉姆生及女作家温赛特。

格里格是挪威乃至北欧最伟大的作曲家，民族乐派代表人物，名列世界近代最伟大的 50 位作曲家之一。

蒙克是最有国际影响力的挪威画家，是表现主义的先驱。

从北欧海盗时期起，挪威人就以探险著称。提起近代挪威伟大的探险家不能不举出下面两位：一位是南森，他在 1896 年到达离北极点最接近的地方。他还是位海洋科学家、社会活动家。他因长期从事遣俘和救济国际难民工作，1922 年获得诺贝尔和平奖。另一位是阿蒙森，他原想去北极，当他听说美国人已到北极点，就改往南极，并在 1911 年 12 月 14 日首次抵达南极极点。在此之前，他还是通过船只首次完成从大西洋到太平洋的西北航道航行的人。

在社会科学领域，特别是经济科学领域，挪威人有突出贡献。1969 年开始颁发诺贝尔经济学奖，头一位获奖者就是挪威人弗里希。他是经济计量学的开拓者，1933—1955 年他任《经济计量学》杂志主编及编委会主席。经济计量学是经济学中最科学的部分，现在我们很难想象没有数字、没有统计、没有数学的经济学。挪威还有另一位获诺贝尔经济学奖的经济学家哈韦尔莫。

比起前面的领域，挪威在自然科学方面略逊一筹，即便如此，还是能选出两位杰出人物：一位是气象学家比耶克内斯，他是动力气象学的开拓者，而这直接与气象预报有关。他的重要性可从下面事实看出，奥斯陆大学三座楼之一以他的名字命名（另两座则以阿贝尔和李命名）。另一位是唯一在挪威本土工作的化学家哈塞尔，以研究三维构象获诺贝尔化学奖。

挪威在数学方面最杰出的科学家，至少有 8 位国际知名的数学家。阿贝尔以后，依次为：

西洛，他在群论方面留下了不朽业绩，首先是群论最基本定理——西洛定理。他和李编辑了阿贝尔的全集和通信集。

李，他创立的李群及李代数理论是当代数学的核心之一。

布隆，开创的布隆筛法对中国数论有重大影响，证明孪生素数的重要定理。

斯科朗，数理逻辑学家，特别对公理集合论和模型论有突出贡献。

图埃，对丢番图逼近有重大贡献。

奥尔，组合与图论专家，写过阿贝尔的传记。

赛尔伯格，20 世纪最伟大的挪威数学家，因素数定理初等证明获菲尔兹奖。提出赛尔伯格筛法，1956 年得出迹公式。1986 年荣获沃尔夫数学奖。

一、动乱年代（1802—1815）

阿贝尔 1802 年 8 月 5 日出生在挪威菲诺，这是一个小岛。也许现代人无法想象那个时代的生活，没有电，没有汽车，没有火车，没有电话，当然更谈不上电脑和手机了。一切都处于原始状态，也许文明的唯一标志就是书了。只有书才能让一个孩子走进知识的大门。不过，外界的环境仍然时刻影响着好学的孩子，那就是政治。

19世纪初是一个什么样的时代呢？拿破仑时代。拿破仑想统一欧洲，几乎所有国家都反对他。他可不在乎他们的反对，谁反对就打谁。那时候，挪威属于丹麦，而丹麦又是法国的朋友。法国的对手英国则反过来封锁挪威。挪威粮食不够就出现大饥荒。1807年至1814年被称为挪威的饥荒岁月，这时阿贝尔应该上小学，正是长身体的时候。不过那时，阿贝尔却无学可上，因为偏僻的地方根本就没有小学。

幸运的是，阿贝尔的家庭属于知识阶层，阿贝尔的父亲索伦是一位牧师，他祖父也是。乡村牧师绝不是肥缺，可确是当时的白领。索伦曾在他那时的丹麦和挪威唯一的一所大学哥本哈根大学学习，这可以说是当时所受到的最好的高等教育。这样，他的父亲就承担起阿贝尔和他兄弟们教育的重任。阿贝尔的时代没有所谓节制生育的说法，一般家庭都很大，甚至有十几二十多个子女。阿贝尔兄弟六人，还有一个妹妹，阿贝尔排行老二。只要父亲牧师工作稳定，生活倒还是可以维持。

这种情况一直持续到1814年拿破仑倒台。作为一个国家，挪威从丹麦的一部分变成瑞典的联盟，不过还是低人一等。这期间，未来的民族英雄阿贝尔的父亲正从事民族解放运动。他参与建立克里斯蒂安尼亚大学（今奥斯陆大学），它在1813年正式招生。他还建立了国家银行。阿贝尔的父亲成为非常议会的一员，准备对新宪法进行必要的修改。

二、自学成才（1815—1821）

1815年，阿贝尔和他的哥哥汉斯被送往首都的教会学校。这所教会学校是一个老学校，当地官员都把自己的子女送到这里学习。可是，天才的阿贝尔似乎不太适应这里的生活，开始两年，学习成绩还算马马虎虎，接着分数就逐步下滑。他的哥哥的情况则更差，患上了神经衰弱，最后不得不回家。

一件偶然的事情改变了阿贝尔的一生，那时，老师对学生非打即骂，也许这些笨学生的确让老师火冒三丈。有一次数学老师对一位倒霉的学生实施体罚，这位学生回家之后不久就死了。家长和学校也许对体罚不能说三道四，可是出了人命，麻烦就大了。不管学生的死是否为体罚的结果，学校最后还是不得不把这位数学老师解职。

要知道，那个年代可不像现在这样人满为患，全世界也不到10亿人，挪威还不到100万人，数学教师可是稀缺人才。前两年，挪威刚刚建立了第一所大学，即现在的奥斯陆大学。1813 年 9 月正式开学时，只有 5 位教授、1 位讲师和 17 位学生。此外还有一些不在编的助教。当时大学的顶尖教授汉斯廷有位助教霍尔姆博，于是就临时让他接替那位被解职的老师，成为阿贝尔班上的数学老师，当时这位老师只有 22 岁。

没过多久，这位新老师就发现分数不高的阿贝尔有超人的数学天赋，于是就在课程范围之外给阿贝尔布置更难的习题，还向他推荐更深奥的书让他自学。200 多年前那个时候可没有现在这么多教材、教辅、科普读物，要学数学，只有去读十几位数学大师的原著。对于中学生来说，读这些书就跟读天书一样。其实，这些书霍尔姆博也没有好好读过，他也不过大学本科刚刚毕业，最多学过 17 世纪之前的代数、解析几何和微积分，即使到现在，这些对 15 岁的初中生仍然极难。

霍尔姆博毕竟是一位一心向学的好老师，他知道自己离 19 世纪初的前沿数学还远着呢，至少还有 18 世纪整整一个世纪。幸好，18 世纪的数学大家不是太多，最主要的是欧拉和法国几位大数学家，像拉格朗日、拉普拉斯、勒让德等。其中欧拉的书如《无穷小分析引论》《微分学》《积分学》《代数引论》等条理特别清楚，很适合自学，但是读者得有头脑。霍尔姆博在学术上力求上进，天天啃这些大部头的书，进度也不太快。当他发现阿贝尔的数学天才之后，两个人开始一起自学。由于这些书是用法语或德语写的，阿贝尔也不得不学这两门外语，他后来的论文也大都是用这两种语言特别是法文发表的。

霍尔姆博和阿贝尔相差7岁，可是学起这种前沿数学来，阿贝尔要超过他的老师。现在，对于难于理解的数学文献，阿贝尔可以当霍尔姆博的老师了。这非但没有使霍尔姆博感到没面子，产生打压阿贝尔的想法，恰恰相反，他到处宣扬阿贝尔的天才，处处为他的成才开路。通过霍尔姆博，阿贝尔见到了汉斯廷先生以及大学的唯一的数学教授腊斯木森。这些人不仅在精神上鼓励这位中学生，而且后来在物质方面也给了不少帮助。

平静的学习生活很快被打破。阿贝尔的父亲的议员席位在 1816 年没能连任。1818 年虽然再被选为议员，但他对其他议员的攻击以及酗酒，使他成为媒体攻击的目标，最终名声扫地。他在 1820 年去世，微薄的抚恤金立刻使阿贝尔家庭的生活陷入贫困的境地。

但阿贝尔没有被贫困打倒，他仍然继续攻读所有到手的数学书。正如他后来常常在信中提到的，当时所有的数学，不管是重要的还是不重要的，他都已经掌握，现在该是搞点研究的时候了。即便在当时，也有许多研究方向，但他很早就对代数方程感兴趣了。一次方程、二次方程早就有了求解公式，可三次方程、四次方程的求解公式到 16 世纪才得到。很自然，许多数学家都拼命研究五次代数方程的求解公式，300 年过去了，没有一人成功。

他在中学的最后一年，就下定决心去攻这个 300 年来使许多大数学家困惑的五次方程的求解问题。年轻人一般都充满活力，也不太谦虚，初生牛犊不怕虎嘛。后来成为大数学家的雅可比及伽罗瓦在年轻时也都试图给出五次方程的求解公式，他们无一例外地都从正面进攻而且觉得一度找到了答案。

阿贝尔也是如此。他以为自己“发现”了求解公式。年轻人往往缺少自我批判精神，极端一点的更是自以为是，总觉得别人都是傻瓜。阿贝尔的不同之处在于他懂得什么是数学，能够发现自己的错误所在。不过，当时的挪威数学水平的确不高，阿贝尔把他“发现”的求解公式写成论文之后，挪威没有人能够看懂他的论证过程，当时也没有刊物能发表他的结果。于是大学教授汉斯廷亲自出面把阿贝尔的论文寄给丹麦的数学家德根教授，请他在丹麦科学院发表。德根也没能发现论文中的任何漏洞，由于过程繁复，他要求阿贝尔用具体的例子来阐明其公式。最终还是阿贝尔自己发现了自己的问题。这推动了阿贝尔以后从反方向来考虑问题，也就是“眼前无路想回头”。

阿贝尔没有舍弃代数方程论的方向，但是德根却给他指出了另外一个大方向——椭圆积分。这对他后来的研究有很大的影响。因为挪威在当时相对封闭落后，要是没有国外的高人指点，天才也可能被埋没。

从 1815 年到 1821 年阿贝尔上了 6 年教会学校，大致相当于现在的中学，但学习的课程主要是语言，希腊语、拉丁语、德语、法语、英语，当然还有母语——挪威语。拉丁语是当时的学术语言，而德语和法语对他后来出国大有好处。

三、大学时代（1821—1825）

同现在一样，念完 6 年中学就是 4 年大学，他进入了克里斯蒂安尼亚大学。但一文莫名，当时也没有奖学金，幸亏阿贝尔已经小有名气，几位大学教授自己掏腰包支持这个穷孩子上学，特别是汉斯廷教授，他的家也对阿贝尔开放。汉斯廷虽说是一位天文学教授，但他的不朽贡献是在地磁学研究。他在 1815 年建立了挪威第一座天文台，在 1841 年建立了地磁观测台。做观测要跑很多地方，要吃苦受累。1828 年，他到荒无人烟的西伯利亚进行两年的地磁测量，就把大学教授的职位交给阿贝尔代理。遗憾的是，当他回来时，阿贝尔已溘然长逝。他也搞一点理论，不过，他怎么也比不上稍后在德国也开始研究地磁学的高斯，天下无敌的高斯驳倒了他的理论，这时他也许会想起他热情资助的阿贝尔。

虽说是大学，但当时没有什么高等数学和物理的教学，因为可能当时根本就没什么人懂，而更高深的数学还要等阿贝尔等人去创造。也许阿贝尔还得像现在一样搞个形式，拿个文凭，这些对他都不在话下，他一年就拿到哲学副博士的学位，相当于现在的学士学位。余下时间他只需自己干自己的事，读原著，写论文。要知道，200 年前还没有像样的期刊登载原创的论文。幸好，汉斯廷教授为了祖国的科学事业办了期刊《自然科学杂志》，20 岁的阿贝尔也就有了自己的园地发表自己的著作了。19 世纪 20 年代，世界的数学中心在法国，更确切地说是法国科学院，法国科学院的几位院士，尽管他们有各种各样的缺点，但在学术上绝对一流。得到他们的肯定，对年轻人的成长十分重要。像阿贝尔这样的天才，首要目标是去巴黎。

不过，一切都需要钱。阿贝尔不得不退而求其次，先去丹麦。在北欧，那是一个文化中心，不过在数学方面还落后于德国。这回腊斯木森教授给了他 100 塔勒，足够阿贝尔在哥本哈根待上两个月。有了钱还要认识人，汉斯廷教授的夫人娘家在丹麦，阿贝尔就住在他们家。于是，他在 1823 年暑假去见德根教授和其他丹麦数学家。到底上了一个台阶，阿贝尔在给霍尔姆博的信中，兴奋地谈到他们对他的启发。

果然，回国以后，他又重新研究起五次方程求解的问题，这一次他采取否定的观点，并取得了成功，最终证明一般五次方程不可能根式求解。他首先证明，可以用根式求解的方程，其根的表达式中根式均可表示成方程的根和某些单位根的有理函数。为了扩大这篇文章的影响，他决定写成法文自费出版。为了节约开支，他不得不大大压缩篇幅，使得这篇法文相当难懂，他把这篇论文寄给许多大数学家，结果毫无反应。他发表的这个新发现——一般五次和五次以上方程未必有根式解，是数学上石破天惊的大事，这是数学中第一个不可解的大问题。从消极的方面来看，他也就是告诉妄图对五次方程给出求根式解公式的人：此路不通。（后来一个有名的不可解问题是：不能只用圆规、直尺三等分任意角）不过总还有一些人“不信邪”，死钻这个牛角尖。甚至阿贝尔去世百年之后，中国就有这样的人，结果为当时年轻的华罗庚所批驳。

阿贝尔在外面见了世面之后，不禁想更上一层楼，到巴黎去。他无法再从教授们那里得到资助，只得向政府申请旅游资金。政府办事免不了拖拖拉拉，最后还是批准让他出国两年，资助他 600 塔勒。要说这个政府挺够意思的，为了穷孩子的高等数学花纳税人的钱。不过还有一个条件，你得把外语，特别是法语学好。这也的确合情合理。只是占用他大三、大四学两年语言，他嫌太长了，尽管还给津贴。虽说拿着津贴，学着外语，他还是一天到晚写他的论文。

四、欧洲之行（1825—1827）

阿贝尔终于等到大学四年过完，他在 1825 年夏天走出国门。他的恩师千叮咛万嘱咐让他去巴黎，可是他的 4 位同伴（1 位学医、3 位学地质）都去了柏林。当时柏林大学刚刚建立，数学也不怎么样，在德国只有一位数学家比其他所有数学家都棒，那就是高斯。可是谁都知道高斯架子大，谁也不搭理，阿贝尔也给高斯寄过论文，照样有去无回。阿贝尔计划去格丁根，最终没能成行。不过，他跟着 4 位同伴在欧洲转了一年。

阿贝尔违背了他的保护人的意思，经由哥本哈根去了柏林。在丹麦时，他知道德根已经去世，另外一位数学家给他写了推荐信，让他去见克莱尔。与克莱尔的结识是阿贝尔最大的幸运。克莱尔本人是土木工程师，又是普鲁士王国（后来普鲁士统一整个德国）的管基建的部长级人物。他给德国做了城市规划，还修建了德国第一条铁路。他不仅是个好官，而且对数学有着爱好，不遗余力地发展数学事业。为此，他创办了第一份专业的数学期刊——《纯粹与应用数学杂志》，而阿贝尔一篇接一篇的大文章正愁没有地方发表，两人一拍即合。这个现在还在发行的权威数学杂志，1826 年第一卷几乎都是阿贝尔的论文，后来几卷也发表不少，共有 22 篇。克莱尔杂志上的论文，虽然没有什么人看得懂，却使当时的学术界看到了一颗冉冉升起的新星。克莱尔不仅办刊物为阿贝尔提供发表论文的地方，还积极为他争取教授职位，让阿贝尔留下。

尽管阿贝尔在柏林干了不少事，可他没忘掉政府给他钱是让他去巴黎。克莱尔本来想陪他顺路去格丁根拜见高斯，但公务缠身，无法成行。这下子可给阿贝尔一个放松的机会，20 多岁的年轻人谁不想同大家一起游山玩水，欣赏大自然的美景呢？正好，他学地质的朋友要去中南欧进行地质考察，这样他就凑个热闹，陪着他们乘马车旅游。这是他平生第一次也是唯一一次。我们可怜的主人公有了三个月的放松时光，他还给自己找个借口，说什么奥地利也有几位“著名”数学家可以去访问，真是天晓得！1826 年 3 月他们离开柏林到东部的名城莱比锡和德累斯顿，然后又经布拉格去维也纳，然后到意大利北部威尼斯，最后到阿尔卑斯山，由此进入法国。

无论如何，阿贝尔还是得去巴黎，当时数学的中心。这些法国大权威都很难接近，根本不把年轻人当一回事。阿贝尔到了巴黎用了几个月写了一篇大论文，于 1826 年 10 月 30 日呈交法国科学院，题目是《论一类极广泛超越函数的一个一般性质》，其中提出比椭圆函数及超椭圆函数更广泛的阿贝尔函数（实际上是阿贝尔积分，当时椭圆函数等一般指椭圆积分），并证明阿贝尔大定理。科学院让柯西审，照规矩，审稿人应该给出报告，然而很久没见下文，后来还找不到了。阿贝尔去世很久之后才找到并发表出来，柯西说它太难懂，这也许是实话。

阿贝尔终于在 1826 年 7 月到达巴黎，他在巴黎的运气可比以前差远了。住宿极差、伙食极差，但房租极高，这些他还勉强承受，因为他的目的是见大人物，可是假期大人物大都去乡下休养去了。不过后来，该见的都见到了，年纪最大的是拉普拉斯和勒让德，前者在第二年就去世了。最年轻的是柯西，他 30 多岁，正是个人拼搏时代。

法国人对陌生人比德国人对陌生人冷淡得多，当然高斯除外。尽管如此，他们表面上的热情还是达不到亲密的程度。

在巴黎待了半年，1826 年圣诞节之后阿贝尔打算回家了。他的钱差不多已经花光了，这时他已经被诊断为肺结核，接着他在柏林又待了三个月，但身无分文，他又找霍尔姆博借了 360 塔勒。克莱尔也尽力帮助他，这段时期，他把自己最长的论文《关于椭圆函数的研究》写出，是系统论述椭圆函数的。这篇论文完成了椭圆积分向椭圆函数研究的转变，发表在 1827 年 9 月的克莱尔杂志上。

五、贫病交迫，黯然离世（1827—1829）

1827 年 5 月，阿贝尔结束了欧洲之行回到奥斯陆。这时他陷入贫病交加的境地。他发表的十几篇论文已无可争议地表明，他是当时最伟大的几位数学家之一。但是一穷二白的挪威不可能给他提供什么职位，他只得以给私人补习来糊口。转过年来，又是汉斯廷帮了大忙，他到西伯利亚工作两年，由阿贝尔以副教授名义代理他的职务。当时的欧洲学术界还是很爱才的，法国的 4 位院士联名致电瑞典和挪威联合王国国王，请他关注阿贝尔，替他谋取一个适合进行科学研究的位置。而最真心诚意的帮助来自克莱尔。他在 1828 年转到教育部工作，就千方百计地为阿贝尔谋求柏林大学的职位。

不幸的是，当时阿贝尔身患肺结核，而肺结核在当时又是不治之症，尽管阿贝尔拖着病弱的身躯拼命写论文，然而死神还是不期而至。1829 年 4 月 6 日，阿贝尔离开了人世，只活了 26 年又 8 个月。去世两天之后，克莱尔高兴地通知他，已经为他谋到柏林大学的教授职位。

阿贝尔过早离世，实际上是许多因素共同作用的结果。他得了肺结核，这在当时是不治之症，100 年后依然是不治之症。本应该长期卧床的他，仍然在拼命工作，因为这时出现了一位竞争对手——雅可比。数学家之间优先权之争屡见不鲜，关键是发表的前后顺序。雅可比发表的只是摘要，这使阿贝尔指出，雅可比的结果是自己论文的推论，从而确立了自己的优先地位。然而，他没有正式工作，却有许多弟妹要养活，这弄得他一文莫名，可他一直没有一句抱怨。有意思的是，他的兄弟和妹妹都比他活得长，他真是累死的。生活的不幸并没有使他失去爱心，1829 年在他去世前，他住在一个老板家，他的未婚妻肯普小姐在那里当保姆，阿贝尔是在 1823 年夏去丹麦时认识她的，可是阿贝尔一直没钱结婚。但是肯普小姐却一直亲自照顾阿贝尔，直到他去世。阿贝尔也十分牵挂她的未来，他给朋友凯尔豪这样介绍肯普小姐："她并不漂亮，有一头红色头发，还有雀斑，可她十分出色。"没想到阿贝尔去世之后，凯尔豪果然向她求婚并得到她的同意。

阿贝尔能从挪威这个国家脱颖而出，确实是个奇迹，他理所当然地也成为挪威人民的骄傲。在奥斯陆的国王王宫前的广场上，竖了一个柱子，柱顶就是阿贝尔与恶龙搏斗。到 21 世纪，挪威从 2003 年起，每年颁发阿贝尔奖。一个小国，能培养出这么多令祖国和人民自豪的世界文化名人，也许才真正显示出她的荣耀与尊严。挪威国王哈拉德五世在参加纪念阿贝尔诞辰 200 周年大会的开幕词中骄傲地宣称阿贝尔是挪威的民族英雄。

六、阿贝尔的数学

阿贝尔的数学即使在今天也不是很好懂，哪怕你是数学系的大学生或研究生。也许法国大数学家埃尔米特说的话很中肯："阿贝尔的数学够后来的数学家忙上 150 年。"这话不假，以阿贝尔命名的数学概念和数学定理多达几十个，如阿贝尔群、阿贝尔簇、阿贝尔函数、阿贝尔范畴等。甚至还有阿贝尔数学及非阿贝尔数学的提法。要理解阿贝尔的数学，先看一下 19 世纪初的数学状况。

以 1800 年为界，近代数学可以划分为前后两个阶段。阿贝尔所面对的正是 17、18 世纪发展起来的数学。这两个世纪打下了我们现在数学的基础。这期间形成了近代数学的五大分支：数论、几何、代数、分析、数值计算或计算数学。

数论主要研究数，首先是整数的性质，一般认为费马是近代数论的奠基人，其后欧拉、拉格朗日、勒让德加以发展。到 19 世纪初，高斯的《算术探究》出版，数论正式成为数学的理论分支。它不仅有系统的理论，也包含大量问题，其中有的至今尚未解决（如哥德巴赫猜想）。

几何研究的对象是形。这是西方数学的主流。欧几里得的《几何原本》中，7、8、9 三篇主要研究对象是数。这表明西方数学中几何几乎是数学的同义语。到了 17 世纪，传统的几何方法仍然居于主导地位，例如牛顿的《自然哲学的数学原理》就是以几何方法论述的。不过费马与笛卡儿开创了解析几何，解析方法逐步占据重要地位。它可以划分为代数方法和分析方法，相应地产生出代数几何和微分几何两大分支。

代数主要研究符号运算。法国数学家韦达公认是近代代数之父。符号化使得代数的主要目标是求解方程和方程组。古代已知一次方程、二次方程乃至部分三次方程的解法，到 16 世纪上半叶，已经知道三次方程和四次方程的根式解，即把方程的解通过方程系数加、减、乘、除和开方来表示。数学家自然考虑如何解五次以上方程，但是经历了 300 年，进展不大，到阿贝尔手中，才取得突破。

分析是大多数人不太熟悉的数学领域。它的起点是微积分，而微积分对于多数人来讲高深莫测，其实它只是分析的最初级阶段。分析与代数密切相关，也是搞符号运算的，只不过，代数处理有限的符号运算，而分析处理无穷的符号运算。所以在18 世纪，人们常说，“代数是有限的分析，分析是无穷的代数”。在 19 世纪之前，无穷运算也是照着有限运算的方法办理，正如数学家达朗贝尔所说，“向前走，你就会得到胜利”。但这样做，有时候就得出让人难以信服的结果。例如 $\frac{1}{1-x}=1+x+x^2+x^3+\cdots$，当 $x=\frac{1}{2}$，就得出等比级数求和的正确结果：

$$1+\frac{1}{2}+\frac{1}{4}+\frac{1}{8}+\cdots=2$$

而当 $x=2$ 时，就得出 $1+2+4+8+\cdots=-1$ 这样的结果。以前大数学家都这么做，只是到了阿贝尔才认真考虑这方面的问题。这些当然只是分析中最基本的问题，许多属于分析的问题，例如求椭圆的一段弧长就难倒许多大数学家，这种很自然的问题也是到了阿贝尔手中才得以取得进展。除了微积分，18 世纪的分析的分支还有常微分方程、偏微分方程、变分法等分支，而阿贝尔第一个求解积分方程，而系统的积分方程理论到 19 世纪末才开始研究。

数值计算在几乎所有应用问题中都要出现，许多问题中我们只需要或者只能算到有限多位，近似计算永远是受欢迎的。

除以上五大领域之外，17、18 世纪还创立了概率论，当时称为概率演算，当时有很多应用，算作应用数学。

19 世纪的数学明显地反映出科学发展日益专业化的趋势，简单地说，可以归结为下面三个方面：

（1）纯粹数学与应用数学的分离。阿贝尔的大部分数学属于纯粹数学，也就是问题几乎没有实际背景，问题的解决也没有什么应用价值，至少当时如此。

（2）理论方向与计算方向的分离。数学在过去很长时间称为算学，而代数与分析主要是以演算为主。但阿贝尔发现，许多问题特别是求解方程不能靠傻算，因为许多方程解根本不存在。因此在解方程之前，首先证明方程的可解性或者解的存在性。分析的理论问题主要是分析的严格性，这也是阿贝尔首先考虑的。

（3）分析方法与几何方法的对立。19 世纪数学的突出特点是分析方法取得极大胜利。阿贝尔在这方面有重大贡献，特别是椭圆函数论与积分方程。19 世纪中期，许多数学家被称为几何学家或分析家，阿贝尔当然是分析家。

直到 19 世纪末，数学被分为三大块——几何、代数和分析。数论内容少，常划在代数中。阿贝尔的贡献主要在代数及分析两大领域。在代数方面开创了代数方程论，在分析方面则集中在三个方面，最主要的是椭圆函数论、分析的严格化以及积分方程。分析一位数学家历史地位的要点则是，解决大问题、开创新理论及新的研究方向、提出新方法、发现新关系等，而在其背后则是创新的思想方向，而这常为史家所忽略。下面分别从这两方面对阿贝尔的成就加以论述。

1. 代数方程理论

长期以来，代数的中心问题是求解代数方程，而代数方程的根要通过系数的加、减、乘、除和开方（整数次）表现出来，这常称为根式解或代数解。16 世纪数学家成功地得出三次方程、四次方程的一般公式以后，当然顺理成章地希望求出五次及五次以上方程的根式解的一般公式。

阿贝尔的开创性到底在什么地方？显然，他解决的是一个大的、方向性的问题。阿贝尔在巴黎时，认识他的同时代人、德国数学家狄利克雷，当时，他因解决 $n=5$ 情形的费马大定理而小有名气，也就是他证明不定方程 $x^5+y^5=z^5$ 没有正整数解。显然，这个问题不能同五次方程相提并论。许多人都企图正面得出公式，阿贝尔也是如此。虽然别人没有发现他的错误，但德根教授的两点意见，很值得注意：

(1) 阿贝尔自以为得出的求解公式要用具体例子来解释；

(2) 五次方程方向很窄，应该研究椭圆函数。

从现在来看，虽然德根不是什么重要数学家，但这两点至关重要。阿贝尔正是由于第一点找到自己的错误，在这种情况下，他有两个选择：一是继续，二是放弃。他选择继续。继续又有两种选择：一是沿着原路走到黑，二是从反方面想。他选择第二条路，这完全改变了代数方程的研究方向，而且开创了一系列不可解问题的理论。其实，拉格朗日已经明确指出："用根号解四次以上方程是一个不可解问题，虽然关于不可解性什么也没证明。"而阿贝尔的首要功劳在于给出这个证明。

证明不可解性，事情并没有完成，因为这样一来，五次方程就分成两部分，有些可以根式解，有些不能根式解。更进一步，任何高次方程都存在同样的问题。在这方面，阿贝尔制定了一个研究纲领：

(1) 什么样的方程可根式解，或者满足什么条件的方程可根式解？

(2) 如何判定一个代数方程可根式解或不可根式解？

他部分地解决了第一个问题，而第二个问题很快被另一个天才伽罗瓦完美地解决。在他们的影响下，古代的一系列问题，例如古希腊三大作图问题逐一得到解决。伽罗瓦理论还导致域论和群论的诞生，代数的面貌从此完全改变。

2. 分析

阿贝尔在代数上的成就十分可观，他在分析方面的贡献更是划时代的。传统的数学史在谈到 19 世纪数学时，常把非欧几何、代数方程论（及群论）以及分析的严格化列为三大成就，当然从现在的角度来讲，远不止此。即使这样来看，分析的严格化也是从阿贝尔开始的。

他说："在分析中可以发现多得惊人的含混之处。这样的完全没有计划和系统的分析，竟有那么多人研究过它，真是奇怪。最糟糕的是它还没有得到完全严格处理，高等分析中只有少数命题得到完全严格的证明。人们到处发现从特殊到一般的靠不住的推理方法，而十分奇妙的是这些方法居然只导致极少几个所谓的悖论。真正有意思的是寻求其中的原因。”这些话概括了当时分析的现实情况，也表明阿贝尔的研究方向。他没有时间完成这个大计划，但他开了一个头，从无穷级数开始。

1826 年 1 月，阿贝尔给霍尔姆博的信中写道：“我非常惊讶地看到下列事实，如果抛开最简单的情形，那么在全部数学中没有一个无穷级数的和是被严格确定的。换句话说，数学中最重要的部分是没有根基的。诚然，数学的大部分是正确的，而这正是令人惊讶的地方。我要努力找出这个道理，这是一个十分有趣的题目。”

分析中的函数大都是超越函数，超越函数往往被展开成幂级数。阿贝尔首先认识到形式幂级数必须考虑其收敛与发散空间，而这首先要确定无穷级数收敛的判据。阿贝尔是继柯西之后首先给出收敛性判据的，而这一系列的研究一直持续到 19 世纪末。

阿贝尔另一项重要结果是纠正柯西的一个大错。柯西无疑是数学分析严格化的最大功臣，但他的基础并不牢固。1821 年，他证明处处收敛的连续函数级数的和也是连续函数，但阿贝尔在 1826 年给出反例。他实际上已有一致收敛的思想，他证明，如果幂级数在 $x=\alpha$ 处收敛，则在 $|x|<|\alpha|$ 处也收敛。经过半个多世纪的研究，一致收敛的重要性被清楚地认识到，它与幂级数的逐项微分及积分密切相关。

数学分析的严格化最终在 19 世纪末由魏尔斯特拉斯完成。

阿贝尔的成就延续到 20 世纪甚至今天，是椭圆函数论及其推广。

椭圆函数来源于求椭圆的弧长。长期以来，许多数学家研究这种椭圆积分。勒让德就毕生研究这种积分，但他从来没想到把椭圆积分反演得出椭圆函数，以至他晚年不无辛酸地赞美阿贝尔及雅可比的工作。他们和高斯都想到反演方法，但高斯的结果到他去世后才发表。因此，首先发表这一结果的是阿贝尔，雅可比稍晚一些。阿贝尔在 1823 年已经有了反演的想法，1827 年发表第一篇论文，而雅可比在 1827 年才开始研究，并写了一篇没有证明的论文。其后两人都发表这方面的论文，而且勒让德在他的《椭圆函数论》的补篇介绍了两人的工作。由于阿贝尔在 1829 年英年早逝，其后雅可比占主导地位。

然而阿贝尔已经对研究椭圆函数开了很好的头，他的巨大贡献有三点：

（1）首先得出与过去的函数迥然不同的一大类超越函数；

（2）他证明椭圆函数的加法定理；

（3）他把椭圆函数由实值扩展到复值，并发现其重要性质——双周期性，这成为后来研究的出发点。其后椭圆函数成为复分析的基础。

阿贝尔更大的贡献是更进一步把椭圆积分及相应的椭圆函数推广到阿贝尔积分及

阿贝尔函数。他证明了阿贝尔定理，特殊情形在 1826 年发表，一般情形到 1841 年才发表。

从椭圆函数到阿贝尔函数整个领域成为 19 世纪数学的主流之一。所有伟大的数学家都在这个方面作出贡献，这里我们只需提一下黎曼与魏尔斯特拉斯的大名。这项发展主要由德国的数学家完成，但法国（乃至英国）数学家也有贡献，特别是埃尔米特，他说，阿贝尔留下的工作，够以后数学家忙上 500 年（一说 150 年，最新的挪威作家写的传记说是几百年），主要指椭圆函数论。20 世纪末，费马大定理的证明靠的就是椭圆曲线，而椭圆曲线正是用椭圆函数参数化的曲线。值得注意的是，埃尔米特的突出贡献是把阿贝尔的两项成就——五次方程和椭圆函数联系在一起，这真是一项令人赞叹的结果。这里我们不应忘记阿贝尔的思想："你必须经常反过来考虑问题。"

阿贝尔除前述成就之外，也许还应该加上在积分方程上的建树。从微积分创立起，就开始求解微分方程，而理论物理学则是建立在微分方程的基础上。实际上，也有一些数理方程是积分方程，但这到 19 世纪末才形成积分方程理论，到 20 世纪成为泛函分析的先导。1823 年，阿贝尔求解第一个积分方程只是这个伟大领域的第一声鸣叫而已。

总之，阿贝尔在数学史上的地位是开创数学的新领域、新方向，在这方面，他本可与 19 世纪初最伟大的数学家高斯与柯西相提并论。可惜，天不假年，他没有完成自己去开创的事业，不过，后来的天才数学家漂亮地建成他所奠基的大厦。而他的思想方法与精神力量更是激励后来的数学家建功立业。

七、阿贝尔奖

谁不知道诺贝尔的大名？可是谁又知道阿贝尔的名字？尽管只有一字之差。诺贝尔的名声来自他发明的烈性炸药——我们至今还在使用的黄色炸药，它取代了我们老祖宗发明的黑色火药。这位瑞典的化学家因此发了大财。到晚年，他就考虑怎样处理他这份财产了。他决定回馈社会，设置了五个奖项：三个科学奖——物理学奖、化学奖、生理学或医学奖，一个文学奖，一个和平奖。难能可贵的是，获奖者不限于他的祖国瑞典，而是全世界。这使得诺贝尔三项科学奖，成为世界科学界的最高荣誉。

令人纳闷的是，诺贝尔奖中没有数学奖，对此人们有种种猜测，最不靠谱的是说，瑞典有位数学家，与诺贝尔的夫人有染。这位数学家叫米塔列夫勒，是当时影响瑞典数学发展最重要的人物，至今复分析中还有以他的名字命名的定理。如果诺贝尔设置数学奖的话，可能他的钱会落入自己的情敌手中。其实这完全是无稽之谈。事实上诺贝尔一生未婚，也没有风流韵事，更何况当时大数学家都集中在法国和德国，即使设置数学奖，也轮不到这个数学小国的二、三流数学家获奖。这并不是我们的无端猜想，爱好科学文化的瑞典人的确曾在1885年左右设置过一个数学大奖，最后这个奖给了法国大数学家庞加莱。

瑞典人不设数学奖，让它的邻国（当时应该算它的属国）挪威不太高兴。瑞典人的物理、化学、生理学、医学在强手如林的世界中仍能获奖（获奖人数超过华人），挪威人可就不行了，也就两三位，可挪威人的强项是数学，一流的数学家就不止8位。挪威人开始为荣誉而战。它要倾全国之力设立一个国际数学奖，就用挪威产生的第一位大数学家——阿贝尔来命名，并希望在阿贝尔100周年诞辰时设立，这也是诺贝尔奖颁发一年之后。遗憾的是，英年早逝的阿贝尔贫病交迫，这奖金只能靠国家、靠有钱人来捐献了。对于一个小国和不大富裕的国家，这真有点勉为其难。

1902年的计划搁浅之后，又过了100年，2002年，挪威政府和挪威科学院终于推出了世界数学的最高奖——阿贝尔奖。奖金的数额也大抵与每项诺贝尔奖相当。从2003年到2020年共有22位当今数学家获奖。他们无一不对自己能与阿贝尔的名字联系起来而自豪，因为阿贝尔毕竟是有史以来最伟大的数学家之一。

（作者：胡作玄　邓明立）

参考资料

[1] N. H. Abel. Oeuvres Completes de N. H. Abel [M]. L. Sylow, S. Lie (eds.) 2 vols. Christiania, 1881.

[2] O. Ore, Niels Henrik Abel. Mathematician Extraordinary [M]. University of Minnesora Press, 1957.

[3] 胡作玄.近代数学史[M].济南：山东教育出版社，2006.

[4] Stubhaug, Arild. Niels Henrik Abel and His Times [M]. Springer, 2000.

[5] Niels Henrik Abel: Le Grand Mathématicien (1802–1829) [M]. Centreculturel de Frolands verk, 2002.

格奥尔格·弗里德里希·伯恩哈德·黎曼

（Georg Friedrich Bernhard Riemann，1826—1866）

黎曼

现代数学的开拓者

黎曼是19世纪德国伟大的数学家。在19世纪数学的巨大变革中，黎曼的思想具有多方面的决定性的影响。黎曼一生著述不多，但篇篇都很重要：1851年的博士论文是几何函数论的基础，并为开辟拓扑学这一浩瀚数学领域打下了基础；1854年的就职演说是n维流形和黎曼空间理论的经典；1857年关于阿贝尔函数的论文，使阿贝尔函数理论得到了系统的表述；1858年关于素数分布的论文则是解析数论的先驱，其中的黎曼猜想更是数学史上脍炙人口的精品。黎曼将微分方程在物理上的出色应用，不仅使理论物理熠熠生辉，而且为微分方程充实了内容；当然，分析学上也留下了黎曼的深刻足迹，“黎曼和”“黎曼积分”“黎曼函数”“黎曼方程”“黎曼公式”……都显示了他对分析学的影响。

还值得注意的是，黎曼处于德国格丁根大学人物系列——高斯、狄利克雷、黎曼、菲利克斯·克莱因、希尔伯特等的中间位置，他为继承和发展格丁根传统起到了承上启下的作用。

一、辉煌的年轻时代

1826年9月17日，格奥尔格·弗里德里希·伯恩哈德·黎曼生于德国丹内恩堡附近的布雷塞伦茨。这是德国资本主义发展的初期。由于英国工业革命的促进，特别是德意志关税同盟的建立，德国的经济开始快速发展，资本主义的上层建筑也相应地得到建立和加强。随之而来的阶级矛盾也加深了。黎曼就是在这样一种社会环境中出生成长的。但是，没有什么材料谈到黎曼在德国社会大变动中的所作所为。其实，这毫不奇怪，社会矛盾以及由此而引起的社会变革并不与每个人的思想行为构成某种函数关系，在任何时代都存在着众多的“游离于”社会冲突之外的人物，他们虽然称不上社会革命的斗士，但却完全无妨他们在科学上，尤其是在数学上作出重大的贡献，成为科学史上所向无敌的勇敢战士。

黎曼的家境很一般，父亲伯恩哈德·黎曼是基督教新教的牧师，生有六个孩子，黎曼排行老二。当时父亲正担任着当地一位教师的助手，因此黎曼的基础教育自然由其父亲来负责了。童年时代的黎曼就在算术方面表现出异常的才能。那时，父亲喜欢叫他夏洛特·埃贝尔，儿子的聪明使得父亲十分高兴。14岁那年，由于弟妹增多，父亲怕影响黎曼的学业，把他送往汉诺威与祖母同住。当年的复活节，黎曼在那里参加了亚里士多德学派。两年后祖母去世，他进了吕纳堡的一所中学。在中学里，黎曼自学了欧拉、勒让德等人的著作。这不仅使他的数学成绩远远领先于同班同学，而且为以后数学才能的发展打下了基础。

1846年春，黎曼考入格丁根大学，遵照父亲的愿望攻读神学和语言学。然而数学仍吸引着他。那时，高斯正在格丁根大学执教，黎曼怎肯放过如此诱人的机会。他不时地抽空去听高斯的数学课，越听越带劲，还经常萌发出一些新颖的思想。黎曼无法压制自己对数学的热爱，他感到，既然自己永远摆脱不了数学的吸引，那就趁早转向，投入自己所热爱的事业。经父亲同意，1847年黎曼改读数学。

19世纪40年代至50年代，德国的数学中心在柏林。格丁根虽然有高斯，但人单力薄。加上高斯不喜欢教学，也不喜欢发表作品，因此学生不多，影响受到局限。相反，柏林大学有雅可比、狄利克雷和施泰纳等人，这些40岁刚出头的中年数学家，正由20多年前开始的活跃研究转向稳定的著述和教学时期。他们功底深厚扎实又不保守，所以当时学数学的大学生们都喜欢去柏林大学求教。1847年春，黎曼在柏林大学领取了旁听证。他听遍了柏林大学所有教授的课，对他影响最深的则是狄利克雷。狄利克雷也是高斯的学生，但他不像高斯那样孤芳自傲。他喜欢交往，除了德国的同行，与以柯西、傅立叶、泊松为首的一批法国数学家也有密切联系。因此，狄利克雷不仅了解高斯，有“高斯思想的阐释者”之称，而且了解当时数学世界新潮流的开拓者——法国学派。黎曼与狄利克雷的接触自然使他深受其益，狄利克雷为黎曼指出了一条投向世界新潮流的捷径。

1849年春，黎曼在柏林足足待了两年后返回格丁根。那时格丁根大学正由于物理学家威廉·韦伯的到来而名气大增。韦伯是个很有独立性格的人，早先曾担任过格丁根大学的物理学教授。他喜欢有啥说啥，甚至当面顶撞上司，散布反对王族的言论。因此1837年被革职引退。然而也就在引退的那些年里，韦伯做出了许多重要的成就，成了德国物理学界的代表人物。韦伯与高斯是老朋友，可两人性格很不相同。韦伯开朗好交友，而且重视教学。回到格丁根大学后韦伯亲自带了一个物理学研究班，这正好为黎曼完成在格丁根大学后三个学期的学业创造了条件。黎曼选读了物理学研究班的课程以及哲学和教育学。

1851年夏，黎曼大学毕业。接着的事情是完成博士论文。高斯希望他在复函数理论方面考虑一个题目。这对黎曼是个不小的考验，因为大约到1850年的时候，复函数理论由于经一批最杰出的数学家，如达朗贝尔、欧拉、拉格朗日、拉普拉斯、柯西、魏尔斯特拉斯以及阿贝尔、雅可比等人一个世纪的努力，它的发展已经告了一个段落。严密的方法、准确的描述和无疑问的存在性的证明，在任何一种数学训练中都标志着发展中的一个重要然而是最后的阶段。因此，黎曼如果要在复函数上做文章，那他必须具备开拓者的勇气和才能。事实证明了黎曼非凡的才能。1851年11月，黎曼仅用了几个月的时间就拿出了一篇划时代的论文：《复变函数的一般理论的基础》。这篇文章不仅开创了复变函数的几何理论的新方向，而且对拓扑学也是至关重要的。那时候，拓扑学还是一个几乎未曾触及的主题。黎曼的论文指出了拓扑学对于复函数理论的重要性，并完成了对定向闭曲面的拓扑分类，为推进拓扑学的发展产生了积极的作用。1851年12月16日，黎曼通过论文答辩，取得了博士学位。

根据德国的规定，博士学位只是表示学术水平的基本标志，至于够不够格在大学获取工作席位还要进一步审定。于是，黎曼必须为取得讲师资格而再做准备。从1852年年初起，经过两年的努力，黎曼同时完成了两篇论文：《论傅立叶级数》和《关于作为几何学基础的假设》。前一篇论文作为资格审查材料交学校行政当局；后一篇作为按规定进行的讲演材料，于1854年6月10日宣读。这是有纪念意义的历史性场面。年轻而又胆怯的黎曼站在年长的传奇式的高斯面前进行讲演。黎曼虽不免拘谨，但毫无难色。论文所阐述的新思想表明，在不少方面黎曼已经超过了高斯。它显示了格丁根的一个新时期的来到。

《关于作为几何学基础的假设》是黎曼对高斯的微分几何工作的继续和发展。众所周知，高斯是近代微分几何的开创者，是他那个时代微分几何的最高权威。但黎曼提出的空间几何并不是高斯的微分几何的简单的推广，他重新考虑了研究空间的整个途径。他把高斯的三维空间中的内蕴几何扩展到 n 维，同时建立起 n 维流形和流形的曲率的概念。黎曼企图通过流形曲率去刻画欧几里得空间和更一般的空间，在这种空间中图形可以挪动而不改变其形状或大小。黎曼关于任意 n 维流形曲率的概念是高斯关于曲面的总曲率的推广。如同高斯的概念一样，流形的曲率可用一些量定义，而这些量可以在流形自身上确定，从而无须把流形想象成位于某一更高维的流形中。黎曼的这些工作都是高斯曾经想做而没有做成的，因此当高斯获悉黎曼这一系列精湛而深刻的创造后，他感到困惑和震惊。高斯怀着十分激动的心情听取了黎曼的讲演，充分肯定了这一研究的重大意义。

接连三篇论文的极大成功，使黎曼这个才 20 岁出头的年轻人成了德国数学界引人注目的人物。他的地位虽然还很低，但他对数学的特殊敏锐性和深刻洞察力，以及他那坚韧不拔的精神都足以证明他是未来的伟大数学家。

二、复函数理论与黎曼面

1854 年，黎曼在格丁根大学获得无薪讲师职位后首次开课。第一门课程是“偏微分方程在物理学上的应用”，讲述的是他前几年在数学物理上的一些主要成果。第二学年，他向他的学生讲述了当时全新的关于阿贝尔函数的著名理论，这一理论显示了黎曼继 1851 年写出博士论文以后复函数方面的新的重大突破。

在黎曼之前，复函数理论的最大贡献者是柯西，柯西研究了复变量函数的性质以及微分、积分等一系列问题，还着手处理多值函数的积分，在对函数连续求积中又发现了椭圆函数和超椭圆函数的周期性。柯西之后，虽有洛朗、皮瑟、魏尔斯特拉斯等人的工作，但工作的重心已转向椭圆函数和阿贝尔函数等特殊的领域。这个领域越发展，就越需要算法技巧来补偿基本认识的不足。1851 年，即黎曼为自己的论文答辩的这一年，他对复函数的认识已达到相当的高度，具备了为进一步发展这个领域所必需的思想基础。最杰出的创造是黎曼面的概念。这一概念最早见于 1851 年他的博士论文，在 1857 年他的关于阿贝尔函数的论文中变得更清楚完整。

我们知道，函数的单值或多值是以函数对应自变量的一个值，其函数值以一个或多个与之对应而定的。单值函数的直观印象比较简单清楚，例如，常见的直角坐标系下的初等函数图象，多值函数相对比较复杂，但当函数的定义域和值域都是实物时，也能在平面上用它的图象直观地表示并加以研究。难对付的是复变量的复函数，由于这类函数的定义域和值域都是复数，因此都必须用复平面来表示，这样，对于单值的复函数，就必须至少具有两个平面：一个表示定义域，另一个表示值域。而对多值函数，两个平面就不够了。怎样给出多值函数的直观表示呢？黎曼考虑了这个问题。

以复函数 $z=\omega^2$ 而言，对于 z 的每一个复数值，ω 有两个复数值与之对应。为了研究这个函数并保持两个值集 $\omega=+\sqrt{2}$ 和 $\omega=-\sqrt{2}$ 分开，黎曼给每一个分支引进一个 z 值平面。他还附带地在每一个平面上引进一个点对应于 $z=\infty$。这两个平面可以看作一个位于另一个的上方，并且在两个分支给出相同 ω 的值的那些 z 上连接起来。这样，$\omega=\sqrt{2}$ 仅由上叶的 z 值表示，$\omega=-\sqrt{2}$ 则由下叶的 z 值表示。同样，对于任意的多值函数，也可以采取这种制造单值化的定义域的办法，把它形象地表示出来。这种将定义域适当地改变，使所给函数可以看作其上单值解析函数的一般域，就叫作黎曼面。它的构造和螺旋形的梯子相似，其中 $z=0$ 起着螺梯的中柱作用。由于解析函数的性质与黎曼面的几何性质密切相关，因此，黎曼面不仅是用来作为阐明多值函数特征的辅助工具，而且对于研究解析函数的性质以及发展研究解析函数的方法，都具有根本性的作用。黎曼又把同类黎曼面集中在一起，形成了“参模”的观念。研究参模上的结构是现在最时髦的领域之一。

需要指出的是，直到现在我们在说明黎曼的思想时，都是从一个函数 $f(\omega, z)=0$ 出发，指出什么是该函数的黎曼面。其实，这不是黎曼考虑问题的途径。黎曼是从一个黎曼面出发，提议证明有一个属于它的方程 $f(\omega, z)=0$，并进一步证明有其他单值及多值函数定义在这个黎曼面上。

黎曼用以处理它的复函数理论的工具是他所谓的“狄利克雷原理”。之所以这样称呼，是因为这个原理是他从狄利克雷那里学来的。其实，在狄利克雷之前，高斯和英国剑桥大学的威廉·汤姆孙勋爵曾分别在1840年和1847年提出过这一原理。因此直到现在，英国还有人喜欢称它为汤姆孙原理。这个原理可叙述为，满足最小化狄利克雷积分的函数 u 满足位势方程。黎曼把函数 u 推广到了黎曼面上的区域，并且在域中规定了 u 的奇异性和跳跃（周期变化）。狄利克雷原理被黎曼应用得十分得心应手。最令人满意的一个应用是证明由他提出的“黎曼映照定理”。虽然他的证明并不严格，但是不仅保形映照的一些特殊结果被得到了，而且黎曼很自然地把由高斯建立的从 z 平面到 ω 平面的保形映照推广到了黎曼面上，这就为保形映照理论开辟了新的篇章。1857年，黎曼把他的1855—1856学年的讲义充实成四篇论文，在德国《数学杂志》上发表。

椭圆函数及以后的阿贝尔函数和阿贝尔积分是19世纪上半叶，与复函数的一些基本定理平行发展的重要分支。公认的创始人是阿贝尔和雅可比。19世纪50年代，黎曼发明了黎曼面这一工具，使得处理多值函数的困难克服了，从而对阿贝尔积分与阿贝尔函数的认识进一步加深。在这一个分支上，黎曼的贡献除了给出了阿贝尔积分的分类，揭示了黎曼面上能够存在的函数的种类，证明了代数函数除可以用超越函数的和来表示以外，更重要的是对雅可比反演问题的研究。这表明黎曼不仅有深刻揭示概念的能力，而且亦精通算法。

19 世纪 50 年代末 60 年代初，由于狄利克雷原理受到魏尔斯特拉斯的怀疑，黎曼的许多重要成果受到挑战。魏尔斯特拉斯在考证了狄利克雷的讲义中的确切说法以后确认，在狄利克雷的假设中根本没有保证存在一个函数，使狄利克雷积分具有最小值。因此魏尔斯特拉斯做出严谨的结论：只能说狄利克雷积分具有最大下界，而不能说具有最小值。魏尔斯特拉斯同时证明，在与原曲面相似的曲面上，狄利克雷原理对一维的修正的狄利克雷积分不成立。这当然是个沉重的打击。其实，魏尔斯特拉斯指出的那些问题黎曼是有所意识的，不过黎曼并不介意。他认为，狄利克雷原理只是一个碰巧适用的方便的工具，对它没有必要多费心思，何况它是狄利克雷提出的。这当然是失策的，这种想法即使对物理学家来说也是不可谅解的，就如亥姆霍兹所说，“对我们物理学家来说，狄利克雷原理的应用仍然是一个说明”，对数学家当然更是不允许的了。所以，在黎曼死后的一段时间里，黎曼的方法被冷落了。人们这样认为，既然魏尔斯特拉斯这位最讲究严密性的当代权威数学家说黎曼的方法错了，那就必定错了。人们还觉得有必要用其他的方法去重建黎曼的成果。于是，出现了魏尔斯特拉斯的非几何函数论方法，克莱伯施以及后来的布里尔、诺特和意大利学派所用的代数几何方法，戴德金和海因里希·韦伯的算术方法，等等。总之，在那些年里，黎曼研究的题材和成果产生了巨大的影响，而他的思考方法却大大地被忽视了。

几乎与此同时，一股重新确认黎曼方法重要性的势头也在崛起。这股势头来自两个方面：一方面是通过证明黎曼结果的正确性来确认他的方法的有效性；另一方面则是拯救狄利克雷原理，复兴在复函数上黎曼的思想方法。

1869 年到 1870 年，魏尔斯特拉斯的学生施瓦茨开始用不同的方法证明黎曼的映照定理，他声称他还能保证所有的黎曼存在定理都成立。事实上，施瓦茨在关于边界曲线的普遍解释下，利用交替法证明了解的存在性。从 1870 年开始，卡尔·诺伊曼用算术平均法给出三维狄利克雷问题的解的另一个存在性证明；更大的进步出自庞加莱的“扫除方法”，而最快接近黎曼映照定理的最一般形式是由卡拉西奥多里和克贝发现的。然而，最能直接地接近黎曼的成果、恢复对黎曼方法的信心的却是希尔伯特。1899 年，希尔伯特证明了在区域、边值和允许函数的适当条件下，狄利克雷原理确实成立，从而使狄利克雷原理得到复生。

狄利克雷原理的复生自然使黎曼的成果以及他所用的方法置于无可怀疑的境地。但即使在这之前，黎曼在复函数上所用的几何方法仍然受到一些人的青睐，菲利克斯·克莱因就是其中的一个。19 世纪 80 年代，克莱因在结束了几何学统一性的研究之后转入了函数论领域，侧重于关于椭圆函数和阿贝尔函数的研究。克莱因很敬佩黎曼，他承认自己的许多工作是在黎曼的基础上获得的。如他的《埃尔兰根纲领》可以说是黎曼流形和伽罗瓦群的融合，他的自守函数可以说是黎曼面和伽罗瓦群的融合，而以单值化定理为顶点的关于函数论的研究更是黎曼思想的直接结果。在黎曼方法经受考验的时候，克莱因愿意逆潮流而动，首先在复函数上复兴黎曼的几何方法。1892 年，克莱因发表了一本阐述黎曼思想的小册子。这本小册子写得十分出色。

三、黎曼几何和相对论

黎曼任格丁根大学讲师的第二年，高斯去世了。格丁根大学决定聘请狄利克雷接替高斯。于是，狄利克雷从柏林来到格丁根，狄利克雷提议让黎曼升任编外教授，既给了黎曼应有的学术地位，又不占格丁根大学教授的编制。结果未能如愿以偿，学校只是答应给黎曼每年 200 塔勒的薪水。两年后的 1857 年，黎曼被任命为编外教授，年薪增加到 300 塔勒。1859 年，狄利克雷去世，黎曼成了正式教授。从此，继高斯、狄利克雷之后，黎曼成为格丁根大学的代表人物。黎曼以其独特的创造性工作开辟了数学发展的新时代，同时保持了德国的数学大国地位，使格丁根继柏林之后成为世界数学的中心。黎曼也为克莱因、希尔伯特时代的格丁根奠定了基础。

黎曼是个独创的数学家，他的思想并不明显地追随着某个人。然而，即使这样，我们仍然可以找到黎曼的工作与前人的渊源关系。黎曼的复函数研究可以说是柯西和阿贝尔、雅可比工作的继续，而他对几何的运用以及所作的贡献则是高斯成果的再发展。许多人把黎曼称为几何哲学家，这无疑是由于他的几何具有丰富的哲学内容，这方面黎曼受到赫尔巴特与康德的影响。

高斯对微分几何的兴趣出自他从 1816 年开始的大地测量和地图绘制方面的实践。1827 年发表的《关于曲面的一般研究》集中体现了他这方面的成就，其中包括：关于曲面曲率的系统研究、曲面上测地线的寻找，关于求任一曲面保角变换到任何另一曲面上的解析条件以及曲面的内蕴几何理论。高斯工作的重要性在于他证明了，曲面的几何可以集中在曲面本身上进行研究，从而改变曲面一直被作为三维欧几里得空间中的图形来研究的做法。根据高斯的结论，对于曲面 $x=x\ (u, v)$，$y=y\ (u, v)$，$z=z\ (u, v)$ 只要在曲面上给定这些 u 和 v 的坐标，以及 u 和 v 的函数 E、F 和 G 表示 ds^2 的表达式[1]，那么曲面的所有性质都能从这个表达式推出。这就提出了两个很重要的思想：一是曲面本身可以看成一个空间，因为它的全部性质被 ds^2 确定；二是既然曲面本身可看成一个空间，那么它具有哪一种几何呢？如果把测地线当作曲面上的“直线”，则几何应该是非欧几里得的。这就等于指出，至少在曲面上有着非欧几何。

高斯关于欧几里得空间中曲面的内蕴几何，开辟了一个很大的研究领域，它为黎曼的工作创造了条件。与高斯研究三维空间的情况不同，黎曼一开始就处理 n 维空间。黎曼认为要是演绎空间存在的话，那就是拓扑的而不是度量的。拓扑基础空间是 n 维流形[2]。黎曼在这里第一次提出了“流形”这个概念。n 维流形中的一个点可以用 n 个可变参数 x_1，x_2，…，x_n 的一组指定的特定值来表示，而所有这种可能的点的总体就构成 n 维流形本身，就如在一个曲面上的点的全体构成曲面本身一样。这 n 个可变参数就叫作流形的坐标。当这些 x_i 连续变化时，对应的点就遍历这个流形。相对地，作为欧几里得距离空间公式 $ds^2=dx_1^2+dx_2^2+\cdots+dx_n^2$ 的一个推广，黎曼把正定的二次型 $ds^2=\sum g_{ij}dx_idx_j$ 作为 n 维流形中的距离公式，其中 g_{ij} 是坐标 x_i 的函数。

这样得到的结构就是现在所谓的黎曼空间，而这种空间的几何便叫黎曼几何。因此，黎曼空间可以看成是在无限小范围里的欧几里得空间。假如抛开所有数学术语和复杂的公式，仅注意黎曼空间及其几何的实质的话，那么可以发现，黎曼这一博大精深的创造性的内核却是十分简单的。黎曼空间在无限小范围内与欧几里得空间相一致这个事实，可以用来在其中定义基本的几何量，类似于高斯在曲面的内蕴几何里用平面逼近曲线的无限小片段时所做的。黎曼几何的主要任务就是给出区别一般的黎曼空间与欧几里得空间的解析表示，即给出黎曼空间的测度—— 曲率。高斯曲率表示曲面的内蕴几何对平面上的几何的差异程度，而黎曼曲率在黎曼空间内部决定它与欧几里得空间的差异程度，例如，它决定三角形内角之和与 π 的差异和周长与 2π 的差异。

1854 年黎曼的就职讲演未加数学表述地概括了黎曼空间及其几何的基本内容，然

1　$ds^2=E\ (u, v)\ du^2+2F\ (u, v)\ dadv+G\ (u, v)\ dv^2$，其中 $E=a^2+b^2+c^2$，$F=aa'+bb'+cc'$，$G=a'^2+b'^2+c'^2$。而 $a=x_u$，$a'=x_v$；$b=y_u$，$b'=y_v$；$c=z_u$，$c'=z_v$。

2　黎曼把 n 维空间叫作一个流形，拓扑空间也就是 n 维流形。

而反响很小。据说，当时在演讲大厅里真能感受到黎曼思想深刻性的仅高斯一人。高斯去世后，人们对这一重要事件的评述也就暂时搁置起来了。1858 年，法国科学院提出了一个热传导问题有奖征求论文，黎曼应征了。文章写得很不错，不仅问题得到了解决，而且黎曼还利用这一机会在文章里阐明了他就职演说中的基本思想。然而，黎曼没有拿到奖金，原因是他没能充分揭示自己的论断。这使黎曼很扫兴，他不愿意再将他的那篇就职演说拿出来发表了。因此，直到 1868 年黎曼死后两年，数学界才真正见到这篇题为《关于作为几何学基础的假设》的论文。

19 世纪，黎曼空间充其量是被当作抽象的数学理论接受的。作为空间哲学，它没有起到什么作用。在空间的变革中，黎曼思想的传播一度被亥姆霍兹拦住了去路。这位德国著名的物理学家和生理学家专门写了篇文章对黎曼进行了批评。亥姆霍兹批评黎曼的空间理论是“假设多于事实”，他希望“让事实代替假设”。他认为，“我们关于物理空间的知识只能从经验中来，而且只能依赖于用来作为量尺和其他用途的刚体的存在性”。因此，黎曼空间中非常数曲率被认为是哲学上的错误。亥姆霍兹的这种认识在 19 世纪有一定的代表性，甚至包括埃德曼、庞加莱那样的数学家也常重复亥姆霍兹的言论。几乎所有哲学地评价黎曼空间的人都忽视了黎曼的依据：度量几何所需要的全导性不是主体的，而是一维的杆。总的说来，19 世纪讨论黎曼空间理论的平均水平是很低的，正如荷兰数学家汉斯·弗罗登泰尔所说，那时的人根本无法理解曲率可以作为曲面的内部而不是外部特征这件事。

然而，黎曼思想的智慧要比人们承认的深刻得多。19 世纪 90 年代，与黎曼几何相联系的微分不变量的研究引出了数学的又一个全新分支——张量分析，而当 1911 年爱因斯坦在格罗斯曼帮助下掌握了这门理论之后，便成功地表示了他的一般相对论：“在从黎曼演讲中发展起来的数学模型中，爱因斯坦发现了适合他的物理思想、他的宇宙论和他的宇宙进化论的标架。”黎曼思想的精神实质正是物理学所需要的，物理数学决定度量结构。

相对论使数学界加深了对黎曼几何的认识。爱因斯坦的工作提出了一个更为广泛的问题，其结果导致黎曼几何的种种推广，包括由赫尔曼·外尔开创的仿射联络空间几何、艾森哈特和维布伦开创的道路几何。黎曼几何后来还成为寻求统一场论的数学工具，虽然这一尝试至今尚未成功，但黎曼几何的作用是显而易见的。

有人把黎曼对空间的构思表述为“将空间的度量作为经验并给予其演绎拓扑结构”。这只能说是揭示了表面现象，黎曼的思想要比这一做法本身深刻和精妙得多。

四、黎曼面函数和黎曼猜想

1858年前后，黎曼对数论发生兴趣。他试图利用复数 z 的 ζ 函数去证明素数定理。这是继复函数理论和黎曼几何之后，黎曼在数学研究中的第三个领域。虽然比起前面的工作，他在数论上花的功夫要小些，但贡献却同样是伟大而令人难忘的。

19世纪的数论，经过欧拉、雅可比等人的工作，解析方法和解析成果开始引入。但解析方法第一个深刻而又经精心设计的使用是狄利克雷作出的。这是高斯注重数论传统的继续，它又经狄利克雷传到了黎曼。1837年，狄利克雷利用解析方法证明了序列 $\{a+nb\}$（a、b 互素）中包含有无穷多个素数，以及 $\{a+nb\}$ 中的素数的倒数之和是发散的两个重要结果。1841年，狄利克雷又证明了关于在复数 $a+b\mathrm{i}$ 的级数中的素数的一个定理，这些事件唤起了人们对将复数和解析方法引入数论的注意。

当时，利用 ζ 函数证明素数定理仍然是解析数论的中心课题之一。ζ 函数是指 $\zeta(s)=\sum_{n=1}^{\infty}\frac{1}{n^s}$。对于 s 是实数时的情况，欧拉在1737年就给出了结果。欧拉将 $\sum_{n=1}^{\infty}\frac{1}{n^s}$ 表示成了无穷乘积 $\prod_{p}\left(1-\frac{1}{p^s}\right)^{-1}$ 的形式（其中 p 遍及所有的素数），进而证明当 $s>1$ 时，级数收敛。利用这个结果，欧拉又证明了素数的倒数之和是发散的。接着，于1749年欧拉又断言对实数 s，$\zeta(1-s)=2\ (2\pi)^{-s}\cdot\cos\frac{\pi s}{2}\,\Gamma(s)\zeta(s)$，这个式子现被叫作 ζ 函数的函数方程。

应当说，欧拉的这些结果已经相当不错了，但是问题仍留下不少。一是他没有考虑当s是复数时，函数 $\zeta(s)$ 的敛散情况；二是未对上述所谓 ζ 函数的函数方程这一等式做出证明。1859年，黎曼发表著名论文《论小于给定数的素数的个数》，这是他短暂一生中的最后一篇杰作。在这篇论文中，黎曼第一个成功地把 $\zeta(s)$ 作为复变数 $s\ (\lambda+t\mathrm{i})$ 的函数来加以研究。他利用了欧拉的无穷乘积表示法，首先证明了当 $\lambda>1$ 时，$\zeta(s)$ 是一个没有零点的正则函数。接着又证明了 $\zeta(s)$ 可在整个复平面上解析延拓为只在 $s=1$ 有一阶极点的亚纯函数，以及 $(s-1)\ \zeta(s)$ 和 $\zeta(s)-\frac{1}{s-1}$ 都是整函数，等等。这些结果使黎曼对 ζ 函数有了进一步的认识，尤其是 ζ 函数的零点问题具有特殊的重要性，因为从 ζ 函数的一系列应用来看，很多地方都涉及它在什么地方等于零的问题。例如，用 ζ 函数去证明素数定理时，就应当知道 $\zeta(s)$ 的复零点。当时黎曼已经证明当 $s=\lambda+t\mathrm{i}$，$\lambda>1$ 时，$\zeta(s)$ 没有零点；而当 $\lambda<0$ 时，$\zeta(s)$ 除在 $s=-2$，-4，…

处有零点外，没有其他零点。通常称这些零点为“平凡零点”。对于λ的其他情况，黎曼未能给出证明，但他提出了以下5个猜想，即：

1. $\zeta(s)$ 在带状区域 $0\leqslant\lambda\leqslant 1$ 中有无穷多个零点；

2. 若 $N(T)$ 表示 $\zeta(s)$ 在矩形 $0\leqslant\lambda\leqslant 1$，$0<t<T$ 中的零点个数，则 $N(T)=\frac{1}{2\pi}T\log^{T}-\frac{1+\log(2\pi)}{2\pi}T+0(\log T)$ ；

3. 若将 ζ (s) 的非平凡零点记为ρ，则$\sum|\rho|^{-2}$收敛，而$\sum|\rho|^{-1}$发散；

4. 整函数 $\zeta(s)=\pi^{-\frac{s}{2}}(s-1)\ \zeta(s)\ \Gamma\ (s/s+1)$ 可以表示为 $ae^{bs}\prod_{\rho}\left(1-\frac{s}{\rho}\right)e^{\frac{s}{\rho}}$，此处 $\Gamma(s)=\int_{0}^{\infty}e^{-t}t^{s-1}dt$，$\prod_{\rho}$为绝对收敛的无穷乘积，其中$\rho$经过$\zeta(s)$ 的全体非平凡零点；

5. $\zeta(s)$ 的一切非平凡零点的实数部分都等于$\frac{1}{2}$。也就是说，这些零点都集中在复平面上横坐标等于$\frac{1}{2}$的那条直线上面。

另外，黎曼还提出了一个素数公式。目标是要找到一个解析表达式来表示小于x的素数$F(x)$。代替$F(x)$，黎曼考虑了函数$f(x)=\sum\frac{1}{n}F(a^{\frac{1}{n}})$，并证明公式$f(x)=\log\frac{1}{2}+Li\ (x)-\sum^{Li\ (x^2)}+\int_{x}^{\infty}\frac{dx}{x(x^2+1)\log x}$成立，其中$a$对称地取遍$\zeta$的非平凡根，对$F(x)$，这意思是$F(x)=\Sigma\mu(n)\ n^{-1}Li\ (x^{\frac{1}{n}})$，其中$\mu$是默比乌斯函数。

1892年，法国数学家阿达玛证明了上述的第1、第3和第4三个猜想；1894年，冯·曼戈尔特证明了第2个猜想以及黎曼素数公式。只有黎曼的上述第5个猜想一直未能证明，现在它以黎曼猜想的名字吸引着世界许多数学家。

黎曼猜想是世界著名的数学难题，它的解决意义十分重大。半个世纪来许多人在黎曼猜想成立的前提下获得了许多重要的结论。例如，“杰波夫猜想”——当x为充分大的实数时，在x^2与 $(x+1)^2$之间必有素数。1979年，波兰数学家因凡涅斯与英国数学家希思·布朗得出在x与$x+x^{\frac{11}{20}}$之间必有素数，而如果黎曼猜想被证实的话，那么就可以用很简单的方法证明在x与$x+x^{\frac{1}{2}}\log x$之间必有素数。黎曼自己曾应用黎曼猜想证明过素数定理$\pi\ (x)\sim\frac{x}{\log(x)}\sim Li\ (x)=\int_{2}^{x}\frac{dx}{\log x}$，$x\to\infty$。在著名的希尔伯特23个问题中，黎曼猜想被列为第8个问题，希尔伯特称它是“极重要的黎曼命题”。根据希尔伯特的推测，对黎曼猜想和黎曼素数公式进行彻底讨论之后，我们或许就能够去严密地解决哥德巴赫问题，即是否每个偶数都能表示为两个素数之和，并且能够进一步着手解决是否存在无限多对差为 2 的素数问题，甚至能够解决更一般的问题，即线性丢番图方程 $ax+by+c=0$（具有给定的互素整系数）是否总有素数解 x 和 y。

黎曼猜想虽然至今未能解决，但是一个世纪以来数学家们还是通过顽强的努力取得了不小的进展。贝克伦和哈钦松通过实际计算 $\xi(s)$ 的零点，证明了不少在 $s=\lambda+t\mathrm{i}$ 的虚部 $0<|t|<300$ 的范围内零点确实是在直线 $\lambda=\frac{1}{2}$ 上。1936 年，堤希玛又进一步在 $0<|t|<7468$ 的范围内做了验证。这类工作一直取得进展。1979 年，布伦特证明恰有 75000000 个零点在 $0<t<32385736.4$ 内，它们都在直线 $\lambda=\frac{1}{2}$ 上，且都是单零点。不过，迄今为止，关于黎曼猜想影响最大的工作还是英国哈代所做的。1914 年，哈代得出：假如不是全部的话，至少也有无限个零点在 $\lambda=\frac{1}{2}$ 这条直线上。在这一基础上，后来赛尔伯格、莱文生、赫克斯雷等人都有重要推进。为了研究 $\zeta(s)$ 的值分布，1925 年，玻尔创造了概周期函数论。[1]

五、分析学与物理学

黎曼一生只活了 40 年，如果从他 1851 年获得博士学位开始科学研究起算，那么到他去世仅有 15 年。在这短暂的一生中，他以其独特的洞察力使他的事业径情直遂。

1853 年年底至 1854 年年初，与黎曼几何的创世杰作《关于作为几何学基础的假设》几乎同时，黎曼完成了《论傅立叶级数》一文。这是黎曼在分析领域树立的一面旗帜。傅立叶级数理论是 1822 年由法国大数学家傅立叶开创的。这个理论表明，广泛的一类函数可以用三角级数的形式来表示。这是十分具有吸引力的发现，它为对函数的深入研究、扩展分析学的地盘开辟了一条理想之路。然而，在使用无穷级数上引出的教训，使人不得不认真考虑函数具有收敛的傅立叶级数的条件。柯西和泊松等一些傅立叶的同胞首先研究了这一情况，可是没取得什么具体结果。于是，由于狄利克雷的关系，问题由巴黎转向柏林。

1823 年前后，狄利克雷在巴黎与傅立叶相聚，谈到了傅立叶级数的敛散性问题。在傅立叶的鼓励下，狄利克雷发表了关于这一问题的第一篇论文——《关于三角级数

1　关于黎曼 ζ 函数的后来发展，读者可以查阅兰道的《素数分布理论手册》（第 1 卷第 29—30 页）和吉特克马锡的《ζ 函数论》。

的敛散性》。文中，狄利克雷首次给出了代表一个给定 $f(x)$ 的傅立叶级数收敛且收敛到 $f(x)$ 的充分条件，并围绕敛散性问题对函数及其积分做了深入的讨论。现在分析学中所谓的狄利克雷函数和狄利克雷积分就是在这时候提出的。1847 年，当黎曼在柏林接受狄利克雷指导时，傅立叶级数也就成了他们讨论的中心之一。狄利克雷建议黎曼考虑由函数 $f(x)$ 写出的傅立叶级数收敛到 $f(x)$ 的重要条件。

1852 年左右，黎曼得出并证明了一个基本定理：如果 $f(x)$ 在 $[-\pi, \pi]$ 上有界且可积，则傅立叶系数

$$a_n = \frac{1}{\pi}\int_{-\pi}^{\pi} f(x)\cos nx\mathrm{d}x, \quad b_n = \frac{1}{\pi}\int_{-\pi}^{\pi} f(x)\sin nx\mathrm{d}x \tag{*}$$

当 n 趋于无穷时趋于零。定理还表明有界可积函数 $f(x)$ 的傅立叶级数在 $[-\pi, \pi]$ 中的一点处的收敛性只依赖于 $f(x)$ 在该点邻域中的特性。关于傅立叶级数收敛到 $f(x)$ 的重要条件依然没有得出。不过，不久黎曼便另辟蹊径取得进展。他不用（*）来确定傅立叶级数，而是从级数

$$\sum_{1}^{\infty} a_n \sin nx + \frac{b_0}{2} + \sum_{1}^{\infty} b_n \cos nx \tag{**}$$

出发，并设：$A_0 = \frac{1}{2}b_0$，$A_n(x) = a_n \sin nx + b_n \cos nx$，于是级数为 $\sum_{n=0}^{\infty} A_n(x) \sim f(x)$。经过一些周折，黎曼得出了一个形如（**）的级数收敛到一个周期为 2π 的给定函数的充要条件，以及在 x 的特殊值处级数收敛的判别法，而且还定义了黎曼积分，这是用于一般的不连续函数的第一个积分的定义。

19 世纪上半叶，数学家对级数的关注是分析严密化进程中的一个环节。黎曼对傅立叶级数的研究同样具有这一特征。他注视着分析学所面临的问题——函数的连续、可微、可积等概念的严密化以及这些概念相互间关系的澄清。当时，虽然波尔察诺和柯西多少已经严密化了连续和导数的概念，但是柯西以及他那个时代的数学家们几乎都相信，而且在后来 50 年中的许多教科书都“证明”连续函数一定是可微的。这说明当时对连续与可微的关系并没有真正弄清楚。最早指出这一区别的不是别人，正是黎曼。在《论傅立叶级数》这篇论文中，黎曼定义了如下一个函数：

设 (x) 表示 x 和最靠近 x 的整数差，如果 x 在两个整数中间，则令 $(x)=0$，于是 $-\frac{1}{2} < (x) < \frac{1}{2}$；$f(x)$ 定义为 $f(x) = \frac{(x)}{1} + \frac{(2x)}{4} + \frac{(3x)}{9} + \cdots$。

黎曼证明这个级数对所有的 x 值收敛。然而对 $x=\frac{P}{2n}$（n 是任意整数，P 是一个

和 $2n$ 互质的整数），$f(x)$ 是间断的而且具有一个数值为 $\frac{\pi^2}{8n^2}$ 的跳跃；不仅如此，黎曼还发现在 x 的所有其他数值处虽然 $f(x)$ 是连续的，但它在每一个任意小的区间上有着无穷多个间断点，尽管如此，$f(x)$ 又是在整个区间上可积，而其原函数 $f(x)=\int f(x)\,\mathrm{d}x$ 对一切 x 连续，但在 $f(x)$ 的间断点处却没有导数。可惜，直到 1868 年以前，这个杰出的例子始终没有发表。而 1860 年，瑞士数学家塞莱里埃给出了一个连续但处处不可导的函数的例子，更引人注目的例子则于 1872 年由魏尔斯特拉斯给出。

1823 年，柯西发表《无穷小分析教程概论》，对定积分做了一系列开创性工作，其中的一个重要内容是明确了确定函数可积性的重要性。柯西还具体定义了函数在跳跃断点和无穷断点上的积分。但是随着分析学的发展，还有更多不规则的函数的积分需要研究，这就引出了黎曼对柯西已有的函数可积性条件的拓广性工作。黎曼确认函数连续只是这个函数可积的充分条件而非必要条件，必要条件是在给定区间上有界。根据黎曼对有界函数的积分的定义（即黎曼积分），函数可积的重要条件是，经对给定区间分割后的小区间 Δx_i（在其中 $f(x)$ 的振幅大于任给的数 λ）的总长必须随着各区间长度的趋于零而趋于零。由于有 $f(x)$ 的振幅大于任给的 λ 的条件，因此黎曼能在积分定义中去掉连续和分段连续这一要求。黎曼实际上还提出了关于函数可积性的达布定理。

黎曼积分的概念提出以后，引起了人们对构造各种具有无穷多个间断点而在黎曼积分意义下仍然可积的函数的兴趣。积分的概念也从有界函数推广到了无界函数，还引出了各种广义积分。到 19 世纪 70 年代，积分概念已经建立在充分广阔而严密的基础上了。半个世纪以后才出现新的积分概念——勒贝格积分。

黎曼无疑是一位杰出的纯粹的数学家，然而有趣的是，他自己却认为，他对物理学的兴趣远大于数学。关于这个问题，克莱因的看法是，两者不矛盾——兴趣在物理学，成果则出在数学。其实，把黎曼局限于数学家的地位是后人的一种片面认识。黎曼不仅在格丁根大学当过物理学家威廉·韦伯的助手，而且还上过物理学课，出版过几本数学物理方面的书，如《偏微分方程和它在物理问题上的应用》《重力、电学和磁学》。特别是前一本书，深得物理学家的青睐，在黎曼死后 63 年还重印了一次。

黎曼在物理学方面的实质性贡献不仅有而且还不少。他先于麦克斯韦发现电磁过程（电和磁的相互作用）是以一定速度传播的，从而否定了超距作用的错误结论。

1861 年，黎曼研究了在一个变化着的椭球面内的液体自身重力的运动，与此相关的一个经典性成果是，他处理了在赤道的干扰下，绕着主轴旋转的椭球的稳定性。

当然更多的工作还在于物理问题的数学化。其中最重要的贡献是 1860 年的一篇关于声波的论文。这里黎曼研究了在压力 p 依赖于密度 ρ 的情况下声波的无穷小振幅。声波方面的数学化工作又导致了双曲微分方程的一般理论。黎曼还企图将引力与光统一起来，还研究了人耳的结构。

1862年6月3日，36岁的黎曼同埃莉斯·科赫结了婚。蜜月刚过，黎曼就生病了。他先是咳嗽，并伴有低热。医生说他患了胸膜炎。这给黎曼刚开始的小家庭生活蒙上了阴影。为了有一个较好的治疗环境，科赫劝他暂离格丁根去意大利小住。1862 年年底至 1863 年年初，黎曼在西西里岛住了 4 个月。开春后身体稍有好转，他便趁此机会在意大利各地旅游，其间拜访了不少数学家，特别是早就想见的比萨大学教授沃利克·贝蒂。贝蒂与黎曼在关于引入 n 维空间必要性方面观点一致，因此两人谈得十分投机。后来贝蒂在研究高维图形的连通性时受到黎曼的不少帮助。

1863 年 6 月，黎曼回到格丁根，仅住了两个月，由于病情加重不得不再去意大利。1864 年 8 月到 1865 年 10 月，黎曼住在意大利北部一面休息一面从事自然哲学研究。他本打算写一篇关于自然哲学的宏大论文，由于身体不支进展甚慢。1865 年年底，黎曼回格丁根过冬，顺便取些资料待第二年去意大利使用。不料，当他于 1866 年 6 月到达意大利后仅一个月，病情迅速恶化。7 月 16 日他到达塞拉斯卡的马焦雷湖畔诊疗所。四天后，黎曼平静地死去，遗体被安葬在皮加佐尔公墓。

（作者：袁小明）

参考资料

［1］ R. Dedekind-H. Weber. G. F. B. Riemann，Cesammelte mathematische werke und wissenschaftlicher Nachlass［M］. Teubner，1892.

［2］ F. Klein. Vorlesungen über die Entwieklung der Mathematik in 19. Jahrkundert［M］. Chelsea，1950.

［3］ M. Kline. Mathematical Thought from Ancient to Modern Times［M］. Oxford：Oxford University Press，1972.

［4］ 小堀宪 . 大数学者［M］. 弘文堂，1939.

巴夫卢提·里沃维奇·切比雪夫

（Пафнутий Лъвович Чебышев，1821—1894）

切比雪夫

圣彼得堡数学学派的奠基人

让所有的人都得到智慧和地位，
真正是俄罗斯的而不是外国的。

——Л. Ф. 马格尼茨基

在彼得大帝宏伟的改革蓝图中，有一项仿效西方建立科学院的计划，然而由于种种原因，这个柏林科学院的翻版直到彼得大帝去世的1725年才正式建立起来。早期的院士中不乏伟大的数学家，如伯努利兄弟、哥德巴赫和欧拉等人，但是他们都是外国人。当时俄罗斯的数学土壤是贫瘠的：没有土生土长的数学家，没有能够引起世界注意的成果，没有大学，甚至没有初等数学教科书。马格尼茨基是当时致力于数学教育的学者，本文的题词就是他写在著名的《算术》一书扉页上的诗句，它清楚地表达了当时一部分先进的知识分子渴望祖国摆脱愚昧落后状态的强烈心情和建设俄罗斯新科学的决心。正是基于这样一种信念，一百多年以后，一批优秀的数学家聚集在圣彼得堡，以具有开拓意义的工作和鲜明的风格使这座城市光芒四射，以至德、法、英这些传统数学大国的学者们也不得不刮目相看。领导着这一数学王国、使俄罗斯数学从极端落后境地走向世界前列的就是19世纪俄国数学家巴夫卢提·里沃维奇·切比雪夫。

一、迷恋机械和素数的少年

1821年5月16日，切比雪夫诞生于俄国中部卡卢加省的一个贵族庄园。他的父亲列夫·巴甫洛维奇是一个退役军官，曾参加过1812年抵抗拿破仑入侵的战争；母亲阿格拉芙娜·伊万诺夫娜·波茨尼维柯娃出身名门，是个不苟言笑的女人。这对夫妇一共生了五男四女，切比雪夫排行第二。家族纪念馆里，陈列着祖辈们的勋章、绶带和战刀，在这种环境中长大的男孩子们，无疑会把效命沙场视为人间的殊荣。的确，切比雪夫的三个弟弟后来都投笔从戎，其中一个还成了著名的炮兵将军。

有幸的是，我们的主人公没有成为军人而成了学者，幸运是孕育在不幸中的。从童年时起，他的左脚就残疾了，走起路来一跛一拐的。这使父母很失望，也给他幼小的心灵带来了创伤。当其他孩子们在庄园里玩着攻占堡垒的游戏时，他却只能独坐家中，拿细劈柴、胶木板充当积木来玩。再大一些的时候，他迷上了各种机械，要么钻进磨坊，观看那嘎嘎作响的水车和磨盘的运动；要么就躲进黑暗的储藏室，摆弄那些生锈的锁、废弃的捕兽器和古老的挂钟。这种在孤寂中探索未知世界的童年生活，在很大程度上决定了他日后的道路。

苏哈列瓦娅表姐是一个娴静、端庄而又富有同情心的姑娘，她教切比雪夫法文、音乐和算术。晚年的切比雪夫经常回忆起当年的情景，对这位启蒙老师怀着极深的感情，他一直把表姐的相片珍藏在身边。

切比雪夫 11 岁那年，父母带领全家迁居莫斯科。

1828 年，政府颁布的学校规章恢复了严格的等级制度：一般中学以神学、希腊和拉丁文为主要科目，而像皇村、里舍列夫那样的贵族寄宿学校，则是纨绔子弟们麇集的场所，因而雇佣一个好的家庭教师是上流社会里最稳妥的教育子女的办法。

切比雪夫的双亲为孩子们请到了一位出色的家庭教师。波戈列利斯基不但聪明睿智、广见博闻，而且还是几本颇为流行的初等数学教科书的作者。他最喜欢这一家里那个腿有些跛的男孩子，建议那个男孩子去读古希腊学者欧几里得的《几何原本》。这部古代数学名著一下子攫住了少年切比雪夫的心，那宏伟的逻辑结构、严密的演绎推理以及令人眼花缭乱的定理和图形深深地吸引了他。然而最使他神往的还是书中关于数论的那三章了，因为波戈列利斯基先生告诉他，当代最伟大的数学家高斯讲过："数学是科学的女皇，而数论是数学的女皇。"

当他读到第九章第二十个命题时，不禁从心底发出对数学力量的赞美。"没有最大的素数"，这意味着只能被自身和 1 整除的自然数有无穷多，他钦佩欧几里得深刻的洞察力和灵巧的证明方法，深感素数的分布奥妙无穷。

这种来自心灵深处的震颤对他的一生产生了巨大的影响。1837 年，16 岁的切比雪夫怀着虔诚与崇敬的心情踏进了一座科学殿堂，成为莫斯科大学哲学系物理数学专业的学生。

二、从经典分析到概率论

莫斯科大学是俄国最古老的一所高等学府，由罗蒙诺索夫于1755年所创立，当初仅设哲学、法律、医学三个系，物理与数学时而附属于哲学系，时而独立门户。

年轻的切比雪夫在杰出的数学教育家勃拉什曼的指导下开始了正规的数学训练。勃拉什曼生于捷克摩拉维亚，1834年到莫斯科大学任教授，1855年成为圣彼得堡科学院的通讯院士。他的主要贡献在水利学和最小作用原理方面，数学上特别擅长连分数的理论和计算。切比雪夫后来写过一封信，把自己利用连分数把函数展开成级数的工作归于勃拉什曼在课堂上和私人谈话中给予的启示。该信于1865年9月30日在莫斯科数学学会的会议上宣读，勃拉什曼是这个学会的创始人。

在大学的最后一年，切比雪夫写了一篇题为《方程根的计算》的论文，提出一种建立在反函数的级数展开式基础上的近似解法，从而获得系里该学年度的银质奖。

1841年春，切比雪夫毕业于莫斯科大学，开始攻读硕士学位。但是生活并不是一帆风顺的。由于灾荒，他们家在卡卢加省的庄园破产了，父母不仅不能向他提供继续深造的费用，反而还要把两个未成年的弟弟交给他教育和抚养。切比雪夫靠着微薄的研究生津贴度日。5年过去了，他不仅以优异的成绩获得硕士学位，而且还把两个弟弟相继送进圣彼得堡炮兵学院。

小弟弟弗拉基米尔·里沃维奇是这个家族的又一骄傲，他后来成了炮兵学院的教授兼将军，在机械理论和武器制造方面颇有造诣，是第一个指出机械加工表面微震动原因的学者。他与哥哥始终保持着极亲密的关系，切比雪夫的第一个论文集，就是由他整理和出资刊行的。

当时数学界有两家权威的刊物，都叫《纯粹与应用数学杂志》，由于创办人的不同也有人把它们分别称为《格列尔杂志》和《刘维尔杂志》[1]。世界上任何一个有名望的数学家，都以能在这两家刊物上发表文章为荣。还在当研究生的切比雪夫，于1843年、1844年相继在两家刊物上发表了论文，前一篇是关于多重积分的，后一篇是关于泰勒级数的收敛性的。这两项工作标志着他在经典分析领域已具备相当扎实的基础。但踌躇满志的切比雪夫锋芒一转，他要去啃概率论这个坚果了。

1 分别由德国人格列尔于1826年、法国人刘维尔于1836年创办。

概率论是研究随机现象的数量规律的一门科学。它最初产生于推测赌博输赢的问题，后来逐渐被应用到人口统计、法律诉讼和保险等事业上，到法国数学家拉普拉斯出版《概率论的分析理论》一书的时候，这门学科已初具规模。但是，由于早期的某些研究者过分强调它在伦理科学中的作用和企图以此来阐明“隐蔽着的神的秩序”，也几乎断送了它作为一门精密科学的前途。

切比雪夫是在概率论门庭冷落的年代从事这门学问的。他一开始就抓住了古典概率论中具有基本意义的问题，即那些“几乎一定要发生的”事件的规律——大数定律。

历史上的第一个大数定律是由瑞士数学家雅各·伯努利提出来的，后来法国数学家泊松证明了一个类似而条件更宽的命题，除此之外在这方面没有什么进展。1845 年，切比雪夫在其硕士论文《试论概率论的初等分析》中，借助很初等的工具——ln（1+x）的麦克劳林展开式，对伯努利大数定律做了精细的分析和严格的证明。次年，他又把结果拓广到泊松形式的大数定律。这年夏天，切比雪夫正式通过了论文答辩，获得硕士学位。他以精确的分析手段研究大数定律，不但使概率论脱去了神学的外衣，而且开始了研究方法上的一系列变革，从而把这门学科推进到现代化的门槛。

20 余年后，切比雪夫重新回到这一课题，在 1867 年发表的《论平均数》中进一步讨论了作为大数定律的极限值的平均数。1887 年，他发表了更为重要的《关于概率的两个定理》，开始对中心极限定理进行研究。

在这一系列的研究中，他首先引出并倡导使用的随机变数，后来成了概率论与数学统计中首屈一指的概念。他创立的“矩方法”解决了许多难题，直到今日仍被广泛应用。导致产生这一方法的，是他在 1882 年建立的一个著名不等式，这个今日冠以切比雪夫大名的不等式断言：若ξ是一随机变量、a是其平均数、σ^2是$|\zeta-a|^2$的平均数，则对任何正数 k，使 $|\zeta-a| \geqslant k\sigma$ 成立的概率不超过$\frac{1}{k^2}$。这一关系后来成了一系列更为精确地估计概率的不等式的先导。切比雪夫的学生马尔科夫后来对“矩方法”做了某些补充，圆满地解决了随机变量的和收敛正态的条件问题；另一个学生李雅普诺夫把“矩方法”发展为特征函数法，他的工作成了中心极限定理研究中的真正转折点。

切比雪夫还提出了估计中心极限定理中有关收敛速度的课题。他猜想：在一定条件下，有可能依照$n^{-\frac{1}{2}}$的方幂渐近展开独立随机变数和的分布函数，这里 n 是和中的项数。这一猜测，完全被后来的研究所证实和解决。20 世纪 40 年代，有人解决了收敛速度的一致估计问题，60 年代则有人从事分布函数的渐近展开。近年来，我国年青一代的概率统计工作者，又把这些成果改进到更广泛的场合。

应该指出，切比雪夫所从事的大数定律和中心极限定理的研究，还是属于概率论的古典极限定理范畴。当时这门学科的逻辑基础尚未奠定，一些重要的理论工具如集合论、测度论也不具备，甚至概率自身的古典定义中也隐伏着循环推理的致命内伤，贝特朗悖论[1]又使几何概型陷入困窘的境地。切比雪夫正是在这种荆棘丛生、危机四伏的环境中开出一条新路的。他所完成的方法论方面的基本变革不仅提出了满足于严格证明的要求，而且能够随时精密地估计试验的结果，他引出的一系列基本概念和课题为俄国数学家所继承和发展。以 20 世纪 30 年代柯尔莫哥罗夫建立概率论的公理体系为标志，俄国在概率论领域获得了无可争辩的领先地位。第二代极限理论——无穷可分分布律的研究也出现在切比雪夫的故乡，经辛钦、格涅坚科等人完善，成为古典极限定理在 20 世纪抽枝发芽的繁茂大树。如果切比雪夫冥中有知，一定会含笑九泉的。

三、欧拉选集和数论

1846 年，切比雪夫做出了一个对其日后科学生涯至为关键的选择——接受了圣彼得堡大学的助教职务。

经过 100 多年的建设，圣彼得堡早已不像当年那样空旷荒凉。涅瓦河上架起了几十座铁桥，市区和彼得罗巴夫洛夫斯克要塞之间铺成了俄国唯一的一条铁路，凝聚着古典美和俄罗斯风格的海军大厦的尖顶直指苍穹，冬宫和夏园则堪与凡尔赛宫相媲美。然而它在文化教育上的地位还不能与故都相比。1804 年圣彼得堡才有了一所国立师范，1819 年改为圣彼得堡大学，其声名和设备都远远逊于莫斯科大学。在囿守传统的俄国知识分子眼里，圣彼得堡是军人和政客的天地，俄罗斯文化的精华还在昔日的都城莫斯科。

但是圣彼得堡大学有两位出类拔萃的数学教授，他们对年轻的切比雪夫具有难以

1 贝特朗是法国数学家，他提出的在圆内作弦、使其长超过内接等边三角形边长的概率问题，从不同的思考角度出发可以得到三种互相矛盾的结果。

抗拒的吸引力。

奥斯特洛格拉德斯基在哈尔科夫大学读书时，由于反宗教的观点未能获得毕业证书。后来他到巴黎深造，亲承拉普拉斯、傅立叶、柯西等大师的教诲，在理论力学、概率论与数论方面都有精湛研究，尤其擅长积分计算，关于体积分和面积分关系的著名公式就是他发现的。他也是一位优秀的教育家和组织者，写过不少数学教科书，1830 年被选为圣彼得堡科学院院士。

布尼亚科夫斯基也是在巴黎学成后回国任教的，同样在 1830 年被选为科学院院士。此时他正在准备出版自己的《数学概率论基础》，他对切比雪夫在硕士论文中表现出来的精确分析手法十分欣赏。在数论方面，他对叠合与二次互反律都有独到的研究。他热心地参加和主持教育改革委员会，对制定俄国中等和高等数学教育大纲和数学术语的规范化起了重要的作用。

在圣彼得堡大学的青年教师中，切比雪夫很快就显得鹤立鸡群。1847 年春天，他在题为《关于用对数积分》的晋职报告中，彻底解决了奥斯特洛格拉德斯基不久前才提出的一类无理函数的积分问题，他所得出的关于二项式微分式积分的条件和方法，今日已被写进任何一本数学分析教科书之中。在这一工作中，他也接触到了少年时代就为之神往的数论问题。然而更强烈的刺激还在后面。

切比雪夫到圣彼得堡工作前两年，大数学家欧拉的曾外孙、身为科学院秘书的富斯，在科学院的档案中发现了大批欧拉生前未曾公开过的数学手稿，科学院决定立即组织人力编辑出版欧拉选集。布尼亚科夫斯基后来推荐切比雪夫担任数论部分的实际编辑工作。1849 年，关于数论方面的欧拉选集在圣彼得堡正式出版。

正是在这件看来烦琐枯燥的工作中，切比雪夫体会到了科学巨人深邃的思想和高度的技巧结合起来的神奇与美妙。欧拉引入了一个 ζ 函数证明所有素数的倒数和发散，这实际上给出了素数有无穷多的又一个简单证明。少年时代的激情在切比雪夫胸中重新涌起：ζ 函数对于神秘的素数分布规律来说，也许正是那“芝麻——开门”的咒语。

素数分布的规律，这个数论中的基本问题，自欧几里得以来还没有什么实质性的进展。如果以 $\pi(x)$ 表示不大于 x 的素数的个数，所谓素数分布的问题就是要找出一个用 x 来表示的 $\pi(x)$ 的公式。法国数学家勒让德和高斯分别研究过 400000 和 3000000 以内的素数表，猜测过关于 $\pi(x)$ 的一些性质：前者认为 $\pi(x) \approx \dfrac{x}{\ln x - A}$，其中 A=1.08366；后者断言 $\pi(x)$ 与 $\int_2^x \dfrac{dt}{\ln t}$ 的值非常小，他们都猜测 $\lim\limits_{x\to\infty}\dfrac{\pi(x)}{\dfrac{x}{\ln x}}=1$。最后这一猜测就是著名的素数定理，但是连高斯这样的巨匠也没能给出证明。

当时在德国，正由狄利克雷、稍后由黎曼领导着一场革新数论方法的运动。他们大力倡导在代数方法之外应用分析学的手段研究这门古老的学问。其实这种思想在欧拉的著作中已现端倪：他引入的 ζ 函数正是来自分析学的一个结果。因而兼具分析之长和谙熟欧拉思想的切比雪夫，在俄国成为这一场数论方法论革新运动的呼应者就毫不足奇了。

大约在编辑欧拉选集时，他就开始了对素数定理的研究。在两年多的时间里，他相继搞清了若干重要的问题：他指出勒让德公式中的最佳逼近值 A 不是 1.08366 而是 1；他利用 ζ 函数证明了高斯的猜测 $\pi(x)$ 与 $\int_2^x \frac{\mathrm{d}t}{\ln t}$ 甚为接近；他给出了精确的估计式 $0.92129\cdots < \frac{\pi(x)}{\frac{x}{\ln x}} < 1.10555\cdots$；最后，他在假定 $\frac{\pi(x)}{\frac{x}{\ln x}}$ 极限存在的前提下，证明了 $\lim\limits_{x\to\infty}\frac{\pi(x)}{\frac{x}{\ln x}}=1$，几乎证明了素数定理。[1]

所有这些成果，都被写进他的博士论文《论同余式》中。1849 年 5 月 27 日，圣彼得堡大学为他举行了答辩，报告引起震动。他不但获得了博士学位，还被科学院授予最高的数学荣誉——杰米多夫奖。

第二年，他又向科学院提交了另一篇更重要的数论论文《论素数》，在进一步完善上述结果的同时，他又引入两个函数 $\Theta(x)=\sum\limits_{p\leqslant x}\ln p$ 和 $\Phi(x)\sum\limits_{n\leqslant x}\Lambda(n)$，它们在数论中有重要作用，如今被人称为切比雪夫函数。另外，他在该文中还顺便解决了关于素数分布规律的又一猜测：对于任何大于 $\frac{7}{2}$ 的数 x 来说，在 x 与 $2x-2$ 之间至少存在一个素数。这一猜测是法国数学家贝特朗（就是上一节所提到的制造了一个几何概型方面的悖论的人）在 1845 年通过观察素数表做出的。但是无论是他本人还是其他的数学家，都未能对这一貌似简单其实深刻的命题给出理论证明。

这两篇论文奠立了切比雪夫在科学界的地位，也标志着俄国数学家在数论领域开始走向世界前列。若干年后，它们被不断地翻译成各国文字，成为解析数论方面不朽的经典文献。

1　1896 年，法国数学家阿达玛把欧拉和切比雪夫应用在实数范围的 ζ 函数推广到复数领域，用复变量的整函数理论证明了 $\frac{\pi(x)}{\frac{x}{\ln x}}$ 极限的存在性，从而最终完满地证明了素数定理。

四、瓦特连杆和函数逼近论

1852 年 7 月，切比雪夫接受了一项使命，到西欧进行数学和技术的综合考察。如同当年的彼得大帝一样，他怀着新奇和激奋的心情踏上了异国的土地。然而他已无须忍受漫长道路上的颠簸和驿站里臭虫的袭扰，蒸汽机车代替了四轮马车。世界像列车一样地向前奔驰，他在工业革命的发源地获得了新的创造灵感。

当车轮与铁轨的撞击在夜空发出催人入眠的单调声响时，切比雪夫却在为一个崭新的数学问题苦思冥想：如何描述蒸汽机的关键部件瓦特连杆的运动，以便建立一种直动与转动互换的理论和算法？更一般地讲，是否存在着一种数学工具可以把复杂的机械运动用数学形式表示出来？

在大约半年的时间里，他一有空就钻进技术博物馆，观察和分析各种各样的机械。在巨大的荷兰风车旁，他像一个孩子看到了新奇的玩具一样地流连忘返。在一家大型机器厂里，他满手油污，把传动齿轮拆了又装、装了又拆。他自幼就对机械有一种异乎寻常的热情，在莫斯科大学曾选读过机械工程课；就在出国之前，他还兼任过圣彼得堡大学应用知识系（准工程系）的应用力学课讲师。这个当年在磨坊里消磨时光的跛脚少年和未来俄国数学王国里的彼得大帝，此时正在构思着函数逼近论的基本思想。

他设想有一种理想的机器，当它运转时其上的某一点画出一条理想的曲线 $f(x)$；但工程师设计出来的机器往往只能得到一条近似的曲线 g，就像瓦特连杆只能近似地将圆变为直线一样；再假定全部零件的参数 a_1、a_2、…、a_n 完全确定了机器，那么 $g(x, a_1, a_2, \cdots, a_n)$ 就表示实际机器上相应点的运动曲线。切比雪夫提出用 $\max|f(x)-g(x, a_1, a_2, \cdots, a_n)|$，即理想曲线与实际曲线差的绝对值的极大值作为设计的标尺，显然它是参数 a_1、a_2、…、a_n 的一个函数，函数逼近论的中心问题就是要寻找使这一函数取最小值的一组参数。

如果上述曲线 g 由一个多项式表示，那么使得设计标尺达到最小的 $g(x)$ 就叫最佳逼近多项式。切比雪夫论证了最佳逼近多项式的一系列性质，引入了切比雪夫交错组和符号判别法，证明了具有切比雪夫交错组的多项式即最佳逼近多项式。不仅如此，他还找到了 $T_n(x)=\cos(n\cdot\arccos x)$ 这样一个与零偏差最小的最佳逼近多项式。为了纪念他所做出的这些奠基性的工作，现在人们就把 $T_n(x)$ 叫作切比雪夫多项式，把若干关于最佳一致逼近的定理叫作切比雪夫定理，把最佳一致逼近叫作切比雪夫逼近。

回国以后，切比雪夫很快就向科学院提交了这方面的研究报告，第一篇关于函数逼近论的论文于1854年正式发表。从此他在相当长的一段时期内致力于这一分析学的未知领域的探索，数十年内硕果累累。除了一致逼近，他又研究了平方逼近、三角多项式逼近和有理函数逼近等课题。这些成果又与多项式理论、正交理论、矩阵论、内插法、近似积分、误差估计等内容密切联系，极大地丰富了19世纪分析学的内容。

这一开拓性的工作很快就引起了世人的注意。德国数学家魏尔斯特拉斯、李普希茨以及切比雪夫的门生科尔金、佐洛塔廖夫等人相继为这门崭新的数学分支作出了重要贡献。进入20世纪以来，以法国数学家波莱尔和俄国数学家伯恩施坦为代表的现代逼近理论大放异彩，成为数学园地中一枝奇艳的花朵。

函数逼近论的诞生是数学来源于实践的一个有力证明，下一步是实践向数学索取报酬了。的确，由于有了先进的数学工具，切比雪夫得以建立许多关于机器设计的理论和算法，例如直动机的理论、连续运动变为间断运动的理论、最简平行四边形法则、铰链杠杆体系成为机械的条件、三铰链四环节连杆的运动定理、离心控制器的原理等。依靠这些理论和算法，切比雪夫亲自设计和制造新的机器。据统计，他一生共设计了四十多种机器和八十多种这些机器的变种。其中有精巧的步行机，可以惟妙惟肖地模仿动物行走的动作；有奇特的划船机，可以完成船桨不断变换角度的复杂运动；有别具一格的曲尺和曲线规，可以量度圆弧的曲率和绘制直径很大的圆弧；还有压力机、筛分机、选种机、自动椅以及大量的计算机。他的许多新发明曾在1878年的巴黎博览会和1893年的芝加哥博览会上展出，引起各界人士的极大兴趣。现在俄国科学院数学研究所、莫斯科历史博物馆和巴黎艺术学院都藏有若干切比雪夫发明的机器或仪器。

理论联系实际，不仅体现在切比雪夫对函数逼近论与机器设计的研究中，而且可以说是贯穿他全部科学工作的一个鲜明特点。从西欧出访归来不久，他就被选为圣彼得堡科学院应用数学部的主席，这个位置直到他去世后才由李雅普诺夫接任。1852年至1856年他受聘在亚历山大学院讲授应用力学，同时他与莫斯科技术学院（现鲍莫技术学院）保持着密切联系。

1856年，切比雪夫被任命为炮兵委员会的成员，积极参与制定了革新俄军炮兵装备和技术的计划。1867年，他提出了一个计算圆形炮弹射程的公式，立即为军队所采用。他关于插值理论和二次型的数学研究，就起因于分析弹着点试验数据和弹道计算的需要。

1856 年，圣彼得堡大学举行一年一度的教授联席会议时，切比雪夫作了《论地图制法》的著名报告。他说："理论与实践接近，便产生最好的结果。受益的不仅是实践方面，就是理论科学本身也将受刺激而发展起来，因为前者替它揭示了新的研究对象或已知对象的新侧面。"正是在这篇演讲中，他提出了减少投影误差的详尽讨论。

1878 年，切比雪夫应邀出席法兰西科学院第七次年会，在他提交的四篇论文中竟有一篇名为《论服装裁剪》，文章提出了合理用料的数学解，引起了学者们的很大兴趣。回到圣彼得堡后，他还亲自跑到裁缝们那里，指导他们合理用料的方法。这一研究进一步启发了他在曲面论方面的创造灵感，他接着考察了一种具有平行网格的"布"包裹曲面的问题。"切比雪夫网"今日已成了微分几何中的一个术语。

尽管切比雪夫是如此的多才多艺，但他从不把已经取得的成就归于天赋。在去世前不久，有一次他对一个学生瓦西列夫半开玩笑地谈起了对数学发展的看法，他说："早先人们只知道数学发展有两个阶段：在第一个阶段里，数学是由神建立的，像德罗斯祭坛的故事就说明如此[1]；在第二个阶段里，数学是由一些半人半神所建立的，费马、帕斯卡就是这样的怪物。现在我们到了第三个阶段：数学为社会实际需要所建立。"当然，数学从一开始就是由实践所决定的，切比雪夫要强调的是这一观念在工业革命的时代显得比以往更为突出，这一朴素的唯物主义思想正是他毕生从事科学事业的一个基本信念。

五、献身于教育与科学

切比雪夫是一个杰出的教育家。他自 1846 年接受圣彼得堡大学的助教职位、次年擢为高等代数和数论的讲师、1850 年升为副教授、1860 年成为教授，直到 1882 年退休，在这所大学执鞭达 35 年。退休之后，他还继续进行研究并对青年数学家进行指导。他有 15 篇论文是在 1882 年以后发表的；直到临终前几天，他还在指导一个学

1　相传公元前 5 世纪，古希腊德罗斯岛瘟疫流行，人们求告于阿波罗神消灾除难，祭司借神之口说："尔等须把神殿前的立方体祭坛扩充一倍。"这就是有名的"倍立方"问题，它与"三分角""化圆为方"一起，成为古希腊数学史上著名的三大作图难题，直到 17 世纪以后才被人证明为是不可解的。

生格拉维将自己不久前刚获得的平面曲线弧长的近似公式推广到空间的工作。

35 年间，他教过十余门课程，遍及数论、高等代数、积分运算、椭圆函数、有限差分、概率论、机械工程、分析力学、傅立叶级数和函数逼近论等分支。他的讲课深受学生们的欢迎，他决不进行经院式的长篇说教，而总是力求阐明最基本的概念和对有关背景及方法给出精辟的评论。李雅普诺夫说：“他在课堂上附带给出的一个评论，往往恰与听讲者冥冥中苦思的某个问题有关，因为他早就在留意学生们的思想活动。因而，这种讲课具有强烈的感染力，每堂课都能使人获得宝贵的知识。”

1872 年，切比雪夫在圣彼得堡大学任教 25 周年。为了表彰他为教育事业作出的贡献，圣彼得堡大学授予他功勋教授的称号。

从 1856 年起，切比雪夫还参加了教育部属下的全俄中等教育改革委员会，和奥斯特洛格拉德斯基、布尼亚科夫斯基等人一起，草拟中学教学大纲、制订新的教材。据统计，经切比雪夫审阅的各种数学、物理和天文学教材达二百余种。这说明他不仅关心高级科学人才的培养，也致力于整个民族科学文化的普及与提高。

1853 年，切比雪夫被选为圣彼得堡皇家科学院的候补院士，同时兼任应用数学部的主席，1856 年成为副院士，1859 年成为院士，这一年他不过 38 岁。国外的荣誉也纷至沓来：1860 年切比雪夫当选为法兰西科学院的通讯院士，1871 年为柏林皇家科学院的通讯院士，1877 年为伦敦皇家学会所接受，1880 年和 1893 年则分别为意大利和瑞典皇家科学院所接受。同时他也是全俄罗斯所有大学的荣誉成员和圣彼得堡炮兵科学院的成员。

在所有的外国科学团体中，切比雪夫与法国科学院的交往最为密切。他曾三次赴巴黎出席该院的年会，每次都提交三四篇论文。他与法国数学家卡塔兰、达布、刘维尔以及德国数学家克罗内克、魏尔斯特拉斯保持着经常性的学术联系。在他死后的遗物中，还发现了他同埃尔米特、柯西、克雷蒙纳、萨律等人的来往信件。他一生曾先后六次出国考察、访问或出席学术会议，这些广泛的国际交流，不但对他自己的研究起了推动作用，而且为俄国数学界在国外赢得了声誉。

切比雪夫也以充沛的精力和饱满的热情活跃在国内各种科学团体和会议上。他是圣彼得堡和莫斯科两地数学会的热心赞助者。他发起召开的全俄自然科学家和医生代表大会，对于促进俄国科学界之间的相互了解和扩大科学在民众中的影响起到了历史性的作用，也加速了圣彼得堡数学学派的形成。

在历次会议上，切比雪夫报告了一系列精彩的论文，同时他总是及时地发现和扶植年轻的科学人才，他把这种盛会看成是培养新一代科学家的大课堂。

1869 年，在莫斯科召开的第二次代表大会上，工程师马耶夫斯基报告了关于用实验方法得到的椭圆形炮弹飞行中阻力问题的结果。可惜他只讨论了一种极特殊的情况，而一般情况的理论分析对于这位工程师来说是非常困难的。在切比雪夫的细心指导下，他后来终于获得了一般的计算公式，成为当时国际上最好的结果。

两年后的第三次代表大会上，切比雪夫碰到了两个年轻的数学家——叶尔马可夫和布加耶夫。前者发现了一种级数收敛判别法则，其简洁和有效都在当时已知的其他判别法则之上。切比雪夫高兴地肯定了这一成果，并进一步提出它与微分方程特解判别法之间的联系，为更深入的研究指明了方向。后者关于数值导数的应用的文章也有新意，但处理数值函数的方法过于繁复，切比雪夫当年的论文《论素数》恰好解决过类似问题。在他的指点下，布加耶夫茅塞顿开。

切比雪夫关怀青年学者的事例莫过于他对女数学家柯瓦列夫斯卡娅的帮助与支持了。柯瓦列夫斯卡娅是一个传奇性的女性，她为了获得在俄国不可能得到的接受高等教育的权利，在 18 岁那年从优裕的家庭出走，与人缔结形式婚约到德国上大学。后来她成为魏尔斯特拉斯的入室弟子，1874 年成为世界上第一个女数学博士。1879 年，柯瓦列夫斯卡娅在第六次自然科学家和医生代表大会上曾作题为《关于阿贝尔积分》的报告。两年后在第七次大会上，她又报告了关于晶体中光线折射现象的结果。1888 年又由于成功地解决了刚体绕定点转动问题荣获法兰西科学院的布尔丁大奖，成为轰动一时的新闻。但是对于这位给俄国带来世界声誉的女学者，愚昧的沙皇政府却以种种借口阻挠其回国工作，因为她不但是一个女人，而且具有强烈的民主主义倾向。这时，切比雪夫挺身而出，与布尼亚科夫斯基等人联名向科学院推荐她为通讯院士。这一动议在 1889 年 11 月 16 日的院务会议上引起了激烈争论，最后以二十票对六票获得通过。

有趣的是，切比雪夫尽管对柯瓦列夫斯卡娅给予巨大的支持，他们在学术上却各持一端，每次见面都要争得面红耳赤。这种争论，实际上是以魏尔斯特拉斯为首的柏林数学家同以切比雪夫为代表的圣彼得堡数学家之间分歧的表露。切比雪夫认为魏尔斯特拉斯只是抽象地提出问题，把积分从一种形式变换成另一种形式，最后并不能具体地解决问题；魏尔斯特拉斯则批评切比雪夫忽略对一般规律的研究和陈述的规范化。

应该承认，魏尔斯特拉斯的批评是不无道理的。在函数逼近论的研究中，由于切比雪夫更多地把注意力放在找出具体的最佳逼近多项式上，而忽略了这种多项式是否一定存在的问题，正是魏尔斯特拉斯后来证明了其存在性。联系到切比雪夫在素数定理的工作中也留下了一个存在性的尾巴，可以看出他在研究工作中相对薄弱的一个环节：过分强调实用性而不够注意某些存在性问题。否则，以他的才力和知识面而言，定会取得更为辉煌的成就。这也是值得我们今日在处理理论与实践关系时引以为鉴的。

第六次代表大会是俄国数学界的空前盛会，一大批新人崭露头角，他们之中有的是圣彼得堡大学的毕业生，有的是得益于切比雪夫教诲的其他地方的青年学者，一时风云际会、群贤一堂。看到自己培养出来的学生登上科学讲坛，切比雪夫感到由衷的喜悦与骄傲。

切比雪夫终身未娶，日常生活也十分简朴，他的一点积蓄全部用来买书和制造机器的设备。每逢假日余暇，他也乐于同侄儿侄女们玩上一阵，但他最大的乐趣还是与青年人谈论数学。1894 年 11 月底，他的腿疾突然加重，思维也出现障碍，但他还是要求自己的研究生按时前来讨论问题。1894 年 12 月 8 日上午 9 时，这位令人尊敬的老人在自己的书桌前溘然长逝。他既无子女也无金钱，但他给全人类留下了一笔不可估价的遗产—— 一个辉煌的学派。

六、圣彼得堡数学学派

19 世纪数学的一个特点是学派的兴起。

诞生在资产阶级大革命风暴中的法兰西学派仍然雄踞着数坛，他们勇于抛弃旧的框框，极富创造精神，在函数论、数学物理、群论和新的综合几何学方面占有巨大优势。具有哲学传统的德国人特别注意数学的基础问题，“算术化”成了柏林学派的重要特征。另外，德国数学家不像法国同行那样都集中在首都，波恩、莱比锡、格丁根都有知名学者；尤其是最后这座城市，不久就要取代巴黎成为数学的耶路撒冷。英国人也开始从故步自封中觉醒，1812 年在牛顿的母校有一群年轻人竟敢冒着亵渎神圣的罪名去推广大陆的微积分记号[1]，这一世纪中他们在代数方面获得了巨大的成就。在文艺复兴的故乡，以几何与拓扑为突破口的新意大利学派正在成长……

1 指剑桥大学的皮科克、巴贝奇、小赫歇尔等人发起的分析学会和推广莱布尼茨符号系统的运动。由于英、德数学界长期以来为微积分的发明权争吵不休，所以这一运动当时遭到保守势力的强烈攻击，后来终于获得胜利。

当然，任何企图用三言两语来说明一个学派特点的做法都难免失于偏颇。衡量一个学派是否成熟，起码应从以下三个方面进行详细考察：（1）是否拥有德高望重的领袖和人才济济的阵容；（2）是否具有开拓性的工作和影响深远的成果；（3）是否形成了独特的学术风格。

按照沃尔泰拉的意见，新意大利学派诞生于1858年布廖斯基、贝蒂到德、法两国的工作旅行[1]。但是在俄国历史上却很难找到一个事件作为圣彼得堡学派呱呱落地的标志。它可以远溯到欧拉的应召前来，与布尼亚科夫斯基和奥斯特洛格拉德斯基留法回国从事教育也不无关系，但最终它是伴随着切比雪夫几十年舌耕笔耘的生涯成长壮大的，到19世纪末俄国终于形成了一支可观的数学攻坚力量，切比雪夫是这一派学人当之无愧的领袖。

马尔科夫和李雅普诺夫可谓是切比雪夫的左膀右臂，他们分别于1878年和1880年毕业于圣彼得堡大学数学系。马尔科夫在毕业的当年即以连分数解微分方程获金质奖，一生著述七十余种。他在概率论中除发展“矩方法”、扩大了极限定理的应用范围外，还开创了一种无后效性随机过程的研究，被人称为马尔科夫过程，在物理、化学、生命过程和公用事业中都得到广泛的应用。李雅普诺夫在数学物理中钻研位势理论，开拓了微分方程稳定性理论的方向。他后来到哈尔科夫任教，使那里成为俄国又一个数学中心。

科尔金和佐洛塔廖夫在函数逼近论方面的贡献我们已提到。他们分别是圣彼得堡大学1858年和1867年的毕业生，还曾合作解决了含五个变量的正定二次型的最小值问题，又都擅长代数与数论。

索霍茨基，1866年毕业，发现了复变函数论中的索霍茨基－魏尔斯特拉斯定理，弄清了本性奇点邻域内的函数性质，还在极一般的条件下研究了柯西型积分的边值问题。

波瑟，1868年毕业，擅长数学分析，在正交函数和定积分的计算方面有特殊的造诣。

格拉维，1885年毕业，博士论文讨论制图投影，找到了球在平面上的所有可能的等效投影，证明了切比雪夫提出的关于在地图上表示最佳投影的定理。以后专攻代数

1　布廖斯基、贝蒂都是意大利学派的创始人，这一学派几乎与圣彼得堡学派同时形成，其代表人物还有克雷蒙纳、贝尔特拉米，沃尔泰拉则是这一学派的第二代数学家。

和群论，成为俄国在代数领域的开创者。

伏罗诺伊，1889 年毕业，博士论文是《连分数算法的一个总结》，后与德国著名数学家闵可夫斯基共同创立数的几何学，在多角形理论和级数求和方面的工作也很出名。

许多并非圣彼得堡大学出身的青年也深受切比雪夫的影响。交通道路学校的沙图诺夫斯基为了听切比雪夫的课，特意到圣彼得堡大学做旁听生，后来成了敖德萨数学学派的先驱。海洋学院的克雷洛夫利用切比雪夫提出的近似公式，得到船舶设计方面的重要结果。莫斯科大学的茹可夫斯基在解析函数和偏微分方程方面曾得益于切比雪夫的指教，后来成了现代流体力学的创始人和俄国航空之父。斯捷克洛夫在哈尔科夫跟随李雅普诺夫学习，在函数论、微分方程、数学物理方面都有出色贡献，并成为圣彼得堡学派在十月革命以后的重要传人。

正是这些奋发有为的后起之秀，把切比雪夫在概率论、数论和函数逼近论中开创的事业继承下来，并将俄国数学在这三个领域中的优势一直保持到 20 世纪，又与微分方程、数理统计、函数构造、泛函分析、近似计算等分支纵横交错、左勾右连，成为这一学派大显身手的广阔天地。

那么，圣彼得堡学派独特的风格是什么呢？我们大致可以归纳成如下的四点：

1. 重视基础理论，善于以经典课题为突破口。

切比雪夫从经典分析起家，在多重积分和泰勒级数方面做了一些工作后转到概率论，并在一开始就抓住了当时这门学科中最本质的内容大数定律和中心极限定理。由于熟悉欧拉等前代大师的著作，他在数论研究中能够果断地选择意义重大的素数分布问题作为攻坚对象。他对逼近论的研究则是建立在对实数理论的严密逻辑基础深刻的认识上。这种重视基础理论和经典课题的作风在他的后继者们那里得到了进一步的发扬光大。维诺格拉多夫首创三角和方法研究哥德巴赫猜想、盖尔方德解决希尔伯特第 7 问题、柯尔莫哥罗夫奠立概率论的公理化基础等事例，都可以说是这一传统的突出表现。

2. 理论联系实际。

这是任何一个有成就的数学学派都具有的特点，只不过在切比雪夫和他的学生们那里更为明显罢了，函数逼近论和机器设计的相得益彰就是最有说服力的例证。切比雪夫对于有关的数学结果，总是追求精确的表达式，实在不能得出的则给出近似公式和误差估计。著名的切比雪夫不等式是在看不出实际用途的数论领域中推出的，如今成了概率论中不可缺少的工具。他交给李雅普诺夫的旋转液团在平衡状态下形状的课题，导致了运动稳定性理论的建立。

3. 擅长运用初等工具建立高深的结果。

从步入科学殿堂之初，切比雪夫的工作就显示了简单化和初等化的风格。幂级数和连分数在他手中运用自如，常常在深奥莫测的数学土壤上结出令人惊诧的奇花异果。马尔科夫、伏罗诺伊以及后来的辛钦应用连分数于差分理论和复变函数，获得许多有意义的结果。这种本领是建立在扎实的基本功和敏锐的洞察力的基础上的。

4. 以大学为阵地，科研与教学密切结合。

像许多优秀的数学学派一样，圣彼得堡学派是深深地扎根在大学的沃土上的。切比雪夫从年轻的大学生那里汲取创造的灵感，学生们则从他那里得到启发。切比雪夫和他的弟子们从不把教学看成是科研的负担，而是力图在课堂上向学生们阐明最新的科学思想。斯捷克洛夫对李雅普诺夫的第一堂课有过生动的描述："这一位与我们班上同学中差不多同年的青年人……在一个钟头内征服了这批怀有偏见的听众。"[1] 而根据李雅普诺夫当年的听课笔记整理的切比雪夫的概率论讲义，出版后成了这门学科的重要文献。

十月革命以后，以斯捷克洛夫为首的一批数学家响应列宁的号召，积极拥护新生的苏维埃政权，并团结留在国内的著名科学家组成了莫斯科数学物理研究所。后来该所一分为二，数学研究所即以斯捷克洛夫命名。随着苏维埃政权的巩固与成长，一批优秀的数学家逐渐集中到该所和莫斯科大学来，因此出现了莫斯科学派的说法，它与圣彼得堡学派是一脉相承的。除此之外，在哈尔科夫、基辅、喀山、敖德萨、梯比里斯等城市也相继出现了数学中心，列宁格勒大学（原圣彼得堡大学）则继续不断地培养出第一流的数学人才。今日俄国数学界的头面人物，不管其工作基地在哪个城市，他们都以能被称为圣彼得堡学派和切比雪夫的继承人为无上的荣耀。

19 世纪后半叶，切比雪夫和他的学生们以坚韧不拔的精神和勇攀高峰的气概，终于使俄国数学从一穷二白的境地中挣脱出来，并在若干领域内走到了世界的前列。考察切比雪夫和圣彼得堡学派的历史，对于我们当前学习和引进外国的先进科学技术来实现科学技术现代化，对于我们在数学领域选择突破口、充分发挥自己的优势，创立一个有特色的中国数学学派，无疑是有意义的。

（作者：刘钝　苏淳）

1　B. N. 斯米尔诺夫：《亚历山大 · 米哈依罗维奇 · 李雅普诺夫传略》，见《中学数学》第二期，1957 年。

参考资料

[1] В. Е. Прудняков . П. Л. Чебышев, Учекыйи Педагог [M] . Москва, 1950.

[2] Ch. C. Gillispie. Dictionary of Scientific Biography [M] . New York: Charles Scribner's Sons, 1971.

[3] Большая . Советская Энциклопедия [M] . Москва, 1978.

[4] А. А. Зворыкин . Биографкческий Словарь Деятелей Естествознанияи Техяикк [M]. Москва, 1958.

[5] A. Д. 亚历山大洛夫，等 . 数学：它的内容、方法和意义 [M] . 第二卷 . 北京：科学技术出版社，1959.

理查德·戴德金

(Richard Dedekind，1831—1916)

戴德金

心灵自由的创造者

理查德·戴德金是德国的一位名垂史册的数学家、哲学家、理论家和教育家。戴德金崇尚概念哲学，在数学的多个领域都有所建树，给出了很多概念和定理。现在以他命名的数学概念主要有戴德金分割、戴德金环、戴德金 η 函数、戴德金无穷集合、戴德金数、戴德金和戴德金 zeta 函数等。他最重要的成就是用戴德金分割重新定义了无理数以及引进环论中理想的概念。戴德金的导师高斯有一句名言：数只是我们心灵的产物。戴德金对此非常赞同，并在自己的研究中一再强调数是人类心灵的自由创造。

戴德金不仅能够创造新数学，而且还能够用结构化的观点把自己的思想表达得清晰明了。他引领了新的数学风潮，深刻影响了数学的进一步发展。正如当代数学家和数学史家哈罗德·爱德华兹所说：

> 戴德金的遗产……不仅包括重要的定理和概念，而且整个数学风格已经对每一个后人产生鼓舞。

戴德金一生淡泊名利，静默自守。他对自己的能力和成就一向异常谦逊和低调。但他的光辉思想无法阻止人们给予他崇高的荣誉。他成了格丁根科学院（1862）、柏林科学院（1880）、罗马科学院（1880）和巴黎科学院（1900）等科学院的通讯院士，被授予克里斯蒂安尼亚（今称奥斯陆）、苏黎世和不伦瑞克等大学的荣誉博士。

1917 年，他的朋友和追随者埃德蒙·兰道在《格丁根皇家科学与人文学会新闻》上写道："戴德金不仅仅是伟大的数学家，同时也是有史以来数学历史上真正杰出的人物。他是其所处伟大时代的最后一位英雄，高斯的关门弟子。40 多年以来，他已经成为经典的作家，不只我们，就连我们的老师乃至于老师的老师均从他的工作中得到启迪。"

一、戴德金的数学共同体

戴德金的很多创造是在编辑前人成果的过程中产生的。这说明了共同体在其数学创造中的重要性。心灵的创造不只是单个的，而且是集体的。不过戴德金的贡献也是很杰出的。这既是一个传统的成就，也是一个伟大心灵的成就。

1. 家族三代同在一所大学任教授

戴德金 1831 年 10 月 6 日在不伦瑞克出生。他出身教授家庭，不过，并不像他的追随者爱米·诺特那样出身数学教授家庭。其父名为乌尔里奇·戴德金，是一位物理学家和化学家的儿子，他是不伦瑞克卡罗林姆学院的大法官、法学教授，也是这所学校的一位高级管理人员。母亲卡洛琳的父亲也是这所学校的教授，母亲的祖父是皇家邮政局局长。这所学校到 19 世纪 60 年代已升级为不伦瑞克理工学院。戴德金在 1862 年回到自己的母校任教授。这样算来，戴德金家族至少有三代在这所学校任教授，当属名副其实的教育世家了。戴德金 1894 年 4 月在这所学校退休，但仍然偶尔上课并继续做学术研究，公开发表论文。

戴德金的学生生涯也从不伦瑞克开始，从 7 岁到 16 岁，他在不伦瑞克的一所学校就读。他一开始认为数学只是一个辅助性学科，并未对数学有很大的兴趣，而是对其他学科更着迷，特别是化学和物理学。但不久之后，他发现物理学没有精确的逻辑结构，从而转向数学。

1848 年，戴德金进入卡罗林姆学院学习。当时的卡罗林姆学院是一所介于高中和大学之间的教育机构。这也是他后来的博士导师高斯的母校。他在这里接受到了很好的数学基础教育，学到了代数分析、解析几何、微积分、力学等。1849 年至 1850 年间，他给低年级学生讲过课。这为他接下来进入格丁根大学做好了准备。

他终生未婚，成年后大多数时间与他的二姐生活在一起。他的二姐也是终生未婚，比戴德金早两年离开人间。戴德金除了在父亲去世不久出现过身体不适的情况，其他时间都保持着健康的身心，直至 1916 年 2 月 12 日平静安详地与世长辞。戴德金很享受这种在故土与家人在一起的生活，就像科特·比尔曼所评述的那样：

> 戴德金与他的兄长和姐姐保持密切的联系，忽略了所有更高层面的可能的机会和娱乐，他所生活的小的熟悉的世界完全满足他的要求。在这个小世

界里，他的亲属完全代替了他自己的妻子和孩子，并发现了充分的快乐和研究基础数学这项科学工作的自由。他没有要在外部世界产生更大影响的压力：那种自我确认是不必要的。

2. 高斯的关门弟子

1850年春，在卡罗林姆学院学习两年后，戴德金转入格丁根大学。他参加了格丁根大学刚刚成立的数学和物理学讨论班。戴德金一开始就参加了讨论班，听了莫里茨·斯特恩、乔治·乌尔里奇、威廉·韦伯和约翰·本尼迪克特·李斯廷的数学和物理课程。此前，他的微积分等基础已经比较扎实，在这里，他的数论知识着实上了一个新台阶。他对有的物理课并不十分感兴趣，不过值得一提的是，威廉·韦伯的实验物理课使戴德金备受鼓舞。一年后，也就是1851年，黎曼也加入到讨论班，他们二人很快成为好朋友。1850年，戴德金还听过高斯的观察员卡尔·沃尔夫冈·本杰明·戈尔德施密特的大众天文学课程。

1850—1851年的冬季学期，戴德金第一次上高斯亲自开的课。这个时候高斯年纪已经比较大了，只是教授一些比较基础的知识。戴德金听了高斯的最小二乘法等课程。高斯虽然不喜欢教学，但是保持着一贯的责任心。50年后，戴德金仍然记得，这些讲授是他曾听到的最美妙的课程。跟随高斯学习，令他曾有着持续增长的兴趣，并且他无法忘记这种经历。接下来的一个学期，戴德金听了高斯的高等测量学课程。1851—1852年，他听了昆图斯·伊西利于斯的数学地理学以及热理论课程，并且跟伊西利于斯一起观测气象。

戴德金有幸成了高斯的最后一个博士生。1852年，在高斯的指导下完成了一篇题为《关于欧拉积分的理论》的博士论文，获得哲学博士学位。高斯给出的评语是："戴德金先生的论文是一项有关积分学的研究，不只是对于相关的领域有着充分的知识，同时具有创新性，可以想象他在以后肯定能作出成果。作为批准考试的试验论文来说，我对其完全满意。"

戴德金与高斯无论是从所秉持的原则或观点，还是从性格和生活上都有很多相似的地方。他们来自同一地方，有在同一学校学习和任教的经历。他们都认真负责、严格要求、坚持原则、拒绝妥协。他们都过着一种规律而简朴的生活。他们都热心帮助他人，谦虚谨慎，并深得朋友的信任。他们有同样的文学品位，都喜欢英国著名作家沃尔特·斯科特。他们对数论和算术情有独钟，他们都把概念看得比符号更重要。戴德金还编辑了高斯的全集。

3. 求学柏林，弥补不足

博士毕业后，按理说戴德金已经可以走上独立教学和研究的道路了，但是戴德金的求知欲非常强，他虽然自己也觉得已有的知识储备足以教授中学，但是自感没有得到很好的数学前沿领域的训练，他完全认识到他受到的数学教育还不足。这里要说明一下，当时，在格丁根大学学习数学是相对令人失望的，因为格丁根大学还没有成为充满活力的研究中心。当时的柏林大学是德国数学的研究中心，柏林大学比格丁根大学的课程更为先进。在格丁根大学听不到彼得·古斯塔夫·勒热纳·狄利克雷、卡尔·雅可比、雅各布·施泰纳讲授的一些最新课程，比如高等数论、高等几何、椭圆函数、数学物理等。当时，与戴德金同在格丁根大学的黎曼也发现学校的数学教育旨在培养高中教师，而不是具有顶尖能力走研究道路的数学家。于是，戴德金和黎曼相继去了柏林，戴德金花两年时间弥补了他受教育的不足，并在 1854 年夏取得大学执教资格。而他的朋友黎曼也刚刚在几周前获得了同样的资格。

4. 重回格丁根大学与任职苏黎世工科学校

1854—1855 年的冬季学期，戴德金在格丁根大学以无薪讲师的身份教授几何和概率论等课程。1855 年，他的老师高斯去世，戴德金是少数几个有幸为高斯抬灵柩的人。狄利克雷被任命为格丁根大学的数学教授，接替高斯空出来的职位。这件事情对戴德金意义重大，他发现和狄利克雷学习令他受益匪浅。他听了狄利克雷的位势理论、数论、偏微分方程和定积分等课程。狄利克雷使他成为一个学术新人，大大拓展了他的学术和生活视野。即便是亲友的聚会，狄利克雷也会邀请戴德金参加。

1855 年冬到 1856 年，戴德金听了黎曼的椭圆函数和阿贝尔函数课。戴德金对自己要求非常严格，他虽然已经可以教授课程，但他依然把自己当作学生一样苦读。大约在这个时候，戴德金学习了埃瓦里斯特·伽罗瓦的研究成果，他首先在格丁根大学讲授伽罗瓦理论。在讲授当中，他首次给出域的概念，用抽象群的概念来代替置换群的概念。不过，令人郁闷的是，因为戴德金的讲授超出了授课范围，最后仅剩下两个学生出勤。

1858 年，戴德金被任命为瑞士苏黎世工科学校教授，继任约瑟夫·拉伯的职位。在讲授微积分时，戴德金感受到分析基础还比较薄弱，于是研究了实数理论的基础。1859 年 9 月，戴德金借着黎曼当选柏林科学院通讯院士的机会，和黎曼一同去了柏林，结识了院士选举的发起人卡尔·魏尔斯特拉斯以及柏林的其他几位数学领袖：厄恩斯特·库默尔、卡尔·博哈特和利奥波德·克罗内克。

戴德金在格丁根和瑞士期间，把大量精力投入到教学当中，他十分关心所授课程的严密性。他所发表的研究论文也与课程相关。授课之余，他开始编辑狄利克雷的《数论讲义》。

1862 年，戴德金回到母校不伦瑞克理工学院继任了奥古斯特·威廉·朱利叶斯·乌德的职位。从此再未离开。这就是我们这一节开头所谈到的内容。

戴德金受到了高斯、狄利克雷和黎曼很深的影响，他负责编辑过狄利克雷、高斯、黎曼的全集。

5. 与其他数学家的密切往来

除了高斯、狄利克雷和黎曼，戴德金还和其他一些数学家保持着良好的学术交流。1872 年，戴德金在瑞士的特拉肯小镇度假时，遇到了格奥尔格·康托尔。他们一直保持着友谊，相互敬重，开诚布公地交流学问。戴德金遂成为最早支持康托尔无穷集合工作的数学家之一，在康托尔与克罗内克在超无穷理论方面发生争论时，戴德金毫不犹豫地站在了康托尔的一边，并成为康托尔的有力支持者。

戴德金和海因里希·韦伯在 1882 年展开合作，在黎曼曲面上应用理想论的结果。当时韦伯是哥尼斯堡大学的老师，在讲课过程当中，他介绍了戴德金的思想，许多学生受到了戴德金的思想影响，其中就包括大卫·希尔伯特。1900 年，希尔伯特在国际数学家大会上高度赞扬了戴德金的工作，戴德金的思想更加深入人心。爱米·诺特与奥伊斯坦·奥尔共同编辑了戴德金的全集。爱米·诺特在编辑学习的过程中，对戴德金的思想十分敬仰，不仅建议其学生们反复研读，而且在别人称赞她的创新思想时，她往往说："已经在戴德金那里都有了。"

二、用有理数来定义无理数：戴德金分割

戴德金用后人所称的戴德金分割重新定义了无理数，这是戴德金最重要的数学成就之一，包含在其 1872 年发表的《连续性与无理数》一书当中。这本书甫一问世，就引起很多关注，与魏尔斯特拉斯的分析基础以及康托尔的集合论一起，开启了现代数学的新时代。戴德金从此进入一流数学家的行列。

1858 年春，负责人事的瑞士市议员到当时戴德金所在的格丁根大学聘请老师到苏黎世工科学校（今天的苏黎世联邦理工学院）做教授。戴德金很快顺利入选。自 1858

年秋，他开始在那里教授微积分。这是他第一次教授这门课程。在授课的过程中，他感觉分析的基础还很薄弱。他对当时的微积分评述道："我比以往任何时候都更加强烈地感受到这种算法缺少真正的科学基础。"

于是戴德金打算为微积分建立坚实的基础，开始对实数理论的基础进行研究，从而产生了戴德金分割的想法。他自己曾提到戴德金分割这个思想是在 1858 年 11 月 24 日闯入脑海的。戴德金最先把这个结果告诉了他的朋友海因里希·杜瑞热，但是年后才正式发表。

《连续性与无理数》共有七部分，包括自然数的性质、有理数与直线上的点的比较、直线的连续性、无理数的构造、实数域的连续性、实数的运算以及无穷小分析。

他在书的第三部分"直线的连续性"中说道："上面把有理数域 R 比作直线，结果认识到前者存在间隙，具有一定的不完备或不连续性，而我们则将直线看成是完备、不存在间隙或连续的。那么这种连续性是什么？所有的事情都必须依赖于这个问题的答案，并且只有通过它，我们才能够获得一个研究全部连续区域的科学基础。仅仅大致阐述其最小子集的不间断连续性，明显得不出任何结果；问题是找到连续性的一个准确特征，使其成为有效推理的基础。"

戴德金紧接着说道："长久以来，我对此深思熟虑，却徒劳无获，但是最终我找到了我所要寻找的东西。这种发现也许不同的人会有不同的评价；大多数人会发现它的实质非常平凡。"

戴德金说他发现了连续性的原则："如果直线上的全部点分成两类，使得第一类中的每一个点位于第二类中的每一个点的左方，那么存在且存在唯一一点，产生了把所有的点分成两类的分化，直线分成两部分的分化。"

戴德金在第四部分"无理数的构造"中明确提出了分割的概念。

他说："在第一部分，已经指出每一个有理数 a 将实数系 R 分为两类，使得第一类 A_1 中的每一个数 a_1 小于第二类 A_2 中的每一个数 a_2；数 A 或者是第一类 A_1 中的最大数，或者是第二类 A_2 中的最小数。现在，如果给出这个数系 R 分成两类 A_1 和 A_2 的任意分化，使得它只满足这种特征，即 A_1 中的每一个数 a_1 小于 A_2 中的每一个数 a_2，那么简洁地讲，我们称这种分化为一个'分割'（英文：cut；德语：Schnitt），并把它记作（A_1，A_2）。"

戴德金用德语 Schnitt 来表示分割，具有直观性、可视性，这是源于古希腊的欧几里得几何。

当然有理数也产生无穷多个分割，因为它能够把数集分为两部分。“但不管什么时候我们都必须处理非有理数产生的一个分割（A_1，A_2），这样，我们就构造出了一个新数，并且是无理数，我们认为它完全可以由（A_1，A_2）这个分割来定义；我们会说数 A 对应于这个分割，或者说它产生了这个分割。”

这种分割就定义了一个无理数，或者说这个分割就是一个无理数。这是因为，我们相当于在全部有理数集合中“定义”了一个确定的分割，A_1 和 A_2 趋于相交。为使这两个集合相交，这个分割须用某个“数”填充起来，由上述条件可知，这个数不可能用有理数来填充，或者说不可能与有理数相对应。

因此，全部可能的分割组成了数轴上包括有理数和无理数的每一个点，统称为实数。有了实数的分割概念。为了得到所有实数有序性的基础，还必须研究任意两个分割的关系。

于是戴德金给出了一个分割大于另一个分割的定义。他证明实数具有以下性质：若 $\alpha > \beta$ 且 $\beta > \gamma$，则 $\alpha > \gamma$；不同的实数 α 和 γ 之间存在着无穷多个数；若全部实数划分成两类，且其中一类中的每一个数均小于另一类中的每一个数，则必存在一个且仅存在一个数产生这个分割。

此外，分割也有加法和乘法运算，其加法和乘法满足交换律和结合律。因此就可以证明原先未被严格证明的公式 $\sqrt{6} = \sqrt{2} \times \sqrt{3}$。

我们知道，在数学史上有三次大的危机，第一次数学危机是在古希腊时代由无理数引发的，到那时仍悬而未决。而戴德金以连续性为起点，通过有理数的分割给出无理数的定义，将实数理论建立于严格的科学基础之上，从根本上消除了这一危机。因此，其重要性不言而喻。

三、追寻自然数的基础：数是什么？

戴德金解决了连续性问题，用有理数的分割定义了无理数。换句话说，他的无理数概念以有理数为基础，而要建立起严密的逻辑，接下来就要考虑有理数的生成问题。而我们知道有理数以自然数为基础，所以实际上就是要进一步考虑自然数的生成问题或者说自然数的基础是什么。戴德金乘胜追击，1872 年至 1878 年集中精力研究自然数的基础，顺利得到了他的自然数理论，写作成书，在 1888 年正式出版，这就是富有哲学意味的《数是什么，数应是什么？》。

戴德金开篇明义，在这本书的序言中明确亮出了自己的观点。他说："算术（代数、分析）作为逻辑的一部分，我想说明我认为数的概念完全不依赖于空间和时间的表象或直观，我认为它是一种思想规律的直接产物。我自己对在这本书的题目中所提问题给出的答案，可以归纳为：数是人类心灵的自由创造；数能更简洁地理解事物的差别。只有通过纯逻辑的过程建立数的科学并因此获得连续的数域，我们才能研究时空，即把时空与我们心灵创造的数联系起来。"

戴德金在第 38 页强调说："于我而言，所有更美妙的事情是，无须任何度量性质的表象，只简单地通过有限的思维过程，人们就能进一步构造出纯粹的连续数域；并且以我看来，只有通过这种方式，人们才能把连续空间的表象变得清晰和明确。"

这本书共有 14 部分。内容主要包括元素集合、集合的映射、映射的相似性和相似集合、集合到自身的映射、有穷和无穷、单无穷集合与自然数列、较大和较小的数、数列的有限和无限部分、归纳定义数列的映射、单无穷集合的分类、数的加法、数的乘法、数的幂、有穷集合中元素的数（包括计数、基数、序数及其初等性质等）。

戴德金崇尚提出概念和定理，在这本书中，他给出了 100 多个概念和定理。戴德金首先详细地讨论了集合的概念。

他说："经常发生的事情是，出于某种原因，不同的事物 a，b，c，…，可以通过一个统一的观点来研究，可以在大脑中发生联系，我们说它们形成一个集合 S；我们把事物 a，b，c，… 称为集合 S 的元素。"

他还给出了集合的并和交、一个集合到另一个集合的映射以及相似映射。他说："一个集合 S 的映射 Φ 称为相似的，当集合中不同的元素 a，b 总是映射到不同元素 $a'=\Phi(a)$，$b'=\Phi(b)$ 上。"也就是说，相似映射指不同元素总是映射到不同元素上。

他借助相似性给出了第一个无穷集合的准确概念。一个集合是无穷的，当它与自身的一部分相似。用现代的术语来说，就是等价于它自身的真子集。因此，自然数的集合 N 与其真子集 N^2 是相似的。

他引进了关于一个映射的"链"的概念。若是一个集合 S 到其自身的映射，则 S 的一个子集 K 称为关于映射 Φ 的链。他对无穷集合和有穷集合再次进行了区分，认为无穷集合总有一个到自身的真子集的相似映射，而有穷集合则没有这种映射。他引进了单无穷集合这个重要概念。戴德金还给出了单无穷集合的条件。如果一个集合 N 为单无穷集合，则存在一个映射 Φ 和 N 中的一个元素，满足：

（α）$\Phi(N)\cap N$；

(β) N=10；

(γ) $1 \notin \Phi(N)$；

(δ) Φ 为相似映射。

戴德金明确给出了：一个单无穷集合 N 的元素是自然数或序数，简单说就是数。满足这样条件的 N 能够按照映射排成一个顺序，从而形成一个数列：1，$\Phi(1)$，$[\Phi(1)]$，…。因此，戴德金的映射 Φ 实际上是将 N 中的一个元素映射到它的后继数上。特别值得注意的是，这是数的一个抽象定义，因为已经没有元素的具体内容。这是思维观念的进步。

戴德金虽然没有明确讲出上面的四个条件就是自然数的公理，但是他从这些条件推导出了自然数的其他性质，也就是给出了自然数的公理基础，他的最基本的概念就是数字 1 及其后继函数。戴德金认为，所有满足算术公理的事物均可以被认为是数的代表，所以数只有处于一定的结构当中才会有其自身的存在。这就使得自然数的概念发生了变化，从直观上的清晰过渡到有了严密的逻辑。

在戴德金 1888 年发表这些成果后的第二年，也就是 1889 年，意大利数学家朱塞佩·皮亚诺引用了戴德金的成果，形成了一个等价的但是更简洁的公理集合，成为现在标准的公理集合。由这个建立在公理基础上的自然数体系，应用减法能够得到整数系，应用除法能够得到有理数系，这样，我们本节一开始所说的寻找有理数的基础也就解决了。康托尔通过计算有理数列的极限得到了实数系，戴德金应用戴德金分割也能得到实数系。如此一来，连同魏尔斯特拉斯的 ε–δ 定义等成果，他们共同把微积分建立在了一个坚实的基础之上，从而使得有效性不成问题的微积分达到了数学的严密性要求，消除了动荡 200 多年的第二次数学危机。

四、将理想数升级为理论：理想论

戴德金在理想论方面的工作要从狄利克雷说起。1855 年高斯去世，空出了数学教授席位，狄利克雷来到格丁根大学接替了高斯的职位。这件事情对戴德金的影响非常大。戴德金听了狄利克雷的一些课程。这为戴德金的学习和研究注入了新的活力。他们很快成为形影不离的挚友。

当时，保罗·巴赫曼是格丁根大学的学生，后来回忆道，他和戴德金只是面熟，因为戴德金经常和狄利克雷一起到校和离开，完全令他黯然失色。

戴德金自己在 1856 年 7 月的一封信中写道："对我最有用的是几乎天天与狄利克雷交流，与他在一起，我第一次开始恰当地学习；他一直对我和蔼可亲，并且开门见山地告诉我需要弥补的漏洞，同时给我提供怎样做的指引和方法。我已经感谢了他无穷多的事情，无疑将来会更多。"

在向狄利克雷学习的过程中，戴德金开始研究理想以及代数数论的问题。1832 年，高斯为了解决高次互反律问题引入复整数（即 $a+b\sqrt{-1}$ 型的数，其中 a，b 是有理整数），解决了四次互反律问题，并对这种复整数，证明了唯一素因子分解定理，即算术基本定理。雅可比等人在此基础上探讨互反律问题，而一般高次互反律问题最终为库默尔解决。1844 年，库默尔引入理想数，实现了分圆数域上的因子分解。若一个理想数可以表示为另一个理想数与复整数之积，则称这两个理想数为等价。库默尔证明了理想数在这种等价之下分为等价类。分圆数域的类数是有限的。

库默尔的学生众多，但戴德金却是他最忠诚的门徒，因为他发扬了库默尔的理想数，建立了严谨的理想理论。美国数学家和科幻小说家埃里克·坦普尔·贝尔在《数学大师》一书中把他和库默尔称为"算术二世"，并一起介绍。

戴德金大约从 1856 年起长期研究库默尔的理想数。戴德金在集合意义上提出理想概念。戴德金的观点是：理想数为其整除的所有复整数的集合。所有复整数的集合被戴德金称为理想。

他证明了在所有分圆整数子集中，理想可以由以下两条性质来刻画：

（1）一个理想中任何两个分圆整数的和仍在这个理想中；

（2）一个理想中的分圆整数与任何分圆整数的乘积仍在这个理想中。

理想数为数，理想为集合。由此，实现了从数到集合的推广。此后，理想论又从分圆数域推广到代数数域、数环以及一般的环上。这种逐层的深化和拓广使得理想论拥有了越来越高的理论层次。从 1871 年至抽象代数学正式建立这段时间，它成为一种相对独立的数学理论，应用广泛，影响深远。

代数整数是通常有理整数的推广，戴德金建立起系统的代数数论。他还引进代数数及代数整数的概念，他定义了体，通过将有理整数的同余理论进行推广得到模这个概念，推广可除性理论得到素数和单元的概念，定义了理想、整除和素理想。这都是代数数论中最基本的概念。

他还进而给出两个理想的乘积的定义，得出了理想论基本定理。代数整数和有理整数存在一个很大的不同，一般的代数整数不能唯一分解，这体现在代数数域理想的类数问题上。可以根据等价关系将理想分成理想类。戴德金对于一般的代数数域，引入了戴德金 ζ 函数，并用这个函数在极点 $s=1$ 的残数来计算类数，得出计算公式，成为以后计算类数的基础。

戴德金还从 1871 年开始研究了代数数域的分歧理论，给出了共轭差积的定义，他将其称为基本理想（Grundideal），得到两条主定理。1882 年，证明了德金判别式定理。戴德金所建立的代数数论后来为希尔伯特所发展。戴德金在 1901 年的文章《所有代数数域的置换》中首次谈到了无穷次扩域，沃尔夫冈・克鲁尔在 1928 年发展了这个理论。

戴德金把这些创新成果作为附录编辑在狄利克雷的《数论讲义》1871 年、1879 年和 1894 年版本中。实际上，在狄利克雷去世后，戴德金就负责编辑狄利克雷的讲稿，1863 年出了第一版。爱德华兹曾经提到：

> 虽然本书确定是以狄利克雷的讲稿为基础，并且尽管戴德金自己一生当中都称这本书是狄利克雷写的，但是在狄利克雷去世后，余下的大部分是戴德金写的。

戴德金建立了代数数域中整数环的理论。戴德金还有许多其他成就。比如：1882 年与海因里希・韦伯一起在代数函数论上推广代数数论的成果。1877 年，引进模函数 $J(\tau)$ 的概念，预示了自守函数论，研究了纯三次代数数域等。他还在 1858 年给出了有限群的一个抽象定义。1897 年，他在研究群论时引进换位子和换位子群的概念，证明了一个群的换位子的集合组成正规子群。他在环论和格论方面也有贡献，并且是格论的创立者。戴德金的思想影响广泛，包括希尔伯特、爱米・诺特在内的众多数学家都继承了他的数学思想衣钵。

五、结语

科学一般沿着两个方向发展。一是内省，这包括对某些特定领域基本概念的辨析和研究。二是向外拓展，这也就是构造，更为引人注目。但内省的方向是哲学和逻辑的任务。戴德金创造数学的方式，大多是依靠自己有洞察力和有抽象能力的头脑，而不是依靠巧妙的符号表示和对公式的熟练运用。因为高斯认为算术的真理应该从概念而不是从记号得出来，所以戴德金的这一点也是最受高斯赏识的。

戴德金通过他创造的概念和理论并用简洁清晰的形式表达出来，极大地改变了数学的面貌，使之成了我们今天熟悉的样子。他一生积极追求，勤耕细作，在周围营造了良好的学术和生活环境。他不但自己做出了伟大的成果，而且乐于为他人服务，编辑了高斯、狄利克雷和黎曼的全集，使之代代流传。他潜心教学，在教学中进行研究性思考，是教研相长的典范。在他长寿的一生当中，他的心灵虽然没有开出爱情之花，却开满了数学之花和友谊之花。换句话说，他用一颗对待数学的真心，播种出了美丽的数学硕果，而这些数学果实也将他搏动过的心音传唱至今，并可以预见，将会直至永远。

（作者：王淑红　孙小淳）

参考资料

[1] H. M. Edwards. Dedekind's Invention of Ideals [J]. Bulletin London Mathematical Society, 1983.

[2] 王淑红，邓明立. 格论思想的产生和发展探析 [J]. 科学技术哲学研究，2014，31（5）：92-97.

[3] P. E. B. Jourdain. Richard Dedekind（1833-1916）[J]. Modern Logic，1993.

[4] J. Ferreirós. On the Relations Between Georg Cantor and Richard Dedekind [J]. Historia Mathematica，1993，20（4）：343-363.

[5] 王淑红，邓明立. 戴德金对理想论的贡献 [J]. 自然辩证法通讯，2013，35（4）：58-63.

[6] 周东启. 第一次数学危机的实质是方法论的变革 [J]. 自然辩证法研究，2006，22（6）：105-109.

[7] R. Dedekind. Essays on the Theory of Numbers [M]. New York：Dover，1963.

[8] 吴文俊. 世界著名数学家传记 [M]. 下集. 北京：科学出版社，1997.

[9] H. M. Edwards. The Genesis of Ideal Theory [J]. Archive for History of Exact Sciences，1980，23（4）：321-378.

[10] R. Dedekind. Theory of Algebraic Integers [M]. Cambridge：Cambridge University Press，1996.

[11] I. Kleiner. From Numbers to Rings：The Early History of Ring Theory [J]. Elemente der Mathematik，1998，53（1）：18-35.

不仅仅是数学家：

欧美数学名人 Ⅱ

■ 希尔伯特

哈代

哥德尔

李雅普诺夫

马尔科夫

弗兰克尔

布饶尔

■ 柯尔莫哥罗夫

大卫·希尔伯特

(David Hilbert，1862—1943)

希尔伯特

现代数学的巨人

19 世纪、20 世纪之交的 1900 年 8 月 8 日，有一位年仅 38 岁的年轻数学家应邀在第二次国际数学家大会上作了一个报告。在这次演讲中他列出了自己认为在即将到来的 20 世纪中数学家们应该努力去解决的 23 个问题（会上只讲了 10 个，发言稿中有 23 个）。然后，20 世纪前几十年世界数学领域的发展，果真是围绕着他所提出的方向展开。这位数学家就是古往今来最著名数学家之一的大卫·希尔伯特。

一、早年

1862 年 1 月 23 日，大卫·希尔伯特出生在东普鲁士的哥尼斯堡。小希尔伯特刚刚上学念书时，并不聪明。别的小孩 6 岁上学，他 8 岁才上学，而且从来没听说他有什么突出的成绩。他上的文法学校以文科为主，没有自然科学课程，数学是不受重视的。拉丁文、希腊文是主修课程。大数学家高斯、黎曼学习这些古典语言时都是兴趣盎然、成绩出色的，可是希尔伯特学起来却很吃力，死记硬背，勉强过关。据他的同学讲，他的理解力也颇弱，他自己觉得只有学起数学来还从容、舒服。这比起他的同乡，从俄国来的犹太人移民闵可夫斯基家的孩子们真是差远了。老三赫尔曼·闵可夫斯基，5 年多就把需要 8 年多的时间念完的功课念完了，小时在家里就已经熟读莎士比亚、歌德和席勒这些文学巨匠的作品，《浮士德》大半会背下来。

最后一学年，希尔伯特转到另一所学校，那所学校比较重视数学，他以勤奋博得优秀的成绩。学校的老师没有忽视他的才能所在，在评语中写道：

> 他对数学表现出极强烈的兴趣，而且理解深刻，他能用非常好的方法掌握老师讲课的内容，并能有把握地、灵活地运用它们。

希尔伯特在选择自己的前途时还能有什么犹疑呢？他的祖父、父亲都是法官，好多亲友也在法律界做事。他的父亲自然希望子继父业，让希尔伯特攻读法律。但是，他的母亲给他另外一种影响。他的母亲对哲学、天文学、数学有着特别的爱好，她经常谈到素数的奇妙性质，而且对于哥尼斯堡的伟大哲学家康德的遗迹有着近乎崇拜的感情。小希尔伯特的心中早就响着康德的名句：

世上使我惊异的只有头上的星空和我们心中的道德规范。

这一切比起法律上的世俗事务来又是多么诱人啊！

他决定进家乡的大学攻读数学。哥尼斯堡大学有着悠久的学术传统。康德在这里教过哲学和数学。仅次于高斯的德国数学家雅可比在这里执教过18年。他创立了讨论班这种形式，培养起一代新人。

希尔伯特进了这样的大学简直是如鱼得水，他发现大学的生活要多自由有多自由，教授们想开什么课就开什么课，学生们想听什么课就听什么课。没有点名，没有考试，没有必修课。他可以完完全全地献身给数学了。

在大学的第一学期，他听了积分学、矩阵论和曲面的曲率论三门课。根据当时的习惯，大学生在四年大学学习期间往往到两个、三个或更多的大学上课，这种流动使得学生们可以从每所大学、每位教授那里吸收知识，吸取各方面的精华，开阔他们的眼界。希尔伯特在大学第二学期就到海德尔堡大学去听当时的微分方程的权威拉撒路·富克斯的讲课。富克斯课前不备课，讲课时现想现推。这样非但没有影响教学质量，反而使学生能亲身体会数学的思想过程实际上是怎么进行的。

第三个学期他本来可以去当时德国数学的中心——柏林大学去的，可是他太想家了，还是回到哥尼斯堡大学念书。海因里希·韦伯是该校的数学教授。他是一位数论、函数论专家。希尔伯特听了他的“数论”和“椭圆函数论”的课，还参加了韦伯的关于“不变式理论”的讨论班，正是这个讨论班使他接触到这个新领域，它在以后10年里是希尔伯特的主要研究方向。

1883年韦伯到夏洛滕堡去当教授，继任数学教授的是林德曼。1882年林德曼因证明圆周率π是个超越数（也就是它不是以有理数为系数的代数方程的根）而成了数学界的大明星。由于林德曼证明了π是超越数，进而推出“化圆为方”这个千年难题是办不到的。林德曼的确是希尔伯特的真正老师，是他使希尔伯特转向不变式论的研究，1884 年希尔伯特的博士论文题目也是他出的。希尔伯特在 1893 年一篇论文中，给出 e 和 π 是超越数的一个非常简单的证明。

希尔伯特在大学里所受到的最大影响不是听讲，不是看书，也不是参加讨论班，而是同两位青年数学家的交往。一位是赫尔曼·闵可夫斯基，他比希尔伯特小两岁，上大学却早半年，1882 年春天在柏林大学读了三学期后回到哥尼斯堡。这个十分害羞的 17 岁少年，正在干着一项惊人的事业。1881 年春天，巴黎科学院悬赏征求下面问题的解法：把一个整数分解为五个平方数之和。这个问题实际上已被英国数学家亨利·史密斯解决，只是因为若尔当、埃尔米特这些法国院士不懂英文所以不知道。闵可夫斯基一个人潜心研究，他的结果大大超出了原问题的范围。1883 年 4 月，这个数学大奖授予史密斯和闵可夫斯基。这件事轰动了哥尼斯堡，希尔伯特的父亲告诫他，不要冒冒失失去和"这样出名的人"交朋友。他却不顾父亲的反对，和这位天才成了终身的好友。他们对数学有着共同的热爱，对数学的前途充满了信心。对于当时流行的悲观论调"我们无知，我们将永远无知"，他们的回答是："每一个确定的数学问题必定能够得到一个准确的回答；或者对所提的问题实际上给出肯定答案，或者证明问题是不可解的，从而所有企图证明它成立的努力必然失败。"

1884 年春天，希尔伯特的另一位真正的老师——阿道尔夫·赫维茨到哥尼斯堡大学担任副教授。他比希尔伯特还大不了 3 岁，这位刚刚 25 岁的副教授，就已经对数学的整个领域有非常深刻的了解。希尔伯特同这两位一大一小的良师益友的交往是他一生中最幸福的难忘经历。

每天下午 5 点，他们三人碰头向苹果树走去。在日复一日的散步中，他们考察了数学世界的每一个王国，讨论了当前数学的状况，相互交换新得到的知识，相互交流彼此的想法和研究计划。就这样，三个人结成了终身的友谊。赫维茨以其全面、系统的知识对其他两位有着十分深刻的影响。希尔伯特用这种既容易而又有趣的学习方式，像海绵吸水一样吸收数学知识，给自己的未来事业打下了牢固而全面的基础。比起这两位数学天才来，希尔伯特还是一个无名之辈，可是 20 年后、30 年后、40 年后……许许多多当时一流数学家的名字变得晦暗，希尔伯特的名字却依然光彩照人。

二、新思想

博士学位是学术阶梯上的第一级。林德曼建议他研究代数不变式。

代数不变式的观念在18世纪就已有萌芽，但是正式提出来这个概念的是英国数学家、逻辑学家乔治·布尔，现在计算机科学中常谈到的布尔代数就来源于他。1841年布尔正式提出了不变式的概念。不变式理论中最主要的问题是对于给定的齐次多项式（型或形式），求出它的所有不变式来，更进一步，可以问这些不变式是否能够由有限多个“基本的”不变式产生出来，这些“基本的”不变式之间有什么关系。这个问题是极为困难的，英国数学家凯雷对于两变元的形式给出了这个问题的解答，他说如果多项式的次数大于8，“基本的”不变式会有无限多个。10多年来，没有人对此说个“不”字。可是到1868年，德国数学家戈尔丹指出，凯雷的结果是不对的，任何两变元的形式的不变式都只有有限多个“基本的”不变式。他的方法十分巧妙，写出来的都是具体公式，不由你不心服口服。这样一个突破使得他荣获“不变式之王”的雅号。他随即提出一个问题，对于三元型、四元型是否不变式也具有“有限基”呢？这个问题，经过英、德、法、意等国许多数学家的努力，十几年来进展仍旧不大，希尔伯特就是从研究这种数学上的前沿问题走上数学研究的大道的。

1884年12月11日希尔伯特通过了口试，1885年2月7日他通过答辩正式被授予哲学博士学位。

希尔伯特开始向戈尔丹问题进攻了。他认为这个问题具有一个重大的、关键的问题所应具有的特点：

1. 清晰性和易懂性（“因为清楚、易于理解的问题能够吸引人的兴趣，而复杂的问题使人望而却步”）。

2. 困难（“这才能诱使我们去钻研它”）但又不是完全无从下手（“免得我们徒劳无功”）。

3. 意义重大（“在通向那隐藏着的真理的曲折道路上，它是一盏指路明灯”）。

希尔伯特一生正是本着这样的原则去进攻一个又一个问题而取得一个又一个重大成就的。而且他每研究一个问题总是锲而不舍，不达目的决不罢休。在通往解决问题的大道上，他总是不为陈规陋习所束缚，而是去寻求各种途径，充分发挥他巨大的创造才能。

对于戈尔丹问题这个迫切的难题，他先从吃透戈尔丹所解决的二元情形入手。他先给出一个简单证明，然后对于三元、四元乃至 n 元情形，用统一的方法来处理。这就是著名的希尔伯特基定理。希尔伯特一反以前的一个公式接着一个公式的构造方法，从基定理用逻辑证明，任何 n 元型的不变式都具有有限基。这个干净利落的存在性证明引起了“不变式之王”戈尔丹大声叫喊：“这不是数学，这是神学。”许多人对他的结果的可靠性也有所怀疑。1888 年他发表的短短四页的文章未免太少了一点，他又花上几年时间用构造的方法把主要定理——基定理证明出来，使得大家没有话说了，连戈尔丹最后也说：“神学也有神学的用处嘛！”

正是这样，希尔伯特在数学方法论上完成了一次革命，用存在性证明来代替构造性证明。

不变式的时期结束以后，希尔伯特进入他的数论时期。1893 年在慕尼黑召开的德国数学联合会上，希尔伯特对于代数数域的基本定理——每一个理想可以唯一分解为素理想，给出一个新的证明。这个定理以前由戴德金和克洛耐克用不同的方法证明过。在这次会议上，德国数学联合会委托希尔伯特和闵可夫斯基在两年之内准备一篇“数论报告”。可是闵可夫斯基很快就没有兴趣搞下去了，整个工作由希尔伯特独自完成，当然他不断地征求他的朋友们，特别是闵可夫斯基的意见。这篇报告最后于 1897 年 4 月完成。它大大超过一篇报告的分量。它是数学中最优秀的综合报告，几十年中一直成为学习代数数论的人手中的“圣经”。

从 19 世纪初高斯发表了他那著名的《算术研究》起，代数数论已经取得许多成果，但不同的数学家不但看问题的角度互不相同，连使用的术语和记号都不相同。这给其他数学家带来很大的困扰。希尔伯特细致地搜集代数数论的知识，然后用一种统一的观点来对这些知识重新组织，给出新的表述和新的证明，并且在这个基础上描绘出未来的宏伟大厦——类域论的蓝图。

在 1893 年到 1897 年这几年间，希尔伯特做了大量的工作，而且揭示出来数论这一原来比较孤立的分支与数学其他分支的联系。他从特殊的例子出发，由特殊到一般，最后概括出“类域”这个概念，并猜想了许多定理。这些猜想在以后三四十年间成为数学家集中研究的对象。20 世纪，所有数学中最漂亮的理论——类域论就是以希尔伯特的报告为出发点的，而且他所提出的许多概念还预示了抽象代数、同调代数的发展。

三、格丁根的黄金时代

在希尔伯特集中力量研究数论的时候，1894 年 12 月初，他接到菲利克斯·克莱因的一封信。由于威廉·韦伯到斯特拉斯堡去任教，空下的教授职位，克莱因想让希尔伯特接替。1895 年 3 月希尔伯特到格丁根去当教授，从此，格丁根成为世界数学的中心。

格丁根大学建于1737年，它的伟大科学传统是由高斯开创的。他开辟了格丁根大学的理论与实际结合的优良传统。他的继承人狄利克雷和黎曼都对数学作出了杰出的贡献。1886年赫赫有名的克莱因到格丁根大学，格丁根开始成为吸引各国学生的圣地。

在格丁根，克莱因无疑是绝对权威。他擅长综观全局，他能在完全不同的问题中洞察到统一的思想，还有集中必要的材料阐明统一见解的艺术。他选择的课题使学生对整个数学能够获得一个全面的了解。他的讲课准备得非常仔细，每个细节都有周密的安排。他魁梧威严、风度翩翩，被人形容为云端的一尊大神。

希尔伯特可完全不一样，他中等个儿，头顶已秃，留着淡红色的胡子，说话还保留着浓重的东普鲁士口音，看上去根本不像一位教授。希尔伯特的讲课也不太高明，他讲得很慢，经常重复，有点像中学教员讲课。但是他的讲课注意“简练、自然、逻辑上严格”，而且往往有许多“精彩的观点”，给许多学生留下深刻的印象。

在讨论班上，他总是聚精会神地听，总是温和地纠正别人的错误，对于做得好的工作总是热心表扬，对于做得不好的工作也提出直率的批评。他不能容忍假话和空话，那要引起他大发雷霆的。

希尔伯特到了格丁根，三年来只谈“数域”，可是1898年到1899年冬天他转而讲授“几何基础”。这使人们产生惊异的感觉。不过，他对几何基础问题的兴趣，其来有自。

1891年，他曾在哈勒听过赫尔曼·维纳关于几何基础的讲演。在返回哥尼斯堡的路上，他在柏林车站对别人说，在一切几何学命题中，“我们必定可以用桌子、椅子和啤酒杯来代替点、线、面”。这种朴素的说法，包含着他后来在《几何基础》中阐述的本质思想。

长期以来，欧几里得几何学一直是数学思维的典范，连牛顿的《自然哲学的数学原理》和斯宾诺莎的《伦理学》都仿照《几何原本》的格式。文艺复兴以后，很多人尝试对平行公理做出证明，但是都失败了。这使得人们从另外一个角度来考虑问题：把平行公理换成另一个公理。这导致19世纪20年代非欧几何的出现，大约同时射影几何也正式形成。曾有许多人考虑几何的公理化，一直到1882年帕什给出了第一个逻辑上封闭的射影几何和欧氏几何公理系统。他发现欧氏几何体系中许多关系是隐含在公理中的，而且他还具有几何实体不是靠直观而是靠公理来定义的思想。但是正是希尔伯特给出一个几何学公理系统，其中有三组对象，可以叫点、线、面，叫别的也可以，这些对象满足五组公理。不管你怎样解释这些对象，只要它们满足这些公理，那么由公理推得的定理都一定成立。

尤其是希尔伯特对于公理提出了一些逻辑上的要求，也就是：

1. 完备性，如果除掉任何一条公理，就会有某些定理得不到证明。

2. 相容性，从这些公理出发不能推出互相矛盾的定理。

希尔伯特的独到之处在于，他巧妙地创造代数的工具，使用代数模型来证明相容性和独立性。希尔伯特给数学家提供了公理化方法的典范。

1899 年，希尔伯特的《几何基础》的讲义出版，这本书产生了巨大的影响。其中最有决定意义的是“那种特殊的希尔伯特精神……即把逻辑力量与创造活力结合起来；藐视一切陈规陋习；几乎以康德式的乐观精神把各种本质关系转化成为对立面，并最充分地运用数学思想的自由”。

《几何基础》是他的著作中读者最多的一部，在他生前再版六次，他去世后又出过第八、九、十版。它不仅对几何学的影响甚为巨大，而且还预示了后来他关于数学基础的工作。

1899 年夏天，《几何基础》刚刚出版不久，希尔伯特又转而研究另外一个著名的老问题——狄利克雷原理。在力学、电磁学中都要解拉普拉斯方程的边值问题。从直观上来看，这个方程的解的存在是不成问题的，但是从数学上就要有严格的证明。高斯发现这个解就是使得某个二重积分达到极小的函数。黎曼不经证明就认为这个使积分达到极小的函数一定存在。可是一贯以严格著称的魏尔斯特拉斯认为这样不合理，1870 年他还举出反例证明在某些情形下，这样的函数并不存在。

但是，狄利克雷原理太有用了，而数学家只能绕过它。许多数学家觉得严格性是一个负担，可是希尔伯特不这么看，他坚定地相信严格有助于方法的简化。他高度赞赏魏尔斯特拉斯将直觉的连续性的理论改造成为严格的逻辑体系的工作。但是，他对于魏尔斯特拉斯对狄利克雷原理的批判并不赞同。这个原理的诱人的简明性和谁也不能不承认的有着丰富的应用的可能性使他确信它有内在的真实性。于是，1899 年 9 月，他在德国数学联合会上提出使狄利克雷原理“复生”的尝试。他的方法就是回到问题的根源，回到原始概念的简明性上。他以伟大探索者的质朴无华、摆脱任何传统偏见的精神进行研究。他通过巧妙的处理，消除了魏尔斯特拉斯指出的缺陷，激起大家的惊叹和赞美。整个思路简单明了，但是直观上并不显然，克莱因称赞他“成功地给曲面剪了毛”。后来他又给出另外的证明。他的证明经过简化和推广，使狄利克雷原理由一个纯粹数学的原理变成一个强有力的计算方法——黎茨方法。

四、20世纪的数学新方向

1899年年底，第二次国际数学家大会邀请他作一次重要发言。在这世纪交替之际，他应该讲些什么呢？于是他和闵可夫斯基商量。闵可夫斯基回信说：

> 最有吸引力的题材，莫过于展望数学的未来，列出在新世纪里数学家应去努力解决的问题。这样一个题材将会使你的讲演在今后几十年的时间里成为人们议论的话题。

当时这样做是极为困难的。经过一番考虑，希尔伯特决定提出一批亟须解决的数学问题。

经过半年的准备，希尔伯特把这篇长达40页的文章带到巴黎去。1900年8月8日，他在会上作了这个讲演，他没能全讲，实际上23个问题中只讲了10个问题。

他在这篇有历史意义的演说中，强调了有具体成果的大问题的重要性。他说：

> 只要一门科学分支中充满大量问题，它就充满生命力，缺少问题则意味着死亡或独立发展的终止。正如人类的每种事业都是为了达到某种最终目的一样，数学研究需要问题。解决问题使研究者的力量得到锻炼，通过解决问题他发现新方法及新观点并且扩大他的眼界。

他还说："谁眼前没有问题而去探索方法就很可能是无用的探索。"

他讲的问题的确成为新世纪的方向，前三个是数学基础论的问题，在当时这门学科可以说还没有露头，而在20世纪已经发展成为一个庞大的领域了。他对于基础的重视正预示着数学的方向。

其次的四个问题是关于数论和代数方面的，一个是超越数问题，一个是素数问题，还有实代数曲线的问题，这些问题都已经成为新学科，现在仍被人紧张地研究着。

最后三个分析问题都是19世纪的重大问题，在20世纪取得相当大的进展，但是仍未彻底解决。

他说，他只提供了一些问题的样品。他最后表示，他不相信也不希望出现数学被割裂成细小分支，彼此互不关联的情况，他认为，数学科学是一个不可分割的有机整体，它的生命力正是在于其各个分支之间的联系！他的这些问题正是给统一数学、增进数学家相互了解，防止过分专门化提供了良好的基础。

正如闵可夫斯基所预料的，希尔伯特这个讲演成为20世纪数学发展的一个指南、一个缩影。

20世纪初，世界上学数学的学生都受到同样的劝告：“打起你的背包来，到格丁根去！”这时听希尔伯特讲课的学生经常达到几百人，有时候连窗台上也坐满了人。20世纪著名数学家赫尔曼·外尔回忆起他到格丁根时还是一个18岁的乡下孩子，一到大学就去听希尔伯特的课。他说：“他讲的内容一直钻进我的脑子，新世界的门对我打开……”外尔立即暗暗下定决心，必须用一切办法去阅览希尔伯特所写的一切。他还说过：希尔伯特的“光辉在我们那些共同的疑虑和失败的岁月中仍旧抚慰着我的心灵”。许多著名物理学家也听过希尔伯特的课。

在1900年冬天，瑞典数学家霍姆格伦在希尔伯特的讨论班上报告了弗瑞德霍姆最近关于积分方程的初步结果，马上激起希尔伯特的莫大兴趣。希尔伯特一眼就看出积分方程和无穷多变元的线性方程的相似性，它们之间可以通过极限过程联系起来。围绕希尔伯特的青年数学家形成了一个大的国际学派，积分方程成为当时最时髦的东西，不仅在德国，在法国、意大利乃至大西洋彼岸也是如此。一大批好文章出现了，当然也夹杂不少平庸的文章。但是，整个效果给分析带来可观的变化。泛函分析这门崭新的学科以它第一个空间——以希尔伯特命名的空间的特例（平方可积级数空间）——的出现而宣告自己的诞生。而对物理学家最有意义的事是希尔伯特创造了希尔伯特空间的算子谱理论。20年后，量子力学就是用算子谱来解释原子光谱的。

希尔伯特在研究积分方程理论过程中，一刻也没有忽略物理学的革命性进展。他知道线性积分方程理论在分析、几何和力学上有着多方面的应用，难道他不能使这个理论成为新的理论物理学的重要工具吗？1912年起他开始用积分方程理论研究辐射理论，在三篇文章中，他最后把辐射理论公理化。在他看来，一门物理学到最后也必须公理化才算完整。实际上他的目标要大得多，他要把整个物理学公理化，但他没有成功。

早在1902年秋天，闵可夫斯基到格丁根担任教授，这两位朋友又开始了他们的第二个青春。希尔伯特和他的朋友密切合作，系统地研究理论物理学，经常同这门邻近学科保持接触，闵可夫斯基关于相对论的工作就是这些共同研究的第一个成果。1909年闵可夫斯基去世时，希尔伯特这样谈起他们的友谊：“我们爱我们的科学超过了一切，正是它把我们联系在一起。它像是盛开的花园，花园中有许多平整的小径，可以使我们从容地左右环顾，毫不费力地尽情享受，特别是有气味相投的伴侣在身旁，但是，我们也喜欢搜寻隐秘的小路，去发现新的美丽景色，当我们向对方指出来时，我们的快乐就更加完美。”闵可夫斯基去世以后，一直到1930年，希尔伯特还经常讲物理方面的课程并指导讨论班。

五、希尔伯特精神

1914年8月，第一次世界大战打起来了，狂热的沙文主义情绪在整个欧洲弥漫着。

当时德国发布了“告文化界”的声明，几乎征得每位有头面科学家的签名：发明606的埃尔利希，热力学第三定律创立者能斯特，量子论创立者普朗克，X射线发现者伦琴，有机化学家费歇尔……德国的数学家中具有国际声望的无疑是克莱因和希尔伯特，克莱因也签了名，而希尔伯特仔细研究了每一条，他说他不能肯定这里说的都是真话，他拒绝签名。1914年10月15日德国政府公布了这份声明，没有具名的人科学家，一个是爱因斯坦，一个是希尔伯特。大战期间他还是照样搞他的学问。他说，打仗是件蠢事。

1917年1月，法国数学家达布去世的消息传到格丁根，希尔伯特立即写了一篇纪念达布的文章登在格丁根的数学杂志上。文章发表之后一群学生跑到希尔伯特家门口，大吵大闹，要希尔伯特立即承认纪念“敌国数学家”有罪，并把印好的文章全部销毁。他拒绝了，而且他跑到校长那里声明，如果校方不为学生的行为向他道歉，他就要辞职。校方只得马上向他道歉。

希尔伯特反对科学中一切出于国籍、种族和性别的歧视。他只有一个目标，那就是追求真理；他只有一个标准，那就是学术标准。他没有任何门户之见，更没有地方偏见。爱尔朗根大学有两位教授，一位是“不变式之王”戈尔丹，另一位是马克斯·诺特。诺特的女儿爱米·诺特跟着戈尔丹学习不变式论，1907年获得博士学位。当时在大学教书要通过授课资格，而女性就很难取得。希尔伯特在一战期间把她请到格丁根，极力推荐她，但是遭到格丁根哲学系中语言学家和历史学家的坚决反对。希尔伯特直截了当地说：

先生们，我不明白为什么候选人的性别是阻止她取得讲师资格的理由。

归根结底，这里毕竟是大学而不是洗澡堂。

也许因此他激怒了他的对手，爱米·诺特没有被通过。她在20世纪20年代发展了抽象代数，在她周围形成一个新的学派。而这个学派的思想在很大程度上也是来源于希尔伯特的。

实际上，他在19世纪最后10年所完成的关于几何基础的研究工作已经引起很大的反响。当时出现各种各样的公理化，特别是从几何出发，对数域的公理化。另外一条拓扑路线也在希尔伯特的二维流形的定义中发展起来，这样代数和拓扑这两门现代数学的基础和核心在20世纪初都蓬勃发展起来。

但是，希尔伯特看得更远，他采取的模型的方法给出的证明只是公理之间相容性的相对证明，而他念念不忘的是相容性的绝对证明，也就是要包括整数、实数乃至康托尔的集合论在内的证明。有了这个，全部数学就可以安安稳稳躺在集合论或数论的基础上了。他在1900年的数学问题中谈到这一点。1904年在海德堡召开的第三次国际数学家大会上他也谈到这个问题。这个讲演主要是他首次尝试给算术的无矛盾性一个证明。有趣的是，他先给前人的观点各贴一个标签：克洛耐克是教条主义者，亥姆霍兹是经验主义者，克里斯托费尔是机会主义者。而这些前人的观点他都加以批判。他说更深刻的是弗雷格的逻辑主义方法、戴德金的先验方法、康托尔的主观判断方法。而他自己则标榜公理化方法。这里他已经谈到他的观点：把数学还原成一组公式。但是由于他忙于搞积分方程及物理学，他的理论没有再进一步探讨。一直到一战期间，1917年9月他在苏黎世讲演“公理化思想”才又重新回到数学基础问题。因为这时数学界关于基础的争论已经闹翻了天。特别是布劳威尔的直觉主义的传播。当时由于悖论的出现引起数学基础的危机。布劳威尔在1907年博士论文《论数学基础》中点名批判了康托尔、罗素、希尔伯特的工作。他对于“数学的存在主义”的批判不仅完全消除了悖论，而且也把当时大家一直普遍接受的经典数学很大一部分破坏掉了。

这种观点其实反映着以前柏林大学教授克洛耐克的思想。克洛耐克有句名言：“上帝创造了整数，而人做其他的工作。”他坚持存在的证明必须通过整数明显地、一步一步地构造出来。他十分霸道，总是利用自己的权势和威望打击一切他认为是“异端”的人物，其中集合论的创造者康托尔就是最大的受害者，而希尔伯特是集合论的最早拥护者之一，如今布劳威尔的直觉主义观点简直就是克洛耐克的鬼魂又从坟墓里爬出来了。年近六十的希尔伯特锐气不减当年，他确信，无须“背叛我们的科学”就可以恢复其完整的明确性。他提出来要“把基础问题一下子彻底解决掉”，他大声疾呼：

> 禁止数学家使用排中律就等于禁止天文学家使用望远镜和不让拳击家使用拳头一样。

希尔伯特认识到：除非把数学命题首先都还原成公式，数学命题本身就不能成为数学研究的对象。这样做的目的就是要给无矛盾性一个绝对的证明。也就是说，他要求建立的不是个别数学命题的真假，而是整个体系的无矛盾性。一个体系如果按照推演规则永远不能推出公式 $0 \neq 0$ 来，那么这个体系就没有矛盾。希尔伯特认为数学真理的所在就是没有矛盾，而不在于是否能构造出来。因而在这个意义上，他能够挽救他所珍爱的整个古典数学体系。这就是他的形式主义。

对于形式主义者来说，数学本身是形式系统的集合。每个形式系统都包含自己的逻辑，自己的概念、公理、推演定理的规则（例如相等规则、代换规则等），以及由他们推出的定理。数学的任务就是发展出每一个这样的演绎系统。

20 世纪 20 年代，希尔伯特发表了一系列的文章同布劳威尔和外尔等人进行激烈的战斗。在这中间，他发表了证明论即元数学这门分支，也就是如何通过把数学理论中的公理、公式和证明作为对象来进行记号的形式推理。

1922 年发表的《数学的新基础》，1925 年发表的《论无限》和 1927 年在汉堡作的数学基础的讲演，给出了具体的证明论的记号及公理系统、推演规则等。而且在 1927 年的讲演中猛烈抨击直觉主义的同时，还指出它与逻辑主义的不同。罗素等的理论中有无穷公理和可归约性公理，他认为这两个公理没有无矛盾性的证明，是纯内容性的，不符合他的要求而应予以避免。当然更主要的形式主义者坚持逻辑同数学同时处理的观点，他们把 1 当作原理记号，而不像逻辑主义者通过繁复的逻辑符号连篇累牍地去定义 1。

1930 年，68 岁的希尔伯特光荣地从他就任 35 年的格丁根教授职位上退休。35 年来，格丁根播下的种子传遍世界各地，到处开花结果。希尔伯特和庞加莱不同，他不仅通过自己的研究成果影响整个数学界，还通过交谈、教课、指导博士论文发挥自己的莫大影响。这样的学生有成百上千，著名的数学家就有几十人之多。

由于他的辛勤劳动和取得的丰硕成果，荣誉自然也纷至沓来。这一年使他最高兴的消息是他的家乡哥尼斯堡授予他荣誉市民称号。回到自己生于斯、长于斯的康德之城，自不免心情激动。30 多年来，数学与自然科学的飞跃发展更使这位全心全意献身科学的老战士热情奔放。他在秋天去哥尼斯堡接受这项荣誉后，曾在哥尼斯堡科学会上发表了一个题为《对自然的认识与逻辑》的充满乐观主义精神的演说。他的第一句话就是“我们最崇高的任务就是认识自然、认识生命”。接着他怀着满意的心情回顾了 20 世纪科学上的伟大成就放射性、原子结构、相对论、量子论等。他还谈了自己对哲学问题的看法。康德认为除逻辑和经验之外，人还具有某种对实在的先验知识。希尔伯特虽然觉得这位老乡净说废话，不过在这种场合他还是说，他“相信数学的认识最终还依赖于某种直观洞察力”，当然“康德大大夸大了先验知识的作用和范围”。问题是要把康德的那些神人同性论之类的废话去掉。他说“剩下的先验知识将也就是纯粹数学知识的基础”，而“数学就是协调理论和实践、思维和实验的工具。它在它们之间建立起一座桥梁，并不断地巩固它。因此，我们整个的现有文化，至少涉及对自然的理性认识和利用，都是奠基于数学之上”。

最后他以极大的热情和乐观主义反驳了不可知论：

> 对于数学家来说，没有不可知论，按照我的看法，自然科学也根本没有不可知论。哲学家孔德有一次曾试图举出一个不可能解决的问题的例子，他说，科学将永远不能解答天体的化学组成之谜。可是，几年之后，这个问题就被解决了……在我看来，孔德找不到一个不能解决的问题，其真正原因就在于，根本就没有不能解决的问题。与那种愚蠢的不可知论相反，我们的口号是：
>
> 我们必须知道，我们将会知道。

当他的眼睛从讲演稿上抬起时，他发出愉快的笑声。

六、晚年

正当希尔伯特的笑声还回荡在人们的耳际时，谁也没有料到形势已经急转直下。

也是在 1930 年，一位不知名的奥地利数学家哥德尔投寄了一篇论文，它的题目是《论数学原理和有关系统中形式不可判定命题》。这篇文章证明初等数论是不完全的，也就是有这样的定理，在初等数论的形式系统中既不能证明也不能否定。并且他推而广之，认为对于“有点意义的”形式系统，其自身的无矛盾性不能通过希尔伯特有限主义的办法来实现。换句话说，希尔伯特的纲领行不通！

希尔伯特是从他的学生伯奈斯那里听到这个结果的，他感到气愤、困惑、沮丧。这个沉重的打击使他难以恢复。他必须对自己的“有限主义”纲领加以修正，做出让步，允许诸如“超限归纳法”之类的东西进来，虽然他不情愿，但那又有什么办法呢?

更没有办法的是政治。纳粹分子从街头打砸抢的乌合之众摇身一变成为国会中的第一大党。接着，1933 年 1 月希特勒上台，很快就在各个领域全面实行法西斯专政。在焚书的熊熊烈焰中，不仅有托马斯·曼、亨利希·曼、纪德、普劳斯特等人的文学名著，还有爱因斯坦的物理学著作。因为“犹太物理学”是直接和“亚利安物理学”针锋相对的。当时也有“犹太数学”和“亚利安数学”之分。亲纳粹的数学家还办了数学期刊《德意志数学》，1936 年第一卷的扉页上就是元首的语录。社论宣称：凡是认为数学没有种族性的任何想法，其本身就包含着“毁灭德国科学的胚种”。德国的科学的确正在走向毁灭，希尔伯特从来不认为科学与种族有什么相干，但是对那些纳粹匪徒提抗议又有什么用呢？他只得眼巴巴看着这个数学大家庭风流云散。他的继承人外尔，在 1933 年夏天回瑞士去了。后来，美国普林斯顿高等研究院把外尔、爱因斯坦、冯·诺伊曼等请去了。爱米·诺特和希尔伯特的一位助手，克莱因的继任者——库朗，都到美国去了。希尔伯特的另一位亲密助手贝尔奈斯，也不得不离开，他们合著有《数学基础》(2 卷，1939—1940)。

第一个跟希尔伯特作博士论文的学生布鲁门塔尔，是《希尔伯特全集》中希尔伯特传记的作者，他长期同希尔伯特交往，经常到格丁根来。不久他逃到荷兰，后来被捕，1944 年死在捷克的集中营里。

1939 年 9 月，希特勒入侵波兰，许多人设法逃离德国。西格尔在 1940 年 3 月到挪威去之前向希尔伯特辞行，他发现希尔伯特夫妇没住在家里，而是躲在破旧的旅馆里。那时希尔伯特已经什么也记不起来了。

希尔伯特曾告诉法朗兹·莱理希说：

> 我年轻的时候总听到老年人喜欢说，过去那些日子多么美好，而现在的日子又是多么丑恶，我下定决心，我年纪大的时候，我决不会重复这些话。不过，现在我还是不得不重复这些话了。

的确，他辛辛苦苦培育起来的格丁根学派现在已经被改造成为不再“玩弄学术”

的场所。一次，法西斯的教育部长卢斯特问希尔伯特，现在格丁根的数学怎么样，希尔伯特没好气地回答说：什么？我不知道格丁根还有什么数学！

1942年年初，80岁高龄的希尔伯特在格丁根的街道上摔倒，摔断了手臂。这次事故，导致他身体不能活动并且引起并发症，他在1943年2月14日与世长辞。而参加这位桃李满天下的大数学家葬礼的不过10个人左右。

战后，联邦德国也出现过一些优秀甚至天才的数学家，但是没有一位比得上希尔伯特，甚至克莱因、外尔、诺特、闵可夫斯基。为什么在那三四十年的“黄金时代”不仅数学家人才辈出，还出现了那么多的物理学家、化学家、生物学家、医学家，乃至大哲学家、艺术家、作家、音乐家？这个问题实在令人深思！

希尔伯特的全集只有三卷，第一卷收入数论11篇文章，第二卷收入代数学、不变式论、几何学29篇文章，第三卷收入分析、数学基础论、物理学16篇文章以及1篇数学问题，4篇传记文章，1篇哲学讲演稿。另外没有收入全集的有20篇左右的短文和他的5种书。他的文章和书大都是继往开来，影响长久不衰。例如：他的数论报告，几乎影响了三四十年的代数数论发展，成为许多论文的必引著作；他的《几何基础》直到现在还在再版，成为数学家的重要读物。

他的形式主义思想体系大大扩展了数学的领域，在数学一切领域中推广公理化方法使得20世纪数学的面貌同19世纪迥然不同，19世纪的数学较大量的工作仍是具体的数学问题，如椭圆函数及阿贝尔函数、方程论、不变式论、代数数域、数学物理方程、复分析、二维及三维的微分几何学及代数几何学等。到20世纪，形成了抽象代数及拓扑学两个数学的基础学科，数学的面貌整个改观。

20世纪30年代起布尔巴基学派继承了希尔伯特的衣钵发展出数学结构的概念，使得数学更进一步深入而广泛地发展，并在结构观念之下，形成了一个统一体。回顾这段发展，可以看出正是希尔伯特开辟了这条道路。

（作者：胡作玄）

参考资料

[1] David Hilbert. Cesmmel Abhandlungen Ⅰ. Ⅱ. Ⅲ. [M]. Springer, 1932-1935.

[2] Reid. David Hilbert [M]. Springer, 1970.

[3] H. Weyl. David Hilbert [M]. Amer. Matb. Moatbly, 1944.

哥德弗雷·哈罗德·哈代

（Godfrey Harold Hardy，1877—1947）

哈代
不仅仅是数学家

哈代这个姓在英国并不罕见，当然，最享盛名的当推世纪之交的大诗人、大作家托马斯·哈代，而其次就属这里要介绍的20世纪上半叶的大数学家哈代。对于一个一生未婚，一门心思专搞数论某个难题的人本来没有什么好写的，但对于哈代，我们得另眼相看。首先哈代并非一个狭隘的数学专家，而是一位数学大家，现代解析数论的开拓者。尽管方法不断改进，结果不断翻新，解析数论却没有背离他在七八十年前所指的方向。再有，哈代是第二次振兴英国数学的革新者，如果不说是革命者的话。世纪之交的英国数学早已沦为二三流，正是通过哈代等人的努力，英国数学才跃居国际领先地位，除此之外，哈代对世界、对社会尤其对科学、对数学有一套独特的“怪”想法。一说怪，往往会令人想起某些无聊的怪人怪事，但哈代的怪是一种世界观，我愿称之为“哈代主义”。

一、小数学迷

哥德符莱·哈罗德·哈代于1877年2月7日生于伦敦东南部萨里郡的克兰利。他父亲艾萨克·哈代是克兰利中学预科部艺术教师兼财务主任及舍监。他的母亲索菲亚是林肯师范学校的高级教师。他的双亲都特别能干并具有数学头脑，他们都只是因为没钱才没能进大学受教育。他们育有一子一女。

小哈代从小对数字就很感兴趣，两岁时他就求他的父母教他把数字从1写到几百万。父母带他上教堂时，他就把赞美诗的号数分解成因子打发时间，这后来成了他终生的习惯，不管是车厢号码还是出租车的车号，他都研究研究，看有什么好的性质。

他和他的妹妹是在一所典型的幼儿园里长大的，这两个聪明的孩子总是用一些问题难住他们的阿姨。他们怀疑祈祷是否有用，圣诞老人是否存在，“圣诞老人送我礼物为什么还要把价钱标在上面？我的文具盒上标有3s、6d（3先令6便士）”。他们的父母教育孩子有自己的一套理论，给他们读的书不多，但都是名著。小哈代在幼儿园时已经能给他妹妹读《吉诃德先生传》（又名《堂吉诃德》）、《格列佛游记》和《鲁滨逊漂流记》了。保育员指点他们读、写，而从来没有教师教，他们的父母让他们自己学会一切。小哈代雄心勃勃，8岁时自己就编写一张小报，其中有社论，有首相威廉·格莱斯通（1868年、1880年、1886年、1893年作为辉格党魁四度任首相）的演说，还有各种商业广告以及板球比赛的报道及投球的分析，这显示了他多方面的兴趣及才华。遗憾的是，这张小报在伦敦轰炸中化为灰烬。他还计划写一部英格兰史，由于材料太多没能完成，但现在还保存着他为这本书画的两幅精美插图，这也显示出他来自父母方面的艺术才能，不过他对音乐并没有什么兴趣。

他年纪相当大时才上克兰利中学。12岁时参加第一次考试，并在数学、拉丁文及绘画方面取得优胜。当时克兰利中学教学水平很低，这样优秀的成绩极为罕见，于是他被送到温切斯特，并在那里受到了赏识。这样，13岁的哈代获得了温切斯特学院的奖学金，这所学校在当时以及很久之后在英格兰都是数学教育最好的。这所学校很怪，数学课只有学院院长理查逊博士给他一个人上，古典学他也是班上最好的。正如维多利亚时代的公学一样，学校生活严格而艰苦，斯巴达式的训练差点使他送了命。虽然他后来不太情愿地承认他受的是良好教育，但他还是羡慕李特伍德那种在一般文法学校上学时所过的轻松愉快的生活。他恨这所学校，离开后从不愿再回去看看，不过他还是沿着学校为他规定的道路走下去，一直到进入剑桥大学三一学院。他读过马歇尔夫人的小说《三一学院研究员》，他想像小说中的主人公那样成为其中一员。

哈代对剑桥的生活和学习也不太满意，从牛顿时代到20世纪初一直是老一套教学方式，学数学就是为了通过所谓的数学荣誉学位考试，这种考试的题目都是一些机械性的难题，只要学生按部就班跟着学就能解出，并不需要有什么创造性和想象力。按照分数的顺序评出第一等第几名，第一名称为优胜者，他和二、三名一般都能立即被选为研究员（也有人译为院士）。选上研究员以后，他可以享受一定的待遇，七年里愿意干什么就干什么。

二、崭露头角

1896年秋，哈代进入三一学院，他就在这种体制之下接受训练，就像一匹赛马一样。每人有一位导师，他的导师是韦布博士，许多考试优胜者出自他的门下。导师给他留大量的练习，并指导他解题的诀窍，头一学期他就感到这一切毫无意义。他一度想改行学历史，后来还是想找一位真正的数学家指点指点他，正如他在《一位数学家的自白》中所说：

> 拉夫教授第一次打开我的眼界，他教过我几个学期，使我对数学分析开始有了一个真正的概念。不过他毕竟主要是位应用数学家，他给我的最大教益还是他建议我去读若尔当著名的《分析教程》；我永远也忘不了我读这本伟大著作所带来的惊喜，他对我这一代许多数学家给予最早的鼓舞。在我读它的时候，我才第一次了解数学的真正含义何在。从这时起，我才走上了成为一位具有健康的数学志向，对数学具有真诚热情的真正数学家的道路。

1898 年，他在数学荣誉学位考试中得了第四名，虽然他认为这种考试是可笑的，但他承认，这个成绩使他恼火，他是位真正的竞争者，觉得自己应该能赢。到 1900 年数学荣誉学位考试第二部分（其中有一些真正的数学）时，他终于如愿以偿，得到第一等第一名，第二名是著名物理学家金斯。同年他也得到研究员资格。1901 年他和金斯获得史密斯奖金，这时，他的研究生涯正式开始。

从 1900 年到 1910 年他被选为英国皇家学会会员期间，他做了大量工作。这 10 年，他有足够的时间去搞数学研究，也不用为生活发愁。1906 年他被任命为讲师，1914 年任凯富讲座讲师。他在剑桥的第一时期一直持续到 1919 年。在这期间通常教两门课，一门是初等分析，一门是函数论，每周上六个课时。头一门课中的积分部分，后来成为他的第一本书《单变量函数的积分》。1905 年出版这本书的重要意义在于把系统化的欧洲大陆数学引进英伦三岛。比这本书影响更大的是 1908 年出版的《纯粹数学教程》，这本书给英国的数学分析奠定一个严格基础，形成了 20 世纪英国数学分析的面貌。这本书到 1952 年印行了 10 版，其中 9 版是他生前出版的，并且多次重印。虽然这本书比不上欧洲大陆一些大部头名著，但具有英国特色，是最早严格论述分析的英文书。

哈代在一生中主要从事数论及古典分析的研究，这决定了这个领域在 20 世纪发展的方向。但是，他对世纪之交数学的结构变化也十分注意，并进行了一定的研究及推广。从 1900 年到 1910 年，他写过 5 篇集合论的论文，着意于保莱尔及勒贝格等人的测度及积分理论，尤其推崇希尔伯特的数学工作、罗素等人关于数理逻辑的研究。

三、良师益友

到1910年，33岁的哈代可以说是功成名就了。可是，这些成就充其量也不过是19世纪末的英国数学的最高水平，比起欧洲大陆的数学差远了。而其后20年的成就绝不仅仅是百尺竿头更进一步，而是把自己的数学同时也把英国的数学推向一个新高峰。比起这些成就来，前10年的百十篇论文可以忽略不计。他的这种中年跃上顶峰实在得力于他的两位合作者——李特伍德和印度奇才拉马努扬。

1911年结识李特伍德时，他34岁，李特伍德才25岁，李特伍德虽然只研究数学三四年，但其成就之大、实力之强绝不在哈代之下。李特伍德当然早就知道哈代，而哈代也不是当时才知道李特伍德的名字的。1907年1月1日，李特伍德第一篇函数论的论文，提交给伦敦数学会，文章中用初等方法处理了用高等分析方法所不能处理的0级整函数，使专家产生怀疑。第一位、第二位审稿人都反对发表，幸好哈代被指定为第三审稿人。正是他为这位年轻人的处女作开了绿灯。1910年李特伍德由曼彻斯特大学回到剑桥大学三一学院，1911年，他们开始了长达35年之久的合作，很快就产生一系列的成果，除级数求和理论之外，首先在丢番图逼近上取得突破。不久，这种富有成效的合作有一些停顿，原因是1914年6月第一次世界大战打起来，李特伍德到军队服役，同时印度神童拉马努扬的到来正好填补了李特伍德留下的空缺。

拉马努扬与我们所说的通常意义上的数学家不同，他有一种特殊的灵感和直觉，发现了成千个公式，却没有很好地给出通常意义的证明。许多数学家为证明他的一些公式伤透了脑筋，还是收效甚微，人们无法理解他是怎样“猜”出这些结果的。现在关于他的书已有十几种之多，拉马努扬现象仍是数学中的一个谜。不过，最重要的是，要不是哈代“发现”了拉马努扬，拉马努扬这座数学宝藏真不知要埋没多少年！虽说哈代自己也对自己“发现”拉马努扬评价甚高，但是这个“发现”却是拉马努扬自己送上门的。

拉马努扬比哈代小10岁，1887年12月22日生于印度马德拉斯坦乔尔县昆巴科南镇的埃罗德，他家属于印度最高种姓——婆罗门，他同家里人一样，严格遵守婆罗门教的戒律，最尊崇的神是纳玛卡尔女神。他的父亲在昆巴科南镇一个布商那里当会计，他和他的亲戚虽然种姓很高，但都很贫困。拉马努扬7岁时到昆巴科南镇中学上学，一共9年。他不到10岁就显示出特别的才能，十二三岁时大家一致认为他不同寻常。还没有学三角时，他已独立发现欧拉的正弦、余弦公式，一直到后来他才在罗尼的《三角》第二卷找到这个公式，这使他很失望。在中学期间，由于条件所限，他没读过任何一本高等数学书，使他对数学感兴趣的书只有乔治·卡尔所写的《纯粹与应用数学基本结果纲要》二卷，这本三流的教科书为他打开了一个新世界。书中有6165个定理，拉马努扬一个一个去推导，求出证明。就这样他完全靠自学学完代数、解析几何、三角和微积分，但是很难说他懂得欧洲数学中证明的含义。

1903年12月，他通过了马德拉斯大学的入学考试，1904年1月，他进入贡伯戈纳姆公立大学文科初级班学习，并因英语及数学成绩优秀而获得奖学金。不过入学之后，听必修课时，他不专心听讲，一心研究他的数学，结果不能升到高级班，连奖学金也被取消了，他很失望。在朋友的劝说下，他到泰卢固去游学，没有成功，又回到原学校。还是由于心不在焉，1905年期终考试又失败了。1906年他又进入马德拉斯市的帕凯亚帕学院，不久生病回到昆巴科南。1907年年底，他以自学资格参加初级文科考试，还是以失败告终。由于没有大学文凭，他一直没有找到一个固定职业，1909年他结婚，感受到更大的经济压力。他托有势力的朋友帮他，一直到1912年才在马德拉斯港务信托局找到一个小职员的工作，年薪只有约30英镑。正在这时，他的文章陆续发表了，两位英国人帮他弄到60英镑一年的奖学金，为期两年，这足够让已婚的印度家庭过上像样的生活了。

1913年1月16日，他写信给哈代，信中要求去英国，还寄去自己关于素数定理的研究以及一些未加证明的公式。哈代由这些不寻常的公式中看出这是个天才，于是他和内维尔教授花了很大力气，才使拉马努扬得以成行。1914年4月拉马努扬来到英国，哈代发现，他虽是位天才，但是没有接受过一点训练，他的数学知识完全靠自学，他不懂得什么是证明，也不懂得近代数学的严格性意味着什么。他和哈代谈数学还可以，谈到数学以外的事情就莫名其妙不知所云了。为了有共同语言，哈代耐心地教拉马努扬一些正式的数学，大致相当于哈代在温切斯特学院的水平。拉马努扬没有听说过大部分近代数学，却有深刻的数学眼光，这对哈代来讲真是不可思议。他曾经说过，要是拉马努扬受到更好的教育，那他就不那么像拉马努扬了。后来哈代又反悔，他说这句话是胡说，应该改成：要是拉马努扬受到更好的教育，他要比现在更神！不管怎么说，在一战时的黑暗岁月中，同拉马努扬的交往实在是一种极大的慰藉。

拉马努扬在英国5年间写了20多篇论文，其中有两人合作的5篇高质量的论文，哈代认为在这期间自己的创造性也得到了充分的发挥。他们的工作主要是数的分析，这是加法数论最老的问题，而在这个研究中，又创造了对华林问题至关重要的圆法。在这期间，他研究第二个古老的加法数论问题——平方和表法数问题。1917年夏，拉马努扬病倒了，一直没有恢复。虽然哈代经常去看他，但他还是思乡心切，最终于1919年离开了英国，回到马德拉斯，1920年因肺结核去世。哈代第一个写出讣文，他十分怀念这位天才。在其后10多年里，哈代研究拉马努扬的公式，整理他的工作，传播他的奇妙的数学。1927年由他主编的拉马努扬文集问世。在第二次世界大战的艰苦岁月里，他的文集《拉马努扬》（副标题是"关于其生平及工作的十二次讲演"）（1940）问世，这些都为传播拉马努扬的思想作出决定性的贡献。恐怕可以这么说，没有哈代，也就没有拉马努扬的数学。要知道在哈代之前，拉马努扬曾寄手稿给两位英国数学家，但都被原封退回了。哈代不仅帮助拉马努扬工作，而且帮助拉马努扬获取他本不易得到的荣誉——1918年拉马努扬被选为皇家学会会员，同年又成为剑桥大学三一学院会员。

剑桥大学三一学院可以说是英国数学的中心，不过哈代在这里并不很愉快，原因之一是罗素事件。罗素是他的老师和朋友，他不仅信奉罗素的数理逻辑，也同情他的政治思想，特别是反战态度。1916年剑桥三一学院因罗素的反战活动而取消了他的讲师资格。哈代、李特伍德等22人联名反对未成，1919年罗素出狱后也未能恢复讲师资格，这一事件令哈代感到气愤，所以当牛津大学为他提供赛维里讲座几何学教授职位时，他二话没说就去了牛津。在二战期间，他出版了《罗素与三一学院》（1942）一书，这是这一事件的唯一记录。

四、从牛津到剑桥

1919年秋，哈代移居牛津大学新学院居住。当时新学院人数不多，彼此之间亲密无间，牛津同人的友好气氛使他感到如在家一样温暖，这是他在剑桥时从来没有感受过的。他们常常一起谈论各式各样的问题，并且参加各种体育活动。许多人急于想听他谈论什么，他们接受他的怪癖，他们知道，他不仅是位伟大的人物，是个好人，也是一个十分有趣的人。这反过来使他谈话的本领日臻完善，谈话成为他喜欢玩的一种游戏，有时候听的人往往不太容易了解他的真正意见究竟是什么。在牛津期间，他也参加许多政治及社会活动。他的政治态度比较激进，有人传言他的房间里有一幅列宁像。他的观点不系统，有些观点来自罗素，另外一些则是他固有的。他出身于知识分子家庭，接触的多是上层资产阶级人士，他似乎不太喜欢这些人的市民习气，他的行为举止更像贵族。他也喜欢同下层人物打交道，而不喜欢主教、法官、政客等社会中坚。他对像拉马努扬这样的人非常友善。从中学时期，他已经不信教了。有意思的是，他把上帝看成他的敌人。为了表示他的信念，他一度担任社会公职。1924 年到 1926 年，他任科学工作者协会主席，这是一个相当于工会的组织，他自嘲说，这是一种奇怪的选择，因为自己是“世界上最不实际的职业中最不实际的一员”。不过，正如后来 C. P. 斯诺所说，在重大问题上，他并非那么不实际。

在数学界，他也从事许多有益工作，他演讲和写作都很出色，他的著述深入浅出、耐人寻味，在传播数学知识方面作出许多贡献，在他自己研究以外的领域也发表过许多通俗文章，例如 1925 年在《数学杂志》上发表的《几何学是什么》。同时他也整理许多零散问题成为新方向，突出的是他与李特伍德和波利亚合著的《不等式》(1934)。1928 年，格莱舍去世，其编辑的《数学信使》及《数学季刊》自动停刊。于是他在牛津筹办《数学季刊》牛津版，这个杂志对英国数学特别对牛津数学的发展有着极大助益。1926年到1928年，他第一次被选为伦敦数学会主席（1939年到1941年，他再次被选为伦敦数学会主席）。其谢职演讲就是论不等式的。在这前后他几乎连续担任数学会的执委会委员或秘书，可以说是伦敦数学会活动最积极的参加者。从 1917 年任该会秘书以来，他几乎一次不落地参加每一次学会活动，听完每个报告，执委会开会也是每次必到，从不缺席。1917 年他荣获学会最高荣誉德・摩根奖章。

在牛津期间，他开始培养学生，许多未来英国数论及分析大家出自他的门下，如梯其马什、达文波特等人。他们、他们的学生、他们学生的学生一直使英国的解析数论在世界上独占鳌头。

1928 年他被请到剑桥作有关卢斯・鲍尔的演讲，演讲的题目是“数学的证明”，这反映出他对数学基础的兴趣。他的思想主要来自罗素，他在牛津也多次给哲学家讲述数学基础，引起广泛兴趣。1928—1929 年度，英美两国交换学者，哈代到美国普林斯顿大学和加州理工学院任访问教授。

牛津时期是他数学研究取得丰硕成果的时期，其中最突出的成就几乎都是他和李特伍德合作得到的。这时，他和李特伍德一人在牛津，一人在剑桥，几乎完全靠通信来合作。这种数学史上最富有成果的伟大合作是怎样进行的呢？丹麦数学家哈拉德·玻尔在一次讲演中曾讲到他们的合作遵守四条公理：

1. 当一个人写信给另一个人时，所写的是对还是错不必介意。

2. 当一个人收到另一个人的信时，他并不非得去读它，更不用说答复了。

3. 假如他们同时都想到同样的细节，虽然说这实际上没什么关系，但最好还是不要这么干。

4. 在他们联名发表的论文中，如果其中一人连一点贡献也没有，那也完全不要紧。

他们几乎很少背离这些公理，通常是李特伍德把所有数学的要点的骨架都搭好，写成倒数第二稿，然后哈代加进所谓“空话”，按照哈代所擅长的，写成一篇漂亮论文。哈代往往把功劳的一半归功于他的合作者，他总是称赞他的合作者，尤其是拉马努扬及李特伍德。但不难看出，哈代往往起着舵手的作用。他的哲学及眼界常常决定后来一门学科的发展方向。李特伍德少有的结合技术和能力以及攻坚本领使这两位大数学家的合作相得益彰。

五、重返剑桥

1931 年 4 月，剑桥大学教授霍布森退休，遗下塞德勒讲座纯粹数学教授职位，剑桥大学聘请哈代就任。出乎人们意料，哈代接受了聘请，于 1931 年秋重返剑桥。据斯诺分析，其中有两个原因。头一个原因也是决定性原因，归根结底剑桥究竟是英国数学的中心，作为英国最伟大的数学家，理应就任数学界最显赫的席位。第二个原因也许更实际一些，54 岁的哈代考虑他的年老和退休问题。在牛津新学院，他在 65 岁退休之后就得从办公室及住所迁出腾给他的继任人，而在剑桥三一学院，他可以住在那里一直到死。对于年过半百的哈代来说，虽然还很快乐，虽然还富有创造力，但终究岁月不饶人，现实的考虑还是必要的。1931 年以后，他发表的论文数量减少了，占他论文总数约300篇的三分之一还少，而且大部分是合作的，特别是同李特伍德合作。不过，作为一位成熟的数学家，却写了五部专著，另外还有两本书。这些专著多次再版，影响一直不衰。尤其是与莱特合著的《数论导引》（1938 年第一版，1945 年第二版，1954 年第三版，1960 年第四版，1979 年第五版，多次重印），至今仍是最好的数论入门书，在上百种同类书中，仍是首屈一指不能替代的。

20 世纪 30 年代的西方社会处在一个极为困难的时期，大萧条的蔓延使广大人民的物质生活贫困而艰辛，希特勒在德国掌权使得政治形势变得更加尖锐复杂。也正是在这时候，以哈代、李特伍德为首的剑桥数学学派再次使英国数学复兴。这时剑桥不仅是英国数学的中心，而且也成为国际性的中心。由于法西斯上台，格丁根以及柏林、汉堡作为国际数学中心的地位急剧衰落，代之而起的是法国的巴黎、丹麦的哥本哈根，美国的哈佛及普林斯顿，同时苏联的莫斯科及列宁格勒以及波兰的华沙也都形成各自的中心。但是在 30 年代，所有这些中心都比不上剑桥。来往于剑桥的不仅有世界著名的物理学大家如索末菲、玻尔、玻恩、英费尔德等，而且老一代及年青一代数学家更是这里的常客。各国数学界的头面人物如法国数学家潘勒韦、弗雷歇，德国数学家兰道、外尔、库朗、哈塞，美国数学家伯克霍夫、维布伦、亚历山大、维纳以及 H. 玻尔及卡拉特奥多里等。在此期间，中国的华罗庚和柯召也在剑桥进修，他们都得到哈代的支持和鼓励。

1936 年秋，哈代到美国参加哈佛大学 300 周年校庆活动，以拉马努扬为题作了一系列演讲，这些演讲连同在普林斯顿大学及剑桥大学的讲课内容凑成 12 篇结集后于 1940 年出版。这本书不仅全面介绍拉马努扬在各方面的工作，而且是数论专题的导引，许多章节还包含拉马努扬以后 20 年的成果。

在 20 世纪 30 年代，哈代仍像过去那样过着他那种独特的“年轻人”的生活。他喜欢体育运动，好打网球，但最着迷的是板球，除数学之外，板球可以说是他最关心的对象。他不仅自己打，而且天天注意板球各种比赛的结果及得分情况，以至于著名经济学家凯恩斯说，要是哈代每天花半小时看股票交易行情像他读板球得分那样专注和认真，他早可以成为大富翁了。

哈代这种健康的生活到 1939 年打上了终止符。1939 年他突发心肌梗死而不得不放弃自己喜爱的运动。第二次世界大战爆发更使他又回到第一次世界大战时的心态。他的反战观点没有改变，情绪更加抑郁，他的一位密友的惨死更使他忧伤，这一切的共同作用使他的数学创造性也逐步丧失了。在这样的心境之下，他写了《一位数学家的自白》(1940)，整理出版了《拉马努扬》(1940)，许多朋友特别是斯诺离开剑桥去白厅参加战时工作尤其使他感到孤独。他一生未婚，由他的妹妹照顾他的生活。有一次斯诺来时劝他写下上次世界大战时罗素及三一学院的故事，哈代觉得这是早已过去的事情，斯诺等人的目的是让哈代干点有意义的事排遣烦恼。1942 年《罗素与三一学院》问世，但只在私下流传，这也是哈代对学术界历史的一个贡献。斯诺还劝哈代写另一本小书《板球场一日》，记述他一整天看板球比赛的心境，然后展开来论述比赛、人的本性乃至生活本身。哈代以前曾多次答应写，但是最终没有写成。斯诺在整个二战期间在伦敦工作时，都借住在哈代的单元房，但他来看望哈代时，哈代从来不问他的工作，这反映了他对战争的厌恶。

1942 年哈代从教授席位退休。这时他除和李特伍德合作继续以前的研究之外，还和他的学生罗果辛斯基一起研究傅立叶级数，他们合著的《傅立叶级数》于 1944 年问世。他的最后一本著作《发散级数》于 1949 年他去世后出版，这是他从一开始从事数学研究就感兴趣的题目，也是他半个世纪研究的总结。

战后哈代的身体并没有好转，情绪仍然低落，但他听说斯诺回来写书时非常高兴。他说，对于一个严肃的人来讲，创造性的生活是唯一的生活，他自己仍想恢复原先那种创造性的生活，但是已经不可能了。1947 年夏，哈代病重，连从房间里走到客厅里都很吃力。他收集巴比妥片（一种安眠药），企图自杀，但没有成功。哈代的另一位密友、希腊文教授罗伯森要求斯诺常来看他，跟他谈谈。的确，躺在病房里的哈代，需要有人帮他。斯诺差不多每个星期都去看他，而且总是谈起板球，这几乎成了他死前唯一感兴趣的话题。哈代的话不多，但每一次都谈到死，他不怕死，准备好面对死神来临，静心等待，不再尝试自杀。1947 年 11 月，他听说皇家学会授予他最高荣誉——柯普莱奖章，他咧嘴做出一个神秘的微笑，这是他住院时很难见到的。他意识到这是他人间喜剧的终点：

> 当人们急于要给你什么荣誉之类的东西时，这是能得到的唯一的结论。

1947 年 12 月 1 日清晨，他突然去世。去世前，他还想知道板球比赛的得分。

六、爱憎分明

哈代出生于维多利亚的极盛时期，许多英国人都把那段时光当作太平盛世来回忆，充满留恋之情。但是他壮年时期却是两次世界大战及其间歇期。这是个科学、数学、艺术、哲学，总之是人的创造性无比高扬的时期，广义相对论及量子力学就是这个时期的产物，可是其背景却是社会、政治、经济的大动荡，从共产主义到法西斯主义，从国际主义到国家主义，从自由放任到国家干预，都要求人们面对并做出选择，而像哈代那样的专家，完全可以躲进数论这个象牙之塔里去。哈代与当代许多狭隘的数论专家不同，对于专业外许多事物有着极大的热情，对于几乎所有人类活动都有着明确的好恶和取舍，真正可以说是爱憎分明。梯其马什曾列举如下：

喜爱：

1. 板球和各种球类运动。

2. 美国，虽然可能他只接触到其光明的一面。

3. 斯堪的纳维亚半岛，其人民和他们的食物。

4. 侦探故事。

5. 好的英国、法国文学作品，特别是历史及传记。

6. 散步及爬山，特别是在苏格兰和瑞士。

7. 谈话。

8. 奇特的小纸条游戏，如列举出所有名人，他们的名字以某些字母组合打头或者他们都属于某个国家、某个城市或某个学院。他能在旅馆里或散步时一玩玩几个小时。

9. 妇女解放及妇女受高等教育（虽然他反对授予牛津妇女以大学正式成员资格）。

10.《泰晤士报》的纵横字谜。

11. 太阳。

12. 做所有事情都井井有条，除服装之外。他有一个大的工作室，有许多图书还有成堆的论文散在房间各处，但是他知道什么东西放在哪里以及某本书在书架上的精确位置。

13. 各种年龄和各种类型的猫。

憎恶：

1. 所有的流血运动、战争、各种残酷行为、集权政府的集中营以及其他。

2. 机械的小玩意儿，他从来不用表或自来水笔，除非在非打不可的情形下才打电话。他的通信主要靠预付电报及明信片。

3. 镜子，他的所有房间都没有镜子，他每次住旅馆，走进房间第一件事就是用浴巾把镜子盖上。

4. 正统宗教，虽然他有几位宗教界朋友。

5. 英国气候，除非是炎热的夏天。

6. 狗。

7. 羊肉——这是温切斯特学校的遗产，那时他们按照规定一星期吃五天羊肉。

8. 作为一个阶级的政治家。

9. 任何一种赝品，特别是精神的赝品。

他经常说，他的上帝是他的敌人，这种态度在英国也被认为是大逆不道的。他甚至连教堂都不进，按规定是需要进入教堂选举新学院的院长，他因此也不参加。在政治上，他反对法西斯主义，在他表示的六个愿望中，有一条就是处决墨索里尼。他对资本主义制度也极为反感，这与他激烈反对有用的数学是有关系的。他明确地反对种族歧视，1934 年德国数学家比伯巴赫配合纳粹的宣传，大谈人种类型与数学的关系，把纳粹特别加以宣扬的人种学与种族心理学应用到数学中去。哈代马上在《自然》杂志上发表文章据理力争，痛斥这类无耻谰言。但也可能正是这种态度，他也没有成为一名左派。

七、哈代主义

既然哈代对于任何事物都有自己的看法，对于他最喜爱的数学当然也不例外。关于数学的观点一般可分为两个部分：一是对数学本身的看法，也就是数学是什么；二是对数学与社会关系的看法，也就是数学的社会功能如何，我们应该发展什么样的数学。在后一方面，哈代代表一种极端的观点，我们可以称之为哈代主义。在《一位数学家的自白》中他说：

> 我从来未做过任何有用的事，既没有给世界带来欢乐，也没有带来灾难。

他讲这话时绝对没有任何抱愧的心理，相反，他是以此为荣的。不仅如此，他在纯粹数学与应用数学之间划一条界限，他宣称，真正的数学就是无用的数学，激烈反对应用数学。他说：

> 的确存在许多应用数学的分支，例如弹道学和空气动力学，发展这些学科是为了战争……这些分支没有一个可称得上是“真正的”数学。实际上它们丑恶至极，令人极端反感，干燥无味得让人受不了，连李特伍德也不能让弹道学变得让人能看得过去，要是李特伍德都不能做到，那谁还能做到呢？

实际上，从美学角度来看纯粹数学的数学家是不少的，后来的布尔巴基学派以及许多大数学家都是这么看的，而且他们所研究的数学要比哈代的解析数论漂亮得多。他们以纯粹数学自豪，把应用数学家看成二等公民是不难理解的。但是哈代的想法有着更深的考虑，实际上，他反对一切应用科学，他在 1915 年说得很明白：

> 一门科学叫作有用的，如果它的发展或者更加重财富现存的不均衡状况，或者直接地促使人类生存的毁灭。

他后来的观点有些改变，承认科学不全是为非作歹，也可以为善造福。但他认为数学特别是数论的确是唯一一门出淤泥而不染的纯粹科学，也就是任何坏事绝怪不到数论头上。他特别反对那种普及的、有用的数学，这是针对霍格本的。霍格本是左派，他写过一本《百万人的数学》(1936)，倡导大家都懂的、有用的数学。而哈代斥之为无聊的数学。哈代提倡高级的数学，他称之为真正的数学，只有少数人能欣赏及创造的数学。

他首先提出的问题是数学是否值得去干。他说这个问题分为两个方面：一是他做的工作是否值得干，二是他为什么去干。他首先回答第二个问题，他说标准的答案有两个，一是“它是我能干好的唯一事情”，一是“我没有什么事干得特别好，我碰巧干了这事而没有机会干别的事”。这里他强调了数学是年轻人的事业，没什么人过 50 岁还能取得重大突破。他对第一个问题的回答是：

1. 数学具有“无害性”，他说“研究数学，即使不能获利，也是一种完全无害和纯洁无瑕的职业”。

2. 少数人浪费时间去研究数学不会形成很大的灾难。

3. 数学成就具有永恒性。这是他引以为荣的动机。

有了这些理由，加上三个推动力——智力上的好奇心、职业上的自豪感以及野心勃勃的志向，会使有才干的年轻人走上研究数学的道路。这就是哈代主义的实质。

有意思的是，哈代去世 30 年后，有人发表文章《应用数学家哈代》，用哈代自己的工作反驳哈代自己的观点。1908 年哈代在美国科学杂志《科学》上发表一篇小文章，这篇论文在数学上极为简单，但其结果却是群体遗传学的基本定律——哈代 - 温伯格定律。说来这也是科学史上重要的一页，这里只能讲个梗概。1900 年科学史上的重大事件除普朗克发现量子理论之外，就应该说是孟德尔定律的再发现。与许多科学史的叙述不同，1865 年的孟德尔定律被科学界接受远非一帆风顺，当时不仅有激烈的反对者，而且在拥护者阵营当中也不乏在这个方面或那个方面反对孟德尔的科学家，有的人反对孟德尔定律本身，有的人反对遗传因子理论（基因概念的前身），有的人干脆就讨厌孟德尔的数学。

在英国，以卡尔·皮尔逊为首的生物统计学派激烈反对孟德尔的理论，他们引进先进的统计方法，倡导连续变异学说。而他们的对立面贝特森则倡导非连续变异学说，孟德尔理论的再发现，无疑为他们提供了理论及实验基础。他们争论的焦点是：变异是如何遗传到后代的？换句话说，显性基因与隐性基因的比例是否在每一代发生变化？也就是说，很罕见的基因最后是否会被消灭掉？贝特森的合作者、孟德尔学派的代表人物庞尼特虽然意识到生物统计学派的比例变化观点不对，但没有把握，于是就去请教同在剑桥工作的哈代，哈代立刻就推出：在随机交配的大群体中，显性基因与隐性基因的比例在每一代均保持恒定，除非受到外界干扰。因此即便是最稀有的基因形式也可以保存下去。由于英国的权威杂志《自然》把持在生物统计学派的手中，庞尼特劝哈代把文章投向孟德尔主义流行的美国的相应杂志《科学》。1908 年这篇只有两页的论文发表了。庞尼特在他 1911 年版的《孟德尔主义》中把这一规律正式命名为哈代定律。但是，几乎同时德国斯图加特市的医生温伯格在德国刊物上发表同样的规律，这一直到 1943 年才为斯特恩注意到，其后才称为哈代 - 温伯格定律。实际上，美国生物学家卡斯尔在 1903 年也发表过同样的见解。哈代的极初等数学对生物学的影响是不能低估的。庞尼特求教于哈代并没有到此为止，哈代还帮他写过另一篇著名论文《消除弱智》(1917)。其出发点是这样的，既然随机杂交不能消除掉“坏”基因，通过人为或环境的干扰，例如非随机交配、选择、迁移等方法可以最终消除掉某些稀有基因，如果这样，基因频率的减少速度为何？哈代给了他一个公式，告诉他这也并不快，而且越来越慢。拿弱智来说，通过选择交配方法，由 1% 降到 0.1% 需要 22 代，由 0.1% 降到 0.01% 再需要 68 代，由 0.01% 降到 0.001% 又需要 216 代……这是哈代不自觉地通过应用数学对生物科学作出的贡献。正是这些他认为不起眼的想法，使他的名字远超出纯数学的范围而对人类作出贡献。

这个故事仿佛是个小小的讽刺。但是哈代与另外两类数学家或科学家不同。一类主张为数学而数学，是因为他们热爱数学，把它当成唯一的价值，当成逃避一切世间喧嚣的象牙之塔，他们不考虑他们所钟爱的学科与社会的关系，这是完全消极的态度；另一类是功利主义者，他们考虑他们所研究的东西与社会的关系，也特别认识到这给自己带来的好处，这是一种入世的积极态度。哈代身处乱世，他对为什么要研究数论希望有一个让自己满意的答复。当时各种思潮从左到右纷纷扬扬，像贝尔纳等人明确地把苏联的科学看成未来科学的方向，有的“剑桥左派”如菲尔比等甚至成为苏联的间谍。但是哈代仿佛意识到他们必将吞下苦果（正如霍尔丹无法把他的科学同李森科之流的意识形态相调和），他采取一种积极的消极态度，一种袖手旁观的不合作态度。不过，正好在欧战正酣的1940年抛出《一位数学家的自白》真是不合时宜，难道越来越多数学家参加战时研究有什么不对头吗？而且从那时起，包括数论的所有数学分支，无论在战时还是在平时都越来越有用。对此哈代主义无能为力，一点办法也没有，这的确是哈代的悲剧，也是哈代式的悲剧。

（作者：胡作玄）

参考资料

[1] G. H. Hardy. Collected Papers [C]. I – VII. Oxford: Clarendon Press, 1966-1979.

[2] E. C. Titchmarsh. Godfrey Harold Hardy [J]. Jour. London Math. Soo, 1950 (25): 2, 81-101.

[3] L. S. Bosanquet etc. Some Aspects of Hardy's Mathematical Work [J]. Jour. London Math. Soo, 25 (1950); 2, 102-188.

[4] G. H. Hardy. A Mathematician's Apology 1940 [M]. Cambridge: Cambridge Universtry Press, 1967.

[5] C. H. Hardy. Ramanujan [M]. Cambridge: Cambridge University Press, 1940.

[6] L. Young. Mathematicians and their Times [M]. Amsterdam: North-Holland, 1981.

[7] C. R. Flether. G. H. Hardy-Applied Mathematician [J]. Bull IMA, 1980 (16): 2-3.

[8] J. D. 贝尔纳. 科学的社会功能 [M]. 陈体芳，译. 北京：商务印书馆，1982.

[9] 安德鲁·博伊尔. 背叛之风 [M]. 斯华，译. 北京：新华出版社，1981.

库尔特·哥德尔

（Kurt Cödel，1906—1978）

哥德尔

当代最伟大的逻辑学家

哥德尔的名字可以说是尽人皆知了，他在逻辑方面的工作以及他对计算机科学的影响，使他声誉日隆。但正如他的好友爱因斯坦一样，人们在称颂他们的伟业之时，对他们思想的了解似乎并不太够。对爱因斯坦近半个世纪的研究，这个空白已经得到相当的填补，而对哥德尔的研究应该说才刚刚开始。近 10 多年来一系列的工作开始显露这冰山的一角。

哥德尔最著名的工作当然是他的不完全性定理，其标准陈述如下：

> 第一不完全性定理，设 T 为包含算术的形式理论，则存在一个命题 φ，它断言自身的不可证明性，且
>
> （i）如 T 是协调的，$T \nvdash \varphi$
>
> （ii）如 T 是 ω 协调的，$T \nvdash \neg\varphi$

其中 $\nvdash$ 表示在 T 中不可证明。这里协调即无矛盾，这是哥德尔命题的原始形式，1936 年罗塞尔把（ii）中较强的 ω 协调改为简单的协调，但这时 φ 更复杂了，从而得出我们通常的解释，包含算术的协调的形式理论中总含有不可证明的命题。

> 第二不完全性定理，设 T 为包含算术的协调的形式理论，则
>
> $T \nvdash Con_T$

这里 Con_T 为断言 T 的协调性命题。这一定理彻底推翻了希尔伯特证明论的纲领。

据对卡尔纳普遗稿的研究，早在 1930 年 8 月，哥德尔已经告诉卡尔纳普他的配数法并宣布他的第一不完全性定理。当时卡尔纳普和哥德尔同在维也纳，他是哥德尔要好的朋友之一（有意思的是，后来在美国他们几乎没什么来往）。第二不完全性定

理则是 1930 年年底的事。哥德尔的结果是划时代的，开创了当前数理逻辑划分为模型论、公理集合论、递归论及证明论的新格局。

一、布吕恩的生活（1906—1924）

库尔特·哥德尔生于布吕恩（今捷克布尔诺），当时属于奥匈帝国的摩拉维亚省。这个区域当时主要居住着捷克人，但是也有少数讲德语的日耳曼民族。这个捷克城市产生过不少伟大人物，最著名的是近代遗传学之父孟德尔、物理学家及哲学家马赫、捷克第一任总统马萨里克及奥地利总理克赖斯基（1970 年至 1983 年间任总理）。哥德尔的父母都是来自德奥的移民，他的父亲鲁道夫是来自维也纳的移民，到布吕恩的繁荣的纺织工厂谋生，最后成为布吕恩一家主要纺织厂的经理而且也成为股东之一。他的母亲玛丽莲·汉德舒出身自德国莱茵地区纺织工人的家庭，她父亲到布吕恩也是经营纺织业的，她本人在布吕恩的法国学校受到广泛教育，一生保持着高雅的文化趣味，这对她的两个儿子有着良好的影响。她的两个儿子诞生时，哥德尔一家已是小康之家。长子也叫鲁道夫，是位著名的放射科专家。

哥德尔的父亲是位“老”天主教徒，母亲是路德新教徒，哥德尔本人则是在路德教会做洗礼的，哥德尔虽然不参加教会活动，但却是有神论者而不是泛神论者。在他的遗稿中保存着两本神学笔记，据他夫人讲，他星期天在床上读《圣经》，这些可以说是他在精神上的一种追求。

哥德尔 1906 年 4 月 28 日出生。1912 年，6 岁的哥德尔被送往当地的路德教国民学校。这时他是一个多病的孩子，八九岁时得过风湿热，使心脏受累并得了支气管炎。他上学时多次请假，1915—1916 学年体育免修。也许因为身体的原因，他颇为羞怯、敏感，在智力发展上很不错，很好问，在家里被称作“为什么先生”。从 1916 年起，按德国文化教育传统，他进入以德语为教学语言的国立实科中学学习 8 年。在中学里他显示出来突出的才能，所有功课都是最高分，而数学、语言和宗教课特别优秀。他思考严密的特点从他保留的几何作业中可以看出来。另一方面，他在学校有着拉丁文法从不出错的名声，而几何和拉丁文是使大多数受传统教育的中学生头痛得哭鼻子的学科。他不只是一个埋头课业的学生，在图书馆里，他大量阅读，广泛涉猎，接触了各种各样的文化科学知识。1919 年到 1921 年，他学习了加贝尔斯贝格式速记法，他的许多笔记都是用这种速记法写的。到十四五岁，他看到一本微积分的书而表现出对数学的特殊兴趣。1922 年，他开始读康德的某些著作，他后来谈到，在他读过的哲学著作中，只有康德对他的发展最为重要。

上大学之前哥德尔自学了不少数学知识，而物理方面的兴趣只是受一本论述德国大文豪歌德的书的影响。他开始研究歌德关于颜色的理论及他对牛顿学说的批驳，最后哥德尔赞成牛顿的见解。这件事间接影响他选择职业。哥德尔接受基础教育时期，爆发了第一次世界大战。虽说奥匈帝国是主要参战国，但东方和南方的战线都远离布吕恩地区，使得他的家乡没有遭到战火的破坏。随着 1918 年 11 月奥匈帝国战败和帝国垮台，摩拉维亚地区并入新建立的捷克斯洛伐克共和国，哥德尔一家成为捷克公民，布吕恩也按捷克语改称布尔诺。战后在德、奥出现的紧张的经济及政治形势似乎对捷克影响不大，哥德尔一家的生活仍一如既往。这个时期，他们定居在一幢别墅中。1920 年哥德尔的哥哥到维也纳上学并定居下来。1920 年 2 月哥德尔的父亲去世，母亲到维也纳同两个儿子一起住。这时哥德尔本人正式放弃捷克公民权并于 1929 年 6 月取得奥地利的公民权。1937 年他母亲回到老家居住，到 1944 年又回到维也纳同他哥哥一起生活。在这期间，哥德尔曾几次回家乡旅游，1940 年到美国以后，他再也没有回过欧洲。

二、维也纳求学（1924—1939）

1924 年 10 月，哥德尔离开家乡布尔诺来到维也纳上大学哲学系，主攻理论物理学，打算取得这门学科的学位。但他听课比较杂，除物理课之外，还听数学课及哲学课。福特温格勒的数论课对他有很大影响，课中讲到的中国剩余定理对于哥德尔定理的证明至关重要。当时维也纳大学主要的物理学家是汉斯·蒂林，他主讲相对论，这可能是哥德尔最早的相对论教育。1924 年到 1926 年，他主要看物理书。1925 年 1 月他借阅康德的《自然科学的形而上学基础》（1786）表明他对物理哲学的早期兴趣。1925—1926 学年他听贡珀茨的哲学史课程，贡珀茨的父亲是著名哲学史家。而他最主要的活动则是参加石里克小组的活动。石里克小组即后来所说的维也纳学派或逻辑实证主义、逻辑经验主义学派，其中心人物石里克是德国物理学家、哲学家，1922 年被维也纳大学聘请担任专为马赫设立的归纳哲学讲座教授，1924 年起他在维也纳组织讨论班，研究罗素数学哲学著作。1924—1925 年讨论班的题目是罗素和怀特海的三大卷《数学原理》，可能哥德尔没有参加，据哥德尔后来回忆，他到 1929 年才开始研究这部著作。不过他参加石里克小组无疑是把他从物理引向数学乃至数理逻辑。

1925—1926学年，他参加石里克数学哲学讨论班，研究的题目是罗素的《数学哲学导论》，第二次聚会结束时，石里克问哪一位学生愿意在下一次会上作报告，哥德尔自告奋勇地担当这个任务。

1926年秋，他成为石里克小组的一员。他承认维也纳学派"激发我对基础的兴趣"，从1926年到1928年，他几乎没有间断地参加每两周一次（星期四）的小组活动，但是他并不积极参加讨论，后来就逐渐脱离开。不过，他仍然保持与小组的某些成员的私人接触，特别是德国哲学家卡尔纳普，这个期间他阅读过奥地利哲学家维特根斯坦的《逻辑哲学论》，他没有读完这本书，他从1925年就持有的实在论立场与维特根斯坦及维也纳学派大相径庭。也就在这一年，哥德尔的主攻方向由物理学转变为数学，对精确性的关注，使他从物理学转到数学，之后又转到数理逻辑。这时维也纳大学的数学专业有三位正教授：维尔廷格是分析专家，以阿贝尔函数著作知名；福特温格勒是数论专家，20世纪初曾证明希尔伯特猜想的许多类域论定理；哈恩是实函数论专家。实函数论是奠基于康托尔的集合论的法国实函数论学派的伟大创造，该学派成员包括保莱尔、巴伊雷等。哈恩成为新派数学的领袖人物，他后来也是哥德尔的博士导师，是维也纳学派的重要一员。

除教授外还有副教授及讲师：拓扑学家门格尔，他也是近代维数论的奠基人之一，在荷兰跟从布劳威尔研究两年之后，于1927年回到维也纳并升为副教授；迈耶也是拓扑学家，1929年12月到1934年曾同爱因斯坦合作研究；维托利斯，还是拓扑学家；赫利，是实分析专家。他们都是哈恩的学生。

1927年秋天，哥德尔听了门格尔讲授的"维数论"。但他这时期的兴趣，集中于数论，他读过不少数论著作，他的数学知识及才能在同学中也是小有名气的。门格尔回到维也纳后，成为一位杰出的组织者。1928年秋天以后一直不定期地举行集会，为使年轻数学家有机会发表他们的成果。1929年10月24日，门格尔讨论会正式开始举办，除生病或不在维也纳的人，大家都要参加。哥德尔是这个讨论会的积极参加者，他在会上发表了几篇论文，热心讨论各种数学问题，并结识了许多朋友。哥德尔还参加了讨论会记录的编辑工作。

1928年3月10日及14日，荷兰数学家布劳威尔来到维也纳作了两次讲演，第一次的题目是"数学科学及语言"，第二次是"连续统的结构"。哥德尔似乎应当听过，并受到一定的影响。大约从这时起，他的兴趣又从数学转向了数理逻辑。1928—1929冬季学期，卡尔纳普讲授"算术的哲学基础"，从这时起，哥德尔开始系统地阅读数理逻辑的著作，10月份他借阅过德国数学家施罗德及弗雷格的著作。1928年出版的希尔伯特和阿克曼所著的《理论逻辑纲要》更是对他有决定性的影响。这本书简单明快地介绍了数理逻辑的基础知识，而且第一次明确提出谓词演算的完全性及可判定性问题。他很快就解决了第一个问题——证明谓词演算的完全性定理，并且用这篇论文申请博士学位，并于7月6日得到导师批准，10月15日呈交给哲学系系主任，1930年2月6日正式得到博士学位。这篇论文经过修改后（主要是加上了紧性定理）于10月22日投递给《数学与物理学月刊》，于1930年发表。他的完全性结果还在1930年5月14日的门格尔讨论会上报告，并于1930年9月6日在哥尼斯堡会议上宣读。这是哥德尔取得的头一个成就。

至于可判定性问题，他在1930年得到部分结果，这一问题与他的不完全性定理有关。1929年哥德尔开始阅读罗素和怀特海的三卷本《数学原理》，他也考虑希尔伯特纲领以及其中提出的特殊问题，特别是分析的无矛盾性问题。1930年对他是有决定性意义的一年。1930年8月26日他同卡尔纳普、费格尔和魏斯曼在帝国议会咖啡馆里谈到他的发现，即《数学原理》系统的不完全性、无矛盾性证明的困难。三天之后，他们重新相聚，哥德尔向卡尔纳普讲述自己的发现。后来他们几位连同哈恩及格雷林一起搭火车去史万尼木德，再乘船去哥尼斯堡，参加第二次精密科学认识论会议（9月5日至7日），同时召开的还有德国科学家及医生联合会第九十一次年会和第六次德国物理学家及数学家会议。这短短的三天会议有着丰富的内容，在数学哲学的发展史上是极为重要的里程碑。第一天卡尔纳普、海廷（荷兰数学家，直觉主义的代表人物）及冯·诺伊曼，分别作了论述逻辑主义、直觉主义、形式主义的报告，魏斯曼作了题为《数学的本质》的报告。第二天由赖兴巴赫（德国哲学家，逻辑经验主义代表人物）、海森伯（德国物理学家、量子力学的创立者之一）作报告，哥德尔也在会上发表了他的不完全性结果。第三天讨论第一天的报告，哥德尔参加了讨论（他还为前三个报告写了文摘评论），在会议临将结束时，他批判了形式主义观点并宣布了自己的不完全性结果。其后，他同冯·诺伊曼私下谈话，冯·诺伊曼立即理解了哥德尔的证明。此后冯·诺伊曼不仅成了他的终生好友，而且也是他的理论的传播者。11月20日冯·诺伊曼告诉他，德国数学家施密特听到他的结果后极为兴奋，认为是“长期以来最伟大的逻辑成果”。1930年9月9日希尔伯特作了题为《对自然的认识和逻辑》的报告，最后以满怀信心的警句“我们必须知道，我们将会知道”作为结尾。此时，希尔伯特在他的家乡获得“荣誉市民”的称号，这成为他伟大一生的光辉顶点。哥德尔听了他的报告，这也许是他唯一一次见到希尔伯特。他们没有谈过话，也没有通信，不过希尔伯特的美丽梦想却已经遭到了哥德尔的致命一击。

哥尼斯堡会议结束后，哥德尔改进他的第一不完全性定理，随即获得第二不完全性定理。哈恩把他的论文摘要于 1930 年 10 月 23 日提交给维也纳科学院。全文于 11 月 17 日送去发表，1931 年在《数学与物理学月刊》上登出。这篇论文是第一部分，他计划写出第二不完全性定理作为第二部分，但是他从未发表第二部分，因为他觉得他的证明摘要已为大家所接受而作罢。

哥德尔在 1931 年 25 周岁之前，已经完成他三项逻辑上伟大成就中的两项，其后四五年间，他推广并讲演自己的结果，继续研究一些数学、物理特别是逻辑的问题，有些在门格尔的讨论会上发表。他写了不少文摘评论，这些文字反映出他的学术观点。同时，他也协助哈恩教授主持讨论班，并读哈恩的《实函数》二版的校样，这本书出版后，哥德尔写了书评。在这一阶段他读书极为广泛，特别是哲学，尤其是对康德以后的形而上学，有很深的浸润。对于莱布尼茨，他也早就做过许多研究。不仅如此，他还读列宁及托洛茨基的著作，对于计划经济社会及社会主义有所思虑，对于社会中各种影响机制，例如财政资本对政治的影响尤感兴趣。到 1931 年年底，哥德尔经历了严重的精神危机，曾打算自杀，这使他的家人十分不安。

这一年门格尔在美国见到了维布伦，并邀请他出席哥德尔的讲课资格讲演会。哥德尔在 1932 年 6 月以他的著名论文为讲课资格论文，并附上自己的简历，其中提到他协助哈恩在 1931—1932 学年主持数理逻辑讨论班，选择材料和准备演讲。12 月 1 日，哈恩对哥德尔的申请提出报告，指出“哥德尔博士现在在符号逻辑和数学基础研究领域中已经是第一流的权威”。1938 年 3 月 11 日，哥德尔被正式批准为无公薪讲师。1933 年夏季学期，他首次讲课讲授“数学基础”，有 20 名左右学生注册听课，这在当时是不少的。其后在维也纳大学，他只讲了两次课，一次是 1935 年夏季学期讲“数学物理选讲”，另一次也是最后一次是 1937 年夏季学期讲“公理集合论”。其他讲课由于他身体欠佳以及其间多次奔赴美国普林斯顿访学而作罢。

维布伦在 1932 年正为新设立的普林斯顿高等研究院物色人才。他 6 月参加哥德尔讲演会时就已经邀请哥德尔去普林斯顿，1939 年哥德尔赴美之前，曾先后三次去普林斯顿访学。第一次时间最长，经历 1933—1934 整个学年，从 1933 年 10 月始到 1934 年 5 月底返回。他可以说是普林斯顿高等研究院最早的访问学者之一。1934 年 2 月到 5 月间，他在高等研究院作了不完全性定理的演讲。克林和罗塞尔做了笔记，这份讲演笔记经过哥德尔编订之后得到广泛流传，促进了数理逻辑这门学科的发展。特别是讲演中第一次引进一般递归函数的概念，这直接推动了递归论的诞生。他在和丘奇等人的讨论中，提出了递归性及可计算性的问题，直接有助于丘奇论点的提出及阐明。不过他自己在这个问题上走了一段弯路。1934 年 6 月他回到维也纳后，患极度神经衰弱，秋天进入疗养院，以致 1935 年夏原本打算去普林斯顿的计划延期到 1935 年秋。第二次普林斯顿之行时间很短，只待了一个多月，就因为精神抑郁症及工作过劳而辞职，回国后时常住进疗养院。不过他仍然努力工作，除其他小题目之外，他已经把精力集中到集合论的研究上，这项研究大约从 1930 年起。特别是 1935 年后，他开始陆续取得一系列成果。到 1935 年，他已经认识到可构成集满足集合论的所有公理，包括选择公理。他猜想它也满足连续统假设，在普林斯顿期间，他曾把自己的想法及结果告诉冯·诺伊曼。1937 年 5 月、6 月间，他开始讲授“公理集合论”时，也谈到这方面的成果，听课的人有五六个，其中有波兰逻辑学家莫斯托夫斯基及中国逻辑学家王宪钧。7 月份，冯·诺伊曼要求他发表自己的成果，9 月份又要求他发表广义连续统假设的无矛盾性证明，似乎他 1937 年 7 月、8 月间已经证明连续统假设甚至广义连续统假设的无矛盾性，1937 年 6 月 14 日至 15 日夜间，他得到证明关键的一步，不过，他这个结果于 1938 年 11 月才首次送去发表。1938 年 10 月，他第三次赴美，10 月到 12 月在普林斯顿高等研究院讲演“选择公理及广义连续统假设的无矛盾性”。乔治·布朗记了笔记，经修订后于 1940 年出版。

一段时期以来，一系列骤然发生的事件对哥德尔的生活产生了极大影响：他的老师哈恩于 1934 年 7 月去世；维也纳学派的组织者石里克于 1936 年 6 月被一名学生枪杀；他的另外一位老师门格尔也于 1937 年 1 月移居美国，去圣母大学任教；魏斯曼于 1937 年移居英国；他的好友、经济学家摩根施坦及沃尔德于 1938 年也去了美国，这使维也纳在学术上已经变成不那么吸引人的地方了。1937 年哥德尔的母亲回到布尔诺老家，而哥德尔本人在 11 月把户口迁到维也纳。其后不久，1938 年 3 月，希特勒兼并奥地利。9 月，他与一位比他大 7 岁的女子阿德尔·普凯特结婚，婚后没有子女。

阿德尔原是个舞蹈演员，出身寒微，没有什么文化，他们早在 1921 年就认识，但哥德尔的家庭似乎很不欢迎这未来的媳妇。到美国之后，由于不被普林斯顿的社交界所接纳，他们的生活还是很寂寞的。二战后，阿德尔多次回欧洲探亲、旅游，但哥德尔从来没有陪同一起返回。

20 世纪 30 年代欧洲动荡的经济和政治局势愈演愈烈。1929 年的经济危机横扫欧洲大陆，造成极端困难的局面。1933 年，希特勒纳粹政权在德国上台，使欧洲平添了非常不祥的气氛。1934 年奥地利政权落入政客多尔福斯之手，此人虽也搞法西斯专政，但却并不想成为纳粹的附庸。7 月 25 日希特勒的党卫队直接暗杀了多尔福斯，但夺权的企图暂时遭到失败。从此，纳粹频繁策划和实施破坏奥地利独立地位的计划，以促使德奥合并。到了 1937 年，奥地利几乎每天都发生爆炸事件，1938 年 3 月 12 日纳粹军队最终开进了奥地利，奥地利从此成为纳粹德国的一个大区，并开始在政治及文化生活中再现着 5 年前德国所发生的一切。

哥德尔既没有犹太背景也不问政治，一开始似乎并没有受到什么影响，可是 1939 年 6 月中旬他回到维也纳以后，有两件事情促使他下决心离开奥地利。一件事是他一到维也纳就接到命令，要他去进行服兵役的体格检查。虽然哥德尔当时只有 33 岁，但他的身体状况一直不好，而且心脏也有毛病，可是检查结果却说他“适合站岗放哨”。接着 7 月、8 月间他又接到学校通知，原来的讲课讲师资格已被纳粹取消，要想继续这个职位，必须重新申请“新体制下的讲师职位”。原来的职位是无薪的，而这个新的职位倒是有薪，当然也有前提条件，即种族不纯或政治上不可靠则学问再大也不行。哥德尔于 9 月 25 日正式提出申请，但这个申请迟迟得不到批准。按说他在种族上没有什么问题，但是他与已故犹太教授哈恩等人的关系密切，则尽人皆知；而且他因为不关心政治，没有特意公开支持过纳粹，这也是对他不利的方面。这时第二次世界大战已经打响，他有可能被征召去服役，职位申请迟迟批不下来，就越发增大了他服役的可能性。此时，他的经济情况也逐步恶化，于是在这紧急关头，他以无经济收入为理由申请请假去美国，目的是搞到出境护照，同时冒险写信向维布伦求援，请他帮助弄到限额外入境签证。维布伦和普林斯顿高等研究院院长弗莱克斯纳的确帮了不少忙。12 月，哥德尔奔波于维也纳与柏林之间，终于在 12 月 19 日得到德国的出境许可。1940 年 1 月 8 日美国给他限额外入境签证，1 月 12 日苏联的过境签证也下来了。1 月 18 日，哥德尔夫妇离开了维也纳，从此哥德尔再也没回来过。他后来对奥地利耿耿于怀的是当局办事拖拉，对这事的忌恨也许还大于对法西斯的厌恶。据说他 1939 年 11 月还在装修自己的寓所，看来本没有准备长期移居国外，这可谓是世事难料。奥地利行政官员一直到 1940 年 6 月才批准他的讲师职位申请，但这时他已不可能回去任职了。

三、普林斯顿岁月（1940—1978）

1940 年是哥德尔一生的转折点。他离开生于斯、长于斯的欧洲来到美国，从此再没有回到欧洲去。他在数理逻辑上的三大成就已经完成，此后虽然也继续进行研究，但主要的探索已集中在哲学方面。遗憾的是，他在哲学方面发表的东西不多，因而很难对他的哲学思想有个全面认识和评价。

1940 年 1 月 18 日，哥德尔夫妇离开维也纳，当时二战已经爆发，希特勒及斯大林缔结盟约，共同占领波兰，而英国实行了海上封锁。这时从海上离开欧洲去美国已不可能，哥德尔夫妇只得通过陆地途径辗转前往美国。他们先乘火车从维也纳经过立陶宛和拉脱维亚到达毕哥索沃，从这里搭乘西伯利亚大铁路列车，穿越西伯利亚及中国东北（当时的伪满洲国）最后到达日本横滨。2 月 5 日夫妇俩从这里乘美国的“克利夫兰总统号”轮船，经过一个月的时间横跨太平洋，于 3 月 4 日到达旧金山，然后再乘火车到达普林斯顿。前后奔波两个多月，终于到达普林斯顿这个让他们平静度过后半生 38 年时光的地方。

在普林斯顿高等研究院，哥德尔其实一开始也并非事事如意，尽管有像冯·诺伊曼这样的大数学家的理解及极力推荐，哥德尔还是很晚才得到应有的承认。自从 1940 年春他被聘为普林斯顿高等研究院普通研究员之后，必须每年申请并得到批准，才能继续留任。直到 1946 年 7 月 1 日，他才晋升为终身研究员。又过了 7 年到 1953 年 7 月，他成为高等研究院教授，直到 1976 年 7 月 70 岁退休。在这期间，他的活动不多，只作过三次公开演讲以及几次非正式演讲，发表文章也很少。但是他对研究院的行政事务颇有兴趣，学术活动也积极参加。

1940 年到 1942 年间，他继续深入钻研数理逻辑的一些问题。1940 年他开始阅读布劳威尔的著作，他说正是布劳威尔的某篇论文使他产生了解决选择公理的独立性的想法。1942 年在缅因州度假时，他在有限类型论范围内得到了选择公理的独立性的证明，但没有公开发表。哥德尔也尝试证明连续统假设的独立性，但没有取得成功。1963 年，美国年轻数学家保罗·科恩用他发明的力迫法成功证明选择公理及连续统假设的独立性之后，哥德尔觉得自己的方法是不同的，但也能行得通。他后悔自己当初没能坚持下去，因为他在 1942 年年底就完全放弃了独立性证明的研究。大约同时，他也发现埃尔布朗 1930 年的博士论文中有严重错误，但他也没有发表结果。后来德雷本等人于 1963 年春天找到关键引理的反例，并随后作了补正，其主要结果仍成立。在这期间，他还得到通过元数学方法来证明选择公理的无矛盾性。1941 年他用原始递归泛函来解释直觉主义数论，他在耶鲁大学报告这个结果时，数学家阿廷曾经参加，论文一直到 1958 年才发表。也许由于工作不顺利，也许由于身体原因，哥德尔对数理逻辑研究逐渐失去兴趣，越来越集中于哲学问题的研究和思考。从1941年5月到1942年11月，他写了五大本哲学笔记，总共达670页之多。另外，他也对数学基础研究成果颇为失望，他感到数学基础并没有达到许多人期望的那样的理想境界，真正对理论数学有所推动。

1942年希尔普计划出版《罗素哲学》专集，于1942年11月18日邀请哥德尔写《罗素的数理逻辑》一文，并提及说，罗素认为哥德尔“在这个领域中是一位卓越的学者”。哥德尔立即着手这项工作，并于1943年5月17日送出第一稿，但不知什么原因，这一稿没有送交罗素，以致他的修改稿于9月28日送出时，罗素已经对其他评述文章一一答复完毕，不打算再对哥德尔的文章做出答复。哥德尔请罗素改变主意，没有成功，曾想抽回这篇稿子，但在希尔普的恳求下保留下来，全书于1944年出版，后来在1964年和1972年曾有小的修改。哥德尔当时认为这篇论文是涉及罗素工作的一篇逻辑史论文，而且自然地把自己的不完全性和可构成集的成果也编写了进去。罗素那时也正在美国访问讲学，并在回国之前的1944年5月曾在普林斯顿待了一段时间，他每周一次去爱因斯坦家，同爱因斯坦、哥德尔和来自奥地利的理论物理学家泡利等人交谈。他后来向别人评论说：

> 这三个人都是犹太流亡者并意图做世界主义者……哥德尔是一位地地道道的柏拉图主义者，他虽然相信一个永恒的“否”高悬在天上，而善良的逻辑学家必然会希望以后在哪里遇到它。

在1971年布莱克威尔告诉哥德尔这事之后，哥德尔曾写了一个答复，但没有送出去。他写道：第一，他不是犹太人（虽然他也认为这事没什么了不起）；第二，他与罗素并没有许多次讨论（他记得只有一次）；第三，他的“地地道道”的柏拉图主义并不比罗素自己在1919年《数学哲学引论》中所写的更地道，罗素写的是“逻辑同动物学一样涉及的也是现实世界，只是具有更抽象、更普遍的特征”。这时罗素在我们这个现实世界里就已经碰到了“否”，只是后来受维特根斯坦的影响才决定不理会它。这些的确反映了哥德尔自己的观点。

1945年哥德尔的健康再度恶化，由于十二指肠溃疡没有及时动手术发生出血，他的工作陷于停顿。他从此开始限制饮食，由此体重不断减轻，长期营养不良。据他哥哥讲，这也是他不回维也纳的理由，因为维也纳可能没条件让他做到按照要求进餐。

不过他在二战结束后一直给母亲写信，有几次还邀请母亲来普林斯顿玩。

1945 年 11 月他接受《美国数学月刊》的邀请，就“康托尔连续统问题”写一篇评论，经过几个月的考虑和修改，1946 年 8 月完成了初稿，1947 年 9 月完成修改稿，12 月正式发表，前后经历了两年时间。也是在这年年底，他还在纪念普林斯顿大学 200 周年校庆的“数学问题”会议上发表讲演，内容涉及与可计算性相类比的“可证明性”和“可定义性”两个概念，这些都是他对数学哲学的思考和重要贡献。

1946 年中，希尔普见到哥德尔同爱因斯坦交往密切，就邀请他写一篇向爱因斯坦表示敬意的文章，他慨然允诺。实际上，哥德尔到高等研究院以后不久，就同爱因斯坦有着密切的交往。虽然两人性格完全不同，爱因斯坦爱好交际、生性活泼，喜欢说笑，富有常识，而哥德尔则性喜独处，庄重严肃，一本正经，特别是不相信常识是获得真理的可靠手段，但两人的共同点是都能直接深入到事物的核心之中。

爱因斯坦的朋友很多，但他去世前 10 年间，哥德尔可以说是他最好的朋友。两人“几乎每天”一起散步回家，讨论各方面的问题，主要是哲学、物理和政治问题。他们在许多问题上其实持有相反的观点，但彼此并不隐瞒自己的看法。1947 年 4 月底，哥德尔和他的夫人为加入美国国籍要参加例行口试，爱因斯坦和摩根施坦充当他们的证明人。在这之前，哥德尔需要先学习美国历史，他利用这个机会特别探讨了印第安人是怎么来到美洲的问题。另外还仔细学习和研究了美国宪法，并以他敏锐的逻辑思维能力发现，这个宪法文本实际上在逻辑上和法律上都存在着把美国转变成独裁统治国家的可能性。在口试前一天，他告诉了摩根施坦他的发现，摩根施坦懂得这种可能性及可能的补救措施将牵涉到一大串复杂的推理过程，不适合在口试时讲，就劝他在口试时对此保持沉默。第二天早上摩根施坦驾车把哥德尔和爱因斯坦从普林斯顿带到新泽西州首府特林顿，他事先告诉爱因斯坦，在路上要一个接一个地讲故事以使哥德尔分心，别让他一门心思钻美国宪法的牛角尖。到了特林顿，主持人是一个叫福尔曼的法官，他正好就是 1940 年主持爱因斯坦加入美国国籍口试的那个人，后来还成了爱因斯坦的朋友。于是他邀请三个人一起参加本来应该一个人单独进行的口试。法官开始讲道：“至今你具有德国国籍……”哥德尔马上打断他说：“对不起，先生，是奥地利。”“不管怎样都是可恶的独裁者！不过幸运的是在美国那是不可能的……”哥德尔又插嘴道：“刚好相反，我知道怎么能产生独裁制……”其他三个人立刻劝说哥德尔别往下讲了，这才进入正常的口试。在 1948 年 4 月 2 日，哥德尔夫妇参加宣誓仪式，正式取得美国公民资格。

大约同时，哥德尔以完全意想不到的方式转向相对论研究，这与他以前的数理逻辑研究可以说毫无瓜葛，从而为许多传记作者所忽略。关于他临时转向的原因说法不一，有说是因为同爱因斯坦的交往、早年对物理学的兴趣和在维也纳所受数学训练以及维也纳学派的影响所致；也有说是因为他对哲学特别是康德时空哲学有很大兴趣所致。从他发表的著作和思想脉络的发展来看，似乎后一点更可信一些。

哥德尔和爱因斯坦是密友，但他对爱因斯坦的统一场论从一开始就抱怀疑态度。另外爱因斯坦曾经希望由他的场方程中推出马赫原理，而马赫原理可完全否定绝对空间的存在，因为正是马赫原理推动爱因斯坦建立了广义相对论。而哥德尔先是从哲学上，然后又从数学上否定马赫原理。关于相对论的研究，他发表了两篇论文：一篇是1949 年在《近代物理评论》上发表的正式论文；另一篇是在 1950 年召开的国际数学家大会上所作的大会报告“广义相对论的旋转宇宙”，他的报告实际上完全有悖于当时大会组织者安排他作报告的初衷——他们本希望他讲逻辑问题。其间，希尔普于1949 年出版在世哲学家论爱因斯坦的文集，哥德尔所应诺提交的论文是关于时间本性问题的哲学讨论。

自从爱因斯坦 1915 年得出广义相对论场方程，1917 年得出静态宇宙学模型以来，由解方程得出宇宙学结论是许多研究者的主要目标。20 年代至 30 年代作为最简单解而引进的宇宙学模型是空间均匀及各向同性的，特别是膨胀的（而非旋转的），这与天文观测到的位移是符合的。但哥德尔在 1949 年的论文中第一次给出非膨胀的、旋转的宇宙模型，而且解在空时中每点都是一样的，从而可以得出一个“可以回到过去”的结论。这就产生出“儿子可以回到过去把他上小学的爸爸打一顿”的荒谬结论，这当然引起因果性的争论。但是，哥德尔的功绩在于他首先指出爱因斯坦方程并不排除这样的解。1950 年，他得出更合理的解，宇宙模型是旋转的、膨胀的，而且不能回到过去的，这更加符合实际。但是由于观测到的微波背景辐射的各向同性，即使宇宙有旋转，转动速率也极低。尽管他的模型后来讨论者不多，但他的研究却显示出他的哲学眼光、逻辑威力和非他本行的微分几何技巧。当然，哥德尔对物理的兴趣并没有到此为止，其后他仍对天文观测数据非常重视，他的遗稿中有两个笔记本，列着星系角度方向表，看来他希望能找到一个特选的方向。

哥德尔的独特思想当然也表现在他唯一发表的非数学的哲学论文中，其中他把相对论与唯心主义哲学联系起来，特别是否定“变化的客观性”。不过他并不认为物理世界本质上是“精神的”，而是认为我们对世界变化的观念是主观的，是我们头脑产生出来的。他把这个观点同康德的时空哲学联系在一起讨论。在他的手稿中有题为《对相对论及康德哲学关系的一些考察》的篇目，这些手稿已在他的全集第Ⅲ、Ⅳ卷发表，若加以仔细研究，则可以对他整个哲学思想有更清楚的了解。

1963年春天，美国一位年轻的数学家保罗·科恩的论文预印本在数学界流传，其内容是关于连续统假设的独立性的证明。科恩当时在调和分析方面的工作已小有名气，但从来没有发表过数理逻辑方面的论文。可是他从大学时代起，就对数理逻辑感兴趣，在一些逻辑学家的影响下，他于1962年开始研究这个问题，并于当年的圣诞节得到了证明。科恩在修正及改进这篇论文过程中于4月24日开始同哥德尔通信，然后来到普林斯顿面见哥德尔，并于5月6日在普林斯顿讲演。哥德尔花了许多时间来审阅这篇论文，最后于6月20日断定了它的正确性，并先后于9月底及11月底把修改稿推荐给《美国国家科学院院刊》发表。这篇论文在逻辑界乃至数学界产生极大震动，也使科恩荣获1966年的菲尔兹奖。这件事反过来促使哥德尔重新对这个问题产生了兴趣，他打算引进新的公理来证明连续统假设的独立性，但方法则不同于科恩的力迫法。当时流传着哥德尔已经得到各种证明的说法，他本人则正式澄清事实，说自己只得到了部分结果。同时，他说自己在方法上也同科恩相差较远，对于科恩所说的他自己的工作是在哥德尔工作基础上的“改进”的说法也予以纠正，承认科恩工作的独立性，这表现出了哥德尔高尚的职业道德及谦逊精神。

可以说，哥德尔在成为高等研究院终身研究员之前，已发表了他在逻辑方面的所有重要著作，以后根据他自己的标准，“完成的很少，发表的更少”。不过，他依然关注逻辑的发展。他是完全在孤立的情况下进行研究的，而且没有通常意义上的学生及门徒。考虑到希尔伯特指导过六七十位博士生，庞加莱开过几十种课程，哥德尔的风格的确是与众不同的。他在逻辑界的地位完全是靠他自己的几篇论文奠定的。虽曲高，但还不能说和寡，每个时期，他都有知音，还有不少朋友。他最好的朋友是冯·诺伊曼，冯·诺伊曼无论在欧洲还是在美国都一直是他坚定的支持者。另一位是伯奈斯，战后他们多次在美国相会，在1958年伯奈斯七十寿辰时，哥德尔还献上了自己的论文祝寿。战后，虽然普林斯顿成为逻辑学者的“麦加圣地”，不过，哥德尔同大多数造访的年轻逻辑学家只保持了有限的接触，尽管对他们的工作有兴趣，有时还提出中肯的建议和意见。同他保持着密切接触的，只有少数不太年轻的朋友。其中有克莱塞尔、斯科特、竹内外史以及斯派克特和罗滨逊等。特别值得一提的是华裔逻辑学家王浩，他早在1949年就见过哥德尔，后来两人一直保持联系。70年代，他同哥德尔多次进行长谈，谈话记录及来往书信构成两本著作——《从数学到哲学》(1974)和《回忆库尔特·哥德尔》(1987)。其中有许多前所未知的史料，这些连同其他资料，特别是《哥德尔全集》第Ⅰ（1986)、Ⅱ（1990）卷，也是本文撰写的基础。

1950年代初，哥德尔才开始获得他早就应该得到的荣誉：除了1950年在国际数学家大会上作一小时报告及1951年年底为美国数学会作吉布斯纪念讲演，他在1951年3月14日同施温格尔分享阿尔伯特·爱因斯坦奖。冯·诺伊曼在颁奖仪式上致辞说：

> 库尔特·哥德尔在现代逻辑上的成就是独一无二的，纪念碑式的，它是一个里程碑的标志，即使从遥远的时空也仍然清晰可见。

1951年6月，耶鲁大学授予他荣誉文学博士称号，他很自豪地说，我是迄今为止获得这个称号的最年轻的人，因为其他得主都已是六十开外了。大约同时，美国著名哲学家奎因推荐他为哈佛大学的荣誉科学博士，不过直到1952年6月才举行仪式正式授予他这个称号。颂词中把他称为"本世纪最了不起的数学真理的发现者"，他对此表示由衷的喜悦。其他荣誉也纷至沓来：1953年他被任命为普林斯顿高等研究院教授、1955年被选为美国国家科学院院士、1957年被选为美国艺术和科学院院士、1961年被选为美国哲学会会士。1966年4月，美国俄亥俄州科学院在俄亥俄州立大学举行庆祝他60岁生日的学术会议，邀请他参加，他因身体原因没能参加，但发去了贺信和感谢信件。之后在1969年出版的会议论文集中，有美国"原子弹之父"、曾在普林斯顿高等研究院担任院长多年的奥本海默对他六十寿辰的祝词（而奥本海默自己则于前一年即1968年已经不幸辞世)。与此同时，在他的六十寿辰之际，哥德尔的第二故乡奥地利也做出积极的表示：维也纳大学提出授予他名誉数学教授职位，奥地利科学院则准备授予他荣誉院士称号。但这些荣誉都被他一口回绝，哥德尔对奥地利的反感可能来自他离开奥地利时的种种麻烦。后来，在他去世之后，维也纳大学才能授予他荣誉自然科学博士学位，那时候他已经没法拒绝了。

1960年代之后，随着哥德尔逻辑证明影响力的不断扩大，他持续不断地得到各种国际荣誉：1967年被选为伦敦数学会荣誉会员、1968年被选为英国皇家学会外籍会士、1972年被选为不列颠科学院通讯会员、1972年被选为法兰西研究院（道德及政治科学院）通讯院士。1974年他被授予美国科学家的最高荣誉，由福特总统颁发国家科学奖章。不过由于身体不好，他没能参加1975年9月18日举行的颁奖仪式。

四、晚境（1959—1978）

哥德尔的晚年生活，一般人所知甚少。因为他除接待来访以及高等研究院的评议工作之外，大部分时间都在家里养病，可能顺便还研究点哲学。1959 年以后，他经常阅读和研究胡塞尔，并曾建议王浩也读胡塞尔 1905 年以后的著作，不过这方面他没有发表过任何论文。

他的身体一直不好，最后 10 年尤差。但他很重视自己的健康，又不相信大夫的话，自创了一套养生办法。1960 年代末他拒绝做前列腺手术，同时严格限制饮食，结果形容越发瘦削。晚年的节食甚至发展到有点偏执，怕食物中毒而饿着，以致最后的死亡证明上说他的死因是"营养不良和由于食物不足的虚弱"，恐怕这种情况也同他夫人的健康状况不无关系。这期间他的夫人动过手术，两次中风住进疗养院。这样他不但得不到夫人的照顾，反过来还得精心照顾她。在他的健康每况愈下时，早年就罹患的精神抑郁更加严重：去世前两年，他几乎不与外界联系，没有写过信，甚至也不给他哥哥写信。1978 年 1 月，短期住院之后，在 14 日的下午，72 岁的哥德尔在医院溘然长逝。他的夫人三年后去世，他们合葬于普林斯顿公墓。

哥德尔生前著作发表不多，身后遗留下大量手稿、笔记、讲演稿等达 6000 页之多，另外还有许多书信，这些在 1982 年至 1984 年被编目整理，其中一部分后来收入《哥德尔全集》的第Ⅲ、Ⅳ卷中。虽然哥德尔本人认为自己的哲学还没有达到前辈贤哲的境界，但是，这位逻辑学巨匠、大思想家还是有许多独特的思想值得进一步研究。

（作者：胡作玄）

参考资料

[1] Kurt Göodel. Collected Works [C]. Feferman, S. et al.（eds.）Vol. I. Publications 1929-1936, Vol II, Publications 1938-1974, Oxford University Press, 1986, 1990.

[2] Wang Hao（王浩）. Reflections on Kurt Gödel [M]. Mass: MIT Press, 1987.

[3] Wang Hao. From Mathematics to Philosophy [M]. Humanities Press, 1974.

[4] Wang Hao. Kurt Gödel's intellectual development [J]. Math.Intelligencer, 1, 1978: 182-184.

[5] Wang Hao. Some facts about Kurt Gödel [J]. J. Sym. Logic, 1981, 46: 653-659.

[6] Drucker, Thomas (ed.). Perspectives on the History of Mathematical Logic [C]. Birkhǎuser, 1991.

[7] Barwise, Jon (ed.). Handbook of Mathematical Logic [A]. Amsterdam: North-Holland, 1977.

[8] Russell, Bertrand. Autoliograpby [M]. vol. II. Gevrge Allen & Unwin, 1968.

亚历山大·米哈伊洛维奇·李雅普诺夫

（Александр Михайлович Ляпунов，1857—1918）

李雅普诺夫

圣彼得堡数学学派的健将

19 世纪末至 20 世纪初，当切比雪夫、马尔科夫的一系列创造性工作使西欧数学界感到震惊之际，又一位俄国数学家为新生的圣彼得堡数学学派增添了光彩：他在运动稳定性理论和旋转液团平衡理论方面的贡献堪与当时最伟大的法国数学家庞加莱相匹敌，在概率论、微分方程和势论方面也完成了出色的业绩。作出这些科学贡献的就是圣彼得堡学派的一员新秀亚历山大·米哈伊洛维奇·李雅普诺夫。

一、早年岁月

当非欧几何的奠基者罗巴切夫斯基被任命为喀山大学校长的时候，本文主人公的祖父正在那里当会计。这个普通职员的众多子女中有三人受到命运之神的特别垂青：长子维克多日后成了苏联科学院院士克雷洛夫的外祖父；幼女叶卡捷琳娜嫁给生物学家 P. M. 谢切埃夫，此人的哥哥 И. M. 谢切诺夫被称为“俄国生理学之父”；还有一个儿子就是本文主人公李雅普诺夫的父亲米哈伊尔·瓦西里耶维奇。米哈伊尔 1839 年毕业于喀山大学，随后留在该校的天文台工作，1856 年应聘到雅罗斯拉夫当一所名为捷米多夫斯基高级中学的校长。雅罗斯拉夫，这座以 11 世纪基辅大公命名的古城，南面莫斯科，北连阿尔汉格尔斯克，从 17 世纪以来就成了伏尔加河上游的重要商埠。米哈伊尔主持的捷米多夫斯基学校是当地的最高学府。他治校有方，颇得人望。翌年，即 1857 年 6 月 6 日，他的妻子索菲娅生下了一个男孩，这就是李雅普诺夫。

李雅普诺夫从父亲那里接受科学的启蒙。这位前喀山大学天文台的负责人经常向自己的爱子讲述一些宇宙的奥秘：太阳是一个巨大的燃烧的球，地球曾经是一团又黏又烫的旋转体，月亮就是从它上面被甩脱出来的。这些奇妙的知识在李雅普诺夫幼小的心中留下了终生难忘的印象。但是好景不长，父亲在他 7 岁那年双目失明，只好辞去职务，全家人迁居到母亲在西姆比尔斯克乡下的老家生活。又过了四年，父亲不幸去世了，姑妈叶卡捷琳娜看到兄嫂艰难地带着三个孩子生活，就把11岁的李雅普诺夫带到自己家中抚养。

她的家就是现在被命名为谢切埃夫村的一个贵族庄园。叶卡捷琳娜的丈夫十分喜欢妻子领回来的这个俊秀的内侄，让他与自己的女儿娜塔莉娅一同学习、玩耍。两人青梅竹马，两小无猜，若干年后结为伉俪，而且爱得极深。在姑妈家里，小李雅普诺夫还经常见到新当选为通讯院士的生理学家谢切诺夫。在以后的学术生涯中，他与这个年龄和专业与己都相差悬殊的生理学家结下了深厚的友谊。

1870年，母亲带着两个弟弟搬到下诺夫哥罗德（今高尔基城），同时领回了李雅普诺夫。从未进过中学的李雅普诺夫插班进入高中三年级，但他仍然感到课程太轻松了，许多知识在姑妈的庄园里就已学过，因此他有了大量的时间来阅读文学、历史和自然科学方面的作品。1876年，19岁的李雅普诺夫以获得金质奖章的优等成绩从中学毕业。

同年，他考入圣彼得堡大学，当时该校仅有文史、法律、东方语言和数学物理四个系。李雅普诺夫先在数学物理系的自然科学专业注册，常去听化学教授门捷列夫的课。但是不过一个月，他就感到数学的抽象性和严密性更适合自己的口味，于是毅然转到数学专业来上课。

二、幸遇良师

经过切比雪夫近30年的经营，此时的圣彼得堡大学数学专业已蜚声欧洲大陆，许多有才能的俄国数学家都被吸引到这里来。他们当中有科尔金、佐洛塔廖夫这样的中青年讲师，也有索霍茨基、波瑟这样的研究生，才华出众的马尔科夫也已是三年级的学生。李雅普诺夫偏爱力学，指导他的教师博贝廖夫是一位出色的力学专家。李雅普诺夫后来在纪念博贝廖夫的演讲中说道：

差不多四十多年来，我都记得我那已逝世的、我那在大学毕业后最初几年是我学习上的教师和导师博贝廖夫教授在世时的情景……感谢他为了我，经常在百忙之中抽出时间来审查我交给他的我的青年时代所写出的著作。他是一个非常纯朴而有气概的学者。当我在研究某些作者的著作时，一碰上不明白的地方，他往往细心地向我详细地解释。

大学的后两年对于李雅普诺夫来说特别艰辛，压力不是来自学业而是来自生活。慈母于1879年去世了，两个弟弟一个刚考入音乐学院、一个尚未成年，李雅普诺夫只好把小弟弟鲍里斯接到圣彼得堡，借居在姑父一个寡居的姐姐家里。恰好 И.М.谢切诺夫也是这所房子的常客，他提议由李雅普诺夫为他本人开设基础数学讲座，作为报酬由他支付兄弟两人的食宿费用。李雅普诺夫非常满意这一笔交易，除给这位令人尊敬的长辈讲一些数学知识外，他还经常出席谢切诺夫和他的学生们组织的郊游和各种读书会。谢切诺夫也鼓励他，要想在科学上取得辉煌成就，就要有百折不挠的勇气和坚韧不拔的毅力。就这样，李雅普诺夫一面为自己和弟弟的生计操劳，一面准备着毕业论文。在博贝廖夫的指导下，他撰写的关于流体静力学的论文获得系里的金奖。在此基础上他完成了《重物在固定容器所盛重液体中的平衡问题》和《液体静压的势问题》两文，于1881年发表在《俄国物理化学学会通讯》上。

1880年李雅普诺夫以优异的成绩从大学毕业，根据博贝廖夫的建议留在力学教研室工作。从某种意义上来说，力学是一门令人生畏的专业，古往今来，只有阿基米德和牛顿那样的巨匠才能同时在数学和力学领域建立辉煌业绩。

李雅普诺夫用两年的时间通过了硕士课程的考试，但是论文的选题迟迟未定，为此他去请教“大主教”切比雪夫。关于这件事，他在后来题为《关于天体的形状》的著名讲演中曾有详细的叙述，他说：

1882年，为了选择硕士论文题目，我不止一次地同切比雪夫交谈各种数学问题，而切比雪夫总是阐述这样一种观点，即对于已经具备了解决数学问题的所有年轻学者来说，那些虽然是新的，但是却能用众所周知的方法来解决的课题是不值得去光顾的，而应该把精力倾注到某个重大的，并且具有公认的、理论上困难的课题上。接着他就向我建议了如下的课题：“人们已经知道，在角速度的某种影响之下，椭球体不再是旋转液团的平衡形状；问题是，此时它们是否转变为某些新的平衡形状，这些形状在角速度略微增大时稍与椭球有所不同？”他又进一步说：“如果解决了这个问题，你的工作就会立即引起世人瞩目。”

踌躇满志的李雅普诺夫还不知道，“大主教”以前也向佐洛塔廖夫、柯瓦列夫斯卡娅等人提出过同一问题，而这些赫赫有名的学者都未能啃动这粒坚果。

他陷入了一场旷日持久的胶着战，在一年半的时间里绞尽脑汁也未能获得多少进展。当他向切比雪夫汇报自己所尝试的种种方法以及所遇到的困难时，连问题的提出者也感到吃惊。看来要在短时期内攻克这一难题是不可能的了，就此李雅普诺夫总结道：

> 经过若干次一无所得的尝试之后，我觉得应该暂时把这个问题搁置一段时间了。但是对它的思考却把我引向另一问题，即椭球状旋转液团平衡形态的稳定性，于是我决定以后者作为硕士论文的讨论内容。

论文于1884年完成，第二年1月正式通过了答辩。两位教授博贝廖夫和炮兵学院的布达耶夫作为论驳者。尽管与切比雪夫原来的问题相比，这篇论文仅仅讨论了一个特殊的情况，但是它的价值还是很快得到了国内外同行的承认。同年，李雅普诺夫被任命为讲师，转年英国《天文学公报》刊出了论文的摘要。若干年后，这篇论文还被全部译成法文发表在《土鲁兹大学学报》上。

与其他才华出众的青年数学家相比，李雅普诺夫为硕士学位付出了较多的时间和精力，但他对此终身不悔。相反，他由衷地感谢引导他从事力学研究的博贝廖夫，感谢给他出了一个这么困难的题目的切比雪夫，认为“切比雪夫以他的谈话和见解根本性地影响了我一生科学工作的方向”。

三、别开生面

1885年秋天，李雅普诺夫接受了哈尔科夫大学的聘请，以讲师的身份主持该校的力学讲座。哈尔科夫是乌克兰第二大城市，哈尔科夫大学是乌克兰的第一所高等学府。数学家和著名的唯物论者奥西波夫斯基曾担任该校校长，指导过切比雪夫的奥斯特洛格拉德斯基也曾在此求学。李雅普诺夫到来之前，力学讲座由伊姆含涅茨基教授主持，而当他于1881年被选为圣彼得堡科学院院士后，这个职位就一直空缺着。

当时沙皇政府刚通过了一个对大学中进步势力进行打压的议案，国民教育大臣杰里亚诺夫是这一反动措施的忠实执行者，鼓吹“要以宗教真理尊重财产所有权和遵守社会秩序根本原则的精神去教导青年”。哈尔科夫大学一直是乌克兰民主运动和民族主义者活动的大本营，因此学生们对这位新来的俄罗斯教师抱着一种怀疑和敌视的态度。后来成了李雅普诺夫得意门生的斯捷克洛夫回忆道：

> 众所周知，1884 年杰里亚诺夫的反动措施使学校条例遭到破坏。1885 年我已是大学三年级的学生，作为 1863 年条例[1]的拥护者，与绝大多数同学一样，对新秩序抱着极端对立的态度。当同学们得知从圣彼得堡来了一位新的力学教授，我们立刻就断定他是那个专谋私利的傀儡集团中的又一个可耻的庸人。但是，当学生们看到“一位仪表堂堂的美男子在我们敬重的老系主任列瓦柯夫斯基教授的陪同下步入教室”，骚动开始平静下来。我们的系主任作了简短的介绍之后离开了教室，这位与我们年龄相差无几的青年就开始用一种由于激动而略微发颤的声音讲起了质点动力学来。其实这门课早已由捷拉尔教授讲过，内容对我们来说并不陌生。但是他的演讲一开始，我就听到了自己未曾听过的东西，这是在我所认识的有名望的教师那里从未听到过的。因此，当初内心的敌意立刻烟消云散了。青年人亚历山大·米哈伊洛维奇以其未加修饰的魅力，竟然在一个钟头内征服了这批心怀偏见的听众。从那天起，李雅普诺夫在学生中获得了特别的威信和地位，我们开始怀着尊敬的心情对待他，一些本来对科学不感兴趣的同学也开始振奋起来了。

直到 1890 年以前，力学教研室几乎就是李雅普诺夫一个人在演独角戏：他既要当讲师，又要当助教，还要安排实验和指导学生写论文，就连授课的讲义也是他亲自编写的。即便如此，李雅普诺夫仍然没有忘记运动稳定性的研究，不过他还是没有直接触及切比雪夫提出的旋转液团平衡形状的稳定性问题，而是先对具有有限个自由度的力学系统的平衡形状的稳定性进行了研究。

这一问题来源于 18 世纪天文学家对太阳系运动规律的探索，拉格朗日和后来的狄利克雷都曾致力于此。从数学上来说，这一问题就是要根据一个微分方程组 $\frac{dx_k}{dt}=f_k\ (t,\ x_1,\ x_2,\ \cdots,\ x_n)$ 的结构来研究解的属性或确定其曲线的分布状况。1888 年，李雅普诺夫以《具有有限个自由度的力学系统的稳定性》一文揭开了这场攻坚战

1 指 1863 年国民教育部在社会压力下通过的一项关于扩大高校自治权利的条例。

的序幕，随后陆续发表了《刚体在液体中的正规螺旋运动》《具有周期系数的二阶线性微分方程理论中的一个系列》等文。最重要的工作则集中在博士论文《运动稳定性的一般问题》中。这篇论文于1892年9月在莫斯科大学通过答辩，论驳者是茹可夫斯基和姆洛捷耶夫斯基。答辩获得巨大的成功，评委们一致高度评价了李雅普诺夫在常微分方程定性理论中作出的开创性贡献。如同硕士论文一样，这篇文章也被全部译成法文登载在《土鲁兹大学学报》上。

假定上述方程组的右边是关于诸 x_k 的幂级数且没有自由项，很容易看出存在零解 $x_k=0$。在李雅普诺夫意义下，零解稳定性就是在半轴 $t \geqslant t_0$ 上关于初始数据的稳定性；换言之，李雅普诺夫意义的稳定性要求对满足 $t \geqslant t_0$ 的解 $x_k(t)$，其初始数据 $x_k(t_0)$ 的绝对值充分小时，其本身的绝对值也充分小。当相应的微分方程组可积时，判断稳定性并不困难，然而动力学系统中的微分方程往往是不可积的，于是只好引入近似方法，包括茹可夫斯基在内的一些学者都曾考虑过把方程组的右端换成幂级数展开式的线性部分，这样问题就归结为一个线性微分方程组的稳定性。但是用线性系统来替代给定的系统是否有效、何时有效都是不清楚的。庞加莱在1881年至1886年期间，以“微分方程所确定的曲线”为题考虑了二阶和部分三阶系统的情况，这可以说是李雅普诺夫之外寻求该问题精确解答的唯一尝试。

为了彻底解决这一问题，李雅普诺夫创立了两种著名的方法，其中第二种方法已成为稳定性研究中的基本方法，其关键是找出某个依赖于 t、x_k 的所谓李雅普诺夫函数，根据这类函数的稳定性去判断解的稳定性。利用这种方法，他在最一般的假定下解决了什么时候一次近似可以成为稳定性问题的解的问题。他还用这种方法检验了那些特别具有实际背景的系统，如方程组右端展开式的系数为常数或具有相同周期的函数的系统。对于前者，如果特征方程（一个几次代数式）的根都具有负实部，则原系统的解是稳定的；若有一个根具有正的实部，则原系统是不稳定的；如果不存在具有正实部的根却有实部为零的根，此时就不能利用一次近似来替换。对于后者，他论证了可能存在两种特别值得注意的情况，即特征方程有一个根为1及一对共轭虚根的模为1的实例。

就这样，李雅普诺夫与庞加莱同时完成了常微分方程定性理论的奠基工作，但是他们两人考虑问题的出发点和使用的方法是截然不同的：李雅普诺夫主要考虑解的性质，方法则纯属分析式的；庞加莱主要考虑方程所对应的曲线分布，广泛使用了拓扑方法。从某种意义上讲，他们的工作都是超越时代的，因此在以后很长一段时期内，除美国数学家伯克霍夫在庞加莱工作的基础上发展了动力系统理论之外，关于定性理论的研究一度保持着沉寂的局面。然而20世纪30年代以来，随着现代物理和工程技术的飞速发展，定性理论成了微分方程领域一个最热门的课题，李雅普诺夫的经典性工作也日益显示出巨大的意义。

获得博士学位的第二年，即1893年，李雅普诺夫晋升为教授。除了担负繁重的教学任务，他还特别关心地方的数学教育和普及工作。从1891年起他就担任了哈尔科夫数学学会的副主席，1899年起任主席兼会刊总编，他亲自为会刊撰稿，他的一些重要论文就是在《哈尔科夫数学学会通报》上发表的。在他的指导下，哈尔科夫很快发展成俄国又一个数学重镇，这里的数学物理研究工作特别引人注目。

谈到数学物理，还应提起李雅普诺夫在势论方面的工作。在1885年年初，李雅普诺夫就考虑在圣彼得堡大学开设势论课程，只是由于动身去哈尔科夫而未能实现。他到哈尔科夫的第二年就发表了两篇有关拉普拉斯方程边界值的论文。1897年，李雅普诺夫发表了《有关狄利克雷问题的某些问题》一文，他在这里首次对单层势和双层势的若干基本性质进行了严格的探讨，指出了在给定范围内狄利克雷问题解的若干充要条件。这一研究奠定了解决边界问题的经典方法的基础。从1886年至1902年，李雅普诺夫共发表了7篇势论方面的文章，它们当中深刻而新颖的思想成了一些后来者特别是斯捷克洛夫工作的出发点。

李雅普诺夫在哈尔科夫的最后一项研究是关于概率论方面的，虽然只有两篇论文，但是它们在概率论发展中所起的作用却是具有划时代意义的。早在大学三、四年级的时候，李雅普诺夫就系统地听过切比雪夫的概率论课，对老师当年在讲到极限定理证明时的一段话有着深刻的印象。切比雪夫当时是这样讲的：

> 我们在证明时做了种种假设，但是却未能估计出由此而产生的误差，因而我们的结论是不严密的。然而在目前，我们还无法采用任何令人满意的数学手段来证明这些结论。

要想理解切比雪夫这段话的内涵，就需对概率论的古典极限定理的历史做一简要回顾。

19世纪末，人们企图将拉普拉斯极限定理运用于独立随机变量的和，并力图在尽可能广泛的条件下证明这一结论，使其成为一个所谓中心极限定理。切比雪夫首先创立矩方法来证明这一定理，但是该方法要求随机变量的一切矩都有限的条件显然太苛刻了。马尔科夫为削弱这一条件做了一些工作，但本质上并无突破，他仍然要求对任何整数 $P>2$，这些随机变量的 P 阶矩在一定意义下的平均值 $M_n^{(P)} \to 0$（$n \to \infty$）。能否找到适当的 $\delta>0$（δ 不一定是整数），以 $P=2+\delta$ 阶矩的性质来代替马尔科夫的条件呢？这便是李雅普诺夫所考虑的问题。

1900 年，他在《概率论的一个定理》中，首先将 δ 取作 1，试图仅仅用 $M_n^{(3)} \to 0$（$n \to \infty$）来代替马尔科夫的条件，但是由于推算中的困难，他不得不做了某些让步，另外加上所有随机变量的 3 阶矩一致有界等条件，从而部分实现了用 3 阶矩的存在去代替一切矩的存在的拓广。接着，他又于 1901 年发表《概率论极限定理的新形式》，对 $0<\delta \leqslant 1$ 的任意 δ 都证明了中心极限定理。李雅普诺夫的成功，其意义不仅在于他所证明的定理的内容，而且在于他在证明过程中所创造的一种崭新方法——特征函数法。这一方法的引入，实现了概率论极限理论在研究方法上的变革，为这门学科日后的飞跃发展准备了条件。

所谓特征函数方法，就是对每一个随机变数 X〔或其分布函数 $F(X)$〕做一个富里埃变换，得到一个实变数的复值函数 $f(t)=Ee^{itx}=\int e^{itx}\mathrm{d}F(X)$；在这样的变换下，相互独立的随机变数的和的特征函数刚好是各加项的特征函数的乘积：$f(t)=Ee^{it(x_1+x_2)}=E(e^{itx_1}\cdot e^{itx_2})=Ee^{itx_1}\cdot Ee^{itx_2}=f_1(t)\cdot f_2(t)$，这样就为研究独立随机变数和的极限分布提供了一个简便有力的工具。因为独立随机变数和的分布是各加项的分布的卷积，而在加项数目趋于无穷的场合，对卷积做数学处理是比较困难的，为此切比雪夫和马尔科夫才设法通过矩来考察其一般规律，所以矩方法所损失的信息过多。特征函数方法则保留了随机变数分布规律的全部信息，同时提供了特征函数的收敛性质与分布函数的收敛性质之间一一对应的关系，因而这一方法一经引入，就使独立随机变数和的弱极限理论获得疾足长进的机会。若干年后，两位瑞典数学家克拉梅和艾森对李雅普诺夫估值法的精确化做了很好的工作，苏联数学家伯恩施坦和林尼克也对李雅普诺夫的方法做了极大的推广，进一步的发展则导致了辛钦、格涅坚科等人现代极限理论的蓬勃发展。

1900 年，李雅普诺夫以其多方面的出色成就当选为圣彼得堡科学院的通讯院士，转年晋升为院士并兼任应用数学部主席。这个位置自 1894 年切比雪夫去世以后就一直虚席以待。为此李雅普诺夫不得不告别生活工作了 17 年的哈尔科夫而到圣彼得堡赴任。大学的师生们都有些恋恋不舍，布泽斯库尔教授代表大家说出了产生这种感情的原因，他说：

> 李雅普诺夫是属于那些形成大学真正灵魂的教授们之列的，学校因这些人而存在和繁荣，他们给同事们带来榜样。一切低贱的东西对他来说都是格格不入的，他经常沉醉在科学的幻想之中。

对于李雅普诺夫个人来说，前面是一条更辉煌的道路，但他对过去的这17年怀着无限的眷恋。若干年后，每当他同人谈起往事，总是满怀深情地说，哈尔科夫的日子是他一生中最幸福的时期。

四、重返圣地

李雅普诺夫回到自己接受数学洗礼的圣彼得堡时，“大主教”切比雪夫已溘然谢世，但圣彼得堡数学学派的光辉却如北极光一样辉耀于波罗的海之滨，全欧洲都在瞩目这个新的数学研究中心。李雅普诺夫没有回母校任教，而是在科学院里从事研究和领导应用数学部的工作。

在切比雪夫众多的学生中间，成就最显赫的两位就是马尔科夫和李雅普诺夫。马尔科夫虽然只比李雅普诺夫年长一岁，但是在事业上却总是顺顺当当地走在李雅普诺夫前面，他比李雅普诺夫早两年考入圣彼得堡大学，又早两年从大学毕业，早五年取得硕士学位，早六年取得博士学位，早五年成为科学院院士；两人虽然同于1893年成为教授，但马尔科夫早在1886年就已成为圣彼得堡大学的副教授了，而当时李雅普诺夫刚取得哈尔科夫大学的讲师资格。尽管有这些差距，但是他们两人都很清楚对方的创造力，彼此视为学术上的畏友，谁也未曾想过要压倒对方来取代切比雪夫的位置。因此，尽管李雅普诺夫在概率论中心极限定理的研究中采取了一种似乎是“异端”的方法，从而使切比雪夫和马尔科夫工作中的弱点暴露出来，但他与马尔科夫之间仍然维系着良好的关系。马尔科夫由此而对矩方法做出的改进则再次引起了概率论研究方法的变革，对这门学科的现代化产生了巨大的影响。

李雅普诺夫不习惯圣彼得堡上流社会的那种奢华的社交活动，他经常深居简出，每天伏案工作到深夜。他身边的一些熟人多是数学界的同行，除了马尔科夫、科尔金、波瑟这些老朋友，一些年轻的新秀也开始出入他的家门。斯捷克洛夫已于1896

年成为教授，1903 年当选为科学院通讯院士，在正交函数论和数学物理方面颇有建树。他于 1906 年来到圣彼得堡，1907 年成为科学院院士，十月革命以后曾任苏联科学院副院长和数学物理研究所所长，苏联的数学研究所曾以他的名字命名。另一个后起之秀克雷洛夫是李雅普诺夫的表外甥，毕业于海洋学院并留校任教，在近似计算和船舶设计方面卓有成绩，1914 年当选为科学院通讯院士，1916 年晋升为院士。

这时候，李雅普诺夫已把全部精力倾注到切比雪夫当年向他提出的旋转液团平衡态的稳定性问题上来了。1903 年年初，工作刚刚有了些头绪，斯捷克洛夫从巴黎来信告诉他一个信息，原来无所不通的庞加莱也在考虑同样的课题，不久前在巴黎大学理学院使用的讲义已汇集成《流体物质的平衡形状》一书，将于近日出版。李雅普诺夫遂于 2 月 15 日复信斯捷克洛夫，不无遗憾地感谢对方的及时通告，他在信中推测庞加莱已经完全掌握了自己正在完善的思想方法，于是决定改换研究方向，开始考虑缓慢旋转的非均匀液团的平衡态问题。但是仅仅过了一个星期，李雅普诺夫就收到斯捷克洛夫寄来的庞加莱写的小册子，仔细阅读之后，他发现庞加莱的书中只以简略形式呈现自己 18 年以前就得到的结果，书中并没有提到近似于椭球的平衡形状存在的证明，因此他又跃跃欲试，准备在短期内先拿下非均匀液团的平衡态问题，然后再一举攻克切比雪夫当年提出的问题。关于这段插曲和他最后的战略选择，可以从他 2 月 21 日致斯捷克洛夫的信中清楚地看出来。他在信中说：

> 我的研究被中断了一个星期……这在两方面都是有益的：第一，使我选择了新的研究方向；第二，使我搞清了原来的研究存在着重要的简化的可能性。

4 月 7 日，他在给斯捷克洛夫的信中进一步写道：

> 只是在上个星期，我才消除了在证明拉普拉斯问题级数解的收敛性上所遇到的一切疑团，现在必须把这个到目前为止还是非常复杂的证明加以简化，然后根据新的结果写一本小册子；再转向我于 1 月份所开始的工作。后一课题的详细报告很难在一年内写好，因为对某些内容还要认真推敲。

关于缓慢旋转的非均匀液团的平衡态问题的最早研究起始于法国 18 世纪数学家

克莱罗，他把这类液团看成是由不同的旋转椭球面所组成的，所用方法是近似的。后来他的同胞拉普拉斯提出了一种依赖于球函数的级数展开式的方法，但是还遗留着一个收敛性的尾巴未曾解决，这就是李雅普诺夫信中所指的“疑团”。信中提到的“一本小册子”当年就完成了，这就是《关于天体形状的理论探索》，他在书中证明了存在着近似于球体的这类条件下的平衡形状，并将问题化为某种积分－微分方程组的解，而以克莱罗方程作为自己理论体系的第一步近似。第二年他又在《关于行星形状理论中的克莱罗方程及其推广》中继续研究了这类积分－微分方程组，证明了其中的每一个方程都有一个满足于某项自然条件的定解。1915 年，李雅普诺夫再一次把注意力转移到非均匀旋转液团这一课题上来，在他逝世后被发现的遗稿《非均匀旋转液团的某些平衡形状》中，人们发现他业已证明任何非分叉的麦克劳林椭球或雅可比椭球都可能演化成新的平衡形状，它们与原来的形状相近并保持角速度不变，密度则呈弱变化。

椭球状或近似于椭球状的旋转液团的平衡问题也来源于天体力学。牛顿根据万有引力定律，提出包括地球在内的许多行星的早期都是一种在旋转轴方向上偏离的旋转椭球体，他在 18 世纪的继承人麦克劳林首先严格论证了这一假说，从此这类椭球便被公认为均匀旋转液团的一种可能的平衡形状。1834 年，德国数学家雅可比证明了三个半轴都不同的椭球体也可能是一种均匀旋转液团的平衡形状。1874 年，柯瓦列夫斯卡娅又在关于土星环的研究中阐述了环状的平衡形态。1885 年，庞加莱用统一的分析方法综合上述成果，指出均匀旋转液团必定存在着多种不同形式的平衡形态，其中一个可能的形状是与椭球体近似的分叉梨状体；他还进一步推测，这种体系演化的结果可能是一大一小两个互绕旋转天体的平衡形状。1902 年，G. H. 达尔文[1]根据庞加莱这一未经证明的猜测，在假定梨状体稳定的前提下解释了地球－月球系统的成因。

尽管有这样多的杰出学者致力于这一课题，近似于椭球体的新的平衡形态存在性的严格论证还远未达到。对于李雅普诺夫来说，详细的报告也的确“很难在一年内写好”。1905 年，他先以《一个切比雪夫问题》为名，概括性地介绍了解决这一问题的一般方法和他在近期内取得的成果。详细的研究报告则以“近似于椭球体的均匀旋转液团的平衡形状”为总标题，分成四篇论文于 1906、1909、1912 和 1914 年陆续发表。

李雅普诺夫在第一篇论文中建立了基本方程并原则性地阐述了解方程的方法，由

1 即著名生物学家达尔文的次子，时任英国皇家学会会员和剑桥大学天文学教授。

此不仅可以导致新的平衡形状存在的证明，而且可以达到所要求的任何精度。除此之外，他还找出了椭球数目与旋转液团倾角之间的关系，指出了何时存在着两个麦克劳林椭球和一个雅可比椭球、何时仅存在着两个麦克劳林椭球以及何时为球状的界限，进而又指出这些平衡形状互相转化的条件。这一篇还包括对某些超越方程的精细讨论，以此来确定分叉椭球的形状并揭示了某些平衡形状的对称性质。

第二篇主要是一些详细的近似计算，用以确定与麦克劳林椭球相近的新的平衡形状，以及这种形状应具有的角速度和数量矩。

第三篇与 G. H. 达尔文 1902 年发表的《从一个旋转液团分出二体理论解释双星起源》一文有关。按照李雅普诺夫的研究，旋转液团在某一阶段时所具有的近似于椭球体的梨状形态是不稳定的，它将很快地恢复成椭球状，这一点与 G. H. 达尔文的前提刚好相反，因此两位学者和他们各自的支持者们之间展开了一场长达数年的论战。直到 1917 年，G. H. 达尔文的学生、英国天体物理学家金斯验证了双方的结果，宣告 G. H. 达尔文的计算有误，这场学术上的风波才告平息。

第四篇再次回到基本方程的讨论上来，李雅普诺夫引入了一个以极角 θ 和 ψ 为自变量的函数 ζ，作为对平衡形状的表面与椭球面之间差别的标志。这使他又得到一些新的重要公式，从而建立了发现新的平衡形状的新方法。这个函数 ζ 是以无穷级数的形式给出的，它体现了与第一篇中所引入的公式间的关系。

在这一系列出色的研究报告中，李雅普诺夫不但创造了不少巧妙的近似方法来求解相应的非线性积分和积分 – 微分方程，而且严格地证明了这些方法的收敛性；他在斯提吉斯 – 黎曼意义下推广了积分的概念，并证明了若干新的球函数定理。1915 年以后，李雅普诺夫又发表了多篇论文来完善自己的理论，其中值得特别称道的是 1916 年的两篇：《近似于椭球体的均匀旋转液团的表面方程》详细地讨论了用来定义上述 ζ 函数的无穷级数；《近似于椭球体的均匀旋转液团平衡理论的新考察》则以多种数学工具证明各种存在性问题，给出了新的平衡形状的方程构造模式。

就这样，圣彼得堡科学院院士李雅普诺夫的大名随着他在纯粹数学和天体力学领域的卓越贡献而声誉鹊起，庞加莱、皮卡、科赫、科瑟拉等人都来信赞扬他的工作。1908 年，李雅普诺夫赴意大利罗马出席第四次国际数学家大会，得以会晤正在这里养病的庞加莱。1909 年他被意大利林赛科学院选为国外院士，1916 年被巴黎科学院选为通讯院士。从 1909 年起，他就是圣彼得堡科学院属下的欧拉全集编辑委员会的成员并亲任 18、19 两卷的主编。他是圣彼得堡、哈尔科夫和喀山三所大学的荣誉成员。

他不愧为切比雪夫最优秀的弟子、圣彼得堡数学学派的健将。

五、功名身外

李雅普诺夫醉心于数学创造，在圣彼得堡过着一种近乎隐居式的生活。除大弟弟谢尔盖的演奏会外，人们很少能在公众场合见到他。经常出入他家门的只是少数几个亲友和同行，因此他多少给人留下一种孤芳自赏的印象，但是斯捷克洛夫说：

> 在李雅普诺夫看似冷淡无情甚至令人生畏的外表背面，隐藏着一个很有气概和富有同情心的魂灵。我们可以说，他具有一颗纯洁无瑕的童心。

20 世纪初叶的俄国，沙皇专制统治已濒崩溃，进步的知识分子都投身于民主与解放运动的洪流之中，李雅普诺夫也不例外。1905 年 1 月 20 日，他在一份抨击沙皇政府的教育制度、要求改革教育现状的宣言上签下了自己的名字。1915 年，当莫斯科大学的反动教授涅克拉索夫提出要在中学开设概率论以培养学生的宗教感情时，他与马尔科夫一道对这一荒谬的提议进行了尖锐的批判。

工作之余，李雅普诺夫喜欢欣赏俄罗斯原野的壮美景色。每当夏季来临，他都要回到西姆比尔斯克母亲的旧居生活。他是一个出色的园艺师，母亲留下的乡间别墅的周围点缀着他亲手栽培的棕榈、常春藤和月季花。

他尊师敬长，常常向别人谈起切比雪夫和博贝廖夫的教导，对 И.М. 谢切诺夫的恩泽也没齿不忘。在家里，他是一个好兄长、好丈夫。父母双亡后，他毅然承担起两个弟弟监护人的义务，在很困难的情况下供养他们上学深造，直至成为有用人才。但是最能说明他富有人情味的故事还是他与妻子娜塔莉娅深沉的爱情。

还在借居姑妈家两小无猜之时，他们彼此就有了好感。1886 年 1 月，李雅普诺夫利用寒假之机，从哈尔科夫赶到圣彼得堡，与娜塔莉娅举行了婚礼，从此两人再没有分开过。娜塔莉娅是一位高雅的艺术鉴赏家，对斯拉夫语系的某些关系也有兴趣，翻译过若干塞尔维亚语作品。专业上和生活情趣上的差异并没有隔断两颗互相爱慕的心，温柔美丽的娜塔莉娅给李雅普诺夫的生活带来了欢乐。1911 年，娜塔莉娅在瑞士旅行时不幸染上肺病，多方寻医治疗仍无好转。这时候李雅普诺夫的小弟弟鲍里斯已是敖德萨大学的斯拉夫语教授，他希望黑海岸边的温暖气候有助于嫂嫂的康复，于是热情邀请哥哥嫂嫂前来疗养。

1911 年夏天，李雅普诺夫夫妇来到敖德萨，经过一段时间的治疗，娜塔莉娅的病情略有好转。1917 年春天，他们又一同到芬兰疗养，6 月再度来到敖德萨。为了治好爱妻的沉疴，李雅普诺夫不惜中断自己的工作，花光所有的积蓄。但是随着国内外政治局势的剧烈动荡，营养品和药品日益短缺起来。1918 年，德奥军队一度占领敖德萨，这座城市与圣彼得堡的联系被完全切断了，娜塔莉娅也一再昏迷虚脱。为了挣得购买高价药品的钱，李雅普诺夫应允在敖德萨大学开设讲座，讲座的名称是“关于天体的形状”，每次两个小时。他的讲座一时轰动了校园，许多教授、讲师都赶来听讲。1918 年 10 月 28 日，李雅普诺夫的第七次讲演尚未结束，娜塔莉娅病危的消息传来，他匆匆致歉后就离开了教室，听讲者中没有人会想到这堂课竟会是他的最后一次讲演。10 月 31 日，娜塔莉娅终于停止了呼吸，李雅普诺夫悲痛欲绝，用手枪对着自己的胸膛开了一枪。人们立即将他送到医院抢救，但是他连续三天昏迷不醒。1918 年 11 月 3 日，这位卓越的数学家辞别人世，享年 61 岁。

人们尊重他的感情，把他与娜塔莉娅合葬在一起。墓碑上刻着如下铭文：

运动稳定性理论、旋转液团平衡形状理论、微分方程定性理论的创立者，概率论中心极限定理和一系列其他深刻的数学力学课题的探索者。

（作者：苏淳　刘钝）

参考资料

[1] А. М. Лукомская. Александр Михайловкч Ляпузов [C]. Издательство АН СССР, 1953.

[2] В. П. Цесевич. А. М. Ляпунов, Издательство Знани [C]. Москва, 1970.

[3] И. З. Штокало. История Отечественной Математики [C]. Издательство Наукова Думка, Киев, 1967.

[4] Ch. C. Gillispie. Dictionary of Scientific Biography [A]. New York: Charles Scribner's Sons, Vol. 8, 1971.

安德烈·安德烈耶维奇·马尔科夫

（Андрей Андреевич Марков，1856—1922）

马尔科夫

圣彼得堡数学学派的中坚

在当代数学科学的殿堂中，一种叫作随机过程的数学模型，看似抽象，其实与大自然和人们的各种社会生产乃至日常生活活动都有着密不可分的联系。例如：从银河亮度的起伏到星系空间的物质分布，从分子的布朗运动到原子的蜕变过程，从化学反应动力学到电话通信理论，从谣言的传播到传染病的流行，从市场预测到密码破译，其中所贯穿的随机过程理论及其应用的身影几乎无所不在。人类历史上第一个从理论上提出并研究这个过程模型的是一种被称为“马尔科夫链”的数学理论，它是20世纪初俄国数学家安德烈·安德烈耶维奇·马尔科夫的伟大创造。马尔科夫在数学上的贡献和他为科学与民主奋斗的一生，永远值得后人景仰。

一、坎坷的早年经历

与莫斯科毗邻的梁赞是俄罗斯的森林基地和谷仓，苍绿的林海和金黄的麦田覆盖着广袤的大地，蜿蜒的奥卡河静静地流过省会梁赞市，给这座城市带来繁荣与生机。1856年6月14日，马尔科夫出生在梁赞省林业厅一个六等文官的家庭。

这是一个旧式的小官吏家庭，老马尔科夫结过两次婚，共生育了五男四女，这一大家子的衣食温饱，像座山似的压在他瘦弱的肩上。然而命运多舛，老实人在官场并不得意。后来遭人诬陷被迫辞职，一家人只好迁居圣彼得堡另谋生路，这一年马尔科夫刚满5岁。父亲在一个有钱的寡妇那里找到了一份差事，替她管理庄园并承办一个私人事务所。这时候，马尔科夫不幸患了骨结核，膝盖肿得像面包一样，一条腿完全不能弯曲。但是马尔科夫是个性格坚强的孩子，他坚持拄拐行走，忍着剧痛活动僵直的关节。与病痛斗争的经历磨炼了他的意志，不公平的命运使他萌发了向困难抗争的勇气。10岁那年，他的腿疾经手术治疗后好转，只是稍稍留下了一点后遗症，但是这段生活在他心灵深处留下了终生难忘的印象。历史上有许多巧合，命运给圣彼得堡数学学派的两位大师安排了相似的童年：马尔科夫的恩师切比雪夫幼年也曾腿残。他们后来的师生情深，是不是也有同病相怜的成分呢？

中学时代开始了，马尔科夫被送到圣彼得堡第五中学。这是一所完全按照东正教的陈规旧俗来治理的学校。学生们每天除了要连篇累牍地背诵希腊和拉丁文经典，还要不断举行各种祈祷和忏悔仪式。马尔科夫厌恶这种令人窒息的环境，除了数学，他对学校里的其他课程都没有兴趣。为此他的父亲常被校长请到学校，为他承受那令人难堪的嘲讽与训斥。马尔科夫有两个姐姐也在这所学校读书，她们的学业成绩优秀，操行总是得到老师的表扬，唯独桀骜不驯的马尔科夫总是不能引起老师的好感。

如果以为马尔科夫仅仅迷恋数学那就错了，他也读了大量非数学内容的课外作品，但那既不是教师推荐的罗马编年史，也不是廉价的法国爱情小说，而是一些高年级学生偷偷带到学校里来的进步读物。19 世纪 60 年代是俄国民主启蒙运动空前高涨的时期，车尔尼雪夫斯基、杜勃罗留波夫、皮萨列夫等人犀利的政论文章和生动的文学评论像春风般在青年学生中传播着，马尔科夫从这些作品中汲取了力量，对沙皇专制和教会的思想统治充满了怀疑。在一次文学课上，老师布置学生们写一篇评论来分析《叶甫盖尼·奥涅金》的抒情风格，马尔科夫却交上了一篇皮萨列夫式的书评，对普希金笔下的俄国社会进行了入木三分的分析。这一胆大妄为的举动触犯了顽固守旧的教师，他在马尔科夫的作业上批道："你过多地阅读了否认人间一切美好感情的作家的作品。"

马尔科夫的举动引起了学校当局的注意，父亲被传唤的次数越来越多了，就在临近毕业的那个学期，危机终于爆发出来。在一次例行的祈祷仪式临近结束时，心不在焉的马尔科夫把《圣经》匆匆塞进口袋，只盼着赶快跑到庭院里去一吐胸中郁积的污浊之气，凶神恶煞般的学监突然出现在他面前，指责他破坏了宗教仪式的肃穆气氛。人群大哗，仪式收场，马尔科夫被带到校长室，被斥为无神论者和无政府主义分子，校长扬言要立即开除他的学籍。父亲闻讯赶来，再三赔礼道歉才算平息了这场风波。

丑小鸭不喜欢水草蔓生的池塘，因为那里不是它未来的天地。对于数学，马尔科夫却有着一种自发的热情，他独立地学习了许多课外知识，数学水平远远地超过了一般的高中学生，当别人还在为一元二次代数方程困惑不解的时候，他已在独自钻研微分方程了。有一次他发现自己找到了一种与教科书不同的常系数线性常微分方程的解法，立即写信告诉了当时俄国最有资历的数学家布尼亚科夫斯基，后者把信转给了自己的学生科尔金和佐洛塔廖夫，他们很快给马尔科夫回了信，鼓励他投考圣彼得堡大学数学系，以数学作为自己终生的事业。马尔科夫发现的解法虽然已由别人先提出了，但是他的数学才能给两位学者留下了深刻印象，若干年后，他们都成了马尔科夫的老师和同事。

1874 年，马尔科夫考入圣彼得堡大学数学系，从此脱离了那个令人感到压抑的环境，开始在绚丽多姿的数学王国里自由呼吸。1878 年，马尔科夫以优异成绩毕业并留校任教，毕业论文《以连分数解微分方程》获得当年系里的金质奖。两年后他完成了《关于双正定二次型》的硕士论文，并正式给学生开课。又过了两年，他开始考虑《关于连分数的某些应用》的博士论文，于 1884 年通过正式答辩。

1883 年，马尔科夫与自幼相识的女友瓦里瓦契耶娃结为伉俪，新娘的母亲就是老马尔科夫当年的女雇主。大学时代的马尔科夫给读高中的瓦里瓦契耶娃当过业余家庭教师，正是这种频繁的接触催开了这一对年轻人心中的爱情花朵。但是一开始那位富孀是不赞成这门婚事的，因为她一想起当年那个在花园里拄着拐杖踽踽独行的可怜孩子和经常使他忠厚的管家心绪不宁的桀骜少年，心里总是觉得他靠不住。最后，事实战胜了成见，面对这个事业上不断获得成功的青年助教，她终于感到无可挑剔了。

二、问津数论王国

对于一个决心把终身奉献给数学的年轻人来说，圣彼得堡大学具有足够的魅力：切比雪夫正在这里稳步地实施着建立一个俄罗斯数学学派的抱负，科尔金、佐洛塔廖夫、索霍茨基、波瑟也都正当盛年。马尔科夫的事业将从这里开始。他如饥似渴地向这些前辈们学习，很快熟悉了他们的风格和方法，成了这个数学团体中的一个新成员。当科尔金和佐洛塔廖夫在高年级学生中组织代数与数论的讨论班时，他们毫不犹豫地把这个在中学时代就敢于向大权威谈论自己发现的学生吸收进来。马尔科夫不负众望，他的第一项重要的数学工作，就是沿着科尔金和佐洛塔廖夫两人所开辟的道路完成的。

型的理论是代数数论中的一个重要课题，欧拉、拉格朗日、高斯这些大数学家都曾为它付出艰辛劳动。表达式 $ax^2+2bxy+cy^2$（a、b、c 皆为整数）是一个二元二次型（亦称双二次型），这是二次型中最简单的一种形式。在给定判别式 $D=b^2-ac$ 的条

件下，寻找二次型的极值是一件相当有意义而又十分棘手的工作，若干年来虽然有一些进展，但是疑点仍然不少。例如对于具有负的判别式值的双二次型来说，人们曾证明了存在着相同类最小值的上界 $\sqrt{\frac{4}{3}|D|}$，而且该类型还具有这样一种性质：对于开区间（0，$\frac{4}{3}$）中的任意一个 K 值，都可有一列该类二次型，其最小值任意精确地渐近于 $\sqrt{K|D|}$，而判别式一旦成为正值，这种连续性就骤然消失了。那么，对于判别式为正的双二次型来说，其最小值的分布呈现什么样的状态呢？科尔金和佐洛塔廖夫证明了在 $D>0$ 的条件下，只有 $a=-2b=-C=\sqrt{\frac{4}{5}D}$（或与其等价）这种双二次型的最小值才是 $\sqrt{\frac{4}{5}D}$，而其余形式的双二次型的最小值都不大于 $\sqrt{\frac{1}{2}D}$。这一结果得到法国当时著名数学家埃尔米特的高度评价。

马尔科夫 1880 年的硕士论文就是对这一结果的彻底完善化。他证明了两位老师找到的数值 $\frac{4}{5}$ 和 $\frac{1}{2}$ 不过是一个收敛于 $\frac{4}{9}$ 的无穷递减正数列 $\{N_k\}$ 中的前两项，而通项 N_k 的值则取决于不定方程 $x^2+y^2+z^2=3xyz$ 在某些附加条件下的整数解。他还给出了由不定方程的解来计算 N_k 的具体方法，从而建立了二次型表示论与古老的丢番图方程的联系。他的进一步结论是：（1）对于数列 $\{N_k\}$ 中的每一项，都有一种最小值为 $\sqrt{N_k\cdot D}$ 的正的不定二次型与之对应；（2）若正的不定二次型的最小值不小于 $\sqrt{\frac{4}{9}D}$，则必为数列 $\left\{\sqrt{N_k\cdot D}\right\}$ 中的一个。这样，马尔科夫就彻底地搞清了判别式大于零时不定双二次型最小值的分布情况，极大地推进了科尔金和佐洛塔廖夫的结果。

在这项研究中，马尔科夫已表现出了切比雪夫等前辈学者对他的影响，那就是善于联系经典问题、充分利用初等工具、追求解的精确性与实用性和不畏繁复计算等鲜明的圣彼得堡风格。论文附有一个包括前 20 个 N_k 值计算程序和结果的大表，每一行数据都对应着一个复杂的丢番图方程。甚至早期圣彼得堡数学家的一个缺点在这项研究中也有所反映，那就是马尔科夫完全排斥了几何背景，因为他和切比雪夫一样怀疑几何语言的严密性。其实，在型表示论中借用几何语言最自然不过了。高斯关于三元二次型几何意义的说明被认为是闵可夫斯基关于数的几何理论的开端，早期圣彼得堡数学家在这一领域可谓失之交臂。

不管怎么说，马尔科夫这项工作的完成，表现了他超乎常人的数学直觉和洞察力，这种能力加上坚韧不拔的毅力使他很快就超过了自己的许多老师和同辈，成为圣彼得堡数学学派的杰出代表和中坚分子。

双二次型最小值的分布搞清楚以后，马尔科夫开始注意多个变元的二次型，只是由于教务倥偬，直到 11 年后才发表了进一步的研究成果。1901 年，他在《关于不定三元二次型》中给出了该类型的前四种极值形式（其中一种也为科尔金所得到）。1909 年，他汇集了自己关于三元二次型的成果，出版了包括所有判别式不大于 50 的三元二次型最新数据在内的专著。这些工作都是伴随着大量复杂的计算进行的，马尔科夫不仅通过计算提供了问题的解，而且对于发展计算方法也作出了贡献。此后他又研究了四元二次型，并得到其极值的前两种形式。

代数数论中的另一个重要课题是关于理想的理论。1843 年，德国数学家库默尔在企图证明费马大定理的壮举中被一道小河沟挡住了。看过他手稿的狄利克雷毫不客气地指出，代数域上的素因子分解唯一性定理对代数数不一定成立，而素因子唯一分解的假定对于他的证明又是绝对必要的。为了克服这一障碍，库默尔开始在一系列论文中创立和发展一种叫作理想的理论，借助理想数来实现代数域上素因子的唯一分解。举例来说，在数域 $a+b\sqrt{-5}$ 中，$6=2\times3=(1+\sqrt{-5})(1-\sqrt{-5})$，容易看出数 6 的这四个因子都是该域中的素整数，因此唯一性分解不成立。但如引进理想数 $\alpha=\sqrt{2}$、$\beta_1=\dfrac{1+\sqrt{-5}}{\sqrt{2}}$、$\beta_2=\dfrac{1-\sqrt{-5}}{\sqrt{2}}$，则 $6=\alpha^2\beta_1\beta_2$ 为唯一分解（注意这时 2 和 3 不再是不可分解的了，因为 $2=\alpha^2$，$3=\beta_1\beta_2$）。从此对理想的研究在一个时期内达到高潮。佐洛塔廖夫曾致力于三次方根域上理想素因子的分解，可惜这位年轻有为的学者 31 岁就逝世了。在为纪念佐洛塔廖夫而出版的文集中，马尔科夫给出了数域 $\sqrt[3]{A}$ 分解为理想素因子的当时最好结果，并算出了 $A\leqslant70$ 的所有数据。

马尔科夫等人在代数数论方面的工作与切比雪夫在解析数论方面的工作一起，确立了圣彼得堡数学学派在数论领域的领先地位。但他并不以此为满足，而是很快地把目标转向一系列更广泛的数学题材，特别是在古典分析领域作出了新的贡献。

三、涉足分析领域

古典分析是圣彼得堡数学家擅长的又一个领域，马尔科夫广泛涉猎了这一领域中的若干分支：从矩的理论到积分运算、从函数逼近论到微分方程、从内插法到近似计算，处处都有他辛勤耕耘的足迹。这一系列工作是从切比雪夫的一篇论文开始的。

1833 年，法国一个不太出名的数学家比内梅在向巴黎科学院递交的一篇论文中，将力学中矩的概念做了推广，文章直到 34 年后才在刘维尔的杂志上刊登出来。切比雪夫立即意识到矩的研究具有重要意义，并试图在概率论的极限定理证明中应用这一工具。他在 1874 年写成的论文《关于积分的极限值》中提出：若函数 $f(x)$ 在区间 (a, b) 上非负，并且前 $n+1$ 个矩 $m_k=\int_a^b y^k f(y)\,\mathrm{d}y$ $(k=0, 1, \cdots, n)$ 都已给出，要求在 (a, b) 中找到适当的 x 值，使得积分 $\int_a^x f(y)\,\mathrm{d}y$ 分别取得该区间上的最大值和最小值。他本人以连分数形式给出了某些极值不等式，但没有证明。1884 年，马尔科夫在《某些切比雪夫积分的证明》一文中给出了这些不等式的严格证明，并在同年通过的博士论文的第三部分给出了切比雪夫问题的完整解答。

后来马尔科夫在概率论的研究中一再回到矩的问题上来，其中最重要的一个结果发表在 1897 年的《关于矩的 L 问题》中，在这里他把切比雪夫问题拓广为：若已知其前 $n+1$ 个矩的非负函数 $f(x)$ 在区间 (a, b) 上满足不等式 $0 \leqslant f(x) \leqslant L$（$L$ 为一给定常数），又设 $g(x)$ 是给定了的 (a, b) 上的实函数，要求找出积分 $\int_a^b f(x)\,g(x)\,\mathrm{d}x$ 对一切可能的 $f(x)$ 的最大值和最小值，并分别确定使其达到极值的两个具体的函数 $f_1(x)$ 和 $f_2(x)$。这里已经出现了泛函的雏形，马尔科夫在假定了 $g(x)$ 前 $n+1$ 阶导数存在且它本身在 (a, b) 上不变号的条件下解决了这个问题，这使他建立起了一种相当简单而又带有修正项的新的求积公式。

几乎在马尔科夫证明切比雪夫不等式的同时，荷兰数学家斯提吉斯也开始了同样的研究，他在《关于所谓力学积分法的研究》一文中给出了与马尔科夫类似的结果。一开始俄国数学界宣称拥有优先权，斯提吉斯则声称自己没看到马尔科夫的论文，也不知道切比雪夫原先提出的问题。事实也的确是这样。问题搞清楚以后，马尔科夫与斯提吉斯成了很好的朋友，他们寄书鸿雁，频繁地交流各自在矩理论以及有关内插法、构造积分、余项估价和连分数等方面的新成果，这种关系一直维持到斯提吉斯逝世。就在斯提吉斯去世前不久，他发表了带有综述性的《关于连分数的研究》，其中解决了无穷区间 $(0, \infty)$ 上的矩问题，并且给出了所要寻找的函数的一切整数阶矩的连分数表达式。作为回答与对好友的纪念，马尔科夫于1895年发表了《关于某些连分数收敛性的两个证明》，在其中给出了斯提吉斯连分数收敛的充分条件：$\lim\limits_{K\to\infty}\sqrt[K]{m_k}<\infty$。

十余年来，马尔科夫和斯提吉斯共同研究矩的理论，他们都是从古典分析中的问题出发，企图对积分的上、下界给出一个精确的估计，工作中又都大量运用了连分数这一工具，所以不谋而合与互相启发的现象常常出现在两人之间。但是马尔科夫对精确的结果特别感兴趣，不惮于繁复的数字运算，并把对于积分的估值应用到概率论中，这是圣彼得堡数学学派风格之体现。而斯提吉斯更注意从一般的原则上去考察矩问题，他更关心的是积分形式的意义，而不是其估值的结果，从而导致了一类应用广泛的斯提吉斯积分的出现，为实变函数论的日后发展开辟了道路，这又很有些法兰西数学学派的味道了。

马尔科夫如同他的导师切比雪夫一样，对实际问题具有浓厚的兴趣，他在函数逼近论方面的工作就是一例。出于化学理论上的需要，圣彼得堡大学的著名化学家门捷列夫曾提出过一个问题。这个问题从数学上说相当于找出定义在闭区间［a，b］上的 n 次多项式 $f(x)$ 的导数 $f'(x)$ 在某种条件下的最大值。1889 年，马尔科夫在题为《关于一个门捷列夫问题》的论文中，解决了由多项式的上界来求其导数多项式上界的问题，即令 $|f(x)|\leqslant L$，则有 $\text{man}\, f'(x)=\dfrac{2n^2L}{b-a}$。这一问题也可表示为偏离零点的多项式的最大偏差的估计，因此与切比雪夫所建立的一系列结果都有关系。1892 年，马尔科夫的同父异母弟弟弗拉基米尔曾把这一问题推广到求导数多项式的上确界的情况，可惜这位颇有数学才华的弟弟 26 岁便死于肺结核。马尔科夫还研究过许多其他的实际问题，其中包括将空间曲面部分最小变形地转换到平面，以及铁路弯道的曲率等。

马尔科夫对微分方程的贡献主要是关于拉梅方程和超几何方程的研究。他确定了一个超几何方程的两个解的乘积可作为整函数的条件，研究了这些函数与拉梅函数的零点分布，这些工作还导致了以初等函数表示积分，并涉及了大量的近似计算方法。

马尔科夫在博士论文中就给出过关于高斯积分余项的表达式，在《关于级数收敛的加速变换》一文中又首次引入一种加快级数收敛速度的方法，这种方法被人称为“马尔科夫变换”。他对计算的偏爱最明显地表现在1888年发表的具有八位小数的《积分 $\int_x^{\infty}\exp\left\{-\dfrac{1}{2}t^2\right\}\mathrm{d}t$ 数值表》中。他的更多的关于近似计算理论和方法的成果则被汇集到《有限演算》这一专著之中，这本书是计算方法从以古典分析为主要工具的时期向以广泛采用函数论工具的新时期过渡的代表作。

马尔科夫在古典分析领域里的工作，显示了他扎实的基础和广博的知识，这对于继承和发展切比雪夫所开创的事业来说是极其可贵的。我们也可以看出，从代数数论到古典分析，马尔科夫的一个主要目标就在于完善对数学对象的估计。无论是二次型还是多项式，无论是积分还是导数，他都希望给出一个尽量精确的关于上、下限的表达式。当他后来巧妙地把自己对积分界的估计用于概率论中古典极限定理的证明时，就引起了这门学科面目的极大改观。

四、把概率论推进到现代化的门槛

把概率论从濒临衰亡的境地挽救出来，恢复其作为一门数学学科的地位，并把它推进到现代化的门槛上，这是圣彼得堡数学学派为人类作出的伟大贡献。切比雪夫、马尔科夫和李雅普诺夫师生三人为此付出了艰辛的劳动，其中尤以马尔科夫的工作最多，据粗略统计，他生平发表的概率论方面的文章或专著共有 25 篇（部）之多（切比雪夫和李雅普诺夫在概率论方面的论文分别各为 4 篇和 2 篇）。

大约从 1883 年起，马尔科夫就开始考虑概率论中的基本问题了。19 世纪八九十年代，他主要是沿着切比雪夫开创的方向，致力于独立随机变量和古典极限理论的研究，从而改进和完善了大数定律和中心极限定理。进入 20 世纪以后，他的兴趣转移到相依随机变量序列上来，并创立了使他名垂千古的那个概率模型。

概率论中的一个基本问题就是探索概率接近于 1 时的规律，特别是大量独立或弱相依因素累积结果所产生的规律，大数定律就是研究这种规律的命题之一。1845 年，切比雪夫第一次严格地证明了伯努利形式的大数定律，次年他又把结果拓广到泊松形式的大数定律。在概率论门户萧条的年代里，切比雪夫的工作无疑起到了力挽狂澜的作用，但是由于处理手法还不够完善，所得结果还是比较粗糙的。马尔科夫不满意切比雪夫要求随机变量的方差值一致有界的条件，经过努力他找到了两种更合理的条件，极大地改进了切比雪夫的结果。

中心极限定理则是极限理论的又一重要内容，它讨论随机变数和依分布收敛到正态分布的条件，在众多的科学技术领域里具有重要意义。前文已经提到，切比雪夫首先尝试在概率论的背景中使用矩方法。1884 年马尔科夫证明了切比雪夫提出的不等式后，他加快了工作步伐，于1887年得到中心极限定理的初步证明。说它是初步的，是因为无论在定理的陈述还是在证明过程中都有某些缺陷。马尔科夫热爱自己的导师，但他更热爱真理，在给圣彼得堡数学学派的另一成员、喀山大学的瓦西列夫的信中，他特别称老师的结果为“切比雪夫正在证明的定理”，这封信后来以《大数定律和最小二乘法》为题发表在1898年的喀山大学数理学报上。同年，马尔科夫又在《关于方程 $e^{x^2}\frac{\mathrm{d}ne^{-x^2}}{\mathrm{d}x^n}=0$ 的解》一文中，尽力精确地陈述并证明了切比雪夫提出的命题。改进后的矩方法被人称作切比雪夫－马尔科夫矩方法。马尔科夫把自己和老师的一系列结果，都写进1900年出版的《概率演算》一书之中。这部书是他在概率论方面的集大成著作，以后每次再版他都增添一些新的内容。

至此矩方法已获得了辉煌的胜利，但是出人意外的事情发生了：1902年春天，马尔科夫的一个低班校友，也是他最敬重的同事和最有力的竞争者李雅普诺夫，在哈尔科夫工作了17年后回到圣彼得堡。在此前的一两年中，李雅普诺夫从一个全新的角度去考察中心极限定理，引入了特征函数这一有力工具，从而不仅避免了矩方法要求高阶矩存在的苛刻条件，在相当宽的条件下证明了中心极限定理，而且通过特征函数实现了数学方法上的革命，为这一定理的进一步精确化准备了条件。

与矩方法相比，特征函数法显得更灵活、更具一般性。马尔科夫经常自我揶揄地说，李雅普诺夫这个玩笑开得太大了，言外之意好像是说这位师弟掘了自家的祖坟。其实他一直在暗中奋斗，以求恢复矩方法的声誉。经过8年的努力他终于获得成功，在《关于概率极限的定理与李雅普诺夫院士的论辩》一文中，他创造了一种“截尾术”，即在适当的地方截断随机变量使其有界，这样就可以既不改变它们和的极限分布，又能保证其任意阶矩的存在。这一成果在方法论上的意义是巨大的，它不仅克服了特征函数法过分依赖独立性的弱点，开辟了通向非独立随机变量研究的道路，而且突破了特征函数仅适用于弱极限理论范畴的局限，为强极限理论的发展提供了有力的手段。马尔科夫应用这一技术一举实现了他多年来精确论证中心极限定理的理想，他的研究成果被收入《概率演算》的第三版中。马尔科夫和李雅普诺夫关于方法论的竞争，极大地丰富了20世纪初概率论的内容，对这门学科的现代化产生了深远影响。今天，“截尾术”已经与“对称化”“中心化”一起，成为现代极限理论中的三大技术，它们连同特征函数一道在这一领域发挥着难以估量的作用。

出于扩大极限定理应用范围的目的，马尔科夫在20世纪初开始考虑相依随机变量序列的规律，并从中选出了最重要的一类加以研究。1906 年他在《大数定律关于相依变量的扩展》一文中，第一次提到这种如同锁链般环环相扣的随机变量序列 ζ_1，ζ_2，…，ζ_{k-1}，ζ_k，…，其中第 k 个变量 ζ_k 各以多大的概率取什么值，完全由它前面的一个变量 ζ_{k-1} 来决定，而与它更前面的那些变量无关。这就是被后人称作“马尔科夫链”的著名概率模型。就是在这篇论文里，马尔科夫建立了这种链的大数定律。

这一模型的哲学意义是十分明显的，用苏联数学家辛钦的话来说，就是承认客观世界中有一种现象，其未来由现在所决定的程度，使得我们关于过去的知识丝毫不影响这种决定性。这是惠更斯无后效原理的概率推广，也是对拉普拉斯决定论的否定。

法国数学家拉普拉斯曾对概率论的早期发展作出过重大贡献，但他的部分哲学观点并不利于这门学科的深入发展。18 世纪以来，随着牛顿力学的彻底胜利，一种机械唯物主义的决定论思潮开始在欧洲科学界蔓延，鼓吹最有力者就是拉普拉斯。1795 年他在巴黎师范学院发表了一篇题为《概率论的哲学探讨》的演讲稿，淋漓尽致地表达出了这种思想，他说：

> 假如有人知道了某一时刻支配自然的一切力，以及它的一切组成部分的相对位置，又假如他的智力充分发达，能把这一切数据加以充分分析，把整个宇宙中从最巨大的天体到最微小的原子的一切运动完全包括在一个公式里面，这样对他就没有什么东西是不确定的了，未来也好，过去也好，他都能纵览无遗。

1812 年，拉普拉斯又进一步提出“神圣计算者”的观念，认为这个理想的数学家只须知道世界在某一时刻的初始状态，就可以从一个无所不包的微分方程中算出过去和未来的一切状态。换句话说，他认为任意系统在 $t>t_0$ 时的状态 ζ 可由其初始时刻 t_0 和初始状态 ζ_0 唯一决定：$\zeta=f(t_0, \zeta_0, t)$，这里 f 是一个微分方程。这可真是笔判终身、细评流年，数学家可以摆个卦摊了！可是在马尔科夫的概率模型里，代替初始条件 t_0 和 ζ_0 的是一个条件概率，即在时刻 t_0 处于状态 ζ_i 的条件下，于时刻 t 出现状态 ζ_j 的概率 $P(t_0, \zeta_i; t, \zeta_j)$ 对于三个不同时刻 $t_0<t_1<t_2$ 之间的概率，存在着 P（t_0，

ζ_i；t_2，ζ_j）$=\sum_{k=1}^{n}P(t_0,\ \zeta_i;\ t_1,\ \zeta_k)\ P(t_1,\ \zeta_k;\ t_2,\ \zeta_j)$，这里 n 表示状态的总数。这一公式与拉普拉斯的微分方程有本质上的不同，它从根本上否定了系统中任一状态 ζ 与其初始状态 ζ_0 之间的因果必然性，从而也否定了“神圣计算者”的神话。

马尔科夫所建立的概率模型不但具有深刻的哲学意义，而且具有真实的物质背景，在他的工作之前或同时，一些马尔科夫链或更复杂的随机过程的例子已出现在某些人的研究中，只不过这些人没有自觉地认识到这类模型的普遍意义或用精确的数学语言表述出来罢了。例如 R. 布朗于 1827 年发现的悬浮微粒的无规则运动、高尔顿于 1889 年提出的家族遗传规律、埃伦费斯特于 1907 年关于容器中分子扩散的实验等，都可用马尔科夫链或过程来描述。正是在统计物理、量子力学、遗传学以及社会科学的若干新课题、新事实面前，决定论的方法显得百孔千疮、捉襟见肘。

有趣的是，马尔科夫本人没有提到他的概率模型在物理世界的应用，但是他利用了语言文学方面的材料来验证链的真实背景。在《概率演算》的第四版中，他统计了长诗《叶甫盖尼·奥涅金》中元音字母和辅音字母交替变化的规律：

Не мысля гордый свет забавить,
Вниманье дружбы возлюбя，[1]
……

诗人那火一般的诗篇在数学家那里变成了一条冷冰冰的锁链：

СГСГССГСГССГСССГССГСГСГСССССГСГССГССГССГСГССГСГ……

在这条锁链上只有两种链环，С 代表辅音、Г 代表元音（为了使问题简化，可把两个元音字母算作辅音）。马尔科夫分别统计了在 С 后面出现 С 和 Г 的概率 p 和 $1-p$，以及在 Г 后面出现 С 和 Г 的概率 q 和 $1-q$，把结果与按照俄语拼音规则计算出的结果进行比较，证实了语言文字中随机的（从概率论的意义上讲）字母序列符合他所建立的概率模型。

1 这是长诗开头的两句，意为：“我不想取悦骄狂的人世，只希望博得朋友的欣赏。”

完成了关于链的大数定律的证明之后，马尔科夫在一系列论文中开始研究链的中心极限定理。1907年他在《一种不平常的相依试验》中证明了齐次马尔科夫链的渐近正态性。1908年在《一个链中变量和的概率计算的极限定理推广》中又做了进一步的推广。1910年他发表了重要论文《成连锁的试验》，在其中证明了两种情况的非齐次马尔科夫链的中心极限定理，与此同时他在一些假定的前提下证明了模型的各态历经性，这是在统计物理中具有重要作用的遍历理论在数学上得到的第一次严格证明。这个理论亦称各态历经理论，是奥地利物理学家玻尔兹曼于1871年提出来的，其大意是：一个系统必将经过或已经经过其总能量与当时状态相同的另外的任何状态。

马尔科夫链的引入，在物理、化学、天文、生物、经济、军事等科学领域都产生了连锁性的反应，很快地涌现出一系列新的课题、新的理论和新的学科，并揭开了概率论中一个重要的分支——随机过程理论蓬勃发展的序幕。

马尔科夫在概率论方面还有其他一些成就，如最小二乘法、方差系数的估计等。他不愧为概率论现代化进程中最伟大的设计师和先行者，他对古典极限理论和相依随机变量序列的研究构成了圣彼得堡数学学派历史上最辉煌的一章。

五、为科学与民主而斗争

1886年，马尔科夫经切比雪夫提名成为圣彼得堡科学院的候补成员，1890年当选为候补院士，1896年成为正式院士。对于这一俄国科学界的最高荣誉，他抱着一种十分淡泊的态度，为了伸张真理与正义，他可以抛弃一切功名利禄。他不是一个把自己关在书斋里不问天下事的学者，他提倡科学，反对迷信，关心哲学和社会问题，憎恨教会与沙皇的专制统治，在19世纪末20世纪初俄国先进知识分子争取科学与民主运动的潮流中，他是一个勇敢无畏的斗士。

马尔科夫的代表作《概率演算》，不但是概率学科中不朽的经典文献，而且可以看成是一篇唯物主义者的战斗檄文。这部巨著带有强烈的论战性质，而论战的主要对手竟是作者恩师切比雪夫的老师，被认为是俄国数学界元老的布尼亚科夫斯基。

布尼亚科夫斯基早年留学巴黎，回国后任圣彼得堡大学的数学教授和科学院院士，他于1846年出版的《数学概率论基础》是俄国第一部概率论教科书，对于这门学科在俄国的传播和发展起到了一定的历史作用，但是书中也存在着严重的错误，那就是过分强调概率论应用于“伦理科学”的意义和宣扬不可知论的思想。

把概率论的方法应用到社会科学中本来是法国大革命时代一些数学家的大胆尝试，但是由于拉普拉斯等人决定论的影响，这些学者们往往把复杂的社会现象视为服从牛顿力学的机械运动，因而这种应用反而损坏了概率论的声誉。布尼亚科夫斯基在自己的著作中以长达60页的篇幅叙述“把概率分析应用到供词、传说、候选人与意见之间的各种选择和依多数表决的司法判决”。其中一个典型的例子是这样的：由全部俄文字母中任取6个并按取出顺序排列起来，有两个证人说组成了MOCKBA（莫斯科）这个词，问：“证词是真的”这件事的概率是多少？在假定6个俄文字母所组成的词共有5万而证人说真话的倾向为9/10的条件下，布尼亚科夫斯基算得一个小于1/300的概率，这当然大大低于一般人按常识判断出的结果。如果法庭以此来判定证词的真伪，两个“基本上诚实”的证人岂不冤枉？马尔科夫在《概率演算》中尖刻地嘲讽了这个概率论应用于“伦理科学”的例子，他写道：

> （这个例子）充分阐明在解类似我们所讨论的这种本质上很不确定的问题时，不可避免要引出许多任性的假设。如果容许证人能有错误并且取消其证词的独立性，则所考虑的问题还会有更不确定的性质。

这就一针见血地道破了这种应用的荒诞不经。

如果说布尼亚科夫斯基在概率论的某些应用方面的错误是受法国数学家影响的话，那么他在认识论方面的错误则是从拉普拉斯等人的机械唯物论退到了滥用终极理由的神学和不可知论。他宣称概率论“所考虑和估值的是这样的现象：它们依据我们完全不知道的原因，并且由于我们的无知，我们对这些原因也无法做任何假设”。他又说：

> 有些哲学家以极不体面的方式，试图把关于证据和传说弱化的概率公式应用到宗教信仰上，以此来动摇它们。

对于这种宗教卫道士式的言论，马尔科夫在《概率演算》中进行了针锋相对的批判，他说：

> 不管数学公式如何，对不大可能的事件的叙述就仿佛对久远年代以前发

> 生的事件一样，显然应该予以极端的怀疑。因此我们无论如何不能同意布尼亚科夫斯基院士的意见，仿佛必须划分出某一类叙述，对这类叙述怀疑一下就认为是大逆不道的了。

明眼人都知道“这类叙述”指的是什么。布尼亚科夫斯基的原意是要在《圣经》等宗教经典中的传说与一般世俗传闻之间划一条明确的界限，对于前者绝对不允许使用概率论的手段去分析。马尔科夫和布尼亚科夫斯基的这段论战，成了他与教会彻底决裂战斗中的一颗重磅炸弹。

1896 年，俄国末代沙皇尼古拉二世登基，这是一个残酷暴虐的家伙，被人称作“血腥的尼古拉”。从青年时代就受到民主启蒙运动熏陶的马尔科夫，对沙皇的专制统治非常鄙夷，在接纳伟大的无产阶级文学家高尔基为科学院名誉院士的斗争中，马尔科夫与许多富有正义感的院士们一起，与尼古拉二世的粗暴干涉进行了勇敢的斗争。

1902 年 2 月 25 日，科学院文学部联席会议通过了一项决议，接纳高尔基为名誉院士，在这以前不久他刚刚因为发表了《海燕之歌》而遭到宪兵搜捕和被流放。这一藐视沙皇专制的事件引起了尼古拉二世的愤怒，他公然给国民教育大臣发布了一道手谕：“委托您宣布，按照朕的命令，高尔基的当选无效。”受到压力的科学院院务委员会于 3 月 12 日发布了一个取消高尔基当选资格的文告。

对于沙皇的这一粗暴干涉，科学院中的进步人士表示了强烈的愤慨，柯罗连科、契诃夫等人宣布退出科学院以示抗议，身在数理学部的马尔科夫于 4 月 6 日向院务委员会递交了如下声明：

> 我认为科学院关于取消高尔基当选资格的文告是无效的和被强加的：第一，文告盗用了科学院的名义，但事实上科学院并无意取消这一资格；第二，文告所借用的理由是毫无意义的。

虽然马尔科夫在院务委员会上要求宣读这一声明，但是遭到执行主席的拒绝。于是他又采取了进一步的行动，两天以后，他向充任科学院院长的沙皇的叔父康斯坦丁递交了辞去院士称号的声明。这个根本不懂得科学的院长一面劝告马尔科夫撤回声明，一面竭力向报界隐瞒事件的真相，害怕更多的科学家效法马尔科夫采取对抗行动。只是由于当时马尔科夫在科学院里正担负着编辑切比雪夫文集的工作，他才没有采取更激烈的措施。但是直到1905年，他还不忘上书院委会，提请撤销其1902年的错误文告。

在这一事件中，马尔科夫对科学院的上层集团屈服于沙皇的淫威深感失望。1903年年初，他以院委会要从其成员所得科学奖金中抽税一事为借口递交了一份备忘录，上面写着：

> 我最诚恳地提请院委会注意，我决不申报任何奖励，也决不期望得到任何奖励。

其实马尔科夫这一举动的真正目的不在于反对征税，而是以此显示自己决不同听凭沙皇摆布的院委会同流合污。

1905年的民主革命失败以后，俄国政治上开始了一个极端反动的时期。1907年6月3日，沙皇任命的首相斯托雷平悍然解散了有社会民主党人参加的第二届国家杜马，随后组织代表地主和资产阶级利益的第三届国家杜马。为此，马尔科夫照会科学院理事会说：

> 第三届国家杜马的建立完全违背了宪法，因而它根本不是一个代表人民意愿的议会，而只是一个非法的团体，因此我最坚决地请求理事会不要将我的名字列入选民的名单之中。

在斯托雷平铁腕改革时期，大学里的进步民主力量遭到了破坏，1908年国民教育部发表通告，重申取消大学自治、恢复学监制度、封闭一切社团。对此马尔科夫非常气愤，他立即给教育大臣写了一封信，信中声称："我最坚决地拒绝在圣彼得堡大学充当沙皇政府走卒的角色，但我将保留开设概率论课程的权利。"

在与沙皇政权的一系列冲突之后，马尔科夫与沙皇专制的重要精神支柱东正教教会实行了决裂。东正教最高会议的头目是尼古拉二世的私人教师和谋臣，他们在奴役俄国各族人民、镇压日益高涨的民主运动等一系列问题上是沆瀣一气的，沙皇当局不便直接出面镇压，就由东正教教会来干涉，1901年东正教最高裁判所就宣布大文豪托尔斯泰为异教徒并开除了他的教籍。马尔科夫从青年时代就具有无神论的倾向，托尔斯泰的思想对他也有一定的影响。1912 年 2 月 12 日，马尔科夫致信东正教最高会议，信中写道：

> 我最诚挚地请求革除我的教籍。我希望以下我所摘引的本人所写的《概率演算》一书中的言论可以成为除籍的理由，因为这些言论已经充分表明我对成为犹太教和基督教教义之基础的那些传说所持的反对态度。

下面马尔科夫整段地摘引了我们在前文所提到的他与布尼亚科夫斯基之间的论战，为了使那些不懂得什么是概率论的神父了解他的意思，他又火上浇油地写下了以下的话：

> 如果上述言论还不足以构成开除我教籍的理由的话，那么我再次恳切地提请你们注意：我已经不认为在圣像和木偶之间有什么本质的区别，它们当然不是上帝们，而只是上帝们的偶像；我也早就不赞成任何其他宗教，它们也都如同东正教一样，是靠火与剑来维持并为其服务的。

这无疑是向教会神权的宣战。教会在反动报刊上对他组织了围攻，同时圣彼得堡教区的总主教还派代表企图说服他放弃这一表明，但马尔科夫表示："只与来人谈数学。"万般无奈的教会只好革除了他的教籍。

马尔科夫的这一行动与托尔斯泰 1901 年被东正教除籍一事有什么关系，我们手头没有更充分的材料能加以说明，但根据马尔科夫的儿子所写的传记，他父亲当年的行动正是为了揭露教会开除托尔斯泰教籍"这一散发着中世纪霉臭的荒唐举动"而做出的。有一点也十分明确，那就是他们在宗教与科学关系的看法上有惊人的相似之处。数学家在托尔斯泰的作品中能发现许多他们感兴趣的内容，《战争与和平》中那个教女儿几何学、自己演算高等数学的老保尔康斯基公爵的原型据说就是托尔斯泰的外祖父。在这部名著的尾声我们还可以读到有关概率论的一段议论。托尔斯泰在谈到当代科学与旧的宗教、法律、道德规范之间的关系时写道：

> 自从有人说出了并且证明了出生率和犯罪率服从数学定律，一定的地理的和政治经济的条件决定这种或那种政府形式，人口和土地的一定关系产生

人民的移动，从那个时候起，历史所寄托的那些基础便在实际上被毁坏了。

这不正是布尼亚科夫斯基感到恼火的“有些哲学家”的言论吗？

1913 年，沙皇政府为了转移国内日益高涨的革命情绪和准备帝国主义战争，决定以 1613 年全俄贵族会议选举米哈依尔·罗曼诺夫为沙皇这一历史事件为标志，举行浮华的罗曼诺夫王朝建立 300 周年庆典。与此针锋相对，马尔科夫决定以瑞士数学家伯努利于 1713 年出版的《猜度术》为标志，在科学界发起庆祝大数定律[1]发现 200 周年的活动。这一行动清楚地表明了马尔科夫对建立在奴役与压迫基础上的罗曼诺夫家族统治的极端蔑视和对作为人类精神财富创造者的科学伟人的无比崇敬。

马尔科夫就是这样一个刚直不阿的学者，一个不畏强暴的勇士，一个坚定的无神论者和民主运动的斗士。

六、献身于俄国的教育事业

从 1880 年开始马尔科夫就在圣彼得堡大学任教，先是担任助教和讲师，1886 年成为副教授，1893 年升为正教授，1905 年退休并荣获终身荣誉教授的称号。25 年来，他先后讲授过微积分、数论、函数论、矩论、计算方法、微分方程、概率论等课程，为祖国培养了许多出色的数学人才。

关于马尔科夫的讲课风格毁誉不一。他与切比雪夫和李雅普诺夫不同，讲课时既不在乎板书的工整也不注意表情的生动，而且常常有意略去教科书中的传统题材，因此一般的学生抱怨不好懂，但少数优秀的学生发现他的课程从逻辑上来看具有无可指责的严密性，内容充实无华，其中往往还有些他本人最新的研究成果。

他从教授席位上退休以后，仍然以科学院院士的资格在圣彼得堡大学开设概率论课程，讲义用的就是倾注了他半生心血的《概率演算》。为了开好这门课，他反复对这部书进行了修改，直到临终前还在进行第四版的校订工作。这一最后的修订本于他逝世两年后出版。

十月革命前夕，圣彼得堡的局势动荡不定，科学院与大学已无正常的工作秩序，

1 雅可比·伯努利的《猜度术》中载有世界上第一个大数定律，该书于伯努利去世 8 年后才出版，所以实际上大数定律的发现应在 1705 年之前。

马尔科夫在这种情况下请求科学院派他到外省去从事中学教育。1917 年 9 月，年过花甲的马尔科夫来到梁赞省一个叫萨兰斯克的县城，无偿地担负了县中学的数学教学工作。他有个 14 岁的儿子也一同来到这里，恰好就插班在他任课的年级，这个小马尔科夫后来也成了有名的数学家，1953 年当选为苏联科学院的通讯院士。小马尔科夫的名字及父名与父亲完全相同，本文所参考的主要文献之一就来自小马尔科夫。他生于 1903 年，开始时研究的是理论物理和天体力学，后转向动力体系理论、测度论、拓扑学、代数等。

据小马尔科夫回忆，他父亲在县中学的第一堂课是十分吓人的。一个成绩一向优秀的学生被叫到黑板前演算，当他按照原来任课教师的要求用圆规和三角板在黑板上画图时，马尔科夫大为恼火，狠狠地批评了这种在枝节问题上精雕细琢的做法。他讲课时总是随手画出一个示意图，而把重点放在解题的思路和方法上。为了弥补学生们的知识缺陷，他经常利用课余时间引导他们做难度较大的习题。

马尔科夫父子到萨兰斯克不久十月革命就爆发了，由于内战和饥荒，他们在这里度过了一个艰苦的学年，但是马尔科夫并不介意生活条件的艰苦，他把相当大的精力用在提高学生的数学修养上，为此学校领导和当地苏维埃对他十分感谢。

1918 年秋，马尔科夫因患青光眼回到圣彼得堡治疗，手术后他返回阔别已久的母校继续开设他的概率论讲座。这时候他的体力已远不如从前了，每次讲课都要儿子搀扶着进出教室，然而当他一站到讲台上，就感到有了精神。在几十年的教学生涯里，他比其他任何人都更忠实地向学生们灌输圣彼得堡数学学派的信条和理想。他继承了切比雪夫对具体问题的兴趣，不断地追求数学方法的简单化和精确的结果，善于向经典课题汲取养料，同时把自己的事业深深地扎根在大学这块沃土之中。在圣彼得堡数学家团体中，没有人比他更“圣彼得堡化”了，有一次别人向他请教数学的定义，他不无骄傲地说：

> 数学，那就是高斯、切比雪夫、李雅普诺夫、斯捷克洛夫和我所从事研究的东西。

1921 年秋天，马尔科夫的病情开始严重起来，他只得离开心爱的学校。在生命的最后一年里，他还在抓紧时间修订《概率演算》。1922 年 7 月 20 日，这位在众多数学分支里留下足迹和为科学与民主事业奋斗了一生的老人辞别了人世，享年 66 岁。

马尔科夫的遗体被安葬在圣彼得堡的米特罗方耶夫斯基公墓，他的墓碑没有过多的修饰，就像他的文章和讲课一样朴素无华。然而他的思想、他的成就、他的品德就像一座巍峨的丰碑，永远矗立在真理的求索者心中。

（附注：在本文写作过程中，苏联科学院自然科学与技术史研究所的尤什凯维奇教授两次来信为我们澄清了若干疑问并提供了有关材料，特此感谢。）

（作者：苏淳　刘钝）

参考资料

[1] А. А. Марков. Биография А. А. Маркова, Избранный труды теории чисел и теории вероятностей А. А. Маркова [C]. Издательство Академни Наук СССР, 1951.

[2] И. З. Штокало. Историл отечественной математикн [M]. том 2, Издательство Наукова думка, 1967.

[3] Б. В. Гнеденко. Развитие теории вероятностей в России, Труды ниститута истории естории естествозиаиия [M]. том 2, Издательство Академии Наук СССР, 1948.

[4] Ch. C. Gillispie. Dictionary of Scientific Biography [A]. New York: Charles Scribner's Sons, Vol. 9, 1971.

亚伯拉罕·阿道夫·弗兰克尔

（Abraham Adolph Fraenkel，1891—1965）

弗兰克尔

一代公理化集合论大师

20 世纪纯粹数学的一个主要趋势和特征就是高度抽象化，而促成这种趋势和特征的是集合化和公理化的观点。可以说，这两种观点成为数学抽象和科学抽象的范式，在此观念下形成了 20 世纪数学的很多抽象分支和学科，其重要程度可想而知。数学家亚伯拉罕·阿道夫·弗兰克尔就是对公理化集合论有卓越贡献的人之一。

但一般人所知道的弗兰克尔，更可能是那个因写了畅销书《活出生命的意义》的心理学家维克多·弗兰克尔。而大多数人并不一定知道数学家弗兰克尔，即便是数学界里知道他的人，可能也只是知道他发展了公理化集合论，是公认的公理化集合论大师，对其别的方面的成就知之甚少了。有鉴于此，本文试图通过较详细地考察和分析相关历史资料，对弗兰克尔的生平、成就和影响做出较全面的介绍，以使大家对他能有个更全面的了解。当然，上文涉及的那个与数学家同名的维克多·埃米尔·弗兰克尔（V. E. Frankl），他们之间的确不仅仅是名字相同（其实名字并不完全相同，但发音完全相同），其实很多方面都很相似，比如都是犹太血统出身、从小都曾在德语地区生活学习、都经历过纳粹肆虐的艰苦岁月、都是努力奋斗在事业上卓有成就的人物，最重要的是他们都活出了自己生命的意义。

一、犹太血统，勤勉一生

1891 年 2 月 17 日，弗兰克尔出生于德国慕尼黑的一个犹太血统家庭。当时正值德国经济迅速发展时期，社会教育环境也大有改善，加之弗兰克尔的父母双亲都很重视教育，所以弗兰克尔从小就受到良好的教育。由于是犹太家庭，弗兰克尔的早期教育深深留下了犹太人传统思想的烙印。据说他的祖父是个深通犹太教教义的人，导致弗兰克尔自小就在当地的希伯来人学校上学，5 岁前学的完全是希伯来语，之后才开始学习一般德国小孩所接受的普通教育内容，所以从小就浸染了犹太人的各种文化和传统，这对他后来支持犹太复国运动和选择去希伯来大学任教，都有密切关系。

弗兰克尔中学毕业后就读大学，受到家族中的一个叔父，也是位数学家的洛伊很大影响，也可以说，洛伊就是他踏入数学前沿的领路人或者伯乐，甚至对其一生的学术研究路线都有着决定性作用。洛伊在弗兰克尔出生的那年开始上大学，先后在布莱斯劳、柏林、慕尼黑和格丁根学习，于1894年在慕尼黑获得博士学位。毕业后在弗莱堡授课，从1897年起成为无薪讲师。1902年，晋升为理论物理学副教授。他在代数学、群论、微分方程和保险数学等领域均有建树，但因犹太人的身份受到歧视，在担任副教授17年后的1919年才成为全职教授。后来，1933年，由于纳粹政府出台的公务人员法规，被迫退休。在20世纪的前10年间，洛伊在《美国数学会汇刊》上连续发表几篇文章，因此他对美国的方法论、证明论和公设分析十分熟悉。弗兰克尔在叔父的影响下对公理体系产生浓厚兴趣就不足为怪了。洛伊眼界开阔，发现弗兰克尔超人的数学天赋后，遂鼓励他去马尔堡师从亨泽尔学习。

1910年，弗兰克尔遵从叔父的建议，来到马尔堡，正式开始在亨泽尔的指导下作博士论文。1912年，他把p进域与美国的公设分析系统二者有机地结合在一起，对亨泽尔的p进数理论进行了公理化。1914年，弗兰克尔年仅23岁便获得数学博士学位。按理说，他的学术之路应该就此踏上坦途，但是随即，也就是1914年8月，第一次世界大战爆发，他迫不得已在德国军队服役两年，成为医疗部队的一名军士，也曾在德国军队的气象服务部门做过短工，在战争中磨砺出坚韧和勇敢的性格。

1916年，弗兰克尔受聘为马尔堡大学的无薪讲师，从此开始了成果丰硕的数学研究工作。这个时期，他在公理化集合论方面的丰硕成果奠定了他在数学史上的重要地位。1920年3月28日，弗兰克尔与普林斯结婚，育有4个子女。1922年，弗兰克尔升为助理教授。之后6年，他一边忙于教学，一边做着大量关于集合论的研究工作。

1928年，弗兰克尔被德国的基尔大学聘为全职教授，但他只上任一年便去耶路撒冷的犹太人希伯来大学做访问教授。因与学校的管理观念不符，遂于1931年重新回到基尔大学任教两年。当时的德国受世界经济萧条和残酷的《凡尔赛和约》的影响，经济混乱不堪，对犹太人的态度比从前更加偏执和狭隘。在这样恶劣的环境当中，弗兰克尔一边教书，一边时刻警惕政治格局的动荡。

1933年1月，纳粹领袖希特勒成为德国总理，下令驱逐犹太人。一个月以后，弗兰克尔被迫携其家人离开德国，前往阿姆斯特丹。两个月之后，他看到德国在希特勒的统治下不可能很快转变，于是，1933年4月向基尔大学正式辞职，重新回到希伯来大学任教。希伯来大学对他没有表现出一点嫌隙之情，反而热烈欢迎他的归来。此后，弗兰克尔的研究重心有所变化，在出版集合论书籍的同时，主要侧重于科技史的研究工作，特别是侧重于研究近代逻辑学的演变以及犹太数学家和科学家的创造性贡献。他著述丰厚，撰写了很多本数学史专著。

他是希伯来大学爱因斯坦数学研究所的第一批教授之一，和兰道一起教授数理逻辑和数学分析。1958 年，出版《集合论基础》，1959 年光荣退休。1961 年，为纪念他 70 岁华诞，数学会组织人员将有关他工作和生活的论文整理成文集，题目是《数学基础文集——纪念弗兰克尔七十寿辰》。以色列委员会在前言中写道：

> 1961 年 2 月 20 日，庆祝弗兰克尔 70 岁华诞。半个世纪以来，他的书籍、论文和教学在集合论基础和数学哲学领域产生了巨大影响。

1965 年 10 月 15 日，弗兰克尔在耶路撒冷与世长辞，享年 74 岁。

二、公理主导，集就大成

弗兰克尔紧跟时代脉搏，其数学成就自始至终都贯穿公理化观念。他用公理化思想研究早期 p 进域和环论，尤其是给出了环的第一个公理化定义。他运用公理化思想研究当时还备受争议的集合论，与策梅洛一起建立了策梅洛 - 弗兰克尔公理系统（简记为 ZF 系统），使得公理化集合论变得严密和清晰。下面我们分别予以介绍。

1. p 进域

继阿贝尔、伽罗瓦等数学家研究有理数域、复数域等具体域之后，p 进域走上历史舞台。

亨泽尔于 1908 年出版《代数数论》，系统论述 p 进数，对其规定加、减、乘、除四种基本运算，从而构成一个域，称为 p 进域。他进而研究 p 进域的代数扩张及其整数环，在 p 进域上建立了一般的代数理论。

p 进域和实数域一样，相当于是有理数域的一个完备化，但是其性质又与实数域有很大不同。实数域具有阿基米德性质，亦即，对于任意两个实数 a、b，总存在一个正整数 n，使得 $na>b$。p 进域虽然也有一个自然的顺序，但却不具备阿基米德性质。说到底，p 进域是一种“局部”域，在其中可定义整数和代数数，从而推动了数论的发展。

弗兰克尔受亨泽尔影响，另外还吸收了希尔伯特的《几何基础》和美国公设主义的思想，开始对p进数理论进行研究，设法给出实数、自然数、连续统等具体数学实体的最小独立公设系统。

1912年，弗兰克尔发表了一篇文章。他以p进数为研究对象，把p进数与美国的公设分析系统相结合，选取一个合理的独立公设系统，给出p进数理论的公理化基础。他重点研究具体的数学实体，而不是抽象概念。为描述p进域的特征，给出3个独立的公设子系统，分别规定了p进域的序型、算术性质以及p进域作为范畴系统的必要条件。

他给出两个公设集合，详细研究最简有理p进域，其中p为一个固定的素数。考虑表达式为$\sum_{n}^{\infty} a_i p^i$（$a_i$=0，1，…，$p-1$）的系统。他还给出$g$进系统，研究了$g$进系统与$p$进系统的区别，认为$g$进数（$g$是任意整数）与$p$进数具有同等作用，且是环论研究的起点。他得出$p$进系统和$g$进系统的一些结果，通过另外3个更为深入的公理，确定了p进系统和g进系统的唯一性，而且首次引入“范畴”这一概念。

因此，弗兰克尔不仅得到p进域的一些有用结果，而且对p进域进行了公理化，亦即用合适的公理来描述p进域及其性质。他把零散的概念和术语用统一的公理化模式集合起来，建立起较为严谨的早期p进域理论，是从具体到公理化的飞跃，是数学观念的巨大进步。

如前所述，弗兰克尔是直接受洛伊和亨泽尔的影响开展这项研究的，反过来，弗兰克尔的思想也影响了洛伊和亨泽尔。亨泽尔在其1913年出版的《数论》一书中重重地打上了弗兰克尔的烙印。《数论》由弗兰克尔执笔，在文章一开篇就引入更一般的p进域的定义，明显是弗兰克尔的作为。

洛伊1915年出版的《代数教材》虽然影响不大，但却是德国第一批介绍美国实行的方法论、证明论和公设分析成就的教材之一。弗兰克尔在与洛伊合作撰写《代数教材》之前，发表了其第一篇关于p进数公理基础的文章。因此，弗兰克尔在《代数教材》中参与讨论了几个新的具体问题，尤其是关注了有零因子的数系问题。最终把洛伊和亨泽尔的思想带入了一个新方向，从而引起对抽象环的定义和早期研究。

就p进域而言，后来亨泽尔的另一个学生哈塞进一步发展了p进域，与亨泽尔一起确立了关于二次型的著名“局部－整体”原理，发展了赋值论和局部域理论，p进域亦和其他的具体域一起被抽象化结构化，成为抽象域的子系统，在抽象代数学中占有一席之地。

2. 环论

1890年左右，群、域以及向量空间的抽象公理化定义已经引入，20世纪的前10年，起源于代数数论、代数几何和超复数理论的交换环、非交换环及理想的具体理论也已建立，且获得蓬勃发展，预示着抽象环概念进入数学的条件都已具备。

1914年，弗兰克尔发表文章介绍他的博士论文结果，首次引入环的公理化定义，系统讨论环的基本性质，其中数系是主要研究对象，公理只是作为对数系加深理解的手段而已。

文章开始部分更接近20世纪早期美国的公设风格。先引入定义抽象环的公设系统，并在其上运用标准的公设分析方法，然后研究环本身。实际上，他是把g进系统的方法运用到环的研究当中。他的抽象环定义在逻辑上不是最简单的，而是力求清晰有效，这一点和他的p进系统的工作不相一致。

在这篇文章中，弗兰克尔首先给出一个具有等价关系的抽象元素集合。称等价关系为对等。若规定集合中元素的运算，则任意两个等价元素对于这一运算是恒等的。现在，因集合中的元素是抽象的，所以这一结论对于环的定义来说变得无足轻重。

如果在一个具有对等关系的集合R上，假设可以定义两种抽象关系：加法和乘法，其中加法满足群公理，乘法满足结合律，加法满足分配律，且集合R对于加法运算至少包含一个单位元，那么集合R可能有零因子。不是零因子的元素称为环的正则元素。

弗兰克尔增加了两个在现代的抽象环定义中没有的公理，即：

R_8. 每一个正则元素对于环的乘法运算来说是可逆的。

R_9. 对于环的任意两个元素a，b，存在一个正则元素$\alpha_{a,b}$，满足$a.b=\alpha_{a,b}b.a$，且存在另一个正则元素$\beta_{a,b}$，满足$a.b=b.a\beta_{a,b}$。

公理R_8表明，环的所有正则元素构成域。弗兰克尔没有继续研究整数环。公理R_8实际上是一种g进系统，对于乘法运算，单位元构成群，其中单位元不能由g整除，从而不可能是零因子。

文章主要研究零因子的因子分解性质以及依据基本的零因子，对抽象环中的元素进行加法分解。如果已知环的三个元素 a，b，c，满足 c/a^2b，那么可以把 c 表示为 $c=c_1^2/c_2$，这里 c_1/a，c_2/a，那么环是可分的。对于有理整数是成立的，而对任意代数数域的整数并不总是成立。弗兰克尔没有研究理想的因子分解，而是研究特殊的分解性质，后来未被纳入环论当中。已知集合 R 的两个元素 a，c，若 a/c 且 c/a，则称它们是等价的，反之，称它们是不等价的。如果零因子不包含除正则元素之外的真因子，那么把它称为素因子。如果环的全部素因子是等价的，那么称它为单环。有了单环的概念，弗兰克尔证明了环的主要分解定理：

若可分环 R 包含 n 个不同的素因子 P_1，P_2，…，P_n，则恰好存在 n 个唯一的单环 R_1，R_2，…，R_n 满足下列条件：

Ⅰ. 单环 R_1，R_2，…，R_n 只包含 R 中的元素；

Ⅱ. 任意两个单环的交集只包含零元；

Ⅲ. 环中两个元素的乘积恒为零，其中这两个元素在两个不同的环 R_i 当中；

Ⅳ. R 的每一个元素可以唯一表示为 R 的 n 个元素的积，其中每一元素都在其中一个环 R_i 当中。

通过这个定理，可以把任意可分环简化为单环。通过单环的性质，探究这些性质如何转化到不同的扩张当中，得到可分环的全部结构。

1916 年，弗兰克尔写了一篇文章，曾上交过马尔堡大学。1921 年发表文章，进一步发展 1916 年探讨的一些问题。这两篇文章不再有公设分析，而是发展了环论。

弗兰克尔在 1916 年的文章的序言中说，文章的主要目的是证明任意可分环的代数性质可以转化为研究有限或无限多个“较简单的环”，即只包含一个素零因子的环。把斯坦尼兹关于域的问题推广到抽象环论中，特别是如何刻画已知环的全部可能的代数扩张和超越扩张。为避免不必要的麻烦，只考虑“有限次”的有限环和无限环（有限次是指可分环仅包含有限多个不同零因子）。这些环都是为其算术应用和代数应用服务的。他已经知道两个具体应用：可分环的伽罗瓦理论和有限环的确定。

1916 年，弗兰克尔在给出环的概念时，没有给出一个最小的独立公设系统，是由具有一个对等和两种运算的抽象集合 R 开始的。确定了 R 至少包含一个正则元素，而且如果 a 是一个正则元素，b 是 R 的任意正则元素，那么 R 中至少存在一个元素 x，使得 $ax=b$。他在脚注中解释，至少存在一个正则元素这一条件排除了只有一个零元的平凡情形，以及其他的非平凡情形。同样没有给出整数环的定义，事实上都未提到整数。

弗兰克尔更加清晰地说明了不同代数概念之间的关系。环中的元素对于加法运算构成群，正则元素对于乘法运算构成群。如果一个环不含零因子，那么它是一个域。于是，基本上除却依靠除法成立的结果，域的全部结果对环也成立。域中的两个因子的乘积为零当且仅当其中一个因子为零。这个结果在环论中不成立。他在构造环论时，没有述及整数集合，这也是他没详细论述环论与理想论之间的关系的一个原因。

1916 年与 1921 年，弗兰克尔主要从事环的扩张问题的研究。他把斯坦尼兹的域论中的概念转化到环论当中，为环论研究的展开做好准备。他运用斯坦尼兹定义素域的方法，给出素环的概念，对素环进行分类。为了区分各种类型的扩张，需要研究系数在环 R 中的单变量有理函数集合 R（x）。研究表明，R（x）是一个环。他从 R 的性质推出 R（x）的性质。比如具有代表性的定理：若环 R 是单环，则 R（x）也是单环，且 R（x）的唯一素零因子在 R（x）中等价于 p，其中 p 是 R 的唯一素零因子。他给出 R（x）的欧几里得算法，这是研究环的扩张问题的主要工具。但他提出的问题与后来抽象环论的主要问题不相一致。他的抽象环论的价值在于提供了宝贵的环论思想，以及爱米·诺特早期采用了他的抽象定义。

弗兰克尔在 1921 年发表环论的文章之后，研究兴趣从环论转移到集合论。自此，他的大名便与集合论紧紧联系在一起，在集合论基础方面开辟出自己的一片天地，成为 19 世纪末 20 世纪初数学公理化浪潮中举足轻重的人物。

3. 公理化集合论

19 世纪与 20 世纪之交，人们发现了一系列集合论悖论，表明当时的集合论具有不协调性，使得人们开始怀疑数学推理的正确性和结论的真理性，引发了第三次数学危机。人们为了克服悖论所带来的困境，开始对集合论进行改造，亦即对康托尔的集合定义加以限制。策梅洛制定了公理化集合论方案，也就是从现有的集合论成果出发，得出足以建立这一数学分支的原则。一方面这些原则要足够狭窄，以能保证排除一切矛盾；另一方面，这些原则又要充分包容，能够使得康托尔集合论中一切有价值的内容保存下来。遵循这个方案，策梅洛在 1908 年提出第一个公理化集合论，即策梅洛集合论。策梅洛集合论不允许构造序数，而多数“普通数学”不使用序数就不能被开发，序数在多数集合论研究中是根本工具。此外，策梅洛的一个公理涉及“明确性”性质的概念，它的操作性意义是有歧义的。策梅洛指出从任意一个数集，可以选定一个元素确定它的性质，这就是著名的选择公理。策梅洛没有给出选择公理确凿的证明，因此选择公理长期处于争议状态。许多数学家不愿意接受缺乏证明的策梅洛公理，比如阿达玛经过很长时间才不情愿地承认策梅洛集合论，庞加莱等人都坚定地反对策梅洛集合论。

1922 年，弗兰克尔客观地审视策梅洛集合论，尝试把策梅洛集合论建立在更加牢固的数学基础之上。他发现策梅洛集合论对有限集是成立的，但对无限集却有很多疑问。于是，提出用函数概念替代策梅洛用集合中的数来确定性质的思想，不但使得策梅洛集合论更加清晰，而且证明了选择公理的独立性，消除了人们对策梅洛工作的最大争议，也消除了朴素集合论的罗素悖论、布拉利 - 福尔蒂悖论和康托尔悖论。

在弗兰克尔之后，很多数学家对策梅洛和弗兰克尔的工作进行了推动，促进了整个数学共同体对集合论的进一步认识。1922 年，挪威数学家斯科朗改进 ZF 系统，创造了今天熟知的 ZFS（即 Zermelo、Fraenkel 和 Skolem）系统。在 ZFS 系统中很难证明选择性公理的独立性。ZF 如果另加选择公理（AC），则所得的公理系统简记为 ZFC。1925 年冯・诺伊曼开创了另一套公理系统，经过伯奈斯和哥德尔改进后形成了 NBG 公理系统。

由哥德尔不完全性定理可知，如果 ZF 是无矛盾的，则在 ZF 中不能证明自身的无矛盾性，所以在公理化集合论中只考虑相对无矛盾性问题。已经证明，如果 ZF 是无矛盾的，则 NBG 也是无矛盾的。选择公理（AC）和连续统假设（CH）有重要地位，是集合论中长期研究的课题。AC 成为数学史上继平行公理之后最有争议的公理，CH 是 1878 年康托尔提出来的，简单地说，就是关于直线上有多少点的问题。近 40 年来在 AC 和 CH 研究方面取得不少进展。1938 年，哥德尔证明了从 ZF 推不出 AC 的否定，从 ZFC 推不出 CH 的否定，即 AC 对于 ZF、CH 对于 ZFC 是相对无矛盾的。

1963 年，美国数学家科恩运用著名的力迫法，证明了连续统假设与选择公理相对于 ZF 系统是独立的。现已证明，ZF 对于发展集合论已是足够，它能避免已知的集合论悖论，在数学基础研究中提供了一种方便的语言和工具。在 ZF 中，几乎全部数学概念都能用集合论语言表达，数学定理大都可在 ZFC 内得到形式的证明。ZFC 作为整个数学的基础，是完备的，数学的无矛盾性可以归结为 ZFC 的无矛盾性。

另外，弗兰克尔用近代逻辑和推理的方法描述自然数，虽然他的研究是出于对数轴连续性的考虑，但是弗兰克尔对相反的观点也感兴趣。其间，弗兰克尔和爱因斯坦商讨过这些问题。冯・诺伊曼曾在他的论文中预感到，谈到任何一种形式的公理系统都具有局限性，使人不觉联想到后来由哥德尔证明的不完全性定理。弗兰克尔对冯・诺伊曼的文章曾这样评价，他不能坚持说已把论文着实看清楚，但是确信这是一件突出的工作，透过文章即知冯·诺伊曼是一位科学巨人。

因为人们主要采用技术性的方法研究数学基础，所以数学家和逻辑学家逐渐取代哲学家成为数学基础研究的中坚力量。人们对于基础研究会采取与一般哲学研究不甚相同的评价标准。比如，人们主要根据研究规划是否获得成功，而不是根据基本立场的正误来对基础研究工作进行评价。对此弗兰克尔和巴－希勒尔共同指出，弗雷格和罗素的理论的唯一真正的严重缺陷在于无穷公理的令人怀疑的状态。

弗兰克尔的文字清晰准确，使其著作不晦涩生硬，成为世界上很多地方长期采用的教科书。英国科学哲学杂志在评论弗兰克尔的著作《集合论基础》时，更是不吝美词：本书精确地研究了集合论的基础，用简洁易懂的语言解释专业问题，对与之相关的数学和哲学的历史背景给出了详尽而客观的评述……对任何数学家和哲学家而言都是一部不可或缺的优秀著作。

三、传说论道，影响甚广

弗兰克尔长期在希伯来大学从事教学和科研工作，是在希伯来大学爱因斯坦数学研究所工作最早的教授之一，为当时初建后来成名的希伯来大学培养了众多的人才。

希伯来大学是以色列第一所大学，也是犹太民族在其祖先发源地获得文化复兴的象征，始创于1918年，落成于1925年。现已发展成为一所充满活力，集教学和科研于一体的综合性大学，至今共有5位毕业生荣获诺贝尔奖，1位毕业生荣获菲尔兹奖。其实早在19世纪末期，在第一批犹太新居在以色列创建时，来自德国海德堡大学的数学家赫曼·斯卡支拉就撰写了一系列文章建议犹太民族创办希伯来大学。1902年，开始有创办大学的具体规划，得到犹太复国运动领导人的大力支持。1918年，由魏茨曼主持举行奠基典礼，7年后希伯来大学正式成立。学校第一届董事会名人荟萃，皆是著名犹太人士，包括爱因斯坦、以色列神学家和哲学家巴博、奥地利物理学家和神经病学家及心理分析的创始人弗洛伊德等。他们明确提出希伯来大学的三个奋斗目标：一是要建成具有国际声誉的高等学府；二是要为犹太人国家的创建与发展发挥重要作用；三是要建成一所犹太人的大学。

弗兰克尔身处希伯来大学，遵从希伯来大学的奋斗目标。在工作的后期，他一方面整理出版集合论的书籍，另一方面研究科技史。而在科技史方面，他亦是结合自己所研究的领域以及犹太人的身份，主要研究近代逻辑学的演变过程以及梳理犹太数学家和科学家的创造性贡献。他撰写了多本科学史专著。比如，1922年综述了高斯的工作。弗兰克尔身为犹太人，为犹太数学家树碑立传。1930年，他撰写了康托尔的传记，其中康托尔有一半犹太血统。1960年，弗兰克尔又完成更恢宏的著作《犹太人的数学和天文学》，其独到之处在于系统地总结了犹太人在数学和天文学方面的贡献，而且能够设身处地进行评价和分析，虽对犹太人的贡献稍微有些主观倾向性，但总体来讲，相较于非犹太人对犹太人贡献的描述，更加合乎历史的真实。

弗兰克尔是希伯来大学数学系的第一届数学系主任，还曾担任过希伯来大学的校长。在他从希伯来大学退休后，其学生罗宾逊继承了他的职位。罗宾逊是非标准分析的奠基人，运用数理逻辑的方法，使得无穷小量获得新生，1960年提出了非标准分析这一数学分支，且著有《非标准分析》一书。弗兰克尔本人继续在特拉维夫附近的巴伊兰大学从事教学工作。

1956年，弗兰克尔获得以色列奖的精确科学奖。以色列奖是以色列授予的一项奖励，在很大程度上被视为国家的最高荣誉。这个奖项每年在以色列独立日这一天颁发，届时在耶路撒冷举行仪式，包括总统、首相、议会会长和最高法院院长都会到场见证。该奖项是1953年由时任教育部部长迪努尔建议设立的，他本人曾在1958年和1973年两获奖励。

弗兰克尔是犹太复国运动的热烈拥护者。他是犹太民族委员会成员和英国统治下的犹太人大会的代表。他也属于犹太复国主义的米兹腊希宗教组织，这个组织1902年成立，1956年与米兹腊希工人党合并成全国宗教党以促进犹太的宗教教育。

弗兰克尔的书籍传播非常广泛。粗略统计，他的《抽象集合论》从1953年至1976年出版39个版本，为全世界800多个图书馆所收藏。他的《集合论基础》从1959年至1968年出版共20个英文和德文版本，为全世界近600家图书馆所收藏。《整数和数论》从1955年至2004年出版10个版本，为全世界500多家图书馆所收藏。他的《设置理论导论》从1919年至1998年用三种语言出版27版，为全世界300多家图书馆所收藏。《数学基础文集——纪念弗兰克尔七十寿辰》从1962年到1966年用英语出版5个版本，为全世界200多家图书馆所收藏。

总之，弗兰克尔贯彻公理化思想，是集合论的集大成者，其著作的广泛传播也恰恰印证了这一点，其成就的取得与他所处的时代和他自身的选择都是分不开的。

我们说近现代数学的一个显著特征就是结构化，结构数学是数学发展的主流，而通向结构数学的道路当中有关键的一步，便是公理化。当时，公理化并不是横空出世的新名词，而是有着两千年的历史渊源，但是却在当时走到历史镜头的焦点，掀起一波公理化思想的浪潮。弗兰克尔在叔父的点拨和引导下，接触公理化思想，并且把公理化思想付诸实践，给出 p 进域的公理系统，首次给出抽象环的公理化定义并被后来的爱米·诺特沿用，试图把斯坦尼兹关于域的抽象研究方法推广到抽象环论中。公理化思想离不开实践，同样实践的积累也会铸就新的理论，弗兰克尔对公理化思想的早期实践必定加深了其对公理化的认知，从而为他公理化思想的践行提供更广阔的视野和洞察、分析能力。他以实例研究实践了公理化思想，用公理化思想把新兴的数学推上了更高的理论层次，为其进一步发展做好奠基。弗兰克尔无论从数学观念和技术细节都对此后 p 进域和环论的发展起到了积极的推动作用。

在这种公理化实践的基础上，就不难想象弗兰克尔为什么能够在公理化集合论方面做出突出成就。公理化、抽象化是他从事数学研究的关键词，是他一直贯彻的中心思想。因此，这种抽象的公理化观念长期存在于他的脑海当中，慢慢发酵与提升，也是他在集合论的公理化研究能够集就大成的一个重要因素。他完全具备对策梅洛公理化集合论的理解能力、分析能力和创新能力。他能够鉴别和判断，因此才能分析出策梅洛公理化集合论的不足并予以弥补，建立起策梅洛－弗兰克尔公理系统。

科学和人文是人类生存和发展的双翼，是科学家和谐创新的重要因素。像菲利克斯·克莱因、外尔、范德瓦尔登等大数学家一样，弗兰克尔不但在数学领域造诣颇深，而且撰写了多本科技史著作，在数学的人文领域谱写出亮丽的华章。他所撰写的书籍文字风格简洁优美，成为全世界很多地方的教科书。特别是，身为犹太人，他有意识地研究犹太数学家和科学家的创造性贡献。他长期在犹太人的大学希伯来大学任教，也参加犹太人的一些进步组织。可以说，他不但在科研上有着浓厚的犹太血统情怀，而且在日常生活中也体现出传承犹太精神的担当和责任。知识的价值就在于传播，弗兰克尔所做的工作无疑对犹太数学和科学的传播和发展有着积极的意义，另外也有助于其他人了解和理解犹太人的数学和科学发展情况。

综上所述，弗兰克尔自小在良好的家庭教育环境中熏陶和成长，在洛伊、亨泽尔、希尔伯特、斯坦尼兹和策梅洛这些学术大家的指引和帮助下走上数学创新的康庄大道。他身处战争年代，不畏时局的动荡坚持研究和教学，不但在 p 进域、抽象环论、公理化集合论和科技史等很多领域作出重要贡献，而且先后在马尔堡大学、基尔大学和希伯来大学任教，为数学和科学培养了众多人才。他当之无愧是 19 世纪末 20 世纪初公理化浪潮中的一员，是早期 p 进域理论和抽象环论的实践者，是公理化集合论的创始人之一。策梅洛－弗兰克尔集合论是现代数学集合论事实上的标准公理，由于其在逻辑学上的成功运用，弗兰克尔也是近代逻辑学的创始人之一。他身为犹太数学家，深受犹太教义影响，撰写了犹太数学家的传记和犹太的数学和科学文明史，他又是传播和发展犹太数学和科学文化的布道者。他思维缜密，逻辑严谨，文字风格优美清新，所著教科书被世界各地广泛采用，他可以说是20世纪颇具影响的数学家和科技史家。

反观弗兰克尔的一生，左手是科学，右手是宗教，科学研究和犹太民族的社会活动是其工作和生活的两条重要主线，伴随其一生。这二者是怎样在其身上和谐统一的？另外，弗兰克尔对数学的实践围绕公理化思想展开，早期对于p进域和环论的实例研究对其公理化集合论研究的具体影响在哪里？这些问题值得深入思考，有待进一步研究。

（作者：王淑红　邓明立）

参考资料

[1] M. Kline. Mathematical Thought from Ancient to Modern Times [M]. Oxford: Oxford University Press, 1972.

[2] L. Corry. Modern Algebra and the Rise of Mathematical Structures [M]. Basel: Birkhäuser Verlag, 1996.

[3] A. H. Fraenkel. Über die Teiler der Null und die Zerlegung von Ringen [J]. Journal Fur Die Reine und Angewandte Mathematik, 1914.

[4] A. H. Fraenkel. Über einfache Erweiterungen zerlegbare Ringe [J]. Journal Fur Die Reine und Angewandte Mathematik, 1921.

[5] Y. Bar-Hillel, E. I. J. Poznanski, M. O. Rabin, A. Robinson. (Eds) Essays on the Foundations of Mathematics: Dedicated to A. A. Fraenkel on his Seventieth Anniversary [C]. Amsterdam: North-Holland Publishing Company, 1962.

[6] 胡作玄，邓明立. 20世纪数学思想[M]. 济南：山东教育出版社，1999.

[7] 李文林. 数学史概论[M]. 第3版. 北京：高等教育出版社，2011.

布饶尔

(Richard Dagobert Brauer, 1901—1977)

布饶尔

有限群领域的辛勤耕耘者

评判一个数学家水平高低往往有几个标准，其中包括解决重要的悬而未决的问题的能力，引入用于澄清现存问题的概念的能力以及发展合乎逻辑的理论的能力。布饶尔在其工作中表现出他是这三种能力的集大成者。

他以其深邃的眼光与敏锐的洞察力，在许多数学领域创造出一个又一个奇迹，可谓成绩斐然，硕果累累，单是某一方面的贡献就足以使他跻身于世界著名数学家之列。可以说，布饶尔也是幸运的。这一方面是因为他在有生之年就得到了认可，各种荣誉与奖励纷至沓来；另一方面也因为他的兴趣与能力一直持续到生命的最后一刻，他发表的 127 篇论文中约有一半是 50 岁之后完成的，特别是在 1964 年至 1977 年，即他生命的最后十几年，他仍然发表了 44 篇论文。这活生生地印证了数学并不一定只属于年轻人!

一、柏林的求学之路

1901 年 2 月 10 日，布饶尔出生于德国柏林夏洛藤堡的一个犹太富商家庭，父亲从事皮革批发贸易，在业界颇具影响。在这样一个富足儒雅的家庭环境中，童年时期的布饶尔和哥哥阿尔弗雷德以及姐姐爱丽丝过着无忧无虑、幸福快乐的生活。

受哥哥的影响，布饶尔从小就对科学和数学感兴趣。1907 年，他到夏洛藤堡读书，1918 年 9 月从那里高中毕业，之后马上应征到柏林服兵役。幸运的是，两个月后，第一次世界大战结束，因此他的学业没有受到很大影响。与布饶尔比较起来，阿尔弗雷德运气就要差得多，他战时服役四年并受了重伤。

1919 年 2 月，布饶尔怀着童年的梦想——成为一名发明家，考入柏林夏洛藤堡工业大学（现在的柏林工业大学）学习工科，但不久之后，他意识到自己对理论方面更感兴趣，于是一个学期后转入柏林大学。根据德国当时的传统，大学生在四年学习期间往往要到多所大学上课，以便获取知识，开阔眼界。这样，1920 年夏季学期他便到弗莱堡大学学习，选修了波尔扎的不变式论。同年秋天，他返回柏林大学，直到 1926 年以最优等的成绩获得博士学位。

20 世纪 20 年代的柏林大学聚集着许多卓越的数学家和物理学家，包括比伯巴赫、卡拉特奥多里、爱因斯坦、劳厄、米泽斯、普朗克、施密特以及舒尔等，这就使得布饶尔经常有机会听一些著名人物的讲课或者是参加他们的讨论班。他在第一学期选修了施密特的课。显然施密特备课并不总是非常充分，常常被卡在讲台上临时进行证明，但这并没有影响教学质量，布饶尔从中欣赏着一位数学家创造与思考的奇妙过程，心头不禁漾起智慧的涟漪。

然而，柏林大学中对布饶尔影响最大的人却是舒尔。舒尔是弗罗贝尼乌斯的学生，而后者又是受了戴德金的鼓励，在 19 世纪末 20 世纪初，开始介入创立和发展群论中最系统、最本质的部分——有限群的表示理论，即用具体的线性群（矩阵群）来描述群的理论，其核心是群特征标。弗罗贝尼乌斯的努力卓有成效，从 1896 年到 1907 年，他在这一领域发表了 20 多篇论文，基本完成了初创工作。无独有偶，大约同时，英国数学家伯恩塞德也独立发展了表示论和特征标方法，其《有限阶群论》第二版（1911）（第一版发表于 1897 年）是群论的经典著作之一，他在其中表达了对弗罗贝尼乌斯的赞许之情：

> 有限阶群作为线性变换的表示论主要由弗罗贝尼乌斯教授创立，而同源的群特征标理论则完全由他创立。

接着，他在列出弗罗贝尼乌斯的一系列文章后说：

> 在这一系列的文章中，弗罗贝尼乌斯的方法很大程度上是间接的……这里，作者独立地直接用相对比较简单的方法得到了弗罗贝尼乌斯以前论文中的主要结果。

可以说弗罗贝尼乌斯和伯恩塞德是群的矩阵表示理论的主要创立者，他们彻底变革了有限群理论。

1894 年，舒尔到柏林大学，他从老师弗罗贝尼乌斯那里学会了有关表示论的基础知识。1901年，舒尔博士毕业，毕业论文考察了复数域上一般线性群的有理表示，并因此马上取得了与著名的表示论前辈平起平坐的地位。1919年，舒尔开始任柏林大学正教授，除讲课外还组织代数与数论讨论班。与施密特不同，舒尔每次上课都会精心准备，其讲义以精巧的结构和优美的表达方式而著称。另外，他讲课速度非常快，如果不聚精会神地听讲，一会儿便会如坠雾里，学生们不得不回家整理笔记。他每周辅导学生几个小时，几乎每次都提出一个非常难的问题，这些问题中有一些是弗罗贝尼乌斯曾经提到过的，有些是他本人给出的，有些甚至是连他自己都解决不了的。

布饶尔对舒尔的讨论班如痴如醉，其间，他报告了舒尔论文《积分法对不变式论的新应用》(1924)的第一部分，该部分说明了如何用赫维茨的群积分法研究连续线性群的线性表示。在第二部分，舒尔用这种方法确定正交群或旋转群的所有不可约(连续有限维)表示。他提示布饶尔也许可以用一种更为代数的方法这样做，这就成为布饶尔博士论文的来源，即从代数角度对正交群的表示进行研究。另外，布饶尔发表的第一篇论文也和舒尔有关，它是舒尔在1921年冬季学期的数论讨论班上提出的。当时布饶尔的哥哥阿尔弗雷德也参加了这个讨论班，兄弟俩一周之内成功地给出了解法，在同一周，霍普夫给出了一种完全不同的解法。1926年，布饶尔兄弟和霍普夫把彼此的证明结合在一起并进行了推广，将其发表在论文《论某些特殊多项式类的不可约性》中。

另外，舒尔也以一种意想不到的方式对布饶尔的一生产生了影响。1920年11月，布饶尔在舒尔的数论课上遇到了他的另一半伊莎。她是柏林一位物理学家的女儿，研究实验物理，1924年获博士学位。然而，她在研究过程中发现自己对数学更感兴趣，于是开始选修数学课，希望将来能成为一名教师。后来她如愿以偿，取得了多伦多大学、密歇根大学和布兰迪斯大学的数学讲师资格，并成为波士顿大学的副教授。1925年9月17日二人喜结连理，生活美满幸福，他们的两个儿子都成了活跃的数学家。

二、在哥尼斯堡初显身手

1925年秋，布饶尔开始在哥尼斯堡大学工作，当时这里的数学系只设了两个教授席位，由塞格和瑞德迈斯特担任。布饶尔最初是该系相当于副教授的克诺普的助教，1927年晋升为无薪讲师，由此取得授课资格。他在此先后教授了许多课程，竭尽所能把全部数学都囊括进去。1933 年之前，他一直在那里工作。

在哥尼斯堡的那段时间，布饶尔对单代数的代数理论作出了重要贡献。他引入所谓的域 F 的布饶尔群 $B(F)$，我们现在知道它是一个重要不变量。单代数理论的主要问题正是描述出以 F 为中心的所有可除代数，更粗略地说，正是描述出 $B(F)$。早在 1878 年，弗罗贝尼乌斯已经证明，若 R 是实数域，则 $B(R)$ 的阶为 2，即哈密顿四元数系是 R 上唯一的中心可除代数。1905 年，美国数学家韦德伯恩证明若 F 是有限域，则 $B(F)=1$。到 20 年代，人们的注意力开始转向更深入的问题，即刻画代数数域上的中心单代数。迪克森引入循环中心单代数这个概念之后，在 1923 年发表的著作《代数及其算术》中猜想：代数数域上的每个中心单代数都是循环的。这就是后来所说的代数主定理。他的著作引起极大关注，1927 年被翻译成了德文。

1931 年，布饶尔、爱米·诺特和哈塞合作发表论文《代数理论主定理的证明》，一举解决了迪克森猜想，完成代数主定理的证明，这是自一战前韦德伯恩和舒尔开始从事代数理论工作以来所取得的最高成就，外尔称它为代数发展史上的转折点，仅这一篇论文就足以奠定布饶尔在欧洲数学界的地位。

布饶尔非常喜欢当时在哥尼斯堡的生活，那里的数学系虽小，但并没有影响他施展才华，他同许多德国代数学家都有联系。许多年之后，他写道：

> 当时德国各所大学的智力环境被每个知道它的人所深切缅怀。

在正常情况下，布饶尔原本有希望成为德国一所重点大学的教授，但世事难料。1933 年年初，希特勒成为德国元首，3 月底确立了自己的独裁统治。新的纳粹政府几乎马上就执行了臭名昭著的反犹太政策，他们制定了一系列的法律把犹太人从诸如政府职员、律师或教师这样的“智力职业”中驱除出去。犹太血统以及反对纳粹的教授、讲师纷纷被解聘，没过几年，大学的学生减少了一半，教师减少了四分之一，大学逐渐被一些冲锋队员所把持。卢斯特这个冲锋队大队长当上了教育部部长，他确实实现了自己的豪言壮语：“使学校不再成为一个玩弄学术的机构。”后来，尽管解除了一些禁令，使得一战前任职的人和参加一战的人能够重新回到自己的工作岗位，但布饶尔不在这两种范围之列，他无法找到展现自我的舞台，诺特也是如此。

具有讽刺意味的是，与布饶尔和诺特一起证明代数主定理的哈塞却成为纳粹主义的热情支持者。1934 年，他成为格丁根大学教授兼数学所所长，诺特对他抱有很大希望，希望他能继续保持德国数学的光荣传统。当时哈塞确实同犹太籍数学家还有联系，反对把“元首原则”引进德国数学界，但这使法西斯当局和纳粹学生尤为不满。于是，好景不长，哈塞改变立场，1937年加入纳粹，1940年去柏林海军研究所从事军事研究工作，一直到1945年才回到格丁根。虽然其中存在法西斯威逼利诱的客观原因，但实际上还是他本人的思想起着主导作用。他是一个狂热的民族主义者，第一次世界大战后，屈辱的《凡尔赛和约》让他心灵深受创伤。他不愿看到德国被践踏于其他国家的铁蹄之下，衷心地赞同希特勒为纠正这种不公平待遇所做的种种努力，最终成为法西斯的走卒。

下面的故事解释了布饶尔1936年的两篇论文《超复数系的代数》和《对称函数有限阶线性群的不变式》没有发表的原因。开始时这两篇论文是哈塞请布饶尔为德国数学百科全书写的。他们签订了一份合同，布饶尔如期完成了任务，但不久之后，他收到出版社的一封来信，信上说这两篇论文不能在德国发表，为此只能付给他合同上规定的一半的稿费，信中还附有一份法定文件，上面引用德国犹太法案来证明他们这样处理合情合理。布饶尔要求哈塞做出解释，但哈塞说他不能对此做任何事情。事情就这样结束了。幸运的是，布饶尔好像没有丢掉任何一篇论文，在他死后，上面引用的通信和论文都找到了。

三、访学肯塔基与普林斯顿

德国对犹太知识分子所采取的强硬迫害政策令国外大为震惊和困惑。各地，特别是美国和英国纷纷组建委员会筹备资金，想为这些来自纳粹政权下的难民提供容身之所。由于“援助德国学者紧急委员会”（在纽约设有指挥部）的作用，在肯塔基的列克星敦犹太委员会的帮助下，布饶尔有幸到肯塔基大学访问一年。尽管他以前可以看懂英语，但从没开口讲过。于是他从一本德英字典入手，用许多时间重新学习英语。即使这样，当1933年11月到达列克星敦时，他能讲的英语还是微乎其微，据当地报纸报道，当时他还要靠一个翻译来交流。布饶尔对美国当时的环境非常满意，三个月后，他的妻子伊莎和他们的两个儿子也到达那里与他团聚。布饶尔的哥哥阿尔弗雷德由于一战时服兵役在1933年没有被解雇，不过他最终在1939年来到美国。他的姐姐爱丽丝留在了德国，二战期间死于纳粹的集中营。

1933年9月普林斯顿高等研究院开始全面运行。外尔是那里的首批终身教授之一，他像磁石一样吸引大批数学家来到普林斯顿，用渊博的知识和深邃的思想给年轻人指引前进的方向。布饶尔并不认识外尔，但是一直希望能有机会与他相见。事实上，他们都参加了1928年在意大利波洛尼亚举办的国际数学家大会，但由于布饶尔当时太过害羞，以至根本就没有做自我介绍，甚至也没有请塞格把自己介绍给外尔。因此当1934年至1935年他应邀到普林斯顿研究院给外尔当助手时，实质上也算完成了他长久以来的一个心愿，他写道：

> 我认为我在普林斯顿研究院的那些年是我接受的最后一部分数学教育。

布饶尔在与外尔接触的过程中受益匪浅。那一年，他发表了关于典型李群的贝蒂数的论文。当时庞特里亚金刚刚用拓扑的方法确定出这些数，作为对外尔其中一个问题的答复，布饶尔在不变量的基础上仅用几周时间就给出了一种纯代数处理方法。外尔在自己1939年的著作《典型群》的前言中提到了布饶尔，其中明显表现出对这位年轻同事的肯定与赞赏。多年之后，他写道：

> 与布饶尔工作的那段时间是我一生中最快乐的科学合作经历。

在普林斯顿的那一年，布饶尔有很多机会涉足新的数学领域。普林斯顿高等研究院那时已经是一个灿烂的数学中心，除了终身教授亚历山大、爱因斯坦、冯·诺伊曼、维布伦和外尔，还有4位助教和46位访问学者，其中包括艾伯特、马格努斯、西格尔和扎里斯基等，他们后来都成为布饶尔夫妇的终生密友。布饶尔与西格尔的关系尤为密切，在西格尔的影响下，他在1947年的“代数数域的ζ－函数”中得到许多结果。另外，普林斯顿大学虽然与普林斯顿高等研究院没有互属关系，但却有着很深的渊源，当时研究院借用的是普林斯顿大学数学系的办公室，许多教授往往在这两个地方同时任职，而且普林斯顿大学数学系也有自己的一些数学家，包括博赫纳、莱夫谢茨和韦德伯恩等。布饶尔也能常常碰到诺特，她当时在宾夕法尼亚州的布林茅尔学院任职，但每周在普林斯顿组织一次讨论班。与布饶尔非常友好的另一位数学家是贝尔，他和布饶尔在同一地区长大，同入一所学校，但在1931年才首次见面，当他们都来美国后，两家交往甚密。

四、多伦多的累累硕果

继这两个临时性的职务之后，1935 年秋，34 岁的布饶尔经诺特推荐，就任加拿大多伦多大学副教授。说实话，这对布饶尔来说未免有些屈才，我们今天很难想象一个拥有如此重大数学成就的人仅仅被授予区区副教授之职。1948 年他作为全职教授离开了那里，然而值得庆幸的是，在多伦多的那 13 年是他的丰产时期，他在那儿的研究得到了许多重大成果，其中的任何一个都足以使他居于一流数学家的行列。

他把弗罗贝尼乌斯的工作，特别是弗罗贝尼乌斯 1896 年发展的群特征标的工作放入一个新的框架之下，由弗罗贝尼乌斯的常特征标理论（域的特征不整除群的阶）发展到模特征标理论（域的特征整除群的阶），建立起系统深入的有限群模表示论。有限群模表示论是将有限群用有限域上的线性群来表示的一种理论，是研究有限群的工具，至今仍是有限群理论的主流方向之一。事实上，布饶尔并不是第一个考虑模表示论的人，迪克森在 1907 年已经对此加以考虑，首先明确指出域的特征整除群的阶时，表示论与常表示论有着本质区别。受舒尔启发，1935 年布饶尔发表了在这一领域的第一篇论文《论群在伽罗瓦域的表示》，这是布饶尔对此持有终身兴趣的先驱性工作，它可能更应该称为局部域及其剩余类域上的表示理论。塞尔指出，严格地讲，这篇论文是一本书，也是布饶尔写的并发表出来的唯一著作。

不久之后，布饶尔意识到在得到更深入的群的模表示性质之前，有必要研究一下群代数的环论性质。于是，1937 年他与自己的第一个博士生内斯比特合作发表论文《有限阶群的模表示》和《代数的正则表示》。这两篇论文包含了那时能应用到群论中去的所有代数结果，研究了现在所谓的射影模和内射模的问题，对模特征标、分解数、嘉当不变量和块进行了完全处理。内斯比特曾对他们合作的前一篇论文给出了有意思的说明：

> 奇怪的是，作为论文的指导教师，他没有建议提前学习一些什么预备知识或研究文献。相反，我们花了许多时间去考察他正在思考的表示论思想的例子。最终我捕捉到了几种思想，他对它们进行了精妙的润色与处理，后来经中山正抽象和推广。

虽然在接下来的几年里，布饶尔发表了几篇关于环论的文章，但与他兴趣更接近的是 1941 年与内斯比特合作发表的《群的模特征标》。这篇论文概括了一些必要的环论，包含了模表示论中许多基本结果的证明，建立了模特征标的理论体系，特别是证明了两个正交关系。对任何希望研究模表示的人来说，它都是一篇难得的参考文献。

布饶尔在发展模表示论的时候，也试图把这一理论应用到关于有限群的结构问题中。他描述了亏量为1的块中的常特征标和模特征标，定义了与这样的块相关联的树，现在以布饶尔树著称。尽管这些结果太过专业，但它们与有限群特征标之前的任何知识都大不相同，一旦能够得以应用，便为计算特征标提供最为有效的方法之一。特别地，若一个西罗子群的阶为素数，这些方法尤为有用。那么既然对每个单群而言，它基本上总是至少存在一个素数阶西罗子群，其广泛的应用价值便不言而喻。当布饶尔发现这些结果时，他试图在已知的特征标表上验证它们。像他后来所说的那样，他的结果在一种情况下不成立，为此在好长一段时间里他都非常难过，直到最终证明错误出现在那个特征标表上而不是出现在他的结果中。

1946 年，布饶尔给出模表示论中其他一些结果，介绍了亏损群的概念并证明块理论的第一、第二主定理。不用说这些定理的证明，单是定理的陈述就足以显示出他非凡的洞察力，因为这完全是一次全新的尝试，不存在任何先前结果以供模仿，我们很难想象现代的代数学家会具备他那样的创造能力和专业素质。但是，直到 10 年之后布饶尔才把它们发表出来，这一方面是因为他正在忙于其他问题的研究，另一方面是因为他以为没有人对他的模表示工作感兴趣。然而，情况并非真的如此。例如，盖尔范德对他的一些工作感兴趣，和同事证明了关于李代数的表示的结果，这些结果与布饶尔在模表示中得到的部分结果类似。当然，布饶尔不可能知道盖尔范德的兴趣。另外也有些日本数学家对模表示论感兴趣。例如，大岛对这一理论中的许多基本结果都给出了其他证明，他在 1955 年首次公开发表了关于块的第一主定理的证明，要比布饶尔的证明早发表大约一年。稍后，永尾凡在献给布饶尔 60 岁生日的一篇论文中，巧妙地证明了块的第二主定理。

1960 年之后，布饶尔写了 50 多篇论文，其中大多数属于模表示论及其应用。对于具有亏量 1 的块的特征标理论，他又研究小亏损群情形，由此得出单群结构的许多结果。1967 年，他发表块的第三主定理的证明。

布饶尔关于模表示的工作表现出其杰出的独创性，他发展了这一理论、发现并证明三个主要定理，找到了它们在群论中意想不到的应用。在数学中，我们很少说如果一个人没有做某项工作，至少两三代人都没有能力做这项工作，但布饶尔在模表示论方面的工作却是如此。

当时，除了研究模表示论，布饶尔还从事其他领域的研究，这至少部分上是由于他与阿廷的接触。1928 年他们在德国汉堡曾仓促地见过一面，此后，直到 20 世纪 30 年代末在芝加哥的一次数学会议上才再次重逢。1941 年布饶尔获得古根海姆研究基金，他抽出一部分时间拜访印第安纳大学的阿廷，这次是他们首次真正数学意义上的接触，唤起了他对阿廷猜想的兴趣：阿廷 $L-$ 级数是整函数。那时人们甚至不知道它们是亚纯的，然而，阿廷告诉布饶尔如果可以证明关于有限群的特征标的某一结果，就可以得到上面的结论。布饶尔不久之前曾证明嘉当矩阵的行列式是 p 的幂。在接下来的几年里，他意识到可以用类似的方法证明群特征标所要求的结果，因此可以证明阿廷 $L-$ 级数是亚纯的。在 1947 年的一篇相关论文中，他证明如果 K 是数域 F 的一个伽罗瓦扩张，那么 ζ_K / ζ_F 是整函数。接着，他给出这个结果的一个应用，并证明现在所谓的布饶尔 - 西格尔定理，给出了代数数域类数的渐近估计。1949 年，他因阿廷 $L-$ 级数方面的工作被美国数学会授予科尔奖。事实证明，他这部分工作在把类域论推广到非阿贝尔域过程中起着决定性作用，而这一推广正是现代数论中最困难同时也是最重要的问题之一。1946 年普林斯顿会议上，在布饶尔解释了自己的结果之后，阿廷指出：

> 尽管没有任何人相信我，但我仍坚信我们已经知道了关于非阿贝尔类域论的所有结果都能从已知内容中得出。

实际上，尽管事情看起来好像比较乐观，但按照这种路线取得的进展并不太大，今天有关非阿贝尔类域论的大部分结果都通过自守函数来实现。

布饶尔是一名非常成功的老师，对多伦多数学教学上的贡献很大，总是有很多人听他讲课或者是参加他的讨论班，他的博士生除内斯比特之外，还包括布鲁克、詹宁斯、门德尔松、斯坦顿、斯坦伯格和中国的段学复。他和多伦多的同事专心于加拿大数学会议以及加拿大数学杂志的安排工作。在加拿大的那些年，他与美国也有许多接触：1941 年他任美国威斯康星大学客座教授，1942 年任美国普林斯顿高等研究院访问学者。

五、密歇根与哈佛：再创辉煌

到1948年，布饶尔已经是数学界的领袖人物之一，因此当他在那一年应邀担任美国密歇根大学安娜堡分校教授时，人们并不感到吃惊。到了那里，布饶尔着手增设研究生的代数与数论课程，终日忙碌。当时虽然没有国家科学基金的支持，但世界各地许多最为优秀的研究人员都准备参加美国的暑期班。密歇根本来一直就是一个众望所归的场所，现在因布饶尔的魅力而更负盛名，那里成为最为活跃的代数学中心与培育青年数学家的圣殿。布饶尔虽然在密歇根只工作了4年，却在这短暂的时间里培养了几位博士生，他们包括福勒、詹纳和刘易斯。此外，还有一些人的学位论文是在他离开之后才完成的，但他们也可以算作他的学生，这些人包括沃尔特、W. P. 布朗、扬斯以及费特。

按照布尔巴基学派的传统，费特大学毕业后到密歇根担任思罗尔的助手，有幸与布饶尔相识。多年之后，费特写道：

> 我第一次见到布饶尔时他50岁我20岁。那时我认为他是一个老人。然而，一个研究生可以很轻松地与他谈论数学，因为他总是对数学有着极大的热情，并且横跨几个领域。在50年代，他了解有限群论中发展出来的所有知识，也知道类域论和李群理论代数方面的许多进展。他可能也是第一个理解谢瓦莱在日本《东北数学杂志》上发表的《关于某些单群》的人。他的阅读兴趣相当广泛，记忆力惊人，我想知道他20岁时的记忆力是什么样子的。
>
> 布饶尔常常对自己的许多最为重要的结果给出其他更好证明。他能以自己的风格用一种比较容易理解的方式把复杂的计算性证明表示出来。在写完一篇论文后，他往往将其放在一边，直到半年或一年之后再看它，然后或者比较满意或者重写。每个数学家都知道，一个非常显然的事实在一年之后也会变得不太显然，因此他的方法是检验可读性的很好的方法。

布饶尔一家在安娜堡生活得非常幸福，希望能够一直留在那里。然而，1951年布饶尔接到哈佛大学的聘书，1952年前往任职，直到1970年退休。他对哈佛以及附近的麻省理工学院的数学氛围相当满意，结交了许多新朋友，不论在数学上还是在社交上都得心应手，经常有人去家中拜访。另外，他在哈佛也培养了许多博士生，包括布卢姆、冯、哈里斯、艾萨克斯、伦纳德、林赛、帕斯曼、雷诺兹、所罗门、威尔士、沃德和王等，当然，这还远未完全列举。

我们知道，素数好像正整数乘法的原子或积木块，与之类似，有限单群宛如有限群的原子或积木块。这样对有限群的研究便分为两大部分：一是确定所有有限单群；二是探索每个有限群如何由这些单群结合而成。前一部分乃是数学中绝无仅有的一项大工程——有限单群分类。有限单群分类定理亦称庞大定理，它是说每个单群都属于如下类型的群：(1) 素数阶循环群；(2) 五次及五次以上的交错群；(3) 李型群；(4) 26 个散单群。自 20 世纪 50 年代中期到 2004 年这近 50 年的时间里，有限单群的分类从最初取得突破到最终完成，其间发表的相关论文约几百篇，共 10000 到 15000 页，这是有史以来从未有过的情形。证明一个定理，动员上百位数学家投入战斗，真的是难以置信！布饶尔对这一宏伟工程作出了杰出的贡献。40 年代末，布饶尔注意到用对合（群中阶为 2 的元素）的一些非常简单的性质能够得到关于偶数阶群的结构的一些很强的结果。他和福勒一起研究偶数阶 CA 群，即满足其中每个非单位元的中心化子都是阿贝尔群的偶数阶群。大约同一时间，沃尔在希格曼的建议下在曼彻斯特开始了类似的研究工作，铃木通夫在日本根据分拆来刻画 $PLS(2, q)$，其中 q 为奇数。铃木通夫的工作引起了贝尔的注意，1951 年他邀请铃木通夫到他当时所在的伊利诺大学与他合作。在接下来的那个夏天，铃木通夫参加了布饶尔在密歇根的夏季讨论班，当时也有一些研究生参加，如费特和沃尔特。到 1953 年，布饶尔、铃木通夫和沃尔每人都由局部数据得到 $PLS(2, q)$ 的刻画定理。其中的一种形式于 1958 年在他们三人合作的论文《有限域上一维幺模群的刻画》中以布饶尔－铃木通夫－沃尔定理发表，标志着有限群新进展的开端。

出人意料的是，伯恩塞德早在 1899 年就发现并发表了这个定理的简单情形，利用对合的基本性质证明了该定理所需要的思想，且使用的方法与布饶尔的非常类似。然而伯恩塞德没有认识到这一方法的重要性，他文章的题目不是非常醒目，所发表的杂志也不太知名，除此之外，他本人以及其他人的著作与论文中也没有提到这篇论文。由此，伯恩塞德的论文并没有马上发出它应有的光彩，直到 1970 年左右费特准备群论历史的报告时才发现它。当布饶尔从费特口中得知这篇论文时，其惊讶程度是可想而知的。

1955 年，布饶尔和福勒发表了重要论文《偶数阶群》，这篇论文非常简单，任何知道群的定义的人都能理解其中的主要结果，然而事实证明，它们对偶数阶群论的大部分发展都非常重要。其中一个结果是说，若 H 是一个中心包含一个对合的有限群，则只有有限多个有限单群，满足其中一个对合的中心化子与 H 同构。在随后的几十年中，布饶尔、扬科以及他们的学生说明了这个问题不仅是有限的，而且非常容易驾驭。这样，布饶尔的“偶数阶群”为分类计划确立了一个方向，暗示了要证明著名的有限单群分类定理，需要通过两步来实现：

第一步：确定有限单群中一个对合中心化子的所有可能结构。

第二步：对每个可能的结构，确定出带有这样一个对合中心化子的所有有限单群。

根据对合的中心化子的结构来分类单群的问题逐渐以布饶尔计划著称，由此，数学家们走上了有限单群分类的道路，为费特和汤普森证明每个有限非阿贝尔单群都是偶数阶这一重要突破提供了一把钥匙。从 20 世纪 50 年代到 70 年代这段时间，在代数学中占统治地位的关于有限单群分类的大多数进展都可以追溯到这些先驱性成就。布饶尔在他生命的余年一直研究有限单群分类的问题，虽然他没能亲眼看到有限单群分类的完成，但他的工作确实为取得这一重大成就提供了一个框架。

自 20 世纪 50 年代末，有限群的会议变得相当普遍了，他经常参加，许多年轻数学家马上就熟悉了他的工作。他们对他非常尊重，《名古屋数学期刊》用一期向他 60 岁生日献礼，《代数杂志》用一期向他 70 岁生日献礼。

六、决战病魔，铸就韧性人生

1969 年年初，布饶尔患上了重症肌无力，这是导致选择性肌肉弱化的一种神经性疾病，他的患病部位在眼部，因此尽管还能看书，但视力受到不小影响，当距离超出某个范围时眼前就会出现重影。他以坚韧的毅力适应这种艰难的状况，设法像正常人一样生活。

1976 年，布饶尔病重，不得不两次住院治疗，用他自己的话来说：“这是我有生以来第一次在晚上看到病房。”但他很快就痊愈了，于是又马上投入工作之中。但是老年人的身体必定是各项机能都在走下坡路，1977 年 3 月中旬，他因患再生障碍性贫血不得不再次被送往医院。他知道自己病情严重，但仍坚信最终能够康复，在病床上向一直陪伴在他左右的妻子伊莎口授信件跟其他同行朋友进行通信联系。但这次他没能康复，4 月 17 日，布饶尔最终死于一般性脓血病。他的朋友们无法相信这场病会夺去他的生命，因为直到去世前他在智力上的灵敏与在数学上的活跃程度都很正常，他一直都在以一种不变的速度创造出独到的、深刻的研究成果。

作为 20 世纪的一位伟大数学家，他的地位值得肯定。但说数学家伟大似乎又没有什么客观的标准，直接去评价一个数学家的工作，实际上是一件十分困难的工作，因为 99% 的现代数学不但超出一般人，甚至也超出隔行数学家的理解。那么最简单的评价，可以用大多数人都能够接受的世俗标准来进行，那就是看他所获得的学术方面的荣誉和奖励。布饶尔的获奖情况大致如下：1942 年获古根海姆纪念奖、1945 年荣任加拿大皇家学会会士、1949 年获美国数学会科尔奖、1954 年被选为美国艺术与科学院会士、1955 年当选美国国家科学院院士、1957 年至 1958 年任加拿大数学会会长、1959 年至 1960 年任美国数学会会长、1963 年任伦敦数学会名誉会士、1964 年任格丁根威森查夫顿研究院会士、1968 年获加拿大安大略滑铁卢大学荣誉博士学位、1969 年获芝加哥大学荣誉博士学位、1971 年获美国科学功绩奖、1974 年任美国哲学会会士并获印第安纳州圣母大学荣誉博士学位、1975 年获马萨诸塞州布兰迪斯大学荣誉博士学位。

布饶尔除了在数学研究方面作出重大贡献，还曾担任多种杂志的主编，为数学的学科建设做出了巨大努力：1943 年至 1949 年担任《加拿大数学会学报》主编；1944 年至 1945 年担任《美国数学杂志》主编；1949 年至 1959 年担任《加拿大数学杂志》主编；1951 年至 1956 年和 1963 年至 1969 年两度担任《杜克数学杂志》主编；1953 年至 1960 年担任《数学年鉴》主编；1954 年至 1957 年担任《加拿大数学会会报》主编；1964 年至 1970 年担任《代数杂志》主编。

布饶尔的聪明睿智、独立的判断力、温和的性格与耐性以及克服困难的决心，给每个熟悉他的人都留下了深刻的印象。他非常谦逊，从不妄自尊大，常常因别人把他的名字与他的发现成果联系起来而感到局促不安，一个学生曾因在单代数理论中用到“布饶尔代数类”这个术语而受到他严肃的批评。另外，布饶尔平易近人，他以同样的热情与友好态度处理跟学生以及同事之间的关系。在他感兴趣的数学谈话中，他常常是一个倾听者。如果你向他寻求建议，他会本着一种高度的责任感去处理，努力给出一个明智的、客观的答复。布饶尔之所以在数学界享有很高的地位，不仅仅因为他是一位伟大的数学家，还因为他的博爱、理解与谦卑，这些都是一个伟大人物的品质。

现在，美国和加拿大的多所大学中都有布饶尔的学生，或者是曾受到他影响的人。布饶尔向他们传递了德国代数学的优良传统，他以前在密歇根的一个学生曾这样评价他的讲课：

你会感到在你眼前一个技艺高超的工匠正在一砖一砖、一石一石地建立起一个宏伟的建筑。

从师于布饶尔的中国数学家段学复是模表示论的直接继承者，也是对此进行研究的第一位中国数学家，先后在自己的研究领域发表了约30篇学术论文以及一些其他论著。这些研究成果所涉及的问题始终是有限群论的主流，使得布饶尔的学术思想在中国大地上也结出了累累硕果。

七、布饶尔之影响在中国

布饶尔主要是通过他的学生段学复，将自己的数学思想流传于中国。本节先简单介绍段学复先生的生平，然后再简略评述他及其学生后辈的学术活动。

段学复是当代中国著名数学家、数学教育家、中国科学院院士，长期从事代数学方面的研究，在有限群的模表示理论、代数李群、有限p群、群论与组合数学的应用等方面取得丰硕成果，是我国代数学发展的重要组织者和代数学界的泰斗。他用模表示论研究群论的工作是开创性的，在应用模表示论研究单群分类问题方面具有重要意义。

段学复1914年出生于陕西华县。1932年考入清华大学数学系，1936年毕业并留校任教。一年之后，华北抗战兴起，北京大学、清华大学和南开大学迁往长沙和昆明，组成西南联合大学。段学复随同前往西南联大任教。1938年秋，华罗庚从剑桥大学访问归来，在西南联大进行了《域论八讲》系列报告，并开设有限群讨论班，段学复参与了讨论班，并开始与华罗庚合作研究p群的计数定理。这是段学复从事代数学，尤其是有限群研究的开端。

1939年上半年，段学复通过了在昆明举行的第8届英国庚款留学考试，旋即被派往英联邦国家加拿大留学。他于1939年秋动身，翌年方才抵达多伦多，进入多伦多大学数学系学习，指导他的导师，就是布饶尔。如前所述，布饶尔当时的研究领域是有限群的模表示论，他从 1935 年就开始这方面的研究，是该领域的奠基者和开创者，段学复到达那里时，这一领域还属于刚刚开垦的处女地。诚然，能在一个全新而重要的研究领域刚刚起步阶段，就有幸拜开拓者为师并与之共同打造新天地，实属天赐良机。而他以前与华罗庚合作进行的 p 群方面的研究，为跟随布饶尔研究有限群打下了坚实的基础。他参加了布饶尔关于有限群模表示论的讨论班，主要对某些阶有限群进行研究，1941 年获硕士学位。

后来因为布饶尔去普林斯顿访问，段学复获硕士学位后立即追随恩师去普林斯顿大学攻读博士学位。1942 年布饶尔发表了《论阶恰含某素数的一次幂的有限群》。在这篇论文的启发下，段学复做出许多重要结果，它们主要包括：(1) 得出阶为 pq^bm 的某些单群的结构，其中 p 和 q 为互异素数，b 和 m 为正整数且满足 $m \leqslant p-1$；(2) 证明了迪克森《线性群》一书中所列出的单群表直到 10000 阶都是完全的；(3) 确定了 pg' 阶的线性群的构造，其中 p 为素数，且 $(p, g')=1$，维数 $\leqslant (2p+1)/3$。围绕博士论文，尤其为得到上述结果，段学复对模表示论的一些基本事实进行了研究，如确定了 pg' 阶群的 p- 块的布饶尔树的重要性质。他还跟布饶尔一起证明了三个引理，霍尔分别称它们为布饶尔 - 段 - 斯坦顿原理、布饶尔 - 段指标块分离原则和布饶尔 - 段定理。1945 年段学复发表《有限阶单群》一文，除包含上面三个引理外，还证明形如 prq^b（p，q，r 两两互素）的单群的阶只能为 60 或 168。

时光流逝，岁月荏苒，这些结果并没有湮没于历史的故纸堆里，它们宛如一颗颗明星散发出自己的光彩。这一方面是由于它们所涉及的问题一直是有限群论研究的主流，是这一工作后来发展的出发点；另一方面也是由于现有的新结果仍然无法绕过段学复以及他与布饶尔合作得到的上述结果。

1943 年，段学复获普林斯顿大学哲学博士学位，毕业后，继续留在那里做了两年的博士后。在国外的这段时间，是段学复整个数学生涯中最重要的时期，为他以后的发展铺平了道路。1946 年 10 月，他回到清华大学任数学系教授。接下来的两年里，他在多所学校授课。1947 年上半年他指导曹锡华学习抽象代数和模表示论，并于次年下半年推荐曹锡华到美国密歇根大学向自己的恩师布饶尔学习。由于曹锡华在国内读过布饶尔的文章，所以他轻车熟路，马上就能独立进行科学研究，最终完成博士论文《含有两个素数二次幂的群的构造》。

1952 年段学复到北京大学数学力学系担任系主任。尽管有些行政事务，但他仍然和自己的学生继续进行科学研究。1954 年至 1955 年和 1964 年至 1965 年，段学复在北京举办了两期关于有限群模表示论的讨论班，指导王萼芳研究了 $p \leqslant 27000$ 的有限单群，弄清了这类单群的结构；洪加威、李慧陵也确定了一些特殊类型的单群。此外，段学复和他的学生还计算出后来所谓的扬科群 J_1 的指标表。但可惜后来的“四清”和“文化大革命”中断了他们的研究工作，不然我国或许可以早于扬科找到这个新的散单群，这无疑是一个历史的遗憾！20 世纪 80 年代，段学复的博士生张继平用单群分类定理和表示论彻底解决了维数 $<p$ 的复线性群的结构问题，算是对布饶尔数学思想的进一步阐发。

2005 年 2 月 6 日，病魔夺去了段学复的生命。但长江后浪推前浪，一代新人换旧人。在某种意义上，布饶尔、段学复和张继平的工作一脉相承。此后，樊恽、张广祥等新秀转入这一研究领域，接过了前人的接力棒。且进入 21 世纪以来，取得许多辉煌成果，引领中国数学闯入了国际前沿。饮水思源，应该感谢布饶尔和段学复老一代数学家的筚路蓝缕开启山林之功。正所谓：江山代有才人出，各领风骚数百年！布饶尔开创的事业，后继有人！

（作者：胡俊美　邓明立）

参考资料

[1] R. Brauer. Collected Papers [C]. W. J. Wong and P. Fong (eds.), Mass: MIT Press, 1980.

[2] W. Burnside. Theory of Groups of Finite Order [M]. New York: Dover Publications, 1911.

[3] W. Feit, Richard D. Brauer. Bulletin of the American Mathematical Society [J]. 1979.

[4] R. Brauer, Emil Artin. Bulletin of the American Mathematical Society [J]. 1967.

[5] 胡作玄. 布尔巴基学派的兴衰：现代数学发展的一条主线 [M]. 上海：知识出版社，1984.

[6] J. A. Green, Richard Dagobert Brauer. Bulletin of the London Mathematical Society [J]. 1978.

[7] C. W. Curtis. Pioneers of Representation Theory: Frobenius, Burnside, Schur, and Brauer [M]. Providence, Rhode Island, 1999.

[8] R. Solomon. A Brief History of the Classification of the Finite Simple Groups. Bulletin of the American Mathematical Society [J]. 1979.

[9] 段学复. 段学复文集 [M]. 北京：北京大学出版社，1999.

[10] 程民德. 中国现代数学家传（第二卷）[M]. 南京：江苏教育出版社，1995.

[11] 冯绪宁，袁向东. 中国近代代数史简编 [M]. 济南：山东教育出版社，2006.

安德烈·尼古拉耶维奇·柯尔莫哥罗夫

（Андрей Николаевич Колмогоров，1903—1987）

柯尔莫哥罗夫

“复杂性研究中的欧几里得”

安德烈·尼古拉耶维奇·柯尔莫哥罗夫，由于在概率论中做了公理性奠基工作，被美誉为“概率论中的欧几里得”，著名的KAM理论中打头的首字母K指的就是他。[1]他毫无疑问是苏联最伟大、最著名的数学家，在20世纪世界最伟大的数学家中也名列前茅。有论者认为，20世纪数学家能与之比肩者，可能也就是庞加莱、希尔伯特、冯·诺伊曼等极少数几位巨匠了，因为他的研究领域遍及概率论、实分析、泛函分析、拓扑学、逻辑学、算法信息论、湍流、动力系统和遗传学等广泛领域，且凡有涉足，必有创新，甚至是奠基性成果。而且，柯尔莫哥罗夫可谓文理皆通，对历史、哲学、语言学和俄国诗歌韵律等诸多社会学科也有不少独特的研究和不俗见解，堪称是俄罗斯的一代科学奇人。

实际上，柯尔莫哥罗夫不仅是概率论巨擘，还是20世纪兴起的复杂性概念和理论的开创者之一，特别是20世纪后半叶发展起来的复杂性学科，可以说绝大部分的研究探索都建基于柯尔莫哥罗夫复杂性概念基础之上，或是受到柯尔莫哥罗夫复杂性研究的激励。因此，柯尔莫哥罗夫不但是“概率论中的欧几里得”，也完全当得起“复杂性研究中的欧几里得”之美誉。此文将在简略介绍柯尔莫哥罗夫生平的基础上，重点评述其在复杂性学科的奠基性工作。

一、人生旅程：生平和荣誉

柯尔莫哥罗夫于1903年4月25日出生在俄罗斯的坦波夫市，这地方现在是位于

1　KAM的第二个字母A，指柯尔莫哥罗夫的学生阿诺德，一位著名数学家和物理学家，发现了一种在拟周期轨道之间存在的特别的混沌现象，后来这个发现被命名为阿诺德扩散，这一发现被称为经典力学的第二个重要成就，他和柯尔莫哥罗夫共同解决了希尔伯特的第13问题。第三个字母M指的是著名数学家莫泽。KAM所代表的三位数学家均获得过数学方面的沃尔夫奖。

莫斯科南部偏东方向的坦波夫州的首府，距离莫斯科400多公里，1903年的时候还只是个偏僻的小镇。据圣安德鲁斯大学关于柯尔莫哥罗夫的传记介绍，柯尔莫哥罗夫的父亲尼古拉依·卡塔耶夫是一个牧师的儿子，学农艺出身，也是个曾被沙俄流放过的职业革命家。十月革命后曾在政府农业部门工作，于1919年死于与邓尼金作战的前线。柯尔莫哥罗夫的母亲玛利亚·雅科夫列夫娜·柯尔莫哥洛娃在生下柯尔莫哥罗夫10天后就不幸去世。因此柯尔莫哥罗夫实际上几乎从一出生就成了孤儿，是由他的姨妈抚养长大，他的姨妈成为他真正意义上的母亲。柯尔莫哥罗夫对他的姨妈维拉·雅科夫列夫娜·柯尔莫哥洛娃怀有很深的感情。

柯尔莫哥罗夫的童年时代是在伏尔加河畔的俄罗斯城市雅罗斯拉夫尔的外祖父家度过的，这地方又在莫斯科的东北部。后来，他6岁左右时又随姨妈迁居到了莫斯科。柯尔莫哥罗夫这一姓氏就来自他的外祖父雅科夫·斯捷潘诺维奇·柯尔莫哥罗夫。

柯尔莫哥罗夫的幼年生活应该是非常动荡的，那时候，俄国二月革命之后，紧接着就是第一次世界大战，再加上后来的布尔什维克革命，各种流血冲突、内战和随之而来的饥荒，苏联红军与白军争夺政权时拉锯般的流血和恐怖，幼年的柯尔莫哥罗夫及其家庭自然会遭受到不小的影响。但是，作为旧贵族的外祖父的家境似乎还不错，所以，柯尔莫哥罗夫很早就进入姨妈的乡村学校学习，后来则被送入莫斯科的一所法文学校学习。据说在智慧和学习方面，柯尔莫哥罗夫五六岁时就表现出某种数学天才。据他自己回忆，自己很小的时候就发现了奇数与平方数之间的某种规律：$1=1\times1=1^2$，$1+3=2\times2=2^2$，$1+3+5=3\times3=3^2$，$1+3+5+7=4\times4=4^2$，感觉非常神奇。总之这证明柯尔莫哥罗夫的确是个数学天才。当然他后来的一系列表现证明了他自己的这个自夸并非空穴来风。

1919年至1920年革命刚刚结束以后的一段时间，柯尔莫哥罗夫离开学校在铁路上做过售票员工作以维持生计。1920年，17岁的柯尔莫哥罗夫进入莫斯科大学学习。但是开始时，他并不完全钟情于数学，而对将数学与历史结合在一起的研究很有兴趣。他积极参加莫斯科大学历史学教授巴克卢辛·弗拉基米罗维奇的历史学讨论班，还认真写下了研究结果，即一篇题为《15世纪诺夫哥洛德地区的财产管理》的论文。关于这篇文章，俄罗斯历史学家瓦伦丁·亚宁在后来的评述中写道：

> 作为其研究方法的基础，作者提出了概率理论的应用，这一方法从未被运用到诺夫哥洛德地区财产注册的研究上，而且直至今日也未被广泛采纳。历史

学界的这一遗憾正是源于学者们对柯尔莫哥罗夫七十年前这篇论文的忽视。

当年的忽视者，当然首推那位巴克卢辛·弗拉基米罗维奇教授。据肯德尔等人记述，当时巴克卢辛看了这篇文章后对柯尔莫哥罗夫说道：“你只为你的报告提供了一个证据，在数学上你的研究或许是充足的，但是我们的历史学研究至少需要10个证据。”柯尔莫哥罗夫一听，觉得还是从事一个证据就能决定结果的数学可能更好。因此放弃了历史，转回了数学。柯尔莫哥罗夫后来常常把这个事情作为一个笑话来谈，说是追求唯一的证据将自己引向了数学领域。但有时他也不无遗憾地认为，自己其实还是可以从事历史研究的。所以，他晚年还真花了不少时间进行历史研究，并且真的取得了一些成果，稍微弥补了自己早年的遗憾。

柯尔莫哥罗夫进入莫斯科大学时注册的是门捷列夫学院冶金化学系，但是他很快就决定改为学习数学，这个决定可能也与那个历史非唯一决定论故事有关。反正自此柯尔莫哥罗夫就在数学的领域中施展才能，很快就闯出了一片自己的天地。

成为莫斯科大学学生的第一年，他在学习方面遇到了三位苏联著名数学家——卢津、弗拉索夫和斯捷潘诺夫，他们分别在函数理论、射影几何和三角级数方面有很深的造诣。而他妻子安娜的父亲，莫斯科大学知名教授叶戈罗夫可能也对他影响很深。在他们主持的讨论班上，柯尔莫哥罗夫显示了自己的数学直觉天赋，而且其数学技能也得到了飞速发展。第一年，他完成了一项关于三角级数方面的研究。第二年，他的有关集合论的一个研究成果发表。而在第三年，即1922年，他构造的一个几乎处处发散的三角级数案例，解决了与傅立叶级数收敛性质密切相关的重要问题，这个成果发表后，立刻使他赢得了苏联数学界的认可。

1925年，当柯尔莫哥罗夫从莫斯科大学毕业时，他已经发表了10篇研究论文（1923年2篇，1924年2篇，1925年6篇）。由于出色表现，他被留在莫斯科大学继续学业，成为尼古拉·卢津教授的研究生和助手。跟随卢津学习的5年也是柯尔莫哥罗夫作为卢津学派的骨干、在数学功力上突飞猛进、创造力强劲爆发的第一个高潮期。

成为卢津的研究生后，柯尔莫哥罗夫在短短一年时间内就发表了数篇论文，而且几乎在每一篇论文中都提出了新概念、发展了新方法和新思想。他先是与师兄，亦是苏联现代概率论的另一位开山大师亚历山大·辛钦合作，写就了自己关于概率论的第一篇论文，内容含有关于三角级数的收敛性定理，还有关于独立随机变量部分和的不等式，这后来成了鞅不等式以及随机分析的基础知识。然后他又证明了希尔伯特变换的一个切比雪夫型不等式，这个结果后来成为调和分析的基础。此外，两人还合作证明了独立随机变量序列满足大数定律的充要条件、重对数法则的宽泛条件以及独立同分布情形下强大数定律的充要条件等，为卢津学派的确立立下汗马功劳，也为现代概率论的创立打下坚实基础。

从1930年到1931年，柯尔莫哥罗夫得到机会随另一位师兄，也是苏联著名数学家的亚历山德罗夫去欧洲国家学习。他们遍访欧洲的柏林、格丁根、巴黎等数学重地，拜访和结识了包括希尔伯特、外尔、库朗等在内的德国数学大家，以及勒贝格、弗雷歇以及莱维等法国的数学名家，并与这些西方同行做了深入的交流，这些交流一方面使柯尔莫哥罗夫眼界大开，另一方面也让他对自己信心百倍，这都为他之后的科学生涯增加了强大的后劲。

整个20世纪30年代，是柯尔莫哥罗夫数学生涯中的又一个高峰期。在此期间，他在概率论、射影几何、数理统计、函数论、拓扑学、逼近论、微分方程、数理逻辑、生物数学、数学方法论等方面发表了几十篇论文。特别是在拓扑学上的成就尤为突出，典型的是他定义了上同调群、上同调环的定义，这一系列成果深刻改变了拓扑学的面貌。而且他还早于维纳得到了平稳随机过程论的一系列结论。

到20世纪40年代，柯尔莫哥罗夫的兴趣转向应用数学领域。这期间，他发表了两篇关于湍流的论文，这两篇论文成为该学科的重要文献。此外，他还证明了孟德尔遗传学定律的正确性，这在苏联是要冒巨大政治风险的，由此可见他对科学真理的执着追求。不仅如此，他在气象学、弹道学甚至金属结晶方面都作出了重要贡献。

在家庭生活方面，柯尔莫哥罗夫直到1942年已经39岁时才结婚。他的妻子安娜·达米特耶维娜·叶戈罗夫是他在莫斯科大学老师的女儿。结婚后他们没有自己的孩子。安娜的父亲达米特·费德罗耶维奇·叶戈罗夫曾是莫斯科大学一个很有影响的数学教授，然而他具有很深的宗教倾向，并且反对在大学里宣讲马克思主义的方法论。他1929年被学校解除了莫斯科大学数学和物理研究所主任职务，随后不久被作为宗教宗派主义者、反动分子逮捕入狱。据说叶戈罗夫曾以绝食抗争，后终因身体衰弱等原因于1931年在狱中逝世。从柯尔莫哥罗夫的事业发展看，这件事情并没有影响到柯尔莫哥罗夫本人，虽然柯尔莫哥罗夫是在11年后娶叶戈罗夫的女儿为妻的。反过来看，在20世纪40年代二战期间的苏联，柯尔莫哥罗夫能娶安娜为妻，也反映了柯尔莫哥罗夫的人格品德。当然苏联学者和官方的传记，向来对此讳莫如深。

下面是柯尔莫哥罗夫的学术生涯的一个并非完整的履历清单：

1929 年获得博士学位，同时进入莫斯科大学任教。

1931 年成为莫斯科大学数学教授。

1933 年到 1939 年，任莫斯科大学数学科学研究所主任。

1938 年到 1966 年，在莫斯科大学，一直主持概率论讲座。

1939 年，与辛钦一起当选为苏联科学院院士，并且担任了数学物理部的秘书，担任《苏联大百科全书》的数学部分的主编。

1946 年到 1954 年，并从 1983 年起，他一直是苏联数学研究杂志的主编。

1951 年到 1953 年，任莫斯科大学数学和力学所主任。

1954 年到 1956 年，1978 年到至少 1983 年，任数学和力学系的数学部主任。

1954 年到 1958 年，任大学数学和力学学院院长。

1965 年首次获得列宁奖章，还获得过十月革命奖章和苏联英雄的称号。

1964 年到 1966 年，并从 1976 年到 1983 年，柯尔莫哥罗夫一直是莫斯科数学学会的会长。

1966 年到 1976 年，任全苏联统计方法实验室主任。

1976 年到 1980 年，他是自己所创立的数学统计学学会的主席。

从 1980 年起，他是数理逻辑学会的主席。

柯尔莫哥罗夫是苏联数学家中当选国外科学院和科学社团会员最多的一个，大约超过 20 个，其中包括荷兰皇家科学院（1963）、伦敦皇家学会（1964）、美国国家学会（1967）、巴黎科学院（1968）、波兰科学院（1956）、罗马尼亚科学院（1956）、德国利奥波德尼亚科学院（1959）、波士顿的美国科学和艺术院（1959）。他还被巴黎、柏林、华沙、斯德哥尔摩等大学授予荣誉博士学位；他也是莫斯科、伦敦、印度和加尔各答数学学会、伦敦皇家统计学会、国际统计学会和美国气象学会的荣誉会员。

1963 年，被授予国际巴尔扎恩奖。

1980 年，获得具有数学领域终身成就奖的沃尔夫奖。

二、前赴后继：科学教育与学生培养

柯尔莫哥罗夫在数学之外也具有许多浓厚兴趣，例如他曾经研究过数学教育和一般社会问题。特别在学生培养方面，他堪称大师。在研究所里他不仅指导自己的学生，而且关心其他学生的成长。他经常和挚友亚历山德罗夫带领学生在莫斯科郊外远足郊游，这种远足有时长达40公里，远足后在他们郊外的别墅举行宴会。这时，柯尔莫哥罗夫的幽默和睿智就发挥得淋漓尽致，而柯氏的学生们便大大受益了，师生的交流像涓涓溪流一样汇入苏联数学的“伏尔加河”，使它源源不断向前流去。

柯尔莫哥罗夫非常善于启发学生，由于他在思考数学重大问题的那种直觉，他经常能够触及问题的本质，但是其后的证明问题，他常常把它们留在他指导学生的教学黑板上。像希尔伯特的第13问题，柯尔莫哥罗夫的思想就启发了他的学生阿诺德，最后由阿诺德解决了这个难题。智力的刺激和广泛的文化熏陶对学生成长起了重要作用。

柯尔莫哥罗夫一生当中直接培养的学生有60到70名，其中包括：

成为苏联科学院院士的米林斯奇科夫，后来还成为苏联科学院副院长；马尔采夫；尼科尔斯基；盖尔范德；史拉兹丁诺夫；普罗霍罗夫；奥布霍夫。

成为苏联科学院通讯院士的博尔舍夫；博罗夫科夫；莫宁；阿诺德；塞瓦斯梯亚诺夫。

成为乌克兰科学院院士的格涅坚科；米哈列维奇。

其他还有巴维利、韦尔琴科、希罗夫和布林斯基等数十人。这些学生的研究领域主要分布在理论地球物理学、数理逻辑、泛函分析、概率论、函数论等方面。

自1978年到2001年全世界共有39名数学家获得沃尔夫奖，其中俄罗斯或苏联数学家共6位，而柯氏及其学生就占了其中4位。而且特别有意思的是，在这4位中，首先是柯尔莫哥罗夫的学生盖尔范德，他主要因为对泛函分析、群表示论的工作而获得1978年首届沃尔夫奖。然后才轮到老师柯尔莫哥罗夫本人，他在1980年因为对概率论、调和分析、动力系统作出重要贡献而获沃尔夫奖。再次是赛奈，他因为对统计力学中数学严格方法、动力系统的遍历理论作出重要贡献而获得1997年沃尔夫奖。最后是柯尔莫哥罗夫最得意的门生阿诺德，他因对动力系统、微分方程、奇点理论作出重要贡献而获得2001年沃尔夫奖。看看这些获奖工作的主要方向，人们不难发现，它们都与柯尔莫哥罗夫所开先河的工作以及在柯尔莫哥罗夫更先前的俄罗斯数学家的工作有关。

柯尔莫哥罗夫晚年始终关心苏联的数学教育，特别是数学的基础教育。他花费了大量精力，从事数学普及工作，写作教科书，培养数学基础人才。苏联之所以能保持一个数学超级大国的地位，其中也有这位苏联数学教育家的重要贡献。

三、奠基研究：概率论、信息论和复杂性

除了数论，柯尔莫哥罗夫的研究覆盖了几乎所有的数学研究领域，在其一生中，

他发表了超过300篇的研究论文、专论和教科书。柯尔莫哥罗夫极富数学直觉的天赋，他不但能够迅速识别问题的重要性，而且能够迅速领悟问题可能的答案，直接到达研究的彼岸。因此，柯尔莫哥罗夫被认为在研究上是一个“快枪手”。他的同事兼挚友亚历山德罗夫曾开玩笑说：

> 数学天才有两类：“快”的和“慢”的。希尔伯特属于“慢”的天才，而柯尔莫哥罗夫无疑是“快”的天才。

就研究贡献看，概率论的基础完善、信息论概念的清晰化和复杂性概念的建立无疑是柯尔莫哥罗夫留给后人的最卓著的成就。

柯尔莫哥罗夫对概率论的兴趣早在1924年学生时代就开始萌生，经过将近10年的努力，到1933年他以类似欧几里得几何学的基础公理方法建立起了严格的现代概率论。因此，他的学生、合作者，解决了希尔伯特著名的第13问题的数学家，也是著名的KAM理论的创始人之一的阿诺德才称柯尔莫哥罗夫是“概率论中的欧几里得”。

1924年，作为圣彼得堡学派传统继承者的苏联数学界，有关概率论方面的研究非常多，但却相对缺乏严格的基础性定义。1931年，柯尔莫哥罗夫发表了论文《概率论中的分析方法》，使用新的分析法一举奠定了现代马尔科夫过程理论的严格化基础。他在1933年出版的德语著作《概率演算的基础》深入地研究了概率论的若干前提假设，例如米泽斯的频率稳定性等，重新建构了概率论的逻辑基础，成为他开创随机过程理论的一个必要前提。格涅坚科对柯尔莫哥罗夫在概率论方面的工作评价中写道：

> 在概率论的历史中，难以找到以如此决定性的方式改变已经建立起来的观点和基本倾向的研究著作，它标志着概率论一个新的发展阶段的开始。

概率论所处理随机事件在数学形式意义上和在直觉意义上的含义上往往并不相同。直觉意义上的随机事件指的是那些我们不能发现任何规律性以使我们预测它们行为的现象。柯尔莫哥罗夫认为没有任何直接理由说明这种意义上的随机事件遵守概率论。然而，为什么概率论完全可以应用到现实世界的随机现象中呢？该问题的本质内涵可以通过算法理论和递归函数论做出解答。

从历史上看，柯尔莫哥罗夫对概率论逻辑基础的考察根植于米泽斯关于随机的无限序列的概念。米泽斯提出了概率论应用的基本假设为频率的稳定性，即概率的传统定义，其经验基础是自然界中的许多现象具有频率稳定性特点。对这一直觉观念的考察以及试图用形式化的数学语言给予表述就成为概率论应用的一个重要逻辑前提。它表示的是所有事件结果中占优势的结果数目与总数目的比率。

柯尔莫哥罗夫认为直接把它作为概率论的一个定理应该做进一步的规范，这就提出了把算法作为概率论基础的基本思想。实际上，第一个把算法和递归函数应用到概率论的是丘奇。1940 年丘奇已经提出了一个米泽斯随机序列的算法形式，但是结果并不令人满意。柯尔莫哥罗夫在对直觉主义逻辑、递归函数论和算法理论所做的发展的基础上指出：这样的选择规则可以由一个算法（或图灵机）得到。

信息论思想出现后不久，柯尔莫哥罗夫立刻觉察到它的重要性。针对香农等人把信息概念建立在概率基础上的倾向和做法，柯尔莫哥罗夫立刻发现这可能存在问题，他认为，“信息量定义的逻辑方法对任何概率论假设具有逻辑独立性”，并且提出了一个全新的观点：

> 信息论在逻辑上要先于概率论出现，而不是以后者为基础。

他认为信息论的逻辑基础应该为有限组合。

用熵来定义信息是传统信息论的基础，但柯尔莫哥罗夫并没有停留在这一层面上，而是深入考察熵的定义，对信息论前提做了重要的评判工作。一般地，熵的概念用概率定义。其含义与个体对象无关，而只是与“随机”事件（对象）的概率分布有关。这间接地决定了信息概念在含义上也是一个统计意义上的概念，与个体对象无关。然而并不是所有的信息论应用都满足这种统计要求。

为了弥补信息的概率定义这一局限，柯尔莫哥罗夫“把概率计算问题归结为组合问题”。如果有 n（n 很大）个相互独立事件，且每个事件有 s 个可能结果，那么，为了确定其中的一个事件，我们需要大约 nH 个二进制位数。但这一结果在完全组合的假设情况下有效。为了得到事件的结果，只要知道每一事件出现的次数 $m_1\cdots m_s$ 和事实上（可能）发生的结果的数目

$$C(m_1\cdots m_s)=\frac{n!}{m_1!\ \cdots m_s!} \tag{1}$$

此时，我们只需要不超过 nH 个二进制位数就可以。当 n 足够大时，上式变为

$$n\left(-\Sigma\frac{m_i}{n}\log\frac{m_i}{n}\right)\sim nH \tag{2}$$

这一结果不但满足大数定理，也适合单个事件的情况，信息的概率定义可以作为信息的组合定义的一种特殊情况，因此它具有更大的普适性。

1965 年他把复杂性测度引入随机性算法理论，建立了复杂性概念，即现在人们所熟悉的柯尔莫哥罗夫复杂性。按照柯尔莫哥罗夫的观点，一个对象的复杂性就是能够再现该对象的计算机程序的最短长度。他认为，随机对象本身就是它们的最短描述。于是，周期序列就具有很低的柯尔莫哥罗夫复杂性，这表明，柯尔莫哥罗夫复杂性概念是一种随机性测度，接近于一个信息源的香农熵的概念。

直观意义上的“复杂性”是和“简单性”相对而言的，它们与“真”和“能行过程”一样都是非形式化概念。信息论的出现，使得“复杂性”概念的形式化成为可能。一般来讲，如果一个对象是“简单的”，对于它的描述需要很简短的表述，即需要很少的信息；如果一个对象是“复杂的”，对它的描述需要很长的表述，即需要更多的信息。因此，复杂性的含义就在于：复杂性的对象需要更长的描述，从而将“复杂性”的定义自然地与对象的描述长度联系起来。然而，由于概率概念是当事件的数量趋于无穷时的极限概念，决定了信息的概率概念具有同样的特点，因此不能证明可以把概率信息概念应用到只有有限事件的实际问题中去，即复杂性不能用传统概率信息所表征的描述长度来度量。

随着有限对象的一般描述以及描述复杂性、随机性和先验概率概念的递归不变方法的发现，柯尔莫哥罗夫建立了信息论的算法逻辑基础。正如柯尔莫哥罗夫所说的，除了已经接受的信息量的概率论定义外，在许多情况下，其他方法是可能的和自然的：组合方法和代数学方法导致一个新的科学分支——算法信息论即柯尔莫哥罗夫复杂性理论的出现。1965 年，柯尔莫哥罗夫在不知索罗莫戈洛夫工作的情况下，用算法理论把描述有限对象的复杂性定义为算法上可构造的可生成对象的最短程序长度。

柯尔莫哥罗夫的基本思想是，把所描述的对象集合中的元素通过一个映射枚举出来，形成函数 $n=S(p)$。进一步地，如果该函数是可计算的，则这种表达方式被称为是“有效的”。在所有这些描述中，把最小描述长度作为“复杂性”的量度，即柯尔莫哥罗夫将复杂性定义为：

$$K_s(x)=\min\{l(p),\ S(p)=n(x)\} \tag{3}$$

由此可以看出，柯尔莫哥罗夫算法复杂性概念的逻辑基础为递归的、可枚举的和可计算的。因此，算法复杂性是对一类复杂对象的描述。柯尔莫哥罗夫还指出了该复杂性定义的一个基本缺陷：它没有考虑用程序 P 生成对象 x 的“困难”。这一缺陷成为后来在复杂性研究中的一个重要概念——“深度”的研究动力和起点。与此相对应，我们根据复杂对象得到它的图式，即程序 P 的“艰难性”也成为度量复杂性的新维度——“荫蔽性”概念的思想源泉。它们都是衡量人们在认识复杂对象过程中所付出的“代价”。

传统的“随机性”通常指的是缺乏“规则性”。规则性好的序列其描述长度必定很短，如对十进制序列 127403112740311274031……的描述可以用“重复打印 1274031”来表示，其复杂性很小。而规则性差的序列其描述长度也不一定很长，如序列的值 3.141592……，它满足几乎所有的随机性测试，而且用很短的描述“打印”即可得到该序列，但其复杂性很大。因此，柯尔莫哥罗夫复杂性并不是传统随机性大小的量度。

根据米泽斯的观点，传统概率论应用的基础是频率稳定性假设。例如，假设有一串用 0 — 1 表示的长度为 n 且有 m 个 1 的事件结果序列 1101000111001011……，如果 1 出现的概率 $m/n \sim p$ 并不随着其子序列的选择而发生变化，那么，就认为 1 的出现是随机的。

柯尔莫哥罗夫进一步证明，如果序列的复杂性满足某种条件，则米泽斯的频率稳定性条件自动得到满足。由此可以得到，如果一个有限对象的复杂性不少于对它本身的描述长度，那么自然地认为该对象是随机的。

在对一些对象的表述中，如果其他一些对象是已知的，那么，它的复杂性可能减小。这一事实反映了条件复杂性的定义，即在已知对象 y 的情况下，其条件复杂性为：

$$K_s(x \mid y) = \min\{l(p),\ S(p) = n(x)\} \tag{4}$$

如果条件复杂性 $K_s(x \mid y)$ 比非条件复杂性 $K(x)$ 小，那么，我们自然认为对象 y 包含“关于对象 x 的信息”。其差值 $I_s(x \mid y) = K_s(x) - K_s(x \mid y)$ 被认为是包含在其中的信息量。

在上式中，令 $y=x$，则有 $Ks(x \mid x) = 0$，$I_s(x \mid x) = K_s(x)$ 即复杂性 $K_s(x)$ 表示包含于对象本身中的信息量。这样，柯尔莫哥罗夫用复杂性概念定义了信息量概念，在逻辑上与用信息定义复杂性相反。于是，在柯尔莫哥罗夫的研究道路上，他自然而然地通过概率论、信息论和随机性的研究，最终走上了对复杂性研究的道路，并且使得柯尔莫哥罗夫复杂性概念成为复杂性研究中一个最基础性的概念，从而成为 21 世纪复杂性的进一步研究的历史和逻辑的起点。

1973年，苏联科学院数学部、莫斯科数学学会和苏联数学学报编辑部在柯尔莫哥罗夫诞辰70周年之际对他所研究的领域及做出的成就作了一个概括，这可以作为对柯尔莫哥罗夫一生研究和教育事业的总体评价：

> 您对现代数学的发展及其应用作出了杰出的贡献。您的基础性研究决定了20世纪数学领域许多分支的整个发展图景。三角级数理论、测度论、集合论、积分理论、可构造性逻辑、拓扑学、渐近理论、概率论、随机过程理论、信息论、数理统计、动力系统、有限自动机、算法理论、数理语言学、湍流理论、天体力学、积分方程、希尔伯特的第13问题、弹道理论和在生物学、地理学、金属结晶学中的数学应用，是您所涉及的数学分支和您深邃的思想所丰富起来的理论应用的一个不完备列表。您总是把数学应用与数学和其他学科建立起重要的联系。您广博的研究兴趣和教育天赋总能吸引许多年轻的科学家。

四、生命之歌

从20世纪20年代到80年代，在长达半个多世纪的漫长学术生涯中，柯尔莫哥罗夫始终保持着旺盛的创造力，不断提出新问题、构建新思想、创造新方法，在世界数学舞台上保持着历久不衰的生命力。以至于有个美国数学家在1963年到苏联参加数学会议时这么调侃说：

> 我来苏联的一个特别目的，就是想确定柯尔莫哥罗夫到底是一个人呢，还是一个研究机构。

除了勤奋思考，他的创造力也部分得益于健康的体魄。柯尔莫哥罗夫酷爱体育锻炼，他的许多奇妙而关键的思想往往是在林间漫步、湖中畅游、山坡滑雪的时候诞生的，所以他被人称作“户外数学家”。甚至国际数学界还流传着这样一个故事：1962年柯尔莫哥罗夫访问印度，他提出建议说印度可以把所有大学和研究所都建在海岸边上，以便师生在开始严肃讨论前可以先游泳。

在柯尔莫哥罗夫的一生中，他非常珍视与另一位苏联数学大师亚历山德罗夫的深厚友谊。早在20年代，当他还是大学研究生的时候，就结识了比他大7岁的师兄亚历山德罗夫。两人的友谊从这时候开始，一直持续到生命的终点。

柯尔莫哥罗夫和亚历山德罗夫不但是学术上的伙伴，也是生活和体育锻炼上的密友。从20年代开始，两人就经常一起去莫斯科郊外远足锻炼。他们曾一起乘船沿伏尔加河穿越高加索山脉，来到塞万湖中的小岛上，开始每天游泳爬山晒太阳的惬意生活，在这期间，亚历山德罗夫与拓扑学大师霍普夫合作完成了拓扑学传世名著《拓扑学》，而柯尔莫哥罗夫则开了扩散理论研究的先河。

亚历山德罗夫后来回忆这段友谊说：

> 1979年是我与柯尔莫哥罗夫友谊的50周年，在整整半个世纪里，这种友谊不仅从未间断过，而且从未有过任何争吵。在任何问题上，我们之间从未有任何误解，无论它们对于我们的生活和我们的哲学是如何重要；即便是在某个问题上有分歧，我们彼此对对方的观点也抱有完全的理解和同情。

1935年两人在科马洛夫卡合买了一座小别墅后，就长期保持着每周有4天时间在科马洛夫卡度过，另外3天则住在城里的学校公寓。郊外时间中保证有一整天是体育锻炼时间。经常性运动包括滑雪、划船、徒步长距离行走，距离经常达30公里以上。在晴朗的3月天，他们常常穿着滑雪鞋和短裤，连续4小时在外锻炼。每日早晨的锻炼是不间断的，冬天还要再跑10公里。当河冰融化的时候，他们还喜欢下水游泳。在柯尔莫哥罗夫70岁生日庆祝会期间，学生们还组织了一次滑雪旅行，柯尔莫哥罗夫穿着短裤，光着膀子，老当益壮，甚至把那些比他年轻很多的学生都甩在了后面。

锻炼身体不但是一种增强体魄的手段，它本身也是生活的一个重要组成部分。柯尔莫哥罗夫的学生、著名数学家格涅坚科曾回忆说：

> 对于柯尔莫哥罗夫的所有学生来说，师从柯尔莫哥罗夫做研究的岁月是终生难忘的：在科学与文化上的发奋努力、科学上的巨大进步、科学问题的全身心投入。难以忘怀的是周日那一次次的郊游，柯尔莫哥罗夫邀请所有他自己的学生（研究生或本科生）以及别的导师的学生。在这些30至35公里远直到波尔谢夫、克里亚兹马和别的地方附近的郊游过程中，我们一直讨论

着当前的数学（及其应用）问题，还讨论文化进步，特别是绘画、建筑和文学问题。

从这些活动中可以看出柯尔莫哥罗夫乐观开放、积极进取的人生态度、广博的个人爱好以及为人处世、提携后辈的精神境界。

在晚年，他罹患了帕金森综合征，在生命的最后几年几乎失明。但他仍然保持了达观积极的人生态度，继续坚持对数学和其他知识世界的探索，可谓将学术兴趣坚持到最后一刻，直到 1987 年 10 月 20 日逝世于莫斯科，享年 84 岁。

在他去世之后的 2003 年 1 月，一批世界著名数学家云集莫斯科，参加题为“柯尔莫哥罗夫与当代数学”的学术会议，作为对这位伟大数学家的百年诞辰的纪念。会议规格之高与国际数学家大会的中心会议相仿，有 12 位当今一流数学家在大会上作了 1 小时的主题报告，内容涉及数学的几乎所有重要领域。而柯尔莫哥罗夫一生中在数学的这些重要领域都提出了独创性思想，导入了崭新而强有力的方法。可以预见，他的这些成就，特别是关于复杂性的概念和思想，将会永放光辉、照亮未来。

（作者：吴彤　于金龙）

参考资料

[1] D. Kendall.etc. . Andrei Nikolaevich Kolmogorov（1903-1987）[J]. Bull. London Math. Soc., 1990，22（1）：31-100.

[2] 张奠宙 . 20 世纪数学经纬 [M]. 上海：华东师范大学出版社，2002.

[3] Paul M. B. Vitanyi. A Short Biography of A. N. Kolmogorov [J]. CWI Quarterly，1988.

[4] A. N. Kolmogorov. The combinatorial Foundations of Information Theory and Probability Calculu [A]. Selected Works of A. N.Kolmogorov [C]. Vol. III. p.208-218.

[5] A. N. Kolmogorov. On the Logical Foundations of Probability Theory [A]. Selected Works of A. N. Kolmogorov [C]. Vol.II. Edited by A.N. Shiryayev（Translated from the Russian by G. Lindquist），Kluwer Academic Publishers，Dordrecht/Boston/London，1992.

[6] R. L. Dobrushin. Information Theroy [A]. Selected Works of A. N. Kolmogorov [C]. Vol.III，1993.

[7] N. N. Bogolyubov，B. V. Gnedenko，S. L. Sobolev. Andrei Nikolaevich Kolmogorov [A]. Selected Works of A. N. Kolmogorov [C]. Vol. III. p. xii.

哲人、传人、创始人：

欧美数学名人 Ⅲ

- 冯·诺伊曼
- 外尔
- 范德瓦尔登
- 阿廷
- 拉斯·阿尔福斯
- 弗兰克·拉姆齐
- 麦克斯·戴恩
- 克劳德·谢瓦莱

约翰·冯·诺伊曼

（John von Neumann，1903—1957）

冯 · 诺伊曼

20世纪的天才数学家

约翰·冯·诺伊曼是20世纪最出名的数学家。可能这主要是由于他在电子计算机方面的开创性工作。为此，许多人甚至给他戴上“计算机之父”的桂冠。虽然计算机的研究已足以使他永垂不朽，但是单凭这方面来衡量他一生的成就未免失之过偏，这只不过是他的成就的一小部分。他在纯粹数学、应用数学、计算数学许多分支都有重大的往往是开创性的贡献。一位数学家能够有他全部成就十几分之一，比如算子理论、遍历理论、博弈论（对策论），就足以在数学史上占一席之地。可是冯·诺伊曼既博大又精深，兼通纯粹数学及应用数学，在这方面可以同欧拉、高斯、柯西相比。可惜，他没有那么长的寿命，只活了53岁，在30年的时间里，除了生前发表的150多篇大约5000页的论文（收集成全集六大卷），还有大量生前未发表的手稿（单单收藏在美国国会图书馆的手稿，就有8000份之多）。这惊人的工作量很难单用“精力过人”“刻苦努力”之类的话来解释。他经历过两次世界大战及经济大萧条，他的一生反映了一位天才比较顺利的成长过程。在天才与环境、个人与历史之间的辩证关系方面，他的传记也许有某种启发意义。

一、布达佩斯——天才的成长

冯·诺伊曼1903年12月28日出生于匈牙利布达佩斯。那时候匈牙利是奥匈帝国的一个组成部分。1867年匈牙利由附属国成为同奥地利差不多平起平坐的二元帝国的重要组成部分，这对匈牙利社会发展的影响非同小可。到19世纪90年代，匈牙利资本主义经济开始有了较大的发展，相应出现了一个小小的奇迹，先后涌现出一大批有国际声望的大科学家：“超音速航空之父”冯·卡门、“氢弹之父”特勒、“全息术之父”伽柏、原子弹的首倡者西拉德、诺贝尔物理学奖获得者维格纳等。至于数学家就更多了，比如古典分析大师费耶尔、波尔耶、塞格，泛函分析的缔造者之一F.黎斯，他的弟弟 M. 黎斯。此外，数论专家爱尔多斯、雷尼也都是国际知名的一流数学家。不管怎么说，冯·诺伊曼是他们中间的佼佼者。

冯·诺伊曼的父亲是一位富有的犹太银行家。在马扎尔化[1]的匈牙利，犹太人是受歧视的，但大银行家却不一样，王公贵族也要拉拢他们。1913 年，奥地利皇帝法朗兹·约瑟夫一世授予他贵族封号，这成了他们姓中 von（冯）的来源。约翰是兄弟三人中的老大，他一出世就受到各方面的关心和照顾。他从小就受到专门家庭教师的良好教育，很快就掌握了德语和法语。他的父亲十分关心儿子的成长，很早就注意到他智力不同寻常：有惊人的记忆力、理解力、心算能力、语言能力及创造才能，的的确确是一个全面的天才。他不只小时候是神童，而且许多"超人的"能力一直保持到成年。

他的记忆力简直像照相机，只要看一眼电话号码本，他就能把人名、住址、电话号码记得牢牢的。以至后来在纽约曼哈顿区，他也根本不用厚厚的电话号码本。当然这也许是机械记忆，不足为奇。可是，他还能把整段、整章的小说背诵得一字不差。他从小就喜欢历史，几十本大部头的历史牢牢记在心中。结果，他对千年拜占庭的历史的熟悉程度只有专家可比。有一次去杜克大学开会，他们经过美国南北战争曾经的战场，他对于这场战争的细微末节都说得一清二楚，使美国人都惊叹不已。

他6岁时就会心算八位数除八位数，后来对于公式的运算也能很快在头脑中进行。可是，早在100多年前，数学家就已不把计算尤其是心算才能当成什么了不起的事了。大数学家庞加莱就常常以自己做加法总要出错而"自豪"。数学才能更多地表现在抽象概念理解力、逻辑推理思维能力及解决问题等方面。而在这些方面，冯·诺伊曼也早就显示出非凡的能力。他在别的小孩刚上小学学加减乘除的时候就已经掌握了微积分，到 12 岁，他已经读懂法国大数学家保莱尔的专门著作《函数论》了。很自然，他后来在匈牙利的数学竞赛中轻而易举地得到第一名。

有天才的人未必有成就，有成就的人未必是天才。幸运的是，冯·诺伊曼兼具天才和成就。他没有像罗素那样在家自由放任，也没有像维纳那样越级跳班受到许多额外功课的压力。冯·诺伊曼按部就班上中学和大学，但在课余自己吸收了大量的知识。

---

1 匈牙利主体民族是所谓"马扎尔人"，19 世纪时"马扎尔化"运动，实际上就是要把其他民族包括犹太民族同化，共同形成统一的匈牙利民族。对于抵制这种同化运动的犹太人，政府当局采取了一些排斥措施。

在1914年也就是第一次世界大战爆发那年，他上正规学校学习。没几天，富有责任心的数学老师拉兹就告诉小约翰的父亲，小约翰的数学才能过人，建议请大学教师个别辅导以全面发展他的天才，并把约翰介绍给大学中的教师。在诺伊曼父亲的支持下，年轻数学家费克特定期对其进行辅导。在中学快毕业时，费克特和冯·诺伊曼合作，对布达佩斯大学教授费耶尔的一个分析定理加以推广，这成为冯·诺伊曼的第一篇论文，那时他还不到17岁。后来费克特本人一直局限在古典分析这个狭窄领域里进行研究，而冯·诺伊曼很快深入到最新的数学——20世纪的数学——集合论、测度论、泛函分析等新分支中去。还在中学时，他已经开始自学这些课程。

除数学课外，约翰还跟同学一起学习其余课程，一起参加各种活动。他功课很好，但也不是门门得A，制图课他就只得个B。体育也不太好，因为不太喜欢户外运动，只是冬天偶尔出去滑雪。他喜欢聊天，维格纳比他高一年级，他们经常在一起谈数学，一谈起来就没完没了。他喜欢下棋，但也不是总赢。他和大家相处得很好，不骄傲，但和谁也没有过分亲密的关系。这一方面是由于他的感情从不外露，另一方面也由于他有许多额外精神需要，除了数学，他如饥似渴地读历史、文学作品，而在这些方面，没有游伴能完全满足他，这也许就是所谓“天才的孤独”吧!

二、博士论文——《集合论的公理化》

第一次世界大战以同盟国的失败而告终，1918年年底，奥地利哈布斯堡王朝覆灭。1919年3月，贝拉·库恩建立起苏维埃革命政府，首先采取的政策就是没收银行。革命还不到一个星期，冯·诺伊曼全家就逃离匈牙利。1919年8月，霍尔蒂在外国军队的干预下，推翻革命政府，建立独裁政权。他们歧视犹太人，歧视知识分子，镇压左翼同情者。冯·诺伊曼一家从国外回来，约翰继续上学，父亲继续开银行，可是过去的好时光一去不复返了。父亲知道冯·诺伊曼有志于数学，但是出于经济上的原因劝他放弃，作为父子妥协的结果，冯·诺伊曼答应到国外攻读化学。布达佩斯大学欢迎他去，入学要的“清白纪录”也不成问题。但是，他深知匈牙利并非久留之地，只有德国、瑞士等地才真正是科学乐园。因此，从1921年中学毕业之后，德国成为他成长的主要地方。

冯·诺伊曼1921年到1925年在布达佩斯大学注册，但他从来没有在那里听课，只是学期末参加考试。从1921年到1923年，他主要在柏林大学学习，而从1923年到1925年主要在瑞士著名的联邦工业大学上课。虽然他在1925年从联邦工业大学拿到化学工程师的文凭，他主要听的还是数理方面的课程（如1922年他在柏林听过爱因斯坦统计物理学的课）并同各地数学家交往。当时，他主要受E.施密特和外尔的影响。他们都是希尔伯特的学生，他们的早期工作都受到希尔伯特思想的巨大影响。施密特把希尔伯特的积分方程理论抽象化，后来成为希尔伯特空间概念的来源。外尔则是希尔伯特的谱理论继承人。同希尔伯特一样，外尔对当时新兴的理论物理学极有兴趣，而且致力于把数学应用于解决相对论、量子论及古典物理的问题。冯·诺伊曼的早期工作反映了他和外尔的共同之处，他们都相信数学在发现物理学的普遍规律方面作用极大，反过来，物理学也是启发数学思想最好的源泉。

可是，冯·诺伊曼显然还直接受到希尔伯特的巨大影响。冯·诺伊曼在这段时期中有时到格丁根去拜访希尔伯特，这两位相差40多岁的数学家，常常一起在希尔伯特的花园或书房一起交谈好几个小时。希尔伯特对数学及物理学的公理化思想，以及他当时对数学基础及对物理学的兴趣都大大影响了冯·诺伊曼并决定了他早期工作的方向。

1926年春天，他在布达佩斯大学取得博士学位，论文题目是《集合论的公理化》。实际上，他在上大学时期就已经对数学基础进行系统的研究，并发表了好几篇论文。

数学基础是什么？无疑是康托尔的集合论，没有集合论就没有当时的新数学。尽管康托尔奠定了集合论的基础，却遗留下一些矛盾和问题溘然长逝，由此导致数学基础出现了若干危机。冯·诺伊曼从希尔伯特那里吸收了公理化的思想，致力于把集合论的基本概念弄清楚并加以公理化。还不到20岁时，他就已经在深入思考当时这类头等重要的问题了。集合论主要是无穷的理论，基本概念无疑是基数和序数。基数就是1、2、3、4、…，序数就是第一、第二、第三、第四、…。问题是把它们推广到无穷并不简单。康托尔本人花了很大力气，得到了许多无穷（超限）基数和序数，但他始终没有得到一个合适的定义。1923年，冯·诺伊曼发表了他在数学基础方面的第一篇文章《超穷序数引论》。他在文章一开始就声称：

> 本文的目的是精确而具体地理解康托尔的序数概念。

他认为，康托尔本人的定义是对集合的类的共同性质的“抽象”，这个步骤有点含糊，而他则给出一个明确的定义：每个序数是以前序数的集合。他的这个定义清楚明确、毫不含糊，现在已成为标准的定义，这时他还不到 20 岁。

沿着这条路走下去，自然就要接触如何消除罗素悖论之类的大问题。他喜欢公理化的道路，这预示了他今后从事数学研究的主要方法。在这方面策梅洛在 1908 年已经提出了一个公理系统，这个系统基本上不错，经过弗兰克尔等人改进以后成为著名的 ZF 系统，是集合论中最常用的公理系统。年轻的冯·诺伊曼很欣赏公理化这条路，但是他对策梅洛的公理化进行了一些根本性的修改。1923 年 8 月 15 日，他给策梅洛寄去自己的论文，表示他的公理系统有如下的特点：(1) 集合是由函数及变元等原始概念得出；(2) 弗兰克尔的“代换公理”采用加强的形式；(3) 容许“充分大”的集体，但不容许它们是任何集合的元素。不久之后，他把这篇论文送到《数学杂志》发表，当时该杂志的编辑要弗兰克尔审稿。冯·诺伊曼还是名不见经传的年轻人，可是弗兰克尔从文章中就看出作者身手不凡。弗兰克尔当时不能完全理解这篇文章，于是邀请冯·诺伊曼到马堡大学来。他们讨论了许多问题。因为原来那篇文章不好懂，弗兰克尔建议他写一篇短文来阐述自己的方法和结果，这就是《集合论的一种公理化》，1925 年发表在弗兰克尔担任编辑的《纯粹与应用数学杂志》上。而原来的论文《集合论的公理化》，一直到 1928 年才问世。这些论文也是他 1926 年在布达佩斯大学的博士论文的基础。

当时，数学基础的论战非常热闹，冯·诺伊曼坚决支持希尔伯特的形式主义路线，反对逻辑主义和直觉主义。对希尔伯特提出的证明算术及分析的无矛盾性长远目标，冯·诺伊曼在特殊情形下完成了算术无矛盾性的证明，但分析的无矛盾性总也没有成功，他那时每天工作到深夜，上床睡觉之后还常常半夜醒来。有一次他梦见他有办法克服全部困难，于是起身写下来。不过最后还是发现一个漏洞补不起来。他后来开玩笑说：“数学是多么走运呵，因为我第三个晚上没有做梦。”

由于哥德尔的工作，希尔伯特的计划行不通了。但冯·诺伊曼的努力并非完全白费，他已经做到问题的极限，并且这些工作对以后计算机及自动机理论有着不可忽视的影响。

三、在德国——《量子力学的数学基础》

冯·诺伊曼关于数学基础方面的工作没有逃过希尔伯特的注意。1926 年年初，他就向某基金会提出申请，资助冯·诺伊曼到格丁根来。负责人照例看资格行事，这位还没有拿到博士学位的22岁年轻人当然不在考虑之列。后来由于库朗教授的帮忙，1926年秋天，冯·诺伊曼才到格丁根来当上了希尔伯特的助手。这时正是量子力学光辉的开创时期，在格丁根这个量子力学的中心，谁又不被这门新兴物理学吸引呢？希尔伯特也不例外，他对物理学早就有兴趣，他的目标就是把物理学公理化，不管是经典物理学还是相对论与量子论。他原想请冯·诺伊曼同他一起搞自己的元数学纲领（希尔伯特计划），可是冯·诺伊曼不太像希尔伯特的另一些助手和学生只埋头搞某一方面的问题，他似乎有点喜欢赶时髦，到格丁根后，他很快就来了一个小小的改行，这次改行正如他以后每次改行一样，都给数学带来丰硕的成果。

1925年海森伯的矩阵力学和1926年薛定谔的波动力学的出现，标志着量子力学的诞生。物理学家热烈地争论基本的物理概念，而除了少数人（如泡利、玻恩等），他们的数学修养还不足以给量子力学很好的数学表述。玻恩说，1924年大多数物理学家连矩阵也没听说过。而薛定谔方程，就连薛定谔本人一开始也不会解。虽然数学工具早已提供，但是需要有数学家弄好了装到盘子里端上来，否则物理学家就会自己发明使数学家莫名其妙的东西，如狄拉克的δ函数。冯·诺伊曼在这时来到格丁根使物理学和数学都大为走运，他给量子力学奠定了数学基础，同时发展了希尔伯特空间的算子理论。这是物理学和数学相得益彰的范例。要是没有冯·诺伊曼，这个过程也许会走许多弯路，绝不会一下子在两方面都成为“经典的”、标准的、指导后来发展的理论。

1926年秋天，希尔伯特主持物理学的讨论班，请海森伯在讨论班上第一个作报告。冯·诺伊曼听了报告之后十分兴奋，他马上同希尔伯特和希尔伯特的物理学助教诺德海姆一起进行研究。在1926年冬天希尔伯特的讲演基础上，他们发表了一篇论文，对量子力学进行新的数学表述，而数学方面的工作主要是冯·诺伊曼做的。当时海森伯用的是无穷阶矩阵作用到无穷维向量空间上，而薛定谔用的是薛定谔方程，即微分算子作用到波函数上。这些对象数学家早就研究过，19世纪末已经研究过无穷阶矩阵，希尔伯特在1906年引进l^2空间，也就是平方可和空间的概念，它是n维欧几里得空间的推广。同时数学家也知道由平方可积的函数构成的空间L^2，而波函数的概率（几率）解释也要求Ψ属于L^2。1907年两位数学家证明l^2空间及L^2空间是等价的，也就是同一种空间的两种不同表现形式。这种等价性不正是从数学上反映海森伯矩阵力学和薛定谔波动力学的等价性吗？！剩下的问题就是把它们公理化，冯·诺伊曼把它们命名为希尔伯特空间。这是泛函分析最基本的概念，也是量子力学理想的数学表述工具。

希尔伯特空间是欧几里得空间到无穷维的推广，欧几里得空间的线性变换（矩阵）也就自然推广成希尔伯特空间的线性算子，而线性变换的特征值（本征值）也就自然推广成线性算子的“谱”。有趣的是，希尔伯特在1910年定义他的“谱”时，万万没有想到它们居然对应着原子光谱。当时他研究的是比较窄的一类积分算子，不久又把这种谱理论推广到更广泛的一类算子，用冯·诺伊曼的话讲，就是希尔伯特空间的有界（对称）线性算子。冯·诺伊曼把量子力学公理化时，希尔伯特空间的点表示物理系统的状态，物理系统的可观测量则由希尔伯特空间的线性算子来表示，而能量算子的本征值和本值函数就是该系统的能级及相应的定态。冯·诺伊曼在数学及物理学之间建立的这种对应关系简直漂亮极了，使人觉得这不是凡人的作品。

遗憾的是，物理学中碰到的算子一般不是有界的，冯·诺伊曼必须努力从数学上把希尔伯特的谱理论推广到无界厄米算子上。正是通过这种努力，他建立了算子理论这门崭新的学科。他选取最一般的有谱分解的厄米算子——超极大对称算子来建立他的谱理论，从而使这个问题得到圆满解决，这是1929年的事。

冯·诺伊曼在量子力学方面的贡献绝不止于数学表述及解数学问题，他对量子力学本身也有重要贡献，他引进纯态及混合态的概念，以及统计矩阵这个量子统计力学的主要工具。他支持玻尔等所倡导的哥本哈根解释，对于测量过程进行了深入的研究，得出一些重要结论，如隐参数不存在。但是，这些准确结果由于不适当地引用而被误解，遭到一些不公正的批评。他对量子力学数学基础的主要贡献总结在1932年出版的《量子力学的数学基础》一书中，它被翻译成英语、法语、俄语、日语、西班牙语等多种语言，长期以来是一部经典名著。另外他还对量子统计力学中遍历定理及H定理进行研究，这可说是他后来开辟遍历理论的先声。同时，他同维格纳对具体的物理问题也进行研究。到20世纪30年代中，他同约尔旦、维格纳、小伯克霍夫一起，对量子力学的代数结构和逻辑结构进行系统研究，得到诸如约尔旦代数的分支，以及量子逻辑一些新领域。维格纳评论说，单单冯·诺伊曼在量子力学方面的成绩也足以保证他在当今的理论物理学方面占有卓越的地位，这的确可以说是历史的结论。

但是，在那时，大多数物理学家和数学家对冯·诺伊曼这一套并不理解。他们习惯于实实在在的具体数学和物理，而希尔伯特空间则似乎太玄而又玄了。传说，希尔伯特本人曾问他年轻的学生：“你说说看，到底什么是希尔伯特空间？”是的，无论是抽象代数还是抽象空间及其算子理论，思想上都渊源于希尔伯特。可是在20世纪

20 年代，这一套抽象玩意儿确实有些令人敬而远之。他们不是觉得数学一抽象就空洞得抓不着什么东西，就是觉得这些抽象数学表面上漂漂亮亮，实际上没什么大用，所以别把它太当回事。库朗和他的学生们就有这样的看法，算子理论能解微分方程吗？他们怀疑。可是几年之后，他们才慢慢看出这套东西的威力，觉得非学不可。到现在冯·诺伊曼所开创的一切已经成为经典，成为后来工作的典范，这些都显示出他深邃的洞察力。

他不仅在数学上有深邃洞察力，对于世界事务、日常生活的见解也超过常人。1927 年，他到柏林大学当无薪讲师，1929 年到成立不久的汉堡大学当讲师。当时德国的大学教授职位有一定数额，比如格丁根大学有 4 位数学教授、柏林大学有 4 位、汉堡大学有 3 位，他们不退休其他年轻讲师就不能递补。冯·诺伊曼对于当时情形做了分析，他觉得三五年内，空缺的教授职位只有三四个，而竞争递补的讲师有 60 多人。虽说冯·诺伊曼在当时的工作足以使他出人头地，可是无论如何破格，25 岁左右的年轻人就当正教授也未免太过分了。1929 年年底席卷全球的经济大萧条更增加了未来职位的不安定感，德国更是前景不妙，历史给像他这样的年轻犹太科学家规划了各种前途：留在德国受迫害甚至死在集中营，流亡到国外但是为衣食而操劳致使学术荒废。可是冯·诺伊曼比他所有同辈人都更为走运，他总是在最适当的时候、最适当的地方干最适当的工作：20 年代他在世界的数学及物理学中心——德国，而 30 年代他在这个中心行将瓦解时到了新的中心——美国的普林斯顿。

四、普林斯顿——遍历理论和算子代数

20 世纪 20 年代，美国经济已居世界首位，科学却远比西欧落后。石油大亨洛克菲勒搞了一个基金会，听从了一些有识之士的建议，开始用钱来请学者、名家到美国来讲学，当然定居更好。不过爱因斯坦、海森伯他们都太留恋欧洲的学术环境了，不愿意来，也有来一阵又回去的。当时在聘请学者方面，康普顿负责物理学，维布伦负责数学，他们在科学上各有成就，在振兴美国科学上功绩更是不可磨灭。由于埃伦费斯特的推荐，1929 年 10 月维布伦向冯·诺伊曼发了聘书，请他到普林斯顿大学讲一个学期“量子理论”，一星期讲两三次。同时也邀请了他的朋友维格纳。

到美国这个“机会的国土”闯一闯，激发了冯·诺伊曼的热情，况且当时为他提供的津贴一学期 3000 美元加上路费 1000 美元也确实不低（维纳当时一年工资共

有 4000 美元)。冯・诺伊曼犹疑了一下，没立即答应。他当时还有一些私事要办，一是他父亲刚去世，他的母亲和兄弟希望他回布达佩斯接班，二是他准备结婚。过了几天，他从布达佩斯回信正式接受了普林斯顿大学的聘请，从此同美国结下不解之缘。

1930 年，普林斯顿大学聘他当一学期讲师，第二年就升他为教授。他每年都回欧洲，那里的学术环境是美国所没有的。但是，他同后来的欧洲移民不同，他从生活上很喜欢这个新环境：没有那么多陈规陋习，没有那么多条条框框，美国人比欧洲人热情友好，美国人相信竞争、相信技术也投合他的口味。尤其是冯・诺伊曼人缘很好，喜欢社交，他的家经常是大家聚会的中心，无论老年人、青年人都喜欢同他聊天。冯・诺伊曼从来没有大数学家的傲气，他头脑极其灵活，但给人讲解也很有耐心。

1933 年，希特勒上台，大批德国科学家被迫离境，许多人到美国来。冯・诺伊曼当时就预言，要是这帮纳粹党徒再掌两年权（很可能），他们就会把德国科学至少毁掉一代。这时，从他来时就开始筹建的普林斯顿高等研究院正式成立，这个机构完全是仿照德国传统建立的，是专为著名学者自由从事他们的学术活动而设立的。后来的几十年，它的确成为世界的数学中心之一。而第一批终身教授就是爱因斯坦、维布伦、亚历山大、莫尔斯、冯・诺伊曼和外尔。除爱因斯坦外，另外有 3 位是美国几何拓扑学家，外尔是当时年纪最大的数学家之一，冯・诺伊曼比他们年纪小得多，还不到 30 岁。他真算找到了最合适的工作环境。

他在美国的最初十年，除了继续在德国开始的工作，又开辟了许多新方向。其中特别重要的是遍历理论、拓扑群理论和算子代数理论。

遍历理论又称各态历经理论，是 19 世纪后半期统计物理学开创时就提出来的。麦克斯韦的气体分子运动论指出气体的宏观性质（压力、温度）是由位置不同、速度各异而且不断变化的许许多多微观分子运动的统计结果。我们通常用相空间来描述这个分子集体中分子的位置及速度，在总能量不变的情况下的平衡状态，分子集体可能所处的微观状态很多很多，但都处于一个超曲面之上。用统计方法计算宏观量时，是对微观状态的各种可能性进行（加权）平均求得的。所谓遍历性假设就是说随着时间的流逝所有这些状态最终都会经历过，也就是等能量的超曲面由单一轨道组成。换句话说，不管系统在某一时刻处于什么状态，它将经过（或已经过）总能量相同的另外任何状态。

玻尔兹曼在 1871 年提出这个假设之后，遭到科学家与物理学家的一致反对，后来就很少有人研究这个问题。冯・诺伊曼在 1929 年对量子力学系统给出遍历假设成立的充分必要条件后，对于经典力学系统的问题也进行了思考。他到美国后，碰到了库普曼，库普曼告诉他，保测变换可以诱导出酉算子。而冯·诺伊曼是算子理论的创始人之一，当然对酉算子了如指掌，他对酉算子的解析性质早有研究，那么自然想到由此可以了解变换的性质，也就是得出遍历假设几乎成立的条件。1931 年 10 月，冯·诺伊曼得到了遍历理论的第一个重要定理——平均遍历定理。他马上把自己的结果告诉了库普曼及其老师伯克霍夫，并同他们进行讨论，指出有可能改进到“个别”遍历定理。11 月，伯克霍夫证明了个别遍历定理，并马上写文章送《国家科学院院报》于 1931 年 12 月发表。冯·诺伊曼的稿子投得晚，到 1932 年年初才发表，结果给人的印象，仿佛是冯·诺伊曼稍弱的结果比伯克霍夫较强的结果得到的还晚。伯克霍夫是美国数学界的头面人物，很有势力，维纳就对他很不满意。这事当然也使冯·诺伊曼不愉快，不过，他没有发作，仍然同伯克霍夫父子保持相当好的关系。后来伯克霍夫和库普曼联合发表一篇文章，把数学的遍历理论的开创历史如实地进行叙述，才算了结了这桩公案。

冯·诺伊曼在 20 世纪 30 年代初还对拓扑群理论作出了卓越贡献。1933 年他对紧致群的研究解决了著名的希尔伯特第 5 问题。也就是如果紧致拓扑群，局部同胚于欧氏空间，就是李群。早在 1927 年，冯·诺伊曼已证明一般线性群的闭子群是李群，后来埃利·嘉当指出其证明方法也可用于任何李群的闭子群上。另外，他对于一般拓扑群的结构有深刻的认识，知道它像实数一样具有代数结构及拓扑结构，因此，可以像实数一样在其上引进测度、积分与概周期函数，发展一套分析理论，这对以后的发展是至关重要的。

冯·诺伊曼早在 1929 年就开始算子代数的研究。通过对量子力学数学基础的表述，状态与算子之间有着密切关系，把算子集合当作研究对象也就成为很自然的事。另外，爱米·诺特及阿廷在 20 年代后半期关于环论的著名工作显然对冯·诺伊曼有着举足轻重的影响。因此，从这两方面自然形成算子代数这门新的分支，而其创始人就是冯·诺伊曼。他去世之后，为了纪念他，人们把他首先研究的算子代数（他称为算子环）称为冯·诺伊曼代数。这方面的奠基性工作体现在他和他的学生默雷在 1936 年到 1943 年所发表的 4 篇关于“算子环”的论文中，全文达 800 页之多。在第一篇文章中，他列举研究的动机有下列几方面：（1）给算子演算一个框架；（2）把酉表示理论从经典的限制中解放出来（从有限维表示过渡到无穷维表示）；（3）为量子力学提供数学工具；（4）建立不满足有限性条件的抽象代数学。

经过他们的研究，算子代数已经成为现在数学分析中的热门，而且在物理方面尤其是量子场论方面有着重要的影响。

算子代数是代数结构与拓扑结构相结合的产物，所以它的结果往往显示代数的形式，而证明却用解析的方法。在研究中，有限维代数的结果是他们的指路明灯。有限维代数可以分解为两大类，即可解代数和半单代数，半单代数又可以分解为单代数的直和，而每一种单代数又可以具体表示为矩阵。算子代数当然要复杂得多。但是他们也得出相当丰富的结果。首先，任何冯·诺伊曼代数可以分解为因子的直积，下面的问题就是把因子进行分类。他们通过维数函数把因子分成五型：I_n，I_∞，II_1，II_∞，Ⅲ，而且进一步研究它们之间的同构关系。I_n型是有限维的矩阵代数，I_∞型是希尔伯特空间上所有有界线性算子构成的代数。但是，Ⅱ型和Ⅲ型是一些怪东西。他们发现了I_1型因子不止一个，其后进展缓慢，直到20世纪60年代末，算子代数才取得新的突破，对于Ⅱ型和Ⅲ型因子的分类及结构研究取得比较完整的结果。

II_1型结构显示出维数不是整数，可以是0与1之间任意一个实数的对象。为研究这种对象，冯·诺伊曼在1935年秋天创造了“连续几何学”及其相应的代数——冯·诺伊曼正则环。当时正是格论、环论大发展的时候，这些理论引起他很大的兴趣，并且从中引出量子逻辑的研究。

冯·诺伊曼在纯粹数学方面的工作非常广博，他在当选为美国国家科学院院士谈起自己的工作时，认为量子力学的数学基础、遍历理论、算子环理论是他最好的工作。但实际上，他在数学的各个方面都有卓越的贡献。当然，他比20世纪最伟大的数学家庞加莱、希尔伯特、外尔在广度上稍有逊色。因为他在数论、代数拓扑学、代数几何学、微分几何学等当时大热门领域没有做过重要工作。可是，即使在纯粹数学领域，仍远远超过大多数同时代数学家。无论从什么角度，他都可以跻入20世纪十来位最伟大的数学家之列。如果考虑应用数学，的确应该说他是超群绝伦的。要知道，以20世纪数学门类繁多、内容复杂，一个人在某一狭窄分支能作出一些贡献就已经不错了。

冯·诺伊曼在纯粹数学方面的工作有其显著的特点，他对现代数学的结构有着明确的认识，善于把复杂的结构分析成为一个个组成部分，也能够把复杂的对象加以系统化、公理化。这反映了他能透过纷乱复杂的关系认识到事物的本质。

他的许多工作是同别人合作的，他善于学习，理解快，对于某方面的杰出成果总是表示由衷的赞赏。他佩服哥德尔对数学基础革命性的变革，当哥德尔长期受到某些人阻拦而不能成为高等研究院终身教授时，他总是打抱不平地说：连我们都是，可是这位亚里士多德以后最伟大的逻辑学家却不是。

冯·诺伊曼同大多数美国数学家关系不错，比如他同维纳关系颇好。1937 年春夏之交，维纳在马里兰州约翰斯·霍普金斯大学讲演后，回麻省理工学院途中在冯·诺伊曼家待了 4 天。两个人对数学进行多方面的讨论，特别是他们都感兴趣的统计力学及遍历理论。由于维纳严格吃素，冯·诺伊曼的夫人绞尽脑汁给他准备丰盛的素餐，这使维纳很高兴。他同冯·诺伊曼谈到了他和布什一起研究的计算机，还热情谈到一年之前在清华大学的经历。冯·诺伊曼对中国也产生了兴趣，维纳十分热心地为他搭桥，马上给李郁荣写信，介绍冯·诺伊曼是当今世界上数一数二的数学家、没有国家及种族偏见，他有钱，不在乎薪水，够花就成，而且喜欢接近年轻学生，没什么架子……结果却由于 7 月 7 日卢沟桥事变，冯·诺伊曼没能成行。

冯·诺伊曼没去成中国，波兰数学家巴拿赫等人通过在美国逗留的乌拉姆，邀请他到波兰的里沃夫去讲学。冯·诺伊曼应邀到波兰待了几天，他很喜欢波兰数学家在咖啡馆里讨论数学的自由自在的情景。他们在一起愉快地讨论许多问题。里沃夫是泛函分析的一个中心，但不久法西斯德国的入侵使一切都化为乌有。

这时冯·诺伊曼自己也遇到不愉快的事。他的夫人带着 2 岁的女儿离开了他，转嫁给一位实验物理学家。1938 年夏天，他回请乌拉姆到布达佩斯来玩，他们在一家大餐馆边吃边聊，冯·诺伊曼原来很喜欢开玩笑，过去常常讲，“我好多想法都是因为夫人坐在旁边才想到的”，现在他也没有那份兴致了。这时，他们看见一位打扮入时的女人走过，冯·诺伊曼就去同她搭话。她离开后，冯·诺伊曼说：“这是位老相识，最近要离婚了。”乌拉姆就说：“为什么你不娶她呢？”也许这句话启发了冯·诺伊曼，他留下来帮她办妥离婚手续，然后就同她在布达佩斯结了婚。过了一年，这位新夫人克拉拉移居普林斯顿，他们的家又成为学者们经常聚会的地方。

五、第二次世界大战期间——研制原子弹和计算机

冯·诺伊曼在普林斯顿的安乐窝中从来也没有忘掉周围的世界。他懂得历史，对世界局势有着明确的分析。波兰年轻数学家乌拉姆在1935年年底到普林斯顿找冯·诺伊曼时他正在同另一位数学家谈政治。冯·诺伊曼对局势很悲观，他觉得战争不可避免。他还看出来苏联是德国人的主要对手。乌拉姆自己对法国的马其诺防线印象很

深，就问："那法国呢？"冯·诺伊曼回答："法国不顶事。"几年后的历史发展，还真应验了他的看法。

第二次世界大战的爆发，也使冯·诺伊曼的研究方向产生了一个大转弯。如果说在这之前，他的工作主要是纯粹数学，那么这以后，他主要搞的是应用数学。这不能不说是20世纪新型数学家的一个重要特点。作为20世纪的天才数学家，他和维纳都是从纯粹数学走向了应用数学，从而比他们前辈数学家发挥出更直接的社会作用。

当然，纯粹数学与应用数学的分野也不是绝对的。他在1940年到1941年间为博弈论（又称对策论、竞赛论）所做的奠基性工作实际上是1928年他证明的"极小极大定理"的继续。20世纪30年代，他曾对数理经济学的发展有本质性的促进，那是不动点定理第一次在经济理论上的应用。其后不动点理论和数理经济学都获得大发展，到20世纪50年代之后，数理经济学家几乎没有不懂得不动点定理的了。

1940年，冯·诺伊曼深深感到有必要对对策论进行深入研究。世界充满了斗争和对抗，无论是军事上、政治上、经济上还是生活中都莫不如此。他用自己的分析把这种复杂的现象变成一个系统的理论，并对经济进行分析。他同莫根斯特恩合作的专著《博弈论与经济行为》于1944年出版。这部600页的巨著是博弈论也是数理经济学的经典著作。它还开辟了应用数学的一大新方向——离散数学的应用，而过去数学的应用一直是分析数学（连续数学）的应用。

冯·诺伊曼当然也没有忽视分析数学的应用。无论是飞机设计还是爆炸乃至气象预报，都离不开流体力学。早在20世纪30年代中期，他就对湍流等问题感兴趣。他深深认识到，流体力学方程组是非线性方程，而当时的解析方法对解非线性方程是无能为力的，甚至定性的结果也得不出。当时他就已经考虑到利用数值方法的必要性，通过快速的数值运算，可以对未来的理论提供丰富的经验，进而提出令人满意的理论。由于计算量的庞大，在没有电子计算机的情况下，这一切想法还是无法实现的。不过他在20世纪40年代初已经进行多方面的理论研究，并且参与许多军事方面的研究。除了1940年就担任陆军阿伯丁试验场弹道实验室顾问，1943年，冯·诺伊曼也参与了曼哈顿计划，受到唱主角的物理学家们的欢迎。他同奥本海默、费米、特勒等人的关系都不错，维格纳更是他的老朋友。他们认为他不仅是位全面的天才、预言家，而且还是解决问题的能手。过去他是以搞抽象数学而闻名，可是他对数学分析乃至数字计算十分熟练。他对当时遇到的主要困难——如何引爆原子弹提出自己的建议，结果被实验所证实。他还对提高原子弹的爆炸效果及有效地配置原料进行估计。

这些问题在当时都是十分关键的。他比一般数学家更能同物理学家进行交流，懂得他们的具体技术细节，并能马上转化成数学问题。甚至领导曼哈顿计划的军人格罗夫斯也喜欢在战术问题上同冯·诺伊曼讨论，因为他的头脑并不是只限于解决一两个局部问题的。

那时，在洛斯·阿拉莫斯实验室的工作非常紧张，冯·诺伊曼的工作常常是桌子旁无止无休的讨论，许多人在黑板上、在纸上进行复杂的推演和计算，冯·诺伊曼却总是在头脑里进行，往往很快就能得出结论。科学家在工作之余有时会通过打扑克来松弛一下神经，冯·诺伊曼也喜欢玩，但是这位博弈论的开创者却常常输钱。有位数学家兴高采烈地谈起他如何如何赢了冯·诺伊曼10美元，他知道冯·诺伊曼写了《博弈论与经济行为》，于是花了5美元买下这本书，而把另外5美元贴在封面里头作为战胜这位博弈论专家的标志。

尽管冯·诺伊曼在原子弹的研制方面有重要贡献，但终究是个配角。一个偶然的机会把他引向了20世纪后半期最重要的科学技术领域——电子计算机。在这一领域，他冉一次发挥独创精神，成为计算机科学、计算机技术、数值分析的开创者之一。

1944年夏天，哥德斯坦从阿伯丁医院出来到火车站等去费城的火车，正巧碰上了冯·诺伊曼。哥德斯坦早就听说过这位世界闻名的大数学家。他怀着年轻人会见大人物那种惴惴不安的心情走近冯·诺伊曼作自我介绍，开始攀谈起来。冯·诺伊曼热情友好，毫无架子，很快就使他不觉得拘束，大胆地谈起自己的工作来。当冯·诺伊曼知道他正在搞每秒能算333次乘法的电子计算机时，谈话气氛一下子变了。冯·诺伊曼严肃而认真的询问，使他觉得好像又经历一次博士论文答辩。当然，冯·诺伊曼也从中看到了具有头等重要意义的大事。

一年多以前，受阿伯丁弹道实验所的委托，建造第一台电子计算机正式在费城宾夕法尼亚大学莫尔学院上马。这就是“电子数值积分及计算器”(简称ENIAC)。主要研制者是工程师埃克特和物理学家莫奇利。冯·诺伊曼急不可耐地想要看看这台尚未出世的机器。他很快就得到同意。埃克特后来回忆说，他能够从冯·诺伊曼所提问的头一个问题来判断冯·诺伊曼是否为真正的天才。1944年8月初，冯·诺伊曼来了，他一看就问起机器的逻辑结构，而这正是埃克特所谓天才的标志。从那时起，冯·诺伊曼就成为莫尔学院的常客了。他同ENIAC的首批研制者们进行认真而活跃的讨论，问题集中在ENIAC的不足之处。他们考虑研制一台新机器EDVAC（离散变数自动电子计算机）。

1945年3月，冯·诺伊曼起草EDVAC设计报告初稿。这份报告对后来的计算机影响很大，其内容主要是确定计算机由五部分组成：（1）计算器；（2）控制器；（3）存储器；（4）输入；（5）输出。采用存储程序及二进制。虽然冯·诺伊曼的参与开辟了电子计算机的新时代，但这台机器却长期停留在纸面上，一直到1952年才正式建成。到这时，存储程序计算机已经造出不少台了。原来到1945年年底，ENIAC完成之后，研制人员就因为优先权问题而争吵起来，莫尔学院的研制小组于是陷入分裂。两位技术专家埃克特和莫奇利自己开公司，从事计算机研制及大规模生产。而冯·诺伊曼、哥德斯坦等回到普林斯顿高等研究院，开始了他们的新一轮的合作。

六、战后岁月

1946年年初，普林斯顿高等研究院由于冯·诺伊曼的归来而热闹起来。在他的影响下，这所原来从事冷冷清清的理论研究的单位，开展了从计算机的研制到计算机应用的广泛研究。他们建立实验室，请工程师及各种专业人员，形成一个真正的“计算机热”。这对计算机的普及影响很大。这种热潮持续了10年左右，由于冯·诺伊曼去华盛顿及哥德斯坦的离开，普林斯顿高等研究院又恢复了原先的老样子。

在各方面的资助下，冯·诺伊曼等首先研制了“完全自动通用数字电子计算机”，它以高等研究院的缩写IAS命名，是现代通用机的原型。1946年6月，他们的《电子计算装置逻辑结构初步讨论》发表。这个机器在1951年夏交付使用，效率比ENIAC快几百倍。

显然，冯·诺伊曼脑子里面不完全是技术问题，他念念不忘的是使用计算机，尤其是应用计算机去解决复杂的数学问题。他必须在两方面取得进展：一是如何编出又快又好的执行程序，二是怎样把数学问题进行数值计算。他在这两方面都作出了自己的贡献。

早在1946年，冯·诺伊曼和哥德斯坦就研究编程序的问题。他们发明所谓“流程图”来沟通数学家要计算的问题的语言与机器的语言。他们采用一些子程序，而且采用自动编程序的方法把“程序员”的语言翻译成机器语言。这样大大简化程序员编制程序的烦琐步骤。

从某种意义上来讲，冯·诺伊曼是现代数值分析——计算数学的缔造者之一。他对计算机的各种可能性进行了广泛的研究和试探。特别是对于计算机广泛使用的线性代数的计算的研究，比如求解高阶线性方程组，求特征根、矩阵求逆等，设计了计算程序，研究了误差范围。他最感兴趣的是流体力学问题，在把连续问题化成计算机能做的离散问题必须考虑数值稳定性，也就是离散方程的解收敛于原来方程解的问题，以及误差的积累和传播的问题。在这方面他做了大量奠基性的工作。由于有了计算机，还要发展适合于计算机的算法，特别值得一提的是，他协助乌拉姆等人发表了蒙特·卡罗方法（1949 年首次发表），这种方法是把问题化成为统计抽样问题，通过大量抽样而计算出结果来。

他念念不忘使用计算机“摸规律”，由于他的早逝没能完成这方面的工作。费米、乌拉姆等人在他的影响下于 1954 年进行著名的非线性谐振子计算机实验。这个实验经过改进，在 1967 年终于得到浅水波方程的孤立子解，它显示了计算实验的伟大启发力量。

20 世纪 40 年代末起，他集中进行自动机理论的研究，到 50 年代中期，自动机理论成为计算机科学中一个非常活跃的分支。

他在这方面头一项工作是 1948 年 9 月在希克松会议上公布的题为《自动化的一般逻辑理论》的文章，这篇文章 1951 年发表。他特别感兴趣的是复杂自动机，像人的神经系统及大型计算机。在后来的研究中他对于由不可靠元件如何组成可靠的生物体感兴趣。1952 年秋天，他开始研究自动机的复制问题，他设计了一个具有 29 个态的自复制系统。这些手稿一直到 1966 年才公布于世。临终前，他深入比较了天然自动机和人工自动机，没有完成的手稿在 1958 年以《计算机与人脑》出版。

第二次世界大战结束后，大多数科学家很快就摆脱军事研究，回到他们的老行当上，过着自由自在的生活。很多人对于原子弹的后果感到震惊。冯·诺伊曼一开始就同这些科学家不同，他投书《纽约时报》极力为核试验辩解。他甚至主张对苏联进行预防性战争，可以说是十足的“鹰派”。当反对研制氢弹的奥本海默对美国的忠诚受到怀疑时，冯·诺伊曼曾替他进行辩护。奥本海默虽然未被起诉，但再也不被重用。

与此同时，冯·诺伊曼的公职头衔达到十几项，他不仅是陆军、海军、空军各机构的顾问，而且是政府一些高级机构成员，1955 年被艾森豪威尔总统任命为国家原子能委员会委员，同时还是导弹顾问委员会主席。作为一个高级行政官员，他迁往华盛顿居住。

数学界也没有忘掉他，战后各种荣誉、头衔纷至沓来，1951 年到 1952 年，他担任美国数学会主席，并在 1956 年获得首次爱因斯坦奖和费米奖。费米和爱因斯坦相继在 1954 年、1955 年去世，而刚过 50 岁的冯 · 诺伊曼这时也已疾病缠身。他觉得胳膊抬不起来，动了手术之后发现得的是骨癌。他那理智的头脑知道自己没有多少时候好活了，但他继续坚持工作，甚至运动，但疾病还是很快就恶化了。他只能在轮椅上待着，但他仍没有停止思考、写作甚至参加会议。直到 1956 年 4 月，他被送到里德医院，继续与那似乎不可避免的命运做了最后的拼搏，终于无法逃脱病魔的控制，留下大量未竟之业于 1957 年 2 月 8 日与世长辞。

（作者：胡作玄）

参考资料

[1] A. H. Taub. ed. Colleoted Works of John von Neumann [C] . New York，1961.

[2] “John von Neumann” [J] . Bulletin of Ameriean Mathematical Society，1955，64.

[3] S. M. Ulam. Adventures of a Mathematician [M] . New York：Charles Seribner’s Sons，1976.

[4] Artbur. W. Burks. ed. Theory of self-Reproducing Automata [C] . Urbana：University of Lllinois Press，1966.

[5] P. R. Halmos. Selected Expository Writings，pp. 266-278.

[6] H. H. Goldstine. The Computer from Pascal to von Neumann [M] . Princeton：Princeton University Press，1972.

赫尔曼·外尔

（Hermann Weyl，1885—1955）

外尔

数学家、物理学家、哲学家三冠王

赫尔曼·外尔，这对很多人可能都是个比较陌生的名字，那么把数学家、物理学家、哲学家三顶桂冠戴在这么一个现代人的头上怕是有点不合适吧？实际上，大家都知道，举凡大物理学家、大数学家无一没有自己的哲学思想，比如像爱因斯坦、玻尔、薛定谔、海森伯等更是具有广博的哲学素养，可是说他们是哲学家恐怕就有些牵强。希尔伯特、闵可夫斯基、冯·诺伊曼等人，都对物理学作过本质上的贡献，可是却没有什么人把他们称为物理学家，他们也没有得过任何物理学方面的奖赏。但是，外尔的确配得上这三个称号。首先，说外尔是位大数学家在数学界大概没什么异议。不仅如此，他恐怕是继庞加莱、希尔伯特之后，20 世纪上半叶最伟大的数学家。菲尔兹奖获得者阿提雅曾经谈到，他最崇敬的数学家就是赫尔曼·外尔，说他自己对数学许多方面的深入研究都来源于外尔的工作。而当代最有影响的数学学派布尔巴基学派的两位创始人，也是当代具有崇高声望的两位数学家韦伊和谢瓦莱，曾为外尔写了讣文，其中深刻地指出：外尔是完成从经典数学（以实数为主）到现代数学（以结构为主）转变的关键人物，这再恰当不过地指出了外尔在数学历史上的地位。其次，经典数学家与经典物理学有不解之缘，外尔作为现代数学家，不仅把先进的数学工具引进到相对论及量子力学中去，而且给现代物理学注入新的观念。他是统一场论的第一位倡导者，是规范场理论的真正先驱。他第一个把物理学家毫无所知的群及其线性表示理论变成他们武库中的必备武器，直接推动了从分子、原子一直到原子核和基本粒子的研究工作。就凭这些，难道他不应该跻身于物理学家的行列中吗？最后，谈到哲学，这正是外尔的数学及物理学研究的出发点及目标，在他的名著《空间、时间和物质》的序言中写道，这个大题目是多年来抓住他的心灵的“哲学思想、数学思想、物理学思想这种相互渗透、相互作用的范例……”，是“我身上的数学家走在哲学的大道上”。他几乎读遍所有哲学典籍，他的思想从康德到实证主义，从胡塞尔到费希特，最后发现了中世纪神秘主义者埃克哈特大师，他探讨的哲学问题从时间、空间到物质世界，最后到自我、人与上帝。特别是他在1926年为奥尔登堡主编的《哲学手册》所写的条目《数学和自然科学的哲学》是这方面第一部系统论著。难道我们因为作者写得不合哲学著作“规范”而否认它在哲学上的意义和价值吗？

一、踏入数学之宫

赫尔曼·外尔1885年11月9日生于德国汉堡附近的一个小镇埃尔姆荷恩。父亲路德维希是位银行家，母亲安娜是位家庭妇女。那时候，德国正处于经济繁荣时期，科学、技术和文化蓬勃发展，不过，外尔在乡下受教育，并不能接触到外界的新鲜事物，他只能按部就班地学习，虽然在老师的教导下对数学、物理有兴趣，但无论在哪方面都没有什么突出的表现。幸好，德国是一个有悠久文化传统的国家，即使远离城市，还是可以找到他所需要的精神食粮。十五六岁的孩子没事就到他父亲堆放旧书的房间里去搜寻。据他自己后来回忆，他找到一本1790年版的对康德《纯粹理性批判》的简短评述的小书。也许由于他的哲学气质，他立刻热心地读起来。现代的中学生，一万个人里面也许没有一个会对这种干巴巴的空间、时间问题感兴趣，可是他不但读进去了，而且成为他后来思考问题的出发点。他说，这本书“立即打动了我的心，使我一下子从教条主义的沉睡中醒过来”。他学过一点欧几里得几何，却不明白空间和几何的本性，康德教会他空间、时间不再是独立于意识而存在的物自体，而是基于我们精神的直观形式，几何学的命题是先天综合批判，这些他都不太费力地弄懂了，而且热心地信奉不疑。1904年，当他从阿尔托那中学毕业时，他已经是康德哲学的崇拜者了。不过，他承认对康德的认识论简直弄不懂，为此，他感到十分苦恼。

一个偶然的机会使外尔从哲学转向数学。他的中学校长是希尔伯特的表兄弟，鼓励他上格丁根大学的哲学系，还给他开了一封保荐信。1904年，一个18岁的乡下孩子到了这个科学中心，好像走进通往新世界的大门，光怪陆离，目不暇接。他带着那套康德哲学，马上碰到了自己的反题。希尔伯特那本划时代的著作《几何基础》刚刚出版不久，它向外尔展示，通过逻辑独立性的研究，不仅产生出外尔当时还不知道的、已有近百年历史的非欧几何学，而且还把一大堆各式各样的几何学基本建立在算术基础上。由于这本著作的冲击，他所信奉的康德关于几何学的哲学再也没有从这次毁灭性的打击下恢复过来，而成为历史的陈迹。可以想象，他所受到的震动是多么巨大。这都是数学——希尔伯特的数学造成的。从此，他下定决心不仅要听希尔伯特的课，而且用一切办法去阅读和研究希尔伯特所写的一切。

当时以希尔伯特为代表的格丁根学派已经是世界数学的中心。希尔伯特和闵可夫斯基在20世纪最初十年间，培养起一代新人，也培育出一代新数学，外尔在这样一个环境下怎能不感到如鱼得水啊！希尔伯特第一年开的课是化圆为方与数的理论，虽然外尔什么基础知识都没有，也大胆去听。希尔伯特的讲课内容一下子钻进他的脑子，它们不仅是数学，还有希尔伯特对科学价值的崇高信念以及对理性和科学的热爱。外尔就是在这个幸运的环境中走上数学的道路的。

1905年暑假，外尔带着希尔伯特的巨著《数论报告》回家去。当时，他连初等数论及伽罗瓦理论的基础知识都没有，怎能啃动这部当时数论的最高总结呢？这来自热情，受希尔伯特感染的热情。整整一个暑假他就是在尽力弄懂这本“天书”的高度热情中度过的。后来他说：“这几个月是我一生最快乐的几个月。”在他一生的忧患、不安、失败、疑虑的岁月中，“它的光辉仍抚慰着我的心灵”。

1905—1906学年，外尔按照当时德国大学生的惯例，到慕尼黑大学学习一年，然后又回到格丁根。这时正是希尔伯特的分析时期。希尔伯特对于积分方程的热衷，促使一大批学生搞积分方程，并从此开拓了泛函分析这门新分支。深受希尔伯特影响的外尔，最初的工作也都是分析的。1907年他开始写博士论文《奇异积分方程》，它是在希尔伯特五篇积分方程的论文和希尔伯特的学生海林格1907年博士论文的基础上，把他们的结果由有限积分区间 $[a, b]$ 推广到半无限区间 $[0, \infty]$ 上。这是他第一篇学术著作，标志着他的学术生涯的开始。在这篇博士论文最后的简历中，他谈到两位中学老师使他爱上了数学和物理。在格丁根及慕尼黑，他听过二十几位老师的课，最后他热情地感谢他的导师希尔伯特，承认自己所受的一切影响。后来他在希尔伯特的传记中写道：

> 希尔伯特这位吹笛人所吹的甜蜜的芦笛声，诱惑许多老鼠跟着他投入数学的深河。

他还谈到希尔伯特不像高斯和黎曼，对同时代人的激励很少，没有在他们周围形成“学派”。希尔伯特天性充满了生活的热情，他喜欢同年轻科学家来往，对交流思想感到愉快。在外尔前前后后关于希尔伯特的讲话中，无时无处不充满感激之情。要不是希尔伯特和他所创造的那个环境，如何能使一个什么都不懂的普通乡下孩子几年之内成长为一位优秀的数学家呢？

外尔像海绵吸水那样从希尔伯特那里学习一切：希尔伯特早期的不变式和代数数论成为外尔的晚期工作，而希尔伯特关于分析的工作立即渗透到外尔的工作中（积分方程及狄利克雷原理），就连小小不言的拓扑思想，在外尔的黎曼面研究中也开了花。更重要的是，希尔伯特教会他用“现代”眼光处理数学问题。

外尔以他的“现代”眼光很快就发现，处理积分方程的方法也可以用到斯特姆－刘维尔型常微分方程上。早在19世纪30年代，他们就研究过这类二阶常微分方程：

$$\frac{\mathrm{d}}{\mathrm{d}x}\left[p(x)\frac{\mathrm{d}u}{\mathrm{d}x}\right]+\left[\lambda-q(u)\right]u=0$$

考虑在有限区间 $[a, b]$ 的端点上，未知函数 $u(x)$ 及其导数 $u'(x)$ 取指定的值的问题。他们发现，这类问题只在λ取某些特定值时才有非零解。这一串实数λ值，$\lambda_0<\lambda_1<\lambda_2<\cdots$称为特征值（本征值），而相应的解 $u_0(x)$、$u_1(x)$，$u_2(x)$，…称为特征函数（本征函数）。他们证明，λ_n一直延伸到无穷，彼此离散。而相应的 $u_n(x)$ 可以标准化成为一组基，使任意函数可以展开成这些函数的和，正像通常振动可分解为许多和谐振动的叠加一样。外尔又研究了奇异的情形，比如 $a\to\infty$ 或 $b\to\infty$，这时就出现许多新情况，特别是λ不一定离散，而变成连续的（相应量子力学中的连续谱），甚至本征值覆盖整个实轴，这种情形变得十分复杂。外尔进一步考虑λ取复值的情形，区分极限圆和极限点两种情形，而开辟了后来冯·诺伊曼创造的无界厄米算子的亏值理论。当非离散谱出现时，本征函数展开也不是无穷级数形式而成为积分形式。这是后来卡勒曼积分算子理论的先声。外尔的理论总结在他的1910年就职论文中，由此，他取得了格丁根大学的无薪讲师职位。

1910年，著名物理学家洛伦兹来到格丁根讲演，其中提到一个问题：你是否能由听声音而知道鼓的形状？实际上，这是一个古老问题的反问题。任何振动物体，不管是薄膜、簧片，还是那时还没有的谐振腔中的电磁波，都有它的自然频率，问题是从已知形状求出这些频率来。这个老问题也是本征值问题，对于最简单的一块平面区域（膜），知道解椭圆型方程$\Delta u+\lambda u=0$，可以由 λ_1、λ_2、…、λ_{a-1} 定出 λ_n。外尔用“极大极小”方法可以直接求出 λ_n，这种方法后来被库朗概括成一个一般的原则。反过来，知道 λ_n，又能对振动物体的形状给出什么信息呢？对于最简单的情形，当 $n\to\infty$时，$\lambda_n\sim 4\pi n/A$，也就是最低频部分频率大致只与振动膜面积有关，即通过最低频率可以估计出振动膜面积大小。当然，外尔不仅仅解决一些具体的问题，他还把这问题发展成一整套数学理论——本征展开理论。这个理论在二战之后有着蓬勃的发展，具有广泛的应用。而“听音知鼓形”的问题，到 70 年代再一次掀起研究的热潮，把二、三维简单区域的问题推广到一般流形上去。

20 世纪初还不知道流形，数学家只知道曲线、曲面，以及复平面的一块区域，正好是外尔对一般流形进行了内在的刻画，从而把人们引向拓扑之路。

1911—1912 学年，外尔在格丁根开了一门黎曼的函数论课程，他发现黎曼面并没有一个恰当的定义，过去研究都是依靠直观，许多证明也不严谨。于是，他下决心沿着希尔伯特的公理方法的道路重新改造函数论。首先要给黎曼面一个严格的内在的拓扑的定义。黎曼面是黎曼处理多值函数的一个形象的工具。以前我们研究的许多函数，如指数函数、对数函数、多项式、三角函数等都是单值函数，也即对于一个自变量的值，只有一个函数值与它对应。在初等数学里，研究的都是实变量的实函数，函数可以用图像表现出来，上面的单值函数对于 x 轴的每一点作平行于 y 轴的直线只与函数图像交于一点，如 $y=x^2$ 这个抛物线。可是，多值函数不同，一个自变量值对应两个或两个以上的函数值，如 $y=\sqrt{x}$，在图像上显示就是一条于 y 轴平行线与图像交于两点或两点以上。这种多值函数在初等数学中就已经常常见到了。如圆周 $x^2+y^2=1$。不过，当函数定义域和值域都是实数时，我们可以很“直观”地通过函数图像来研究。可是，19 世纪中叶，函数的研究由实数域扩展到复数域，也就是研究定义在复数平面上，取值也在复数平面上的复数函数。这时函数的定义域和值域都由一条直线（或其一部分）扩大为一个平面。这样一来，函数的直观图像就画不出来了。对于单值函数，你还可以摆上两张平面，一张表示定义域，一张表示值域，当自变量在定义域中变化时，可以描画函数值变化的情况。问题是多值函数，当你用这种方法描画时，在定义域上画出一根线，在值域上就描画出两根或多根线，使人眼花缭乱。黎曼为了使多值函数表现得更直观些，他就把定义域那张平面变成多张，叠在一起，使得每一张上的点仍对应函数的一个值。比如 $y=\sqrt{x}$ 是一个二值函数，就用两张平面表示 x 的定义域，一张相当于对应 $y=+\sqrt{x}$ 的值，一张相当于对应 $y=-\sqrt{x}$ 的值。这两张也不是完全分离的，在原点（单值点）沿着实轴粘在一起。对于任意的多值函数都可以造出这样一个单值化的定义域，这就是黎曼面。研究多值函数，尤其是代数函数，也就是研究黎曼面上的函数论了。

外尔第一个任务是除掉那些“直观”的东西，真正严格定义什么是黎曼面。他采用希尔伯特早在1901年给曲面下的定义——用邻域的公理来定义，又吸收布劳威尔关于单形剖分的方法，给出黎曼面（也就是一维复流形）的定义。从此，黎曼面“不只是使解析函数的多值性直观化的手段，而且成为这个理论的本质部分……是解析函数能在其上生长繁荣的唯一土壤”。这样一来，函数论的局面打开了，不仅可以推广到黎曼面与黎曼面之间的解析映射，而且为推广到高维复流形打下基础。整个黎曼的理论从此突飞猛进地发展，成为分析中一颗灿烂的明珠。而这些思想都来自外尔在1913年的经典著作《黎曼面的概念》一书。这本书的思想又是另一部经典著作——豪斯道夫《集论》的催生婆。这部书直接奠定了一般拓扑学的基础，外尔的理论直接导致不依赖于函数、不依赖于嵌入的流形概念的发展，直接促使拓扑学成为当代数学的女王。

接着，外尔开创了解析数论的一个新分支——模1的一致分布理论。这个理论对以后的解析数论的发展有着举足轻重的影响，特别是由此得出的指数和的估计，直接导致许多数论问题的推进，如华林问题。

模1的一致分布，听起来莫名其妙，实际上很简单。一串实数 a_1，a_2，…，每个都可以表示成为小数，如果把整数部分去掉，就成为一个小数，也就是在0与1之间，这就是模1。这些小数在（0，1）区间上，如果有的地方集中，有的地方稀疏，当然分布就不均匀，而一致分布则是指它们均匀地分布在（0，1）当中。外尔在1914年证明一致分布理论的基本定理，也就是一串实数 a_1，a_2，…一致分布（模1）的充分必要条件是，对于任何非零整数 h，当 $N\to\infty$ 时，有

$$\frac{1}{N}\sum_{n=1}^{N}\mathrm{e}^{2\pi i h a_n}\to 0$$

由这个定理立刻可以推出，如果 θ 是无理数，则实数列 θ，2θ，3θ，…是模1一致分布。这个定理所推出的重要结果是，如 f 是一个多项式 $f(x)=\theta x^k+\theta_1 x^{k-1}+\cdots+\theta_{k-1}x$，只要 θ，θ_1，…，θ_{k-1} 中至少有一个是无理数，则序列 $f(1)$，$f(2)$，…，是模1一致分布的。为了证明这个定理，外尔证明了外尔不等式，对于多项式指数和作出估计。单从这个指数和的估计，立即产生一系列解析数论的结果，比如著名的华林问题，即任何正整数均可表示为 $g(k)$ 个 k 次幂之和，以及黎曼 ζ 函数的估计等。这一重大成就也不是天上掉下来的，而是他在研究调和分析的问题时顺便考虑的结果。

从1908年到1915年，短短的几年间，外尔已经由一个新手成长为一个成熟的分析大家了。不难看出，在他第一阶段的工作中，处处留下希尔伯特这位大师的烙印，

无论是研究题目、思想方法，还是对数学的观点，无一不受希尔伯特的影响。现在他要离开格丁根，独立地在更广阔的天际翱翔了。

1913 年成为他生活的第一个转折点。这年他出版了第一本书，被聘请到瑞士联邦工业学院当教授，而且同海拉结婚。海拉出身名门，父亲是位名医。她聪明、漂亮，是位著名的才女，当时在格丁根大学读哲学，后来研究欧洲哲学，曾将西班牙大哲学家奥尔特加·伊·伽赛特的著作翻译成德文。当年她在格丁根校园中一出现，追求者就蜂拥而至，使她父亲深感不安。这些追求者中不乏出类拔萃的人物，比如在当时已经崭露头角的冯·卡门。众所周知，他是空气动力学专家。可是，当海拉宣布她与赫尔曼订婚时，在格丁根引起了普遍的惊异。外尔名不惊人，貌不出众。他是个乡下来的孩子，还没完全脱离土气，非常害羞，说话也吞吞吐吐，讲不出能够打动姑娘心扉的长篇大论。在格丁根的众多小圈子中，他也是局外人，从不参加“集体活动”。比起其他竞争者，他似乎没有一条比别人强。正如库朗在 1948 年海拉去世后的悼词中所说，很快人们就懂得海拉的选择是有她的理由的，她在外尔还没成名时就看出了他的价值。

二、在苏黎世的 17 年

外尔从 1913 年秋到苏黎世一直到 1930 年又回格丁根，这 17 年间，世界政治、科学都经历了翻天覆地的变化。1914 年 8 月，第一次世界大战爆发，远在瑞士的外尔也在 1915 年服了一年兵役。1918 年年底德国战败，《凡尔赛和约》签订。沉重的战争惩罚，导致德国通货膨胀、民不聊生。魏玛共和国充满了不安的情绪，从而使纳粹有机可乘，最后终于让希特勒上台，又给德国和世界带来了新一轮战争灾难，这是后话。奇怪的是就在一战到二战前后这段时间，欧洲的少数天才给科学带来新的革命，引起了全世界的瞩目。

1913 年到 1915 年，爱因斯坦发表广义相对论，1919 年 5 月英国天文学家观测日食，证实其预言的光在引力场中的偏转，从而引起了轰动。接着量子论也蓬勃发展，1925 年到 1926 年，两种等价的不同形式的量子力学建立起来，随后玻恩的解释及海森伯的测不准原理及玻尔的互补原理再次造成轰动。人们开始用量子力学研究原子、分子、核及基本粒子。面对物理学的革命，当时的大数学家都做出自己的反应。格丁根的菲利克斯·克莱因、希尔伯特、闵可夫斯基立即密切注意物理学的发展。闵可夫斯基在对狭义相对论作出自己的贡献之后不久于 1909 年就去世了，希尔伯特立即把注意力从分析转向物理学，并独立地提出广义相对论引力方程的完整形式。量子力学产生之后，他也同他的学生一起研究这门新学科。不过，对于希尔伯特这位大师来说，除物理学外，自己的后院——数学也出现了麻烦，他更为关注“我们的科学”之基础的稳固，因为他已经看到布劳威尔的反叛大旗已经举起，而自己最得意的学生外尔在这期间也发生了动摇。在这种激荡的岁月当中，外尔完成了他最重要的工作：统一场论与仿射联络几何学、李群表示论与量子力学、数学及自然科学的哲学。

1913 年外尔刚到苏黎世时，爱因斯坦还在那里任教。同爱因斯坦的谈话无疑使外尔注意到了这块新领域。也许由于兵役的耽搁，他没有能立即做出反应。1916 年复员之后，希尔伯特及爱因斯坦的论文均已发表，物理学与几何学之间的联系已经非常清楚了。这时，外尔终于看出希尔伯特用公理方法很少取得成功。后来他说过，“在物理学中需要一种不同于数学的想象力”，也许正是这种觉悟使他开始在思想上背离了他的恩师。他开始设想沿着爱因斯坦的路走下去，把当时仅知的两种场——引力场和电磁场统一起来，并寻求其恰当的数学表述形式。

统一场论的企图当然没有成功，因为到现在为止，即使经过像爱因斯坦这样的大家的多年不懈的努力仍然前途渺茫。不过，它的数学副产品——联络乃至纤维丛数学理论却独立地向前发展，而且一再为物理学提供合适的工具。

爱因斯坦广义相对论的数学基础是黎曼几何和张量演算。黎曼是这种几何的创始人，他在 1854 年的就职演说中，提出了他对几何基础的看法。他认为几何是建立在下面两个事实的基础上：(1) 空间是三维连续统；(2) 两个相邻的很近的点 $P=(x_1, x_2, x_3)$ 与 $P'=(x_1+dx_1, x_2+dx_2, x_3+dx_3)$ 之间的距离的平方 ds^2 是 dx_i 的二次型：

$$ds^2=\sum_{i,k} g_ik\,dx_i dx_k\ (gk_i=g_ik)$$

这也就是说，空间是一个度量的连续统，这就是所谓黎曼空间的原型。后来的黎曼几何推广到三维以上。其第一个基本问题是这样的空间的基本性质，也就是在坐标 $(x_1, x_2, x_3, \cdots)$ 的变化下保持不变的那些性质，因为只有这些不变的性质才代表几何性质。从此开始了微分不变量的研究。特别是意大利数学家里奇创造了张量分析，他和他的学生列维－奇维塔对这个方法的系统论述直接给爱因斯坦提供了工具。黎曼几何及物理上的量可以以张量的形式表示，特别是各种曲率。到此物理学家就心满意足了，但数学家还要问一问，现在能不能摆脱黎曼度量的束缚，从某些性质可以直接得出曲率来？这就是平行移动的概念。1906 年，布劳威尔已经对常曲率曲面引进这个概念。1917 年，列维－奇维塔改进里奇的一个想法，引进向量的平行移动的概念，同年 G. 海森伯（非量子力学创立者海森伯）独立地提出了这个概念，这个概念是对黎曼几何学一次大改革，一下子把几何学推向更加广阔的天地。

平行移动的概念不难理解，在平面上，两个向量平行，如果我们把两个向量起点连结起来成一直线，则平行向量同这条直线的夹角必然相等。可是，到曲面乃至一般的黎曼空间，我们考虑的是起点在黎曼空间中，而向量是在各点的切空间里。这时连结两起点最短的线一般不是直线，一般称为测地线。比如球面的测地线是大圆。而沿着连结两点的测地线移动时保持向量与测地线切线夹角相等，那么这个向量就是平行移动。用平行移动可以定义曲率。比如我们可以让 P 沿着闭曲线 L 走一圈回到 P，那么向量或切平面都发生一个变化，这个变化可以称为“沿 L 的曲率”。外尔所作的决定性一步是使之完全不依赖黎曼度量。他在几维微分流形上引起一个无穷小仿射结构，也就是选取 n^3 个函数 Γ^i_{jk}，在给定坐标系之下，在（x^i）点处的向量（ξ^i）与邻近点（$x^i+\mathrm{d}x^i$）的平行向量（$\xi^i+\mathrm{d}\xi^i$）之间的关系由下式定义：

$$\mathrm{d}\xi^i=-\Sigma\Gamma^i_{rs}\xi^i\mathrm{d}x^s$$

这样一来，就可以按照通常方式定义测地线和曲率。这种仿射联络 Γ^i_{jk} 要具有某种变换性质。具有仿射联络的流形或空间称为仿射联络空间。黎曼空间只是其中一个特例。其后，埃利·嘉当等人定义了射影联络空间及保形联络空间，另外有人从各种角度推广黎曼几何，使微分几何学获得大发展。

不过，外尔的目标并不是几何而是“统一场论”。因为引力场量已经用几何量表示出来，现在要把电磁场量也如法炮制。这就是先把满足麦克斯韦方程的电场强度和磁场强度改造一下，不难把它们换成电磁势 φ 及相应的四阶反对称张量。于是外尔把电磁势及其相应的张量加到引力的能量－动量张量上，然后通过最小作用原理导出统一场的方程。为了使结果有物理意义，外尔得出方程必须在电磁势进行规范变换下保持不变。电磁场是最简单的规范场。后来杨振宁等人把这种阿贝尔规范［规范群是交换群 $U(1)$］推广到非阿贝尔规范 $SU(2)$，后来这种规范场论成为弱电统一场论的基础，进而有人在更大的规范群下构造强弱电的大统一理论，但是外尔原来的目标却一直没有实现。他所导出的场方程及运动方程立即遭到物理学家的批评。因为他的假定没有物理意义，而且方程的阶变成四阶之后，能量守恒也保不住了。外尔太追求形式，忽视了物理意义，使他对统一场论的初次尝试彻底失败。

不过，他从 1915 年起对用数学方法表述爱因斯坦的工作一直不遗余力。1916 年至1917年，他在苏黎世高等工业学院开课，讲相对论，同时自己进行几何学及相对论的研究。其结果产生出《空间、时间和物质》这本著作。这是他把哲学、数学、物理学进行三结合的重要经典，也是给物理学家系统阐述数学知识，同时使数学家了解物理学的第一本著作。这是第一部系统介绍广义相对论的著作，由于清晰而严格的叙述立即受到普遍欢迎。从1918年出版到1923年五年之内再版五次，成为不少年轻人的入门书。海森伯在大学时代就是这本书的热心读者。数学家也受到这本书的鼓舞，在短短时期之内，形成各种一般微分几何学竞相发展的高潮。

爱因斯坦不同意外尔的物理学，但是，他说："我相信，外尔不仅是一位出类拔萃的人物，而且在为人方面也是讨人喜欢的。只要有机会同他见面，我是不会错过的。他一定会从相对论的死胡同里走出来。"1923年5月，他告诉外尔："数学是好极了，但是大自然总是牵着我们鼻子走。"量子力学诞生以后外尔又一次跃跃欲试，希望再把电子场统一进去，当然，他还是没有成功。

相对论的数学工作不太成功，外尔于是把自己的注意力集中到几何问题——空间问题。他以那种寻根究底的精神，探讨空间结构的内在根据。黎曼为什么假定度量是一个二次型？一个空间还有更本质的东西，那就是自由运动群。亥姆霍兹早在1868年刻画常曲率空间为容许刚体运动的空间。在这种情形下，ds^2的表达式是唯一决定的。李进一步补充他的证明，证明这运动群与使二次型不变的线性变换群同构，并引进了李群。外尔刻画无穷小转动群为使非退化二次微分形式不变的线性变换群。实际上开始了他从群论角度的几何学研究。

1923年起，他开始研究连续群的线性表示工作，而1925年到1926年发表的三篇论文，外尔也认为这是自己对数学的最大贡献。这三篇论文是关于半单李群的线性表示。在数学中，群的概念已有上百年的历史。庞加莱说，数学中无处不是群。克莱因把几何学都归结为群的研究。19世纪末，开始了抽象群论的研究。当时熟知的群有两大类，即一类是元素有限的群，一类是连续群，主要是李群。对于有限群，19世纪末到20世纪初曾进行了许多研究，特别是把它们具体化也就是求出它们的线性表示，也就是把每一个群中的元素与一个向量空间的线性变换（矩阵）对应起来，这样对群的了解就不那么抽象了，群元素之间的运算，都可以通过熟知的矩阵乘法具体地算出来，这就为群论的应用打开了大门。通过群的表示还可以得出群本身的许多性质，为发展数学理论奠定基础。有限群有了一大套理论，但是，连续群则不够。在19世纪末，埃利·嘉当对于李群的局部情形——李代数进行了分类及表示的研究，给复半单李代数完整分类。外尔第一项重大贡献是还原李群的本来面貌，进行大范围的研究。大范围的研究反映群的整体性质，他首先寻找半单李群的覆盖群。他证明，紧半单李群的万有覆盖群也是紧的。于是他设法给每一个半单李群找一个紧的替身，而紧李群与有限群有许多相似的性质，这样一来，就可以把有限群的技巧搬过来了。外尔从而把以前局部的结果及个别的例子统一成一个完整的理论。不仅如此，他的技巧与思想直接导致许多应用，大大推动了数学及物理学的发展。

这时正好量子力学诞生了。在物理学家探求其物理学基础时，数学家开始寻求理想的表述方法。数学家的老朋友——群，开始被引进物理学。而广大的物理学家，则对群感到陌生，甚至感到厌恶，连狄拉克也不例外。他们觉得这只不过是数学家故弄玄虚。数学家需要露一手了。当时物理学家只是在结晶学中碰到过群，也许还有洛伦兹群。维格纳、冯·诺伊曼及外尔最早把群用到量子力学上。外尔对群的熟悉使他很容易看出三维空间的转动群以及置换群在球对称原子或离子的电子构型中的作用。他很容易从表示论推出，除了主量子数，其他量子数都是群表示的特征指数。这再清楚不过地表现出群论的威力。

在大多数物理学家还不懂线性代数的时候，群论实在是太神秘了。对于外尔来说，群论与量子力学的联姻是多么自然的事，物理学家为什么一定摆脱不掉他们老一套的工具呢？物理学变了，数学工具也相应要变。于是，早在1928年，外尔写的《群论与量子力学》就问世了。这本书是为了物理学家学习线性代数和群表示论，同时也为数学家学习量子力学而写的。它不仅成了这方面的经典著作，而且再一次促进从19世纪中叶以后日益疏远的数学及物理学再次紧密结合。他在序言中告诉物理学家，在物理学家创造量子力学的时候，数学家创造出抽象代数，特别是非交换代数以及域的一般概念，这些难道不能对不再局限于实数的量子力学家有所启发吗？

这一次，外尔不想只满足于给物理学家“打下手”，他要像物理学家那样干点有物理意义的工作。他干了不少，像用群论解释电子自旋，进而用二分量旋量表示费米子，质量为0时四分量波动方程退化为二分量方程，这预见了中微子二分量理论。他还对分子结合能进行计算并同特勒等人合作研究价键理论，都取得了巨大成功。

三、哲学探求

外尔在苏黎世时，特别是前十年，在紧张的数学、物理研究工作之余，其实一刻也没有停止对哲学问题的探讨。当时，成为他启蒙教育的康德哲学在数学面前很快就败下阵来，于是他深入到数学及物理学的学习中去。可是康德的认识论问题对他仍是未解之谜，他还是要弄明白。他在大学时，自然接触到当时流行的实证主义思潮。他读了许多哲学名著，如朗格的《唯物论史》，特别是科学家写的哲学著作，如庞加莱的《科学与假设》与马赫的各种著作。这些哲学特别容易被科学家接受。

爱情有时有着不可思议的魔力。他在后来的回忆中写道，正像G.凯勒由于爱上了费尔巴哈朋友的女儿，使自己的宗教信仰动摇一样，他爱上了一位女歌手，这位女歌手是在宗教环境及黑格尔哲学占统治地位的圈子里长大的，他的实证主义信仰动摇了。由于他思想上不成熟，也由于他无法克服世界观上的矛盾，这次恋爱没有成功，不过实证主义却很快扔掉了。不久，他认识并爱上了海拉，他后来的妻子。当时海拉在格丁根大学跟着胡塞尔学哲学，他也对胡塞尔的哲学很感兴趣。胡塞尔本人原是学数学和自然科学，1891年他发表《算术哲学》，深受当时心理主义思想影响。1900年到1901年，胡塞尔发表两卷本的《逻辑研究》则是在布伦塔诺的影响下，对玻尔查诺逻辑思想综合的结果。这本书首次提出“现象学描述分析”的方法。1901年胡塞尔到格丁根大学当副教授，1906年升为正教授，在这期间，影响了一小批年轻人，形成一个小小的现象学运动。外尔接受了胡塞尔的本质分析法，并在《空间、时间和物质》中把空间研究作为这种方法的好例子。他认为相对论的成功归结为本质分析与数学构造相结合的方法。不过，他对胡塞尔现象学的内在矛盾不满，使他投向费希特的先验唯心主义的怀抱。

外尔是在苏黎世经人介绍和他夫人一起参加了费希特认识论哲学讨论班的。他立刻被费希特彻底直接的构造思想吸引住了。而这也正好符合他在数学基础上的构造主义立场。后来外尔引用费希特的话：“一个人选择某种哲学，就看他是怎样的一个人。”这种自由构造正是他所需要的。最后，他在1922年看到埃克哈特大师的讲稿，这些著作立即打动了他，这成为他一生中第二次也是最后一次最快乐的时光，在抛弃宗教思想十年之后，他又回到宗教的怀抱。当然，这是唯心主义走到极端的自然发展道路。经历了十年的阅读及苦思，他精神上似乎有了归宿，这时他开始系统研究数学及自然科学哲学了。

1927年出版的《哲学手册》登载他的文章，后来又出过单行本。它分成数学和自然科学两部分：前一部分包括数理逻辑、公理学，数及连续统、无穷，几何学三章；后一部分包括空间时间、先验的外在世界，方法论，世界的物理图像三章。其中引用

100 多位哲学家、数学家及自然科学家的原著，对于整个问题进行详尽而清楚的阐述。其后他还发表许多单篇论文阐述这类问题。

外尔似乎是在科学的研究与哲学的沉思中平静地度过他的一生的。可是，生活在经历两次世界大战及两次世界大战之间动荡不安的欧洲，谁又能与世隔绝呢？幸好他不像许多同时代人（如库朗）真正到战场上去厮杀，不过他也得服兵役，而且在兵营中他还有时间弄数学，《凸体的微分几何》就是在这时写的。到了苏黎世这世外桃源真是逍遥自在、自得其乐了。但是科学需要交流，闭塞足以使科学窒息。外尔的声望使他多次有机会回到格丁根，每一次都使他进行痛苦的思想斗争。其实，早在第一次世界大战还没有结束时，胡塞尔离开格丁根到符瑞堡大学就任，哲学教授的位子就空出来了。当时哲学系中哲学、数学、物理学的教授在一起，关系不那么融洽。库朗向希尔伯特建议，请当时不仅在数学而且在哲学和物理学方面也有很大名声的外尔来接任。他认为这样可以改善数学家与哲学家的关系。可是希尔伯特没有采纳他的意见，他支持纳尔逊。纳尔逊思想独立，也吸引一批年轻人，他在柏林大学拿了博士学位以后，胡塞尔一直反对他在格丁根取得讲师资格。由于希尔伯特的帮忙，他成了讲师，1919 年希尔伯特又支持他当副教授，补胡塞尔的缺。库朗对这件事一直耿耿于怀。1922 年，他同教育部交涉把哲学和数学系改名，实际上是把数学及自然科学系独立出来，而且多加一个教授席位。聘书到了苏黎世，外尔面对痛苦的选择：他和德国大学血肉相连，希尔伯特、闵可夫斯基时代的往事是多么令人神往。不过，今非昔比，战败的德国政治局势动荡不安，经济生活更不稳定，通货膨胀犹如脱缰野马，人们还要为衣食发愁；当然，也有好的传统，有优秀的年轻人……他同妻子反反复复地权衡利弊，下不了决心，多少不眠之夜是在热烈争辩中度过的。到了期限，他最后拿着“接受”的电文向电报局走去。可到了电报局，他又改变了主意，发出“辞谢”的电报。

20 世纪 20 年代的格丁根是回光返照的时期。在数学和物理学两方面都进行着热气腾腾的创造活动。爱米·诺特在这里开创抽象代数，一大批人跟着她。量子力学在这里成为热门，成为从希尔伯特到冯·诺伊曼的研究对象。比起物理学，希尔伯特当然更偏爱数学，他对数学基础仍然不放心，请了许多人同他一起探讨。外尔常常来到格丁根，他已经不是过去的希尔伯特的得意门生了，在数学基础方面，他已站到老师的对立面成为布劳威尔的吹鼓手了。一战后，希尔伯特愤怒地批判布劳威尔，可是，他一点儿也没读过人家写的文章。这些都是从外尔那里听来的。外尔后来说：“他（希尔伯特）正如所有其他数学家一样，从布劳威尔直觉主义的启示中获益匪浅。”他是指希尔伯特元数学中所贯彻的正是布劳威尔精神。当然，希尔伯特本人从来没有承认过，而且对布劳威尔的日耳曼民族主义极为反感，后来还乘机撤掉他《数学年刊》的编辑职务。外尔在数学基础方面虽然站在希尔伯特的对立面，在数学上却是“新”数学的支持者。他十分赞赏诺特在抽象代数方面的工作，同时也关注在她影响下代数拓扑学的发展。他看得出，抽象代数的引进对于布劳威尔和他本人的老式组合拓扑学是一次促进。后来他表示，代数和拓扑是现代数学的两翼。1930 年，希尔伯特退休，他愿意让外尔继承他的职位。外尔夫妇再一次犹豫不决，再一次在苏黎世长夜散步，争论不休，不过，这一次的结果不同，外尔接受了格丁根大学的教授职位。

这个时候的格丁根已经走下坡路了，就算外尔极力想恢复格丁根昔日的荣光，也已经感到力不从心了。他沿着自己过去的道路自然地向前发展，同时也吸收着外来的营养。他书生气十足，眼看着希特勒上台后大搞反犹活动，他的妻子虽然是半个犹太人，他还是当上了格丁根数学研究所的所长。1933 年春天和夏天，许许多多人遭了难，可是他还在那里一本正经地工作、写信、打报告、征集签名（特别是挽留诺特），同政府的官僚打交道，希望这种局面有所改变。最终他的幻想完全落空了。

1933 年夏天，外尔一家到瑞士度假，还在想着也许回来以后，日子会变好，格丁根的伟大传统也许能靠他恢复起来。可是，美国的朋友却不停地“打扰”他：给他写长信、发电报，劝说他赶紧离开，否则就太晚了。新成立的普林斯顿高等研究院再次给他提供教授职位——这是一般人做梦也求不到的美事。外尔再一次犹豫不决。最后，爱因斯坦的信终于打动了他。由此他开始了在大洋彼岸的后半生。

四、普林斯顿的日子

他踏上美国国土时，已经年近半百了。美国是一个年轻人的国度。比他小近 20 岁的冯·诺伊曼感到如鱼得水，可是他却感到不太自在。因为他是个老派的欧洲人，在根基深厚的欧洲文化传统中成长起来。在欧洲，有他须臾不可离的音乐、美术、诗与各种文学、哲学著作，在当时的普林斯顿那里可没有这种阳春白雪，全都是下里巴人。至于数学家和物理学家也有一些，可是，总体水平比起欧洲来可就差多了。他感到精神上的寂寞。还好，这里还是有一些出类拔萃的人物，像诺特、韦伊、谢瓦莱等可以聊聊，他们形成一个移民的小圈子。生活是安定的，没有什么压力，他可以做任何自己愿意做的事，但就是没有格丁根那种鼓舞人心的学术环境。从他 1935 年为悼念诺特去世和1943年为悼念希尔伯特去世所写的文章来看，他是多么留恋过去的那些美好时光啊！他希望自己能够尽力把普林斯顿高等研究院也办成像格丁根那样的中心，吸引到各国的尖子人才。为此，他1943年邀请中国的陈省身、1949年邀请日本的小平邦彦到普林斯顿，并为他们创造条件，使其能够很快适应和利用高等研究院的环境，在研究上产生飞跃，成为杰出数学家。当然，他在美国也继续了自己在数学研究上的努力，并有所斩获，于1939年出版了专著《典型群，其不变式及其表示》。在这本书中，他使得不变式论又复生，使典型群成为数学的一个重要分支。另外，他还写作了《代数数论》，使从高斯到希尔伯特的德国代数数论在美国得到普及，使得战后美国在这方面有卓越的贡献。

1933年，华盛顿哲学会请他作讲演，他以“对称”为题，概括了从古到今艺术上、自然界中、数学中的对称性，最后他用诗人安娜·威干姆的诗作为结束：“上帝呵，你就是至高无上的对称……”1952年，在这次讲演的基础上，《对称》这本小书出版，成为美国科学家的必读书。他的这些通俗著作在同类书中可以称得上一个典范。

第二次世界大战期间，这位年近花甲的老人仍然孜孜不倦地开展着他的数学研究工作。除了过去的老题目，他热心地注意新近的数学发展。紧紧跟上年轻人的步伐，这是极不容易的事，可是外尔一直到70岁，还能够把当时新出现的代数拓扑的复杂计算讲得头头是道，这引起许多人的震惊。说到底，这是希尔伯特的传统，希尔伯特总是能把别人的思想更直接、更简洁地表现出来并普及到广大的数学家当中去。在他们看来，数学是一个统一的整体，现在这种隔行如隔山的情况完全是人为造成的。

大战结束了，他又面临个人的不幸——海拉于1948年去世。她已经为外尔安排了一个相当讲究的家。他们在普林斯顿的家不仅是数学家聚会的所在，而且是著名作家、哲学家经常光临的一个高级文化中心。托马斯·曼也曾是他们的座上客。而最重要的是，海拉也分享着她对于哲学、艺术及文学的欣赏趣味，成了他离不开的精神伴侣。

1950年，他从高等研究院退休，此后每年有半年在普林斯顿，半年在苏黎世。战后的欧洲满目疮痍，早已今非昔比，而瑞士这块世外桃源，却未经战火的洗礼。在美国生活了近20年，仍然怀念着过去的岁月，那种青春美好的时候再也一去不复返了。他又在苏黎世结婚。好景不长，刚刚过了70岁寿辰，一天他在苏黎世向邮局发一封信时，突然心脏病发作，于1955年12月9日与世长辞。欧洲人写了几篇纪念文章，美国人却一点儿表示也没有。1968年施普林格出版社出版了他的四大卷文集，其中不包括他的十来本书。

最后，让我们回味一下他对数学的许多精辟论述吧：

数学是无穷的科学。

数学家发明了有限的构造方法来判定那些其本性涉及无穷的问题。这点正是数学的光荣所在。克尔恺郭尔有一次说过，宗教讨论的是那些无条件涉及人的问题。与其相反（也具有同样的夸张），我们可以说，数学所讨论的事物是完全不牵涉到人的。数学有着星光那种非人的特性，明亮、清晰但却冷漠。

从上世纪末到本世纪初的转折关头起，物理学的发展就好像冲向一个方向的洪流，而数学则好像尼罗河三角洲，它的水流分散到所有方向。

近代数学的威力在于公理方法和构造方法的相互作用。

除了语言和音乐，数学是人类心灵的自由创造力的最主要的表现，它是通过理论构造来认识世界的普遍工具，因此，数学应该是教育下一代的知识和能力的关键。

（作者：胡作玄）

参考资料

[1] Hermann Weyl Gesammelte Abhand Lungen [C]. Band Ⅰ－Ⅳ，herausg. K. Chandrasekharan，1968.（全集Ⅰ-4 卷，其中包括 C. Chevalley et A. Weil 写的外尔传记）

[2] H. Weyl. Raum-Zeit-Materie [M]. 第 5 版. 1923.

[3] H. Weyl. Gruppentheorie und Quantenmechanik [M]. 1928.

[4] H. Weyl. Philosophie der Mathematik und Wissenschaften [M]. 1927.

[5] M. H. A. Newman. Journal of London Mathematical Society [M]. 1958，33：500-511.

范德瓦尔登

（Bartel Leendert van der Waerden，1903—1996）

范德瓦尔登

格丁根代数学派的传人

翻开 20 世纪以来的图书资料，范德瓦尔登有过多种赞誉。有人称之为神童，因为他中学时就独自发现了三角函数，22 岁便摘得数论三颗明珠之一；有人称之为数学大师，因为他在众多数学领域都斩获丰富，且不说在抽象代数方面的优异成果，单就他对希尔伯特第 15 问题的贡献就能名垂史册；有人称之为科技史家，因为他以数学家和科学家深邃的洞察力，撰写历史的优秀篇章；有人称之为教育家，因为他培养的学生不计其数，其中不乏知名数学家；有人称之为著述家，因为他以最人文的角度撰写书籍，获得的成功无与伦比，影响了许多学科的发展，推动了许多国家的数学和科学进程。这样看来，对于上述任何称谓，范德瓦尔登都当之无愧。

一、生平简介

范德瓦尔登于 1903 年 2 月 2 日出生于荷兰首都阿姆斯特丹。他的父亲是一位数学教师，家里有数学书，但是他不希望小范德瓦尔登从小就学数学，而是坚持认为小孩子就应该到屋外玩。于是把这些书锁了起来。父亲的这种做法适得其反，反而激发了小范德瓦尔登的好奇心。比如中学时，当时还没有开设三角函数的课程，他便从余弦定理开始重新发现了三角函数，在数学上表现出了卓越的才能。于是父亲改变了初衷，开始帮助和引导他。范德瓦尔登非常喜欢一个叫“毕达哥拉斯”的数学游戏，大概就是一种几何拼图，由各种不同的几何形状拼出来三角形、长方形和正方形。而他的两个兄弟对此不太感兴趣。这样他总是一个人玩，有时父亲和他一起玩。母亲虽对数学不太感兴趣，但却是他的亲密朋友，常常和他一起出游，增长了他的见识。范德瓦尔登就在这样和谐的家庭氛围中渐渐成长起来。值得一提的是，在中学期间，范德瓦尔登还研究了格罗宁根大学的教授巴劳写的一篇关于解析几何的专题论文。他发现论文的第二部分有许多定理的证明不充分，于是给作者写了信。巴劳看到信后非常欣赏范德瓦尔登，认为如果他离开格罗宁根，应该让范德瓦尔登作为他的继任者。后来果真如此，当巴劳 1927 年准备转任乌德勒支大学教授时，他推荐了范德瓦尔登到格罗宁根大学接替了他的职位。

1919 年中学毕业后，范德瓦尔登进入阿姆斯特丹大学数学系，其中最著名的教授就是布劳威尔。这时范德瓦尔登的思想非常活跃，时常在课堂上提出一些问题。据说有一个让范德瓦尔登保持安静的故事就充分说明了这一点。故事说的是著名数学教授布劳威尔讲课时，总是对着黑板，从不面向学生。有一次范德瓦尔登在他上课时提出了一个问题，打断了他的讲课。然后，在下次上课之前，布劳威尔的助教找到他，提醒他说布劳威尔教授不希望上课时再有人提问打断他，希望他保持安静。当时阿姆斯特丹大学还有另外几位数学教授，范德瓦尔登认为他从曼那瑞教授那里学到了一点拓扑学的基础，从魏森博克那里学习了不变量理论，从弗里斯那里学习了一点代数几何基础。总体而言，他认为自己在阿姆斯特丹大学的学习期间对他的影响并不大。最后跟着弗里斯作了博士论文，题目是关于代数几何的基础问题，但论文实际上是他自己独立完成的。

1923 年，范德瓦尔登在父亲的资助下到格丁根学习，在此有幸结识了杰出数学大家爱米·诺特、希尔伯特、库朗等人，并在某种程度上成为诺特的弟子。他就是在诺特的指导下，使用诺特所发明的抽象代数工具，完成了代数几何基础定理的证明，最后完成了博士论文。在库朗的帮助下，范德瓦尔登还获得了一笔洛克菲勒奖学金，利用这个奖学金他先跟随诺特在格丁根学习了一个学期，然后又在汉堡跟随阿廷学习了一个学期。希尔伯特也经常邀请他到家里做客，但范德瓦尔登坦言他对希尔伯特唯有尊敬，但所学并不多。他在跟随这些数学家学习的同时，也与格丁根的很多学生和青年教师过往甚密，包括汉斯·路易、库尔特·弗里德里希斯和赫尔穆特·克内泽尔等。

1924 年至 1925 年间，范德瓦尔登被征召入伍，在荷兰的海军陆战队服役了两年。他说自己基本就是在当兵期间完成了博士论文的最后写作。当他退役后，1926 年，他以代数几何基础方面的论文通过考试，最后以优异成绩获得阿姆斯特丹大学博士学位。

之后，如前所述，范德瓦尔登在巴劳的推荐下，于 1927 年前往荷兰格罗宁根大学任教。1929 年他获得了访问学者的机会重新回到格丁根访学，继续跟从诺特和其他数学大师学习并合作研究。这一时期可以说是他一生中最忙的时期。后来范德瓦尔登回忆说格丁根有当时难得一见的著名阅览室，不用像其他图书馆那样先查分类卡片再等待图书馆员帮忙找书，而是可以自己从书架子上直接取书。他发现自己常常在取书的地方刚刚发现了一本书，结果手边又出现了另一本也很有意思的书。读书的乐趣就是这样，一本接一本兴味盎然的书连续不断地涌现，让人目不暇接。他还在这里与生命中的另一半凯米拉相遇相识，她是奥地利数学家雷里奇的妹妹，当时在格丁根的一家药店工作。两人一见钟情，两个月后就结婚了。对于这段情史，凯米拉后来回忆说：

> 我那时去格丁根陪我哥哥，在一家药店工作。到了夏天，你来格丁根做访问学者，我们就相遇了。这是七月的事，然后到了九月，我们就结婚了。我跟你回到格罗宁根没几天，诺特就打来了电话，我记得特别清楚，她说："蜜月结束了，返回你的工作吧！"

新婚燕尔、再无后顾之忧的新郎范德瓦尔登于是返回工作中，干劲十足，一口气就写完了《近世代数学》第Ⅰ卷，于 1930 年出版，成为抽象代数的经典教材之一。关于这本书，范德瓦尔登解释说："写这本书一开始是阿廷的主意，他想跟我合作写一本关于代数基础的教材。于是我就试写了一章寄给他，他表示不错，鼓励我继续写，我就一直把该我写的部分都写了出来，但一直不见应该由他写的部分。最后他说他太忙，放弃了写作，就由我一个人全部完成。大概就这个样子，但无论如何，他都是有贡献的，因为这本书本来就是以他和诺特的讲课为基础而写成的。"

第一本著作的成功给了范德瓦尔登很大的喜悦，他的新婚妻子更是在以后的生活中给了他很大的帮助和鼓舞，两人一辈子相亲相爱，共同养育了三个孩子。

范德瓦尔登在格罗宁根又待了两年，于 1931 年去往德国莱比锡大学任教。吸引他去莱比锡大学的原因，不是莱比锡的数学有多强，而是那儿有物理学家海森伯和洪德。海森伯与洪德在莱比锡举办了一个著名的讨论班，范德瓦尔登参加了这个讨论班，由此对当时的新物理学特别是量子力学有了比较透彻的理解。那个时候，外尔和冯·诺伊曼等人也在研究群论与量子力学的关系，外尔甚至已经写了一部《群论与量子力学》的专著，但他太追求数学上的严谨性，导致大部分物理学家很难看懂。而范德瓦尔登受他们的影响，也在研究群论在物理学中的新应用，于是就将群与量子力学的数学处理结合起来，写了一本群论如何在量子力学中应用的实用性专著，得到了物理学家的好评。

范德瓦尔登在莱比锡待到第二次世界大战爆发，他的很多学生都被征召入伍。当时能够一起工作的只有一位来自中国的留学生周炜良。范德瓦尔登与周炜良一起进行了若干研究工作，并指导周炜良的博士论文研究。此外，他对古希腊哲学和数学的历史也很感兴趣，在战争期间就开始了这方面的研究。这一方面可使他远离政治，另一方面也有助于他熬过战争的艰难岁月。虽然范德瓦尔登在战争期间留在纳粹统治下的德国，但他一直保留了自己的荷兰国籍，并对纳粹的很多政策持否定的态度，只不过不能公开表达而已。

1943 年年底，盟军对德国本土开始大规模空袭轰炸，范德瓦尔登家的房子被炸毁，他无家可归，于是移居到德累斯顿附近的一个小镇上躲避战火。就这样，直到 1945 年战争结束前，他们全家辗转在德国、奥地利的一些乡下小镇生活，经常流离失所，生活非常困顿，有相当长的一段时间既做不成研究工作也教不了书，但终于熬过了战争岁月。

1945 年 7 月，美国占领军要求“人人都要回到他们原来的国家去”，这样范德瓦尔登才算回到了自己的祖国荷兰。没有钱，没有工作，生活仍然很艰难。所幸的是父亲留下的房子还能居住，不至于流落街头了。当时战争刚刚结束，到处满目疮痍，找工作的难度令人无法想象。实际上在纳粹统治时期，荷兰的乌德勒支大学曾写信邀请他去，甚至应允他做当地的教育部部长。但是他不愿意在纳粹的统治下工作，于是就回信说：“现在不行，但战后我会去的。”现在战争真正结束了，范德瓦尔登也回来了，但没有职位了。有荷兰的朋友推荐他重新担任大学教职，任职文件递到政府，但荷兰女王不肯签署，原因是他在整个纳粹统治时期都在德国，有纳粹分子的嫌疑。后来，又有一个朋友帮助他在壳牌石油公司找到一个工作，研究石油生产中的优化问题。

范德瓦尔登在公司里待了大约有一年时间。1948 年应邀去美国约翰斯·霍普金斯大学访问。之后他回到阿姆斯特丹，在朋友的帮助下回到阿姆斯特丹大学任数学教授。两年之后，他接到苏黎世大学的邀请。

从 1951 年一直到 1972 年，范德瓦尔登长期担任瑞士苏黎世大学教授，把自己的余生都奉献给了这所大学。中间虽然接到过慕尼黑大学和其他学校的邀请，但考虑到孩子们多年所经历的动荡不安，应该给他们提供一个长期稳定的生活了。所以他回绝了所有的邀请，安心在苏黎世工作和生活。他在苏黎世大学工作期间，为该校的数学学科建设作出了重要贡献。这一方面表现在他以广博的研究兴趣开拓了新的学术研究领域，进而推动了苏黎世大学的研究工作；另一方面他也努力培养人才，前后为该大学指导了40多名博士生，建立起一支强有力的研究团队。他在这里的学生几乎都是研究二次型理论。学生的论文都由范德瓦尔登发表，并与他的工作合起来，取名《二次型理论研究》。范德瓦尔登还曾任该校数学研究所科学史室主任，另外在他70岁生日时，苏黎世州的教育秘书为他创建了一所带图书馆的数学史研究所，他把自己所有的与数学相关的图书都捐给了研究所。不幸的是，他的继任者及其他人对研究所漠不关心，在他身后撤销了这个研究所。

范德瓦尔登一生获得过多种荣誉，是阿姆斯特丹科学院、美国阿森斯科学院、德国格丁根科学院和慕尼黑科学院院士。范德瓦尔登退休后还度过了20多年的晚年生活，最终于1996年1月12日辞世，享年93岁。

二、格丁根的传人，主要学术贡献

范德瓦尔登的成功离不开他的天分，离不开他的家庭，更离不开他的努力和向前辈大师们虚心的学习，尤其是得到了格丁根学派女数学家诺特的真传，使他在抽象代数学和代数几何学等领域绽放异彩。除此之外，他还涉猎了极为广泛的领域，对数论、数理统计、优化问题、组合论、分析、概率论、拓扑学、物理学，以及古埃及、古巴比伦和古希腊的数学、数学史、科学史以及印度天文学史有很深的造诣。著有《科学的觉醒》(1950，原文为荷兰文 *Ontwakende wetenschap*，英译本 *Science awakening*，1954)、《生气勃勃的科学》(1959)、《数理统计学》(德文，*Mathematische Statistik*，1957)、《量子力学中的群论方法》(1932年，原文为德文，英译本 *Group Theory and Quantum Mechanics*，1974）和《代数学史》(英文，*A History of Algebra*，1985）等，均颇有影响。下面我们分几个方面重点阐述他的成就。

1. 代数学

范德瓦尔登的代数学工作对后世影响最为深远。他在格丁根游学期间，诺特对他的代数学思想有着关键性的影响。格丁根大学是于18世纪30年代建立的一所历史悠久的学校，“教学自由和科研自由”是建校之初就定下的办校方针。大学一开始就有神、法、医、哲四个学院，这样神学院第一次丧失了到那时为止它通常享有的优先权，因而格丁根大学可以看作第一所具有广泛科研自由和教学自由的、启蒙主义的现代大学。

高斯所领导的天文台成为大学的第一个自然科学研究机构，他在数学神殿赢得的声誉为格丁根留下了伟大的科学传统。1855 年高斯去世，狄利克雷接替他出任格丁根大学数学教授，他和黎曼一起奏响了格丁根数学研究的新乐章。其继任者克莱因对格丁根大学的数学教育体制进行大刀阔斧的改革，招揽人才。特别是希尔伯特到达格丁根之后，全力以赴地帮助克莱因实现打造世界一流数学中心的目标，以克莱因、希尔伯特为首的格丁根学派正式形成，培养了一大批享誉世界的数学家，使格丁根成为 19 世纪末 20 世纪初世界数学的中心。然而 1933 年法西斯政权建立之后，这个数学与科学王国毁于一旦。格丁根数学学派的光环一去不复返，德国的数学从此一蹶不振。

1903 年至 1904 年冬，诺特到达格丁根大学，听了闵可夫斯基、克莱因、希尔伯特等人的课程，之后返回埃尔朗根大学，在不变量之父戈尔丹的指导下学习。1915 年应希尔伯特的邀请到格丁根讲代数不变量，目的是解决希尔伯特和克莱因正在思考的用数学整理相对论的问题，进行了成功的合作。那个时期整个代数学的任务是将整个庞大的古典代数学阵营建立在一个明了清晰的基础之上，进行更深层次的概括。从埃尔朗根学到的算术化、形式化功底，结合格丁根学派的公理化能力，使诺特驾驭了这一伟大事业。她用自己独创的思想、概念、公理，来思考同构、同态、模、剩余类、理想等问题。她的关于抽象代数的文章是从理想理论开始的，她的经典论文《环中的理想论》（1921）标志着代数现代化的开端。当时，格丁根是抽象代数的中心，吸引了世界各地的学者。诺特周围会聚了大批学生，其中有阿廷、布饶尔、哈塞、来自美国的麦克莱恩，还有中国学者曾炯之和日本学者正田建次郎等，形成了格丁根抽象代数学派。她的思想也正是靠这些年轻人发展和传播，其中范德瓦尔登是最突出的。范德瓦尔登 1923 年来到格丁根大学，成了诺特的学生。他很快掌握了诺特的思想，并加以精辟透彻的揭示，在格丁根出色地讲授了一般理想论的课程。诺特关于理想的讲座非常新颖，但是，她在表述自己的思想方面并不擅长。这样她的思想与方法，后来主要由范德瓦尔登概括与总结，写成专著。

范德瓦尔登离开格丁根之后，访问了汉堡大学。当时阿廷正好在汉堡大学举办近世代数讲座，讲座精彩，而且阿廷洞察力强。不久，阿廷和范德瓦尔登二人拟就了一个计划，打算合编一本代数教科书。由于阿廷没有按计划行事，所以范德瓦尔登独自撰写了两卷本《近世代数学》，并分别于 1930 年和 1931 年出版。他注明利用了诺特和阿廷的讲稿。

范德瓦尔登的《近世代数学》一书的主要目的和内容是定义各种代数数域并阐述其结构。他用两种方式定义代数数域：（1）通过在非空集合上添加一两种抽象运算

(如群、环、超复数系统等)；(2) 取定现有的一种代数数域，通过具体步骤(给定环的多项式环、域的扩张等)构造一种新域。《近世代数学》确定了代数结构化思想，是代数结构化思想巩固的标志。代数思想的发展经历了由戴德金到希尔伯特，再到诺特，最后到范德瓦尔登这样一个过程。

这部书综合了当时近世代数学的各方面工作，语言优美而流畅，不仅改变了德国的研究生教学，在欧洲其他地方和美国也是如此。他把诺特的概念化和结构化的见解表达得非常简洁，同时也融入了阿廷讲演中所具有的优雅和诠释。这部书概念层次清晰，结构化思想明确，风格简单而严谨，为其他数学分支的课本，如巴拿赫空间、拓扑群论树立了典范。

这部书自出版后，在当时众多的代数学书籍中脱颖而出，对于近世代数学的传播和发展起了巨大的推动作用。到 1959 年至 1960 年，第Ⅰ、Ⅱ卷已分别出到第五版和第四版。我们知道，近世代数学是不断向前发展的。20 世纪 30 年代当时所谓近世代数学的一些基本内容已经逐渐成为每个近代数学工作者必备的理论知识，所以这部书由 20 世纪 50 年代第四版起就去掉“近世”两字而改名为“代数学”，同时做了较大的增补和改写，但仍保持着原来的基本内容和风格，成为代数学的正统。范德瓦尔登本人曾在第四版的前言中这样讲道：

> 最近意外去世的代数学家与数论专家布兰特在德国数学会的协会年报 55 卷中对本书第三版写了如下的评论：“关于书名，如果在第四版能够改为更简单、但更确切的书名‘代数学’，我将感到很高兴。像这样一部过去、现在和将来都是最好的数学书，书名不应该引起人们如此的疑惑，似乎它是追随一种时髦的式样，它在昨天还不被人们知道，可是明天可能将被忘掉。”根据这个意思，我把书名改成了“代数学”。

现在这部书已被公认为现代抽象代数的一个里程碑，是现代结构代数的经典著作。它最初以德文形式出版，历经几版并被译成多种语言，得到全世界许多大学的广泛使用。在此影响之下成长起一大批优秀的数学家和数学家集体。我们将在第三部分对范德瓦尔登及其《近世代数学》的影响做一详细介绍。

2. 代数几何

代数几何是范德瓦尔登早年最感兴趣的一个领域。他在荷兰阿姆斯特丹大学上学期间，就研究过代数几何。当时韦瑞斯饶有兴趣地讲授数的几何（舒伯特的计数几何）课，范德瓦尔登在学习过程中，发现这门几何学的基础理论很糟。例如，数的守恒原理说几何问题当相关参数变化时解的个数不变。实际上假设一个从一般到特殊的情况，其中的参数必然发生变化。一般情况下可能有多个解，特殊情况下只有一个解（解的个数须按其重数计算）。这是舒伯特的计数几何中缺少的内容。舒伯特没有给出重数的定义、求法，而且当时在代数几何方面取得很大成就的意大利几何学家们也忽略了其理论基础。范德瓦尔登开始考虑这种基础。

后来，他听到格丁根大学的诺特利用理想给出了重数准确定义的消息后，便去格丁根听诺特关于理想的讲座。这些讲座启发性强，但是诺特不善表达，令常人难以理解，不过范德瓦尔登很快就完全领会了。这对他的一生有关键性的作用。在格丁根，他证明了数的守恒原理，给出了重数的一种定义和一种计算方法。在服兵役期间写出了博士论文。他在论文引言中写道：

> 代数几何的这一逐渐被称为计数几何的分支，此前一直建立在一个不太稳固的基础之上。舒伯特的数的守恒原理，作为计数几何的大部分基础，既没有严谨地出现在舒伯特的体系中，也没有严谨地出现在后来的定义中。它们或者是有缺陷或者是不充分。

然后给出了计数几何的一个精确的基础。范德瓦尔登本来想把它作为博士论文，但是太长了。当时还有一条规定，论文只能用荷兰文或拉丁文来写。他分作几篇文章在《数学年刊》上予以发表。同时把这些文章中的主要结果写进博士论文，没有详尽的证明。他的论文指导老师是韦瑞斯，但是由于其间范德瓦尔登正在服兵役，没有时间去阿姆斯特丹与人讨论，所以实际上论文是他独立完成的。1926 年 3 月 24 日范德瓦尔登在阿姆斯特丹大学进行了论文答辩。

范德瓦尔登几乎一生都在思考代数几何问题。他于 20 世纪三四十年代在《数学年刊》上发表了许多文章，最后一篇是 1971 年发表的。1939 年还出版了著作《代数几何引论》。在这部著作中他系统、精确地建立了用途很广的相交重数的概念，这是对代数几何进行改革的开始，即用抽象理想论奠定了代数几何的新基础。希尔伯特在 1900 年提出了 23 个著名问题，其中的第 15 问题就是：建立舒伯特计数演算的严格基础。一个典型的问题为：如果在三维空间中有四条直线，那么有几条直线能与这四条直线都相交？舒伯特给出了这个问题的一个直观解法，而希尔伯特希望把问题一般化，并且给出严格基础。范德瓦尔登指出计数几何的核心问题是给出“重数”的定义，而且这个定义必须要有可操作性。借助于重数的概念，就能够确定，一个代数几何问题究竟有多少个解，并且对于这个问题的任何一组特殊数据，遵循解的个数守恒原理。范德瓦尔登首次把舒伯特计数演算归结为流形的同调理论，这一理论是莱夫谢茨在 1927 年刚刚建立的。范德瓦尔登在此基础上，对数的守恒原理给出了严格证明，为此后用同调论的方法研究希尔伯特第 15 问题奠定了良好的基础。代数几何的严格基础已由范德瓦尔登在 1938 年至 1940 年和韦伊在 1950 年建立，但舒伯特演算的合理性尚待解决。

1983 年，施普林格出版社出版了范德瓦尔登的《代数几何论文选集》，德国数学家希策布鲁赫为选集作了序言。通过上面的论述，可以看出范德瓦尔登在代数几何领域作出了突出贡献。

3. 拓扑学

范德瓦尔登是在阿姆斯特丹大学读书期间，开始接触拓扑学的。他的一位老师曼那瑞首先把拓扑学引入荷兰。他是一位共产党人，也是一位开拓型的数学家，和范德瓦尔登的父亲是好朋友。范德瓦尔登就是从曼那瑞那里开始学习和研究拓扑学的。而使范德瓦尔登真正学习到拓扑学的人，则是格丁根大学的无薪教师克内泽尔。布劳威尔曾经给克内泽尔写过一封推荐信，推荐范德瓦尔登到格丁根求学。这样范德瓦尔登到格丁根后，一直与克内泽尔保持来往。他们常在一起吃午饭，有时饭后还要一起在格丁根的树林里散步。范德瓦尔登学到不少拓扑学知识。克内泽尔常做些读后评论，而范德瓦尔登未能完全理解。散步之后，他就去格丁根图书馆查阅相关内容。第二天再去问克内泽尔他的解释对不对。这样，他真正学习到了拓扑学，也进行了一些研究工作。

4. 物理学、群论、数论等方面

范德瓦尔登是数学和科学的多面手。他对物理学、群论、数论、优化问题、数理统计等方面都有深入思考，一生中讲授过各种各样的数学课。范德瓦尔登最初接触物理学是在大学期间。他对物理学的兴趣始于在德国莱比锡期间，当时物理学家海森伯和洪德一起主持一个讨论班，范德瓦尔登也参加了，从而学到了物理学。在此基础上，他写了一本关于群论和量子力学的书，即《量子力学中的群论方法》。这本书最初于 1932 年以德文出版，主要内容是介绍群论及其表示的基本概念以及在量子力学上的应用。读者对象是熟悉量子力学的物理学家，所以数学上并不进行烦琐的证明，力求简明扼要，颇受物理学家们的欢迎，很快销售一空。与此前外尔所写的《群论与量子力学》形成鲜明对比，外尔写得太难，很少人能够读懂。另外，实践证明范德瓦尔登的书对于学习量子力学的数学家也是有用的。不过，范德瓦尔登认为这本书对于数学家来说，物理部分太难，而对于物理学家来说，数学有时又显得困难了。再加上德语对于许多读者来说也有一定困难。所以为了使这本书更具有可读性、用处更大，范德瓦尔登用英文重写了整本书，有些地方根据数学和物理的发展做了相应改动，1974 年出版，直到现在还能买到。这就是范德瓦尔登与大多数科学家的不同，他不但创造新思想，而且竭力地推广这些新思想，为后人服务的这种态度非常令人钦佩。

范德瓦尔登对典型群中心问题之一的自同构问题进行研究。他和施雷尔在 1928 年解决了域 K 上 PSL（2，K）的自同构问题。另外，1927 年，年仅 22 岁的范德瓦尔登，以几个星期的奋战就得到了“关于算术级数的范德瓦尔登定理”——这个绝妙的结果后来被苏联数学家辛钦誉为数论三颗明珠之一。范德瓦尔登还研究了伯恩赛德群 B（3，r）。这些是伯恩赛德问题的解决方案。伯恩赛德证明了这样的群是有限的。1933 年，范德瓦尔登发现了 B（3，r）的准确的阶和结构，证明了 B（3，r）的阶数是 $3^{N(r)}$，其中指数 $N(r)=r+\frac{r(r-1)}{2}+\frac{r(r-1)(r-2)}{6}$。以范德瓦尔登命名的专业术语很多。比如上面的范德瓦尔登定理，还有范德瓦尔登猜想、范德瓦尔登检验法和周 - 范德瓦尔登形式等。

5. 科技史

范德瓦尔登不仅在纯数学和科学领域有超人的智慧，而且还是一位出色的科技史家，尤其是在数学史和天文学史方面。

范德瓦尔登晚年时谈到自己一直是一个历史癖，而且晚年他最感兴趣的领域就是科技史。大学期间，他听过韦瑞斯的数学史课。此后，读了一些关于欧几里得和阿基米德的著作，所以他对数学史的兴趣开始得很早。在格丁根游学期间，他还听了诺伊格鲍尔的关于希腊数学的课。当时，诺伊格鲍尔主要研究埃及数学，并开设了相应课程，他的论文非常鼓舞人。后来在哥本哈根，范德瓦尔登走访了他。诺伊格鲍尔又谈起了巴比伦天文学，使范德瓦尔登很感兴趣。在莱比锡的时候，有一位哲学家伽达默尔在柏拉图哲学上做了很多工作，范德瓦尔登听了他的一些课，一定程度上引起了他对希腊数学的兴趣。

范德瓦尔登第一本数学史著作是《科学的觉醒》，1950年以荷兰文出版。之后这本书的几位很好的评审人建议将它译成德文。这样范德瓦尔登的大女儿忠实于原著、流畅地翻译成了德文，1956年出版，扩充后的第二版1966年出版。这本书非常畅销，而且常被人引用，已被译成日语、英语和俄语等多种语言。

1985年，范德瓦尔登又用英文出版了数学史专著《代数学史》，主要阐述从花拉子米到诺特这一段历史。主要包括三部分内容：代数方程论、群论和代数学。这本书影响也很大。

范德瓦尔登还写过一些关于天文学史的论文。他与一些数学史家和天文学史家关系也非常好。

三、继大师绝学，开数学新篇

据统计，范德瓦尔登所开拓的学术谱系人数到21世纪时，已达到上千人之多。科学的历史就是这样，开创者筚路蓝缕，后继者代代相传。受范德瓦尔登直接影响和潜移默化的后辈数学家很多，下面给出几个典型事例。

1. 中国

代数学家曾炯之是爱米・诺特的学生，受到诺特深刻的影响，回国后进行了代数学方面的一些工作。遗憾的是去世较早，而我国代数工作者实际上主要是通过学习范德瓦尔登的《近世代数学》开始研究工作的。

《近世代数学》的第二版曾经由武汉大学的萧君绛教授翻译出版，但流传不广，文字也比较艰涩。华罗庚于1938年至1939年在昆明西南联合大学讲授近世代数课程时，曾经以这部书的第Ⅰ卷为参考编写讲义，进行了比较大的变动。1961年9月我们国内代数工作者在北京颐和园举行座谈会时，都认为有必要迅速出版这部书的全新译本。因为这部书是在整理诺特和阿廷的讲稿的基础上写成的，它的出版标志着抽象代数学的建立，对提高数学家的学识修养有很大意义，而且在某种程度上确定了后来代数研究的特点和方向。1955年这部书重版时改名为《代数学》，范德瓦尔登又做了修改和补充，更加能够反映代数学的现状。书中运用现代代数结构严格论证了代数几何的基本概念，至今仍不失为一部优秀的教科书。这样经过一年的时间，由曹锡华、万哲先、丁石孙、曾肯成、郝炳新等集体合作译出第Ⅰ、Ⅱ卷。专家们认为这部书今后应该能对代数学的教学及科学研究起较大的推动作用，更希望国内代数学工作者在教学和科学研究中有自己撰写的书出版。这样，这部书最终在 1963 年 7 月出版了第Ⅰ卷中译本，1976 年 11 月出版了第Ⅱ卷中译本，均由科学出版社出版。此后，我国更多的代数研究者通过此书学习和研究代数学，后来的很多代数教材以它为参考进行编写。这部书即使在今天作为抽象代数的导言课丝毫也不过时，促进了我国代数学的发展，在我国代数学史上有浓浓的一笔。

美籍华人数学家周炜良为清末民初数学家周达之子，家庭富有，年少时通过自学获取各方面知识。后来他于 1929 年辗转到了芝加哥大学，主修经济学。1932 年受别人的指点去格丁根研究数学，但是半年后格丁根衰落。周炜良在芝加哥时曾读过范德瓦尔登的《近世代数学》，十分欣赏，于是转到德国莱比锡大学，当时范德瓦尔登刚开始写名为"代数几何"的系列论文，结果周炜良就走上了代数几何的研究当中。范德瓦尔登还建议他读一些老书。周炜良当时感到范德瓦尔登有一种不同寻常的才能，就是能用相当简单的语言解释哪怕是最复杂的数学理论，使他觉得只要愿意学习，即使对某些数学学科一无所知也没有关系，使他一生中第一次认识到选择数学是正确的。1936 年，他在范德瓦尔登的指导下获得博士学位。1937 年，他的第一篇发表在德国《数学年刊》上的文章便是和范德瓦尔登合作完成的，其中有以二人命名的周－范德瓦尔登形式，这也是周炜良最有影响的工作。第二篇是他的博士论文。他是范德瓦尔登的最为出色的学生，有些数学家首先是通过范德瓦尔登认识周炜良的。范德瓦尔登对他一直很好。1948 年，范德瓦尔登访问约翰斯·霍普金斯大学，周炜良听说后去看他，恰好该校有一个教职的空缺，范德瓦尔登推荐了周炜良，此后周炜良一直担任到 1977 年退休为止。

2. 日本

以诺特、阿廷和范德瓦尔登为代表的德国代数学派对日本代数学派的影响非常重要。日本的正田建次郎、末纲恕一、秋月康夫、中山正、东屋五郎、前野启三、永田雅宜等一大批有国际声誉的数学家都直接继承了诺特的传统，推动了抽象代数学的发展，尤其是抽象代数学在日本的发展。正田建次郎在 20 世纪 20 年代到格丁根师从诺特，他所撰写的日文《抽象代数学》，是继范德瓦尔登之后第一本抽象代数的书。1954 年第三届菲尔兹奖和 1984 年沃尔夫奖得主、日本数学家小平邦彦在日本第一高等学校读书期间，就热衷于学习数学和物理。他读了范德瓦尔登的《近世代数学》、正田建次郎的《抽象代数学》、道凌的《代数学》及范德瓦尔登的《量子力学中的群论方法》、冯·诺伊曼的《量子力学的数学基础》和外尔的《群论与量子力学》等优秀书籍，受到这些新思想的熏陶和启发，对几门新兴的数学领域和物理领域都打下了坚实基础。可以说，诺特的代数学派，当然包括它的最优秀的继承人范德瓦尔登对日本数学的影响毋庸置疑，并将永载史册。

3. 美国

美国数学家 G. 伯克霍夫是美国著名数学家 G. D. 伯克霍夫的儿子，出生于普林斯顿，1932 年毕业于哈佛大学，1932 年至 1933 年在英国剑桥大学读研究生。他以有广泛的科学兴趣而著称。1932 年夏天，G. 伯克霍夫在慕尼黑独自研究群论，他打电话给慕尼黑的数学家卡拉西奥多里并拜访了他。卡拉西奥多里对 G. 伯克霍夫说：

> 你如果对群论有兴趣，你必须读斯贝塞的书。你如果想知道更多的代数，读范德瓦尔登。

这样，他听从了卡拉西奥多里的忠告，开始研读范德瓦尔登的《近世代数学》。他认为范德瓦尔登的书使近世代数看来像一个刚开辟的正在开花的园地，支配了其后七八年的工作，尤其是格论的研究，使得他在 1938 年正式创立了格论。经过许多数学家的努力，格论现已形成数学的一个重要分支，它的概念和思想方法已渗透于数学的其他领域，如代数拓扑学和不分明拓扑学等。

4. 法国布尔巴基学派

我们都知道法国的布尔巴基学派曾一度风靡数学界，而我们却很少知道布尔巴基学派的结构主义思想主要是在《近世代数学》的影响之下形成的。同时《近世代数学》也促使布尔巴基学派抛开法国数学传统而去借鉴德国方法。

布尔巴基对《近世代数学》有这样一段评价：

> 范德瓦尔登的书于 1930 年出版，第一次全面阐述了诺特、阿廷等人的工作，因此为抽象代数学的发展开拓了一条崭新的道路并对后来此领域的研究工作具有指导意义。

本文作者认为布尔巴基学派的工作相当于范德瓦尔登的代数结构观念在整个数学上的推广。布尔巴基学派正是受抽象代数思想的启示提出了一般的数学结构观点，《近世代数学》是他们工作的第一个范本。除了代数结构，布尔巴基还明确了另外两类结构，即拓扑结构和序结构，并将它们与代数结构合称为母结构。以这三类结构为基础，通过它们的交叉、结合而产生出各种层次的结构。他们认为数学就是数学结构的仓库。布尔巴基学派的经典著作《数学原本》代数部分中的关于后来线性代数发展的描述受范德瓦尔登的《近世代数学》的影响最深。

布尔巴基学派的第一批成员之一的丢多涅在他的文章《布尔巴基的事业》中有这样一段话，也可以作为本文的一个总结：

> 的确当时已经有许多卓越的论著，而且实际上，布尔巴基学派的著作在一开始以范德瓦尔登的代数学著作为典范。我无意贬低他的优点，但是如你们所知，他自己在序言中说，这本书实际上有许多作者，其中包括诺特和阿廷，因此，他多少有点早期布尔巴基的味道。这部著作影响很大。我记得它，我当时正在写我的博士论文，那时是1930年，我正在柏林。我还记得范德瓦尔登这本书刚出版发卖的那天。那时我对代数无知到那种程度，以至于要是现在我就进不了大学。我急忙跑向这些书，看到这个在我面前打开的新世界我简直惊呆了。当时我的代数知识不超过预科数学、行列式以及一点方程的可解性和单行曲线。我那时已经从高等师范学校毕业，却不知道什么是理想，而且才刚刚知道什么是群！这就会使你对一个年轻的法国数学家在1930年知道些什么有一点概念。因此，我们试图仿照范德瓦尔登，但事实上他只讨论代数而且即使在当时也只是代数中的一部分。从那时起，代数学已经取得相当大的发展，这一部分要归因于范德瓦尔登的这部书，它现在仍然是一本极好的导论。不少人征求我的意见，问如何开始研究代数，我对其中大多数人讲：尽管从那时起已经有了许多新发展，还是要先读范德瓦尔登的书。因此，我们企图干些类似的事。范德瓦尔登用的是非常精确的语言，对于思想的发展有着极为紧凑的组织，并且把这部书的不同部分组织成为一个整体。对于我们来说，这似乎是写书的最好方法，因而我们必须对许多以前从来没有仔细讨论过的材料加以讨论。

关于从范德瓦尔登的代数结构思想到布尔巴基学派的数学结构思想的发展过程，值得数学史学者做出进一步研究。

（作者：邓明立　王淑红）

参考资料

[1] Saunders Maclane. Van der Waerden 的近世代数 [J] . 数学译林，1999. 2. 174-175. [原题：Van der Waerden's Modern Algebra，译自：Notices of the American Mathematical Society，Vol. 44，No. 3 (1997) ，pp. 321-322]

[2] Yvonne Dold-Samplonius. Bartel Leendert Van der Waerden (访问记) [J] . 数学译林，1998. 2. 137-148. [原 题：Interview with Bartel Leendert Van der Waerden， 译 自：Notices of the American Mathematical Society，No. 3 (1997) ，pp. 313-320]

[3] Leo Corry. Modern Algebra and the Rise of Mathematical Structures [M] . Birkhäuser Verlag，1996.

[4] S. S. Chern，Shreeram S. Abhyankar，Serge Lang，Jun-ichilgusa，Wei-Liang Chow [J] . Notices of the American Mathematical Society，Vol. 43，No. 10 (1996) ，pp. 1117-1124.

[5] Wei-Liang Chow. Shiing-Shern as Friend and Mathematician [J] . Chern-A Geeat Geometer of the Twentieth Century，Press，1992，pp. 83-91.

[6] B. L. Van der Waerden. A history of algebra [M] . Berlin Heidelberg New York Tokyo，Springer-Verlag，1985.

[7] B. L. 范德瓦尔登 . 代数学 [M] . 丁石孙，等译 . 北京：科学出版社，1963.

[8] 布尔巴基，等 . 数学的建筑 [M] . 胡作玄，等译 . 南京： 江苏教育出版社，1999.

[9] 饭高茂 . 数学究竟是什么？ —— 采访小平邦彦教授 [J] . 数学译林，1986. 3. 60-73. 译自：科学，51 (1981) ：551-561.

[10] Yvonne Dold-Samplonius. In Memoriam：Bartel Leendert van der Waerden (1903-1996) [J] . Historia Mathematica，24 (1997) ，125-130.

爱米尔 · 阿廷

（Emil Artin，1898—1962）

阿廷

布尔巴基学派的先驱

爱米尔·阿廷于 1962 年 12 月 20 日因心脏病突然去世。其后两位布尔巴基的成员亨利·嘉当和克劳德·谢瓦莱发表了纪念文章。嘉当称他为天才的数学家和艺术家，是一位完美的人。

这并非溢美之词。大家公认阿廷是近世抽象代数的奠基者之一。他在纯粹代数方面的著作并不多，主要论文都牵涉到代数数论、拓扑学及函数论等方面，但有一点毋庸置疑，即他的全部著作的共同特点是显示出了一位代数学家的思想特征。

阿廷同爱米·诺特一样，文章不多而且大都很短，但是却有着极大的影响，尤其是对布尔巴基学派。他应该说是布尔巴基学派的先驱。在 1930 年到 1935 年，他作为一个代数学家的思想方法和表述方式成了年轻一代的楷模。嘉当甚至说，阿廷也许不自觉地促成了布尔巴基学派的出现。而埃尔布朗、谢瓦莱和韦伊更是直接受到了他的影响。布尔巴基的著作也多多少少追随阿廷的思想方式与漂亮的表述方法，因为布尔巴基的成员对于阿廷的文章就像对于经典著作一样一点也不陌生。尤其使布尔巴基的成员感到骄傲的是，阿廷为布尔巴基的代数卷的第一至三册写了一个详尽的述评，其中不乏对布尔巴基的思想的深刻理解与赞誉之词，从这里可以看出布尔巴基与阿廷的血缘关系。

阿廷是一个对人生、艺术和科学都有着广泛兴趣的人。他对音乐的热爱同他对数学的热爱一样深沉，在音乐史方面有着令人吃惊的深邃知识。1955 年去日本开会时，他表现出对佛教很感兴趣，而且这不是一般的西方人对东方文化浅薄的好奇心。为了回答他的问题，接待他的日本同行要去请教佛学专家。实际上早在 30 多年前，阿廷就已经广泛阅读有关佛教的书了。不仅是他，布尔巴基的第一代成员在文化各方面的兴趣都不亚于他们的数学，嘉当弹得一手好钢琴正如阿廷吹得一口好黑管一样，韦伊对日本工艺品也正如阿廷对佛教建筑一样着迷。

一、早年经历

阿廷 1898 年 3 月 3 日生于维也纳。他的艺术气质来自他的父母，父亲为画商，母亲是芭蕾舞演员。他的祖上是亚美尼亚人，亚美尼亚现在是高加索的一个独立国家，但长期隶属于俄罗斯帝国及苏联。亚美尼亚人也部分分散在世界各地，20 世纪初在土耳其的亚美尼亚人曾遭到土耳其的驱赶及屠杀，他的祖上就居住在土耳其的阿尔明尼亚，姓阿廷尼安，幸好，阿廷的父亲移居维也纳免遭此难，这时才改姓阿廷。纳粹上台后，确认亚美尼亚人为雅利安人种，不属于排斥之列。阿廷在当时属于奥匈帝国而现在属于捷克的莱辛伯格（现为捷克的利伯里奇）长大。

在阿廷出生的时候，奥地利可是一个超级大国。当时的欧洲超级大国有五个：英国、法国、德国、俄国及奥匈帝国。阿廷少年时代经历了奥地利从盛到衰的巨变过程，这个过程是由奥地利发动的第一次世界大战引起的。第一次世界大战对各国都产生了巨大的影响，有划时代历史意义的当然是俄国的十月革命，然而英、法、德、俄四国尽管领土和人口有所变动，它们至今仍然是有着世界影响的大国。只有奥地利，1918 年以后，就再也不是一个大国，更不用说超级大国了。领土及人口都缩小到原来的十分之一左右，一个中欧的内陆国家想发展也没有空间了。阿廷的童年、少年乃至青年时代就见证了这样一个衰落的过程。

一个超级大国不能没有自己的科学、技术和文化，英、法、德、俄四国都有，而奥地利则不行，特别是在科学方面。正是在奥地利的衰落过程中，奥地利的精神文化却飞速发展起来，而且在两次大战之间达到顶峰。也许这是一个注定不能成为政治与经济大国的国家却可以成为文化大国的发展道路。这在数学方面尤其如此。奥匈帝国似乎没有特别杰出的数学家，尤其是同它的邻国德意志帝国比较，但是，到了两次世界大战之间，像阿廷这样世界一流的大数学家就脱颖而出，不过，他们的活动区域首先是德国，其次是美国，奥地利作为学术舞台毕竟是太小了。但是，周边的日耳曼文化传统不可小视，在这种环境之中，毕竟可以培养出伟大人物来。就是在奥匈帝国的腐朽没落的官僚体制下，依然出现了有不朽国际名声的科学大师，我们毫不费力就可以举出四个人来：孟德尔——遗传学之父；马赫——伟大的科学家兼科学哲学家；玻尔兹曼——统计物理学的奠基者之一；弗洛伊德——精神分析之父，尽管许多人认为精神分析不是科学。不管怎么说，他们都是有重大影响的大思想家。在他们之后，哥德尔、维特根斯坦及维也纳学派也产生了巨大影响。而在原奥匈帝国范围内出现的数学家，则是 20 世纪数学舞台上一支十分活跃的力量。

阿廷出生后不久父亲去世，母亲再嫁，他随母亲和继父到莱辛伯格，因为继父在那里经营纺织工厂。他的童年生活不能说不舒适，但是却很孤独。10 岁上中学后他并没有表现出对数学有什么兴趣和才能。只是中间在法国度过的一年，是他少年时代最快乐的时光。中学时代他对化学非常喜爱。据他自己讲，他对数学产生兴趣是 16 岁以后的事。

他们那一代人经历过两次大战祸，即第一次世界大战和第二次世界大战。第一次世界大战是奥匈帝国挑起的，在 1914 年 8 月打响。阿廷在第一次世界大战期间的 1916 年中学毕业，进入维也纳大学学习。当时奥匈帝国的数学比起邻邦德国要差得远，只有几何学家温廷格和数论专家富特文格勒是有国际声誉的大家。尤其是后者，他是希尔伯特与高木贞治之间对类域论作出突出贡献的人物，也许是这点影响了阿廷早期的研究方向。但他只上了一学期课，就应征入伍，在步兵营一直服役到 1918 年 11 月战争结束。幸运的是，他没有上前线，只是当法语的翻译。

第一次世界大战之后，1919 年 1 月他进入德国莱比锡大学继续学习。这里的教授是赫格洛兹，阿廷对他一直十分崇敬，把他看作唯一的老师。赫格洛兹不仅在数学方面博学多才，而且擅长讲课，可以说把数学艺术化，这对阿廷有重大影响。两年后的 1921 年，阿廷写出了博士论文，这篇接近 100 页的文章是他唯一的一篇长文章，占他全集六分之一的篇幅。接着，他在当时数学圣地格丁根大学待了一年。格丁根是高斯、狄利克雷、黎曼、克莱因、希尔伯特、闵可夫斯基及许多伟大数学家生活过、工作过的地方，他在那里结识了爱米·诺特、西格尔、哈塞及其他人，他们共同度过了富有创造性的 20 年代。格丁根大学虽然是世界数学中心，但是，年轻人很难在这里谋求到永久的职位。“抽象代数学之母”爱米·诺特只是到 1922 年之后才成为非在编的副教授，1926 年才来到格丁根的天才冯·诺伊曼也选择尽早离开，而阿廷早在 1922 年就到了建校不久的汉堡大学。因为第一次世界大战之后，格丁根大学的四大教授席位已经完全占满，再有天才，还是没有职位。第一个教授席位被希尔伯特占有，他要到 1930 年才退休。第二个教授席位原来是克莱因的，他在 1913 年退休后，数论专家海克就任一年后就去了新成立的汉堡大学，1920 年由副教授库朗接任，如果没有特殊情况出现，他也会像希尔伯特那样待上 30 多年。第三个教授席位是希尔伯特专为闵可夫斯基谋得的，遗憾的是，闵可夫斯基英年早逝，席位由数论专家兰道接任，他本来也可以待上多年，谁也不会想到，1933 年 1 月希特勒上台，犹太教授及副教授一个接一个被解职，先是爱米·诺特，然后是库朗及兰道，当然此是后话。第四个教授席位是应用数学的，由龙格就任，龙格于 1924 年退休后，就由阿廷的老师赫格洛兹接任，他一直干到 1948 年退休。阿廷离开格丁根之后，仍然经常回来，特别是 1932 年去格丁根开会，他和诺特及她的“孩子们”合影留念，其中还包括中国数学家曾炯之。没想到，一年之后，他们就不得不各奔东西了。

二、汉堡大学

从 19 世纪到 20 世纪上半叶，一位数学家可能从事的最好职业莫过于在大学当教授了。在当时德国有二三十所大学有数学系，不过当上教授并不简单，需要通过一道道关卡。首先要大学毕业后作一篇博士论文，通过答辩后，被授予博士学位。单有博士头衔还不能教课，他必须获得授课资格，为此他要写授课资格论文并进行授课资格演讲，通过后就可以在大学做无薪讲师，也称为无公薪讲师，因为讲课是直接从听课学生那里收取费用，没有薪酬。一般来讲，这段时间不长，只要有大学固定职位出现空缺，这些讲师的机会就来了。有才能的数学家往往获得副教授的职位，而当他们的业绩不凡时，可以或快或慢晋升为正教授，这也是一位科学家学术生涯的顶点。德国的教授与副教授是国家公务员，一般享有较高工薪，足以使他们全身心地投入到科学研究及教学当中。正是这种制度和学术自由的风气，使德国在希特勒上台前 100 年间在科学上一直处于领先地位，在数学上更是形成像柏林大学、格丁根大学那样的世界数学中心。

正好在第一次世界大战结束后的动荡时期，一所崭新的大学应运而生，这就是汉堡大学。汉堡是德国的港口城市、经济中心，却一直没有高等学府。要知道，德国各地大学已有三四十家，一两百年历史的比比皆是。要想在这些大学中脱颖而出，当然很不容易。不过，新的大学也有自己的优势：没有经年累月的复杂人际关系，没有由“传统”带来的清规戒律。在这种情况下，只要有领袖人物，就能把队伍带出来。阿廷正好是这样一个人物，不过他当时连讲师都不是。汉堡大学刚创立时数学系有两个教授席位和一个副教授席位，两位教授都是从 1919 年开始任教的，一位是陈省身的老师布拉施克，另一位是刚在格丁根当了一年正教授的海克。副教授则来自维也纳，他就是拉东，现在无处不在的 CT 成像技术正是建立在他 1917 年发表的拉东变换的数学基础上，不过阿廷到来之前他已离开汉堡大学。

布拉施克同阿廷一样也是奥地利人，1885 年 9 月 3 日生于格拉茨。他的父亲约瑟夫・布拉施克是奥地利格拉茨高等实科学校的画法几何学教授，布拉施克从父亲那里继承了对几何学的热爱，而且更重要的是，父亲灌输给他强烈的历史责任感及对外国文化的开放心态。布拉施克还有更具影响的爱好，就是旅游。1932 年他曾到中国访问，也许这导致陈省身留学德国。

可以说布拉施克一手在几年内把刚建的汉堡大学建成世界数学中心，其中最重要的是把杰出的数学家吸引到汉堡来。在黄金般的 20 世纪 20 年代，许多世界一流的数学家访问汉堡，当然也来了不少年轻人。

考虑到当时的情况，这可以说是几乎不可能的成就，因为 1918 年年底德国战败之后，连续五年，社会动荡，经济萧条，通货膨胀，民不聊生，可是汉堡却成了数学的天堂，这不能不说是与布拉施克的学术威望与个人魅力有关。一句话，他不仅是一位伟大的几何学家，而且是一位卓越的学术领导人，一位克莱因式的人物。这两位德国的学术领导人不像某些玩弄权力、玩弄权术的政客，而是热爱数学，为发展数学提供良好环境的领导。布拉施克很快就创办两大出版物《汉堡大学数学讨论班学报》(1921 年创刊，至今仍在出版，不久阿廷就成为三大编辑之一）及《汉堡数学文集》，阿廷的许多论文都是在前面的期刊上发表的。布拉施克的成功还有一个秘诀，那就是学习，向所有先进数学家学习，吸收他们的思想，取其精华，实现自己的创新。年轻的布拉施克曾到意大利比萨向比安基学习，他在格丁根大学待了一个学期，同克莱因、希尔伯特和龙格有着亲密接触。而对他影响最大的，则是 1915 年到 1917 年在莱比锡大学任副教授时同阿廷的唯一老师——赫格洛兹成为亲密朋友，正是由于赫格洛兹的影响，布拉施克创立了新兴领域——积分几何学，这个领域也为他的学生陈省身、桑塔洛等人所发展。他绝没有像某些人那样故步自封、夜郎自大，他建议陈省身去法国追随埃利・嘉当，而且自己也学习，并写成《微分几何引论》。

阿廷 1922 年秋到了汉堡，1923 年就取得授课资格，成为讲师。这时接替拉东副教授席位的是拉德马赫尔，他是数论专家，1925 年被聘为布雷斯劳大学正教授，于是他在汉堡大学的副教授席位空缺出来。由于阿廷在研究和教学方面的突出成就，自然成为理想的继任人选。1925 年阿廷成为副教授，仅仅一年之后，他的副教授席位转为正教授席位，这样，1926 年刚刚 28 岁的他便成为正教授。由于阿廷等人的任教，汉堡大学很快成为德国数学的中心之一。

阿廷和他的同时代人可以说是百年德意志数学辉煌的最后一代。希特勒1933年上台之后，德国数学迅速走向衰落，差不多又经历几十年的时间，德国数学才再次屹立于世界数学之林，也出现一些国际知名的数学家，然而其影响很难同阿廷这一代相提并论。

阿廷这一代最著名的数学家，除了阿廷本人，还有西格尔、哈塞、布饶尔等人，也许还应该加上长期在德国工作的荷兰数学家范德瓦尔登，他们都在抽象代数及数论等领域取得突破性的成就。遗憾的是，阿廷，还有一些同时代人，特别是20世纪初出生的一代人，由于种种原因，虽然继承了先辈的成就，但是没能大有作为，这不能不说是历史的悲剧。其中我们特别要提到阿廷几乎是仅有的合作者，同时也是他的学生——英年早逝的施赖埃尔。

施赖埃尔与阿廷都出生在奥地利的维也纳，两人同一天生日，都是3月3日，他比阿廷整整小3岁，这短短的3年，使他没有赶上在第一次世界大战中服兵役，而比他大的阿廷就得耽误两年，而更年长的西格尔还不得不当了逃兵。施赖埃尔1919年进入维也纳大学读数学与物理，1923年取得博士学位，博士论文是关于群的扩张，而这开辟了群论的一个全新的方向，也是现代同调代数学的重要组成部分。他的好运还在于他来到新建不久的汉堡大学，那里由于阿廷等人的存在成为年轻人的天堂。阿廷和施赖埃尔可以说一拍即合，在当时仅有的良好工作环境中，创造出丰富的业绩。短短的六年间，他和阿廷合作创立了“实域”理论及现在称作的阿廷－施赖埃尔扩张，这不仅是数论和代数的重要工作，而且在当前信息论中的编码理论中有重要的应用。这位天才不仅同阿廷有合作，而且自己也有独创的成果。除了上面提到的群的扩张，还在两大数学分支有重大突破。一是组合群论，他在1927年获得授课资格的论文中，证明了其中的一个基本定理：自由群的子群也是自由群。这后来被命名为尼尔森－施赖埃尔定理。二是他第一个定义拓扑群，虽然李群的研究已快50年，但只有他从代数结构与拓扑结构相结合的角度来研究，这有效地推动希尔伯特第5问题在1952年完全获解。1927年他在汉堡大学的讲义《解析几何与代数》后来由施普纳整理成书出版。由于施普纳于1932年到1934年来北京大学任教，这本书也被译为中文，可以说它是把近世代数观点引入中国的第一本教科书。

不幸的是，这位天才1929年被罗斯托克大学聘为副教授，可他还没有赴任，就在汉堡病逝，年仅28岁。虽说他要是继续活下去也许还有更多创造，但以他的犹太背景恐怕也难逃厄运，他的父亲T. 施赖埃尔是一位著名建筑师，后来就死在纳粹集中营里。值得一提的是，只有极少数的犹太人逃脱了纳粹的魔爪。有少数人其本人并非犹太人，但或者由于妻子是犹太人（如外尔），或由于对纳粹统治不满（如哥德尔和西格尔），他们跑到美国或加拿大，布饶尔就是其中的一位。他们逃过此劫，不仅使个人成就再创辉煌，而且推动美国数学在第二次世界大战之后兴起。

1929 年，阿廷与他的一个学生雅斯尼结婚，她有多方面的天赋，性情温和，乐于助人。阿廷的家成为他所在数学界的社交中心。他们共有三个子女，长女卡琳是美国数论大家泰特的妻子，次子迈克尔是当代著名数学家，三子托马斯在美国出生，专攻英国文学。

三、辉煌十年（1923—1933）

从 1918 年 11 月 11 日第一次世界大战结束，到 1933 年 1 月 30 日希特勒上台，历史上常把这时期的德国简称为魏玛时期。这个时期虽然不长，但在科学史上却是值得大书特书的。这个时期（也许再加上前后短短几年）德国科学成就了它最后的辉煌：在物理学上是量子物理学的建立，在数学上则是类域论的这个划时代成果和抽象代数学的建立。这两方面与阿廷的工作都密切相关。

类域论是代数数论的重要分支，由希尔伯特一手创造。代数数论从高斯在 1801 年创立起，到 19 世纪末已成为数学女王王冠上一颗最璀璨的明珠，至今也以朗兰兹纲领的名义成为数学的领头羊之一。

阿廷在数学上最初的贡献是在代数数论方面，而顶峰则是类域论的完成。代数数域是有理数域 Q 上的有限次代数扩张，比如说添加一个 m 次不可约整系数方程的根。对于一个固定的代数数域 k，可以考虑它的正规扩张域 K，每一个 K 对应一个伽罗瓦群 $G(K/k)$。假如伽罗瓦群 $G(K/k)$ 是交换群（阿贝尔群），这个扩张就称为阿贝尔扩张。类域论就是研究怎样用 k 的元素来描述 k 的所有阿贝尔扩张的问题。1920 年日本数学家高木贞治完成了类域论的最早突破：对于每个扩张 K，都对应 k 中的一个对象 $T(K)$，即 k 的理想类群在某一等价关系之下的一个等价类。高木描述了这些 $T(K)$ 的集合，而且每一个 $T(K)$ 都刻画 k 的唯一的阿贝尔扩张 K，并且 K 的代数及算术性质可由 $T(K)$ 直接推出。

对这个漂亮的定理，高木给出的证明非常繁复，中间还要用到解析的方法，但其中起主要作用的是定义狄利克雷 L 级数。因此，最好能够简化证明甚至取消解析方法。阿廷首先开始了这方面的工作，而最后取得成功的是布尔巴基的成员谢瓦莱。

显然，接下去的问题是怎样推广类域论的结果：从代数数域能否推广到更一般的域上？从阿贝尔扩张能否推广到非阿贝尔扩张？

阿廷研究了第一个问题。在他的博士论文中，他应用有理数域上的二次数域的算术及解析理论来研究有限域上单变量有理函数域的二次扩张。这实际上已经预示后来数域与函数域的类似。他把 k 不看成代数数域，而当作有限域上的代数函数域。他考虑一个最简单的情形：有限域上有理函数域的二次扩张。每一种扩张都有一个相应的 ζ 函数，而 ζ 函数最主要的问题就是黎曼猜想。阿廷对于许多特殊情形证明了这个猜想，他的演算技巧已经显露出一种大师的非凡能力。这篇论文开辟了一个新方向。此后，重要成就接踵而来。1931 年，F. K. 施密特考虑有限域上一般单变量代数函数域，发现了 ζ 函数的函数方程，并发现了它与黎曼 - 洛赫定理的关系。1933 年，哈塞证明了椭圆函数域的黎曼猜想。1941 年，韦伊最后证明了任意单变量代数函数域的黎曼猜想，他用的是建立在严格基础上的代数几何学方法。

阿廷最重要的工作是一般互反律。1923 年作授课资格论文时，他开始了关于类域论的一个大计划。首先是引入一个新型的 L 函数，后来称为阿廷 L 函数，然后猜想其函数方程，并在特殊情况下证明，证明中他得出一般互反律的猜想。事实上，早在 18 世纪人们就已经知道二次互反律，并由高斯第一个给出严格的证明，后来又发现三次和四次互反律乃至一般的互反律。高斯证明了一些特殊的情形，但对一般情形还有一些困难。1926 年，苏联数学家切包塔迈夫发表了弗洛宾尼乌斯一个猜想的证明，是关于素理想集合的密度定理，这个想法正好是阿廷所需要的，于是他给出了一般互反律的直接证明。这不仅补充了类域论，而且成为其中的核心部分，使他完全解决希尔伯特第 9 问题。

阿廷的互反律有许多应用，其中之一是证明了希尔伯特关于绝对类域的猜想，即“主理想定理”，可以由有限次阿贝尔群的性质推出。很快在 1930 年菲特文格勒就证明了这个群论结果。1934 年，弥永昌吉在阿廷的指导下又给出了一个更简单的证明。

20 世纪 30 年代初期，类域论转向一个新的阶段。当时法国年轻的数学家埃尔布朗和谢瓦莱开始对类域论感兴趣，并且对它进行算术化。从 1930 年到 1940 年，谢瓦莱引进伊代尔群的概念，完成了算术化工作，彻底丢开了解析工具。而实际上阿廷于 1931 年至 1932 年在汉堡的讲义中已经在这方面迈出了第一步，并显然对后来的工作有着重要影响。1932 年，他在格丁根的演讲中也介绍了埃尔布朗的工作。

同时，20 世纪 30 年代初，爱米・诺特等人注意到类域论与结合代数理论之间的密切关系。他们证明了主定理，后来被哈塞用来证明阿廷的互反律。这样，当 20 世纪 40 年代拓扑学的同调与上同调观念进入代数学时，同调代数立即成为类域论的自然表述工具。在这方面霍克希尔德和中山正在 1952 年打下了基础，由泰特完成。一贯喜欢干净漂亮的表述的阿廷这次找到了理想的方法。他在 1951 年至 1952 年同泰特合作写出其著名的类域论讲义，其中包括大量新结果，特别是泰特完成的上同调理论，把阿廷的互反律变为高阶上同调群的泰特定理的特殊情形，这显示出新方法的巨大威力。

四、抽象代数学的奠基

抽象代数的奠基人被公认为是爱米・诺特，她也常被称为“抽象代数学之母”。但是，阿廷和范德瓦尔登的工作绝不可小视。因此，诺特、阿廷和范德瓦尔登是完成从经典代数学到现代代数学转变，并把代数学由演算数学向结构数学过渡的三位巨人。如果用简单的话语来形容，经典代数学主要是求解方程，而代数方程主要分为三类，它们分别形成代数学三大分支：

——求解线性方程组，形成线性代数学；

——求解多项式方程，形成方程论，经伽罗瓦之手产生群与域的观念，经阿廷之手创造出漂亮的伽罗瓦理论；

——求解多项式方程组，形成代数几何学。

抽象代数学同经典代数学有着不可分割的血缘关系，然而，它的目标已经由求解方程过渡到研究抽象对象的结构。而在三巨头时代，抽象代数学的对象简单说就是群、环、域，研究它们的分支，也自然称为群论、环论及域论：

群论：群的前史实际上比较悠久，群的概念早已隐含在数论、代数、几何及分析当中，甚至在日常生活里面。不过 19 世纪的数学家不喜欢过分抽象的概念，所以抽象群的概念一直到 19 世纪末 20 世纪初才定下来。在这个时期，群论即便说有一些定理，也是在具体对象之下隐藏着。时至今日，数学专业的大学生甚至研究生，学习抽象群相对学习环与域来说所遇到的困难一点都不少。

环论：环的概念有十分具体的背景，那就是整数全体所构成的交换环。非交换的结合环也在 19 世纪已经发现，那就是四元数与矩阵。而 19 世纪末又发现了非结合环——李环。

域论：域比环更为简单，它的原始模型是有理数全体。其特征在于域的元素可以进行加、减、乘、除的运算。

从抽象代数的三大核心分支来看，爱米·诺特的主要工作是在环论（代数理论）方面深入挖掘，得出若干十分深刻的定理，显示出群、环、域密不可分的统一性。而阿廷有所不同，他在群论、环论和域论都开辟了全新的方向，而且在原来的数学对象中发掘出不明显的代数结构。简单说，阿廷在抽象代数学方面的贡献可归纳为：

——群论：引入辫子群，形成辫子理论，也是组合群论的重要方向；

——环论：极小条件环（后称阿廷环）的结构定理；

——域论：实域理论，并解决希尔伯特第 17 问题。

从阿廷类域论的工作已经可以看出他在代数方面的倾向。1925 年以后，在爱米·诺特工作的启发下，他开始了一些纯代数的工作。1925 年到 1932 年，年轻的阿廷的创造性达到了高潮，他不仅解决了许多大问题，而且还开创了一些新理论。

1925 年他创造了“辫子理论”，引入辫子群，把辫子的每根头发相互缠绕的复杂关系变成一套漂亮的拓扑与群论理论。这再一次使无所不在的群进入一个全新的领域。他写了这篇论文之后，过了 20 年才又重新拾起此方面的工作，现在这个理论有许多重要的应用。

在环论方面，他再次取得突破，把韦德伯恩著名的超复系的结构定理推广到具有链条件的结合环上，这些环的理论满足升链条件与降链条件。1939 年查尔斯·霍普金斯证明由升链条件可推出降链条件。后来，这种环被称为阿廷环，而且阿廷和他的学生们还研究了阿廷环的结构定理。

阿廷在抽象代数学方面最辉煌的业绩可以说是建立实域理论，并由此完全解决希尔伯特第 17 问题，这也是抽象方法的最大胜利。他研究这个问题的出发点是刻画实代数函数域，把这些域的特点总结成“实域”的概念。阿廷作为抽象代数学的奠基人，深刻认识到抽象概括、公理刻画、结构思想、形式推广的重要性。因此他不仅完整解决原来的问题，而且推向一般情形。他首先认识到正定与序结构密切相关，而实数域的特点就是有序结构，而复数域就没有这样的序结构。实数域与复数域另一个巨大差别是 −1 不能表为实数的平方和，但在复数却可以。从这点出发，阿廷定义了形式实域，它以实数域为模型又是实数域的推广。什么叫实域呢？ 1927 年，他同施赖埃尔引进了这个概念，他们定义在域中 -1 不能表为域中元素的平方和。接着他们研究实域与有序域的关系。所谓有序域，就是其中集合中任何两个元素有个序关系≥，使得 a 和 b，或者 $a \geqslant b$ 或者 $b \geqslant a$，而且

$$如\ a \geqslant b，则\ a+c \geqslant b+c，$$

$$如\ a \geqslant b，且\ c>0，则\ ac \geqslant bc。$$

按照这个定义，有序域一定是形式实域。反过来，阿廷证明任何实域也可以成为有序域。为了解决希尔伯特第17问题，他和施赖埃尔还仿照“代数封闭”定义“实封闭”，也就是一个域再不能有真正的实代数扩张域。阿廷等还证明出“实封闭域能以唯一的方式排序”，由此他们几乎无中生有地建立了整个实域理论。

在实域的抽象理论基础上，希尔伯特第17问题就不难解决了。该问题源于希尔伯特1888年的一个结果。设 $f(x_1, \cdots, x_n)$ 是 n 个变元的实系数多项式。$f(x_1, \cdots, x_n)$ 称为正定，也就是说，对于任何一组实数值 $(a_1, \cdots, a_n)$，$f(a_1, \cdots, a_n)$ 的值都大于或等于零，即永远不取负值。当然，$f(x_1, \cdots, x_n)$ 要是能够表示成几个实系数多项式 $f_1, \cdots, f_m$ 的平方和，那么 $f(x_1, \cdots, x_n)$ 显然正定。希尔伯特问：反过来，如果 $f(x_1, \cdots, x_n)$ 正定，它是否能表示为一些实系数多项式的平方和呢？他发现，除非 $n=1$，也就是一个变元，这结论不对。于是希尔伯特退一步问：要是两个正定多项式的商，也就是有理分式，情况又如何呢？当然，这一次就要表示为实系数有理分式的平方和了，不过取值的时候注意不使分母为零即可。1900年希尔伯特提出这个问题以后，进展一直不大，因为大家不知怎样入手。

对于像希尔伯特第17问题这种大问题，一般有两种途径去攻克：一种是一步一步往前走，既然 $n=2$，$n=3$ 已解决，那么就沿着希尔伯特的道路接着走，去考虑 $n=4$，$n=5$，…的情形。只有像阿廷这样的数学大师才能从理论的高度一下子解决整个问题并且为未来开辟道路，也只有这种途径才能使数学不断取得突破，达到辉煌的境界。1926年，阿廷在“实域”理论基础上，轻而易举地解决了这个问题。

阿廷又证明，对于形式实域 K 中任何元素 a，a 可以表示成平方和当且仅当 a 对任何 K 中的序都是正的。由此，阿廷证明，正定函数 $f(x)$ 是全正的即可。

他不仅肯定地回答了希尔伯特原来的问题，而且大大超过原来的限度，实系数有理分式的函数域可以换成任意实域。不仅如此，他还能定出表为多少个有理分式的平方和。整个问题解决得干净利索，使许多人赞叹不已。这也反映出阿廷不是单纯的抽象，而是真正能够运用抽象概念解决具体问题。

由于阿廷的大度，他的天才，他的表述方式，自然吸引了许多数学家来到他的周围。像范德瓦尔登、维特、扎森豪斯等著名代数学家都在汉堡工作过，在汉堡他还培养了 11 位博士生。埃尔布朗及后来布尔巴基学派的创始人谢瓦莱、韦伊也都去过汉堡，他们正是在同阿廷的谈话、著作、讲课当中看到“结构”观念的，我们事后看来，这是多么明显！阿廷的论文及书不仅思想丰富，而且表达清晰，使人喜欢阅读，而且获益不浅。他整理的讲义，总是精心加工，非常像艺术品，从中已经看不到原来的毛坯及刀刻斧凿的痕迹了，许多表述到他这里就定了型，如伽罗瓦理论，而且他还喜欢把著名定理的证明简化得干净而漂亮。

阿廷还留给后世许多猜想，其中的一些已经开辟了新的数学分支，还有一些至今没有解决，成为启发年轻一代钻研数学的动力。

五、逃往美国

1933 年 1 月 30 日，希特勒上台，世界历史风云突变，德国数学也遭到浩劫。首当其冲的是有犹太血统的科学家。1933 年 4 月，德国政府很快就宣布犹太人不能担任公职，而教授、副教授恰好在这个范围之内。许多数学家因此被解职，最典型的是爱米·诺特与兰道。大数学家赫尔曼·外尔与阿廷属于另一种情形，他们本来是雅利安人，但是他们的妻子却有犹太血统。他们的职务并没有受到影响，可是他们还怎么能安下心来工作呢？德国之大，已不再能放下一张平静的书桌了。

出于对法西斯的憎恶及妻子的原因，阿廷自然想离开德国，不过他又对德国，尤其是格丁根和汉堡的数学及文化恋恋不舍。他难以忘怀在汉堡的那些年，那是他研究与教学最活跃的时期，正是那个时期，他参与了这个新的数学中心的建设。因此一直到 1937 年他才下决心离开，阖家移居美国。他先在圣母大学待了一年，然后在印第安纳大学当教授（1938—1946），后到普林斯顿大学（1946—1958），一直到他 1958 年回德国。

实际上，阿廷继辉煌十年之后整整十年（1933—1942）没有发表过一篇论文，不过这并没有表明他已经衰老，他不喜欢发表不成熟的文章，但乐于在数学界讲述他的想法。他经常把自己的思想大大方方地讲给学生听。阿廷指导的学生很多，他们的博士论文的想法有不少是来源于他的思想。有时，他还用过去的想法启发学生，让学生自己得出那些结论。因此，他对学生们有着深刻的影响，在他的学生的论文中很难分清哪些是他的，哪些是别人的。阿廷讨厌那种关于优先权的议论，他不介意做出来的成绩归谁的名下，只关心做的结果和怎么做的。

美国在当时也处于大萧条之中，虽然早已证明欧洲流亡者的到来对美国科学的提升起着决定性的作用，但是，美国的接纳能力十分有限。无疑大牌的科学家得到充分的礼遇，如爱因斯坦与外尔，新建的普林斯顿高等研究院为他们提供了最好的环境，即使学术的氛围与欧洲特别是德国差距不小。冯·诺伊曼是少数几位对美国科学技术发展作出巨大贡献的科学家之一。他无论是在计算机的设计和制造，还是在原子弹与氢弹的研制上几乎无人能代替。他的幸运也许应该归功于他自己。1930 年他就到美国工作，而且不时回到欧洲汲取营养。

其他数学家就没有那么幸运了，被美国收容已经很不错了。爱米·诺特在美国只待了一年多（1933—1935）就死在了手术台上。她"进步"的弟弟弗里茨到了苏联后不久就不知去向，后来档案解密才知道他的死期。格丁根大学教授库朗在纽约大学找到了工作，他充分发挥自己的组织才能建立了数学研究所，那里人才辈出，至今有两位阿贝尔奖得主在此工作。

阿廷这一代在 1900 年左右出生的大多数人，在 20 世纪 30 年代时可能还不能说混出个名堂，像阿廷这样，在风云巨变之前就能解决两个半希尔伯特问题（占总数 1/10）的数学家当然是凤毛麟角，不过即使如此，那时候也只能在美国的某个不太知名的大学屈就。

阿廷在印第安纳大学待了 8 年，只指导了两位研究生。他的教学依然出色，但是，对于鹤立鸡群的大师，免不了有这样那样的谣言。说什么他到美国十年只写了 1 篇小论文，而且是以书信的方式给他以前在德国的博士生佐恩写的。佐恩的名气主要来自现在在代数学中无处不在的佐恩引理，佐恩引理和选择公理等价。佐恩在美国办了一个"自己刊印"的杂志（*Samzdat*），这个词后来常被用于苏联持不同政见者的地下出版物。应佐恩之请，阿廷写了一篇《克瑞恩－米尔曼的一个证明》，这是泛函分析十几个最基本的大定理之一，但只能说是他的小品之一。当然这个说法也太夸张，在美国参战后五年，他还是写了几篇论文，主要是环论及域论方面的延伸。但他的讲课的记录却是精品，特别是 1942 年出版的《伽罗瓦理论》，这本不到 100 页的小书可以说是数学的艺术精品。也许正是这样的表现又出现了这样的传言，当 1946 年美国的第一流大学普林斯顿大学聘他为教授时，印第安纳大学并没有对着干，立即予以放行。

普林斯顿使阿廷迎来第二次青春。当然数学的突飞猛进使他多少显得落伍。这首先是由于布尔巴基学派的兴起，抽象代数学的思想已扩张到整个数学，而且从方法上讲已经向前跨越了几个"世代"。代数数论和类域论，尤其是代数几何学的面貌在20世纪50年代发生了巨大改变，这已经是阿廷难以理解的了，不过，布尔巴基数学的灵魂都是继承阿廷的思想，他的儿子和学生们不仅继往而且开来。

阿廷到达普林斯顿时，正逢普林斯顿大学300周年校庆，他是数论和代数组的主席，整个讨论都是围绕他的问题来进行的，他很快成为普林斯顿数学家的偶像，甚至他的言谈举止都成为他们仿效的对象。当然，受益最大的是他的少数天才学生。阿廷虽然年近半百，但在普林斯顿居然指导了18位博士研究生，而且许多是当代一流的大数学家。阿廷同他们通过各种方式进行长时间的交流，现在已不只是希尔伯特时代长时间的散步，而且还有长途电话，即使这在当时也并不便宜。他又感到得天下英才而教之的那种欣喜，他说：

> 这种机会对人的一生只有一次，十分难得。

而他的学生朗（曾以多种著述闻名于世，而且是少数不是法国人的布尔巴基成员之一）讲，他一生最大的幸运是有阿廷这样的老师。这就是为什么继格丁根之后，普林斯顿又成为数学中心的缘故。名师出高徒嘛！

普林斯顿的环境也许使他"乐不思蜀"，他再也没有回德国访问，即使他到1955年去日本的日光参加国际数论会议。然而，从1956—1957学年，他第一次享受七年一次的休假待遇，于是，他接受邀请，在格丁根待了一学期，在汉堡大学待了另一学期。故地重游，他做出一个令人吃惊的决定：重返德国。休假之后，他在普林斯顿大学又教了一年书，就再次于1958年秋天回到阔别20年的汉堡大学当教授。60岁的阿廷为什么要"落叶归根"呢？布饶尔1958年11月到汉堡访问时，两人在这个港口城市散步。在那晚秋时节的多雾、忧郁的夜晚，阿廷似乎在寻找30多年前自己那充满青春活力的身影……当然，阿廷的人生态度还是积极的，他谈起德国和美国跨大西洋两岸的合作，他也期望以后的美国之行。阿廷深刻认识到代数拓扑学的重要性，20世纪50年代到60年代的辉煌已使代数拓扑学成为数学的女王，由代数拓扑学衍生出来的同调代数学、K理论，乃至范畴论已成为包括代数数论、类域论、代数几何学等领域的新语言。可是他并没有看到他的门徒布尔巴基学派代表未来的方向！他的理想最终实现。这位充满活力的数学家在1962年年末突然去世，享年不到65岁。返回德国也许只是他的一厢情愿，他在1959年同他的妻子离婚，三个子女也都留在美国发展。这也许是正确的选择。阿廷或许怀着恢复德国数学昔日荣光的梦想，然而在希特勒纳粹的大破坏之后，德国已很难恢复昔日的荣光，真是破坏容易建设难呀!

六、后继有人

阿廷在数学史上的地位无可争议，由于他出色的教学才能，无论在什么地方，他的周围都有一大批活跃的年轻人，有意思的是他不仅影响千千万万的数学学子，而且在他最近的亲属和学生当中也产生了不少杰出的数学家。如前所述，阿廷的长女卡琳嫁给了泰特。泰特在哈佛毕业之后，就来到普林斯顿大学当阿廷的博士生，他1950年的博士论文成为类域论的划时代论文，以至于在1967年作为经典论文在总结代数数论的文集中发表。1950年到1953年他在普林斯顿大学当助教和讲师，同阿廷合作，共同举办类域论讨论班，并于1952年在类域论中引入同调代数方法，现在这已成为经典方法之一。正是这样的成就，他从1954年起成为哈佛大学的教授，并在1969年当选为美国国家科学院院士。他获得的最大的国际荣誉则是2002—2003年度沃尔夫奖。

阿廷的儿子迈克尔·阿廷是当代美国一位大数学家，这可以从他荣获美国数学会斯蒂尔奖中的终身成就奖看出。他在获奖致答词中谈道：

> 我的父亲喜欢数学，他教会我许多东西，从数学到许多野花的名字，我们一起演奏音乐。

可是，老阿廷并没有劝儿子追随他的步伐，他唯一指教儿子选择的方向是化学，然而，小阿廷到了大学之后，逐渐由化学与物理学转向数学与生物学。但是，他赶上20世纪五六十年代代数几何学大发展时期，在扎里斯基的集体中，他成为伟大的代数几何学家。代数几何学的大发展，无疑受到抽象代数学及法国布尔斯基学派的影响，小阿廷本人还研究非交换代数（这是老阿廷成就的一部分）和非交换代数几何学，他的更抽象的创造，则是把概型进一步推广到代数空间，显示出阿廷抽象代数学的深远影响。他是美国科学院院士，曾任美国数学会主席。

阿廷的学生很多，博士生也不少。其中最著名的除了泰特当数朗。朗与泰特一起在普林斯顿大学度过 1947 年到 1953 年的时光。在这里，他成为阿廷的博士生。在 2000 年出版的朗的五卷《全集》中，他表示：成为阿廷的学生，我再也不可能有比这更好的起点了。这再次显示阿廷名师出高徒的高超技艺，他能启发任何人的独创精神。在阿廷指导下，朗在 1951 年的博士论文中推广了中国数学家曾炯之的著名定理（1933），其后这个定理被称为曾－朗定理写入许多教科书中。其后，他在数学中有许多创新，特别是数论、代数几何、李群乃至微分几何和分析。

朗不仅在原创数学方面酷似其师，而且在数学论述及普及方面几乎无人能比，他写了几十部研究生用的教科书及专著，其主要特点在于把新兴领域和创新用更清晰的方式传达给隔行的专家甚至广大普通读者。为此，他荣获 1999 年度美国数学会斯蒂尔奖中的数学论述奖。在这方面，他是阿廷精神的真正继承者。

七、结束语

阿廷是 20 世纪最伟大的数学家之一，可是数学家的伟大用什么来衡量呢？概括来说，有相互联系的四个方面：创建新理论、发展新方法、解决大问题、进行新交叉（和新应用）。数学家正是由于他在这一个或几个方面的杰出工作而成就其影响力的。而阿廷则是在所有这些方面都作出贡献的。首先，他在数学三大领域——数论、代数和拓扑都开拓出全新的方向。在数论方面是类域论，这是整个数学中最为漂亮也最深刻的建筑，阿廷的工作不仅为经典理论做出最后的概括，也因此开辟后来各种发展的方向。当前数论最大的成就是朗兰兹计划，它完全是沿着阿廷的方向进行，具体说由朗兰兹的猜想即可推出阿廷的 L 函数猜想。20 世纪最大的理论发展是抽象代数学的建立与拓扑学的兴起，阿廷则与爱米·诺特和范德瓦尔登一起被公认为是近世代数学的创立者，而他的辫子理论也成为当前热门——纽结理论的重要组成部分。阿廷还是解决大问题的能手，希尔伯特的 23 个问题，他一人就漂亮地、正面地解决了两个半（第 9 问题、第 17 问题及第 12 问题的部分），其他数学家解决一个、半个已经是相当了不起的事了。

阿廷在数学上既广泛又深刻的成就已足以使他不朽，而他在数学史上的地位还不仅限于此，正是由于他的思想影响及言传身教，他成为 20 世纪最有影响的数学家集体——布尔巴基学派的教父。布尔巴基的核心概念——数学结构在阿廷的论文中早已存在！

（作者：胡作玄　邓明立）

参考资料

[1] E. Artin. The Collected Papers of Emil Artin [C]. Serge Lang and John Tate, eds., Addison-Wesley, Reading, Mass., 1965.

[2] E. Artin. Exposition by Emil Artin: A Selection [C]. Michael Rosen ed., American Mathematical Society, 2007.

[3] C. Chevalley. Emil Artin [J]. Bull. Soc. Math. France, 92 (1964), 1-10.

[4] H. Cartan. Emil Artin [C]. Abhandlungen aus dem Mathematischen Seminar der Hamburgischen Universität, 28 (1965), 1-6.

[5] H. Zassenhaus. Emil Artin and His Work [J]. Notre Dame Journal of Formal Logic, 5 (1964), 1-9.

[6] R. Brauer. Emil Artin [J]. Bull. Amer. Math. Soc, 73 (1967), 27-43.

[7] W. Scharlau, ed., Mathematis che Institute in Deutschland 1800-1945 [M]. DMV, 1990.

拉斯·阿尔福斯

（Lars Valerian Ahlfors， 1907—1996）

拉斯·阿尔福斯

20 世纪的复分析大师

诞生于 18 世纪的复分析经由柯西、黎曼和魏尔斯特拉斯等人的推进，逐渐成长为 19 世纪最具活力的一个数学分支。20 世纪以来，在法国、德国、英国和芬兰等各国众多数学家的努力下，复分析在单复变函数论、多复变函数论、黎曼曲面理论和共形映射理论及它们的各类推广等方面都得到了发展和完善。其中，芬兰裔美国数学家拉斯·阿尔福斯功不可没。

阿尔福斯可以说是 20 世纪复分析的历史发展中一位传承古典、开辟未来的先驱，他因对古典复分析的发展而获 1936 年的首届菲尔兹奖，又因对现代复分析的开创而获 1981 年的沃尔夫奖。他还在 1936 年、1962 年和 1978 年的三次国际数学家大会上，被邀作一小时大会报告，分别以“黎曼面几何”“泰希米勒空间”“拟共形映射、泰希米勒空间和克莱因群”为题目讲述了他在三个完全不同领域的开创性工作。1981 年沃尔夫数学奖颁奖会上的颁奖词如此评价阿尔福斯：

> 阿尔福斯的方法集合了深刻的几何洞察力和敏锐的解析技巧。他的语言风格简单明了。一次又一次地，他攻克与解决了一门学科的中心问题。一次又一次地，其他数学家被他在许多年之前所做的工作所鼓舞。在一定程度上，当今每一位复分析家都是他的学生。

阿尔福斯的主要贡献是单复变函数论，他在当儒瓦猜想的证明、奈望林纳理论的几何推导、施瓦茨引理的推广、极值长度方法的发展、黎曼曲面理论、拟共形映射、泰希米勒空间及克莱因群有限定理和高维的拟共形变形等方面都作出了杰出贡献，是公认的 20 世纪最重要的复变函数论专家之一。阿尔福斯引领复分析领域的发展达 60 多年并几乎定义了这一领域，他所涉猎的每一个研究课题都成为后来发展的热门课题。他被学生们亲切地称为“复变量先生”，被同行们誉为“数学王国中点石成金的国王迈达斯”。

一、生平述略

阿尔福斯 1907 年 4 月 18 日出生于芬兰首都赫尔辛基。他的母亲赫兰德不幸死于分娩，致使阿尔福斯一出生就失去母爱。出生不久的阿尔福斯被送到位于芬兰西南沿海的阿兰群岛，由他的两个姑姑照顾直到 3 岁。阿尔福斯的父亲阿克塞尔·阿尔福斯起初是一名工程师，后来成为赫尔辛基理工大学工程力学教授。他教子有方，从阿尔福斯三四岁起就开始训练其数学计算能力，对阿尔福斯要求极为严格。12 岁左右时，阿尔福斯已开始利用父亲在家里的工程图书室自学各类数学书籍。此外，他还喜欢学习各种语言、音乐和美术。17 岁时，阿尔福斯以优异成绩毕业于赫尔辛基的一所高级中学。

1924 年，阿尔福斯考入赫尔辛基大学，有幸受到复分析专家林德勒夫和奈望林纳的指导。1928 年，在通过了所有硕士学位的课程考试后，年轻的阿尔福斯随同奈望林纳到苏黎世大学进行访问，其间他因证明当儒瓦猜想而成为该领域中众所周知的新秀人物。1929 年阿尔福斯回国，在图尔库的阿博大学开始了教书生涯。1930 年阿尔福斯通过博士论文答辩，但拖到 1932 年才被授予学位。在 1930 年至 1932 年，阿尔福斯到欧洲大陆做了几次访学，1933 年返回赫尔辛基大学任带薪兼职教授，并和随父母定居芬兰的奥地利女孩埃尔娜结为伉俪。1935 年，在卡拉西奥多里推荐下，阿尔福斯去哈佛大学数学系做了为期 3 年的客座讲师。次年，在挪威奥斯陆举行的国际数学家大会上，阿尔福斯又和美国数学家道格拉斯一起荣获首届菲尔兹奖，这极大地增强了阿尔福斯从事数学研究的信心。因为那时候，菲尔兹奖还没有建立像今天这样的威望，获得这个奖当时并不那么为人看重。

1938 年，31 岁的数学家阿尔福斯谢绝了哈佛大学的挽留，回到母校赫尔辛基大学担任教授。1939 年第二次世界大战爆发，芬兰处于战乱中。作为芬兰的著名数学家，阿尔福斯被国家予以重点保护，安排在了很安全的地方生活。而他的妻子则带着三个女儿和唯一的儿子在瑞典的亲戚家里避难，其间他们年幼的儿子不幸触电夭折。在接到苏黎世大学的邀请后，考虑到当时芬兰苍凉的未来，同时也是与家人团聚的唯一机会，1945 年年初，阿尔福斯一家在战火中从瑞典辗转到了瑞士，但他和妻子发现战后外国人很难在此扎根。一年半后，在外尔的推荐下，他们全家又来到哈佛大学。由于阿尔福斯的加入，20 世纪 50 年代哈佛大学的整体数学实力得到进一步加强。1948 年至 1950 年，阿尔福斯担任哈佛大学数学系主任，1964 年又被聘为该系格劳斯坦讲席教授。阿尔福斯在 1953 年当选为美国国家科学院院士，他还曾任美国数学会副主席、芬兰科学院院士、瑞典等国的皇家学会会员、1986 年国际数学家大会名誉主席等。1977 年阿尔福斯在哈佛大学退休，退休后的阿尔福斯仍然壮心不已，继续学习和研究新的数学理论，直到 1996 年 10 月 11 日在美国麻省的坎布里奇去世。

二、初露锋芒：证明当儒瓦猜想

当儒瓦猜想的证明是阿尔福斯获得菲尔兹奖的前奏。1928 年秋，奈望林纳被邀请到联邦工业大学以代替要去美国访问一年的外尔。奈望林纳在苏黎世讲授了包括亚纯函数值分布理论在内的现代函数理论，也特别介绍了法国函数论专家当儒瓦关于整函数的渐近值个数的猜想及瑞典数学家卡勒曼对该猜想的部分证明。在奈望林纳的指导下，年仅 21 岁的阿尔福斯最终证明了这个数学界为之奋斗了 21 年的著名猜想。阿尔福斯的证明主要使用了“长度－面积原理”。他是从赫维茨和库朗 1922 年出版的关于函数论的教科书中得知该方法的，该原理在共形映射的边界对应中的应用激发了阿尔福斯的灵感。这篇题为《整函数的渐进值》的论文经奈望林纳和联邦工业大学教授波尔耶润色后发表在《巴黎科学院通报》上。

1930 年，阿尔福斯进一步以上述工作为主，完成其题为《共形映射理论和整函数理论研究》的博士论文。文中阿尔福斯不仅得到了现称为当儒瓦－卡勒曼－阿尔福斯定理的更强的结论，还首次系统地处理了带形域的共形映射，给出了可用来解决一类函数增长率及其他问题的阿尔福斯偏差定理，并由此导出了角微商存在性的一个很好的条件。这一工作后来被罗丹和瓦尔沙夫斯基、海曼及其学生 D. 哈密顿、阿尔福斯的学生詹金斯等一些学者引用和发展。中国数学家张广厚在揭示其亏值、渐近值和朱利亚方向三者之间有机联系的杰出工作中也运用了阿尔福斯的偏差定理。

三、勇攀高峰：荣获菲尔兹奖

1936 年，阿尔福斯又因覆盖面理论的提出而登上了菲尔兹奖坛。该项工作源于以研究整函数和亚纯函数取值情况为主的值分布论这一历史悠久的分支。代数基本定理告诉我们，多项式根的个数恰好等于其次数，即多项式的值分布由多项式的次数所控制。1876 年，魏尔斯特拉斯把这个实多项式分解定理推广到在整个复平面上都全纯的整函数上，得到了整函数分解为素因子的因式分解定理。事实上，布凯和布里奥在 1859 年、贝蒂在 1861 年也都曾给出过整函数因子分解定理的不很精确的陈述。1879 年，魏尔斯特拉斯的学生米塔 - 列夫勒又给出了复杂性仅次于整函数的亚纯函数分解定理，并于 1884 年把这个结果整理成文发表在自己新创立的杂志《数学学报》上。也是在 1879 年，皮卡从另一角度完善了魏尔斯特拉斯的结果，得出了与整函数取值有关的皮卡定理，奠定了值分布论的基础。阿达玛和保莱尔则引入整函数的级的概念，将方程根分布的稠密情况和函数的最大模的增长性联系起来，把皮卡定理推进了一大步。但上述理论对无穷级的整函数或亚纯函数无法使用。奈望林纳在 20 世纪 20 年代弥补了这一缺陷，他以奈望林纳特征函数为工具，采用了詹森 1899 年获得的一个结果得到第一基本定理；为对保莱尔不等式在精度上有所改进，他又提出了第二基本定理。奈望林纳的研究使值分布论呈现出了崭新面貌。

上述数学家关于函数值分布论的工作主要以解析方法为主。但阿尔福斯更想从几何学的角度浓缩整个奈望林纳理论，在他看来，几何手段是古典分析中强有力的方法，复分析中用于计算的正确方法往往始于几何直觉的引导。诚然，利用几何方法处理复分析问题也是已有的历史传统。复分析的先驱者欧拉的工作已导致了包括与几何相联系的复函数技术的巨大发展。1851 年，为进一步弥补柯西在建立复分析理论时对极点、多值函数等认识上的不足，黎曼在博士论文中引入了发展复分析的一个全新几何概念——黎曼曲面，强调了由复解析函数定义的映射的几何特点。受此影响，克莱因自 1874 年开始用几何观点来整理黎曼的工作并发展了一些拓扑的概念，庞加莱则奠定了用几何不变量研究复变函数的基础。这些已有成果特别是黎曼的工作无疑给阿尔福斯以深刻启迪。

在 20 世纪 30 年代，阿尔福斯把来自微分几何与几何拓扑的新思想融入复分析中的已有方法，取得了许多有意义的成果。这一时期阿尔福斯最突出的工作体现在他 1935 年发表的题为《覆盖面理论》的论文中。覆盖面理论的提出是阿尔福斯对亚纯函数研究作出的一个原创性贡献。

这篇使阿尔福斯获得菲尔兹奖的代表性作品，主要目的是想用覆盖面的几何特点来解释奈望林纳理论。其中心思想是假设给定了一个亚纯函数，则那些奈望林纳理论中的基本量，如数目函数、用来度量函数增长性的奈望林纳特征函数等，能够重新解释为一个函数的象的黎曼曲面的性质，该曲面可看作一黎曼球的覆盖曲面。该文共分为四部分，前三部分分别讨论了有限覆盖面、开覆盖和开覆盖映射，最后一部分把这套理论应用于亚纯函数，得到了包含奈望林纳定理在内的许多著名定理。而且，文中阿尔福斯还发现奈望林纳理论的基本部分可以推广到更广泛的一类函数即所谓的“拟共形映射”，这类新映射是共形映射的自然推广。阿尔福斯命名的“拟共形映射”被数学界普遍接受，但他当时并没有意识到拟共形映射会在他以后的工作中起到重要作用。另外，他在该文中还提出了“圆盘定理”，其特殊形式即为当今复解析动力系统教科书中的“阿尔福斯五岛定理”，该定理在 1968 年首次被贝克成功地发展为研究复解析动力系统的一个有力工具。

四、再创辉煌：两项重大成果

如果说，阿尔福斯荣获菲尔兹奖的系列工作受到奈望林纳的深刻影响，那么，他对拟共形映射和克莱因群的研究则充分展示了其独立开拓疆域、提出问题的数学大师风采。

1. 革新经典函数论的拟共形映射研究

拟共形映射思想来源于两个不同的方向，即对共形映射的直接推广和对椭圆型微分方程的研究。1928 年，德国复分析专家寇贝的学生格勒奇在推广皮卡定理的过程中，因发现不存在正方形到矩形且保持顶点对应的共形映射而引进了最接近于共形映射的一类新映射。阿尔福斯在 1935 年那篇著名的覆盖面论文中也邂逅了拟共形映射。同年，苏联函数论学派带头人拉夫连季耶夫在研究与空气动力学问题有关的椭圆型方程理论时，为给出其几何解释也引进了这类映射。

格勒奇的工作被泰希米勒所发展。泰希米勒在 1939 年发现了极值拟共形映射和黎曼曲面上一族全纯二次微分之间的优美且意想不到的联系，给出了研究黎曼曲面模理论的一种新方法。然而，由于泰希米勒的论文不易读懂和他的早逝，其思想并未立刻被人们所理解。

幸运的是，不久之后，阿尔福斯的工作重新确立了泰希米勒在数学中的地位。阿尔福斯曾一度围绕与闭黎曼曲面分类有关的参模理论进行研究。直接解决这一问题十分困难，一个关键步骤是需要过渡到参模空间的一个覆盖空间——泰希米勒空间上。泰希米勒的文章无疑使阿尔福斯看到了解决黎曼曲面模问题的闪亮火花，他也由此最先意识到拟共形映射应该是复分析中的本质内容和研究解析函数及黎曼曲面理论的有力工具。

阿尔福斯共发表了20多篇直接与拟共形映射和泰希米勒空间有关的论文。他在拟共形映射的现代几何定义、边界对应、拟共形映射的存在性定理、泰希米勒空间等方面都作出了突出贡献。下面主要论述其四篇对现代分析有广泛影响的文章。

在1954年发表的题为《关于拟共形映射》的论文中，阿尔福斯以格勒奇和泰希米勒的工作为基础，利用他和波尔林对共形映射所发展的极值长度理论，给出了拟共形映射几何形式的定义，严格证明了泰希米勒定理并进一步定义了泰希米勒空间；在1956年和波尔林再次合作发表的题为《拟共形映射下的边界对应》的论文中，则以简洁而又清晰的不等式形式给出了存在有边界对应的半平面上拟共形映射的充要条件；在1963年发表的《拟共形反射》中，阿尔福斯又得到了存在拟共形反射的若尔当曲线简单优美的几何特性，发现了局部单叶变为整体单叶这一纯属经典解析函数论的问题与拟共形映射理论之间的密切联系；1960年，阿尔福斯和博斯还合作发表了题为《变量距离的黎曼映射定理》的论文，得出了"如果复特征依赖于参数t，t可以是实数或复数，则以μ为复特征的规范拟共形映射同样依赖于t"的重要结论。上述结果都导致了进一步的研究和各种应用。

阿尔福斯的工作使得拟共形映射理论成为数学研究的主流。黎曼曲面论中的模空间、黎曼曲面的变形等以前不能解决的问题及一些重要概念的基本性质都因这一新工具的引入而得以解决或变得更加清晰；拟共形映射不仅已渗透到经典函数论中，而且与复动力系统及三维流形的几何与拓扑等其他数学分支也建立了密切联系；它在调和分析和弹性等方面也已成为一个有价值的工具。

2. 振兴克莱因群研究领域的有限生成定理

克莱因群是伴随着微分方程的研究而产生的一个数学概念。在欧拉、高斯、布里奥、布凯和黎曼等人工作的基础上，富克斯自1865年始，把微分方程的整个理论移植到复函数论领域上并建立了线性微分方程的富克斯理论。庞加莱受到该理论的吸引而注意到克莱因关于自守函数的工作，于19世纪80年代发明了比椭圆模函数更为普遍的富克斯函数。1883年，庞加莱又把与富克斯函数相对应的富克斯群从实系数扩充到复系数的情形，得到了一类更为广泛的新的分式线性变换群，并把这种群命名为克莱因群。庞加莱还曾试图从作用于双曲二维空间扩充到作用于双曲三维空间、以处理富克斯群的方式来类似地处理克莱因群，但没有成功。富克斯群因与经典的函数论、二维拓扑和几何的密切联系很快成为数学中有广泛应用的深刻理论。相对而言，对克莱因群的研究则发展缓慢且几近沉寂。

1964 年，阿尔福斯发表的题为《有限生成克莱因群》的论文标志着这个研究领域迎来新生。文中，阿尔福斯给出了著名的有限生成定理：如果克莱因群是有限生成的，那么商流形是一个有穷型的黎曼曲面的有穷和。这是克莱因群理论发展的新起点，在克莱因群的现代研究中，有很多成果都以这个定理为基础。阿尔福斯的这个定理是通过与已知的富克斯群有限定理的类比而得到的。阿尔福斯利用深刻的分析方法，通过概念和技术上的改进，把博斯为研究富克斯群所引入的、曾被艾希勒用来解决数论问题的艾希勒上同调这一数学工具推广到了克莱因群上。尽管阿尔福斯有限定理的证明没有直接应用拟共形映射，但若没有拟共形映射和泰希米勒理论，证明是不能被开展的。拟共形映射不仅是研究黎曼曲面，而且也是研究不连续群的一个特别有价值的工具。

沿着阿尔福斯的路线，博斯在 1967 年弥补了阿尔福斯有限性定理证明中的一个漏洞，推广并得到了该定理的定量形式即博斯面积定理。而在 1969 年《有限生成克莱因群的结构》中，阿尔福斯又证明了艾希勒上同调群的维数可被表示成艾希勒积分与自守形式空间的维数的和，博斯面积定理可从这个主定理推出。另外，博斯的学生克拉在 1969 年把有限性定理变成了优美的上同调理论。而阿尔福斯的学生马登在 1974 年则沿袭了庞加莱的路线，对阿尔福斯有限性定理和博斯不等式给出了一个拓扑分析。为把这些结果推广到更一般的情形，马登还提出了“马登驯顺猜想”。

克莱因群的诞生至今已有百年历史，是阿尔福斯开启了克莱因群现代理论的研究。在 20 世纪 60 年代，阿尔福斯－博斯学派主要是按照克莱因群在黎曼球上的作用，利用解析法来研究克莱因群。20 世纪 70 年代，瑟斯顿采用拓扑学的观点重新革新了该研究领域，使得利用三维拓扑研究克莱因群成为一个前沿方法并形成了一个很活跃的学派。近年，随着菲尔兹奖获得者麦克马伦和他的学生布洛克分别在 1991 年和 2003 年对博斯密度猜想、菲尔兹奖得主瑟斯顿的学生明斯基和卡奈瑞等分别在 2003 年及 2005 年对瑟斯顿终端迭片结构猜想、菲尔兹奖获得者弗里德曼的学生阿戈尔等在 2004 年对马登驯顺猜想的证明，克莱因群的研究取得了突破性进展。这些工作同时也使得对所有双曲三维流形进行一个完全的几何分类成为可能。除此之外，克莱因群的理论在其他方向也得到了发展，并被推广到了多维的情形。

五、追求卓越：一代名师

阿尔福斯具有深邃的洞察力和用最简洁的语言表达重要结果的非凡能力，他给出的许多定理凝练而又深刻，形式极为优美。阿尔福斯一生共发表了100多篇数学论文，这些“少而精”的文章连同他本人的评论，都收集在1982年出版的阿尔福斯论文集中。作为著名的数学家兼教育家，阿尔福斯还为学生编著了不少优秀教材。他的《复分析》先后被印刷三次。该书通过系统地应用拓扑技术填补了以前解析函数不能充分使用拓扑工具的缺陷，因重点突出、方法多变、内容新颖而备受推崇，一直被确定为学习复变函数理论的优秀教材。《拟共形映射讲义》首次出版于1966年，很快得到认可，俄文版翻译随即在1969年出现。这本书的出版，使得博斯、加德纳和克拉放弃了他们准备写拟共形映射和泰希米勒空间著作的计划。另外，阿尔福斯在1973年还出版了《共形不变量》。这部著作选题比较随意，主要强调了对复分析专业的学生独立开始研究之前应该知道的古典的和准古典的成果，反映了作者对几何方法的偏爱。因上述具有重要连续性成果及重要研究典范的三部著作，阿尔福斯在1982年荣获美国数学会的斯蒂尔著述奖。

阿尔福斯很喜欢教书，他认为教书与做数学不同，因为有些所教科目是别人做的而不是自己做出来的，必须从不同的角度来思考它，还得考虑学生需要学会什么以及如何对他们讲授。阿尔福斯在哈佛大学主要开设复分析课程，很多大学生听过他的课。在他们眼里，阿尔福斯是一位讲课思路清晰、能把分析和几何组织起来去透彻地解决复杂问题并能耐心为他们答疑的温文尔雅且具有很高威信与威望的教师。阿尔福斯为美国和芬兰培养了一大批复变函数论专家。他指导了20多名博士生、几乎同样多的博士后及许多同行学者，拥有在自己专业或其他专业方向领军的出色学生令他感到欣慰。诸如分别毕业于1948年、1955年和1962年的詹金斯、奥瑟曼和马登等都是著名大学的名誉教授或教授。海哈尔虽不是阿尔福斯的学生，但从高中就得益于阿尔福斯的教导，同时被聘为两所大学的教授。在众多学生及数学界人士看来，阿尔福斯无愧是他们的楷模和良师。作为导师，阿尔福斯对与研究生会面非常重视，他的每周一次的研讨班令人难忘，研究生们经常是对某一专题进行讨论或听阿尔福斯作报告。阿尔福斯总是把他详细的手稿、最新的论文给学生阅读，并鼓励他们多看经典著作。他指导学生的风格是“热心但从不干涉”，他“追求卓越，总是不断提高目标以促进所指导的人成才”。阿尔福斯是个缄默而又慈善的人，为人处世非常谦和，对人客观而公正，很有亲和力。参加阿尔福斯在家里举行的酒会是同事们非常愉快的一件事。

六、成功溯源——外因与内因的珠联璧合

菲尔兹奖和沃尔夫奖是数学界两大最高国际奖项。一位数学家能够获得其中之一已是凤毛麟角，遑论二者兼得！毫无疑问，阿尔福斯是一位数学奇才。然而，阿尔福斯的成功绝不是偶然的，其中既有丰富的历史背景，又包含着阿尔福斯个人的才识。

首先，扎根于芬兰这片在函数论方面有着良好积淀的沃土，师承名师是阿尔福斯获得成功的原因之一。

早在 1857 年至 1874 年，林德勒夫的父亲 L. 林德勒夫担任赫尔辛基大学数学系教授时，就已经开始把先进的法国函数论移植到了芬兰。随后，在 1877 年至 1881 年，继任的瑞典数学家米塔－列夫勒又发展了魏尔斯特拉斯的解析函数和椭圆函数理论及单复变函数论，并在 1882 年利用妻子所继承的一大笔财产创办了具有国际影响的数学杂志《数学学报》。《数学学报》无疑直接促进了包括芬兰数学在内的整个斯堪的纳维亚数学与国际数学的接轨，阿尔福斯曾先后在上面发表了 6 篇代表他学术思想的重要论文。米塔－列夫勒在世时还部分实现了建立米塔－列夫勒研究所的计划。

1903 年，林德勒夫当选为赫尔辛基大学数学教授。林德勒夫深受柯西著作的影响，主要从事解析函数论研究，涉及整函数、解析开拓和共形映射等方向。作为当时整个芬兰的大学里唯一的一位数学教授，林德勒夫把其职业生涯的后半生完全献给了数学教育事业。经过几代人的努力，在阿尔福斯迈进大学的 20 世纪 20 年代，芬兰函数论学派已开始崛起并得到国际认可。

阿尔福斯直接受益于他一生中最好的两位老师——数学大师林德勒夫和奈望林纳的言传身教与悉心指点。林德勒夫不赞成阿尔福斯提前学习更高深的知识，他要求阿尔福斯参加所有预修课程的考试，强调必须打好坚实而又宽广的数学基础。林德勒夫经常在周六的早上八点叫阿尔福斯到家里去以便单独指导，阿尔福斯也经常因自己学得好坏而受到老师的表扬或者是训斥。另外，林德勒夫还说服了阿尔福斯的父亲同意儿子追随奈望林纳访学。

奈望林纳是林德勒夫的博士生，其工作主要涉及插值与单叶函数、函数论的一般原理和亚纯函数理论三个领域。奈望林纳因在 1925 年发表亚纯函数值分布理论基本

定理而闻名，该定理被外尔盛赞为“20世纪少有的伟大事件之一”。正是奈望林纳在苏黎世的报告给了阿尔福斯全新的感受，使他开始理解数学是什么，同时也意识到应该去做数学而不仅仅是学会数学。阿尔福斯的博士论文就是在奈望林纳的指导下完成的。奈望林纳把阿尔福斯迅速地带到了数学研究的前沿，他的思想和成就也影响了阿尔福斯荣获菲尔兹奖的工作和所有相关研究。

其次，广泛的国际学术交流和良好的协作精神也是阿尔福斯获得成功的重要因素。

走出国门显然极大地拓展了阿尔福斯的视野。例如1928年的苏黎世之行使阿尔福斯从欧洲边缘走向欧洲中心；1930年到慕尼黑拜访卡拉西奥多里时，从布尔巴基成员波塞尔处得知的格勒奇所考虑的一类新极值问题，后来被发展成为拟共形映射理论的一部分。在外访学还使得阿尔福斯认识了数学界的许多领军人物，如推选1936年两名获奖者的菲尔兹奖章委员会成员卡拉西奥多里和伯克霍夫。

阿尔福斯不是孤军奋战，他还有诸如波尔林和博斯等非凡的合作伙伴及众多出色的学生。他对极值长度理论、拟共形映射、克莱因群等领域的研究也因他们优异的工作而得到了更好的发展和完善。事实上，在1929年，瑞典的波尔林也独立地证明了当儒瓦猜想，但波尔林的博士论文直到1933年才出版。阿尔福斯和波尔林在1934年的一次数学大会上相识并成为好友。时任米塔－列夫勒研究所的第一任所长卡勒曼偶尔也邀请阿尔福斯到研究所做短期访问，阿尔福斯每次都顺便拜访在乌普萨拉大学任教的波尔林，这无形中也进一步加深了他们之间的友谊。

阿尔福斯和波尔林开始各自独立而后又在20世纪40年代合作发展了现称为“极值长度”的思想，这个思想的源头即为阿尔福斯证明当儒瓦猜想时所使用的“长度－面积原理”。1950年他们合作完成了一篇包含极值长度方法最终陈述的、题为《共形不变量和函数论的零集》的论文。该文自发表后很长一段时间内他引次数一直居于复分析论文的首位。极值长度反映了平面域内的某个曲线族长度和域的面积之间的关系，具有重要性质。极值长度理论至今仍是处理传统的函数论、高维拟共形和拟正则映射的最有力的工具。

除了波尔林，阿尔福斯的另一位重要合作者是博斯。1949年至1951年在普林斯顿高等研究院期间，博斯对拉夫连季耶夫论文中一个没有给出证明的不等式很感兴趣。巧合的是，阿尔福斯刚好来普林斯顿做关于拟共形映射的学术报告并证明了该定理。基于拟共形映射这一领域本身的吸引力和阿尔福斯的鼓舞，博斯于1950年左右从偏微分方程领域进入到拟共形映射领域，并于 1964 年至 1965 年又跟随阿尔福斯一起转向了克莱因群的研究，从而开始了他最富有成果的学术岁月。

阿尔福斯与博斯总是同时而又独立地进行着本质上非常接近的学术研究，其周围聚集了来自世界各地包括他们的学生及朋友或同事在内的许多成员，形成了著名的“阿尔福斯—博斯家庭”。他们的工作已经建立了与许多其他数学分支的联系，诸如代数几何、动力系统、拓扑、几何群论、数学物理和数论等。有关阿尔福斯和博斯数学传统的学术会议目前已举办多届。这样一个以学术权威为核心的科学家团体，对阿尔福斯一流研究成果的接受、发展与传播显然有着很大的促进作用。

另外，阿尔福斯刚满 29 岁便获菲尔兹奖，从科学社会学的优势累积效应理论来看，这一荣誉的较早到来对他以后事业的再度辉煌也大有裨益。

一切外因只能通过内因而起作用。如果说上述原因是阿尔福斯获得成功的外在因素，那么他之所以能解决已有重要问题并不断开拓出数学研究的新领域，与其自身的内在因素更是密不可分。

首先，阿尔福斯深刻的洞察力和感悟力是他引领复分析发展潮流的主要因素之一。正如阿尔福斯所说，数学的现代工具很有力，我们可以用分布论、弱导数、算子理论、半群、拓扑不动点理论及一些精巧的小工具。对实质问题来说这些方法是有用的，但如果我们没有必要的先验估计，就不会产生任何结果，为了发现这些估计，我们必须依靠自发的创造力。例如，阿尔福斯第一个意识到施瓦茨引理实际上是一个关于曲率的不等式，并于 1938 年发表了题为《施瓦茨引理之推广》的一篇短文，该文在数学中产生的深远影响已超出阿尔福斯自己的预料。阿尔福斯型的反映全纯映射的度量性质与曲率关系的施瓦茨引理，以及他对布洛赫常数问题的研究，在陈省身、丘成桐、陆启铿、邦克等人的推广与发展下，正以最美妙、最出人意料的新方式继续结出丰硕的果实；而阿尔福斯 1941 年发表的题为《亚纯曲线论》的论文，经 20 世纪 60 年代陈省身与博特、20 世纪 70 年代卡尔森与其导师格里菲思的相继发展，也已呈现出一片繁荣景象。

其次，阿尔福斯注重引入创新思想方法，善于做知识和方法的迁移。阿尔福斯之前的值分布论研究大都沿袭了解析传统，因方法的局限性很难再进一步深化，阿尔福斯独辟蹊径，把自己娴熟的几何拓扑方法引进值分布论，开创了推广这一理论的一种新方法并极大地推进了原有工作的进展。而且，阿尔福斯对奈望林纳理论的各种几何处理也使得后来的许多高维推广成为可能。拟共形映射这一崭新工具的引入，不仅给黎曼曲面参模问题的解决带来转机，还最终不可避免地发展成为一门旺盛的数学学科。而复分析方法在克莱因群中的灵活运用，又使庞加莱当时难以实现的、用三维拓扑方法研究克莱因群的计划走出困境。

再次，阿尔福斯的成功当然也离不开他的勤奋与毅力，对数学的兴趣与爱好、专注与执着。在阿尔福斯看来，研究数学是一个复杂的过程，发现问题、找到思想、寻找逻辑联系、使问题成稿都是艰巨的工作，并且还需不断修正错误，年龄越大，越感到数学难做，唯有抓住一切时间。阿尔福斯是一位自律的数学家，总是时刻不停地思考数学问题。生命不息，奋斗不止，是阿尔福斯学术生涯的真实写照。

（作者：孙庆华　马来平　包芳勋）

参考资料

[1] J. P. Pier. Mathematical Analysis during the 20th Century [M]. Oxford: Oxford University Press, 2001: 199-288.

[2] O. Lehto. On the Life and Work of Lars Ahlfors [J]. The Math. Intelligencer, 1998, 20(3): 4-8.

[3] D. J. Albers. An Interview with Lars V. Ahlfors [J]. The College Math. J, 1998, 29(2): 82-92.

[4] L. V. Ahlfors. Collected Papers [M]. Vol. I. Boston: Birkhäuser, 1982: 1, 3-4, 18-55, 212, 406-434, 341, 363.

[5] U. Bottazzini. Complex Function Theory, 1780-1900 [A]. Jahnke, H. N. (Eds). A History of Analysis [C]. Providence, RI: AMS; London: LMS, 2003: 213-259.

[6] L. V. Ahlfors. Classical and Contemporary Analysis [J]. SIAM Review, 1961, 3(1): 1-9.

[7] L. V. Ahlfors. Development of the Theory of Conformal Mapping and Riemann Surfaces through a Century [J]. Annals of Mathematical Studies, 1953, 30: 3-13.

[8] A. Eremenko. Ahlfors' Contribution to the Theory of Meromorphic Functions [A]. Brooks, R. (Eds). Lectures in memory of Lars Ahlfors [C]. American Mathematical Society, 2000: 41-64.

[9] 莫里斯·克莱因. 古今数学思想：第三册 [M]. 北京大学数学系数学史翻译组，译. 上海：上海科学技术出版社，1980.

[10] L. V. Ahlfors. The Story of a Friendship: Recollections of A. Beurling [J]. Math Intell. 1993, 3: 25-27.

弗兰克·拉姆齐

（Frank Plumpton Ramsey，1903—1930）

弗兰克·拉姆齐

名冠数学理论的哲人

在我们这个“著名”人物成堆的世界里，弗兰克·拉姆齐真是一个默默无闻的人。像他这样短命的天才，本来是难以在学术界有一席之地的。可是近些年，他的名声忽然大起来了。首先是在数学领域中，出现了所谓“拉姆齐理论”，它在离散数学中处于某种核心的地位。与其他十分专门的理论不同，它和数学许多分支关系密切——从数理逻辑到泛函分析都涉及拉姆齐理论。1998 年 8 月在柏林召开的 20 世纪最后一届国际数学家大会上，荣获国际数学最重要奖项——菲尔兹奖的英国数学家高尔斯，对于巴拿赫在 60 多年前留下的许多经典问题取得了令人想不到的突破，而他的工具之一就是拉姆齐理论，这也许给人留下一点印象。不过重要的是，它是以人的名字命名的数学理论，这可大不一样。要知道，数学的理论有几百个，大都是以研究对象来命名的。例如数论（数的理论）、群论（群的理论）、集合论、测度论、位势理论、遍历理论（这两个数学理论都是从物理问题衍生出来的）、鞅论、复杂性理论（这两个理论完全是数学家自己发明的）等，而其中以人命名的理论只不过一二十个，并且难以归结成某种对象的理论只有区区几种，最著名的就是三大理论：伽罗瓦理论、拉姆齐理论和莫尔斯理论。有意思的是，他们的理论是不能简化成“论”的，只有本文才是介绍拉姆齐的生平和工作的拉姆齐论。

如果拉姆齐只是一位短命的数学家，这篇拉姆齐论也就很难做下去了。拉姆齐要比以前的天才幸运，在他去世之后不久（甚至在他生前），他的大名已经出现在当时一些顶尖大师的著作之中，罗素、摩尔、J. M. 凯恩斯、维特根斯坦都称赞他是天才。他的同窗好友布雷斯韦特就把他的著作编辑成文集《数学基础和其他逻辑论文》于 1931 年出版。他的数学著作也早在 20 世纪 30 年代被当时的大数学家、在英国的爱尔多斯看到，并且命名为拉姆齐理论加以传播。很快，拉姆齐数、拉姆齐定理等名称也不胫而走。

一、书香门第

对于英国人，民族和宗教问题比我们想象的要复杂。大不列颠和北爱尔兰联合王国的臣民，除非他们是英格兰人，否则决不愿意被称为英国人。除了英格兰人是盎格鲁－撒克逊人后裔，另外三个民族——苏格兰人、爱尔兰人和威尔士人都来源于凯尔特族，其语言——盖尔语等至今仍有不少人会讲。拉姆齐这个姓就来自苏格兰和爱尔兰的家族，由于拼写方法的演变，到 18 世纪分成拉姆塞（Ramsay）和拉姆齐(Ramsey)，其实，它们的发音完全一样，我们为了方便才在译名上加以区别。

这两个姓都出过大人物，特别是英美。两位荣获诺贝尔奖，其中一位就是与瑞利一起最先发现惰性气体的 W. 拉姆塞，他陆续发现氦、氖、氩、氪、氙，而且最先测量放射性惰性气体氡的原子量，为此，他获得 1904 年诺贝尔化学奖。另一个 A. 拉姆塞是著名地质学家。他们都是苏格兰人。而 1989 年获得诺贝尔物理学奖的 G. N. 拉姆齐则是美国人，可能是爱尔兰人后裔，同我们的主人公相同。

我们的主人公弗兰克·拉姆齐的家庭中出过的最显赫的人物不是他，而是他的弟弟——迈克尔·拉姆齐，他的名声同英国首相不相上下，因为他在 1961 年到 1974 年任坎特伯雷大主教，这是英国国教会——圣公会的第一把手，在英国的地位相当于天主教的教皇。

坎特伯雷大主教从 19 世纪中期起就有两个特点：一是家庭出身，不是祖父辈就是父辈也是牧师；二是学业，他们读的大学不是牛津，就是剑桥。对于拉姆齐兄弟，这两点恰巧都满足。但是，事情并不那么简单。令人难以想象的是，他们的祖父和父亲都是非国教信徒。

我们不太分得清国外宗教的各种教派，可是对于英国人来讲，这绝对是头等大事。北爱尔兰居民同样是爱尔兰人，却因信奉新教和天主教打得一塌糊涂。这都来源于 16 世纪到 17 世纪的宗教改革，整整一个世纪因信仰而斗争，血流成河。只是由于宗教宽容逐步得到实现，科学也慢慢得到发展，学术空气也相对自由，甚至拉姆齐一家都可以有着不同的信仰，而这在以前是根本不可想象的。

英国的宗教改革不同于欧洲大陆，它完全是英王亨利八世（1509 年至 1547 年在位）一手造成的。他先后娶了六位王后，杀掉了其中的两位，废黜了三位。英国宗教本属于天主教体系，但教皇当然就是他为所欲为的障碍，为了休掉第一位王后，亨利八世索性脱离教宗、不要教皇，国王（或女王）自己来当教会领袖，其结果就是形成英国国教会——圣公会。其后国内的一些对立教派，最著名的是清教，慢慢产生出来了。他们也受到迫害，许多人流亡北美。也有些在英国本土发展，包括拉姆齐祖父信奉的公理派，他们被称为非国教信徒。

拉姆齐的祖父就是公理派牧师，这些属于基层的牧师一般生活并不富裕，他们在一些小教堂工作，总是希望向好的地方流动。最后拉姆齐的祖父到了约克郡的杜斯伯里定居下来。拉姆齐的父亲亚瑟·斯坦利·拉姆齐就出生在这里，他天资聪颖，特别喜欢数学，而且勤奋好学，考上了剑桥大学玛格德琳学院并获得奖学金，成为家族中第一个进大学的人。他非常努力，以优异的成绩毕业。毕业后教了一段中学之后，就回到母校成为研究员，终其一生在这里搞数学教学，后来还在学院担任主任职务。他是位好的数学教师，编写了不少教科书，有些一直到 20 世纪 80 年代还在卖。对有些学生，他外表看来很厉害，但总的来说，他还是容易接近。有意思的是，他一生都坚持信公理会教派。

1901 年，他又去原来教过书的中学，在学生宿舍舍监那里，见到他的一个过去教友的妹妹阿格尼丝·威尔逊，他们相爱并于翌年结婚。长子弗兰克于 1903 年 2 月 22 日出生，次子迈克尔于 1904 年 11 月 16 日出生，他们的妹妹布里吉特生于 1906 年。

拉姆齐的外祖父也是牧师，不过却是英国国教会的牧师，教堂在林肯郡的郝布林。他有九个子女，六男三女。拉姆齐的六位舅舅都是很有教养的文化人，两位子继父业做神职人员，两位是学校教师，一位医生，一位风琴演奏家。

拉姆齐的母亲是位杰出的女性。在当时，牛津刚刚允许女性入学不久，她进入牛津大学圣休学院学习历史，而且受教于牛津历史学派一些著名的教师，其中一位后来成为学院院长。毕业后，她在一所中学教英语和历史。在结婚之前，她还出版过两本书，一本是论述散文作家兰姆的，另一本是论述大诗人布朗宁的。

在她短暂的一生中，她还是位社会活动家。在当时，争取妇女选举权运动风起云涌，她也是积极分子。她不是狂热的示威者，但积极参加公众集会，发表演说，像她这样出身背景的人还不多见。后来她成为社会主义者，积极参加工党活动和合作运动，许多社会主义思想家和政治家成为她家的客人，她的谈吐风雅有趣，演说也能吸引群众。她富有幽默感，而且能够理解别人，这些都遗传给了她的两个儿子。这位智能超群、美丽动人、富有吸引力的女性在别的女人看来，似乎太不在意衣着和外表了。她的女儿还记得她演说时穿着皱巴巴的长袜及报纸评论的标题“拉姆齐夫人——为衣衫不整而自豪”。她的家同样也装饰得很马虎，连她父亲也看不过去。

拉姆齐的父亲也是位工作狂，写书、教书，像数学一样一丝不苟，也有点干巴巴。他热爱工作的精神也都传给两个孩子，他们都追求精神上的完美。

比拉姆齐大大出名的是他的弟弟迈克尔，后来的坎特伯雷大主教。但是少年时，他面对这个天才的哥哥，总有一种自卑感。弗兰克 16 岁时就考上剑桥三一学院并获得奖学金，迈克尔十分尊敬这位比他大不到两岁的兄长，两人的关系十分亲密。1920 年夏天，全家到海滨度假，弟弟把自己信仰上的问题同哥哥谈了，因为他生长在有宗教信仰的家庭中，发现他的同窗好友竟是位无神论者。使他大吃一惊的是，他的哥哥这时已经是位无神论者，而且他的信念完全是经过深思熟虑的。弗兰克·拉姆齐讲，他不相信上帝，这种信仰不可能得到证明，没有上帝的信仰也可以过善良的一生。他认为对所有这些的判断只有通过理性。这表明拉姆齐的思想是多么成熟。也许是年轻人的一种逆反心理，弟弟完全走上另外一条路，他不但更笃信宗教，而且在 16 岁时改信英国国教会，而这使这位父亲是非国教信徒的青年走上了通向英国国教大主教的道路。父亲、母亲和哥哥并非对他没有影响，他富有宽容精神，多次去苏联和东欧各地访问，被人冠以“红色大主教”的头衔，在宗教界内部，他也是积极推动各教派团结和解的力量。

这个美满的家庭后来还是遭到了巨大的不幸。1927 年 8 月，他的父亲开着汽车带着他的母亲和他们的朋友从剑桥到斯塔姆福德去，途中，他的父亲觉得上衣使他不舒服就整理一下，没想到前面就是电线杆。拉姆齐夫人大叫“小心！”于是他猛转方向盘躲开电线杆，结果车子翻了，把他甩出去，只是肋骨骨折，没有受重伤。但是其他人都受了重伤，以夫人最重，多处骨折，身体也被压坏，当场死去。这给全家带来巨大悲痛。拉姆齐两天两夜坐在房子里一句话不说，两眼充满了泪水。

两年多之后，家庭再次遭到了不幸。我们的主人公拉姆齐患肝病于 1930 年 1 月 19 日去世，当时还不满 27 周岁。1 月中旬，他的弟弟从外地赶回在床边看护。凑巧，迈克尔在 1929 年 11 月到 1930 年 2 月之间留下了日记，其中谈到他在 10 月末来到剑桥时，感到他的哥哥思想上有了一些转变。弗兰克·拉姆齐不再接受决定论，他考虑给“自由意志”一个定义，对于弟弟讲的宗教神秘主义，也不再加以讥讽。当然，他的弟弟只关注这方面，实际上，他的思想正在发生转折。只不过天不假年，我们已无法了解这位天才的思路。

人们常说，天才不是教育出来的。但英国还是有一套方法来培养精英。除了牛津、剑桥是人才摇篮，还有几所公学是为了升学做准备的。其中温切斯特公学是最好的一个，拉姆齐不像其他人，他没上小学，10多岁直接上了温切斯特公学，并在1919年考上剑桥大学并获得奖学金。在学期间，读书之广有口皆碑。有一次他要研究德国学术，于是，他找一本文法书，抱一本词典，只用了一个星期，就都掌握了。难怪他大学二年级就能翻译维特根斯坦的著作了。

二、剑桥精英

拉姆齐于1920年进入剑桥大学三一学院攻读数学，对于他，这个基础是非打不可的。本来，一个人的成就除了他的天资与勤奋，最大的影响来自时代和环境。拉姆齐当然不缺少天资和勤奋，那些顶尖的大师无一不称赞他，不过要是这样的人生活在精神空虚的文化沙漠之中，大概也无法成长。幸运的是，拉姆齐在20世纪20年代进入了剑桥，尤其是以培养数学著称的三一学院，这对他来说，真可以说是如鱼得水。

举世闻名的剑桥大学是科学家的摇篮，在这里产生过鼎鼎大名的牛顿和麦克斯韦，而在剑桥学习和工作过的诺贝尔奖获得者有六七十位（当然，除三项科学奖外，还包括文学奖、经济学奖及和平奖），这个数字远远超过除美国、英国、德国三国外任何一国的获奖数，也超过绝大多数高等学府。但是，只有这方面还不足以概括剑桥的全部优势。在19世纪至20世纪之交，这里是产生大思想家的地方，而这些思想家直接促成20世纪思想界的大革命。

说来奇怪，英国人以保守著称，剑桥也不例外，剑桥的教学也很古板，搞题海战术，可是其中的气氛却使人思想活跃。这里的奥秘其实不在课堂之内，而在课堂之外。罗素在他的《自传》中揭示了剑桥许多陈腐、守旧和可笑的形式主义，他本人在第一次世界大战期间也曾被学校开除，可是这也挡不住一代又一代的真正有独创思想的人脱颖而出。

影响20世纪的思想家出生的时间比较集中，我们以10年为一代来看，只有五代。

第一代以怀特海为代表。他本人一开始在剑桥影响并不大，但是正如他所说，他最好的学生是罗素和凯恩斯。在与罗素合作完成《数学原理》之后，他们就分道扬镳了。怀特海60多岁到了美国才成就自己的哲学伟业，可以说是大器晚成。

第二代以罗素和摩尔为代表，他们在19世纪初倡导的哲学革命贯穿整个20世纪。他们的著作在20世纪上半叶，特别在20年代的剑桥是思想界的中心话题。

第三代以凯恩斯为代表。凯恩斯革命是20世纪经济学最有影响的事件，虽然有人讲凯恩斯理论在20世纪70年代到80年代已经衰亡，但即便到了21世纪，凯恩斯主义仍然存在。

第四代以维特根斯坦为代表。他被公认为是20世纪最有影响的哲学家之一。

第五代就是以我们本文的传主拉姆齐为代表。顺便说一句，这代出生在20世纪初的人可以称为末代思想家，他们中有20世纪最后的哲学家波普尔和奎因，量子力学的缔造者海森伯、狄拉克，天才的冯·诺伊曼和哥德尔及开创布尔巴基学派的诸公，而其后的哲学家、经济学家、科学家则更多是技术专家，像上面讲的这五代人那样既有革命性的思想创新，又是博学多识的学者的情况可以说是绝无仅有了。

虽然拉姆齐在剑桥如鱼得水，但应该说，剑桥学术当时处于两大高潮之间的低潮时期，最辉煌的时期应该是第一次世界大战之前及20年代末之后，而拉姆齐正好夹在当中。1910年怀特海离开剑桥，1916年罗素因反战被开除，1919年当时英国最好的数学家哈代也离开剑桥到牛津去，1914年维特根斯坦回国参战，20年代回奥地利教小学。所幸的是，凯恩斯1919年回剑桥，他组织一些精英形成自己的圈子，拉姆齐也在其中。他的天才很快得到各方面的赏识，二年级时就被尖子的“协会”吸收成为“使徒”。

虽说罗素不在，但罗素的数学哲学和分析哲学却如日中天，而拉姆齐正是从这里开始他的事业的。

罗素和怀特海的三大卷《数学原理》在1910年完成，分别于1910年、1912年、1913年出版，这近2000页满是符号的巨著，给他们两人带来莫大的声誉，但是十年拼搏的确使罗素产生一种“从监狱走出来的感觉”。从此之后，他逃脱到哲学的怀抱中，而1925年《数学原理》第一卷再版之后，他再也没有回到这种数理逻辑的工作之中。虽然这三卷是里程碑式的著作，而且在1930年之前是数理逻辑领域的主要参考书，却少有人读它（罗素自己讲只有6个人，3个波兰人、3个美国人）。当然也很少有人发展它，但批判它的人倒是不少，大都是根本不看就把它彻底否定了。而真正把罗素的工作沿着逻辑主义的轨道发展成一个很不错的理论的，可以说只有拉姆齐一人。

罗素在《我的哲学的发展》中多次提到拉姆齐的工作，并对他的早逝深表惋惜。许多论著往往否定罗素是位数学家，但这多是现在过分强调专业和技术的缘故。换言之，数学家不过是精通某一狭窄分支的技师甚至工匠。从这个意义上来讲，罗素的确并非训练有素，他不如怀特海，更不如拉姆齐。拉姆齐是位天才，他从训练有素来讲首先是数学家，其次才是哲学家，在这方面他恰巧弥补了罗素的不足。拉姆齐能力非常强，而且有批判精神，但他不像维特根斯坦，一棍子把罗素的理论打死，而是尽力设法把这个理论修补好，当然逻辑主义理论固有的毛病也许是无法修补的。

拉姆齐对数理逻辑的贡献可从以下四个方面来讲：

1. 他明确区分开逻辑悖论（集合论悖论）和语义悖论，虽然皮亚诺也隐含有同样想法，但罗素始终没有仔细地区别。在他 1908 年著名的《以类型论为基础的数学逻辑》的论文中，他提到了个悖论顺序如下：

（1）说谎者悖论；

（2）罗素自己的悖论；

（3）关系悖论；

（4）培里悖论；

（5）最小不可定义序数悖论；

（6）理夏尔悖论；

（7）布拉里、福蒂悖论。

并指出它们的矛盾都涉及“所有”：所有命题、所有类、所有关系、所有名称、所有定义、所有序数等。从这点出发，罗素建立了自己的分支类型论，而拉姆齐则明确指出其间的区别。

2. 罗素建立分支类型论，而拉姆齐指出逻辑悖论只需简单类型论即可消除而无须分支类型论。

3. 罗素建立可约化公理，拉姆齐认为不妥，完全可以消除掉。

4. 罗素在《数学原理》第二版中声称，拉姆齐是第二版的主要修订者，他还写了一些附录。

除对罗素的系统进行改进外，拉姆齐还参与介绍和论战，他不仅批判直觉主义，也批判形式主义，而他关于数理逻辑最后一篇论文则直接导致拉姆齐理论的建立。但是，他没有活着看到哥德尔的革命。不过，在他生命的最后几年，数学哲学和哲学方面都有变化，即分别倾向于直觉主义和实用主义。遗憾的是，天公不作美，他已无法完成自己思想的转变。

三、主观概率的首创者

在我们这个不确定的世界里，概率这个不确定性的度量已经由后台走到前台，进入寻常百姓家了。明显的是，气象预报总是要提到降水的概率，例如明天白天降水概率 60%，这事好像大家都明白，可是仔细推敲起来却越来越糊涂。表面上是有 60% 的可能性下雨，可是下不下雨马上就清楚了。说到下雨，还有雨量大小的问题，或者更精确地讲 60% 的时间下雨或者 60% 的地方下雨，因此说不说 60% 到底有没有意思？对于老百姓来讲，也许出行带不带伞取决于这个神秘的概率。不过我们也常上当，带了伞的时候可能雨一点没下，而报降水概率 10% 或 20% 甚至没雨，不带伞却可能真赶上一阵大雨。因此“什么是概率”一直是科学家和哲学家研究的课题。顺便说一下，归纳问题是哲学中认识论的首要问题之一，它明显涉及概率，拉普拉斯决定论也涉及概率。因此，概率的数学理论是近代科学革命时同力学一起问世的。不过由于它不光彩的赌场出身，300 年来在科学发展中始终是微不足道的角色。牛顿 – 拉普拉斯决定论或确定论的世界观始终在人们的心目中占有主导地位，并成为科学模式的典范。

到了 20 世纪，不确定性成为主导力量，不仅描述微观世界的量子力学有着测不准原理，直译就是不确定性原理，而且确定系统中也存在不确定性——浑沌。数学家从来是先知先觉的，他们早就对概率问题进行推敲。希尔伯特在他的著名的 23 个问题中第 6 问题就明确地提出概率论的公理化。因此从 20 世纪一开始，数学家、逻辑学家、哲学家、科学家不约而同地把他们的目光集中在“概率”上面，并且取得了巨大的进展。例如把数学概率建立在测度论的基础上，并在 1933 年成功地使概率论公理化。不过概率的哲学基础却始终聚讼纷纭，莫衷一是。说来也比较简单，这就是占统治地位的客观概率理论——频率论具有前面所说的困难。而拉姆齐则是第一个从根本上推翻客观概率论，明确提出主观概率的人。用一句话来讲：概率是人的主观信念的量度。在这个问题上，他又同 20 世纪另一位大思想家——凯恩斯有着意想不到的关系。

说到凯恩斯，稍有文化的人都知道他是 20 世纪顶尖的经济学家，就跟爱因斯坦是 20 世纪顶尖物理学家一样，这点几乎是公认的，不管一个人是否赞成他的经济学观点。不过经济学不是物理学，这样说未免武断一些。不过，他达到了那么高的水平，连竞争者都很难找到。

显然这不是笔者个人的意见。美国 1999 年《时代》周刊选出 20 世纪最有影响的 100（多）位人物，分成五种类型，其中以思想影响世界发展的20人中，包括哲学家、科学家、经济学家、发明家、技术创新者和环保倡导者等各色人物，其中哲学家只有 1 位，就是维特根斯坦。在他的介绍之后，加上一个框栏介绍罗素。经济学家也只有 1 位，那就是凯恩斯。这里着重谈的，倒不是他的经济学，而是他作为一个完完全全的剑桥才子，是博学多才的人，是只有在剑桥那样少数地方才能孕育出的人物。

也许我们能从罗素和凯恩斯身上看出点什么不平常的地方。1883 年 6 月 5 日，凯恩斯出生在剑桥的“书香门第”，这点几乎和拉姆齐一模一样。由于凯恩斯的名气太大，多少把他父亲盖过去了。实际上，他的父亲约翰·内维尔·凯恩斯是剑桥大学的逻辑学家和经济学家，他的地位从当时剑桥最伟大的经济学家马歇尔对他的敬重就可以看出。在小凯恩斯出生那年，他被任命为伦敦地区主考官，马歇尔祝贺他时说：“如果要让我从英国挑选一个最称心如意的人担此重任，我就要挑选你。”

而他杰出的儿子可以说是天生的经济学家。1888 年梅纳德·凯恩斯年方四岁半，人家问他什么叫利息的时候，他说：“如果我借给你半个便士，而且你借了很长时间，那你就得在还我那半便士时另外再加一便士，这就是利息。”

6 岁时，他就对自己的大脑很感兴趣，这让他父亲高兴至极。凯恩斯自幼兴趣广泛，博学多才，阅读面极广。14 岁进入著名的伊顿公学，成绩优异，特别是数学成绩优异。1902 年进入剑桥大学，主修数学，1905 年毕业。有了如此好的数学基础后，他继续在剑桥大学学习经济学。当时正是以马歇尔为代表的新古典主义经济学的全盛时期，大环境促使他转向研究经济学。但是，作为一位伟大的特立独行的思想家，他不是那种跟在别人后面亦步亦趋的人，他对哲学的基本理论问题十分感兴趣。从 1906 年到 1911 年，凯恩斯将全部业余时间都投入概率论的研究，并且同他著名的前辈怀特海、罗素和摩尔进行讨论。1909 年他被选为剑桥大学国王学院研究员，一直到去世。而拉姆齐在 1924 年也是国王学院的研究员，他们因此有相当多的接触，特别如后面所述在同维特根斯坦有关的事务上。

在概率论方面，凯恩斯进行了广泛的阅读，不断扩充自己的理论，最终于 1911 年撰写出来他那著名的《概率论》，这是他早期最重要的著作。他在哲学方面特别是数学方法的运用上受到许多人的称赞。遗憾的是，由于 1912 年起他忙于其他事务，这本著作一直拖到十年之后才出版。这期间最重大的事件就是第一次世界大战。大战一打响，凯恩斯就到英国财政部任职。1919 年他参加巴黎和会，这次会议成为榨取德国的分赃会议。凯恩斯以他的远见卓识坚决反对这种做法。他既得罪了上司，也不能得到多数具有民族主义情绪的英国人的理解。他无法扭转局势朝坏的方向发展，只能离开公职回到剑桥。于是他重新修改《概率论》，并且在 1921 年出版。

《概率论》的出版得到学术界的好评。罗素的评论充满赞美之词，另外一些评论也表示赞许，还有不少人沿着凯恩斯的方向继续研究。但是，这种著作免不了受到另一些人的攻击，尤其是素与剑桥不对付的牛津大学逻辑学家约瑟夫对它进行恶意攻击，实际上矛头是指向罗素。凯恩斯对约瑟夫的批评十分气愤，想把他批驳得体无完肤。怀特海劝阻他说，约瑟夫的文章无关紧要，不值得花费力气，他说"约瑟夫是个傻瓜"，这样凯恩斯把自己的精力用在经济学的研究上。

不过从另一方面来的批评却的确引起凯恩斯的不安。而这个批评则来自不满 20 岁的大学生拉姆齐。

凯恩斯的概率论"深受 W. E. 约翰逊、G. E. 摩尔和伯特兰 · 罗素等人的影响"。罗素在他的最后的哲学巨著《人类的知识》中，在讨论概率的第五部分专门有一章讨论凯恩斯的概率论。凯恩斯反对频率理论这点同拉姆齐是一致的，但是拉姆齐批评凯恩斯，最主要的一点就是反对凯恩斯认为概率是不能用数值来度量的。正如凯恩斯的权威传记作者所讲："拉姆齐将入木三分的智慧之光投射到一切问题的本质之上。"他引用后来拉姆齐在 1926 年写的论文说它"体现了高超的智慧和优美的风格，其思维过程一泻千里"，无怪乎凯恩斯对于这位比他小 20 岁的晚辈如此注意。凯恩斯的确能从 18 岁学生的论文看出他是一个天才。

拉姆齐的主观概率理论很长时间没有得到重视，一直到 30 年以后才被美国的统计学家萨维奇系统地发展，成为向经典统计学挑战的异端。1950 年之前，概率论和数理统计得到辉煌的发展，依据频率理论把数学概率建立在测度论的基础上。正是由于主观概率的引入，发展成著名的贝叶斯统计，有着广泛的应用。追根溯源，实得力于拉姆齐。现在从历史上研究主观概率、哲学的概念很早，由凯恩斯及卡尔纳普集其大成，但数学上主观概率及贝叶斯统计来源于哈罗德 · 杰弗里斯、德 · 芬内蒂和拉姆齐，而萨维奇集其大成。但前两人这方面最早的著作均发表在 20 世纪 30 年代，而且不是直接影响萨维奇的主流。因此，拉姆齐是把主观概率由哲学变成数学的关键人物。

四、数理经济学中兴之作

虽然，近代科学黎明时期，有些大哲学家也是大数学家，如笛卡儿和莱布尼茨，可是由于学科的分化与数学技术的细化和艰难，身兼两任的人可以说比较罕见了。拉姆齐则不同，他在生前就是被公认的数学家，对他的著作研究后发现，也可以说他不折不扣是位大哲学家。由于人们的狭隘倾向，多不喜欢承认博学的天才，但是拉姆齐的经济学著作却无可辩驳地显示出他的数学能力，同时也开经济学一些分支的风气之先。这种判断并非笔者故作惊人之语。实际上，经济学最具权威的工具书《柏格拉夫经济学词典》更把他和鼎鼎大名的冯·诺伊曼相提并论。

拉姆齐和冯·诺伊曼生于同一年，都在经济学方面发表 3 篇文章，各开辟一个跨学科方向。冯·诺伊曼虽然也是英年早逝，但比起拉姆齐来，还是多活一倍——又活了 27 年，因此他能成就“十大武功”，样样名垂青史，受到各方面的肯定。他的一大成就是对策论（有人译为博弈论），本来是数学理论，现在是公认的经济学分支。1994 年诺贝尔经济学奖就授予三位对策论的专家。而拉姆齐则开辟了效用理论，而这是现代经济学的核心。

拉姆齐从大学时代起，就在以凯恩斯为中心的剑桥经济学家的环境中成长。1919 年凯恩斯离开公职，回到剑桥，形成了一个学术圈子。20 世纪 20 年代正是剑桥从马歇尔和他的接班人皮古到凯恩斯主义最终形成的过渡时期。许多后来的大经济学家都是这个圈子里的人，拉姆齐是其中的佼佼者。

著名经济学家，凯恩斯的学生，也是第一本权威的《凯恩斯传》的作者罗伊·福布斯·哈罗德这样描写拉姆齐：

> 他体格魁伟，前额宽阔，有一张充满智慧的脸，但表情朴实自然。他的性格也朴实自然、亲切善良，没有任何矫饰。他丝毫不因自己早熟或长辈对他的称赞而得意洋洋。他笑起来很美，不纵情狂笑，但笑得突如其来，真诚而激动，听起来似乎他的魁伟身躯能被笑声压倒。
>
> 他的主要兴趣集中于艰深奥妙的逻辑的领域，但他能以特别轻松的方式讨论哲学，微妙的思想凝练成简明晓畅的语句。

正是在皮古和凯恩斯的鼓励下，拉姆齐在1926年决定把他的数学和哲学知识运用到经济学上。正因为如此，他成就经济理论上两大领域的新突破。他写了两篇论文，其中一篇是“征税理论新论”，一篇是“储蓄的数学理论”，前者成为最优课税理论的出发点，后者成为最优储蓄的出发点。从题目上就可以知道，这两方面都是经济学中最核心的课题，它不仅有巨大的理论价值，而且直到今日也是当前经济实践中最基本的两个问题。而且最优储蓄显然是更重要的课题，我们不妨看看凯恩斯对他的工作的评论：

> （这篇论文）是有史以来数理经济学最突出的贡献之一，不论在其内在的重要性和其讨论主题的难度方面，还是在所使用的专门方法的威力和漂亮方面都是如此，而且由于阐述得清晰明确，使得关心这个主题的读者都能深切感受到作者的思想。

他的储蓄理论一直到1960年才为人赶上并发展，而课税理论一直到1970年才有人开始进一步探讨。无疑，这些都奠定了他在经济学中的地位。更具体地说，拉姆齐是第一次把变分法应用于经济问题上，而且将它们与风险理论紧密联系在一起，其思想框架则是建立在现在已是经典的效用理论之上。无论是思想上还是技术上，他的两篇论文远远超过当时的时代。

五、邂逅维特根斯坦

谈到20世纪之最，正如爱因斯坦是最伟大的物理学家、哥德尔是最伟大的逻辑学家、毕加索是最伟大的艺术家、凯恩斯是最伟大的经济学家一样，不少人把维特根斯坦称为20世纪最伟大的哲学家。这自然会有异议，但加上“之一”则不失公允。不管怎样，这位大哲学家好多地方不同凡响，他生前出版的哲学著作只有一册小薄本，要是在中国肯定要下岗，要不是罗素等人举荐，他的前途真的很成问题。更严重的是，他似乎跟所有人都合不来，也许唯一的知音就是我们的传主——拉姆齐。

维特根斯坦1889年出生于奥地利钢铁大王家族，兄弟姐妹8人，他最小。不用说，这样的家族有很高的文化品位，像勃拉姆斯和马勒这样的音乐大师也是他家的座上客。

这个表面上幸福的家庭也笼罩着许多阴影，这种阴影维特根斯坦一生都没有摆脱，用他自己的话讲就是："我的生活真是特别幸福，除了那段可恨的不幸时期。"这段不幸时期，就是他 13 岁到 15 岁期间，大哥汉斯和二哥鲁道夫相继自杀，这些已成为许多传记的主题。而他的教育也不正规，一直到 1903 年，他都在家中靠家教学习，在这方面同罗素有类似之处。他后来上学也不是很正规，经常旷课。由于他的怪癖，也同同学合不来，成绩也并不好。也许正是这种环境造就他独立学习、独立思考的品性。在任何情况下，都不使自己去适应新环境。

1903 年到 1906 年在林茨读了三年中学之后，他本打算上维也纳大学跟着统计物理大师玻尔兹曼学习，没想到玻尔兹曼因为某种原因于 9 月 5 日自杀。于是他到柏林技术学院学了两年机械制造，他虽然接触一些哲学家和哲学著作，但是主要还是表现出对机械的兴趣，而且似乎在这方面也颇有天赋。1908 年夏天，他到英国曼彻斯特大学注册为研究生，并从事航空器的研制开发工作。他对发动机的开发的确做出很大成就，这个崭新的领域并没有使他停下来。由于对发动机的设计引导他钻研数学，而数学又使他关注数学的基础，对数学基础的探讨使他走向数理逻辑，而在这方面罗素由于刚刚出版的《数学原理》使自己的声誉如日中天。在弗雷格的建议下，他投入罗素的门下。

罗素在他的回忆录及《自传》中都多次谈到过维特根斯坦。他问罗素自己是不是一个白痴："如果我是一个白痴，我就去做飞行员，如果不是，我就做哲学家。"罗素要他写一篇论文，罗素读了第一句就立即劝他，说他是个天才，无论如何不能做飞行员。就这样，1911 年后，维特根斯坦来到剑桥，完成了他人生的第一次也是最关键的一次大转变。

从 1912 年年初到 1913 年夏，维特根斯坦跟着罗素研究哲学，他们之间很快就有了相互影响。由于维特根斯坦的批判，罗素在 1913 年关于知识论的手稿一直没有发表，后来才收入他的全集。维特根斯坦在这期间开始考虑他的前期主要著作《逻辑哲学论》，不过罗素和摩尔尽管十分尊重他，但他们之间仍旧产生了裂痕。

1914 年 8 月第一次世界大战的炮火打响之后，维特根斯坦自愿参军。在战争期间他写下自己的思想，在 1918 年 11 月战争结束前两个月，他完成了《逻辑哲学论》，但就在战争马上结束前，他在意大利前线被俘，关在战俘营中。1919 年在战俘营中，他把《逻辑哲学论》手稿寄给罗素，不过他在 12 月中才再次见到罗素，两人进行了讨论。罗素又一次张罗其出版事宜，甚至为其写了长篇序言，但仍然进展不大，最后在 1921 年年末在奥斯特瓦尔德的《自然哲学年鉴》上首次发表，1922 年伦敦出版了精美的德英对照本，译者署名是语言学家奥格登，但实际上拉姆齐参加了全部工作。维特根斯坦对罗素的序言和英译本都很不满意，对奥斯特瓦尔德也出口不逊。《逻辑哲学论》的出版标志着维特根斯坦前期研究的结束，他以为他已解决所有的哲学问题，从而再次改变自己的生活道路。从1919年到1929年重返剑桥这十年间，他主要从事哲学以外的事，也正是在这个时期，他同拉姆齐的友谊得到了发展。

关于维特根斯坦这十年的历史记述，经常有许多错误，这里根据一些新资料再叙述一下。

在战俘营被囚禁半年多之后，1919年8月维特根斯坦回到维也纳。他的父亲卡尔在1913年1月去世后留给他百万家财，但他不是送给文学家、艺术家（其中有著名诗人里尔克），就是给他的哥哥和三个姐姐。其后他一直孑然一身，过着清苦的生活。这时，他考虑去教小学，因此去读师范一年，1920年获得教师资格证书。从1920年秋到1926年4月曾在几所小学任教。看来他并不顺利，最后他因为体罚学生遭到非议而辞职。而且在这期间，他还动过回剑桥的念头。

拉姆齐在翻译完《逻辑哲学论》之后，给《心》这个著名的哲学杂志（主编是摩尔）写了一篇详尽的书评，而且完全不像罗素那样客气。但是，这位刚刚20岁的天才希望能够更确切地理解这部格言式的著作，还是想与维特根斯坦当面谈谈。拉姆齐从大学毕业之后，在1923年9月到10月，第一次出国到维特根斯坦教书的偏僻山村普赫贝格拜访他。两人见面以后，可以说是逐字逐句地辩论，维特根斯坦也感到找到了知音。这次访问持续了6周时间，拉姆齐回到剑桥之后，两人开始有了书信交往。这时凯恩斯在剑桥担任一定的职务，维特根斯坦曾打算回剑桥，请他给予支持。凯恩斯也关心这件事，拉姆齐则穿针引线，力促维特根斯坦回剑桥。1923年年底，这位20岁的年轻人给维特根斯坦写了一封信，说他要再去维也纳，这次目的主要是进行心理治疗，因为他在1923年年初爱上一位有夫之妇，搞得神经衰弱，精神崩溃，想试试当时还不太普及的弗洛伊德的精神分析。1924年3月，拉姆齐终于来到维也纳，一直待到10月。这期间，他多次访问维特根斯坦，由此结下深厚的友谊。1924年年底，维也纳学派的主将石里克也来拜访维特根斯坦，由此，维也纳学派接受罗素与维特根斯坦的思想影响，形成分析哲学的主流。在拉姆齐的撮合下，1925年夏天，维特根斯坦乘暑假之际访问剑桥等地，接待他的就是凯恩斯和拉姆齐。不过，当时他似乎又没有再回来的意思。从1926年到1928年，维特根斯坦的工作是当园丁及给他姐姐设计建造房子。这样他在维也纳接触了维也纳学派的某些个人（他从来没参加过他们的活动），并开始数学哲学的研究。尤其是1928年3月听到布劳威尔关于数学基础的演讲，他开始产生研究哲学的新冲动。于是，他决定重返剑桥。1929年年初，他回到剑桥，在凯恩斯、罗素、摩尔等人的帮助下，破例以他的《逻辑哲学论》为博士论文，被授予博士学位。但他这时已经突破原先的框架了，这一年，他与拉姆齐有大量的思想交流，这对两人都产生莫大的思想影响。维特根斯坦关于“数学基础的评注”（1956年出版）及后期的代表著作《哲学研究》的主要思想可能都来自这一时期。《哲学研究》的序言明确谈到这一点：

> 当16年前（按：1929年）我重新回到哲学思考上来时，我一开始便被迫认识到我在第一本书（按：即《逻辑哲学论》）中犯了严重错误。弗兰克·拉姆齐对我的观念所做的批评，帮助我认识到了这些错误——他对我帮助的程度到了我自己无法估量的地步。在拉姆齐生命的最后两年（按：1929年和1930年，实际上只有一年多一点儿）中，我曾同他在无数次谈话中进行了讨论。

拉姆齐在1930年年初，因肝病住院，维特根斯坦曾守候在病床前，直到拉姆齐去世前几个小时，他们的友谊由此可见一斑。

值得注意的是，在剑桥这些精英的帮助下，维特根斯坦先是在1930年取得剑桥大学三一学院研究员，期限到1935年后延长到1936年，其后在挪威待了一年，这时开始写作《哲学研究》，第一部分完稿写序言时已是1945年1月，离拉姆齐去世已15年了，他还是那么深切地怀念他，只是他们没法再进一步进行思想交流了。书中感谢的另外一个人是意大利经济学家斯拉法，他从1927年起任三一学院研究员，直到去世。

如此看来，维特根斯坦与拉姆齐之间的交往影响不是单方面的，实际上，维特根斯坦真正思想上的朋友，可能只有拉姆齐。这可从他们之间的通信看出，遗憾的是，这完全被一些学者所忽视。

拉姆齐在1924年10月回剑桥之后，立即被国王学院选为研究员。其后不久，他与贝克尔小姐结婚，他们共有两个女儿。贝克尔小姐婚前是道德科学竞试优胜者。在拉姆齐去世后开了一家人像摄影厅，在剑桥、牛津一带颇有名气。1926年拉姆齐被任命为剑桥大学数学讲师。这五六年间，他一共写了十几篇论文，还遗留下来许多手稿，后来陆续被整理发表。

六、拉姆齐理论

拉姆齐的出发点非常奇特，看起来同数学没什么关系。任何一个集会、聚会或者宴会，参加者都是四面八方来的人，两人可能相互认识或相互不认识。拉姆齐的定理是讲，如果集会的总人数等于或超过 6 个人，那么其中至少有 3 人，或者互相都认识或者都不认识。但是如果人数少于 6 人，则这种情况就不一定出现。

有数学训练的人与没有数学训练的人之间的不同在于，前者没能把这样一个说起来模糊的问题变成为一个非常清楚的数学命题。6 个人我们可以用 6 个点来代表，而每两人之间的关系只有两种可能，两人相互认识或相互不认识。如果两人认识，我们在代表他们的这两点之间连上一条红线，如果两人不认识，则连上一条蓝线，这样对任何情况，我们就得到一个 6 个点及每两点之间共有 15 条连线的图。因此，这个定理是说：不管两点之间的连线你如何选，那么这个图中一定存在一个三角形，它的三边都是同一颜色，或都是红色，或都是蓝色。

道理很简单，如图 1，从 *A* 点出发有 5 条线，这 5 条线涂上两种颜色，无论怎样涂，至少有 3 条是一种颜色，其实这就是抽屉原理。假设 *AB*、*AC*、*AD* 三条边是红色，我们看 *BC*、*CD*、*BD* 这三条边，当然有这两种可能性：

一种可能是 *BC*、*CD*、*BD* 中有一条红边，例如 *BD* 是红色，那么 *ABD* 就是全红三角形。

另一种可能是 *BC*、*CD*、*BD* 中没有一条红边，那它们都是蓝边，这样一来 *BCD* 就是全蓝三角形。

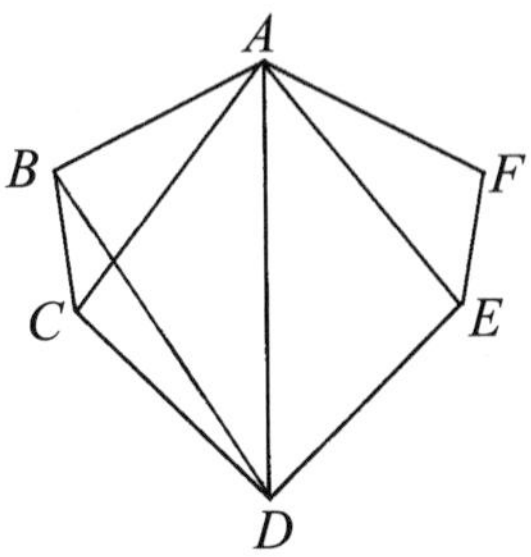

图 1

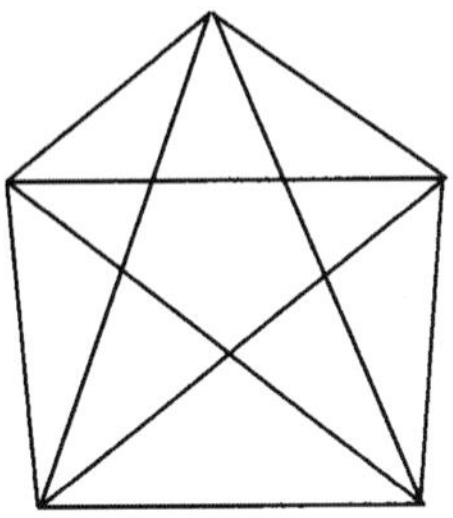
图 2

因此，不管怎么说，总有一个同一颜色的三角形。由于在我们的证明中只用到抽屉原理，所以后来拉姆齐定理也称为广义抽屉原理。不过我们还得补充两点：如果只有 5 个点或更少，拉姆齐定理不一定成立。这只要找一个图，没有同色三角形。如果

图 2 中的五边形和它中间的五角星是两个颜色，那这图中就没有全色三角形。如果多于 6 个点，当然拉姆齐定理一样成立。6 就是存在同色三角形的最小数目，称为拉姆齐数，记作 $r(3, 3)=6$。

拉姆齐定理只不过是拉姆齐理论的出发点，它已经有了许多推广，但求拉姆齐数是一个极为困难的问题。现在只知道 $r(4, 4)=18$，也就是只有 18 人或 18 人以上的集合中才一定有 4 个人互相认识或互相不认识。时至今日，拉姆齐理论已成原数学中最热门的前沿之一。拉姆齐理论的哲学问题也是许多人的关注焦点。

（作者：胡作玄　邓明立）

参考资料

[1] F. P. Ramsey. The Foundations of Matnemati' cs and other Logical Essays [C]. ed. R. B. Braithwaite. London: Routledge and kegan Paul, 1931.

[2] F. P. Ramsey. Foumdations: Essays in Philosopby, Logic, Mathematics and Economics[C]. ed. D. H. mellor. London: Routledge and Kegan Paul, 1978.

[3] F. P. Ramsey. Philosophical Pepers [C]. ed. D. H. Mellor. Cambridge: Cambridge University Press, 1990.

[4] F. P. Ramsey. On Trath [C]. ed. N. Pescher, emd U. Major, Reidel, 1991.

[5] Nils-Eric Sahlin. The Philosophy of F. P. Ramsey [M]. Cambridge: Cambridge University press, 1990.

[6] L. Wittgenstein. Cambridge Letters, Correspondence with Russell, Keynes, Moore, Ramsey and Sraffa [C]. eds Brian Mc Guinness and G. H. von Wright. Oxford: Blackwell, 1995.

[7] L. Wittgenstein. Letters to C. K. Ogden [C].（后有 Ramsey 来往信件）Oxford: Basil Blackwell, 1973.

[8] L. Wittgenstein. Letters to Russell, Keynes and Moore [C]. Oxford: Basil Blackwell, 1974.

[9] Jean van Heijenoort. From Frego to Godel [M]. Cambridge: Harvard University Press, 1967.

[10] New Palgrave. A Dictionary of Economics [A]. 4 vols. Eatwell, 1987.

麦克斯·戴恩

（Max Dehn，1878—1952）

麦克斯·戴恩

不仅仅是希尔伯特的学生

戴恩是伟大的通才数学家希尔伯特比较早的博士生，成为最早解决希尔伯特 23 个问题的数学家，解决了希尔伯特第 3 问题。他思维活跃，具有独创性，和很多数学家都保持着学术交流，如希尔伯特、阿廷、诺特、西格尔、策梅洛、海林格等等。他还是挪威科学院成员、印度数学协会会员。像这样一位平凡而又伟大的数学家，他的光辉应该照耀到更多的数学人。

一、求学问道，初涉研究

戴恩 1878 年 11 月 13 日出生于汉堡的一个犹太家庭，汉堡是德国第一大港口城市，被誉为“德国通往世界的大门”。戴恩还有七个兄弟姐妹，他的父亲是一位物理学家。戴恩的女儿曾经说汉堡对于他们而言永远是温暖的故乡。

三次王朝战争之后，德意志民族实现统一，统一后的德国继续发扬重视教育的传统，以科学技术为后盾，创造了经济上的辉煌。德国在仅仅 30 年的时间里，由一个落后的农业国变为一个强大的工业国。德国的教育发展不仅受到政策的支持，而且建立在深厚的经济基础之上。戴恩正是在这样的社会背景下接受教育的。

戴恩从汉堡的一所中学毕业后，先去弗莱堡，后到格丁根，真正开始了数学学习之路。格丁根大学位于德国西北部下萨克森州的格丁根市，是一个传统的没有围墙的大学。格丁根市中心竖立着一座“鹅女孩”雕像，它象征对创作格林童话的格林兄弟的尊崇，这使得格丁根具有一种迷人的童话气息。与此同时，格丁根大学的博士生们又为它增添了一种神圣的人文气息。获得博士学位的当天，学生们会身着博士服为“鹅女孩”献花献吻，“鹅女孩”成为世界上受吻最多的女孩。戴恩 1899 年来到了这所在人文科学和自然科学上都有所长的格丁根大学，在希尔伯特的指导下，开始了博士研究生的学习。

此时的格丁根大学数学系正在克莱因的领导下进行着脱胎换骨的变化，秉承着数学与应用要紧密联系在一起的理念，践行着理论与实践相结合的道路。在克莱因的努力下，格丁根大学于 1898 年成立了“格丁根应用数学与应用物理学促进协会”。它是一个为科学研究提供经济支持的企业家组织，为格丁根大学科学事业的发展作出了很大贡献。格丁根大学再也不是那个偏远小镇上在柏林大学的阴影下惨淡存活的学校了。格丁根大学现在既摒弃了柏林大学的弊端，又兼具美国大学的优势，它广聚科学事业上的才俊，成为自然科学领域蒸蒸日上的研究型大学。这里的空气充满自由，弥漫着浓厚的、严谨的学术氛围，是德国乃至欧洲无数科学学子向往的乐园。

此前，1895 年 3 月，在克莱因的举荐下，希尔伯特成为格丁根大学的数学教授。在这些出色数学家的共同努力下，格丁根大学发展为世界数学的中心。希尔伯特 1899 年发表了著名的《几何基础》，将几何学建立在公理化的基础之上。戴恩跟随希尔伯特学习期间，正是希尔伯特在几何学基础方面作出突出贡献的时候。戴恩受希尔伯特的这个影响很深，对几何学保持了终生的偏爱，一生的研究中都能看到几何本质的影子，甚至是在拓扑学或者群论的研究中也不例外。

1900 年，戴恩博士毕业，博士论文题目是《三角形内角和的勒让德定理》。这篇论文以希尔伯特的公理几何学为论述基础，是戴恩在几何学方面最早的论文。

二、辗转任教，彰显才华

戴恩博士毕业后，曾经到多所大学教书，更多地体会到各个学校的学术氛围与传统。这有利于一个人的思维时刻保持活跃。戴恩凭借对问题敏锐的眼光和深刻的洞察力，以及扎实的几何学基础，做出了一系列重要工作。

1. 卡尔斯鲁厄大学与明斯特大学时期

获得博士学位后，戴恩开始在卡尔斯鲁厄大学做助教。卡尔斯鲁厄大学位于德国巴登－符腾堡州的卡尔斯鲁厄市，创建于 1825 年，是德国历史最悠久的理工大学。从整个欧洲来看，其历史也仅次于巴黎综合理工学院、捷克技术大学和维也纳技术大学。

1901 年，戴恩又成为明斯特大学的无薪讲师，也可以说是助理教授后，一直在此工作了 10 年。明斯特大学位于北莱茵－威斯特法伦州明斯特市，是德国著名的大学之一。这样一来，戴恩离自己的家乡汉堡就近了些。在这 10 年的寒来暑往中，戴恩的工作主要集中于几何学，并做出了重要研究工作。最重要的就是解决了希尔伯特第3问题，这也是最早获得解决的希尔伯特问题。

希尔伯特第3问题是一个数学基础方面的问题：给定任意两个体积相等的多面体，是否总可以将第一个多面体分为有限多个小多面体，这些小多面体重新组合后成为第二个多面体？戴恩通过一个反例，证明此问题的答案是否定的，在证明过程中给出了著名的戴恩不变量。

1900年至1906年，戴恩发表的7篇论文，内容都是几何学方面的研究，这些研究在几何学领域占有很重要的地位。1899年，戴恩曾研究过若尔当曲线定理，对拓扑学产生了兴趣。1907年，戴恩有机会和希加德合作完成了关于组合拓扑基础的引进，组合拓扑在当时被称为位置分析，这是对拓扑学进行系统阐述的较早的文献之一。拓扑学家蒂策很认可戴恩此项工作的意义。且不说这部著作对后来拓扑学的研究有多么大的影响，单是从蒂策的评论来看，我们就能意识到它在当时的影响。对组合拓扑学基础的阐述充分体现了戴恩研究的特点，即给出某一理论可靠的、合理的、简单的基础。

戴恩继庞加莱和蒂策之后，继续通过群论的知识来研究拓扑学问题。然而，历史总是让人惊叹不已，拓扑学问题的研究反过来又大大促进了无限群论的发展。他在1910年、1911年、1912年和1914年发表的4篇论文联系紧密，这4篇论文充满了几何学思想，同时也是无限群论，准确地说是组合群论和拓扑学上的重要文献。这几篇论文的发表不是一蹴而就的，戴恩在之前所做的关于拓扑学和群论的报告为其奠定了基础。

2. 基尔大学与布雷斯劳理工大学时期

戴恩1911年被聘为基尔大学的副教授，1913年成为布雷斯劳理工大学的正教授，在此一直工作到1921年。1945年德国战败，布雷斯劳作为相当重要的城市，被重新划分给波兰，它现在的名字是弗罗茨瓦夫。对于波兰人而言，布雷斯劳是回归祖国的怀抱。因为它是1741年被普鲁士攻占后，归入德国版图的。布雷斯劳是它的德国名字，这个名字对波兰人而言是一种耻辱，所以现在几乎不用它了。但当时布雷斯劳是德国重要的经济文化名城，市区耸立着漂亮的各式建筑。令人惋惜的是，它们大部分都毁于二战。

如何来评述戴恩这一时期的工作和生活呢？学术研究上可谓是造诣非常，取得创新性成就。生活上也迎来人生一大喜事，1912年8月23日他和唐妮·朗道喜结连理。他们有三个孩子，一个儿子和两个女儿，儿女双全。此外，戴恩还是一个福大命大的人，1915年至1918年服兵役，毫发无伤，平安归来。不管世间风雨飘摇，戴恩在这一阶段还是很幸运，也是很幸福的。德国自统一以来，国内普遍受到普鲁士军国主义传统的影响，“种族优越论”和“大德意志主义”广为传播，甚至于1914年挑起第一次世界大战。后来，德意志帝国随着1918年战败走向灭亡，魏玛共和国建立。

在此期间，戴恩最卓越的成就是将希尔伯特和庞加莱的思想统一在一起。他提出了组合群论中最重要的研究问题——戴恩问题，系统地研究方法——群的图，从而结束了组合群论散乱的研究状态，这也标志着组合群论作为一种新的数学分支被创立了。戴恩此时期的工作贯彻着几何学、拓扑学和群论的思想。学科交叉的研究成果自然对交叉的学科都有所裨益，这一特点通过戴恩在三叶纽结上取得的研究成果，体现得淋漓尽致。

戴恩问题包括字问题、共轭问题和同构问题。字问题（同一性问题）指由生成元的积给出的群中的元素，是否存在一种方法，在有限步之内判定它是否为单位元。共轭问题（转换问题）指群中任意给定元S和T，是否存在一种方法，在有限步之内判定它们可以转换成彼此，即是否存在群中元U使得$S=UTU^{-1}$。同构问题则是说，给定两个由呈示定义的群，判定它们是否同构。戴恩在1910年关于曲面拓扑的报告中提到了同一性问题和转换问题。同年的稍晚些时候，他发表了题目为《三维空间拓扑》的论文，再次提到了同一性问题和转换问题。1911年，他从组合群论的角度提出这三个问题，这三个问题后来被统称为戴恩问题。

戴恩问题的提出源自对拓扑空间的分类研究。通过基本群这个桥梁，拓扑学中的问题转化为组合群论中的问题。字问题关注的是群中一个元和特殊元——单位元之间的关系；共轭问题关注的是群中任意两个元之间的关系。同构问题则关注的是两个群中的元之间的关系。戴恩问题不仅构成了组合群论学科创立的基础，对于组合群论的长远发展，也起着不可估量的推动作用。现在组合群论领域的很多论文依然围绕着解决戴恩问题，或者简化戴恩问题的证明再进行。

此外，戴恩提出了群的图（现在通常称为凯莱图）的研究方法，它主要是用来研究群的拓扑性质和几何性质的。群的图对通过生成元和定义关系给出的群有很好的几何解释，使得呈示群更加直观形象。在群的图的提出过程中，戴恩遵循了由简单到复杂的一般研究思路，从有限群的图的研究扩展到无限群的图的研究。这一研究方法不仅使他自己得到了一些漂亮的结果，而且与1912年提出的戴恩算法一起，为小消去理论的发展奠定了基础。

戴恩在组合群论上取得的另一个重要成果是关于三叶纽结的分类研究，他利用了纽结群这一新工具，不同于以往的造表法。戴恩不仅通过射影的方法得到三叶纽结的呈示，而且提出了拓扑学中的重要引理——戴恩引理。戴恩引理表明，纽结群是阿贝尔的当且仅当纽结在三维空间与圆合痕。他还在1914年证明了左右三叶纽结是不一样的。

在基尔大学教书的时候，戴恩接收了一名优秀学生雅克布·尼尔森。尼尔森原来是另一位教授兰茨贝格的学生，但兰茨贝格在尼尔森的论文还未完成时就去世了，因此他转到戴恩名下，在戴恩的指导下继续完成毕业论文。通过戴恩，尼尔森接触到了群论和拓扑学的新思想，后来他能在这方面作出显著贡献与戴恩的指导是分不开的。1921年，尼尔森证明了有限生成的自由群的子群是自由的。群论领域的著名数学家诺埃曼这样评论尼尔森的工作：

> 尼尔森对曲面拓扑和组合群论做出了开创性工作，其在20世纪数学史上占有重要地位。他的工作不仅能引起历史兴趣，时至今日，它们也得到了广泛引用和应用。尼尔森论文集的出版很及时，也很受欢迎。

3. 法兰克福大学时期

1921年，戴恩转到法兰克福大学纯数学与应用数学系任职教授，直到1935年，在纳粹的压力下被迫离职。这里有戴恩的知交好友，有他们共同的事业，有他引以为傲的学生。

来到法兰克福大学的第二年，戴恩开办了数学史讨论班，参加者包括系里的教师和十几名学生。戴恩在讨论班中要求大家一起学习欧几里得、阿基米德、笛卡儿和费马等大家的用希腊语、荷兰语、意大利语等写成的原始著作，这不仅对讨论班成员的语言能力是个考验，同时也要求他们有很高的数学理解能力。反过来讲，数学史讨论班的学习也促进了学生们对所学知识的理解，提高了教师们对数学经典著作的审视水平。除此之外，戴恩还经常组织他们到附近的野外徒步旅行，使得严肃的学术团体多了很多融洽和谐。

戴恩的同事西格尔在法兰克福大学50周年庆典的报告上，回忆了他们一起在法兰克福大学数学史讨论班的日子。他认为这是一个多产的、和谐的智力群体，并且是在其他任何研究院所没有见到过的。戴恩的讲课总是充满新思想，一直都是数学史讨论班的灵魂所在，他为人谦和，从不吝啬分享自己的想法。

西格尔也曾提到在戴恩的指导下完成了一系列优秀的学位论文。其中比较突出的有马格努斯、奥特－海因里希·凯勒和穆芳的学位论文。马格努斯在组合群论的早期发展中作出了重要贡献。他不仅证明了 1- 关系群的字问题是可解的，推动了字问题的研究，而且对组合群论的传播发展影响深远。凯勒的成就在于，不仅证明了低维情况下的闵可夫斯基猜想，而且在 1930 年由此引出凯勒猜想，即在维空间的每一个平铺 I^N+Z 中都有共面对。穆芳的贡献主要在几何学基础和非结合代数上，像穆芳平面、穆芳环和穆芳 - 李代数都是以她的名字命名的。

除了戴恩领导的数学史讨论班和他指导的一些优秀论文，戴恩在这一时期比较重要的工作是在 1926 年与他人合作出版了《几何学基础》一书。在写作过程中，他非常重视几何学思想。这一著作在 50 年之后，于 1976 年进行了再版。

1933 年，希特勒纳粹上台，开始了对犹太人的各种残酷迫害。很多犹太人都不允许在学校任职。戴恩在一战期间服过兵役，所以他还能继续留在学校教书。他在法兰克福大学的同事海林格和西格尔也是如此。但是到了 1935 年秋天，即使曾经服过兵役也是无关紧要的了，他们都先后被迫辞职，离开了法兰克福大学。戴恩、西格尔、海林格和爱泼斯坦曾经都是数学史讨论班的重要成员。爱泼斯坦也是一位犹太人，因其在数论上的工作而出名。1939 年接到纳粹秘密警察的传唤后，由于担心被残害，服用了致命剂量的安眠药自杀身亡。

法兰克福数学史讨论班开办了 13 个年头，最终在纳粹对犹太人的迫害下被迫关闭。犹太数学家们也在命运的十字路口徘徊。戴恩经过较长时间的考虑和抉择，最后辗转逃往美国。

三、逃亡美国，安度晚年

1. 无奈抉择，离故土

纳粹统治下，最初戴恩虽然离开了法兰克福大学，但是依然在法兰克福生活。也许是出于安全考虑，父母对子女的安全总是很敏感，1936 年，他将三个孩子都送出德国留学，儿子去了美国，两个女儿则先后去了英国。从后来德国发生的一切来看，这是一个极其明智的选择。戴恩和他的夫人却没有移居国外，只是经常到欧洲一些国家访学交流。他们和大多数犹太人一样，都没有预料到会发生什么，都高估了法西斯的人性。一切的一切都随着 1938 年 11 月 9 日的到来而支离破碎了。

1938 年 11 月 9 日的夜晚，很多犹太人的教堂、商铺甚至住宅都被毁掉了，到处都是破碎的玻璃，就像水晶一样“熠熠发光”，人们于是将这一夜称作“水晶之夜”。

约91名犹太人遇害，数百人重伤，3万多名犹太人被关进集中营。戴恩也没能躲过这一劫难，由于实在没那么多地方关押这么多人，他很快被放出来了。因为害怕被再次拘押，害怕难以预知的危险，戴恩夫妇从此踏上了躲藏和逃亡的艰辛之路。当时戴恩已经60岁了，还要体会一无所有、背井离乡的痛苦。

戴恩夫妇首先躲到了法兰克福大学一位同事哈特那在巴特洪堡的家中。西格尔曾来这里看望过戴恩，并且与哈特那一起为戴恩庆祝了60岁生日。哈特那后来回忆起这段时间时，总会提到戴恩的平静。戴恩不怎么谈论当下发生的事情，而总说些数学和艺术的关系或者考古学的问题，甚至还谈及中国的儒学。这既符合戴恩广泛的兴趣爱好，也正好与哈特那趣味相投。通过哈特那的回忆，我们能再次体会到戴恩内心的平和泰然。戴恩相信当人们全神贯注地做一件事情的时候，就会远离傲慢、偏见、恐惧、仇恨和贪婪，他总会用平静、乐观对待耻辱、烦恼和危险。

在马格努斯儿子的帮助下，戴恩夫妇乘火车去往汉堡，在戴恩一个年迈的姐姐家里躲避了几个星期。后来在西格尔和戴恩之前的一个学生的帮助下，1939年1月，戴恩夫妇到达丹麦的首都哥本哈根，而后很快去往挪威。戴恩在特隆赫姆的一所高等学校找到了一个临时职位，这个职位对于当时几近身无分文的戴恩夫妇来说也算是一点儿及时雨。在德国的时候，他们被迫低价出售了所有珍贵藏书和家具，运送到英国备用的家具也因为支付不了保管费而被拍卖了。1940年3月1日之前，也就是纳粹侵占挪威之前，戴恩夫妇的生活还算安定，至少生命不会受到威胁。纳粹侵入特隆赫姆的时候，戴恩夫妇逃到了附近的乡下，战乱很快得到平息，他们才重返城市生活。直到那时，戴恩依然是一个忠诚的德国公民，他会让德国官方知道他的下落，寻求官方的允许，让他在挪威多待一段时间。无论如何，没有人保证纳粹不会再次侵入特隆赫姆，也没有人保证他们总是幸运的，所以在海林格和他之前就逃到美国的同事的帮助下，戴恩夫妇开始了去往美国的长途跋涉。海林格一开始也相信纳粹不会太过分，刚刚被迫离职的时候，他在美国的姐姐为他找好工作，希望他能尽快去美国，但他却固执地选择留在德国。当在集中营被拘押六周后，海林格才看清楚现实远比想象的更加危险，所以一获释就去往了美国。他与戴恩一样，对故土有很多留恋，对离开的选择有太多无奈。

戴恩夫妇10月下旬离开挪威，跟当时很多人的逃亡路线一样，为避开大西洋，要乘火车绕道远东，再从太平洋乘船前往美国。当他们在挪威首都奥斯陆火车站出发时，还有一群朋友为他们夫妻俩送行。不幸的是，在挪威和瑞典的边境，他们受到极不友好甚至野蛮的对待，行李也遭到守边人的洗劫和掠夺。由于路途上暴发瘟疫，他们被迫在瑞典首都斯德哥尔摩拖延了三周。到达莫斯科后，他们想要乘坐的穿越西伯利亚的火车三天后才会离开，这恰恰提供了一个好机会，使得他们有充足的时间游览这座城市，欣赏这里的歌舞剧。在穿越俄罗斯平原的旅程中，气温骤降，早已感觉不适的戴恩感染了很严重的流感。即便如此，到达海参崴（俄国人称为符拉迪沃斯托克）后，他还去参观了那里的教育研究所，很欣喜地发现那里有个不错的图书馆。随后通过艰苦的海上旅行到达日本神户，神户温和的气候对戴恩身体的恢复很有帮助，他很快就痊愈了。

历经艰辛和苦难之后，戴恩夫妇于 1941 年 1 月 1 日到达美国旧金山。而此时的德国已经笼罩在第二次世界大战的硝烟之中。二战不仅从物质上摧毁了德国，也使得那个拥有先进科学技术的国家一去不复返了。战争期间，教育实行法西斯政治化，学校不再是学习和搞科研的地方，而是实行文化专制的场所。即使不是犹太人，也必须参加纳粹的运动，否则即使不会被杀害，也会被停职或者解雇。马格努斯就是因为拒绝加入纳粹而被停职的。

2. 寻寻觅觅，难求职

当时美国是这些科学难民的理想国度，生命得到保障的同时，才华也会得到展现。但凡事总有例外，戴恩就是其一，这与当时的时代背景和他自身的选择密切相关。

1941 年 2 月至 1942 年春天，戴恩在爱达荷州波卡特洛的一所大学教书。每个月工资 100 美元，教学任务不是很繁重，他经常利用闲暇时间到附近山上远足。但是波卡特洛这个地方很沉闷，让戴恩无法忍受，短暂的任职之后他甚至想立刻离开这里。

接下来，戴恩被聘为伊利诺理工大学数学专业的客座教授，待遇比之前好点，但是授课任务繁重。他不喜欢整天忙忙碌碌、节奏感很快的芝加哥市，也不喜欢这里的工业气息。大概一年以后，他选择了离开。

戴恩后来到了马里兰州首府安纳波利斯的圣约翰大学，这是美国最古老的大学之一。学校给戴恩安排的教学任务是教授欧几里得、阿波罗尼奥斯、牛顿等人的文章。戴恩很快发现这里的学生基础薄弱，很难接受这样的学习内容。不久后，他再次选择了离开。

1944 年 3 月，戴恩受黑山学院邀请作了两个报告，内容是关于哲学和数学史的，报告很受欢迎。后来，他就成为黑山学院的教师，在此一直工作到退休。

3. 钟情黑山，度余生

黑山学院坐落在北卡罗来纳州，从学校 1933 年创办到 1956 年关闭，戴恩是这所艺术学校唯一的专职数学教师。这里不像任何一所理工大学或者综合性大学，能使戴恩的数学才华受到激发。麦克莱恩曾说，“戴恩以拓扑学的工作著名，但却获得了一个低水平的职位”。现实就是这样无奈，但是戴恩喜欢这里的工作，也沉浸于这里简单安定的生活。

黑山学院是由一群崇尚学术自由主义的人创办的。赖斯是最早的发起人之一，也是最主要的发起人之一。他主张学校实行民主管理，学生要从实践中学习，艺术体验要与各学科学习相结合，等等。例如，学校里的事情都由教职工和学生组成的公开会议民主投票决定。这种创新很快在全国范围内得到认可。独特的教育风格吸引了当时很多领先的艺术家，像凯奇、克里利、库宁、劳森伯格、克莱恩等。由于二战的原因，黑山学院也成为欧洲艺术难民的天堂。德国的鲍豪斯建筑学院在纳粹的压力下被迫关闭之后，约瑟夫·亚伯斯和夫人安丽斯·亚伯斯就来到了这里。黑山学院在一些激进的艺术家的影响下，成为后来许多人文艺术学校的先驱、高等教育研究的焦点。

黑山学院自由、创新的氛围对戴恩无疑具有很大吸引力。他兴趣广泛，在这里可以充分发展对于数学与艺术的兴趣。黑山学院的自然风光也是戴恩所钟爱的，他可以随时投入大自然的怀抱，享受秀丽的美景。这一切都使得黑山学院提供的待遇（提供住宿，每月工资40美元）变得没那么重要了，戴恩义无反顾地加入了黑山学院的教师队伍。

在黑山学院，戴恩不仅教授包括数学史和射影几何在内的数学课程，而且教授哲学、拉丁文和希腊文等。苏格拉底风格是他教学的主要特点，这也深受学生们喜欢。黑山学院的课程设置中还包括讲座、专题报告会与研讨会等多种形式。戴恩的报告经常围绕着自然与艺术，以及它们与数学的联系展开，这些主题的选取使黑山学院的师生们受益良多。戴恩还是个博物学家，喜欢远足，这里宜人的自然风光常常诱使他把课堂搬到草木丛生的山上。在学生们看来，戴恩永远是一位热情、受爱戴的老师；在老师们看来，戴恩则是一位关心他人、真诚的同事。

黑暗的夜晚不会夺走夜明珠的光芒，戴恩成就了数学对艺术的非凡影响。1991年获得罗马奖的后现代女艺术家若柯朋，其抽象绘画的灵感就源于对数学和天文学的热爱。1950年，她在黑山学院遇到了影响其一生绘画工作的数学家戴恩。当时她已经接受过作为画家的基础训练，向戴恩学习数学知识的同时，也深受他对哲学和科学的洞察力的影响。这位颇具影响力的女艺术家的成就闪耀着戴恩的光辉。

黑山学院作为艺术类学校，在数学领域终究是外行。戴恩通过自身的修养和学识影响着学生们的艺术创作的同时，也影响着学生们对数学的认识。学生那莫伊和马什瑞因为对数学感兴趣，后来又继续深造，最终获得了数学专业的博士学位，成为数学家。1963年，那莫伊通过阿廷对他的考核后开始就读普林斯顿大学，能得到这样一位卓越的数学家的认可实属不易。那莫伊也不负众望，比较突出的贡献就是以他名字冠名的秩和检验。马什瑞的主考人是穆芳，戴恩在法兰克福大学的一位优秀的博士生。马什瑞于1961年获得艾德菲大学的博士学位，后来在加拿大约克大学任职教授。他对戴恩渊博的知识、深刻的哲学意味印象深刻。

到达美国后，戴恩的研究内容更多地侧重于数学史方面了，这与当时的环境不无关系。戴恩原本对数学史就有兴趣，在法兰克福大学的数学史讨论班上对诸多伟大数学家的原著都有研读学习。他研究数学史的动机用他自己的话说就是：

> 回首过去，可以使我们在无限的时间里得到释放，瞄准也许只有将来一代人才能实现的目标，并且沉思历史会提高数学人在一般人类条件下的共享意识。

戴恩认为无论是数学的研究还是自然科学的研究，都应该考虑它的历史，进而考虑它们相关的哲学问题。原本戴恩就不乏新思想，总能使得与他交流的人受益，他也很高兴别人利用这些可贵的想法。

戴恩曾经在威斯康星大学讲学（1946—1947年和1948—1949年的冬季学期），也指导了一名博士研究生恩格尔的论文。在他的指导下恩格尔于1949年获得威斯康星大学的数学博士学位，博士论文是关于群的字问题。

在黑山学院工作了七年之后，1952年6月6日，戴恩正式退休，但仍作为顾问留在学校。黑山学院不属于社会捐资的学校，所以经常会遇到经济危机，这次也不例外，学校决定卖掉一些树木，这些树木都是戴恩最喜欢的，往常也时不时地照顾保护它们。看到心爱的树木被砍伐，心情不好是难免的。就在这一天，1952年的6月27日，这位74岁的老人走到了生命的尽头，从此长眠于那一片美丽的杜鹃花丛之中。

四、回首百年，暗香悠长

戴恩意气风发、才华毕露的年代已经过去百年。近一个世纪数学的发展令数学家们瞠目结舌，学科之间的内外交叉发展成了司空见惯的事情。在数学这个领域，每一个小分支都有一大批孜孜不倦的数学家在为之奋斗着，他们好像也不太了解，哪怕与自己分支很相近的那些“战友”是怎么玩转那些公式符号的。戴恩的研究工作，具体的内容、思想、方法对现在的数学研究，尤其是交叉学科的研究，存在一定的借鉴意义。

戴恩一生的研究跨三大数学分支，即几何学、拓扑学与群论，他在每个分支都有很卓越的工作。他是怎么做到在三个分支间游刃有余地发挥聪明才智的呢？笔者认为他能做到这一点，除了对问题的敏感这种个人天资，就是他扎实的几何学基础。戴恩所取得的成就莫不与他深刻的几何学思维相关联。希望下面简单的特例能对理解戴恩的工作有所助益。

戴恩想通过基本群来研究三叶纽结，纽结（一条闭曲线在三维空间中的嵌入）属于一维拓扑对象。当时通过基本群进行曲面拓扑分类的研究是很流行的。因为纽结本身的基本群不会提供什么更好的性质，所以他利用的是纽结补空间的基本群，也就是纽结群，来研究纽结的相关问题。戴恩利用三叶纽结在平面的投影（图 1）得到三叶纽结的纽结群的呈示。纽结的投射形成了平面上特定数目的有限区域的边界，这些区域中的任何一个与群的生成元相对应，任何一个二重点与群的定义关系相对应。要具体确定它的定义关系还需要他在之前得到的一个定理。这里，我们能体会到戴恩的几何思维时刻在活跃着，他通过投影的方法，利用几何学的视角来研究拓扑学对象，得到了三叶纽结群的呈示，具体研究它的性质的过程中，戴恩再次通过几何方法，也就是他所给出的群的图来展开研究。三叶纽结群的图如图 2：

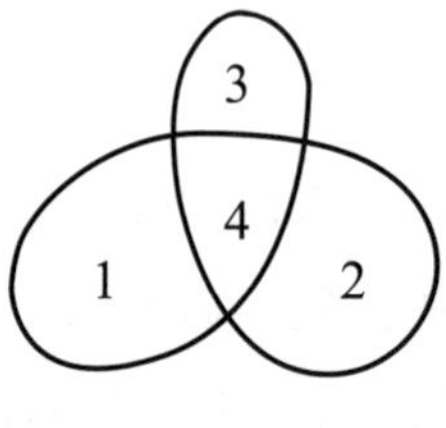

图 1 三叶纽结

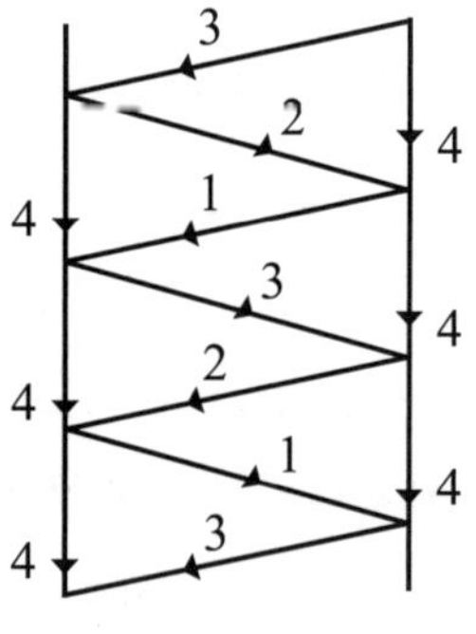

图 2 三叶纽结群

（生成元和定义关系分别是 c_1，c_2，c_3，c_4 和 $c_1c_4^{-1}c_2$，$c_2c_4^{-1}c_3$，$c_3c_4^{-1}c_1$）

他能做到这一点，与呈示概念的源起本身和几何学就有很深渊源是分不开的。在这个图中能清晰直观地看到，定义关系都构成三叶纽结群中群的图中的闭路径。

现在我们可以考虑一个一般事实，K 是拓扑空间中的纽结曲线，那么 K 不是纽结的当且仅当纽结群 G_K 是阿贝尔群。也就是说，纽结群中类似于 $aba^{-1}b^{-1}$，$aca^{-1}b^{-1}$，$bcb^{-1}c^{-1}$，…的字定义了群中的单位元，这对应于无限群论中的字问题。在群的图中来看，就是这些字是否构成闭路径。这个事实让我们看到同一问题在拓扑学、群论和几何学上的不同的表达形式。

通过上面的例子，我们能体会到戴恩的研究贯彻着几何学思想，笔者认为这是其能在多分支交叉领域取得重要成就的原因之一。这样，我们在理解其他交叉学科的研究时，可以尽可能地探寻它们本质的、统一的思想，如此就可以抓住事物的根本，事半功倍地学习和研究。

观其一生，戴恩以他卓越的能力，创造了数学史上的辉煌篇章。论数量，他还不能显露头角；但是论质量，那绝对要榜上留名。因为他真诚友善的性情，危难之时，总有人不顾危险地伸出援助之手；因为他乐于交流与共享，此生未竟的事业，有人前仆后继地在推进。组合群论的发展就是一个典型例证，戴恩和他的学生们作为一个群体，在组合群论的发展过程中作出了卓越的贡献。

总体而言，戴恩尽管无法与他的恩师希尔伯特相媲美，但他无疑也是一位很有创造力的数学家，有着独具一格的创新成果，这些成果不是从希尔伯特那儿直接继承来的。他不应该仅仅有希尔伯特优秀毕业生的光环，他智慧的光芒应该照耀到更广阔的地方，让更多的人可以欣赏。

五、追忆那时，犹太数学

纵观德国数学发展的历史，犹太血统的数学家为德国数学的发展乃至世界数学的发展作出了重要贡献。从 19 世纪到 20 世纪来看，雅可比作为椭圆函数论的创始人之一，在微分方程论与数论上都有重要的工作。康托尔创立了集合论，奠定了现代数学的基础。闵可夫斯基创始并发展了数的几何。另外还有克罗内克、数学史家 M. 康托尔、赫维茨、利普希兹、兰道等。以上这些犹太数学家都是在和平时期为数学奋斗终生的。

20 世纪 30 年代，希特勒的排犹运动使得很多犹太数学家也没能幸免，有的被迫害致死，例如豪斯道夫；有的漂泊异乡，美国、英国、以色列、巴勒斯坦等国家成为这些犹太数学家安身立命的选择。美国当时收容了很多科学难民，不仅仅是数学家，还有其他很多著名的科学家，像爱因斯坦。这些科学家为美国科学事业的发展作出了非常重要的贡献。逃往美国的犹太数学家，除了上面提到的，还有库朗，他是库朗数学科学研究所的第一任所长；诺特，被誉为“抽象代数学之母”；布饶尔、霍普夫、伯恩斯坦等。群论领域的数学家诺埃曼及其妻子逃到了英国。公理集合论大师弗兰克尔逃到了以色列。群表示论领域的数学家舒尔逃到了巴勒斯坦。

不仅仅是这些处在历史特殊时期的德国犹太数学家，其他国家的犹太血统的数学家在本专业领域表现得也非常出色。例如，西尔维斯特（英国）、冯·诺伊曼（原籍匈牙利，后入美国籍）、维纳（美国）、阿达玛（法国）、韦伊（法国）、施瓦茨（法国）、佩雷尔曼（俄罗斯）等。

对包括戴恩在内的这些犹太数学家的介绍，让我们更好地理解了“数学家是有国界的，数学是没有国界的”这一箴言隽语的深刻内涵，同时希望对此感兴趣的读者可以进行深入的研究和分析。

（作者：王艳　邓明立）

参考资料

[1] I. M. James. History of Topology [M]. Amsterdam: Elsevier, 1999: 965-978.

[2] M. Dehn. Papers on Group Theory and Topology [M]. John Stillwell (trans.), New York: Springer-Verlag, 1987.

[3] J. W. Dawson. Max Dehn, Kurt Gödel, and the Trans-'Siberian Escape Route' [J]. Notices of the AMS, 2002, 49(9): 1068-1075.

[4] R. B. Sher. Max Dehn and Black Mountain College [J]. Mathematical Intelligencer, 1994, 16(1): 54-55.

[5] D. Peifer. Max Dehn: An Artist among Mathematicians and a Mathematician among Artists [J]. Journal of Black Mountain College Studies, 2011.

[6] 王淑红，邓明立．弗兰克尔：一代公理化集合论大师[J]．自然辩证法通讯，2015，37(1)：134-141.

克劳德·谢瓦莱

（Claude Chevalley，1909—1984）

克劳德·谢瓦莱
布尔巴基巨匠、数学结构代言人

布尔巴基学派是世界数学史上的重要学派之一，早期代表人物主要是第一次世界大战后法国崛起的一批数学家：嘉当[1]、韦伊、谢瓦莱、丢多涅等。谢瓦莱作为布尔巴基学派的主要创始人之一，他的研究以严谨抽象的数学风格而著称，布尔巴基学派的结构主义思想受其很大影响，称他为该学派的巨匠乃实至名归。与此同时，他与德国数学家阿廷和哈塞等人的学术关系也体现了当时欧洲大陆数学发展的主要趋势。

谢瓦莱使类域论摆脱了ζ函数的解析数论工具，并将类域论推广到有限域及局部域，完成了类域论的算术化。1940年后他转而研究李群与代数几何学，出版的三卷本专著《李群理论》被奉为该领域的经典著作，以他名字命名的谢瓦莱群在有限单群分类方面起着重要的作用。此外，在代数群论、李代数上同调理论、交换环论和代数几何等诸多领域，谢瓦莱也有许多经典工作和贡献。本文以这位法国数学家的工作和布尔巴基学派的关系为线索，论述他的数学工作对布尔巴基学派的影响，在此基础上尝试更全面地评价谢瓦莱的贡献，以期更好地理解20世纪上半叶数学相关领域的发展及其影响。

一、高等师范学校的高材生

1909年2月11日，谢瓦莱生于南非首府约翰内斯堡，谢瓦莱的双亲都来自新教家庭，母亲是法国南部加尔文教派牧师之女。谢瓦莱的祖父是瑞士的钟表制造者，后移居法国，他的父亲先是在几家中学教书，后转向外交界。幼年时的谢瓦莱就显示出了非凡的智力。1926年，17岁的谢瓦莱考入著名的巴黎高等师范学校。这所学校的入学考试难度居法国大学之首，是名副其实的名牌大学。该校在数学教学、研究与人

1　本文中嘉当若无特别声明，均指法国数学家亨利·嘉当。

才培养等方面享誉世界，共培养出 10 位菲尔兹奖得主、4 位沃尔夫奖得主和 1 位阿贝尔奖得主，其中塞尔更是世界上极少数集上述数学三大奖于一身的数学家。

巴黎高等师范学校学制为四年，前两年学生在综合性大学注册学习，以获取大学三年级学习文凭和学士学位，后两年在本校教师指导下准备中学教师全国会考，通过会考者可获教师资格。1929 年，谢瓦莱只用三年时间就毕业并取得中学高级教师职衔，其聪明程度可见一斑。在 1929 年 3 月的一次关于分析学的考试中，谢瓦莱得到的评语是：能通过熟练的推理来成功解题……使用了意想不到的方法，而这些方法都是非常困难的。

大学时，年轻的谢瓦莱对文学和哲学也产生了浓厚兴趣，特别是科学中与哲学相关的语言学问题。他借阅了许多相关书籍，如法国剧作家、语言学家雷努阿尔的词典“Lexique Roman”，再如法国著名作家纪德 1909 年出版的代表作《窄门》，等等。[1]

在校期间，谢瓦莱跟随法国数学家皮卡进行数学研究，还与大他 1 岁的埃尔布朗和洛特曼相识，三人成为很要好的朋友，结下深厚友谊。此处我们再简要介绍一下埃尔布朗。

埃尔布朗 1908 年 2 月 12 日生于巴黎，17 岁时以第一名的成绩考入高等师范学校，在校期间与谢瓦莱相识。除数学外，埃尔布朗还对哲学和诗歌有很大兴趣，借阅了大量哲学和诗歌方面的书籍，如柏拉图哲学、歌德诗集等。1928 年，埃尔布朗在韦西奥指导下完成了关于数学逻辑的博士论文，之后在德国度过了 1930—1931 学年。他先在柏林跟随冯 · 诺伊曼，后来分别跟随阿廷和哈塞学习。1931 年 6 月中旬，他到格丁根追随诺特。1931 年 7 月末，他到法国伊泽尔省的 La Bérarde 地区去登山，7 月 27 日在攀登阿尔卑斯山脉的 Baus 峰成功下撤途中，遭遇事故不幸去世，年仅 23 岁。埃尔布朗在数理逻辑和代数数论方面的工作得到许多大数学家的好评。谢瓦莱和洛特曼在为埃尔布朗所作的传记中将他的工作视为抽象和严格的典范。可以试想若他没有过早去世，一定也会成为布尔巴基学派的中坚力量。

二、崭露头角的类域论工作

1930 年到 1940 年的十年间，谢瓦莱主要研究局部和全局类域论，类域论是代数、

---

1 2013 年笔者在法国巴黎高等师范学校图书馆中发现了谢瓦莱大学时期的借阅记录。记录上清楚地显示了他大学期间的阅读兴趣和所借阅过的书籍。

数论和分析的完美结合，源于19世纪末克罗内克、海因里希·韦伯和希尔伯特的工作。希尔伯特1897年的《数论报告》为该领域迈出了一大步，更多的现代发展则由高木贞治、阿廷、哈塞、谢瓦莱等数学家完成。

1880年，德国数学家克罗内克就在给戴德金的一封信中提出了被称为“青春之梦”的猜想：每个虚二次域$K=Q(\sqrt{d})$的极大阿贝尔扩域是将K添加某种椭圆函数在全部有理点处的值而得到的域。这个问题是代数数论最重要的问题之一，1900年希尔伯特将其作为第12问题写入了著名的23个数学问题中。其实，1898年希尔伯特就已经建立了早期的类域论理论，对于代数数域k及其伽罗瓦扩张K，如果k的一次素理想p（绝对范数为素数的素理想）在K中能分解为K的一次素理想的积，当且仅当p是主理想时，称K为k上的类域，这种类域后来被称为“希尔伯特类域”，但他仅对类数为2的情形给出了证明。高木贞治是希尔伯特的学生，1898年到格丁根跟随希尔伯特学习。1903年，高木贞治部分解决了克罗内克猜想。1920年，他证明代数数域k的任何阿贝尔扩张K都可表示为k的类域，由此得到了类域论基本定理，他所建立的这种理论被称为高木类域论。在此背景下，克罗内克猜想由于成为高木类域论的一个特例而得到证明。从此类域论研究开始专注于代数数域k上的阿贝尔扩张。1920年9月25日，高木贞治在法国斯特拉斯堡举行的世界数学家大会上宣读了上述结果。另外，他还得到了类域论中重要的基本定理、分歧定理、同构定理、分解定理和存在定理。

从1923年到1926年，阿廷和哈塞开始研究高木的工作，并试图将其工作表述得更简单，并开始讨论希尔伯特第9问题。1927年哈塞发表“类域论报告”的第一部分，对高木的理论给出了更深入的论述。在此基础上阿廷提出了更一般的互反律（现称为阿廷互反律），并于1927年完成了证明，以《一般互反律的证明》为题发表，其中由阿廷映射明确得出了相对阿贝尔扩张与伽罗瓦群的对应关系。1930年，哈塞“类域论报告”的第二部分发表，论述了如何从阿廷的一般互反律中推导得出高斯、库默尔、希尔伯特和高木贞治的互反律。1929年，哈塞注意到了美国数学家迪克森的代数工作，并在哈雷大学组织了关于超复数理论的讨论班。此后，他开始将类域论的算术思想与可除代数理论中的代数思想结合起来。高木贞治和阿廷的工作成为希尔伯特之后类域论领域的标准工作，其特点也很明显：对于不同的阿贝尔扩张，高木类域论和阿廷类域论都要在不同的模M广义类群的商群上花费大量的计算，而谢瓦莱正是通过伊代尔的概念避免了如此烦琐的工作。

以上是类域论理论早期的发展背景，其中 19 世纪的代数数论的主流——解析方法对早期类域论影响颇深。在希尔伯特 1900 年提出的若干数论问题激励下，数学家开始在几个方向上拓展经典的数论和代数数论工作。在这个潮流中，一些德国数学家将其特有的代数思想和方法引入类域论领域，极大地推动了类域论乃至代数数论的发展。谢瓦莱正是在这样的情况下来到德国的。

毕业后谢瓦莱得到法国国家科学研究中心资助到德国继续他的研究，而埃尔布朗则获得了洛克菲勒奖学金，到柏林大学跟随冯·诺伊曼学习。谢瓦莱在 1931 年到 1932 年在汉堡大学跟阿廷搞研究，后来又在马堡大学跟随哈塞学习。1930 年，亨塞尔从马堡大学退休，哈塞便接替了他的位置。此后，哈塞开始跟布饶尔及诺特一起研究单纯代数，并最终确定了今天所谓的代数数域的布饶尔群。谢瓦莱到德国时，诺特正在研究超复数系与类域论的关系。受到诺特、哈塞和布饶尔的强烈影响，谢瓦莱也开始研究代数数论，并结合代数的方法表述了类域论。谢瓦莱这段时期的工作主要涉及代数数论，并得到德国学派的高度评价。而德国数学家对谢瓦莱的数学工作和思想也产生了深远影响。德国数学家的代数方法和技巧及研究的着眼点都令他受益匪浅，这从其数学工作中也可窥得一斑。无论是仿照哈塞推广其模剩余理论，还是对阿廷方法的继承与创新，或是在信中与诺特探讨类域论算术化，谢瓦莱的工作都深深地受到了诺特、阿廷和哈塞等人的影响，就连他力求简洁抽象的文风都受到德国数学家的影响。

1933 年，谢瓦莱在博士论文中摆脱了阿廷的解析方法，将类域论推广到有限域及局部域（如亨塞尔给出的 p- 进域），奠定了自成体系的局部类域论的基础。他证明可以直接从 p- 进域出发来考虑其阿贝尔扩张，这样要比全局类域论更简单。接下来几年，他致力于在类域论中消除 ζ 函数等解析数论的工具，这在前人的证明中是不可或缺的。为了能描述无穷阿贝尔扩张的类域论，他在 1936 年引入理想元的概念，并提到借助该概念可能完成类域论的形式化。1940 年，谢瓦莱将理想元改造为伊代尔，并完成了类域论的算术化工作。借助伊代尔，他既不用高木贞治的结果，也不用解析数论，而通过局部类域论得到了和全局类域论相同的结果，这也被誉为第一个“从局部过渡到整体”的明确实例。此后，伊代尔概念成为代数数论的基本概念。

1936 年谢瓦莱接替了韦伊在斯特拉斯堡大学的职位，这是他的第一份教职。1937 年至 1938 年他在法国西北部城市雷恩接替了丢多涅的教学研究职位，1938 年到普林斯顿高等研究院就职。二战爆发后，在法国驻美国外交官的建议下谢瓦莱滞留美国，并在普林斯顿大学工作到 1948 年，之后在哥伦比亚大学执教直至 1955 年。美国学生发现谢瓦莱要求严格，并没有太多的学生愿意跟随他做研究工作，因此他在美国并没有很多学生。特别值得指出的是，1941 年我国数学家段学复到普林斯顿大学攻读博士学位，并与谢瓦莱有了一段被传为佳话的合作与研究。

1938 年秋，华罗庚从英国剑桥大学访问归来，成为西南联合大学－清华大学的教授。他讲授的“近世代数”课程以刚问世不久的范德瓦尔登《近世代数学》第一卷为蓝本，但又做了不少的修改。在这门课中，段学复担任了刻写讲义和批改学生习题的任务。他还参加了华罗庚开设的有限群讨论班，并开始研究 p 群，这也是段学复从事代数学特别是有限群方面的理论研究和培养人才工作的开端。

1939 年，段学复考取了留英公费生，并于次年 9 月进入加拿大多伦多大学。多伦多大学数学系是当时加拿大最大的数学系，他的导师布饶尔当时正在创建有限群的模表示论。在布饶尔的指导下，他很快就取得了一些关于 p 群的成果，并于 1941 年获得硕士学位，同年 8 月进入美国普林斯顿大学数学系攻读博士学位。

普林斯顿大学在当时有世界数学中心之称，代数学家韦德伯恩就在该校任教，谢瓦莱则是系里的年轻助理教授，学术上非常活跃。段学复在布饶尔和谢瓦莱的指导下，与他们合作完成了有限群的模表示理论和李群、代数群两方面的重要工作。1943 年，段学复获得普林斯顿大学哲学博士学位，并在普林斯顿做了两年博士后，其间曾到阿廷处做过 4 个月的访问学者，从 1945 年 9 月起到普林斯顿高等研究院担任外尔的助手，协助他修订经典名著《典型群》，一直到 1946 年回国。

在国外的这 6 年是段学复数学生涯中很重要的一个时期。而有幸向布饶尔和谢瓦莱这两位大师学习并与之合作，对于他的影响更是不言而喻的。

三、奠定声誉的工作

1940 年后谢瓦莱将研究方向转向先前并不熟悉的李群和代数几何学，并逐渐对任意域上代数几何学产生了兴趣，证明了代数簇局部环的一些主要性质。1941 年，他发表了两篇论文：一为《可解群的拓扑结构》，一为《李群一条性质的一个代数证明》。这也标志着他正式转向李群及代数几何领域。

1943 年，谢瓦莱利用矩阵的张量不变量定义了矩阵复型，并刻画了幂零矩阵的复型。当时他正在主持一个李群讨论班，他和段学复得出：如果将代数的李代数定义为包含其中任意元素的所有复型的矩阵李代数，则这样定义的李代数恰是莫瑞尔 1894 年研究的代数的李群的李代数，也就相当于证明了代数李群的基本定理：在复数域上，一个代数的李群的李代数必然是一个代数的李代数，反过来也成立，这个等价关系是代数群中的基本定理。这些概述性证明出现在他们合作发表于 1945 年的文章中。

1946 年、1951 年和 1955 年，谢瓦莱出版了三卷本《李群理论》。第 I 卷首次对李群理论的基础用整体观点做了前后一贯的系统叙述，并将其置于解析流形概念的基础之上，这本书也一直被奉为李群领域的基本参考书，并体现了谢瓦莱从 20 世纪 40 年代中期开始对李群领域纯代数方面越来越浓的研究兴趣。此卷第六章“紧李群及其表示”已基本属于代数范畴。他当时的目标有两个：(1) 考察如何用紧李群的表示的总体来重构其自身；(2) 借助紧李群的代表环来构建可将该紧李群同构嵌入的代数群。一般认为这三卷《李群理论》本应具有一脉相承的研究风格，但事实并非如此。第Ⅱ卷在代数李群和李代数的框架下重建了整个理论，与第 I 卷内容基本相互独立。而在某种程度上，第Ⅲ卷是关于李代数基本结果的标准阐释。

1951 年，谢瓦莱出版了《单变量代数函数入门》一书，书中严格而又严谨的代数风格，引起人们广泛的注意。韦伊将这本书与戴德金、韦伯关于代数函数的经典著作和外尔的《黎曼面的概念》进行对比，并高度赞扬了谢瓦莱的工作。他写道：

> （谢瓦莱著作的）覆盖面远远超过了前者，甚至在书的最后一章，竟与后者有些相似。通过纯粹代数的方法从代数函数理论全面的广泛性来考虑其原理和准则，这是最好不过的事情了！表面上看，谢瓦莱对待该研究领域的态度有些片面，但实际上他的工作是很有价值的，不仅仅对那些自身喜欢代数方法的人，就连对那些希望能确定代数方法的应用范围和局限性的人一样有价值。

1953—1954 学年，谢瓦莱到日本访学，不久便发表论文《论某些单群》，这可以说是他最有影响力的论文之一。这篇文章的重要性和开创性不在于其所展示的新单群，而主要在于其所涉及的群的统一处理方法。谢瓦莱发现在伴随表示下可看成线性群的复单李群能通过单参数子群生成系表出，但这只在巧妙地选取李代数基的情况下才成立，这样选取的基现在称为谢瓦莱基。他在这篇文章中研究的特殊有限群现在被称为谢瓦莱群，如果没有这些研究，有限单群的分类是不可能完成的。

谢瓦莱对于代数几何基础的兴趣保持了十多年，他不仅热衷于研究基础本身，而且对代数群还作了许多研究，实际上代数几何基础就是谢瓦莱和嘉当举办的讨论班的主要议题。

1955年谢瓦莱回到法国，成为巴黎大学的教授，并一直执教到1978年退休。在巴黎他还主持了“谢瓦莱讨论班”。第一期讨论班于1956—1958年度举行，主题是李代数的群的分类；第二期于1958年举办，主题是周环[1]及其应用；第三期于1958—1959年度举办，主要讨论皮卡簇。从1968年到1984的16年间，讨论班的主题一直是有限群，这个讨论班还一直坚持到了现在。

四、布尔巴基学派的结构主义者

20世纪20年代，一战刚刚结束不久，百废待兴，有一批人陆续走进巴黎高等师范学校求学。他们是1922年入校的韦伊和德尔萨特、1923年入校的嘉当、1924年入校的丢多涅、1926年入校的谢瓦莱。在校期间，他们都是阿达玛讨论班的听众和报告人。阿达玛讨论班由法国数学家阿达玛在1913年创立，对布尔巴基学派有重要影响。

1933年，韦伊、嘉当和谢瓦莱等人准备成立自己的讨论班，并向年轻的教授儒利亚[2]寻求支持。在儒利亚帮助下，他们开办了“数学讨论班”，直到1938年因第二次世界大战中断，后被称作“儒利亚讨论班”。几年后，儒利亚讨论班核心成员中的一些人成立了布尔巴基学派。

谈到布尔巴基学派的肇始，韦伊这样回忆：1934年的晚些时候他和嘉当以古尔萨标准教材教授微积分。嘉当为了将课程中的章节处理得更好而向他求助，而韦伊也有自己的问题。韦伊提议应和其他大学教同样课程的朋友会面，一起决定如何处理教学中的问题。由此，便有了嘉当与韦伊和德尔萨特、谢瓦莱、丢多涅及其他一些人在巴黎的定期会议，这个群体就是后来所谓的布尔巴基。

1934年12月10日，星期一，这群青年数学家举行了第一次会议，于是布尔巴基

---

1 周环，即周炜良环或周氏环。周炜良（1911—1995），华裔数学家，在代数几何方面有诸多贡献。

2 儒利亚，法国数学家，以创立儒利亚集而闻名。第一次世界大战爆发后，21岁的儒利亚应召入伍，在一次袭击中被炸掉鼻子，因而整日戴着面罩。

正式宣告成立。他们每隔一周的周一在巴黎集会，中午就在距卢森堡公园不远处的圣米歇尔街旁的咖啡馆内聚会，一起高谈阔论他们的宏伟目标，下午到庞加莱研究所参加儒利亚讨论班。有了固定的日期和聚会地点，布尔巴基的活动日渐频繁。从1934年12月到1935年5月，短短5个多月的时间里，他们就召开了10次会议，宏伟目标也在逐步变成现实。

韦伊的说法在嘉当和保莱尔那里也得到了印证。

嘉当说：当时法国很多数学家都死于一战，我们之前，数学家青黄不接。一些数学家开始到国外去——尤其是德国——看看那里到底在研究些什么。这就是数学复兴的开始。这应该归功于韦伊、谢瓦莱和波塞尔。作为对韦伊最初倡议的回应，上述这些人集会并组建了布尔巴基。

保莱尔也回忆称数学家们打算采取（比以往传统的）更精确更严格的方式去著书立作，而谢瓦莱便以严格的作品而著称：

> 即使是对布尔巴基学派来说，有时候谢瓦莱的工作也太严格了，他的作品常因“太抽象”而被拒绝接受。

在女儿凯瑟琳看来，谢瓦莱更多的是对严谨性的执着追求。凯瑟琳这样回忆他的父亲：对他来说，把问题当作整体来考虑，从全局角度来考虑证明的必要性是至关重要的。布尔巴基所有的成员都关心严格：布尔巴基当初的动机就是要弥补法国数学家严格方面的不足。……对我父亲来说，缺乏严格性就如同在泥泞的道路上散步时，不得不时常捡拾地上的污物才能前行。一旦扫除了地上的污物，就会得到数学目标——一种本质上关键在于其结构的结晶体。建立起结构后，他会说这是一个打动他的东西……对于他来说，数学的严格性在于由此产生的新的对象可在后面的研究中保持不变。

谢瓦莱对当时的数学发展有着独到的见解。他曾写道：

> 现在数学寻求的定义都是在理解层面上的，也就是说是通过数学对象的特性，而不是扩展的，即结构层面上的。但这并不是（数学的）最终情景……对已知数学事实的结构的分析远没有完成。

也就是说，他已经觉察到了当时数学研究仅注重了数学对象的性质，而忽视了对结构的研究。这种思想不可避免地对布尔巴基学派的工作产生影响。

可以看到，谢瓦莱推崇的正是布尔巴基学派借以成名并赖以生存的结构及结构主义。从这个角度上说，谢瓦莱是布尔巴基学派抽象严格风格的设计师，更是一位不折不扣的结构主义者。

谢瓦莱还深入研究了希尔伯特的数学哲学，并认为公理理论及理论的公理化已深深地影响了数学，最明显的体现就是数学写作的风格，这一点对日后布尔巴基学派的写作影响甚巨。谢瓦莱写道：

> 事实上，希尔伯特的平面几何理论并不去定义那些来源于其他概念的定义，然后推论点、直线的属性等，而是完全不考虑这些事物的性质。这个理论只是给出一个描述性定义和给定条件，一个具有基本属性的确定数值，一些假设，这个理论建立在假设之上。……这个理论只是一直不停地推论，验证面上的点与实数对有关联，或更确切地说，如果人们用实数创立的事物来替换点和直线，这些理论的假设就能成真。无论如何，实数理论能被看作无矛盾的，几何也是这么构成的。

他还论述了实数理论公理化后应怎样重新认识实数体系，并写道：

> 实数的集合既是一个域，又是一个拓扑空间，还是一个拓扑群，一个有序集，一个度量空间等。……当今数学定义所理解的数学事物，也就是说通过它们特有的性质，即结构。

他的这些认识大大超越了他的时代，对比布尔巴基在《数学原理》中提出的序结构、代数结构和拓扑结构，谢瓦莱的确应该被视作布尔巴基的精神导师，并直接影响了布尔巴基学派的整体认识。

五、数学之外的谢瓦莱

除数学外，谢瓦莱的爱好广泛，堪称一位名副其实的“博学家”，也有丰富多彩的人生。尽管不算是激进人士，但他至少可算得上是热心于政治的。他是 20 世纪 30 年代成立的法国青年组织新秩序的创立者之一。

1982 年他曾明确要求其全集应该包括那些非数学的文章，这主要是出于两方面的原因。一方面，他毕生致力于认识论和政治；另一方面，他认为数学家全集不应该只是写给数学家看，而应该让科学史家也愿意去读。但数学史不可能是超脱于总体思想世界的纯而又纯的东西："我认为数学史不应该总是关注于在某年某数学家证明了某某定理这样的史实，而应该研究出版物中的数学趋势及认识论、哲学和社会趋势之间的关系。"由于这些原因，谢瓦莱并不想将数学文章与其他文章分开来结集出版。

谢瓦莱文集的编委之一卡蒂埃教授也写道：

> 谢瓦莱是各种政治和艺术方面先锋团体的成员。……他写了许多小册子和笔录。……数学是谢瓦莱生活的最重要的组成部分，但他并没有将数学和生活的其余部分严格区分开来。

谈到原因，卡蒂埃将这归于谢瓦莱父亲外交官的职业。

生活中的谢瓦莱非常热心，乐于助人。1958 年到 1959 年印度数学家瑟哈里参加了第三期谢瓦莱讨论班。当时的瑟哈里还是一个默默无闻的学生，讨论班里许多数学家的报告都令他摸不着头脑，但还是"虔诚"地参加了讨论班。在谢瓦莱的帮助下，瑟哈里在讨论班上作了若干演讲。当看到瑟哈里理解并在报告中阐述了自己的思想，谢瓦莱看起来很是高兴。他还经常邀请瑟哈里到家里去研究讨论班上未完成的有关问题。

在巴黎的最后一年，瑟哈里要从学校宿舍的一幢公寓搬出，但必须由导师向公寓管理员出具一份例行公事的证明信，瑟哈里求助于谢瓦莱。于是，谢瓦莱写了一封饱含溢美之词的证明。没想到，公寓管理员看到信后竟然不同意如此优秀的住宿者离开。通过这件小事，谢瓦莱的热情便可窥一斑。瑟哈里这样回忆自己的老师：

> 通过与他的交往，我能感觉到他身上的那种优秀品质。与这位伟大的数学家近距离相处共事确实是一件人生幸事。

谢瓦莱一生所得到的荣誉并不多，仅仅只是 1940 年发表在《数学年刊》上的关于类域论的论文为他赢得了1941年美国数学学会的柯尔奖。1948年他得到古根海姆奖金，1967年成为伦敦数学学会成员。1984年6月28日，谢瓦莱在巴黎病逝。

六、结语

谢瓦莱数学工作的影响可谓广泛而深远，对其工作和数学思想进行分析，有以下几点值得我们思考。

首先，谢瓦莱的数学思想与数学工作对布尔巴基学派的数学风格有着重要的影响，而这些则某种程度上源于其在德国期间的访学经历。将谢瓦莱的类域论工作与20世纪30年代数学发展结合起来，可以发现其类域论工作在相当大的程度上带有德国数学的印记，其工作也体现了法国和德国数学交流及那个时代的发展特征。特别要指出的是德国数学家哈塞和诺特。哈塞在谢瓦莱类域论工作中扮演了重要的角色，或许我们可以说没有哈塞就没有谢瓦莱对类域论的工作。从两人往来信件中可以看出，哈塞实际上已经成为谢瓦莱与德国数学家联系的主要纽带。尽管谢瓦莱很少引用诺特的工作，但诺特仍应被视为谢瓦莱类域论工作的推动者。其实布尔巴基学派的工作也正是建立在诺特和阿廷的思想之上。

其次，从数学学科创新的角度来分析谢瓦莱的工作，特别是其类域论工作，以跨领域视角来解读其类域论工作，可以更好地理解谢瓦莱的数学思想。从类域论层面理解，正是伊代尔的概念使谢瓦莱摆脱了ζ函数、L函数等解析理论和解析工具，也使类域论的叙述更为简洁。在此基础上，谢瓦莱用拓扑群理论来处理无限扩张，重新构建了类域论，从此伊代尔的概念作为基础成为类域论工作的标准内容，显得越来越重要。从学科交叉及整体数学科学广义层面看，谢瓦莱借助伊代尔概念直接将类域论与拓扑群和泛函分析理论的发展紧密结合在一起，使类域论的内容更加丰富，工具也更加先进抽象，结果也更富有借鉴意义。

此外还有一个问题值得我们深思，那就是如何对数学家的工作给出更全面合理的评价。谢瓦莱的工作大致可以分为两个时期：1940年之前的类域论时期和之后的李群和代数群理论时期。丢多涅曾在纪念文章中概述了谢瓦莱的数学工作，其中对谢瓦莱1940年之后群论和代数群方面的论述占据了文章的大部分篇幅。他直接写道：谢瓦莱对数学的最重要贡献当数他在群论方面的工作。可以看到，谢瓦莱在1930年至1940年关于类域论的工作似乎并不被认为是其最重要的数学工作，没有受到更多重视。从历史的发展来看，我们不能也不应将数学家在不同时期的不同领域的成果简单地对比，而应将数学工作放入所属领域，从分支及领域的发展史来评判其重要性。如果有可能的话，在数学发展的大环境下，综合考虑数学家在不同领域所做工作的重要性，而不是限于单纯的比较研究。当然，这就将问题导向了更宽泛的研究领域，不仅涉及数学的发展，还涉及文化、经济等社会环境的多个方面的因素，这给数学及数学史工作者提出了更多维度的问题，这些问题也更值得进一步深入研究，对现代数学也将更具有现实意义。

（作者：阎晨光　邓明立）

参考资料

[1] I. Kleiner. A History of Abstract Algebra [M]. Boston · Basel · Berlin：Birkhäuser，2007：76.

[2] S. Iyanaga. K. Iwasawa， K. Kodaira， K. Yosida. Teji Takagi Collected Papers [M]. Tokyo：Springer-Verlag，1990：363-364.

[3] 胡作玄. 布尔巴基学派的兴衰：现代数学发展的一条主线 [M]. 上海：知识出版社，1984：80-81.

[4] 张祖贵. 著名数学家段学复教授及其成就 [J]. 中国科技史料，1994，15 (2)：77-88.

[5] P. Cartier. Claude Chevalley [J]. Notices Amer. Math. Soc.，1984，31：775.

[6] C. S. Seshadri. Chevalley：Some Reminiscences [J]. Transformation Groups，1999，4 (2-3)：119-125.

[7] M. Tent. Emmy Noether：The Mother of Modern Algebra [M]. Massachusetts：A. K. Peters，2008：137.

[8] 阎晨光，邓明立. 谢瓦莱在类域论方面的贡献 [J]. 自然科学史研究，2011，30 (1)：108-117.

爱米·诺特

（Emmy Noether，1882—1935）

爱米·诺特

抽象代数学的兴起人

1964 年，在纽约市举办的世界博览会上，各个公司都摆出他们研制的产品争奇斗艳。可是有一家大计算机的制造厂商在展出他们最新式机器的同时，专门开辟了一间展室完完全全献给数学。在“近代数学家”的标题下，回顾了这门古老的科学从古到今的发展历程。在 14 平方英尺的狭小地带，陈列出大约 80 位近代数学家的照片和他们的事迹，其中只有一位女性。她看上去既没有漂亮的容貌，也没有学者的风度。谁又能看得出她竟然能和康托尔、希尔伯特、勒贝格、嘉当、哈代、阿达玛、维纳、冯·诺伊曼、外尔等 20 世纪最著名的那些数学大家相与为伍、平起平坐呢？

对于大多数人来说，爱米·诺特似乎是一个陌生的名字。其原因：一是数学本就很抽象，二是在抽象的数学中都堪称更加抽象的抽象代数，离现实世界实在是太远了。普通人绝少能够明白其中的精妙，而作为这抽象之抽象的抽象代数的主要缔造者——爱米·诺特，其名字不为人知也就不难想见了。不像 20 世纪的物理学家爱因斯坦，虽然他的理论也抽象，但与人们抬头就能望到的星空却有某种神秘的联系，从而给了人们无限的想象空间而使人神往，最后人们反而记住了他的名字。女性数学家爱米·诺特在社会大众中虽然默默无闻，却不影响她在数学界中的赫赫地位。本文将对这位数学家的工作和生活做个简要的评述和勾勒。

一、成长：一个女人为获取博士学位和讲课资格的奋斗

作为一个女性数学家，爱米·诺特的工作和生活环境，即使不是最艰难曲折，也决不能说是非常顺利的。但她在这种环境中仍然脱颖而出，成就了不世之功。

她出生在一个犹太后裔的家庭，可以想象这种出身在 20 世纪 30 年代是逃不脱纳粹掌权后的洗劫的。尽管她的种族和性别并不利于她的成长，但她也有一个优裕条件——她的父亲麦克斯·诺特是个数学教授，这对她成为数学家可能是一个关键。麦

克斯·诺特于1844年生于德国曼海姆，他从1875年起在埃尔兰根大学任教授，是位代数几何学专家。爱米·诺特的抽象代数学的具体背景，有些就来自代数几何，这与她的父亲肯定有某种联系。而埃尔兰根大学另外一位教授是戈尔丹，他1874年来到埃尔兰根，与麦克斯·诺特成为同事，并且使两家人成为至好的朋友。戈尔丹是有名的“不变式之王”，爱米·诺特最早的工作就是跟着戈尔丹做关于不变式的研究。

爱米·诺特1882年3月23日生于埃尔兰根，她在埃尔兰根市立高级女子学校读了三年，就算到了头。那些为培养女孩子的教育——宗教课、钢琴、跳舞，她都不感兴趣，只对学语言还喜欢。因此，这位从小高度近视、长相平常的女孩子的智力活动只能向语言方面发展。中学毕业后，她参加了争取当法语和英语教师的考试，顺利地通过考试，取得了当语言教师的资格。这是1900年4月的事情。

不过，到了1900年的秋天，她改变了主意，不想就这样过一辈子，数学对于她太有吸引力了，她决定到父亲所在的大学里去听课。虽说她父亲是埃尔兰根大学的教授，但是大学不允许女生注册，她可以交费听课，在这几百名学生里只有两名女学生。只有在极其罕见的情形下，可以征得主讲教授的同意，参加考试而取得文凭。1903年7月她通过大学考试。同年冬天，她到格丁根大学听课，大卫·希尔伯特、菲利克斯·克莱因、赫尔曼·闵可夫斯基等人的课，使她受到了极大的鼓舞。不过她只上了一学期，因为这时女生已享有同男生一样的注册、考试资格了。1904年10月，爱米·诺特正式注册进入埃尔兰根大学学习，专攻数学。1907年年底，她通过博士考试。

她的学位论文题目是“*n*元形式的不变式理论”，指导教师就是戈尔丹。这篇论文充满了戈尔丹式的公式，满篇都是符号演算，而且最后给出一张完整的表格，列出三元四次型共变式的完全组，共有331个。这真是件令人看了惊叹不已的工程！而更令人惊异的是，未来抽象代数学的缔造者最初却是按部就班地构造出她的所有结果来的。

她对戈尔丹的依赖并没有延续多久，1910年戈尔丹退休，1912年去世，接替他的是恩斯特·费歇尔。在费歇尔的指引下，她实现了从戈尔丹的公式化到希尔伯特研究方式的转变。从这时一直到1919年，她的工作主要是不变式论，而这也正是她后来抽象理想理论的实际背景。

1915年，格丁根学派的主将菲利克斯·克莱因和大卫·希尔伯特邀请她去格丁根。他们当时都热衷于相对论，而爱米·诺特的不变式论的功夫显然对于他们的研究很有用。不久，她就离开了故乡埃尔兰根，正式在格丁根定居、工作。到了格丁根之后，希尔伯特等人帮她申请在大学教书的授课资格。但是那些格丁根大学哲学系中的语言学家和历史学家却极力反对，他们的理由就是她是女人。希尔伯特直截了当地说出了那句势将流传千古的话语：

> 先生们，我不明白为什么候选人的性别是阻止她取得讲师资格的理由。归根结底，这里毕竟是大学而不是洗澡堂。

也许正因此而激怒了他的对手，爱米·诺特的申请没有通过。一直到第一次世界大战之后的魏玛共和国时期，她才算当上讲师。

在克莱因和希尔伯特的相对论研究的思想影响下，爱米·诺特在1918年发表了两篇重要论文。一篇是把黎曼几何学和广义相对论中常用的微分不变式化为代数不变式；另一篇就是所谓诺特定理，这是把不变性同守恒律联系在一起的极重要的思想。

不变式时期以后，她开始走上自己独立创建“抽象代数学”的道路，而这正是以后现代代数学的起点。

二、回顾：从古典代数学到抽象代数学

古典代数学是利用符号代替具体的数字来进行计算的。到了16世纪，代数的首要问题就是解方程，一般的三次方程和四次方程已有一定的算法去解出来了。其后，代数学家的主要目标就是去解五次乃至更高次的方程。不过，经过了300年，这个尝试却没有成功。挪威数学家阿贝尔上学时，曾经一度认为自己解五次方程获得成功，后来发现是错误的。然后他开始向另外一个方向试探，证明了一般五次或五次以上代数方程没有根式解，也就是不能通过系数的加、减、乘、除或开方而求出根来。这宣告代数学若沿着老路走下去，结果将是“此路不通”。虽然方程仍然有许多人在研究，但他们研究的是方程的数值解根的分布或者超越函数的一般解，这已经不是代数学的主流了。

代数学主要方向的转换也起源于方程论，阿贝尔文章发表之后不久，伽罗瓦证明了同样的结论。当然，比起结论来，伽罗瓦的方法论意义和影响要大得多。整个代数学由于他创始的群及域的观念而使自身的对象发生了根本的改变。这种远离古典代数学的“异端”，当然不是一下子就被人们所接受，而是经过四五十年，人们才逐渐感到，数学的对象除了“数”与“形”，还有“群”这类的抽象对象。更深入的研究发现，在数学中，群几乎无处不在，而且很早就有，不仅如此，群还是数学统一性的象

征，群不仅能使几何学统一在它的旗帜下，说不定整个数学都能用群来统一。此时此刻，“群论”已经堂而皇之成为数学的正统了。

但是，很长时间里，人们只停留于研究具体的群——变换群，也就是由把方程的根互相置换的所有置换所组成的置换群，或者是把图形变到它自身的那些变换所组成的变换群。能不能把各种具体的群的共同特征抽象出来呢？能不能不管群元素的具体特征，而只考虑抽象元素构成的群呢？古典代数学不正是不考虑符号所代表的具体的数，而只考虑满足数的运算规则的抽象符号吗？19世纪已经有了研究方程根的置换的置换群论、研究几何图形变换的变换群或运动群理论、研究结晶体的结构的晶体群理论、研究自守函数的离散变换群理论、研究流形变换的连续变换群（李群）理论等。很自然，在这些具体群论的基础上，自会有人研究抽象群理论。

虽然很早就有人提出抽象群的概念，但是只有到19世纪末，当抽象群可以概括所有具体群的共同性质，而且能够通过抽象方法进行研究取得巨大成就来论证自己独立存在的价值时，抽象群论才应运而生。

有了抽象群的概念之后，可以很自然地把许多具体群论的结果都推广到抽象群论中来，但是更主要的是，要有自己的研究课题。

抽象群的基本问题是群的结构及分类问题。例如求出给定元素数的所有不一样的群。对于元素数目少的群，这问题只需要一个一个去试，去列乘法表即可。当数目增多时，这问题就变得极为复杂。因为一个群里还会有各种子群，子群里又有子群，子子孙孙有时可以无限延伸下去。于是可以把这个问题分成两部分：一是找出比较基本的、简单的群——单群，二是把这些单群组成复杂的群。前者就相当于找出群的原子，后者就相当于由原子组成各种各样的分子。这个问题显然是群论里最根本的问题。特别令人兴奋的是，有限单群的分类问题在一两年前已经完全解决，这是抽象群论的伟大胜利。

抽象代数的另外一个分支是域论。伽罗瓦不仅仅是群论的创始者，也是域论的创始人，只不过他并没有建立抽象域的观念而已。他的域是由 n 个数 a_1，a_2，…，a_n 经过加、减、乘、除（零不做除数）后所得到的所有数的集合。这种域并不新鲜，有理数全体、实数全体、复数全体就是这种域的好标本。除了这些域，戴德金还引进了代数数域的概念。高斯和库默尔都引进过具体的代数数域，也就是代数方程 $a_0x^n+a_1x^{n-1}+\cdots+a_{n-1}x+a_n=0$ 的根（其中 a_0，a_1，…，a_n 都是有理数）。而戴德金把它们放在一起来考虑，构成一个代数数域。代数数域非常多，它们有大有小，但都包含最小的无限域——有理数域。代数数域的理论构成现在蓬勃发展的代数数论这个分支，也成为现代抽象代数的主要来源之一。

虽然有了许多具体的域为模型，但是抽象的域理论一直到1910年的施泰尼茨时才开始形成。

三、前进：走出公式的丛林

爱米·诺特的抽象代数学体系就是在这种背景下产生的。第一次世界大战后不久，她的研究方向出现一个急转弯，后来的工作集中于现在所说的“环论”。这时她对自己以前的工作则不屑一顾。有人提到她那工作量惊人的论文时，她轻蔑地回答说：“那些公式的丛林！”她的思想方式完全改变了，现在她完全用自己独创的思想、概念、公理来思考，整天与同构、同态、模、剩余类、理想打交道，不再搞那些一眼望不到边的计算。正是她开辟的这条近世代数的途径，完全改变了代数学的面貌。

荷兰数学家范德瓦尔登说爱米·诺特在这时期工作的主导思想是：

> 数、函数、运算之间的关系，在由它们的特殊对象分离开来并且表述为普遍适用的概念之后就变得更加透彻明朗，可更广泛地应用，产生更加丰富的结果。

第一次世界大战以后她的研究大致可以分成两个阶段，以1925年划界。前一阶段主要是一般理想理论，后一阶段主要是结合代数理论。她和施迈德勒合写的著名文章是前一阶段的起点。这篇文章研究的是微分算子环，比她以后研究的环都更一般，其中首先出现了右理想及左理想的概念。而抽象环论真正的奠基性工作是1921年的文章《整环的理想理论》。

不过，爱米·诺特对于理想理论乃至更一般的模论的兴趣并不是从战后才开始的。从她和埃米尔·弗歇尔的通信及1917年6月在德国数学会的讲演可以看出，她很早就钻研过这方面的所有前人的工作。像美国数学家拉斯克及麦考利等人的工作，长期以来就不为大家所知道，甚至美国数学家都不怎么了解，更不用说德国的数学家了。1917年6月爱米·诺特在德国数学联合会上的报告，就是介绍拉斯克的工作。当然，德国数学家特别是希尔伯特的思想及著作对她更是具有决定性的影响。

爱米·诺特在创立抽象代数理论时，吸收了过去著名数学家的许多思想，用自己的方法加以整理提炼，产生了惊人的结果。她可以说是受戴德金的影响最大。1930 年到 1932 年她同其他人一起编辑出版了戴德金的三卷全集。在戴德金的许多文章末尾，她都加上了自己的评注。她用自己的语言、自己的概念，清晰地解释了经典著作的关键所在及以后的发展。这表明她的抽象化不是天上掉下来的、为抽象而抽象的东西。她说过，她的研究很多“已经在戴德金的著作中就有”，这不仅反映她的谦虚，而且也说明她善于学习、能独立思考和消化前人成果，最后汇成自己的思想体系。

她的抽象代数文章是从理想理论开始的。“理想”这个概念并不是她的发明，而是百年以来代数数论发展的自然结果。代数数论是从整数论中不定方程（也叫丢番图方程）的求解问题来的，特别是费马大定理的研究直接刺激了代数数论的形成以及“理想”概念的产生。在研究费马大定理时，库默尔发现，某些代数数域里的代数整数（即满足整系数代数方程 $a_0x^n+a_1x^{n-1}+\cdots+a_{n-1}x+a_n=0$ 的根）并不能像有理整数那样唯一地分解成素因子之积。库默尔想了一个办法，引进一些理想数，使唯一因子分解定理又可得到恢复。戴德金的“理想”就是从这个理想数的概念中产生出来的。

戴德金看出一个整数同这个整数的所有倍数的集合一一对应，比如在通常整数的集合里 6 与 {0，±6，±12，±18，±24，…} 这个 6 的倍数的集合相对应。2 与 {0，±2，±4，±6，±8，…} 这个偶数的集合相对应。这个观念不仅可以推广到代数整数上，也可以推广到理想数上面，这样得到的集合他就称之为“理想”了。对于代数整数的集合，戴德金于是就证明理想可以唯一分解成素理想的乘积。

“理想”的另外一个来源是代数几何学。代数几何学研究由代数方程所定义的曲线、曲面等。在某个代数曲线或代数曲面上，如果某个多项式为零，则这个多项式乘任何多项式也等于零。所以在这个代数曲线或代数曲面上等于零的多项式的集合也构成一个“理想”。

整数的集合也好，多项式的集合也好，它们的元素相加、相减、相乘仍然属于这个集合。这种集合称为环。对于这种抽象环，爱米·诺特引进了抽象的理想概念。她通过对具体环的实例考察，抽象出来其共同特征，研究其中最重要一类环，即每个理想都满足升链条件。后来这种环就被称为“诺特环”。

爱米·诺特用这种公理定义的环推广了多项式环的准素分解定理，即任何理想是准素理想的交。她不仅推广了以前的结果，更重要的是在抽象公理方法上取得了首次伟大胜利。因此有些人把 1920 年看成抽象代数诞生的时刻。其后她证明了希尔伯特的零点定理，也是在一般条件下得到的结果。

交换环论还必须对代数数论的结果做出自己的回答。爱米·诺特在1925年用五条公理来刻画一类包含代数整数环在内的环，她称之为五公理环，后来人们改称为戴德金环。她证明对于这类抽象的环，戴德金证明的理想唯一分解为素理想的乘积的定理也成立。

通过这三个定理的证明，她奠定了交换环论及其应用的基础。在她之后的几十年里，交换环论不仅在理论上获得巨大的发展而成为代数学的一门重要分支，而且在代数几何、代数数论、拓扑学、多复变函数论乃至组合理论上都有了重要的应用。回顾这些发展可看出，正是爱米·诺特的方法给了这门学科以强大的生命力，无怪乎卡普兰斯基说她无愧是抽象代数之母。

四、格丁根：诺特的“孩子们”

爱米·诺特一辈子没有结婚，她把全部精力献给了她所热爱的数学。她很喜欢与别人进行合作与交流，完全没有私心，总是把自己的思想告诉别人，甚至让别人去发挥并发表。正因为这样，在她的周围聚集了一大批学生，他们形成了格丁根的一个十分热闹的大家庭。这些二三十岁的年轻人往往被称为“诺特的孩子们”，有男孩子也有女孩子，许多人后来也成了著名的数学家。

爱米·诺特在格丁根最活跃的时期是20世纪20年代。第一次世界大战之后，德意志第二帝国被推翻，德国经济萧条，民生凋敝，年轻人关心着“德国到何处去”的问题。从左翼社会民主主义到极右翼的法西斯主义，各种思潮纷至沓来。爱米·诺特没有把自己置身政治之外，她同情左派，参加过社会民主党，因此被某些人攻击为“信仰马克思主义的犹太女人”。

20世纪20年代的魏玛共和国对于这位犹太女人有多大好处呢？少得可怜！1920年她获得了在大学讲课的资格，也就是说，她可以靠讲课从听课的学生那里收费。1922年，她升任为所谓编外副教授，但这只是个没有薪水的空头衔。直到1923年，在大家的努力争取之下，学校当局才给了她一点点薪水，每月200 — 400马克，而且还得每年经过教育部重新审核批准。一直到1933年希特勒上台，她就是靠这点薪水维持着极为简朴的生活。

爱米·诺特在1920年年初开始讲课，她的教学才能大概不算太高明，有时讲课内容缺少系统性，不太连贯，没有形成完善的逻辑体系。但是，她经常会把自己独创性的思想讲出来与大家分享，而且充满了非同一般的热情。对于对此感兴趣的学生来说，她的讲课堪称富有启发性，常常能够激发起学生的主动思考。而在课下，她也喜欢与学生们一起讨论，许多创新性结果，就是讨论后由学生们整理完成，最后形成完整的表达。

简朴的生活使她对物质上的享受没有多大的追求。她经常同学生一起散步，热烈讨论问题，有时连下雨也不觉得。有这么一个传说，说她有一把旧伞，已经不太好用了，有人看不过去，建议她去修补修补，她回答说：

> 你说得不错，不过很难办到，因为要是不下雨，我就想不到雨伞，而要是下雨了，我可就需要用伞了。

雨伞这种小事也就算了，对衣食这样的生活大事，她也往往很不讲究。有人开她的玩笑，说她总是在相同的时间、相同的小饭馆里，坐在同一个座位上，吃着同一种粗茶淡饭。她大部分时间都忙于工作而没时间自己烧饭，不过在星期天，有时也会在自己那阁楼的小厨房中烧点饭菜。这种时候，一般是为了招待学生。吃完午饭后，她就跟大家一起出去散步，边走边谈数学，在乡下走很长的路，累了就坐在草地或木头上继续讨论。晚上回来，她又会在厨房里为大家准备布丁，同时还不忘忙中偷闲地讲点代数问题。许多年轻学生就是通过这种“散步教学”吸收了爱米·诺特的科学思想。

实际上，她的个人生活可以说很不幸福。1915 年母亲去世后不久，父亲和大弟弟、小弟弟也相继去世，那时候她才 30 岁出头，想必她的内心是很难过的。但是，她把这些痛苦和其他不愉快当作生活中的磨炼而努力泰然处之。她的弟弟弗里茨那时候早已当上数学教授，而因为是女性，虽有很高的学术水平，她却一直都没能当上教授。她没有因此表现出对工作和生活的沮丧，仍然一如既往地扑在研究和教育事业上，也许这就是她治疗内心痛苦的一种方法吧。

1930 年希尔伯特退休，外尔继承了他的教授职位。作为一个杰出的数学家，外尔接班成为继承人肯定是当之无愧的。他到格丁根之后经常同爱米·诺特一起散步聊天，讨论数学问题。从中他感到爱米·诺特数学造诣很深，也很有思想，甚至他认为许多地方比他还强，或者至少不输于他，但她却连教授都不是，这常使他深感不安。所以他曾多次为她的教职问题去教育部反映和争取，可是基本没有什么用处。在 20 世纪 20 年代，外尔和许多数学家也都注意到格丁根大学数学系中最活跃的就是爱米·诺特和她的学生圈子。相比之下，四位数学正教授加在一起所培养出来的学生却要少得多。

确实，她不是那种大家印象中的怪僻数学家——喜欢独来独往、自己一个人闷着头搞研究。她喜欢同年轻人在一起谈天论地、讨论数学。她教过许多学生，指导过许多学生的博士论文写作。也许正是在同这些年轻人的交往中她焕发出青春的活力，找到了生活的乐趣。她的思想也正是靠这些年轻人发展和传播的。没有他们，抽象代数学的思想就不会那么快地成长并且在整个数学领域中普及开来。而其中范德瓦尔登是最突出的一个。

范德瓦尔登1903年2月2日出生于荷兰。他在阿姆斯特丹大学毕业后，1924年到达格丁根。他对代数几何学很有兴趣，并且在此领域进行了研究，尝试给代数几何学建立起更严格的基础。他一见到爱米·诺特就把自己的研究结果给她看。这工作正是她父亲麦克斯·诺特“基本定理”的推广。她告诉范德瓦尔登：“你到现在所得的结果是正确的，不过拉斯克和麦考利已经得到了更为一般的结果。”她还把自己和学生亨采特的文章送给他学习。范德瓦尔登惊喜地发现，爱米·诺特实际上已经给代数几何学基础创造出了强有力的代数工具，而这正是他所需要的。他不久就掌握了爱米·诺特的思想，并依此写出了自己的重要研究论文。爱米·诺特马上推荐发表，根本没有提到在范德瓦尔登到格丁根之前，她已经在讲课中讲授过同样的思想。这种情况是范德瓦尔登很久之后听一位当时听过她讲课的学生说的。

爱米·诺特把许多代数结果在她的讲课中加以系统地阐述，形成了当时根本没有的抽象代数学体系。在爱米·诺特和阿廷的讲义的基础上，范德瓦尔登整理出《近世代数学》二卷，分别于1930年和1931年出版。这部书的出版在世界数学界引起了轰动。那时，布尔巴基学派的主要成员丢多涅正在柏林。他在这本书发行那天就立即买来，他说：

> 看到这个在我面前打开的新世界，我简直惊呆了。

他那时早已从巴黎高等师范学校毕业，却不知道什么是“理想”，而且才刚刚知道了什么是群！这本书在后来的几十年中，不仅引导大批数学家进入一个全新的领域，而且从此之后，为代数学的写法建立起了一个类似范德瓦尔登的范式，而和以前的书写方式大不相同。更重要的是，它传播了爱米·诺特的思想，从根本上改变了代数学的整个面貌，因此，这本书的第四版干脆把“近世”两字去掉，堂而皇之称为《代数学》了。

那时候，爱米·诺特对一门新兴的学科——拓扑学也很感兴趣，经常与来自苏联的年轻拓扑学家亚历山大洛夫一起讨论这个学科的很多内容，为这门新兴理论贡献了许多关键性的思想，促进了这一理论的发展。尤其是她把当时的同调不变量总括成分同调群，这对拓扑学的发展具有根本性的意义。因为，正是同调群的出现，才使利用抽象代数工具来研究拓扑学的代数拓扑学正式产生。

在亚历山大洛夫等人的热情邀请下，爱米·诺特在1928年冬天到莫斯科访问讲学。她在莫斯科大学教授了抽象代数课，并主持代数几何学讨论班，很快影响到了一批苏联的年轻人，直接推动了苏联抽象代数学的发展。

借此机会，她还同莫斯科许多数学家建立了联系，特别是庞特里亚金和O. 施米特。庞特里亚金是个盲人，他后来在拓扑群及代数拓扑中作出重大贡献，他工作中的代数风味无疑反映出爱米·诺特对他的影响。施米特是苏联著名地理学家，也是苏联开始进行群论研究的人，他和库洛什在爱米·诺特影响下，开辟了苏联的群论重要方向，成为苏联群论学派的创始人。

她思想进步，对当时苏联的生活与科学工作很有兴趣而引起了一些人的讥讽。她返回格丁根时，讲苏联这好那好，于是有人就挖苦她说："爱米·诺特太近视了，以致什么也没有看见！"

20世纪20年代，日本的正田建次郎也是格丁根的"诺特的孩子们"之一。他很快就掌握了抽象代数，并马上回日本进行普及。而且继范德瓦尔登《近世代数学》之后，正田建次郎用日文写了一本《抽象代数学》，是继范德瓦尔登以后第一本抽象代数的专著。后来日本的末纲恕一在1928年到1929年也到格丁根参加了爱米·诺特的圈子。从此，日本数学家或者到德国留学或者在日本进修，迅速产生出一大批有国际声誉的代数学家，像秋月康夫、浅野启三、中山正、车屋五郎、永田雅宜等人，他们直接学习和继承爱米·诺特的思想传统，推动了抽象代数学的发展。

爱米·诺特的"孩子们"当中，还有一位中国的代数学先驱曾炯之先生。曾炯之的博士论文就是在爱米·诺特的直接指导下完成的。他的研究结果中有一个现代文献经常引用的曾炯之定理：

> 对于代数封闭域上单变量代数函数域F，以F为系数的代数方程如无常数项，且次数d小于未知数个数n，则在F中存在一个非零解。

这个定理后来有许多推广。遗憾的是，抗日战争时期，曾炯之在西康去世，没有能够使抽象代数在中国迅速普及。

爱米·诺特更主要的影响是对布尔巴基学派成员的思想启示。在20世纪20年代，法国数学几乎是清一色的函数论。那些老派的数学家对当时兴起的什么抽象代数、拓扑学、泛函分析等新事物并不感兴趣，导致那时候巴黎高等师范学校的毕业生们大都不懂得什么是环、模、理想，甚至连“群”也所知甚少。年轻人不得不向国外主要是德国的数学家学习。韦伊、丢多涅、谢瓦莱等人先后来到德国，直接跟随爱米·诺特等学习，而这正是他们日后组织起来，用数学结构统一数学的思想基础。他们在第二次世界大战期间还把抽象代数方法应用于代数几何学、代数数论等方面，使得这些学科得到极大的发展。

爱米·诺特在1928年给哈塞的一封信里提到，在德国的抽象代数学热火朝天的发展形势之下，只有一位法国学者沙特莱是真正关心这方面的问题、在这方面进行研究的人。其后不久，那些法国的年轻数学家才加入到爱米·诺特的圈子里，呼吸到新鲜的数学空气，在他们的面前打开的正是一个全新的世界。

1929年谢瓦莱刚刚从巴黎高等师范学校毕业，就到了格丁根听爱米·诺特的课，他受到极大的启发，很快就写出几篇关于代数数论的论文。从此他同爱米·诺特、哈塞进行频繁的交流，很快就完成了重要的工作——类域论的算术化。韦伊可以说是当代最杰出的数学家了。他在数学几乎所有方面都作出了突出贡献。爱米·诺特的抽象代数方法对他后来的工作影响极大。

埃尔布朗是法国一位了不起的天才数学家。1928年他从巴黎高等师范学校毕业以后，同谢瓦莱一样，受到爱米·诺特及阿廷的影响，在类域论方面写了十篇论文。不仅如此，他还是头一位搞数学逻辑的法国数学家，他证明了著名的埃尔布朗定理，而且建议哥德尔用一般递归函数的概念，从此开辟了现代数学逻辑的一个巨大分支。1931年埃尔布朗到德国，周游汉堡、柏林，最后到格丁根，他的天才成就不止一次引起了德国数学家的赞叹。到了格丁根以后，他想跟爱米·诺特学习理想理论，那时候他整天同她一起讨论。7月份他到阿尔卑斯山去爬山，不幸失足坠崖身亡，年仅23岁。他的过早去世使法国数学中数理逻辑成为一个显著的缺门，也使布尔巴基学派丧失了一个天才的同伴。听到这个消息，爱米·诺特心情十分沉痛，一两个星期之后，她还说：“我心里总是摆脱不掉埃尔布朗。”她把这位年轻人寄给她的信及手稿补充整理用埃尔布朗的名字发表，作为她对这位年轻数学家的纪念，还同韦伊、谢瓦莱一起发表纪念文章。对于这些结识不久的外国年轻人，她不仅是位良师，而且是位慈母。

爱米·诺特的数学研究以及她的“孩子们”给格丁根带来了别样的光辉，并且对世界上其他国家的数学领域发展产生了巨大影响。这真是格丁根学派行将没落之前的“回光返照”，它使人想起20世纪初希尔伯特时期格丁根的那个黄金时代：几位年富力强、富有独创性的大师，一批批才华横溢的年轻人，一个不只是德国的，而且是欧洲甚至全世界的数学中心。在20世纪20年代，爱米·诺特在某种程度上将那个黄金时代再现于格丁根。

五、晚年：流亡美国，客死他乡

说来也怪，爱米·诺特一直到近40岁才进入她创造性的黄金时代，而一般来讲，二三十岁才是数学家创造的顶峰。况且，她是处在那样一个生活极不安定的时代。要是没有她那种乐观主义和献身精神，抽象代数学这朵奇葩不会开得那样早、那样美。

抽象代数学在20世纪20年代初如果还不能说十分普及，到20年代末至30年代初就已经成为代数学的主流了。她的工作受到国内和国际上的广泛重视。1928年希尔伯特率领代表团参加在意大利波隆那举行的第八届国际数学家大会，爱米·诺特被邀请作分组报告。而1932年在瑞士苏黎世举行的第九届国际数学家大会上，她被邀请作了大会报告。直到现在她大概是享有这一崇高国际待遇的唯一的女数学家。

她不仅对自己的学生有莫大影响，而且对许多当时著名数学家的研究工作有着积极的启发。他们多多少少都受到爱米·诺特抽象代数思想方式的影响。例如，阿廷继爱米·诺特之后所研究和建立的降链条件环、越复数系、实域等，成为抽象代数的重要组成部分。哈塞是爱米·诺特后期主要合作者，他的数论工作受到爱米·诺特的启发。爱米·诺特的预见性很强，她看到了各种结构之间的相似性。她告诉哈塞，代数数论中常用的范剩余记号无非就是循环代数。这个预言成为后来发展的转折点。同样，她同后来在抽象代数方面作出巨大贡献的克鲁尔和布劳尔也经常进行交流。据她同时代人的回忆，有一次爱米·诺特回到家乡埃尔兰根，在一次聚会上遇到克鲁尔，他们便热情地交谈起来，好像周围没有人一样。

1925年她结束交换环论的奠基性工作，又向另一个大领域进军，这个领域是结合代数的理论。虽然结合代数与交换环同属环论，但它们的来源却完全不同，发展道路也不一样。

自从复数在数论、代数、分析上应用取得巨大成功以后，许多人自然考虑能不能有一些更新的数也能进行通常数的运算，并有相应的性质。首先取得成功的是哈密顿。他在找寻能保持实数或复数性质的三维的数失败之后，进而寻找四维的数，即四个分量的数。他发现了四元数 $a+bi+cj+dk$，i、j、k 很像虚数单位 i，只是它们的乘法不再满足乘法交换律了。这一点牺牲换来它能够自由进行加减乘除而成为“数”的资格。哈密顿发现了四元数之后，就立即把四元数应用于数学及物理学。在他的影响下，麦克斯韦也在电磁理论中有意识地运用了四元数，不过，四元数从来不像复数那样发展成一套数学，至于在物理上的应用则在 19 世纪末为向量所取代。

四元数可以说是头一种“超复数”，其后，各种超复数相继出现。1870 年美国数学家老皮尔斯即本杰明·皮尔斯总结了已知的超复数，他称其为“线性结合代数”，这就是结合环理论的前身。爱米·诺特运用自己独特的方法建立了系统的非交换代数理论。她再次显示出她的深刻洞察力，把以前平行发展的几个理论——群表示理论、模理论与理想理论统一成为一个一般的非交换代数理论。

早在 1925 年，她在德国数学联合会上的报告，已经指出群表示论的核心部分——群特征标理论与理想理论有关系。后来在 1927 年至 1928 年度的讲课中，又对这些过去认为互不相同的领域的统一性加以深刻的阐明和推广。结果她把老的表示论从复数域直接推广到一般的域上，而表示论中的分裂域可以用“代数”的语言来刻画。反过来，分裂域与伽罗瓦群的交叉积成为研究代数结构的重要工具。

爱米·诺特在 1929 年提出一般“交叉积”概念，这推广了以前的循环代数概念。这些概念对于代数数论有着极为重要的影响。爱米·诺特清楚地看到，她所发展的结合代数的理论对于代数数论的重要分支——类域论也是重要的工具。她把类域论建立在结合代数的基础上，同时和哈塞、布劳尔一起证明了长期猜想的“代数主定理”：代数数域上任何中心单代数都是循环代数。这是抽象代数方法的一个伟大胜利。

由于有了明确的表述，她用交叉积代替循环代数就可以把某些类域论的定理，如主类定理推广到非阿贝尔扩张上面。一直到现在，这种所谓非阿贝尔类域论的结果还是不多的。

她的这些成就使得极为保守的数学家也不能不为之叹服。1932 年她在国际数学家大会上作大会报告时，许多在数论及代数领域工作多年的专家、学者对爱米·诺特以其独特的抽象方法一举漂亮地解决许多他们用计算的老方法长期攻不动的问题都深感惊异。由于她在代数和数论上的卓越成就，她和阿廷在 1932 年获得了阿克曼·托伊布纳奖。这些直到她50岁才姗姗来迟的荣誉，说明新生事物是不可战胜的，国际数学界最终还是承认了爱米·诺特的伟大贡献。这位外表像“洗衣妇”的女性开拓了数学的新领域，指明了后来数学发展的新方向。前后有十几位天才年轻人跟随她作博士论文，还有更多的学子向她学习，传播了她的思想。

1933年1月，希特勒在德国上台，纳粹分子在各个领域夺权，实行全面法西斯专政。随着纳粹政权关于解除犹太人公职法令的公布，当年4月份，爱米·诺特被剥夺了授课的权利和微薄的薪水。格丁根大学科学界很多代表人物，如数学家爱米·诺特、库朗，物理学家玻恩、弗兰克等，都被赶走了。爱米·诺特肯定是非常留恋格丁根这个工作、生活了将近20年的地方，她的朋友、她的“孩子们”都在这里，可是面对残暴的纳粹匪徒，也没有其他办法了。

大西洋彼岸伸出了救援之手。一位曾在格丁根留过学的美国女数学家安娜·惠勒为爱米·诺特在自己主管的布兰·毛恩女子学院找到了一份工作。这真是一个极为难得的机会。要知道那时在美国也是难得找到合适的工作，许多杰出的美国数学家都在中学仕教，像韦伊那样了不起的数学家在美国也只能靠教三角学和保险数学养家糊口。所以，惠勒为爱米·诺特安排的职位已经非常不错了，教学任务不重，可以主持自己的讨论班并指导研究生。

即使这样，初到美国的爱米·诺特仍然觉得落寞，于是她常常到普林斯顿新成立的高等数学研究院去访问，同流落到那里的老同事外尔，以及冯·诺伊曼等一流数学家进行学术交流，也与爱因斯坦等德国同胞有过交往，这些活动大概能使她略感离别故土的慰藉吧。有时候，她会以为普林斯顿高等数学研究院能成为第二个格丁根，不过，她还是深切怀念在格丁根的岁月，并一直同哈塞保持着联系。哈塞作为相当棒的数学家，在当时还不像个狂热的纳粹分子，所以爱米·诺特还对哈塞抱有一定的幻想，认为他也许能够恢复格丁根当年的光荣，这其实不过是一厢情愿罢了。1934年夏天，她又回到德国，到各地看望老朋友，谁知这次见面竟成永诀。1934年秋天，她离开欧洲返回美国。之后还指导了最后一个学生的博士论文，领着几个女博士生一起搞研究。不久之后的1935年4月份，她动了一次手术，结果得了并发症，不到一星期就与世长辞，享年只有53岁，可谓英年早逝。

算起来，她在美国只待了一年半时间就辞世而去、客死他乡。这当然与纳粹的迫害使她别离故土、流落他乡密不可分。另外，与她的人生命运不那么走运也不无干系。在她不幸离世后，很多人都怀着沉痛的心情悼念她，其中有她的数学家同行，也有她的学生。一些学生，如后来成为著名数学大师的范德瓦尔登，在多年之后还会充满感情地回忆起她对学生的种种关怀与培养。

在美国，爱因斯坦为她写了讣文，外尔发表纪念演讲。苏联人倒也没有忘掉她的好处，数学家亚历山大洛夫还发表了纪念演说。只有德国仿佛一潭死水，对她的离世几乎没什么反应。唯一的纪念文章是她的荷兰学生范德瓦尔登写的。而她不久前曾寄托很大希望的哈塞，在 1934 年成为格丁根数学教授之后很快就向纳粹靠拢，1937 年加入了纳粹党，成为可耻的纳粹分子。当然，私下里许多德国著名数学家仍然会称赞和怀念爱米·诺特，只是在纳粹的淫威之下，不公开表示出来而已。

将近半个世纪后的 1982 年，即爱米·诺特百年诞辰时，世界各地都举行了一些纪念活动。许多数学家和研究者介绍和评价了爱米·诺特的生平、著作及其对后来数学的影响。最有意义的是，雅各布森编辑的《爱米·诺特全集》也出版了。她的著作全集篇幅并不大，但其中的文章大都已经成为经典，许多结果也早已写进教科书，成为现代代数学的重要基础和出发点。

爱米·诺特所开创的抽象代数学已经成为代数学无可争辩的“代名词”，“非抽象的”代数学不能说没有，不过确实只是代数学的支流旁系而已。爱米·诺特的抽象思想方法不仅决定了其后代数学的发展，也促使整个数学“代数化”。在这方面首先是布尔巴基学派的兴起，他们继承了希尔伯特和爱米·诺特等人的思想遗产和研究倾向，以数学结构的观念统一数学，同时他们对数学本身许多学科作出了极大的实质性贡献。布尔巴基学派成员在代数数论、代数几何、拓扑学、李群、代数群、泛函分析、微分几何等领域都有卓越的贡献，这些都同他们吸收前人特别是爱米·诺特的思想方法有密切关系。爱米·诺特不愧是 20 世纪最杰出的女数学家，也是最杰出的数学大师和一代巨匠。

(作者：胡作玄)

参考资料

[1] E. Noether. Collective Works [C]. New York: Springer, 1982.
[2] A. Dick. Emmy Noether [M]. Boston: Birkhauser, 1970.
[3] Van der Waerden. Die Algebra seit Galois [J]. Jahres. DMV, 1966, 68 (4): 155-165.
[4] Van der Waerden. On the Sources of My Book Modern Algebra [J]. Historia Mathematica, 1975, 2 (1): 31-41.

亚历山大·格罗滕迪克

（Alexander Grothendieck，1928—2014）

亚历山大 · 格罗滕迪克

虚空中的孤独旅者

1966 年，国际数学家大会在苏联莫斯科举行。大会将四年一届的菲尔兹奖章颁发给法国数学家亚历山大 · 格罗滕迪克，以表彰他在泛函分析和代数几何领域中的突出贡献。菲尔兹奖被誉为数学界的诺贝尔奖，堪称至高无上的荣誉，然而格罗滕迪克却作出了惊世骇俗的选择，他拒绝前往莫斯科领奖。这位数学家究竟是怎样一位人物呢?

回首往昔，20 世纪的数学江湖群星璀璨、名家辈出，但格罗滕迪克在其中却依然是首屈一指的。他凭借博大精深的数学成就、跌宕多姿的人生经历以及诗人般的个性与激情，在数学史上树立起一座永恒的丰碑。2014 年 11 月 13 日，这位天马行空的一代大师在法国阿列日省的圣吉龙医院与世长辞，享年 86 岁。回顾格罗滕迪克的一生，不但有助于揭示这位卓越科学家鲜为人知的内心世界，也将引导我们重新审视科学与社会的基本关系。

一、颠沛流离的青少年时代

亚历山大 · 格罗滕迪克 1928 年出生于德国柏林，其父亲亚历山大 · 夏皮罗是俄裔犹太人，也是一个持有无政府主义思想的政治活动家。据记载，夏皮罗在政治上非常活跃，参与了很多欧洲革命运动。尤其在 20 世纪 30 年代的德国，尽管身处反犹势力迅速蔓延的恶劣环境中，夏皮罗以一名街头摄影师的身份组织了多起抗议纳粹的左翼运动。格罗滕迪克的母亲汉卡 · 格罗滕迪克也是一位具有左倾进步思想的女性，她热衷写作，断断续续做过新闻记者。小格罗滕迪克正是出生在这样一个革命氛围浓厚、生活动荡不安的家庭中，和父母在一起仅仅度过了五年的短暂时光。从目前掌握的资料来看，格罗滕迪克一家在这段时期的生活细节仍然鲜为人知。在格罗滕迪克后期的追述中，父母的形象似乎是碎片化、模糊不清的，其中却不乏温暖人心的回忆。

更重要的是，父母傲世独立、通过行动去改变世界的人生哲学也对格罗滕迪克产生了深刻影响，使得他在追求事业的同时一直没有忘却自己的社会责任。

随着希特勒纳粹势力的上台，大批犹太人遭受迫害开始逃离德国。格罗滕迪克的父母也在 1933 年逃亡至法国，将年幼的儿子放在汉堡的一个家庭中寄养，之后又跑到西班牙参与了内战，直到五年以后一家人才在法国再次相聚。第二次世界大战爆发，法国形势也随之迅速恶化，悲惨的事件接踵而至。格罗滕迪克的父亲被法国当局逮捕并转交给纳粹占领者，并于 1942 年在奥斯维辛集中营被杀害。剩下的母子俩则成为"不受欢迎的外国危险分子"，被送到法国南部的一个集中营监管起来。一段时间后母子俩又被迫分开，从此过着颠沛流离、朝不保夕的生活。在这段艰难的岁月里，格罗滕迪克断断续续完成了他的中学教育，直到第二次世界大战结束，他和母亲才在法国的蒙彼利埃定居下来，过上了相对安定的生活。格罗滕迪克在当地的蒙彼利埃大学攻读学士课程，母子二人靠学校提供的奖学金和打零工勉强度日，生活虽然拮据，但是和战争年代相比已经改善了很多。也正是在这段时期，格罗滕迪克开启了他的数学研究生涯。

众所周知，犹太民族尽管人口不多，却是一个具有深厚教育和历史传统的伟大民族，为人类文明作出了巨大的贡献。"一个民族也好，一个国家也好，最令其人民自豪的当然是它对世界文化和精神文明的贡献。"在这一点上犹太民族堪称典范，迄今为止全球的犹太人口不到 2000 万，却获得了超过 20% 的诺贝尔奖，人们熟知的犹太裔学者就有马克思、爱因斯坦、弗洛伊德、奥本海默等。很多人探讨过犹太民族人才辈出的原因，并且尤为关注个人与集体、学术研究与社会语境之间的辩证关系。一些学者认为：由于缺失一个强大统一的民族国家，长期流散在世界各地、寄人篱下的犹太人若要维持生存，就只能寄希望于教育和经商，在极其严酷的反犹环境中充分开发全民族的智力和精神资源。巨大的生存压力往往意味着潜能和意志的极致爆发，对于一个人是如此，对于一个民族亦然。在某种程度上，正是格罗滕迪克早年所经受的磨难催生出了他那独立坚强的性格。尽管没有受过系统的科班训练，格罗滕迪克却具备了非凡的个性与思考能力，以及犹太人特有的坚韧不拔和自强不息的品质。纵使他年少无名、人微言轻，却注定将从一个不起眼的角落里绽放出最耀眼的光芒。

根据格罗滕迪克的回忆，他很小就对事物的表象和深层结构有着异常敏感的认识。早在中学时代，他就察觉到教科书中对于长度、面积和体积的定义是不严格的。在蒙彼利埃上大学期间，格罗滕迪克竭尽全力试图弥补他几年前发现的缺陷，进而在完全独立研究的基础上重新发明了勒贝格测度和积分的概念。几年之后，格罗滕迪克了解到自己的研究成果是一项重复发现，但他没有灰心沮丧，而是对一直以来潜藏于己的数学天赋有了更加清晰的认识，也坚定了他通过努力改变自己命运的决心。在其长篇自传《收获与播种》中，格罗滕迪克在谈及这段经历时曾经自信地写道：

> 几乎是潜意识的，我在那段孤独的岁月中掌握了成为数学家的要素——这是任何教师都无法传授的。无须别人告诉我，我本能地就知道我是一名天生的数学家。

难能可贵的是，在为自己的数学天赋倍感振奋的同时，格罗滕迪克却没有故步自封。他清醒地认识到同行交流的重要性，从而决定离开当前狭隘闭塞的学术环境，去寻觅更为广阔的发展空间。

二、声名鹊起的峥嵘岁月

在大学老师舒拉的建议下，格罗滕迪克去了法国巴黎，加入亨利·嘉当组织的数学研讨班，并且结识了很多出类拔萃的青年数学家。虽然受到热情友好的对待，但格罗滕迪克很快发现他之前的学术积累很不全面，对于研讨班这种高强度的学术交流方式也不够适应。尽管格罗滕迪克从未怀疑自己的能力，然而个人兴趣与周围学术氛围的差异还是让他非常苦闷，经典知识结构的欠缺也使他无法准确把握未来的研究方向，感觉就像一匹脱缰的野马一样盲目游走。在这个关键时候，嘉当注意到了格罗滕迪克的困境。他很清楚，或许大多数人的发展必须借助体制化的学术环境，可是对于像格罗滕迪克这样个性高度独立的天才，似乎并不适合传统的按部就班式的培养路径，允许其自由发展的宽松氛围才是他更为需要的。然而，当时的巴黎数学界精英云集，竞争气氛过于浓厚，对他的成长反而是一种遏制。在嘉当的建议下，格罗滕迪克离开巴黎前往法国的另一数学中心南锡。事实证明，他的这一抉择是正确的。

南锡大学当时的领袖数学家是丢多涅和史瓦兹，他们当时的研究课题是拓扑线性空间理论，而这刚好与格罗滕迪克的研究兴趣一拍即合，南锡当地平和缓慢的生活节奏也让他觉得很舒适。没有了在巴黎几乎令人窒息的同行竞争，格罗滕迪克得以自由发挥自己的一些想法，仅仅几个月工夫，他的研究工作就结出了累累硕果。格罗滕迪克一共写了6篇论文，其水平之高让丢多涅等人惊叹不已。它们不仅解决了南锡学派当时总结的几乎所有问题，而且提出了日后在泛函分析中应用广泛的核空间等概念。需要注意的是，这些工作不仅显示出格罗滕迪克在数学创造上的惊人爆发力，同时也初步展现了他追求抽象化和一般化的研究风格。

从南锡大学取得博士学位后，格罗滕迪克本来也考虑在某个学术机构任职，但是由于家庭出身等原因，他一直没有获得法国国籍。对于一个无国籍人而言，在法国的学术系统任职几乎是不可能的。在当时，获得法国国籍的条件是入伍服兵役，由于饱受战争侵害的经历，格罗滕迪克对军队的种种行径早已深恶痛绝，从而断然拒绝了入伍，因此不得不离开法国去其他国家谋求发展。他的这个决定纵使个性十足，却没有引起很多人的注意。然而从事后发展来看，拒服兵役事件标志着格罗滕迪克人生走向的一次重大转折，学术研究与社会责任即将以一种前所未有的方式紧密交织、汇聚在一个数学家的生活当中。从1953年开始，格罗滕迪克辗转于巴西的圣保罗大学和美国的堪萨斯大学，通过同行交流了解数学界的动向。在此期间，他与法兰西学院的塞尔熟识，两位数学家以书信方式热烈讨论了当时正处于萌发期的诸多领域，逐渐澄清了不少重要概念和方法。正是在塞尔的影响下，格罗滕迪克没有固守已有的成就，而是调整了自己的研究方向，从泛函分析转到同调代数和代数几何，开创了其数学生涯最为璀璨夺目的光辉岁月。

1956年，格罗滕迪克回到巴黎并在法国国家科学研究中心获得一个职位，开始全力从事代数几何的研究，并且很快取得了一项重大成就——古典形式黎曼－洛赫定理的推广。作为代数几何的核心定理之一，黎曼－洛赫定理由黎曼和他的学生洛赫建立在黎曼曲面上，用现代数学语言可以表示为：设X为亏格g的紧黎曼曲面，D为X上的除子，K为典范除子，则有$L(D)-L(D-K)=\deg(D)+1-g$。借助黎曼－洛赫定理，具有指定零点与极点的亚纯函数空间的维数可以用曲面上的拓扑不变量来表达，从而在曲面的解析和拓扑性质之间建立起深刻联系，而其在更高维形式下的推广也自然成为代数几何学的中心课题。在塞尔、小平邦彦、希策布鲁赫等人的努力下，黎曼－洛赫定理终于被建立在基域特征为零的代数簇上。当时的数学家普遍认为，黎曼－洛赫定理至此已经取得最一般意义的结果，然而格罗滕迪克于1957年重新给出了定理的代数证明，将黎曼－洛赫定理解释为一个关于簇间态射而不是簇本身的定理。这个证明不仅进一步推广了已有结果，将定理推广至任何本征光滑代数簇的情形，同时更具意义的是，它体现了现代范畴学的基本思想——理论建构的核心不在于对对象本身的描述，而是对象与对象之间的结构关系。格罗滕迪克对此做过非常形象的概括：

> 如果说在数学中有一样事物比其他东西更让我痴迷的话（毫无疑问，这个事物是存在的），那么它既不是“数字”，也不是“大小”，而是“形式”。在其展现给我们的多姿多彩的面孔中，让我一直以来深深着迷的，是潜藏在数学对象中的结构。

这种注重数学结构的理念与法国布尔巴基学派的观点不谋而合，在很大程度上引领了数学界此后数十年的研究精神。

三、代数几何世界的开拓者

作为最重要的数学分支之一，代数几何学在 20 世纪数学史中占据了绝对核心的位置，层出不穷的思想创新以及理论基础的不断抽象化是其重要特征。代数几何的基本研究对象是 N 维仿射或射影空间中代数簇（若干代数方程公共零点所构成的集合）的几何性质。古典代数几何着力于解决代数曲线和曲面的分类问题，而 19 世纪的黎曼则提出了黎曼面这一划时代概念，其函数论研究成为代数几何从古典走向近代的关键一环。到了 20 世纪初期，意大利学派建立了优美的复代数曲线理论，然而其理论过于依赖几何直观，缺少严密扎实的逻辑体系。在德国代数学派的成就基础上，扎里斯基利用抽象代数工具重新改造经典代数几何，发展了全新的概念和方法，在很大程度上克服了意大利学派的理论缺陷。之后，法国数学家韦伊沿着扎里斯基开拓的方向继续前进，建立了任意数域上的抽象代数簇理论，并且提出了在代数几何学发展中起了支配作用的韦伊猜想。

学术界普遍认为，格罗滕迪克在代数几何领域作出了影响最为深远的贡献。当代著名数学家芒福德在《自然》杂志上刊登了一篇有关格罗滕迪克的纪念文章，开篇就称其为“一位重新构建了代数几何学的数学家”。从 20 世纪 50 年代开始，塞尔和格罗滕迪克顺应了代数几何对于抽象化的迫切需要，对其学科基础进行了大刀阔斧的改造，将研究方法提炼至更为抽象和结构化的层次。塞尔是一位学识渊博且富有远见的青年学者，他很早就意识到韦伊猜想对于发展现代代数几何理论的重大意义。若要证明韦伊猜想，则必须对层论等理论工具做出进一步推广，而格罗滕迪克的工作正是沿着这个方向展开的。1958 年 8 月，格罗滕迪克受邀在爱丁堡国际数学家大会上作了主旨报告，全面展望了代数几何学未来的发展方向以及他本人的研究计划。

1958 年 5 月，位于法国巴黎的高等科学研究所成立。格罗滕迪克众望所归地成为研究所的创办人之一，在此工作了十年之久，缔造了其事业的最高峰，并且给整个数学界带来了深刻而剧烈的影响。

在高等科学研究所工作期间，格罗滕迪克与塞尔密切合作，将韦伊等人的工作进一步抽象化，提出概型语言以及一系列强有力的上同调方法。从根本上说，概型是代数簇这一基本概念的推广。有研究者评论说：

> 这些具备不同特征的代数簇可以被形象地看作一种“由代数簇构成的具有无穷面扇叶的扇子（每个特征构成一面扇叶）”，而“概型”就是具备这样一种魔力的扇子，它将众多具有各种特征的“化身”或是“转世”联系起来，就如同一个扇子连接着许多不同的扇叶一样。

格罗滕迪克的概型理论综合了交换代数、层论以及同调代数等不同分支，构成一整套气势恢宏的体系，从而成为理论构建的基本工具和组织原则，使得数学家可以运用一种统一的语言解决代数几何和代数数论中的大量问题，正如芒福德所评价的：

> 他独特的方法在代数几何领域留下了如此深刻的印记，其内在结构在最抽象的层次上得以显露，那些历史遗留问题的答案也从而直截了当地呈现在数学家面前。

有人指出，就理论风格而言概型理论非常“激进”，其借助一套全新的语言将前人学说几乎彻底改写，就如同在空气中建立起了一座空中楼阁。考虑到格罗滕迪克的生活和政治哲学也是同样激进，我们不禁想到这样一个有趣的类比：科学家的个性和其理论风格之间是否存在某种潜在关联呢？有如概型这样“激进”的理论，是不是只有像格罗滕迪克这般性格激进的科学家才能创造出来呢？推而广之地说，宏观的社会环境乃至科学家的个性与人生，是否都会以各种方式隐现在科学理论的构建过程中？我们认为这种关联在某种程度上是存在的，并且有待于科学社会学家做更为细致的探讨。

在解决大量理论和技术问题的基础上，格罗滕迪克还进一步总结了他独具特色的数学哲学。格罗滕迪克认为存在两种解决问题的模式：有些数学家喜欢发展精妙高超的数学技巧，着重从正面用“蛮力”直接解决问题，就如同用强大的力量将物体击碎一样；而他则偏好另一种更为“阴柔”和高屋建瓴的结构化方案。也就是说，在处理某个具体问题的时候，数学家将其纳入一个抽象的结构框架，然后借助一系列理解和拓展步骤来逐渐“软化”它。在整个操作过程中抽象和结构思想是其关键，所有步骤都显得非常自然、和谐，复杂、精湛的数学技巧不占有显要位置。格罗滕迪克曾经将这种模式比喻为大海中的潮汐，他以优美生动的语言这样写道：

> 海洋无声无息地涌动着，什么也没有发生，人们似乎都听不见远方海浪的涛声。但是悄然无息地，海洋包围了整个海岛，渐渐地，海岛变成了半岛，然后是一小片岛屿，接着成为小岛，最后被完全淹没了，就好像被一望无际的大海溶解了一样。

格罗滕迪克用十几本巨著所阐述的概型理论就如同一片浩瀚的海洋，身处其中的数学家们乘风破浪，取得了一个又一个彪炳千秋的辉煌成就。这里面最具代表性的有：

（1）德利涅于 1973 年在格罗滕迪克的工作基础上完全证明了韦伊猜想，并获得 1978 年的菲尔兹奖。著名华人数学家丘成桐曾经指出：“由 A. 格罗滕迪克和 P. 德利涅完成的韦伊猜想，可说是抽象方法的伟大胜利。”

（2）法尔廷斯于 1983 年证明了莫德尔猜想，并获得 1986 年的菲尔兹奖。

（3）怀尔斯于 1994 年完全证明了费马猜想，并获得 1998 年的菲尔兹特别奖。

四、兼济天下的和平斗士

在 1970 年以前，格罗滕迪克一直是数学界无可辩驳的权威。他不仅是出类拔萃的研究者，同时也是一个热情无私的好教师，在学术研究和培养人才上倾注了全部精力。格罗滕迪克在教学上从不循规蹈矩，而是与学生一起编撰教材，注重启发和原创式思维的培养，在共同钻研课题的同时传达给学生第一手的科研经验，从而影响了整整一代青年数学家。正因为此，每年都有大批学者前往巴黎聆听他的指导，甚至将他视为终极偶像而顶礼膜拜。巴黎大学的名誉教授波埃纳鲁曾经回忆道：

> 当时的格罗滕迪克是个极富吸引力的人，而且不限于数学领域。史莱克（我当时对他的昵称）是我所见过的最强壮、最有超凡魅力的人之一。在我心目中他就像陀思妥耶夫斯基创造的人物，他也是一个极度善良慷慨的人。

然而，年过四十的格罗滕迪克却似乎陷入了某种中年危机，对自己倾力投入的学术生涯渐生疲惫之感。在自传中他这样写道：

> 从1945年（我当时17岁）到1969年（我41岁），我把全部精力都投入到数学研究中，这当然是一种过度的投入了。作为代价，我在很长一段时期都陷入了某种精神停滞状态，我的生活变得日益枯燥，失去了意义。

很多人觉得他的这段话匪夷所思，当时的格罗滕迪克正值事业高峰，可谓名利双收，怎么会突然对此心生厌倦呢？其实也不难理解，对于一个资质超群、自我意识极为强烈的人而言，他势必只会听从自己心灵的召唤，永远不会沿着一条按部就班的人生轨迹滑向终点。格罗滕迪克在弱冠之年就成为泛函分析领域的权威人物，却在声名鹊起之时转向代数几何；如今他成为学术界最耀眼的明星，却又经历了一次人生的华丽转身。

一个人青少年时期的经历往往对他性格和人生观的塑造起着关键作用。与其他数学家相比，格罗滕迪克的成长环境显得格外悲惨：幼年时就饱受战争的创伤，犹太人的身份更是带给一家人难以名状的痛苦；父亲惨死于纳粹之手，母子二人长期过着居无定所、饥寒交迫的生活。不幸的生活经历使得格罗滕迪克从小就对和平有着极为炽热的向往，并且成为一名坚定的反战主义者。自20世纪中期以后，冷战局势进一步恶化，整个世界重新蒙上战争的阴影。在很多数学家看来，政治只是身外之物，与自己的职业追求没有什么联系。然而，在格罗滕迪克看来，政治和学术却有着截然不同的意义，人类所创造的任何知识领域都不是象牙塔中的孤立存在，而是共享同一个终极目标——为了所有人的幸福安康。事实也的确如此，“科学家应该清醒地认识到，自己首先是国家公民和世界公民，是整个社会大家庭的一分子，其次才是科学家”。

如果人类文明无法挽救自身，以至于最终毁于战火，那么貌似纯粹的科学研究还有什么价值呢？面对当时严峻的政治形势，格罗滕迪克再也无法保持沉默了，而是以其独有的方式向强权体制发起了挑战。值得注意的是，借助自己的学术声望干预政治的科学家并非他一人，美国数学家斯梅尔在当时也曾经激烈批评美国和苏联的外交政策，甚至因此受到中央情报局和克格勃的“特殊关照”。然而与斯梅尔相比，格罗滕迪克的政治态度要激进得多，在行动上也贯彻得更加坚决、彻底。

1966 年成为格罗滕迪克一生中极为重要的分水岭，这一年他拒绝前往莫斯科领取国际数学家大会颁发给他的菲尔兹奖章，作为对苏联在东欧军事行动的抗议。很多人对此感到不解，认为他这种将学术和政治混为一谈的行为过于激进，并且无助于现实问题的解决。然而在格罗滕迪克看来，他的抗议行为绝非哗众取宠的一时之举。他认为，每个数学家都有能力也有义务去承担责任，而不是逃避现实。在这种强烈道德意识的感召下，格罗滕迪克开始更多地介入政治。在 1967 年越南战争期间，他只身前往越南旅行，曾经藏身在河内的森林里为当地学者讲授代数几何理论。1968 年的“布拉格之春”、巴黎“五月风暴”引发了一系列激进的政治运动。尤其在巴黎“五月风暴”中，大量法国学生和工人走上街头举行罢课、罢工等抗议活动，而当时的绝大多数高校学者和教授都明确表态支持学生，这场喧嚣一时的政治风潮对格罗滕迪克产生了更直接的影响，并且促发了其职业危机的总爆发。1970 年上半年，高等科学研究所因为预算问题接受了法国军事部门的资助，此种数学与军事的联姻行为让格罗滕迪克极为愤怒，甚至劝说同事和他一起辞职以示抗议，然而却没有多少人响应。这一切都让他深感失望，随即向高等科学研究所递交了辞职信。而在同年的国际数学家大会上，苏联盲人数学家庞特里亚金以导弹追踪飞机为例阐述他的微分对策理论时，格罗滕迪克竟然跑上讲台抢夺报告人的话筒，理由是反对将数学用于军事。通过以上事件不难看出，格罗滕迪克的人生转型既带有那个动荡年代的印记，又可以归结为某种强烈个性与人生逻辑发展的必然。科学研究与社会责任，就是以这样一种看似割裂实则统一的方式融入了格罗滕迪克的后期生涯。

五、孤独、奋斗与虚空

辞职以后，格罗滕迪克更多地投入到政治宣传和示威活动中。在其言谈中数学变得越来越少，取而代之的是连篇累牍的社会政论，以及对军备竞赛和人类最终命运的担忧。此外，格罗滕迪克还和他的追随者们成立了一个名为“生存”的左翼团体，其宗旨是通过有组织的政治活动来减少军事冲突，改善自然生态环境和人类的生存状况。客观来看，尽管格罗滕迪克怀抱满腔热情，但他对政治的认识却是肤浅和幼稚的。他的行动仅仅停留在口号宣传的层次上，缺少务实的行动纲领和斗争策略，政治团体内部也缺乏必要的组织管理规范，所有这些对于一个数学家而言毕竟是过高的要求。诚如英国科学哲学家皮尔逊所指出的：

> 绝不能得出结论说，因为一个人在自然科学领域为自己赢得了名声，所以他在诸如社会主义、地方自治和圣经神学这样的问题上的判断将必然是健全的。

格罗滕迪克一直在竭尽所能传播自己的信念，然而产生的实际效果却惨不忍睹。他近乎偏执的政治洁癖以及堂吉诃德式的莽撞行为并没有博得同行的理解，连好友塞尔都禁不住愤怒地质问他：

> 每个人都在期待你回答这个问题：你为什么要放弃那些你未完成的事业？

最后，格罗滕迪克被法国学术界彻底抛弃，而他的两次情感经历以及全部政治活动也都以失败告终。格罗滕迪克终于痛苦而无奈地意识到：在数学界他可以单枪匹马去缔造自己的王国，但是在现实生活中他终究只是个凡人，有很多事情是单凭主观意愿无法改变的。

理想终于败给了现实，然而谁又能说格罗滕迪克是个失败者呢？在今天看来，他在当时的大声疾呼并非杞人忧天，而他所猛烈抨击的生态和政治现实也依然存在，只是很多人都选择了漠视和回避。耐人寻味的是，在生活和政治上屡遭挫败的格罗滕迪克却知名度大增，甚至在学术圈之外收获了很多崇拜者。其实这一切也不难理解，在普通人看来，数学家总是终日和公式、图形打交道，几十年如一日地在学术阶梯上攀登，大脑里思考着永无止境的难题……这样一种不食人间烟火的形象固然让人钦佩，却似乎少了一些能让我们怦然心动的东西。人们之所以崇敬格罗滕迪克，不仅仅是因为其伟大的数学成就，更在于他为了理想而不恋荣华甚至不惜与主流价值观相悖的人格魅力。数学的发展永不止步，一代代学问家依旧各领风骚，而像格罗滕迪克这样的传奇人物却世间罕有。

1973年，格罗滕迪克回到了他的母校蒙彼利埃大学，并被授予一个正式的教员职位。历经60年代的喧嚣躁动，格罗滕迪克的生活恢复了以往的平静。尽管与外界仍然保持着一些联系，但他对学术研究已经彻底失去了兴趣，与昔日的同行们也渐行渐远。80年代中期，格罗滕迪克花了大约四年时间撰写了一部长篇回忆录《收获与播种》。这部书篇幅长达2000多页，内容极为丰富，涵盖了他的人生经历以及对自己学术生涯的反思，同时夹杂了很多常人难以理解的哲学和宗教玄想。1988年，瑞典皇家科学院宣布将克拉福德奖颁发给格罗滕迪克，然而他却再次拒绝领奖，理由是抗议数学界日益严重的权力垄断和学术官方化倾向。同年从蒙彼利埃大学退休以后，格罗滕迪克与外界断绝了所有联系，最后隐居在比利牛斯山一座偏远村庄中，从此杳无音讯。等到人们再次想起他的时候，他已经在不经意间悄悄离开了这个世界。

回顾格罗滕迪克的一生，其中既有意气风发、激荡雄浑的天才吟咏，又能品味出某种甘于隐逸、烟花散尽般的寂寞。从始至终他都在奋斗、探寻和抗争着，守护自己内心的那一片净土，甚至容不得一丝暴力和世俗的污染。经过一段艰苦卓绝的漫长旅途后，这位伟大的数学家终于得到了安宁。格罗滕迪克曾经用深邃而富有诗意的语言概括了他对数学的认识：

> 每一门科学，当我们不将其视为获取权力和统治力的工具，而是人类世世代代对于知识的不懈探索和追求，那么它不是别的，而是一种可以名为“和谐”的东西，历经各个时期，博大或精微，丰富或贫乏。对于依次出现的各个主题，它展现给我们微妙而精细的映照，仿佛来自虚空。

对于格罗滕迪克而言，他曾经如此挚爱的数学仿佛来自虚空，却纯净得不染一丝纤尘。其实，我们每个人又何尝不是这样？生活在这个孤独而虚空的世界中，却又竭尽全力去追寻生命存在的意义。

（作者：沈楠　徐飞）

参考资料

[1] 胡作玄，邓明立．挪威的民族英雄：阿贝尔［J］．自然辩证法通讯，2012，34（1）：107.

[2] A. Grothendieck. Récoltes et Semailles：Réflexions et Témoignages sur un Passé de Mathématician［M］. Montpellier：Université des Sciences et Techniques du Languedoc，1986：5.

[3] P. Pragacz. Notes on the Life and Work of Alexander Grothendieck［J］. Wiadomosci Matematyczne（Ann. Soc. Math. Pol.），2004，40（1）：15.

[4] D. Mumford. Alexander Grothendieck［J］. Nature，2015，517（1）：272.

[5] A. Jackson. Comme Appelé du Néant–As if Summoned from the Void：The Life of Alexander Grothendieck［J］. Notices of the AMS，2004，51（4）：1052.

[6] 刘克峰，季理真．透视 · 数学家之旅：丘成桐的数学人生［M］．杭州：浙江大学出版社，2006：62.

[7] V. Poénaru. Memories of Shourik［J］. Notices of the AMS，2008，55（8）：964.

[8] 李醒民．科学与政治刍议［J］．学术界，2013（12）：127.

[9] 皮尔逊．科学的规范［M］．李醒民，译．北京：华夏出版社，1999：54.

[10] L. Schneps. The Grothendieck-Serre Correspondence［M］. Paris：The Société Mathématique de France，2001：32.

邹腾

（Hieronymus Georg Zeuthen，1839—1920）

邹腾

19 世纪数学史家、丹麦数学的先驱者

19 世纪下半叶是丹麦历史上十分重要的时期。新思潮的引入，民主宪法的颁布，铁路的建设，电报的应用，工业大公司的涌现，新创造发明的迭出，所有这一切都深刻地改变着这个北欧国家的社会。人们开始崇尚理性、重视自然科学，数学的发展获得了良好的契机。在文法学校，数学课程的地位日益提高；拥有大学数学学位的年轻人有了更多进文法学校任教的机会；数学和自然科学专业从哥本哈根大学哲学系分离出来；专业数学杂志创刊；私人组织的数学会议开始出现；丹麦数学会成立。有人把 19 世纪 70 年代称为“丹麦近代数学的剧变期”。在这个特殊的历史时期，有一位数学家为自己的祖国登上世界数学大舞台作出了杰出的贡献，成了丹麦数学的先驱者之一。他就是本文的主人公邹腾。

邹腾这个名字对大多数普通中国人来说，或许还很陌生，事实上介绍他的英文资料也并不多。但这丝毫无损于他在丹麦乃至世界数学史上的地位和影响。邹腾的整个职业生涯几乎都是在哥本哈根度过的，但是世界上每个代数几何学家都不会不知道他的名字。他也是 19 世纪最重要的数学史家之一，我们今天所了解的古希腊数学知识很大一部分源于他深刻的历史研究。

一、求学时期

邹腾于 1839 年 2 月 15 日出生在丹麦的格里姆斯楚普。父亲邦·邹腾是一位教会牧师。邹腾祖父的祖父是一位叫劳理得森·邹腾的牧师，他曾在奥胡斯的拉丁学校读书，在那里，老师给他取了邹腾这个拉丁姓氏，由此他成了第一个邹腾。

邦·邹腾是一位聪明、博学的牧师。年轻时，他如饥似渴地读书，学习了几何、拉丁文和历史。后来他又着迷于哲学和神学，最终获得了博士学位。1835 年与 21 岁的姑娘劳柏结为伉俪。他们有三儿二女，这是一个非常幸福美满的家庭。母亲温柔、

聪慧、严肃、乐观，受牧师父亲的影响，一生持守着坚定的宗教信仰。父亲正直、严肃、内向、自律，是小邹腾的启蒙老师，培养了他对科学和文学的兴趣，以及不迷信权威、用批判的眼光看待一切问题的态度。

1849 年，邹腾和哥哥弗雷德里克随父亲来到西兰岛的索勒镇，就读于那里的索勒学院。索勒学院是一所历史悠久的名牌中学，1586 年由丹麦国王创办，索勒镇正是因为这所学校而发展起来的。虽然索勒学院是一所传统的寄宿学校，但从 1822 年起它也接受像邹腾兄弟这样的走读生。兄弟俩在索勒学院主修的是大学预科的课程，包括拉丁文、希腊文、数学、法文、德文和希伯来文。早期多种语言的学习为邹腾后来的学术研究，特别是数学史研究，打下了坚实的基础。邹腾的学习成绩比他哥哥好，以全校第一的优异成绩毕业。

邹腾在成长过程中，与哥哥弗雷德里克的关系特别亲密。弗雷德里克后来成了一位有名的牧师。哥哥十分疼爱和照顾邹腾。1863 年，当邹腾还在巴黎求学时，正在服兵役的弗雷德里克致信父亲，要求父亲把答应寄给他过圣诞的钱寄给弟弟，因为他觉得弟弟会更好地利用这笔钱。此外，当邹腾在科学界崭露头角时，弗雷德里克既高兴又骄傲，并尝试去了解邹腾的数学世界。有一次，邹腾给一个大学纪念文集写了一篇文章，哥哥很仔细地研读了该文，还写了一篇短评，其中的批评是如此之强烈以致邹腾颇受打击，但邹腾不得不承认兄长的批评是正确的，他回信称自己以前从未听到过如此尖锐的批评。

在索勒学院，邹腾结识了彼得森，两人后来成为终生挚友。彼得森和邹腾同一年进索勒学院，主修商业课程，其中包括数学与自然科学以及法、德、英文。彼得森也着迷于数学，常常和邹腾彼此出题，还曾经讨论过三等分角问题。1909 年，邹腾回忆当年的情景时说，与彼得森的相识与合作让他在科学研究上受益良多。1856 年，彼得森从索勒学院毕业进入丹麦工学院（今丹麦理工大学），不久从土木工程专业转到了数学专业。创建于 1829 年的丹麦工学院为当时的丹麦工业化培养了众多优秀的工程师。

在 80 岁生日那天接受哥本哈根大学校报采访时，邹腾回忆了在索勒学院的日子。当时的他觉得数学特别简单，也不需花时间去学。但在一次期末考试中他遇到了麻烦。口试部分，第一个问题要求用欧几里得的方法证明勾股定理。这对他来说可是一个大难题，平时的他可都是凭直觉打天下的！或许正是这次尴尬的经历，让他看到了数学作为文化的一面。第二个问题要求算出 $\sqrt{-a}\sqrt{-b}$ 的乘积，他又凭直觉得出 $\sqrt{ab}$，浑然不知课本上已经明明白白写着 $-\sqrt{ab}$！之后是45分钟的代数笔试部分，由于好胜他匆忙交卷，结果遗漏了一个重要答案。真是一次惨痛的教训，难怪邹腾到80岁记忆犹新。

邹腾的字写得很糟糕，说话还会结巴。索勒学院的院长波杰森曾经沮丧地对他说：

> 邹腾先生，将来你能做什么呢？不能做牧师，因为在讲台上发出太多的“啊……啊……”会惹听众发笑。也不能做律师，因为没有一个部门主任能忍受如此潦草的字迹。

但谁也没有想到，邹腾最终会成为一名大学教授，并且还当上了丹麦皇家科学院的秘书。

邹腾兄弟俩同时于1857年从索勒学院毕业，然后一起进入哥本哈根大学深造。一开始，他们住在疼爱他们的姑姑索菲家。第二年，兄弟俩搬到了柯勒吉恩的学生宿舍。很快，他们便建立起自己的朋友圈子，其中很多人后来都成了丹麦的名流。学生时代的生活也不尽是枯燥乏味的，弗雷德里克曾在1860年2月的家书中谈到一次狂欢节的情景。

辩论会是他们生活的重要组成部分。宿舍里总是回响着争辩的声音，诗歌、戏剧、哲学、神学以及教会问题，他们无所不谈。另外，还组织一些正式的辩论小组。五十年后，当邹腾回忆其中一个小组时说道：

> 我们每月大约聚一次，讨论科学、社会、政治，可能还有宗教问题……与其他小组不同，我们完全由自己（而不是应邀前来的大人）组织和展开讨论。我们既有严重的分歧，又有高度的共识，因此这些讨论促进了个人的发展。

当时，这些小组的水平已经相当高，其中一位小组长后来成了丹麦最激进的文人，另一位小组长成了丹麦最保守的宗教组织领袖。

1858年，邹腾以优异成绩通过了哲学考试，开始学习数学。起先，他打算读工程学，但又想将来去教书，于是就转到了数学专业。学习了数年的基础课之后，邹腾开始独立钻研法国大几何学家沙勒和萨尔蒙的著作。创刊于 1859 年的《数学学报》是丹麦历史上第一份数学期刊。邹腾常常在该期刊上提出问题、刊登解答，还发表各类小文章，这给他的学习与研究带来了许多灵感。后来他在自传里谈到，不管这些文章对读者来说是否重要，但对他而言，的确帮助了他在数学上的发展。1862 年春，邹腾获得硕士学位。

此后一年半，邹腾继续在数学领域，特别是几何学方面做研究。1863 年秋，24 岁的邹腾获奖学金去巴黎学习，成为沙勒的学生。他在法兰西学院和巴黎大学听沙勒和其他著名数学家的课。70 岁高龄的沙勒是当时法国几何学的泰斗。他深刻的洞察力、渊博的学识以及对学生所表现出的友善与大度，都深深打动了邹腾。沙勒在研究方向上的引导、在研究方法上的指点以及在精神上的热情鼓励对这位年轻的丹麦数学家产生了深远的影响。通过沙勒，邹腾还认识了其他一些著名数学家，包括法国数学家达布、德国数学家菲利克斯·克莱因以及挪威数学家李。

1864 年 2 月，普鲁士和奥地利对丹麦发动了侵略战争。4 月，邹腾回到丹麦，应征参加炮兵军官训练，但是还没等到训练结束，战争就于当年 10 月以丹麦的战败而结束。1865 年 1 月，他又回到了柯勒吉恩的学生宿舍，重拾他在巴黎所做的研究工作，进一步发展了沙勒关于平面圆锥曲线的枚举理论。6 月，他将自己的工作整理成文作为博士论文递交，同年 10 月 22 日被答辩委员会接受，11 月 21 日顺利通过答辩，获得数学博士学位。

1867 年 12 月 18 日是邹腾结婚的大喜之日，他搬出了学生宿舍。新娘是他的室友兼挚友吉佩尔森的妹妹朱丽亚。后来，邹腾又结了两次婚。第一任妻子朱丽亚去世后，他于 1879 年娶了朱丽亚的姐姐玛利亚，玛利亚生有一子。第三任妻子是索非亚，她比邹腾小 21 岁，生有两个儿子和一个女儿。

二、职业生涯

从 1866 年到 1869 年，邹腾一直是哥本哈根大学的无薪讲师，任教高等几何以及动力几何学。无薪讲师顾名思义是没有薪水的，但是开设的课程是被列入大学课程目录中的。据邹腾 1909 年回忆，在他的学生时代很少有人敢去研究数学，因为这是一个“没有面包”的领域。然而邹腾是幸运的，因为他一直得到父亲的资助。

1850 年，数学与自然科学专业从哥本哈根大学哲学系中分离出来，独立成系。

1861 年丹麦数学家斯滕成了哥本哈根大学数学与自然科学系的第一个数学教授，同时也兼任丹麦工学院的数学教授。在当时的丹麦，唯有这两所高校设有数学教职。虽然斯滕的数学才能不及邹腾，但他却是邹腾的伯乐。1870 年，在斯滕的极力推荐下，邹腾被聘为临时几何学讲师。1871 年年初，斯滕在哥本哈根大学成功添设了第二个数学教职。同年 7 月 4 日，邹腾被正式聘为数学助理教授。1875 年，数学与自然科学系任命他为教授，因为他事实上已经在做教授的工作了。1883 年 5 月 1 日，在斯滕教授的坚持下，邹腾才被正式聘任为副教授。1885 年，斯滕教授退休，邹腾接替了他在丹麦工学院的数学教职。翌年，斯滕教授逝世，邹腾才于当年 10 月 1 日被哥本哈根大学正式任命为正教授。而好友彼得森在 1871 年获得博士学位之后一直在丹麦工学院任讲师。1887 年，在当时全丹麦唯一的数学教授邹腾的强烈要求下，哥本哈根大学聘任彼得森为第二个数学教授。就这样，索勒学院当年的两个伙伴成了当时丹麦仅有的两位数学教授，此后，他们共同主宰丹麦数学界直至退休。他们为 19 世纪末丹麦数学赶上国际水平作出了重要贡献。

多年来，邹腾在哥本哈根大学和丹麦工学院教书的同时，编写了解析几何、流体静力学、动力学、图解静力学、圆锥曲线论、枚举几何学以及数学史方面的课本和讲义。在哥本哈根大学，邹腾还开课给学生介绍自己在几何学和数学史方面的研究成果。直到 1910 年 2 月，将近 71 岁的邹腾终于到达工作年龄的极限，退休了。

在哥本哈根大学，邹腾不仅做数学教学工作，还积极参与学校管理的工作。从 1886 年开始他就是学校最高管理机构的成员，从 1891 年开始他是学校的两个审计员之一，他也曾是学生住宿管理机构的主席，分别于 1895—1896 年和 1906—1907 年两度担任校长。在社会上，他也积极参加各种社会组织，曾担任丹麦传教会理事、圣雅各教会协会理事、哥本哈根教会建设基金会理事等。

邹腾的一生与《数学学报》结下了不解之缘。在长达 60 年时间里，他一直协助该期刊的出版工作，从 1871 年开始直到 1889 年，他连续担任了 18 年的主编[1]。这份期刊随着邹腾的声誉远播而渐渐广为人知，常常被称为《邹腾杂志》，一如德国的《克雷尔杂志》和法国的《刘维尔杂志》。此外，邹腾也担任过三份国外著名数学期

1 第一任主编是蒂克森，任职时间为 1859—1870 年。邹腾之后，第三任和第四任主编分别为尤尔（任职时间 1890—1915）和希加德（任职时间 1916—1918）。其中希加德是邹腾在哥本哈根大学的得意门生。此杂志于 1918 年被丹麦数学会接管。

刊——意大利《巴勒莫数学会学报》、瑞典《数学学报》、法国《数学科学公报》的编委。

邹腾还参与创建了丹麦数学会。后任哥本哈根大学天文学教授的蒂勒最早提出创建数学会的设想。1873 年 10 月 8 日，哥本哈根大学数学教授斯滕在丹麦数学会成立大会开幕时作了关于 19 世纪丹麦数学发展史的报告。会上制定了学会规章，并选出了委员会。委员会由蒂勒、邹腾和彼得森三人组成，当时的邹腾还是哥本哈根大学的助理教授，而彼得森则是丹麦工学院的数学讲师。在此后的 30 年中，邹腾和彼得森经常为数学会例会作学术演讲。

1872 年 12 月 6 日，33 岁的邹腾当选丹麦皇家科学院院士。约 5 年后，邹腾以 22 张选票（总共 33 张）的绝对优势当选为丹麦皇家科学院的秘书。这一工作他一做就是 39 年，直到 1917 年他主动让贤，是所有秘书中任期最长的一位。作为丹麦皇家科学院的院士，邹腾作了很多数学和数学史演讲，但大多数演讲内容都没有正式发表。作为秘书，他主持丹麦皇家科学院的日常工作，参与审稿、批阅科学院奖金方案、记录科学院日志、起草书信和提案等，一丝不苟、鞠躬尽瘁。除了因为在国外长途旅行而缺席一次会议，他没有错过科学院的其他任何会议。

1888 年 2 月 17 日，邹腾与同事联合发起了一场允许在科学院院刊上使用外语的运动，引起丹麦学术界的激烈争论。邹腾是一位具有国际视野的大数学家，他十分重视国际交流，迫切希望丹麦的学术早日走向世界。他认为，丹麦皇家科学院拥有可供外国人阅读的机关刊物是很有必要的，可以借此加强与国外学者的交流，有利于本院院士在国外期刊上发表论文；也可以增加本院的国际影响力，提高国际知名度。然而，反对者也提出诸多不利因素。最后双方达成协议接受法文，争论才得以暂时平息。显然，这次运动对《数学学报》也产生了影响，因为从 1890 年开始它接受外文稿件，包括外国数学家的稿件。

第一次世界大战之后，丹麦皇家科学院遇到了一个棘手的政治难题。战争期间，协约国与同盟国的科学界断绝了关系。1918 年，协约国的科学家组建了新的国际科学合作组织——国际研究会，他们邀请中立国的科学家加入，但拒绝接纳战败的同盟国的科学家。作为中立国的丹麦是否应加入国际研究会？这引起丹麦科学界的争论。邹腾和他的合作者、丹麦著名语言学家海伯格提出，是否加入一个新的国际科学组织的标准应该是看该组织是否能够促进广泛的（而非狭隘的）国际合作的恢复。1819 年，丹麦皇家科学院加入了国际研究会，但保留恢复战前已有国际合作的权利。历史雄辩地证明：邹腾和海伯格的观点是正确的。

邹腾为丹麦数学的发展作出了巨大贡献，并为丹麦争得了许多国际荣誉。他的博士论文是丹麦大学论文标准提高后20年内的第一篇。他是丹麦历史上第一个在国际重要学术刊物上广发论文的数学家，也是丹麦历史上第一个多产的数学家，发表论文约150篇，出版著作10部。另外，他还为《丹麦传记辞典》撰写了许多19世纪丹麦数学家的传记。继沙勒1867年成为伦敦数学会外籍会员之后，邹腾于1875年当选为该会外籍会员。邹腾也是第一个成为国外主要科学院（共计16个）院士的丹麦数学家。1888年，柏林科学院授予他斯泰纳奖，表彰他在几何学上所取得的非凡成就。1902年，在挪威首都克里斯蒂安尼亚（今奥斯陆）举行的阿贝尔百年诞辰纪念会上，他被授予荣誉数学博士。此外，他还担任了1900年（巴黎）、1904年（海德堡）和1909年（罗马）国际数学家大会的副主席，以及1909年在瑞典首都斯德哥尔摩举行的第一届斯堪的纳维亚数学家大会的副主席。

三、学术成就

1863年，邹腾在熟悉了恩师沙勒的工作后，便开始自己的枚举几何学研究。他发现这是一片非常广阔的研究领域，在这方面他最初的成果是他的博士论文《求圆锥曲线系特征的新方法》，后来该文被译成法文发表在法国的《新数学年刊》上。圆锥曲线系之特征概念是沙勒提出来的，指的是过平面上任一点的圆锥曲线数以及与平面上任一已知直线相切的圆锥曲线数，这两个数确定了一个圆锥曲线系。邹腾继承了沙勒的特征理论，同时也提出自己的新方法，他先确定过一点或与一条直线相切的圆锥曲线数，然后应用它们去求特征数。沙勒认为邹腾的研究难度很大，赞扬他“严谨、有才能、判断准确”。

继博士论文之后，邹腾在枚举几何学领域的研究成果一发而不可收。他把沙勒的特征理论推广到三次和四次曲线系，正如沙勒所评论的那样，“在曲线一般理论中跨出了一大步”；他将沙勒的对应原理用于德国数学家普吕克所提出的平面曲线奇点关系的证明，并完善了英国数学家凯莱关于空间曲线和代数曲面奇点的理论；他还对具有一一对应点的曲线或曲面的性质做了研究。由于在枚举几何方面的杰出工作，邹腾被人们公认为是沙勒最好、最忠实的弟子。

1875年之后，邹腾的研究领域更广泛了。他开始撰写力学方面的著作，同时在代数曲面理论方面作出了重要贡献。他又发展了枚举运算：计算与给定曲线束相切的曲线的数目。由于几何学的走势逐渐趋近严格，该理论曾经被忽视多年，直到近年才重新得到人们的肯定。

19 世纪 70 年代以前，人们丝毫没有看出沙勒的数学史研究对邹腾有何影响。然而，约从 1876 年开始，邹腾对数学史研究产生了日益浓厚的兴趣，他的研究方向开始拓展到该领域。在他一生所发表或出版的论著中，数学史论著有 40 余种，一些数学史的优秀课本相继被译成德语、法语、俄语和英语，其中一些已成为经典之作。对邹腾的著作，人们的评价是：阅读他的数学史著作是倾听历史的很好途径，读者在了解古代数学家生平逸事的同时也领会了他们的数学思想。1903 年，法国科学院为了表彰他在数学史领域所作的贡献，授予他首届比努奖。

邹腾认为，每一位拿数学学位的学生都应该熟悉欧几里得的《几何原本》和笛卡儿的《几何学》。在写于 1876 年的第一篇数学史论文中，他指出数学专业学生学习数学史的必要性。他认为，通过数学史的学习，学生不仅能获得一种历史感，而且通过新的角度，将对数学产生更敏锐的理解力和鉴赏力。实际上，邹腾经常在课堂教学中讲述数学史，他的学生、丹麦著名数学家哈拉德·玻尔回忆道：

在与学生谈话时，邹腾很喜欢带领我们大家回溯数学的历史。听过他讲课的人永远都不会忘怀——我们真幸运，在这些课上，他几乎一直在滔滔不绝地讲。

邹腾的第一部重要数学史著作是 1884 年出版的《古代圆锥曲线的历史》，此书向我们展现了古代几何学的重要历史，其学术价值与沙勒的《几何方法的产生与发展历史概述》相伯仲。邹腾详细阐述了阿波罗尼斯关于圆锥曲线的研究，发现阿波罗尼斯是利用斜坐标系得出圆锥曲线性质的，还发现他是通过两束直线的投影来生成圆锥曲线的。与邹腾同时代的法国著名数学史家塔内里对此书做了高度评价：

邹腾的工作开启了一个新的时代；在他之前，人们对古代圆锥曲线历史的认识是不完整的。邹腾不仅为我们提供了一把开启历史的钥匙，而且还为我们指明了一种研究方法，使我们不再误入歧途。

法国著名数学家皮卡尔称：

> 可以说，没有人能比这位丹麦几何学家更好地理解古人的数学思想和推理方法了！

从1885年起，邹腾的数学史研究领域更广，研究问题更趋多样化，并保持着丰硕的成果。他研究了微积分最初的发展历史以及无理数理论的起源等。他的研究极富启发性，关于古希腊数学的众多研究成果被英国著名数学史家希思写进他的名著《希腊数学史》中。例如，特奥多鲁斯是如何证明$\sqrt{3}$、$\sqrt{5}$、$\sqrt{7}$、…、$\sqrt{17}$是无理数的。邹腾推测，他是利用毕达哥拉斯学派熟悉的求两正整数最大公约数的方法、借助反证法来证明的。

19、20世纪之交，学术界兴起了对古希腊数学的系统研究。邹腾和塔内里等人开创了一种研究传统，其目标是通过对欧几里得《几何原本》这样的原始文献进行技术性和理论性分析，重构公元前5世纪至公元前4世纪希腊数学的发展情况。1896年，邹腾出版了一部更具影响力的数学史著作《古代与中世纪数学史》，该书原文是丹麦文，后来相继被译成法文和德文等，中国学者也曾计划将其译成中文。书中，他着重讲述那些对教师和学生来说非常必要的数学史知识，用通俗的语言将过去的数学概念带到了今天。邹腾描述了大量真实的历史细节，展现了数学概念从原始的简单形式到今天相对完整的形式的缓慢发展过程。因此这本书在学生和教师之间广受好评。

全书分三部分详细介绍了古希腊、印度以及中世纪的数学。古希腊数学部分首先介绍了毕达哥拉斯学派的数学以及几何代数这一具有古希腊特色的理论。之后介绍了其他代数以及几何方面的内容。如开方、比例的一般理论、球面几何、希腊几何的衰落等，还介绍了《几何原本》第5—9、11—13诸章的内容。正如他在前言中所说，在介绍《几何原本》的内容时，他尝试对所引用的每一个内容加上注解，以便读者能更好地理解并欣赏这部历史著作。他以尽可能贴近读者的方式去呈现古代著作中的思想和方法，因为他觉得读者很少有机会阅读这些原始文献。邹腾用《几何原本》来解释古希腊数学家们所严格遵循的逻辑形式，他并没有像其他学者那样发表支持或者反对的意见，只是尽可能地将真相告知世人，目的是保存这些历史遗产不让其遗失。印度数学部分重点介绍了数的符号、演算，代数理论以及几何。中世纪部分重点介绍了阿拉伯的算术、代数和三角学以及欧洲数学。

邹腾为我们理解古希腊数学提供了重要的视角。例如，邹腾认识到，作图在古代被认为是一种存在性证明。哈拉德·玻尔认为，这一发现具有划时代的意义。另一个例子是，邹腾曾经推断，古希腊人是借助直觉的无穷小方法求得结果，然后再用穷竭法对结果加以证明的。1906 年，海伯格在土耳其君士坦丁堡（今伊斯坦布尔）的耶路撒冷圣墓隐修院发现了遗失的阿基米德重要著作《方法》的手抄本，证实了邹腾的推断：阿基米德在《方法》中正是利用无穷小方法（阿基米德只将其看作发现的手段）获得曲边形（抛物弓形）面积和曲面体（球、椭球体等）体积的，而已知的阿基米德著作，如《论球与圆柱》《论劈锥曲面体和球体》《论抛物弓形求积》等都是用穷竭法对有关结果做出严格证明的。之后，海伯格与邹腾在《数学文献》上联合发表了《新发现的阿基米德著作》一文，其中海伯格提供了原文的翻译，邹腾做了长篇评注。邹腾认为，我们不应该只是盲目地去问古人用他们那些原始方法能够做些什么，而是要重新检验这些方法，看它们是否真的有用。

海伯格和邹腾的合作可谓珠联璧合、相得益彰。邹腾曾经说过，他的研究需要求助于有深厚文学功底又关注数学史的人，这个人就是海伯格了。他们的每次合作总会给人们带来惊喜，他俩的名声也因此远播国内外。

关于古希腊数学，邹腾的重要贡献之一是“几何代数”观点的提出。在邹腾看来，欧几里得的《几何原本》第二卷就像是一本用几何语言写的代数书。例如命题 4：“如果一条直线段被任意分成两段，那么整段长度的平方就等于两小段长度的平方和加上以两小段为边长的矩形面积的两倍。”这就是代数恒等式 $(a+b)^2=a^2+b^2+2ab$ 的几何描述。邹腾将这种用几何命题来解决代数问题的方法称为“几何代数”。后来有人对此提出异议，如出生于罗马尼亚、留学美国的科学史教授温古鲁认为，《几何原本》第二卷前十个命题可以翻译成今天的代数形式，并不等于古希腊数学家知道这种形式，几何代数之说“唐突、天真、从历史上看站不住脚”，但以范德瓦尔登为代表的数学史家们则支持并继承了邹腾的这种对于古希腊数学的诠释，今天，“几何代数法”已经成为人们十分熟悉的古希腊数学方法。

1903 年，邹腾出版《16、17 世纪的数学史》。书中，邹腾一方面介绍了 16—17 世纪的代数学和解析几何，其中大篇幅描述了笛卡儿和韦达的工作；另一方面也介绍了微积分的历史，除了牛顿和莱布尼茨的工作，邹腾还特别提到了牛顿的老师、英国数学家巴罗对微积分的诞生所起的重要作用。

1917 年，邹腾又出版《归功于科学推理的数学改革——从柏拉图到欧几里得》

一书。该书简单回顾了柏拉图的逻辑思想，以及他所提出的科学推理。通过介绍《几何原本》中角概念的起源、无穷小量的研究、二次方程求解、立体体积等问题，归纳了欧几里得所使用的推理方法：原始的直觉想象 — 通过图形变换 — 证明的一般化 — 表述的一般化这样一个发展过程。

邹腾和 M. 康托尔被公认为是 19 世纪末最重要的两位数学史家。但是两者的研究方法截然不同。康托尔是史料的集大成者，他所关注的是每一位数学家所做的工作。他搜集了从古代到 18 世纪不计其数的一手或二手文献，再将这些资料以及观点汇合成为数学的发展史，再把它联系到人类文明史中。在某种程度上，康托尔的数学史缺乏对各个数学知识之间内在逻辑关系的分析。邹腾则是一位思想敏锐的数学家，他所关注的是数学思想与方法的发展轨迹。通过考察古代学者的数学著作，提取其中的数学方法及其逻辑联系，并加以深刻的分析，不时还通过自己的证明来填补历史的空白。邹腾总是强调，他是作为数学家而不是历史学家去研究数学史的。

早期，康托尔的《数学史讲义》对邹腾产生重要影响，邹腾称此书“以非同一般的完整以及值得信任的方式再现历史事实”。他也谈道：“在我自己做研究时，康托尔的著作让我看到了更多重要的历史资料，只是我在理解和使用这些材料时，持有不同的观点。”后来，两人在学术上的不同见解导致了一些争端，也影响到了他们的个人关系。邹腾是数学史名家中唯一一位没有为康托尔 70 周岁生日写纪念文章的人。

四、人格情操

邹腾的个人魅力是有目共睹的，从他工作以及生活的点点滴滴中我们都可以感受到这位受人敬爱的数学家的风采。

1865年，当他的博士论文还在印刷时，收到了恩师沙勒于当年9月4日发表在《法国科学院院刊》的论文。文中，沙勒把他的特征理论推广到空间上的圆锥曲线，并且承诺，在以后的论文中，他会把他的理论推广到二次曲面。邹腾读了沙勒的论文之后，便在自己博士论文的最后加了一段评论。那个夏天，邹腾显然将沙勒的理论推广到了二次曲面。但是，无论是在这段评论中，还是在 40 年后他为《数学百科全书》所写的长文中，邹腾都没有提及自己当时的研究。事实上，在收到沙勒的论文后不久，他就向丹麦皇家科学院递交了一份关于二次曲面的手稿，他把论文装在一个密封的信封里，并附上了说明：在沙勒发表他所承诺的论文之前，不得打开信封。这充分显示了邹腾的谦逊以及对沙勒的尊敬。后来人们发现，邹腾的结果远远超过了沙勒的结果。

邹腾面对优先权问题所表现出来的无私和平和也是令人钦佩的。1873 年，邹腾对平面四次曲线做了深入研究，发现一般四次平面曲线的 24 个拐点中至多只有 8 个是实的。1875 年，德国大数学家菲利克斯·克莱因推广了这一结果：一般 n 次平面曲线至多有 $n(n-2)$ 个实拐点，正好是总拐点数的 1/3。克莱因给出这个结果的时候，并没有提到邹腾先前的工作。对于这件事，邹腾并没有懊恼；相反，他感到很高兴，因为自己的研究有了进一步的发展。

作为传记作者，邹腾的措辞有很高的技巧，对人的批评丝毫不含贬低意味。沙勒曾用拉丁谚语“无母的雏鸟”来形容笛卡儿的《几何学》，邹腾对此提出了异议。他认为笛卡儿的思想实际上来源于别的数学家，特别是费马。对此，他写道：

> 沙勒的赞扬并不过分。确实，笛卡儿的思想超越了他的前人，并且渗入到了更广阔的领域，标志着数学发展新时期的来临。但是，沙勒的表述似乎完全误导了我们。

1925 年，邹腾的两位学生为庆祝与老师 25 年后的重聚写了一本书，其中回忆了邹腾在大学教书时的情形。学生汉森回忆说，邹腾先生既不善于辞令也不风趣，但却是一位友善、慈祥的老人。他对自己的专业和听众都表现出了无比的热情与兴趣，他总是尽可能地把课讲得清晰又有教育意义。他谦逊，不摆架子，学生常常能从他那里得到一些中肯的建议和指导。与今天的大学教授截然不同，邹腾担任几乎所有数学专业课程的教学工作，伴随着每一个学生的成长，他还常常帮助学生找工作。丹麦工学院学生哈特曼觉得邹腾说起话来不会中断，几乎都在结巴，但与他所流露出来的对数学的热爱相比，这一缺点显得微不足道。他对自己要求很高，有一次他不满意自己上的课，就当场在学生面前做自我批评，承诺以后绝不会有类似的事情发生。

他的教授职务继承者哈拉德·玻尔 60 岁时回忆起自己 1904 年左右在丹麦工学院听邹腾的数学课，写道：

> 正是邹腾教授这位杰出的科学家和特别慈爱的大好人，对我们这些学生产生了最为深刻的影响。邹腾算不上是一位出色的演讲者，因为他常常要用很长很复杂的句子来表达自己的意思。虽然年事已高，但对于教新生，他依

然表现出浓厚的兴趣。同时，他也十分尽职，总是亲自批阅布置给我们的作业，也知道怎样给我们写一些富有启发性的评论……记得有一次，在我的一组练习后面，留下了他那独特的笨拙的笔迹：通过不同的坐标系，用多种方法来解同一个问题，这也许很有启发性，但你要记住，坐标系本身只是一种工具而已。

邹腾不仅对丹麦工学院数学专业的学生，而且也对土木工程专业的学生产生了巨大的影响。如后来成为工学院名师的奥斯登夫德即为其中之一。

邹腾深受学生和同事的尊敬与爱戴，在他 70 岁生日时，他们送上一本纪念文集。八十华诞，他们把他的肖像制成一枚纪念章，并举办了数学界的庆祝会。邹腾自比《圣经》中站在圣山上的摩西，俯瞰应许之地，心中充满着满足与喜乐。在学术界之外，他也备受尊崇，曾先后于 1880 年、1898 年和 1910 年被丹麦国王授以丹麦国旗骑士勋章、丹麦二级国旗骑士勋章和丹麦一级国旗骑士勋章。

关于邹腾的逝世时间，有两份杂志曾错误地宣布为 1919 年 2 月 15 日。一是《美国数学会公报》，一是《数学教学》（法国）。前者在 6 月做了纠正，解释说 15 日那天是庆祝邹腾八十华诞，也遥祝他快乐。后者解释说，他们只是转载了前者的报道，很高兴获悉邹腾还健在。对于提前宣布自己逝世消息的这两家杂志社，邹腾将自己刚在科学院院刊上发表的论文《论代数的起源》作为礼物寄给了他们，邹腾的风度和胸襟令世人折服。1920 年 1 月 5 日，邹腾做完每天例行的散步之后，突发心脏病，于第二天早上平静地离开了人世，享年 81 岁。

他被安葬在哥本哈根最大的墓地——阿西斯顿公墓。安葬在附近的名人还有物理学家和化学家奥斯特、童话作家安徒生，以及数学家哈拉德·玻尔和他的哥哥、物理学家尼尔斯·玻尔。

邹腾的去世使丹麦学界陷入巨大悲痛，法国数学界也为失去这样一位伟大的数学家和数学史家而深感痛惜。皮卡尔为此在《法国科学院院刊》上为邹腾撰写了讣告，对邹腾作了高度评价：

在他身上闪耀的是智慧的光芒，体现的是人类纯朴与美好的品质。他将一生的时间都奉献给了科学和他的家庭。法国人民从此失去了一位忠诚的朋友以及一颗对法国的挚爱之心。

1989 年 7 月 30 日到 8 月 6 日，为纪念邹腾 150 周年诞辰，哥本哈根大学数学研究所举办了邹腾研讨会，与会数学家们一起追溯当代数学有关领域与邹腾研究的渊源关系。此前近十年间，代数几何学家们重新考察了邹腾曾经的研究工作，从中获得了许多灵感。随着研究的深入，人们越来越感觉到邹腾先前工作的重要性，这一点也更加彰显了他的数学才能。

邹腾在数学以及数学史领域筚路蓝缕、辛勤开拓、硕果累累。虽然他没有创立什么学派，但他对丹麦数学以及丹麦的大学数学教育产生了深远的影响。斯人已逝，风范长存。他为后世留下了宝贵的精神财富，人们永远怀念他。

（作者：赵瑶瑶　汪晓勤）

参考资料

[1] K. Ramskov. The Danish Mathematical Society through 125 years [J]. Historia Mathematica, 2000, 27: 223-242.

[2] S. L. Kleiman. Hieronymus Georg Zeuthen (1839-1920) [C]. Contemporary Mathematics, 1991, 123: 1-13.

[3] 汪晓勤. 沙勒：博学的数学家和天真的收藏家 [J]. 自然辩证法通讯, 2005, 27: 99-106.

[4] H. G. Zeuthen. Détermination des Caractèristiques des Systèmes Élémentaires de Cubiques [J]. Comptes Rendus des Séances de L'Académie des Sciences, 1872, 74: 521-526, 604-607, 726-730.

[5] J. Fauvel & J. Gray. The History of Mathematics: A Reader [M]. Hampshire: Macmillan Education, 1987.

塞缪尔·艾伦伯格

(Samuel Eilenberg，1913—1998)

塞缪尔·艾伦伯格

从华沙走向世界的数学家

塞缪尔·艾伦伯格是美籍波兰裔数学家，他是杰出的形式主义者，继承了希尔伯特、爱米·诺特、阿廷的衣钵，支持公理化统一论。艾伦伯格善于与其他数学家合作，他与斯廷罗德一起和嘉当携手开创了同调代数的新篇章。1936 年和 1958 年，艾伦伯格先后应邀在奥斯陆和爱丁堡国际数学家大会上作分组报告和大会报告，特别地，他还是 1986 年沃尔夫数学奖的获得者之一。在拓扑、代数、范畴论、理论计算机科学等领域，艾伦伯格的数学思想影响了一代数学家。这样一位传奇数学家，他的经历值得我们深入发掘，使其数学思想影响到当今更多的青年学者。

一、出道华沙的后起之秀

艾伦伯格 1913 年 9 月 30 日出生于波兰华沙（俄罗斯帝国时期）的一个犹太家庭。父亲从小在犹太学校接受教育，是学校里最出色的学生，本该成为学者。母亲是镇上造酒商的女儿，父亲因为结婚而成了啤酒制造商家族的一员。

第一次世界大战改变了欧洲的政治格局。波兰的三个瓜分国——俄国、德国和奥匈帝国，在旷日持久的战争中先后崩溃。根据《凡尔赛和约》，东欧一些国家纷纷独立。1918 年，被称为“波兰拿破仑”的毕苏茨基走出德国监狱，成为波兰的国家元首，统揽全国大权。建国前，波兰文化教育落后，俄占区文盲占全体居民的 65%。毕苏茨基上台后颁布义务教育法令，规定 7 岁至 14 岁学龄儿童免费入七年制小学，政府还制定了发展高等学校的计划。教育事业开始逐渐发展，年少的艾伦伯格就是在这样的背景下接受教育的。中学毕业后申请进入华沙工业大学，1930 年转入华沙大学的数学与自然科学系学习。

华沙大学是波兰 1918 年建国时仅有的三所大学之一。另外两所是利沃夫大学与克拉科夫大学，其余皆为专门学院。艾伦伯格入学时，华沙大学在数学方面的实力十分雄厚，是波兰的数学中心。谢尔宾斯基、马祖尔凯维奇、库拉托夫斯基、博苏克等一批波兰著名数学家都先后任教于此，他们被国际数学界称作“华沙学派”，主要从事集合论、数理逻辑与拓扑学的研究，还创办了著名的期刊《基础数学》。由于集合论与拓扑学的紧密联系，集合论式拓扑学在华沙大学十分流行。艾伦伯格听了克纳斯特讲授的集合论，班上只有他一人能完成所有作业，因此艾伦伯格早期的学术兴趣主要在点集拓扑学。

艾伦伯格与博苏克亦师亦友，博苏克作为助教指导实分析练习时发现了他的数学才能。每当博苏克从国外访学归来，艾伦伯格就迫不及待地向他询问国外数学的发展情况，博苏克研究代数拓扑学时，他也跟着学。1934 年，艾伦伯格在华沙大学取得硕士学位后在库拉托夫斯基和博苏克的指导下继续学习，博苏克则是他实际上的老师并给了他很多灵感。艾伦伯格 1936 年发表在《基础数学》上的博士论文就是在博苏克的研究基础上完成的，填补了集合论式拓扑和代数拓扑之间的一些缺口。这篇关于平面拓扑的论文在波兰和美国数学界都得到了好评。

那时身在荷兰的著名波兰犹太数学家胡列维茨每年都会回华沙，给予了艾伦伯格很多帮助与支持，是后者在代数拓扑上的启蒙者，他们之间交流数学。艾伦伯格一直保留着胡列维茨祝贺他取得成果时的回信，他钦佩并追随胡列维茨的数学思想，深受其同伦论论文的影响。艾伦伯格将其中五篇论文装订在一起多次重读。

波兰当时另一个数学中心是利沃夫，在那里艾伦伯格结识了领导“利沃夫学派”的巴拿赫。利沃夫学派以斯泰因豪斯和巴拿赫为代表，主要从事泛函分析的研究，还创办了后来国际知名的泛函分析杂志《数学研究》。艾伦伯格很快融入了这个数学团体，并在他们的聚集地——苏格兰咖啡馆里工作和畅饮，还在后来闻名于世的《苏格兰数学问题集》上贡献了 6 个数学问题。[1]咖啡馆里的学术气氛异常浓郁，他们不断地提出、研究、争论数学问题，记下思想的火花。交谈再交谈，而非闭门读书，是艾伦伯格一贯遵循的研究方式，后来艾伦伯格的多数研究都是与他人合作完成的。

1935 年莫斯科拓扑学大会之后，拓扑学迎来了发展的黄金时期。对于刚刚博士毕业的艾伦伯格来说，亚历山大、布劳威尔、霍普夫以及胡列维茨等一流拓扑学家的

1　苏格兰咖啡馆只是名字取为苏格兰而已，并非指其地理位置。这里聚集了波兰的一群数学精英，巴拿赫放在店内的大笔记本，记录了他们提出的数学问题，现已成为著名的《苏格兰数学问题集》，收入了从 1935 年到 1941 年期间在苏格兰咖啡馆历次聚会中提出的总共 193 个数学问题，问题 133—138 是由艾伦伯格贡献的。问题集涉及泛函分析、无穷级数、实变函数论、拓扑学、概率论、测度论、群论等领域。

文章大大拓宽了他的视野，艾伦伯格也在尝试使他的研究变得代数化。在波兰求学时期，虽然艾伦伯格的许多文章都是关于一般拓扑学的，但其实他已经顺应了拓扑学的发展趋势。1939 年艾伦伯格在《数学基础》上发表的一篇有影响力的文章《空间的基本群与高维同伦群之间的关系》，探讨了基本群对一个空间高维同伦群的作用，这表明艾伦伯格熟悉代数学是如何在拓扑学中应用的。这篇文章也是艾伦伯格转向代数拓扑学的标志。深受波兰拓扑学家的言传身教，艾伦伯格逐渐成长为波兰年青的一代数学家中的佼佼者，从 1930 年上大学开始到 1939 年离开波兰前往美国为止，他一共发表了 37 篇文章。

两次世界大战之间的 20 年，是波兰数学从兴起到繁荣的黄金时代，这期间波兰数学家给世界数学带来的巨大影响一直持续至今。但第二次世界大战使波兰数学界失去了一代天之骄子，有的遭到纳粹迫害，相继弃世，和勒雷共创勒雷 - 绍德尔不动点定理而闻名的绍德尔死于纳粹盖世太保屠刀之下；有的为逃避战争劫难，飘零异国，访问哈佛大学的乌拉姆不得不继续留在美国；巴拿赫在研究所里喂虱子，战后在肺癌的痛苦中死去。波兰数学因此也失去了以往的辉煌。

二、彰显才华的美国时期

移居美国并非偶然之举。艾伦伯格在 1936 年的奥斯陆世界数学家大会上与莱夫谢茨和胡列维茨相遇，二人建议他先访问欧洲，后移居美国。1938 年艾伦伯格收到莱夫谢茨的来信，表示得到怀尔德的同意并计划邀请他去密歇根大学。[1] 波兰的日渐危险加速了艾伦伯格离开的脚步。在父亲的劝说下，艾伦伯格 1939 年 4 月离开波兰，中途访问怀特黑德，后于 4 月 27 日到达纽约。胡列维茨和莱夫谢茨的学生沃尔曼开车带着艾伦伯格到了当时的世界数学中心普林斯顿。在维布伦和莱夫谢茨的帮助下，1940 年他进入了密歇根大学。艾伦伯格是一个性格外向、思维敏捷、易于接受新事物的人，通过坐便车长途旅行，他立刻融入了美国的生活；在数学上，他很快结识了当时活跃的数学家团体，大家亲切地称他“塞米”——塞缪尔的昵称。

密歇根大学对艾伦伯格在美国开始数学研究来说是一个极好的平台。怀尔德就

1 艾伦伯格在回忆胡列维茨的文章中表示，虽然早已取得博士学位，但他是以学生的名义被邀请的。这可能是因为在战争随时可能打响的波兰，相比于移民签证，这样操作更容易得到波兰护照和美国方面的签证。

职于安娜堡，安娜堡市成立于1824年，是美国密歇根州第六大城市，密歇根大学于1837年从底特律搬至此地，成为安娜堡的一张名片，除校本部安娜堡外，还有迪尔伯恩和弗林特两个分校。怀尔德一手把密歇根大学打造成了当时美国拓扑学研究的一个中心，在那里艾伦伯格能与一流的拓扑学家相互交流。博特、扎梅尔松等人也都先后在这里工作，艾伦伯格还与米勒、哈罗德、蒙哥马利一起研究。由于他出色的工作，在密歇根大学的几年时间里艾伦伯格的身份也从最初的学生变为讲师，并一路晋升到助理教授和副教授。更重要的是，安娜堡无形中为艾伦伯格与其后来的两个主要合作者完成了牵线搭桥。

艾伦伯格在密歇根大学遇到了前来作系列演讲的麦克莱恩。自此从1941年到1955年，他们一起完成了多篇著名的文章，涉及了许多主题，包括泛系数定理、函子、范畴、自然变换、群的上同调、同调群与同伦群之间的关系、艾伦伯格－麦克莱恩空间……最大的发现也许是范畴论，这解决了代数拓扑学的迫切需要，并传播到了许多数学分支中。合作在第二次世界大战期间依旧继续，艾伦伯格和作为指挥的麦克莱恩来到纽约，在哥伦比亚大学为国防研究委员会下设的应用数学组工作，一起研究机载火力控制问题。二人多年合作中的成果被收录为《艾伦伯格－麦克莱恩选集》。

斯廷罗德曾经在密歇根大学学习，并于1942年返回安娜堡任教。艾伦伯格与他在1952年出版的划时代著作《代数拓扑学基础》中阐述了同调和上同调公理，完成了严格的证明。麦克莱恩曾表示：

> 那时有许多关于同调论的不同和混淆的说法，有奇异的，有胞腔的。此书使用范畴论说明它们全都能当作从空间偶的范畴到群或环的范畴的满足像“切除”这样适当的公理的同调函子概念来描述，感谢塞米的眼光和热情，这本书极大改变了拓扑学的教学。

1945—1946年间，艾伦伯格在普林斯顿大学任客座讲师。1946年12月举办的庆祝普林斯顿大学成立200周年活动中，以“数学问题”为名举行了一次学术会议，这次会议拓扑环节的参与者提交了大量未解决的问题，艾伦伯格将问题汇总，起草完成了一篇著名的文章《论拓扑学中的问题》，发表在《数学年刊》上。他在1946年被任命为印第安纳大学的正教授。一年之后，艾伦伯格转去纽约接过哥伦比亚大学的教职，后来他加入了美国国籍，并有了一段维持了九年时间的婚姻。

哥伦比亚大学数学系在那时规模不大但却群星荟萃，拓扑、代数几何、复分析等方向的研究十分活跃。年长的一代有系里拓扑学研究先驱保罗·史密斯，以类域论、李群和代数几何研究著称的布尔巴基巨匠谢瓦莱，以及洛尔希和科尔钦等人；年轻的一代有拉马努扬之后印度最出色的数学家钱德拉，后来著作颇丰的朗，以及仓西正武等人。另外，1964 年到来的伯斯，1966 年获得菲尔兹奖的斯梅尔，1970 年获得菲尔兹奖的广中平祐，以及施密德也曾先后在此任教。

莱夫谢茨的学生、曾经在 1945—1951 年间担任哥伦比亚大学数学系主任的史密斯，在将艾伦伯格引进哥伦比亚大学数学系的过程中发挥了重要作用。艾伦伯格后来于 1957—1963 年和 1982—1983 年两次担任了哥伦比亚大学数学系主任。他的到来为该系的拓扑学以及新兴的范畴论注入了活力。他是一位能够给人以灵感的教师，前后培养了 18 位博士研究生。特别是在与范畴论有关的领域，在哥伦比亚大学围绕艾伦伯格逐渐形成了一个“范畴论小组”，并影响了一批青年数学家从事范畴论研究，其中包括赫勒、布克斯鲍姆、卡恩、劳威尔、蒂尔尼、贝克等。艾伦伯格的这些学生是范畴论由默默无闻到繁荣发展过程中的关键性人物。另外，在哥伦比亚大学任教的巴尔后来也将研究兴趣放在范畴论上，格雷于 1959—1962 年担任哥伦比亚大学里特讲师时转向了范畴论研究，洛尔希的学生林顿也对艾伦伯格的范畴论感兴趣。

值得一提的是，我国著名数学家陈国才在群论和三维球面中的链环、形式微分方程以及累次积分和同伦理论上作出了突出贡献，他是艾伦伯格最早的博士生。1946 年陈国才从西南联合大学毕业后，在中央研究院做助理研究员时得到陈省身的推荐，到印第安纳大学在艾伦伯格的指导下学习，后追随艾伦伯格来到哥伦比亚大学攻读博士。

1974 年，哥伦比亚大学授予艾伦伯格“校级教授”这一最高荣誉，他在数学系一直工作到 1982 年退休。

三、布尔巴基的“双非”数学家

1945—1946 年度的布尔巴基讨论班上，有关代数拓扑部分，布尔巴基的骨干嘉当和埃雷斯曼就已经开始研读艾伦伯格在《数学年刊》上发表的多篇论文了。1946 年

6月8日至6月19日，布尔巴基在斯特拉斯堡举办的一次会议上，正式通过了将艾伦伯格吸纳为布尔巴基新成员的决议，并于1948年6月21日在法国南锡以布尔巴基的名义向艾伦伯格寄去了一封通知函，告知韦伊将与他接洽。那时布尔巴基的核心成员韦伊正在芝加哥大学工作，联系了已经转入哥伦比亚大学数学系工作的艾伦伯格，邀请他参加了布尔巴基在1950年10月举行的会议。

几乎所有的布尔巴基成员都是法国巴黎高等师范学校的毕业生，缺乏这种法国文化背景的人很难通过“豚鼠”般的测试进入布尔巴基。艾伦伯格这种“双非”数学家是极少数的存在：他既没有法国国籍，也没有经历过巴黎高等师范学校的系统培养。但艾伦伯格在波兰的时候就学会了法语，早期他的大多数文章也都是用法语发表的，并且在博士毕业后，他曾于1936—1937学年在庞加莱研究所访学，这些也许是他能加入布尔巴基的外在因素。1950年艾伦伯格得到了约翰·西蒙·古根海姆纪念基金会的支持，并获得了1950—1951学年傅尔布莱特奖，以客座讲师的身份在巴黎大学访问期间，通过了布尔巴基小组的考验成为其中一员。据原始档案的不完全统计，艾伦伯格参与了布尔巴基工程中代数拓扑部分多个项目的撰写和讨论，涉及了同调、同伦、纤维空间等。嘉当曾回忆起艾伦伯格在布尔巴基工作时的情形：“他参加持续两周的夏季会议，他令人赞美地知道如何提出他的观点并常使我们同意他的观点。”

艾伦伯格与布尔巴基的合作既有嘉当所说的愉快，也有一定的遗憾，遗憾主要表现在以韦伊为首的一些布尔巴基数学家对范畴论的态度。布尔巴基学派所著的《数学原理》主要是以“数学结构”（以集合的概念为基础）来重新解读同时代的数学，对已有数学分支完成了深入的阐释和重组，艾伦伯格的拿手好戏“范畴论”却是个特例。范畴论在20世纪中叶兴起，布尔巴基学派似乎看到了它的前景，考虑了将它纳入“数学结构”的可能性。50年代的《部落》（布尔巴基群体会议记录的内部通讯）就记录了反复出现编写同调代数和范畴论章节的想法及其接二连三的讨论。艾伦伯格撰写《代数拓扑学基础》和《同调代数》的同时，就曾于1951年被多次委托为布尔巴基准备同调代数和范畴论的相关内容以备讨论，但当“范畴”与“结构”在布尔巴基相遇时，他却发现：

> 函子和范畴的方法似乎与已经发展起来的结构方法之间存在竞争，除非这种竞争以只有一种方法在早期出现的方式解决……解决这种竞争的唯一可

能是定义“结构化同态”……但这却需要对现有的结构概念进行严重的修改，这样就使得本来已经很复杂的结构概念变得更加复杂，尽管我乐意尝试，但还无法找出一个能够普适已存在的特殊例子的一般定义。

韦伊曾与谢瓦莱通信，商讨过使用范畴概念的问题，还提及了他当时在芝加哥大学的同事麦克莱恩的一些观点。麦克莱恩在1954年就曾被邀请参加了布尔巴基的一次内部会议，企图说服布尔巴基接受范畴论处理数学问题的方式，但没有成功。

布尔巴基确实有意采纳范畴论的语言，但是却发现放弃战前确立的基本概念“结构”是十分困难的，向范畴论转变就意味着要修改《数学原理》之前已经完成的所有章节。卡蒂埃认为：

布尔巴基完全可以谈到范畴而不必真正明讲出来。假如他们要重新编写专著，那将不得不从范畴论开始，但这样的话关于如何调和范畴论与集合论仍然会有很多尚未解决的问题。

并且将“结构”与“范畴”这两种方式结合似乎是对布尔巴基哲学的三大要素——数学的统一性、公理化与结构观念的一种削弱。卡蒂埃、谢瓦莱、艾伦伯格、格罗滕迪克以及麦克莱恩是支持范畴论的，但韦伊则不赞成，他以更为谨慎的态度对待范畴论。艾伦伯格去世后，他的大量数学文章、私人信件以及档案存于哥伦比亚大学，其中就发现了一份如何将范畴论介绍进《数学原理》的报告，以及一份涵盖了部分由布克斯鲍姆和格罗滕迪克发展的阿贝尔范畴理论的同调代数手稿。但最终范畴论并没有得到布尔巴基的垂青，没有被纳入多卷的著作中，格罗滕迪克因此一气之下退出了布尔巴基：他的代数几何需要范畴论。

月有阴晴圆缺，任何著作不可能无限地与时俱进，这就导致了其局限性。列举布尔巴基著作的一些缺点并非难事：微分几何与硬分析难以结构化、数理逻辑内容过时、范畴论弃之不用、概率论与随机数学的不当处理、对数学物理丰富内涵的无知等。即便如此，布尔巴基将基础数学的大部分内容以“结构”的方式处理，又把结构分为序结构、代数结构和拓扑结构，这在当时是相当先进的，并且结构数学仍将是未来数学发展的基础之一。

艾伦伯格在布尔巴基工作了十五年，直到1966年离开。他离开布尔巴基的原因之一是年龄，为了使布尔巴基的事业永葆青春，韦伊提出成员到50多岁必须退休，艾伦伯格那时已经53岁。但退休并不意味着他完全脱离了集体，因为他仍会收到《部落》。

四、奠定声誉的三个领域

艾伦伯格学术生涯的核心研究工作主要集中于1939—1966年，涉及奇异同调、单纯集、零调模型、群的同调与上同调、范畴论、代数拓扑学的基础、同调和同伦群之间的关系、艾伦伯格－麦克莱恩空间、同调代数、艾伦伯格－穆尔谱序列等方面。

1. 代数拓扑学

同调和同伦理论是代数拓扑学的两大支柱。20世纪30年代左右，爱米·诺特、阿廷等人的工作建立起抽象代数学的大厦，爱米·诺特1926年的著名论文第一次提出用群来解释同调论。自此同调论转而研究同调群、同调模等对象，代数的渗透使得拓扑研究集中在代数拓扑学。1935年，为交流这一阶段激增的拓扑学成果而召开的莫斯科拓扑学大会更是将代数拓扑学推向高潮。库拉托夫斯基和博苏克也参加了这次大会，深受博苏克影响的艾伦伯格也是由此开始逐渐向代数拓扑学的研究靠拢。

1939年4月25日艾伦伯格向《数学年刊》提交了论文《上同调和连续映射》，这是他来到美国以后的第一篇论文，是早期作品的后续结果。惠特尼采用上同调以表述同伦分类，推动艾伦伯格在这篇论文中建立了阻碍理论，给出了阻碍理论中一个特例的准确描述。

1940年密歇根大学的拓扑学会议是莫斯科拓扑学大会之后拓扑学界的又一次聚会，由于第二次世界大战的影响，参与者多为美国本土数学家。艾伦伯格报告的文章《连续映射的扩张和分类》以简洁的形式阐述了连续映射扩张阻碍的所有基本性质，修正了惠特尼等人有效但模糊的想法，艾伦伯格的表述使得不同形式的阻碍理论有了统一标准。

麦克利里曾这样评论艾伦伯格在同伦论中的阻碍理论上的工作：

> 上同调和同伦群的组合是艾伦伯格开创性工作的核心，这给出了映射扩张的一般性阻碍理论……霍普夫不变量、霍普夫和惠特尼的分类定理等想法全部被艾伦伯格的一般性方法囊括了。

追求数学背后的清晰结构是艾伦伯格的研究风格，他的《奇异同调论》给出了今天依然在使用的奇异同调和连续复形清晰直接的定义，修改了莱夫谢茨 1933 年的文章中奇异单形定义的缺点。文中退化算子的使用预示了我们今天使用的单纯集概念，为奇异同调打下了坚实的基础。

陈省身在 20 世纪 40 年代指导我国青年数学人才时，所列的论文研究表中就有以上提到的艾伦伯格的多篇论文，这足以证明艾伦伯格的论文在当时影响之大。

当时，同调论的各种形式层出不穷，有切赫的、菲托里斯的、亚历山大的……根据不同的空间类定义了不同的同调和上同调群。艾伦伯格和斯廷罗德将这些同调理论中共有的某些基本性质加以总结，在《同调的公理化方法》中给出正合、同伦、切除、维数等公理，即同调理论的公理系统。此文酝酿了两人之后的经典著作《代数拓扑学基础》(1952)，书中详细论述了在有限单纯复形偶的范畴上怎样从公理出发把同调群完全决定出来，抓住了同调群的本质属性，标志着同调论走向成熟。这本书是当时拓扑学所急需的教材，解决了同调论浑浊不清的困境。

《代数拓扑学基础》的成功与使用范畴语言密切相关，书中第Ⅳ章“范畴与函子”阐释了范畴、函子及相关概念。这些概念所形成的思想主宰了整本书的写作，在后续章节解释唯一和存在性定理时也得到了体现。斯廷罗德强调了“范畴”和“函子”概念的重要性，并表示相比于其他人的文章，艾伦伯格 - 麦克莱恩在范畴论上的文章对他有显著的影响：其他文章只提供结果，唯独这篇文章改变了思考的方式。

2. 范畴论

艾伦伯格与麦克莱恩的合作，源自 1941 年麦克莱恩来密歇根大学作的 6 次以群扩张为主题的“兹维特讲座”。他计算了在 G 是 p 进整数的加法群情况下的阿贝尔群扩张的群，即群。艾伦伯格发现麦克莱恩的计算方法恰好解决了斯廷罗德关于 p 进螺线的同调群计算。这个代数和拓扑之间神秘的联系，实际上涉及了空间的整同调群和上同调群（系数在阿贝尔群上）之间的关系。艾伦伯格擅长拓扑，麦克莱恩精通代数计算技巧，两人的才能也因为合作而得以充分发挥。为了弄清表象背后的本质，两人花费了 14 年的时间（1941—1955），陆续共写了 15 篇文章（见表 1），他们把这些文章比作乐曲，并且编号作品Ⅰ到作品XV。

表 1 《艾伦伯格－麦克莱恩选集》中摘录的作品Ⅰ到作品XV

代号	名称	时间	类别与内容简介	出处
Ⅰ	Group extension and homology	1942	上同调泛系数定理，函子Ext，解决斯廷罗德的问题	Ann. of Math.
Ⅱ	General theory of natural equivalences	1945	自然变换、函子、范畴等基础概念	Trans. Amer. Math. Soc
Ⅲ	Relations between homology and homotopy groups of spaces	1945	非球面性空间的上同调群是基本群的上同调群。引入艾伦伯格–麦克莱恩空间	Ann. of Math.
Ⅳ	Cohomology theory in abstract groups，Ⅰ	1947	群的上同调	Ann. of Math.
Ⅴ	Cohomology theory in abstract groups，Ⅱ： Group extensions with a non-abelian kernel	1947		Ann. of Math.
Ⅵ	Algebraic cohomology groups and loops	1947		Duke Math. J.
Ⅶ	Cohomology and Galois Theory，Ⅰ： Normality of algebras and Teichmüller's cocycle	1948	初探代数数论与类域论之间的联系，没有深入研究	Trans. Amer. Math. Soc
Ⅷ	Homolopy of spaces with operators，Ⅱ	1949	由艾伦伯格–麦克莱恩空间得出许多更一般空间的思想	Trans. Amer. Math. Soc
Ⅸ	Relations between homology and homotopy groups of spaces，Ⅱ	1950		Ann.of Math.
Ⅹ	Homology theories for multiplicative systems	1951	Generic acyclicity	Trans. Amer.Math. Soc
Ⅺ	Acyclic models	1953	零调模型方法	Amer. J. Math.
Ⅻ	On the groups H（Π，n），Ⅰ	1953	艾伦伯格–麦克莱恩空间的同调群和上同调群的显式计算	Ann. of Math.
XⅢ	On the groups H（Π，n），Ⅱ	1954		Ann. of Math.
XⅣ	On the groups，Ⅲ： Operations and obstructions	1954		Ann. of Math.
XV	On the homotopy theory of abelian groups	1955	Generic acyclicity	Canad. J. Math.

这 15 篇作品当中的Ⅱ——《自然等价的一般理论》十分经典，源于两人为了搞清楚某些同构（等价）的“自然”变换的精确含义，它公理化地系统论证了两人 1942 年发表在《美国国家科学院院刊》上的预告论文里介绍过的函子、范畴和自然等价等

一连串的新概念。犹如多米诺骨牌一般，他们发现在考虑切赫上同调的泛系数定理时需要自然变换的概念（函子的自然等价是一种特殊的自然变换），自然变换需要函子的概念，函子需要范畴的概念。简单说来：一个范畴是由一些对象组成的类给出的，对于每个对象对（A，B），都存在一个从 A 到 B 的对应（称为态射）的集合。在集合范畴中，对象为集合，而从集合 A 到集合 B 的态射，就是从 A 到 B 的所有映射；在群范畴中，对象为群，而态射为从群 A 到群 B 的所有群同态映射。如图 1、图 2 所示，函子研究的是两个范畴之间的映射，C 和 D 是两个范畴，F 把 C 的每个对象 X 映到 D 的一个对象 $F(X)$，把 C 的每个态射 f 映到 D 的一个态射 $F(f)$，图中满足一定条件的对应关系 F 就是一个函子（协变）。而自然变换则是处理函子之间关系的重要概念，由它可得出有用的可换图。

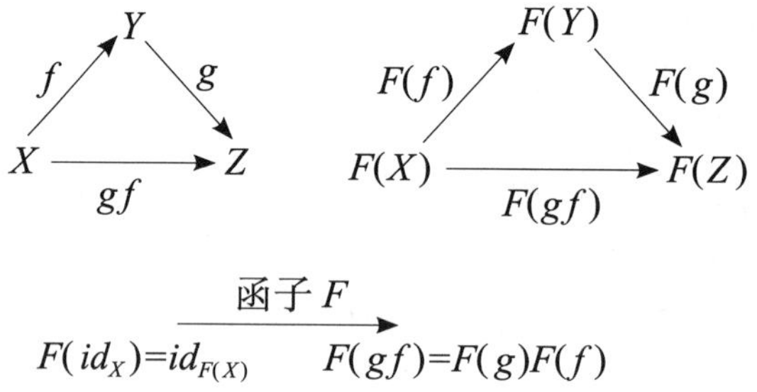

图 1 函子

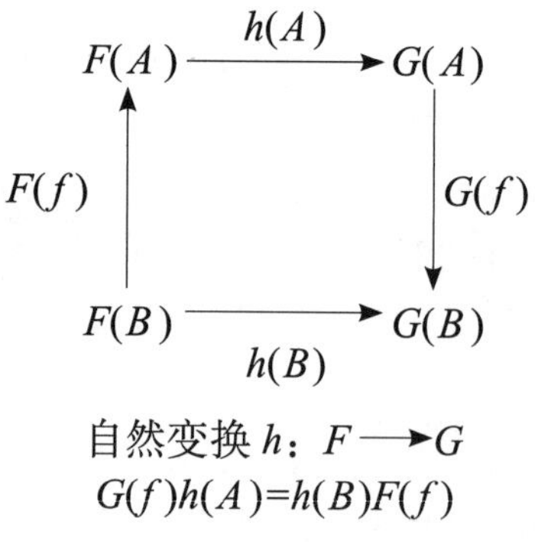

图 2 自然变换

艾伦伯格和麦克莱恩最初研究代数拓扑时顺便发明的这些简洁的箭头图表和范畴与函子的语言，建立起两类研究对象之间的关联，把我们不熟悉的那类对象转化成熟悉的那类对象去研究，范畴论的出现规范了这种思维方式，使之能得出数学上严格的结论。

艾伦伯格曾认为 1945 年关于范畴的文章会是今后这方面唯一的一篇文章，并且由于过于抽象，范畴和函子的概念起初被认为缺乏具体内容，并没有被同行广泛接受。在艾伦伯格的《代数拓扑学基础》和《同调代数》问世之后，范畴论的语言在20世纪50年代末迅速扩展，远远超出了他曾经的设想。艾伦伯格的影响也在各个环节中几乎都得到了体现：他在哥伦比亚大学指导的博士生布克斯鲍姆独立于格罗滕迪克完成了阿贝尔范畴的文章；伴随函子方面的决定性文章（1958）由他的博士生卡恩完成，“伴随”二字就是艾伦伯格推荐给卡恩的；他的博士生劳威尔充满创造力的论文将代数理论进行了范畴式描述，并包含了不采用元素处理集合的思想；在艾伦伯格的建议和帮助下，弗雷德的《阿贝尔范畴》和米切尔的《范畴论》在哥伦比亚大学时就开始了写作；艾伦伯格和凯利还一起研究了闭范畴及其相关思想。

值得注意的是，艾伦伯格还把范畴论的方法带入了理论计算机科学，在1974年和1976年出版了两卷书——《自动机、语言和机器》，对于自动机和形式语言理论领域内的几乎所有主要内容，给出了统一的数学描述。其他一些布尔巴基成员在研究中也很好地利用了范畴论，例如戈德门特于1958年将范畴论应用到拓扑学，埃瑞斯曼于1958年将范畴论应用到微分几何，格罗滕迪克与迪厄多内于1960年将范畴论应用到代数几何。

芝加哥大学的梅对艾伦伯格在范畴论上的贡献给出了很高的赞誉：

> 假如没有艾伦伯格与麦克莱恩在1945年的文章中介绍的范畴、函子、自然变换这些语言，毫不夸张地说，绝不仅仅是代数拓扑，现代数学的许多分支无法想象将会是什么样的。这些语言最终的出现可能是必然的，但这些早期的系统化总结后来被证实是如此持久与恰当，这在当时却并不是必然的。很难想象这种语言在将来的某一天会被取代。

3. 同调代数

范畴论在诸如同调代数、代数K理论、模论、环论等分支中都取得了成功的应用，并且同调代数的研究对象基本上就是模范畴以及由模范畴所派生出来的一些阿贝尔范畴。除了布尔巴基，艾伦伯格法国之行的另一个收获就是与嘉当在同调代数上的学术合作。他们系统地运用了“导出函子”，通过定义模的投射分解和模的内射分解，掀起了同调代数的“嘉当－艾伦伯格革命”。

1947年，艾伦伯格在拉瓜迪亚机场迎接第一次来美国访问的嘉当，并一直通过信件交流数学。嘉当自第二次世界大战结束以来已经开始对代数拓扑学感兴趣了，他曾经学习过艾伦伯格1944年在《数学年刊》上发表的奇异同调理论，并处理给出两个单纯复形乘积的贝蒂数和挠系数的屈内特公式。在法国期间，艾伦伯格参加了嘉当在巴黎高等师范学校关于群的上同调、谱序列和层论的讨论班，在一个系列讲座中解释了他和斯廷罗德完成的同调论公理化，并作了有关谱序列的报告。博雷尔和塞尔也参加了这个讨论班。《同调代数》（1956）一书的诞生起源于两人想把由屈内特公式引发的一些新想法写成文章。艾伦伯格在法国就此与嘉当多次讨论，每次结论可能从讨论中出现时，艾伦伯格就会表现出惊人的才能：他能系统地将其阐述出来。随着新内容的逐渐增加，最终演变成了一本书，他们在1953年完成了书的原稿。书名作为一个新兴的术语，是两人一起决定的。嘉当在一次采访中，对这本书及深受艾伦伯格的影响曾解释道：

> 我对某些领域感兴趣，比如同调代数，这主要是因为艾伦伯格。我们一起挖掘了这个概念的基本原理。实际上，我们必须为我们的书找个名字，它是关于代数学的，但使用了同调的方法处理代数问题，所以就取名“同调代数”……所有的内容基本都是塞米写的……塞米写了所有的东西；我没写什么。当然，我们有多次讨论，但讨论后都是塞米写下来。我负责用英语改正拼写错误，我虽然不精通英语，但是懂得拼写。与塞米一起工作和讨论总是十分轻松和愉快。

《同调代数》诞生之前的10年里，代数拓扑的方法已从多方面浸入了纯代数学的研究范围，如群的上同调理论构造、李代数的上同调理论构造、结合代数的上同调理论构造就平行且独立地发展着。这本书给出了包含这三方面的统一的上同调和同调理论，在“同调代数”的标题下系统化了代数拓扑学的代数结构，是同调代数的开山之作。直到1970年，此书一直是学习同调代数的经典之作。

霍克希尔德认为《同调代数》这本书的出现意味着同调代数的探索阶段已经过去了。这种说法在盖尔芬德和马宁的著作《同调代数的方法》中也得到了印证。他们总结了同调代数的发展史，并将《同调代数》视为同调代数第一阶段发展的终点，给出了“嘉当与艾伦伯格1956年的《同调代数》时至今日也没有失去丝毫的重要性”的评价。

五、数学与艺术收藏相得益彰

数学家之中不乏有同时对艺术和数学感兴趣的人。阿廷热爱音乐，吹得一手好黑管；嘉当弹得一手好钢琴；惠特尼具有音乐学士学位……

在数学界大家都叫艾伦伯格“塞米”，在艺术品界却称他“教授”，他在艺术品收藏界的名声几乎盖过了他在数学界的声誉。1960 年的“亚洲艺术品杰作——美国收藏品”展览会上有 11 件印度和东南亚艺术品雕塑，其中的 6 件来自著名的公立博物院，另外 5 件竟是从艾伦伯格那里借来展览的。当展览所需藏品进行筛选时，专家很难想象美国的一位私人收藏家居然有如此高质量的藏品。

艾伦伯格在艺术收藏方面的能力似乎与生俱来。在华沙的少年时代，他就开始追逐邮票和硬币，到美国之后开始专注于海泡石的烟斗。他在 1953 年的一次孟买数学之旅期间开始对艺术品收藏产生浓厚的兴趣。对亚洲艺术品的追逐与热爱，某种意义上也许是艾伦伯格对严格的数学理念带来的压力的一种释放，毕竟艺术更多是获得精神享受和审美愉悦。从第一次亚洲协会展览开始，凡是涉及印度和东南亚的藏品，艾伦伯格的收藏几乎无一缺席。多年来他收藏的艺术品，价值超过了 500 万美元，包括尼泊尔、泰国、印度尼西亚、巴基斯坦、斯里兰卡、印度等国的公元前 3 世纪至 17 世纪的艺术品。

作为一个藏品颇丰的收藏家，艾伦伯格的收集方法不同于常人只在拍卖会上收购，逛跳蚤市场与古董店的同时他也去遥远的世界各地。他不仅在美国的博物馆鉴赏艺术品中的文化，还多次亲自前往东方的巴基斯坦、印度、印度尼西亚等地的名胜古迹去研究当地博物馆中的藏品，得到了许多虽小但精致神秘的物件。艾伦伯格对印度青铜器感兴趣，并且在这方面颇有研究，有志于改变印度青铜器界杂乱无序的研究。指导艾伦伯格数学研究的美学原则在此也得到了体现，就像对待代数拓扑与同调代数那样，他曾经尝试将鉴别艺术品真伪的过程公理化，还暂定了若干条公理。但艾伦伯格还是买到了赝品，最后失败了。

1987 年，艾伦伯格慷慨地捐赠给纽约大都会艺术博物馆超过 400 件贵重的雕塑艺术品，加上之前从哥伦比亚大学购得的他的收藏中的 24 件雕塑，彻底改变了纽约大都会艺术博物馆中印度和巴基斯坦收藏品以及印度尼西亚青铜器的收藏状况。反过来，纽约大都会艺术博物馆因此通过基础资金和其他人的部分捐赠，筹集了多达 150

万美元的哥伦比亚大学艾伦伯格数学访问教授基金，这对基金项目的持续发展作出了实质性的贡献。艾伦伯格在捐献了大量藏品后，还持续收藏稀有的艺术品，并承诺将大部分捐给博物馆。

艾伦伯格数学上的美学是古典的而非浪漫的，收藏艺术品俨然已经变成了他不变的习惯，一种冲动与执着。似乎他的灵魂需要艺术品的浪漫，一种不同的审美满足感，与严格的数学之美达到平衡。

六、合作双赢的别样人生

20 世纪中叶的数学已经过渡到了现代数学阶段，仿佛一棵硕果累累的大树，枝繁叶茂，比过去任何时期都发展得更快。在研究对象和方法上产生了各分支之间“隔行如隔山”的感觉，这也是为何庞加莱与希尔伯特式的精通数学各个分支的天才现在如此凤毛麟角的原因。现代数学很难再回到欧拉、高斯、伽罗瓦等单枪匹马的英雄主义时代！

艾伦伯格是个十分有品位的数学家，这不仅表现在其对艺术品的鉴赏力上，还表现在其对合作者的选择方面。在波兰，他有四个合作者，包括他的老师博苏克和库拉托夫斯基。在美国，艾伦伯格的合作者不仅仅有麦克莱恩、斯廷罗德、凯利，他还与齐尔伯发展了作为一种新的空间类型的单纯集范畴，并有艾伦伯格－齐尔伯定理；与穆尔引进“微分分次同调代数”和“相对同调代数”，并有艾伦伯格－穆尔谱序列；与戴尔准备了两卷关于一般拓扑学和范畴拓扑学的书（未出版），计划在同伦的背景下重建代数拓扑学；与埃尔戈特完成了《递归性》一书。在法国，还有嘉当和布尔巴基学派的其他成员。艾伦伯格和这些人的合作，重塑了现代数学的许多方面。

综观艾伦伯格的学术生涯，他的前 46 篇文章里，除了 4 篇合作文章，其他都是独立完成的，但此后合作似乎成了他数学工作的标志。艾伦伯格同麦克莱恩的合作是从他第 47 篇文章开始的，学术生涯共发表 125 篇作品，总共 68 篇是与其他数学家合作完成的。令人惊奇的是，艾伦伯格数学研究中最重要的成果均诞生于合作之中，这是区别于其他数学家的显著特征。数学研究的灵感往往产生于思维的碰撞之中，对于艾伦伯格来说，独立研究的同时，数学更是一项社会活动。

抓住问题的本质，抛开一切多余的信息——这是艾伦伯格数学哲学的一贯准则。有人曾问艾伦伯格能否使用三支筷子吃中餐，对于如何操作，艾伦伯格回答道：“首先拿起三支筷子，然后将其中的一支筷子放到桌子的一边，最后使用剩下的两支筷子。”他对待数学亦是如此，艾伦伯格的数学强调条理，反对装饰，要求清晰，多次的公理化处理手法恰恰印证了他的数学哲学。

在艾伦伯格的数学世界里，数学研究本该是探索支配数学的基础原理，在于简洁地阐明问题背后内蕴的数学结构，复杂晦涩对他来说就是没有理解的记号。艾伦伯格的数学生涯无数次遵循着同样的步骤：将问题挖掘得深些，再深些，直到把每个问题挖到底。昂首阔步间思考数学时的灵光一现，时常伴随着他那孩子般的笑容和眼中闪烁的光芒。

与数学世界的未解之谜搏斗了66年之后，1996年年初艾伦伯格中风了，说话变得很困难，但他依然乐观地对待生活。在同事们去看望他时，他的思维依然活跃，想告诉大家他仍在思考却没有彻底理解的问题。在顽强地与病魔对抗了两年后，艾伦伯格于1998年1月30日在纽约去世了，《纽约时报》刊登了他的讣告。

艾伦伯格是现代数学伟大的设计师，如其学生赫勒说的那样：就像康托尔发明集合论一样，艾伦伯格的数学思想已经改变了我们思考数学的方式。

（作者：张勇　邓明立）

参考资料

[1] 刘祖熙. 波兰通史 [M]. 北京：商务印书馆，2006：423.

[2] S. Nadis & Shing-Tung Yau. A History in Sum: 150 Years of Mathematics at Harvard (1825-1975) [M]. Cambridge & London: Harvard University Press，2013：110.

[3] S. Eilenberg & S. Mac Lane. Eilenberg-Mac Lane: Collected Works [M]. Orlando: Academic Press，Inc.，1986：1-841.

[4] 莫里斯·马夏尔. 布尔巴基：数学家的秘密社团 [M]. 胡作玄，王献芬，译. 长沙：湖南科学技术出版社，2012：118.

[5] 干丹岩. 代数拓扑和微分拓扑简史 [M]. 长沙：湖南教育出版社，2005：113.

[6] 姜伯驹. 同调论 [M]. 北京：北京大学出版社，2006：70.

[7] C. A. Weibel. History of Homological Algebra [M] // I. M. James Eds. History of Topology. Amsterdam: Elsevier B. V.，1999：797.

[8] H. Cartan & S. Eilenberg. Homological Algebra [M]. Princeton: Princeton University Press，1956：V-378.

[9] S. I. Gelfand & Y. I. Manin. Methods of Homological Algebra [M]. Berlin & Heidelbergo & New York: Springer，1996：v.

罗伯特·雷科德

（Robert Recorde，1510—1558）

雷科德

英国第一个数学教育家

在威尔士西南海岸线上，有一个风景如画的旅游胜地——腾比镇，美丽的沙滩，湛蓝的海水，对热爱大自然的人有着极大的吸引力。但对于热爱科学史的人们来说，该镇教区教堂的一座墓碑，也同样吸引眼球。墓碑上刻着以下文字：

> 纪念罗伯特·雷科德，杰出的数学家。1510年出生于腾比，是代数、算术、天文、几何最早的英文著作的作者。他还发明了今日文明世界普遍采用的等号“=”。罗伯特·雷科德是爱德华六世和玛丽女王的宫廷医生。1558年卒于伦敦。

作为16世纪英国最有影响力的数学家和第一个数学教育家，雷科德的生平深受后世数学史家的关注。继19世纪英国数学家德摩根和科学史家、莎士比亚研究专家哈利韦尔之后，20世纪学术界对他的兴趣有增无减，直到20世纪90年代，还有西方学者在研究雷科德。国内数学史和数学教育界对这位在英国数学教育史上取得许多项“第一”的学者知之甚少。

一、乱世里的悲剧人生

雷科德于1510年出生于威尔士彭布鲁克郡的腾比，1531年毕业于牛津大学。他在牛津大学求学之日，正是宗教改革开始之时。同年，雷科德当选为万灵学院研究员，开始教书、学医，并对古董、古文献产生爱好。1533年在牛津获准行医。后来，雷科德离开牛津大学去了剑桥大学，于1545年获得医学博士学位。很可能在剑桥期间，他做了政客理查德·惠利的一个孩子的家庭教师，《艺术基础》（1543）就是这个时候完成的，其初版即题献给惠利。离开剑桥大学后，他先是回到了牛津，之后去伦敦行医。

1547年1月28日，亨利八世去世，年仅10岁的爱德华六世即位，其舅父萨默塞特成为摄政王。翌年7月，伦敦谣传爱德华六世夭亡。原来，一位名叫艾伦的江湖术士在伦敦行骗，此人自称能测算寿命、预知未来，伦敦人都叫他“先知”，若在中国，该叫“半仙”了。一些天主教徒怂恿艾伦测算狂热信奉新教的爱德华六世的寿命。这位“先知”测算的结果是，爱德华已经死亡，消息不胫而走，不久即传到宫廷中。于是，宫廷下令逮捕散布谣言者。国王卫士、新教徒昂德希尔抓到了艾伦，将其带到摄政王处。于是，江湖术士被投入伦敦塔囚禁。摄政王致函枢密院的约翰·马卡姆爵士，让他物色一位博学之士来审查艾伦。于是，马卡姆派人请来了在伦敦行医的雷科德。艾伦曾夸下海口：他所知道的天文学知识比牛津大学和剑桥大学的任何一个人都要多。经过审问，雷科德发现艾伦并不懂什么天文学，也没有其他学问，不过是个江湖术士而已。从这件事可以看出，此时的雷科德已很博学，在伦敦很有名气。可能就在这一年，他成了宫廷医生。同年，他出版了一部医学专著《尿液》。

1549年1月，雷科德被任命为布里斯托尔造币厂的审计员。不久，萨默塞特倒台，雷科德站在这位摄政王一方，拒绝将供爱德华六世专用的资金用于约翰·拉塞尔和威廉·赫伯特在西部平叛的军队，理由是那并非国王本人的命令。而威廉·赫伯特则是萨默塞特的对手诺森伯兰公爵的支持者。于是，雷科德被赫伯特指控犯有叛国罪，被囚禁于宫中两个月，造币厂因此于1550年春关闭。从此，雷科德与赫伯特（1551年10月成为彭布鲁克伯爵）结怨。随着萨默塞特的倒台，雷科德的赞助人惠利也失势了，1551—1552年间他两次被投入伦敦塔，直到1553年玛丽即位后才被释放。顺便指出，曾先后任伦敦和达勒姆大主教的另一位数学家汤斯托尔也于1522年因莫须有的谋反罪而被投入伦敦塔。

1551年4月，雷科德任爱尔兰矿藏与货币总检察官，负责韦克斯福德的银矿，兼任都柏林造币厂的技术总监。爱德华六世在位时，英格兰重新开始使用银币，5先令的银币（克朗）就是这个时期发行的（有趣的是，其上的年份首次采用了阿拉伯数码），因此，银矿对于爱德华六世的重要性是显而易见的。由此可见，雷科德是被委以重任的。然而，银矿的工作一开始就很不顺利。雷科德上任不久，不称职、玩忽职守的指控不断传到伦敦：他从法国人那里拿走大量鲸油却不付钱；银矿因“雷科德的渎职”而正在败落；他在开掘新矿井、为矿工提供必需的住房方面拖拖拉拉；他将供应给矿工的肉据为己有，留下最好的，而把余下的卖给他们；他通过贩卖谷物、鲱鱼和海鳕来牟取暴利；他劝手下人不要在英格兰买每双12便士或13便士的鞋子，以使自己的鞋匠垄断市场，以每双3先令4便士（即40便士）的高价出售；他向银矿的德国工头乔金·贡德·尔芬格借钱，事后却不肯还；等等。这些恶劣行径让我们联想到了南宋词人周密笔下的数学家秦九韶。雷科德与德国矿工还在技术上产生了分歧，雷科德抱怨那些德国人缺乏英格兰人和爱尔兰人所拥有的技术。银矿费用巨大，收获甚微。1551 年 11 月 22 日，枢密院致函雷科德，要求他通报银矿的收支情况。直到 1552 年的 2 月底，雷科德才给枢密院递交报告，称银矿每月开支为 260 镑，而收入则不足 40 镑，亏损 220 镑。当时英格兰的财政根本不能承受这样的亏损，加上爱德华六世同时患上了麻疹和天花，到了 1553 年年初又染上肺结核，生命垂危。因此银矿被迫于 1553 年停工，雷科德被召回英格兰。

1553 年 7 月 6 日，年仅 16 岁的爱德华六世夭亡，摄政王诺森伯兰公爵伪造遗嘱，让其儿媳简·格雷（史称“九日女王”）于 7 月 10 日即位，9 日后被玛丽废黜，信奉天主教的玛丽即位。到了 8 月，狂热的新教徒、曾经将江湖术士艾伦捉拿归案的昂德希尔由于与众多天主教徒为敌，如今成了阶下囚，被枢密院投入伦敦的纽盖特监狱，在狱中患上了疟疾。雷科德冒着生命危险，多次来到监狱探视，并免费给他治病，直至康复。雷科德对朋友的忠诚和舍己救人的品德与他的渎职形成了鲜明的对照。

1556 年，雷科德试图在宫廷里再谋个职位，并以造币厂官员的名义对赫伯特提出渎职的指控。看来，雷科德只适合教书做学问，根本不懂宫廷斗争那一套。赫伯特是何等人？他历经亨利八世、爱德华六世、简·格雷和玛丽一世，权倾一时；在残酷的宫廷斗争中见风使舵、老奸巨猾、游刃有余，始终立于不败之地。尽管他也曾参与诺森伯兰公爵的阴谋，但玛丽即位后，他竟能深得这位“血腥女王”及其丈夫腓力二世（1556 年继承西班牙王位）的信任。雷科德此时无官无爵，其爱尔兰矿藏与货币总检察官的任职偏偏又以彻底失败而告终，更何况他对自己所受到的各种指控也没有提出合理的辩解。他和女王身边的红人斗，岂不是以鸡蛋碰石头？雷科德的指控当然有理有据，但那是一个人人都可能朝不保夕的乱世！彭布鲁克伯爵当然不会放过他。1556 年 10 月 16 日，他以诽谤罪起诉雷科德。1557 年 1 月，雷科德被判向伯爵支付 1000 镑的损害赔偿金。雷科德哪里支付得起这笔巨额赔偿金？在他的数学名著《砺智石》末尾，“师”对“生”说自己“经济状况不佳，没有平静的时间来从事教学”，“如果允许我有更长的时间，我会讲完所有这些内容才结束”，这是作者当时窘境的真实写照。不久，他因支付不起赔偿金而被投入监狱。1558 年 6 月，他立下遗嘱，把少量的钱留给自己的四儿五女。不久，雷科德死于狱中。

雷科德是英国都铎王朝时期英国百科全书式的学者，除了数学、物理学、医学和矿物学，他还精通修辞、哲学、风雅文学、历史、宇宙演化、天文学、星占术和音乐。伊丽莎白一世时期著名医生和学者布兰这样写道：

从他的语言中，我们可以多么清楚地看出他在艺术和科学（自然的和精神的）上的博学。作为医学之父，通过《砺智石》和《知识城堡》，他的学问给无知者带来了自由。最终，他自己却身陷囹圄而魂兮归去。他得到了解脱，回到了极乐世界，来到了博学的桂冠诗人中间。他就是雷科德博士。

二、荒漠中的科学绿洲

从前面对雷科德零星事迹的叙述中，我们几乎看不到他参与学术研究的迹象。的确，在一个充满宗教斗争和宫廷斗争、人人自危、朝不保夕的乱世里，雷科德不可能过上平静的书斋生活。他的学术活动大多在任职之余完成，他的著作大多题献给国王，打上了政治的烙印。他先后出版了多部数学教材，其中流传下来的有《艺术基础》《知识之途》《知识城堡》和《砺智石》，分别为算术、几何、天文和代数教材。

《艺术基础》最初出版于 1543 年。在雷科德以前，约克郡的唐士陶已经于 1522 年出版过一部算术教材，但它是以拉丁文写成的，且并非为商人而写；1537 年，出现过用英语写成的算术课本（作者不详），但其学术价值和影响远不及《艺术基础》。《艺术基础》是一部商业算术书，在前言里，雷科德相信“较之迄今所写的英国算术书，一些读者会更喜欢我写的这本”。全书共分三部分，第一部分为笔算，包括正整数的四则运算、重量和钱币的换算、算术与几何级数、黄金法则（正比例、反比例、复比例、配分比例），1552 年版还增加了分数运算、假设法和混合法。尽管雷科德给出了九九表，但他介绍了一种不需用九九表的大于 5 的一位数相乘的简便方法：从 10 中分别减去相乘的两数，将所得的两个差数相乘，取乘积的个位数，即得所求乘积的个位数。从一个数中减去另一个数相应的差数，即得所求乘积的十位数。在 16 世纪的欧洲，这种算法经常出现于各种算术教材中。

《艺术基础》的第二部分为算盘算术，供那些不识字的人或手头没有笔和身边没有桌子的人学习。《艺术基础》扉页上的插图即是四个人围着一张放有算盘的桌子，在讨论计算。在 15、16 世纪的欧洲，算盘作为商业计算的主要工具而相当普及，笔算和算盘算术在学校里往往是并存的。在莎士比亚的悲剧《奥塞罗》第一幕第一景中，依阿高这样说到奥赛罗的副官：

> 那是谁？老实说罢，是一位大算学家，一个名叫迈克尔卡希欧的……这打算盘的，他，反倒要做他的副官……

当时，欧洲人所用的算盘叫“线算盘”，算盘上标有表示数位的平行线，自下往上依次为个位、十位、百位、千位……每条线上至多放四个筹码；在相邻两条数位线之间至多放一个筹码，表示 5、50、500、5000 等。雷科德介绍了算盘上的整数四则运算以及分数的四则运算（不用算盘）。图 1 是《艺术基础》(1558) 中的一页，其中算盘上左栏的筹码表示 8342，右栏的筹码表示 2659。雷科德在这里介绍两数在算盘上的加法。

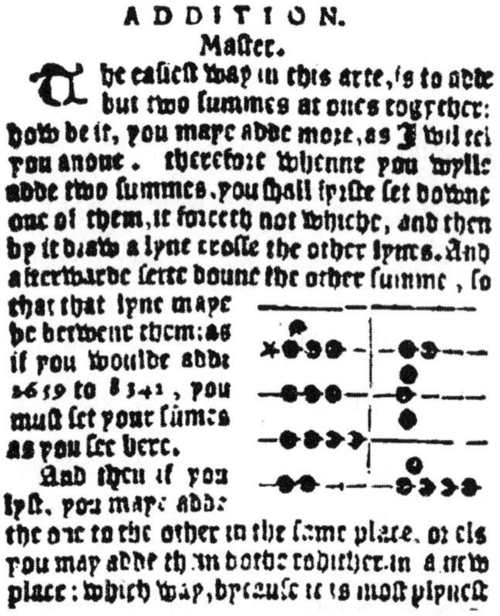
ADDITION.
Maſter.
The eaſieſt way in this arte, is to adde but two ſummes at ones together: how be it, you maye adde more, as I wil tel you anone. therefore whenne you wylle adde two ſummes, you ſhall fyrſte ſet downe one of them, it forceth not whiche, and then by it drawe a lyne croſſe the other lynes. And afterwarde ſette downe the other ſumme, ſo that that lyne maye be betwene them: as if you woulde adde 2659 to 8342, you muſt ſet your ſummes as you ſee here.
And then if you lyſt, you maye adde the one to the other in the ſame place, or els you may adde them bothe togither in a newe place: which way, bycauſe it is moſt playneſt

图 1 《艺术基础》中的一页——线算盘上的加法运算

《艺术基础》的第三部分介绍“手指算”。早在公元前 5 世纪，希腊人即知道手指记数法。在印度–阿拉伯数码传入之前，手指算在欧洲相当盛行，中世纪的教会学校里即教这种算术。意大利数学家帕乔利在其《算术、几何、比和比例概论》(1494) 中，德国数学家阿文蒂努斯在其《算盘》(1522) 中都曾详细给出手指记数法。手指算中的一种重要方法是乘法。如求 7×8 时，一手伸出 2（7−5=2）指，一手伸出 3（8−5=3）指；将两手各伸出的手指数相加得 2+3=5，又将两手各剩下的手指数相乘得 3×2=6，于是得乘积 56。

《艺术基础》是雷科德最流行的教材，在 1543 年初版后的一个半世纪里，在英国至少有 45 个不同版本（包括不同编辑者的增补版）相继出版，最后一版的时间为

1699年，其在英国数学教育史上的深远影响由此可见一斑。这部著作中的许多数学名题在英语世界里都是首次出现，如水池注水问题：

水池含有72桶水，有四个排水孔。开最大的孔，6小时排完；开第二个孔，8小时排完；开第三个孔，12小时排完；开第四个孔，18小时排完。问：若四孔同开，则几小时排完池水？

遗产问题：

一个垂死的老人立下遗嘱：如果妻子生下儿子，则妻子继承1/3财产，儿子继承2/3；如果妻子生下女儿，则妻子继承2/3，女儿继承1/3。问：如果妻子生下龙凤胎，如何分配财产？

雷科德评论说，一个聪明的法官会判定该遗嘱无效。

还有希罗皇冠问题：

叙拉古国王希罗让金匠打制金冠，但金匠私自取金若干，而以银补足分量。后来国王让阿基米德研究金冠是否掺假。

雷科德叙述了阿基米德在浴池中突然想出解决方法，赤身裸体跑回家，一边高喊“找到了！找到了”的故事。

值得注意的是，《艺术基础》对英国的圈地运动有所反映。16世纪初，印度新航线的开通、美洲大陆的发现以及环球航行的成功，使英国的对外贸易迅速增长，极大地刺激了英国国内羊毛纺织业的发展。羊毛价格不断上涨，养羊业获利丰厚。与此同时，美洲金银的流入引起物价上涨，造成所谓的“价格革命”。为了获取养羊业的巨大赢利，也为了避免因“价格革命”造成的损失，英国领主们掀起大规模的圈地运动。于是，大批农民被迫出卖土地，或远走他乡，或到处流浪，陷于悲惨境地。著名思想家莫尔在其名著《乌托邦》（1516）中指责圈地运动是“羊吃人”。以下是《艺术基础》中的一段对话：

生：假设法律规定，每位养羊的人，每养10只羊必须耕种1亩地，每

4 只羊需要 1 亩牧草地。一位富裕的羊主有 7000 亩地，他愿意根据法律规定养尽可能多的羊。问：他可以养多少只羊？

师：你自己来回答这个问题吧。

生：首先假设他养 500 只羊，根据 4 只羊 1 亩的比率，他需要 125 亩牧草地，又必须有 50 亩耕地，共为 175 亩，不足 6825 亩。再假设他养 1000 只羊，则需要牧草地 250 亩，又必须有 100 亩耕地，共计 325 亩，不足 6650 亩。记下两个不足数和两个假设数如图所示：

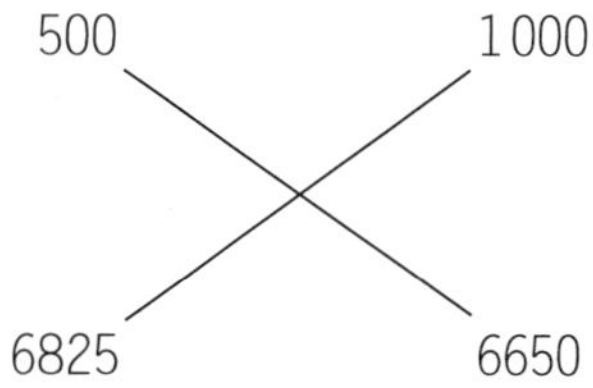

将 6825 和 1000 相乘，得 6825000；将 6650 和 500 相乘，得 3325000，从第一个数中减去，得 3500000，作为被除数。又将两个不足数相减，得 175，被除数除以 175，得 20000。因此他可以养 20000 只羊。由此我猜想许多人会养这么多羊，因为许多人有这么多的土地。

师：不可能的，因为这么多的土地方圆超过 $48\frac{3}{4}$ 英里。不过请言归正传。

生：我记得古代埃及人是如此怨恨牧羊人，最终食其恶果，但这些埃及牧羊人与今天的一些人相比，简直是小巫见大巫。羊增加得如此之猛，除狮子外，没有谁能阻止它们。……

显然，作者通过养羊问题对圈地运动进行了抨击。实际上，通过数学问题阐明自己的政治主张，这在雷科德的数学著作中并不少见。此外，从“生”的解法中，我们看到了中国汉代“盈不足术”的影子。

雷科德的第二部数学著作是《知识之途》，出版于 1551 年，这是历史上第一部用英文写成的几何学著作，主要取材于《几何原本》前四卷。《知识之途》书名的全文如下：

知识之途，包含几何学的第一原理，它们适用于实践，不仅适用于几何与天文仪器的使用，而且也适用于各种平面投影，因此对各行各业的人都十分必要。

在该书前言里，雷科德写道：

亲爱的读者，如果（本书）有什么错误，请您原谅。在未曾涉足的道路上，一开始难免会走错：方法必然很笨拙……倘若我的光能照亮他人看出并记下我的错误，我希望它也能启发他们，使他们避免犯错……但我可以这么认为：是我点燃了这支蜡烛，是我点燃了这束光，有识之士可以在光下著书立说，留名史册。我只是画出了草图，而他们可以在其上建筑……我会在这条道路上继续跋涉，智者循着这微光，可以随意写出更完善的、有着合适的发明以及得体的修辞的著作。

这段文字因其所含的科学进步观而受到现代学者的关注。《知识之途》分两个部分（雷科德共写了四部分，但只出版了两部分）。第一部分包括定义和各种作图法，第二部分包括公设和公理，以及《几何原本》前三卷中的77个定理，每个定理后都附有图形和解释，但雷科德并没有像欧几里得原著那样给出严格的证明。

《知识之途》再版于1574年和1602年，较之《艺术基础》，它具有更强的学术性，因而其影响不如后者广泛。但它加深了人们对几何学价值的认识，同时也提高了英语数学著作的地位，并支持了本国语运动。

在《知识城堡》的开篇，雷科德曾提到他出版过第三部著作，名为《知识之门》，主要内容为测量以及象限仪的用法，可惜此书失传。《知识城堡》为雷科德的第四部著作，出版于1556年，再版于1596年，是第一部英语天文学著作。该书主要介绍托勒密天文学体系，同时还介绍了各种天文仪器，并给出了许多天文和航海表，可供航海家直接参考。英国著名探险家马丁·弗罗比歇于1576年探寻通往东方的西北航道时，即随身携带了这本书。尽管《知识城堡》第一部分介绍了托勒密的地心说，但值得注意的是，雷科德本人实际上接受的是哥白尼的日心说。在同书第四部分，有这样一段师生对话：

师：……然而，博学的哥白尼，以其丰富的经验，通过极其勤奋的观察，更新了阿利斯塔克的观点，指出：地球不仅绕着它自己的中心做圆周运动，而且总是离精确的世界中心3800000英里。但由于理解他的论据需要更深的知识，超出了这里的入门知识范围，因此，我把它放到以后去讲。

生：我可不想听这样空洞的如此有悖常理的奇谈怪论，我对所有这些博学的作者都不敢苟同。因此，就永远也别再提它了。

师：你太年轻，对于这样一件重要的事情还不能作出很好的判断。它远远超出你的学识范围，他们远远比你更有学问，能用好的论据来改进或反驳他们的假设。因此，对于你还没有很好理解的事情，你最好不要谴责什么。我说过，下次我会讲解他的假设，你听了不仅会感到惊奇，而且会对其深信不疑，一如你现在谴责它的态度……

德摩根据此于 1837 年指出，雷科德是历史上第一个将日心说传入英国的人。不过，在德摩根之前的 1833 年，英国学者约瑟夫·亨特发现，和雷科德同时代的英国数学家约翰·迪伊和天文学家约翰·菲尔德也接受了哥白尼的理论。

雷科德的第五部数学著作《砺智石》是英国历史上第一部代数学教材，出版于 1557 年，未曾再版。在 16 世纪的意大利和德国，代数学被称为“未知数之术”，而未知数是以“物”（意大利人称之为 cosa，德国人称之为 cos）来表示的，雷科德沿用了 cos 这个词，并将代数学称为 cossike practice，而这个词翻译成拉丁文即为 cos ingenii，有“砺智石”之意，因此，书名是个双关语。在扉页，雷科德写道：“尽管许多石头价值连城，这块磨刀石却只供练习使用！”

《砺智石》主要取材于德国数学家朔伊贝尔的《简易代数汇编》(1551)。第一部分先讨论各种类型的正整数以及开方法。其中一类正整数值得一提：若正整数 a、b、c 满足 $a^2+b^2=c^2$，则称 ab 为直径数。雷科德证明：设 a、b、c 为一组勾股数，a 和 b 互素，则古希腊数学家欧几里得已给出公式：$a=mn$，$b=\frac{m^2-n^2}{2}$，$c=\frac{m^2+n^2}{2}$，其中 m、n 同为奇数或偶数，$m>n$。于是，直径数为 $ab=\frac{1}{2}mn(m-n)(m+n)$。13 世纪初，意大利数学家斐波纳奇在其《平方数书》中已经证明：当 $m+n$ 为偶数时，$mn(m-n)(m+n)$ 能被 24 整除，并且它不可能为平方数。17 世纪法国数学家费马也有类似命题：“整数边直角三角形的面积不可能是平方数”，即（1）直径数的个位数必为 0、2 或 8；（2）直径数必能被 12 整除；（3）直径数本身不可能为平方数。之后，雷科德用了五十几页的篇幅介绍开方法。

第二部分介绍代数式与方程。雷科德采用了朔伊贝尔的符号：“ꝛe”表示未知数（相当于今天的 x），“ʒ”表示未知数的平方（相当于今天的 x^2），“φ”表示已知数，“+”“－”分别表示“加”和“减”，这些符号在英语数学著作中都是首次出现。这一部分中最引人注目的是等号“=”的创用（如图 2）。在《砺智石》以前出版的数学著作中，“相等”往往用文字来表达。雷科德说：

> 为了避免枯燥乏味地重复使用“等于”这个词，我在本书中采用了一对等长的平行线，即“=”，因为没有哪两样东西能比它们更相等了。

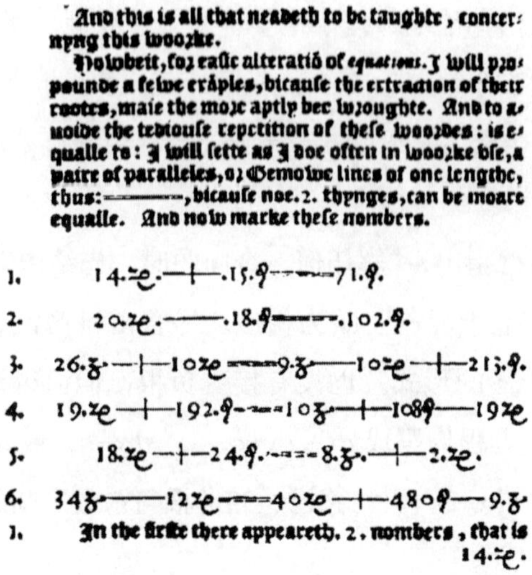

图 2 《砺智石》中的一页——等号“=”的创用

可以说，等号“=”的创用是雷科德对数学的最大贡献。不过，《砺智石》出版后，这个符号并未马上为人们所沿用，甚至 17 世纪一些重要数学家，如开普勒、伽利略、托里拆利、卡瓦列里、帕斯卡、内皮尔、布里格斯、圣文森特、塔凯、费马等都未采用任何符号来表示“相等”（均用文字表达，至多采用缩写文字）。一些数学家用“=”来表示不同的含义，如法国数学家韦达用它来表示两数之差，笛卡儿用它来表示“加减”（即今天的“±”），迪洛朗和德国数学家赖厄用它来表示平行线，西班牙数学家卡拉缪尔用它来表示小数点。另一些数学家则用别的符号来表示“相等”，如法国数学家布丢用“〔”，艾里冈用“2 | 2”或“⊔”，迪洛朗用“⊓”，笛卡儿用“∞”（这个符号在 17 世纪下半叶和 18 世纪初的法国和荷兰被广泛采用），德国古典学者克叙兰德用“‖”，赖厄用“|”。在英国，直到《砺智石》出版 61 年后，它才在内皮尔《奇妙的对数说明书》英译本（1618）的附录（作者可能是奥特雷德）中再次出现。1631 年，英国数学家哈里奥特在其《实用分析艺术》中、奥特雷德在其《数学之钥》中、诺伍德在其《三角学》中都采用了雷科德的等号，之后，沃利斯、巴罗、牛顿等

名家都开始采用该等号，因而它在英国渐渐被广泛接受。在欧洲大陆，莱布尼茨在其《组合艺术》（1666）中采用了雷科德的等号；到了17世纪末，越来越多的欧洲大陆数学家开始采用这个符号。雷科德的发明最终被全世界普遍接受。美国数学史家卡约里在《数学符号史》中这样评论道：

> 等号“=”乃是被普遍采用的极少数数学符号之一。雷科德并未提出别的代数符号；但他奇妙地选择了这个符号，它战胜了所有的竞争对手。不要忘记，当今在微积分学、三角学、矢量分析，事实上也在数学的每一个分支里，符号的使用仍然很不统一，鉴于此，等号的普遍采用尤为引人注目。

关于方程，雷科德指出，“解任何一个问题时，先给未知数想象一个名称”，这和中国宋元数学家的“立天元一”颇为相似。尽管雷科德没有像后来的哈里奥特那样将方程写成一边等于零的形式，也没有接受负根，但值得注意的是，他使用了负系数。所有的一元二次方程均写成 $ax^2=bx+c$，$ax^2=bx-c$，或 $ax^2=c-bx$ 的形式。对于具有两个正根的方程 $x^2=bx-c$，雷科德已经知道根与系数之间的关系（今称韦达定理）：$x_1+x_2=p$，$x_1x_2=q$。

《砺智石》第三部分讲的是无理数，其内容源于《几何原本》，斐波纳奇在《计算之书》中也有详细介绍。雷科德采用了舒贝尔的根号，其中的二次根号“$\sqrt{\ }$”一直沿用至今。

在苏格兰著名小说家司各特的小说《奈杰尔的财富》（1822）第24章中，高利贷者家中除《圣经》外唯一的一本藏书便是《砺智石》。哈利韦尔称之为“科学荒漠时代的绿洲”。

三、教育上的一代先驱

在雷科德著述数学教科书的时代，一般的人文主义学者很少对数学这样抽象的非人文学科产生兴趣。事实上，荷兰著名学者伊拉斯谟的观点代表了文艺复兴早期人文主义学者们的普遍看法：数学只是十分先进的人才会喜欢的学科。英国著名学者阿谢姆甚至这样感叹：

所有全心全意于那些学科（音乐、算术和几何）的数学头脑，他们是多么孤独，与他人多么格格不入，在世上多么不合时宜！

在一般学校（包括牛津大学和剑桥大学）的课程表中几乎见不到数学，表1给出半个世纪后英国一所文法学校的课程表，从中可见，只有一、二年级有算术课，而且还放在周六下午的“教理问答”课之后。伊丽莎白时代尚且如此，更不必说半个世纪以前了。

表1 伊丽莎白时代一所文法学校的课程表（1598）

年级	时间	周一	周二	周三	周四	周五	周六
一	上午	皇家语法	皇家语法	皇家语法	皇家语法	每周复习	考试
	下午	圣约书或《诗篇》	圣约书或《诗篇》	圣约书或《诗篇》	—	复习（续）伊索寓言	教理问答 算术
二	上午	伊拉斯谟《对话集》	伊拉斯谟《对话集》	老加图或小加图	老加图或小加图	每周复习	考试
	下午	英译拉丁	英译拉丁	英译拉丁	—	复习（续）伊索寓言	教理问答 算术
三	上午	阿斯克姆书信、西塞罗书信、泰伦斯句子释义	阿斯克姆书信、西塞罗书信、泰伦斯散文俗语	帕伦格纽斯《诗篇》句子释义	帕伦格纽斯《诗篇》	散文俗语 每周复习	考试
	下午	拉丁或希腊语法	拉丁或希腊语法	拉丁或希腊语法	—	复习（续）伊拉斯谟《格言》	教理问答 新约全书
四	上午	西塞罗《论老年》或《论友谊》	西塞罗《论老年》或《论友谊》	奥维德《哀歌》、塞内加的悲剧	奥维德《哀歌》、塞内加的悲剧	诗歌 每周复习	考试
	下午	散文 拉丁或希腊语法	诗歌 拉丁或希腊语法	散文 拉丁或希腊语法	—	复习（续）奥维德《纪年表》	教理问答 新约全书
五	上午	散文 恺撒《评注》、西塞罗、萨卢斯特	诗歌 恺撒《评注》、西塞罗、萨卢斯特	散文 奥维德《变形记》、维吉尔、卢坎	奥维德《变形记》、维吉尔、卢坎	诗歌 每周复习	考试
	下午	拉丁或希腊语法	拉丁或希腊语法	拉丁或希腊语法	—	复习（续）塞内加的悲剧、贺拉斯、卢坎	教理问答 新约全书

可以想象，要让普通人学习数学，是多么不易。为此，雷科德在撰写课本时做出了三个决定。其一，放弃了拉丁语而采用了英语；其二，首次选择具体的例题来说明原理（但没有提供练习题）；其三，采用了对话的形式。在雷科德所撰写的四部教材中，除了《知识之途》，其余三部均采用师生对话的形式。雷科德自认为这是学生最容易接受的教学方式，“学生可以依次就每一个疑难提问，而教师可以清晰地回答他的每一个问题”。在我们今天看来，雷科德的课本是直接以教育形态，而非以学术形态来呈现数学知识的。此外，雷科德还创造了一些英语数学术语。

在数学教学中，不可避免会遇到记忆和理解之间的关系。《艺术基础》中，“师”告诉“生”：

> 你必须自己动手解一些从没教过的问题，否则你就不能超出所学的内容，只能死记硬背地学习，而不是理解地学习。

另外，在理解之前，可以先教技能：

> 在学习原理之前，先通过简短的法则教会学生运用，然后就可以更快地让他理解这些原理。因为很难让一个年轻的学生（一开始就）同时掌握技能及其背后的原理。

在《知识之途》中，雷科德再次指出：

> 对于一个涉足陌生艺术的人来说，很难一开始就既理解所学的事物，又理解其背后的原理。

雷科德数学课本中最令人印象深刻的内容莫过于对数学价值的宣扬了。美国数学家和数学史家莫里斯·克莱因曾指出：数学教学的主要问题是动机问题，数学教师必须为所教的数学提供动机和目的。在一个数学教育远远没有普及的时代，动机和目的创造就显得更加重要了，雷科德将这一点作为其重要目标。在《艺术基础》中，雷科德一开篇竟用了10页篇幅向学生介绍算术的价值。以下是师生对话的一部分：

师：一个人如果没有了数，那他将一事无成，而有了数的帮助，则万事可达。

生：是的，先生，这就是为什么在所有知识中，学习数的艺术是顶顶重要的，学了数学，一个人就不必再学其他知识了。

师：不，不是这样。如果一个人先学习数学，然后，他才能够学习、理解、掌握其他的科学。这些科学如果没有数学是绝不能掌握的。

生：天文学和几何学要靠数的帮助，这一点我能理解；但是，像音乐、医学、法律、语法等学科也需要算术的帮助，这一点我不理解。

师：我会根据你的一丁点理解，告诉你算术对于所有这些学科的一般好处，其他更为重要的原因我就不提了。

首先，音乐不仅需要算术的帮助，而且它就是算术造就的，是因为算术而完善的：因为一切音乐都遵循数和比例；而在医学上，除了关键性的时间计算等，如果对于数的比例一无所知，谁又能正确地把脉呢？

至于法律，很清楚，不懂算术的人是不适合于当法官的，不管是律师也好，抑或代诉人也好。因为，如果他不懂算术，他又怎能很好地理解涉及货物或其他债务以及钱的分配的案件呢？当一名法官对他所不能理解的事情置若罔闻，或者因缺乏理解而不能正确断案时，正当的权益常常就会受到阻碍：此皆不懂算术所致。

至于语法，如果你知道除了各种数词和副词，各种名词、代词、动词和分词都有数的不同，那么我想你就不会怀疑它也需要数的事实。如果你从语法中拿走数，所有数目的音节就没了。数还在其他方面对语法有帮助。

读过亚里士多德、柏拉图或任何别的哲学家的著作的人很快会明白：算术对于哲学的所有部分是多么必要。因为他们几乎所有的例子以及检验都依靠算术。亚里士多德有句名言：不懂算术者不适于研究任何科学。他的老师柏拉图在他的学园大门上写有这样的短句：不懂几何者免进。既然他要求所有的学生都精通几何学，那么他当然会要求他们同样也精通算术，因为没有算术几何就没有立足之地。

如此多的神学博士从数中搜集神秘的东西，并大书特书，表明算术对于神学是多么的必要。算术对于和平时期的平民事务，如公共福利的管理，以及战时的军队补给、军队人数的清点、薪水的计算、食品的供应、大炮和其他武器的瞄准、地形的测定、营寨的安扎等都极有用。算术对于地主、业主、商人和其他的所有者的私人福利，以及更一般地对于人的财产是多么有用。还有，审计员、司库、出纳、财务管理员、管家等，他们的职务如果没有算术就一无所有。如果我要具体地罗列算术这门高贵的科学的所有这样的用处，足够写厚厚的一本书呢。

生：不，不，先生，没有必要。因为我已不再怀疑，你所说的足以让任何一个人相信：这门艺术的确十分美妙，对人十分必要，谁少了它，谁就少了感觉和智慧。

师：听了少数的这些一般用处，你已经改变了这么多，如果你知道了所有具体的用处，你可能会改变更多。

生：先生，请讲述那些具体的用处，现在就打开这个精彩的宝库，丰富我的头脑。请不吝指教。

师：我很高兴接受你的请求，如果你乐于学习，我即刻为你讲述。

生：我洗耳恭听。无论你讲什么，我会把它当作真理。

师：言过其实了。任何人都不应盲目相信一切。尽管我可以要求我弟子信任我，但除非我说理，否则我并不想要这样的信任。

这里，“师”成功地激发了“生”的学习动机。作为对初等算术目的的阐述，上述对话对后世数学教育产生了深远的影响。值得注意的是，雷科德在这里还教育学生不要迷信权威。在《知识城堡》的前言里，雷科德也表达了同样的思想。

在《知识之途》中，雷科德不厌其烦地宣扬几何学的价值，大到海上的商船，小到织布机、磨粉机、钟表甚至是裁缝和鞋匠的作品，“没有哪一门艺术能像几何学那样，如此智慧美妙，对人类如此必要！”

与人文主义学者的观点形成鲜明对照的是，数学家和艺术家的数学观反映了那个时代的精神，如达·芬奇称：

任何人类的探究活动都不能称为科学，除非这种活动通过数学表达方式和经过数学证明来开辟自己的道路。

在雷科德之后，16 世纪晚期的英国数学家希尔在其《通俗算术》（1592）中甚至称：

如果你想做一名威武的军人／如果你想谋一官半职享受富贵荣华／如果你想在你居住的庭院或乡间／选择物理、哲学或法律作为你的生涯／没有数学这门艺术／你的名声将永无闻达／我掌握了天文和几何学／宇宙学、地理学和许多别的学科不在话下／还有那悦耳动听的音乐／没有这门艺术，你就成了井底之蛙／……／一言以蔽之，没有数学／人将不再是人而只是木头或石沙。

希尔的课本也采用了对话的形式，雷科德的影响可见一斑。同时代另一位学者肯普在其所译拉米斯《整数与分数算术之艺术》的献言（1592）中称：

没有了算术，商人们就失去了眼睛，做买卖时再也看不到方向；铁匠们就失去了辨别力，再也没能恰如其分地混合金属；将领们就失去了机智，再也无法指挥若定地排兵布阵；最终，各行各业的人们就失去了正确地各司其职的能力。算术教给我们神圣的事物，公正地判断世俗的事业，治疗疾病，找出事物的本质，甜美地歌唱，公平地买卖，称量金属，与敌作战，赢得战争，成就几乎每一件好的工作。算术对人类是多么有用！

17 世纪初，哲学家培根在其《崇学论》（1605）中称：

没有数学的帮助，没有数学的融入，自然的许多部门，如透视学、音乐、天文学、宇宙学、建筑学、机械和许多别的学科，既不能以足够的精微发明出来，也不能以足够的清晰证明出来，也不能以足够的灵巧投入使用。我说不出数学中有什么不足之处，如果有，那就是人们还没能足够理解纯数学的精彩应用。在数学的应用中，人们纠正和克服了智慧和智力中的许多缺陷。因为，如果智慧太愚钝，数学就让它变得敏锐；如果智慧太散漫，数学就让它变得牢固；如果智慧太感性，数学就让它变得抽象。

我们有理由相信，雷科德的数学观在文艺复兴时期起着承前启后的作用。

1896 年，英国学者塞奇威克曾说，《尿液》和《知识之途》中的木刻画是雷科德的画像，但此说受到大英博物馆波拉德的否定。20 世纪初，伦敦哈罗中学数学教师、校长布谢尔在当地的拍卖会上买下了作于 1556 年的雷科德画像，据美国著名数学史家史密斯鉴定，这是 16 世纪的真品。也许这是唯一存世的雷科德画像了。由于年代久远，文献稀缺，除了数学和医学著述，雷科德的更多的学术和教学活动仍有待于进一步深入考证；但他的算术、几何、代数、天文学著作，连同他所发明的等号，他的科学进步观和他的数学观，都已载入了科学史册。

（作者：汪晓勤）

参考资料

[1] D. E. Smith. New Information Respecting Robert Recorde [J]. American Mathematical Monthly, 1921, 28: 296-300.

[2] L. Knott. Robert Recorde [J]. Nature, 1916, 98: 268.

[3] F. M. Clarke. New light on Robert Recorde [J]. Isis, 1926, 8 (1): 50-70.

[4] D. E. Smith. History of Mathematics [M]. vol. 2. Boston: Ginn & Company, 1925.

[5] G. Howson. A History of Mathematical Education in England [M]. Cambridge: Cambridge University Press, 1982: 87-92.

[6] F. Cajori. Mathematical Signs of Equality [J]. Isis, 1923, 5 (1): 116-125.

[7] F. Cajori. A History of Mathematical Notations [M]. vol. 1. La Salle: The Open Court Publishing Company, 1928.

[8] M. Kline. The Ancients Versus the Moderns: A New Battle of the Books [J]. Mathematics Teacher, 1958, 51 (6): 418-427.

[9] 汪晓勤. 数学与诗歌：历史寻踪 [J]. 自然辩证法通讯, 2006, 28 (3): 10-17.

维托尔德 · 胡列维茨

（Witold Hurewicz，1904—1956）

胡列维茨

20世纪拓扑学的关键人物

拓扑学起初是随着分析和几何的需要应运而生，它最早研究几何图形在连续变形下保持不变的性质——拓扑性质，现已成为研究连续性现象的学科。连续性的研究方法、研究对象、表现方式的多样化，使得拓扑学从19世纪到20世纪逐渐演变出一般拓扑学、组合拓扑学及代数拓扑学等分支，随着新工具的加入又有了几何拓扑学、微分拓扑学等分支。

拓扑学在20世纪的发展大致可分为三个阶段：初创时期（1895—1935）、飞跃时期（1936—1970）和扩展时期（1971年至今）。维托尔德·胡列维茨的一生虽然短暂，但他却在拓扑学的初创时期和飞跃时期都发挥了关键作用。在一般拓扑学中，继保罗·乌雷松和卡尔·门格尔之后，胡列维茨也作为维数论的开创者之一而闻名。在代数拓扑学中，胡列维茨对同伦群、正合序列、纤维空间的研究，更是将代数拓扑学提上了新的高度。

1950年，在美国麻省坎布里奇举办的第二次世界大战后第一次国际数学家大会上，胡列维茨应邀作了大会报告“同调与同伦”，这是他生前最后的高光时刻。胡列维茨与晚辈塞缪尔·艾伦伯格深刻塑造了代数拓扑中的同伦论和同调论及两者之间的联系，“胡列维茨纤维化”“胡列维茨同构定理”“艾伦伯格－斯廷罗德公理”“艾伦伯格－麦克莱恩空间”等概念就是最好的见证。在波兰裔数学家中，艾伦伯格与胡列维茨可以说是最为杰出的两位代数拓扑学家。倘若不是在墨西哥意外身亡，胡列维茨会同自己的波兰后学一样，在数学世界中继续建功立业。

一、非典型的波兰数学人：负笈维也纳（1921—1926）

波兰数学在1919—1939年期间的崛起，无疑是20世纪世界数学史上的一个奇迹。两次世界大战期间，波兰各方面的条件虽然艰苦，但在谢尔宾斯基、马祖尔凯维奇、库拉托夫斯基、巴拿赫、斯泰因豪斯等波兰数学家的领导下，华沙大学和利沃夫大学却涌现出了从事拓扑学、数理逻辑、集合论研究的“华沙学派”，以泛函分析研究闻名的“利沃夫学派”等数学团体，还创办了知名的期刊《基础数学》与《数学研究》，更有在苏格兰咖啡馆进行的激情洋溢的数学讨论，并留下了著名的《苏格兰数学问题集》。这一切为波兰数学的人才培养提供了肥沃的土壤，日后蜚声数学界的博苏克、乌拉姆、艾伦伯格、马克·卡克等人就是代表。

胡列维茨与这些波兰数学人的受教育环境不同，他是求学海外的特例。1904 年 6 月 29 日，胡列维茨出生于波兰罗兹的一个犹太家庭。父亲原是从立陶宛维尔纽斯来的实业家，移居罗兹后与胡列维茨的母亲结婚。第一次世界大战前，罗兹由波兰的瓜分国之一——俄国控制着，胡列维茨在罗兹开始读小学。上中学之前，因为第一次世界大战的爆发，1914 年，胡列维茨一家移居莫斯科，直至 1919 年，他都是在俄国接受中学教育。随着第一次世界大战的结束，全家迁回罗兹。1919 年 2 月至 1921 年 5 月，胡列维茨在罗兹的高中上学，并在毕业时通过了升学考试。此时的波兰数学已经开始崛起，身处其中的胡列维茨也志愿在此继续深造数学。但在 1921 年 7 月，胡列维茨全家离开罗兹，移居奥地利的维也纳，胡列维茨进入了维也纳大学学习数学。

第一次世界大战后，奥地利在奥匈帝国解体后新生。在胡列维茨求学期间，维也纳大学的数学实力强劲，这主要得益于在维也纳大学任教的三位杰出教授，即维廷格、富特文勒和哈恩。其中最年长的维廷格于 1903 年就接任了前任盖根堡的职位，直至 1935 年。他 1887 年博士毕业后，在格丁根大学访学时深受菲利克斯·克莱因的影响，研究解析函数，扛起了复函数论方向的大旗。维廷格的研究领域十分广阔，除了复函数论，他在几何、代数、数论、李群以及纽结理论等领域均有所建树。他的著作《θ 函数研究》综合了黎曼与克莱因的思想而证明了许多重要的结论，维也纳大学数学专业几乎所有在分析方面做研究的学生都是在他的指导下写论文。富特文勒则于 1912 年接任默滕斯的职位，直至 1938 年。他是克莱因的学生，当时在维也纳大学数学系讲授数论、代数及微积分等课程，以教学质量高著称。他的课堂经常爆满，400 多名听众只有一半有座位。即使后来因逐渐瘫痪而坐上轮椅，他依然在助手的帮助下坚持上课。正是富特文勒的数论课使得 1922 年入学的哥德尔由物理转向了数学。三位教授中最年轻的哈恩是在 1921 年才接任埃舍里希的职位，直至 1934 年。他是集合论、泛函分析领域的先锋，更以“哈恩－巴拿赫定理”闻名于数学界，后来他的兴趣转向了哲学和数学的基础。哥德尔回忆时称赞了哈恩的教学水平，称哈恩能把每件事情都解释得十分详细。哈恩还是著名的“维也纳小组”的主将，在 1922 年把日后的领袖石里克请到维也纳大学，担任“归纳科学哲学”教席。据说是哈恩把这个团体的注意力引向了逻辑。

除了三位正教授，在汉堡大学深受埃里希·赫克以及勃拉希克影响的赖德迈斯特，1923 年在哈恩的推荐下，前来担任几何学副教授。门格尔后来从荷兰返回维也纳，接替了赖德迈斯特离开时留下的职位。在三位大师坐镇且研究方向多样化的氛围里，胡列维茨打下了扎实的数学基础，日后他在集合论、维数论、代数拓扑、微分方程、遍历理论甚至是应用数学领域都做出了一流的成果，这与当时维也纳大学的学术氛围不无关系。

按时间顺序，哈恩在维也纳大学最出众的三位博士生依次是门格尔、胡列维茨、哥德尔。1924 年，公认的天才、大师兄门格尔博士毕业，他主要研究曲线和维数理论。门格尔对胡列维茨的影响是显而易见的，不仅在集合论与维数论的学术兴趣上，而且为胡列维茨毕业后前往荷兰打了前站。胡列维茨在维也纳大学早期的研究兴趣是在集合论，他在这方面的贡献可以大致浓缩为两部分。其一，他 1926 年博士毕业时写的论文《博雷尔定理的推广》是关于描述集合论的。描述集合论是集合论的分支，研究可以用简单的方式予以描述的（例如有简单拓扑结构的）实数集合或其他具有类似结构的集合，是 19 世纪末 20 世纪初由博雷尔、贝尔和勒贝格等人创建的。胡列维茨的博士论文就是专门研究门格尔提出的问题：拓扑空间的门格尔性质。具有门格尔性质的拓扑空间也称为门格尔空间。在 1927 年的后续文章中，胡列维茨深化了门格尔性质，得到了胡列维茨性质。在该论文中，除了深入刻画若干具有门格尔性质的集合，胡列维茨还引入了一项新技术，即极限点系统，并在 1928 年的文章中深入研究了这个新方法，这是胡列维茨关于描述集合论的两篇代表作。胡列维茨在文中对于紧空间解析集中 F_σ- 集的优美刻画，在 20 世纪七八十年代又催生出一些深刻的胡列维茨型定理。其二，胡列维茨在 1930 年的文章中，证明了在任何不可数的紧度量空间的超空间中，所有不可数紧集构成的集族是一个可解析、非博雷尔集。博士毕业后，胡列维茨又完成了 4 篇描述集合论方面的文章，为这个领域注入了一些绝妙的想法，对后世产生了深刻影响。

虽然胡列维茨是在维也纳获得学位，先后在荷兰、美国开展研究，但他同波兰数学同行们保持着密切联系，并且一直使用波兰语同家人和朋友交流。艾伦伯格就曾回忆说胡列维茨每年都会访问波兰数学界。并且胡列维茨本人也经常讲述他所继承的波兰传统，他在波兰数学期刊上发表了不少文章（11 篇在《基础数学》上，2 篇在《数学物理研究》上），并同波兰数学家克纳斯特合作发表过研究论文。

二、荷兰十年（1927—1936）：从维数论到同伦论

维也纳大学在哈恩和门格尔的建设下，成为 20 世纪 20 年代西欧两个交流十分密切的拓扑学研究中心之一。另一个中心是直觉主义的典型代表布劳威尔所在的荷兰阿姆斯特丹大学，哈恩与布劳威尔还是好友。读博士期间，崭露头角的胡列维茨由于出色的研究，在洛克菲勒基金的资助下来到了阿姆斯特丹。当然，胡列维茨去布劳威尔那里访学，跟门格尔也有关系。1925 年 3 月，门格尔就曾受布劳威尔之邀，依靠洛克菲勒基金在荷兰担任布劳威尔的助教，直至 1927 年。胡列维茨跟随亦师亦友的师兄门格尔前往荷兰拓扑学派继续研究维数论，自然是最好的选择。胡列维茨接替的是亚历山德罗夫的职位，同样是担任布劳威尔的助教。除了布劳威尔这位“新拓扑”的创始人，乌雷松、亚历山德罗夫、门格尔、维托里斯、纽曼、胡列维茨、弗罗伊登塔尔这些日后在拓扑学界响当当的人物，先后来到荷兰访学。1925 年之后，阿姆斯特丹忽然间成了欧洲拓扑学重镇。

1. 一般拓扑学：维数论的开创者之一

集合论与一般拓扑学有着天然的联系，后者也称为点集拓扑学。随着康托尔集合论的发展，出现了许多复杂的对象，迫切需要维数的严格定义。维数论研究的是拓扑空间中的基本性质“维数”——欧氏空间中维数概念的推广。一般而论，拓扑空间的维数有三种不同的定义方式，即覆盖维数、小归纳维数和大归纳维数。庞加莱于 1912 年略述了维数的归纳性定义，这是一个直觉的但并不是精确的数学概念。布劳威尔 1913 年提出了精确的维数函数的定义，但这个拓扑不变的维数函数仅是用来证明“不同维欧氏空间不同胚”的一个辅助工具。与此同时，勒贝格从其他的角度发现了维数是欧式空间的拓扑不变量这一事实。当然，上述三位数学家对维数的定义还处于萌芽状态。1922—1923 年，乌雷松与门格尔先后独立提出了小归纳维数的定义，对紧度量空间搭建了维数论的框架。

说到荷兰时期的维数论，就不得不提布劳威尔与门格尔之间从愉快到冲突的转变。冲突既关于学术成果优先权，又涉及两人的个性，在 1928 年门格尔离开荷兰完

成《维数论》之后愈演愈烈。一边是师兄与好友，一边是师长与权威，夹在门格尔与布劳威尔之间的胡列维茨心情沉重且十分难做。移居美国后，胡列维茨与沃尔曼于1941年完成了里程碑式的著作《维数论》。在开篇第一章介绍维数论的发展历史时，胡列维茨回避了这一冲突事件，全面且含蓄地讲述了历史经过：

> 布劳威尔的文章在若干年里都没有被注意到。然后在1922年，独立于布劳威尔，门格尔与乌雷松彼此之间也是独立地做出了重要的改进，重新定义了布劳威尔的概念；更加值得注意的是，他们使这个新概念成为一套优美且成果丰富的理论的基石，这给几何学的一大片领域带来了统一和秩序。

两位师友之间的矛盾虽然给胡列维茨带来了一些困扰，但并没有影响到胡列维茨继续在维数论中推陈出新。截至1935年，胡列维茨发表了近30篇文章，除了5篇描述集合论的文章，大多都是关于维数论的文章。在这个过程中，胡列维茨将门格尔－乌雷松理论中的主要定理，从紧度量空间推广到可分度量空间中，这种推广并不像字面描述得这么简单，背后需要的是不同的新技术。

胡列维茨在1927年的文章《正规族与维数论》中引入了正规族这个新概念。正是利用这个概念的性质，较之门格尔与乌雷松，胡列维茨以容易得多的方式得出小归纳维数的基本性质，系统地解释了非紧空间的维数论，为维数论补充了大量的新结论。森田纪一用正规族稍微修改过的形式，又将维数论扩展到任意的度量空间。除此之外，紧化定理、新型的贝尔纲方法应用下的映射定理，以及对于无穷维空间的研究，是胡列维茨有关维数论最重要的成果。

维数论，从20世纪头20年的启蒙与兴起，到门格尔1928年的第一部专著《维数论》，再到胡列维茨与沃尔曼1941年的《维数论》，转变为适用于一般的可分度量空间，取得了长足的进展。这是多位拓扑学家努力的结果，胡列维茨是其中标志性的领路人。仅仅160余页的《维数论》是胡列维茨在集合论和一般拓扑学中耕耘多年的结晶。莱夫谢茨和史密斯高度点评了胡列维茨这本著作的凝练和高雅：

> 《维数论》是这个领域的权威著作，难以理解，这么多一流的成果是如何被安排在这么短的篇幅里的。

他们处理拓扑学的这个分支（维数论）时的鉴赏力和技巧，使得这本书呈现出的优雅难以被超越。

1926年，在爱米·诺特的努力下，群进入同调论产生了蝴蝶效应，代数拓扑学的发展势头盖过了点集拓扑学。维数论对胡列维茨来说还是个小舞台，真正让他在拓扑学中占据一席之地的，是代数拓扑学中重要问题的发源地——同伦论。

2. 代数拓扑学：突破高维同伦群的5篇文章

1930年，博学的弗罗伊登塔尔在霍普夫和比贝尔巴赫的指导下，在柏林大学读完博士后来到了荷兰，同胡列维茨一起担任布劳威尔的助教。不同于布劳威尔与门格尔之间的不愉快，胡列维茨与弗罗伊登塔尔之间的合作是后人可以效仿的典范。亚历山德罗夫与门格尔相继离开荷兰后，在阿姆斯特丹大学开设拓扑学课程的重任落在了胡列维茨和弗罗伊登塔尔的肩上，两人从基础的拓扑学课程讲起。胡列维茨讲授点集拓扑学，弗罗伊登塔尔讲授组合拓扑学，两人还在布劳威尔的建议下开设了拓扑学讨论班，他们还合作写过文章《展开、压缩、等距》。两个人的合作是多方面的，也非常成功。例如，胡列维茨在同伦群上的研究，激发了1937年弗罗伊登塔尔介绍空间“双角锥”的著名文章。另外，虽然胡列维茨开启了同伦群理论，但在当时同伦群的计算是极为困难的。1937年，弗罗伊登塔尔引入“同纬映射”，将不同维球面的不同维同伦群联系起来，发现稳定同伦范畴，通过同纬映射研究同伦与同调（上同调）的关系，从而为同伦论的计算开辟了新途径，解决了计算难的问题。两人的相得益彰，是第二次世界大战前荷兰拓扑学独步数学界的保证。弗罗伊登塔尔曾表示，正是受胡列维茨的影响，他的科学知识才得以充分施展。

布劳威尔认为胡列维茨是一个天才，将来会成为第二个黎曼或者庞加莱。而胡列维茨正是从庞加莱的数学思想出发，加之霍普夫的铺垫，在荷兰完成了同伦群理论的一系列突破。1895年庞加莱对连通的流形引入“基本群”的概念，可以理解为S^1到X的连续映射同伦类，这个“一维同伦群”$\pi_1(X, a)$可视为同伦群的肇始。之后推广到高维，将S^1换成球面S^n，捅破这层看似简单的窗户纸却花费了近四十年的时间。其间的曲折，直到1935—1936年胡列维茨发表在荷兰的皇家科学院院报上的4篇系列文章，以及单独发表在1935年波兰的《基础数学》杂志上的《同伦、同调和局部连通性》论文，加起来总共5篇文章（见表1），才得以“五锤定音”。

表1 胡列维茨在同伦论上的5篇奠基文章

序号	时间	标题	内容简介
1	1935	高维同伦群（Ⅰ. Höherdimensionale Homotopiegruppen）	归纳、定义并研究高维同伦群及其性质
2	1935	同伦群与同调群（Ⅱ. Homotopie-und Homologiegruppen）	胡列维茨同态、胡列维茨同构定理
3	1935	同伦、同调和局部连通性（Homotopie，Homologie und lokaler Zusammenhang）	《高维同伦群》中结论的局部化结果
4	1936	映射类与同调型（Ⅲ. Klassen und Homologietypen von Abbildungen）	推广1933年霍普夫得到的霍普夫分类定理、引入同伦型
5	1936	无球状面空间（Ⅳ. Asphärische Räume）	研究无球状面的道路连通空间，即零伦空间

这5篇文章使得诸多拓扑学家受益。沃尔夫数学奖得主艾伦伯格在同伦论中开拓了阻碍理论，他曾回顾胡列维茨给他带来的影响：

> 对我来说，他是一个偶像，一个来自波兰的犹太人，在我热爱的领域成为一位世界级的数学家：钦佩和追随的典范。胡列维茨那时在荷兰，基本上每年都要来华沙。我们讨论数学，我告诉他我正在做的研究，他支持并帮助我。当我证明了一些不错的结论，我给他写信，收到了非常鼓励我的回信，我依然保留着那封信……在数学上，我被胡列维茨在同伦论上的文章深深地影响着。我把这5篇文章的抽印本绑在一起，并且经常重读，它们对我来说是个重要的纪念物。

3. 高潮：首届国际拓扑学会议

如果说胡列维茨关于同伦群的第一篇文章意味着同伦论近四十年“蛰伏期”的结束，那么高潮很快就在5篇文章问世期间召开的一次会议上到来了。1935年9月4—10日在莫斯科召开的首届国际拓扑学会议，可能是那个年代规模最大的一次拓扑学会议，几乎各个国家的拓扑学精英都参加了会议。同伦群理论重新回到舞台，是这次会议的三个核心意义之一。惠特尼撰文回忆过莫斯科国际拓扑学会议，并总结了三个重要意义。《惠特尼1934—1936年微分流形工作的历史分析》中也曾提过这次会议的意义：（1）上同调群中引入上积，上同调理论的开端；（2）同伦理论开始真正发展起来；（3）关于向量丛认识上的成熟，直接指向纤维丛和示性类理论。三年前，高维同伦群的定义这件事就曾在苏黎世举办的1932年国际数学家大会上走了弯路。在苏黎世国际数学家大会上作的报告中，切赫将定义基本群时的 S^1 换成球面 S^n，他发现所有保持基点的映射的同伦类也具有群的性质，自然就是高维同伦群。在切赫的报告之后，亚历山德罗夫和霍普夫很快就发现 n 大于等于2时的 $\pi_n(X)$ 都是阿贝尔群，这些交换群显然让人觉得它们没有基本群那种非交换群所包含的信息多，而且进一步产生一种错觉，以为 $\pi_n(X)$ 不会比当时熟知的交换群——同调群 $H_n(X)$ 提供更多的信息。上述错误的认识无形中扼杀了切赫的研究。不幸的是，切赫作完报告后，在会议记录中只留下了一个不甚清楚且非常简短的摘要，他再也没有回到同伦论这个领域。同伦论依旧没有得到突破，再次回到了映射类的观点。

相比切赫给出高维同伦群的定义，胡列维茨的准备与研究就显得更充足和系统了。除定义外，胡列维茨指出了他的同伦群与同调群的不同之处，并且给出了同伦群与同调群之间的关系。这无疑使同伦群在历史上以新事物的地位完全确定下来。

胡列维茨在莫斯科国际拓扑学会议上所作的报告中，定义了高维同伦群并给出若干重要的应用后，在场的数学家似乎意识到三年前认识之局限：亚历山大说他曾于多年前考虑过这个定义，但认为性质上过于简单似乎不能得到深刻结果而放弃了；切赫和范丹齐格也说他们都曾考虑过胡列维茨的定义。会议现场的当事人惠特尼在回忆这段历史时，不无感慨地说：

> 看来这是一个教训，即使是看似简单的东西也可能有某种价值，特别是当它们推广到充分远之后。

同伦群在莫斯科国际拓扑学会议期间，似乎“悬而未决”。但在1936年胡列维茨的Ⅰ－Ⅳ这4篇系列文章全部问世之后，就尘埃落定了。弗罗伊登塔尔曾评论：

> 实际上，想法不是新的，但是在胡列维茨之前，没有人能将同伦群本来应有的面貌完全描绘出来。

对于高维同伦群，胡列维茨与切赫之间并不存在优先权之争一说，目前数学界公认同伦论复苏并开始快速发展的起点就是胡列维茨的这一系列文章。需要说明的是，胡列维茨也参加了1932年苏黎世国际数学家大会，他在系列文章Ⅰ中并没有提及切赫的报告。詹姆斯解释道：

> 切赫的定义与胡列维茨的定义并不一样，可能当时没有立刻看出两者是等价的。

而且，胡列维茨基本上是独立于切赫做出的系统研究，这在他的系列文章Ⅱ的脚注2中也得到了体现：

> 在上述所引的简报（即系列文章Ⅰ）发表之后，我了解到一个与我的定义等价的同伦群定义（尽管形式上是非常不同的），在切赫于1932年苏黎世国际数学家大会的报告中出现。在一次私下的交流中，切赫先生热心地指出，戴恩在更早认识到同伦群（尽管从来没有在他的任何发表的文章中出现过）。

切赫没能坚持下来，而同月同日生的胡列维茨却迈出了同伦论发展史上关键的一步，后来还继续对纤维空间和正合序列作出了突出贡献，令人感慨。

莫斯科国际拓扑学大会前后，由于纳粹的影响，欧洲大批拓扑学家移居美国避难，拓扑学的中心转移到了美国。欧洲的血雨腥风，使得身在荷兰的犹太人胡列维茨自然逃不出转移的命运。若不是远在亚洲的中国遭受了日本的侵略，胡列维茨的下一站应该是中国，而不是美国。

三、与北京大学数学系的一段渊源

北京大学数学系的发展，大体上经历了四个历史时期：抗日战争之前（1913—1937）、西南联大时期（1938—1945）、复校过渡时期（1946—1951）、院系调整后（1952年至今）。在这四个时期，江泽涵都扮演了重要角色，他是将拓扑学引入中国的第一人。若干拓扑学术语的中译名，江泽涵都参与了审定，如拓扑、流形等。抗战期间，江泽涵在艰苦的条件下翻译了塞弗特和思雷福尔的经典著作《拓扑学》，这本译著是第一本中文拓扑学书。1952年后，江泽涵在北京大学先后主持了

6 届拓扑学专门学习班，培养了 50 多名拓扑学人才，这是我国拓扑学界的核心力量。他的讲义后来以《拓扑学引论》出版。

江泽涵 1927 年从南开大学数学系毕业后，前往哈佛大学留学，在莫尔斯的指导下读博士，拿到博士学位后在普林斯顿大学做莱夫谢茨的助教，研究不动点理论。1931 年暑假，江泽涵学成归国，进入北京大学任教授。老系主任冯祖荀将数学系系务交予他来负责，江泽涵参照南开大学和哈佛大学数学系管理办法，严格教学训练与考试，整顿学风，聘外籍数学教授以加强师资等，使北京大学数学系逐渐繁荣起来。

1936—1937 年，江泽涵在普林斯顿高等研究院进修期间，就曾经听过当时同在普林斯顿访问的胡列维茨在那里讲授的同伦论。并且在西南联大期间，1941 年胡列维茨与沃尔曼的《维数论》问世后，时任驻美大使的胡适买到了此书，将硬书皮撕去后用航空快件邮寄给身在昆明的江泽涵。江泽涵收到《维数论》后就组织讨论班研读此书，陈省身以及其他同事当时还手抄此书。在抗战期间信息闭塞的中国尚且如此，可见胡列维茨《维数论》一书影响力之大。

北京大学当时想延聘外籍数学教授，与江泽涵相识的莱夫谢茨介绍了自己的博士生斯廷罗德以及波兰数学家绍德尔，但都未能够成行。最后莱夫谢茨介绍了当时在普林斯顿的胡列维茨，后者答应在 1937 年暑假后来北京大学任职，收下了北京大学付给的 500 美元旅费后返回波兰老家。江泽涵就聘请胡列维茨来北京大学任教一事已与学校协商妥当，但这一切都被 1937 年的“七七事变”打乱了。北京大学当时已不能正常开学，便立即电告胡列维茨阻止他来北京。后来胡列维茨函告江泽涵，用旅费到美国了。

江泽涵为聘请到胡列维茨这样正处于学术巅峰期的数学家而高兴，新闻记者还为北京大学宣传，胡列维茨将来北京大学任教一事曾在南北多种报纸上登载。无奈战事一开，胡列维茨无缘北京大学数学系，不得不说是一件憾事！莱夫谢茨、博苏克、弗罗伊登塔尔以及数学传记历史档案网站对胡列维茨的介绍都没有提及胡列维茨与北京大学数学系的联系，笔者特在此补充完整。

抗战胜利后，聘请胡列维茨一事还有下文。在《胡适遗稿及密藏书信》第二十五册里，据“江泽涵信四十九通”中 1945 年 9 月 3 日给胡适的信记载，江泽涵依旧认为胡列维茨是最合适的人选，盼望他能够来北京大学任教以续八年前未尽之缘。江泽涵写信请胡适转告饶毓泰（当时饶毓泰正在普林斯顿做研究，他原本是江泽涵在南开大学求学时的老师，后任北京大学物理系系主任，曾为中国培养了大批著名物理学家)，若胡列维茨无法前来，请饶毓泰和陈省身咨询莱夫谢茨、莫尔斯、维布伦，寻找替代人选。

江泽涵热心于聘请胡列维茨不无道理。首先，江泽涵研习过胡列维茨的《维数论》，并亲自听过他讲授同伦论，一向“以文章取士”的他深知胡列维茨精通代数拓扑学以及胡列维茨的学术影响。更重要的是，胡列维茨能够带着北京大学的学者做研究。1945 年 11 月 5 日江泽涵给胡适的信描述了其良苦用心：在北京大学，包括江泽涵在内，申又枨、程毓淮、樊畿这些教授都对胡列维茨的研究感兴趣；年轻的王湘浩、孙树本、廖山涛、冷生明更可以跟着胡列维茨做研究。而 1945 年的胡列维茨已经开始为麻省理工的辐射实验室服务了，鉴于那时货币贬值以及“中外教授同酬”，聘请胡列维茨就更难上加难了。

四、美国二十载（1936—1956）：驰骋于基础与应用之间

1936—1939 年，在普林斯顿高等研究院过渡了三年后，胡列维茨在美国找到了教职，进入了北卡罗来纳大学教堂山分校，先后任助理教授和副教授，直至 1945 年。40 年代初期同时在教堂山分校任教的还有后来美国著名代数学家雅各布森，雅各布森还在他的《环论》中感谢过胡列维茨的鼓励和建议。考虑到排犹主义，以及对那个时期美国高校的影响，同为犹太人的他们能在经济萧条时的美国找到工作实属不易。这也多亏了北卡罗来纳大学的校长格雷厄姆和数学系的领导人亨德森开明的政策，他们拒绝了那些排斥犹太人的做法。教堂山分校虽然是个小庙，但在这段时间胡列维茨不仅与沃尔曼完成了《维数论》，而且又在代数拓扑学中有两项重要发现。随后胡列维茨转到麻省理工学院，对应用数学亦有贡献。

1. 正合序列与纤维空间

1941 年，胡列维茨在短文《关于对偶定理》中，将上同调群之间的同态组成一个序列，得出了重要结论：序列中每一个同态之象恰是下一同态之核。胡列维茨在短文中为此所起的名字是“自然同态”，这里第一次出现的长正合序列（“正合序列”的叫法是凯利和皮彻在 1947 年的文章《同调论中的正合同态序列》中提出来的)，正是现在所谓的“正合性”。胡列维茨还指出：这个性质不仅囊括了柯尔莫哥罗夫对亚历山大对偶定理的推广，还有许多应用。这个发表在《美国数学会公告》上的难以察觉的摘要，却催生了日后诸多研究。例如，全空间和纤维的同伦群组成了“纤维空间的

同伦正合序列”，同调论公理化中的“正合公理”，凯利和皮彻推广后的正合同态序列……许多定理都包含了“序列是正合的”这一条件或结论。甚至在更早的 1935 年，胡列维茨的系列文章 I 中，在给出紧李群的商空间的覆叠同伦性质时，就得到了“覆叠同伦性质可以得到同伦群正合序列”这个事实。

较之正合序列，胡列维茨这一时期的工作中更大的亮点是在纤维丛。纤维空间，包括纤维丛，以及覆叠空间是计算各种空间同伦群的有力工具。纤维以及纤维空间这两个词语首先出现在塞弗特 1933 年研究三维流形的论文中，不过他引入的纤维空间与现在教材中的纤维空间不同：所有纤维不完全相同，没有通常的底空间结构。还有不得不提的微分拓扑奠基人惠特尼，他在 1935 年引进了具有特殊纤维——球面的纤维空间，称为球丛（球空间）。惠特尼定义的纤维丛，虽然思想明确，但并非每个细节都清楚，纤维丛在志在“示性类”的惠特尼手中充当的只是工具。

1941 年胡列维茨与斯廷罗德合作的文章《纤维空间中的同伦关系》将惠特尼定义的纤维丛一般化，其中有两点值得注意：（1）纤维不需要同胚这个条件；（2）就这个新定义的“纤维空间”首次介绍了“覆叠同伦性质”（简称 CHP）。CHP 在之后法国数学家塞尔的博士论文中得到了应用，此后纤维空间和纤维化开始通过 CHP 来定义。塞尔 1951 年的博士论文在同伦群的计算这个历史难题上取得了突破，他使用的工具是谱序列。为了在论文中建立奇异同调的谱序列，塞尔引入的是现在的“塞尔纤维空间”，其中要求纤维映射针对有限（单纯）复形有 CHP 成立，以至后来胡列维茨 1955 年的文章《关于纤维空间的概念》中定义的纤维空间，要求纤维映射对任意拓扑空间都有 CHP 成立，被称为“胡列维茨纤维空间”。

2.“辐射实验室”与“麻省拓扑学院”

1941 年年底，珍珠港事件后美国加入第二次世界大战。数学，特别是应用数学与科学开始大展身手，是盟军取得胜利的后盾。最有才华的美国本土数学家以及移民避难的犹太数学家当中，许多都参与了战时数学在军事上的应用研究。哈佛大学的伯克霍夫研究流体动力学问题；乌拉姆在曼哈顿工程中发挥了重要作用，他才是真正的“氢弹之父”；作为指挥的麦克莱恩与艾伦伯格在哥伦比亚大学研究机载火力控制问题；还有在纽约的库朗和弗里德里希斯……原子弹为战争画上了句号，真正赢得第二次世界大战胜利的却是雷达。美国雷达工程的核心机构是麻省理工学院辐射实验室，它研制了战场上近半数的雷达。除了拓扑学，胡列维茨在应用数学中也留下了深深的脚印，孕育成果的土壤正是辐射实验室。

胡列维茨1944—1945年在辐射实验室工作，这似乎早在1942年7月19日维纳将胡列维茨的简历交给韦弗时就有所预示，维纳当时评价了这位日后在麻省理工学院的同事：

> 胡列维茨是一位非常杰出的数学家，并且他希望投入到服务战争的工作中来。

格廷在辐射实验室领导的小组研制了SCR−584雷达——第一个自动跟踪雷达，将伦敦从德军的V-1飞弹中拯救出来。在SCR−584的研发过程中，成员尼科尔斯研制了图解设计方法，菲利普斯研究了伺服机构中的噪声，胡列维茨研制了采样数据系统，等等。战后，麻省理工学院历时六个月总结第二次世界大战期间参与雷达研制的经验，在1947年出版了辐射实验室系列丛书，共28册（27册+索引册），大幅推动了雷达技术的传播。《伺服系统理论》位列第25册，其中胡列维茨执笔撰写了第5章“滤波器和带有脉冲数据的伺服系统”，并参与讨论了第2章“数学背景”。胡列维茨在书中展示了如何把奈奎斯特稳定性判据扩展到能够处理采样数据系统，并找到了一种途径，最终催生出了用来分析采样数据系统的z−变换方法。

表2 1944—1945年胡列维茨在辐射实验室的若干研究报告

序号	标题	出处	备注
1	Stability of Mechanical Systems	国防研究委员会报告（1944）	与格林伯格合作
2	Servos With Torque Saturation，PartI	辐射实验室555号报告（1944-5-1）	与尼科尔斯合作
3	Servos With Torque Saturation，PartII	辐射实验室592号报告（1944-9-28）	
4	Errors in Target Velocity due the Rolling End and Pitching of the Ship	辐射实验室612号报告（1944-8-28）	
5	On Servos With Pulsed Error Data	辐射实验室721号报告（1945-4-26）	

辐射实验室中的物理学家固然重要，但数学家、机械工程师、材料学家等不同学科背景的专家与物理学家沟通协作，多学科交叉定向研究的开展，才能攻克雷达技术的核心。

1946 年胡列维茨留在了麻省理工学院数学系工作，两年后任教授。创校之初的几十年，麻省理工学院的数学系是个只管教书的“服务系”。数学在第二次世界大战中发挥的作用，使得学校领导懂得了数学的重要性，对数学系的重视使得其地位由教学型转为研究型。除了胡列维茨和怀特黑德这两位拓扑学名家，数学系又找来至少 6 位拓扑学专家，被戏称为“麻省拓扑学院”。

在麻省理工学院任教的 10 年里，胡列维茨培养了几位出色的博士。比如从北卡罗来纳大学追随他而来的杜贡济后来以杜贡济扩张定理闻名，还有将莱夫谢茨不动点定理推广到多值映射后转而在黎曼几何中做得很出色的奥尼尔，以及后来在密歇根大学当过系主任、指导了 29 位博士生的希尔兹。由于 1956 年意外去世，胡列维茨没能看到他和法德尔涉及纤维空间的谱序列的 3 篇合作文章在 1957—1958 年问世，这些是他在麻省理工学院期间留下的最后作品。

五、结语

100 多年前，数学界两位泰斗之一的庞加莱创立了拓扑学，时至今日数学界依然在享用着庞加莱的遗产。仅基本群一个概念就给拓扑学、函数论、微分方程、代数几何、微分几何等领域带来了累累硕果。而在1935年之后，一整套有效工具的建立（同调及上同调、同伦、纤维丛与示性类、广义上同调）、一系列重大结果的取得（流形的刻画与分类、流形上的不同结构、嵌入与浸入问题、进入其他数学分支）给拓扑学带来了巨大发展。而胡列维茨无疑是拓扑学开始大发展的标志性的一环。在同伦论中，胡列维茨从庞加莱的基本群思想不仅归纳出高维同伦群的定义，而且系统研究了其性质以及与同调群的联系，这是同伦论进入高速发展的起点。他还发现正合序列，并在纤维丛理论中引入覆叠同伦性质，推广惠特尼的纤维丛，后来又在塞尔的文章之后，得到胡列维茨纤维空间。在点集拓扑学中，他引入正规族和紧化定理，将维数论从欧氏空间的子集发展到可分度量空间中，等等。回顾胡列维茨的学术生涯，不难看出他善于抓住数学对象的本质特征，并将之放到更大的范围中发挥出更大的作用。这不是简单的推广，而是发明了新的技术和概念，将拓扑学带上了更高的台阶。

现代同伦论中，胡列维茨 1935—1936 年的 5 篇文章是一座里程碑。同伦论中的光芒有点遮蔽了他在其他方面的工作，例如，1943—1944 年他在布朗大学任客座教授时完成了《常微分方程讲义》一书；1944 年发表在《数学年刊》上的《不含不变测度的遍历定理》，将伯克霍夫的遍历定理推广到了不含不变测度的空间中去；等等。这些都是值得提及的工作。

胡列维茨曾写过一本同伦论的著作，未完成的书稿似乎在他去世后不久的一次大火中被毁掉了，他的早逝是书稿未能完成的主要原因。1956 年，在墨西哥参加代数拓扑学国际会议之余，胡列维茨在游览尤卡坦州乌斯马尔的一个金字塔时，也许是心不在焉的习惯，意外跌倒导致重伤。9 月 6 日在墨西哥梅里达的一个医学中心去世，享年 52 岁。胡列维茨在创造力还处于全盛时期时就去世了，对于数学界的确是一个巨大的损失。正如当时同在墨西哥参会的莱夫谢茨和艾伦伯格所说：当坏消息传来时，参会者都震惊了，对数学界来说这真是黑暗的一天。但他的贡献依然熠熠发光，直到永远。

（作者：张勇　邓明立）

参考资料

[1] 胡作玄．拓扑学 100 年（1935 年以前）[J]．科学，1996，48（1）：45-48，64.

[2] R. Pol. Hurewicz's Papers on Descriptive Set Theory [A]. K. Kuperberg (Ed). Collected Works of Witold Hurewicz [C], Providence, Rhode Island: American Mathematical Society, 1995: XXIX.

[3] K. Borsuk. Witold Hurewicz-Life and Work [A]. C. E. Aull & R. Lowen (Eds). Handbook of the History of General Topology [C], Volume 1. Dordrecht: Springer Science Business Media, B. V., 1997: 79-84.

[4] W. Hurewicz & H. Wallman. Dimension Theory [M]. Princeton: Princeton University Press, 1941: 3-4.

[5] S. Lefschetz. Witold Hurewicz, In Memoriam [J]. Bulletin of the American Mathematical Society, 1957, 63 (2): 77-80.

[6] S. Eilenberg. Witold Hurewicz-personal Reminiscences [A]. K. Kuperberg (Ed). Collected Works of Witold Hurewicz [C], Providence, Rhode Island: American Mathematical Society, 1995: XLV - XLVI.

[7] 胡作玄，邓明立．20 世纪数学思想 [M]．济南：山东教育出版社，1999：416-419.

[8] 江泽涵先生纪念文集编委会．数学泰斗　世代宗师 [M]．北京：北京大学出版社，1998：17-18.

[9] 耿云志．胡适遗稿及秘藏书信（25）[M]．合肥：黄山书社，1994：189-192.

格里戈里·佩雷尔曼

（Grigory Perelman，1966—　）

格里戈里 · 佩雷尔曼

大象无形的数学奇人

雨天，在一座破旧的多层楼房前，一名全身裹在玻璃纸雨衣里的男子正要开门。他磨磨蹭蹭地开锁，开了很久。

“您需要帮助吗？”

“谢谢，我自己来。”

陌生人扭头看着我们，于是……我们无话可说了。在我们面前的是难以捉摸的格里戈里 · 佩雷尔曼，他蓄着胡须，有一双狡黠的眼睛。数学家迅速算定我们是新闻记者，马上又把头缩在雨衣中拨拉着门锁。门开了，格里戈里用力拽开大门走进去，我们跟着他：

“格里戈里 · 雅科夫列维奇！请停一分钟！”

“啊！”

天才的声音从上面传来。我们只能跟到6层楼，紧挨着房门口。

“知道吗？我不能和你们来往。”学者用低沉可怕的声音对我们说，随后便躲进房间里。

“可是为什么？”我们对着砰然关上的门提问。

“因为我不和任何人来往！”

以上不是小说中的虚构情节，而是一段真实场景。格里戈里 · 佩雷尔曼，这位证明了庞加莱猜想的俄罗斯天才数学家，当他面对新闻记者时竟然表现得如此匪夷所思，宛如隐匿江湖的世外高人。而就在 2006 年 5 月份，国际数学联盟决定将数学界的最高荣誉——菲尔兹奖授予佩雷尔曼，以表彰他在微分几何和几何拓扑领域取得的杰出成就。为了防止被这位数学奇才“放鸽子”，联盟主席约翰 · 鲍尔甚至专程前往俄罗斯待了两天，苦口婆心地劝说佩雷尔曼接受奖项，然而一切都是白费功夫。同年 8 月 22 日在西班牙马德里召开的第 25 届国际数学家大会上，佩雷尔曼缺席了西班牙国王卡洛斯一世亲临现场的颁奖仪式，很“荣幸”地成为大会历史上继格罗滕迪克之后第二个公开拒绝领奖的数学家，也随之成为全世界瞩目的焦点。这位远离尘世、特立独行的学者，究竟是怎样一位神秘人物呢？

一、天才早慧

1966 年 6 月 13 日，佩雷尔曼出生于苏联列宁格勒市一个犹太人家庭。从现有的一些材料来看，这个家庭的物质条件谈不上富有，也没有很优越的教育和社会背景。父亲是一个工程师，母亲则是一所中专学校的数学教师。然而，佩雷尔曼从小就显露出超常的数学禀赋和学者气质。当其他孩子还沉迷于游戏玩耍的时候，不到 5 岁的小佩雷尔曼却终日埋头于数学和历史课本，或是和父亲一起下国际象棋，几乎没有多少同龄伙伴。在他进入小学就读以后，他的数学水平已经远超他的同学，至今还留下一些让人忍俊不禁的故事。佩雷尔曼虽然从小资质过人，却如同其他学生一样，一直都按部就班地完成父母和师长布置的任务，从不刻意炫耀自己的才能。而且，外表沉默内敛的佩雷尔曼还有着富于爱心、热情助人的一面。据说在小学里有一个传统，每个拔尖生都有义务去帮助一个后进生补习功课。有一次，佩雷尔曼被指派帮扶全班学习最差的一个学生，仅仅过了半年时间，他就使那个学生的成绩得到突飞猛进的提高。

由于优异的学业成绩，佩雷尔曼得以进入全苏联著名的数学物理专业学校——列宁格勒第 239 中学学习。该学校由苏联历史上最伟大的数学家之一安德烈·柯尔莫哥罗夫创立，其宗旨在于网罗那些具有超常科学天赋的学生，并且根据他们的特点给予个性化培养。“这里数学课程（其中一些数学课由柯尔莫哥罗夫亲自讲授）的目标是介绍世界上前沿研究的思想，同时考虑到孩子们的不同背景，柯尔莫哥罗夫强调选择那些闪烁着‘上帝给予的灵光’的孩子，而不是那些只是彻底掌握高中数学的学生。”在这所人才荟萃、强手云集的精英学校，佩雷尔曼依旧很快脱颖而出，对于数学的理解甚至超过了很多教师，给人留下深刻印象。在此期间，佩雷尔曼曾两次成为全苏联数学奥林匹克竞赛的优胜者，还在 1982 年代表苏联参加了在布达佩斯举行的国际中学生数学奥林匹克竞赛，并且以 42 分的满分成绩获得金牌，“数学神童”的美誉从此不胫而走。随后不久，佩雷尔曼就接到一所美国大学的入学邀请，对方不仅提供了极其丰厚的奖学金，而且还愿意免费为他解决住房问题。自从 20 世纪 80 年代开始，由于美苏长期冷战的影响，苏联作为一个传统强国的经济底蕴逐渐被消耗殆尽，对于优秀科技人才的扶持力度也大不如从前，人才流失的现象变得空前严重。在这种情形下，佩雷尔曼如果选择出国留学，一方面可以减轻家庭的经济负担，另一方面在学术事业上也势必能得到更好的发展。然而出人意料的是，面对国外大学抛来的橄榄枝，当时还不到 17 岁的佩雷尔曼却拒绝了。他选择继续留在国内深造，并且被著名的列宁格勒大学数学力学系免试录取。

俗话说：自古英雄出少年。佩雷尔曼小小年纪就展现出如此过人的才华和品行，不禁让他的父母和老师欣喜不已。在很多人看来，拒绝出国深造就等同于高尚的爱国情怀，少年佩雷尔曼的选择也因此被视作爱国行为的典范。可是，对于一个尚未成年的学生而言，这一举动的背后或许并没有强烈的政治动机。值得一提的是，由于自己的犹太血统，佩雷尔曼一方面继承了犹太人重视教育、自尊自强的优秀品质，同时也不可避免地经历了苏联国内反犹主义的恶劣氛围。虽然这种环境与希特勒曾经肇始的残酷年代不可同日而语，却仍然在佩雷尔曼年少敏感的心灵中留下了难忘的印记。作为全苏联闻名的顶级学府，列宁格勒大学每年竟然只招收两名犹太籍学生，应该说这是一种带有典型种族歧视色彩的政策。如果不是因为佩雷尔曼在学科竞赛中崭露头角，他可能终生都难以加入科学精英的行列。另一方面，善良纯朴的老师们为了保护这位年轻天才的自尊，又在学校中想方设法为佩雷尔曼创造了一个相对简单的成长环境，对他呵护有加，尽力杜绝当时社会大环境可能造成的不利影响。因此，尽管曾经受过一些种族政策上的冲击，佩雷尔曼总体上仍然是一个聪慧早熟、思想单纯的孩子，他的一切举动都只不过是其拒绝盲从、追随内心的自然结果，与“爱国”“抗美”这样的政治标签扯不上多少关联。也许仅仅是难舍那些曾经倾力培养过自己的师长，抑或在骨子里就不信任美国人招募举动背后的动机，在出国与否这个问题上，从小就崇尚独立思考的佩雷尔曼做出了自己的选择。而这个选择，也在某种程度上预示了他今后的人生走向。

二、数学新星

在列宁格勒大学求学期间，佩雷尔曼的学业一如既往地出类拔萃，毕业后他直接考入斯捷克洛夫数学研究所的列宁格勒分部，开始了研究生阶段的学习。斯捷克洛夫数学研究所创立于 20 世纪初，是伟大的俄罗斯数学学派最为坚定的守护者，并且取得了遍布诸多数学领域的辉煌成就。然而，由于缺乏政府的资金支持，这个研究所的硬件设施每况愈下，甚至连最起码的物质条件都不具备。研究所位于圣彼得堡市的一座危房中，屋子内外落满了灰尘，墙面上处处可见或深或浅的裂缝，连外面的阳台都处于塌方的边缘。更令人唏嘘的是，为了避免阳台坠到马路上伤及行人，研究所的顶尖学者们甚至不得不用坚固的绳子将阳台捆绑在墙壁上！

耐人寻味的是，纵观科学史，很多伟大的科学成就都是在艰苦贫寒的条件中诞生的。正是在这样令人瞠目结舌的环境中，佩雷尔曼师从世界知名拓扑和几何学专家、苏联科学院亚历山德罗夫院士，获得副博士学位后继续留在研究所工作。在此期间，他在亚历山德罗夫空间理论方面做出了一系列出色的成就，很快就引起了数学家同行的注意，人们意识到一颗耀眼的数学新星即将升起。与此同时，或许是有感于国内学术环境的闭塞，佩雷尔曼逐渐改变了之前独来独往的作风，开始接触苏联以外的数学圈子。1991 年，在苏联几何学家格罗莫夫的热心支持下，佩雷尔曼第一次走出国门，参加了在美国杜克大学举办的国际几何学会议，并被推举为 7 位主旨报告人之一。正是在这次会议上，佩雷尔曼做了题为《曲率有下界的亚历山德罗夫空间》的报告，举震惊全场，从而让很多人认识了这位横空出世的青年才俊。借助这个契机，格罗莫夫活跃于会议的各种场合，尽力将佩雷尔曼引荐给当时国际数学界的一些重量级人物，其中就有供职于纽约大学的杰夫·齐格。几番交谈之后，齐格教授对佩雷尔曼的才华大加赞赏，并为其提供了一个在纽约大学库朗数学研究所做博士后的机会。这一次佩雷尔曼没有拒绝，而是在第二年的秋天如期来到了纽约。

在研究所工作期间，佩雷尔曼的生活状态丝毫没有变化。如同在苏联国内时一样，他仍旧每天几乎穿着同样的衣服，很少打理自己的头发和胡子，甚至从来不剪指甲。每天的饮食只有一款正宗的俄罗斯黑面包和酸奶，偶尔还会骑自行车去森林中采蘑菇。这种不食人间烟火、简约到极致的生活方式使得佩雷尔曼成为校园里一道独特的风景，很多人因此将他视为科学怪人而不敢靠近，而他也早已习惯了这种我行我素的孤僻生活。有了研究所提供的优厚津贴，他反而落了个悠闲自在。值得一提的是，正是在纽约生活期间，佩雷尔曼结识了一位难得的朋友，他就是华人数学家田刚。或许是研究方向相近的原因，两人在工作之余经常交谈，而田刚也成为佩雷尔曼心目中为数不多的可以信赖的同行朋友之一，尽管他们的关系没能持续多久。1993 年，佩雷尔曼取得了一项重大成就，解决了困扰数学界多年的“灵魂猜想”。“灵魂猜想”是由齐格与合作者提出的一个著名拓扑学问题，过去 20 年里，诸多拓扑学家耗费巨大努力，却只能解决问题的一小部分。而佩雷尔曼却构思了一套全新的方法，整个证明过程极其简洁优美，竟然只用了几张纸。这次成功使得佩雷尔曼名声大噪，并且得以接触到最为核心的数学家团体，其中就有知名几何学权威理查德·汉密尔顿。在他们的影响下，佩雷尔曼充分吸收了很多最前沿的思想和技巧，并且进一步凝练了自己的研究领域，将微分几何和几何拓扑学设定为今后的主攻方向。

三、破解猜想

作为一位已经得到学界认可的青年数学家，佩雷尔曼并不缺乏在国外长期发展的机遇。可是，他却在 1995 年突然结束了在美国的工作，以“在这里（俄罗斯）我能更好地工作”为由回到了老家圣彼得堡。关于这位数学奇才为什么会突然回国，一时间众说纷纭。一种流行的说法是当时的一些美国名校对待佩雷尔曼的求职过于谨慎，要求其按照一般程序递交个人简历，因此惹恼了这位自命清高的天才，因为他生来就不适应此类繁文缛节。除此以外，佩雷尔曼的回国决定还与当时的国际政治气候息息相关。自从 1991 年 12 月 25 日苏联正式解体之后，国内的很多犹太人都想方设法移民国外，尤其是以色列和美国等犹太势力强大的国家。佩雷尔曼的父亲和妹妹也乘势加入了移民行列，陆续离开了俄罗斯。然而，身为知识分子的母亲却甘于忍受国家动荡和清贫之苦，坚决不愿意离开俄罗斯。应该说，这件事对佩雷尔曼的触动更大。曾经的超级强国在一瞬间变得风雨飘摇，也使得这个原本和睦保守的家庭分崩离析，在此情势下每个人都必须做出迫在眉睫的抉择。作为一个性格鲜明的学者，抑或一个在世界观和个人情感上极为倔强执着的儿子，佩雷尔曼选择了放弃国外优越的发展环境，回到了俄罗斯重新开始，并且发誓与自己的母亲永不分离。这或许应验了那句老话：科学无国界，但科学家有祖国，特别是有家庭。

回国后，佩雷尔曼重返斯捷克洛夫数学研究所工作了几年。研究所的同事们惊讶地发现，佩雷尔曼再也不愿意撰写任何学术论文，或是申请官方资助的各类研究项目。可是，如果不公开发表一定数量的论文，任何人都无法获得岗位晋升的机会。面对这种处境，佩雷尔曼没有妥协，而是一如既往地追随自己的自由意志，甩开了名利的诱惑以及体制化的束缚。没有了这些世俗的羁绊，佩雷尔曼反而能更加心无旁骛地致力于漫长艰深的思考。印度裔的著名物理学家钱德拉塞卡曾经感叹道：

> 对科学的追求常被比喻成攀登一座很高但又不是高不可攀的山峰。我们当中有谁能够奢望（即使是在想象中），在一个天气晴朗无风的日子里去攀登珠穆朗玛峰并达到它的顶点，在宁静的空中，纵览那在雪中白得耀眼的一望无涯的喜马拉雅山脉呢？

然而，作为一个胸存大志的天才学者，佩雷尔曼决不仅仅满足于解决一些短平快的问题，而是将目光瞄向了拓扑学中的“珠穆朗玛峰”——庞加莱猜想。

1904 年，被誉为全才数学家的庞加莱提出了一个看似很平凡的拓扑学猜想：如果一个三维流形是封闭的且单连通，则它必定同胚于三维球面。用现代数学语言可以将其重述为：如果 M 是一个基本群平凡的闭三维流形，则 M 微分同胚于 $S3$。此猜想一经提出，就成为拓扑学中具有重大开创意义和奠基性的问题，并且被进一步推广至三维以上的空间，统称为“高维庞加莱猜想”。著名华人数学家丘成桐曾经指出，人类一日不解决庞加莱猜想，就不能说完全理解三维空间的结构。众所周知，很多拓扑学问题虽然具有清晰的直观意义，在数学工具和技巧的层面上却极其抽象复杂。在研究庞加莱猜想的过程中，数学家们曾经提出数十个所谓的完整证明，然而都被发现存在无法补救的重大漏洞。因此，庞加莱猜想也被赋予了一层浓厚的悲剧色彩，堪称仅次于黎曼猜想的第二号超级数学难题，在长达半个世纪的时间里让人们几乎无从下手。直到 20 世纪 60 年代，美国数学家斯梅尔才另辟蹊径，绕过三维情形首先解决了五维以上的庞加莱猜想。随后，在英国数学家唐纳森的成果基础上，弗里德曼在 1983 年攻克了四维庞加莱猜想。然而，让数学家们备感头疼的是，已有的工具在面对三维情形时却仍然束手无策。胡作玄先生评论说：

> 三维问题比起二维以及高维问题困难，其关键是三维的问题复杂而多样，可是拓扑学家的工具库中的可用工具却少得可怜。

因此，数学家必须开发出更加强有力的思想方法。若干年之后，威廉·瑟斯顿终于在三维流形的问题上取得了重大突破。借助几何分析的方法对三维流形进行有限切割，瑟斯顿提出了一个关于所有三维流形上双曲或其他局部齐性度量存在性的更一般的猜想，即三维流形上的几何化猜想。几何拓扑学家们意识到，瑟斯顿三维流形上的几何化猜想意味着在三维情况时拓扑和几何之间密不可分，同时更关键的是，它可以将庞加莱猜想作为一个特殊情形纳入其中，并且适用于所有的闭定向三维流形。由此，数学家对问题的最终解决终于有了明确的思路，如果能够证明瑟斯顿三维流形上的几何化猜想，那么庞加莱猜想就会成为一个显而易见的推论。然而，在三维流形上实现瑟斯顿的想法牵涉很多非常困难的技术手段。又过了二十年，汉密尔顿终于提出了解决三维流形上的几何化猜想的总体策略：通过应用一组被称为“里奇流方程”的性质及其行为，数学家可以在三维流形上构造所需要的拓扑手术，从而使不规则的流形获得平滑和对称的形状。这个构思极富想象力，似乎扫清了证明庞加莱猜想的最后障碍，可是汉密尔顿发现在对流形实施里奇流手术的过程中，总会出现一些无法控制其走向的奇点。因此，如何发展出一套合适的系统来处理奇点问题，则成为证明猜想之前最为关键和困难的一步。

美国数学物理学家弗里曼·戴森曾经将数学家分为两类——“飞鸟”和“青蛙”：

> 有些数学家是飞鸟，其他的则是青蛙。飞鸟在天空中翱翔，俯瞰着一大片延伸至遥远天际、广袤无垠的数学景观。他们喜好那些能统一我们的思想，并且将来自不同领域的问题整合在一起的概念。而青蛙则生活在大地的淤泥之中，只能看见生长在周围的花朵。他们乐于钻研特定课题的细节，并且满足于解决一个又一个的具体问题。

值得一提的是，佩雷尔曼正是一个不拘一格、兼备“飞鸟”和“青蛙”气质的通才数学家。他不仅有着集百家之所长的宽广视野，同时也精通解决具体问题时所需的高超技巧。在汉密尔顿、瑟斯顿等人的成就基础上，佩雷尔曼提出了一系列极富原创力的思想方法，最终完美地解决了奇点问题。由于奇点之间具有各式各样的生长速度、位置和尺度，对其进行直接的单个化处理会异常困难。佩雷尔曼综合了几何分析和微分方程领域中的大量工具，发展了一套统一的系统用于对流形进行预防性的手术，从而可以及时发现和有效控制奇点，并且把里奇流经过奇点延展出去。此外，他从统计物理学中汲取了灵感，极其巧妙地构造了一个熵泛函公式，从而排除了最令数学家头疼的“雪茄”类奇点，使得任何三维流形在里奇流演化操作下趋于均匀，最终获得正则化的几何结构。

四、大隐于“数”

从 1994 年到 2002 年，在这整整 8 年的时间中，佩雷尔曼几乎完全消失在主流数学界的视线之外。然而，就在人们要将他彻底遗忘时，这位曾经名震学术江湖的高人又再次出现，并且带来了庞加莱猜想已经破解的爆炸性消息。从 2002 年 12 月开始，佩雷尔曼将关于证明梗概的 3 篇论文以预印本的形式，陆续发表在康奈尔大学图书馆的 ArXiv（大意为文献）共享网站上，并且给一些几何拓扑学界的权威学者发了电子邮件，请求他们对论文的正确性予以评价。佩雷尔曼的这一举动依然保持了其一贯的风格，SCI 和影响因子之类的世俗标准对他而言毫无意义，他唯一需要的就是对真理的追求和尊重！佩雷尔曼毕竟不同于常人，消息一经发布整个数学界便为之轰动，3 组世界顶尖的数学家团队闻风而动，开启了对其证明的验核和解释工作。他们分别是约翰·摩根（哥伦比亚大学）和田刚（普林斯顿大学）、布鲁斯·克莱勒和约翰·洛特（密西根大学）、朱熹平（中山大学）和曹怀东（里海大学）。然而，审核工作却进行得异常艰辛，佩雷尔曼的证明是如此精深，以至于这些数学界的权威专家都花了将近四年时间才将其弄明白。洛特教授对此“抱怨”道：

> 考虑到他在区区几页纸上开辟了多少全新领域，佩雷尔曼的论文是撰写得极为细致的，可是，这并不意味着我们可以坐在一起，然后很快就能决定他的论证是否完备。

由于佩雷尔曼独特的思维和写作风格，已经公开的 3 篇论文在内容上高度浓缩，在论证结构上跳跃性极强，缺少详尽的技术细节。为了尽快澄清这些证明，田刚等人邀请佩雷尔曼前往美国举办研讨会，亲自向数学界讲解他的工作。2003 年 4 月，佩雷尔曼来到美国进行他的系列巡回讲演。2004 年 5 月，在确信数学界已经正确理解了他的证明之后，佩雷尔曼又回到了圣彼得堡。

2006 年年底，美国《科学》杂志刊登了一篇报道，题目是《庞加莱猜想——已经得到证明》，报道中写道：

> 对于数学家而言，格里戈里·佩雷尔曼对于庞加莱猜想的证明完全配得

上最近十年来的重大突破。但是，他们也耗费了其中的大多数时光来确信这一切都是真实的。2006 年，在俄罗斯数学家公布了 3 篇证明梗概中的第一篇之后近四年，研究者们最终达成共识：佩雷尔曼已经解决了整个学科领域中最令人肃然起敬的难题之一。

在结束了漫长的审查工作之后，整个数学界因为佩雷尔曼的巨大成就而欢欣鼓舞，对于当事人的嘉奖也理所当然被列入议事日程。2006 年，国际数学联盟一致通过决议，授予佩雷尔曼四年一度的菲尔兹奖章。很明显，对于一个数学家而言，获得菲尔兹奖堪称至高无上的荣耀，也意味着加入顶级数学权威的行列。更加令人艳羡的是，除了巨大的学术声誉，破解庞加莱猜想还会带来一笔巨额的经济奖励。2000 年 5 月 24 日，在“费马大定理”的证明者、牛津大学安德鲁·怀尔斯教授的参与下，由亿万富翁兰登·克莱捐资建立的克莱数学研究所专门挑选出了 7 个“千禧年大奖难题”，包括库克问题、黎曼猜想、伯奇和斯温纳顿－戴尔猜想、纳维－斯托克斯方程、杨－米尔斯规范场存在性和质量缺口假设、霍奇猜想以及庞加莱猜想，并为每个问题的解决者提供 100 万美元的巨奖。

值得一提的是，根据克莱数学研究所的规定，申请人必须将研究成果发表在权威期刊上，才能得到评奖委员会的正式认可。然而，佩雷尔曼却仅仅将论文挂在互联网上，让所有对庞加莱猜想有兴趣的人了解自己的工作，始终拒绝向各大数学权威期刊投稿。或许，在这位伟大数学家的心目中，除了数学本身，没有任何所谓的“权威”有资格去衡量和评判他。此外，当有人问他是否担心研究成果的知识产权归属问题时，佩雷尔曼则给出了如此爽朗大度的回答：

我基于以下的出发点：假如我的工作出现了差错，而有人利用这一差错得出了正确的证明，这将使我心满意足。我从未给自己设定过要成为庞加莱猜想唯一破解者的目标。

面对当事人拒绝配合的尴尬局面，经过几番讨论后，克莱数学研究所决定不受已有规则的限制，破例将“千禧年大奖”颁发给佩雷尔曼。

面对名利双收的诱人前景，佩雷尔曼表现出一种超越世俗的冷静和淡漠。他反复向周围的人强调学术界的所谓承认是无关紧要的，经过 8 年时间庞加莱猜想被彻底解决，这件事本身就足以说明了一切。他不需要名誉，不需要金钱，只想平平静静地过自己的生活。对佩雷尔曼有提携之恩的格罗莫夫对此给出这样的评价：

> 要做出伟大的工作，必须要有一颗纯洁的心灵。你只能考虑数学，其他所有的一切都是人性的弱点。如果接受了那些荣誉和奖金，那就是弱点的体现。

另一位俄罗斯数学家瓦斯克也对克莱数学研究所的“学术营销”做法大加质疑：

> 我实在怀疑，绑定在解决科学问题上的“金钱标签”，而不是科学家发自内心的强烈兴趣，是否能够激发数学家的热情?

其实，这并不是佩雷尔曼第一次回绝来自官方的荣誉，早在1995年，他就曾经拒受欧洲数学学会颁发的杰出青年数学家奖。然而，佩雷尔曼的诚恳表态非但没有得到公众的理解，反而为他招致了更多的纷扰。新闻记者和好事者接踵而至，意图对他苦行僧般的私人生活一观究竟，以满足人们的好奇心和窥探欲。这也就出现了本文开头描述的场景，面对记者的采访要求，佩雷尔曼干脆将自己彻底封闭了起来——

> 我不会回答你们的问题，这是我的生活，想做什么就做什么，请你们离开这里!

与新闻媒体相比，佩雷尔曼对待他的数学家同行要客气一些。为了防止嘉奖决议落空，国际数学联盟主席鲍尔爵士不惜放下架子，千里迢迢赶到圣彼得堡。鲍尔提出了几套方案供佩雷尔曼选择，甚至许诺可以将菲尔兹奖章直接寄到圣彼得堡，可谓诚意十足。佩雷尔曼与这位数学界的领袖进行了友好的交流，可是，对待领奖的态度却依旧毫不含糊：作为一名数学家，他不值得获得如此广泛的关注；对于以荣誉和金钱为手段宣传学术的做法，他也丝毫不能认同。此外，佩雷尔曼还对数学界的学术权力运作深为不满，而这才是其拒领菲尔兹奖的关键原因。根据大多数专家的看法，在攻克庞加莱猜想的过程中，汉密尔顿提出了解决问题的总体框架，而佩雷尔曼则发明了更为具体的操作路线和精湛技巧，两者都作出了不可磨灭的巨大贡献。这里有必要提一个小插曲，在佩雷尔曼的美国之行中，作为里奇流理论奠基人的汉密尔顿却表现得颇为耐人寻味。本该侃侃而谈的他在研讨会上几乎不置一词，对待佩雷尔曼的态度相当冷漠，甚至连提出的问题都有失水准，而这也让一向敬仰汉密尔顿的佩雷尔曼大失所望。其实，汉密尔顿的姿态并不难解释。一位学者穷尽此生意图达成某个目标，却被另一个突如其来的竞争者踩在肩膀上捷足先登，多年来的殚精竭虑最终付诸东流，这种希望破灭后带来的痛苦和失落感自然是可以理解的。然而难能可贵的是，佩雷尔曼并不计较这些个人恩怨，而是为汉密尔顿未能与他共享菲尔兹奖鸣不平，对此他直言不讳地说道：

> 简而言之，（拒领菲尔兹奖）主要的原因是我不同意组织化的国际数学界的决定。我不喜欢他们的决定。我认为他们不公正。

有科学史和科学哲学研究者认为：虽然有着各种各样关于科学家的神话，比如安贫乐道而视金钱如粪土、高瞻远瞩而明察秋毫、一心一意追求真理而别无旁骛，诸如此类，如此这般的描述不一而足。当然，不能说绝对没有这样的科学家，即使有，想必人数也不会太多，大多数科学家与普通人在品德和秉性上其实并不会存在很大差别。然而，佩雷尔曼就是这样一个活生生的、常人无法企及的神话般的人物。在历届颁发的菲尔兹奖章上镌刻着一句话：

> 超越你的理解力，使自己成为宇宙的主人。

这句话取自古罗马诗人马尼利乌斯在《天文学》中撰写的一段名言：

> 你求索的目标是上帝；你正在探寻翱翔天空的路途，尽管生来就遭受命运的左右，却不惜一切去聆听命运的感召；超越你的理解力，使自己成为宇宙的主人。多少辛劳就有多少回报，没有牺牲，也就无从获取崇高的成就。

或许，在佩雷尔曼看来，他的一生已经实践了以上箴言的真谛，那么其他一切人为的认可都不过是画蛇添足而已。

此外，自从因证明庞加莱猜想一夜爆红之后，为了躲避人们的关注，佩雷尔曼与先前的相识者全部断绝了联系，而他昔日的好友田刚就是“受害者”之一。田刚曾经在 2004 年接受过一次《科学》杂志的专访，对宣传佩雷尔曼的功绩起了推波助澜的作用，也正是这一做法深深刺激了他的俄罗斯老友。从此以后，佩雷尔曼不再与田刚有任何联系。田刚和摩根辛苦数年从事佩雷尔曼证明的注释工作，他们将所有的详细注解集结成书并邮寄给佩雷尔曼，然而却被原封不动地退回。2005 年 12 月，佩雷尔曼辞去斯捷克洛夫数学研究所的职位，退出了数学界。2006 年之后，这位声称“我应有尽有”、颇具隐士风范的奇人终于完全消失在人们的视线中，就连神通广大的媒体记者都难觅他的踪影。有人说佩雷尔曼和母亲居住在圣彼得堡郊外一处秘密的屋子里，拒绝与任何人来往；也有人说他申请了国外的工作签证，带着母亲跑到了其他国家。总之，这位远离尘嚣的数学家就如同人间蒸发了一般，从此杳无踪迹，在人类社会的“流形”中彻底隐没了。

五、大象无形

在外界看来，佩雷尔曼的种种行为实在匪夷所思。在他隐退之后，惊讶、惋惜、不解甚至嘲讽之声更是不绝如缕。然而，如果将这些个人行为放在俄罗斯历史和文化的大背景下来考察，佩雷尔曼的人生选择或许并不那么令人费解。

众所周知，独特的自然地理环境以及长期杂糅于东西方文明之间的社会历史背景，造就了俄罗斯人特有的心理意识。其中既有坚韧不屈、粗犷豪放的气质，又有一种近乎神秘主义、遗世而独立的狄奥尼索斯精神，而所有这些又集中体现在俄罗斯知识分子这一特殊群体的身上。纵观历史，俄罗斯学者一直保持着独立自强的精神风貌，即使在物质条件匮乏、备受政治和意识形态高压的情况下，他们都能在夹缝中生存，取得丝毫不逊于国际同行的辉煌成就。对于此种将知识追求和世俗欲望相分离的态度，格罗莫夫曾经深有感触：

> （在俄罗斯）存在一种对于科学和数学的非常强烈的浪漫主义态度：这些领域都是如此的美妙而非凡，它值得你奉献出自己的一生。我不知道在其他国家是否也是如此，因为在我受教育的时期我从来没有去过别的地方。但是，那是一种我和许多其他来自俄罗斯的数学家共同继承的态度。

事实也的确如此，正是在这种类似于中世纪圣徒精神的召唤下，俄罗斯数学家取得了众多彪炳千秋的伟大成就，柯尔莫哥罗夫、亚历山德罗夫、庞特里亚金、格罗莫夫……这一连串耳熟能详的名字早已被写入教科书中，位列世界一流数学家之林。

此外还值得注意的是，历史上拒绝名利诱惑的俄罗斯人士并不鲜见：文学巨匠列夫·托尔斯泰对各类荣誉不屑一顾；有着“俄罗斯良心”之称的索尔仁尼琴曾两次拒绝政府颁发的奖项；直至今天，诸多俄罗斯科学家面对别国的重金招揽却不为之所动，而是不忘初心、坚守故土……坚持事实和真理、不向虚荣低头、拒绝依附某种势力，铸成了俄罗斯优秀知识分子的共同品质，而佩雷尔曼的另类人生，不过是俄罗斯民族精神的一个颇为奇特的缩影，也是对默顿理想主义科学规范的最佳诠释。尽管科学知识社会学已对科学活动的世俗性进行了无情的揭露，但让人们倍感欣慰的是，像佩雷尔曼这样别具情怀的科学精英却依然存在，并且时常从那些不起眼的角落里绽放出耀眼的光芒。

英国数学家哈代曾经说过，他之所以选择成为一名数学家，是因为数学是一门无害而清白的学问。事实也的确如此，只有纯净的内心，才能发现真正的自己。从古至今，凡是那些位居人类知识顶峰、徒手摘星的伟大学者，无一不拥有一颗安于平淡、纯粹澄明的灵魂。可是，徜徉数学若干年之后，佩雷尔曼却失望地发现，不仅仅是数学，在当今整个学术界，知识、利益、政治……所有这些元素都以某种体制化的方式盘根错节地纠缠在一起，以至于将每个知识从业者无可避免地裹挟其中。诚如默顿所言，“普遍主义”“公有性”“无私利性”以及“有组织的批判精神”，这些规范理应成为学术界的最高道德指南。作为一种实践人生价值的手段，数学曾使佩雷尔曼达到个人成就的巅峰，而一旦其成为获取名望和利益的工具，就再也不能满足他渊深的心理和精神追求了。因此，佩雷尔曼不惜放弃唾手可及的一切，不恋荣华，功成身退。

> 只要我还不出名，我就有得选择……现在，当我成为一个公众人物后，我不愿意像一个宠物那样成为人们关注的焦点，同时又无法口吐真言，所以我只能退出。

由此观之，像佩雷尔曼这样禀赋卓绝、自我意识丰富而淡泊的生命，是注定不会驾循一道按部就班的轨迹滑行到终点的。

1909 年，在布鲁塞尔自由大学建校 75 周年的庆典上，庞加莱发表了他对科学精神的看法：

> 自由对于科学，就如同空气对于动物。如果被剥夺了这种自由，科学就会窒息而亡，就像鸟儿没有了氧气。并且，这种自由必须是无拘无束的，因为如果一个人意图施加任何限制，他所获取的仅仅是一种残缺不全的科学，而这再也不是真正意义上的科学，因为它可能是，而且必定是一种错误的科学。思想永远不能附属于任何教条、政党、情感、利益、先入之见，以及其他任何事物，除了事实本身。因为对于科学而言，处于从属地位也就意味着消亡。

庞加莱的至理名言，在今天读来依旧粲然生辉。毫不夸张地说，在数学上，佩雷尔曼完美解决了庞加莱遗留下的世纪难题；而在人生哲学和学术伦理的层面上，他也是庞加莱生前所倡导的科学自由精神的真正传人！爱因斯坦亦曾说过：

> 把人们引向艺术和科学的最强烈的动机之一，是要逃避日常生活中令人厌恶的粗俗和使人绝望的沉闷，是要摆脱人们自己反复无常的欲望的桎梏。

作为一个特立独行、决不随波逐流的智者，佩雷尔曼终其一生所追求的正是个人思想和意志的自由，除此以外，一切层面上的荣誉、财富、地位……都毫无意义。纵观古今，如此执着的科学家，如此纯粹的心灵，在世上能有几人？

关于佩雷尔曼的故事已经结束，斯人已隐去，空余长叹息！一个人活在世上，究竟应该留下怎样的足迹？是追逐功名利禄，还是自我价值的实现，抑或享受一种生活中的淡泊和满足？对于此，每个人都会做出不同的选择。佩雷尔曼的人生之所以会触动我们，或许是因为每个人的内心深处，都向往着一种既辉煌又平凡的生活，可是，却没有多少人拥有足够的才华和勇气去追寻它。然而，佩雷尔曼做到了，其绚烂至极、复回平淡的精彩人生足以给我们留下久远的思考，诚如英年早逝的瑟斯顿所评价的：

> 佩雷尔曼对公共场面和财富的厌恶令许多人迷惑不解。我没有跟他讨论过这个问题，也不能代表他发言，但是我想说，我对他内心的强大与清晰感

到共鸣和敬仰。他能够了解和坚持真实。我们真实的需求位于内心深处，然而现代社会中的我们大多在条件反射式地不断地追逐财富、消费品和虚荣。我们在数学上从佩雷尔曼那里学到了东西。或许我们也应该暂停脚步，从佩雷尔曼对生活的态度上反思自己。

（作者：沈楠　徐飞）

参考资料

[1] A. Bogomolov & V. Lagovskii. 格里戈里 · 佩雷尔曼 [J]. 袁钧，译. 数学译林，2007，26 (1)：42-47.

[2] 玛莎 · 葛森. 完美的证明：一位天才和世纪数学的突破 [M]. 胡秀国，程姚英，译. 北京：北京理工大学出版社，2012：46-47.

[3] 汪磊. 远离纷扰，独善其身——谈俄罗斯数学大师格里戈里·佩雷尔曼[J]. 俄语学习，2010(5)：18-20.

[4] F. Dyson. Birds and Frogs [J]. Notices of the AMS，2009，56 (2)：212-223.

[5] A. Jackson. Conjectures No More？Consensus Forming on the Proof of the Poincaré and Geometrization Conjectures [J]. Notices of the AMS，2006，53 (8)：897-901.

[6] D. Mackenzie. The Poincaré Conjecture Proved [J]. Science，2006，314 (5807)：1848-1849.

[7] A. Vershik. What is Good for Mathematics？Thoughts on the Clay Millennium Prizes [J]. Notices of the AMS，2007，54 (1)：45-47.

[8] 王丹红. 俄罗斯数学家佩雷尔曼“开口”拒绝百万巨奖 [N]. 科学时报，2010-07-05 (A3).

[9] 黄永明. 数学鬼才佩雷尔曼 [N]. 南方周末，2010-06-17 (D24).

米歇尔·沙勒

（Michel Chasles，1793—1880）

沙勒
博学的数学家和天真的收藏家

沙勒这个名字中国人可能并不十分熟悉，除了《中国大百科全书》和少数数学史辞典，已经出版的中文世界数学家传记中不见收录。不过，翻开19世纪的法国数学杂志（如《巴黎综合工科学校学报》、热尔岗的《数学年刊》、刘维尔的《纯粹与应用数学杂志》、泰尔康的《新数学年刊》、《科学院会议纪要》等），我们就能发现他是一个多产的一流几何学家，与同时代的刘维尔、贝特朗和普安索齐名，是巴黎埃菲尔铁塔上所列“七十二贤”之一。

一、生平述略

沙勒于1793年出生在法国沙特尔地区一个中上阶级的天主教家庭，父亲是位木材商和承包商，曾任沙特尔商会会长。沙勒在公立的帝国中学读书，1812年考取巴黎著名的高等学府——巴黎综合工科学校。翌年，正是欧洲战局发生大转变的时候。10月，法国在莱比锡战役中战败，到了1814年1月，联军进入巴黎。沙勒和其他大学生一样被动员起来，参加了保卫巴黎的战斗。拿破仑战败后，于4月6日退位。战争结束后，沙勒又回到了巴黎综合工科学校。不久，他被工程兵团录用，但他把这一机会让给了一位家境贫寒的同学。从这里我们可以看出，年轻的沙勒心地善良，富有同情心。

在家里待了一段时间后，他遵从父亲的意愿，到巴黎的一家股票经纪公司工作。但沙勒似乎对经商并无兴趣，在商场十余年，最终以失败告终。1827年，他回到了家乡，开始了自己最喜欢的数学和数学史研究。

1837年，44岁的沙勒出版《几何方法的起源和发展历史概述》，一举成名。就数学家而言，沙勒的这个成名时间已经算很晚了，但千万不要将他列入“大器晚成”的一类。事实上，早在巴黎综合工科学校读书时，沙勒就已经发表了3篇几何方面的论文，只不过这些论文的价值当时并没有被人们认识而已。此后，他保持着长盛不衰的创造力，直到生命的最后岁月。这在数学史上是不多见的。

1841 年，48 岁的沙勒进入自己的母校巴黎综合工科学校任教，所教课程包括大地测量学、天文学和应用力学。1846 年，他被巴黎大学理学院聘为高等几何学教授，在 12 月 22 日的开学典礼上，沙勒作了几何学发展历史的长篇演讲。此后他一直任职于该校。英国数学家赫斯特曾于 1857 年 11 月 18 日去巴黎大学听过沙勒的几何课，但印象十分不佳，觉得他缺乏幽默感，表达还很不流畅，所讲的课与他写的书比起来简直是天壤之别。也许学问做得好的人书不一定教得好，也许沙勒因为忙着写论文根本就没有好好备课，也许英国人对一堂课的评价标准与法国人并不一样，也许赫斯特听课前的期望值太高。但不管怎样，沙勒对法国高等几何学的教学作出了开创性的贡献。

沙勒 1839 年当选为法国科学院通讯院士，1851 年当选为院士。1854 年当选为英国皇家学会会员。他也是比利时、丹麦、瑞典、意大利等国的皇家科学院外籍院士，美国国家科学院的外籍院士，俄国圣彼得堡科学院通讯院士，伦敦数学会第一个外籍会员。由此可见他在当时的国际声誉。

1865 年 10 月，在英国皇家学会理事会成员赫斯特的提名下，沙勒因在几何学领域的创造性工作而荣获英国皇家学会的科普利奖章。年事已高的他没有参加授奖仪式。在 1865 年 11 月 30 日所记日记中，赫斯特这样写道：

> 现在我还有一事要做，那就是穿越海峡到巴黎巴克大街圣玛丽路去，亲手将奖章交给沙勒，作为对一位除斯坦纳外在决定我自己的事业上最有影响力的人。

1865 年 12 月 24 日，赫斯特在巴黎沙勒的家中将奖章交给了他。

沙勒终身未娶。除了数学，他还热心于慈善事业，是巴黎“科学友人救济会”的会员。沙勒去世后，《大众》杂志主编、数学家穆瓦尼奥亲绘其肖像一幅，相继发表于《自然》杂志和《大众》杂志。

二、数学和数学史研究

沙勒最重要的数学贡献在于创立枚举几何学这个崭新的研究领域。枚举几何学主要研究某个曲线族中有多少满足某些代数或几何条件的问题。1846 年，沙勒考虑了满足四个和五个条件的圆锥曲线族问题。他建立了特征理论以及几何变换理论。他将圆锥曲线族的“特征”定义为两个数——过任一点的圆锥曲线数以及与一已知直线相切的圆锥曲线数，然后用这两个数来表示圆锥曲线族的许多性质。沙勒得到：与 5 条固定的圆锥曲线相切的圆锥曲线共有 3264 条。沙勒还将他的许多结果推广到更一般的曲线或曲面上去。在沙勒工作的基础上，德国数学家舒伯特和丹麦数学家、数学史家邹腾进一步发展了枚举几何学。

沙勒写过两部重要数学著作。一部是 1852 年出版的《高等几何》，书中讨论交比、单应域和单应束以及对合概念，特别是在交比理论方面作出了重要贡献。另一部是 1865 年出版的《圆锥曲线》，书中利用《高等几何》中所讨论的方法对圆锥曲线进行了研究，有许多创见。如他将圆锥曲线看作两个没有不变线的单应束中对应线交点的轨迹，或两个没有不变点的单应域上的对应点连线的包络，讨论了圆锥曲线射影特征的一些结果。书中还包含了枚举几何学的许多结果。

沙勒在分析方面也做过重要的工作。1837 年，他在研究椭球体对球外一点的引力这个当时十分著名的难题时，引入三个变量偏微分方程的等位面概念；1846 年，他利用综合几何（而非解析几何）的方法解决了椭球体的引力问题。勒让德和泊松曾经认为，综合几何学方法的源泉容易枯竭，因此沙勒的方法震惊了当时的数学界，这意味着综合几何学方法的胜利。

沙勒对数学史的兴趣与当时的学术背景是不无关系的。1758 年法国数学家蒙蒂克拉出版《数学史》，1799 年出版第二版，由法国天文学家拉朗德完成第三卷并续写了第四卷，该书成了数学史经典之作；1802—1810 年，法国数学家博叙出版《数学通史》；1819 年葡萄牙数学家斯托克勒在巴黎出版《葡萄牙数学发展史》；意大利数学家利布里也在巴黎从事数学史的研究，并于1835年用法文出版《意大利数学科学史》。著名数学家拉克鲁瓦、天文学家毕奥、数学家泰尔康、贝特朗等都对数学史研究抱有浓厚的兴趣。因此在当时的法国数学界，数学史研究可谓方兴未艾。

19 世纪上半叶，一些西方学者开拓了东方数学史研究领域。英国东方学家科尔布鲁克于 1817 年出版《婆罗门笈多、婆什迦罗梵文中的算术、测量和代数》；德国东方学家罗森译注了花拉子米的代数著作，由皇家亚洲学会于 1831 年出版；法国东方学家塞迪约在研究法国皇家图书馆所藏阿拉伯数学手稿的基础上，先后出版《东方数学史新研究》（1937）和《希腊与东方数学比较史料》（1845）；德国数学家沃普克先后翻译出版艾布·瓦法、奥马尔·海亚姆、阿尔·卡克希等的数学著作。这些都为沙勒研究东方数学创造了良好的条件。

沙勒对东方数学是十分崇尚的。当他发现印度数学家婆罗门笈多的二次不定方程解法与欧拉方法一致的时候，他表现出如此的惊奇：

> 科学史上最惊人和最重要的事实之一无疑是婆罗门笈多代数著作中二次不定方程的解法，这是古代东方文明的纪念碑！

沙勒对印度天文学也有研究。在阿拉伯科学史方面，沙勒对艾布·瓦法的天文学工作进行了研究。先是塞迪约在艾布·瓦法的天文著作里发现关于月亮三次均差的描述，铭文学院著名东方学家蒙克则予以否定，认为塞迪约所说的“三次均差”不过是艾布·瓦法对托勒密的两个一次均差的校正而已；著名天文学家毕奥也支持了这种观点。沙勒则通过对艾布·瓦法著作的深入研究，多次为塞迪约进行了令人信服的辩护。关于阿拉伯数学，他指出：

> 当西方长期处于野蛮和无知状态之中时，阿拉伯人却带着热情和智慧继承了希腊科学之残迹与东方的知识，12世纪时又将其传给了我们。文艺复兴之前，他们的著作一直是一切欧洲著作的典范。

基于沃普克、马尔的译文，沙勒对阿拉伯数学家在级数方面的工作做了考察。

1829年，比利时皇家科学院提出对现代几何中的不同方法（特别是反极方法）进行哲学上的考察的问题。沙勒为此提交了关于对偶性和单应性原理的论文。他指出：对偶性原理和单应性原理一样是以图形变换特别是交比保持不变的变换的一般理论为基础的，反极变换乃是这种保持交比不变的变换。1830年，比利时科学院决定发表沙勒的论文。于是，沙勒对论文进行了全面的扩充，增加了数学家史内容；增加了一系列的数学与历史注释，并给出了新近的有关研究成果，最后成为名著《几何方法的起源和发展历史概述》。

沙勒对代数历史的深入研究得益于他渊博的中世纪数学文献知识。他将代数分为数值代数（即今天所说的修辞代数和半符号代数）和字母代数（即今天所说的符号代数）。利布里在《意大利数学科学史》中认为，13世纪意大利的斐波纳奇是最早用字母来表示已知或未知量并对这些字母施以代数运算的数学家，因此符号代数始于斐波纳奇而不是16世纪法国数学家韦达。沙勒反驳利布里的观点，指出：尽管斐波纳奇使用过字母来表示本知或已知量，但从未对其施以代数运算，因此他的代数属于数值代数，而符号代数乃是韦达的重要发明。沙勒认为，数值代数已为古代印度人、希腊人所运用，8世纪传到阿拉伯，后又传到欧洲。但是精确的传播时间是什么？18世纪的学者们（如科萨利、蒙蒂克拉等）普遍认为，阿拉伯的数值代数乃是13世纪初由斐波纳奇首次传入欧洲的。利布里也坚持“欧洲代数始于斐波纳奇”说，他在《意大利数学科学史》中断言，斐波纳奇是欧洲代数学的鼻祖，“因为他，基督教世界才有了代数”。沙勒通过对中世纪的数学手稿，特别是12世纪犹太数学家希斯帕伦西斯《算法之书》的深入研究，发现，阿拉伯代数乃是在斐波纳奇之前通过12世纪的翻译者传入欧洲的。沙勒和利布里展开旷日持久的争论，谁都没有接受对方的观点。不过，我们今天都知道，沙勒是正确的。

沙勒详尽地研究了波伊提乌、热尔贝的数学著述以及10—12世纪众多数学手稿中有关算板的记述，再次显示了他的博学。但他得出的结论是：欧洲所用的记数法实际上与古代算板中所用的一样，欧洲人所用的数码字源于波伊提乌的数码（中世纪的著作已经使用了这种数码），欧洲人在10世纪晚期从罗马人那里学到了记数原理以及数码字写法。因此，欧洲人所用的数码字与印度阿拉伯数码没有关系。如果说沙勒关于代数在欧洲起源的观点没有被利布里一人接受的话，那么他关于算术在欧洲起源的上述观点则没有被整个学术界所接受。

沙勒的另一项研究是关于欧几里得的一部失传的数学著作《推论集》（按帕普斯和普罗克拉斯的说法，Porism指的是介于问题和定理之间的某种命题）。4世纪希腊数学家帕普斯在其《数学文集》中简略介绍过这部著作的性质和内容（含171个定理和38个引理，分29类），成为后人了解这部著作的唯一线索。蒙蒂克拉在其《数学史》中称它是欧几里得所有数学著作中最高深的一部。自文艺复兴以来，许多数学家，如吉拉尔、费马、哈雷，都曾试图复原这部著作，但未能成功。英国数学家西姆松首次成功地解释了Porism的含义，并给出10个命题。但这些命题只对应于帕普斯所列29类中的7类，人们从中远未能了解到欧几里得原著的全貌。西姆松之后研究该课题的数学家很多，但都未取得实质性进展。基于帕普斯的著作和西姆松的工作，沙勒对该课题进行了长期的深入研究。他的引人注目的结论是：欧几里得的Porism实际上是现代截线理论和射影几何中的命题，他的许多结果实际上应用了交比（沙勒称之为“非调和比”）的概念。事实上，正是对于欧几里得《推论集》的研究才导致“交比”

概念的诞生。这大概是库恩“科学研究最不可能受科学史研究影响”之说的最好的反例了吧。沙勒的研究导致了工程师布雷顿和他之间一场关于优先权的争论。

1867 年，沙勒应约撰写《几何发展报告》。该报告今天已成为西方 1800—1866 年间的几何发展史的珍贵文献。英国数学家和数学史家德摩根在 1854 年 3 月的一封信中这样写道：

> 我应该把沙勒称为极少数关注科学史的数学家之一，并且是唯一在法国出生的这样的数学家。在科学史方面，他是一位真正博学的人——在原始文献方面，他的学问很深。他的《几何方法的起源和发展历史概述》不过是他众多贡献之一——他的所有工作都使古代几何与算术历史昭然若揭。在那些将几何学发展到使代数学瞠乎其后程度的数学家，沙勒是顶尖级的。……无疑，法国人低估了沙勒。事实上，在法国有谁（除了利布里）欣赏他呢？但如果历史和几何学有朝一日在这个国家得到复兴，沙勒将被看作一个学派的创始人。

德摩根说沙勒是当时法国唯一关注科学史的数学家，这有悖于事实；说沙勒在法国无人欣赏，似乎也没有根据。但德摩根对沙勒的评价是正确的。

沙勒和当时的意大利和德国数学史家，如邦孔帕尼、沃普克等有着密切的通信联系。他们的著作或学术通信，如邦孔帕尼于 1854 年出版的斐波纳奇著作以及 1868 年创办的专业数学史刊物《数理科学文献与历史通报》、沃普克有关阿拉伯数学史的著作等，都由沙勒转赠给法国科学院，使法国人及时了解数学史研究的新进展。作为 19 世纪中叶法国最重要的数学史家，沙勒对后学产生了重要的影响：德国数学家 M. 康托尔在巴黎认识了沙勒，沙勒鼓励当时尚未出道的康托尔在《科学院会议纪要》上发表数学史文章。实际上，他还把康托尔写给他的讨论希腊数学史的信发表在《科学院会议纪要》上。在认识沙勒之前已经阅读过沙勒几何论文的邹腾于 1863 年秋去巴黎向 70 岁高龄的沙勒学习几何。他为沙勒深刻的洞察力、渊博的学识所深深吸引，沙勒对学生的和善、亲近以及谆谆教诲给邹腾留下十分深刻的印象。在邹腾所认识的所有前辈数学家中，沙勒对他的影响是最大的。邹腾最早从事的研究方向正是枚举几何学，他的工作是在沙勒的研究基础上做出的。邹腾后来从事数学史研究，与沙勒的影响也是密不可分的。美国数学家库利奇正是在沙勒的《几何方法的起源和发展历史概述》的直接影响下才撰写《几何方法史》的。

三、惊世大骗局

沙勒是19世纪一流的数学史家，他酷爱收藏历史上数学家的手稿。事实上，他是创立于1840年、旨在出版科学史文献（手稿、珍本等）的伦敦科学历史学会的外籍会员。这个爱好使他认识了一个叫弗兰·卢卡斯的年轻人。这个卢卡斯何许人也？他是巴黎的一名法律文书，对科学史很感兴趣，也热衷于收藏科学家的手稿。但这个聪明绝顶、记忆力和模仿力惊人的文书先生大概并不甘心一辈子过着平平淡淡的、拿几个法郎年薪、为收藏名人手稿经常弄得自己囊中羞涩的日子。他要利用自己的聪明才智赚一把，跻身上流社会！他开始从巴黎的多家图书馆偷取古旧的纸张，并制造特殊的墨水。他查阅资料，研究历史。于是乎，帕斯卡、玻意耳、伽利略、笛卡儿、牛顿等，一个个科学名人的"亲笔手稿"在他的家中"诞生"。从1854年开始的16年间，卢卡斯伪造了近27000封历史名人的亲笔手稿。

1861年，他遇到一个好主顾。这个主顾不是别人，正是巴黎大学大名鼎鼎的数学教授沙勒。卢卡斯对沙勒的爱好早有所闻，也知道这个老教授口袋里有钱。他自称是搜集古文件方面的专家，向教授兜售帕斯卡、牛顿和玻意耳之间的"亲笔信"，沙勒惊喜地买下了，并希望他能找到更多这样的信件，多多益善。

沙勒迫不及待地展阅科学大师们的"亲笔"信件，感觉自己仿佛在面对面地聆听他们的"声音"，他怎能不兴奋？尤其令他心潮澎湃、彻夜难眠的是，帕斯卡在和玻意耳的通信中，声称自己在牛顿之前早已提出万有引力的思想！

沙勒如此激动并不是没有原因的。自16世纪哥白尼提出日心说，特别是17世纪开普勒发现行星绕太阳沿椭圆轨道运行以后，一个难题摆在了哲学家们的面前：到底是什么原因导致行星在各自的轨道上运行呢？法国大哲学家和数学家笛卡儿为此提出了著名的"涡旋说"，说的是整个宇宙空间充满着一种流体"以太"，其各部分之间相互作用，造成圆周运动。因而以太形成了许许多多大小不等、速度和密度各异的涡旋。在太阳周围有一巨大的涡旋，带动地球和别的行星运行；而每个行星周围也都有各自的涡旋。笛卡儿的《哲学原理》出版后，人们普遍接受了涡旋说，在英国、欧洲大陆甚至美国的大学里都开始讲授这一新鲜理论。但是好景不长，牛顿提出万有引力定律后，万有引力说取代了涡旋说，即使是在法国，18世纪中叶后，涡旋说也逐渐被抛弃，牛顿取得了最后的胜利。现在，帕斯卡的"亲笔信"竟然证明了他先于牛顿发现万有引力定律，原来真正笑到最后的是法国人！

沙勒是个地道的爱国者，他为这惊世大发现而欣欣然、陶陶然。他丝毫没想过需要推算一下那几封信的日期：他所崇拜的帕斯卡去世时牛顿还不到20岁，难道说牛顿刚满11岁时就已经开始和帕斯卡与玻意耳通信讨论科学问题了？更不可思议的是，在后来的几年里，沙勒还从卢卡斯那里陆续买到了埃及女王克莱奥帕特拉写给恺撒的信、亚历山大大帝写给亚里士多德的信、玛丽·玛格达伦写给拉扎鲁斯的信、拉扎鲁斯写给圣彼得的信，以及苏格拉底、柏拉图、圣徒杰罗姆、神圣罗马帝国查理曼、航海家亚美利哥·韦斯普奇等人的信，而这些信竟都是用法文写成的！

16年里伪造27000封信，每天平均需要伪造4—5封。卢卡斯真够辛苦的。他常常上午11点钟离家吃午餐，钱多时就进高级咖啡馆吃，钱少时就找个小餐馆。然后就去帝国图书馆，在那儿忙碌一整天。晚饭以后，他才在夜幕中回到自己的房子里。他和谁都不说话，唯一造访的地方就是沙勒的住处。

1867年7月15日，沙勒在法国科学院会议上出示帕斯卡写给玻意耳的一些“亲笔信”及帕斯卡的一些笔记。其中一封写于1652年5月8日，帕斯卡称自己已经过多次不同的观测，认识到了引力定律；另一封写于9月2日（未署明年份），帕斯卡写道：“在天体的运动中，作用力与质量成正比，与距离平方成反比。这种作用力足以解释使宇宙充满生机的所有的天体运行。”在一份笔记里，帕斯卡利用引力定律求得太阳、木星、土星和地球的相对质量分别为1、1/1067、1/3021、1/169282。因此，沙勒断言：帕斯卡在牛顿之前已经发现了万有引力定律。

科学院的院士们对帕斯卡手稿的真实性纷纷表示怀疑。沙勒于7月22日又出示了帕斯卡“亲笔写”的49个短注。7月29日，沙勒发表帕斯卡写给玻意耳的“亲笔信”1封（日期为1654年1月6日）、帕斯卡写给牛顿的“亲笔信”5封（日期分别为1654年5月20日、1655年5月2日、1657年12月2日、1658年11月22日、1659年1月20日）、牛顿写给帕斯卡的“亲笔信”4封（1封未署日期，另外3封日期分别为1659年2月2日、1661年3月12日和1661年5月8日），以及牛顿和罗奥之间的通信2封。在给玻意耳的信中，帕斯卡说他最近收到一封年轻的英国学生的来信，信中附有3篇论文：1篇论微积分，1篇论涡流，1篇论液体的平衡及重力，他从这些论文中发现了这个学生的非凡才能；这个学生叫艾萨克·牛顿；有人告诉他，这个学生才13岁。他希望玻意耳能告诉他关于这个学生的一些信息。在1654年5月20日写给牛顿的信中，帕斯卡说给牛顿寄过许多论文，还寄过许多涉及引力定律的问题，为的是考验一下牛顿的才能；在1657年12月2日写给牛顿的信中，帕斯卡说已委托一位去英国的朋友给牛顿捎去一捆专门为他收集、供他学习的笔记，其中有自己关于引力定律的一些思想。这些信件表明：牛顿是从帕斯卡那儿了解到万有引力定律的。

沙勒对帕斯卡手稿的真实性深信不疑，他认为牛顿的母亲安妮·艾斯库写给帕斯卡的感谢信，奥布里、维维亚尼、伽利略写给帕斯卡的信，帕斯卡写给霍布斯、胡克、沃利斯、惠更斯、墨卡托、梅森、笛卡儿、伽桑狄等人的信，以及牛顿后来与罗奥、马里奥特、马勒伯朗士、帕斯卡的姐姐、丰特内勒、卡西尼、詹姆斯二世等之间的通信（均为卢卡斯的“作品”）都“证明”了这一点。

寄到科学院的对帕斯卡手稿的真实性质疑的信函越来越多。8月5日，科学院任命一个由沙勒、杜哈梅、勒韦里耶、法耶等人组成的委员会，专门审查有关信件。苏格兰著名物理学家、写过牛顿传的布儒斯特在《科学院会议纪要》上读到帕斯卡和牛顿的通信后十分惊讶，他仔细检查了保存在牛顿族人、朴次茅斯伯爵家中的牛顿所有的文稿和通信，没有发现牛顿和帕斯卡之间的任何信件！他坚信帕斯卡和牛顿之间从未通过信。朴次茅斯伯爵本人也得出同样的结论。1654年1月时牛顿才满11岁，不可能有微积分、涡流、液体平衡的任何知识；早在牛顿4岁的时候，他母亲就不用安妮·艾斯库这个名字，而改用汉娜·史密斯了。因此他断言沙勒收藏的有关信件都是赝品。应布儒斯特的请求，沙勒寄给他4份有牛顿签名的笔记。布儒斯特将其中的3份分别寄给朴次茅斯伯爵、麦克尔斯菲尔德伯爵（此人藏有包括牛顿在内的17世纪科学人物的亲笔信共49封）和大英博物馆手稿部主任马登。前两人立即发现，沙勒寄来的“牛顿笔记”与牛顿的真迹没有丝毫相似之处；马登在对“牛顿笔记”与大英博物馆所收藏的牛顿亲笔信与签名进行比较之后，断言前者“不论是笔迹还是纸张，都是明显的并且是十分粗劣的赝品”。布儒斯特又证明，詹姆斯二世与牛顿之间不可能有任何通信往来。

长期研究帕斯卡《思想录》手稿的福热尔从笔迹、科学内容、文笔三方面证明所谓的帕斯卡手稿均出自伪造者之手。他要求科学院院长致信帝国图书馆馆长，请他组织高水平的馆员对沙勒发表在《科学院会议纪要》上的有关手稿特别是所谓的帕斯卡手稿进行核查。蓬泰库朗则通过研究得出：帕斯卡有关万有引力发现的信件和笔记明显写于牛顿《自然哲学的数学原理》出版之后。

基于土星卫星公转周期的土星质量计算乃是推断帕斯卡笔记为赝品的最有力的证据之一。因为土星的第一颗卫星（土卫六）是惠更斯于1655年3月发现的，而其公转周期则是惠更斯1659年发表的，帕斯卡记笔记时不可能知道这个数据。于是沙勒又发表伽利略写给帕斯卡的3封“亲笔信”（分别写于1641年1月2日、5月20日、6月7日，地址为佛罗伦萨），“证明”伽利略已经发现土星的两颗卫星，并将自己的天文观测数据以及开普勒的有关著述寄给了帕斯卡。格拉斯哥天文台台长格兰特对此进行了有力的反驳，并指出：早在1637年1月伽利略即已患眼疾，同年年底双目完全失明。因此，如果他发现了土星的卫星，那么时间一定在1637年之前。但伽利略此前的所有著述中丝毫没有关于这一发现的记录。于是沙勒又发表了佛罗伦萨宗教裁判所法官写于1638年2月13日的一份报告，报告中称伽利略其实并没有完全失明。意大利人戈维更是直截了当地指出：伽利略从来不用法文写作；伽利略于1633年以后住在阿切特里而不在佛罗伦萨；伽利略于1637年后双目完全失明，不可能写出亲笔信来。因此，沙勒所藏肯定是赝品。为此，沙勒又发表1638—1642年间不同的人写给伽利略以及其他提到伽利略的信件50余封，“证明”伽利略并没有完全失明。争论就这样无休止地进行着。

沙勒根本就不相信，一个人会有这么大的本事，同时伪造出如此众多历史人物的信件。他不断地反驳人们的“伪造说”，并且为了证明自己的观点，又不断地在《科学院会议纪要》上发表自己所收藏的大量有关信件。但是，他始终不肯透露这些藏品的具体出处，为了回答福热尔的质疑，只说它们原来由一望族所保存。审查委员会要求他呈交所有的手稿，他也予以拒绝。他不承认帝国图书馆馆员们的调查结果，也不接受大英博物馆手稿部主任的鉴定意见，认为他们都不是笔迹鉴定专家。

1869年4月，布雷顿在法国学者萨韦里安出版于1764年的《近代哲学史》第四卷中发现了与沙勒所发表的20份帕斯卡和伽利略手稿完全相同的内容，从而证明后者确属伪造者的抄袭。但沙勒却反过来认为萨韦里安是个抄袭者，为证明这一点，他又发表了萨韦里安和孟德斯鸠等人之间的通信，以及伽利略和帕斯卡之间更多的通信。谁都会感到不合情理：一个法国学者怎么会抄袭帕斯卡的笔记来解释牛顿的世界体系，从而故意将法国人的历史功绩放到英国人名下呢？

越来越多的原始资料相继被发现：帕斯卡的另外18份“手稿”出自意大利学者热尔迪出版于1754年的《论引力及其不同定律与现象的矛盾》，孟德斯鸠的一封“亲笔信”出自1789年版的《历史辞典》“牛顿”条，路易十四和卡西尼对伽利略的“评论”以及维维亚尼的一封“亲笔信”出自1810年版的《历史、评论与文献大辞典》……然而，沙勒同样坚持认为，是有关作者抄袭了前人的手稿。

1869 年，卢卡斯因伪造罪被逮捕、审判。沙勒不得不出庭做证，当众承认自己在过去的 9 年里从卢卡斯那里买了数以万计伪造的历史名人手稿（其中帕斯卡写给牛顿的“亲笔信”共 175 封，帕斯卡写给伽利略的“亲笔信”共 139 封），共支付给卢卡斯 14 万—15 万法郎！誉满欧洲的大数学家沙勒这辈子从没有经历过让他如此尴尬、如此窝囊、如此丢人的事。

1870 年 2 月，法庭最后判卢卡斯有期徒刑两年，罚款 500 法郎，并支付一切费用。人们想必会问：一个聪明的数学家和博学的数学史家怎么会如此天真地轻信那些破绽百出的伪造信？稍稍有点历史知识的人都会怀疑，苏格拉底、柏拉图、克莱奥帕特拉、拉扎鲁斯怎会用法语来写信呢？有人说，卢卡斯找上沙勒的时候，沙勒已经 68 岁了，他是否已经老糊涂了呢？不，绝对不会。因为在这之后，他仍保持着创造力，不断发表创造性的数学论文，老糊涂怎能做得到？有人甚至怀疑，也许沙勒压根儿没有上当受骗，他和卢卡斯本来就是同谋。但试想，沙勒这样做图什么呢？他的学术地位、名声、经济条件都决定着他没有必要去冒这个险。如果他真的是为了孔方兄与人合伙行骗，他又怎么会傻到把伪造信拿到科学院去发表、寄到外国去鉴定、让专家们仔细研究的地步？

沙勒无疑是个诚实、单纯、不谙世故、固执己见的数学家，我们有理由相信他的的确确是一场惊世大骗局的牺牲品。他的热心于慈善事业折射出他的善良，同时他相信世人和他一样诚实善良，他在买卢卡斯的赝品时，根本不曾留一个心眼；他强烈的爱国之心、他对科学史的特殊爱好蒙蔽了他的双眼。还有，众多的收藏品他也许根本就没有仔细检查过！

需要指出的是，这场悲剧并没有影响沙勒作为 19 世纪一流几何学家和数学史家的重要历史地位。

（作者：汪晓勤）

参考资料

[1] V. Thebault. French Geometers of the 19th Century [J]. Mathematics Magazine，1958，32 (2): 79-82.

[2] M. Chasles. Discours d’Introduction au cours de Géométrie Supérieure Fondé à la Faculté des Sciences de l’Académie de Paris [J]. Journal de Mathematiques Pures et Appliquées，1847，12：1-40.

永不遗忘的天才：

经典物理大师

- 奥斯特
- 莫培督
- 亥姆霍兹
- 玻尔兹曼
- 迈尔
- 麦克斯韦
- 赫兹
- 洛伦兹

汉斯·克里斯蒂安·奥斯特

（Hans Christian Oersted，1777—1851）

奥斯特

伟大的科学家、教育家

奥斯特是丹麦人民引以为骄傲的伟大科学家和教育家。在哥本哈根有一条繁华而美丽的长街，名字是“奥斯特路”，有一个漂亮的公园叫“奥斯特公园”，公园里有一座巍峨的奥斯特雕像。1908 年，丹麦自然科学促进学会颁布了“奥斯特奖章”，奖励对物理学作出重大贡献的科学家。1934 年，“奥斯特”被国际物理学界决定作为磁场强度的单位（高斯单位制）。丹麦和全世界人民永远铭记他对科学事业作出的巨大贡献。

奥斯特不仅是一位伟大的科学家，还是一位伟大的教育家。为了表彰他对教育事业作出的卓越贡献，美国物理教师协会于 1937 年颁布了另一种“奥斯特奖章”，奖励作出卓越成就的物理教师，第一次荣获这个奖章的是美国哈佛大学的物理教授霍尔。

但遗憾的是，对于奥斯特的杰出贡献，从 1821 年起，就存在着某些不公正的评价。虽然国内外先后有人对这些不公正评价做出了一定的反驳，但仍有不少著作依旧沿袭谬见，使人如鲠在喉，不吐不快。例如，美国的帕克在 1986 年出版的《爱因斯坦的梦》一书中写道：“电与磁的联系是由丹麦科学家奥斯特指出的。一天，奥斯特正在教室里演示电流，当他把导线接上电源时，碰巧有一个指南针靠在一根导线旁。他注意到，每次接上电源时，指南针就摆动，这只在有磁场产生时才可能发生。因此，由这一简单的幸运事件，奥斯特做出了电流产生磁场的演示实验。”温伯格在一本科普著作中也写出令人不解的话：“发现电磁现象的荣誉属于奥斯特，这一发现的起源不很清楚。据一篇报道说，哥本哈根大学物理教授奥斯特在 1820 年年初的一次讲课示范时注意到，当电流流过罗盘附近的导线时，罗盘指针发生了偏转。”温伯格的话虽然不像帕克那么明显，但似乎隐含着同样的想法：奥斯特的发现是偶然的。

类似的说法在国内著作中也常有出现，这里不一一列举。实际上，奥斯特的发现并非偶然，而是有其深刻的思想和实践基础。那种认为其发现不过是个偶然的幸运事件，并且流传了两个世纪的谬误之见，不仅影响我们对一个伟大人物的评价，也影响我们对物理学发展历史的正确认识，有必要加以澄清。另外，对于奥斯特在教育事业上的贡献，国内尚未有过较为详尽的介绍，这也是本文所要弥补的一个缺憾。

一、奥斯特的科学哲学观

奥斯特于1777年出生在丹麦一个名叫鲁兹克宾的小岛上。他的早期教育比较混乱：先是从一位年长的德国商人的妻子那儿得到启蒙，学习读书和写字；而后商人自己教他德语和加法、减法；随后奥斯特从一位少年那儿学会乘法，又从一位教师那儿学会除法；还有一位大学预科生教他拉丁文，一位镇上的法官教他法语和英语。从11岁起，奥斯特帮他做药剂师的父亲配药。从父亲那儿，奥斯特学到了一些化学的基本知识，从而激发了他对自然科学的兴趣。

1794年，17岁的奥斯特来到哥本哈根，成为大学预科生；第二年，他进入了哥本哈根大学，攻读自然科学。在大学期间，他曾因两篇论文获得两次大学金质奖章：第一次是因为一篇美学论文，第二次是因为一篇关于安尼奥廷液体的产生和功能的医学论文。也正是在这个时期，奥斯特对康德的批判哲学产生了强烈的兴趣。1798年，一份新刊物在哥本哈根诞生了，这份新刊物的宗旨就是研究康德的哲学。奥斯特是该刊编辑之一。在这份刊物上，他发表了一篇题为《论自然科学的形而上学基础》的论文，文章中他阐述了康德哲学思想对自然科学的指导作用。1799年，奥斯特因为这篇论文获得了哲学博士学位。对康德批判哲学的全面研究，使奥斯特具备了一种系统思考问题的敏锐能力，为他日后的科学研究奠定了有益的基础。但同时非常不幸的是，由于他认真研究过康德等人的自然哲学观点，这又为他生前和身后带来了许多麻烦，包括前面提到的对他不公正的评价。

首先遇到的麻烦是他找工作十分困难。1800年他申请在哥本哈根大学任教，结果因为他倡导康德的哲学遭到学校当局的反对；后来，由于奥斯特的许多朋友的帮助，学校当局才任命他为没有工资的助教，每星期给医药系学生讲授两小时课程。这绝不是一个令人羡慕的职位，但奥斯特却怀着极大的热情接受了，因为他天生就热爱教育这项事业。虽然这不会为他带来金钱，但却给他带来幸福、快乐和充实。上任以后，他还自作主张地为学生增加了实验课程。当时，不仅在丹麦，而且在欧洲其他许多地方，实验室还鲜为人知，奥斯特也只能利用他管理的制药设备和场地开设实验课。同一年，奥斯特还进行了他科学生涯中的第一次物理研究，制造出一个结构新颖的小蓄电池，发明了一种气体伏特计。

由这两件事我们可以看出，奥斯特虽然终生都非常看重康德、谢林、费希特等人的自然哲学观点，但与他们不同的是，他始终不渝地将他的哲学观直接应用到自然科学的研究之中，而不像他们中的大部分人终日忙于滥用自然哲学观点而不做任何一点实验研究。

1801 年，年仅 24 岁的奥斯特得到了一次出国考察的机会，时间是两年半。

他首先在柏林停留了半年，认识了费希特、施莱格尔兄弟等自然哲学家，并对谢林的自然哲学思想进行了全面的研究。谢林的伟大目标是创立一种原则上来说是新型的物理学，他认为传统物理学探讨的只不过“仿佛是自然界外表”的东西，而他想创立的“自然哲学”或者“抽象推论物理学”则与此相反，是直指自然界“内在的驱动装置”。谢林蔑视对个别现象做辛勤的分析，认为这不过是只见树木不见森林的肤浅玩意儿，他还因此嘲弄认真仔细的实验和观察。结果，物理学在 19 世纪初发生了严重的分裂。在谢林和他的追随者看来，自然哲学理所当然地应该取代物理学；但是，绝大部分在认真进行自然科学研究的科学家们，尤其除德国外的其他欧洲国家的科学家们，对自然哲学这种崇尚抽象思辨、热衷于创造统一而庞大完整的理论体系、轻视实验的观点，持激烈反对的态度。在当时科学界中，“自然哲学”几乎是一句骂人的话。奥斯特知道，倡导、宣扬谢林的自然哲学会受到科学界的反对，要冒危险，日后他更是亲身体会到了这一点，但他仍然全面研究了谢林的自然哲学思想，并深受他的影响。但奥斯特绝不轻视实验，他只是同意自然哲学的主要观点：所有的自然力都是由同一基本原因引起的。

正是由于重视实验，奥斯特在柏林逗留半年之后就到耶拿去拜访里特尔。里特尔是一位年轻的化学家，1799 年当他从事化学实验研究时，他发现金属接触空气发生了氧化作用，1800 年又发现电流分解水时可得到氢和氧。这些研究证明，电效应是与化学反应紧密联系在一起的。这件事使谢林大受启发和鼓舞，也使他对原来倡导的自然哲学深信不疑，并把“动力论”（即“力”这种非物质客观实体是自然界中可以找到的最终和最深刻的东西，而且电、磁、热、光等诸种“力”均可相互转化）作为他的自然观的基础。里特尔的实验也吸引了奥斯特。结识了里特尔以后，奥斯特和里特尔一起做了许多电流方面的实验，成功地揭示了电、热、光和化学效应之间的联系。在磁力的研究中虽遇到一些麻烦，但没有影响奥斯特对动力论的信念。在德国逗留的这段时间里，“奥斯特已经成了一个彻头彻尾的动力论者”。

1802 年，奥斯特去了巴黎，并在巴黎逗留了一年多。在这一年多时间里，他开始因为法国没有德国那种哲学氛围而不习惯，但渐渐地他开始接受和欣赏法国高度发展的自然科学。有一次在听了法国生物学家居维叶的演讲后，他写道："这是我有机会参加的讲座中最有意义的讲座。他所从事的研究充满了自然历史的哲理，他所描述的是科学的精华。"

在法国，奥斯特对法国有名气的综合工业学校最感兴趣，尤其看重为学生们开设的实验课程，为此他曾感叹地说："柏林那种没有实验技艺的、枯燥的演讲，一点儿也不能引起我的兴趣，因为所有的科学进步，毕竟都从实验开始。"

可见，在法国一年多的访问，大大冲淡了德国自然哲学对他的影响，使他离开了那种过分热衷于纯思辨的推理的氛围。虽然奥斯特仍然相信力的统一图景，但离开那种氛围对他毕竟是有利的。

1812 年，奥斯特再次出国访问，在柏林和巴黎逗留了一年多的时间。这时他更成熟了，对德国自然哲学采取了更进一步的批评态度。他在 1813 年出国访问时写的一本书《关于化学力和电力的同一性研究》中写道："我坚信……一个伟大的基本的统一渗透了整个自然，但在我们确信这一点时，我们有双倍的必要把注意力转向多姿多彩的世界，这个真理在这个多彩的世界里可以得到确证。如果我们不这样做，统一就会成为一个无聊、空虚的观点。"

由这段话我们可以看出，奥斯特这时仍然坚信力的统一的自然哲学观点，但他同时决心在丰富的自然世界里用实验去证实这一观点，而不仅仅耽于无聊、空虚的思辨和争论。应该说，此时的奥斯特已经具有正确的科学哲学观。这种科学哲学观不同于谢林的自然哲学观，而是一种终于使奥斯特做出了伟大发现的科学哲学观。可惜的是，当时科学界正在把自然哲学当作落水狗痛打，任何一个科学家只要一谈自然界的统一，都立即会被科学界避而远之。当时，法国科学界对奥斯特关于电化学的研究结果，就由于奥斯特的自然哲学气味而持犹豫态度，虽然书在巴黎出版了，但那"气味"令法国同人忧心忡忡。笔者认为，不承认或没有认识到奥斯特在 1820 年以前的这种科学哲学观的重要变化，我们就会像温伯格那样认为奥斯特电流磁效应的伟大发现的起源"不很清楚"，也会像帕克等许多人那样不公正地评价奥斯特伟大的发现。

1822 年，奥斯特在第三次出国到德国、法国、英国访问时，更清楚、明确地表达了他的科学哲学观。1823 年 1 月 9 日他在给妻子的信中写道：

在诗歌和哲学界，最近几年我没有发现德国有什么新星升起，实验科学领域的情况亦是如此。柏林在这个领域里有出色的人才：塞贝克、埃尔曼、密切利希、亨里希等。但从柏林到慕尼黑的360英里的旅行中，我经过三个大学城，却没有发现一个完全可靠的化学家和实验物理学家。……但在慕尼黑与夫琅和费的交往中，我受益匪浅。

同年2月23日，他在巴黎给家人的信中实事求是地评价了法国科学界，他写道：

……在这儿我结识的一些熟人，一天比一天更热情、更亲密；与他们交往，使我在科学方面得到了极大的益处。我经常同谢弗勒尔、毕奥、菲涅耳及普耶等人见面，他们都是我最好的朋友。……广泛从事多门学科研究，而不只精通一门学科，是他们现在的口号。如果在德国，当我看到自然哲学是如何被错误地滥用时，我一定会起来反对他；而在法国，我又觉得应当更多地号召人们保护自然哲学，或者更确切地说，我感受到了科学思想的基本差别。如果不是经常感受到这种差别如此鲜明地存在，我也不会想象到科学思想的差别竟如此巨大。然而，我并没有因为这种分歧与法国人争吵。与以前相比，我现在更加懂得如何评价他们的优点，因此，我与他们一直保持着良好的关系。

从这两封信中，我们可以清楚地看出，正是由于奥斯特能从不同国家汲取精华，博采众长，兼收并蓄，他才能在欧洲科学界群英竞争中独占鳌头，取得伟大成就。他既重视自然哲学中科学的哲学成分，又同样重视法国科学界十分强调的实验研究，这就是他的成功之路。如果像德国人那样爱走极端，一下子使得自然哲学炙手可热，一下子又恨不得把它打到十八层地狱，那就不仅不能做出伟大的发现，而且会给科学与文化带来灾难性后果。近一个世纪之后，又一位丹麦物理学家玻尔做出震撼世界的发现，恐怕也与这种博采众长、兼收并蓄的特点有关。

二、电流磁效应的发现

康德关于“基本力”可以转化为其他各种具体形式的力的观点，以及谢林的自然哲学里有一种基本的关于两极对立物和它们统一的观点，是奥斯特进行电磁研究时的基本指导思想。正因为他有这种指导思想，他比许多科学家站得高、看得远。

1801 年当他与里特尔一起进行电化学研究时，他认真拜读了匈牙利化学家温特尔用拉丁文写的一本内容艰深的书。这本书的主要观点是：所有的自然力都是由同一基本原因引起；所有物质都是由两种基本物质组成，一种是代表酸性的安德罗尼亚（andronia），一种是代表碱性的泽利克（thelycke）。温特尔的观点可以说是谢林自然哲学观的具体化，奥斯特非常欣赏，这一观点对他的科学哲学观的形成有极大的影响。在这种思想的指导下，奥斯特与里特尔在共同的实验研究中，成功地揭示了电、磁、热、光和化学效应之间的联系。

1803 年回丹麦后，奥斯特在教学任务十分繁重的情形下，仍然坚持不懈地进行科学实验，设法将自己的理论和实验研究继续下去。

1806 年，他对伏打电堆有了更大的兴趣，希望从这里推进他的研究。按奥斯特的想法，伽伐尼电流是一种“动力学振荡”或者说是一种极化了的波动。这一年他发表了一篇论文，在这篇论文中他声称：“我们现在所有有关电的一切，对磁学都适用。磁的作用也始于极性，而且它将以波动形式传递，如同电那样。”

在这之前的一年，奥斯特曾写信给里特尔，建议将电学、磁学的统一扩展到化学领域中，并提出一种设想，认为所有自然现象都是相反电极性力产生的。在 1806 年的文章中，他还猜测整个自然界都用波传播力，但他承认“要证明这一点是很困难的”。

尽管奥斯特和里特尔做了许多的努力，却仍然无法通过实验证明电力和磁力的同一性；但自然力的统一性的研究，仍然被奥斯特作为自己研究工作的首要任务。他坚信：“在磁学中表现出的力同样表现在电学中。……自然界所有的力都可以简化为这两种力。”

1807 年，他进行了一项声学研究，希望能发现振动中的电效应。在报告这次研究的文章中，他写道：“从无限的自然状态中我们领悟到，没有一个观察者能发现实验中出现的所有现象。在寻找自然界完整的答案时，我们应该尽可能全面地观察一个实验。”他还表达了他的美学沉思：“自然以音乐流的形式，向我们讲授着丰富的难以理解的理论。”事实上，此后奥斯特一直在这种美学特征的科学哲学思想指导下顽强地研究电与磁的关系。

1813 年，他出版了《关于化学力和电力的同一性研究》一书。这本书首先在德国出版，后来为了满足法国读者的兴趣，改写后又在巴黎出版。这本书总结了他对电、伽伐尼电流、磁、光、热及化学亲和力的研究，他的结论是所有化学亲和力以及热、光都是由正、负电荷产生的。关于电和磁的关系，他提出了一种想法：既然较小直径的导线通电后会发热，进一步缩小直径就会使导线发光，那么导线直径再缩小，就会使它产生磁效应。现在我们知道，沿这条思路进行实验，是不可能发现电流的磁效应的。这本书中还有一件值得注意的事情，奥斯特提出了光的电波理论，这个理论在他以后的论文中还多次提到并阐述过。

从奥斯特的上述研究中可以看出，他正在努力用自然力统一的哲学思想指导自己的实验研究。开始总不免带有很大的猜测成分，但他一次又一次用实验检验他的猜测，终于迅速地逼近了伟大发现。

1817 年，奥斯特与埃斯马克一起制作了一个内阻很小的电池，并利用它做了一系列的电学实验，但由于上述错误思想的影响和教学任务的繁重，一直没有得到什么重要结果。到 1819 年冬天，他抛弃了 1812 年错误的猜想，开始设想电流的磁效应是横向的（相对电流方向而言），而不是纵向的。这是一步艰难的跨越，在这以前他与其他所有物理学家一样，从没有设想到这一点，因为万有引力和库仑力都是纵向的力。1820 年 4 月，在新的设想指引下，奥斯特终于发现了电流的磁效应。

关于这一伟大发现，我们最好是引用奥斯特自己的阐述。在《爱丁堡百科全书》第 18 卷“温差电”条目下，奥斯特写道：

> 电磁本身是 1820 年由哥本哈根大学教授汉斯·克里斯蒂安·奥斯特发现的。……1819 年到 1820 年冬天，他发表了一些有关电、伽伐尼电流和磁的演讲，听众是已经熟悉了一些自然哲学原理的学生。在编写讲稿时，他准备将磁和电加以类比。他推测，如果电流产生磁效应，这种磁效应也不会沿着电流的方向，因为多次实验证明了这一点，磁效应只可能是横向的作用，这个推测与其他一些观念有密切的关联；因为他认为，电流不像均匀的溪流那样通过导体，而是断断续续地通过导线。电流中的电力不是处于一种不断冲突的状态。……第一次实验他打算使一个伽伐尼电池的电流通过一条很细的铂丝，铂丝放在有玻璃盖的指南针上方。但在实验准备工作做好以后，一件偶然的事情使他没有在演讲前进行实验，因此，他打算推迟另找一个机会实验。但在演讲时，他感到实验成功的机会很大，于是他在听众面前做了第

一次实验。尽管磁针放在盒子里，磁针还是受到扰动。但由于效应十分微弱，而且在它的规律未被发现之前人们认为磁效应很没有规律，因此这次实验没有给听众留下深刻的印象。……1820年7月，他利用更好的伽伐尼电池，又重新开始实验，这次实验获得了明显的成功。然而，重新开始的第一次实验由于使用的导线很细，得到的磁效应仍然很弱。……他很快发现，半径越大的导线，磁效应越强。因此，通过几天连续不断的实验，他发现了电磁效应的基本规律：电流产生的磁效应绕电流做圆周运动。

7月21日，奥斯特在一篇题为《关于电冲突对磁针影响的实验》的论文中，公布了他这一激动人心的伟大发现。在这篇只有4页的论文中，奥斯特写道：

我们把在导体中和其周围空间所发生的这种效应称为电冲突。……上述事实充分表明，电冲突不是被限制在导体上，而是分布在周围空间里。由上述事实我们还可以得出结论：电冲突是按环绕导线进行的圆形分布的，否则就无法说明，为什么连接电源的导线放在磁极下面时，磁极被推向东方，而放在磁极上面时，就被推向西方。只有圆才具有这种性质，在相对的部分里其运动方向相反。

这篇论文立即被送到欧洲各国的学会和学者手中，德国和英国立即将译文登在当年的学术刊物上。在法国，这篇论文产生了巨大的反响，并迅即导致安培、毕奥等人做出许多重要的发现；在英国，更导致11年后法拉第发现电磁感应。

在人们高度评价奥斯特的发现的同时，也有阵阵不谐和的奇谈怪论，说奥斯特的发现纯属偶然，还有人捏造事实，说奥斯特的发现根本不是他发现的，而是一个看门人（或者一个什么其他的人）发现的。首先提出这些奇谈怪论的是德国《物理年鉴》的编辑吉尔伯特。他在年鉴中毫不掩饰地说，他根本就不相信来自哥本哈根的报告；他还在奥斯特的译文中加了一个引言："上一个冬天，哥本哈根的奥斯特教授在讲电磁课时所偶然碰上的事件，是任何探索活动中都不会有的。"偶然发现的说法，从此绵绵无绝期，直到今天，仍然有人热衷此说。

当然，一个伟大的发现要被人们接受，总会有一点波折，这并不奇怪，尤其是在1820年以前，期望电学取得进展的每一位科学家都把目光注视到毕奥和巴黎的一些物理学家身上，谁也没有预料到一个丹麦的信奉动力学的奥斯特找到了钥匙。正因为如此，开始时大部分科学家都不相信，法国物理学家杜隆在写给瑞典化学家的信中说，人们在最初对奥斯特的文章“非常冷淡”，认为那“只不过又是一个德国人的梦”，一种虚幻的罗曼蒂克的想象。就是后来热情宣传奥斯特发现的阿拉戈，开始也不相信奥斯特的报告。但是，奥斯特的结论随时可以用实验证明，而且很容易，所以法国的科学家在观看了阿拉戈在巴黎科学院的实验后（9 月 11 日），怀疑的思想一扫而空，并且立即轻装上阵，迅速行动，结果到 10 月 9 日前，安培竟一连宣读三篇论文，对奥斯特的发现做出了重要发展。法国人似乎比较宽容，他们认为不必去追究奥斯特的哲学思想，他们看重的是奥斯特的实验。

但德国科学家就有点不同了。75 年后，信奉实证主义的化学大师奥斯特瓦尔德还念念不忘奥斯特是一位信奉自然哲学的科学家，他不能原谅这一“令人厌恶”的事实。他在 1895 年的一篇文章中写道：“这位后来由于发现电流使磁针摆动而出名的教授，是一个大概比里特尔更加糟糕的自然哲学家，因而他后来这一成功的重大发现表明，大自然有时使自己的奥秘让人以最荒谬绝伦的途径窃听去。”

看了本文的读者，想必不会再同意吉尔伯特的“偶然说”，也不会同意奥斯特瓦尔德的“荒谬绝伦说”。德国人干什么都认真，有时的确令人佩服，但有时他们这种“认真”的劲头，不免让人瞠目。自然哲学兴盛的时候，德国物理学家欧姆的发现被他的同胞压制达十四年之久，原因是欧姆擅长实验，不喜欢抽象的思辨；自然哲学被冷落时，德国医生、物理学家迈尔的伟大发现（能量守恒定律）又几乎被他的同胞扼杀，因为他的论文思辨性太强，自然哲学气味太浓，迈尔痛苦得跳楼自杀。结果，受害的都是德国同胞，德国科学发展显然也因此受到严重损害。德国物理学家对此也做过反思，劳厄曾说过：“物理学和哲学的关系是十分特别的。……在 19 世纪时，黑格尔的同一性哲学遭到了自然科学家们的正当的反对，因为黑格尔的哲学否定了一切经验科学的生存权利，遗憾的是，这种反对意见时常扩展到针对整个哲学领域，而事实上甚至波及自然科学的一切理论。例如，能量原理的先驱者迈尔由于他的著作有强烈的思辨外貌而遭受很大的痛苦，甚至当亥姆霍兹发表他的《论力的守恒》这一名著时，起初也有人对他提出过这种责难。”而亥姆霍兹自己则多少有些愤愤不平地说：“哲学家指责科学家眼界狭窄，科学家反唇相讥，说哲学家疯了。其结果，科学家开始在某种程度上强调要在自己的工作中扫除一切哲学影响，其中有些科学家，包括最敏锐的科学家，甚至对整个哲学都加以非难，不但说哲学无用，而且说哲学是有害的梦幻。这样一来……哲学的正当要求，即对于认识来源的批判和智力的功能定义，也没有人加以注意了。”

美国科学史家斯托弗结合奥斯特的发现，也对此做过中肯的评述。我们把它放在本节末尾，可以说是一个恰当的总结。他写道：

> 在科学史中，任何设想不论它如何奇妙，只要它导致了重要的实验发现，就应当引起我们的注意。由此奥斯特从谢林的“美妙而伟大的思想”和从一般自然哲学原理中所接受的激励，以及从里特尔的实验和思考中受到的双重影响，应该被承认是关于物理学中这个重要发现的因素。这可以作为例子，说明在科学王国外的智力因素，对科学发展具有潜在的影响。

三、伟大的教育家

奥斯特不仅是一位伟人的科学家，而且还是一位伟大的教育家，为丹麦和世界的物理和科学教育作出了重要贡献。

1800 年，奥斯特被聘为哥本哈根大学无薪助教，这个职位如果换了别人也许就不会干了，因为凭他药剂师的资格，他完全可以找到一个收入丰裕的职位，但奥斯特对教育事业情有独钟，高兴地接受了这一聘任。

1804 年，他从国外访问归来，一位朋友劝他从事应用化学领域的研究，因为这可以在经济上获得很大好处。但奥斯特认为与其为追求经济利益而活着，他倒是更愿意按自己喜欢的方式生活。他选择了一个没有固定收入的工作：管理属于国王的一大批化学和物理仪器。走马上任后，他立即举办了一些收费的演讲，介绍有关物理和化学方面的知识和新近发展。这些演讲获得了巨大成功，不仅听演讲的人数日益增多，而且他的演讲给听众留下了难忘的印象。有一位听众在几年以后回忆说：“他的演讲往往由一些尖锐的质疑开始，再把一些相互独立的对象结合在一起，结成一个整体，因此给我们留下了深刻的印象。……他的演讲很有说服力，甚至是一种力量，至少对那些还没有受到固有成见限制的、对新的不同寻常的事物很敏感的年轻人来说，是很难抗拒的。”

1806 年，奥斯特由于成功的演讲被哥本哈根大学任命为物理学特殊教授，负责考察哲学专业参加考试的学生，并给医学和药物学专业的学生讲授物理学和化学。虽然报酬很低，他却十分兴奋，他希望能在学生中发现一些天才，以便日后在丹麦形成一个物理学派。他雄心勃勃，在教学之余还制定了一个改革物理教学的提案，强调实验科学对一个国家的繁荣有着重大影响。

奥斯特还编写过好几本教材。1809 年，他编写的《自然科学一般法则》的第一部分正式出版。这本书专门讨论力学和声学，获得巨大成功，以后多次再版，在丹麦使用了五十年之久。

奥斯特还非常重视对教学方法的研究，他写过《应该如何编写物理学教材》《通过系列实验来解释电学原理的简易方法》等。

1815 年，丹麦国王把他自己收集的实验仪器赠送给学校，并增加了学校的经费。奥斯特趁此良机，在哥本哈根大学成功地创建了第一个化学研究实验室。这个实验室虽然很小，设备也很差，但却有一个响亮的名称——“皇家化学研究室”。

1817 年，奥斯特以他卓越的贡献，终于被哥本哈根大学任命为教授，并成为大学管理委员会的成员。

1823 年，奥斯特在英国访问时，受到英国科学普及工作的启发，决心向更多的人传播科学知识。经过一年的筹备，他在丹麦创立了自然科学促进学会，该学会立即拥有 200 名会员。在发起书上，奥斯特深刻指出：“有关自然法则的知识，构成了人类整体知识和人类文化的基本部分。虽然我们不太习惯于承认这个事实，但这个事实却实实在在地存在着。”

自然科学促进学会鼓励把自然科学知识引进学校，尤其是对那些愿意把物理学作为一门课程开设的学校，学会可以租借或捐赠仪器给他们。这些积极行动的结果是，到 1845 年，物理学终于被列为丹麦中学的常规课程。

奥斯特本人虽然是一个科学家，但他一直十分重视自然科学的应用。他很早就希望能在丹麦建立一所类似于现代的工学院这样的教学机构。1827 年，奥斯特向丹麦政府提议建立综合技术学院。他拟定了一份尽可能详细的计划，提出在大学现有的基础上适当地增加一些师资和设备，无须大量投资，即可建立一所这样的学院。他还坚持认为，综合技术学院的教师应该与大学教授享有同等的地位。

奥斯特的建议终于被政府采纳，1829 年秋天，丹麦综合技术学院成立，奥斯特被任命为该学院院长和物理教授。在开学典礼上，奥斯特发表了题为《自然科学应用的文化效应》的演讲。

综合技术学院在奥斯特的苦心经营下，声誉不断扩大，政府把越来越多的技术问题委托给该校。在奥斯特逝世前不久，他拟定的扩大综合技术学院规模和大幅度提高教师工资的计划得到了丹麦政府的批准，遗憾的是他没能看到这个计划的实现。

综合技术学院后来改名为丹麦皇家技术学院，在欧洲工程技术学院中享有极高的声誉，也为丹麦工业和经济的发展作出了卓越贡献。这一切与奥斯特的远见卓识和勤恳努力是分不开的。丹麦皇家技术学院有一个奥斯特博物馆，馆内收藏了奥斯特做实验时用过的一些仪器，其中包括那个著名的指南针。

（作者：杨建邺　刘剑波）

参考资料

[1] Barry Parer. Einstein's Dream [M]. New York：Plenum Press，1986.

[2] S. 温伯格. 亚原子粒子的发现 [M]. 北京：科学技术文献出版社，1988.

[3] J. Hendry. James Clerk Maxwell and the Theory of the Electromagnetic Field [M]. Bristol：Adam Hilger，1986.

[4] H. C. Oersted. Recherches sur L'identité des Forces Chimiques et Électriques.Paris，1812.

[5] H. C. Oersted. Des Forces Électriques Considerees Comme des Forces Chimiques [J]. J. Physique，1806 (62)：370.

[6] H. C. Oersted. Thermoelectricity，Edinburgh Encyclopedia [M]. 1830 (18)：573-589.

[7] H. C. Oersted. Experimenta Circa Effectum Conflictus Electrici in Acum Magneticam [M]. Copenhagen，1820. 德译文见 Ann Physik，1820 (66)：295.

[8] C. Blondel. Ampère et la Création de L' Électrodynamique [M]. Paris：Bibliotheque Nationale，1982：44.

[9] M. V. 劳厄. 物理学史 [M]. 范岱年，戴念祖，译. 北京：商务印书馆，1978.

[10] W. C. 丹皮尔. 科学史及其与哲学和宗教的关系 [M]. 李珩，译. 北京：商务印书馆，1979.

[11] R. C. Stauffer. Speculation and Experiment in the Background of Oersted's Discovery of Electromagnetism [J]. Isis，1957 (48)：33-50.

皮埃尔·路易·莫罗·德·莫培督

（Pierre Louis Moreau De Maupertuis，1698—1759）

莫培督
一个被遗忘的天才

18 世纪中叶，正值自然科学由收集材料向综合整理和理论概括转折的时期。这一时期虽然没有产生像 17 世纪的牛顿力学那样的划时代成就，但在活力、思想和成就方面仍称得上一个史无前例的时期。分析力学的完善，天体演化学说的产生，化学和电学的定量化实验研究，林耐的动植物分类新方法的引入……这一切已经包含了继续进步的起点，为即将来临的科学世纪——19 世纪的科学奠定了基础。

如果我们认真研究一下 18 世纪中叶的科学历史，就会发现一位其名字比在现有的科学史著作中更频繁地出现的学者，这个人就是莫培督。他由于在数学、物理学及生物学等领域的杰出成就而在他那个时代赢得了伟人般的赞誉。然而遗憾的是，在今天了解莫培督的人已经不多了。如果说人们还记得莫培督的名字的话，那或许是因为他首先提出了物理学上著名的最小作用量原理。这实在是不公允的。本文将就他的生平与学术做一概述，以示对这位天才的崇敬之情。同时，正确认识个性与人生、个性与成功间的辩证关系，也将给我们带来有益的启示。

一、多彩的人生：从圣马洛到柏林

1698 年 9 月 28 日，莫培督出生在法国圣马洛一个富裕而有地位的家庭，这为他早年从事科学研究创造了条件。他是一个聪颖的孩子，由科康神父抚养长大。他因自幼受到母亲莫罗夫人的娇惯，养成了自大、任性和不堪忍受批评的个性。这种性格给他的未来生活和事业带来了十分不利的影响。

完成家庭教育之后，16 岁的莫培督去巴黎在勒 · 布隆德门下学习哲学。然而，他很快发现普通的哲学课并不合自己的胃口，于是 1717 年改学音乐。但他很快又对数学产生了浓厚的兴趣，先后在古基尼和尼科尔指导下学习数学。1718 年，他入伍从军，在路易十五的军团中度过了他的青年时代，闲暇时间他用于研究数学，退伍时是骑兵上尉。1723 年，25 岁的莫培督由于在曲面求积和曲线求长方面的独创性数学工作而被选入法国巴黎科学院。随后，他又发表了关于极大极小值问题的数学论文和有关蝾螈物种的实验报告。

1728 年，莫培督访问伦敦，并被接纳为英国皇家学会会员。此后，他一直是牛顿理论的狂热支持者。回到法国后，他又访问了巴塞尔，在那里结识了著名数学家约翰·伯努利。

1730 年，法国启蒙思想泰斗伏尔泰致信莫培督，热情赞扬他的科学成就，并请求他提供有关牛顿的地球在两极扁平的预言之证据。此后二人相识并结成好友达二十年之久，共同为牛顿力学在法国的传播、为启蒙运动作出了贡献。正是从莫培督那里，伏尔泰学习了牛顿力学并写成了他的唯一科学著作《牛顿哲学原理》。

1736—1737 年，莫培督成功地组织和领导了赴瑞典拉普兰的远征活动，为牛顿理论的正确性提供了有力证据。

1738 年，伏尔泰把莫培督推荐给正热心复兴柏林科学院的普鲁士国王腓特烈二世。随后，莫培督受邀访问了柏林，并在那里认识了后来成为其岳父的德·博尔克及其家人。

1740 年，莫培督接受腓特烈二世之邀移居柏林。同年，奥地利帝位继承战争爆发。腓特烈二世为争夺奥地利重要工业区西里西亚，于 1740 年年底发动了西里西亚战争。莫培督在西里西亚加入了腓特烈二世的部队。在战场上，他由于战马脱缰闯入敌人阵营而被俘。他的朋友曾一度担心他已经死了，不料他很快又在维也纳平安露面。这件事后来竟成了伏尔泰的笑料。

1745 年，莫培督终于决定接受腓特烈二世让他出任柏林科学院院长的邀请；同年，与玛丽·德·博尔克完婚。1746 年 3 月 3 日他正式就任柏林科学院院长。这个职位使他有了很大的权力，甚至科学院成员的年金多少都由他决定。在这个职位上他待了十年，直至 1756 年离开柏林为止。

在柏林的那段时间，成了他科学事业的黄金时期。他不仅提出了著名的最小作用量原理和关于胚胎学、遗传学和进化论的一系列天才思想，而且以其特有的感染力、超人的智慧、充沛的精力和独创精神成功地组织和领导了柏林科学院的工作，使新成立的科学院人才济济。他们当中有当时最伟大的数学家欧拉、著名哲学家和医学家拉梅特里、法国启蒙思想泰斗伏尔泰。然而，莫培督与他人共事时所表现出的那种自幼形成的脾气暴躁、骄傲自大和心胸狭窄的个性，时常给他的工作带来意想不到的麻烦，使他的努力并没有获得预期的成功。

除了科学事业，莫培督的生活还充满了浪漫和传奇色彩。尽管他个头矮小，衣着随便，却一表人才，风流倜傥，对朋友特别是对女士颇有吸引力。1735 年前后，他曾是巴黎的风流人物和人们注意的焦点，许多对科学有兴趣的贵妇常常排队等候莫培督给她们上课。许多法国上层社会的妇女与他有着长期的书信往来。伏尔泰的情妇夏特莱侯爵夫人，也曾是他的情人。伏尔泰对此非常忌恨，这可能是导致他与莫培督的友谊破裂的重要原因之一。

1746 年，“柯尼格事件”的爆发使莫培督卷入了一场关于最小作用量原理的优先权的长期争论。这场争论使莫培督和他的老朋友伏尔泰两败俱伤。莫培督由于冲撞了这位启蒙思想泰斗而渐渐地被人们淡忘了。伏尔泰也由于这场争论导致了与腓特烈二世的公开决裂，被迫离开柏林。

1756 年 5 月，病重的莫培督决定取道瑞士返回巴黎，不幸在途中病逝于巴塞尔的伯努利家中。他的遗体葬于瑞士北部小镇多尔纳赫。

二、牛顿力学的斗士

17 世纪末到 18 世纪初，正当英国人接受牛顿力学时，在法国盛行的却是笛卡儿学说。这种状况正如伏尔泰所描述的那样：

> 在巴黎，我们认为宇宙是由细微物质的旋涡构成的；在伦敦，人们却不是这样看。在我们那儿，以为是月球的压力形成涨潮；在英国人那里，却以为是海水被月球吸引……在巴黎，你们把地球想象成一个西瓜；在伦敦，却以为它是两极扁平的球体。

基于这种背景，1728 年的伦敦之行在莫培督的科学事业中有着重要意义，导致了他的世界观的一次重大转折。他从笛卡儿复数的理念世界转向了牛顿力学的科学世界，成了欧洲大陆第一个懂得和赞赏牛顿万有引力理论的年轻人。此后，他一直是牛顿理论的狂热支持者和积极宣传者。

回到法国以后，莫培督与数学家克莱罗在数学和牛顿力学的研究上进行了积极合作，发表了一系列天体力学的论文。1732 年出版的莫培督的《天体形状论》就是这一研究的结果。该书是法国首次出现的立足于牛顿力学的书籍。书中，莫培督积极为牛顿万有引力理论辩护，驳斥笛卡儿学说的不合理性。莫培督的观点在法国受到了大多数科学家的敌视，然而却有一个人致信莫培督，对其观点大加赞赏，这个人就是伏尔泰。

18 世纪 30 年代，在有关地球形状的争论日趋激烈的情况下，1735 年法国国王路易十五授权巴黎科学院派出两支远征队去赤道附近的秘鲁和极地拉普兰实地测定这些地区经线的一度弧长。拉孔达米纳率领了去秘鲁的那支远征队，莫培督则率领另一支去了拉普兰。如果地球真的在两极是扁平的，那么经线一度的弧长在两极将比其在赤道附近要长。

去极地拉普兰的远征队于 1736 年 5 月 2 日启程，整个测量过程历时一年多，途中经历了无数艰难险阻。1737 年 8 月 20 日，莫培督回到巴黎，但受到的却是冷淡的欢迎。除了伏尔泰及其情妇夏特莱侯爵夫人，牛顿理论的支持者几乎没有了。这时另一支远征队还没有归来。大量测量数据的分析是一件费力而又有争议的工作，而且在法国获得的数据还必须进行重新修正。经过两年多的艰苦劳动，1739 年 12 月莫培督向巴黎科学院提交了关于巴黎和安敏斯之间沿子午圈的距离的测量结果。这一结果与三年后归来的另一支远征队获得的结果共同证实了牛顿的预言。此次测量之于牛顿力学堪与 1919 年测定光线受引力场作用而弯曲之于爱因斯坦的广义相对论相提并论。伏尔泰对此次科学探险给予了高度评价，他在一首名为《科学院使者颂》（1738）的赞美诗中，把这次探险作为 18 世纪胜过希腊黄金时代的证明。

经过这一系列的努力，1740 年之后牛顿力学在法国得到了广泛传播，莫培督在法国牛顿学说的信奉者当中居于公认的领导地位。达朗贝尔在他的《百科全书》（1778）的导言中对莫培督第一个公开声称自己是牛顿学说的拥护者所具有的勇气给予了高度赞扬。然而，莫培督自己却认为，作为牛顿力学的斗士并不是他的最大荣耀，提出最小作用量原理才是自己最大的科学贡献。

三、最小作用量原理之父

最小作用量原理这个物理学的重要原理有着两千多年的思想渊源。早在古希腊智者亚里士多德那里，“最小”的观念就已经有了，他有一句名言：

在用很少就可以完成的地方却用了很多，是无谓的。

多少个世纪以来，这一观念一直以不同的形式萦绕在历代科学家和哲学家心中。亚历山大里亚的科学家希罗在研究光的直进性和光的反射时提出了最短路径原理。英国唯名论者奥卡姆在批判经院哲学的过程中，从方法论的高度提出了“经济原则”，即所谓的“奥卡姆剃刀”。此后，法国科学家费马在研究光的折射时，基于同样的思想提出了最短时间原理——费马原理，从而使此前彼此独立的几何光学定律获得了统一的表达。这一原理的提出似乎进一步暗示了某种更普遍的原理存在的可能性。

在17世纪向18世纪过渡期间，随着资本主义的不断发展，经济因素在人们的思想和行动上受到了越来越多的注意。这对于自然经济化思想的接受和最小作用量原理的产生起到了积极的推动作用。对此，科学史家施雷克曾指出：

最小作用量原理由它的前史（即它的推测性的形式）进入它的历史（指它达到数学化的阶段）是与经济世界向工业主义过渡以及资本主义所导致的经济因素比以往任何时候都更受到人们注意的时代相吻合的。

在这种思想基础和社会历史条件下，对于信奉自然经济原则的莫培督来说，有待发现的是物体运动过程中自然界的真正花费，进而找出物体运动所遵循的最便宜的路线。通过对希罗、费马和莱布尼茨等人关于最小作用思想的研究，他认为花费的时间、克服的阻力都不能合理地被当作自然界的花费，它们只是路径的特性，即最短或最容易的，其单独都不适于把真实路径描述为最便宜的一个。他既要坚持笛卡儿的光粒子说，又要保留费马的优美方法，从而去寻找一个符合牛顿力学的最小作用量原理。

1744年4月15日，在提交给法国科学院的题为《论各种自然定律的一致》的论文中，莫培督从光的粒子说出发，通过修改费马原理，提出了一个符合牛顿力学的最小作用量原理：光在空间两点间的运行总是选择作用量最小的路径，其中作用量定义为 $\int v \cdot ds$（v 为光速，ds 为路径元）。由此原理出发，他进一步导出了光的反射定律和折射定律。1746年，在论文《从形而上学原理推导运动和静止的定律》中，他进一步推广了最小作用量原理。该论文由三部分组成：(1) 从自然界的奇迹看上帝的存在；(2) 这些奇迹必定归于普遍的运动定律，运动的守恒、分散和消失所遵循的这些普遍运动定律乃是上帝存在的标志；(3) 关于运动和静止的规律的考察。在第三部分中，他定义运动物体的作用量为 mvl（其中 m、v、l 分别为运动物体的质量、速度和通过的路径长度），并由最小作用量原理导出了物体的碰撞定律和杠杆定律。

在碰撞问题的研究中，他发现对于完全弹性碰撞 mv^2 是守恒的，但在非完全弹性碰撞中 mv^2 却不守恒，由此他认为莱布尼茨的能量守恒定律破产了。另外，根据笛卡儿的动量守恒定律导出的笛卡儿碰撞定律也与事实相矛盾，所以动量守恒在他看来同样也应予以否定。由此，莫培督更加坚信最小作用量原理的正确性，认为唯有它才是最普遍的原理，它一定能给力学的发展提供一个真正的哲学基础。在他看来，一个如此简洁、优美、普遍的原理乃是最高明的造物主的威力和智慧的显现，它揭示了上帝创世的秘密。

众所周知，这个被雅可比称作“分析力学之母”的最小作用量原理所蕴含的泛神论色彩和它的美学价值对分析力学的创立者欧拉、拉格朗日、哈密顿等人以及现代物理学的创立者普朗克、爱因斯坦、薛定谔、德布罗意、费曼等人有着重大影响。作为物理学的包容最广的第一原理，最小作用量原理对物理学的发展发挥了并仍将继续发挥指导性作用。因此，可以毫不夸张地说，物理学的发展是而且也将是与莫培督的名字紧紧地联系在一起的。

四、胚胎学、遗传学和进化论的先驱

与在物理学上的成就相比，莫培督在生物学上的贡献也毫不逊色。

1745 年匿名出版的《维纳斯的躯体》是莫培督在生物学领域的第一部重要著作，它是半年前题为《论黑人问题》一文的进一步扩充和对预成论的更彻底批驳。在他看来，无论是卵生动物还是胎生动物，其胚胎都不是预成的。因为遗传特性可以通过母体和父体同等可能地遗传。他严厉质问预成论者：如果下代是在卵子或精子里预先形成的，那么交配后的第一代怎么可能表现出双亲性状的混合呢？按唯精子论者的观点，子代只应像他的父亲，而唯卵子论者则认为只应像他的母亲。但事实上，子代兼有双亲的缺陷、习性、脾气和精神特征。这一质问是非常有力的，而对他来说，更重要的工作是要在已知事实的基础上去完成一种遗传学理论。

为了在柏林找到一个反常遗传的典型案例进行直接研究，莫培督结识了鲁家族，这是一个多趾家族。雅可布·鲁每只手有六指，每只脚有六趾。显然，他的这一特性是从他母亲那里遗传来的，而他母亲的多趾特性又是从他外婆那里遗传来的。雅可布·鲁的同胞兄妹中还有三个是六指和六趾的，而有四个是正常人。雅可布·鲁的妻子是正常人，他的孩子中有四个是正常人，另外两个儿子有多余的指和趾。莫培督对这一明显的异常特性非常感兴趣，深入的研究使他认识到：通过与正常人的反复交配，这种多趾特性可以最终消失，并且自然界的作用总是企图恢复其主导地位。显然，莫培督已经有了这样一个清晰的想法：大多数人，即使不是全部反常，也都是处于劣势地位的。这是他的进化概念的重要部分。

莫培督认为遗传必定起源于来自父体和母体的粒子。基于流行的化学亲和力思想和对自己所熟悉的万有引力的类比，他认为这些相似的粒子必定借助相互吸引而结合成对。预定要形成心脏的遗传粒子具有与另一个同类粒子结合在一起的固有的亲和力，而对于要形成其他器官的粒子则表现出较小的吸引趋势。每对粒子中，来自父体的粒子和来自母体的粒子哪一方占优势，其子代的性状特征就更类似于哪一方。这样，一种特性就未受改变地经过一代代父母从遥远的祖宗那里遗传下来，这就是生物物种相对稳定的原因。如果某些粒子数量不足或过剩就会导致畸形，也可能发生我们今天称作突变的那种粒子的完全改变。如果按适者生存做出选择和进行地理隔离以阻止变异粒子与原形粒子的混合，这些偶然变化就会导致新物种的产生。显然，就孟德尔的机械论遗传学和德佛里斯的突变理论来说，莫培督在思想上确实都领先于他们。

1751 年，以鲍曼署名出版的《自然界的系统》一书是莫培督在生物学方面的又一重要著作。该书是《维纳斯的躯体》的姊妹篇，是关于双亲遗传特性的进一步的理论探讨。书中包括对鲁家族多趾遗传史的研究资料和第一个关于人的显性遗传特性的细致而简明的分析。莫培督不仅证实了多趾特性是从父亲或母亲那里遗传来的，而且还对鲁家族中的正常人和非正常人的情况做了完整的记录，并计算了这种多趾特性在鲁家族未来的三代中出现的概率。这使他成为第一个用概率规律研究遗传特性的人。

莫培督假定存在于父体精液或母体卵子中的遗传粒子具有类似于欲望、反感、记忆等一些适于形成胚胎的要素，但是每个粒子都保持一种对它的原有情境的记忆，并且一有可能就将恢复这种情境。显然，莫培督在这里混淆了遗传粒子、遗传粒子产生的效应和那些其发展受遗传粒子控制的部分，但这毕竟发生在细胞理论得以系统阐述近一百年之前。

在进一步阐述他的理论时，莫培督还预示了孟德尔的基因分离原理和关于骡子等杂交种的不育性的解释。他认为，在杂交种体内，来自不同种属的遗传粒子不知道是像在杂交种体内那样结合在一起，还是像在原物种体内那样结合在一起，其结果是两种方式都不遵从。尽管这一理论还很粗糙，但在本质上是如此明显地等价于染色体在成熟分裂和受精方面的行为，以至于否认莫培督敏锐的判断力是不可能的。

莫培督并不满足于自己的理论分析，他还进行了大量的动物喂养实验以检验自己的理论。他总是喜欢和动物待在一起。在柏林郊区的皇家公园附近，莫培督有自己宽敞的房间，里面喂养着各种动物，是一个名副其实的动物园。他最感兴趣的实验是让不同物种交配去产生新的物种。不幸的是，这些实验结果只有一次被记录下来了：在得到一条黄头、蓝灰身体的冰岛狗之后，莫培督就着手去培育一个具有同样颜色的品种，并且成功地把它传到了第三代。

在狗的育种过程中，莫培督偶然发现狗的后爪有五趾，对此他感到疑惑。他想知道，这是否像有六趾的人一样，是一个额外的趾，还是狗的原有趾的残余，或者是狗的后爪原本就是五趾呢？这样，他就被引向了研究进化论问题。在他看来，对家养动物进行人造育种是可行的，那么现有物种是自然界原有物种的变异形式就是非常明确的了。如果人的独创性能产生新物种，为什么新物种就不能通过精液粒子的偶然结合或通过外界环境作用于遗传粒子而产生呢？作为一个非常尊重信仰的人，莫培督在生物学领域表现出了似乎与其在物理学中相矛盾的信仰。他主张渐成论，反对上帝创世说，甚至用现在听起来还十分新颖的术语讨论了动植物对环境的适应等问题，他写道：

> 人们可以说，机遇产生了无数个体。其中很小一部分是如此构成的，以使动物的器官能满足它们的需求。更多的是既不能适应环境也没有秩序，这些个体全灭绝了。……唯一能够生存下来的，是既有秩序又能适应的动物。我们今天所能看到的物种，只是由盲目的命运所产生的物种中的极小一部分。

显然，在这一点上他确实先于达尔文和拉马克有了关于进化可能是通过一种自然改造了的特性的遗传而实现的想法。

我们看到，作为生物学的先驱者，莫培督有着一系列天才的预见，他走在时代前面足有近一个世纪。因此，在他的同辈中很少有人真正赏识他的卓越理论也就不足为奇了。

五、无聊的争论，悲惨的结局

莫培督由于提出了最小作用量原理而成为当时备受尊敬的杰出人物。然而，具有讽刺意味的是，也正是这一发现又使他成了一个被遗忘的天才。造成这一结局的不是别人，正是他的好友、启蒙思想家伏尔泰。可以说，莫培督与伏尔泰的一场争论比他的科学成就更出名。

1746 年，莫培督的论文《从形而上学原理推导运动和静止的定律》发表后不久，他的朋友、莱布尼茨主义的信奉者塞缪尔·柯尼希撰文驳斥最小作用量原理的有效性，并且指出莱布尼茨早在和赫尔曼的一次通信中就提出了这一原理，但文中并没提及莫培督的名字，也没指责他有剽窃行为。柯尼希犹豫再三后，决定把论文先交给院长审阅。莫培督看后，复函表示不反对发表这篇论文。论文发表后，莫培督突然感到这篇论文对自己不利，似乎是指责自己缺乏创见。佛尔梅等人劝他不要理睬这篇论文，让它自生自灭。莫培督却认为这件事有损于自己的荣誉，士可杀但不可辱。他向科学院指控柯尼希引用的莱布尼茨的信件的可靠性问题，要求作者提供原始信件。后来，柯尼希向科学院提交了信件的副本，并声称原始信件在一个名叫亨齐的瑞士人手中。不幸的是，亨齐因叛国罪而被杀头，赫尔曼也已归天，没有了证人，并且几个月的周密调查也未发现原始信件的踪影。1752 年 4 月，柏林科学院宣布柯尼希提供的莱布尼茨的手稿是赝品。6 月，柯尼希被逐出了科学院。

伏尔泰对这一判决非常不满，从心底里厌恶这位高傲的院长。二人之间起因于生活小事的矛盾由来已久，他们互相嫉妒对方在国王那里的影响，并且在不同场合显示了对对方的藐视。伏尔泰认为，柯尼希是学术上专制独裁的牺牲品，因此站在柯尼希一方加入了争论。

1752 年 9 月，伏尔泰撰文攻击莫培督不但有剽窃行为，而且在科学院倚仗权势实行专制独裁、迫害反对者，其行为严重违背了学术道德。

11 月，莫培督由于心事重重，又加上饮酒过度，一病不起，无法应战。国王腓特烈二世尽管十分宠爱伏尔泰，但却不愿牺牲他的伟大院长，于是亲自披甲上阵，为莫培督辩护，发表了一系列匿名文章，言辞激烈地攻击伏尔泰。

由于国王支持莫培督，伏尔泰不敢直接对抗，但他的本性不容许他保持沉默，于是采用嘲讽的方式进行反击。在一本名为《亚卡吉亚博士》的小册子中，伏尔泰猛烈攻击莫培督在《关于科学的进步》一书中的一系列思想。该书中，莫培督以通俗的风格和清晰的文笔阐述了他大胆的科学思想，其中许多为科学研究而提出的课题和建议是精心策划和有远见的。书中还包括他关于鲁家族多趾现象和他自己的动物杂交实验的一些最有价值的描写。而伏尔泰仅仅把这看作莫培督自负和无能的表现。他取笑莫培督的拉普兰之行，讽刺莫培督的北极探险等一系列科学设想。

在以雄辩的天才和嘲讽的才能著称于世的伏尔泰的猛烈攻击下，莫培督垮下来了。国王的支持和他企图恢复良好心情的许多努力都未能收效。莫培督退却了，他要求离开柏林到圣马洛去休息一段时间。

伏尔泰在《亚卡吉亚博士》一书中虽犯有严重错误，但其主旨是反对当时学术上和政治上的专制独裁。因此，它对腓特烈二世的打击更甚于对莫培督的打击。据说，国王看到这本书时，对暗中蔑视自己权威的行为非常愤慨，立即传伏尔泰到自己房间受训，并强迫他答应销毁所有的书。但伏尔泰并没有妥协，他丝毫也不想放弃这本书。腓特烈二世进一步威胁说，如果伏尔泰不马上了结此事，仍继续纠缠下去，就有可能被关进监狱。随后，国王决定公开销毁全部《亚卡吉亚博士》。1752 年 12 月 24 日，柏林公共广场上点起熊熊烈火，犹如举行正式仪式一般，对此书进行了焚烧。之后，腓特烈二世派专人给生病未能到场的莫培督送去一些纸灰，称它是“一点爽身粉”。

《亚卡吉亚博士》被焚，标志着腓特烈二世与伏尔泰公开决裂。伏尔泰自感大势已去，被迫于 1753 年 3 月 26 日怀着极度凄惨的心情离开柏林。

莫培督在圣马洛一直待到 1754 年春天才在腓特烈二世的一再要求下返回柏林。在病情日趋加重的情况下，莫培督决定于 1756 年 5 月重返法国，不幸于 1759 年 7 月 27 日卒于途中。

尽管科学史上对这场争论有不同的说法，但高傲自大的莫培督确实表现得心胸狭窄。事实上，即使莱布尼茨的原始手稿找到了，也并不对莫培督在这一原理上的优先权构成威胁，也无损于他这一成就的光辉，因为毕竟是他第一个公开发表了这个原理，并使它达到了数学化，荣誉属于他是当之无愧的。这也正如牛顿和莱布尼茨关于微积分的优先权的争论一样。

这场似乎有些无聊的争论使莫培督在科学事业上蒙受了巨大损失，使他作为科学家的声誉至今未得到恢复。

当胚胎学、遗传学、进化论以及人类学的分离的分支达到新的综合，并且最小作用量原理已立足于物理学的最高原理之林时，我们才真正开始认识到莫培督是18世纪科学界的最杰出人物之一。他应当居于与拉马克、瓦尔拉斯、达尔文和孟德尔等人并驾齐驱的公正地位。也许可以这么说：莫培督是这些人中最多产的天才，一个远远走在时代前面的人。

（作者：许良）

参考资料

[1] Dictionary of Scientific Biography [M]. vol. 9. New York: Charles Scribner's Sons, 1974: 186-188.

[2] 葛力，姚鹏. 启蒙思想泰斗伏尔泰 [M]. 北京：世界知识出版社，1989.

[3] 伏尔泰. 哲学通信 [M]. 高达观，译. 上海：上海人民出版社，1961.

[4] B. Glass. Maupertuis, A Forgotten Genius [J]. Scientific American, 1955, 193 (4): 100-110.

[5] B. Glass. Maupertuis and the Beginnings of Genetics [J]. The Quarterly Review of Biology, 1947, 22 (3): 196-210.

[6] 许良. 最小作用量原理与物理学的发展（Ⅰ）[J]. 物理，1993 (5).

[7] P. Schrecker. Notes sur L'evolution du Principe de la Moindre Action [J]. Isis, 1941 (33): 330.

[8] P. E. B. Jourdain. Maupertuis and the Principle of Least Action [J]. The Monist, 1912, 22 (2): 414-459.

[9] 许良. 最小作用量原理——美的追求与美的典范 [J]. 自然辩证法研究，1992 (12).

赫尔曼·冯·亥姆霍兹

（Hermann Ludwig Ferdinand von Helmholtz，1821—1894）

亥姆霍兹

罕有的全才

19 世纪下半叶的德国已成为世界科学中心，其科学界真可谓群星灿烂、人才辈出。亥姆霍兹正是这个科学家群体中的一颗光彩照人的巨星。他既有渊博的知识，又是集实验家和理论家于一体的非凡天才，在其所涉猎的许多领域中都作出了杰出的贡献。为此，医学、生理学、化学、物理学、哲学、美学等学科都为拥有亥姆霍兹而备感光荣。

他的科学贡献之大，仅从亥姆霍兹微分方程、亥姆霍兹方程、亥姆霍兹双电层、亥姆霍兹流动、亥姆霍兹自由能、亥姆霍兹线圈、亥姆霍兹共鸣器、杨－亥姆霍兹三色学说以及他的学生维恩、赫兹、罗兰、迈克耳孙等人就足见一斑。而他的科学和哲学思想又是如此的丰富而深刻，以至于现代西方哲学中的新康德主义、维也纳学派、弗洛伊德精神分析哲学等流派都从他那里获得了使自身得以产生和发展的营养，并把他作为自己的主要拥护者和最出色的见证人。就连马克思主义经典作家恩格斯、列宁也都曾对其科学和哲学思想做了认真研究，这是只有爱因斯坦等极少数杰出人物才享有的殊荣。因此，认真研究亥姆霍兹的科学和哲学思想，对于我们全面而深刻地理解现代科学与现代西方哲学的产生与发展有着极为重要的意义。

鉴于亥姆霍兹的科学和哲学思想之丰富而深刻，本文将着力于他的科学生涯及贡献的一般方面。

一、奇特的青少年时代

1821 年 8 月 31 日，赫尔曼·冯·亥姆霍兹诞生于德国柏林附近的波茨坦。

父亲 A. F. J. 亥姆霍兹是波茨坦一所中学的教师。他兴趣广泛，对于绘画、美学、哲学、语言学都有相当的研究。他常与朋友在一起谈论哲学问题，著名哲学家 J. G. 费希特的儿子 I. H. 费希特就是他的挚友和家中常客。无论是作为一位教师还是一位父亲，他都尽心尽责地履行着自己的义务。母亲 F. C. 彭妮是汉诺威一位军官的女儿。她性情温和、天资聪颖，对每件事情的判断都十分朴实、清晰而富有启发性，似乎有着一种透过现象而直视本质的敏感。她把自己全部的精力都奉献给了持家和教育四个孩子这一平凡而伟大的事业。双亲的优良品格在亥姆霍兹身上都得到了继承和发扬。

幼时的亥姆霍兹是一个体弱多病的孩子，每次生病都会加重父母的忧虑，然而庆幸的是，每次他都得到了良好的恢复。有一次，一位亲戚对他的父亲说："你不要为儿子还没学到什么东西而忧伤，我肯定 8 岁前不让他学什么将对他是有益的。洪堡不是在 8 岁前还什么都不知道吗？而现在他被国王任命为科学院院长，有着阁下头衔和一大笔年薪。我预见你儿子也会这样的。"说不清这是一种安慰，还是正确的预见，这种奇迹果真在亥姆霍兹身上实现了。

由于体弱多病，亥姆霍兹老是被限制在家里，时常是在床上看画册、玩积木游戏。对于这些，他近乎达到了入迷的地步。也正是通过这些，父母对他进行了精心的早期教育，以至于他上小学时，在几何学课上所表现出的超常几何知识令老师们都感到吃惊。7 岁入小学时，他身体仍不健壮，后经体育锻炼逐渐好转。

1832 年，亥姆霍兹升入中学一年级。在班上，他已能很轻松地跟上课程，他的老师对此也很满意。尽管他的写字和家庭数学作业做得都不太令人满意，但他的自学能力，以及他对于自己感兴趣的问题所倾注的热情和所具有的丰富想象力，都受到了高度评价。也许是幼时多病所致，他的记忆力十分不好。对他来说，单词、语法和成语的记忆是较难对付的，历史课和背诵散文简直是一种折磨。然而奇怪的是，欣赏文学大师的诗作，他并不感到困难，这也许是他具有敏锐的审美鉴赏力的缘故吧。在家时，父亲总是竭尽全力去唤起孩子们对于诗歌、艺术和音乐的美感，并把他们塑造成虔诚的爱国者。

中学阶段的最初三年，亥姆霍兹主要学习语法和美学。二年级时，他的课程又增加了数学和物理学。有时他不在班上读西塞罗和维吉尔[1]，而在老师视力所不及的桌子下研究望远镜所涉及的光学问题或学习一些光学原理，这些知识在他以后发明检眼镜时起了重要作用。

15 岁时，亥姆霍兹还是一个性情温和、沉默寡言的孩子。这时他的智力已得到了

1　西塞罗，古罗马雄辩家、政治家和哲学家；维吉尔，古罗马诗人。

突飞猛进的发展，各科学习都取得了较好成绩。学习成绩报告表明，他的拉丁语、希腊语、希伯来语、宗教、数学及物理学方面的成绩良好，历史和地理学成绩优异。优良的数学成绩表明他对数学原理有着超乎寻常的理解。在额外提交的一篇题为《论自由落体定律》的论文中，其思想和表述非同一般地准确，表明了他对物理问题的深思熟虑。1838 年 9 月，亥姆霍兹以出色的成绩完成了中学学业。

在中学阶段，亥姆霍兹就对物理学产生了浓厚的兴趣。通过物理学和化学实验的具体操作以及父亲和其同事间常有的科学讨论的熏陶，他决定投身科学事业的愿望日益强烈。同时，一些独具创造性的实验也一再唤起他的求知欲望。然而收入欠丰的父亲还要承担亥姆霍兹两个妹妹和一个弟弟的教育任务，实在无钱支持他专门从事物理学的学习，遂推荐他到弗里德里希 - 威廉医学院学习。这样，一方面在学医的同时，还可以学到一些物理知识；另一方面，学习上能得到政府的资助，条件是五年的医学学习之后，必须作为军医服务八年。于是亥姆霍兹愉快地接受了父亲的建议，踏上了学医的道路。

1838 年 10 月，亥姆霍兹带着对知识的渴求和对自然科学的无限热爱，来到了位于柏林的弗里德里希 - 维廉医学院，从此开始了新的生活。在这里，他接受了多方面的教育，加之自身的天赋和父母的精心培养，他的学识达到了更高的水平，从而为未来的辉煌事业奠定了坚实的基础。

医学院的学习生活紧张而有秩序。他每周都要上 40 多节课，包括化学、一般解剖学、内脏学、骨科学、感觉器官解剖学、物理学、内科学、逻辑学、历史、拉丁语、法语等课程。尽管功课很多，他还是按父亲嘱咐的那样，每天抽时间演奏莫扎特和贝多芬等人的名作，晚上时常研究歌德和拜伦的作品或做些微积分题。第一学期的课程结束后，他认真研读了休谟、康德等人的著作。在他看来，自己需要认真学习这些伟人的著作，特别是康德和休谟的著作。他对休谟的著作爱不释手，甚至一天晚上连读了几本休谟的著作，其中休谟的认识论问题深深地打动着他，并对他日后哲学思想的形成产生了重大影响。

第二学期，亥姆霍兹被缪勒的生理学课程吸引。另一件对他来说特别有意义的事情是，他被学院图书馆指定为助理馆员。馆内丰富的资料给他提供了充足的精神食粮，正如他于 1839 年 3 月给父母的信中所说：

助理馆员的工作每周要花去我两个小时，但这是从馆藏的大量旧文献中发现有价值的东西的最好方式。

正是在这期间，他自学了欧拉、丹尼尔·伯努利、达朗贝尔、拉格朗日和其他科学家的重要著作，从而大大提高了自己的数学、物理学水平。

1839年夏季学期的课程依然十分紧张，其内容包括动物学、植物学、自然史、生理学、化学、历史、拉丁语、法语等课程。但亥姆霍兹仍然挤出时间欣赏希腊著名文学作品。1840年冬季学期一开始，在充分准备的基础上，亥姆霍兹顺利通过了解剖学实验考试。此后便开始了他独立的科学研究和博士论文工作。1840年冬季至1841年夏季，亥姆霍兹致力于拓宽自己的知识面，特别是数学和力学知识。1841年年底，他开始考虑生理学问题并与缪勒的学生布吕克、杜波依斯·雷蒙德等人密切交往，并很快成为这个团体中的一员。他们之间的交流、讨论使彼此受益匪浅，正如亥姆霍兹在回忆这段宝贵时光时所说的那样：

与这些杰出人物的交往能改变人的价值观，这种智力交流是人生最有意义的经历。

这个团体的目标在于把心理学与物理学结合起来，从而把心理学建立在牢固的物理学基础上。在这个小组的所有成员中，亥姆霍兹所表现出的数学才能远非他人所能及。他那深厚的数学基础已经预示了一个杰出的数学家在生理学、物理学等领域中的光辉未来。

老师缪勒极力反对当时流行的关于生命本质的各种形而上学学说，主张一切科学概念都建立在严格的经验基础之上，倡导生理学研究中应用归纳方法，反对演绎方法。在老师的影响下，亥姆霍兹利用节省下来的生活津贴买到的一个小显微镜和几本物理、化学教科书，开始了生理学方面的研究。1842年8月，他向缪勒提交了有关神经生理学方面的博士论文。缪勒认为论文的选题意义重大，但要使理论无懈可击还必须做另外一些动物实验。9月底，他到夏特里医院做实习外科医生。这是一件费时而又繁忙的工作，但亥姆霍兹认为这是非常有趣和有益的工作。与此同时，他还挤时间去按照导师缪勒的意见修改和扩充自己的研究。11月2日，他向缪勒提交了题为《无脊椎动物神经系统的结构》的论文。这是一篇非常出色的论文，其中关于神经细胞的中枢特性和神经纤维发源于神经节细胞的发现，被生理学家看作病理学和神经生理学的组织学基础，是他对微观解剖学作出的一流贡献。

通过与缪勒的接触和自己的科学实践，亥姆霍兹逐渐摆脱了关于科学的形而上学观点而倾向于科学的经验主义。面对当时讨论热烈的有关活力的存在及本质的问题，亥姆霍兹有着自己的判断。在他看来，活力可以突然产生和突然消失而不转化为他物是一个物理学悖论，是与已知的力学原理不相符的。然而，他也深知提出这一观点的时机还不成熟，因为正如老师缪勒教导的那样：只有严格的有条理的实验才能使科学原理成为可接受的和基础牢固的东西。于是，在取得博士学位之后，他利用缪勒实验室的良好设备对“活力”概念开始了扎实的研究。1843 年发表的题为《论发酵和腐烂的本质》的论文，以实验事实为基础，驳斥了活力论，并给发酵和腐烂现象以科学解释。

随后，他由于出色的医务工作而获奖，并被推荐到家乡波茨坦的一个军团当助理军医。从此，经过了五年严格训练并具有独立的实践能力和坚实的理论基础的亥姆霍兹，开始了他极富创造性的科学生涯。

二、不朽之作——《论力的守恒》

1843 年，亥姆霍兹放弃了柏林良好的研究环境来到波茨坦。当时军营中根本谈不上什么科研条件，为了继续自己的研究，他利用简陋的设备建起了生理学和物理学实验室。好友布吕克、杜波依斯·雷蒙德也常从柏林来与他交流思想、讨论建立未来科学心理学的设想。在这段时间里，他完成了一系列生理学实验研究以及能量守恒定律的实验与理论研究工作。

19 世纪上半叶，热电效应、电热效应、电磁效应等现象的发现，已使关于自然界各种相互作用普遍联系的思想得以产生，并成为历史的必然。李比希和拉瓦锡的有关研究使得动物的新陈代谢、机械能和热量之间的关系日益明显；同时，活力的存在和本性也是缪勒一再提出的一个谜题。基于他人的工作和自身的研究，亥姆霍兹很快认识到，这一切都与他几年前就已领悟到的能量守恒定律的有效性密切相关。然而，在得到确切的证据之前必须去确定肌肉运动和产生的热量间的关系。1845 年，他发表的有关肌肉活动中新陈代谢方面的论文和动物热的实验报告就是这方面的研究成果。这些都是他划时代工作的序曲。在他看来，热质说是站不住脚的，必须以动能代之；机械能、电解中的化学能等都不过是同一种能量的不同形式。

1847 年 2 月，他着手写作《论力的守恒》，把几年前就抱有的并经大量实验证实了的思想理论化、公式化。1847 年 7 月 23 日，亥姆霍兹在柏林物理学会作了题为《论力的守恒》的演讲，这被看作能量守恒定律普适性的第一次充分、明确的阐述。他在演讲中所表现出的数学物理大师风范、理论与实践有机结合的天赋令他的朋友为之震惊。

会后，亥姆霍兹把论文寄给物理学家马格努斯，以求在波根多夫主编的《物理年鉴》上发表。但马格努斯对论文的性质表示反对，在他看来，不应当过多地应用数学去把互相分离的实验物理和理论物理结合起来，尽管他也认识到了这篇论文的重要性。于是，马格努斯在写给波根多夫的推荐信上只写了一些例行的话。波根多夫认为，尽管论文很重要，但实验证据还不够充分，建议将论文以单行本形式出版。随后，杜波依斯·雷蒙德在给亥姆霍兹的信中表达了他对马格努斯和波根多夫的强烈不满，并建议亥姆霍兹将论文以单行本出版并保留原有的哲学导言。亥姆霍兹不愿意眼睁睁看着自己对研究所倾注的热情被那些保守的物理学家扑灭，于是对原有导言做了某些修改，以进一步强调他对流行观点的看法。随后，由于杜波依斯·雷蒙德的极力建议和高度评价，《论力的守恒》很快就于 1847 年面世了。

该书可谓科学史上的不朽之作，其导言正是 19 世纪下半叶物理学的序言。它叙述流畅、文体精练，显示了作者颇具语言大师的风范，特别是书中以坚实的实验基础和高度的理论概括，有力地论证了：(1) 自然界中的一切作用都可归结为引力和斥力作用，这种力是与速度和加速度无关的中心力；(2) 牛顿力学和拉格朗日力学在数学上是等价的，因而可以用力所传递的能量或所做的功来度量力；(3) 机械能、热能、电磁能等都是同一能量的不同形态，它们可以相互转化但总和保持不变。

能量守恒定律也像其他一切伟大思想一样，一经产生立刻就引起各方面的争辩以及优先权的争论。柏林年轻的物理学家和生理学家对之高度赞扬。而除缪勒外的多数老一代科学家则极力反对，他们担心亥姆霍兹的这种思考将会复活黑格尔自然哲学的幽灵。1853 年，亥姆霍兹还遭到了克劳修斯的不公正批评，以及杜林等人的恶毒攻击。至于优先权的争论，事实证明：迈尔、焦耳和亥姆霍兹等人都作出了独立的贡献，但这并不意味着这些发现者之间就没有任何区别。事实上，集理论家和实验家于一身的亥姆霍兹从更普遍的意义和理论的高度自觉地提出并圆满地解决了这一问题。他的论文所表现出的数学技巧、概念的想象力、归纳法和演绎法的有机结合等特点是他人难以比拟的。对此，恩格斯也曾给予高度评价。

《论力的守恒》的出版，一方面大大提高了亥姆霍兹在物理学界和生理学界中的地位，另一方面则对科学和哲学产生了不可估量的作用。它使19世纪的自然科学特别是物理学产生了新的转机，也为马克思主义哲学的产生及现代西方哲学的许多流派的产生和发展提供了条件。

三、伟大的生理学家、实验心理学的先驱

由于杰出的科研工作，亥姆霍兹于1848年9月提前离开军医职位而正式进入学术界。在缪勒的极力推荐下，他来到柏林艺术研究院填补因布吕克的调离而留下的解剖学教师空额。在这里的一年中，尽管他由于教学工作的繁忙而没有完成什么新的研究，但却充满了各种富有创造性的想法，并对未来工作制订了周密计划。

1849年年初，亥姆霍兹来到了康德的故乡哥尼斯堡（今俄罗斯加里宁格勒），继任因布吕克调离而留下的哥尼斯堡大学生理学和普通病理学教授职位。由于有了固定的职位，他便于1849年8月26日与一位物理学家的女儿奥尔加完婚。婚后生活十分幸福，奥尔加在家庭和事业上都给丈夫以全力支持，使亥姆霍兹在哥尼斯堡的七年中硕果累累。他所完成的神经冲动传速的测定以及感觉生理学的一系列实验和理论研究，使他在心理学和生理学领域赢得了巨大荣誉。

1. 神经冲动传速的测定

19世纪中叶，神经冲动传速问题虽然在生理实验领域中还是新颖的，但在天文学中却是早已提出的人差问题，即在观测中各观测者的反应时间的差别问题。然而，直至缪勒时代的科学家都一直相信神经冲动的传递极其神速，永远不可能测量。亥姆霍兹则相反，由于受到杜波依斯·雷蒙德的动物组织极化学说的启发，他认为神经冲动的传速并不是无限的，而是有限的。1850年，亥姆霍兹完成了这方面的实验研究，准确地测定了蛙的运动神经的传导速率为30米/秒，这与用现代方法测定的结果是一致的。

为了更进一步测量人的感觉神经冲动的传速，他进行了大量人体实验。用交换刺激点的办法找出反应时差，以显示感觉神经冲动的传速，这就是最早建立的“反应时间”实验。然而他得到的结果有很大的不确定性，并且结果因人而异，即便是同一被试者，在不同的实验中结果也不同，使实验显示出很大的无规则性，于是他被迫放弃这方面的实验研究。继他之后，许多研究表明这种不确定性是受被试者心理因素的

影响所致，而亥姆霍兹所感兴趣的是绝对速率，不是实验所显示出的心理学意义。这是因为他不是从心理学角度去看待问题，而是从生理学和物理学的角度去看待心理学问题。

尽管亥姆霍兹自身没有从实验中进一步揭示其心理学意义，但他的“反应时间”实验却为实验心理学提供了富有成果的研究方法。从更深的意义上来说，亥姆霍兹的实验结果表明：心理过程是可以通过实验来研究的，作为心灵代表的神经系统可以成为实验控制的对象，从而增强了19世纪生物学中的唯物主义倾向。

2. 生理光学

感觉的实验心理学是亥姆霍兹作出重大贡献的又一领域。无论是在生理光学还是在生理声学研究中，他都彻底贯彻了缪勒的感官神经特殊能量学说。在他看来，这一学说与牛顿的万有引力定律具有同等重要的科学价值和普遍有效性。

亥姆霍兹对生理光学进行了大量研究，其主要论著是于1856—1866年出版的《生理光学手册》。该书把当时物理学、生理学以及哲学的研究成果和一般原理汇集在一起并加上自己的发现和阐释，对视知觉做出了连贯的论述。该书是生理光学方面的权威著作，是心理生理学的重要参考书。

在大量生理光学实验基础上，亥姆霍兹进一步发展了英国生理学家托马斯·杨于1807年提出的色视觉理论，使其成为著名的杨－亥姆霍兹三色理论。他认为，对颜色做出不同反应的视网膜内有三种不同的神经纤维，它们各有自己特定的光谱吸收曲线，这些纤维分别具有感受红、绿、紫色波长的感光色素，这些色素感光后使不同的神经细胞产生神经冲动，再传到大脑皮质视觉中枢，于是产生了红、绿、紫色的感觉。这三种基本色可以各种比例相混合，从而构成不同的色。

现代科学研究表明，尽管亥姆霍兹还不知道视网膜内存在三种锥体细胞，他却对颜色的视觉机制提出了科学预见。这些预见大多已被现代实验所证实，如三种神经纤维的光谱吸收曲线与现代发现的三种锥体细胞的吸收特性曲线非常接近。尽管这个理论还有某些疑难，却一直保留下来并成了新的“三色说”的基础。

基于大量的实验研究，他对外眼肌在两眼辐合时的作用以及内眼肌调节晶体焦距的机制做出了科学论述，对于眼睛的光学结构、光学过程给出了令人满意的解释。

在理论研究的同时，亥姆霍兹还特别注重应用。1851年他发明了检眼镜。这种仪器向眼科医生揭示了一个全新的世界，不仅使他们能直接观察眼底、检查视网膜是否正常，还能帮助他们判定眼的屈光度是否正常。这种经改进后仍沿用至今的检眼镜为亥姆霍兹在医学界赢得了世界性声誉。

3. 生理声学

1855 年 3 月，亥姆霍兹被任命为波恩大学解剖学和生理学教授。此间，他在写作《生理光学手册》的同时，开始转向生理声学，其研究成果集中于 1863 年出版的《声学》一书中。该书是听觉的实验心理学的经典，由三部分组成：第一部分对心理学家来说最为重要，是对听觉刺激、欧姆的听觉分析律、耳官的解剖及听觉共鸣说的讨论，是研究合音及元音性质的报告；另外两部分则用于讨论谐音及其他音乐问题。

就单音感知来说，亥姆霍兹假定耳内有许多长度不同的神经纤维，每根纤维对一定波长或音高能做出共鸣反应，正像乐器的不同长度的弦与各种音高对应一样。他还以实验确定了人耳可以听到的最高和最低音高以及介于两者之间的可以辨别的音调数。现代研究表明：尽管耳蜗的频率分辨机制远比亥姆霍兹所设想的复杂，但他关于柯蒂氏器音调位置的理论大体上还是正确的，近代电子显微研究也部分证实了他关于基底膜结构的假说。

此后，亥姆霍兹继续进行了一系列关于音高经验的生理学和心理学研究。他的最重要的实验成果之一是关于构成音色的特殊差异因素的发现，即每种乐器发出的不仅是一定的基音，而且还有比基音频率更高的泛音，基音与泛音之间的拍及泛音与泛音之间的拍都会影响混合音的谐和情况。这一发现使他成为给出谐音以物理解释的第一人。他还用共鸣器证明了可以通过变换泛音强度的办法人为地产生每种乐器的特质，从而证实了自己的假说。他的这些研究开辟了现代生理声学的领域，并奠定了现代物理声学的基础。他还被公认为提琴科学研究的创始人之一，并通过对音乐历史的研究阐明了音乐发展的基本趋势。他的《论音调的感觉》一书及他关于音调实验的设备在贝尔发明电话的过程中发挥了重要作用。

四、杰出的数学和物理学大师

数学与物理学间的相互影响是近代以来科学发展的一个重要特征。而 19 世纪为数学研究提供意见和方向方面的物理问题比以往任何一个世纪都多，为了解决一些物理问题，高度复杂的数学被创造出来。这些特征在亥姆霍兹的一系列杰出工作中无疑也有着突出的表现。

1859 年，在提交给巴伐利亚科学院的题为《空气在开孔管中的运动理论》的论文中，他给出了波动方程 $\nabla^2\varphi+k^2\varphi=0$ 及其普遍解的研究。他应用格林定理，证明了这个方程的任一个在给定区域内连续的解，可以表示成区域表面上激发点的单层和双层的效应。此后，德国数学物理学家基尔霍夫利用亥姆霍兹的研究求得了波动方程初值问题的另一个解，并得出了声学的惠更斯原理。这一研究和他关于流体的涡旋运动的研究，可说是亥姆霍兹最出色的数学成就。他也为自己能解决“这些令欧拉以来的大数学家们感到困惑的数学问题”而感到自豪。

亥姆霍兹关于几何学的研究起源于生理光学中的空间直观形式的思考，这使他开始对我们关于空间的普通直觉的起源及本性进行研究。在他看来，作为康德自明之理的欧氏几何公理并不是先验的而是经验的产物。1868 年开始，他连续发表多篇论文，力证数学的经验性，其中以题为《论几何的一些事实基础》的论文最为著名，其综合性、基础性的研究成果令当时的科学界和数学界感到震惊。这篇论文和黎曼于 1854 年发表的题为《论几何学的基本假设》的论文，被称为 19 世纪下半叶数学哲学概念发展中的划时代著作。他的出发点是与我们的空间远不相同的一种空间中的人们将有怎样的几何学，进而去寻求刻画刚体运动的可能的几何。这一研究使他独立得到了黎曼几何学的已有结论。亥姆霍兹的这些工作受到其他数学家的高度赞扬。著名数学家克罗内克在给亥姆霍兹的信中写道：

> 您的合情合理的实际经验以及有兴趣的问题，造成的财富将给予数学以新的方向和新的刺激。……片面的、内省的数学思索把人们引向不毛之地。

更为重要的是，亥姆霍兹在他的这篇论文中提出了五十年后由诺特提出的所谓诺特定理，该定理以充分的普遍性确立了物理学的守恒定律和动力学定律的对称性之间的关系，其对现代物理学有着极为重要的意义。

在亥姆霍兹的所有研究领域中，物理学始终是他的兴趣所在。随着他的事业的发展，他逐渐将精力集中到了这一领域，过人的智慧和辛勤的劳动使他在其中硕果累累。

1. 电磁学

亥姆霍兹对电磁学的研究几乎遍及他科学生涯的每一时期。早在 1847 年，他就阐明了莱顿瓶的放电特性，并指出楞次定律正是电磁现象符合能量守恒与转换定律的具体例子。1849 年 3 月，他在柏林物理学会宣读了题为《正切电流计构造原理》的论文，在此后的神经冲动传速实验中研究了感生电流的本性和持续时间。1853 年发表的题为《论电流在物质导体中的分布定律及其在生物电实验中的应用》一文，是他首次真正进入数学物理和数学心理学领域的成果。该文充分展示了他高超的数学才能和只有诺伊曼、威廉·韦伯、基尔霍夫才能理解的势论。论文的真实目的在于通过理论分析使那些复杂但重要的力学关系更通俗易懂。杜波依斯·雷蒙德认为这篇论文思想之丰富是前所未有的。1870 年发表的《电动力学理论》一文是亥姆霍兹电动力学研究的开始。问题起源于韦伯在 1846 年导出的关于电荷相互作用的普遍公式：$F=\frac{ee'}{r^2}\left[1-\frac{1}{c^2}\left(\dot{r}^2-2r\ddot{r}\right)\right]$。也就是说，力 F 不仅与距离 r 有关，还与相对速度 $\dot{r}$ 和相对加速度 $\ddot{r}$ 有关。这显然突破了经典力学的中心力概念，在亥姆霍兹看来，它将是违反能量守恒定律的。此外，当时相互竞争的电磁学理论除了韦伯的，还有诺伊曼的和麦克斯韦的电磁学理论。亥姆霍兹的目的在于通过实验和已有的力学理论去检验相互竞争的电磁理论，并最终得出一个统一的电动力学基本方程，从而在这个“无路的荒原”中踏出一条大道。1870 年，在诺伊曼理论的基础上，他得到了两个电流元间相互作用势的普遍表达式。在不同情况下，这个势分别与韦伯理论、诺伊曼理论和麦克斯韦理论相符。但亥姆霍兹更倾向于麦克斯韦理论，并注意到这一理论的惊人结论是电扰动是一种横波，其在真空中以光速传播。他的学生赫兹正是在他的指导下完成了杰出的电磁波实验。这一切都为麦克斯韦理论在超距作用观点占统治地位的欧洲大陆的传播开辟了道路。

亥姆霍兹对电磁学发展的另一重大贡献在于积极参与了电磁学单位制的建立。1893 年，他主持了在芝加哥举行的第四届国际电气工程师大会，此次大会的主要功绩就是制定了以欧姆、安培、伏特三个单位为基本单位的电磁学史上第一个国际单位制。此外，在 1881 年的法拉第演讲中，亥姆霍兹明确指出了法拉第电解定律的意义在于揭示了电子存在的真实性。尽管他的观点没有被把电看作以太的一种状态的德国物理学界接受，但在其他国家却被逐渐接受，并最终使测量电子的荷质成为可能。

2. 流体力学

1855 年 3 月至 1858 年 2 月，亥姆霍兹任波恩大学解剖学和生理学教授时，一方面从事生理光学方面的写作，另一方面也开始了流体力学和空气力学的研究。问题的起因是，声学问题的复杂性使他转向研究格林函数在流体动力学和空气动力学中的应用。1857 年发表的题为《论描述涡旋运动的流体动力学方程之积分》的论文是一篇天才的论文，他在考虑流体内黏滞作用的普遍情况下，解决了一些极其困难的流体力学问题，无论其物理结果还是其数学方法都很重要。其所建立的亥姆霍兹第一定理和第二定理为研究流体的无旋运动和有旋运动提供了最重要的理论基础。1858 年，他首先从理论上研究了间断面问题，用保角映射方法讨论了无重力影响下从板缝中喷出的射流的形状。此后，他又进行了一系列关于流体的内摩擦理论和实验研究，得出了流体中一个旋转着的粒子在距离为 r 处的另一粒子上所引起的速度，其公式与电磁学中描述二电流元间的相互作用的毕奥－萨伐尔定律完全相似。这是一个十分有启发性的结果，麦克斯韦在建立电磁场理论时曾得益于这种类证，他从亥姆霍兹的涡旋流体方程平行地导出了电磁场的运动学方程 $\bar{j}=\frac{1}{4\pi}\nabla\times\overline{H}$ 和动力学方程 $\nabla\times\bar{E}=-\mu\frac{\mathrm{d}\overline{H}}{\mathrm{d}t}$。

此外，亥姆霍兹所证明的涡旋与原子都有不变性，且有确定的能量、对其他涡旋有作用等性质，对 J. J. 汤姆孙有很大启发，为此汤姆孙曾花了十年时间为原子的涡旋模型寻找物理基础。

3. 最小作用量原理

由于亥姆霍兹坚信物理学的任务就在于把各种自然现象划归为力学，这就必然产生一个问题：力学是如何由它的最简单、最基本的陈述构成的？即力学中能独立于经验而演绎出全部力学的最终的、最简单的规律是什么？由此而导致的关于最小作用量原理的研究占据了他一生中的最后十年，他试图找出支配自然界的统一原理的数学式。

1882 年，亥姆霍兹发表的题为《化学过程的热力学》的论文，是他在物理化学研究领域的重要成果。文中明确区分了化学反应中的束缚能和自由能，前者只能转化为热，后者可以转化为其他形式的能量。从克劳修斯方程，他推出了著名的吉布斯－亥姆霍兹方程。这一研究直接把他引入单周期系统和最小作用量原理的研究。在 1886 年发表的题为《论最小作用量原理的物理意义》一文中，他认为当最小作用量原理用于有质物体的显运动时，它与牛顿力学等价，但当最小作用量原理用于其中有隐运动的物体时就有了更大的意义。卡诺、克劳修斯、玻尔兹曼等人的神秘难解的热力学理论是其最明显的例子。他试图在单周期系统的研究中证明各种隐运动都隶属于最小作用量原理。在他看来，单个原子的运动是服从力学规律的，那么这一原理的有效性在热传导、摩擦生热、电热效应等过程中所受到的限制在于我们不能追踪单个原子的无规则运动或不能使这些原子沿同一方向运动。为了使最小作用量原理对所有的物理过程都有效，他假定了我们不可认识的隐质量和隐运动的存在。这些思想给赫兹以重大启发，他在自己的力学研究工作中发展了这些观点。1887 年发表的题为《最小作用量原理发展史》的论文是亥姆霍兹科学史论文中最为深刻、透彻的一篇，他对莫培督、拉格朗日、雅可比、哈密顿等人的工作进行了认真的考察。在他看来，最小作用量原理作为一个有启发性的原理，在我们认识新现象的规律时有重大价值。1892 年，在论文《电动力学中的最小作用量原理》中，他论证了麦克斯韦、韦伯、冯·诺伊曼等人提出的带电体间的相互作用的假定在计算形式上都与最小作用量原理相对应。

尽管亥姆霍兹为探寻这一最终的原理做出了不懈的努力，但其结局与爱因斯坦统一场论的努力并无两样，然而他们的思想却深刻地影响着现代物理学的发展。它们的意义不在于具体过程的失败，而在于这种思想的永恒性，或许正是其内容的开放性和思想内核的稳定性使得守恒定律、最小作用量原理等物理学的基本原理有着永恒的意义。

此外，亥姆霍兹还对冰物理和大气物理做过一定的研究，发表过有关论文。

五、丰富的哲学思想

幼时家庭环境的影响加之自身对休谟、康德哲学的研究，决定了亥姆霍兹终生对哲学问题非常关心。德国哲学的直觉主义传统和自身的科学实践又决定了他哲学思想具有丰富性、辩证性和不彻底性等特点。其早期著作中所表现出的康德哲学的影响，逐渐被科学实践中所产生的经验主义、机械唯物论思想代替，但在哲学问题和科学问题的最终归宿上，他又倒向了不可知论，回到了康德的先验论。

在心理学、生理学的研究上，亥姆霍兹坚持经验主义立场。在他看来，先验论对德国科学有害而无益，应以经验主义的归纳法作为科学的唯一方法。这种观点在其几何学和代数学的研究中也得到了贯彻。他认为，我们关于物理空间的知识也只能从经验中来，而且依赖于用来作为量尺和其他用途的刚体的存在性。在算术中也一样，数的可应用性既不是数的定律的真理性的一个偶然事件，也不是它的证明。某些经验启示了数，而数又能应用这些经验，而物理量之间的等同性的可用性也必须由经验才能决定。他由经验论进而发展出了“无意识推理”概念，旨在说明我们的某些似乎是直接的认识，其实是在旧有的经验基础上重复和联想的结果。

亥姆霍兹对于感觉论的研究还促使他提出了一种唯心主义的符号论。在他看来，我们关于外物的感觉并不依赖于被感知的外物，而是依赖于我们的感觉神经。我们关于外物的光和色的感觉只不过是外部实在之间的关系的符号，而关于外部实在，我们并不能由此而知道任何东西，正如我们不能从一个人的名字了解这个人一样。在列宁看来，这种唯心主义的符号论，其实质在于把感觉当成了意识和外部实在相隔离的帷幕和墙壁，而不是当作连接二者的通道。

机械唯物论思想是亥姆霍兹哲学思想中的另一个重要方面，在他的科学统一性追求中表现得尤为突出。在他看来，心理学、生理学、化学等自然科学的基础在于物理学，而物理学的任务在于将一切自然现象划归为力学。在这条路线的终端是他苦心研究最小作用量原理的十年。为了用这一原理去统一包括热现象在内的一切自然现象，他假定了隐质量和隐运动的存在，而一切现象都来自隐质量的隐运动及其严格组合。这种思想在其学生赫兹那里得到了进一步的阐述：

> 真实世界远比我们感知到的复杂得多，我们承认在这个被感知的世界背后有一个未知的存在物在起作用，但我们否认这个存在物有一种具体的特性，……它不是在具本性上，而只是在其与我们以及我们的正常的感知模式的关系上同可见物相区别。力和能只不过是我们的感官永远不能感知的质量和运动的效果而已。

这样，康德的“物自体”在亥姆霍兹那里就获得了合法地位。

在强调经验论的同时，亥姆霍兹关于科学观察的观点又带有辩证性。他认为，纯粹的感知是少见的，因为感知时常因想象的附加物而有所补充和变化，而这种附加物则有赖于记忆而形成的无意识的推理，结果使感知变成一种见解。在科学观察中，我们常研究的是知觉，而非赤裸裸的感觉。也就是说，观察是有待于观察者的过去经验、无意识推理、改造过的感觉核心和已有的理论，因此不同的观察者对于同一情境的观察就不同。因此，中立的观察是不存在的。这样，经验主义的证实原则也就成问题了，从而意味着对经验主义的否定。事实上，后来的经验主义和证伪主义的反对者正是在这点上加以发挥、大做文章的。

关于因果律，亥姆霍兹认为它是先验的和超验的，是我们一切思想和行动的基础，我们只能相信它、依赖它，并通过直接的事实证实其合理性。这样他就再次回到了康德哲学，但亥姆霍兹关于因果律的论述还有更丰富的内容。

由上述分析可见，在亥姆霍兹的哲学中，既有唯物主义、经验主义、机械论的成分，也有唯心主义、理性主义和辩证法的思想。因此，试图把他归入某一流派是不足取的。也正是由于他哲学思想的丰富性和深刻性，西方哲学的许多流派能在其中各取所需也就不足为奇了。

六、良师益友

在伟大的科学家身上，杰出的科学成就与高尚的人格总是和谐共存、相映生辉，这点对于亥姆霍兹也不例外。他那非凡的科学天才和他那谦逊、诚实、正直、友好的人品受到了学生和朋友们的高度赞美，正如著名物理学家普朗克所说：

> 我知道亥姆霍兹也是一个人，我敬佩他的为人并不亚于敬佩他是一位科学家。由于他具有诚实的信念和谦虚的人品，他成了科学、高尚、正直的化身。他的这些品格深深地打动着我的心。每当我们谈话时，他总是用平静、锐利、打动人心和慈祥的目光看着我，我可以完全信任他。事实告诉我，他是一位公正和宽容的法官，他的一句称许，更不用说是赞扬，都会使我像赢得世界性胜利一样高兴。

亥姆霍兹以其高尚的人品、高水平的知识、深刻的科学思想影响和造就了一大批物理学天才，他们当中有普朗克、凯泽尔、戈德斯坦、维恩、赫兹、罗兰、迈克耳孙。以他为主要创始人和领导者的柏林热物理学派的研究直接促进了量子力学的产生。

作为老师，他与学生间有着一种近乎父子关系的深情，这点在赫兹身上表现得尤为明显。作为朋友，他与许多国家的一流科学家建立了深厚友谊。在麦克斯韦眼中，他是一位可敬的“智慧巨人”。

他以其杰出的才能和高贵的品格不仅赢得了学生、同事和朋友的爱戴，而且也赢得了政府的尊敬。1862 年他被任命为海德堡大学副校长，1871 年被任命为柏林大学物理学教授并于 1877 年任柏林大学校长，1888 年起任新成立的帝国物理技术研究所第一任所长。作为一位具有高度的社会责任感和强烈爱国心的科学家和领导者，他总是尽自己的努力和影响，通过科学讲座等不同形式倡导科学理论与实践的统一、自然科学与社会科学的统一，比任何人都努力地去探寻使物理与技术相结合的途径，积极参与了许多科学及社会政策的制定。作为复兴德国科学的公认领袖，他为培养新一代人才作出了卓越贡献；他也从普朗克等人身上，看到了自己理想的继承者，看到了德国科学光辉的未来。

对科学的献身精神是亥姆霍兹高贵品格的另一重要方面。他一生游历了欧洲许多国家，而绝大多数都是由于过度劳累不得已而为之，伴随着与其他科学家的学术交流和体力及脑力的恢复，随之而来的又是新的科研和教学上的紧张工作。1859 年父亲病故和爱妻奥尔加病逝给他带来了极大的身心伤害，但经过几个月的痛苦之后，他又投入到工作中。在他看来，工作是使他从痛苦中解脱出来的唯一途径。直到 73 岁高龄，他仍活跃在教学与科研领域。1893 年 8 月，他作为德国科学界的最高权威，由第二任妻子安娜陪同前往美国，参加并主持了在芝加哥举行的第四届国际电气工程师大会。1893 年 10 月回欧洲途中，他不幸从甲板上跌落，头部严重受伤。病情稍有好转，他又投身于行政事务和科学工作。直至生命的最后几个月，他还在积极从事最小作用量原理以及以太问题的研究。生命垂危之际，支配他的仍是科学及它那永恒的规律。

1894 年 7 月 12 日，他因脑出血病情加重，经受了近两个月的病痛折磨之后，于 9 月 8 日下午 1 时 11 分逝世，享年 73 岁。

12 月 14 日，追悼大会在柏林隆重举行。德意志皇帝、皇后，亥姆霍兹家人及各界名人参加了追悼大会。随后，皇帝拨款一万马克并亲自选定在柏林大学主楼前建造亥姆霍兹纪念馆。1899 年 6 月 6 日纪念馆揭幕那天，皇后、王储及亨利王子代表皇帝，与亥姆霍兹家人及柏林艺术界和科学界的名流一起参加了揭幕仪式。由此可见亥姆霍兹在德国社会的巨大影响和享有的崇高威望。

作为一代全才，亥姆霍兹为丰富人类知识和培养一代新的科学领导人作出了不朽的贡献。就此而言，他不愧为 19 世纪科学家最成功的良师。

（作者：许良）

参考资料

[1] L. Koenigsberger. Hermann von Helmholtz [M]. English Translation by F. A. Welby. New York: Dover, 1965.

[2] Helmholtz. Popular Scientific Lectures [M]. Reprint. ed. by Morris Kline. New York: Dover, 1962.

[3] Helmholtz. Epistemological Writings [M]. Dordrecht: D. Reidel Publishing Company, 1977.

[4] Helmholtz. Das Princip der Kleinsten Wirkung in der Electrodynamik [J] . Annalen der Physik und Chemie，1892 (1) .

[5] Helmholtz. Üeber die Physikalische Bedeutung des Princips der Kleinsten Wirkung [J] . Crelle's Journal，1886 (100) ：137-166，213-222.

[6] R. Steven Turner. Helmholtz，Hermann von [C] //Dictionary of Scientific Biography. vol. 6. New York：Charles Scribner's Sons，1981，pp. 241-258.

[7] Joseph F. Mulligan. Hermann von Helmholtz and His Students [J] . Am. J. Phys.，January 1989，57 (1) .

[8] Joseph F. Mulligan. The Influence of Hermann von Helmholtz on Heinrich Hertz's Contributions to Physics [J] . Am. J. Phys.，August 1987，55 (8) .

[9] Werner Ebeling. The Berlin School of Thermodynamics founded by Helmholtz and Clausius [J] . Eur. J. Phys.，1991 (12) ：1-9.

[10] 李醒民，朱德生，王身立 . 思想领域中最高的音乐神韵 —— 科学发现个例分析 [M] . 长沙：湖南科学技术出版社，1988.

[11] 莫里斯 · 克莱因 . 古今数学思想 [M] . 第四册 . 北京大学数学系数学史翻译组，译 . 上海：上海科学技术出版社，1981.

[12] E. G. 波林 . 实验心理学史 [M] . 高觉敷，译 . 北京：商务印书馆，1981.

[13] 加德纳 · 墨菲，约瑟夫 · 柯瓦奇 . 近代心理学历史导引 [M] . 林方，王景和，译 . 北京：商务印书馆，1980.

[14] 荆其诚，焦书兰，纪桂萍 . 人类的视觉 [M] . 北京：科学出版社，1987.

[15] D. 奥托森 . 神经系统生理学 [M] . 吕国蔚，等译 . 北京：人民卫生出版社，1987.

[16] 何成均 . 亥姆霍兹 [C] // 中国大百科全书：物理卷 I . 上海：上海科学技术出版社，1987.

路德维希・爱德华・玻尔兹曼

（Ludwig Eduard Boltzmann，1844—1906）

玻尔兹曼

一位深受哲学困扰的物理学家

在物理学发展史上，首先对“完美”的“牛顿大厦”发起猛烈攻击的学科是热力学与电磁学。对热运动及电磁现象的理解迫使物理学家不得不对自认为早已完善的力学概念体系和已成“定论”的物理学传统观念进行认真批判。正是这些批判、争论潜移默化地冲洗着物理学家的习惯性思维，孕育和培养出一代具有批判精神的能够推动物理学继续发展的开拓者。

德裔奥地利物理学家玻尔兹曼作为统计力学的奠基者，正是在物理学发展的这一关键转型时期，一直活跃在物理学与哲学的论坛上。他对物理学的发展作出了许多贡献，以至于劳厄认为：

> 如果没有玻尔兹曼的贡献，现代物理学是不可想象的。

事实上，在当时的科学背景下，玻尔兹曼所选择的研究方向，以及他所取得的科学成就，已经注定他的工作从一开始就受到来自哲学方面的困扰。他与马赫、奥斯特瓦尔德关于原子论的争论，以及他晚年开设的哲学讲座、公开发表的科学方法论方面的论文，都直接影响了一代科学家和哲学家的工作。因此，系统地研究玻尔兹曼的科学与哲学思想，对于进一步深入理解现代物理学与西方哲学产生的时代背景、发展的文化脉络都具有重要的现实意义。

一、初露锋芒

1844 年 2 月 20 日晚，玻尔兹曼出生于闻名遐迩的“音乐之都”维也纳。维也纳的文化、艺术传统对玻尔兹曼的成长和生活都产生了深刻的影响。正如玻尔兹曼在描写诗人席勒对他的影响时所言：

我成为今天这样的人应该归功于席勒，如果没有他，可能也会有一个胡须和鼻子与我全然一般的人，但这个人不是今天的我。

玻尔兹曼的父亲路德维希是德裔奥地利的文职官员，非常重视对子女的培养与教育；母亲卡特琳娜·玻恩芬德是一位很有思想的基督教徒。不幸的是，在玻尔兹曼15岁那年，父亲因病去世，次年弟弟夭折。家庭的不幸致使母亲把今后所有的希望都寄托在玻尔兹曼身上，就是在家庭经济状况极端困难的情况下，母亲也尽可能保证玻尔兹曼受到最好的教育。

青少年时代的玻尔兹曼聪明伶俐、志趣广泛，不仅喜欢音乐和文学，而且对自然界具有强烈的好奇心和敏锐的观察力。学习成绩始终在班上名列前茅。善于思考、渴望理解自然成为玻尔兹曼的学习风格；充分利用业余时间，勤奋阅读文学与哲学书籍，拜师学习弹奏钢琴，构成玻尔兹曼中学生活的主要内容。

1863年，玻尔兹曼在林兹读完大学预科之后，进入著名的维也纳大学学习物理学和数学。在大学读书期间，物理学院的两位年轻老师约瑟福·斯忒藩和约瑟福·洛施密特对玻尔兹曼以后的研究兴趣产生了极大的影响。当时，斯忒藩是物理学院院长、数学和物理学教授；洛施密特是物理化学教师。比玻尔兹曼年长9岁的斯忒藩十分赏识玻尔兹曼的才华。在斯忒藩老师的悉心指导下，玻尔兹曼学到了气体和辐射方面的基础知识，掌握了必要的实验技巧。1865年读大学二年级时，玻尔兹曼对斯忒藩提出的电学原理问题的解答成为他发表的首篇论文。这篇论文初步体现了玻尔兹曼潜在的科学天赋。在洛施密特的教学中，玻尔兹曼对当时处于发展前沿的物质组成和结构问题有了深刻的认识，对深受实证主义者孔德和斯宾塞质疑的原子论问题有了进一步的理解，并且对与原子论相关的气体分子运动论和热力学第二定律的解释产生了极大的兴趣。

大学毕业后，玻尔兹曼兼顾谋生和发展兴趣的需要，担任了斯忒藩的助手，并继续攻读博士学位。那时在物理学界，德国理论物理学家克劳修斯已用熵概念表述了热力学第二定律，从而使自然过程的不可逆问题以比较明确的形式表现出来。一直倾心于这一问题研究的玻尔兹曼立即抓住了这个引起科学界十分重视的前沿难题，由此开始踏上他研究工作的征途，迈入了科学探索的领域。

1866年2月6日，不满22岁的玻尔兹曼向维也纳科学院宣读了他的博士论文，其题目是“力学在热力学第二定律中的地位和作用”。在这篇论文中，玻尔兹曼运用原子运动的轨道是闭合的假设，将熵的表示与力学的最小作用量原理直接联系起来，试图从纯力学的视角证明热力学第二定律。玻尔兹曼在博士论文中所提出的假设是令人难以置信的，他的证明也没有得到同行的认可，但是，这些研究却促使玻尔兹曼和分子运动结下了难解之缘。

当时，在分子运动方向上有所成就的当数英国天才的物理学家、实验家麦克斯韦。1866 年就在玻尔兹曼即将完成博士论文之际，麦克斯韦相继发表了两篇关于气体动力学方面的论文，并计算出了分子速度的麦克斯韦分布律。玻尔兹曼在对热力学第二定律的力学证明遭致失败之后，随即转向研究麦克斯韦的工作领域。经过两年的思考，1868 年，玻尔兹曼在题为《关于运动质点活力平衡研究》的文章中，把麦克斯韦的气体分子速度分布律从单原子气体推广到多原子乃至用质点系看待分子体系平衡态的情况，把统计学的思想引入分子运动论。这篇文章使玻尔兹曼获得了在大学任教的资格。

取得资格后的 1869 年，玻尔兹曼受聘于奥地利的格拉茨大学，继任马赫的数学物理学讲师职位。从此，25 岁的玻尔兹曼正式开始了他的教学研究生涯，并逐渐在学术界崭露头角。同年，麦克斯韦在写给洛施密特的信中，对玻尔兹曼当时的工作给予了极高的评价。

二、熵与概率

熵概念是克劳修斯于 1865 年正式提出，并且一直活跃在学术界的一个十分重要的理论术语。克劳修斯用熵表示热力学系统转化为有用功的能力，他规定，一个热力学系统越是接近平衡态，它的熵越大，其数学公式可表述为 $\mathrm{d}S \geqslant \mathrm{d}Q / T$（其中 S 为熵，T 为绝对温度，Q 为热量）。在克劳修斯和麦克斯韦等人的工作基础上，玻尔兹曼通过对分子运动的进一步研究，把熵与热力学概率联系起来，即把热力学系统的熵变的方向同系统状态变化的方向联系起来，使熵有了更深刻的含义。

玻尔兹曼这一成就的取得绝不是一蹴而就的事情，是他十多年坚韧不拔、锲而不舍奋斗的光辉结晶。1872 年，玻尔兹曼在《气体分子热平衡问题的进一步研究》一文中，分析讨论了已知能量的分子迁移和碰撞而发生变化的变化率之后，推导出了一个描写非平稳态分子速度分布函数的微分方程。1875 年，他运用分布函数及其对数的乘积在相空间中的积分，定义了一个热力学函数，用符号 H 表示，并证明在一个孤

立系统里 H 总是随时间而单调减少或不增加，即当满足细致平衡条件时，H 保持它的极小值而不再变化，说明系统的分子速度按麦克斯韦分布律分布，这时系统处于稳定状态。其数学表达式为 $dH/dt \leqslant 0$，称为玻尔兹曼最小定理，亦称为“H 定理”。这一定理既直接隐含了时间之矢的深刻思想，也证明了热力学平衡态的存在。在此基础上，玻尔兹曼把熵同 H 函数联系起来，使熵定义解释为能的自发运动，并把克劳修斯熵定义推广到非平衡态。

1876 年，曾对玻尔兹曼产生过重要影响的洛施密特老师对玻尔兹曼的观点提出了尖锐批评。他提出问题的症结在于，按照力学的观点，分子的微观运动是可逆的，牛顿定律对时间的反演是对称的。然而，在宏观意义上，H 函数却是有方向性的，这显然违反了早已被物理学家奉为经典的时间反演对称性的观念。为了回答老师的批评，玻尔兹曼于 1877 年在《论热力学第二定律与概率的关系或平衡定律》的著名论文中，运用概率方法进行推算，把熵 S 与热力学状态的概率 W 联系起来，从而得出热力学第二定律是关于概率定律的重要结论。1900 年，物理学家普朗克将玻尔兹曼熵与热力学概率的关系简写为 $S=k\log W$（其中 k 为玻尔兹曼常数）。这一公式后来刻在玻尔兹曼的墓碑上。

按照概率的推理方法，玻尔兹曼在分析过程中必须假定分子速度只能取分立的数值，而不能取无限多的连续值，这在一定程度上包含了分立能级的思想。1900 年，普朗克在利用玻尔兹曼的方法推导他的黑体辐射定律时，明确提出了作为现代物理学标志的普朗克能量子假设，拉开了量子时代的帷幕。

玻尔兹曼通过熵与概率的联系，直接沟通了热力学系统的宏观与微观之间的关联，并对热力学第二定律进行了微观解释。他指出，在热力学系统中，每个微观态都具有相同概率，但在宏观上，对于一定的初始条件而言，粒子将从概率小的状态向最可几状态过渡。当系统达到平衡态之后，系统仍可以按照概率大小发生偏离平衡态的涨落。这样，玻尔兹曼通过建立熵与概率的联系，不仅把熵与分子运动论的无序程度联系起来，而且使热力学第二定律只具有统计上的可靠性。

玻尔兹曼认为，在理论上，热力学第二定律所禁止的过程并不是绝对不可能发生的，只是出现的概率极小而已，但仍然是非零的。根据这些思想，玻尔兹曼对当时著名的“可逆性佯谬和循环佯谬”进行了解释。在多年精心研究的基础上，1896 年与 1898 年玻尔兹曼接续完成了具有重要学术价值且被译成多种文字的经典名著《气体理论讲义》，为 20 世纪物理学的发展由“存在”转向“演化”的过程迈出了决定性的一步。

三、教学风格

在从事科学研究与教学的领域内，玻尔兹曼是一位难得的全才。在他一生所发表的科学论文中，围绕分子运动论的文章仅占其全部论文的一半，另一半论文涉及电磁学、化学、数学和哲学等多个领域。宽广的研究领域为玻尔兹曼带来了渊博精深的知识享受，精益求精的教学风格使玻尔兹曼赢得了大批学生的青睐，杰出的科学成就为玻尔兹曼一生活跃于讲坛与学术界打下了坚实的基础。

1873 年，在格拉茨大学经过四年讲师锻炼的玻尔兹曼被维也纳大学聘任为数学教授，这标志着玻尔兹曼的工作和能力已得到了社会及同行的承认。从 1873 年被聘为教授到 1906 年去世之前，由于生活及工作方面的原因，玻尔兹曼在四所著名的大学担任教授职务，具体时间见表 1：

表 1　玻尔兹曼在四所大学的任职时间表

工作地点	维也纳大学	格拉茨大学	德国慕尼黑大学	德国莱比锡大学
时间（年）	1873—1876 1895—1900 1902—1906	1876—1890	1890—1894	1900—1902

在各所大学中，玻尔兹曼所讲授的课程主要有热力学、电磁学、数学、化学，晚年在维也纳大学继任了马赫的职位，重新组建了维也纳大学哲学研究所，并开设了哲学讲座。

玻尔兹曼是一位天才的雄辩者和演讲家，他讲课的思路十分清晰，从不照本宣科。在讲课中，他十分注重培养学生的理解能力，从常见的自然现象出发，以各种生动的实例对一些基本概念不厌其烦地进行深入浅出的反复论证，使学生一通百通地理解、掌握、运用基本概念和基本原理。凡是系统听过玻尔兹曼讲座的学生，都感受到当理解了一个基本原理和概念的真谛时那种豁然顿悟的乐趣，欣赏到理性思维的魅力。

除了认真细致地引导学生的学习，玻尔兹曼还经常为讲座自制教学仪器，试图以现象化的方式引导学生理解深奥的理论背景。例如，1891 年，玻尔兹曼为了讲好电磁学理论，专门设计了关于两个电路相互感应的双循环“力学模型”。对于初学者而言，这种现象化的教学所带来的启发无疑是难以估量的。几年后，量子理论的奠基者索末菲就把玻尔兹曼的设计模型在他的力学教材中以相似的性质用于汽车分速器上。

玻尔兹曼十分注重挖掘学生的潜力，通过对学生的意志感染、兴趣培养，使学生养成学研相兼的良好习惯。例如1890年，玻尔兹曼应聘到慕尼黑大学任理论物理学教授之后，经常把学生请到家中，和学生谈心，了解学生的发展意向。在启发式的交谈中，他经常通过讲授自己的经验和体会，把谈话中心引导到对科学前沿问题的探讨方面。深奥的交谈有时在他熟练的钢琴弹奏曲中变得轻松起来。玻尔兹曼给学生留下的这种无拘无束、和蔼可亲、热情好客的个性特征，同他满脸胡子给人留下的威严相貌形成了强烈的反差。

专博相融的基础知识、深入浅出的雄辩才华及日益提高的科学威望，使玻尔兹曼领导的研究所成为世界各国优秀学生向往的理想场所；理论与实验相结合的教学风格、启发式的心理与兴趣的精心引导及研究方向的合理选择，使玻尔兹曼培养出了一代杰出的科学人才，其中有1903年和1920年分别获得诺贝尔化学奖的瑞典物理化学家阿伦尼乌斯及能斯特、日本原子物理学家长冈半太郎、理论物理学家埃伦费斯特和他的继承人哈泽内尔等。

四、个性及生活

热爱科学，追求和谐，为真理而奋斗是玻尔兹曼人生追求的最大目标。在科学研究中，玻尔兹曼始终一丝不苟，从不放过任何一个疑难问题，他经常会陶醉于研究问题，甚至达到忘我的境地。例如，在一次自己学生的博士学位授予仪式上，玻尔兹曼由于思考问题，竟然忘了给学生颁发学位证书，而是在仪式结束时把学位证书递到前来向他祝贺的校长手中。然而，与这种执着、严谨的科学风格相反，在现实生活中，玻尔兹曼却是一位典型的多愁善感、容易情绪波动之人。

1869年到1872年，玻尔兹曼在格拉茨担任讲师职务期间，结识了比他小10岁的格拉茨大学唯一的女大学生艾根特拉。1876年，他们结为伉俪。后来，他们生育了三个女儿、两个儿子，家庭生活十分和谐。

玻尔兹曼爱好音乐，擅长跳舞、弹钢琴，是经常举行的家庭舞会中的活跃分子。暑假期间，玻尔兹曼一家喜欢去海滨游玩。在旅途中，在海滨沙滩，玻尔兹曼经常诗情洋溢，有感而发，借以舒缓他抑郁的情绪和疲劳的工作。玻尔兹曼是一位慈祥的父亲，为了培养孩子的音乐兴趣，他在音乐厅专门为全家人定有固定的席位。玻尔兹曼还是一位体贴入微的丈夫，为了减轻妻子的家务负担，他亲手组装电动缝纫机等家用电器。

与这种浪漫的生活情调不相称的是，玻尔兹曼不拘小节，衣着十分随便。1904年，他去美国参加圣路易斯世界博览会时，穿着很旧的衣服，工作人员将他误认为是一位搬运工，指使他快去给玻尔兹曼搬运行李。

在为人处世方面，玻尔兹曼是一位充满爱心、十分认真的人，他努力将做人的宽容与做学问的严谨区别开来，分别对待科学上的争论、对峙与真诚的个人感情。在学术界，洛施密特、马赫、奥斯特瓦尔德是玻尔兹曼的主要争论对手，在关于科学问题的论争方面，双方总是唇枪舌剑，据理力争，从不相让。在争论之后，玻尔兹曼总是想办法主动恢复淡化了的私人情感，在对方批评的基础上反思自己的观点。例如，玻尔兹曼曾主动写信给洛施密特恢复个人关系，在洛施密特去世后又亲自撰文哀悼，并倡导捐资为洛施密特制作塑像。

玻尔兹曼宽容的生活个性，使他成为第一位接受英国科学家麦克斯韦电磁学理论的欧洲大陆科学家。也正是在研究麦克斯韦工作的基础上，他登上了科学的顶峰。在取得一定的科学荣誉之后，玻尔兹曼从不故步自封，而是始终注重参加各种形式的交流活动，经常保持同外界的各种联系。1899 年、1901 年和 1904 年，玻尔兹曼曾三次赴美国讲学，宣传他的原子论思想。1890—1894 年，在慕尼黑任教期间，他继承了德国的学术传统，经常参加由物理学家、天文学家、数学家、化学家甚至哲学家组成的聚会活动。他们谈天说地、各抒己见，彼此激发着灵感。19 世纪 90 年代初，玻尔兹曼首次出访英国，这件事在当时的欧洲有非常重要的历史意义，它不仅打破了英国科学家和欧洲科学家之间曾就牛顿和莱布尼茨发明微积分的优先权问题进行的长达两百年之久的争论所导致的对立局面，而且架起了英国科学家了解欧洲大陆科学研究概况的桥梁。此后，英国科学促进会为使英国科学家进一步理解玻尔兹曼的理论，专门举办了两次关于热力学问题的研讨会，促进了国际学术界对热力学理论的进一步研究。

五、哲学争论中的孤独者

同每一位在物理学研究的前沿领域内作出杰出贡献的物理学家都会表明自己的哲学立场一样，玻尔兹曼在运用力学机制和原子论思想研究自然现象的过程中所作出的贡献也隐含了他的哲学观点。

然而，在当时实证主义思潮正席卷物理学界、机械自然观的局限性逐渐显露的背景下，玻尔兹曼以分子、原子假设为基础的观点，被学术界斥为是不能实证的虚构的“数学模型”或假设，受到了以马赫为代表的实证论者和以奥斯特瓦尔德为代表的唯能论者的强烈批评及指责；玻尔兹曼所建立的熵与概率之间的联系，由于不能还原成力学解释遭到物理学前辈的责难，致使玻尔兹曼始终难以摆脱哲学的困扰，在哲学争论中成为少数派的代表。

在 19 世纪末物理学的研究传统面临转型时期，用任何一种“什么主义”或“什么论者”来概括玻尔兹曼的哲学思想都会失之偏颇，当然用“正确”或“错误”的两分法来下结论更显不妥和盲目。玻尔兹曼的哲学观点主要在同马赫及奥斯特瓦尔德的争论中，以及他晚年为学生所开设的哲学讲座中体现出来。

玻尔兹曼同马赫之间的争论在他们成为同事之后达到了高峰。1895 年，玻尔兹曼从慕尼黑大学被聘到母校维也纳大学继任老师斯忒藩的理论物理学教授席位不久，富有批判精神的物理学家与哲学家马赫也应聘到维也纳大学继任了哲学家与心理学家布伦坦诺的科学哲学教授职位。当时，马赫开设的“归纳科学的历史与哲学”讲座，吸引了大批优秀的数学与物理学专业的学生和一些哲学爱好者，其中也包括玻尔兹曼的学生。受马赫思想的影响，大多数学生仅选择玻尔兹曼为第二指导老师，不像玻尔兹曼在格拉茨和慕尼黑那样，学生争着拜他为第一导师。这种精神压抑无疑深深地刺痛了玻尔兹曼的自尊心。

在学术观点上，马赫认为，物理学理论绝不应该建立在子虚乌有的不能得到证实的原子假说的基础之上，而应从大量由实验证实的经验事实中归纳出来。玻尔兹曼为了对自己的观点进行辩护，不得不在外界压力的迫使下不断调整自己的研究方向，从 1895 年之后逐步转向科学方法论的研究。他指出，如果采用明确的力学假设与恰当的数学手段所得到的结论同经验事实相一致，那么，即使这个假设并不能说明事物的全部本质，也应当承认它的客观性。气体分子运动论的假设正是如此。玻尔兹曼认为，人们在运用逻辑推理时，通常喜欢用自己看到的或感觉到的经验来作比喻，然而，当需要抛弃这种现象类推的方法去深入分析问题的内在本质时，却变得十分固执和愚蠢。

为了系统地表述自己的见解，1897 年玻尔兹曼出版了《力学讲义》第一卷。在这本讲义中，玻尔兹曼从认识的心理图像论的观点出发，论证原子不是纯粹的形而上学的概念，而是作为一种内在的心理图像而存在着的，原子的实在性同心理图像在本质上是一致的。心理图像既超越于经验，又与经验相联系。玻尔兹曼指出，物理理论的任务就在于建立一个外部世界的图像，正是这种图像引导着或指挥着物理学家的思维和实验。反过来，实验又使图像得到不断修正和完善。物理学家所形成的思想是在思维过程中完成的，或者说，一种思想的确立事实上已完成了一次小规模的综合。而思维规律的作用就在于清晰地明确物理学家想象中的图像。所以，物理学家在研究外部世界时不可能建立一种绝对正确的理论，而只能找到一种尽可能简单、尽可能准确描述现象的心理图像。正因为如此，理论的构成可以使用不能被当时实验证实的假设，然后这种假设通过实验的不断检验加以调整。

玻尔兹曼的上述观点同现代物理学的研究传统是相吻合的。然而，在归纳主义占统治地位的 19 世纪末，这种观点在经验主义的框架内是难以容忍的。为此，玻尔兹曼在 1898 年很痛苦地写道：

> 我确信这些攻击是建立在曲解的基础之上的，气体理论在科学中所起的作用还没有完全显示出来。
>
> 我认为敌视气体理论是科学中的大灾难，这与波动理论受牛顿的权威影响的例子相类似。

随着压抑情绪的不断恶化和哲学困扰的日益加剧，1899 年，玻尔兹曼为了避开背弃他的学生及与马赫的争论决定离开维也纳大学，试图通过环境的变更来抚慰难以被人理解的孤独之心。1900 年，在德国莱比锡大学物理化学教授奥斯特瓦尔德的热情邀请和推荐之下，玻尔兹曼来到莱比锡大学担任了理论物理学教授职务。

然而，玻尔兹曼同奥斯特瓦尔德之间的观点对立并不比同马赫之间的观点对立更轻松。奥斯特瓦尔德是典型的唯能论者，他不仅反对玻尔兹曼的原子论观点，而且反对他从力学基础上构建理论物理学大厦的机械自然观。在莱比锡，他们两人朝夕相处，原有的观念分歧更加明显，学术争论的残酷性终于导致双方都患上了精神抑郁症。得不到同行的支持，也成为玻尔兹曼最大的心理障碍。

1902 年，马赫因病辞去科学哲学教授，维也纳大学多次邀请玻尔兹曼能返回母校继任马赫的哲学兼理论物理学教授职位，并重组维也纳哲学研究所。晚年的玻尔兹曼由于精神及身体的原因，将自己的兴趣几乎完全转向了哲学方面。1902 年再次回到维也纳大学之后，玻尔兹曼一方面接任了曾由布伦坦诺、马赫开设的哲学讲座及叔本华的哲学思想讲座；另一方面为了探究哲学究竟是什么的问题，在 1904 年完成出版了《力学讲义》第二卷之后，制定了大量的阅读计划。由于眼睛状况不好，玻尔兹曼只得雇用女工帮他读物理学与哲学著作，其中包括康德、叔本华及数学哲学等专著。在这一时期，玻尔兹曼对哲学的研究兴趣已超过了对物理学的兴趣，他决心重新寻找到一条研究哲学的有效途径。

为了达到这个目的，玻尔兹曼除了实施读书计划，还对数学、逻辑学与语言学等问题进行了研究。玻尔兹曼认为，同理论物理学的研究一样，只要人们能找到恰当的方法，哲学问题就可以得到解决，这种方法就是语言和数学分析的方法。玻尔兹曼的这种见解同 20 世纪 30 年代西方科学哲学逻辑实证主义的内在本质是一致的。

可是，从 1903 年到 1906 年，玻尔兹曼的哲学讲座并没有达到他预想的效果，听讲学生的人数有所减少。这种状况促使玻尔兹曼把所有的时间都投入到对哲学的疯狂研究中。完成一本系统阐述自己见解的哲学著作成为他的最大夙愿。然而，令人遗憾的是，还没有等著作完成，这位哲学争论中的孤独者于 1906 年 9 月 5 日在意大利度假的旅店里莫名其妙地以上吊自杀的方式结束了自己的生命，摆脱了心中的一切烦恼。玻尔兹曼的死成为物理学史上极其令人痛心的一桩事件，而他的死因既为后人研究他的思想提供了想象的余地，同时也留下了一个恐怕永远也难以解开的谜。

综上所述，玻尔兹曼的科学成就在推动和促进现代物理学发展的同时，还带来了一系列具有学术价值的科学与哲学问题，证明了科学研究与哲学研究之间的内在相关性，值得我们进行更深入的探讨和研究。

（作者：成素梅　钟海琴）

参考资料

[1] 戈林．著名物理学家略传［M］．朱行素，译．合肥：安徽科学技术出版社，1984.

[2] 杨仲耆，申先甲．物理学思想史［M］．长沙：湖南教育出版社，1993.

[3] John Blackmore. Ludwig Boltzmann：His Later Life and Philosophy，1900-1906［C］//Book One：A Documentary History，Dordrecht：Kluwer academic Publishers，1995.

[4] Dictionary of Scientific Biography［M］. vol. 2. New York：Charles Scribner's Sons，1970：267.

[5] 葛墨林，李新洲，关洪．玻耳兹曼晚年考［J］．自然杂志．1990，13（2）：106.

[6] 成素梅，钟海琴．玻耳兹曼的图像论［J］．科学技术与辩证法，1999（3）.

尤利乌斯·罗伯特·冯·迈尔

（Julius Robert von Mayer，1814—1878）

迈尔

能量守恒定律的发现者

能量守恒定律是自然科学中最普遍、最基本的定律之一。虽然，早在 17 世纪，笛卡儿就提出了宇宙中运动的量是守恒的哲学原理，早在 18 世纪末，拉姆福德、H. 戴维用实验证明摩擦可以产生热，但是，由于热质说的羁绊，他们没有找出热功当量，也未能发现能量守恒定律。可是，“在 1842 年到 1847 年之间，四位彼此相隔很远的欧洲科学家——迈尔、焦耳、科尔丁、亥姆霍兹先后公开发表了关于能量守恒的假说”，如果再推广一点，从 19 世纪 30 年代到 40 年代，“有十多位科学家都各自掌握了能及其守恒概念的主要部分”，成为科学史上同时发现的突出案例。进一步考察，可以发现这些科学家是分别从不同途径发现这条定律的，这些不同途径主要是：（1）从研究蒸汽机的效率而得出热功当量并接近能量守恒定律；（2）从化学、生理现象（特别是动物热）的研究而走向能量守恒定律；（3）对电磁现象的研究接近能量守恒观念。而在 1842 年，第一个公开发表热功当量值和能量守恒假说的是德国的一位医生迈尔。他是一位天才的业余科学家，他是在德国古典自然哲学的指导下，首先通过生理现象（动物热）的考察而发现能量守恒定律的，他也是把物理学和生物学结合起来的生物物理学的先驱。但是，由于他是一位业余科学家，他的重大科学贡献有很长一段时间得不到人们的承认，他度过了不幸而悲惨的一生。

一、药店老板的幼子

迈尔于 1814 年 11 月 25 日出生于德国符腾堡（今巴登－符腾堡）的海尔布隆。当时，这是一个宁静的乡村小镇，现在已是一个繁荣的工业城市了。他的双亲都是德国西南部斯华比亚公国人的后裔。他的父亲 C. J. 迈尔是一个殷实的药店老板，他对化学和一般科学实验都很有兴趣。他的母亲 K. E. 海尔曼是一个图书装订工的女儿。她身体不太好，性情怪僻，但并没有严重的精神失常。他们有三个儿子，迈尔是最小的一个，两个哥哥都继承父业，经营药店。

迈尔在海尔布隆念中学，直到 1829 年。在那里，他学习了当时流行的古典课程。据说，他对古典语文有些反感，但数学学得很好。当时学校的课程中，自然科学学得很少，迈尔是在他哥哥的帮助下，通过在家中做种种实验而熟悉物理学、化学和生物学的。

15 岁那年，迈尔离开了中学，寄宿在申塔尔附近的神学院中准备大学的入学考试。在那里，因为他擅长玩机智的科学游戏而被朋友们称为“精灵”。他的实际学业平平，但历史学得不错。他有一种独立放任的性格，不太服从于学校纪律，喜爱诗歌和小说，特别是英国历史小说家司各特的小说。

二、大学生涯

1832 年，迈尔进入杜宾根大学学习医学。在大学时期，他也不是一个用功好学的学生，但对解剖学特别感兴趣，据说他选这门课选了六次。他没有学数学和哲学，只有一个学期选修了一位讲师教的物理学。他花很多时间从事课外活动，广交朋友。他在同学中颇有名气，是一个善玩纸牌和台球的小伙子。

在迈尔入学后的第五年，1837 年 2 月，迈尔因参加一个秘密的学生团体曾被拘留，被学校当局勒令停学一年，并被迫离开杜宾根。停学在当时是一种很严厉的处分，对此迈尔进行了六天绝食抗议。这时，有一个医生对迈尔做了身体检查，并报告说，如果不答应迈尔的要求，他的精神会受到严重挫伤。这一事件可能是迈尔后来精神状态不好的先兆。

之后，迈尔到慕尼黑和维也纳做了短期访问。1838 年 1 月，他获准返回杜宾根大学复学。接着，他完成了他的学位论文，通过了博士考试，获得了医学博士学位。他的学位论文是关于一种治疗肠内寄生虫的药物——山道年的常规的临床研究，其中丝毫没有显示他后来的科学才能。

三、做荷兰船医时在爪哇的发现

迈尔从大学毕业后，没有如他的亲属所期望的那样，在故乡开业行医，而是决定出外旅行，看一看西欧以外的世界。他不顾双亲的劝告，决定到去东印度做贸易的荷兰商船上做船医，这也反映了他的独立精神。为此，他需要一张荷兰的医生执照。

1838 年，他通过了申请执照的考试，成绩为“良”。之后，他在巴黎待了六个月，等待出航。这一时期，他专心于观察法国的医疗临床实践，而没有任何证据表明他曾致力于增进他的物理学、化学和数学知识。但是，在巴黎，迈尔很幸运地与他的同胞卡尔·鲍威尔结识，后者后来成为斯图加特大学的数学教授，并曾在数学上给予迈尔以巨大的帮助。

1840 年 2 月 22 日，迈尔从荷兰鹿特丹登上海船爪哇号，向巴达维亚（今印尼雅加达）航行。这次航行持续了三个月。根据迈尔的船上日记，船医没有多少事可做，他与船长、大副等高级职员也无多少交往。他时常感到吃不饱，而花大部分时间阅读他所携带的科学书籍。

在迈尔到达东爪哇的港口苏腊巴亚（今印尼的泗水）后不久，他曾为船上的一些海员放血。他惊奇地发现他抽出的静脉血比他预期的更为鲜红。他开始还以为是自己误抽了动脉血，经与东印度的医生讨论之后，才知道这是热带地区的普遍现象。迈尔在 1840 年 7 月中旬的这一发现，是激发他发现能量守恒定律的第一颗火花。静脉血的鲜红说明用于氧化食物的氧比较少，因此产生的热量也比较少。这是因为生活在热带的人为维持体温所需要的热量比较少。这一发现激发了迈尔的一连串思考，他还联想到人的体力所做的功。他因这个生物物理学的疑难问题而十分兴奋，并在此后的漫长科学生涯中一直关注着这个问题。他认为由此产生的思想十分重要，因此在海船停泊在爪哇期间，他一直在甲板上思索这一问题，甚至很少上岸游览观光。在航行期间，海员们在聊天时告诉迈尔，海水在暴风雨时比较热，这也使他联想到热与机械运动的等效性。1840 年 9 月，海船回到了荷兰。1841 年 2 月，迈尔又回到了他的故乡海尔布隆。

迈尔这时已长大成人，长得比中等身材略高一些。他有一张大嘴和一对大耳朵，眼睛呈深棕色，通常留一圈胡子，面部富于表情。他是一个近视眼，终生佩戴眼镜。据说他走路时总是凝视前方，坐下时，身体前倾。对于感兴趣的话题，他很喜欢交谈，可是一旦话不投机，他就毫不犹豫地表示厌烦。他有很重的斯华比亚口音，他的德语说得非常清晰，并富有表达力。他对宗教很感兴趣，但并不让人感到他的宗教观与他的科学研究之间有什么冲突之处。

四、1841 年的一篇未发表的论文

1841 年 2 月回到海尔布隆以后，迈尔立即开业行医，并颇有声誉。在有了行医经

验之后，他被聘为镇里的主要外科医生。与此同时，他又开始了他的科学思考。他深信在热与功之间必有一个恒定的关系。遗憾的是，他有关物理学的思想还相当模糊。他往往是通过哲学的思辨认为自己的想法是可信的，但由于缺乏物理学的素养，他难以做出精确具体的物理学表述。

1841年夏，迈尔把他的想法整理出一篇论文《论力的量和质的定义》。在当时，德文中的“力”一词相当于以后的“能”一词。这篇论文于1841年6月投给波根多夫主编的《物理与化学杂志》。

论文首先指出：自然科学的任务是用因果关系来解释无机世界和有机世界的各种现象。一切现象都在变化。变化不可能没有原因。这种原因就是力。他认为，“力是不灭的”，“力在量上是不变的”。他认为，正如化学是有关物质存在的本性的科学一样，物理学是有关力的存在的本性的科学。正如化学假定物质在每一个反应中，不管其性质发生什么样的变化，其量是不变的一样，物理学也假定力在量上是守恒的，不管力的形式在质上经历什么样的变化。

这篇论文的思辨性较强。在论文中，迈尔用质量和速度的乘积（mc）来表示运动的量（即动能），接着他考虑两个粒子碰撞的特例。每个粒子有质量 m，速度 c，并在一条直线上相互接近。运动的力的“量的测定”是 $2mc$。而“质的测定”在形式上为0，因为两个粒子的运动在量上相等，而方向相反。迈尔用 $02mc$ 来加以表示。除非粒子是完全弹性的，否则运动力的“量的测定”在碰撞后比碰撞前要小；对于完全非弹性粒子，这个量在碰撞后为0。但表示运动的力永不消失。迈尔认为，在碰撞中“中和掉的”那部分力就以热的形式出现。最后，迈尔还讨论了碰撞粒子不在一条直线上运动的情况。

杂志的编辑部拒绝发表这篇论文，也未做任何解释。迈尔多次索要稿子，也未退稿。直到36年后，措尔纳才从编辑部取出这篇稿子，并于1881年发表。虽然迈尔对此颇为愤懑与失望，但他很快认识到自己论文的缺陷，立即下决心进一步学习物理学和数学。迈尔还和当时在杜宾根的朋友、物理学教授鲍威尔通信，进行有关的学术探讨。

五、1842年公开发表的论文

通过自学和鲍威尔的帮助，到了1841年9月，迈尔已澄清了他关于“力”（即

“能”）的观念。他认识到，质量乘速度的平方 mc^2，而不是 mc，才是运动和力的适当度量。他还根据气体的比热容计算出热功当量。他写出了一篇短文，题为《论无机界的力》。1842 年 3 月，迈尔把这篇论文寄往李比希的《化学与药学年鉴》。这篇文章于 1842 年末在该刊 42 卷 233 页上发表，另一说是于 1842 年 5 月在该刊发表。

在这篇论文中，迈尔进一步阐明了“力”的概念。他认为，力是原因。他依据莱布尼茨的“因等于果”的原理，推论出“因是不可灭的”[1]。他认为自然界有两类原因：一类是物质，它们具有可称量性（重量）和不可入性；另一类是力，它们是“不可灭的、可变换的、不可称量的东西”。

迈尔在文中用落体力（md= 质量乘距离）来表示势能，用质量乘速度的平方（mc^2）来表示活力（即动能），认为二者可互相转换。“力，一旦存在，就不能变为无，而必然以另一种形式重新出现。”运动的消失就产生热，而热也可以转化为运动，例如，蒸汽机就可以把热转化为运动。不仅通过碳与氧的化学反应可以转化为运动，用化学方法获得的电也可以转化为运动。他还通过气体的定压比热容和定容比热容之比（C_p ： C_v）为 1. 421，推算出热功当量为，1 千克水下落 365 米所做的功，相当于把 1 千克水从 0 ℃加热到 1 ℃的热量（即 1 千卡 =365 千克力・米的落体力）。但文中并没有给出具体的推导过程。这篇论文表明，迈尔是历史上第一个公开提出能量守恒假说并推出热功当量的人。可惜这篇文章不是发表在专业的物理学期刊上，而是发表在《化学与药学年鉴》上，因而没有引起焦耳和科尔丁等人的注意，他们又独立地做出了各自的发现。迈尔在海尔布隆附近的朋友都同情他，鼓励他，可惜他们都不是有巨大影响力的科学家。

六、1845 年论文的准备与发表

1842 年的论文发表之时，迈尔还比较年轻和自信，他乐观地期待着他的工作将得到学术界的承认。该年，他与温纳登的克洛斯女士结婚。当时，迈尔开业行医的收入相当丰裕，他的医术也得到社区的承认。如果他能满足于这些，他本可以过一种宁静幸福的生活。可是他渴望从他有关热与功可相互转化的观点出发，建立起一个普遍的能量守恒理论。1842 年 12 月，他写信给他的朋友格里森格尔说：

1　莱布尼茨在 1690 年发表的一篇文章中提出了这一原理。

我主张运动、热、光、电和化学反应都是具有不同表现形式的同一种对象。

从1842年到1845年，迈尔开始撰写他的第三篇论文。这时期，他的朋友鲍威尔来到了海尔布隆，使迈尔获益匪浅。鲍威尔给迈尔补数学和物理课，阅读他的新论文的每一部分并做出评论。鲍威尔鼓励迈尔扩大新论文的篇幅，以便更充分明确地表述他的思想，从而有希望比1842年的论文引起更多人的注意。迈尔接受了鲍威尔的劝告，并决定论证他的能量守恒概念也适用于生命世界。所以，他的新论文的题目是《论有机体的运动以及它们与新陈代谢的关系——一篇有关自然科学的论文》。这是一个不幸的标题，因为它不能确切地反映论文的主题思想。迈尔又把这篇论文投寄给李比希的《化学与药学年鉴》，结果却被拒绝发表。据李比希的助手说，不能发表是因为杂志编辑部已经积压了大量化学方面的论文。估计李比希并没有仔细地阅读这篇论文。有人曾建议迈尔投寄波根多夫的《物理与化学杂志》。可是，迈尔根据他1841年的遭遇，已没有兴趣做这种尝试，因为他估计这篇论文肯定会被该刊编辑部拒绝。最后，在1845年，迈尔自费在海尔布隆的德雷希斯勒书店出版了这篇论文。这是一篇长文，一共印了112页。这也是迈尔最重要的一篇论文。

在这篇论文中，迈尔仍从“因等于果”“无不生有，有不变无”的原理出发，论述了力（能量）的守恒。他进一步论述“热也是能的一种形式，可以转化为机械能”，并且具体地推算了热功当量。他假设x是把1立方厘米空气在定容时从0 ℃加热到1 ℃时所需的热量（以“卡”计）。把1立方厘米空气在定压（标准大气压）时从0 ℃加热到1 ℃时则需要更多的热量，设为$x+y$。因为，在定压时，加热后空气体积膨胀，膨胀时反抗阻力必须做功。因为膨胀是在标准大气压下实现的，所以，额外的热量y将用来提高76厘米高截面为1平方厘米的汞柱。如果P是汞柱的重量1033克，h是膨胀时上升的距离1/274厘米，所以$y=1033\times(1/274)$克力·厘米=3.77克力·厘米。另一方面，1立方厘米的空气在0 ℃和76厘米汞柱大气压时重0.0013克。根据德拉罗赫和贝拉尔的工作，空气的定压比热容为0.267。因此，1立方厘米空气在定压时从0 ℃加热到1 ℃时所需的热量等于$0.0013\times0.267=0.000347$卡。按照杜隆的数据，空气的定容比热容与定压比热容之比为1∶1.421（迈尔的文章误刊为1.41），由此算得$x=0.000347/1.421=0.000244$卡。因此$y=(0.000347-0.000244)=0.000103$卡，相当于3.77克力·厘米=0.0377克力·米。因此，1卡相当于0.0377/0.000103克力·米

=367 克力·米（相当于 3.59 焦耳），1 千卡相当于 367 千克力·米。

迈尔关于热功当量的推导，根据当时关于比热容的测定值，应该说是相当准确的。他的推导依据了这样一个假设，即空气在自由膨胀时不做内功。虽然迈尔可能在 1842 年已经知道盖·吕萨克的实验支持这一假设，但他在 1845 年的论文中才明确地指出了这一点。

迈尔在论文中进一步把物理能的形式分为五种：(1) 重力势能（落体力），(2) 动能（简单运动和振动），(3) 热，(4) 磁、电（电流），(5) 化学能（某些物质的分解、化合），并列举了这几种能量相互转化的 25 种方式。如果当时迈尔把这篇文章的物理学部分单独写成一篇文章，并用一个明确的标题，也许迈尔关于热功当量的推算和能量守恒假说的优先权就较易为人们所发现、所承认。

迈尔在论文中还指出，太阳能不论在过去、现在，还是未来，都是地球表面能量的主要来源。植物吸收了太阳能，把它转化为化学能。动物摄取了植物，通过氧化，把化学能转化为热和机械能。由此开始，迈尔以三分之二的篇幅探讨了能量转化和生物学现象的关系，这可以说是生物物理学的开端。

迈尔在论文中描述并解释了他 1840 年到热带航行时的发现——海员的静脉血比在欧洲时要红，同时对动物热做了深入的探讨。他认为食物的氧化是动物热的唯一可能来源。在这一点上，他和李比希的观点是一致的，但是他不赞成李比希的活力论和所谓生活力的概念。李比希认为，肌肉力是通过肌肉组织中蛋白质中的生活力的中介，从化学力转化过来的。李比希还认为，生活力有多种功能，而其主要的功能是防止动物身体的自发腐烂，因为动物的组织经常处在氧气和湿气之中。迈尔否认腐烂会自发地在动物组织中发生。他论证说，即使腐烂确实发生，腐烂部分当其刚开始腐烂时就会被血液很快地带走，因此，假设有一种生活力，不仅不科学，也无必要 。

李比希还主张：淀粉和糖在血液中氧化而产生热；只有带蛋白质的肌肉组织中可以发生产生肌肉的机械力的化学变化，这些变化不在血液中发生，所以，肌肉在使力时自身要被消耗掉。为了批驳李比希的论点，迈尔运用他的热功当量，计算出为了供应动物一天所做的功，假如李比希的假说正确，一天需要消耗多少肌肉组织（特别是心脏），从而有力地证明了李比希的假说不能成立。迈尔的结论是，不管释放的力的形式和地点，氧化都是在血液中进行的。

迈尔认为，肌肉系统是动物身体中转换能量的工具，但肌肉本身在运动中并不被消耗。肌肉在动物的机械活动中有两方面的作用：(1) 肌肉中的运动神经，犹如轮船中的舵手，起着控制的作用，它不供应动力，只能消耗少量能量；(2) 肌肉中的新陈代谢（血液中的氧化）提供了动力，犹如轮船锅炉中煤的燃烧。这里，迈尔接近于把控制论思想引入动物生理学。

在这篇论文的结尾，迈尔讨论了肌肉的疲劳。他区分了由于单纯使力（如手持重物）的疲劳和消耗机械能（如把重物举高）的疲劳。后者必须用消耗食物来补偿，而前者只需要适当休息即可。

可是，这篇重要的论文并未引起当时物理学界和生理学界的重视，只有迈尔对李比希的生活力概念的批判引起了一定的反响。1845 年以后，李比希的一些年轻学生就不再引用生活力的概念了。关于肌肉分解问题，在生理学界里仍有争论。虽然，到 1870 年，人们同意碳水化合物和蛋白质的氧化都对肌肉机械能的产生有所贡献，但迈尔的论文对这些发展没有产生什么影响。

迈尔很可能把这篇论文送给著名的物理学家、生物学家和某些期刊请求给予评论。可是，除了少数期刊刊登了敷衍性的消息，这篇论文没有引起更多的反响。

从 19 世纪 70 年代到 80 年代初，马克思主义经典作家恩格斯在写作有关《自然辩证法》的札记时，仔细阅读了迈尔 1842 年和 1845 年的论文，并做出了很高的评价：

> 在 1842 年迈尔已经肯定了“力的不灭”，而在 1845 年他又根据自己的新观点，在“自然界中各种过程的关系”方面说出了比亥姆霍兹在 1847 年所发表的高明得多的东西。

七、1846—1848 年，不幸遭遇的开端

从 1846 年起，迈尔开始了他不幸的生涯。公众对他 1845 年的论文反应冷淡，使他感到沮丧。他的三个孩子相继去世，给他带来了巨大的痛苦。另一种说法是，他生了七个孩子，其中有五个在幼年时夭折。迈尔在从事医业之余专注于科学研究，这使得他多少有点难以相处，虽然据说他的脾气还是不错的。他也日益为他的科学工作得不到承认而苦恼。

1843 年，英国的焦耳首次发表了他根据自己的实验测定所做出的关于热功当量的估算。1847 年，焦耳在巴黎科学院的《科学报告》上发表了自己的工作成果，并提到迈尔关于热功当量的推导根据了一个基本的假设，而这在当时是尚未证明的，只有

焦耳本人后来的实验才使它成为合理的。这篇文章刺激了迈尔。迈尔回答说：法国人盖·吕萨克关于气体膨胀的实验，早在焦耳之先为他的推导提供了基础。这才使焦耳暂时保持了沉默。

不幸的是，迈尔又受到了一个德国的年轻讲师赛弗的攻击。赛弗在报上发表了一篇短文，说迈尔是一个冒充博学的蠢人，他的热的唯动说就是一个笑话。迈尔对这个可笑的事件又过分认真，为了做公开答复而深感烦恼。所有这些事件扰乱了他易于激动的情绪，最终导致他的精神崩溃。

此外，1848 年 3 月，在法国二月革命的影响下，德意志南部各邦的革命暴风雨似的发动起来。1848 年 2 月 27 日到 3 月 1 日，巴登人民举行声势浩大的示威游行和群众集会。他们高呼“共和国万岁！”的口号，要求出版自由，废除封建特权，在普选的基础上召开全德议会。同年 3 月，农民斗争也席卷德国。巴登、符登堡等地区都是农民运动的中心。1849 年 3 月 28 日，法兰克福议会通过全德的帝国宪法。5 月，德国的资产阶级民主派在各地掀起护宪运动。到 1849 年 7 月中旬，各地的护宪运动都被普鲁士王国军队镇压。1849 年 3 月开始的德国革命至此宣告结束。

在革命狂飙时期，迈尔的一个哥哥弗里茨·迈尔热情地投身革命，而迈尔则始终持保守立场。在革命时期，他曾被起义军短期拘留，在经济上和精神上都受到打击，最后导致他和他的哥哥弗里茨之间的不和与疏远。

八、1848 年的论文

在 1846 年到 1848 年的困难时期，迈尔仍坚持他的科学研究。1846 年，他写了一篇题为《太阳的光和热的产生》的论文，送交巴黎科学院。这篇文章未被发表，也没有得到任何答复。他根据该文的材料进一步扩大成为另一篇论文《对天体力学的贡献——通俗的论述》，于 1848 年在海尔布隆的 J. U. 兰德亥尔出版社自费出版。

迈尔在论文开始时就指出，太阳不断发出大量光和热，损失能量，必须有能量来补充。他想到了化学能（燃烧）、机械能（在当时的历史条件下，他不可能想到放射性和核能，这是可以理解的）。在论证了任何化学燃烧不可能维持太阳的巨大辐射后，迈尔提出了太阳热来源的陨石假说。迈尔设想，大量的陨石、宇宙碎片进入太阳系绕太阳旋转，与发光以太的摩擦使它们逐渐地以螺旋状下降，并以各种不同速度落到太阳表面上。当这些物质撞击太阳时，它们的动能就变成光和热。迈尔用热功当量计算出单位质量的物质撞击太阳所产生的热为燃烧同样质量的碳所产生的热的4000到8000倍。因此，如果落入太阳的物质的量足够大，这一过程就可以维持太阳释放出来的巨大热量。后来的研究证明迈尔的陨石假说是站不住脚的，因为没有充分的天文学证据表明有那么多宇宙碎片和陨石不断地落入太阳。尽管如此，英国的开尔文勋爵（当时为威廉·汤姆孙爵士）在1853年仍做出了类似的假说，而没有提到他的先行者迈尔。

在这篇论文的第七、第八两节和迈尔在1851年寄给巴黎的备忘录《月球对地球自转的影响》中，迈尔探讨了潮汐摩擦对地球自转的影响和地球的内热。我们知道，早在1745年，康德就发表了这样的观点：地球自转因潮汐摩擦而逐渐迟缓。但是，当时没有深入研究这一问题的科学条件，直到差不多一百年以后，迈尔等科学家才对这个问题进行了具体深入的研究。迈尔的计算结果是，经过2500年，地球的自转将变慢，一天的时间长度将增加0.06秒。但迈尔也知道，实际上，地球自转的速度，或每天的时间长度在2500年来的变化小于0.002秒。为此，迈尔大胆地假设，地球由于冷却而收缩，2500年地球半径收缩4.5米，可以加速地球的自转，从而抵消减缓0.06秒。迈尔的这部分工作的影响也难以估计，因为1848年的论文没有广泛流传，他送交巴黎的备忘录只做了简要报道而没有印刷发表。从19世纪50年代到70年代，有一些学者独立地重复了这方面的工作，做出了更为精确的计算。

九、1850年跳楼自杀未遂和科学工作的终结

1850年5月，在严重失眠之后，迈尔从他的卧室窗口跳楼自杀未遂。楼高9米，他跳楼后没有受到严重的内伤和大的骨折，只是双脚受到较重的挫伤，经过长时间治疗才逐渐复原。有一段时间，他的医业受到了损害。他为了恢复镇静，曾乞求于宗教神秘主义。尽管在这种情况下，他仍没有忘了他的科学工作。

该年圣诞节，迈尔写出了《关于热功当量的评述》一文。该文于1851年在海尔布隆的J. U. 兰德亥尔出版社由迈尔自费出版。

这篇文章是他关于他自己工作的回顾与综述。首先，在哲学上，他表达了他的经验论倾向，强调了对现象的考察，反对空想和思辨。同时他又强调数在科学中的作用，这又有点像是毕达哥拉斯哲学的信徒。他追述了他于1840年在爪哇有关静脉血液的鲜红颜色的观察，论述了能量概念的生物学意义。他也追述了他在1842年和

1845 年发表的两篇论文，重申了他在热功当量和能量守恒的发现方面的优先权。关于热的本性，他既明确反对热素说，又对热的原子理论持怀疑态度。文章的结尾引述并高度评价了焦耳的工作。这篇文章标志了迈尔科学工作的终结。此后，他就一直被疾病困扰，处于十分悲惨的境地。

十、在精神病院受折磨和误传的“讣闻”

1851 年，他的精神状态更为不好。他知道自己需要治疗，但不知去哪儿为好。该年秋天，他住进了距斯图加特 40 公里的哥平根镇的拉德勒大夫开的私人疗养院。但治疗并不成功，他又被转送到该镇的公立精神病院，院长是泽勒尔大夫。据说，迈尔在那里受到了虐待，一度被迫穿上了拘束衣。直到 1853 年 9 月，他才从该精神病院被放出来。有一份资料说，医院当局认为他的病已无治愈的希望，他将不久于人世。在受折磨期间，他仍念念不忘他的科学工作，这可能使他的治疗更为困难。

迈尔的病情相当复杂。迈尔死后，医学界仍有不少议论。许多人认为对迈尔的诊治不当，因为迈尔晚年从不承认他患过精神病。不过，在若干年中，他时常表现出有精神分裂的行为大概是无可怀疑的。

迈尔离开精神病院以后，回到了海尔布隆，之后又恢复了有限的行医业务。他脱离科学界足足有十年之久。他所提出的能量守恒思想，后来被克劳修斯、亥姆霍兹、开尔文、兰金等人扩展成为热力学的基础。而迈尔的早期贡献，大都被人们忘却了，甚至有些知道他的贡献的人，也以为他已不在人世。1858 年，李比希在慕尼黑的一次学术讲演中，赞扬了迈尔的科学贡献，并向听众宣告，迈尔在精神病院已不幸英年早逝。李比希的讲演稿被公开发表了。当然，海尔布隆方面否认了这个误传，但这个否认并没有引起人们的注意。而波根多夫的《手册》还正式发表了迈尔的“讣闻”。虽然在后来出版的增订本中做了更正，但是，人们是很少查阅增订本的，所以，在科学界，许多人都以为迈尔是真的逝世了。

十一、晚来的承认

1854 年，亥姆霍兹在一次有关“自然力的相互作用”的讲演中提到迈尔是能量守恒原理的奠基人之一，并承认迈尔比焦耳、科尔丁和他自己更早地做出了这个发现。

1858 年，由于化学家舍恩拜因的推荐，迈尔被聘为巴塞尔自然科学院的名誉院士。克劳修斯也尊敬地推崇迈尔是能量守恒原理的奠基人并于 1862 年开始和他通信。1860 年，迈尔开始参加科学会议，并作了一些一般性的讲演。1862 年，他在《健康文库》上发表了题为《论发热》的科学论文，但这篇文章没有什么创造性，主要是已知事实的综述。他对达尔文的进化论持反对态度。在他关心的能量转化领域，他对与热力学第二定律有关的发展，也不抱赞同的态度。

通过克劳修斯的介绍，迈尔与英国的物理学家廷德耳有了接触。廷德耳当时是英国皇家学院的教授。1862 年，廷德耳在伦敦举行的一次国际科学会议上作了一次讲演，综述了有关热功当量研究的发展。他借此机会，对迈尔的先驱性工作做了高度评价，强调了他的优先权，结果引起了一些英国科学家的反感。焦耳在《哲学杂志》上发表了一篇有礼貌地向廷德耳质疑的文章。对此，廷德耳在该杂志上发表了迈尔的 1842 年和 1848 年（可能是 1845 年之误）两篇论文的英译文，以支持自己的论断。这又导致廷德耳与爱丁堡大学的 P. G. 泰特之间的尖锐争论，后者不愿承认迈尔的优先权。威廉·汤姆孙爵士也加入了争论，一方面是为了强调他自己对新建立的热力学理论的贡献，一方面是为了支持他的好友泰特。汤姆孙评论的调子更为高傲，可能是因为廷德耳谈到迈尔在关于太阳热来源于陨石的理论方面也优先于汤姆孙而刺痛了他。此后，廷德耳又在他的题为《作为运动形式的热》一书（1863 年出版）中，详尽地评述了迈尔的工作。在这场争论中，由于廷德耳的论据更令人信服，他取得了优势。终于，1871 年，迈尔被授予伦敦皇家学会的科普利奖章，正好在焦耳得此奖章的一年以后。在德国，迈尔又成为杜宾根大学的名誉哲学博士、巴伐利亚和柏林科学院的院士。

在 19 世纪 60 年代末，有人建议迈尔写一部有关热学的物理教科书，阐述新的热力学思想。迈尔表示他已不能承担这项工作。1869 年，斯图加特的科塔编了一册迈尔的论文集。1893 年，J. J. 韦罗克编辑出版了一个增订本，其中还包括他收集的迈尔的书信。

十二、迈尔和杜林

1873 年，欧根·杜林的《批判的力学原理史》一书出版了。在当时的人物传记辞典中，杜林被列入哲学家和政治经济学家的行列。可是，他却对科学哲学和科学史深感兴趣，并且还是一个多产的著作家。在该书中，杜林强烈地主张迈尔在热的唯动说和发现能量守恒原理方面的优先权。杜林对该研究领域中其他学者的尖刻批评导致他和亥姆霍兹之间的一场争论，而这场争论最终导致杜林丧失他在柏林大学的教席。杜林是这样一个人，他对于他所赞成或反对的事都带有强烈的情绪，并且毫无顾忌地以极夸张的言辞表达出来。他对当时柏林大学的制度做了极为猛烈的抨击，并产生了轰动一时的影响。当然，这同迈尔并没有关系。迈尔显然读过杜林的书，但他并没有主动给杜林写信。后来，杜林送给迈尔一些有关他的书的评论，可能还介绍了柏林学术界中有关的一些争论。在这之后，迈尔在 1877 年 6 月 22 日写信给杜林，对杜林因为他的缘故而遭受这么多麻烦表示关切。

1877 年 7 月底，迈尔和杜林在小镇维尔特巴德相遇，当时杜林和他的家人正在那儿度假。在迈尔去世后的 1880 年出版的《罗伯特 · 迈尔 —— 十九世纪的伽利略》一书中，杜林回忆了他与迈尔的谈话。据说，迈尔在谈话中似乎更愿意谈他的健康问题，而不是关于能量守恒学说。迈尔特别坚持说，他从未患过精神病，他在温南塔尔的精神病院中受到了可怕的虐待（杜林在他的书中可能有夸大其词的地方）。杜林还认为，德国的“专家的同业公会”也对迈尔做了有意的迫害。杜林的这些话不可全信，因为杜林可能受到他对亥姆霍兹极度反感的情绪的影响。不过，在迈尔积极从事他的科学研究的时期，他难免不被专业科学家们看作一个业余的科学家，虽然他自己不希望人们这样看待他。一个业余科学家，在专业科学家当中，日子总是不大好过的。

据杜林记载，迈尔的家庭生活也是不幸的。迈尔夫人据说是一个硬心肠的有男子气的妇女，她不可能对迈尔的科学工作有多大的同情心，特别是迈尔这么做还影响了他的经济收入。她的亲戚可能更强烈地认为迈尔的业余科学研究完全是在干傻事，因为他干了那么久也没有得到什么荣誉和好处。杜林甚至认为迈尔夫人的亲戚没有积极争取把迈尔从精神病院接出来，反而编造了他精神失常的故事。在韦罗克编辑出版的迈尔文集中，所发表的迈尔的信件并不能证实杜林的判断。可是，奥斯特瓦尔德指出，那些信件是迈尔死后由他的亲戚交给韦罗克的，他们可能没有提交对自己不利的信件。所以，杜林关于迈尔的家庭生活的叙述，其真实性如何，仍是一个悬而未决的问题。

恩格斯在 1876 年至 1878 年写的《反杜林论》一书中，对杜林的哲学、政治经济学和社会主义学说做了全面深入的批判。但是，涉及迈尔发现能量守恒定律的优先权问题，恩格斯和杜林并无分歧意见。恩格斯在《自然辩证法》一书中，曾多次提到迈尔对发现能量原理的贡献。在1885年写的《反杜林论》第二版序言中，恩格斯也对“柏林大学曾经以过分不公正的态度对待杜林先生”，“这个大学竟然在人所共知的情况下剥夺了杜林先生的教学自由”进行了谴责。不过，恩格斯所说的杜林受柏林大学打击的原因和时间与本文中所引材料有出入。

十三、暮年的烦恼

1876年，在迈尔去世前两年，迈尔发表了他最后一篇科学论文《释放》。这篇文章讨论了那种以少量的能可以控制大量的能的释放的现象。迈尔讨论的主要是生理学方面的释放现象，还举了生理学方面的实例，特别是神经过程。当时迈尔的健康状况不好，这篇论文据说没有多大的科学意义。

人们可能认为，在迈尔的暮年，在他发现能量守恒定律的优先权得到承认并获得一系列荣誉称号之后，他的心情应该愉快和安详了，但事实并非如此。

1877年，亥姆霍兹在一次“关于医学思想”的学术讲演中，讲了如下的一段话：

> 容易发现，在外行人中有时也持有表面上类似的思想，由于这类巧合人们很快授予这些外行人以天才人物的荣誉。在许多这样巧合的思想中，必然有一些是部分正确的，甚至有可能是全部正确的。如果总是错的，那确实是聪明过度了。在一些幸运的思想的场合，人们会提出要求，给予他发明的优先权；如果这思想不成功，愉快的健忘可以消除全部失败的记忆。……一个科学研究者，在他把他的思想从各个可能的角度加以证实、排除一切反对意见并牢固地建立他的证明之前，是不会把它们公之于世的，从而处于一种明显的不利地位。现行的判定优先权的制度，只考虑最早发表的日期而不考虑工作的成熟程度，实际上助长了这种混乱的状况。

对于大多数人，不论是科学家还是外行人，亥姆霍兹的这种说法，在一般情况来看，是言之有理的。可是，迈尔却认为亥姆霍兹是冲着他讲的。鉴于亥姆霍兹早在1854年就公开承认了迈尔的优先权并赞扬过迈尔的工作，所以，迈尔的态度是不够冷静和理智的。他容易被人无意地冒犯，甚至难以忍受一丁点儿暗含的轻蔑。针对亥姆霍兹的发言，迈尔又试图用他的1845年和1848年的论文来证明自己的成熟性。实际上这已没有什么必要，只反映了这位不幸的老人孩童般的愤懑心情。

迈尔在他的神经崩溃之后，健康状况一直不太好，不过到1877年的冬天他仍能活动。这时，他的右手感染了结核菌。他于1878年3月20日在海尔布隆逝世，享年64岁。他死后，在他的故乡海尔布隆，人们为他竖立了一个纪念碑。

迈尔生于德国科学正在迅速专业化的时期，而他始终是一个科学的业余爱好者。他几乎没有做什么实验研究。他虽有严密的数学头脑，但并不精通数学分析。他的科学风格，他作为科学共同体的局外人的地位，他与学术团体和机构缺乏联系，都妨碍他为有影响的学术刊物和出版社所接受，也妨碍了他的思想和工作为人们所了解和接受。他一生的悲惨遭遇，和他作为业余科学家的身份是有一定联系的。尽管如此，谁也不能否认，他是一位真正的天才。

（作者：范岱年）

参考资料

[1] T. S. 库恩 . 能量守恒作为同时发现的一例［C］// 必要的张力 . 福州：福建人民出版社，1981：67-102.

[2] 范岱年 . 关于能量守恒定律［C］// 自然科学哲学问题论丛：第一辑 . 南宁：广西人民出版社，1981：22-51.

[3] 范岱年 . 能量守恒定律的发现［C］// 成功之路—— 科学发现的模式 . 北京：人民出版社，1987：346-373.

[4] R. B. Lindsay. Julius Robert Mayer：Prophet of Energy［M］.New York：Pergamon，1973.（其中第三部分是迈尔的五篇原始论文的英译文）

[5] B. S. Turner. Mayer，Julius Robert［C］//Dictionary of Scientific Biography. vol. 9. New York：Charles Scribner's Sons，1974：235-240.

[6] 恩格斯 . 自然辩证法［M］. 北京：人民出版社，1971.

[7] 恩格斯 . 反杜林论［M］. 北京：人民出版社，1972.

詹姆斯·克拉克·麦克斯韦

（James Clerk Maxwell，1831—1879）

麦克斯韦

经典物理学的巨匠，现代物理学的先师

詹姆斯·克拉克·麦克斯韦，英国19世纪伟大的数学物理学家，物理学史上的重要转折人物。他是近代物理学的巨匠，经典物理学大厦的主要完成者之一；他也是以自己的劳作加速了牛顿力学观念框架崩溃的人，是现代物理学的先师。不了解他的工作，就无法理解现代物理学何以能够产生。

无论是作为一个科学家还是一个普通人，麦克斯韦都是一个很有趣味的人。天真与执着、谦逊与自信、犀利与温和、怪诞与机敏，都在他身上得到体现，我们从他身上既可以看到近代自然哲学家的风范，又可以看到现代科学家的气质。他的著述以清晰和有条理著称，但他的言谈和讲课却往往令听众如坠云雾之中，很少有人能明其所云；他极力主张在进行数理推演时，每一步都不能离开物理概念，但他建立的科学理论在他同时代人看来，如同空中楼阁，被指责为“数学游戏”；他是一个受到正统学院教育的数理学家，却同完全不懂抽象数学的法拉第站在一起，反对数理学派流行的超距论观点；他生活在19世纪经验主义气氛极为浓厚的英国，但他却是那个时代头脑最清醒、理论思想能力最强的科学家之一。至于他的童年，有人说他学绩平平、性情乖张，也有人说他思维超凡、天才独具。另外，他一生没有发表任何专门的哲学论著，但人们却称他是认识论领域的巨匠，因为他的科学著作和诗文中充满了哲学议论。

本文就对这样一位科学家的生平、贡献、思想、方法及其对后世的影响做一简要评述。

一、青少年时代

1831年6月13日，麦克斯韦出生于英国爱丁堡的克拉克家族。祖辈中有政治家、艺术家和学者。他的父亲约翰·克拉克·麦克斯韦博学多才，兴趣广泛，虽是律师出

身，但对科学技术和实用工业十分热心，是爱丁堡皇家学会会员。因此，麦克斯韦从小就有机会随同父亲一道参加皇家学会的集会，受到自然科学方面的熏陶。他的母亲弗朗西斯·凯伊也出自爱丁堡的一个名门望族，识文达理，性格坚毅，是麦克斯韦幼年教育的启蒙者。母亲不仅教他识字，还培养他对各种事物的好奇心，可是母亲的早逝却使少年麦克斯韦在感情上受到沉重打击，甚至长期走不出丧母之痛。

麦克斯韦的幼年生活和童年时光是在苏格兰西南部盖洛韦乡村的格仑奈尔宅院度过的。这里有他父亲从麦克斯韦家族继承来的约 1500 英亩地产，后来传给了麦克斯韦。同当地村民的孩子在一起戏耍，给他增添了许多童年的欢乐，也使他带上了很重的盖洛韦地方口音。

与牛顿和爱因斯坦一样，麦克斯韦早年在读书识字方面似乎并未显露出过人的才能。8 岁丧母之后，曾从一位家庭教师学习两年，结果收效甚微。这绝不意味着他智力迟缓或贪玩厌学，而是因为他固执的性格和奇异的行为方式遮掩了他的聪慧天资，使之不易为常人所察觉。例如：他喜欢对一些事物和现象的原因追根问底；喜欢画一些奇怪的图画，玩一些奇怪的玩具；与人谈话充满讥刺和嘲讽；等等。可是那位年轻的家庭教师不了解这一点，因而经常与他的学生就拉丁语语法的价值这类问题发生激烈冲突，以至于约翰·麦克斯韦不得不辞退了他。

1841 年，麦克斯韦进入爱丁堡中学读书，寄居在姑母家中。因是中途插班，且经常不好好准备功课，所以在头几年里成绩平平；他的孤僻性格和奇特举止，加上浓厚的乡下口音和不合时宜的穿着，更使他经常受到同学们的嘲笑，于是，他很快获得了一个不中听的绰号——“痴汉”。可是几年以后，麦克斯韦的各门功课都有了飞速进步，经常获得奖赏，尤其是在数学、英文诗、拉丁文等方面成绩突出，一跃而成为令人瞩目的人物。这有麦克斯韦在爱丁堡中学的同学、后来成为好友的泰特的回忆为证：

> 在学校里，他起初是被人当作怕羞者甚至呆子看待的。他不事交际，逢到偶有的假日，也只是读点古歌谣，画点奇怪的图和做点粗糙的机械模型来消遣。……可是，约莫到了他的学校生活中途，他使他的同伴们惊异了，他突然成为他们中间最有光彩的一个，得了许多奖赏，有时还是数学和英文诗学业成绩的最高奖。

在14岁时，他写出了第一篇科学论文，内容是讨论一种绘制椭圆曲线的新方法。这篇论文后来经爱丁堡大学自然哲学教授福布斯的推荐，在爱丁堡皇家学会会议宣读并登载于该学会会报。据福布斯教授的评价，麦克斯韦的方法比早年笛卡儿提出的方法简单而且更具有一般性。

1847年秋，麦克斯韦以优异成绩毕业于爱丁堡中学，同年11月进入爱丁堡大学学习，有机会师从凯兰学习数学，师从福布斯学习物理学，师从哈密顿爵士学习哲学。哈密顿的精彩讲座曾对麦克斯韦产生深刻影响，培养了他对事物本质进行哲学沉思的偏好，但福布斯的物理学讲座却吸引了他的主要注意力，使之最终成为一个致力于物理学研究的人。福布斯破例允许他自由使用自己的精良仪器从事各种实验活动。在这期间，麦克斯韦又发表了另外两篇科学论文。

在爱丁堡大学的三年，是麦克斯韦全面学习和汲取各种知识和文化营养的时期：既学习了各种理论，也培养了对实验技术的浓厚兴趣；既努力钻研数学、物理学专业知识，也广泛涉猎其他领域，包括文学、美学等人文学科的养料。精深的数理知识和广博的文史哲修养的结合，为麦克斯韦以后的科学创造打下了坚实的基础，也造就了他强调严密、追求完美的学术气质。他后来曾深有体会地谈到，为了深入理解自然科学问题，有必要学习和研究哲学、科学史和美学，对年轻人的教育不能局限于某一专业领域之内。

家庭曾希望麦克斯韦学习法律，以便子承父业。但他认为，世间最完备的法律，也无过于自然界的定律。福布斯教授也力主麦克斯韦进剑桥大学学习自然科学。父亲经再三斟酌之后，终于在1850年秋送他进了剑桥，专攻数理科学。他先在彼得馆，数月后接受别人的建议转入三一学院，一年后获得三一学院奖学金。他渊博的知识、深刻的理解力和执着的求知精神给他在剑桥的同学们留下了深刻的印象，也引起了著名科学家W. 威廉·霍普金斯、数学家斯托克斯、哲学家和科学史学家休厄尔的注意。巴特勒是麦克斯韦在剑桥的同学之一，他这样评价麦克斯韦：

> 他的地位在我们中间是独一无二的。他在大学毕业生中是一个被认为独具天才的人。

W. 威廉·霍普金斯也认为，麦克斯韦毫无疑问是他毕生经历中遇到的最杰出的一个人。

麦克斯韦在剑桥除与该校奖学金获得者同桌吃饭，从而有机会与这些富有才智的同学交往外，还被吸收为智力层次更高的学术圈子“使徒俱乐部”的成员。这一团体仅限 12 名成员组成，在剑桥大学里被认为最有才能的人才可以参加。与麦克斯韦同时代的成员有斯蒂芬、巴特勒和霍特等，后来参加“使徒俱乐部”的还有西奇威克、怀特海、罗素以及凯恩斯这样一些杰出的科学家、哲学家、思想家和经济学家等。与各种不同类型的杰出青年交往，无疑对麦克斯韦的成长产生了深远的影响。在“使徒俱乐部”举办的学术活动中，麦克斯韦先后宣读了十几篇论文，其内容涉及科学、哲学等各个方面，远远超出当时所学课程的范围。从这些论文中，人们不仅可以发现麦克斯韦深沉、持重和有条不紊的一面，也可以发现其敏捷、幽默和怪论迭出的一面，再没有人能感受到他害羞和离群索居的习性。

进入剑桥的第二年，麦克斯韦即开始准备数学荣誉学位考试。他一面跟着导师 W. 威廉·霍普金斯进行有系统的知识训练和科学研究，一面听斯托克斯的数学讲座。1854 年结束学业，在学位考试中以仅次于后来成为优秀数学家的劳思的成绩获得甲等及格者第二名，并与劳思并列获得史密斯奖第一名。有一个事例可以说明当时此类考试的水平如何：在麦克斯韦参加的数学考试中，主考人斯托克斯在题目中第一次公布了著名的有关线面积分的斯托克斯定理，让考生们自行证明。

毕业后，麦克斯韦被选为剑桥三一学院公费研究员，从事色视觉和电磁学方面的研究，还继续为“使徒俱乐部”撰写论文，并为工人业余学校讲授科普知识。1856 年，为了照顾病中的父亲，他决定离开剑桥，在离家较近的阿伯丁的马里斯采尔学院申请一个自然哲学教授职位。可是在他到任之前，他的父亲就逝世了。他在马里斯采尔学院工作了四年，1858 年与该学院院长的女儿凯瑟琳·玛丽·迪尤尔结婚，婚后未曾生育子女。除了工作，麦克斯韦的主要业余爱好是写诗、骑马、游泳和摆弄陀螺之类的玩具。

二、创立电磁场理论

麦克斯韦从剑桥毕业后不久，即在威廉·汤姆孙鼓励下开始钻研电磁学。他是通过阅读法拉第的电学著作而进入这一领域的。他说过：

> 在我通读法拉第的《电的实验研究》之前，我决定不读任何关于该学科的数学文献。

事实证明，汤姆孙的建议颇有见地，使麦克斯韦投身于这一大有可为的领域，而首先阅读法拉第的著作则有助于麦克斯韦摆脱数理学家们的某些流行的传统观念的束缚。

19 世纪上半叶，电磁学的实验发展与理论研究很不平衡。一方面，实验研究迅速发展，取得了一系列重大突破，如奥斯特于 1820 年发现了电流的磁效应，法拉第于 1831 年发现了电磁感应定律，等等。新的实验发现打破了电与磁是孤立现象的传统观念，揭示了它们之间的本质联系。另一方面，电磁学的理论研究却进展缓慢。虽然提出了一些理论假说，如安培的分子环流假说等，建立了一些数学公式，如高斯的静电学数学体系、安培的电动力学计算体系及欧姆的电路计算公式等，但是面对丰富的经验材料和分散的数学定律，人们却无力建立包括电现象和磁现象（更不用说光现象）的统一理论体系。直到 19 世纪 50 年代，理论研究的整体局面仍是十分混乱的。麦克斯韦在 1855 年发表的首篇电磁学方面的论文《论法拉第的力线》一开头就对此做了如下评述：

> 电学的现状对理论特别不利。导体表面电的分布定律已由实验分析推导出来；磁学的某些数学理论已被确立，而其他部分尚缺乏实验数据；电流的传导理论和载电导体的相互作用理论已概括为数学公式，但是还没有同该学科的其他部分知识建立联系。除非不仅表明静电和流电之间，而且表明两种状态下电的作用力和感生效应之间的联系，否则就不可能提出电的理论。

当时，关于电磁学的研究对象及电磁作用方式，存在两种相反的观点。第一种是数理学派的超距论观点，他们信奉牛顿力学的实在观，将其原封不动地移植入电磁学领域，认为电磁作用是电、磁点源在空间中的瞬时、远距离直接作用，这是当时占绝对优势的观点。第二种观点是法拉第的力线观点，认为存在某种连续的、具有物理性质的力线，带电体间相互作用是通过这种力线传递的，是近距、有限的连续作用，力的大小由这种力线的状态而决定。由于法拉第的力线思想缺乏精确性，是一种直观、定性的描述，故为绝大多数科学家所轻视，在欧洲大陆毫无立足之地。英国著名科学家艾里也曾说：

我很难想象有一个人，当他知道超距作用的观测与计算的这种一致性，还会在对这种简单而精确的作用与类似于模糊不清而又变动不定的力线这种东西之间进行选择时有丝毫的犹豫。

但是，麦克斯韦却选择了力线思想作为研究的出发点。对此，当时的科学家们感到大惑不解，认为这是麦克斯韦的一个“妄念”。其实，麦克斯韦是经过了慎重考虑的。他做此决定是出于下述两个原因。第一，麦克斯韦基于电磁统一性和相互联系的信念，要创立统一、完备的电磁理论，但超距论只注意到点源而忽视了广阔的空间，不能说明电磁作用的具体机制，准确地说是跨越和忽略了这一环节，不利于达到更广泛的“联系概念”。法拉第的力线思想虽然是“不确定和非数学的”，但它正好涉及点源之外的空间，沿此方向前进有可能全面解决电磁学问题。麦克斯韦把法拉第当成一个思想家，他说：

一个非常熟悉自然的思想家的推测，有时要比经验论者所发现的实验性定律含有更多的真理成分。尽管并不一定要承认它是物理真理，但我们可以接受它作为新观点，以使我们的数学概念更为清晰。

第二，麦克斯韦出于一种物理直觉或哲学信念，坚信电磁体周围的空间与没有该电磁体存在时的空间必有不同的物理状态。麦克斯韦后来说道：

我们不满意基于超距作用假设之上的对于磁极之间的吸引排斥力的解释。尽管我们可以满意现象是严格地与该假说相符合，我们情不自禁地设想在力线存在的每一地点，某种物理状态或作用必定存在，以足够的能量产生实际的现象。

数理学派与法拉第的研究方法也很不相同，前者注重分析，强调精确，追求抽象的数学形式；后者依靠直观现象，试图从总体上把握对象。麦克斯韦认为这两种方法都是需要的，不应当把它们对立起来：

因为人的心灵各有其不同的类型，科学的真理也就应该以种种不同的形式出现，不管它是以粗豪的形式和物理说明的生动色彩出现，还是以朴素无华的符号形式出现，它都应该被同样当作是科学的。

法拉第的综合方法抓住了整体，但他的整体思想是“粗豪”的，“当客观复杂性需要时，应当使用分析概念”。数理学派的分析方法首先抓住了部分，但如不确立整体观念，也难以建立完备的理论。于是，麦克斯韦把直观想象与数学方法、整体综合与分析方法结合起来，克服了前人在思想、方法上的偏颇之处，汲取不同学派方法上的长处，寻找到了建立统一理论的突破口。这对于麦克斯韦在短短十年之内，一举廓清电磁学领域的混乱局面，实现物理学的一次大综合，具有至关重要的意义。

麦克斯韦草创电磁理论的历史分为三个阶段，以三篇重要论文为标志。第一篇就是《论法拉第的力线》，主要是运用流体模型来说明力线思想并使之数学化，即力求“将各种已被发现的现象的联系清楚地置于数学心灵之前”。结果证明从力线出发建立的数学定律与持超距作用观点的数理学派的成果完全一致，并不矛盾，这样就使力线思想得到了一个支持，这不仅沟通了法拉第和数理学派对立双方的研究，同时动摇了超距论观念的独霸地位。

1860 年，由于马里斯采尔学院与阿伯丁的国王学院合并，麦克斯韦被辞去了教授职务。但不久就接到了伦敦国王学院的任命通知，担任该院的自然哲学和天文学教授，历时五年。这五年是麦克斯韦最富有成果的时期，写出了许多重要的科学论文，其中也包括电磁学方面的另外两篇重要论文。一篇是于 1861 年年末至 1862 年年初发表的《论物理的力线》，在这篇文章中，麦克斯韦试图说明电磁作用的具体机制，为此设置了“分子涡旋”机械模型。其中最重要的理论突破是运用类比方法和数学方法提出位移电流假说并得出光的电磁本性的猜测。这一突破否定了超距论观点，为电磁理论的建立打下了重要基础。另一篇论文是 1864 年发表的《论电磁场的动力学理论》。此时，麦克斯韦已抛弃了一切机械模型，用场概念取代了力线概念，运用数学公理化方法构造了电磁学的完整理论，提出了著名的麦克斯韦方程组，由包含 20 个物理量的 20 个方程所组成。他自信地宣称：“这些方程足以确定电磁场现象中的一切量。”接着用这些方程讨论了各种电磁现象，做出了许多推论，包括电磁波存在和光电磁统一这两个著名的科学结论。这篇论文的问世，标志着电磁场论的正式创立。他说道：

> 我建议把这个理论叫电磁场理论，因为它是与带电体及磁体周围的空间相关的。它也可以叫动力学理论，因为它假设在这个空间中存在运动的物质，由此产生可以观察到的现象。

在这里，现代意义上的电磁场概念已经呼之欲出了。至于麦克斯韦方程组，因其高超的概括性和优美的形式而成为近现代科学理论表述的光辉典范，受到人们的极高赞誉。

1865 年，麦克斯韦因健康原因辞去了伦敦国王学院的教授职务，回到格仑奈尔老家隐居，专事电磁学的系统整理工作，写成巨著《电磁通论》于 1873 年出版，电磁场理论大厦宣告完工。在该书中，麦克斯韦去掉了建造理论大厦时所用的“脚手架”，以电磁场观念为实在基础，以数学方法为表述语言，概括了到当时为止电磁领域所取得的全部研究成果，完成了近代自然科学的又一次伟大综合。后人称誉《电磁通论》是历史上一人独创纪念碑中之最佳者，而麦克斯韦所建立的场论观念和使用的数学发现方法，更对后世的科学家们产生了巨大影响。

三、开创统计物理新纪元

麦克斯韦正式研究分子运动和统计物理问题开始于 1860 年前后，但是他对这一问题的思考可以追溯到 1855 年。这一年，剑桥第四次亚当斯奖悬赏解决土星光环的组成和稳定性问题。经过几年研究，麦克斯韦发表了《论土星光环的构造的理论》和《论土星光环的运动的稳定性》等论文，从数学上对土星光环的构造和运动进行分析，第一次以数学的严密性否定了历史上关于固体环及液体环的假说，证明土星光环是微小粒子的集合体，而且其质量分布是不均匀的。这一研究结论直到 19 世纪末才获得观察证实。由于这一成就的取得，麦克斯韦于 1857 年获得了亚当斯奖。

通过对土星光环的研究，麦克斯韦对大量碰撞物体的运动问题发生了兴趣，并试图用概率理论对此进行研究，但由于这一问题过于复杂而暂时放置起来。1857 年到 1858 年，克劳修斯发表了两篇关于气体运动的论文，前一篇给出了关于气体的微观分子运动与宏观气体压强及体积关系公式的经过重大改进的推导，并指出气体分子具有内部自由度；后一篇论文则进一步提出“平均自由程”的概念，解释了气体缓慢扩散现象和分子激烈运动理论结果之间的矛盾。但是，克劳修斯及其他前辈科学家一般都假定气体分子以相同的速度做激烈运动，而且克劳修斯也不能精确确定平均自由程的值，这使分子运动论的进一步发展遇到了障碍。1859 年 4 月，麦克斯韦读到了克劳修斯的论文，受到鼓舞和启发，坚定了用概率理论解释物理过程的信念，同时认识到，从数学上解决分子的实际速度问题是全体动力学深入发展的关键。他从分子的无规则运动出发，得到一个结论：气体分子的无规则碰撞并不导致分子速度平均，而是按照某一统计规律分布，所有速度都会以一定的概率出现。同年 9 月，麦克斯韦宣读了《气体动力论的说明》一文，次年发表于《哲学杂志》上。该文分三个部分：第一部分讨论完全弹性球的运动和碰撞，第二部分讨论两类以上运动粒子相互扩散的过程，第三部分讨论任何形式的弹性粒子的碰撞。他假定大量弹性粒子相互碰撞过程中，粒子的三个相互垂直的速度分量互相独立地分布，运用概率理论导出了著名的麦克斯韦速度分布率，即速度分解在某一方向上的分量在某一速度区间的粒子数，以及速率在某一速度区间的粒子数的函数表达式。这一定律揭示：虽然分子在碰撞过程中，其速度是不断变化的，但是在热平衡情况下，某一速度区间的粒子数是恒定的，速度的范围从 0 到 ∞（无穷大），但速度极大和极小的粒子数很少。由此分布函数出发，麦克斯韦导出了系统粒子速度平均值和速度平方的平均值；运用上述结果可以研究气体的性质，解释气体的扩散和黏性等问题。麦克斯韦的这一工作是开拓性的，奠定了气体统计力学的基础，标志着物理学新纪元的开始。

但是，麦克斯韦在推导速度分布率时假设三个速度分量相互独立地分布，这似乎并不自明，他自己也承认这一点。六年以后，麦克斯韦写了另一篇气体统计理论方面的重要论文《论气体的动力学理论》。此时，他抛弃了关于速度三个分量的分布相互独立的假说，直接从分子的弹性碰撞出发，重新导出了上述分布函数，表明了这一定律是唯一的普遍成立的科学定律。许多年以后，随着分子束实验的发展，麦氏分布律才获得直接的证实。

1878 年至 1879 年，麦克斯韦再一次回到这一领域，写出了另外两篇重要论文，即《论由温度的不等引起的稀薄气体中的应用》和《论玻尔兹曼的质点系能量平均分布定理》。前者研究了气体团中应力通量与热通量等问题，开创了稀薄气体动力学的新领域。后者则包含了一个极其重要的思想，即以确定在任一时刻处于某一给定状态的系统的数目取代单个体系。随着时间的推移，这一思想后来经过吉布斯的继承和推广，发展成为现代统计物理等学科中常用的“系综方法”。

出现于 19 世纪初的概率理论，虽然在 19 世纪中叶已在科学研究和社会统计中得到应用，但是麦克斯韦将其用来描述大量气体粒子的无规则运动的真实物理过程，却是十分新奇而又大胆的尝试。当时，物理学家们大多用牛顿经典力学理论研究分子运动，试图对系统分子运动状态做出精确的描述。麦克斯韦认为，统计规律是气体运动的真实规律，运动概率理论可以完美地描述气体分子的运动。统计观念的确立是近代物理学思想上的一个重要转变，它不仅在近代机械自然观上打开了一个缺口，而且也为后来的量子力学的建立和发展提供了思想武器和方法工具。作为玻尔兹曼和吉布斯的前辈，作为统计物理学主要开创者之一的麦克斯韦，在这一转变中的地位和作用是无可怀疑的。

四、色视觉研究及其他

色视觉领域是麦克斯韦作出过重要贡献的另一科学领域。他对这类问题的兴趣萌发于中学时期，那时，他父亲不仅经常带他参加科学学会的集会，而且还参加艺术学会的集会。D. R. 海邮在艺术学会所做的关于形状美和色彩美的数学解释的报告，给他留下了深刻的印象。进入爱丁堡大学后，麦克斯韦就开始研究和思考颜色的组成和视觉生理学问题，曾在福布斯的实验室进行色混合实验，同福布斯一起利用一只带有可调的扇形色纸的色陀螺，试图获得一些定量的色方程。

1855 年，麦克斯韦写了两篇关于色视觉的论文，一篇是给威尔逊（《论色盲》一书的作者）的一封信，后来发表于《皇家苏格兰艺术学会会报》；一篇是题为《关于眼睛看见的颜色的实验以及色盲的评论》的长篇论文。在上述论文中，他具体“描述了一种方法，通过这种方法，每种可见光可以以容许进行精确的色比较的方式显示在人的眼前，表明此种实验为什么是可以进行数量化处理的，并从这些数学结果推出一些视觉定律”。为此，他详细阐述了色陀螺实验装置和工作原理。

色陀螺是从分光原理得到启发而设计的。它是一种由不同颜色的扇形纸拼在可以旋转的圆盘上而制成的装置，当圆盘转动时，就可以呈现出某种均匀的视觉色彩，通过改变色纸颜色及其角度，可以得到任何色彩。例如，用 44° 胭脂红、22° 深蓝、34° 艳绿色扇形组合，与用 17° 白色和 83° 象牙墨色扇形组合，得到相同的色彩，即有 44° C+22° U+34° EG=17° SW+83° BK。通过实验，麦克斯韦建立了许多定量的色方程，从而创立了色度学这一分支学科，证明了各种颜色都可以由红、绿、紫三种光谱刺激源的混合而生成，所以这三种颜色被称为“三原色”。他还发现，色盲患者们只需要通过两种原色的混合就能得到所有的色感觉。麦克斯韦恢复了托马斯·杨关于色视觉的感受器假说，证实某种感受器的失效是导致色盲的原因。

1856年至1861年间，麦克斯韦先后又发表了好几篇关于色视觉方面的论文，进一步研究了三原色理论和光混合现象。他还设计了“色箱”实验装置，由此研究人眼视网膜处色敏度的变化情况。1861年，麦克斯韦在皇家学会向包括法拉第在内的听众演示了一张三原色彩色照片（由麦克斯韦的同事托马斯·萨顿拍摄），这被认为是历史上第一张三原色彩色照片。

自从牛顿和托马斯·杨研究光、色以后，色物理学在英国一直受到极大的尊重，所以麦克斯韦在这方面的研究很快就为科学界所熟悉和接受，这当然也有助于提高麦克斯韦的科学声望。为了表彰麦克斯韦在这方面的贡献，英国皇家学会于1860年授予他拉姆福德奖章。

除上述成就外，麦克斯韦还在其他一些领域作出过重要的贡献，下面再对这些方面做一简略介绍。

1. 节速器理论

在伦敦国王学院从事电阻测量实验时，麦克斯韦曾设计一种用于控制线圈匀速转动的速率调节器。后来他进一步研究了调节器的行为及原理，确定了各种情况下调节器的稳定条件，探讨了自然阻尼效应以及驱动负载变化的效应等问题。他于1868年发表的《论节速器》一文被认为是控制理论的奠基文献，对后来维纳创立现代控制论产生过影响。

2. 数学方法

麦克斯韦在青年时代就显露出数学方面的才能。在后来的科学生涯中，他的主要兴趣集中在物理学方面，但也提出了一些相关的数学理论和方法。例如，他于1864年发表的《论倒易图形与力的图解》给出了系统研究复杂图形的方法，推导出了一系列有关二维或三维倒易图形性质的普遍定理。他于1867年发表的《论圆纹曲面》等论文展示了其卓越的数学技巧，被认为是19世纪中叶波动几何的最重要的进展。1870年，他又将倒易函数方法推广到连续介质，为此获得爱丁堡皇家学会授予的基思奖章。

3. 热学

麦克斯韦对热力学也作出过重要贡献，他于1870年出版的《热的理论》一书，就包含了许多卓越的见解。该书被长期用作大学教科书，到1894年止就已再版11次。

他建立的热力学变量压强、体积、熵及温度与其偏导数之间的“麦克斯韦关系”，组成了热力学中的基本方程。他还指出了热力学第二定律的统计特征，反驳过“热寂说”。他提出的“麦克斯韦妖”假说，吸引了许多科学家对其进行研究。

五、筹建卡文迪许实验室

麦克斯韦在实验方面并没有做出过特别重要的发现，尽管他一生热爱实验并亲自做过许多实验。但是，他主持创建了卡文迪许实验室，并以一个理论家的气质和目光确立了卡文迪许实验室的基本原则和发展方向，因而在实验物理学史上也占有重要的地位。

麦克斯韦在格仑奈尔隐居时期，经常作为剑桥数学学位考试主考人访问剑桥，他主持了 1866 年、1867 年、1869 年和 1870 年的数学学位考试。他把电学、热学等内容引入学位考试中去，积极倡导数学与物理学的结合，主张加强物理实验在物理教学过程中的作用。这一倡导顺应了当时社会工业技术发展的潮流，获得了威廉·汤姆孙等一些科学家的支持，于是在剑桥形成了一场改革物理教学的运动。这场运动的结果是，剑桥大学组织了一个委员会，来审查成立一个新的教学机构的必要性问题。该委员会于 1869 年提出报告，认为有必要设置一个主要从事热学和电磁学教学的物理学教授席位、一个实验示范席位和一个大学实验室。实验室筹建预算为 6300 英镑，学校一时筹集不到这些资金，只好暂时搁置起来。1870 年秋，该校校长——第七世德文郡公爵答应私人赞助这笔款项。1871 年 2 月，大学决定建一个公共物理实验室并积极物色教授人选；几经周折，终于劝说麦克斯韦接受了这个职位，并授命他负责筹建大学的第一个物理实验室，这就是科学史上久负盛名的卡文迪许实验室。

1871 年，麦克斯韦结束了乡下的隐居生活，重返剑桥。在此后的几年中，他一面主持实验物理学讲座，一面亲自参与设计和指导实验室的修建。1874 年，实验室建成并对公众开放，第一个示范员是加尼特，麦克斯韦则成为这个实验室的首位主任，直到逝世。

到 1877 年，据麦克斯韦提交给剑桥大学的报告所说，该实验室已经包容了在当时条件下物理学研究的一切仪器设备了，当然其中也有一些是麦克斯韦出资购买的。早期进入该实验室的人员虽然为数不多，但也培养出了像希克斯、夫累铭、尼文和坡印廷这样一些对科学作出过重要贡献的人。

作为实验室的第一位教授，麦克斯韦在1871年的就职演说中对实验室未来的教学方针和研究精神做了精彩的论述。不过，出席这场在科学史上具有重要意义的演说会的只有一二十个学生。有人猜测说是因为麦克斯韦当时对演说是否能取得成功缺乏信心，故而没加张扬地在一个偏僻的地方发表了他的演说词；有人则认为这是麦克斯韦的谦逊以及对恶作剧的某种偏好所致。果然，在他后来开始热学讲座时，J. C. 亚当斯、A. 凯莱、斯托克斯及其他显要人物都把他的首场讲课当成就职演说而争相出席，并坐在前排。但他们听到麦克斯韦用了将近一个小时的时间来讲述华氏温标与摄氏温标的数量关系时，却感到困惑不解。

在就职演说中，麦克斯韦把实验分为两类：一是示范性实验，目的是通过实验现象的展示，帮助学生确立科学概念并用此概念说明实验现象；二是研究性实验，目的是预备材料以征服新领域，即发现新问题、发展新观念。与私人实验室相比，公共实验室的目的是，要让各种不同观点、不同研究领域的人，熟悉各种不同的方法，在讨论、批评和合作研究中，发展新方法，做出新发现。麦克斯韦驳斥了当时英国传统的“粉笔”物理学，认为这种方法阻碍了物理研究和教学的进一步发展，呼吁加强实验物理学在研究和大学教育中的作用。他说：

> 习惯的钢笔、墨水和纸张这些用具将不再能满足我们的需要了，我们将需要比只提供桌椅的教室更大的空间、比黑板更广的面积……我们所要提供的不仅仅是要普及和培养各种真实的科学原理，而且也要普及和培养健全的批评精神……那种用自做的、常易引起错误的仪器的学生，比那些用仔细调整过因而易于相信它而不至于弄坏它的学生，学得常常要多些。

他还批评了把数学分析和物理实验相脱离的倾向，提倡将二者密切结合起来。他说道：

> 把数学分析和实验研究联合使用所遇到的物理科学知识，比之一个单纯的实验人员或者单纯的数学家所具有的知识更加坚实、有益而牢固。
>
> 可能有一些数学家从事他的研究，完全是为了他自己的其他目的。可是，大多数人想到，数学的主要用途在于解释自然。

这些就是麦克斯韦为卡文迪许实验室规定的基本原则，也是他为后世确立的实验科学精神。

卡文迪许实验室在近现代物理学史上的地位是举世公认的，它不仅奠定了英国实验物理学的研究传统，而且对于近现代国际实验物理学的发展产生了重要的影响。继麦克斯韦之后的历届实验室主任，如瑞利、J. J. 汤姆孙和卢瑟福等都为这个实验室增添了荣光，玻恩、玻尔及许多国际著名的科学家都曾到卡文迪许实验室深造或工作过，因而卡文迪许实验室享有“诺贝尔物理学奖获得者的摇篮”的盛誉。在麦克斯韦100周年诞辰纪念会上，J. J. 汤姆孙在感谢当初的剑桥大学校长德文郡公爵慷慨捐资使卡文迪许实验室得以及时创建时说道：

> ……无疑地，（剑桥）大学里迟早总会有一个物理实验室，但卡文迪许实验室由它的第一个主任留下来的精神和传授方式可就难有了。

麦克斯韦在剑桥的最后八年的工作是卓有成效的，除了忙于创建实验室的大量事务性工作和开设实验物理学讲座，还出版了《热的理论》（1870）、《电磁通论》（1873）及《物质和运动》（1877）等著作，发表论文50多篇。另外值得一书的是，他自1875年开始花费了大量的时间和精力编辑出版了卡文迪许的科学论文集。卡文迪许生前虽然很少发表科学论文，但是却留下了20札电磁学等方面的论文和实验草稿。麦克斯韦亲手整理和抄写了这些手稿，尤其是重复进行了卡文迪许的许多电磁学实验。该文集于1879年出版，麦克斯韦为它写了一个长篇序言，并做了广泛详尽的注释，其中包含了他的许多精辟见解。正是通过麦克斯韦的工作，人们才知道卡文迪许这位电磁学研究的先驱者的许多重要发现。

六、一个超越时代的人

麦克斯韦一生短促，早在国王学院工作和格仑奈尔隐居时就经常患病，1879年11月5日因患肠癌在剑桥逝世，享年仅48岁，与他母亲死于相同的年龄和相同的疾病。他死后葬于格仑奈尔附近的巴顿教会墓地，身后没有子女。但是他在20多年的科学生涯中，写了4部著作，发表了100多篇科学论文，其中许多论文都是开创性的。他是历史上少有的能一直保持旺盛的创造热情，同时在好几个领域内不断取得重要进展的自然科学家，而敏锐的洞察力和娴熟的数学处理技巧是他取得这些伟大成就的基本条件。麦克斯韦科学论文集的编者尼文曾这样评价麦克斯韦：

> 创造和发现的才能，对物理科学的热爱和数学处理的本领，都同等地存在于一个人的心灵里，这是罕见的。

金斯则认为麦克斯韦是：

> 自牛顿以后世界上最伟大的数学物理学家。

麦克斯韦不仅是一个伟大的研究者，也是一个杰出的战略家。他善于继承前人的成果，却不为传统观念所束缚，能够在不同传统之间保持适当的张力，并开辟新的道路。他是一个理论物理学家，但他清楚地看到“实验称雄的时代还没有过去”，为此他在强调理论综合的重要性的同时，积极倡导改革教学内容，强化实验的作用。他本人主要是作为一个自由的个体研究者，并取得了巨大的成功，但是他却预见到科学发展的新趋势，大声疾呼并实际创制集体研究的新模式。他是那个时代最有能力运用机械模型方法的科学家之一，但他从未被机械观念束缚头脑，总是不忘声明它们“只具有方法上的意义”，“决不代表客体本身”，从而保持科学创造中的思维自由。

众所周知，在康德和黑格尔之后，欧洲出现了科学家抵制哲学的倾向。亥姆霍兹对此做过恰当的描述：

> 哲学家指责科学家眼界狭窄；科学家反唇相讥，说哲学家发疯了。其结果，科学家开始在某种程度上强调要在自己的工作中扫除一切哲学影响，其中有些科学家，包括最敏锐的科学家，甚至对整个哲学都加以非难，不但说哲学无用，而且说哲学是有害的梦幻。

麦克斯韦正生活在这一时期，但是他从来没有对哲学表示轻蔑，相反，他认为有必要研究哲学和科学史。在1870年的大英协会数学和物理学分会的一次讲演中，麦克斯韦说道：

对我们来说，仅仅说出我们自己时代的精神，仅知道同时代思维的特征，就要预言将来科学的一般规律，同要预料将取得的特殊发现一样是不可能的。

谈到那些远离直观的科学问题时，他又说道：

谁将引导我们进入那些更为隐秘和暗淡的领域呢？……通向它的道路不正是经过了洒满着先前探索者的遗物而为每一个科学家所憎恶的形而上学的洞穴吗？

现代物理学乃至整个科学技术和社会文明，都从麦克斯韦那里受惠良多。但是，正如传记作家埃弗里特所说，麦克斯韦“并未享有他所应当享有的盛名”。造成这一事实的原因是：麦克斯韦的科学思想和科学方法，从总体上说远远超越了他那个时代，以至于在他生前直至死后相当长一个时期内未为人们所理解。正当人们于19世纪末期开始理解和接受他的工作时，物理学革命的巨浪很快卷了过来，于是人们又一股脑儿地去追逐新的浪潮了。

关于麦克斯韦对后世物理学思想的影响，克劳瑟也有过极好的评述：

麦克斯韦的最伟大的贡献是凭着自己对于那个时代的科学思维方式的精通所获得的声望与实力，为未来科学研究指明了方向。……他的电磁学理论通向相对论；他的气体动力学理论对量子论起过作用；他在就职演说中为卡文迪许实验室所制定的工作规划和方法纲领，则引导了实验原子物理。

在新的科技革命迅速发展的今天，回顾麦克斯韦的成长道路和创造经历，研究他的科学思想和科学方法，我们仍然可以从中获得很多教益和启迪。

（本文在写作过程中曾得到史丹先生、许良英先生和潘撷先生的指点，在此表示感谢。）

（作者：赵定涛）

参考资料

[1] J. C. Maxwell. The Scientific Papers of James Clerk Maxwell [M]. 2vols. ed. by W. D. Niven. Cambridge: Cambridge University Press, 1890.

[2] N. J. Nersessian. Faraday to Einstein: Constructing Meaning in Scientific Theories [M]. Dordrecht: Martinus Nijhoff Publishers, 1984.

[3] C. W. F. 埃弗里特. 麦克斯韦 [M]. 瞿国凯，译. 上海：上海翻译出版公司，1987.

[4] 汤姆孙，等. 马克士威 [M]. 周梦麟，译. 上海：商务印书馆，1935.

[5] J. C. Maxwell. A Treatise on Electricity and Magnetism [M]. 2vols. Oxford: Oxford University Press, 1904.

[6] R. A. R. Tricker. The Contributions of Faraday and Maxwell to Electrical Science [M]. Oxford: Pergamon, 1966.

[7] J. G. Crowther. British Scientists of the Nineteenth Century [M]. London: Kegan Paul, 1935.

[8] L. Campbell & W. Garnett. The Life of James Clerk Maxwell [M]. London: Macmillan, 1884.

海因里希·鲁道夫·赫兹

(Heinrich Rudolf Hertz，1857—1894)

赫兹

杰出的物理学家和敏锐的思想家

20世纪科学技术的发展可谓突飞猛进、日新月异。但从科学发展的源流来看，不仅电磁学理论的创立与完备要归功于19世纪，相对论、量子力学也早已萌发于19世纪。这一切都与领导当时科学潮流的德国科学家群体密不可分。而本文的主人公赫兹则与欧姆、亥姆霍兹、基尔霍夫、玻尔兹曼等一起并称为19世纪德国物理学界的五大巨星。他以自己高超的理论水平和天才的实验技能活跃于当时的电磁学、阴极射线、X射线、光电效应等研究领域的最前沿，为物理学的发展作出了不朽的贡献。假如他能活到20世纪，早期诺贝尔物理学奖获得者中必将有他的伟大名字。正如著名物理学家洛伦兹在其1902年的诺贝尔奖演讲中所指出的那样：

> 在麦克斯韦之后，我提名德国伟大的物理学家赫兹（麦克斯韦理论的奠基者之一），如果不是疾病过早夺去了他的生命，他必定是皇家科学院最先考虑的获奖者之一。

而德国科学家所特有的哲学气质，又使得赫兹的科学研究体现出深刻的哲学意蕴，特别是他的《力学原理》，堪称科学哲学的经典。因此，认真研究赫兹的丰富而深刻的科学及哲学思想，不仅对于我们的科学工作者、哲学工作者及教育工作者有着重要的启发意义，而且对于加强素质教育、培植科学精神同样具有重要的现实意义。

一、天才的成长历程

1857年2月22日，赫兹出生于德国汉堡的一个有着犹太血统的富裕家庭。父亲G. F. 赫兹是一名律师，并出任市议员。

6岁时，赫兹进入当地一所要求特别严格的私立小学学习，在母亲的热切关注下，他的学习一直在班上名列前茅。星期天他用于在职业学校学习作图，速写和绘画显示了他的艺术天才，但他对音乐兴趣不大（这与亥姆霍兹、爱因斯坦、普朗克形成鲜明对比）。幼时，赫兹已表现出极强的动手能力，少年时代就利用自己的工作台和车床自制了许多木工工具以及灵敏电流计等物理仪器。这种极强的动手能力在他的整个科学生涯中发挥了非常重要的作用。在现代语言和古典语言方面，赫兹也有着特殊的天赋。15 岁时，赫兹进入当地一所高级中学学习，其希腊语是班上最好的，与此同时，他还学习了阿拉伯语。

1875 年，中学毕业的赫兹来到法兰克福准备以工程为业，并在当地建工局工作了一年，同时为工程考试积极做准备。一年的兵役之后，他进入慕尼黑工学院学习。1877 年转入慕尼黑大学，由此转向了自然科学的学习。因为在他看来，工程意味着商业、数据和公式，这种职业并不合自己的兴趣；另外，尽管工学院有很好的实验室和实际工作导向的课程，但慕尼黑大学则提供了一个无止境的研究生涯，这正适合赫兹理想中的学者风格和立志为科学真理而献身的宏大志向。

在慕尼黑大学的第一学期，赫兹认真学习了数学，并在导师冯约利的指导下，深入研读了拉格朗日、拉普拉斯以及泊松的著作，从而使自己的数学水平大为提高。但他认为，椭圆函数及数学的新分支过于抽象，因而对物理学不可能有什么用处。尽管赫兹认为自然界这部大书是用数学语言写成的，但在学生时代及此后的研究生涯中，他主要还是感兴趣于物理学问题，而非纯数学问题。

19 世纪后期的德国，典型的物理学家必须在实验和数学两方面都有很深的造诣。于是，第二学期，赫兹进行了大量实验工作，当然，这对于自幼动手能力就特强的赫兹来说并不困难。一年的学习，初步造就了赫兹作为物理学家的气质和才能。

1878 年，赫兹来到柏林大学，在名师亥姆霍兹和基尔霍夫的指导下学习，这对他的终身事业产生了决定性的影响。当时，电磁学的理论问题是包括亥姆霍兹在内的科学家所关注的重大问题之一。在奥斯特发现电流的磁效应和法拉第发现电磁感应定律之后很长一段时间内，人们总是力图从力学观点去解释电磁现象并仿照力学去建立电磁理论，从而造成电磁学领域中韦伯理论、诺伊曼理论等多种理论并存的混乱局面。亥姆霍兹把电磁学的这种状况称作“无路的荒原”，他比任何一位物理学家都更多地思考着电磁学的基本原理，旨在为这一无路的荒原指出一条高度统一的光明大道。为此，除自己的深入研究外，亥姆霍兹还针对一些关键问题设立奖项，以激起更多学生对这一领域的兴趣。1878 年，为论证运动电荷是否有惯性质量而设立的奖项就是其中之一。刚到柏林的赫兹为这一问题所吸引，决心为之而努力。亥姆霍兹极力支持赫兹的想法，特地为他提供了专门的实验室和专题文献指导，并时刻关注着工作的进展。1879 年 1 月，赫兹仅用了三个月就成功地解决了这一问题，并获得了嘉奖。作为该项研究的成果，《关于电流之动能上限的实验研究》一文于 1880 年发表于《物理学年刊》。随后，亥姆霍兹继续鼓励赫兹去争取另一项更有价值的大奖。它是亥姆霍兹通过柏林科学院以题为“用实验建立电磁力和绝缘体介质的极化间的关系”而设立的。该论题基于以下三个基本假设：(1) 如果位移电流存在，必定会产生磁效应；(2) 极化电流与自由电流具有同样的电磁效应；(3) 在空气和真空中发生的行为与电解质中发生的行为相同。稍后，亥姆霍兹感到其中的第三个问题太难，于是把它从悬奖项目中取消了。显然，该论题的关键在于非闭合电路的情况。赫兹通过对当时的各种电磁理论的分析，已经认识到麦克斯韦理论是更可取的，不过这时他仍是从超距作用观点看问题。起初，赫兹准备以该论题作为自己的博士论题，但认真分析之后发现，该项研究要费时三年，并且结果尚难预料。于是他暂时放下这一问题（九年后的 1888 年他才回过头来解决了），选择了“旋转球体的感生效应”作为自己的博士论题。1880 年年初，他就出色地完成了自己的学位论文，论文中的逻辑推理和数学分析展示了他一流数学物理学家的才能。

亥姆霍兹慧眼识才，随即把赫兹留在自己身边作为助手，并加以精心培养。在柏林大学的三年中，赫兹就电磁学、极化放电和阴极射线等前沿领域进行了开创性研究。

三年的助手工作之后，赫兹想得到一个正规的职位，而按德国大学的等级制度，第一步应先成为编外讲师。他不想在柏林大学实现这一目标，因为那里的编外讲师太多了。恰在这一时期，数学物理学在德国开始被看作一个独立的学科。吉尔大学正需要一位这方面的编外讲师。于是，在基尔霍夫的推荐下，赫兹去了吉尔大学。他在吉尔大学的讲课非常成功，第二学期就有 50 人来选课。但令他不满意的是吉尔大学没有物理实验室，由此给研究工作带来了许多不利影响。在吉尔大学的两年，他只发表了三篇纯理论性论文，其中一篇是关于气象学的，一篇是关于电磁单位的，最重要的一篇是关于麦克斯韦电动力学的。此外，他还深入研究了费希纳、康德及马赫等人的著作。1885 年，吉尔大学准备晋升赫兹为副教授，但他不愿获得一个纯理论物理学家的职位。正在此时，卡尔斯鲁厄工业大学准备给予赫兹物理学教授职位。考虑到该大学有较好的物理研究所，于是他便来到了卡尔斯鲁厄工业大学。起初，赫兹在卡尔斯鲁厄工业大学感到有些孤独，并对自己未来的研究没有把握。但在随后的时间里，赫兹完成了两件人生大事。1886 年 7 月，在经过三个月的求婚之后，赫兹与一位同事的女儿伊丽莎白·多尔完婚。随后，赫兹着手并最终完成了那个给他带来世界性声誉的电磁波实验。

1888 年 9 月，吉森大学试图把赫兹从卡尔斯鲁厄工业大学聘到自己学校，但普鲁士文化部要求赫兹拒聘，并考虑让他去柏林接替基尔霍夫。但赫兹不愿再回柏林。他认为自己才 31 岁就走上这一重要位置似乎太年轻，会过快地离开自己的研究工作。另外，他认为自己还不是柏林所期待的那种数学物理学家。亥姆霍兹非常希望赫兹到柏林工作，但他很理解赫兹，并且也不愿影响他的选择。12 月，文化部在波恩大学为赫兹提供了物理学教授职位，赫兹愉快地接受了这一委任，并于 1889 年春天来到波恩，继任了著名物理学家克劳修斯的职位。这样，年仅 32 岁的赫兹就担任了一般人要到晚年才能得到的职位。比之于在卡尔斯鲁厄，赫兹在波恩不需那么多时间用于教学，可以有更多的时间用于研究，并且还有闵可夫斯基、勒纳作为自己的助手。在波恩期间，赫兹除继续电磁理论和阴极射线的研究外，主要进行了力学的纯理论性研究，旨在赋予力学以绝对的明晰性。鉴于这一研究的历史背景是力学自然观与电磁自然观激烈争论的前夕，因而它不仅体现着赫兹深刻的科学美学思想，而且具有更深层的哲学意义。

壮志未酬，1894 年 1 月 1 日，年仅 36 岁的赫兹因病逝世。作为科学家，尽管他的生命非常短暂，但他在科学事业中的贡献却令世人赞叹不已。

二、从阴极射线到电磁波，再到电动力学

1880 年开始，赫兹作为亥姆霍兹的助手留在柏林大学。尽管他感到繁杂的管理工作是乏味的，却也为自己的研究提供了条件。在这里的三年中，由于其工作领域的多样性，要对赫兹的工作给以简单的概括是困难的。除了电磁感应和电磁质量、弹性体理论、液体蒸发方面的研究，他特别在极化放电、阴极射线这些前沿领域进行了大量探索。当时，大家并不清楚阴极射线是波还是粒子流。赫兹利用金箔、银箔做了大量有关阴极射线的穿透能力实验，并用磁场使阴极射线发生了偏转，但用电场时却没有成功（因为他当时所用的真空管的真空性能相当差）。于是，赫兹就在 1883 年有关阴极射线的两篇论文中指出：阴极射线并不像许多人所认为的那样是带电粒子流，而是一种波或受扰动的以太被气体吸收时的一种效应。但赫兹利用衍射光栅所进行的实验也未能证明阴极射线是一种波。此后，赫兹便把主要精力转向电磁学研究。直到 1891 年才再次回到阴极射线的研究，这时勒纳正做赫兹的助手，他紧紧抓住阴极射线穿透

金属箔这一特性并按着赫兹的指导，于 1892 年成功地用带有铝箔窗的真空管使阴极射线透出管外，从而使在放电管外进行不受内部静电干扰的阴极射线实验成为可能。此后，带有“勒纳窗”的阴极射线管在许多演示实验中颇受人们重视，但阴极射线的本性仍未真正阐明。1905 年，勒纳由于“对阴极射线的研究工作”而获得诺贝尔奖。J. J. 汤姆孙则因在“气体导电性的理论和实验方面的研究”，特别是对电子的荷质比的测定而获 1906 年度诺贝尔奖。而伦琴正是 1895 年反复试做有关阴极射线的赫兹、勒纳实验时，发现了 X 射线。在这些领域，赫兹无疑是位杰出的先驱者，但他的更为重大的科学贡献还在于电磁波的发现。

电磁学研究是赫兹整个科学生涯的最重要课题。继学生时代的研究之后，1881 年他相继发表了《论运动导体的表面电荷分布》及《运动电荷的动能上限》两篇论文。1884 年，赫兹对麦克斯韦学说进行了深入的理论性研究，以便在当时相互竞争的理论中做出正确选择。他证明，麦克斯韦方程与当时已有的其他理论的物理假设都是相容的，而其他理论则没有这种优势。显然，麦克斯韦理论是更可取的。但囿于超距作用学说，赫兹对于麦克斯韦的场论观点的正确性并无把握。

1885 年，赫兹在卡尔斯鲁厄工业大学物理实验室里幸运地找到了一些黎斯感应线圈，从而为他解决亥姆霍兹于 1879 年提出的悬奖项目创造了条件。这种感应线圈有初、次两级，若给初级线圈输入一个脉动电流，螺线管就会产生电磁振荡，次级线圈就受到感应，在其放电环路的间隙便有火花产生。赫兹敏感地认识到，既然初级线圈中的振荡电流能激起次级线圈产生电火花，它便应具有使介质产生位移电流的能力。根据麦克斯韦理论，这种位移电流也应是振荡的，并会反过来影响次级线圈，使它产生的电火花有明显的强弱变化。赫兹经过反复实验和不断调整初级线圈的位置和方向，成功地显示了一个开放电路的感应作用。1887 年，利用自制的“感应平衡器”，赫兹进一步证实了麦克斯韦关于位移电流的预言，并获得了柏林科学院八年前的悬奖。在这一实验中，赫兹还特别为初级电路的火花对次级电路的火花强度的影响所吸引，先后在初级火花和次级火花之间插入 60 多种不同的物质进行了长达半年的反复研究。他断言这种效应——光电效应是紫外线的作用所致，这对于揭示光与电之间的联系具有重要的理论意义。然而，赫兹没有再继续这方面的研究，因为它与检验麦克斯韦理论的物理假设这一最初目标不相一致。

1888 年，在已有实验的基础上，赫兹进一步认识到麦克斯韦理论的关键在于它假定电磁波在空间以有限的速度传播，而这正是以新的方式重新提出了亥姆霍兹在 1879

年的悬奖中所取消的第三个内容。

赫兹知道，1871 年亥姆霍兹曾试图通过发射和吸收间的时间差测定电磁感应在空气中的传播速度，其结果是 40 英里 / 秒，此时他并不知道斐兹杰惹和洛奇等人关于电磁波理论和实验的研究。1888 年年初，赫兹利用非闭合电路与一个感应线圈相连这一装置产生了电磁波，并利用一个简单的非闭合回路在卡尔斯鲁厄演讲大厅的不同位置测得了电磁波的波长，利用这一数值和谐振子的振动频率，他得出了电磁波的速度。此后，赫兹继续就电磁波与光波间的类似做了大量实验。通过电磁波穿过沥青棱柱及其他实验，他证明电磁波完全按照光的反射、衍射和干涉理论进行反射、衍射和干涉，由此证明了电磁波与光波的统一性。赫兹认为，这是全部研究过程中最令人激动的时刻。亥姆霍兹把这一成果看作 19 世纪最伟大的物理学发现，是赫兹非凡的理论洞察力和高超的实验能力相结合的产物。此后，马可尼等人通过对赫兹实验的进一步发展和改进设备，促成了今天世界范围内的无线电通信。

赫兹的天才成果很快就受到了科学界的高度评价和广泛赞誉。从 1888 年到 1891 年，短短四年内他先后获得了意大利科学家协会的马特乌奇奖章、巴黎科学院的拉卡兹奖、维也纳帝国科学院的大树奖、英国皇家学会的拉姆福德奖章和都灵皇家科学院的布雷萨奖，并被选为多个科学院的院士。就如洛伦兹所言，假如他能活到 20 世纪，必定会成为最早获得诺贝尔物理学奖的科学家之一。

赫兹的工作有力地确定了麦克斯韦理论在电磁学中的地位，使得原先持超距作用观点的许多物理学家很快转向这一理论。然而，麦克斯韦理论的意义是什么这一令人苦恼的问题仍未得到解决。

1890 年，在两篇论文中，赫兹着手使内容上完善的麦克斯韦理论在形式上更加完美。其中一篇讨论了静止物体的电动力学，为了得到近距作用理论，赫兹从基本方程中消除了矢势，同时取消了麦克斯韦对自由以太中的极化作用和电作用所做的区分，最终得到了关于电场强度 E 和磁场强度 H 间的对称方程，从而使麦克斯韦理论更加清晰和易于掌握。

第二篇论文中，赫兹讨论了运动体的电动力学。他认为，要讨论这一问题，首先必须弄清以太是否随物体而动，因为以太是否存在及其特性已成了当时物理学的核心问题之一。正如赫兹 1889 年在海德堡所做的关于电磁学的讲演中指出的那样：从现在起，以太将是物理学中最基本的问题，这一问题的理解将阐明像电、引力和质量等重要问题的本性。此外，恰当的以太物理学将把“力”这一模糊概念排除于物理学的基本概念之外。这一思想在他的《力学原理》中得到了进一步发展。

麦克斯韦理论的正确性得以确立，但亥姆霍兹提出的统一电磁学的纲领并未真正实现。众所周知，19 世纪的最后四分之一时间里，包括亥姆霍兹、赫兹在内的许多德国物理学家特别关注物理学的统一，他们把力学看作这一统一的最终基础。当时热力学的许多研究就是围绕它的力学基础而进行的。像热力学一样，一旦电动力学的基本原理得以确定，统一问题便迎刃而解，因此，赫兹转向了对力学基础的研究，以便确定整个物理学统一纲领的牢固基础。他认为，已有的力学原理不能描述以太中的接触作用过程，因而必须从那些能为包括电动力学在内的整个物理学提供力学基础的原理出发重建力学。这便是赫兹写作《力学原理》的内在动因，是他的科学美学思想及德国科学家特有的理性精神的集中体现。

三、《力学原理》：科学哲学的经典

19 世纪末，电磁学和热力学的成功导致人们对牛顿力学的核心地位产生了怀疑。前者不借助牛顿力学而统一了电磁现象，由此促成了电磁自然观的产生；后者的成功同样导致了牛顿力学威望的下降及唯能论的产生。在这种背景下，力学成了关注的焦点。除了马赫的力学批判，基尔霍夫等人的力学研究也对赫兹产生了很大影响，特别值得指出的是，亥姆霍兹的工作对赫兹具有决定性的影响。19 世纪 80 年代以后，亥姆霍兹就在一系列论文中指出：一个包含牛顿运动定律又假设了哈密顿原理的力学系统，可以用来解释一切物理现象，他还试图以最小作用量原理统一整个物理学。赫兹被亥姆霍兹这种统一性思想深深吸引，并把这些研究看作当时物理学的最前沿。亥姆霍兹基于隐质量的单周期系统的研究，构建了热力学第二定律的一种力学类比，这又为赫兹设置没有“力”概念的力学理论指明了方向。在这种背景下，赫兹着手对力学进行深入的剖析，以便弄清力学的逻辑和哲学头绪，进而为实现统一物理学的伟大目标奠定一个坚实的基础。赫兹的《力学原理》就是这一研究的结晶，其中包含的丰富而深刻的科学与哲学思想，对现代科学及哲学的发展产生了重大的影响。正如亥姆霍兹在该书的序言中所说：

> 赫兹不仅在逻辑思维上高度敏锐和清晰，而且是一位具有敏锐观察力的非凡天才……在我的学生中，赫兹是最能深刻地领悟我的科学思想的人。在我看来，正是他最有把握地进一步继承并发展了我的研究工作。……他的

《力学原理》是一部最具创造性并以最完美的数学形式表达的合乎逻辑的力学体系。对于每一位能鉴赏本书的读者来说，它都将具有极大的价值，未来将证明本书对揭示自然力的新的普遍本性有着重大启发价值。

《力学原理》除一篇哲学性导言外，全书以经典欧氏几何的风格写成。在它的两大部分中，第一部分属康德意义上的先天综合判断，其内容有赖于我们的思维形式的必然性，重点对作为力学体系的先决条件的基本概念、范畴以及已有的力学理论进行深入的分析批判；第二部分的内容依赖于我们的经验，探讨了时间、空间形式及范畴的经验的使用。

导言中，赫兹首先就认识的真理性这一重大哲学问题提出了新的观点。按照亥姆霍兹的符号论思想，赫兹认为，物理学的命题不过是由我们关于事物的符号联结而成的一个整体系统，它构建了现实的图像或模型，但本身既无义务也无能力揭示自然现象的内在本质。关于这些图像与自然界的相符程度，我们只能做出一种简单的断言，即它们在逻辑上可导出的结论与经验观察到的、我们为之设计出图像的现象的结果是否一致。换言之，理论作为自然现象的图像必须在实践中证明其有效性。为此，我们采取的步骤是："设计出关于外部客体的图像或符号，并赋予它们以形式，以使得这些图像在思维中的必然结果本质上就是这些图像所描画的外物的必然结果的图像。为了满足这一要求，在自然界和我们的思维之间必定存在一种确定的一致性。经验告诉我们，这一要求是可以满足的，因而这种一致性事实上是存在的。对于我们的目的来说，图像与外物不必在任何其他方面相一致。事实上，我们不知道，也无法知道，除了上述这个基本方面，我们关于事物的概念与事物本身是否还有其他方面的一致性。"

在阐述了物理学理论的图像说之后，赫兹随之提出了选择图像的三个基本要求：(1) 逻辑上无矛盾性，即同样的一些外物可能会有不同的图式，但只有那些与我们的思维规律不矛盾的图式才是可取的；(2) 图像必须是正确的，即理论表示的结构必须与外物间关系的结构相一致，否则图像就是错误的；(3) 恰当性，即同一个物体系统的不同图像中，能描述物体系统的更多的本质关系的图像是恰当的（简单的）。显然，选择理论（图式）的这些标准中，第一个依赖于我们思维的本性，第二个有赖于外部世界，第三个则有赖于我们约定的符号系统。

依照这三个标准，赫兹对已有的牛顿力学、哈密顿力学进行了深入的分析批判，目的在于从这些本身既无逻辑矛盾而内容上又正确的理论中，找出或重新构造出一个更恰当的力学理论。

在赫兹看来，力学中的动能和势能（力）二元论总是一个不解之谜。一方面我们有物质的惯性特性，另一方面又有“力”作为我们解释可见现象而假设的存在于事物背后的不可见的东西。惯性是物质的内禀性质，它使物体沿直线运动，但它不能归于更简单的东西。因此，动能是由质量的运动引起的，但没有类似的解释可用于“力”（势能），以致每当面对“力”的本性这一问题时，我们总感到无所适从。他认为，“牛顿本人也必定感到了这种令人苦恼的情景”。

赫兹还指出，哈密顿力学中的“能量”概念也是意义不清的，没有外界实体与之对应，它与任何可感的东西都不相似，因而也应从基本概念中排除出去，放到次要地位。对此，爱因斯坦也有同感，正如他在《自述》中所说：“最后我还想指出，把能量划分为本质上不同的两部分，即动能和势能，必须被认为是不自然的。赫兹对此深感不安，以致在他最后的著作中曾企图把力学从势能概念（即从力的概念）中解放出来。”

于是，在赫兹的力学中，时间、空间、质量这三个概念就成了基本概念，它们都与经验相联系。除此之外，赫兹还引入了亥姆霍兹曾提出的隐质量概念作为补充，而势能（力）则源于隐质量的隐运动，正如不可见的分子的运动导致了宏观热力学系统的可见行为一样。也就是说，势能起源于动能。此后，赫兹提出了力学的最高原理——最直路径原理（或最小曲率原理）：任何自由系统均保持其静止或沿最直轨道匀速运动的状态。根据这一原理，平直空间中受力物体的运动就等价于弯曲空间中自由物体的运动，从而使动力学问题变成了运动学问题，这正是广义相对论的基本思想。赫兹认为，基于时间、空间、质量和最直路径原理，就可以建立起理想的力学语言，而牛顿力学、拉格朗日力学、哈密顿力学等不同的理论都可作为派生的东西从新的力学中演绎出来。

赫兹力学所富有的建设性、逻辑性、普遍性及统一性目标受到包括亥姆霍兹在内的许多科学家和科学哲学家的高度赞赏，但其实用性却不那么令人满意。也就是说，它优美，但似乎没有实用价值。对此，亥姆霍兹也指出：赫兹力学没有提供把假定的隐质量机制用于真实力学问题的范例，它的应用可能是困难的。它只是为未来的研究提供了有重要启发价值的创造性纲领。在今天看来，尽管《力学原理》的重要价值仍未被广泛地认识到，但它在某些富有洞察力的思想大师那里，确实已经发挥了重要作用。这方面仅从维特根斯坦哲学和爱因斯坦广义相对论的创立就可略见一斑。

众所周知，只有牛顿与赫兹是维特根斯坦前期哲学的重要著作《逻辑哲学论》两次提及的科学家。正是在这一著作中，维特根斯坦进一步发展了赫兹在《力学原理》

导言中所提出的物理学理论的“图式说”观点，把赫兹的科学理论批判扩展为一般的语言批判。他要探究的是语言与世界的关系，也即语言如何是可能的这样一个更广泛的问题。在维特根斯坦看来，我们说各种各样的语言，由于其中一些讲的是世界的确实情况，因而便与世界有了确实的联系。那么，这种联系是怎样的呢？正如亥姆霍兹、赫兹认为有效的科学理论与外物间的关系系统有一种同构性一样，维特根斯坦则在作为世界的本体论系统与作为命题形式的逻辑系统间进行了对应的比较研究，从而提出了自己的语言图式说，即“命题是现实的图像，命题是我们所设想的现实的模型”。另外，赫兹的目标在于排除“力”“能”这些他认为空洞的概念，由此建立理想的力学语言，这种方法也为维特根斯坦所接受并用于语言批判。在维特根斯坦看来，语言的意义就是它所指称的那个对象，理想语言的建立必须按照“一个物体一个符号”的规则进行，只有这样才能保证命题中所包含的名称与被描绘的现实所包含的对象间有一一对应的关系。再加上命题与现实间必须共有的逻辑形式，便构成了命题成为现实的图像应具备的两个条件。

然而，我们不能不看到维特根斯坦对赫兹力学的片面理解，他忽视了赫兹对于理论内容的正确性的重视，片面强调了命题的形式结构，认为逻辑形式具有决定意义，从而导致形式与内容的割裂，把赫兹那里的“共有的数学关系”或“同构性”发展成了一种具有神秘色彩的“逻辑形式”。此外，他要建构的理想语言也不那么实用。事实上，日常语言中有许多语词并无真实的外物与之对应，我们也能同样准确地理解。这一点实际上已暗含在《力学原理》中。赫兹认为，尽管牛顿力学和哈密顿力学所用的基本概念及表述方式不同，但它们都描绘了同一个经典力学世界，从而意味着在命题与事态之间并非必须共有唯一的逻辑形式。只要内容正确，同一事态可以有不同的命题图像，并且科学理论都具有一定的约定成分，其中可以包括像“力”“能量”等一些无外界指称物与之对应的概念作为其基本概念。“即使力只是我们引入自然界的，我们并不能由此而认为这一引入是不恰当的，一开始我们就确信，非本质的关系不可能在我们的图像中完全避免，我们所要求的只是这种关系要尽可能地受到限制，并且使用它们时要特别谨慎。”与赫兹的这些观点相一致的是，后期维特根斯坦放弃了先前的语言图像说，转向了语言的“工具论”观点。

可以说，对赫兹力学的这种重新理解，是促成维特根斯坦哲学转向的重要因素之一，并且这种影响已经通过维特根斯坦直接或间接地渗透到了现代西方哲学的历史发展之中。

就物理学的范围而论，尽管赫兹的力学理论没有得到广泛的发展，但它对广义相对论和量子力学的创立却产生了重要影响（虽然广义相对论源于不同的考虑和不同的发展路线）。还在苏黎世工业大学学习时，爱因斯坦就认真研读了基尔霍夫、亥姆霍兹和赫兹等人的著作，并且在自己的著作中多次提到赫兹的电磁学研究和力学批判的重要意义。赫兹建立没有“力”的力学的基本精神，为爱因斯坦、薛定谔所继承与发扬。广义相对论正是以类似于《力学原理》的方式把万有引力这一自然界的最基本力的作用代之以空间弯曲，从而为赫兹的没有“力”的力学提供了重要例证。爱因斯坦与赫兹之间所存在的深刻的思想联系，为薛定谔所关注，并于1918年写成了重要手稿《赫兹力学与爱因斯坦的万有引力理论》。

在手稿的第一部分，薛定谔首先概述了从赫兹的《力学原理》到广义相对论创立这一阶段的历史发展。为了更深刻地理解万有引力的本性，他认为有必要深入探讨赫兹的没有“力”的力学与广义相对论间思想上的一致性。正如该文中所说：

> 借助赫兹力学和爱因斯坦引力理论间的明显联系，我不得不指出这一事实的重要性，即在这两种理论中，“力”都以同样的数学符号，即位置坐标微分的平方式的黎曼－克里斯托费尔三指标符号来表示。

正如赫兹的没有势能的力学系统的运动一样，在广义相对论中，引力就是空－时本身的弯曲，世界线弯曲的程度意味着引力场的强度。由此，引力场就被几何化了。粒子在引力场中的运动，也像自由粒子的运动一样，是沿着短程线发生的。太阳使空－时弯曲，所以行星的世界线都是弯曲的。在这两种理论中，运动方程都是通过路径（测地线）而获得解决的，唯一的差别在于：赫兹力学中，位形空间的黎曼曲率是由加于系统的隐运动的动力学条件所产生的；而在广义相对论中，物理空－时流形的黎曼结构是世界的几何的内在特性。

此后，薛定谔进一步探讨了赫兹力学与爱因斯坦引力理论间的数学联系，并通过对力学的最小作用量原理和光学的费马原理的对比研究，建立了力学－光学类比，从而为1926年波动力学的创立奠定了思想基础。

四、英才早逝 甘泉先竭

早在卡尔斯鲁厄时期，赫兹就开始受到牙病的折磨。1888年年初，赫兹做了牙科手术，但病情并无根本好转。1892 年，病情进一步恶化，他不得不因鼻子、喉咙的剧痛而停止富有创造性的实验工作，但仍顽强地坚持力学理论的研究。1893 年 12 月，《力学原理》的绝大部分手稿已经完成。1894 年 1 月 1 日，年仅 36 岁的赫兹与世长辞，留下了妻子和两个女儿乔安娜和玛蒂尔德，几十年后的 1937 年，她们逃离纳粹德国而移居英国剑桥。

作为一位杰出的物理学家和敏锐的思想家，赫兹的科学成就和人品受到广泛的赞誉。以下是一些同代和后代科学家对他的评价。

亥姆霍兹在为《力学原理》所作的序言中怀着极其沉痛的心情写道：

凡是认为人类的进步取决于人类智慧的最大限度的发展、取决于才智战胜情感和大自然的力量的人，一定都为失去这个才智非凡的天才而陷入极大的悲痛之中。他以自己非凡的智力和个性，在其一生中（可惜这一生是如此短暂）取得了丰硕的成果，这些成果是本世纪很多最有天赋的探索者都为之奋斗而未能取得的。在旧的古典时代，他会被说成是上帝嫉妒的牺牲品。自然界和命运以特殊的方式偏爱人类的智慧，授予人类一个具有解决科学中最困难问题的特殊天赋的人——一个不仅在逻辑思维上高度敏锐和高度清晰，而且能够密切地注意观察那些容易被忽视的现象的有非凡才智的人。缺乏经验的人往往因为不注意那些易被忽视的现象而错过它们，但对一双经验丰富的眼睛来说，将给我们指出洞悉自然秘密的正确道路。

…………

赫兹通过他的研究，在科学家当中赢得了持久的声望。他的工作使人们对他的记忆永存，了解他的人不会忘记他那谦逊的品质，他热情地承认别人的劳动以及他对老师们的真正尊敬。对他来说，他只追求真理；他以全部精力热情地工作和奉献，没有丝毫的个人主义痕迹。

1894 年 1 月 6 日，玻尔兹曼在给亥姆霍兹的信中指出：

在寻找一种对自然界的整体性理解时，赫兹的发现具有十分重要的意义。毫无疑问，他已为未来的研究指明了唯一正确的方向。

爱因斯坦在谈到19、20世纪之交人类自然观的重大变革时指出，尽管麦克斯韦和赫兹“都始终坚信力学是物理学的可靠基础，而我们在回顾中可以公道地把他们看成是动摇了以力学作为一切物理学思想的最终基础这一信念的人”。

一个人的价值不在于他占有多少，而在于他奉献多少。在科学技术高度发展的今天，只要一提起电磁波，人们自然而然就会记起赫兹这个名字。无线电、交流电等振荡频率单位，也以“赫兹”命名，所以在很多电器和其他产品的说明书中都能看到“赫”这个字眼。青史留名，就是对那些有伟大贡献人物的褒奖。

（作者：许良）

参考资料

[1] Hertz. Miscellaneous Papers [M]. New York: Macmillan, 1896.

[2] Hertz. The Principle of Mechanics [M]. New York: Dover, 1956.

[3] Charles Coaston Gillispie. Dictionary of Scientific Biography [M]. vol. 6. New York: Charles Scribner's Sons, 1981: 340-350.

[4] J. F. Mulligan. Heinrich Hertz and the Development of Physics [J]. Physics Today, March 1989.

[5] 李醒民，朱德生，王身立. 思想领域中最高的音乐神韵——科学发现个例分析 [M]. 长沙：湖南科学技术出版社，1988.

[6] J. F. Mulligan. The Influence of Hermann von Helmholtz on Heinrich Hertz's Contributions to Physics [J]. Am. J. Phys., August 1987, 55 (8).

[7] M. J. Klein. Mechanical Explanation at the End of the Nineteenth Century [J]. Centaurs, 1972, 17 (1).

[8] Christa Jungnickel & Russel McCormmack. Intellectual Mastery of Nature: Theoretical Physics from Ohm to Einstein [M]. vol. 2. Chicago: The University of Chicago Press, 1986.

[9] J. Mehra & H. Rehenberg. The Historical Development of Quantum Theory [M]. vol. 5. part I. New York: Springer-Verlag, 1987.

[10] Helmholtz. Üeber die Physikalische Bedeutung des Princips der Kleinsten Wirkung [J]. Crelle's Journal, 1886, 100 (SS): 137-167.

[11] C. H. Brgan. On the Present State of Our Knowledge of Thermodynamics, Specially with Regard to the Second Law [J]. British Associate Report, 1891 (61): 85-122.

[12] P. M. Harman. Energy, Force, and Matter [M]. Cambridge: Cambridge University Press, 1982.

[13] 维特根斯坦. 逻辑哲学论 [M]. 贺绍甲，译. 北京：商务印书馆，1996.

[14] 爱因斯坦文集：第一卷 [M]. 许良英，范岱年，译. 北京：商务印书馆，1976.

[15] P. 亚历山大. 赫兹及其科学哲学思想 [J]. 科学与哲学，1984 (3).

亨德里克·安东·洛伦兹

（Hendrik Antoon Lorentz，1853—1928）

洛伦兹

把经典物理学推上最后高度的人

在19、20世纪之交，H. A. 洛伦兹被各国的理论物理学家尊为领袖人物，这是有充分理由的。然而，年青一代的物理学家通常对H. A. 洛伦兹在形成理论物理学基本原理方面所起的决定作用，不再有足够认识了。这种奇怪事实的原因在于，他们已经如此完全地吸收了洛伦兹的基本思想，以致难以认识到这些思想的高度勇敢和它们带入物理学科学基础中的简明性。

—— A. 爱因斯坦

凡是学过物理学的人都知道有一个洛伦兹公式，只要提到“洛伦兹力”，我们眼前就会出现这样的图像：电子在磁场中运动时受到一个垂直于磁场强度和电子运动方向的力。历史上常有这样的事情，一个理论越是简洁，就越使人们忽视这个理论是怎样从一种混沌的局面中产生出来的。洛伦兹电子论就是其中一例。洛伦兹电子论的广泛内容及其对现代物理学的诞生所起的作用，多年来都是物理学史工作者的一个重要课题。洛伦兹在历史上的重要作用，在于他把经典物理学推上了最后的高度，在物理学家们面前展示出物理学革命的必然性。

一、阿纳姆的奇才

1853 年 7 月 18 日，洛伦兹出生于荷兰的阿纳姆。他的父亲是 G. F. 洛伦兹，他的母亲雅可白在洛伦兹 4 岁时就去世了。1862 年，洛伦兹的父亲与卢贝塔 · 胡布克斯结婚。在他印象中，继母和他们的感情更深，因此洛伦兹后来给他的长女也取了“卢贝塔”这个名字。

洛伦兹在 6 岁时开始在地方小学上学。他的成绩总是名列前茅，为此，他父亲又让他进入当地一所夜校辅以青年人的教育。该校只有一名教员给学生传授各方面的基本知识，但会时常聘请校外人员讲授一些专门知识。洛伦兹在校长兼教员的蒂默先生帮助下，9 岁时就学会了使用对数表。

洛伦兹具有惊人的记忆能力和外语才能。他的记忆能力不是天生的，而是锤炼出来的。洛伦兹从少年时代起就酷爱阅读外文小说特别是外国名著，如英国狄更斯的小说，德国歌德和席勒的名著，以及法国哲学家伏尔泰的著作，等等。他特别喜爱狄更斯，长篇背记他的著作，以至他后来所写的英文文章都浸透着狄更斯的风格。他熟练地掌握了英文、法文和德文，使他能够克服地区偏狭的局限，保证他后来较早地进入物理学前沿。也正是这种原因，他前半生虽然在偏僻的莱顿从事研究，在学术上却未与世隔绝。

二、由“智力原始森林”到“智力大解放”

1870 年，洛伦兹通过政府考试进入莱顿大学，在那里主攻数学和物理学。当时莱顿大学著名理论天文学教授凯泽，经他的学生斯塔特介绍，得知洛伦兹是位出类拔萃的青年，遂与洛伦兹结识，把他引为家中常客，对他极为器重。由于洛伦兹的出现，凯泽教授决定恢复多年停开的理论天文学课程。

洛伦兹只用了一年半的时间就学完了大学的所有课程，并以优异成绩通过了学位考试。1871 年 11 月，洛伦兹进行学位论文答辩时，一件没料到的事情发生了。他的分析几何教授万・吉尔先生对他既感到满意，却又表露出一些失望的情绪。自洛伦兹上学以来，他还从未尝试过这种滋味。莫非自己的论文有所失？答辩结束后他才知道，这位先生认为他进行的不是学士学位答辩，而是博士学位答辩，希望他一举获得博士。当然，洛伦兹的答辩还有点儿差距。从此以后，他就暗下决心：争取早日获得莱顿大学理学博士学位。

1872 年 2 月，洛伦兹回到家乡阿纳姆，一边在当地公立夜校执教，一边积极准备博士论文。他间或做些电学实验，试图证明电磁波的存在，但由于实验条件简陋而未能达到目的。要知道，这比赫兹实验证明电磁波存在（1888）早十六年，就连电磁波的预言者麦克斯韦也还没有策动物理学家去证明他的预言。在这期间，麦克斯韦的电磁场理论经过德国物理学家亥姆霍兹的翻译和推介，已逐渐为欧洲大陆的物理学家们所接受，洛伦兹对麦克斯韦理论的了解主要是通过阅读麦克斯韦的《论法拉第的力线》(1855)、《论物理的力线》(1861—1862）和《论电磁场的动力学理论》(1864)

三篇论文和专著《电磁通论》（1873）获得的。麦克斯韦的电磁学理论在当时一些电学家看来实在是一个非常深奥的理论，而年仅20岁的洛伦兹通过阅读原著就掌握了这个理论的精髓，并最先进行了电磁波实验。根据他当时在公立夜校的同事米凯利斯博士回忆，他当时不仅知道怎样去揭示尚未发现的东西，而且也知道他所发现的事实可以用什么理论来加以解释。米凯利斯说：

> 洛伦兹相信存在电磁波，并试图通过莱顿瓶放电的研究来发现关于它们的一些知识。有时候他认为他发现了什么，但第二天他就会说他所发现的也可用老的理论加以解释。他没有成功的原因是仪器的缺陷。

1875年12月11日，洛伦兹以题为《论光的反射和折射》的论文，通过了博士学位答辩。光的反射和折射公式，最初是由法国物理学家、19世纪光波动理论奠基人菲涅耳提出的，后来麦克斯韦想从电磁学方面推导菲涅耳公式，未能成功，而洛伦兹在这篇论文中给予了完美的推导，现代教科书上关于菲涅耳公式的电磁学推导方法正是出自洛伦兹这篇论文。

洛伦兹的学生时代，是经典电磁学理论迅速发展的时代。麦克斯韦在1861年提出了位移电流的概念并预言电磁波的存在，他在1864年完整地建立起以介质的邻接作用为基础的电磁场数学理论，形成了一个与德国物理学家诺伊曼、韦伯和克劳修斯的超距电动力学不相容的电磁学体系。麦克斯韦最先从理论上证明了电磁波与光波的同一性，对欧洲大陆的超距论电动力学学派产生了巨大震动。但是，他的深奥的数学方法和令人难以捉摸的位移电流的概念，使许多想直接深入探究他的理论的人都失败了，就连英国大电学家威廉·汤姆孙对他提出的位移电流也始终持有保留态度。洛伦兹后来的学生埃伦费斯特把麦克斯韦的理论称为“无法深入其无限宝藏的智力原始森林”，可见要接受这个理论的困难。当时欧洲大陆物理学家一般是从亥姆霍兹的理论入手来间接接受麦克斯韦的思想的，用实验证明电磁波存在的赫兹就是其中一位。他在描述这个历史状况时说：

> 曾热衷于麦克斯韦理论的许多人，即便不曾为罕见的数学困难所压倒，但终究被迫放弃了使自己的思想与麦克斯韦的思想一致的希望。虽然我对麦克斯韦的数学思想最为崇拜，但我并不总是觉得我非常确切地把握了他的理

论的物理意义。因此对我来说，用麦克斯韦的书来直接指导我的实验是不可能的，我是通过亥姆霍兹的著作得到指导的。

麦克斯韦理论的特点是，只强调场的作用，而忽视产生电磁场的源（电荷、磁极和电流）。这就使人们似乎觉得他的电磁场来自无穷远的地方，因此人们就称他的理论为“无源场论”。与此相反，欧洲大陆电动力学体系的电磁学理论只强调电荷、磁极或电流的相互作用，它们的相互作用是沿直线传播的，这种作用的传递既是超越空间的，也不需要时间，其根本的弱点在于缺乏对空间或介质（即作为动力学实体的场）的考虑，因此这个理论被称为超距论电动力学，或俗称为“源论”。

洛伦兹综观这两大理论的优缺点，发现它们并非完全互不相容，只要适当地综合这两种理论，就可使电磁学产生质的飞跃。这种综合是在场论基础上的综合（洛伦兹多少偏爱于场论），因此，他第一步是要对麦克斯韦电磁场理论进行合理的修正。在麦克斯韦理论中，以太不但是电磁场的载体，而且也是产生极化的实体。为了满足这个要求，电磁场的场度（E、H）和极化的程度（即电磁场通量 D、H）在不同介质的交界面上都应当是连续的。由于这种原因，麦克斯韦不能解释光的反射和折射。洛伦兹在他的博士论文中明确区分了以太和介质的作用，规定以太只能是场的载体，极化只能在物质中产生，从而发现电磁场的强度在不同介质交界面上只有切向分量连续，而极化量只有法向分量连续，进而推导出了菲涅耳的反射和折射公式。洛伦兹这种做法在历史上被称为“分离以太和物质”。我们在下面将会知道，电子论就是在“分离以太和物质”的过程中萌发出来的。

1877 年，荷兰的乌得勒支大学想聘请洛伦兹为数学教授，他拒绝了，却到莱顿中学当了一名物理教员。因为莱顿大学教授们曾向他保证，只要他暂时担任莱顿中学的教师，就会把他提拔为莱顿大学的物理学讲师。正值此时，荷兰高等教育部颁布了新的高等教育法，要求将由黎克教授所主持的莱顿大学物理学教席一分为二,一是实验物理学教授席位，另一个是理论物理学教授席位。莱顿大学原打算聘请洛伦兹在大学的同学范德瓦耳斯就任理论物理学教授，但由于范德瓦耳斯决定前往阿姆斯特丹工作，莱顿大学就改聘洛伦兹。1878 年 1 月 25 日，洛伦兹登上了荷兰唯一的理论物理学教授席位，当时他才 25 岁。

洛伦兹上任后的第一项研究就是要解决麦克斯韦不能解决的光色散问题。他在 1878 年发表的《关于光的传播速度和介质的密度及成分之间的关系》一文中，从介质极化和入射光频率的关系找到了光色散的本质。他假设以太（场）和物质的联系是通过受激电粒子的振荡来实现的。在没有物质的以太中，光的行为完全符合麦克斯韦方程组的要求，光遇到物质时，就激发出物质中带电粒子的受迫振荡，从而产生新的光波，与入射光波发生干涉，使入射光的速度变慢，并改变它的方向。由于介质的极化强度一方面决定于介质的性质（单位体积内能够产生电偶的数目），另一方面又决定于入射光的频率，所以介质的极化率同时决定于入射光频率和介质中电粒子密度。对于同一介质来说，它的大小取决于入射光的频率。洛伦兹就这样解决了麦克斯韦理论中介质折射率是波长的函数而极化率与波长无关的矛盾，从而完美地解释了光色散现象。

洛伦兹在1878年发表的这篇论文的精髓在于，它将以太和物质进一步区分开来，同时又用电粒子的振荡将二者从物理上联系起来，在麦克斯韦的无源场论中引入了“源”——电子。爱因斯坦在《创造者洛伦兹及其人格》一文中这样说道：

> 洛伦兹的智力解放就从这里开始了。……洛伦兹建立起涉及包括动体电动力学在内的当时所知的所有电磁学现象的全部理论的基础。这是一项十分清晰的逻辑一致的完美的工作，像这样的工作在以经验为基础的科学中还极少获得过成功……

这里反映出洛伦兹善于使用假说，因为他提出的电粒子的概念即是十九年后发现的电子。在当时，即使原子论已在化学中占有相当地位，但还没有任何人在物理领域涉及原子，电子则更不可思议。美国科学史家克罗斯兰在他主编的《西欧科学的出现》一书中曾经指出：原子论之所以不能最先在法国产生，是因为法国的化学传统受到实证主义的束缚。这个传统是从拉瓦锡开始的，他反对假说，主张根据可观察的事实来解释化学。例如，他把用一切化学手段都无法再行分解的物质定义为元素，元素如数学中的数一样基本，不可能由更基本的东西构成。从这个角度来看，洛伦兹身上具有最少的实证主义的痕迹。正是这个原因，他在电子被发现之前就建立起了电子论。当然，我们也要看到，洛伦兹过于依赖假说，使他后来不能接受庞加莱的相对性原理而走到了另一个极端。

三、登上科学殿堂

从 1878 年到 1892 年的将近十五年中，洛伦兹平均每年发表一篇论文。他一方面努力探寻经典物理学所能达到的极限，为完善他的电子论做好充分的准备；另一方面又要维护经典物理学的力学框架——以太，但却受到了实验事实的无情挑战。

在洛伦兹看来，以太是一个古老的问题，却又是一个从未得到完美解释的问题。它虽然虚无缥缈，但物理学缺少了它又寸步难行。惠更斯早已假设以太是光波的载体，以太像气体粒子一样，无处不有，光的传播正如声在空气中传播一样，引起以太粒子密度疏密有序的变化。他得出结论：光波是纵波。然而，他的理论不能解释他所发现的冰晶石的双折射现象。菲涅耳在 1821 年大胆地抛弃了惠更斯的气体似的以太，提出了弹性固体以太假说。他认为以太像弹性固体一样可以产生切变，从而假定光是横波，解释了双折射现象。但是，他又假设，以太与通常的固体不同，它可以“穿过”物质，物质中也存在以太。如果透明物体中不含有以太，光何以通过物体？他认为物质的折射率不同，是它们所含以太的密度不同。这就要求物体在运动时部分地曳引以太，以保证物质中以太的密度高于周围空间以太的密度；物质的折射率越大，它所带着走的以太就越多。这就是历史上著名的“以太部分曳引”假说。后来，斯托克斯提出另一种假说，他认为以太是不可能穿过物体的，物体的运动将带着（或推着）以太一起运动，以太不是静止的。这就是 19 世纪著名的“以太运动论”。麦克斯韦反对斯托克斯的观点，但也不同意菲涅耳假说。他认为，以太是绝对静止的，是一切物体运动的绝对参考框架，物体在以太中运动，以太穿过物体而丝毫不受影响，因此物体中以太的密度与周围空间以太的密度相同。这就是 19 世纪鼎鼎有名的“以太静止论”。

对于 19 世纪这三种以太假说，洛伦兹认为菲涅耳的观点最可取，其次是麦克斯韦的“以太静止论”，他最反对斯托克斯的“以太运动论”。

光在流水中的速度与水的流动无关，而仅决定于水的折射率，这在现在已成为一条公理。可是，在 19 世纪哪怕最聪明的物理学家也不敢这样率直地推出这个结论，因为在他们看来，光速是针对以太这个参照系而言的，就像脱膛而出的子弹的速度相对枪管而言那样，一旦枪架在飞机上，子弹相对于飞行中的飞机的速度就不等于相对于大地的速度。菲涅耳的理论就是建立在这种以伽利略变换为基础、以以太为绝对参考框架的思想之上的。在他看来，既然水能部分拖动以太，那么光在水流中的速度就不简单等于光在真空中的速度除以水的折射率，而应当加上一个 $\pm\left(1-\frac{1}{n^2}\right)u$ 的因子。这里的 $\left(1-\frac{1}{n^2}\right)$ 就是菲涅耳拖动系数，n 为折射率，u 为水流速度。斐索在 1851 年用实验证明了菲涅耳的假说。这无疑对洛伦兹产生了深刻影响。

“以太风”曾经是历史上很重要的名词和概念。麦克斯韦认为以太绝对静止，地球在以太中运动必然会招致“以太风”。“以太风”横扫地球，以至穿过我们的实验室，虽然人类感官无法察觉，但“以太风”必然要在地球上产生光学或电磁学效应。然而，截至麦克斯韦时代，谁也未能观察到这类效应。麦克斯韦在1879年去世前为《不列颠百科全书》（第九版第八卷）所写的“以太”条目，反映出他临终前对于观测静止以太的迫不及待又十分失望的心情。他这样写道：

> ……所有地球上实验使用的确定光速的可行方法，都决定于从一站到另一站往返来回的双程所需时间的测量。由于地球对于以太的相对速度等于地球在其轨道上的速度，〔它引起的〕时间的增量只是光〔的绝对〕传播时间的一亿分之一，因此是很难观测到的。

这“一亿分之一”是什么意思呢？若在地球上沿地球运动方向设立两点 A 和 B，光在 A 和 B 之间来回时间等于 $\frac{2L}{c}$，L 为 A 和 B 之间的距离。这是我们的认识。但是，麦克斯韦认为，在地球上观察到的光速不再是 c，而是 $(c+v)$ 和 $(c-v)$，其正、负号视地球运动方向与光的方向而定，此处 v 为地球速度。因此，光在两点之间来回的时间不等于 $\frac{2L}{c}$，而是 $\frac{L}{(c+v)}+\frac{L}{(c-v)}=\frac{2L}{c}\cdot\frac{1}{1-v^2/c^2}$。显然，麦克斯韦所求得的时间长于我们的时间，其因子（v^2/c^2）正好是“一亿分之一”。

1879 年 3 月 19 日，麦克斯韦给美国航海年鉴局的托德写信询问当时对木卫星的观测方法是否已经达到测量精度高达一亿分之一的程度。这封信引起了美国年轻物理学家迈克耳孙极大的兴趣，他决心寻找技术途径来观测“以太风”效应。他通过光干涉原理了解到，两束相干光的光程差只要有几分之一波长的变化就足以引起干涉条纹的位移，从而就能探查“以太风”。1881 年，他在亥姆霍兹实验室利用贝尔提供的 100 镑经费设计出“迈克耳孙干涉仪”。他带着这台干涉仪到波茨坦物理天文观测台进行了第一次测量“以太风”的实验。然而，他未能观测到干涉条纹的明显位移。这个实验实际上是对以太的否定，但是对于当时的物理学家来说，否认以太就等于否定了物理学的基础，迈克耳孙也不例外，所以他认为自己的实验所取得的结论是“失败的”。迈克耳孙 1881 年的实验让洛伦兹感到十分震惊。

1886 年，迈克耳孙和莫雷在美国重复做了斐索实验，测得菲涅耳拖动系数 $\left(1-\frac{1}{n^2}\right)$=0.434。但是，这种实验却与迈克耳孙 1881 年的实验相冲突，因为 1881 年的实验似乎证明地球完全拖动以太，而这个实验却表明地球的运动只部分拖动了以太。

洛伦兹坚持认为，迈克耳孙和莫雷在 1886 年的实验是正确的，而迈克耳孙在 1881 年的实验与传统的经验事实相违。他对菲涅耳拖动系数进行了理论计算，再次肯定了菲涅耳所计算的结果 $\left(1-\frac{1}{n^2}\right)$=0.438。他由此判断，迈克耳孙在 1881 年的思想准备不充分，因为他的出发点是证明以太绝对静止，而实际上以太有一半被拖动了。所以，只要迈克耳孙观测到干涉条纹位移量达到根据麦克斯韦理论计算的位移量的一半，就能保证菲涅耳的假说。瑞利曾写信给迈克耳孙，要求他密切注意洛伦兹的解释。1887 年 3 月 6 日，迈克耳孙给瑞利的回信上说：“洛伦兹的纠正无疑是正确的……你的信再次激起了我的热情，迫使我决定立即开始工作。”

迈克耳孙和莫雷在 1887 年 4 月重新开始用迈克耳孙干涉仪来观测“以太风”效应。他们把干涉仪的精度提高了一个数量级，按照菲涅耳的以太被部分拖动的假说，在实验中应当观测到干涉条纹有 0.4 个条纹的位移量，而他们在四个月的观测中均未发现这样大的位移，他们所测得的位移的平均值才 0.01 个条纹。这使洛伦兹大为失望，他在 1892 年 8 月 18 日给瑞利的信上说：

> 我以极大的兴趣读完你的来信……菲涅耳的假说，连同他的系数 $\left(1-\frac{1}{n^2}\right)$，如果不是因为迈克耳孙干涉实验的话，可以用来说明所有被观察的现象……我很难排除这个矛盾。但是，我相信如果我们要放弃菲涅耳的理论，我们则根本没有合适的理论，斯托克斯先生强加于运动以太的条件是互相不协调的。

迈克耳孙－莫雷实验第一次深刻暴露出经典物理学的局限，而它的深刻意义直到爱因斯坦创立狭义相对论以后才逐步显示出来。开尔文在 1900 年 4 月 27 日于英国皇家研究院讲演时所提出的“19 世纪的两朵乌云”，其中一朵就是指这个实验与经典物理学所观察的事实之间的冲突。既然曾被斐索所证明的菲涅耳假说又被迈克耳孙－莫雷光干涉实验所证伪，洛伦兹对以太的看法不能不有所改变。不过，他的观点的改变不是革命的，而是修正的。在 1905 年以前，他所做的一切理论研究都是要维护以太这个绝对参考框架。

四、提出长度收缩假说和对应态定理

1892 年至 1904 年，是洛伦兹一生最丰产又最有意义的年代。他在这段时间内将经典电子论完整地创立起来，把经典电磁学发展到了最后阶段，从正、反两个方面为相对论的诞生创造了条件。他对理论物理学的影响，不仅是用他的理论，而且也通过对年青一代物理学家的培养。他十分乐意同前来莱顿拜访他的青年人交谈，他的思想是有影响力的，但他从不干涉年轻人所选择的方向，也不去鼓励什么学派，总是与他们保持着亲密和崇高的关系。爱因斯坦就是他们当中的一位。爱因斯坦说过，在他的一生中洛伦兹对他的影响是深刻的。

1892 年，洛伦兹发表了《麦克斯韦电磁学理论及其对运动物体的应用》一文。这篇论文标志着洛伦兹电子论的诞生，洛伦兹力公式就是在这篇论文中提出的。洛伦兹电子论的主要贡献是在麦克斯韦无源电磁场中加入了源的成分，他用电子将物质和场联系了起来，将场论和超距论两大体系中的合理部分综合了起来。1896 年，洛伦兹就用他的电子论正确解释了塞曼效应。他指出，钠蒸气的光谱线在磁场中分裂为三条精细的光谱线，每一条光谱线定量地反映出电子振荡的状态。他进而根据拉莫尔进动频率计算出电子的荷质比是氢离子的荷质比的一千倍。他因这项工作与塞曼分享了 1902 年诺贝尔物理学奖金。洛伦兹的这项发现在 J. J. 汤姆孙测量电子荷质比之前。虽然我们将 J. J. 汤姆孙测量电子荷质比的 1897 年定为电子发现的一年，但我们应当把洛伦兹的这项工作放在更为突出的地位。尽管洛伦兹当时并没有看到电子，而 J. J. 汤姆孙实际上也没有看到电子，因为他是用统计平均的方法来观察电子的，但没有具体跟踪到某一个电子。

洛伦兹创立电子论只是他在 1892 年以后所进行工作的一部分，他在这以后所从事的另一项重要研究是解释迈克耳孙－莫雷实验，并由此建立了著名的洛伦兹变换。

1892 年 11 月，他发表了《论地球对以太的相对运动》一文。他在这篇论文中提出了长度收缩假说：物体在运动方向上的长度收缩了，收缩的长度为$L_0(1-v^2/2c^2)$。后来，他在1895年又给出了更精确的收缩公式$L=L_0\sqrt{1-v^2/c^2}$。英国物理学家斐兹杰惹也提出了长度收缩假说，后人就把它统一称为“洛伦兹－斐兹杰惹收缩假说”。洛伦兹用长度收缩假说来解释迈克耳孙－莫雷干涉实验为什么不产生条纹变化。粗略地说来，洛伦兹的解释是这样的：由于地球相对于以太运动，光在地球上来回的时间应比固定在以太参照系上两点间的光的来回的时间长；但由于同样的距离放在地球上后其长度会缩短，因此我们在地球上还是观测不到时间的增长。这样，我们就无法通过光干涉的方法来看到“以太风”效应。

与此同时，洛伦兹又提出了“地方时”的概念和对应态定理。洛伦兹的“地方时”是指，在运动坐标系上测得的时间，不同于所谓的绝对时间（即在绝对参考系上测得的时间）或牛顿时间。洛伦兹的对应态定理是说：在相对于以太这个绝对参照系做匀速直线运动的坐标上，麦克斯韦电磁场方程组的形式不变，电磁场的参量（E、H、D、B）不变。他用这个定理来解释“以太风”的一阶效应，也就是说，我们在地球上观察到的反射和折射现象，与在绝对参照系上观察到的完全相同。而他的长度收缩假说是用来解释为什么在地球上观察不到地球运动速度相对于光速的二阶（v^2/c^2）效应，即用来解释像迈克耳孙－莫雷干涉实验的一类现象。这样一来，洛伦兹似乎对给予建立在以太基础上的理论的证伪进行了再批判，继续巩固了经典物理学赖以建立的以太这个绝对框架。

接着，洛伦兹在1899年的《运动系统中的电学和光学现象的简化理论》和1904年的《在以小于光速的运动系统中的电磁现象》两篇论文中，结合伽利略变换提出了洛伦兹变换的最后形式，并给出了横向和纵向电磁质量的公式，批判了机械论，建立起电磁自然观。

由于洛伦兹变换与狭义相对论变换在形式上的某些相似，在很长的时间内有不少人误认为洛伦兹的理论属于相对论。其实，二者是有明显而又严格的区别的。这些区别主要在于：（1）洛伦兹的理论是在麦克斯韦理论的框架上发展起来的“构造性”理论，而爱因斯坦狭义相对论是建立在相对性原理基础上的“原理性”理论。（2）爱因斯坦的时空变换是可倒易的，而洛伦兹变换是不可倒易的。也就是说，在爱因斯坦狭义相对论中没有一个绝对参照系，而洛伦兹理论中有这样的参照系。（3）爱因斯坦认为长度收缩并非真实存在，而是人为选择参照系所造成的测量结果。洛伦兹认为长度收缩肯定存在，是由分子力造成的。

即便当时一些十分著名的物理学家，对于这两个理论的区别也不完全了解，有的人甚至把洛伦兹的理论放在狭义相对论的高度来评价。例如，埃伦费斯特在一篇题为《光以太假说的危机》的论文中把洛伦兹的理论和爱因斯坦理论当作相互竞争的理论，认为这两个理论在当时都还未得到实验的证明。

实际上，洛伦兹与庞加莱也还有很大的差别。庞加莱并不接纳洛伦兹那种堆积假说的研究方法。庞加莱站在哲学的高度，批评洛伦兹一会儿使用对应态定理来解释为什么观察不到“以太风”的一阶效应，一会儿使用长度收缩假说来解释二阶效应。他早已相信，不可能用任何实验方法（力学的、光学的、电学的）来证明地球的绝对运动。他在1895年最先指出：

> 实验已经揭示了许多事实，这些事实可以总结为如下陈述：不可能探出物质的绝对运动，或者说有质物质对于以太的相对运动；我们所能展示的一切，是有质物质相对于有质物质的运动。

1900年，他就把这条陈述称为“相对运动原理”，1904年改称为“相对性原理”。如果没有综观全局的哲学头脑，是做不到这一点的。据洛伦兹的女婿德哈斯回忆，洛伦兹是不问哲学的人，他从经验主义出发认为人类的能力无法超越自然，他只希望把自己投入到人类精神能够解决的深刻科学问题中。由于这种原因，洛伦兹不可能提出相对性原理，但也正是由于具有这种脚踏实地的精神，他才为经典物理学做了如此多的补救工作。

五、由隐居学者到理论物理学共同体的领袖

在1900年以前，洛伦兹是位隐士，基本上不与外界接触，他通晓多国文字，无须外出获取信息，也不愿意接受外来的激励和帮助，他所需要的是连续安定的环境，需要潜心研读。当有轨电车和汽车在纽约、伦敦、巴黎和柏林街头出现时，莱顿还是座静悄悄的小城市，那里没有吵吵嚷嚷的人群，他觉得单调的马蹄声倒也挺符合他的思维节拍。他没见过麦克斯韦，也未能见到赫兹。他不是拒绝社交，而是努力避免过早地进入学术共同体，避免卷入学派之争，放眼于各种相互竞争的理论。他信守的一条格言是：在尚未深入现象本质之前宣布某一理论途径是唯一的做法是危险的，各种

理论途径如原子论、超距论、场论等都不应偏废，只有通过多种方法的比较和综合，才能找到解释自然的最简单原理。在他隐居研究时曾有这样一个趣事，他的孩子有一天在街上见到一位陌生的外国人，回家后就问他是否知道此人。洛伦兹说：我不知道，但愿他不是物理学家。

洛伦兹直到 1897 年才认识到参加学术交流的重要性，这年他应玻尔兹曼的邀请，去为德国杜塞尔多夫会议致辞，他在那里第一次见到了伦琴等人。1900 年，他被邀请参加在巴黎举行的“物理学国际会议”。可以说，这是第一次理论物理学的国际会议，整个 19 世纪理论物理学在国际范围的活动还是个空白。洛伦兹在这个会议上作了题为《论最近发现的磁致旋光现象》的学术报告，阐发了一些与塞曼效应相关的磁光理论。1905 年，他又出席了法兰西物理学会的年会，作了题为《热力学和运动论》的报告；他在巴黎认识了庞加莱、布里渊、居里夫妇、朗之万和皮兰等人。1906 年春，他得到哥伦比亚大学邀请，到美国做了第一次学术访问。美国是他向往的地方，不独因为迈克耳孙和莫雷在那里工作，还因为那里曾诞生过一位电学大师富兰克林，更因为那里是现代电气技术的发祥地。美国在几乎没有自己的基础理论情况下，借助于西欧的理论发展起了自己的技术，那里发明家辈出：爱迪生、贝尔、格雷……还有刚刚崭露头角的从南斯拉夫移居美国的发明家、哥伦比亚大学教授浦品。浦品因发明电讯电缆的抗畸变的电感线圈而蜚声世界，是这次邀请洛伦兹访美的东道主之一。

洛伦兹访美回国后，慕尼黑大学聘请他前去执教，他出于爱国心毅然拒绝了。要知道，洛伦兹这时在莱顿大学的教学任务还很重。他除了担任自己的分内课程，还要代替身体欠佳的昂纳斯给医学系学生上物理课程。莱顿大学为了减轻他的负担，任命了第三名教授，他就是昂纳斯的学生库厄仑。与此同时，莱顿大学还专为他建了一个小实验室，配置仪器，配备了助手。该实验室后来改名为“昂纳斯实验室”。根据卢贝塔的回忆，洛伦兹这时虽然不时做做实验，但只是用于消遣，因为他的主要精力放在经典物理学和现代物理学的矛盾问题上面。

洛伦兹一生横跨了两个世纪，经历了两个截然不同的时代。在他出生时还没有任何迹象表明电气工业革命会在三十年后产生，当时在荷兰唯一可见到的电气技术只不过是悬吊在广场高塔上的电弧灯，就连后来建立起的英格兰 - 荷兰电报电缆，他也还没有享用过。历史决定了他只能走理论物理学的道路，当他成为国际理论物理学的领袖人物后，他就更没有时间过问电气技术了。不过，工业家却找上门来。比利时著名工业家索尔维邀请洛伦兹牵头组织一个国际物理学和化学会议，他十分乐意为此效劳。在他领导下，第一届国际理论物理学会议——“索尔维会议”于 1911 年在布鲁塞尔召开，他主持了会议。后来，他一直连任各届索尔维会议主席，直到他去世的前一年——1927 年。

洛伦兹之所以成为国际上公认的理论物理学共同体的领袖，除了因为他的理论和思想对新、老物理学两大体系产生巨大影响，还由于他具有博大的胸怀和高尚的品格。对此，爱因斯坦做出这样的评价：

> 如果我们的年轻人曾知道 H. A. 洛伦兹简直像一位伟大的泰斗的话，我们对他的崇敬和景仰就会早已别具一格……在我看来，他在人品上比我在一生历程中所遇到的所有其他的人，都更具有意义。正如他掌握物理学和数学结构那样，他同样自在又完全安详地掌握他自己。他那丝毫没有人类弱点的气质从未给他的同事造成一种压抑的影响。每个人都感到他优越，但没有人因此感到压抑。因为他虽然对人类本质和人的关系有敏锐的观察，但他对它却完全有一副慈悲善良的心肠。他的影响不曾是统治的影响，而总是一种服务的和助人的影响。

洛伦兹又是一位维护世界和平的热诚战士，他反对在国际学术领域施行任何强权政治。第一次世界大战爆发前夕，荷兰已笼罩着战争的阴云，他却参加了反战的“荷兰正义与和平协会”。他在 1913 年 1 月发表的一篇文章中这样说道：

> 这的确是肯定的，参加需要最大努力的严肃的共同工作可以转变人们的认识，使他们起来反对将能量耗散在不必要的摩擦中。

1923 年，洛伦兹参加了“智力合作国际委员会”，并接替法国哲学家柏格森担任该委员会主席。在第一次世界大战后，政治严重冲击了物理学界，当时许多国际性科学组织极力排斥德、奥成员。这种情况在美国特别严重。那个时候，美国想发展原子科学，但他们却又不愿意邀请朗德、泡利、海森伯和索末菲这样一批人，就连爱因斯坦也几乎被拒之门外。洛伦兹在 1909 年至 1921 年间担任荷兰皇家科学与文学院院长时，利用自己的影响和地位动员本国科学家参加由协约国重组的战后国际学术组织，同时又积极主张废除排斥战败国科学家的一切不合理条款。1925 年，他在布鲁塞尔召开的国际研究委员会第三次大会上宣读了他和塞曼等五人合写的公开信，严正指出与战败国科学家的合作是刻不容缓的任务。经过他的努力，国际研究委员会在 1926 年撤销了禁止前同盟国（指德、奥）科学家参加活动的条款。德国的魏玛政府也积极动员它的科学家参加国际研究委员会各下属组织，然而德国科学家中许多人不理睬政府的敦促，仍严守自尊自立的立场，这使洛伦兹精神大受挫折。当时爱因斯坦曾对美国物理学家密立根说："在柏林学术界"滋长着"沙文主义的潮流"。

六、站在"经典"和"现代"之间的巨人

1912 年，洛伦兹辞去莱顿大学理论物理学教授职务，去哈勒姆担任荷兰博物馆物理厅的主任。该博物馆仿伦敦皇家研究院的模样专为他建立了一个物理实验室。在莱顿大学接替他的职务的人，是他的学生埃伦费斯特。

洛伦兹忠诚于教育事业，在他到哈勒姆后，仍然保留莱顿大学荣誉教授的称号，并在莱顿大学举办了为期十四年的"星期一午前讲座"，这种讲座因逢星期一上午 11 点钟举行而得名。他的听众中有爱因斯坦、埃伦费斯特等人，爱因斯坦是经常专程前来听课的最热心的人。1923 年 5 月，就在洛伦兹七十寿辰前不久，洛伦兹因身体状况不佳而想停止讲座，并做了"最后的讲演"。据爱因斯坦说，这是"动人的告别讲演"。然而，这还不是告别。莱顿大学请求他继续开设讲座，并以年金作为酬谢。盛情之下，洛伦兹把"星期一午前讲座"办了下去，直到 1925 年才最后停止。

如何评价洛伦兹，是一个很重要的问题。进入 20 世纪后，洛伦兹不断受到物理学新思想的挑战。他总是勇敢地迎上前去，但又总是受到挫折，因为他仍然深陷于经典力学的框架，总是试图用旧的理论来解释新的发现。例如，普朗克提出量子假设后，他还希望用电子论来解决辐射问题，但得到的结果仍超不出金斯的结论，这就迫使他接受了普朗克的思想，真正看到了经典力学所描绘的连续的自然图景的缺陷。在他的晚年，除了矩阵力学，他对现代物理学的思想基本上是心悦诚服地接受的。他对年轻的爱因斯坦推崇备至，他常常对人说，他所不能解决的问题是留给爱因斯坦的。因此，他是一位站在经典物理学和现代物理学之间的巨人，正如卡西米尔所说："像爱因斯坦、玻尔一些物理学家甚至在今日仍一定可称为'现代的'，其他则是'经典的'，而洛伦兹兼而有之。"

1928 年 2 月 4 日，洛伦兹在哈勒姆去世，享年 74 岁。后来他被誉为荷兰近代史

中最伟大的学者。他享受的荣誉超过了荷兰历史上有名的哲学家和物理学家惠更斯。在他出葬的那一天，荷兰电报电话公司停止三分钟，以示默哀，政府大厦降了半旗，车辆易道，送葬路上两旁站满了目送他的人。荷兰皇家和政府官员的代表出席了他的葬礼，爱因斯坦和埃伦费斯特分别作为普鲁士科学院和荷兰科学院的代表给他送葬。爱因斯坦在墓地致辞时说：洛伦兹是“我们时代最伟大、最崇高的人”。

（作者：宋德生）

参考资料

[1] G. L. de Haas-Lorentz. H. A. Lorentz，Impressions of His Life and Work [C].Amsterdam：North-Holland Publishing Co.，1957.

[2] H. A. Lorentz. Collected Papers [C]. vol. I. Hague：Martinus Nijhoff Publishers，1937：1-192.

[3] 宋德生.略谈赫兹及电磁波和光波的同一性 [J].自然杂志，1982（5）：377-381.

[4] H. Hertz. Electric Waves [M]. London：Macmillan，1893 & New York：Dover，1962.

[5] M. P. Crosland. The Emergence of Science in Western Europe [M].New York：Science History Publications，1976.

[6] N. H. de V. Heathecotte. Nobel Prize Winners in Physics [C]. New York：Henry Schuman，1953.

[7] A. Einstein，H. A. Lorentz，H. Minkowski & H. Weyl. The Principle of Relativity [M]. New York：Dover，1923：11-34.

[8] D. J. Kevles. The Physicists [M]. New York：Alfred A. Knoff，1978.

[9] H. A. Lorentz. The Theory of Electrons [M]. New York：Dover，1915.

革新人类自然图景：

量子物理大师

- 普朗克
- 玻恩
- 玻尔
- 薛定谔
- 泡利
- 海森伯
- 狄拉克
- 费曼

马克斯·普朗克

（Max Karl Ernst Ludwig Planck，1858—1947）

普朗克

学林古柏的幸与不幸

普朗克出身于书香门第，在科学领域一帆风顺地成就了不世之功。19 世纪末到 20 世纪初，他在捍卫经典物理学的尊严时，却意外地成为新物理学革命的揭幕人，最后成为德国乃至世界物理学界的翘楚。三十而立，四十不惑，那时候他就已经在科学界享有了非常崇高的待遇。直到如今，到德国的任何一个大城市里，都能看到以他的名字命名的研究机构，即“马克斯·普朗克学会”（简称“马普学会”）下属的某个机构。所以无论在学术上还是生活上，普朗克的前半生都堪称是幸运的。

但他又是个不幸的人，主要体现在他的后半生经历了两次世界大战和德国历史上的特殊时期。在第一次世界大战中，他的长子在战斗中重伤身亡，他的两个女儿也先后病逝。他经历了德国经济的大混乱时期，60 多岁时，因公出差却住不起旅馆，只好在车站候车室中过夜。希特勒上台以后，他更是受尽了艰辛和屈辱。他的爱子因涉嫌谋刺希特勒而被杀害。他在柏林的住所在空袭中被毁，多年精心保存的日记、书信、文稿、书籍等都荡然无存。他在巡回演讲中目睹了战争给人类带来的苦难。战争末期，他躲在树林中，最后还是美国军队把他认了出来而予以保护。在他生命的最后两年，德国战后经济萧条，普朗克居无定所，只能寄住在格丁根的一位侄女家。

1947 年 10 月 4 日，这位伟大、正直且饱经忧患的学林古柏在格丁根陨落，终年 89 岁。他的坟墓上只有一块长方形的小石碑，上面刻了他的姓名，底部刻着“$34h=6.62\times10^{-34}\mathrm{W}\cdot\mathrm{S}^{2}$ ”的字样。这是他引以为豪的普朗克常数，至今还在深层次影响着人类社会的运行。

一、一代宗师

普朗克于 1858 年 4 月 23 日生于德国的基尔。他的祖上有一系列牧师、法学家和教授。他的曾祖父戈特利布·雅各布·普朗克是莱布尼茨的再传弟子，在格丁根任神学教授。他的祖父海因里希・路德维希・普朗克也是格丁根的神学教授。他的父亲威廉・约翰・普朗克是法学教授，先后在基尔和慕尼黑任教近50年，于量子理论诞生的1900年逝世。他的母亲出身于牧师家庭，据说是一位性情活泼、感情丰富的人。

普朗克有三个哥哥、两个姐姐和一个弟弟。按照当时他们那种家庭的传统，孩子们从小就受到全面的文化教育，后来也多数成了律师或高级官员一类的人物。普朗克幼时表现出了一定的音乐才能，钢琴和风琴都弹得很好。他在基尔受了初等教育，于1867年随全家迁到慕尼黑，在那里上了高中，1874年高中毕业。

在入大学以前，他在选择专业方面一度徘徊于音乐、语言学和科学之间（当时人们对科学还比较轻视，认为不如文学艺术“高级”），后来几经斟酌，终于选择了科学。但是他对音乐的兴趣一直没有衰退，这成了他生活中的一种安慰。

普朗克于1874年10月21日进入慕尼黑大学，起初主修数学，但是他的兴趣很快就转向了物理学。当时的物理学教授约里曾经劝阻他，认为物理学已经“接近完工”，没有什么搞头了，但是有关“宇宙本性”的问题强烈地吸引了他，他没有接受劝阻。这真是他本人的和整个物理学的一大幸事！

他于1875年因病休学，于1877年转入柏林大学，在那里听了基尔霍夫和亥姆霍兹等人的课，并自学了克劳修斯的《机械热理论》。后来他声称，正是克劳修斯的著作，把他吸引到物理学中来的。他于1879年7月28日以一篇有关热力学第二定律的论文获得了慕尼黑大学的哲学博士学位，次年任该大学的无工薪讲师。1885年，他被基尔大学聘为副教授，有了固定的收入，生活有了保障。于是他结了婚，建立了自己的家庭。在此期间，他发表了不少论著，有些论著包括了很长的历史综述。

1888年11月29日，普朗克成为柏林大学的副教授，接替了已故的基尔霍夫的职务，并担任了新为他设立的理论物理学研究所的所长。他于1892年5月23日被提升为正教授，后来在1926年因其他任务太重而辞去此职（于1928年由薛定谔继任），但他还继续担任教学和指导研究生的工作，一直很辛苦。

到了柏林以后，普朗克很快地赢得了自己的学术声誉，成了德国物理学会的柏林会员。他于1894年6月11日被选入普鲁士皇家科学院，并参加了“德国自然科学家和医生协会”的多次会议，结识了许多学术界人士。

在柏林，普朗克花了几年的时间集中精力研究当时的物理学两大难题（开尔文勋爵的“两朵云”）之一——黑体辐射问题。他于1900年下半年在德国物理学会的定期集会上报告了自己的研究结果。他的公式很好地概括了实验数据，引起了广大物理学家的注意。但是他的理论中蕴含的“作用量子 h”和“能量子 ε”的概念，却在相当一段时间内引起了包括普朗克本人在内的许多理论物理学家的惶惑。再加上另外一些社会原因，因此，普朗克虽然多次被提名，但却直到 1919 年才获得了因战争影响而迟发的 1918 年度的诺贝尔物理学奖。

在此期间，普朗克参加了“原子论”和“实证论”之间的学术论战，也参加了关于相对论的初期争议。在前一论战中，他基本上是站在“原子论”一边的。在后一争论中，尽管他起初对相对论有过怀疑，但后来却接受了它，而且对爱因斯坦做出了很高的评价，认为可以和哥白尼相提并论。

1912 年，普朗克以 19 对 1 的票数当选为普鲁士科学院的四名常务秘书之一。1913 年 6 月 12 日，以普朗克为首的“四位最有名望的德国物理学家”联名上书普鲁士教育部，建议选任爱因斯坦为科学院的院士。同年 10 月，普朗克当选为柏林大学校长（任期一年）。同年，他在科学院发起筹建物理学研究所，准备请爱因斯坦任所长。当时教育部同意了这一计划，一些企业的基金会也愿意提供一部分资助，但是财政部不同意，他们看不到这样一个研究所能有什么“经济效益”。不久爆发了第一次世界大战，这件事也就搁置了下来。当时德皇有权指定三分之一的威廉皇帝学会理事人数。1916 年，普朗克被指定为理事后，他重新提出了筹建物理学研究所的问题并获得了批准。1917 年，威廉皇帝物理学研究所成立。当时爱因斯坦是名义上的所长，而实际上管事的则是普朗克。

当第一次世界大战刚刚爆发时，普朗克受了德国军国主义者的欺骗，曾经在所谓《九十三位知识分子的呼吁书》上签名，表示和德国当局站在一起，并驳斥协约国方面关于德军入侵比利时的指责。这一呼吁书大大伤害了协约国一方知识分子的感情，虽然普朗克很快就后悔了，并且通过给洛伦兹的公开信表明了自己的态度，但是这一事件及另一些德国学者的更加强烈的所谓“爱国表现”，毕竟给国际科学合作造成了严重的后遗症，以致德国学者在战后一段时间内的国际活动中一直受到排斥。

战后的德国，经历了一段政治上和经济上的困难时期。由于经济上的大混乱，各个科学教育单位的经费捉襟见肘。这时已成为德国科学界首脑人物的普朗克，想了许多办法为全国的学者筹集款项，为此还成立了德国科学紧急委员会，从而有力地支援了索末菲、玻恩、朗德、帕邢等人的工作。但这也得罪了以斯塔克为首的右翼知识分子，他们指摘普朗克偏爱理论物理学和犹太人，甚至成立了自己的机构来和德国物理学会唱对台戏。但是，1925 年量子力学的诞生，使普朗克大感欣慰，他认为这是他的科学政策的重要结果。

1930 年 7 月，普朗克被选为威廉皇帝学会的主席，从此正式成为德国科学的最高权威和发言人。他一贯重视基础研究、德国文化研究和国际合作，认为这些都比眼前的经济利益重要得多。这种态度当然不完全合乎大资本家的心意，但是由于普朗克的国际威望和无懈可击的品德，他们还是选择了普朗克。

二、以勤勉取胜的学者

普朗克不是那种一般人所想象和所理解的“天才”或“神童”。他在高中各年级的成绩列在第三名到第八名之间。到了晚年，在得到那么高的声誉和地位以后，他还宣称自己在物理学方面“没有特殊的天赋”。他曾经表示，他不能同时研究几个不同的科学课题，而只能集中精力研究一个问题。他自称天性平和，对没有把握的探险没有兴趣，而且并不能“很快地”对新东西有所反应，也不能“很快地”掌握它。“他在物理学中的成功……以及在其他知识活动和行政活动方面的成功，来自长时间的资料吸收和缓慢的思想成熟”，然而他的成就并不在那些天才人物之下。他给人类留下来的精神遗产和道德范例是丰富而宝贵的，我们在此只能略述其荦荦大者。

1. 热力学的研究

普朗克最初从事的是热力学探索。在这方面，他曾经坚持了多年，取得了一些重要进展。他特别重视不可逆过程的研究，提出了自己的热力学第二定律的叙述方式。在其他一些方面，他也发表了一些特有的见解。起初他比较重视热力学的唯象性（及连续性），曾经宣称“不必借助于有关物质由分子构成的特殊假设”来解决问题。他的某些结果和美国人吉布斯的结果相一致（相等价），他得知以后很愉快地承认了吉布斯的先见之明。他写的《热力学讲义》一书曾在 30 多年的时间内被认为是热力学方面一本特别清楚、特别系统和特别精密严整的著作。事实上，在世纪交替时期，他已经成为热力学方面的公认权威。

2. 热辐射理论

众所周知，使普朗克成为人类文化史上不朽人物的，当然是他的黑体辐射理论。在 1900 年以前，普朗克已经在一定程度上接受了“原子论”。但是在最初，他仍然是用热力学的方法来处理辐射问题的。在他以前，人们曾经从不同的角度计算过按“波长”（或频率）分布的黑体辐射能量，得到的公式全都不能很好地表示实验结果，甚至导致了和当时的物理学基本观念（能量均分原理等）直接抵触的“紫外灾难”的产生。

普朗克在这个问题上也花了多年的时间。他起初把辐射看成一个热力学体系来计算它的熵，由此得出的结果和维恩的经验公式相一致。但是这种计算受到了玻尔兹曼的批评，普朗克很虚心地接受并改用了另一个方程，但是所得的结果仍然不够好。最后，按照他自己的说法，他只好采取了一个孤注一掷的办法。他在没有多大根据的情况下采用了“内插法”，把公式改成了 $\frac{\partial^2 S}{\partial U^2}=\frac{a}{U(U+b)}$（$S$ 和 U 分别表示辐射体系的熵和内能，a 和 b 是两个恒量）。

由这一方程推出的结果和后来的普朗克公式很接近，因此他把这次改动说成一种“幸运的猜想”。他于 1900 年 10 月 19 日在德国物理学会的定期会议上以《论维恩辐射定律的改进》为题报告了自己的理论，而他的好朋友鲁本斯等人立即核对了实验结果，发现和普朗克的理论完全符合。按照当代物理学史家雅默尔的看法，事情发展到这一步，能量子的概念已经注定要出现了，因此他认为应该把 1900 年 10 月 19 日这一天定为“量子理论的诞辰”。他评论说：

> 在物理学史上，从来不曾有一次很不显眼的内插，竟然带来了如此深远的物理学的和哲学的后果。

为了把他的“幸运的猜想”转变成“有着实在物理意义的叙述”，普朗克发现必须动用统计的方法。在统计的计算中，他试着引用了“能量子 $\varepsilon=h\nu$”的概念，此处 ν 是一个振子的频率，而 h 是一个普适恒量（后来被命名为普朗克恒量或“作用量子”）。他由此得出了著名的普朗克公式。他于 1900 年 12 月 24 日在德国物理学会的会议上宣读了题为《论正常光谱能量分布定律的理论》的论文。因为直到此时才正式引用了 h 这个恒量，所以人们习惯上把 1900 年 12 月 24 日这一天叫作“量子理论的诞辰”。

当普朗克引入 h 这个量时，他本来打算在最后的结果中取 $h\to 0$ 的极限，那样能量才会变成和经典观念相合的连续的量。但是求出结果以后，他却发现不能那么办。这种情况使他那不喜欢新鲜玩意的头脑大感不安。他一直想把自己的理论纳入经典物理学的结构中去。他声称，在有关能量子的问题上，应该采取“尽可能保守的”态度。但是他的几次努力都没有成功，而相反地，爱因斯坦和洛伦兹则分别于 1906 年和 1908 年证明了能量子概念和经典物理学的基础不可能相容。

有人说，有一次普朗克在和儿子散步时说到他自己做出了“牛顿以来最伟大的发现之一”。这种传闻的可靠性是很值得怀疑的，因为它既和普朗克的谦虚个性相违背，也和当时他自己及大多数物理学家的思想认识相违背。但是，从后来的发展情况来看，这句很可能是后人强加在普朗克口中的“不实之词”，却很准确地评价了普朗克这一发现的历史地位。

3. 电动力学的研究

一位普朗克传记的作者指出，在普朗克对热辐射问题的贡献中，巧妙地结合了他对不可逆性的研究和对电动力学的研究。在德国人对麦克斯韦理论与日俱增的兴趣的影响下，作为理论物理学家的普朗克曾经企图把热力学和当时是新理论的麦克斯韦电动力学统一起来。他在 1891 年曾经指出：“熵增原理必须扩充到所有的自然力……这不但包括热过程和化学过程，而且也包括电过程和别的过程。”因此，为了给热辐射之不可逆性的处理做好准备，他从 1895 年就开始研究电动力学。他的最终目标是通过研究保守效应（包括辐射阻尼在内）来考察不可逆过程。为此目的，他研究了电磁振子，而这种研究在他的热辐射理论中起了很重要的作用。为了证明麦克斯韦理论在红外谱区的适用性，他在 1911—1912 年曾经试图把量子理论中的参量和经典理论中的参量等同起来。这种方法或思想，有时被人们说成“普朗克的对应原理”，但这其实是对“对应原理”一词的一种严重曲解。

4. 对爱因斯坦相对论的研究和倡导

在 1900 年提出了辐射理论以后，对理论的基本出发点感到惶惑，普朗克产生了一定的苦恼。他倾向于转而研究别的课题，至少是把辐射问题暂时放一放。

1905 年，爱因斯坦发表了他的狭义相对论。这种理论很快就引起了普朗克的注意。他也很快向一些物理学家介绍了这种理论，并且改正了爱因斯坦原始著作中的一处笔误。1906 年，当某人的实验似乎和爱因斯坦的结论有些分歧时，普朗克又在“自然科学大会”上为这种理论进行了辩护。他指出，实验的精确度还不足以判别各种不同理论的谁是谁非。后来他又用更新的实验数据进行了计算，得出结论说“相对论正确的可能性比较大”。另外，在把相对论从电动力学推广到力学方面，他也做了一些工作。他利用最小作用量原理来得出了一种相对论动力学的结论。

由狭义相对论得出的关于距离收缩和时间延长之类的结论，并没有使普朗克感到惶惑，却相反地使他感到了高兴。他论证说：

只有当我们诉诸自己的感觉时，这些结论才是难以接受的，但是物理学家可以超越时间和空间之类的根深蒂固的直觉，而这种能力就使人类有希望建立火星人和地球人都能够接受的真正普适的物理学。

他指出，许多电动力学理论都要用到某种电子模型，而爱因斯坦理论则不需要这种模型，这就使那些“惶惑的电动力学家们”得到了“解脱”。

按照爱因斯坦本人和另外一些人的判断，狭义相对论很快被接受，爱因斯坦在德国科学界很快被承认，一个很重要的因素就是普朗克的介绍和推荐。因此有人说，除了热辐射理论，普朗克对物理学的第二个重大贡献就是他“发现了”爱因斯坦。

普朗克和爱因斯坦的个人关系，是一个复杂的和令人感慨的问题。这一点，我们将在后面讨论。在这里只想指出，普朗克在接受广义相对论方面可能有过一些困难，而爱因斯坦也曾对他感到不满。但是通过“长时间的资料吸收”，普朗克最后还是接受了这种理论。

5. 伟大的教育家

有一位物理学家兼科学史家派斯，曾经比较了量子理论的三位主要开创者普朗克、爱因斯坦和玻尔。他指出：普朗克是一位正规的大学教授，他讲了许多课，培养了许多哲学博士；爱因斯坦则喜欢单独工作，基本上不讲课，也“从来没有”培养过一个博士生；玻尔和许多人一起工作，他也不讲课，只开讨论会，他也不带博士研究生，而只培养“博士后”人员。

在高中时期，普朗克曾经代替数学教师上过几星期的课，那时他就对教学工作产生了很大的兴趣。当了大学教师以后，普朗克在很短的时期就同时开设了四门理论物理学课程。到了柏林以后，在大学讲课更成了他的经常性工作。他讲的课涉及力学、流体力学、电动力学、光学、热力学和分子运动论，一般每六个学期轮流一遍。他的讲课内容都经过精心安排，清楚而有条理。例如印度物理学家玻色曾经表示，听了普朗克的讲课以后，才知道物理学是那样一个理论体系，在该体系中，整个的课题可以从统一的立脚点并根据最少的假设来加以展开。后来，普朗克出版了一套理论物理学的书，这套书也成为名著，其中几本有过各种文字的译本。

在40年的教育工作中，普朗克先后培养出来了20多名哲学博士，其中劳厄和玻特后来获得了诺贝尔物理学奖，另外一些成了很有成就的物理学家，还有一人成为著名的哲学家，即逻辑实证主义维也纳学派的创始人施利克。

普朗克主张女子应有受高等教育的权利。在他任柏林大学校长的一年（1913—

1914）内，在该校上学的女生超过770人，而当时全德国的女大学生不过3700人，约占全体大学生的6%。他特别赏识奥地利女物理学家迈特纳，还曾打算到维也纳去任教，后来因为柏林方面竭力挽留，他没有去，却把迈特纳请到了柏林，后来迈特纳当了他的助教，而且成了他们家的常客和好友。

当他成为德国科学界的泰斗后，他用那种一以贯之的极端负责精神指引了科学发展的方向，关心各个学术机关的款项分配、人员调动之类的问题。在德国物理学会的刊物《物理学年刊》的审稿方面，他也付出了经常的艰辛的劳动。他甚至还关心中学物理学的教学改革，对大学中的普通物理学的改进也提出了自己的建议。

甚至在晚年，在那种战时和战后的艰苦条件下，他仍然到处巡行，发表演讲，向听众阐述自己的科学观点、道德观点和宗教观点。在一生最后一次的演讲中，他必须在1月乘坐没有取暖设备的火车到演讲的地方去。有人问他为什么要这样，他说：

> 在89岁的时候我不能在科学上有所创造了，留给我的只有一种可能，那就是通过在这儿或那儿重复我的讲话来追随我的工作给我准备的方向，并满足那些为真理和知识而斗争着的人们特别是青年们的愿望。

三、开明的保守派

受到家庭的影响，普朗克很早就有了某种宗教信仰和道德观念。在他的一生中，他以他的谦虚和正直，他的诚恳和宽厚，他的责任感和清心寡欲，得到了人们广泛的称颂和敬重。他是一个重视家庭生活的人，和家人感情很好。起初，他和一位银行家的女儿结了婚，23年后，夫人病逝，他深感悲痛，但是不久以后又结了婚，因为他是那样地需要家庭和伴侣。爱因斯坦喜欢个人生活，不太关心家庭，还喜欢犀利的言辞和露骨的玩笑，即使在学生和新闻记者面前也不避讳。普朗克则不然，他虽然也颇善交际，但是却非常庄重，平日他只和身份相同的人们聚首，抽抽雪茄，听听音乐，最多说说无伤大雅的笑话。

虽然并不赞成军国主义，但是却奉公守法，尊重行政部门，无比地负责和诚实，有时甚至略显过分，这就是普朗克的特征。1929年，当柏林的同行们庆祝他获得博士学位50周年时，他们不但称赞了普朗克的学术成就，而且称赞他"良心无一污点的纯正"。这在学术界是并不多见的。因为问心无愧，他往往坚持自己的看法，以致有时显得有点顽固。普朗克把爱因斯坦看成当代的哥白尼，而爱因斯坦则不止一次地抱怨普朗克的固执己见，即所谓“死抱住显然错误的成见不放”。然而，普朗克的看法并不是不可改变的：当认清了情况以后，他在许多重大问题上确实也多次改变过自己的看法。

在科学观点上，他强调世界图像的普适性和统一性。他总是希望看到“作为一个整体的”物理学。当这种努力遇到困难时，他就在坚持中（即采取“尽可能保守的”态度）一步步地退让，尽量采用“折中”的办法来对待所面临的局势。必须指出，在科学工作中，这是一种慎重的、认真的态度，虽然看起来不那么“革命”，然而却有它的很大优点。

作为一位从热力学入手的理论物理学家，普朗克当然会强调物质结构和理论表述的连续性，也会重视能量这一概念在理论研究中的重要作用。他告诉他的老师约里教授，他之所以选择当时并不时髦的物理学来作为自己的专业，并不是想要做出什么“发现”，而是要了解或深化已经确立了的基础，他并不醉心于世俗的什么成就或是成功。

然而普朗克不愧为一位伟大的自然探索者。他认为热力学的规律是普遍的规律，而关于物质构造的分子概念则是会把人们的思想引入歧途的概念，因而他对“原子论”是没有好感的。但是随着分子运动论不断取得成果，特别是这种理论在化学方面的广泛应用，他逐渐认识了分子－原子概念的重要性，因此改变了自己的看法，并在确立自己的辐射理论前接受了分子运动论。当时德国学术界把分子运动论叫作“动力学理论”，认为这是从热力学到力学的一种“还原”。这种观念和普朗克追求普适理论的动机正好吻合。然而当时他心中并不是没有矛盾的，因为他不喜欢“概率”的概念。尽管如此，在主张原子论的玻尔兹曼（主张“绝对概率论”的艾克斯诺的学生）和主张实证论的马赫之间爆发了激烈的论战时，普朗克还是站到了玻尔兹曼一边。

早在普朗克接受原子论以前，他就对马赫做出过较低的评价。他在1891年写给奥斯特瓦尔德的信中说：“至于马赫，我必须说我不认为他在（热力学）第二定律方面有多大发言权，尽管我在其他方面很赞赏他的判断的独立性和敏锐性。”到了1896年，他和玻尔兹曼一起批评了奥斯特瓦尔德本人的“唯能论”。他认为唯能论者企图用能量的守衡及转化来概括全部物理学的想法是胡扯。从普朗克的特点来看，能够得到这样的结论是很不容易的，因为唯能论的观点也和他对“普适性”的追求相似。然而普朗克的态度是不含糊的，他说：

我认为我有责任提出强烈警告，唯能论不能再沿着目前这种方向继续发展下去了，这种发展意味着现行理论工作的严重倒退，其后果只能是鼓励青年科学家们去进行那种半通不通的胡思乱想，而不是鼓励他们通过研究已有的杰作来彻底地打好基础。

1906 年玻尔兹曼自杀以后，普朗克想必认为自己的科学哲学方面的担子更重了。他在一二十年的时间内进行了反对实证论的论战，在各种场合下阐述并发展了自己的观点。

如上所述，普朗克所追求的是一种普适的物理学，他强调物理规律对于观察者的独立性——我们甚至可以说他在某些方面强调得有点过了头。他坚信自然过程的客观存在，从而从根本出发点上就是和实证论针锋相对的（然而他的学生施利克后来却成了所谓“维也纳学派”的中坚人物）。他在 1908 年的一篇重要演讲中放弃了一向平和的态度而对马赫提出了相当尖锐的批评。最使马赫受不了的也许是普朗克对他的最得意力学著作的批评。他指出，没有任何一位物理学大师是按照马赫所设想的程式来建造自己的科学的。

在很长一段时间内，普朗克认为实证论是学术上的一种严重危险。为了反对这种倾向，他甚至不惜赞扬“唯灵论”倾向很明显的英国学者洛奇，认为洛奇对“独立于我们的实在外部世界”有一种“不可动摇的信念”。

现在让我们再来谈谈他那“孤注一掷的”量子假设。如前所述，当初提出这一假说时，普朗克曾把它看成一种权宜之计，看成一块敲门砖，本来是打算在适当的时候就把它抛弃掉的，但后来发现抛不掉，这才把它看成“孤注”。这也是使他感到很矛盾、很尴尬的一个情况。

到了 1906 年前后，他开始隐隐约约地意识到他的辐射理论已经在物理学中注入了某种全面性的和带有威胁性的要素。为了缓和这种情况，他在几年的时间内做出了一些努力，企图找出恒量 h 的所谓“经典诠释”，然而结果都没有成功（实质上不能自圆其说）。到了 1911 年，在能斯特的倡议和比利时企业家索尔维的资助下，在布鲁塞尔召开了第一届索尔维国际物理学会议，会议的目的正是要讨论辐射和量子。在这次会议上，实验家们报告了实验数值和普朗克理论的优美符合；理论家们介绍了量子概念在除辐射以外的其他课题方面的应用，而普朗克本人也更清楚地意识到了量子概念和经典理论之间难以弥补的裂痕。

尽管如此，他直到 1913 年还觉得爱因斯坦的光量子概念是科学工作中的一次失误。第一次世界大战期间，他考虑了光的波动观点和光量子观点的关系。尽管由于玻尔原子理论的成功，他不得不承认光的发射是量子化的，但是他仍然觉得没有足够的证据说明光在传播中也是量子化的。他仍然更多地倾向于麦克斯韦理论，盼望有一天能够在这种理论的框架中使矛盾得到解决。

当矩阵力学在1925年夏天终于出现时，普朗克曾经是欢欣鼓舞的：一方面，他感到自己领导德国科学的心血没有白费；另一方面，他期望新的力学将发展成为一种可以取代经典理论的统一理论。在他的心目中，新旧理论之间将没有质的差别而只有范围大小的不同，而事实却证明情况远非如此。他在1926年的一篇关于统计力学、因果性和自由意志的演讲中宣称，将来的理论将用不着关心观察者对所观察的对象的干扰，因为物理学"从一开始"就是把这种复杂性排除在外的。这恰好和玻尔等人的想法完全相反。

在这样的思想状况下，普朗克（和爱因斯坦等人）欢呼薛定谔波动力学的诞生，认为这种理论是"绝妙的"和"划时代的"。因为波动力学用了微分方程这种大家熟悉的数学语言，所以当时颇有几位老辈物理学家看到了希望，觉得重新振兴经典物理学王国的时机终于到来了。然而不到一年，就出现了波函数的概率诠释，过了一年，又先后出现了海森伯的测不准原理和玻尔的互补原理。这就又一次使那些年高德劭的大师的希望归于幻灭。尽管后来一直有人试图反对或驳倒所谓哥本哈根观点，但是振兴经典王国的梦想却肯定是越来越渺茫了。人类认识的道路是错综复杂的，人们在这种道路上行进的步伐和姿态也是各不相同的。普朗克采取的是一种临深履薄的小心翼翼的稳健方式。他虽然常常"落在形势的后面"，但他对人对己是绝对诚实的，所以他还是扎扎实实地前进着的。他的方式绝对不同于那种闻风而动、随声附和的市侩作风，他的人格和作风是值得尊敬的。

四、一个正直人的不幸

普朗克像一个巨人，站在新旧世纪的分界点上。他的一生经历了成功的喜悦，更经历了深刻的悲痛。

如上所述，他虽然亲手揭开了物理学革命的帷幕，但是幕后所显示出来的却并不是他所梦想和追求的东西。事实上，几乎每一次新的发展都曾引起过他的不安。然而学术上的失望还只是他所遭遇的最小的不幸。

作为德国科学界的领袖，他在多年的社会活动中遇到过无数的令人头疼的人事关系问题，而且随着当时德国形势的发展，这种问题越来越多地显示出了政治色彩，最终还把普朗克逼到了手足无措的角落。

早在 1895 年，普朗克被柏林大学当局指定为一个委员会的成员，来解决一个棘手的问题。当时有一位无工薪讲师，名叫阿龙斯。此人是社会民主党的党员，用演讲和捐款来大力支持该党，因此普鲁士的文化教育部要求学校把他开除。但是讲师不是公职人员，他的任免权属于大学而不属于教育部。普朗克认为，阿龙斯是一位很好的教师和有希望的科学家，而且此人也没有用自己的政见去影响学生，因此不应该把他开除。此事在报纸上引起了一场争论。到了 1898 年，普鲁士为此专门颁布了法律（被称为“阿龙斯法”），规定教育部有权解职大学讲师。这时他们又要求柏林大学解聘阿龙斯，普朗克坚决不同意，结果教育部只好亲自出面来干这件尴尬事。可以设想，普朗克这样的保守学者一般是不愿意反对当权者的，但是为了维护某种原则，他却也可以表现得很“顽固”。

1913 年，普朗克倡议请爱因斯坦来柏林，并要求请他当拟议中的物理学研究所的所长，从此也开始了他在“爱因斯坦问题”中的困难处境。作为一位哲学气质很浓的物理学家，普朗克当然很重视人类文化和基础研究，他的许多活动在很大程度上就是为了给理论研究创造必要的条件。这种做法引起了某些人的不满，特别是在第一次世界大战以后，德国人认为受到了不公正的对待，从而滋长了种族主义情绪。于是以勒纳为首的少数实验物理学家提出了“德意志物理学”的口号，提倡实用，反对他们所不懂的理论，特别是主要由“犹太人”创立的新理论。这种口号迎合了某些右翼势力和大企业家的口味，一时甚嚣尘上。

1919 年，爱丁顿率领的日食观测队证实了广义相对论的推论，进一步激起了本来就怀有反英情绪的德国人对爱因斯坦的反感。1920 年，在一些冒牌“科学家”的鼓动下召开了反对爱因斯坦大会，对爱因斯坦进行了恶毒的人身攻击。这种情况引起了大批正派学者的愤慨。当时普朗克没有正式站出来抗议，但是他在后来的一系列行动中尽量维护爱因斯坦的权益。1922 年，柏林大学的实验物理学教授鲁本斯逝世，有人提出让勒纳继任，普朗克以学术上的理由予以否决。同一年，另一位右翼分子斯塔克在一次学术会议上散发了题名为《德意志物理学的当前危机》的反动小册子，攻击“犹太人的”理论和爱因斯坦，并号召物理学家们“像约翰内斯·斯塔克那样”投身到工业中去——那年，斯塔克曾以学校不重视工业为借口辞去了他的教授职务，其实他是觊觎国家物理技术局局长的职位，结果又在普朗克的安排下被能斯特抢了先。到了

1924年，斯塔克和勒纳一起公开变成了纳粹打手，当时希特勒还没有掌权，但是这两位获得过诺贝尔奖的实验物理学家已经堕落到把那个酒吧间里的流氓比喻为伽利略、开普勒、牛顿和法拉第的地步——不过，因为后两人都是“英国人”，希特勒恐怕也不一定赏识这种无耻的吹捧吧。

当希特勒在1933年攫取了德国的政权时，普朗克还担任着德国科学机构中的两个要职：柏林科学院的秘书和威廉皇帝学会的主席。两个机构都需要政府的支持，而纳粹当局也认为普朗克有可以利用之处。他家世“清白”，是纯粹的“雅利安人”，他在国际上有很崇高的学术地位，而且以道德高尚而受到许多正派人的尊敬。当时普朗克确实考虑过引退，他年事已高，引退也有理由。但是他不断地收到各方面的来信，遇到困难的人们需要他的帮助，这就使他觉得自己有责任留下来，以便解决那些乱麻似的困难问题。他采取了委曲求全的做法。当哈恩提议联合三十位著名的德国教授来发表声明，支援他们的犹太同事时，普朗克说：

> 如果您今天找了30个这样的人，明天就会有150个人出来反对他们，因为人家需要他们的位置。

普朗克曾经打算通过幕后活动来缓和压力，甚至去见过希特勒。但是这种活动当然没有效果，于是大批很有才华的犹太学者被赶出了大学和研究单位。据说当时的大数学家希尔伯特在一次会议上坐在纳粹教育部长的旁边，那家伙搭讪说：

> 阁下，我希望犹太数学家们的离开不会严重影响您的研究所的活动吧？

希尔伯特回答说：

> 噢，部长大人，根本不会影响。（停了一下）只是研究所再也不存在了。

事实上，纳粹不但驱逐了希尔伯特最得力的助手库朗和爱米·诺特，而且还造谣说女数学家爱米·诺特“偷了图书馆的书”。

爱因斯坦早就参加了后来转入地下的“新德国联盟”。这是一个左翼组织，反对德皇，赞同民主革命，而爱因斯坦也早就成了纳粹分子的眼中钉。早在20世纪20年代，他们就不断地对他进行了无耻的诽谤，而且多次威胁他的生命。后来希特勒上台，如果爱因斯坦在德国，他是很难活下来的。幸亏那时他已去了美国，而在出国以前普朗克在办理护照等方面帮助他解决了许多麻烦。1933 年 3 月 10 日，爱因斯坦发表宣言，表示德国已经没有自由、容忍和公民在法律面前的平等，因此他不再回德国了。同年 10 月，他取得美国国籍，定居于普林斯顿。

爱因斯坦问题给普朗克带来了很大的麻烦。他曾经想了许多办法来缓和人们的情绪，但是由于很难抵挡纳粹当局的强横要求，他只好要求爱因斯坦辞职。但是纳粹当局还不满足，他们要求科学院做出解释，于是科学院在普朗克外出休假的情况下起草了一份免职书，对爱因斯坦提出了政治上的责难。这种情况使普朗克很难堪，因为他一直对爱因斯坦评价很高，尽管他们二人的政治见解很不相同。

同一年的晚些时候，普朗克提名劳厄接替爱因斯坦的职位。这又招来了那时已很得意的勒纳和斯塔克的阵阵辱骂。他们算起了旧账，说普朗克这个“政治上毫无价值的”人物把爱因斯坦塞进了科学院，而劳厄则曾公开把纳粹对待相对论的态度比喻为当年罗马教会对伽利略的审判，而这种比喻曾经得到“所有犹太人及其同伙的热烈赞颂”，如此等等。

与此同时，斯塔克通过纳粹政府施加压力，要当科学院院士。但是这种活动受到许多正派科学家的抵制，最后科学院负责人递交了一份报告，列举了斯塔克对科学院成员普朗克、薛定谔、哈柏和劳厄的疯狂攻击，结果斯塔克的图谋又宣告失败。

但是，普朗克的胜利只是暂时的，随着反动势力的节节进逼，德国的高级研究单位很快渗透进来了许多的纳粹党徒和特务；许多科研人员受到压力，因而被迫参加国社党。逢年过节，各单位要向希特勒致贺。普朗克很勉强地接受了这一切。一位目击者描述当时的情形说，普朗克站在台上，举了两次手都没有举起来，第三次才举起来，喊了“希特勒万岁”。

1938 年，在他 80 岁寿辰到来之前，普朗克被任命为“巡回传教士”，这又给他增加了到各地去宣讲宗教观点的任务。他在布道时提到了宗教和科学，但是很少提到耶稣。这也非常不合纳粹分子的口味。他们散布谣言说普朗克的母亲有犹太血统，并且“科学地”判定说普朗克是“十六分之一的”犹太人。

为了庆祝他的 80 岁寿辰，德国物理学会设立了“普朗克奖章”。普朗克选定的第一届受奖者是法国人德布罗意。实际上，这是故意和纳粹作对的做法。因为：第一，他有意选了一个法国人；第二，德布罗意其实也是希特勒一伙很不喜欢的人物。

1938年5月30日，威廉皇帝物理学研究所正式落成。这是普朗克多年的心愿，他为这件事花费了许多心血。美国科学史家海尔布伦教授指出，在普朗克心目中，这个研究所应该成为洪水泛滥中的“挪亚方舟”，可以庇护少数的物理学家在那里工作。不幸的是这个“方舟”在海森伯主持下一度成了为纳粹军方研制原子武器的基地。这个说法也是有据可查的，海尔布伦引用了海森伯当年给军方的报告为证。这使普朗克十分担心，他恨不得把这个“方舟”沉入海底。

1938年12月22日，普朗克在任职26年以后辞去了科学院秘书的职务。在此以前的几年中，他经历了多次风浪，遭受了许多恶毒的诬蔑，抵制了斯塔克之流的轮番进攻。但他的引退也没有止住对方的咒骂，他们仍然胡说普朗克领导的科学院是“犹太人的巢穴”，普朗克本人“起码也不是物理学家”，而他的辐射公式则只是根据“真正的物理学”（指实验工作）做出的“初等的数学推导”。但是普朗克并没有屈服。他仍然在他的演讲中阐述自己的科学观点，当然他也避免提到爱因斯坦的名字，但是他把相对论说成“整个理论物理学大厦的完工和封顶”，而且他的这种手法竟然瞒过愚蠢的纳粹官僚达几年之久。

1943年春天，为躲避空袭，普朗克迁居乡下。同年5月间，他曾回柏林一次。当时80多岁的普朗克仍然精力充沛，那一年他还爬了海拔3000米的高山。但是他的苦难还远远没有结束。1944年2月15日，普朗克在柏林郊区的住所被炸，文件和藏书全部被毁。这也没有压垮普朗克，他还能够以工作来宽慰自己。不久又传来了他的孙女企图自杀的消息，但是最沉重的打击还是他儿子的被捕。他和原配夫人生的第二个儿子埃尔温深得他的宠爱。1944年底，埃尔温和他的一个朋友因涉嫌谋刺希特勒而被判死刑。埃尔温在所谓“魏玛共和国”时期曾任高级军官，他确实一直反对纳粹，但他不承认参加了刺杀密谋。为了援救自己的爱子，普朗克做出了不惜一切的努力，但是纳粹匪徒又一次戏弄了他，就在普朗克满怀希望的时候，纳粹匪徒突然杀害了埃尔温。这次打击几乎要了普朗克的命。从那以后，他就永远失去了人生乐趣。他的身心都受到了严重影响。他的脊椎粘连在一起，行动困难，常常痛苦得大声喊叫。他居住的地方变成了战场，他和夫人只好躲在树林中，睡在草堆上，最后被美国军官找到，在极度贫困的情况下移居到格丁根的一个侄女家中。

第二次世界大战末期，海森伯等几个曾经为德军研制原子武器的科学家，包括反对纳粹态度最明朗的劳厄在内，在撤退途中被俘，被送往英国拘留，不久获释。纳粹分子勒纳于1947年死去，逃脱了正义的制裁。同年，一个审判纳粹分子的法庭判处斯塔克四年劳役。

经过纳粹的清洗和战争的破坏，德国威廉皇帝学会濒于瓦解。当时在格丁根的学会秘书在迫不得已的情况下请求普朗克再次出任学会主席。在普朗克的领导下，当时西方占领区中留下来的所长们选举哈恩为下一任主席，于 1946 年 4 月 1 日到任。当时英法占领当局允许学会恢复活动，但是美国人却倾向于把学会解散。于是又由普朗克出面进行疏通，而他的国际声望和儿子的牺牲也起了决定性作用。协商结果，学会要改一个“军国主义色彩更小的”名字。1949 年 7 月，在英法美三方的同意下，在占领区中成立了“马克斯·普朗克学会”，由劳厄任秘书，哈恩任主席，海森伯任“马克斯·普朗克物理学研究所”所长。其时普朗克已经逝世，但是他的光辉名字和高风亮节将永远载在人类文明的史册上。至于希特勒和另外那些独裁暴君们，以及他们那些大大小小的奴才们，让他们统统见鬼去吧！

（作者：戈革）

参考资料

[1] J. L. Heilbron. The Dilemmas of an Upright Man [M]. Berkeley: University of California Press, 1986.

[2] Hans Kangro. Max K. E. L. Planck [A]. Dictionary of Scientific Biography (XI) [C]. New York: Charles Scribner's Sons, 1975: 7-17.

[3] R. L. Weber. ed., Pioneers of Science: Nobel Prize Winner in Physics [C]. London: The Institute of Physics, 1980.

[4] M. Jammer. The Conceptual Development of Quantum Mechanics [M]. New York: McGraw-Hill Co., 1966.

[5] J. Mehra, H. Rechenberg. Historical Development of Quantum Theory [M]. Berlin-Heidelberg-New York: Springer-Verlag, 1982.

[6] 阿尔明·赫尔曼. 量子论初期史（1899—1913 年）[M]. 周昌忠，译. 北京：商务印书馆，1980.

[7] 戈革. 尼尔斯·玻尔和他的对应原理 [J]. 自然辩证法研究，1987，3（2）：7-17.

马克斯·玻恩

（Max Born，1882—1970）

玻恩

晶格动力学之父、量子力学的诠释者

玻恩是 20 世纪著名物理学家，也是一位具有特殊地位的物理学家。在科学研究方面，他奠定了晶格动力学的基础，参与了量子力学的创建工作，提出了波动函数的统计诠释，在相对论、固体物理、流体理论、光学等领域都有卓越建树，因之成为物理学的一代宗师。在科学组织方面，他创立格丁根物理学派，使格丁根成为 20 世纪 20 年代后期和 30 年代初期世界物理学的中心之一。在个人交往方面，玻恩与 20 世纪两位最伟大的物理学家爱因斯坦和玻尔都建立了深挚的友谊，虽然这两位科学伟人在对量子力学的哲学解释问题上持有对立态度。玻恩还是个优秀的教师，不但教出了多名诺贝尔奖获得者，还教授了很多中国学生，包括黄昆、彭桓武、程开甲和杨立铭等，他们后来都成为中国物理学各领域的巨擘。所有这些，都使玻恩在科学史上具有了某种特殊的地位。

一、浓郁的家庭科学气氛

美国著名物理学史家莫里斯·克莱因说过：

> 在量子物理学的主要创造者中间，玻恩或许是其物理学家同伴中唯一不具备生动个人形象的人。爱因斯坦当然是举世无双的，玻尔对各地的理论家来说是仁慈的父亲形象，狄拉克具有独特的个性风格和明显的天赋，泡利深奥和尖锐的结合成了达 45 年之久物理学变革的基础，但玻恩显然缺少任何上述种种个人魅力。

确实，在玻恩的朋友和学生中很多人天资极高，才华过人，有些还留下了早慧的美名，而玻恩却不是这样，他早年各方面成绩平平，并无什么过人之处。

1882 年 12 月 11 日，玻恩生于普鲁士西里亚省首府布雷斯劳，具有犹太血统。他的父亲古斯塔夫·玻恩是布雷斯劳大学医学系解剖学和生理学教授。玻恩少时体弱，支气管炎使他比同龄儿童晚进学校，而和妹妹一起由家庭教师指导。后来他进了小学，但学习成绩令人失望。他就读的中学是一所普通的德国大学预科学校。学校的主要课程为拉丁文、希腊文和数学等。同小学相似，他的成绩平庸。由于记忆力不好，拉丁文成绩可想而知。数学成绩虽不算很坏，但他对此兴趣不大，甚至有些讨厌欧几里得几何，认为它像席勒的戏剧一样，“每行都是无休止的蠢笨说教”。

无论如何，少年玻恩的生活也有优越的一面，那就是家庭里浓郁的科学气氛。他在很小的时候就和妹妹到父亲的实验室去，那里摆满了各种仪器。小玻恩还被允许旁听父辈的科学讨论，讨论者有 606 的发明者、化学疗法的创立者埃尔利希，皮肤科医生、淋球菌和其他微生物的发现者奈赛尔等当时的一些著名科学家。

所以对于玻恩而言，少年时代扫兴的学校生活并不是生活的全部。他后来极动感情地写道：“我真正的生活是在学校之外，真正的友谊也在学校之外。”这不仅是由于家庭的科学气氛，还由于有年龄相仿的堂兄弟们。玻恩同他们玩积木、做游戏，智力得到发展。就聪明伶俐而言，玻恩并不突出，有些岁数比他小的，甚至还要更聪明一些。然而玻恩有一个难得的品质：从小就力图以新的思路消化接触到的事物，并注意到这些事物之间的联系。

1900 年 7 月，玻恩的父亲病故。父亲去世前和玻恩谈起他的前途。玻恩表示希望成为一名工程师。睿智的父亲劝诫他不要操之过急，建议他在固定某种专业之前去听各种不同学科的课程。

在父亲去世后的半年中，其父生前的助手拉赫曼博士鼓励玻恩阅读社会科学著作。玻恩读过马克思及其他一些社会主义者的著作，并接触了康德和黑格尔的哲学，这可以说是玻恩的哲学启蒙。也是由于这位年轻助手，玻恩对天文学和宇宙学有了兴趣。在玻恩为当一名工程师还是继续从事科研或是经商举棋不定时，又是此人力劝他献身于科学研究。

1901 年，当玻恩 19 岁时，得以进入布雷斯劳大学主修天文学，但他谨记父亲的劝告，广泛涉猎多种课程，包括数学、物理、化学、生物甚至哲学。以后的事实证明，父亲的劝告极为重要。广泛的学习，不仅使玻恩找到了恰当的事业，也为他打下了广博的基础。这也使得他的知识面变得非常宽广，对新事物也敏感，因而他一生涉足的研究领域很多。

1904 年以后，玻恩还曾继续尝试就读其他高等学校，包括海德堡大学和苏黎世大学等。但对他作为未来科学家的发展来说，更具决定性意义的是去格丁根求学。玻恩在此学习了三年。他去格丁根的初衷，就是仰慕当时三位数学先知的大名，即克莱因、希尔伯特和闵可夫斯基。提及这段经历，玻恩总是充满感激。他敬仰希尔伯特和闵可夫斯基的人品，说这两位伟大数学家观察世界的方式给了他深刻印象。到格丁根一年后，玻恩就成为希尔伯特的私人助手，这也使他对这位数学泰斗有了更深的了解，从而有机会了解高明的数学思维是怎样进行的，堪称是玻恩的莫大幸运。在玻恩后来的教育方法特别是玻恩与学生不拘小节的关系中都可以看到希尔伯特的影子。

三年之后的 1907 年 1 月，玻恩由于在弹性领域的研究论题获博士学位。这年春天他到英国剑桥游学了数月，秋天回到故乡布雷斯劳从事实验物理工作。

二、晶格动力学之父

1908 年，玻恩重返格丁根，原准备随闵可夫斯基一起研究相对论，但因翌年年初闵可夫斯基不幸逝世而未竟初愿。不过他还是通过一篇题为《汤姆孙的原子模型》的论文，在格丁根大学获得了特任讲师的职位，从此开始了在科学研究领域中的辛勤耕耘。

玻恩一生涉足的研究领域非常广泛，如原子理论、晶格力学、相对论、量子力学、流体理论、分子理论、光学等等，但研究时间最长、论文最多、最能代表他个性的就是在晶格动力学方面的工作。后来，收入玻恩自选文集中属于这一领域的论文就有 33 篇，占据了他一生科学工作的很大比重。他在晶格动力学领域的贡献主要有以下几方面。

1. 比热理论

固体比热的杜隆－泊替定律存在许多例外，这被列为 19 世纪末晶体学悬而未决的问题之一。1906 年，爱因斯坦对此问题的解决提供了一个极其简单而成功的线索：考虑到普朗克量子假说，固体比热可以用固体中粒子的振动来解释。但问题在于，固体中粒子振动的物理图像并不清楚。

1912 年，玻恩在格丁根大学任讲师期间，与后来成为空气动力学创始人之一的卡门住在同一幢房屋。两人天天一起讨论物理学，在讨论中他们谈到了爱因斯坦关于固体比热的理论。他们认识到，爱因斯坦的单振子模型可以通过考虑晶格振动的全部光谱来改进，这样便可消除爱因斯坦比热理论与实验的小小脱节。他们坚信晶格是物理实体，力图给出晶体作为动力学体系的图像。两人通力合作，引入了这一领域的几乎所有基本概念，从而奠定了晶格动力学的基础。后来，卡门转到流体理论的研究，而玻恩和他的许多学生一直继续在这一领域中工作，陆续发展了基于晶格动力学的固体热学、光学和力学理论。因此，玻恩被称为“晶格动力学之父”还是名副其实的。

当时，从事改进爱因斯坦比热理论的还有德拜，他的工作比玻恩和卡门早几个星期。但德拜简单地把固体视作一种连续介质，因之忽略了其内部结构的原子特性。而玻恩和卡门的理论则是以较完善而严格的原子动力学原理为基础，就晶体研究的理论意义上说，玻恩和卡门的结果更为重要。这一工作的另一个重要结果，是使玻恩认识到普朗克的作用量子 h 不可能像普朗克本人所希望的那样可以同牛顿或麦克斯韦的理论糅在一起，原子领域需要一种更基本的新力学。因为固体的振动不再是单个粒子或粒子群的经典振动，而是一种新的模式振动。

2. 离子晶体

离子晶体，特别是卤化碱，在固体物理学发展中起着十分重要的作用，因为它们易于产生，同时相对单纯，适于做精确和重复实验研究的对象。1918 年，玻恩和他的学生朗德对离子晶体进行了详尽的研究，在马德隆的帮助下奠定了离子晶体的经典理论。以前，物理学家和化学家用不同的方法研究离子晶体，由于玻恩的工作，这种情况得到了改变。1977 年的诺贝尔物理学奖获得者莫脱评论说：“这项工作或许应该认为是理论固体物理的真正开始。”

玻恩还在哈柏的帮助下，提供了仅用物理数据决定反应热的办法，其中利用了焓 H 的总变化与实现变化的中间步骤无关的原理。这一方法后来被称为玻恩 - 哈柏循环。

对离子晶体的研究还使玻恩认识到原子模型应该有比玻尔原子模型更高的对称性，这是玻恩认为需要新的更基本的力学的又一个启示。

3. 总结性的经典著作

玻恩在晶格动力学方面花费了多年的心血，成果卓著。这一领域的每个方面都有他的贡献，这些成就集中反映在他的三部著作之中。

玻恩很早就被认为是这一领域的权威，早在 1915 年他就写作了《晶格动力学》，总结了当时自己和别人的成果，这是他在此领域的第一部专著。之后，索末菲请他为《数学百科全书》撰写关于这一学科的条目，由于第一次世界大战的耽误，玻恩写作了很长时间，后来这个词条以单行本出版，书名为《固体的原子理论》，于 1923 年在莱比锡出版，这是玻恩的第二部专著。20 世纪 20 年代中期量子力学诞生之后，一方面，玻恩的兴趣跟随着量子力学有所转移；另一方面，德国的纳粹势力开始肆虐，干扰到了玻恩的研究工作。所以，直到第二次世界大战之后，晶格动力学又有很多新发展的 40 年代，已经移居英国的玻恩也重新总结这个领域的进展，试图重新写一部总结性著作《晶格动力学理论》，此即他的第三部专著。

在写作的过程中，1947 年 5 月，一位中国青年物理学家黄昆到爱丁堡大学玻恩处进行短期工作。玻恩把自己已经写成的一部分《晶格动力学理论》初稿拿给黄昆看。在两人的讨论中，玻恩发现黄昆有不少独到见解，是很合适的合作者，就希望得到黄昆的帮助，共同完成此书。黄昆接受了玻恩的建议，开始着手合作研究和写作工作。1951 年黄昆回到中国后，在国内修改了最后一章。这样，从 1947 年到 1951 年，经过四年，由黄昆执笔的两人合作专著终于完成，于 1954 年由英国牛津大学出版社作为国际物理专著丛书之一出版。

此书获得极大的成功。1957 年苏联出版了俄译本。之后的 20 多年此书一直是晶格动力学的主要基本理论著作。英国晶格动力学家科克伦在其所著《晶体中的原子动力学》一书的 1973 年版引言中说：

> 玻恩和黄昆在 1954 年出版的《晶格动力学理论》，至今仍然是这个学科主要方面的权威著作。

英国剑桥大学科学委员会主席埃利奥特 1979 年来中国访问时也指出：

> 我研究晶格动力学，是在学习了玻恩和黄昆合著的《晶格动力学理论》一书后，受到教益和启发才开始的。

由此可见玻恩第三部著作的巨大影响，当然也显现了合作者、中国半导体科学家黄昆的深厚功力。

三、优秀的物理学导师

1921 年，39 岁的玻恩成为格丁根大学理论物理学教授。此时，雄心勃勃的年轻教授心中的目标，就是要在格丁根建立起世界一流的物理研究机构。1922 年，他成功说服教育部当局，把他的亲密朋友、物理学家弗兰克请到格丁根来担任实验物理学教授。这样，格丁根物理学研究团队在理论和实验两个方面都更有优势，吸引来了大批优秀青年人才。同时，玻恩也以他卓越的教育才能和可贵的个人品质，使格丁根原先的数理科学传统得到发扬，使这个 20 世纪初的数学中心也成为当时世界的重要物理学研究中心。

有人把教师分为两种类型：一种是师生间没有什么明显界限，大家平等向学、教学相长；另一种是师生等级分明，老师一定要对学生摆个架子，否则无法证明自己更高明。年轻教授玻恩无疑属于前一种类型的老师。玻恩的学生、1963 年诺贝尔物理学奖得主梅耶夫人回忆说：玻恩和弗兰克都不像那些典型的古板德国教授，那些教授甚至不和学生握手。而玻恩对学生态度亲切，不拘小节，他的研究所气氛活跃。课余，他常和学生一起散步、野餐，讨论物理和非物理问题。玻恩非常爱好音乐，尤其喜欢巴赫和勃拉姆斯的作品，常邀请学生去家里演奏和欣赏。海森伯认为，这也是玻恩吸引年轻人的重要原因之一。玻恩在他主持的讨论班上鼓励提问和批评，不嫌问题笨拙。大家畅所欲言、热烈讨论，甚至也可以打断别人的发言。来自美国的青年学生奥本海默，就常常打断发言者的讲话，甚至对玻恩教授的发言也不例外，其凌厉的提问有时使玻恩都感到害怕。可以想象，这种自由的学术气氛对当时格丁根的物理科学发展有着怎样的推进作用。

玻恩口才流利，讲课出色。他在格丁根大学开设了一系列课程，包括粒子和刚体力学、连续介质力学、热力学、电磁学、光学、统计力学基础、原子结构和量子理论等各种各样的基础和前沿课程。梅耶夫人说他的课程很深，但讲得非常清晰明了。其中关于量子理论的部分，结集成题为《原子力学》的著作，于 1924 年出版，1927 年被译成英文，是旧量子论的总结性专著。

玻恩能够吸引杰出青年人才的另一原因，就是他注重因材施教，不拘一格。他在一篇谈大学理论物理教学的文章中明确指出：对少数出众学生应开设不同于一般人的课程。玻恩也不单从考试成绩来衡量学生的优劣。1922 年 9 月，原是慕尼黑大学索末菲学生的海森伯来到格丁根做短期访问。起因是索末菲外出讲学，建议他到玻恩处呼吸些新鲜空气。学习了一个学期后，海森伯又回到慕尼黑进行博士学位考试。由于那时他对实验物理兴趣不大，居然没能通过维恩的提问。后经索末菲竭力帮助，才勉强以及格成绩通过了博士考试。海森伯当时非常沮丧，连夜赶回了格丁根。翌日，他问玻恩是否还愿意留下他，玻恩赏识他的才华，欣然同意让他留下当助手。

善于从学生晚辈那里学习，真正实现了教学相长，也是玻恩作为教师的一大特点。他经常说自己从助手泡利那里所学到的，多于泡利从他那里所学到的。泡利是个神童，21 岁就在慕尼黑大学获得了博士学位。他博士毕业后不久，曾在格丁根大学作为玻恩的助手工作过一年。

为促进格丁根物理学事业的发展，玻恩邀请名家讲学，资助各国学者来访。1922 年夏，丹麦物理学大师玻尔到格丁根讲学，介绍了最新的原子结构理论。这次讲学非常著名，被称为“玻尔的节日”，影响了许多物理学领域年轻人的科学生涯，也使玻恩把兴趣转到研究玻尔的原子理论。有人认为它是格丁根新纪元的开始，也是格丁根－哥本哈根轴心的雏形。之后，到 1925 年夏，玻恩又接待了多位来访者，包括荷兰莱顿大学的埃伦费斯特、哥本哈根的克拉默斯、剑桥卡文迪许的卡皮查、列宁格勒物理所的约飞等各路物理学俊杰。

20 年代初，玻恩、弗兰克和另一名实验物理学教授鲍尔联合举办了物质结构讨论班。先后参加这个讨论班的主要人物有海森伯、泡利、奥本海默，K.T. 康普顿、约尔旦、狄拉克、鲍林、布莱克特、洪德等。从后来的史实看，这个讨论班对量子力学思想的形成和发展具有非常重大的意义。

在玻恩的领导下，格丁根群英荟萃，形成了可以和玻尔的哥本哈根学派相媲美的格丁根物理学派，并且在两者之间形成了紧密的联系，被人称为物理学的“格丁根－哥本哈根轴心”。量子力学思想和其中的矩阵力学形式，就是由这个学派所创立起来的。海森伯后来表示，格丁根所特有的科学传统、玻恩的坚强信念，是指引他把建立新的自洽量子力学作为基本研究方向并最终结出硕果的巨大精神力量和支柱。

1933 年，玻恩由于纳粹的迫害而逃往英国，凭借他的深厚科学造诣和教学方面的自由风格，以及热心提携后进的态度，又在爱丁堡大学吸引和聚拢起一批青年学生，形成了固体物理学的玻恩学派。

控制论的创建者维纳回忆说，“玻恩是一个沉着的、温和的人，性情像个音乐家”，“是我所知道的最谦虚的科学家”。维纳的这种结论只有和玻恩共过事的人才会体会到，因为，实际上，逐渐进入老年的玻恩教授，给人的初始印象往往有些粗暴了。

和玻恩一起工作过的波兰物理学家英费尔德在自传中记述了这样一件事。1933年，当他在剑桥大学学习时，玻恩和狄拉克都在此执教。英费尔德开始和狄拉克一起工作，但发现狄拉克过于沉默寡言，他就去听玻恩的课。有一次读到玻恩的一篇论文，英费尔德发现了一个错误。第二天在玻恩的讲课结束后，他就把自己的发现告诉了玻恩。当时玻恩很生气，不愿接受他的看法，但在离开时又改口说："我再想想。"英费尔德当时对玻恩的态度也很恼火，心想，虽然在剑桥遇到了两位伟大物理学家，但狄拉克不爱说话，在这里读他的论文和在波兰读也没有什么两样；而玻恩虽然会开口说话，却很粗暴……第二天他又去听玻恩的课，看见玻恩已经站在教室门口。玻恩对他说"我在等你。你是对的"，并请英费尔德原谅他的粗暴。玻恩还对他说，和他一起工作过的人都知道，他对别人的意见开始时总有一定保留，但若这意见是正确的，他肯定会接受。于是他们由口角转为合作，很快成为良师益友，甚至一起合作发表论文。后来，1959 年与玻恩合著《光学原理》的沃尔夫也有同样的回忆，他认为玻恩外表虽有些粗暴，实际上却是一个极富人情味、极仁慈的人。玻恩的中国学生程开甲先生也有这种感受。

玻恩对学问孜孜不倦，他曾在蜜月中沉醉于爱因斯坦的相对论，使新娘有些恼火。他在学术上对年轻人也极为严格。每日见面，总是要问有什么新进展。这对助手们是一种压力，有时使他们觉得很不愉快，但玻恩在生活上对助手们却是关怀备至。他对中国学生非常友好。在爱丁堡大学他的中国学生最多，有彭桓武、程开甲、杨立铭，还有介于学生和朋友之间的黄昆。他在自传中多次称赞这些中国学者，夸他们聪明能干。据杨立铭先生回忆，玻恩说过中国学生都是好学生。

玻恩对学生的前途非常关心。为使其学生布雷斯特有适当的职位继续从事科学研究，他把他们合作的工作由布雷斯特单独发表。玻恩也从不埋没合作者的贡献，对他们总是热情鼓励，肯定其成绩。矩阵力学刚刚创建后，玻恩去美国讲学，他总是把成就归于海森伯，而很少提到自己的工作。玻恩的这些品德，吸引和鼓舞了他周围很多有才能的同事、助手和学生，其中许多人甚至比玻恩还早地获得了诺贝尔奖。例如：弗兰克 1925 年、海森伯 1932 年、泡利 1945 年就获得了诺贝尔物理学奖，而玻恩自己在 1954 年才获奖。

玻恩对自己在教育方面的工作是满意的。他晚年表示，在大学教书是很有趣的，以具有吸引力和启发性的方式向学生们提出科学问题是一种艺术，编写教科书也同样如此。他说：

> 最愉快的是教研究生。我很幸运，在我的研究生中有许多有天才的人。发现人才并把他们引导到内容丰富的研究领域是件了不起的事情。

玻恩的物理学教学实践，给后来者留下了许多值得思索和学习的经验。

四、量子力学的先驱

如前所述，在固体比热（1912）和离子晶体（1918）方面的研究工作，使玻恩很早就感到需要用更基本的新理论来代替玻尔的量子理论。在1922年玻尔访问格丁根以后，玻恩更是把注意力集中于此。他和弗兰克、鲍尔一起举办物质结构讨论班，和他的合作者即助手们一起寻找玻尔半经典理论的弱点和矛盾。海森伯曾对比过玻恩的格丁根学派和索末菲的慕尼黑学派对于量子理论的认识，他认为：当玻恩学派对玻尔理论的正确性表示怀疑时，索末菲学派还深信不疑，认为只要附加普朗克、玻尔和索末菲所提出的量子条件，牛顿力学还是可以用来解决原子领域的问题。海森伯认为，玻恩甚至比玻尔更加坚信要有一套完整的数学上统一的量子理论，而不是在牛顿力学、量子条件和光量子假设之间徘徊，并试图去调和它们。在此，玻恩深厚的数学造诣起了重要作用。

1922年，玻恩就和助手泡利深入讨论了把微扰理论用于原子理论的问题；之后的1923年，他又与海森伯合作对氦原子进行了研究。在此基础上，玻恩在1924年的一篇论文中第一次使用了“量子力学”这个术语，提前给期待中的新理论起好了名字。1925年，玻恩还和约尔旦一起研究多周期体系，他们发现：量子的“跃迁量”总相应于经典理论中振幅的平方，由此能恰当地构成“跃迁振幅”的概念。玻恩对此非常重视，他在有海森伯参加的讨论会上指出这种跃迁振幅应该是新理论的中心参量，并进行某种符号运算。

海森伯第一个实现了这种设想。1925年7月中旬，他应邀去剑桥讲学，临行前交给玻恩一个手稿。这是他1925年6月间因患枯草热病去黑尔戈兰岛疗养时所做的工作。他沿克喇末色散工作的方向，把注意力从定态能量转向跃迁概率。他抛弃旧量子论中电子的位置、速度、轨道等经典概念，主张代之以原子光谱的频率、波长、强度等可观测量。他认为只有可观测量在物理理论中才是有意义的。他推广了玻尔的对应原理，并把它从数学上精确化。海森伯让玻恩决定是否应当发表该文，他说他已无法再推进一步。玻恩立即看出海森伯思想的重要性，于当年的7月25日把论文交给《物理学期刊》发表。玻恩发现：海森伯的不同寻常演算实际上不过是矩阵演算，海森伯对量子条件所做的新表述，表示了矩阵方程的对角线元素 $pq - qp = \frac{h}{2\pi i}$。玻恩想证明其余的元素为零。

恰好在这时，德国物理学会下萨克森地区分会的物理学家在汉诺威举行会议。在赴会途中的火车上，玻恩遇见了他先前的助手泡利。此时泡利已经写出许多漂亮的（包括他提出的著名的不相容原理）论文，颇有名气。玻恩向泡利讲述他关于矩阵的想法，并希望与泡利合作解决遇到的困难。不料泡利对此并无兴趣，反而报以冷淡和嘲笑，说："是的，我知道你的癖好是烦琐冗长的形式体系。你只会用你无效的数学来败坏海森伯的物理思想。"这一次，思想敏锐而又锋芒毕露的泡利错了，事实很快就证明玻恩的数学素养对发展海森伯的思想产生了不可估量的作用。在泡利处碰钉子后，玻恩去找他的另一得意学生约尔旦合作，最后发表了一篇长文，提出了一些重要的量子力学原理，其中包括量子力学在电动力学上的推广。

紧接着，玻恩、海森伯、约尔旦三人合作完成了一篇论文。这篇长文使矩阵力学的形式在一定程度上达到完善，成为量子力学的经典文献。

1925年11月14日至1926年1月22日，玻恩应邀去美国麻省理工学院讲授晶体理论和量子力学。晶体理论10讲，量子力学20讲，所用标题为"原子结构"。玻恩第一个把新的量子理论带到美国，吸引了许多听众。他的这些讲演稿于1926年由麻省理工学院出版，同年又出版了德文版，这是关于量子力学的第一本专著。玻恩还和当时在麻省理工学院任讲师的维纳合作，用算子理论将矩阵力学普遍化。

由于德布罗意、薛定谔等人的工作，1926年在同一微观领域，又出现了不同于矩阵力学但又同样有效的波动力学。薛定谔对格丁根－哥本哈根学者们的工作很反感，海森伯对波动力学也同样持反对态度。物理学家们以针锋相对的论战来辩驳两套理论的优劣。玻恩1926年夏的工作对统一物理学家的思想、澄清对此问题的讨论起了关键的作用，对两种截然不同的思想进行了某种综合，在新的高度上达成了一定的统一。他用薛定谔的方法处理碰撞问题，讨论了入射粒子动能远远大于散射中心相互作用的势能的情况，得到了著名的玻恩近似。他认为电子的波函数所表示的不过是电子在某时某地出现的概率（严格地说，电子出现的概率正比于波函数的绝对值的平方）。

这项工作从物理上统一了波动力学和矩阵力学。概率解释使物质的波粒二象性更加明确，在此基础上海森伯提出了测不准关系，玻尔提出了互补原理。

玻恩的概率解释对量子理论的发展及人们的思维方式影响很大。他和哥本哈根学派坚持认为概率是量子理论的内在性质，给人们的印象尤为深刻。著名物理学家兼科学史家派斯甚至认为：

> 在量子力学的这种意义上引入概率——也就是说，概率是物理基本定律的内在特征——很可能是迄今仍具影响的20世纪的最根本科学变革。同时，它的出现标志着一次科学革命（这是个很常用却很少定义的术语）的结束而不是开始。

这一评论或许有那么些过誉，但至少从一个侧面说明了玻恩这一工作的巨大意义。统计观念在玻恩自己的思想中也占有重要位置，他基于这种观念对一系列重大哲学问题发表了自己的见解，引起了学术界、思想界的重视。

五、物理学是真正的哲学

同他那一代许多科学大师，如爱因斯坦、玻尔、普朗克一样，玻恩也极注重哲学思考。他从中学时代起就开始阅读哲学著作，康德哲学是他早期的偏好。在格丁根求学期间，他接受的基本上仍是康德哲学。自然科学的确定性与传统先验哲学的夸夸其谈所形成的强烈对比，特别是爱因斯坦的相对论及玻恩参与建立的量子力学对旧哲学观念的挑战，使玻恩在20世纪20年代以后逐渐抛弃了康德哲学。他晚年回忆说，经历了漫长的过程，站到某种经验论哲学的立场上，他才认识到康德哲学的失败。经验论哲学是玻恩科学哲学思想的主流。

玻恩注重原理性的东西，对不关心哲学的科学家表示不满，说这些人虽然“具有很高的技巧和发明才能，但是并不聪明”。玻恩在晶格动力学方面的成就已足以使他跻身于物理学大师之列，事实上诺贝尔奖获得者莫脱就认为玻恩在晶格动力学方面的成就也是可以获诺贝尔奖的。但玻恩表示，他之所以持续地在晶格动力学领域工作，是因为他被经典力学在原子领域中的失效所震动，因而试图在这个领域中寻找有效的理论。而玻恩的主要科学成就也确实体现在对物理学的基本原理的探究。1936年玻恩就任爱丁堡大学自然哲学教授。他对这个职位的名称很感兴趣，说物理学靠自然哲学这一名称获得了自己的尊严。在就职演讲中他说：

> 忙于常规测量和计算等乏味工作的物理学家都知道，他所有这些工作都是为了一个更高的课题——自然哲学的基础。

在谈到大学理论物理教学时他说，“科学研究的特征及自然哲学的一般结果应该成为通常教育的一个主要部分”，因为“如果没有哲学家的原始好奇心，任何伟大的事业都不能完成”。

但是在玻恩的心目中，物理学的地位是高于通常所说的哲学的，或者用他的话说：“物理学是真正的哲学。”他认为，从物理学中得到的观念也适用于哲学，而且“我们总是要把物理学的观点置于首要地位”。玻恩亲身经历的科学革命对这种思想的形成有决定性作用。他看到，现代物理学的进步打破了旧哲学的条条框框，相对论使时空观发生改变，而量子论引起了关于因果性、主客体关系的许多争论，这些都给玻恩以深刻影响。因此，玻恩考虑哲学问题，总是强调站在物理学家的立场，以物理学中的观念为武器，讨论也往往从物理思想史角度入手。凡是其他哲学体系不能解决的问题，玻恩相信都有可能用物理学的思想去解决。限于篇幅，我们只能从几个侧面讨论一下玻恩的科学哲学思想。

1. 任何理论都源于观测

虽然玻恩学派“以特别擅长而且相当爱好繁复的数学表述形式而闻名”，但玻恩也十分重视认识的经验来源。据中国著名科学家程开甲先生的回忆，他曾请教玻恩什么是灵感。玻恩回答说：灵感是经验积累的结果；经验多了，就容易看到问题，发现新的事物；不存在脱离经验的灵感。

20 世纪 30 年代，爱丁顿曾试图先验地导出基本的物理定律，特别是精细结构常数 α（1/137），米尔恩也想用纯粹思辨的方法去解开宇宙之谜。玻恩对此极为不满，专门写了《物理学的理论和实验》（1943）一书，对这两位著名英国天文学家进行了严肃的批判。历史表明，爱丁顿和米尔恩的理论确实没有多大科学价值，玻恩的批判对澄清物理思想作出了有益的贡献。

玻恩在他的这部类似科学哲学的著作中，从历史的角度考察了物理学理论和实验的关系，强调科学实验的重要性，认为科学理论都始于实验；而且任何辉煌的理论也不会是终极的，要随新事实的发现而发展。这说明没有理由可以把任何有效的概念当作是先验的。玻恩承认有科学的直觉、领悟，但他认为这也是基于经验的启示，而不是凭空产生的。在书的结尾，他写道：

我劝那些希望学习科学预言艺术的人，不要依靠抽象的理论，而应该依靠从自然文本得到的自然密码的释义——实验的事实。

2. 客观化问题

人类在认识过程中，不可避免地要遇到主客体关系问题。从中学时代起，这类问题就开始困扰玻恩。有人曾问他："你怎么知道我看到的绿同你看到的绿完全一样呢？"经过深思，玻恩很受震动，主观性的思想给他留下深刻的印象。从此，他就想知道"如何使自己摆脱主观而做到客观陈述"。他读了许多哲学家的著作，但无论是柏拉图、康德、休谟或是实证主义哲学家都使他失望。他"在任何哲学论文里都没有找到对这个问题所做的令人满意的回答"。

经过漫长的科学生涯，玻恩自信他已经能够得到关于客观化问题的正确结果。他建议在讨论中使用物理学家所用的方法，即那些对物理学发展起过积极作用的方法。例如：使用"可决定性原则"。"可决定性"是玻恩自己造的一个词，对此，他做了这样的解释：

只要某个概念是可以决定的就运用它，而不管它在某个特殊事例上能否应用。

严格地说，玻恩这句话在逻辑上是不够严谨的，他也没有进一步阐述"可决定性"这个概念的含义。不过从他所举的例子可以看出，它是指理论所用的概念的意义应该是有经验基础的，并且在经验上是可以确定的，这同玻恩的经验论倾向相吻合。

玻恩从这样一个疑问出发：客观外部世界的存在怎么能从主观的经验世界中外推出来呢？他认为，以往的尝试都是企图在一个单一的感官印象上取得一致，例如，直接决定你看到的绿与我看到的绿是否一样，这条路是走不通的。他建议换一种方法，比较同一感官的两个印象，例如，由同一个人辨别绿和另一种颜色。他认为这里就已经存在某种可以决定的可传达的和客观上可检验的陈述，"这些陈述涉及两种印象的比较，特别是相同或不相同”。他说有许多这样的成对关系，如：亮—暗、强—弱、热—冷等。他断言如果甲认为两片叶子同色，乙也会同意两片叶子似乎是同色的。这样，陈述可以传达，并且是客观的，摆脱了唯我论。你若对玻恩上述论证表示怀疑，例如，认为玻恩所谈的人与人之间（甲与乙之间）以成对关系的沟通不是必然的，玻恩则会说你的责难的正确性是“高度不可能的”。玻恩没有对此说明理由。我们看到，玻恩在此没有运用可决定性原则，而是把论证建立在某种“可能性”的大小上。这虽然与玻恩反对必然性、反对绝对性——这我们后面要论及——的观点可以相容，但严格地说玻恩未能很好地达到目的。因为玻恩对所有解决这个问题的尝试，不论是康德的还是列宁的都不满意，这是由于“它们违背可决定性原则”。照玻恩自己的思路，这自然也可以用来责难他自己。康德主义者也可以由此嘲讽玻恩：如果观测者 A 得到测量结果 $G_1 > G_2$（若 G_i 为某物理量），玻恩要求观测者 B 也要有结果 $G_1 > G_2$，而这实际上是要求世人的观测都和玻恩一致。否则，玻恩会宣称别人的观测不对。这实际上是玻恩把他的主观经验作为客观的标准。在此我们至少可以看到玻恩并没有回避得了他想回避的两个感官（两个人）在单一的印象上（如绿色）如何取得一致的问题。这个失败也从一个侧面说明：玻恩从物理学方法中得出的可决定性原则并不像他所估计的那样有力量。

3. 因果性问题

从古至今，因果的概念一直是哲学家讨论的中心课题之一。休谟以其敏锐的思想对因果联系的必然性表示了怀疑。休谟所揭示的困难主要是归纳法的困难，任何归纳法都不能为其自身做出证明。量子力学的诞生，使这一讨论更加复杂、尖锐。

玻恩认为在日常生活中因果和机遇的观念的意义往往是含糊的。他否认现代物理学的研究放弃了因果性，也同休谟等许多经验主义者一样，认为“因果性并非指逻辑上的依赖性，而是指自然界中实在事物之间的相互依赖”。

玻恩提出因果性有两个属性：(1) 居先性，即原因必须先于结果，或者至少与结果同时发生；(2) 接近性，即原因和结果必须在空间上接触，或者由一系列中介事物相接触而联系起来。玻恩认为这两条属性可以把决定论和因果性区别开来。一般地说，在决定论的意义上，A 决定 B 也可以说是 B 决定 A，A 与 B 在时间上是可逆的，对因果性做居先性要求则在时间次序上有了限制，接近性则可用来防止原因前件和结果后件之间发生的其他事件，而找出事物之间真正的因果联系。

玻恩用这两条属性考察已有的物理理论，认为只有把机遇和概率的概念引入运动定律，才能保证建立满足居先原则的因果关系。而牛顿力学、柯西的连续介质力学、麦克斯韦的电磁理论及爱因斯坦的引力理论，虽然都满足了接近原则，但不满足居先原则，故仍然是决定论的理论。玻恩断言物理定律在反抗机遇侵入的交战中打了败仗，机遇不可避免地进入了物理学。如果说在经典统计中机遇还仅仅是为了方便而引入的，那么在量子力学中机遇的观念已经变成基本观念，成了第一性的，是物理学定律的组成部分，是自然的内在属性。量子力学的统计诠释为玻恩所引入，它深深地印入了玻恩的思想。

玻恩昔日的助手与合作者朗德从20世纪50年代开始发表一系列著作和论文，试图为量子理论提供一个新的基础。他反对波粒二象性，认为物质应唯一地用粒子理论处理，而光只由波动理论处理。他的前提之一是，即使对于经典力学，统计也是根本的，不仅仅是由于方便而使用的。朗德试图在此基础上建立新的量子理论。玻恩不赞同朗德对波粒二象性的这种“统一”，而坚持物质同时具有波粒二象性，说目前成功的量子理论本质上是基于这种二元的观点。不过，就朗德把他的理论建立在统计背景之上这点来说，玻恩并不反对，只是认为这样就等同于通常的量子力学，并没有提供新的东西，“这是不奇怪的，人们可以从统计假设导出与量子力学相同的理论”。

玻恩推崇玻尔提出的互补原理，他认为这条原理也是受惠于物理学。这使他认为偶然性是不可消除的，所以他说：“我确信，像绝对的必然性、绝对精确、最终真理等观念都是应当从科学中排除出去的幽灵。”

4. 玻恩和爱因斯坦关于量子力学诠释的争论

以爱因斯坦为一方的学派，同以玻尔为首的哥本哈根学派就量子力学诠释的争论，是科学史上一场最激烈也最富有哲学意义的大论战。在这场论战中，爱因斯坦一方属于少数派，玻恩属于多数派，两人的观点针锋相对，但两人的关系却非常亲密，他们的友谊始终是诚挚和亲密的。在持哥本哈根学派观点的人中，玻恩是与爱因斯坦交流最多的。1909年他们于萨尔茨堡科学会议上相识。1915年至1919年他们都在柏林，两人来往频繁，常在一起演奏小提琴奏鸣曲，讨论科学也讨论政治，结下了深厚的友情。1933年后两人虽天各一方，再也没能聚首，但仍书信不断，交流、讨论各种问题。爱因斯坦去世后，玻恩编辑出版了他们夫妇与爱因斯坦的通信集（1969，德文版），并由其女儿翻译出版了英文本（1971）。通信集像一面镜子，反映出两人诚挚的友谊，书中有两位科学家就科学、哲学、社会和私人生活等问题的讨论，虽有争执，却无损于友情。著名哲学家罗素对通信集评价很高，认为它极富于思想价值。

我们知道，爱因斯坦承认量子力学在物理学上的成就，而且认为它的“数学形式也是无可怀疑的”。他甚至批评玻姆等人改造量子力学的尝试，也认可玻恩对波函数的统计解释。但由此再向前一步、再深入一层，玻恩和爱因斯坦的分歧就出现了，所以说他们的分歧是富于认识论色彩的，是属于基本信念范畴的。虽然两人都认为目前的量子理论不是最终极的，不过玻恩坚信，无论如何发展，理论的统计性是不可排除的，而爱因斯坦却希望回到物理学的严格因果性和以时空来描述物理定律上来。

两人对世界的理解也有不同之处。爱因斯坦坚信有离开人而独立存在的外部世界。玻恩虽然承认外部世界的存在，但他认为不必去构造一个包罗一切的世界图像，而常以互补原理为标准去谈一种二元论的哲学。运用互补原理的一个重要结果是：一种主观性被引入物理学，而且无法消除。

同上面分歧相关的，是他们的科学方法的不同。主要因为爱因斯坦是个唯理论者，而玻恩则倾向于经验论。在玻恩看来，20 世纪物理学革命所取得的成就都是经验论方法的成就。玻恩认为，爱因斯坦晚年抛弃了他在创建狭义相对论时所用的经验论方法，而更多地进行远离实际经验的思考。玻恩说：

> 正是对先验力量的信任使爱因斯坦脱离实际的物理研究，而进入与实际很少联系的高度推测。

就是这样，不同的信念、不同的思考方法把爱因斯坦和玻恩从思想上分开了。他们论点的正确与否还有待于物理学的发展去检验，他们激烈争论而不影响私人感情却早已传为美谈，为后人树立了楷模。

六、为世界和平而奋斗

玻恩虽然经历过第一次世界大战，并在军队中有过三次短期服役，但很长时间玻恩都是一个纯学者。他徜徉在科学的乐园里，并且认为科学家应该如此。他在 1936 年明确地表示，科学研究不是为了金钱和权势，而是为了好奇。他说：

> 动机不是那披上了魔术的神秘外衣下的对金子的贪欲，而是科学家纯粹的好奇心。因为一开始就很清楚，我们的目的不是想发财。

在与爱因斯坦的通信中，玻恩夫妇也曾流露出他们相信“娴静的科学殿堂”。

不过，生活毕竟不是在真空里，政治风暴打破了科学殿堂的宁静。20 世纪 30 年代，纳粹在德国的兴起，不但结束了德国科学的黄金时代，也使整个德国陷于恐怖、疯狂之中，一步步走上了自我毁灭的道路。1933 年 4 月，有犹太血统的玻恩被迫停止了他在格丁根大学物理研究所的领导职务。1933 年出版的他的光学教科书也被禁用。1933 年 5 月，玻恩一家不得不离开德国，而他在德国的私人财产也被没收了。

玻恩一家先在意大利的南蒂罗尔找到了第一个避难所，不久收到了其他国家的邀请。最后他接受了卢瑟福的邀请去了英国剑桥大学，但他的职位仅是讲师。三年后的 1936 年，他转到爱丁堡大学任自然哲学教授，其研究条件仍不能同在格丁根时相比。1936 年玻恩被选为英国皇家学会会员，1939 年他又加入了英国籍，但英国的原子能委员会并没有让他参加，说明英国对他的信任是有所保留的。

第二次世界大战期间，不仅玻恩夫妇深受背井离乡之苦，他的亲友也多受到残酷迫害，许多还死在集中营里。战争还损害了科学家们的友谊，玻恩对此感触很深。卢瑟福就拒绝同流落英国的德国化学家哈柏见面，因为在第一次世界大战期间，哈柏发明的毒气被用于了战争，卢瑟福不愿意和这样的人握手。科学家中也有败类，德国的两名诺贝尔物理学奖获得者勒纳和斯塔克紧跟纳粹，无耻地反对所谓“犹太物理学”。更为惊人的是：1945 年 8 月 6 日和 9 日，美国在日本的广岛和长崎投掷原子弹，死伤居民 20 多万！

这些都迫使玻恩反复思考，重新考察科学。他认为他那种无私追求真理的乐观主义热忱被严酷的现实动摇了。他对自己过去的单纯感到惊讶，开始认识到科学家应该具有强烈的社会责任感。于是，他与许多伟人，如爱因斯坦、罗素等一起，为新的道德规范、为世界和平而奔走呼号。

1953 年，玻恩年过七十，从爱丁堡大学退休。虽然他已入英国籍，但还是回到德国，定居在离格丁根不远的巴特皮尔蒙特。据他的儿子说，玻恩返回德国的一个目的是想阻止西德进行核装备。玻恩在谈到此事时表示，他当时认为在宣传反核武器方面回德国能比留在英国有用得多。因为英国人民在政治上比较成熟，而德国法西斯摧残了德国的民主，更需要有人去宣传民主精神。

玻恩参与了一系列社会活动。他在 1955 年的“罗素 - 爱因斯坦”宣言、“迈瑙宣言”，1957 年的“格丁根宣言”等反战宣言上签了名，他还参加了 1957 年的帕格沃什和平会议及 1961 年的奥斯陆反核会议。玻恩是美国“科学社会责任协会”会员，也是 1963 年秋罗素发起的和平基金会成员。

玻恩还通过各种新闻媒介呼吁和平，在致友人的信中也总离不开这类话题。例如，他晚年与黄昆先生的通信中，总是提到反对制造和使用核武器。的确，如果说 1953 年玻恩退休意味着他的科学生涯到达晚期，那么他的社会活动却才刚刚开始。他用物理学家的眼光审视世界，对许多社会问题做了极有见地的分析，从而将余生献给人类的和平事业。有人比较了玻恩和玻尔，认为玻尔采取的是同政府合作的方法，用自己的思想去影响政府，而玻恩则是以写作、演讲，通过公共舆论来影响社会。

1970 年 1 月 5 日，玻恩于格丁根去世，享年 88 岁。他葬在格丁根近郊的公墓中，量子理论揭幕人普朗克也长眠于此，墓碑上刻着他所发现的著名公式：$pq-qp=\frac{h}{2\pi i}$。

他的学生梅耶夫人评价说：

> 玻恩是那一代伟大物理学家的最后一位，玻恩的逝世是一个时代的结束。他们发展了原子结构理论，看护并发展了初期的量子理论，使它最终成为我们今天所知道的量子力学。

玻恩一生著作等身，成果累累。发表了 280 多篇科学论文，内容涉及相对论、量子论、晶格动力学、液体理论、超导理论、光学理论等领域。他编撰了 20 多本科学著作，其中有的成为科学的经典著作，如《原子力学》(1927)、《晶格动力学理论》(1954)、《光学理论》(1959) 等；有的则是重要的科学哲学论著，如《物理学中的实验和理论》(1943)、《关于因果和机遇的自然哲学》(1949) 等；也有科学普及读物，如《爱因斯坦的相对论》(1924)、《不息的宇宙》(1935) 等；还有自传性的回忆录，如《我的一生和我的观点》(1968)、《我的生活》(1978) 等。

作为教师，他为培养青年一代物理学家作出了重要贡献。他直接培养的博士生有梅耶夫人、约尔旦、奥本海默等人，先后给他当过助手的有海森伯、泡利、斯特恩、洪德、黄昆等，另外，还有很多合作者，大都是取得了优异成果的杰出物理学家。

所有这些贡献使他成为现代物理学名副其实的一代宗师，正像著名科学史家科恩所说的那样，玻恩博得了科学界，特别是 20 世纪三四十年代学习物理学的那一代人的特殊尊敬。玻恩之所以受到广大社会公众的尊敬，还由于他有高尚的人品、热爱和平且为了人类的幸福而孜孜不倦的奋斗精神。

（作者：熊伟）

参考资料

[1] Max Born. My Life，Recollections of a Nobel Laureate [C]. London：Taylor and Francis，1978.

[2] N. Kemmer，R. Schlapp. Max Born 1882-1970 [J]. Biographical Memoirs of Fellows of the Royal Society，1971，17（November 1）.

[3] Max Born ed.，The Born-Einstein Letters [C].trans. by I. Born. London：Macmillan，1974.

[4] M.玻恩. 我这一代的物理学 [M]. 侯德彭，蒋贻安，译. 北京：商务印书馆，1964.

[5] M.玻恩. 我的一生和我的观点 [M]. 李宝恒，译. 北京：商务印书馆，1979.

尼尔斯·亨利克·戴维·玻尔

（Niels Henrik David Bohr，1885—1962）

玻尔

哥本哈根的科学巨人

物理学的20世纪，确实是从1900年开始的。这一年，普朗克在辐射问题的研究中引入了量子概念。在向微观领域的大进军中，玻尔和他率领的哥本哈根学派为原子物理和量子力学的创立作出了最重要的贡献，半个多世纪以来一直居于主导地位。玻尔所代表和培育的哥本哈根精神，开创了科学合作的新风。玻尔的影响是深远的。他在自己一生的科学实践中，自觉地把哲学认识论和创立科学理论有机地结合起来，不断挖掘和揭示量子作用所蕴含的物理及哲学意义，从而使他的科学思想的影响远远超出了他所从事的学科范围。

玻尔和爱因斯坦一样，不愧为20世纪物理学最伟大的科学家。

一、从“特殊的孩子”到博士

“我，克里斯仙·玻尔和艾伦·艾德勒之子，1885年10月7日生于哥本哈根。”玻尔在他那仅用了1500字的自传开头处这样写道。

玻尔家族在哥本哈根文化界颇具声望，玻尔的祖父是语言学博士，父亲是哥本哈根大学的生理学教授。玻尔和弟弟哈拉德·玻尔志趣相投，并肩成长。玻尔的数理成绩虽然优异，却也没有表现出过人的天赋。兄弟俩相比，一般人都认为弟弟哈拉德更为出色。哈拉德后来成为了著名的数学家。

玻尔在家中被看成是“特殊的孩子”。他生性腼腆、不善表达，但待人友善且态度平和，同时又有一种事无巨细力求完美的顽强进取精神。虽然他说起话来嗫嗫嚅嚅，但面对问题时思维却异常敏捷。幼年求学时期，在课堂上回答问题时，他在黑板上的书写速度远跟不上他说的和想的，常常是刚写上去的数字和公式，人们还来不及仔细看就又被他擦掉了。在一次美术课上，小玻尔交上了一幅住宅写生画，画上的一石一树都看得出11岁小作者那股认真细致的劲头，更令人惊奇的是，画面上的篱笆桩柱数目竟然与实际情况一根不差！

玻尔求学成长的年代，正是物理学的“动乱之秋”。经典物理学不断受到新发现的冲击，与此相应，哲学上的机械唯物论的认识论也逐渐被人抛弃。玻尔父亲的研究课题是生理现象的物理基础，这使得他经常思考一些深奥的哲学问题。他和几位朋友——其中包括哲学家赫弗丁、物理学家克里斯坦森和语言学家汤姆森等——经常轮流在各家聚会，共同探讨互相关心的问题。当聚会在玻尔家举行时，少年玻尔会在旁边默默地坐上几个小时，静静地听着大人们相互交流意见。

1903 年，18 岁的玻尔进入哥本哈根大学，主修物理学。而在选修课表中，他首先填写的是哲学和逻辑学。赫弗丁讲授哲学课的特点是：全面介绍各派哲学思想，注重提出问题的角度和思考过程，而不要求学生只记住某些结论性的语句。而物理学教授克里斯坦森在教学中兼顾英、德学术传统，既重实验又重理论。物理学和哲学成了玻尔大学时最喜爱的两门课。

1907 年，大学生玻尔用自行设计的水柱振动法测定水的表面张力，验证了瑞利理论，获得了丹麦皇家科学院的金质奖章。四年以后，26 岁的玻尔获得哥本哈根大学博士学位，论文题目是《金属电子论》，论文答辩仅仅用了一个半小时。在工作中，他发现经典电动力学的应用具有有效性和局限性两个方面，并且对 J. J. 汤姆孙的某些见解提出了异议。当时汤姆孙是这方面的主要权威，因此玻尔完成哥本哈根的学业以后就在卡尔斯堡基金会的支持下，于 1911 年 9 月到英国深造。玻尔对于即将与汤姆孙会见和即将开始的科研工作充满了热望。然而事与愿违：玻尔满心希望与汤姆孙进一步讨论电子论问题，特别是想听听汤姆孙对他的不同看法有何意见，但汤姆孙对此毫无兴趣。他精心写作的论文，被汤姆孙不置可否地搁置了起来，想发表论文英译本的努力也落空了。

1911 年 10 月，卢瑟福出席卡文迪许年会并报告了自己的原子模型。卢瑟福的人品及学术报告给玻尔留下了深刻的印象。11 月，玻尔到曼彻斯特会晤了卢瑟福，两人商定了玻尔到曼彻斯特卢瑟福实验室工作的计划。

二、玻尔的原子理论

冬去春来，1912 年 3 月玻尔到了卢瑟福实验室。当时曼彻斯特讨论的中心是卢瑟福的原子有核模型。玻尔转入原子结构的研究后，很快认识到新模型的深远意义，认为它“奠定了一个全新的发展基础”。玻尔指出卢瑟福模型将使物质性质的分类大大简化，放射性辐射起源于原子核，而化学性质则取决于核外电子，根据新模型有可能对元素周期表做出解释。并且，玻尔还提出了关于同位素和放射性元素位移律的基本想法。

但是一个严峻而急迫的难题挡住了卢瑟福原子模型进一步发展的道路，那就是它还缺少一个理论支柱。按照经典理论分析起来，卢瑟福原子模型是一个说不通的结构。因为带负电的电子绕核旋转时，应当不断地辐射出能量，从而成螺旋形急速地向原子核“陨落”，在远远小于1秒钟的时间里，原子就会坍缩掉。然而，实际上原子却是稳定的，并没有表现出任何“崩溃”的迹象。

玻尔认为，卢瑟福原子结构探测实验所使用的α粒子的大角度散射，只能用它和原子核的直接碰撞来解释，并且卢瑟福对散射到某一角度的概率所做的预言，已被盖革和马斯顿的实验所证实。经典理论的一种根本性限制已由普朗克发现量子而揭示了出来。玻尔得出了自己的结论：这里需要抛弃的不是卢瑟福模型，而是经典物理对它的分析，“只有量子假说是逃脱困境的唯一出路”。

玻尔在卢瑟福实验室度过了四个月的难忘时光。正是在这里，玻尔与卢瑟福开始建立起终身不渝的友谊并且确立了自己的学术方向。

1912年7月底，玻尔回到哥本哈根与玛格丽莎·诺伦德结婚。玛格丽莎·诺伦德的品行、多方面的知识和全心全意支持丈夫的献身精神，使她成了玻尔终身生活和工作的忠实伴侣。

玻尔回到丹麦后，就任哥本哈根大学助理教授，讲授热力学的力学基础等课程。与此同时，他主要着手总结自己在曼彻斯特工作时形成的学术思想。1913年初，玻尔抓住了光谱学的线索，这使他的原子理论发展到了一个决定性阶段。从原子只发出特定频率的光这一事实，玻尔推测电子不能任意地改变轨道，只能在某些特定的轨道上运行。据此，玻尔写出了自己的论述。1913年3月、6月和9月，玻尔先后给卢瑟福寄去了论述原子和分子结构的三篇论文，提出了和经典理论完全违背的两条假设。一是在经典力学所允许的无穷多的电子轨道中，只有某些角动量满足一定量子条件的分立轨道才是允许的；同时和麦克斯韦理论相反，电子在这些轨道上即使做加速运动也不发光，且每一轨道具有相应的能量。这就是有名的“玻尔轨道”概念。二是原子辐射的发出和吸收是电子在两轨道之间的量子跃迁所致，两轨道之间的能量差决定了发光的频率（或光子的能量）。这三篇论文经卢瑟福推荐发表于当年的《哲学杂志》，成为原子物理学的划时代文献。玻尔的以分立定态概念为基础的原子理论，不但成功地解释了氢光谱，使原子物理和光谱学结合起来，而且确立了量子在微观世界中的地位，使原子结构真正变成了科学中一个生动的富有成果的新领域。由于这种开拓性贡献，玻尔获得了1922年的诺贝尔物理学奖。

玻尔的原子理论现在已为人们所熟知，但是在其刚问世时，玻尔在1913年9月的伯明翰会议上报告自己的原子理论，与会的大多数著名科学家都对此持审慎的保留态度，然而这场争论很快就以新理论的胜利而告终。玻尔指出匹克灵线实际上是氦光谱而不是原先所认为的氢光谱，他还建议卢瑟福实验室做些实验工作。不久，福勒和伊万士就以实验证实了这一点。这也是促使爱因斯坦态度转变的关键。据把这个消息报告给爱因斯坦的赫威西说：爱因斯坦听着，他的大眼睛似乎更大了，说“那么，这是最伟大的发现之一”。玻尔从理论上推出了巴耳末经验公式，并以万分之二的高精度计算出里德伯常数，这震惊了整个科学界。1914年，詹姆斯·弗兰克和古斯塔夫·赫兹用电子轰击气体，从实验上证实了原子能级的量子性，这意味着玻尔理论获得了重大成功。弗兰克和赫兹两人也因此获得了1925年的诺贝尔物理学奖。

创新乃是科学研究的灵魂和本旨，然而当旧理论出现危机时，多数人的态度却往往是自觉或不自觉地想方设法去维护它、修补它。玻尔在解决经典理论与卢瑟福原子模型之间的矛盾时，以出众的胆识和过人的慧眼，大胆地采用了新的量子化假设，依靠理论推理和实验事实两个支撑点，终于获得了出人意料却又在情理之中的创新成果。

三、探索的道路

1913年以后，越来越多的物理新秀云集于原子物理学领域，集中研究玻尔理论提出的问题，并通过实验推动它进一步发展，人类关于微观原子世界的知识迅速增长。同时，光谱学的新发现也不断向玻尔理论提出新的问题。玻尔密切地注视着理论和实验的进展情况，他意识到必须把电子在圆形轨道上绕核旋转的概念推广到比简单周期运动更为复杂的运动上去。玻尔还想到应当写一篇综述性的文章，对自己的理论及最近的发展形势做一个总括。

为了更深入地研究原子稳定状态的量子条件，玻尔考虑了各种可能性，反复进行计算。1916年9月，他给卢瑟福的信中说：“干了整整一个夏天，这烦人的问题还看不到底。”玻尔设想在圆形轨道的同一区域，可能存在椭圆形的第二稳定轨道，但这种想法刚刚取得一些进展，索末菲就发表了自己的研究成果。索末菲推广了玻尔的量子条件，并引入相对论效应而且部分地解释了光谱的精细结构问题。玻尔撤回了自己正在印刷出版的文章，赞扬索末菲的论文是自己见过的最好文章。当玻尔稍事休整，沿着把量子条件普遍化这一方向继续进军时，又被埃伦费斯特抢了先。原定要写的综述性文章——《线光谱量子论》，经过了多次修改，而每一次都发现有需要进一步探讨的新的可能性和更清晰地表达观点的方法。一直到 1918 年 5 月，玻尔才发表了论文的第一部分。而到了 1922 年为止也只刊出了前三部分。玻尔在文章中对自己的理论进行了总结，并与克喇末一起给出了一般的量子条件。

玻尔理论提出后，物理学出现的这种日新月异的发展形势，充分说明了玻尔理论的历史性功绩。该理论很快就被综合进入新物理学的知识宝库之中，成为物理学家们进一步探索的基础。今天回首玻尔的科学发现路径，可以看出，他首先是从光谱学的数据中得到了发展自己原子理论的决定性启示，同时又结合了卢瑟福原子模型的发展，最后还接受了普朗克和爱因斯坦的量子化观念，将这三个方面结合在一起，才得到了自己的创见。这种善于把各种有用的力量汇集于选定的突破口上，博采百家、自成一体的风格，在玻尔一生的科学活动中表现得十分突出。以精细的光谱分析为基础的玻尔理论，使整个化学面貌为之一新。1922 年，考斯特和赫威西正是在玻尔的直接指导下从锆化物中发现了 72 号元素，他们根据哥本哈根的古名把新元素命名为 Hafnium，汉译为铪。

玻尔理论为打开未知的原子世界奠定了基础，但真正要掌握原子世界更多的奥秘，探索的道路仍艰难而曲折，正如玻尔经常说的：

> 哪儿是路？没有路，我们正在进入一个漠然无知的新世界。

玻尔理论虽然成功地说明了氢及类氢原子光谱的一些现象，可对像谱线明暗亮度这样明显的事实却依然说不出个所以然来。同时，人们对于经典理论与量子假设相混合的辐射新概念，也一直感到难以理解。为了回答实验提出的挑战和人们的质询，玻尔在 1918 年开始构思他的“对应原理”以协调经典理论和量子假设之间的关系。他提出在较大量子数的场合，经典理论描述应和量子描述大体相符。按照经典理论，辐射强度可以由振子振幅来计算，考虑到跃迁取决于受激振荡的振幅，玻尔指出经典理论应能说明量子跃迁的概率。但从根本上来说，玻尔理论属于某种过渡性理论，并没有对经典理论进行根本性的改造，而只是对它加了一些限制。到 20 世纪 20 年代初，玻尔理论已被发展得非常复杂，漏洞也越来越多。情况正如玻尔 1922 年在诺贝尔获奖演说中所讲的：

现有关于原子的知识只是开始，还有许多基本问题尚待澄清。

毫无疑问，玻尔理论本身仍面临许多困难，当时形势正如泡利所说："物理学再一次被阻塞住了，阻塞得很厉害……"然而，物理学很快冲决了这种阻塞，并以一泻千里之势冲入了创建量子力学的英雄时代。

四、哥本哈根理论物理研究所与量子力学的英雄时代

美国著名物理学家、第一颗原子弹制造的总设计者奥本海默在回顾量子力学建立的历史时，高度评价了玻尔在其中所作出的历史性贡献。他说：

量子理论起源于本世纪初，而其伟大的综合性和决定性的成功是在 20 年代。量子力学的建立不是哪一个人的功绩，而是来自不同国度的许多科学家共同努力的结果。然而从开始到结束，玻尔那种充满创造性的深刻思想和敏锐、长于批判的精神，始终指引着事业的发展，直到最后完成。

玻尔一向认为"所有科学的进步取决于合作"。早在 1914 年，玻尔应卢瑟福之邀第二次到了曼彻斯特，主持舒斯特讲座。1916 年玻尔接受了哥本哈根大学理论物理学教授的职位。当他离开英国回国时，已经在心中酝酿出了自己研究所的"模型"：不是任何人的私有领地，而是具有生动活泼的学术气氛，是充满合作意识的各国科学家献身科学的场所；理论应与实验密切结合，实验手段应当先进，但不必求装备之庞大和华丽。在丹麦政府、商界和朋友的资助下，经过两年筹建，哥本哈根理论物理研究所在 1920 年 9 月 15 日正式落成。

早期到研究所工作的有克喇末、克莱因、赫威西等人。在量子力学创立时期，几乎每一个重大进展都或多或少与哥本哈根有关。1922 年秋，泡利到哥本哈根进行长时

间的研究访问；1924 年以后，海森伯经常在理论物理研究所工作；1926 年，薛定谔波动方程发表后，几乎所有的欧洲著名理论物理学家都纷纷赶到哥本哈根与玻尔讨论它的更深含义；而当年秋天薛定谔也到此亲自作了自己的工作报告，狄拉克来这儿说明了变换理论……

玻尔毕生担任哥本哈根理论物理研究所所长，经常有五六十名外国学者在研究所里工作，有人统计全世界有 30 多个国家的近千名科学家都或长或短在哥本哈根工作过。

玻尔是个谦虚的人。他的谦虚是出自对追求真理的深刻信仰，所以一方面他可以在讨论时滔滔不绝地议论，与人争得面红耳赤；另一方面他也能在 1951 年的一次回顾量子物理发展史的长达两个多小时的报告中，高度评价许多人的工作而只字不谈自己。

玻尔是个不抱偏见的人。他与当时物理学界各派人物都保持着经常的联系和良好的个人关系。他以极大的热情关心自己周围的所有人，力求使自己的思想跟上理论物理研究所内各项工作的进展，还善于在讨论时发现他人宝贵思想的闪光点。

除具有这种能力以外，玻尔还具有一种献身精神，愿意去做培养人的艰苦工作。他不遗余力地吸引后学，尊重青年人的首创精神，认为这是科学发展的动力所在。他在理论物理研究所成立大会上发表讲话说：

> 谁也不能对科学的未来做出肯定的许诺，因为新出现的障碍只能用十分新颖的思想去克服……随着青年一代成长和对他们的培养，新鲜血液和新鲜思想会不断注入到科学研究之中，从而让大家注意从新的角度来考虑问题。

1922 年夏，玻尔到格丁根讲学，索末菲特地从慕尼黑赶到格丁根，并带来了他最好的学生海森伯。这次讲学很著名，被人称为“玻尔的节日”。在讲课中，海森伯常站起来对玻尔的某些结论提出异议，玻尔不以为忤、反以为喜，很快就和这个比自己小 16 岁的青年学生成为好朋友。会后，他们二人一边散步，一边继续讨论各种问题。后来泡利也加入进来。玻尔对这两位年轻人的勇敢探索精神和独立见解感到欣喜，邀请他们去哥本哈根工作。1922 年泡利到了哥本哈根理论物理研究所，在玻尔指导下研究反常塞曼效应。关于泡利在哥本哈根工作时期的收获，多年后他获得诺贝尔物理学奖演说时回忆说，最初在哥本哈根工作的日子对他在 1925 年提出不相容原理是具有决定性意义的。1924 年的复活节，海森伯也来到了哥本哈根，和克喇末一起运用玻尔的对应原理来研究色散问题，而沿这一方向深入探讨的结果是矩阵力学的诞生。

确实，在建立量子力学中立下丰功伟绩的新一代科学英豪，绝大多数都是二十多岁或三十出头的年轻人，甚至年龄略大的薛定谔也不到四十岁。当时，这些人当中最核心的几位，包括海森伯、泡利、狄拉克等人，都先后聚集到了哥本哈根和格丁根这两个轴心周围，一方面是被玻尔原子理论所取得的巨大科学成就吸引，另一方面也受到玻尔个人人格魅力和严谨治学态度的感召。这些年轻人既不迷信经典物理学大师，也不盲从近代的物理权威，但他们喜欢与玻尔交流和工作。实际上，可以说在当时享有盛誉的物理学家当中，只有玻尔和玻恩等少数几个人真正投身到创立量子力学的时代洪流当中去，和年轻的新一代科学探索者一起共享胜利的喜悦，也分担受到挫折时的懊丧。

玻尔在科研之外，是个热爱生活、乐观幽默的人，他主持的哥本哈根理论物理研究所在工作时既紧张又充满了亲密的欢乐气氛。工作之余，玻尔经常和青年们一起背上背包或驾起帆船去旅行，很多物理问题和哲学思想的讨论就是在旅途上或在小客栈里进行的，工作与生活既是分开的，又常常联系在一起。

在量子力学创立过程中的短短几年时间，物理学家就完成了从物理思想到数学体系的建设。在那些紧张的岁月里，玻尔和他的研究所有时候可以说是不分昼夜地工作。新思想、新观念是如此之多，而且每一个都有可能发生“雪崩”，又会引出一系列的新疑问和新见解，源源不断、没完没了。在这种情况下，辩证性综合判断和批判的眼光，就成为决定性因素。当时在哥本哈根流行一首歌，歌中唱道：

伟大人物尼尔斯·玻尔，从一切虚假的足迹里认出正确的道路。

量子力学对微观世界的时空描述与经典物理学有着极大的不同，这不但在科学上形成了对经典学说的突破，实际上也带来了更深层次的哲学基础上的困扰。首先，在人们头脑中根深蒂固的、在某种意义上已经作为客观规律代名词的决定论的因果性遇到了挑战，理论预测失去了决定论的意义，而变成统计性概率论，科学似乎失去了精确性，这对经典理论的拥护者而言，简直就是灭顶之灾。其次，微观世界离人们日常经验如此之遥远，呈现在人们面前的只是些间接的信息和数学符号及方程式，而且现实世界也消失了，只剩下一些概率和可能性。诸如此类的基础问题，导致人们对量子力学数学形式后边所蕴含的物理意义完全模糊不清，这些新的科学思想与人们所熟知的经典科学常识如此地截然不同，颠覆了人们过去的信念，使人惶恐不安。玻尔分析研究了这种形势，认为要结束思想上的混乱局面，就必须破除旧的理论基础，提出和建立新的哲学基础和科学信念。

玻尔此时所思考的哲学新观念，就是后来被人们称为“互补原理”的思想。当然，为人谦逊的玻尔本人其实很少用“原理”一词来表达自己的思想，他总是使用“互补性”和“互补关系”这样的说法。虽然玻尔大概在 20 世纪 20 年代中期就开始了自己的哲学思考，但真正提出互补性思想还是在稍晚的 1927 年。

1927 年，海森伯提出了他的“测不准原理”，认为普朗克量子作用的存在使得对于诸如速度和位置之类的共轭量之测量不能同时无限精确，由此产生了对于波粒二象性本质的很多讨论。以此为契机，玻尔又从认识论上概括了测不准原理和当时微观物理学的新经验，在 1927 年 9 月科摩的国际物理学会议上正式提出了他有名的“互补性”认识论。

玻尔强调经典物理学概念（如粒子概念、波动概念等）的有限适用性，但是为了无歧义地整理我们的经验，又必须采用这些概念来描述微观物理现象。如微观客体的波动性和粒子性在经典物理学中是不能相容的“互斥”概念，但波粒二象性对于微观现象却具有一种“互补”的性质。两种经典概念同时应用，理论预测就必然只能是统计的。同时，量子作用的存在使得对客体的无干扰观测成为不可能，因而对微观现象的全面描述就必须与其相应的确定实验条件相联系。这就是玻尔“互补性”（或姑且称为“互补原理”）的基本内容。

这个思想非常重要，因为它直接“冲击”了千百年来作为西方思维之金科玉律的因果原理，深刻影响了几代科学家的理论思维方式，成了多数物理学家诠释量子物理学的数学表述形式的基本依据（统计诠释或“哥本哈根诠释”）。但这个思想并不太容易理解：第一，如前所述，它冲破了传统的因果思维逻辑，发展出一种新的逻辑。这种新逻辑就是针对所要阐述的全新关系而言的。按照玻尔的意见，彼此互补的两种事物，除了他所指出的既互斥又互补的那种“史无前例”的特殊关系，不可能再有任何别的内在联系。特别是，不可能用任何其他方式把它们结合成一个无矛盾的统一体。在新的形势下，只有这种全新的互补关系，而不再有任何其他的关系，这也是一种新的逻辑自洽。第二，“互补性”这一新概念从一开始就与量子物理紧密结合在一起，在量子理论（包括量子力学和量子场论）的物理诠释中得到了最成功的应用。所以，要理解玻尔的“互补性”思想，也必须结合其在量子力学中的应用。因此，不熟悉量子理论的形式表述，恐难以理解玻尔的“互补性”哲学。说到底，玻尔的物理哲学应该是个比较专用的哲学，并非放之四海而皆准的一般性哲学。第三，玻尔在这类哲学命题上的论说向来是高度“非公理化”的风格，也可以说是非常平易近人、循循善诱且又充满辩证的，总是抓住个话头儿就开始谈论，并不先下个什么“定义”和“假设”，只管侃侃而谈或娓娓道来，到最后告诉听众这就是“互补性”。他从来不肯把自己的和别人的思想纳入一个死硬的“构架”之中，当然他也谈论“构架”，只不过他对“构架”的理解显然和专业哲学家们的理解不太相同，但他又坚持自己的风格，以致谈论了一辈子“互补性”，却从未给它一个明确的普遍的成文定义。这种情况，对于那些习惯于“公理化”思维方式的人们肯定是大为困惑的。然而，很可能玻尔却认为，用“公理化”方式去理解互补性，反而不可能达到真正的理解。玻尔后来的得力助手之一、比利时物理学家罗森菲尔德曾经解释说“互补性”观点是研究如何适当使用语言的学问，而非利用符号逻辑的手术刀进行解剖的学问，不可进行教条式的理解。

值得指出的是，有些人望文生义，将玻尔的互补性哲学思考与中国传统道家的阴阳图联系起来，认为玻尔是受了中国传统哲学的启发而产生了这个思想。这实际上纯粹是个误解，因为玻尔本人从未在任何场合或任何文章中这么说过，而且他也没什么机会受到中国传统哲学的影响。另外，玻尔虽然具有良好的哲学素养，但他自己的哲学思想与他的原子理论一样，是自己的一个独创，也许曾经受到过很多前辈哲学家的影响，但却没有一个明显的继承关系或清晰的源头。只有一个思想是明确的，那就是他始终坚持的实在论观点。

还在 1922 年，当玻尔接受诺贝尔物理学奖，并发表题为《原子的结构》的获奖演讲时，他就这样说道：

> 原子理论的当前状况是以一个事实为其特征的，那就是，我们不但相信原子的存在已经不容置疑地得到证明，而且我们甚至相信自己具有了关于个体原子的组成部分的详细知识。

基于玻尔思想的量子力学哥本哈根诠释，1929 年 10 月在第五届索尔维会议上被多数物理学家接受，确立为量子力学的正统解释。然而，量子力学的这样一种发展结果，从一开始也受到了包括爱因斯坦在内的一些物理学家的反对，从而在以玻尔为首的哥本哈根学派和爱因斯坦以及其他反对派之间爆发了科学史上长时间的哲学意味最浓的大论战。

五、关于量子力学本质问题的论战

1926 年，薛定谔到哥本哈根报告自己所创立的波动力学，受到了热烈欢迎。但他在报告最后提出的放弃量子跃迁概念而代之以三维空间波的见解，引起了一场轩然大波。玻尔等人当即与薛定谔展开了激烈的论争。薛定谔不赞成哥本哈根诠释，他甚至说：如果早知事情会是这种结果，他根本就不会报告他的波动方程。在哥本哈根学派内部，观点的不同也是时时存在的。玻尔曾与海森伯就互补原理讨论了近两年的时间，而且两人的理解未必取得了完全的一致。泡利更是具有强烈的批判精神，他从不顾忌发表自己的见解。而为了解决朗道所提出的电磁测量问题，玻尔和罗森菲尔德曾用去了 1931—1933 年的大部分时光。然而，对于爱因斯坦的态度，玻尔却甚为震惊和失望，并为没能说服爱因斯坦信服量子力学的概率解释而抱憾终生。

爱因斯坦对于废弃严格的因果性一直感到不满，他坚信基本理论不应当是统计性的，他说：“上帝不会是在掷骰子。”爱因斯坦指责玻尔的互补原理是一种“绥靖哲学”。他认为概率解释的后边应当有更深一层的关系，应当能够揭示微观世界的因果性联系，所以他在第五届索尔维会议上宣布支持德布罗意的导波理论。在 1930 年 10 月的第六届索尔维会议上，爱因斯坦提出“光子箱”向玻尔挑战。经过一个不眠之夜的紧张思考，在第二天的会议上，玻尔指出在“光子箱”中爱因斯坦忽略了他自己的“红移”理论。玻尔多次把量子力学和相对论加以比较分析，但结果也只是使爱因斯坦放弃了从逻辑的自洽或一贯性方面来反对量子力学，转而攻击量子力学是一个在自然对象的描述方面不合格的、不完备的理论。1935 年，爱因斯坦和波多尔斯基、罗森一起提出的 EPR 悖论，使这场论战达到了高峰。1949 年纪念爱因斯坦 70 大寿，玻尔发表文章，系统阐述了自己的观点，并对与爱因斯坦的论战做了总结。对此，爱因斯坦写了《对批评的回答》一文继续争论。

为了把玻尔等人的“实证论撕得粉碎”，爱因斯坦做了多方面的尝试，然而这些工作都没有成功。不过，在爱因斯坦看来，“对真理的追求比对真理的占有更可贵”。随着时间的推移，现代科学的发展使因果性更加远离严格决定论的经典概念，而对于时空描述，也提出了微观、宏观和宇观时空性质是否相同的问题。

在爱因斯坦死后，玻尔在心中仍然和爱因斯坦继续争论，因为带有爱因斯坦深刻思想的反对意见往往能使玻尔更全面地考虑问题，迫使他努力把自己的思想表达得更为简明确切。在这场科学哲学大论战中，爱因斯坦和玻尔不仅给人们留下了宝贵的思想财富，而且给人们留下了真正科学论战的高尚风格。他们怀着追求真理的共同目标，表现出顽强的探索精神。他们互相尊重，认真考虑对方的学术思想，针锋相对又友好诚挚地进行辩论，不但促进了量子力学及其哲学诠释的蓬勃发展，而且给后世留下了很多有价值的研究命题。比如，关于 EPR 悖论的讨论，对今天基于量子纠缠现象的量子加密和通信，就产生了巨大的启示和推动作用，这倒肯定是两位科学巨人当年始料之未及的。

这场大论战也未因玻尔逝世而结束，或许若干年后的科学实践和理论将会表明，这两位科学巨人的思想也是“互补”的，二者思想的合理内核都将会被更新的理论概括进去。

六、原子弹与和平奖

20 世纪 30 年代，玻尔把注意力也集中到了突飞猛进的核物理领域。当时流行的势阱模型对费米等人的慢中子实验做不出满意的说明。1936 年玻尔提出了复合核概念，把核反应分成入射粒子被俘获，形成复合核及复合核衰变这两个过程，他形象化地把原子核类比为液滴。玻尔的液滴模型和复合核理论在解释核裂变上取得了重大成功。1938 年哈恩和斯特拉斯曼在用镭铍混合物生成的慢中子轰击铀核时，在核反应产物中发现有少量的钡，他们对此感到困惑不解，便寄信给他们的老同事、女物理学家迈特纳请教。当时作为犹太人的迈特纳正在逃避纳粹的迫害，她在玻尔的帮助下几个月前才移居到瑞典，而她的侄子弗里施则到了哥本哈根跟随玻尔工作。迈特纳和弗里施在圣诞节时得到了这一消息，他们立即用玻尔的理论对实验进行了分析：铀核在俘获了轰击中子后，核“液滴”产生振荡、变形，当椭圆形液滴拉长使核力超距不能发挥作用时，铀核“液滴”便在“蜂腰”处一分为二。后来他们根据细胞学的名词，给这种过程起了个名：裂变。当弗里施兴高采烈地赶回哥本哈根向玻尔报告时，玻尔仅剩下几分钟的时间就要上车去美国旅行了。玻尔用手拍着前额说：

太好了，事情本该如此的。我们以前怎么没有想到呢？

玻尔嘱咐弗里施立即着手进行实验验证并赶快写出报告。当玻尔抵达美国时，弗里施报告成功消息的电报已经在等着他了。1939 年，玻尔与约翰·惠勒一起发表了核裂变理论，玻尔进一步指出只有 U235 才能被慢中子裂变，为释放核能指明了方向。

就在此时，欧洲大陆上空却是阴霾密布，战争的气氛越来越浓。为躲避纳粹法西斯的迫害，许多科学家来到哥本哈根寻求玻尔的帮助。玻尔和他的研究所投入了紧张而又费心的救援活动。在德寇占领丹麦前，玻尔和研究所内的科学家曾站在生产线上制造备战时急需的医疗用品；在德寇占领丹麦后，玻尔拒绝与入侵者合作，并和地下抵抗组织保持密切的联系。1941 年，玻尔勇敢地承担了为《丹麦文化》文集写序的工作。在占领期间，人们对这种事既担心又寄予很大希望。玻尔用了两个月的时间写这篇序言，10 页的篇幅，修改了 12 次。这篇序言可以说是玻尔于 1938 年在哥本哈根人类学与人种学国际会议上所作报告的姊妹篇。玻尔在报告中严厉斥责了纳粹所宣扬的大日耳曼种族优越论。1943 年 8 月，形势的发展使玻尔不得不离开自己心爱的祖国，因为有人通知他德寇决定要逮捕他。在地下抵抗组织的帮助下，玻尔全家乘一条渔船连夜逃出丹麦。为了不让实验用的重水材料落入敌人手中，玻尔就把重水早早装在了啤酒瓶里，但由于走得匆忙，玻尔拿错了酒瓶并且遗忘了他的诺贝尔奖章。

1945 年 8 月纳粹失败后，玻尔回到丹麦。8 月 25 日，他像过去一样骑着自行车来到了研究所。看到研究所被德寇糟蹋得不成样子，想到昔日故旧现已天各一方，又看到欢迎的人群和天空飘扬着的反法西斯胜利的旗帜，玻尔不禁感慨万分。

对人类命运的关切和对科学与人之间关系的深思是玻尔晚年思想的主线，致力于科学的国际合作及和平利用原子能成了他的主要活动。1950 年，玻尔发表了致联合国的公开信，呼吁建立一个“开放的世界”。他指出核武器的存在会均等地威胁所有国家，呼吁国际社会应尽力达成一种永不使用核武器的普遍协议。1955 年在日内瓦和平利用原子能国际会议上，玻尔希望科学和科学家能在促进相互交流和理解方面起带头作用，希望科学的发展能够增进世界人民的福祉。他一方面为恢复和扩建哥本哈根物理研究所而奔忙，另一方面也致力于推进欧洲核子研究中心和北欧理论原子物理研究所的建设，并因此成为扩大和平利用原子能的国际性机构的组织者和领导者。

玻尔的家庭生活幸福美满。他有五个儿子，其中第四子阿格·玻尔生于玻尔获得诺贝尔物理学奖的 1922 年，后来也成为世界著名的物理学家，在玻尔之后接任了丹麦哥本哈根大学理论物理研究所所长，并于 1975 年获得诺贝尔物理学奖。玻尔给他最小的儿子取名为厄内斯特以纪念自己的恩师卢瑟福。

玻尔生前到过很多国家。1937 年，玻尔曾来中国访问讲学，到过北京、上海、杭州、南京等地。在讲学中，玻尔报告了量子理论、液滴模型和因果性问题。中国的风土人情、古老文明传统，还有大批如饥似渴的物理学师生，都给玻尔留下了深刻印象。他后来在自己的研究所也接收了很多来自中国的学生和研究者。他还发现自己的思想与东方文明中的中国古老传统思想的某些部分有相近之处。1947 年，当丹麦决定授予玻尔高级别族徽勋章时，他亲自设计了中心图案，里面就借用了中国传统的“阴阳图”，代表了阴阳互补哲学之意吧。

1962 年 11 月 18 日，玻尔在午睡中溘然长逝。逝世前一天，他在家里研究室黑板上画的最后一张图是爱因斯坦的“光子箱”。

玻尔开始进行自己的研究工作时，人类对于原子世界所知极少，而当他逝世时，人类已进入了大规模利用原子能的时代。玻尔一生获得了许多荣誉，然而使他真正感到欣慰的是他所奠基的原子物理学正在蓬勃发展。正如他在自传的最后所说：

> 帮忙揭开遮蔽真理帷幕之一角，从而得以走到较为接近真理的道路上，这也许是一个科学家所能获得的最大快乐了。

（作者：岩群）

埃尔温·薛定谔

（Erwin Schrödinger，1887—1961）

薛定谔

为人类理解自然和自身而奋斗

他熟悉人类思想和实践的许多领域，他广博的知识、敏锐的思想和创造力都是惊人的。……他的名字是物理学出版物中出现最多的。我们谁没有把薛定谔方程或薛定谔函数写过无数次呢？也许以后几代人也将这么做，并生动地记住他的名字。

——马克斯·玻恩

一、维也纳：崭露头角的学生时代

薛定谔 1887 年 8 月 12 日出生于维也纳。如同他在接受诺贝尔奖时的简短致辞中所说，这是一座“生机勃勃的和自由自在的城市”，它的文化传统给薛定谔的成长以深刻的影响。与伦琴和爱因斯坦一样，薛定谔也生长在一个手工业主的家庭。他的父亲鲁道夫继承了一个油布工厂，工艺尽管陈旧，生意却还成功，使他的家庭得以经济无忧。鲁道夫受过良好的教育，爱好自然科学和艺术，年轻时曾热衷于意大利绘画，甚至自己动手画过一些铜版画和风景画，对植物学也很感兴趣，在《维也纳动植物学会论文和纪要》上发表过一系列论文。他也曾向维也纳工业学院化学教授亚历山大·鲍厄学习化学，并和鲍厄教授的女儿结了婚，薛定谔是他们唯一的孩子。作为“朋友、老师和不知疲倦的谈话伙伴”，鲁道夫和孩子分享了活泼有趣的精神生活。薛定谔在回忆他的童年时，认为他的父亲是所有有趣事物中“最有吸引力的”。

薛定谔只进过一次小学，那是当他父母在因斯布鲁克休假时，为期数周。在维也纳，一个小学教师每周两次到他家里给他上课。他的外祖母是英国人，这使他从小就能流畅地使用英语，这对他以后的研究工作极有帮助。1934 年以后，薛定谔的论文大多是用英文写作的，而且他真正掌握了英文的风格和智慧。他甚至在紧张的创造性研究之余，把荷马史诗翻成英文来作为休息。

11 岁那年，薛定谔进了维也纳商业高等专科学校所属的预科班。按当时的惯例，这里的课程班侧重于经典的拉丁文、希腊文等人文学科，数理科学则多少被忽视了。薛定谔在回忆学生时代的生活时曾这样写道：

我是个好学生，并不注重主课，却喜爱数学和物理，也喜爱古老语法的严谨逻辑，我讨厌的只是记忆历史和传记的年代。我喜爱德国诗人，特别是剧作家，但是厌恶对他们作品的烦琐考证。

学生时代的薛定谔经常去维也纳剧院，并且是 F. 格里尔帕策的热烈崇拜者。他保留的剪贴簿中有他所看过的演出节目单，及他所写的广泛的评论。与此同时，他并没有放松自己的学习。

1906 年，薛定谔进入维也纳大学物理学院，正逢玻尔兹曼逝世。玻尔兹曼不仅是这所学院的精神领袖，还奠定了它的特殊传统——进行现代物理学理论统计基础的研究。笼罩校园的悲痛气氛给薛定谔以深刻印象，玻尔兹曼的科学思想也极大地影响了他的思想和早期工作。对此，他曾这样说过：

玻尔兹曼的思想路线可以称为我在科学上的第一次热恋，没有别的东西曾如此使我狂喜，也不会再使我这样。

他所师承的两位教授——理论物理学家哈泽内尔和实验物理学家埃克斯纳都是玻尔兹曼的学生。哈泽内尔在理论物理学上很有成就，曾由自感现象的研究猜测过电磁能和质量之间的关系，其形式与今天的质能关系式完全一致；同时，他又是一位出色的教师，接任玻尔兹曼开设的理论物理学讲座，继承并发扬光大其前任奠定的科学传统。薛定谔非常喜欢听哈泽内尔的讲座，连续八个学期参加了每周五次的理论物理讲座，内容涉及统计力学、哈密顿力学和连续介媒质力学中的本征值理论。正是这些讲座而不是书本，使薛定谔为以后的工作打下了主要的知识基础，因为薛定谔自称难以掌握书本资料，讲座所起的作用对他而言是特别重要的，而熟悉本征值理论则是他以后建立波动力学理论的关键。薛定谔在 1929 年把自己作为一个科学家之个性的形成归功于哈泽内尔；而当获得诺贝尔奖时，他又说：

假如哈泽内尔没有去世的话，那么他现在当然会站在我的位置上。

薛定谔还选听了温廷格的数学讲座和埃克斯纳的实验物理讲座。前者曾被菲利克斯·克莱因称为“奥地利数学界的希望”，薛定谔后来把自己的著名论文的副本寄给他以表谢忱。埃克斯纳关于因果性和机遇等问题的见解对薛定谔很有启发，这些见解后来成为他许多思想的萌芽。年轻的薛定谔天资聪颖，才华出众，很快就给同学们以深刻印象。后来多年任维也纳大学教授的理论物理学家汉斯·蒂林格这样描述他与薛定谔的初次相遇：

那是1907—1908年度冬季学期，当时我还是一名新生，常去数学讲习班图书馆。有一次一个头发淡黄的大学生走进房间时，我旁边的同学突然推我一下说：“这就是薛定谔。”以前我从未听说过这个名字，但如此表达出的尊敬和同学们的眼光给我留下深刻印象并产生了这样的信念，他不是个普通的人。这信念随时间而日益坚定，随后相识并很快结下友谊。在这种友谊之中，薛定谔时时处处伸出援助之手。

1910年，薛定谔在哈泽内尔指导下获得哲学博士，毕业后留任埃克斯纳在维也纳大学第二物理学院的助手，直到第一次世界大战爆发。在这里，他管理实验室的大量事务，也曾主持过大型的物理实验课。他写下了关于磁性电解质、大气声学、放射性、X射线和布朗运动等问题的一系列论文。在写论文的过程中，他得到了很好的锻炼。其中他与科尔劳施合作研究的工作以《1913年泽海姆的大气中镭（Ra–A）的含量》为题发表的论文，获得了皇家科学院的海丁格奖。他多次满怀感激之情回忆起，在埃克斯纳的指导下，他懂得了“测量就意味着通过直接的观察”。

第一次世界大战中断了薛定谔的科学工作。他作为一名军官服役于要塞炮兵部队，在与外界隔绝的营地里抓紧时间阅读专业文献。1916年在普罗塞克，薛定谔读到了最早发表的爱因斯坦广义相对论的基本原理的文章。他一开始感到新引力理论的思想体系很难理解，但很快便能领会爱因斯坦的思想及有关计算，并认为理论的最初表达“不必要地复杂化了”。1917年他曾发表《引力场的能分量》一文，讨论引力场中能量－动量膺张量的物理意义。

1918年，薛定谔曾有希望继盖特勒之后任切尔诺维兹（现在乌克兰的切尔诺夫策）大学理论物理临时教授。对于当时的打算，薛定谔这样解释说：

> 我打算在那儿讲授理论物理学，首先按我所敬爱的老师、被战争夺去生命的哈泽内尔的杰出讲座的形式讲。除此之外我还准备研究哲学，那时我正深深地热衷于斯宾诺莎、叔本华、马赫、理查德·西蒙和阿芬那留斯的著作。

但是奥匈帝国的崩溃阻止了这一计划，切尔诺维兹不再属于奥地利。战后，薛定谔回到维也纳大学第二物理学院直到 1920 年。

1920 年 4 月 6 日，薛定谔与贝特尔结婚。他们相识于薛定谔的密友施韦德勒在泽海姆的夏季别墅，薛定谔从施韦德勒那儿学到许多东西，并称他是自己的仅次于哈泽内尔和埃克斯纳的老师。婚后不久，薛定谔便移居耶拿，担任维恩的物理实验室助手。但仅仅四个月后他又离开了耶拿，以便接受斯图加特工业学院临时教授的职位。他在那儿待了一个学期，其间接到三份正式教授的聘书，分别来自基尔、布雷斯劳和维也纳三所大学。尽管他愿意去维也纳继承哈泽内尔的事业，但当时奥地利大学教授的工作条件是如此窘困，使他无法做此选择。他去了布雷斯劳，数周之后，他又收到并接受了苏黎世大学曾由爱因斯坦和劳厄担任过的教授职位聘书。他生命交响乐中最辉煌的一章开始了。

二、苏黎世：波动力学大厦的建筑师

1921 年，34 岁的薛定谔来到苏黎世。在这儿，他遇到了兴趣相投的数学家外尔和物理学家德拜。这两个人给了他以关键性的帮助。他的就职演说题为《自然规律是什么？》，着重介绍了埃克斯纳对自然规律的统计基础的看法，并认为绝对因果性超出了经验的范围，只要抛弃了它，就能成功地克服电动力学处理原子问题时遇到的严重困难。由于苏黎世是瑞士的一个美丽城市和人们南来北往的落脚点，经常有一些学者路过，并参加学校里关于现代物理学发展的讨论以及学校组织的各种形式的学术交流活动。当年薛定谔的研究生海特勒回忆道，每个星期六薛定谔夫人安排的小旅游“总是以到了一个可爱的小客栈和一两瓶葡萄酒而结束”。

从大战结束到在苏黎世任职期间，薛定谔的科学研究成果涉及统计热力学、原子物理学、广义相对论和概率论等领域，另外还有74页的电介质现象评论文章，7篇在埃克斯纳鼓励下完成的彩色视觉理论的论文。这7篇论文类似于广义相对论，探讨了彩色空间的度规和非线性方程，作出了关于红－绿色色盲和蓝－黄色色盲之间频率关系的说明，受到了生理学家的好评。但薛定谔坦白地说明这并非他的兴趣之所在，仅仅是为暂时摆脱对原子问题苦思不得其解的困扰而进入光学的旅行。

这期间，薛定谔真正关注的是统计理论和原子力学。前者是他的专长，玻尔兹曼思想的影响和长期工作的积累，使他能驾轻就熟、得心应手地运用统计方法去处理各种物理问题，诸如气体和固体的比热、电子理论、振荡问题、晶格振动热力学及其对内能的贡献等；后者则是当时整个物理学界面临的困境，它的发展孕育着物理学理论的重大突破。薛定谔尽管对旧量子理论缺乏系统的研究，但他确实在知识结构上有优越的条件，也始终渴望在这个领域一显身手。正是沿着这两个不同方向，薛定谔开辟了通往波动力学的道路。

1913年，玻尔发表了题为《论原子构造和分子构造》的论文，从原子稳定性和光谱学中的两个经验公式的事实出发，摒弃无法解释它们的经典电磁理论，把普朗克量子论推广应用于卢瑟福原子模型，成功地提出了原子结构的玻尔理论。他的基本假设是：电子只能在特定的量子化圆形分立轨道上运行，轨道电子处于稳定状态，仅当电子在这些定态之间跃迁时才发生辐射或吸收，其能量的变化为$h\nu = E_2 - E_1$。玻尔的论文总结说：

> 已表明应用这些假设于卢瑟福原子模型，就可能说明连接元素线光谱中不同谱线的巴耳末和里德伯定律。再进一步，元素的原子结构理论和化学结合的分子形成理论的轮廓也已经给出。它们在几个地方证明与实验近似一致。

玻尔理论是量子理论发展中的一座里程碑。其后十年，量子理论的发展不乏重大成就，但基本上都是在玻尔的框架中发展的。1915年，索末菲把电子绕核运动的量子化轨道扩展到包括椭圆情形，并考虑了轨道电子的相对论效应，使修正后的氢原子谱线分裂以解释“精细结构”。1916年，爱因斯坦研究了原子系统与光相互作用的问题，用统计方法分析了光的发射和吸收过程，建立了这一问题的唯象理论。1918年，玻尔为了消除量子理论的悖论，深化对它的理解，又提出了著名的“对应原理”，认为人们必须借助于经典理论的概念和定律构造量子理论，而量子理论又必须包括经典理论作为极限情况，因而可以在一定程度上利用经典理论来解释量子论无法解决的谱线相对强度、塞曼效应等问题。正是在这个过程中，玻尔理论本身的缺陷暴露了。首先，它缺乏概念的自洽和逻辑的一贯性，严格说来不过“是一些互不相干的假设、原理、定理和计算方法凑起来的大杂烩”。它的特设性假说如量子化条件和稳态电子等的引入不能普遍地解释和演绎。其次，对最简单的多体问题氦原子能级的计算、反常塞曼效应、史特恩－盖拉赫效应、电子间的相互作用等不能提供令人满意的结果。因此，它只是一个半经典半量子化的过渡性理论。

薛定谔主要是在第一次世界大战后开始关心原子结构问题。他对玻尔理论很不满意。他一方面应用旧量子论从事研究，另一方面又试图突破它、发展它。1919 年他应用旧量子论于固体比热问题，从实验到理论发表了分为五部分的评论文章，提供了大量数据和引证，认为量子论已获得较大成功，但对金属电子比热等还不能解释。1921 年他提出外层电子轨道贯穿内层的概念来说明碱金属光谱类巴耳末公式中的非整量子数，并认为这是“一个小小的但却是积极的成功的细节”。1922 年他又应用外尔的广义相对论时空理论于旧量子论，得出“单电子量子轨道的一个值得注意的性质”。但他始终难以接受玻尔理论中的不一贯性和摒弃时空描述的量子跃迁，因为受玻尔兹曼的影响，他始终认为自然界能以自然的明显直观的方式理解。他坚持认为玻尔能级应作为某种本征值问题自然导出，却苦于无法找到适当的突破口。

1924 年德布罗意的相波理论，开创了量子理论概念发展的新阶段。他提出像辐射的量子化一样，原子结构中的频率辐射 $E=h\nu$ 和标志稳定的整数启示我们，物质粒子特别是电子的运动也必然为一频率由 $E=h\nu$ 决定的假想的相波所伴随，相波的谐振导出量子化条件，电子束穿过小孔将有衍射，而关于自由粒子的新旧力学的关系，同波动光学和几何光学之间的关系一样。

对于大多数物理学家来说，相波理论非但奇特，简直是荒诞的，怎么能把波和粒子拉扯在一起。只有爱因斯坦认为这是——

> 一项有趣的尝试……是投射到我们这个最糟糕的物理之谜上的第一道微弱的光线。

爱因斯坦还在 1925 年 2 月发表的关于理想气体量子统计的论文中引用了它。这当然会引起正致力于气体统计问题的薛定谔的注意。同年秋天，德拜也建议他就德布罗意的工作作一次讲演。

确实，薛定谔具备较多地吸收和发展德布罗意思想的有利条件。他坚持自然界的可理解性，认为量子化条件应当作为本征值问题自然导出，他通晓相对论问题、本征值理论和哈密顿力学，对哈密顿力学　光学相似关系则早在 1918　1922 年间的《张量分析力学》中就有专门一节论及。在 1922 年底，他就发现轨道电子的模方绕核平行位移一周将增加一个类波性质的相因子，这与德布罗意相波理论颇有相似之处。

从 1925 年 10 月下旬起，薛定谔着手认真研读和应用德布罗意的思想。从把轨道电子处理为运行波遇到折射困难，到把理想气体作为相波谐振获得成功，再回到寻求电子驻波的波动方程；从求得氢原子的相对论性波动方程，解出当时无法解释的平整数能级，到求其非相对论性近似，解出玻尔能级……短短三个月时间，波动力学瓜熟蒂落，量子力学掀开了崭新的一页。

从 1926 年 1 月 26 日到 6 月 22 日，薛定谔接连发表了 6 篇关于量子理论的论文，其内容囊括量子理论、光谱学、微扰理论和物理光学等众多物理学领域，熔玻尔理论、矩阵力学、哈密顿相似关系和德布罗意相波理论于一炉。论文用变分原理和哈密顿相似分别建立了著名的薛定谔方程。玻尔的量子化假设可从偏微分方程中作为本征值解出，对一维谐振子、定轴和非定轴转子、双原子分子和斯塔克效应等也能解出与实验相符的理论解。矩阵力学被证明与波动力学在数学上等价，从而使波动力学成为集前人研究成果之大成、在理论上比较严谨自洽、实际运用更为广泛有效的完整体系。正如雅默尔所说：

> 薛定谔的光辉论文无疑是科学史上最有影响的贡献之一。它深化了我们对原子物理现象的理解，最终为用数学求解原子物理、固体物理及某种程度上的核物理问题打开了新的思路。事实上，非相对论量子力学以后的发展很大程度上仅仅是对薛定谔工作的加工和运用。

波动力学的问世，在物理学界引起了轰动，受到绝大多数物理学家的赞赏并得到广泛运用。因为它采用的是经典的偏微分方程描述方法和易于理解的概念，形式上保留了时空描述的有效性，整个框架具有简洁明晰的数学美。爱因斯坦在给薛定谔的信中评论说：“你的文章的思想表现出真正的独创性。”普朗克指出薛定谔方程“奠定了近代量子力学的基础，就像牛顿、拉格朗日和哈密顿创立的方程式在经典力学中所起的作用一样”。斯莱特把波动力学称为与牛顿力学和麦克斯韦电磁理论同样卓越的理论综合，而玻恩则感叹地说：“在理论物理学中，还有什么比他在波动力学方面的最初六篇论文更为壮观的呢？”

比之于量子理论发展史上的其他著名人物，薛定谔可谓大器晚成。著名科学家发表成名论文时的年龄分别为：爱因斯坦 26 岁，玻尔 28 岁，海森伯 24 岁，泡利 25 岁，狄拉克 24 岁，约当 23 岁……而薛定谔此时已 39 岁。年已至此，还能跳出旧的理论框架，在全新的思想路线上做出如此重大的开拓，确属不易；但也正是以往研究工作的理论素养和知识积累，使他得以在不到半年的时间内，一举构造起系统概括了以往理论成就和实验结果的波动力学体系。

三、柏林：教学和学习的美妙时期

1926 年夏秋，薛定谔曾先后应邀到慕尼黑、柏林、哥本哈根和美国加州理工学院等地报告他的波动力学，受到普遍欢迎。慕尼黑大学校长维恩在演讲中曾站起来说：量子跃迁现在显然被合理的东西取代了。索末菲也称之为“20 世纪惊人发现中的最惊人者”。柏林大学则聘请薛定谔继任普朗克的理论物理学教授职位。尽管他对让他硕果累累的苏黎世大学很是留恋，苏黎世大学也以优厚的条件极力挽留，但柏林作为当时物理学首都的声誉，特别是普朗克表示如果薛定谔能成为他的继任者他将感到很高兴，促使薛定谔于 1927 年来到柏林。

当然，薛定谔的波动力学并没有毫无异议地为人们全盘接受，特别是对波函数的物理诠释。薛定谔的波动图景把物质粒子归结为波系统，提出自由粒子是波包中的奇点，束缚电子是驻波的叠加，波函数描述的是实在的波，并用波的干涉和衍射来取代玻尔的定态和量子跃迁。这种把微观客体的波动性质推向极端的模型遇到了许多困难，也招致一些物理学家的反对。在哥本哈根，薛定谔和玻尔就量子力学的诠释展开了激烈的争辩，双方各执己见，针锋相对，谁也说服不了谁。这种争论甚至在薛定谔病卧于床时也没有止息。直到 1927 年玻尔的互补原理和玻恩的概率诠释先后发表并使量子力学成为完整的自洽体系，薛定谔才暂时放弃了波函数的实在性主张，但他始终没有放弃对哥本哈根学派的批评和复活波动图景的希望。在震撼 20 世纪的量子力学大论战中，他始终是爱因斯坦少数派中的坚定一员。他于 1935 年配合爱因斯坦等人提出了EPR悖论，发表了著名的“猫悖论”（cat paradox），被爱因斯坦称为揭示了量子力学描述实在的不完备性的最巧妙办法。直到20世纪50年代初，他还发表了《波动力学的意义》《有没有量子跃迁？》《基本粒子是什么？》等文章，试图利用粒子并非永恒不变的全同实体和二次量子化等最新知识来重建他的波动解释。在他看来，为寻求真理而尖锐争辩与和对手之间的亲密友谊是并行不悖的。玻恩曾如此描述他和薛定谔之间的友谊：

> 他在给我的信中说过：“你，麦克斯，你知道我是爱你的，这一点不会改变。但是我觉得有必要彻底地给你洗洗大脑，把你的头伸过来吧。”这之后我们进行了近乎“粗野”的论战，我一再想使他相信，“哥本哈根学派的量子力学观点”总的说来是可以接受的，虽然我知道得很清楚，爱因斯坦、普朗克、德布罗意、劳厄和他对这种观点并不满意。我举出了一些赞成这种观点的很有才华的研究者的名字，他反驳说：“什么时候科学观点是由多数人来决定的？（你可以自己来回答，至少从牛顿以来）”往下还写了好几页。我已经记不清我到底是怎么回答他的，因为我们通信是随便用手书写，而不是一本正经地用打字机。但他下一封信的开头是这样说的：“谢谢你以这样富于刺激的长篇回答给我洗脑。”长期以来我们的通信就是这样——既粗鲁又亲切，充满了尖锐的争论，却从未有不舒服的感觉。

薛定谔非常喜欢柏林的学术环境，他称这里有：

> 两所大型高等学府，帝国学校、威廉皇家研究所、天文台、众多工业实验室，使许多第一流的物理学家聚集在当时的柏林。每周欢聚在一起的讨论会，给人们留下了深刻的印象。

在柏林大学曾与薛定谔一起共事的有普朗克、爱因斯坦、劳厄、迈特纳和能斯特这样杰出的物理学家，他还同其他领域的著名科学家有着密切联系。这一切确实使薛定谔对生活在这儿感到称心如意，尽管他生性极其喜爱大自然，尤其是阿尔卑斯山，而不愿生活在大都市。“在柏林大学的时光是我一生中最幸福的时光”，后来他在1947年6月复信给邀请他继任从前职务的洪堡大学数学自然科学系主任时这样写道。他补充说他仍然感到自己是倾心于柏林大学的，并经常考虑“甚至仅作为一个领退休金者返回到那里去的可能性”。

在柏林的时光里，薛定谔与同自己的科学和哲学观点相似的普朗克和爱因斯坦建立了亲密的友谊。他和妻子经常参加普朗克在家中举行的家庭舞会。他也常去爱因斯坦在卡普特的别墅拜访，有时两人在哈弗尔河上泛舟畅游，讨论物理学问题。薛定谔那座位于格吕内瓦德的住宅因经常举行“维也纳小灌肠晚会”，很快成为科学家交往的中心。他一面教学，一面致力于发展相对论波动力学，即狄拉克电子理论，为此曾写下了五本研究笔记。相对论和量子力学是20世纪物理学的两大支柱，他希望能在广义相对论提供的时空框架中，用波动力学来描述空间中的物质分布，并相信引力波和物质波服从同样的规律。当时正在读迈特纳研究生的我国著名核物理学家王淦昌也曾听过薛定谔的讲演。

1933年希特勒上台后，犹太血统的物理学家纷纷被解雇。凭着他的雅利安血统、天主教背景和作为普朗克继承人的地位，薛定谔本来可以不受牵连，更不必放弃职位离开德国，但是他自愿这样做了。他反对纳粹对科学家的迫害，难以忍受在这种野蛮制度下工作，不愿效忠于这样的政府。玻恩曾写道：

> 对此我们都非常赞赏。人到中年还要拔根迁居，改变生活方式，并非轻而易举之事，但他不在乎。人们打扰了他，要他关心政治，他就走了。他是不喜欢过问政治的，即便他的科学成果被悲剧性地用于一场伟大的政治斗争时也是如此，仅有极少例外。

薛定谔的“在柏林教书和学习的非常美妙的时期”就此结束了。

1933年11月，薛定谔借口休假来到牛津，在这儿住了三年。抵达后的第五天，他被接纳为玛格达林学院的研究员。同时伦敦泰晤士报社打电话通知他，“因为发现原子理论的新的和富有成效的形式”，他和狄拉克一起被授予1933年诺贝尔物理学奖。这是对他创立波动力学的最好褒奖。他在斯德哥尔摩的颁奖演讲中介绍了自己的传略和波动力学的主要思想。

在牛津，这位奥地利人对富有传统的英国大学城的学术环境感到不怎么适应，他对祖国的思念日增。当1936年同时收到爱丁堡和格拉茨的邀请时，他听从朋友汉斯·蒂林格的劝告，回到祖国，在格拉茨大学任教。两年后德国吞并了奥地利，薛定谔感到了纳粹党徒给他带来的沉重压力，纳粹没有忘记他从德国的不辞而别。1938 年 9 月 1 日，薛定谔被不加解释地从格拉茨的职位上解雇，他必须再次出走，但这次是为了逃生。幸运的是他还持有自己的护照，可以不受阻碍地离境。他丢下了房屋、汽车和其他财产，“仅带着一个小小的皮箱”离开了奥地利，开始了流亡生活。

四、都柏林：探索物理学与生物学的统一

对于薛定谔的困境，他在牛津的朋友们极为关切。而早在 1938 年 5 月，原都柏林大学数学教授、当时的爱尔兰首相瓦莱拉就努力寻找让薛定谔去爱尔兰的途径，他去信促成了薛定谔出走的决心，即将建立的都柏林高等研究院已经为薛定谔留下了职位。当薛定谔逃到罗马，作为教皇科学院的成员寻求避难时，瓦莱拉请他到日内瓦去，瓦莱拉正在这里担任 1938 年国际联盟会议主席。在会议休息期间，两人讨论了建立研究院并提高爱尔兰在国际数学和理论物理界的地位等问题。瓦莱拉十分了解理论物理学的特殊吸引力，而且“这样的科学分支并不需要精心制作的仪器，需要的仅仅是足够的自由，是头脑、人和论文”。他这时已持有议会通过的建立研究院的法令，但在它建立之前，薛定谔先返回牛津，接着又应布鲁塞尔的法兰斯克基金会邀请去比利时任客座教授。

1939 年 9 月初，薛定谔作为一个德国流亡者，忽然发现自己成了敌国侨民。瓦莱拉再次帮忙，通过爱尔兰在大英帝国的高级官员，为他准备了一份安全通行证，使他于 10 月 5 日用 24 小时内有效的签证取道英格兰前往都柏林，开始了他在那儿为期 17 年的侨居生活。他后来称这些岁月是

> 非常非常美好的时光。否则我将永远无法了解和懂得热爱这美丽的爱尔兰岛。倘若我在格拉茨度过这十七年，无法想象能有什么使我如此高兴。

1941 年都柏林高等研究院关于介子的讨论班正式开办，它分为理论物理学和居尔特人语言学两部分，薛定谔担任理论物理部主任。汉斯·蒂林格描写他的教学职位是“一个学者能为自己想象的最好位置：完全的教授和研究自由而没有任何特别的教学责任”。薛定谔在这儿享有的地位类似于爱因斯坦在普林斯顿的地位。高等研究院院址就坐落于都柏林麦瑞恩广场上的前市政厅，从研究院一开办就在这儿从事研究和学

习的海特勒曾回忆：那些可爱的18世纪的古老乔治式建筑“对安静的工作是非常合适和舒服的”。从这儿步行几分钟，可以抵达三一学院、都柏林大学学院和哈密顿曾任主席的爱尔兰皇家学会，往来方便，学术空气自由活泼。每年都有来自世界各地的年轻物理学家获得津贴，并在这儿工作一两年，平均有10—15名学者居住于此。我国著名物理学家彭桓武就曾于1941—1943年和1945—1947年两度到这里从事研究。这里每年一度的夏季讨论会云集了来自各国的物理学家，玻恩和狄拉克也经常参加“这种有趣的和令人兴奋的聚会，原来的数学家、如今的爱尔兰首相也常出席”。

安定的环境，优越的条件，使薛定谔得以避开战乱的纷扰，潜心于科学研究和理论思维，他的创造力极大地迸发出来。和晚年的爱因斯坦一样，这个时期薛定谔以特别的热情致力于统一场论的研究，甚至早在1940年，“他就试图发明可综合引力、电磁和核的相互作用的一种统一场论”。他还预言了弯曲空间中粒子的创生，讨论了微观世界中时空概念的使用限度，并力图构造膨胀宇宙中的本征振动和波包。他对相对论理论和宇宙学的贡献，集中反映在1950年和1956年先后出版的《时空结构》和《膨胀着的宇宙》这两本书中。他在研究介子场和非线性电动力学的同时，继续保持着他对量子力学和统计力学的兴趣。他在高等研究院讲课基础上写作的《统计热力学》一书，以惊人的、清晰的和统一的标准方法，论述了统计力学的基本问题及其应用，特别是对那些通常被忽略的重要问题如能斯特定理和吉布斯佯缪等做了较详细的讨论。

也正是在这一时期，薛定谔的目光更加开阔和深刻，他转而对物理学的基础、物理学基础对其他自然科学的影响、物理学基础的发展与认识论的关系等问题进行探索，并作出了可贵的贡献。

科学的统一，是薛定谔毕生的信念和追求。在物理学中，他曾致力于相对论和量子力学的结合，致力于综合各种相互作用的统一场论，但他的尝试并不限于此。出于“从祖先那里继承了对统一的无所不包的知识的强烈渴望”，“想把所有已知的知识综合成一个整体”，出于对奇妙的生命现象特别是对遗传性状的不变性和新陈代谢等的物理思考，他宁愿放弃已取得的名望，“敢于承担使我们成为蠢人的风险”，敢于着手去综合不同学科的实验事实和理论知识。他运用物理学的最新成就和方法剖析生命现象，提出了一些很有价值的见解，其主要论述以《生命是什么？》为题发表于1944年，这本不到100页的小书在西方科学界产生了极大的影响。

第二次世界大战结束时，物理学家们普遍感受到了从事此职业的某种痛苦。物理学的发展导致了毁灭性的核武器的产生，虽然杀死的是敌对国的人，但这种使无数生灵涂炭的大规模毁火，促使许多物理学家对自己的工作与人类福利的关系重新做出深刻反思；另外，比之于量子力学迅速发展的那些激动人心的年代，理论物理学已进入一个相对平静的时期。在这种时刻，作为量子力学的主要创立者，薛定谔又提出用热力学和量子力学研究生命的本质。认为新的物理学定律将在这个新的研究领域中被发现。后来物理学的发展也证实他对生物学新时代的预见是正确的。

薛定谔的研究，特别是《生命是什么？》一书的出版，吸引了一批年轻物理学家进入这个充满希望的新领域。一个最直接的结果，就是 1953 年沃森和克里克在威尔金斯的 X 射线衍射资料基础上所成就的 DNA 双螺旋结构的发现。这是 20 世纪生物科学中最伟大的成就，也标志着分子生物学乃至整个生命奥秘科学的发端。他们三人因这项革命性成果而荣获 1962 年诺贝尔生理学或医学奖。三个人当中，克里克和威尔金斯在第二次世界大战时都是服务于军事部门的英国物理学家，战争结束后他们开始寻找新的研究课题时，《生命是什么？》这本书指引着他们进入了一个全新领域。而远在美国的沃森则是在芝加哥大学读书的年代就读到了《生命是什么？》，并且“深为发现基因的奥秘所吸引”。最终他来到剑桥，与克里克和威尔金斯走到一起实现了自己的梦想。

其他如 1969 年获诺贝尔奖的卢里亚、查加夫和本泽等著名分子生物学家也都坦承自己之所以走上生命科学这条学术道路，就是受到了薛定谔的那本《生命是什么？》的影响。仅由此几例就可见，《生命是什么？》确实非同小可，它吹响了向生命科学进军的号角。

诚然，薛定谔对于生物学并非行家，他所具有的“只是第二手的和不完全的知识”，但正如威尔金斯所说，他的著作之所以产生如此巨大影响的理由，就是他

> 是作为一个物理学家写作，如果他作为一个正式的大分子化学家写作或许就不会有同样的效用。

正是从一个有深邃眼光的理论物理学家的角度，他对生命物质和遗传机制等与生命奥秘相关的问题发表了精湛见解，开拓了新视野，打开了新的研究途径。

分子生物学的研究目的，是认识生物大分子的结构和功能。正是这些生物大分子的结构决定了它们的性质和在生命过程中的作用。生物体中遗传性状的不变性，说明

了基因作为遗传物质在外界无序干扰中的高度稳定性，这用经典统计物理的涨落观念是无法解释的。薛定谔发挥了德尔布吕克的思想，提出基因大分子的稳定是由于原子间的海特勒－伦敦键使它们稳固地结合在一起。这些元素的排列浓缩了涉及有机体未来发育的精确计划的“遗传密码”，能在很小的空间范围内体现出复杂的决定系统。基因的“突变实际上是由基因分子中的量子跃迁所引起的”，“这种变化在于原子的重新排列并导致了一种同分异构的分子”。而比之于原子的平均热能，这种构型变化的阈能之高使这种变化的概率极低，$\left[\tau/t = \exp\left(-\frac{W}{KT}\right)\right]$ 这种罕见的变化即自发突变，它们成为自然选择的基础。这里，薛定谔率先引入了“遗传密码”的概念，并致力于解释遗传信息的物理基础，由此他成为分子生物学的信息主义学派的先驱之一。

薛定谔承认，他写作《生命是什么？》的唯一动机是揭示“生命物质在服从迄今为止已确立的‘物理学定律’的同时，可能涉及迄今还不了解的‘物理学的其他定律’”。由热力学第二定律，孤立系统的不可逆过程中熵值总是趋于增加，系统总是趋于概率增大的无序状态，直至达到热力学平衡。而生命却是物质的有秩序有规律的行为，生命有机体作为宏观系统能保持自身的高度有序状态和不可变状态，避免很快地衰退到平衡态，甚至能不断向增加组织性的方向进化。应当怎样解释生命物质的这种功能呢？薛定谔在前人把新陈代谢解释为物质交换和能量交换的基础上，引入了“负熵”的概念。他认为：

> 一个生命有机体在不断地增加它的熵——你或者可以说是增加正熵——并趋于接近最大值的熵的状态，那就是死亡，要摆脱死亡，就是说要活着，唯一的办法就是从环境里不断地汲取负熵。……有机体就是以负熵为生的。或者更确切地说，新陈代谢中本质的东西，乃是使有机体成功地消除了当它活着时不得不产生的全部的熵。

他定义负熵 $= K\log\left(\frac{1}{D}\right)$（$D$ 为无序状态的量度），并举动物为例，认为它们正是从极有秩序的食物中汲取秩序，维持自身组织的高度有序水平。尽管他的论述不免粗糙含糊，但无疑其中蕴含着极有价值的开拓性见解。引入负熵概念，指出生命物质具有从外界环境中汲取负熵以维持自身和产生有序事件的自组织能力，薛定谔的这些论述对于后人关于生命系统的研究很有影响，普利高津的耗散结构理论和贝塔朗菲的生命系统论都从中获益匪浅。

《生命是什么？》的重大意义，并不止于引进上述新的概念来说明一系列生命现象。它的深远意义还在于提出了下面这个重大问题：

在一个生命有机体的空间范围内，在空间和时间中发生着的事件，如何用物理学和化学来解释？

以及他力求阐明和确立的初步答案：

当前物理学和化学在解释这些事件时明显地无能为力，决不能成为怀疑这些事件可以用物理学和化学来解释的理由。

他提倡用物理学和化学的理论、方法和实验手段研究生物学，并且身体力行，进而在这方面有所建树，这正是薛定谔对生物学的主要贡献。量子力学的诞生，正是微观层次的理论物理学高度发展的标志，它为从分子水平说明生命现象提供了很有帮助的理论工具，而 X 射线衍射技术等也为探测生命物质的结构提供了有效的实验手段。引进精密科学的概念和方法，将使发展较慢的生物学经历重大的变革，从定性描述跃居定量科学的行列，以较准确地把握不同层次上生物的结构和功能。薛定谔本人的声望，他提出问题的明确性和时机，他对回答这问题的有成效的尝试，使他给物理学和生物学的结合以极大的推动，从而他本人也成为探索两者统一的先驱，同时也促成了分子生物学的诞生，以至日本遗传学家近藤原平评价说：

给予生物学界以革命的契机的是叫作《生命是什么？》的一本小册子。它所起的作用正像《黑奴吁天录》这本书成为奴隶解放的南北战争的契机一样。

在都柏林时期，薛定谔作为高级教授，还有一项需他承担的义务，定期公开发表一系列通俗演讲，这也是他的主要科学工作之一。他既是一个著名的科学家，也是一个天生的通俗解释能手，他对陈述自己的思想倾注了大量的精力和辛勤劳动，言辞中洋溢着艺术天赋，能以自己智慧、明晰的方法和深入浅出的讲解使听众折服，即便外行也能理解他表述的科学和哲学问题，以至于索末菲称之为独特的“薛定谔风格”。他的学生尤尔格劳则称他“处理最复杂最需要的现代物理学概念更像一个艺术家而不是方法论教师”，“他的惊人的科学解释能力甚至在他的研究领域之外也表现出来”。他的演讲不仅光大着科学精神，充满了哲理，其本身也是极有价值的科研成果。例如《生命是什么？》就出自这样的系列演讲，其他如《科学与人道主义》《自然与希腊人》和《精神与物质》等书也是这样。在演讲中，薛定谔能根据听众的不同而分别采用德、英、法、西班牙四种语言，他的希腊文和拉丁文也很好。

五、维也纳：毕生的探索、荣誉的巅峰

第二次世界大战结束后不久，奥地利试图说服薛定谔返回家乡，甚至伦纳总统也于 1946 年出面劝说，但薛定谔不愿回到当时仍在苏军占领下的维也纳。其后的岁月里，他和妻子常去奥地利的蒂罗尔山区游览，直到 1956 年才决定返回故乡，此时气喘病和支气管炎已限制了他的创造力。他的朋友汉斯·蒂林格为他安排了维也纳大学理论物理学名誉教授的特别职位。尽管他已年届七十，到了通常的退休年龄，但仍授课一年。正是在这最后的岁月里，他写下了哲学自述《我的世界观》的后半部分“什么是实在的？”此书归纳出他毕生哲学探索的归宿。

和爱因斯坦、玻尔、海森伯等人一样，薛定谔始终对哲学抱有浓厚的兴趣。他也是 20 世纪物理学革命中涌现的集杰出的科学家和思想家于一身的风云人物。他崇尚理性，热爱科学，富于开拓精神，在努力探索自然规律的同时，也瞩目于哲学认识论研究的基本课题，对人类的思维对象和思维规律做深刻的反思。早在 1925 年，在《我的世界观》的前半部分“途径的探索”中，他认为科学家的哲学思想在他们的研究工作中起着“引导者、先遣队和脚手架”的作用。他坚持“自然界的可理解性原理”，力图在波动力学的建立中贯彻他的直观性要求。在量子力学大论战中，他与爱因斯坦一样，固守素朴实在论，认为独立于人们的意识的实在是我们认识的对象。但薛定谔力图区分自然科学中的哲学问题和一般哲学问题，认为两者属于不同层次。关于后者，他对自然和自我的关系、人类意识的起源等问题苦思不得其解，最后还是走向了东方的神秘主义，在古印度吠檀多哲学中找到了他的理想——梵我不二论。他的哲学思想是丰富而杂乱的，这里就不再介绍了。

薛定谔在晚年登上了荣誉的巅峰。奥地利授予他大量的荣誉和褒奖。他刚回国就

获得维也纳城市奖。政府设立了以他的名字命名、由奥地利科学院颁发的奖金，他是第一名获奖者。1957 年他又荣获奥地利艺术和荣誉勋章。他曾写道：

> 奥地利在各方面都给我以慷慨的款待，这样，我的学术生涯将荣幸地终止在由它开始的同一个物理学院。

1957 年 5 月 24 日薛定谔接受了联邦德国高级荣誉勋章。他还曾被许多大学和科学团体授予荣誉学位，其中包括教皇科学院、伦敦皇家学会、柏林的普鲁士（后称德国）科学院和奥地利科学院。1957 年薛定谔幸免于一次危及生命的重病，但他再也没有完全恢复健康。他于 1961 年 1 月 14 日逝世，被安葬于他所喜爱的蒂罗尔山下的爱尔贝克小山村。

行文到此，笔者仍深感很难对薛定谔的个性、人品和科学创造力加以简略的概述，他的好友玻恩在纪念他的一篇文章中也这样写道：

> 我没有能力描绘这位出色的、具有多方面才能的人物的形象。他涉足的许多领域我知之甚少，特别是文学和诗歌方面，他也很少关心我喜爱的东西，如音乐。他是有缺点的、脾气暴躁的，同时也是有魅力的、讨人喜欢的。

实际上，作为科学家的薛定谔兴趣十分广泛，爱好经典名著，也熟悉当代艺术，曾发表过一本诗集，也自己动手尝试过雕塑。他在演讲中，能旁征博引古希腊哲学，对古印度哲学也颇为神往。他对科学史、科学哲学及方法论都有许多论述，其中仅哲学论著就有 6 本之多。在他的专业领域范围内，薛定谔除了 5 本专门著作（包括论文集），还发表了不下 150 篇论文，范围几乎覆盖了所有理论物理学前沿。尽管随着时代和科学的发展，“百科全书”式的人物愈加难以出现，但他确实具有这样的气质。

薛定谔继承了维也纳的秉性，古老的奥匈帝国特有的文化传统和奥地利人保持平衡的生活技巧在薛定谔的人格气质中折射和沉淀，使他既富于批判精神，为寻求真理在争论中其态度之尖锐甚至令人不快，同时又不乏灵活，不排斥必要的妥协。埃尔萨瑟在回忆薛定谔时说自己最深的印象是：

他的沉静和爱开玩笑，他的强烈的幽默感使他能保持平衡。我有时瞥见精心藏于他甜蜜文雅的生活背后的痛苦，这是个人悲剧和社会悲剧的结合。他没有子女，这对一个如此酷爱生活的人必定是残酷的。他也经历了哈普斯堡王朝的垮台和两次大战的失败，看到多少世纪以来构成欧洲基础部分的他的祖国古老奥地利的总崩溃。……到1940年，每个人都很明白，历史将继续，但古老的奥地利已消失了。

在日常生活中，薛定谔不拘小节，是个很随便的人。到布鲁塞尔出席索尔维物理学会议时，他自己用帆布包背上所有行李，徒步从车站走到代表下榻的旅馆，以至于差点被接待处当作流浪汉而拒之门外，直到他说出为他保留的房间号码。尽管他善于同别人讨论问题，交流思想，但实际工作几乎都是单独做的，只有10篇左右的论文与他人合作。他很少接受学生和他一起工作，他认为科学的公共性质并不仅仅在于和同事或学生的关系。

然而，人们却不难从薛定谔的全部工作中得出这样一个结论：他毕生都在为人类对自然和自我的理解而奋斗。从薛定谔方程到《生命是什么？》，他在通往这个崇高目标的道路上留下了一座座路标，无形中也嵌上了自己的名字，使后来者从中获得激励和启示。

（作者：胡新和）

参考资料

[1] William T. Scott. Erwin Schrödinger, an Introduction to His Writtings [M]. Amherst: University of Massachusets Press, 1967.

[2] Armin Hermann. Erwin Schrödinger [A]. Dictionary of Scientific Biography (XII) [C]. New York: Charles Scribner's Sons, 1975: 217-223.

[3] M. Born. Erwin Schrödinger [J]. Physikalische Blätter, 1961, JG17: 85-87.

[4] M. Jammer. The Conceptual Development of Quautum Mechanics [M]. New York: McGraw-Hill, 1966.

[5] R. Olby. The Path to the Double Helix [M]. London: Macmillan, 1974.

[6] 弗里德里希·赫尔内克. 原子时代的先驱者：世界著名物理学家传记 [M]. 徐新民，等译. 北京：科学技术文献出版社，1981.

沃尔夫冈·泡利

（Wolfgang Pauli，1900—1958）

泡利

和量子概念同年降生的人

奥地利物理学家泡利在20世纪物理学两个最显赫领域，即相对论和量子物理学中都作出了很重要的贡献，留下了带有经典意义的著作。不仅如此，他在其他的物理学领域里也曾做了大量很可贵的工作，物理学的造诣达到出神入化的境地。这种情况，即使在很杰出的理论物理学家中间也是并不多见的。但他传奇的一生中也犯了两个大错，一个是否定电子自旋，另一个是否定自己的学生吴健雄用β衰变实验去验证另外两个中国年轻物理学家关于宇称不守恒的预言。瑕不掩瑜，泡利波澜起伏的科学生涯还是很值得向读者介绍一番的。

一、新旧交替之机

列宁曾把19世纪叫作“给予人类以文明和文化的世纪”。在这一世纪中，物理学也有了广泛而重要的进步。例如：通过若干杰出人物的努力，经典力学基本上已臻完善；分子运动的研究初步奠定了分子运动论和统计物理学的基础；发现了一些普遍性的自然规律，其中最重要的当然要算能量的守恒和转化定律……尤其引人注意的是，法拉第－麦克斯韦电磁学的确立大大开拓了物理学的疆土，在当时的认识阶段上把电磁现象和光现象统一了起来。到了19世纪末期，经典物理学实际上已经连成一片，形成了一个繁荣昌盛的泱泱大国。

巨大的胜利引起了严重的错觉。一种极端的观点认为，人类已经基本上掌握了自然界的主要规律，剩下来的工作只是“得出次一位的有效数字”而已。据说，当普朗克完成了他的博士论文以后，他曾经写信给他的启蒙老师约里，征求继续研究理论物理学的意见。约里在回信中说：

年轻人，你为什么要把自己的一生糟蹋掉呢？理论物理学实际上已经完成了。所有的微分方程都已经解出来了。现在剩下来的，只是考虑涉及各式各样初值－边值条件的个别特例了。难道值得选择一种看来不会有任何前途的事业吗？

历史的邮局把这样的信件单单寄给普朗克，实在使我们后世的人们不禁为之哑然失笑！

比较温和、比较谦逊的，是开尔文勋爵的“两朵云”的说法。这说法已经尽人皆知。但是应该指出，即使在当时的眼光看来，所谓经典物理学的晴空中也绝不仅仅只有两朵云。物质比热的理论遇到根本性的困难，原子的巨大稳定性得不到差强人意的解释，原子结构问题甚至还没有什么眉目，光谱学的研究还停留在积累经验数据、摸索经验规律的阶段……这一切，岂不都是随时可以酿成暴风雨的颇大云朵吗？

认为理论物理学“已经完成”，这是一种过分乐观的看法；认为今后没有什么工作可搞，却又是一种过分悲观的看法。大家知道，历史的发展嘲笑了这些荒唐观点。

大家也知道，新的现象、规律和观念的大量出现，又唤起了另一种极端的看法，那就是所谓“物理学的危机”的杞人之忧。虽然这个问题在历史上也早已有了定论，但是，在转入我们的正题之前，对当时的历史背景略略做一回顾，恐怕也还是不无教益的。因为，正是在这样的背景下，出现了物理学史上一个光芒四射、英雄辈出的时代，而我们所要介绍的泡利，正是这时代的杰出人物之一。

二、天才班级中的天才学生

泡利在 1900 年 4 月 25 日降生于奥地利的首都维也纳，也就在同一年的年底（12 月 14 日），普朗克初次提出了能量子的概念，在理论上打响了 20 世纪物理学革命的第一枪。在随后的三四十年中，人类对于自然界的观念发生了多方面的根本性变化，其急剧程度简直是没有先例的，而泡利恰恰生在这个时候，真可谓适逢其会，得天独厚！

泡利的父亲约瑟夫·泡利是一位医药化学家，在当时颇有名望，还发表过不少的论文。因此，物理学家泡利在 1928 年就任瑞士苏黎世联邦工业大学的教授职位以前，一直是以“小”泡利的署名发表论文的。泡利幼年期间受洗时的教父是马赫。按照泡利的学生恩兹的叙述，马赫是对泡利的思想产生过巨大影响的人物之一。

维也纳是欧洲著名的文化城市之一，泡利的童年就是在那里度过的，但是他曾经半真半假地说那地方是一片“精神沙漠”。按照泡利自己的叙述：他在读中学时曾在假期中自修数学，夜间读书常常持续到凌晨两点；开学以后，他父亲强迫他必须每晚十一点就寝，这样一个学期后，他的身心健康才能得到恢复。

泡利于1918年在维也纳的一个高中毕业。他所在的班级在该校的校史上以“天才班”闻名。当时班上共有27个（男）学生，后来两人成为诺贝尔奖获得者（泡利和库恩，后者获得1938年度的化学奖），两人成为著名演员，三人成为大学教授，两人成为医科学校的主任，一人成为音乐史学家，一人成为政治家，数人成为实业家。在这些人中，享有国际的、历史的、持久的盛名的，当然应该首推泡利。

三、在相对论方面一鸣惊人

泡利在中学自修了物理学。中学毕业以后的1919年，他被父亲介绍给慕尼黑大学的著名物理学家索末菲，泡利要求不上大学而直接做索末菲的研究生。索末菲表示他可以去听当时正在讲授的课程，但怀疑他能否听得懂。泡利说：“肯定能懂。我能不能也参加讨论班？”所谓讨论班，是为高年级的研究生安排的，索末菲当时认为泡利去参加是毫无意义的，但是后来发现他是班上掌握问题最快、理解问题最深和最有才能的一个参加者。

事实上，当泡利还在维也纳时（1918），他就已经写了一篇关于引力场的能量分量的论文。到了慕尼黑以后，他接着又发表了两篇关于广义相对论的论文。这些论文立即为他赢得了很高的声誉。不久，有人要出一套《数学科学全书》，索末菲竟然推荐年轻人泡利为该书撰写相对论方面的综述文章。这一长篇论著后来出了英译单行本（增加了补注），至今还被认为是相对论方面的经典著作之一。关于这一论著，最能说明问题的也许是爱因斯坦本人的评论：

> 读了这篇成熟的、构思宏伟的著作，谁也不会相信作者是一个21岁的（青年）人。思想发展的心领神会，数学推导的精湛，深刻的物理洞察力，流畅系统的表达能力，文献知识的广博，题材的完备处理，评价的恰到好处——人们简直不知最先称赞什么才好。

我们知道，泡利的大部分精力是用在了量子物理学方面的，但他对相对论一直保持了相当浓厚的兴趣和注意力。他后来还断断续续地发表过一些这方面的论文，虽然为数不是很多，但其学术价值却是很高的。

我们知道，爱因斯坦一直坚决反对量子理论的诠释方面的非决定论倾向，他和哥本哈根学派的代表人物争论了一生，而泡利则是基本上接受哥本哈根观点的。因此，在学术观点上，爱因斯坦和泡利是不可能没有矛盾的。但这并没有影响他们二人的互相敬重。第二次世界大战期间，泡利在美国普林斯顿高级研究所工作了一段时间。1946 年，他从那里到欧洲访问（后来就回到了苏黎世的联邦工业大学），临行之时，研究所的同事们为他举行了送别活动。在宴会上，当时已经年老多病的爱因斯坦完全出人意外地站起来发表了一番十分感人的讲话。他指定泡利作为他在研究所中的后继者，他称泡利为他的“精神上的儿子”，他希望泡利把他的工作继续下去。尽管泡利在学术讨论中是以语言犀利著称的，但他对爱因斯坦却一直是相当尊敬的。

四、和玻尔的遇合

前面提到的恩兹认为，对泡利一生影响最大的有三个人，即他的教父马赫、他的导师索末菲和他的“哲学家朋友”玻尔。事实上，仅仅把玻尔说成是泡利的“哲学家朋友”，恐怕是很不妥当的。这三个人的照片，是泡利在联邦工业大学的办公室中仅有的照片；后来泡利的办公室搬了房间，马赫的照片就被改挂到召开讨论会的房间里去了。

泡利在慕尼黑度过了两年，于 1921 年以一篇关于分子模型的论文获得博士学位。他的这篇论文是他在旧式量子论方面的最早贡献。所标日期为 1921 年 7 月 25 日的博士证书上提到他“成绩优异”。

1922 年 6 月，玻尔应邀到德国格丁根讲学。当时泡利在格丁根大学任玻恩的助教，海森伯还在慕尼黑的索末菲那里。他们都和许多著名的物理学家一起参加了听讲。在讨论问题的过程中，泡利和海森伯的发言引起了当时也还不到 37 岁的玻尔的注意。随后玻尔就找了他们的导师和他们本人，表示愿意邀请他们两人到刚成立不久的哥本哈根理论物理学研究所去工作。当时玻尔已经久负盛名，他的这一邀请对两个青年人确实是很大的鼓舞。从那时起，他们就和玻尔结下了不解之缘。在以后的年代里，泡利和海森伯时常来往于德国和丹麦之间，但是他们工作所取得的贡献，恐怕主要还是受到了玻尔的鼓励——海森伯曾经谈到他刚到哥本哈根时的那种耳目为之一新的印象。

泡利本人也谈到过他当时受到邀请的情况。有一天玻尔带着助手O. 克莱因去看他，表示希望他到哥本哈根去协助出版玻尔论文的德译本。此事使他深感意外，于是他就

> 带着只有青年人才会有的那种自信态度回答说：“我几乎不认为你对我提出的科学要求会给我造成任何困难，但是学习丹麦语那样的一种外国语将是我力所不及的。”这句话引得玻尔和克莱因哈哈大笑，于是我就在1922年秋季去了哥本哈根，在那里我的两种论点都被证实了是错误的。

接着，他谈到虽然丹麦语有许多特殊之处（例如整数的表达方式），他却还能够理解，而他刚到哥本哈根时所遇到的对“反常塞曼效应”的解释却使他伤透了脑筋——此事我们将在下面进一步论述。

人们把玻尔叫作“国际化科学的象征”，他的研究所是向全世界的科学家敞开大门的。玻尔有很好的幽默感，坦率真诚，平易近人，胸怀阔大，能够体贴别人和尊重别人，当时他的研究所是人才济济，不拘一格。其中，有的人性情幽默，爱开玩笑，会画漫画，作打油诗（例如伽莫夫）；有的人不拘形迹，不拘礼节，甚至近于狂妄——最著名的就是朗道。玻尔和这些人全都相处得很好，给他们每一个人留下了不可磨灭的良好印象。

泡利也是这些人中的佼佼者。他的特点在于思维周密，反应锐敏，语言犀利，善于发现问题，在讨论问题时常常能够提出尖锐的意见。在这些方面，他和朗道颇有相似之处。他们的朋友埃伦费斯特曾把泡利叫作“上帝的鞭子”，以形容他批评别人时的不留情面。

据当时目击者说，甚至像玻尔那样受到普遍尊重和爱戴的领导者，在讨论起问题来泡利都会对他大声喊叫：“住口，别冒傻气！”玻尔很温和地说：“但是，泡利你听我……”泡利立刻顶回去说：“不，我一个字也不要再听！”这样的情况是违反学术讨论的惯例的，但这却是哥本哈根的独特惯例。人们在讨论问题时可以吵得很凶，泡利等人会说出一些很不客气的话来，但是他们的意见常常包含一些很深刻的、发人深省的内容，所以这样的争吵一般不会造成什么芥蒂——据说如果有人在这种场合下感

到不快，那人便会被认为没有风度。让我们看看玻尔是怎样评价泡利的：

> 确实，每个人都渴望听到泡利用那永远很强烈和很幽默的语言表示出来的对于新发现和新想法的反应，以及他对新开辟的前景的爱与憎。即使暂时可能感到不愉快，我们也永远是能从泡利的评论中获益匪浅的；如果他感到必须改变自己的观点，他就极其庄重地当众承认，因此，当新的发展受到他的赞赏时，那就是一种巨大的安慰。同时，当关于他的性格的那些轶事变成一种美谈时，他就越来越变成理论物理学界的一种良知了。

五、不相容原理和自旋

1912 年，玻尔在曼彻斯特准备他那几篇划时代的论文时，他已经意识到有可能利用卢瑟福的有核原子来对化学元素周期表做出一种理论解释，而这种解释不可避免地就要求有一种安排核外电子的法则。玻尔很早就意识到，核外电子不可能全都挤在离核最近的轨道上，而且通过分析光谱数据，他也早就认识到最里圈的轨道或壳层上只能容纳两个电子。在后来的一些论文中，他通过把核外电子一个一个地安插在适当的轨道上面"建造出"各种原子，来对周期表进行了解释。在这样做的过程中，他总是尽可能以光谱数据和 X 射线谱数据作为事实依据，而完全不是随心所欲、信口开河的。这时他发现，事实上不得不承认电子在占据轨道时表现出某种不相容性，而且在他于 1920 年前后写的一些论文中（包括 1922 年的诺贝尔物理学奖演说在内），他已经将那种不相容性叙述得相当明显了。这时他也很习惯地使用了"闭合壳层"之类的概念，不过他在表示电子的运动态时通常只引用两个量子数，而且也没有把上述那种不相容性当作一种原理确定下来。

按照泡利自己的叙述，他发现不相容原理，可以追溯到他在 1919 年开始在索末菲的指导下研究原子结构的时候。关于元素周期表中各周期所包含的元素数目 2、8、18……以及由里德伯指出的这些整数等于 $2n^2$ 这一事实，当时在慕尼黑是经过反复讨论的。这种讨论给泡利留下了深刻的印象，所以他于 1923 年为争取在汉堡大学任无工薪讲师时发表的演讲就是关于这一课题的——其时已是他在哥本哈根接触到反常塞曼效应问题之后。

泡利在 1923—1924 年连续发表了几篇解释反常塞曼效应的论文。在这种研究中，他不得不比玻尔更加细致地分析了原子中各电子的光谱项（玻尔也在很早的阶段就讨论过塞曼效应和斯塔克效应，但是当时理论条件还不成熟）。在 1924 年 12 月 2 日交稿的论文中，他以一种还不是很明显的方式引入了后来所说的自旋量子数。他把这种量子性叫作“经典的不可描述的二值性”。当时电子自旋的概念还没有提出。泡利于 1925 年得悉了由不同研究者提出的电子自旋的概念，他曾因这种概念的经典模型和狭义相对论不能相容而对它表示过强烈的不相信。那时玻尔和海森伯也抱有同样的看法，但是他们两人在 1925 年 12 月就改变了态度，而泡利却直到 1926 年 3 月才被汤玛斯的计算所说服。

泡利的不相容原理是他在 1925 年 1 月 16 日交稿的一篇重要论文中提出的。当时虽然有人对他谈起过一点关于电子自旋的想法，但他完全不肯相信。因此，他的文章完全没有涉及自旋概念，而他所用的四个量子数也和今天所用的不尽相同。

值得注意的是，不相容原理也好，电子自旋也好，都是在量子力学还没有正式诞生时提出的。今天我们对这二者的理解，早已和泡利等人当时的认识很不相同了。按照今天一般教本的表述形式，很容易使我们得到一个印象，不相容原理和自旋仿佛是量子力学的一些推论，这和历史事实是不相符的。

“由于不相容原理又称泡利原理的发现”，泡利获得了 1945 年度的诺贝尔物理学奖。时至今日，不相容原理的重要性早已不仅仅局限于原子结构方面了，不相容原理和粒子自旋之间的关系也通过泡利等人的努力而得到阐明了。因此，我们强调这一原理在微观物理学中的独特重要性，称颂泡利发现这一原理的历史功绩，完全是应该的，是恰如其分的。但是笔者个人的观点是，从当时的历史情况来看，这一原理的初步想法却早已包含在玻尔等人的科学论著中。泡利的功劳在于增加了必要的量子数，并且放弃了关于经典解释的寻求而把那种在实验资料中表现得不容否认的不相容性作为原理加以肯定。泡利确实很有天分，但他从研究反常塞曼效应到发现不相容原理，是经过反复的探索，付出了艰苦的劳动，以别人的工作为基础，历时一两年才取得的。如果认为不相容原理的宣布有如一种“魔法动作”，使一切事物都突变式地在一瞬间变成了各得其所，那恐怕是不够妥当的。

六、量子物理学

海森伯于 1925 年创立了量子力学。他起初试图从氢光谱的分析着手，但是发现问题过于复杂，于是转而研究了振子问题，并将所得结果于 1925 年 6 月 24 日写信告诉了泡利。当年泡利在关于相对论的论文中曾经提出“计算中只应出现本质上可观察的量”的原则。这一原则显然是在马赫的思想影响下提出的，在海森伯的工作中得到了承认、体现和传播。

在海森伯的文章发表以后，几乎立即出现了玻恩、约尔旦、狄拉克等人的一系列重要论文，这些论文初步奠定了矩阵力学的形式基础。在这一期间，泡利也起了很大的积极作用，他在 1925 年 10 月就已经得出的氢原子结构的量子力学解，使得海森伯喜出望外。

1926 年 6 月，出现了薛定谔的关于波动力学的第一篇论文，引起了泡利的很大重视。他立即着手证明了波动力学和“格丁根力学”（即通常所说的矩阵力学）的等价性。但是薛定谔的证明出现得早了一步（1926 年 3 月 18 日交稿），所以泡利没有发表他的证明，而只将自己的结果写信通知了约尔旦（1926 年 4 月 12 日）。泡利通常是亲手写信的，而这封信却用打字机打成，而且他自己保存了副本，这表明他认为自己的证明还是有其重要性的。

有人把从 1925 年开始的几年叫作现代物理学发展中的“黄金时代”。在短短的四五年内，人类对于微观世界及其运动规律的认识得到了突飞猛进的发展。在那段时间内，哥本哈根的讨论会和交流会开得如火如荼，一个接着一个。在这些讨论会上，泡利的发言常常变成“鼓舞人心的巨大源泉”（玻尔语）。这被认为是泡利对量子力学发展的贡献中一个不容忽视的部分。正因为从一开始就积极参加了量子力学的创建工作，而且往往比别人理解得更加深刻，泡利曾经写过不止一篇关于量子力学的长篇综述性文章，其中最重要的一篇写于 1933 年，发表在盖革和谢尔主编的《物理大全》上，题为《波动力学的普遍原理》。这一论著及其经过修改的单行本，被认为可以和泡利在 1921 年撰写的关于相对论的著名论著相媲美，至今仍是量子力学中的重要文献之一。

海森伯和约尔旦曾在 1926 年联系到反常塞曼效应讨论电子自旋的问题，但是在试图把自旋坐标引入薛定谔方程时遇到了困难。泡利在 1927 年 4 月发展了磁性电子的非相对论式的量子理论，引入了二分量的波函数和著名的泡利自旋矩阵。泡利强调指出，他的理论是过渡性的，因为真正合理的理论应该是相对论式的，而过了不到一年的时间，就出现了狄拉克的相对论式电子理论。后来范德瓦尔登评论说，泡利似乎低估了自己的方法和结果的重要性，因为他的工作直接诱发了一系列的重大进步。狄拉克引用了四分量的波函数。按照范德瓦尔登的说法，从一分量到二分量是一大步，从二分量到四分量是一小步。

到了1927年，海森伯的测不准原理和玻尔的互补原理相继出现了。这样，量子力学的数学结构不仅已经基本完成，而且它的物理内容也在一定程度内得到了可以自圆其说的一种诠释。创立量子力学的一些重要人物——泡利生于1900年，海森伯和费米生于1901年，狄拉克和约尔旦生于1902年，这些人全都不到30岁就已经名满全世界了。因此，到了1929年，略小了几岁（1908年出生）的朗道就发出了“余生也晚”的感慨，他在一次学术会议上遗憾地说：“所有的好姑娘都被人家领走和娶走了，所有的好问题都被人家解决了，剩下来的哪一个我都不喜欢。”

这就又在新的形势下重蹈了普朗克的老师约里的覆辙。事实上，剩下来的“好问题”还不可穷尽呢!

量子场论的出现到底始于何年？不同的学者可以有不同的说法。但是不管怎么说，在量子力学已经基本确立以后，泡利在大力发展量子场论方面是起了开风气之先的作用的。1928年，他和约尔旦一起发展了一种洛伦兹不变的关于自由电磁场的量子电动力学。1929年，他和海森伯一起发表了两篇至今仍被认为很重要的论文，引入了场的正则量子化的方法。这些文章起了奠定量子场论的基础的作用。从那时起，泡利就把自己后半生的主要精力贡献给了量子场论方面的研究。

1932年正电子的发现，给泡利的量子场论工作指明了一个新方向。他首先考虑了自旋为零的场，并在1934年发表了和韦斯考普合写的论文（他于该年的4月4日结了婚，夫妻感情一直很好），关于零自旋的场的研究，提出了不相容原理对这种场是否适用的问题。随后，泡利和其他物理学家通过努力，终于确定了自旋－统计法关系。这种关系总结在泡利于1940年8月19日从普林斯顿寄出的著名论文中，当时他为了逃避法西斯的迫害，刚刚到达普林斯顿不久。

在普林斯顿停留期间，他积极研究了核力的介子理论，并和许多人一起发表了一系列的重要论文，此外还在大学中讲授过这方面的课程，并出版了有关的讲义。不过，在这些工作中，他主要注意的问题还是场论方面的而不是原子核结构方面的。

在20世纪40年代末期，朝永振一郎、施温格尔、费因曼、戴森等人的工作在量子场论中造成了新的形势。当时，泡利已经回到苏黎世的联邦工业大学，在那里积极地开展了这方面的研究工作，集合和培养了相当一批后来很有成就的理论物理学家。根据他于1950—1951年在联邦工业大学的讲稿而整理出版的论文集，是这方面的专家们经常参考的重要文献。

泡利对量子场论的兴趣一直持续到他生命的最后时刻，他在各方面进行过分析和探讨，得到了一系列重要的或有启发性的结果。

七、中微子及其他

人类认识中微子的过程，也是现代物理学史中很有兴趣和发人深思的一章。泡利本人曾于 1957 年 1 月 21 日晚间在苏黎世自然科学会的一次学术会议上追述了这段历史。那是激动人心的一天，因为泡利在当天下午收到了美国同道的来信，报道了吴健雄等人关于 β 衰变和 μ 衰变中宇称不守恒的初步实验结果，在同一天的上午，他还收到了在日内瓦的友人寄来的《纽约时报》上关于这一发现所引起的轰动的报道，并收到了由李政道、杨振宁等人撰写的两篇关于二分量中微子的理论论文。泡利当时十分激动。他发表了一篇精彩的演讲，在即将结束时抛出了宇称不守恒的惊人消息，并对这一问题的重要性发表了即席的感受。问题涉及的是中微子，而最初提出中微子概念的正是泡利。关于宇称是否守恒的问题，他曾经说过不相信“上帝是左撇子”，现在，他自己的“头脑儿女”即中微子的“左撇子性”的被揭示却比它的诞生引起了更大的轰动。当天下午，他就给吴健雄写了信；过了几天，他又给韦斯考普写了信。后一封信的手迹，已被复制在他的论文集的前面。

问题要从那个世纪的 30 年代谈起。在放射现象的研究中，β 能谱的连续性一直困扰着人们。在 1930 年，迈特纳等人对 β 能谱进行了量热学的测量，测得的能量和能谱的平均能量相对应而不是和它的最大能量相对应，这就大大增加了有关问题的尖锐性。为了解释这种现象，迈特纳曾经推测能谱的连续性或许是一种次级过程的后果，海森伯认为也许应该求助于一种更新颖的动力学并引入距离的最小单位，而玻尔则重新提起了他那能量的统计守恒性的假说。泡利认为这许多说法都不太可信；在他看来，唯一的出路就在于承认原子核在放出 β 电子的同时还放出另外一个粒子，这个粒子具有很大的穿透性，以致在所有的仪器中都没有留下踪迹。他起初把这种假说性的粒子叫作“中子”；在发现了现在所说的中子以后，费米才把它的名字改成了中微子。当时按照泡利的设想，这种粒子的性质有的类似于今天的中子的性质，有的类似于今天所说的“电子性反中微子”的性质。

泡利的这种观点，最早是在 1930 年流露出来的。那年的 12 月，在杜宾根召开了讨论放射性问题的会议，曾经邀请泡利出席。但是到了会期，泡利因为“必须”参加一次舞会而不能前往，于是他给“亲爱的放射性女士们和先生们”写了一封“公开信”。这封信实际上是写给出席会议的迈特纳和盖革的。泡利在信中“几乎是以开玩笑的方式”第一次阐述了他的“中子”假说。1931 年 6 月，美国物理学会在帕萨迪纳召开学术会议，泡利在会上公开谈到了他的想法。同年 10 月，泡利在罗马的一次关于核物理学的会议上见到了费米，而后者马上被泡利那种想法所吸引。从那以后，以泡利和费米为先驱，弱相互作用的理论研究和实验研究都取得了长足的进步。这在很大程度上推进了人类对于基本粒子这一层次上的微观规律的认识。在这一方面，泡利的贡献（包括 CPT 定理的论述）是相当杰出的。

必须指出，当泡利提出他的假说时，人类知道的实物组成中还只有两种基本粒子，即质子和电子，那时连中子都还没有发现。在那样的形势下，有人出来说除质子和电子外还有一种“观察不到”的中性粒子，那确实是颇有点“离经叛道”的嫌疑的。因此吴健雄才在纪念泡利的文章中写道：

> 后世的人们既已看到中微子假说的胜利成功，也许永远不能体会提出这样一种……概念时所需要的胆量和洞察力。

但是泡利提出他的假说，却绝不是草率从事而是经过了深思熟虑的。他不但考虑了 β 衰变中的能量问题，而且考虑了自旋和统计法方面的问题。这些问题都可以借助于他的假说来加以说明。

尽管如此，中微子假说也还不是一下子就得到了普遍承认的。费米本人在 1936 年发展了 β 衰变理论，但他也在相当程度上保持了慎重态度。

> 我记得，在 1937 年的夏天，我们在康奈尔大学开了一次关于 β 衰变理论的会议，而且我们有许多人对它很不放心，而这时费米则坐在后排的听众中间像平时那样不住地微笑。人们设法请他发表意见，他说：“人们这样认真地看待这个理论，一直是使我感到惊奇的。”

但是中微子假说经受住了时间的考验。1956 年 6 月 15 日，泡利收到了莱因斯和柯万从美国发来的电报：

现谨奉告：通过观察质子的逆β衰变，我们已经确定地从裂变碎片中观测到中微子，测得的截面和预期值 6×10^{-44} 厘米 ^{2} 符合得很好。

关于中微子的存在，虽然当时从理论上来说已经很少有人再怀疑，但是在提出假设的27年以后，终于在实验上得到了比较直接的证实，这毕竟是十分令人兴奋的。泡利当晚就做了答复：

得来电，甚感，知道如何等待的人会等到每一事物。

随后他又于7月在CERN（欧洲核子研究组织）的讨论会上宣布了这条新闻。他说："不然的话，每人都会分头去问我。"

新的实验成果使泡利对β衰变的问题产生了新的兴趣。正当他忙着进行理论概括时，却又爆发了前面提到的宇称不守恒的历史事件。泡利很快地做出了反应，结果就写出了1957年5月14日交稿的那篇关于β衰变相互作用的普遍形式的重要论文。

泡利在晚年一度致力于统一场论的研究。海森伯曾经希望根据单独一个方程设法得出一切种类的基本粒子。泡利曾经很热心地和海森伯一起进行过这方面的工作，但是后来他认为理论中的矛盾太多，所以从1958年春季开始又把兴趣转向了别的方面。

八、几点补充

1. 恩兹在论述泡利的科学工作的文章中谈到了泡利的哲学思想。按照恩兹的介绍，泡利早年深受他的教父马赫的思想影响，自称为"反形而上学的后代"；到了慕尼黑以后，在他的导师索末菲的影响下对开普勒的思想颇为注意，思想上有过毕达哥拉斯学派的倾向，后来结识了玻尔，参加了探讨量子力学的理论诠释工作，对玻尔的互补观点颇有同感，论述过意识自由、自然科学的界限等问题；晚年在苏黎世和荣格有过交往，二人进行过"广泛而本质的讨论"，思想上互有影响。在这些影响下，泡利发表过一些带有认识论性质的文章和言论。此外恩兹还指出，在泡利的思想中，场的连续性和电荷的不连续性之间的矛盾，一直是一个亟待解决的问题，从青年到老年，他对这个问题进行了多次的探讨。因此，恩兹就说：

> 泡利不仅仅是一个有着非凡的分析技能和数学技能的物理学家，他也是一个自然哲学家。

这话当然有一定的根据和道理，但是对于历史上真正有影响的每一个物理学家（特别是理论物理学家）来说，这话恐怕都能适用。在欧美各国，物理学家受到种种的哲学影响恐怕是不可避免的。因此，把一个伟大学者看成一个物理学家或看成一个（自然）哲学家，这往往也是一个见仁见智、很不容易讨论清楚的问题。但是笔者认为，像泡利、狄拉克这样的人物，虽然有时也谈谈人类知识之类的问题，他们的毕生精力却主要是用到物理问题的探索上的。只是因为所研究的问题往往带有很大的普遍性和根本性，所以他们有时难免碰到这样或那样的哲学问题——不如此也不会成为大学者，而只能成为专门家。因此，可以说，这样的人正是真实意义上的大物理学家，大可不必把他们划到哲学家的圈子里去。这里不存在什么“仅仅”和“而且”的问题，因为物理学家和哲学家在身份上并没有任何高下之分。就是像爱因斯坦、玻尔、海森伯这样的人，虽然他们更加喜欢有意识地谈论和探讨带有哲学性质的问题，但是他们的主要活动和主要成就也还是在科学方面而不是在哲学方面，他们和专门研究科学哲学的人们还是颇不相同的。因此，在我看来，即使对于这样的学者，也还是把他们叫作科学家为好。

当然，并不是说没有必要分析一个科学家的哲学观点和哲学倾向，分析这种问题是非常重要的。但是一个科学家的哲学思想往往会有相当复杂的成分，而且会有各式各样的表现，他们自己又往往叙述得不是那么详细、那么系统化，因此研究起来一般颇不容易，绝不是简单从事或望文生义所能奏效的。

另外，研究一个科学家的科学思想也是非常重要的，也许可以说比研究他的哲学思想更加重要。

2. 如上所述，泡利在20世纪物理学的两个显赫的领域即相对论和量子物理学的领域中都做了很重要的工作，达到了很高深的造诣，留下了带有经典意义的文章和论著。这种情况，即使在很杰出的理论物理学家中间也是并不多见的。不但如此，泡利在另外的物理学领域中也作出了很可贵的贡献。早在慕尼黑时期，他就写了几篇关于气体的介电性质和磁性质的论文，显示了他青年时期在统计物理学方面的兴趣和才能。在哥本哈根，他也写过一篇统计物理学方面的文章，利用康普顿效应中的能量-动量守恒来推导了普朗克定律。在1925年和1926年，他又发表了关于固体性质的两篇论文，分别处理了介电晶体的红外吸收和固体的所谓泡利顺磁性。在后一篇论文中，泡利应用了费米－狄拉克统计法。当谈到这篇论文时，派斯曾经说：“现代的金属电子论始于泡利关于电子气体的顺磁性的论文，也许不算什么夸张。”而泡利本人的说法则是：“我不喜欢这种固态物理理论……虽然是我创立的它。”在这里，“现代的”和“这种”两个形容词，是值得特别注意的，因为经典的金属电子论至少在19世纪后期就已出现，而人类对于固体性质的研究更不是自泡利始。这里涉及的只是量子力学出现以后的情况。除此以外，泡利还在其他方面做过一些统计物理学的研究工作，这里不再一一论述。

3. 泡利于1958年12月15日在苏黎世红十字医院病逝。他一生总想弄明白精细结构常数α为什么等于1/137，而临终所在的病房恰好是137号，这也算是一种巧合了。

本来，在他逝世以前，朋友们曾经筹备出版论文集以庆祝他的60岁寿辰。后来他不幸早逝，没有活到60岁，计划中的文集还是出版了，只是原拟的庆贺文集变成了纪念文集。这本书中编入的文章，分别综述了泡利一生在物理学各个领域中的重要贡献。

1964年，出版了两卷本的泡利《科学著作集》，书中不但收录了泡利历年的重要论著，而且收录了他写的一些书评，因为编者们认为这些书评更清楚地体现了泡利性格的某些特点。

1973年，出版了六卷本的《泡利物理学讲义》，收录了泡利在20世纪40年代到50年代期间在苏黎世联邦工业大学讲授理论物理学课程的讲稿。这六卷书很有特点（逻辑严密，内容精练，注重理论），和以上所举的两种书，都是了解泡利的重要文献。

4. 如上所述，泡利天资聪颖，才智过人，语言犀利，反应锐敏，具有一种不同凡响的机智和幽默，因此，关于他的传说和逸闻，在物理学界流传得颇多。现在略举数则，聊当“颊上三毫”。

（1）有人看到泡利在哥本哈根街道上愁眉苦脸地行走，于是就问他为什么显得那么不高兴。泡利回答说：当一个人正在想到反常塞曼效应时，他怎么能显得高兴呢？

（此事系泡利所自述）

（2）泡利不擅实验，进了实验室常常碰坏仪器。有一天，哥本哈根研究所的某一部仪器忽然坏了，大家分析了好久找不到原因。后来有人提出，那一天泡利从别的地方来到哥本哈根，他搭乘的火车刚刚进站，仪器就坏了，所以这是一种“泡利效应”。

（3）泡利有一个未酬的壮志，就是要从理论上理解精细结构常数 α=1/137。他设想，如果找到一种理论，能够合理地推出 α 的值，我们也许就能解开基本粒子之谜，也许就能弄明白为什么存在这么一些基本粒子，以及它们为什么有这种或那种的特征和性质。他一直没有找到解决这个问题的门径。按照外国的宗教传说，人生在世有什么不满足之处，死后入了天国可以向“上帝”要求自己所最希望得到的东西（例如财富、美貌等）。因此，在泡利逝世以后，有人就编了一个故事：泡利的灵魂进了天国，就请求上帝让他知道为什么 α 等于 1/137，于是上帝就交给他几张小纸片说“这就是证明”；泡利接过去看了一遍，就操着德语说：“Dasist falsch！”（这是虚妄的！）——连上帝都得挨泡利的批评!

（作者：戈革）

参考资料

[1] L. V. Tarasov. Basic Concepts of Quantum Mechanics [M]. Moscow: MIR Publishers, 1980.

[2] C. P. Enz. W. Pauli's Scientific Work [A]. The Physicist's Conception of Nature [C]. Holland, Dordrecht: D. Reild Pub. Co., 1973, 766-799.

[3] P. P. Ewald. Physicists I Have Known [J]. Physics Today, 1974, 27 (9): 43.

[4] W. Pauli. Collected Scientific Papers [C]. New York: Interscience, 1964.

[5] W. Pauli. Relativifätstheorie [A]. Encyklopädie der Mathematischen Wissenschaften. Leipzig: Teubner, 1921, Vol.5: 539-775.

[6] Anna Livanova. Landau, a Great Physicist and Teacher [M]. New York: Pergamon, 1980.

[7] M. Fierz, V. F. Weisskopf. ed., Theoretical Physics in the Twentieth Century [C]. New York: Interscience, 1960.

[8] J. Rud Nielson. ed., Niels Bohr: Collected Works (Vol.4) [C]. Amsterdam: North-Holland, 1977.

[9] C. P. Enz. ed., Selected Topics in Field Quantization [C]. Mass: MIT Press, 1973.

[10] L. M. Brown. The Idea of the Neutrino [J]. Physics Today, 1978, 31 (9): 20.

[11] E. U. Condon. 60 Years of Quantum Mechanics [J]. Physics Today, 1962, 15 (10): 37.

[12] C. P. Enz. ed., Pauli Lectures on Physics [M]. Mass: MIT Press, 1973.

维尔纳·卡尔·海森伯

（Werner Karl Heisenberg，1901—1976）

海森伯

学术瞩目和人品争议[1]

海森伯的大名在全世界物理学家中间是极其响亮的。例如有位丹麦的科学史家埃里克（丹麦尼尔斯·玻尔文献馆的前任馆长）就坚决断言海森伯是20世纪第三位最伟大的物理学家，泡利和狄拉克都得靠后。埃里克曾历数了海森伯的“十大功劳”。他在哥本哈根开的一门量子史课程叫作“从玻尔到海森伯”，用他的话说就是“从一个伟人到另一个伟人”。

另一方面，关于海森伯的立身行事，人们的见解却分歧极大，大家议论纷纭，莫衷一是。

本文拟对这些问题做一概括的评介。限于篇幅，有些细节将省略不多谈了。

一、生平简历

海森伯于1901年12月5日生于德国的维尔茨堡；父亲是古语文学家，全家于1911年移居南德后任慕尼黑大学拜占庭学教授；母亲是一位中学校长的女儿。海森伯有一个哥哥，比他大一岁半。

海森伯从上小学时成绩就很好，学习毫不吃力。1918年春天，由于受当时经济条件的影响，他曾停学一年，到一个农场从事体力劳动，以赚些钱来补贴家用。那时他就有志研习康德哲学。他一生爱好音乐，擅弹钢琴。欧战结束后，德国政局混乱，在某次地方性的战乱中，海森伯曾替军队干过装子弹和放哨之类的工作。这时他结交了一些青年朋友，并参加了后来兴起的“青年运动”。但是他当时已经不喜欢空洞浮泛的政治讨论，觉得政治讨论不如科学和哲学有意义。这时他接触了原子概念，并自学

1　本文资料的收集得到了丹麦尼尔斯·玻尔文献馆和纽约AIP物理学史中心（Center for History of Physics）的慷慨资助和热心支持，谨此致谢。作者也特别感谢罗森塔尔博士在多次的亲切交谈中提供了许多第一手的材料。

了外尔的《空间、时间和物质》一书。

1920 年入大学时，他起初想学数学，但是遭到了一位数学教授的拒绝，于是他进了慕尼黑大学索末菲的物理学研究所。在这里，他很快和比他大一岁的泡利交上了朋友。他们两位都不喜欢实验，上实验课时总是敷衍了事。结果，泡利后来得到了“泡利效应”的名声，海森伯在博士学位考试中也遇到了麻烦。

海森伯在索末菲那里过得很好。1922 年夏，他随索末菲到格丁根听玻尔讲学，他在讨论中的发言引起了玻尔的注意，这就是他和玻尔结交的开始。1922—1923 年的冬季学期，索末菲赴美讲学，海森伯转往格丁根的玻恩那里，很得玻恩赏识。回到慕尼黑以后，他很快就以一篇关于流体力学的论文获得博士学位，然后就去玻恩那里当了助教。1924 年 7 月，他又以一篇关于塞曼效应的论文取得大学授课资格。

1924 年 9 月，他按照两年前和玻尔的约定去了哥本哈根，在那里玻尔对他产生了深远的影响。他后来回忆说：

> 我在索末菲那里学到了乐观精神，在格丁根学到了数学，在玻尔那里学到了物理学。

这句话深刻而生动地集中反映了三位大学者的不同特征，值得我们反复体会。

海森伯在丹麦待了 7 个月，在那里考虑了玻尔对应原理的更好表述，并和克喇末一起研究了光的色散，这都为他不久以后创立矩阵力学做好了准备。他于 1925 年回到格丁根；同年 7 月，完成了一篇新的论文，此论文标志着矩阵力学的诞生。他的概念在和玻恩、约尔旦的合作中得到了进一步的发展和表述，很快形成了第一种形式的量子力学。1933 年，由于“他对量子力学的创立，而该力学的应用导致了许多发现，包括氢的同质异形体的发现”，海森伯被授予了 1932 年度的诺贝尔物理学奖。

1926 年，克喇末回荷兰去当教授，海森伯被聘到哥本哈根去接替他任玻尔的助手，并成为在研究所领取薪金的正式讲师。在他的推动下，玻尔邀请薛定谔在那年 10 月间访问了哥本哈根，并且在那里进行了有关量子力学问题的大辩论。1927 年初，海森伯完成了关于测不准原理的重要论文，把人们对于量子力学的物理理解推进了一大步。同年 10 月，德国莱比锡大学聘他为理论物理学教授。从那时起，他在莱比锡一住十几年（到 1941 年），经历了社会上的许多动荡，并于 1937 年 4 月结了婚，夫人名伊丽莎白。他在莱比锡培养了许多很有成就的理论物理学家，其中包括他的第一位博士研究生布洛赫，以及后来和他过从甚密的魏茨泽克，我国的前辈物理学家周培源先生和王福山先生也在他那里工作过。

当第二次世界大战在欧洲战场上展开时，德国的某些人士开始考虑研制原子武器的问题。经过错综复杂的发展，德国军方终于把这方面的技术领导任务交给了海森伯。在此期间，他的主要精力都用到了这一方面。战争末期，海森伯和另外 9 名德国科学家被盟军送往英国拘留一年。后来盟方同意重建德国科学事业，他们先后被释放。1948 年以后，海森伯在慕尼黑任普朗克物理学和天体物理学研究所所长，兼任慕尼黑大学教授，后于 1970 年退休。从 1975 年起，他的健康情况日见衰退，于 1976 年 2 月 1 日在慕尼黑逝世。他的一生获得了包括诺贝尔奖在内的许多荣誉，身后有子女七人。

二、学术成就

从前有一位文学家说过，一个人平生应该有一两件最值得踌躇满志的事，例如王勃作《滕王阁序》或武松打虎。对海森伯来说，平生最得意的当然是他创立了矩阵力学。但是一位伟大的学者通常不会只有一项“老本儿”，他除了最重要的一项贡献，通常还有许多不那么著名但确实也很重要的成就。海森伯也如是。笔者已不能准确地记起埃里克当时（我们在哥本哈根逛大街时）所列举的海森伯“十大功劳”是哪些项目，现在只能根据自己掌握的资料来做一概述了。

1. 早期的工作

海森伯入大学的那一年（1920），正赶上玻尔正式提出他的“对应原理”。当时人们正在起劲地研究多电子原子，而索末菲在这方面也正做着重要的工作。因此，海森伯也就理所当然地卷入了原子问题之中。

按照当时德国的教育制度，学生们至少要在大学中读六个学期（三年），才能提交博士论文。得了学位以后，经过一段时间的努力，可以提交一篇有分量的论文，以取得“大学授课资格”。这样的人通常是先在大学中当“无工薪讲师”（收入主要来自听课的学生），然后才能逐步提升为“非常教授”（副教授）和“正常教授”（正教授）。

海森伯在索末菲指导下于 1921—1922 年间完成了三篇论文。其中第一篇处理了原子的双重态和三重态的塞曼效应；其余两篇是和索末菲合撰的，讨论了原子多重谱线的宽度和强度等问题。1922 年冬季，海森伯去了格丁根。他在那里在玻恩的指导下也完成了两篇处理多电子原子特别是氦原子结构的论文。

除此以外，他还对流体问题有兴趣。他在慕尼黑写的第一篇这方面的论文就引起了流体力学权威普朗特的注意。正是这个人，后来多次向纳粹头子希姆莱和戈林进行说项，在海森伯得到纳粹政权的信任方面起了重要的作用。

另外，他于1923年回到慕尼黑以后，所提出的博士论文也是有关湍流问题的。索末菲对这篇论文大为赏识，但是在学位考试（口试）中老派实验物理学家维恩提出的有关光学仪器分辨率之类的实验问题，海森伯却没有给出一个满意的答复。通过索末菲的努力，海森伯才勉强通过了考试。

获得博士学位以后，海森伯到格丁根去做玻恩的第二助教（第一助教是洪德）。一年以后，他就以一篇关于反常塞曼效应的论文取得了大学授课资格。

2. 在丹麦的工作

1924年，海森伯到了哥本哈根，在玻尔的研究所中受到了深远的思想影响。他考虑了如何更好地表述对应原理的问题，并和克喇末一起研究了原子对光的色散问题。他们一起推广了拉登堡的理论，得出了很重要的色散公式。后人认为，这一工作实际上打开了矩阵力学的门径。

3. 矩阵力学的创立

关于这段历史，人们已经论述得很多了（也很重复了）。一方面，这种新力学必须看成玻尔理论特别是对应原理的嫡传后代，所以矩阵力学一出现，玻尔就伸出双臂欢迎了它。另一方面，新的理论当然不可能仅仅是旧原理的再表述，它肯定是包含了很重要的新想法和新发现的。例如，人们常常强调海森伯放弃了“轨道”概念而只运用了在实验中可以观测的量。就连海森伯本人，也一度认为这是受了爱因斯坦对“同时性”概念的分析的启示。但是根据他自己的回忆，当有一次和爱因斯坦谈起这个问题时，爱因斯坦却说：“只有理论才能确定什么是可以观察的。”这就一下子把问题“翻”了过来。也许可以说，这个事例突出地指明了主观片面地、望文生义地诠释历史事件或前人思想的危险性。

海森伯于1925年初从丹麦回到了格丁根。当时他心中已经充满了一些新的想法。同年5月，他得了“枯草热”（一种花粉过敏症），被迫到一个海岛上去疗养。在岛上幽静的环境中，他把玻尔－索末菲量子化条件（积分表示式）改写成了简单的代数表示式，并证明了这种表示式的自洽性，及其和能量守恒概念的相容性。这就标志了新力学的最初诞生。

当时海森伯对自己的结果还有点信心不足，但是眼界甚高的泡利却支持了他。于是他终于在7月底通过玻恩而寄出了自己划时代的论文《论运动学关系式和力学关系式的量子论诠释》。

玻恩很快地意识到，海森伯的结果可以用数学上的矩阵理论来表示，于是在海森伯、玻恩和约尔旦的合作下，很快就发表了著名的“三人论文”。在矩阵论的数学形式下这篇论文充分发挥了海森伯的原始想法，初步确立了矩阵力学的理论体系。随着薛定谔波动力学的出现，随着海森伯力学和薛定谔力学的数学等价性的被证明，随着狄拉克变换理论的确立，新量子力学的数学表述形式很快地实现了阶段性的完成。

4. 测不准原理的提出

新力学的应用取得了巨大的成功。在具体问题中取得的结果，或是和以前已有的结果相一致，或是比已有的结果更好。有些以前很困难的问题也有了水到渠成的解。这一切都很可喜。但是新的一套理论体系到底代表着什么物理内容，例如动力学变量的不可对易性到底反映的是什么物理事实，在当时却还是很不清楚的。

这样的“物理性的”问题最能够吸引玻尔，而1926年秋天他和薛定谔之间的大辩论更加迫切地触动了他。于是，大约从1926年的年底开始，他和海森伯一起对这种问题进行了强有力的探索。他们进行了不遗余力的讨论。到了1927年的2月中旬，他们觉得受不住了，需要休息。于是他们一起去挪威滑雪。玻尔疲倦得如此厉害，以致他在挪威一直待了四个星期，而正是在此期间，他酝酿成熟了关于“互补性”的思想。

海森伯提前返回了研究所，继续思考问题。到2月23日，他就在一封给泡利的长达14页的信中报告了自己的结果。1927年3月23日，德国期刊 *Zeit. Phys.*（《物理学杂志》）收到了他的论文《论量子理论的运动学的和力学的直观内容》，文中阐述了所谓测不准原理的思想。玻尔大约是在2月18日的前一两天返回哥本哈根的。当他回来时，海森伯的论文是已经寄走了还是没有寄走，现在人们有些不同的说法（这问题涉及海森伯对待玻尔的态度，所以并不是无关宏旨的）。无论如何，他们继续进行了讨论。按照海森伯的回忆，他们有时争论得如此激烈，以致把他气得哭了起来。

海森伯在自己的论文中分析了一些“假想实验”，其中最有名的就是所谓“γ射线显微镜实验”。说来也凑巧，当年他因为不懂得光学仪器的分辨率，曾经触怒了老辈科学家维恩教授。这一次，在自己的历史性论文中，他又在分辨率的问题上摔了一跤。玻尔指出，在讨论显微镜的分辨率时，他没有照顾到透镜的有限孔径。另外，玻尔也把自己关于互补性的观点告诉了海森伯。结果，在最后发表论文时，海森伯就在校样上增加了一条后记，对玻尔的帮助表示了感谢。

众所周知，测不准原理的大意就是说，微观粒子的位置和动量不能同时有准确的值。因此，任何微观体系的态，永远不可能按照经典力学的意义被准确地认知。这样一来，牛顿力学中的那种因果链就发生了问题（根本无法测定“初态”）。这样的一种结论，当然会极大地震撼物理学界和哲学界。几十年来，人们围绕测不准原理写了许多本书和不计其数的有意义的或东拉西扯的论文。直到今天，它的“余波”犹在！

5. 对铁磁性的探讨

海森伯于1927年秋天到莱比锡大学任理论物理学教授。由于教学任务和出国访问（1929年访问过美国）的影响，他的论文发表得不像从前那样频繁，但是他的研究工作并未中断。当时他和他的学生们主要考虑了由量子力学所能得出的各种推论。

海森伯在莱比锡发表的最初两篇论文（1928），处理了铁磁性的理论。实际上，物质的磁性根本没有经典的理论解释。一般物理学教科书上的所谓解释，例如用拉莫尔定律来“解释”抗磁性的那种做法，其实是只能培养学生不良思想方法的欺人之谈。尤其是关于铁磁性问题，人们习惯于说物质中的“分子磁体”结合成“磁畴”，但是它们是怎样结合的，它们彼此之间有什么样的相互作用力，却从来不予说明。这怎能算是解释？在海森伯以前，也有人研究过铁磁性（例如外斯），但是他们的理论大多是从一些专设性的观点出发的，所以到底不能令人稍微有点满意。海森伯利用量子力学中所特有的“交换力”的概念处理了问题。他得出的主要结论是，物质的铁磁性是在泡利原理的规定下由电子之间的静电相互作用引起的。这样，就第一次给出了各“基元磁体”之间的相互作用的物理本性。因此，虽然他所用的微观模型还有许多有待改进的地方，但是他的开创性工作毕竟代表了后来一系列重大进展的开端。

6. 量子电动力学

量子力学刚一出现，人们几乎立刻就想到了用这种新方法来处理电磁场的问题。这一工作首先要把量子力学加以“相对论化”。事实上，薛定谔在他的波动力学论文中，约尔旦在“三人论文”中，O. 克莱因在所谓五维空间理论的研究中，狄拉克在他的电子理论中，都触及了电磁场的量子化问题。但是，把包括静电项在内的整个电磁场当作一个量子体系来进行首尾一贯的系统处理，则是由泡利和海森伯合力完成的。他们在1929年联名发表了两篇很长的论文，以当时的知识水平系统地表述了量子电动力学。从那时起，这两篇论文就已经变成了量子场论这一领域中的基本文献。两位作者后来也对这一领域继续保持了历久不衰的兴趣，作出了重要的贡献，培养了杰出的人才。

7. 原子核

在中子于1932年被发现以后，许多人各自独立地得到了一种想法：原子核是由质子和中子组成的，而不是像人们以前所想的那样是由质子和电子组成的。海森伯也在这种想法的基础上考察了原子核，而且他比别人更进一步，试着对原子核做了动力学的描述。1932—1933年，他以《论原子核的结构》为题接连发表了三篇论文。文中虽未明说，但他实际上是把中子看成了质子和电子的复合体。他又是利用“交换力”的概念来处理核内各粒子之间的相互作用，特别是中子和中子之间的相互作用。在表述交换作用时，他引用了一个和自旋算符相仿的新算符。这个算符后来得到了广泛的应用，叫作“同位旋算符”。

8. 战时的工作

海森伯被纳粹军方所重用，是这位伟大学者生活中的一幕悲剧。他在这方面的努力，从社会政治的角度来看是不值得赞许的。但是，海森伯和他的同事们在“铀计划”的执行中也还是取得了一定进展的，而作为技术总负责人的海森伯也想了许多办法，进行了大量的计算。从“认识自然”的角度来看，他的成绩也还是不容否认的。

除此以外，海森伯在战时也做了另外一些理论工作，其中1942—1943年关于S矩阵的研究，后来在有关的理论方面带来了重要的后果。

9. 战后的工作

第二次世界大战以后，海森伯在德国科学的重建中起了重要的作用。他承担了繁重的行政方面和科学政策方面的任务，但是他的科学探索并没有中止。早在大战以前，他就研究过宇宙射线。战后他继续研究了宇宙射线中的簇射和介子产生等问题，发表了一系列的论文。他也重新拾起了早年的兴趣，研究了流体中的湍流等问题。此外他也考虑过超导性，但取得的进展不大。

10. 统一场论

大约从20世纪40年代中期开始，宇宙射线的研究和用加速器做的实验，导致了层出不穷的新品种基本粒子的发现。这种情况向理论物理学家提出了严重的挑战。按照一般的理解，每一种真正基本的粒子，都需要用一种特定的场来加以描述，而粒子之间的相互作用，则需要用相应的“耦合项”来描述。既然“基本”粒子的品种很多，普遍情况下的场方程就会变得十分繁复，而它的解也会变得复杂得可怕。于是很自然的一个问题就是，在这许多种“基本粒子”的背后，是否有某种更基本的东西和更简单的规律？要探索这种十分根本的问题，所要克服的困难也是十分可怕的。海森伯勇敢地承担了这种探索，并尝试了一种简化的可能性。他假设，所有不同种类的基本粒子可以用单独一种“基本场”来描述。通过对场加上适当的条件，也许就可能得出那些基本粒子来，正如量子力学中的量子化条件能够给出原子的线光谱一样。这种设想确实太美妙和太大胆了，使人简直不敢相信它的可能性。但是海森伯还是努力推进了他的设想。他假设了那个唯一的场有四个分量，分别代表着自旋变量和同位旋变量。在最简单的情况下，场方程只包含一个非线性的耦合项，该项的系数就是理论中唯一的一个参量。

海森伯曾经指望从泡利那里得到鼓励和协助，泡利也曾一度有点热心，但是后来又回到了最初的批评态度。尽管如此，海森伯的态度却一直是乐观的。大约从 1950 年开始，他把自己的主要精力都用到了这一课题上。除了简短的报道和评述，他在这一领域中大约写了 20 篇论文（有的论文是和他的学生合写的），并且写了一本小书。当然，由于理论设想太大胆，它的成功（如果可以成功的话）现在还非常没有把握，但是我们不能不佩服海森伯的这种勇气。

必须指出，除“统一”这一颇为笼统的思想外，海森伯的理论在基本设想和处理手法方面是既不同于爱因斯坦的统一场论也不同于近来人们谈得很多的弱电统一理论或所谓“大统一理论”的。在目前，这可以说是一种已被淡忘的理论。但是科学思维的前进从来不会是直线式的，谁能断定这种理论将来会不会重新绽放出灿烂夺目的光彩呢？

三、有争议的人品

在纯学术方面，海森伯的伟大功绩和崇高地位是绝无争议的。但是在为人处世上，特别在他和德国纳粹政权的关系问题上，他却起码是使人感到惋惜的。在这方面，埃里克所说的“两个伟人”可就大不相同了。

海森伯一生好胜，他最关心事情的成败，不够超脱。作为 20 世纪初的一位德国知识分子，他成名甚早，特别爱面子，这就使他有时走上文过饰非的道路。有一位科学史家说，当时大多数的德国学者都是一些 mandarin（满大人），用我们的话说就是一些“精神贵族”。他们大多思想保守，忠于政府，行动多礼，往往有架子，等等。其中最突出的例外是爱因斯坦——他根本不是什么mandarin！特别是有那么一批“爱护”他的人（以他最密切的学生魏茨泽克为代表），到处替他掩饰过失，编造了许多不能自圆其说的“论点”，这就更加使正直的和知道内情的人们增加了对他的反感。当然，也有些人出于义愤，说过一些过分贬低他的话，但那也是有目共睹的，并不会严重地影响海森伯的声誉。

由于海森伯在德国和在国际上都有过非常广泛而复杂的社会关系，牵一发而动全身，所以要比较全面和细致地评价他的为人就绝不是一两篇文章就能做到的。在这里，我们只能举几个有代表性的事例来略加评介。

1. 和纳粹势力的“矛盾”

1933 年初，希特勒攫取了德国政权，不久就迫不及待地推行了反动的政策，迫害犹太人，整肃知识界，发狂地叫嚣战争。这一切，像海森伯这样的学者当然是不会心甘情愿地接受的。于是他发表了一些“不合时宜”的言论，触怒了某些有权势的纳粹分子。他们在纳粹组织的报刊上对海森伯发动了凶恶的攻击。

其实这种冲突由来已久。早在第一次世界大战刚结束时，一小撮以勒纳为代表的反动人物，就倡导了所谓“德意志物理学”，这基本上是指那种直观的可以按经典观点来理解的实验物理学。后来，这种观点被另一个反动人物斯塔克接了过去，逐渐改名为“雅利安物理学”。勒纳和斯塔克都是老牌的纳粹分子，早在希特勒得势以前就支持过他。希特勒一上台，这些人便成了纳粹党的“老战士”。他们得意忘形，企图从普朗克手中夺取科学院院长的职位。他们疯狂地攻击他们弄不懂的现代理论物理学(以相对论和量子论为主)，妄称那都是“犹太人”弄出来的玄虚，是应该彻底抛弃的“伪科学”，等等。对于这样的谬论，亲自创立了量子力学的海森伯当然不会接受。于是斯塔克等人又发明了一个名词叫作“白色犹太人”。这指的是一些很有声望的德国学者，他们本来不是犹太人，但是据说他们在思想上和犹太人相通，所以应该和犹太人一样受到惩处。有了这样一个名词，纳粹分子就可以攻击他们所不喜欢的任何一个人。于是当海森伯触怒他们时，他们就疯狂地发动了攻击。

但是，早在希特勒垮台之前，所谓“德意志物理学”和“犹太物理学”之争就渐渐平息了。由于斯塔克之流太无能，纳粹当权派渐渐觉悟到依靠这种人无助于战争胜利的取得，所以斯塔克等人渐渐失去了当权派的宠信。另一方面，有几个和最高当局关系密切的知名人士（普朗特便是一个）多次向戈林等人陈述了真正科学的重要性。所以到了最后，相争的两派不得不达成协议，而斯塔克之流也勉强承认了相对论和量子论。当海森伯正式主管了“铀计划”时，那些“德意志物理学家”就完全沉默了。

至于“党报”之类对海森伯的攻击，海森伯也采取了釜底抽薪的办法。他通过自己的母亲和希姆莱的母亲之间的熟识关系，向特务头子希姆莱提出了直接的申诉。起先希姆莱没有理睬。一年以后，当普朗特等人的说项起了作用时，他才回答了海森伯，向海森伯发出了保证安全的许诺。

大战以后，海森伯的辩护士们大肆渲染海森伯对“德意志物理学”的斗争，并把它升格为反纳粹的斗争。这当然是违反历史事实的，因为斗争的胜利正是通过纳粹最高人士（一些最大的战争罪犯）的介入而取得的，根本不是单凭海森伯个人的努力，更不是通过广大人民的努力而取得的。至于海森伯向最大的特务头子提出申诉一事，考虑到他急于保护自己的心情，当然也并不是不可原谅的，但无论如何是不值得引以为“荣”的！（“聪明的”辩护士们一般不太多提此事）

2. 和玻尔的会晤

这是一件奇怪的历史悬案，不同的人做出了许多极不相同的评述，而辩护士们也做了不少的“文章”。

当时的纳粹德国，也有侵略的“两手”，于军事侵略之外还执行“文化帝国主义”。在他们占据了的各国，都设有“德意志科学研究所”，进行各种反动的乃至惨无人道的所谓“研究”。例如，设在原波兰境内的一个研究所的所长（海森伯的朋友科布利兹），在1941年写的一篇文章中提到东部的犹太民族需要“一种基本科学的处理，以便为‘领袖’在战后对全欧洲的问题取得最后的解决做好准备”。这意味着用“科学方法”来最有效地执行种族灭绝政策。由此可知那些研究所到底是什么货色。

从1941年开始，海森伯在纳粹政府的安排下到过许多被占领国和中立国（例如瑞士）去演讲，其中包括波兰的上述研究所。当时纳粹当局严格控制德国人的出国访问，但他们对海森伯的信任超过了例如对普朗克的信任。因此有人说，当时的海森伯实际上成了纳粹德国的“文化大使”。

丹麦的“德意志科学研究所”设在离玻尔的研究所不远的地方，但是玻尔和他的人员从来不参加德国人主持的任何活动。有时德国人请不动他，宁愿把活动改期，但玻尔还是婉言谢绝。有一位理论物理学家默勒更有意思，他用复写纸把推辞时的回信打印若干份（那时还没有静电复印），每当收到德国人的请柬时就寄去一份。这样明显的不合作态度当然使玻尔和德国占领当局之间的关系相当紧张。

1941年10月，海森伯应邀到丹麦的“德意志科学研究所”参加一次会议。在当众演说时，他表示因为在听众中看不到玻尔而感到遗憾。这等于公开地向玻尔“叫阵”。玻尔得知后，就邀请海森伯和随行的魏茨泽克到玻尔的研究所中来演讲，于是发生了著名而神秘的海森伯－玻尔密谈。

有一位作家莫尔，在她写的玻尔传中说密谈是“在大街上散步时进行的”。玻尔最亲密的助手罗森塔尔博士对这种谣传嗤之以鼻。他曾向笔者坚决指出，在当时的局势下，玻尔绝不会和一个“德国人”一起走在大街上。[1]其实那次晤谈是在玻尔的家中（卡尔斯伯荣誉府）进行的。晤谈时没有第三个人在场，所以谈话的内容就成了一个不解之谜。当时肯定谈到了有关原子武器的问题，但是当时讲了些什么，就无人能够知道了。玻尔事后只字未提，而海森伯则说他已记不清楚，“可能”是说了如何如何的话，云云。关于当时海森伯会见玻尔的动机，后来有人提出了种种不同的解释。一种流行甚广的解释可能起源于魏茨泽克，那就是说，海森伯企图通过玻尔来和全世界的科学家达成谅解，大家都不要研制原子弹。这种说法是极可怀疑的。因为：第一，海森伯当时还不是“铀计划”的总技术负责人，而玻尔由于处境闭塞也还没有意识到制造原子弹的具体可能性，这样两个人如何能发动世界范围的“攻守同盟”？第二，海森伯正如一般的德国人一样，有很浓厚的“爱国”思想，提出那样的倡议在他看来会显得几近“叛变”，他是不可能打这种主意的。第三，海森伯也不敢——许多年以后，当初是他的学生的罗森塔尔，曾当面问过他：“当年你若提出那种倡议，希特勒不会枪毙你吗？”对此海森伯也只好点头。尽管如此，所谓海森伯就对待原子武器的态度问题向玻尔请教之说，至今仍然十分流行，甚至去年出版的一本丹麦文的小书，居然也还沿袭了并传播了这种无稽之谈。

也有人指摘海森伯去见玻尔是要刺探原子情报，是替希特勒当间谍。这种猜测也同样没有根据。实在说，当时玻尔的研究所中并没有什么可以窃取的秘密（只有公开的学术成就），而海森伯也还没有很深地卷入原子武器的研制之中。

两位大物理学家就原子武器问题到底谈了些什么，现在已不清楚，但是当时他们两位的心理状态，应该说还是清楚的（如果不故意曲解的话）。尽管很可能是出于对玻尔的爱护，海森伯的活动在实质上就是劝降。这就大大伤害了玻尔的民族自尊心。首先，海森伯在那样的场合下向玻尔（他的老师）公开“叫阵”，想必本来就引起玻尔周围人的不满。后来他来到玻尔的研究所中，又在吃午饭时和人家说什么“战争是生物学上的需要”，这样的话（观点显然荒谬）如何能向正处于法西斯铁蹄下的丹麦

---

1 当时的丹麦人民对德国人实行“视而不见”运动。就是说，在任何地方遇见德国人，除被强迫时以外，大家都不理睬。丹麦人之间照常问候、聊天，就仿佛旁边那个德国人完全不存在一样。

人说！

另外，据知情人罗森塔尔的亲口叙述，当时还发生了一件十分不愉快的事。玻尔和海森伯、魏茨泽克在办公室里谈话，罗森塔尔正在外间屋（女秘书舒耳兹的办公室）中坐着，忽然有一位“绅士”推门进来，说是要找魏茨泽克。于是魏茨泽克就出来把那人领进了玻尔的办公室，后来才知道那位“绅士”竟是纳粹德国驻丹麦的大使！在外国，不得主人同意就带客人进人家的办公室，这本身就是一件失礼的行为，更何况带进去的是人家最不想见到的敌国的官方代表！要知道，魏茨泽克的父亲曾是希特勒政府中的高级官员（相当于外交部长），而魏茨泽克本人又是一个非常“玲珑剔透”的人物，他不可能不明白自己这种巧安排意味着什么——用中国的俗话来说就叫“霸王硬上弓”，早已不仅仅是礼貌与否的问题了。

按照玻尔在 1961 年最后一次访问苏联时的回忆，当时“一位很杰出的德国物理学家”曾到丹麦来劝他不要对德国纳粹势力那么强硬，因为据说希特勒帝国在全世界的取胜已成定局，物理学家们应该证实自己对希特勒有用，以便在将来的帝国中有一个位置，等等。这种说法，是完全符合当时海森伯的思想状态的——但是海森伯和他的朋友们矢口否认。海森伯还曾说过，偶尔出席一次德国人主办的“学术”会议或见见“德国大使”，这是当时玻尔所应付出的“最低代价”。然而，此事关系到一个人和一个民族的尊严和气节，恐怕玻尔是决不会等闲视之的。

因此，德国人（以及后来许多别的人）后来宣称，玻尔在那次会晤中“误解”了海森伯的用意。这种说法也很滑稽。要知道，玻尔是一个心思最细密、胸怀最宽广的思想家，他完全不是那种粗枝大叶或鼠肚鸡肠的庸人，他不是那么容易“误解”别人的人。他要争的恰恰是大是大非问题。那么，按照以上的如实介绍，揆情度理地看，恐怕当时大大地“误解”了别人的，根本不是玻尔吧？

3. 所谓“怠工”

德国的“铀计划”失败了。失败的原因，人们也讨论得相当清楚了，但是有些人不肯承认事实，他们发明了“怠工”之说。

在大战末期，海森伯等十个科学家正被拘留在伦敦附近。美军向日本投掷原子弹的消息大大震惊了他们，当时他们有过种种的议论。那时英国人在他们住处装了窃听器。窃听的结果迄今未予公开，但是也透露出来了一些对某人不利的内容。于是德国的聪明人又发明了一种理论：英国人没有真正听懂他们的话。这真是太玄妙了。英国的情报机关再无能，也不会找不出一个精通德语的人来。

当时 Alsos[1] 小组的技术负责人荷兰物理学家高德斯密，肯定是能够充分地听懂德语的。他报道的一个情况很值得注意（而且似乎迄今无人否认）：当德国科学家们因为自己没能制成原子弹而自怨自艾时，“一个比较年轻的人”想出了一种托词，那就是说，他们的“科学家的人道主义”使他们没有认真研制这种可怕的杀人武器。换句话说，他们用“磨洋工”来“骗了希特勒”。这种理论很合海森伯的口味，他后来不止一次地提到它，甚至指摘说，真正制造了这种武器的不是他们（这些“人道主义者”），意思是玻尔他们才真正犯了“杀人罪”。

然而，战时留下来的大量文件表明，海森伯当时在执行“铀计划”时是十分卖力的。当已经兵临城下而不得不从研究基地出走时，他还命令部下把所存的铀原料等坚壁起来。在此以前，当希特勒的破灭已成定局时，海森伯还在 1944 年的一次演讲中宣称：

> 假如我们能够打赢这场战争，那多么好啊！

甚至到了 1947 年，海森伯还在伦敦一位从德国流亡出来的犹太化学家（他的许多亲人都死在纳粹集中营中）的住所中说过：

> 应该让纳粹继续掌权 50 年，那时他们会变得完全正直起来。

这真是太“人道”了！实际上纳粹掌权不过 12 年，而在这 12 年中，死于战场的不算，光在集中营中被他们用最不人道的手段屠杀掉的就有 1400 多万人。这个数字大大超过了两枚原子弹所杀死的人数！

问题是：当年创立“怠工”理论的那个“比较年轻的人”究竟是谁？这个人才真正是海森伯最忠实的辩护者！

4. 迈特纳的一封信

犹太女物理学家迈特纳比哈恩大一岁。当她在柏林工作时，实际上是研究所中的学术带头人，后来她通过友人的协助逃到了瑞典。大战刚刚结束以后，她曾经给哈恩写过

---

1 Alsos 是希腊文，意为“树林”。当时美国负责“曼哈顿计划”的军方人员是格罗夫斯（Groves）将军，而 groves 的英文意义也是“树林”。当大战即将结束时，美国军方组织了一个“工作组”，归格罗夫斯领导，负责收缴德国的原子物资，搜捕有关人员，等等。这个小组的代号就叫 Alsos。后来高德斯密就用 Alsos 这个标题写了一本书。

一封信。在信中，她首先表达了对留在德国的朋友们的关切；听到哈恩还算平安，她很高兴。接着她就语重心长地提出了规劝。她指出，凡是留在德国的科学家，都在希特勒的罪恶战争中帮了忙；他们不应回避这个问题，应该实事求是地认识自己的过错。接着她就特别提到了海森伯。她认为，像海森伯那样的人，应该到波兰的几个集中营（死亡营）去参观，以便让他具体了解纳粹匪徒到底对人类犯下了多么严重、多么惨无人道的罪行。这封信写得十分亲切而又十分坦率，充分体现了一位卓越科学家的刚正不阿。至少笔者在初次读到这封信时是很受感动的，然而恐怕海森伯的印象不一定是这样。

5. 战后的表现

大战以后，海森伯在重建德国科学方面是有功劳的。在政治上，他反对联邦德国拥有核武器，并大力提倡在德国发展核科学。这些都是值得肯定的。但是他对自己在战时的言行却一直没有正确的认识，总是用一些虚假的叙述来替自己推卸责任或评功摆好，这就在很大程度上影响了别人对他的敬重。

在战后，盟军当局曾经在德国进行过清查纳粹罪犯的工作。由于当局对海森伯很尊重，当时许多人曾请他写过证明材料。结果海森伯来了个"以我画线"。凡是在反对"德意志物理学"中或在别的方面帮过他忙的，即使是原先在希姆莱总部任职的那位"朋友"，他都认为是"反纳粹"的"好人"。反之，如果跟着斯塔克跑过，即使是不值一提的小人物，他都认为是"坏人"。这种搞法，肯定也远远不是那么客观和公正的。

6. 玻尔奖章的受奖演说

1955 年 10 月 7 日是玻尔的 70 岁寿辰。10 月 12 日，丹麦工程师协会（DIF）正式设置了"尼尔斯 · 玻尔国际奖章"，以资纪念。按规定，这种金奖章每三年颁发一次，发给"在原子能的和平利用方面作出了巨大贡献的科学家或工程师"。受奖人不受国籍的限制，但必须是"工程技术界人士"。

1970 年度的玻尔奖章发给了海森伯。笔者曾经问过埃里克："你们为什么把奖章发给海森伯？"他说："无论如何他是一个伟大的科学家。"这话我们当然不否认。但是问题在于：第一，海森伯根本不是"工程技术界人士"；第二，他当年研究原子能，几乎把丹麦置于万劫不复之地，而二十多年后丹麦人却经由国王之手发给他一枚奖章；第三，这个奖章居然还冠以玻尔的名字！更妙的是，在发奖的过程中，丹麦工程师协会的主席和海森伯一起拍了照，照片的背景恰恰是一幅玻尔的画像。因此笔者常常纳闷：玻尔有知，不知对此做何感想？海森伯站在这幅画像前面让人照相，不知心中又是什么滋味？

1970年10月8日，海森伯在接受了奖章的次日向丹麦工程师协会发表了受奖演说，回顾了原子能研究的历史。他当然不可避免地提到了重核的裂变，但是他对在裂变现象的确认中作出了重要贡献的迈特纳和弗里什（两个“犹太人”）却连名字也不屑于提一下。相反地，他却用了一半以上的篇幅来宣扬他那位较年轻的朋友魏茨泽克的贡献。要知道，迈特纳和弗里什都和玻尔及其研究所有过很密切的关系，而魏茨泽克则由于种种原因而很不为某些丹麦学者所欣赏，从而海森伯的这次演说实际上又是对丹麦人的一种冒犯（也理所当然地引起了一些丹麦学者的反感）。这似乎表明，直到他的晚年，海森伯对他自己在战争期间的言行还没有一个比较清醒的认识。

7. 海森伯夫人的那本书

那些千方百计为海森伯掩饰的论点，其最初“版权”不知属谁。这些论点，在几本书中得到了广泛的流传。例如容克那本《比一千个太阳还亮》，无知妄论，哗众取宠，制造了许多谣言，早已声名狼藉，在国际上被说成“疏漏得无以复加”了。海森伯逝世以后，他已经不能亲口反驳谣言了。于是个别人继续造谣、传谣，企图通过洗刷海森伯来表白自己。很可能，海森伯夫人的《一个非政治家的政治生活》就是在那种人的劝诱下写成的。由于作者的特殊身份，这本书也迷惑了许多天真的读者。笔者个人认为，这种责任不在作者身上，而主要在她背后的谋士（们）身上，不论海森伯和他夫人之间的感情多么亲密，有些事情也并不是他夫人所能深入了解的。特别是对于有些事情的“评价”，更不是局外人所能意识其真正要害之所在的。有些事情，例如英国情报人员“听不懂”德语的说法，现在都清清楚楚地写在书中，那恐怕多半是别人出谋划策的结果吧。

有一种情况也许值得介绍一下。海森伯夫人也认得玻尔夫妇，他们两家本来是很亲密的。当她写成了这本书时，曾把稿子寄给玻尔夫人去征求意见。玻尔家的人们向来极其隐忍，多不高兴的事情他们也不肯明白地形于颜色。但是玻尔夫人则不然，她比较坦率，容易直言无隐。看了书稿，她就提了许多尖锐的批评。她的一位女友是史学家，精通德文，看了那些批评觉得太尖锐了些，劝她改用婉转一些的口气。她答应了，但是到了晚上她又打电话通知说，她要坚持原则，口气就是要那么尖锐。后来书出版了，人们发现玻尔夫人的那些意见全都没有被接受。这种情况也是很值得玩味的。征求人家的意见，到头来又概不接受，这算什么？笔者不是指摘海森伯夫人本人，而是有憾于替她出主意的人。他（或他们）似乎准备把历史一直玩弄下去！

（作者：戈革）

参考资料

[1] D. Cassidy, M. Baker. Werner Heisenberg, a Biography of His Writings [M]. Berkeley: University of California, 1984.

[2] N. Mott, R. Peierls. Werner Heisenbery [J]. Biographical Memoirs of Fellows of Royal Society, 1977, 23 (Nov): 212-251. 这是海森伯的传记，文后附有海森伯的科学著作目录。

[3] HQP, Interviews. 这是“量子物理学史档案”中对许多当时在世的量子物理学家的访问记录。对海森伯的访问共 12 次。对别人的访问也多有涉及海森伯的地方。但是这些资料不公开，查阅者必须得到有关单位的允许，并且要签署一份“保证书”，保证遵守他们的规定（不得引用正文，只能“转述”，等等）。

[4] 参见复旦大学王福山教授的几篇文章，收入复旦大学《近代物理学史研究》第一、二辑，里面对海森伯的情况作了一些细节的介绍。另外也看到了王福山的一篇还没写完的稿子，在此致谢。

保罗·狄拉克

（Paul Adrien Maurice Dirac，1902—1984）

狄拉克

革新人类自然图像的一代宗师

1919年5月，英国剑桥大学著名天文学家爱丁顿率领一支天文观测队奔赴赤道附近的西非普林西比岛观测日全食，并检验爱因斯坦广义相对论所预言的关于水星运动的量值是否正确。结果表明爱因斯坦是对的，那个科学界没几个人能完全理解的广义相对论得到了确认。消息传来，引起轰动。这消息也吸引了一位正在英国西部小城布里斯托尔学习工程技术的二年级大学生，他放下了自己原来的专业，转而热衷于相对论的学习和研究，最终改变了自己一生的道路。这个年轻大学生，就是后来创立相对论式量子理论的保罗·狄拉克。他将20世纪两个最重要的物理理论——相对论和量子理论连接在一起，提出全新的真空图景和反物质概念，革新了人类的自然图像，深刻地改变了人类的自然观。

一、寡言深思的少年

狄拉克1902年8月8日生于英国布里斯托尔城。他的父亲查尔斯·狄拉克出生于瑞士，年轻时侨居英国并在那里结了婚，后来在布里斯托尔城贸易商人高级职业学校教法语。他十分重视对狄拉克的教育，要求也很严格。为了让狄拉克学好法语，他要求狄拉克在家里只准讲法语。而每当狄拉克发现自己不能很好地用法语表意时，就保持沉默。这一早年教育无疑促成了狄拉克沉静、内向性格的形成。从童年时代开始，狄拉克就喜欢独自一人面对大自然凝神默想。

在父亲的影响下，狄拉克从小喜爱数学，中学时自学了许多数学书，甚至学了非欧几何。但他感兴趣的主要是现实的物理世界，而不是单纯的逻辑问题。他当时认为，与现实世界相适应的显然是欧几里得几何，因此就没有必要去考虑那些在逻辑上换一条公理的非欧几何了。狄拉克的这一思想倾向与他在父亲任教的学校上学有关。该校重视科学，每周讲3小时物理课，做一个下午的实验，化学教师很早就在课堂上介绍原子和化学方程，学生还可以利用布里斯托尔大学工学院的实验设备来获得实际操作的经验。

狄拉克不喜欢文艺，很少看小说。有一次他读完了陀思妥耶夫斯基《罪与罚》的英译本（目的是学英文），有人问他是否喜欢，他回答说：

> 很好，但有一章作者出了个错误，他在一天中描写了两次日出。

这就是狄拉克对陀思妥耶夫斯基小说的唯一评价。很多年以后，他还对奥本海默说过：

> 你怎么能够同时又搞物理又写诗呢？科学的目的是用简单的方法使困难的东西变得易于理解，而诗则是以复杂的方式来表述简单的东西，两者是不相容的啊！

16 岁时，狄拉克跳级读完了中学，进入布里斯托尔大学学习工科。他的中学物理老师罗伯逊那时到该校教电工。在老师的影响下，狄拉克选择了电工专业。罗伯逊要求学生有条有理地安排生活，他喜欢那种能表现出数学的技巧和优美的计算方法，而不十分强调严格的证明。狄拉克在校学了材料测试、建筑物压力计算等课程。这些工科训练对狄拉克科学思想的形成影响颇大，特别是他接受了近似观念，认识到“在现实世界中，方程都仅仅是近似的”。他认为“如果我没有受过这种工科教育”，那么在后来的研究中“必定不会取得任何成果”。

狄拉克上大学的第二年是 1919 年，英国天文学家爱丁顿率领的远征考察队到非洲观测日食，证实了爱因斯坦根据广义相对论做出的光在强引力场中将会发生偏折的预言，这使相对论得到了广泛的传播。狄拉克也立即卷入了这股相对论的热潮之中。他热心地听了布罗德所作的关于相对论的学术报告，与同学们讨论相对论的各种问题，自学了狭义相对论和广义相对论，还读了爱丁顿的著作《时间、空间和引力》。他曾仔细考虑过，觉得应该从一般的四维观点来考虑时间与空间的关系，并对几何学的重要性有了新的认识。

17 岁的少年正是开始形成自己的思想的时候，爱因斯坦成了少年狄拉克心目中主要的英雄。狄拉克是怀着对爱因斯坦极端崇敬的心情成长起来的，而且始终不渝地一直维持到自己生命的终点。据他妻子说，爱因斯坦逝世时他哭了，她一生只看见他哭过这么一次。他走遍了全世界，去参加一个又一个爱因斯坦诞辰一百周年纪念会，这样的会他一个也不愿意错过。他认为，正是那阵相对论热潮使他认识到“所有的自然规律都只是近似的……是表现我们现有知识状态的近似”，并使他“准备把力图改进它们作为一项任务”。少年时期对相对论的兴趣为他日后取得伟大的科学成就——创立相对论性量子力学——播下了种子。

青年狄拉克虽然并不像一般工科学生那样轻视哲学，他也觉得“哲学中可能会有某些道理”，但他读完了穆勒的《逻辑学》，所得的结论却是“哲学对物理学的进展不会有任何贡献”。一直到1981年狄拉克还说，“(对于科学哲学）我一窍不通”。这说明他一直没有放弃大学时代形成的看法。

1921年，19岁的狄拉克大学毕业并取得学士学位。听从父亲的劝告，他考取了剑桥圣约翰学院每年70镑的“1851年奖学金”，但这不足以维持在剑桥的学习生活，于是他留在家乡。当时英国正值经济萧条，狄拉克找不到工作。幸而不久母校数学系赏识他的数学才能，为他提供了免费学习的机会。狄拉克在那里用两年时间学完了三年的课程。该校教师弗雷泽讲授的投影几何对他以后的工作产生了深刻的影响，这主要是指一一对应的方法。他觉得这种方法的优点是便于处理具有特定变换性质的洛伦兹变换，而在这些变换和对应之中，他感受到数学美。他认为这是一种“有用的研究工具”，使他终生受益匪浅！

二、迅速进入前沿

1923年，狄拉克又得到剑桥大学科学和工业研究系高级数学方面的补助金，于是进剑桥圣约翰学院当理论物理研究生。他整天在图书馆里看书，剑桥哲学学会图书馆、大学图书馆、圣约翰学院图书馆和卡文迪许图书馆都是他常去的地方。其中，他特别喜欢卡文迪许图书馆，在那里他可以不受干扰地学习思考。他从不满足于从听讲演中得到一些一般的见解，而喜欢通过自己的阅读去获得准确详尽的资料。

狄拉克对相对论的兴趣到剑桥后依然不衰，他研读了英国爱丁顿的新著《相对论的数学原理》，并克服重重困难掌握了它。爱因斯坦的相对论通过爱丁顿的著作对狄拉克的整个科学思想产生了深刻的影响，成为他从事科学活动的主要灵感源泉。狄拉克特别佩服爱因斯坦能够根据那么少的假设解释那么多的问题。爱丁顿就在剑桥，这使狄拉克感到非常高兴。当时英国认为爱丁顿“是相对论的主要倡导人，而爱因斯坦则处在遥远的幕后”。狄拉克很幸运，有几次得以直接与爱丁顿就运动学和动力学的速度问题做了一些讨论。在这些讨论的基础上，狄拉克写了一篇题为《关于粒子的相对论动力学的评注》的论文，发表在1924年的《哲学杂志》上。

狄拉克对几何学的兴趣也有增无减。他先是听了纽曼关于广义相对论的几何方面的课程，后来又经常参加天文学和几何学教授亨利·贝克主办的星期六茶会。在那里，大家讨论投影几何，研究高维空间里所能构造出来的各种图形。投影几何方法的威力给了狄拉克很深的印象。狄拉克本人也在一次茶会上作了他生平第一次学术报告，“论述了处理这些投影问题的一种新方法”。这些茶会极大地激起了他对数学美的兴趣，因为在茶会上最重要的事情就是努力把各种数学关系表达成最优美的形式。

由于英国研究相对论的专家坎宁汉就在剑桥，狄拉克初到剑桥时就一心想跟他搞相对论。可是坎宁汉不想接收研究生，所以就把狄拉克分配给了福勒。这未免使狄拉克感到有点失望，因为福勒关心的并不是相对论，而是量子论。

狄拉克很快发现这种失望是没有道理的。因为福勒为他打开了一个新奇有趣的新领域，这就是卢瑟福、玻尔和索末菲的原子论。福勒当时是剑桥量子论的真正中心人物，经常到哥本哈根访问玻尔的研究所，并带回新的研究信息，还常请玻尔到剑桥作学术报告。当时剑桥的理论物理学与实验物理学是分开的，前者归数学系，后者属于物理系。但由于福勒与他那位主持卡文迪许实验室的岳父卢瑟福的缘故，理论与实验分家的情况有所改变。狄拉克经常到卡文迪许参加实验方面的讨论会，听卢瑟福、阿斯顿、威尔逊等人谈他们的实验工作。后来，狄拉克还与卡皮查成为亲密的朋友，他们在一起搞实验工作。与实验物理学家的这些接触使狄拉克学会了如何去估计实验问题中的一些困难，而这对理论探索是有用的。

当时剑桥各学院的数学家及由实验物理学家和理论物理学家联合组成的“$\nabla^2 V$俱乐部”和“卡皮查俱乐部”都经常讨论量子论问题。在这种浓厚的学术气氛中，量子论很快成了狄拉克的兴趣中心。以前，狄拉克从来没有听到过玻尔理论，在布里斯托尔学数学时，他与物理学家没有任何接触，而所学的应用数学也从未超出过势论。这下子可真是大开眼界。狄拉克迅速深入到玻尔理论的核心：为何核外电子不会按经典电动力学的规律发生辐射而落入核中？玻尔量子条件的依据究竟是什么？他苦苦地思考着这些问题。

玻尔的理论当时给予狄拉克以极其强烈的印象，玻尔关于量子化条件的理论基础——对应原理（经典系统规律是量子系统规律的极限形式）——使狄拉克坚信两类系统应有一个共同的理论基础，即哈密顿动力学。由于狄拉克要求的是能用方程来表示说明，因此，玻尔在剑桥的讲学对于狄拉克后来的工作至少没有直接的影响。狄拉克认真研读了索末菲的《原子结构与光谱》、哈密顿的动力学及有关高等变换理论，还有惠塔克的《分析动力学》。他对量子论面临的困难和发展形势甚为熟悉。

在剑桥的头两年，狄拉克写了一些关于热力学、统计力学、相对论与旧量子论方面的论文。当时，除了玻尔的对应原理，埃伦费斯特的绝热假设也是量子论的重要指导原则。狄拉克认为，对应原理不够精确，人们无法把它表达为明确的数学方程，而绝热原理却可以通过方程用公式表示出来。因此，他曾一度热心于从绝热假设出发来得到新的量子理论，还推导出如何从经典定律得到量子积分的绝热不变性的一般条件，又研究过原子与磁场相互作用的绝热不变性问题。他还试图把哈密顿动力学中的角作用变量引进氢原子等非多重周期系统中去，当时他觉得这是发展量子论唯一可以遵循的道路。

狄拉克早期研究方法的特点是，从流行的文献中找一个广泛讨论的问题，对前人已经取得的成果在批判考察的基础上进行推广，从而把它置于比以前更牢靠、更广泛的基础之上。这最明显地表现在他试图把多普勒原理与玻尔频率条件联系起来。当时，薛定谔已在爱因斯坦光量子假设和玻尔频率条件在一切参考系中都成立的假定基础上导出了一个广义多普勒原理，用来表示新参考系中的频率。狄拉克从薛定谔的结果出发，又把它简化成通常多普勒原理的形式，并在相对论推广（把频率推广成频率矢，把不满足相对论的频率关系 $\Delta E=h\nu$ 改写成满足相对论的关系 $\Delta E_\mu=h\nu_\mu$）的基础上重新做了推导，得到了频率与相角对时空坐标的导数成比例这个一般结果。狄拉克的这种研究方法使他能尽快地接近物理学研究的前沿，从而迅速地结束了从学习到研究的过渡阶段。当然，狄拉克之所以能采用这种方法，是与剑桥大学自由的学术气氛和福勒放手让狄拉克接触最新学术发展分不开的。

狄拉克的性格和习惯在剑桥时期没有多大变化。他生活简朴、不好交际。他很少看文艺作品，从不去剧院，喜欢独自工作和沉思默想。与许多学生一样，他对政治不感兴趣，集中全力想更好地理解物理学面临的困难问题，以便完全投身于科学工作。只有星期天才放松一下，如果天气好，他就一个人带着午饭到乡下去散步。在散步时，狄拉克并不有意思考什么问题，但是脑海中也常常涌现出新颖的想法。比如，使他一举成名的量子泊松括号的想法，就是在散步时产生出来的。

三、崭露头角

1925 年 7 月 28 日，在剑桥卡皮查俱乐部第 94 次会议上，海森伯作了一个报告，题目是《塞曼效应中的反常现象》。报告快结束时，海森伯介绍了他的新力学。狄拉克参加了这次报告会，因为他当时太疲倦了，对这一新力学没有留下什么印象。8 月底，正当狄拉克与双亲在布里斯托尔度假时，福勒把海森伯寄给他的论述新力学的第一篇论文的校样转寄给狄拉克，并问他对此有何想法。狄拉克起初对这篇论文并不重视，因为它与哈密顿理论有点不一致。但当他过了十来天重读这篇论文时，却突然意识到，它包含着打开原子世界秘密的钥匙，就随即把注意力集中到理论中最关键的一点——量子变量乘法的不可对易性上。这个不可对易性表示了量子理论与经典理论的本质差别。狄拉克对理论探索的主要兴趣就是要找出这个差别背后的内在联系，也就是如何把海森伯力学纳入哈密顿体系的问题。

暑假结束返校后，狄拉克继续紧张地思考这些问题。10 月的一个星期天，狄拉克独自到乡下散步。尽管想要休息，但脑子里却甩不掉那个表示不可对易性的不等于零的对易子 $uv-vu$（u，v 分别表示量子力学量）。他想到了泊松括号，那个他以前在高等动力学书籍中专攻过的奇怪的量。当时他记不清泊松括号的精确公式，只有一些模糊的回忆。但他觉得，两个量的泊松括号与对易子好像十分相似。这个想法刚一闪现，他就激动地预感到，他也许领悟到了某些重大的新观念。这时，他经历了他自称是一生中最振奋的一刻。紧接着的反应是："不对，这可能错了。"究竟是对是错？在乡下根本无从判断，他焦躁不安，便立即赶回家查阅书籍、笔记。他翻遍了所有的教科书和各种听讲演时做的笔记，但其中竟没有一处提到泊松括号。那天正是星期天的傍晚，所有的图书馆全都闭馆了。他什么也不能干，只好无奈地熬过那一夜，不知道这一想法是否真有价值。在那兴奋、苦恼而又激动的一夜里，他的信心逐步增强了。第二天清晨，图书馆刚开门，他就赶紧去了，在惠塔克的《分析动力学》里查到了泊松括号。那正是他所需要的。它与对易子十分相似，只要在经典泊松括号前加上一个系数 $\frac{ih}{2\pi}$，对易子就成了它的量子力学类比物。

把对易子与泊松括号连接起来的想法是狄拉克在量子力学工作上的出发点。这一步骤的重要性在于，它提供了一种处理量子论中力学量偏微分的方法。狄拉克进而探讨了量子变量微分的一般定义，并求得了量子条件。这种量子条件与玻尔－索末菲量子条件不同，没有任何人为的外加成分，而是在量子论本身的基础上推导出来的结果。一般来说，理论具有严整的逻辑基础和内部自洽性是狄拉克研究的最鲜明特色。

1925 年 11 月狄拉克把这一研究成果写成论文，这是他的第一篇量子力学论文。福勒把它提交到皇家学会。皇家学会十分重视，破例立即予以发表。海森伯读了狄拉克寄去的论文后，在三天内回了三封信，对论文做了极高的评价。他认为狄拉克关于"量子微分的一般定义和量子条件与泊松括号间的联系"这一研究成果，使量子力学"大大前进了一步"，并对狄拉克用以攻下这个问题的数学上的简单性感到钦佩。

23 岁的狄拉克就这样以一篇第一流的论文在物理学界崭露头角。令人惊叹不已的是，狄拉克凭借一种新颖的见解，轻轻扫去了横在玻恩、海森伯和约尔旦三人面前的巨大困难，一举完成了构造量子力学的数学形式体系的工作。狄拉克的这篇成名作是抽象思维的典型，表明他独立的研究风格已经形成。此后，他就沿着这条高度抽象的道路继续前进。几个星期后，狄拉克就发展了一种比矩阵力学更抽象因而也更普遍的 q 数（指非对易的量子变量）理论。他用 q 数方法写下电子方程，把力学量当作 q 数，然后去解方程，得到了氢原子光谱的理论，特别是推出了巴耳末公式。他把这些结果写成两篇论文迅速发表了。海森伯收到狄拉克寄去的论文后回信说："我看到您最近关于氢原子的工作，我在物理学界落后了。"

狄拉克的创造力是惊人的。到 1926 年 3 月，他又完成了关于康普顿效应的研究。这在当时是个很困难的问题，不仅哥本哈根的物理学家们对它议论纷纷，跃跃欲试，就连索末菲这样的大师也意识到这是个很棘手的问题。1926 年 3 月 13 日，爱丁顿邀请狄拉克喝茶，那时正在剑桥访问的索末菲也在场，有幸见到索末菲这位久已敬仰的师长自然使狄拉克十分高兴。谈话间，狄拉克提到自己已根据量子力学解决了康普顿效应问题。索末菲一听大为生气，以为他在吹牛。在场的福勒赶紧解释，说自己的学生刚刚做完这项工作，才使索末菲平静下来。这年 6 月，狄拉克专心致志地完成了有关康普顿效应的论文，并获得了博士学位。

四、从第一流学者到一代科学伟人

由于海森伯一再强调，狄拉克开始注意并终于热情地接受了薛定谔的波动力学。

在迅速掌握了薛定谔使用的本征值本征矢技巧以后，他用各种技巧处理全同粒子多体波函数。1926 年 8 月他发表了研究结果，用对称波函数描述的粒子服从玻色－爱因斯坦统计法则，而用反对称波函数描述的粒子则服从另一种统计法则。它与泡利不相容原理是一致的，后来人们称之为费米－狄拉克统计法。他还给出了统计类型与波函数对称性质间的内在联系。

1926 年 9 月，狄拉克获得博士学位后想出去旅行，他向往着量子力学的发源地格丁根，但福勒劝他去哥本哈根。他接受了福勒的建议，到哥本哈根访问。他受到亲切友好的接待，结识了玻尔、埃伦费斯特、伽莫夫和泡利等人，大大开阔了眼界。在哥本哈根不到半年，他完成了两项重要的研究：一项完成于 1926 年 12 月，通过引进 δ 函数，完成了由约尔旦和兰措什开始的变换理论，把旧矩阵力学与波动力学统一起来，并做了普遍的推广，提出了量子力学的普遍物理诠释，从而使非相对论性量子力学成为严整的理论体系；另一项完成于 1927 年 2 月，通过把量子化过程应用于电磁场波函数本身，从而建立了完备的辐射理论。从量子力学出发，推导出整个爱因斯坦辐射理论，实际上开创了量子电动力学和量子场论的理论。

1927 年 2 月初，狄拉克从哥本哈根启程赴格丁根，途经汉堡时参加了正在那里举行的德国物理学会会议。德国物理学家惊人的精力和不知疲倦的工作作风给他留下了深刻的印象。从汉堡到格丁根的火车上，狄拉克认识了宇宙学家。这次邂逅使狄拉克对宇宙模型产生了兴趣。

在格丁根，他与玻恩、海森伯经常见面，与奥本海默住在同一个供膳宿的公寓里，成为亲密的朋友。他会见了俄国物理学家塔姆，与他一起游了哈尔茨山。他还见到大数学家希尔伯特和库朗，听了外尔的群论课，这使狄拉克的数学知识提高到一个新的水平。格丁根的数学气氛，特别是外尔的数学想象力和洞察力，使他一直感到数学也许是描写物理世界最深奥秘密（诸如规范不变性、CP 自发破坏、宇宙的左右不对称等）的有力工具。

1927 年 4 月，狄拉克在格丁根发表了《色散的量子理论》，彻底抛弃了经典类比，完全用自己刚建立的辐射与原子相互作用理论，在取了一级近似并把含时微扰计算到第二项的情况下，导出了克喇末与海森伯的色散公式。

同年 6 月，他与奥本海默接受了埃伦费斯特的邀请，去莱顿访问，同时到乌脱勒克访问了克喇末。10 月到布鲁塞尔参加索尔维会议，见到了包括爱因斯坦和洛伦兹在内的一大批杰出物理学家，并在会上就二次量子化方法做了一次发言。

这次索尔维会议的一个重要议题是量子力学的物理诠释。狄拉克在会上就物理过程的经典描述和量子描述间的差别做了详细的评论。他认为，量子描述中的测不准关系与非决定论是自然界中存在的客观过程的一种主观描述。他说："自然界做出一种选择……我们不能预测这个选择将是什么。"这一立场招致了海森伯的反对："说自然界做出选择是没有意义的，只是由于我们的观察，才造成了本征函数的收缩。"狄拉克强调本征函数展开的客观性，海森伯强调测量时观察者的作用，这自然反映了两种不同的哲学倾向。

会议期间还有个插曲。在一次讲演之前，玻尔问狄拉克："你现在做什么工作？""我正想搞出一种相对论性电子理论。""可是克莱因已经解决了这个问题。"狄拉克听后有点吃惊，因为他觉得玻尔对克莱因方程相当满意是没有道理的。

狄拉克不满意克莱因理论，因为它会导致负概率，不合乎他对量子力学的普遍物理诠释。诚然，可以把概率密度修改为电荷密度，从而使克莱因理论成为描述电子集合的理论，但狄拉克认为，没有单电子理论为基础的多电子理论不能看作一种合乎逻辑的理论。为了得到合乎逻辑的理论，狄拉克设法建立一种对时间和空间坐标来说都是线性的微分方程。这在数学上相当于求得一种线性形式的四项平方和的方根。在解决这个难题时，狄拉克从泡利的二行二列 σ 矩阵那里得到很大启发。1928 年 1 月，25 岁的狄拉克用四行四列矩阵代替 σ 矩阵，使全部困难迎刃而解，成功地建立了相对论性电子理论。

这一理论取得了巨大的成功，它为 20 世纪 20 年代量子物理学中原有各自独立的主要实验事实，包括电子的康普顿散射、塞曼效应、电子自旋、磁矩和索末菲精细结构公式等，提供了一种统一的具有相对论不变性的理论框架，并为氢原子提供了一种模型。但与这些成功一起出现的还有严重的负能困难，即方程给出了没有物理意义的负能解。对负能态的存在怎样才能做出合理的解释呢？为什么正能电子不会向无限深的负能态跃迁，从而释放出无穷大的能量呢？对于这些问题，狄拉克在一个相当长的时间内感到困惑不解，因此，除 1928 年 6 月在莱比锡大学讲演时总结了这一理论外，将近两年时间，他没有就这一理论发表过任何东西。

1929 年，他应邀到美国密执安大学和威斯康辛大学访问讲学 5 个月。随后与海森伯同舟横渡太平洋去访问日本，接着穿过西伯利亚返回英国。在太平洋上，狄拉克与海森伯两人经常坐在甲板的椅子上，长时间地谈论各自在美国的经历和对原子物理学未来发展的想法，同时讨论方法论问题。海森伯认为，只有对广泛的范围内各种困难问题的统筹兼顾，才有助于清除科学发展道路上的各种障碍。狄拉克的出发点则是特殊问题而不是广泛的联系。他认为科学家决不能一次解决一个以上的问题，任何人在某一时期想要这样做就是狂妄，因为在原子物理学中每走一步都要经历异常艰巨的斗争。重要的是搞清楚出现在发展的某一特定阶段的概念结构，抓住真空的问题，过多地考虑包含着无数困难的全局只会使人泄气。不过两人都以玻尔常说的格言自我安慰：一个正确陈述的反面是假的陈述，而一个深刻的真理的反面可能是另一条深刻的真理。

1929 年 12 月，经过一年多的求索，狄拉克提出一幅崭新的真空图像来克服负能困难。真空并非一无所有，它是所有负能态都已填满而所有正能态全都未被占据的最低能态，它作为背景没有可观察效应；泡利不相容原理限制了正能态电子向负能的跃迁；负能态中的空穴被认为是带正电荷的正能粒子，即质子，它与电子间的巨大质量差来源于额外的库仑作用。在空穴质量问题上，外尔和奥本海默对狄拉克提出了批评，指出从数学上看来空穴质量必须与电子质量相同。到 1931 年 5 月，狄拉克接受了他们的意见，考虑把带正电荷的空穴看作一种“实验物理还不知道的新粒子，它们与电子的质量相同，与电荷的质量相反”，这就是反粒子或反物质。狄拉克根据反物质理论预言了正反粒子的成对产生与成对湮灭，并为物质存在的实物形式和辐射形式的相互转换提供了一种具体机制。

1932 年 8 月，美国加州理工学院的安德森在宇宙线实验中发现了正电子。1933 年，布莱克特和奥基亚利尼又在实验室中证实了正反电子对的产生与湮灭。这样一来，狄拉克的反物质理论就实现了图像、概念、物理解释与实验的有效统一，成为 20 世纪量子理论创建活动中最完美的物理学理论之一。狄拉克所提出的真空图像和反物质概念，使人耳目一新，彻底地革新了人类关于自然的图像，深刻地改变了人类的自然观。

众所周知，古希腊哲学家德谟克利特等古代原子论者认为，世界由原子和虚空组成。伽利略和牛顿开创的近代科学所提供的自然图像与此没有什么实质上的不同。虽然光的波动说的复兴曾使以太观念得到过一定的传播，但是，爱因斯坦狭义相对论否定了洛伦兹以太，从而恢复了真空是虚空的图像。诚然，到 20 世纪 20 年代，爱因斯坦本人也曾指出过，“依据广义相对论，一个没有以太的空间是不可思议的”。但这只是一般的议论，并没有具体的物理内容。可是狄拉克却以一种具体的物理图像，而不是空洞的哲学玄想向人们指出，根本不存在虚空，所谓真空实际上是一种充满物质实体的存在形式。另外，它所预言的成对产生和成对湮灭，已使基本粒子失去了不朽性和基本性，从而使“原子”概念也彻底崩溃了。这样，他就彻底摧毁了原子论的自然图像，为一种新的以太图像开辟了道路。特别值得强调指出的是，狄拉克的新自然图像已成为量子场论和高能物理的图像基础，没有这种基础，就难以对微观世界进行进一步的研究。

30 岁的狄拉克成了一代科学伟人，他的理论被认为是理论物理学最辉煌的成就。可是他却谦虚地认为：“反物质是爱因斯坦狭义相对论的直接结果。”

杨振宁曾对狄拉克评价说：

> 在量子物理学中，对称概念的存在，我曾把狄拉克这一大胆的独创性的预言比之为复数的首次引入，复数的引入扩大和改善了我们对于整数的理解，它为整个数学奠定了基础，狄拉克的预言扩大了我们对于场论的理解，奠定了量子电动场论的基础。

1933 年 12 月，狄拉克与薛定谔共获 1933 年度诺贝尔物理学奖。在此之前，他于 1927 年 11 月当选为剑桥大学圣约翰学院学术委员会成员；1930 年当选为英国皇家学会会员，同年出版了《量子力学原理》；1932 年就任剑桥大学卢卡斯讲座的数学教授，这是牛顿曾经担任过的讲席，得到这个讲席是极大的荣誉。

五、进一步的理论探索

1931 年 5 月，在提出反物质概念引入电荷共轭对称的同时，狄拉克还根据电和磁的对称性提出了磁单极子理论；次年，又提出了具有明显的相对论性不变的多时理论量子场论体系，为后来朝永振一郎、费曼、施温格尔发展协变场论奠定了基础。1933 年 10 月，在参加第七次索尔维会议时，他首次根据空穴理论通过分离出无穷大的对数，提出电荷重正化问题。1934 年又提出了场算子积的真空期望值问题，并第一次用贝塞尔函数写出了在场论的传播子理论和对易子理论中极为重要的不变 D 函数的显示表式。

1934—1935 年，狄拉克在美国普林斯顿高级研究院工作了 5 个月，研究高维空间中的波动方程。1935 年 6 月到达日本访问。7 月 8 日应我国清华大学物理系邀请，从日本经塘沽到达北平，在清华工字厅住了三天，作了关于正电子的讲演，与北平的物理学界人士会见。嗣后，在周培源、任之恭、王竹溪等人陪同下游览长城。在返回英国途中曾在苏联西伯利亚观看一次日食，并与回苏联后被软禁的卡皮查会见。

1937 年，35 岁的狄拉克与维格纳的妹妹玛格丽达结了婚。同年，他提出大数假说，对引力常数随时间而变化的假说做了论证，并企图在宏观世界和微观世界之间建立起某种联系。值得指出的是，狄拉克对这一假说的兴趣历经四十多年而毫不衰减，直到晚年还不断撰文论述。

1934 年以后，作为量子理论应用的原子核理论和介子理论蓬勃发展起来，但狄拉克对于这些应用不感兴趣，他把自己的绝大部分注意力集中在如何使量子理论获得一个严整的逻辑基础上。他看到，现有的量子理论在计算中不可避免地要出现无穷大，这使整个理论在逻辑上处于一种不能令人满意的状况。数十年来，他一直在思考这个问题。这些探索尽管没有取得成果，但其中某些深刻的思想对于量子理论逻辑基础的进一步探讨还是有益的。

1951—1952 年，狄拉克提出，电子也许本质上就是一种量子概念而不是经典概念，当前量子电动力学上的麻烦不应归咎于量子化的一般原则，而应归咎于我们从一种错误的经典理论出发进行工作。他提出的新方案是在经典级只有电荷的连续分布，只有当量子化后，才出现电子和精细结构常数。但遗憾的是，他一直未能找到适当的量子化方案。

1963 年，狄拉克又提出了一种弦模型，在这种弦模型中，库仑力以法拉第力线型的弦来表示，弦的端点是电子，弦的断与合即电子对的产生与湮灭。这一工作已经在基本粒子研究中引起了反响，科古特和萨斯坎德的夸克弦模型正是狄拉克弦模型基本思想的直接发展。

1969 年狄拉克从剑桥大学退休，任荣誉退职教授。1970 年去美国纽约州立大学石溪分校和迈阿密大学理论研究中心工作。1972 年任美国佛罗里达州立大学物理系教授。此后直到他去世，狄拉克一直住在美国佛罗里达。

晚年的狄拉克仍然在参加各种理论物理学术会议和活动，发表了学术讲演。20 世纪 80 年代初的讲演中，除大多数假说外，一个始终贯穿着的主题就是对重正化方法提出了严厉的批评。本来，狄拉克是重正化理论的真正先驱。但是，他对于重正化方法所取得的成就却从来没有表示过赞赏。他认为重正化既没有牢靠的数学基础，又没有相当的物理图像。狄拉克感到重正化方法中最不合逻辑的是，它所忽略的不是微小的量而是无穷大的量。不管狄拉克对重正化的批评是否有失偏颇，但他要求量子论应有一种严密的逻辑结构，而不应只满足于凑合实验数据的计算手段，这些却是完全合理的。

六、正直的学者、深刻的思想

狄拉克重视学术上的追求，热爱科学，追求真理，一心治学，学风谨严，是个独树一帜、从不随波逐流的人；为人谦虚，性格内向，不讲究物质生活上的享受，不喝酒，不抽烟，只喝水；喜欢走路和游泳，除了偶尔跟朋友或家人去电影院看看电影，基本没有其他爱好；平时沉默寡言，剑桥大学的同事曾经开玩笑地定义过所谓“狄拉克单位”：“一个小时只说一个字。”但他真的说起话来却并不枯燥，而是别有风趣。有一个关于海森伯与狄拉克之间对话的故事，说明了狄拉克的幽默感。

有一次，海森伯和狄拉克一块儿参加了一个晚会。这期间海森伯一直在寻找女伴跳舞，而狄拉克虽不太喜欢这类活动却也默默地在一旁坐着看。一段舞毕后，海森伯回到狄拉克旁坐下。狄拉克问道：“海森伯，为何你喜欢跳舞？”海森伯回答道：“当有许多好女孩时，跳舞就是一件快乐的事。”狄拉克陷入了沉思，约莫五分钟后他又问道：“海森伯，为何你有办法在一开始就知道她们是好女孩呢？”

作为一个学者，狄拉克不大关心政治，但作为一个正直的科学家，却富有正义感。他是个无神论者，对于宗教蒙昧主义，他不仅从理性主义的立场出发予以抨击，而且还对其可能产生的社会政治负作用进行了有力的揭露。

在科学上，狄拉克高度重视理论的内在一致性，深信正确的基本理论的严格逻辑推论，即使它将违背常识性的直观也在所不惜，但他也注意随后引进新的图像来代替常识性的直观，作为把握理论（规律及其数学形式）的自洽性的一种手段。

狄拉克被爱因斯坦理论中的数学美深深吸引。他一生追求数学美，也大力提倡数学美。他的学生曾回忆道：有次他被问到对于物理学的核心信念是什么，他走向黑板并写下“自然的法则应该用优美的方程去描述”的字样，表达了自己追求优美数学的信念。1981年5月在提前纪念狄拉克80寿辰的洛约拉讨论会期间，狄拉克也反复说道：

> 我想我正是和这一概念（优美的数学）一起来到这个世界上的。

这里所说的数学美，指的主要还不是严密、精确、简练，而是物理理论的数学公式具有尽可能广泛的变换不变性。

狄拉克坚信自然界的统一性。这种统一性表现为各种现象间的内在联系和规律，又表现为基本自然规律的普遍适用性。从这种统一性出发，考虑到因果决定论的动力学理论在经典领域中的有效性，狄拉克要求物理学理论在描述自然界各领域（不管是低能物理还是高能物理）时，都应以一种统一的力学理论为基础。

在爱因斯坦的经典决定论和哥本哈根学派的非决定论长达数十年的激烈论战中，狄拉克始终坚持自己独特的观点。他认为，客观世界是决定论的，未受干扰的系统服从因果律，因而必须以表述因果联系的动力学理论来描述。但由于量子系统本身具有小的特征，观察所产生的干扰不可能排除，因而“我们不能期望在观察结果之间找到任何因果性的联系”。他在 1975 年 8 月于澳大利亚悉尼新南威尔大学所作的题为《量子力学的发展》的讲演中有一段话颇能代表他的立场：

> 根据现在的量子力学理论，玻尔所拥护的概率解释是正确的。不过爱因斯坦仍然是有道理的。……他认为物理学从根本上应当具有决定论的特征。我认为也许结果最终会证明爱因斯坦是正确的。因为不应该认为量子力学的现有形式是最后的形式。

在另一个地方，狄拉克更明确地指出，带有非决定论色彩的“现在量子力学理论具有一种过渡性质，它并不是物理学的终结，而是通向更完善理论的一个阶梯”。但他也指出：

> 当然，不会回到经典物理学理论的决定论。进化不会走回头路，它必然前进，必然会有一些相当出乎意料的我们无法预测的发展，这使我们更加远离经典观念。

1981 年 5 月，各国科学家在美国芝加哥的洛约拉大学举行科学讨论会，提前庆祝狄拉克 80 寿辰，以便使奉献给他的纪念文章能于 1982 年 8 月送到他的手里。过了 80 寿辰之后，狄拉克身体一直不佳，最终于 1984 年 10 月 20 日在美国佛罗里达的塔拉哈西市过世，享年 82 岁，埋葬于当地的一座公墓。为悼念他，佛罗里达州立大学为他建立了纪念图书馆，英国布里斯托尔城将他幼年居住过的街道命名为狄拉克街，英国物理学会还设立了狄拉克奖，该奖第一个获奖人就是后来大名鼎鼎的斯蒂芬·霍金。1995 年，为纪念狄拉克，一块刻有狄拉克方程的绿色石板被放进了象征英国最高哀荣的威斯敏斯特教堂，就放置在离牛顿墓不远的地板上。如若他地下有知，作为无神论者的狄拉克不知做何感想。

巴基斯坦物理学家、1979 年诺贝尔物理学奖获得者萨拉姆对狄拉克有一个简短的盖棺论定式的评价：

> 保罗·狄拉克——毫无疑问是这个世纪或任一个世纪最伟大的物理学家之一。1925 年、1926 年及 1927 年他的三个关键性工作，奠定了第一量子物理、第二量子场论及第三基本粒子理论的基础……没有人即便是爱因斯坦，能有办法在这么短的期间内对本世纪物理学的发展做出如此决定性的影响。

作为举世公认最伟大物理学家之一的狄拉克，他的工作已成为人类思想宝库中的一份珍品，已经并且必将继续为理论物理学的发展开拓广阔的道路。

（作者：曹南燕）

参考资料

［1］ C. Weiner. ed., History of 20th Century Physics ［C］. New York and London：Academic Press，1977.

［2］ P. A. M.Dirac. Development of the Physicist's Conception of Nature ［A］// The Physicist's Conception of Nature. Dordrecht-Holland：D. Reidel Publishing Company，1973：1-14.

［3］ A. Salam，E. P. Wigner. ed.，Aspects of Quantum Theory ［C］. London：Cambridge University Press，1972.

［4］ W. Heisenberg，A.Pomerans. Physics and Beyond，Encounters and Conversations ［M］. New York：Harper & Row，1971.

［5］ P. A. M. 狄拉克 . 物理学的方向 ［M］. 张宜宗，郭应焕，译 . 北京：科学出版社，1981.

理查德·菲利普斯·费曼

（Richard Phillips Feynman，1918—1988）

费曼

一个有趣的天才[1]

无论费曼曾经开过其他什么东西的玩笑，他对物理学的热爱却是接近于崇敬的。

——L. M. 布朗

许多人都承认，费曼是第二次世界大战以后一代理论物理学家中最有天才、最有独创力、最有影响力和言行最不平凡的一个人。他所创造的“费曼图”，被人们拿来和电子元件中的硅片相提并论，二者都大大提高了计算工作的速度。他的两本回忆录，在美国长期畅销，妇孺皆知。他的许多轶事和趣闻，广泛流传于物理学界和普通群众中，令人绝倒，令人神往。

20 世纪 70 年代期间，苏联有一个理论物理学代表团访问美国。在宾主交谈中，美国人称赞了苏联理论物理学力量的雄厚，苏联代表团的团长说：“然而我们没有费曼。”这句话充分反映了费曼在国际学术界的崇高地位。

汉斯・贝特也是当代了不起的理论物理学家，诺贝尔奖获得者。他曾转述一位数学家的话说，天才有两种：普通的天才完成伟大的工作，但是人们却觉得那工作别人也能完成，只要下了足够的功夫就行；特殊的天才入于神化，他做的工作别人谁也不能做，而且完全无法设想。汉斯・贝特认为费曼就是这种特殊的天才，特别是，如果这个天才还是个有趣的人，那就更为难得了。让我们从几个主要方面来对这位特殊的有趣天才做些介绍。

1　本文材料的收集，得到加利福尼亚大学的教授贝达什和王作跃先生的协助，并得到 AIP（美国物理联合会）物理学史中心的博士沃特的支持，谨此致谢。

一、生平简历

1918 年 5 月 11 日，费曼生于纽约市郊海滨小镇的一个犹太家庭中，父亲梅尔维尔·费曼经营制服生意，母亲露西尔（原姓菲利普斯）是家庭妇女，妹妹约安·费曼比他小 9 岁。

据说当他还未出生时，费曼的父亲就对他母亲说过，如果生个男孩，将来就让他当科学家。这一愿望在费曼身上得到了超出预想的实现，而且连妹妹约安·费曼也学了物理并得了博士学位。

当费曼还很小时，父亲就买了五颜六色的马赛克（一种小瓷片）给他玩，教他摆出各种花样：两个白的，一个蓝的，又是两个白的……用这样的方式来训练他的数字概念并加深对规律的认识。费曼稍大以后，父亲又带他散步和做游戏，和他讨论鸟儿为什么不断地啄自己的羽毛之类的问题，以培养他通过实践来认识事物的习惯。他们家有一套《大英百科全书》，有问题就去查阅，因此费曼在小时候就掌握了比同龄孩子更为丰富的知识。他在自己的第二本回忆录中专门写了一节《一个科学家的养成》，记述了幼年时的一些情况。

费曼从小头脑就特别灵活，干什么都能想出一些新奇的主意。他买了一些废旧物品，在家中建立了自己的实验室。他制造一些小玩意，而且逐渐成了修理收音机的能手。他的父母决心送他进最好的大学，但是因受犹太学生名额的限制，他没能在纽约上大学，而是于 1935 年他 17 岁时进了麻省理工学院，于 1938 年只有 20 岁时就获得该校的科学学士学位。他本来打算继续在麻省理工学院做研究生，他的老师和系主任斯莱特却劝他到别的大学去开阔一下眼界。于是他去了普林斯顿大学，一方面读研究生，一方面做约翰·惠勒的研究助教。第二次世界大战开始后，他在普林斯顿参加了曼哈顿计划，于 1942 年获得博士学位。1943 年 4 月去了洛斯·阿拉莫斯国家实验室工作。战争结束后，他经汉斯·贝特的推荐，于 1946 年秋到康奈尔大学当了教授。1949 年，他到巴西短期访问。1950 年，加州理工学院请他当教授，并允许他先休假一年。他于 1951 年到巴西工作了半年，然后就回到加州理工学院先做一般教授，1959 年成为托尔曼理论物理学教授。

1965 年，“他们在量子电动力学方面的基本工作给基本粒子物理学带来了深远的影响”，费曼、施温格尔和朝永振一郎三人获得了当年的诺贝尔物理学奖。

1986年1月28日，美国发生了航天飞机“挑战者号”爆炸的重大事故，机上人员全部遇难。几天以后，有人邀请费曼参加向总统负责的事故调查团。他起初不同意，后来考虑到公众的利益，才同意了。在调查中，他取得了重要的结果。

费曼从20世纪70年代就身患癌症，先后于1978年、1981年、1986年和1987年动过手术。1988年2月15日，他在洛杉矶加利福尼亚大学的医疗中心逝世。一两天后，《纽约时报》《洛杉矶时报》等各大报纸都报道了他逝世的消息，并介绍了他的为人和成就。

早在上中学时，费曼就认识了一位很活跃的女同学阿琳·戈林鲍姆，他们相爱数年，打算结婚。但阿琳被诊断为肺结核，已到了晚期，活不了几年了。大家都劝他们不要再结婚，但是他不听劝。他不在乎是否有过诺言，而在乎自己的感情。因此，1941年当费曼还在普林斯顿求学时，就举行了简单的婚礼。婚前婚后，阿琳一直住在医院里，后来就在1946年逝世了。到了晚年，当有人问费曼一生最自豪的是什么事时，他说那就是“我能用尽我所能的爱去爱了我的第一位妻子”。

费曼的另一位女友叫玛丽·鲁，他们常常争吵。但是当他在巴西时，费曼感到寂寞而孤独，于是就写信向玛丽·鲁求婚，并结了婚。但是婚后不久二人就分手了。

1961年，费曼有了第三位妻子。他们生活得很好，有一个儿子和一个女儿。

二、赤子之心

作为一代奇才的费曼，小时就有神童之誉。他喜欢猜字谜、解难题、研究心算和速算，用各种出人意料的办法和同伴们斗智。上大学时，他也经常以别人想不到的办法帮同学解题。在暑假中，他曾替一个公司做过测量摩擦力的工作，从中积累了实践经验，得出了有意义的结果。大学毕业的那年，他在一个私人创办的小工厂当总化学师。当他向普林斯顿大学申请去那里当研究生时，学校的人们发现他的理科成绩超过了历年入学学生的成绩，但是他的历史和英文成绩却特别糟糕。后来学校当局几经考虑，才收下了他。

从上中学时起，他就喜欢和比他大的孩子们一起玩。同伴们常取笑他，说他腼腆。因此，他最怕别人说他有“脂粉气”，特别注意要做一个“男子汉”。这就养成了他不拘礼节、有时故意表现得很粗鲁的作风。他曾经回忆了麻省理工学院和普林斯顿大学的不同校风。两所学校都有回旋加速器。费曼说，麻省理工学院管理得井井有条，加速器收拾得漂漂亮亮，是一部金碧辉煌的加速器。普林斯顿大学的加速器则不然，房子里乱哄哄的，满地都是电线，用到什么配件就得临时现做。但费曼却认为，这种灵活的、不中绳墨的作风反而更容易取得重要成果。普林斯顿大学是一所比较老式的大学，有点像剑桥大学的翻版。人们的言行有许多规范，学生就餐时要穿校服，文质彬彬，讲求礼节。在一次茶会上，费曼的应对有些失当，于是一位夫人说："嘿，嘿，嘿，嘿，您肯定是在开玩笑，费曼先生。"这话启发了他，几十年后他就用这句话做了他第一本回忆录的书名。

人们说，费曼一生特别愿意吸引别人的注意，喜欢表现自己，有时不大像个著名物理学家，倒像个马戏团的演员。他常常做出许多小动作，表演各种把戏，说话带脏字儿，故意引人发笑，许多言行有点像中国俗话所说的"耍活宝"。这种个人风格，也许对某些喜欢装腔作势的所谓科学家而言，有点太不庄重，但费曼自己完全无所谓，他就是率性而为的人，并不想装出一副深沉的模样吓唬别人。

费曼对各种事物都有强烈的好奇心，他研究蚂蚁的爬行、做梦时的感受、剧烈活动时的心跳等。有一次一个催眠术表演需要一个催眠的对象，当时在场的他从后排的座位上跳起来，用尽平生之力大声喊道："我来！"据他的导师惠勒说，那次催眠的效果非常好：被催眠以后，人家要费曼怎样，他就怎样。后来费曼也对被催眠时的感受作过一番叙述。他就是这样一个爱开玩笑的人，以至于有时候谁也无法断定他到底是在开玩笑，还是在说真话。

这样的一个活跃人物很容易受到人们的喜爱，尤其是容易受到孩子们的欢迎，当然有时候也因太不拘礼而冒犯了别人。在家中，他常逗自己的小妹妹玩。和惠勒一起工作时，惠勒家的两个孩子，一个 5 岁，一个 3 岁，一有机会就缠住费曼玩，而他也总能想出各种花样来逗引他们。在康奈尔时，他是汉斯·贝特家的好朋友。戴森曾经描述过有一次到贝特家参加茶会时的情形：

> 我们到达后，被介绍给了当时只有 5 岁的亨利·贝特，但是他对我们毫无印象。事实上，他所要说的只是，"我要狄克，你们说过狄克要来的"。最后人们只能让他上床去睡觉，因为狄克（费曼）还没露面。大约半小时以后，费曼闯了进来。他只来得及招呼一声，"对不起，我来晚了，刚刚要来却得到了一个很巧妙的想法"，然后就冲上楼去安慰亨利了。这时人们都停止了交谈，倾听楼上的声音：一会儿是两个人角斗的声音，一会儿是某种单人

打击乐队的声音。

费曼的计算才能是惊人的。在洛斯·阿拉莫斯时，他带领了一批计算员用当时还很原始的（机械）计算机负责数字计算。在当时那种远离文明的秘密研究基地里，生活还很艰苦，人们缺乏适当的娱乐，这就更给费曼提供了发挥他才能的机会。在那里，他成了特别活跃的人物，和同事们开各种玩笑，成了大家的开心果。在和妻子的通信中，他也故意写些莫名其妙的密码，把负责保密的人员弄得啼笑皆非。作为一个小小的恶作剧，他研究了所有保险柜的数码锁，并随时留心别人的动作，从而总结出许多规律和窍门，能够在很短的时间内打开任何一个装有机密文件的保险柜。他的这项技巧超过了专家的水平，从而成了研究基地上的名人。

他还热衷于跟各种人等打交道，以获得各种新鲜经验。在巴西时，他出入于酒吧的灯红酒绿之中，和端盘子的姑娘们交朋友。到日本开会时，别人住在现代化的旅馆中，而他则非住旧式的日本旅店不可。安排出游时，他不要去任何旅游胜地，而要求到日本最偏僻的乡村去体验生活。

费曼的父亲从小就教育他，不必崇拜任何大人物，不必害怕任何冠冕堂皇的事物。他说，他父亲是出售制服的人，知道人们穿上制服也没什么了不起。因此，他总能在最庄重的事物中看出最可笑的侧面。这使他我行我素，遇事满不在乎。他的第一位夫人有一次问他："你何必在乎别人怎么想呢？"后来他就用这句话作了他第二本回忆录的书名。

在第一本回忆录中，他记述了获得诺贝尔奖后的许多趣事，也介绍了参加审定中学教材时的经历，其中"根据封面来审定书籍"那一节，简直是绝妙的讽刺故事。在第二本回忆录中，他用将近全书一半的篇幅记述了参加调查航天飞机失事原因的经过。从他的叙述中，人们可以看到美国官场中许多荒唐可笑的现象。他提出的一个问题：一个科学家必须真诚正直，但是一个真诚正直的人能在华盛顿生活下去吗？

三、路径积分和费曼图

在笔者看来，费曼的诺贝尔受奖演说是所有诺贝尔物理学奖演说中最为趣味盎然的一篇。演讲中，他娓娓而谈，介绍了自己的思想发展。将他的介绍和别人对费曼电动力学的介绍比较一下，就会发现费曼的叙述是何等引人入胜，而别人的介绍则是何等艰深晦涩和枯燥沉重。人们一般都会认为，一种新理论的创立者当然能够把他自己的理论阐述得最清楚。事实上往往相反，一种理论诞生以后，一般常常需要经过别人的整理和再表述，才能成为比较确切、系统和比较清晰，从而易于被人接受的东西。因此，费曼这篇演说的独特优点，主要还应归功于他那特别高超的表达天赋。

当他还是一个大学生，在麻省理工学院学习《已知的物理学》时，费曼就已经注意到，使人们大伤脑筋的根本问题在于当时那种量子电动力学还远远不能令人满意地解决电子自身能量和电磁场真空能量的发散性问题。于是费曼就想到，既然那些理论很不成功，那就不必太多地注意它们，倒不如另起炉灶，按自己的想法去解决困难。

他首先考虑了电子的自身能量。在经典理论中，一个点电荷对它自己的作用力和作用能量已经是无限大了。当时费曼还很年轻，他把问题看得很简单。他认为，电子对自己会有作用力，这想法本身就是不对的。他觉得，如果一个电子受到了作用力，那么那个作用力只能来自别的电子。这种看来很天真的看法，蕴藏了后来的所谓“重正化理论”。这种看法引导费曼设想，根本不可能有什么场，有的只是各电子之间的直接相互作用。因为如果每一个电子都引起自己的电磁场，每一个电子所受到的总电磁作用力就必然有一部分是来自它自己的场，这样电子对自身的作用就无法回避了。费曼认为他自己的新观点可以解决电磁场真空能量的发散性问题，因为不存在自身作用当然也就没有自身能量（和自身质量）的发散问题，不存在场也就没有场的无限自由度，当然也就没有零场能量的发散问题。他觉得这种观点非常美妙，因此他说从一开始他就深深地“爱上了”这种观点。他发挥了自己一贯的语言风格，这样写道：

> 就如你必须对一个女子所知不深，以免发现她的弱点，才能爱上她那样。弱点在以后会发现，但是那时你已经欲罢不能了。

然后他就到了普林斯顿并遇到了惠勒。说也凑巧，惠勒一直就有一种想法，认为许多物理现象都应归结为电子的作用。这和费曼的想法不谋而合。当时费曼就把自己的一些计算拿给惠勒看，而惠勒立即指出那是不对的，因为费曼的计算只考虑了光的反射，而按照常规的电磁理论，光在入射和反射的过程中必有推迟现象，这和所谓电子的辐射阻尼完全是两回事。同时，如果不承认电子自身的作用，它在发射电磁波时就不会损失能量，那显然也不可能。

费曼觉得自己的研究前功尽弃了，惠勒却叫住了他，给他“讲了一次课”。费曼当时觉得惠勒一定是早就考虑好了这些问题，才讲得头头是道。后来他才意识到，惠勒讲的那一套原来都是临时想起来的，事先并没有任何准备。惠勒认为，如果承认常规的电磁理论，或只承认电磁作用的推迟传播，费曼的想法当然是不能成立的。但是，如果抛弃习见的办法，既承认推迟传播又承认超前传播，在某些辅助的假设下，费曼的想法还有可能成立。他让费曼把问题拿回去再算一次，看能否得到有意义的结果。

费曼发现，如果认为一切的作用都是通过麦克斯韦方程的一半推迟解和一半超前解来传播，则在适当的辅助假设下，他的原始想法可以得到保持。他花了若干个月的时间来核对自己的理论，一个个地排除谬误，终于证实了理论中不存在逻辑上的问题。他的原始计划是直接用粒子的运动来描述一切现象，而完全不提到什么场。结合这一目的，他求出了一个作用量的积分表示式，并引用了电荷系的最小作用量原理。就是说，当令作用量积分的变分等于零时，就得到了各电荷的正确运动方程。由于作用量表示式中只包含各电荷的时空坐标，这种理论就确实没有涉及任何场的概念。在作用量表示式中略去和时空间隔的零值相对应的项，就可以从理论中把电子的自身作用排除出去，从而无限大的自身能量也就不复存在了。这样，费曼就得到了经典电动力学的一种全新表述。更进一步，他和惠勒也探索了该经典电动力学规律产生的各种可能性，得出了一些很有意义的结果。他们把自己的理论告诉了包括爱因斯坦在内的几位最著名的理论物理学家，也引起了人们很大的兴趣。于是惠勒就安排费曼作了一次学术报告，让费曼先报告经典理论部分，并且表示他自己将报告量子理论部分。爱因斯坦和泡利等人都来听了费曼的报告，而惠勒的报告则一直未能作出。

惠勒认为，他们新得到的（经典）理论还不够成熟，而且内容太烦琐，不宜当作一篇博士论文。于是费曼就接下去考虑了另外的问题。当时他觉得，既然已经有了经典电动力学的“拉格朗日表述”，下一步任务就是把这种理论加以量子化。但是在迈出这一步时，他遇到了困难。因为在普通的量子力学中，人们是从理论的哈密顿表述开始进行量子化的。现在他用了拉格朗日的表述法，反而就对量子化无从着手了。后来，一次偶然的机会，有人告诉他狄拉克考虑过这种问题。于是，他从狄拉克的论文得到了启发，经过反复探索，最后得出了量子力学的一种新表述形式，并就此写成了自己的博士论文《量子力学中的一种最小作用量原理》。

惠勒曾经向爱因斯坦介绍过费曼的理论。他说：

费曼已经找到了一种简洁的图像，来理解一个动力学体系从一种位形过渡到以后一个时刻的另一位形的概率幅。他处理问题的依据是，认为从初态到末态的一切可设想的过程都绝对平等，而不管中间的运动是多么荒诞不经。这些过程的贡献在幅度上完全没有差别，而只在周相上有差别。而周相则恰恰是经典作用量，二者只相差一个因子 h。这种办法可以重新得出全部的标准量子理论。

后来惠勒说，他一直认为费曼的博士论文标志了一个时刻，这就是：此时量子理论第一次变得比经典理论更简单了。

惠勒作为导师，没能参加费曼的博士论文答辩，因为他为了原子弹的理论问题而出差去了芝加哥。不久以后，费曼自己也去了洛斯·阿拉莫斯实验室。

费曼回忆说，在洛斯·阿拉莫斯期间，他没有抽出多少时间来考虑电动力学。他已经用路径积分的方法表述了量子力学，但是他的最初目的是解决量子电动力学的发散问题。在战争期间，他在公共汽车上或什么别的地方，有时也会拿出一小片纸来写写算算，进行各种尝试。当试着把他的力学作用量进行某种推广时，他发现他所定义的能量将取复数值，而且所有尝试过程的概率之和不等于1。他认为必须找出一种新的概率幅表示式，而这一点他却没能做到。但是通过一系列的探索尝试，他取得了丰富的经验，最后发展出一套独特的计算方法。

实际上，从一开始，费曼利用的就是积分表述法。他考虑的不是某一个时刻的态，而是许多态的总效果，特别是初态和末态之间的联系。我们知道，这种联系是用所谓S矩阵来表示的。费曼把S矩阵的各个元用一些简单的图解来表示，并摸索和总结了一套快速计算各矩阵元的巧妙方法。这就是所谓的费曼图和费曼法则。利用这种办法，他避开了计算中的发散问题，确立了自己的重正化理论。

费曼仍然“爱着”他的理论，他说这是一种整体性的观点。他分析说：

因此，我的优势就在于我有一种明显协变形式的量子电动力学，以及修订这种理论的某些设想，等等。我的劣势就在于，如果我太认真地看待这种理论……我立刻就会遇到复数能量和总概率不等于1之类的困难。

直到这时，费曼说他自己“还没有实际地做任何工作”。就是说，他有了一套原则性的计算程序，但是还没有把这套程序用到任何一个具体的确定的问题上去。他甚至还没有进行电子自身能量的试计算。但是费曼自称当时他已经熟悉了修改电动力学的一切可能的办法。

大战以后，费曼去了康奈尔，不久就出现了著名的兰姆位移实验（1949）。汉斯·贝特按照非相对论式的量子力学来考虑了这种现象，得到的结果不够满意。因此，他认为必须有一种适当的量子电动力学来计算自由电子和束缚电子的自身能量之差，而这种理论“即使在物理上并不完全正确”也不要紧。

费曼自以为是“了解当时人们已知的每一种改进量子电动力学的方式”的人，因此他就对汉斯·贝特说，他可以提出这样的计算方法。他回忆道：

> 于是，最后我就教会了自己如何计算一个电子的自身能量，通过当时那种……可怕的混乱而打通了自己的耐心的道路……我的剩下来的工作简单地说就是怎样改进当时已有的计算技术，画一些图形来帮助更快地分析微扰理论。在起初，大部分工作都是通过猜测来做出的……我引用了代表各个微扰级数项的图形，改进了所用的符号，得出了计算这些问题中各个积分的简便方法，等等，而且我也编制了如何搞量子电动力学的一种手册。

费曼曾用一个事例来阐明他理论的效率。当时人们已经提出了介子理论，但是费曼还不熟悉。他不得不把人家的语言翻译成自己的概念，并猜测如何把自己的量子电动力学改造成更普遍的基本粒子理论。在一次学术会议上，斯劳特尼克作了自己的报告。他用两种不同的模型计算了电子和中子的相互作用，得到的结果并不相同。在会场上，人们觉得这两种结果应该是相同的。费曼曾经猜测了人家说的两种“耦合”是什么意义，他觉得这是检验自己的猜测对不对的一个好机会。那天晚上，他就用自己的办法计算了在两种耦合下电子在中子上的散射。他得出了不同的结果，并且详细地算出了两种结果的差值。第二天开会时，他就请求和斯劳特尼克对一对结果。但是斯劳特尼克却说：“你说昨天晚上做的，那是什么意思？这工作花掉了我六个月呢！”当看到费曼的答案时，他又问道：“那里的 Q 是什么？那个变量 Q。”费曼说那是由散射角不同的电子所传递的动量。但是斯劳特尼克又说：“不，我只算了 Q 趋于零时的情况，只考虑了正前方的散射。”于是费曼在自己的公式中令 $Q \to 0$，就得出了斯劳特尼克的结果。这件事使费曼十分高兴。他一晚上做的工作大大超越了别人在半年内做的工作。

费曼的一套方法，后来在粒子物理学和其他理论中得到了广泛的应用。通过许多人的努力，现在已经能够计算电子的磁矩之类的物理量，并达到 10^{-8} 以上精确度。费曼在结束他的诺贝尔演说时说，他在年轻时爱上的理论现在已经成了一个老太婆，人们再看到她时不会怦然心动了，但是她曾经是一个很好的母亲，生了一些很好的孩子。

关于费曼图也有个流传很广的故事。费曼曾经开着卡车在西部旅行，车身上画满了量子电动力学的费曼图。当打扮得像个牛仔的费曼进到一家麦当劳餐厅吃饭时，有伙学生模样的哥儿们问他：你的车上为什么画着费曼图？费曼回答说：因为我就是费曼！那伙人诧异地上下打量他，眼镜掉了一地……

四、进入凝聚态物理学

在 20 世纪 50 年代，费曼主要研究了凝聚态物理学，特别是低温物理学。在 1953—1958 年间，他发表了 14 篇科学论文，其中有 10 篇处理了液氦问题，有 1 篇处理了超导性和超流性的关系，还有 1 篇处理了极性晶体中慢电子的运动（即极化子问题），只有两篇是处理凝聚态物理学以外的问题。

费曼常说自己是一个业余物理学家。当时他并不熟悉凝聚态物理学，但是他有非凡的独创性和深刻的物理洞察力，他用自己的独特方式处理了所遇到的新问题，在低温物理学和统计物理学中都留下了深远的影响。

1953 年，费曼发展了一种有关液氦的基本理论，证实了朗道等人早前的理论。氦 4 的原子是玻色粒子，具有零自旋的特性，因此由多个原子形成的液体氦的基态波函数对所有的粒子就都是对称的，而且到处都有正值。这样的波函数只有一个，整个的液体因此就表现得有如一个整体那样。这就是液氦在超低温下具有超流性的原因所在。在很低的温度下，液体中唯一可能的运动就是压强波。在稍高的温度，即在约为 0.5K 的温度下，原子有可能形成小环而转圈儿，这时它们基本上并不扰动其他的原子。这些小环就是朗道理论中的“旋子”。费曼证明了旋子的能量为什么在某一波长下取极小值，还证明了这一波长和氦原子之间的平均距离密切相关。

要形成旋子就需要有能量，温度升高时旋子就增多。旋子之间有相互作用，显示出黏性，因此旋子的集体就具有“正常液体”的特征。低温下的液氦可以看成两种成分的混合物，一种是超流成分，另一种是正常成分。当正常成分的百分比足够大时，就出现一种相变，超流性由此而消失。

费曼也得出了声子和旋子的波函数，而又过了大约25年，才有人得出了关于旋子－旋子相互作用的更确切理论。他在超导性问题上下了很大功夫，充分掌握了当时已有的实验文献和理论文献。他很有见解地认为，应该着重解释比热变化的特征，而不必解释那整条的比热曲线。他特别强调一切要从最基本的原理出发。20世纪50年代后期，当许多理论物理学大家花了很大力气想得出一种微观的超导理论而无所成就时，费曼很快就意识到，1957年巴丁等人的BCS理论（超导的微观理论）事实上已经解决了超导问题。

费曼在他的第一本回忆录中很风趣地描述了20世纪50年代初期他在日本出席一次学术会议时的情况。当时他已知道“如何用量子力学的规律来解释超流现象”。他对自己的成果非常满意，并且准备在会上提出报告。

在他作报告的头一天晚上，举行了一个宴会，而坐在他旁边的恰好是著名的固体物理学家昂萨格教授。此人态度严肃，不爱讲话，但每说一句话都是很有分量的。他说：“喏，费曼，我听说你以为自己已经弄懂了液氦。”费曼说：“噢，是的……”但是昂萨格只“唔”了一声，此后就再没作声。

第二天费曼作报告，头头是道地论述了有关液氦的问题。但是他认为还有一个问题没有解决，因为他不知道所涉及的相变是第一级相变还是第二级相变。这时昂萨格教授站起来很严肃地说：

> 喏，费曼教授在我们的领域中是一个新手，从而我认为咱们必须教导他。有件事情他应该知道，而我们也必须告诉他。

这时费曼想道：“哎呀，我办坏了什么事呀？”但是昂萨格却接着说：

> 我们必须告诉费曼，任何人都不曾根据最基本的原理正确地推测过任何相变的级别，而他的理论不能求出级别，这并不表明他没有令人满意地弄懂液氦的其他方面。

费曼说，刚开始时他以为肯定要挨骂了，谁知后来得到的却是表扬。

派因斯曾经比较了几个人的工作。他说，在处理液氦之类的问题时，费曼采取了直接计算的方法，昂萨格利用了场论，而朗道则利用了十分普遍的论点。

五、在弱相互作用上的重要贡献

1988 年 2 月 17 日的《纽约时报》在有关费曼逝世的讣告中写道：

> 费曼博士在二十几岁时重新塑造了量子电动力学，这种理论支配着每一种物理过程和化学过程，只有涉及引力和放射性的那些过程除外。由于这种工作，他和别人合得了诺贝尔奖。许多人相信，由于他和盖尔曼一起做的工作所取得的成绩，他是可以再得一次诺贝尔奖的。他们创立了一种弱相互作用理论，把那种现象描述成了电子从放射性核中的被发射。据说费曼博士本人更加喜欢后一种工作。他很坦白地说："我通过把一个巨大问题掩盖起来而得了奖。但是在这一事例中却有过一个时候，当时我知道了大自然是怎样活动的——那具有简洁性和优美性。"

在 50 年代，所谓 $\tau-\theta$ 疑难曾经使许多理论物理学家困惑。后来人们渐渐意识到，问题的症结就在于宇称的是否守恒。众所周知，李政道和杨振宁在 1956 年提出了宇称在弱相作用中并不守恒的设想，而不久以后吴健雄就在实验上证实了这一设想。这一发现震动了物理学界。费曼和盖尔曼分析了当时已有的各种数据，建立了所谓普适的弱相互作用理论。他们假设，在弱相互作用中，起作用的只是粒子波函数的"左手"部分，这不但适用于中微子，而且适用于电子、μ 粒子乃至质子和中子之类的组合粒子。他们又认为，弱相互作用是普遍存在的，一切的粒子都参加这种相互作用，而且作用的强度也相同。由这种理论得出的许多结论都和实验符合得很好。曾经有一个实验似乎有问题，但是在更细心地重做了以后也和理论符合了。从那时起，所谓"手征"（chirality）概念就在粒子物理学中确立了自己的重要地位。

费曼对他自己的这一成就甚感得意。他在自己的第一本回忆录中专门写了一节来记述自己思想的发展情况。他谈到了自己怎样连夜进行计算，以致顾不得搭理找上门来的女朋友等等。他写道：

> 我想到了狄拉克，他一度有自己的方程——一个表明电子如何活动的方程，而我现在也有了这个关于β衰变的新方程。它不像狄拉克方程那样关系重大，但它是好的。这是我生平第一次发现了一条新定律。

费曼与盖尔曼是加州理工学院的同事，甚至两人的办公室都是隔壁。从20世纪50年代开始，两个人就有了密切的合作。盖尔曼比费曼小11岁，上大学时就是著名的神童，而且他当初就是冲着费曼的声名从普林斯顿来到加州理工学院的。但他们之间实际上是一种既合作又竞争的关系。费曼于1965年获得诺贝尔奖，盖尔曼则在4年后的1969年获得诺贝尔奖。盖尔曼是那种讲究逻辑、说话一本正经的绅士风格的人，而费曼则是剑走偏锋、喜欢插科打诨的人。有人说盖尔曼后来被费曼带坏了，也时不时地话中带刺、绵里藏针。在这两个风格不同的人之间发生过很多逸闻趣事。其中一个广为流传的故事是：费曼说有次他接到一个女士的电话，阐述一个荒谬至极的电磁理论，自己想尽办法都不能让她挂掉电话。事后他得意地向盖尔曼说起此事，盖尔曼回答说："哦，我想起来了，她给我也打过电话，不过我没用半分钟就把她搞定了。"费曼急忙问他是怎么做到的，盖尔曼回答："我只是说，你最好去找费曼，他是我们这个领域最好的专家。"

1988年，费曼因病去世后，盖尔曼多少感到了一些寂寞，但他还是不忘在自己的回忆录中这样打趣费曼说：

> 对于任何量子场论，我们都能画一些滑稽小图，这是我后来的同事费曼发明的，可以给人一种理解的错觉。

1988年费曼去世时只有70岁，而盖尔曼则活到了91岁，于2019年5月24日辞世。——编者注。

20世纪60年代中期，盖尔曼与费曼曾经的学生茨威格分别独立提出了构成基本粒子的更小的微粒——夸克理论的猜测。不久之后，斯坦福的物理学家们进行了高能电子在质子上的散射实验。这种实验显示了很大程度的非弹性散射。这个结果使费曼很快意识到质子可能也有内部结构。也就是说，质子内部应该包含一些更小的带电单位，它们使电子发生弹性散射，而电子在整个质子上的非弹性散射就是这些弹性散射的后果。费曼把这些更小的带电单位叫作"部分子"。当然这个实验也从一定程度上证实了夸克理论，部分子的概念也逐渐被夸克的概念所取代。从那时起，研究夸克粒子在所谓强子中的分布，就成了粒子物理学的重要任务之一。为此物理学家发展出了所谓量子色动力学（QCD）。费曼曾经研究了量子色动力学、强子的相互作用，他也研究了夸克在强子中的禁锢问题。正如在别的领域中一样，他的这些工作也显示出了巨大的独创性和强烈的个人特征。可惜的是，由于受到癌症的长期折磨，他没有能够在这些问题中更充分地发挥自己的天才作用。

六、一位极其难得的教师

当回忆费曼时，人们都说他是一位真正伟大的教师。加州理工学院副校长古德斯坦甚至说，费曼“也许是他那一代和我们这一代中最伟大的教师”。作为教师，费曼的教学方法也是别开生面的。他或是提出问题，然后讨论如何巧妙地解决问题；或是给出现象，然后探求解释现象的理论可能性。他总是一下子就抓住问题的核心，不断地举出引人入胜的实例，用某些非常规、非习见的方法把问题展现在人们的面前。另外，在作面对大众的科学讲座时，他也总是会用各种办法以引起听众的兴趣，激起人们的好奇心。他教学方法的核心就在于总是教学生用一种崭新的眼光来看待物理学中的一切事物。在加州理工学院工作的 35 年中，费曼正式开设的课程达到 34 门之多，此外还讲了许多非正式的课。他成了其他教师的榜样和灵感源泉。古德斯坦回忆过很多关于他授课的情节及逸闻趣事，说明了费曼是如何竭尽全力地对待工作和教学的。古德斯坦指出，在费曼看来，上课的讲堂就是舞台，教师就是演员，他不但要对情节和角色负责，而且也要对道具和效果负责。

每当开始讲课时，费曼总是神采奕奕，面带笑容，手中搓弄着粉笔，像一个等待上场的运动员一样。有一次他到一个高级中学去介绍原子核的裂变。他同时向两班学生讲课，站在两个教室中间的门口，一边讲，一边用双手在两个黑板上同时画图。

他的讲课充满了如珠的妙语，常常引起哄堂大笑。例如，在一次有关广义相对论的讲课中提到了星系。他说，银河系中约有 10^{11} 颗星，这通常被看成一个巨大的数字；其实呢，这不过是一千亿，比美国的财政赤字还小一些，我们过去常常把这种数字叫作“天文”数字，现在恐怕应该把它叫作“财政赤字”了。

除自己的研究工作以外，费曼教的主要是研究生的课程，另外，他还承担了校外的许多任务，例如担任一些公司的研究顾问。在 1961 — 1963 年间，他给低年级学生上了两年普通物理课。在这段教学工作中，他完全抛开了传统的教学，自己安排了教学的内容。每次上课，他只带一小张纸条，上面仅有几个关键性的字和草图。但是他自己说，每备一堂课要花许多工夫。讲课的内容当然是他完全熟悉的，但是他要反复考虑，看看什么是最好的讲述方法。学校教学部门把他的讲课录了音，经过整理，出版了三卷本的《费曼物理学讲义》。古德斯坦写道：

> 狄克有一次告诉我说，从长远眼光看来，他对物理学的最重要贡献不是QED（量子电动力学），不是液氦或极化子或旋子的理论，他的真正记功碑将是他的《费曼物理学讲义》。

确实，众所周知，三卷本的《费曼物理学讲义》很鲜明地反映了费曼的个性。书中充满了智慧和隽语，思路清晰而别致，含意深刻，迥不犹人，文字完全口语化，娓娓而谈，引人入胜。这套书作为一般的教本也许有不方便的地方，但是它将永远成为物理学的经典著作，不仅初学者，而且成名的物理学家也能从书中得到灵感。有人说，费曼的语言有犹太味，不是纯正的英语。这话恐怕未必尽然。更加可能的是，费曼一生最讨厌装腔作势，他讲话有市井气，绝对不是人们习惯了的那种文绉绉的学者腔。他不肯故弄玄虚，不肯拐弯抹角，而喜欢直话直说，喜欢开玩笑。这就使得他的文章风格大大不同于一般学术著作的风格。例如，一般科技文章或书籍中绝少会出现的“damn”（该死）这个词，在费曼的文章中则随处可见。这恐怕就是人们所说的不纯正吧。

七、一个多才多艺的人

费曼才华横溢，精力过人，不拘小节，性格好胜，一生用“游戏”或“竞技”的态度来对待人世间的一切事物，在物理学领域以外也做出了许多很不寻常的事情。在洛斯·阿拉莫斯时，被派到橡树岭实验室去检查安全的他因超人的记忆力引起了别人的注意。在康奈尔时，有人想制造一种新型的计算机，他帮助人家解决了许多关键性的问题。在调查“挑战者号”失事原因时，他用半分钟时间做了一个不花一分钱的实验，因此震惊了美国公众。实验过程是：在一次公开会议上，他让人给端来一杯冰水，然后用一个夹子夹住一块橡皮放在冰水中，以橡皮在低温下会失去弹性来演示推进火箭的管道接口的漏气造成了事故的发生。他参加调查的方式也与众不同，不是按照官样文章的“日程”去开会，而是常常独立活动，私下找具体工作人员去了解情况。在调查的过程中，他揭发了许多官方存在的问题，使有关官员大为尴尬。

费曼常常说自己是一个“片面发展”的人，他觉得自己太偏向于科学而缺乏其他方面的“文化”。事实上，他有多方面的才能和兴趣，和一般的科技人员比起来，他的“片面性”肯定要小得多。

由于喜欢破解难题，费曼研究过玛雅人的文字，还成了这方面的“业余专家”。他也上过学习画素描的业余学校，并和一个画家约定，他教给那个人量子力学，那个人教给他绘画。费曼直到晚年还随时画速写，他的绘画达到了相当的水平，举办过个人画展。在巴西时，他参加了一个民间乐队，学习“邦戈鼓”，以此在当地出了名。他们那个乐队后来在一次赛会中得了奖，回到美国后，他继续练习击鼓，得到许多人的赞赏。有一位专业艺术家创作了一个芭蕾舞剧，全剧都用费曼的鼓声来伴奏。这出芭蕾舞剧后来在巴黎的一次比赛中得了第三名。

费曼不喜欢哲学，常常对哲学说些很不尊重的话，但是他所反对的，只是那种故弄玄虚、空洞无物的废话，而不是那种慎思明辨、灵动深刻的本质思维。作为一位天才学者，他对人生和宇宙也有其深入肌理的看法，而且这些看法常常在他的言论和著作中流露出来。这方面的内容，还有待我们进一步研究和总结。这其实就是他的哲学，只不过他没有抬出任何古人来当作自己的招牌而已。

（作者：戈革）

参考资料

[1] Physics Today，1989，42（2）：13.（该期是费曼纪念专刊）

[2] R. P. Feynman. “Surely You're Joking，Mr. Feynman” [M]. Toronto，New York：Bantum Books，1985.

[3] R. P. Feynman. “What Do You Care What Other People Think？” [M]. New York：W. W. Norton & Co.，1988.

[4] R. P. Feynman. et. al. The Feynman Lectares on Physics [M]. Mass：Addison-Wesley Publ. Co.，1961-1965.

里·海耳在1871年芝加哥大火灾之后所幸存下来的最年长的儿子，他还有一个弟弟和一个妹妹。海耳家族是最早移民美洲的盎格鲁－撒克逊后裔，他的祖父曾经是美国公理会牧师，而他的外祖父则担任过国会议员。在芝加哥毁于大火之后的重建过程中，海耳的父亲威廉·埃勒里·海耳利用其出色的经营才能，开始了建筑升降梯制造业务，这不但使芝加哥重建中出现的一系列摩天大楼的建造成为可能，而且也给海耳家族带来了巨额财富。

海耳的父亲没有受过高等教育，但他在摆弄机械和产业经营方面有自己独特的天分。海耳从父亲那里受到很大影响，从小就表现出了很强的动手能力。难能可贵的是，父亲对他这方面的爱好一开始就采取了积极支持和鼓励的态度，并持续了海耳整个童年和少年时代。他不但鼓励小海耳用玩具、钻锯和木质工作台把自己的卧室折腾得像个杂货铺，甚至有一年圣诞节，还将一架小车床当作圣诞礼物送给儿子。除此之外，诸如显微镜、简易小蒸汽机以及各种工具等，也都成为父亲经常性给予儿子的礼物。当然，礼物中还包括诸如《机械入门》《儿童工程师》等科普读物。童年的这些经历对海耳的一生产生了重大影响，多年后，每当海耳提起自己的童年时代，都要强调这些经历对自己人生的决定性意义。

海耳的母亲则是一位出身于加尔文派教徒家庭的很有教养的女性，她通过言传身教、耳濡目染，从小培育和启发了海耳对于社会公德的责任感，以及对文学、艺术和诗歌等方面的广泛爱好，使海耳从小就熟读了《伊利亚特》《奥德赛》等英雄史诗和其他经典文学作品，并将对文学和诗歌的喜好贯穿了一生。对文学艺术，特别是想象力丰富的诗歌的爱好，极大地激发了海耳的想象能力，而这种想象力是他后来创造性科学工作中必不可少的重要因素。

从父亲送给他的显微镜中，年幼的海耳不但获得了极大的游戏乐趣，而且开始对光学仪器产生了很大的兴趣。这种兴趣由于后来又得到一架照相机而大大加强，因为他可以用照相机来拍摄经过显微镜放大的物体。然后他又在自己的小车间里制造出了平生第一架小望远镜，不过由于镜片太简陋的原因，成像质量不够理想。大约就在此时，小海耳结识了芝加哥的一位业余天文爱好者波恩海姆，波恩海姆白天是芝加哥法庭的速记员，夜晚是双星系统的观测者。在海耳14岁时，通过波恩海姆的指点和帮助，海耳的父亲为他买到了一架二手的克拉克小口径折射望远镜，并安装在自家的屋顶上。借助这架精良的望远镜，海耳第一次看清了月亮和行星，并为其美丽的景观所震撼。他立刻开始动手拍摄日食的照片，最后获得了太阳斑图像。少年海耳也由此踏上了终其一生的天文科学研究之路。

很有意思的是，海耳在其早期还比较幼稚的阶段，就表现出对天文学的兴趣不在于传统的力学天文学观测方面，而是更喜欢用物理学或用物理学仪器来处理天体观察，这使他从一开始就成为当时新兴的天体物理学研究领域的热心追随者，最后成为天体物理学最具代表性的推动者。当能够理解文字内容时，他就如饥似渴地阅读了哈金斯、洛克耶斯和C. A. 扬等人的著作，特别是洛克耶斯的《光谱分析研究》，是海耳的最爱，这本书直到他去世还保留在自己的图书室。少年海耳不但坐讲理论，而且起而动手，他在自己的小作坊里面制作了一架小型光谱仪，不断对太阳光谱进行各种持续不断的测量。对这些儿时的记忆，海耳到了晚年依然津津乐道。而当卢瑟福和罗兰的成果出现后，年轻而敏锐的海耳很快就得知了，并立即在自己的家庭实验室里开始使用起罗兰光栅和卢瑟福的太阳光谱图。

然而，海耳在科学上的这些早熟表现，并没有影响到他作为一个正常男孩的其他生活乐趣。他也喜欢钓鱼、游泳、溜冰、打网球和骑自行车，甚至还表演魔术、动手做独木舟和玩其他游戏，假期也外出旅游和爬山，或者到祖母所在的康涅狄格州麦迪逊小住一段，享受恬静的田园生活。总之，海耳喜欢做任何一个普通男孩通常喜欢做的那些事情，他是个具有科学潜质的天才男孩，也是个在其他方面普普通通的一般男孩。

海耳的正规学习，开始于芝加哥的奥克兰公立小学，然后进入艾伦学校学习。这所中学的校长艾伦发现了海耳在科学上的天分后，就为他购置了若干科学实验仪器让他为同学做各种实验演示，内容包括化学、物理和天文学等，还特地送他到当地的手工培训学校进行特别训练。这些教育都为海耳以后的工作打下坚实的基础。当然，除物理和天文学方面的课程之外，海耳也没有忽视其他方面的知识扩充，他也阅读过达尔文的《物种起源》，并对其中的演化思想留下深刻印象。1886年，17岁的海耳从中学毕业，进入了著名的麻省理工学院攻读物理学。

二、牛刀小试

对海耳而言，在麻省理工学院的四年是一段繁忙的学习阶段。他不但要学习数学、物理学和化学等课程（这已经占据了他大部分时间），而且还增加了对艺术的学习。当然，他也挤出时间来继续自己对天文学的爱好。对于后者，哈佛大学天文台台长爱德华·皮克林给予了海耳很大帮助，他允许海耳在该天文台当一名义工，为天文台做些辅助工作，这使海耳第一次能够直接接触到正规的天文学研究现场。与此同时，海耳也借助波士顿公共图书馆阅读了大量天文学、光谱学书籍和第一手研究论文，这些都大大扩充了他在专业方面的知识，增加了对于前沿科学进展的了解。学习之余，海耳还结识了与自己志同道合的同班同学哈利·古德温，并与之建立了持续一生的友谊。广泛的阅读加上与朋友分享各种观点的学术讨论，使海耳感到了学习的乐趣。

就在海耳进入麻省理工学院之前，他已经在自己的家里装备了配有罗兰光栅的10英尺焦距太阳反射光谱仪。利用假期，海耳使用这个设备研究火花弧光和太阳光的光谱。正是这些研究工作，使海耳萌生了一个新想法，这即是导致他后来提出太阳单色光照相机原理的契机。

在看到了C. A. 扬通过日食所得到的日珥图片后，海耳灵机一动，就考虑到能否设计一种装置，能够在通常的状况下全天候记录太阳光谱。于是，1889年，海耳在皮克林的帮助和支持下，提出了太阳单色光照相机原理，并发表了自己平生第一篇论文《恒星摄影术》。在此基础上，还制造出原始样机。不过由于缺乏经验，仪器的拍摄效果并不理想，但是太阳摄谱仪的基本构想已经具备，后来于1891年，海耳终于成功地制成了太阳单色光照相仪，翌年用它拍到了太阳的单色像。这在当时是个创举，用这个仪器可以在非日全食的情况下观测到日珥，这标志着对太阳研究的一大进步。

通过学习和研究实践，海耳对于天文学和物理学及化学的关系也有了深刻的认识，并提出了天文物理学（或天体物理学）的概念。1889年，他发表了一篇题为《新天文学》的论文，其中写道：

> 一门新兴学科已经兴起。它提出的问题单单依靠天文学家是无法解决的，必须综合天文学家、物理学家和化学家的技能。新天文学的支持者在实验室的本生灯或弧光灯下观察分子振动时，将可见甚至不可见的现象记录在照相底片上，然后将结果与恒星或太阳的记录做比较，便能明白肯定地推断天体的构成。

1890年6月，22岁的海耳大学毕业，并与青梅竹马的康克林小姐结婚。在蜜月旅行中他们走访了利克天文台，感觉眼界大开，那里的大型望远镜、光谱仪以及像基勒和坎贝尔那样熟练的观测者都给海耳留下了很深的印象。利用基勒对于行星状星云的光谱观测，海耳研究了其中的镁光谱，并写了一篇文章发表在 1891 年的《恒星信使》杂志上。之后，海耳回到芝加哥，在父亲的资助下，他在自己住宅的顶层建起了一个小小的但装备精良的个人天文观测和光谱实验室，命名为肯伍德天文台，从而开始了自己独立致力于太阳黑子和磁场等恒星性质方面的研究。

1892 年，只获得学士学位的海耳，因为其杰出的研究工作，被洛克菲勒基金所资助的、新创办当时尚未正式招生的芝加哥大学相中。该校具有远见卓识的校长哈普直接聘任海耳担任芝加哥大学天体物理学副教授（但头三年不领任何薪水），并委托他承担为学校建造一座新天文台的任务。而在海耳的脑海中更大的梦想已经开始规划。在一次美国科学促进会的会议期间，海耳遇到了美国光学仪器制造大师埃尔文·克拉克，后者告诉他，南加利福尼亚大学原本订购的两片 40 英寸（1.02 米）透镜现在遇到了经费困难，他正在寻找新的买家。这个信息立即引起了只有 24 岁但胸怀大志的海耳的兴趣。因为他原来的宏大计划就包括了为芝加哥大学新建天文台装备一台顶级的望远镜，作为研究设备。在父亲以及校长的支持下，海耳走访了芝加哥很多企业家，为天文台的建设募捐，并最终成功地说动了叶凯士对天文台建设投资。叶凯士是当地著名富商，控制着芝加哥交通业和部分银行业务，他用各种手段聚敛了大量钱财，是一位吝啬但又贪图虚名的商人。海耳觉得“为什么不能把这些腐朽的钱拿来为科学事业服务呢？”于是，一而再、再而三地去游说叶凯士，终于使叶凯士答应出资买下了克拉克的透镜并承担望远镜的建造费用，但天文台的圆顶和其他设备一直没有落实。不过海耳最终还是成功地从叶凯士的腰包中把这些费用掏了出来，最后，叶凯士为新望远镜的建造和安装支付了高达 34.9 万美元的款项，这在当时是一笔近似天文数字的巨款。通过这个公关活动，年轻的海耳也初步显露了自己卓越的社会组织活动能力，这种能力在以后还将发挥更大作用。

海耳在积极募捐的同时，也把自己私人的肯伍德天文台中的设备都捐献出来，交给了叶凯士天文台使用。

得到了克拉克的 40 英寸透镜后，海耳委托克拉克的儿子小克拉克用冕牌玻璃磨制成凸透镜，又用火石玻璃磨制成凹透镜，然后将这两个透镜组合成一个像质极佳的消色差望远镜，并配备精密的望远镜机械组件。整台望远镜重 18 吨，但可以灵活转动，指向天空任何方向。海耳将这台望远镜安装在威斯康星州有相当优越观测条件的威廉湖畔。建成后的天文台，在学术和管理上隶属于芝加哥大学，但以捐款人叶凯士的名字命名，称之为芝加哥大学“叶凯士天文台”。富商叶凯士的投资没有白费，因为这座天文台后来不但为科学研究作出了很多贡献，而且也使得叶凯士这个跟科学本没有多大关系的名字名垂青史。1897 年，该望远镜启用，海耳也因在建造天文台过程中诸多方面的突出贡献而晋升为正教授——并且是该大学当时唯一没有获得博士学位而晋升为正教授的人。从那时起到今天，虽然已经过去了 100 多年，但这台望远镜仍然是世界上最大的折射式望远镜，至今仍发挥着其不可替代的作用。

叶凯士天文台建成后，海耳担任了这座天文台的首任台长，直到 1905 年卸任。在此工作期间，海耳在科学研究方面也有长足的进展，他不但成功地拍摄了清晰的太阳单色像，第一次在非日食期间看到清晰的日珥，而且发现了太阳上明亮的钙云，即用氦的 Hα、Hβ 线和电离钙的 H、K 线所拍摄的太阳单色像上，都显示出的明亮和黑暗的区域。对此，海耳称之为谱斑。谱斑是太阳色球中的活动现象，太阳单色像上大块增亮区域称亮谱斑，而有时观测到的一些暗黑的区域，称为暗谱斑。通常把由 Ca II 的 H、K 线观测到的谱斑称为钙谱斑，而把由 H 线观测到的谱斑称为氢谱斑。

谱斑和光斑非常相似，谱斑的位置同光斑基本一致，在太阳白光像上有光斑的地方，在单色像上就一定能看到谱斑。但光斑只能在日面边缘附近观测到，而谱斑则在日面上大部分区域均可观测到。谱斑和黑子有密切联系，大部分谱斑附近有黑子群。谱斑的线度从几千千米到几十万千米，其形状、结构、亮度常在变化。海耳的这项研究在当时是一个很大的创新。之后，在太阳黑子的研究中，海耳更是身手不凡，1904 年，他利用自己制作的望远镜和光谱仪拍摄到第一张太阳黑子光谱，通过与实验室光谱比较，发现太阳黑子光谱与电弧光谱的相似性，从而证实了他自己关于黑子温度低于周围日面温度的猜测。后来，在 1908 年，他还用自己设计和主持建造的太阳塔发现了太阳黑子光谱的塞曼效应，由此推断出黑子具有强达几千高斯的磁场。这是人类第一次探测到地球以外天体有磁场的存在，是天文学史上一件重大发现。之后，海耳与尼科尔森密切合作，发现了黑子磁场极性分布和变化的一系列规律，为太阳磁场的研究奠定了基础。除了黑子磁场，海耳也发现了太阳具有和地球类似的偶极性普遍磁场，由于当时条件所限，他所测出的太阳普遍磁场强度并不准确，但仍不失为一项重要发现。毫无疑问，这些成果都极大推动了 20 世纪太阳物理学的发展。

海耳所创建的叶凯士天文台，自建成后在国际天文学研究中也扮演了重要角色，许多当时和后来声名显赫的天文学家，如巴纳德、哈勃和钱德拉塞卡等，都曾在叶凯士天文台工作过，甚至终生在此供职，并取得了很多重要科学成就。

在此期间，海耳还和夫人一起访问了欧洲。他去欧洲的目的有二，除拜访一些仰慕已久的知名天文学家和学习设备使用技术外，海耳也希望听取和了解这些天文学家对创办一份能够将天文学和天体物理学最新进展结合在一起的学术期刊的看法，并希望得到他们的支持。两个目的最终都得以圆满实现，海耳得到了英国和欧洲大陆物理学家和天文学家们的共同认可，他所建议的刊物也得到许多著名科学家的支持。最初出版的刊物叫作《天文学与天体物理学》。1895 年，该刊物和《恒星信使》合并，组成著名的《天体物理学报》。海耳和天文学家基勒共同担任首任编辑，后来海耳一直担当着这个职务，时间长达 30 年之久，这不但推动了天体物理学这个新兴领域成为 20 世纪最活跃的研究前沿领域，而且使得这份期刊成为该领域最权威的科学期刊之一。

海耳的这些工作，使他跻身于当时美国乃至世界最杰出天文学家的行列，并于 1899 年当选为新成立的美国天文学与天体物理学会（1914 年改名为美国天文学会）的副会长，1902 年又被选为美国国家科学院院士。

三、大展宏图

17 世纪，伽利略仅凭直径 2 英寸口径的透镜所制成的望远镜，就取得了多项重大天文发现。之后的天文学发展跟望远镜的改进和大型化有着密切的关系。到了 19 世纪末，随着人类对宇宙基本结构研究的进一步深入，建造更大口径的望远镜成为必然。海耳的贡献之所以至今仍为全世界天文学家们所称道，就是因为他最先制造了巨大光学望远镜。

20 世纪初，40 英寸口径望远镜已达到了折射望远镜的极限，因为再加大望远镜的口径必须同时加厚物镜的厚度，这样一来，口径增大所收集到的星光能量一是会被厚厚的镜片玻璃吸收掉，二是会被其他非观察对象的星光所抵消和淹没。而反射望远镜则不存在这种问题。要进一步推动天文学研究的进展，就必须考虑对天文望远镜做出改进，而改进的途径，非反射式望远镜莫属。因此，已经洞悉天文学研究门径的海耳，此时也打定主意，要在大口径反射式望远镜的研究和建造上一展宏图。

由于芝加哥大学是个新建的学校，处处都需要钱，因此学校的财政压力很大，不可能为叶凯士天文台提供更多的支持，有时甚至连维持正常运行的费用都难以足额获得。海耳为此奔走，没少费力气，但效果依然不明显。虽然经费常常不足，但海耳还是凭着自己超凡的个人魅力积极网罗人才，并逐渐在其周围团聚起一支阵容强大的研究团队。这支队伍对后来威尔逊山天文台的建设，发挥了巨大的作用。1902 年，就在海耳为叶凯士天文台进一步发展而到处寻求资金援助，并且经常没有眉目的时候，钢铁大王安德鲁·卡内基宣布他将捐赠出 1000 万美元来资助建设纯科学研究机构的决定。这个消息让海耳觉得机会终于来临，于是开始了积极的游说活动。在海耳和其他天文学家的努力下，也经过了漫长的讨论和商议，卡内基基金的执行委员会最后决定投资建造一座综合性的天文台，台址选定为美国西部加利福尼亚州洛杉矶市附近的威尔逊山，而海耳则被任命为该项目的负责人。也可以说，海耳抓住了这个千载难逢的机会，即将在威尔逊山展开一个科学的梦想和传奇。

威尔逊山天文台位于美国加利福尼亚州西南部海拔 1740 米的威尔逊山顶峰，距离著名的美国肯尼迪航天中心仅 16 千米。该山原是一座荒山，在 19 世纪中期以后被开辟为一个旅游地。而在这里建立天文台的构想，是 19 世纪 80 年代时任洛杉矶市长的斯彭斯最早提出来的，并为此提出了 5 万美元的预算。但直到他 1892 年去世，也未能实现这个愿望，只是把这个愿望托付给了南加利福尼亚大学。真正使威尔逊山成为一个天文观测地点的，是哈佛大学天文台的台长、曾经是海耳指导老师的皮克林最早实现的。1889 年，他将一台新建造的 13 英寸望远镜安放在这里，建立了一个后来被称为哈佛大学天文台观测点的小木屋，哈佛大学的天文学家们于当年在这里开始了他们的天文观测和研究工作。这可视为是威尔逊山天文台建立的前奏。

但哈佛大学天文观测点只存在了 18 个月，就因为哈佛大学与南加利福尼亚大学之间所产生的一场纠纷而关闭，那台 13 英寸望远镜也拆除了，被运往秘鲁的阿雷基帕。威尔逊山因此重新成为一座纯粹的旅游观光地。哈佛大学天文台观测点存在的时间虽短，但对后来建立威尔逊山天文台还是作出了很大的贡献。其贡献在于，第一，使科学家们更多了解到这里是一个良好的天文观测地点；第二，由于要运输巨大的望远镜，推动了当地政府决定修筑一条到达山顶的道路。这条道路于 1891 年 2 月开始动工，7 月完成。这项工程是由一家新建立的被称为“威尔逊山收费公路公司”所完成。道路的修筑不但为今后的天文科学工程奠定了良好基础，而且这家公司也通过道路的修筑而最终成为威尔逊山周边土地的所有者。最后，在 1904—1905 年，这家公司与卡内基研究院签订了一项契约，将威尔逊山顶的一大块土地长期租给了卡内基研究院，作为今后建立科学研究基地之用，从而使大型天文台的建造成为可能。

早在 1903 年 6 月的时候，海耳就和几位好友一起去威尔逊山考察过一次。到了

1903 年冬天，当海耳预知了卡内基基金的可能决定时，由于自己生病不能出行，不得不暂时留在芝加哥等待着基金会最终决定的公布，但他已经迫不及待地让夫人携他们的两个孩子先行来到洛杉矶附近的帕萨迪纳安营扎寨，做好准备，以便自己随时能够出发到那里投入到大天文台的建设工程中去。基金会最终公布的消息有些令人失望，虽然委员会随后批准了天文台的建设，但没有提及海耳所关心的一些建设问题。不过，凭着他一贯的乐观精神，海耳决定立即去和家人会合，加入大天文台（起初称为卡内基天文台）的建设工作并担任首任台长。同时，他也开始积极寻求继续研究太阳物理的机会。

海耳抵达加利福尼亚之后，马上带着一架便携望远镜对威尔逊山做了第二次考察。这次观测使他进一步确信，这里是进行太阳研究的良好地点，也值得建设大型望远镜进行恒星研究。1904 年 3 月，海耳首先着手 60 英尺焦距太阳塔的建设。天文台于 1904 年成立时的主要研究方向是太阳活动的观测，从那时到现在，威尔逊山天文台在太阳磁场和太阳活动领域的研究一直居于世界领先地位。

太阳是一颗典型的恒星，人类对恒星的大气、内核和能源的知识，很多来自太阳。19 世纪最后 10 年，海耳和法国的德朗达尔分别发明太阳单色光照相仪和太阳谱线速度仪，从而开始了现代太阳研究的新时期。太阳塔，又称塔式太阳望远镜，是专门对太阳进行观测的天文仪器。太阳塔的外形是塔式建筑物，顶部一般安置定天镜，将入射的太阳光线垂直向下反射，进入成像光学系统和附属仪器。其原理和结构是海耳提出的。他发现，在距地面 20—30 米高度处，用小望远镜目视观测，太阳像的清晰度比近地面的观测有明显提高，这表明近地面的上升热气流对成像质量有严重影响。如果将定天镜置于 20 米以上高度处，并用空心圆塔将向下反射的光路同近地面上升热气流隔开，塔内的空气层次大致是水平的，就可消除上述影响。基于这个原理，同时也由于资金所限，海耳于 1904—1908 年先在威尔逊山天文台尝试建造了第一座 18 米高的太阳塔，虽然没有达到预定的高度，但用它观测研究太阳黑子的磁场，还是取得了良好的结果。此后，许多国家相继建造了一批类似装置。

后来的太阳塔有很多改进，通常为双层结构，内塔顶部支撑定天镜，中间安置太阳望远镜成像光学元件，在塔底或地下竖井内设置大型太阳摄谱仪及其他附属仪器，以便对太阳进行多方面观测。外塔顶部支撑圆顶和观测室地板，从而减小仪器的振动。这些装备的出现，大大促进了对太阳这颗最接近地球的恒星的研究。

继第一座太阳塔之后，1912 年，海耳又在威尔逊山天文台主持建成了高达 45 米的第二座太阳塔。投入使用后，不但用它发现了太阳的普遍磁场，而且在 1913 年还发现太阳同一半球上黑子群中前导黑子和后随黑子的极性产生反转的 11 年周期性。1919 年，在前述研究的基础上，海耳进一步提出太阳活动的真正周期为 22 年，这被称为黑子的磁周，同年还提出黑子的磁分类法。

这时，威尔逊山天文台的建设和研究班底大部分都是海耳从叶凯士天文台带过来的，包括亚当斯、艾勒曼、里奇和随后加入的皮斯等科学家。

除了关于太阳塔的建设，海耳还提议将叶凯士天文台的一架斯诺望远镜移到威尔逊山来。这个动议得到了各方的同意，卡内基基金会也提供了一笔 1 万美元的资金用于斯诺望远镜的迁移工作。在这段岁月里，科学家们同时也是劳动力，不但从事脑力劳动，而且也从事着各种高强度的体力劳动。但海耳却在其中获得了极大的快乐，远离喧嚣的城市，威尔逊山峰顶的清静生活，大大激发了他的想象力和发明潜能。他发明了一种特殊的马拉小车，用于把斯诺望远镜从崎岖的山路上运上来，他还规划了员工们的住处，在经过艰苦的考察后，第一座被称为“修道院”的办公兼住宅的地方也建设起来了。海耳还研究了山上的供水设施并加以改进，不过他关注最多的，还是如何提高获得的太阳图像的质量。海耳充满希望地面对所有的困难和问题，并不断鼓励他的同事们。1904 年到 1905 年的冬天，在暴风袭来的夜晚，大家围坐在“修道院”的火炉边，这些艰苦的岁月为海耳留下了永久的美好记忆。

1904 年秋天，海耳再次动身前往华盛顿的卡内基研究院，为他的新计划游说。经过一系列的协商和活动，设立一座独立的太阳天文台和建造一台 60 英寸口径反射望远镜的提议终于得到了基金会的认可，基金会决定两年内共投入 15 万美元用于这项工程，并授权海耳即刻开始执行。

实际上，早在 1896 年，海耳的父亲就送给他一块用以制造 60 英寸望远镜的巨型玻璃毛坯，有 7.5 英寸厚，重 860 千克。但海耳一直没有得到使用这块巨大玻璃的机会。直到现在，当卡内基研究院的建设基金到位时，才有了利用这块玻璃毛坯建造望远镜并装备新天文台的机会。

从 1905 年开始，在海耳的领导下，首先进行了 60 英寸望远镜镜面的研磨工作。这个工程一共持续了两年，望远镜玻璃构架是在旧金山建造的，在 1906 年的旧金山大地震中，玻璃镜片几乎被毁，但最后还是有惊无险地完成了建造工作。而之后将这些材料和构件运送到威尔逊山山顶，是一件十分艰巨的任务。为了将它们运到山顶还制造了一台专门的电气拖拉机，运送和安装工作用时将近两年。直到 1908 年 12 月 8

日，这架望远镜才正式启用，成为当时世界上最大的望远镜，可用于光谱分析、视差测量、星云观测和测光等天文学研究领域。虽然9年后的胡克望远镜在口径上超过了它，但在此后的数年中它依然是世界上性能领先的望远镜之一。使用这架望远镜曝光4小时，就可拍摄到20等的暗星，这大大提高了天文观测的范围。美国天文学家亚当斯曾用它成功地拍摄到了天狼星伴星的光谱，发现这颗用望远镜都很难观测到的暗星其表面温度竟高达10000摄氏度左右，与天狼星的表面温度差不多，从而证明它的体积极小，质量极大，天文学家称其为白矮星，这个发现成为天文学和宇宙学史上一个重大的进展。

真正使海耳成为名副其实的美国大科学先驱者的，是他在威尔逊山天文台所建造的100英寸望远镜。这台望远镜堪称是大科学仪器的前奏，并且它的成功启用，导致多项科学上的重大发现和人类对宇宙尺度理解的迅速增长。实际上，早在60英寸望远镜尚未建成之前的1906年，海耳就开始构想建造新的更大的望远镜了。为此，他发挥自己超人的社会活动和游说能力，说服一位名叫胡克的商人投资建造一架大口径的天文望远镜。这位商人非常折服海耳的科学成就，希望把自己的名字与世界上最大的望远镜联系在一起，并且在短时间内不被别人超过，于是主动提出增大捐款数额，将望远镜的口径扩大到2.5米，即100英寸，这就是后来的胡克望远镜的起源。

建造这架望远镜也有很多曲折，按照当时玻璃工业的水平，制造这架望远镜重达4吨多的巨大镜面本身就会涉及很多技术难题。但海耳克服了种种困难，经过4年的艰苦努力，终于造出了光学质量令人满意的镜面，对这个巨大镜面的一系列检测也证实了这一点。镜面的完成，为望远镜的建造奠定了可靠的基础。1910年3月，安德鲁·卡内基造访威尔逊山天文台，对海耳领导下该天文台所开展的科学工作极为满意，并且作出了继续投资，用于建造这架大望远镜配套设备的决定。望远镜其他部分的建造受到第一次世界大战爆发的影响，直到1917年10月，这架设备才正式完工并接受使用前的检测。

1918年，海耳主持建造的胡克望远镜在威尔逊山天文台正式投入使用，这台望远镜比60英寸望远镜能够采集的光线大2.5倍。极大地超越了所有现存的恒星、星云观测拍摄仪器，能够提供它们的化学成分、温度和气体压力等新信息。

在此后的30年，胡克望远镜一直占据着世界“望远镜之王”的宝座。这台望远镜一投入使用，很快就显示出了其巨大的威力，许多天文学家用它在星系和宇宙学研究方面做出了开创性的工作。其中值得一提的是两个著名进展。其一是在1920年，在美国华盛顿召开的一次国家科学院科学会议上，爆发了一场持续很久、影响巨大的天文学家柯蒂斯和沙普利之间关于宇宙尺度大小的论战。柯蒂斯依据的是他在利克天文台用 32 英寸望远镜所获得的观测资料，而沙普利则根据的是自己在威尔逊山天文台用 60 英寸望远镜所得资料。两人各执一端，其他天文学家也难分其伯仲。而对这个争论的最后终结，来自 100 英寸望远镜的观测资料，这就是 1923 年天文学家哈勃所发现并测定的银河外星系的存在性，后来一系列的观测，特别是巴德依据胡克望远镜的研究结果，以无可争辩的事实表明，银河系不再是宇宙的全部，而只是一系列“岛宇宙”中的一个而已。于是，人类对宇宙的视野，从太阳系到银河系，再从银河系扩展到河外星系。

胡克望远镜所导致的另一个著名科学发现也是由哈勃完成的，即哈勃红移定律。哈勃和他的助手利用 100 英寸胡克望远镜，进行了长期而枯燥的观测和计算后，发现远处的星系总是在向着远离的方向运动，并且距离越远，远离的速度越快。于是，他 1929 年提出了“星系退行速度正比于它的距离”的所谓“哈勃定律”，成为广义相对论和膨胀宇宙学说的重要依据，而威尔逊山天文台也因此成为国际科学界关注的中心之一，甚至连现代物理学教父爱因斯坦也曾几度来访。海耳所极力推动的天体物理学研究，在他的努力下，终于在美国结出了累累硕果。

四、壮心不已

海耳在美国科学史上的崇高地位不仅在于他作为天体物理学之父的杰出科学研究工作和若干巨大天文望远镜的建造，而且也在于他为美国科学组织体系建设所作出的重大贡献。这主要包括两方面的工作：其一是促进国家科学院为国防和研究尽力，并为此目标创建国家层次科学组织的思想和体系；其二是对加州理工学院的创建和培育。

对于前者，当 1902 年海耳刚当选为国家科学院院士之际，他就深感国家科学院作为国家最高的科学机构，应该“对研究和发展、公众欣赏科学产生关键而积极性的影响”。为此，海耳一方面积极建议增加科学院成员的数量，特别是年轻而有远见成员的数量；另一方面要求拓宽科学院遴选其成员的领域，例如应该将工程和考古等扩充进来。他还建议并身体力行，通过合作特别是天文领域的国际合作，来增进科学院的国际地位。实际上，终其一生，海耳始终是个国际主义者，不但他自己的研究工作始终是在国际范围、国际水平上开展，曾经多次组织过国际性学术会议，而且在科学院内率先创建了一个太阳研究领域的国际合作联盟，联盟中包括大量欧洲的天文学家，他自己亲任会长，副会长是法国著名科学家亨利·庞加莱。

1914 年第一次世界大战爆发，海耳为了促进科学院为国防服务，建议在科学院内成立一个直接为军事和其他研究提供咨询建议的常设组织。这个机构于 1916 年正式设立，即国家研究理事会，海耳被任命为首届理事会主席。伍德罗·威尔逊总统在批准研究理事会成立的命令中，按照海耳的建议，将其使命规定为："推进在数学、物理学和生物学等科学领域的研究，推动这些科学在工程、农业、医学和其他工艺方面的应用，目标是增加知识、增强国防力量，并通过各种途径为公众福利作出贡献。"这个机构实际上不但为美国的国防建设作出了重大贡献，而且也为和平时期的科学发展及工农业等领域的发展作出了积极的贡献，并在美国的科技公共和私人资助、科学教育等公共政策和思想领域产生了深远的影响。

第一次世界大战结束后，海耳又建议组建"国际研究理事会"。1919 年，首先是"国际天体物理联合会"在布鲁塞尔宣告成立。到 1931 年，有 40 多个国家的 8 个专业领域在这个理事会的框架下组建了联合会。理事会的名称因此修改为"国际科学联盟理事会"，即后来联合国教科文组织的前身。海耳在 1932 年被推举为该理事会的主席。

工业化的成功，使美国一跃成为世界头号强国，也成为私人富翁最多的国家。大批私人财富的出现，使美国的富翁在穷奢极欲之余，也开始把目光投向社会慈善。海耳是最早提倡"授之以鱼不如授之以渔"的先驱者之一。他鼓吹社会慈善应优先资助科学文化事业，因为科学昌明才能从根本上消灭贫困。他先是成功地说服卡内基将大笔资金投向天文学研究，继而又成功地争取到了洛克菲勒基金对这项事业的投资。美国的现代大工业是从私人部门开始起步的，而美国的大科学在海耳、劳伦斯这样的先驱者的努力下，也从私人投资中开始起步。正是在私人投资的带动下，美国政府最后才介入到大科学的行列中来，迎来了大科学时代。其中海耳的贡献功不可没。从这个意义上说，海耳堪称是大科学时代的先驱者。

对于创建加州理工学院的贡献，还得追溯到海耳刚开始主持筹建威尔逊山天文台不久后的 1906 年，那时他就担任了帕萨迪纳当地唯一的综合性技术学校斯洛普技术学院的校董。这所学校当时包括小学、中学、工艺培训和一小部分高等学院的教学，纯粹是一个大杂烩学校。海耳在繁忙地建设天文台和科学研究工作之余，对这所学校的建设也倾注了巨大的心血，他一开始就决定要按照麻省理工学院的模式来改造这所学校，把其建成一流的科学教育和研究的殿堂。为此，他一方面积极游说一些富甲一方的工业巨子担任校董，从而能为学校慷慨解囊；另一方面将中小学部分从学校分离出去，只保留高等教育部分，同时尽力延揽一流人才扩充学校的师资。特别值得一提的是，海耳差不多花了将近 10 年的功夫，最终将当时美国物理学的新秀，也是他过去在芝加哥大学的同事罗伯特·密立根动员到该校担任校长，这对学校的改造和建设具有关键性的意义。密立根到来之前，海耳已经说服学校董事会将学校的校名改为加利福尼亚理工学院，密立根的到来并担任校长职务，使得这所学校发生了脱胎换骨的变化，最终成为不亚于麻省理工的美国西部最著名的研究型大学。

海耳从小身体状况就不甚好，成年后，繁忙的科学研究工作和其他各种社会活动更加损害了他的健康。终于，在 1923 年，只有 55 岁的海耳，因为经常发生精神衰竭，不得不辞去了威尔逊山天文台台长的职务，退休回家养病。

退休后的海耳仍旧是病骥伏枥，壮心不已。从海耳的科学论文目录上看，即便是他即将去世的 1938 年当年，他还修订和出版了自己的科学专著。海耳一生写作了 400 多篇科学论文，十几部科学著作和科普读物。海耳有几部科普著作曾获得广泛赞誉，它们是《宇宙深处》（1924）、《在银河系之外》（1926）、《来自恒星的信号》（1931）等。

他一生获奖无数，其中包括 1894 年的巴黎科学院简森奖章、1902 年美国艺术与科学院的伦福特奖、1904 年的英国皇家天文学会的金奖等，可能是美国有史以来获得科学荣誉最多的少数几个科学家之一。

退休后，他不但仍然担任着天文台的荣誉台长，并且无时无刻不牵挂着天文台的发展和建设。20 世纪 20 年代，随着洛杉矶这座西部大都市的迅速繁荣，日渐辉煌的城市灯光开始对威尔逊山天文台的夜间观测造成日益严重的影响，这也促使海耳开始考虑解决的办法。支撑着病弱的身体，海耳又开展了自己一生科学生涯最后的宏大计划。1928 年，他写信给洛克菲勒基金会，鉴于 100 英寸望远镜的巨大成功，要想取得更大的科学进展，就有必要建造一台更大的，200 英寸口径的望远镜。这台望远镜的位置他已经选好，就在威尔逊山东南大约 145 千米处的帕洛玛山，这里条件绝佳，没有任何光污染。希望洛克菲勒基金能够给予资助。

1928 年，正值美国大萧条来临之际，要说服私人企业家投巨资于一项没有直接经济效益的纯科学研究项目，其难度可想而知。但海耳成功了，洛克菲勒基金会最终批准投资 600 万美元，在帕洛玛山天文台建造这架世界最大的光学望远镜。建造工作于海耳在世之日开始，但由于第二次世界大战的影响，最后于20年之后的1948年才建成使用。而在此之前10年，离他70寿辰还差几个月，海耳已经因病去世。在帕洛玛山天文台的门厅里坐落着海耳的半身塑像，在塑像底座的铜牌上写着："这台200英寸望远镜以乔治·埃勒里·海耳命名，他的远见卓识和亲自领导使之变成了现实。"

（作者：王大明 高文杰）

参考资料

[1] Walter S. Adams. Biographical Memoir of George Ellery Hale [M]. Washington: National Academy of Sciences, 1939.

[2] Mary Jo Nye ed. The Cambridge History of Science, Vol. 5, The Modern Physical and Mathematical Sciences [M]. Cambridge: Cambridge University Press, 2003.

[3] G. E. Hale. Ten Years' Work of a Mountain Observatory: a brief account of the Mount Wilson solar observatory of the Carnegie institution of Washington [M]. Washington: Carnegie Institution of Washington. 1915.

[4] C. C. Gillispie. ed. Dictionary of Scientific Biography [C]. New York: Charles Scribner's Sons, 1973.

[5] H. Dright, J. Warnow and C. Weiner eds. The Legacy of George Ellery Hale [M]. Cambridge: MIT Press, 1972.

[6] H. Wright. Explorer of the Universe——A Biography of George Ellery Hale [M]. New York: E. P. Duttou & Co., 1966.

哈罗·沙普利

（Harlow Shapley，1885—1972）

沙普利

天文学家和世界公民

哈罗·沙普利是现代科学史上最负盛名的天文学家之一。他关于银河系的研究成果推翻了当时流行的太阳在银河系中心的观念，如同哥白尼推翻了地球在太阳系中心的陈旧观念一样。在这个特定的意义上，沙普利堪称是现代的哥白尼。沙普利奉行科学的国际主义，是保卫和平、争取民主的斗士，参加了大量和平与民主的社会活动。功成名就后的沙普利关心年青一代的成长，在他担任哈佛大学天文台台长期间，创建了研究生院和博士生制，为美国和其他国家培养了一批天文学家。

距离沙普利去世已经半个世纪，虽然天文学前沿进展已发生迅猛变化，但沙普利的贡献依然熠熠生辉，是天文学发展历史中一座值得纪念的丰碑。

一、遇上良师益友

哈罗·沙普利 1885 年 11 月 2 日生于美国密苏里州的纳什维尔附近的一个农家，父亲威利斯·沙普利是农民兼小学教员。哈罗有一个孪生兄弟霍勒斯、一个姐姐莉莲和一个弟弟约翰。小哈罗在一所农村小学念了五年书，又到堪萨斯州的匹兹堡学了一段商业课程。16 岁时，他当上了堪萨斯州的查纽特《每日太阳报》的记者，次年又一度担任过密苏里州乔普林一个警察局的记者。在查纽特，哈罗挤时间自学了中学课程。等攒够了钱，他同弟弟约翰决定回故乡报名上一所有声望的高级中学。但由于准备不够，兄弟俩均未被录取。他们上了一所基督教长老会办的学校。学了两个学期，哈罗就毕了业。约翰后来成为有名的艺术史家。

1907 年，哈罗·沙普利快 22 岁的时候，才考上密苏里大学，打算学习新闻专业。入学后他被告知，新闻专业尚未建好，他只好改学别的专业。一个偶然的机会，沙普利选上了天文学专业。很幸运的是，他在密苏里大学遇到了几位高水平的教师，有的后来成为知名科学家。其中一位叫弗雷德里克·H. 西尔斯，后来去加利福尼亚州威尔逊山天文台，成为天文台里的骨干研究人员。沙普利念大学三年级的时候，见到了西尔斯教授。当时，沙普利正想在学校里找些工作做。担任学校天文台台长的西尔斯就叫沙普利当一名帮手。西尔斯称得上是沙普利的良师益友。西尔斯看出沙普利具有培养前途，就经常点拨他，并为他提供进一步深造的机会。1910 年沙普利取得数学和物理学的学士学位。1911 年取得硕士学位，同年，西尔斯推荐沙普利去普林斯顿大学天文台。在推荐信中，西尔斯说沙普利"非凡的勤奋"，具有"独立思考和一定的独创性"以及有"多种多样的兴趣"。

1911 年，沙普利来到普林斯顿大学。虽然普林斯顿大学天文系人数不多，但他们的工作却很出色。系主任亨利·诺里斯·罗素是一名天体物理学家。当时，天体物理学还是一门年轻的学科，罗素是那个时代屈指可数的佼佼者之一。罗素颇有贵族气派，还是长老会教徒，沙普利是从密苏里来的乡下孩子，这两个人居然一见如故、意气相投。实际上，罗素后来成了沙普利的密友兼知己。还有一位后来与沙普利关系密切的教师，名叫雷蒙·史密斯·杜根，他是一位既刻苦又能干的观测家。沙普利同罗素和杜根紧密合作，对双星尤其是交食双星完成了卓有成效的研究。他们采用新的计算方法，分析交食双星的光变曲线和光谱资料，取得了恒星的大小、质量和距离等重要数据。沙普利用两年功夫，写完博士论文，后来把它扩充，发表在普林斯顿大学天文台台刊上。这是名副其实的大块文章：4 开本，176 页。尤其重要的是，沙普利分析的交食双星有 90 个，在他之前只计算过 10 个。并且，他那套分析方法一直沿用了很长时间，成了天文学上的经典方法。后来有人把沙普利这项研究誉为对人们了解恒星物理特性"最重要、最杰出的贡献"之一。

在普林斯顿逗留期间，沙普利还研究了造父变星。当时，人们普遍认为造父变星是一类双星。沙普利同罗素讨论以后，弄清楚了这种说法是站不住脚的。因为如果造父变星真是双星的话，那两个星就势必落到一块儿去。因此，造父变星不是双星，而是单星。为了解释造父变星的变化特性，沙普利提出了星体脉动的假设。不过，这个假设一直到沙普利离开普林斯顿，1914 年到威尔逊山天文台之后才写成论文《论造父变星变化的本质和原因》发表。后来，英国著名天文学家亚瑟·爱丁顿作了进一步的理论分析，把脉动理论加以完善，从而成为一个基本理论。

青年沙普利在普林斯顿待了 3 年，就完成了两项重要研究。究其根源，除了沙普利本人的勤奋和独创性，还有罗素和杜根两人的指导与配合。由此可见，对于一个刚踏进科学殿堂的青年人来说，导师的真才实学是十分重要的。另外，年长的科学家们也要积极物色那些有出息的青年，帮助他们，培养他们，为他们创造各种脱颖而出的机会。

二、通向成功的大门

1913 年和 1914 年是哈罗·沙普利一生中的重要时期。1913 年沙普利润色博士论文期间，向他第一位导师西尔斯征询今后求职的意见。西尔斯那时已离开密苏里大学，去了威尔逊山天文台。西尔斯介绍沙普利同威尔逊山天文台台长海耳见面。时隔不久，沙普利就得到了威尔逊山天文台一个职位。不过沙普利没有立刻动身去西部，而是邀弟弟约翰到欧洲旅行了 5 个月。在欧洲，沙普利见到许多一流天文学家，增长了见识。不幸的是，沙普利的父亲在密苏里老家被雷电击中而去世。从欧洲归来，沙普利回普林斯顿，把交食双星的论文写完，然后打点行装奔赴加利福尼亚州威尔逊山天文台。途中，他结了婚，妻子玛莎·贝茨是他在密苏里大学数学课上认识的。婚后，玛莎同丈夫合写了好几篇论文。后来，玛莎自己成了交食双星的分析专家。他们生了一个女儿和四个儿子。

沙普利懂得，装备精良的威尔逊山天文台将为他提供极好的研究条件。不过，他毕竟初出茅庐，缺乏经验。所以在西行前，他专程访问了历史悠久的哈佛大学天文台，请教了那里的天文学家们，受益匪浅。特别是同索伦·欧文·贝利的一席谈话，为沙普利打开了通向成功的大门。贝利专攻球状星团中的变星，曾去哈佛大学天文台设在秘鲁的观测站作了大量观测研究。球状星团是一类特殊的恒星集团，它们形似球状，每个都包含成千上万颗恒星，其中可能就有造父变星。贝利已经发现球状星团中有许多造父变星，他建议沙普利利用威尔逊山天文台的良好条件，尤其是那架威力强大的 60 英寸反光望远镜，去发现球状星团中更多的造父变星。正是贝利的这一建议，导致了沙普利一生中最重大的发现。

哈佛大学天文台另一位天文学家莱维特的工作，也对沙普利的成功起了巨大作用。莱维特在大、小两个麦哲伦星云中认证出许多造父变星。而且，她发现这些星体的光变周期越长，其亮度越强——后来称之为“周（期）—光（度）关系”。莱维特的结果发表后，丹麦著名天文学家埃希纳·赫茨普龙就敏锐地觉察到，造父变星可以当作标准烛光，用来测定它们所在的球状星团的距离。所以，只要找到大量的造父变星，并对它们的光度进行定标，问题就解决了。从科学社会学角度看，那时候，客观条件已经具备，历史在等待的只是这个或那个天文学家去跨出这决定性的一步。年轻的沙普利深深懂得，他必须抓住这个大好机会。

三、踏着哥白尼的脚印

1914年，新婚的沙普利夫妻登上了威尔逊山天文台。沙普利满腔热情，充满了想象，脑海里记着贝利的建议，还有莱维特和赫茨普龙……然而，路是一步一步走出来的。沙普利首先观测大量的球状星团，找到了许多新的造父变星，从而大大扩充了贝利和莱维特的研究结果。接着要做的，就是对这些造父变星（哪怕一个也好）进行定标。可是，球状星团都离地球很远，它们的距离不能直接测定，因而它们真实的光度也无法知道。沙普利就采用一种简单的统计方法，对球状星团造父变星的光度进行了定标，尽管不算很精确。基于这个定标，沙普利大致测定了那些球状星团和我们地球的距离。结果他发现，那些球状星团构成一个庞大的体系，我们的太阳位于这个体系的外缘。接着他大胆假定，球状星团体系构成了银河系的骨架，换句话说，球状星团体系的中心就是银河系的中心。所以，我们的太阳位于银河系的外缘。

到此为止，沙普利关于银河系的研究结果就同哥白尼关于太阳系的研究一样：哥白尼是把地球“挪到”了太阳系中心之外，而沙普利是把我们的太阳和地球“挪到”了银河系中心之外。

今天看来如此简单明了的结论，却是沙普利夜以继日地花了4年心血换来的。首先要拍摄千百张球状星团照片，并逐一检视，从中找出造父变星。接着就要对这些造父变星的亮度一一进行测量，并对亮度变化的周期以及一周期内的平均亮度仔细地加以测定。然后就是对造父变星的真实亮度（光度）进行定标，这项工作前人没有做过，难度又大。功夫不负有心人，在这4年当中沙普利陆续发表了18篇论文，总标题冠以《根据星团颜色和星等的研究》。其中，最重要的一篇（第十二篇）的标题是《关于恒星宇宙安排的评论》。就在这篇论文中，沙普利论证了太阳在银河系外缘的新观念，并且估计了太阳到银河系中心的距离约为6万光年，银河系的直径约为30万光年。按今天的标准，沙普利的数值偏大了大约一倍，但我们不能苛求于他。那时候，人们还不太知道星际消光现象使恒星显得比实际距离更远。

沙普利的思路和分析方法可以说既简单又直接，没有什么令人费解的数学公式，也没有什么高深的物理概念。天文学家巴德赞叹道：

我一直佩服沙普利的路子，他在很短的时间里拿下了这整个问题，最后得出银河系的图像，打垮了一切老派的银河系尺度的观念。

几百年来人们总以为我们的太阳在宇宙的中心。直到18世纪中叶才开始有人认真思考银河系及其和宇宙结构的关系。首先站出来的是德国哲学家康德，以及英国的莱特、瑞典的斯威登堡、法国的朗伯等人，他们各自提出了关于银河系的构想。18世纪末至19世纪初，英国天文学家威廉·赫歇尔作了大量的天文观测之后，提出了他著名的“裂银河系磨石”模型。在赫歇尔这个模型中，太阳离银河系中心不远。进入20世纪，在银河系研究领域中影响最大的，首推荷兰天文学家卡普坦。他测量了成千上万颗恒星的亮度，运用正统的统计方法分析这些资料，由此勾画出一个银河系模型。在卡普坦的模型中，太阳同银河系中心仍然很接近。显然，摆脱几百年的传统观念，是需要很大的勇气的。事实上，那时候大多数天文学家照搬统计方法。已故天文学家博克后来回忆道：

当时，我们那些对银河系结构有兴趣的人，一开头就对统计分析这种先进的数学方法，怀着深深的敬意。至少我自己十分钦佩高斯积分的错综复杂，而且我真诚地希望有朝一日找到某个解，好为全世界构造出一个描绘银河系模型的唯一确定的数学形式。

可是，沙普利这个毛头小伙子，把复杂的数学公式和高深的物理理论撇在一边，企图用既直接又简单的方法，去解决银河系结构这个难题。在一般人看来，这不能不说是冒险的、非正统的。然而，沙普利凭着非凡的想象力和创造性，再加上脚踏实地的工作，居然闯出一条新路，最后势如破竹，拿下了银河系结构这个难题。从方法论的角度来看，沙普利之所以取得成功，在于“从新的角度去看旧的问题”。科学史上这样的例子屡见不鲜。

四、智者千虑，必有一失

沙普利关于太阳偏离银河系中心的观点，并未遭到多大的反对。沙普利勾画的银河系轮廓，较之以太阳为中心的银河系旧模型，与银河系总体图景符合得好了不知多少倍。事情一经点破，觉得还挺容易。

可是，沙普利估算的球状星团造父变星的距离以及银河系的尺度，并不处处受欢迎。许多天文学家觉得沙普利的方法不太可靠，还有几位断定沙普利的数字偏大。于是，一场激烈的辩论发生了。1919 年，威尔逊山天文台台长海耳决定让沙普利在美国国家科学院作一次报告，介绍他关于银河系和宇宙的新观点。海耳还建议，请沙普利最大的对手之一、当时在加利福尼亚州的利克天文台工作的柯蒂斯也作一次报告。

1920 年 4 月 26 日，在华盛顿特区召开的美国国家科学院年会上，以“宇宙的尺度”为题，举行了一次学术讨论会，沙普利和柯蒂斯之间的辩论终于发生了，这就是现代天文学史上有名的“大辩论”。沙普利坚决维护球状星团造父变星方法，因为那是他建立银河系新模型的基础，柯蒂斯则主张采用别的方法，由此得到的距离尺度比沙普利的小得多。沙普利在辩论中占了上风。不过，事情还有另外一面。辩论中涉及旋涡星云的本源，以及它们同我们银河系的关系问题。柯蒂斯对旋涡星云颇有研究。在辩论中他从许多不同的侧面论证旋涡星云是我们银河系之外的星系——“宇宙岛”，很有说服力。这点沙普利则明显处于劣势。首先，沙普利对旋涡星云没有很好研究过。其次，他以为银河系是一个硕大无朋、无所不包的天体系统，旋涡星云似乎也应该隶属于它。在这一“预想”的支配下，自然很难接受柯蒂斯提出的证据。最后，沙普利的朋友范玛伦测量了旋涡星云的自转（后来发现范玛伦的测量是虚假的），推断这些星云是我们银河系的成员，沙普利开始很怀疑，后来草草承认了，并用它来反驳柯蒂斯。

那段时间，沙普利在威尔逊山天文台牢骚满腹，很不得志，亟待寻找机会，远走高飞，因此没有太多的时间和精力去思考旋涡星云的问题。沙普利轻率地否定了“宇宙岛”概念，以后又一错再错。直到 1924 年哈勃照搬沙普利的方法，无可辩驳地证实了“宇宙岛”概念，沙普利才悔恨交加，承认柯蒂斯是正确的。设想沙普利只要不那么固守他的“预想”，观测一下旋涡星云——这对他是驾轻就熟的事，那么按他的路子去完成伟大发现的将是他自己。沙普利在晚年曾经谈到，他一生中有过许多科学上的失误。否认“宇宙岛”理论，无疑是沙普利各种失误中最大的一个。就是这个最大的失误，伴随着沙普利一生中最大的成功——提出银河系新模型。

沙普利的一些失误是同他的钻劲和好揣测但理论功底不够相联系的。他思想大胆，有时似乎无拘无束。他一度对太阳能源问题感兴趣，提出了太阳辐射非各向同性的观点。这个想法，缺乏观测根据，也和当时掌握的理论不一致，遭到了海耳和罗素的严肃批评。为了解释“回避带”——银道面附近观测不到旋涡星系——这一现象，沙普利提出了“瓦解力”的猜想：球状星团穿过银道面时被这种力瓦解。海耳批评他不要无根无据就提出什么大胆的假说，罗素则告诫他假说不可滥用。后来沙普利又热心搞起“星流”现象的理论分析，一套奇特的想法把他引上了歧路。有意思的是，到了20世纪20年代后期，瑞典天文学家林德布拉德借助银河系自转的观念去解释“星流”现象，取得了圆满成功，从而为沙普利的银河系模型增强了说服力。

顺便提一下沙普利的一件逸闻趣事：沙普利的机敏和刨根究底个性，不但表现在天文学专业，也表现在其他方面，比如他见到威尔逊山天文台上常见的蚂蚁，从而产生了研究蚂蚁的癖好。在威尔逊山天文台工作期间，他晚上观测天文，白天有时间就研究蚂蚁。他发现蚂蚁的爬行速度同温度之间有一个线性关系，它们在中午时爬得比早晨或傍晚时要快得多。后来沙普利还发表了5篇论蚂蚁的专题论文，这是他常常引以自豪的。

五、怀才不遇，走为上计

那场“大辩论”的后效，对沙普利个人与其说是学术上的，不如说表现在生活道路上。辩论会之后不久，沙普利被任命为哈佛大学天文台台长，直到1952年他退休为止。事情还得从头说起。沙普利夫妻一到威尔逊山天文台就埋头工作，论文一篇接一篇地发表。与此同时，沙普利逐渐滋长了怀才不遇的情绪，尤其在1918年他提出银河系新模型前后更加如此。我们可以从沙普利当时的信件中了解大概的情形。

爱丁顿在英国撰文介绍了沙普利关于球状星团的研究结果，并给予很高的评价。1918年1月8日沙普利写了一封感谢信，说道：

> 看起来英国天文学家们不知道，我在（美国）这儿的地位是很低的。

1918年2月27日，沙普利在给罗素的信中说得更加明白：

> 你看出来没有？我们研究人员有二十好几位，大多数是年轻人，只有两三个老顽固。他们都会留在这里呢，还是移民去伊比利亚田园？

罗素回信劝慰道：

我认为在一个大单位人才济济并不会埋没人才，你的怀疑没多大道理。我觉得，只要文章是署各人的名字，不是“经长官批准”，这就蛮好了。

沙普利没有听罗素的话。他对威尔逊山天文台的政策也非常不满。名义上，台长是海耳，他也赏识沙普利，可是海耳体弱多病，又要参与国家科学院的事务，因而多半时间不在天文台。真正掌权的是代理台长沃尔特·亚当斯。在沙普利心目中，亚当斯待人有偏见，只信第一眼的印象，而且成天叫人观测、干这干那，不让思考，不让提假设。这使沙普利非常不满。他的一位朋友打算去威尔逊山天文台，沙普利写信告诉他：

我的的确确感到，只要还是亚当斯说了算，那么我一旦离开这里，就休想叫我回来。

接着他劝诫这位朋友别来威尔逊山天文台，并说出了他内心的感受：

要不是我把学东西看作很大的快乐，我将会觉得科学工作到头来太没出息，肉体备尝困苦，精神遍受同行相轻的折磨。驯良和谦卑完全无济于事。天文学上的理想主义并没有我过去想象的那么多。

事态每况愈下。沙普利写信给哈佛大学天文台，要求借用一些光谱照片。可是，当东西寄到威尔逊山天文台的时候，代理台长亚当斯以“我们一切自己干”为理由，要沙普利把东西退回哈佛大学天文台。沙普利不得不照办。他大为不满，写信向罗素抱怨：

我们宁肯要黑暗，不要光明，如果这光明是由不该发光的东西发出来的话……我怕再来几个这样莫名其妙的事情，会把我完全赶出天文学领域，要不就是强制性的懒散把我养肥了。这里干得最少的人最快乐，而且总是受宠。我就不一样了，我每提出一个新的念头，不管多么微弱，总是招来不满。

从沙普利往来书信中的这些只言片语，我们似乎看见了一个精力充沛、才华横溢的青年人，整日与受压抑、不得志的苦楚相争斗的形象。怎么办？三十六计，走为上。

有了打算，还得等机会。1919 年 2 月 3 日，哈佛大学天文台台长爱德华·皮克林逝世，沙普利立刻意识到这是一个难得的机会。在回忆录中，沙普利写道：

那天在回家吃中饭的路上，我听说皮克林死了。我在两条街的拐角停下脚步——现在我还能叫出街名——考虑我是否应该放弃研究工作。应该还是不应该？我应该抑制自己的抱负吗？最后我自言自语，说："好吧，我试一试，看能不能当上台长。"

沙普利说干就干。他先写信给海耳，又打听情况，又试探口气，想掂量一下他当台长的可能性有多大。接着沙普利写信给罗素，问他是否有打算当哈佛大学天文台台长，而且直率地提出：如果罗素不想当，就请推荐沙普利本人。

以哈佛大学校长洛厄尔为首的聘任委员会，在皮克林台长继任者问题上一时拿不定主意。在候选人名单上名列榜首的，就是罗素和沙普利这师生两人。罗素在学术上有很高的名望，但组织能力和行政管理能力并不太高明。沙普利年轻，缺乏经验，但精力充沛，有创造性。为了考察沙普利，洛厄尔校长委托两位朋友乔治·阿加西和西奥多·赖曼去华盛顿参加那场辩论会。这两位对沙普利的印象很好，赞成任命他当台长。

实际上，台长的职位先给了罗素。1920 年 6 月 13 日罗素把他上任后的打算，写信告诉了海耳：

如果他们接受这个计划，我就提沙普利当二把手……想想沙普利和我可以在哈佛干出什么！我俩可以说包下了恒星天体物理学这一领域。我俩能够搞理论，而且我会叫沙普利别海阔天空胡想。再说，沙普利知道现代照相测光领域，熟悉大型反光镜。哈佛那架从未用过的 60 英寸镜子，他会想出好主意去用的……事情沙普利一个人摆弄不了，我以自己衡量了台长的工作之后，确信了这一点……但他将成为一个顶呱呱的副手，而且他一定会成长——我指的是对世界和各种事务的知识；如果他凭着理智成长，他就是一个天才！

不过，罗素后来改变主意谢绝了哈佛大学天文台台长的职位。哈佛大学校长洛厄尔就改聘了沙普利，经过半年过渡期，1921 年 10 月 31 日任命沙普利为正式台长。一个 36 岁的年轻人，就这样挑起了领导美国一流天文学研究中心的重担。

六、担任哈佛大学天文台台长

一个有活力、有抱负的人，一旦找到了可以施展本领的地方，他的亢奋和欢乐是不言而喻的。

沙普利走马上任后不久，《纽约时报》派记者去采访，报道这位年轻的台长以及上一年在华盛顿辩论的情景。沙普利知道了很高兴，写信告诉范玛伦说他真想看看威尔逊山那几个人读这篇报道他的文章时的脸色。在给罗素的信中，沙普利说自己依然还记得，每当有什么事说到“上广告的暴发户”（即沙普利），威尔逊山那一两个人就有多难受。短短两句话，沙普利扬眉吐气之感，溢于言表。

话说回来，重要的不是吐气，是工作。事实上，如沙普利自己所说，几年前他就在考虑往后的工作。按学历和经验，沙普利觉得最适合自己的是哈佛这样的地方，在这里可以为天文学作出最大贡献。现如今，沙普利如愿以偿了。在领导哈佛大学天文台的 31 年中，沙普利和他的同事们在科学研究、研究生培养和国际合作等方面都取得了卓越的成就。

20 世纪 20 年代与 30 年代是沙普利担任台长的黄金时代。他首先督促完成并扩充著名的亨利·德雷伯恒星光谱表。在此基础上，他与同事们合作，对各种光谱型恒星的距离和空间分布进行了广泛的研究。他还和同事们一起，详细考察了南天的两个麦哲伦星云，著名的“周（期）—光（度）关系”就是观测麦哲伦星云中的造父变星得来的。哈佛大学天文台在南半球（先在秘鲁，后在南非）建了一个观测站，对麦哲伦星云拍摄了大量照片。沙普利充分利用这个独一无二的条件，详尽地研究了麦哲伦星云的许多细节。后来他常用“麦哲伦云的物理学家”的名字以自得。

1924年，哈勃采用沙普利制定的一整套方法，观测仙女座大星云和另外两个星云中的造父变星，测定了它们的距离，从而无可辩驳地证明了它们远在银河系之外。在事实面前，沙普利放弃了原来的看法，承认那些星云是银河系之外的银河系。沙普利把它们叫作“星系”，哈勃则给它们冠以“河外星云”的名称，两个人互不相让，争执多年，滋生了一种敌对情绪。美国天文学东部和西部之间的竞争，后来因200英寸望远镜的归属问题而进一步激化。这架巨型望远镜是由洛克菲勒基金会出资建造的，沙普利希望把它安装在哈佛大学天文台南天观测站，结果它最后归威尔逊山天文台所有。沙普利的气恼是可想而知的。

不过，沙普利对星系研究的兴趣却有增无减。他对南半天球和北半天球进行广泛的巡视，拍摄了成千上万个星系。他的研究结果表明，星系不但数量巨大，而且分布不规则，这一点是同哈勃的观点针锋相对的。哈勃强调，星系的分布是均匀的，这是建立结构单一的宇宙模型所必需的。

在20世纪30年代，沙普利的主要贡献是，证认了两个矮星系，一个在玉夫星座，另一个在天炉星座。这是最早发现的两个矮星系。今天我们知道，这些矮星系是星系世界的一个主要成分。

20世纪40年代以后，沙普利还陆续做了一些研究工作，但大多数是和别人合作的。另外，他还发表了几本专著。这些著述的学术价值，平心而论已经远远不如他二三十年代的水平了。离开威尔逊山天文台以后，沙普利的主要贡献不是在研究课题上做出了多少成绩，而是创造了一个十分良好的学术环境。20世纪二三十年代，哈佛大学天文台成了天文学家们尤其是青年天文工作者向往的地方。沙普利是一个坚定的国际主义者，他邀请世界各国的天文学家来这里搞研究。世界各国的天文学家，有年轻的也有年老的，纷纷来到哈佛大学天文台，同沙普利和他的同事们一起进行研究。其中有很多人后来成了名。1932年，国际天文学会在这里召开全体大会，哈佛大学天文台的名声达到顶峰。

为了增强学术气氛，哈佛大学天文台除定期召开学术讨论会以外，还不时举办碰头会。后者是沙普利的一大创造。这种碰头会，不拘形式，气氛活跃，天文台工作人员和研究生都可以讲。每人10分钟左右，有人讲研究项目，也有人介绍四面八方的重大科学新闻。许多访问学者，不论是来自美国本土其他地区的，还是从海外远道来的，都很热心参加碰头会。

沙普利十分重视研究生的培养。在他之前的几任台长，既不开设研究生课程，也不授予博士学位。沙普利则想方设法，在同事的协助下，创立了“哈佛天文学研究生计划”。这个计划为美国和别的国家培养了几十位天文学家，他们中间很多人后来在其他地方也都创立了研究生计划。

沙普利和他的学生们建立了良好的师生关系。他给学生们提供各种机会，进行天文观测和实验操作，也让他们参加一些具体的研究项目。沙普利一家十分好客。逢年过节就邀请学生们参加他们的家宴，他们圣诞节的宴会更使学生们难忘。

七、晚年的余热

沙普利自 1921 年出任哈佛大学天文台台长，至 1952 年退休。在致哈佛大学校长的报告书中，沙普利总结了他任职期间对天文学的贡献。在详细描述了 1921 年以来哈佛大学天文台各方面的发展之后，沙普利特别提到两桩他最自得的事情：研究生的培养和国际合作。

前面谈到，第二次世界大战结束以后，沙普利的主要精力并没有放在天文学上，他越来越忙于国内和国际事务，参加各种社会活动。因此，沙普利作为一个天文学家的形象变得日益暗淡，哈佛大学天文台也开始丧失了它在天文学领域的领先地位。诚然，一个研究机构的盛衰，是由各方面的因素决定的，但是，这个机构领导人的努力，不能不说是一个重要的因素。事实上，沙普利的主要精力放在社会事务上，自然没有多少时间从事研究和写作。设想第二次世界大战后，如果沙普利及早辞去天文台台长的职位，让给更合适的人选，那么，沙普利可以把全部精力用在国内和国际事务上，而哈佛大学天文台也能够办得更好一些。

退休以后，沙普利仍然十分活跃。他到处作报告，尤其喜欢讲给年轻人听。那时，美国天文学会发起的访问教授纲领正在物色报告人，沙普利是最早受到邀请的人之一。他特别愿意到不开天文课的中小学、大学和少数民族学院去作报告。现在美国一些知名科学家仍然感激沙普利的启蒙，是沙普利第一次向他们展示了现代科学这个神奇世界。沙普利有声有色、充满独立思考精神的报告和著作，也感动了各行各业的人们。后来，以哈罗·沙普利的名字命名的一笔基金，专门用于资助美国天文学会的访问教授纲领，以鼓励天文学家们为提高普通民众的科学水平作出贡献。

沙普利于 1972 年 10 月 20 日在科罗拉多州的波尔多逝世，享年 87 岁。

沙普利一生获得了许多荣誉。1924 年他被选为美国国家科学院院士，1926 年被科学院授予德雷伯奖章。此外还有1933年美国艺术和科学院颁发的伦福特奖章、1934年英国皇家天文学会颁发的金质奖章，等等。沙普利被十几个国家授予外国院士称号，乃至荣誉博士学位。他被许多学会授予主席的光荣称号，它们之中有美国科学促进会、美国天文学会、美国艺术和科学院、西格玛·克萨埃学会等。

纵观沙普利的一生可以看到，沙普利不仅是一位成就显赫的科学家，而且是一个有独立人格的人。沙普利的理想是，在科学的王国和人世间开拓新的疆域。在他的心目中，世界是一个整体，国与国之间的边界是不合人情的。他相信人的本性是善良的、高尚的。沙普利自己就是一名具有高尚人格的人。朋友们称道他是一位文艺复兴式的人物，对他的自负和虚荣则予以原谅。连他的诋毁者也不得不承认，他是20世纪科学史上的重要人物之一。

（作者：翁士达[1]）

参考资料

[1] H. Shapley. Through Rugged Ways to the Stars [M]. New York: Charles Scribner's Sons, 1969.

[2] B. J. Bok. Harlow Shapley, in Biographical Memoirs [M]. Vol. XLIX. Washington: The National Academy of Sciences of the United States, 1978.

[3] C. C. Gillispie. ed. Harlow Shapley, Dictionary of Scientific Biography [C]. Vol. 12. New York: Charles Scribner's Sons, 1975.

[4] B. J. Bok. Harlow Shapley-Cosmographer, in American Scholar [M]. Vol. 40, 1971.

[5] B. J. Bok. The Universe Today [A]. Man's Place in the Universe: Changing Concepts [C]. Tucson: University of Arizona Press, 1977.

1 本文初稿是作者在美国哈佛大学天文台进修期间写成的。写作过程中承蒙哈佛大学档案馆和哈佛大学天文台图书馆给予作者借阅沙普利的书信、手稿和图书资料的机会，在此作者表示感谢。O. Cingerich 教授给予作者的指点和释疑，也是作者所难忘的。

伦纳德·狄克逊

（Leonard Dickson，1874—1954）

狄克逊

美国本土最早的数学博士

与今天相比，19 世纪末 20 世纪初的美国数学在世界上的地位相当低，美洲本土数学家为数不多，狄克逊是其中最引人注目者之一。他在芝加哥大学带动数学在新大陆的研究，使得该地成为 20 世纪上半叶的美国数学重镇。而他的数学成就使美国在代数学领域异军突起，领先于世界，狄克逊因此成为美国数学的先驱者。美国正是在像狄克逊这样的世界级数学家们的努力下，逐步成为世界数学的超级强国。

狄克逊这个名字对很多中国人来说可能并不熟悉，在一些世界著名数学家的中文传记里也不见收录，但提到著名物理学家杨振宁，国人一定无人不知无人不晓。他的父亲叫杨武之，是中国早期留学美国的学生，回国后当了清华大学数学教授，杨振宁的童年就是在清华园中度过的。杨武之在美国留学时就曾跟随狄克逊这位美国数学家研究数论，并在其指导下于 1928 年完成题为《华林问题的各种推广》的博士论文。有意思的是，继杨武之之后，杨振宁成年后也到芝加哥大学留学，不过学习领域变为物理学。父子两代人在同一所大学留学，也算是一段佳话。而芝加哥大学的数学和物理的优势，正是包括狄克逊在内的一批早期先驱者所创立。作为美国早期的本土数学家，狄克逊在数学研究领域取得了很高的国际声望，他在群论方面的研究成果形成了美国的学术研究传统，影响深远。

一、生平述略

狄克逊于 1874 年 1 月 22 日生于艾奥瓦州的印地彭德斯，父亲坎贝尔・狄克逊是个商人、地产投资者和银行家，母亲露西也是位受过教育的女子。狄克逊从小家境良好，是家庭的第三个孩子。

童年时候，父亲携全家迁往得克萨斯州。在公立学校上完小学、中学之后，年轻的狄克逊进入得克萨斯大学，师从该校的一位数学家、数学史家和非欧几何的支持者哈斯特德，并在学术上深受其熏陶。1893 年，他作为班级优秀生获得学士学位并留校任教，一年多后获得硕士学位。在此之后，对数学研究的浓厚兴趣使狄克逊立志成为第一代在美国本土攻读博士学位的数学家。为此，他向历史悠久的哈佛大学和刚成立不久的芝加哥大学提出申请。两所大学在审阅了狄克逊的材料后，同时向他发出邀请。经过细致周密的考虑，狄克逊最终选择了当时数学研究实力最强的芝加哥大学。

1894 年秋天，狄克逊进入芝加哥大学学习，在第一任数学系主任、数学家摩尔的指导下，于 1896 年获得博士学位。他的博士论文题目是《素数个字母幂的置换的解析表示及关于线性群的一个讨论》，这是对法国数学家约当研究工作的一个重要总结和拓展，同时也为他的第一部专著《线性群及伽罗瓦域理论》打下基础。

当时的芝加哥大学数学系有三位数学家，即摩尔、波尔泽和马斯克。正是他们三人，携手将芝加哥大学数学系建成美国一流数学人才的摇篮。三位数学家中，最值得一提的是摩尔教授，他是耶鲁大学毕业生，和那一代许多美国数学家一样，他曾游学德国，深受当时世界数学中心之一的格丁根大学世界级数学家克莱因的影响。他在群论、不变量、域和数论等众多研究领域中均取得佳绩，也正是他，鼓励年轻的狄克逊从事代数方面的研究，在狄克逊学术研究的起步阶段提供了巨大帮助和支持。

获得博士学位后，狄克逊与同时代许多有抱负的数学家一样，决定到国外做博士后研究。在 1896 年到 1897 年间，他先到德国莱比锡，聆听了当时杰出数学家李的关于变换群论演讲，之后到法国巴黎师从约当。回国后，狄克逊在加利福尼亚大学担任数学讲师。1899 年，他离开西海岸来到得克萨斯大学担任助理教授。此时，距他取得博士学位已经有 3 年时间，这段时间里他获得不少成果，在代数领域持续进行研究，共发表了 30 余篇论文。他还试图将研究领域向线性群和伽罗瓦域拓展。然而，美国当时书刊文献的匮乏，经常使他在研究的道路上举步维艰。1899 年 11 月，他在给摩尔教授的一封信中表达了自己坚持不懈的决心，同时，多少也流露出自己当时的窘境：

> 我正试图查找魏曼的论文，如果您那里有斯德哥尔摩的期刊，能将临时的预印本给我吗？无论如何，我都很想借阅。我的工作始终有增无减，但是我不会放弃——即使它需要花费 2 年多时间——但这本书还是值得出版的。

摩尔教授和他的同事们为摩尔得意门生高水平的数学研究而深感骄傲。在他们的努力下，狄克逊终于在 20 世纪初重返芝加哥大学任教。这一次，尽管校方一开始时只给他一个助理教授的职位，但对于一个准备在高等学府从事学术研究的人而言，还有什么能比丰富的资料、浓厚的氛围和杰出的导师更能吸引踌躇满志的狄克逊呢？

1902年，狄克逊与苏珊结婚，婚后育有子女二人，拥有幸福美满的家庭。此后他在事业上踏上了坦途。从1900年开始，除其间曾短期在加利福尼亚大学担任客座教授的3年（分别是1914年、1918年和1922年）外，狄克逊在芝加哥大学度过了近40年学术生涯，于1900—1907年任助理教授，1907—1910年任副教授，1910—1939年任正教授，1939年后成为荣誉教授。

授课和研究之余，狄克逊还兼任其他一些社会职务。1902—1908年连任《美国数学月刊》主编，1910—1916年连任《美国数学会学报》主编。此外，他还分别于1910年、1917—1918年任美国数学会副主席和主席一职。

在漫长的学术生涯中，狄克逊笔耕不辍，撰写了大量优秀学术论文和著作，这些论著奠定了他作为杰出代数学家的历史地位。他早期发表的关于有限群理论的论文，堪称有限单群理论的经典之作，使得当时的美国在这一领域处于世界领先地位。1903年，他在代数理论领域的研究也同样取得十分重要的成果，最著名的有可除代数和循环代数。

在其经典著作《代数及其算法》中，狄克逊充分展示了他在代数和数论方面的才华。这本专著出版后广为流传，并被译成德文，对后来德国数学家艾米·诺特、哈斯和布劳尔等人学术思想的形成起了重要作用。1932年，这三位数学家与狄克逊的学生阿尔伯特一起攻克了这一领域的一个重要难题，即在有理数域上有限维可除代数的分类。《代数及其算法》的德文版于1928年荣获美国数学会的科尔奖。此后，狄克逊开始对华林问题进行更深入的研究。

狄克逊一生获得过很多荣誉。1913年之后，他先后当选美国国家科学院院士、美国哲学会会士、美国科学与艺术学会会士，他同时也是伦敦数学会、法国科学院、捷克数学物理联合会的外籍院士或会士。1924年，美国科学促进会为表彰他在代数算法上的杰出贡献而专门为他颁发一笔奖金。狄克逊分别于1936年和1941年获得哈佛大学、普林斯顿大学授予的名誉博士学位。

1939年退休后，狄克逊不再从事数学研究，携妻回到了故乡得克萨斯州。1954年1月17日，狄克逊在得克萨斯州的瓦克与世长辞，享年80岁。

狄克逊去世后，为后人留下了两个疑问：第一，为什么他在退休后竟会将自己所有文稿付之一炬？第二，为什么他退休回故乡后，除讲授几次暑期学校课程外，从此便彻底告别数学研究？对于第一个疑问，我们可以从狄克逊家族来寻找原因。1937年，也就是狄克逊退休前两年，他的妹妹弗兰西斯记述父亲坎贝尔和母亲露西的传记就出版了。狄克逊与家人一直保持着很密切的联系，他曾为传记提供有关历史材料。这表明，狄克逊是了解妹妹这个计划的。事实上，书中关于母亲露西的生平有一半以上的内容是信件和日记，同时关于父亲坎贝尔的生平有四分之一以上是狄克逊的信件，并且大多数都是私人信件，其中有不少属于个人隐私。虽然狄克逊名闻遐迩，但他并不愿意将私人生活公之于众。可能是出于保护个人隐私的需要，狄克逊烧毁了所有文稿。

对于第二个疑问，也许可以这样解释：狄克逊看到很多世界级的数学家在到达退休年龄后，实际上并不能再做出什么创造性成果。晚年数学家精力和创造力衰退的事实，以及年迈的父亲在墨西哥开矿投资失败付出昂贵代价的经历，每每提醒着他：与其去做力不从心的事，倒不如将更多机会留给年轻人。1939 年春天，他的学生完成了所谓理想华林问题的证明。在这种情况下，直觉告诉他自己需要退出数学研究的大舞台，他的确也这样做了。

二、代数研究

狄克逊是一位精力充沛、意志坚强、才智过人、笔耕不辍的数学家。从 1891 年到 1906 年的 15 年间，他至少发表了 74 篇报告和 67 篇论文。这使得他成为当时美国数学界最活跃、最多产的学者。他一生出版的 18 本专著和 300 多篇论文，涵盖了同时代数学研究的各个领域。

他最主要的贡献是有限线性群。在最初的 43 篇论文中，有 36 篇都是这方面的研究成果，这些论文也是他第一本著作《线性群及伽罗瓦域理论》的主要内容。然而，这本书的出版还发生了一段小插曲。狄克逊原本计划于 1900 年夏将他的手稿送往美国的出版社出版。他把自己的计划告诉了导师摩尔，摩尔建议他不要只把目光停留在美国的出版社，并提议写信给克莱因请求帮助，希望这位德国大数学家能够将书稿推荐给一家德国出版社。狄克逊听从摩尔教授的建议，于 1900 年 4 月 7 日致信克莱因，他在信中写道：

尊敬的先生：

恕我冒昧把即将出版的《线性群及伽罗瓦域理论》一书的样稿寄给您。如果您能对本书提出宝贵意见，我将无比荣幸。本书今夏可能在美国出版，但在吾师摩尔的提示下，我想到，如果有您的支持，杜布涅（出版社）也许会把它列入丛书出版。如果是这样，那么我将谢绝美国出版社的约请，而在今夏去欧洲聆听您对该书的指正。期待您的回音，并请原谅我的打扰……

读完狄克逊的书稿后，克莱因这样评价道：

本书详细讨论了线性同余群，或者更一般地说，是伽罗瓦域上的线性群，是对伽罗瓦、贝蒂、马太、约当以及当代很多研究者所做工作的总结。对伽罗瓦域理论进行基本、详尽无遗的阐述是很有必要的。在讨论线性群时，作者不仅找出了已发表论文的结论之间的关系，而且还成功地引入简写符号。准确地说，m 阶线性群是由二次不变量定义的。书中介绍 6 阶线性群的结构时，短短几页篇幅就推导出高于 6 阶的群的情况，并且没有任何繁难的计算。

1901 年，《线性群及伽罗瓦域理论》终于由德国莱比锡的杜布涅出版社出版，我们有理由相信，克莱因的支持在其中确实起了很大的作用。随着该书问世，狄克逊在线性群、伽罗瓦域、有限单群等领域的研究方法逐渐深入人心，备受赞誉。

狄克逊的竞争对手、英国数学家伯恩赛德也赞同狄克逊将线性群的势作为研究代数的方法。正如狄克逊在前言中所写的那样：

1870 年，约当关于置换群及其应用的杰作出版，对于有限群理论有很多重要的补充。诺特、韦伯、伯恩赛德的著作论述了现今的抽象置换群理论。

伯恩赛德的《有限阶群论》出版于 1897 年，比狄克逊《线性群及伽罗瓦域理论》早问世 4 年。伯恩赛德的著作还存在不少不足之处，狄克逊在《线性群及伽罗瓦域理论》中对这些不足之处作了补充。伯恩赛德在书的前言中写道：

可能读者会有疑问，为什么书中大量篇幅讲置换群，然而对特殊的表示方式（如有限群的变换）甚至只字未提。针对这个问题，我的回答是以我们现有的知识状况，只有充分了解置换群的性质才能得出有关纯理论的很多结论，而通过思考有限群的线性变换是很难得到这些结果的。

从《有限阶群论》1911 年第二版来看，狄克逊在线性群和弗罗贝尼乌斯在群的表示和性质方面所做的重要工作为伯恩赛德的研究提供了巨大帮助。虽然书中并未提及狄克逊，但伯恩赛德承认：

由于（狄克逊）这本书的出版，有限阶群论取得相当大的进展。尤其是有限置换群论在几个作者的笔下已经成为很多重要的研究课题。我原先在前言上所说的忽略那部分内容的原因也不再成立。

可见，《线性群及伽罗瓦域理论》对于有限线性群理论的研究具有深远的意义。尤为可贵的是，它的出版标志着美国数学新气象的到来，更标志着 20 世纪美国在有限单群理论上领先于世界的时代的到来。除在线性群领域作出突出贡献外，狄克逊在其他数学研究领域也成绩斐然。他早期的论文中就已经涉及代数几何方面的问题，这些研究很自然地将他引到代数不变量和有限域同余不变量的研究领域中。在有限域的同余不变量方面，他发表了基础性的论文《同余不变量的一般定理》和其他许多论文，并用大量的篇幅对一些特例进行详细的说明。在 1914 年出版的《代数不变量》一书中，狄克逊阐述了他的关于代数不变量的经典理论。同年，他还出版了《线性代数》一书，这些著作的出版使他跨入多产数学家的行列。

狄克逊还在有限可除代数方面写了很多论文，如《除法唯一可能的线性代数》《关于线性代数》《除法唯一可能的交换线性代数》等。在《三维代数与三元三次型》论文中提出三维代数和三元三次型定理是相联系的。在 1937 年发表了名为《关于非结合代数》的论文，其中涉及大量有关二阶代数的研究成果。

1939 年，狄克逊出版《近代数论初步》。布林克曼评价此书道：

本书前四章对数论的初等话题作了简短而令人满意的介绍，其中包括二元二次型。这部分内容对初学者来说很容易，而且有许多适合于他们的问题。余下的 200 页是高等的内容，大多可“附”以文字。全书的证明都是“初等”的（除附录外），总体来说，要比同类文献更简单。有好几章讨论二次型，其中之一包含了三平方数定理的推广……

他关于代数算法的工作首次出现在《四元数的算术知识》一文中，他大部分关于算法的工作后来收入《代数及其算法》一书中。作为一个涉猎广泛的数学家，狄克逊对矩阵论也抱有浓厚的兴趣，他的《近代代数理论》一书便是最好的证明。此外，狄克逊还从李群的角度来看微分方程问题，在几何方面发表了大量的学术论文。

三、数论及其历史

著名德国数学家高斯曾说过，数学是科学的女王，数论是数学的女王。狄克逊对这一论断也同样坚信不移。他一直都希望能在数论方面作出自己的贡献。早在1903年，摩尔就评价他是“全美数学界最强的研究者之一”。1910年，美国科学界进行美国科学巨人第二届选举，狄克逊跻身前七位美国数学家之列。1911年，当狄克逊开始从事数论研究时，37岁的他已经处于荣誉和地位的巅峰。然而，面对极其艰深的数论，狄克逊并未停下前进的脚步。没有哪一件事能比狄克逊投身数论史研究更能折射出他的顽强意志了，这种顽强意志后来甚至被人说成是“狄克逊式的意志”。

狄克逊的论文《费马定理的一般形式》讨论了有限域上费马定理的一般形式。他对完全数的存在性也很感兴趣，同时写了一些与之有关的盈数的论文。关于费马大定理，他也写了许多论文，如《费马大定理与代数理论的本质和起源》《费马大定理》《猜想 $x^n+y^n+z^n=0 \pmod{p}$》等。在1926—1930年间，他将大部分精力放在二次型的算术理论上，尤其是二次型的一般形式。1927年，狄克逊开始对堆垒数论产生浓厚兴趣，在学术生涯的后期，他发表了很多这方面的论文。

1910年2月，他在研究不变量理论的同时，向卡内基研究院院长伍德沃德提出更加深入地研究数论的想法。同年10月，在得到数学家莱默的支持后，他又一次给伍德沃德写信，信中写道：

> 年初的时候，我写信向您提到关于数论史研究的问题，希望搜集从古希腊开始的所有数论资料。您在2月13日的回信中写道：“这项工作需要全面、彻底地展开，并且将是旷日持久、耗费精力的。”
>
> 现在我向您汇报这项重要工作的最新进展，几个月前我已经完成了文献收集的前期工作——第一手文献资料、现存的百科全书和相关记载。
>
> 除8小时教学工作以及不定期编辑工作外，我每周花费40—45个小时，全

身心投入这项工作。那些了解该研究计划的人，都对它的作用给予高度评价——但他们显然并不看好这份劳动。起初，我没有把握好我的研究方向，发表了4篇论文来填补该领域的某些空白——但现在我牢牢坚守一个明确的目标……

狄克逊所参考的文献资料大部分来自《伦敦科学论文目录皇家学会索引》第一卷（1908）及《国际科学文献目录》年鉴（英）、《数学进展年鉴》（德）、《数学出版物半年刊》（法）、波根多夫《数学小词典》（德）、克鲁格尔《数学词典》（德）、沃尔菲奥《数学书目》（德）、《数理科学文献与历史公报》（意）、《数学文献》（瑞典）、康托尔主编的数学史论文系列（德）、各类历史书和百科全书［包括《数学百科全书》（法）］。狄克逊先后去了芝加哥大学图书馆、加利福尼亚大学图书馆、芝加哥克雷拉图书馆、剑桥大学图书馆、剑桥大学三一学院等处直接查阅旧书刊。他还充分利用了纽约普林普顿个人所藏的珍本和手稿。1912年，狄克逊相继到英国博物馆、肯辛顿博物馆、皇家学会、剑桥哲学会、法国国家图书馆、巴黎大学、法兰西学院、格丁根大学、柏林皇家图书馆等处广泛查阅相关文献。他从各家图书馆借阅了许多书籍，还从著名数学史家阿奇巴尔德那里借阅了《女士日记》以及其他日记。

耗时多年、卷帙浩繁的三大卷《数论史》包括整除性与素数、不定分析、二次及更高次式。在第二卷中，狄克逊对不定分析做了系统的研究，为该领域提供了独特的、透彻的视角。狄克逊称："因为有太多不定分析方面的论文仅仅给出特殊解，人们希望将来该课题的研究者在得出关于所攻问题的一般定理（如果不是完整的解）之后才发表论文。唯其如此，该领域才能与其他强劲的数学分支一样保持应有的地位。"他还用自己数学生涯的最后15年时间来建立不定分析的一般形式。该书层次清晰、思想明确、风格朴实而严谨，不含任何多余解释，简洁明了地摘录出从数学发展之初直到20世纪20年代所有数论思想。莱默称之像"写一部历史所需的参考文献目录一般"。他的学生阿尔伯特则评价道："一个普通人要用一生的时间才能完成这三卷书！"由于某些原因，狄克逊没有提及二次互反定律，也就是第四卷的内容。

也许有人会问，为什么狄克逊在他的巅峰时期，会投入13年时间去从事数论史的研究呢？对于这个问题，可能存在三个原因：第一，他想系统地了解前人在这个问题上做出的研究和贡献；第二，因为欧洲人曾经写过数论史的书，而他想写一本美国人自己的书；第三，正如他在《数论史》前言中所写的那样：

我深信，每个人都应该在他一生中的某个时候做一些除自我满足外绝不可能有任何回报的严肃而有用的工作。

虽然他认为此项工作“绝不可能有任何回报”，但是，正是这种无私奉献的精神使得狄克逊的历史研究获得很高的赞誉，《数论史》一直是最具权威性的百科全书，“崇高而有价值”。正如他自己所说的那样，本书“翔实地记载了整个数论文化”，全书的每一个章节无不展示出他的研究的彻底性和深邃的历史眼光。让我们来看第一卷第一章第一个话题“完全数、盈数和亏数”。狄克逊搜罗了从公元前3世纪古希腊欧几里得开始直到20世纪热拉尔丹2200余年间的180多种文献，涉及的人物（包括狄克逊本人）近170位之多！以下是其中的片段：

公元10世纪下半叶，萨克森的修女罗茨维特提到完全数6、28、496、8128。

伊本·艾斯拉在为《摩西五经》作注解时，提到10的任意相继两个幂之间存在唯一一个完全数。

12世纪末，安金在《治愈心灵》一书所列出的教育计划中提到了完全数的研究。

约当努斯指出，每一个完全数或盈数的倍数为盈数，一个完全数的每一个约数都是亏数。他试图证明“所有盈数均为偶数”这一错误命题。

斐波纳契在《算经》（1202）中引用到了完全数

$$\frac{1}{2}\cdot 2^2(2^2-1)=6,\ \frac{1}{2}\cdot 2^3(2^3-1)=28,\ \frac{1}{2}\cdot 2^5(2^5-1)=496$$

其中不包含$\frac{1}{2}\cdot 2^4(2^4-1)$，因为$2^4-1$不是素数，他说依次算下去可求得无限多个完全数。

写于1456年和1461年的慕尼黑手稿给出了已知的前四个完全数，还正确地说第五个完全数为33550336。

休凯定义了完全数、亏数和盈数，并提到了欧几里得法则的证明，还错误地指出：完全数的个位数交替为6和8。

在长达1500多页的篇幅中，狄克逊始终保持着这种简洁、严谨的写作风格。事实上，他的历史研究工作堪与他的数学研究工作相媲美。美国著名数论家卡米切尔在读完第二卷、第三卷之后，在《美国数学月刊》上发表评论称：

> 对于像数论这样庞大而具有如此悠久历史的学科，要给出全部文献的完整叙述乃是一项浩大的工程。本书极其成功地完成了这项工程，当你面对它时，必将肃然起敬。今后，这部历史对所有数论研究者来说都将是不可或缺的……在整个科学史领域，它是无与伦比的。

《数论史》出版后，在当时众多数学史书籍中脱颖而出，对数论的传播和发展起了巨大的推动作用。今天，它已成为数学史经典之作，被公认为数学史上的一座里程碑。特别地，正如狄克逊所希望的那样，很多业余数学爱好者得益于该书的浅显易懂。著名数学家莱默在看完第一卷后指出：

> 该领域的专业人士最需要通过这部著作来提高效率，避免在业已解决的问题上浪费时间，同时也对人们尚未能作出分析的难题给予提示。

为了确保第四卷的出版，他继续工作到 1923 年，很遗憾的是，由于某些原因第四卷未能出版。

《数论史》的出版影响了一大批优秀的数学家和数学史家。

从 1900 年开始，狄克逊除了数论史的研究，还坚持不懈地在不变量理论和代数理论方面进行研究，相继出版了 7 部著作，发表了 50 多篇论文。

四、博士生的培养

狄克逊也是一位“多产”的博士生导师，他将自己导师摩尔所开创的优良的教学传统发扬光大，为下一代数学家的培养作出了卓越的贡献。从表 1 可见，在 20 世纪 40 年代之前，全美共有 229 位女性获得博士学位，其中芝加哥大学就培养了 46 位，占全美国女博士的 20%，而仅狄克逊一人就指导了 18 位女博士（差不多占他学生总数的 27%），占 20 世纪美国数学家中不小的部分。这 18 位女博士占芝加哥大学女博士总数的 40%，占 20 世纪 40 年代前全美国女博士总数的 8%。狄克逊的贡献对芝加哥大学女性在数学上进一步深造的良好氛围的形成起了重要的作用。狄克逊门下的女博士生一致认为狄克逊所在的芝加哥大学数学系在全美各个接受女生申请的高校中是最令人向往的地方。女数学家爱丽丝·莎弗尔认为，“雪球”效应可能是带给狄克逊大量女学生的一个重要原因。但我们应该看到，其中更重要的原因是狄克逊杰出的数学成就以及他的严谨踏实、坚忍不拔、无私奉献、嘉惠后学的高尚品质和人格魅力。

表1 20世纪40年代之前全美国女博士人数（单位：人）

学校	19世纪80年代	19世纪90年代	20世纪00年代	20世纪10年代	20世纪20年代	20世纪30年代	总数
芝加哥大学	0	0	1	8	13	24	46
康奈尔大学	0	3	1	3	6	8	21
布林莫尔学院	0	2	2	2	5	8	19
天主教大学	0	0	0	1	1	13	15
耶鲁大学	0	3	5	1	1	3	13
霍普金斯大学	0	0	0	5	5	2	12
伊利诺伊大学	0	0	0	3	1	8	12
拉德克利夫学院	0	0	0	1	2	6	9
哥伦比亚大学	1	0	3	2	1	1	8
其他美国学校	0	1	6	9	17	41	74
总计	1	9	18	35	52	114	229

让我们看狄克逊的几位优秀的女博士生。桑德森是狄克逊1913年的女博士生，同时也是他第一位女学生。她在1913年完成了关于模的不变量的博士论文，这也是在狄克逊1907年尝试用不变量理论探索数论的启发下完成的。桑德森的主要成就已被誉为“经典之作”。1913年秋，桑德森到美国威斯康星大学任讲师，一年后因患肺结核不幸去世。狄克逊称她为“最有天赋的学生”。

哈兹雷特是狄克逊1915年的女博士生。她主要从事两方面的研究：满足结合律的线性代数和模的不变量理论。她在哈佛大学作博士后研究，先后在布林莫尔学院和曼荷莲学院任教，后来为寻求更好的学术氛围而到伊利诺伊大学任教。1924年，在多伦多召开的国际数学家大会上，哈兹雷特将狄克逊的有理代数解法推广到任意域上的代数（狄克逊在此次大会上给出了同样的结论）。“学生的成就乃是老师的奖杯”，想必狄克逊为自己能培养出这样优秀的竞争对手而感到无比欣慰。哈兹雷特与狄克逊一样在数学研究上受到很高的评价。她撰写的论文数量超过1940年前任何一位女数学家。她担任《美国数学会学报》合作主编长达12年，数度组织美国数学会会议。在 1903 年到 1943 年间，哈兹雷特与另两位杰出的女数学家斯考特和惠勒一起，在男性所主导的学术星空发出耀眼的光芒。

罗格斯顿是狄克逊 1921 年的女博士生，在其研究后期对代数几何产生了兴趣，并取得了卓越的成就。她在芝加哥大学任教长达 25 年之久。在普通人看来，她是一位特立独行的学者，她喜欢在极少有女性供职的重要研究机构工作。最典型的是，她在芝加哥大学通常教本科课程。在指导 4 位博士生学习时，她自己仍旧保持高水平的研究。

瑞斯是狄克逊 1931 年的女博士生，也是很有个性的学生。除在学术上具备良好素养外，她还为争取联邦政府对数学研究划拨更多基金作出了重要贡献。她同时认识到计算机对科学发展的重要性，提出了许多有关数学教学改革的重要主张。

除哈兹雷特、罗格斯顿、瑞斯外，狄克逊还指导了其他 15 名女学生，她们也分别活跃在各自的数学舞台上，成为美国数学界的栋梁之材。

凡是听过狄克逊讲课的学生，在半个多世纪之后，仍然保留着对他的深刻印象，当年的课堂仿佛历历在目。狄克逊不是那种用陈旧、生搬硬套的教学方式授课的教师。他准备好简明扼要的讲稿，以严谨的治学态度讲授给学生。为鼓励学生尽可能施展自己的才华，他经常布置一些任务，要么让学生分析这些材料，要么完全由他自己做报告。但他从不袒护学生的缺点，而是尖锐地予以指出。事实上，学生是这样评价狄克逊的：

> 出于对学生的殷切期望，他的言语表现得生硬直率。他在自己努力工作的同时，也希望学生能努力工作。

对狄克逊的评价，反映出他是一位良师益友，在学生追求理想的道路上，他总是提供无私的帮助。尽管他的方式略显生硬，但对于下一代数学家来说，在更多时候，有机会跟随狄克逊学习无疑是人生中珍贵而难忘的经历。他的学生杜伦认为，狄克逊身上焕发着不同于常人的人格魅力。杜伦说：

> 从传统的意义上说，狄克逊不太像个老师。我认为他的学生更多的是把他作为数学家来效仿，而不是受教于他。他往往把学生带到该领域的前沿，因为他所研究的课题在当时总是最新的。正如芝加哥大学研究生胡斯顿所说：“狄克逊想要你和他一样。就是当你年轻的时候，力争达到最前沿，这就是一切。”

狄克逊的人生目标是成为最杰出的数学家，在这一领域的前沿贡献出他全部的学术生命，在教学过程中，他也时常要求他的学生树立这样的信念。狄克逊对学生要求很严格，如果他发现他的学生在能力上有可能无法完成学习计划，狄克逊会立刻对他的博士生实施一个特别措施：他会布置一个比博士论文题目小的预备问题，如果学生在三个月内解出，他就同意指导这个学生；如果无法按时完成，学生就不得不找其他导师。狄克逊很显然通过布置为期三个月的测试题，来检测这个学生能否踏上通往“研究前沿”的征程。如此严格的要求非但没有吓退向他提出攻读博士申请的学生，相反，狄克逊通过这种方式表现出的对科学的严谨态度吸引了更多优秀的学生投奔他的门下，其中就包括本文开头提到的杨振宁的父亲杨武之。狄克逊一生共培养了 67 位博士生。

狄克逊是一位多产的数学家，他在数学园地里辛勤耕耘、硕果累累。他也是一位著名的数学史家，他以一名数学家渊博的学识和深邃的洞察力，撰写了经典的历史篇章。他还是一位杰出的导师，他以独特的人格魅力、高尚的意志品质、严谨的治学态度和严格的选拔要求吸引、培养了众多的博士生，其中不乏知名的数学家。无疑，狄克逊深深影响并有力推动了美国数学发展的进程。他的杰出数学成就，以及他那为人、为学、为师的丰富经历，都为后人留下了弥足珍贵的精神财富。

（作者：柳笛　汪晓勤）

参考资料

[1] D. D. Fenster. Leonard Eugene Dickson (1874-1954): an American legacy in mathematics [J]. Mathematical Intelligencer, 1999, 21 (4): 54-59.

[2] J. H. Parshall. Leonard Eugene Dickson [M]. American National Biography (Vol.6), Oxford: Oxford University Press, 1999.

[3] K. H. Parshall. Defining a mathematical research school: the case of algebra at the University of Chicago, 1892-1945 [J]. Historia Mathematica, 2004, 3: 263-278.

[4] K. H. Parshall. A study in group theory: Leonard Eugene Dickson's Linear groups [J]. The Mathematical Intelligencer, 1991, 13 (1): 7-11.

[5] R. S. Calinger. Leonard Eugene Dickson [A]. Dictionary of Scientific Biography (Vol.4) [C]. New York: Scribner & Sons, 1973.

[6] A. A. Albert. Leonard Eugene Dickson 1874-1954 [J]. Bulletin of American Mathematical Sociery, 1955, 61: 331-345.

万尼瓦尔·布什

（Vannevar Bush，1890—1974）

布什
科技政策的工程师

美国仍是当今世界科技强国，特别是在基础科学及其应用开发方面，可以说从第二次世界大战以来至今无出其右者。探究美国科技持续强盛的原因，具有很大现实意义。回顾美国20世纪以来的科技发展历程，有一点现在也可能是老生常谈但又不无启示意义的认识，那就是科学技术事业的发展除要有大批的研究专家外，杰出的管理和组织专家也是必不可少的。万尼瓦尔·布什正是这样的人物，因为他的名字的确是一个美国科技事业由边缘走向中心这段历史时期无可回避的名字。

在第二次世界大战期间，布什被认为是“有可能决定战争胜负的人”。战后他所发起撰写的《布什报告》成了美国制定科学政策的“圣经”。他还预见到了个人计算机和数字化图书馆的无限前景，成了信息时代的预言者。1974年6月底，当布什逝世时，美国各大报纸都刊登了讣告并发表了大量纪念文章，其中时任麻省理工学院校长兼总统科学顾问的威斯纳这样写道：

> 对于科学技术的发展而言，美国没有任何人比万尼瓦尔·布什的影响更为巨大。在20世纪可能不会再有能与他相提并论的人了。

一、生平理想：成为一名工程师

万尼瓦尔·布什于1890年3月11日出生在离美国东部重镇波士顿不远的一座海滨小城普罗温斯顿，家中还有两个分别比他大9岁和4岁的姐姐。当他1岁时，随父母迁移到波士顿郊区一个叫切尔西的卫星城镇。他的父亲理查德·佩里·布什原来是个水手，后来成为一名新教平民牧师。父亲对布什最大的影响有两点：一是自由教派的积极入世思想，二是雄辩的演讲才能。布什的母亲虽是位商人的女儿，但气质高雅。

牧师的收入十分有限，勉强能够维持家庭的最低开支。而布什从小又是个体弱多病的孩子，用他自己的话讲，是“生了不少时间的病”，得过“儿童时期常见的”几乎所有的疾病，有一次甚至严重到卧床不起达一年之久的程度。所以他的童年几乎是在贫病交加中度过。好在母亲很节俭，父亲很乐观，使布什战胜了这些人生道路上最初的困难，慢慢长大了，同时体验到了下层百姓的悲苦炎凉。

布什在切尔西的小学和中学上学，学习成绩不错，特别是数学和物理，很早就表现出了在这方面的才华。他不仅喜欢动脑，也很喜欢动手。学校里的手工课是他最热衷的科目。除了学校的课程，他还在家里的地下室摆弄各种玩意儿，一方面是出于个人对新奇发明的兴趣；另一方面他也清楚地知道自己家里的财力状况，很快就会需要自己把教育变成谋生的手段。还有一个社会时尚方面的原因，布什的少年时代，即 19 世纪末 20 世纪初，当欧洲上流社会正关注科学上的各种新奇发现，进入所谓“激动人心的年代”时，美国社会的中产阶级却更津津乐道于诸如贝尔的电话、爱迪生的电灯和留声机等大量技术上的发明和进步，因为这些发明不但满足了人们的好奇心，也给发明者带来了巨大的物质财富。因此，对于中下阶层的男青年而言，做出技术方面的创新发明，不但可以年纪轻轻就光宗耀祖、出人头地，从事令人羡慕的职业，过上比父辈更体面的生活，而且也体现出一种心灵手巧、追求新奇的新时代的男子汉气概。

1909 年布什高中毕业，身高 183 厘米但体形偏瘦，不太好运动但好动脑的他很想进入一所比较好的大学继续学业，但由于两个姐姐上大学已经用尽了家里的积蓄，他选择大学的第一个条件就是必须能自己挣钱念书，所以他只能选择离家不远的塔夫茨学院。他在同届入学的 125 名新生中数学是最好的，物理也很棒，所以为同学们辅导数学和物理课，就成了他挣钱补贴家用的一个办法。他常常在晚上开设辅导课，为了吸引更多的生源，他也叫来一些要好的朋友做“学托”，就是大家都来听他的课，并拿出 5 毛钱听课费放在面前做示范，但这些钱布什是不收的，最后还是由他们自己收回去。布什上大学二年级时，还顶替一位因病请假的教师教了半学期的课。有时间的时候，布什也会琢磨各种技术发明来解决经济问题。例如他曾经设计出一种半自动机械地形测量仪器，当他推着这个新鲜玩意儿在田野间做试验的时候，别人还以为他在收割着什么，因为那东西的确像架收割机。这架“收割机”于 1912 年获得专利，是布什平生所获得的第一项专利，虽然这项技术发明最终也没有找到买主。

这个时期最重要的收获，就是他为自己找到了未来的方向，那就是成为一名真正的工程师。他写道：

> 我重新为思想确立了方向。事实上，我第一次决定要做一个真正的工程师。我不但要懂事，而且要懂人。

在此后的数十年间，他一直都在孜孜不倦地朝着这个方向努力。20多年后的1937年，布什在《科学》杂志上发表了一篇文章《工程师及与政府的关系》，对自己少年时的理想做了总结，那就是工程师实际上决定了政府工作的效率和社会发展的面貌。

当他23岁大学毕业后，为了能挣到足够的钱再回到学校读博士，另外也为积累待人处世的社会经验，布什先进入当时如日中天的通用电气公司工作，一年后又到一家女子学校担任数学教师。最后于1915年秋天，经母校校长推荐，他终于得到了克拉克大学的一笔奖学金——1500美元——用以攻读工程博士学位。布什到了学校，发现指导教授是要他研究声学而不是他原来所谈好的工程，布什立刻表现出了不愿意受人摆布的自主意识，放弃了这来之不易的奖学金，离开了这所学校，改为申请攻读麻省理工学院的电气工程博士学位。

二、麻省理工学院的岁月：从学生到教授

麻省理工学院答应录取他来攻读博士，但没有奖学金，而他口袋里前两年工作挣来的钱只够他维持一年的学习费用。于是他还得千方百计地说服学校同意他用一年的时间取得博士学位。他甚至跟电气工程系里指派指导他的教授签了个合同，以保证若他在一年内完成论文，学校应授予他博士学位。而那位导师根本不相信他能按时完成论文。

但出乎该导师的意料，布什竟然提前完成了博士论文。1916年4月，他向导师提交了一份长达169页的论文，内容是关于在亥维赛工作的基础上，探讨把某些微分方程变换成更容易计算的代数方程的数学运算，以帮助解决电力传输中的一些相关技术理论问题。这篇论文最终获得了通过，布什于当年的夏天拿到了博士学位，然后回到自己的母校塔夫茨学院当了电气工程系的助教。

这时候欧洲已经爆发了第一次世界大战，而远隔大西洋的美国虽然竭力想保持中立，但最终还是于1917年4月参与了战争。在此之前，实际上已经有一些科学家和工程师参加了部分军方的工作，其中发明大王爱迪生担任了海军的一个科学咨询委员会的主席，目的是激励发明家来证明爱迪生的“现代战争是机器的问题，而不是人的问题”的观点。受爱迪生喜欢实干、不尚空谈理念的影响，爱迪生委员会的成员几乎都是工程师和工业家，没有科学家。于是受到冷落的科学家们在1916年成立了自己的委员会，称为国家研究委员会，隶属于国家科学院。这个国家研究委员会将自己的目的定为革新美国的武器装备。当时德国的潜水艇屡屡攻击美国的船只，海军急切希望找到有效探测潜艇的方法，这项任务最后交给了国家研究委员会里的物理学家密立根。

年轻的大学助教布什牛刀小试，他也从自己的角度第一次介入了军事方面的研究。他提出制造一种装置，可以利用磁场干扰的方法来探测潜艇的存在。为了实现自己的理论设想，布什于1917年5月到华盛顿面见密立根，当面陈述了自己的想法。他的意见得到了密立根的重视和支持，密立根认为布什的设计值得做成实物大小的模型来进行实验。鉴于布什不愿意接受政府控制，密立根答应给著名的私人基金会——摩根基金会的主管写信，推荐由他们来资助布什的实验工作。布什从与密立根的会晤中得到了极大鼓舞，立即着手推进这项实验。虽然实验最后以失败告终，但他认为这主要是因为军方对技术的了解不够和效率低下所造成的。但他也得到了一个收获，那就是：

> 战争不只是个军事行动，它不是武器的问题，它不是军队之间的冲突，它是个庞大的经营业务，它是个巨大的工程问题。

随着第一次世界大战的结束，布什也离开塔夫茨学院，来到麻省理工学院的电气工程系任教。从1919年开始，布什在这里度过了20年时光，为麻省理工学院电气工程专业和其他科学的研究与教育作出了极大贡献。当时的麻省理工学院，电气工程虽然已经成为独立的系，但仍然停留在比较初级的水准上。在1921年之前，全系甚至还没有研究方面的预算，当时的系主任委托布什负责研究生的学习和研究活动，布什以极大的热情投入到这项工作中去。1921年，麻省理工学院电气工程系取得硕士学位的只有4个人，一年以后有了37人，第二年是45人。总之，由于布什的介入，从

1922 年开始的 10 年中，电气工程系平均每年授予 51 个硕士学位，这是前 10 年的 10 倍！后来甚至有人说当时美国全部电气工程师的三分之一出自麻省理工学院。

除教学之外，布什的真正兴趣当然还是在研究上面。他开始琢磨起当时在技术上属于尖端的问题：电力网输送的优化问题。当时电力在美国已经日益成为生活和生产的必需品，供电系统在迅速扩大，但也有一些令人烦恼的技术困难，如绝缘问题、电力波动问题、闪电等外界因素造成的损害问题等，都使整个电力系统经常处于不稳定状态。西屋和通用电气等美国大型电力公司的工程师们日夜都在钻研着解决的办法。布什在这个问题上采取了另辟蹊径的做法，他试图用机械计算机来辅助设计复杂而稳定的电力系统。在解决这个问题的过程中，布什得到了一个重要的副产品，那就是由他改进的一种早期的模拟计算机——微分分析仪。这个仪器后来在科学研究、工业设计和军事装备等方面都派上了大用场，布什也因此被一些人称为美国计算机研究事业的先驱。

布什在麻省理工学院的头 10 年，也是麻省理工学院历史上比较混乱和沉闷的时期，主要是因为学校缺乏坚强、有活力的领导所致。但对布什而言，这 10 年却是成果丰硕的时期，一方面是他个人家庭生活基本没有受到太大的冲击，因为他有稳固的学校职位和数家公司的股份，所以经济上无多少后顾之忧；另一方面是他在工作上卓有成效。因此这个时期反而成为他一生当中的第一个巅峰时期，他培养出了许多有才华的学生，完成了一些有价值的研究项目，参与经营的几家公司都不同程度地获得了成功。这一时期添丁加口的家庭生活也使布什感到美满幸福，在麻省理工学院的薪水从 1919 年的每年 3000 美元，涨到了 1929 年的每年 7000 美元等。可以说，布什到此时已经在知识、地位和财富方面达到了令人心满意足的高度，如果不是接下来发生的事情的话，可能我们看到的就是一个小富即安，而不是后来活跃在美国当代历史舞台上的布什了。这就是卡尔·康普顿的到来。

1930 年来自普林斯顿的物理学家卡尔·康普顿来到麻省理工学院担任校长，他是 1927年诺贝尔物理学奖获得者阿瑟·康普顿的哥哥，习惯上大家称他为名字的缩写K. T. 。卡尔·康普顿到任后立刻就开始着手改变麻省理工学院原来杂乱无章的状况，在许多改革措施中，有一条是鼓励教授在校内做研究，而对他们在校外的兼职工作做了严厉限制。这一条惹恼了布什，他第一次面见康普顿，就是为了抗议这条规矩。结果一向倔强的布什这次服从了新校长的意愿，但他是心甘情愿服从的，并且对康普顿留下了极为美好的印象，后来给予了他极高的评价，他说新校长：

在我所见到过的人中，是最让人喜欢的一个。麻省理工学院所有的人在所有的事情上都那么忠心于他，所以他做什么都没有人反对。他很有见识、悟性、理性、辨别能力，很和气，不是个得意忘形、自高自大、自私自利的人……任何人只要能够避免，就不会去伤害他。

康普顿对布什也很欣赏，他首先提高了布什的薪金，达到了每年 10000 美元，这在美国大萧条时期是非常高的报酬。紧接着，于 1932 年初，又任命布什担任了麻省理工学院的副校长，同时兼任当时学校 5 个学院之一的工程学院的院长，并且成为校董会的成员。由此，在麻省理工学院形成了一个以康普顿－布什为核心的领导体系，迎来学校发展历史上的一个黄金时期，也把布什推到了全美国更广阔的科技活动舞台。

布什愈来愈成为一个精明强干的科学家、工程师和管理者。由于杰出成就，他此时已被选为美国国家科学院的院士。20 世纪 30 年代初，为了从大萧条的创伤中尽快恢复，总统罗斯福实行新政，倡导政府积极干预经济活动，而不再完全放任其自由发展。他号召科技人员也要积极参与国家的复兴，为此他任命卡尔·康普顿担任了一个新成立的科学顾问委员会的主任。卡尔·康普顿认为联邦政府应该成为科学的主要资助和主办者，而不是听由像卡内基、洛克菲勒基金会这样的私人基金来支配国家的基础科学研究方向。布什积极支持卡尔·康普顿的观点，同时也参与了更多的所谓“政府科学”的活动。在科学研究方面，除前面提到的关于电力传输系统的优化和稳定性问题的研究外，布什还涉及一些基础科学方面的研究，例如他曾对荷质比与速度的关系作过非相对论的解释，提出了电子电荷随速度而改变的假说，并认为当电荷之间的相对速度等于光速时，它们之间的作用力将变为零。但是，他并没有引证实验事实来支持这种假说。但这项研究奠定了布什不但在工程技术、应用科学方面的发言权，也证明了他在纯科学研究方面的实力。

1939 年，布什被华盛顿的卡内基研究院聘为院长，从此离开麻省理工学院。之后他亦被任命为国家航空咨询委员会的主席，这使他开始涉足国家层面的军事研究决策领域。这个时期，在华盛顿也形成了一个对美国政府、国会和军方决策有重大影响的科学家圈子，其核心成员除布什本人外，还有他的老朋友麻省理工学院校长卡尔·康普顿、哈佛大学校长科南特和美国电话电报公司贝尔实验室主任（后担任美国国家科学院院长）朱厄特等人。当他们聚在一起时，布什后来回忆道：

> 就是大家一块儿深刻地分享着一件东西——担忧！

因为战争的乌云正在世界上空密布，而就在这一年，德国人发现了原子核的裂变现象。

三、贯彻新观念：科技研究的结果决定着战争的胜负

第一次世界大战爆发时，布什还是一个大学生，虽然他后来主动参与了一些战争技术的研究，但基本上属于一个旁观者。难能可贵的是他敏锐地预感到科学技术在现代战争中的重要作用。第二次世界大战爆发时，对布什而言，情况就完全不同了，这时候的布什已经是美国科学技术界、工业界甚至是政界都闻名遐迩的人物。由于对第一次世界大战中惨烈景象记忆犹新，第二次世界大战在欧洲爆发后，美国国内有许多人强烈主张美国应该置身事外，对欧洲的战争作壁上观。但布什基于自己对法西斯侵略者本质的认识，相信美国迟早会卷入战斗，而令人可怕的是美国却“没有做好准备”。之所以如此，是因为美国的军方和政界人士并没有认识到，战争的形式已经改变，已不是军方和政界人士们凭着传统观念所能完全了解的东西了，面对全新的现代化技术性战争，纯粹的军方人员已经没有足够的能力来应对，所以国家安全的内涵必须做出相应的改变，这就是必须吸收和动员科技与工业等各方面的专业人士在政府的高层次上参与工作，否则就形成不了真正强大的军事力量，从而也不会给国家带来真正的和平。

布什的这个想法主要是针对美国军方长期以来在军事技术装备研究等方面的封闭传统有感而发的。美国的军事技术研究领域历来是军方的自留地，非军方研究机构很难置喙其中。在战争技术还比较简陋的过去，其后果还不甚显著，但在现代战争的条件下，一方面，军方人员视野狭隘、观念陈旧，却掌握了绝大部分研究的资源；另一方面，民间研究机构蕴藏着极大的人才资源却无从发挥，致使国家的军事力量无法得到更大的加强以适应新形式战争的弊病暴露无遗。基于这种认识，从 1940 年开始，布什积极活动，寻求建立一个新的，不仅仅担负咨询使命而且能领导和协调民间研究机构参与到军事技术的研究中，并能在某种程度上代表官方资助民间研究机构的机

构。为此，他通过在政府中的朋友向美国总统罗斯福提交了一份只有一页纸四段话的备忘录，在里面他把自己心目中的机构命名为“国防研究委员会”。1940 年 6 月，罗斯福总统会见了布什，他们只谈了一刻钟，罗斯福就批准了布什的计划。两天后，总统在一次记者招待会上宣布任命布什担任新成立的国防研究委员会主席。

国防研究委员会的成员有代表大学研究力量的卡尔·康普顿、科南特和托尔曼(来自加州理工学院的物理化学家)，有代表工业实验室研究力量的朱厄特，还有代表政府部门和军方的几名官员。罗斯福总统把国防研究委员会的目标定为补充而不是代替军方自身的研究，而布什则把其工作方式定为与大学研究机构和工业实验室签订研究协议而不是组建这种机构。另外，在国防研究委员会的组织机制上，布什根据总的目标成立了 5 个分支机构，即装甲与军械、化学与爆炸装置、通信与交通、仪器与控制、专利与发明。他还授权各分支的领导人可以根据需要随时组建次级的专门小组来解决具体军事问题及推动研究活动的持续开展。这种机动灵活、兼收并蓄的组织方式，后来被证明行之有效。

此时，美国尚未正式参战，但荷兰、卢森堡、比利时和法国相继陷入德国纳粹之手，英法军队在敦刻尔克的大撤退，这些血的教训使美国大多数人开始认识到纳粹的可怕和战争阴影的逼近。虽然仍有人反对介入战争，但支持反纳粹战斗并加强自身的战备却也到了人人都能意识到的程度。美国国会通过了“租借法案”，开始公开从道义和物质方面给予英、法等国以支援。美国军方强调备战的数量，布什则强调备战的质量——研究，并且是一种能动员一切智力资源的、军民结合式的研究。国防研究委员会的成立是他贯彻自己新的战争理念的第一步。

国防研究委员会的经费来自总统的应急基金，在其成立的第一年，获得了 650 万美元的支持。布什用这笔钱采取委托协议的方式，在一年内动员和资助了上千名科学家参与军事研究工作，与 32 个大学研究机构、19 个工业实验室签订了 126 份研究合同。“用合同来参与”军方的研究，不是布什的首创，但如此大规模动员民间科技力量为战争服务，则是他的功劳。这里面有许多具体的管理问题，例如项目和人员的遴选、保密、知识产权的归属、军方与民间科技机构的关系等等。布什运筹于帷幄，组织各方面的力量和资源，成功地完成了这个复杂的操作。

虽然罗斯福总统为竞选连任，曾发誓言美国绝不参与这场战争，但随着欧洲战事的进一步发展，以及日本军国主义在亚洲的扩张，布什愈来愈认识到美国卷入战争的不可避免性和加强战备的迫切性，同时深感国防研究委员会经费来源的不稳定性——

因为总统应急基金实际上是以总统的个人意志为转移的，总统会随时根据自己的政治需要而对其加以取舍。所以，必须寻求法定的经费来源以维持研究的稳定和持续。此外，国防研究委员会组织的活动中也没有包含任何医疗方面的研究内容，还有就是研究的结果往往停留在实验室阶段，很难制成产品投入实际应用。这些情况的发生，源于国防研究委员会本质上还是扮演着一个咨询顾问的角色，虽然它有权签订许多研究合同。这使得布什深感有必要对国防研究委员会加以扩充或改造使其成为涵盖面更广、实用性更强的执行机构。为此，布什收敛了自己一贯急躁的坏脾气，一次又一次地向政府、国会和军方进行游说，甚至通过新闻媒体来宣扬自己的观点。但由于军方的反对，布什的努力收效甚微，直至 1941 年 12 月 7 日美国历史上的那个黑色星期天。

日本偷袭珍珠港事件促使美国下定决心对德意日法西斯轴心国正式宣战，而布什的构想也在此时得以实现。美国国会批准成立了布什一直在主张的实体性机构——科技研究与发展局，作为应对反法西斯战争的重要措施之一，科技研究与发展局的经费纳入国会的战争预算。布什从此终于获得了大展才华的舞台。

检阅科技研究与发展局的成就清单，首先就是雷达技术的应用。最早发明初级雷达技术的是英国物理学家，但很不成熟。然后他们把这个技术雏形带到了美国，那还是在国防研究委员会时期。布什立即意识到了这项发明的巨大军事价值，就与康普顿商议在麻省理工学院建立了辐射实验室，选派 39 岁的物理学家李・杜布里奇来领导，并与之签订合同，拨出巨款加以扶持。到科技研究与发展局时期，更是给予最大的支持，使这个麻省理工学院新建立的实验室最终成为赫赫有名的研究机构，其研制出的一代又一代新式雷达，在战争中发挥出无比的“知彼”威力。该实验室刚开始时仅有十几名工作人员，到战争结束时已接近 4000 名，总经费预算超过 15 亿美元!

在研究管理方面，布什提倡的寓军于民、合同参与的方式发挥了灵活高效的神奇作用。科技研究与发展局在战争期间动员了超过 6000 名科学家参与研究工作，其中包括占全国总数 75% 的物理学家和 50% 的化学家。类似于辐射实验室那样得到科技研究与发展局强力支持的研究机构，还有设在加州理工学院的火箭实验室和设在霍普金斯大学的爆炸引信实验室等。对于 1943 年以前的大部分美国物理学家，以及在这之后没有参与曼哈顿计划的物理学家而言，“物理学研究”甚至就意味着在这三家实验室里工作。这三大实验室在战争期间总经费也远超 20 亿美元，与曼哈顿计划所花费的经费相当。

虽然科技研究与发展局的年经费预算到 1942 年已经突破了上亿美元，但布什依然觉得钱不够用，为能够把钱用在刀刃上，他为科技研究与发展局制定了一个所谓“不计报酬—不计损失原则”，即不从科技研究与发展局的合同项目资金中领取报酬。他本人以身作则，虽然担任着科技研究与发展局最高领导人的职务，但自始至终只在卡内基研究院领薪，没有拿过科技研究与发展局一分钱。在反法西斯战争同仇敌忾的气氛中，也在布什个人魅力的感召下，各合同项目实验室（大约有300多个）的科学家们不计名利，忘我工作。加州理工学院的化学家鲍林对此有生动的描述：

这里的实验室已经失去了往日的悠闲。我们有数不清的战争研究项目，每个人都全力以赴。

努力工作带来了丰硕的成果：反潜雷达、防空雷达、机载雷达、高炮瞄准雷达、无线电引信炮弹、固体火箭等。这些成果在战场上取得了巨大成功，以至于有一些后来参与了曼哈顿计划的物理学家也认为：

原子弹仅仅是结束了战争，而雷达赢得了战争！

其实早在1939年初，布什就注意到了发现核裂变的物理学新进展，但他没有加入核裂变所引起的科学界和公众的狂热，因为他认为比起其他紧迫的研究项目来，原子武器还是很遥远的事情。同年9月，由于西拉德和维格纳说服爱因斯坦给罗斯福总统写信，导致总统批准国家标准局建立了一个协调裂变爆炸研究的机构——铀委员会。但这个委员会对研制原子弹的问题反应迟钝，将近半年的时间里——到1940年春，拨给这项研究的总经费不过区区6000美元，这种情况引起科学界的强烈批评。自1940年6月起，原子弹研制项目移交布什领导的国防研究委员会负责。但在此后的一年中，由于布什对这个项目也不热心，在具体研究的决策方面仍无多大起色。可能是出于对德国人拥有原子武器的担忧，也可能是与核物理学家劳伦斯谈话的结果，布什从1941年夏天起，突然转变了原来对原子弹研制不热心的态度，开始积极推进这个项目的开展。1941年10月，布什到白宫向罗斯福总统汇报原子弹研制问题，对这次会见，原子弹计划的官方记录里这样写道：

布什这时不是有权制造原子弹，而是有权弄清楚是否能够制造原子弹，以及需要多大的代价。在调查清楚并做出了制造原子弹计划之后，布什才能够放手去做。

布什与总统同意成立一个新的独立机构来管理原子弹研制项目，一般认为，这就是曼哈顿计划的正式开始。后来他又向陆军建议任命一名高级军官来具体负责这个机构，这名军官即后来闻名于世的格罗夫斯将军——当时他还是一名上校——于 1942 年 9 月前来报到，在此之前，原子弹的前期研制工作一直是由布什实际负责的。而在此之后，布什亦关心和参与了曼哈顿计划的许多决策工作，包括最后的对日本使用原子弹的轰炸行动。

在科技研究与发展局工作的 5 年中，因为高度保密的原因，布什实际上默默无闻地为战争技术做了大量工作，随着战争即将胜利，布什的贡献逐渐为社会公众所了解并迅速达到了他个人社会声望的顶峰。曾担任过贝尔实验室主任、后来成为美国国家科学院院长的老朋友朱厄特把布什所创建的科技研究与发展局称为“世界上从来没有过的最伟大的工业研究机构”。新闻媒体更是盛赞他在“结束战争中的重要作用和功劳”，甚至好莱坞也来凑热闹地拍了一部关于他的电影。但布什本人对科技研究与发展局的最后工作，就是想尽办法解散这个机构。因为他相信在和平时期，推进国家科学研究的工作应该由另外的更合适的机构来担任。

四、无止境的前沿：对战后科学发展的思考

截止到第二次世界大战之前，美国历史上从来不曾以立法的形式从国家层面直接支持科学研究，虽然许多政府部门对科学研究的资助从来就没有间断过，只不过这种资助是以提供资助的政府部门对某些具体、特定问题的兴趣为转移的。这与美国的实用主义文化传统密不可分。然而，第二次世界大战成为这种观念的转折点，它开始使美国人普遍认识到，即使是基础科学研究其实也能产生巨大的实用价值，所以对基础科学研究的重视，从美国的实用主义文化观念来看，也就是顺理成章的事情。

在这种背景下，当第二次世界大战盟军的胜利已成定局时，罗斯福总统于 1944 年 11 月给布什写了一封信，要求他就如何把战时取得的经验和教训运用到未来的和平时期提出意见。他写道：

亲爱的布什先生，你任主任的科技研究与发展局在协调科学研究和应用现有的科学知识解决战争中最重要的技术问题的过程中进行了独特的有关协同合作研究的试验。尽管科技研究与发展局的工作是在没有任何公众知道的情况下极秘密地进行着，但是，它的实际效果能从来自全世界作战前线的公报中看出来。总有一天，成功的全部真相能被公开。

无论如何，在这一试验中发现的经验不能有效地应用于和平时期的理由是不存在的。因为科技研究与发展局以及大学和私人工业中数以千计的科学家开发出来的资料、技术和研究经验在未来的和平时期应当被用来增进国民的健康、创办新企业以增加新的就业机会，提高国民的生活水平。

布什就罗斯福总统的要求和信中所提出的四个包括如何将军事研究的结果转为民用、如何利用科学与疾病作斗争、如何组织和帮助公立和私人机构的研究活动、如何选拔和培养年轻科学人才等具体的问题，组织了四个专门的委员会，即医学顾问委员会、科学与公共福利委员会、发现和培养科学人才委员会和科学情报出版委员会等对上述问题予以彻底的研究，并在 1945 年 7 月 5 日提交了研究报告，但此时罗斯福总统已经逝世，所以报告是提交给继任的杜鲁门总统。

该报告共分两大组成部分：正文和附录。其中正文主要由布什起草，分为总论、向疾病作斗争、科学与公共福利、更新科学人才等六个部分；附录则是四个专门委员会提交的四份研究报告。

作为科技政策的经典文献，布什报告的第一个突出特点就是从理论和实践两个方面对基础科学研究在科学进步中的作用加以全面肯定和强调。报告用大量的事实和证据证明：为了向疾病作斗争、为了国家的安全、为了公共的福利，就必须依赖科学的进步，而科学的进步——即新知识的获得，只有通过基础科学研究。报告指出：

今天，基础研究是技术进步的先行官，这一点比以往任何时候都更确实。19 世纪，美国人在机械方面的独创性大大发展了工艺技术，这种独创性主要建立在欧洲科学家的基础科学发现之上。现在的情况不一样了。

一个在新基础科学知识上依赖于其他国家的国家，它的工业进步将是缓慢的，它在世界贸易中的竞争地位将是虚弱的，不管它的机械技艺多么高明。

报告的第二个突出特点，就是明确地指出了科学是政府应当关心的事情，而这是过去过于信奉自由主义的美国的弊端。报告中写道：

> 我们没有国家的科学政策。政府仅仅开始在国家的福利事业中利用科学。政府内部没有负责系统地提出或执行国家科学政策的实体。国会里也没有致力于这一重要课题的常设委员会。科学已经站在舞台的边缘上，它应该被推到舞台的中心——因为科学是我们未来的许多希望之所在。

报告中认为政府对科学所应该承担的责任主要分为三个方面：制定政策以明确总方向和目标、提供支持基础研究的经费、协调各研究主体间的关系。

另外，在科学与国家安全、科学与公共福利、军事研究的解密和转为民用、人才培养、基础研究和工业研究的关系、科技情报的国际交流等许多政策的重要方面，报告里都详加论述。但我们要提到的报告的第三个突出特点，就是它不是光空泛地议论，而是将这些政策目标都落实到一项行动方案——建立国家科学基金会的建议中去了。

布什在报告中详细地论证了成立国家科学基金会的必要性和可行性，甚至拟订了基金会从经费来源、办事原则到组织结构和人员组成等各种细节问题的规定条款。从中可以体会出布什的良苦用心，就是在国家尽最大可能的力量支持科学研究的同时，不能以损害科学家的独立地位为代价。因为布什一贯认为“不戴枷锁”的科学家才能自由地思考并创造出新的知识。所有现成机构都无法做到这一点，只有建立国家科学基金会才是实现这一设想的最佳途径。

当布什报告公开发布之后，立即得到了社会各界积极的反响和广泛的称赞。但他所建议的支持基础科学研究的计划并不是一帆风顺，在国会审议这个计划的时候，有的议员批评这个计划缺乏根据，并用布什报告中的科研拨款计划大做文章，因为根据布什的建议，对科学基金会第一年应拨款3350万美元，以后逐年增加，到第5年增加到12250万美元。有人据此给布什报告起了个别名：“科学——没有止境的开支”。但布什报告得到了美国科学界的热烈欢迎，各地的科学家组织了一个全国性的机构——“支持布什报告委员会”，其成员包括多名诺贝尔奖获得者在内的众多美国著名科学家。在报告提交国会成为正式议案后，美国各地的大学和研究机构的科学家们仍组织了多种声援集会，并发起给国会写支持信的活动。

这种努力持续到5年后的1959年5月，美国国会才最终通过了“1950年国家科学基金会法案”，布什的设想得到了实现，而此时的布什本人却已经离开了华盛顿决策圈，成了一名可有可无的顾问。

五、能思想的机器：计算机与数字图书馆

在第二次世界大战中，布什曾启用自己10多年前在麻省理工学院时发明的模拟式计算机——大型微分分析仪来帮助计算炮弹弹道，并通过弹道实验室强力地资助了美国最早的数字式计算机的研究，这在客观上催生了计算机时代的来临。

关于谁是第一台数字化电子计算器的发明者问题，在美国计算机界纷争了多年。相当一部分人认定由莫奇利和埃克特1943年在弹道实验室完成的“埃尼亚克”计算机是世界上第一台电子数字计算器，但也有不少人认为当年在爱荷华大学执教的阿塔纳索夫和贝利发明的ABC计算器，才是真正的数字计算机的“鼻祖”。为此，1973年10月，好诉讼的美国人在明尼苏达州的一家地方法院，经过多达135次开庭审理后，当众宣判了这桩有关计算机发明权的知识产权案，判决书最后认定莫奇利和埃克特没有发明第一台计算器，只是利用了阿塔纳索夫发明中的构思。

用法律判决来还原“电子计算机之父”本来面目真可谓是美国人的一大发明！但判决书并不能代替历史事实。综合种种历史客观证据，可以这么说，阿塔纳索夫的ABC模型机正好处于模拟计算与数字计算的门槛上，从ABC计算器开始，人类的计算才从仿真向数字挺进，而“埃尼亚克”则标志着计算器正式进入了数字时代。这两个机器的产生过程中都有布什的身影存在，前者在于思想启发方面，后者则在强大的经济资助方面。

当年布什在麻省理工学院任教时期研制计算机的初衷，如前文所述，也是为了求解与传输电路有关的微分方程。那时为了求出一个方程的解，演算工作量大得惊人，常常或冥思苦想好几个月，或浪费掉几百张草稿纸也仍然得不出答案。有一天他突然感觉到，与其再想下去，不如制作一台模拟计算装置帮助求解更合算。于是1928—1931年，布什带领一批年轻工程师在麻省理工学院完成了一台“大型”计算机器。说它是“大型机”并不为过，因为这台机器自重就超过了100吨，装备着数百根平行的钢轴，需要用一系列电动机驱动。仅机器内部的电线，若首尾排列起来就长达200英

里。一个参观过微分分析仪的人曾挖苦说，布什必须“一手拿扳手，一手拿改锥”才能操作机器进行计算，但当时它却让麻省理工学院的科学家们兴奋不已，因为他们从此有了求解数学难题的有力武器。

当然，直接启发了阿塔纳索夫最初灵感的布什所发明的微分分析仪，只是一种模拟式计算机。所谓模拟，指的是它利用齿轮转动的角度来模拟计算结果，与莱布尼茨乘法器的原理类似，它还不是真正意义上的数字计算机。布什发明的这种机器当时至少被人仿造出 5 台，在二战中曾帮助英国计算德军 V-2 导弹的弹道表，战功卓著。现今在麻省理工学院和伦敦博物馆里，还各收藏着一台不太完整的这种机器，但都已不能正常运转了。

布什在战争即将结束的 1945 年 7 月，在美国极有影响力的杂志《大西洋月刊》上发表了一篇题为《似乎我们可以思维》的论文，题目中的“我们可以思维”实际上指的是“我们可以用机器来思维”。文中他整理和阐述了自己多年来关于使用微缩胶片、声音等多媒体方式存储和处理信息资料，达到帮助人类思维目的的思想。该杂志的编者当时在给布什的论文所加的编者按中写道：

> 作为科技研究与发展局的主任，布什博士曾协调了超过 6000 名的美国顶尖科学家们把科学应用到战争事务的活动，在这篇具有重大意义的论文中，他又激励科学家们投入战后的新知识领域。多年来大量的发明创造极大地扩展了人类的物质能力，远超过对心智能力的提升。榔头胜过拳头，显微镜锐利了眼睛，工具如今就在手上，如果加以妥善发展，将给人类铺就利用各时代知识遗产的通途。布什博士通过本文呼唤思考着的人类与我们知识总积累间的一种新型联系。

布什在文中指出，第二次世界大战中，科学情报在大规模军事研究和开发工作中起到了功不可没的作用，在战后的科学研究和发展中肯定仍有不可轻视的重要意义。文中他还首次提出将传统的图书馆馆藏文献的储存查找机制与计算机结合起来，构思并描述了他所设想的一种称为 Memex（有人译作“记忆扩展机”，也有人译作“超文本存储器”，本文从后者）的设备，其本质是机械化的个人文档与图书馆，即台式个人文献工作系统，能存贮书、记录和通信的综合装置。美国的泰德·纳尔逊在 20 世纪 60 年代正式提出超文本的概念。进入 20 世纪 90 年代，随着多媒体技术与互联网络技术的发展，超文本的应用更加广泛，信息组织与管理的超文本化成为信息传递的基本形式。

今天，随着计算机技术、通信技术、高密度存贮技术和多媒体技术的飞速发展，原有各种物理载体所存储和传输的信息，正在逐步数字化，大有电子图书取代纸介质的书、数字图书馆取代传统图书馆的趋势。而数字化图书馆的构想就始于布什在这篇论文中所论述的思想，这使他成为人们公认的这一领域的预言者和先驱。

六、科学并非万能：对科学与人生的理解

1955年底，布什从华盛顿的卡内基研究院院长的职位上退休，回到马萨诸塞州老家，除担任几家私营公司的顾问外，不再担任任何公职。晚年的布什，依然精力旺盛，还保持着对技术发明的嗜好，他尝试过设计一种新型的汽车发动机、一种军用的水翼船和一种用于治疗心脏病的小型活瓣，并希望将之推向市场，但都没有成功。当然他现在有了更多的时间来对科学技术的方方面面进行深入的反思。年轻的时候，他寻求工程师般地脚踏实地做事情，信奉美国式的实用主义文化观念，对科学技术有一种神圣的感情，把它看得高于一切。后来作为一名高级的科学管理人员，也把科学技术看作是解决一切问题的灵丹妙药。现在，抛开一切利害关系而平心静气地反思这些问题时，他发现科学技术并不是世界的全部，并开始赞扬起另一种文化——和应用完全没有关系的文化。其结果就是于1965年出版的以《仅有科学是不够的——对现状和未来的反思》为题的论文集，包括了布什20世纪五六十年代陆续发表的10篇论文，记录了他对科学与价值、人生、文化、艺术等诸多问题的思考结果。

布什在谈到科学从原子弹的成功而树立起其绝对的权威，使一般公众都把科学家看成是超人，把科学看成是无所不能的东西时，不无忧虑地写道：

> 目前有关科学威力的谈论已经很多了，这些说法当然也都有其道理，所谓“科学万能”是也。但是科学的能力其实是有限的，这一点却鲜见有人提及。对于一枚硬币的两个面，应该都公正地加以考察才对。

布什认为科学的局限在于对人类自身存在的目的、价值，以及人的自由意志和人的信仰方面，在这些问题上，科学应该三缄其口。虽然科学有一定的局限性，但他认

为这并无损于科学的伟大，因为它以这样一种方式提醒人类：我们在宇宙的知识方面依然十分愚蠢，需要了解的事情仍然是没有止境的。对人类社会而言，除科学之外，还有许多值得追求的价值观，例如和平、公正、平等、仁慈和责任等。布什认为，由于科学已经成为文化的一个重要组成部分，所以作为一个现代人，首先必须对科学有所了解，至少要对它的基本原理有所了解，否则将在文化素养上落后于时代。但单纯只懂科学也不够，在文化素养上也是有缺损的，因为“在这堵围墙以外，他将一无所见”，所以必须在做人的其他方面加以修养。这样，作为一个个人，其生活才会丰富多彩；作为一个社会，人们才能和谐共处，消除贫困，走向繁荣富强。

总之，布什在走向自己生命的尽头之前，反而更多地想到了人生的意义和价值，他出版了断断续续写成的回忆录，作为一个将一生献给科学的人，他觉得科学是有价值的，但不是全部意义和价值。他也想到了科学本身的创造过程，就像建造一座大厦，需要不计其数的一代又一代有名或无名的建造者，不断地对其进行规划、施工和建造，使其日渐高耸，却永无止境。

1974 年 6 月 30 日，这位美国现代科学研究事业大厦的建筑工程师、科技政策之父与世长辞，享年 84 岁。

（作者：王大明）

参考资料

［1］ V. 布什等 . 科学——没有止境的前沿［M］. 范岱年，解道华，译 . 北京：商务印书馆，2004.

［2］ G. 帕斯卡尔 · 扎卡里 . 无尽的前沿——布什传［M］. 周惠民，周玖，邹际平，译 . 上海：上海科技教育出版社，1999.

［3］ Vannevar Bush. The Engineer and His Relation to Government［J］. Science，1937，86：87-91.

［4］ Vannevar Bush. As We May Think［J］. Atlantic Monthly，1945，（176）：112-124.

［5］ J. M. Nyce，P. Kahn. From Memex to Hyperfext：Vannevar Bush and the Mind's Machine［M］. SanDiego：Academic Press，1991.

［6］ Vannevar Bush. Science Is Not Enough：Reflections for the Present and Future［M］. New York：William Morrow & Co.，1967.

［7］ Clark A. Elliott. History of Science in the United States：a chronology and research guide［M］. New York：Garland，1996.

利奥·西拉德

（Leo Szilard，1898—1964）

西拉德

核和平之父

在1960年美国著名的《哈珀斯杂志》上，原子弹社会史专家埃利斯·史密斯讲了这样一件趣事：在一个大学教授参加的聚会上，有人要求来客们写下他认为在近代历史上起了特殊作用的人物，要求所选人物是在他的时代中起了任何人都不能替代的作用。根据得票的多少选出的前五个人依次是林肯、甘地、希特勒、丘吉尔和利奥·西拉德。本文所要介绍的就是其中的第五位人物，即利奥·西拉德的生平和成就。

一、出身与早年岁月

利奥·西拉德于1898年出生在匈牙利布达佩斯的一个犹太家庭。他父亲是位建筑师。他的童年极其平淡，10岁以前，一直是一个瘦弱多病的孩子，在家中由母亲给予家庭教育。10岁那年他被送入公立学校就读，一直到18岁。在学校里，他并不十分用功，但总能轻而易举得到好成绩，再加上坦率、诚恳，对许多问题常常发表独到的见解，使他成为一名受到老师和同学们格外喜爱的学生。

西拉德一生很少谈到他的童年。本文只能根据有限的资料，提及影响西拉德世界观形成的一点线索。

西拉德的母亲非常喜欢讲故事，在这些故事中常常隐含着一种鲜明的真理。西拉德曾说：

> 许多人并不了解自己的一套价值观是来自何处，而我的价值观来源却很清楚，这就是我母亲常常给我讲的那些故事。我对真理的爱全都来源于这些故事，我乐于为“拯救世界”做些事情也来源于此。

在这些故事中，有一个故事讲西拉德的外祖父。1848 年匈牙利革命时，西拉德的外祖父还是一名中学生。作为班长，他每天要向老师汇报违反纪律学生的名字。有一天正好军队从校外经过，学生们违反规定跑出去欢迎士兵们去了。在当天的报告中，西拉德的外祖父报告了跑到校外的学生名单，其中也有他自己的名字。老师由于他的坦诚而十分高兴，结果谁都没有受到惩罚。这样一个小故事由于西拉德的母亲反复讲给年幼的西拉德听，使他产生了深刻印象，以至在他 62 岁时还能完整把这个故事复述出来。

匈牙利剧作家、诗人马达奇 1862 年创作的诗剧《人的悲剧》对西拉德也产生了深刻影响。此剧取材于《圣经 · 创世记》。西拉德读该诗剧时年仅 10 岁，但它已经给西拉德留下了深刻印象。1945 年他谈到该诗剧时说：

> 这个诗剧的思想是告诉人们，在你做出悲剧性预言时，仍要抱有一线希望。

“一线希望”——这正是西拉德一生奋斗信心的源泉。

20 世纪初的匈牙利，尤其是其首都布达佩斯，有着浓厚的崇尚知识与科学的社会风气，这种风气对于促使西拉德跨入科学殿堂产生了很大影响。这种风气也曾促使大批匈牙利青年学生到欧洲科学发达国家求学，最后成为国际知名学者。除本文介绍的西拉德之外，比较知名的还有物理学家维格纳、冯 · 卡门、泰勒、加博尔，数学家冯 · 诺伊曼以及著名学者波兰尼等。在西拉德的学术生涯中，这批学者都与他有着很密切的联系（在一篇为维格纳庆寿的文章中，该作者的第一句话就是：“世界上有一批天才，他们自称是匈牙利人，其实他们是‘火星人’。”）。

正是在这样一种背景下，西拉德在学校里就表现出对科学的兴趣，尤其喜欢物理学和数学。13 岁那年，他为得到了几件物理实验仪器而欣喜若狂。然而，到了 18 岁那年，他却没能如愿到大学里学物理或与物理接近的化学，这是因为当时物理学家不容易在匈牙利找到合适的工作。在亲属和朋友的劝说下，他进了一所技术学院学习电机工程。

1917 年，19 岁的西拉德被征兵加入奥匈帝国军队，以军官身份服役。直到 1918 年 11 月，第一次世界大战结束，他其实没有直接参加过战斗。1919 年夏，他返回技术学院，几个月之后，他就来到了德国柏林。在这里，西拉德开始了他作为科学家的人生历程。

二、博士论文和关于信息论的预言

西拉德到柏林后，一开始学的仍然是电机工程，并被认为是在电机工程方面最有出息的学生。此时，柏林的物理学界十分活跃，这对西拉德产生了极大的吸引力。那时爱因斯坦、普朗克、冯·劳厄、能斯特和弗兰克等物理大家都在柏林，并经常举行物理学家的定期聚会。西拉德很快就成为这种定期聚会的热心听众。另外，他的匈牙利同胞加博尔、维格纳也在柏林大学读物理，这使西拉德更多地了解了物理学的现状和辉煌远景。促使西拉德下决心改学物理的原因或许还有爱因斯坦的鼓励。西拉德曾“以他特有的直率向爱因斯坦作了自我介绍”。一方面由于他的真诚、直率，另一方面由于他的犹太血统，爱因斯坦对他产生了很好的印象，他们建立了亦师亦友的终生友谊。

西拉德转入柏林大学以后参加了爱因斯坦主持的统计物理研讨班。这个研讨班是由西拉德促成的。加博尔、维格纳和西拉德的其他几个朋友都是这个研讨班的成员。爱因斯坦以他那物理学大师特有的见解和智慧给了他们不少启发和帮助。许多年后维格纳回忆说：

> 研讨班对于大多数参加者来说都是一种独一无二的经历。我相信，它也给西拉德的博士论文以不少的灵感。

西拉德的博士论文导师名义上是冯·劳厄。所谓“名义上”是指西拉德完成的论文与冯·劳厄交给西拉德的题目毫不相干，西拉德花了6个月的时间来解决冯·劳厄交给他的有关相对论问题，结果一无所获。这迫使他不得不放弃劳厄的命题文章，开始思考用热力学理论来推导涨落现象的问题。实际上，他是从1921年圣诞节开始考虑并着手做起，但只用了3周时间就完成了。1922年西拉德获得博士学位，博士论文题目就是《唯象热力学在涨落现象上的推广》。涨落现象是德国经典物理学大师玻尔兹曼最早提出的，并用统计物理学的方法进行了计算和解释。而西拉德则只用热力学第二定律这一纯宏观唯象的理论定则，一点也没有使用原子概念就推导出涨落现象的存在性，这引起了爱因斯坦和冯·劳厄的极大震惊。令西拉德高兴的是，劳厄在吃惊之后第二天就打电话告诉西拉德：

你的稿子已经被接受作为你的博士学位论文。

这个时期是西拉德一生中最富有创造性的阶段。6个月以后，西拉德又在这一领域完成了另一篇论文《精灵的干预使热力学系统的熵减少》。该文“在热力学发展史上占有重要地位，因为它第一次令人信服地说明了麦克斯韦妖的本质。同时，这篇文章也在信息论发展史上占有重要地位，它不但预言了信息论，还揭示了信息论这一学科的出现是历史的必然”。

三、“20世纪的爱迪生”

“我们现在应该把他看作20世纪的爱迪生。”这是西拉德的老朋友加博尔在评论西拉德的技术发明时讲过的话。打开《西拉德科学论文集》后，令人感到吃惊的是，该书中大量介绍了西拉德为自己的技术发明所申请的专利。从这些文献中我们又看到了作为发明家的西拉德。

按照维格纳的说法，西拉德花大量的时间从事技术是因为：

西拉德觉得他并不很精通理论物理。他觉得自己在数学运算技巧方面无法和同事们竞争。

芝加哥著名专利律师塔宾的说法比较中肯：

西拉德的独立性格使他非常适合于扮演一个发明家的角色。他的好奇心、丰富的思想是由于他受到的工程和物理学双重训练而形成的。

据西拉德回顾，在他毕业时，爱因斯坦曾问他：

你为什么不到专利局找份工作干呢？这对你会是最好的，做一个别人等着你下金蛋的科学家并不是一件好事情。我在专利局工作的那些时间是我一生中最好的日子。

西拉德没有到专利局，而是来到了威廉皇帝科学研究所，一年以后他又当上了柏林大学无公薪讲师。从此以后，在大约 10 年的时间内，西拉德同时在两处供职。尽管西拉德没有去专利局工作，但他除受冯·劳厄影响而与马克合作进行了 X 射线晶体学研究以外，把大部分精力都用在了一些具有商业价值的应用研究方面。

在其学术生涯中，西拉德不但是科学家，也一直扮演了发明家角色。但相对来说，他在 1923—1931 年间的发明更加具有商业意义。在此期间，他的一些思想甚至影响到了德国某些大公司的决策。限于篇幅，此处只简单介绍两个案例，即家用冰箱和粒子加速器的设计。

在柏林期间，西拉德经常去拜望爱因斯坦，并就他关于技术发明方面的新想法征求爱因斯坦的意见。当他谈到家用冰箱的设想时，引起了爱因斯坦的极大兴趣，这导致了 1927—1930 年间他们俩在这方面的合作，结果在家用冰箱和与之有关的液体金属泵方面他们获得了 5 项专利。当时，德国通用电气公司根据他们的思想制造了一台无声家用冰箱，后来因为成本太高，没有进行商业生产，但是由此发展起来的液体金属泵却在 20 年后，在增殖反应堆的研究中起了重要作用。

1928 年，西拉德开始考虑原子物理问题。他认识到“原子蜕变要求粒子具有更高的能量”，于是他“开始考虑如何将粒子增加到较高的速度”。有了这个基本思路，西拉德很快就提出了直线加速器和环形加速器的基本原理构想。1928 年 12 月 17 日西拉德还提交了一份直线加速器的专利申请。其基本原理是用迅速改变的电场来加速质子，这只要在一个很长的直管子中串联一系列高压电极即可实现。维得罗在西拉德之后也独立提出了这种方法，并将其应用于实际当中。

就在直线加速器专利申请之后的一周，即 1928 年 12 月 24 日，西拉德又迅即提出了回旋加速器的专利申请。其原理是：在磁场中单位时间内质子旋转的次数决定于磁场的强度。这样就可以在稳定的磁场中，使质子在振荡电场作用下加速旋转。遗憾的是，德国专利局没有批准这个专利，西拉德本人也没有动手去制造这种加速器。

4 年后的 1932 年，美国物理学家劳伦斯和利文斯顿独立发明并制造了回旋加速器，劳伦斯并因此于 1939 年获得诺贝尔物理学奖。

西拉德对此事一直耿耿于怀，他不但为当年德国专利局没有批准这个专利而感到遗憾，更使他懊丧的是他的这些创造性探索实际上也没有能够影响到加速器的发展。

在以后的岁月里他屡屡提及此事，便扼腕浩叹。在他的文件中曾发现一封他写给 O. S. 的信，弗德猜测 O. S. 可能是奥托 · 斯特恩。信中描述了他为加速器所做的工作。同时，不无遗憾地写道：

> 当然了，重要的是在于制出这些加速器，而不是没有实现的设想……

在以后介绍西拉德的诸多文字中，很多人都会提到他是第一个发明加速器原理或者第一个设计加速器的人，这些或许就是对西拉德这一工作的最高奖赏了。

1932 年劳伦斯制造出第一台回旋加速器，但是，在劳伦斯发明的加速器中当粒子速度增加到足够大时，便产生了相对论效应，从而限制了粒子继续加速。1934 年 2 月 21 日，西拉德又向英国专利局提出同步回旋加速器的专利申请，以此解决相对论效应问题。在说明书中他描述了加速电压频率随时间变化的规律以及相稳原理。不幸的是，这个专利也没有给西拉德带来荣誉，这时西拉德作为移民在英国避难，连工作都没有，筹资制造加速器更不可能。1944 年，这一想法再次被苏联的维克斯勒重新提出，从而引起了加速器设计的一场革命。

四、链式反应与“拯救世界”

在西拉德的一生中，核物理是他取得最大成就的领域。然而，值得一提的是，把他带入这一领域的是“拯救世界”的理想。1932 年，西拉德在 H. G. 威尔斯《向着自由世界》一书中看到了这样的预言：1933 年发现人工放射性，然后是原子能的释放、原子弹、世界大战和世界政府，这给他留下了深刻印象。同年，西拉德与此书的德文版出版商曼德尔进行了一次十分重要的谈话。曼德尔认为：好战是人类的本性，要想从无休止的战争中把人类拯救出来，就应该设法离开地球。这种观点使西拉德大为震惊。但他当时只能说：

> 如果我认为这正是人类的需要的话，如果我想对拯救人类作出贡献的话，那么我或许应该研究核物理学，因为只有通过释放原子能，我们才能得到不但可以离开地球，而且可以离开太阳系的办法。

促使西拉德转向核物理学的直接动因，是他在报上读到卢瑟福于 1933 年 9 月 11 日在英国科学促进会的发言中说大规模释放原子能“只不过是空想”的报道。为了反驳卢瑟福的论断，西拉德决定对这一问题进行研究。当时，西拉德正在为“学术援助委员会”而奔波，没有工作，也没有安宁的学术环境。然而，他的链式核反应的思想却在这种环境中形成了。西拉德这样描述了当时的情形：

当红灯变成绿灯时，我就穿过马路。这时，一个想法突然出现在我的脑海中：如果我们能够找到这样一种元素，它能被中子所分裂，当它吸收一个中子后能释放出两个中子，将许多这种元素放在一起，就能维持一种链式核反应。

1934 年初，约里奥·居里夫妇发现了人工放射性。这个发现极大鼓舞了西拉德，H. G. 威尔斯的预言以惊人的准确性实现了。西拉德看到了核时代的曙光并为此进行了艰苦卓绝的奋斗。

1934 年春，西拉德向英国专利局申请了链式核反应的专利权，在说明书中第一次认真地讨论了维持链式核反应的原理，并第一次提出了链式核反应的重要概念——临界质量。西拉德给著名核物理学家费米写信解释了此举的意义，他说科学家申请专利“绝不仅仅是为了私人的经济利益，而是为了继续开展研究有可靠的经济保证”。西拉德这些话是有感而发的，为了尽快开展链式反应的实验，西拉德提出铍是可能实现链式反应的元素，并试图系统探索所有可能的元素。但做这事首先需要条件和机会，所以他不得不把大部分精力用于说服别人以寻找机会。但努力几乎毫无结果，正如他自己所说：“可叹的是没有一个物理学家对链式反应的思想有热情。”最后还是一家名为圣·巴塞洛缪医学院的机构给了他一个暑期工作的机会。他与年轻研究人员查默斯合作，很快就发现了一种能使化合物中某元素吸收中子而从化合物中分离出来的西拉德－查默斯效应。这一成果使西拉德成为一个有声望的核物理学家，并被剑桥大学所聘用。

尽管链式反应的实验没有什么进展，但西拉德仍然信心十足。因为担心链式核反应的专利公开发表会被纳粹德国所利用，所以，他于 1936 年将此专利移交给英国海军，他在给海军部的信中写道：

如果我能保留使用这个说明书的自由，保证此专利不用于制造战争武器，那么我将很高兴将此专利移交给英国海军。

1938年1月，西拉德从英国剑桥来到美国访问。在此期间，《慕尼黑协议》(1938年9月28日）的签署，使他对欧洲绥靖政策失望至极，遂决定辞去剑桥的职务，不再返回英国而留在美国，并于1943年获得美国国籍。

在美国，西拉德仍在为链式核反应而奔波，但进展不大。正当他即将失去信心之际，发现铀裂变的消息使他恍然大悟。这一消息是他到普林斯顿去拜访维格纳时听到的，他当时的反应是："威尔斯所预言的一切，突然之间在我眼前变成了现实。"

从此，西拉德陷入科学研究与政治活动双重的繁忙之中。他在研究铀原子核裂变释放的中子数的同时，也积极在科学家中间活动，目的是对纳粹德国封锁消息，自我监督不发表这方面的论文。

西拉德首先想到的两个人是约里奥·居里和费米，并认为"这两个人或许已经考虑到这种可能性"。当西拉德通过拉比转告费米，现在的工作因为可能会导致原子武器而应该加以保密时，费米却说："没有必要。"西拉德与拉比一起去找费米，而费米认为裂变释放中子以及形成链式反应的可能性很小，只有10%的概率，应该慎重，但不必采取行动。西拉德认为正是为谨慎起见，才应快速行动。可见两人的出发点不同，对谨慎的理解全然不同。1939年2月2日西拉德亲自写信给约里奥·居里，提出"应该采取行动防止这方面的任何消息发表在各国的科学期刊上……"他在信中又说："我们都但愿不会有，或至少不会有足够的中子辐射，因而也就没有什么可以担心的了。"

铀核裂变会不会释放中子、每个核裂变释放多少中子，对于西拉德、费米和约里奥来说是问题的关键，于是他们各自带领着自己的团队紧张地进行实验。到了3月中旬，西拉德与沃尔特·津恩在哥伦比亚大学的另一个实验室里（费米小组也在哥伦比亚大学工作）证实了裂变不但释放中子而且释放两个以上的中子，链式反应的可行性在理论上得到证实。与此同时，费米小组和约里奥小组也独立得出了相同的结果。当西拉德说服了费米及其他英美同行自我监督不发表这方面的论文时，约里奥却在3月18日在《自然》杂志上发表了自己的结果。西拉德后来又通过其他渠道，谋求约里奥的合作，但均遭拒绝。据美国物理学史家沃尔特考证，约里奥在这一时期发表的文章促成了德国、英国和苏联当局对核能研究计划的资助。

战争的逼近，使西拉德的思想得到愈来愈多人的理解。虽然自我限制不发表论文的制度很晚才实行，但它总的来说还算及时。第一篇被禁止发表的正是西拉德自己关于核反应特性的文章，另外一篇关于中子吸收截面的文章在十分关键的时候也被禁止发表了，如果不然，“可以设想第二次世界大战的历史将会改变”。

很多社会公众包括不少科学界人士都把奥本海默称为“原子弹之父”。但是，真正了解内情的人包括许多研究原子能历史的学者则往往认为，西拉德对原子弹的了解与贡献或许超过了奥本海默，因而往往把西拉德称为“事实上的原子弹之父”。

美国研制原子弹的曼哈顿计划，主要就是由于在西拉德的请求与参与下，通过爱因斯坦写给美国总统罗斯福的那封著名信件所引发的。

1939 年 6 月，西拉德放弃了毫无希望的铀重水系统，决定用石墨做减速剂。同年 7 月上旬，费米已到安娜堡讲学，西拉德三番五次给费米写信讨论碳的吸收截面和铀与石墨最佳排列的栅格理论。西拉德认为实验已经进入十分关键的时刻。费米的回信提出了一些自己的设想，但他较为冷淡，并说他于年底才能返回。后来西拉德说，这就是促使他独自与政府联系的因素之一。

值得注意的是，敦促美国政府研制原子弹的西拉德、维格纳、泰勒等人都是欧洲移民科学家，这与他们对希特勒的野心与残暴有着更深刻认识有很大关系。找爱因斯坦帮忙推进原子武器研发计划，就是西拉德与维格纳讨论希特勒对铀矿资源的野心时决定的。

1939 年 7—8 月间，西拉德两次（第一次与维格纳，第二次与泰勒）来到爱因斯坦的住处。其结果就是 8 月 2 日爱因斯坦致罗斯福总统的信，与此信同时交给罗斯福的还有西拉德 1939 年 8 月 15 日写的备忘录，这个备忘录除更详尽解释了裂变研究最新进展及其意义外，再次提出了限制发表这方面论文的必要性。

爱因斯坦的信和西拉德的备忘录直到 1939 年 10 月 11 日才送到罗斯福手中，总统马上任命了一个由国家标准局局长莱曼·布里格斯任主席的铀委员会。10 月 21 日，西拉德、维格纳、泰勒参加了铀委员会第一次会议并讨论了原子能的前景。

政府的支持十分有限，宝贵的时间在白白浪费：

> 1939 年 6 月底到 1940 年春在美国探求铀链式反应可能性的实验一个也没有做。

形势的发展以及美国科学家的介入才使铀计划有所开展。1941 年 12 月 6 日，万尼瓦尔·布什宣布了全力以赴研制原子武器的决定。由于负责链式反应的阿瑟·康普顿在芝加哥，所以决定将哥伦比亚小组也迁往该地。西拉德 1942 年 2 月迁往芝加哥，并专门负责技术工作。他在铀金属制造、表面处理、冷却系统、钚生产线等方面作出了许多具体贡献。

1942 年 12 月 2 日，在芝加哥大学斯塔格运动场的看台下面，第一座自持的链式反应堆实验成功，人类终于成功释放并控制了原子能。当人们欢呼雀跃之际，为此奔波了近 10 年的西拉德却忧心忡忡。在费米与西拉德握手庆贺时，西拉德说道：

> 这一天将被载入史册，成为人类历史上黑暗的一天。

对于芝加哥的科学家来说，由于后期理论工作相对减少，在西拉德、玻尔等人的鼓励下，开始思考原子能的社会政治影响。遗憾的是，曼哈顿计划一展开，西拉德即被完全排斥在决策层之外，仅仅被当作一个技术人员来看待。他关于原子能的社会政治影响的思考很少为他的上司们所理解。他们也很少征求他的意见。

为了使政府对原子能的社会政治影响有一个清醒的认识，西拉德决定与“当时唯一一位能够交流的人”——爱因斯坦联系。爱因斯坦再一次给罗斯福总统写了推荐西拉德的信，西拉德写下了《原子弹和美国在战后世界中的地位》的备忘录。这一备忘录预言了战后的核军备竞赛，提出了控制原子能的设想。与此同时，丹麦物理学家玻尔也向英美首脑发出防止战后核军备竞赛的信号。

罗斯福的去世（1945 年 4 月 12 日）使西拉德的计划落空。第二次世界大战以后，西拉德为核和平及核裁军而倾注了全部的心血，他从不谈及由于他在研制原子弹中所起的作用而产生的内心的感受，但据希尔斯说只有一次例外，当泰勒研制氢弹的计划得到官方资助时，西拉德说：

> 现在，泰勒将会知道负罪感是什么滋味了。

五、生物学家

战后，芝加哥大学校长聘请西拉德为生物物理和社会科学教授，这反映了西拉德战后的兴趣所在。法国著名生物学家雅克·莫诺曾几次问西拉德，像他这样一位著名的物理学家为什么要放弃物理学而转行研究生物呢？西拉德每次都反问道：“你不认为生物学很有趣吗？”莫诺说：“我个人确信有一种更重大、更深刻的原因。”这就是西拉德对早期工作的再思考。莫诺认为西拉德早已解决的麦克斯韦妖佯谬实际上不是物理问题，而是生物问题。当然大部分人认为西拉德是由于看到核物理带来如此恶果而决定改行搞生物的。

然而，西拉德在晚年却说他完全是因为兴趣，早在1934年他就准备改行，并由从物理转向生物的A.V.希尔为他找了一个生物学的工作岗位。尽管1934—1935年他主要从事核物理学研究，但他一直关注生物学的发展，这种关注使他发现西拉德－查默斯效应并使他在正式改行前就得到生物学教授的位置。

西拉德1947年夏正式转行搞生物，作为合作者，与他同时改行的还有一位年轻物理学家A.诺维克。他们一起来到德尔布吕克在冷泉港组织的细菌病毒学夏季讨论班。当西拉德听完莫诺的讲演后，马上就提出一连串尖锐问题。莫诺十分吃惊，他无法想象一个一般听众会如此熟读、理解自己的文章，并提出如此深刻中肯的意见。西拉德与莫诺以此为契机，成为十分诚挚的朋友。莫诺承认西拉德对他自己的工作影响很大。西拉德与诺维克还参加了德尔布吕克噬菌体小组的工作。他们提出病毒感染的两种类型：基因型和表现型。据诺维克讲：

> 他们的工作使德尔布吕克早已发现的噬菌体的变配机理弄得更清楚了。

1948年2月，西拉德与诺维克有了自己的实验室，他们的第一项工作就是细菌光致活化机理的研究，其结果很快得到实验验证。正如维格纳所说：“西拉德生物学工作中最重要的恐怕要数‘恒化器’的发明。”这是一种维持单位时间内细菌繁殖数目不变的仪器。这种仪器为生物研究提供了新的手段。之后西拉德与诺维克用恒化器对细菌的生化机理进行了系统的研究并取得一系列成果。

1954年，芝加哥大学放射性与生物物理研究所解散。之后的10年中，西拉德在从事大量社会活动的同时，主要从事分子生物学与老化理论的研究。西拉德非常喜欢使用与理论物理相对应的“理论生物学”一词，并认为生物研究应该进一步实现定量化。1959 年他提出“一般生物现象的数量研究”计划。同年，西拉德发表论文《关于老化过程的本质》，提出生物的老化是由于所有染色体无规则的失活所致。

西拉德最后一篇论文是《关于记忆与回忆》，这篇文章回到最初研究的问题，从更高的意义上解释了麦克斯韦妖，回答了智力能否违反热力学第二定律的问题。美国著名的索尔克生物研究所是在西拉德等人的努力下成立的。1963 年 7 月，西拉德成为索尔克生物研究所非正式成员。1964 年 4 月他从芝加哥迁往加利福尼亚州拉荷亚，成为索尔克生物研究所的永久成员。在此，他刚刚结束他那几十年的奔波不定的生活，却于 1964 年 5 月 30 日突然去世。

六、“核和平之父”

“事实上的原子弹之父”并不能概括西拉德的成就与追求。笔者认为称西拉德为“核和平之父”更为恰当。西拉德去世以后，当人们总结他的政治活动时，曾有人说：战后“西拉德从原子弹之父变成原子和平之父”。

尽管西拉德是第一个动议研制原子弹的人，但他这样做纯粹是为了对付纳粹德国。当这种目的已经不复存在时，他第一个提出“继续发展原子弹目的何在”的问题。西拉德也是第一个提出反对使用原子弹的人。为了加强道义力量，西拉德于 1945 年 7 月联合 69 位原子科学家给美国总统杜鲁门写了一份反对使用原子弹的请愿书，其中写道：

> ……战争越来越残酷……我们在战争中使用原子弹，就会使世界在这条残酷无情的道路上走得更远。

西拉德及其他芝加哥科学家们的抗议并没有产生直接影响。原子弹的使用终于使世界在残酷无情的道路上迈出实质性的一步。西拉德此时清醒地认识到，要想增强道德的力量，必须把真相告诉公众及社会。在他的动议下，由芝加哥大学校长哈钦斯发起，于 1945 年下半年召开了一次重要会议。许多政界知名人士（比如商务部长华莱士，田纳西峡谷管理局局长利林瑟尔）都出席了这次会议。3 天的会议讨论了核时代即将出现的各种问题，诸如预防性战争、国际控制原子能、核查问题、世界政府等。西拉德称这次会议是他所参加的“最好的会议”。这次会议为即将到来的科学家反核战争和平运动进行了组织上的准备。会上所讨论的问题日后几乎都成为公众兴趣的中心。A. K. 史密斯说：

> 除西拉德9月7日的备忘录外，没有人考虑国际控制原子能的问题。

就在科学家与政府就原子能保密问题发生冲突的时候，在格罗夫斯指挥下，陆军部起草了一个国内控制原子能的议案。为了反对这个议案，西拉德发起了一场声势浩大的运动。在众多原子科学家的努力及公众的支持下，这个有利于军管原子能的议案未能通过。在反对这个议案的斗争中，西拉德在报纸、电台上频繁发表自己的看法，在公众中树立起反核战争和平运动的领袖形象，他逐渐扮演起“核和平之父”的角色。

西拉德战后政治活动的核心是世界政府。一开始他十分注重联合国在世界事务中的作用，冷战的出现使西拉德把更多的精力倾注于教育及世界法律。

思想交流、文化融合是消除冷战之必需，也是世界政府的基础。西拉德的许多活动都是基于这一设想而展开。战后，西拉德及原子科学家的教育对象是政府官员和公众。核威胁成为人类的共同认识后，他又把希望寄托在教育年轻一代上。这种教育年轻人的基本原则可以在第一次帕格沃什科学和世界事务国际会议的“科学家社会责任”小组的报告（这是一份主要由西拉德起草的文件）中见到：

> 传统趋向于对年轻人进行教育时强调各民族自己的理想，包括赞美战争。原子时代迫切要求改变这些传统。在不放弃忠于民族遗产和不同社会基本准则的情况下，教育必须强调在和平与合作中全人类利益的根本的、持久的一致性，而不要去强调民族之间的障碍以及经济和政治制度方面的不同。

西拉德是帕格沃什运动的发起者和参加者，帕格沃什会议成为他凝练自己思想、提出各种倡议的最好场所。

1961年前后西拉德在美国各大学巡回讲演：“我们正在走向战争的边缘”。他的讲演引起极大共鸣，促成了消除战争委员会（后来改名为科技世界委员会）的成立。“这为以后几十年科学家反战及环境保护运动开了先例。”

在核时代，缔造和平者就是当之无愧的英雄。为了维护多年的核和平，可以列出一串和平英雄的名字，而西拉德又是这批英雄中的佼佼者。正因为此，他应该当之无愧被称为核时代的“核和平之父”。

（作者：王德禄）

参考资料

[1] Bernard T. Feld and Gertrud Weiss Szilard. ed. The Collected Works of Leo Szilard，Scientific Papers [M]. Cambridge， Mass： The MIT Press，1972.

[2] Spencer R. Weart and Gertrud Weiss Szilard. ed. Leo Szilard， His Version of the Facts， selected recollections and correspondence [M]. Cambridge， Mass： The MIT Press，1978.

[3] Leo Szilard. The Voice of the Dolphins [M]. New York： Simon and Schuster，1961.

[4] Michael Bess. Leo Szilard： scientist， activist， visionary [J]. Bulletin of the Atomic Scientists，1985，41 (11)：11-18.

[5] Alice Kimball Smith. The Elusive Dr. Szilard [J]. Harper's Magazine，July，1960 (7)：77-86.

[6] 科学与哲学：1986 年第 1 辑（总 43 辑）[C]. 北京：中国科学院《自然辩证法通讯》杂志社，1986.

尽穷碧落入万山：地球奥秘探索者

德拉贝奇
拉夸
张相文
魏格纳
杨钟健
杨维
叶笃正
曼德博

亨利·托马斯·德拉贝奇

（Henry Thomas De La Beche，1796—1855）

德拉贝奇[1]

英国科学职业化的先驱，杰出的地质学家

维多利亚时代早期，英国地质学开始步入它的“英雄”时代。一方面，形形色色的地质学发现与思想在赖尔的《地质学原理》中得到整合，形成系统的理论和方法；另一方面，那种延续已久的个人独立从事研究的业余科学传统，随着英国地质调查局的建立以及德拉贝奇学派的崛起而开始逐步瓦解。然而，相对于在科学史上光芒四射的赖尔，这场改革的先驱、地质调查局的缔造者、杰出的学派领袖德拉贝奇长期受到科学史家的冷落。他的名字至今仍鲜为人知。因此在这里，本文将对德拉贝奇的生平、工作与思想作出全面评述。

一、投身地质学事业

1796年2月10日，德拉贝奇出生在伦敦，父亲是一名军官。他在德文郡度过了幼年时代，并在那里接受初期的教育。父亲去世后，他随母亲迁到了英格兰南部的多塞特郡，先后在海滨城镇查茅斯和林里吉斯居住，海岸上裸露的嶙峋怪石和悬崖峭壁引起了小德拉贝奇对神秘岩石世界的好奇。1810年，14岁的德拉贝奇成为皇家马洛军校的学员。他打算继承父志，做一名军官。然而令德拉贝奇失望的是，拿破仑战争接近尾声，时局渐趋稳定，做军官已不会有太大作为。满怀雄心和抱负的德拉贝奇面临着一次人生的抉择。

那时，英国地质学正处在迅速发展的黄金时期，从事地质学研究已成为悠闲富有的绅士们追求的一种时尚。绅士们骑着马，手拿地质锤，肩背岩石袋，纷纷涌向乡间山野，进行地质调查。对他们而言，与广袤的自然界打交道，可以满足对自由伦理理想的追求，以及对旅游、冒险和户外活动的挚爱；可以体现对强身健体的重视和对自

---

1 另译“贝施”。

身生理机能的不断挑战；可以显示人的激情、生命忍耐力和永不衰竭的幽默、坦率与真诚。不同于化学和分类学，地质学更像是一种精神活动，是高尚灵魂的食粮。它能强化一个绅士的浪漫情怀。作为年轻富有又酷爱户外活动的绅士，既然没有策马疆场建立奇功伟业的机会，德拉贝奇便毅然加入了以锤为剑的绅士地质学家的行列。

1817 年，德拉贝奇加入伦敦地质学会，成为地质学共同体中的一员。1819 年，他当选为皇家学会会员，同年进行了一次长距离旅行，横穿法国、瑞士、意大利，途经德国和荷兰回国。在长时间的国外旅行期间他做了大量地质调查，并在日内瓦发表了他的第一篇科学论文《论日内瓦湖的深度和温度》。他还学会了几种语言，这使他在回国后能与欧洲大陆地质学家经常保持联系，及时了解欧洲大陆地质学的发展动态。1824 年，他在幼年时继承的、远在牙买加的种植园居住了一年。这期间他相当仔细地研究了岛上的地质状况，回国后将报告提交给了地质学会。1829 年，德拉贝奇再度赴欧洲大陆考察旅行，获得大量观察资料。

德拉贝奇不但是个严谨的野外地质学家，还是个出色的理论地质学家。他早年虽然遵奉伦敦地质学会在 1807 年创建时宣布的“收集地质材料，而不宣传地质理论”的基本宗旨，进行了大量艰苦的野外观察工作，但德拉贝奇并不满足于仅仅成为一个材料收集者。他总是对自己观察到的地质事实进行理论思考，并适时地进行理论创建。19 世纪 30 年代，德拉贝奇的思想臻于成熟，他的理论创建进入高峰时期。1830 年他出版了《地质现象的剖析和概括》。次年他出版了《地质学手册》，该书还被译成了法文和德文，其英文版还远销美国，使他获得了国际声誉。1834 年、1835 年，他又先后出版了《理论地质学研究》和介绍动力地质学的杰出著作《怎样观察》，后一著作再版时改名为《地质观察者》。

德拉贝奇受法国地质学思想影响较大，是法国地质学家博蒙（旧译“波蒙”）的“造山理论”在英国的热情支持者和宣传者。德拉贝奇赞同博蒙的内部高温正在冷却的地球概念，认为这可为大量可观察事实提供最简单的解释。在《理论地质学研究》中，他运用矿物学、化学和物理学的知识，对地球结构及其形成过程进行了综合分析和探讨后提出：地球物质在其形成时期以气态形式存在，后来由于地球表面不断辐射热量而凝结成液态，在中心地带形成地核；地核周围逐渐形成了一个重金属带，此带的外层是较轻的、熔融的富氧化物层，覆盖在最外面的则是气态物质；富氧化物层后来又凝结为由结晶岩组成的固体地壳，它减缓了地球内部热量的外逸，而外部气体则冷却凝结为地壳之上的海洋。这个观点是远远超前于其时代的。

德拉贝奇认为，地球不断冷却是山脉形成的主要动力。他指出，地球是这样一种状态，在一给定的时段，它的内部温度和表层温度会形成巨大反差，固体地壳就会破裂，以适应内部的状况。考虑到地球的质量和体积，这种适应是难以察觉的。它以巨大的断层形式出现，在适当条件下，破裂地块将隆起成为山脊或山脉。不过，德拉贝奇仅把自己的解释当作一种理论假设，它是启示性的而非独断的，但只要这个假设还能对观察事实提供最简单的解释，就不应该放弃这个假设。

德拉贝奇并非亦步亦趋地追随博蒙的理论。德拉贝奇认为博蒙的理论太过极端，明确反对他描述的大环状山系的地理范围和山体抬升的强度，而认为山体的抬升范围比法国地质学家指出的要小得多。在《理论地质学研究》中，德拉贝奇审慎地追求一种介于赖尔均变论和博蒙突发性抬升理论之间的中间立场，认为赖尔眼中的地球太平静，而博蒙的地球又太不平静。德拉贝奇的观点反过来影响了博蒙。博蒙在其著作中就曾引用了由法国著名地质学家维利耶翻译的德拉贝奇的《地质学手册》中的一些观点，以充实和修正自己的“造山理论”。

德拉贝奇还热衷于研究古生物及历史地质学。1821年，德拉贝奇与科尼比尔合作发表了关于青石灰岩中爬行动物化石的文章，对远古动物鱼龙给予了确定的描述，并描述了被他们命名为蛇颈龙的一系列脊椎动物。1831年，德拉贝奇还绘制了著名的关于远古时代里阿斯海洋生物环境的“古多塞特”图。到了英国地质调查局以后，德拉贝奇领导自己的学派对历史地质学进行了更深入的研究。

二、与赖尔对垒

赖尔的巨著《地质学原理》（以下简称《原理》）在1830年到1833年之间连续出版了三卷，在英国地质学界引起了一场影响深远的关于地质学基本理论与方法的大讨论。一部分地质学家为赖尔的著作所折服，完全赞成赖尔的理论；另一部分地质学家——既有英国的，也有法国的——则针对其理论和方法上的缺陷展开了激烈的批评。德拉贝奇就是反对者阵营中最重要的一员。

德拉贝奇首先反对赖尔的均变论思想。德拉贝奇固然也收集现代侵蚀过程与沉积过程的资料，也使用由赫顿创立的、经赖尔光大了的“将今论古”方法，即通过当前的地质活动推断远古时代的自然状态；德拉贝奇的动力地质学著作《怎样观察》本质上遵循了与赖尔相同的方法，几乎被当作对赖尔《原理》的补遗。但德拉贝奇拒不承认自己是赖尔学说的支持者，相反，他坚决反对赖尔“以现代速度活动的稳定状态”的地球概念。他认为在地质史上，地质活动的速度和强度是有变化的，而不是赖尔所说的古今完全均一。他批评赖尔不是将过去遗留的可观察资料作为理论推理的有效来源，而只是一味地依据现在的资料进行说明。德拉贝奇和其他反对者认为：过去地质事件的可观察资料表明，现实的原因（如现在起作用的地质过程）并不足以对过去地质过程作因果解释；许多山系变形岩层的形成过程，用微弱地质作用的缓慢积累是无法作出阐释的，无论那种地质作用时间有多长。

赖尔的“造山理论”是德拉贝奇、博蒙等人批评的主要目标。赖尔不太重视造山运动，在《原理》第十版中，关于造山运动的阐述只占几十页的篇幅，而且仅限于对博蒙的理论提出的反对意见。赖尔坚持认为，山脉是地震形成的断层经过长时间抬升形成的。这个观点遭到了德拉贝奇的坚决反对。德拉贝奇决不相信，弱力的长期作用会产生与巨大能量突然介入时相同的效果；赖尔赖以建立其动力机制的现代地震和造山活动，不能解释山脉中存在的巨大断层。德拉贝奇在《理论地质学研究》中指出，即使连续的力可以引起沿断层的运动，地层的扭曲仍然需要用更强的作用力来解释。德拉贝奇还引用了实验地质学家霍尔的侧应力引起岩层扭曲的模拟实验，作为所有扭曲岩层都受过强力挤压的启发性证据。他认为就如同使用锤子连续敲击不可能产生打桩机的效果一样，仅靠当前这样强度的地震，不足以抬升阿尔卑斯山这样巨大的山脉。德拉贝奇还认为，赖尔的理论不仅不足以说明山脉中巨大的断层，也不能对山脉的结构作出合理解释。他赞同博蒙的见解，认为山脉的结构需要一种直接和强烈的外推力，而非微小上升片断的累积。他还用地球冷缩说解释了山脉抬升的巨大动力来源。德拉贝奇的地核冷却收缩和侧向挤压等理论在当时影响很大，特别是1846年出版的《大不列颠地质调查论文集》第一卷中，德拉贝奇关于南威尔士山脉扭曲与结构复杂的地质侧应力关系的文章，不但对博蒙的思想转变起到很大作用，也深深地影响了其他地质学家和一代后人。奥地利地质学家、全球构造论的代表人物、沃拉斯顿奖获得者修斯（旧译“徐士”）说：“这里我在原则上遵循德拉贝奇早在1846年所给出的论述，就此我必须向早已作古的作者表示深深的敬意。多年以前，他对于我形成自己的大山系结构的观点起到了决定性的影响。40年来，他关于侧压力形成山脉的概念以及关于花岗岩岩体作用的概念正在逐渐被人们认同，他的这篇文章至今仍不失其魅力。”

德拉贝奇还从方法上批评赖尔。他和地质学会的其他几位核心成员一致认为，赖尔的许多理论是先验地形成的，缺乏实证性，缺乏充分的经验支持。地质学会会长塞奇威克就曾批评赖尔使用了太多辩护律师的虚词浮句，甚至不惜歪曲事实以使之符合自己的理论。

德拉贝奇擅长绘画，曾绘制过多幅讥讽赖尔的素描和石版画，以表达他对赖尔的批评。在一幅素描中，赖尔衣着优雅，戴着律师假发套，手里没有地质锤，背上没有地质包，倒是拿着一副眼镜，仿若患眼疾的赖尔平时戴的那一副，站在写有理论字样的大地上，远远望着河谷对面的山脉。他踌躇满志地将自己的有色眼镜递给一位手提锤子、肩背标本采集袋的真正的地质学家——也许就是德拉贝奇的化身，说："看吧，我亲爱的先生，透过这副眼镜，你会发现自然不就是蓝色的吗？"画的含意很明显，赖尔是在透过有色眼镜观察世界，他眼中的地质图景被观念中先验的假设系统地改变了。在另一幅素描中，他让一本象征着《原理》的著作长出了天使般的翅膀，并且在一个热气球牵引下徐徐飘升。此画讽刺赖尔的理论缺乏坚实的经验基础，只配留在幻想的天国里。

赖尔口讷，不是一名口若悬河的演说家，口才远不能和巴克兰或塞奇威克相比。但赖尔写的《原理》极为优美，像一篇散文，在地质学界乃至社会名流中颇有吸引力。德拉贝奇对此不以为然。他又画了一幅讥讽画，中心人物赖尔戴着有色眼镜，假发套上还多了一顶厨师帽，端着一盆热气腾腾、芳香四溢的食物，后面跟着一群闻香而至的戴着有色眼镜的人。画中的美味佳肴暗指赖尔的理论是经过精心烹制、刻意雕饰的，而其他人则是赖尔理论的盲目追随者。德拉贝奇还在图上批上了一行近乎诽谤的文字："一个傻子制造一堆傻子·绿眼镜走俏"。

除了在理论上存有分歧，德拉贝奇和赖尔在个人关系上也素有芥蒂。1831 年，赖尔准备出版《原理》第三卷，因出版商出现财政问题而延宕。恰在这一时期，德拉贝奇告诉赖尔，他打算出版一本地质学小册子，即《地质学手册》。那时，德拉贝奇的收入主要来源于他在牙买加的种植园，但由于 1831 年的贸易萧条和奴隶骚乱，他的财源濒于枯竭，因而希望通过出书获得经济补贴。这样，赖尔出书的前景受到影响，因而大为不悦。赖尔在给未婚妻玛丽的信中说，德拉贝奇辞去了地质学会秘书职务，回绝一切社交晚会，只想通过出版廉价地质书籍赚钱。赖尔怀疑这些廉价书剽窃了《原理》和他在皇家学院演讲的内容。德拉贝奇以前的确告诉过赖尔，他打算以《原理》为基础写自己的书，但此话很可能是出于恭维。然而听者有意，赖尔惶恐万分，因此又急于出版《原理》第三卷，但遭到书商劝阻。赖尔无可奈何地写信告诉玛丽：

“……如今书价低廉，而三卷本的花销又太大，我不得不限制发行额，把名利看淡些，让德拉贝奇之流从中获利。他们是靠榨取我的艰苦劳动养肥自己。”

德拉贝奇也极其反感赖尔。德拉贝奇对赖尔的敌视态度，后来也传染给了他的学派成员。1849 年的地质学年会之后，拉姆齐在日记中写道：“作为会长，赖尔的讲话忒差劲了，他假惺惺地表扬调查局，实则给人们留下一个印象：调查局的人不懂归纳和概括，只有他才懂。他这样做是存心的，是为了显示像德拉贝奇这样对应用地质学一窍不通的人也能当一名合格的调查局局长。真是太卑劣了！他遇见我们时总是很尴尬，一副局促不安的样子。”

值得一提的是，尽管赖尔曾遭到巴克兰等人出自宗教的批评，德拉贝奇却从未从宗教的角度来批评赖尔。相反，德拉贝奇是 19 世纪早期英国最具职业科学意识的典范，他关注科学从超科学中获得自主，争取科学和哲学自身的尊严。赖尔本人也不得不对德拉贝奇工作的严谨性、科学意识的彻底性和可靠性表示认同。他曾告诉玛丽：“只要你不被德拉贝奇吓住的话，我想你还是很有可能成为一个地质学家的。”足见德拉贝奇的严谨和认真在当时是很有影响的。

三、倡导科学职业化

德拉贝奇不仅投身于地质学研究，还积极倡导对英国传统科学与教育模式的改革。

德拉贝奇的科学改革思想是与他的政治主张和社会改良理想分不开的。他非常赞成卡莱尔有关仁爱的观点，也同意有关普及教育的思想。因而正是德拉贝奇，而不是赫胥黎，第一个站在伦敦的杰明街为社会民众讲授科学（许多历史文献都错误地将赫胥黎作为第一人）。德拉贝奇在 19 世纪 30 年代画的一幅漫画，很形象地表述了他的政治观点。画中有个满载科学仪器的“知识拖拉机”，把一群挡道的小丑和弄臣推到了道路的两旁，这既表现了德拉贝奇要求把更多资金用于发展科学的基本思想，即科学的进步最终会导致权力结构的深刻变化。他认为，英国政治被庸才和佞臣控制，这突出地表现在贵族政治和教会统治大学的教育制度上。要改变这种状况，只有把权力移交给英才教育基础上选拔出来的技术专家组成的职业阶层。

德拉贝奇两度到欧洲大陆旅行，对法国的科学体制深有感触。当时法国科学水平在很多领域都超过了英国，法兰西科学院成为世界上最有声望的科学组织。欧洲各国学者为了熟悉和了解科学的最新进展，纷纷来到巴黎；整个欧洲的科学家和科学团体都把法语作为国际语言使用。法国逐渐取代英国成为世界科学中心。因此，德拉贝奇也一直同法国科学界保持着密切联系，尤其是与博蒙、维利耶等法国著名地质学家保持经常通信。德拉贝奇注意到，那时法国已经有几个政府设置的专门研究机构，拉马克和居维叶就在法国国家自然博物馆供职，由政府发薪水。法国还创建了几个专门培养科学人才的高等教育机构，如多种工艺学校、巴黎高等师范学校和巴黎矿业学校等。这些学校按科学体系设置课程，注重实验与应用，聘请一流学者任教——博蒙就曾先后在多种工艺学校和巴黎矿业学校任教。学校还实行严格的军事化管理制度，免费供读；学生毕业后由政府分配。德拉贝奇认为，法国科学的快速进步正是得益于其科研工作的职业化。

在英国，科学研究却依旧遵循着长期形成的业余传统，科研工作往往是由业余爱好者或教师在业余时间进行的，科研经费也往往由科学家自筹或私人赞助。那时，英国还没有一个由政府设立的职业科学机构。这样，只有富人和能够得到私人赞助者才有机会从事科学活动。这种现象在地质学界表现得尤其突出。维多利亚时代早期的地质学家，除史密斯等个别人外，几乎都是家道殷实的富绅和社会名流。赖尔和麦奇生皆出身于富贵之家，常出入于上流社会和各种社交晚会。菲顿和斯克罗普则因娶了富家小姐而跻身于富有阶层。有的地质学家在教会中身居要职，如巴克兰是威斯敏斯特的教长，塞奇威克则是诺里奇的受俸牧师；有的则成了拥有很高权力的学术政治家，如三一学院的惠威尔[1]以及国会议员格里诺、斯克罗普和沃伯顿等。这些人太富有了，不屑于费神争取学院中收入菲薄的职位，有人甚至断然放弃到手的职位。相反，许多出身于中产阶级或更低社会阶层的才华横溢的年轻人，因为经济原因而被迫选择律师或牧师等有较高收入的职业。德拉贝奇对这种状况深感忧虑。他认为，英国非职业化的个人独立研究科学的方式已不能适应科学发展的需要，于是设想把法国的科学与教育模式引入英国，在英国建立一个由政府资助的地质研究机构。

当时，许多英国学者也都注意到了英国科学渐渐落后于法国这一事实，并对英国的落后体制提出批评，批评英国政府在科学方面的投资过于吝啬，敦促政府加大科学与教育投资。德拉贝奇只是这个科学促进运动中的一员，然而，他是个勇于把自己的理想付诸实践的人，是以积极方式要求政府出资支持科学并获得最大成功的首位

1 另译“休厄尔”。

学者。

德拉贝奇提倡科学职业化还有其个人原因。早年他也像那些悠闲富裕的绅士一样，完全凭兴趣和爱好研究地质学，并且有能力广泛地自费旅行以促进自己的研究工作。1830 年，德拉贝奇自费开始了德文郡的地质调查和地质填图工作。然而，自 1831 年开始，他的牙买加种植园的经济状况日趋恶化，收入锐减，已无力贴补他的这项工作。他不得不向政府申请资助。他给当时负责大不列颠地形调查的陆军总长递交了一份备忘录，谈到他原来打算自费完成德文郡的地质调查和地质填图工作，现因经济拮据而难以完成这项工作，希望政府给予支持。政府高级部门了解到地质调查工作的潜在经济价值，很快答应了他的要求，出资 300 英镑资助他的工作。这笔款项对德拉贝奇的工作来说实在是太少了，尚不足支付旅行开支，更谈不上对他的艰辛劳动有任何报偿。但这是一个难得的契机：德拉贝奇正是从这里看到了实现科学职业化的一线曙光，正是从这里开始一步步地实现他的既定目标。

四、创建地质调查局

1835 年，德拉贝奇完成了德文郡地质图着色工作后，接着建议将类似的工作扩展到全国，并建议政府出资建立一个职业地质机构来承担这项工作。对于此项建议，政府十分慎重，专门组织了一个由资深地质学家巴克兰、塞奇威克和赖尔组成的 3 人委员会，进行全面评议。评议结果如下：

“我们的看法是：德文郡地质图是巨大劳动与技巧的结晶；欧洲大陆出版的这种大尺度的地质图，就其详尽和精确而言，都不能与德文郡地质图相媲美……”

“我们还认为，根据事实也根据我们个人对德拉贝奇非同寻常的综合素质的了解，让他将地质调查按统一的体系扩展到大不列颠的其他区域，将会给国家带来巨大荣誉和利益。”

这一事件在当时引起社会各界的关注，报纸在评议结果出来之前就给予了连续报道，产生了很大的社会影响。

1835 年，英国政府批准成立地质调查局，任命德拉贝奇为局长；还在伦敦建立了一个陈列标本的小博物馆。从此英国拥有了第一个自己的职业科学机构。英国地质调查局也是世界上第一个官方出资的地质调查机构。由于调查局绘制的大比例尺地质图、地质剖面图和其他大量的工作，为国家提供了有关能源和矿产分布的极有价值的信息，还为从事理论地质学研究提供了丰富的基础资料，于是世界各国竞相仿效，1849 年在澳大利亚、1855 年在法国、1867 年在美国、1873 年在德国相继成立了类似英国的地质调查机构。如果说赖尔《原理》的出版标志着英国理论地质学已领先于世界的话，英国地质调查局的成立则标志着英国的应用地质学也走到了世界的前列。

德拉贝奇是一个永不满足的人。他不断地向政府提出更多的经费要求，几乎如商人一般“贪婪”。1839 年，德拉贝奇在完成了长达 648 页的《康沃尔、德文郡和西萨默塞特地质报告》后，又向政府呈递了一份大规模扩编地质调查局的计划。由于得到了政府高层人士的支持，政府批准了这一计划。这样，地质调查局的作图范围从布里斯托尔海峡扩展到了南威尔士的储煤区，调查局增加了 4 个全日制工作的野外助理人员，以伦敦收藏标本的机构为中心成立了一个应用地质学博物馆。在以后的几年里，又有许多人进入调查局。1845 年，有关地质调查的议案在国会顺利通过。议案把调查局和博物馆合并起来，归林业部统一领导，还授权德拉贝奇负责爱尔兰地区的地质调查工作。调查局增添了更多的职员，有矿物学家、古生物学家和野外工作人员。议案还批准为博物馆的收集品建造一幢大楼，这座1851年才竣工的建筑被麦奇生称为“大不列颠国土上建立的第一个完全用于促进科学事业的宏伟宫殿”。最重要的是，1845 年的国会议案第一次委托政府绘制一份不列颠群岛的综合地质图。由于德拉贝奇的努力，政府对科学的资助达到了史无前例的程度。

地质调查局的建立和其后的不断扩展完善固然得益于多方面的支持，但德拉贝奇超群的想象力、过人的胆识及坚持不懈的努力所起的决定性作用是众所公认的。为了促成调查局的建立及其后的不断扩大，德拉贝奇费尽了心思，做了多方面的工作。他不失时机地将自己的改革设想融于广泛的社会改革潮流之中。19 世纪三四十年代，由于工业及城市化社会的发展，中产阶级和工人阶级政治力量的增长，形成了一股强劲的改革浪潮。英国政府也批准了一系列对社会机构进行改革的方案，它包括：成立健康调查局，进行卫生调查工作；成立大学委员会，协助牛津大学和剑桥大学进行自我改良；1829 年先后通过新济贫法和地方治安条例，改善社会福利制度和治安状况。其目的就是要使公共机构更合理、更有效率、更文明，以建立一个能保证公民健康、安全及良好教育的康乐社会。德拉贝奇审时度势，力图使自己的地质调查工作与这些政府承担的更大的改革项目联系起来。他向皮尔、查德威克及其他政府官员施加影响，力陈地质调查工作的重要性，以使该工作从属于更高的权力机构，他尤其希望他的地质图能成为国家卫生与疾病调查的基础。他在 19 世纪 40 年代初曾告诉查德威克，地质图上可以标出地面特征、地方排水状况及土壤性质，“对于内政部、税务部、警察局、市政局和您领导的健康调查局都有很大的价值，实际上它具有十分广泛的用途”。他力图使政府官员和议员们相信，具有形象鲜明之特征的地质图，可为行政官员提供更为直观的信息，还能与政府已经支持过的一系列工作特别是测量海岸线等工作联系起来。总之，地质学对政治管理和社会控制有直接帮助。

由于地主、工场主和矿业主占据着议会的大多数席位，德拉贝奇便想方设法争取他们的支持。他努力使地主认识到全英地层普查能使他们对土地类型有更充分的了解，使工场主和矿业主相信地质调查能为他们寻找煤层和铁矿等资源提供有价值的信息。结果，这些人不但在通过议案时支持政府对地质调查的投入，在以后的地质调查工作中，各地地主和矿业主还热情款待调查局人员，为他们的工作提供便利。

德拉贝奇还广泛地寻求朋友的帮助和支持。他出身于上流社会，结交了许多社会名流，特别是与有政治改革倾向的议员查德威克、沃伯顿、格里诺以及实用知识普及社的缔造者们过从甚密。这些朋友在他创建地质调查局的过程中，给予了他很大帮助。有些身居显位的朋友，甚至能在关键时刻影响议会或首相的决策。1841 年 11 月，为了防止议会否决有关增加地质调查局开支的方案，巴克兰便先发制人，及早给皮尔首相写信，告诉他调查局的工作已取得巨大的经济效益，甚至在皇家土地上发现过矿产，因此值得加大投资，从而保证了议案的顺利通过。

在地质调查局的筹建过程中，德拉贝奇充分发挥了自己的社交技巧和筹措资金的才能，使持形形色色观点的政治领袖们相信，地质学值得投资，也使那些对地质学一窍不通的富豪愿意出钱资助地质调查。所以有许多评论家都特别提到，德拉贝奇有一种禀赋，可以通过一系列步骤实现自己的既定目标，每一步骤似乎都不引人注目，最终却达到了期望的目的。

然而，德拉贝奇的事业并非一帆风顺，他在推进科学职业化的过程中，遇到过重重阻力，饱尝了误解和流言中伤之苦。最大的一次风波出现在 1839 年春天。那时正在康沃尔调查的德拉贝奇收到了陆军测量局局长的一封信，信中写道：“我很抱歉地告诉你，现在正广泛流传着一个令人不悦的谣言，说你的地质调查很不精确，……政府方面觉得他们支付了该项工作的部分费用，若此项工作遭到非难，他们担心会难辞其咎。”

看到信后，德拉贝奇心绪难平，即刻回信，写道：“流言出自塞奇威克先生和麦奇生先生在英国科学促进会年会前宣读的一篇论文，加德纳未经同意，给他们提供了一幅德文郡北部的地质图，而他们对我的图有不同看法……他们事先未向我通气，却在地图尚未发表的情况下散布恶毒谣言，对我实施下流的攻击。……我日复一日地在野外辛勤劳作，竭尽全力完成公众赋予我的职责，为报答公众的信任，我奉献了全部热忱和心智，他们却居然兴风作浪，散播流言，极尽伤害之能事，妄图使我的事业从此夭折。”

在学术之外，还有人对德拉贝奇进行人身攻击，说他营私舞弊，假公济私。麦奇生诟骂德拉贝奇是“一只肮脏的狗，不折不扣的贪污犯和阴谋家，根本没有资格承担地质调查任务”。面对如此多的流言攻讦，德拉贝奇一度打算辞职。幸亏深孚众望的格里诺出面调停，方才平息了这场风波。德拉贝奇的一个朋友在给他的信中写道：“前一时期我从不同的渠道得知他们在迫害你，估计领头的是赖尔和麦奇生。我拜访过格里诺，他说你现在已平安无事了。财政大臣赖斯已了解事情真相。政府会相信你的。”

这次地质学界内部对德拉贝奇的攻讦，看似偶然，实则有其深刻的背景。说到德拉贝奇的地质图不准确，其实只是因为德拉贝奇对某个地层的分类与麦奇生和塞奇威克有分歧。事实上，德拉贝奇的工作一向是以严谨和完美著称的。1834 年，地质学会会长格里诺曾赞扬德拉贝奇的德文郡地质图：“其信息之详尽，形式之优美，令人叹为观止。”在财务上，德拉贝奇的管理也是严格而审慎的，一切消费都要向政府详细呈报；锱铢必较的财政部对调查局的财政监督也极其严格，不可能出现经济上的疏漏。这场风波的起因，究其实质，在于德拉贝奇倡导和从事的职业科学与业余的绅士地质学传统发生了根本上的冲突。那时，绅士地质学家只把从事地质学研究作为一种消遣，一种兴趣，一种对浮世烦扰的逃避，一种对崇高精神的追求。麦奇生觉得地质学为骑马捕猎等锻炼和娱乐增加了智力上的刺激；赖尔痴迷于地质学是为了逃避索然无味的律师生涯；塞奇威克发现地质学是枯燥的数学教学之外的一个宁静港湾。他们选择地质学还蕴含着对旧日英雄主义的迷恋：他们将自己看作英勇无畏的堂吉诃德，是傲啸于山川旷野的游侠骑士，是为获得梦寐以求的精神满足在野外辛勤劳作的，坚强、快乐的，无拘无束的精灵。因而他们反对将地质学作为一种谋生的职业，作为一种功利追求。一些博物学家如赖尔就十分鄙薄法国职业科学的官僚形象；塞奇威克和麦奇生则认为德拉贝奇正在威胁科学的纯洁性质，认为挣薪水的职业科学玷污了对科学之高尚理想的无私追求。在这种背景下，德拉贝奇受到地质同行们围攻，也就不难理解了。但是，倘若抛开传统的傲慢与偏见，想一想他力排众议的勇气、忍辱负重的胸襟、纵横捭阖的谋略、不屈不挠的意志，德拉贝奇不正是地质学“英雄”时代的真正骑士吗？

五、组建学派

地质调查局的中心任务是绘制不列颠群岛的地质图和地质剖面图，还包括一些描述性的工作，但德拉贝奇不满足于只做这些实用性工作，他还希望将野外地质调查材料用于历史地质学的理论研究。他认为，仅靠个人的力量是难以完成这项工作的；只有由国家支持的、能共同合作和统一领导的组织来承担，这项工作才能全面展开。于是他决意要在调查局组织一个可以称为科学学派的研究团体，在重建古地理环境的方向开展理论工作。

要建立学派，就需要在调查局组建和扩编时，将既能完成具体工作又具有理论研究才能的人吸收进来。为此，德拉贝奇付出了巨大努力。他总是在物色有潜力的人选，一有机会便设法把他们收罗到自己的机构中，并给他们的才能以准确的评估，将他们安排在最适合的位置上。英国著名地质学家盖基曾就德拉贝奇发掘人才和使用人才方面的能力给予了很高的评价，他说：“拥有广泛的帮助和如何把这些帮助应用得恰到好处的清晰思路，正是德拉贝奇最富有特征的品质。他有能力鉴赏同事的才干，能使他们更投入地为他的目的服务；他有能力吸引住他们，使他们深深地迷恋上这个小团体。他总是有意识地四处奔波，发掘最佳人选，以便更好地完成国家资助的地质研究这一宏伟计划。”这样，在 19 世纪 40 年代，德拉贝奇为调查局召集了一批才华横溢的博物学家，他们有菲利普斯、拉姆齐、福布斯、朱克斯、胡克和赫胥黎等。这些人在到调查局之前就已在学术界崭露头角，有的甚至享有国际声誉。他们在调查局形成了一个精英圈，就如巴克兰给皮尔首相的信中描绘的那样，是“德拉贝奇在英国组建的最天才的小组织”。

作为调查局局长和学派领袖，德拉贝奇拥有最高权力和绝对的权威。为了加强学派智力上的团结，德拉贝奇对学派的学术活动严加控制，实行严格的家长制管理。他要求学派成员们将研究成果发表在调查局出版的论文集中，而且研究成果须与调查局的中心任务及学派的统一纲领有关。1848 年后，德拉贝奇放松了他过分严格的政策，允许成员们单独发表成果的摘要，但事先要征得他的同意。在地质学会召开年会时，调查局的人总是整齐地、引人注目地坐在议会风格的会议大厅的后排。他们从不宣读个人的成果。在正式报告以后的讨论中，他们中任何一位发言都代表调查局的观点。所有与外界的交涉都由德拉贝奇一手处理。

在日常生活以及与下属交往中，这位冷峻峭直的专家治国论者却不乏情趣。他常给部下讲他在皇家马洛军校时的趣谈笑料以及自己经历的一些奇闻趣事。他讲话时总是口若悬河，妙语连珠，还能即兴地表演幽默小品，随手画一些幽默漫画。有一次，为了强调着装对人形象的影响，他专门做了个雪茄作道具，还涂上脸谱以加强效果。他随时可以创造出欢快气氛，因而有人称他为“幽默机器”。

德拉贝奇在调查局营造了一个团结温暖的大家庭。他非常关心手下的年轻人，把他们当作自己的孩子。年轻人也十分尊敬和爱戴德拉贝奇，亲切地称他为“德拉贝奇老爹”。在这种和谐的氛围里，青年职员之间也结下了深厚情谊。这群无忧无虑的单身汉不但白天一起工作，晚上和周末也如影随形，不愿分离。他们一起进餐，看演出，听演讲，参加社交晚会，还就风月场上遇到的难题彼此讨教。朱克斯、拉姆齐、福布斯三人最投缘，被称为调查局里的“三弟兄”。

为了培养团结意识，德拉贝奇曾一度反对青年人成家，也拒绝招聘有家室的人进调查局。他担心女人们会分散下属对调查局的忠诚。有一次，在伦敦总部的德拉贝奇获悉，他的爱徒拉姆齐在野外调查时对旅店主人的女儿很有好感，于是他发函过问此事。拉姆齐赶紧回信解释：“……我只可以说，当触及那明亮的目光时，无论在我冷硬的心上留下多深的印记，我都不曾心智迷乱，情感的外缘也许变质，而内核仍始终忠实于钢制的地质锤。不敢说每年挣 500 镑的人感情会是怎样，只挣 100 镑的人岂敢有非分之想。”从拉姆齐这封诚惶诚恐的信中，足见德拉贝奇对此类事是相当认真的。就现实情况而言，地质调查工作需要常去野外，流动性太大，带上家眷的确很不方便。德拉贝奇初婚时曾携妻子赴欧洲大陆旅行、调查，因妻子身体欠佳而带来诸多不便，故而心得颇深。再说调查局的工作收入菲薄又漂泊不定，很难吸引一个条件相当的中产阶级的女儿。德拉贝奇的弟子都很晚才结婚：拉姆齐和朱克斯结婚时都已 37 岁，福布斯结婚时 33 岁，奥尔德姆结婚时 34 岁，菲利普斯则终身未娶。无论如何，单身生活在客观上的确促进了学派内部的团结和对调查工作的投入。

德拉贝奇学派的研究方向是重建古地理环境。他们利用夏季野外工作中汇集的地质图、剖面图、岩石标本和化石标本等大量的单独活动的绅士地质学家难以收集到的第一手资料，恢复某一地区远古时代的气候、生物和侵蚀状况等原始风貌。相对于当时多数地质学家只是把岩石、化石和地层分散割裂开来而进行的那类描述性和分类学的研究，德拉贝奇学派能够对古环境进行系统的综合的发生学研究，这在当时是很有远见的。当时关注古地理环境的地质学家并不多，德拉贝奇学派又有自己的特点：首先，他们研究第三纪（新近纪和古近纪的旧称）地层以下较老成岩时期的古地理环境，由于证据残缺，这是当时许多学者不愿承担的课题；其次，强调对某一特定地区进行详尽研究，而不是对大区域或全球进行粗略研究；最后，他们注重多学科的合作，注意将理论与实践结合起来，希望他们的研究能与国家正在进行的环境卫生方面的工作联系起来，在疾病、排水和地质学之间建立起因果联系。德拉贝奇一向注重实际。他根据自己的科学研究，向政府提出过不少政治动议，尽管他的动议并非经常受到重视。

在科学研究过程中，德拉贝奇需要经常对职员们进行指导。他常常到野外工作现场，给工作人员讲述地质填图的含义，指示他们要对所收集的材料进行理论思考。1845 年，调查局扩建之后，德拉贝奇在伦敦忙于行政事务，不能像早期那样经常光顾野外调查网点，他就把自己的观点编成文件发放，还免费发放他的《理论地质学研究》和《地质观察者》，后一著作在当时被人们谑称为“杰明街的圣经”（调查局的总部设在伦敦的杰明街），人们戏谑地说，调查局的人在地质旅行时行动迟缓，是因为德拉贝奇的鸿篇巨制加重了他们的行囊。

1846 年，地质调查局的《大不列颠地质调查论文集》第一卷在伦敦出版，德拉贝奇学派的早期成果基本上都反映在这部文集中。该文集预示了古环境研究、侵蚀过程研究和影响沉积过程的物理化学过程研究的新方向，得出了关于地球远古时期生物分布的新结论，在英国地质学史上占有非常重要的地位。

德拉贝奇学派持续的时间并不长。19 世纪 50 年代，学派开始解体。这时拉姆齐、朱克斯、奥尔德姆和调查局的其他单身汉们开始寻求更多的自主权。他们想成家，想以自己的名义发表论文，想到外面寻找更好的发展机会，想建立自己独立的科学理论。另外，德拉贝奇在伦敦百务缠身，1850 年又不幸瘫痪，不能到野外现场指导，和属下的感情日渐疏远。同时，他的官僚主义专断作风与日俱增，行政命令和红头文件代替了灵活耐心的说服。特别是在 1850 年，德拉贝奇根据政府意图，要求调查局职员们呈报自己每天的活动和所有花销，这引起了朱克斯这批高层职员的强烈反对。他们认为这种警察式的监督是对体面人的轻侮和蔑视，是断然不能接受的。尽管德拉贝奇很快收回了这道指令，然而覆水难收，旧日的精诚团结精神已遭到难以弥合的损伤。

德拉贝奇学派虽然只维持了 10 多年的时间，但它在英国的科学史上具有重要意义。它不但以集体研究的方式取代了流行的个人独立研究方式，还为英国培养了拉姆齐、朱克斯等一批年轻有为的地质学家和古生物学家。这些人后来都成了英国 19 世纪下半叶地质学领域的中坚人物，而且是支持达尔文进化论的主要力量。

1855 年 4 月 13 日，瘫痪 5 年的德拉贝奇在伦敦与世长辞。生前，他的工作已得到政府和地质学界的普遍承认。1842 年，他受封为爵士；1847 年，他当选为伦敦地质学会会长；在他的生命行将终结之时，他还被授予了象征英国地质学最高荣誉的沃拉斯顿勋章。然而，令人不解的是，在他死后的 100 多年里，科学史家们并未给德拉贝奇应有的正视和关注。或许以内史为主导的科学史研究注定要冷落德拉贝奇以及那些遗憾地和德拉贝奇一样未能在今日之科学教科书上留下一笔的人。但是，当我们走出科学内史研究的狭窄视野，将眼光投向更广阔、更深远的历史空间时，就会发现，在他们的思想和奋斗的经历中，同样凝聚着值得我们追忆的力与光。

（作者：王蒲生）

参考资料

[1] C. Gillispie. Dictionary of Scientific Biography [M] . Vol. 4. New York: Charles Scribner's Sons, 1971.

[2] R. Porter. Gentlemen and Geology: The Emergence of a Scientific Career, 1660-1920 [J] . The Historical Journal, 1978, 21 (4) : 809-836.

[3] A. Geikie. The Founders of Geology [M] . New York: Macmillan and Co., 1905.

[4] M. T. Greene. Geology in the Nineteenth Century: Changing Views of a Changing World [M] . Ithaca: Cornell University Press, 1985.

[5] L. G. Wilson. Charles Lyell: The Years to 1841: The Revolution in Geology [M] . New Haven and London: Yale University Press, 1972.

[6] F. J. North. H. T. De La Beche: Geologist and Business Man [J] . Nature, 1939, 143: 254-255.

[7] 王蒲生 . 独具特色的地质学研究学派：德拉贝奇学派 [J] . 科学学研究，1996，14 (1) : 22-27.

阿尔弗雷德·拉夸

（Alfred Lacroix，1863—1948）

拉夸[1]

法国地质学家的中国之行

1926年末，在参加第三次泛太平洋学术会议后，法国地质学家阿尔弗雷德·拉夸短期来华。这在中法文化交流、中法大学历史和翁文灏研究中都有提及。本文进一步依据报刊、档案等史料，介绍拉夸的科学工作、在华的学术演讲和参与地质考察的情况及成果。

一、拉夸其人

拉夸是法国著名地质学家，1893年起担任位于巴黎的法国国家自然博物馆的矿物学教授43年，著述丰富，授课和演讲也极吸引人。法国国家自然博物馆久负盛名，是博物学研究者向往的圣地。它不仅有展览馆、植物园、动物园，也是一个博物学研究中心，并作为法国的一个高等教育机构，培养多个学科的博士研究生。在这里工作期间，拉夸出版的《法国矿物学》（1893—1913）、《马达加斯加矿物学》（1922—1923）等都是多卷本鸿篇巨制。拉夸以博物学家的眼光研究矿物，他认为“矿物是打开地质历史宝库的钥匙”。他眼中的矿物不只是晶体的集合，还是自然情形下形成的有完整历史的作品。他将矿物学、岩石记述学和地质学联系在一起，探寻地质的发展演化。他在矿物学从纯粹描述性到解释性的发展中作出了卓越贡献。

拉夸最著名的工作是火山研究。1902年5月8日，位于加勒比海的马提尼克岛上的培雷火山爆发，摧毁了岛上约有28000人的圣皮埃尔城。受法国政府和科学院的派遣，拉夸作为一个三人小组的负责人前往考察。考察小组6月23日到达马提尼克岛，8月1日离开。但8月30日培雷火山再次爆发。10月4日，应政府要求，拉夸重返马提尼克岛。这一次只有妻子凯瑟琳和他一起前往。他们在岛上建立了两个观测点，

---

1 另译“拉克鲁瓦”。

对火山的喷发情况进行观测、记录和拍照。这次他们一直考察至 1903 年 3 月 13 日。

1904 年，拉夸的两卷本著作《培雷火山及其爆发》出版。该书详细记述了培雷火山爆发现象、过程，培雷山峰的形状、矿物学组成和结构，火山气体喷发情况，火山爆发物的组成分析，爆发前后地质变化情况，爆发造成的损失等。书中还对培雷火山与维苏威火山等进行了比较，探讨了火山的分类问题。拉夸把他拍摄的多幅照片作为插图，如被摧毁的圣皮埃尔城、火山爆发时冲向大海的岩浆、培雷山顶升高的岩石柱等。阅读拉夸的著作让读者感到身临其境般的震撼。

1904 年 1 月，拉夸当选法国科学院院士，他说："我进入科学院得益于一座火山难以抵抗的推力。" 1914 年 6 月，拉夸当选法国科学院终身秘书，在此后 34 年的任期中，他投入了大量精力。作为管理者，他改组了秘书部门，丰富了科学院的档案，支持巴黎图书馆编制详细科学资料目录。拉夸也对科学史有浓厚的兴趣，他运用大量历史资料，撰写了一系列 17 世纪到 18 世纪法国科学家的传记。他的四卷本《科学人物》叙事风格清晰流畅，有重要的科学史价值。

拉夸长期从事火山研究，出版了多部关于火山研究的著作，是当时世界著名的火山研究专家。拉夸一生著作颇丰，后人整理出他的学术论著共有 664 篇（部）。他也获得了很多学术荣誉，是 20 多个国际学术团体的成员。

二、在华演讲和考察

1. 在华行程

1926 年 10 月 30 日—11 月 11 日，第三次泛太平洋学术会议在日本东京召开。中国学者首次参加该系列会议，在会上发表论文 7 篇：《中国东部地壳之动作》(翁文灏)、《中国温泉之分布》(章鸿钊，章鸿钊未到会，由翁文灏代读)、《中国东南诸省森林植物之研究》(胡先骕)、《新发见木材屋腐朽菌两种》(魏喦寿)、《浙江省甘薯之分布及其酿造工业上之价值》(魏喦寿)、《对于中国棉花选种之意见》(沈宗瀚)、《中国东部天气之种类》(竺可桢)。中国学者的论文引起与会科学家的注意，特别是翁文灏在论文《中国东部地壳之动作》中提出燕山运动学说，更是反响热烈。国内的《晨报》《北京日报》《盖世报》《顺天时报》等都刊文对此作了报道。

第三次泛太平洋学术会议后，包括拉夸在内的多位参会外国地质学家来华访问，其中还有对中国地质学深有研究的美国地质学家威利斯（旧译"维理士"）、荷兰地质古生物学家布劳沃（旧译“步洛威”）等。中国地质学会曾举行常会，威利斯、布劳沃、帕克（旧译“派克”）、G. 泰勒等发表学术演讲。

20 世纪 20 年代后期，翁文灏致力于中国东部区域构造特征和构造运动时代的研究，总结分析了当时中外地质学界已有的调查和研究结果，提出了一批重要结论。翁文灏认为，中国东部的加里东运动和海西运动不存在或表现微弱，最重要的运动出现于中生代，特别是侏罗纪到白垩纪时期，这就是燕山运动。翁文灏在论文中总结说：“鉴于它首次在北京西山被认出，而那里地层证据研究得最好，……今后我们将它称为燕山运动。……燕山运动是太平洋盆地一个有普遍性的特征。这是对研究世界这一部分的地质构造具有头等重要性的泛太平洋革命。”黄汲清认为，翁文灏所创立的燕山运动理论，“是他对中国地质学的重大贡献，其影响是深远的”。

1926 年 12 月 8 日，拉夸从日本取道朝鲜到达北京。拉夸到达北京前，法文报纸《北京政闻报》于 12 月 5 日已刊出拉夸夫妇即将来华的消息。12 月 1 日出版的《中法教育界》也刊登消息“法国著名地质学大家拉夸氏行将来京”，称中法大学将邀请其演讲。

12 月 14 日拉夸在中法大学演讲。他在华参与了地质考察。12 月 9 日翁文灏曾致函丁文江，说拉夸将于 12 月 27 日到上海。

2. 中法大学演讲

1926 年 12 月 14 日下午，拉夸在中法大学服尔德学院讲《培雷火山喷火的各种现象》，翁文灏担任翻译，中法大学代理校长李书华致欢迎词。拉夸演讲配有 67 幅幻灯片和一个演示实验，十分吸引听众。译者翁文灏对演讲主题的专深学术背景、对法语的精通及典雅的汉语表达，也给演讲增色颇多。

拉夸从他 1902 年在马提尼克岛上对培雷火山爆发的考察讲起。拉夸介绍说，培雷火山虽地处大西洋西部，但火山岩石含钙质甚多，与太平洋区的火山相同。

拉夸接着介绍火山的喷发形式：“火山喷发有的平静无声，岩浆徐溢；有的霹雳一响，灰汽四飞……岩浆成分大概可分为两类：一是盐基性的岩浆，以铁、镁诸质为多，硅质较少。凡此类的岩浆比重大，易流动。火山口不致被其阻塞，（岩浆）能从口内不断地流出，所以无爆裂的作用……一是酸性的岩浆，含铁、镁少，而硅质多；比重轻，黏性大，在同一温度之下不易流动，火山口常被其阻塞。当火山口被其阻塞，喷发即因之停止。所以此类的火山喷发是不连续的、间断的。但是凡酸性岩浆内常带有许多气体。气体受热则胀，地下温度又高，一旦其胀压之力超过其口上岩石的重力之际，则爆发作用立即发生。口内岩石常被掷至天空，相摩相击，细者成粉，粗的成块。地面上亦往往因之发生地震、海啸诸灾。倾屋伤人，为害甚烈。”

拉夸特别介绍了培雷火山喷发的一个奇异现象，就是其山顶上有一石柱自动上升，在五天内升高约 60 米，最后竟高出火山口数百米。“(该石柱）四周呈多面形，有时硫黄附生其上。直径有 150 余米。因其温度尚高，黑夜望之，红灿有光，奇丽绝伦！”拉夸用幻灯机展示了他在培雷火山上拍摄的火山口、长石柱、喷发物等照片。他还用日本海内一火山长柱照片，与培雷火山的长石柱作对比。

接着，拉夸介绍了火山喷发的类型，提出培雷火山是一种新的喷发类型。他说：“(培雷）火山云的移动非上下的，乃纵横的；从石柱底下岩石裂隙中飞出，以水分及细灰为多，自山巅向山麓徐徐移动，其范围甚为确定。……建筑物凡与火山云进行之方向成直角者多已倒塌，其平行的，尚能保存。”这与其他火山喷发类型完全不同。拉夸展示了他拍摄的火山云移动及变化、火山灰沉积的情形、圣皮埃尔城冲毁前后的情形，说明他的观点。

演讲最后，拉夸对美国一些地质学家的火山喷发余音说提出质疑。他认为，火山岩于喷发后经过若干时间，尚能保持很高的温度。如遇雨，会发生微弱的爆裂现象。但这种爆裂是雨水汽化所致，并非真正的火山喷发余音。随后拉夸取冷土热灰遇水演示。

拉夸的演讲激发了听众极大的兴趣。翁文灏说，演讲物奇景新，听众惊叹。

由于中国所处地理位置及火山与地震灾害、地质变化的关系，火山研究在这个时期受到中国学者的重视。火山研究是第三次泛太平洋学术会议的热点议题之一，四个大会报告中有两个有关火山的问题：其一是贾加尔的美国“基拉韦厄火山喷发”，其二是拉夸的“培雷火山的爆发和火山穹形物的形成”。会议期间还举行了火山研究专门会议，拉夸是主持人之一。拉夸在第三次泛太平洋学术会议上有三篇论文，翁文灏评论“亦均为重要文献”。

3. 地质考察

拉夸在华期间，翁文灏、德日进和巴尔博陪同他进行了简短的地质考察。拉夸与德日进是法国国家自然博物馆的同事。1912—1914 年，德日进在博物馆的古生物实验室工作。德日进在华期间和拉夸多有信函来往，法兰西研究院档案馆保存的他们之间的通信最早在 1923 年。德日进在给拉夸的信中曾很详细地谈到他在中国的地质考察和研究工作。英国地质学家巴尔博于 1920—1932 年在燕京大学任教，对华北特别是张家口地质进行过广泛考察，1928年以《张家口附近地质志》获得哥伦比亚大学博士学位。德日进是巴尔博的密友，两人多次结伴进行野外地质考察，前后合作20余年。他们的研究背景和陪同使拉夸简短的地质考察取得了成果。

考察从北京出发，经张家口，直达沙漠戈壁。在这次中国北部和东部的地质考察中，拉夸对熔岩和土壤的酸碱性进行了考察，并与北非地区，如阿尔及利亚，进行了比较。回国后，拉夸于1927年8月3日在法国科学院报告了他在中国的地质考察。后在10月17日出版的《法国科学院周报》发表论文《中国东部中生代和第三纪火山熔岩的矿物学和化学组成的初步考察》。文章说，中国地质调查所所长翁文灏，刚刚发表了关于中国东部造山运动和岩浆喷发之间关系的研究成果。拉夸引用了翁文灏于1927年在《中国地质学会志》发表文章的内容，使用翁文灏提出的"燕山运动"术语，肯定其描绘出了岩浆喷发的地质历史的重要特征。论文还引用了巴尔博1924年在《中国地质学会志》上发表的文章《张家口地区的初步考察》。拉夸指出，他的研究不只是矿物学的，还对其产物进行化学研究，而这方面的工作以前很少涉及，因此他在中国的考察着重化学成分研究。1927年，拉夸以同样的文章题目在《火山学通报》发表了内容更具体的考察报告。拉夸的这一工作以《中国东部火成岩特别是中生代和第三纪火山熔岩的矿物学和化学组成》为题，于1928年发表在《中国地质学会志》。

三、回法国以后

1927年5月23日，拉夸以法国科学院终身秘书的身份致信中法大学代理校长李书华："法国科学院行政委员会决定自1927年1月第1期开始，长期由该刊编辑部直接寄赠（北京）中法大学《法国科学院周报》。"李书华复信表示感谢。

1927年，北京中法大学接到巴黎《法国科学书目》编委会秘书的来函。来函称该编委会主任拉夸先生的提议得到教育总长（教育部部长）认可，编委会将长期赠送中法大学其出版的刊物《法国科学书目》。该刊物分为两部分：一部分为数学及物理科学，另一部分为博物科学。拉夸就职的法国国家自然博物馆还曾寄给北京中法大学数十张玉器照片，请历史博物馆罗庸先生鉴定各玉器的名目、年代及用途，罗先生鉴定完毕后由中法大学寄还法国国家自然博物馆。

1929年，拉夸在《中国地质学会志》发表了两篇论文，分别涉及中国东北部地区的火山熔岩石的观察分析、伟晶岩研究。

拉夸和翁文灏偶有信函往来。法国科学院所存档案中有翁文灏于1939年6月5日给拉夸的信。翁文灏在信中说：刚收到拉夸4月11日的来信，感谢他附寄的《古生物学报》。由于日本侵略，所有工作都遭受了巨大损失并遇到困难。地质调查所的大部分图书虽已经由北京运抵南京，但在南京情况同样艰难，地质调查所有可能再迁往四川省。中国西南部地质种类多样，有盆地、高山和高原，有很多有益的科学课题等待研究，相信战争时期的研究工作能取得成果，希望这能给整个国家的地质学带来光明。

1948年，拉夸在巴黎去世，《长江月刊》发表纪念文章，介绍拉夸的经历和科学贡献，称赞他研究兴趣广泛，重视地质考察，对推动知识的进步贡献极大。

四、结语

20世纪二三十年代，一些世界著名科学技术专家来到中国，他们的科学交流以科学传播为主，中国学术界主要是做听众、做学生。但拉夸有所不同，他对中国学者的理论性研究成果——翁文灏的燕山运动学说表现出极大的兴趣，他在华的地质考察、随后发表的论文与燕山运动学说直接相关。他对翁文灏的燕山运动学说的引用介绍，扩大了这一学说的国际影响力。中国曾因疆域辽阔成为国际地质学研究不可忽略的地域，从拉夸的中国之行可以看到，到20世纪20年代，中国本土科学家的地质学研究成果，包括理论研究成果，引起了拉夸这样的国际知名地质学家的关注和认可。

（作者：李艳平　刘娜）

参考资料

[1] 翁文灏.第三次泛太平洋学术会议中地质学会议述要[J].科学，1927，12(4)：496-506.

[2] 韦尔伯.昨日之地质学会讲演[N].顺天时报，1926-12-04(7).

[3] 法科学家拉夸氏昨日抵京[N].世界日报，1926-12-09(7).

[4] 王恒升.拉夸博士 Dr. M. Lacroix 讲演倍雷 Mont Pelée 火山喷火的各种现象[J].中法教育界，1927(5)：9-13.

[5] 张雷.巴尔博与中国地质学：1921~1935年[J].中国科技史杂志，2015，36(3)：316-324.

[6] 本社.翁院长的老师：法国的大矿物学家阿非德·拉夸[J].长江月刊，1948(14)：9.

[7] 李学通.翁文灏年谱[M].济南：山东教育出版社，2005.

张相文

（1866—1933）

张相文

我国近代地学先驱[1]

张相文生活在我国地理学从古代向近代的转型时期。在这一特殊时期，他承前启后，继往开来，为我国近代地学的兴起做了大量开拓性工作。他不仅因编写我国第一批地理学、地质学、地文学教科书影响巨大而被称为中国近代地学的奠基者，而且因创办我国第一个地学团体——中国地学会，创刊“国中最早而悠久之专门科学杂志”——《地学杂志》，对我国地学近代化所起到的巨大推动作用而被尊称为我国近代地学教育开山大师。无论通史性地学著作，抑或研究性专著，每每言及我国古代地学终结，或我国近代地学兴起，均以张相文为标志。笔者通过对张相文个人专集《南园丛稿》作系统、深入的研究，发现晚年时期的他，站在人类学、哲学、科学等学科的高度，对比中西，评论古今，有许多独到的见解。今天看来，尽管他的许多思想、许多观点失之偏颇，但他对许多问题的思考，如中西文化取长补短问题、中国传统文化在西学东渐过程中如何传承与延续问题、科技伦理问题、宗教与科学关系问题等，至今还在讨论。限于篇幅，笔者仅对其科学观略作剖析，一窥这位地学大师的精神世界，并给予这位爱国知识分子以完整的认识和客观的评价。

一、生平简介

张相文先生字蔚西，号南园，一号沌谷，江苏省泗阳县（原桃源县）人。累世耕读，门第寒微。他幼喜读书，家贫无资，立他人书室前听诵，一遍辄能记忆，邻人皆惊称其为神童。10 岁入私塾，勤奋好学，聪明绝伦，先生曰“此生将来必成大器”。此后屡屡易师，步步进益。19 岁时识量渊通，志怀沉静，博览史籍，尤工属文。20 岁时有幸聆教于胡和梅大师门下，畅领教益，名噪江淮。1888 年，张相文开始授书

1 本文承蒙张秉伦先生悉心指导，特申谢忱。

乡里。1894 年甲午战争爆发后，张相文按期购阅外国传教士林乐知办的《万国公报》，并购得中国地图一幅，挂于书室，爱国之情由是而生，究心地理自此而始。此后他陆续接触到格致书院出版的《格致汇编》、江南制造局出版的科学书籍以及维新党人办的《时务报》和康有为著的《孔子改制考》，思想受到很大震动，又看到郑北桐所译《世界地图》一册，购得《地理备说》，眼界大开。

张相文于 1899 年至上海南洋公学教留学班地理、国文等课，一边积极吸收西学之长，一边开始地理教育生涯。他在个人专集《南园丛稿》中有这样的自述："吾少贫贱，年十一始就乡塾读。读二年，家以分爨不支，命废读……二伯祖曰：是儿可惜。若能续读，吾愿以女妻之。吾家意转。既而二祖姑以还亲为嫌，婚议遂罢，而吾以前入塾复读矣。惟时作辍，执耕作役。役时，每暗挟书册就柳荫无人处，踞地目诵，诵辄能记；或闻他生读，窃听之，亦辄不忘，而书中之关于地理者尤深印入脑。时尚不知有地图也，惟从乡人壁画上推测其所在，虽轮廓不具，亦能具揣其形势。迨弱冠后入学，无锡胡和梅师激赏之，乃就膏火所入，为吾大购群籍，于是向所想慕未识其名者乃皆得之目睹。胡刻一统舆图，亦得之于师处。至是所学乃大有进步。然犹为科举所困。甲午以后，始尽焚弃之，专以地理教人，亦深自愧也。"

为提高学术计，张相文入南洋公学不久，即从日本教员学习日语。至 1900 年底，他日文已通，可阅读、翻译日籍，迅速站在了当时引进西学的前沿。1901 年，张相文分别在上海南洋公学和兰陵出版社出版了自己编写的我国第一批地理教科书《初等地理教科书》二册、《中等地理教科书》四册，印行达200多万册，销行甚广，名声大振，"海内谈地理者无不知之"。除编写教科书外，张相文还在 1901 年秋开始，以日文译本翻译法国孟德斯鸠《万法精理》，于 1903 年由上海文明书局出版。第一次将这本被誉为"理想与自由法典"的资产阶级思想启蒙名著完整译介到我国，较之几年后出版的严复的译本《法意》虽不尽完善，却及时适应了国人学习的迫切需求，被誉为近代中国"人权宣言"的《革命军》的作者邹容即深受此书影响。在南洋公学，张相文结识了当时任教员的蔡元培、吴稚晖、白雅雨等20余人（这些人后来均成为社会名流），并与正在上海从事革命活动的章太炎、邹容、章士钊、张继（1930 年后任中国地学会会长）等进步人士结为好友。章太炎、邹容因"苏报案"下狱后，张相文与蔡元培奔走营救，还曾与河南陈竞全先生共同担任蔡元培所创《警钟日报》（初名《俄事警闻》）的筹款工作，在这个时期，经吴稚晖、章太炎介绍，张相文在上海参加了同盟会，并于 1912 年被选为国会议员。从 1903 年 4 月起，张相文离开南洋公学，先后担任寿州蚌埠阜丰、淮安阜财两个商业学校的校长，广州两广师范讲习所地理教习，淮阴江北师范学堂教务长。张相文所居住的上海，得社会风气之先，不但新思想非常活跃，而且“新书销行颇广，著述可以自给”。此间译著有《家事教科书》《商学》《两广速成师范地理学讲义》《新撰地文学》《最新地质学教科书》等，“为教育界所崇拜”。

1907 年，张相文由于其《家事教科书》在女学界的影响而受北洋高等女学堂创办人傅增湘的邀请，携家北上天津。由袁世凯委任他为该校教务长，傅增湘为校长。1909 年张相文担任校长。在此期间，其同乡好友白雅雨、陶卓如（清末秀才）也一同来校任教。“为斯学师资之难也，于是有结社讲演之议，宣言既出，应者纷来。”是年 9 月 28 日（中秋节），中国地学会在天津举行成立大会。与会者除直隶提学使傅增湘、提学副使袁希涛、北洋大学校长蔡儒楷、南开中学堂校长张伯苓之外，还有各校师生百余人。大会公推张相文为会长，白雅雨为编辑部部长，章鸿钊为干事，陶卓如负责文字撰述。翌年正月，会刊《地学杂志》出版，刊行海内外。

地学会创立不久，辛亥革命兴起，张相文曾记述：“雅雨先已参与滦州军事，余与卓如迂道秦皇岛，航海至沪。顷之，南京政府开幕，雅雨自滦州电请济师，余急谒黄元帅克强，令烟台海军赴援，而滦事已坏，雅雨殉难古冶矣。”（白雅雨、陶卓如、张相文三人为地学会真正任事者，黄元帅指黄兴。）“是时共和新造，人心浮动，几不知学问为何事。吾会栖止虽定，然雅雨死，卓如谋食他方，余独以代议士撑持其间，仅一年余而袁氏谋逆，畏忌党会，当局承意旨而甚焉，追还会所，并停止补助金。农商部总长张啬公闻而惜之，商诸教部，分任补助，遂得赓续不废。然会屋卒不可得。自此遂迁赁民房，不常厥居矣……十数年间，人地屡易，中遭洪宪之变，复辟之乱，余既以护法奔走频年，未遑兼顾。然一编风行，终以不坠。”寥寥数语，虽不能表白张相文苦力支撑地学会的千难万苦于万一，但从字里行间我们大致也可看到，在战乱岁月中，在政府漠不关心、民众不甚理解的情况下，张相文所经历的艰辛与坎坷。作为一代地学先驱，张相文积极奔走于科学救国之路，在“古学已坠之余，新学未兴之会”的历史时期，筚路蓝缕，以启山林，积极开辟中国新地学；同时，作为一名国会议员，他坚持正义，痛恨奸佞，不顾袁世凯早年亲委教务长之情和与张謇的莫逆之交，坚定站在孙中山、黄兴、蔡元培、吴稚晖一边，严词拒贿，屡历风险，积极投身护法运动。

护法运动失败后，社会政治更加黑暗。中国地学会因经费无着落，不得不暂停活动。张相文四处求人，屡次募集资金，然而在那民不聊生的岁月，“达官显贵据地称雄者，家资辄数百万或数千万，欲求其捐数百元于公众机关，若涛贝勒、陈小石者，意无一人”。为中国近代地学的兴起和中国共和制度的建立风风火火努力奋斗了20年的张相文陷入绝望，于1920年遁入佛门，走上了佛学救世的道路。佛门十载，张相文经常独坐山林，陷入沉思。这一时期的文章后来汇成《沌谷笔谈》四卷，连同这一时期的专著《佛学地理志》，收入张相文长达70多万字的个人专集《南园丛稿》。

1930年，国立北平研究院与中国地学会合作，暂时解决了中国地学会经费问题。64岁的张相文由于年老多病，辞去会长一职。半年后，张相文因患脑溢血卧病在床，1933年溘然长逝。

张相文的一生是极不平凡的一生，颇值得我们深思。而要真正解读这位地学大师的复杂人生，我们必须回到张相文所处的复杂时代。

二、两次民族反思

晚清民初，来自西方的政治、经济、军事、思想、文化不断地渗入中国社会的各个方面。这一时期，对中国社会影响最大的是西方技术层面和知识层面的科学技术，其次就是进化论思想。严复翻译的《天演论》用大量的自然界事实论证了生物界物竞天择、适者生存的原理，给中国社会带来巨大震动。《天演论》仅在问世最初的10年间就出了30多种不同的版本，赢得了广泛的读者，甚至成了中学生的读物。

同是这一时期，近代中国人经历了两次民族反思：一次是甲午战争之后，一次是辛亥革命之后。第一次反思使得中国人从天朝大国的痴梦中觉醒，开始睁眼看世界，积极学西方；第二次反思使得中国人获得“全人格”的觉醒，懂得什么是科学，如何学西方。

第一次民族反思。鸦片战争的炮声震撼了中国，也震撼了亚洲。被打败的中国人，不得不睁眼看世界。在中国社会缓慢变化的同时，出现了《海国图志》《瀛环志略》等著作。这一代中国人从地理学开始了解西方的政治、社会、历史。可惜，当这两本醒世巨著问世，产生强烈反响的不是在中国，而是在日本。中国这个历史积淀深厚、文化同化能力强、社会结构稳定的社会，在鸦片战争的炮声沉寂后又沉沉睡去，日本却由震惊到自强，自己起来改变了自己的命运。待洋务运动兴起，这两本书开始“出口转内销”的时候，20年已过去。

与甲午战争相比，鸦片战争更多的还是标志性的意义，或者说鸦片战争惊醒的只是少数上层士大夫，真正引起民族反思的是甲午战争的惨败。和当时的许多士大夫一样，张相文也是从地理学开始了解西方，从《万国公报》到《地理备说》，从研究中国地图到世界地图，在地理学中寄托了他匡时救世的苦心。第一次民族反思唤醒了无数爱国志士，也唤醒了张相文。自此，他发愤图强，成为中国近代地学的开山大师。

第二次民族反思。“中学为体，西学为用”，把科学的成果当作一种不得不用来支撑自己的工具。多少男儿为辛亥革命献出生命，然而，整个社会还是黑暗如故。中国人陷入了第二次深刻反思……为什么行之有效的西法，到了中国却面目全非呢？张相文这位优秀学者陷入了沉思。

梁启超在《五十年中国进化概论》中说：“革命成功将近十年，所希望的件件都落空，渐渐有点废然思返，觉得社会文化是整套的，要拿旧心理运用新制度，决计不可能，渐渐要求全人格的觉悟。”当利用坚甲利兵、科学知识救国的梦想被一张张丧权辱国的条约毁灭之后，当效法孟德斯鸠、卢梭、华盛顿的理想被军阀的丑恶现实击得粉碎之后，向西方寻求救国之路的人们开始由器物层面（科学技术）和体制层面（民主共和）转向文化心理层面，从形而下摸索到形而上。通过第二次反思，有相当一部分知识分子提出了中西调和、折中、融合的观点。也有走向极端者，如有主张全盘西化，有驳斥西化，争执不休。

然而，这时的中国已经拥有了一批留学归国、对西方文化有深入体悟和理解的爱国知识分子。他们了解科学思想包含的内容，也知道实验室进行科研是怎么一回事。这批实践家回国以后，凭着实践经验，说得出实验方法的优越性、科学逻辑的优越性。这种逻辑推理需要清晰的思维能力，是旧式知识分子难以达到的。正当“民生苟偷，精神形质上皆失其自立之计”，整个民族急切需要新的信仰的时候，《科学》杂志、《青年杂志》（后改为《新青年》）于1915年同年创刊。《科学》求真、致用同时并重，在传播科学知识的同时，也十分注重对科学精神、科学思想和科学方法的阐扬；《新青年》则是从社会、政治、伦理、文化思想等更广阔的维度进行启蒙。这两股力量汇成群体不断延续，崇尚科学精神、科学方法、科学知识，阐述科学的真义。这两个刊物的创立，标志着我国新一代科学群体的崛起。以任鸿隽为代表的自然科学群体是受过严格科学训练的科学技术人员，他们组成了中国科学社这一中国跨专业的综合性科学社团。他们带回来的不是业余性质的科学素养，而是通过职业技术教育所认识的“全面科学”。以陈独秀为代表的社会科学群体以文化革新为宗旨，在辛亥革命遭到失败、复辟帝制逆流最猖獗时，针对中国民众思想愚昧、落后的状况，高举民主与科学两面大旗，即“德先生”（Democracy）和“赛先生”（Science），启发国民的民主主义觉悟，认定只有这两位可以救治中国政治上、道德上、学术上、思想上的一切黑暗。这里所说的“赛先生”，既包括自然科学，也包括社会科学和哲学，重在提倡科学精神，尊重科学规律，用科学的态度看待客观事物。

令人遗憾的是，在新文化的早潮刚波及少数上层知识分子的时候，张相文悄然走进了寂静的禅院……

三、张相文科学观评价

“一切概念都是在历史中流动的，其流向和‘流域’皆受制于不同历史时期的文化-社会条件。”要剖析张相文晚年的科学观，我们不妨先回顾一下张相文所处的时代中国人认识科学的过程。笔者认为只有将张相文的科学观放在这一历史过程中，才能使我们在特定的时空坐标系中，给予客观的评价。

“科学”这两个字，在不同的国度，文字的意思差别很大，在不同的历史时期，含义也各不相同，对此我们尽可不去细考。1926 年商务印书馆出版的中国科学社丛书《科学概论》首页定义：“科学是根据于自然现象，依论理方法的研究，发见其关系法则的有统系的智识。”如何认识科学呢？任鸿隽曾有如下精辟的比喻：“第一，科学缘附于物质，而物质非即科学。见烛焉，燃而得光，而曰烛即光焉，不可也。其为物质者，可以贩运得之，其非物质者，不可以贩运得之也。第二，科学受成于方法，而方法非即科学。见弋焉，射而得鸟，而曰射即鸟焉，不可也。其在方法者，可以问学得之，其非方法者，不可以问学得之也。于斯二者之外，科学别有发生之泉源。此泉源也，不可学而不可不学。不可学者，以其为学人性理中事，非模拟仿效所能为功；而不可不学者，舍此而言科学，是拔本而求木之茂，塞源而冀泉之流，不可得之数也。其物唯何，则科学精神是。”

这就是张相文终生所未能认识到的东西。任鸿隽代表了当时中国人对科学认识的最高层次。然而，获得这一认识，我们中国人却付出了半个多世纪的艰辛。从坚船利炮器物的层面，到声光化电知识的层面，再到隐藏于其背后的科学精神，每前进一步，都付出了沉重的代价，最后，还是由留学归国的莘莘学子道出了科学的真谛。

顾毓琇先生曾将这一过程分为坚甲利兵时期、科学知识时期、科学方法时期、科学研究时期 4 个阶段。

第一个阶段，我们连科学与工业都分不清楚，“中体西用”，拿来“用”的只是属于工业范畴的军舰大炮；第二个阶段，我们通过读翻译过来的书，吸收了一些西方的科学知识（张相文是这一时期的优秀代表，他不但可以直接阅读日文书籍，还能够用由日文转译过来的西方科学理论，结合已有的中国地理环境资料，编写中国的地学教科书）；第三个阶段，自新文化运动勃兴，我们已经不满足于得到某些科学知识，我们开始推求获取这些知识的科学方法及背后的科学精神；第四个阶段则是在国内研究机关陆续建立后的研究阶段。

张相文对科学的认识水平并没有超出第二个阶段。尽管他不像中国传统地学家那样只是钻研故纸堆，而是走出书斋，外出考察，对中国近代地学有继往开来之功，但他没有真正领悟产生这些知识、理论和方法背后的精神实质。在他看来，我国科学与西方科学并无本质区别，只是缺乏实践、实验，故不及西方科学精审。从他对地学研究方法的总结，可以看出他对科学方法的理解也十分简单：“其研究之方法，又无待求诸高远也。即旅行野外，静居一室，俯察仰观，无在不可以资实验。且苟明其原理定则，而于身所未至之地，亦可以触类旁通，得其所以致然之故。”他虽然带着气压计和温度计奔走四方，撰写游记，具备崇实、求真的科学精神，但他并没有意识到这正是科学的精神所在。在他眼里，科学只是匡时救世的工具。他还没有认识到科学的真义。不妨比较一下第三阶段代表人物任鸿隽、胡明复的观点：“科学之功用，非仅在富国强兵及其他物质上幸福之增进而已，而于知识界精神界尤有重要之关系。”“不特科学界上辟新纪元，宇宙全体之观念为之大变，而凡吾人平日之生活态度、交通方法、社会行为、道德思想，俱受其直接与间接之极大影响。”

四、张相文匡时救世思想述评

综观张相文的一生，20 世纪的前 30 年是张相文最重要的时期，从中可清晰地看到这位地学大师的人生三部曲：第一个 10 年从 1899 年张相文离开家乡到南洋公学，到 1909 年创办地学会。这 10 年间，张相文主要从事地学教育，吸收并传播西学，编写了地学教科书，在政治上虽倡导民主，但仍拥护保皇。第二个 10 年从 1910 年《地学杂志》创刊到 1920 年张相文皈依佛门。这 10 年间，张相文苦力支撑地学会，刊行《地学杂志》，撰写了地理游记，在政治上积极致力于推翻帝制，建立共和。第三个 10 年从 1920 年张相文皈依佛门到 1930 年辞去地学会会长职务，抱病卧床。这 10 年间，张相文潜心佛学，同时心系祖国地学。

张相文的一生，是为中国地学发展苦苦奋斗的一生。他才学出众，完全可以潜心学术，著述译书，过安逸的日子。但正当他走红教育界的时候，这位忧国忧民的热血男儿，为用地学扭转日益衰亡的祖国命运，完全不顾挚友张謇以邹代钧创办舆地公会导致“炊烟几绝”为例的善意劝说，毅然选择创办地学会这一艰难事业。在他看来，中国国脉之不振，“溯厥由来，亦惟地理上之知识优劣不齐，……推原祸始，实由地学隔膜”。他“丐助于当道”，奔波于学界，孜孜不倦，使学会久延不坠，杂志不绝如缕。一生两袖清风，不喜治家事，却为地学会捐贴数千金。他晚年卧床不起时，若不靠出租住房，真的要像邹代钧那样“炊烟几绝”了。即使在他皈依佛门的10年中，他也没有放弃科学救国的努力。为了裨益于地学进步，他从历年出版的《地学杂志》中遴选精华，汇辑、整理，“冗者节之，离者合之，枯者润之，谬者正之”，编为地学丛书，凡百余万言，以飨学界。他还四处募捐，倾其私囊，为地学会购置会所，并为新置会所撰写碑文。从碑文中可以看到这位地学大师对地学会的殷殷期望：“回视山河大地，目无异空华，斯会存废，亦何所容心。然既筚路蓝缕，积胼胝之力以成之，则门庭施设，尤赖付托得人。所望后之主斯席者，勿据为私产，勿视为传舍，允仿十方丛林之制，择贤而授，使灯灯相续，永传于无极焉。庶乎发挥光大，蕲进而与列邦诸学会较短挈长，迭主齐盟于坛坫间也。是则中国学者，人人所当引为己责者欤！”

总之，张相文是一个深受旧学熏陶的中国知识分子，又是当时未出国门的那一代人中积极学习并传播西学的优秀代表。从编教科书到创地学会，孜孜以求。他既对中国地学近代化有承前启后的作用，又曾为辛亥革命四处奔波，出生入死。他在思想最活跃的青壮年时期未能赶上新文化运动，在历经艰辛、屡经挫折之后，痛感时政黑暗，自觉报国无门，于“时事无补”。但他的匡时救世的精神永远值得我们钦佩。

（作者：于波）

参考资料

[1] 张相文. 南园丛稿[M]. 台北：文海出版社，1968.

[2] 张相文. 新撰地文学[M]. 上海：文明书局，1908.

[3] 柳诒徵. 张相文先生传[J]. 地理学报，1934，创刊号.

[4] 曹婉如. 张相文与中国近代地理学的萌芽：纪念张相文逝世五十周年[J]. 地理学报，1983(3)：309-314.

[5] 林超.中国现代地理学萌芽时期的张相文和中国地学会[J].自然科学史研究，1982(2)：150-159.

[6] 赵荣，杨正泰.中国地理学史：清代[M].北京：商务印书馆，1998.

[7] 邹振环.晚清西方地理学在中国：以1815至1911年西方地理学译著的传播与影响为中心[M].上海：上海古籍出版社，2000.

[8] 杨文衡.地学志[M].上海：上海人民出版社，1998.

[9] 唐锡仁，杨文衡.中国科学技术史：地学卷[M].北京：科学出版社，2000.

阿尔弗雷德·洛塔尔·魏格纳

（Alfred Lothar Wegener，1880—1930）

魏格纳

地质学现代革命的伟大奠基者 [1]

1980 年 11 月 1 日是伟大的德国地质学家阿尔弗雷德·洛塔尔·魏格纳诞生一百周年纪念日。世界地质学界最大的合作组织——联合国地科联国际动力学十年计划（1970—1980）委员会在这一天召开了总结大会。魏格纳既是地质学家，又是天文学家、气象学家、地球物理学家和极地探险家。他提出的大陆漂移说，已发展为当代最盛行的大地构造理论——板块构造说，又叫新全球构造理论。现代地质学经历的一场巨大革命正是在这个理论的指导下进行的。

一、目标与勇气

魏格纳于 1880 年 11 月 1 日出生在德国柏林一位孤儿院院长的家里，其父亲是神学博士。魏格纳在青少年时期并不是神童，也谈不上出类拔萃。他先后在好几个大学学习，1905 年他在因斯布鲁克大学提交的关于天文学的一篇毕业论文水平也较一般。

魏格纳学生时代的密友、后来成为天文学家的冯特写过许多关于魏格纳的文章，谈到了魏格纳的天赋才能及品质特征。他曾经精辟地指出，尽管魏格纳的数学、物理学和其他自然科学的天赋能力很一般，然而他有能力充分运用这些知识达成自己的目标。他对事物敏锐的洞察力、非凡的预见性、严谨的逻辑判断能力使他能把与他思想有关的每一件事正确地组合起来。尤其突出的是，魏格纳具有科学史上的伟大人物共有的特点——自信心和进取心、勤奋和勇气。正如德意志民族的一个谚语所说：一个人丢了金钱并不可怕，还可以挣；一个人失去了朋友，当然可悲；而一个人若失去了勇气，便一切都完了。魏格纳一生中都保持着一种非凡的勇气。这种杰出的气质早在他学生时代就充分显露出来了。

1　李春昱教授、王恒礼教授对本文的写作和修改提出过一些宝贵的意见，谨此致谢。

魏格纳从小就不够健壮，尤其是耐久力较差。为了克服这个弱点，他自觉进行近乎残酷的斯巴达式训练。整个冬天，他每天都去雪地练习滑雪，执行自己制订的去极地探险的预备训练计划，连暴风雪的日子也不例外。21 岁那年，他利用暑假，约上哥哥库尔特，怀着巨大的热情在一座小小的山上搞了整整一个假期的登山活动。大学毕业前两年的冬天，他常去拜访住在附近山顶上一座小型气象观测站的朋友。魏格纳每次都是滑雪前往，路线一旦确定，不管道路多么崎岖不平，他总是奋力前往，摔倒了再爬起来，直至到达目的地才罢休。所有这些都展现了魏格纳的抱负和目标感。具备上述品质是难得的，它往往预示着巨大的成功。

大学毕业后，魏格纳在他未来的岳父柯本教授的指导下，从事高空气象学新技术研究。柯本，一位威严的学者，当时是气象学权威，指导着汉堡北边格罗斯博斯特尔的一个有很大影响力的探空气球试验站。

英俊年轻的魏格纳奋不顾身地投入高空探测气球活动，从实验室到林登伯登天文观测台，每个数据，每项工艺，他都认真对待。探空气球技术在 20 世纪初是世界上最现代化、最难的气象学手段。

魏格纳兄弟参加了 1906 年 4 月举行的戈登・贝内特探空气球比赛。当时持续飞行时间的世界纪录是 35 小时，魏格纳兄弟却飞行了 52 小时，一举打破世界纪录，飞行高度达 3700 米，在他们之前还没有人到达这样的高度。他们战胜了高空的寒冷和两个黑夜，并准确测得高空的气温、气压、风向和风力，完满地达到了预期目的。他们一着陆，便被记者围住了。

“真是棒极了！”一个记者热情地说，“热烈祝贺你们打破了法国人杰・良・沃伯爵保持的世界纪录。请谈谈你们的感想。”

魏格纳兄弟愣住了。他们并不曾有过想要打破世界纪录的念头。“我们只是热衷于这项工作。”“这项工作十分有趣，几乎每小时都有新发现，我们总想再多飞一会儿，再飞高一点儿。就是这样。”

显然，站在人们面前的是两个潜心致力于科学的人，他们的目标是探求科学真理。在探求真理的道路上，魏格纳具有一往无前的勇气。同时，他又是谦虚的、质朴的。随着他的名声日益增大，这些品格表现得愈加突出。拥有这些品格，科学家才能洁身、慎独，保持锐气和对新事物的敏感。

二、质朴的人

1908—1912 年，魏格纳在马堡大学任教。当时他刚刚结束第一次格陵兰探险，一边整理在格陵兰收集的大量资料，一边进行天文学、气象学的讲授和研究。

魏格纳还经常以非国家聘请的私立大学讲师的身份，作一些有关气象学的讲演。无论是在课堂，还是在小小的观测站里，这位年轻的辅导老师，总是那样热情、生气蓬勃，并很快以他的刚毅赢得学生的崇敬。他又很谦虚，总是对学生循循善诱，启发学生去掌握基础知识，决不要求学生死记硬背。在一些偶然的场合，这个看来十分温顺的人，竟像狮子一般勇猛战斗。那是他在批判一种说法——认为必须在极地实际气候条件下工作才能作出预测，魏格纳认为这种说法简直是自杀。

这一时期魏格纳完成了《大气圈热力学》讲稿，在这篇讲稿中他第一次试图从近几十年大量的自由大气测量中找到普遍的物理规律，以便能解释各种现象，诸如不同的大气层（自平流层被发现以来，仅仅过了 8 年！）和各种类型的云图。这是一个相当难的课题。那些天，凡有机会登台演讲的学者，都赞成将最高学位授予那时还不具有教授头衔的魏格纳讲师。然而魏格纳仍把自己当作听众。与此同时他又用讲稿的题目写下了一本具有划时代意义的著作。而魏格纳对自己工作的评语是："这些推导不是我的，你们会发现这是物理书上写过的，根据……在……页上……"这件小小的逸事反映出这样一个事实：魏格纳确实不具有数学天赋，而且非常质朴。

魏格纳在当年给柯本教授的一封信中坦率地说："我本人持有这样的观点——或许有点儿走极端或是偏见，我认为数学与我无缘分，我弄不懂我究竟是对还是不对。就是说，我除了硬套数学公式，简直无法在数学领域内工作。"尽管魏格纳的才能在这方面显得不足，但他总是从下列两个方面加以弥补：第一，他总是尽最大努力做到文章通俗易懂，不以专家看懂为满足，甚至在他的专业性最强的著作中也是如此；第二，他最突出的一个性格特点是坦率，在学生面前也是如此。他为人做事光明正大，从不弄虚作假。这是某些人难以做到的。他从一般人的俗气中超脱出来，这种俗气往往使人对自己的真实情况表现出一定程度的夸大或缩小。

当时的青年学生实际上都感受到了他的质朴。他的演讲和论证的质朴性，显然是基于他的丰富的经验和已取得的成就，正是这些使他赢得了听众的心。在马堡的那些演讲的最后，他总是拿出大量的照片给大家看，来说明他要论述的东西。通常拿出来的有云图，还有贴近地面的光的反射、由于光在冰晶里的反射和折射而产生的大气光学现象，以及海雾的形成、迁移和翻卷的各种图片。大多数照片都是人们从未见过的。这些图片在他的演讲中用作例证，真是被用得恰到好处。他还让学生看到那些以前只让助教级别以上的学者看的实验，比如K.施图克特教授和魏格纳一起施放几个高空气球去探测光线。魏格纳甘当教授的忠实助手，从不计较荣誉，甚至去听一个年轻教师的这类演讲。魏格纳把照相看作一种研究方法，并给予很高的评价。

魏格纳喜欢下午在学校小吃店喝茶，款待朋友和学生，给他们讲自己旅行中的故事。大多数人当时并不知道魏格纳已经是著名的学者，是魏格纳特有的质朴和诚恳的风度吸引了他们。一个学生在回忆魏格纳时写道："他点燃了青年人心里的火焰，假如有任何人要向魏格纳提出和证实的理论提出挑战的话，我们将会毫不迟疑地第一个站出来和他辩论。"

1910年春天的一个傍晚，魏格纳带着他新写成的《大气圈热力学》讲稿，来到汉堡市郊柯本教授的家。门开了，出来一位体态匀称、容貌美丽的姑娘，她用一双明亮的眼睛看着客人，问道："您找我父亲吗？"

她便是艾丽丝，柯本教授的幼女。她带着魏格纳走进柯本的书房。魏格纳看得着迷了，他从一个书架走到另一个书架，默念着各种书名。他还在墙上见到一幅不寻常的大地图。这幅图上画着一根根闭合的表示高压高温气团和低压低温气团的实线和虚线。他看着看着，竟全然不知道姑娘什么时候叫来了父亲，父亲示意女儿不要打扰魏格纳。直到魏格纳走到父女俩跟前，才想起自己是来拜访柯本教授的。

接着，他俩便围绕"大气圈热力学"这个题目热烈地讨论起来。天已经很晚了，似乎话匣子才刚打开。柯本教授也为这位青年教师具有的火一样的热情所感动，便留客人住下了。他们整整谈了四天。最后，柯本教授对《大气圈热力学》给予很高的评价："这样好的书从来没人写过！"

魏格纳高兴地离开了柯本家。他高兴的另一个原因，就是他与艾丽丝在短暂几天内建立了亲密的友谊。

临别时，魏格纳答应艾丽丝常给她写信。可事实如何呢？他确实写了，不过信写得并不勤，写的也只是只言片语。艾丽丝明白，他太忙了，因为她在父亲的书房堆放的杂志中经常见到魏格纳发表的文章。

1912年早春的一天，柯本教授在家里宣布："今天魏格纳来我们家，他是一个我非常喜欢的人。"魏格纳一进家门，艾丽丝就恨不得立即对他倾吐心里话，可是没有机会。父亲与魏格纳一谈上，就越谈越有兴致。他们一直谈到晚上，大气圈、格陵兰、气象学……姑娘在一旁偷偷地听着，学者们的谈话真是没完没了。终于魏格纳走出书房，碰到艾丽丝，他突然一愣，仿佛才想起她似的。

“啊，艾丽丝，我这次来汉堡正是为了您。嗯，不过我们还剩下一个问题要谈，糟糕，时间就剩下一点儿了。”

然而惊慌失措永远不会在魏格纳身上出现，他立即补充说：“我们的话明天早上谈吧。”

“明天早上？您忘了，我听见您不是说，明天一早您就要和库尔特一起乘探空气球去飞行吗？”

“啊，对啦！库尔特要我这次和他一起飞行，可是为什么您不可以与我们一起飞行呢？这次飞行时间很短，也并不危险。”

就这样，他们三人飞上了天空。以往她乘气球时，总是向地面看，当找到她家的房子时，特别高兴。可今天，她听到的都是兄弟俩的对话：“温度，风速，气压……”姑娘想着自己的心事：“我干吗要来呢？为什么要来飞行呢？他会说出口吗？他也许又忘记了……”

突然，魏格纳对她说：“艾丽丝，我想娶你做妻子，你愿意吗？”

她深情地望着魏格纳，很久没有说一句话，仅仅点了一下头。魏格纳从两只小盒子里取出订婚戒指，把其中的一只戴在艾丽丝的手指上……

可是，订婚后没几天，魏格纳开始了他的第二次格陵兰探险。这一去就是一年。这是艾丽丝难熬的一年。魏格纳平安归来后，他们便结婚了。

三、学者与战争

魏格纳结婚后，打算把家安在汉堡，不幸的是，1914 年夏天第一次世界大战爆发了。尽管魏格纳是一个世界和平主义者，但他仍然作为预备役大尉应召入伍。他的团队奉命立即开赴前线。在战争年代，一个科学工作者能为科学、为人类做些什么呢？

魏格纳所在的团队进入前沿阵地。

战争，大炮轰鸣，弹片横飞，子弹在头顶呼啸而过。冲锋——那是在弹雨下没命地奔跑。退却——道路泥泞，靴子湿透了，没完没了地走呀走呀。然而经常在魏格纳眼前浮现的是蔚蓝色的条带——那是大西洋，还有条带两侧的大陆——欧洲、非洲大陆和南北美洲大陆，这些大陆围绕大西洋到达北极……

艾丽丝的来信多么叫人牵肠挂肚啊！但他心神稍稍安定下来，便折一根小棍在地上画了起来，他在画非洲和美洲，仿佛他又看见巴西恰好从非洲散裂开来。

他因手部和颈部受伤，被送入野战医院。伤口一阵阵剧痛，魏格纳咬着牙，从未发出过一声呻吟，整个脑子填满的依旧是那个念头——非洲与美洲，欧洲与美洲，以及夹在它们中间的大西洋……

魏格纳因伤势恶化，被送进国内一所大后方医院。艾丽丝来探望他的时候，令她惊讶的是，魏格纳请她设法弄许多书来。他开列了一大串书目，涉及许多与他的气象专业无关的学科，如地质学、古生物学、生物学、地球物理学、地理学、生态学、大地测量学、古气候学等。

魏格纳受重伤后，便获准请了长假。医生和亲友们都劝他好好静心养病。也多亏了这次伤病，魏格纳才没有熬到战争结束，他立即投入著述学术专著的工作。他曾经想过，若他死于战场，不能把自己的想法公之于世，那将遗恨终生。于是他忘我地工作起来。他重新坐在真正的写字台边了，那高兴的心情就甭提啦！

一幅不寻常的大陆漂移模式图在魏格纳的脑海里诞生了。不仅现在的欧洲和非洲是从南北美洲脱离出来的，而且所有大陆曾是一个整体，也是从这个整体脱裂开来的。若把澳大利亚看作曾一度与南亚连在一起、南极洲曾与非洲连在一起的话，那何尝不可以认为南美洲、非洲与亚洲过去也是连在一起的呢？澳大利亚不是从印度半岛脱离出来的吗？而印度半岛不又是从马达加斯加岛脱离出来与喜马拉雅碰撞在一起的吗？引人注目的是，格陵兰的西岸不是正与它对面的北美洲海岸轮廓相一致吗？但是这幅图被描绘得越明白具体，魏格纳就越清醒地认识到，如果要把这幅模式图加工成科学的假说，还需要许许多多的事实和论据。否则传统观念不是那么容易被打破的。

假期一晃就过去了，魏格纳又奉命重返前线，改做野战气象观察服务。而他依然研究着有关大陆漂移说的各个问题。

1915 年，在第一次世界大战的炮火中，划时代的地质文献——魏格纳的《海陆的起源》问世。用战争术语来形容，一枚重型炸弹爆炸了。

这就是作为科学家的魏格纳用他的行动对战争作出的最庄严的回答。正如他的一位挚友贝多夫教授对他这一行为的评价：“他已经从可怕的战争景象中培育起来的狭隘民族主义中完全解放出来了。”

应该指出的是，魏格纳写成《海陆的起源》、提出大陆漂移科学假说，并非一时心血来潮，而是多年思索研究的结果。早在1910年，当他产生这一想法时，柯本教授一再劝这位未来的女婿不要把时光消耗在大西洋两岸何以具有相似性的问题上："不知有多少人曾研究过它，结果是枉费心血，你应该把功夫花在气象学研究上！"尽管魏格纳对德高望重的柯本教授始终充满了敬意，但他并未因此放弃自己的学术方向。一旦思想成熟，他就坚决地从气象学转向地质学，写出了自己最重要的学术著作。1924年，在《海陆的起源》第三版中，魏格纳谈到这一假说的酝酿过程：

"大陆漂移的想法是著者于1910年最初得到的。有一次，我在阅读世界地图时，曾被大西洋两岸的相似性所吸引，但当时我也即随手丢开，并不认为具有什么重大意义。1911年秋，一个偶然的机会，我从一个论文集中看到了这样的话：根据古生物的证据，巴西与非洲间曾经有过陆地相连接。这是我过去所不知道的。这段文字记载促使我对这个问题在大地测量学与古生物学的范围内为着这个目标从事仓促的研究，并得出了重要的肯定的论证，由此就深信我的想法是基本正确的。我第一次把这个想法发表出来是1912年1月6日我在美因河上的法兰克福城的地质协会上作的讲演，题为'从地球物理学的基础上论地壳轮廓（大陆与海洋）的生成'。后来，又在1月10日的马堡科学协进会上作了第二次讲演，题为'大陆的水平移位'。同年（1912年），这两篇讲稿都刊出了。……后来因受兵役之阻，我未能对这个学说作进一步的工作。到了1915年，我终于能利用一个较长的病假期，对这个学说作了比较详细的论述，写成本书，收入《费威希丛书》而出版。"

魏格纳还十分恳切和谦虚地指出：在查考文献时，"我发现有好几个先辈学者的见解是和我一致的。……F. B. 泰勒则从另一条道路走进了大陆漂移说的领域。……前面已经说过，在我读到上述著作时，我的大陆漂移说已经大体上形成。其他著作则知道得更晚。前人著作中某些与大陆漂移说相类似的论点，今后被更多地发现出来，并不是不可能的"。

四、大陆漂移说——一首伟大的地质之歌

魏格纳的大陆漂移说的提出，影响着20世纪地质学的现代革命。因此，有必要简略地介绍一下它的科学内容。

地质学最本质的、有别于其他学科的个性是：复杂性和层壳性，不可逆性和不可模拟性。其中最薄弱的是层壳性，这也是物质的地质运动形式的基本特点。作为一个

气象学家，魏格纳正是从地球物理－气象学领域开始自己的科学研究工作的：他研究大气圈上层热力学，研究了极地冷气团的运动。在对照分析陆地高度与海洋深度的平面分布曲线之后，魏格纳第一次揭示出两个阶梯的成因性质，一个阶梯是大陆平均高度，另一个是全球洋底的平均深度。他推断，组成洋底的岩石与组成大陆的岩石原则上是各不相同的。前者重，以硅镁为主，又叫“硅镁层”；后者轻，以硅铝为主，又叫“硅铝层”。这种看法在 20 世纪初叶具有非常大胆的创造性，它从地质学角度对洋壳和陆壳的不同成因给出了一个重要解释。然而，关于物质的地质运动形式及其层壳性，魏格纳的概念过于模糊，关于两类地壳结构的概念，他又看得过于简单。按照魏格纳大陆漂移模式，轻而硬的硅铝陆壳会像“冰山”那样在塑性而致密的硅镁层进行漂移。

尽管在细节上很不完善，大陆漂移说的成功是不可忽视的。魏格纳从地貌学、地质学、地球物理学、古生物学和生物学、古气候学、大地测量学等不同学科的角度，对大陆漂移说作了严密的论证。

最简单最明显的证据，也是最有力的证据，便是大西洋两岸大陆海岸线的相似性。魏格纳将诸大陆的外形轮廓线进行比较，发现各海岸线能很好地拼合起来（近几年有人取大陆架的轮廓线，用电子计算机作出了最佳拟合，偏差真是微乎其微），于是他推测在古生代末期，所有大陆曾是一个统一的泛大陆。泛大陆包括两部分：北方劳亚古陆，范围包括今几乎整个北美洲（除西部）和欧洲（除意大利等）以及亚洲的大部分（除印度和阿拉伯半岛等）；南方冈瓦纳古陆，范围大体包括今印度半岛、阿拉伯半岛、澳大利亚、非洲、南美洲和南极洲。由于任何一个大陆的古生代和早中生代的地层剖面，在两大古陆相邻部位都能一一对上，因而能够得出一幅大陆块拼合结构图。这些大陆第一次分离发生在中生代，通常只能给出一个平均年限，甚至是上限，即距今 1.8 亿—1 亿年。在分裂时，大规模的碱性玄武岩浆喷出，从而形成一些独具特色的金属成矿带，譬如非洲的安哥拉与南美的巴西的成矿带，按现代大陆拼合后都在一个个条带上。

古气候资料始终是魏格纳的有力论据。当时，就在澳大利亚、印度半岛、南非和南美洲，发现了 3 亿—2.5 亿年前的古冰川遗迹。20 世纪 60 年代这些地质时期的冰川泥砾居然在南极洲亦被发现。把这些古冰川遗迹放在泛大陆拼合图上，发现竟然集中在一个不大的地区，即当时的极区，冰盖的规模比现代南极洲面积略大。在欧洲，这一时期沉积的是富含珊瑚礁（暖海标志）的石灰岩。距今 2 亿多年前，在二迭海中标志暖海的珊瑚礁和巨厚盐层的踪迹，也在北极圈（北乌拉尔附近）找到了。这样大规模的古气候反常事件，在气象学上是不好解释的，若从大陆漂移的假说来看便是自然而然的事件了。

古生物学和生物学上也有很多证据。在南极洲、非洲、印度半岛、南美洲和澳大利亚，到处都发现了早古生代的同一种属动植物化石，显然这种同一种属的动植物群曾经生活在同一大陆——过去的南方冈瓦纳古陆上。典型例子是，动物有水龙兽，植物有同一门类的裸子植物。这些裸子植物分布广泛，种子不可能靠风的搬运远涉重洋。在现代南半球的每一块大陆上，特有的动植物种属的形成是从中生代开始的，这就证明泛大陆的分离正是从中生代开始的。更为有趣的是，魏格纳旁征博引，根据某一特定时间段的一些主要是古生物学上的论证，通过形象思维加工出一幅幅古大陆聚合与离散的演化模式图，适用于 6 亿多年前至今，包括了整个显生宙。这件事令数学家目瞪口呆，高度的想象力竟如此深刻地把握住了物质运动的地质形式，模式竟如此精确。难怪有人惊叹魏格纳是一位伟大的地质诗人，他的大陆漂移说是震撼世界的伟大的地质之歌。

魏格纳还提出了其他思想，譬如岩石圈在冰盖重压下会发生挠曲的思想，离散的陆块边缘在原始块体作用下将再度绽裂的思想。

一个学说的诞生、发展不会是一帆风顺的，总是需要克服艰难险阻曲折前进的。《海陆的起源》发表后，魏格纳在很长一段时间并没有获得相应的学术地位。他的朋友写道："我们许多魏格纳的同事纷纷为这位伟大的学者鸣不平，为什么德国没有授予他正式教授头衔？"直到 1924 年，魏格纳才接受了邻国奥地利格拉茨大学授予他的气象学和地球物理学正式教授头衔。

五、在格陵兰长眠

魏格纳一生的理论、实践以及精力，都与格陵兰探险联系在一起。他关注格陵兰，先是从气象学角度开始的。因为自有人类以来的全球气候事件，最有趣的莫过于格陵兰了。北欧流传下来的民间传说和历史记载，总是少不了以这些事件作背景，它们强烈地吸引着一代又一代的青少年，这对魏格纳从小在这方面立下大志，不能不说是一个重要的影响因素。这类文献又确实比现代气象观测记录早几百年。公元前 2350—前 650 年，北欧曾是一个相当温暖且平坦辽阔的草原，甚至在公元 7 世纪格陵兰还住有 1 万多个欧洲移民。可是到公元 14 世纪，北欧气候逐渐变冷，格陵兰冰川扩展到 17 世纪已经淹没了几个世纪以来一直繁茂昌盛的冰岛牧场。到了魏格纳时代，格陵兰已经是一个神秘而又恐怖的被冰雪覆盖的极地世界了。冰期扩大对欧洲人生活至关重要，探索它的秘密来为人类服务，曾经激励着多少有志的青少年。魏格纳一生四次去格陵兰探险。

第一次是 1906—1908 年。魏格纳以官方气象学家身份参加由迈里斯领导的一支著名的丹麦探险队。他们第一次穿过冰帽，行程 1100 千米，首次获得了丰富的极地冷气团的第一手珍贵资料。

第二次是 1912—1913 年。他参加科赫船长（一位丹麦上校）领导的探险队，关注重点已经转移到冰川学和古气候学上。他在这次探险中收获很大，学术上除了大气热动力，还在极光、云的光学、海市蜃楼、声学方面有所发现和建树。他在漫长的极地冬夜苦苦思索大陆漂移，终于下决心从气象学转向地质学，这是他学术生涯中的伟大转移。此外，这次探险使他积累了组织和领导极地探险队的必备经验。自此他成了德国极地考察界公推的领袖，1930 年他出版了描述这次探险的两厚本巨著。

第三次是 1929 年初春至深秋。这是一次试探性的考察，目的是在陡峭冰壁间选择搬送重型设备（如人工爆破地震仪）的登岸地点。

第四次是 1930 年。他是 1927 年底领受这次任务的。在魏玛共和国已经失败而希特勒纳粹政权即将上台的前夜，国家哪有精力真心支持魏格纳制订的庞大探险计划呢？因此，魏格纳从筹备那天起就几乎消耗了全部心血，直到最后在格陵兰牺牲。

魏格纳和他的探险队于 1930 年 4 月抵达格陵兰。他们试图重新测量格陵兰的经度，以便从大地测量方面进一步论证大陆漂移。在严酷的条件下，魏格纳教授从事气象观测，还利用地震勘探法探测格陵兰冰盖的厚度。当时，在格陵兰中部爱斯密特临时基地，有两名探险队员准备在那里度过整个冬夜以便观测天气。然而冰雪和风暴使给养运输一再耽搁。9 月 21 日魏格纳决定把装备给养从海岸基地运送到爱斯密特去。魏格纳一行 15 人乘雪橇在风雪严寒中艰难跋涉了 160 多千米。在极端险恶的环境里，大多数人失去了勇气，但魏格纳决不回头。在零下 65℃的酷寒里，最后剩下两个人追随他。他们终于到达爱斯密特。这时，一个同伴的双脚严重冻伤。

爱斯密特基地留有的粮食和给养亦很紧张，魏格纳担心，如果他仍留在这里，意味着有人将会断粮，每人定量已经很少了。魏格纳决定返回海岸基地。

11 月 1 日，人们给他庆祝了 50 岁生日，他与他的向导——因纽特人拉斯马斯一块儿愉快合影，这是他生前最后一张照片。当天晚上，他请求拉斯马斯留下来：“我想您应该留在这里，您还年轻，正是生命兴旺时期。”

拉斯马斯坚定地表示他愿跟随魏格纳。

第二天，他们乘坐两辆狗拉雪橇向西海岸基地进发了，带了 17 只狗、135 千克的旅途用品和盛满煤油的大白铁皮桶。出发那天气温是零下 39℃，而前一天的气温是零下 65℃。

谁都未料想到，这是魏格纳的最后一次进军……

人们迟迟不见魏格纳和拉斯马斯归来的踪影，多次出动，四处寻找，毫无结果。与附近英国极地高空气团探测基地联系，由他们派出了两架飞机搜索，亦毫无结果。无情的格陵兰冬季极夜，漫天冰雪，一切搜索工作不得不停止。直到次年 4 月天气才略变得晴朗一些。于是一支庞大的搜索队伍于 1931 年 4 月 23 日出发了。

搜索队在距基地 285 千米处找到了他们喂狗的干粮箱子。这说明喂狗的干粮不多了。到了 255 千米处，找到了魏格纳的雪橇，显然，由于极寒，途中有许多狗不断倒毙。很快又找到了另一架雪橇。魏格纳和拉斯马斯在 255 千米处仅仅留下一架雪橇。往前，找到的东西越来越多，许多小物件发现的位置都说明了他们在前进，每前进一步都要付出很大的代价，他们在同风雪搏斗、同严寒搏斗、同死亡搏斗中前进。

到了 189 千米处，找到了滑雪板。大家都认识，这是魏格纳的。离滑雪板约 3 米处找到了掩埋在雪堆里的滑雪杖。这意味着什么？魏格纳下一步该怎么前进呢？人们在掩埋滑雪板一带的冰雪中挖掘起来。先是挖出一些鹿毛，然后掘出了鹿毛皮，往下是魏格纳穿的鹿毛皮袄，再往下是他的一个睡袋。先见到他戴着手套的两只手，下面还有一张鹿皮和睡袋，魏格纳的遗体便静卧在中间。

他是那样安详，仿佛刚刚睡去，只是眼睛微微有些张开。他的面容甚至显得比活着时还年轻一些，只是在一级冻伤处留下了几个斑点。他的上衣和绒衣、盔形帽和靴子都整整齐齐，只是身边的烟斗、烟袋不见了。

大家认真观察了魏格纳的尸体和遗物后得出结论，魏格纳这个人的特点是一旦行动决不回头，他经过几天连续的奔驰，拼死前进——因疲惫过度造成心力衰竭而死亡。

同伴们久久垂头，静立在这位卓越的领导者和亲密战友遗体面前，心潮起伏。大家重新挖掘一个墓穴，埋葬了魏格纳的遗体，上面堆砌坚硬结实的大冰块，冰块上面放着他使用过的雪橇。有人把魏格纳使用过的滑雪杖劈开做成十字架，插在他的墓穴旁，还插入一根滑雪杖，上面撑起一面黑旗。

魏格纳的命运查清了，他忠实的伙伴拉斯马斯呢？人们终于明白，他们之所以能很快地找到魏格纳，是因为拉斯马斯按因纽特人的风俗，隆重地掩埋了魏格纳，构筑墓穴并标记清晰。拉斯马斯拿走了魏格纳的烟斗和烟袋，还有魏格纳的日记——这是唯一与魏格纳并肩战斗、生活的物证了。拉斯马斯将这些东西埋藏好之后，似乎继续进发了，沿着魏格纳要去的方向。

人们在 155 千米处，似乎到了尽头，自此拉斯马斯的踪迹再也找不到什么了。饥饿的狗倒毙了，拉斯马斯在此迷了路，可能也精疲力竭而死了，他年仅 22 岁……

库尔特立即接续了弟弟的格陵兰探险事业。格陵兰岛的因纽特人中流传着：魏格纳还活在人间!

魏格纳是科学史上极地探险的勇士。当他第四次前往格陵兰时，已经是举世闻名的学者了。名誉和成就没有成为他的精神包袱，舒适和享受也不能诱惑他。他一如既往，怀着真正的科学家所具有的追求真理的赤子之心，又一次踏上了冰天雪地的格陵兰，不幸以身殉职。在他之后，极地探险科学考察事业日益兴旺。长期以来这些活动的核心手段仍然是魏格纳倡导的地震波的折射，核心思想仍然没有离开魏格纳的大陆漂移说。

六、大陆漂移说的复兴

魏格纳去世以后，大陆漂移说便进入冷落时期，以致当时在美国，一个地质学教授倘若要演讲魏格纳的大陆漂移说，他将被解聘，受到失业的威胁。问题在于，早期的魏格纳活动论拥护者，是将大陆漂移的动力主要归于离心力（再派生出的离极力）和潮汐引力，这些力是由于地球自转和太阳、月亮对地球的引力所产生的。对这个运转机制的定量评价，是英国数学家兼地球物理学家 G. 德热弗里斯作出的。他计算出这种机制产生的力要比大陆发生漂移所必需的力小若干个数量级。此外，学者们没法用魏格纳的大陆漂移模式解释深源地震带。所有这些，使得在魏格纳死后的 20 世纪 30 年代至 40 年代，活动论拥护者寥寥无几。但是在对那些显然不能令人满意的大陆漂移机制进行批判之后，仍然没有一个人能够推翻魏格纳所提出的任何一个地质论据。地质学家们后来才明白，大陆壳的形成，在岛弧区是在很大的深度上开始的，并与地幔的演化过程有机地联系在一起。

在20世纪50年代末至60年代，科学家们获得了大量的很有分量的地球物理资料。这些资料只有采纳魏格纳的活动论才能作出科学的解释，只要将魏格纳的活动论稍作修正就行了，这就是现代著名的板块构造学说。

首先打破僵局走在最前面的是古地磁学家。他们进行了一系列研究和测定后指出：现代洋壳相当年轻，洋壳是在大洋中脊处，并且仅仅是此处向两侧作海底扩张才得以形成的。最古老的洋壳，在北大西洋，形成时间在 1.9 亿—1.8 亿年前；在南大西洋，形成时间大概在 1.1 亿—1 亿年前。尽管洋盆的外形轮廓边界不断在变迁，尽管洋盆已经存在若干亿年了，然而岩石圈的洋壳总是不断从大洋中脊处产生出新的，然后像传送带一样被带向岛弧，在那一带向坚硬的陆壳底下俯冲。这样，深源地震带（实为毕乌夫震源带）便得到了最合理的解释。俯冲结果是旧洋壳的消亡和新陆壳的诞生，加入新陈代谢行列。关于海底扩张，20 世纪 70 年代人们借助小行星上类地幔结晶玄武岩的模式已经获得令人满意的定量解释；人们还采用板块构造学说对全球地震活动带作了重新认识，得出重要的结论——沿岩石圈板块边界地震释放的能量占了总地震释放能量的 99% 以上。板块构造理论是一种全球构造学说。关于转换断层和大陆裂谷的研究，标志着板块构造在大地构造学说中取得极大的成功。断层不再是僵死的，而是转换变化着的。裂谷本质不是指地貌形态上的地堑，而是指地壳上地幔之间的“反根”构造和浅源地震带相结合。这是板块构造 20 年研究的累累硕果，把错综复杂的地质现象的本质清晰地展现在我们面前。

一个普通的孩子成了一个震撼世界的科学伟人，一个普通的气象学家完成了地质学上里程碑的伟大发现，影响着 20 世纪地质科学的现代革命，这绝非偶然。回顾一下魏格纳的学术研究，某些特点是很有启发意义的。我们发现，魏格纳的特点在于，他踏进了各个学科接壤的空白领域。他是气象学家，但决不把自己的视野局限于狭小的学科范围之内，而是吸取了看起来各不相干的学科的丰富养料，加以升华、结晶。指出魏格纳获得成就的这一特点是十分重要的。20 世纪每一项带有革命性的科学观念的提出，都和这个特点有关。现代控制论的创始人 N. 维纳对边缘学科取得了自觉认识，并在《控制论》一书导言中作了如下精辟的论述：“在科学发展上可以得到最大收获的领域是各种已经建立起来的部门之间的被忽视的无人区。……正是这些科学的边缘区域，给有修养的研究者提供了最丰富的机会。”

如果说一个物理学家的语言离不开数学公式的话，那么一个地质学家的语言离不开图像——平面图和剖面图。形象思维，特别是具有丰富想象力和预见性的形象思维，弥补了魏格纳在数理方面的某些欠缺。他从气象学上瞬息万变的云图转到大西洋两岸惊人的相似性，比较自然地克服了地质学家常常带有的大陆固定论的偏见，从而获得巨大的成功。爱因斯坦非常重视想象在科学发现中的作用。他曾经说过：想象力比知识更重要，因为知识是有限的，而想象力概括世界上的一切，推动着进步。

除了这两个特点，魏格纳所具有的献身于追求科学真理的崇高品格对他的成功也起了重要作用。他的崇高品格来自坚定的信念和原则。他在第四次探险时，给好友乔治写了一封信，谈到他在极地探险活动中的信念和原则。我们不妨把这些话看作他一生追求科学真理的总结。信中，他说："无论发生什么事，必须首先考虑不要让事业受到损失。这是我们神圣的职责，是它把我们结合在一起，在任何情况下都必须继续下去，哪怕是要付出最大的牺牲。如果你喜欢，这就是我在探险时的'宗教信仰'，它已经被证明是正确的，只有它才能保证人们在探险中不互相抱怨而同舟共济。"

（作者：彭立红　刘平宇）

参考资料

[1] 魏格纳.海陆的起源［M］.李旭旦，译.北京：商务印书馆，1964.
[2] N.维纳.控制论［M］.2版.郝季仁，译.北京：科学出版社，1963.

杨钟健

（1897—1979）

杨钟健

从民主战士到“龙骨大王”

20 世纪 20—30 年代是近代科学在中国社会发展的重要时期，杨钟健就是在这个时期涌现出来的我国老一辈自然科学家之一。他的一生，平凡，又极不平凡：他在我国创立了古脊椎动物学，是这门学科的一代宗师，但他又只是中国现代知识界的普通一员；他曾经为民主自由英勇战斗，为社会主义事业埋头苦干，却又始终身处亿万优秀的中华儿女不断前进的滚滚洪流之中。因此，我们传叙他的历史，并不意味着对英雄史观的崇拜，而是为了从一个人的过去看到国家的未来。

一、呐喊与沉思

1897 年 6 月 1 日，杨钟健出生于陕西华县龙潭堡村。父亲杨松轩是一位具有民主思想的教育家，在清朝末年创办新式教育，提倡男女同校，主张女子不缠足。杨松轩还是同盟会华县支部负责人。辛亥革命后曾任陕西省军政府教育司次长、省议会副议长等职，后来回到华县，创办咸林中学，以兴办教育、培养人才为终生事业。杨钟健自幼随父读书，受到父亲思想的熏陶。杨钟健不畏艰难困苦、献身科学事业的坚强意志，最初也是得于父亲的教诲。杨钟健曾经满怀深情地回忆说：“先父讲学精神，始终以灌输新知识及启发学生思想为目的，故学生乐于就学。钟健犹忆有时在甘露寺侍宿，先父时时为钟健讲西哲探险及航海等故事。钟健以后对于探索研究工作，稍有兴会，实受先父此等启发之影响也。”

1916 年，杨钟健从省立西安第三中学毕业，次年进北京大学预科，又两年，入北京大学地质系读书。当时的北京，是北洋军阀统治的巢穴，同时又是各种政治力量集结的场所。封建主义和民主主义，无政府主义和马克思主义，各种社会思潮纵横交错。北京大学正是这种思想斗争旋涡的中心。由于新任校长蔡元培开明的兼容并包办学原则，这里成为进步势力的一片乐土。正是在这样的环境中，年轻的杨钟健的民主主义思想得到了进一步发展，他为反对封建军阀、争取民主自由放声呐喊，在进步舆论的阵地上勇猛驰骋。

在北京大学，杨钟健结识了一批新的志同道合者。他参加了邓中夏、许德珩、黄日葵等发起成立的北京大学平民教育讲演团，经常到北京市内、通县和长辛店等地宣传讲演，还担任过该团的总务干事。经邓中夏介绍，杨钟健先后参加了少年中国学会和北京大学马克思学说研究会以及社会主义青年团，努力吸收新的思想和知识，积极从事进步活动。杨钟健和李大钊、邓中夏、毛泽东、恽代英、高君宇、黄日葵等有过交往，特别深受邓中夏的影响。他曾在自述中说：邓中夏“是影响我学生时代一切行动最深的一位，也是使我心中不断考虑，如何对国家的富强有所贡献的人”。1972 年 7 月，杨钟健出差到南京，专程去雨花台凭吊邓中夏烈士遇害的地方，伫立良久，不忍离去。他深切怀念革命前驱，始终以他们那种坚贞不屈的革命精神自励。

那时，杨钟健一方面刻苦攻读地质学，一方面时刻关心着家乡乃至全国政治斗争的形势。他以卓越的才能组织了陕西旅京学生的进步团体“共进社”，先后主编《秦劫痛话》《秦钟》《共进》等刊物。他写了 100 多篇文章，揭露政治的黑暗，宣传民主思想，唤起民众的觉悟。特别是《共进》半月刊，从 1920 年 10 月创办，到 1926 年 9 月被奉系军阀查封，前后达 6 年之久，在京、陕等地影响尤大，对于五四运动以后的反帝反封建斗争起了很好的促进作用。

杨钟健在北京大学地质系的第二年，美国哥伦比亚大学古生物学教授葛利普到校任教，讲授古生物学、地史学等课程，同时在北京作长期公开讲演，题目是《地球及其生物之进化》。杨钟健以极大的兴趣听葛利普的课，并为讲演担任记录。这使他对古生物学和地史学开始产生浓厚的兴趣。

杨钟健品学兼优，1923 年从北京大学地质系毕业。为了充实学业，考察国外情况，并吸收革新的思想，他打算出国继续深造。在地质系主任李四光和家人的赞助下，他的愿望实现了。年底，他带着葛利普写的几封介绍信，从上海到了德国，入慕尼黑大学地质系古生物专业，随布罗伊利和舒罗塞学习。

德意志人是一个长于理论思维的民族，拜恩州的索伦霍芬附近又是发现具有重大意义的始祖鸟化石的地方。这两点给杨钟健留下了深刻的印象。他的导师布罗伊利是当时古生物学界权威学者齐特尔的高足，担任慕尼黑大学地质系教授，兼巴燕地质史及古生物陈列馆馆长。杨钟健受到布罗伊利的热忱接待，加上当地收藏丰富的古生物标本，使他打消了原定转学别处的念头，一直跟着布罗伊利学习了3年，从而奠定了他终生事业的基础。布罗伊利工作勤奋，态度严肃，偶尔也有颇为诙谐的时候。那时第一次世界大战刚刚结束，德国战败不久，生活十分艰苦，但他的研究并未停止，朝夕在室内写作。一个星期之中，除上课及规定两次共两小时的会客时间以外，全在工作，这对杨钟健产生了深刻的影响。3年之中，他几乎全是在实验室中度过的。由于经济拮据，他节衣缩食，十分俭朴。尽管如此，最后一年还是在李四光和翁文灏先生的资助下才勉强支撑下来的。他刻苦学习，虚心求教，不放过任何机会。他很少同别人出去游逛，欣赏异国风光，但每次地质旅行总要参加。

与此同时，杨钟健没有忘记国内动荡的时局，经常和朋友们通信，议论改造国家的大事，还常常写些文章，寄到国内发表。他身在万里之外，心却同祖国人民的命运紧紧连在一起。不过，这也是一个让他冷静下来认真思考的时期。他已下定决心，要好好学习外国先进的科学知识，以便将来报效祖国。

1927年，杨钟健以优异的成绩通过毕业论文答辩，取得博士学位，他的论文《中国北部之啮齿动物化石》也用德文在《中国古生物志》上发表了。这篇研究我国北方的小型哺乳动物化石及晚新生代地层的论文，受到国内外学者的赞赏。这是第一篇由中国学者撰写的关于古脊椎动物学的学术著作，它向全世界科学界的同行们宣告：古脊椎动物学在中国诞生了！

二、奠基的年代

古脊椎动物学，是研究自约5亿年前古生代奥陶纪的原始鱼类至新石器时代绝大多数已经从地球上绝迹的脊椎动物的进化规律和有关的生物和地质现象的一门学科。

我国地处亚洲大陆东部，地形复杂，幅员辽阔，蕴藏着丰富的古动物化石，历代均有发现。世界上第一部古地理专著、我国的《山海经》一书中，就有所谓“龙骨”的记载。《史记·河渠书》也谈到战国时代临晋人民开渠打井“得龙骨”，“龙首渠”因此得名。历代以来，各地民间医生多以“龙骨”入药。其实这些都是上新统到更新统的哺乳动物化石，不过在人类还没有足够的科学知识的时候，只能靠猜测甚至以迷信的观点来加以附会和描述。

人类对化石系统而科学的认识，产生于近代以后。在达尔文进化论的形成和发展中，古脊椎动物化石研究曾经起了重要作用。从居维叶以比较解剖学的观点对古生物化石进行研究，从而奠定了这一学科的基础，到拉马克、达尔文提出进化论学说，再到海克尔的种系发生学，古脊椎动物学从零星的、附带的研究发展成为系统的、专门的学科。正是在一代又一代的人们对古今生物综合研究的基础上，勾画出了生物进化的科学谱系，驳斥了神创论以及形形色色唯心主义和形而上学的生命观，使人类的认识发生了质的飞跃。不仅如此，古脊椎动物学还为地质科学的发展、古地理和古气候研究、人类寻找和开发各种矿产资源，作出了重要贡献。随着研究工作的开展，古脊椎动物学家从欧洲走向世界，足迹遍布南美洲、北美洲、非洲、亚洲、大洋洲和南极洲。

早在19世纪中期至20世纪初，曾有英国、德国的学者专文论述中国的哺乳动物化石。大约1914年以后，欧美许多国家陆续有学者或传教士到我国采集和发掘古动物化石，如瑞典的安特生，奥地利的斯丹斯基，法国的桑志华、德日进等。1916年以后，美国、瑞典、法国又先后组织了考察团，多次到我国西部和北部调查、采集动物化石，其中不乏盗窃和掠夺的殖民主义行径。总之，在当时的中国，古脊椎动物学同其他科学文化事业一样，完全被外国学者垄断，有着浓厚的殖民主义色彩。正是在这样的历史条件下，杨钟健勇敢、坚定地走上了科学的征途。

杨钟健从慕尼黑大学毕业的时候，有的外国朋友劝他留在国外工作，说那里生活舒适，眼界开阔，容易取得成果，而中国太穷太落后了。杨钟健何尝不了解这一切呢？但他不仅是一个科学工作者，首先是祖国的忠诚儿女。他明确回答说："中国穷是事实，落后也是事实，但那是我的祖国，绝不能抛弃，如同儿子不能抛弃母亲一样。"他把希望寄托在改革上，而科学又是改造国家的一个重要手段。他说："只要全国齐心协力改革，穷和落后是可以改变的，我怎么能为了自己舒服不回祖国呢？"

1928年初，杨钟健取道西伯利亚回国，很快得到中央地质调查所所长翁文灏先生的荐举，任该所新生代研究室副主任。他代替李捷先生，指导已经开始的、后来震惊中外的周口店发掘工作。在丁文江、翁文灏等人的支持和推动下，杨钟健与加拿大学者步达生、法国学者德日进、德国学者魏敦瑞等密切合作，领导裴文中、卞美年、贾兰坡、李悦言等中国学者，取得了周口店发掘工作的伟大成就。1929年冬，裴文中发现了第一个完整的"北京猿人"头盖骨，1936年，贾兰坡又发现了三个头盖骨。同时，这里还发掘出一大批新生代动物化石、"北京人"和"山顶洞人"使用过的石器、骨器等，并发现用火遗迹。这一工作规模之大、收获之丰富，都是举世瞩目的。尽管那时主要研究工作在外国学者手中，但标本已不送往国外，中国学者也参加了大量研究活动。中外学者的工作对于中国猿人的解剖知识、猿与人的关系以及人类进化的整个分类多有阐明，具有划时代意义。中国猿人，被公认为当时世界上已知的最早的人类化石之一。不仅如此，在以后的数十年间，周口店还成为培育我国古脊椎动物和古人类学者的摇篮，成了对人民群众进行辩证唯物主义和历史唯物主义教育的一所不可多得的学校。

古脊椎动物学研究最基础的工作，是不断地野外考察、发掘，了解化石出产地的地质构造，掌握第一手资料。仅仅在实验室里坐享别人的成果，是决然做不出重大发现的。半个多世纪以来，杨钟健正是这样不畏辛劳，在这门学科领域的荒山野岭长途跋涉，努力攀登。在领导周口店发掘的同时，杨钟健开始对北方各地进行考察，仅在1929—1931年，行程达2万余里。下面是一个简单的日程表：1929年6—9月，到晋西和陕北作地质旅行；1930年4月23日—5月22日，参加中亚科学考察团赴东北作地质调查；1930年5月26日—7月24日，参加中美考察团赴内蒙古作地质调查；1931年5月12日—9月4日，参加中法科学考察团赴新疆作地质调查。

当时的中国，军阀混战，民不聊生，田园荒芜，交通阻塞。进行这样的考察，既缺少交通工具，也缺乏食品医药，有时还得应付考察团中某些外国人的捣乱。风餐露宿，备尝艰苦且不说，遇到土匪甚至还有生命危险，但杨钟健仍以巨大的毅力乐此不疲。对祖国的热爱，对真理的追求，是他永不枯竭的动力。正因为如此，他在1930年4月同王国桢女士结婚，9天后就参加了中亚科学考察团，从东北回来仅仅4天，又兴致勃勃地出发去了内蒙古。为了科学事业，他真正做到了人不解甲、马不卸鞍。通过这一系列的考察，他对我国北方的地质情况有了一个基本的了解，为后来的研究打下了扎实的基础。

抗日战争爆发前后，杨钟健对山东、山西、新疆、云南、四川等地许多脊椎动物化石的发现和研究作出重要贡献。1935年，他发现了山东临朐山旺动物群化石。这里的中新世中期多种脊椎动物化石保存完好，处于呈叶片状的岩层中，被人们誉为“万卷书”，是学术界关注的一个重要地点。1936年，杨钟健研究了王存义在山西武乡发现的几块二齿兽类腿骨，定名为中国肯氏兽。1938年，在杨钟健的领导下，助手卞美年、王存义等人在云南禄丰发现大批晚三叠世的恐龙及原始哺乳动物化石，经过长期研究，他发表了《禄丰蜥脚类恐龙的初步研究报告》等一系列著名论文，从此，禄丰龙动物群闻名世界。卞氏兽的研究，还与确定爬行类向原始哺乳类的过渡有密切关系。1942—1943 年，在抗日战争最艰苦的时期，杨钟健参加了新疆石油调查队，为独山子、库车和阿克苏地区的填图找石油竭尽全力。同时，他还考察了天山南麓的白垩纪 - 新生代地层，也取得了很好的成绩。他在这个时期报道的四川上龙的发现，是关于我国水生爬行动物的第一篇论文。

这个时期，由于杨钟健和他所培养、团结的一批科学工作者的艰苦卓绝的努力，我国的古脊椎动物学研究有了初步的基础。杨钟健继承了我国古代学者的优良传统，读万卷书，行万里路。他走遍了黄河两岸、大江南北，在我国古脊椎动物学的发展道路上留下了创业的足迹。

三、乱离中的新眼界

1937 年 7 月，卢沟桥炮火连天，这场战争给中华民族带来空前的灾难。杨钟健怀着爱国者的满腔悲愤和救亡图存的决心，更加坚定地向前进。

就在这一年的冬天，协和医学院娄公楼新生代研究室来了一个自称“古生物学家”的不速之客，他是日本侵略军派来的。他装作态度恭敬，邀请杨钟健到东京“讲学”。这是一个危险的信号，也是杨钟健绝对不能接受的。在地质学界前辈章鸿钊先生的建议下，他由卞美年陪同，悄悄逃离北平，经长沙辗转来到大后方，先后在地质调查所昆明办事处和重庆北碚的总所工作。这是一个生活上更加艰苦、事业上更加困难的乱离时期。

战争形势日益恶化，杨钟健为国家民族的前途担忧，又深感报国无门：“河山半破碎，同道集三湘。杀敌无寸铁，救国空热肠。”他在长沙写的这首诗，准确地反映了那一代知识分子深沉的忧世爱国之情。

尽管形势险恶，条件艰苦，杨钟健并没有气馁，他和一批来到大后方的古脊椎动物学家一起，克服了重重困难，不知疲倦地工作着。他一到昆明，就四处奔走，苦心筹划，建立了新的班子，使研究工作逐步走上正轨，古脊椎动物的考察和发掘也很快取得了成绩。“三间矮屋藏神龙，闷对枯骨究异同。”如果说禄丰龙动物群的发现是在当时世界上最艰苦的环境中获得的最出色的科学成就之一，这是毫不夸张的。为了躲开日寇的狂轰滥炸，他们在昆明郊外的瓦窑村找了一所破败不堪的关帝庙，用泥巴糊住透风的墙壁，把垃圾扫除干净，又找了几个案子支起来，就开始工作了。杨钟健满怀热情地鼓励大家：“在这里开发西南红层的研究是很有希望的，禄丰盆地就是一个很有希望的地点。过去洋人因为人生地不熟，转了几次都没有找到什么化石。但我们耐心仔细地找，一定会有所发现。”后来的事实，证明了杨钟健的预言是何等的正确。

那时，住的是“危楼”，穿的是补了又补的衣服，用旧木箱当座椅，在油灯下看书、写作，他留在北平的6岁的儿子因为交不起住院费夭折……这一切，都未能使杨钟健稍有动摇。他始终保持着一个正直知识分子的骨气和坚毅向上的精神，一丝不苟地工作着。在最困难的时刻，他还鼓励别人：“要有信心，要向前看，就会看到希望，光明一定会到来的。眼前这点苦算得了什么？要相信咱们这么一个大国，这么多受难穷苦的人，只要觉醒过来，紧紧联合在一起，中国会翻身的。好日子还在后边哩！”这是杨钟健的肺腑之言，也是超出他专业范围之外却又十分准确中肯的又一个预言。人们由衷地敬佩他品德的纯正、眼界的开阔。

1944年春，得翁文灏先生的推荐，杨钟健出国考察和讲学。两年时间，他先后在美国自然博物馆和大英博物馆做研究工作，同著名学者沃森、格雷戈里、罗默、辛普森、科尔伯特等共同探讨地质和古脊椎动物学。在英国，他把自己带去的在云南发现的化石同在英国发现的三列齿兽化石进行了比较研究，有了新的认识。他还在法国和瑞士的一些地方作过短期的学术访问。

“前去尽有新眼界，临行仍怜旧山河。”杨钟健出国期间，正是第二次世界大战就要结束的时候，中国也面临一个新的历史转折点。他身在欧美，然而魂牵梦萦的仍无时无刻不是灾难深重的祖国。在华盛顿参加庆祝希特勒覆灭的盛典时，他“看到人家的狂欢，也忘不了我们目下的痛苦”；身处瑞士和平美好的空气之中，一种“赏心乐事谁家院”之感又在他心中油然而生；看到洛杉矶自然博物馆和兰乔拉布雷阿的骨化石，他不禁想到了周口店，计划“将来亦可辟作公园，将各动物再造起来，亦为一有意义的工作”……

他对西方国家进步的科学技术，博物馆、陈列馆宏大的规模，学者们孜孜不倦的探索精神，都钦佩不已，希望中国也早日步入现代化国家的行列。面对西方的生活方式，他又始终保持着清醒的头脑，对当时国内一些盲目崇外的习气深表忧虑。他说：“我国摩登人士，近来对圣诞亦染了些习气，可见此等东西，我国人最易吸收，而对真正之科学气象如陈列馆者，亦只若有若无，取其皮毛，舍其精髓，如此洋化，前途亦大可忧也。”他提出的这个问题，至今仍有现实意义。

经过两年的游历，作了种种对比，杨钟健得出的结论还是乐观的，他有了新的眼界和新的希望。他指出："悲观、颓丧是没有用处的。中国在科学上，在事业上，随处都是新眼界，新天地，正不必光羡慕人家的新眼界，而当开拓我们的前途。所谓困难，都是可以克服的。"

从国外回来以后，杨钟健正是怀着这样的愿望和决心，更加奋发努力地工作，而且坚持同国民党反动派对抗人民解放事业的行径作斗争，终于迎来了新中国的黎明。

四、"填三白，还三愿"

1949 年 12 月，正在南京的杨钟健接到了新成立的中国科学院副院长陶孟和、竺可桢的来信，聘请他担任中国科学院编译局局长。杨钟健高兴地接受了新职。

新中国的成立给我国科学事业带来了新生，古脊椎动物学也有了大步前进的可能。杨钟健多年的愿望就要实现了，而且这是第一次真正以中国科学事业的主人的身份来工作。他以巨大的热情投入新的战斗。

杨钟健精通英文、德文等多种外语，熟习拉丁文和希腊文，在编译局主要做的组织领导工作不是他的本行。然而，他深深懂得做好这件事对于我国科学事业的未来具有多么重大的意义，把这当作自己义不容辞的责任，做了大量开创性的工作，如规划出版中国科学院的综合期刊、组织科学名词的审定、调整并发展各研究机构和学会的出版物、培养青年编辑出版人才等。这一切，为我国科技编译出版工作和中外学术交流的发展打下了坚实的基础，其意义并不亚于他对古脊椎动物学研究所做的贡献。

不过，杨钟健最心爱的还是那些奇形怪状、斑驳陆离的"龙骨"。他同重新聚首的裴文中、贾兰坡、刘宪亭等人又一次勘察了周口店遗址，决定了新的发掘方针；同刘东生、王存义、周明镇等调查了山东莱阳新近发现的恐龙及其蛋化石。1953 年，由于编译局的工作初具规模，在杨钟健的建议和努力下，成立了中国科学院古脊椎动物研究室（1957 年发展为研究所），杨钟健也辞去编译局局长的职务，全心全意投入古脊椎动物学的研究和领导工作。从此，这门学科开始了一个前所未有的发展时期。

科学探索没有止境。杨钟健在新的历史时期给自己也给研究所的同志们提出了新的任务和更高的要求："搞清四个来源，两种堆积，填三白，还三愿，把死物变活，和群众见面。""四个来源"，就是要研究探索脊椎动物的来源、陆生脊椎动物的来源、哺乳动物的来源和人类的来源。"两种堆积"是土状堆积和红层堆积。"填三白"是填补地区的空白、动物门类的空白、地史阶段的空白。"还三愿"是为地质地层科学服务的愿望，为生物科学服务的愿望，为工、农、兵广大群众服务的愿望。这是一个宏大的计划，表现出杨钟健继续攀登科学高峰的雄心壮志，当然，也更需要脚踏实地的工作。

20世纪50年代，杨钟健重点研究山东白垩纪恐龙动物群，包括青岛龙、鹦鹉嘴龙、成窝的恐龙蛋等稀世之珍，《山东莱阳恐龙化石》一书就是这一系列研究成果的总结。20世纪50年代后期，在他的领导下，考察队在山西石千峰、石盒子、和尚沟、二马营等地发现了多种三叠纪爬行动物化石，从而建立了中国肯氏兽类动物群。1964年，在对这一动物群研究的基础上，杨钟健在《中国古生物志》上发表了《中国的假鳄类》。20世纪60年代，古脊椎动物与古人类研究所组织了几个考察队，赴新疆考察和发掘，开辟了三叠纪海相爬行动物研究的新领域，确定了新疆地区含四足类骨化石的四个层位，分别取得了二齿兽类、水龙兽动物群、肯氏兽动物群，以及某些迷齿类、假鳄类的重要发现。20世纪70年代初，在新疆的一系列发现在世界上引起了巨大反响。这是因为，按照大陆漂移说，新疆地处南北两大陆缝合线以北，而这些动物群的性质和顺序与南非的发现一致，具有鲜明的冈瓦纳古陆色彩。这对于自20世纪60年代以来复活的大陆漂移理论来说，是又一个有力的证明。

这一时期，杨钟健根据新发现的准噶尔恐龙化石的特征，提出将翼龙目分为三个亚目的新见解，后来又对华南水生爬行动物作了一些重要研究。

在杨钟健和研究所同事的努力下，中国二叠纪及三叠纪爬行动物和恐龙动物群的发现和研究都有了巨大进展，不论地区、化石门类或新的层位，以及不同时代的动物群，都有很多突破，改变了1949年以前那种孤立、零散的状况。至于古哺乳动物，经过30多年的努力，也已初步确定新生代各个阶段代表性动物的特征，可用于洲际对比。更新世哺乳动物，同古人类及其文化的研究更有密不可分的联系。在这两个方面，我国新的发现也层出不穷，积累了丰富的资料和研究成果。

新中国成立后的30年，杨钟健作为这门学科的带头人和领导者，对我国古脊椎动物学的发展所起的决定性作用是不容置疑的。我国古脊椎动物学的研究人员（包括辅助人员在内）从20多人发展至数百人，而且成为一个可用于攻坚制胜的老中青结合的完整梯队。杨钟健在1957年创办的《古脊椎动物学报》，是当时世界上关于古脊椎动物的唯一的专业期刊；他亲手创建的古脊椎动物与古人类研究所，在当时是世界上唯一专门研究古脊椎动物的研究所，现在则已成为世界上不能忽视的一个重要的研究中心。此外，在我国自然博物馆的建设和发展、向人民群众普及相关科学知识方面，杨钟健也付出了许多心血。

1956年4月20日，59岁的杨钟健光荣地加入了中国共产党。他决心在党的旗帜下，为社会主义祖国的繁荣富强、为共产主义事业贡献自己余生的全部智慧和力量。

五、“大丈夫只能向前”

杨钟健以毕生精力从事地层古生物的研究和教育工作，研究领域涉及地层古生物、古人类和考古学，完成学术论文500多篇，是学术界少有的著作等身的辛勤耕耘者。他一生研究、描述的脊椎动物化石（包括与别人合作的）有近100个新属，超过200个新种。他的工作为我国及亚洲古脊椎动物学奠定了基础，也为整个古脊椎动物学的发展作出了杰出的贡献。他是一位卓越的地质学家、古生物学家和教育家。他以丰富的学识为人民服务，赢得了人民的尊敬和爱戴，“龙骨大王”就是人民群众给他的称誉。在国际学术界，杨钟健也享有很高的地位和声望，他是英国林耐学会会员和北美古脊椎动物学会、莫斯科自然博物协会的荣誉委员和名誉会员。这些，他都是当之无愧的，也不是偶然得到的。

1948年，杨钟健在为纪念葛利普逝世两周年写的《科学家是怎样长成的？》一文中，谈到作为科学大师必须具备的几个条件，第一点就是科学家的素养。他说：“科学大师需要高尚的素养，本人必须意志纯洁，以发展科学为己任，无有其他功利杂念”，“处事虚心，对科学研究，以真理为依归，不固执成见”，“对新进青年，能有热忱指导的耐心，循循善诱”……总之，“凡是一个伟大的科学家，也就是一个伟大的做人模范”。他说的是葛利普，他自己也完全是以这样的精神对待科学事业和为人处世的。

杨钟健是一位人民科学家，是一位忠诚的爱国者。从青年时代起，他就为民主和科学奔走呼号，为祖国的独立与富强奋斗不息。他的一生，有过好的机遇和顺利发展的时期，也多次身处逆境，忧患频仍，但他从不谋取个人私利，也从不在困难面前低头。他以“大丈夫只能向前”的豪言激励自己，孜孜矻矻，自强不息。

在八十寿诞的时候，杨钟健又把珍藏多年的一块鹅卵状雨花石拦腰锯断，送到荣宝斋，请人镌刻了四个大字：八十不老。是的，在工作面前，杨钟健忘记了衰老，不知道疲劳，仍然风尘仆仆，四处奔波。这些年，他先后去过杭州、南京，去过河北阳原泥河湾，去过山西许家窑，去过重庆、四川自贡和四川万县（今重庆万州区），还多次到北京西山。1978 年 9 月他 81 岁时还坚持去庐山参加第四纪冰川现场会议，并作了他一生中最后一次地质旅行。他实践了要“拼老命大干一场”的誓言，一直战斗到生命的最后一息。

杨钟健平生很欣赏德文中的 gründlich（意为“根本的”或“彻底的”）一词，无论做什么事，都认真负责，决不取巧，科学研究更是如此。他治学严谨，谦虚谨慎，从不自满。他曾说：“古生物学在科学中不过是一门自然科学，而我多年来从事的，仅是其中的脊椎动物部门，然已感到浩如烟海，自己能力不能全副贯通。”因此，“我也只有承认，只有自责，只有觉得自己能力还是很差”。他在四十自寿对联中写的“记骨廿载，爬哺莫能辨”，正是这种虚怀若谷的精神风貌的生动写照。正因为有这样的深切感受，对于那些从不认真学习一点东西，却自认为“什么都会”的“万能人”，他是深表怀疑的。在杨钟健的工作室里，悬挂着许多世界知名学者赠送给他的照片，这不是崇洋，也不是炫耀，而是为了时刻鞭策自己不要落在别人的后面。他深深地了解，我国古脊椎动物学虽然取得了许多重要成就，但由于种种原因，仍然落后于世界先进水平，我们需要继续努力，奋起直追。

杨钟健继承了教育家的家风，同时也像当年葛利普、布罗伊利、翁文灏、李四光、章鸿钊等中外前辈对他的关心和帮助一样，对青年科学工作者关怀备至，既严格要求，又循循善诱、诲人不倦，而且特别注意基本功的训练和独立工作能力的培养。他鼓励青年大胆创新，后来居上，又告诫他们一定要有充分的证据，全面分析不同的论点。杨钟健以自己光明磊落的人格、为科学献身的崇高精神，成为青年的表率，培育并影响了我国一代又一代的古脊椎动物学者。

1979 年 1 月 15 日，杨钟健因病在北京逝世，享年 82 岁。这是我国科学文化事业的一个重大损失。所幸的是，他是在严冬过后，在科学的春天中含笑离去的，而他的形象仍留在人们心中，召唤美好的心灵，鼓舞攻关的勇气。杨钟健的精神体现了现代中国知识界的一种堂堂正气，这种精神在以往的艰难岁月中不绝如缕，在我们未来的征途上一定会发扬光大！

（作者：刁培德）

参考资料

[1] 杨钟健. 父丧记 [M]. 1934.

[2] 杨钟健. 西北的剖面 [M]. 北平西四兵马司地质图书馆，1932.

[3] 杨钟健. 新眼界 [M]. 上海：商务印书馆，1947.

[4] 杨钟健. 重编记骨室文目 [M]. 1957.

[5] 杨钟健. 新生代研究室二十年 [J]. 科学，1948 (11)：325-328.

[6] 杨钟健. 古脊椎的研究成就和问题 [M]. 油印本. 中国科学院古脊椎动物与古人类研究所，1972.

[7] 周明镇. 中国的古脊椎动物学研究：1949—1979 [J]. 古脊椎动物与古人类，1979 (4)：263-276.

[8] 中国科学院古脊椎动物与古人类研究所，北京自然博物馆. "大丈夫只能向前"：回忆古生物学家杨钟健 [M]. 西安：陕西人民出版社，1981.

杨维

（1911—1964）

杨维

新中国的第一代工程师和包钢的创建者

包头钢铁公司（简称“包钢”）是新中国成立后苏联援建的大型联合钢铁骨干企业。包钢的建成与发展，不仅完善了中国钢铁工业的合理布局、促进了新中国钢铁工业的迅速崛起，也使包头由一个工业基础薄弱的边陲小镇变成了一个以冶金、机械为主的新型草原大城市，这对于巩固国防、增强民族团结、发展边疆经济具有重大贡献。

新中国成立时全国的粗钢产量只有 15.8 万吨。1949 年修复后的鞍钢正式开工，开启了新中国钢铁企业发展长河的源头，1957 年全国钢产量达到 535 万吨，经历了钢铁工业的第一个发展黄金期。1956 年国家规划并开始建设“三大、五中、十八小”。“三大”指鞍钢、武钢、包钢，“五中”以山西太原、四川、重庆等地的钢铁企业为代表，“十八小”是以河北邯郸钢铁厂等为代表的十八家企业。可是从 1957 年后半年起，正常建设被求快速发展的多快好省的技术政策所代替，技术发展以政治为纲领，提出了工业发展“以钢为纲”的口号，全民开展“大炼钢铁”运动，违背钢铁工业正常发展规律的技术政策，使中国钢铁工业付出惨重的代价。从新中国成立初开始到 1957 年“一五”计划完成时，中国的钢铁及钢材产量呈正常发展态势，逐年上升，取得了可喜的成绩。1958—1960 年，产量急剧上升，这是全民“大炼钢铁”的成果，仅仅是为了完成高额指标的产量，给中国钢铁行业带来沉痛的教训，1961—1962 年钢铁行业经历了最困难时期，之后走上恢复发展的轨道。

杨维就是在这样的背景下作为新中国成立后第一代冶金工程师，担任工业部钢铁工业管理局副局长，成为负责包头钢铁基地筹备工作的首任经理。1953 年他带领全体职工平地起家筹备建厂，历经近 10 年的艰苦创业，一座草原钢城终于建成。这对包钢、对少数民族地区，甚至对中国钢铁工业的发展都起到了重大作用。本文依据包钢档案馆资料、杨维的手稿及回忆录等相关史料，特对他的生平事迹予以整理。他的成长，从侧面反映了在新中国本土成长起来的首批工程师赴苏联学成回国后，在复杂的国际国内社会政治环境下发展我国工业的艰难历程，也反映了一批工程师在艰苦的条件下建设我国工业的决心和付出。

一、早年经历及担任包钢首任经理

杨维原名王祖尧，于1911年[1]出生在吉林省双城县（今属黑龙江）小山子屯村的一户殷实人家，其父王振铎是清朝末年的秀才。他6岁入家塾读书，因其博闻强识颇得父母喜爱和亲友赞赏。1928年杨维考入中苏合办的哈尔滨特别区立工业大学预科，教员都是苏联人，杨维在这里主要学习俄文，接受科学教育。当时他是学生代表，经常组织同学参加各种活动。翌年考入北平大学俄文法学院预科，在这里他读了许多革命书籍，包括俄文版《列宁全集》，1932年加入中国共产党，与李一凡等人建立起中共俄文法学院支部，开始了职业革命的道路，之后杨维一直担任各种领导职务。在担任中共北平市东区委组织部部长时，他同煤矿工人一起下井挖煤，还开办工人夜校。1937年杨维加入了抗日运动，为抗日战争中领导人民群众开展大生产运动、巩固和扩大革命根据地做了大量工作。抗战胜利后，杨维充分发挥工会、学联、妇联和中苏友好协会等群众组织的作用，为国家的革命事业开展各项工作，支持全国解放工作。1948年东北解放后，杨维转到工业部门，投身于国民经济恢复和建设事业，在东北人民政府财经委员会工作。无论是战争时期还是战后建设时期，杨维都身担重任，体现出他的领导才能，为国家的事业辛苦奔波，贡献着自己的一份力量。

1948年11月杨维被任命为本溪煤铁公司总经理及中共本溪市委常委，领导职工在战争废墟上建设人民钢铁企业。这一时期，他埋头苦学，每天只睡四五个小时，不辞劳苦，学习工业管理、冶炼技术，组织干部及技术人员参加夜校学习，钻研技术。在苏联专家协助下，快速恢复了高炉、平炉、铁矿等生产，重建人民的煤铁基地，培养出一大批懂技术、会管理的领导骨干。工程师靳树梁[2]曾是国民政府委任的公司总经理，杨维推荐他担任本溪煤铁公司的工程师，很快从本溪流出战后由中国人炼出的第一炉铁水。这些都反映出杨维重视技术人才、培养技术人才的领导才能。“这是一

1　李刚（杨维的爱人）在《忆杨维》中提到杨维生于1911年；《本钢志》《包钢人物志》《包头科学技术志》等称他生于1912年，但又写到他终年54岁。

2　靳树梁（1899—1964）：冶金学家，炼铁专家，冶金教育家，中国科学院学部委员（1993年改称院士）。

副负重的脊梁，脊梁上驮着信念，驮着希望，驮着新中国钢铁工业的曙光，在苍凉的辽东山区的荒野上，踩着荆棘，踩着凄风苦雨，踩着严寒冰沙，踽踽而行……”这段话记录了他为新中国钢铁事业的发展所付出的艰辛。

1951 年东北工业部从冶金、煤炭、机械等行业的领导与技术干部中选出 100 多名去苏联实习。[1] 杨维负责带领钢铁组 25 人从莫斯科到乌克兰第聂伯罗捷尔任斯克钢铁厂实习。他先后担任炉前工、班长、炉长、技师、车间主任、厂长、总工程师及经理，掌握了冶金技术，积累了丰富的经验，此时他已成为一名专业的冶金工程师。1953 年春杨维回国，任重工业部钢铁工业管理局副局长，负责筹建包头钢铁公司。

杨维早期学习俄文及工业大学的背景，为从事冶炼工作打下了基础；在本溪钢铁公司（简称“本钢”）期间，他学习冶金工业的基础课和专业知识，积累管理钢铁企业的实践经验，为建设包钢奠定了扎实的基础；在苏联钢铁厂各岗位近两年的实习经历，使得他成为新中国成立后管理钢铁工业鲜有的内行，筹建包钢技术和管理的最佳人选，担任包钢首任经理，能够在引进苏联冶金技术的过程中直接与苏联专家交谈，学习苏联先进的生产经验，为后期开展包钢的建设工作打下了基础，成为第一代冶金工业的领头人。

二、在包钢创建初期的工作

杨维从 1953 年起着手领导包钢的筹备工作，主持厂区选址并参与了包头城市建设规划。此后，杨维领导了提供设计资料、集结建设队伍、审查初步设计、建立相关机构、培训干部和技术工人，以及开工建设、催调设计图与设备等一系列工作，使包钢如期进入大规模的建设阶段。

1. 负责领导筹备包头钢铁公司

1953 年 4 月 23 日，中央人民政府重工业部钢铁工业管理局在北京成立包头筹备组，该局副局长杨维负责筹备工作，具体事务由石景山钢铁厂设计处承办。杨维派人到包头成立办事处，地点设在今东河区和平路 155 号。办事处主要任务是集结人员，选择厂址，为包钢设计收集、提供有关资料。后经重工业部钢铁工业管理局批准，包头筹备组改名为“中央人民政府重工业部钢铁工业管理局五四钢铁公司筹备处”，包

---

1 李刚回忆说是 1950 年杨维带队去苏联深造，实为 1951 年。

头办事处改名为“五四钢铁公司筹备处包头办事处”。

包钢筹备组在杨维的领导下，于1953年至1957年开展包钢建设的筹备工作，主抓生产技术准备和干部、技术工人培养两个环节。一方面，杨维带队选址，组织了地质勘探和科学工作试验、搜集和整理设计资料、委托和审查设计、搜集设备资料，进行设备订购工作、生产准备工作等，还进行了生产技术物资、技术资料等各项准备工作；另一方面，集结大量人才。1954年9月12日统计，公司共有职工10937人，杨维选派了357人去鞍钢、北满钢厂、石景山钢铁厂、太钢、本钢学习。筹备组还开办技术工人学校，培养高级技术工人，派送部分人员去国外实习。在包钢筹建期间，一批满怀理想的干部、工人、农民、复转军人、知识分子等从各地云集包头，成为包钢最早的创业者。

2. 主持厂区选址，确立包头钢铁公司名称

杨维主持了包钢的厂区选址工作。历史证明，历经三次考察确定下来的包钢厂区是最优厂址。第一次粗勘后，杨维进行了第二次选址工作。1953年7月，他与苏联列宁格勒设计院包头设计组总工程师安德列耶夫和其他5人，组成第三次厂址选择小组，确定乱水泉（今万水泉）、宋家壕、乌梁素海为预选厂址。1954年4月杨维会同国家计委、中共中央华北局蒙绥分局、中共包头市委、重工业部等单位有关人员，及苏联包头设计组组长别良其克夫、总工程师安德列耶夫等苏联专家，共25人再次对三处待选址进行考察。这一时期，他早年染上的皮肤病恶化——大面积皮肤变色结成硬痂，无法坐下，只能站着工作，加上胃病严重，终于病倒。他仍硬撑着坚持工作，在进京汇报工作时才顺便检查了身体，被查出患有严重的肝脾症候群，医生建议马上手术治疗，但他坚持忙过这阵子再说，就又投入到紧张繁忙的筹建工作中了。经过对几处厂址各种经济技术条件的对比分析与研究，初步确定宋家壕厂址，其后，别良其克夫正式提交了《包头钢铁公司厂址选择建议书》。1954年6月5日，经中央财经委员会批复重工业部，最后选定宋家壕为包钢厂址。包钢厂址在冶金史上一直被认为是我国大型企业厂址中建厂条件最优越的厂址之一。

1956年杨维在《建设月刊》上发表了文章《包钢是怎样选择厂址的》，详细地介绍了从决定性技术经济条件出发选择厂址，根据原料和水源靠近厂址、交通便利、靠近城市、电源供给便利、便于与其他企业协作、公司继续发展不受限制等多种因素选出三种方案，详细比较，最终确定厂址的全过程。这篇文章很好地反映了杨维的工程师思想。他不仅技术专业，精益求精，还谦虚好学，他特别强调选择厂址是集体劳动的成果。他指出：党的领导与支持是工作顺利进行的有力保证；必须取得相关部门的配合、协作，才能完成计划；学习苏联的先进经验，向苏联专家学习，“把他们先进的技术经济思想贯彻在选择厂址中，对我们的帮助很大”等。如果没有这样的管理经验和协调能力，很难管理好这样一个大企业。杨维充分展现了他作为技术专家型领导的才能。

1953 年 12 月，重工业部向国家计划委员会呈送了《关于包头钢铁公司工作情况报告》，报告题目及内容中首次出现“包头钢铁公司”的称谓。1954 年 3 月杨维向重工业部钢铁工业管理局报送了《关于改“五四钢铁公司筹备处”为“包头钢铁公司”的请示》，获得批准。5 月 1 日，五四钢铁公司筹备处正式改名为“包头钢铁公司”。1956 年 6 月 20 日，包钢由“重工业部包头钢铁公司”改称为“冶金工业部包头钢铁公司”，并任命陈守中为中共包钢委员会书记，正式任命杨维为包钢总经理（实际从 1953 年就开始任职）。

3. 带领职工进入大规模建设

在杨维的带领下，在短短 3 年的时间里包钢的筹备工作基本完成，附属企业生产基地、一定数量的职工住宅建设均已完成。1957 年 7 月 25 日是包钢历史上具有里程碑意义的一天，包钢建厂开工典礼在昆都仑河西岸机械总厂铆焊车间举行。杨维在基地上挖开了第一锹土，3 万多名建设大军云集昆都仑河畔、白云鄂博铁矿等地，包钢从此进入大规模施工阶段，正式开始生产厂矿的建筑安装工程。

杨维对当时包钢的建设任务与存在的问题有着清醒的认识：包钢当前的建设任务是重大的，而国家的投资是有限的，应尽量设法少花钱，在保证质量的前提下按计划完成建设任务；技术设计、施工图纸有些要修改，设计院现有的专业力量又不足；原材料不够，而需要紧迫；设备订购情况与建设进度要求有些不相适应；职工中绝大多数人是外来的，而福利设施的建设不能满足需要；协作部门的工作步骤需要进一步统一。杨维在开工典礼大会上的开幕词中两次强调要在保证工程质量前提下尽量节约，按期或提前超额完成任务。他一直坚持按科学态度办事，实行工作责任制，保证了基建工程紧张有序的进行。

1958 年，包钢大规模建设遇到国内设备和物资供应吃紧问题。杨维多次派人分赴有关部委、省市、重点订货单位请求支援，但紧张局面未能减缓，而且问题愈发严重。包钢不少工程由于缺设备、缺材料，放慢了施工进度或被迫停工。因此，杨维向内蒙古自治区政府主席乌兰夫汇报。1958 年 7 月，乌兰夫分别致函山西省委书记陶鲁茄、河北省委书记林铁、辽宁省委书记黄火青、黑龙江省委书记欧阳钦、湖北省委书记周小舟、安徽省委书记曾希圣，吁请各省按照中央平衡分配的时间，按期或提前交付包钢的订货。乌兰夫还致函冶金工业部部长王鹤寿，请求帮助协调解决包钢的问题。11 月 1 日，内蒙古自治区党委就支援包钢建设问题，向中央呈报了《请求中央对包钢建设加强领导给予支援》的紧急报告。报告认为，对包钢的设备订货，“如果没有中央主管部门对各省（市）进行统一的平衡安排，只靠内蒙古或包钢派人联系，难以奏效”。11 月 26 日，乌兰夫就包钢自 1953 年选厂址以来建设的总体情况和存在问题，专门向中共中央和毛泽东主席写了报告，请求中央将包钢的建设列为专题解决，协调全国各省（直辖市、自治区）支援包钢。1958 年 11 月 28 日至 12 月 10 日，中共中央八届六中全会期间，乌兰夫就包钢建设中的紧迫问题，再次向中共中央和毛泽东主席作了汇报。周恩来总理按照毛泽东主席“要想办法为包钢解决问题”的指示，专门召见了包钢总经理杨维，详细询问了包钢的困难。全会很快做出了“在全国统一计划下，保证重点，照顾一般，把包头作为国家建设的重点地区”的决定。会后，中央各相关部委、各省（直辖市、自治区）行动起来，研究解决支援包钢的问题。1959 年 1 月 9 日，内蒙古自治区带头做出《关于加强包钢建设的领导和支援工作的决定》，号召全区党政机关和各族人民、国家干部、建设包钢的全体职工，贡献自己的一切力量支援包钢。1 月 19 日，《人民日报》在第一版发表了《保证重点，支援包钢》的社论，并以《包钢为全国，全国为包钢》为题，报道了包钢 100 多个工程项目加紧建设和鞍钢支援新基地的情况。1 月 31 日，乌兰夫向邓小平等中央领导人转交了《包钢请求解决包钢建设紧迫问题的报告》，邓小平随后作出批复。2 月 2 日，华北协作区委员会作出《关于加强支援包钢建设工作的决议》。决议指出，包钢迫切需要全国的支援，特别是华北各省（直辖市、自治区）的大力支援，各有关部门和所属企业必须把支援包钢的任务摆在首要地位。由于乌兰夫不遗余力地努力，全国各地掀起了支援包钢建设的高潮，大大加快了包钢的建设进度。

4. 攻克难关建成新中国第一高炉

包钢一号高炉原计划在 1960 年与选矿烧结厂同时建成。后来在苏联专家的帮助下，经过工业试验，证明在选矿烧结厂未建成前，富矿可以直接入炉。在“大跃进”的形势下，包钢职工干劲冲天，提前一年建设成这座 1513 立方米的当时中国最大的高炉，向新中国成立十周年献礼。

1959 年 8 月，包钢一号高炉建设接近尾声，从黑龙江富拉尔基运来的高炉料钟拉杆却在运输过程中撞弯，无法安装。专家认为必须拉回原厂重新加工。可是如果回厂重新加工，国庆十周年包钢出铁计划将被打乱。杨维提议就地修理，苏联专家认为不可能，便不再过问。杨维积极与冶金部联系，部里派来了西安冶金机械厂的回纪胜同志和一位工程师，在短时间内修复了拉杆。9 月 25 日，包钢一号高炉点火之际，杨维宣布："一切准备就绪，高炉开始点火！" 9 月 26 日[1]，包钢一号大高炉胜利出铁。

10 月 15 日，周恩来总理亲临包钢，为一号高炉出铁剪彩。出铁典礼结束后，杨维向周总理汇报了包钢建设现状和远景发展规划。《内蒙古日报》社论指出："一号高炉出铁，标志着以包钢为中心的包头工业基地建设进入一个新的阶段，即建设和生产并进的阶段，是内蒙古自治区工业发展史上的一个里程碑。"

在这一时期，国家路线、方针符合实际是钢铁行业健康发展的前提。在苏联援建包钢的建设中，杨维作为一个懂技术的管理钢铁工业的内行在正确的政策领导下发挥着专家的作用。他参照苏联的管理经验，建立起一套经营管理制度。从 1953 年杨维提任包钢筹备组组长开始，一直到 1957 年包钢建设，各项工作安排科学合理，正常有序进行。首先，在苏联的帮助下，进行了选址、厂区勘测、设计审查、调集培训技术干部和工人、生活基地和施工基地建设等工作，当时条件很艰苦，但是工作循序渐进，按部就班，符合建设程序，使包钢进入大规模建设阶段。《人民日报》《内蒙古日报》对包钢一号高炉从破土动工到出铁的整个建设过程进行了多次报道。包钢建设代表着中国钢铁工业迈出了新的一步。其次，杨维很重视对技术骨干的培养，多次选送干部和技术工人到鞍钢、北京钢铁学院、东北工学院等地培训学习，实践锻炼，在实际工作中向苏联专家学习，但不迷信苏联专家。这些行为不仅为包钢后期的生产建设培养了一大批工程师和技术工人，也奠定了钢铁技术自力更生的基础。

1957 年下半年到 1960 年，包钢建成了原料基地和非标准设备加工基地，从黄河水源工程到炼铁、焦化、洗煤、厂区运输等工程全面展开，新中国成立十周年时顺利出铁，包钢进入边生产边建设的阶段。

1964 年 2 月 2 日，杨维病逝于北京。按照杨维遗嘱，中国医学科学院实验医院研究所对他献出的遗体进行了病理解剖，发现他患有粗结节性肝硬变、慢性肝周围炎等 18 种疾病。2 月 6 日，冶金工业部为杨维举行了公祭，将其骨灰安放在北京西郊八宝山革命公墓。

---

1 李刚回忆是 9 月 1 日高炉出铁，实为 9 月 26 日。

三、结语

在内蒙古自治区建设包头钢铁基地，是国家调整工业布局、实现经济战略西移的重大举措，对繁荣少数民族地区经济有深远意义。包钢的建成结束了内蒙古“手无寸铁”的历史，形成了鞍山、武汉、包头三大钢铁基地鼎足而立的局面。内蒙古自治区的冶金工业，以包钢为中心，从无到有发展成为铁、钢、钢材、焦炭、铁矿石及其他辅助原料矿等冶金工业体系，并且促进了工业各机械、军工、煤炭、电力、交通运输、建筑等行业的建设与发展。为建设包钢建成的京包、包兰等铁路及通往北京、银川的若干条公路，使包头成为联结华北、西北地区的枢纽。苏联援建的“156 项工程”中有 5 项安排在包头，除包钢外，还有第一机械厂、第二机械厂，这促使包头形成兵器工业基地，为包钢配套建立第一热电厂、第二热电厂，促进了电力工业的发展。包头新市区随着包头钢铁工业基地的建立逐步发展起来，形成一个以钢铁、机械为主体的新兴工业城市。包钢对新中国钢铁事业的发展功不可没，而包钢的建设离不开首任经理杨维作出的巨大贡献。从外行到内行，从业余到专业，他作为新中国的第一代冶金工程师兼技术专家型的领导，在包钢的早期建设过程中起着至关重要的作用。正是因为有这样一批工程师的存在，新中国的现代工业才能在短时间内快速建立。2012 年包钢以企业开拓者和劳模名字命名道路，其中一条是杨维路，以纪念他开拓包钢事业之功。

（作者：武月清　仪德刚）

参考资料

[1] 包钢史料选辑：1—10 辑合订本 [Z]. 包头钢铁公司厂史办公室，1982.

[2] 包钢志 · 大事记：1953—1990 [Z]. 包头钢铁稀土公司档案馆，1993.

[3] 包头钢铁公司编年纪事：1927—1984 [Z]. 包钢厂史办公室，1984.

[4] 李刚. 一个铁骨铮铮的包钢人：春来塞外忆杨维 [J]. 中国冶金史料，1986（1）：52-56.

[5] 杨维. 包钢建设的筹备工作 [J]. 建设月刊，1957（9）：31-33.

[6] 张柏春，姚芳，张久春，等. 苏联技术向中国的转移：1949—1966 [M]. 济南：山东教育出版社，2004.

叶笃正

（1916—2013）

叶笃正

青藏高原气象学的奠基人[1]

1950年8月，一艘搭乘了120多名中国留美学者的客轮正缓缓从美国开往中国香港，这艘船就是“威尔逊总统”号。在这批留学生中有一位刚过而立之年的气象学研究者，他身材瘦高，气宇轩昂，这位学者的名字叫叶笃正。此刻，他正和他的妻子——同样是从美国归国的学者冯慧女士，站在甲板上仰望苍穹，他们也许还不知道这艘船将带他们驶入事业和人生的新起点。

提起叶笃正这个名字，公众也许比较陌生——气象学这门学科的确是一门公众并不熟知的领域。但是在中国乃至国际气象学界，叶笃正所做的研究的开创性贡献是世人所公认的。叶笃正的整个学术生涯都立足于国际前沿。20世纪50—60年代，他致力于大气运动基本规律的研究，例如长波理论、大气运动的适应理论和大气环流的突变理论。这些都是国际大气科学的前沿问题。20世纪60—70年代，他把研究精力重点放在对气候系统基本特征的研究上，青藏高原气象学、路面工程等都是国际气候研究的前沿。从20世纪80年代开始，叶笃正带领科研人员从事全球变化科学领域的开创性工作，成为国际上这一领域的开拓者之一。他的学生符淙斌在2005年度国家最高科学技术奖报奖、答辩过程中总结叶笃正的成就，认为他在国际前沿的工作不是跟在外国人后面的所谓“同国际接轨”，而是做出了系统的原始创新成果，在国际同行中间也得到了认同，从而成为这些前沿领域科学成就的重要组成部分。叶先生提出的大气长波频散理论与罗斯贝的长波理论、查尼的长波不稳定理论被称为长波理论的三个里程碑；他和同伴先于西方科学家10余年提出大气运动适应理论，并解释了东亚大气环流的突变现象；他还领先国外15年注意到阻塞高压与天气的联系，并对其作出了令人信服的解释。

1 本研究受到科技部重大专项“创新方法普及与培训工作方略研究”（2008IM020300）资助。

一、功崇为志，业广为勤

1. 叶笃正的人生经历

叶笃正于1916年2月出生于天津一个亦官亦商的富裕家庭，从小接受传统文化教育。叶家祖籍安徽安庆，世代官宦。叶笃正的父亲叶崇质历经社会动荡和官场腐败后，辞官去天津开工厂、办实业。实业家身份的叶崇质不认可新式教育，提倡家庭式的国学教育，请来私塾先生在家里教授叶家的孩子们“四书”“五经”。因此，对于传统经典，叶笃正从小便能够熟记并背诵。私塾教育使叶笃正自幼就深受中国传统文化的熏陶，也使他在此后面临人生抉择时，都葆有儒家传统“忠”的思想。

（1）南开中学求学经历

叶笃正于1930年进入南开中学学习，开始全面接触和认识社会，这里是叶笃正学术思想启蒙的地方。南开中学1935级校友中，有叶笃正、关士聪、申泮文三位中科院院士和一位美国工程院院士刘维正。南开中学是由我国著名爱国教育家严修和张伯苓于1904年共同创办的。张伯苓校长鼓励学生注重实用的知识和技能，鼓励学生积极地认识社会，反对死读书、读死书而对社会一无所知的倾向。叶笃正认为当时南开中学对他最重要的影响体现在两个方面——热爱祖国和热爱科学。无论是跟随老师去山东曲阜孔庙寻觅中国文化之源流，还是在张伯苓校长的带领下结交爱国将领，都给中学时期的叶笃正留下了深刻印象。而南开中学当时的理科水平无论在师资队伍上还是在教育理念上都是超前的，当时在南开中学任教的老师杨石先、姜立夫、张信鸿等影响了一代人。当然，南开中学在英语方面的早期教育也为叶笃正日后赴美深造奠定了良好基础。南开中学的教育思想可以用八个字来概括——“允公允能，日新月异”，这也给就读于南开中学的学生们带来长久不衰的影响。虽然这个时期的叶笃正还没有从学习期迈向研究期，但这种早期启蒙对他后来的学术热情和科研能力都产生了潜移默化的影响。

（2）从清华大学到西南联大的学术选择期

1935年叶笃正考入清华大学物理系，七七事变之后赴长沙“临大”（清华大学、北京大学、南开大学三校合称“临大”），之后于1938年随同学和老师赴西南联大，正是在这个时期他作出了学术生涯中的重大选择，在乒乓球台前听取学长钱三强的建议，放弃物理学，选择气象学。这个选择是他从学习转向研究的开端。叶笃正能选择气象学这个研究阵地，可以说与钱三强的指引是分不开的，这也是当时所在的学术共同体给他的科研之路打上的深刻烙印。虽然在大学期间叶笃正的学术生涯并没有真正展开，但是确定了未来研究的方向，正是这个目标的确立，使其后来在浙江大学专业领域的发展成为可能。一个人对学术领域的选择体现了他的学术旨趣和学术品位，这与他所处的环境有着不可分的关系。

（3）浙江大学学术萌芽期

叶笃正于1939年从西南联大毕业，并于第二年考取了浙江大学史地系的硕士研究生。浙江大学在遵义、湄潭等地办学7年，叶笃正在硕士期间除去本科常规学习，如阅读文献和听课等，还得到参加专业学术演讲和聆听研究报告的机会。在浙江大学期间，他师从著名气象学家涂长望，后由物理学家王淦昌先生指导其硕士论文。由于王淦昌先生重视观测，叶笃正在老师的影响下开始独立观测和整理数据。王先生不但为叶笃正拟定了硕士论文的研究方向，还为叶笃正的观测选择了合适地点并建立工作场地。由于当时研究环境所限，王先生教叶笃正修理已经损坏的实验仪器，还教叶笃正整理相关参考文献的方法。当时叶笃正每天上午都会在先生的要求下准时观测湄潭1米高的大气电位变化，记录各种天气变化对电位的影响。在这样的环境下，叶笃正顺利完成了硕士学位论文《湄潭一公尺高之大气电位》，这奠定了他走向科学研究的基础。这篇论文受到王淦昌、涂长望的一致好评。从美国留学回国后，叶笃正在老师涂长望（时任军委气象局局长）的引领下走向气象学的工作岗位。从清华大学到浙江大学，这个阶段对叶笃正的学术生涯起到了至关重要的作用。从浙江大学毕业后，叶笃正在专业领域有了一定的基础和造诣，正是硕士阶段的专业研究习惯和扎实的科研基础，为他毕业后在芝加哥大学的研究提供了可能性。自此，叶笃正由一名大学生成长为一名具有独立研究能力的专业科学研究人员。

（4）芝加哥大学学术锻炼期

1945年，叶笃正赴美留学，来到当时气象学界的中心地带之一——芝加哥（另一个是瑞典）。由于这里是当时气象学界的中心，所以世界各地的优秀学者云集在世界气象学大师罗斯贝教授的实验室。当时的叶笃正与皮耶克罗斯、帕尔门等气象学界的泰斗人物都有很多交流。而罗斯贝的实验室也云集了查尼（第一篇数值气象预报论文的作者）、N. A. 菲利普斯（第一篇大气环流数值试验论文的作者）、牛顿、赫斯、克雷斯曼、里尔、普拉茨曼、本顿等，他们当时都是叶笃正的同事。有资料显示，当时罗斯贝把一些重要的课题交给叶笃正主持完成。叶笃正在美国留学期间，还是学生的他已经是多篇重要学术论文的作者。他在博士论文中提到的“长波能量频散理论”发展了罗斯贝教授的“大气动力理论”，使他在国际气象学界崭露头角，并于1948年获得芝加哥大学博士学位。在芝加哥大学期间，叶笃正受到导师罗斯贝的影响主要体现在两个方面。首先是生活方面的影响。罗斯贝教授是美籍瑞典人，在美国气象学界取得了巨大的成就。但他还是选择于1947年回到他的祖国瑞典工作，这件事发生在叶笃正回国工作的前几年里，可以看出这件事对于叶笃正的影响。叶笃正回国计划的实施也得到了罗斯贝的帮助。事实上，如果不是1950年顺利登上“威尔逊总统”号，叶笃正也会在老师的安排下从瑞典辗转回国。1949年，在美国《气象杂志》上，叶笃正发表了他的第一篇意义重大的学术论文《大气中的能量频散》，该文章被公认为动力气象学领域的经典著作。1950年，回到祖国的叶笃正为中国气象学界增添了新鲜血液，成为继竺可桢、赵九章之后新中国的杰出青年学者。其次是学术领域方面的影响。罗斯贝回到瑞典后任斯德哥尔摩气象研究所主任，全身心投入欧洲数值天气预报实践中，并往返于美国和欧洲进行学术交流。叶笃正在回国后倡导数值天气预报，就是深受其老师的影响。奠定叶笃正研究基础的第一篇文章《大气中的能量频散》也正是沿着罗斯贝研究的方向进行的。

（5）回国后学术成熟期

回国后的叶笃正最初打算回清华大学工作，但是导师希望叶笃正到中国科学院地球物理研究所工作。他采纳了导师的建议并很快投入工作中。在中国科学院，他曾经担任地球物理研究所室主任、大气物理研究所所长和中国科学院副院长等职务。叶笃正在国内的气象学研究处于起步阶段之时，在实验室的科研条件还比较落后的情况下克服了各种困难，带领同事们绘制出了第一张手绘高空天气环流图。在他的带领下形成了气象学实验室叶（叶笃正）、顾（顾震潮）、陶（陶诗言）、杨（杨鉴初）“四大金刚”的气象事业辉煌期。以叶笃正为首的这四个人在学术上取得了巨大成就，在1957—1958年，叶笃正有3篇论文发表在国际著名气象学杂志《忒耳斯》上，受到国际气象学界的一致认可。在大气物理研究所，叶笃正进入了他的学术爆发期。1956年，他和杨鉴初、高由禧等共同出版了专著《黄河流域的降水》。1957年，他在日本杂志《气象集志》上发表《论大气中准地转的形成》，提出大气中适应过程的尺度理论，并同陶诗言、顾震潮等同事一起完成东亚大气环流的研究。叶笃正也是在这一时期和高由禧等人共同完成了《青藏高原气象学》的撰写工作。这本著作在我国乃至世界气象学界产生了巨大影响，这成为叶笃正科研事业的重要转折点。在此之后，叶笃正又和同事们共同完成了很多研究工作。1978 年，叶笃正任中国科学院大气物理研究所所长。

2. 叶笃正所获学术荣誉

叶笃正是国际大气科学界屈指可数的数位学术巨匠之一，也是我国大气科学界及全球变化研究领域的一代宗师，为全球变化、大气环流和气候变化研究作出了重大的开创性贡献，在全球变化研究领域有系统创见。由于叶笃正的杰出贡献，他于 1987 年获得国家自然科学奖一等奖，于 1995 年获得第一届何梁何利基金最高奖项科学与技术成就奖和陈嘉庚地球科学奖。2004 年被世界气象组织授予第 48 届国际气象组织奖。他获奖的理由包括以下几个方面：首先是叶笃正对建立青藏高原气象学的贡献；其次是他对大气环流突变的发现；再次是他提出了大气能量频散理论；最后是他对全球变化研究和有序人类活动对全球变化影响的适应研究的倡导等。由此可见，青藏高原气象学的建立是叶笃正最为瞩目的学术贡献之一，他开辟了一个新的领域。这是我国第一位气象学家获此殊荣。也因为上述贡献，他获得了国家最高科学技术奖。

二、高原气象，研为新用

1. 叶笃正创立青藏高原气象学

青藏高原是世界最高、地形最复杂的高原，面积约 250 万平方千米——约占我国国土总面积的 1/4，平均海拔 4000 米以上，其中珠穆朗玛峰海拔 8848.86 米。青藏高原地区有着独特的天气、气候和环流，由于巨大的地形屏障对气流的强迫绕流、爬升和摩擦等作用，以及在对流层高空的冷热源作用，它对东亚、北半球甚至整个地球的气候都有重要的影响。在中国，高原气象学已经成为专门研究领域。

叶笃正对青藏高原气象学的一系列开创性贡献为这一学科奠定了坚实基础，他和德国气象学家弗洛恩分别提出青藏高原在夏季是一个巨大的热源。正是他的这一研究使国际气象学界接受大地形热力作用这一全新概念。1979 年叶笃正、高由禧等人撰写的《青藏高原气象学》出版之后，我国分别于 1979 年、1998 年夏季进行两次大规模的青藏高原气象科学实验，并为我国乃至世界研究青藏高原气象揭开新的一页，具有划时代意义。

青藏高原气象学，是研究平均海拔高度在 4000 米以上的中国青藏高原这个特殊地区气象状况的学科。研究内容主要包括：①研究青藏高原上特殊的天气和气候规律，高原天气系统的生成、移动和演变特征，提高预报准确率；②研究高原的热力和动力特性对东亚大气环流甚至整个北半球大气环流的作用，以及高原对下游地区天气、气候的影响。这些研究为中国天气预报和数值预报提供物理依据。随着观测手段的改善，高原气象学的研究已取得较大进展，逐渐成为气象学的一个重要分支。

2. 研究青藏高原气象学的理论和实际意义

青藏高原产生巨大的动力作用和热力作用，对大气环流演变有极其重要的影响。叶笃正在研究中国乃至东亚气候的过程中，注意到青藏高原这一高耸的地形屏障不仅在高原地区形成了相对独立的天气气候单元，还对东亚乃至全球的大气环流和气候产生很大影响，于是开始研究青藏高原气象学。青藏高原气象学研究青藏高原及邻近地区气流运行、天气和气候变化的规律，也研究青藏高原对亚洲乃至全球大气环流和气候的影响，是具有明显地域性特色的大气科学分支领域。由于青藏高原气象学具有良好的理论基础，国际学术界相继开展了大量研究并在此基础上取得了很多重要成果，这些成果使学术界逐步认识到青藏高原在全球范围内对环境变化的作用和意义。

青藏高原气象学是青藏高原科学研究中最具特色与活力的一个领域。青藏高原作为一个隆起的台地，通过其动力和热力作用，影响着大范围天气气候和环境的变化。同时，青藏高原周边地区作为高原的重要组成部分，在对流活动生成与发展东移、大气能量、物质交换和平衡过程中也具有关键作用，并影响着天气、气候预测的精确度。尤其高原东坡地区，主要由陡峭山地构成，紧接川渝盆地，这种高原大地形背景下典型的“山地－盆地”区域特征具有重要和独特的科学意义。青藏高原地区既是我国天气、气候与生态环境变化的敏感区，又是我国天气、气候与生态环境异常的“强信号区”，对于经济社会发展、国家安全与可持续发展都有巨大的影响。叶笃正的青藏高原气象学研究开拓了一个全新的研究领域，也吸引了国内外大量的大气科学工作者。叶笃正和他的学生们应用更新更可靠的资料，比较了青藏高原和北美洲落基山脉对大气环流影响的异同，发现夏季高原东、西部各有一个对流活动中心，这验证、充实了他们之前的观点和研究结果。叶笃正所在的学术团队还深入研究了青藏高原和落基山对北半球气象要素遥相关的重要影响。叶笃正对于青藏高原气象作出了卓越贡献，其丰富的研究成果充实了世界气象科学宝库。

3. 叶笃正对青藏高原气象学理论的开创性贡献

（1）冷源、热源说的建立

在 2003 年的《世界气象组织通报》上，叶笃正是提出“世界上最大的高原在夏季是热源、在冬季是冷源”的第一人。对于青藏高原气象学，叶笃正的最大贡献之一也是他关于冷热源的研究。

20 世纪 50 年代，研究者普遍着眼于高原的动力强迫作用。叶笃正在 20 世纪 50 年代初期提出“青藏高原在夏季是一个热源，在冬季是一个冷源”，并对夏季青藏高原热源及其对东亚大气环流的影响进行了深入的研究。正是他的工作，使国际上逐步接受了高原热源影响的概念。1957 年，叶笃正、罗四维、朱抱真在《气象学报》上发表了文章《西藏高原及其附近的流场结构和对流层大气的热量平衡》，首次提出“西藏高原夏季是一个热源，冬季其东南角有一部分是热源，其他地区可能是冷源”的推断。该文首先对冷热源的概念加以解释，指出之前该定义的偏颇之处，并指出：一个经常供给空气热量的区域为热源，一个经常自空气取出热量的区域为冷源。他们得出的结论是：形成这些热源、冷源的热量得失将由辐射、湍流和凝结、蒸发等净热量贡献出来。叶笃正等人应用高原上地面的地温和气温材料，估计出地面对大气湍流加热。最后他们得出结论：高原地区在夏季肯定是一个热源；在冬季，高原东南部是热源，其他部分可能是冷源。

1979 年出版的《青藏高原气象学》从冷热源作用的角度深入研究了青藏高原对天气、气候的作用，分析并区分了冷热源的两种定义——地面冷热源和大气中的冷热源，从地面湍流感热输送、地面蒸发潜热、有效辐射等几个方面讨论了地面冷热源，并得出“全年从高原地面都有不同形式的热量向大气输送”的结论。就全年论，以湍流感热输送为最大，有效辐射次之，蒸发最小。在夏季的 7 月、8 月，地面的蒸发潜热最大，也比湍流感热小得多。其余的月份，从地面输送的蒸发潜热可忽略不计。在冬季则以地面有效辐射为最大，湍流感热输送次之。高原供给大气的总能量以春末夏初为最大，最小月份是 12 月。从冬季到春季，总能量的输送有个迅速的增长，这种增长来自湍流感热输送。高原地面向大气输送的热量并不是全部都能用于高原大气，如大部分的蒸发就不会在当地凝结。真正用于当地大气的热量收支有 5 种：来自地面的有效辐射，来自地面湍流感热输送，来自太阳的短波辐射，来自当地的降水凝结潜热，来自大气顶的向外长波辐射。这 5 种之和称为大气的冷热源。全年平均，高原地气系统每平方厘米每天向四周大气输送约 80 卡的热量，所以就全年论高原地气系统是个热源。冬季（11 月—次年 2 月）是个冷源，强度 1 月、12 月最大，每平方厘米每天要向四周大气吸取 140—150 卡的热量。春夏季是个强大的热源，最强的 6 月每平方厘米每天要向外输送约 210 卡的热量。

（2）对青藏高原动力学问题的研究

叶笃正对青藏高原动力学问题也进行了详尽而系统的论述和分析。青藏高原的天气、气候较之同纬度地区有着明显的独特性。这些特征都同青藏高原的动力作用和热力作用有关。我国大范围和长时期的干旱、洪涝以及小范围和短时期的暴雨、冰雹都与青藏高原的热力作用和动力作用有关。高原的热力作用对东亚、热带及全球大气环流产生巨大影响，并导致天气和气候的变化。叶笃正指出高原的动力作用包括机械作用和摩擦作用两种。机械作用指：冬季，当西风气流经过高原时，6 千米以下的迎风面被迫明显地分成南北两支，沿地形等高线而绕流。到达高原背风面之后，这两支西风重新汇合，形成了高原地区对流层中低空极为明显的北脊南槽的环流形势。夏季，当东风气流经过高原时，虽有分支绕流的现象，但不如冬季明显。青藏高原的摩擦作用也是个重要问题。摩擦作用加大了高原有效的高度和有效的大小范围，也就加大了高原的动力作用。

20 世纪 70 年代，在叶笃正的引领和指导下，气象科学家们在旋转流体中模拟了青藏高原对环流的影响，有纯粹的动力作用、热源作用和冷源作用。实验中，很多重要现象被这个简单旋转的圆环模拟出来了。通过这些实验，人们对东亚环流在季节变化中不少现象的内在联系有了比较深入的了解。

（3）将青藏高原比作热带海洋

在《青藏高原气象学》第十九章中，叶笃正回顾了全书有关章节，把青藏高原和热带海洋作了比较。认为夏季的青藏高原对大气环流的作用与热带海洋有许多相似之处，比如两个地方都是巨大的热源，都有不稳定的温度的层结，都有旺盛的对流，都有结构类似的涡旋，等等，并对二者从几个方面进行了对比——能源的对比、大气温度层结和湿度层结的对比、对流活动的对比、涡旋结构的对比，最后总结出相似的原因。叶笃正分析了青藏高原夏季对大气的热量输送，认为它所提供的热量同菲律宾附近海上的巨大热源的作用可以相比拟。他引证的计算结果说明青藏高原对大气的加热作用在 7 月份大于菲律宾周围的海洋的贡献。青藏高原在维持大气运动的动能中具有重要作用。青藏高原位于大陆内地，它的下垫面和洋面物理性质如此不同，两者高度相差甚大，而在夏季它们上空大气中的活动有不少类似之处，其原因是值得深入研究的，在最后的分析中，叶笃正提出了几个看法：第一，青藏高原是世界上最高的高原，地面接收太阳辐射强，造成地面高温，使得地气温差大，因而使青藏高原成为强大的地面感热输送源。这同洋面加热空气情形相类似。第二，青藏高原在夏季处于东西风带的过渡带，高原地面输送给大气的热量不会很快被风吹走，容易造成高原上空大气的比较大的温度递减率。这是对流生成的基本条件。第三，青藏高原处于西南季风区，地形上又有几条宽大的通道，西南季风可以顺着通道把大量水汽输送给高原，供对流之用。第四，种种动力和热力原因，夏季高原上经常存在着切变线，在切变线上产生气旋性环流。这些气旋性环流可以把高原上的积雨云团组织起来，形成在结构上类似热带海洋上的风暴。

在《青藏高原气象学》的最后，叶笃正为青藏高原气象学未来的研究指明了方向。关于气候的成因、高原上天气系统的结构和发生发展过程、高原及其邻近地区不同尺度系统天气的相互作用、高原上热平衡的比较详细情况、高原热力作用和地形对天气系统发展的具体影响、高原季风活动、高原与远距离地区的遥相关及其应用、高原对长期天气过程的影响及其对长期预报的应用等，都是有待进一步研究的领域。

我国围绕青藏高原及其复杂地形对灾害天气、气候与生态环境变化的影响等重大科学问题和关键技术而开展的应用基础研究、应用研究和技术开发，在为经济社会进步、国家安全与可持续发展和气象业务服务方面，都已经取得很多进展。青藏高原气象学这门学科呈现出的研究特征包括：首先，青藏高原气象学是理论性和实验性相结合的科学，且已进入设计气候系统多圈层相互作用阶段；其次，观测资料的缺乏是亟待解决的科技问题。

叶笃正收获了很多学术荣誉。《美国气象学会通报》在1991年对叶笃正的介绍一栏中有如下评价：他是世界上第一个确认青藏高原的热力效应并且用数学方法加以表述的人。而在此之前人们主要把高原作为动力机械强迫来处理。他对东亚地区季风环流的年变化进行了杰出的原创性研究。他在与梅雨锋降水有关的中尺度过程方面进行了深入的研究。他在研究地转适应过程时，就“气压场向风场适应，还是风场向气压场适应”这一问题指出，适应过程决定于运动的尺度，这种尺度与云团或只有几小时生命史的云线的尺度有关。他还指出，适应过程与云系的突然变化有关。世界气象组织颁发给他的奖状上写着：“此奖确认叶笃正在基础和应用两个方面的重大贡献，包括：创立青藏高原气象学；发现大气环流突变；提出能量频散理论；开创全球变化及对可持续发展、有序人类活动和对全球变化影响适应的研究；建立中国科学院大气物理研究所；促进国际合作和该领域中许多杰出年轻科学家的培养。”

三、数值气象，力学笃行

人们都知道现在的天气预报预测得越来越准，能够预测的时间也越来越长，但很少有人知道其中的原因——这是我国建立起数值天气预报的功劳。而我国数值天气预报系统正是在叶笃正的支持和指导下建立的。经典天气预报是采用天气学方法，结合热力学方程组，预报未来天气。这种方法能够预测的时间比较有限。而与之相应的数值天气预报是根据大气的实际情况，在一定的初值和边值条件下，通过大型计算机做数值计算，求解描写天气演变过程的流体力学和热力学的方程组，预测未来一定时段的大气运动状态和天气现象的方法。早在1922年，英国科学家L.F.埋查森首次在《大气预报的数值方法》一书中，论述了数值预报的原理和可能性。而世界上第一篇数值天气预报的论文发表于1950年，我国气象学界科学家虽然在当时就敏感地洞察到这是未来重要的学科方向，但是囿于条件所限（由于数值天气预报的计算数据非常多，很难用手工或小型计算机完成）无法开展。我国当时确实还不具备这个条件。

直到1955年我国开始摸索作数值天气预报，1958年我国第一台电子计算机问世之后，才开始在计算机上进行数值天气预报，并于1960年建立了我国数值天气预报业务工作。20世纪60年代，我国气象业务还未现代化，强调天气预报要依靠群众的经验，依靠“物象”，靠天气变化时昆虫的反应来判断。但要发展现代气象事业，发展定量天气预报，这是远远不够的。

叶笃正在1975年撰写了论文《近年来大气环流数值试验的进展》，详尽地介绍了国内外数值天气预报模式的发展。文中几乎涉猎数值天气预报的所有方面，也对一些问题提出了前瞻性的见解，例如各种物理因子影响大气运动的时间尺度、运动和加热因子的相互作用、差分格式的物理意义、垂直分层的动力学依据、海洋和大气之间的相互作用等，同时还强调了顾震潮开创的运用历史资料的方法在改进资料分析和数值天气预报中的重要性。

1978年，叶笃正和邹竞蒙同是国家计委气象组的成员。在一次会议上，气象组做出了建立中国数值天气预报业务系统的英明决策。同时，叶笃正和邹竞蒙等人在开展数值天气预报的组织、技术路线上都做了精心安排。组织上，把气象科学所的部分人员调到中央气象局。这并不是一个“小动作”。气象科学研究所主要从事理论研究，而中央气象局是业务部门。研究成果要转化成现实生产力，预报的结果要每天都能用，就必须让理论和实践相结合。那时，在数值天气预报方面，中国比国外发达国家落后了几十年，当务之急是建立自己的数值预报系统。叶笃正找到了李泽椿，在技术路线上做出指导，鉴于中国实际情况，要引进、消化、吸收。叶笃正的科学观在实践中取得了成功。

叶笃正还提出建议，把中国科学院大气物理研究所的东西“拿过来”在实践中应用，把国外的先进模式“拿过来”在实践中应用。因为技术路线正确，我国数值天气预报系统建立得非常迅速。科研人员只用近3年的时间就把短期数值预报系统建立起来了。之后，科研人员很快又把视野放在3—10天的中期数值预报上。经过这个引进、消化、吸收的过程，我国数值天气预报系统的科研队伍成长了，科学基础也牢固了。10年时间，我国中期数值天气预报系统建立起来了。

叶笃正在几个主要领域的研究成果都为气象预报提供了很好的理论基础，其中不仅包括早期在芝加哥期间研究大气能量频散理论时对于大气中波动的群速、相速和波长关系的系统分析，对于一系列重要现象的解释，对于哈得利环流圈的证实，还包括回国后对青藏高原气象学的研究成果。此外，叶笃正对于中国气象事业的一个突出贡献是，他恢复建立了中国气象学会，并在担任气象学会理事长期间使《气象学报》复刊、《气象知识》创刊。

四、甘为人师，提掖后学

叶笃正作为中国气象学界的领军人物培养了一大批国内顶尖人才。气象学领域的专家学者曾庆存、巢纪平、黄荣辉、吴国雄、李崇银、符淙斌等都曾受益于叶笃正的培养。由叶笃正培养出来的院士都在气象学领域里成为了科研一线的主力军。

不仅如此，叶笃正也是北京大学、南京大学、中国科技大学的教授。20世纪50年代，叶笃正在北京大学地球物理学系气象专业讲授动力气象学。1958年，中国科技大学成立。叶笃正在该校地球和空间科学系讲授动力气象学。李泽椿、李崇银、王必魁等都在中科院听过叶笃正的课。1966年以前，叶笃正培养了7名研究生。1978年后又培养了11名硕士、20名博士。叶笃正有培养人才的“三步走”战略：第一步，叶笃正指导题目，教做法，让科研人员用这种方法完成两三个题目，初步学会做科研工作；第二步，叶笃正给出题目，由科研人员自己想办法完成，叶笃正做指导；第三步，由科研人员自定题目，自行完成，叶笃正做指导。叶笃正就是这样一步一步把许多科研苗子培养成有成就的科学家的。

1956年，叶笃正正在研究青藏高原对大气环流的影响。青年科技人员巢纪平用业余时间做了一个三维非线性的地形对大气环流影响的理论研究，但是这个研究被否定了。巢纪平带着难过、失望的心情找到当时并不主管他工作的室主任叶笃正“求救”。叶笃正看完他的文章，打开抽屉拿出一份稿子对巢纪平说：“我也在做这方面的研究，不过是正压大气的，而你做的是斜压大气。我不继续做了，你继续做下去吧，由我来安排。”还让跟他做计算的两位统计员转来帮巢纪平。青藏高原的地形要用数学上的球函数来表示，现在用计算机计算不会超过一分钟，而当时巢纪平等人用手动的计算器整整算了一年。这篇文章于1957年发表在《中国科学》杂志上。

1962年，在叶笃正和顾震潮的推荐下，在赵九章所长的全力支持下，以华罗庚先生为组长的评审组对巢纪平进行了长达3小时的论文答辩，并于1964年把他从研究实习员越级晋升为副研究员。同年，地球物理研究所天气气候研究室的青年科技人员周秀骥也因为成绩突出被越级晋升为副研究员。

1979年《青藏高原气象学》出版后，叶笃正的学生吴国雄领导的科研小组对青藏高原大尺度环流进行了大量研究，高登义也对高原环流做了大量研究。这一系列研究与其他学者的研究使这门学科系统建立起来。叶笃正带领中国大气科学研究事业始终紧紧跟随着世界的脚步。

五、结语

作为新中国成立以来第一批从海外留学归来的博士，叶笃正在回国后成为中国科学技术大学大气物理专业的奠基者。叶笃正院士曾经担任过中国科学院地球物理研究所研究员、室主任，大气物理研究所研究员、所长，中国科学院副院长，中国科学院特邀顾问，中国科学院大气物理研究所名誉所长。他在国际气象学界享有很高声望，曾任芬兰科学院外籍院士、英国皇家气象学会荣誉会员、美国气象学会名誉会员，并在许多国际国内组织中担任重要职务。他不仅在大气动力学、大气环流理论、青藏高原气象学、东亚大气环流研究等方面作出了重大贡献，还与几位科学家带头兴起了全球变化的研究，是全球变化研究的倡导者之一。

“他在中国开创了一个学科，一个领域。国内著名的气象学家几乎都是他的学生。”中国在国际大气科学方面占有一席之地的几个研究方向，都与叶笃正的学术贡献密不可分。可以说，他是国际大气科学界屈指可数的数位巨匠之一，也是我国大气科学界及全球变化研究领域的一代宗师，他为全球变化、大气环流和气候变化研究作出了开创性的重大贡献。

（作者：孙烨）

参考资料

［1］ 王舒.风云人生：叶笃正传［M］.南京：江苏人民出版社，2009.

［2］ 周家斌，浦一芬.求真求实登高峰：叶笃正［M］.北京：新华出版社，2008.

［3］ 李跃清.青藏高原气象学研究文集［G］.北京：气象出版社，2004.

［4］ 叶笃正，高由禧，等.青藏高原气象学［M］.北京：科学出版社，1979.

［5］ 符淙斌，延晓冬，吴国雄，等.学笃风正 献身科学：贺叶笃正先生荣获世界气象组织最高奖［J］.中国科学院院刊，2003（4）：298-302.

［6］ 科研需要朝前和超前的治学精神［N］.中国气象报，2013-10-18（A03）.

［7］ 吴彤，等.领袖科学家：王大珩、叶笃正、刘东生［M］.北京：中国科学技术出版社，2012.

本华·曼德博

（Benoit B. Mandelbrot，1924—2010）

曼德博

分形之父

本华·曼德博不是传统意义上的数学家、科学家，1973 年以前，他一直不被各领域的科学家认同。“分形理论”诞生后他的“政治”地位（他愿意用这样的词语）剧变，成为世界上最有名的科学家之一（通过互联网可以很好地检验一个人的知名度）。

科学界曾两次为他举行国际范围的祝寿活动，并相应出版了祝寿科学论文集。一次是 1989 年在其 65 岁生日时，纪念文集以《物理学 D》杂志专号出版（1989 年第 38 卷），刊登了他的大幅照片及详细学术经历。另一次是 1994 年他 70 大寿时（1995 年才举行祝寿活动），纪念文集由新加坡的《分形》杂志专号出版（1995 年第 3 卷第 3 期）。对一位科学工作者而言，这是很不容易享受到的荣誉。这位在多种学科“流浪”了 20 余年才得到学界广泛承认的分形之父，不断得到各种荣誉和奖励，但也到处与同行发生争执。

一、家庭背景与成长经历

曼德博于 1924 年 11 月 20 日生于波兰华沙，祖上是立陶宛犹太人。他的父亲是服装商，母亲是牙科医生。1936 年举家迁往巴黎，这有一部分是受其叔叔佐列姆·曼德尔布罗伊的影响，当时佐列姆是法国的一位数学家。

1944 年，曼德博以班级第一名的成绩通过了法国著名的巴黎高等师范学校与巴黎综合理工学院入学考试。当时他的代数与分析基础并不好，但几何直觉不错，考试时他总是设法将代数与分析问题化成几何问题，巧妙地将它们解决，他称此为合法性“作弊”。曼德博与其叔叔佐列姆对数学有完全不同的口味。叔叔佐列姆是一位非常经典的分析学家，而曼德博更倾向于几何，他称自己为几何学家。叔叔佐列姆认为几何是已死掉的学科，只对小孩子学数学还有一些意义，人们只有超越它才能取得天才的学术贡献。但是曼德博不相信这种观念，也不喜欢分析学派的那种“高雅”风格。

由于不喜欢布尔巴基学派的数学，曼德博在巴黎高等师范学校念了没几天，就转到了巴黎综合理工学院。1947 年曼德博从巴黎综合理工学院毕业。1949 年获美国加州理工学院硕士学位；1952 年获巴黎大学博士学位。随后几年他不断在几个学科中游荡，先后“闯入”过物理学、经济学、生理学、语言学和其他一些似乎毫不相关的学科。他喜欢用“知识流浪汉”“游荡”等字眼讲述自己的学术生涯和人生经历。

到美国后，他先是在麻省理工学院当一名研究助理，1958 年成为 IBM 约克郡高地沃森研究中心物理部研究人员。

曼德博因创造了原来不存在的分形学科而一举成名。1975 年以法文出版《分形对象：形、机遇与维数》，1977 年以英文出版该书增补版，1982 年出版《大自然的分形几何学》。后一部影响最大，它是分形学科的宣言书，包罗万象，显示了将分形用于自然现象描述的重要性。他对自己的专著的描述用词是“普及性的”“随笔”“宣言书”“从头到尾都是序言”。据初步统计，到 1989 年底他已经发表了 123 篇论文，内容极其庞杂，涉及语言学、概率论、通信工程、水利学、经济理论、金融分析、布朗运动、湍流、复迭代、宇宙学、临界现象与相变等。

曼德博曾任美国艺术与科学院院士，美国国家科学院外籍院士，欧洲艺术、科学与人文学院院士。他曾荣获巴纳奖章（1985）、富兰克林奖章（1986）和沃尔夫物理学奖（1993），还有其他若干奖励。

二、现代博物学家

进入 20 世纪，各门科学早已扬弃了博物学的传统，很难找到某人因采用博物学方法取得重大成功，但曼德博是个极大的例外，他是现代科学界最大的博物学家。他十分推崇《论生长与形式》的作者达西 · 汤普森，这也间接表明他的博物学倾向。

他的思维方式很特别，他喜欢几何，也很关心数学史和物理学史。多数研究人员总是找最新的学术期刊来阅读，以便能跟上科学技术日新月异的形势。而他专门找一些破旧的、没人翻看的期刊，并且时常注意一些不起眼的非核心刊物。

他特别重视当时的非主流思想，尤其是那些被称作“病态的”“反直觉的”东西。因此诸如现在人们熟悉的康托尔三分集、外尔斯特拉斯不可微曲线、可充满正方形区域的皮亚诺曲线、谢尔平斯基地毯与海绵、科赫（雪花）曲线等，都被他视为珍宝。而这些一直被正统科学视为少数的反例，只是在教学过程中作为一种逻辑可能性偶尔提到。

长期的观察、收集与总结，使曼德博获得这样一个印象：除光滑的欧氏几何（广义的，泛指分形几何以外的标准几何）以外，应该还有一种不光滑的几何，这种几何更适于描写大自然的本来面目。

巴塞洛斯采访曼德博时问他："分形实例中你最喜欢哪一个？"曼德博脱口而出："当然是海岸线例子。"随即他又补充说还有"血管分形结构"以及"自平方龙"（复迭代中的一个例子）等例子。他风趣地讲，实际上他不知道最喜欢哪一个，所有那些分形模型都好比他的孩子，他都喜欢，作为父亲应为所有孩子而骄傲，所有孩子都为这个分形之家添了光彩。"一个人可以因为不同的理由爱不同的孩子，但他不可能有真正绝对的偏爱。"

不管怎么说，海岸线例子还是最容易说清楚的分形实例，曼德博到处演讲，总是提起它，在两部专著中也把海岸线问题放在前头讲述。

三、通过莱维稳定分布走向分形

除了创立分形几何学这样一个总的题目，曼德博的主要科学成就具体说来主要包括什么？如果去掉"主要"两个字，罗列一长串也就齐了，但是限制列出几项，考虑起来可不容易。有些现在看起来重要，可能不久后随着科学的发展又不算什么了；有的现在一般，但也许以后会变得重要。无论怎样，作者还是根据自己的粗浅理解初步列出几项。

（1）发现莱维稳定分布的重要性；（2）用自相似观点研究噪声与湍流的阵发过程；（3）（重新）发现M集合；（4）在前人基础上扩展了维数概念，并使各领域科学家广泛理解；（5）提出"分形"概念和"多分形"思想；（6）促进了科学的统一和数学的普及，有力推动了科学与艺术的结合。

在一般人看来，曼德博的最主要贡献是发明了一种新的几何学。但是仔细研究他曲折的学术生涯会发现，他首先进入的并不是基础数理科学，而是"工程技术"（做广义的理解）。他在工程技术中（或者说在生产实践中）发现问题，总结出带有规律性的东西，进而将它们上升为一般理论，最终创立分形几何学。这与当前物理学家、数学家改行的顺序似乎正好相反，现在通常是由基础数理科学转向经济学、社会学和哲学等。

人们对曼德博的理解曾局限于确定论范式，20 世纪 90 年代以后才有一些人注意到曼德博那里还有随机论范式，并且在曼德博那里两者本来是有机地结合在一起的。

曼德博本人曾明确说过，如果将来写关于分形方面的专著或者教科书，倒是可以直接从随机变量、随机函数讲起，而他之所以没有这么做，主要是考虑：首次进入能够极大地吸引读者的话题，应让读者立即产生几何直觉。

曼德博从事的第一个科研实践（实际上仍然理论气十足）是研究通信中的噪声和词频的分布，后来是河水的涨落以及经济学中的收入分布规律。这几项似乎一点也不搭边，但它们都指向一个不变的东西，这个线索如此重要，以至不理解它就无法理解曼德博一生工作的统一性。这个线索沟通了自然科学中长期存在的确定论描述体系与随机论描述体系，这个线索帮助人们理解《大自然的分形几何学》中各个部分之间的内在联系。这个线索的潜在价值远未开发完毕，它正在成为众多新学科的生长点，如对分数布朗运动（FBM）的兴趣、对莱维飞行的重新关注、对非高斯稳定随机过程的新认识等。

那么这个线索是什么呢？就是从他的老师莱维那里学来的莱维稳定分布。莱维是概率论少有的几位著名的奠基人之一，虽然现在的学生几乎不知道这个伟大人物了。当年在巴黎综合理工学院，曼德博师从莱维学习基本的数学分析。

在概率论基础奠定之前，钟形误差分布定律就已广为人知，这种分布具有各种想象得出的好性质，所以被冠以“正态分布”之名，也称高斯分布。言外之意，不满足这些性质的分布都不是标准的——也许多少有些“变态”。特别是 20 世纪初对布朗运动的大量研究，更加深了人们对这种完美分布的向往。

数理科学中个别案例使用正态分布导致了空前成功，直接诱导人们将它推广到一切物理现象，最终必然影响到社会科学界。在相当长的时间里，数理统计工作者言必称正态分布，在相当程度上正态分布是唯一有用、方便的工具。然而曼德博发现这种流行观念是错误的。

四、进出经济学

查到曼德博一共发表 18 篇经济学论文（也许会有几篇的出入），发表时间集中在 1959 年至 1973 年。综观曼德博的论文和专著，他只关心一个核心的经济问题——收入分布以及与之有关的价格问题。据他本人讲，他对经济学中的帕累托分布的研究从

1957 年在哥伦比亚大学和康奈尔大学时期就开始了，然后在法国里尔大学和巴黎综合理工学院继续了这项工作。1973 年以后他义无反顾地离开了经济学，专心发展“分形几何学”。与在其他学科一样，经济学界并没有轻易接受他的非正统观点，但曼德博已经得到自己想得到的东西，并不在乎能否得到经济学界的认可。

曼德博的经济学研究在经济学团体内引起过两次巨大风波：一次是在 20 世纪 60 年代末，一次是在 20 世纪 80 年代末。第一次是因为曼德博的观点攻击了当时占支配地位的计量经济学和资产定价理论；第二次是因为曼德博在非线性动力学运动中出尽风头，经济学家受“混沌”的影响，间接评论了曼德博的早期研究工作。两次反响的主流都是怀疑曼德博的理论和方法，即使有一些人受曼德博论文的激励，转而注意自己未曾考虑的方面，也不相信曼德博的理论。

曼德博最早关注经济学问题是从关于收入分配的帕累托定律开始的，这个定律的形式颇像他在语言学词频分布中注意到的齐普夫定律。意大利经济学家帕累托曾专门分析收入分布数据，他发现收入分布具有如下特点：收入水平越高，则收入高于这一水平的人口越少。他当时认定收入分布对于人为干预是不变的。曼德博的经济论文发表后，经济学界不以为然。正统经济学家认为数据拟合得并不佳，并且认为曼德博的理论需要微观证据。曼德博看重的不是数据拟合到何种程度，而是收入分布的长时尾现象在尺度变换下具有不变性，即个人收入分布、厂商尺度的收入分布和城市尺度的收入分布都具有这样的“尾巴”。长时尾现象暗示存在一种非高斯意义上的稳定分布。曼德博熟悉他老师莱维的工作，立即将它与莱维的稳定分布联系起来。

简单说来，稳定分布的含义是，多个独立同分布随机变量序列经过适当的线性总和后，其分布仍然保持不变。稳定分布是无穷可分的，对应于稳定分布的随机过程是稳定过程。稳定分布是比正态分布更广泛的一类分布，其中包含了正态分布。标准正态分布与正态分布都是稳定分布，柯西分布也是一种稳定分布，除此之外还有没有别的重要的稳定分布呢？这正是曼德博急于思考的。

曼德博的经济模型中具有尺度变换下的“不变性”，他认为这十分关键，仅仅凭这一点就值得认真研究。他认为负幂律分布是除高斯正态稳定分布外最简单、最值得考虑的一种稳定分布。它就像玻意耳的气体模型一样，可能与实际有些差别，但它是一种重要类型，一种简单的理想情况，只有研究清楚了这种理想情况，才能推而广之从而考虑更复杂的情形。正如我们不能说理想气体模型没有价值，也不能说帕累托－莱维分布过于理想化而没有实用价值一样。从这种意义上看，经济学界对他的反驳其实均不构成威胁。曼德博是从逻辑分类的角度、从数学可能性的角度思考问题的，其模型撇开经验事实仍然具有理论价值。实际上1963年洛伦茨的《确定性非周期流》一文（在非线性科学史上具有重要地位）也具有此性质，洛伦茨方程只是大气运动的一种极度的理论抽象和简化，它甚至可以与实际的大气运动无关，但仍然具有重要理论意义和间接的实际意义。也正因为如此，曼德博与洛伦茨的理想模型的应用也就不限于什么经济学或者气象学，而具有普遍性，可以扩展到相当多的学科。曼德博实际上也是这样做的，不久他就将莱维稳定过程用于湍流研究，特别强调了莱维飞行。现在看来他的确是先行者，历史将公正地记录下他的先驱性工作。

以棉花价格波动为例来讲，曼德博理论的特点在于，它不是考虑在某一个特定层次产生价格变动的规律，而是跨越层次，寻求尺度变换下的不变性。棉花价格是一种理想的数据源，经济学家对其变动的传统看法是，短期变化与长期变化没有关联，由快涨落导致的瞬间价格变化是随机的，而长期的价格波动是由宏观经济形势和战争之类重要事件决定的。因此传统经济学处理此问题的办法是，在确定性的过程中加上随机的噪声。曼德博却把不同层次统一起来，发现日变化曲线与月变化曲线的一致性。对于股票价格，他也作了类似的分析。这未必是最好的理论方法，但至少是一种可能的理论方法，而以前人们确实忽视了它。但经济学界由于长期习惯于自己那一套思路，对曼德博的做法自然有反感，攻击他的最好办法就是指出其曲线拟合不理想。

在研究股票价格变化中，曼德博极为反对“价格连续变化”的模型，认为这种照搬牛顿力学于经济学无济于事。在经济系统中，小的连续变化可以引起突然的不连续变化。基于这种考虑，他否定了滤波预测方案和各种人为凑出高斯分布的办法。在经济学研究中他提出了标度原理。

设 $X(t)$ 为价格，$\log X(t)$ 是独立增量过程，即 $\log X(t+d)-\log X(t)$ 具有独立于 d 的分布，其中只需引入一个标度因子。曼德博立即想用此模型得出一些有意义的结果，但首先要面对的是这种模型的奇怪性质（实际上这竟是他所期望的）。曼德博大胆地假设 $\log X(t+d)-\log X(t)$ 具有“无穷方差”！他第一次用符号 V 表示方差。以前人们想当然地假设方差是有限量，发散的情况根本不予考虑，也不应该考虑。用曼德博的话讲，人们似乎患了“无穷方差综合征”。具有反叛色彩的曼德博假定 $V=\infty$ 自有他的考虑：“不用说，假定 $V=\infty$ 的成功后果是，我就很容易使曲线具有无穷长度、曲面具有无穷面积。”于是后来提到的英国海岸线长度、皮亚诺曲线填充、科赫（雪花）曲线长度等问题都有了理论基础，当然其他思想渊源也曾帮助他得到那些结果。但海岸线问题应是后来的事。那时他已经有了基本结论，他不断翻阅数学“故纸堆”，也不断发现一些更佳的论述，但这些新发现的材料当初对于他形成基本的分形思想并未产生影响。在撰写专著时，他当然要重新规划，以一种更直接、更通俗、更符合逻辑顺序（发现过程并不符合通常的逻辑）的方式叙述出来，甚至更多的是考虑读者的反应。

到了 20 世纪 80 年代，经济学界受非线性动力学的影响，不得不对曼德博的早期研究作出评介，在此之前克拉克的博士论文以及后来的自回归条件异方差（ARCH）、广义自回归条件异方差（GARCH）模型回避了曼德博开创的路线，仍然假设噪声服从于一种基本的高斯分布，但有一个变化的二阶矩。他们的文章引用了曼德博的假设，但设法避免那类假设。这种处理方法仍然没有逃出分数阶自回归滑动平均（ARMA）模型的套路。到后来，许多经济学家更多地采用 GP 关联积分算法求时间序列的分维数，用 BDS 统计（Brock、Dechert、Scheinkman 三人在关联积分的基础上发明的）检查经济系统中是否存在非线性结构。但是正如米诺夫基指出的，经济学界的这些人物并没有认真吸收曼德博的思想，而是应付、回避矛盾，他们既排斥莱维稳定分布，也排斥混沌。曼德博早已摒弃了“不是决定论就是随机论”的两极化选择，他认为经济现象比较复杂，应当用更精致的随机过程或者混沌动力学描述，应当放弃牛顿经典力学的套路：由原子运动推出一切。本质上在经济学问题上曼德博采用的是一种类似统计物理 / 热力学的现象学的方法，这一性质还未被经济学界深入理解。

当曼德博离开经济学时，他得到了什么？他似乎高兴地带走了价格变动的自相似观点、标度律的观点，以及一种似乎无人注意但有着各种潜在应用价值的莱维稳定分布。

五、布朗运动、莱维飞行、阵发湍流

1905 年爱因斯坦用分子运动论清楚地阐述了布朗运动。实际上庞加莱的一个学生巴舍利耶早在 1900 年就发展了一种布朗运动理论，只因为他的论文是关于股票市场涨落问题的，未引起物理学家的注意。巴舍利耶导出了随机过程的扩散方程，指出概率可以像热一样扩散。由于巴舍利耶的论文不为数理学界所知，它对后来布朗运动的物理学没有产生直接影响。

爱因斯坦预测，布朗粒子随机行走均方位移随时间线性增长，乘以一个与阿伏伽德罗常量有关的因子：$\lambda_x = \sqrt{2Dt}$，用现在的符号表示则有〈$x^2(t)$〉=$2Dt$。1908 年这一结果被佩兰用来测定阿伏伽德罗常量，进而为“原子”的存在性提供了重要证据。佩兰 1926 年荣获诺贝尔物理学奖。从那时起，布朗运动成为重要的研究对象。

但是问题并没有彻底解决，或者说研究才刚刚开始。从数学上看，布朗运动涉及许多艰深的内容。对于离散布朗轨迹，可以在固定步长的格子上研究简单的随机行走，但对于连续情形遇到了严重的困难；布朗粒子运动路径处处不可微，粒子的速度无法定义。这时已有勒贝格的测度理论，又恰好出现了一个伟大的人物——维纳，维纳抓住这个时机（大约于 1921 年），利用测度理论，发展了一整套漂亮的随机过程理论，后来称之为维纳过程或者布朗运动。曼德博早就把布朗运动视为分形的一个典型，并将布朗运动轨迹视为二维分形。

1968 年曼德博与内斯合作发表了一篇重要论文《分数布朗运动、分数噪声及应用》，1969 年与瓦利斯合作发表论文《带有分数高斯噪声的计算机实验》，1971 年发表论文《一种快速的分数高斯噪声发生器》等。实际上曼德博所使用的若干新工具、新方法，早在这之前他就十分熟悉了，已经在通信工程和经济学领域部分尝试。

曼德博 1968 年的文章通过引入“记忆”推广了布朗运动，对于关系 $\sigma^2(t)=t^{2H}$，H 的取值范围一般限制在（1/2，1）之间，当 H=1/2 时，正好对应于布朗运动。这一推广意味着随机行走的均方位移随 t^{2H} 而增加。当 H 较小时扩散较慢，当 H 较大时扩散较快。在湍流中 H 可以取非常大的值。

如果随机行走发生在分形体上（如逾渗格子），则运动行为不同于一般的布朗运动，运动由于空间背景的不同可以时快时慢，表现出不均匀跳跃。H 的取值可以分成两类：当 H 小于 1/2 时，均方位移慢于线性增长；当 H 大于 1/2 时，均方位移快于线性增长。其中后者非常有趣，涉及著名的莱维飞行。

布朗运动的基本思想是随机行走，所使用的基本数学是高斯分布，随机行走者 t 时间后的位置分布是高斯型的，方差正比于时间。对于一维的 N 步随机行走，每一步的步长 x 是一随机变量，其概率分布为 $p(x)$，具有 0 均值。法国数学家莱维提出这样的问题：什么时候 N 步的总和的分布仍然具有与单步相似的（乘以一个标度因子）分布？这等于问，整体与部分何时有相似性，因而很自然与分形有关。对此问题通常的想当然的回答是高斯过程，因为 N 步高斯分布加起来仍然是高斯分布。但是莱维一般地证明了，此问题还有其他解。

广义的莱维稳定过程（$S_1^D+S_2^D=S^D$，$S_1X_1+S_2X_2=SX+$ 常数），仅对三种极特殊的情

况，可以解析求出稳定概率分布。除了在高斯情形中，随机行走（飞行）没有特征尺度。正是这一性质决定此类随机行走是标度不变的分形。这种随机行走好的性质在于自相似；坏的性质在于具有无穷矩，于是均方位移发散。

矩发散长期以来被认为是一个致命缺点，物理学家不愿意看到发散性。只是由于曼德博的大力鼓吹，莱维的思想才一点一点被物理学界理解，20 世纪 90 年代中期莱维飞行成了时髦的研究课题。早些时候，在鼓吹、传播莱维不变分布方面，曼德博是唯一的代表人物，这一点应特别提及。

莱维飞行的轨线是典型的分形，虽然不是处处不可微，但跳跃的步长可以变化。经过一番处理，均方位移的发散性可以回避。特别地，一个随机变量 X 具有无穷方差，并不能否定 X 以概率 1 取有限值。例如柯西密度 $1/[\pi(1+x^2)]$ 变量几乎总是有限的，但它具有无穷方差和无穷期望。莱维飞行的宏观轨迹是一系列折线或者孤立的康托尔尘埃点集。一般情况下不考虑粒子在两个端点之间飞行的中间过程，如果考虑两次跳跃之间具有某种速度，这种过程又叫作莱维行走。人们可以问在不同的飞行片段中，在时间 t 粒子的飞行速度是多少，这一定是某个与时间有关的有限值。但是平均飞跃状况是发散的。

从 1977 年的《分形》一书可以看出，曼德博已经自如地将莱维飞行运用于各种场合，包括布朗运动、分形集团和星际物质分布，并且给出占 7 页篇幅的图形说明。遗憾的是，科学界直到 20 世纪 90 年代才认识到这部分工作的重要性。

1963 年秋季他在哈佛大学听了斯图尔特的一次讲座，了解到流体力学研究中讨论阵发（间歇）现象，同时知道了苏联学派关于湍流研究的一些最新结果，如柯尔莫哥罗夫 1941 年与 1961—1962 年两个阶段的创造性工作。曼德博立即有一种冲动，试图转向湍流研究。他觉得这些观念对于自己并不算新鲜事，大约 10 年前自己在研究通信噪声时，就碰到过类似的现象。他认为湍流中的许多问题与分形有关（当时还没有“分形”这个概念）。他迫不及待地想把自己在其他领域做的工作“翻译”成流体力学的语言。

1967 年他才发表关于湍流的文章《偶发湍流》，1968 年发表《论阵发自由湍流》，1972 年发表《有关阵发湍流能量耗散的对数正则假设的可能细化》，1974 年发表《自相似级联阵发湍流、高阶矩的发散性与载体的维数》，1975 年发表《论各向同性湍流》，1976 年发表《阵发湍流与分维》，1977 年发表《分形与湍流：吸引子与弥散》等。

曼德博对湍流的研究不是从基本方程入手进行严格数学分析，而是从宏观上、从几何角度观察，先获得几何直觉，构造核心概念，再一层一层作定性分析。这一思路是“将自相似技术应用于湍流的几何学”。曼德博明显地受柯尔莫哥罗夫1941年文章风格的影响，作出“湍流运动的奇异性本质上是分形”的重要猜想。他说：“纳维叶－斯托克斯方程的解如果存在，就是事实上的极限分形。”法国尼斯天文台的弗里施教授1995年在专著《湍流：柯尔莫哥罗夫的遗产》中高度评价了曼德博关于阵发湍流的思想，实际上弗氏是较早就认识到曼德博思想重要性的少数人之一。

六、个性与成功之路

曼德博始终生活、工作在逆境中，在20世纪70年代中期以前，世界上没有几个人知道他，更谈不上真正理解他。他几乎是打一枪换一个地方，在不同学科中窜来窜去，似乎哪一个学科也没有特别注意他。维纳在《人有人的用途》中两次提到他算是个例外，维纳那时搞的“控制论”也是新鲜事物，理解的人也不多。

曼德博发表了许多论文，但他回忆说，当初发表每一篇都十分艰难。他不断投稿，审稿人对文章的批评毫不留情面（那时他没有名气），稿件被一次次退回。关于星系结构的论文始终难以发表，“我关于星系的工作在别人知道它之前是不可接受的，而在它成为可接受的之前，人们又不知道它”。发表出来的也做了一些修改，特别是编辑命令他删除“可疑的哲学”部分。

在写作风格上，曼德博后来坦率地承认，他不得不装成某个领域内行的样子，在论文中故意加进一大堆数学公式和推演细节。虽然也不是特别成功，因为他始终带有极强的“异国口音”，“但是这种办法对于把我的论文发表在一些好的学术杂志是必要的和充分的”。

曼德博把科学界对他的学说的态度分成四个阶段。第一个阶段，人们总是问：你是谁？你为什么对我们的领域感兴趣？第二个阶段，这与我们所做的有什么联系？你为什么不用我们所知道的知识来作解释呢？第三个阶段，你能保证这是标准的数学吗？我们怎么不知道？第四个阶段，这些领域的数学家怎样评价你的工作？曼德博对后三个问题的回答是：“我能保证这是标准的数学，只是人们很少知道。他们无所谓，因为我的工作并没有增加什么数学。”

1964年他参加了在耶路撒冷举行的逻辑学与科学哲学大会，在会上作了《尝试性的分形宣言》报告，可惜没有正式发表出来。到了 20 世纪 70 年代初，曼德博手边已经积累了不少未发表的和退回的稿子，据说已经堆成了堆（20 世纪 90 年代，他抽出一些略加修改就发表了）。

曼德博一直在思考着，当今学科分化严重，学科壁垒森严，像他这样东一榔头西一棒槌，在不同学科进进出出的，很难站稳脚跟，别人不会承认自己。如果要生存下去，就不能与正统对着干。短期策略是，要取得别人的信任，尽量隐藏自己的真正意图，争取多发表一些论文，审稿人和编辑希望怎样修改，自己就怎样修改。而长期战略是，要学会自我推销，最终建立自己是“教皇”的一块阵地：创立一个属于自己的新学科。

1973 年曼德博终于找到了一个绝好的机会。这一年他去巴黎休假，此时他的叔叔佐列姆已经退休，正好可以邀请他在法兰西学院作一场重要的报告。这对于自己发表一篇一般性宣言以及解释清楚自己多种不同兴趣的内在统一性，是一个黄金时机。他做了精心准备，在准备过程中他发现自己的整套工作比以前自己所知道的更完备、更协调了。讲座在 1973 年 1 月进行，极其成功。一个朋友告诉他，这是他听过的最具自传色彩的科学讲演。

20 世纪 80 年代中期曼德博及分形几何学红得近乎发紫，他也变得有些狂妄。他写的文章和书里充满了第一人称，常用“我宣布”“我认为”“我发现了”“我运用了”“我认定”“我证明”“我命名”“在我漫游我自己新开创的、新开发的学术领地里，我时常行使对新领域中的路标进行命名的权力”……对于纯粹数学家来说，曼德博并非数学家。在他的成就达到最高峰时，他甚至遭到一些同事的辱骂。有人认为曼德博关于自己在科学史上的地位的说法简直是神经病，他们说曼德博向别人述说的贡献耸人听闻。格莱克说：“他甚至会写信给一些写了分形方面论文的作者，责问人家为什么不引用他的文章与他所写的书！”曼德博的一位朋友里希特替他辩解道：“他一生坎坷，与别的数学家很难相处，为了生存下去，他必须采用这种战略，不断鼓吹他的自我。如果他不这样做，如果他不这样自信，他就永远不会这样成功。”

看曼德博的论文和专著，会注意到他大量引用前人的工作，他声称善于在数学垃圾桶和故纸堆中找金子。但一些人并没有因此表扬他，反而说他经常引用一些名不见经传、多半已经“安全地”死去了的人物，为的是突出他自己，以使他自己成为学术领域的中心人物。有人甚至怀着嘲笑的语气说，他只会从一个领域拿来一些东西，当成他自己的，然后贩卖到另一个领域。有人一边吸收着曼德博的思想，一边尽力避免使用“分形”“分维”这样的词语，故意用“豪斯多夫－贝塞克维奇维数”等。当然大多数科学家还是能够充分理解曼德博的，他们考虑曼德博曾克服的重重困难，便原谅了他的强烈个性。毕竟科学就是科学，看的是科学内容而不是当事人的人品和个性。由于不喜欢一个人的个性而不喜欢他的实实在在的有价值的科学工作，是不明智的，到头来也证明是个性偏执的。

纯数学家认为曼德博只是到处宣布一些猜测，而不是下力气去严格证明它们。发现周期倍分岔普适常数的费根鲍姆也遇到过这种情况，有位数学家指责他：“是讲数字呢，还是讲严格证明？”这是数学家与物理学家之间的一个老矛盾了，不过现在由于计算机大量用于科学研究，此问题显得更加突出。如果某人宣布某一件事情也许为真，而另一位严格证明它为真，试问哪一位科学家的贡献更大，谁的工作才算真正的科学发现？这个问题很复杂，不可一概而论。

20 世纪 80 年代曼德博卷入多种争论，其中影响较大的公开争论有两场，限于篇幅，这里不详述。

七、问题与启示

曼德博是靠强调几何取胜的，“分形”也是这样宣传起来的，但代数、几何、分析同等重要，不同时代、不同学派各有所侧重是正常的，但用一种去排斥另一种就显得不自然（如布尔巴基故意避开几何图形）。几何重形象，有助于对问题的理解，但过分依赖形象是不严格的。

对待分形几何这样的新事物，既要有所怀疑又要宽容。这个学科处于草创阶段，问题多如牛毛。问题多是好现象，若没有问题，该学科不是无意义的学科，就是已经死掉的学科。还要看这“牛毛”里是否有突出的问题以及这些问题是否有解决的希望。

曼德博在多个场合吹嘘过自己的新几何学，但他也讲过这样的话：“最应强调的是，我并未把分形观点看成万灵妙方，每个范例研究都应根据它所在领域的准则来加以检验，也就是，多半是基于它的组织、说明和预测方面的威力，而不是作为数学结构的一个例子。因为每一个范例研究都必须化简以使它成为纯粹技术性的问题，读者若要了解详情，可查阅其他文献。结果（如像汤普森 1917 那样），本书从头至尾都是序言性的。任何有更多期望的专家都将感到失望。”

人们容易看到曼德博坚定信念、大胆创新这一面。但要注意曼德博这样的人才是很少的，不可否认他的确天资聪颖，他的基本数理功底也是相当不错的。他虽然不善于证明一串串的数学定理，但他的数学与物理直觉很好。他从未为了创新而放弃理性，从未在自己生疏的领域留下伪科学的笑柄。如果不打好基本功，以曼德博为榜样以期取得重大科学突破，大概是不可能的。举例来说，曼德博如果数学分析基础不好，他也不会注意那些古怪的案例，只有对课本正统内容有深刻领悟，才能发现别人不容易发现的问题。同样他的概率论学得也是相当有深度的，他对莱维的非高斯稳定分布有强烈印象，后来才尝试把它用到各个领域，而在当时，甚至现在，绝大多数人不理解甚至不知道莱维分布。通常人们是由理工科跳到经济、社会科学，反向跳几乎不可能，这种不可逆性是显然的。但曼德博研究了经济后，还能研究湍流，到20世纪80年代又开始复迭代函数的研究，并且取得了成就。

即使像曼德博这样一个与政治无关的人物，评价起来也不容易做到客观公正。这主要牵涉当事人的利益关系和个人情感、好恶。吾辈小人物如何评论，关系不大，但作为有影响的人物出面参与评论，情况就大不一样。比如芝加哥大学卡丹诺夫教授卷入与曼德博的争论，其影响就非同小可。所以科学界的大人物作评论要慎重，但现实中常常不是这样。在评价一个科学工作者时，更多要看他的科研成果，而不是别的什么东西。

曼德博在IBM任职20余年后，才算混出一点名堂，但他始终得到戈莫里（曾任IBM公司经理、部门主任、研究部主任、副总裁）的信任和大力支持，对此曼德博念念不忘。他在IBM供职期间，公司还为他创造了各种机会，允许他到世界各地作短期访问和兼职。当然，IBM下属研究所的许多研究是纯粹科学探索性质的，不要求有任何商业考虑。从长远看，这是“欲擒故纵”。分形研究以及研制“深蓝”与卡斯帕罗夫下棋，虽耗资巨大，但最终使IBM声誉大增，间接促进了其商业的发展。

（作者：刘华杰）

参考资料

[1] B. B. Mandelbrot. Fractals: Form, Chance, and Dimension [M]. San Francisco: W. H. Freeman and Company, 1977.

[2] B. B. Mandelbrot.The Fractal Geometry of Nature [M]. Updated and Augmented. New York: W. H. Freeman and Company, 1983.

[3] J. Gleick. Chaos： Making a New Science [M] . New York： Viking Penguin Inc.， 1987.

[4] D. J. Albers，G. L. Alexanderson. Mathematical People： Profiles and Interviews [M] . Boston： Birkhäuser，1985.

[5] B. B. Mandelbrot. Fractals [C] // John Holte. Chaos： The New Science （Nobel Conference XXVI ）， 1993.

[6] B. B. Mandelbrot. Fractal geometry：what is it，and what does it do ？ [J] . Proc. R. Soc. Lond.， 1989，A423：3-16.

[7] B. B. Mandelbrot. Stable Paretian random functions and the multiplicative variation of income[J]. Econometrica，1961，29（4）：517-543.

[8] B. B. Mandelbrot. Paretian distributions and income maximization [J] . The Quarterly Journal of Economics，1962，76（1）：57-85.

[9] 刘华杰 . 分形艺术 [M] . 长沙： 湖南科学技术出版社，1998.

在理论与实验之间：

不拘一格的物理大师

■ 维格纳
伽莫夫
豪特曼斯
弗里什
奈尔
钱德拉塞卡
玻姆
■ 中村修二

尤金·保罗·维格纳

(Eugene Paul Wigner, 1902—1995)

维格纳

20 世纪顶尖数学物理学家

1995 年元旦，当 92 岁的尤金·维格纳[1]在普林斯顿去世时，中国国内甚至国际科学界似乎都没有什么反响。虽然他一生写下了 500 多篇论文和多本专著，并且获得 1963 年的诺贝尔物理学奖，但还是有许多物理学家和物理学史家对他很陌生。他们问，谁是维格纳？你能不能说出一些事情让我们想到他呢？就像他的同时代人海森堡和狄拉克那样，我们一下子就能说出前者是量子力学的创始人之一、测不准关系的首创者，而后者的思想更为深刻，没有他，真空理论（乃至一般反粒子）的预言不知要拖后多久。可维格纳呢？他在科学上的贡献似乎没有令人印象深刻的，实际上可能是因为他的科学工作相当繁杂吧。不过我还是可以讲出几项：

1. 华裔科学家首次荣获诺贝尔奖的是李政道和杨振宁，他们在 1957 年得到诺贝尔物理学奖是因为他们发现弱相互作用之下宇称不守恒。不管你知不知道什么是宇称，可是宇称这个概念就是由维格纳首先提出的，而这只是他把对称性和群概念引入物理学的庞大计划的一个组成部分。

2. 是谁启动了美国的原子弹计划？想必大多数人会说是爱因斯坦给当时美国总统罗斯福写了一封著名的信，可是谁推动爱因斯坦写信呢？一位是西拉德，另一位就是维格纳。这两位匈牙利犹太人才真正是原子弹计划的最早推动者，而且他们的影响远不止于此，他们和另外两位匈牙利犹太人、鼎鼎大名的冯·诺伊曼和泰勒真正为美国的原子弹和氢弹的制造作出决定性的贡献。仔细看一下历史，就会知道美国人的核弹计划主要是靠欧洲流亡的一二十位精英，而这四位在其中起着不可磨灭的作用。

3. “数学的不可思议的有效性”，也许很多人从来没听说过这种说法，这是维格纳的一篇文章的题目，这篇文章在数学界可以说是无人不知、无人不晓，而且这种提

---

1 一译威格纳，匈牙利名为 Jeuo Pal Wigner，注意特别要和大陆漂移学说的倡导者、德国地质学家 Alfred Lolhar Wegeoor（1880—1930）相区别，后者通译为威格纳或魏格纳。

法也频频地被人引用。数学物理关系密切早已是老生常谈，可是在牛顿和麦克斯韦之后，很少有人既是物理学家又是数学家，因为到 19 世纪，它们的研究对象、方式与方向已大不相同，数学已走上自己独立发展的道路。可是抽象数学发展几十年后甚至百年之后，物理学家发现它正好是自己所需要的工具。这种有效性的确有点“不可思议”。而维格纳的确最早发掘出这种有效性，而后来的历史又不断反复证明了这一点。

维格纳被称为是 20 世纪顶尖的数学物理学家，也就是说，他首先是位物理学家。

一、奥匈帝国的犹太天才

尽管科学社会学的研究强调社会对科学发展的作用，可是从一个小地方一下子冒出许多科学天才还是让人觉得有点困惑。本文的主人公出生在 20 世纪末的奥匈帝国。“奥匈帝国”这个名词在 19 世纪末的欧洲文艺界颇为流行，尤其是在维也纳，那种回光返照的气氛笼罩着整个哈布斯堡王朝的统治。

现在无论是奥地利还是匈牙利，都不能算大国，可是在 100 多年前，奥匈帝国可是欧洲的甚至也是世界的超级大国。从人口上讲，名列俄国和德国之后；从经济上说，居英国、法国、德国之后，而在俄国之前。它统治的总人口并非寥寥无几的几个民族，而是包括乌克兰人、波兰人、捷克人、斯洛伐克人、塞尔维亚人、斯洛文尼亚人、克罗地亚人、罗马尼亚人和意大利人等，但只有匈牙利人在这个二元帝国中可以和占统治地位的日耳曼（德意志）人平起平坐。在皇位上的是老迈昏庸的弗朗茨－约瑟夫一世（1830—1916），他 1848—1916 年在位，在位近 70 年，超过清朝的康熙和乾隆。人们也许不知道这个老皇帝，可是多数人大概率会知道他的皇后，美丽且有高度文化教养的茜茜公主[1]。在这个死气沉沉的国度里，也许只有小约翰·施特劳斯的圆舞曲能使它略有生气，而科学技术则远远落后于近邻德意志帝国。虽然我们必须提到马赫和玻尔兹曼这两位大师。没想到，在两次世界大战之间，奥地利居然成为欧洲的思想中心之一。我们只需提一下维也纳学派和弗洛伊德、维特根斯坦、哥德尔、泡利、薛定谔等人的名字就够了。显然当时的文化环境以及教育的进步和经济的发展不无关系。

1 Sisy，不应该译成茜茜公主。她全名是伊丽莎白·阿玛莉·欧根妮，1837 年出生，是巴伐利亚女公爵。1854 年 17 岁时成为奥匈帝国皇后。她致力于奥地利与匈牙利和解，后来（1898 年）不幸被暗杀。

比起奥地利，农业国匈牙利当然就更为落后了。1900 年左右，其 95% 的人口住在农村和小集镇。但在工业经济发展的大潮中，城市人口迅速增加，特别是首都布达佩斯。在匈牙利的经济振兴中，起重要作用的是犹太移民。虽然当时整个奥匈帝国反犹风气十分盛行，但是比起东欧特别是沙俄来，犹太人的处境显然更好一些。据冯·诺伊曼讲，匈牙利的犹太移民，也就是他们这批精英的祖辈，都来自波兰、捷克斯洛伐克、匈牙利交界的喀尔巴阡山地区，他们在工业化的过程中大显身手，多瑙河左岸佩斯城的郊区，钢铁厂、纺织厂、皮革厂等一个接一个拔地而起，总数并不算多的犹太人占到了布达佩斯居民人口的一半。世纪之交，随着犹太人经济地位的提高，他们的社会地位也相应提高，少数人甚至被奥地利皇帝兼匈牙利国王弗朗茨－约瑟夫一世封为贵族。这无疑是对犹太人贡献的肯定。不过犹太人在文化上更认同于德意志。他们虽然生活在匈牙利，子女受教育还是要到德国去。维格纳就是在这种特殊的文化氛围中成长起来的，这就形成了社会史家所说的匈牙利现象。在这么短的时期，在这么少数的犹太人当中，居然出现一大批犹太精英。除上文已经提到的冯·诺伊曼、维格纳、泰勒和西拉德之外，还有现代航天之父冯·卡门和全息摄影术的创始人、诺贝尔物理学奖获得者加博尔等，他们大多都有相似的经历，出生于中上层犹太家庭，父母关注子女教育，在学校和社会中得到很好的培养，到德国上大学，最后到美国工作，完成其一生的伟大事业。维格纳就是其中一个典型。

维格纳 1902 年 11 月 17 日生于布达佩斯，父母都是犹太人。维格纳的父亲是布达佩斯的大型鞣制皮革的工厂总经理，是一个严肃的、不苟言笑的人。他从来不谈个人的事情，也不回答没必要回答的问题，之所以这样，与他的经历有关。维格纳的父亲名叫安塔尔，安塔尔在 2 岁时就失去了父亲，母亲把他带到布达佩斯。由于母亲认识当时匈牙利第二大皮革厂——毛特纳兄弟皮革厂的老板，他很小的时候就被送到工厂里做童工。白天做工，晚上上夜校学习，小小年纪就懂得要规规矩矩、一丝不苟地工作，否则他们就无法生存。16 岁时，母亲也离他而去，他完完全全无依无靠，只能自食其力养活自己。曾经的上大学、学物理、当科学家的梦想也只能放弃。他辛勤工作，一步一步得到提升，最后成为管理 400 名雇员的总经理。显然，他极其认真负责的工作态度影响了维格纳。维格纳自然对这位严父怀着一种敬畏心理，而且希望满足父亲希望他子继父业学习皮革工业的期望。尽管维格纳从小就立志当科学家，可是他在决定自己一生的事业时，总觉得必须得到父亲的同意。不过这位父亲明智的决定，最终还是把自己一家拯救了出来。1928 年父亲同意维格纳从化学工程转行学物理，最终使得他们全家在1939年移居美国，没有成为希特勒屠杀600万犹太人中50万匈牙利犹太人中的一员。

维格纳深深爱着他的母亲。她操持家务，把家收拾得井井有条。维格纳是家中唯一的儿子，上有比他大三岁的姐姐贝尔塔，下有比他小两岁的妹妹玛吉。他与家庭的关系十分亲密。贝尔塔20岁时辍学结婚，而玛吉在离婚之后，经过维格纳介绍，认识了狄拉克，他们相爱并于1934年结婚，所以维格纳应算是狄拉克的大舅哥。

维格纳从5岁到10岁在家里接受初等教育，请家教教读、写、算。他上中学的时候，奥匈帝国乃至欧洲正经历一场翻天覆地的大动荡。1914年6月，奥地利王储在萨拉热窝被刺，成为第一次世界大战的导火线。1916年老皇帝去世，他的侄孙卡尔继位，想停战但没有成功，奥匈帝国于1918年11月战败，最后完全解体，匈牙利独立建立了共和国。俄国十月革命成功后，1919年3月贝拉·库恩（1886—1937）在匈牙利建立了苏维埃政权，但不久失败。1919年11月，政治强人霍尔蒂在匈牙利建立起长达20多年的统治。在贝拉·库恩革命成功以后，维格纳的父亲在皮革厂的工作就干不下去了，他带着全家逃往奥地利，这事对他们的政治态度显然有影响。

维格纳于1920年中学毕业后，因不能继续学他所感兴趣的数学、物理，以及和同学一起切磋学业，感到非常失望。他想当科学家，父亲问他在匈牙利哪儿有物理学家的职位，他只能举出三所大学，而且完全没有把握能得到它。最后维格纳做出明智的选择，进入了布达佩斯技术大学学习化学工程，准备将来子继父业，继续从事皮革行当。不久，全家到柏林去旅游，留下美好印象。维格纳的父亲由此做出了完全错误的判断，认为在经历战争革命与反革命风风雨雨之后，也许德国对于犹太人是最安全的地方，维格纳因此转学到柏林。当时的技术学院有两家最著名，一家在瑞士苏黎世，一家在柏林。冯·诺伊曼去的是苏黎世，但是维格纳的父亲说，苏黎世的技术学院太有点异国情调，而且对于大学生来说也太贵了，于是决定转学柏林。

1921年，18岁的维格纳第一次远离家乡到近900公里之外的柏林学习化学工程，他上的是柏林技术学院，主要学习科目是化学及其应用。与冯·诺伊曼不同，他主要时间还是用来听课和在实验室里做无机化学实验，用维格纳的话来讲，“我喜爱无机化学，而且比现在许多化学家更通晓它。……我喜欢它因为我喜欢事实”。尽管如此，对于当时理论物理学中心的柏林，他决不能像通常化学家那样无动于衷。在柏林大学和威廉皇帝科学研究院中集中了当时的精英，爱因斯坦、普朗克、能斯特、冯·劳厄等大师都在那里积极活动，他也忙里偷闲挤出时间去参加活动，包括参加爱因斯坦的统计力学讨论班。在柏林，他先后结识匈牙利同乡西拉德和泰勒。

当然他主要还是学化学。1924 年春，他在化学家马克的指导下写论文《斜方硫的晶体结构》而得到工程师文凭。其后，他就开始做博士论文，在波兰尼的指导下，他写了论文《分子的构成和分解》，讨论化学反应速率和分子的构成。其中用到量子理论，并且以某种曲折意涵的方式涉及了测不准原理。最后在 1925 年获得工程博士学位。

一拿到博士学位，他就回到布达佩斯，而且在毛特纳兄弟皮革厂工作。这完成了父亲的一桩心愿，也填补了父亲知识上的空缺。维格纳喜欢布达佩斯的平静生活，也不讨厌皮革厂的工作，但是，他对物理的兴趣并没有因此而减弱。但在布达佩斯，他只能订阅当时最权威的杂志《物理学杂志》，浏览其中的论文。正好看到海森堡、玻恩以及约尔当等开创量子力学的著名论文。他无法同别人交流，最多只能同皮革厂中一些学物理化学出身的人谈谈。他越来越感到这远远不够。他想成为一名物理学家，可是对于一位受过专业训练的化学工程师来讲，其间的距离有多大啊!

这时，一件偶然事件改变了他一生的命运。1926 年，他收到一位陌生人的来信，原来是威廉皇帝科学研究院的一位结晶学家魏森伯格邀请他到柏林去当助手，这对于一心想转行的维格纳真可以说是大喜过望。不过，他还得沉住气，听听父亲的意见。他尽量掩饰他那种想要离开皮革化工厂、离开布达佩斯，奔向柏林，走向物理学的光辉前程的无比激动的心情。尽管他父亲明明知道这将会使他对儿子子承父业的梦想走向破灭，但还是同意了他接受邀请去柏林。不过他希望维格纳有时间还应回到皮革厂看看，不要让自己的梦想彻底破灭，但他也隐约感到儿子恐怕永远也不会重操皮革旧业了。对维格纳而言，则是借此机会实现了自己走向现代物理学光辉大道的理想。

24 岁的年轻人真诚地发誓要从此把物理学当成自己的终身职业。虽然薪水少得可怜，每月 450 马克，除了吃饭、交房租就所剩无几，不过他很满足。

二、躬逢科学盛世

谁都知道，1925 年是不平凡的一年，这一年量子力学正式诞生了。创造量子力学的是和维格纳几乎同龄的海森堡、约尔当，以及年龄略大但辈分靠前的玻恩和薛定谔。创造量子力学的中心无可争议的是德国小城格丁根，也许还应该加上柏林。

现在，维格纳回到了柏林。第一年的职业是助教，即结晶学家魏森伯格的助教，由此他开始从头学习结晶学。在这方面，他再一次很走运。很长一段时间里，结晶学并不是物理学的一个分支，而是矿物学的分支，大多数物理学家不懂结晶学，也不了解在19世纪末之前几何结晶学的伟大进展，特别是利用数学中的群来分类结晶体的有效方法，没有人知道群和结晶学在物理学中的意义。

群论纯粹是数学家头脑中的产物，在维格纳等人把它用来切切实实去解决物理问题之前，数学家早已把它翻来覆去研究了100多年。

“群”是现代数学中出现最早、应用最广的抽象概念。事实上，在所有古代文明中，都可以发现“对称性”观念，还可以看到正多边形和正多面体的图形。可是在数学中产生群的观念萌芽，还是19世纪初的事情。法国天才数学家伽罗瓦引进了置换群的观念，直到19世纪中叶才被公之于世。1854年凯莱（1821—1895）首次提出抽象群的概念，把群从具体的对象（如数，置换）中解放出来。其后克莱因发表了著名的爱尔兰根纲领，用变换群的观念把几何学统一起来。索菲斯·李（1842—1899）引进了连续群——李群，例如物理学中常用的旋转群SO（3）就是其中的一个。后来弗洛宾纽斯研究抽象群和它们的具体实现——群表示论，给群论的发展和应用以巨大的推动，群论成为一个独立的学科。赫尔曼·外尔在《半个世纪的数学》中讲道：

> 群的概念……已经扩展到整个数学当中，没有群就不可能理解现代数学。

可是除结晶学家之外，物理学家对这个抽象的概念可以说毫无所知。维格纳从对称性入手，很快就进入了量子物理的核心，用群论来分类原子光谱，他的工具是群表示论，而表示论是他的好友冯·诺伊曼告诉他的。两人后来还合作论文，应用群论于原子物理，这样把原子结构的主要信息来源——原子光谱的特征、波长、强度、多重态等性质通过群的表示建立在严格基础上，并由此自然地推出谱线的许多经验规则和公式，这是维格纳一到柏林就开始的大创造。可以想象，如果走老路，一个新手至少也要等上三年五载，才能写出点小文章，可是维格纳却一发而不可收，论文一篇接着一篇，许多文章都预示着后来的发展。为了使这些早期工作让物理学家更容易接受，他在西拉德的劝说下用德文写了一本书《群论及其在原子光谱的量子力学中的应用》，于1931年出版，长期以来，这本书一直是一部经典著作。此书到1959年才译成英文，添加了两三章特别是时间反演和拉卡公式，这些都在他后来的工作中有所反映。维格纳把群论应用于原子光谱后不久，很快就推广到分子光谱，先是双原子分子，后是多原子分子，由此开创了一个新领域。

1928 年他进一步得出对称性、不变性与守恒定律之间的密切关系。实际上，早在 10 年前，德国著名女数学家诺特已经在数学上证明了这个定理，而维格纳则对其物理上的意义有更为具体的理解。

维格纳另一项成就是同约尔当一起引进二次量子化的技术，这对于后来核物理及场论有重要应用。

虽然他的群论比起数学家外尔的更具体，更容易为物理学家所接受，可是在他提出此学说的十几年时间内，物理学家反应仍十分冷淡。

如果说物理学家在接受新物理学概念方面还比较激进的话，在接受新数学概念方面则显得颇为保守。例如薛定谔认为物理学家在 5 年之内不会理会群论，他们当中一些人甚至流行着一种反群论的观点，把当时的群论说成是“群的瘟疫”(Gruppenpest)。在 1936 年出版的康登等人所著的《原子光谱》一书的序言中，居然骄傲地宣称：虽然群论被认为是研究原子光谱的重要工具，但是本书则完全不予采用。

但是，谁又能阻挡历史车轮前进呢！以前零散的量子数，自旋、选择定则等现在都在群论的大旗下得到统一解释。而且，对称性在开创新领域方面显示出前所未有的威力，它能发现和应用许多对称性质，强相互作用的同位旋没有群论就无法很好地描述。而量子力学由于它的线性性和叠加性更使群论成为必不可少的工具。在事实面前，保守派的命运是可想而知的。而维格纳正是高举对称性和群论的大旗，在物理学史上留下他的不朽业绩。

1927 年维格纳被邀请去格丁根当数学家希尔伯特的助手。从 1910 年起，希尔伯特的兴趣转回物理学，当然也时时关注着数学基础的论战。不过对于物理学他并不在行，可是他非常有兴趣，尤其是对新出现的量子力学。

当维格纳到达格丁根时，希尔伯特得了恶性贫血，所以他不像希尔伯特以前的学生同这位大师能有密切接触，维格纳同他只有很少的几次会见（维格纳说不超过 5 次）。不过，维格纳在这个数学 - 物理学的中心却如鱼得水，交了不少朋友，特别是认识仰慕已久的玻恩。玻恩为人极好，大家都喜欢他，维格纳当然也不例外。他还认识了实验物理学家弗兰克（1882—1964）。年轻人当中他结识了约尔当，并合作发表关于泡利不相容原理的论文，这在量子场论的历史上是极为重要的。论文的物理思想来自约尔当，但数学证明是维格纳的。维格纳的对称性想法给约尔当留下深刻印象，当然这对维格纳来讲是小菜一碟，这也从另一方面看出维格纳的“法宝”对于当时的物理学家有多神秘。约尔当还同维格纳合作试图写下相对论的电子方程，同许多其他尝试者一样，他们没有成功。有一天，玻恩给约尔当看他收到的英国年轻人狄拉克的信，后来他对维格纳说：

> 那真是一个奇妙的方程，遗憾的是我们没有发现它，不过还好，它已经被找到了。

在格丁根待了一年之后，1928年秋，维格纳回到柏林，被任命为柏林技术学院的讲师[1]，1930年取得“非在编副教授”[2]的头衔。正好在他事业的顶峰时期，大西洋彼岸的召唤再一次改变了这位匈牙利犹太人的命运。

三、新世界的第一批科学移民

1929年秋，第一次世界大战后动乱的阴影已经过去，德国正处于魏玛共和国的黄金时代。维格纳身处德国，同时欧洲也是世界的物理学中心，躬逢盛世，乐得其所，谁又能想到不几年就风云突变呢？命运之神再一次向维格纳招手。1929年10月底，维格纳收到来自美国普林斯顿大学的电报，邀请他在1930年春去工作半年。当时普林斯顿大学的学术水平不能与它后来的情况相比，当时美国与欧洲的物理学仍有一定差距。唯一有吸引力的地方是薪水大大提高，至少是他在柏林工资的六七倍。冯·诺伊曼也得到同样的邀请。

这完全是一次偶然的机会。普林斯顿大学利用资助给托马斯·琼斯数学物理学教授席位的捐款收入设置两个临时的位置。大数学家外尔1928年就任这个席位，待了一年就返回欧洲。在荷兰物理学家埃伦费斯特的推荐下，这个任命落在维格纳的头上。

1930年春，他到了普林斯顿大学。他绝没有想到其后55年，他与普林斯顿大学竟结下不解之缘。正如某物理学家所说：“你不能想象没有维格纳的普林斯顿，也不

---

1 德文是 Privatdozent。

2 德文是 nicht beamtlicher ausserordenliche Professor。

能想象没有普林斯顿的维格纳。”不过此是后话。维格纳一到普林斯顿大学，就接受了以后5年每年来半个学年（一个学期）的安排。同时也和柏林技术学院约定另外半个学年在柏林工作。而每年两三个月的假期则回到匈牙利和他父母在一起。

没两三年，这个美妙安排就被击得粉碎。1933年1月希特勒上台，很快他在柏林的工作就丢了，但走运的地方马上就显示出来，普林斯顿大学立刻把他的工作由半年改成全年，职务仍是访问讲师，合同到1935年满期。

1935年同普林斯顿大学的合同满期之后，普林斯顿大学继续聘他三年任数学物理访问教授，他虽然得到晋升，可是职务是临时性的，以后还得续约。这位和蔼可亲的绅士感到自己受到了不公正待遇，感到极其愤怒和失望，他没有认真考虑，在大萧条时代，美国人找工作都不太容易，何况他这“外来户”呢。他觉得普林斯顿大学怠慢他，于是又到别处去找工作。在他的一位合作者布赖特的帮助下，威斯康星大学提供他一个永久性职务，他接受了。

维格纳在威斯康星大学所在的麦迪逊生活得十分愉快，物理系的同事对他都很友好，对他的工作十分感兴趣，他的高产时期并没有因迁居而受到任何影响。

他在麦迪逊结识了物理系的一位女学生弗朗克，他们相爱并于1936年年底结婚。婚后不久，弗朗克却因心脏病而突然去世，这给他很大打击，也许这件事使他再次返回普林斯顿大学。

按部就班的官僚主义和文牍主义哪里都有，普林斯顿大学把虚席以待的琼斯物理学教授职位提供给美国物理学家范·弗莱克（1899—1980），恰巧他刚刚接受哈佛大学的任命，便推辞掉并且推荐维格纳。最后普林斯顿大学决定任命维格纳这个终身教授席位，从1938年秋天开始，维格纳接受了。

在普林斯顿大学首要的任务是教书，维格纳是位极好的教师，在这方面，他的老师拉兹和波兰尼是他的模范。一开始，他在两方面感到困难，一是他的英语仍然不太行，二是美国大学生的物理水平太低。虽然普林斯顿大学的学生已是优秀的，可是他还得像教小孩那样教他们本来该会的东西，在这方面，天才当然有点吃亏。不过，他指导起好的博士生来，就如鱼得水。美国20世纪30年代起一批土生土长的尖子就这样成长起来，他们完全不是靠留学欧洲而达到物理学前沿的，在这方面，欧洲来的科学家充当了最好的教练。令维格纳感到非常欣慰的是，从20世纪30年代初他刚开始美国的教授生涯，就碰上了顶尖的博士生。他指导的第一个博士生是1934年获博士学位的赛茨，他后来成为固体物理学大家，曾任美国国家科学院院长。他在20世纪

30 年代初同维格纳合作写了几篇论文，把量子力学应用于金属物理。

1936 年维格纳的另一位取得博士学位的物理学家更不得了，这就是两次获得诺贝尔物理学奖的巴丁（1908—1991），巴丁在半导体、晶体管和超导理论方面的工作是众所周知的。

他的第三个博士生赫林也很出色，是一位应用物理学家，在贝尔实验室工作达 30 年之久。

其后他总共培养了 40 多位博士，大都非常出色，他们都很称道维格纳的教学和人品，他总是非常慷慨地把自己的想法告诉学生，同他们一起讨论，密切合作，而且有时在发表论文时不署自己的名字。

培养优秀人才是维格纳对于普林斯顿大学，也是对美国物理学界的一大贡献。从这时起，普林斯顿也逐渐取代柏林和格丁根，成为世界物理学中心。特别是普林斯顿高等研究院于 1933 年成立之后，请来爱因斯坦、外尔和冯·诺伊曼，普林斯顿活跃的学术气氛影响了一代又一代的物理学家和数学家。

四、震撼世界的核科学

虽然现在大多数人都同意我们处于微电子革命时代或信息社会，但是，几年之前社会对科学技术的关注主要还是来源于“核”，更具体来讲，来源于原子弹。那时只有原子弹，更准确地讲，核弹才是人类生存、人类文明的真正威胁，对于核战争的恐惧是许多普通人谈论的主题。正是通过“核”，科学真正成为震撼世界的力量。

很长一段时间里，“核”这个词并不普及，它常用“原子”一词来表示，例如原子弹、原子能、原子科学家等，这种说法一直到现在还在使用，美国的原子能委员会和著名的探讨科学与社会关系的杂志《原子科学家公报》[1]名称依旧。当然，在许多场合，特别是物理学中，核物理和原子物理可以说是分得清清楚楚的两个完全不同的专业。不过这种混淆还是有它们深刻的历史根源。

在 100 多年前的 1896 年，法国物理学家贝可勒尔发现了天然放射性，预示着物质的终极不可再分的颗粒——原子并非绝对不可再分。换言之，原子也有结构。按说这应该是核物理学的开端。可是，10 多年之后，大家才公认，原子是由极小的带正电

1 即 *Bulletin of the Atomic Scientists*。

的原子核和外围的电子构成。但是，只知道核的存在还不够，还不能形成物理学的一个研究分支，还必须对核做点什么。直到 1932 年发现了中子，并且确认所有原子核都是由质子和中子组成之后，核物理才成为一门独立学科。其后六七年间，对于核物理的研究形成了一个小小的高潮。

核现象从它一开始，也就是放射性的发现，就不同于以往任何物理学（和化学）分支。在 1896 年之前，人们完全不知道任何核现象，它不像力学、热学、声学、电学、磁学和光学这些物理学科，多多少少在古代已经以不同的方式研究和探讨过。而核物理的发展完全是处在瞎子摸象的过程。

核的组成确定之后，一批新问题马上提出来：质子和中子是靠什么结合在一起的？它们是怎样结合的？这是核力和核结构的问题。当然核反应也是核物理的主要问题。在实验方面，用各种粒子对核进行轰击以及核谱和各种参数的测定是我们认识核的主要手段。这样自然要求理论方面齐头并进，因此，从 1932 年起，我们的主人公维格纳就向这全新领域进军了。

1932 年他已经深入地探索这些全新的、令人困惑的难题。质子和中子靠引力和电磁力是无法结合在 10^{-13} 厘米如此之小的范围之内的。他发现氘（重氢）与 α 粒子（氦核）结合能相差极大，因此，他得出质子和中子之间的作用力是一种极强的、短程的吸引力，还断言核力与电荷无关，而且以此解释重核的核结合能与质量数 A 成正比。

维格纳作为一个群论专家，当然在核结构方面可以大显身手，用类似于讨论原子光谱的思路，他和他的合作者不难计算核的基态能，他们一直计算到 ^{40}Ca。他的模型用的群是 SU (4)，这个群对于轻核（$A \leqslant 40$）适用，但是对于更重的核不适用，后来就被放弃了。但他用群论来研究的方法一直为其他人所继续沿用，特别是二战以后发展起来核的壳层模型。1948 年到 1949 年，德国物理学家约翰内斯·延森和移居美国的德国女物理学家玛丽·格佩特－迈尔独立提出壳层模型，解释了核的稳定性、幻数等重要事实。为此，他们两人分享 1963 年诺贝尔物理学奖的另一部分。

维格纳在核反应的研究方面也取得了巨大成果，特别是著名的布赖特－维格纳公式。在这项研究中，他们与玻尔独立地提出核反应的共振模型，也就是假定入射粒子与靶核形成复合核。二战之后，维格纳又回到这个领域，特别是提出 R 矩阵理论，至今仍在广泛应用，而且超出核物理的范围。当然这些都还是纸上谈兵的理论工作。

1938 年圣诞节前，核裂变的发现改变了核物理的历史，也改变了世界历史。1939

年 1 月，玻尔把这个消息带到大西洋彼岸，立即在美国物理学界引起反响。从物理学来讲，这是一个全新的现象，要求从理论上进行全新的解释，而只有少数欧洲流亡者才能从科学、技术及军事方面看到其后果，其中的关键人物就是维格纳的好友西拉德。西拉德不仅看到通过裂变放出的中子，可以实现链式反应，而且看到由此可制成威力无比强大的原子武器。维格纳和西拉德出于他们对于纳粹本性的认识，更加关注德国人一旦掌握了这种武器，将会奴役全世界，这是一种极为可怕的前景。值得注意的是，许多当时顶尖的科学家爱因斯坦、玻尔，甚至费米起初都没有认识到这点，西拉德呼吁裂变研究要保密也没有得到响应，于是这几位流亡到美国的匈牙利人只好自己单枪匹马地去推动社会对此问题的重视。

1939 年 7 月，西拉德和维格纳去长岛会见爱因斯坦，说服他采取行动引起美国政府的注意，第一次开启了原子弹计划的链条。8 月 2 日，维格纳要去加利福尼亚州，西拉德和泰勒再一次去长岛，促使爱因斯坦签署了交给罗斯福总统的信，加上西拉德的备忘录经由萨克斯于 10 月 11 日交到白宫。罗斯福的确得采取行动，因为这时第二次世界大战在欧洲已经打响了。他任命了一个铀咨询委员会，请了西拉德、维格纳、泰勒、费米等人为顾问。可是美国人的短视、无知和官僚主义使研究缓慢，最初的拨款少得可怜，只有 6000 美元，为的是买石墨，使费米在哥伦比亚大学实验中用的中子减速。而维格纳还在普林斯顿大学进行他的理论研究。1941 年 6 月，他再次结婚，新娘是威萨学院的物理学家惠勒，他们育有一子一女。

1941 年 12 月 7 日珍珠港事件最终把美国拖入了战争，一切军事研究工作开始紧张地进行。维格纳夫妇于 1942 年 4 月到芝加哥大学“冶金实验室”工作，实际上这个实验室的目的是实现链式反应。维格纳主持理论物理组，下面有 20 多位物理学家，他们最终为费米的自持链式反应实现作出了贡献，维格纳及近 50 位科学家在 1942 年 12 月 2 日，亲眼见到第一个原子反应堆落成。

下一个任务是设计汉福德反应堆，其目的是生产足够数量的钚。现在的问题早已不仅是理论和实验问题，而是大量的工程技术问题，例如中子减速剂冷却法等等。在这方面，维格纳在大学中所受的训练起了很大作用。

1942 年夏天曼哈顿计划开始启动。从 1942 年 11 月到 1945 年 11 月，奥本海默是计划的首席科学家，也是洛斯·阿拉莫斯国家实验室的负责人，这里成为研制原子弹的中心。1944 年 1 月，费米也到达这里，冯·诺伊曼也经常来此协助解决问题。但维格纳没有去，他仍然研究反应堆的技术问题。1945 年秋维格纳回到普林斯顿大学继续核反应和相对论量子力学的研究。可是1946年他被任命为田纳西州橡树岭国家实验室的研究开发部主任，继续铀反应堆的工作。官僚化体制让他受不了，一年之后他就离开了。不过长期以来，他还是这里的顾问，而且由此他对于民防事业极为关注。他说“我们忽略民防将成为一项大灾难”。他支持战略防御计划（SDI）即反弹道导弹计划，对此他提出许多意见。

短短十几年他在核工程和核技术方面取得一系列成果，并且取得37项专利，许多专利现在仍在应用。他对于核对科学的影响也有许多研究，特别是放射线对于固体性质的影响，其中有一种被称为固体的“维格纳病”，这个名称一直使维格纳本人感到恼火。

投在日本广岛和长崎的原子弹（后者用的是汉福德反应堆生产的钚）震动了全世界，使得大多数科学家，特别是原子科学家反思科学与社会这个大题目，许多人成为反核斗士，而且对进一步扩大核武库、制造氢弹（当时称为超级炸弹）持消极甚至反对态度。实际上，早在决定投原子弹之前，西拉德就提出显示原子弹的威力而不使用，并且进行国际控制的建议。与这种意见针锋相对的是以泰勒为代表的鹰派，其意见最终占了上风。冯·诺伊曼的想法接近泰勒，而维格纳也由于自己的经验有下面的看法：他不后悔帮助造原子弹，因为总会有人发现造炸弹的原理。因此美国造出来总比德国希特勒造出来好得多。他说，他感到后悔的是没有早点干，如果在1939年就认真去控制裂变，1943年冬天我们就会有原子弹，那样欧洲战场和战后形势都将大不相同。总之，他不后悔。

五、贤哲的后半生

1947年秋，45岁的维格纳回到了普林斯顿大学，继续正常的教学与科研生涯。在所有领域，他都继续推进，而且那些在以前不太被重视的成果，现在已成为公认的经典，特别是群论。现在群论在固体物理学、分子物理学、原子物理学、核物理学等领域已经成为必不可少的工具，而且对于基本粒子物理学的每一次进步都离不开正确的群论模型。不过，年纪大了，思想保守的一面也就暴露出来：维格纳在基本粒子还没有时，就提供完全分类基本粒子的方案。他首先定义什么是基本粒子，他的定义充分体现了他数学物理学家的本色。所谓基本粒子，可以鉴别为庞加莱群的一个不可约表示，他对这个定义的态度十分认真，以至于他始终难以接受夸克的物理实在性。由于夸克的幽禁，从来不可能以渐近态观测到。不过，当前夸克－轻子的分类十分漂亮和完满，没有人再把维格纳的意见当成一回事了。不过，维格纳的群论精神还是最后的胜利者。

维格纳 45 岁回到普林斯顿大学时，已经是一个有名的人物了。被邀请担任许多职务：例如 1947 年到 1951 年任国家标准协会访问委员会委员；1951 年到 1954 年任国家科学院研究理事会数学组成员，同时任国家科学基金会物理组成员；1952 年到 1957 年和 1959 年到 1964 年任原子能委员会总顾问委员会成员，这些当然都是重要的职位。他经历了战后许多重大事件，如奥本海默的审查、爱因斯坦的去世以及早年好友冯·诺伊曼 1957 年被癌症夺去生命。接着，泡利和玻尔去世，标志着“在我眼皮底下看着它长大的”量子力学黄金时代的终结。他也像爱因斯坦晚年一样，越来越倾向于哲学思考，而在物理方面则有点力不从心，跟不上时代潮流了。

维格纳一生非常谦逊，不追名逐利。当他 1963 年荣获诺贝尔奖时，他怀疑自己是否有这个资格。他觉得冯·诺伊曼、奥本海默和泰勒应该在他之前获奖。他想起古老的法国谚语：“笨人有福。”不管怎样，知道自己获奖是因为“系统地改进和推广量子力学的方法并予以广泛的应用”，他还是十分高兴地去领奖了，不过他很遗憾他的父母均已去世，不能分享这份荣耀。特别使他不愉快的是，西拉德公开表示他应该在维格纳之前领诺贝尔奖。实际上，他们在许多重要问题上有着不同见解。但是，西拉德晚年生活窘迫，维格纳等人的确支援过他。1964 年 5 月西拉德就离开人世。维格纳仍然认为西拉德是他最好的朋友。

1971 年 6 月，按照当时的规定，维格纳在 68 岁时从普林斯顿大学退休，成为“荣誉教授”。正好这时，路易斯安那州立大学的工程学院院长理查森邀请他去讲学。当年维格纳是埃索公司的顾问，而理查森正好负责这些顾问的事务，他一直很喜欢维格纳，总把他记在心上，只不过忘记了他的岁数已经过了 68 岁之限。于是维格纳在这美丽而友好的小地方又指导了一年研究生。别人对他的和蔼可亲记忆犹新，有的学生虽然同他只有一面之缘，后来还写信写文章纪念他。长寿的理论物理学家晚年往往开始哲学思考，维格纳也不例外，他不断思考基本的物理理论及其哲学基础，形成一套关于对称性和自然规律的看法。他的哲学渗透着对自然界整体美的洞察。

1972 年 5 月，维格纳又回到普林斯顿，真正开始退休生活。广泛的兴趣促使他探索生活中的一切问题，从化学、生物学到心理学，并寻求哲学解答。他不喜欢美国人太重视物质的倾向，认为自己到头来还是个匈牙利人。可是他也不愿返回匈牙利，在经历那么多事件之后，他懂得自由的意义。在他眼里，爱与相互吸引才是生活中最大的神秘美，而太物质化的人哪懂得这些。

也许一位长寿老人的不幸，就在于晚年会看到亲朋故旧一个接一个地离去。从1976年海森堡和他的老师波兰尼去世，到1984年他妹夫狄拉克去世，在此期间，1977年，30多年来同他相濡以沫的太太患癌症去世对他是又一个沉重打击，这时他的同事哈密顿去世，维格纳和他的夫人艾琳成为好朋友，1979年他们结婚了，她一直伴随他，直到他92岁高龄去世。

回顾自己漫长的一生，维格纳对自己工作的质与量感到欣慰。在他90岁高龄之际，他的全集开始由施普林格出版社出版，一共八大卷。前五卷是他在科技方面的著作，后三卷是他在哲学、历史和社会学等其他方面的著作。

（作者：胡作玄）

参考资料

[1] Arthur S. Wightman，Jagdish Mebra eds. The Collected Works of Eugene Paul Wigner ［ C ］. Berlin： Springer Verlag. Part A，The Scientific Papers. Vol. Ⅰ（ 1993 ），Vol. Ⅱ（ 1996 ），Vol. Ⅴ（ 1992 ）. Part B，The Historical，Philosophical，and Socio-Political Papers. Vol. Ⅵ （ 1995 ）.

[2] Eugene P. Wigner. Symmetries and Reflections，Scientific Esays ［ C ］. Bloomington：Indiana University Press，1967.

[3] Eugene P. Wigner. Gruppentheorie und ibre Anwendung auf die Quantenmechanik der Atomspektren ［ M ］. Braunschweig：Vieweg，1931. 英译本：Group Theory and its Applications to the Quantum Mechanics of Atomic Spectra ［ M ］. New York：Academie Press，1959.

[4] Andrew Szanton. The Recollections of Eugene P. Wigner as told to Andrew Szanton ［ M ］. New York：Plenum Press，1992.

[5] Erich Vogt. Eugene Paul Wigner：Atowering figure of modern physics ［ J ］.Physics Today，1995，48（ 12 ）：40-44.

[6] David J. Gross. Symmetry in Physics：Wigner's Legacy ［ J ］. Physics Today，1995，48（ 12 ）：46-50.

[7] Blunberg，Stanley A and Gwinu Owens. The Life and Times of Edward Teller ［ M ］. New York： G. P. Putman's Sons，1976.

[8] Asim Q. Barut，Alwgn van der Merwe， Jean-Pierre Vigier eds. Quantum，Space and Time The Quest Continues，Studies， Essays in Honour of Louis de Broglie，Paul Dirac and Eugene Wigner ［ C ］. Cambridge：Cambridge University Press，1984.

乔治·伽莫夫

（George Gamow，1904—1968）

伽莫夫

给人类带来新思想的人

在20世纪出现的一批物理学精英之中，乔治·伽莫夫可说是一位极为独特的人物了！这是因为他曾经在核物理学、天体物理学、宇宙学以及分子生物学方面都作出了开创性与奠基性的工作；还因为他在列宁格勒、格丁根、哥本哈根、剑桥和普林斯顿曾受教于弗里德曼、玻恩、玻尔、卢瑟福和爱因斯坦；更因为他写出了数十种至今仍具魅力的通俗科学读物……

伽莫夫没有获得过诺贝尔奖——这也许可看作是他的独特性之一。至今少见研究他的专文与书籍问世，这与他的卓越成就很不相称。本文试图通过介绍他的生平及其学术贡献，由此来认识伽莫夫的独特思想。

一、生平：从敖德萨到科罗拉多

1904年3月4日，伽莫夫出生于当时俄国南部的敖德萨城（今属乌克兰）。由于母亲难产，他差点送了命，但最后母亲还是在父亲的书房里生下了他。日后他曾戏称："也许正因为如此，我才写出了如此之多的书。"

这个家庭在自然科学方面没有什么显著背景。伽莫夫有一位表兄去意大利学习天文学，参加了当时无政府主义团体谋刺俄国总理大臣斯托雷平的行动。然而刺杀未遂，他被送上了绞架。还有一位舅舅是从事海洋和湖泊化学的教授。他们对伽莫夫没有多少帮助。来自双亲的影响无疑是最大的，伽莫夫的父母都是私立学校的教师，父亲专业是俄语和文学，对歌剧的兴趣也极浓厚，这些熏陶了伽莫夫幼小的心灵。母亲从事历史与地理，她辅导儿子很早就阅读富有想象力的童话作品，它们激起了伽莫夫无尽的好奇心和想象力。晚年时他写道：

> 我曾梦想去月亮上旅游一次，这个孩子的梦，至今我依然珍存着。

从父母那里接受的丰富知识，对伽莫夫的成长有着重要作用，他的自传《我的世界线》的扉页上写着“献给我的父亲和母亲”，表达出其感激之情。

伽莫夫的童年是在战乱中度过的，第一次世界大战、俄国十月革命和国内战争，都将战略要地敖德萨卷入进去。学校的教育是“放羊式”，学生获得知识的主要途径是自学。伽莫夫的求知欲和勤奋使他成为班级中最优秀的学生。除去对诗歌的爱好，他还迷上了几何学。有两件小仪器对他影响极大。一件是一架小显微镜，以此他想来“检验”教义，他发现在教堂的圣餐上浸上红酒的面包看来并不特别，但还不能断定它与血的不同，“于是，我仅得到了一个一半的证明，但我想是这次实验使我成了一个科学家”。另一件则是一架望远镜，这个 13 岁时得到的礼品使伽莫夫决心去研究物理学和天文学。

1922 年内战结束。伽莫夫于该年进入敖德萨的新罗西亚大学数理系学习。刚复学的学校条件极差，物理学教授拒绝在没有助手的条件下做演示实验，但他又不想把此课开成“粉笔演示讲座”，于是该系竟没有物理课。在此，伽莫夫学到更多的是数学。张量分析和多维几何的课程十分抽象，但让伽莫夫感到振奋。他还首次接触到一些相对论的知识。值得一提的是，伽莫夫对复杂运算的“敬畏”也源于此时，他接受了一位教授的论点：计算是银行出纳员的事，关键是思想。

一年之后，伽莫夫便转去列宁格勒大学物理系学习，他认为那里的物理学才是一流的，并正日新月异地发展。为了有经济资助，他在父亲的一位老同学帮助下，在气象站兼观测员的差。但没多久他便与那位长者有了冲突，因为他不愿服从后者的设想去做气象学家。于是，伽莫夫找到一所红军野战炮校兼做教官（居然是上校军衔），讲授物理学。

在列宁格勒大学里，伽莫夫看到了震撼物理学界的量子论发展。他还参加了数学系教授弗里德曼开设的“相对论的数学基础”课程，受益匪浅。他曾决定要跟从这位相对论宇宙学的先驱者研究宇宙学，可惜弗里德曼不久之后就死于伤寒。

1925 年春，伽莫夫以优异成绩取得攻读博士学位的候选人资格，由于他提前一年完成学业，奖学金要照顾先学，只得委屈他在国家光学研究所干一年的研制镜片切剖工作。伽莫夫的兴趣完全在理论物理方面，他与同学朗道、伊万年科建立起称为“三剑客”的圈子，一起讨论量子力学的新进展。他与伊万年科合作的处女作，是将薛定谔的波函数引入相对论的四维时空中，发表在具权威性的《物理学杂志》上。

1928 年，伽莫夫被推荐去格丁根大学理论物理研究所学习和工作几个月。这个当时由玻恩领导的物理学中心，人才济济，使伽莫夫受到感染。到达后没几天的一次聚会上，伽莫夫报告了他的最新工作，用量子力学的势垒贯穿效应来解释 α 粒子的放射，引起了一场轰动。

当年暑假，伽莫夫按预定要返回苏联。途中，他特地去哥本哈根拜访了他敬仰和感到神秘的玻尔，向玻尔报告了自己的工作进展。玻尔对核理论的兴趣极浓厚，也十分欣赏这个年轻人，他对伽莫夫说：

> 我的秘书告诉我，你的钱只够在此待一天。如果我给你争取到丹麦皇家科学院的卡斯伯格奖学金，你是否能留下一年呢？

这样，伽莫夫就成为“玻尔的孩子们”之一了。在研究所的工作和生活非常愉快和富有成效，伽莫夫认为，“研究所的工作是非常容易和简朴的：每个人可以干他想干的事”，而别人对这位“最具丰采”青年人的印象也是“他实际上用了他全部时间和精力去考虑开玩笑和恶作剧”，学术倒成了他的副业。事实上，伽莫夫关于原子核的工作是出色的，他推算的 α 粒子对原子核的贯穿概率与卢瑟福的实验结果符合。因此，玻尔让伽莫夫去剑桥向卢瑟福显示量子理论的功效。卢瑟福对伽莫夫的解释非常满意，把他接纳进“卡文迪许大家庭”。伽莫夫把最新的思想带到了剑桥，而对他来说，两年之中访问了三个物理中心，在三个物理学大师手下研究，真是幸运之极！

1934 年，伽莫夫被乔治·华盛顿大学聘为教授。该校校长听从了物理学家图夫的建议，让伽莫夫来领导物理系使其成为一流，因为“他的名声在今后 50 年内是不会下来的”。

接受聘请的同时，伽莫夫提出了两个“具有划时代意义”的条件。第一个要求是把他的朋友泰勒请来工作。泰勒后来与伽莫夫的合作迅速提高了该校学术水准，更重要的是，泰勒后来成为美国核科学与核政策的关键性人物之一，因而有一种流传的说法认为邀请泰勒去美国是伽莫夫对于氢弹发展的贡献。

另一个条件是，应允许他每年举办一次类似在哥本哈根的理论物理会议。那时美国还没有这种理论物理学家的聚会。“华盛顿理论物理会议”吸引了美国最优秀的物理学家，同时还有来自欧洲的物理学家。它还推动了许多重要理论的产生，如核裂变机制、恒星能量的两类循环等等。

二战期间，伽莫夫被美国海军部一所高爆研究室聘为顾问，每周只需一天的时间从学校赶去工作。但他却由此得到一个机会，每两周去普林斯顿向爱因斯坦介绍研究情况并听取意见。通常，爱因斯坦对这些大计划的评论总是："啊，真太有意思了，非常非常巧妙。"之后，他们的话题就转到物理学，尤其是天体物理学和宇宙学方面来。这些交往使伽莫夫更加了解爱因斯坦，也获得不少教益。战后一段时间，他在洛斯·阿拉莫斯国家实验室中从事了有关氢弹的工作。

1956年，伽莫夫转去科罗拉多大学任教，这时，他在科学界的地位可以由他作为会士或院士的那些一流学会反映出，包括美国物理学会、华盛顿哲学学会、国际天文学联合会、美国天文学会、美国国家科学院以及丹麦皇家科学与文学院等。

1968年夏季，伽莫夫在英国剑桥开设宇宙学讲座时，困扰他多年的循环系统疾病恶化，返回科罗拉多不久，于1968年8月20日逝世。科罗拉多大学校长在纪念讲话中评价说：

> 乔治·伽莫夫的死对于科罗拉多大学，对于科学和那些成千上万从他的作品中领悟到物理世界的奇妙的人来说，是一个巨大的损失。

伽莫夫留下了他的美国妻子帕金丝和他与前妻的儿子。他还留给人们这样的形象：高个子，红头发，蓝眼睛，浑身上下充满了机智和幽默感。

二、事业，从理论物理到天体物理

伽莫夫的科学事业以理论物理学为起点，贯穿其终生的工作之中。1928年，伽莫夫在格丁根就看到人们热烈讨论如何运用新发展起来的量子力学去深化对原子和分子结构的认识。他很快意识到自己并不适合这类工作，因为该领域内参与者太多，产生新思想的难度太大；同时，他也认为新的理论总是渐渐失去原先质朴内核，被日益复杂的数学形式所取代，伽莫夫对此敬而远之。

原子核这个尚未被量子理论涉及的领域被伽莫夫发现了。当时人们在核方面的知识十分贫乏，仅仅了解"它们是非常地小，具有电荷与质量，几乎不知道自旋与其他现象"。伽莫夫看到了卢瑟福新近的一项工作，用RaC′放射出的α粒子轰击铀核，得出与库仑散射符合得很好的结果。但它却与铀的放射性行为矛盾，因为铀放射出的

α 粒子的能量只及轰击的 α 粒子能量的一半，却能稳定在核内，如果有势垒又是怎样的机制？更重要的是放射衰变不是一个瞬时过程，而是有半衰期，这一直是个谜。对此，卢瑟福解释的思想是核内 α 粒子携有两个电子，总是要将 α 粒子“拉回来”。伽莫夫意识到问题的关键是要用量子理论而不是经典理论来处理，把 α 粒子的放射看成是对于核势垒贯穿的量子效应，使用薛定谔方程便可轻易得出结果。它与已有的反映 α 衰变的能量与衰变概率的盖革－努塔尔（Geiger–Nuttel）经验关系，符合得很好。

与伽莫夫同时，澳大利亚的格尼与美国的康登小组也独立提出了这样的解释。伽莫夫认为，这样就削弱了他们获诺贝尔奖的可能性。这个工作的重要性在于揭开了核物理研究的序幕，罗森菲尔德指出，伽莫夫与他在格丁根图书馆首次见面时介绍“我叫伽莫夫”——这个声明“标志着核物理学的起点”。他们随后就讨论了 α 粒子衰变的问题。

对天体物理学的影响也是由此而始。伽莫夫把这个工作介绍给实验物理学家豪特曼斯，他们又合作了一篇细致讨论放射性的论文。豪特曼斯不久之后即与英国天文学家阿特金森合作，以核机制来取代太阳能源解释的经典的收缩机制。他们的工作尽管还是定性的，但使人们对恒星的认识进入了核时代。

伽莫夫还将其思路换过来，讨论由 α 粒子轰击原子核，计算其贯穿概率，结论与卢瑟福的实验结果符合，因而他被玻尔推荐到剑桥卡文迪许实验室。在 1929 年至 1931 年间，伽莫夫最早提出了原子核的液滴模型思想，并以此来解释受激核的 γ 发射。

在剑桥时，伽莫夫促使卢瑟福决定建造质子加速器。早期的人工核嬗变的工作都使用 α 粒子，伽莫夫根据势垒贯穿理论，论证采取质子代替 α 粒子去轰击原子核，加速能量只需后者的十六分之一。这使得卢瑟福大受鼓舞，立即要求他的学生科克罗夫特与沃尔顿建造一台质子流加速器。1931 年，加速器投入运行，它使人们对核反应的视野迅速扩充，为此科克罗夫特和沃尔顿获诺贝尔物理学奖。

到美国之后，伽莫夫的兴趣开始转向天体物理。在纯粹核物理方面的最后工作是与泰勒合作的关于 β 衰变的“伽莫夫－泰勒选择定则”，它是补充费米的 β 衰变理论，指出在讨论 β 衰变的费米作用时，还应考虑原子核内核子自旋的相互作用。

1933 年，伽莫夫与朗道合作发表了“恒星内部的温度”论文，这是他进入天体物理领域的代表作。其中提出可以根据恒星表面元素 Li 的存在，推知这类恒星内部温度的上限为几百万度。此后，他还研究了红巨星演化问题，该工作也是最早的关于元素在恒星内部合成的讨论之一。所有这些工作，都显示了伽莫夫在高能与元素形成等问题上的特别兴趣。他由此意识到：

在我们太阳和其他恒星表面和内部的化学组成的差异，对于化学元素起源和涉及宇宙早期发展的问题有着极重要的意义。

在天体物理中，伽莫夫另一项出色的工作就是他与舍思伯格合作提出的Urca过程。他们认为在某些恒星内部的核反应产生出大量的中微子与反中微子，由于突然被释放出而引起星体塌缩，伴随巨大的光能释放与爆炸，这可以解释为超新星现象。有人评价该理论为“已成为天体物理学家中的标准部分”。

伽莫夫还促成过一些新理论的提出。他与泰勒安排1939年度华盛顿理论物理会议的议题为“恒星内部的热核反应”，因为他认为对人工核嬗变的知识已积累了很多，应该重新提起豪特曼斯与阿特金森的工作并深入下去。物理学家贝特有充分的核物理知识，但“对于恒星内部一无所知”，伽莫夫等关于核物理在恒星方面应用的介绍使他开阔了眼界，会议结束前贝特就提出了碳循环理论的大致构想，不久后完成并发表了该理论的细节。原是伽莫夫研究生的克里奇菲尔德会后也提出了恒星能源的另一种循环过程的设想，即H–H循环，他与贝特合作克服了技术上的困难。该年会的直接结果就是出现了两类关于恒星内部能量循环产生的理论，它们为现代恒星演化理论奠定了基础，并使得贝特获得1967年度诺贝尔物理学奖。这次会议还直接讨论到重元素在恒星内部形成的问题，人们的结论是把这类反应解释为发生成观测到的各类星体的内部是困难的，从而把目标转向考虑宇宙的早期。

直到20世纪40年代中期，伽莫夫还在白矮星的机制、造文变量的机制、大量云的起源及恒星内部元素产生等方面提出了许多有价值的设想。此时，伽莫夫在事业上已是硕果累累了。可以看出他的工作的轨迹是理论物理→核物理→天体物理，其中包含的核反应机制与越来越多涉及的宇宙大尺度和元素形成的问题，已经预示了他日后能够建立起他的热大爆炸理论。同时，伽莫夫也影响了一些物理学家的工作（它们涉及两项诺贝尔奖），这些工作对于他的理论也有着重要的意义。

伽莫夫写过一段关于普朗克的评述：

他被授予诺贝尔奖，在一生中来得很迟，是42岁的时候。通常42岁的一个人寻求职业或专业不是很迟，但对一个理论物理学家最重要的工作是在25岁时做的，那时他有时间来学习充分的振奋人心的理论，而他的思维仍然机敏，足以想象出新的大胆的观念……

1946年，伽莫夫正是42岁，他却在此时提出了他一生中最重要的理论。

三、成就，从元素起源论到热大爆炸宇宙学

由伽莫夫建立的热大爆炸宇宙学的理论来源有两个方面：广义相对论的膨胀宇宙理论和化学元素的形成理论。在20世纪40年代中期，这两方面面临着困难的境地。

1917年爱因斯坦发表的《根据广义相对论对宇宙所作的考察》一文，是现代宇宙学的开端。此后又有德西特、弗里德曼、勒梅特等人修正和发展了爱因斯坦的宇宙模型，形成广义相对论的宇宙论。1929年，天文学家哈勃宣布发现河外星系存在着系统性红移，即星系的退行速度与它们的距离呈线性关系，这是对广义相对论宇宙膨胀模型的支持。由于膨胀的确认，人们很自然地根据广义相对论探讨宇宙早期行为，勒梅特的“原始原子”（Primitive Atom）学说就是最早的“大爆炸”宇宙论，但他毕竟不是物理学家，他避免涉及核理论的问题，他所坚持的宇宙射线是原始原子蜕变产物的看法后来也被推翻。但在20世纪三四十年代，相对论宇宙论的最大挑战就是宇宙年龄问题。按照哈勃关系推出的宇宙年龄（从致密的“星前期”至今）为20亿年，而当时根据放射性同位素测定地球表面岩石的年龄就达33.5亿年，后来贝特等人的研究确定了太阳年龄为50亿年，等等，这些结果都使得相对论的宇宙膨胀理论受到普遍怀疑，甚至包括它的创建者。德西特于1932年在波士顿的讲座上就认为，这个假说“到未来科学发展的某个阶段，可能不得不被放弃或修改，或至少会有不同的解释”。爱因斯坦也表示了类似的看法：“如果发觉这里所提出的宇宙学理论同任何这样的结果有矛盾，它就要被推翻。”这种情形之下，稳恒态宇宙学就应运而生。由霍伊尔等人倡导的这种理论主张宇宙大尺度上时空特性保持不变，膨胀的宇宙中有新物质不断被创生出来作为补充，因此避免年龄矛盾。稳恒态宇宙学还试图将除氢之外的所有元素解释成为在恒星阶段形成，后来该理论是热大爆炸理论的有力竞争者。

然而，放射性铀的存在又是对宇宙具有起始的经验证据支持，只是年龄矛盾尚无法消除，爱因斯坦曾表示“……但要研究这类问题，就会走得太远了”，这种观点是

有代表性的。真正摆脱年龄困境的是20世纪50年代巴德对哈勃常数的修正，这时对宇宙演化理论的任何发展无疑是困难但又重要的。

到20世纪30年代，已有一些研究宇宙中元素的丰度与来源关系的工作，人们已认识到元素的丰度与高温（~10^9K）下各种核素的热平衡有关，但到20世纪30年代末，元素在恒星内部生成的解释遇到了阻碍，如贝特曾得出结论，恒星内部的反应“在现存条件下不可能构成比氦更重要的元素”，这使得人们把元素形成的场所放到宇宙的早期状态。1942年，钱德拉塞卡和亨里希提出，早期宇宙或许是元素合成的场所：每一种元素在炽热（⩾ 10^9K）和稠密（⩾ 10^6g/cm^3）的宇宙膨胀过程中相应的“冻结”出其相对年度。然而，这种解释在重元素上的年度值降落得比实际年度为快，这就是所谓“重核灾难”，尽管曾有不少努力通过“准平衡过程”来修正曲线，但结果总不能令人满意。

热大爆炸宇宙学的基础就是广义相对论的宇宙论与元素生成理论的结合，但这两方面的研究者们对另一方面的内容都几乎一无所知。也许，伽莫夫正是适合开创这一领域独一无二的人选。

1946年4月，伽莫夫发表了题为《膨胀宇宙和元素的起源》一文，是这个理论的奠基石。他认为元素形成于准平衡态“冻结”理论的困难是由于实际上不可能存在这种平衡。他指出，广义相对论关于宇宙膨胀过程的研究可以看出快速核反应所需条件仅仅存在于非常短的时间内，由此，他预期在宇宙迅速膨胀过程中高密度的自由中子迅速复合出各种核素，在此后相对冷的状态下通过β衰变过程形成各种年度不同的原子核。尽管这个理论还没有任何定量支持，但伽莫夫敏锐地抓住了问题的实质，并认为它的细节将使人们认识到宇宙早期的演变过程和理解今天所观测到的化学元素丰度现状。

伽莫夫的热大爆炸理论是基于中子俘获建立所有的元素，计算必须借助大量的中子俘获截面数值。幸运的是，这方面的进展十分及时，二战后公开了核反应堆计划的有关数值，它们显示出中子俘获截面与核质量之间的关系，同元素丰度与核质量的关系比较有明显的对应。这使伽莫夫对他的猜测信心大增。但所必需的一系列繁杂计算，当然是他个人所远远不能胜任的工作，此时，他又幸运地碰上了阿尔弗，一位十分能干又在寻找博士课题的研究生。

此后，阿尔弗与伽莫夫长达8年的合作是有效而又愉快的。到了1948年初，阿尔法的论文结果已做出，在发表之前，他们合写了一篇简讯投给《物理评论》。伽莫夫又在这里运用了他的幽默，添上了没有参加这一工作的贝塔的名字，以使得作者姓氏的读音正好是 $\alpha-\beta-\gamma$，以它来作为一篇宇宙创生的论文是再妙不过了！有意思的是，贝塔恰好是论文评审人，他删去了注在他名字后的“缺席”一词，这就成了一个流传甚广的趣话。

在这篇题为《化学元素的起源》的论文中，按照伽莫夫的思想，将不同核素的中子俘获截面的数值点拟合成一条光滑曲线，通过它来推测决定其形成的宇宙早期状态特点，文章给出的核素俘获时间约为 20 秒，其时宇宙的密度约为 $2.5\times10\ g/cm^3$。尽管还未有更多的结论，而且不少数值后来也证明是不对的，但论文仍不失其重要的意义，因为它显示出作为整体的宇宙的和谐与自洽，通过对今天宇宙微观特征的了解能够推知早期宇宙的宏观行为；另外，它还标志着物理学和宇宙学两方面的一个新结合点。

爱因斯坦对这一工作评价很高，他致信伽莫夫，认为它是“极重要的起点”和“十分的可信”。值得注意的是，此后爱因斯坦改变了以往对相对论宇宙理论的谨慎和怀疑，而认为“这种困难（按：指年龄）是由哈勃的膨胀常数的数值和矿物年龄量度产生的，它同任何宇宙学的理论无关”。可以推测，爱因斯坦的这种改变是与伽莫夫的研究进展有联系的。

此后，伽莫夫沿着这条思路进行了一系列探索性工作，它们包括许多关于宇宙演化过程的有价值推论，大大丰富了现代宇宙学知识，构造出了大爆炸宇宙学的一个较为完整的框架。在 1948 年 4 月发表的《元素的起源和星系分离》一文中，伽莫夫指出按元素生成的核反应要求，温度在 10^9K 以上，对应的辐射密度在水的密度量级以上，对应的物质密度则只有 $10^{-6}g/cm^3$，他首次提出在早期宇宙中辐射占优势的思想。这里隐含的一个推论就是宇宙的演化过程，是伽莫夫首先关注到的，他指出，遵从 $\rho\sim$ 物质 $t-\frac{3}{2}$ 与 ρ 辐射 $\sim t^{-2}$ 方式演化的宇宙，在约 10^7 年（对名 10^3K）时其辐射与物质的密度达到平衡，他认为这可以决定星系形成的尺度大小：

> 可以相当肯定星系形成是整个宇宙学问题的内在部分，并且是辐射物质的“大爆炸”宇宙的一个直接后果。

尽管后来的工作是基于物质与辐射解耦作为星系形成的初始阶段，但伽莫夫的思想和图像对后面的研究是“具有启发意义的”。

尽管伽莫夫没有参与细致的工作，但他总是能提出富有意义的思想。此时，他的学生阿尔弗与赫尔曼则致力于元素丰度的计算和把伽莫夫的推论更为精确化和合理化，他们在 1948 年的一篇更正伽莫夫的论文中，首次提到了“现在宇宙中（辐射）温度发现是大约 5K”，很可能这个 5K 只是一个“论据”还不是推论，伽莫夫对此表示：

> 约 5K 的空间温度可用现有的恒星辐射（C 循环）来解释，我们唯一能说的是，来自宇宙原始热量的残余温度不超过 5K。

一年之后，阿尔法和赫尔曼的另一篇论文，给出了宇宙残余辐射的论证。他们根据现今轻元素的丰度，估计光子与核粒子的比值，并预言了残余辐射的可能大小：5K（对于封闭宇宙）和 1K（对于开放宇宙）。

有一种误解认为伽莫夫首先提出了残余辐射温度，这显然与原始文献不符，尽管这个概念实质上是他工作的延续，同时阿尔弗等人的工作与伽莫夫的工作也很密切，但事实上伽莫夫直到 1953 年才在一篇论文中涉及这个结果。他以一个后期辐射密度的表达式，“推导出了现在辐射密度 $2.10^{-32}g/cm^3$ 与 7K 温度，是有意思的”，但同时他附上的一张说明辐射－物质演化图上，并没有将辐射延续至今！从其他论文中，可以发现他并不认为此温度仍有效地存在，这很可能是他一直以为该辐射将难以与恒星辐射的温度区分开来。此时，倒是阿尔弗和赫尔曼曾向专家们探询过探测的可能性，都没有得到积极反应，这也反映出当时热大爆炸理论的处境。

伽莫夫的理论由于其内在的问题存在着难以克服的障碍，这就是企图以中子俘获来形成所有的元素的设想，在质量数为 4 的粒子上以俘获截面的拟合曲线来计算与实际值相差很大，人们曾以种种尝试，企图越过这个所谓的“M5 裂隙”，都未能成功。而与此同时，天文学家发现了重元素在恒星内部形成的证据，而且物理学家也找到了重元素在恒星内部形成的多种途径。这些在 20 世纪 50 年代被认为是对稳恒态宇宙论的支持，对要求元素形成于一次大爆炸的伽莫夫理论是严重的挑战，以致许多人放弃了对它的信任。伽莫夫并不同意因此而全部放弃该理论，他指出该理论的成功之处，如氢和氦的丰度，还有星系平均尺度和质量等，他提出的设想是，元素在宇宙早期与重元素在恒星阶段产生的方式“起着同等重要的作用”：

较重元素的主要部分不是形成于宇宙膨胀早期阶段，而是在此后的某个时期形成的，可能是在奇热的恒星内部形成。

这个观点，被埋没长达10余年之后，才被人们重新认识和确立。

1956年之后，伽莫夫就离开了大爆炸宇宙学的前沿工作，这一方面是由于他周围的研究小圈子成员已分散到各处，伽莫夫自己也去了科罗拉多大学。尽管大家都希望不放弃这项研究，但事实上已不可能。另一方面，这一理论的主要框架业已完成，比较10年之后重新兴起的一系列工作，大多都是重复了伽莫夫等人的历史工作。对于伽莫夫来说，新思想才是研究的动力，何况此时他还发现了一个更有吸引力的新领域——分子生物学。

1964年，宇宙中的3K微波背景辐射被科学家意外发现，使宇宙学研究又出现了一轮高潮，同时也确定了大爆炸宇宙学的“正统”地位。伽莫夫又重新回到这一领域，而此时他的注意力放到了反映宇宙奇妙联系的大数宇宙理论之中。

早在20世纪三四十年代，狄拉克就发现宏观尺度与原子尺度的某些比值都大致为10^{40}的数量级，他认为这不是巧合，应归于宇宙学说与原子学说的某些深刻联系，并把反映这种联系的无量纲大数与宇宙的时间结合起来，归纳为大数宇宙学原理。由此他提出引力常数G与宇宙年龄t_{age}成反比的猜想。泰勒曾对此提出反驳，但他基于宇宙年龄约20亿年的论证在后来扩充到约100亿年时便失去说服力。此时，伽莫夫则根据恒星演化角度的考虑，将对于$G\alpha t_{age}^{-1}$的质疑复活。他论证说如果这样，太阳以往的发光强度要加大，并且在40亿年的岁数上要演化成为红巨星——这与太阳年龄判断矛盾，因此，这种可能性被彻底否定。但在伽莫夫看来，狄拉克的猜测简直奇妙无比，如果仅因为这点就完全抛弃则是最糟糕不过了。为挽救该理论，他提出电子电荷$e^2\alpha t_{age}$的猜测，并且试图以此来解释类星体的巨大红移，他认为这个想法“说起来是发疯而看起来将是正确的”。不幸的是，天文学家和物理学家的工作否定了他的设想。伽莫夫最后的努力，就不仅仅试图由物理量的表面联系来推断，而是将其与宇宙的物理过程联系起来，他解释了为什么有大数存在，是由于“宇宙早期的特性只选择出唯一的一种宇宙模式”。在该领域内，尽管伽莫夫的工作是不完整的和粗糙的，但他的这些思想在后来的物理学与宇宙学中有着现实的价值与意义。

应该在此提及伽莫夫在这段退出期间的成就。确实，他写出了不少脍炙人口的作品；而他同时也“越轨”闯入了生物学领域。其时正是沃森和克里克发现DNA的双螺旋结构之后不久，伽莫夫谈到了他们在《自然》杂志上发表的论文，该文旨在解释储存在DNA分子中的遗传密码是由4种称为碱基的原子团排列顺序构成的。伽莫夫敏锐地看出，要完成20种组成蛋白分子的氨基酸，组成DNA键的4种核苷酸的信息可以以三联体的构成方式被翻译成这20种氨基酸。伽莫夫发表了这项猜测（他也不忘将作者添上“汤普金斯”这个他的作品中的人物）。克里克后来评价伽莫夫这个工作时写道：

> 伽莫夫工作的重要性在于它是个地道的关于密码的抽象理论，它并不迷失在大量的非必要的化学细节之中，尽管他的双股DNA是蛋白合成的模板的基本设想是相当错误的。他确实清楚意识到的是，一个重叠的密码对核苷酸的顺序产生限制，并且通过研究已知的核苷酸顺序应可能证实，或至少否定各种重叠的密码。

后来，伽莫夫关于遗传机制的这一猜测确实得到了证实，因此奠定了伽莫夫在分子生物学领域内作为一位开拓者的地位。

四、遗产，从通俗科学读物到新思想

尽管伽莫夫在科学研究前沿曾作出过杰出贡献，但使他在公众中获得巨大声望的却是他所写出的大量通俗科学作品。大约1937年，他动手写了第一篇科学故事，在其中伽莫夫企图向一般公众解释那些十分复杂与抽象的宇宙空间、膨胀与弯曲等概念。主人公被起名叫“汤普金斯”，原因是伽莫夫觉得这个名字挺滑稽有趣。但汤普金斯先生开头却不走运，投到《哈泼斯》杂志和《大西洋》月刊的门下均吃了闭门羹。一年后，伽莫夫在一次会间偶尔与别人谈到他的“惨败”，别人建议他投给《发现》杂志。果然，汤普金斯先生就此交了好运，有关他的故事从此源源而来。1939年，第一本集子《汤普金斯先生漫游奇境记》问世了。此后近30年当中，伽莫夫共写了22本通俗科学读物（占其所有26本著作的绝大多数），还有30余篇普及性文章。它们覆盖了科学的很多领域：空间、几何、数、粒子、太阳、宇宙、引力、生命……这些作品被公认是第一流的，受到了公众的极大欢迎，被译成多种文字，一版再版。伽莫夫也因此被联合国教科文组织授予1956年度的卡林加科普奖。

伽莫夫之所以能取得如此成就，固然与他本人的经历与从事了许多科学变革和活动有关，但仅有这些还远远不够，他的成功之处可以大致归结为下面几个方面，这些总结值得任何试图从事科学普及的人借鉴与效仿。

首先，伽莫夫个人的生活背景与学习经历为他写出那些文笔优美、情节生动与富有戏剧色彩的科学性的作品提供了不可缺少的支持，他能用一个海盗故事来讲解复几何；把粒子赋予生命而让人直观地理解它的行为；甚至能将量子物理学的发展编排成一部《浮士德》短剧，其中的神父精灵、神怪竟是玻尔、爱因斯坦、狄拉克……同时，书中大量生动、富有情趣的插图都出自他的笔下。所有这些才能，无疑得益于伽莫夫幼年获得的历史、文学、戏剧、绘画等多方面的知识。书中充满了诙谐的语言、幽默的类比以及非常夸张的说法。这些特色都是地道的“伽莫夫式”风格，完全要归功于伽莫夫本人的气质与素养。

伽莫夫获得成功的第二个方面，在于他善于也乐于把科学通俗化、简单化。他曾总结说：

> 我喜爱以一种清晰和简单的方式看待事物，尝试着将它们为我自己加以简化，也学习如何为别人简化。

他的这种简化方式完全是以他思考科学问题的方式为基础的。科学，尤其是物理学的思想与核心是简单、质朴的，因而能够达到通俗的目的。事实上，伽莫夫向公众宣讲了科学的精神，正如他曾表示的：

> 我个人相信，如果我们更了解世界，我们应该发现它比我们猜测的更为简单，我总是简单性的信徒，自己也做个简单的人。

伽莫夫的作品对常人能具有非凡的魅力，还在于他能够掌握公众的最普遍需要——满足好奇心，对于“好奇心”在科研上的作用，伽莫夫曾大力推崇：

> 有人说，“好奇心能够把一只猫害死”，我却要说：“好奇心造就一个科学家！”

这在伽莫夫的日常工作中，有充分的体现。他总是谈起他的想法——它们有百分之九十是不正确的，但他并不在意，因为研究的价值不在于得到正确的理论，而是提供激励他的“好奇心”目标。在作品中，伽莫夫力图使科学理论显得十分奇特，甚至不惜放弃它们的严格和准确。汤普金斯先生也正是具有极大好奇心的一个形象，尽管他智力平平，但他的好奇心与想象力帮助他理解了现代科学进展。这个形象表现出人类认识自然的过程。

伽莫夫乐于写出众多的科学读物，并得到成功，但他并不视此为自己的专业，他的兴趣仍然集中在科学前沿问题上，这些作品对他来说只能称作“副产品”。但是，从某种程度上来说，它们仍然是伽莫夫所不可缺少的。他曾说过：

> 持续的科学探索需要灵感和思想，令人振奋、好的新思想并非天天都有。当我没有新思想继续干下去时，我就去写一本书。

伽莫夫以此方式来保持和刺激他的旺盛的创造力与想象力，也算是他的秘诀吧。

但相反的一面是，这些通俗读物降低了伽莫夫在专家眼中的地位，在有些物理学家看来，伽莫夫因此“犯下了不可宽恕的罪行”，他的工作与成就也被一些人视为“虚夸”“肤浅”，以及“往往属于昙花一现的性质”。这些看法也反映在对待伽莫夫的理论与他本人长期所受到的冷遇上，如他的学生阿尔弗评论的：

> 伽莫夫的想法总是令人振奋，并在许多方面都超越他的时代，……他的亲密同事们都感到他在生前并没有得到合适的或充分的承认。甚至一些重要贡献至今未得到恰当承认。

伽莫夫在科学上的经历和成就，表明他从属于那类有点“业余的”“古灵精怪的”科学家，这类科学家在科学高度专业化的今天，可能已不复存在，伽莫夫也许就是最后一人。他在如此众多的领域中留下的宝贵遗产，似乎让人觉得他从事的不像是20世纪的科学，而像是牛顿、达·芬奇、康德、富兰克林从事的科学。因此，伽莫夫留下的是大量没有最终归功于他的理论与新思想；或是人们渐渐可以看到，在他这一生的时间线上有多少丰富的思想重新提起，或是把他渐渐忘却。但无论如何，像他这样给人类带来如此之多新思想的人是鲜见的。正如天文学史家约尔广所评价的伽莫夫：

作为一个科学家和个人，具有引起争论的形象——受到尊敬，遭到贬抑；得到荣耀，却被忽视。

（作者：王树军）

参考资料

[1] George Gamow. My World Line— An Informal Autobiography [M]. New York: Viking Press, 1970.

[2] George Gamow. The Creation of the Universe [M]. New York: Viking Press, 1952.

[3] R. A. Alpher, H. Bethe, G. Gamow. The Origin of Chemical Elements [J]. Phys. Rev., 1948, 73: 803.

[4] W. Yourgran. The Cosmos of George Gamow [J]. New Scientist, 1970, 58: 38-39.

[5] R. A. Alpher. Large Number Cosmology and Gamow [J]. American Scientist, 1973, 61: 52-58.

[6] F. Reines ed. Cosmology, Fusion and Other Matters: A Memorial to George Gamow [C]. Boulder: Colorado Associated University Press, 1972.

弗里茨·豪特曼斯

（Fritz Houtermans，1903—1966）

豪特曼斯

传奇的德国科学家

豪特曼斯是德国著名的物理学家，在核物理、高能物理和核地质等方面，有过杰出的贡献。1929 年，他与英国天文学家阿特金森合作，提出热核反应是恒星能源这一极有创造性的观点，1941 年，他又独立地提出链式核裂变反应的可能性和机理。

豪特曼斯是一位非常有魅力和受人尊敬的人，这不仅是因为他在科学上作出了杰出的贡献，而且还在于他那富有传奇的经历，以及处变不惊的大无畏精神和无私待人的高尚品格。

一、梦幻般的早期经历

豪特曼斯 1903 年出生在德国的但泽市（即现在波兰的格但斯克市），他的家庭富裕而又充满书香味。父亲是一家大银行地方支行的董事长；母亲爱尔莎是维也纳第一个获得化学博士头衔的女性，后来在维也纳讲授文学、宗教、历史和哲学等学科。豪特曼斯是家中唯一的孩子，所以受到母亲的格外关照，使他从小就受到科学和文学的熏陶。豪特曼斯成年后所显出的睿智和令人捧腹的幽默感，与他早期受到的家庭熏陶不无关系。

1914 年春天，豪特曼斯到维也纳读书。正是在这一时期，他对自然科学和数学有了极大的兴趣。在课余时间，他像英国的莫斯莱年幼时一样，着迷于收集各种各样的矿石标本。大自然的广袤深沉之美，常使他无比激动与流连忘返。豪特曼斯从小学起，就显示出他那超人的聪慧，无论是父母还是老师，都对他的未来编织了一个金色的梦。

1921 年，18 岁的豪特曼斯到格丁根大学攻读物理学。这时，由于第一次世界大战带来的大萧条，他家里无法充分满足他读大学所需全部费用，他只好在假期到意大利的罗马去当导游。以他的气质和特有的幽默感，当导游是再适合不过的了。可不幸的是，由于引起了一位经不起“幽他一默”的大亨的不满，他很快又丢掉了这份差事。

1927年，豪特曼斯完成了他的博士论文，论文题目是《水银柱的荧光反应》。指导他写论文的是两年前才新获诺贝尔物理学奖的实验物理学家弗兰克。翌年，豪特曼斯正式获得格丁根大学哲学博士学位。

正好在这时，豪特曼斯在格丁根遇见了不久前才从苏联列宁格勒来的科学奇才伽莫夫。伽莫夫是来格丁根参加一个夏季学习班。由于他们年龄仅相差一岁，加之两人在生活习惯上非常相似，都喜欢讲笑话，所以他们立即成了很要好的朋友。伽莫夫在他的自传中，还专门提到了他们之间的友谊。他写道：

> 我在格丁根期间结识一位快活的朋友——奥地利血统的物理学家弗里茨·豪特曼斯，他刚刚获得实验物理专业的哲学博士学位，但谈论起理论问题总是兴致勃勃。……他是个地道的维也纳人，只要有个咖啡馆就能进行工作。我始终忘不了他坐在那里工作的情景：手里拿着一把计算尺，桌上摊满纸，还有十几个空杯子。那时在德国咖啡馆里，要是你想再来点咖啡的话，侍者总是另拿一个杯子送过来，然后按空杯子结账。我们也曾试图在大学数学研究所使用老式的电动计算机（当然不是电子计算机），可是一过半夜总是乱了套，我们把这种干扰说成是高斯的阴魂又在故地重游。

在到格丁根前不久，伽莫夫在做α半衰期的研究时，提出了一个创造性的见解：利用隧道效应来解释α衰变理论。当伽莫夫对豪特曼斯谈到他的这一想法时，豪特曼斯立即领会了伽莫夫工作的意义和价值，他还认为，这项研究必须在精确程度和详尽程度上作进一步提高。在两人充分讨论后，他们将上述理论应用到特殊核的情形，并合写了一篇论文于1928年10月寄出。

夏季学习班结束后，伽莫夫仍回到进修的地方哥本哈根，而豪特曼斯则去了柏林，在柏林工业大学工作。

到了柏林以后，豪特曼斯继续思考他和伽莫夫讨论过的课题。经过一番认真研究后，他提出隧道效应也可能实现它的反过程，这时原子核不仅发射α粒子，而且还可以吸收α粒子，并在吸收之后引起核反应。这实际上是一个核聚变最常见的例子，此后，正是在这一思想的基础上开始了核聚变反应的研究。

豪特曼斯似乎是很幸运的，在格丁根他遇见了伽莫夫，在柏林他又遇到了英国天文学家阿特金森。阿特金森对爱丁顿的恒星理论十分熟悉，据爱丁顿估计，恒星内部的温度高达1000万摄氏度以上，而且它们的这种“燃烧”可以持续几十亿年之久。这种极其庞大的能量消耗，一直被科学家们视为一个谜，无法作出解释。当这两位青年人相遇后，他们认为，卢瑟福在卡文迪许所得到的核反应，也许是恒星能够长期燃烧的原因。他们认为，在恒星内部的高温作用下，恒星的原子核可以失去外围的电子保护而遭到摧毁，这是一种热核反应，热核反应释放的能量使恒星得以长期燃烧。

由于他们两位都是偏重实验、观察的科学家，对于理论处理缺乏技巧，于是他们写信给在哥本哈根的伽莫夫，请求他在这个研究课题的理论部分给予帮助。他们决定到奥地利阿尔卑斯山下一个小村子罗斯沃莱尔堡，一边滑雪一边讨论问题。

在伽莫夫的帮助下，阿特金森和豪特曼斯正式提出了核反应是恒星能量来源的不同凡响的思想。1929年5月，他们将题为《怎样用势锅来煮氮核？》的文章寄给《物理》杂志。可惜在正式发表时，这个生动的文章题目被改成一个平平淡淡的题目：《恒星中元素合成的可能性问题》，问号也被取消了。

写完这篇文章的那天晚上，豪特曼斯的心情极佳，于是带上女朋友夏洛特散步。后来他回忆说：

> 在那个晚上，我同一位漂亮的姑娘一起散步。当时夜幕已经降临，繁星闪耀着美丽的光芒。我的女伴感叹地说：“它闪耀得多么美丽啊！对吗？”我挺起胸脯郑重地说：“从昨天起，我才懂得了它们为什么会发光。”

豪特曼斯原以为他的话一定会使心爱的女友大吃一惊，但她几乎丝毫没有受到触动，这不知是她深深陷入恋爱而不喜欢这些书呆子气的“情话”，还是她不相信他说的话。不过，谈到不相信，那当时科学界倒是真的没有什么人重视这两个年轻人的创见，更没有人想到，他们的理论进一步发展就直接应用到现在威胁人类安全的氢弹！

不过令人欣慰的是，这位可爱的女伴后来成了豪特曼斯的夫人，并与他一起经历了日后可怕的时代。

二、在英国和苏联的日子

1933年1月30日，魏玛共和国夭折，希特勒通过最卑鄙的阴谋，攫取了总理宝座。上台第二天，即1933年2月1日，希特勒就召开内阁会议，研究反共、限共的措施；2月2日宣布禁止共产党的示威运动，并封闭了共产党的报纸。2月27日，希特勒一手策划了轰动世界的"国会纵火案"，当天晚上就逮捕了一万多名反法西斯进步人士。

在这种日趋恐怖的情形下，豪特曼斯决定移民外国，这不仅因为他有四分之一的犹太血统，而且他还是一名共产党员。在党内，他的化名是斯特纳斯曼。

1933年夏天，他移居英国，在离伦敦不远的海斯一家电学和音乐仪器有限公司工作，这家公司的名称是"艺术大师之声"[1]。赫尔比希在他的《原子物理学家的戏剧》一书里，专门有一小节谈豪特曼斯在苏联的遭遇，他把这一小节加了一个小标题："奥非斯[2]在地狱"。奥非斯是希腊神话中的歌者，据说他的歌声可以使树木变弯，顽石移步，禽兽俯首。赫尔比希取这么一个小标题，不知是否意指豪特曼斯在这家"艺术大师之声"公司工作过的缘故。

在英国工作时，豪特曼斯那非凡的头脑又接连不断有许多了不起的想法。例如，他曾经想用实验证实爱因斯坦的一个假说，即一束光在通过粒子数反转的介质时，光束将被增强、放大。我们知道，正是爱因斯坦的这一假说奠定了日后激光发现的理论基础。可惜实验室里一台昂贵的变压器被烧毁了，而公司老板又不愿意再掏钱去买新的。结果，豪特曼斯没有机会去完成他自认是"一项重要的实验"。这真遗憾，要不然激光也许会提前1/4个世纪为他所发现。奥托·弗里什曾开玩笑地说："他可能是忘了给变压器送玫瑰花。"

英国的气候和环境，使豪特曼斯感到不甚愉快；再加上当时英国知识界，包括最保守的牛津大学，都普遍同情和向往苏联的社会主义，认为那是人类光明前景之所在。作为德国共产党员的豪特曼斯，想必更加向往社会主义苏联。因此，在1934年12月，他离开英国来到苏联。

---

1 His Master's Voice.

2 Orpheus，国内一般多译为奥菲斯。

到苏联以后，他一直在位于乌克兰哈尔科夫的物理技术研究所里工作，这是苏联一个由国家主办的物理中心。在这里，豪特曼斯的才干和幽默感，使他结交了许多有才华的苏联科学家，其中朗道与他成了最知心的朋友。朗道不仅非常敬重豪特曼斯的为人，而且非常钦佩他的才干，他常常对自己的助手说：“如果你们在核物理方面有什么问题，就去问豪特曼斯。”研究所里的苏联科学家，大多喜爱这一家德国来的移民，大家亲热地把豪特曼斯叫作“菲索”，把他的妻子叫“斯娜克丝”，他们的女儿被叫作“芭姆希”，1935 年在哈尔科夫出生的儿子则被叫作“詹”。在这种良好的气氛中，豪特曼斯的创造能力得以充分发挥，他的杰出的研究成果受到了苏联科学院衷心的赏识。1937 年，他还在科学院做了一个颇为成功的报告。

1935 年到 1937 年，这一段时期一定使豪特曼斯感到满意和欣慰，他可以无忧无虑地和朗道、魏斯贝格等一大群聪明的物理学家研究物理学最前沿的一些难题。对于科学家来说，有什么能比这更令人欢欣鼓舞的呢！魏斯贝格后来曾多次怀着难忘的心情回忆那段美好的时光：

> 新物理定律的发现，好像是专为豪特曼斯和他的朋友特别设计的一种客厅游戏。听他的谈话，你就会感到全世界物理学家组成了一个小家庭，这个家庭的一些聪明人把沉浸于大自然的问题作为一种嗜好。在探讨中他不会感情用事，并且由于他意识到正在为人类进步事业服务，所以他能宽容地微笑。

三、对核裂变研究作出贡献

由于受到政治因素的牵连，豪特曼斯一度受到监视，严重影响了他的科学研究。

在魏扎克和劳厄的帮助下，1941 年元月，豪特曼斯在柏林附近一家私人实验室里谋得一个职位。如果我们回想一下纳粹对有犹太血统的人（更不用说还曾经是德国共产党员）残酷而恐怖的屠杀，就能充分体会到如果不是劳厄等人鼎力相助，豪特曼斯绝不可能有如此幸运的结局。

这家私人实验室是由富有的物理学家阿登纳男爵主持。阿登纳也在进行铀的研究，但他是为邮政部工作，独立于海森堡和陆军部之外。这种各自为政、互为壁垒的研究方式，在纳粹期间是普遍现象，各部门为了讨好希特勒，都竞相研究原子能。邮政部长奥尼索格将军私下认为，如果他这个非军事部门能为元首献上一件神秘的武器，那他的前途可就无可限量了。在这种心理驱使下，他拨了大笔款给阿登纳，让他建造一台 100 万伏的范德格拉夫起电机和两台回旋加速器。当豪特曼斯到阿登纳这儿工作时，这些设备正在建造之中，在没有建成之前，阿登纳让豪特曼斯先进行链式核反应的理论研究。

这种研究对于豪特曼斯来说是十分拿手的，早在 1932 年他就提出中子引起链式反应的可能性；在哈尔科夫，他又对硼、银和镉俘获热中子的截面进行过精密测量，这一测量确定了俘获截面与中子速度的关系。所以，阿登纳交给他的任务对他来说不在话下，但他对任何与军事有关的研究都抱有反感，不愿意做这种课题。可是豪特曼斯的处境是不允许他违反阿登纳的意愿的。那怎么办呢？好在他经历过种种危险局面，因而决定在当时条件下，最安全的办法是表面上积极合作，私下里将工作进展严加保密。

到了 8 月份，豪特曼斯就完成了一项极重要的研究，他为此写了一篇题为《关于链式反应的研究》的报告，由这篇报告可以发现，豪特曼斯已经独立得到制造一颗原子弹所需要的全部基本概念。在报告中，豪特曼斯不仅讨论了快中子链式反应、中子减速、铀 235 和临界质量的大小，他还特别提到 94 号元素的生产。我们知道，这种人工新元素在美国也是 1941 年刚发现的，并把它秘密地称为钚（N_P）。94 号元素有一个同位素，即钚 –239，它在核裂变的能力方面与铀 235 相类似，可以产生链式核反应。但与铀 235 相比，钚 –239 有一个显著的优势，就是从铀中分离钚要比从铀 238 中分离铀 235 容易得多。由于这一原因，有关钚的资料是绝对保密的，所以它的发现者西博格直到 1946 年才发表该元素的资料。

豪特曼斯在报告中提到，在原子反应堆（德国科学家将反应堆称为“铀锅炉”）里可以产生 94 号元素。他写道：

> 取代分离 U^{235} 的方法，可以利用 U^{238} 俘获中子产生一个新核，然后这个新核又可以被热中子分裂。

豪特曼斯强调，用化学分离这种新元素是比较容易的。由此可见，“豪特曼斯独立提出了钚元素的重要性”，他还完全弄清了一定量的钚可以制成原子弹。公平地说，豪特曼斯这方面的成就，“并不亚于伟大的海森堡”。美国霍夫斯特拉大学科学史教授卡西迪在他的一本获“科学著作奖”的书中，曾郑重指出：

……到了 1941 年 8 月，由阿登纳管辖的研究所里，豪特曼斯得到了一个极为重要的结果，他从理论上证明，可以用钚取代铀 235……

但豪特曼斯不愿意让德国纳粹政府知道和注意到有可能制成原子弹的问题，为此，他在不引起阿登纳及其他人怀疑的情况下，尽量把自己的研究成果严加保密。后来，通过其他人的协助，又将这份报告锁到邮政部的保险箱里，没有让陆军部看到。豪特曼斯冒着极大风险，私下里同魏扎克和海森堡讨论过原子弹制造问题，他建议所有关于原子武器制造的关键方法，应该最大限度地保守机密，必须让政府各部门不知道原子武器制造的正确方法。正是由于他们的这种干扰措施，罗兹才说：

在 1941 年夏季之后，德国对原子弹研制的计划完全立足于铀和重水之上。

直到 1944 年，由于两方面的原因他才答应有限度地公布了他的文章：一是另外一名叫哈尔泰克的科学家在别人告密的情形下，公布了同样的发现；二是豪特曼斯已经相信，在德国每天有盟军空袭的情形下，想完成原子弹的研制已经是不可能了，即使提出研制原子弹的计划也不会被采纳或执行下去。

豪特曼斯的猜测十分准确，当邮政部长奥尼索格于1944年知道了豪特曼斯的“重要”论文后，他认为向元首献忠心的时刻终于来临了，于是在一次内阁会议上大谈原子弹的研究工作。不料希特勒粗鲁地打断奥尼索格的话，轻蔑地说：“喂，诸位听听！现在大家都在考虑如何在这场战争中取胜，我们的邮政部长居然为我们带来了一个奇迹！他似乎有了一个现成的答案！”

1982 年，即豪特曼斯去世 16 年之后，维格纳曾透露一个惊人的消息，这使人们对豪特曼斯更加崇敬。据维格纳说，在费米领导的芝加哥大学小组于 1942 年 12 月完成第一次自持式核裂变实验很早以前，芝加哥小组收到了从瑞士传来的电报，电报内容是根据豪特曼斯的意思拟定的，电文是：“赶快，我们找到了正确的路。”电报暗指原子武器的研究，在德国已有可观的进展。

四、“最幽默的人”

美籍德国裔物理学家埃尔萨塞曾经说过：

> 豪特曼斯是我见到过的人当中最幽默的人，他贮存着几乎取之不竭的故事和笑话。

一位名叫巴特拉的物理学家，还专门把豪特曼斯讲过的幽默故事收集起来，编成一本书，在1982年正式出版。

的确，如果我们在本文中不写下几个有关豪特曼斯的幽默故事，对于了解豪特曼斯来说，无疑是一个重大缺陷。伟大的英国作家司各特说得好：“幽默……它远远胜过诗人和作家的智慧，它本身就是才华，它能杜绝愚昧。”下面我们随便举几个例子。

豪特曼斯的妈妈有犹太血统，这在反犹太人的时期，对许多有犹太血统的人来说是一种非常可怕的思想负担，但豪特曼斯却不然，他常常以他母亲有犹太血统而自豪，他公开对人们说：

> 当你们的祖先还生活在森林里的时候，我的祖先已经在制造假支票了！

还有一个幽默故事，更是蜚声于科学界。我们知道，20世纪最杰出的科学家中，至少有7个出自匈牙利犹太人中产阶级，他们是：“航空和航天时代的科学奇才”冯·卡门、1943年诺贝尔化学奖获得者乔治·赫维西、意大利籍化学家波兰尼、“核和平之父”西拉德、1963年诺贝尔物理学奖获得者尤金·维格纳、“计算机之父”冯·诺伊曼和“美国氢弹之父”泰勒。

这么集中的英才会来自几乎带有乡间气息的匈牙利，这件事如同一个谜一样引起了人们的极大兴趣。豪特曼斯对这个所谓“卓越的匈牙利流亡者星系”提出了一个惊人的“学说”。他说，这些英才并不是地球上的人，而是从火星来的来访者。他们之所以冒充匈牙利人，是因为他们讲话时难免带有他们火星人的口音，而匈牙利人在讲任何外国语言时，都会带匈牙利的地方口音，这是世人皆知的；而且，匈牙利的卓越天才们几乎全都移居国外。因此这群“火星人”觉得冒充匈牙利人最安全，最不容易被人识破。

有一次豪特曼斯差一点为自己近乎玩笑的行为丢了命。豪特曼斯是一个“烟鬼”，他几乎总是一根烟接一根烟地抽。到 1945 年初，当纳粹德国面临灭顶之灾时，烟叶供应非常不足，于是豪特曼斯想出一个鬼点子，他向管理核研究的纳粹头目埃绍说，从一种马其顿烟叶里可以提炼出重水，结果他弄到了一大袋烟叶。当他第二次搞到更多烟叶时，被盖世太保发觉了。为此，盖世太保的头目要处他死刑，幸亏又被劳厄和革拉赫及时营救出来。阿登纳开除了他，物理界的朋友们又为他在格丁根第二物理研究所安排了一个职位。魏扎克还为豪特曼斯办了一个旅行证，使他可以自由地往返于格丁根和柏林。

读完了这几个有关豪特曼斯的幽默故事，我们也许会更深刻地理解司各特的那句名言吧!

（作者：杨建邺　刘明）

参考资料

[1] R. d'E. Atkinso. F. Houtermans [J]. Z. Phys，54 (1929)，656.

[2] 罗伯特 · 容克. 比一千个太阳还亮 [M]. 钟毅，何纬，译. 北京：原子能出版社，1991.

[3] 约斯特 · 赫尔比希. 原子物理学家的戏剧 [M]. 任立，张鲁迪，叶翔，译. 北京：原子能出版社，1983.

[4] R. Rhodes. The Making of the Atomic Bomb [M]. New York：Simon and Schuster，1986.

[5] A. S. Weissberg. The Accused [M]. New York：Simon and Schuster，1986.

[6] D. C. Cassidy. Uncertainty，The Life and Science of Werner Heisenberg [M]. New York：W. H. Freeman and Company，1992.

奥托·罗伯特·弗里什

（Otto Robert Frisch，1904—1979）

弗里什

物理学界的能工巧匠

当年尼尔斯·玻尔曾经自称，他是像一个哲学家和一个巧匠那样对物理学产生兴趣的，而移居英国的（系德国犹太人）理论物理学家派尔斯爵士则写道：

> 弗里什把巧匠的手法带入了物理学。他最喜欢的是亲手做一些以简单的基础问题为目的的实验，而且常常更愿意使用自己设计的仪器。这种办法要求人们有一种能够简单然而却是深入地思索物理学重要问题的能力……这位巧匠在某种意义上也是一位艺术家，这不仅表现在他对音乐的爱好以及他作为一个钢琴家和小提琴家的技巧和品位中，而且也表现在他对语文的运用中……

弗里什确实是一位很有特点和很值得研究的人物。他多才多艺，幽默乐观，一生留下了很多轶事。在核科学的发展中，他不止一次地起到了关键性作用。他一生到过许多地方，因此在他的回忆录《七十琐忆》以及在派尔斯为他所写的传记中，都按照他在各地停留的次序记述了他的生活和工作。本文也将按照这种次序，对他的生平事迹作一简略叙述。

一、在维也纳和柏林

奥托·罗伯特·弗里什于 1904 年 10 月 1 日生于奥地利首都维也纳。他的祖父是来自波兰的犹太移民，在维也纳经营一家印刷厂，首创了为法律界人士印制报表之类的业务，但因慷慨好施而终于破产。

弗里什的父亲是一个很有聪明智慧的人。他兴趣广泛，思维敏锐，擅长水彩画。他在维也纳大学获得过法学博士学位，经常到意大利等地旅行，推销自己的画作。他本来打算在意大利再攻读一个艺术博士学位，但学业未成便因父亲的工厂破产而辍学。他接手并复兴了那个工厂，若干年后才把它卖给了合伙人。他的儿子弗里什出生后，他在儿子还很小的时候就教给了他许多学识，包括数学方面的知识。弗里什后来也擅长绘画，许多速写画在物理学界颇为有名。

弗里什的母亲原姓迈特纳，是一位律师的八个子女中的老二，老三就是后来成为著名女物理学家的丽丝·迈特纳。弗里什的母亲很有音乐天赋，12岁时就能在音乐会上公开演奏钢琴，后来当过职业钢琴家。她还学过作曲和指挥，写过一些交响乐之类的作品，和维也纳的许多音乐名人有过接触。结婚之后，她便放弃了音乐职业，只偶尔在家庭中演奏。

弗里什自幼有“神童”之誉。他学会说话、识字、算术等都比一般儿童要早。他能很快意识到许多问题的答案。上中学时，教师从来不叫他到黑板上去做题，因为人们相信多难的题目也难不倒他。当还差两年毕业时，他竟担任了比他高一年级的毕业班的数学辅导，教给那些同学们“如何用正当的办法和作弊的办法”去通过毕业考试。

1922年，当弗里什即将中学毕业时，德、奥等国出现了可怕的经济大动荡，如所周知，这种大动荡给德国学术带来了极大的困难，并且在政治上终于导致了希特勒的上台。当时德国马克大约每三天贬值50%。弗里什自称，当时他辅导了一位同班同学的数学课。他想了许多办法，编了一些帮助记忆的歌诀，最后那位同学以比预想更优异的成绩通过了考试。同学的父母很高兴，加倍地付给了他报酬。他不舍得花这笔钱，把它保留了几个星期，于是几个月的劳动所得最后只能买一支最普通的木杆铅笔了。

弗里什于1922年进入维也纳大学，主修物理学，兼修数学。在著名的《量子物理学史档案》中，有一份对他的采访记录（1963年5月8日）。当托马斯·库恩问他，既然那么爱好数学，为什么却主修了物理学时，弗里什回答说，他爱好数学只是为了有趣，从来不曾把数学和物理问题联系起来，他所喜欢的是诸如数论和拓扑学之类的东西。在库恩的提问下，他叙述了当时维也纳大学中物理学的教学和研究的情况，那情况是相当原始与落后。库恩问他，为什么当时他的三姨迈特纳没有引导他去研究原子核，他说他确实不知道。后来库恩说，也许迈特纳觉得维也纳的条件太差，才没有劝他参加那方面的工作，他说很可能是那样。

按照当时的学制，学生上四年大学就可以考取博士学位。弗里什于1926年在维也纳大学获得了哲学博士学位，论文研究的是关于“阴极射线对盐类的褪色作用”的问题，导师是普里布拉姆教授。

就在弗里什大学毕业前后，他听到了关于薛定谔波动方程的消息。后来他说，这是他知道新量子力学的开始；在此之前，他对海森堡的矩阵力学毫无所闻。

大学毕业以后，弗里什在一个私人工厂中工作了一年。然后，可能是由于导师的推荐，他接受柏林的“物理技术局”邀请去那里工作。当时他的三姨迈特纳已在柏林，人家当然会向她了解弗里什的情况，但是她为了避嫌，一直不肯表示任何意见。最后人家疑心起来，就问她，“他是不是一个很难缠的人？”她说：“难缠的人？他不是的。”这就是外国正派学者对待自己的亲戚的态度。

弗里什于1927年到达柏林，在他三姨的住处附近找了自己的住处。在柏林的3年中，他从迈特纳那里受到了有益的影响。他的本职工作是在光度学方面，并不多么有趣。但是他经常参加物理学会的定期讨论会，受到了先进科学的熏陶。他也把许多业余时间花费在本单位的实验室中，去检验自己的一些想法。他后来回忆说，他从小没有养成博览群书的习惯，总是听见别人说到一个什么问题，灵机一动就自己去干。他说，这是一种很“浪费”的办法。

弗里什本来认为自己适合做工业领域的工程工作，柏林的职业使他开始转入了科学。但是他说，只有在到了汉堡以后，他才有更多机会学习和从事科学。

二、在汉堡

弗里什在柏林的职位是接受资助的临时性工作，大致相当于现在的“博士后”。当资助即将到期时，他的一位长辈同事普林舍姆教授邀请他到自己的实验室中去协助工作，并且不久又把他推荐给了汉堡大学的斯特恩，于是弗里什就于1930年到汉堡当了斯特恩的研究助教，这是他的第一个正式科学职位。当时普林斯海姆对弗里什作了极高评价，因为不久后当他又向斯特恩推荐另一个青年人时，虽然普林舍姆对那个青年人评价也很高，然而却补充说，“但这并不是另一个弗里什”。这个评语使迈特纳感到高兴，她写信把此事告诉了弗里什。

斯特恩是研究分子束的专家，擅于设计新的实验，能够准确地想象实验的细节和结果，但他不擅于亲自动手做实验，具体的实验操作都要在他的指导下由别人动手去做，有点“君子动口不动手”的风格，这当然并不会降低他在科学领域中的地位，但他也因此离不开适当的实验助手。而弗里什因为没有经过德国大学普遍要求的“大学授课资格”考核，所以不能在大学中正式开课，他在汉堡大学的任务就纯粹是协助斯特恩设计实验和操作仪器。

弗里什初到汉堡时，看到斯特恩的那一套仪器大有如入五里雾中之感。那种真空装置非常复杂，但见玻璃管林立，“像篱笆上的桩子一样”，阀门到处都是，而且操作过程也很繁复。但这难不倒弗里什，他很快就适应了工作，并且开始取得成果。

在汉堡 3 年，弗里什共完成了十几篇论文，其中绝大多数是和别人联名发表的。他后来回忆说，当时汉堡的工作在全世界是独一份儿。他们从容不迫地做实验，从来不怕被别人抢到前面去。他解释说，关于分子束的研究，如果斯特恩是老祖宗，那他自己则是紧随其后一辈的人，后来凡是做这种工作的，都可以按照谱系追溯到斯特恩那里去。

弗里什在汉堡完成的最后一篇论文验证了原子发光时的反冲现象。他在论文结尾处表示，研究肯定还能给出更加满意得多的结果，但是“由于外部的原因”，实验不得不停止了。

什么“外部原因”？那就是希特勒政府的“种族法”。弗里什说，一般他其实并不太关心政治，认为政治上的风云变幻和自己无关。当希特勒上台时，他还认为德国人仍会照常过日子。但是不久他就发现，原来希特勒的排犹主义要“动真的”了。在汉堡，斯特恩本人是犹太人，他手下 4 个助手中有 3 个是犹太人。按照希特勒的“法令”，这些人都必须从大学中被清除出去。这对斯特恩当然是很大的压力。他本人有很高的声望，而且很有钱，也不愁在国外找不到工作。但是他必须为自己的助手们想方设法解决职位问题，这在当时也并不是一件容易的事。为此斯特恩曾亲自去巴黎，希望把弗里什推荐给居里夫人的实验室，但是居里夫人那里没有空位子，后来还算不错，他终于把弗里什推荐给了英国科学家布莱克特。

三、在伦敦

英国那时也正遭受着经济不景气的折磨，失业情况很严重。但是一些学者不顾同行竞争的威胁，拿出钱来成立了“学术支援委员会”，以帮助在德、意等国受到迫害的知识分子。弗里什在伦敦就是拿的这种资助。

弗里什于 1933 年 10 月离开汉堡到达伦敦，在布莱克特的协助下很顺利地办了入境手续。当时布莱克特手下“几乎没有英国人，而且事实上是几乎没有任何两个人具有相同的国籍。我们常常开玩笑地说我们是‘国联’”。当时他们的同事中还包括德国共产党员豪特曼斯。此人脾气很怪，一生坎坷，是一位传奇式人物。豪特曼斯的母亲是犹太人，他常常以此自豪：“当你们的祖先还生活在森林里的时候，我的祖先已经在制造假支票了！”英国人吃羊肉较多，于是豪特曼斯就宣称，英国人是一个可怜的民族，他们靠吃“毛纺工业的下脚料”为生。

弗里什在伦敦主要利用云室进行了放射性方面的研究。1934年初，法国人发现了人工放射性，引起了颇大轰动。喜欢创新的弗里什改进了云室的结构，很快找到了两种新的人工放射性同位素。他把实验结果写成文章，布莱克特立即打电话推荐给《自然》杂志发表，结果只过了6天，文章就发表了。弗里什说这种速度可能是“一个世界纪录”。

弗里什取得资助的时间为1年，因此他在英国的停留只是一个过渡阶段。他自己谈道，1年的时间当然并不足以使他熟悉英国，但是至少使他了解到，除所熟悉的德国生活方式以外还可以有别的生活方式，同时这也使他有机会开始学习英语。1934年夏天，玻尔访问了英国，可能布莱克特和他谈到过弗里什的工作问题，结果导致玻尔直接找到弗里什，邀请他到哥本哈根工作。他对弗里什说：

> 你一定要去哥本哈根和我们一起工作。我们需要那种能够实际实现假想实验的人。

他这是指弗里什在汉堡所做的最后一件工作，即关于光子的发射对原子的反冲验证。在此之前，人们只是当作“假想实验”来讨论过这种实验。玻尔的这种评价，以及他那种雪中送炭式的邀请，使弗里什大受感动，他满心激动地接受了这个邀请。

四、在哥本哈根

玻尔的理论物理研究所（UITF）是一个很不一般的学术机构。它孕育并发扬了所谓的“哥本哈根精神”，那是一种活泼愉快、奋发向上、不拘形式和充分民主的治学态度。当玻尔健在时，凡是到过研究所中的人，几乎无例外地都对他的为人、对他的研究所和对哥本哈根这座城市保持了亲切的印象和深厚的感情。弗里什尤其如此，他的性格似乎和那里的气氛特别合拍，因而他很快就成了所谓“哥本哈根家族”中的重要成员，成了研究所中非常活跃的人物。他留下的许多轶事至今脍炙人口。

刚到哥本哈根不久，人们通知弗里什说伽莫夫要作一个学术报告。他问报告用什么语言，人家说用丹麦语，但是“不用担心，你能听懂”。弗里什感到奇怪，因为他那时对丹麦语还一窍不通。但是事实证明他还真“听懂了”，因为伽莫夫的丹麦语中夹杂了一些英语和德语的单词，而且讲演时指手画脚，并画了一些“挺逗的图画”。

接着弗里什就开始学习丹麦语，而且过了不久他就在讨论会上用丹麦语发言了。那时人们说，“弗里什大约刚学了 20 多个丹麦语单词，但是他使用起来就好像他已经会了许多一样”。当然，后来他的丹麦语学到了能够顺利交谈的程度，但是当地人的聊天他还是听不懂。

刚到丹麦时，弗里什仍然做的是研究放射性同位素的工作。不久就转入了关于中子和原子核的“碰撞”的研究。这种研究是由罗马的费米开始的，玻尔的研究所也紧紧跟上，并做了许多重要的工作。当时一些最新报道都是用意大利文，而弗里什是研究所中少数懂得意大利文的人员之一。因此，每当拿到了新资料，人们就催着他赶快译成英文。

在这个研究所中，弗里什亲身经历了玻尔的“复合核”（Compound nueleue）概念和核的“液滴模型”（liquid - drop model）的提出和形成。他对这些发展进行了有声有色的描述，但是由于他不太注意历史细节，他的回忆也偶尔有不够准确的地方。

如所周知，自从在 1936 年正式提出以后，玻尔的复合核概念和核的液滴模型在一段颇长的时间内成了原子核研究的最重要的理论指南。它解决了许多问题，其中最值得注意的就是它在理解重核的裂变方面所起的作用。

关于人们发现重核裂变现象的过程，历来有许多不同的说法。有的人把它完全归功于德国人哈恩，而玻尔则特别重视迈特纳和弗里什所起的作用，也有另一些人更多地注意某些科学家在美国所做的工作。事实上，哈恩只是发现了现象，并没有确切地认识到现象的机制。迈特纳和弗里什在玻尔理论的指导下，最初在哈恩实验资料的基础上意识到了现象的物理机制，而且弗里什也最早通过物理实验证实了裂变产物的存在。至于美国一些大学中的工作，那是人们在听到了迈特纳和弗里什工作的消息以后连夜赶出来的，它们也不可忽视，但其重要性毕竟差了一个等级。

迈特纳和弗里什是在 1938 年的圣诞节期间阐明了裂变机制的。当时奥地利已被纳粹德国所并吞，弗里什的国籍和护照都要改换。他在丹麦的居留也开始成了问题。事实上，丹麦警方已经开始对他的居留感到为难，玻尔从中进行了斡旋，而弗里什却并不知道。尽管如此，时局越来越不稳，战争一触即发，以致连本来不太过问政治的弗里什也日益感到压力了。因此，他说，他那时还在进行着科学研究工作，但已经不能像从前那样心无二用了。每当有英国人到研究所来访问时，他就向人家明确地谈到自己的担心，并探询回到英国去工作的可能性。最后，他在一个偶然的机会下离开了他所热爱的哥本哈根。

五、在伯明翰

1939年夏天，英国伯明翰大学的物理系主任奥里凡特邀请弗里什去英国度暑假，顺便商量弗里什的工作问题。弗里什携带简单的行李“像一个旅游者似的”到了伯明翰。事有凑巧，奥里凡特那里刚刚有了一个助教的空缺（有一个青年人离开了），于是他就把这个位置给了弗里什。暑假期间，弗里什在伯明翰无所事事，但是他不敢回哥本哈根，因为战争随时可能爆发，那他将成为“敌侨”而不可能再入英国境了。果然，正好暑假结束时，战争就在欧洲正式爆发了。于是他在哥本哈根的朋友们就替他处理了他留在哥本哈根的私人物品，包括刚刚付款一半的一架钢琴。

当时奥里凡特的物理系正在全力研究无线电定位（即后来的雷达）技术。这是军事秘密，“敌侨”们是不能参加的。但是弗里什后来说，大学里的所谓“保密”也只是官样文章，其实他们都明白奥里凡特正在干什么，而奥里凡特也知道他们都明白，大家只是心照不宣罢了。

弗里什在伯明翰大学的本职工作是负责普通物理课的“答疑”。除此以外，他当然还想做一些研究工作。雷达的研究既然没他的份儿，而他又刚刚在裂变方面取得了重要成果，他当然就希望继续进行关于裂变的研究。当时的条件很不理想，器材极端缺乏，零件加工排不上号，但他还是克服了种种困难，又一次在核科学的发展中起了关键性作用——这一次是率先论证了制造原子弹的可能性。

弗里什在伯明翰的重要收获之一是认识了派尔斯。派尔斯也是在德国出生的犹太人，他的夫人是俄国人，他自己是理论物理学家，在英国也是“敌侨”。弗里什初到伯明翰时自己租房住，后来一度住在派尔斯家，和派尔斯混得很熟。

起初，当弗里什还在哥本哈根时，玻尔曾经和包括惠勒在内的另一些青年科学家更深入一步地分析了刚刚发现的重核裂变过程。根据当时还很有限的实验资料，玻尔得出了很不寻常的结论：在哈恩的实验条件下，由中子诱发裂变的不是普通的同位素铀 238 而是稀有的同位素铀 235（和更稀有的铀 233）。根据这种认识，玻尔从几个方面论证了链式反应和核炸弹的不可能性。

弗里什企图验证玻尔有关铀同位素之裂变性能的结论。他试图用“热扩散”的方法来改变同位素的浓度，但是由于偶然的原因而没有得到正面的结果。尽管如此，他仍然心心念念地想着裂变及其潜在可能性的问题。

这时化学会的年度报告需要一段有关裂变的内容，邀请弗里什执笔。在这篇稿子中，弗里什仍然追随了玻尔的思路，着重论证了爆炸性链式反应的不可能。

但是，关于分离同位素的进一步思索使他考虑了利用纯铀 235 的后果。他很粗略地估计了形成爆炸性链式反应所必需的纯材料的最小数量，那不是几吨而是只有一磅左右。他和派尔斯商讨了这种情况。他们觉得，既然他们想到了这一点，某一个德国人很可能也已经想到了这一点。那么，希特勒拥有原子武器的危险就是一个很现实和很紧迫的问题了。

他们觉得应该把此事通知英国当局。奥里凡特给他们指出了联系的门径，于是他们就联名写了一份报告，共 2.5 页打字纸的内容，交给了有关方面。在此以前，英国决策当局也有人提到过原子弹的想法，但是由于受到玻尔的否定说法影响，人们还没把它当回事。弗里什和派尔斯的报告使人们警觉起来，于是有关当局很快就成立了“茅德委员会”(MAUD)，这就是“原子能委员会”的代号。从那时起，研制原子武器的工作才开始在英国正式“上马”。又过了一段时间，才形成了英、美、加三方合作的局面。

一开始，人家还不让弗里什和刚刚入了英国籍的派尔斯参加“茅德委员会”，但是过了不久，这种禁令就被废除了。同时，为了更好地进行这方面的工作，弗里什也离开了伯明翰。

六、在利物浦

弗里什于 1940 年 8 月间转往利物浦，在物理学家查德威克手下工作。作为原子弹研制工作中的一员，弗里什继续研究了同位素分离和各种元素对中子反应的截面。当时利物浦对“敌侨”是禁区，查德威克为他办理了特许证。弗里什在利物浦听到了平生第一次空袭警报。当时英国已处于战争状态，有许多防空规定，例如市民夜间不得骑自行车上街等。为了工作的需要，查德威克又为他办了骑自行车的许可证。

弗里什在利物浦设计了分析已富集的少量铀样品的实验方法，设计了专门仪器。当时他需要数以百计的电子管，他觉得这大概是过高的要求，但是当计划报上去时，查德威克却立即批准了，而且还提议了更有效的办法，即不用弗里什自己制造仪器，而把它交给一个工厂去制造，弗里什只要负责仪器调试就行了。

在此期间，弗里什也到过剑桥和牛津等地。到了1943年的下半年，有一天，查德威克走来对弗里什说："你愿意到美国去工作吗？"弗里什说："很愿意。"查德威克说："但是你必须成为英国公民。"弗里什说："我更愿意。"于是他开始了申请加入英国籍的流程。通常，这种申请是很麻烦和旷日持久的。但是这一次英国人却打破了官僚主义的"常规"。弗里什说："于是事情就开始以令人发狂的速度进行起来了。"不久来了一个警察，记下了弗里什的个人情况和"社会关系"。他对弗里什说："你一定是一个相当重要的人物，我得到命令要在一星期之内把这事办好。"然后弗里什去了伦敦，由"茅德委员会"改组而成"管材合金委员会"的女秘书把他支使得团团转。弗里什上气不接下气地跑了许多单位，于是在48小时之内，护照、签证，一切就都办好了。事实上，英美当局为这些人员的入籍问题做了特别的安排。于是，在1943年11月间，弗里什就和另外一些科学家乘船离开英国到美国去了。弗里什说，那艘轮船可能装载了曾经跨越大西洋的"最大的科学脑力货物"。

七、在洛斯·阿拉莫斯

英美联合研制原子弹的计划曾经酝酿了好几年，中间也有过一些争议，断断续续，直到1943年才最后拍板。弗里什他们正是在这种背景下去的美国。当时美国人在沙漠地区的荒野中建立了科学研究基地，那就是后来大名鼎鼎的洛斯·阿拉莫斯国家实验室。

据说弗里什在美国上岸时曾经引起移民局官员的怀疑。他的名字完全是德国式的，说话带德国口音，而拿的英国护照又是全新的。当然，这种下级官员的怀疑绝不会给弗里什带来任何麻烦。他在英国过惯了战时的灯火管制生活，两年之内"没见过一个橘子"。初到美国，看到满街的水果摊，而且到处灯火辉煌，使他颇有冰火两重天的感触。

关于洛斯·阿拉莫斯国家实验室的工作情况，人们已经谈论得很多了，在此不再详述。那里的人们被分成一些小组，每组十数人或数十人不等，在一个组长带领下进行工作。弗里什刚到那里时并不属于任一小组，而是到处巡视，帮助人们解决仪器方面的问题。后来，当获得了足够的裂变材料（即铀235和钚）时，就有必要测定确切的“临界体积”，也就是刚刚足以维持链式反应的体积。这是一种“玩命的实验”，费曼说那就像“去摸一条睡着的龙尾巴”一样的危险，因此人们就把它叫作“龙实验”。弗里什担任了实验小组的组长。在实验中曾有两次只是由于某人的非常小的疏忽就造成了重大事故，虽然没有发生爆炸，仅仅由于放射剂量过限就先后使两名科学家丧生。弗里什本人也经历了千钧一发的危险，只是由于他反应够快才没有造成严重后果。他们的工作为原子弹的最后完成提供了宝贵数据。

洛斯·阿拉莫斯的工作和生活是紧张的，但是也还有不少的空闲时间可供爬山、散步、滑雪和演奏音乐。弗里什是一个天性活泼的人，他很快地会见了许多老朋友并结识了许多新朋友，还在一些家庭中找到了可供他演奏得相当不错的钢琴。当研究基地有了自己的广播电台时，他应邀在电台上按时演奏钢琴。因为广播在基地外面也可以听到，但他的名字又不便公开透露，因此广播员一直简单地把弗里什叫作“我们的钢琴家”。在一次音乐会上，当他演奏了钢琴以后，有人议论说：

这家伙搞物理根本就太屈才了，他应该搞音乐。

基地上排演过一出戏剧，按照剧情，当开幕时，舞台上应躺着几个被毒死的人。导演邀请了一些著名科学家来扮演这些死尸，其中也有弗里什。当剧终谢幕时，那些“死尸”也出现在幕前。别的人有的扭扭捏捏，有的面带苦笑，而弗里什仍然装得像一个“僵尸”，走路腿发直，两臂弯曲而不自然地摇摆，因此人们说他是“最棒的死尸”。

战争结束以后，人们纷纷离开。在离开之前，英国人举行了盛大的告别联欢会，会上演出了英国式哑剧，弗里什在剧中扮演了一个印第安姑娘，表演非常成功。

在那样的一个研究集体中，当然也免不了开会。当在会场上感到无聊时，别的人只是用铅笔在面前的纸张上画些无意义的曲线，而弗里什则常替别人画像。他的这些速写被部分地保留了下来，全都很有水平，很好地表现了所画科学家的特点。基地上举行过一次“义卖会”，大家各尽所能进行“义卖”。有一位女士装成吉卜赛人给别人“看相”，而弗里什则在那里当场卖画，每张0.25美元。他后来说，他本来想给他的同事们画些像，但一到那里就被孩子们包围了，他们排起队来要求画像，有的孩子还不止排一次队。他准备的纸和铅笔很快就用完了，于是就组织孩子们担任运输队去取纸笔。那一天他为“义卖会”挣了不少美元。

八、在哈威尔和剑桥

弗里什于1946年初离开美国回到英国的哈威尔，担任了刚成立不久的“原子能研究机构”（A. E. R. E.）的核物理部的主任。这是一种行政职务，地位大约相当于大学教授。在此期间，他研究了链式反应中的统计涨落问题，他自称这是平生做过的最有雄心的计算工作。他对行政事务不感兴趣，都推给他的副手去做。事实上，由于机构还在建造中，他有一段时间住在伦敦；搬到哈威尔后工作也还没有全速开展，因此他在这一期间比较悠闲。

弗里什在哈威尔工作不到两年。在1947年，他就被邀请到剑桥去当教授。起初他很犹豫，觉得剑桥的工作也许太紧张。征求朋友们的意见，多数人都不置可否。后来查德威克说，“只有傻瓜才会拒绝”，这才使弗里什下定了决心。

剑桥的卡文迪许实验室，曾经是核物理学的著名研究中心之一。后来人们的兴趣转向了晶体结构和生物物理学等方面，核物理学就相对衰落了。当时英国的一些大学都已开始建造大型加速器，而剑桥却筹不到足够的资金，这和剑桥大学的地位不很相称。剑桥选择当时已成为著名核物理学家的弗里什来当教授，未尝不是希望让他振兴那里的核物理学。

但在这方面人们注定是要失望的。弗里什天生不是一个“领袖人物”，他个人其实在很大程度上也不太喜欢像加速器那样巨大的仪器，而更乐于自己或和少数人在一起做些“巧活儿”。他在剑桥工作和生活了30多年，设计了一些很有趣的仪器，但始终都没能把实验室带领到“大物理学”中去。

弗里什是一个家庭观念很强的人，特别是表现在对晚年父母的照顾上。早在1938年春天，当希特勒吞并了奥地利的时候，他父亲曾被送进集中营，经过弗里什的努力，动员了包括玻尔在内的许多人进行营救，最终父亲被放出来并移居到瑞典，还在那里找到了一份编辑工作。1948年，父亲退休，弗里什又将老夫妻俩接到英国来一起生活。虽然没过多久，老父亲就病逝了，但他已算尽了孝道。母亲也体弱多病，仍喜欢时不时地弹弹钢琴，弗里什总是陪伴在侧。两年以后，就在她逝世前几个月，年过不惑的弗里什结了婚，让一直放心不下的老母亲见到了新娶的儿媳。在这最后的日子里，婆媳相处很好，也算了却了母亲心头的一件大事。

弗里什夫人名叫尤尔苏拉，出生于维也纳，是一个很有成就的摄影艺术家，本来在伦敦工作，于1951年和弗里什结婚后到剑桥。他们在一起生活了近30年，育有一女一子，女儿后来学社会科学，儿子则子承父业学了物理学。

当弗里什的三姨、著名女核物理学家丽丝·迈特纳在瑞典退休后，也让弗里什在剑桥替她买了房子并搬到了剑桥来居住。她在那里生活了八九年，将近90岁时病逝。

弗里什一直生气勃勃，对生活充满了兴趣。但是他在1979年不慎摔伤，过了不久，就于当年的9月22日在医院去世，只差几天没满75岁。

九、几点总结和补充

1. 弗里什一生发表学术论文60多篇，通俗性的文章近70篇，通俗科学书籍4本，回忆录1本，书评17篇。他文笔流畅，说理明晰，能用很简明、形象的语言阐述复杂的道理。特别是他的通俗性著作写得非常幽默生动，趣味盎然。

2. 弗里什和自己的三姨迈特纳最先阐明了重核裂变的物理实质，并且仿照生物学中的细胞分裂现象，引用了"裂变"一词。不久以后，他又和派尔斯一起论证了大规模释放核能的可能性。这是在核科学的发展中很关键的两步。在英美研制原子弹的过程中，他也作出了很大的贡献。

3. 弗里什于1948年被选为英国皇家学会会员，是剑桥大学三一学院的终身院士。他性格开朗，平易近人，一生都很少和别人发生冲突。

4. 弗里什对政治没什么兴趣，也不太注意哲学思维，没有写日记的习惯，不太关心历史细节。因此他的回忆录中一些关于历史事件细节方面的叙述，往往有不确切的地方。

（作者：黄纪华）

参考资料

[1] Sir Rudolf Peierls. Otto Robert Frisch [J] . Biographical Memoirs of Fellows of the Royal Society, Vol. 27, November 1981: 283-306.

[2] Otto R. Frisch. What Little I Remember [M] . Cambridge: Cambridge University Press, 1979.

[3] Niels Bohr. Collected Works [C] . Vol. 9. Copenhagen: North-Holland Publ. Co., 1986.

[4] Rudolf Peierls. Bird of Passage [M] . Princeton: Princeton University Press, 1985.

路易·奈尔

（Louis Eugère Felix Néel，1904—2000）

奈尔

科学家和科研－生产联合体带头人

1970 年诺贝尔物理学奖获得者之一是法国物理学家路易·奈尔。奈尔是以其在磁学领域的多项工作而获得了这项举世公认的物理学最高荣誉的。然而，奈尔不仅是一位对物理学基本问题有深入研究的科学家，他还成功地创立和领导了一个富有成绩的科研团体，同时他也是一位出色的科技开发企业家。奈尔的工作对二战以后法国物理学的振兴和尖端科技的发展产生了重要影响。他的成功也提供了国家经济发展时期科学家成功道路的一种可借鉴的模式。

一、良好的启蒙教育

1904 年奈尔出生于法国东南部城市里昂。他的父亲 L. A. 奈尔是法国政府的文职官员，曾在法国本土、海外领地及殖民地的许多地方任职，做过收税员、监察员，也任过地方登记局局长，后被授勋，并获得相当高的官阶。奈尔说，他的父亲“受过很好的教育，热爱历史、文学和哲学，有极深刻的道德价值观”。他谈吐简明扼要，愿与人进行长时间的讨论，但是，他不太喜欢精确科学，不愿从事动手的工作。奈尔的母亲 M. A. 奈尔是里昂著名的哈特梅耶家族的成员。她受过完善的中学教育，对于她那个时代的女子来说，这是很少见的。父母的教育程度对奈尔的早期教育影响很大。奈尔上小学时，母亲经常辅导他学习，帮他做拉丁语翻译。母亲的性格和父亲形成非常鲜明的对比，她喜爱音乐和绘画，善于制作精美的刺绣制品，喜欢动手，十分聪慧干练。由于父亲的频繁调任，奈尔随父母到过很多地方。据奈尔的母亲说，他的父亲一生调任 17 次之多。这使奈尔有机会了解到许多不同地方的风土人情与文化，开阔了眼界。受父亲的影响，奈尔对历史和法学有极深的爱好，但他喜欢缄默，不善言辞，不好争论。奈尔说：

不能想象，一位科学工作者把他的时间花在谈话上。

受母亲影响，奈尔喜欢手工活动和绘画艺术，还接受了一些宗教规则的训练。

童年时期，奈尔的一位舅舅约瑟夫和他关系十分亲近，也对他产生了直接的影响，舅舅教给他许多新奇的知识。当在外祖母家所在的小城居住时，人们只有在洗礼和婚礼时才有机会照相，幼小的奈尔感到很稀奇。约瑟夫懂得照相技术，他将这一技术的原理细心地讲解给奈尔，并和他一起动手照相、洗相片，在以后的许多年里奈尔还经常动手洗相片。舅舅真正的职业是钟表修理，曾在瑞士拜名师学艺。同样，奈尔在整个青少年时期也十分着迷于钟表技术。渐渐地，他对乡村用的大钟已很在行，清洗、擦油、修理，还能根据图纸制作。这方面的实践激发了他对科学技术的兴趣，也培养了他的动手能力。

奈尔的业余爱好十分广泛，他热爱多种体育活动，尤其喜欢骑自行车远足。他还喜欢细木工制作，喜欢厨艺。他阅读书籍的范围极为广泛。

1913 年 9 月，奈尔的父亲到阿尔及利亚的君士坦丁任职，奈尔和父母一起在那里住到 1919 年春天，完整地躲过了第一次世界大战。在君士坦丁奈尔接受了初等教育，进入一所按法国教育体系设立的中学，主要学习了数学、西班牙语、德语、拉丁语和生物等课程。奈尔文科的学习成绩十分突出，数学是他的弱科。课外他还读了许多书籍，法国著名科幻作家儒勒·凡尔纳的小说给他留下了深刻的印象，尤其是书中描写的那些奇妙的装置常常使他激动异常并引起无限遐想。

1919 年，奈尔的父亲调任突尼斯东部的斯法克斯，奈尔留在法国，准备参加中学毕业会考。这一年夏天，奈尔在里昂的公园中学注册读高中二年级。里昂是法国的著名大城市，公园中学是当时里昂最著名的中学之一，学校的管理十分严格。奈尔很快就适应了环境，学习成绩逐渐进入前列，并养成了严格遵守时间的习惯。

正是在这一时期，奈尔的兴趣开始从人文学科转向自然科学。当时科学技术取得了很多惊人发展，如航空技术的发展，而这些成果通过包括无线电广播的各种渠道广泛传播，引起了奈尔的注意，他的阅读内容也发生了变化，他更多地选择与科学技术有关的书籍。在里昂，每逢有科学和工业技术革新的展览，奈尔都前去参观。学校的教学也促进了他的这一转变过程。奈尔遇到了一位十分有经验的数学老师，这位老师对学生要求很严格，讲究教学方法，循循善诱，很受学生尊重。奈尔后来说：

他在几天的时间里就使我对几何和代数产生了极大的兴趣。一年前那些难于处理的几何和代数习题也变得简明易懂了。

相反，文学老师却不尽如人意，“三个月中他就使我对拉丁语和那些古典名人失去了兴趣”。奈尔的这一转变使他的父亲感到很意外，在这以前，奈尔一直显示出在人文学科方面的才能，父亲也希望他在这方面深造。然而，当时奈尔的最大心愿就是将来能成为一名出色的工程师。

1922 年，奈尔通过中学会考获得了业士文凭。这一年秋天他又回到里昂公园中学注册进入为升入著名高等学校而设立的数学预科班。法国的高等学校招生有两种不同的情况：一种是综合性大学招生数量很大，入学不需要考试，持有业士文凭就可以到大学注册入学；另一种是著名高等院校（又称工程师学校）一般招生人数很少，入学要经过竞争考试，录取率很低，考试内容相当于综合性大学一、二年级的教学内容。因此，欲进入著名高等院校深造的学生一般要到专门的预科班学习两年。里昂公园中学的预科班就是针对进入多科综艺学院和巴黎高等师范学院所设立的。

在公园中学，作为一种训练方式，班里学习最好的学生在第一年末就报名参加入学竞争考试。奈尔在 1923 年参加巴黎高等师范学院的入学考试，取得第 38 名的成绩，而这一年只录取了前 34 名。但是，这一成绩增加了奈尔的自信，他自认为，若在考试前针对考试做一些准备，就能在这一年被录取。

1923 年，奈尔转到巴黎圣路易中学，第二年以第 24 名的成绩考入巴黎高等师范学院。

二、科学素质的全面培养

巴黎高等师范学院是法国著名高等学府，是法国大革命时期由当时的国民议会在 1794 年创办的。200 年来，它的毕业生有许多成为法国教育界、科学界、政界的重要人物，在法国社会生活中发挥了重要作用。学院每年仅招收文理科各几十名学生。

在巴黎高等师范学院，奈尔学习了数学、物理学和化学等课程，聆听了许多涉及科学前沿领域的学术演讲，打下了坚实的自然科学基础。学院的图书馆收藏有大量的学术名著，可供学生们在学习中参考。奈尔通过大量阅读物理学名著，获得了有关经典物理学及其起源的丰富知识。

在巴黎高等师范学院的第三年，为了取得高等教育学习文凭，学生要完成一项研究工作。奈尔被学院的实验室所吸引，他选择了有关塞曼效应的实验研究题目。塞曼效应是 1896 年由塞曼发现的，它是指当把光源放在足够强的磁场中时，所发光谱的谱线会分裂成几条，而且每条谱线都是偏振的。奈尔的想法得到了当时学院的著名物理学教授布洛赫的支持，他建议奈尔研究氯光谱的塞曼效应。

在学院，当时还没有人做过有关塞曼效应的实验研究，实验室主任让奈尔独自设计实验装置、安装设备，独自进行操作。奈尔在既无经验又无足够的知识准备的情况下开始了工作。实验装置对于一个新手来说是相当复杂的，奈尔边学边干，经过 6 个月的紧张工作，测定了 30 余条谱线。实验的直接结果只是证实了前人的工作，然而这几个月的独立工作却激发了奈尔从事科学研究工作的激情与渴望，也使他获得了实验研究工作的初步经验。奈尔的工作获得了布洛赫教授和学院有关方面的好评。

在巴黎高等师范学院的第四年，学生们要为参加大中学授课学衔的考试作准备。这一考试每年由国家组织一次，考试分为笔试和口试两部分，历时数周，通过者被国家录用到大学或中学任教，一般任预科班或大学低年级教师。因此，这一考试既是一种资格考试，也是国家的招聘考试。考试试题艰深，竞争亦十分激烈。1928 年 4 月，大中学授课学衔考试前几周，奈尔前去旁听化学实验室两位博士生的论文答辩。在那里他遇到了法国当时著名的磁学专家外斯教授。奈尔早已熟悉外斯的名字，那时在现代物理学发展中有重要影响的法国物理学家并不多，而外斯是一位对磁学发展作出过重要贡献，很有国际影响的磁学专家，因此，在奈尔的眼中，外斯的铁磁性理论是饰以光环的。他十分崇敬地注视着这位瘦高个子、满头银发、雪白胡须的学者。这次偶然的相遇影响了奈尔的整个学术生涯。

答辩的第二天，经过短暂的考虑，奈尔接受了外斯在斯特拉斯堡大学的物理研究所的助教席位。当时，大学里的助教席位很少，做外斯的助教同时意味着可以进行研究工作和准备博士论文，这样的机会十分难得。奈尔当时渴望的是在大中学授课学衔考试中取得好成绩，从而能留校任教，但是考试还未进行，奈尔没有充分把握。很快考试结束，奈尔名列榜首，若不是与外斯的这次偶然相遇，奈尔的职业道路将会是另一种完全不同的样子。

在巴黎高等师范学院的4年，奈尔获得了全面的科学训练，锻炼了独立工作能力，也使他对科学前沿问题与进展十分敏感，这些对他后来的科学研究工作极为重要。巴黎高等师范学院的图书馆和物理实验室对他科学能力的培养起了重要作用。这期间，奈尔最偏爱在图书馆和实验室度过的时光。奈尔的阅读内容十分广泛，除那些经典学术名著以外，他还喜欢历史、探险、传奇等内容。物理实验室的开放式管理对他动手能力的培养是有益的，激发了他独立解决问题、进行创造性工作的愿望。对氯光谱的塞曼效应的长达 6 个月的独立研究工作的意义远远超出了实验的直接结果。这项工作训练了他的实验技能，激发了他从事研究工作进行科学探索的热情。选择做外斯的助教虽偶然而又仓促，但许多年以后奈尔认为作出这样的选择是幸运的。他认为在巴黎高等师范学院的实验室中，各项研究工作是并列独立进行的。每个研究人员独立进行自己的工作，很少合作，没有集体的目标，如果留在那里工作，像他那样一个初涉研究领域的工作者，盲目选题工作，也许会陷入没有前途的研究题目中。

三、进入磁学研究的前沿领域

1928 年 11 月，奈尔来到斯特拉斯堡大学外斯领导的物理研究所。斯特拉斯堡是位于法国东北部德法边界的一座重要城市，它是阿尔萨斯工业区的中心，当时刚回归法国。外斯 1887 年毕业于苏黎世工业大学，获机械工程学学士学位，1888 年又考入巴黎高等师范学院，1893 年被聘为该校的物理教师，1896 年完成题为《磁铁矿晶体和若干铁—锑合金的磁化研究》的博士论文，1902 年被聘为苏黎世工业大学教授并指导物理实验室的研究工作，10 余年中，外斯的研究工作取得了许多有国际影响的成果，在他的领导下，物理实验室的工作也十分活跃。1919 年，外斯回到法国受聘创办并领导斯特拉斯堡大学物理研究所。外斯利用他的国际影响力，建立了广泛的学术联系，与比利时、瑞士等国的磁学专家有经常性的学术交流。外斯的研究所吸引了一批研究人员，也培养出许多磁学专家，很快发展成为一个磁学研究中心。

奈尔到达斯特拉斯堡大学时，实验室有 10 余位研究人员，其中有 3 位教授。外斯对研究工作进行经常的细致指导，几乎所有时间都用在与研究人员进行个别交流和考虑如何推进他们的工作上。每周实验室要召开一次学术研究会，会上外斯首先介绍一些新动向，其他每个研究人员都要介绍自己课题的进展情况，然后进行讨论。通常讨论进行得十分热烈并会持续到散会以后，一些新发现和新观点还会引起暴风雨般的争论。学术研究会也吸引了一些研究所以外的人前来参加。奈尔被这里的研究讨论深深感染，感受到了集体合作的热烈气氛，认识到这是一个朝气蓬勃的集体，庆幸自己作出了正确的选择。后来奈尔曾回忆说，除约里奥－居里发表人工放射性的发现等几次会议外，战后法国物理学会的会议也没有这么激烈过，他遗憾地认为，现在各种学术讨论会、报告会越来越多，听众们却越来越腻烦而毫无反应。

初到斯特拉斯堡大学时，奈尔的教学工作相当繁重，他负责为讲授物理课的教师准备演示实验，同时还要指导学生的实验课。教学之余，奈尔自学磁学研究所必需的基本理论，很快了解了当时磁学研究的前沿状况。

磁学在 19 世纪末到 20 世纪初曾有很大发展。物质的磁性可分为三类：抗磁性、顺磁性和铁磁性。某些物质放在磁场中磁化后，它的宏观磁矩方向同磁场方向相反，这类物质称为抗磁性的。另有一些物质在磁场中磁化后，宏观磁矩的方向与磁场的方向相同，这类物质称为顺磁性的。如果用 M 代表物质磁化后单位体积的磁矩，H 为磁场强度，则实验显示：

$$M=xH \qquad (1)$$

x 称为磁化率，是代表物质磁性的一个参数。对抗磁性物质，M 与 H 方向相反，x 是负的；对顺磁性物质，x 是正的。法国物理学家皮埃尔·居里在 19 世纪末对物质磁性作了系统研究，1895 年发表其博士论文《物质在不同温度下的磁性》。皮埃尔·居里发现，对于绝大多数抗磁性物质，抗磁性磁化率为一个不变量，与温度无关，与材料的物理状态无关。对于一些顺磁性材料，顺磁性磁化率随温度变化，温度升高时磁化率降低，其磁化率 x 和绝对温度 T 的关系可表示为：

$$x=C/T \qquad (2)$$

C 是与材料性质有关的常数，称为居里常数，（2）式称为居里顺磁定律。后来对顺磁性盐的磁化率研究发现，直到某一特定的低温以前，磁化率与温度的关系满足：

$$x=\frac{C}{T-\theta_P} \qquad (3)$$

（3）式称为居里－外斯定律，θ_P 称为顺磁居里温度或顺磁居里点。

铁磁现象比顺磁和抗磁现象复杂得多，某些物质，如铁、钴、镍和某些稀土元素以及多种氧化物，在外磁场中磁化时，显示出比顺磁性物质强得多的磁性，而且在外磁场消失后还保留磁性，这种现象称为铁磁性。皮埃尔·居里发现，铁磁性物质在某一高温下转变为顺磁性。这种铁磁－顺磁转变温度称为居里温度或居里点。

为了对铁磁性进行定量说明，外斯创立了铁磁理论。1907 年，外斯提出了分子场理论和磁畴理论，很好地解释了有关铁磁性的实验现象。外斯假设铁磁物质中的分子磁体都受到一强内磁场的作用，外斯称为分子场，它与磁化强度成比例。这样将顺磁体理论中的作用场取为外场与分子场之和，就可以得到居里点以上铁磁体磁化率随温度变化的规律性，此即居里－外斯定律。外斯还得到一个重要结果就是铁磁体在不加外磁场时也具有不等于零的磁化强度，称为自发磁化。1928 年，海森堡将量子力学应用于磁学领域，用交换力说明了分子场的来源。

在这样的背景下，奈尔进入了磁学领域。作为博士论文的主题，外斯建议奈尔研究铁的磁化率随温度的变化。铁在其居里点转变为顺磁体，其磁化率与绝对温度成反比，即满足居里－外斯定律；在一定的温度变化范围内测磁化率，可以得到铁的居里常数。事实上铁在 900℃和 1400℃附近发生相变，对应磁化率的突变。为了避免相变的发生，奈尔采用在铁中加少量锡和硅的方法，可以在更大的范围内进行测量，再通过减少添加物的百分比，推论出纯铁的情况。由大量的实验数据，奈尔总结出了合金的磁化率与添加物的百分比和添加物的磁化率关系的经验定律。1932 年，奈尔将这项研究成果写入自己的博士论文中。

理论上，奈尔抓住外斯铁磁理论的精髓，从外斯的分子场入手，进行了深入研究。1930 年，他发表了两篇有关分子场的论文，分别讨论了合金中的分子场及铁磁材料的居里温度与分子场的关系。同时，奈尔还从海森堡的工作中得到启发，海森堡曾指出，粒子之间的交换作用随它们之间的距离的增大而迅速减小，因此奈尔认为分子场由临近原子的相互作用所决定，而且热扰动会引起分子场大小和方向的变化。1932 年，为了说明合金的磁性，奈尔又放弃了在晶体内存在有统一的分子场的假设，提出局域分子场概念，即假设存在着分别作用在不同原子上的分子场。根据这一模型，他从理论上导出了合金的磁化率随温度变化的关系，与实验结果一致。1932 年，奈尔顺利通过答辩，获得博士学位。

1936 年，运用局域场假说，奈尔预言了反铁磁性，这使我们对物质磁性亚结构的认识又深入了一步。他假设某些物质的晶格可以视为两套子晶格，每种子晶格的原子磁矩取向相同，两套子晶格的原子磁矩都随温度变化，在某一特定温度下，它们大小相等，方向相反，彼此几乎抵消，使物体可观察的宏观总净磁矩为零。这个温度现在称为奈尔温度，用 θ_N 表示，这类新的磁性物质被称为反铁磁体。奈尔指出在不存在同晶格的耦合时，在奈尔温度以下，磁化率为常数；在奈尔温度以上，磁化率按居里－外斯定律变化。这样奈尔揭示了一种新的磁性，同时说明，在一定的温度变化范围，这种以往被人们忽视了的反铁磁材料的磁化遵从简单的顺磁磁化规律。

起初，奈尔的这项工作没有得到广泛认可，两年后，实验上发现了氧化锰

(MnO) 具有奈尔所预言的磁性。1949 年，利用中子衍射方法又证明原子磁矩的微观排列确实具有奈尔所预言的反平行排列状态。

1939 年 5 月，在斯特拉斯堡举行了一次国际磁学学术讨论会，来自德国、英国、美国、荷兰及法国的 40 余位磁学专家参加了会议。那时，国际性学术会议远没有现在这样频繁，各国出席会议的都是这一领域的最著名学者，会议取得了引人注目的成功。会议期间交流了许多重要研究成果。奈尔的工作受到了与会者的认可和赞扬，他被认为是法国磁学领域新生力量和新思想的代表。会后奈尔将他的工作总结成一篇长达 86 页的论文，发表在 3 卷本的会议论文集中，1940 年，会议论文集印出后还未及分发就因二战爆发而散失。这次会议也给斯特拉斯堡大学外斯所领导的实验室画上了一个圆满的句号。

第二次世界大战爆发后，斯特拉斯堡大学搬到法国的克莱蒙费朗。奈尔被法国国家科研中心召到巴黎，从事红外线管的研制与生产，这些装置用于机械或人体热源夜间活动的侦察测定。之后，奈尔又调往海军，研究新型德国磁性水雷，曾与海军研究中心一起短期撤到阿尔及利亚的阿尔及尔。在搞清了德国水雷的原理后，奈尔在法国的军港设置了消磁站，对海军舰队进行技术处理，取得了很好的效果。此后在很多年中，物体在类似于地球磁场的弱磁场中的磁现象一直是奈尔磁学研究的内容之一，他与海军有关部门的合作也保持了几十年。

奈尔从大学毕业到斯特拉斯堡开始，在外斯的指导下，迅速了解了磁学的最新进展，很快进入了学科前沿，在短短的几年中就取得了重要成果。这是由于，他的研究工作在高起点展开，在富矿区选题。他也很快成为有影响、有洞察力的磁学专家。这与外斯的指导和实验室的合作交流有关。学者之间的接触和面对面的交流对科学研究工作具有明显的促进作用。它有利于集中集体的智慧，探索出科学发展的正确方向，具体问题可以通过讨论而互相启发，研究工作中的新思想、新成果可以迅速引起反响，得到评价和承认。在外斯的领导下，斯特拉斯堡大学的物理研究所成为一个真正的研究集体，组织集体力量进行科学研究，后来也成为奈尔在格勒诺布尔取得成功的经验之一。

四、创立金属物理与静电学实验室

1940 年 6 月，奈尔从阿尔及尔返回法国，开始寻找能装置他的实验室的地方，由于战争的影响，选择一个合适的地点并不容易。很快，他对格勒诺布尔产生了兴趣。1939 年，格勒诺布尔大学为从事物理学和数学研究的傅立叶研究所建了一座很大的建筑物，二战爆发时刚刚完工，到 1940 年还有部分房间空闲。经过与国家高等教育管理部门和法国科研中心交涉，奈尔获准在那里安置他的实验室，并被聘为格勒诺布尔大学教授。由于他为海军工作所取得的成绩，奈尔曾被授予骑士勋章，因此获准可以不在格勒诺布尔大学担任教学任务。法国科研中心为他提供了一笔安置费，并为他配备了一名秘书。

1940 年 10 月，奈尔到达了格勒诺布尔这座阿尔卑斯山脚下的城市。奈尔把他的小组称为铁磁学实验室。初创时期，实验室设备简陋，经费不足，奈尔为它的创立付出了极大的努力。由于没有经费购置新设备，奈尔设法从各种渠道为实验室收集配备实验设施。他们从学校的旧仪器库中翻找出一些简单仪器，修理使用。也通过帮助当地的某些生产部门解决生产中的技术问题而换回一些实验所用材料和小设备，例如在 1943 年就有一家工厂赠送给实验室一台车床和一台精密铣床。但最重要的帮助来自格勒诺布尔多科工艺研究所。这个研究所筹建于 1918 年，实验基础设施完善，是一个教学和科研相结合的单位，与当地的工业企业有广泛的联系。奈尔的铁磁学实验室很快与多科工艺研究所建立了密切联系，实验室经常使用这个研究所的仪器设备。1942 年奈尔还被任命为这个研究所的力学实验室主任，30 年后的 1971 年，奈尔被任命为这个研究所的所长。

由于奈尔的声誉和影响，铁磁学实验室逐渐吸引了一批优秀的年轻科研工作者，如：路易·韦伊，他是巴黎高等师范学院 1936 年的毕业生，战争期间曾做过奈尔的助手；费利西，1934 年巴黎高等师范学院入学考试第一名，1940 年获博士学位，论文是有关超导电性的研究；巴杨，巴黎高等师范学院毕业生；等等。在几年中，实验室研究人员发展有 10 余人，另有技术和行政人员 5 人。

这一时期奈尔的研究工作主要是磁滞回线的细节和弱磁场中铁磁体的磁化规律。基于 20 世纪 30 年代的研究工作，他提出一种永久磁体制造方法的新设想，这一成果给实验室的发展带来了机遇。20 世纪 30 年代永磁材料的市场需求迅速扩大，在电话工业、发电机制造业、高音喇叭及各种电器仪表制造业中，都需要强永磁材料。当时广泛使用的生产技术是在合金中加入少量钴和铜来制造强永磁材料，不仅生产成本高，而且要用到稀有贵重金属钴，使生产受到限制。尤其是在二战时期，钴成为一种军事物资，使用受到控制。奈尔另辟蹊径，从新的角度提出一种全新制造方法。他设想，如果将铁磁材料研磨成非常细的粉末，使其颗粒线度小于磁畴的线度，那么每个颗粒将具有一致的自发磁性，然后加压烧结，就可以获得强磁性永磁材料。根据奈尔的建议，1939 年，实验室研究人员吉约首先从实验上证明，使用这种方法制成的永磁材料磁场强度增加了 10 倍。奈尔想到，如果能用铁这种在战争时期也十分便宜的材料来制造强永磁材料，就可以无限制生产低成本且高矫顽磁场的磁性材料，工业生产的效益将会十分诱人。

奈尔的想法引起了物理学家佩兰的注意。佩兰当时是法国一个科研和生产部门的主任，领导着格勒诺布尔的一家工厂。佩兰提出与奈尔签订一项合作协议，共同开发永磁材料的大规模工业生产。佩兰所领导的机构提供研究工作所需经费，并独享研究成果。佩兰在 1942 年和 1943 年每年向奈尔的实验室提供了 1 万法郎的资助，战后增加到每年 5 万法郎，同时还支付实验室 3 位研究人员的工资（当时一位教授的年薪约 9 万法郎）。1941 年法国科研中心给奈尔的经费是 9 万法郎，以后的几年减到每年 5 万法郎。因此，与佩兰的合作所赢得的经费对实验室研究工作的展开起了重要作用，它也为实验室增加研究人员创造了条件。1942 年初，新方法获得了生产技术上的成功，佩兰领导的机构获得技术专利，而奈尔关于这一技术的理论研究成果推迟到 1947 年才得以在法国科学院院报上发表。

1943 年以后，铁磁学实验室的研究工作主要在三个方面展开：第一，静电机械，由费利西领导，到 1945 年已获 6 项专利；第二，以粉末为主要研究对象的磁体冶金学，由韦伊领导；第三，磁学理论研究，由奈尔领导，主要研究有关磁畴和低强度磁场的理论问题，取得了一系列直接服务于海军的研究成果。

二战结束后，奈尔决定留在格勒诺布尔。通过与地方政府部门、有实力的工业企业和大学界的广泛交流，在格勒诺布尔建立一所大型物理实验室的必要性已成为共识。这一想法也得到了法国科研中心主任约里奥的支持。1946 年初，法国国家科研中心和格勒诺布尔大学签署了一项协议，在原奈尔领导的实验室基础上，创立金属物理和静电学实验室（LEPM），由奈尔任主任，法国科研中心提供运行经费，格勒诺布尔大学为实验室设立一个教授、两个高级讲师及两个助教席位。

五、亚铁磁理论的提出

奈尔在磁学理论方面的最重要突破从 1947 年年底开始。那时，实验室开展了一个新的研究领域——铁氧体磁性的研究。当时人们研究较多的是化学式为 MFe_2O_4 的尖晶石型铁氧体，化学式中的 M 代表某种二价金属，如锌、镉、锰、钴、镍等。假如 M 为铁，则化合物为 Fe_3O_4，即通常所说的磁铁矿。

铁氧体是强磁性材料，电阻率又很高，在高频磁场中产生的涡流很小，因此可以运用到微波系统中。20 世纪 30 年代，人们预感到铁氧体可能会取代其他磁性材料，许多著名实验室都在这一领域展开了研究，其中飞利浦公司的实验室取得了最系统的成果。1947 年，该实验室公布了 10 余年实验研究的大量数据和经验性定律。当时，对铁氧体的磁性还没有一个令人满意的理论解释。如磁铁矿 Fe_3O_4，过去把它当作铁磁物质，理论上很难解释它的磁学性质。1947 年，奈尔想到可以发展他在 1932—1936 年所提出的子晶格模型，说明铁氧体的磁性。

奈尔假设铁氧体原子磁矩的相互作用能为负，磁矩倾向于反平行排列。在绝对零度时，相同子晶格上的离子磁矩平行排列，而不同子晶格上的离子的磁矩取向相反；由于不同子晶格具有不同的磁矩，因而产生宏观磁矩，观察到的总磁矩等于两者之差值。如磁铁矿 Fe_3O_4 中有 3 个铁离子、4 个氧离子，其中 2 个铁离子的磁矩相抵消，而第 3 个铁离子给出可观察到的磁场。由于这种磁性归因于负的相互作用能，不同于经典的铁磁性，奈尔将其命名为亚铁磁性。

在金属物理与静电学实验室，韦伊首先对奈尔的亚铁磁理论作出反应，当时他正在研究军用反雷达材料，用奈尔的模型，他很快找到了一些对短波有相当不错吸收能力的铁氧体材料。此外，奈尔让他的一个学生波特进行系统实验，说明亚铁磁理论可应用的范围。后来，他们成功地将这一理论应用于石榴石铁氧体等其他类型的铁氧体材料的磁性研究，成功地解释了各种不同类型铁氧体磁性的差异，为研制各种新型铁氧体材料提供了理论依据。亚铁磁理论研究和实验技术的进展，在工业生产中发挥了重要作用，尤其是在计算机存储技术和微波电子技术领域带来了引人注目的技术革新，创造了巨大的经济效益。有人估计，铁氧体的工业制造创造的效益在一段时期内甚至超过了半导体材料制造所创造的收益。

亚铁磁理论的研究也为奈尔赢得了许多科学荣誉。1970 年，奈尔与瑞典物理学家阿尔文分享了该年度诺贝尔物理学奖，他的获奖原因就是在固体物理中有广泛应用的反铁磁性和亚铁磁性的多项基础研究与发现。瑞典皇家科学院对他的工作予以极高评价，奈尔作了题为《磁性与局域分子场》的诺贝尔演讲，介绍了他的主要研究工作。奈尔在 10 月 7 日已得知获奖消息，当时他正在贝尚松出席一个博士论文答辩会，恰巧第二天他应当时的法国总统戴高乐之邀赴爱丽舍宫与20余位工程师学校的负责人一起与总统共商办学问题。当他在巴黎的里昂车站走下车厢时，站台上聚集着数名记者，奈尔以为某位电影明星驾到，结果发现记者们追踪的竟是他本人，甚至一直跟到了旅馆，并请他发表演说。12月在斯德哥尔摩的颁奖仪式上，奈尔对获奖深表谢意，他认为这也是从皮埃尔·居里到朗之万、外斯等人组成的法国磁学学派的荣誉。在此之前，1953年奈尔已被选为法国科学院院士，以及苏联科学院院士（1959）、荷兰皇家科学院院士（1959）、罗马尼亚科学院院士（1965）、英国皇家学会会员（1966）、美国艺术与科学院院士（1966）等，还被一些世界著名大学授予荣誉博士学位，获得多种奖章与奖金。

奈尔在磁学领域斩获颇丰，发表了300余篇论文，获得6项专利，有多项成果在工业和军事上得到广泛应用。

六、科研－生产联合体的创立

1946年，金属物理和静电学实验室成立之后，静电机械曾一度成为实验室的重要研究项目，当时工农业和军事部门都提出应用的需要，如农业上使用的静电喷粉器、军事上为红外辐射仪配备的小型供电系统等。在费利西主持下，研制成功一种农用喷粉机的样机，但一直找不到愿意投资开发生产的工业企业。经过调查研究，奈尔与费利西决定从事工业投资冒险，自己创立一家从事生产的静电机械股份有限公司。初期，公司设在多科工艺研究所内。资金由一些工业企业和教育界人士以认购股票形式筹集，金属物理和静电学实验室负责解决技术问题，奈尔参与了公司的全面管理。后来，这个公司有很大发展，在20世纪60年代经营额曾达到数十亿法郎。公司生产中技术问题的研究解决促进了实验室的科研工作，经营效益使实验室有能力配置新设备和获得许多新型材料，这在20世纪40年代后期对实验室基础研究工作起了重要的保障和推动作用。

奈尔的实验室也持续与佩兰所领导的工厂进行合作，由该工厂长期支付实验室几名研究人员的工资，而实验室帮助工厂解决生产技术问题。奈尔对应用磁学一直有浓厚兴趣，他曾一度每月定期到这家工厂与技术人员一起进行研究，内容涉及铁粉末的磁性、氧化物的磁性、透磁合金、磁材料烧结等，铁氧体的磁性也是重要内容之一。

1947年，为了磁学基础研究的深入进行，奈尔决定在实验室建造气体液化装置。

使用液态气体可以获得低温，在低温下材料的热扰动减缓，便于观察材料的微观磁取向。奈尔从法国科研中心申请到50万法郎，1947年10月动工，1949年就获得了液氢，1952 年获得液氦。利用这方面的科研成果，他联合相关人士又创办了一个液化器制造公司，称为低温公司。一直到 20 世纪 50 年代末，这个公司都处于赢利状态。

二战后的 20 世纪 50 年代，随着金属物理和静电学实验室规模的迅速扩大，不断从法国高等教育管理部门和国家科研中心得到经费，更新了实验设备和扩大了实验室面积，与海军的合作协议使一组安装费用达 2500 万法郎的强蓄电池顺利安装运行。1953 年，实验室工作人员有 40 人，1960 年就已扩充到 120 人，翻了三倍！而法国国家科研中心在这 7 年中人数仅增加了 75%。到 1970 年，奈尔实验室的工作人员已达到 250 人，加上由金属物理和静电学实验室分出的低温中心，实际已有 500 人。该实验室已发展成具有科研、开发、生产、应用等多项功能的大型科研－生产联合体。

奈尔的名望和影响力在战后也步步提高，对金属物理和静电学实验室的发展产生巨大影响。1952 年奈尔成为海军科学顾问委员会成员，出任政府技术进步与科学研究高级顾问，1963 年当选国际纯物理与应用物理协会主席，1963—1968 年出任法国驻北大西洋公约组织科学委员会首席代表，成为法国科学界、教育界的头面人物。

1955 年，利用参加日内瓦和平利用原子能大会的机会，奈尔倡议并负责筹建了格勒诺布尔原子能研究中心。这个中心的创立是格勒诺布尔地区科技和经济发展的重要原因之一，整个 20 世纪 60 年代就有至少 1500 人在这里做研究工作，20 世纪 70 年代达到了 3000 人以上。中心的许多研究课题都属于固体物理学领域，格勒诺布尔很快成为世界著名的核物理和固体物理研究基地之一。

1976 年，奈尔退休后定居巴黎郊区，他的科学活动并未停止。1984 年他还为欧洲同步辐射加速器在格勒诺布尔的兴建而奔波。1991 年他的长篇自传《一个世纪的物理学》出版。

奈尔是一位科学家，也是一位成功的科研工作领导者和组织者。金属物理和静电学实验室的迅速发展首先得益于与工业、军事和高等教育部门等的多方面的联系与合作。格勒诺布尔地区的科学教育部门与工业企业在二战前已有相互联系，奈尔发展了这种联系使其更深入广泛，它使奈尔的实验室得到经济支持，能够添置设备，增加研究人员。20 世纪 60 年代，各种技术委托合同稳定地支付着实验室 1 / 4 研究人员的费用。这种结合同时也有利于科学技术研究成果迅速得到应用，转化成产品，促进了格勒诺布尔地区工业的发展。二战后奈尔有条件到法国科研中心的某一重要研究机构从事研究和管理工作，但他选择了条件较差的格勒诺布尔，他认为自己更适合在实验室里做具体研究工作，对磁学应用领域更有兴趣，而不适合在办公室里处理文件。二战期间，法国既是战场，又被法西斯德国占领过，经济上的损失是难以估计的，由于侵略军的抢掠和战争的破坏，到战争结束时，法国的工业生产水平仅是战前的 1/3，农业衰败，商业凋零，国家面临百废待兴的局面。这种情况下，奈尔不可能立即从政府获得大量经费进行基础科学理论研究。奈尔不是等待，而是积极主动想办法，有意识地建立和发展与工业企业、军事部门和教育科研单位的合作，进行应用开发，并大胆进行工业投资，创立科研－生产联合体，使科研成果转变为产品，服务于工农业及军事需要，而生产所获效益又保障了科研工作的深入展开。奈尔的成功之路表明，科学家应有意识地将科研成果应用于生产技术，转变为生产力，不应只重理论而轻应用，这一点在国家经济发展时期尤为重要。

现代科学技术发展的特点之一是科学技术发展的综合化。现代技术发明越来越依靠科学，科学与技术的关系已密不可分。现代技术完全是建立在科学理论的基础之上，现代科学也装备了复杂的技术设施。现代科学与技术的密切结合具有重要的实践意义，大大加快了科学发现的实际应用，科学的新发现能迅速地导致在国际上有竞争能力的新产品的出现。奈尔正是适应了科学技术发展的这一特点和趋势，因而获得了科学研究与技术效益的众多成果。

奈尔与各部门单位的合作是法律化的，他们运用签订协议的形式，确定各方责任，明确实验室要解决的技术课题和可获得的工作条件及各种支持。20 世纪 50 年代末，在格勒诺布尔成立了法国第一家管理这种协议合同的工业企业和大学的联合会，更使合同的法律效力得到保证。

在科学研究的组织方面奈尔也十分成功。虽然奈尔性格内向，但他勤奋努力，始终对所从事的工作充满激情。他很少对其他事件发表看法，不公开发表政治观点。初识奈尔并不让人感到亲切自然，由于他言语简练，思维敏捷，性格中或许还有点粗暴的元素，往往令人生畏。然而，他的学识、才能和成就受到了同事们的尊敬，吸引了来自各方面的学者共同合作研究。韦伊刚到格勒诺布尔时，既无正式职位，也无固定工资收入，他和奈尔一起创业，后来他成为奈尔之后格勒诺布尔地区科学工作的重要领导者。此后，巴黎高等师范学院的优秀毕业生们也陆续来到这里，在奈尔的领导下，取得了一系列重要成果。直到 1968 年，奈尔始终亲自领导着实验室的研究工作，无论是学生还是同事们都可以就研究问题征求他的意见，但最后的决定要自己作出。

当初在格勒诺布尔工作过的人常回忆起当时的情景，对奈尔的才华和言行记忆犹新。

奈尔进入磁学领域后，始终站在最前沿，亲力亲为选择研究课题，布置科研力量，组织经常性学术交流，促进研究工作的进展。他还创造条件，努力使实验室拥有磁学研究的各种最新实验设备。20 世纪 50 年代末，格勒诺布尔原子能研究中心的建立，为团队研究提供了新的手段，用中子散射法可以了解物质的磁微观结构，正是这一时期，石榴石铁氧体的研究成果为实验室赢得了国际声誉。科研工作第一步是选题，在科学研究团队中，有一位眼光敏锐的领导者非常重要，可促使研究人员更容易找到适当课题，易出成果、多出成果、出重要成果；也能使研究工作少走弯路，用最短的时间接近世界科学领域最前沿，这一点对那些初涉研究的年轻科学工作者尤为重要。奈尔就是这样的科学研究组织者、带头人和领导者。

（作者：李艳平）

参考资料

［1］L. Néel. Un siècle de physique［M］. Paris： Edition Odile Jacob，1991： 9-38.

［2］宋德生，李国栋 . 电磁学发展史［M］. 桂林：广西人民出版社，1987.

［3］L. Néel. Propriétés magnétiques du manganèse et du chrome en solution solide étendue［J］. J. Phys. Rad.，1932（3）： 160-171.

［4］L. Néel， Propriétés magnétiques de l'état métalliques at énergie d'interaction entre atomes magnétiques［J］. Ann. de Phys.，1936（5）： 232-279.

［5］M. Fallot. L' Istitut Polytechnique de Grenobel［J］. Rovue de L' Enseignement Supérieur，1957（1）： 53-62.

［6］D. Pestre. Louis Néel：Un entrepreneur des Sciences［J］. La Recherche， 1991（12）： 1432-1440.

苏布拉马尼扬·钱德拉塞卡

（Subrahmanyan Chandrasekhar，1910—1995）

钱德拉塞卡

与美偕行的科学巨匠

美籍印度裔诺贝尔物理学奖获得者苏布拉马尼扬·钱德拉塞卡，作为20世纪最杰出的科学家之一，以其在天体物理学、物理学和应用数学领域丰硕而广博的贡献闻名于世。在充满传奇创造的科研生涯中，钱德拉塞卡不仅以创造性的科学贡献充实了人类的知识宝库，还将对科学美的追求融入科学研究的路径、目标和风格中，形成了独特的科学美思想，成为启迪人类思想的宝贵精神财富。

一、并不完美的早年

1910年10月19日，钱德拉塞卡出生于英属印度旁遮普邦首府拉合尔，印度西北铁路公司总部所在地。他的父亲艾亚尔担任这个公司的助理审计长，作为英式教育培养的精英公务员，艾亚尔和许多这一阶层的印度人一样，必须在西方文化与印度传统文化之间进行艰难而审慎的选择。他们接受西方先进的科学知识，但嗜酒、食肉、两性间无限制地自由交往——所有与印度人的戒律相悖的行为，都被视作西方文化的糟粕而被抛弃。古印度人好学、诚实、自我牺牲以及尊重长者和师者的品行，仍是他们终生恪守的信条。

作为这个婆罗门家庭的长子，钱德拉塞卡5岁时就开始了启蒙教育。在象征吉祥的维贾衍达萨密（Vijayadasami）日，他坐在父亲身旁，并在散布在面前的沙子上写下3个泰米尔文的字母，以此作为其漫长学习生涯的开端。与多数杰出人物的成长经历不同，钱德拉塞卡的早期教育并不能算是完善。出于学习印度传统文化的考虑，在11岁之前，他并未被送入英式学堂接受教育，而是在家中由母亲教授泰米尔语，由父亲教授英语和算术。作为铁路部门的高级雇员，艾亚尔长期在外地工作，这使钱德拉塞卡很早就养成了自学的习惯，他对自然科学的浓厚兴趣也是在自学过程中逐渐形成的。钱德拉塞卡的母亲，一位仅接受了几年基础教育的传统女性，对印度文化中洁身自好和追求美好事物的传统有着深刻的理解。她影响他们，尤其是钱德拉塞卡，作为长子，当然在她的心目中占有特殊的地位。在母亲的言传身教中，钱德拉塞卡继承了古印度文化的优良传统，特别是追求美好的执着精神。

钱德拉塞卡的家庭并不如人们想象的那样充满和谐与美好的氛围。钱德拉塞卡的父亲是个有高度教养的人，他广泛地阅读和旅行，并且是很有天赋的音乐家，写过评论南印度音乐的专著。但在家庭事务方面，他是一个独裁者，一个旧式封建家长。他冷淡而不露声色，与家人保持距离，并要求每个人绝对服从。钱德拉塞卡注意到了家庭中这些不和谐的因素。家中的女孩们没有得到与男孩同等的教育机会。他的两个姐姐在十三四岁结婚后，不得不立即辍学，她们太年轻，以至于无法意识到即将发生的事情。钱德拉塞卡对于父亲的决定感到震惊，他认为以这种方式中止她们的教育是错误的。不公正的现象在他面前连续发生，而他竟没有能力去改变它们，钱德拉塞卡过早地体会到了现实社会的不幸。

失望之余，钱德拉塞卡将自己彻底禁闭于祖父的图书室里，他在那里发现了圆锥曲线和微积分的书籍，并立即开始自学。钱德拉塞卡 11 岁时开始接受正规教育，他就读的特里普利凯恩中学被认为是马德拉斯地区最好的学校，他跳了两个年级，被直接接纳为中学三年级的学生。凭借坚实的数学基础和超常的自学能力，钱德拉塞卡在所有的学生中脱颖而出。在进入四年级之前，他已经提前学习了几何和代数的全部内容，事实上还掌握了更多的内容——排列组合、解三次方程等。在假期里，他继续自学解析几何和微分方程。15 岁时，钱德拉塞卡以优异的成绩结束了中学阶段的学习，成为马德拉斯管辖区学院的一年级新生。他被誉为神童，尤其在数学领域。不论是在学校还是在家中，他往往使得他的同学和弟弟们感到惶恐不安，因为他们总是成为比较的对象。在大学的头两年（1925—1927），钱德拉塞卡的学业进展得相当顺利。自学数学使他远远超过其他学生，同时他还学习物理学、化学、英语和梵文。钱德拉塞卡不是书呆子，他在班里一直拿最高分却拥有广泛的兴趣。他喜爱阅读英国文学作品，尤其是莎士比亚和哈代的作品。在学习以外的领域，他是出色的网球运动员、优秀的辩论家，被大家誉为知识广博的学者。在结束了第一学年物理优等生学位课程的学习之后，他发现自己对数学物理学的兴趣胜过纯粹数学。1927 年夏天，他阅读了《原子结构和光谱线》，这本书对于大学二年级的学生而言，显得高深、晦涩，钱德拉塞卡因能够完全地将其看完而感到无比高兴。

1928 年，他与访问马德拉斯的德国物理学家索末菲相遇，这次会面成为影响钱德拉塞卡走上科学研究道路的关键。通过与索末菲的交谈，钱德拉塞卡了解到了薛定谔、海森堡、狄拉克、泡利等人的工作，量子理论的新进展已经使原有的物理学体系发生了彻底地改变，却未能及时传入印度。钱德拉塞卡认识到，在信息闭塞、发展并不完善的印度社会之外，存有一个更大的世界，那里是进行科学研究的天堂。他没有因为信息的落后而感到气馁，凭借足够的数学预备知识，他很快就理解了索末菲介绍的新统计方法，以此为契机确立新的研究方向，并撰写了题为《康普顿散射和新统计学》的论文。这篇论文经过英国皇家学会会员拉尔夫·福勒的推荐，发表在1929年的《皇家学会会刊》上。能够在世界顶级科学刊物上发表论文，这坚定了钱德拉塞卡从事物理学原创性研究的决心，也成为他的科学生涯开始的标志。1930年，钱德拉塞卡顺利通过了物理学优等学位的课程考核，所有的评分等级创造了新纪录。令他更加欣喜的是，他被授予印度政府奖学金，将赴英国继续从事研究工作。

尽管拥有令人艳羡的前程，钱德拉塞卡也痛苦地意识到自己作为一个印度人，不论地位多么显赫，仍是受英国统治的殖民地居民，这正是他所经历的并不完美的早年生活的根源。面对现实中遇到的种种不公正待遇，钱德拉塞卡选择了反抗。他曾在中学历史考试时有意考得不好，以抗议试卷中含有太多的英国历史知识，却忽略了关于印度历史的内容。他和许多同学一道参与了印度的国大党运动。在大学的第一个学年，他与同学一起欢迎尼赫鲁来到马德拉斯，并在海滨聆听尼赫鲁的演讲。20世纪初期印度科学的发展，使钱德拉塞卡看到了印度民族振兴的希望。拉马努金和萨哈在各自的领域内均作出了非凡的成就，并先后入选英国皇家学会会员。S. N. 玻色与爱因斯坦合作，提出了著名的“玻色－爱因斯坦凝聚”。钱德拉塞卡的叔父拉曼因在光的分子散射方面作出重要发现，获得了1930年的诺贝尔物理学奖。这些著名人物的出现，说明印度人在科学领域拥有与西方人同等的创造力。钱德拉塞卡深信，自己有能力改变不完美的现状，以自己作出的成就使印度民族获得世界的承认。不完美的早年并没有给他今后的生活留下太多的阴影，相反，他将改变不完美境况的努力投入到科学研究领域中，追寻科学中的美感，完善尚不完备的科学理论体系，成为他毕生为之奋斗的目标。

二、以美启真的研究路径

钱德拉塞卡对科学美的追求，首先体现为他独特的科学研究路径。应当承认，在人类探求真理的旅程中，存有不止一条通向成功的路径。卢瑟福凭借高超的实验技术，创造性地提出原子结构的行星模型；普朗克依靠严密的数学推演，叩开了量子理论的大门；凯库勒因梦中出现蛇首尾相衔的场景，而顿悟苯环的正六边形构型……当然，还有一类人，他们在科学的旅途中前行，是为了追寻存在于科学世界中的美丽图景，在发现美的行程中感受真理的光辉。开普勒深信“数学是美的原型”，毕生致力于对宇宙构成中数学美的探寻。庞加莱也曾坦率地承认：

> 科学家之所以研究自然，是因为他们从中得到了快乐，而他们得到乐趣是因为它美。如果自然不美，它就不值得去探求，生命也不值得存在……

爱因斯坦在回顾自己科学历程时说：

> 照亮我的道路，并不断给我新的勇气去愉快地正视生活的理想，是善，是美和真。

在科学创造过程中，一些科学家将追求美作为研究的出发点，凭借自己对科学美敏锐的把握能力，开辟通向真理大道的捷径。狄拉克在分析自己的研究道路时指出：“我的许多物理学研究并不在于打算去解决某个具体问题，只不过是想去考察物理学家们使用的一类数学量，试图以有趣的方式把它们结合起来，而不注重这个工作会有什么应用。这种工作只不过是对美妙数学的追求。可是后来它确有某种用途，那算有了好运气。”在量子力学领域，狄拉克从美学角度出发，得出了能够解释电子自旋和磁矩的新方程，不仅成为量子电动力学发展的里程碑，也是科学史上以美启真的典型案例。

钱德拉塞卡认为，美存在于科学研究的每个领域，追求科学美是探索自然界基本原理的最优方法。他始终以审美者的姿态，将探寻美作为发现科学真理的不二法门。他赞同英国诗人济慈对真与美关系的阐释：

> 想象力认为是美的东西必定是真的，无论它原先是否存在。

钱德拉塞卡从美与艺术的角度，分析人类探求真理的方式，认为科学在艺术上不足的地方，正是科学上不完善的地方，并通过“以美启真”的研究路径，在多个研究领域作出了极具创新价值的工作。众所周知，钱德拉塞卡因“对恒星结构和演化过程的研究，特别是对白矮星的结构和变化的精确预言”被授予诺贝尔物理学奖，而他对这一领域的思考始于19岁时从印度前往英国的旅途中。当时，英国理论物理学家福勒借助费米－狄拉克量子统计法解释白矮星内部的物理机制，提出在白矮星内部的物质致密状态下，电子被“压”到比它原来可以活动的空间体积小10000倍的“格子”中，成了“囚禁”的电子，这种状态被称为“电子简并”态，它所产生的“简并压力”非常大，大得足以抵抗引力的收缩。福勒的解释得到了当时天体物理学界的公认，爱丁顿等天文学家甚至认为，与白矮星相关的问题已经全部解决了。和当时许多天体物理学家类似，钱德拉塞卡最初并未对福勒的解释提出质疑，只是从理论简单性和完备性的审美角度，试图将因相对论所引起的变化加入到福勒理论中。“钱德拉塞卡努力完成了计算，期望求出福勒理论的一个简洁的、相对论性推广。然而，令他大为惊奇的是，他碰到了截然不同的情况。”钱德拉塞卡经过缜密的推衍和计算后发现，所有能够演化成白矮星的恒星，其质量存在一个极限（即钱德拉塞卡极限），假若一颗恒星的质量超过这一极限值，按照福勒的理论导出这颗恒星具有物理上无意义的负半径，也就不可能最终演化成白矮星。经过几年的艰苦工作，钱德拉塞卡颠覆了原有的恒星演化理论，提出只有质量小于1.45个太阳质量的白矮星才可能与挤压它的引力相抗衡，否则不相容原理造成的电子简并力就不能抗衡引力。这意味着没有哪颗白矮星的质量可以超过1.45个太阳质量的极限。从中我们可以看出，钱德拉塞卡对于科学美的追求，是促成他对白矮星内部结构进行深入探索的直接动因。钱德拉塞卡在以美启真的科学探索中，不自觉地完成了20世纪天体物理学领域最为重要的一项发现，在个人研究领域首次实现了真与美的统一。

科学理论体系的形成，必然要从不太完美的形式向比较完美的形式过渡，真的科学理论处在比较低级的发展阶段时，往往不具备美的性质。但是，杰出科学家凭借对美的直觉，可以超越自然科学的发展水平和一般人的认识能力，直接把握自然界的内在和谐与秩序，在真与美的权衡中，放弃真而取其美。数学家外尔在分析真与美的关系时指出：“我的工作总是尽力把真和美统一起来，但当我必须在两者中挑选一个时，我通常选择美。”外尔承认，他在《空间、时间和物质》一书中提出的引力规范理论并不符合引力理论的真实性，但它显示出的美又使他不愿放弃它。直到几十年后，当规范不变性被引入到量子电动力学时，外尔的理论才有了真实的应用空间。和外尔相似，钱德拉塞卡也曾为维持研究带来的美感，放弃对某一领域的进一步探索。1944 年到 1949 年，钱德拉塞卡专注于对辐射转移的探索，并对有限大气和半无限大气中的辐射转移问题作出了开创性的贡献。正当他在这一领域的研究为物理学界所承认，并逐渐确立了领先地位之时，他毅然退出了这一研究领域，开始对流体动力学进行新的探索。对于这一令人不解的举动，钱德拉塞卡给出了自己的解释：

> 我在这上面花了 5 年时间，我觉得，这个领域的发展处于开创和推动阶段。问题接踵而来，每一个问题都比前一个更复杂、更困难，但是它们都被解决了。整个研究课题达到雅致和漂亮的程度是我在其他研究中找不到的。当我最后写《辐射转移》这本书时，彻底离开了该领域。虽然我能够再考虑几个问题，但我不想（再写更多的东西）糟蹋这个学科的连贯与优美。

对奉行“以美启真”的研究路径的钱德拉塞卡而言，一旦研究中失去了美的元素，便再也不能激发他探求真理的灵感和创造的激情。

三、尽善尽美的研究目标

作为同一时期两位最杰出的理论物理学家，人们常将钱德拉塞卡与费恩曼进行比较，发现两人无论在生活还是工作上都存在许多差异。譬如前者生活井然有序，以致每次开车都走同样的路线，停靠同样的加油站，在同一个餐馆用餐并点相同的食物，而后者过的是一种浪漫甚至有些放纵的生活；前者是一个着装严整并对过程有一种宗教式虔诚的谦谦君子，后者是一个很有表演天赋的艺术大师；前者的著作如《恒星结构研究导论》《辐射转移》等被奉为该领域的经典教材，而后者的物理讲义被冯端先生认为“启发性虽大，却不适于教学”；前者一生带了 50 名博士生，后者基本不带学生……不难想象，两个不同类型的物理学家在选择研究领域上也是不尽相同的。费恩曼一生关注的皆是最主流、最时髦的问题。1965 年，费恩曼因从事量子电动力学中热点问题的研究获得诺贝尔物理学奖。1986 年 1 月，作为震惊世界的“挑战者号”太空飞船失事原因调查组成员，费恩曼在听证会上向全世界电视观众揭示了飞船失事的症结所在，使他一举成为公众心目中的科学英雄。反观钱德拉塞卡，获得诺贝尔物理学奖的工作是他在 50 年前做出的，他对流体力学、辐射转移、后牛顿近似、椭球体的研究，在当时都是不为人所关注的冷门。1983年钱德拉塞卡的黑洞数学理论经典著作发表以后，他一直致力于研究广义相对论框架下的碰撞波和牛顿二体问题。这些研究同样不是这一时期广义相对论研究的主流。

笔者认为，钱德拉塞卡不刻意追随主流，固然体现其非功利的科研精神，更由于他竭力追寻科学美的绝对性，并制定尽善尽美的研究目标。

> 他对完整和优美有着不妥协的标准，这正是他科学魅力的主要部分。

钱德拉塞卡认为，美的绝对性与美的相对性是对立统一的。自然界是不断发展、变化、运动的，绝对美的科学理论实际是不存在的。然而每个在当时的科学水平看来相对完善的科学理论体系中，无一例外地包含有绝对美的成分，科学工作者的研究目标就是尽力完善科学体系并使之达到完美的境地。因此，在研究课题的选择上，他并不考虑它是否处于该领域的前沿或是不是热点问题，而是从构筑完善理论体系的视角，审视这一领域中存在的谬误和缺漏之处，从而确定自己下一步的研究方向。

钱德拉塞卡对科研目标完美性的追求首先体现为他对系统美的偏好。汤姆孙在纪念瑞利勋爵的致辞中提到：

> 在科学上，有两类人：一类是那些写科学的第一句的人，他们可能被视作领导者；而另一类是那些写最后一句的人。

钱德拉塞卡和瑞利一样，属于汤姆孙所说的第二类人，即倾向于从事系统化的工作，以整个系统的完善和统一作为研究的最高目标。钱德拉塞卡引述海森堡对科学美的表述，即美是各部分之间以及各部分与整体之间固有的和谐，认为把一个科学领域的研究对象和谐地组织起来，使之有序、规范、连贯，是追求科学美的最佳方式。他将自己的研究方法定义为：首先充分了解一个课题的已有的研究情况，然后以严谨性、系统性和完备性的审美标准对这些情况进行检查；如果发现与这些标准不符的地方，就着手使之符合。在已有的学术成就上体系化，一直就是钱德拉塞卡工作的动机。他对系统美的执着追求在其对椭球平衡体的平衡和稳定性研究中得以充分体现。20世纪60年代，他开始对蜜柑状的几何图形（称为椭球）进行研究并撰写了一部专著。在该书的引言中，钱德拉塞卡谈到写书的理由，认为以前虽然有人对这项课题作过研究，但留下“许多空白和漏洞，还有一些明显可见的错误和谬见。如果对这种状态听之任之，不免令人感到遗憾”。他系统地分析作用在旋转椭球体上的诸力（如使之聚合的引力、使之分裂的离心力等），找到了致使旋转椭球体趋于不稳定的点。在当时的天体物理学领域，研究这类宇宙中不存在的理想物体被认为是毫无意义的。但在20年后，他构筑的关于椭球平衡体的理论体系，成为人们解释银河系自旋时聚而不散现象的必要理论依据。对钱德拉塞卡而言，对一个领域全面、完备地了解，掌握它的整个理论体系正是他科学生命的终极目标。

在追求科学美的不同方式中，简约美与系统美一样被认为是科学研究趋于完美的标志。牛顿与莱布尼茨分别创立了微积分，但牛顿的表述语言远不如莱布尼茨的简单明了，故而牛顿只保持了创立者的头衔，莱布尼茨的记法却沿用至今。爱因斯坦认为，将人们引向科学的一种积极动机，是“人们总想以最适当的方式画出一幅简化的和易领悟的世界图像，于是他就试图用他的这种世界体系来代替经验的世界，并来征服它”。钱德拉塞卡显然具有这种积极的动机，试图用简约的方式勾勒完美的世界图景。有人曾将他的研究方式比作是与方程式的搏斗，努力使数学符合于那些方程构筑的模型：

当最后得出了简洁的数学公式，当一切都在精、简、统一的数学形式各得其所地包装起来时，他知道他有答案了。

钱德拉塞卡善于使用公式和方程式等简约的形式来替代烦琐的文字表述。在他的书中，公式和方程的数量往往达到几百个之多。他还在每章结束后附加文献注释，对相关课题内容的发展给出简短但足够完整的历史叙述，从而给他的每部著作都烙上了简约的风格。值得注意的是，并非每位杰出的科学家都和钱德拉塞卡一般偏爱简约的研究方式。他在芝加哥大学的同事费米，以独特的理论洞察力和出色的实验技术冠绝物理学界，却并不擅长简单而严密的思维方式。他的学生泰莱格迪在评价费米时指出：

费米很少讲究简练，他什么方法都用，只要能得到答案。……如果他必须从纸上把曲面剪下来并称量它的重量以求得积分的数值答案的话，他便会这样做。

在两篇费米和钱德拉塞卡合著的论文中，费米是第一作者的论文里基本上没有公式，只有文字；而钱德拉塞卡的名字排在前面的另一篇论文中几乎没有文字，只有公式。与费米相比，钱德拉塞卡的研究跨越物理学、天体物理学和应用数学等多个不同的学科领域，却能够始终贯彻简约的标准，就愈加难能可贵了。

钱德拉塞卡在诺贝尔物理学奖颁奖仪式上所作的演讲中，细心描述了英国女作家伍尔芙所著《海浪》中的一个场景：

> 有一个正方形，有一个长方形。演员们拿起正方形并把它放在长方形之上。他们非常准确地把它放好，他们建造了一个完美的住处。留在外面的很少。现在建筑物可以看到了，未完成的部分在此已说明，我们不是那么多才多艺，也不是那么平庸无能，我们制作了长方形且把它们竖立在正方形之上。这是我们的胜利，这是我们的安慰。

在追寻真理光辉的道路上，钱德拉塞卡将自己看作伍尔芙笔下的演员们，以简约而有秩序的形式，在科学的庙堂中建造了一座完美的居所。尽管未完成的部分依然存在，人类以近乎完美的方式所获取的依然是对自然和宇宙并不完美的解读。但正如巴斯德所说："直至我们很荣幸地想起已经为人类谋了些幸福和进步的时刻，就可以勇敢地说：'我已经尽力而为。'"

四、以变为美的研究风格

1975 年 4 月 22 日在芝加哥大学，钱德拉塞卡作了题为《莎士比亚、牛顿和贝多芬：不同的创造性模式》的演讲，指出科学家和艺术家在成果创造方式上存在巨大的差别。

> 一位科学家最"重要"的发现往往是他的第一个发现；相反，一位艺术家最深刻的创造多半是他最后作出的。

他认为文学家和艺术家，如莎士比亚和贝多芬，他们的创作生涯一直延续到晚年，并在生命的后期将创作和生活全面有机结合，分别创作出《暴风雨》和《F 大调第十六弦乐四重奏》这样的伟大杰作。反观科学家，牛顿、麦克斯韦、斯托克斯、爱因斯坦等科学巨匠在晚年均未取得高水平的研究成果。

笔者认为，钱德拉塞卡指出科学与艺术工作的差别，是基于对自身科学探索历程的思考。毋庸置疑，钱德拉塞卡所述的科学家中年之后创造力衰退的现象，的确在科学界普遍存在。英国著名数学家哈代曾经说：

> 我还从未看到一个数学家过了 50 岁还能取得重大的数学进展……，一个数学家到 60 岁也许还有足够的竞争能力，但我们不可能期望他有创造性的思想。

英国著名生物学家赫胥黎甚至认为："科学家过了 60 岁害多益少。"在科学领域，创造性研究是属于年轻人的专利，似乎已经成为多数科学家的共识。但是，也有少数创新能力特别持久的科学家，使这一似乎普遍适用的法则失效。深谙科学与艺术之间创造模式差别的钱德拉塞卡，以其充满辉煌创新成果的一生，向世人证明，他竟是突破创造法则的科学奇才。

回顾钱德拉塞卡的科学探索历程，同道和朋友们会发现他在研究领域的产出遵循一个固定的程式：

> 在近乎每个 10 年的开头，他选择一个新的研究领域。随后，他就这个领域中的一些重要问题展开研究并撰写一系列论文。在这个 10 年即将结束的时候，他出版一本权威性著作，以一个新的、更加清晰的视角将这一研究领域重新呈现出来。

在他人生的第三个 10 年，钱德拉塞卡致力于恒星结构理论的研究；接下来的 10 年他转向辐射转移以及行星和恒星的大气理论的研究；第五个 10 年，他开始研究流体力学和磁流体动力学的稳定性问题；在他的第六个 10 年和第七个 10 年中，他开始挑战高度抽象化的相对论天体物理学以及黑洞的数学理论。他所撰写的论文和专著现已成为这些领域的经典之作，每一个真正投身于天体物理学和其他物理学领域的研究者都必须重视它们。

钱德拉塞卡何以能打破科学创新的普适性法则，在多个研究领域中持续做出高水平的创造性工作？通过阅读他的著作和传记，笔者认为，他对科学美的多样性的体验，致使他在科研探索中逐渐形成以变为美的研究风格，在不断变换研究领域的过程中延续他对科学美执着的追求。这一研究风格的形成，与他早年在恒星演化理论上与爱丁顿发生冲突的经历有密切的关联。1935 年 1 月 11 日，钱德拉塞卡受英国皇家天文学会之邀，在例行会议上介绍了他对恒星演化理论的相对论性简并研究的成果，得出对于质量大于 1.45 个太阳质量的恒星，白矮星将不是它演化的最终形式。对于这个演化理论的突破性结论，作为天体物理学领域权威的爱丁顿并未给予对年轻人应有的支持，相反，他以嘲弄的口吻“质疑钱德拉塞卡的逻辑和计算，并以不相关的理由轻率地否定了他的结论”。学术权威的无端指责和粗暴反对，迫使钱德拉塞卡不得不离开探索了近 7 年的恒星演化领域，转向新的研究领域，也冲淡了他对获取科学名誉和头衔的功利之心。

> 他显现出一种受审美理念所支配的独特风格。不屈不挠地去攻占一个个确定的领域。一旦攻占了，又有能力完全离开它而到另一个领域，这是钱德拉塞卡的科学追求的特点。

在以自己的第一部著作《恒星结构研究导论》（1939）总结了他对白矮星的研究工作后，他投入了恒星动力学领域的研究。在这一领域工作几年之后，他出版了《恒星动力学原理》（1943），接着又马不停蹄地转向辐射转移的研究。对钱德拉塞卡而言，研究的意义并不取决于取得成果的价值，而在于不断变换研究领域的过程中体验科学美的存在。在哥本哈根进行学术访问时，他以夸张的方式向家人谈及秋天的气候：

> 秋天啊！它在哥本哈根是可爱的。秋叶，在改变它们的绿、黄、红和深红的色彩中显得快乐和自负，在每一阵寒冷北风里兴奋地颤动——这是大自然演出的一出戏剧，它在刹那间（且几乎当仁不让地）揭示其本体的奥秘。

钱德拉塞卡敏锐地捕捉到了自然界中美丽的瞬间，他用拟人的手法，对秋叶在变换色彩中心态的描述，似乎也是他在探索过程中，孜孜不倦追寻科学之美的写照。外尔在评价希尔伯特的研究方法时说：

> 如果他埋头于积分方程中，那些积分方程便是一切；如丢开一个课题，他就永远丢开而转向别的。正是以这种独特的方法，他取得了多方面的成就。

钱德拉塞卡对科学美的追求，正如希尔伯特一样，沉浸在对不同研究领域的征途中。他还认为，许多伟大科学家成为自己成就的俘虏并远离创新之路，是由于更多俗务的纠缠：

> 他们将面对行政圈子的威望和权力以及迥然不同于一名科学家的新的生活道路和方式的诱惑。

同时，他认为还存在一种微妙的障碍，阻挠他们的创造力的发挥，钱德拉塞卡指出，那些促成他们作出重大发现的特殊条件（如新实验事实的意外发现、新技术、其他人的部分成功和失败），是不可能重复出现的。因此，他们期待重新体验过去的辉煌也是无法实现的。而对钱德拉塞卡而言，探索的意义并不是回到过去，只有不断变化研究方向才能获得美的享受。

> 每隔10年投身于一个新的领域，可以保证你具有谦虚精神，你就没有可能与青年人闹矛盾，因为他们在这个新领域里比你干的时间还长！

正是凭借独特的以变为美的研究风格，钱德拉塞卡摆脱了困扰许多杰出科学家的创造能力衰退的困境，得以在不同时期不同领域取得同样出色的研究成果。

钱德拉塞卡对于美的多样性的探求，是建立在他对科学美一致性理解的基础之上。他将理论科学分为基础科学和导出科学两部分，认为基础科学中的理论在多个导出领域的应用中具有普适性。他以“布朗运动”现象为例，认为用于揭示溶液中微观胶体粒子运动的基本概念同样可用于解释星群的运动，从而得出这两类问题在本质上具有基本的一致性。在转变研究领域后，钱德拉塞卡根据科学美的一致性，将解释其他领域中问题的基本理论引入新的研究领域，开辟了许多新的研究方向，从而极大地拓宽了该领域的研究范围。有人说：

研究钱德拉塞卡的工作犹如观看一条小溪的流程。以一部专著结束的钱德拉塞卡工作的一个完整时期看上去好像溪流驻留在一个天然壁障处。然而，它立即开辟一条新途径。一开始只是涓涓细流，不过，一条新溪流不久就出现了。

许多领域在钱德拉塞卡研究之前，只是天体物理学里很小的角落，他的研究给该领域带来了前所未有的新应用和新方向。

钱德拉塞卡曾将探索真理的过程比作攀登一座很高但不是高不可攀的山峰。他并不奢望“在一个天气晴朗无风的日子里去攀登珠穆朗玛峰并登上它的顶点，在宁静的空中，纵览那在雪中白得耀眼的一望无涯的喜马拉雅山脉”。因为他深知，任何人都不可能看到自然界和宇宙的全部图景。“但是，仅仅站在峡谷的底端等待着太阳越过干城章嘉峰，也未免太俗不可耐了。”尽管科学探索的道路永无止境，他并不会因此而裹足不前。恰恰相反，由于他把探索的历程等同于在自然界和宇宙中追寻美的过程，沿着崎岖的山路前行，在不断变化的景致中追寻美的足迹，享受探索带给他的平静和内心的安宁，故而能够毕生保持旺盛的创造热情，成为科学崖壁上与美偕行的攀行者。

（作者：张煌　朱亚宗）

参考资料

[1] 彭加勒.科学的价值[M].李醒民，译.北京：光明日报出版社，1988.

[2] 钱德拉塞卡.莎士比亚、牛顿和贝多芬——不同的创造模式[M].杨建邺，王晓明，等译.长沙：湖南科学技术出版社，1996.

[3] 瓦利.孤独的科学之路——钱德拉塞卡传[M].何妙福，傅承启，译.上海：上海科技教育出版社，2006.

[4] Hans A. Bethe. Subrahmanyan Chandrasekhar（1910-1995）[J].Nature，1995，377（10）：12.

[5] Freeman Dyson. The Death of a Star [J].Nature，2005，438，December.

[6] Thanu Padmanabhan. The Dark Side of Astronomy [J].Nature，2005，435，May.

[7] 肖明.爱丁顿、钱德拉塞卡关于白矮星的争论及其启示[J].大学物理，2004，8.

戴维·约瑟夫·玻姆

（David Joseph Bohm，1917—1992）

玻姆

探索量子物理实在性的智者

恩师戴维·约瑟夫·玻姆教授1917年12月20日生于美国宾夕法尼亚州巴尔小镇，1992年10月12日卒于伦敦一家医院，享年74岁。他把毕生精力奉献给了人类探索实在本性的科学事业。作为一位卓越的量子物理学家，他不仅在物理学主流研究（诸如等离子体物理理论、金属理论、高能粒子理论以及AB效应等）中作出了其独特的贡献，而且更重要的是，在量子力学的基础研究中，他以反潮流的大无畏精神和严谨求实的科学态度，对于玻尔创立的量子力学正统观点提出了挑战。多年来，他在1952年发表的关于量子因果解释的两篇著名论文，一直是实在论物理学家从事量子力学基础研究的鼓舞力量和思想源泉。作为一位伟大的科学思想家，他和爱因斯坦一样，坚持科学的任务不仅在于描述自然，而且在于理解自然。他强调科学观念中概念的明晰性，高度重视第一原理的基础研究。他的自然哲学思想是反还原论的与开放的。他融西方科学精神与东方哲学于一体，坚持现代科学支持的整体性实在观念。他关于物质与精神本性的隐序实在观，超越了传统科学与传统哲学的疆域，对于科学与人类文明的未来，具有潜在的和深远的影响力。

一、从宾夕法尼亚州、加利福尼亚州到新泽西州

玻姆并非出身于科学世家，他的父亲原籍奥匈帝国，是一位有犹太血统的家具商，后迁居美国宾夕法尼亚州北部一个矿山小城卫尔斯·巴尔镇，玻姆就出生在那个小镇。少年时代的玻姆就对科学感兴趣，8岁时就开始阅读科学小说。一本天文学的书对其智力形成产生了巨大影响。事隔数十年，玻姆仍清楚记得他当时被浩瀚而秩序井然的宇宙深深迷住的情景。自那以后，小玻姆便与科学结下了不解之缘。大量时光都花费在阅读与思考上面。他常常迷恋于探寻事物的活动机理，有时甚至设计出一些机械装置。例如，一只“不滴水的壶”就是他的得意之作。玻姆的父亲开始为自己的

儿子如此地迷恋科学而担忧，总觉得一个人怎能以“科学”谋生。玻姆却不愿秉承父旨，操持家业。为了迎接未来生活的挑战，他设想以发明为生，为把“不滴水的壶”推向市场而奔走调查过。

在接受物理学启蒙教育的高中阶段，他的抽象思维能力得到很大提高，甚至思考过这样的问题：物理学理论是怎样使人们建构起对于实在的一种理解的？他在故乡宾夕法尼亚大学第一次有一定深度地系统学习量子力学与相对论时，立即就着了迷。对于玻姆来说，走科学的道路已经成了他不可逆转的选择，他决心把自己塑造成一名理论物理学家，以物理学的认识形式，去探索实在的奥秘。

1939 年玻姆在宾夕法尼亚大学获得科学学士学位，随即来到加利福尼亚大学的伯克利分校，成了罗伯特·奥本海默的博士生。当时，奥本海默领导着美国研制原子弹的曼哈顿工程。玻姆参加了加利福尼亚大学辐射实验室有关曼哈顿工程的研究工作。他最早从事的课题是氟化钠在电弧中的电离化研究，这是曼哈顿工程中分离铀 238 课题的一个子课题。

1943 年玻姆完成了关于中子－原子散射的理论研究，获得博士学位。这之后，他继续留在辐射实验室从事等离子体理论、回旋加速器理论与同步回旋加速器理论的研究工作。他在该实验室的大量工作是解决各种技术性问题。但他特别注重分析等离子体现象的物理机理。他发现，与等离子体单个粒子是高度相关的。他率先认识到，等离子体理论为改进对金属电子理论的理解提供了许多实际可能性。因为他深信，用均匀分布的正电荷取代正离子就可以把金属描绘成一个高密度的等离子体。玻姆认为：在等离子体中库仑相互作用极大程度地组织化了（表现为电屏蔽效应与电磁振荡效应），因此，努力设计一种金属的等离子体理论，作为对于单电子金属理论的重大补充，是有价值的。

1947 年，奥本海默举荐玻姆到新泽西州的普林斯顿大学任助理教授，担任量子力学课程教学，同时还给研究生开设等离子体物理学与高等量子力学讲座，并指导他们撰写学位论文。他与研究生潘尼斯合作，对于电子相互作用的等离子体描述所作的系统研究，就是在玻姆前期研究思想指导下进行的。他们首次用集体坐标描述电子相互作用的长程行为，用粒子坐标描述电子相互作用的短程行为。在无规相位近似中，集体模式完全解除对于个别电子的耦合，剩下短程相互作用的电子系统，可以用微扰理论处理。他们引入的无规相位近似可视为一种与时间相关的平均场理论，后来被广泛地应用于从原子的壳层电子到夸克物质的各种多体问题之中。潘尼斯写道：

……作为导师、合作者与朋友，戴维·玻姆引导我认识到物理思想与物理直觉的首要性；他教导我从许多不同透视中去观察一个特定的问题，以及使用一切必要的数学技术去检验物理思想的重要性。我非常感激他不仅在理论物理方面，而且在作为一位理论物理学家的工作方式方面给予的启蒙教导。

在普林斯顿大学，玻姆还指导了格罗斯、维恩斯坦和福德等其他学生在量子等离子体物理领域作其他开拓性研究。格罗斯写道：

……戴维其人过去是，现在仍然是全神贯注于对于事物本性的平静和深情的探索之中。他与世无争，毫无狡诈。戴维给我的第一个印象是：他来普林斯顿不久所作的一次等离子体物理学的学术报告。当时我正在寻找论文导师。戴维·玻姆以其独特的气派为学生选题提供了广袤的范围。显然，必须探索的问题域是巨大的。概念问题与实际问题的交织非常诱人和令人兴奋。一般的论文是按进行中的纲领做简单的下一步。有机会做一篇内容比这多得多的论文是多么幸运啊！我努力做笔记，非常细心地写成讲稿。我把它交给了戴维。于是，他选定了我作为他的学生。我们在一起度过大量的时光。我们有时在黑板上演算，但主要是交谈，戴维无须纸笔也可以探讨理论物理。数学得心应手，有意义的结果水到渠成。

玻姆早期对量子力学的理解受到玻尔互补思想的深刻影响。早在攻读博士学位期间，他就经常跟另一位悉心研究量子力学的博士生约瑟夫·温伯格讨论量子理论的哲学蕴涵。当时，玻姆自信是玻尔观点的支持者。他听从一位朋友的劝告，尚未去普林斯顿大学就着手撰写他的《量子理论》一书，试图从玻尔的观点来阐明量子力学抽象数学的内在物理意义，以达到通晓量子力学的目的。这部著作于 1950 年完成。次年由纽约 Prentice - Hall 公司第一次出版，后来持续重印发行。一般认为这是当时最好的量子力学教程之一。它的主要优点是：对于量子力学数学方程式背后的主要物理思想给出了清晰的阐述，并且相当详尽地讨论了通常被别的教程所忽视的困难问题（例如量子理论的经典极限问题、测量问题以及 EPR 悖论等）。这些问题至今仍是许多基础性研究论文的主题。特别是，玻姆当时就看到了量子力学的非局域性。他用自旋系统重新表述的 EPR 实验，不仅有利于澄清 EPR 悖论的实质性争端，而且启示人们使用电子偶素衰变或光子联级辐射来设计实际实验。这些现已实施的实验，使这场物理的形上学辩论转化为技术性很强的硬物理学。

正值玻姆撰写《量子理论》期间，发生了玻姆生平中最不愉快的一系列事件。众所周知，战后冷战初期，美国有一段麦卡锡主义时期，即美国国会参议员约瑟夫·麦卡锡领导的非美活动委员会与美国联邦调查局在 20 世纪 40 年代末 50 年代初开展的一场清洗运动。这场运动也危及到了玻姆。1949 年 5 月 25 日，玻姆被召到众议院非美活动委员会听证室，要他就二战期间与他一道在伯克利辐射实验室从事曼哈顿工程研究的部分朋友和同事对于美国的忠诚问题作出证明，因为他们被无端地指控为共产党间谍或其同情者。玻姆出于对自由的热情信奉，拒绝作证。经过法律咨询，他决定援引美国宪法中关于公民权利的第五修正案，该修正案（1791 年批准生效）明确规定："不能要求案情人物对自己的犯罪作证。"一年以后，他的申辩被驳回，美国联邦调查局以蔑视国会罪对玻姆提起公诉。庆幸的是，在等待法院判决期间，最高法院规定"如果本人没有犯罪，且证词是自陷法网，则不应强迫其作证"。据此撤销了对玻姆的起诉。此间，普林斯顿大学劝玻姆莫在校内露面，这促使他比预料的时间早得多地完成了《量子理论》的撰写。

可是，玻姆刚完成此书，便觉得自己并没有真正理解量子力学。他尤其不满意的是，书中并没有为独立的实在（例如，原子跃迁的实际过程）这样一个合适的观念留下地盘。于是他着手考察量子现象的另一种观点，那就是：如果一个波从某个源扩展开来，那么，另一个波必定汇聚于它被观察到的那个地方；这样，一个波以某种方式产生着另一个波……，新的波会扩展到电子将被观察到的那个地方。

当时，玻姆将他的书分寄给了爱因斯坦、玻尔和泡利。玻尔没有答复。泡利热情地称他写得好。爱因斯坦邀请玻姆到他的寓所作深入讨论。他们的讨论集中于批评量子力学不允许对于世界结构作任何实在性理解上。多次深入讨论极大地强化了玻姆这样一种信念：就物理学应该对实在作出客观而完备的描述而言，在量子理论中缺少了某种基本的东西。在爱因斯坦的直接激励下，玻姆对于是否可以找到量子理论的决定论扩展，变得极感兴趣。这时，玻姆在普林斯顿大学的合同期满，奥本海默劝他不要在美国找工作，以免麦卡锡主义充分得势后再遇不测。

二、辗转巴西、以色列和英国

1951年秋，经巴西朋友介绍，玻姆在巴西的圣保罗大学获得教授席位。在那里从事量子理论基础与物理学中的哲学问题研究。果然不出奥本海默所料，玻姆在巴西期间，美国官方取消了他的护照，致使玻姆开始了流亡国外的学术生涯。

玻姆对于现行量子理论的反思，使他确信：我们实际上还没有达到量子理论的最底层。他一方面接受了爱因斯坦关于量子力学对物理实在描述不完备的观点，把探索对物理实在更精细的描述定为研究目标；另一方面采取了玻尔关于量子现象的整体性观点，强调微观粒子对于宏观环境的全域相关性，以协调量子力学正统理论的矛盾。这种兼收并蓄的做法使他得以避开冯·诺伊曼关于隐变量不可能性论证的制约，只按哈密顿－雅可比理论的要求，将薛定谔方程变形并赋以新义后，顺利发现了他关于量子力学的本体论因果解释。值得提及的是，这一发现是玻姆利用前往圣保罗大学任教前的一段间歇时间进行他所谓的“物理概念实验”的产物。

玻姆关于量子力学隐变量因果解释倡议的两篇论文发表在1952年《物理评论》上。第一篇是针对单粒子系统的；第二篇则把因果解释推广到多粒子系统以及电磁场系统之中。后者是为了回答泡利等人的非议而写的。当玻姆将他的第一篇论文预印稿向德布罗意通告时才得知：他的倡议实质上是1927年索尔维物理学研讨会上德布罗意曾提出过的导波理论。由于未能答复泡利的非议，又得不到对量子理论持反主流观点的爱因斯坦的支持，德布罗意当时不得不放弃了它。现在玻姆受到了泡利的指责，说是“新瓶装老酒”，是早已被驳倒了的东西。玻姆的第二篇论文不仅正面抵挡住了正统观点的种种非难，而且还把德布罗意带回到了他原来的立场上。

1953年至1956年，玻姆发表了一系列论文，使得他的因果解释变得在技术细节上无懈可击。它不仅能导出正统观点所能说明的一切统计实验信息，而且更重要的是，它免除了正统解释中跟量子力学迭加原理以及测量问题相关联的一切概念困扰。玻姆的量子力学因果解释的核心思想涉及两类变量：一类是粒子变量，它是有连续径迹的；二是波函数，它遵从决定论的演化方程（即薛定谔方程），不仅具有常规的概率幅含义，而且确定着作用于粒子上的量子势。量子势是一切量子效应的唯一缘由。当量子势远小于经典势时，量子粒子便退化为经典粒子。这样，玻姆首次为人们提供了一个自洽的跟经典本体论相连贯的量子力学本体论思想。当时玻姆把使量子力学描述完备的粒子变量视为量子力学的隐变量，而把波函数视为量子力学的显参量。其实，粒子变量是直接显示于测量之中的，而波函数则隐含于量子测量之中。所以，这种因历史原因的用词不当被贝尔指出之后，玻姆便放弃了“隐变量”一词，而把他的解释称为本体论解释或量子势因果解释。

在发表量子力学隐变量因果解释论文前后，玻姆一直力图说服爱因斯坦相信他的解释。1953 年 2 月 4 日玻姆在给爱因斯坦的信中写道：

感谢您给我寄来将在玻恩纪念文集中发表的论文（这就是著名论文“上帝是不掷骰子的”，文中提到玻姆更加机智地发展了德布罗意的原始思想；然而，他们的解决方案是“廉价的”）。您也许猜到了，我并不完全同意您关于由德布罗意和我所倡议的因果解释以及关于玻恩的通常解释所说的话。因为，如我在信中将要说明的，我并不认为玻恩理论实现了这样的条件，即作为一种极限情形，它包含了宏观系统的行为。

1953 年 2 月 17 日爱因斯坦致玻姆复信写道：

十分感谢您对我的小文章的迅速反应。当然，我本不期望您同意我的观点，因为几乎没有人会愿意放弃一项他已经付出巨大劳动的事业。

对此，玻姆于 1953 年 2 月复信写道：

无须说，我仍然不同意您的意见，我认为这并非出于“不愿意放弃一项投入了巨大劳动的事业”。事实上，您也许记得，在写完一本论量子理论的寻常解释的书之后，当提供了使我信服的论据之时，我就放弃了这种解释。可是，我现在认为，您的这些论点并不像以前的有助于我考察量子理论因果解释可能性的那些论据令人信服。

经过一番辩论，爱因斯坦与玻姆的交锋大为缓和。1954 年 10 月 28 日爱因斯坦答复 10 月 18 日玻姆的另一封信中写道：

……从来信得知您身体很好，并且得知我们的努力（指让玻姆的评论文章与爱因斯坦的前述论文在玻恩纪念文集一道发表）似乎是成功的，感到非常高兴。跟您一样，最近几年我的大部分努力花在完备的量子理论上。但是，在我看来，我们离问题的圆满解决还相当遥远。

1955年秋，玻姆离开巴西，前往以色列任海法大学技术学院教授。这是玻姆生涯中最艰难的岁月，虽然，在流亡期间，他能得到挚友与学生们给予的精神支持与安慰，但是在量子理论领域中，逻辑经验主义的哲学思潮已经先入为主地占据了统治地位，一般物理学家已经对于物理学理论基础的研究不再感兴趣了。因此，他的关于量子理论的新见解受到大多数理论物理学家的冷遇。当时他深感缺乏与同行们切磋的机会。就在玻姆处于最艰辛的时刻，幸运地遇到了莎娜·沃尔夫逊小姐，她写道：

我第一次遇见戴维时，他义无反顾地去真诚地看待每一件事情的巨大勇气，深深地打动了我。他随时准备正视现实，不论结局如何。

共同的价值观使两人走到一起，玻姆与莎娜于1957年在以色列结婚。

在其学术研究处于近乎孤立的境况中，玻姆从未停止他对于科学真理的追求。他的著作《现代物理学中的因果性与机遇》，就是他在巴西与以色列期间撰写的。这本书已有法、俄、德、日、中等多种文字的译本，其原版在继续印刷了25年之后，1984年又以新版发行。玻姆在这本书中倡导并雄辩地阐述了一条崭新的自然哲学观点，即决定论与统计的机遇律是自然定律的单一结构的两个侧面，这个定律结构要比这两者更深入，更具综合性。为了支持这一观点，他建议把量子因果解释中得到的径迹视为亚量子力学层级上一种更深过程的某种平均效果。在这亚量子力学层级上存在一种遵从新型因果律和新型统计涨落的结构实体。玻姆反对一切形式的机械论，提出了自然的无穷性观念。他在强调宇宙中事物的无限多样性和无限多质性的同时，又强调宇宙事物的整体性。他认为：

基本实在就是存在于变化过程中的事物的总体。……这个总体是囊括一切的。因此，它的存在、它的意义以及它的任何特征都不依赖于它自身之外的任何别的东西。就这种意义而言，变化过程中的事物的无穷整体是绝对的。……变化过程中事物的总体只能借助于抽象序列来表征，而每一个抽象只能在有限范围内、有限条件下及适当的时间间隔内才可能近似有效。这些抽象之间有着许多可以合理地被理解的关系。因此，它们代表着处于相互倒易关系之中的种种事物；每一个用某一具体抽象所表述的理论，有助于界定用别的抽象表述的不同理论的有效域。

1957 年，玻姆离开以色列来到英国，从 1957 年到 1961 年任布里斯托尔大学威尔逊物理实验室的研究员。在那里，他接纳了一位有才华的研究生阿哈罗诺夫，他们卓有成效地工作，研究过许多重要问题。其中对物理学主流研究影响最深远的是关于对电磁势在量子电动力学中地位的系统研究，他们首次证明了即使在没有电场与磁场的区域内，电磁势对于电荷仍有效应。物理学共同体称之为 AB 效应。

三、伦敦大学 30 年

1961 年秋，玻姆获得了跟他的声望相称的学术职位，成了伦敦大学伯贝克学院理论物理教授。虽然在这之前，美国政府已经撤销了对他的一切指控，并最终允许他返回美国本土，但是玻姆教授选择了伯贝克学院作为他继续从事量子理论、相对论与当代哲学问题研究的归宿地，在此度过了后半生的 30 年时光。

20 世纪 60 年代初，杰克逊和潘尼斯组织编辑了一套《物理教学笔记与增补丛书》。这套丛书具有处理问题清晰、坚实、新颖等特点，是大学物理专业高年级学生喜爱的读物。玻姆为这套丛书撰写的《狭义相对论》于 1965 年出版。玻姆的著作均注重物理概念的清晰，强调物理观念和物理理论的整体性，而有别于相同主题的许多其他专著。

从 20 世纪 60 年代后期开始，玻姆从量子势及量子整体性的本性出发，认为有必要从根本上重建我们的实在观。他领悟到实现这一目标必须对物理学惯用的、以事物可分性假设为基础的思维模式和语言表述给予根本的改造。他想要抛弃传统的连续时空中的粒子与场的观念，以结构过程观念取而代之。他称基础层次上的结构过程为完整运动，而物理学所讨论的东西（包括时间、空间、粒子与场等）则是这种完整运动的亚稳与半自洽的种种表现。

从完整运动概念到玻姆的隐序观念，只需跨越很小的一步。这里值得提到三个动因。首先，追溯到玻姆与印度哲学家克里什纳默蒂在20世纪60年代的交往。这位东方哲学家的著作《第一与最后的自由》提到观察者与被观察者不可分的观点，正好是量子理论的论题，引起玻姆的强烈共鸣。不过，克里什纳默蒂指的是精神的整体。玻姆由此领悟到量子理论中的情况与克里什纳默蒂的这一观点有着很大的相似性。他从东方哲学家那里获得了逾越物理学去探索人类意识真谛的巨大力量。于是，一位西方物理学家和一位东方哲学家很快成了探索实在（包括物质与精神）的整体序的学术挚友。

其次，要提到的是唤起玻姆灵感的一个实验。这是BBC播放的由大不列颠皇家研究院安排的墨水－甘油实验：在一个特制的广口瓶内装有一个由其顶部的手柄操纵的可旋转的圆柱体。在玻璃瓶与圆柱体之间的狭窄空间内盛满甘油，再从瓶的上方滴入一滴墨水。当玻姆注视着手柄旋转操作时，他猛然发现黑色墨水已“卷入”到浅色的黏滞甘油之中，散开得几乎化为乌有了。接着手柄反转，好像变戏法一样，原先的墨水滴又重新出现了，它是从甘油中“拓展”出来的。玻姆看到时，竟惊呼起来：“好啦，这就是我所需要的！”此后，墨水－甘油实验就成了他解释他的隐（卷入）与显（拓展）序理论的一个形象化比喻。

再次，对于卷入－拓展观念最有意义的促进因素，也许来自量子力学的格林函数方法。因为这方法以准确的数学形式表达了前后时刻的波函数信息的卷入－拓展关系。由于格林函数方法可以代数化，所以，玻姆认为，描述隐序所需要的基本数学将涉及矩阵代数。

玻姆的上述思想先以两篇论文的形式发表，后收集在玻姆的第四部著作《整体性与隐缠序》之中。这部力作是他在20世纪60年代至70年代里，对于作为一个整体的（普遍）实在与（特殊）意识的本性探索的产物，代表他的自然哲学思想的新发展。玻姆雄辩地证明：科学本身要求一种新的、不分割的世界观。因为：

> 把世界分割为独立存在着的部分的现行研究方法在现代物理学中是很不奏效的。……业已证明：在相对论和量子理论中隐含的宇宙整体性观念，对于理解实在的普遍本性会提供一个序化程度极高的思维方法。

在伯贝克学院物理系，玻姆的研究工作得到了他的同事海利博士的充分理解与支持。自20世纪70年代始，海利成了玻姆的亲密朋友与合作伙伴。他们在量子理论与相对论基础研究中有效地合作，发表了一系列论文。此间，玻姆在海利的协助下，指导他们的研究生做了两方面的工作。一是将早期的量子势模型应用于双高斯缝、一维势垒（势阱）散射以及自旋测量等具体情形中，通过计算机仿真数值计算，给出了这些情形中量子势与粒子径迹的空间分布。这工作是由皮里普的斯与丢德尼具体实现的。他们工作的重要意义在于：拨开笼罩物理学达半个世纪的"波粒二象性"迷雾，使人们能直观地把握量子实在的本质特征。二是他们对于量子力学本体解释的重新表述。在新的表述中，量子势的形式特征得到了强调，致使量子势因果解释能较好地推广到相对论领域和量子场论的情形之中。后一工作是卡罗叶若的博士论文主题。

玻姆和海利关于量子力学的本体解释，是跟玻姆的隐序观念相适应的。在他们看来，在非相对论量子力学因果解释中，作为显序的粒子变量受到作为一级隐序的信息场（即量子势）的调控，而在相对论量子场论的因果解释中作为一级隐序的场变量则受到作为二级隐序的泛函信息场（即超量子势）的调控。在玻姆看来，隐序是不可穷尽的。

这里，我谈谈玻姆教授对我的影响与教诲。我在青年时代就酷爱理论物理学，对于现代物理学中的哲学问题颇感兴趣。玻姆的《现代物理学中的因果性与机遇》（*The Causality and Chance in Modern Physics*）一书深深地迷住了我。我很快把它译成中文，译文经秦克诚修改后，于 1965 年由商务印书馆出版。我有幸于 1980 年初到伦敦大学师从玻姆教授。他给我的第一个印象是谦和慈祥、思维敏捷。我在自我介绍中，对未事先征得同意就翻译他的著作一事深表歉意。他宽宏大度，而且高兴地告诉我，他的书已有德、俄、法、日 4 种译本。我当即把中译本赠给他。他非常高兴，随手就从书架上取出《整体性与隐缠序》（*Wholeness and the Implicate Order*）题名赠我。根据我的情况，他建议我去帝国学院听伊沙姆的《代数拓扑》，去国王学院听泰勒的《量子引力》，这使我能更深入地理解玻姆的物理学思想。我发现：玻姆教授重视学术对话与交流，但不求闻达于社会；他作风严谨，生活简朴，爱好古典音乐。几片面包和一杯牛奶就是他的工作午餐。他基本上是步行上下班，其夫人在离校几里路以外的停车场接送他。

第二年 2 月的一天，我在图书馆偶然读到胡克的一篇论文《形上学与现代物理学》，很受鼓舞，于是产生了以物理学与物理实在为主题写一本书的念头。回到系里，顿时觉察到，一个完全的物理学理论应是一个四维体系，即理论基本概念的操作定义、理论的数学结构、理论的本体解释和理论的历史延拓。当时我很兴奋。未经预约就跑到隔壁玻姆教授的办公室同他谈了自己的打算。他对于我对物理学作形上学的探究很感兴趣并表示支持，转身在黑板上写上 metaphysics（形上学）一个词。他说：

形上学是处理事物第一原理的哲学分支。人们并不知道实在的终极本性，所以许多现代哲学家和科学家都反对搞形上学。殊不知，形上学是任何人都回避不了的。问题是对形上学应采取一种正确的、开放的态度，应该不时地对旧有的形上学观念进行反思与修正，让更好的形上学观念取而代之。

他又在黑板上并排写上 ontology（本体论）、epistemology（认识论）和 methodology（方法论）三个词，分别用线跟 metaphysics 相连，向我详细阐明了它们之间的关系。玻姆的这番教诲对我以后的工作有着潜在的影响。4 个月后，我的手稿《物理理论的结构及其展开》（*The Structure of Physical Theories and Their Unfoldment*）写成了。

玻姆教授逐章逐节审阅，连文稿中丢掉的冠词他都一一填上了。我为他的这种极端认真负责的精神所感动。就是在审稿期间，他的心脏病发作了。7 月间他住院做了心脏血管搭桥手术。术后一周，我前往医院探望他时，玻姆夫人告诉我，玻姆教授已坚持自理与独立行走了。当他得知我要在 12 月份回国时，出院后立即继续审阅我的手稿。最后，在 11 月底，玻姆与海利一起，花了整整一下午的时间为我的书写前言。回国后，玻姆和海利一直跟我保持联系，不时地寄来他们的新作以及重要论文的预印稿。恩师对我的谆谆教诲我永不忘怀。

1983 年秋，玻姆教授从伯贝克学院物理系退休，成为伦敦大学退休名誉教授。退休后，他仍然关心并指导伯贝克学院物理系由他开创的关于量子理论与相对论的基础研究。此间，玻姆的学术观点和科学思想在各学术界获得愈来愈多的认可、理解与支持。在玻姆 70 岁寿辰时，由海利与皮特主编的纪念文集《量子蕴涵》问世。撰稿人跨越物理学、哲学、生物学、艺术、心理学等众多领域，包括一些当代最卓越的科学家。它是一部研究玻姆思想及其影响的重要文集。

普里戈金（比利时理论物理学家、诺贝尔奖获得者）写道：

……无须枚举他对于现代理论物理的基本贡献；这些是科学共同体所熟知的。然而，戴维·玻姆独到之处在于他深深地卷入到认识论问题之中。

德·斯派格纳（法国理论物理学家）写道：

爱因斯坦断言：物理学中最基本的东西不是数学，而是基础概念集。……在我们这一代物理学家中，戴维·玻姆显然是第一个用自己的例子来阐明爱因斯坦这一格言的深刻真理的人。许多人（包括我本人）是通过阅读他的1952年论文从一种“教条的昏迷”（康德语）中觉醒过来的。但玻姆比任何人都更强烈地告诫我们：不要从一种教条跳进另一种教条。

贝尔（美国理论物理学家）写道：

对于我来说，玻姆1952年论量子力学的论文是一部启示录。它消除了非决定论。这是非常引人注目的。但是在我看来，更为重要的是消除了对于把世界暧昧地分成一方为“系统”与另一方为“仪器”或“观察者”的任何需求。从那时起，我总是觉得在对于量子力学意义的任何讨论中，那些没有掌握这些论文思想的人（遗憾的是，至今他们仍为多数）是智力不足的。……我认为，量子理论（具体的量子场论）的常规解释是非职业的含糊与暧昧。职业理论物理学家应当能够做得更好；玻姆已为我作出示范。

1984年5月11日国际特别使命基金会邀集了44位不同国籍、不同年龄、不同专业的学者，在英格兰洛色斯特郡密克顿兹沃德山庄举行一次周末座谈会，集体访问玻姆教授。请他谈谈关于精神、物质、意义、隐序以及从人类自我到上帝本性等一些重大问题的最新近思想。玻姆认为：

对话不仅会改变人与人之间的现存分裂关系，增加人际间的和谐与协调，而且，甚至会改变产生出这些分裂关系的意识本性，更大规模地释放出意识的创造力来。

……要从政治、经济和社会各方面改变这个世界，意义变化是必需的，但变化必须始于个人。……对旧思维方式的挑战是化解，而不是以意志或武力对抗、征服、控制或摧毁之。

1987年《科学、序与创造力》问世。这是玻姆与皮特的合著，是他俩15年间一系列对话演化的产物，正如本书导言中所表明的，他们对于科学和艺术具有共同的本质持相同的见解。在这部激发思想的著作中，他们追溯了科学的历史，从亚里士多德到爱因斯坦，从毕达哥拉斯定理到量子力学，关于科学理论怎样演变成现在这个样子，关于怎样消除束缚创造力障碍以及关于科学怎样才能导致对于社会、人类生存条件和人类精神本身的更深理解，提出一系列引人入胜的洞见。

1989年出版的《探寻意义——科学与哲学的新精神》是由皮尔凯伦编辑的文集，它以玻姆的工作为基础，讨论了这样的思想：意义不是一种被动、缥缈的东西，而是主动地确定着精神与自然中所发生的一切的东西。笔者坚持这样的观点：为了人类的生存，根本的变化是至关重要的。只有世界对于我们意义的改变，才构成世界的真实变化。我们必须重新构建我们对于实在的感知，从而，重新构建生活的意义。一旦我们的恐惧、贪婪与仇恨心理背后的非理性得到了理解，它们就开始化解，从而让位于理智、友谊与同情，只有这时人类才开始治愈自身和这个行星。

玻姆的遗作《不可分的宇宙——量子理论的一种本体解释》是与海利合作的产物。书中的内容是他俩20多年来讨论的主题，即是否有可能为量子力学提出一种本体解释。他们发现整体性观念是这种解释的核心。一个系统构成一个整体，其整体行为要比其部分行为之和丰富得多。在玻姆-海利的本体理论中，这种整体性是通过非局域性观念表现出来的；后者似乎为相对论所否认，却并不为实验观察所拒斥。尽管如此，非局域性并不太适宜于由微分流形先验地给定与描述的时空结构。因此，他们在该书的最后一章提出了一些他们迫切想要进一步发展的超越现行范式的崭新概念。遗憾的是，这部他临终前才完成的著作，在他去世后才问世。

玻姆虽然离开了我们，但他留给人类的精神财富会赋予人们生活以高尚意义，这是值得我们永远纪念的。

（作者：洪定国）

参考资料

[1] D. Bohm. The Causality and Chance in Modern Physics [M]. London: Routledge & Kengan Paul, 1957.

[2] 玻姆.现代物理学中的因果性与机遇[M].秦克诚，洪定国，译.北京：商务印书馆，1965.

[3] D. Bohm. The Special Theory of Relativity [M]. New York: W. A. Benjamin, Inc., 1965.

[4] D. Bohm. Wholeness and the Implicate Order [M]. London: Routledge & Kengan Paul, 1980.

[5] B. J. Hiley and J. D. Peal ed.. Quantum Implications [C]. London: Routledge, 1967.

[6] D. Bohm and F. D. Peat. Science, Order and Creativity [C]. London: Routledge, 1989.

[7] D. Bohm & B. J. Hiley. The Undivided Universe [M]. London: Routledge & Kengan Paul, 1992.

中村修二

（Shuji Nakamura，1954—　）

中村修二

从技术改造能手到诺贝尔物理学奖得主

自2000年以来，日本已有十几人摘得诺贝尔自然科学类奖项桂冠（含个别日裔美籍物理学奖得主）。这些人的获奖研究成果大都是在高等院校或科研院所工作期间取得的，只有2002年的诺贝尔化学奖得主田中耕一和2014年的诺贝尔物理学奖得主中村修二是例外。其中，中村修二可以说是例外中的例外。中村修二获诺贝尔物理学奖时已加入美国籍，当时的身份是加利福尼亚大学圣芭芭拉分校工学院材料系教授，但他的获奖研究成果——高效率蓝色LED的发明却是在日本的一家小型家族企业工作期间取得的。

LED是Light Emitting Diode（发光二极管）的缩写。它的心脏是一个半导体晶片。该半导体晶片由两部分组成：一部分是P型半导体，在其里面空穴占主导地位；另一部分是N型半导体，电子在其中占主导地位。P型半导体与N型半导体接触后，在它们的交界面会形成P-N结。给P-N结加载正向电压后，电子就会由N区被推向P区，并在P区与空穴复合，同时以光子的形式释出能量。光的颜色是由光的波长决定的，而光的波长又是由组成P-N结的材料类型与成分决定的。当前，用来制作LED的半导体材料大多是金属化合物半导体。

LED的主要优点是寿命长，可达到10万小时，而白炽灯的寿命通常只有几千小时，荧光灯的寿命也只有1万小时左右。而且，LED属于冷光源，没有红外线和紫外线耗损。因此，在同样亮度下，LED耗电量大约仅为普通白炽灯的十分之一、荧光灯的二分之一。目前，照明消耗了全球发电量的近四分之一，超过了水力和核能发电量的总和。若今后全球逐步改用LED照明，必将会产生巨大的节能环保效益。

科学家们在研制LED过程中，首先攻克的是红外和红色LED，其次是波长稍短的黄色LED和绿色LED，之后才是波长更短、难度更大的蓝色LED。有了红、绿、蓝三种基本色光之后，人们便可以复合出光谱中的任何一种色光。换言之，没有蓝色LED，全彩LED显示便不可能实现。而且，没有蓝色LED，也就不可能有白光LED

照明。因此，2014 年度的诺贝尔物理学奖授予了为攻克蓝色 LED 作出开创性贡献的 3 名科学家：赤崎勇、天野浩和中村修二。有关名古屋大学教授赤崎勇、天野浩师徒二人在研制蓝色 LED 过程中所发挥的作用，笔者 2014 年已著文进行了论述。在此，想重点揭示工匠出身的中村修二在发明高效率蓝色 LED 过程中所作的贡献。

中村修二早年曾写过多篇有关蓝色 LED 的研究述评，2000 年赴美执教后又推出了多本论及蓝色 LED 开发内幕的著作，而且其在日亚化学工业公司工作时的上司小山稔也写过一本与蓝色 LED 的开发有关的书。以下，拟主要基于这些文献以及诺贝尔奖委员会公布的一些资料，系统地考察中村修二"发明高效率蓝色 LED，带来节能明亮的白色光源"的具体过程，并在此基础上针对自行改造或设计制作实验装置的重大科技创新，尤其是在颠覆性创新中的意义谈些初步的看法。

一、通往日亚化学工业公司之路

中村修二 1954 年 5 月 22 日出生于日本四国岛上靠近濑户内海一侧的爱媛县，和 1994 年诺贝尔文学奖获得者大江健三郎是同乡。其父是日本四国电力公司的一名主要负责变电站维护保养的普通员工。中村修二在家排行老三，上面有一个姐姐和哥哥，下面还有一个弟弟。中村修二读小学二年级时跟随全家由爱媛县西南部的西宇和郡搬迁至爱媛县西部的大洲市，并在那里读完了市立的小学和初中，以及县立的高中。尽管中村修二所受的中小学教育非常普通，但在父亲的影响下，养成了爱动脑和动手的习惯。据比他大两岁的兄长中村康则介绍，小时候，其父经常会出一些数学应用题，让他们兄弟抢答。中村修二后来特别喜欢数学和物理以及兄弟三人和姐姐都选择了理科院系与此不无关联。而且，其父还是个"周末工匠"，休息时喜欢在家里干些焊接和配管之类的工匠活。耳濡目染之下，中村修二也逐渐喜欢上了焊接和配管之类的工匠活，并且乐此不疲。

中村修二 1973 年 4 月考入四国岛上的一所普通国立大学——德岛大学。尽管他当初很想填报理学院物理学系，但出于就业方面的考虑，他最终还是选择了热门的工学院电子工程学系。由于大学头两年只能修读一些通识类和基础类课程，讨厌死记硬背的中村修二并没有感受到太多的学习乐趣。自从大学三年级时，在电子物性工学课上了解到所有材料的物理特性都可以用电子物性理论来进行解释之后，原本想学物理的中村修二重新燃起了希望，决定进入多田修教授的实验室开展材料物性研究。1977 年

3 月本科毕业后，他又决定留在多田研究室继续从事半导性钛酸钡的物性研究。由于多田认为使用从市面上购买来的通用实验仪器设备开展研究很难做出重要的发现，主张实验所需的重要仪器设备尽可能地自行设计制作，以致学习物性理论的中村不得不自己动手进行电气焊接以及使用机床加工所需要的零部件。尽管中村当时并非十分愿意这么做，但在多田实验室练就的本领却为他后来的成功奠定了非常重要的基础。

早在硕士一年级期间，中村修二就与德岛大学教育学院毕业的一名当地的本科女同学结了婚。当时，中村只有 23 岁，妻子已在德岛大学附属幼儿园就职。硕士二年级期间，妻子为他生了一个可爱的女儿。在这种情况下，中村修二不得不考虑留在德岛发展。德岛出生的多田教授对中村的这项选择表示了理解，并将其推荐给了自己的同乡好友——日亚化学工业公司总裁小川信雄。日亚是一家总部坐落在德岛县阿南市的小型家族企业，创立于 1956 年，主要生产显像管和日光灯用荧光材料，1979 年的年销售额在 30 亿日元左右。尽管当时的员工数不超过 200 人，且大多是当地的农家子弟，但它却是日本最大的荧光材料生产厂家。

二、蓝色发光二极管选题的确立经纬

1979 年 4 月，也就是在第二次石油危机爆发后不久，中村修二正式加入日亚化学工业公司，成了该公司第一个学电子工程出身的员工，并被安排到了主要从事新产品开发的开发科。虽说是开发科，实际上除科长外，只有两名全职研究开发人员。当时，主要生产化工材料的日亚化学工业公司正在思考如何拓展经营范围。产品销售部门提供的信息表明，发光半导体材料市场前景很大，日亚化学工业公司可以从制备红色发光二极管用磷化镓（GaP）多晶体入手，逐步扩展产品线。这样，如何制备磷化镓多晶体便成了开发科的主要研究课题。由于中村到开发科才一个多月，除协助同事做些金属镓的精炼工作外并没有其他任务，所以这项工作最终落到了中村的头上。

当初进日亚化学工业公司时，中村并没有想到自己可以从事与材料物性有关的研究，因此当接到磷化镓多晶体研制任务后，感到非常兴奋。但他启动研究后发现，在日亚这样的化学公司研制磷化镓多晶体需要解决的难题实在是太多了。首先，磷和镓只有在真空和高温条件下才会发生反应；其次，研究经费有限，制备磷化镓多晶体所需的装置必须自制。实际上，即使研究经费充足，为防止技术参数等研发信息外泄，公司也不主张外购。结果，中村只能发挥学生时代习得的本领，自制两温区电热炉等实验设备。由于反应室必须使用价格昂贵的耐高温石英管制作，为节约经费，中村只好将用过的石英管再加以回收利用，以致用氢氧燃烧器一段一段地焊接起来的石英管常常因抗不住磷气化后所产生的高压而发生爆炸。经过不断的探索，中村在进入日亚化学工业公司后的第三年，终于掌握了制备磷化镓多晶体的技术诀窍。不过，这种产品 1982 年正式投放市场后，并没有达到预期效果。

1982 年，中村又根据销售部门的建议，开始研制另一种含镓的化合物半导体材料——砷化镓（GaAs）结晶。这种结晶主要用于制作砷化铝镓（GaAlAs）外延生长基板以及红外发光二极管。尽管制备砷化镓多晶体和制备磷化镓多晶体使用的都是水平布里奇曼法，但砷和镓的反应温度要比磷和镓的高 200 摄氏度，也就是说，高温区的温度必须达到 1200 摄氏度。这样，不仅需要对先前制作的实验装置进行改进，而且还要更加注意防范石英管发生爆裂。在不断试错之后，中村总算掌握了砷和镓两种原料的配比以及各自最佳温控值，并解决了石英管爆裂等问题。之后，中村使用自制的水平布里奇曼法装置制备砷化镓单晶体也取得了成功。可惜的是，砷化镓结晶投放市场后，销售额同样没有达到预期目标。但是，中村对石英管一次又一次地进行焊接密封的操作，练就了一手无与伦比的绝活。这对他后来的氮化镓结晶研究帮助甚大。

1985 年，日亚化学工业公司在与众多砷化镓用户交流时逐渐意识到，砷化铝镓单晶体薄膜即砷化镓和砷化铝混晶薄膜，更有市场前景，于是决定研制砷化铝镓单晶体薄膜。研制混晶薄膜意味着现有的水平布里奇曼法装置已无用武之地，必须订购或研制新的装置。当时，制备混晶薄膜多采用液相外延生长法。问题是液相外延生长装置虽然可以订购，但交货周期长达一年，而且价格昂贵，于是日亚化学工业公司决定组织力量，自行研制。在中村等人的努力下，液相外延生长装置只花了半年时间便大功告成。

使用液相外延生长装置制备砷化铝镓单晶体薄膜时，需要做大量实验才能逐步摸清溶液组成、加热温度、与基板接触时间的最佳值。而且，薄膜制成之后，还需要对其进行霍尔效应检测。薄膜检测设备当然也得自行研制。可是，当中村等人将历尽千辛万苦才制备出来的砷化铝镓单晶体薄膜交给客户时，客户却反馈说用这种薄膜制成的发光二极管性能不够理想。这使中村意识到，若不掌握将单晶体薄膜进一步加工成发光二极管的技术，很难开发出理想的砷化铝镓单晶体薄膜。因此，他说服小川总裁添置了一批加工和检测发光二极管的设备，并于 1988 年成功地解决了制备高质量的砷化铝镓单晶体薄膜以及使用其制作红外或红色发光二极管等技术难题。

尽管中村修二进入日亚化学工业公司的最初9年，先后开发出了3种含镓化合物——磷化镓、砷化镓和砷化铝镓半导体材料，但它们对日亚化学工业公司销售额的贡献并不大。对于公司研发人员来讲，产品开发出来后，若销路不好，很难获得公司的好评。问题是，在小公司开发新产品，即使起步比较早，也难保不被大公司迎头赶上乃至全面超越。因此，小公司开发绝对不能跟风、模仿，必须另辟蹊径、独树一帜。只有干大公司不愿干、不会干、没有干的苦活，小公司才有可能开辟出一片属于自己的发展空间。这意味着小公司的研发人员不能只做销售部门的应声虫，不能跟在其他企业后面亦步亦趋，而应根据技术发展的大势明确地做出自己的判断。

基于上述认识，中村认为日亚化学工业公司有必要启动蓝色发光二极管研究。因为蓝色发光二极管的应用前景广阔、市场规模庞大。还有就是，在研制磷化镓多晶体、砷化镓单晶体、砷化铝镓红色发光二极管过程中，日亚化学工业公司在开发含镓化合物半导体二极管方面已形成了一定的技术积累。问题是要不要打破常规，越级汇报。经过一番思想挣扎之后，中村直接向小川信雄总裁表达了日亚化学工业公司接下来有必要研制蓝色发光二极管的看法。令中村感到意外的是，小川总裁当即表示同意，并答应为此项目提供3亿日元研发经费。这在年销售额不到200亿日元的1988年称得上是一笔巨额投入。

三、决定用MOVPE法制备氮化镓薄膜

1988年前后，有望被用来制作蓝色发光二极管的化合物半导体材料主要有3种：碳化硅、硒化锌和氮化镓。德国西门子股份公司和日本三洋公司虽然很早就使用碳化硅制成了蓝色发光二极管，但一直无法解决发光效率过低的难题。1988年初，日本东京工业大学和日本东京大学使用硒化锌制成了一些蓝色发光二极管样品，但发光效率仍然不高，而且寿命很短。美国RCA公司、法国LEP公司和日本松下技术研究所虽然很早就尝试着使用氮化镓研制蓝色发光二极管，但一直进展不大，以致当时仍然坚持研制氮化镓蓝色发光二极管的几乎只剩下由松下技术研究所转到名古屋大学的赤崎勇等少数人。

由于碳化硅属于间接迁移型半导体，不适合制作高亮度蓝色发光二极管，故中村修二一开始就将其排除掉了。问题是，不论是硒化锌，还是氮化镓，加热后都像樟脑丸一样直接气化，无法使用现有的液相外延生长装置制备其单晶体薄膜。这意味着，

如果使用可反应形成硒化锌或氮化镓的气体来生成其单晶体薄膜，必须订购或研制气相外延生长装置。当时，气相外延生长主要有两种方式：一是分子束气相外延生长（MBE）法；二是金属有机化合物气相外延生长（MOVPE）法。MBE 法外延生长效率太低，而且装置价格昂贵，用来在研究室里做些实验还可以，用于工业化生产显然不合适。这样，可供中村选择的方法实际上只有一种，即 MOVPE 法。这种方法对中村来讲，无疑是一个需要从头开始学习的全新领域。

恰巧，德岛大学的酒井士郎副教授此前访问日亚化学工业公司时提过，气相外延生长法比液相外延生长法更适合制作化合物半导体薄膜。他将接受邀请赴美国佛罗里达州立大学工学院开展 MOVPE 法研究。如果日亚化学工业公司觉得有必要，可以派遣一人同自己一道去佛罗里达州立大学。日亚化学工业公司认为这是一个非常难得的学习机会，于是开始考察适合派遣到美国的人选。最终，中村得以脱颖而出，以日亚化学工业公司派遣的方式于 1988 年 4 月赴佛罗里达州立大学工学院学习一年。与此同时，日亚化学工业公司在酒井士郎的指导下向美国有关厂家发出了购置 MOVPE 装置及其相关设备的订单，并开始在新落成的研发大楼里筹建 MOVPE 实验室。

中村修二以研制砷化镓红外 LED 为名赴美国学习 MOVPE 法时，因没有获得过博士学位也没有发表过学术论文，遇到了很多困难。对年龄快满 35 岁的他来讲，没有受到应有的尊重倒是次要的，最令他烦恼的是，实验室的 MOVPE 装置已各有其主，唯一一台没有被占用的还被拆解得面目全非。在这种情况下，中村只好以这些零部件为基础，自行搭建 MOVPE 装置。结果，来美国后的最初 9 个月，中村大多数时候都在从事焊接、配管之类的作业。

在搭建 MOVPE 装置期间，中村还使用实验室里的液相外延生长装置开展了若干研究，并尝试着写了一篇研究论文。这是他硕士毕业后写的第一篇论文。而且，他还破天荒地参加了一些学会活动，积累了和学界打交道的经验。在此过程中，中村看到了自己的优势，增强了开展实验研究的自信。因为和他同在一个实验室的众多拥有博士学位的留学生，不仅连电热炉之类简单的实验设备都不会制作，甚至在实验设备出现故障时都不知道如何检查、修理。这些留学生做实验时遇到很小的挫折就说行不通，进而放弃当初的研究计划。在中村看来，和这些动手能力不强的留学生相比，自己理应有更大的作为。但是，当他搭建好 MOVPE 装置，在美国的时间只剩下 3 个月了。因此，他如饥似渴地使用磷化镓和砷化镓做了十余次气相外延生长薄膜实验。尽管没有来得及做更多的实验，但在搭建 MOVPE 装置过程中积累的经验对其后来改造外购的 MOVPE 装置、研制氮化镓薄膜产生了非常重要的影响。

在美国访问、学习期间，中村就开始思考究竟是优先选择硒化锌还是氮化镓来制作蓝色发光二极管。他在参加学术会议时发现，大多数学者认为使用硒化锌制作蓝色发光二极管更有前途，而仍在执着地使用氮化镓来研制蓝色发光二极管的学者为数极少。其中一个非常重要的原因是，找不到一个适合用来外延生长氮化镓单晶体薄膜的基板，或叫作衬底。用外延生长法沉积制作单晶体薄膜时，基板的原子间隔，即晶格大小最好能与半导体结晶材料的晶格大小一致，晶格大小相差越大，沉积出来的半导体结晶薄膜中的晶格缺陷越多，就像在高尔夫球或网球上堆乒乓球比在乒乓球上堆乒乓球更难堆齐一样。由于氮化镓的反应温度超过 1000 摄氏度，而且反应气体之一氨具有很强的腐蚀性，因此，当时只能选用碳化硅或氧化铝（蓝宝石）为基板。可是，碳化硅、蓝宝石与氮化镓的晶格常数相差 5% 乃至 15%，以致人们长期无法解决氮化镓结晶薄膜晶格缺陷过多的难题。而使用砷化镓基板制作硒化锌结晶薄膜，晶格缺陷要少很多。

但是，中村在回国之前决定采用氮化镓制作蓝色发光二极管。因为过去的经验告诉他，如果跟在别人后面亦步亦趋，即使掌握了使用硒化锌制作蓝色发光二极管技术，也很难绕开众多学者先前发明的专利，更何况美国和日本的一些大公司已经涉足这个领域，以日亚化学工业公司的实力根本拼不过他们。而氮化镓蓝色发光二极管则不然，众多欧美公司已从这一领域撤退，目前仍在从事这项技术开发的基本上只剩下名古屋大学的赤崎勇教授。尽管中村本人没有提及，实际上赤崎勇团队 1985 年使用 MOVPE 法制备氮化镓单晶体薄膜取得了突破，以及该团队令人意外地选择和一个从未涉足过化合物半导体研究领域的丰田合成化学公司联合开发蓝色发光二极管一事，不可避免地影响到了中村当时的选择。

简言之，对当年在产品营销上被大公司击败的教训记忆犹新的中村坚持走自己的路，最终选择了当时不被人看好的氮化镓来研制蓝色发光二极管。

四、高质量氮化镓单晶体薄膜的研制

1989 年 3 月，中村修二从佛罗里达州立大学回国后不久，日亚化学工业公司在美国订购的 MOVPE 装置就到货了。在公司安排的数名研究助手的协作下，中村开始安装、调试这套高 2 米、长 4 米、宽 1 米的大型装置。为订购这套装置，日亚化学工业公司花掉了近 2 亿日元。这在日亚化学工业公司的历史上是前所未有的。此举对中村的研究构成的压力可想而知。尽管本月小川信雄已退居二线，公司总裁已由其女婿小川英治接任，但因研制蓝色发光二极管是他们当年在担任正、副总裁时共同做出的决定，故中村在研究经费一事上并没有受到任何掣肘。

安装、调试完毕之后，中村便开始使用这套装置试制氮化镓单晶体薄膜。在装置允许的限度范围内试制三个多月后，中村仍没有取得任何进展。其实，这并不奇怪。如果使用现成的装置就能制成氮化镓单晶体薄膜，那么氮化镓蓝色发光二极管的研制也就不会成为世界性的难题了，更何况这套装置当初还是按照研制砷化镓红外发光二极管的要求定制的。这意味着必须对订购的 MOVPE 装置进行改造。如果是提出技术要求由专业公司来改造，一个来回至少要花三个月的时间。这显然是中村不能接受的。由于此前已练就一手焊接石英管、改造配管的绝活，而且还亲手搭建过 MOVPE 装置，故中村决定自己动手改造 MOVPE 装置。

在中村之前研制氮化镓单晶体薄膜的团队都使用高频电磁场给反应室中的基座加热。由于这种情况下金属线圈绕在反应室周围不接触里面的反应气体，所以无须解决反应气体引起的腐蚀问题。但这样会导致另外一个问题，即反应室及其内部的配管、喷嘴等不能使用容易在磁场中发热的金属材料制作。由于配管和喷嘴只能使用石英之类材料制作，故要根据成膜条件改变配管方式和喷嘴结构非常困难，以致试制氮化镓单晶体薄膜时受到很多限制，而且这类装置也很难满足工业化生产的苛刻需求。

中村经过一番思考后，决定采用电阻丝加热器加热。使用气相外延生长法制作氮化镓单晶体薄膜时，反应气体通常选用的是三甲基镓（TMGa）和氨，运载气体选用的是氮气或（和）氢气。由于氨具有强腐蚀性，致使安装在基板下的电阻丝加热器在高温条件下很容易受到腐蚀而断路。电阻丝加热器在高温、强腐蚀情况下的断路难题看似很小，实际上耗费了中村很多时间。如同哈伯·博施当年很巧妙地解决了合成氨反应室中的金属内壁遭腐蚀发生爆炸问题一样，中村最终很好地解决了加热器的断路难题。日亚化学工业公司没有为这项技术申请专利，而是将其作为技术诀窍严加保密。

除加热器外，中村还根据制备氮化镓单晶体薄膜的需要对反应室中的配管和喷嘴等进行了一系列改造。1990 年元旦前后，中村几乎每天上午都在干些打开真空容器、取出零部件、弯曲金属管道、重新配置线路、焊接石英管、改变喷嘴形状、调整喷嘴高度和角度之类的技术活，下午则使用刚进行过改造的装置试制氮化镓单晶体薄膜，晚上回家后则在思考明天上午如何进一步改造装置以制备出氮化镓单晶体薄膜。经历过无数次失败之后，中村终于在 1990 年 2 月产生了灵感。

以单气流的方式，即将反应气体和运载气体同时由水平方向喷向基板上方时，气体会在高温基板上方形成对流，因而无法在基板上沉积出高质量的薄膜。所以，必须改变气流的喷入方式，否则很难克服对流的干扰。1990 年 8 月 27 日的实验记录表明，中村尝试着进行了 4 种喷气方案的实验。之后，中村意识到，如果让反应气体和运载气体由水平方向喷向基板，同时让另一股惰性气体自上而下喷向基板，则有可能起到有效抑制对流的效果。按照这一思路，中村又对实验装置进行了一系列改造，终于于 1990 年 9 月在蓝宝石基板上试制出了氮化镓单晶体薄膜。

中村后来将上述这种制膜方式命名为 Two - Flow MOCVD 法，并于 1990 年 10 月申请了发明专利。由于这项专利的编号为 2628404，故人们将其简称为 404 专利。不过，有研究表明，中村产生的这种双气流制膜想法受到了日本东北大学御子柴宣夫教授的影响。正是因为在参加 1990 年 3 月底召开的日本应用物理学会时听到了御子教授的有关报告，中村才获得了改造 MOVPE 装置的灵感。而且，当时在使用气相外延生长法制作化合物半导体薄膜时，已经有人采用双气流方式。因此，双气流方式本身并没有特别的新颖之处。但是，中村使用 Two - Flow MOCVD 法首次制成氮化镓单晶体薄膜则是无可争议的历史事实。

中村虽然使用 Two - Flow MOCVD 法试制出了氮化镓单晶体薄膜，但它的质量并不高。糟糕的是，进入 10 月后，连这种质量不高的薄膜都再现不了。之后，中村一边改进装置，一边根据自己的经验和直觉调整反应温度和反应时间，终于在 1990 年底掌握了氮化镓单晶体薄膜的再现条件。虽然此后制成的氮化镓单晶体薄膜，晶格缺陷明显减少，电子移动度等指标甚至达到了当时的世界最好水准，但薄膜表面仍凸凹不平。鉴于名古屋大学的赤崎勇团队 1985 年使用氮化铝制作低温缓冲层，成功地在蓝宝石基板上制作出了平面如镜的氮化镓单晶体薄膜，中村决定使用低温缓冲层来解决薄膜表面凸凹不平的问题。不过，不愿意模仿别人的中村并没有选用氮化铝，而是选用了与制作薄膜相同的材料——氮化镓来制作低温缓冲层。一个月后，中村使用同质材料制作低温缓冲层取得了成功，并在此基础上于 1991 年 1 月底制备出了质量远高于竞争对手的氮化镓单晶体薄膜。中村当然也为这项两步成膜法技术申请了发明专利。

五、氮化镓P型结晶制造技术的开发

研制出高质量的氮化镓单晶体薄膜之后，还得解决给氮化镓单晶体薄膜掺杂以使其变成P型半导体的难题。因为制作高亮度蓝色发光二极管需要一个由P型半导体薄膜和N型半导体薄膜结合而成的P-N结来实现电光转换。氮化镓的N型结晶并不难制备。因为使用低温缓冲层技术制成的氮化镓单晶体薄膜中不可避免地会含有少量带有电子的杂质，因而呈N型结晶性质。但是，氮化镓的P型结晶必须另行制备。

制备氮化镓P型结晶难度极大，以致在学术界很长一段时期里，氮化镓不适合制作P型结晶成了定论。率先攻克这一难题的是名古屋大学的赤崎勇团队。当时赤崎勇的博士生天野浩在实验过程中意外地发现，使用扫描电镜观测氮化镓掺锌结晶时，该结晶的电阻会明显减小，发光量会显著增大。受到启发后，赤崎勇团队使用低能电子束对氮化镓掺镁结晶进行辐射，于1989年成功地制备出了氮化镓掺镁P型结晶。

使用低能电子束辐射方式制备氮化镓掺镁P型结晶效率太低，难以满足工业化生产的需求。因此，赤崎勇团队的天野浩曾尝试着使用加热处理的方式来制备氮化镓掺镁P型结晶，但没有成功，以致和赤崎勇团队联合研制高亮度蓝色发光二极管的丰田合成化学公司1991年推出蓝色发光二极管时采用的仍是MIS（金属－绝缘层－半导体）结构，而不是P-N结型结构。因此，中村在制定1991年的研究计划时明确写道：

> 今年的目标：(1)P型氮化镓膜的生长；(2)P-N结型蓝色发光二极管的制作。

日亚化学工业公司的氮化镓掺镁P型结晶的研制是从再现赤崎勇团队的实验开始的。这项工作主要由中村的研究助手、1989年入职的妹尾雅之来实施。可是，妹尾使用扫描电子显微镜照射中村使用双气流MOVPE法和两步成膜法制成的氮化镓掺镁结晶后，未能再现天野浩当年的实验结果。于是，妹尾于1991年2月中旬试着改用实验室里的电子束蒸镀电极装置来辐射氮化镓掺镁结晶，没料到竟然于次月获得了氮化镓掺镁P型结晶。由于蒸镀电极装置中的氮化镓掺镁结晶试样是在受辐射升温情况下转变为P型结晶的，故妹尾等人推断受热有可能是导致试样转化为P型结晶的关键。但是，使用这种电极蒸镀装置很难控制电子束的辐射量，故实验结果很不稳定。于是，中村于当年 4 月专门预订了一台电子束辐射装置。在这台装置尚未到货期间，中村的另一名助手岩佐成人 1991 年 9 月在解决氮化镓掺镁结晶与蓝宝石基板因热膨胀系数不同容易发生弯曲变形问题时发现，无须进行电子束辐射，只要将氮化镓掺镁结晶加热到 600 摄氏度左右后进行退火处理，就可以获得 P 型结晶。

继妹尾雅之和岩佐成人的实验研究之后，中村围绕氮化镓掺镁 P 型结晶的形成机理问题做了一系列验证实验，并得出结论：氮化镓掺镁结晶在无氢情况下进行退火处理后就可以转化为 P 型结晶。他在 1992 年发表的论文中给出的解释是：氢原子具有很强的扩散渗透能力，容易与结晶薄膜中的镁或其他掺杂金属原子发生氢化反应，形成中性复合物（或络合物），从而使掺杂结晶的空穴减少、电阻率增大，但用低能电子束进行辐射处理，或在氮气环境下进行退火处理，可以解离氢原子，活化被钝化了的掺杂原子，从而使结晶薄膜的电阻率急速下降，导电性能大幅上升。如果此后再用氨气退火，那么氨气在高温下释放出来的氢又会同结晶中的掺杂金属原子发生氢化反应，致使结晶薄膜的电阻率恢复到高阻态。按照这种解释，赤崎勇团队对掺镁结晶进行加热和退火处理后仍无法获得 P 型结晶与妹尾雅之用低能电子束对掺镁结晶进行辐射后仍无法获得 P 型结晶的原因是一样的，那就是他们都是在有氢环境下进行操作的。问题的关键是要把氨气换成氮气。1991 年底，中村和岩佐成人、妹尾雅之联名为这项氮化镓 P 型结晶的制备技术申请了专利。

用氮气退火的方式制备氮化镓 P 型结晶不仅经济、方便，而且薄膜的均匀性更好，光辐射效率更高。这项技术的发明，为日亚化学工业公司后来工业化生产高效率氮化镓蓝色发光二极管奠定了重要的基础。

六、双异质结蓝色发光二极管正式投产

在妹尾雅之试制出氮化镓 P 型结晶后，中村就开始着手试制 P - N 结型蓝色发光二极管。由于使用双气流 MOVPE 装置制作氮化镓 N 型结晶比较容易，故中村 1991 年 3 月就研制出了 P - N 结型氮化镓蓝色发光二极管。不过，这种二极管通电后发出来的是青紫色的光，而且不是很亮。即便如此，它的性能仍大幅超过了碳化硅蓝色发光二极管。虽说中村当时制作的 P - N 结型氮化镓蓝色发光二极管已达到了世界最高水准，但他研制氮化镓蓝色发光二极管的目的毕竟不是为了写论文，而是要制成产品，抢占市场，因此单项技术突破虽然重要，但更重要的还是把有竞争力的产品尽快

推出来。

正当中村为氮化镓蓝色发光二极管的实用化苦苦努力之时，传来了美国3M公司使用硒化锌晶体实现了蓝绿色激光器振荡发光的消息。由于并不知道3M公司研制的激光器振荡发光时间还不到1秒，离实用化要求还差得很远，中村倍感失落。倘若3M公司实现了蓝绿色激光器长时间的振荡发光，那就意味着对手跑到自己前面去了，而且把自己远远地甩在了后头。这对中村乃至日亚化学工业公司的刺激都非常大。当时，日亚化学工业公司在蓝色发光二极管这个项目上已投入数以亿计的资金，总裁都已经有点沉不住气了，故不断催促中村尽快把氮化镓蓝色发光二极管推向市场。是现在就把手上的这个技术并不成熟的P-N结型氮化镓蓝色发光二极管推出去？还是继续改进，等颜色和亮度指标达到要求后再推出去？若匆忙把不成熟的产品推出去，大公司很有可能会通过逆向工程迅速赶上甚至超越日亚化学工业公司。权衡利弊得失之后，中村决定顶着压力继续研发，因为他觉得自己有把握在短期内使产品开发跃上一个新的台阶。

当时，摆在中村面前的课题主要有两个：一是调整P-N结型氮化镓二极管的发光波长，使其发出蓝光，而不是青紫色的光；二是提高氮化镓二极管的发光效率，使其亮度更高、节能效果更好。这样一来，氮化铟镓（InGaN）结晶和双异质结的制备便成了中村团队1992年的研究重点。

氮化铟镓是在氮化镓中添加同族元素铟制成的一种化合物。通常，氮化镓结晶通电后发紫外光，氮化铟结晶通电后发红光。因此，从理论上讲，人们可以通过往氮化镓中添加不同量的铟来制备蓝色发光晶体。往氮化镓中添加的铟越多，其结晶发出的光越接近红色；添加的铟越少，其结晶发出的光就越接近紫外。关键是加铟量的控制和掺杂结晶薄膜的生长。这样一来，中村此前研制的双气流MOVPE装置又有了新的用武之地。1992年3月至4月间，日亚化学工业公司又投入巨资增设了两台双气流MOVPE装置，并进一步扩充了蓝色发光二极管的研制队伍。与双气流MOVPE装置格斗好几个月后，中村团队使用气相外延生长法终于试制出了氮化铟镓结晶薄膜。

掌握了氮化铟镓结晶薄膜的制备技术之后，中村便率领年轻的助手们向双异质结发起冲击。采用传统的发光二极管结构时，给P-N结加载正向偏压后，注入的电子并非都能实现与空穴复合发光。由于相当大一部分的电子穿过P区，流向正极被浪费了，所以单P-N结发光效率不高。如果将这个P-N结发光层夹在能隙大于自己的半导体层之中，即采用双异质结，如N-P-N结构，便可将电子锁在发光层中，这样，电子在发光层中的复合概率便会相应地得到提高。1992 年 9 月，中村等人使用双气流 MOVPE 装置以及刚刚掌握的氮化铟镓结晶薄膜制备技术终于试制出了氮化镓 / 氮化铟镓双异质结发光二极管。尽管这是一个里程碑式的试制品，但其亮度仍然有限，而且发出的是青紫色光，尚需进一步完善。

为获得更为明亮的蓝光，中村团队紧接着又围绕给氮化铟镓结晶掺杂的问题展开了一系列的实验，并于 1992 年底试制出了人眼可见亮度提高了 4 倍、波长扩大到 450 纳米的双异质结发光二极管。1993 年 2 月，助手长滨慎一又根据中村的建议将锌和硅掺进氮化铟镓，获得了比只掺锌要亮数十倍的氮化铟镓掺杂结晶。使用这种结晶制作的双异质结发光二极管亮度有了显著的提升。

在双异质结发光二极管的亮度突飞猛进的时候，日亚化学工业公司就开始紧锣密鼓地准备组织生产了。1992 年 11 月，日亚化学工业公司将从松下电工公司退休的小林义知博士聘为半导体研究部门的顾问。1993 年 2 月，日亚化学工业公司又将日本最大的发光二极管生产商史丹利电工公司的小山稔副所长请过来担任总工程师，负责组织实施蓝色发光二极管的工业化生产。根据小林的指示，中村等人使用日亚化学工业公司特有的双气流 MOVPE 装置，只花了一个月不到的时间，也即在 1993 年 3 月底就将二极管的发光波长扩大到属于蓝光范围的 460 纳米，亮度进一步提高到 2 月初的 20 倍。于是，日亚化学工业公司决定自 4 月 1 日起成立“N 项目组”，负责蓝色发光二极管的工业化生产。

“N 项目组”最初只有 17 人，但到 1993 年 7 月份，人员便增加到 40 人，其中有好几个人是从日本大公司招聘过来的设计制造经验丰富的技术骨干。在“N 项目组”启动后的半年里，通过进一步调整结晶薄膜的外延生长条件，逐步提高结晶质量，中村团队研制的双异质结蓝色发光二极管在 1993 年 10 月亮度达到了 1 尼特。这个数值是美国科锐公司当时生产销售的碳化硅蓝色发光二极管的 100 倍。1993 年 11 月 30 日，日亚化学工业公司召开产品发布会，正式宣布高效率蓝色发光二极管开始投产，并即日起对外销售。

21 年后的 2014 年 12 月 10 日（当地时间），中村修二因“发明高效率蓝色 LED，带来节能明亮的白色光源”而成功登上设在斯德哥尔摩音乐厅的诺贝尔物理学奖领奖台，在科技史中书写了一篇小型家族企业的研发人员取得诺贝尔奖级重大科技突破的新篇章。

七、研制蓝光 LED 取得成功的要因分析

从上述考察中可以看出，中村修二中小学时期并没有受过精英教育，而且本科和硕士阶段都是在经济不甚发达的四国岛上的一所普通国立大学中度过，但他却取得了诺贝尔奖级的科技突破。由此看来，杰出科技人才的成长，尤其是实验研究能手型科技人才的成长与其早期所受的正规课程教育关系并不是很大。值得注意的是，2002 年获得诺贝尔化学奖的田中耕一也是在普通中小学接受的教育，而且还是一名留过级的本科毕业生。荣获 2008 年诺贝尔化学奖的下村修更加特别，不仅在中小学阶段没有接受过很好的教育，而且中学毕业后只在长崎上过三年专科学校。因此，不能把这些人的成功简单地归因于早期在学校所受的正规课程教育。学校的课程教育对杰出人才成长的重要性固然不容低估，但影响杰出人才成长的绝不仅仅是学校的课程教育。读研期间接受的实验训练、毕业后经受的研究历练以及自身的不懈努力有时会显得更为重要。那么，中村修二取得成功的主要原因究竟何在?

笔者认为，自行改造乃至设计制作重要实验装置是中村修二得以率先研制出氮化镓基高效率蓝色发光二极管的关键。

因受父亲的影响，中村修二从小就喜欢动手干些工匠活。在德岛大学学习期间，他又遇到了一位反对完全依赖通用仪器设备开展实验研究的导师，因此开展研究时只得自行设计制作一些实验仪器设备。这样一来，中村在学生时代就已基本掌握了电气焊接和机械加工等技能。这为其就职后开展实验研究打下了非常重要的基础。

进入日亚化学工业公司的最初 9 年，中村修二应销售部门的提议先后开发出了 3 个产品：磷化镓、砷化镓和砷化铝镓。无论是试制磷化镓和砷化镓所需的水平布里奇曼法装置，还是试制砷化铝镓所需的液相外延生长法装置，都是直接由中村或者是在他的带领下研制出来的。在试制磷化镓和砷化镓过程中，为了节约研究经费，中村经常使用焊接设备将已经使用过的石英管拼接起来继续使用，从而练就了一手高质量地焊接石英管的绝技。这对其后来改造气相外延生长装置，研制氮化镓半导体薄膜帮助很大。

1988 年，中村修二赴佛罗里达州立大学学习金属化合物气相外延生长法时，由于学历和地位不高，不得不使用闲置的零部件自行搭建金属化合物气相外延生长装置。这样一来，在美国的最初 9 个月几乎和他在日亚化学工业公司的最初 9 年一样，大多

数时候都在从事焊接、配管等作业。如果没有经历这段时间的磨炼，很难想象，他返回日亚化学工业公司后敢对花巨款从美国进口的金属化合物气相外延生长装置进行随心所欲的改造。

在佛罗里达州立大学进修期间，中村修二就已决定迎难而上，使用氮化镓来试制蓝色发光二极管。由于没有现成的生长氮化镓之类半导体薄膜用的金属化合物气相外延生长装置，所以日亚化学工业公司只能从美国订购了一套主要用于生长砷化镓半导体薄膜的金属化合物气相外延生长装置。使用这套进口装置试制氮化镓半导体薄膜不可避免地会遇到很多困难。

首先遇到的难题是，使用线圈在反应室外部加热时，反应室内的配管和喷嘴只能用石英之类非金属制作，因此不便调整。采用电阻丝加热器在反应室内加热时，电阻丝很容易受到氨的腐蚀，从而发生断路。这个难题后来被“工匠出身”的中村非常巧妙地解决了。这项改进意义重大，因为此后反应室内的配管和喷嘴便可以使用金属材料来加工制作，因而配管的走向和喷嘴的形状可以根据需要随时加以改变。

其次遇到的难题是，以单气流的方式将氮化镓反应气体和运载气体一并喷向基板上方时，气体会在高温基板上方形成对流，因而难以在基板上沉积出高质量的半导体薄膜。中村受日本学界的研究启发，觉得让反应气体和运载气体由水平方向喷向基板，同时让另一股惰性气体自上而下喷向基板，有可能会起到有效抑制对流的效果。按照这一思路，中村又对实验装置进行了一系列改造，并于1990年在蓝宝石基板上试制出了氮化镓单晶体薄膜。

正是因为在不断试错的基础上于1990年研制出了上述这种加热器放置在反应室内的双气流式金属化合物气相外延生长装置，中村才能在比较短的时间内试制出一批制备高效率蓝色发光二极管所需的半导体材料或器件。譬如，使用上述这种特殊装置，中村用氮化镓作低温缓冲层于1991年初试制出了质量远高于竞争对手的氮化镓单晶体薄膜。而这种两步成膜的思路是由赤崎勇率先提出的，不仅如此，赤崎勇还让研究生使用氮化镓作低温缓冲层试制过氮化镓单晶体薄膜，只是因为没有合适的装置，未能取得成功。

上述这种双气流式特殊装置，也为中村修二开展氮化镓掺杂研究带来了很多便利。实际上，中村早在1991年3月就已试制出了P-N结型氮化镓发光二极管，只是这种二极管通电后发出来的光是青紫色的，而且不是很亮。为此，中村团队尝试着在氮化镓中添加少许铟，以改变发光波长。使用上述双气流式特殊装置，中村团队很快就掌握了能发蓝光的氮化铟镓结晶薄膜的制备诀窍。

此后，中村团队又开始向双异质结发起冲击，因为采用双异质结，可以提高电子在发光层中的复合概率，从而提高发光效率。使用上述双气流式特殊装置和刚刚掌握的氮化铟镓结晶薄膜制备技术，中村团队又成功地试制出了氮化镓 / 氮化铟镓双异质结发光二极管。之后，又通过给氮化铟镓掺少许锌和硅，获得了发光亮度更高的氮化铟镓掺杂结晶。1993 年 3 月，中村团队又进一步将双异质结发光二极管的发光波长调整到蓝光范围，并大幅提高了其亮度，为当年正式投产氮化镓基双异质结型高效率蓝色发光二极管奠定了基础。

总之，如果没有双气流式金属化合物气相外延生长装置，很难想象中村修二团队在 1993 年就能实现高效率蓝色发光二极管的批量生产。换言之，正是因为中村能够设计制作出全球唯一的先进实验装置，他的团队才能率先开发出全球第一个高效率蓝色发光二极管。

毫无疑问，导致中村修二团队率先开发出高效率蓝色发光二极管的原因还有很多。譬如，妹尾雅之和岩佐成人的意外发现为中村团队发明用氮气退火方式制备氮化镓 P 型结晶的方法创造了重要的条件。正是因为掌握了这项技术，批量生产高效率氮化镓蓝色发光二极管才成为可能。但是囿于篇幅，这些成功要因容日后另文分析。

八、结语

在科学日益技术化、技术日益科学化的今日，自行改造或设计制作实验装置，确保其先进性和唯一性，在一些情况下已成为开拓研究领域、催生源头创新、推动前沿突破的前提条件之一。使用别人已经使用过的实验装置开展研究，无异于跟在先行者后面去海边拾贝壳，虽然偶尔也能够获得一些意外的发现，拾得几个漂亮的贝壳，但是拾得漂亮贝壳的概率要远小于先行者。因此，对于从事实验研究的科研人员来讲，没有什么事情比率先获得最先进的实验装置更令人高兴的了。但是，最先进的实验装置靠金钱是很难买得到的，即使买得到，也需要花费很多时间进行调试。所以，能否自行改造或设计制作研究所需的实验装置，对那些希望在重要科技领域作出原始性创新贡献的科研人员来讲，尤为重要。为此，高等院校乃至中小学都有必要把动手能力、工匠精神和创新意识的培养放到更加突出的位置。

（作者：周程）

参考资料

［1］周程．日本诺贝尔科学奖出现“井喷”对中国的启示［J］．中国科技论坛，2016（12）：128-133.

［2］周程．个人兴趣与社会需求共同驱动型科技突破——赤崎勇何以能获得 2014 年诺贝尔物理学奖［J］．科学与管理，2014，34（5）：3-9.

［3］S. Nakamura. The Roles of Structural Imperfections in InGaN-Based Blue Light-Emitting Diodes and Laser Diodes［J］. SCIENCE，1998，281（5379）：956-961.

［4］S. Nakamura，S. Pearton，G. Fasol，The Blue Laser Diode：The Complete Story［M］. New York：Springer-Verlag Berlin Heidelberg，2000.

［5］中村修二．怒りのブレイクスルー［M］．东京：ホーム社，2001；东京：集英社文库，2014.

［6］中村修二．ごめん！——青色 LED 開発者最後の独白［M］．东京：ダイヤモンド社，2005.

［7］赤崎勇．青い光に魅せられて——青色 LED 開発物語［M］．东京：日本经济新闻出版社，2013.

从格致到科学：中国近代科学先驱

李冶
徐霞客
王锡阐
梅文鼎
李善兰
华蘅芳
章颐年
卢于道

李冶

（1192—1279）

李冶
金元之际的著名学者

李冶是 13 世纪杰出的代数学家，他总结并完善了天元术，使之成为我国独特的半符号代数。另外，他在文史方面也深有造诣，堪称一位多才多艺的学者。他的学术成就及治学态度，对后世有着深远的影响。

一、李冶在金末的生活

李冶，字仁卿，号敬斋，祖籍真定府栾城县（今河北省石家庄市栾城区）。

金明昌三年（1192），李冶诞生于大兴（今北京市大兴区）。父亲李遹是位博学多才的学者，当时在大兴府尹胡沙虎（又名纥石烈执中）手下任府推官[1]，母亲姓王。李冶有两个同父异母的兄弟，兄名澈，刘氏所生；弟名滋，崔氏所生；还有两个同胞姐妹。本来，李冶的父母给他取名为治，就像他的兄弟一样，以水为旁。但李冶长大以后，发现自己的姓名与唐高宗的姓名相同，于是决定改名。因“治”字沿用已久，不愿全改，便把偏旁减去一点，改为“冶”。这样就在不同的书中出现了“李治”和“李冶”两种写法。

李冶出生的时候，金朝正由盛而衰。章宗即位后，官僚政治日趋腐败。由于管理不善，章宗时期连续三次发生了黄河大决堤，大片耕地被淹，沿河农村受到严重破坏。连年的对外战争，使军费日增，再加上女真贵族的任意挥霍，金朝出现了财政危机，于是滥发纸币，致使物价飞涨，国虚民穷。泰和八年（1208），金章宗病死，卫绍王永济即皇帝位。这时蒙古军队加紧向金朝进攻，腐朽的金朝内部已潜伏着亡国的危机。李遹就是在章宗和卫绍王时期在金朝为官的。

李遹的上司胡沙虎，是一个深得朝廷宠信的奸臣，他“声势焰焰，人莫敢仰视”，

1　推官为幕僚，其职责与现在参谋类似。

常常打骂同僚，欺压百姓，甚至“虐杀不辜”。如果有人敢于非议，轻则被排诸远方，重则受害至死，所以“时人视之犹蛇虎鬼魅，疾走远避之不暇”。但李遹是一个正直而不怕权势的人，见他的上司无恶不作，常常据理力争，置个人生死祸福于度外。他曾险遭胡沙虎的毒手，只因为官谨慎，幸免于难。李遹为了防备不测，便把家中老小送回故乡栾城。这时李冶正值童年，他没有随家人回乡，而是独自到栾城的邻县元氏（今河北省元氏县）求学去了。

童年时代的李冶，不仅天资明敏，而且喜爱读书。《元朝名臣事略》中说：“公（指李冶）幼读书，手不释卷，性颖悟，有成人之风。”他的这种精神，显然与父亲的影响和教育有关。在李冶看来，学问比财富更可贵。他后来著书时，曾引用“积财千万，不如薄技在身”的民谚，又说：“金璧虽重宝，费用难贮蓄。学问藏之身，身在即有余。”他自幼便是以这种思想为座右铭的。

在学习期间，李冶不仅对数学感兴趣，对文学也颇感兴趣。有一次，李屏山先生让他代作墓铭，数篇一夕而就。屏山先生十分惊喜，赠诗云：“仁卿不是人间物，太白精神义山骨。”这两句诗传扬开来，成为人们称赞李冶的一段佳话。

至宁元年（1213），由于胡沙虎篡权乱政，李遹被迫辞职，隐居阳翟（今河南省禹州市）。不久，李冶也从河北来到河南。从此，李遹不再过问政事，只在大自然中寻求乐趣，经常吟诗作画，善画山水龙虎，在当地颇有名声。这时李冶与元好问[1]感情甚笃，好问常到李冶家来，向李父求教。后来，李冶与元好问外出求学，拜文学家赵秉文、杨文献为师。在名师指导之下，两人在南都（即汴京，今河南省开封市）并驾齐驱，不久便文声大振。李冶在《泛说》中曾说：“李子年二十以来，知作为文章之可乐，以为外是无乐也。”大概就是指的这段时期。到正大年间（1224—1232），两人便与赵秉文、杨文献齐名了。

正大七年（1230），李冶赴洛阳应试，被录取为词赋科进士，因得高陵（今陕西省西安市高陵区）主簿官职，但蒙古窝阔台军已攻入陕西，所以没有上任。接着又被调往阳翟附近的钧州城（今河南省禹州市）当知州。这时，金朝在蒙古军队的威胁之下，形势非常紧张，钧州城内调度十分频繁。李冶和他父亲一样，为官清廉、正直。他亲自掌管出纳，一丝不苟。据记载，钧州城的出纳“无规撮之误”。在当时动乱的环境中，像李冶这样的清官确实是难能可贵的。李冶曾在《敬斋古今黈》中说：“好

1　元好问，金代著名文学家，曾在金朝为官。

人难做须著力。”又说：“著力处政是圣贤阶级。”这正是李冶为人、做官的写照。

开兴元年（1232）正日，蒙古军攻破钧州。李冶不愿投降，只好换上平民服装，北渡黄河，走上了漫长而艰苦的流亡之路。李冶的父亲也在李冶北渡前后于阳翟病逝，享年67岁。

二、流亡中的学术生涯

李冶北渡黄河，这是他一生的重要转折点。将近50年的学术生涯，便由此开始了。

李冶北渡后流落于山西的忻县、崞县之间，过着“饥寒不能自存”的生活。一年以后（1233），汴京陷落，元好问也弃官出京，到山西避难。1234年年初，金朝终于为蒙古所灭。李冶与元好问都感到政事已无可为，于是潜心学问。李冶经过一段时间的颠沛流离之后，定居在崞县的桐川。这时，李冶已年过四十了。金朝的灭亡给李冶的生活带来不幸，但由于他不再为官，这在客观上也使他从事科学研究有了充分的时间。

李冶在桐川的研究工作是多方面的，包括数学、文学、历史、天文、哲学、医学。从《敬斋古今黈》中可见其读书之广。与李冶同时代的砚坚说他“世间书凡所经见，靡不洞究，至于薄物细故，亦不遗焉”。《元史新编》中也说他“凡天文象数，名物之学，无不研精”。李冶不仅博览群书，而且善于去粗取精，批判地接受前人的知识，他说：“学有三，积之之多不若取之之精，取之之精不若得之之深。”

李冶在读百家之书的时候，哲学思想受到各种流派的影响，如孔子（儒家）的“仁义”之说和商鞅（法家）的法制思想，均为李冶所吸收。但对他影响最大的还是以老子、庄子为代表的道家思想。

“道”是道家思想的核心。庄子说：“天地者，形之大者也；阴阳者，气之大者也。道者为之公。”这就是说，道是天地阴阳之间的共同的东西。他又说：“道者，万物之所由也。庶物失之者死，得之者生，为事逆之则败，顺之则成。故道之所在，圣人尊之。”由此可见，“道”含有规律的意思，各种事物都有其“道”。

从李冶在桐川的言行来看，他受道家思想的影响是全面而深刻的。庄子讨厌当时的社会，于是把思想转向广阔的自然。李冶隐居桐川后，也全身心地投入自然的怀抱。他后来见到侄婿张子敬的题画诗“可怜赤壁争雄渡，唯有蓑翁坐钓鱼”时，赞赏地说："此论甚好。"从中可见他对社会上争权夺利的厌恶和对自由生活的向往。这种精神一直贯穿李冶的后半生。

当然，我们最感兴趣的还是道家思想对李冶数学工作的影响。由于篇幅所限，我们不能对道家思想作全面评价。但道家崇尚自然，这一点是有利于把人们的眼光引向自然科学的。我们下面将看到，庄子的自然观对李冶的数学研究有着重大影响，甚至成为他抵制理学的思想武器。

宋朝时，程朱理学颇有影响。他们认为，至高无上的"理"是先于物而存在的，"未有物，而已有物之理"。理学家们轻视科学技术，认为历算、医学等"皆技也"，"故前圣不以为教，盖吝之也"。在理学家看来，连一向受人尊重的文史都不足贵，数学更不在话下了。李焘曾公开反对国家设立算学馆，说"将来建学之后，养士设科，徒有烦费，实于国事无补"。1235 年，蒙古统治者从南宋得到程朱之书，1238 年建太极书院于燕京（今北京），请理学家赵复讲学，理学逐渐在北方流传开来，朱熹也被尊为"朱子"。许多士大夫受理学影响，轻视数学，称为"九九贱技"，认为它无补仕途。李冶进行数学研究的时候，也曾受到一些人的嘲笑。但李冶对朱熹的学说却不迷信，说其"窒碍之处亦不可以毛举也"。他在驳斥那种视数学为"九九贱技"的观点时说："由技兼于事者言之，夷之礼，夔之乐，亦不免为一技。由技进乎道者言之，石之斤，扁之轮，非圣人之所与乎？"[1]这段话的意思是：从技艺用于实际来说，圣人所作的礼和乐也可以看作一种技艺；从道寓于技艺来说，工匠所使用的工具也是圣人所赞赏的。如果我们把李冶的话同庄子所说的"道之所在，圣人尊之"联系起来，李冶受庄子思想的影响是一目了然的。很明显，李冶认为数学这种技艺也是"道之所在"，也应受到尊重。他充分认识到数学的用处，说数学"施之人事，则最为切务"，这便是他坚持数学研究的指导思想。李冶这种"技兼于事"的观点，可能直接取自《庄子》，该书中明确指出："上治人者，事也；能有所艺者，技也。技兼于事……"

李冶还认为，数虽奥妙无穷，却是可以认识的。他说："谓数为难穷，斯可；谓数为不可穷，斯不可。何则？彼其冥冥之中，固有昭昭者存。"这一思想也可以从庄子学说中找到渊源。庄子在《知北游》中说："夫昭昭生于冥冥，有伦生于无形……"李冶便是把庄子这一思想用于数学的。李冶认为，数来源于自然，所谓"昭昭者"，乃是数中的"自然之理"，"苟能推自然之理，以明自然之数，则虽远而乾端坤倪，幽

---

1 夷，黄帝臣名；夔，舜臣名。石，扁，均为古工匠名。

而神情鬼状，未有不合者矣”。

三、天元术的代表作——《测圆海镜》

李冶的数学研究是以天元术为主攻方向的。这时天元术虽已产生，但还不成熟，就像一棵小树一样，需要人精心培植。李冶用自己的辛勤劳动，使它成长为一棵枝叶繁茂的大树。

天元术是一种用数学符号列方程的方法，“立天元一”是其重要标志，“立天元一为某某”与今“设某某为x”是一致的。在中国，列方程的思想可追溯到汉代的《九章算术》，书中用文字叙述的方法建立了二次方程，但没有明确的未知数概念。到唐代，王孝通已经能列出三次方程，但仍是用文字叙述的，而且尚未掌握列方程的一般方法，所以列方程需要高度的技巧。经过北宋贾宪、刘益等人的工作，求高次方程正根的问题基本解决了。随着数学问题的日益复杂，迫切需要一种普遍的建立方程的方法，天元术便在北宋应运而生了。但直到李冶之前，天元术还是比较幼稚的，记号混乱、复杂，演算烦琐。例如李冶在东平（今山东省东平县）得到的一本讲天元术的算书中，还不懂得用统一符号表示未知数的不同次幂，它“以十九字识其上下层，曰仙、明、霄、汉、垒、层、高、上、天、人、地、下、低、减、落、逝、泉、暗、鬼”。这就是说，以“人”字表示常数，“人”以上九字表示未知数的各正数次幂（最高为九次），“人”以下九字表示未知数的各负数次幂（最低也是九次），其运算之繁可见一斑。从稍早于《测圆海镜》的《钤经》等书来看，天元术的作用还十分有限，因为数学家们的思维方法基本上是几何的，只是在用几何方法无法计算时，才偶尔用一下天元术。李冶决心在前人的基础上，创造一种简便而实用的天元术。当时，北方出现了不少算书，除《钤经》外，还有《照胆》《如积释锁》《复轨》等，这无疑为李冶的数学研究提供了条件。特别值得一提的是，他在桐川得到了洞渊[1]的一部算书，内有九容之说，专讲勾股容圆（切圆）问题。此书对他启发甚大。为了能全面、深入地研究天元术，李冶把勾股容圆问题作为一个系统来研究。他讨论了在各种条件下用天元术求圆径的问题，写成代数名著——《测圆海镜》十二卷，这是他一生中的最大成就。

1　据李迪先生考证，洞渊为北宋处州（今浙江省丽水市）的洞渊大师李思聪。

《测圆海镜》一书，是李冶在极其艰苦的条件下写成的。他在桐川著书时，不仅居室十分狭小，而且常常不得温饱，要为衣食而奔波。但他却以著书为乐，从不间断自己的工作。据《真定府志》记载，李冶“聚书环堵[1]，人所不堪”，但却“处之裕如也”。他的学生焦养直说他“虽饥寒不能自存，亦不恤也”，在“流离顿挫”中“亦未尝一日废其业”，“手不停披，口不绝诵，如是者几五十年”。

有时候为了筹集一点科研和生活的费用，李冶不得不求助于人。李冶这样做，是很不情愿的。他在读了“纳纸投名愧已深，更教门外久沈吟”两句诗以后，曾感慨地说：“投谒固可耻，然士当穷困，摇尾乞怜于人，亦可悯也。”不过，一些开明的官吏和名儒还是很赏识他的学问的，如聂珪、张德辉、王鹗等，都曾给予他不同程度的帮助。

经过多年的艰苦奋斗，李冶的《测圆海镜》终于在1248年完稿。全书基本上是一个演绎体系，卷一包含了解题所需的定义、定理、公式，后面各卷问题的解法均可在此基础上以天元术为工具推导出来。李冶之前的算书，一般采取问题集的形式，各章（卷）内容大体上平列。李冶以演绎法著书，这是中国数学史上的一个进步。但《测圆海镜》的主要价值，还在天元术方面。它是我国现存最早的一部系统讲述天元术的著作，所以是非常宝贵的。

李冶的天元术分为三步：首先“立天元一”，这相当于设未知数 x；然后寻找两个等值的而且至少有一个含天元（即 x）的多项式；最后把两个多项式联为方程，通过相消，化成标准形式：

$$a_nx^n+a_{n-1}x^{n-1}+\cdots+a_1x+a_0=0$$

李冶把方程式称为天元式，在《测圆海镜》中采用由高次幂到低次幂上下排列的顺序，式中只标“元”或“太”一个字，“元”代表一次项，“太”代表常数项，负系数则加一斜线，0系数则标一“○”字。例如 $-x^2+320x-132800+13056000x^{-1}=0$ 和 $-414x^2+478584=0$ 可分别写成图1和图2的形式。图中的记数符号叫筹码，有两种

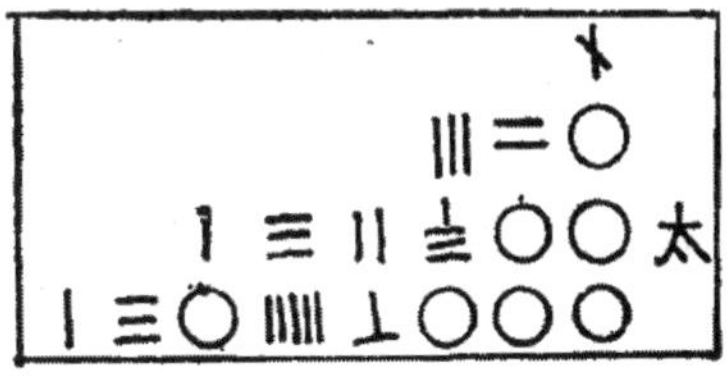

图1

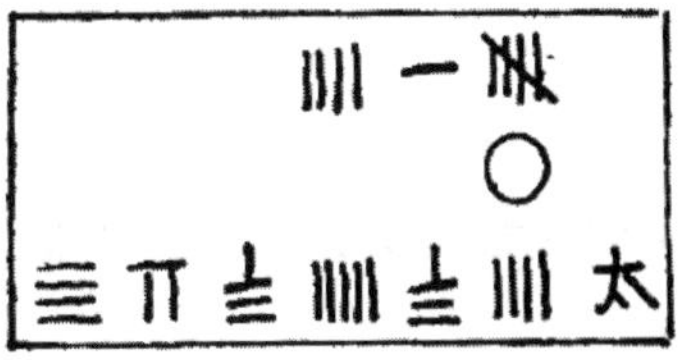

图2

1 堵，墙壁度量单位，长、高各一丈为一堵，环堵即四面是长、高各一丈的墙。

形式，𝍠 𝍡 𝍢 𝍣 𝍤 𝍥 𝍦 𝍧 𝍨 叫竖式，𝍩 𝍪 𝍫 𝍬 𝍭 𝍮 𝍯 𝍰 𝍱 叫横式，分别表示 1、2、3、4、5、6、7、8、9，使用时纵横相间。

《测圆海镜》卷一的圆城图式是全书出发点，书中 170 题都和这一图式有关。为了讨论问题方便，我们在各勾股形的直角顶点处标上数字（见图 3）。卷一的另一部分“识别杂记”，阐明了各勾股形边长之间的关系以及它们与圆径的关系。“识别杂记”共 600 余条，每条可看作一个定理（或公式），这部分内容是对中国古代关于勾股容圆问题的总结，其中最重要的是下面 10 个圆径公式，可称基本公式：（D 表圆径，r 表半径，a、b、c 分别表示勾、股、弦[1]）

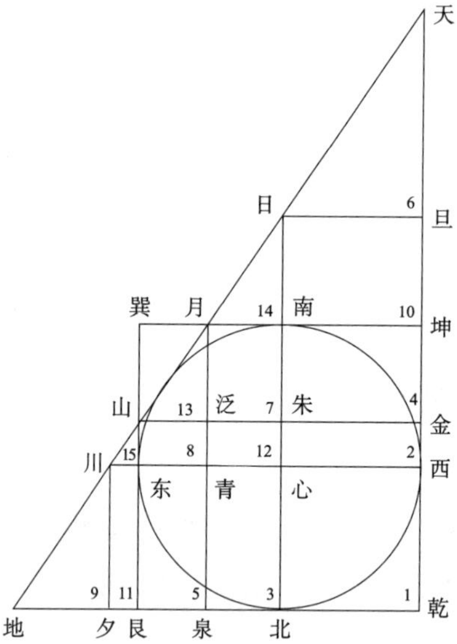

图 3 圆城图式图

（1）$\frac{1}{2}D^2=a_{11}\times b_{10}$ （2）$\frac{1}{2}D^2=a_{10}\times b_{11}$

（3）$\frac{1}{2}D^2=a_{13}\times b_1$ （4）$\frac{1}{2}D^2=b_{13}\times a_1$

（5）$r^2=b_2\times b_{15}$ （6）$r^2=a_{14}\times a_3$

（7）$D^2=b_4\times a_5$ （8）$r^2=b_7\times a_8$

（9）$r^2=(c_{14}+b_{14})(c_{15}+a_{15})$ （10）$r^2=(c_{14}+a_{14})(c_{15}+b_{15})$

卷二及以后各卷都是算题，有些题也可称为公式。卷二的前 10 题便是已知三角

1 勾为短直角边，股为长直角边，弦为斜边。

形三边求内切圆或旁切圆直径的 10 个公式，如 $D=\dfrac{2a_1b_1}{a_1+b_1+c_1}$ 是求内切圆径的，称为勾股容圆；$D=\dfrac{2a_2b_2}{b_2+c_2}$ 是求与股、弦相切而圆心在勾上之圆径的，称为勾上容圆；等等。

下面，我们以卷四第六问为例，说明李冶怎样用天元术解题。左边是原文，右边是译文。(原为一整段，这里为叙述方便，分成若干段)

或问：乙出东门，南行不知步数而立。甲出北门，东行二百步望见乙，复就乙斜行一百七十步与乙相会。问答同前。	已知：$a_3=200$ $c_{11}=170$ 求：D
草曰：(1) 识别得二行相减，余三十步，即乙出东门南行步也。	由识别杂记，得 $b_{15}=a_3-c_{11}=30$
(2) 立天元一以为半城径。	设半城径为 x
(3) 加乙南行，得 ，为小股。	$b_{11}=x+b_{15}=x+30$
(4) 副置甲东行步，上位减天元，得下式 ，为小勾。	$a_{11}=a_3-x=200-x$
(5) 下位加天元，得 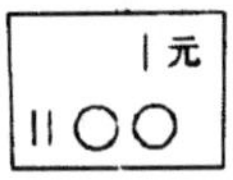，为大勾也。	$a_1=a_3+x=200+x$
(6) 乃置大勾，以小股乘之，得下式 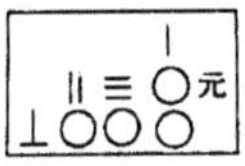，合以小勾除，不受除，便以此为大股。(内带小勾分母)	$\because \Delta_1 \backsim \Delta_{11}$ $\therefore b_1=\dfrac{a_1\times b_{11}}{a_{11}}$ $=\dfrac{x^2+230x+6000}{200-x}$

（7）又倍天元，以小勾乘之，得 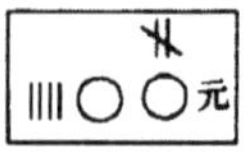，以减于大股，得 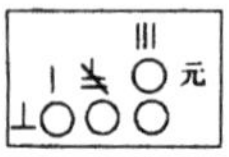，又倍之，得 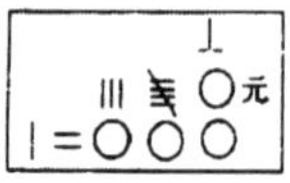，为两个股圆差。

（8）合以勾圆差乘之，缘为其中已带小勾分母，更不须乘，便以此为黄方（圆径）幂（更无分母），寄左。

（9）然后倍天元，以自之得，为同数，与左相消，得 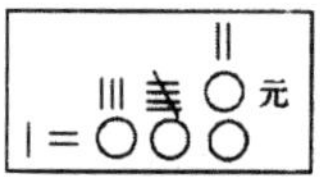。

（10）上下俱半之，得 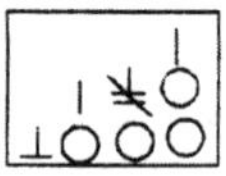。

（11）以平方开之，得一百二十步，倍之即圆径也，合问。

$2b_{10}$

$=2(b_1-2x)$

$=\dfrac{2\left[x^2+230x+6000-2x(200-x)\right]}{200-x}$

$=\dfrac{6x^2-340x+12000}{200-x}$

$\because \dfrac{1}{2}D^2=b_{10}\times a_{11}$

［基本公式（1）］

$\therefore D^2=2b_{10}\times a_{11}$

$=6x^2-340x+12000$

$\because D^2=(2x)^2=4x^2$

$\therefore 4x^2=6x^2-340x+12000$

移项，合并同类项，得

$2x^2-340x+12000=0$

化简，得

$x^2-170x+6000=0$

解方程，得

$x=120$

$\therefore D=2\times120=240$

在我国的代数发展史上，《测圆海镜》是一部十分重要的著作。在宋代以前，我国的方程理论一直受几何思维的束缚，如常数项只能为正，因为常数项通常是表示面积、体积等几何量的；方程次数不高于三次，因为高于三次的方程就难于找到几何解释了。北宋刘益和南宋秦九韶研究过三次以上的方程，但他们不懂天元术，而且都认为方程的实（常数项）必须是正数。因此，秦九韶把实与含未知数的项放在方程一边时，就规定“实常为负”了。天元术的产生，标志着方程理论有了独立于几何的倾向，李冶对天元术的总结与提高，则使方程理论基本上摆脱了几何思维的束缚。李冶认识到代数计算可以不依赖于几何，方程的二次项不一定表示面积，三次项也不一定表示体积。李冶在《测圆海镜》中改变了传统的把实看作正数的观念，常数项可正可负，而不再拘泥于它的几何意义。例如卷六第四问的方程：

$$-x^2-72x+23040=0$$

和第七问的方程：

$$-x^2+640x-96000=0$$

其常数项符号便不同。李冶还根据题目需要，多次列出高次方程，而且都是用天元求解得到的。全书 170 题中有 19 题列出三次方程，13 题列出四次方程，还有 1 题列出六次方程。除这个六次方程是为比较不同方法而列出，并非解题必需外，其他高次方程的推导都很简便，可见李冶对天元术的运用是相当纯熟的。此外，书中还出现了分式方程，并懂得用方程两边同乘一个整式的方法，化分式方程为整式方程；当方程各项含有公因子 x^n 时，李冶懂得把各项同时降低 n 次。这些都是对我国方程理论的发展。

在《测圆海镜》中，李冶采用了从○到九的完整数码。除○以外的 9 个数码古已有之，是筹式[1]的反映，但筹式中遇○空位，没有符号○。从现存古算书来看，李冶的《测圆海镜》与秦九韶的《数书九章》是最早使用○的两本算书，它们成书的时间相差不过一年。另外，李冶在《测圆海镜》中发明了负号和一套相当简明的小数记法。在李冶之前，小数记法离不开数名，如 7.59875 尺记作七尺五寸九分八厘七毫五丝，李冶则取消数名，完全用数码表示小数，纯小数则于个位处写○，带小数则于个位数下写步，如 –0.4375 记作 ○𝍣𝍫𝍦𝍭̸，5.76 记作 $\underset{\text{步}}{\text{𝍤}}$𝍯𝍥，画在最后一位有效数字上的斜线是负号。这些记法在当时算是最先进的了。西方直到 16 世纪，对小数的记法还很笨重，例如比利时数学家斯提文在 1585 年出版的著作中，仍把每位小数都写上位数，加上圆圈，如 27.847 写作 27 ◎ 8 ① 4 ② 7 ③，这种记法显然不如李冶的记法简便。直到 17 世纪纳贝尔发明小数点后，小数才有了更好的记法。至于负号，在国外是德国人于 15 世纪首先引入的。

由于李冶掌握了一套完整的数字符号及性质符号，他的方程便可以用符号表示，从而改变了用文字描述方程的旧面貌。但这时仍缺少运算符号，尤其是缺少等号。这样的代数，可称为半符号代数，它是近代符号代数的前身。由于时代的局限，李冶当时只考虑方程的单根、正根，还未能考虑方程的重根、负根。大约 300 年后，类似的半符号代数也在欧洲产生了。

1　筹是古代用于计算的小竹、木棍，用筹摆的算式称筹式。

《测圆海镜》的成书标志着天元术成熟，它无疑是当时世界上第一流的数学著作，但在中国却没有引起重视。对于这一点，李冶是早就料到的，他在《测圆海镜》序中说："览吾之编，察吾苦心，其悯我者当百数，其笑我者当千数。"但他接着又说："乃若吾之所得则自得焉耳，宁复为人悯笑计哉？"表达了他坚持真理、不屈不挠的精神。实际上，《测圆海镜》一书直到李冶死后才得以出版。

对于天元术的价值，有识之士还是深深懂得的。元代王恂、郭守敬在编《授时历》的过程中，曾用天元术求周天弧度。不久，沙克什用天元术解决水利工程中的问题，收到良好效果。元代大数学家朱世杰曾说："以天元演之，明源活法，省功数倍。"清代阮元说："立天元者，自古算家之秘术；而《海镜》者，中土数学之宝书也。"这些评价并不过分，以《测圆海镜》为代表的天元术理论，对后世数学的影响确实很大。李冶死后不久，天元术理论便经过二元术、三元术迅速发展为四元术。如果说在李冶手中，天元术已成长为枝繁叶茂的大树，那么在李冶之后，这棵大树在第二代数学家的培育下，则结出了四元术的累累硕果。朱世杰的《四元玉鉴》便是四元术的代表作，它出色地解决了四元高次方程组的建立和求解问题，代表了宋元数学的最高成就。美国科学史家萨顿称赞这本书"是中国数学著作中最重要的一部，同时也是中世纪最杰出的数学著作之一"。

四、数学教育及《益古演段》

李冶写成《测圆海镜》后不久，到太原住了一段时间，藩府官员曾请他出仕，但他谢绝了。后来，他又流落到平定。平定侯聂珪很尊重他，把他接到自己的帅府来住，可能还给了他一些资助，但他"私心眷眷于旧游之地"，怀念着自己少年求学时的元氏。到 1251 年，李冶的经济情况已经好转，他终于结束了在山西的避难生活，回到元氏定居。李冶在封龙山下买了一点田产，以维持生活，并开始收徒讲学，从事数学教育活动。

由于李冶的学生越来越多，家里逐渐容纳不下了。于是，乡人们便聚在一起，商议建学堂之事。封龙山中，本有北宋李昉读书堂故基，但战乱以来，废而不治，荆棘丛生，如果修整一下，让先生在这里讲学，岂不是乡里的一件美事？大家把这个想法告诉李冶，李冶十分高兴。在师生的共同努力下，讲学斋舍不久便修成了。后来被称为封龙书院，遐迩闻名。李冶在封龙书院不仅讲数学，大概也讲文学和其他知识。他呕心沥血，培养出大批人才，比较知名的有：元朝大将、中书右丞相史天泽及其子史杠、史杞，廉访使荆幼纪，集贤学士焦养直，廉访佥事张翼，翰林修撰承直郎王德渊，等等，余显“名不能悉数”。后人盛赞李冶“导掖其秀民，仁之至也。其徒卒昌于时，孰不曰文正（李冶谥号）公所作成也”。

李冶在工作之余，常与元好问、张德辉一起游封龙山。好问在数学上也是有贡献的，他曾写过一本天元术著作《如积释锁细草》，但他的成就主要在文学方面。金亡之后，好问一直没有出仕。德辉曾在史天泽手下为官，这时受忽必烈之命，提调真定学校，也是一个博学多才的学者。三人志同道合，关系最为密切，时人称为“龙山三老”。不幸的是，元好问于1257年病逝，享年68岁。三老之中，只剩下二老了。这年，忽必烈召见金朝遗老窦默、姚枢、李俊民等多人。由于李冶在封龙山收徒讲学已久，名声渐大，忽必烈已有耳闻，便派董文用专程去请李冶，说：“素闻仁卿学优才赡，潜德不耀，久欲一见，其勿他辞。”是年五月，李冶乘董文用的马车来开平（今内蒙古正蓝旗东闪电河北岸）见忽必烈，集中地表述了自己的政治见解。

忽必烈问李冶：“天下当何以治之？”李冶回答说：“夫治天下，难则难于登天，易则易于反掌。盖有法度则治，控名责实则治，进君子退小人则治，如是而治天下，岂不易于反掌乎？无法度则乱，有名无实则乱，进小人退君子则乱，如是而治天下，岂不难于登天乎？”他强调说：“为治之道，不过立法度、正纪纲而已。纪纲者，上下相维持；法度者，赏罚示惩劝。”在谈到人才问题时，李冶说：“天下未尝乏材，求则得之，舍则失之，理势然耳。”最后，他向忽必烈提出“辨奸邪、去女谒[1]、屏谗慝[2]、省刑罚、慎征讨”五条政治建议，得到忽必烈的赞赏。

李冶会见忽必烈之后，回封龙山继续讲学，并于1259年写成另一部天元术著作——《益古演段》三卷。如果说《测圆海镜》是为数学家写的，那么《益古演段》就可能是为他的学生写的。李冶深刻认识到天元术的重要性，但《测圆海镜》比较深奥，粗知数学的人看不懂。于是，他便在教学的同时，着手写了一部普及天元术的著作。李冶曾读过北宋数学家蒋周的《益古集》，内容多为二次方程，列方程的方法则是几何的。李冶用天元术对此书进行研究，于是有《益古演段》之作。李冶在序言中说：“使粗知十百者，便得入室啖其文，顾不快哉！”这便清楚地说明了他的写作目

1 女谒，指通过在宫廷受宠的女子进行请托。

2 慝，邪恶。

的，即让稍有数学知识的人能通过本书的学习，掌握天元术要领。

《益古演段》全书64题，处理的主要是平面图形的面积问题，所求多为圆径、方边、围长之类。除4道题是一次方程外，全是二次方程问题，内容安排基本上是从易到难。书中新、旧二术并列，新术是代数方法——天元术；旧术是几何方法——条段法，这是一种图解法，因为方程各项常用一段一段的条形面积表示，所以得名。这本书对我们了解条段法向天元术的过渡，探讨数学发展的规律有重要意义。书中常用人们易懂的几何方法对天元术进行解释，图文并茂，深入浅出，不仅利于教学，也便于自学。正如砚坚在序中的评价：“说之详，非若溟涬黯黮之不可晓；析之明，非若浅近粗俗之无足观。”这些特点，使它成为一本受人们欢迎的数学教材，对于天元术的传播发挥了不小的作用。

在数学理论上，《益古演段》也有所创新，主要表现在化多元问题为一元问题的思想以及设辅助未知数的方法。

《益古演段》中的问题与《测圆海镜》不同，所求量不是一个而是两个、三个甚至四个。按照古代方程理论，“二物者再程，三物者三程，皆如物数程之”[1]（《九章算术》），应该用方程组来解，所含方程个数与题中所求量的个数一致。但通观《益古演段》，却无一个方程组。李冶在推导方程的过程中，运用传统的出入相补原理[2]及各种等量关系来减少未知数，最后只剩“天元一”，一旦这个“天元一”求出来，其他要求的量便可根据与天元一的关系，很容易地求出了。例如第33问：

> 今有圆田一段，中心有直池水占之，外计地七千三百步，只云并内池长阔少田径五十五步，阔不及长三十五步。问：三事（指池长、池阔及圆径）各多少？（见图4）

图4

若用方程组来解，应列三个方程，一个可能的列法是：设圆径为x，池长为y，池阔为z，则

1 此处“物”即所求物，相当于未知数，“程”指方程。

2 所谓出入相补原理，就是：“一个平面图形从一处移置他处，面积不变。又若把图形分割成若干块，那么各部分面积的和等于原来图形的面积，因而图形移置前后诸面积间的和、差有简单的相等关系。”（吴文俊语）

$$\begin{cases}\dfrac{3}{4}x^2-yz=7300 \\ y+z=x-55 \\ z+35=y\end{cases}$$ （注：取 $\pi=3$，则直径为 D 时，圆面积 $S=\dfrac{3}{4}D^2$）

但李冶却设法避免了联立方程。下面，我们按李冶方法演算：

设外圆径为 x，则外圆积 $=0.75x^2$

内池积 $=0.75x^2-7300$

四池积 $=3x^2-29200$ （1）

∵池长阔和 $=x-55$

∴四池一较（此处的“较”指长方形长阔之差）幂 $=(x-55)^2=x^2-110x+3025$ （2）

四池积 $=x^2-110x+3025-35^2=x^2-110x+1800$ （3）

由（1）、（3）消，得 $2x^2+110x-31000=0$

显然，(2) 式中用 $(x-55)^2$（即长阔之和的平方）表示四池一较幂，便是巧妙地运用了出入相补原理。这相当于 $(a+b)^2=4ab+(a-b)^2$，从图 5（原“条段图”）可以看到这一点，用代数方法也很容易验证，只要按二项式定理把左右两边展开即可。当 $a+b$（长阔和）与 $a-b$（长阔差，即较幂）已知时，$4ab$（四池积）当然很好求。另外，图 5 还表现了化圆为方的思想。$4\times\dfrac{3}{4}x^2=3x^2$ 表示四个圆面积，但它相当于三个“径方”，即三个以径 x 为边长的正方形面积。图 5 清楚地表明方程各项的关系，见下式

$$\underbrace{3x^2-x^2}_{\text{两个径方}}+\underbrace{2\times55x}_{\text{从}}-\underbrace{55^2}_{\text{少径幂}}+\underbrace{35^2}_{\text{池较幂}}=\underbrace{29200}_{\text{四圆减四池}}$$

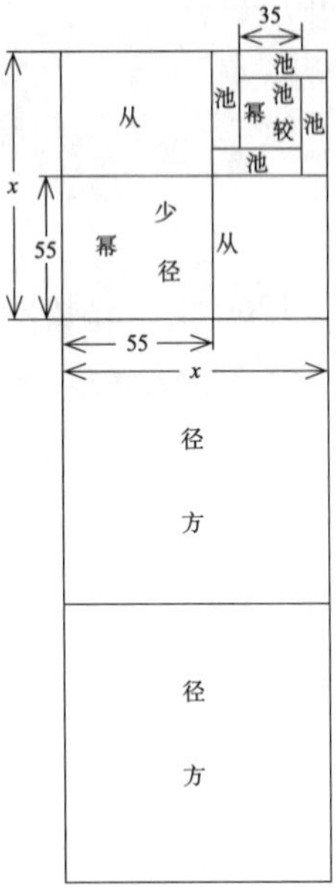

图 5

（图中“从”指一项，数码是后加的）

求出圆径 x 后，直池长阔便容易求了，“内减少径，即水池和步。内加一差，即为二长；若减一差，即为二阔也”。

《益古演段》中的设辅助未知数方法，出现在第 40 问。在得到方程：

$$-22.5x^2-648x+23002=0$$

后，李冶为了使最高项系数的绝对值变为 1，便作如下的变形（译为今文）：

设 $y=22.5x$，则上式变为

$$-y^2-648y+517545=0$$

开方得 $y=465$

$$\therefore x=20\frac{2}{3}$$

李冶把这种设辅助未知数的方法称为“连枝同体术”，顾名思义，他大概是把辅助未知数看作与原方程连为一体的一个分枝。这种方法在代数史上是有意义的，因为它提供了方程变形的一个得力工具。

《益古演段》的成书，为天元术的应用开辟了更为广阔的道路。砚坚称赞此书说：“颇晓十百，披而览之，如登坦途，前无滞碍。旁蹊曲径，自可纵横而通……真学者之指南也。”

五、李冶晚年的活动

1260 年，忽必烈即皇帝位，第二年七月建翰林国史院于开平，并向李冶发出聘请，许以清高而显要的工作——翰林学士知制诰同修国史。李冶虽被聘至京（开平），但却以老病为辞，婉言谢绝了。

李冶为什么要拒绝忽必烈的聘请？从时代背景及李冶的思想分析，有两个原因。第一，李冶在会见忽必烈时，曾诚恳地劝蒙古统治者“慎征讨”，但四个月后，蒙哥便率领大军，出师南征，企图灭宋。1258 年年初，蒙古军队大规模攻入南宋，忽必烈亲自率军攻打鄂州（今武汉市武昌区）。对这种“伐人之国”的战争，李冶是不赞成的。因此，对蒙古统治者的不满，可能是李冶不愿出来做官的原因之一。第二，南宋军民的奋勇抵抗，使蒙古军的进攻直到 1259 年夏仍无重大进展，蒙哥也死于战场。忽必烈为争夺帝位，不得不罢兵北归。他于 1260 年农历三月夺得帝位后，其弟阿里不哥不服，起兵反抗，蒙古统治区陷入连年的内战。忽必烈聘请李冶时，内战正在进行，行政不稳。李冶是不愿在这种动荡的局势下做官的。他曾说：“世道相违，则君子隐而不仕。”这便清楚地说明他“隐而不仕”的原因。

李冶选择隐居的道路虽属不得已，但他对自己的选择还是很满意的，他说：“君子之道，或出或处，然则必有道，而不肯以轻出者，谓之处士可也。中无所有，而尸处士之名者，索隐而行怪者也。”又说：“身有其德而退藏于密，始得谓之隐者也。彼无一德之可取而徒穷蹙于寒乡冻谷之中，是则素隐者耳。”在李冶看来，真正的处士或隐士，也是君子，他以自己能成为这样的君子而自豪。他的隐居并非消极避世，而是积极投入讲学著书的学术活动。至元二年（1265），平定建起“四贤堂”，内置赵秉文、杨文献、元好问、李冶四公画像。发人深思的是，四公中的赵、杨、元均已去世，而李冶当时还健在。

至元二年已是忽必烈降服阿里不哥、平定蒙古内乱的第二年了，他根据王鹗、商挺的推荐，再召李冶为翰林学士知制诰同修国史。李冶勉强就职，参加修史工作。但他不久便感到翰林院里思想不自由，处处都要秉承统治者的旨意而不能畅所欲言。因此，他在这里工作一年之后便以老病辞职了。他在辞职时致书翰林院，说自己“孱资琐质”，“翰林非病叟所处，宠禄非庸夫所食”。其实，这不过是他的婉言推托之词。李冶接着说：“官谤可畏。”这四个字才道出了他辞职的真实动机。李冶是个追求思想自由的人，尤其不愿在学术上唯命是从。在《泛说》中，他把自己当时的思想写得更为具体：“翰林视草，惟天子命之；史馆秉笔，以宰相监之。特书佐之流，有司之事耳，非作者所敢自专而非非是是也。今者犹以翰林、史馆为高选，是工谀誉而善缘饰者为高选也。吾恐识者羞之。”

李冶提出辞职后，忽必烈并未强留。蒙古官员中，有人对他这种举动还颇为赞赏。李冶走时，光禄大夫耶律铸赋诗相送：“一代文章老，素车归故山。露浓山月净，荷老野塘寒。茅屋已知足，布衣甘分闲。世人学不得，须信《古今难》。”（《送李敬斋行》）这里的《古今难》，是指李冶的《敬斋古今难》一书，后来，李冶把书名改为“敬斋古今黈”。黈是黄色的意思，古时“黈”字与“纩”（丝绵）字联用，黈纩即黄绵。黈纩充耳，表示不听无益之言。李冶以“黈”名书，便表现了他独立思考的精神。

李冶晚年完成的《敬斋古今黈》与《泛说》是两部内容丰富的著作，是他积多年笔记而成的。《泛说》一书今已不存，根据《元朝名臣事略》中的几段引文及书名来看，这是一本随感录，记录李冶对各种事物的见解。《敬斋古今黈》则是一本读书笔记，形式与沈括《梦溪笔谈》相近，内容遍及文学、历史、数学、哲学和医学，尤其是在文史方面有不少独到见解。后人评论《敬斋古今黈》说："上下千古，博极群书。""以考证佐其议论，词锋骏利，博辨不穷。"另外，李冶作过不少诗，其中有五首保存在《元诗选·癸集》中。从这些诗来看，李冶的文学造诣相当深。李冶还著有《文集》四十卷与《壁书丛削》十二卷。但这两本书已佚，内容不详，估计《文集》是一部文学著作。

李冶辞职后一直在封龙山下讲学著书，颇受人们尊敬。张之翰曾为其作诗祝寿："学海波澜接性天，两朝谁不让文权？四贤堂上无余子，三老山中只此仙。身健宛如辞院日，眼明重见渡江年。天教上寿非无意，混一车书要正传。"

李冶一生著作虽多，但他最得意的还是《测圆海镜》，他在弥留之际曾对儿子克修说："吾平生著述，死后可尽燔去，独《测圆海镜》一书，虽九九小数，吾尝精思致力焉，后世必有知者。庶可布广垂永乎？"

至元十六年（1279），李冶病逝于元氏，享年88岁。后人盖棺论定，对李冶有公正的评价："金亡北渡，讲学著书，秘演算术，独能以道德文章确然自守，至老不衰。"在中国科学史上，李冶确实不愧为一代楷模。几百年来，他以自己优良的人品和卓越的学术成就，被人们深深怀念着。

（作者：孔国平）

参考资料

[1] 缪钺.李冶、李治释疑[J].东方杂志，1943(10).
[2] 李冶.敬斋古今黈[M].丛书集成本.上海：商务印书馆，1935.
[3] 元好问.元遗山先生全集[M].读书山房刻本.1881(清光绪七年).
[4] 苏天爵.元朝名臣事略[M].影印元刊本.北京：中华书局，1962.
[5] 李冶.益古演段[M].丛书集成本.上海：商务印书馆，1936.
[6] 李冶.测圆海镜细草[M].丛书集成本.上海：商务印书馆，1935.
[7] 任继愈.中国哲学发展史[M].北京：人民出版社，1983.
[8] 任继愈.中国哲学史简编[M].北京：人民出版社，1973.
[9] 欧阳修，宋祁.新唐书：方技列传[M].北京：中华书局，1975.
[10] 耶律铸.双溪醉隐集[M].辽海丛书本.

徐霞客

（1587—1641）

徐霞客

明代伟大的地理学家

徐霞客，名弘祖，字振之，生于明万历十四年十一月（1587 年 1 月），卒于崇祯十四年（1641）。他平生眷恋山水间，不畏艰险、不避寒暑、不求名利、行误不悔、途穷不忧、百折不回地跋涉数万里，前后以三十余年的时间，游历考察于大自然，并以日记体裁写成《徐霞客游记》。他游踪往来飘忽如云霞，因此友人给他取号霞逸和霞客，而以霞客闻名于海内。人们读其书、视其人，无不叹为观止，称为“奇人奇书”“奇男子”。他实是我国杰出的地理学家，成就卓著，曾达到了当时世界地理科学的先进水平。

一、天下奇人癖爱山，自表五岭之霞客

徐霞客生活于晚明时期。一方面，当时封建统治者强化了特务统治和思想专制，政治非常黑暗。另一方面，明代商业贸易已经有了相当的发展，徐霞客的家乡江阴，属于苏州府，为明代资本主义经济萌芽的鼎盛地区之一，是新兴的棉织业中心。它和徐霞客的家庭经济生活关系密切。

徐霞客的高祖曾拥有田地 4 万余亩，是一个大地主。百余年后到了徐霞客父亲徐有勉时，则是以“布衣发家致富”的。其母王孺人，“好率婢子鸣机杼”，“喜种豆，满架蔓施”，“豆之下，纬车轧然；其织布也，与缣讼价，缣反输其轻妙”。徐霞客家里有织布女工，织的布是拿到市场上卖的，而且产品在纺织业中心的苏州府也有特色和名气，被称为“轻弱如蝉翼，市者辄能辨识之”。可以估计他家纺织的规模不会太小，所以徐霞客的家庭出身应是工商地主，发家致富与王孺人的勤俭和操持织布业有关。其父徐有勉，“好木石，为园以自隐”，“园亭水木之乐甚适也”，“或讽之仕，掉头不答也”。其父具有爱好自然的情趣和自由潇洒的性格，而“厌冠盖征逐之交”。晚年秦中丞来拜访，“乃深匿丛竹中，俄而扁舟入太湖遁矣”。暇日，带领着三五个家僮，

“具笋舆、叶艇”，往来虎丘、龙井间，采摘些新茶，品味着清泉，在风景区游览，岸然旁若无人。其母王孺人不迷信，善良而又富有同情心，“见巫觋如见鬼仇，见饿人如见儿女，子之啼切者，必饱之乃快”。她种豆有很高的园艺技巧，“绞绳插架”“剪芸疏溉，如奉名花，场圃洁拭”。徐霞客自幼善于观察自然，喜游山水名胜，多识鸟兽、虫鱼、草木之名，有良好的博物学训练，以及不务虚名、不入仕途的情趣，这都与家庭影响分不开。

幼年时期的徐霞客，“修干瑞眉，双颅峰起，绿睛炯炯”，是个聪明伶俐的孩子。“童时出就师塾，矢口即成诵，搦管即成章。”少年时便“特好奇书，侈博览古今史籍及舆地志、山海图经，以及一切冲举高蹈之迹”。他如痴如醉地读着这些书，常常眉飞色舞，“神栩栩动”。日子长了，读的书越来越多，以致“尽发先世藏书”，又尽力“鬻未见书”，藏书达“缣缃充栋”。他对于应科举的八股文之类，则“雅非其所好”。他特别有兴趣的是历史地理、碑刻及自然科学类的书籍，“搜古人逸事与丹台石室之藏，靡不旁览”，对其内容更是“叩如探囊”，非常熟悉。在少年时期，周围的亲戚朋友已佩服他好学多知，称他为“目空万卷”的“博雅君子”。父亲对儿子的好学非常欣慰，常常说：“是儿眉庭霞起，读书好客，可以竟吾志，不愿而富贵也。”

在家庭环境和大量新奇书籍的影响下，徐霞客自幼就非常羡慕历史上周览九州、踏遍五岳的旅行家，觉得人生要像他们那样才有意义，因而产生了旅行的愿望。他曾抚掌而叹，说：“丈夫当朝碧海而暮苍梧。”人生怎么能始终局限在一个小角落里呢？后来当他 38 岁（1623）游览河南嵩山的时候也回忆说：“我少年时期就立下了游览五岳名山的志愿，对于五岳之一的嵩山，仰慕的心情尤其迫切！”

到了十八九岁时，父亲徐有勉“自负亢直，龋龁于群豪，病气厥，病舌”。丁文江先生认为：“其父以布衣起家致富，故为群豪所欺也。”今天看来，这很可能是新兴的资本主义经济萌芽与封建专制主义压迫之间的矛盾，其父耿直不屈，以致气病中风，经王孺人、徐霞客等精心医治和护理，方才脱离危险。一年之后，又“被盗困疾卒”。父亲“大故”，“毕力葬后，外侮迭来”，年轻的徐霞客又经历了一场严峻的磨炼。是什么样的“外侮”，以及如何“迭来”？由于今有史料语焉不详，目前无法查考。只是这一波折使徐霞客在选择人生道路的问题上，进一步有了坚定的信念，即“愈复厌弃尘俗”，而“欲问奇于名山大川”，也即促使他走一条不考科举、不入仕途、绝弃功名利禄的道路，立志把精力和才华贡献给探索自然奥秘、认识山川面貌的高尚事业。

树立了这一人生志愿，但要实现起来并不是那么容易的，事业和家庭生活会产生矛盾。主要是徐母年事已高，那时又有“父母在，不远游，游必有方”的孝养父母传统。徐霞客眷恋着母子之间的菽水温情，对远游颇感踌躇。起初，他是闻奇必探，见险必涉，有一日忽然仰天而叹，道：“孝子不登高、不临渊。聂政说：‘老母在，政身未敢许人也！’而我现在却许身于穹崖断壑之间，何益？”于是回到家中，解下行装，悄悄地将采集来的“冷云怪石”及“记”和“诗”也收放起来，意即在家孝养母亲，不再出游。徐母看出儿子的心思，笑着说：“儿呵！你的身体好吗？我贸布以易糈，摘豆给你佐酒，孙孙在旁覆诵句读以挑汝欢。我们母子还有什么不满足的呢？”母亲珍怜儿子负有奇绝的才华，不能让他就这样囿于狭小天地而浪费青春，毅然鼓励儿子说：“好男儿志在四方。你不要被‘父母在，不远游’的信条所束缚，只要依照出游路程的远近，定期往还，我也就放心了。岂能为我而使你成为笼中鸟、辕下驹，坐困于家中不能展志呢？”于是令徐霞客周览名山大川，去穷天地之际，有以自广。她还为儿子制远游冠，以壮行色，并嘱咐说：“你游览名胜归来，作好记录，袖图一一示我。”徐霞客每次旅行归家，谈及天地之广大，山川流峙之奇险，风土人情和各地习俗的有趣以及旅途中缘崖梯磴的冒险，令人瞠目、缩舌、骇汗的经历，母亲听了之后，反而很高兴，亲手“煮蒲烹茗”，笑着说：“你辛苦了，你的经历、见闻和勇敢，真不愧于做一个男子汉大丈夫！”为了进一步打消儿子远游的顾虑，她以73岁的高龄还和儿子一起游了荆溪的张公、善卷二洞。她总是走在儿子的前面以表示自己的身体还强健，好让儿子放心前去游览。徐霞客得到母亲的有力支持和鼓励，“蹇卫芒鞋，探幽凌险……自此遂无停辙矣”。

二、千山为貌隐千水，为探幽奇万里行

徐霞客实现了自己的夙愿，自由地遨游于千山万水之中。他一次又一次出游，搜奇访胜、观察记录，计划越来越宏伟，行程也越来越长。他积累的地理新认识越多，游兴也越浓，地理科学思想更趋成熟。

22岁（1607），他始泛舟太湖，登眺东西洞庭两山，访先贤遗迹。24岁（1609）历齐、鲁、燕、冀间，上泰岱，拜孔陵，谒孟庙，访三迁故里。28岁（1613），先入浙江由绍兴至宁波，然后渡海游落迦山，回来又登天台华顶之巅，经雁荡，涉龙湫，看石门迁都。今从所留下的游记来看，他28岁左右，观察自然的敏锐、描述自

然的能力等野外考察训练已日趋成熟和定型了。29 岁（1614），游秣陵四郡，六朝佳丽地，览二十四桥明月、三十六曲浊河。第二年春，自浙入皖为黄山、白岳游。夏入武夷，经崇安、九溪，登天游峰至九曲。回来的路上，一观禹陵，系缆西子湖。33 岁（1618）登汉阳庐山最高处而望五老峰，曾至九江，易小舟过鄱阳湖，旋再游黄山。早期徐霞客的旅行考察，从个人的兴趣出发，以搜奇访胜为主，所去的地方，重点是天下名胜地，有时结有旅伴，到奇险处多只身遨游，具备浪漫的色彩和探险精神。他用异常敏锐的观察与简洁明畅的文字，忠实地描绘自然界的本来面目。青年时期的他，在地理科学领域中，已展现出拓荒者的才能与勇气。

35 岁（1620）从浙江溯钱塘而上，逾仙霞岭入闽至江郎山，达仙游县的九鲤湖而返。37 岁和 38 岁以两年的时间，经徐州、开封、郑州、登封西入潼关，由小路行雒县之东，过武关。又由水路至龙关达金顶天柱峰。览嵩、华、玄三岳，下溯潇湘。齐州九点烟，尚隐隐入指掌间。这次远游尚未尽兴，他感叹说："此行以兵革鼎沸，草草至秦陇而归，非我志也。当此一问阆风昆仑诸遐方矣。"并提出计划说："浙、闽之游旧矣。余志在蜀之峨眉、粤之桂林，及太华、恒岳诸山。若罗浮、衡岳次也。至越之五泄，闽之九漈，又次也。然蜀、广、关中，母老道远，未能卒游；衡湘可以假道，不必专游。计其近者，莫若由江郎三石抵九漈。"39 岁（1624），奉母游荆溪、勾曲。

自从老母病逝后，徐霞客更是以身许之山水间，"不计里程，不计日月，旅泊岩栖，游行无碍"。43 岁（1628）再游闽，南至罗浮，归途又取道兴化、泉州。44 岁（1629）北至北京附近的盘山和云中。47 岁（1632）偕族兄仲昭再游天台、雁荡。这年的一天，陈函辉曾问徐霞客："您曾到过雁荡山的绝顶吗？"徐霞客听了很为之动色，第二天未晓，他就出发了，过了十多天归来告诉陈函辉说："我已从间道攀登上了雁荡山。上了龙湫三十里，有荡在那里，是雁居住的地方。再往上二十里，就到了山的绝顶了，那里的风很大，又很冷，有麋鹿数百为群，夜绕予宿。我住了三夜才下山。"崇祯六年（1633），他 48 岁。夏秋之交，他还在山西省的五台山和恒山之间，秋后回家不稍遐息即南去福建了。

更为难得的是 51 岁之后，他执行了计划多年的"万里遐征计"。用了连续四年的时间，徒步漫游了地势复杂、气候与中原迥异、动植物丰富、风土民情富有奇趣的西南苗族等少数民族聚居地区。这些边远的西南山区，在当时中原的人们看来，是"人迹不到之境，声教难通之域"。这时他已是一个年过半百的人了，仍极人所不堪之苦，几经绝粮、遇盗、僧死、仆逃等种种打击，但他仍雄心勃勃、壮志不衰，怀着“吾荷一锸来，何处不可埋吾骨耶”的决心，继续探索，勇往直前。

1638年5月，他进入到云南境内。为了探寻南、北盘江的发源地，他曾往还于云贵边境。此后，他先后到过滇东的曲靖、沾益、越州、陆凉、罗平、师宗、马龙，滇东南的石屏、临安、黄草坝（在临安探了颜洞），滇中的昆明、嵩明、晋宁、安宁、富民、楚雄等地，滇西的大理、剑川、洱源、漾鼻和滇西北的丽江、中甸等地，滇西南的永昌、腾越、顺宁、云州，最后重上大理宾川的鸡足山。之后得病，丽江土司木增“为饬舆从送归”，“遂得生还”。抱病到家后，卧床不起，在临终前的半年多时间里，“不能肃客，惟置怪石于榻前，摩挲相对，不问家事”。临终之前，长叹说：“修短数也！此缺陷界中，复何问迷阳却曲？”就这样，一代奇人面对着毕生采集来的标本（怪石）和数量巨大的野外记录（游记），没有来得及整理和进一步研究，怀着对宇宙、自然、人生的许多不解之谜，未竟其志就与世长辞了。

徐霞客的旅行，清初顾炎武的弟子潘次耕总结得最为公允与正确，说：“先审视山脉如何去来，水脉如何分合，既得大势，然后一丘一壑，支搜节讨”，“途穷不忧，行误不悔……不避风雨，不惮虎狼，不计程期，不求伴侣。以性灵游，以躯命游。亘古以来，一人而已！”说他的著作“未尝刻画为文，而天趣旁流，自然奇警”，“向来山经地志之误，厘正无遗”。

三、庸俗无足谈，贤者何不扩

“庸俗无足谈，贤者何不扩”这两句诗，是徐霞客一生中最要好的朋友黄道周赠给他的《五言古风四首》中的诗句，它鲜明地刻画了徐霞客在社会交游上的准则。现在，我们可以从徐霞客的社会交游上进一步了解他的生平活动及取得学术成就的社会原因。

虽然徐霞客“不屑谒豪贵、博名高”，“遇冠盖必避”，但他自幼喜欢交友，“性又好奇人”，“遇酒人词客与亲故过从，觞咏流连，动辄达旦。而又朝夕温温，小物克谨”。对乡亲邻里的“桑与梓，必恭敬止”。他性格鲜明、感情炽烈，对朋友“不以生死患难易心”。“有相向慕者，即草履叩扉，袖中出半刺投之。一揖登堂，便相倾倒。若赠言则受，投贶即辞，次日不告行矣。”他对朋友真诚，一见面交谈就不假矫饰、不事雕琢而淋漓尽致。当谈到地理见识时，“吐韵标新，自成一家言”，给人一种“磊落英奇”的印象。

33 岁以后，他一面出游，一面不断认识许多学者与朋友。到 40 多岁时，他已交游满天下，“所交多一时贤豪长者”了。其中对徐霞客影响最大，唯独与他互为“死生不易，割肝相示”的知友，只有一个黄道周。

黄道周也是从小喜游，8 岁即登上家乡漳郡铜山深井村附近的高峰，“倚松欹石踽踽忘返”。此后更是游踪遍于祖国南北。他对自然科学还有广泛的兴趣，诸如天文、数学、历法、博物、哲学，他都有渊博的知识，被称为“闽中大师”。天启二年（1622）考中进士，官至翰林院编修。著有《三易洞玑》《文心内府》《博物会典》《太玄经》《易象》《畴象》等书。

徐霞客于 1628 年“尝徒步万里，访石斋（黄道周）于墓庐。石斋北上，又冲寒追及于云阳道中”。他为了见到黄道周，不惜“走万里而谒之穷山”，对于徐霞客的这一行动，“自世俗观之，则几于嗜痂之癖矣”。他们在一起议论政局、品评学问、诗词答赠，对宇宙、人生、社会以及当时地学、自然科学的发展方向等许多问题进行了广泛的交谈与讨论，彼此从中产生了敬慕之感，结为知交。徐霞客交游几遍天下名流，唯独最为推崇黄道周为唯一至人。1640 年年底，徐霞客重病临危，当时黄道周因忤逆崇祯帝被廷杖下狱。徐霞客派大儿子带了寒衣到京探望，三月而返，具述石斋讼系状。徐霞客听了之后，据床浩叹，说：“此缺陷界中，复何问迷阳却曲？”于是不食数日而卒。徐霞客对黄道周的友谊，至死湛然不乱。其后黄道周出狱，亲到徐家奠祭。留下《挽徐霞客》诗说：“知我未凋犹强饭，闻君临萎遂推篷。十洲五岳齐挥泪，屐齿无因共数峰。”

今天所保留下来的黄道周给徐霞客的《五言古风四首》诗，在末尾特意嘱托说：“聊存远证，幸为藏拙，并以覆浆，不作灯纸也。”可见，这四首古风诗是黄、徐之间深深真情的吐露。而恰巧这四首古风强烈地抨击了当时社会上的“风雅失经纬”“能人滞习尚”的黑暗腐朽现实，鲜明地表现出了他们对封建专制的叛逆的政治色彩。

他们还要身体力行在意识形态领域做一些澄清是非的工作，说：“斯道莽巅际，约非目所见。作者已如林，要未审正变。治乱系风教，文藻何足炫！”他们期望法制而诅咒当时言必伊周的虚伪理学，要为社会的进步而努力奋斗，说：“含睇观申韩，魇语辞伊周。此论一以驰，玄风遂不酬。念昔古圣贤，舟楫常安流。”

黄道周还在《七言古一首赠徐霞客》诗中称徐霞客是“天下畸人癖爱山”，“乃欲搜剔穷真灵，不畏巉岩不避死”，赞扬了徐霞客冲破科举罗网，不像当时大多数读书人那样“书生抱膝空咿唔”而献身地理考察的壮举。

对徐霞客“万里遐征”给予有力支持的另一个朋友是陈继儒。陈继儒，字仲醇，松江华亭人，比徐霞客大了29岁。他的诗、文、书、画颇负盛名，是当时文坛上以处士而“名如雷霆”“虚声朝野”的学者。他与杭州杨廷筠相得，杨廷筠官至京兆尹，尝欲推荐陈继儒，可是陈继儒绝意进取，遂不相强。徐霞客是在39岁时，由闽人王畸海介绍，认识了陈继儒的。陈继儒记述他们第一次见面时的情景说：“王畸海先生携一客见访，墨颧、雪齿，长六尺，望之如枯道人，有寝处山泽间仪，而实内腴，多胆骨。与之谈，磊落嵯峨，皆奇游险绝事，其足迹半错天下矣！”他们相谈甚欢，于是陈继儒为徐霞客父母作传，并为王孺人作八十寿叙。陈继儒对后生晚辈徐霞客非常重视，准备将徐霞客的事迹写入《奇男子传》。此后，他们就成了好朋友。1628年，他们一起在青浦游玩过，又在8年之后（1636），徐霞客“万里遐征”之初，去佘山拜访陈继儒，此时徐霞客已51岁，陈继儒已80岁高龄了。徐霞客记录这次会面说：“眉公远望客至，先趋避。询知余，复出。挽手入林，饮至深夜。”这一次陈继儒写介绍信让他认识了云南丽江的土司木增和鸡足山的僧人弘辩、安仁，并先寄书给云南晋宁的唐泰（即大来，削发后的担当和尚）。徐霞客一路上千辛万苦到云南时，“囊已罄，道路不前”，正在困难之中，唐泰虽然并不富裕，也欣然慷慨解囊。陈继儒的周挚情谊，唐泰的非亲非故，一见面即慷慨解囊，这都是因为支持徐霞客所从事的高尚事业。关于慷慨支援徐霞客的事迹，只要细读《徐霞客游记》，就会发现还有不少。从这一意义上来说，徐霞客地理科学成就的取得也是具有社会意义的。

徐霞客把访鸡足山作为主要目标之一，这是为什么呢？当时许多进步的思想家，诸如紫柏和尚、李卓吾、罗近溪、李中溪，以及稍后的唐泰、木增、钱邦芑（大错和尚）、方以智等人都曾以云南鸡足山作为学术活动的场所。徐霞客登临天下名山，多则待五六天至十余天，少则仅一两天，而他两上鸡足山，一住就是三个多月，这是和他的思想倾向、学术活动分不开的。从陈继儒所介绍的唐泰、木增和僧人弘辩、安仁，以及唐泰介绍的陶挺等人来看，他们都是王学左派也即泰州学派的学者。例如陶挺，字不退，是李贽的弟子。此外，与徐霞客交往密切的朋友，如陈继儒、陈仁锡、钱谦益、文震孟、何乔远等人都很推崇李卓吾。所以有理由说徐霞客是有可能受到李卓吾反封建礼教思想的影响，或者是与之有共鸣之处的。此外，徐霞客五下福建，当时福建也是新兴资本主义经济发展很快的地区之一，出了许多带有资本主义思想倾向的学者，徐霞客必然也会受到一定的熏陶。

徐霞客的朋友中，有许多都是东林党的重要角色。阉党阮大铖造《东林点将录》献给魏忠贤。黑名单上有 36 人，现已确认是徐霞客的好朋友的就有“天巧星浪子钱谦益，圣手书生文震孟，智多星缪昌期”等。徐霞客的好友高攀龙、孙慎行是东林巨子，而缪昌期、高攀龙被宦官魏忠贤害死。徐霞客的朋友林钎（字实甫）、曾楚卿（字元赞），因反对魏忠贤被削职罢官。徐霞客本人对魏忠贤集团也是深恶痛绝。如 1638 年，他在云南鹤庆与何公子相遇，何公子邀请他到家里去，说：“家大人亦祈一见。”徐霞客后来一打听，其父叫何可及，曾依附过魏忠贤集团，于是“乃不往”。以上这些交游活动都说明了徐霞客的政治思想倾向。

徐霞客的朋友中，有不少是当时的地理学家。除黄道周之外，游踪遍于祖国各地名山的还有王思任。在地理方面王思任著有《天下名山记游》等书。关于王思任与徐霞客的交往，王思任记录说：“余邂逅徐仲子，一接谈而神与陆吾俱邈矣！”王思任问起徐霞客山川地理的事，徐霞客的回答是：“盖叩之若钟，谈之若毂，应声辄对，锋出而莫能穷也。”徐霞客给王思任的印象是：“其人身体发肤，笑谈举止，皆冷云颢气，濯灵充秀者，绝无纤尘。”当王思任问起徐霞客的母亲时，“弘祖泪下，至不能胜扶”。徐霞客的朋友中，还有著《蜀中广记》《蜀中名胜记》的曹学佺。曹学佺的游踪很广，有不少游记都流传到今天。陈函辉，字木叔，是黄道周的弟子，为徐霞客写过墓志铭。陈函辉协助陈组绶编写过大部头的地理著作《皇明职方地图》。张燮，字绍和，著有地理著作《东西洋考》。

徐霞客在与这些朋友的相交中，切磋琢磨，打开了眼界，学术思想有了重要发展。他后期的旅行考察已不是单纯地从兴趣出发了，而是把个人的兴趣汇入到社会的学术活动中去，用考察的新认识，力图开创新的地理科学方向与创立新的研究方法。徐霞客学术思想的这一升华，是与他的社会交游分不开的，是与资本主义经济萌芽这一社会基础与社会需要分不开的。

四、乃欲搜奇写真灵

地理学是世界上最古老的知识门类之一。在徐霞客之前，我国古代地理学曾经历了长期的发展阶段，其间曾有过若干光辉灿烂的成就。例如，春秋战国时期是我国地理学的萌芽阶段，曾出现了《山经》和《禹贡》。《山经》是自远古以来对大地面貌认识的积累，《禹贡》则是反映我国早期大一统思想的著作。它们比起古希腊、古罗马地理萌芽时期托勒密的《地理学指南》，虽然写书的目的、内容、方法都有许多不同，但中国地理学的成就，毫不逊色。

到了封建社会初期，我国出现了司马迁的《货殖列传》，它是概括当时自然地理和经济地理的著作。此后又出现了写作严谨、内容丰富的综合地理著作——郦道元的《水经注》。但在我国整个封建社会里，在地理学发展中占统治地位的是疆域沿革地理。它肇始于东汉班固的《汉书·地理志》，此后曾演化出各正史的地理志、总地志、图经志书和地方志，总称曰“舆地之学”。编纂这些书的目的是让统治阶级掌握行政区域内的疆域、建置、沿革、山川、古迹、城池、风俗、职官、名宦、人物等内容，以便进行更为有效的统治。它们多数是政府机构编修的。虽然其中也不乏优秀作品，如唐代李吉甫的《元和郡县图志》、宋代乐史的《太平寰宇记》等，但大多数编书人的地理知识来源于文字资料，对亲身的地理考察并没有足够重视。其指导思想又以儒家经典为神圣，尤其到了封建社会晚期，地理学几乎降到了仆从地位，这就大大阻碍了地理科学的发展。

其间，虽然也有像沈括、范成大等博物学家对若干自然现象进行了仔细观察，并得到了一些科学的结论，对地理学的发展有较大的贡献，但是他们始终没有提出改造传统舆地之学的设想，或者表述过这种愿望。在中国的历史上也不乏伟大的旅行家，例如西汉的张骞以政治和军事的目的出使西域，东晋的法显、唐初的玄奘为宗教的原因远游印度，明初的郑和以政治、经济和军事的目的远航非洲，等等。他们的工作客观上扩展了地理的空间视野，对我国地理学是有贡献的。但他们的旅行并不像徐霞客单纯以地理考察为目的，因而他们仅仅记载天地的广大与物产的多样，并不像徐霞客深入描述地理特征。只有徐霞客“其状山也，峰峦起伏，隐跃毫端；其状水也，源流曲折，轩腾纸上；其记遐陬僻壤，则计里分疆，了如指掌；其记空谷穷岩，则奇踪胜迹，灿若列星”，“人之读之，虽越数千里之远，而知夫山之所以高、川之所以大，与夫怪木奇材、瘴风旸暑之所侵蚀，淫霖狂飓之所摧濡……无不豁然于耳目间也”。所以，徐霞客在我国地理学的发展中是有其独特之处的。尤其到了晚年，徐霞客表现出要通过地理考察，改造传统舆地之学、探索地理学发展新方向的意愿。

他用野外考察的新认识，按之图经、参之地志，对旧地理学提出了大胆的怀疑，说“山川面目，多为图经志籍所蒙”。又说“昔人志星官舆地，多以承袭附会；即江河二经，山脉三条，自记载以来，俱囿于中国一方，未测浩衍”。传统的星官舆地之书，不从实际出发，而层层相因地承袭附会，老是沿用《禹贡》以及汉儒所提出来的

“江河二经，山脉三条”的陈旧说法，并总是把地理的记载局限于中原地区，对于更远的边疆就模糊不清。徐霞客对此相当不满，他力图要突破旧舆地之学的局限，改正传统的偏见与跟事实不符的附会。他要对旧的地理学来一个革新，把地面上气象万千的形态，看作一个可以直接观察和认识的实体，可以深入其中去揭开秘密。于是，他将许多传统的地理认识都放到野外考察的实践中去辨明真伪，就是圣人的经典也不例外。其中最突出的例子，是他对江源的考察。长江是我国第一大江河，它的发源问题历来引起人们的重视。《尚书》里的《禹贡》是专讲山川地理的，它成书于4000多年前的奴隶社会，在那时生产力水平低下，能有“禹贡”的认识是了不起的。可是自汉代独尊儒术以来，特别是到了宋明之际，便把《禹贡》说成是圣人的手笔，捧到了绝对尊严的神圣地位，不容怀疑，更不可能与事实印证。虽然《禹贡》里“岷山导江”的错误，早在徐霞客之前，人们就有所知。《汉书·地理志》和《水经注》里，长江的上源是绳水（金沙江），已有了正确记载，但后来的儒家学者为维护经典的神圣地位，“为圣人讳”，不去指出其错误并纠正它。博览地理书籍的徐霞客不可能没有看到《汉书·地理志》等书的记载，但他仍勇敢地“以真理驳圣经，敢言前人所不敢言者，其正名之功，诚有足多”。通过实地考察，他最后指出：“第见《禹贡》岷山导江之文……乃其为害于中国之始，非其滥觞发脉之始也。”这一勇敢的行动，标志着他期望把地理学从封建理学仆从地位下解放出来的努力。把地理学建立在实地考察的基础上，“欲尽绘天下名山胜水为通志”，就为他开创系统观察自然、描述地理环境的新方向奠定了基础。

欧洲封建社会的中世纪，由于专制主义的压迫、分散的自然经济以及基督教义的统治，地理学并没有进步，而是表现出倒退的现象。只是到了18世纪末洪堡和李特尔才奠定了近代地理学的发展。他们开创了西方系统描述与解释地理环境的方向，并找出其中的地带性规律，上升到理论的研究。他们在欧洲打破了陈腐自然观在地理学中的统治，而在中国的地理学领域中，勇敢向陈腐自然观进行挑战的正是徐霞客。他在时间上早于欧洲一至两个世纪就开始系统观察并描述地理特征了，有的还进行形态分类并初步加以解释了。从这个意义上来说，徐霞客在地理学发展史上的地位应与洪堡和李特尔相比拟。但徐霞客比起他们二人来还缺少地理现象的数理研究（如温度、高程）和以此为据上升到规律性的探讨与理论研究。这也是东西方之间地理学发展史上的一项差异。那么，徐霞客在近代地理科学上有哪些贡献呢？今简要概括如下：

他十分留心山川形势、水道流源，纠正了一些当时传统的错误地理观念。如改正了自《禹贡》、汉儒一直到宋、明学者，论述我国“昆仑三龙”的山脉大势，都一再宣扬的“南龙濒江而东”的错误观念。徐霞客指出他们错在“亦不审大渡、金沙之界断其中也”。这是他们不知道横断山脉折而南的事实，也忽略了南岭山脉的存在。前代学者之所以产生错误，是因其“囿于中国一方”，即把视野局限在中原的行政区域之内，徐霞客西南万里之行，开阔了眼界，于是关于山脉的概念也就更加科学了。此外，他还针对儒家经典指出了长江的主源是金沙江而不是岷江，首次辨明了碧溪江是漾濞河下流，枯柯河是流入潞江而不是流入澜沧江，等等。

他在世界上最早观察和记录了基准面相同的两条河流，若源头相近，则流速与流程成反比例这一科学现象。他说：“宁洋之溪，悬溜迅急，十倍建溪。盖浦城至闽安入海，八百余里；宁洋至海澄入海，止三百余里。程愈迫，则流愈急。”欧洲的河流地貌学家是到 19 世纪才认识这一科学规律的。

他对河流侵蚀原理有很敏锐的观察和正确的认识。例如，他在粤西新宁看到了“江流自南冲涌而来，狮石首扼其锐，迎流剜骨，遂成狰狞之状”，并看到了这里“不特石山最胜，而石岸尤奇。盖江流击山，山削成壁，流回沙转，云根迸出”。他还记录了“两旁石崖，水啮成矶”以及“山受啮，半剖为削崖”等流水的侵蚀与侧蚀现象，这比西方最早认识到这一原理的英国地理学家郝登早了 100 多年。

他是世界上最早的岩溶地貌考察先驱。他对我国西南岩溶地貌的类型、成因和分布进行了详细的考察与科学的记录。在岩溶类型上，他对石沟、石芽、漏斗、圆洼地、峰林、地下河等都有科学、形象的描述，有的还推测了形成的原因。例如，他记录钟乳石的成因时说：“崖间有悬干虬枝为水所淋滴者，其外皆结肤为石，盖石膏日久凝胎而成。”即钟乳石和石笋是流水沉积、沉淀集中起来的。又如，在不同类型岩溶地貌的地区分布方面，桂林、阳朔一带，是“山复铮铮骨立”“直如青莲出水”的“碧莲玉笋世界”，处于峰林阶段。到了柳州附近，为“如锥处囊中，尤觉有脱颖异”，已是残林孤峰地貌类型了。这些记录直至今日仍不失其科学价值。

徐霞客认识到植物的分布与物候的早迟是受气候、地形、纬度影响的。他比西方最先认识这一关系的德国地理学家洪堡要早 200 多年。如，1639 年正月，徐霞客来到云南丽江，指出：“其地杏花始残，桃犹初放，盖愈北而愈寒也。”花开的早迟受气温影响，气温又“愈北而愈寒”，受纬度影响。早些时候，他来到天台山，就记录了“循路登绝顶，荒草靡靡，山高风冽，草上结霜高寸许，而四山回映，琪花玉树，玲珑弥望。岭角山花盛开，顶上反不吐色，盖为高寒所勒耳”。一山之间植物种类不同、物候不同，是随着海拔高度增加而气温下降的结果。

他是云南腾冲火山考察的先驱。赖有其记录，腾越打鹰山17世纪初的火山喷发，才被世人所知。他详细记录了那附近的硫黄矿以及赭红色、质地轻浮、坚硬如蜂房的火山喷发物。他对热喷泉、地热蒸汽在我国也作了最早的记录，都有重要的科学价值。

他考察记录了岩溶洞穴100多个，对其复杂的结构、大小、成因、特征都有详尽记录，其精确程度至今仍令人惊叹。比欧洲岩洞学作为一项专门学科，早了一个多世纪。

《徐霞客游记》对经济地理的许多重要记载，如当时沟通长江水系与珠江水系航运的灵渠，西南少数民族地区特有的牦牛，运用象于耕作与运输，大理三月街民间贸易的情况，当时丽江纳西族土司的许多奇特食品，苏木巴豆、紫胶等经济作物最早的文献记载，等等，都提供了300多年前我国不同地区经济生活的丰富资料。

《徐霞客游记》是忠实、准确、生动记述当时地理景观的丰富宝藏。如据云南苍山、安徽黄山、山西五台山等不同年份的积雪记录，就可了解我国现在的气候较300多年前温暖多了。据《徐霞客游记》中连续的晴雨记录，可了解当时雨日较今为多，当时较湿润。另外，当时云南高原上湖泊较今日多，滇池也较今天大多了。全国许多地方森林覆盖较今为好。

明季佛寺分布、僧徒生活构成了社会精神活动的重要组成部分。《徐霞客游记》是了解当时滇黔僧寺分布和僧人活动的最可靠和最详尽的文献。

《徐霞客游记》里还记录了当时流传的许多地理书籍。如魏濬的《西事珥》、谢肇淛的《百粤风土记》、张宗佽的《南程续记》、曹学佺的《名胜志》诸书等。其他还有《云南志》四本、《游记合刻》十本、《峤南琐记》、《南宁州志》、《永昌郡志》、《姚关图说》等。赖有《徐霞客游记》可以了解当时一些地理书在社会上的流传与使用情况。有的书今已散佚，赖有《徐霞客游记》方知书目。

总之，徐霞客首先开创了地理学系统观察自然、描述地理特征的新方向。他在地理学研究的许多方面走在世界前列，攀登了当时地理科学的高峰。

徐霞客逝世之后3年，清军入关。来自关外的清王朝用残酷的战争手段，凶暴地摧残处于幼芽时期的资本主义经济文化。“嘉定三屠”“扬州十日”酿成历史悲剧。江南一带，惨遭不幸。徐霞客的家乡——江阴也受到严重摧残。徐子遇难，徐霞客的手稿也因之散佚。《徐霞客游记》是因其文笔绚烂，被辗转传抄才有若晨昏之孤星，凋零散存。其中有一部抄本是徐霞客寄养于李氏的幼子李介立于徐霞客逝世43年后到老家及宜兴方访得的部分原稿。其中有的已被涂抹删改，李介立从日影中照出原样，一一记录，使已毁之玉复出昆山。据清代陈弘研究，当时存有的《徐霞客游记》仅原稿的五分之一左右，以及不多的几首与朋友的酬唱诗。徐霞客逝世135年后，即清乾隆四十一年（1776）《徐霞客游记》才结束了传抄阶段，首次刻印问世。

徐霞客所开创的地理科学新方向也一时后继无人，甚至那时也绝少有人把它主要看作一部地理著作，而仅仅将之当作文学作品欣赏。

正当中国科学技术长期停滞之时，本来落后于中国的西方地理学，却迅速发展起来，反而后来居上。此一消一长，到了20世纪40年代，西方地理科学已经大量传入中国，学术界才重新认识到《徐霞客游记》是一部了不起的地理著作。许多西方地理学家认识的现象、规律和概念，《徐霞客游记》中已初具雏形了。这样，徐霞客也才作为地理学家被载入科学史册。

（作者：于希贤）

参考资料

[1] 徐弘祖.徐霞客游记［M］.上海：商务印书馆，1933.
[2] 徐弘祖.徐霞客游记［M］.褚绍唐，吴应寿，整理.上海：上海古籍出版社，1980.

王锡阐

（1628—1682）

王锡阐

清代杰出的天文学家

王锡阐是清代最重要的天文学家之一，也是明清之际“西学东渐”浪潮中极有影响的活跃人物。然而长期以来，对王锡阐的研究只限于他的天文学活动，而且又仅限于他的成就。但对这样一个关键性的人物，仅仅如此显然是不够的。我们有必要在明清鼎革、“西学东渐”和天文学史的广泛背景之下，对王锡阐的生平、思想和天文学活动进行更为深入的研究。本文正是这样一个新的尝试。

一、王锡阐的亡国之痛及其与明遗民的交往

王锡阐，字寅旭，号晓庵，江苏吴江人。生于明崇祯元年（1628），卒于清康熙二十一年（1682）。幼时生活在一个读书人家庭里。此时明朝正处在农民军和关外清军的双重压力之下，风雨飘摇。这些情况，王锡阐都有所了解。他17岁那年（1644），巨变迭起。三月，李自成农民军攻入北京，崇祯帝自缢身亡。四月，李自成在山海关被吴三桂和清朝的联军击败，清军入关。五月一日，清军攻入北京城，李自成向西退走。清人乘胜进军。这一连串的事变，对于当时中国的读书人来说，不啻天翻地覆！王锡阐做出的反应是自杀殉国。这在今天看来不免迂腐无能，但在当时这样做的读书人是很普遍的。王锡阐先是投河，遇救未死，又绝食七日，在父母强迫之下才不得不重新进食。但故国之思，亡国之痛，从此伴随了他的一生。

明亡之后，王锡阐加入了明遗民的圈子，拒不仕清。他的朋友们记下了他当时的形象：“性狷介不与俗谐，着古衣冠独来独往。用篆体作楷书，人多不能识”，“瘦面露齿，衣敝衣，履决踵，性落落无所合”。他过着贫困凄凉的生活，身后也无子女。有人认为他怪癖，其实并非如此，“性狷介不与俗谐”“性落落无所合”，这些说法都是遗民们的曲笔，所谓“俗”者，清政府及其顺民也。王锡阐和遗民们却过从甚密，有很深厚的感情。他交往的人当中，有不少是著名人物。

首先要提到顾炎武。他对顾炎武的道德文章非常仰慕，致顾炎武的信中说："锡阐少乏师傅，长无见闻，所以不惮悉其固陋，以相往复者，正欲以洪钟明镜启我聋瞽。"顾炎武虽长王锡阐15岁，但对他也十分钦佩。尝作《广师》一文，列朋友中有过己之处者10人，王锡阐居其首："学究天人，确乎不拔，吾不如王寅旭。"又其《太原寄王高士锡阐》一诗，更可见二人之间的深厚友情，全文如次："游子一去家，十年愁不见。愁如汾水东，不到吴江岸。异地各荣衰，何繇共言宴。忽睹子纲书，欣然一称善。知交尽四海，岂必无英彦？贵此金石情，出处同一贯。太行冰雪积，沙塞飞蓬转。何能久不老，坐看人间换！惟有方寸心，不与玄鬓变。"这里把遗民矢忠故国但又无力回天的悲凉心情表露得非常明显。

其次是潘柽章、潘耒兄弟。王锡阐与柽章极友善，曾住在潘家数年。柽章因参与私修《明史》，死于文字狱。时潘耒方17岁，王锡阐视之如幼弟。后潘耒出仕清朝，王锡阐大不以为然，"数遗书以古谊相规"。"以古谊相规"是潘耒自己委婉的说法，实际上是王锡阐责备他仕清，"而况去就之义，大与古人相背者乎！……且太夫人荼蘖清操，贤名素著，嗜义安贫，远近所孚，次耕又尤不宜亟亟于仰事之故，驰驱于奔竞之涂，以为晚节累也"，这是极严厉的申斥。而说潘母"荼蘖清操"，则又几乎是明斥潘耒为不肖之子了。若非多年深交，不会如此。不过潘耒倒并不记恨，王锡阐去世后，他还去搜集了王锡阐的遗稿，并为之作序，备极推崇。

此外还值得提出的有以下几位。吕留良，因生前的反清言论，在雍正年间被开棺戮尸。王锡阐晚年曾和他一起"讲濂洛之学"，即北宋周敦颐、二程的哲学，基本上属于清初很流行的程朱学派一路。二人并有诗相互酬答。朱彝尊，清初著名文学家。王锡阐曾和他一同观览了李钟伦校的《灵台仪象志》，该书后藏于北京图书馆。张履祥，号杨园先生，"初讲宗周慎独之学，晚乃专意程朱"。他和吕留良都是王锡阐晚年"讲濂洛之学"的伙伴。万斯大，遗民学者，"性刚毅，慕义若渴"。抗清英雄张煌言被俘就义，弃骨荒郊，斯大毅然收葬之。王锡阐有与他讨论天文历法的书信往返。对于斯大进一步改进历法的想法，王锡阐表示自己"倘得执觚从事，窃唐邓之末，亦云幸矣"，这是对斯大很尊敬的态度。

关于王锡阐和明遗民们的交往，有一个文献很说明问题。1657年，顾炎武决定北游，友人联名为他写了《为顾宁人征天下书籍启》，类似于私人介绍信，信上署名者21人，王锡阐亦在其中，这正是王锡阐交往的遗民圈子。

王锡阐的遗民朋友中也有后来出仕清朝的，如朱彝尊、潘耒等。但王锡阐本人坚决不与清政府合作，对友人之仕清，也大不赞成，前述潘耒事可作证。王锡阐心怀故国、矢忠明朝的思想感情，在他的一篇名为《天同一生传》的寓言式自传中有隐晦而深刻的表现。这篇短文对了解王锡阐的思想以及在这种思想影响之下的天文学活动有一定的价值，理应予以相当的重视。文中说："天同一生者，帝休氏之民也。治《诗》《易》《春秋》，明律历象数……帝休氏衰，乃隐处海曲，冬絺夏褐，日中未爨，意恒泊如。惟好适野，怅然南望，辄至悲欷。人咸目为狂生，生曰：我所病者，未能狂耳！因自命希狂，号天同一生。""天同一生"是什么意思？他自己的说法是："天同一云者，不知其所指。或曰即庄周齐物之意，或曰非也。世莫知其然否。"闪烁其词，不肯明说。所谓"帝休氏"，我们当然不必凿定为崇祯帝；然而作为亡明的象征，则视为崇祯帝亦无不可。因为"帝休氏衰，乃隐处海曲"，正是王锡阐明亡不仕、清贫自守的情况。而"怅然南望，辄至悲欷"者，南明的金瓯一片，一直坚持到1661年，时王锡阐34岁；台湾郑氏抗清政权，更坚持到王锡阐去世之后一年（1683），王锡阐之南向而悲，正是为此。又"我所病者，未能狂耳"，亡国之痛，溢于言表。美国科学史家席文还注意到，王锡阐在各种场合都避免使用清朝的年号。

王锡阐作为亡明遗民，矢忠故国，这样强烈的思想情绪和坚定的政治态度，不可能不对他的科学活动产生影响。考虑到这一因素，有些问题就可能得到较好的解释。

二、王锡阐与清初历法的新旧之争

明遗民心怀故国，拒不仕清，往往隐居起来，潜心于学术研究，其代表人物首推顾炎武。明儒空谈心性，不务实学，经亡国惨祸，风气为之一变。对遗民学者之治学，梁启超洞察颇深："他们不是为学问而做学问，是为政治而做学问。他们许多人都是把半生涯送在悲惨困苦的政治活动中，所做学问，原想用来做新政治建设的准备，到政治完全绝望，不得已才做学者生活。"在这样的风气下，王锡阐选择了天文历法之学。他治学时心中是否也存着为"新政治"服务之望，因史料不足，难以轻断，但他在这一点上受到顾炎武等人的影响是完全可能的。至少有足够的材料表明，他对清政府在历法上引用西人西法怀着强烈不满。

明末由徐光启主持，招集来华耶稣会士编成《崇祯历书》，系统介绍了欧洲古典天文学。入清后，康熙爱好自然科学，尤好天算，大力提倡，一时士大夫研究天文历法成为风尚，为前代所未有。清廷以耶稣会士主持钦天监，又以《西洋新法历书》的名称颁行《崇祯历书》之删改本，即所谓新法，风靡一时。这实际上是中国天文学走上世界天文学并与其同轨道的开端。但清以“异族”而入主中国，又在历法这个象征封建主权的重大问题上引用更远的异族及其一整套学说方法，这在当时许多知识分子特别是明遗民们看来，是十足的“用夷变夏”，很难容忍。潘耒说：“历术之不明，遂使历官失其职而以殊方异域之人充之，中国何无人甚哉！”王锡阐也说：“不谓尽堕成宪而专用西法如今日者也。”这些言论在当时有一定的代表性。

王锡阐在这样的心情下发愤研究天文历法，从20多岁起，数十年勤奋不辍。由于对中国传统方法和西洋新法都作过深入的研究，他的意见就比较言之有据，和当时其他一些人的泛泛之谈和盲目排外大不相同。

他第一个重要观点是：西法未必善，中法未必不善。他说：“旧法之屈于西学也，非法之不若也，以甄明法意者之无其人也。”这是说中法未必不如西法，只是掌握运用不得其人。又说：“吾谓西历善矣，然以为测候精详可也，以为深知法意未可也。”这是说西法虽在“测候精详”这一点上有可取之处，但西法对中法的批评是不知法意，即不了解中法的精义，因而批评得不对。于是举出西法“不知法意”者五事，依次为平气注历、时制、周天度分划法、无中气之月置闰、岁初太阳位置，为中法辩护。又说：“然以西法为有验于今，可也；如谓不易之法无事求进，不可也。”这是说西法并非尽善尽美，不应该不求改进，全盘照搬。他曾指出西法“当辨者”十端，是对西法本身提出的批评，依次为回归年长度变化、岁差、月亮及行星拱线运动、日月视直径、白道、日月视差、交食半影计算、交食时刻、五星小轮模型、水星金星公转周期。他又有西法六误之说，指出西法中因行星运动理论不完备而出现的矛盾错谬之处。此外，他论及西法时有“在今已见差端，将来讵可致诘”“西人每诩数千年传人不乏，何以亦无定论”“亦见其技之穷矣”等语，不及尽述。总的来说，王锡阐这一观点是正确的，因《西洋新法历书》中的西法，只是开普勒、牛顿之前的欧洲古典天文学，不善之处确实很多。具体来说，王锡阐的“五不知法意”“十当辨”“六误”等意见，大部分也是有价值的，尽管也有一些错误。

王锡阐在批评西法时，明显流露出对西法的厌恶之感。将此和当时梅文鼎的态度比较一下是颇有意思的。梅文鼎也谈论西法的得失，还将“西法原本中法”之说集其大成，但对西法的态度是比较平和的。他似乎更多一些纯科学的味道。而王锡阐之厌恶西法，仍可追溯到亡明遗民的亡国之痛上去。因为西法是异族之法，而且是被另一个灭亡了大明的“异族”引入来取代汉族传统方法的，所以从感情上来说，王锡阐不可能喜欢西法。

王锡阐第二个重要观点是：西法原本于中法。这个观点黄宗羲提出得更早，但王锡阐的天文学造诣更高得多，又兼通中西之法，所以对此说的传播发展作用更大。王锡阐说："今者西历所矜胜者不过数端，畴人子弟骇于创闻，学士大夫喜其瑰异，互相夸耀，以为古所未有。孰知此数端者悉具旧法之中，而非彼所独得乎！"于是指出五端，这是"西法原本中法"说发展中的重要文献：

> 一曰平气定气以步中节也，旧法不有分至以授人时，四正以定日躔乎？一曰最高最卑以步朓朒也，旧法不有盈缩迟疾乎？一曰真会视会以步交食也，旧法不有朔望加减食甚定时乎？一曰小轮岁轮以步五星也，旧法不有平合定合晨夕伏见疾迟留退乎？一曰南北地度以步北极之高下，东西地度以步加时之先后也，旧法不有里差之术乎？

这是主张西法的创新皆为中法所已有。后来在刻意要"归《大统》之型范"的《晓庵新法》中，王锡阐就将上述五个"一曰"尽数弃而不用。他又进一步说："西人窃取其意，岂能越其范围？"从西法"悉具旧法之中"推进到西法"窃取"中法，不能不说是有些过激了。

王锡阐何以在这个问题上态度如此激烈，可以从政治思想上找到原因。中国封建时代的读书人向来把"夷夏"之分看得极重，清政府在历法上全盘西化，是"用夷变夏"。但清人自己就是以"异族"而入主中国的，对"夷夏"之说极为敏感，屡兴文字狱，王锡阐的朋友吕留良就因此而惨遭戮尸之祸，所以又不便正面攻击清政府在历法上的全盘西化。在这种矛盾的情况下，黄宗羲、王锡阐这样的大明忠臣怎么办？办法之一，就是断言西法源于中法，甚至是窃自中法的。这可以使理论上的困境得到一定程度的摆脱。他们这番苦心，当然无法明言，只好以隐晦曲折出之。

从上述两个观点出发，王锡阐指出："夫新法之戾于旧法者，其不善如此；其稍善者，又悉本于旧法如彼。"但他作为一个天文学家，并不因此而一概排斥西法。他主张中西兼采，"然则当专用旧法乎？而又非也"。不过到底怎样中西兼采法，仍是一个问题。

当初徐光启主持修《崇祯历书》，曾表示要"镕彼方之材质，入《大统》之型模。譬如作室者，规范尺寸一一如前，而木石瓦甓悉皆精好"。这意思几乎和后来的"中学为体，西学为用"一样。不过徐光启虽这么说过，修成的《崇祯历书》却完全不是“《大统》之型模”。对此，王锡阐一再感叹：“且译书之初，本言取西历之材质，归《大统》之型范，不谓尽堕成宪而专用西法如今日者也。”“而文定……其意原欲因西法而求进，非尽更成宪也。”王锡阐的观点很明确：中西兼用就是“取西历之材质，归《大统》之型范”。

于是，他慨然以“甄明法意”“归《大统》之型范”为己任，来写一部异调独弹、和当时行用的西法唱对台戏的《晓庵新法》。这在当时西法成为钦定，西人主持钦天监，整个天文学界都在讲论西法的情况下，是需要科学上和政治上的双重勇气的。更何况他还在书中寄托了他的故国之思。

三、《晓庵新法》和《五星行度解》

《晓庵新法》成于1663年，这是王锡阐最系统、最全面，也是他自己最得意的力作。他在自序里表示，当时历法上“尽堕成宪而专用西法”使他不满，“余故兼采中西，去其疵颣，参以己意，著历法六篇”，这表明了他作此书的动机。

全书共六卷。第一卷讲述天文计算中的三角知识，定义了 $\sin\theta$、$\cos\theta$、$\tan\theta$ 等函数，本质上和今天一样，不过他纯用文字表述。第二卷列出数据，其中有些是基本的天文数据，大部分是导出常数。又给出二十八宿黄经跨度和距星黄纬。第三卷兼用中西之法推求朔望节气时刻及日月五星位置。第四卷研究昼夜长短、晨昏蒙影、月及内行星的相，以及日月五星的视直径。

第五卷很重要，先讨论时差和视差，进而给出确定日心和月心连线的方法，称为“月体光魄定向”，这是王锡阐首创的方法。后来清廷编《历象考成》(1722)，采用了这一方法。

第六卷先讨论了交食，其中对初亏、复圆方位角的计算与“月体光魄定向”一样。随后用相似方法研究金星凌日，给出推算方法。又讨论了凌犯，包括月掩恒星、月掩行星、行星掩恒星、行星互掩等情况。金星凌日和凌犯的计算，皆为王锡阐首创，中国前代天文历法著作中未曾有过。

《晓庵新法》虽在计算中采用了西方的三角函数知识，但并未使用西法的小轮体系，也没建立宇宙模型。按中国古典历法的传统，根本不必涉及宇宙模型的问题。要预推天体视位置，未必非建立宇宙模型不可，更不是非用小轮体系不可，用传统方法也能做得相当好。王锡阐既要“归《大统》之型范”，自然要用传统方法。再说他又隐然将《晓庵新法》视为向西法挑战之作，更需要断然拒绝西法体系。

《晓庵新法》在月体光魄定向、金星凌日、凌犯等计算方法中表现出巨大的创造才能，但不可否认，此书也有其不足之处。例如，据笔者初步统计，第二卷给出数据达263个，其中大部分是导出数据，但对如何导出则未作任何说明；而以下四卷中的各种计算皆从这些数据出发，因此最后推导出的任何表达式都无法直接看出其天文学意义。而且，后四卷中出现的新数据，包括计算过程中间值在内，各有专名，凡590个之多，其中还有同名异义、同义异名等情况，更进一步增加了读者理解的困难。究其原因，除王锡阐刻意追求“归《大统》之型范”，不使用图示等先进手段之外，主要是因为他有一个错误的观点。早先他就主张“大约古人立一法必有一理，详于法而不著其理，理具法中，好学深思者自能力索而得之也”。“详于法而不著其理”本是古人的缺点，王锡阐却表示欣赏，并加以实行。由于《晓庵新法》是他深有寄托的发愤之作，可能为了使之不同凡响，王锡阐特意将此书写得非“力索而得之”不可，比前代历法更难读。

说王锡阐“特意”如此是有理由的。他的另一部重要著作《五星行度解》就没有一点“《大统》之型范”的影子，完全采用西方的小轮体系，有示意图六幅，全书非常明白易懂。

《崇祯历书》以第谷天文体系为基础，而第谷未来得及完善其行星运动理论就过早辞世了，因此《崇祯历书》的行星运动理论部分颇多矛盾不谐之处。王锡阐打算改进和完善西法中的行星理论，《五星行度解》即为此而作。

王锡阐先建立自己的宇宙模型，与第谷的稍有不同：“五星本天皆在日天之内，但五星皆居本天之周，太阳独居本天之心，少偏其上，随本天运旋成日行规。此规本无实体，故三星出入无碍；若五星本天，则各自为实体。”

这里有两点值得注意。首先，王锡阐主张本天皆为实体，这和早期来华耶稣会士传播的欧洲古代十二重天球之说非常相似：“十二重天，其形皆圆，各安本所。各层相包，如裹葱头，日月五星列宿在其体内，如木节在板，一定不移，各因本天之动而动焉。”（阳玛诺《天问略》）王锡阐心目中的宇宙也颇有这样的味道，他还引古证之：“《天问》曰：‘圜则九重，孰营度之？’则七政异天之说，古必有之。”不过王锡阐此说是否受过耶稣会士的启发，目前尚难断言。《天问略》出版于1615年，王锡阐读到它是完全可能的。此外，王锡阐对宇宙体系运转机制的研究，则可以肯定是受了开普勒天体引力思想的启发。

其次，按西法一贯的定义，所谓“本天”皆指天体在其上运动的圆周，而王锡阐提出的“太阳本天”，太阳并不在其圆周上运行，则与五星本天为不同概念，但他未注意区分这二者。事实上，对推算五星视运动而言，他的“太阳本天”毫无作用，起作用的是“日行规”，实即第谷的太阳轨道。对于这一点，钱熙祚的看法很有见地：“虽示异于西人，实并行不悖也。”措辞虽很委婉，却猜对了王锡阐的动机。根据王锡阐对西法的一贯态度，他不愿亦步亦趋是很自然的。

对于宇宙模型，王锡阐还有一个新观点：“五星之中，土木火皆左旋。……西历谓五星皆右旋，与天行不合。”他又由此推出一组计算行星视黄经的公式。这个说法在当时很新颖，引起了一些人的注意，潘耒说它“说甚创辟，果如其说，则历术大关键也”。当然，这里王锡阐是错的。

王锡阐在《五星行度解》中对水内行星的讨论很值得注意：“日中常有黑子，未详其故，因疑水星本天之内尚有多星。星各有本天，层叠包裹，近日而止。但诸星天周愈小，去日愈近，故常伏不见，唯退合时星在日下，星体着日中如黑子耳。”这里王锡阐认为内行星凌日可以形成黑子。他在《晓庵新法》中也说过：“太白体全入日内为日中黑子。”但更重要的是水内行星的想法。这虽然可能是受了《崇祯历书·五纬历指》的启发，但后者并未如此明确地提出水内行星的概念。这样的概念当时欧洲也有，比如伽利略的《对话》中就提到过，与王锡阐的说法极相似。今天一般倾向于认为不存在水内行星，但也未能最后论定。而王锡阐作为早期猜测者之一，应该是值得一提的。

四、王锡阐的天文观测

王锡阐以观测勤勉著称。晚年他自己说：“每遇交会必以所步所测课较疏密，疾病寒暑无间。变周改应，增损经纬迟疾诸率，于兹三十年所。……年齿渐迈，气血早衰，聪明不及于前时，而黾黾孳孳，几有一得，不自知其智力之不逮也。”考虑到王锡阐的贫困多病，这种精神十分可贵。但对于他的观测精度，以前似乎未加注意。尽管史料很缺乏，仍有必要作一些考察。

首先设法弄明白有关的情况。王锡阐非常贫困，因此不可能拥有诸如私人天文台、大尺寸测角仪器、多级漏壶等设备，也不可能雇用助手。他虽有门人，但死后“历学竟无传人”，没人能继承其天文学。有些人是跟他学别的学问的，如姚汝鼐，王锡阐说：“姚生汝鼐，故以能诗名见余。”姚汝鼐还编次了王锡阐的诗和古文作品。史料中也未发现任何关于王锡阐有观测助手的记载。

有两条关于王锡阐天文观测的直接史料很重要。一是“每遇天色晴霁，辄登屋卧鸱吻间仰察星象，竟夕不寐”，二是“君创造一晷，可兼测日、月、星”。这晷称为三辰晷，实物今不存，王锡阐曾作《三辰晷志》一文，专门讲解这架仪器，他去世后潘耒整理他的遗稿时还曾经见到这篇文章，“其文仿《考工》，绝古雅”，但此文已佚。不过尽管如此，我们对三辰晷仍不至于一无所知。首先，这不可能是一架大型仪器。因为王锡阐既无财力来建造，又缺乏必要的助手来协助操纵大型仪器。更重要的是，王锡阐的观测场所是屋上“鸱吻间”，即旧式瓦房的“人”字形屋顶上，在这上面安置大型仪器是不可能的，更不用说每次观测时临时安装了。其次，三辰晷也不会很精密。因为一架小型仪器不可能长期放在屋顶风吹雨淋，多半是每次观测时临时搬上去；而如果这样的话，在“人”字形屋顶上，取准、定平等方面的精度绝不可能很高。

观测精度的另一个重要方面是计时精度，对此王锡阐自己晚年的说法很重要：“古人之课食时也，较疏密于数刻之间；而余之课食分也，较疏密于半分之内。夫差以刻计，以分计，何难知之，而半刻半分之差，要非躁率之人、粗疏之器所可得也。”这表明在王锡阐心目中，“半刻半分”的精度已是不易达到的佳境。这里“分”指食分。姑先不论，单就时间而言，当时西法用九十六刻制，则一刻为 15 分钟，王锡阐在《晓庵新法》中用百刻制，则一刻为 14.4 分钟，即使王锡阐平时也用百刻制，则半刻为 7.2 分钟，对应天体周日运动 1 度 8，这是非常大的误差。在交食时间题还不太大，但对其他观测而言，影响很大，因为上述材料表明，王锡阐所掌握的时计是不精密的。

所以，王锡阐观测虽勤，我们对他的观测精度却不宜估计过高。这一点对评价王锡阐的天文学理论很重要。然而，这是客观条件的限制，我们今天万不能苛责于王锡阐。

王锡阐对观测非常重视，虽然精度受客观条件的限制，但在观测理论上达到了很高的认识水平。去世前一年，他回顾自己的观测经验，指出除有熟练的观测者和精密仪器之外，还必须善于使用仪器。而即便如此还不够，“一器而使两人测之，所见必殊，则其心目不能一也；一人而用两器测之，所见必殊，则其工巧不能齐也”。这说明王锡阐对仪器的系统误差（工巧不齐）和观测中的人差（心目不一）都已有了正确的概念。如没有多年实测经验，很难达到这样的认识高度。

王锡阐对自己理论与实测的吻合精度，始终不满意。有件事很能说明这一点，“辛酉八月朔当日食，君以中西法及己法预定时刻分秒，至期与徐圃臣辈以五家法同测，而己法最密”。这是指 1681 年 9 月 12 日的日食，徐圃臣即徐发，著有《天元历理》十一卷。从各种情况来看，这次五家法同测似乎是民间活动，没什么官方色彩。虽然“己法最密”，王锡阐自己却感叹道：“及至实测，虽疏近不同，而求其纤微无爽者，卒未之睹也。”这并不是一般的自谦之辞，因为他觉得“于此见天运渊玄，人智浅末，学之愈久而愈知其不及，入之弥深而弥知其难穷”。这时已是他去世前一年了，他仍感到不能满意。

天文学理论最终都要靠实测的检验来定其优劣，从而得到进步。王锡阐在贫困之中，受条件的限制，观测精度无法达到很高，这一点直接妨碍了他理论上的发展。对于王锡阐这样一位有才能的天文学家来说，不能不格外令人惋惜。否则，他无疑能取得更大的成就。

五、对王锡阐的评价和研究

王锡阐当时因矢忠故国而在遗民圈子里受到很大的尊敬，前述顾炎武诗文可为代表。王锡阐的天文学成就则使他们引为自豪。潘耒说：“历术之不明，遂使历官失其职而以殊方异域之人充之，中国何无人甚哉！幸有聪颖绝世，学贯天人，能制器立法如王君者……幸其书犹存，其理至当，乌知异日不有表章推重见诸施行者，是君亡而不亡也。”王济说：“自西人利玛窦立法，自谓密于中历，人莫能窥，先生独抉其篱而披其郤。”不过这些称赞者在天文学上并无造诣，因此他们的评价从天文学史的角度来说，不足以说明王锡阐的地位。而梅文鼎是清代最著名的天文学家之一，他对王锡阐的钦慕和评价就值得重视了：“近代历学以吴江为最，识解在青州以上，惜乎不能蚤知其人，与之极论此事。稼堂屡相期订，欲尽致王书，属余为之图注，以发其义类，而皆成虚约，生平之一憾事也。”吴江即王锡阐，青州指薛凤祚，当时有“南王北薛”之称，但梅文鼎认为薛不如王。这一看法，后世视为公论。

王锡阐在清代天文学界的地位不如梅文鼎，18 世纪末仍是“方今梅氏之学盛行而王氏之学尚微”。造成这种情况的原因很复杂。王锡阐没有如梅文鼎被皇帝礼遇这种“异数”，当然是一个重要原因。现在看来，阮元“王氏精而核，梅氏博而大”的评价，还是可以接受的。

不过王锡阐的天文学成就在清代还是得到了肯定的。1722 年《历象考成》采用了他的“月体光魄定向”方法，1772 年《四库全书》收入《晓庵新法》，这件事在阮元看来是“草泽之书得以上备天禄石渠之藏，此真艺林之异数，学士之殊荣，锡阐自是不朽矣”。在 1799 年这样说或许还不算很夸张，但无论如何，仅仅靠这件事是不足以使王锡阐不朽的。

王锡阐的天文工作在20世纪引起了科技史界的注意。李约瑟认为《晓庵新法》是“熔中西学说于一炉的一种尝试”，并认为“据我看，这位天文学家是个有才华的人”。这一评价无疑是正确的。20世纪60年代，席泽宗先生发表《试论王锡阐的天文工作》，首次用现代天文学的方法，对王锡阐的天文工作及理论作了全面深入的研究。当年潘耒、梅文鼎“为之图注，以发其义类”的愿望，由此开始得到实现，而且比他们所能做的更好，因为当时他们不可能站在今天的高度上来研究和评价。

王锡阐的天文著作，特别是《晓庵新法》，在天文学史上有重要意义。《晓庵新法》是中国历史上最后一部古典形式的历法，对这部著作的研究还远远不够。例如，对它作精度分析，并与当时传入中国的西方天文学体系及中国前代好历相比较，就是一件很有意义的工作，方有待于来者。

另外，也应该看到，王锡阐作为清代第一流的天文学家之一，他所大力论证、宣传的“西学中源”说，在客观上对清代天文学的发展起了非常消极的作用。他与梅文鼎同为清代天文学界“会通中西”的大师，但他们却在很大程度上使“会通”误入歧途。将论证“西学中源”当作“会通中西”的主旋律，却不向赶上、超过西方天文学这一方向去努力。王锡阐在论证“西学中源”的同时所作的“归《大统》之型范”的徒劳尝试，其基本精神也没有赶超的意图。作为中西天文学融合时期最重要的人物之一，他对西方天文学的态度在中西文化交流史、思想史等方面有很大的研究价值。

（作者：江晓原）

参考资料

[1] 王济.王晓庵先生墓志［M］//凌淦.松陵文录：卷十六.木刻本.1874（同治十三年）.
[2] 潘耒.晓庵遗书序［M］//遂初堂集：卷六.清康熙刻本.
[3] 顾炎武.顾亭林诗文集［M］.华忱之，点校.北京：中华书局，1983.
[4] 席文.为什么中国没有发生科学革命［J］.科学与哲学，1984（1）.
[5] 梁启超.中国近三百年学术史［M］//梁启超论清学史二种.上海：复旦大学出版社，1985.
[6] 江晓原.试论清代“西学中源”说［J］.自然科学史研究，1988，7（2）.
[7] 江晓原.王锡阐及其《晓庵新法》［J］.中国科技史料，1986，7（6）.
[8] 王锡阐.五星行度解［M］.上海：商务印书馆，1939.
[9] 江晓原.开普勒天体引力思想在中国［J］.自然科学史研究，1987，6（2）.
[10] 伽利略.关于托勒密和哥白尼两大世界体系的对话［M］.上海：上海人民出版社，1974.
[11] 李约瑟.中国科学技术史：第四卷［M］.北京：科学出版社，1975.

梅文鼎

（1633—1721）

梅文鼎
清初历算大师

梅文鼎，字定九，号勿庵，安徽宣城人，是清初被誉为“历算第一名家”的民间天文学家、数学家。他生于西方科学传入中国的时代，毕生致力于阐发西学要旨、表彰中学精华，对于整个清代的学术思想都有一定的影响。通过这一人物的思想和活动，我们也可以从一个侧面看到中、西两种文化由尖锐对立到开始交融的历史过程及其独特方式。

一、象数岂绝学，因人成古今

安徽宣城南有文脊山，“绵亘百里，为一方之镇，而柏枧居其最胜”。柏枧山口散居着梅氏一族，“先世则农而士”，至明季香火鼎盛，出了许多诗人、学者和政治家。1633 年 3 月 16 日（农历崇祯六年二月七日），梅文鼎降生于这个望族中一个书生家庭。其父梅士昌为邑庠生，“少小有经世之志，自治经外，若象纬、坤舆、阴阳、律历、阵图、兵志、九宫、三式、医药、种树之书靡所不搜讨殚究”。文鼎“儿时侍父及塾师罗王宾仰观星气，辄了然于次舍运旋大意”。

然而真正使他对科学发生兴趣的是一个叫倪正的明代逸民。倪正，字方公，宣城人，明亡后隐居官湖之滨，号观湖，又自称竹冠道人。1661 年前后，梅文鼎和他的两个弟弟文鼐、文鼏一同向倪正学习历法，倪正即以明代官方颁行的《大统历》相授。梅氏三兄弟“乃相与晨夕讨论，为之句栉字比，不惮往复求详”。文鼎将学习心得整理成《历学骈枝》四卷，这是他最早的书稿，标志着一个起点。正如梅文鼎赋诗所云：“黄鹄初试羽，瞻云思八荒。”梅文鼎是在什么学术背景下开始了自己的科学生涯呢？当时的情况是：奠基于汉唐、盛极于宋元的传统天文、数学，至明季已日渐衰颓，具体表现是经典亡佚、历法失修、数理不传；与此相应，西方的一些科学知识从明末开始传入我国，但在一个相当长的时期内不能为一般的知识分子理解和接受，历算之学遂有中法和西法之分。清初杨光先提出“宁可使中夏无好历法，不可使中夏有西洋人”，挑起长达十年之久的“历讼”。中西之争从此染上了浓厚的政治色彩，两派形同水火，绝无调和余地。杨光先本来是一个不懂得天文历法的腐儒，偏偏要打着“正国礼”的旗号在西洋人的历法上做文章，最后落得个罢官问罪、客死他乡的下场。这自然也使主张中法的学者受到株连，本来已在走下坡路的传统天文、数学又一次受到打击。

在这种历史背景下，梅文鼎的《历学骈枝》假《大统》阐明《授时》等历理，并以传统数学中的勾股和较术来说明、推算日月食，这就填补了由于郭守敬著作失传和《元史·历志》过于简略造成的知识真空，对于清代传统天文、数学的复兴起到了开风气之先的作用。

1672 年，梅文鼎完成了他的第一部数学著作《方程论》。“方程”系传统数学中一项重要内容，专指多元一次方程组的应用和解法，在《九章算术》为卷八。他当时未能读到《九章算术》，但通过明代程大位、吴敬等人的著作对中国古代的多元一次方程组问题进行了较全面的研究。在《方程论》一书中，梅文鼎阐发了两个有代表性的观点。其一，他认为传统数学的“九数”应分为“算术”和“量法”两类：前者包括“粟布（粟米）”“衰分”“均输”“盈朒”，而极于“方程”；后者包括“方田”“少广”“商功”，而极于“勾股”。二者皆由浅入深，而“方程于算术，犹勾股之于量法，皆最精之事”。

其二，由于当时传入中国的西方数学知识中没有关于多元一次方程组的内容，梅文鼎认为可以借助它来长中华志气、灭洋人威风。书成后，他曾寄示方中通，盖因“方子精西学，愚病西儒排古算数，著《方程论》，谓虽利氏（指利玛窦）无以难，故欲质之方子”。他又作诗云：“象数岂绝学，因人成古今。创始良独难，踵事生其新。测量变西儒，已知无昔人。便欲废筹策，三率归《同文》（指《同文算指》，李之藻、利玛窦共同编译）。宁知九数理，灼灼二支分。勾股测体线，隐杂恃方程。安得以比例，尽遗古法精。”

“青山闭户孤居惯，书卷时开逸兴多。”梅文鼎的早年，主要在家乡读书写作。他是从传统天文、数学起步开始科学生涯的，《历学骈枝》和《方程论》就是最好的证明。他抓住了名为《大统》实为《授时》这一荟萃了中国古代历法精华的模型，又选择了最能体现古代筹算优越性而西法不具的数学问题，因而能够在传统天文、数学几乎成为“绝学”的时代做出有意义的工作。除此之外，他也十分注意搜集和整理古代科学文献，“遇古人旧法，虽片纸如拱璧焉”。他曾亲见《九章算术》南宋刻本的残卷，整理过现已成为孤本的《西镜录》和《圆解》。对多种现已失传的稀世抄本和古籍留有记载，其中有郭守敬的《授时历草》、赵友钦的石刻星图以及多种佚名著作，这些都成为研究中国古代天文、数学史的重要线索和宝贵资料。中国古代许多具有世界意义的科学成就，都是经梅文鼎宣传才重新为世人所认识的，如《授时历》中的三次内插法和黄赤相求术，本是郭守敬“创法凡五事”中最重要的两事，但在明代几乎无人能懂，梅文鼎作《平立定三差详说》和《堑堵测量》才使其重发异彩。

“千秋绝诣，自梅而光。”梅文鼎为维护和发扬中华民族优秀的科学遗产作出了重要贡献。

二、他山有砻石，攻错以为期

梅文鼎的中年生活并不顺利，39 岁那年妻子陈氏故去，“遂不复娶，日夜枕藉诗书以自娱”。他虽“博览多通，少善举子文”，但屡应乡试不第。但是三年一度的南京之行使他开阔了眼界，开始接触到在皖南乡间难以见到的西学书籍。

1675 年，他在乡试之余购得一部《崇祯历书》残本，又从顾昭家借抄得穆尼阁的《天步真原》。1678 年乡试时他又从黄虞稷家借抄得罗雅谷的《比例规解》，“携之行笈，半年而通其指趣”。当年族侄梅庚与他同科应试，见其“得泰西历象书盈尺，穷日夜不舍”，直到临考前一天仍是如此，于是趁他外出时把书藏了起来。梅文鼎回来找不到书，焦急万分，“则艴然曰：余不卒业是书，中怦怦若有所亡，文于何有？”可见，他把学习科学知识看得比科举考试更为重要。

梅文鼎利用乡试的机会广事交游、求师问友，如饥似渴地学习。但闻有知历算者，“虽在远道，不惮褰裳往从。畴人子弟及西域官生，皆折节造访。人有问者，亦详告之无隐”。

但是对于拜洋人为师，他是有所顾虑的。从现有资料来看，他与外国人的直接接触只有两次：一是 1688 年在杭州晤意大利教士殷铎泽，一是 1690 年在北京晤法国教士安多。两次会面都曾谈及历算，但是并没有形成长期的合作或师生关系。他在给薛凤祚的一首诗中清楚地表明了自己既想学西历又怕当假洋鬼子的复杂心理：“我欲往从之，所学殊难同。讵忍弃儒先，翻然西说攻。或欲暂学历，论交患不忠。立身天地内，谁能异初终？”直到后来他听人说穆尼阁“喜与人言历而不强人入教，君子人也。仪甫（薛凤祚）初从魏玉山文魁主张旧法，后复折节穆公，受新西法，尽传其术，亦未尝入耶稣会中”，这才稍微放松戒备心理。同是学习和介绍西学，梅文鼎和明末徐光启、李之藻等人的态度是有所区别的。这是因为此时杨光先已彻底失败，钦天监起用洋人，不分青红皂白排斥中法的局面出现，这一点无疑使梅文鼎的民族自尊心受到伤害。

在清初学习西法的学者中，他十分钦佩王锡阐和薛凤祚，称“治西法而仍尊中理者，北有薛南有王”。在王、薛二人之中他则更推重前者，认为“近代历学以吴江为最，识解在青州以上”，盖因王锡阐对《崇祯历书》所抱的批判性的学习态度与他自己的思想是合拍的。

《崇祯历书》是徐光启等人组织编译的一部大型天文丛书，于明崇祯年间陆续完成，共计137卷，汇集了当时传入中国的西方天文和数学知识。然而由于“取径纡回，波澜阔远，枝叶扶疏，读者每难卒业。又奉耶稣为教，与士大夫闻见龃龉”，所以经过了半个多世纪仍是一部难以卒业的“天书”。即使是更早翻译成的《几何原本》(1607)，“京师诸君子即素所号为通人者，无不望之反走，否则掩卷而不读，或读之亦茫然而不得其解”。可见，消化和普及西方数学知识成了一个时代性的问题。梅文鼎可谓生逢其时，他认真钻研西学著作，宣传和普及西方先进的天文、数学知识，经他整理和疏解的内容大多浅显易懂，并混合了一定的本土知识，便于中国人领会和学习。

他写了《交食》《七政》《五星管见》《揆日纪要》《恒星纪要》等书，介绍第谷体系的西方天文学；写了《笔算》《筹算》《度算释例》等书介绍西方的算术和计算工具；写了《几何通解》《几何补编》等书介绍欧几里得几何学；写了《平三角举要》《弧三角举要》《环中黍尺》《堑堵测量》等书介绍西方的三角学。除对数以外，几乎涉及当时传入中国的全部西方天文和数学知识。这些书都不是拾人牙慧式的转述或改编，而是经他“咀嚼”“消化”后的结果，有许多独到的见地。

《崇祯历书》中对行星运动的推算与解释颇多矛盾，梅文鼎在《五星管见》中提出了“围日圆象”说，其特点是调和第谷和托勒密的宇宙体系，建立一个整齐和谐的行星运动模型。他对各种星表十分感兴趣，《恒星纪要》中附有“各宿距星所入各宫度分”，经查系出于南怀仁的《灵台仪象志》，但不是简单地照抄，而是按岁差数据进行了修订。

他于“测算之图与器，一见即得要领”，“西洋简平、浑盖、比例规尺诸仪器，书不尽言，以意推广为之，皆中规矩”。简平仪和浑盖仪是当时传入中国的两种星盘，梅文鼎对其制度原理十分关心。除著书详论外，又制成璇玑尺、揆日器、侧望仪、仰观仪、月道仪和浑盖新式等名目繁多的天文仪器，从其《勿庵历算书目》所撰提要来看，它们大都与简平仪和浑盖仪有关。

当时《几何原本》只译出了前六卷，梅文鼎在《测量全义》《大测》等书透露的线索下，对前六卷以外的有关内容进行了探索，写成《几何补编》一书，获得了许多独立的成果：他详细讨论了五种正多面体及球体的互容问题，这一课题是开普勒早年构造宇宙模型的数学基础；他通过演算订正了《测量全义》中正二十面体体积与边长关系的错误，所得到的其他多面体的数据精度也比《测量全义》和《比例规解》要高；立体几何中还有一种等角半正多面体，历史上仅有阿基米德等少数人研究过，梅文鼎由民间制作的灯笼得到启发，论述了两种半正多面体的结构、比例以及它们与正多面体的关系；他又提出球体内容等径小球问题，并意识到这一问题的解与正多面体有关，在当时可以说是一个很新鲜的课题。

对于中国历算家来说，当时传入的西学知识中最难接受的恐怕是三角学了，因为中国古代数学中缺乏一般角的概念，“未有予立算数以尽勾股之变者”，而《崇祯历书》所介绍的三角学知识又过于零散。梅文鼎著《平三角举要》《弧三角举要》二书，系统地阐述了三角函数的定义、各种公式、定理及应用，是中国人自撰的最早的一套三角学教科书。在《堑堵测量》一书中，梅文鼎在中国数学史上第一次指出《授时历》中“黄赤相求之理”的三角学意义，认为“郭太史本法”与西方球面直角三角形的公式解法是一致的；他设计的“立三角仪”和“平方直仪”，不但可以清楚地显示球面直角三角形的边角关系，而且蕴含着一种巧妙的图解方法，至今仍有一定的实用价值。关于利用投影原理来解球面三角形的更一般论述，则见于《环中黍尺》一书，他所提出的构图原理与今日若干球面三角教科书介绍的图解法完全一致。

“他山有砻石，攻错以为期。”明末倡导西学的先驱们就已打出了“会通”的旗号，但是由于他们大都对传统天文、数学缺乏足够的了解，加上当时中西之争已超出了学术的范畴，所以并未得出多少中肯有益的结论。徐光启“镕彼方之材质，入《大统》之型模”的提法，其实多半是出于政治考虑的一种策略，《崇祯历书》中的“会通”仅限于中西各种度量单位的换算。真正认真地“会通”中西之学，还是从梅文鼎这一代学者开始的。

他生前曾计划将自己的所有数学著作汇编成集，总名就叫《中西算学通》，其序言中写道：“数学者征之于实，实则不易，不易则庸，庸则中，中则放之四海九州而准。”这种认为数学来源于实践，因而无复中西都可“会通”的见解是相当进步的。

在天文学方面，他想效法明末邢云路《古今律历考》的形式写一部《古今历法通考》，将他所了解的古今中外各家历法逐一考察。他认为："数学者所以合理也，历者所以顺天也。法有可采，何论东西？理所当明，何分新旧？"强调"义取适用，原无中外之殊；算不违天，自有源流之合"。因为有着这样的信念，他能够"既贯通旧法，而兼精乎西学"，"会两家之异同，而一一究其指归"，"其有功于历学甚大"。

三、丈夫志聊举，三山犹借途

清初开始修明史，康熙召试的五十鸿博中无人能胜任"历志"这部分的工作，主持明史馆的汤斌、徐乾学以及施闰章等人屡次邀请梅文鼎到北京来帮忙，后来却因梅文鼎有授馆之约未能成行，但梅文鼎曾寄去自己的意见。直到1689年梅文鼎才来到北京，正式参与纂修《明史·历志》的工作。他对明史馆的官员们说：明代之《大统》实则承袭元代之《授时》，因而正可借纂修《明史》来弥补《元史》所缺载的内容，以发明郭守敬等人的不传之秘。"史局服其精核，于是辇下诸公皆欲见先生，或遣子弟从学，而书说亦稍稍流传禁中。"通过纂修《明史·历志》，梅文鼎进一步巩固了自己的学术地位。他在北京结识的友人刘献廷当时写道："我友梅定九，中华算学无有过之者。"在京期间，他又结识了朱彝尊、徐善、阎若璩、万斯同、黄百家等学界名流，并通过李光地的关系闻达于朝廷。

李光地，字晋卿，福建安溪人，康熙庚戌（1670）进士，官至文渊阁大学士，嗜喜历算之学。梅文鼎能以民间历家的身份进入首都的文化圈子，李光地起了很大作用。修历之余，梅文鼎在李家开馆，李子钟伦、弟鼎征皆一同学习。李光地以前曾问师于他人，结果都未得藩篱，得梅文鼎指授后学问大进。

在学习过程中，李光地深感梅文鼎和缓善诱，使人茅塞顿开，就建议他"略仿元赵友钦《革象新书》体例，作为简要之书，俾人人得其门户"。梅文鼎遂于1690年夏天动笔，数月得稿50余篇，采用问答的形式，广泛地讨论了各种天文历法问题，这就是后来使他进身扬名的《历学疑问》。

"丈夫志聊举，三山犹借途。"梅文鼎在北京期间，康熙皇帝正热衷于向传教士学习天文、数学，对他的才学已略有耳闻。1692年，康熙在乾清门与群臣讨论历算，熊赐履、张玉书、张英等身居大学士的要员俱不能答对。康熙说："你们汉人全然不晓得算法，惟江南有个姓梅的他知道些。"话语中仍带着当年裁断杨光先案件时的芥蒂，但对梅文鼎的垂青已露端倪。

1693年，梅文鼎离京南归。同年，李光地为《历学疑问》作序，又于1699年出资刻于河北大名。1702年，康熙南巡驻跸德州，旨令李光地取所刻书来看。李光地倒是很能揣摸皇帝的心理，急忙回奏说："我刻的那些经书和制举时文皇上不屑一看，现有宣城梅处士的《历学疑问》三卷，谨呈求圣诲。"康熙说："朕留心历算多年，此事朕能决其是非，将书留览再发。"没想到第二天康熙召见李光地时又说："昨所呈书甚细心，且议论亦公平，此人用力深矣。朕带回宫中，仔细看阅。"一年后康熙发回原书，只见书中"小圈如粟米，大点如蝇脚，批语尚用朱笔，蝇头细书，另书纸条上，恐批坏书本。又有商量者，皆以高丽纸一细方，夹边缝内以识之"。李光地复请康熙指出书中疵谬，康熙说："无疵谬，但算法未备。"这是康熙第一次读到梅文鼎的著作。同年，康熙赐《几何原本》《算法原本》二书给李光地，李光地"未能尽通，乃延梅定九至署，于公暇讨论其说"。康熙曾数度问及民间隐沦之士，李光地皆举荐梅文鼎应对。

1705年3月，康熙再度南巡，听说梅文鼎还在李光地署中，就对李光地说："朕归时，汝与偕来，朕将面见。"6月，康熙北归，李光地与梅文鼎在德州以南临清州的运河岸迎候，康熙遂召见他们于御舟中。河上凉风习习，康熙兴致很浓，与梅文鼎纵谈天文、数学，随后"赐食、赐坐，夜分乃罢，撤御前烛，命小黄门送归"随行小舟。如是者三日，直到御舟驶到天津北面的杨村。临辞，康熙除向梅文鼎赠物外，又特书"绩学参微"四字，表彰他在天文、数学方面的艰辛劳动和深刻造诣。康熙对李光地引荐梅文鼎十分满意，说："历象算法，朕最留心，此学今鲜知者，如文鼎，真仅见也。其人亦雅士，惜乎老矣。"

1712年，康熙开蒙养斋修《律历渊源》，即召梅文鼎的孙子梅瑴成至京，赐为举人并充任蒙养斋汇编官。兼具天赋与家学的梅瑴成不久就显露才华，成为这项工作的主要负责人，1715年被赐为进士并充任《律历渊源》总裁。《律历渊源》是一部一百卷的鸿篇巨著，其中《律吕正义》五卷是关于音律学的，《历象考成》四十二卷是关于天文学的，《数理精蕴》五十三卷是关于数学的。《律吕正义》书成之后，康熙曾对梅瑴成说："汝祖留心律历多年，可将《律吕正义》寄一部去，令看，或有错处，指出甚好。夫古帝王有'都俞吁咈'四字，后来遂止有'都俞'，即朋友之间，亦不喜人规劝，此皆是私意。汝等须竭力克去，则学问自然长进。可并将此意写与汝祖知之。"

1721年，《律历渊源》全部告成，梅文鼎已89岁高龄，仍在家中孜孜不倦地学习。

“瑴成请假归省，逾月而君（指梅文鼎）卒。”康熙亲自过问其丧事，命江宁织造曹頫营地监葬。

梅文鼎是民间知识分子学习西方科技知识的代表，康熙则以天朝上国之君的身份亲躬西学，这两位杰出人物的交流，标志着清代天文、数学研究的一个高潮，可以说是后来乾嘉学派在历算领域复兴传统学术的先声。方苞曾将梅文鼎与同时闻名的万斯同进行比较，说万斯同“自少以明史自任，而兼辨古礼仪节，士之欲以学古自鸣，及为科举之学者皆辏焉，旬讲月会，从者数十百人”，而梅文鼎“所抱历算之说，好者甚稀，惟安溪李文贞及其徒三数人从问焉”。及至康熙隆遇梅文鼎，“公卿大夫群士皆延跂愿交”。在一向以文取士的中国封建社会里，皇帝礼遇科学家可是“真仅见也”。除他们对天文、数学有共同的爱好之外，还有一个重要的社会历史方面的原因，这就是梅文鼎鼓吹的“西学中源”说能够迎合康熙皇帝政治上的需要。

四、谁知欧罗言，乃与《周髀》同

在明清之际西学传入中国的过程中，存在着一种与之抵牾的理论，这就是由梅文鼎阐发完善的所谓“西学中源”说。

其实首肇此说的并不是梅文鼎。明清易代引起的政治动荡，致使一部分怀有强烈民族感情的知识分子深省，他们由读经论道转而攻读天文、地理等经世之学，以图匡复明室和发扬所谓华夏文化。由于当时对外国文化历史的了解不多，又由于“普天之下，莫非王土；率土之滨，莫非王臣”的王道正统思想根深蒂固，狭隘的（汉）民族文化优越感和严酷的现实交加，终于酿成“西学中源”说生长的气候。著名学者黄宗羲在反清兵败后浮于海上，日与人“坐船中正襟讲学，暇则注《授时》《泰西》《回回》三历”，“尝言勾股之术乃周公、商高之遗而后人失之，使西人得以窃其传”。梅文鼎和黄宗羲有着共同的思想基础和多种渠道的联系，因而认为他的“西学中源”说受到黄宗羲的启发是有可能的。明末另一个学者陈荩谟作《度测》一书，其自序中写道：“《九章》参伍错综，周无穷之变，而勾股尤奇奥，其法肇见《周髀》，周公受之商高……《周髀》者，勾股之经；《法义》（即徐光启、利玛窦合译的《测量法义》）者，勾股之疏传也。”全书一开始就引用《周髀算经》篇首之周公与商高的对话并逐段解说，称为“诠经”，目的是“使学者溯矩度之本其来有自，以证泰西立法之可据焉”。梅文鼎亦曾于多处提到陈荩谟和他的《度测》，这种认为中国古代的“勾股”术是一切数学之本的观点无疑也对梅文鼎产生了影响。

然而“西学中源”说的集大成者是梅文鼎，集大成之作是《历学疑问》和其后续成的《历学疑问补》。通过这两部书，他完成了天文学领域的“西学中源”说。梅文鼎是有一套自圆其说的理论体系的，概括起来有以下六论：

一论中、西二法之同异，提出可资比较的具体内容。例如，他指出中法的“盈缩招差”与西法的“最高加减”，中法的“定气”和西法的“日躔过宫”，中法的“岁差”和西法的“恒星东行”，中法的“里差”和西法的“各省节气不同”，中法的“五星迟留逆伏”和西法的“本轮均轮说”，这些内容在本质上是相同的。中法不讲五星纬度而西法言之，中法以夏正为岁首而西法以日会恒星为岁首，中法月离始于朔而西法始于望，中法论日始子半而西法始午中，中法闰月而西法闰日，中法有二十八宿而西法有十二宫，中法用干支纪日纪岁而西法用七曜纪日总积纪年，中法节气起于冬至而西法起于春分，等等，这些内容中西双方是有区别的。应该承认，他在这方面的工作是实事求是的。

二论“历学古疏今密”，说明天文学在世界各地都是由低级阶段向高级阶段发展的，弦外之音是说当今西法胜于中法是青出于蓝。

三论“《周髀》所传之说必在唐虞以前”，从而把“盖天说”形成的上限提前了数千年。在此梅文鼎同当时多数学者一样，把传本《周髀算经》的成书年代与其中存留的早期天文史料混为一谈。

四论西方天文学中的许多论断均见于中华典籍，这是整个“西学中源”说的中坚部分。梅文鼎凭借自己熟悉古代文献的长处和丰富的想象力，把许多西方天文学知识逐一贴上“中国造”的标签。例如，他说“地球有寒暖五带之说”即《周髀算经》中的“七衡六间说”，“地圆说”即《黄帝内经·素问》中的“地之为下说”，“本轮均轮说”即《楚辞·天问》中的“圜则九重说”，“浑盖通宪即古盖天法”，“简平仪亦盖天器，而八线割圆（指三角学）亦古所有”，等等。除此，他还大量征引邵雍、程颢、朱熹等名儒语录作为旁证，这些做法特别能迎合当时知识分子的兴趣。

五论伊斯兰天文学，得出《回回历》为西洋旧法、《崇祯历书》为西洋新法的结论，从而确认中土之学得以西传的途径。这一结论并不正确，但是梅文鼎在对世界历史缺乏了解的情况下，看出了伊斯兰天文学（以及一部分印度天文学）与古希腊天文学的亲缘关系，实属难能可贵。

六论“中土历法得传入西国之由”，为此梅文鼎借《尚书·尧典》虚构了一个故事，说尧命羲和仲叔四人“钦若昊天”“敬授人时”，至周末“畴人子弟分散”，东、南两面有大海相阻，北面有严寒之畏，只好挟书器而西征，西域、天方诸国接壤于西陲，所以“势固便也”，成就了被称为西洋旧法的“回回历”；而欧罗巴“在回回西，其风俗相类，而好奇喜新竞胜之习过之，故其历法与回回同源而世世增修”，遂成为西洋新法。溯其源流，皆出于中土。

“谁知欧罗言，乃与《周髀》同。”以上六论，前呼后应，用心可谓良苦，表面也可自圆其说。

“西学中源”说在数学领域的一个标本是“几何即勾股论”，梅文鼎在著作中不厌其烦地阐述这一观点。他的《几何通解》副题为“以勾股解《几何原本》之根”，书中全部15个欧几里得定理皆由传统“勾股和较术”证出，以此说明“几何不言勾股，然其理并勾股也”以及“信古《九章》之义，包举无方”的道理。在《勾股举隅》中他写道：“言测量至西术详矣，究不能外勾股以立算，故三角即勾股之变通，八线乃勾股之立成也。”他在《平三角举要》中说：“三角不能出勾股之外，而能尽勾股之用，一而二、二而一者也。”在《弧三角举要》中则说：“全部《历书》（指《崇祯历书》）皆弧三角之理，即皆勾股之理。”至于球面三角计算的关键，他说“窃为一言以蔽之，曰析浑圆寻勾股而已”，这样就把三角学也纳入传统勾股术的范畴。在《堑堵测量》中说“用立三角以量体者，仍平三角也，而用（平）三角以量面，仍勾股也”，“《堑堵测量》者，勾股法也，以西术言之，则立三角法也。古《九章》以立方斜剖成堑堵，其两端皆勾股，再剖之，则成锥体，而四面皆勾股矣”，把立体几何也归于勾股。

梅文鼎倡“西学中源”说，主观上有发扬中华文化、振奋民族精神的愿望，其中也不乏一些合理的见解，但其论证方法和总的结论却是错误的。“形成这些错误，一方面限于当时的知识（就是到阮元编《畴人传》时，对西洋天文、数学家的先后次序还弄不清），另一方面是过分强调了中国的文化悠久、在学术上中国也是大国的这种传统思想。”然而“西学中源”说确能折中聚讼百年之久的中西之争，因为它既迎合当时中国知识界宣示中华文化正统性的主观愿望，又在暗中接受了西法胜于中法这一事实。

康熙本人就是“西学中源”说的又一标本——“阿尔热八达即东来法”的制造者。康熙还作有《三角形论》，梅文鼎对此赞曰：“御制《三角形论》言西学贯源中法，大哉王言，著撰家皆所未及。”“伏读圣制《三角形论》，谓古人历法流传西土，彼土之人习而加精焉尔，天语煌煌，可息诸家聚讼。”其实康熙所论“著撰家皆所未及”的，正是梅文鼎反复阐说的“几何即勾股论”。在漫长的中国传统社会里，“声教四达”“远人慕化”一向被看成是国盛民昌的标志。而今传教士竟“教化”到中土来了，他们的仪器能准确预测天象，他们的奎宁能治好汤剂无补的疟疾，这是令人痛苦而又不得不正视的现实。作为天朝上国之君的康熙皇帝，他从传教士带来的西方文明中似乎已嗅到某种危险的气息，他曾说：“海外如西洋等国，千百年后，中国恐受累。”要想抵消这种外来文化的影响而维护其帝制的正统性，要想在不失帝王尊严的情况下接受杨光先失败的事实和学习更能反映客观实际的西方科学知识，康熙看中了梅文鼎的“西学中源”说。由于他的介入，连传教士也只得委曲奉迎。及至清中叶，“西学中源”说经戴震、阮元、李锐等人继承和发挥，成了以乾嘉学派为代表的复古主义者们的一个重要思想武器，这一狭隘民族主义精神的产物助长了国人故步自封的情绪，对于近代科学在中国的传播产生了一定的消极影响。

五、至哉九数功，隐赜亦昭揭

“惟淡与泊，有时相遭，天风沉漻，群籁箫箫。”这是徐善为梅文鼎画像所题的赞语。一些同代学者也对他的淡泊功名留下好评：毛际可称梅氏“素性恬退，不欲自炫其长以与人竞”，施闰章称梅氏“平生既罕征逐”“无时人饾饤裘马之习”。

他一生致力于科学研究，反对谶纬迷信。明末米脂令边大受曾发人掘李自成父亲墓，后被农民起义军擒获，只是由于清兵入关才得逃一死，边大受仕清后撰《虎口余生录》记述此事。梅文鼎读此书后，一面攻击李自成“以一狡贼猖猖，覆明二百余年宗社”，另一面认为“以自成之败为大受功，此大不然。夫风水之惑人深矣”，“吾惧其说之不可以训而启人不仁，贻死者无穷之患”，既表明了他对风水先生的批判，也显示了他对加罪于冢中朽骨之劣行的否定。在《阳宅九宫书题辞》一文中，他也无情地嘲讽了堪舆家的“九星飞白说”是“自误误人，贻害万世”。

梅文鼎生平主要以授馆为业，教书之余则埋头著作，据他 70 岁时自撰的《勿庵历算书目》统计，内中共有天文、数学著作 88 种，当时已刻出的有 31 种。梅文鼎生前，河北名儒魏荔彤曾延至馆中订正其生平所著，但因“不乐与俗吏久处”“竟未卒事”，后来魏荔彤又请来梅文鼎的友人杨作枚主持其事。在梅文鼎去世后不久的 1723 年，魏荔彤刊刻的《梅氏历算全书》问世；后来梅瑴成嫌其校刊不精，又组织族人编辑成《梅氏丛书辑要》，于 1759 年出版。这两套丛书在清代被一再重刻，并被分别采入《四库全书》和《四库存目》之中。除此之外，梅文鼎的著作尚有多种单行本或合刊本，刊刻年代自康熙时期至民国初年，地域则遍及皖、苏、闽、蜀、陕、冀等省。

《梅氏历算全书》刊行不久就东传日本，德川幕府的八代将军吉宗命关流二传中根元圭训点，这一珍贵的训点本今日还珍藏在日本的宫内厅书陵部。文政年间安倍朝臣“偶得清梅定九《历学疑问》，反复数四，乃喟然叹曰：此书该博古今，涉猎彼此，微旨奥义，要归允当，吾之所欲演述者旁载不漏，夫与构成稿本之持久，宁从校订完书之便捷”，遂“命门生加之训传又亲考订上梓，以公于世”。可见梅文鼎的著作也曾流布海外，产生了一定影响。

梅氏数代治历算，文鼎弟文鼐、文鼏，子以燕，孙瑴成、玕成，曾孙鈖、钅、钫、镠、镬等也都学有所长，这一盛状足以与瑞士伯努利的数学家族以及英籍德裔的赫歇尔天文学家族相媲美。梅氏后人中最出名的要数梅瑴成了，瑴成字玉汝，号循斋，年幼即在祖父身旁学习。他除自撰《操缦卮言》《赤水遗珍》，编辑《增删算法统宗》外，还协助祖父完成了《平立定三差详说》《揆日纪要》《日差原理》等书。编辑完《律历渊源》以后，他又先后负责汇编官修《历象考成》《历象考成后编》以及《时宪书》的工作，使先祖的若干学术观点和研究成果得以在御制的旗号下播扬于世。

家学以外，梅文鼎也热衷于授徒传道。他最得意的门生刘湘煃“鬻产走千余里，受业其门，湛思积悟，多所创获”，梅文鼎的行星运动理论就是通过与刘湘煃的讨论切磋而完备的。另一个叫张雍敬的人也“裹粮走千里，往见梅文鼎，假馆授餐逾年，相辩论者数百条，去疑就同，归于不疑之地”。与梅文鼎有过交游或师生之情的学者很多，如李子金、杜知耕、魏禧、潘耒、杨锡三、杨作枚、金长真、蔡璿、马德称、年希尧、李钟伦、李鼎征、李光坡、魏廷珍、陈万策、陈厚耀、庄亨阳、孔兴泰、胡宗绪、李焕斗、刘介锡、潘天成、游艺、袁士龙、汤濩、毛乾乾、谢廷逸等人，都以历算知名。私淑梅学者中声名最著的是皖派汉学的先锋江永，撰书名为《翼梅》，取意与梅氏共阐一线之传。江永的高足戴震对梅文鼎也深为叹服，其作《勾股割圆记》本梅氏书言三角，在主持《四库全书》的编纂过程中，格外留意辑录和校刊古代历算文献，促成了乾嘉学派复兴传统天文、数学的高潮。难怪有人说：“我国科学最昌明者，惟天文算法，至清而尤盛。凡治经学者多兼通之。其开山之祖，则宣城梅文鼎也。”

梅文鼎是一个相当复杂的历史人物：他既想学习先进的西方科学，又担心背上“数典忘祖”的罪名；他既宣扬“数学者征之于实”的唯物主义观点，又流露出“大易含参两，灵秘开马图”的数学神秘主义思想；他既淡泊功名享乐，又喋喋不休地感恩于康熙的礼遇；他积极引进新鲜事物，介绍西方的笔算和筹算，但为了适应“中土圣人之旧而吾人所习”，而将前者“易横为直”、将后者“易直为横”，这又是保守性的表现；他出于民族自尊心宣扬传统科学的成就，但他鼓吹的“西学中源”说却带着沙文主义味道，并成了专制帝王维护统治的一个思想武器。所有这些矛盾都不是由他的个人品质或经历所决定，而是当时整个民族和整个社会在西方文明冲击下所面临的两难境地的集中反映。我们只有置身于明末清初那个广阔的社会背景之中，才能对他的工作和思想作出客观的评价。

从明万历到清康熙的一百几十年时间里，中国知识界对待西方传入的科学知识大致有三种不同的态度。第一种以杨光先为代表，他们在反对天主教的同时也反对传教士带来的科学知识，这种把婴儿连同污水一道泼掉的做法遭到了彻底的失败。第二种以徐光启为代表，他们努力学习和引进西学，对于推动中国科学技术的发展起到了一定的作用；但是他们对传统知识的认识和对西方科学的评价都失之偏颇，因而失去社会基础而不能成功。第三种以梅文鼎为代表，他们能够“去中西之见，以平心观理”，批判地吸收外来文化，并以特殊的方式融会贯通。对于一个具有悠久文明和自己独特天文、数学传统的国家来说，梅文鼎的方式是广大知识分子乐于接受和实际上接受了的一种方式。梅文鼎在清初享有“国朝算学第一”声誉的主要原因也就在此。

“至哉九数功，隐赜亦昭揭。”近年来，梅文鼎这个人物正受到越来越多的重视，国外及我国台湾地区的一些学者先后发表了他们的研究结果。目前还有许多人正在对梅文鼎的生平和著作进行调查和研究，相信随着有关工作的深入和新材料的发现，我们将会对这个清代科学史上的重要人物有进一步的了解和认识。

（作者：刘钝）

参考资料

[1] 梅文鼎．梅氏丛书辑要［M］．颐园刊本．1761（清乾隆二十六年）．
[2] 梅文鼎．勿庵历算书目［M］．知不足斋丛书本．1795（清乾隆六十年）．
[3] 梅文鼎．绩学堂诗文抄［M］．合肥：黄山书社，1995.
[4] 李俨．梅文鼎年谱［M］//中算史论丛：第三集．北京：科学出版社，1955.

李善兰

（1811—1882）

李善兰

中国近代科学的先驱者

小学略通书数，
大隐不在山林。
——李善兰晚年自署门联

浙江省海宁县（今浙江省海宁市），位于钱塘江口，杭州湾北岸。这里气候温和，土地肥沃，雨量充沛，物产丰富，是一个山清水秀的鱼米之乡。县境内东北部的硖石镇，沿江两岸有审山、紫微山之胜，俗呼东山、西山，灵秀所钟，代有传人。东山脚下，住着一户李姓读书世家，溯其祖宗，乃南宋末年京都汴梁（今河南开封）人李伯翼，他“读书谈道，不乐仕进，有荐为山长者，卒辞不就”。元初，因其子李衎举贤良方正，授朝请大夫嘉兴路总管府同知，迎养来浙，旋即定居硖石。500 年来，传宗接代至十七世孙，名曰李祖烈，号虚谷先生，乃经学名儒。祖烈初娶望海县知县许季溪的孙女为妻，不幸许氏早殇；继娶妻妹填房，又病故。后续弦崔氏，系名儒崔景远之女，知书达礼，性情贤淑。婚后二人感情日笃，相敬如宾。1811 年 1 月 2 日凌晨子时，崔氏生下个白白胖胖的大小子。斯时，祖烈已年逾四十，中年得子，欣喜若狂。他捋着唇边不多的几根山羊胡须，一眼瞥见案头平素最心爱的一盆君子兰，正早早地开出了几朵淡红色的花星星儿，竞吐芬芳，于是给刚刚呱呱下地的胖儿子取名叫作心兰，字竟芳。这个孩子，就是日后成为我国近代科学先驱者的李善兰[1]。

1　李心兰，庠名善兰，字竟芳，号秋纫，别号壬叔。《海宁州志稿》《清史稿》《畴人传》及其后诸书均误作“李善兰，字壬叔，号秋纫”。

一、酷爱天算，无师自通

李善兰自幼就读于私塾，受到了良好的家庭教育。他的父亲视他若掌上明珠，却也并不过分溺爱，总是鼓励他勤做功课。他本来就资禀颖异，再加上勤奋好学，故于所读诗书，过目即能成诵。长辈和邻里都夸他是个有出息的孩子。

9岁那年，有一天他从书架上取下来一本古书，一看封面，“九章算术”四个篆字赫然映入眼帘。他平时读熟了“四书五经”，做惯了八股文章，还从来没有听说过有什么《九章算术》的书呢！他怀着极大的好奇心打开来一看，没有“子曰”，也没有“之乎者也”，却有什么“方程”“勾股”“盈不足”之类的词儿，令他感到十分新奇有趣。

《九章算术》是一部数学书，它大约成书于公元1世纪，包括了方田、粟米、衰分、少广、商功、均输、盈不足、方程和勾股九部分。到了公元3世纪，杰出的数学家刘徽又为它详加注解，在数学理论方面有不少新的创造。1000多年来，《九章算术》一直是我国古代传统数学的经典著作和教科书。自唐宋实行科举考试制度特别是明清采用八股取士之后，一般知识分子都醉心于研读“四书五经”，习诗词歌赋，而视数学为“九九小技”，认为于仕途经济无所补益，致使《九章算术》等数学书籍在明清之际几乎失传。幸而清乾隆年间，因编辑《四库全书》，从明《永乐大典》中发现了这部书，著名学者戴震为之校勘，并于1774年用活字版排印，以武英殿聚珍版本刊行，才得以重新流传于世，为当时数学家和一般汉学家所重视。

这部算书有刘徽的注解，又有戴震的校勘，李善兰读起来并不感到吃力。他很快就被书中数学问题的实用、计算方法的巧妙深深吸引住了。从此，他每天偷偷演算书中的几个题目，由浅入深，循序渐进，不多久就把全书246个应用问题全部做出来了。他开始迷上了数学。

到他14岁的时候，又靠自学读懂了欧几里得《几何原本》前六卷。这是约200年前明末意大利耶稣会传教士利玛窦于1607年与徐光启合作翻译成中文出版的，内容包括直线形和圆的基本性质、比例论和相似形等，对我国数学界产生过积极的影响。徐光启本人就高度评价过《几何原本》：“此书为益，能令学理者祛其浮气，练其精心；学事者资其定法，发其巧思，故举世无一人不当学。”的确，欧氏几何严密的逻辑体系、清晰的数学推理，与偏重实用解法的中国古代传统数学旨趣相异，自有它的特色与长处。李善兰在《九章算术》的基础上，又吸取了《几何原本》的新鲜血液和养料，这使他的数学造诣日趋精深。

又过了几年，作为州县的生员，李善兰到省府杭州参加乡试。因为他“于辞章训诂之学，虽皆涉猎，然好之总不及算学，故于算学用心极深”，结果八股文章做得不好，未曾中举，落第而归。但他却毫不介意，而是利用在杭州的机会，留意搜寻各种数学书籍。一天，他在书坊的摊头上发现了古代数学家李冶关于“天元术”的名著《测圆海镜》和校勘《九章算术》的清初学者戴震关于三角学的《勾股割圆记》，爱不释手，立即买回家去，仔细研读。从此，他的数学水平有了更大的提高。

海盐人吴兆圻（字秋塍，原名尔康）《读畴人书有感示李壬叔》诗中说：“众流汇一壑，雅志说算术。中西有派别，圆径穷密率。”“三统探汉法，余者难具悉。余方好兹学，心志穷专一。”许溎祥注曰：“秋塍承思亭先生家学，于夕桀、重差之术尤精。同里李壬叔善兰师事之。”看来，李善兰曾向吴兆圻学习过数学。但李善兰本人没有提过此事，可见吴兆圻对他的影响不大，他的数学知识主要是靠自学得来的。

李善兰在故里与蒋仁荣、崔德华等亲朋好友组织“鸳湖吟社”，常游“东山别墅”，分韵唱和。一年春天，他们又结伴上山，一路只见漫山遍野的蝴蝶花开，惹来双双对对彩蝶纷飞，李善兰不禁脱口而出半联“蝴蝶花开蝴蝶飞”，命蒋仁荣之子蒋学坚即对。小学坚稍加思索，对曰：“鸳鸯草长鸳鸯宿。”众人击掌称绝。李善兰高兴地俯下身去，又问道：“你有办法量出东山的高来吗？”学坚想了一会，摇摇头。这时，李善兰从地上拾起一根草芥，平伸手臂，眯着眼睛，沿着草芥方向对准东山一瞄：“二十六丈！”一口就说了出来。同行者无不惊讶。一路上，李善兰便给小学坚讲解怎样利用相似勾股形对应边成比例的原理测算高、深、广、远的方法。

李善兰很重视实测，连他的经学老师陈奂都说他：“孰习九数之术，常立表线，用长短式依节候以测日景，便易稽考。”

李善兰的妻子徐氏也是个书香门第的大家闺秀。结婚那天晚上，却不见了新郎。大家都很着急。李善兰的二弟心梅和小弟心癸心中有数，他们跑上二楼阁楼的窗前一看，心兰大哥果然猫着身子，探头于窗外，正聚精会神地观看着天上的星星呢！原来中国古代数学与天文历法有很深的渊源关系，常常统称为“天算”或“历算”，李善兰为了研究数学和天文历法，平时经常独自上东山，“夜尝露坐山顶，以测象纬躔次”。当晚，他来不及上山去了，只好跑到阁楼的窗台上进行每天例行的天象观测。100多年来，李善兰洞房花烛夜“失踪”的故事，一直在他的家乡、他的晚辈中传为美谈。

二、朝廷养兵本卫民，临敌不战为何哉

1840年，李善兰29岁的时候，鸦片战争爆发了。野心勃勃的英国侵略者，用鸦片和大炮轰开了中国的大门。从此，中国由一个封建社会，一步一步地变成了一个半殖民地半封建的社会。

1842年5月，英军攻陷江浙海防重镇乍浦。乍浦离李善兰的家乡硖石只有几十里的路程。李善兰耳闻目睹了侵略者烧杀淫掠的血腥罪行，满怀悲愤，奋笔疾书《乍浦行》一诗："壬寅四月夷船来，海塘不守城门开。官兵畏死作鼠窜，百姓号哭声如雷。夷人好杀攻用火，飞炮轰击千家灰。……饱掠十日扬帆去，满城尸骨如山堆。朝廷养兵本卫民，临敌不战为何哉？"不仅表达了他对侵略者的刻骨仇恨、对老百姓的深切同情，而且表达了他对清政府临敌不战的强烈不满，还表达了他对敌主战的鲜明态度。

人民群众不堪忍受侵略者的凌辱。有一女子名叫刘七姑，在敌人的淫威面前，宁死不屈，投井自尽。李善兰写了一首民歌体裁的《刘烈女》诗：

> 夷船海上来，将军不敢守。
> 炮声一震魂魄丧，骑马掩耳出城走。
> 呜呼！将军性命重如此，烈女乃于井中死。

通过用通俗明白的语言对"将军"和"烈女"不同形象的生动描绘，李善兰褒贬爱憎的感情色彩何其鲜明！李善兰还在《汉奸谣》中痛斥了那些民族败类"割民首级争献功"的罪行，对于"街头义勇捉汉奸"，对汉奸严惩不贷，"为尔良民一雪仇"的举动，表示欢欣鼓舞，拍手称快！

鸦片战争血淋淋的事实，激发了李善兰爱国忧民的进步思想。他在一定程度上看到了清朝封建统治阶级的腐朽，但由于时代的局限性，他还不可能站在反对清朝政府的革命立场上，不可能认识到要改变这种现状必须从根本上推翻封建制度。他同当时许多爱国知识分子，如龚自珍、林则徐、魏源、徐寿等人一样，更看到的是外国侵略者得以猖狂所恃的"船坚炮利"，以及中国科学技术落后的现实，因而认为要使国家强盛起来，关键在于振兴科学技术事业。李善兰则更进一步认为，要发展科学技术，

首先要提高数学水平。以下这一段话，是他从事数学研究的目的和动机的最好表白：

> 呜呼！今欧罗巴各国日益强盛，为中国边患。推原其故，制器精也；推原制器之精，算学明也。……异日（中国）人人习算，制器日精，以威海外各国，令震慑，奉朝贡。

三、二庵逝后更推谁，小李将军算法奇

鸦片战争以后，李善兰在家乡刻苦地从事着数学和天文历法的研究工作。

1845 年前后，李善兰“馆嘉兴陆费家”。当时，陆费家利用厅堂搭几个床铺，便利各县来嘉兴赴考的诸生膳宿。李善兰因此得以与江浙一带的学者（主要是数学家）顾观光、张文虎、汪曰桢等人相识，并经常在一起讨论数学问题。顾观光为李善兰的《对数探源》（1845）等有关“尖锥术”的著作撰序，张文虎为《弧矢启秘》（1845）校算，汪曰桢“以诗代书与李善兰结交”，并“以手抄元朱世杰《四元玉鉴》三卷见示”，李善兰“深思七昼夜，尽通其法，乃解明之”，于是著《四元解》（1845），阐述高次方程组的消元解法。稍后，李善兰又撰《麟德术解》（1848），解释唐李淳风《麟德历》中的二次差内插法。

此间，李善兰最重要的研究成果是数学中的“尖锥术”（1845）。当时西方数学界已发展到为 17 世纪后半叶建立起来的微积分学奠定严密的理论基础。而由于清政府长期奉行闭关自守政策，中国数学界除见到少数几个由传教士带进来的三角函数无穷级数表达式和对数计算方法之外，其余则一概不知。就是这些公式和方法，也只有结论，没有推导的过程和计算的原理。在这种情况下，李善兰异军突起，独辟蹊径，通过自己的刻苦钻研，在中国传统数学垛积术和极限方法的基础上，发明尖锥术，不仅创立了二次平方根的幂级数展开式，各种三角函数、反三角函数和对数函数的幂级数展开式，而且还具备了解析几何思想和一些重要积分公式的雏形。这在近代数学尚未自西方传入中国的条件下，是很了不起的成就。

首先，李善兰所创立的尖锥概念，是一种处理代数问题的几何模型。它由互相垂直的底线、高线和凹向的尖锥曲线所组成，并且在考虑尖锥合积的问题时，也是使诸尖锥有共同方向上的底线和高线，这样的底线和高线具有平面直角坐标系中纵、横两

个坐标轴的作用。

其次，这种尖锥是由乘方数渐增渐迭而得，尖锥曲线是由随同乘方数一起渐增渐迭的底线和高线所确定的点变动而成的轨迹。由于李善兰把每一条尖锥曲线看作是无穷幂级数中相应的项，实际上他给出了直线（长方、平尖锥）、抛物线（立尖锥）、立方抛物线（二乘尖锥）等方程。他的对数合尖锥曲线还相当于给出了等轴双曲线的方程。

最后，李善兰的尖锥求积术，实质上就是幂函数的定积分公式和逐项积分的运算法则。同时，李善兰用这种积分的方法，配合还原（级数回求）、商除等代数运算方法，卓有成效地展开了许多超越函数，这也是属于微积分学早期阶段的工作。

特别值得一提的是，李善兰的对数论建立在尖锥术的基础上，很具特色，受到中外学者的一致赞誉。英国传教士伟烈亚力就说过："李善兰的对数论，使用了具有独创性的一连串方法，达到了如同圣文森特的格雷戈里于十七世纪发明双曲线求积法时一样的结果"，"倘（李善兰）生于纳皮尔、布里格斯之时，则只此一端，即可名闻于世"。顾观光发觉李善兰求对数的方法比传教士带进来的方法高明、简捷，认为这是洋人"故为委曲繁重之算法以惑人视听"，因而大力表彰"中土李（善兰）、戴（煦）诸公又能入其室而发其藏"，大声疾呼"以告中土之受欺而不悟者"。

1851 年，李善兰与著名数学家戴煦相识。戴煦于 1852 年称："去岁获交海昌壬叔李（善兰）君……缘出予未竟残稿请正，而壬叔颇赏予余弧与切割二线互求之术，再四促成，今岁又寄札询及，遂谢绝繁冗，扃户抄录，阅月乃竟。嗟乎！友朋之助曷可少哉？……兹非壬叔之劝成，则以予之懒散，必至废搁以终其身。"

由此可见，李善兰在数学上能取得重大成就，除靠他自己刻苦钻研，继承传统，又不为传统所囿，敢于创新之外，还在于他同友人在学术上相互切磋，取长补短，共同提高。李善兰的外甥崔敬昌，也曾谈到数学家罗士琳、徐有壬"与先舅父交最挚，邮递问难，常朝覆而夕又至"的情况。李善兰的数学著作于 20 年后才得以刊行于世。

清初有两位天算大师王锡阐（字寅旭，号晓庵）、梅文鼎（字定九，号勿庵）。清末李善兰，不仅完全可与他们媲美，而且大有过之。蒋学坚说："李先生算学为中外所共仰，国初王晓庵、梅勿庵二先生后，当首屈一指。"又有诗称李善兰"步算中西独绝伦"，"王梅而后此传人"，"二庵之后更推谁，小李将军算法奇"。这些颇为传神的赞誉之词，对于晚清数学界的巨擘李善兰来说，是当之无愧的。

四、朝译《几何》，暮译《重学》

1852 年夏天，李善兰到上海墨海书馆，将自己的数学著作“予麦（都思）先生展阅，问泰西有此学否。其时有住于墨海书馆之西士伟烈亚力，见之甚悦，因请之译西国深奥算学并天文等书”。传教士们还“设西国最深算题，请教李君，亦无不冰解”。李善兰的学识得到了外国传教士的赞赏，从此开始了他与外国人合作翻译西方科学著作的学术生涯。

上海墨海书馆是 1842 年中国近代史上第一个不平等条约——《中英南京条约》规定“五口通商”之后，英国传教士麦都思于 1843 年到沪建立起来的。1847 年伟烈亚力来华加入合伙经营。1849 年招聘中国学者王韬为编辑，开始准备翻译西方科学书籍。至李善兰去后，才得以付诸实施。

李善兰与伟烈亚力翻译的第一部书，是“续徐（光启）、利（玛窦）二公未完之业”——欧几里得《几何原本》后九卷。内容包括数论、无理数和立体几何等。据伟烈亚力说，《几何原本》的英文版本“校勘未精，语讹字误，毫厘千里，所失匪轻”，而“（李善兰）君固精于算学，于几何之术，心领神悟，能言其故。于是相与翻译，余口之，君笔之。删芜正讹，反复详审，使其无有疵病，则李君之力居多，余得以借手告成而已”。看来，这并非谦逊之词。因为翻译的过程是伟烈亚力口述，李善兰笔录。这种笔录，是对口述的再翻译，整理、加工乃至创造的比重都是很大的。李善兰自己也说“当笔受时，辄以意匡补”，如此“屡作屡辍，凡四历寒暑，始卒业”，“伟烈（亚力）君言，异日西士欲求是书善本，当反访诸中国矣”。

在译《几何原本》的同时，李善兰又与英人艾约瑟合作翻译了英国物理学家胡威立（惠威尔）的《重学》二十卷，附《圆锥曲线说》（原著者不详）三卷。这是中国近代科学史上第一部包括运动学和动力学、刚体力学和流体力学在内的力学译著，也是当时最重要、影响最大的一部物理学著作。“制器考天之理皆寓于其中。”李善兰“朝译《几何》，暮译《重学》”，分别与两个外国人合作，同时翻译两门不同学科的科学著作，其紧张辛苦的程度，是可想而知的。

李善兰与伟烈亚力合译的西方天算书籍，还有《谈天》十八卷、《代数学》十三卷和《代微积拾级》十八卷。

《谈天》是根据英国著名天文学家侯失勒（赫歇尔）的名著《天文学纲要》第四

版（1851）翻译过来的，内容包括哥白尼学说、开普勒定律、万有引力定律等。为了在中国普及近代天文学知识，李善兰为这部书取了“谈天”这样一个通俗、生动的译名，真是用心良苦！李善兰还为《谈天》写了一篇序言，以“歌白尼（哥白尼）求其故，则知地球与五星皆绕日”“刻白尔（开普勒）求其故，则知五星与月之道皆为椭圆”“奈端（牛顿）求其故，则以为皆重学之理也”等西方天文学理论不断完善的过程，来说明科学的发展正是由于科学家不断探索真理，不断“苟求其故”的结果，从而批判乾嘉学派的泰斗阮元对哥白尼学说的攻击和钱大昕对开普勒椭圆运动定律的实用主义观点，说他们“未尝精心考察，而拘牵经义，妄生议论，甚无谓也”。然后，再以恒星光行差、地道半径视差和矿井坠石，彗星轨道和双星相绕运动等科学事实，证明地动和天体椭圆运动规律等西方近代天文学成果，是“定论如山，不可移矣”。这使中国天文学界耳目为之一新，近代天文知识开始在中国广为传播，中国近代天文事业从此得到发展。从某种意义上讲，李善兰和《谈天》在中国天文学发展史上的转折地位堪与哥白尼和他的《天体运行论》相比。

英国数学名家棣么甘的《代数学》（1835）内容包括代数方程、方程组、指数函数、对数函数以及幂级数展开式等。这是我国第一部符号代数学的译本。西方通用的不少数学符号，例如=、×、÷、（　）、$\sqrt{\ }$、>、<……，在书中被直接引用，但+、−号被译作⊥、⊤，阿拉伯数码字则用一、二、三、四……，26个英文字母则用中国传统的十天干（甲、乙、丙、丁……）十二地支（子、丑、寅、卯……）外加四元（天、地、人、物）来表示。

美国罗密士的《代微积拾级》（1850）是一部高等数学的教科书，内容包括代数几何（解析几何）、微分（一阶微分与高阶微分，偏微分与全微分）、积分（不定积分与定积分，线积分与面积分），“由易而难，若阶级之渐升”。译文用“微”的偏旁“彳”表示微分符号d，用“积”的偏旁“禾”表示积分符号∫，再配合其他相应的表示方法，像这样的积分式$\int\frac{\mathrm{d}x}{a+x}=\ln(a+x)+C$，便被译为“禾$\frac{\text{甲}\perp\text{天}}{\text{彳天}}$=（甲⊥天）对⊥丙”，虽然同今天通用的数学符号和表达方式相比还相差甚远，但这是高等数学第一次被介绍进中国，国内外数学史界都给予了高度评价。

李善兰还与英人韦廉臣合译了《植物学》八卷。这是根据英国植物学家林德利的《植物学纲要》一书节译的，是我国最早一部介绍西方近代植物学的著作，内容包括只有在显微镜下才能看到的植物体内部组织构造、在实验和观察的基础上所建立的有关植物体各器官组织的生理功能的理论、以植物体本身形态构造特点为依据的科学的植物分类方法等。

此外，李善兰与伟烈亚力、傅兰雅合作翻译过大科学家牛顿的名著《自然哲学的数学原理》(1687)，这是很有魄力的。该书“虽为西国甚深算学，而李君亦无不洞明”。当时的译名作《奈端数理》，译文起初“往往有四五十字为一句者，理既奥赜，文又难读”，李善兰“屡欲删改”，终未果，是为憾事。

以上这七八种书，共约七八十万字，都是李善兰在1852年至1859年间译出来的。内容除他擅长的数学和天文学以外，还有他不大熟悉的力学，特别是很不熟悉的植物学。为了使先进的西方近代科学能够在中国早日传播开来，李善兰不遗余力，兼收并蓄，克服重重困难，作出了巨大的贡献。

以上这七八种书，除《几何原本》《奈端数理》外，其他科学著作都是当时出版不久的，原著者尚健在。这些书一般说来也是比较有水平的，能代表当时西方最新的科学成就。欧几里得的《几何原本》和牛顿的《自然哲学的数学原理》虽不是当时的作品，但都是科学史上划时代的经典著作。李善兰同他的合作者对译书内容和版本的选择，是很有眼光的。

以上这七八种书，李善兰在翻译的过程中绞尽了脑汁，费尽了心机。他要把外国人的“口述”，变成他自己的“笔录”，必须对所译内容深刻理解，甚至融会贯通，才能“删芜正讹”，“以意匡补”，形成准确无误的译文。特别值得提到的是，大量的近代科学名词，都没有先例可供参考。本着为后人负责的精神，李善兰仔细思考，反复斟酌，十分贴切恰当地创译了一大批数学、天文学、物理学和植物学中的科学名词，例如：代数、常数、变数、已知数、未知数、函数、系数、指数、级数、单项式、多项式、微分、积分、轴、切线、法线、渐近线；历元、方位、视差、章动、自行、摄动、光行差、月行差、月角差、二均差、蒙气差、星等、变星、双星、三合星、本轮、均轮；分力、合力、质点、刚体；植物、细胞；等等。100多年了，这些科学名词不仅在我国流传下来，还漂洋过海，东渡日本等国，沿用至今而勿替。当我们天天与这些熟悉的科学名词打交道时，饮水思源，李善兰的开创之功，是应该永志不忘的。

李善兰在19世纪50年代的翻译工作，加上70年代初徐寿翻译《化学鉴原》、华蘅芳翻译《地学浅释》等，20年间，西方近代科学中数学、物理、化学、天文学、地理、生物，各大门类的先进知识都介绍进了中国，这为中国近代科学的发展奠定了坚实的理论基础，具有不可磨灭的历史意义。

五、辅佐洋务新政，实施科学救国

从 19 世纪 60 年代起，清政府中一部分善于通权达变的封建政治家，以总理各国事务衙门的大臣奕䜣、文祥和地方上拥有实权的大官僚曾国藩、左宗棠、李鸿章等人为代表，主张和实施引进西方资本主义国家的先进设备和科学技术，创办了一批近代军事工业和民用工业，建立起新式的海军和陆军。这些活动，史称“洋务运动”。此间，李善兰投身“洋务派”官僚集团，积极参与洋务新政中的学术活动，试图以此实行他的科学救国的理想。

1860 年夏，李善兰的好友、数学家徐有壬任江苏巡抚时，太平军攻破清军江南大营，进逼苏州。徐有壬早就有心请李善兰“入佐戎藩”，李善兰“以疾未果”。此时，太平军兵临城下，徐有壬不禁长叹道：“测量推步，精其术可以通兵法，壬叔（李善兰）在此，岂遂作退守计乎？”于是，“具币遣使，敦促就道”，李善兰“辞不获已，力疾行，至省而大营已溃，粤逆（指太平军）直逼苏垣”。李“条陈数大事”，徐“皆叹服”。但为时已晚，只得“计借泰西兵以破敌”。李善兰“自苏至沪，风声鹤唳，草木皆兵，独慨然往。甫得请，而省城已不及援矣。西望呜咽，设庄愍（徐有壬）位，祭以文”。但家乡误传李善兰“陷贼中且蓄发”，俟他回乡扫墓，蒋仁荣邀他出游，让他“露顶过市中”，“以息讹言”。李善兰仇视太平天国革命运动的态度，无法逃脱时代和阶级的局限。

太平军占领了苏州，李善兰留在那儿的行箧，包括他的各种著作手稿，“遭乱尽失之”。从此，他“绝意时事”，避乱上海，埋头从事数学研究工作，重新著书立说。其间，他与数学家吴嘉善、刘彝程都有过学术上的交往。

1861 年秋，曾国藩在安庆筹建一个试用机器生产的兵工厂“安庆军械所”，先邀著名化学家徐寿和数学家华蘅芳到“内军械分局”研制机动船只，后又将李善兰“聘入戎幄，兼主书局”。李善兰一到安庆，就拿出《几何原本》等数学书籍对曾国藩说：“此算学家不可少之书，失今不刻行复绝矣！”1863 年夏，李善兰又推荐“工于制造洋器之法”的张斯桂和“精于算法，兼通经学、小学”的张文虎入幕。他们与徐寿、华蘅芳等人同住在南城任家坡宾馆，时常进行学术讨论，积极从事曾国藩洋务新政中有关科学技术方面的各种活动。

1864年夏，曾国藩军攻陷太平天国首都天京（南京）。李善兰、张文虎跟着到了南京，住在朝天宫飞霞阁的书局内。这时，李善兰再次向曾国藩提出刻印自己所著所译的数学书籍，曾国藩表示支持，“许代付手民”。

1865年，曾国藩署检的《几何原本》在南京出版。曾国藩序称：“会余移驻金陵（南京），因属壬叔取后九卷重校付刊。继思无前六卷则初学无由得其蹊径，而乱后书籍荡泯……因并取六卷者属校刊之。”于是，有金陵刊本十五卷《几何原本》问世。

《几何原本》前六卷系明末徐光启、利玛窦合译，自1607年出版以来已逾两个多世纪，后九卷是李善兰、伟烈亚力合译，1857年初刊本“印行无几而板毁”于战火。曾国藩出版全卷本《几何原本》，又以他的名义署序推荐这部书，这对当时中国的数学界乃至整个学术界都是有很大影响的。

1866年，曾国藩在上海筹建一个更大规模的兵工厂“江南机器局”（亦称“江南制造总局”），他不失前诺，“邮致三百金”到南京，资助李善兰出版算书，使李善兰能“取箧中诸书尽刻之”。这样，就有了1867年的金陵刊本《则古昔斋算学》二十四卷。与此同时，在南京开办“金陵机器局”的李鸿章，则资助李善兰重刻《重学》八卷并附《圆锥曲线说》三卷。

李善兰的《则古昔斋算学》收有他20多年来的各种天算著作13种，计《方圆阐幽》一卷,《弧矢启秘》二卷,《对数探源》二卷,《垛积比类》四卷,《四元解》二卷,《麟德术解》三卷,《椭圆正术解》二卷,《椭圆新术》一卷,《椭圆拾遗》三卷,《火器真诀》一卷,《对数尖锥变法释》一卷,《级数回求》一卷,《天算或问》一卷，分别由冯焌光、张文虎、贾步纬、曾纪泽、曾纪鸿、汪曰桢、汪士铎、徐寿、华蘅芳、孙文川、吴嘉善、徐建寅、丁取忠校算。曾纪泽、曾纪鸿兄弟是曾国藩的长子和次子，他们与左宗棠的从子左潜都曾分别随李善兰、丁取忠等人学习过数学。徐建寅是徐寿的儿子，他在1874年的增订版《谈天》中，把到1871年为止的最新天文学成果补充了进去。

其中值得提出的是《垛积比类》，它是有关高阶等差级数方面的著作。李善兰把北宋沈括的“隙积术”、元朱世杰的“垛积招差术”发扬光大，“所述有表、有图、有法，分条别派，详细言之”，“别立一帜”，自成体系。其中，还有不少独特的创造。最著名的是在卷三解决三角自乘垛的求和问题时提出来的一个恒等式，自20世纪30年代以来，受到国内外数学界的普遍注意，被誉称为“李善兰恒等式”，给出了好多个证明。有人从现代组合数学的角度对李善兰的垛积术作出新的评价。

《椭圆正术解》《椭圆新术》《椭圆拾遗》是关于行星运动的轨道——椭圆方面的

研究著作。李善兰对于行星平近点角与向径扫过面积间的互求问题作了步步深入的探讨，其中有几何的解法，也有用级数展开的解法，有图有表，条理清晰，计算准确，颇具新意。

《火器真诀》(1858) 是我国第一部精密科学意义上的弹道学著作，李善兰提出的别具一格的图解法，是我国有清一代数学家所习用的"以量代算"研究方法的一个新的环节，它在后来的数学家对抛物线本身数学理论问题的研究和对射击学命中问题的研究这两个方向上都产生过积极的影响。

《级数回求》是通过几个特殊的幂级数$y=\sum_{i=1}^{\infty}f_i(x)$，以有限步骤经归纳方法反求幂级数$x=\sum_{i=1}^{\infty}F_i(y)$，这在我国级数研究史上也是带有开创性的工作。

《天算或问》以自问自答的形式，解决了若干有关中国古代数理天文学中的问题。其中对外国传入的颜家乐利用恒星出地平到上中天的时间和上中天的地平高度求当地的地理纬度，李善兰改进了这一方面的适应性，使能选用任意恒星决定任一地方的纬度，这在中国测纬史上占有一席应有的地位。

李善兰借助于洋务派曾国藩、李鸿章等人的支持和资助，出版了可以说是代表当时中国传统数学最高水平的天算著作《则古昔斋算学》，重印了几乎绝版的科学译著《几何原本》《重学》《圆锥曲线说》，这对于近代科学在中国的传播起到了积极的作用。洋务派的后起之秀张之洞也很钦佩李善兰的学识，他在 1875 年编写《书目答问》时，卷后附有"国朝著述诸家姓名略"，注称"此编生存人不录"，但却破例在"算学家"条下录了李善兰的名字，并特别加注道："李善兰乃生存者，以天算为绝学，故录一人。" 1896 年，张之洞还首刊李善兰的《同文馆珠算金针》。不管洋务派出自何种动机和目的，他们的活动在客观上推动了近代科学从西方传入中国，在中国近代科技史上产生了积极的影响。

六、合中西之各术，绍古圣之心传

1861 年，洋务派奕䜣等奏请开办京师同文馆，1862 年成立，直属总理各国事务衙门，开始只设有外语课程，培养办理洋务所需的翻译人才。1866 年，又"因制造机器必须讲求天文算学，议于同文馆内添设一馆"，即"天文算学馆"。1867 年开始招收 30 岁以下的秀才、举人、进士、翰林以及科举出身的五品以下官吏入学，厚给薪水，住馆学习，以七年为期。起初，在物色主持者的人选时，广东巡抚郭嵩焘就上疏举荐了李善兰，但李善兰忙于在南京出书，1868年才北上，就任同文馆天文算学总教习，直至1882年去世。其间所教授的学生“先后约百余人。口讲指画，十余年如一日。诸生以学有成效，或官外省，或使重洋”，知名者有席淦、贵荣、熊方柏、陈寿田、胡玉麟、李逢春等。晚年，获得意门生江槐庭、蔡锡勇二人，即致函华蘅芳，称“近日之事可喜者，无过于此，急欲告之阁下也”。这些人在传播近代科学知识上都起过重要作用。1880年，同文馆总教习、美国人丁韪良因此说：“是皆李壬叔先生教授之力也。呜呼！合中西之各术，绍古圣之心传，使算学复兴于世者，非壬叔吾谁与归？”

所谓“合中西之各术，绍古圣之心传”，实际上是发扬中国古代数学的优良传统，并将之纳入当时世界通行的近代数学体系之中。李善兰身处新旧交替、中西融合的历史时期，眼光敏锐，思想活跃，既不盲从，又不保守，是很有胆略很有气量的。在中国古代数学名著中，他选定了李冶的《测圆海镜》为教科书，并亲撰《九容图表》附其后。这是因为李冶的“天元术”——“立天元一”，即是西方的代数学中建立方程的“设未知数x”，而且《测圆海镜》中由170个勾股容圆问题归纳出的“九容公式”，也是与几何图形有关的代数运算的基本技能和技巧训练。李善兰高度评价《测圆海镜》这部书，说他自己“译西国代数、微分、积分诸书，信笔直书，了无疑义者，此书之力焉”。他撰《测圆海镜解》，并取《测圆海镜》中的原题，但“今以代数演之，则合中西为一法矣”。这就把中国古代传统数学的“天元术”纳入当时世界通行的代数学的轨道中去了。近现代数学并不贴有某个特定民族的标记，它是全人类的共同财富。数学是没有国界的。当时从西方传到中国来的近代数学，本身就是吸取了大量包括中国在内的东、西方各民族的数学成果的产物。尽管“自代数学和微积分学传入以后，中国古代的天元术和前一时期内的幂级数研究更无进一步发展的余地，传统数学研究工作就停滞不前了”，然而，中国古代传统数学汇入世界先进的近代数学洪流之中，这是中国数学发展的必然趋势。由于李善兰和后来中国近现代数学家接连不断的努力，中国数学逐渐以崭新的面貌呈现于世，得到迅速的发展。

李善兰在同文馆教学之余，孜孜不倦地从事数学研究工作。他以六七十岁的高龄，加上“曾患风痹，惮于行远，咫尺之遥，须人扶掖”，仍有若干新的著作问世。

1872年夏，李善兰发表《考数根法》，题为“则古昔斋算学十四”。这是我国素数论上最早的一篇论文。所谓“数根”，就是素数；“考数根法”，就是判别一个自然数是否为素数的方法。李善兰说："任举一数，欲辨其是数根否，古无法焉。"他"精思既久，得考之之法四"，即"屡乘求一"法、"天元求一"法、"小数回环"法和"准根分级"法。文中，李善兰证明了著名的费尔马素数定理（1640），并且指出它的逆定理不真。

1877年，傅兰雅编的《格致汇编》第二年夏季册，载有李善兰演《代数难题》卷十三第四次考题，"相传此题为英国大书院内之人包尔所出。出此题时，许人能解此题者，赠以金钱一百"。1882年夏，李善兰年逾古稀，在去世前几个月，"犹手著《级数勾股》二卷，老而勤学如此"。

李善兰到同文馆后，第二年（1869）即被"钦赐中书科中书"（从七品卿衔），1871年加内阁侍读衔，1874年升户部主事，加六品卿员外衔，1876年升员外郎（五品卿衔），1879年加四品卿衔。1882年授三品卿衔户部正郎，广东司行走，总理各国事务衙门章京。一时间，京师各"名公巨卿，皆折节与之交，声誉益噪"。以一生从事科学研究和学术活动而获如此高官厚望，这在清代是绝无仅有的一人。

七、学问量天测地赅，诗文余事亦恢恢

李善兰的科学译著、专著，如前所述。特别是他的天文、算学著作，"仰承汉唐，荟萃中外，取精用宏，兼综条贯"，"业畴人者，莫不家庋一编，奉为圭臬"。据李俨旧藏李善兰遗墨《则古堂算学目录》一纸，李善兰生前尚计划完成《海镜广》《数学一得》《开方图法》《十三经算术》，以及《授时术细草》《回四术细草》《时宪术细草》等天算著作，可惜有的手稿于战乱中丧失（如《群经算学考》，即《十三经算术》），有的没有完成，未能实现他"十年为期，必成此多种，以上报天地"的宏愿，殊为可惜。

李善兰的诗、文，经严敦杰先生、黄炜先生、蒋雨田先生和笔者多方搜集，得二百余首（篇），内容丰富，洋洋大观，真可谓"学问量天测地赅，诗文余事亦恢恢"！

李善兰"十三学吟诗"，虚岁十五时便有"膝下依依十五秋，光阴瞬息去难留。嗟余马齿徒加长，爆竹惊心岁已周"和"数声爆竹岁朝天，惭愧平舆会讲年。一岁功程今日始，急须早著祖生鞭"的佳作。他年轻时写的《夏日田园杂兴》《田家》等诗，如"提筐去采陌头桑，闭户看蚕日夜忙。得到丝成空费力，一身仍是布衣裳"，颇为

体贴劳动人民的辛苦。此外，他还写了大量咏史、咏物、咏景、抒怀之作，文字清新，感情健康，有些诗思想深邃，颇具哲理。

李善兰“年十四五，始与笔砚亲”。他的文章，有对自己的译著、专著写的序跋，有替别人的著作写的序文，有为友人写的传记，有书信和其他论文、杂文。其中，《星命论》是他年逾花甲后的作品，他写道：

> 大挠造甲子，不过记日而已，并不记年月与时也，亦无所谓五行生克也。其并记年月与时，且以五行配之，皆起于后代，古人并无此意也。而术士专以五行之生克判人一生之休咎，果可信乎？且五行见于《洪范》，不过言其功用而已，言其性味而已，初不言其生克也。是干支之配五行，本非古人之意矣，而谓人之一生可据此而定，是何言欤？至五星偕地球同绕日而各不相关。夫五星与地球且不相关，况地球之上一人而谓某星至某官主吉，某星至某官主凶，此何异浙江之人在浙江巡抚治下，他省之巡抚于浙江无涉也。今试谓之曰某巡抚移节某省，于尔大吉，某巡抚移节某省，于尔大凶，有不笑其荒诞者乎？五星之推命何以异是乎？

用确凿有力的证据，通俗生动的譬喻，淋漓尽致地揭露了宿命论者搞封建迷信活动的荒诞无稽。时人赞曰“其论真属透辟，足以启发溺惑”。

李善兰生性落拓，跌宕不羁，潜心科学，淡于利禄。曾国藩赏识他，“屡欲列之荐牍，皆力辞”。他痛恨贪官污吏，在晚年所写的《陈君锡麟行状》一文中，表彰为官清廉、体恤民情、善于调查研究、平反百姓冤狱的“德政”，而叹曰：“呜呼！今之号称能吏者，吸民膏髓以善事上官得真除显要者，比比也！”在《倪君经朝传》中，赞扬“倪氏子弟皆矫矫立气节，不屑与俗儒争进退”。在描写一穷苦诗人潦倒致死的《陈愚泉传》中，论曰：“吾谓愚泉虽饿死……视士大夫之庸庸老寿并不能雕章镂句者可当何如耶！”表现出他对当时封建社会处于穷途末路之下官场的腐败和儒林的迂腐嗤之以鼻的轻蔑态度。晚年他虽官居内阁高位，但从来没有离开过同文馆教学岗位，也没有中断过科学研究工作。他自署对联“小学略通书数，大隐不在山林”贴在门上，表明他仍然以在野之隐士自居，而不与贪官污吏同流合污。

李善兰一生嗜酒。年轻时在家乡常与“鸳湖吟社”的诗友“一笑且痛饮，醉卧沧江月”。在上海译书时，常与王韬、蒋敦复“同至酒楼轰饮”。又“以诗酒徜徉于海上，时人目为三异民”。晚年在北京，仍好饮，结果“家山成久别，杯酒了余生”。

李善兰“年逾六旬，颇忧乏嗣”，晚年纳妾米氏（比他小 38 岁），仍未得子，乃过继外甥崔敬昌为嗣。李善兰于 1882 年 12 月 9 日在北京逝世，12 月 29 日在北京东四牌楼什锦花园胡同开吊。次年，崔敬昌迎柩归葬于海盐县牵四罾桥东北。一说“壬叔先生墓在海盐县沈荡区天子堰桥”，待考。崔敬昌后来迁居上海，曾任江海关文牍多年。

李善兰作为我国近代科学的先驱者，人们将永远纪念他。

（作者：王渝生）

参考资料

[1] 苞溪李氏家乘［M］. 祠堂藏板. 1890（清光绪十六年）.

[2] 李善兰. 则古昔斋算学［M］. 独山莫氏刊本. 上海：金陵书局，1867（清同治六年）.

[3] 李善兰. 则古昔斋文抄［M］. 汲修斋丛书本.

[4] 李善兰. 听雪轩诗存［M］. 汲修斋校本.

[5] 李俨. 李善兰年谱［M］//中算史论丛：第四集. 北京：科学出版社，1955.

华蘅芳

（1833—1902）

华蘅芳

中国近代科学的先行者和传播者

华蘅芳，字若汀，江苏金匮县（今无锡市）人，晚清著名的数学家、翻译家和教育家，我国近代科学的先行者和传播者。华蘅芳崇尚实验，躬身实践，无愧地代表了中国知识界冲破旧学术传统、投身于近代科学研究新潮流的正确方向。

一、雄心犹作闻鸡舞，莫向天涯更惘然

华蘅芳的少年时代，中国正处于一个大变动的前夜。鸦片战争的炮火，把我国由独立的封建社会，推向半殖民地半封建社会的深渊。中华民族蒙受着巨大的苦难。

华蘅芳自幼不爱读"四书五经"，不会作八股文章。他晚年回忆道："余七岁读《大学》章句，日不过四行，非百遍不能背诵。十四岁从师习时文，竟日仅作一讲，师阅之，涂抹殆尽。"他的父亲华翼纶，出身于读书世家，1844 年考中举人，选江西永新县知县，在外做了十几年的县官，每每回乡省亲，看到这种情况，便要教训他一番。但他当时已经"于故书中检得坊本算法，心窃喜之，日夕展玩，不数月而尽通其义"，迷上数学了。"案头所置者，惟百廿名家制义及古今算学之书，日夕流览，舍此则取彼，舍彼则取此"，然而毕竟更"乐观各种算学之书"。这样，靠自已读书学习，他的数学造诣日趋精深，而八股文章仍然写得不好，致使以后"数十年来，算学之名已流播海内，文则累试不获一售"，迄今留传下来他的数学著作有 8 种 29 卷之多，时文却只有一篇。

他的父亲见他嗜好数学，而且学有成就，也就不再加以阻挠，反而还因势利导，每年自任所回家探亲，都给他买来一些古算书，先后有《周髀算经》、《九章算术》、刘徽《海岛算经》、《张丘建算经》、甄鸾《五曹算经》、王孝通《缉古算术》、《夏侯阳算经》，以及李冶的《测圆海镜》《益古演段》。这样，唐代立于学官的"十部算经"和宋元数学中有关"天元术"的著作差不多都齐备了，这使得华蘅芳在青少年时代就

比较系统地学习了中国传统数学。后来，华蘅芳自己又去买了南宋数学家秦九韶的《数书九章》，清代数学家梅文鼎的《勿庵历算全书》、李锐的《李氏遗书》、汪莱的《衡斋算学》、焦循的《里堂学算记》、骆腾凤的《艺游录》、董祐诚的《董方立遗书》、罗士琳的《观我生室汇稿》等一大批数学名著，经过认真阅读，"始知算学有古今中西之异同"。20 岁时，他又多方寻觅，购得梅瑴成等人编纂的数学百科全书《数理精蕴》五十三卷，学习了《几何原本》等西方数学的内容。自此以后，"凡古今畴人之书，见辄购之，计家中所藏及行箧中时有携归者，不下数百卷"。

华蘅芳不仅博览群书，刻苦自学，还善于寻师访友，求教高明。他得悉家乡附近无锡县（与金匮县同城，今属无锡市）钱桥的社冈有一个名叫徐寿（字雪邨）的人，"性好攻金之事，手制仪器甚多"，便登门求教。徐寿比华蘅芳年长 15 岁，素以"不二色，不妄语，接人以诚"为座右铭，又有铭曰"毋谈无稽之言，毋谈不经之语，毋谈星命风水，毋谈巫觋谶纬"。两人见面以后，谈到国事日非，民不聊生，报国无门，感慨万端。又由于不信迷信，崇尚科学，志趣相投，遂结好友。自此你来我往，相交日笃。别而复见，往往彻夜长谈："叩门话夙昔，相交略形迹。置酒叙离怀，挑灯度永夕……"

从 19 世纪 50 年代起，西方近代科学知识通过外国传教士办的杂志，通过上海墨海书馆李善兰等人的翻译工作，逐渐介绍进了我国。华蘅芳和徐寿也很注意学习和吸取各种外来的新知识。但是，他们对于这些新知识并不采取盲从的态度，而是尽量设法通过实验，付诸实践，来证实它们。

例如，对于白光是由不同颜色的光所组成的，他们就打算用三棱镜亲自做实验来验证一番。但是，当时市面上还买不到三棱镜，用玻璃片来代替又不行。最后他们想出了一个办法，那就是找来一个水晶石图章，两个人轮流把它磨制成了一个长形的三棱镜，终于使白光的分色实验获得了成功。

又如，他们相信枪弹向上斜射时子弹呈抛物线轨道运行，但对平射时出膛的子弹也呈抛物线轨道运行一事表示怀疑，于是就想法做实验来证实。他们在野外一片开阔地上画出一条长长的直线，沿着这条直线钉下一排竹竿，在竿上相同高度的地方绑上鸟，然后用枪瞄准这些鸟所组成的直线射击。如果弹道是弯曲的抛物线，那么这些鸟中弹的弹孔位置就会逐渐低下，后面的鸟或许就不会中弹；如果弹道是直线，那么这些鸟都会中弹，而且弹孔都一样高。当然，这样的实验是很粗糙的，也可能得不出什么结果来。但他们这种要从实践中求得真知的愿望和精神是很可贵的，反映出在近代科学精神影响下，中国知识分子传统的做学问的方式开始转变，要从实验结果来验证书本知识。后来，华蘅芳完成了第一篇数学著作，就是《抛物线说》，而且由徐寿为之作图。其时，华蘅芳只有20多岁。

也正是在20多岁的时候，华蘅芳还专程去上海，于墨海书馆拜访数学大师李善兰，并结识著名学者容闳和外国传教士伟烈亚力、傅兰雅等人。当时，李善兰正同伟烈亚力合作翻译西方近代数学著作《代数学》《代微积拾级》，华蘅芳表示出极大的兴趣。李善兰对他说："此为算学中上乘功夫，此书一出，非特中法几可尽废，即西法之古者亦无所用之矣。"华蘅芳求知心切，当即便从李善兰的译稿中抄录了若干段落，带回家去仔细阅读，但是没有读懂。1859年，《代数学》《代微积拾级》正式出版了。李善兰亲自把书送给了华蘅芳，华蘅芳读了几页，仍然有些困惑。李善兰告诉他说："此中微妙，非可以言语形容，其法尽在书中，吾无所隐也。多观之则自解耳。是岂旦夕之工所能通晓者哉！"华蘅芳深信此言，夜以继日，刻苦攻读，独立思考，反复琢磨，终于读懂弄通。后来，他回顾自己所经历的此段境界，深有感触地说："譬如傍晚之星，初见一点，旋见数点，又见数十点、数百点，以至灿然布满天空"，"不悟则已，一悟则豁然开朗也"。

"雄心犹作闻鸡舞，莫向天涯空惘然。"华蘅芳在青少年时代，刻苦钻研，坚韧不拔，勤于学习，善于学习，为他日后从事科学活动、译书、著书、教书都大有成就打下了坚实的基础。

二、经过赤道知冬暖，渐露青山识地圆

1861年秋，洋务派首领、两江总督曾国藩在安徽筹建一个试用机器生产的兵工厂"安庆军械所"，委派他的下属江苏巡抚薛焕邀请徐寿和华蘅芳参与其事。同时，他又以"深明器数，博涉多通，奏举奇才异能"而向清廷保荐华、徐等人。

华蘅芳和徐寿怀着科学救国的满腔热忱，于1862年年初来到安庆军械所内军械分局，从事机动船只的研制工作。

首先，他们决定试制一个船用汽机模型。一方面，他们从上海墨海书馆英国人合信的《博物新编》(1855)中得到有关蒸汽机和船用汽机方面的知识。另一方面，他们又到当时清政府所购买的外国轮船上实地观察汽机运转情况。经过3个月的努力，他们试制了一台汽机模型，并于1862年夏送到曾国藩处进行表演。曾国藩作了如下

的记述："华蘅芳、徐寿所作火轮船之机来此试演。其法以火蒸水，汽贯入筒，筒中三窍。闭前二窍则汽入前窍，其机自退而轮行上弦；闭后二窍则汽入后窍，其机自进而轮行下弦。火愈大则汽愈盛，机之进退如飞，轮行亦如飞。约试演一时。窃喜洋人之智巧，我中国人亦能为之，彼不能傲我以其所不知矣。"从曾国藩的记载可知，这是一种新型的往复式蒸汽机。

汽机模型试制成功后，华蘅芳和徐寿又立即着手试制一艘小型木质轮船。试制过程中，"全用汉人，未雇洋匠"。1863 年年底，小轮船制成，由于缺乏经验，汽锅不能连续供汽，因而小轮船"行驶迟缓，不甚得法"。他们立即对汽锅和船身进行修改，解决了蒸汽供应方面的问题，使轮船能连续行驶。1864 年年初，曾国藩又亲自参与试演，他写道："新造之小火轮船。船长约二丈八九尺，因坐至江中，行八九里，约计一个时辰可行二十五六里。试造此船，将以次放大，续造多只。"

1864 年，军械所由安庆迁往南京。华蘅芳和徐寿在试制小轮船取得经验的基础上，继续研究改进，终于在 1865 年造成了一艘新的木壳大轮船。这艘轮船，除回转轴、烟囱和锅炉所需的钢铁系外国进口以外，其他一切工具和设备，完全用国产原料自己加工制造。这艘轮船"载重二十五吨，长五十五华尺。高压引擎，单汽筒，直径一华尺，长二尺。轮船的回转轴长十四尺，直径二又五分之二寸。锅炉长十一尺，直径二尺六寸。轮船有锅管四十九条，长八尺，直径二寸。船舱在回转轴后面，机器都集中在船的前半部"，航速每小时二十余里。此船建成时，曾国藩不在南京，其子曾纪泽、曾纪鸿乘此船北至高邮，由曾纪泽大书"黄鹄"二字，描金船身。此后，曾国藩的家族便常乘"黄鹄"号在长江上往来行驶。1867 年，徐寿还亲自驾驶"黄鹄"号至上海江南制造局附近的码头停泊。

华蘅芳和徐寿在 19 世纪 60 年代，独立设计制造成功我国第一艘以蒸汽为动力的轮船，在我国造船史上写下了新的一页。其间，"推求动理，测算汽机"，华蘅芳"出力最多"。

1865 年，曾国藩、李鸿章创办江南制造局于上海，"建筑工厂，安置机器"，华蘅芳"经始其事，擘划周详"。后来，局里设龙华火药厂，专门配制火药，但每年要耗费大量的白银从国外进口原料"强水"（硝酸）。华蘅芳得知这一情况后，联想起徐寿翻译的《化学鉴原》等书中有关于制造硝酸的原理和工艺流程的记载，便决定主持试制，为国家节省资金。他采取因陋就简的办法，把厂里现有的几所堆废料的房子，临时改造成几个试制点。他从早到晚去各个试制点巡视，解决试制过程中的技术问题。

有一天，他又来巡视了。“路遇洋匠，立而小语”，突然一声巨响，顷刻之间浓烈的烟火冲破房顶腾空而起，原来是发生了爆炸事件。爆炸地点仅距华蘅芳所站处几步远，“以隔墙坚厚，幸免于难”。事故发生后，大家都劝阻他不必再到现场来了，但他仍坚持照旧，“不因是恐怖而巡视少懈”。他的这种顽强的精神、强烈的事业心和责任感，使人们深为感动。不久，硝酸终于试制成功了。

2000 多年来，中国封建社会的学术传统一贯是重文轻理，重书本轻实践。科学技术及其有关知识，不是被视为三教九流、旁门左道，便是被视为雕虫小技、奇技淫巧，而为士大夫、知识分子所不齿。自古“君子动口不动手”，“劳心者治人，劳力者治于人”，“玩物”被认为是“丧志”，脱离实际成了旧知识分子的通病。在这种社会背景下，作为数学家的华蘅芳，却能崇尚实验，躬身实践，这是需要勇气和毅力的。从自制三棱镜、验证弹道曲线等简单的科学实验，到制造轮船、硝酸等比较复杂的技术和工艺实践，华衡芳“目验手营”，“实事实证”，“于举世不为之日，冥心孤往，潜精绝学，独开风气之先”，代表了中国知识界接受西方思想影响，突破旧的学术传统，投身于近代科学研究新潮流的正确方向。后来有人评价他“其论物理也，尚实验，似英之培根”，虽为溢美之词，却也并非完全没有道理。

“经过赤道知冬暖，渐露青山识地圆”，这是他 1889 年送表弟赵元益出国时的诗句，用生动的譬喻说明了科学知识来源于对自然现象的实际观察和科学归纳，是很有科学性的。下面我们还会看到一些生动的例子，说明这种实事求是的科学精神贯穿于他一生的各个时期和各项活动之中。

三、海外书曾译，囊中术甚奇

为了传播近代科学知识，上海江南制造局于 1868 年开设翻译馆。在此之前，从 1867 年起，华蘅芳、徐寿就开始同外国人合作翻译西方近代科学技术书籍了。当时，华蘅芳分工翻译有关数学、地学方面的书，徐寿则侧重于化学、汽机等方面。

华蘅芳与美国人玛高温合作翻译的第一部书，是美国地质学家丹纳的《金石识别》（《矿物学手册》）十二卷。这是近代矿物学引进中国之始。华蘅芳为什么要译这部书呢？原因是他认为“五金之矿藏往往与强兵富国之事大有相关”，“则此书之成，亦未始非民生利用之一助也”。当时，玛高温“以医为业”，华蘅芳“日至其家，俟其为医之暇，则与对译此书”。书中所论之金属与非金属的矿物，“有中土有名者，有中土无名者”，有“不知其名，一时不易访究者”，又有“以地为名，以人为名，并无意义可译，或其名鄙俚，不可译其意义者”。因此，“每译一物，必辨论数四”。可见仅矿物名词的翻译，就很费斟酌思索的了。再加上“玛（高温）君于中土语言文字，虽勉强可通，然有时辞不能达其意，则循而易以他辞，故译之甚难，校之甚烦”。华蘅芳描述当时译书的情况是：他白天“挟书卷，袖纸笔，徒步往来，寒暑无间，风雨不辍，汗不得解衣，咳不得涕吐，病困疲乏，隐忍而不肯休息”，“夕归自视，讹舛百出，涂改字句，模糊至不可辨，则一再易纸以书之”，“每至更深烛跋，目倦神昏，掩卷就床，嗒焉若丧，而某金某石之名犹往来萦绕于梦魂之中而驱之不去，此中之况味岂他人之所能喻哉！”

译完《金石识别》之后，华蘅芳认为“金石与地学互相表里，地之层累不明，无从察金石之脉络”，于是再接再厉，仍与玛高温合作，译英国著名地质学家雷狭儿（赖尔）的《地学浅释》（《地质学纲要》）三十八卷。赖尔是近代地质学的奠基人，他提出了地质进化的均变说，“第一次把理性带进地质学中”。《地学浅释》卷十三说：“有勒马克者，言生物之种类皆能渐变，可自此物变至彼物，亦可自此形变至彼形。此说人未信之。近又有兑儿平者，言生物能各择其所宜之地而生焉，其性情亦时能改变，此论亦未定，姑两存之。”文中勒马克，即法国生物学家拉马克；兑儿平，即英国生物学家达尔文。这是在中国最早提到达尔文的名字和对达尔文进化论作概略的介绍。虽然1898年严复翻译英国生物学家赫胥黎的《天演论》（《进化论和伦理学》）出版之后，达尔文学说才在中国广泛地传播开来，但是早于此四分之一世纪的《地学浅释》对中国思想界也产生过一定的革命性影响，成为康有为、梁启超、谭嗣同等进步思想家维新变法的一个理论根据。

华蘅芳在翻译《地学浅释》时，“寓居虹口，所携一童一仆，此外别无伴侣”，“晨起食罢即往玛君家，日中而归，食罢复往，以至于暮”，“未尝一日旷也”。而“书之稿本、改本、清本，以及草图，皆一手任之。盖自持精力之强，不自知其劳苦也”。但是毕竟劳累过度，饮食失调，译至十七卷，便“患血痢之症，日夜数十次，气息恹恹，无复人色”，而他所心忧的，还是译书的事。病榻之上，“甫一交睫，则觉高山巨壑，水陆变迁，其中鳞介之蜕，奇兽之骨，种种可骇可噩之物，层见迭出，纷然并集于前，盖平日所入于耳、寓于目而有会于心者，其境界一一发见于若梦若寐之际”。大病半年之后，“玛君日来就余，乃将以下各卷次第译出”，自此精力大衰。华蘅芳为了达到富国强兵、有助民生的目的，胼手胝足，奋力译书，真是呕心沥血，不遗余力。

华蘅芳又与傅兰雅合译布国（德意志）武官希里哈于1868年所撰的《防海新论》十八卷。希里哈在美国南北战争时期（1861—1865）“身历戎行者四年，于水师战守之事见闻较广”，所以书中讲水路攻守之法联系战争实际，颇为切实可行。其中一至八卷论与新式船、炮相敌的防守之法，九至十一卷论阻住行船之路令敌船难入内地之法，十二至十七卷论水雷之造法、用法，十八卷论做灯火以照海面河口避免敌船偷渡之法。华蘅芳以为皆“于海防之事甚有裨益”，故译之。译完以后，他还发了如下的一段议论：“余谓用兵者，必先操可胜之柄而后可以议战，必先居可败之地而后可以议守，必先作可战可守之备而后可以议和。”

此外，华蘅芳还与“幼时曾在番舶学习操舟，于行海之事知之最详”的美国人金楷理合译有关台风方面的书籍《御风要素》三卷。对于金楷理给他介绍的有关海洋台风的知识，如“先见之兆”“所行之路”“用何法以防于未然，救于临事”，华蘅芳感叹地说：“然余素畏风涛，每遇舟稍掀簸即呕吐僵卧而不敢起，不能以所闻于金君者一一身试而目验焉，为可惜也！”从这里也可看出华蘅芳重视“身试”“目验”，崇尚实验与实践的精神是一贯的。

华蘅芳同金楷理合译的另一部书是《测候丛谈》。该书“总论”中说：“测候之学，专考天气之变化”，“须用两法：一为已知其大端，而推验其变数；一为细测其琐屑之故，按其年月日逐一记之，如是历久，即可知其一定之理”，“此书中所论，亦用此二法。每事必先论其大致应如何变化，次乃及其纤细之故而征其可信，并论用何法以测候之而得其数”。由于其中有关于数字表格和数学计算的内容，后来曾辑入《华氏中西算学全书》（1897）之中。

华蘅芳自1867年始，至1873年止，译成了上述有关矿物、地学、军事、气象等方面的西方近代科学技术书籍5种75卷，参与校对和绘图工作的有他的学生、数学家江衡，以及赵宏、朱彝、沙英等人。除此之外，译成未刊的还有《风雨表法》《海用水雷法》两种。

在同外国人合作译书的过程中，华蘅芳发觉傅兰雅精于数学，又“深通中国语言文字”，与之合作译书，“往往事半而功倍”。于是决定继李善兰、伟烈亚力翻译《代数学》《代微积拾级》之后，同傅兰雅合作翻译《代数术》《微积溯源》等西方近代数学书籍，以“补其所略”。

《代数术》（英国人华莱士撰，原载《大英百科全书》第八版）二十五卷，1873年出版。卷一至卷四论整式、分式、根式的运算，卷五论比例式，卷六至卷八论一次方程及方程组，卷九论二次方程，卷十论代数基本定理“无论几次之式，其所有之若干根数必等于式最大之方指数”及根的有关性质，卷十一论三次方程，卷十二论四次方程，卷十三论“五次及五次以上之多次式，无一通法可解之”，卷十四至卷十五讨论特殊高次方程的解法，卷十六论“奈端”（牛顿）和“拉果兰”（拉格朗日）的“迭代法”求高次方程的近似实根，卷十七论无穷级数，卷十八、卷十九论对数及其应用，卷二十论连分数，卷二十一论不定方程，卷二十二论用代数解几何问题，卷二十三论二元方程图像，卷二十四论三角函数关系式，卷二十五论棣莫弗定理、三角函数展开式以及圆内接正十七边形的作法等。

《微积溯源》（英国人华莱士撰，原载《大英百科全书》第八版）八卷，1874年出版。这是继《代微积拾级》之后又一部介绍西方微积分的著作。前四卷论微分法及其应用，包括高阶导数，复合函数求导，求极值，曲线的切线、曲率、曲线与曲线相切，偏微分、全微分等内容。后四卷论积分法及其在求曲线弧长、面积和体积等问题中的应用，以及微分方程大意。

《三角数理》（英国人海麻士于1863年撰）十二卷，1877年出版。卷一至卷三论三角函数关系式，卷四论平面三角形的解法，卷五论三角函数的幂级数展开式，卷六论对数，卷七、卷八论三角函数恒等式及其应用，卷九至卷十二论球面三角形的解法。

以上三种代数、三角、微积分的译著是由当时任上海广方言馆算学教习兼主求志书院算学科的刘彝程（字省庵）校算的。刘彝程对整数勾股弦和二次不定方程的研究颇有心得，撰《简易庵算稿》四卷（1899）。他在年轻的时候就受到过李善兰的赞赏和关心。

华蘅芳同傅兰雅合译的数学书籍中最有价值的是《决疑数学》（伽罗威撰，原载《大英百科全书》第八版；*Probabilities*，*Chances on the Theory of Averages*，安德生撰，原载钱伯斯的《百科全书》新版）十卷。这是有关概率论的著作第一次被介绍进中国。本书卷首“总引”中说“决疑数理（即概率论）为算学中最要之一门也”，“从此算学之理内又添出许多妙法”，“于他事用之大有便益”，“在格致学中用之大有益”，“于众人大有益”，再三强调概率论的应用。同时还简要介绍了概率论的发展历史，提到了一大批西方数学家和数学著作。例如，“决疑数学之算学理初为巴斯果与勿马两人所创，略在一千六百与一千七百年之间”，这是讲帕斯卡与费马在17世纪中叶讨论有关概率论的问题。“是时晦正士亦著一书《论占卜之比例理》”，这是指惠更斯的《论赌博中的计算》(1657)。至于“北奴里死后七年，其书始行于世，名曰《决疑数术理》”，乃是伯努利的名著《猜度术》(1713)。又说“一千八百十二年拉不拉斯作一书，名曰《决疑数学之理》，为论数理中最奇之书”，系指拉普拉斯的经典著作《分析概率论》(1812)，等等。当时翻译的数学表达式，还是西方符号与中国文字混用。例如正态分布密度函数在《决疑数学》中被译作“$函嗙 = \sqrt{(室 \div 周)}\,戊^{T\,室嗙=}$”。

此外，华蘅芳同傅兰雅合译的数学书籍还有以下几种。《代数难题解法》(英国人伦德于 1878 年撰）十六卷，1883 年出版。内容包括算术、代数方程、级数、对数、概率论等方面的习题，还有“冈布理知书院”(剑桥大学）的考试题解，此书由华蘅芳的弟弟华世芳校算。《合数术》(美国人白尔尼撰）十一卷，1887 年出版。该书讨论对数表的造法。《算式解法》(美国人休斯敦与开奈利同撰于 1898 年)，1899 年出版。内容除初等数学外，还包括行列式计算和简单的微积分。至于已译未刊的数学书籍，有《代数总法》《相等算式理解》《配数算法》等。

以上华蘅芳翻译的西方近代科技和数学书籍业已出版刊行的共有 12 种计 171 卷，内容比李善兰翻译的书丰富得多。在翻译技巧方面，华蘅芳主张“其文义但求明白晓畅，不失原书之真意”。他在《论翻译算学之书》一文中说道：“笔述之时须将口译之字一一写出，不可少有脱漏，亦不可稍有增损改易也。至誊出清本之时，则须酌改其文理字句，然所致之字句必须与口译之意极其切当，不可因欲求古雅致与西书之意不合也。所译之书若能字字确切，则将华文再译西文，仍可十得八九，所以译书之人务须得原书之面目，使之惟妙惟肖而不可略参私意也。原书本有谬误，自己确有见解，则可作小注以明之，不可改动正文。”后人称赞他“译书文辞朗畅，足兼信、达、雅三者之长”。

“海外书曾译，囊中术甚奇”，这本是华蘅芳悼念亡友的诗句，但用之于他本人，亦是很恰当和贴切的。华衡芳是继李善兰之后，又一位杰出的翻译家，他为近代科学在中国的传播作出了不可磨灭的贡献。

四、等身著述惟书在，逝水年华与墨磨

华蘅芳认为，“学算与著书并非两事”，“人视著算学之书以为大不易之事，殊不知仍与学算无异也。盖算稿积多删其芜浅者，存其精妙者，即是著作也”。故华蘅芳

于1882年辑其自著《开方别术》一卷、《数根术解》一卷、《开方古义》二卷、《积较术》三卷、《学算笔谈》前六卷共5种13卷，汇刻《行素轩算稿》刊行问世。其后又续成《学算笔谈》后六卷、《算草丛存》八卷，再版时均收入《行素轩算稿》之内。

《开方别术》一卷，阐述求整系数高次方程的整数根的方法，1872年李善兰为之作序，称“华君若汀创立数根开方法”，“并诸商为一商，故无‘翻积’‘益积’，不特生面独开，且较旧法简易十倍”。但是，诚如华蘅芳自己所说的，“凡正负诸乘方其元之同数若非整数及分数者，则数根开方之术不能驭”，即不能求方程的无理数根。又，1880年华蘅芳自序《开方古义》二卷，揣测朱世杰《四元玉鉴》(1303)“今古开方会要之图”的原意，阐述数字高次方程的解法，以为“与秦（九韶）氏《数书九章》(1247) 之法大略相同”，但计算程序相当烦琐，未必能合于秦九韶增乘开方法的原意。

《数根术解》一卷，内引李善兰《考数根法》(1872) 有关内容，可见成于1872至1882年之间。数根术即素数论。华蘅芳指出：“有单位之数根，即可求两位之数根；有两位之数根，即可求四位之数根。”他的具体方法是：“以单位之数根3与5与7连乘，得105，以与两位之数求等（即公约数），其有等者可以等数约之，故非数根；其无等者除1之外俱不能度，故为数根。”此即“筛法”，如是便得到两位数的素数21个。华蘅芳还指出，随着自然数的位数增加，素数的间隔愈稀，但素数的个数是无穷的。他证明了著名的费马素数定理：若P为一素数，则$2^P-2 \equiv 0 \pmod p$。可惜他没有像李善兰那样指出2^P-2能被P整除不是P为素数的充分条件，即费马定理之逆不真。

《积较术》三卷，写于1880年以前，因华蘅芳1880年序《开方古义》中有“迩年来因演算积较之术”云云。积较术讨论招差法在代数整多项式研究和垛积术中所起的作用。其中，卷二和卷三的“诸乘方正元积较表”和“积较还原表”分别定义了两种计数函数，与所谓第一、二种斯特林数都有关系，从而给出一组乘方乘垛互反公式和若干组合恒等式，是为计数理论的中心问题。最近，有人评价华蘅芳在这方面的工作是“在完整意义上的组合论研究”。

《学算笔谈》十二卷，是华蘅芳关于数学理论、数学思想和数学教育等方面的评论性著作。前六卷成于1882年，至1893年补足后六卷。本书内容十分丰富，卷一至卷四论算术，卷六、卷七论天元术，卷八、卷九论代数，卷十、卷十一论微积分，卷五及卷十二为杂论。其序及卷一“总论算法之理”和两卷杂论集中反映了他对数学的认识和看法，以及数学教育的方法等，尤其精彩。

华蘅芳说：“吾谓算亦有端，算之端者何？计较之心也。”“人之心中若果懵懵然无知觉，则亦不必谈及算学。若其稍有知觉而能思维计较者，即已有算学之理，与有生以俱来。试观孩子嬉戏，见果必争，取其大者，因其胸中已有一多寡之见存焉也。由是知算学之理，为人心所自有，并非自外而入。”这种看法很明显是唯心的。但他又说：“有是端而知所以扩充之，则统乎万事万物之纲。故凡天文之高远，地域之广轮，居家而布帛粟菽，在官而兵河盐漕，以至儒者读书考证经史，商贾持筹权衡子母，算不待治于算，此又算之切于日用，斯须不可离者也。”华蘅芳对于数学应用的广泛性，其认识又是唯物的。

华蘅芳认为，“一切算法，其初皆从算理而出。惟既得其法，则其理即寓于法之中，可以从法以得理，亦可舍理以用法。苟其法不误，则其理亦必不误也”，正确地阐述了数学理论与方法之间的辩证关系。

华蘅芳强调学习数学“必循序而及，不可躐等而进”，但同时又指出，“观书者不可反为书所役”，“学问之道贵乎温故知新，而算学之事则宜去故生新。不将已知已能之事撇开一边，则其先入之见胶固积滞于胸中，足以蒙蔽心思，而新义不得复入矣”，“他事皆有止境，而算学无止境也。古人创术之时何尝不自以为巧密，逮有巧密于古术者，则以古术为疏拙矣。后之视今亦犹今之视昔，安知此后更无再巧再密之术而视今之巧密者为疏拙耶”。华蘅芳极为推崇创新的精神，是与我国封建时代信而好古、厚古薄今的思想和学术传统背道而驰的。

对于数学教学和学习的方法，他有很多具体的论述，如“论看题之法”“论驭题之法”等。例如，他指出对“题中之各句，句中之各字”，要分清“着力者”“不甚着力者”“可有可无者”，后者往往“显露于面前，一望即见”，而前者则“藏伏隐匿于各字之间而使人不易见”，须认真鉴别。“总言之，算学中所有之各题，其平正通达、简明直捷者固多，而其暗藏机械，有意难人者亦复不少，看听之人如听断疑狱，如搜捕伏匿”，“当随机应变，不能执一以论”。

他对学生做数学习题的规定要求遵循的步骤为：“一必详载题目；二必解明算理；三必全写算式，与其简也宁繁；四必用格式影写，与其作草书宁可作正书”，这样的严格要求也颇中肯綮。

华蘅芳还十分重视数学史的研究。在《学算笔谈》中除对先前的数学家和数学著作一一作出评价之外，还在卷十二中撰有一篇专文“论《畴人传》必须再续”，指出自阮元、李锐撰《畴人传》四十六卷（1799）及罗士琳撰《续畴人传》六卷（1840）以来，“迄今又数十年，算学日新月盛，人才辈出，其中最著者如戴（煦）、项（名达）、徐（有壬）、李（善兰）诸家，其所明者有（天）元、代（数）、微（分）、积（分）诸术，皆能超轶古法，于算术中大开门径，非徒株守成法而已也。若不亟为之传，未免为算学中一件大缺陷之事”。他曾敦促数学大师李善兰完成此事，李善兰委托给张文虎，张文虎也没有做，当时最年长的数学家吴嘉善也未肯动笔。华蘅芳分析他们“未肯为此事，益由于震惊李（锐）、罗（士琳）之名而不敢与之匹，亦由于欲求全备，惟恐搜罗不富、考核不精以贻后人之口舌也”。然后，他提出自己的看法：“余以为可以不必存此心，以致斯传久不得成。吾所知之人、所见之书、所闻之事，记之可也；吾所未知之人、未见之书、未闻之事，阙疑焉可也。若人人能存此心而各书其所知、所见、所闻，又有一人集诸家之说而折中之，论定之，则斯传之成易易也。”于是，他将其弟华世芳的《近代畴人著述记》（1884）附录于后，“以待所传者之采择焉”。不久，遂有诸可宝撰《畴人传三编》七卷（1886）、黄钟骏撰《畴人传四编》十一卷（1898）。从18世纪末到19世纪末的100年间，数学史的工作丰富多彩，著述再四，华蘅芳是起到了促进作用的。

华蘅芳的《学算笔谈》在19世纪90年代被各地再版多次，作为许多学院和新式学堂的数学教材。如陕西刘光蕡于1897年序刻《学算笔谈》前六卷，为其主讲之味经书院的教本，湖南王先谦主办、梁启超主讲之长沙时务学堂算学课也习《学算笔谈》。

1892年，华蘅芳自序旧作《抛物线说》、《平三角测量法》（1887），同《垛积演校》（1889）、《盈朒广义》、《积较客难》、《诸乘方变式》、《台积术解》、《青朱出入图说》等八篇零星数学著作，汇成《算草丛存》四卷，于1893年刻于武昌。其后，又续刻有关数论的专篇《求乘数法》、《数根演古》、《循环小数考》（有1895年自序）以及《算斋琐语》等四卷，并入《算草丛存》，题为“行素轩算稿六”。

此外，华蘅芳的数学著作还有专讲算术的《算法须知》四章（1882年自序，1887年收入傅兰雅主编的《格致须知》内）以及《西算初阶》一卷（1896年收入冯桂芬等辑的《西算新法丛书》中）。

对于华蘅芳的数学造诣，李善兰曾经给予这样的评价：“余所译所著各种算书，自谓远胜古人，当今之世能读而尽解之者，惟吴太史子登（嘉善）及华（蘅芳）君耳。”并有“独务精深”“空前绝后”一类的赞语。吴嘉善则誉他为“自树一帜，卓然成家”。不过平心而论，华蘅芳的数学成就——开方术、积较术、数根术，比起李善兰的尖锥术、垛积术、素数论来讲，是要逊色一些。华蘅芳的著作平浅易解，这是他的一大特色。他回忆李善兰曾经对他说过：“一切算法，其理无不从（天）元代（数）几何而出，惟当时微积之法尚未盛行，是以求之甚难，言之甚繁，又因急欲问世，先将各法付梓而解释则未详焉。历时既久，忘其从入之途，虽欲自解其术，亦难于下笔，此其大病也。惟愿自今以后，学者由浅入深，行一步必记其曲折，创一法必明其条段，则人人易解也。”华蘅芳颇以为然，“有鉴于此，故作《行素轩算稿》，务求浅显”。他对那种“好为隐互杂糅，穷极微奥，不屑以浅近示人，甚或秘匿其根源以炫异，变异其名目以托古”的陋习更是深恶痛绝，因此他自己的数学著作是“演为算式以习其数，设为问答以穷其趣。法由浅而入深，语虽繁而易晓”。

华蘅芳为他人的数学著作校算或作序写跋的有：1867 年，校算李善兰《椭圆拾遗》；1885 年，序华世芳《恒河沙馆算草》；1888 年，跋项名达《象数一原》；1892 年，序贾步纬《躔离引蒙》；1898 年，序蒋仲怀《对数或问》；1899 年，跋周达《勾股三角求整数术》；1899 年，序周达《三角和较术解》。

除数学著作之外，华蘅芳尚有《行素轩文存》（收序、跋、杂文 17 篇）、《行素轩诗存》（收古、近体诗 86 首）刊行。又曾辑《行素轩时文》，“刻之以质世之能文者”，现仅存一篇《大题文府下孟》；曾著寓言《紫鸾仙语》，“尝刊行之，今佚”。

“等身著述惟书在，逝水年华与墨磨。”华蘅芳一生孜孜不倦地写作，他所留下的科学文化遗产是很丰富、很宝贵的。

五、如春蚕吐丝，到死方尽耳

1875 年，徐寿、傅兰雅在上海邀集中西绅商捐资创办格致书院，延聘中外名人学士讲演科学知识，还设有博物院、藏书楼供学生实习和阅览之所，已初步具有近代科学研究机构的性质。格致书院成立以后，华蘅芳曾由江南制造局移至此处讲学。

1886 年，李鸿章创办天津武备学堂。这是一所模仿外国建军方法来培训中国军队而设立的新型陆军学校，它为清末北洋军阀培养了不少军事人才。华蘅芳曾于 1887 年到天津武备学堂讲学。他发现“其中肄业之徒皆自淮军各营选来武夫，略知文字，于古今算学之书未能卒读，难与言几何、代数之精，而测量之事又为行军所必需”，当时武备学堂的算学教习卢木斋、姚石泉、孙筱垞等，“恒苦无善本之书，朝夕授徒，使之但知其法而不明其理”，华蘅芳便写成《平三角测量法》作为教材，“足以致用”。

那时，天津武备学堂买到一个法越战争时期法国军队侦察用的旧氢气球，要求一个德国教习利用它做飞行表演。这个德国人也许是不会，也许是故弄玄虚，对氢气球的原理和制法秘而不宣，反而让中国学生自己去施放。虽然早在100年前的1783年，法国人蒙哥尔费兄弟已经制成了早期的热气球，法国物理学家查尔斯也成功地做了世界上第一只氢气球的实验，但在那时候，中国人还没有见过氢气球。学生们问到华蘅芳，他便同大家一起查资料，想办法，终于另外制成了一个直径五尺的大气球，并用盐酸制造氢气充于其中，让它飞上了天，学生们都高兴得欢呼了起来，那个德国教官自觉惭愧，从此对华蘅芳十分佩服。这是中国航空史上自制的第一个氢气球。

华蘅芳在天津时，还有一次有个驻德外交使节带回了一台外国新出的试弹速率电机，十分得意地炫耀起来，但这个外交使节却不懂得电机的性质和使用方法，后来请人把说明书翻译出来，仍然不知其所以然，受到在场外国人的耻笑。华蘅芳听说此事，赶到现场，接过说明书看过之后，便把这部电机的性能、用途和使用方法作了详细的讲解，并且当即进行表演。嘲笑中国人的外国人只得灰溜溜地走了。华蘅芳以他渊博的科学知识和丰富的实践经验维护了中华民族的尊严。

1892年，年近花甲的华蘅芳又远涉湖北武昌，主讲两湖书院的数学课程。1893年，湖广总督张之洞同湖北巡抚谭继洵在武昌建立新型的自强学堂，分方言（外语）、算学、格致（科学）、商务四科，第二年所设的算学一科也移至两湖书院由华蘅芳讲授。

1898年，65岁的华蘅芳还回到家乡，执教于无锡竢实学堂，这是一座新建的中国早期小学校。华蘅芳对幼童的数学教育，是启发诱导，培养兴趣，集中他们的注意力，提高他们学习的积极性。据说他“手画黑板，有时故错舛其数”，学生发现，笑了起来，连声喊道：“先生误矣！”于是他抽问学生起来上台演算，改正错误，然后笑着对学生说：“我今老矣，算学竟不及尔等！”从此以后，学生们学习数学的劲头更大了。

华蘅芳的弟弟华世芳，字海琪，号若溪，比华蘅芳小21岁。1862年华蘅芳离家到安庆时，他才八九岁。他在家自学了华蘅芳的数学藏书，也精于算术。后来“与兄切劘算理，积以经验，撰述斐然”。1884年著《近代畴人著述记》附于华蘅芳《学算笔谈》卷十二“论《畴人传》必须再续”之后。又于1885年刻印《恒河沙馆算草》，收《答数界限》与《连分数学》两种数学著作，分别论述一次不定方程整数解的组数和有关连分数的定理。至于已成而未刊者，尚有《今有术》《双套勾股》《三角新理》等稿。1892年华世芳随其兄于武昌两湖书院及自强学堂任算学教习。1896年任常州龙城书院山长，“以经、史、舆地、算学四门课士，悉心指授，士论翕然”。1897年兼主江阴南菁书院及靖江马洲书院。1904年就任上海南洋公学总教习，后入京充商部高等实业学堂算学教习，“口讲指画，不辞劳悴。日课之外，复编讲义，务以详明晓畅，启发后来”。在其兄华蘅芳去世（1902）三年之后，华世芳于1905年2月20日因肺疾殁于学舍。

华蘅芳作为晚清数学界的一代宗师，“一时承学之士，闻风兴起，诱掖奖励，孜孜不倦，因材施教，造就尤多，及门私淑弟子，今充各省高等学堂教员者指不胜屈”。他的学生江衡、杨兆鋆等，以及他的弟弟华世芳，都受到他的影响，成为有著作的数学家。华蘅芳“平生受各大吏知遇，币聘争先，未尝一涉宦途”，而“澹忘荣利，务崇敛抑”，“暮年归隐，惟以陶育后进为事”，“敝衣粗食，穷约终身”，真是“如春蚕吐丝，到死方尽耳”。

（作者：王渝生）

参考资料

[1] 华蘅芳.行素轩算稿［M］.梁溪华氏刊本.1882（清光绪八年）.
[2] 华蘅芳.行素轩文存［M］.刻本.1872（清同治十一年）.
[3] 傅兰雅.决疑数学［M］.上海：格致书室，1897（清光绪二十三年）.

章颐年

（1904—1960）

章颐年
中国心理卫生的开拓者

20世纪初，大批青年学者负笈欧美，将近代以来的自然科学与人文社会科学思想带回国内。以留美学生为主干的大批中国心理学先驱，在北京大学建立了第一个心理学实验室，在南京高等师范学校建立了我国第一个心理学系，全国性和地方性的心理学会相继成立，相关学术刊物先后创办，心理学的学术专著和译著先后出版。至此，科学心理学开始在国内生根发芽。随着科学心理学的传入，“心理卫生”也以心理学的一个重要应用领域而被引入。谈到我国近现代的心理卫生运动，就不得不谈到这场运动的发起者——章颐年。

但由于历史的变迁和史料散佚，心理学界对章颐年缺乏了解，因此学界都知道我国心理卫生事业开始于20世纪初，但作为开拓者的人选却存在争论，比如有人认为是吴南轩，有人认为是丁瓒，有人虽提到章颐年，但语焉不详，即有少量介绍，也多与史实不符。如《荆其诚心理学文选》中，将章颐年在暨南大学开设心理卫生课程的时间误为1920年，并将这个时间作为国内首次系统开设心理卫生课程的时间；又如2013年底重印的章颐年的《心理卫生概论》中，将作者回国的时间误为1922年。这对修订我国心理学史非常不利。本文依据相关史料，特对章颐年生平事迹予以整理，在厘清相关史实的同时，重新评价章颐年的学术地位。

一、学术生平

章颐年，原名章长春，后更名为章仲子。汉族，于1904年6月出生于浙江省余杭县（今杭州市余杭区）仓前镇，系著名国学家章炳麟（号太炎）仲兄章炳业之子。浙江仓前章氏是书香世家。章颐年的祖父章濬（字轮香），自幼研读典籍，后任县学训导，在余杭颇有影响。章濬生三子：长子章炳森，于光绪十四年（1888）中举人；次子章炳业，即章颐年的父亲，于光绪二十八年（1902）中举人，曾任浙江省图书馆馆长，目录学家；三子即著名国学家章炳麟。章颐年的父亲章炳业曾主持浙江省图书馆馆务工作14年，建树颇丰，曾创办《浙江公立图书年报》，发起组织浙江省会图书馆协会，任首任会长。参与发起成立中华图书馆协会，被选聘为执行部干事。编有《浙江公立图书馆保存类目录》《浙江图书馆通常图书目录》《乙卯补抄文澜阁四库全书目录》等。

由于出生在知识分子家庭，章颐年从小受到良好的教育。他早年先后就读于杭州第一师范学校附属小学、杭州省立第一中学。1927年，章颐年毕业于金陵大学心理学系。由于当时心理学在中学尚未开设相关课程，毕业后他曾在滁州中学担任英语教员一年。但因为当时所从事的工作脱离自己所学专业，为了更系统地学习心理学知识并能从事专业的心理学工作，1928年8月，章颐年前往美国留学。他曾先后获美国纽约州立大学文学学士学位和密歇根大学心理学硕士学位。在美国留学期间，他主攻实验心理学，但当时美国正开展得如火如荼的心理卫生运动对他的影响更大，他接受了心理卫生方面的专业培训并形成了对心理卫生的独到见解。1930年8月，章颐年学满回国后即被聘为上海暨南大学心理学教授，并在国内率先开设心理卫生课程，时年26岁。由于此前国内高校中并没有人专门开设过此类课程，章颐年因而被誉为我国讲授心理卫生课程的第一人。此外，他还在该校开设生理心理学和心理学史等课程。

次年，浙江省教育厅在省立两级师范学堂的基础上筹建“省立杭州师范学校”(今杭州师范大学前身)，聘请章颐年担任首任校长。此时他虽然担任中等师范学校校长，但浙江省教育厅仍破格给予教授待遇。担任省立杭州师范学校校长期间，章颐年积极倡导将心理健康知识应用到家庭与学校教育之中，并坚持“教育的目的，就是要造成一个完整的人格……心理卫生的目的，也是要人们的人格获得健全的发展。能对生活环境做正常的适应。所以教育和心理卫生有着一个共同的目标……良好的教育必须依据着心理卫生的原则，否则便不能尽教育的使命”的理念，努力将心理卫生的理念贯彻到教育实践之中。为此，他四处奔走，组建教育方面的专业学会，积极推进教育专业化的发展。1932年，章颐年作为浙江省中学教育研究会的发起人之一，任常务理事。1933年，在著名教育家庄泽宣的介绍下，他加入了成立于该年的中国教育学会。为了更好地从事心理学研究，章颐年于1934年7月辞去省立杭州师范学校校长职务，被大夏大学聘为心理学教授兼师范专修科主任，负责讲授心理学课程。1936年，章颐年在大夏大学教育学院创立全国为数不多的教育心理学系，并担任首任系主任。当时，大夏大学的教育心理学系在全国办得很有影响，我国著名心理学家张耀翔曾对此给予了很高评价。为此，教育部特拨款添置设备，扩充实验室。此外，章颐年还担任该校师范专修科主任，在负责讲授心理学课程的同时，指导学生选课和毕业论文。由于时局的影响，全国性学会在当时难以较好地发挥作用，在这种情况下，中央大学、大夏大学、燕京大学和清华大学等高校的心理学系相继成立校级心理学会。大夏大学心理学会由章颐年负责，附设心理诊察所，开展心理卫生方面的工作。1936 年 4 月，大夏大学心理学会创办心理学通俗杂志《心理季刊》，章颐年任主编。在 1934—1936 年期间，上海心理学界人士活动频繁，经常组织正式或非正式的学术会谈，他们主要由暨南、大夏、光华、复旦、沪江等大学教授组成。但这些活动苦于无正式组织，使活动的进一步开展面临诸多困难。于是在 1936 年 10 月份，由章颐年、张耀翔和章益等 14 人发起“上海心理学会”，该学会于 1937 年 1 月 10 日正式成立，比中国心理学会还早 14 天。由于当时具有心理学系的高校主要集中在北京、上海和南京一带，因此，上海心理学会的成立对于随后中国心理学会的成立具有重要推动作用。就在筹备上海心理学会期间，京沪等地学者发动组织“中国心理学会”，章颐年也是早期 32 位发起者之一。1937 年 1 月 24 日，中国心理学会在南京成立，章颐年被选为学会理事。在首次召开的理事会上，章颐年等 3 人担任第一届年会委员。后来由于七七事变爆发，学会活动被迫停止，第一届年会也因此被取消。1936 年，中国心理卫生协会在南京成立，章颐年作为发起人之一，任理事兼编译委员会委员。此外，他还担任中国测验学会的编译委员会委员。尽管后来因抗日战争的全面爆发，中国心理学会、中国心理卫生协会等学术团体的活动暂时中断，但是，章颐年凭个人的努力对我国多个心理学学术团体的建立起到重要的推动作用。

1937 年因抗日战争全面爆发，北京大学、清华大学和南开大学组成联合大学，奉令南迁。8 月，大夏大学、复旦大学组成第一联合大学，准备内迁。章颐年任复旦大学、大夏大学第一联合大学教育心理系主任兼师范专修科主任。12 月，第一联合大学西迁至江西庐山牯岭，后辗转至贵阳，章颐年留庐山处理善后事务。次年 8 月，在著名教育家孟宪承的介绍下，章颐年被广州中山大学聘为心理学教授，讲授心理卫生学。后广州失守，章颐年辞去中山大学教职。1939 年 6 月，章颐年前往贵阳大夏大学任教，并兼任教育学院院长之职，指导学生选课、毕业论文和学分审查。1940 年 9 月，章颐年重新回到上海暨南大学任教。次年太平洋战争爆发，日军入侵上海，暨南大学停办，章颐年转至大夏大学上海分校，继续担任教育学院院长之职。后因与大夏大学教务长鲁继曾不和，章颐年离开大夏大学。

此后，他曾一度担任杭州潮声月刊社主编。汪伪政府成立后，因其姐夫傅式说曾任伪浙江省政府主席和建设部部长，章颐年也曾担任杭州伪浙江省政府参事和南京伪建设部总务司长等职务。抗战胜利后，汪伪政府解散，章颐年赋闲在家。1947 年，傅式说被国民政府以汉奸罪处决。章颐年因担心受姐夫傅式说案牵连，改名为章仲子，在著名教育家黄敬思的帮助下，先后担任青岛中国石油公司、青岛齐鲁企业公司秘书。1949 年 4 月，因齐鲁企业公司迁往台湾，章仲子受上海联合国卫生组织之托，为上海商务印书馆编写结核病防治专刊，编著儿童及大众读物。1950 年，商务印书馆出版了章仲子的《詹天佑的故事》《李仪祉的故事》《鸦片战争》和《卡介苗》等读物。同年 7 月，商务印书馆迁入北京，世界卫生组织撤回，章仲子接替姐姐章慕君在上海人文中学的教职，担任高中语文教师，并于同年加入中国教育工会。

由于章仲子早年在心理学界影响较大，1951 年 2 月，章仲子在早年大夏大学同事、时就职于华东师范大学的张耀翔与杜佐周两位教授介绍下，前往位于兰州的西北师范学院（今西北师范大学）教育系任教，主要承担发展心理、青年心理和特殊儿童教育等课程的教学和研究工作。在教学中，他曾自制实验仪器，极大提高了学生的学习兴趣。

二、学术贡献

作为我国现代心理学奠基人之一，章颐年的学术贡献首先体现在他的心理卫生观和对心理卫生事业的开拓上。无论是在学术领域还是在应用领域，我国现代意义上的心理卫生运动是在西方的影响下发展起来的。尽管我国早在奴隶社会时期就有了心理健康的观念（比如台湾学者黄坚厚曾探索过蕴藏在“四书”中的心理健康观），在我国几千年的历史中，这种心理健康观念一直通过先哲的治心养性的思想得以表达，这种传统的心理卫生观念一直保持到 20 世纪初（比如在 19 世纪中叶，陆定圃在《冷庐医话》中专门谈论心理健康问题；20 世纪初，唐宗海通过注释《内经》，试图会通中西心理卫生思想之间的差别），但现代意义上的心理卫生运动却始于 20 世纪初，在西方心理卫生运动的影响下而发起的。西方的心理卫生运动开始于 19 世纪末 20 世纪初。美国学者比尔斯是这一运动的重要推动者。比尔斯曾因精神失常而在精神病院接受住院治疗三年，住院期间，他受到非人的待遇，目睹了病友们的各种痛苦。出院后，他立志终生投身于心理卫生事业，并将自己在精神病院的所见所闻写成了一本自传性的著作《自觉之心》。该书于1908年出版后，心理卫生事业受到著名心理学家及社会各界的支持。该年5月，比尔斯组织成立了世界上第一个心理卫生组织——“康涅狄格州心理卫生协会”。次年，在比尔斯等人的努力下，全美心理卫生委员会成立了，该委员会后来还创办了《心理卫生》杂志，采用多种方式普及心理卫生知识。1930年，在比尔斯等人的努力下，第一届国际心理卫生大会在美国华盛顿召开，国际心理卫生委员会由此成立。

章颐年在美国学习期间，正是美国心理卫生运动蓬勃发展之时。尽管他在美国主要接受的是实验心理学方面的训练，但最让他震撼的还是心理卫生运动给世界带来的巨大变化。为此，他曾在《心理卫生概论》中用了一章的篇幅介绍国外的心理卫生运动，并对比尔斯其人其事多有溢美之词。他将《自觉之心》视为一部“不朽的名著”，认为“比尔斯以一个人一本书的力量，首创这种伟大的运动，他对于人类的功绩，实在是值得敬佩的”。章颐年历数了比尔斯所获得的诸多荣誉，并说“但这些对于他的不可度量的伟大贡献，仅只是一点些微的酬谢”，“比尔斯的功绩，真不是几句话所能表示的”。的确，比尔斯对青年章颐年的影响是巨大的，这种巨大的影响，足以成为他在国内开展心理卫生运动的重要动力。事实上，章颐年回国后之所以极力推动心理卫生运动，至少有两方面的原因：首先是他对比尔斯其人其事的认同，其次才是他对心理卫生事业本身的重视。章颐年曾借卫生署长刘瑞恒之口表达了自己的感情，“我们现在所需要的是一个中国的比尔斯”，但他更相信，自己通过努力也可以成为比尔斯，“诚然，我们需要着如比尔斯一般坚强的意志与无休止的努力，但我们不能愚痴地等待着一个中国比尔斯的到来。每一个人都可以做比尔斯的！”从后来章颐年回国后的人生经历来看，他的确以中国的比尔斯自许，在中国，他“以一个人一本书的力量，首创这种伟大的运动”——中国的心理卫生运动：率先开设心理卫生课程，撰写第一部心理卫生领域的专著，发起中国心理卫生协会，创办期刊，组建儿童心理诊察所……正是在章颐年和一大批有志之士的共同努力下，中国的心理卫生事业逐渐发展起来。

早在20世纪20年代，在国内的《教育杂志》《学生杂志》等期刊上就开始零星出现谈论心理卫生的现实意义方面的论文，目前能看到最早的心理卫生论文是周尚于1923年发表于《教育杂志》的《问题儿童与心理卫生》。1930年，当国际第一届心理卫生会议召开的时候，会议的召开情况在《安徽教育》等杂志上被报道。后来吴南轩对国际心理卫生的发展状况进行了详细的介绍，可见国内已经开始关注国际的心理卫生运动的动向了。除报道国际心理卫生的发展状况之外，大批学者也专门撰文对开展心理卫生的必要性、心理卫生的范围与内容等基本理论问题展开探讨，比如陈宗仁的《心理卫生与心理学》、吴南轩的《心理卫生意义范围与重要性》、萧孝嵘的《心理卫生之基本原则》等。但总体而言，这时期对心理卫生的关注只涉及对国际心理卫生的发展状况的介绍、对心理卫生的基本理论问题进行讨论以及其与具体应用领域的关系。尽管张耀翔、吴南轩等人也于 20 世纪 30 年代初期在国内相关高校开展过心理卫生方面的专题讲座，但总体而言，这时专门的课程和专著并未出现，因此，系统的心理卫生的研究和教学并没有展开，而系统的展开则始于章颐年。章颐年于 1930 年回国后，即在上海暨南大学开设心理卫生课程，开启了近代国内心理卫生教育之先河。此后，国内大学陆续开设心埋卫生课程，如美国传教士夏仁德于 1932 年在燕京大学心理学系讲授心理卫生课程，吴南轩于 1932 年下学期在中央大学开设心理卫生课程（关于中央大学开设心理卫生课程的时间，尽管在许多资料中显示 1930 年前后，但通过查阅可靠资料，无论是中国心理卫生协会的工作汇报中，还是中央大学心理学课程表都显示是 1932 年），北京大学于 1935 年开设心理卫生课程。

章颐年的心理卫生课程的讲授内容是以在美国的学习内容并结合自己对现实的理解撰写的讲义，但后来由于“一·二八事变”爆发，章颐年离开暨南大学，讲稿也佚失。1935 年，当他重新在暨南大学和大夏大学同时开设这门课的时候，还因找不到一本专门论述心理卫生的教材而苦恼，足见当时国内心理卫生事业发展之缓慢以及撰写专著之迫切。为此，他在查阅大量资料的基础上，结合对早先讲义的回忆，写成了我国第一本心理卫生领域的专著《心理卫生概论》，该书于 1936 年由商务印书馆出版。

该书一经出版，即受到社会各界的关注，并被广为介绍。在这本书中，章颐年系统阐述了自己对心理卫生的理解。他在回顾国际心理卫生运动发展状况的基础上结合我国实际情况，提出心理疾病将造成巨大的社会、经济和精神损失，因此，尽快在国内开展以心理疾病预防为目的的心理卫生运动，迫在眉睫。为此，他认为心理的健康表现为人格的健全，并在国内首次提出了心理健康的标准：（1）像别人，即个体的心理与行为处于与大多数人相似的常态之中；（2）与年龄相符，即个体的身心发展要符合年龄特征；（3）能适应他人，即具备正常的社交能力；（4）快乐，能获得较多的积极体验；（5）统一的行为，即正常人的行为是一致的、完整的，而心理不健全的人的行为则是分裂的、矛盾的、互相冲突的；（6）适度的反应；（7）把握现实，能主动面对现实而不是逃避现实；（8）相当尊重他人的意见。确立了心理健康的标准之后，他开始讨论心理疾病的根源，认为健全的人格需要两个必备条件，即常态的天赋和适宜的环境。但遗传与环境的影响孰重孰轻历来是心理学家争论的焦点，在这一点上，章颐年认为，“健全的人格，小半由于遗传，大半由于环境所决定。一个天赋较劣的人，若能一直生长在适宜的环境中，仍然能获得健全的发展”。为此，他进一步提出，心理疾病来源于个体的幼年经历，将影响个体心理健康的因素从难以控制的先天遗传转移到便于控制的后天环境上。这一点构成了章颐年心理健康观的基石，正是在这里，他将教育的本质理解为健康人格的培养。于是，他系统地论述了破坏人格健康发展的力量和环境条件。章颐年认为，破坏人格健康的力量主要有三种，即怕惧、失败和冲突。因此，要预防心理疾病和维护人格的健全，就必须从导致这些力量产生的环境因素入手。导致这三种破坏力量的环境主要涉及家庭、学校、医院、司法部门和企业，而与这些部门息息相关的人，即是对人类人格健康影响较大的人，这包括父母、医生、教师、法官和企业家。但在这五个方面之中，他又特别强调家庭和学校对健全个人人格的重要意义，因为个体的人格主要形成于成年之前。在这段时间中，个体主要在家庭和学校中度过。因此，父母和教师就构成了健康个人与健全社会的基石。为此，家庭教育和学校的心理健康教育就构成了章颐年关注的重点。

章颐年的《心理卫生概论》作为我国近代第一本心理卫生方面的著作，对我国的心理卫生事业的发展产生了深远的影响。一方面，该书开启了以近代科学心理学的观点研究心理卫生之先河，此前尽管也有许多国人谈论心理卫生的著述，但自心理学作为独立学科在德国诞生以来，这是第一部以新心理学观点系统论述心理健康的专著；另一方面，该书在相当长的一段时间内保持“一枝独秀”的状态——在心理卫生领域，早期影响较大的著作主要有两本，即章颐年的《心理卫生概论》(1936) 和丁瓒的《心理卫生论丛》(1945)。事实上，《心理卫生概论》的历史影响是《心理卫生论丛》所无法企及的，这不仅表现在两本著作出版年代存在10年的时间差上（丁瓒于1932—1936年间在中央大学学习心理学，此时正值吴南轩在中央大学开设心理卫生课程之时，而吴南轩的课程开设尚晚于章颐年，因此毫无疑问，丁瓒在心理卫生领域也只是一个后生晚辈)，同时丁瓒的《心理卫生论丛》是一本汇集他13篇论文的论文集，因此严格地讲，它还算不上学术专著。而《心理卫生概论》则是近代以来第一部从科学心理学角度系统论述心理健康问题的学术专著，它不仅是“第一”，而且其权威地位一直持续至20世纪80年代之后。此外，自国内高校陆续开设心理卫生课程，特别是《心理卫生概论》出版之后，心理卫生作为心理学的应用领域逐渐受到学者们的关注。从1936年开始，关于心理卫生的文章陆续出现在相关刊物上。事实上，就在《心理卫生概论》出版的同一年，德国心理学家君克迩的《心理卫生丛谈》中文版由商务印书馆出版，但这本书主要涉及日常生活中的心理状态、心理治疗、教养方法、公共福利、个人的自我教育等心理健康问题，并未对心理卫生的发展历史、对象与内容等学科基本问题进行系统探讨，其影响也远远不如章颐年的《心理卫生概论》，这从《心理卫生概论》自1936年出版后几年连续重印这一事实中也能看出。

三、学术传播与应用推广

为了更好地让家庭和学校成为健全个人人格的环境，章颐年除开设心理卫生课程之外，还创立了大夏大学心理学会。从其所从事的活动来看，大夏大学心理学会不是从事严谨的学术活动的团体，而是一个活泼富有生气的学术推广团体。资料显示，大夏大学心理学会主要开展的活动包括辩论会、演讲会、实地考察、创办问题儿童心理诊察所及科普杂志等。在这些活动中，辩论的范围较为宽泛，旨在提高学生的综合素质。演讲主要包括通俗和学术两个方面，主要围绕着应用心理和心理卫生展开。由于大夏大学心理学会的影响较大，曾受上海市政府之邀，在上海市广播电台定期播出心理学方面的演讲，旨在更大范围内推广心理卫生方面的知识。此外，章颐年为了将理论与实践相结合，定期带领学会会员前往苏州精神病院和北桥普慈疗养院实地参观考察。不仅如此，学会在1935年9月创立了问题儿童心理诊察所，章颐年任所长，下设测验股、调查股和访问股，旨在对顽皮、愚笨、偷窃、自卑、恐惧等问题儿童进行诊断，并在可能的范围内予以适当的治疗与处置。心理诊察所的设置，是章颐年受全美心理卫生委员会的影响（全美心理卫生委员会于1922年设立儿童指导诊察所），但对我国心理卫生事业的开展而言，却具有开创性的意义——作为国内第一个心理诊察所，它开启了学校心理诊断与咨询之先河。此后，心理诊察所陆续在国内设立，比如中华慈幼协会于1936年秋在上海设立儿童心理诊察所，1939年有外国人在上海建立问题儿童诊察所，这无疑都是步章颐年之后尘了。

大夏大学心理学会的另一个开创性贡献在于，于1936年4月发行我国第一本心理科学的通俗刊物《心理季刊》。该刊以“应用心理学改进日常生活”为口号，认为“心理学的研究固然重要，但怎么样使一般人认识心理学，怎么样使大家应用心理学研究的结果改进日常的生活以及自己的事业，是一件更重大的事。所以，本刊极愿在大家的爱护之下，负担这一份重大的使命”。尽管该刊后因抗战爆发而停刊（大夏大学迁至贵阳后，大夏大学心理学会又在贵阳市革命日报副刊中办起了当时国内唯一的心理学刊物《新垒周刊》），前后只发行了六期，共载文 87 篇（包括译文 4 篇），但对于向大众推广心理学知识，却产生了不可估量的影响——它被张耀翔视为中国早期影响最大的三个心理学刊物之一，另外两个分别为艾伟主编的《心理半年刊》和陆志韦主编的《中国心理学报》——在这三个刊物中,《心理季刊》是唯一的通俗刊物。此外，由章颐年、张耀翔和章益等人发起的上海心理学会成立之后也举行了题为“心理与人生”的通俗讲座，每周一次，其主要内容也多涉及心理健康的维护，这对宣传心理健康的理念也具有重要意义。

另外，章颐年也是中国心理卫生协会的发起者之一。1936 年，在南京中央大学教育学院同人的努力下，章颐年等 32 位发起人向全国心理学界征求意见，筹备成立中国心理卫生协会，旨在“保持与促进国民之精神健康及防止国民之心理失常与疾病为唯一之目的，以研究心理卫生学术及推进心理卫生事业为唯一之工作”。1936 年 4 月 19 日，中国心理卫生协会在南京成立，通过通讯选举，章颐年被选为首届 35 位理事之一，兼任编译委员会委员。由此，我国第一个旨在促进国民心理健康的专业学术推广组织正式成立。1937 年因抗日战争全面爆发，协会活动被迫停止。尽管 1948 年协会曾召开过一次局部性的会议，但协会正式恢复活动则是在半个世纪以后。1985 年，中国心理卫生协会在山东泰安重新建立，心理卫生事业得以重新全面展开。尽管中国心理卫生协会的活动停滞近半个世纪之久，但其对推进中国心理卫生事业发展的影响则是深远的。试想在协会初创之时，时值国运乖蹇、物力维艰，章颐年等一大批有志之士，努力加强同人间的交流和探讨，大力传播心理健康的理念，这种精神对鼓舞今天的心理卫生事业的发展，是弥足珍贵的。

在学术传播方面，章颐年还积极推动各级心理学会的设立与发展。如前文所述，章颐年创立了大夏大学心理学会，并先后参与发起上海心理学会、中国心理学会和中国心理卫生协会，并成为这些重要学会的骨干力量。事实上，他是中国心理学会和中国心理卫生协会的缔造者之一（32 位早期发起者和学科奠基人之一），但由于后来抗战全面爆发，这些学会的活动被迫中断。而待学会活动于解放后重新恢复之时，章颐年又调离上海。由于历史原因，章颐年后期未能继续参与国内心理学会的建设工作，但他作为早期奠基者之一，其功勋是不容磨灭的。此外，他还积极参与以推广应用心理学知识为目的的教育学会。比如，他曾发起浙江省中等教育学会，并任常务理事。

另外，他也是中国心理测验学会的早期骨干之一，并担任该学会编译委员会委员。由此可见，章颐年为我国心理学学术团体的建设和心理学思想的传播作出了重要贡献。

此外，他还创办了心理学的通俗刊物《心理季刊》和《新垒周刊》。在20世纪初我国心理学学科创立之初，先后有好几种心理学刊物创刊后又停刊。如在1940年之前的有《心理》(1922—1926)、《心理学半年刊》(1934—1937)、《心理与教育》(1935)、《心理教育实验专篇》(1934—1939)、《心理教育研究》(1936)。由于时局不稳，当时的学术刊物很难持续办下去，而正是这些断断续续出现的刊物，将心理学这门学科延续了下来，将那个时代的心理学研究成果和思想延续了下来。由章颐年创办的《心理季刊》就是这些刊物中的一种。就在该刊创办一年多之后，抗日战争的全面爆发使得大夏大学历经至庐山最后到达贵阳的内迁。到贵阳之后，因刊物未能复刊，大夏大学心理学会于1938年4月2日假借贵阳市革命日报副刊，办起了延续大夏心理学之传统的《新垒周刊》。除创办刊物外，章颐年在《心理季刊》《教育季刊》《金陵光》《幼儿教育》《教与学》等杂志上发表心理学的科普文章多篇，对加强心理学的日常应用起到极大推动作用。

在学术传播方面，章颐年另一个重要贡献表现在他充分发挥归国学者的优势，积极介绍国外心理学的研究进展。早在还是金陵大学一名学生的时候，他就撰文介绍行为主义心理学，并结合勒庞、麦独孤和奥尔波特等人的观点对群体心理提出了自己的理解，认为由于群体中人的思想趋于一致，因而人在群体中即失去自己的个性。留学归来以后，他又撰文介绍完形心理学派、试误说、构造心理学派等国外心理学派的思想进展。此外，他还经常介绍国外著作和文章，比如他曾在《儿童教育》杂志上介绍美国新近出版的三部儿童心理健康方面的著作《健康童年》《快乐童年》和《忙碌童年》。如前文所述，由于章颐年一直坚持认为成年之前的人生经历对于此后的健全人格具有重要影响，而个体幼年主要是在家庭和学校度过的，于是他特别强调家庭教育和学校教育对个体的心理健康的决定性意义。他认为，一个人在成为父母之前必须经历专门的训练，因为父母对儿童的教养是儿童心理健康的基石。他对时下大部分人仅仅认为以供给衣食住行即尽到父母的责任的观念进行了批评，认为养育子女是一件比成为医生、教师和牧师等专业人士更加高级的事业，但事实上，人们似乎更注重后者。于是他大声疾呼，呼吁人们不仅要爱自己的子女，更要懂得如何去“爱”，那就是给予“贤明的教训”。认为应该将做父母的知识和技能，设置成专门的科目，列入各级学校的课程之内。并建议将学校中的抽象科目减少一些，多加些实用的“父母学”。他断言这对未来给人类带来的贡献，必然会超过算术、国语和史地方面知识的传授。

这些观点在近百年后的今天看来，依然不过时。因为当时章颐年所见到的问题，现今依然存在。人们更加重视获得一种具体职业的培训，而很少有人接受如何成为父母方面的培训，而这种对如何做父母方面的培训的缺乏，依然是儿童时期及成年后心理健康问题的主要根源。在学校教育与心理健康关系方面，他依据心理健康原理，认为心理卫生的观念应该贯彻到所有的学校教育中，因为教育的目的不仅仅在于知识的传授，更在于健全人格的培养。为了完成这个目标，他提出了特殊教育对维护学生心理健康的重要意义，并提供了一系列解决措施。此外，他还认为学校不应该仅仅是提供知识教育的场所，更应该关注学生的适应情况，因而建议实行“访问教师”制度，以负责学生、学校和家长三方面情况的沟通，以促进学生健康成长。

此外，他还强调师资的训练（为此，他曾在《大夏周报》上发表《今后之师范专修科》来讨论这个问题）、学生的升学和就业指导等对个体心理发展的影响，通过具体的诸多措施，来切实有效地提高全民心理健康。这些积极的心理卫生观念，章颐年不仅用于课堂教学，并将它们贯彻在自己的工作之中，比如在他担任杭州师范学校校长期间，就曾发起中学教育研究会，试图在中学教育中有效贯彻他的心理卫生理念，同时他还发表大量关于家庭教育和学校教育方面的文章，如《怎样教导子女》《心理卫生与儿童训导》《慈幼教育：慈幼教育经验谭》《心理卫生在学校及家庭中的应用》《一封致父母的信》和《问题儿童的心理卫生》等，以有效宣传并推行他的心理健康观。

四、教育与机构建设

除心理卫生之外，章颐年对我国科学心理学的建制建设也有着重要贡献，这些贡献主要表现在如下两个方面：

其一，章颐年作为早期从事心理学研究的留美归国学者，长期致力于心理学的教学和研究，并在大夏大学组建教育心理学系，极大推动了科学心理学的发展。我国自古以来只有心理学思想而没有心理学学科。19世纪末，心理学作为一个独立学科在德国诞生。20世纪初，随着越来越多的青年学者留学归来，逐渐将西方的新心理学传入国内，于是，心理学逐渐开始在国内发展。1920年，南京高等师范学校成立了我国大学中的第一个心理学系，这对心理学学科在国内的发展而言，是一件开创性的事件。在此后的30年中，由于国家饱受兵燹之苦，心理学的发展十分缓慢。在解放前，全国仅东南大学、中央大学、北京大学、清华大学、燕京大学、辅仁大学、北京师范大学、大夏大学、复旦大学、暨南大学、沪江大学、浙江大学、金陵大学等十余所高校建立了心理学系。在这为数不多的心理学系中，由章颐年创立的大夏大学教育心理学系在全国颇有影响，被誉为“民国八大心理学系”之一。早在大夏大学1924年成立之初，教育科就设有教育心理学组。1936年，大夏大学在教育学院下设立教育心理学系，章颐年任首任系主任。大夏大学教育心理学系曾名师云集，著名心理学家张耀翔、陈一百、董任坚、陈选善、黄觉民等先后在此任教。由于当时教育心理学系办得有声有色，教育部拨专款添置心理学实验室设备，并增设动物心理实验室和心理仪器制作室。在学术研究方面，教育心理学系开展了动物心理研究、心理测验研究并自制心理实验仪器。心理仪器制作室或自行设计，或模仿国外仪器，制作的仪器坚固耐用，价格低廉，并转为其他大学制作实验仪器。此外，大夏大学心理学会和《心理季刊》都挂靠在教育心理学系，因此心理学会的活动都属于系活动的一部分，而教育心理学系在章颐年的努力下发展壮大，使得大夏的教育科学在国内影响很大，被誉为“东方的哥伦比亚”。

其二，奠基西北地区心理学学科。章颐年于1951年2月起在西北师范学院从事心理学教学科研工作，直到他去世为止，前后长达近10年时间，而这10年正是西北心理学学科从无到有的草创期间，因此章颐年无疑是西北心理学学科的奠基人之一。西北师范学院是我国西北地区最早从事心理学教学与科研的院校，它的前身是北平师范大学，后因抗战爆发西迁，组成国立西北师范学院。1940年，西北师范学院迁往兰州。早在1951年，西北师范学院教育系就下设心理学教研组，专门从事心理学的教学和研究工作。但当时非常缺乏这方面的专业人才，像章颐年这样接受过系统的心理学培养的高学历人才更是难得，他自然成为学科骨干。到兰州后，章颐年不仅从事心理学的专业课教学，而且将他早年在大夏大学自制心理学实验仪器的经验重新发挥。在助教郭雅仙和张世清的帮助下，制造了一些简易的心理学仪器辅助教学，极大提高了学生的学习兴趣。此外，在专业教科书极其缺乏的情况下，他曾编写《心理学大事年表》（西北师范学院心理学教研组，1957年），以供心理学史教学和研究使用。他还经常向兰州广播电台等媒体撰写心理学通俗文稿，以推广心理学的应用。在今天国内心理学界占有重要学术地位的西北师范大学的心理学学科，也是为数不多具有心理学院建制和心理学博士培养资格的单位，在立足西北的艰苦环境中，能有今天的成就，章颐年作为西北心理学学科开创者的贡献不容抹杀。

五、结语

章颐年是中国第一个积极推进心理卫生事业之人：他率先在国内大学中开设心理卫生课程，撰写了第一部心理卫生方面的专著，首次提出了心理健康的标准，创立了国内第一个心理诊察所，创办了第一本心理学通俗期刊，参与发起了我国第一个全国性的心理卫生协会。不仅如此，他在大夏大学成立了教育心理学系，创立的大夏大学心理学会则主要以促进心理健康为主要内容，组织多样的活动，积极践行自己的心理卫生理念。作为我国心理卫生的开拓者，章颐年无愧于“中国的比尔斯”之称。

（作者：舒跃育）

参考资料

[1] 姚本先.学校心理健康教育新论［M］.北京：高等教育出版社，2010.

[2] 章颐年.心理卫生概论［M］.北京：东方出版社，2013.

[3] 胡延峰.留美学者章颐年与大夏大学心理学会［J］.徐州师范大学学报（哲学社会科学版），2009，35（1）：5-8+41.

[4] 杨鑫辉.心理学通史：第二卷［M］.济南：山东教育出版社，2000.

[5] 周尚.问题儿童与心理卫生［J］.教育杂志，1923（9）.

[6] 陈宗仁.心理卫生与心理学［J］.清华周刊，1932（10-11）.

[7] 吴南轩.心理卫生意义范围与重要性［J］.教育丛刊，1934（1）.

[8] 高觉敷.中国心理学史［M］.北京：人民教育出版社，1985.

[9] 侯怀银，李艳莉.大夏大学教育系科的发展及启示［J］.华东师范大学学报（教育科学版），2011，（29）（3）：82-90.

卢于道

（1906—1985）

卢于道
与中国神经科学之发蒙启蔽

1910 年到 1955 年之间，行为主义挣扎于心理学与神经科学犬牙交错的“风暴眼”之中，美国心理学界重新开始反思“心灵”“意识”“自由意志”在神经系统所处的地位等笛卡儿时代以降的身心问题。20 世纪初期的神经外科的发展为探索人类大脑的奥秘提供了一个强劲有力的新手段。行为主义的鼻祖与精神领袖约翰·布鲁德斯·华生在 20 世纪 20 年代后期开始将心理学从生物学中剥离出来，认为大脑不可近触且反应难测，他的关注焦点从中枢神经系统转向外周神经系统，从大脑转移至机体的感觉和运动器官。华生认为，有机体感觉和运动器官可以对外部环境的刺激呈现直观的反应动作，而将刺激的反应归因于中枢神经系统则无异于依靠内省法来研究意识内容。

作为华生的高足，卡尔·斯宾塞·拉什利沿袭着前者早期在心理研究中重视生物学的理念，这导致拉什利与华生后期行为主义观在认识论上存在最本质的差异。拉什利指出华生只关注机体反应而忽视了大脑与意识之于心理学的重要性，“他对生理器官的行为解释不为纯心灵留一点空隙，意识等同行为，再没有其他内涵了”。为了妥善应对身心问题，拉什利进一步指出，生理学与心理学之间的关系并非截然二分的，“没有生理学的支撑，行为学可以独行但举步维艰，究其原因乃心理学的解释原则具有生理学的学科性质，且心理学与生理学之间缺乏鲜明的分割线”。为探究身心问题，拉什利通过连接脑功能模式与行为模式之间的关系进而来弥合生理学与心理学之间的关系，其中对这一想法最为深入的检验便是他通过破坏白鼠大脑皮层不同区域来观测白鼠行为，进而评估白鼠的学习能力。然而值得注意的是，拉什利的整合工作似乎迈向了另一个极端，他将意识简单地视为大脑，坚信不存在无形的灵魂，完全用神经元和化学物质解释思想和感觉。他直言，“意识内容的要素就是对刺激的反应过程，并且无论是简单的断头动物的脊髓反射还是复杂的人类适应性活动，它们的基本机制中并不存在任何差异”。因此，很显然，拉什利这种秉持“动物实验在人类实验上具有适用性”的认识仍然带有强烈的行为主义烙印。

几乎同一时期，神经学作为一门新兴的生理学分支，神经学研究者也开始对身心问题产生浓厚的兴趣。美国芝加哥大学神经解剖学系的比较神经学家查尔斯·贾德森·赫里克支持并接纳拉什利整合心理学与生理学的理念，他指出："因为人是一种动物，因为他的'精神'能力确实是一种生命过程，那么心理学必然与生物学紧密相关。"与拉什利将意识还原为大脑不同，赫里克指出人类的部分意识经验不具有还原性，"但这不意味意识经验法则与我们经验的那些东西相一致。事实上，它们明显不一样。每个组织水平都有自己的独特的属性，其中一些意识经验不能被还原到那些较低的水平之上"。拉什利的意识还原倾向忽视了人类与动物之间的鸿沟，而赫里克则鲜明地指出了人类与动物之间的差异，"大脑皮层之上有一种特别的心灵，它凸显了皮层联系中心的功能，这使得人类行为区别于禽兽——具有特别深远的意义"。赫里克强调低等动物和高等动物在学习方式上存在着差异，"人类不等同于白鼠……人比白鼠更庞大也更优秀"。赫里克进一步指出这种差异研究的意义与价值，"此外，对低等动物和高等动物的行为分析只有一种意义指向，就是将意识视作动物进化中一种积极的生物因素而不是将其作为没有因果关系的副现象"。这种立场凸显了心灵在生物进化之中的重要性——"心灵是进化中所有进步因素中最重要的因素"。

彼时，来自中国的青年学者卢于道接受了赫里克的理论与实践训练后，提出要透过脑研究聚焦精神活动。为了探究身心问题，卢于道开始了融合神经科学与心理学的辗转式研究计划，这些研究工作包括：(1) 不稳定细胞研究。关于观测大脑半球的生长趋势和生长阶段探索脑的个体发展，寻觅不稳定细胞以解释人类高阶心理领域；(2) 心理的进化研究。关于从低级哺乳动物至高级哺乳动物的大脑种系进化进而勘测心理进化的存在形式；(3) 智力的生理结构研究。关于从大脑的神经细胞结构模型比较中西方的人脑智力。作为舶来学科，虽然这些心理学与神经科学的研究工作伴随神州大地上的烽燹而动荡沉浮，但却并未掩盖其成为世界近现代心理学史与神经科学史上的一抹亮色。

一、学术生平

1906 年 1 月 9 日，卢于道出生于浙江东部沿海一个富饶的鱼米之乡——鄞县（远古时期堇山周围人口聚居，遂于"堇"字加"邑"而成鄞县。今属宁波）。卢于道之父常年奔波于湖北省汉口、樊城、老河口等地邮局，任通达消息往来的邮务员一职，月收入优裕，子嗣衣食无虞。卢于道的童年时光是在鄞县度过的，他发蒙于北隅小学，启智于澄衷中学——近代上海第一所中国人创办的新式学堂，在这里他接受了扎实的基础教育，培养了真挚的爱国情怀，汲取了“诚朴”校训的内蕴。

1921年起，卢于道前往南京东南大学（后改名国立中央大学）修习心理学和生物学，并于1926年获得理学学士学位。20世纪20年代末，正值中国首批心理学与生物学先驱留学归国任教，青年时期的卢于道相继邂逅了以陆志韦、秉志、陈鹤琴、郭任远与艾伟等为代表的第一批年轻导师，并受到这些年轻学者的思想熏陶。陆志韦首次在国内介绍巴甫洛夫学说，引进西方现代心理学的理论和方法，卢于道第一次真切地感知巴甫洛夫和美国行为主义等学派的魅力。秉志训练卢于道在动物学理论和实践研究方面的能力，他提出“捐出入之见，大无类之教，宏奖诱掖，无微不至，从之者如归，而生物学始昌大矣”，让卢于道萌发了通过学习神经学再回来研究精神现象的念头。1925年，卢于道选择转向生物学。

1926年，卢于道毕业后考取了浙江省政府设立的公费留学基金，赴美国芝加哥大学医学院解剖科学习，师从赫里克。在赫里克的悉心指导下，卢于道掌握了高超、娴熟的大脑切片技术，并开启了从脑的种系进化与个体发展入手探索精神现象学的学术生涯。1929年，卢于道完成了题为《北美负鼠前脑的投射纤维》的博士论文，并借此顺利获得了芝加哥大学哲学博士学位。在赫里克的引荐之下，卢于道将博士论文拆分为《北美负鼠的前脑（第一部分大体解剖学）》和《北美负鼠的前脑（第二部分组织学）》两部分，分别于1930年至1931年间发表于《比较神经学杂志》第51卷和52卷，并由此获得了由洛克菲勒基金会提供的2万美元基金。从芝加哥大学获取博士学位后，年仅24岁的卢于道回到了祖国，当即被国立中央大学医学院（上海医科大学的前身）聘为副教授，主讲实验解剖学课程，为编纂《神经解剖学》积累了经验。1931年至1940年期间，卢于道在中国现代心理学第一个全国性最高学术研究机构——中央研究院心理研究所担任研究员。1933年著名生理心理学家汪敬熙担任所长之际，研究所开始侧重神经生理学的研究，特别注重心理现象的生理基础研究，尤其是神经解剖学和神经生理学基础。这为卢于道的研究工作提供了相对优越的平台。在这里卢于道开始了一段高效且富有创造力的时光，主要开展了以下三个方面的工作：（1）怒叫中枢的研究。卢于道与朱鹤年合作研究延脑和中脑对血压的调节时，发现刺激麻醉动物的延脑和中脑上的某些部位，动物会产生尖叫反应，是当年国际上最早观察到后来被进一步证实的关于中脑存在“怒叫中枢”的先驱研究。（2）神经细胞与脑结构研究。关注大脑皮层的生后发展、大脑皮层生后髓鞘的发展、大脑皮层神经细胞中核酸的研究、中西方人脑差异比较。(3) 编纂《解剖神经学》。该书系统介绍了人体中枢神经系统结构与功能，也是我国近现代首部有关人体神经系统解剖学的教科书，对推动我国生理心理学发展具有深远的意义。

1937 年日本侵华战争全面爆发后，卢于道随中央研究院心理研究所辗转颠簸于长沙、衡山、桂林、贵阳和重庆等地。至 1941 年春，卢于道曾短暂任贵阳湘雅医学院教授，担任神经解剖学的授课教师。1941 年秋，卢于道抵达重庆北碚，受中国科学社负责人、中美教育文化基金会秘书长任鸿隽的委托，任中国科学社生物所教授，兼任中国科学社代理总干事和《科学》主编。国难时期，科学社发展情形江河日下，卢于道受命于危难之际，肩负着支撑科学社发展的重任。同时，他在研究工作上依旧保持着不竭的研究热情，主持开展了不同等级的哺乳动物大脑上的端脑、膈脑等脑区结构的横向比较研究。1942 年，卢于道凭借在中国科学社生物研究所期间解剖黄鼠狼、狸猫、豹及大熊猫等动物的脑所累积的经验，著成《脑之进化》，获得国家自然科学二等奖。1942 年 7 月 1 日，卢于道任《科学》编辑委员会的主编并着手《科学》复刊。1942 年秋，卢于道被内迁至重庆的复旦大学聘请为教授，于复旦大学开始漫长的教学生涯。他相继于 1942—1946 年、1949—1951 年兼任生物系主任，1949—1952 年兼任理学院院长，1953—1957 年兼任研究生部主任，1953—1985 年兼任人体及动物生理教研室主任职务。1953 年，复旦生物系相继成立八个专业，至 1954 年卢于道与孙宗彭在系内共同建立了人体与动物生理专业。

伴随着新中国的建立，卢于道开始更多地参与学会机构建设与科学普及工作。在学会建设上，自 1947 年中国动物学会恢复活动后，卢于道被常务理事会推选为司选委员。1947 年 7 月在上海，卢于道任中国解剖学会重建后第一届理事会理事长。1950 年，卢于道成为筹备重建中国心理学会的 15 位负责人之一，同年 5 月，卢于道与吴定良、欧阳翥、刘咸等人在杭州发起并组织中国人类学会。1958 年 4 月底，卢于道被推选为负责进行自然辩证法研究会筹备工作的 13 人之一。在科学普及上，卢于道的科普工作围绕上海市科学技术普及协会（简称上海科普）这个平台展开。1950 年 11 月，上海科普筹委会成立，卢于道任主任委员。1952 年 1 月，上海科普正式成立，卢于道任主任委员。1954 年 8 月，在上海科普举行的第一次代表大会上，卢于道被选举为主席。1958 年 11 月 20 日至 23 日，上海市科学技术工作会议和上海市科学技术协会成立大会举行，卢于道被选举为副主席。

卢于道在复旦大学利用有限的实验条件开展了一系列研究工作。例如，1957 年，卢于道将大熊猫与猫、狗的大脑相比较观测，因大熊猫脑和熊脑相似度极高而将熊猫归入熊类；并对猫、狸猫、熊、大熊猫大脑半球上的嗅脑、额叶、顶叶、颞叶、枕叶做差异比较。1966 年，卢于道和王伯扬合作研究了延脑血压中枢的刺激效应规律以及刺激延脑网状结构的加压反应。1979 年 6 月，在五届全国人大二次会议上，卢于道与当时任职于中国科学院上海生理研究所的张香桐教授联名提出在中国科学院筹建脑研究机构的提案，并获大会通过。1980 年，经国务院批准，中国科学院上海脑研究所于上海成立，这标志着我国脑科学研究迈入崭新阶段。1985 年 8 月 4 日，卢于道因脑血栓在上海逝世。

二、学术贡献

1. 探索脑的个体发展以解释人类高阶心理

1929 年，卢于道于国际顶级解剖学杂志《解剖学年鉴》发表《人类大脑皮质在个体发育形成时其各层的机能》，旨在通过人脑解剖呈现人类胚胎在大脑皮层形成时的不同阶段各层的机能，从而考察学习、思维与推理等高阶心理活动在大脑皮层上真正的运行过程。卢于道指出，当时神经学家为了将心理归因为大脑皮层活动而搭建的理论，包括传导性功能说、大脑功能定位说及任一神经元刻板运动说，都无法充分而有效地回答大脑皮层之上人类的心理状态或真实运动。例如，大脑功能定位说认为每个大脑皮层区域只负责一种功能。卢于道一针见血地指出大脑功能定位说的缺陷："(1) 每个脑区都有使脑区无法独立运作的联合和联想纤维，所谓的大脑皮层定位的功能只不过是初级感觉和运动功能而非真正存在于大脑皮层上的心理活动。(2) 当神经传入冲动进入大脑皮层时，皮层的功能不是以单个区域起作用而是所有区域一同发生作用的，那么真正的心理活动并不是固着于某一处皮层。"与此不同，任一神经元刻板运动说则认为任一类型的细胞或者每一种细胞都有其功能且固定不变。针对这一理论，卢于道提出，我们应当期待在大脑皮层上的大多数细胞的功能是不稳定并且不是完全被使用的，这些细胞主要是承担高级心理活动。为此，卢于道开始着眼于解剖脑的个体发展，寻找不稳定细胞，揭秘人类高级心理活动。

探索脑的个体发展的首要任务是采用严苛而缜密的解剖技术，结合测量和观察手段，来获取大脑半球的生长趋势和生长阶段，包括细致而完善地描述人类胚胎从大脑半球外突至成人皮质层形成阶段的人类大脑皮层状况，继而描绘皮质区的分化。探索脑的个体发展的终极目标是借助大脑半球的生长趋势和生长阶段明悉高级心理活动在大脑皮层上的运作过程。其中，功能不稳定细胞的假说是实现高级心理活动的潜在神经解剖学基础，大脑各皮层的生长情况则是不稳定型细胞或者相比其他细胞富有胚胎潜力的细胞存在的具体实现途径。卢于道结合解剖学数据分析，将个体大脑皮层生长发育分为三个阶段：前分化期（皮层厚度约 3.1mm—19.0mm 时）、分化期（神经节带出现，从皮层厚度约 20.0mm 到生长期四月时）、层压期（皮质生长至四月开始形成六皮层后）。前分化期只有两种皮层：基质和缘带，这两种皮层分化为分化期的四种皮层。分化期区分了四种皮层：缘带、神经节带、中间带、基质带。各皮层上细胞形状、大小、密度等都存在差异，且中间带上下两部分细胞存在差异，又分为 a 部分和 b 部分。层压期按照布罗德曼对皮质区的命名可分成六种皮层，分别为一、二、三、四、五、六皮层。从分化期到层压期的各皮层生长变化情况为：分化期的缘带发展为第一皮层，神经节带则分化为第二、第三、第四皮层，中间带 a 部分分化为第五、第六皮层，中间带 b 部分和基质带则共同形成胶质层，在层压期间六种皮层也继续处于生长演化之中，第一、第二、第五和第六皮层依旧细胞生长为原皮层，而第二皮层可能为第二和第三皮层提供生长细胞，第四皮层则可能为第三、第四和第五皮层提供生长细胞。

卢于道特别关注了按照布罗德曼命名的第二和第四皮层（或者称为外部和内部颗粒层）的功能。他认为以颗粒细胞为主的第二和第四皮层是锥体细胞为主的第三和第五细胞的基质，它们相较于第三和第五皮层更富有潜力。考虑到第二皮层和第四皮层更符合不稳定细胞的特质，并结合当时学者的理论研究，卢于道对此做出翔实的讨论和论证。第一，卢于道援引胚胎学家康克林和罗伯逊的研究，核－胞质比例越大则越具有发展潜力，卢于道认为第二和第四皮层的颗粒细胞比第三和第五皮层的椎体细胞核－胞质比例更大，因而更富有发展潜力。但第二和第四皮层的颗粒细胞与第三和第五皮层的椎体细胞的核－胞质比例数据通过量性测量获得具有极其大的难度，卢于道只提供了初步的观察判断。第二，卢于道汲取了罗伯逊的论点，细胞潜在的细胞形态学复杂性与生理分化程度呈相反趋势，这意味着在形态复杂性这方面并不固化的细胞对刺激会产生更强的生理潜能。鉴于颗粒细胞已形成的形态复杂性的固化较椎体细胞要轻微，因而卢于道直接指出颗粒细胞能为有潜力或高阶的心理活动负责。第三，依据埃科诺莫提及的皮质要素上的“椎体状”能使第二和第四皮层发展至具有颗粒类型的第三和第五皮层，再进一步发展到颗粒皮层。第二和第三皮层，第四和第五、第三皮层间的界限模糊也间接证实了这种可能的存在。第四，埃利斯和犬饲发现在人脑和鼠脑中的浦肯野细胞随着年龄的增长而消失，这从侧面佐证了结构复杂的细胞若已发育成熟就会缺失发展潜力，卢于道由此推测第二和第四皮层的颗粒细胞比第三和第五皮层的椎体细胞更有反应和成长的潜力。第五，卢于道认同阿万特·胡格的主张——“第四皮层是第三皮层的基质”。胡格通过比较解剖学研究来支持这一论点，即低级哺乳动物中负责联系的第二和第三皮层并不存在明显的界限，在高等哺乳动物中也存在类似的现象。第六，卢于道关于人类大脑皮层上不同皮层的个体发展的研究在上述猜测基础上有进一步发展，即第二和第四皮层具有将细胞供给第三和第五皮层的潜力。

2. 从脑的种系进化探索心理的进化

生理心理学是由生理学家查尔斯·卢瑟·赫里克在 1891 年于《比较神经学与心理学杂志》上首次提出，认为生理心理学是旨在整合神经系统、行为和立足于胚胎学、解剖学、心理学、生理学与哲学观点之上的心理学分支。查尔斯·贾德森·赫里克继承了胞兄的上述整合观，并试图采用解剖两栖动物的大脑的具体方法以达到找出动物智能高低的神经基础的目的。卢于道赞同通过研究动物脑来探索精神现象的科学性，并提出这种研究方法具有两重意义：“第一种意义是以形态学为出发点……脑为动物身上器官之一，并为身上各种器官之中最重要者。我们要知道动物形态的全部，绝不可忽略脑这一部分……第二重意义是以心理学为出发点……而精神现象之主宰者即是脑。下等动物和高等动物之精神现象相差很远。至于人类，能创造文化，非但和鸟类、蛙类相差很远，即和猿猴亦不可以道里计。”

从“负鼠前脑研究”拓展到“哺乳动物脑研究”，再到“神经细胞内的化学成分”，卢于道从脑的种系进化入手，开辟了三条探赜意识进化的研究路径。第一条路径是沿着赫里克探索脊椎动物脑解剖的路线。通过解剖北美负鼠，卢于道细致地分析了负鼠前脑上细胞结构和纤维系统的特征。赫里克曾开展过有关两栖类和爬行类动物的前脑形态学的大量工作，“关于前脑形态学的贡献，我已经汇集了两栖动物和爬行动物在胚胎期和成年期大脑的某些特征用以说明此模式的简单性”。卢于道的负鼠前脑研究是对赫里克关于前脑结构在哺乳动物心理进化上扮演重要角色的系统深化。卢于道以负鼠为哺乳动物代表的神经解剖学研究完善和修正了物种大脑进化与前脑形态变化的相关模型。然而，正如赫里克指出的：“呈现关于脊椎动物大脑半球的基本形态特征的清晰而透彻的图像是一项困难的工作……也必须承认，直到最近，大量的观察依旧顽固地排斥这种相关性，并且艰巨工作之下所获得的形态学成果也极其微薄。”至于选择以北美负鼠作为哺乳动物的代表，卢于道进行了多方面的思考：“(1) 负鼠在多种层面上均是两栖动物的过渡目标，是一种真正意义上的哺乳动物；(2) 负鼠大脑是简单有序的哺乳动物大脑，一些复杂的结构远比其他任何可以研究的高级哺乳动物大脑结构更为完整；(3) 在有袋目哺乳动物中，北美负鼠处于袋鼠的原始物种和高度分化形态（如袋鼠）的中间位置。”

为了进一步深入考察脑的种系进化对于心理活动的影响，卢于道选择的第二种路径是哺乳动物脑研究。为此，他将研究对象拓展到了蝙蝠、刺猬、鼹鼠、白鼠、兔、穿山甲、猫、狗、猴和人等哺乳动物的大脑，希望从脑内神经细胞的结构模型中追溯大脑从爬行动物到高级哺乳动物的过渡状态。一方面，卢于道进一步完善了对前脑进化轨迹的探索。例如，副脑上腺是位于横帆之前的前脑顶腺之一，一直被视为存在于低级脊椎动物中，同时哺乳类动物（袋鼠、老鼠、兔子、狗、猫、羊、人）胚胎期也有些微痕迹，这些痕迹至成年则消失不见。令人惊讶的是，塞伦卡在成年袋鼠脑上发现了副脑上腺。为了核验副脑上腺在哺乳类动物中的存在及进化痕迹，卢于道于各哺乳动物（蝙蝠、刺猬、鼹鼠、白鼠、兔、穿山甲、猫、狗、猴和人）的海马交叉后部、第三脑室前部的一堆细胞中观测出其显微组织属于腺体性质，辨认为萎缩退化的腺状体。另一方面，卢于道从前脑转向选择端脑比较其在不同等级的哺乳动物中的种系发展。膈脑作为端脑中唯一不随哺乳动物等级进化而更迭的部分，纹杏复合体同样也属于在大脑皮层中发展相对滞后部分，卢于道将这两个特殊部分作为研究的切入点，澄清了随着哺乳类动物的等级进化，膈脑随之缩小，纹杏复合体（除了屏状核）愈为分化。此外，海马结构的演化也引起了卢于道的兴趣。1966 年，卢于道对哺乳类（小白鼠、兔子、猫和猴）脑的海马结构进行了详尽的解剖研究，他发现海马结构在种系发展过程之中变化不大。其生物学意义源于海马结构负责内脏（即机体的基本生命活动）调整机能，而新皮层负责适应对外环境，由于对外环境比内脏环境更为多变，因而在种系发展之中海马结构的演化并不显著。这种研究模式反映出卢于道尝试从脑结构种系进化的角度考察脑与认知功能演变的认识论立场，即“脑的结构在种系发展中得来的（相对）稳定形式，亦应当反映了机能活动。机能活动促进了脑结构的形成，而形成的结构又制约了机能活动”。

除上述两条路径外，卢于道还独辟蹊径，提出了第三条研究路径。他从种系发生学的视角来摸索神经细胞内的化学成分与心理进化之间的关系，他假想这种研究能探明“智慧中心”的存在形式。因此，他通过显微化学分析了核酸或核蛋白质，发现了核酸或者核蛋白随着细胞发达度、动物进化等级、细胞衰老度而变迁。他专注于常态神经细胞和特型神经细胞的研究，并归纳出这两类细胞内的化学成分随细胞发达度、动物进化等级、细胞衰老度的变迁规律：“(1) 常态神经细胞核酸的分布与细胞的类型之间呈现出反比例关系，细胞体内越发达，核内核酸越少。”“(2) 从低等脊椎动物到高级哺乳动物随着皮质结构的发展其细胞核中核酸分布存在差异，高等脊椎动物新皮层上具备六种类型的细胞核，而下等脊椎动物只有第三及第六种细胞核。”“(3) 特型细胞中（如浦肯野细胞，核酸，核蛋白复合物）的酸部分既存在于年轻细胞的细胞核内，也存在于一些年老细胞的细胞核外，并且从年轻阶段到衰老阶段，细胞化学模型分布的变化可以分为六个发展阶段，特别是在衰老阶段，会产生五种退行变化：细胞核固缩、细胞核的限制、细胞质的网络形成和扩散、细胞质的空泡、细胞核仁的收缩。”

3. 中西方人脑结构的差异比较研究

中西方人脑的比较研究开始于 1924 年，中国学者王君和荷兰学者阿伦斯·卡珀斯共同发表了一篇论文《人脑顶叶和颞叶部分特征及其形态学意义》，着重指出了人脑的月状沟与猴脑的月状沟形似而将人脑月状沟视作人类残存的不发达的“猿”沟，以及月状沟的消失意味着人类大脑角区更为发达。本文拉开了 20 世纪早期国际体质人类学和神经解剖学领域内有关中西方人脑结构差异的争论的序幕。

1926 年，在大脑的形态比较研究领域有所成就的香港大学解剖学教授约瑟夫·莱克斯登·谢尔希尔，以极具种族歧视的挑衅口吻加剧了这一议题的争论。谢尔希尔依据月状沟在中国人脑出现频次高于西方人脑，因此认为中国人脑逊色于西方人脑。他在《中国人的大脑枕叶上的特例——月状沟》一文中指出：“(1) 中国人脑显示枕叶上的月状沟在原始状态的大脑中更频繁出现；(2) 中国人脑似乎更为原始，即中国人的枕区比埃及人脑更接近类人猿的大脑。”1934 年 7 月 30 日至 8 月 4 日期间，在英国伦敦的第一届国际人类学和民族学大会上，谢尔希尔以一种更为极端的论点宣称：“中国人脑有猴沟，曲如弯月，与猩猩相近，进化不如白人高等。”

为了回应与驳斥中国人脑劣于欧洲人脑的学术观点，论证中国人脑与欧洲人脑在解剖结构上并无差距，卢于道以人脑四沟（额叶上的上额沟、顶叶上的顶内沟、颞叶上的上颞沟和月状沟）为研究对象，以神经解剖数据为支撑，有力地挑战了欧洲人脑更优秀的论调。针对这场争论的焦点——关于月状沟研究，卢于道补充了谢尔希尔并未观测的其他种族（如黑种人等）的月状沟出现率，再次验证了中国人的人脑枕叶出现月状沟的频次和百分数高于白人和黑人，“余亦曾略计月状沟之数，中国人约有60%，白人约有37%，黑人约有42%：此沟在中国人脑上百分数之高，确无可讳言”。尽管根据解剖数据所获得研究结果与谢尔希尔是一致的，但卢于道依旧不认可以谢尔希尔为代表的西方学者提出的观点，即中国人脑月状沟高频出现更近类人猿脑也更落后于西方人脑。因而卢于道采取了“驳论—立论”两步走的策略。首先，他提供了一个反例——“胎儿个体的大脑中并未出现月状沟”——来否定谢尔希尔的结论。着眼于胎儿的大脑，也是卢于道人脑研究之中领先于谢尔希尔之处，他不仅仅根据静态的神经解剖结构特征来判定人脑的智慧等级，更是依据脑个体发展的动态数据来分析上述特征出现的动因。其次，卢于道提出了一些严谨而不失大胆的假说来重新解释这种特殊现象，包括中国人视觉区高度发达假说、中国人脑顶区膨大以至脑沟纵深说、中国人半脑纵向直径短矮说。这些假说从侧面暗示了月状沟出现频率高不仅并不意味着一种进化上的劣势，相反，它很可能是一种优势。

关于其他人脑三沟的解剖与观测上，卢于道的研究比较清晰地呈现各人种脑沟的间断（discontinuous）或者继续行（continuous）的比例数据并观测到一些不同人种较为突出的特征，中国人的颞沟多继续行而白人多间断，黑人的额沟相较于其他两人种少继续行而多间断。卢于道认为，根据神经解剖结构来判定人脑的智慧是一种粗率鲁莽的学术态度，“沟的间断是属于进化抑或是退化，是一个尚未明确的问题，根据沟的继续或间断来确定人种的优劣之法的可行性尚待商榷”。这一观点严肃地质疑了谢尔希尔之于月状沟出现频次判定人脑优劣的评定方式。卢于道还从细胞结构模型层面对中西方人脑进行比较，挑战了谢尔希尔的研究结论。比如说，对中国人脑和欧洲人脑依照埃科诺莫和克斯吉纳斯的分区，切片观察其额叶、顶叶、颞叶和岛叶上的重要皮层区，每区又用染细胞及染纤维方法染色，再观察其细胞组型及纤维组型。由细胞组型的切片再量得皮层的厚度，各层（皮层共分六层）的厚薄及细胞密度、细胞大小等，再与埃科诺莫的结果相比较，再次论证中国人脑与欧洲人脑并无显著差异。

三、评价

自华生开创行为主义流派起，行为主义者眼中的心理学是纯粹的行为科学，将心灵排除在科学研究的对象之外是心理学迈向自然科学的必然选择。然而，这种彻底的自然主义观却使得行为主义陷于身心二元论的囹圄。就连华生的学生和亲密合作伙伴拉什利都绝不承认自己是华生所定义的行为主义，他无论如何都无法接受身心二元论。“行为主义出路何在”是华生之后的诸多早期行为主义学者深存心中的困惑。为此，拉什利试图从神经学中获取有关身心关系的新的灵感。无独有偶，神经学在 20 世纪初也出现了主动关注心理学及身心关系的倾向。虽然“回避‘古老的身心问题’充满着致命的诱惑力”，但当时的神经科学家们必须去面对这个艰险的挑战。这是因为“关于心灵如何与大脑建立关系的问题以及它在意识之上的表达具有古老血统和持续复杂性，以至于在 20 世纪的神经科学中不去尝试更新是不合适的。一个特别紧迫的事实是，这么多杰出的神经科学家已经注意到这个令人生畏的挑战”。这一设想最早可以追溯至赫里克胞兄主张“通过神经系统的比较学研究将神经解剖学嵌入心理学之中”。

然而，针对拉什利提出无论从最简单的行为到最复杂的思想过程都要完全使用生物学、化学等领域的语言来表达的立场，赫里克认为这无疑又走向了矫枉过正。他期许存在着高于大脑之外无法还原的意识经验。卢于道接受了赫里克的言传身教，从解剖大脑结构入手，融合神经科学与心理学以探索身心问题。

首先，卢于道探索了智慧中心在人脑之中的存在形式，并试图研究负责高级心理活动的不稳定细胞。透过与个体发展研究为链接精神现象及其神经基础，提供了一条不同于常规模式的独特路径。他的系列研究以脑的个体发展作为起点，以某一种神经细胞为探索对象，依照解剖数据及同一时期权威学者的研究结果，创造性地预见了第二、第四皮层为高等心理活动承担着重要的职能。已有研究显示，在第二、第四皮层中所含有的这种不稳定细胞可以视为当前医学研究中的神经干细胞的思想原型之一。祖细胞可以转变为颗粒细胞层，椎体神经元是由移植的神经干细胞转变而成的。卢于道提出以颗粒细胞为主的第二、第四皮层能发展为以椎体细胞为主的第一、第三皮层的原理，虽与当前科学成果相悖，但其所蕴含的科学内核——存在一种可以转变为其他细胞的细胞，在当时是站在神经学巅峰之上的大胆前瞻。此外，在卢于道于 1929 年发表的有关人类大脑皮质在个体发育形成时其各层的机能研究成果中，他敏锐地关注到了英国神经生理学家阿德里安等开展的工作，并判断出后者的研究重点是发现了神经元动作电位的“全或无”。凭借这项研究，阿德里安和谢灵顿一起分享了 1932 年诺贝尔生理学或医学奖。卢于道准确地捕捉到了这项研究的价值，并希望沿袭布罗德曼的道路，基于神经解剖学去研究信息传递的物质基础，这充分反映了当时他开展的研究完全处于国际顶尖水准之上。

其次，从比较各等级动物大脑的种系发展探索心理的进化。一方面，按照当时已经达成的神经学共识，低级哺乳动物大脑中的神经细胞及其内部的化学成分上的一些高度发展的部位却在高级哺乳动物上出现退化或者不发育。芝加哥大学解剖学系有袋目哺乳动物前脑解剖研究是当时该领域的前沿研究，卢于道的北美负鼠解剖也是芝加哥大学解剖学系工作的核心组成部分。对于卢于道开展的研究，赫里克毫不掩饰对爱徒工作的称赞："我们已经到达了一个临界点，前脑形态的有效关联已经开始形成，在个体物种间扑朔迷离又兼具复杂性的细节特征内，我们极有可能看到令人震惊的连续而精简的模型。"另一方面，卢于道延续赫里克从低等动物到高等动物的大脑解剖，从比较神经学的路径找寻动物智能高低的神经基础，他的三路径探索体现了他对智慧内涵的独特思考，即动物脑在进化之中智慧是以何种形式存在，究竟是神经细胞的机构模型还是神经细胞体的化学成分。

最后，解剖中西方人脑并从神经细胞结构上初步证明了种族之间不存在智力差异，驳斥西方学者将在中国人脑中高频出现的且形似猿猴月状沟的人脑月状沟视作脑之落后标记，重新立论月状沟在中国人脑上频次高发极有可能是中国人脑之优异特征。一方面，卢于道的工作否定了中国人脑不如西方人脑这种简单粗暴的论断，他使人脑的比较研究脱离了人种优劣论的深渊，为人类学研究提供了有价值的参考。另一方面，上述工作使得人脑研究在视野上实现了从简单、片面、表层向复杂、系统、深度的转换，从最初依据神经系统固定结构特征的静态分析来衡量人种智慧的优劣，转向从大脑种系进化和个体发展的动态演化来审视人类智慧的起源。

综上，卢于道在 20 世纪三四十年代开展的上述研究工作系统地推进了赫里克的学术主张，以神经科学家的身份回应了拉什利的观点。这些成果不仅达到了当时国际一流的水准，更为重要的是，上述研究的开展为推动新生的神经科学在中国这一当时拥有世界五分之一人口的文明古国的发展起到了发蒙启蔽的作用。对此，中国植物分类学的奠基人胡先骕先生评价道："生物学发轫虽稍迟，而以从事者众，进步之速，有非一般社会所能臆及者。如……欧阳翥、卢于道二位先生之于神经学……皆已世界知名矣。"

（作者：钱燕燕　陈巍　郭本禹　文生俊）

参考资料

[1] 约翰·华生. 行为主义 [M]. 李维，译. 北京：北京大学出版社，2012.

[2] 杨鑫辉. 心理学通史：第二卷 [M]. 济南：山东教育出版社，2000.

[3] 卢于道. 神经解剖学自序 [J]. 国风半月刊，1932，(4)：51-52.

[4] 卢于道，王伯扬. 延脑血压中枢的刺激效应规律 [J]. 复旦学报(自然科学学报)，1959，(1)：139-143.

[5] 卢于道，唐仲良. 论海马的动力结构 [J]. 解剖学通报，1966，(2)：25-38.

用元素改变世界：

近代化学的奠基者

- 贝采利乌斯
- 李比希
- 费歇尔
- 维尔纳
- 哈伯
- 朗缪尔
- 施陶丁格
- 鲍林

约恩斯·雅各布·贝采利乌斯

（Jöns Jacob Berzelius，1779—1848）

贝采利乌斯
一代化学大师

斯堪的纳维亚山脉像一座巨大的屏风，从斯堪的纳维亚半岛西南绵延至东北，挡住了大西洋的暖风，使瑞典王国的土地略显寒意。山脉南侧是起伏的丘陵、冰凌湖和茂密的森林。与地上的情况相反，它的地下埋藏着数不尽的由熔融岩浆喷发而形成的矿藏。到 17 世纪，瑞典已靠着丰富的地下资源而跻身于欧洲强国之列。在 1740 年，瑞典就提供了全欧洲铁产量的 40%。采矿业和冶金业的发展把瑞典的化学和矿物分析推进到了一个很高的水平，一大批出类拔萃的化学家脱颖而出。本文的主人公约恩斯·雅各布·贝采利乌斯就是瑞典化学家中的巨星。他是奠定现代化学基础的伟大人物之一。

一、从孤儿到化学家

贝采利乌斯于 1779 年 8 月 20 日生于东约特兰省林雪平。在他 4 岁时父亲去世，两年后母亲改嫁给埃克马克牧师。埃克马克已有 5 个子女，新家庭的成员一共是 10 个人。不幸的是贝采利乌斯的母亲两年后病故了。他的继父第三次结婚。继母又带来几个孩子，不久她就发现这个家太大了，于是打发贝采利乌斯到他舅舅家去生活。贝采利乌斯成了真正的孤儿。舅妈将外甥视作外人，这使贝采利乌斯特别悲愤，他后来写道："这一次给我留下这样的印象，以致后来有人向我提起孩子们的幸福时我都不能和他们分享快乐的记忆。"

1793 年，贝采利乌斯进入林雪平高级中学。1794 年的寒假来临了，为了逃避回家和顺便挣一点儿钱，他到一个地主家去当家庭教师。他在那儿羁留整整一年，到 1795 年才回到学校。这时，一个刚从西印度群岛回来的自然史教师引导他读林耐的著作，这培养起他对自然科学的热爱。

1796 年，他考入古老的乌普萨拉大学医学系。家中很少给他寄钱来，这使得他常常囊空如洗。为了挣得学习期间的生活费，他不得不中途辍学去当家庭教师。这期间他学习了法语、德语和英语。这些语言知识使贝采利乌斯日后能用多种文字进行科学研究和写作。

1798 年，他获得了一笔为期 3 年的助学金，这使他得以重返学校继续学习。在这一年，他开始学习化学。当时接替贝格曼教授的是他外甥阿夫塞柳斯，阿夫塞柳斯仍然教燃素化学。化学助教就是后来发现新元素钽的埃克贝里。贝采利乌斯的第一个实验是点燃硫化铁，原计划做一周，但他几小时就做完了。他研读了德国化学家吉坦纳尔的《反燃素化学基础原理》。这是一部通俗易懂的教科书。它介绍了新的反燃素学说的观念。贝采利乌斯利用一切机会做他想做的实验，或者重复文献中的实验。

1799 年暑假，贝采利乌斯到瓦斯泰纳的一家药房做助手。他向一位意大利技师学得了一手绝妙的吹制玻璃的技术。这项技术奠定了他日后实验室工作的基础。1800 年夏天，他在一家温泉疗养院做医师斯文·赫丁的助手时，分析了矿泉水，并以此写了第一篇学术论文。他将这篇论文交给阿夫塞柳斯教授，以便转给瑞典皇家科学院发表。3 年后科学院秘书才把这篇论文退给他，并在上面批示："科学院不使用新化学名词。"

1802 年，贝采利乌斯通过了关于对动物机体影响的论文答辩，获得医学博士学位。在斯文·赫丁推荐下他被任命为斯德哥尔摩医学院医学和药学无薪讲师。这所学校主要训练军医。贝采利乌斯可以自由地进行研究，却无法养活自己。他唯一的收入来自做斯德哥尔摩贫民区市医的报酬，每年薪水 66 泰勒。为了增加收入，他和一个德国教授合伙生产矿泉水，但销路寥寥。他们又开办醋酸厂，结果遭到惨败。当他们负债累累时，那位教授却跑到俄国去了，给贝采利乌斯留下 1000 泰勒的债务。这笔债务使青年化学家足足还了 10 年。

1807 年医学院的教授去世了，贝采利乌斯被任命为化学和药学教授，年薪 166 泰勒。这时瑞典王国参加了反拿破仑战争，大批军士被送进学校接受医护训练，工作十分紧张，政府不得不给教授们发双薪。贝采利乌斯也被派以调查硝石生产的任务。1810 年医学院改成了卡罗琳外科医学院，教职工的薪水都提高了。

有了稳定的收入，贝采利乌斯放弃了贫民区市医的兼职工作，专心致力于科学研究和教学。贝采利乌斯开始作为真正的化学家而工作了。

二、提出电化学二元论

当贝采利乌斯进入乌普萨拉大学时，燃素化学与反燃素化学之间的论战已经结束。大批燃素化学家已退出了舞台：贝克曼和舍勒已先后谢世，普里斯特利只身去了美国，卡文迪许已到克拉法姆公地去安享晚年。随着拉瓦锡被处决，反燃素化学家失去了强有力的领袖。那些跟拉瓦锡一起建立新理论的化学家大多转入了实际工作中。化学进入了一个相对平静的时期。

到了1800年，化学界获得了一个强有力的刺激，这就是电。这一年5月，英国科学家尼科尔森利用刚发明的伏打电堆电解水，第一次利用电流实现了化学反应。

贝采利乌斯在1800年做斯文·赫丁的助手时就对伏打电堆产生了兴趣。他选取“电对各种疾病患者的作用”为博士论文题目。在获知尼科尔森的发现后他又做了很多电解实验。在斯德哥尔摩医学院做无薪讲师时，贝采利乌斯就结识了希辛格。希辛格家境富裕，拥有好几座矿山，在矿物学和化学上颇有贡献，后被封为男爵。希辛格还是专门研究电现象的伽伐尼学会的领导人，该学会拥有瑞典最大的电堆。由于贝采利乌斯生活拮据，希辛格就留他在家中居住。此后几年中他们进行了富有成效的合作。

1803年，希辛格和贝采利乌斯联名发表了《关于酸、盐、碱的电解研究》一文，公布了他们用电流作用于钠盐、钾盐、铵盐和钙盐的结果。他们发现，所有的盐都被电解，氧、酸[1]和被氧化的物质在正极聚集，而可燃物质、碱[2]和碱土在负极聚集。在这项研究中，贝采利乌斯的电化学理论已经初露端倪。

1807年，英国化学家戴维发现，将两块能起化学反应的物质，如硫和铜绝缘后相互接触将带两种相反的电荷，由此提出“接触电”学说。认为电动势起源于接触，而化学变化则使电动势复原。

贝采利乌斯进一步认为，接触不是元素产生电荷的根本原因，电性是元素的固有性质。他随后发表了许多论文，表达了化学过程和电过程是不可分离的，燃烧是一种电化学现象，以及最小的粒子可以被极化这样一些观点。

---

1 当时的酸是现在的酸酐。

2 当时的碱是现在的金属氧化物。

1812年，贝采利乌斯应贝托莱邀请访问巴黎，不料反拿破仑战事再起，他只好转道到了英国。戴维热情地接待了贝采利乌斯，他们讨论电化学，相互有不少启发。但是他们的友谊只保持了一年多，就因为贝采利乌斯对戴维的《化学哲学原理》有所批评而中止了。

1812年，贝采利乌斯发表一篇文章，勾画了他的电化学二元论的轮廓。但是作为一个完整的、具有深远影响的理论，电化学二元论的提出应以贝采利乌斯在1814年用瑞典文出版的《电的化学作用和化学比例理论》一书为标志。该书在1819年由他本人译成法文，1820年由布洛德译成德文。所以电化学二元论从19世纪20年代以后才真正在化学界确立了它的统治地位。

贝采利乌斯的电化学二元论是拉瓦锡二元论的发展。拉瓦锡把酸看成是一个基团与氧的化合物。戴维证明碱是金属与氧的化合物。贝采利乌斯完成了二元论，认为在所有情况下盐都是酸和碱的化合物。电化学二元论的精髓可由他本人的话解释如下："原子含有两种类型的电，它们在原子的两端，但是一种类型是占统治地位的。亲和力是由于粒子的电极化效应。这样，所有的化合物都由两部分组成，这两部分电本性不同，由于相互吸引联系在一起。所以，所有的化合物都可以分成带相反电荷的两部分，而不考虑组成化合物的元素的数目。"

和拉瓦锡的观点一脉相承，在贝采利乌斯的电化学二元论中氧占有一个特别重要的地位。贝采利乌斯把氧作为电负性最强的元素，如果某种元素和氧产生碱，这种元素就是电正性的，也就是金属；如果某种元素和氧产生酸，这种元素就是电负性的，也就是非金属；两类元素的分界线就是氢。根据实验，贝采利乌斯按电负性减弱、电正性增强的次序排定了49个元素的电化序[1]：

O，S，N，Cl，F，P，Se，As，Mo，Cr，W，B，C，Sb，Te，Ta，Ti，Si，Os，H，Au，Ir，Rh，Pt，Pd，Hg，Ag，Cu，Ni，Co，Bi，Sn，Zr，Pb，Ce，U，Fe，Cd，Zn，Mn，Al，Yb，Be，Mg，Ca，Sr，Ba，Na，K

贝采利乌斯认为，化合物带相反电荷的两部分很难有严格的中和，所以化合物本身也是带电的。

贝采利乌斯对燃烧的解释是："在一切化学相互作用中都要进行相互电荷的中和，

1　贝采利乌斯对元素的电化序进行过多次补充和调整。这一排序原载于布洛德的德文本。其中有几个元素符号与现在不一样，已改正。

这个中和是以一种如同莱顿瓶、电池或电闪的放电那样的方式引起闪燃，尽管在后几种现象中闪燃不伴随着化学的相互作用。”

为了解释电解现象，贝采利乌斯采用了法国物理学家迪费在1737年提出的“双电流理论”：电分为“正电流质”和“负电流质”。电化学二元论认为，当盐被电流分解时，负电流质和盐的正电部分相结合，而正电流质和盐的负电部分相结合，这样便维持了电中性。当电不存在的时候，盐的正电部分和负电部分相互中和。

由于电化学二元论解释了大多数无机化学现象，所以它很快为大多数化学家所接受，在19世纪20年代末达到了高峰。贝采利乌斯根据电化学二元论写出的化学式也是他测定原子量和进行化学分类的基础。1814年，他根据电化学二元论对矿物进行了分类。他把所有的岩石都看成是由正电性的金属氧化物与负电性的“硅石”按1∶1、1∶2、1∶3的比例结合而成的，因此把所有矿物都看成是由各种氧化物按一定比例结合而成的，就成为贝采利乌斯矿物分类的基本原则。1836年，贝采利乌斯因提出矿物分类体系而获得英国皇家学会颁发的科普利奖章。

到了19世纪40年代，电化学二元论在解释有机化学现象方面碰到了很大的困难，逐渐为化学家所抛弃。但是它的影响是随处可见的。德国化学家凯库勒在1877年就任大学校长时曾这样说道：“说到那些制约原子化合的力量的性质，那么，有实效的假说至今还没有人提出过。伟大的贝采利乌斯天才地发展了的、数十年来一直被认为能导致对化学事实的满意解释以及导致这些事实与物理现象结合的电化学理论，原来是有缺点的。很显然，在以后的时期中，科学的发展将会回到它上面去，那时它将会以更新的形式同样结出自己的果实。”这个果实就是贝采利乌斯的同胞阿伦尼乌斯在1887年提出的电离理论。

三、为巩固和发展原子学说而斗争

当贝采利乌斯和希辛格开始他们的合作时，贝采利乌斯了解到德国化学家里希特在1792年提出了当量定律。贝采利乌斯认为“里希特的著作很有价值”“他确定的自然规律一定正确，我觉得这是十分明显的”。同时，贝采利乌斯也注意到法国化学家普鲁斯特和贝托莱就定比定律所进行的论战。贝采利乌斯决定用矿物分析来验证这些有关化合量的定律。

1803年，贝采利乌斯和希辛格从后者的一处铁矿的一块矿石中分离出一种土质，他们根据意大利天文学家皮亚齐在1801年发现的一颗小行星谷神星（Ceres）而把这种土质叫作铈土（ceria），称其中的新元素叫作铈（Cerium）。

当他们把发现报告寄给格伦要求发表时却遭到拒绝，原因是后者刚收到老资格的化学家克拉普罗特内容相同的报告。贝采利乌斯只好把报告寄给尼科尔森发表。虽然贝采利乌斯和希辛格的报告比克拉普罗特发表得晚，但他们测定的各项数据却更精确。鉴于这次教训，贝采利乌斯和希辛格决定办一个瑞典文刊物《物理、化学和矿物学丛刊》，这个刊物从1806年出刊，一直延续到1818年。贝采利乌斯的早期论文有不少就发表在这个刊物上。同时，他开始编写瑞典文版《化学教科书》，其第一卷在1808年出版。这一年，他成为瑞典皇家科学院院士。

1809年，贝采利乌斯了解到道尔顿的原子学说以及渥拉斯顿证实倍比定律的实验。1810年和1811年他分别用瑞典文和德文发表文章，提出各种氧化物服从倍比定律的大量例证。他写道："我终于知道了道尔顿关于化合量的多样性观点和渥拉斯顿证实的这些观点的结果，同时我在自己积累的分析结果中发现了许多东西能出色地论证这个观点，这样我就不能不把这些发现也包括到我的研究中去。这样一来，原本只是涉及一小部分化合量的实验就不知不觉地转变为对这个问题的全面研究，这是我开始根本没有想到的。"

但是贝采利乌斯很快就看到，道尔顿用以测定原子量的实验材料不足。贝采利乌斯清楚地认识到，原子学说的发展缺乏必要数量的可靠的实验数据，于是他着手更大规模地分析各种化合物，他认为："首先应当以最大精确度测出尽可能多的元素的原子量……不这样，化学理论所望眼欲穿的白昼就不会紧跟着它的朝霞而出现。"

贝采利乌斯认为有必要为各国化学家提供通用的化学名称和化学符号。1811年用法文在《物理学报》发表的文章中、1812年用瑞典文在《瑞典皇家科学院通报》发表的文章中以及用德文在《吉尔伯特年鉴》发表的文章中，他均提出用拉丁语添加适当的前缀和后缀来命名无机化合物。贝采利乌斯命名法是拉瓦锡命名法的进一步发展，是现代化学命名法的基础。1813年，他在《汤姆森年鉴》中建议用每一种元素的拉丁文名称开头的字母来表示该元素并代表一个原子，再辅助以阿拉伯数字来表示该元素在化合物中的原子数。虽然道尔顿认为贝采利乌斯的符号糟透了，但由于这套符号具有显而易见的优越性而很快被采用，到今天仍然是化学家须臾不可缺少的工具。

1814年，贝采利乌斯在《汤姆森年鉴》和《物理、化学和矿物学丛刊》同时发表第一个原子量表，共包括41种元素。1818年，在瑞典文版《化学教科书》第三卷中发表第二个原子量表，共包括45种元素，部分见表1。他还根据电化学二元论给出了他分析的2000多种化合物的化学式。对于气体物质，他采用了盖－吕萨克气体化合体积定律来求原子量。对于固体金属和非金属，他根据其氧化物来求原子量[1]。

表1 1818年和1826年贝采利乌斯所依据的氧化物化学式和他测定的部分原子量

元素名称	1818年		1826年		原子量现代值
	氧化物化学式	原子量	氧化物化学式	原子量	
O	—	16	—	16	16
S	SO_2，SO_3	32.19	SO_2，SO_3	32.19	32.06
P	PO_3，PO_5	31.88×2	P_2O_3，P_2O_5	31.38	30.97
Cl	—	—	—	35.41	35.45
C	CO，CO_2	12.05	CO，CO_2	12.23	12.01
N	—	14.05	N_2O，NO	14.16	14.01
H	H_2O	0.995	H_2O	0.998	1.008
As	AsO_3，AsO_5	75.26×2	As_2O_3，As_2O_5	75.21	74.92
Cr	CrO_3，CrO_6	56.29×2	Cr_2O_3，CrO_3	56.29	52.0
Si	SiO_3	31.62×3/2	SiO_3	29.58×3/2	28.09
Hg	HgO，HgO_2	202.5×2	Hg_2O，HgO	202.5	200.6
Ag	AgO_2	108.12×4	AgO	108.12×2	107.88
Cu	CuO，CuO_2	63.31×2	Cu_2O，CuO	66.31	63.55
Bi	BiO_2	189.2×3/2	Bi_2O_3	212.80	209.0
Pb	PbO_2，PbO_3	207.12×2	PbO，Pb_2O_3	207.12	207.2
Sn	SnO_2，SnO_4	117.6×2	SnO，SnO_2	117.84	118.7
Fe	FeO_2，FeO_3	54.27×2	FeO，Fe_2O_3	54.27	55.85

1 贝采利乌斯将氧原子量定为100作为标准，现已换算成以氧原子量为16作为标准。原子量也写成真实原子量的倍数形式以资比较。

续表

元素名称	1818年		1826年		原子量现代值
	氧化物化学式	原子量	氧化物化学式	原子量	
Zn	ZnO_2	64.52×2	ZnO	64.51	65.38
Mn	MnO_2，MnO_3	56.92×2	MnO，Mn_2O_3	56.92	54.94
Al	AlO_3	27.38×2	Al_2O_3	27.38	26.98
Mg	MgO_2	25.33×2	MgO	25.33	24.31
Ca	CaO_2	40.96×2	CaO	40.96	40.08
Na	NaO_2	23.27×4	NaO	23.27×2	22.99
K	KO_2	39.19×4	KO	39.19×2	39.10

贝采利乌斯认为一切强碱都具有 RO_2（R 代表金属元素）的形式，所以他采用了 AgO_2、MgO_2、CaO_2、NaO_2、KO_2 等化学式，结果所测出的 Ca、Mg 的原子量是现在的 2 倍，Ag、Na、K 的原子量是现在的 4 倍。

1819 年，有两个重要的发现后来被贝采利乌斯用来修正原子量：一个是德国化学家密切利希发现的类质同晶定律，另一个是法国物理学家杜隆和珀蒂所发现的原子热容定律。

1826 年，贝采利乌斯再次发表修正了的原子量表，共 50 种元素，部分见表 1。由于大多数金属氧化物都获得了正确的化学式，所以 Ca、Mg 等原子量都被减半。这以后，贝采利乌斯的原子量系统中差不多没有什么原则性错误了。在这位化学大师逝世前所知的 54 种元素中，只有硼、硅、钒、铍、锆、铀、铈、钇和钍还没有获得正确的原子量。正确的原子量为原子学说打下了坚实的基础，没有这个基础，化学科学就不可能向前发展。

四、伟大的理论家与实验家

贝采利乌斯在测定原子量方面的成就是无与伦比的，这一方面是基于他对理论的透彻理解，另一方面则是基于他极其高明的实验技术。他的许多分析数据与今天的值比较起来只有千分之几的误差！如果我们考虑到贝采利乌斯的工作条件，那么，这一点就更使人赞叹了。

在贝采利乌斯开始测定原子量时，瑞典几乎没有什么化学试剂出售，一切都要亲自动手制造。化学家甚至必须用岩盐和硫酸来制取分析用的盐酸，因为市售盐酸的浓度太低了。1808年，整个瑞典只有一只铂坩埚，还是希辛格的。后来，贝采利乌斯从德国一个药房订购了三只瓷坩埚，但最后他自己仅获得了其中的一只。他没有助手，也不依靠学生，原子量的测定几乎全部由他一人完成！

贝采利乌斯在分析中不断提出新的方法，引入新的化学试剂，制造新的仪器，终于把贝格曼时代以来的分析化学提高到一个很高的水平。

贝采利乌斯在《化学教科书》第三卷中增加了一个附录，按字母顺序排列了当时所用的主要仪器，并对其使用方法作了详细的说明。他首先列出了洗瓶、各种漏斗、木滤架、水浴装置、连接玻璃仪器的橡皮管等。如果我们把拉瓦锡的《化学基本教程》书末所附的仪器图和贝采利乌斯《化学教科书》中的附图比较一下就可以看出，拉瓦锡的仪器好像是古董店中的展品，而贝采利乌斯的仪器就是现代实验室中的挂图。

在贝采利乌斯所使用的分析方法中，特别重要的一种就是吹管分析[1]。这种始于克劳斯塔得的方法，在贝采利乌斯手中发展到最高峰。1820年，贝采利乌斯总结这种方法并用瑞典文写成的《关于化学和矿物学研究中吹管的使用》一书出版。此书还有德译本、法译本和英译本。

要详细介绍贝采利乌斯对元素分析的贡献在我们这篇传记中显得既琐碎又不可能，但有一个例子可以使我们窥见他的分析才能之一斑。在元素周期表中，第Ⅷ族中的铂系元素共6种，总是以共生态存在。由于它们彼此性质很相似，所以铂系元素的分离一直是技术上的一大难题。1827年，贝采利乌斯在收到俄国乌拉尔地区的铂矿石后，以极其巧妙的办法把铂的伴生物铑、钯、锇、铱（当时钌尚未发现）彼此分离开来，并测定了它们的原子量，得出了它们氧化物的盐。

贝采利乌斯用他的分析成果不断充实着无机化学知识的宝库。19世纪初，由于勒布朗制碱法得到推广，硫酸需求量大增。1808年，在甘恩邀请下，贝采利乌斯以及另一个化学家埃格尔兹共同买下了一家硫酸厂。1818年，贝采利乌斯和甘恩从生产硫酸

1 方法是这样：将固体试样（有时另加试剂）放在木炭的凹穴中，用玻璃管吹火焰灼烧使试样还原或炭化，根据所发生的现象如颜色、气味等可鉴定某些元素或化合物的存在。

的铅室的红色沉淀中分离出一种新元素，贝采利乌斯把它命名为硒（Selenium）。这家硫酸厂在1826年关闭，贝采利乌斯又蒙受了一次财产损失，但他认为这个损失不能与发现硒的业绩相比。

贝采利乌斯还发现了几种新元素。自拉瓦锡以来，化学家就相信硅石是一种氧化物。1811年，盖－吕萨克用金属钾和四氟化硅反应制得一种红褐色粉末，他未敢肯定这就是单质硅。1823年，贝采利乌斯重复了盖－吕萨克的实验，同时又用金属钾小粒与硅氟酸钾混合加热的方法制取了灰色粉状的无定形硅，从而确认了硅元素的存在。

1828年，贝采利乌斯从挪威西南部一个岛上获得了一块比重很大的矿物，他怀疑其中含有一种不知名金属的氧化物，于是把这种未知金属命名为钍。1829年，贝采利乌斯把钾和氟化钍钾的混合物加热获得了一种金属，宣布了钍的诞生。

在贝采利乌斯的指导和参与下，他的学生也发现了两种新元素：锂和钒。随后贝采利乌斯测定了锂的性质和原子量。

金属钒是塞夫斯特穆发现的。他早年就读于卡罗琳外科医学院，是贝采利乌斯的得意学生。发现钒这年塞夫斯特穆已是矿物学院的教授了。1830年，塞夫斯特穆研究瑞典斯马兰地区的铁矿时发现一种黑色颗粒，他认为这是一种新元素的氧化物，并把该元素命名为钒。他把这种黑色颗粒带到贝采利乌斯那里共同研究。他们一起做了3个星期的实验，试图将杂质从氧化钒中分离出去并找出分离氧化钒的方法。后来塞夫斯特穆回依尔斯波老家了，贝采利乌斯便一个人把实验做下去，直至分离出一种灰色粉末[1]。但贝采利乌斯要塞夫斯特穆把它提交给瑞典皇家科学院，以使塞夫斯特穆可以独享发现的名誉。

化学作为一门实验科学，不但需要有人设计出理论大厦，而且需要更多的人在实验室做添砖加瓦的工作。贝采利乌斯就是这样的理论大师和实验大师。

五、著作等身，弟子如云

当贝采利乌斯还在斯德哥尔摩医学院做无薪讲师时，唯一可用的瑞典文教科书就是加多林的《化学教程》，这本书基本上是拉瓦锡《化学基本教程》的编译本，许多新东西都没有写进来。贝采利乌斯决定自己来编写教科书。1806—1808年，他用瑞典

1 真正的钒单质是英国化学家罗斯科在1869年取得的，经他确证，贝采利乌斯获得的“钒单质”实际上是氮化钒。

文出版了两卷集《动物化学讲义》，该书也有英译本（1813）和德译本（1815）。在该书中他首次提出了“有机化学”的概念。

1807 年，贝采利乌斯升任教授，他决定编一部反映最新科学成就和他自己观点的大部头教科书。他的《化学教科书》瑞典文第一版共分三卷，第一卷 1808 年出版，第二卷 1812 年出版，第三卷 1818 年出版。在最后一卷中贝采利乌斯由于发表了原子量和阐述了电化学二元论而名闻遐迩，国王查理十四提升他为贵族。

由于工作过度，贝采利乌斯患上了神经性头痛。同事们都劝他到法国旅行，政府为此支付给他 2000 泰勒，并交给他研究国外火药制造技术的任务。1818—1819 年，他在巴黎滞留一年，会见了欧洲科学界的名流拉普拉斯、贝多莱、盖 - 吕萨克、沃克兰、安培、杜隆、阿拉戈、泰纳尔、阿维以及洪堡等人。他们都为自然科学的巨大进步而欢欣鼓舞，决定加强相互的合作和交流。贝采利乌斯的威信是这样高，以至他回国路经柏林时竟有一批青年化学家追随他到斯德哥尔摩来。当贝采利乌斯回国时被告知，在他出访期间他已被选为瑞典皇家科学院的秘书，主持发表工作。此时贝采利乌斯决定将办了 10 多年的《物理、化学和矿物学丛刊》停刊，以便把精力集中到《瑞典皇家科学院通报》上来。贝采利乌斯也从卡罗琳外科医学院迁到了瑞典皇家科学院居住。

19 世纪 20 年代，贝采利乌斯的事业达到了鼎盛时期。他一生用各种文字发表论文 200 多篇，这一时期占大多数。除《瑞典皇家科学院通报》外，当时著名的《吉尔伯特年鉴》、《波根道夫年鉴》、《化学年鉴》（巴黎出版）、《汤姆森年鉴》几乎每期都有贝采利乌斯的文章。

从法国回来后，贝采利乌斯就想办一个国际性的文摘刊物，以便评论物理、化学方面的进展。1822 年，他主办的瑞典文版《物理、化学进展年报》出刊，之后一年一册，共出 27 期，总页数达 12000 页。贝采利乌斯在发刊词中写道：“靠这些关于科学成就的报告的陆续出版，国家的知识阶层就有可能达到它所抱的最终目的：这就是更迫切地认识人类知识的进步，大大地重视实用科学的研究，更广泛地把它们的结果应用到技艺和工艺中去，以及必然由此而产生的更加普遍的繁荣和相互了解。”贝采利乌斯的《物理、化学进展年报》是这样一种年刊：它不仅概括了各国化学家在实验上和理论上的成就，而且还建立了他们之间的密切的学术联系。《物理、化学进展年报》的出版，成了 19 世纪下半叶一系列文摘性和评论性刊物的先声。即使在它停刊多年以后，它仍然是我们了解 19 世纪前半期化学、物理学进展的可靠文摘。

《物理、化学进展年报》第一期出版后很快就由海德堡的化学教授格梅林译成德文出版。当时维勒在海德堡学医。格梅林看出他的化学才能便推荐他去贝采利乌斯处学习。1823 年，维勒在斯德哥尔摩学习半年多，回国后在柏林和卡塞尔教化学，由于贝采利乌斯的推荐，维勒从 1836 年起任格丁根大学教授。他和贝采利乌斯保持着终身友谊，他们的通信集 20 世纪初在莱比锡出版。从 1825 年的第 4 期开始，维勒就从格梅林手中接过翻译《物理、化学进展年报》的任务，直到最后一期。他的译文准确优美，比瑞典文原版更多地被引用。

除编辑出版《物理、化学进展年报》外，贝采利乌斯的私人通信对当时的化学家也产生了巨大影响。这些信件于 1912—1941 年出版，共 3250 封。

1825—1831 年，《化学教科书》瑞典文第二版共四卷出版，随后由维勒将它译成德文。之后贝采利乌斯决定《化学教科书》不再出瑞典文版而仅出德文版。1833—1835 年出版的第三版及 1835—1841 年出版的第四版各四卷均由维勒从贝采利乌斯的手稿译成德文。第五版共五卷是由贝采利乌斯和维勒共同完成的，于 1843—1848 年出版。

《化学教科书》第五版第一卷是关于化学的一般规律。贝采利乌斯对化学所下的定义如下："我们周围的大自然和构成它的一环的我们自己，都是由某些基本物质或元素构成的。我们把对这些元素、它们彼此的化合、这种化合所根据的力量以及这些力量发生作用时所根据的定律的认识叫作化学。"第二卷专讲金属。第三卷讲盐。第四卷讲有机化学的一般问题。最后一卷论述生物碱及其他有机物质。亨利克·罗斯非常公正地评价了这部著作："在这部教科书中，贝采利乌斯十分详尽地叙述了他在这门科学中所知道的一切事实，而且是以异常清晰和锋利明快的笔调叙述的。同时，一切都是用健康的批评来讨论的。"

《化学教科书》还被译成法文、意大利文、荷兰文和西班牙文。各种文本都多次再版，哺育了好几代化学家。鉴于贝采利乌斯的科学著述对瑞典技术语言的贡献，瑞典文学院选他为院士。

在 19 世纪的化学家中，那些能亲随贝采利乌斯学习的人就显得特别幸运了。贝采利乌斯在他的自传中开列了曾在他实验室工作过的有所成就的 24 名瑞典学生和 21 名外国学生。除上面提到的几人外，比较著名的还有瑞典人莫桑德、以发明提取硒的方法而著名的德国化学家马格努斯以及发现热量总和守恒定律的俄国化学家盖斯。

贝采利乌斯不但在科学研究中对学生严格要求，而且竭尽心力为他们安排工作，表现了宽阔的胸怀。莫桑德早年受医学教育，1825 年后在卡罗琳外科医学院做贝采利乌斯的助教和瑞典皇家科学院矿物标本室主任。1832 年，贝采利乌斯辞去医学院教授职务，推荐莫桑德接任。虽然这使贝采利乌斯减少了收入，但他在致马格努斯的信中写道："这是我的职责，因为不这样的话我的学生莫桑德就只好做老讲师了。"莫桑德果然不负众望，在 1839—1843 年间分离出镧、铽、铒三种稀土元素的"稀土"以及"镨钕混合稀土"。

在与贝采利乌斯有科学交往的人中，德国化学家李比希占有特殊地位。他比贝采利乌斯小24岁，1825年做吉森大学教授。1832年创办《李比希年鉴》[1]。贝采利乌斯是该刊的经常撰稿人。李比希对贝采利乌斯也非常尊敬。1842 年，李比希写信给贝采利乌斯，附上他即将出版的一本书的前言草稿征求意见，草稿对贝采利乌斯有过分的溢美之词。贝采利乌斯立即回信婉言谢绝。他们经常通信，保持着友好关系，但有时也发生激烈争吵。

贝采利乌斯在编辑《物理、化学进展年报》的过程中，了解到相当数量的反应受一些物质的影响，而这些物质在反应过程中保持不变。于是贝采利乌斯理解到这些反应都有一个共同的性质。他在 1836 年的《物理、化学进展年报》中指出："可以证明，一些单质和化合物……具有对其他物体施加作用的性质，这种作用和化学亲和力不同……我不认为这是一种独立于物质的电化学亲和力的力……但是，因为我们未能发现它们的联系和互相依属性，那么用一个单独的名称来称呼这种力更方便些……所以，我将这种作用力称为'催化力'。与此类似，我把物体依赖这种力的分解称为'催化'。"贝采利乌斯的观点遭到李比希的强烈抨击，后者说："用一个新名词创造一种新力不能解决任何问题。"事实证明贝采利乌斯是对的，他的意见在确立催化效应方面迈出了很大一步。

贝采利乌斯的洞察力和概括力的表现还不止于此。他还总结过好些化学现象，提出过好些重要的化学概念。早在1825年他就建议把氯、溴、碘三种元素叫作"卤素"，意思就是"成盐物"。1831 年，他提出把具有相同化学组成而具有不同化学性质的现象叫作"同分异构"，源自希腊文，意即"含有相同的成分"。他确定"聚合"和"位变异构"是同分异构的特例。同分异构的概念在之后形成化学结构学说的过程中起着重要作用。1838 年，他在致荷兰化学家米尔德的信中建议将后者从奶酪、纤维和蛋白

1 该杂志开始叫《药学年鉴》，1840 年改名《化学与药学年鉴》，1847 年改名《化学年鉴》，李比希去世后改名《李比希化学年鉴》。为简便起见，一般就称它为《李比希年鉴》。

中分离出的一种物质叫作“蛋白质”（protein），这个词源自希腊语 pröteios，原意是“首要的”，因为他认识到这种物质对活物质来说是最重要的。1840 年，他还提议将同一元素组成不同性质的单质的现象叫作“同素异形”。贝采利乌斯所铸造的这些科学概念已在化学中牢牢地站稳了脚跟。

由于贝采利乌斯在科学上的贡献及其学术活动，他成了深孚众望的人物。在他结婚那天国王封他为男爵。沙皇尼古拉一世到瑞典访问也要参观他的实验室。但是在科学家的心目中，他是不可企及的巨擘，永放光芒的宗师。亨利克·罗斯在贝采利乌斯逝世三周年之际曾在柏林化学会发表演说，对他的老师作出了这样的评价：

> 他是这样一个人，在他的研究工作中表现了极不寻常的品质，他用很多实际和理论上的重要发现同时也用重要的数据丰富了这门科学的所有分支，他用哲学精神总结了他的整个工作。他使他的学科系统化，用批评的力量为它开辟了前景。他是无与伦比的理论和实用化学教师，教导和鼓励了大批学生。他在如此巨大的范围内履行了科学的最高要求，以至他的人格在很多世纪中都将是光辉的榜样而光芒四射。

六、巨星陨落

虽然贝采利乌斯在 1806—1808 年就出版了《动物化学讲义》，并提出了“有机化学”概念，但当时所知的有机化合物实在不多，而且也没有什么理论可循。最大的问题在于，在 1811 年以前还没有一个化学家就有机化合物是否服从定比定律和倍比定律作出明确的回答，因此有机化合物是不是原子学说意义上的化合物也成了问题。包括贝采利乌斯在内的很多人都认为有机化合物是一种含有特殊生命力的物质，即相信所谓“活力论”。

贝采利乌斯从 1811 年起开始分析有机化合物，特别是 1814 年他发明了一种填充有氯化钙的有机分析仪器，对有机物燃烧后生成的水和二氧化碳能够充分吸收，使分析的精确度达到小数点后第三位这样惊人的程度。贝采利乌斯的仪器后来由李比希再度改进，成为有机分析的基本仪器。贝采利乌斯花了 18 个月的时间对 7 种酸作了 21 项分析，得出一系列酸（实际上是酸酐）的化学式，从而确证了有机化合物也服从定比定律和倍比定律。这是贝采利乌斯在理论上和实验上对有机化学做出的巨大贡献。

当贝采利乌斯按电化学二元论来写有机化合物的化学式时遇到了一些困难。他发现有机分子的某一半有时显正电性，有时又显负电性，于是他发出了这样的感叹："有机化学是一门如此特殊的科学，以至一个化学家从无机界的研究转入有机界的研究就好像进入了一个他完全陌生的领域。"

贝采利乌斯考虑到，氧在有机物中可能像在无机物中一样起着举足轻重的作用。到 1817 年他似乎解决了将电化学二元论运用于有机化合物的问题，开始把有机物看成是某一复杂基团与氧的化合物。他在德文版《化学教科书》第二版第三卷中写道："在我们弄清了有机界及无机界产物之间存在的区别以及其基本组分相互间化合的不同方式后，我们发觉，这个区别实际上在于这样一个事实，即无机界中一切可氧化的物质含简单基团，而一切有机化合物是复杂基团的氧化物。植物的基团通常由碳和氢组成，而动物体的基团由碳、氢和氮组成。"这个学说在化学史上被称为"老基学说"。按照这个学说，他把所有含氧的有机物都写成了复杂基团的氧化物，乙醇可写成（C_2H_6）O，乙醚可写成（C_4H_{10}）O，醋酸钙可写成 CaO+（C_4H_6）O_3。

1832 年，李比希与维勒宣布发现了一个新的复杂基团苯甲酰基，这使贝采利乌斯兴奋了一阵子。开始他以为这是对他的"老基学说"的有力支持，但很快就发现氧在这个基团中仅仅是一个不太重要的组分。这是对电化学二元论的第一次重大打击，贝采利乌斯感到很沮丧。为了使各种基团合乎电化学二元论，贝采利乌斯想出了各种各样的式子，越写越复杂，但总不能与事实相符合。

形势对贝采利乌斯越来越不利。他的健康日差，偏头痛经常发作，脾气也越来越坏。他感到很孤独，于是在 1835 年与他的朋友波皮乌斯法官的女儿结了婚。到 1837 年他已很少去实验室了。他在给李比希的一封信中写道："感谢上帝，我的健康还像过去一样好，我度过了幸福的日子，但是推动我科学研究的力量现在枯竭了。"

1839 年，一个年轻的法国化学家洛朗对贝采利乌斯进行了猛烈攻击："这位著名化学家提出的式子没有哪个不包含一个假设，许多式子还包含几个假设。假如贝采利乌斯给我看了即使一个基团……假如他在酸里……哪怕只析出了一个复杂基团，我立刻就会放弃自己的'奇怪观念'。可是谁看见过十八烷酸、十七烷酸、醋酸和其他酸的乙基、甲酰基以及数百个其他类似的基团哩。"

贝采利乌斯的确老了。

同年，法国化学家杜马发现的三氯醋酸成了对电化学二元论的致命打击。他发现醋酸中的三个氢原子完全被氯原子取代而产物的化学性质不变。杜马写道："我所发现的电化学理论与贝采利乌斯的电化学理论不相符，贝采利乌斯希望氢永远是正电的，氯永远是负电的。"贝采利乌斯的电化学二元论逐渐被他的同行、朋友和学生摒弃了。连他寄给《李比希年鉴》的文章也被李比希大段删节，有时还加一个不同意的按语！贝采利乌斯气急败坏。他一会儿攻击杜马，一会儿攻击洛朗，接着是李比希。对电化学二元论的无限信心，使他几乎完全丧失了看出新实验的意义的能力。他死心塌地地相信，他的对手的观点只要不符合他的电化学理论就不可能是正确的。李比希也毫不示弱，接连在《李比希年鉴》发表攻击电化学二元论的文章。贝采利乌斯再也按捺不住了，在1848年他对李比希发出强烈谴责。李比希对贝采利乌斯的不满也是毫不掩饰的。他在给维勒的信中写道："当我们工作的时候，贝采利乌斯却在睡觉，指挥权已经从他的手中旁落了。"他还在另一封致维勒的信中说："他为什么还不退休？为什么还不退出舞台？"

有什么比看到自己花费了毕生精力建立起来的心爱的理论大厦的倾倒更为悲哀的呢？贝采利乌斯的悲哀是不可名状的。虽然大家还尊敬他，把他视为曾为化学大厦奠基的伟大建筑师，但没有什么人肯听他那一套关于电化学二元论的说教了。他还在修改他的《化学教科书》。1847年出版的第五版第四卷反映了他在有机化学这块领地上的彷徨。

贝采利乌斯感到特别疲倦，他觉得他已无力来完成《化学教科书》最后一卷的修改工作了。他写信给维勒，请求后者接着把这一巨著完成。

那时候，只有莫桑德还在贝采利乌斯身边。他还兼着瑞典皇家科学院的职务，和贝采利乌斯是邻居。在莫桑德心中，贝采利乌斯仍是他最敬仰的老师。1848年4月18日莫桑德写信给维勒说："这位大师不久恐将进入另一个世界，但在我们后辈的心里，他的名字将永远受到尊崇和爱戴。他在世间所成就的一切工作——你和我知道的一切——并非为了徒博虚名，而是出于对真理和文化的纯真热爱，他做研究工作的动机，总是从纯洁的源泉产生，因此，在尚未撒手人世以前，在他智慧的力量尚未消散而仍能贡献于科学的最后一刹那，我们怎能不让他有保卫科学和他自身的权利呢？"

在莫桑德这封信发出后100多天，即在1848年8月7日，一代化学大师贝采利乌斯在瑞典皇家科学院他自己的安乐椅上与世长辞。

巨星陨落了！然而后世的化学家将永远记住，他的灿烂的光辉曾那样指引过黑夜中的道路，他的辉煌业绩将永载史册！

（作者：刘劲生）

参考资料

[1] E. von Meyer. A History of Chemistry [M]. Trans. G. McGowan. 3rd ed. New York: The Macmillan Co., 1906, 212-297.

[2] F. Szabadváry. History of Analytical Chemistry [M]. Trans. G. Svehla. Oxford: Pergamon Press, 1966, 125-160.

[3] C. C. Gillispie. Dictionary of Scientific Biography: Vol. 2 [M]. New York: Charles Scribner's Sons, 1970: 90-97.

[4] Ю. И. Соловъев, В. И. Куринной. 贝齐里乌斯传 [M]. 丁由，译. 北京：商务印书馆，1964.

[5] J. R. Partington. A History of Chemistry: Vol. four [M]. London: Macmillan, 1964, 142-176.

尤斯图斯·冯·李比希

（Justus von Liebig，1803—1873）

李比希

振兴德国化学工业的巨擘

19 世纪中叶以前，德国还是一个由数十个小邦国封建割据的国家，经济发展水平远远落后于英、法等先进的资本主义国家。当时世界科学的中心在巴黎。其后，在短短几十年里，德国在政治上完成了由封建主义向资本主义的转变，工业上先后赶超法国和英国成为欧洲头号工业强国，科学也后来居上成为新的中心。在落后的德国迅速改变面貌的这段历史时期中，德国的科学家们具有什么样的精神呢？他们又做出了什么样的努力和贡献呢？ 19 世纪德国伟大的科学家李比希，就是这些为振兴祖国科学和工业事业做出积极贡献的代表人物之一。

一、天生的化学家

对于天生的化学家李比希来说，他生逢其时，一辈子都活跃在一个化学家大有可为的时代。1803 年 5 月 12 日，他诞生于德国达姆施塔特。他的父亲是当地一位颇负名气的药剂师。他的母亲是一个犹太人的私生女，她生育了 9 个孩子，李比希排行老二。

李比希家的楼房坐落在达姆施塔特城中一条狭窄的胡同里，上面挂着药房的招牌。楼房第一层有好几个大房间，那是父亲配制和出售各种药品的药房。小李比希生于斯，长于斯，那些奇形怪状的瓶瓶罐罐在他眼前展现出一个变幻莫测的化学世界。药房还有一个被家里人称为“厨房”的附属建筑物，通常只有那些特别复杂的医用浸膏才在那里配制，或者在那里蒸馏某种液体，孩子们不能轻易闯进“厨房”。这更加增添了“厨房”的神秘色彩。它刺激着小李比希的想象力，并磁石般地吸引着他动手去实验些什么。

走出家门，狭窄的小胡同却是一个应用化学的小世界。一位邻居虽然没有高深的学问，却会用脂肪、碱和盐熬制硬挺而白净的肥皂！小李比希还常去其他邻居的染房或制革作坊，一看就是半天。热闹的集市也吸引着他，他从一位卖“仙丹妙药”的人那里学会了制造“小炸弹”。于是，父亲的药房成了他制造“小炸弹”的实验室。达姆施塔特城里的男孩子们非常爱玩这种“小炸弹”，纷纷向小李比希购买。当小李比希把自己挣到的钱交给父亲时，他心中充满了自豪感。无疑，这种生活环境使李比希从童年起就树立了这样一种信念：只有那些在实验室中能够加以模仿再现的东西，才是值得研究的，有意义的。

相比之下，学校正规教育的那些拉丁语、希腊语和语法公式，李比希感到乏味极了。上课时，他总是开小差，成绩也不出色。李比希的邻桌同学热爱艺术，上课同样心不在焉。李比希后来回忆道：“我和邻桌的同学相互竞争，看谁能占据班上成绩最差的位置。当我在考虑实验时，他的习惯是在桌上用书盖着秘密地写东西。当我问他写什么时，他回答说：‘我在作曲。’”小李比希玩忽学业引起了老师的忧虑。有一天，老师问他将来到底想干什么，李比希当即起立，毫不犹豫地答道：“我准备当个化学家！”

这明确的回答招致的是一阵嘲笑。当时，虽然拉瓦锡、伏打等科学家的工作已为化学革命拉开了序幕，但化学的重要性及其应用问题远未被人们所认识。不少人是分不清化学和炼金术的。事实上，在李比希生活的时代，由蒸汽机所引起的第一次工业革命，已极大地促进了冶金、纺织等工业的迅猛发展，人们需要大量的化学材料和制品。例如，天然染料显然已不能满足纺织工业的需要，而工业废料煤焦油也是一个颇待研究、利用的宝库。小李比希对老师和同学的嘲笑不以为意。他耳濡目染的生活环境使他深深体会到，化学可以为人类生活谋取实际利益，可以为新兴产业打开大门。这种自幼培养起来的坚定信念，支配了李比希今后一生的科学活动，使他总是力图开辟化学的新领域，并把化学的实际应用摆在重要位置上。这种追求和奋斗，使李比希成为在德国科学和工业振兴中起重要作用的代表性人物之一。

小李比希不是不爱读书，他是带着对化学的梦想一头扎入化学的学习中去的。他从宫廷图书馆借阅各种化学书籍。馆员总是热情地接待这个求知欲很强的孩子。馆员向李比希推荐了马凯的《化学词典》、施塔尔的《化学基础》、卡文迪许的著作及化学教授葛特林等人的自然科学札记。一开始，小李比希的注意力被一本名叫《锑之凯旋车》的精装厚本书所吸引。这是德国著名僧侣兼炼金术师瓦伦丁写的，里面有当时的化学知识以及作为炼金术和古代医学化学理论的基础概念。这些充满炼金术术语以及各种哲理和假说的书籍，很难使一个孩子从中理出个头绪来。但小李比希仍然怀着内心的向往，把宫廷图书馆书架上的化学书籍依次读完了。他更有兴趣的是在家里的药房和那个神秘的“厨房”里重复书中的实验。每一次实验，他都极其严肃认真，注意观察实验过程中的各种现象，从不忽略任何细节。孩童时代的这种自我严格训练，使李比希具备了化学家所必需的敏锐观察力和娴熟的实验操作技巧。

小李比希却被学校开除了，原因是他在上课时玩弄自制炸药引起了一次爆炸。父亲并没有过分地谴责孩子，他深深理解儿子对于化学的迷恋。小李比希被送到一间药房给那里的店主当助手，赚钱糊口。这个勤奋能干的助手很快赢得了店主的信任，常常独立干些活计。店主还拨给他一间阁楼，供他业余做实验。不幸的事又发生了。有天晚上，小李比希在阁楼里醉心于实验时，他前几天制好的一种新炸药，被从桌上滚下的研杵击中而发生了剧烈爆炸，掀掉了阁楼房顶，小化学家却皮肉未损。店主再也不能容忍了，把他送回了家。这一年，天生的化学家李比希才 15 岁。

李比希回家后，父亲暗自庆幸他亲爱的儿子回到自己身边，从此父亲多了一个具有渊博化学知识的得力助手。药房的收入增加了。尽管这样，维持一大家人的生活还是很紧张的。富有远见的父亲仍决心送儿子上大学深造。他知道，孩子的才能绝非在一个小城的药房中所能施展得开，小李比希应该登上德国化学界的大舞台。

1820 年，李比希进了大学，第二学期又随师转入埃朗根大学。当时，德国大学虽然以古典学术和哲学研究著称于世，却依然在讲授一种混杂的自然哲学。著名哲学家谢林正在大学教哲学课，李比希的化学老师卡斯特纳教授深受谢林的影响。德国高校偏重哲学的教学体系，这使李比希获得了必要的哲学训练，对他成为大科学家是有益的，但他不能接受卡斯特纳教授对实验工作的冷漠态度。这时，另一位教授为李比希提供了实验室。在那里，他进行了一系列确定雷酸组成的实验。

李比希明白，对于一个真正的化学家来说仅仅进行哲学思辨是不行的。而科学落后的德国却拘泥于古典传统，难以摆脱这个崇高的思想包袱。李比希渴望到国外的大化学家身边去学习。刚好，一件意外的事件使他不得不出国。

青年李比希有着热烈的社交倾向，他生性好争斗，并且往往很执拗。这样，他成为大学生中一个秘密社团的核心人物。在一些社团争端中，李比希是个引人注目的角色。埃朗根大学当局搜查了他的住所并对他提出起诉。李比希必须出国去避风。塞翁失马，焉知非福。达姆施塔特市大公的秘书，曾在宫廷图书馆结识小李比希，很欣赏他的才华。所以，当李比希向大公请求给予他去巴黎学习的资助时，很快就得到批准。卡斯特纳教授也为他写了推荐信。1822 年，李比希就这样离别了祖国，前往当时世界科学的中心巴黎。在人生的道路上，他迈出了有决定意义的一步。

在迈出这一步之前，他面临着两个选择：巴黎和斯德哥尔摩。斯德哥尔摩是当时举世公认的化学权威——贝采利乌斯的所在地，他和他杰出的助手们、学生们形成了化学界的一大学派。而继英国之后，法国成为近代科学的中心已有数十年了。从奠定近代化学基础的大科学家拉瓦锡起，法国化学学派就开始形成。19 世纪 20 年代，那里集聚着盖－吕萨克、泰纳尔、谢弗勒尔等大化学家，还有著名的巴黎综合工科学校教授杜隆，他们都对近代化学的发展作出了卓越的贡献。李比希到巴黎时只有 19 岁。

巴黎当时不仅拥有世界上第一流的化学家，而且有最先进的实验室。在李比希的大学时代，以有机化合物的提纯、有机分析和有机合成为研究对象的近代有机化学，还处于初创时期。其中，首先发展起来的是有机化合物的元素分析，碳、氢分析尤为重要。盖－吕萨克和泰纳尔就是由于在 1810 年取得了有机化合物元素分析的第一批令人满意的结果，而闻名于化学界。

李比希再也不是一个玩忽学业的学生了。盖－吕萨克是个优秀的化学教师，他讲授严格的知识体系，并启发学生思考有关化学发展方向的问题。他还亲自指导学生们做实验。可以说，李比希后来成为一个杰出的化学家和教育家，主要是在盖－吕萨克那里受训的结果。

盖－吕萨克也很快注意到这位从落后的德国来的年轻化学家，尤其是他对李比希精确地测定雷酸盐组成的工作大为赞赏。他在法国科学院报告了这一研究成果，引起了人们的注意。会议休息时，德国科学界的泰斗——洪堡见到了李比希。洪堡满腔热情地鼓励这位后起之秀努力学习。

洪堡对祖国的青年优秀人才，并不是停留在口头赞扬上。他总是想办法提供人才成长的最好条件。这次会议之后，由于洪堡的推荐，李比希从普通大学生实验室中调出来，作为盖－吕萨克的助手转入他的私人实验室。这样，李比希开始了和法国大化学家的合作研究。他不仅掌握了复杂的分析方法，而且学会了进行系统的研究。

盖－吕萨克的言传身教，法国大学注重科研实验的风气，使李比希深深体会到利用实验室对化学家进行系统训练是多么重要。实验室及其指导者，对于学习化学的人来说，无疑是个示范中心。初学者只有在这里接受严格训练，才有可能知道如何进行科学研究。

李比希先后在德国、法国学习化学。相比之下，德国大学就落后、沉闷得多了。对振兴祖国科学事业怀有满腔热情的李比希，决不满足于个人学业的进取。他暗自下决心，回国后要建立起现代化的化学实验室，让一批又一批的年轻人在那里受训，然后形成一支新型的科研队伍。

二、吉森实验室和《化学与药学年鉴》

1824 年春，21 岁的李比希返回故乡达姆施塔特。不久，他被破格任命为吉森大学编外化学教授。这项任命并没有通过吉森大学学术委员会的批准，而是由于洪堡和盖－吕萨克两位大科学家的书面保举，获得吉森当局批准的。

李比希的理想终于实现了：他成为一个名副其实的化学家。他那饱满的青春的热情和旺盛的精力，他那对振兴祖国科学教育事业的崇高责任心，使他不可能把自己关闭在小实验室中潜心搞研究。他不但要搞研究，还要推行一整套教育改革的计划。

李比希认为，不能仅仅照搬他在巴黎学习的课本。他编写了新的教学大纲。这一大纲，为近代化学教学新体制奠定了一个良好的基础。同时，他开始着手创建世界上最先进的化学实验室。由于他是编外教授，就不能指望得到学校当局的支持。他就向政府机构提交了建立化学实验室的报告。政府工作的低效率实在令人沮丧，李比希迟迟得不到答复和任何实际帮助。

年轻人的热情和勇往直前的精神，是不可挫败的。李比希是个勤于动手的实干家，又很善于交际。他不顾一切地开始建造实验室。为此，他花去了自己许多积蓄。不久，政府经费也拨下来了。

1826 年，年轻的李比希教授双喜临门。他惨淡经营的吉森大学化学实验室终于建成了，他为之疲于奔走的改革教育体制的建议，也得到大学教授们的一致支持。

李比希的实验室是个什么样子呢？它是利用一个废弃兵营改造的，里面没有通风设备。屋子中间是一个大煤炉，靠墙四周摆着椅子。别看这个实验室貌不惊人，它却是德国科学家自己精心设计的第一个实验机构，体现着训练新型科学家的整个新模式。有经验的化学家在这里精心安排实验计划，把学生从一个阶段引导到下一个阶段，从系统严格的操作训练到能在科学家指导下独立进行研究。实验不再是简单重复课本上的练习，而是要让学生接受真正的科研训练。

无疑，李比希是这个实验室的灵魂。无论是他那作为教师的磁石般的吸引力，还是他那高超的分析技巧，都使他在推行教学改革时获得了信任和成功。而且，当他在训练学生们时，也能够自己动手搞一系列研究。化学研究从化学家个人的实验，变成了有组织的研究计划。其结果是科学成果和科学人才同时涌现。这一光辉的典范，很快在其他实验科学里得到推广。

就这样，从李比希开始登上德国科学和教育舞台那天起，他就不仅是一个卓越的化学家，而且是一个杰出的科学活动组织家和教育家。作为教育家的李比希，其作用和影响远远超出他对一门学科——有机化学的贡献。他所创建的吉森实验室，在化学史上是现代实验组织和教育相结合的开端；在德国，它是科学和工业振兴的一个坚实而又光辉的起点。正如著名科学史家丹皮尔所说："1826 年，在吉森建立了一个实验室，从那时到 1914 年，学术研究的有系统的组织工作，在德国异常发达，远非他国所及。"

作为一个科学事业家，李比希还渴望掌握更有力的手段。为了促进学科发展和培养人才，1832 年李比希开始编辑出版《药学年鉴》。1840 年，它更名为《化学与药学年鉴》。这是李比希对德国科学发展最持久的不朽功绩之一。他去世后，杂志改名为《李比希化学年鉴》。

罗伯特·迈尔在 1842 年完成了论文《论无机自然界的力》，但是得不到当时物理学界的承认。李比希却同意将它发表在自己的年鉴上，表现了他的真知灼见和支持新生事物的勇气。这篇论文包括了关于热功当量的研究成果，也就是说包括了能量守恒的伟大原理。

教学、科研、实验室工作和写作，对于一个科学家来说已经是够沉重的负担了，但是李比希仍然耗费大量精力，从事《化学与药学年鉴》的编辑工作。他仿效贝采利乌斯的做法，对每一篇刊载的文章都要加上亲笔写的短评。为了评论化学论文，他在写短评前要在实验室里对文章进行验证。通常，他把验证工作交给助手们。可以想象，李比希正是以十倍的热情从事这些头绪繁多的工作的。

李比希所推行的这一套一反德国沉闷传统的新教学法，无疑是有生命力的，加之他那旺盛的活力，出色而热情的个性，他很快吸引和培养了大批出色的学生。科学人才在德国成批地涌现出来。在之后数年、数十年中，这些学生成为德国化学工业迅速发展的领导人物。他们既有大学学术中心的骨干，也有工业生产第一线的骨干。

李比希的学生很多，其中最著名的有这样一些人。霍夫曼原本是在吉森大学学哲学和法律的，在李比希魅力的感召下转学化学，后来成为李比希最主要的助手。他从煤焦油中制取化合物，这些成果对于德国强有力的染料工业在 19 世纪后期的迅猛发展是至关重要的。他在接受柏林大学的聘请后，便在那里建立了化学研究所并培养了大批优秀的学生。他还于 1868 年创建了德国化学会。费林发明了测定单糖的方法和反应试剂，是德国著名的有机化学家和工业技术家。具有有机化学知识的人都知道凯库勒，1865 年他首次满意地写出苯的环状结构式，对有机化学的发展作出了划时代的贡献。他本来是在吉森大学学建筑的，也是在李比希的感召下改攻化学。弗雷泽纽斯从 1841 年起成为李比希的助手，他发明了新的化学方法，并效仿李比希，在威斯巴登建立了另一个至今闻名于世的实验室，还终身从事《分析化学》杂志的编辑工作。弗尔加德，他以创立用途广泛的精确的滴定法而载入化学史册。

这些杰出的德国科学人才，又培养出更多的人才。他们用李比希所示范的科学精神，献身于德国的科学、教育和工业事业。众所周知，德国科学的赶超是以化学为突破口的。1848 年在德国资产阶级革命成功后，出现了普遍的工业高涨。其中新兴的化学工业发展尤为迅猛。到 19 世纪末 20 世纪初，德国的酸、碱化学工业品产量已占世界首位，染料、医药、照相化学产品驰名世界。因为这些工业的特点就是通过引进新产品进行不断的更新，这些工业的优势在于组织和教育。要能提供训练有素的化学研究人员去探索新产品，要能提供化学工程师保证有效地生产。显然，这场较量的优势在德国这一边。正是李比希开创的教育传统训练了大量化学工业所急需的化学家。据统计，1890 年德国化学家竟达英国的两倍之多。

李比希的学生中还有不少外国人。如确定乙醇、乙醚化学式的英国化学家威廉森，提出新的有机化学类型说的法国著名化学家热拉尔，意大利著名化学家索布雷罗，还有被门捷列夫誉为“俄国化学家之父”的沃斯克列先斯基。

从 1824 年李比希到吉森至 1852 年他前往慕尼黑的 28 年间，以李比希的实验室和《化学与药学年鉴》为中心，形成了一个有机化学的吉森学派。李比希和他的学派声名震动世界学术界。

三、深入有机化学的原始森林

19 世纪早期，无机化学研究已趋于成熟，而有机化学则是刚刚引起人们的兴趣，它的实践和理论都还处于一片混沌的状态。醋酸可以用多种不同的化学式写出。每个化学家都认为使用自己的一套化学表达式是独立见解的标志。对于无机化合物和有机化合物是否遵循着同样的化学规律，化学家们持不同见解，争吵激烈到了相互攻击的地步。

李比希的挚友、德国伟大的化学家维勒曾说过这么一句话，足以反映出他们所处的时代，他说："有机化学当前足以使人发狂。它给我的印象，好像是充满着最新奇的东西的原始森林；它是狰狞的无边无际的使人没法逃得出来的丛莽，也使人非常害怕走进去。"

李比希清醒地认识到，要在混乱中找到秩序，要在众说纷纭的争论中发现并坚持真理，首先必须建立可靠而又迅速的分析方法。因为理论必须要由实验来鉴别，而当时对有机化合物的分析方法和手段显然是太落后了，要弄清有机化合物的结构和反应规律几乎是不可能的。因此，李比希的科研重点是，通过对大量有机化合物的分析建立一套新的科学的分析方法。

李比希首先着手解决有机化合物基本分析的一般性困难。他发现，用传统的燃烧方法分析得出的有关氮的结果是不可靠的。于是，他采用他和盖－吕萨克所提出的在真空中燃烧的方法来减小误差，并把同样的方法应用于其他有机酸的分析程序。李比希还发现，碳的分析也有特殊困难。因为含碳的生物碱的分子量很大。在确定碳的含量时，只要有 1% 的误差，就会导致错误的分子式。他想，溶液是不宜于分析分子量大的化合物的。为此，李比希作出了关键性的技术创新。他采用了一种新装置，使燃烧的气体通过装有氯化钙的管子来吸收水分，然后再用苛性钾完全吸收碳酸。这种新方法，可以分析的分子量十倍于原有的方法。此外，他还做了大量的改进，从而建立了一套简单得多也可靠得多的程序。这种分析程序很快成为化学界的标准程序。

终于，1830 年，李比希在前人工作的基础上，把碳氢分析发展成为精确的定量分析技术。他和他的学生们用这种方法，分析了大量有机化合物，得到了精确的结果，进而给出了这些化合物的化学式。这就使得化合物的类别之间的关系逐渐清楚了。这些分析和有机化合物化学式的写出，为有机化学理论的形成打下了基础。

正是这样，李比希从分析方法入手，带领着他的学生们在有机化学的原始森林中开辟出一条路来。李比希沿着自己的路，辛勤地工作着，他一生分析过数不清的化合物，给出了一个又一个化学式和反应式。也许，其中最值得一提的是他和维勒合作完成的一项工作。

1829 年底，李比希在海德堡大学施皮斯博士家，结识了维勒。两人一见如故，终身保持着深厚的友谊。维勒的老师是大名鼎鼎的贝采利乌斯。维勒在和李比希见面以前，早就在雷酸和氰酸有关问题上与李比希展开过学术争论。和李比希热烈好斗的性格形成鲜明对照的是，维勒生性冷静，不喜争执，常常清醒地看到事物可笑的一面。

那时，李比希在吉森，维勒在柏林。两人结识后，立即开始了频繁的学术通信合作。相距遥远这件事使两个科学家深感遗憾。

1831 年，在李比希的帮助下，维勒调到距吉森只有 100 多千米的卡塞尔技术学校任教授。那一年，维勒的妻子故去，李比希担心朋友过于悲伤而损害健康，于是邀请维勒和他一起研究苦杏仁油。两个朋友合作得那么好，在一个月的时间里就完成了一项划时代的研究。1832 年，论文以“关于苯甲酰基的研究”为题发表。这项研究表明，苦杏仁油可以转变成一系列含有苯甲酰基的化合物。这一重大发现振奋了整个化学界。贝采利乌斯为这一工作欢呼，把它说成是“植物化学的新纪元”。

尽管李比希和维勒的工作地点在此后均有变动，但他们的友谊与合作是持久不变的。后来维勒曾这样描写他们的关系：“我可以打个比喻，如果以我俩的名义发表的某些小文章是我们中的一个人完成的话，那么，这同时也是赠给另一个人的绝妙的小礼物。我想，这就可以使你了解我俩之间的相互关系了。”

作为 19 世纪杰出的化学家，李比希除完成了数量多得惊人的实验研究外，还是个头脑清晰的理论家，在理论研究上同样出色。

当时，有机化学理论正酝酿着一场革命。化学权威贝采利乌斯把他在无机化学中总结出的电化学二元论推广到有机化学中。他还认为，由于某种神秘的“活力”参与了化合物的生成，才会存在有机界，因此不可能在实验室里人工制备有机化合物。1828 年，维勒发表了《论尿素的人工合成》。这一重大发现突破了无机化学和有机化学之间的绝对界限，动摇了“活力论”。1834 年，法国著名化学家杜马和洛朗在比较系统地研究了卤代反应后，初步提出了取代学说。这一新学说直接威胁着贝采利乌斯的电化学二元论。贝采利乌斯感到了这种威胁，他在给维勒的信中，愤愤不平地说：“(杜马) 这种主张必定导致目前这样的化学的整个建筑物垮台，而这个革命却是基于用氯分解醋酸！”

李比希在这场有机化学理论变革中，始终采取积极进取的态度，并作出了杰出贡献。李比希认为，大量实验事实表明，在有机取代反应中，氯原子是可以取代氢原子的。他表明了鲜明的态度：“我不赞成贝采利乌斯的意见，因为它们建立在一大堆没有任何证明的空洞假设的基础上。”

1837 年 10 月 23 日，李比希与杜马联名向法国科学院提呈了一份研究纲领论文。论文断言：无论是无机化学还是有机化学中，化合的规律和反应的规律在两个化学分支中都是完全一样的。这个宣言为人工合成有机化合物扫清了思想障碍。从此，李比希和杜马在有机化学界代替贝采利乌斯成为新的科学思想的领袖。

1838年，李比希在大量研究的基础上提出了有机化学中基团的明确定义：基团是一系列化合物中不变化的组成部分；基团可以被其他简单物取代；基团与某种简单物结合后，此简单物可被当量的其他简单物代替。李比希对有机化学中基团的科学定义，是他对有机化学理论基础的卓越贡献。这一理论推广了格雷姆一些关于有机酸的研究，并使戴维和杜隆的“酸的氢理论”再度兴起。这些理论研究是有机化学理论趋于形成的过渡状态。

同年，李比希在他一篇冗长而又重要的关于有机酸的论文中，对贝采利乌斯的学说再次发起了进攻。文章的结束语是“在黑暗中我们寻找通向光明的路”。李比希的研究工作对结构有机化学的理论作出了积极贡献，但这种严酷的批评也引起了贝采利乌斯与李比希之间的不睦。

的确，当时化学家们之间的争论是如此激烈，这使得后人在阅读19世纪化学文献时感到十分惊讶。论文中大动肝火的相互攻击是常见的。如那位和杜马合作的法国著名化学家洛朗，是一位在理论上热衷于分类的精巧的实验家和尖刻的批评家。当贝采利乌斯谴责他们的取代理论时，杜马把责任推到了洛朗身上。洛朗就针锋相对地对杜马说：“如果理论垮了，我就成了它的倡导者；如果理论成功了，它就成为别人提出的理论。”1853年，洛朗因贫困死于肺病时，还怀着激烈的情绪说：“我是一个骗子，我是一个强盗的老搭档……这一切咒骂只不过是因为把一个氯原子放在一个氢原子的位置上，因为单单地改正了一个化学式。”这种在有机化学初创的混乱时期，科学家们为化学式和自己的理论而激烈争吵的情况，是非常普遍的。

性情急躁的李比希也毫不例外。他常常利用自己的刊物向他人主动发起进攻。由于他有时错误评判了别人在刊物上发表的文章，又遭到不少人的联合反对。对在1837年与他联合反对贝采利乌斯的杜马，他也毫不客气。1840年，他和维勒用S. C. H. Windler（即“骗子”）作为署名，在他的年鉴上发表一封讽刺信，嘲笑杜马过分推广取代理论。这样，李比希常常因此和友人暂时闹翻。这一切，并没有使他感到任何不安。因为对李比希来说，他是本着对真理的追求才这么做的。不论是在同他人激烈论争时，还是在同友人亲密合作时，李比希无不显示出他光明磊落的品格和对真理与科学、对友谊与人生无比忠诚的品质。不过，李比希、杜马和贝采利乌斯三人都始终认为，不同学术观点的争论是有益于科学成长的。

李比希一生分析过大量有机化合物。1829年他就从马尿中提取了马尿酸。关于他卓越的实验技巧和记住化合物特征的杰出才能，流传着一些传奇般的故事。据说，有一天李比希收到维勒寄给他的尿囊素结晶体，他马上想到几年前他分析过这种化合物。助手们都表示怀疑，因为这看来几乎是不可思议的事。样品和数百种白色粉末状化合物从表面上来看区别太小了。在李比希的指点和督促下，助手们从贮藏室里找到了李比希所要的东西。经分析，它确实就是尿囊素，不过含有杂质罢了。

有时，李比希也错过了一些重要发现的机会。1826 年，巴拉尔发表了发现元素溴的报告。李比希一看这个报告，马上想到这就是以前他用氯气通入矿泉水中得到的盐类所制得的物质。当时，他匆忙宣称这物质是氯化碘，并把它放到架子上以待研究。当他确知巴拉尔的发现而自己却错过了一次发现新元素的机会时，李比希气冲冲地说："巴拉尔没有发现溴，而是溴发现了巴拉尔！"

1845 年，声望日益高涨的李比希被授予男爵称号。海德堡大学、维也纳大学等大学的化学家们纷纷邀请他去讲课，他都拒绝了。同论敌的争论，成了他沉重的负担。这时，他已经是有关农业化学问题争论中的焦点人物了。这场 19 世纪著名的争论，是李比希本人发起的。

四、农业化学的革命

李比希从来没有忘记过童年时代就激励着他的目标：化学要为人类谋福利。他终生以极大的热忱从事将化学理论应用到化工、农业和其他领域中的研究，并把化学知识向其他学科渗透。

1840 年，李比希发表了在农业科学史上重要的理论著作——《化学在农业和生理学上的应用》。这是他对有机化学与农业和生理学关系的系统研究的结晶。这本著作一经发行立即引起巨大的社会反响。到 1846 年，短短 6 年间这本书已印刷了 6 次。1862 年，该书在发行第 7 版时，李比希把它增补成了两册，并写了一篇论述农业和矿物学发展史、农学和经济学关系的序言。这篇序言成为农业发展史上的重要思想文献。1865 年，该书第 8 版刊行。李比希去世后两年即 1875 年，该书又出了第 9 版。为什么化学家李比希的农业著作会受到社会上极大的关注呢？

可以说，近代农业化学革命就是从这本著作开始的。在此以前，农业虽然是人类最古老的生产技术，但科学界对农业却关心甚少。李比希的著作开始将化学知识系统地引进到古老的农业技术中，土壤的结构、肥料等从此成为科学研究的对象。从李比希开始，科学研究的成果就源源不断地引进到农业技术中，农业生产力迅速获得了提高。社会上对李比希著作的热烈反响，说明了古老的生产技术在19世纪也渴望着用科学来改变自己的落后面貌。

构成李比希农业化学理论的核心思想，是他提出的物质补偿法则。李比希认为，农业生产的一般目的是以最有利的方法来最大限度地生产特定作物的特定部分乃至器官，而农业的特殊目的就在于使植物的特定部分能够异常地生长发育，因而合理的农业就是保证为了能够达到这个目的，而给予作物所必需的物质。所谓“补偿”，就是以收获方式从土地夺取的植物营养物质，应该再给予完全的补充。

那么，农作物从土地中夺取的主要营养物质是什么呢？为此，李比希认真分析了多种植物燃烧后的灰烬。他的研究表明，除碳、氢、氧、氮元素外，植物生长还需要诸如钾、磷、硫、钙、铁、锰、硅等元素。在这些元素中，哪些是人们特别要注意给土壤补偿的呢？李比希对此也做了进一步的研究。他对植物养分有自己的一套分类方法。他特别强调了大气中的（有机的）植物养分与土壤中所含的矿物性植物养分的差别。在他看来，前者能够在自然界的循环过程中重新回到空气和土壤中，而后者——矿物性植物养分则只有人类有效的干预才能得到补充。这一思想，导致了李比希和他以后的农业化学家们特别热衷于寻找能用作肥料的矿物质。

这是人类自觉地用科学思想干预农业生产过程的光辉思想，它是农业化学、肥料学的理论基础。一旦科学光芒照进了古老的农业生产领域，人们立即明白了应该怎样去干预农业生产。化学肥料工业就这样迅速成为一个新兴的产业。

李比希还有一些非常值得注意的有关农业的思想。他认为，为了无条件地补充由于农业生产而被夺取的矿物质，应大力提倡利用人类粪尿、动物骸骨、草木灰、鸟粪石、磷灰石等。今天，当人们日益认识到生态平衡的重要性时，李比希当初的这些提议是非常难能可贵的。尤其是他在认真地研究植物营养和生长的基础上，反对那种牺牲后代利益的掠夺性耕作，否则人类将要受到惩罚。他援引了大量历史事例来阐明这一重要提议。

当然，如同任何新思想刚刚提出时那样，李比希的杰出的见解中也混杂着一些谬误。如他对氮肥和腐殖质的评价显然是过低了，这引起不少专家的激烈反对，以致人们把李比希和他的支持者称作“矿物质论者”，而把他们的反对派称作“氮素论者”。两派针锋相对。李比希大动肝火地参加了19世纪四五十年代的这场争论。有时，他显得很不冷静。但这并没有影响他基本的科学态度。

李比希关心着自己的科学研究对农业生产的实际效用。他亲自在吉森近郊的一块土地上做实验，考察无机盐的肥效。就是在他晚年迁居慕尼黑之后，李比希还不忘向邻近的农民普及科学知识，教他们如何合理使用土地。他把自己获得的生产钾肥的专利权卖给了一个英国化学家兼工厂主——他的学生马斯普拉特。这个学生是英国制碱工业的创始人。

李比希具有关心实际生产并能从生产过程中迅速找出问题的兴趣和能力。即使再忙，他也要抽空到工厂去转转。有一次他到了一家制备铁氰化钾的工厂。工厂里有一种被称为“尖叫锅”的生产装置。这个搅拌肉浆和苛性钾的铁搅拌器，发出震耳的噪声。厂主颇为得意地向李比希解释道：“教授，您在这里看到的情况用任何理论也无法解释。当我的锅叫得最欢的时候，我就得到了最多的钾盐。”厂主把噪声和生产目的物联系在一起了。李比希微笑着建议，只要在锅内加一把铁屑而不必刻意追求锅的“尖叫”，就能达到同样的效果，而且也经济得多。后来这个厂主得到了惊人的经济效益，从此他对科学家及他们的建议就更加尊重了。

除此之外，李比希还对生理学、家畜饲养学等很感兴趣。他研究了生物碱，从动物身上提取的氨基酸和酰胺，以及肌酸和肌酸酐，对生理学的发展做出了不可磨灭的贡献。并且他从不拘泥于一个学科的知识，总是从化学学科出发向其他学科渗透。他在有机化学、农业化学、生理学以及农业宏观经济学等新兴学科里，都是伟大的拓荒者。他提出的许多新的假说，往往是有启发性的，但也通常有明显的缺陷。这使他常常卷入激烈的争论中。对于这点，他很达观，他风趣地说：“如果他们揪住几根羽毛，那是我在下一个换毛季节里终究要抛弃的尾羽，对此我是不会在意的。”他还说：“化学正在取得异常迅速的成就，而希望赶上它的化学家们则处于不断脱毛的状态。不适于飞翔的旧羽毛从翅膀上脱落下来，而代之以新生的羽毛，这样飞起来就更有力更轻快。”恩格斯对此非常欣赏，当他回忆自己在50岁后下决心进行数学和自然科学方面的系统学习时说：“我尽可能使自己在数学和自然科学方面来一个彻底的——像李比希所说的——‘脱毛’。”

李比希的一生，就是这样热情地不断开拓着新的研究领域，并始终注意把这些研究成果推广到实际生产中。他这种自始至终永不衰竭的热情和精力，主要来自他对祖国科学和工业振兴事业的神圣使命感，来自他对真理的执着追求。这种热情，就是在日常生活中也显得格外纯真动人。如1837年李比希访英归来，他一见到自己亲爱的朋友维勒，就激动地说：“你想想看，亲爱的朋友，我乘的是火车，这就是文明！每小时行十英里（约 16.1 千米），用鸟飞的速度前进！我激动得像个小孩子一样，简直高兴得想跳起来！德国也应该建设铁路，而且越快越好。”由火车而想到文明的进步，由英国的火车想到德国也应该尽快修筑铁路，李比希统统感受到和想象到了，他怎能不激动呢？

1852 年，李比希离开吉森大学前往慕尼黑大学任教。他只上课而不带学生实验，因为当时由于学术纷争，他患了严重的失眠。李比希到慕尼黑大学后，以他那丰富的化学知识和幽默风趣的讲授方式，得到了大学生们的热烈欢迎。环境的改变，使李比希恢复了健康。他又以充沛的精力投入写书撰文、编辑杂志中。1860 年，他当选为巴伐利亚科学院院长。此外，他还是法国、英国、俄国、瑞典等国科学院的荣誉会员。

在慕尼黑，李比希还邂逅了大学时代的同学舍恩拜因。多年前，两人虽是同桌，却由于是不同的秘密社团的成员，身穿不同颜色的衣服而彼此仇视。现在，舍恩拜因也是一位以发现臭氧而著名的化学家了。李比希马上邀请他到慕尼黑大学讲课。此后，舍恩拜因常从他工作的瑞士到慕尼黑来，参加李比希和维勒举办的历时数日的郊游活动。

1870 年，李比希得了一次重病。他做好了死亡的准备：立了一份新遗嘱，制作了一个精致的骨灰盒，分送了他贮存的烟。李比希太太也很喜欢这个骨灰盒，她甚至也为自己定制了一个。两个盒子放在化学贮藏室里。不久，李比希恢复了健康，又朝气蓬勃地工作和生活起来。

3 年后，1873 年 4 月，李比希患了严重的肺炎。这位年届七十的伟大科学家在慕尼黑与世长辞了。

由于李比希的母亲是犹太人的私生女，在 20 世纪第二次世界大战前希特勒掀起的反犹浪潮中，漂亮的李比希纪念碑被人用硝酸银和高锰酸钾的混合物污染了。战后，为了不损坏纪念碑的石头，清除污斑就成为一个化学问题。专家们经过充分的讨论，终于用化学试剂洗涤了所有污垢的斑痕。化学家李比希决不会想象到 20 世纪在他的纪念碑上发生的这场“化学战”。

李比希是 19 世纪最伟大的化学家之一，又是卓越的科学活动组织家和教育家，同时也是农业化学和生理学的创始人。他对有机化学、农学和生理学的发展作出了不可磨灭的贡献。同时，在实现德国科学和工业赶超世界先进水平的历史转折关头，他是最活跃、最具有代表性的伟大科学家和事业家之一。正如 1936 年一位科学家在哈佛大学成立 300 周年的艺术与科学研讨会上所指出的那样：“化学思想对生物学的影响是由于李比希的天才所致，它开创了现代有机化学的光辉历程。李比希的强烈愿望是要看到化学为动物生理及农业生产提供充分的服务，这种愿望也指导着他自己的努力。”

今天，李比希那些高瞻远瞩的科学远见都已变为现实。

（作者：乐宁）

参考资料

［1］柏廷顿．化学简史［M］．胡作玄，译．北京：商务印书馆，1979.

［2］董恺忱．李比希的农学思想［J］．世界农业，1981（9）：21-27.

［3］C. C. Gillispie. Dictionary of Scientific Biography：Vol. 8［M］. New York：Charles Scribner's Sons，1973：329-350.

［4］J. Turkevich，L. B. Turkevich. Prominent Scientists of Continental Europe［M］. New York：American Elsevier Publishing Company，1968.

［5］弗·卡约里．物理学史［M］．戴念祖，译．呼和浩特：内蒙古人民出版社，1981.

埃米尔·费歇尔

（Emil Fischer，1852—1919）

费歇尔

一代化学巨匠

埃米尔·费歇尔，19 世纪的化学巨匠，他对糖、酶、嘌呤、氨基酸和蛋白质进行了广泛、深入的研究，为生物化学奠定了化学基础。1902 年，埃米尔·费歇尔获诺贝尔化学奖，成为第一个获此殊荣的有机化学家。埃米尔·费歇尔也是卓越的科学组织家，曾数次任德国化学会的主席和副主席。他在著名的威廉皇帝科学促进学会的创建中，起到了重要的作用，因此被誉为“威廉皇帝科学促进学会之父”。

一、费歇尔的生平

1852 年 10 月 9 日，埃米尔·费歇尔生于德国莱茵河畔的奥伊斯基兴。自 17 世纪末，这个家族一直居住在莱茵河畔。费歇尔的父亲虽没有受过多少教育，但是一位成功的企业家，年纪轻轻便发了家，成为当地的头面人物。母亲出身于莱茵地区一个著名的工业世家。

费歇尔童年时期很幸福，极受父母喜爱。他是家中唯一的男孩，上有 5 个姐姐。费歇尔 5 岁开始读书，先跟家庭教师学了 3 年，又到公立小学读了 4 年。1865 年，他进入韦茨拉尔中学就读，两年后转到波恩中学。费歇尔聪明好学，1869 年春，他以全班第一名的成绩毕业。

他的父亲老费歇尔，希望自己唯一的儿子学习经商，以便日后继承家业。然而，这位年轻人虽生在商人之家，却对经商一点儿也不感兴趣，他热爱自然科学和数学，尤其是物理学。为了不让父亲太伤心，他答应试学一段时间。然而，经过几个月的实习后，他对经商愈加厌恶。父亲叹息道：“这孩子太笨，不是经商的料，还是继续读书吧。”父亲只好答应他接受大学教育的要求。老费歇尔当时开了一家印染厂，由于缺乏化学知识，吃过不少苦头。随着当地水泥、钢铁等新兴工业相继出现，老费歇尔对神奇的化学更加崇拜，因此，力劝费歇尔学习化学。费歇尔后来回忆道：“父亲对我和堂弟奥托·费歇尔的职业选择起了决定性作用。”

1871 年春，费歇尔进入波恩大学。著名有机化学家凯库勒任其化学教授，凯库勒高超的授课水平给他留下深刻印象。但波恩大学的化学实验教学水平低下，缺乏吸引力，仪器设备陈旧落后，致使费歇尔对化学失去了兴趣，准备改学物理学。然而，他的堂弟兼学友奥托·费歇尔劝他不要放弃化学。1872 年秋，二人转学到古老的斯特拉斯堡大学。这所大学师资力量雄厚，设备精良，经费充裕。由著名的分析化学家罗泽讲授分析化学，费歇尔受到了严格的实验技能训练。最幸运的是，他遇上了良师益友拜耳。他为这位有机化学权威的才华和人格魅力所倾倒，这终于激起了他对化学的热爱。费歇尔受到拜耳的精心培养。拜耳对费歇尔的影响很大，费歇尔后来给他父亲讲过，他一生的成就主要应归功于这位恩师。

1874 年，费歇尔在拜耳的指导下，完成论文《有色物质的荧光和苔黑素》，获得博士学位，成为该校有史以来最年轻的博士。毕业后，他留校任助教。不久，费歇尔发现苯肼，这种极为有用的化学物质后来成为费歇尔研究糖类的有力武器。1875 年，拜耳受聘于慕尼黑大学，接替李比希的职位。费歇尔也到了慕尼黑。两人合作研究苯胺染料，证明品红染料是三苯甲烷的衍生物。在拜耳的举荐下，1878 年费歇尔获慕尼黑大学编外讲师资格，次年任分析化学副教授。他讲的课深受学生欢迎，尽管起初他的莱茵口音使学生有些不适。费歇尔的父亲为儿子的成功感到骄傲，并赠予他一大笔钱，使他能专心于学术而不用为金钱发愁。

1880 年，亚琛工业大学欲聘请费歇尔任化学教授。费歇尔断然拒绝，因为他嫌该校的学术气氛和实验条件欠佳。两年后，费歇尔任埃朗根大学教授，并开始了对嘌呤化学的研究。他在这一领域获得了极为丰硕的成果。

费歇尔卓越的科学才干，不仅使他在科学界崭露头角，而且受到工业界的极大关注。1883 年，德国一家公司欲以每年 10 万马克的诱人高薪，聘请费歇尔任研究部主任。费歇尔觉得这个职位不利于他的自由研究，谢绝了该公司的重金礼聘。他在回绝信中写道：“谢谢贵公司的美意，对我自身和研究来说，自由是极为宝贵的，我不愿用它来换取财富和权力。”但费歇尔并非象牙塔型科学家，他坚持与德国化学工业界保持密切联系。他与许多工业巨头建立了亲密的友谊。他的实验室不断培养和输送大批受德国工厂信赖的年轻化学家。他的许多研究成果都具有实用的工业价值，甚至有人说：“从费歇尔的实验室里，随便拿出一个方案，就可开一座大工厂。”费歇尔一生对德国的化学工业产生了重大的影响。

在埃朗根大学从事教学和科研期间，由于实验楼通风不良，他遭受了苯肼中毒，不得不休养一年。其间，苏黎世联邦理工学院再三聘请他任化学教授，他婉言谢绝。他认为自己的健康状况不能胜任该校繁重的教学任务。

1885 年，他接受维尔茨堡大学的聘请。维尔茨堡景色迷人，环境优美。学校当局翻修了旧的实验楼，安装了通风设施，并许诺修建新的实验大楼。在那里他开始了对糖类卓有成效的研究。1888 年，曾经抱定独身观念的费歇尔，与美丽善良的阿格内斯·格拉赫喜结良缘。他们生有三子。长子赫尔曼·费歇尔继承父业，是著名的有机化学家。不幸的是，这桩美满的婚姻只持续了 7 年。1895 年，费歇尔夫人因中耳炎并发脑炎去世。

1892 年，霍夫曼逝世，柏林大学化学教授职位空缺。学校向柏林教育部提议凯库勒、拜耳和费歇尔为继任候选人。拜耳声言不会离开慕尼黑。而教育部认为，凯库勒年事已高，不适合这个位置，因此决定聘请费歇尔任柏林大学化学教授。但费歇尔留恋自己的工作环境，起初亦无意于离开维尔茨堡。柏林大学许诺为他修建新的化学实验大楼（维尔茨堡大学并没有兑现修建实验大楼的诺言）。他的父母、妻子也希望他接受德国最有声望的柏林大学的教授职位。最终他接受了聘请，这年他 40 岁。在柏林大学，费歇尔继续从事糖类和嘌呤的研究，并开始转向新的研究领域——蛋白质和酶化学，这项工作奠定了现代蛋白质和酶化学的基础。1902 年，费歇尔因对糖类和嘌呤的合成研究获诺贝尔化学奖。

柏林大学的化学教授职务给费歇尔带来许多责任和义务。他曾数次任德国化学会主席和副主席之职。他是普鲁士科学院院士。日益繁重的教学任务，影响了他的研究工作，这促使他为创办富有活力、不受教学任务干扰的国立研究机构而积极奔走呼号。1911 年，威廉皇帝科学促进学会成立。1912 年，威廉皇帝化学研究所、威廉皇帝物理化学和电气化学研究所落成。费歇尔多年的梦想变成了现实。

费歇尔的研究领域是有机化学，但他决不轻视其他学科。他领导的柏林大学化学研究所从事的研究不仅限于有机化学，许多其他领域的化学家也毕业于该研究所，如著名的无机化学家、硼氢化学的先驱施托克。费歇尔最早认识到放射性的重要性，他在自己的研究所内为哈恩和迈特纳提供实验室。

1914 年，第一次世界大战爆发。作为德国化学界的最高权威，费歇尔被政府任命为煤焦油产品生产委员会主席和氮肥增产委员会主席。他中断了大部分有机化学研究工作，积极参与解决战时的各种科学技术问题。例如，用氨合成硝酸和硝石以代替因海上封锁而中止进口的智利硝石，用二甲基二苯脲和二乙基二苯肼代替战时供应不足的炸药稳定剂樟脑，用气提法生产制备三硝基甲苯所必需的苯和甘油，用萘制取重油，从焦炉的焦油中提取短缺的苯酚和甲酚，利用石膏和硫镁矾矿代替中断进口的黄铁矿。战争后期，食品短缺越来越严重，费歇尔非常关心氮肥的生产问题，将麦秆、树叶、杂草转化为牛饲料的问题，谷物的生长发育和蔬菜的保鲜问题，等等。

随着战争的继续，德国的失败终成定局，费歇尔越来越悲观失望。战争给他带来了沉重的打击，不仅研究工作被迫停止，还失去了两个儿子。次子瓦尔特 1916 年因精神失常自杀身亡；三子军医阿尔弗雷德 1917 年在罗马尼亚前线死于斑疹伤寒。费歇尔自己的健康也每况愈下，多年与苯肼的接触，严重损害了他的身体，肺炎、消化不良、支气管炎、失眠、喉炎等病魔不断折磨着他。1918 年，战争结束，研究工作逐步恢复。然而，他的身体愈来愈衰弱。1919 年 7 月初，他被确诊为肠癌，手术和药物已无回天之力。费歇尔深知自己将不久于人世。1919 年 7 月 15 日，一代科学伟人在柏林的寓所里服下氢氰酸自杀身亡。

为了纪念费歇尔，柏林大学在他工作了 26 年的化学研究所门前竖立了一座雕像。第二次世界大战中，雕像毁于战火。战后，经费歇尔的学生、马克斯·普朗克细胞生理学研究所所长瓦尔堡的努力，在细胞生理学研究所的花园里，又重新竖起了一尊费歇尔青铜铸像。然而，费歇尔的另一位高足克诺尔精辟地评论道："在他一生的工作中，费歇尔自己铸就了一座丰碑，它无疑将与地球文明共存。"

二、科学成就

1. 苯肼和苯胺染料

苯肼是鉴别和提纯醛、酮类化合物，尤其是糖类的优良试剂，也是合成染料、药物和其他有机中间体的重要原料。费歇尔偶然发现的苯肼，对他整个科学生涯具有重要影响。

1874 年，费歇尔获博士学位后，留在斯特拉斯堡大学从事有机制备工作。他安排实习生用二氨基联苯通过重氮化反应，制备联苯酚，但得到的却是混合产物。费歇尔重复并核实了这位学生的实验。他和拜耳都无法解释这一意外的结果。他推测或许是由于氧化才导致实验失败。于是，他在反应物中加入还原剂亚硫酸钾，再次进行实验。然而，得到的是一种沉淀，依然不是预想的联苯酚。

费歇尔认为，沉淀的出现可能与溶液的 pH 值有关。于是，他用更简单的硝酸重氮苯代替二氨基联苯，用酸化的亚硫酸氢钾代替中性的亚硫酸钾，进行探索实验。他得到一种盐（即苯肼磺酸钾），用苯甲酰氯进行处理后转化成二苯甲酰基苯肼。然后将其在盐酸中水解，形成苯肼盐酸盐沉淀，沉淀与氢氧化钾作用，就得到了他人生中第一个重大发现——游离碱苯肼。

实际上，在费歇尔之前，1869 年施密德和格卢茨、1871 年施特雷克尔和罗默分别通过与费歇尔类似的反应，已经制备出苯肼的衍生物。遗憾的是，他们缺乏费歇尔那样敏锐的洞察力，对自己的发现毫无所知，因而与苯肼这一重要化合物的发现失之交臂。

1875 年，费歇尔在他第一篇关于苯肼的论文中，给当时尚未知的母体化合物 H_2NNH_2 取名为“hydrazine”（肼）。12 年后，库尔提乌斯制备出这一化合物，命名为“diamide”（联氨）。1875 年秋，费歇尔随拜耳到慕尼黑大学，继续研究新发现的肼的衍生物。费歇尔弄清了苯肼的构造。在克诺尔的帮助下，他们用苯肼与乙酰醋酸乙酯作用，制得了第一种合成退热剂安替比林，这刺激了合成药物工业的发展。费歇尔将苯肼与酮和酮酸缩合，合成了吲哚。

1884 年，费歇尔发现苯肼与醛、酮类化合物反应可以生成结晶状的固体化合物苯腙，苯腙有固定的熔点。随后，又发现苯肼与糖类发生反应能生成腙，生成的腙还能再与苯肼反应生成脎。脎和腙一样，是结晶状化合物，有固定熔点。因此，苯肼在糖类的鉴定中具有重要价值。后来，费歇尔还将苯肼用于确定糖类的构型。

染料也是费歇尔的早期研究课题。他的博士论文就是研究颜色化学和染料化学的。之后他将自己的兴趣扩展到了新的合成染料领域。1876 年春，费歇尔和堂弟奥托·费歇尔合作研究染料品红。这种染料是霍夫曼在 1862 年通过氧化甲苯胺和苯胺制备而成的。对其结构，众说纷纭。费歇尔兄弟通过合成与分解实验，证明品红是三苯甲烷的衍生物。著名的阴丹士林染料，也是他们共同的研究成果。

2. 嘌呤化学

1882 年，费歇尔开始对嘌呤进行研究，这一工作持续到 1914 年。嘌呤是生物学上重要的物质。黄嘌呤、次黄嘌呤、腺嘌呤、鸟嘌呤存在于动物细胞核中；可可碱、咖啡因、茶碱存在于某些植物体内。在 19 世纪 60 年代，拜耳对这些嘌呤类化合物做过一些研究，初步辨明了它们的关系。1875 年，维尔茨堡大学的化学家梅迪库斯还提出几种嘌呤化合物的结构式。但在这一领域里，尤以费歇尔的成就最为卓著，今天嘌呤化学的绝大部分知识，都应归功于他。到 1900 年，他系统研究了嘌呤类化合物，确定了它们的化学结构，合成了约 130 种衍生物。

费歇尔研究了嘌呤类化合物的反应和降解产物。1882 年，他大胆提出了尿酸、咖啡因、茶碱的结构式。之后，他陆续合成了茶碱、咖啡因和尿酸。但进一步的研究，使他发现原先提出的结构式有误，因为反应产物与其结构式不符。1897 年，费歇尔提出了新的结构式。他认识到尿酸及其相关化合物是一种当时未知的简单母体杂环化合物的衍生物。他将这种杂环化合物命名为嘌呤。嘌呤分子上分别结合 1、2、3 个氧原子就是次黄嘌呤、黄嘌呤和尿酸。不久，费歇尔人工合成了次黄嘌呤、黄嘌呤、腺嘌呤和鸟嘌呤。1898 年，他终于成功地将三氯嘌呤还原成母体化合物嘌呤。这些工作，涉及大量的制备实验和非常复杂的化学反应。他还将嘌呤的研究和糖化学的研究相结合，1914 年制出茶碱、可可碱、腺嘌呤、鸟嘌呤和次黄嘌呤的糖苷。他首次从茶碱- D - 糖苷合成了核苷酸茶碱- D -糖苷磷酸。

费歇尔的嘌呤化学研究成果，对德国药物工业产生了重要影响。嘌呤类化合物的实验室制法，很快成为工业生产咖啡因、茶碱、可可碱的基础。1903 年，他合成了有效的安眠药 5，5 - 二乙基巴比妥酸，商品名巴比妥。1912 年，他制备出另一种具有商业价值的嘌呤化合物 5 - 乙基 - 5 -苯基巴比妥酸，俗称苯巴比妥或鲁米那。

3. 糖化学

费歇尔在糖化学这一领域的研究中，作出了卓越的贡献，极大地推动了有机化学的发展。1884 年，费歇尔开始研究糖类。当时所知的单糖只有 4 种——两种己醛糖（葡萄糖、半乳糖）、两种己酮糖（果糖、山梨糖），它们具有相同的分子式 $C_6H_{12}O_6$；双糖有蔗糖、乳糖和麦芽糖 3 种。慕尼黑大学的化学家基连尼初步探明葡萄糖和半乳糖是直链的五羟基醛，果糖和山梨糖是直链的五羟基酮。费歇尔经过 10 余年的艰苦探索，阐明了糖类的复杂结构和化学性质，完成了 50 多种天然糖的合成，并确定了许多糖分子的构型。

1887 年，费歇尔开始尝试人工合成糖类。他设想用甘油醛作为构造糖分子中碳链的起始物质。他用 2 -溴丙烯醛与氢氧化钡反应制取甘油醛。然而，他没有制得甘油醛，得到的是一种糖浆，他取名为阿柯糖。他用苯肼与阿柯糖反应，生成两种不同的脎，又从中分离出两种糖。费歇尔证明这两种糖是果糖和山梨糖，这是他首次合成天然存在的糖类。

1885 年，基连尼提出一种增长糖分子的碳链的方法，即把氰化氢加到羰基上，然后再进行水解和还原。费歇尔利用这种方法，将戊糖转变为己糖，再将己糖转变为庚糖，合成了含有7个碳原子的糖分子。

费歇尔将醛糖与苯肼反应，先生成腙，然后生成脎。脎在盐酸中水解，生成脎，将脎还原，就实现了由醛糖向酮糖的转化。

费歇尔发现，葡萄糖、果糖和甘露糖与苯肼生成相同的脎，因此推断，这三种糖在第二个碳原子以下具有相同的构型。

根据范托夫和勒贝尔的立体异构理论，费歇尔推断，己醛糖有16种可能的构型。用氧化、还原、降解、加成等方法，到1891年，他确定了D型己醛糖的所有构型。这些醛糖是从D-甘油醛衍生出来的。这16种异构体中，不少是由费歇尔通过人工方法合成的。

1893年，费歇尔通过羰基与醇的反应，制备出α-甲基葡萄糖苷和β-甲基葡萄糖苷，这是首次合成的糖苷。他设想，这两种糖苷具有环状结构。可惜，他没有将这种环状结构推广到单糖，尽管托伦斯在1883年曾提出过葡萄糖和果糖上有环状结构的设想。

费歇尔认为，双糖具有类似的环状结构，是由两个己糖通过一个氧链连接起来的。乳糖是葡萄糖-β-半乳糖苷，麦芽糖是葡萄糖-α-葡萄糖苷。这样，多糖就是糖本身的糖苷。他认为，葡萄糖苷的合成很重要，因为由此可以探索合成多糖的方法。

费歇尔还研究了酶的性质，因为酶对糖的发酵有重要影响。他奠定了酶化学的基础。1894年，他实验了酵母对各种糖的作用，注意到酶的专一性。例如，麦芽糖酶能水解α-甲基葡萄糖苷，但不能使β-甲基葡萄糖苷水解，而苦杏仁酶能使β-甲基葡萄糖苷水解，却不能使α-甲基葡萄糖苷水解。他认识到，对组成相同但具有不同立体构型的糖来说，一种酶只对某一特定构型的糖具有活性。因此，他得出这样的结论：酶是一种不对称试剂，只对具有特定立体构型的分子起作用。他把酶的专一性形象地比喻为"钥匙"和"锁"的关系，专用的"钥匙"才能打开与之配套的"锁"。这个著名的观点，今天仍普遍地应用于酶化学中。

作为对糖类工作的延伸，费歇尔从1908年开始研究糖的没食子酸衍生物单宁。1912年，他证明，单宁不是葡萄糖苷，而是酯，并合成了具有单宁性质的五双棓酰葡萄糖。1918年，他确定五倍子单宁的组成为五（间双棓酰）葡萄糖，还合成了七（三苯甲酰棓酰）–对–碘代苯基麦芽糖脎，这种麦芽糖衍生物的相对分子质量为4021，远远高于当时合成的任何分子。

4. 蛋白质化学

1899 年，费歇尔转向蛋白质的研究，希望能揭示出蛋白质的化学本质。1901 年，费歇尔创造了一种分离氨基酸的新方法，即从蛋白质水解得到氨基酸，他先制取氨基酸的酯，然后通过减压分级蒸馏分离氨基酸的混合物。他用这种方法研究各种蛋白质的组成，发现了缬氨酸、脯氨酸和羟基脯氨酸。他制出了几种氨基酸的酯，然后将两分子的氨基酸酯缩合成二肽。

他设想，肽键在多肽分子的长链中不断重复。于是，设计出合成多肽的方法，即先用一种含卤素的化合物与氨基酸中的氨基反应，形成肽桥。如：

$$CH_2ClCOCl+NH_2CH(CH_3)COOH \longrightarrow CH_2ClCONHCH(CH_3)COOH+HCl$$

然后用另一种氨基酸中的氨基与有机产物中的卤素反应，可以把另一种氨基酸连接上去。这样，他将甘氨酰、亮氨酰和其他基团引入肽中。1907 年，他合成了含 18 个氨基酸的多肽，它由 15 个甘氨酰和 3 个亮氨酰组成，相对分子质量为 1213，它具有和天然蛋白质相似的化学性质。费歇尔推断，该化合物可能有 816 种异构体，并认为“它可能是人类迄今为止，能够合成的最复杂的化合物”。这项成果一时轰动整个科学界。

费歇尔清楚地认识到蛋白质的复杂性。蛋白质，甚至最简单的肽，也有多种异构体，而确定蛋白质的结构又非常困难。到 1905 年，他区分出 29 种多肽，并用各种酶去实验它们的性质。1916 年，他对合成 100 多种多肽的工作进行了总结，认为这仅仅是天然蛋白质中可能结合状态中的极小部分，而他的研究也仅仅是个开端。

三、费歇尔与威廉皇帝科学促进学会的创立

今天有 80 多个研究所的德国马克斯・普朗克科学促进学会，是世界上最大的、最有声誉的、由政府开办的最成功的科研机构之一。其前身是 1911 年创办的威廉皇帝科学促进学会。费歇尔在威廉皇帝科学促进学会及其研究所的创立和发展中，起了重要的作用，他甚至被许多人看成是“威廉皇帝科学促进学会之父”。

1905 年 9 月，费歇尔为了创办一个不受教学任务干扰、能专心致志地从事基础研究的国立化学研究机构，联合著名的化学家奥斯特瓦尔德（1909 年诺贝尔化学奖得主）和能斯特（1920 年诺贝尔化学奖得主）起草了“关于创办帝国化学研究所的计划草案”，散发给德国许多著名的科学家和技术家。1906 年 1 月，德国化学会批准了这

个计划。6月，费歇尔将计划提交给德国工商促进会以寻求资助，并进行了几次答辩。他明确要建立一个“与应用化学密切相关的，从事基础研究的帝国化学研究所”，并建议由政府、科学界和工业界的代表组成一个评议委员会。

费歇尔认为，帝国化学研究所的任务包括解决化学重大疑难问题、精确测定化学常数（如原子量）、发布工业上争议问题的权威观点、检验化学制剂和仪器。1908年3月，帝国化学研究促进会成立，费歇尔任主席，恩斯特·奥托·贝克曼任计划中的帝国化学研究所的所长。然而，创办帝国化学研究所的计划最终流产，因为皇帝威廉二世不愿在财政上给予支持，并拒绝对这个机构的监督和管理进行负责。

由于大学实验室得不到政府足够的资金支持，而工业实验室又太注重于应用研究，无暇从事基础研究，德国普鲁士文化部顾问阿尔特霍夫在1896年就设想在柏林市郊达勒姆创建一系列普鲁士州立基础研究所。他称这个计划是建造“一个德国的牛津”。1906年3月，他让包括费歇尔、能斯特、哈纳克在内的7位柏林大学的著名教授直接给皇帝威廉二世写信，要求支持这一计划。费歇尔得知皇帝不愿从财政上支持创建帝国化学研究所时，就试图将他和奥斯特瓦尔德、能斯特的计划融入阿尔特霍夫的计划中。1908年，阿尔特霍夫去世。1909年11月，柏林皇家图书馆馆长、神学家哈纳克接受费歇尔的意见，上书皇帝吁请建立独立于大学之外的国家研究机构——威廉皇帝科学促进学会。他在信中指出，德国在基础研究所的建立方面，已远远落后于其他国家，他列举了其他国家新建的研究所，如瑞典的诺贝尔研究所，美国的卡内基研究所、洛克菲勒研究所，英国的皇家学会，丹麦的卡尔斯堡研究所，法国的巴斯德研究所等。他写道：“根据这一计划，我们以威廉皇帝科学促进学会为中心，极需要建立研究所，不是一个，而是许多个。……今天，科学已经发展到这样的地步：单独一个州已无力再为它提供必需的财力和物力支持了。政府、有钱的富人与痴迷于科学的个人之间的合作应该加强，只有这样，未来科学研究在物质方面才能得到有效的保障。”

由于担心其他国家在科学方面超过德国，威廉二世于1910年5月同意成立威廉皇帝科学促进学会，并在达勒姆划拨50公顷土地（阿尔特霍夫原先要求土地面积的一半）用于修建研究所。

1911年1月11日，威廉皇帝科学促进学会正式宣告成立。哈纳克任学会首任主席，费歇尔被选为评议会成员、学会副主席、董事会董事长。这个学会的目的是创办和资助自然科学研究所，促进科学的发展。1911年7月，费歇尔领导的帝国化学研究促进会并入威廉皇帝科学促进学会，并提供 90 万马克的资金用于修建化学研究所。在他的遗嘱中，费歇尔将他从自己发明的两种合成药物“萨尤丁”和“沙波明”的销售中分得的 75 万马克红利，悉数捐赠给了威廉皇帝科学促进学会。

1912 年 10 月 23 日，威廉皇帝化学会最早的两个研究所——威廉皇帝化学研究所、威廉皇帝物理化学和电气化学研究所落成。德皇威廉二世和科学界、工业界及政界的名流显要参加了庆典。费歇尔多年的梦想实现了。他首先向皇帝致辞：“新建筑披着节日的盛装，我们庆祝在陛下您的庇护下这两个新研究所的诞生。我们坚信，从这里会不断产生出大批才华卓著的年轻人，他们将以杰出的发现和有价值的发明报效国家、为研究所增光。”虽然历经两次世界大战的干扰和后来德国被分割，但是费歇尔的预言还是在很大程度上实现了。

威廉皇帝化学研究所的首任所长是恩斯特·奥托·贝克曼。该研究所分为 3 个独立的研究部：（1）无机和物理化学研究部；（2）有机化学研究部；（3）放射性化学研究部。费歇尔自开始直到去世，一直任该研究所执行委员会主席。1935 年，哈恩和迈特纳在这里从事中子辐照铀和钍的研究，1938 年末核裂变的重大发现宣告了原子时代的到来。1959 年，该研究所改称哈恩研究所。

威廉皇帝物理化学和电气化学研究所的第一任所长是哈伯。自 1953 年，该研究所更名为哈伯研究所。第一次世界大战中，该研究所成了化学武器的研究与开发中心，由化学家、药物学家、医生、物理学家、技术专家和政府官员共同进行研究。例如，芥子气的发现者之一施泰因科普夫和研究化学武器对人体影响的弗卢里就在这里工作。因对毒气的研制受到广泛指责的哈伯，于 1916 年建议创立威廉皇帝军事技术科学基金会，以更进一步加强军事和科学之间的联系。第一次世界大战后，哈伯花了很大的精力试图从海水中提取黄金以帮助德国偿还战争赔款，但没有成功。

很久以来煤一直是德国最有价值的自然资源之一。早在 1911 年 1 月，费歇尔就提出要创建威廉皇帝煤炭研究所。1913 年，该研究所在米尔海姆正式成立，由费歇尔的学生弗朗茨·费歇尔任所长。用埃米尔·费歇尔的话来说，该研究所的目标是提升煤本身的价值。他还认为，该研究所与工业界的密切合作，不仅必要，而且非常迫切。这个研究所并不局限于煤炭的研究，实际上涉及与燃料有关的所有问题。在煤炭研究所里，立了这样一块纪念碑，上面铭刻着：“埃米尔·费歇尔（1852—1919），先知地认识到煤中的巨大希望。他是煤炭研究所的精神之父。”

1918 年 10 月，在布雷斯劳又成立了威廉皇帝西里西亚煤炭研究所，其任务是研究煤及其蒸馏产物的化学，改进现有的纯化煤的方法，寻找从煤中提取有价值原料的新方法。费歇尔还规划和创建了许多其他研究所，如钢铁研究所、生物学研究所、细胞生理学研究所（由费歇尔的弟子瓦尔堡任首任所长）、实验疗法研究所、金属研究所和制革研究所等。1920年6月，费歇尔去世不满一年，成立了埃米尔·费歇尔化学研究促进会，以支持威廉皇帝科学促进学会的化学研究。

第二次世界大战以后，威廉皇帝科学促进学会被重建为马克斯·普朗克科学促进学会，首任主席是威廉皇帝科学促进学会的最后一任主席哈恩。马克斯·普朗克科学促进学会是德国大学之外最大的学术机构，在促进基础科学研究方面作出了卓越的贡献。

（作者：张清建）

参考资料

[1] E. Farber. Great Chemists [M]. New York: Interscience Publishers, 1961, 981-995.

[2] C. C. Gillispie. Dictionary of Scientific Biography: Vol. 5 [M]. New York: Charles Scribner's Sons, 1972: 1-6.

[3] A. J. Ihde. The Development of Modern Chemistry [M]. New York: Dover Publications, 1964, 345-360.

[4] 袁翰青，应礼文.化学重要史实[M].北京：人民教育出版社，1989：303-306.

阿尔弗雷德·维尔纳

（Alfred Werner，1866—1919）

维尔纳

配位化学的“建筑师”

阿尔弗雷德·维尔纳总是与配位化学密切联系在一起。他是配位化学无可争辩的奠基人。他的名字，几乎成了这一学科的代名词。直至今日，配合物尤其是金属的氨配合物，仍被称为维尔纳配合物，配位理论被通称为维尔纳理论。

1893 年，任编外讲师的维尔纳提出了革命性的配位理论。当时，他所依据的实验事实极其有限。在此后 20 多年里，他致力于实验证据的积累，以证明这一理论的有效性。他第一个证明立体化学是一种普遍现象，不仅限于含碳化合物中。他发表的大量理论和实验论文，今天仍是配位化学研究的基础和指南。可以毫不夸张地说，配位理论对无机化学的影响，完全可以与凯库勒、库珀、范托夫的结构学说对有机化学的影响相提并论。

1913 年，维尔纳荣获诺贝尔化学奖，成为第一个获此殊荣的瑞士化学家。尽管他是因为对配位化学的卓越贡献而获得这一桂冠的，但他的理论的意义和应用已远远超出了无机化学，对有机化学、分析化学、物理化学、矿物学、结晶学、生物学、空间科学等领域都具有不可估量的价值。今天，结构化学在理论和实践上的重要性已毋庸置疑，这一领域的基础主要是维尔纳奠定的。因此，他被誉为“无机化学中的凯库勒”“配位化学的‘建筑师’”。

一、生平

维尔纳 1866 年 12 月 12 日生于法国阿尔萨斯的米卢斯。父亲是一位锁匠。1871 年，普法战争后，阿尔萨斯被割让给德意志帝国。有 5 万多阿尔萨斯人不愿屈服于德国的统治，移居法国。维尔纳全家仍留在世代居住的米卢斯。德国宰相俾斯麦颁布了不得人心的法令：德语为官方语言。但在家里，维尔纳全家仍坚持讲法语，感情上始终向着祖国。尽管维尔纳很崇拜德国的科学，他的论文也多发表在德国刊物上，但在政治和文化上，法国情怀自小已扎根于他心中。

6 岁那年，维尔纳被送进当地的天主教会办的一所小学读书。他极端自信、不盲从任何权威的独特个性，在小学已明显地显露出来。他的成绩并不优异，喜欢逃学，为此没有少挨父亲的板子。每次挨打之前，他总是瞒过父亲和兄弟们的眼睛，在裤子里藏些硬纸片。不过，维尔纳确实聪明过人。一次，根据考试成绩，他被罚坐教室的最末座位上。老师对他说："你如果愿意，只要稍微用功，一定可以被安排在前面第一个座位的。"

1878 年，维尔纳小学毕业，进入中等技术学校就读。他像变了一个人一样，学习非常勤奋，尤其对化学产生了强烈的兴趣。他在自家屋后的简陋库房内建了一个化学实验室，开始做一些化学实验。像凯库勒早年一样，维尔纳对建筑艺术也开始产生兴趣。

18 岁那年，维尔纳写出了他一生中的第一篇论文，并送请内尔廷教授审阅。维尔纳后来回忆道："没有自己的实验数据，只是简单地将有关尿素化合物的研究资料编辑起来，凭着年轻人的大胆和热情，我竟自信这篇论文会改变整个有机化学界。我把论文送给了内尔廷教授，他告诉我 8 天后回话。8 天后，我满怀希望到了他那里。尽管他对我的论文赞赏有加，但毫不隐讳地告诉我，这篇论文还不足以使有机化学发生革命性的变化，我还必须学习更多的东西。对这种评价，我已经很满足了。我又立即问他，还要多长时间我才能成为一名化学教授。他微笑着说，要有耐心，潜心钻研，需七八年吧。"内尔廷教授在论文上批道："似乎谦虚一点更好。"8 年后，维尔纳接替梅茨任苏黎世大学化学副教授，内尔廷教授的预言果然应验。

1885 年 10 月，维尔纳到卡尔斯鲁厄服了一年义务兵役。这给他的心灵带来了伤害，因为他仇视德国占领者。然而，能稍减他伤痛的是，他驻扎的卡尔斯鲁厄风光秀丽、景色迷人，又因 1860 年第一次国际化学会议在此召开而闻名于世。他常到卡尔斯鲁厄工业学院旁听有机化学。1886 年 10 月，维尔纳退役，他来到瑞士最大的城市苏黎世，在这里度过了他的后半生。而故乡米卢斯，仍是他心中的至爱。1965 年，米卢斯市政当局决定，将临近化学学院的一条街以他的名字命名，以示纪念。

通过考试，维尔纳进入了著名的苏黎世联邦理工学院就读。入学考试中，他的化学成绩优异（获满分 6 分），而数学不及格（仅得 2 分）。3 年的学习期间，他的数学成绩仍然欠佳，某次高等数学考试只得了 2 分。由于他在数学上的明显差距，维尔纳一生的贡献本质上具有定性的特征，甚至与苗拉提合作的著名的电导研究实际上也只具有半定量的性质。

1889 年，维尔纳毕业，获工业化学毕业文凭。他留校在隆格的化学实验室任无薪助教，同时在汉奇教授的指导下，开始博士论文的研究工作。汉奇是杰出的有机化学家，但他最大的成就或许是发现了维尔纳。维尔纳是他最出色的学生，也是他终生信赖的挚友。维尔纳认为，汉奇对他早期的研究具有重要的影响。1904 年，维尔纳出版的第一部著作《立体化学教程》，便献给了他的这位恩师。

1890—1893 年，维尔纳完成了 3 篇重要的论文，他的学生和助手胡贝尔称之为“三部曲”。“第一部曲”是他的博士论文《含氮化合物分子中原子的空间排列》，1890 年在《德国化学会会志》上与汉奇联名发表。这也是维尔纳发表的第一篇论文。维尔纳将范托夫和勒贝尔的碳原子四面体概念扩展到氮原子，解释了三价氮原子的衍生物的几何异构现象，奠定了含氮化合物的立体化学基础，成为立体化学的重要里程碑。

1890 年 10 月，维尔纳获博士学位。为了取得在大学授课的资格，1891 年，他向苏黎世联邦理工学院提交了《论亲和力和化合价理论》的任职资格论文，这是维尔纳在立体化学领域的“第二部曲”。这位初出茅庐的年轻博士，开始向结构理论的创始人凯库勒挑战，试图用变价概念取代凯库勒的恒价学说。这篇论文发表在不知名的、发行量很少的刊物上，没有引起人们的注意。

1891 年冬，经隆格教授的推荐，维尔纳赴巴黎的法兰西学院跟随著名的物理化学家贝特洛做了一个学期的热化学研究，但这对他后来的工作没有大的影响。1892 年春，他回苏黎世联邦理工学院任助教。

维尔纳在苏黎世联邦理工学院任职的时间很短。1893 年 8 月，维尔纳被苏黎世大学聘为有机化学副教授，开始了他在苏黎世大学长达四分之一世纪的卓越的科学研究生涯。被聘的主要原因，是这年 3 月他在德国《无机化学学报》上发表了一生中最重要的论文，著名的“第三部曲”《论无机化合物的构造》，提出了具有划时代意义的配位理论的基本假设。论文一经发表，立即引起化学界的极大兴趣和广泛批评。维尔纳几乎在一夜之间出了名。

维尔纳卓越的才能受到欧洲著名化学家费歇尔、拜耳的赞赏。欧洲一所著名大学欲聘请他任教授，被他婉言拒绝。瑞士科学界认为，副教授的头衔与维尔纳的才干和日益增长的声望已极不相称。1895 年 6 月，任副教授不满 2 年的维尔纳被苏黎世大学提升为教授。1897 年，他谢绝了伯尔尼大学的聘请，苏黎世大学决定给他加薪并许诺改善实验室设施。1900 年维也纳大学、1903 年巴塞尔大学、1905 年苏黎世联邦理工学院、1910 年维尔茨堡大学先后重金礼聘维尔纳任教授，均遭拒绝。苏黎世大学多次加薪，予以嘉奖。同时，他获得了欧洲和美国许多著名大学的荣誉博士学位及学术团体授予的荣誉称号。

1894 年 10 月，维尔纳与一位苏黎世姑娘结婚，同时加入瑞士国籍，放弃德国国籍，以示对德国的仇恨。维尔纳的夫人性格文静，甚至有些孤僻，与开朗活泼、精力充沛、性格外向的维尔纳形成鲜明对照。婚后，她将主要精力倾注在家务和孩子身上。青年时代的维尔纳，对科学的痴迷远甚于对家的眷恋。他是一个为科学而生的人，睡眠时间很短，晚上多在实验室做研究。他喜欢抽空与朋友娱乐，如下棋、打台球、滚木球和玩纸牌。

维尔纳在苏黎世大学讲授多年有机化学，1902 年冬才开始主要讲授无机化学。他一生发表论文 170 余篇，其中有机化学方面的论文 45 篇，涉及肟、菲、羟胺、偶氮染料等。他对瓦尔登翻转的研究和解释，至今仍有重要价值。在苏黎世大学的前6年，他兼顾有机化学和无机化学两个领域，发表的有机化学论文数量超过无机化学论文。到 1899 年，他在配位化学研究方面获得显赫的名声，才将重点转向无机化学。

19 世纪后期，有机化学正处在欣欣向荣、飞速发展的阶段，其辉煌成就使其他学科黯然失色。无机化学一派萧条，只有穆瓦桑、拉姆齐等少数化学家在这一领域耕耘。1897 年 11 月 25 日，维尔纳给汉奇的信中写道："我几次险些完全回到有机化学领域，我可能会以较少的工作业绩，获得更多的肯定和承认。我迫使自己回到无机化学领域，但或许我过高地估计了其研究的重要性。"1899 年 7 月 12 日，维尔纳写信给汉奇："无机化学提出了许多亟待解决的问题，它们使我入迷。我决定沿着无机化学的方向走下去，希望获得比有机化学更多的成果。"此后，他完全将自己看成一位无机化学家，以极大的热情，竭尽全力推动无机化学的发展。

从1893年起的14年中，维尔纳是在通风不良、阴暗潮湿的地下室进行研究工作的。他的学生戏称这个实验室为"地下墓窟"。恶劣的条件丝毫不减他的探索热情。他一生的大部分实验是在"地下墓窟"中完成的。他以特有的不屈的耐性，年复一年，一次又一次向苏黎世市政当局吁请改善实验室条件。1905 年 2 月，市政当局终于同意拨款 140 万瑞士法郎兴建新的实验楼。1909 年 1 月，新楼落成。维尔纳在新实验室完成了旋光异构配合物的合成、拆分和测定，使配位理论得到充分的验证而为举世所公认。

维尔纳是苏黎世大学最受崇敬的教授和学者。其他学科的学生，甚至一些法律系和神学系的学生，也来听他的演讲，被他的人格魅力所吸引。许多医科学生转攻化学。宽敞的新实验室不久又显得拥挤不堪。1913 年冬季学期，渴望听他的无机化学课程的 300 多名学生，挤进只能容纳约 200 人的礼堂，可谓盛况空前。

维尔纳知名的国际声誉，吸引了法、德、英、美、荷、俄、日、匈、奥等国的青年。他培养博士研究生 200 余名。他承认，他的许多研究工作，若没有学生的全力参与是不可能完成的。

维尔纳不仅是出色的理论家，也是卓越的实验大师。今天在苏黎世大学化学研究所的一间小屋里，陈列着维尔纳和他的学生在四分之一个世纪中研究和合成的数千种配合物。维尔纳说过："我的确是在废寝忘食地工作。但化学研究对我来说是非常愉快的事情，特别是用实验证实一个新结论时。实验室的工作是我最大的快乐。"他具有超乎常人的敏锐直觉和预见性。一旦某个学生被维尔纳接纳为博士生，该生肯定会非常顺利地拿到博士学位，因为做维尔纳指定的题目通常不会走弯路。维尔纳的研究几乎遍及配位化学的各个方面，其贡献是如此之巨大和广泛，以致多年来许多化学家认为，在这一领域几乎不再可能做出什么发现了。

1913 年，维尔纳获诺贝尔化学奖，成为第一个获此殊荣的瑞士化学家。他坦言："我知道会有这一天的，但没有想到就在今年。"

维尔纳是罕见的工作狂。长期过度的劳累，严重损害了他的健康。1899 年 5 月，他在给好友苗拉提的一封信中写道："上年冬季学期末，我已经觉得太累了。也难怪，实验室总是挤满学生，工作负担不断加重，繁务缠身，又发表 12 篇论文。总之，我太需要一个较长的休假。"这年冬天，维尔纳患上了严重的肺炎。不久，又患上了百日咳和严重的神经性头痛。医生劝他减轻工作压力，但他不听劝告。在获诺贝尔化学奖不久，他被诊断为患有脑动脉硬化症。1915—1916 年，由于健康状况不佳，他的无机化学课程只好由助手讲授。

1917 年冬季学期，维尔纳倔强地重新登台授课并担任化学研究所的领导职务，以致病情加重，脑力衰退，甚至记不起博士生的名字。他说话开始变得困难，只得通过助手复述完成讲课。亲友和同事深为痛心和忧虑。1918 年初，苏黎世大学当局收到几十名年轻大学生签名的请愿书："对作为科学家和学者的维尔纳教授，我们非常敬重。但我们被迫提出抗议，强烈要求改变这种现状。"不久，由他的高足卡勒接替他的授课任务和化学研究所所长职务。

维尔纳仍在与病魔做顽强的抗争，决不放弃最终康复的信念。这一信念，一直坚持到 1919 年夏他病入膏肓、恢复无望为止。1919 年 10 月 15 日，维尔纳正式退休。一个月后的 11 月 15 日，维尔纳在经受长期的身体和精神折磨后与世长辞。

二、配位理论的诞生

19 世纪 50 年代，结构有机化学的创始人凯库勒根据他的恒价学说，将配合物特别是金属的氨配合物，看成分子化合物。设想分子化合物不如原子化合物稳定。但是，一些金属的氨配合物具有较强的耐热能力和抗化学试剂能力。例如，$CoCl_3 \cdot 6NH_3$ 加热至 150℃也无 NH_3 放出，加入酸无铵盐生成，加入碱也不沉淀出 $Co(OH)_3$。显然，恒价学说和分子化合物理论根本无法解释配合物的构造和性质。

1869 年，瑞典化学家布洛姆斯特兰德提出氨配合物中 NH_3 分子能形成氨链结构的设想。这一设想后来又得到丹麦化学家约尔根森的充实和发展。这一设想对某些实验事实尚能以圆其说，但它无法解释 $CoCl_3 \cdot 4NH_3$ 有紫色和绿色两种异构体存在的事实。此外，这一设想也缺乏理论和实验上的依据。

1892 年，苏黎世联邦理工学院 26 岁的助教、名不见经传的维尔纳，提出了具有革命意义的配位理论。他彻底抛弃了凯库勒恒价学说和布洛姆斯特兰德－约尔根森链理论，结束了几十年来结构无机化学中的混乱局面，从而开创了无机化学的新时代。

早在 1891 年，维尔纳在其大学任职资格论文《论亲和力和化合价理论》中，就向结构有机化学的创始人凯库勒发起进攻。维尔纳否定了凯库勒的恒价学说，假定亲和力是产生于原子中心的吸引力，对原子球面的各部分具有相同的作用；认为元素的化合价依赖于元素原子所形成的化合物的性质，即化合价是可变的；在形成分子的过程中，原子的亲和力不可能完全用尽，还存在不饱和亲和力或剩余亲和力。可见，这篇论文中已有后来主价和副价思想的萌芽。但是，维尔纳在这篇论文中讨论的全是有机化合物。

关于配位理论的产生，据维尔纳陈述是这样的：在 1892 年的一天凌晨，他 2 点钟醒来，突然灵感来临，分子化合物之谜被解开了。他立即起床，摊开稿纸，不停地写作，困了以浓咖啡醒脑提神，到下午 5 点，便完成了他一生中最重要的论文《论无机化合物的构造》。这年 12 月，他将论文寄给德国《无机化学学报》，第二年 3 月论文发表。

维尔纳的教师生涯始自 1892 年。据他的助手回忆，维尔纳在准备一次理论化学讲座时，开始对当时流行的金属的氨配合物理论及有关的化合物产生浓厚的兴趣，不久就坚信传统的化合价理论无法完满地解释这类化合物的性质。推算起来，这次讲座距投寄论文至多不过六七个月时间。而维尔纳原来专攻有机化学，其无机化学知识相当有限。也无迹象表明，在此次讲座之前，他对无机化学产生过兴趣。类似的例子，科学史上并不鲜见。美国科学史家库恩在《科学革命的结构》中写道：“提出新规范的人几乎都很年轻。他们不熟悉自己所改变规范的领域。……很显然，他们以前的实践，很少使自己受到常规科学的传统规则的束缚，因此，最有可能看出那些传统规则不再适用了，并构想出另一套新的规则取而代之。”丰富的想象力、敏锐的直觉、强烈的自我意识、积极的进取心、远大的抱负和对工作的痴迷，所有这些具有高度创造力的独特个性，都可以用来形容维尔纳。而童年时养成的倔强和反叛的性格，对他提出反传统的理论也有重要影响。维尔纳就曾将新理论的诞生归功于他“强烈的独立意识、不迷信和盲从权威以及对真理的渴求”。

维尔纳的理论使经典无机结构理论和化合价理论急剧崩溃。他假设存在两种化合价，即主价（可电离的化合价）和副价（不可电离的化合价）。他认为处于特定氧化态的金属都具有特定的主价数，同时也具有必须得到满足的副价数，即配位数。主价由阴离子满足，副价由阴离子或含配位原子的中性分子满足。副价围绕中心原子在空间取向，如副价为6，分子的空间构型是八面体构型；副价为4，则分子的空间构型是四面体或平面四边形构型。维尔纳理论认为，配位体与中心原子结合形成配离子，它通常在溶液中以分立的单元存在。

维尔纳的配位理论，并非像目前流行的化学史教科书或专著所说的那样，是在“总结了大量实验事实”的基础上提出来的，起初缺乏的正是实验依据，因此，这一理论受到了同辈化学家的广泛批评。在以后的20多年里，维尔纳苦苦地为他的理论寻找实验证据。

三、电导研究

维尔纳为配位理论寻找的第一个实验证据是1893—1896年间与苗拉提合作进行的电导研究实验。

根据布洛姆斯特兰德-约尔根森链理论，1分子亚硝酸六氨合钴（Ⅲ）$[Co(NH_3)_6](NO_2)_3$在溶液中电离生成3个NO_2^-和1个三价阳离子，共4个离子。1分子六氨合物失去1个NH_3分子，形成1分子五氨盐，其在溶液中电离生成3个离子——2个NO_2^-和1个二价阳离子，因为与Co原子直接成键的NO_2^-不离解。1分子五氨盐再失去1个NH_3分子，就变成了1分子亚硝酸二亚硝基四氨合钴，链理论预言它在溶液中可电离出2

个离子，即 1 个NO_2^-和 1 个一价阳离子。1 分子四氨合物再失去 1 个 NH_3 分子，只是链变短，生成的化合物在溶液中电离出 2 个离子。再进一步失去 NH_3 分子，形成的化合物就不存在了。配位理论则认为，从氨配合物中失去 1 个 NH_3 分子，并不是简单的失去，而是发生了取代作用，它的位置由一个阴离子占据。配离子的电荷等于中心金属离子的电荷与配位基电荷的代数和。因此，当配合物 MA_6 中的 A 逐步被阴离子 B 取代，生成配合物的离子数逐步减少，直到形成一种非电解质，然后配离子变成阴离子，离子数再逐渐增加。

1875 年，科尔劳施发现离子独立移动定律。4 年后，他又提出电解质的当量电导等于阴、阳离子电导之和的原理。科尔劳施的加法原理提供了一个测定可溶化合物离子数目的简便方法。维尔纳和苗拉提用这种物理化学方法，解决了一个重要的化学难题——配合物的组成。

1893 年，维尔纳和苗拉提在他们合作的第一篇论文中，证明配合物的摩尔电导 μ 随 NH_3 分子逐步被酸根离子取代而减小。例如，他们发现，六氨合钴（Ⅲ）盐的 μ > 五氨合钴（Ⅲ）盐的 μ > 四氨合钴盐的 μ，三氨盐［$Co(NH_3)_3(NO_2)_3$］的 μ 几乎降到 0。他们还发现，1 个 NH_3 被 1 个 H_2O 取代，μ 并无多大改变。这样，通过电导测定，可以确定配合物的离子数。

三氨盐［$Co(NH_3)_3(NO_2)_3$］的电导数据，在判明两种理论孰是孰非上至关重要。约尔根森认为它是电解质，而配位理论预言它是非电解质，维尔纳的观点得到了电导数据的支持。

1894 年，维尔纳和苗拉提发表了第二篇配合物电导测定的论文，证明实验测定的电导数据与配位理论的预言完全吻合。他们收集了含不同离子数目的 Co（Ⅲ）、Cr（Ⅲ）、Pt（Ⅱ）、Pt（Ⅳ）等配合物的电导数据，发现同种类型的配合物，电导数据处于同一数量级，波动范围很小。因此，电导测定还可用来确定某一未知配合物的类型。

维尔纳认为，电导研究结果与他的理论吻合得极好，像三氨盐［$Co(NH_3)_3(NO_2)_3$］这类化合物的电导值极低，这是非电解质特性的一个表现。1897 年，彼得森核实了维尔纳的实验结果，但他对维尔纳的结论持怀疑态度。他发现在某些情况下，电导测定显示的离子数比理论预测的要大，如［$Co(NH_3)_3(NO_2)_2Cl$］，配位理论要求它是一个非电解质，而表现的却是一个 1∶1 型电解质的电导数据。维尔纳用水化反应来解释这种“偏差”：

$$[Co(NH_3)_3(NO_2)_2Cl] + H_2O \longrightarrow [Co(NH_3)_3(NO_2)_2(H_2O)]^+ + Cl^-$$

彼得森测定不含易被水取代的配位基的配合物的电导值，结果与维尔纳理论吻合。彼得森试图用冰点法验证他的电导测定结果，但与电导测定并不一致。约尔根森抓住这些所谓的“偏差”，试图全盘否定电导法，进而否定维尔纳和苗拉提的实验结果。但实际上，彼得森的结果并没有支持约尔根森的观点。

毫无疑问，在解释配合物阴离子的存在和证实金属配合物 MA_6 到复盐 MB_6 之间存在一个不断过渡的系列方面，维尔纳理论相当成功，而链理论则无能为力。

1899 年，62 岁的约尔根森在对链理论做最后一次辩护之后，便很宽厚大度地结束了这场争论。他说：“我已经将旧理论与维尔纳的体系，尽可能客观地从各个方面进行了比较。我现在甚至比以前更坚信经我修正的布洛姆斯特兰德理论，是阐述金属氨盐化学的最好理论，并且它与整个化学体系协调一致。维尔纳创建了一个能概括所有细节的理论，他不满足于提出一些假设。他具有惊人的聪明才智，揭示了许多有趣的、重要的新事实。我祝愿他获得更多的新发现。”

维尔纳的观点遭到约尔根森的批评，这是很自然的。因为它使经典无机结构理论和化合价理论急剧崩溃。维尔纳提出配位理论之初，Co（Ⅲ）配合物的八面体构型还只是一个未经证实的假设，而这时，约尔根森潜心研究钴氨配合物已达 15 年之久，并能根据链理论解释他的新发现。

维尔纳理论最终获得了胜利。但约尔根森的观察并没有失效，相反，他的实验由于做得特别精细，不仅后来被证明完全可靠，而且还成为维尔纳理论的基础。维尔纳始终承认从这位老人那里获益不浅。1913 年，维尔纳在斯德哥尔摩接受诺贝尔化学奖返回苏黎世的途中，向丹麦化学会写信，高度赞扬约尔根森的实验贡献在配位理论的发展中所起的重要作用。可惜，由于约尔根森病重，这两位伟大的对手失去相见的机会。

四、异构体计算法

众所周知，维尔纳用来确定六配体钴氨配合物八面体构型的方法，是所谓的“异构体计算法”。用这种方法，维尔纳彻底否定了链理论，证明三价钴原子具有八面体构型，而不可能有其他空间构型。

该方法的出发点是，假定所有的 6 个配体占据离中心原子对称、等距的位置，这样六配体配合物可能存在平面正六边形、三棱柱形和正八面体形三种结构。然后，将已知异构体数目与理论预测的异构体数目进行比较。

大多数情况下，六配体配合物的已知异构体数目符合八面体构型的预测。但也有例外，如理论预测配合物 MA_4B_2 有 2 种异构体，而实际只知道 1 种。因此，八面体构型还需充分的证据。

五、紫色盐 cis-$[Co(NH_3)_4Cl_2]Cl$ 的发现

1890 年，约尔根森第一个发现 $M(\overline{AA})_2B_2$ 型配合物中的顺反异构现象。他蒸发绿色化合物 $[Co(en)_2Cl_2]Cl$（en 为乙二胺）的水溶液，得到紫色的异构体，他称之为紫色氯化钴。他在低温下用硝酸银处理，发现有 2 / 3 的 Cl 被“隐蔽”起来。维尔纳等人用冰点法和电导法证明 1 分子 $[Co(en)_2Cl_2]Cl$ 在溶液中电离出 1 个一价阳离子。

约尔根森把颜色的差异归因于配合物中 2 个乙二胺分子连接方式不同所引起的结构异构，他认为简单的四氨合物就不会出现这种情况。维尔纳则认为颜色的差异是由几何异构引起的。

在维尔纳看来，这种顺反异构现象是八面体构型的一个几何学上的结果。这样，在不含乙二胺的简单 MA_4B_2 型配合物中，也应观察到这种异构现象。依八面体构型假说，$[Co(NH)_2Cl_2]Cl$ 存在顺式紫色盐和反式绿色盐两种异构体，但当时只知道绿色盐，它是由伊布斯和根特在 1857 年首次发现的。人们用稀盐酸作用于 cis-$[Co(NH_3)_4Cl_2]Cl$，希望得到紫色盐，但结果总是生成 trans-$[Co(NH_3)_3(NO_2)Cl_3]$。因此，“失踪”的紫色盐像 $[Co(NH_3)_3(NO_2)_3]$ 一样，又成了这两位对手争论的焦点。约尔根森这位坚定的经验主义者，批评维尔纳的理论是以一个未知化合物的存在为依据的。

紫色盐的制备是一个棘手的难题。因为，氨配合物远不如相应的乙二胺配合物稳定，在水溶液中极易发生水化作用，形成水合盐。1907 年，维尔纳在 −12℃的低温下，用被氯化氢气体饱和了的盐酸处理 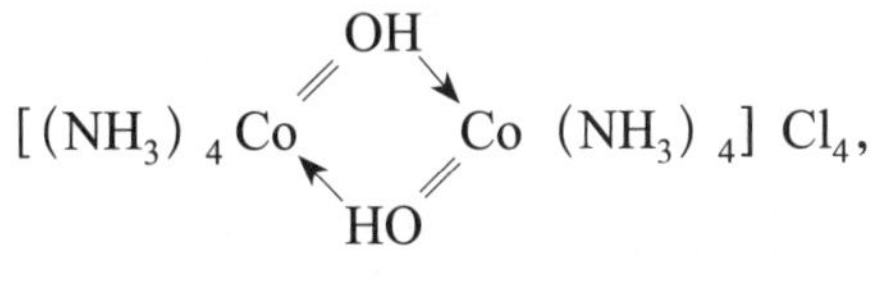，终于成功地制得了令人难以捉摸的紫色盐 cis-$[Co(NH_3)_4Cl_2]Cl$。维尔纳兴奋异常，迫不及待地写信向约尔根森通报他的发现：“实在冒昧，我随信给您一份寻觅很久的紫色盐 cis-$[Co(NH_3)_4Cl_2]Cl$ 样品，希望您也能为此感到高兴。”紫色盐的存在是维尔纳理

论的必然结果。约尔根森知道维尔纳的发现后，立即承认维尔纳观点的正确性。

六、旋光异构体配合物的拆分

紫色盐的发现使 MA_4B_2 型配合物的已知异构数目也与八面体构型的预测一致了。但这还不能证明八面体构型假说一定正确，只能说明它可能正确，其他构型可能不正确。因为从逻辑上人们可以认为，没有分离出第三种异构体并不能保证它就一定不存在，或许它非常不稳定或非常难于分离。因此，必须有更充分的证据证实八面体假说，那就是要将不对称的六配体配合物拆分成它们的光学对映体。

早在 1899 年，维尔纳在一篇研究二乙二胺合钴（Ⅲ）盐的文章中，根据八面体构型假说，认为 $[Co(en)_2C_2O_4]^+$ 有两种不对称空间构型，它们好像实物和镜像一样，彼此不能叠合。因此，他明确指出配合物中存在光学异构现象的可能性。

1910 年初，美国人金来到苏黎世大学，成为维尔纳的博士研究生。维尔纳让金用（+）－溴樟脑 - π - 磺酸银拆分 $[Co(en)_2CO_3]Br$。金花了一年时间，没有成功。金转而研究相关的化合物 cis - $[Co(en)_2NH_3Cl]X_2$（X 代表 Cl、Br 等）。金认为，用两个不同的配位基 NH_3 和 Cl 取代 CO_3^{2-}，得到的配离子 $[Co(en)_2NH_3Cl]^{2+}$ 的构型的镜像不叠合性将得到加强。

1911 年，金经过 2000 多次分步结晶，终于成功地用（+）– 溴樟脑 - π - 磺酸银拆分出 $[Co(en)_2NH_3Cl]X_2$ 的光学对映体。这使维尔纳欣喜万分，因为八面体构型得到了一个肯定的证据，四面体构型也失去了对光学异构现象的垄断地位。

维尔纳认为，这一研究成果证明，金属原子可以作为稳定的、不对称结构分子的中心原子，纯粹的分子化合物也可以存在稳定的镜像异构体，因此，原子化合物和分子化合物的区别完全消失了。此外，它证实了八面体构型是一个具有深远意义的结论。金认为，配合物异构体拆分成功是八面体构型的最后证据。维尔纳把旋光性归因于镜像异构现象，旋光性并不要求物质中一定具有不对称原子。维尔纳的成功，使配位理论赢得了广泛的承认。

一旦找到了拆分配合物的钥匙，维尔纳无穷的创造力便像火山一样爆发。在 1911—1919 年间，他和他的学生拆分了 40 多个系列的阴、阳配合物离子，除钴配合物外，还包括其他六配体过渡金属配合物。他成功地证明了 Fe（Ⅱ）、Cr（Ⅲ）、Rh（Ⅲ）、Ir（Ⅲ）和 Pt（Ⅲ）的配合物均具有八面体构型。1913 年，他又证明可以像拆分单核配合物一样拆分多核配合物，并且证实含两个金属原子的多核配合物的结构与含两个不对称碳原子的有机化合物具有相似性。这更充分验证了他的八面体假说。

到 1913 年，维尔纳拆分了有代表性的各种类型的配合物，它们无疑是配位理论强有力的证据。但这些配合物具有一个共同特征，即含有碳原子。因此，一些反对者认为，维尔纳拆分出的光学异构体是因为含有有机配体的结果。他们把光学活性归因于神秘的有机物，而不是配合物空间结构的非对称性，硬说无机物是不会有旋光性的，企图贬低维尔纳实验结果的意义。

1914年，维尔纳成功地将一个完全无碳的M $(\overline{AA})_3$型配合物$[Co\{(OH)_2Co(NH_3)_4\}_3]Br_6$拆分成它的光学对映体。这是一个具有高度旋光性的纯粹的无机化合物。令人回味的是，它是 16 年前由约尔根森首次发现的。维尔纳的这一成就达到了他一生科学研究的顶峰。用他自己的话说，这证明了“不含碳原子的无机物也可以存在镜像异构体”，因此，含碳化合物和纯粹的无机化合物之间的差异荡然无存了。他终于确证了他长久坚持的化学统一性的观点。至此，无机化学和有机化学之间的鸿沟才算彻底填平。

今天，维尔纳结构观点的有效性已被大量 X 射线衍射研究所证实。他的工作奠定了配位化学的基础，并给不景气的无机化学带来了复兴。维尔纳一生成就斐然，单凭他创立配位理论的伟大功绩，他的名字就足以长留天地间了。

（作者：张清建）

参考资料

［1］ C. C. Gillispie. Dictionary of Scientific Biography：Vol. 14 ［M］. New York：Charles Scribner's Sons，1977：264-272.

［2］ G. B. Kauffman. Inorganic Coordination Compounds ［M］. New York：John Wiley & Sons，1981：10-137.

［3］ J. C. Bailar，Jr.. The Chemistry of the Coordination Compounds ［M］. New York：Reinhold Publishing Corporation，1956：834.

［4］ A. J. Ihde. The Development of Modern Chemistry ［M］. New York：Dover Publications，1964：379-389.

弗里茨·哈伯

（Fritz Haber，1868—1934）

哈伯

一代物理化学巨匠

弗里茨·哈伯是德国著名的物理化学家，他在化学和工业领域作出了重要的贡献。他最著名的成就是发明了合成氨的新方法，革命性地改变了肥料的生产方式，从而对农业产业的发展以及全球粮食生产起到了重要作用。然而，哈伯也是一个具有争议的人物。在第一次世界大战期间，他为德国军队研发毒气武器，造成了巨大的人员伤亡。这个事件促使人们反思，也提醒科学家慎重对待自己的责任和道德义务，确保科学应用符合人类的福祉。

一、早年生涯

弗里茨·哈伯 1868 年 12 月 9 日生于普鲁士西里西亚布雷斯劳（现为波兰弗罗茨瓦夫）。他是家中的长子，刚出生不久，母亲就病故了。他的父亲是富有的化学染料商人，当过市参议员。中学时候，受家庭环境的熏陶，哈伯对化学产生了浓厚的兴趣，如饥似渴地在家中进行化学实验。当时他就是朋友圈中的领袖人物，他的聪明、宽厚、仁爱、友善和乐于助人，使他深受大家的喜爱。他强烈的进取精神，让他的父亲对他寄予厚望。

中学毕业后，哈伯先后就读于柏林大学和海德堡大学。在海德堡，他投师于本生门下，掌握了分析技术。之后，他在夏洛滕堡工业大学发现了迷人的有机化学新世界，在利伯曼的指导下，从事胡椒醛和靛青衍生物的研究，由此迈出了科学研究的第一步。1891 年，哈伯获得博士学位。哈伯的父亲希望儿子继承自己的事业，但哈伯打算先进入化工领域获得技术经验，再接过父亲的担子。为此他到 3 家化工厂进行了短期的工作，但这些工作都不能令他满意。之后，他来到苏黎世联邦理工学院，在伦格的指导下，学习了一个学期的化学工艺学。回国后，他协助父亲进行经营。然而，完全不同的个性让父子俩合作不下去。在精明冷静的商人眼里，儿子的冒险精神是无法容忍的鲁莽行为，会给生意带来极大的风险。而哈伯感到自己缺乏做实业的天赋，为了获得更多的自由，他便将精力转向了学术研究。他来到耶拿大学，在克诺尔指导下继续研究有机化学。1894 年，哈伯任卡尔斯鲁厄工业大学邦特教授的助手。在邦特的建议下，他对烃的热分解进行研究。早在 1863—1869 年，法国化学家贝托莱曾对这个问题作过探索。贝托莱在实验基础上，提出了烃的高温热分解理论。哈伯尖锐地批评了贝氏的理论，认为它过于武断，缺乏充分的实验依据。不久，哈伯的观点得到证实。他发现在芳香族化合物中，C—C 键的热稳定性比 C—H 键的强，而在脂肪族化合物中，C—H 键的热稳定性比 C—C 键的强。这就是著名的哈伯规则。这一规则也有例外，但哈伯将它视为普遍法则。

二、转向物理化学

1896 年，哈伯任卡尔斯鲁厄工业大学的讲师。在卡尔斯鲁厄工业大学的教学和科研经历对他一生都产生了重要影响，他的研究方向也由有机化学转向了物理化学。哈伯以前并未接受过正规的物理化学训练，通过自学他很快成为物理化学的行家里手。在他的同事中，卢金是唯一的物理化学家。卢金是阿伦尼乌斯的高足，才华出众，与哈伯是亲密无间的朋友。他们志同道合，主要兴趣都在热力学和电化学领域。卢金在 1899 年英年早逝，后来哈伯专门写了一篇热力学论文，以纪念故去的好友。

1. 电化学还原

获得讲师职位后，哈伯开始从事电化学研究。他的第一项成果是研究硝基苯的还原作用。这项研究使他声名鹊起。这时的哈伯，最擅长的仍是研究有机化学，但同时他又将新学到的物理化学知识应用于有机化学研究中。加特曼及其他一些化学家对硝基化合物的电化学还原反应进行过研究，获得了大量的不同还原态产物。当时的研究似乎表明，这些还原产物的性质和相对比例取决于电解质的酸碱度、电流密度、通电时间和金属电极的性质。当时的观点认为还原作用是由初生态氢引起的。但这种观点无法解释初生态氢在活性上的巨大差异。1898 年，哈伯确立了电极电势的重要性，澄清了电化学中的一些错误认识。

按照能斯特的理论，气体的电极电势由电极上气体的有效浓度决定。哈伯认识到电极电势由阴阳两极气体活度的比值所决定。在 1898 年发表的关于硝基苯的电化学还原反应的论文中，哈伯首次提出电极电势决定还原能力的观点，认为电极电势越高，还原剂的还原能力越强。早期的研究者通常用比较恒定的电流密度逐渐增大阴极的电势。哈伯认为，这样相当于使用还原性逐渐增强的一系列化学还原剂，同时生成一系列主要还原产物。哈伯计划在电解过程中改变电流，在电流密度—电极电势曲线的转折点下，保持被极化阴极的电势恒定，这样释放出的氢用来还原去极剂。为了从低的阴极电势开始逐步分离主要的还原产物，哈伯用氢超电势低的铂（有时用镍）作电极。他认为，氢超电势高的电极（如锌）会产生很强的还原反应。他采纳卢金的建议，使用辅助电极测定和控制阴极的电势，用薄壁毛细玻璃管将辅助电极和阴极相连，这样就消除了通过电解液的电势降。

他用铂作阴极，在低电势下电解硝基苯的碱溶液，出乎原先的预料，得到的主要产物是氧化偶氮苯。根据班贝格尔一系列有关硝基苯、亚硝基苯和苯胺还原的研究，哈伯证明电化学还原反应和普通化学还原反应遵循同样的步骤：RNO_2（硝基苯）→ RNO（亚硝基苯）→ RNHOH（苯胲）→ RNH_2（苯胺）（R 代表 C_6H_5—）。其他产物来源于副反应。氧化偶氮苯作为主要还原产物出现，是由于在碱性溶液中，中间产物亚硝基苯和苯胲发生了去水反应：

$$RNO+RNHOH \longrightarrow RNONR+H_2O \quad (1)$$

哈伯证明，无论是普通化学反应还是电化学反应中，都存在亚硝基苯和苯胲。亚硝基苯是一种比硝基苯更强的去极化剂，因此只能存在于极稀的溶液中。然而，通过偶氮染料固色，能够检测到亚硝基苯和苯胲。他还成功地通过硝基苯的电化学还原反应制备了大量的苯胲，该反应在弱碱性缓冲溶液中进行，用适当高的电势能够瞬间将亚硝基苯还原为苯胲，从而避免生成偶氮苯。他还探讨了偶氮苯的生成，它也是硝基苯的一种电化学还原产物。哈伯指出，硝基苯在碱性溶液中按下列反应能快速生成偶氮苯：

$$2RNO_2+3RNHNHR \longrightarrow RNONR+3RNNR+3H_2O \quad (2)$$

哈伯认为，在碱性溶液中，用氢超电势低的阴极电解硝基苯，主要产物是氧化偶氮苯；用氢超电势高的阴极电解硝基苯，还原作用更强，得到二苯肼，最终生成苯胺。

哈伯还研究了在酸性溶液中硝基苯的电解还原作用，发现反应（1）变得非常慢，但在强酸性溶液中，苯胲迅速转变成对氨基苯酚，二苯肼转变成联苯胺，主要产物有对氨基苯酚、联苯胺和苯胺，比例由酸的浓度决定。

哈伯的成功，举世瞩目，成为他在电解还原和氧化领域研究的极大推动力。1898

年，在进入卡尔斯鲁厄工业大学4年后，哈伯被提升为副教授，年仅30岁。同年，他的第一部著作《工业电化学的理论基础》问世，进一步提高了他的声誉。他已经创立了一个公认的电化学学派。这是他创造力最为旺盛的时期，但持续的超强度工作损害了他的健康。他对工作的专注达到忘我的境界。在早期的研究生涯中，他仅仅在他意气相投的朋友圈子中寻找短暂的放松。和他交往的多是些教师、作家和艺术家，哈伯喜欢和他们一起高谈阔论，但即使在这种场合，他也不愿让自己的脑子休息。1902年，哈伯作为德国本生学会的代表被派去参加美国电化学会年会，由此可以看出哈伯的声誉。他出众的才华和严谨的态度，给美国同行留下了深刻的印象。会上他所作的长篇报告，获得了欧洲和美国化学家的一致好评。该报告于1903年发表在《德国电化学学报》上，被认为是电化学工业史上具有永久价值的杰出文献。

2. 电极过程的本质

在早期的电化学还原研究之后，哈伯开始关注电极过程的本质问题。经过一系列研究，他提出了一个通用的理论，该理论既适用于不可逆还原反应，如硝基苯的还原，又适用于可逆还原反应。通过对极化曲线进行详细研究，他认为电极上直接的离子放电是一个非常快速的过程，如果其中含有较慢的化学变化，那一定会出现化学极化，化学极化在一定程度上取决于化学变化的速率。他相信这是一个基本的并能得到实验验证的理论。不可逆还原反应的问题并没有得到完全解决，哈伯理论中一些假设的正确性亦值得怀疑，但它对电化学发展的巨大推动作用得到了举世公认。几年后，他对奎宁－醌醇体系的可逆氧化还原反应产生了兴趣，获得了一些有实际价值的成果，建立了电极过程的可逆性理论和醌氢醌电极理论。当时，他的主要兴趣是电极过程的本质和反应速率，并没有注重将电极理论用于氢离子浓度的测定。他认为，对称的阴极极化曲线和阳极极化曲线是由于电极上慢的反应和快的离子反应共同作用的结果，慢的化学反应决定电极过程的速率。他通过其他实验，支持了这种观点。

3. 燃料电池和玻璃电极

和同时期的其他电化学家一样，哈伯也对燃料电池有浓厚的兴趣。在这种电池中，氢气、碳、一氧化碳或其他燃料，能在较低的温度下通过氧化还原反应产生电流。由于这一过程差不多能利用氧化过程的全部自由能变，这无疑会对电能的生产带来革命性的影响。但哈伯研究燃料电池，并不是为了这个目的，他是为了找到一种测定氢气、碳、一氧化碳的氧化反应自由能变的新方法。电池 C | NaOH（熔融）| Fe（空气）引起了他的注意，他开始研究这种电池。这种电池中，碳溶解后生成碳酸盐，

能产生稳定的电流，电压约1伏，产生的电能和碳的燃烧热大体相当。当时人们推测，电池反应为 $C+O_2+2OH^- = CO_3^{2-}+H_2O$，铁在纯的氢氧化钠中充当氢电极。哈伯经过精心研究，证明该电池并非原先认为的碳－氧化电池，而应该是氢－氧化电池，铁实际充当了可逆的氧电极。他用铂替代铁，发现能产生和铁相同的电势。他认为，碳电极的电势也并不是由“$C \rightarrow CO_3^{2-}$”这个过程所决定，因为用 Na_2CO_3 作电解液，电池无法工作。他发现，由于发生了化学反应 $C+H_2O+2NaOH = Na_2CO_3+2H_2\uparrow$，释放出活泼的氢，故碳电极直接充当氢电极。哈伯指出，这种氢氧燃料电池的电动势与根据氢氧反应生成水的热力学自由能方程的计算值一致。由于首次发现了可逆的氧电极，哈伯迅速将它用于气体电池，以便研究高温氧化反应。通过涂有铂或金的薄玻璃膜或陶瓷膜作电极连接两种气体，克服了熔融碱造成的温度和气体浓度的限制，如空气 | Pt | 热玻璃 | Pt | $CO+CO_2$ 电池，电动势约 1 伏，总电池反应 $CO+1/2O_2 = CO_2$，由于强的极化作用，这类电池的实用价值不大。哈伯用这种简易但非常新颖的装置，测定了碳、一氧化碳和氢气在氧化反应中的电动势，并以此计算反应的自由能变。获得的数据与哈伯的热力学计算值基本吻合。

4. 铁的腐蚀

在卡尔斯鲁厄的大部分时期内，哈伯都对铁的电化学感兴趣。最重要的研究涉及碱性溶液中铁的阳极特性和铁的钝化现象，探讨了阳极定量生成高铁酸根离子的条件以及它与铁酸根离子之间的关系。哈伯坚持认为，在生成高铁酸盐的情况下，由于铁的表面形成了一层氧化膜，铁通常被钝化。当时，这种钝化的氧化膜学说，并没有得到多数人的赞同。这一学说与钝化金属的电极电势不相符。事实上，钝态不能长期存在，钝化的影响也能消除。经过缜密的研究，哈伯更强烈坚信氧化膜学说。但他认为，在氧化膜多孔的情况下，被暴露在外的金属的电动活性是变化的。铁的完全钝化是在表面形成一层致密的氧化膜，主要成分为铁的高价氧化物。若要消除钝化的影响，可以通过化学反应，使氧化膜成多孔状，铁重新恢复活性。在某些情况下，钝化金属的表面有一层可见的氧化物，如用浓热的强碱溶液溶解这层氧化膜，金属的活性会恢复。哈伯在钝化的研究方面起了非常重要的作用，他的结论与现在的观点也基本一致。哈伯同时还关注地下自来水管和天然气管道的腐蚀问题。当时普遍使用的直流电会使管线系统产生杂散电流，从而导致地下管道的腐蚀，这个问题非常严重而且影响广泛。虽然很多人进行了研究，但其本质依然模糊不清。哈伯进行了不懈的探索，全面研究了相关的因素，诸如泥土的组成和导电性、微弱地下电流的方向和大小、铁在泥土中的阴极特性等。通过深入研究，他攻克了这个难题，他的理论能够预言这类腐蚀的发生。由于交流电的使用，他的工作现在已失去了实用意义，但却包含了许多具有永久价值的电化学研究课题。

5. 热力学第三定律

1905 年，哈伯的著作《工业气体反应动力学》出版。它被誉为“精确性和敏锐洞察力的典范”，在热力学史上具有举足轻重的作用。书中他讨论了气体平衡的实验测定及自由能方程中著名的“不确定热力学常数”的问题，“不确定热力学常数”这一表述也是由哈伯提出的。1904 年，他开始对这个问题产生兴趣。他认为，固体反应的自由能变近似等于反应热。由于测定不精确，难以确定温度系数。他得出这样的结论：如果固体间的反应服从柯普定律，那么积分常数即绝对零度时的熵变应该为零。1904 年，里查兹发现，根据某些电池的电动势计算的自由能变与反应热效应接近。范托夫对常数问题也进行过探讨。哈伯深受里查兹和范托夫研究的影响。但由于他的热力学知识有限，不能够完全解决这个问题。哈伯非常谨慎，从不愿接受缺乏实验依据的纯理论观点。他认为，在分子数不发生变化的气体反应中，常数如果不等于零，其值也可能很小。通过实验数据检验，结果支持了他的结论。他暗示，在分子数发生变化的气体反应中，常数可能稍大一些。1906 年，能斯特提出热定理。哈伯后悔自己过于谨慎，没有迈出大胆的一步。当然，这样的步子，只有具有能斯特那样敏锐洞察力和极高天资的人才能迈出。但哈伯对这一问题的研究，依然占有重要的一席。

6. 固氮研究

1904 年，哈伯开始研究氨的平衡。当时，他担任维也纳马古利斯兄弟的科学顾问，兄弟俩对新的工业固氮方法很感兴趣。氮和氢的混合气体在催化剂的作用下可以连续合成氨。但是，最大产率总是受到氨平衡的制约。哈伯决定首先研究这个问题。曾有化学家做过氮化钙和氮化锰的还原和再生实验，但由于需要很高的温度，表明钙和锰这些金属无法用作催化剂。1884 年，拉姆齐和扬尝试氨的热合成法。他们发现，在 800℃下，用铁作催化剂，氨绝不会完全分解。于是，他们试图利用其逆反应合成氨，可是根本得不到氨。通常认为，氮的化学性质极不活泼，只有在高温下才能与氢化合，而实际上，高温下氨的分解又非常彻底。

哈伯的第一个探索实验，是在 1020℃下，以铁作催化剂合成氨。虽然哈伯完全清楚高压对氨合成有利，但他还是选择了一个大气压，因为这样需要的设备简单。出乎哈伯的预想，实验非常顺利，第一次就实现了氨的平衡。然而，氨的浓度很低，在

0.005% ~ 0.012% 之间，难以选择一个最接近真实值的数据。当时，他倾向于上限值，但后来的研究表明下限值才接近于真实值，高的产率可能是新制铁催化剂的特殊作用。确定氨平衡状态的最初目的达到了，他用这段话描述了他的实验结果："将反应管加热到暗红热以后，在常压下，不用催化剂，顶多只有痕量的氨产生，即使极大地增大压强，平衡位置依然不理想。在常压下，使用催化剂，要获得实际成功，温度不能高于 300℃。"看来直接合成氨作为工业固氮的基础，似乎没有多大的希望。哈伯放下这个问题，终止了和马古利斯兄弟的合作。1906 年，能斯特在考察气体平衡的实验数据时，发现在氨的个案中，哈伯的数据和热定理计算值之间存在很大的差异。于是，能斯特在高压（50 个大气压）下，重新测定氨的平衡数据，使用高压的目的是提高氨的浓度，从而降低实验误差。能斯特首次通过加压合成了氨。他得到的氨的浓度比哈伯的数据少得多，和理论值比较接近，如在 1000℃时，理论值为 0.0045%，能斯特的实验值为 0.0032%，哈伯的实验值为 0.012%。1906 年秋，能斯特在给哈伯的信中谈到了这一情况。于是，哈伯和勒罗西尼奥尔用原来的方法，在一个大气压下重新测定氨的平衡数据，实验非常精细，结果与先前的数值很吻合，如在 1000℃时，新值为 0.0048%，和原来测定的下限值 0.005% 接近。同时证明如能斯特坚持的那样，哈伯最初的近真值 0.012% 的确过高。哈伯与能斯特实验数据的差异大大缩小了，但没有完全消除。1907 年在德国本生学会的会议上，能斯特报告了他的压强实验。在讨论过程中，哈伯宣布撤回原先 0.012% 这一估值，并公布了新的数值。但哈伯的数值依然比能斯特的高 50%。能斯特拒绝承认哈伯新测定值的精确性，认为在一个大气压下，氨在平衡混合物体系中的浓度很低，建议哈伯应该在高压下进行研究，以消除误差来源。能斯特认为自己的数据才值得信赖，与热定理相吻合。

哈伯坚信自己数据的精确性，视能斯特的观点为自己的奇耻大辱，觉得自己的荣誉受到损害。哈伯和勒罗西尼奥尔立即对氨的平衡重新进行精确的测定。这次是在 30 个大气压下进行实验。他们的设备非常简单，但能极好地满足实验目的。通过氨的热分解，得到氮和氢的混合物，将其通过装有铁或锰作催化剂的厚壁石英管。然后，平衡混合物被迅速移走，进行冷却分析。哈伯根据新数据导出的自由能方程表明，氨的产率能够高到适用于工业目的，只是条件苛刻，不易达到。例如，在 600℃、200 个大气压下，氨的转化率达 8%。但当时压缩机所能达到的最大压强也就是 200 个大气压，还没有大规模的化学操作使用过如此高的压强，而且最好的催化剂（铁、锰、镍）在 700℃时活性大大降低。因此，如果能克服高压和催化剂的障碍，无疑将开辟一条工业合成氨的光明之路，固氮的问题也就迎刃而解。哈伯接受了这个挑战，因为他有亲密的理想合作伙伴勒罗西尼奥尔的鼎力相助。高压技术不久便在卡尔斯鲁厄实验室推广使用，并得到勒罗西尼奥尔的改进。勒罗西尼奥尔心灵手巧，他一流的实验技能众口皆碑。研究工作开始于 1908 年，他们设计制造了一种转化器，并将其安装在钢制的高压弹中，在 200 个大气压下能正常运转。现在万事皆备，只剩下找到一种活性更高的催化剂了。经过长时间探索，他们发现在 550℃以下，锇具有高的催化活性，可惜锇太稀少了。后来的实验证明铀有同样高的催化活性。从根本上讲，问题已经得到解决。使用新的装置，铀作催化剂，在 550℃、150 ~ 200 个大气压下，氨的浓度已经很高了。在工作压力下，经适度冷却，氨被液化而分离，而气体混合物通过转化器、压缩器和循环泵的封闭系统进行循环利用，同时不断输入适量的新鲜气体混合物，最后安装一个热交换器，这套装置简直就是一个小型工厂，每小时生产数百毫升液氨，而且能耗极低。工业化合成氨的前景，似乎一片光明。但是，实验室的方法很少能直接用于工业生产，必须对实验装置进行改进。

合成氨是哈伯一生最大的成就，但是，它并没有马上得到工业界的青睐，它收获的是冷眼和怀疑。虽然巴登苯胺纯碱公司（BASF）对固氮有浓厚的兴趣，也认为哈伯在氮的电氧化方面的研究很重要，但对哈伯合成氨的前景表示疑虑。经哈伯的好友和同事、BASF 公司的顾问恩格勒的极力推荐，BASF 公司的领导才开始关注哈伯的工作。1909 年 7 月的一天，BASF 公司的工程师博施博士和化学家米塔施博士，来到卡尔斯鲁厄观看合成氨的演示实验。米塔施亲眼看见流动的液氨，完全相信哈伯合成氨法的价值。回去之后，他们立即着手将哈伯的成果付诸大规模的工业试验。3 年后，一座合成氨工厂正式投入运行。合成氨的大规模工业化的荣誉，一直属于博施。虽然卡尔斯鲁厄实验室为工业化生产氨迈出了最重要的一步，但要实现工业化仍面临许多棘手的难题。在博施的领导下，对这些难题的成功解决，无疑是化学工程领域最卓越的成就之一。哈伯于 1919 年获得 1918 年诺贝尔化学奖，1931 年博施和贝吉乌斯获得同样的殊荣。哈伯在获奖演说中谦逊地说道："人们尚未充分认识到，卡尔斯鲁厄实验室其实并没有为合成氨法的工业化做出过什么贡献。"在承认博施和贝吉乌斯为工业上高压法的发展所作的杰出成就时，也不能忘记高压法的先驱哈伯和勒罗西尼奥尔。早在 1907 年，哈伯的实验室就是著名的高压研究中心。贝吉乌斯提出高压下煤的氢化设想后，1908 年到卡尔斯鲁厄做了最初的一批实验。

20 世纪的前 10 年，电弧作用下氮的氧化研究和工业应用获得迅速的发展。在这个领域，哈伯的实验室一直是重要的研究中心。在能斯特 1904 年对一氧化氮热平衡进行测定之后，电弧固氮的纯热学理论得到普遍接受，但不久又引发了许多的疑虑。在一次实验中，哈伯发现高产率与纯的热学理论不相符，而电的因素在某种程度上发挥了作用。哈伯对这一课题产生了极大的兴趣，在 1906—1910 年，对低温电弧下固氮问题进行了深入细致的研究。由于反应物的电活性作用，在电平衡状态下一氧化氮的含量超过同温度下热平衡时的含量。撤掉电场后，过量的一氧化氮会分解，直到热平衡完全建立。这个过程的速率随温度的下降而迅速降低，在足够低的电弧温度下，一氧化氮几乎不发生分解，在这样的条件下，一氧化氮的产率达到最大值。在达到最终的热平衡时，高温电弧必然导致低的产率。哈伯完全证实了这一理论。电平衡的建立也得到证明。在 100 mm 汞柱压强下，让空气缓慢通过 6 cm 长的交流电弧，在一个狭长的、冷的石英管中燃烧，这样得到的一氧化氮的产率远比有 2000 ℃电弧时高。电弧温度越高，产生的氧化物就越多，同时分解作用也更明显。总的来说，哈伯的工作具有巨大的理论和技术价值。

7. 火焰和燃烧

哈伯对火焰和燃烧问题的兴趣与早期研究燃料技术密切相关。1905 年他出版的《工业气体反应热力学》一书中，就涉及火焰中气体反应的研究。最初的实验是利用烃焰的均匀气相研究水—汽平衡。当时史密斯尔斯已发明火焰分离器，分析了火焰内锥的主要燃烧产物。20 年前勒夏特列首次计算出二氧化碳的离解常数及从火焰气的组成推算出火焰温度。1865 年德维尔通过一根冷管获得一氧化碳内焰的温度。哈伯使用一种高冷却效率的新式德维尔管，获取火焰锥间区的气体。他证明，当气体混合物通过温度不低于 1250℃的内锥时，平衡实际上瞬间就建立起来了。哈伯根据平衡常数和温度的关系，推导出一个改进的广泛适用的自由能方程。这样，提取火焰任意一点的气体进行分析，就能得到该点的温度。采用这种化学火焰温度计，哈伯分别测定了烃焰、一氧化碳焰、氢焰和乙炔焰的温度，与后来其他研究者用不同方法获得的数据非常吻合。哈伯还研究了火焰中氮的氧化作用。众所周知，气体爆炸过程中会生成氮的氧化物，但鲜有人注意火焰中的这个过程。哈伯发现，在一个大气压下，在一氧化碳火焰中固氮几乎没有发生，但在 10 个大气压下，氧化氮的产率大大增加。在相似的情况下，氢焰中氧化氮的产率仅有一氧化碳焰的一半。哈伯研究了火焰内锥的性质。据估计，内锥壁厚仅 0.1mm。哈伯证明它是火焰中最冷的部位，而非先前想象的最热的部位。同时，该区域的反应速率特别快，化学发光强而且电离度较高。哈伯认为这三者之间有相互密切的内在联系。

1906 年，哈伯升任卡尔斯鲁厄工业大学教授。1911 年，受邀担任柏林近郊达荷姆新建的威廉皇帝物理化学和电气化学研究所首任所长。这个研究所于 1912 年正式落成。在落成庆典上，哈伯演示了他发明的瓦斯笛，这种装置能够检测煤矿中危险气体甲烷的存在，既耐用且效果良好，但并未投入使用。哈伯在达荷姆最初的工作是完善有关合成氨的研究，尽可能精确地测定氨的平衡和相关的热力学数据，获得最终的自由能方程式。同时，哈伯开始关注普朗克量子论在化学中的应用，是最早认识到普朗克理论在化学中有重要意义的人。这成了他在达荷姆许多工作的基础。哈伯特别关注新物理学知识在化学中的应用。他和好友玻恩之间频繁的讨论，对他的学术思想有极大的帮助。当时玻恩刚提出离子晶格理论：离子的晶格能由离子间的距离和作用力决定，固体反应的反应热则等于其组分晶格能的代数和。玻恩认为晶格能为气态原子去掉一个电子生成气态离子的能量和离子形成晶体的能量之和。哈伯清楚地说明了这种能量关系，因而被称为玻恩－哈伯循环，即晶格能为生成热、离解能、升华热、阴离子电离能和阳离子电离能的代数和。哈伯还大胆地将该理论用于 HCl 气体，得到 $H^{+}+Cl^{-}=\!=\!=HCl$ 的反应热，比循环过程计算值小得多。为了解释这种偏差，1919 年，他提出离子变形的观点，这一思想后来在法扬斯那里结出了丰硕的成果。

三、在一战中

1914 年，第一次世界大战爆发，研究工作突然陷于停顿，哈伯和他的实验室转入为战争服务。军方最初指定的课题是军需物资的供应。这个至关重要的因素在战前根本没有被预料到。显然，军队在战时需要的物资和平时一样，都应该由工业生产提供。实际上，德国在军用物资的准备上很不充分，甚至连短期战争都难以维持。哈伯最先认识到化学工业在战争中的重要作用。哈伯负责军用原料部门。他认识到固氮是最紧要的问题，并给予特别的重视。那时德国生产硝酸的原料的唯一来源是进口的智利硝石。这种原料的库存量极低，仅能维持几个月的战争消耗，急需克服这个难题。当时唯一的办法就是将氨转化成硝酸。哈伯是积极的推动者和倡导者。奥斯特瓦尔德催化氧化法制硝酸的小型工厂，虽已成功运转多年，但产量微不足道。BASF 公司迅速研制出一种新的氧化法解救了困局。氰氨工业的发展使氨的供应迅速增加。在头两年，氰氨法制得的氨基本能满足战争的需要。战争开始时，哈伯－博施法合成氨的产量并不高，但一直稳定增长，到战争后期，产量超过氰氨法，满足了日益增长的战争需要，到战争结束时，年产量达20万吨。如果没有哈伯的合成氨，德国不可能将战争支撑这么长的时间。在某种意义上，是哈伯使德国免于早败。

在战争初期，哈伯忙于组织军需物资的供应。他接受军方的第一个实验课题是寻找甲苯的替代品。哈伯很快解决了这个问题。他证明，二甲苯和溶剂石脑油可以用来代替甲苯作为苯系发动机燃料的防冻剂。1914年9月的第一次马恩河战役和完全没有料到的阵地战，击碎了德军速决战的计划。德军发现自己面临两个急迫的问题：一是军火的需求量远超预料；二是需要设法将协约国军队驱逐出战壕，以便重新开战。他们原以为军力上的优势能够使他们速战速决。德国人没有料想到阵地战，对使用化学武器也没有准备。军方向能斯特请教，是否能用刺激性毒气驱敌出战壕。能斯特与军方合作，进行最初的实验研究。最初的设想是在普通子弹或炮弹中装入刺激性物质。1914年秋，这种方法正式使用，第一次装入的物质是能斯特建议的联茴香胺氯磺，随后是催泪剂 ω-甲苄基溴。但实战效果不佳，因为到达敌人阵地时毒气浓度太低。因此，需要研制更有效的刺激性毒气。1914年底，哈伯参与这项工作。1914年12月的一天，哈伯实验室发生了一场惨剧，当几滴二氯甲基胺加到几毫升不纯的卡可基氯上时，发生了爆炸。哈伯的助手、一位出色的物理化学家萨克当场殒命。研制新毒气的工作暂时被搁置。

为了使前线阵地刺激性毒气的浓度足够高，哈伯建议将氯气放入钢瓶中，然后在阵地前释放。之所以使用氯气，是因为它能够迅速制取。哈伯负责氯气的制备。第一次用氯气作战，是1915年4月22日在比利时的伊普尔前线。没有人想到它的威力有多大，甚至远远超出了哈伯的预料。当天傍晚，德军秘密安放了几千个氯气罐，借助风力以突袭的方式将氯气吹到敌人阵地。德军大获全胜。德国军方立即决定采用毒气战法，同时也意识到迫切需要毒气防护装备。军方要求哈伯集中精力解决这一难题。1915年8月，哈伯研制出一种精巧适用的防毒面具，其基本设计直到战争结束也没有多大变化。由于橡胶短缺，哈伯又设计出一种紧贴脸部的防毒面具，中间填充的吸附剂能有效吸收空气中的有毒物质。这种防毒面具获得巨大成功，随着毒气战的发展，吸附剂效力不断提高，能够满足对防护能力不断增高的要求。

协约国军队也很快研制了化学武器。令德国人吃惊的是，1916年春法国人研制出一种新的毒气弹——光气弹，其威力巨大，令德国国防部对它刮目相看。哈伯立即投入到毒气弹的研发中，并担任军方毒气战攻防的技术顾问。法军使用光气弹是毒气战的一个转折点，它加速了毒气战的发展，毒气战开始被提升到一种重要的战术地位上。释放毒气的目的也发生了变化，起初是利用其刺激性驱赶敌人出战壕，后来毒气的杀伤作用日益突出。战争异常惨烈，毒气像其他武器一样，目的就是杀敌。

1916年末，德军组建了独立的化学战部门，并由哈伯负责。他的研究所扩充成军事机构，全面转入化学武器的研制，直到战争结束。哈伯全面负责化学战，包括进攻、防御、毒气的研究和供应，甚至毒气部队官兵的选拔和训练。所有的有关化学战的命令和指示，都是军官在哈伯的协助下发出的。对一位大学教授来说，这完全是一种新的角色，哈伯全身心投入其中，耗费了巨大的精力。他组织士兵和化学家一起工作，赢得了官兵的信赖，他们钦佩这位享有盛誉的科学家的行政能力。

1916年以后，哈伯实验了数百种物质，包括光气、双光气、二氯二甲醚、乙基二氯胂和芥子气。芥子气1886年由维克托·梅耶首次人工合成，它对人的眼睛和皮肤伤害特别大，是化学战中杀伤力最强的毒剂，少量就足以致命。德国人非常清楚，他们的化学武器同样会反过来伤及自己。因此，必须考虑毒气的危害。最初有人向哈伯提出用芥子气作武器时，哈伯就向德军高层汇报了它的性质，建议慎用，除非战争确实在一年内能够结束。如果德军使用这种毒气，他推测协约国军队会在一年内掌握这种武器，会以同样的方式对德国以牙还牙。哈伯认为，如果协约国军队真的这样报复的话，德国必然会遭受致命的打击。德军高层没有听从哈伯的劝告，1917年7月，德军冒险使用这种毒气。一年后，战争仍在继续。1918年6月，协约国军队开始使用芥子气。然而，在这种毒气被大规模投入使用前，由于种种原因，德国已开始崩溃。

在战后的头几年，人们争论最多的是国际法和最先使用毒气的战争责任问题。毒气这种新的化学武器，受到普遍的诅咒。哈伯被指控犯了不可饶恕的反人类罪行。他不以为然。对德国人率先使用负有责任等指控，哈伯提出抗辩。他认为作为一个军官，职责是向上级提出建议，并服从上级的命令；使用毒气可以避免以往战争中的残酷的杀戮场面，能够尽快结束战争，减少军人的牺牲。哈伯在化学战方面的观点，与德国军方的政策如出一辙。

战争岁月是哈伯一生中重要的时期。他的家族连续三四代为德国军方效劳和征战。成为一个战士，服从和遵守命令早已成了他根深蒂固的信念。服兵役期间，他表现非常出色。但是按规定犹太人不能做军官。在战争初期，哈伯得到破格提升，被德皇授予陆军上尉军衔。他没能获得更高的军衔，尽管他功劳很大，也急盼能拥有高的军阶。然而，他是一位不寻常的、非常有影响力的军人，这给他带来莫大的满足感。但我们不能认为，哈伯天生喜欢和赞美战争，相反，他在内心深处憎恨战争带来的巨大破坏、消耗和苦难。战争使他显示出其本质的另一面，将他变成一个普鲁士军人，专横、残忍，为了胜利不择手段。在正常情况下，这种人性中潜藏的恶的倾向会受到遏制，表现出的是和蔼、慈善的一面。他是犹太人，但他首先认为自己是一个德国人，任何时候他都将德国的利益放在首位。战争的结果，对他来说是一场悲剧。为获得战争的胜利，他竭尽了全力。他的许多同事在战争后期逐渐认识到德国不可能取胜，但直到最后，哈伯仍坚信德国能赢，决不会被击败。战争的结果，让他非常震惊，心灵受到严重创伤，他完全变了一个人，再也不可能恢复到从前的样子。

1901 年，哈伯与伊默瓦尔结为伉俪。伊默瓦尔出身于布雷斯劳的一个犹太名门望族，和哈伯自小相识。她不顾世俗偏见和家人的反对，成为布雷斯劳大学历史上第一位获得理学博士的女性。她一心支持丈夫的科学事业，对哈伯卷入毒气战，竭力劝阻和反对，但毫无效果。1915年5月1日晚，伊默瓦尔用哈伯的手枪自杀身亡。1917年，哈伯与内森结婚。

四、晚年

战争结束后，哈伯带着沉重的心情开始重建他的研究所。此时，他完全是一个幻想破灭、精神彻底崩溃的人。德国的战败使他的精神不堪重负。因研制化学武器受到广泛指责，他的心情沮丧到了极点，而且由于战争期间紧张和超负荷的工作，他的健康受到极大的损害。但是，他不屈不挠、毫不气馁的精神，不久又使他慢慢振作起来，逐渐有了一些往日的活力和激情。在重建研究所的过程中，他强烈地认识到应该将战争期间获得的广泛的科学知识用于造福人类。他的研究所除了物理化学、物理学、胶体化学等研究部门外，还组建了有机化学、药物学、虫害学、纺织化学等研究部门。在他的领导下，各研究部门密切合作。第一年一切进展顺利。不久，德国爆发恶性通货膨胀。哈伯的雄心壮志来不及施展，他的研究所不得不收缩，只保留物理化学和胶体化学两个研究部门。1924—1925 年，情况有了好转，又恢复了物理学研究部。这种局面一直维持到 1933 年。

德国在第一次世界大战期间靠借债维持军费开支，战败后又负担巨额赔款，导致战后爆发严重的通货膨胀。哈伯竭尽全力想帮助国家摆脱当时极其险恶的经济困局。他经过仔细考虑，认为发展新工业需要花很长时间，而影响德国经济恢复的最直接障碍，是1320亿金马克的战争赔款，这相当于约5万吨黄金。哈伯记得，瑞典著名化学家阿伦尼乌斯曾估计海水中有80亿吨黄金。他突然萌发了一个大胆奇异的想法：从海水中提取黄金以支付战争赔款。很难找出第二个像他这样地位显赫的人，有勇气甘冒声誉受损的风险进行如此大胆的探索。在正常情况下，他也不会这样做。哈伯对多份公开发表的海水含金量数据进行考查，尽管相差较大，但数据显示金的含量在每吨5～19 mg。这让哈伯甚为惊喜，认为海水提金的前景乐观。因此，1920年，他决定尝试从海水中提取黄金。不久，耶尼克带领由几十位经验丰富的化学家组成的研究小组，开始从事分析方法和设计提取工艺等方面的工作。1923年哈伯和4位科学家乘坐一艘装有过滤设备和实验室的轮船，满怀希望地横跨北大西洋和南大西洋采集试样。但令他们万分惊讶和沮丧的是，他们发现海水中金的实际含量比原先估计的少得多。幻想破灭后，他决定弄清楚海水中金的真实含量。1924年，他系统收集了海水试样，进行了精确的分析实验，最终测得海水的含金量不及原先估值的千分之一。1926年，哈伯无奈地放弃了海水提金计划。他的兴趣转向海洋学，1927年，他乘一艘研究船研究海水中金的深度分布以及与浮游生物分布的关系。1928年，随着考察的结束，海水提金悲剧的帷幕完全落下。

海水提金计划的失败，给哈伯带来巨大的失望和痛苦。他在没有搞清楚海水中金的真实含量的情况下，就匆忙从事提金工艺过程的研究。在早期阶段，哈伯对天然海水的研究甚少。战后德国的航海受到严格限制，获得可靠的海水试样无疑变得非常困难。哈伯高估了19世纪分析化学家的实验结果的价值，过分相信从这些前人的混乱数据中推算出来的金含量。此外，德国不断恶化的经济形势及鲁尔区被占领，促使哈伯急于设计出黄金提取工艺，以尽早投入实际生产。

战后，哈伯的研究所成为世界上最大的研究中心。在原子物理学、光谱学和胶体化学等领域，取得了重要成就。哈伯本人也在化学反应机理和光化学反应机理等新领域取得进展。1912—1933年，他的研究所共发表700多篇原始研究论文。60多名成员中，差不多一半是外国人，他们和哈伯建立了深厚的友谊。哈伯研究所的重要性，远远超过了它的研究成果。在卡尔斯鲁厄初期，哈伯就重视学术讨论会。在达荷姆，两周一次的学术讨论会成了研究所生活的重要组成部分。它影响很大，参会者不仅有柏林的化学家和物理学家，还有来自德国偏远地区的科学家，甚至国外的学者。在讨论会中，哈伯具有超乎常人的敏锐的洞察力，能迅速准确地抓住问题的本质，从而将讨论引向最有利的方向。

哈伯为了国家利益，施展了他巨大的影响力。战后德国的科研和教育受到通货膨胀的严重打击。他认识到科学研究和教育是德国复兴的关键。他发动了声势浩大的拯救德国科研和教育的运动。面对严峻的形势，他提出了支持科研和教育的金融计划。他创建了德国科学救助协会，在教育部的领导下，这个协会联合政府部门、知名学会、大学和其他研究机构，向国家争取拨款。哈伯是这个协会的实际领导人。哈伯也致力于德国化学家和其他国家化学家的友好关系。在战后充满仇恨的气氛中，这无疑是一项异常艰巨的任务。1928 年，经过不懈的努力，哈伯终于成功创建了德国化学联合会。他以德国化学联合会主席的身份，在 1929—1933 年担任国际化学联合会德国代表，因杰出的才能和对事业的挚爱，获得了极高的评价。他迫切希望和法国化学家建立良好的关系，他的努力得到法国化学家的积极响应。

1933 年，纳粹党执掌德国政权。当局的反犹排犹法令要求他辞退在研究所工作的全部犹太人，他拒绝照办，并愤而提出辞职。他在辞职信中写道：“40 多年来，我一直以智慧和品德为标准选择合作伙伴，从不过问他们的种族。在我的余生，亦不希望改变这种用人方法。”化学家、军人、爱国者的哈伯，成了犹太人哈伯。不久，他离开德国，应剑桥大学化学教授波普邀请前往讲学，并在卡文迪许实验室做短期研究。虽身在异国，哈伯仍心系祖国。他的健康，每况愈下。为躲避英国严寒的冬天，几个月后，移居瑞士，他的精神和身体都完全崩溃了。1934 年 1 月 29 日，因心脏病突发，哈伯在瑞士巴塞尔逝世，享年 65 岁。1935 年在他逝世一周年的时候，德国多个著名学会在普朗克的领导下举行了纪念会，500 多位学者不顾纳粹的反对，冒着危险，聚集在达荷姆缅怀哈伯。历史也会永远记下哈伯的成就、是非和无奈。

（作者：张清建）

参考资料

[1] C. C. Gillispie. Dictionary of Scientific Biography: Vol. 5 [M]. New York: Charles Scribner's Sons, 1972: 620-624.

[2] E. Farber. Great Chemists [M]. New York: Inter-science Publishers, 1961: 1301-1311.

欧文·朗缪尔

（Irving Langmuir，1881—1957）

朗缪尔

表面化学的开拓者

1932年诺贝尔化学奖得主欧文·朗缪尔是第一位在工业实验室工作而获得诺贝尔奖的科学家。从1909年起，他在美国通用电气公司研究实验室工作了41年，从白炽灯改进工作开始，他在技术研发和基础科学理论研究两个方面都取得了丰硕的成果。朗缪尔的科学道路透射出他所处时代美国工业研究实验室与基础科学研究之间的联系，尤其是科学家在工业研究实验室中新角色的形成。

1934年，朗缪尔偕夫人开始环球之旅，途中到访我国，受到热烈欢迎，朗缪尔参观学术机构、与学者们座谈交流，并发表演讲。朗缪尔在我国的学术活动从一个侧面反映了我国20世纪30年代的科学交流情况。

一、朗缪尔生平

1881年1月31日，朗缪尔出生于纽约市的布鲁克林区。父亲从事保险业，母亲是一位名医的女儿。朗缪尔在四弟兄中排行第三，大哥阿瑟对他青少年时期的兴趣爱好和学习生活影响颇多。

朗缪尔6岁时，阿瑟从学校带回一瓶自制的氯气，他让朗缪尔闻一闻，朗缪尔却猛吸一口，窒息过去，几乎送命。从那以后，父亲定下规矩：严禁把化学物品带回家。事实上，这次事故不但没有吓退朗缪尔，反而进一步激发了他的兴趣。也许是从这时开始，化学进入了他的血液，并逐渐成为他的生命。9岁时，鉴于朗缪尔对化学的强烈爱好，父亲准许他在阿瑟的引导下，在家里的地下室建立一个小实验室，还挂起"欧文工作室"的牌子。兄弟俩最喜欢的实验是把氨气和碘混合起来放在家中各处，这样母亲和弟弟迪安经常碰到对人无害的轻微爆炸。母亲没有制止他们，还很为朗缪尔感到自豪："欧文生来就是一个科学家，我保证，他将闻名于世。"

1892年，由于保险业务的拓展，朗缪尔的父亲被派往巴黎工作，全家也搬到巴黎。在巴黎，朗缪尔先后被送入当地几所学校上学。在这些学校里，严格的课堂纪律使朗缪尔甚为拘束。朗缪尔时常抱怨每天必须要学 3 小时的拉丁文，每周却只有 2 小时的算术课。从这时起，朗缪尔开始学习代数、几何等数学知识，他每天还会花上一两个小时在化学实验室，跟老师一起做实验。1893 年，朗缪尔一家到瑞士度假，阿瑟第一次带他登山，从此朗缪尔爱上了这项运动，这为他晚年研究人工降雨做了间接准备。

1895 年，14 岁的朗缪尔随同已获化学博士学位的阿瑟回到美国费城，进入栗树山中学学习。根据入学成绩，朗缪尔被允许免修全部化学课程。当时的中学校长后来曾说过："回忆起来，在我全部的教师生涯中，没有一个学生像我们的欧文那样如饥似渴和精力充沛地追求科学知识。毫不奇怪，如此执着地探求和追求必定会产生丰硕的果实。"

一年后，朗缪尔进入普瑞特艺术学校，并于 1899 年毕业。同年，朗缪尔进入哥伦比亚大学矿业学院冶金工程专业学习。朗缪尔选择该专业的理由是"该专业化学背景强，所修物理课程比化学多，数学课程比物理还多，这三门课我都想学"。

在哥伦比亚大学，朗缪尔给同学们留下的印象是一个十足的书虫。他不加入任何俱乐部，不担任社团职务，不参加体育比赛，更从未参加过同学聚会，但他 3 年的平均成绩却达到了 94 分。即使这样优异的学习成绩，也没有多少老师注意到他，只有伍德沃德博士觉察到了他的科学禀赋。在一次课堂上，伍德沃德问道："你们将来最想做什么？你们要选择什么样的职业？"朗缪尔回答："像开尔文勋爵那样，自由地从事研究。"伍德沃德异常惊喜，此后他特别留心朗缪尔，经常给他一些有挑战性的题目，而朗缪尔也乐此不疲。1903 年 6 月，朗缪尔从哥伦比亚大学毕业，获得冶金工程学位。

毕业后，朗缪尔前往德国格丁根大学留学，1904 年起，能斯特成为朗缪尔的博士导师。此时能斯特正在研制一种新型白炽灯，同时也在积极准备"热力学第三定律"的发表。能斯特被誉为物理化学之父，他也是那个时代少有的倾向于应用研究的科学家。能斯特的研究思想和风格影响了朗缪尔，他所开创的诸多研究领域后来也在朗缪尔手中得到发展。1904 年，能斯特给朗缪尔的研究题目是不同气体在受热灯丝附近的反应。两年后，朗缪尔完成了以此为题的博士论文。但谁都没料到，这成了朗缪尔迅速增长的兴趣所在和丰富多彩创造的起点和基础。

1906 年，朗缪尔受聘斯蒂文斯理工学院化学系，成为该系第三名教师。由于缺乏师资，朗缪尔的教学任务十分繁重。在写给弟弟迪安的信中，朗缪尔写道，“在斯蒂文斯理工学院真的很辛苦，过去的两个半月里，我一个人完成了足够让好几个人完成的工作量”。尽管如此，朗缪尔在1907—1908年间还是对其博士论文课题做了进一步的研究，尤其是探讨了气体的反应速率问题。1946年诺贝尔物理学奖获得者布里奇曼说：“朗缪尔的这项工作，显示出他作为物理学家、化学家和工程师的直觉，如果这些结论能被其他实验所采用，必将产生更多、更有价值的成果。”

1908年秋，在纽约召开的一个学术会议上，朗缪尔遇到了大学同学芬克。会议期间，芬克带朗缪尔参观了他当时供职的通用电气公司研究实验室。参观中，朗缪尔有幸结识了该实验室主任惠特尼。1909年暑假，惠特尼邀请朗缪尔到通用电气公司研究实验室做短期研究。开始时，惠特尼并没有给他安排具体的研究工作，他先让朗缪尔在实验室里转转，再自己选择感兴趣的工作。暑假结束前，朗缪尔已对通用电气公司的研究工作产生了兴趣，他喜欢这里的研究氛围。当惠特尼伸来橄榄枝——正式任职邀请时，朗缪尔愉快地接受了。此后，他一直在此工作，并做出了一系列惊人的创造性发现：充气白炽灯的发明，表面吸附理论及表面化学理论的创建，等离子体理论的提出，人工降雨的实施，等等。1932年起，朗缪尔任通用电气公司研究实验室副主任，1950年退休，退休后他继续担任通用电气公司的顾问。

朗缪尔和大多数伟大的科学家的相似之处在于，20岁到40岁之间迸发出巨大的创造力。但和大多数科学家不同的是，他的巨大创造力在四十几岁、五十几岁、六十几岁甚至七十几岁，还一直很旺盛。在1909—1953年的这44年中，朗缪尔在广泛的研究领域中取得了多项重大科学发现和技术发明，他的多产是令人惊叹的，他一生共发表了科学论文200多篇，获得专利63项。对于许多物理和化学工作者，《欧文·朗缪尔文集》至今仍是不可或缺的参考资料。

朗缪尔对社会事业也很关心，他曾发表保护自然原野和控制原子能的看法。1935年他曾成为斯克内克塔迪市议会议员候选人。在两次世界大战中他都积极服务于政府。第一次世界大战中，他参与研制出潜艇探测装置，能有效地对付德国潜艇。第二次世界大战中，他发明了飞机高空飞行时防止机翼结冰的方法。他还发明了烟雾发生器，用以制造防护性烟雾，使陆上和海上成千上万的同盟国士兵和民众成功躲避敌军的轰炸，这是他的一大功绩。

朗缪尔一生荣誉等身。多所大学共授予了他15个荣誉博士学位，其中有哥伦比亚大学、普林斯顿大学、哈佛大学、牛津大学、爱丁堡大学等。从参加工作至1950

年退休，朗缪尔获奖22次，除了1932年的诺贝尔化学奖，还有美国化学学会、英国皇家学会、法国科学院等多所知名学会和学院颁发的奖章。1929年，他当选美国化学学会主席，1941年当选美国科学促进会主席。此外，他还是美国国家科学院的院士和英国皇家学会的外籍会员。

1957年8月16日，朗缪尔因突发心脏病辞世，享年76岁。为了表达对这位伟大科学家的景仰，美国阿拉斯加州的一座山被命名为朗缪尔山，纽约大学的一个学院被命名为欧文·朗缪尔学院，美国真空协会从1978年起颁发盖德－朗缪尔奖，以表彰在真空和表面科学研究中获得成就的科学家。在朗缪尔逝世21年后，英文《科学文摘》上发表了一篇评介朗缪尔的短文，作者在开篇写道："假若投票推选美国最伟大的科学家，稳操胜券的将是欧文·朗缪尔。"

二、充气白炽灯的研制

1879年，爱迪生发明碳丝白炽灯，揭开了电照明技术发展的新篇章。由于碳丝白炽灯的低效率和短寿命，故而对白炽灯的改进一直在探索中。1911年，通用电气公司研究实验室的库利吉利用可延展钨丝制成了真空钨丝灯，大大提高了灯泡的发光效率，使电照明技术又一次发生了根本性的变革。但随着电灯越来越广泛地使用，人们仍然希望电灯的效率更高，灯泡的寿命更长。

1909年，进入通用电气公司研究实验室后，朗缪尔加入了白炽灯改进的队伍，试图攻克真空钨丝灯的主要缺陷——通电后钨丝变脆、灯泡壁发黑等问题。当时有这样一个共识：灯泡内越高的真空，就意味着是越理想的灯泡。受这个观点的影响，朗缪尔与其他研究人员一样，从探索获得高真空的方法入手，试图通过获得更完美的真空来达到延长灯泡寿命的目的。但这样的探索是不成功的，两年多的时间过去了，理想灯泡还是天方夜谭。

在探索过程中，朗缪尔注意到惠特尼发现的一个现象：高真空灯泡中的残留气体有消失的迹象。朗缪尔由此产生了一个新的疑问：导致灯泡寿命短的是钨丝本身的问题，还是残留气体与灯丝作用的结果？他设想，如果增加气体，也许可以更容易观察到它们的作用。因此，他决定往灯泡内充入不同的气体，看看会出现什么现象。

这样，就在别人仍在为获得更理想的真空而努力时，朗缪尔开始往灯泡内充入各种气体：氢气、氧气、氮气、一氧化碳、水蒸气等。很快，他就发现，除了水蒸气，充入灯泡的其他气体都不会导致灯泡变黑。另外，当灯泡内充入少量氢气时，朗缪尔观察到，在高温下氢气会逐渐消失。经过研究发现，氢气在高温下被分解成氢原子，进而吸附在了灯泡的内壁上。这样，朗缪尔对混有水蒸气的灯泡致黑现象就有了初步的认识，水蒸气分子与热钨丝接触产生易蒸发的氧化钨；在高温下，水分子又被分解，生成的氢原子吸附在灯泡内壁上；具有高度化学活性的氢原子与氧化钨反应，生成了水蒸气和钨。生成的水蒸气与钨丝作用……这个过程的持续进行使越来越多的钨沉积在灯泡内壁上。

水蒸气是不是灯泡致黑、寿命缩短的唯一元凶？在进一步的实验中朗缪尔发现，高温下钨丝本身也会不断蒸发并导致灯泡内壁变黑。也就是说，即使能获得理想的真空，也无法进一步延长灯泡寿命。

随后，朗缪尔再把一个大气压的氮气引入灯泡，奇迹出现了，灯丝在接近其熔点的温度所维持的时间比在真空下延长了很多，热损耗也大大降低了。原来，氮气的存在使钨丝蒸发速率减慢，而且蒸发的钨原子在与氮气分子的碰撞下又回到了灯丝上。

充入氮气的白炽灯寿命超过了 1000 小时，发光效率比真空灯提高了 30%—40%，其效能达 17.4 流明。后来，朗缪尔发现充入氩氮混合气体，制得的白炽灯的效果更佳。这种充气白炽灯不仅寿命长，还比真空灯泡发出更多的白光，其在 50 瓦以下发光效率虽提高不多，但在 50 瓦以上效率明显提高，甚至能达到真空灯的两倍。1913 年 4 月 19 日，朗缪尔获得“白炽灯专利”。

1928 年，在获珀金奖章的演讲中，朗缪尔回忆其研究思路时说：“科学研究有一个很重要的原则是，当遇到不利因素阻碍理想结果的出现，而不利因素又是无法避免的情况时，一个好的实验方案是反其道而行，有意识地增加这些不利因素，放大其所产生的不利结果，这样就可以发现，避免这些不利因素是不是有价值的。比如，如果有一个灯泡，里面的真空已经足够理想，但是为了制造出更理想的灯泡，就不要再去设计继续改善真空环境的方案了，而是应该按已掌握的方式尽量去破坏灯泡内的真空环境，那么就可能发现，改善真空是不必要的，或者真空还需多大程度地去改善。”

三、表面化学领域的开拓

表面化学是 20 世纪初期逐渐形成的一个新学科，但其研究的一些现象则是早已熟知的，如蒸发、凝聚、吸附等。1902 年杜瓦发现，冷却在液态空气中的活性炭能够滞留大量的氧气和氮气，当时认为这是由活性炭的细微裂纹状态所决定的一种表面作用现象。杜瓦的解释是，这些气体是被压缩、凝聚在活性炭表面。此后，很多学者对固体表面吸附气体的现象做过定性描述，但他们的理论只触及该领域的边缘，不能说明吸附是如何发生的，无法解释吸附的机制。

朗缪尔在研制充气白炽灯过程中开始关注吸附现象。他发现，在充有少量氢气的灯泡中钨丝温度达到 1500 K 时，氢气会慢慢消失。此后，朗缪尔对这类过程进行了长达 15 年的实验和理论研究。他认识到，高温下氢气离解成氢原子，这些氢原子会吸附在灯泡内壁上，且灯泡内壁只能吸附有限量的氢原子。进一步地，他在液态空气温度下测得被吸附氢的最大值，并由此推断吸附氢的最大量是在灯泡内壁形成单原子层。朗缪尔说："这些实验对于致力于改善灯泡性能的人来说，几乎都是无用的，甚至是愚蠢的。"但是，在这些"愚蠢的"实验中，朗缪尔认识到吸附气体的量限制在单分子厚度，迈出了认识吸附现象的关键一步。

1916 年，朗缪尔发表论文《固体与液体的结构和基本性质》，提出固体表面吸附气体分子的单分子吸附层理论。他认为固体表面原子对气体分子吸引力的本质，是固体表面原子的剩余价力的存在。如果固体表面已吸附了一层气体分子，剩余价力就饱和了，不能再吸附第二层分子。剩余价力的大小决定了固体吸附剂对气体分子吸附的强弱。他指出，吸附作用是气体分子在吸附剂表面上凝聚和蒸发两个相反过程的平衡。由此，他推导出著名的朗缪尔吸附等温式，不但适用于气固表面的吸附，而且很好地推广到液固界面以及气液、液液流动界面的吸附，成为表面科学中的一个重要理论。

朗缪尔对液面上有机膜做了深入的研究。1916—1917 年间，他完成了著名的水面油膜实验。随后，他完成了高级脂肪酸、醇、酯等不溶性膜在水面上的定向吸附实验。朗缪尔发现了单分子膜压，其大到能轻易推动浮在水面上的纸带。据此，朗缪尔发明了水平式膜天平。这种膜天平结构简单，使用方便，测量精确，至今仍是研究单分子膜的重要仪器。在分子结构研究中，膜天平也发挥过重要作用。当时尚无其他测量有机分子大小的可靠方法，而膜天平已可相当精确地测量出直链脂肪酸、醇及酯中碳原子间的垂直距离。约 10 年后，缪勒等科学家才通过 X 射线的方法证实了朗缪尔的结果。借助膜天平，朗缪尔开拓了单分子膜性质和分子结构这一新的研究领域。

朗缪尔发展了一系列研究膜的技术，研究了气态膜、液态膜、固态膜以及复杂的蛋白质膜，测定了各种膜分子的取向、分子截面等。这一系列工作对了解润滑油的作用、矿物浮选的机理、泡沫和乳状液的稳定性等有广泛的应用。他研究蛋白质的实验技术被许多生物化学家和生物物理学家所采用。他对活化吸附和表面的催化活性的研究成果，影响了催化的吸附理论。

朗缪尔还发现，有些膜内分子能自由运动，就像气体中的分子那样，差别仅在于在膜内它们只能做二维方向上的运动，而在气体中它们能做三维运动。这一发现，在化学研究中开辟了一个崭新的重要研究领域：二维空间中物质状态的研究。朗缪尔关于二维理想气体的概念、方程及其动力学的解释，在物理化学中也有深刻的影响。二维理想气体方程除了在一般单分子膜研究中应用，还可用来测定高分子化合物（如蛋白质）的相对分子质量。这一发现不仅提供了关于分子结构的信息，还可以获得分子中和分子间作用力的有价值的信息。

朗缪尔建立了表面化学的基本概念、理论、研究技术和方法，拓展了表面化学的研究和应用领域，他研究蛋白质的实验技术被许多生物化学家和生物物理学家所采用。人们还认识到，由于生理上的众多化学反应恰恰是表面反应，表面化学也是理解和驾驭它们的基础。今天，表面化学促进了许多工业和技术的发展，如能源开发（包括石油开采、煤流态化、太阳能利用）、催化、矿物浮选、胶片生产、印染、色谱、液膜分离、海水淡化、农药的分散和乳化及其应用、泡沫灭火以及人工降雨等。

因对表面化学所做的发现和研究，朗缪尔获得了 1932 年诺贝尔化学奖。瑞典皇家科学院的瑟德鲍姆教授在诺贝尔奖颁奖词中肯定了朗缪尔对表面化学的开创之功，他说："当前，大批科学家正在这一研究领域勤奋而成功地工作着，然而，在已开垦出的土地上耕耘的人不管多么勤勉，更高的荣誉属于第一个人，属于开拓者。"

四、朗缪尔的环球之旅

1934 年 10 月，应日本电气学会的邀请，朗缪尔偕夫人乘坐轮船从西雅图出发，赴日本讲学。其后，他先后造访了中国、越南、柬埔寨、缅甸、泰国、埃及、西班牙、意大利、法国等地，1935 年 3 月回到美国纽约。朗缪尔夫妇参观了诸如富士山、故宫、颐和园、玉佛寺、吴哥窟、金字塔等名胜古迹，目睹了世界不同地域的风土人情和社会文化。

朗缪尔在日本逗留约一个月，游览了东京、别府、仙台、大阪、神户、京都、福冈、广岛等地，围绕 3 个主题在日本各地共作了 8 次学术演讲，这 3 个主题是基础工业研究、低压气体放电以及表面化学。朗缪尔还在东京的无线电台发表广播讲演《水面上的油膜》。11 月 7 日，朗缪尔在日本作第一次演讲，11 月 29 日作最后一次演讲，并被日本电气学会选为名誉会员。

日本讲学结束后，朗缪尔夫妇来到我国，他们经奉天（今沈阳）到北平（今北京），然后到上海。在北平期间，应在北平的高等教育机构、学术研究机构和学术团体——清华大学、北京大学、燕京大学、北平协和医学院、北平研究院、中华教育文化基金董事会、中国物理学会、中国化学会等联合邀请，朗缪尔参观了北平研究院物理学研究所，发表了两次演讲，并与我国学者热烈座谈交流。

朗缪尔于 1934 年 12 月 8 日抵达北平，9 日他到访的消息见诸《北平晨报》《世界日报》《华北日报》《北方日报》《北辰报》等各大报端。10 日下午，朗缪尔在北平协和医学院大礼堂作公开演讲，题目为“近代科学的态度”。到会聆听者多为教员及青年学生，会场极为拥挤，几乎没有立足余地。

当晚，朗缪尔讲毕，北平的高等教育机构、学术研究机构和学术团体联合设宴款待朗缪尔夫妇。

当日，《世界日报》对朗缪尔进行了大篇幅的介绍，除其演讲外，还介绍了两年前朗缪尔被授予诺贝尔化学奖的情景、朗缪尔的成长和求学经历、在日本演讲情况及朗缪尔所获得的荣誉。

11 日下午 4 时，在北平研究院物理学研究所，中国物理学会、中国化学会以及北平研究院邀请朗缪尔与北平学者举行茶会，与会学者有梅贻琦、任鸿隽、饶毓泰、曾昭抡、李麟玉、顾毓琇等 80 余人。朗缪尔发表了约一刻钟的简短演讲，此次演讲的核心内容应该是有关表面化学[1]。朗缪尔演讲后，吴有训、杨树勋、周培源、严济慈等先后当场发问，与朗缪尔展开讨论。会后，中国物理、化学两学会再次宴请朗缪尔夫妇。

朗缪尔能够再次演讲，其间还有些曲折：

> 惟郎氏以此次在日本时日人招待极周，故对日本感想极佳，同时以受日人蒙蔽，以为我国根本无科学事业可言。故初来时对于参观学术机构及演讲之邀请，均一概托词谢绝，只允作通俗演讲一次，迨后偶往清华大学，始发现其最初观念之有误，迨与吴教授等深谈，乃知我国科学，虽甚幼稚，亦尚

1 也有科技史论著称此次演讲题目为“高真空管壁上的电子发射与放电”。

在亟求进步，非若日人所传云者之甚。于是遂自告奋勇，为北平学术界，于其离平之前一日，另作一次专门演讲。(《时事月报》1935年第12卷第2期)

12月11日的《世界日报》继续大篇幅介绍朗缪尔，此次主要介绍朗缪尔的科研工作，包括充气白炽灯的研制及氢原子的研究，辅之介绍朗缪尔的生平逸事，包括其滑雪、登山等爱好，最后还附上记者对朗缪尔的采访内容。

12月12日，朗缪尔夫妇离开北平，前往上海。

朗缪尔环球之旅的主要内容之一是赴日本讲学，他为在日本演讲准备了专门的演讲稿。在中国，他的受邀演讲则显得仓促。尽管朗缪尔来华前并不了解中国科学事业的真实情况，但是我国学术界还是积极努力把握这一难得的机会，促成了与这位科学大师的友好、热情和广泛的深入交流。交谈中，朗缪尔还对我国科学事业提出真诚的建议。“郎氏最初虽不免对我国有所误解，然一经了然后，即殊对我国科学界发生兴趣，且颇恨为日程所限，未能多作数次专门演讲，在茶余酒后之间，时以在模仿西方工业文明之外，宜努力于纯粹科学之发明为勉。”朗缪尔在华学术活动演讲中这一曲折经过，给吴有训留下了深刻印象，并引起他多方面的思考。十几年之后，当吴有训在中央大学任校长时，在对全校师生的讲演中，曾以此事件为例，鼓励我国学者用科学成果和实力为国家争取国际学术上的平等地位。

五、结语

朗缪尔是一位多产的科学大师，研究成果遍布基础科学和应用技术领域。充气白炽灯的研制是他在通用电气公司研究实验室早期取得的重要技术发明，与此相关，在技术上，朗缪尔发明了汞蒸气扩散冷凝泵——朗缪尔泵，提出原子氢焊枪原理等；在理论上，他探寻现象背后的科学机制，对吸附现象及其机制做出了清晰完整的解释，最终开拓了表面化学领域。朗缪尔在原子结构模型、原子价学说、热离子发射和气体放电理论、真空中液氮的制冷作用、等离子体技术、蛋白质单分子层研制等许多方面均有建树。诸多专项技术和科学术语以朗缪尔的名字命名，如朗缪尔探针、朗缪尔泵、朗缪尔吸附等温式等。

朗缪尔的成功因素是多方面的。少年时期，他得到父亲的理解，母亲的鼓励，哥哥的引导，这些使他的科学兴趣和天赋得以自由展现。求学阶段，他的勤奋与执着又得到了老师们的鼓励。进入研究阶段，他受益于导师能斯特在研究思想和道路上的指引，领导惠特尼的赏识与信任以及通用电气公司研究实验室自由宽松的工作氛围。20世纪初期，技术发明越来越科学化，美国的工业实验室对高学术水平的研发人员的需求也越来越大，学术性的自由研究活动也逐渐在这类实验室展开。朗缪尔是工业实验室中这种学者型研究人才的先驱。客观上，现代工业研究实验室精良的技术设备，也为越来越技术化的现代科学研究创造了条件。

朗缪尔的研究活力从青年一直持续到老年，70多岁时，他还做出惊人之举——实施人工降雨，这让他很快成为美国家喻户晓的科学名人。朗缪尔对自然现象及其本质有强烈的好奇心，他说："我最大的爱好就是从简单、熟悉的自然现象中去领悟其中的内在机制。"在研究中，对简单实验的执着是朗缪尔的工作特色之一。朗缪尔常常用简单精巧的仪器设备来研究各种复杂的自然现象。研究表面膜时，他仅用纸片、金属丝、玻璃槽等便揭示出分子膜压力的存在。朗缪尔还善于抓住现象背后的本质，并持之以恒地深入探索。难怪有学者做出这样的评价："在朗缪尔之前和以后，大概还没有一个科学家用如此简单的研究设备，却能获得这样多新颖而又重要的成果。"

作为在企业中工作的科学家，朗缪尔的理论研究成果大多都在技术上获得了应用，但同时，他在技术发明和改进中也没有忽视基础科学问题的研究。从这一点看，朗缪尔对我国学者的建议——在学习技术的同时致力于基础科学研究——可谓其经验之谈。

（作者：林信惠　李艳平）

参考资料

［1］胡亚东. 世界著名科学家传记：化学家 I［M］. 北京：科学出版社，1990.

［2］顾惕人. Irving Langmuir——当代最杰出的表面化学大师［J］. 大学化学，1989，4（6）：52-54，59.

［3］A. Rosenfeld. The Quintessence of Irving Langmuir［M］. Oxford：Pergamon Press，1966.

［4］C. G. Suits. The Collected Works of Irving Langmuir：Vol. 4 Electrical Discharge［M］. Oxford：Pergamon Press，1961：435.

［5］戢守志. 无名的伟大：介绍一位美国科学家［J］. 国外科技动态，1979，1（7）：50-52.

［6］《诺贝尔奖讲演全集》编译委员会. 诺贝尔奖讲演全集：化学卷 I［M］. 福州：福建人民出版社，2004.

［7］陈学民，周文森. 卓越的美国化学家和物理学家——欧文·朗缪尔［J］. 化学通报，1983，3：57-59，64.

赫尔曼·施陶丁格

(Hermann Staudinger，1881—1965)

施陶丁格

高分子化学的奠基人

施陶丁格这个名字，总是与高分子化学密切联系在一起的。1953 年，他因在这一领域的开创性成果荣获诺贝尔化学奖。他提出的聚合物结构理论，以及对生物大分子的研究，为高分子化学、材料科学和生物学的现代发展奠定了基础，同时促进了塑料工业的迅速成长。今天，施陶丁格的理论还在不断地刺激着现代科学和技术的进步，他的高聚物“分子设计”思想，仍是研制新结构、新功能高分子材料的重要基础和指南。

一、早期的工作

赫尔曼·施陶丁格 1881 年 3 月 23 日生于德国沃尔姆斯，其父弗朗茨·施陶丁格是新康德主义哲学家。由于对植物学和显微镜感兴趣，1899 年中学毕业后，施陶丁格进入哈雷大学跟随克勒布斯教授攻读植物学。他的父亲告诉他，只有学好化学，才能更好地研究植物学问题。施陶丁格听从父亲的劝告，转而学习化学，但他依然对植物学怀有浓厚的兴趣。他后来在高分子化学方面的许多成果，对植物学和生物学领域都产生了重大影响，他一直不断地在探索化学和植物学、生物学之间的联系。施陶丁格在哈雷大学待的时间很短。1899 年秋，其父移居达姆施塔特，施陶丁格转学到达姆施塔特工业大学，跟随科尔布教授，学习了两个学期的分析化学课程。随后又到慕尼黑大学拜耳实验室学习了两个学期的有机化学。1901 年，施陶丁格返回哈雷大学，在福伦德教授的指导下，从事丙二酸酯加成产物的研究。福伦德对施陶丁格的思想和生活方式都产生了深刻的影响。1903 年夏，施陶丁格获博士学位，这时距他进入大学仅 4 年时间。这年秋天，他到斯特拉斯堡大学，任著名的有机化学家蒂勒的助手，在学问和人格方面都受到蒂勒的影响。这期间，他的工作是多方面的，但主要是研究将羧酸转化成醛的方法。1905 年，他发现一类新的化学物质——烯酮，他用锌处理二苯氯乙酰氯，成功地分离和鉴别出二苯乙烯酮。

1907年春，施陶丁格向斯特拉斯堡大学提交了有关烯酮化学的任职资格论文，获得了在该大学授课的资格。1907年10月，他被卡尔斯鲁厄工业大学（今卡尔斯鲁厄理工学院）聘为副教授时，年仅26岁。在极短的时间内，他作为从事小分子有机化学研究的化学家，获得了令人瞩目的国际声誉。1912年夏，31岁的施陶丁格接替叶绿素化学权威维尔施泰特（1915年诺贝尔化学奖得主）任著名的苏黎世联邦理工学院教授，直到1926年。在这里，他结识了许多著名的科学家。其间，他先后谢绝几所大学的聘请。在卡尔斯鲁厄和苏黎世，施陶丁格除继续关注烯酮化学，还开始研究乙二酰氯、脂肪族重氮化合物、有机磷化合物、有机物的自氧化、药物合成、异戊二烯和丁二烯的制备与聚合等。施陶丁格发现叠氮化合物与磷烷反应可生成磷腈。这种合成磷腈的叠氮法，很快以“施陶丁格反应”闻名于世。

施陶丁格通过萜烯类化合物的热分解反应，很方便地制得了异戊二烯，并因此获得3项专利、发表7篇论文。通过类似的方法，施陶丁格对环已二烯进行高温热分解制取丁二烯。这些工作，对他后来从事聚合物化学研究大有帮助。施陶丁格发现，碱金属与卤化物混合会发生爆炸。他断言，这是因为形成了对震动极其敏感的体系，如四氯化碳和钠钾合金的混合物，其震动灵敏度约是雷酸汞的200倍。他认为，这种混合物可用作炸药的引爆剂。施陶丁格为此获得5项专利。然而，这种混合物在工业上的应用并不成功。与雷酸汞不同，这种混合物并不足以引爆三硝基苯酚和甘油炸药。

1910年，施陶丁格开始研究生物小分子。他与卢齐卡（1939年诺贝尔化学奖得主）合作，成功地分离出马提亚人使用的杀虫粉——除虫菊的有效成分。这种杀虫粉是用菊花粉通过石油醚提取制成的粉末。他们还测定出了除虫菊素的化学结构。施陶丁格曾尝试合成除虫菊酯，但没能成功。当时，便宜畅销的杀虫剂主要是六氯乙烷、二氯苯及稍后的滴滴涕，这些东西现在已全被淘汰了。而除虫菊酯是非常有效的杀虫剂，今天仍受到广泛的关注。施陶丁格的研究成果为现代除虫菊酯杀虫剂的发展，打下了坚实的基础。

第一次世界大战期间，协约国海军的海上封锁使德国天然胡椒的供应严重短缺。施陶丁格制备出哌啶及其一种氢化衍生物，他发现二者都具有典型的胡椒味道，并弄清楚了它们的分子结构与胡椒味道之间的基本关系。1917年，施陶丁格研制的一种哌啶氢化衍生物成为商用的合成胡椒，改善了食品短缺的战争时期德国人的口味。第二次世界大战期间，施陶丁格的合成胡椒又恢复生产。施陶丁格认为，他的合成胡椒是非常令人满意的胡椒替代品，比之天然胡椒更优越。然而，在和平时期天然胡椒比合成胡椒价格更便宜。

合成胡椒取得的成功，刺激着施陶丁格解决德国战时天然咖啡供应中断的问题。施陶丁格和赖希施泰因通过高真空装置，从烤咖啡中成功地蒸馏分离出 70 余种芳香化合物。从这些大量的化合物中，他们惊奇地发现，咖啡香味中最重要、最有效的成分竟是痕量的糠硫醇。这种化合物在极低浓度下具有纯正的咖啡香味，而在高浓度下则因奇臭无比闻名于世。通过不断实验，他们将 40 余种化合物混合后稀释，得到一种具有典型咖啡味道的合成咖啡。第二次世界大战爆发前，德国一家公司推出了施陶丁格的合成咖啡。第二次世界大战后，施陶丁格才公开发表相关的成果。

施陶丁格在小分子化学领域取得了丰硕的成果，共发表研究论文 200 余篇，获专利 51 项。1920 年左右，施陶丁格开始对大分子化合物展开研究，尤其是聚甲醛、橡胶和聚苯乙烯。1926 年，施陶丁格接替威兰（1927 年诺贝尔化学奖得主）任弗赖堡大学教授，并担任化学实验室主任。从此以后，施陶丁格完全投入到高分子化学领域的研究中。1927 年，施陶丁格与拉脱维亚植物生理学家沃伊特女士结为夫妻，她既是施陶丁格生活上的亲密伴侣，又是事业上的得力助手。在妻子的帮助下，施陶丁格实现了早年从事植物学研究的愿望。

二、高分子化学研究

自古以来，人类在衣、食、住、行等诸多方面都依赖于天然高分子材料。但长期以来，人们对天然高分子物质如纤维素、蛋白质的本质并不了解。到 19 世纪，才开始了对天然高分子材料的化学改性。1839 年，古德伊尔偶然发现，发黏的天然橡胶通过硫化作用变成了弹性体，由此产生了橡胶工业。1832 年，法国人布拉科诺首次发现纤维素的硝化作用和硝化纤维素的爆炸性分解。1846 年，瑞士化学家舍恩拜因对硝化法进行重大改进，用硝酸和硫酸的混合液处理纤维素，得到了火药棉。舍恩拜因的方法是生产著名的无烟火药的基础。1885 年，法国的沙尔多内将硝化纤维素溶液挤压成形，纺成最早的人造丝，它与天然丝极为相似。由于硝化纤维素易燃，沙尔多内研究出多种脱硝方法，由此产生了早期的以纤维素为基础的人造丝。

1870 年，海厄特发现樟脑的可塑性作用，热塑性塑料有了突破。加入樟脑这种增塑剂后，硝化纤维素变得易熔、易处理和易于成形，这就是赛璐珞。它适合于制作梳子、玩具、牙刷、人造牙和电影胶片等。然而赛璐珞易燃、易爆、容易脆化。1907年，贝克兰通过苯酚和甲醛在催化剂下的缩聚反应，合成了酚醛树脂，奠定了酚醛树脂工业化的基础。这种全新的人工合成树脂，是优良的电的绝缘体，俗称电木。

1826年，法拉第研究天然橡胶的组成时，指出它的经验式为 $C_5H_{8.8}$ 或 $C_{4.5}H_8$。不久后他弄清楚了橡胶的分子式应为（$C_5H_{8.8}$）$_n$。几年后，他又发现天然橡胶能与溴发生加成反应，表明天然橡胶是不饱和化合物。1838年，伊姆利干馏橡胶，分离出一种易挥发的物质。1860年，威廉斯确定这种易挥发的物质的化学式为 C_5H_8。到1892年，蒂尔登进一步确定这种易挥发的物质是异戊二烯。

在施陶丁格开始他的开创性研究之前，“聚合物”和“聚合反应”这些术语早就在使用了。然而，其含义与现代是不相同的。1833年，贝采利乌斯最早提出“聚合物”一词。他认为，聚合物是指化学组成相同而化学性质不同的一类化合物。贝氏的“聚合物”概念，与现代高分子长链聚合物概念没有任何联系。当时的聚合物概念是含混不清的，包括异构体、同系物和多晶型物。例如，1866年，贝特洛加热乙炔得到“聚合物”苯和苯乙烯。由此可见，早期的“聚合物”概念，是指具有相同的化学组成、不同的相对分子质量和化学性质的一类化合物，没有考虑分子结构、相对分子质量和化学键。

1863年，贝特洛首次提出“聚合反应”的概念。他认为，那些能与氢分子、氯分子或水分子发生加成作用的分子也能够自身加成。1853年，贝特洛报道了蒎烯的热聚合和催化聚合反应。1869年，他发表了乙烯、丙烯、戊烯和蒎烯聚合作用的研究成果。在碱金属的存在下，乙烯被聚合生成高沸点的烯烃，他命名为聚乙烯。在硫酸存在下，丙烯通过聚合作用生成沸点在200—220 ℃的烯烃组分。佩希曼和班贝格尔分别在1899年和1900年报道，他们通过重氮甲烷的热分解成功制得了固体的聚乙烯。但是，当时没有人看出高密度聚乙烯巨大的工业价值，也没有人认识到聚合物中长链的存在。在贝特洛的“聚合反应”概念中，同样没有涉及化学键的本质和相对分子质量的作用等问题。

1861年，格雷姆创立胶体化学。由于聚合物的溶液黏性大，难以通过半透膜，加之没有固定的熔点和沸点，不易形成结晶，许多化学家相信它与胶体同类。因此，在20世纪初，聚合物的性质是根据胶体化学理论来解释的。人们相信，聚合物是小分子的物理聚集体。在小分子的自聚过程中，没有共价键的形成。这就是著名的束胶理论。它在一定程度上解释了聚合物的性质，因而得到化学家的普遍承认。

哈里斯自1900年开始从事橡胶结构的研究，长达20余年。他用臭氧法降解天然橡胶，得到乙酰丙醛。1905年，哈里斯提出了橡胶具有环状结构的假说，认为天然橡胶的基本结构单元是异戊二烯，两个异戊二烯分子结合形成二甲基环辛二烯，彼此再通过双键中碳原子的"副价力"的作用，进行自聚而形成缔合物。这种由"副价力"作用形成的缔合物，具有奇特的性质，即黏度与浓度成非线性关系，倾向形成胶体溶液而不能结晶等。哈里斯的理论，依然建立在单体小分子的自聚而非它们之间形成共价键的基础之上，符合当时的束胶理论，获得了许多化学家的赞同。1914年，皮克尔斯对束胶理论表示怀疑，首次提出天然橡胶是通过异戊二烯分子之间的"主价键"(即共价键）作用形成的聚合物。但是，他全然低估了天然橡胶的相对分子质量，并倾向认为形成的是没有端基的环状聚合物。

20世纪初，费歇尔在蛋白质的化学结构研究中作出了杰出贡献。1906年，他设想蛋白质是氨基酸单元之间通过共价键（肽键，—CONH—）形成的多肽，也就是说，肽键在多肽分子的长链中不断重复。1907年，他合成了含18个氨基酸的多肽，相对分子质量为1213，该多肽具有和天然蛋白质相似的化学性质。然而有趣的是，费歇尔在1913年还对相对分子质量超过4000的聚合物的存在表示怀疑。他不顾已有的实验事实，竟完全赞同聚合物的束胶理论。

在卡尔斯鲁厄和苏黎世期间，施陶丁格在异戊二烯的聚合、聚甲醛的合成和橡胶化学等方面，获得了大量的第一手实验经验。他发现乙烯酮、异戊二烯和苯乙烯等不饱和烯烃，不仅容易与其他物质发生加成反应，而且还能进行自身加成反应，这样所生成的物质虽然在化学成分上与原来的单体并没有什么不同，但在化学性质和物理、机械性能方面都表现出极大的差异。他意识到，这不是一般的有机合成，而是一种新型的反应，即加成聚合反应。1920年，他在《德国化学会会志》上发表了关于聚合反应的著名短文，提出了他的革命性学说。他认为，高相对分子质量的聚合物如聚甲醛、聚乙烯、聚氯乙烯和天然橡胶，都是由数目巨大的单体小分子通过共价键的重复连接而形成的线型长链分子。起初，施陶丁格并没有为他的假说提供令人信服的证据。他的许多同事既不赞同他的观点，也不支持他从事聚合物化学的研究。施陶丁格在他的自传中，提到他的朋友给他的忠告："亲爱的同事，放弃大分子的想法吧！相对分子质量超过5000的有机分子是不存在的，提纯您的产品如橡胶，它们会结晶，并转化为低相对分子质量的化合物。"施陶丁格还写道："那些熟知我早期在小分子化学领域工作的同事，都责问我为什么要放弃这些前景美好的领域，去研究那些令人生厌和令人疑惑不解的化合物，如橡胶和合成聚合物。当时，根据这些物质的性质，它们被称为油脂化学。”

施陶丁格认识到了油脂化学巨大的潜在研究价值，勇敢地接受了这一新学科的挑战。1926 年移居弗赖堡大学时，他以极大的勇气，放弃之前的研究领域，全力转向聚合物的研究。同时，这也标志着数十年激烈争论的开端，他遭受到许多来自不同学科的同事及旧理论的拥护者的猛烈批评。

按照哈里斯的假说，橡胶是二甲基环辛二烯通过双键中碳原子的“副价力”作用形成的缔合物。若将橡胶氢化，双键加成时加成作用会使“副价力”消失，橡胶就应在这些位置纷纷断开，得到的产物将是一种低沸点的小分子环状烷烃。而施陶丁格断言，橡胶加氢后生成橡胶的氢化衍生物，和橡胶一样是长链分子，依然具有高的相对分子质量。1922 年，施陶丁格和弗里奇制出氢化橡胶，发现其性质与天然橡胶差别极小，尤其是它不能蒸馏，能像天然橡胶一样生成胶体溶液。这是证明长链聚合物存在的最早的实验证据。当年在一篇关于氢化橡胶的论文中，他们首次使用“高分子”这一术语。1924 年，施陶丁格给“高分子”下了一个明确的定义：“这种分子间形成的胶体粒子，与主价键粒子完全相同。换言之，胶体分子中的每个原子都是通过共价键的作用相连。为了更好地区分，我们称之为高分子。还应该指出的是，这些胶体粒子是真正的分子，而且事实上，你也休想用别的任何试剂使之变成我们通常所说的那种典型的低分子溶液。”

他接着研究了聚苯乙烯和聚甲醛，测定了这些聚合物溶液的黏度。他曾先后在多种学术会议上宣读他的研究成果和阐述他的观点。他的观点遭到了束胶理论拥护者的激烈反对，其中包括许多著名的化学权威。他们认为，没有必要提出高分子假说，因为不可能存在高分子。这些物质具有的独特的、反常的性质，如高熔点、低溶解度和在溶液中高的黏度，完全可以根据束胶理论进行解释。他们争辩说，高的黏度并不是高的相对分子质量的直接证据，只能说明它们在溶液中是以胶粒聚集体的状态存在，许多胶体溶液和一些金属的氨配合物的溶液都有高的黏度。

施陶丁格的高相对分子质量聚合物理论，还遭受到结晶学领域的许多权威科学家的激烈反对。他们坚信，整个聚合物分子必须与晶胞大小相一致，而晶胞太小了，无法容纳下这样巨大的分子。波拉尼在 1921 年发现，纤维素的晶胞很小，只能容纳 4 个葡糖基；1923 年，布里尔对丝蛋白进行结晶学研究，通过计算得知，其晶胞只能容纳相对分子质量为 400—500 的蛋白质分子。1926 年，在杜塞尔多夫会议上，著名的晶体学家尼格里非常自信地向施陶丁格保证，不可能存在比晶胞大的有机分子。

就在1926年，斯韦德贝里和福雷乌斯在《美国化学会会志》上发表了题目是“一种测定蛋白质相对分子质量的新方法”的论文。他们首次用超离心机成功测定羟基和羰基血红蛋白的平衡沉降，结果表明，相对分子质量是元素分析最低值 16700 的 3.75—4.25 倍。这一工作，为蛋白质化学中证明大分子的存在提供了关键性证据。

施陶丁格希望在弗赖堡大学安装一台超离心机，以便直接获取合成聚合物大分子或天然大分子结构的直接证据。然而，德国自然科学基金会拒绝他的资金申请。绝望之中，施陶丁格只好转向黏度测定。他深知，由于在理论上没有弄清楚黏度与相对分子质量之间的关系，将黏度测量数据作为大分子存在的证据，往往难以让人满意。1929 年，他成功地推导出高分子稀溶液的特性黏度 η 与相对分子质量 M 之间的线性关系式，即著名的施陶丁格定律 $\eta=K_mM$，K_m 是溶剂常数，可通过已知相对分子质量的溶质计算，然后用于被测的未知相对分子质量的聚合物。这是一种简便快捷地测定相对分子质量的方法，它不需要昂贵精密的仪器。施陶丁格的黏度测定法，被广泛地应用于工业生产和聚合物的研究。

施陶丁格一直试图为长链高分子的存在找到一种更直观有力的证明。他让他的学生西格纳测定溶液中大分子的形状。西格纳设计了一个简单的仪器，使用流动双折射技术，成功地测量出一个长链分子的长度与宽度的近似比。

晶体学家通过天然纤维素的 X 射线衍射图发现，晶体的对称性在纤维轴向上的伸展远超过单个晶胞，甚至超过一个晶粒。20 世纪 30 年代，美国杜邦公司的化学家卡罗瑟斯按照缩聚反应原理，利用分子蒸馏技术，合成出相对分子质量超过 20000 的超聚物，通过定量测定反应中消去的水，还能估算出长链分子中的链节数。在 1934—1937 年间，普梅雷尔从天然橡胶的降解产物中，分离出微量的端基化合物，直接证实了天然橡胶的线型长链分子结构。施陶丁格的长链大分子学说得到进一步的支持。

早在 1926 年，施陶丁格就认识到生物体中高分子化合物的重要性。他感觉到传统的有机化合物的分离和鉴别方法根本不能适应对这些化合物的研究，致使化学家们“仅仅是站在有机化合物研究的入口处”。他认为，生命过程是与以酶和蛋白质的形式存在的高聚物密切相关的。1936 年，他在慕尼黑的演讲中指出：“每个基因大分子都具有一种十分明确的结构图，决定了它在生命中的功能。”施陶丁格为了获得生物大分子存在的直观证据，使用了紫外相衬显微镜和电子显微镜。1939 年，他的夫人和考施描述了糖原的球形分子构型。1942 年，施陶丁格和两位同事获得了直径 10 μm 糖原粒子的电子显微图谱，根据渗透压法测算出它的相对分子质量为 150 万。

施陶丁格的高分子概念，最终为化学家所接受。他对聚合物的结构和性质、聚合物的合成方法、聚合机理等进行了广泛的研究。在高分子化学领域，共发表论文 600 余篇。他的基础研究对高分子工业的发展产生了重大的影响。

三、施陶丁格的晚年

为了促进高分子化学和聚合物科学新领域的发展，施陶丁格费尽心血。1940 年，他在弗赖堡大学创立高分子化学研究所，这是欧洲第一个完全致力于聚合物研究的科研机构。1943 年，他创办第一份聚合物期刊《高分子化学学报》，为这一新领域的研究者搭建了交流研究成果的平台，第二次世界大战后更名为《高分子化学》，最后改名为《高分子化学与物理》。施陶丁格还编写出版了多部高分子化学著作，如《高分子有机化合物》《高分子化学、物理与技术进展》《高分子化学》和《高分子化学与生物学》等。1950 年，施陶丁格举办有学术界和工业界的科学家参加的高分子学术讨论会，如今的“施陶丁格高分子讨论会”是德国最大的学术年会，每年吸引众多与会者。

施陶丁格清楚地意识到，技术的突破与社会的重大变化是密切相关的，特别是化学的划时代进步，会对人类生活产生重要影响。因此，他非常关注技术进步的后果。1917 年，他发表以“技术与战争”为主题的文章。他预言，美国会在 1917 年参加第一次世界大战，使协约国的技术力量显著增强，德国在一战中的失败会成为定局。当时，俄国刚签署和约退出战争。德国人自信能赢得这场大战，但他们没有看到在士兵、大炮、飞机等力量对比中，德国已处于劣势。施陶丁格根据他的力量评估结果，建议德国高层停止战争，立即开始和平谈判，但他的建议没有被采纳。在第二次世界大战中，施陶丁格预言，苏联的工业化和美国参战使盟军力量占绝对优势，德国将在 1943 年左右战败。然而，在第二次世界大战期间，施陶丁格受到严密的监视，他不敢公开发表观点。第二次世界大战以后，施陶丁格出版了一个小册子。他指出，技术和核能将对人类产生非常重大的影响。他认为，在没有技术支持的时代，人类被迫为生存而战，随着技术的不断进步，人类没有理由进行战争，因为可以通过和平利用这些技术力量来保障生存。因此，首要的任务是确保和平，技术在控制之下可以完全为人类的福祉服务。

第一次世界大战期间，施陶丁格以极大的勇气，公开反对德国发展大规模的杀伤性化学武器，指出人类在化学战中将遭受难以忍受的痛苦。他严厉谴责他早年的好友哈伯与德国军方合作，领导和推动德国化学武器的研制。当时，民族主义情绪和战争狂热在德国空前高涨，施陶丁格的和平主义和反战态度遭到许多德国人的质疑。1926年，他受聘弗赖堡大学教授时，校方要求他宣誓表明对德国的效忠，他照办了。纳粹党掌握德国政权后，弗赖堡大学校长、著名哲学家海德格尔根据施陶丁格在第一次世界大战时期的“不爱国”言行，怀疑他对德国和纳粹党必怀二心。1934年，海德格尔提议州政府解雇并流放施陶丁格。施陶丁格受到盖世太保的讯问，并受到死亡的威胁，他被责令写下放弃从前主张的保证书。他受到屈辱和压制，不允许出国旅游和讲学，研究工作受到干扰。他不愿与纳粹集团同流合污，但也不敢与之为敌，不敢宣传他的和平主义和反战主张。由于塑料是德国重要的战略物资，施陶丁格才幸免于难，是第二次世界大战救了他一命。1944年11月27日，弗赖堡城遭受盟军持续大轰炸，施陶丁格创立的高分子化学研究所被夷为平地。许多与研究相关的有价值的手稿，受到不可弥补的损失。所幸的是，他的一些重要的实验记录保存在他的私人住宅中，躲过了战火的浩劫。经过艰难的重建，到1947年，高分子化学研究所才恢复正常工作。

1951年，施陶丁格任弗赖堡大学荣誉教授和高分子化学研究所荣誉所长，直到1956年75岁生日时正式退休。由于在高分子化学领域的杰出成就，他获得欧洲多所著名大学的荣誉博士学位，还获得过费歇尔奖、康尼查罗奖和米希尔里希奖，1953年获诺贝尔化学奖，达到一生荣誉的顶峰。在经受长期的病痛折磨之后，1965年9月8日，施陶丁格在弗赖堡的家中与世长辞，享年84岁。

（作者：张清建）

参考资料

[1] C. C. Gillispie. Dictionary of Scientific Biography：Vol. 13 [M]. New York：Charles Scribner's Sons，1976：1-4.

[2] 赵匡华. 化学通史 [M]. 北京：高等教育出版社，1990：381-389.

莱纳斯·鲍林

（Linus Pauling，1901—1994）

鲍林

献身于科学与和平事业的杰出化学家

现代化学奠基人之一、著名的美国化学家莱纳斯·鲍林，曾两次荣获诺贝尔奖，一次是1954年诺贝尔化学奖，一次是1962年诺贝尔和平奖。在科学领域，他把量子力学运用于分子结构和化学键特性的研究，获得了重大成就，成为量子化学的创始人之一。他在蛋白质结构的研究中，提出了分子模型的方法，解决了蛋白质多肽链构型的测定问题，对分子生物学和生物化学的发展作出了划时代的贡献。他的科学成就不仅推动着化学发展，也促进着生物学和物理的发展。鲍林还是一位坚强的和平战士。第二次世界大战后，他为在世界范围内结束战争，谋求和平，唤起公众对大气层核试验所释放的危险放射物质的注意，并为促使科学技术成就造福人类而进行了持久的斗争。

一、从小立志献身化学

莱纳斯·鲍林，1901年2月28日出生于美国俄勒冈州波特兰市，父亲是一位药剂师。小鲍林年幼好学、聪颖机敏，他很小就注意到父亲的药柜里的那些药粉、药膏等制剂，父亲告诉他这些都是化学药品。鲍林惊叹于化学药品的魔力，它们竟能治愈病人。父亲在向他介绍药品知识时，并没有意识到自己的儿子将成为一位伟大的化学家，他在鲍林9岁时就不幸去世了，但他却对鲍林后来走上化学研究的道路起了潜移默化的作用。

11岁那年的一天，鲍林到他的同学杰夫里斯家去，杰夫里斯在自己家中的实验室里做了一些化学实验给鲍林看。他把氯酸钾与糖混合，然后加入几滴浓硫酸。这个反应会产生蒸汽和碳，并且作用极其强烈。这个实验给鲍林留下极为深刻的印象，使他惊奇得出了神。几种物质放在一起竟会出现这样奇特的现象。一种化学物质能变成另一种性质明显不同的物质。“它使我意识到在我周围的世界还有另一类变化存在。”

鲍林在回忆当时的情景时说道。自此以后，鲍林那幼小的心灵中就萌生了对化学的热爱。

鲍林还得到一位实验室仪器保管员的帮助。这位保管员给他提供了一些简单的仪器和药品。同时他父亲的朋友又给了他一些化学药品，并教给他用药品杀死昆虫制作标本的知识。鲍林这时已经知道可以用硫酸处理某些化学药品。这样，鲍林很小就有了一些初步的化学知识。

鲍林关心周围的事物，细心观察各种现象。鲍林 13 岁时，有一天打着伞在路上走，突然他通过伞看到一条弧形的彩色光带，并注意到通过伞面上的线缝衍射产生的光谱。他还注意到光线通过玻璃的折射现象，但并不了解这些现象背后的原因。这也使他产生了兴趣，企图寻找光谱的起源。当鲍林升入高中时，他经常到实验室去做实验。他已经深深地爱上了化学，决心献身于化学事业。此外，他对物理和数学也很感兴趣。

1917 年，鲍林考取了俄勒冈州立大学化学工程系。他认为，学工程正是化学家所从事的职业，正是实现他成为化学家的理想的途径，他坚定地选择了这门学科。但那时，鲍林的家境不佳，母亲生着病，家里所有的钱都花光了。鲍林只得通过各种办法谋生，甚至中途实在难以为继而辍了学。当他再回俄勒冈州立大学后，他一边读书，一边当定量分析教师的助手，最后两学期还教化学系一年级一个班的化学课。尽管条件这样困难，鲍林还是如饥似渴地阅读化学书籍和当时出版的化学杂志，深入钻研刘易斯和朗缪尔发表的关于分子的电子结构的论文。刘易斯和朗缪尔的论文，提出了化学键的电子理论，解释了共价键的饱和性，明确了共价键的特点，在化学发展史上具有重要作用，把化学结构理论推向了一个新阶段。少年时期，他还只是迷惑于神秘的现象，现在他已开始思考隐藏在化学反应背后的本质，思考物质结构的奥秘了。

另外，鲍林还留心原子物理学的发展，他试图了解物质的物理性质和化学性质与组成它们的原子和分子结构的关系。他从深入思考颜色、磁性等物质的性质中，逐渐感觉到有可能用化学键来解释物质的结构和性质。

1922 年，鲍林从俄勒冈州立大学化学工程系毕业。

二、打下坚实的基础

加利福尼亚理工学院盖茨化学实验室主任诺伊斯教授特别重视人才的培养。诺伊斯教授是当时物理化学和分析化学的权威，曾培养出许多著名的化学家，有一种说法是“在美国没有哪个化学教师能像他那样鼓励学生去热爱化学”。我国著名化学家、已故清华大学原副校长张子高就是他培养出来的学生。才气横溢的鲍林于 1922 年进入加利福尼亚理工学院做研究生时，诺伊斯教授立即就发现了这棵破土而出的壮苗。

诺伊斯教授告诉鲍林，不能满足于教科书上的简单知识，除了学习指定的物理化学课程，还应当大量阅读补充读物。诺伊斯将他与别人合著的未出版的《化学原理》一书的校样给鲍林，要求鲍林把第一章到第九章的全部习题都做一遍，鲍林利用假期按诺伊斯的要求做了，从中学到了许多物理化学的基本知识，打下了深厚的化学基础。

诺伊斯教授又把鲍林推荐给学识渊博的著名科学家迪金森。迪金森曾在卡文迪许实验室学习过放射化学技术，回美国后，在帕萨迪纳从事 X 射线测定晶体结构的研究，于 1920 年获加利福尼亚理工学院的第一个哲学博士学位。诺伊斯建议鲍林在迪金森指导下开展晶体结构测定这个研究课题。当时，X 射线衍射法已提供了大量关于结构、原子间距离及键角等资料，人们甚至已经开始提出原子为什么会以这样一些方式结合在一起的问题了。由于鲍林早年读过朗缪尔关于分子结构的论文，也读过布拉格论 X 射线与晶体结构的文章，正在思考这些问题，所以这个研究课题正合鲍林的心意。鲍林就在迪金森指导下利用 X 射线做晶体结构测定的研究，几经挫折和失败，他终于通过各个步骤胜利完成了辉钼矿 MoS_2 晶体的全测定工作。

第一次研究的成功给了鲍林巨大的信心和力量，也使鲍林受到了严格的技术训练和全面的基础培养。迪金森头脑清晰，思想深邃，治学态度严谨，非常厌恶粗心和浅薄，他对鲍林要求十分严格。他在培养鲍林的过程中教给他许多书本上学不到的知识，而且由于研究微观世界与宏观世界的方法不同，微观世界见不到、摸不着，需要借助理论思维，需要靠一系列的逻辑论证，这使鲍林了解到科学方法和逻辑思维的力量，认识到在经验事实基础上做出理论概括、揭示物质世界的内在本质的重要性。

后来，鲍林又得助于物理化学和数学物理学教授托尔曼的指导。托尔曼教授知识渊博，对物理学的新进展有透彻的了解，他相信可以应用物理方法来解决许多复杂的化学问题。他特别重视基本原理，并应用先进的热力学和统计力学来解决物理学和化学问题。他把数学物理学课程介绍给物理化学研究班，鲍林正在这个研究班学习。这使鲍林克服了物理学和数学知识的不足，从而为后来运用量子力学新成就来解决复杂的化学结构问题提供了重要条件。

在这期间，鲍林还做了一些化学问题的研究，他试图建立起一种化学理论，一种与经验事实相符并能用以解释经验事实的关于物质本性的理论。他在晶体结构研究中还创立了一种科学方法，按鲍林的解释，就是通过猜测而求得真理的方法。他指出，我们可以，而且应该运用逻辑推理方法从晶体的性质推断它的结构，依据晶体的结构又可预见晶体的性质。应该说，这是鲍林在自己的科学实践中总结出来的科学方法，具有重要的方法论意义。

鲍林崭露头角，赢得了老师们的赞誉。迪金森就认为，他自己在晶体结构研究方面也许不会有多大成就，但却肯定鲍林的工作是有价值的。

1925 年，鲍林以出色的成绩获得加利福尼亚理工学院化学哲学博士学位。

三、赴欧洲深造，获名师指点

众所周知，20 世纪第一个年头，普朗克提出了革命性的量子假说。没多久，爱因斯坦运用量子假说成功地解释了光电效应。玻尔在 1913 年把量子假说运用于解释原子结构，提出了著名的玻尔原子模型。在此期间，劳厄和布拉格父子的研究使 X 射线成为研究晶体结构的有力的实验工具，用 X 射线衍射法测定晶体结构的工作获得巨大成功。索末菲在 X 射线线谱的精细结构研究方面做出了许多重要贡献。到了 20 世纪 20 年代，德布罗意提出了物质波假说，指出微观粒子具有波粒二象性。海森伯和薛定谔分别利用不同的数学形式表达微观粒子的运动，从而创立了新的量子力学。上述这些重要科学成就，预示着为应用量子理论和量子力学攻破复杂的化学结构问题打开大门的条件日益成熟了。鲍林正是在这个不平常的科学大变革时期，带着解决物质结构和化学键的本质问题而赴欧洲向名家求教的。1925 年他获得博士学位以后曾给玻尔写信，希望玻尔能同意他到哥本哈根跟随玻尔做研究工作，但玻尔没有给他答复。接着，鲍林给在慕尼黑的索末菲教授写信，索末菲很快复信同意鲍林来慕尼黑。鲍林于 1926 年 2 月去欧洲。他先在索末菲那里度过了紧张而愉快的一年，索末菲出色的讲演深深地吸引了鲍林，为鲍林的研究展示了更为宽广的道路。随后，鲍林又到玻尔实验室工作了几个月，接着又到瑞士苏黎世随薛定谔和德拜做研究工作。在苏黎世，鲍林听他们的讲演，并且开始研究用量子力学解决化学键问题的可能性。

1927 年，鲍林从欧洲返回帕萨迪纳，担任加利福尼亚理工学院理论化学助理教授，除了讲授量子力学及其在化学中的应用，还教晶体结构、化学键的本质和物质电磁性质理论等课程。1930年春夏，鲍林再度赴欧，到布拉格实验室学习X射线技术，随后又到慕尼黑学习电子衍射技术。回国后不久，就被加利福尼亚理工学院任命为教授。

玻尔、薛定谔、布拉格、德拜和索末菲这些大科学家都是当时站在科学前沿的人，他们具有高深的科学素养，同时又能洞察科学发展的趋势和规律，了解并熟悉科学发展的生长点。名师出高徒，鲍林正是在这些名师指点下，摸清了当时科学发展的脉络，找到了化学面临的突破口。加之他受到了严格的科学训练，学到了这些大科学家开展研究工作的思想方法和工作方法，这使他后来有能力把量子力学运用到化学中去，解决分子结构和化学键本质中的重大难题。此外，他还掌握了X射线、电子衍射等先进技术，这使他在蛋白质结构研究中作出了卓越的贡献。

四、化学上的杰出贡献

19世纪关于物质的组成所提出的经典结构理论只是定性地解释了化学现象和经验事实。随着电子的发现、量子力学的创立以及X射线衍射等先进物理方法应用于化学研究，现代结构化学理论逐步建立了起来，并且得到了很快的发展。到了20世纪30年代初期，关于化学键的新理论被提出来了，其中之一就是价键理论。

价键理论是在处理氢分子成键的基础上建立起来的。这个理论认为，原子在未化合前有未成对的电子，这些未成对电子如果自旋是反向平行的，则可两两结合成电子对，这时原子轨道重叠交盖，就生成一个共价键；一个电子与另一个电子配对以后就不能再与第三个电子配对；原子轨道的重叠愈多，则形成的共价键就愈稳定。这种价键理论解决了基态分子的饱和性问题，但对有些实验事实却不能解释。例如，在CH_4中，C原子基态的电子层结构有两个未成对的电子，按照价键理论只能生成两个共价键，但实验结果表明CH_4却是正四面体结构。

为了解释CH_4的正四面体结构，说明碳原子4个键的等价问题，鲍林提出了杂化轨道理论。杂化轨道理论是从电子具有波动性、波可以叠加的观点出发，认为碳原子和周围电子成键时，所用的轨道不是原来纯粹的s轨道或p轨道，而是s轨道和p轨道经过叠加混杂而得到的杂化轨道。根据鲍林的杂化轨道理论就可以很好地解释CH_4的正四面体结构的事实，同时还可以满意地解释其他事实，如配离子的结构。鲍林提出的杂化轨道理论对化学的发展起了很大的作用。

鲍林在 20 世纪 30 年代初期所提出的共振论在现代分子结构理论的发展中曾起到重要的作用，在化学界也有着重要的地位。价键理论对于可以用一个价键结构式来表示的分子是很合适的，但对用一个结构式不能表示其物理、化学性质的某些分子，价键理论就不适用了，如共轭分子，像苯分子。若用经典的凯库勒结构式表示就会出现困难，凯库勒结构式表示的苯分子中应有三个双键，表示苯分子应该可以发生典型的双键加成反应，但实际苯分子却易发生取代反应，这说明苯分子中并不存在典型的双键，它具有“额外”的稳定性。为了解决价键理论与上述实验事实不相符的问题，鲍林用了海森伯在研究氦原子（这是最简单的多电子原子）问题时对量子力学交换积分所作的共振解释，用了海特勒和伦敦在研究氢分子（这是最简单的多电子分子）问题时从单电子函数线性变分法所得到的近似解法，最终用电子在键联原子核间的交换（即“电子共振”）来阐明电子在化学键生成过程中的具体成键作用，利用键在若干价键结构之间的共振来解释共轭和新结构类型。

鲍林认为苯分子的真实基态不能用五个价键结构中的任何一个表示，但却可以用这些结构的组合来描述。这一理论解释了苯分子的稳定性，与实验事实相符得很好。

鲍林的共振论，在认识分子和晶体的结构、性质以及化学键的本质方面，曾起过相当重要的作用。由于它直观易懂，在化学教学中易被人们所接受，所以受到化学工作者的欢迎。在 20 世纪三四十年代它在化学中居于统治地位，至今仍在化学教材中采用。共振论把原有的价键理论向前推进了一步。

共振论出现在化学从经典结构理论向现代结构理论研究转变的时期，具有把二者融合在一起的特点，虽然它未能正确揭示出化学键的本质，但却是化学结构理论在一定历史发展阶段中出现的一种学术观点。

除了上述成就，鲍林还独创性地提出了一系列的原子参数和键参数概念，如共价半径、金属半径、电负性标度、离子性等。这些概念的应用不仅对化学，而且对固体物理等领域都有重要作用。他在科学研究中所运用的科学方法也具有同样的价值。此外，鲍林还在 1932 年就预言了稀有气体元素可以与其他元素化合而形成新化合物。这一预言在当时是非常大胆的。因为根据玻尔等人的原子模型，稀有气体元素的原子最外层电子恰好被 8 个电子所填满（氦原子最外层为 2 个电子），已形成了稳固的电子壳层，不能再与别的元素化合。然而，鲍林根据量子力学理论指出，相对原子质量较大的稀有气体元素可能会和那些特别容易接受电子的元素形成化合物。这一预言在 1962 年化学家巴特利特制成了第一个含有稀有气体元素的化合物六氟合铂酸氙而被证实。它推翻了长期以来在化学中流行的稀有气体元素不能形成化合物的形而上学观点，推动了稀有气体化学的发展。

鲍林并没有在这些杰出成就面前停步，而是运用自己有关物质结构的丰富知识进一步研究分子生物学，特别是蛋白质的分子结构。20 世纪 40 年代，他对参与免疫反应中的蛋白质感兴趣，从而发展了在抗体—抗原反应中分子互补的概念。1951 年起，他与美国化学家科里合作研究氨基酸和多肽链。他们发现，在多肽链分子内可能形成两种螺旋体，一种是 α-螺旋体，一种是 γ-螺旋体，纠正了前人按旋转轴次为简单整数而提出的螺旋体模型。鲍林进一步揭示出一个螺旋是依靠氢键连接而保持其形状的，也就是长长的肽链的缠绕是由于氨基酸长链中某些氢原子形成氢键的结果。作为蛋白质二级结构的一种重要形式的 α-螺旋体已在晶体衍射图上得到了证实。这一发现为蛋白质空间构象打下了理论基础，成为蛋白质化学发展史上的一个重要里程碑。由于提出共振论以及把它应用于复杂物质结构的研究，鲍林荣获 1954 年诺贝尔化学奖。

五、在科学前沿的生涯

在 1954 年瑞典皇家科学院授予鲍林诺贝尔化学奖的典礼上，瑞典皇家科学院的代表亨格教授盛赞鲍林的成就时说道："鲍林教授……你已经选择了在科学前沿的生涯，我们化学家们强烈地意识到你的拓荒工作的影响和促进作用。"

的确，鲍林始终生活在科学的前沿。

1953 年 1 月，当鲍林提出蛋白质的 α-螺旋结构后不久，英国生物学家克里克从与他同一办公室工作的鲍林的儿子彼得那里得知，鲍林在美国加利福尼亚理工学院也在建立脱氧核糖核酸（DNA）分子的模型，所得结果与他和沃森第一次建立起来的错误模型相似。他们在鲍林和他们自己的错误模型的基础上，加以改正，从而提出了一个新的 DNA 分子模型。这就是沃森－克里克 DNA 双螺旋结构模型，该模型之后被实验所证实，沃森和克里克因此荣获了 1962 年诺贝尔生理学或医学奖。

DNA 双螺旋结构的发现，大大推动了生物大分子中核酸和蛋白质结构与功能关系的研究，建立起了分子遗传学这一新兴学科，使生物学进入到分子生物学的新阶段。在这个重大的发现中，鲍林是有积极贡献的。因为沃森和克里克使用了鲍林在发现蛋白质 α-螺旋结构时所使用的原理，鲍林的 DNA 分子结构模型对他们也有启示作用。在沃森和克里克建立了 DNA 双螺旋结构模型以后，鲍林和科里又指出，在胞嘧啶和鸟嘌呤之间是三个氢键，这一发现立即被沃森和克里克所接受。

1954 年，鲍林开始转向对大脑的结构与功能的研究，并且提出了一个一般麻醉的分子理论以及精神病的分子基础问题。对精神病分子基础的了解有助于对精神病的治疗。

鲍林第一次提出了分子病的概念。他在对疾病的分子基础研究中，了解到镰刀型细胞贫血症是一种分子病，是由突变基因决定的血红蛋白分子的变形。在血红蛋白分子中共有将近 600 个氨基酸，如果 β - 肽链第 6 位的谷氨酸被缬氨酸代替，便会导致血红蛋白分子变形，造成致命的镰刀型细胞贫血症。他发表了《镰刀型细胞贫血症——一种分子病》的研究报告，并进一步研究分子医学，发表了论文《矫形分子的精神病学》。他指出，分子医学的研究对于了解生命有机体的本质，特别是对记忆与意识的本质的理解极有意义。可以说，鲍林的这些重要工作，在科学上已经开辟了一个全新的领域——对分子水平疾病的研究。

六、坚强的和平战士

鲍林反对战争，特别是核战争，他主张用和平方式解决国家间的一切争端和冲突，并为让科学技术的成就造福于人类而进行了顽强的斗争。

1945 年，第一颗原子弹在日本广岛爆炸后，核武器不断地被制造出来。许多科学家预感人类智慧的结晶——科学技术发明有可能给人类带来毁灭性的结果。他们出于善良的愿望，把制止战争看作自己道义上的责任，希望以掀起和平主义运动为手段来实现这一目标。鲍林就是其中有代表性的一位。鲍林曾指出："科学与和平是有联系的。世界已被科学家的发明大大地改变了，特别是在最近一个世纪。"同时鲍林又认为，"现代人类所有的愚蠢举动中，最大的蠢事就是年复一年地在战争和军事上浪费掉了世界财富的十分之一。成功地解决这一问题，人类会得到最大的利益"。他为此而致力于和平运动，从事战争与和平问题的研究。他还因此而遭受了许多的威胁和打击。

20 世纪 50 年代初，美国的麦卡锡主义盛行，美国政府曾对鲍林进行审查，怀疑他是亲共分子，禁止他出国旅行、访问和讲学。1952 年，原定在英国召开的一场有关 DNA 分子结构的讨论会邀请鲍林出席，英国科学家还安排他去访问威尔金斯实验室。

此时，威尔金斯关于DNA的X射线衍射照片还没有公开发表，鲍林曾建议威尔金斯能公布出来，威尔金斯表示同意鲍林去他的实验室参观，并给鲍林看DNA的X射线衍射照片。设想如果鲍林能见到威尔金斯的照片，或许有可能赶在沃森和克里克之前建立起DNA的双螺旋结构模型。然而鲍林终究未能在这个划时代的发现中做出更为重要的贡献。那不是他的过错，因为美国政府在鲍林临将出国前一分钟宣布取消他的护照。鲍林由于从事和平运动，不仅人身自由受到限制，而且直接影响到他的学术研究活动。直到1954年鲍林获得诺贝尔化学奖之后，美国政府才不得不取消不准鲍林出国的禁令。

1955年，鲍林和世界闻名的科学家爱因斯坦、罗素、约里奥·居里、玻恩等签署《罗素－爱因斯坦宣言》，宣言对核武器带来的危险深表忧虑，并呼吁各国领导人通过和平方式解决国际冲突。在这个宣言影响下，1957年成立了帕格沃什科学和世界事务会议组织，从事宣传反对战争、主张科学为和平服务的活动，鲍林积极参加了这项活动。

1957年5月15日，鲍林起草了《科学家反对核试验宣言》。这个宣言在短短几个月内，就有49个国家的11000多名科学家签名。1958年，鲍林把这份宣言提交给了当时的联合国秘书长哈马舍尔德，向联合国请愿。同年，他写了《不要再有战争》一书，书中简明地解答了核能和放射性的基础知识，并提出和回答了我们这个时代最迫切和危害最大的问题，计算了核武器对人类的严重威胁。

1959年，鲍林与罗素等人在美国创办《一人少数》月刊，宣传和平。同年8月，他参加了日本广岛举行的第五届禁止原子弹氢弹世界大会。

由于鲍林对和平事业作出的一系列成就，1962年，他获得了诺贝尔和平奖。次年，他以“科学与和平”为题在奥斯陆大学发表了领奖演说。他在演说中指出：“在我们这个世界历史的新时代，世界问题不是用战争或暴力来解决，而是按照对一切国家都公平，对所有人民都有利的方式，根据世界法律来解决。”鲍林追述了科学家们为和平而斗争的历程后指出，“我们有权在这个非常时代活下去，这是世界史上独一无二的时代，这是过去几千年战争和痛苦的时代同和平、正义、道德和人类幸福的伟大未来交界的时代”。他坚信：“由于更好地使用地球上的资源，科学家的发明，人类的努力，也将免除饥饿、疾病、失业和恐惧；并且，我们将能够逐步建立起一个对全人类在经济、政治和社会方面都公正合理的世界，建立起一种和人类智慧相称的文化。”

鲍林为和平事业所做的努力，在世界上有着广泛的影响。在他荣获诺贝尔和平奖后，70 多位著名科学家和社会活动家于 1964 年在纽约为他举行庆祝会，表彰他为和平事业所做的贡献。

七、没有在荣誉面前止步

鲍林可以说是誉满世界了。他已发表过数百篇科学论文以及关于社会和政治特别是关于和平问题的文章，还出版了十几本科学专著。他培养了许多杰出的化学家。曾任中国科学院院长的卢嘉锡教授曾随鲍林工作过，我国还有几位著名化学家也曾是他的学生。中国科学界对鲍林教授是熟悉的，早在 20 世纪 60 年代，鲍林的代表性著作——《化学键的本质》一书就由卢嘉锡教授等翻译出版。

除了两次获得诺贝尔奖以外，他还多次获得化学奖。1975 年，他获得福特总统授予的 1974 年度国家科学奖章；1978 年，苏联科学院主席团授予他 1977 年罗蒙诺索夫金质奖章；1979 年 4 月，他又接受了美国国家科学院的化学奖。

鲍林教授被国外许多研究机构和大学聘请为特约教授和研究员，有 30 所大学授予他荣誉博士学位。他曾任 1949 年美国化学会主席，1951 年到 1954 年还曾任美国哲学会的副主席。他还是伦敦皇家学会的外国会员，法国科学院的外国院士，是挪威、苏联、印度、意大利、比利时、波兰、南斯拉夫、罗马尼亚等许多国家科学院的荣誉院士。

鲍林晚年的经济状况是优裕的。但荣誉和优裕的生活并没有使他放弃科学工作而去安享晚年，他仍坚持在以他的名字命名的科学和医学研究所从事分子医学方面的研究工作。

鲍林特别强调化学工作者应当讨论化学工作与人类进步的关系。他不仅关心化学对人类健康方面的贡献，而且非常重视化学发展的社会因素。他在美国化学会成立 100 周年纪念会上说："在未来 100 年内，化学对人类进步的贡献大小，不仅决定于化学家，而且还决定于其他人，特别是政治家。"他指出，在从现在到 21 世纪这段时间内，美国的奋斗目标应当是建设一个使每个人都能过幸福生活的国家。他认为，要实现这样的目标，光靠科学家是远远不够的。只有政府和人民、科学家和政治家的共同合作才能达到。

鲍林为科学与和平事业作出的贡献，值得钦佩，值得尊敬，同时他的思想和精神也发人深思，令人从中大受教益。他生活在一种复杂的社会环境中，他从不随波逐流，而是敢于提出自己独到的见解。英国出版的百科全书在介绍鲍林的工作和成就时写道：“他作为一个科学家，成功之处在于对新问题具有敏锐的洞察力，在于他认识事物间相互关系的能力和敢于提出异端思想的胆识和勇气。尽管他提出的概念并非全是正确的，但却总能促进人们对问题的深入思考和进一步探讨。”这是对鲍林教授思想活动和思想方法的一个恰如其分的评价。

（作者：金吾伦　邢润川）

参考资料

[1] L. 鲍林. 结构化学与分子生物学五十年的进展 [J]. 金吾伦，邢润川，译. 科学史译丛，1981(1): 37-52，67.

[2] L. Pauling. Fifty Years of Physical Chemistry in the California Institute of Technology [J]. Annual Review of Physical Chemistry，1965，16(1)：1-15.

[3] 吕迺基. 创造生涯——著名化学家鲍林自述 [J]. 化学通报，1981(7)：55-60.

[4] L. 鲍林. 化学键的本质 [M]. 卢嘉锡，黄耀曾，曾广植，等，译校. 上海：上海科学技术出版社，1966.

[5] L. Pauling. No More War [M]. New York：Dodd，Mead & Company，1958.

科学人文桥梁通：

著名中外科学史家

德·摩根

克拉拉

希思

西格里斯特

广重彻

普赖斯

洪谦

李约瑟

德·摩根

（Augustus de Morgan，1806—1871）

德·摩根

19世纪的数学名师、数学家和科学史家

1859年，一部英国符号代数学著作《代数学》由伟烈亚力和李善兰译成中文出版，成了中国最早的符号代数学教科书；20年后，一部名为《数学理》的英国数学著作又由傅兰雅（1839—1928）和赵元益译成中文出版。两书的原作者就是19世纪英国著名数学家德·摩根（当时译为棣么甘，一个颇为晚清中国知识界所熟悉的名字）。后来在傅兰雅和华蘅芳（1833—1902）合译的概率论著作《决疑数学》之“总引”中就曾这样评价德·摩根的概率论著作：“盖英国文字论决疑数理之书，其佳者为棣么甘所作，印在伦敦之丛书中（一千八百三十四年），卷帙虽不多，而拉不拉斯之要式俱在其中矣。”然而，大概由于其生平资料的缺乏，《畴人传》（三编）并没有将德·摩根载入。

今天，对于了解西方数学史的人来说，德·摩根这个名字也许并不陌生。但鲜为人知的是，德·摩根一生众多著述中，有六分之一以上是关于科学史（主要是数学与天文学史）的。德·摩根的剑桥大学老师、英国著名数学家皮科克曾称他是“所有现代数学史作者中最准确和最博学者”。而后来剑桥大学三一学院的沃尔特·鲍尔亦称：“在数学哲学和数学史方面，他或许比任何一个同代人都渊博。”关于德·摩根的生平、他在数学史方面的工作至今在国内未有撰文论述。本文主要介绍德·摩根的生平，他在数学、数学教育、数学史等方面的工作，并对他的科学史观作一透视。

一、一代名师

德·摩根于1806年6月出生于印度南部的马德拉斯，父亲是一位在印度任职的上校。出生仅7个月，其父就携家眷回国，而自己不久又重返印度。德·摩根以后很少见到父亲，1810年父亲回国，其间教德·摩根读书识字。1812年父亲又去印度，1816年不幸患了肝病，死于归国的船上。

7岁以后，德·摩根相继就读于一些私立学校，以后学习算术、希腊文、拉丁文、希伯来文、几何、代数等，渐渐对数学产生了兴趣。到了14岁，德·摩根进了布里斯托尔附近的一所牧师办的寄读学校学习。在当时英国的同类学校里，学生们每天都必须背诵40行的拉丁文或希腊文诗，到周六，还必须把一周所背的总共200行诗句一次性背出来。德·摩根对于这样一种死记硬背的教育方法深感厌恶。成为大学教师以后，他对英国学校所采用的这种教育方式进行激烈抨击，并试图通过自己的教学实践加以改变。

德·摩根在婴儿时右眼染病失明，因而在学校里他常常被同学嘲笑，直到有一次他忍无可忍，把一个嘲笑者痛打了一顿。右眼的失明还使他不能加入同学们的许多游戏。德·摩根有画漫画的天赋，不过他最喜爱的是数学，经常在私下里看数学书籍。他的一位同学后来回忆说，德·摩根看一本代数教科书就像看小说一样。德·摩根的母亲出身于数学世家，她的祖父和父亲都是数学家，祖父詹姆斯·多德森还是皇家学会会员、法国著名数学家棣莫弗的学生和朋友，曾著有《反对数表》(1742)、《数学杂集》(1748—1755) 等。不过，在当时的英国，普通的数学家或教师在社会上并无地位可言，德·摩根的母亲姊妹九人无一嫁给数学家，倒是有八位都嫁给了在印度任职的军官或文官。德·摩根小时候曾问他的一位姨妈詹姆斯·多德森（英国数学家）是谁，得到的回答却是："我们从来不提臭鱼。"

母亲很希望德·摩根长大后当一名牧师，因此，她从不让他错过一次好的布道。每周日听三次，另外的六天里还要听两次，在学校里还得经常做礼拜，枯燥乏味的布道使德·摩根在精神上总是开小差。久而久之，他用鞋扣尖在布里斯托尔圣米歇尔教堂里的一条靠背长木凳上刺出密密麻麻的英文字母和数学式子。人们细看才发现，原来，那是欧几里得《几何原本》一书最前面两个命题以及几个简单方程，后面署名：A. De M.。做礼拜的经历还使德·摩根得到了终生的"后遗症"：他听不进任何人时间稍长的讲话，因为那样的话，他马上就会回忆起牧师的布道声，于是立刻就走神。显然，母亲并未获得她所期望的结果，相反，过多的礼拜使德·摩根对英国国教的教义产生了怀疑，因而影响了他一生的道路。

1823年2月，16岁的德·摩根进了剑桥大学三一学院。他聪明、勤奋、好学，很快显示出数学的才能，深受老师们的喜爱。二年级时，德·摩根在班里名列前茅，获得了学院三年一度的奖学金。他如饥似渴地学习各种知识，数学、天文、哲学、历史、文学等方面的书籍无所不览，通常通宵达旦。他还交了许多朋友，其中包括他的老师休厄尔（1794—1866）和皮科克。他还酷爱音乐，吹得一口好长笛，是剑桥业余音乐联合会的会员。有一阵子，他还萌发了学医的念头。可是母亲自从意识到儿子不是当牧师的材料后，把培养目标转向了律师。

1827 年，德·摩根获文学学士学位，在数学学位考试一等合格者中名列第四，包括休厄尔、艾里（1801—1892）在内的老师们都认为他本应取得更好的名次，因为他的数学才能远远超出他的同学。原来德·摩根博览群书，从不花时间去应付考试，因而影响了考试成绩。按当时剑桥大学的制度，数学学位考试得一等即可成为学院的研究员，并且两年后又可获硕士学位。然而，德·摩根在校期间逐渐脱离了国教，对国教的“三十九条信纲”不予认同，因而失去了留校任教的机会。因为按照校规，留校毕业生必须接受神职。德·摩根虽向往大学数学教师这一职业，可是宗教偏见却像一堵高墙，把他挡在大学之外。他不得不离开剑桥这片令他留恋又令他无奈的土地，进了伦敦的林肯法学会。

1826 年，一所不带宗教信仰条件，旨在提供数学、物理学、医学和古典教育的新式大学——伦敦大学成立了，它深深地吸引了德·摩根。1828 年，伦敦大学设立第一个数学教授席位，德·摩根立即提出了申请，参加职位竞争。尽管他还不到 22 岁，是所有 32 名应聘者中最年轻的一位，但由于他的杰出数学才能，加上艾里、皮科克以及其他剑桥权威们的大力举荐，任命委员会一致选择了他。当时的数学家、教育家、伦敦大学创建者之一、德·摩根的剑桥校友和未来的岳父弗伦德（1757—1841）对德·摩根放弃前途看好、薪水丰厚的律师职业而接受一个低薪数学教职的决定深表怀疑，而德·摩根则在给岳父弗伦德的一封信中道出了自己的心声：

> 看来，您猜想我经过选择会去当律师。诚然，在所有的职业中，律师这个职业对我来说是最容易得到的，但我的选择却是科学，只要它能养活我。我很高兴，我再也不必梦见在我和科学之间阻隔着一份宗教契约。

1828 年 11 月 5 日，德·摩根在伦敦大学作了题为《论数学学习》的第一次演讲，在演讲中，他论述了数学在人的教育中所占的重要地位。这是他以后的教学生涯中始终不断地加以阐述的主题。

然而，伦敦大学的教授不是终身职位，实际上他们与同时代的工商企业雇员并没有什么两样。1831 年 7 月，伦敦大学校务委员会在没有给出令人信服的理由的情况下通过决议，解雇了解剖学教授帕蒂森。此前，德·摩根为争取教授的应有权益而致函校务会：

> 要让有骨气的人任（我校）教授，就必须使教授享有高度的独立性，并受到高度的尊重。没有哪个有自尊心的人愿意去面对一班学生——如果他在学生面前所表现的品质中含有激起学生不敬的东西的话。学生们都知道学校里有一个凌驾于教授之上的机构；但他们也应知道：只要教授履行自己的职责，大学的法规是会保护教授的，就如他们明确知道教授渎职的话会依规遭到解雇一样。除非让学生相信这一点，否则教授不会得到学生应有的尊重。……面对社会公众时，我校教授情况完全一样糟。不论到哪里，我校教授都不会遇上和自己境况相似的人——换言之，不会遇到人格和前途为一小群个人所支配的人。牧师、律师、医生和老牌大学的教师都会瞧不起我校教授，因为那些人的人格都有安全保障，只有公众的意见和国家的法律才能在他们身上起作用。只有给予伦敦大学的教授以同样的保障，教授们才能以同等地位与他人交往……如果随随便便就能解雇一名教授，大学就会发生内讧。总会有一些人在他们的一些同事看来，其教学方式正损害着学校；总会有一些人企图赶走惹他们讨厌的人。没有人在其职位上有安全感，因此没有人会有兴趣去管班上的事情；教授的精力就会放到写作或带私人学生上，这样万一学校突然将自己解雇，自己不至于掉了饭碗。显然，这是不利于学生的。此外，教授总会时刻注意另谋一个更为安全的职业，这样，这所大学就会变成为其他各类待遇更好的学校输送教授的场所……如果只有死亡、自动辞职和（经过公众信服其公正性且有资格的法庭证明的）渎职行为才能终止教授任职资格，那么，上述灾难性的结局就会得到避免。

然而，德·摩根的雄辩并没有动摇校务委员会的决定。忍无可忍的德·摩根立即辞去了教授职务。

还在剑桥读书的时候，德·摩根就加入了实用知识传播会（创建于1826年），是该会最有影响的会员之一。离开伦敦大学后，虽然他不再是一名数学教授了，但他的数学研究与著述却从未停止。自1831年起，实用知识传播会陆续以“实用知识丛书”（即《决疑数学》“总引”中所说的“伦敦之丛书”）之名出版了德·摩根的《算术基础》(1831)、《数学学习与困难》(1831)、《球面三角基础》(1834)、《代数学基础》(1835,即汉译本《代数学》的底本)、《三角学与三角分析基础》(1837)、《概率论及其应用》(1838)、《微积分》(1842)等多种教科书。他还为该会其他出版物如《便士百科全书》(1833—1844)、《教育季刊》、《人物传记辞典》、《英国年鉴指南》等撰写了大量文章。1843 年,德·摩根当选为该学会委员会委员。在离开伦敦大学的日子里,他还带了许多私人学生。

在进伦敦大学任教的那年 5 月,德·摩根当选为英国皇家天文学会会员。离开伦敦大学后,他又当选为该学会的秘书,与学会里的其他天文学家如贝利、约翰·赫歇尔、艾里等一道致力于提高天文学在英国的地位。他担任秘书一职直到 1838 年,其后又当选为副会长。从 1848 年到 1854 年,他再次担任学会秘书,之后任理事,直到 1861 年。在任职期间,他编辑了学会的会议记录以及其他许多出版物。

1836 年 10 月,伦敦大学德·摩根的接替者在与家人度假时不幸遇难。开学在即,数学教席却空缺着。直到那年的 12 月,德·摩根提出暂补此缺。校方求之不得,热情接受了他。为了能长期留住他,校务会终于满足了他在 5 年前提出的对教授终身职位的要求。

1837 年,德·摩根与弗伦德之长女索菲娅·伊丽莎白结婚。索菲娅从小接受父亲的良好教育,长大后成了父亲的重要助手,对数学和哲学颇有兴趣,并有很好的素养,这在当时的英国可谓不同寻常。1835 年夏,《代数学基础》刚出版,德·摩根即赠送一册给她作为礼物。他们有 7 个孩子,其中长子威廉·弗伦德(1839—1917)是著名的艺术家、发明家和作家。

那时的伦敦大学已改名为伦敦大学学院。重返故地的德·摩根依然以饱满的热情投入教学和科研工作。他写了许多概率、代数学基础和形式逻辑方面的论著,其中,逻辑是他作为数学家的最重要的贡献,他的工作是后来数理逻辑学的先声。

德·摩根每年要开 4 门课,每门课每周 3 小时。因此他每天都要上两次课,上午、下午各 1 小时。德·摩根讲课清晰、生动、简洁。他有渊博的知识、惊人的记忆力,举例时信手拈来,引人入胜。英俊的外表、洪亮的声音、幽默的语言和温和的性情又大大增加了他的感染力。他热爱科学真理,蔑视一切虚假知识,这深深地影响了他的学生。

此外,他还在每学期的某一段时间里的晚上给中学教师讲授一门课,开英国“在职培训”之先河。他的课从初等算术、平面几何到变分法,包含了纯数学的所有领域。他还十分注意教给学生新近的数学方法。如在中高级班代数课上，他讲授求高次方程近似根的霍纳法；在高级班应用数学课上，他讲授高斯的有关结果。所有教材绝大多数都是他自己编写的。在1843年至1866年间，他为学生编写的各类阅读材料（手稿）达300余本。为了增加收入，德·摩根还在授课和批阅作业的间隙带私人学生，其中一位是著名诗人拜伦的女儿埃达（1815—1852）。

在德·摩根眼里，教师是一个神圣的职业。他从不认为光讲课就足以完成教师的职责了。每堂课结束时，他总要布置许多问题，让学生解答后交给他，他总是十分仔细地批阅每一份作业，并赶在下一节课之前改好发还给他们。对每一个问题，如果做对了，打个“✓”，做得不准确，就打个“×”，并写上正确的解法。如果学生犯了原理上的错误，他就会写上“Show Me”，等到下次课结束时，他就会让这样的学生到讲台上去，和学生一起检查出错的地方，并解答学生所遇到的任何疑难问题。由于听课学生常常超过百人，他的工作量之大是可想而知的。德·摩根还是一位厉行纪律的教师。不像那些为了等学生到齐而习惯于迟一点开始上课的教师，德·摩根总是上课时间一到就马上开始上课。德·摩根的准时甚至使一些守纪的学生把他当成了钟表。为了使学生也养成准时的习惯，上课一开始他马上就把教室大门闩上。一次，吃闭门羹的学生试图把门打开，结果被校保安人员制止，这些学生被警告说，如果继续推门，就将他们的名字上报到校务会，然后将他们开除出校！德·摩根对学生的严格要求对英国大学教风产生了重要影响。

作为数学教育家，德·摩根认为数学教育的目的除了为簿记、测量、航海等实用目的以及为力学、天文学等其他学科服务外，主要应该是逻辑思维能力的训练。从他的《数学学习与困难》《逻辑要义》（1839）等著述中我们可以看到他对该科目的重视。就学校数学教育的这一主要目的而言，德·摩根认为学生在校学习数学不在于学得“多”，而在于学得“好”——即良好的逻辑思维习惯的获得。学校并不能培养出博学的人，但能培养出优秀的学习者。德·摩根指出，当时的英国数学教育走入了一个误区：大部分学校强调学习数学的“量”，把尽量多的数学知识灌输给16岁以前的学生，而不去理会他们离校后有无愿望或能力继续该科的学习。

在漫长的教学生涯里，德·摩根一直鄙视、抨击在这种重“量”轻“质”思想主导下所产生的教育弊端——强调死记硬背。算术被分割成一堆法则，教师只要求学生会背会用，而不要求他们理解。如果不会用就得挨打，这基于如下原理：“在够得着的部位制造疾病来医治够不着的部位的疾病。”结果是，学生虽在学校解决了多年的问题，但离校后遇到需以数种法则结合起来解决的新问题时，仍然一筹莫展。几何和代数教学同样迎合那些善于死记硬背而不善于逻辑推理的学生，甚至《几何原本》中命题的序号也得熟记。

德·摩根厌恶造就驯服而不是富于创造力的学生的考试制度。他从不以考试成绩来衡量学生的优劣，他的教学计划也从来不受考试的影响。有一回临近期终考试，他突然到班上说："我发现你们许多人本周不再去完成我布置的作业了。我十分清楚你们在干什么：你们在临时抱佛脚。但我出的卷子将会使你们的死记硬背毫无用处！"

作为一代名师，德·摩根对学生的影响极为深远。他的学生中后来成为数学家的不乏其人，如西尔韦斯特、劳思、弗朗西斯·格思里和托德亨特（1820—1884）等都是数学名家或名师。受德·摩根影响的并非仅仅只局限于那些日后以数学为业的学生。许多日后从事其他职业的学生，如法学家和经济学家韦利、历史学家霍奇金（1831—1913）、化学家罗斯科、经济学家和逻辑学家杰文斯等等，其成才都是与德·摩根的影响分不开的。霍奇金晚年回忆自己的老师时称德·摩根为他所知道的最伟大的人物之一；罗斯科则称德·摩根"不仅仅是一个数学家和无与伦比的数学教师，而且是 19 世纪最深刻、最敏锐的思想家之一"；杰文斯把德·摩根称为"深不可测的数学宝藏"，"在任一节课里所给出的最难的内容对他来说只不过是小菜一碟，其数学知识的边际遥不可及"。

在伦敦大学学院工作之余，德·摩根当过一段时间的保险统计员，还和数学家巴贝奇以及艾里、赫歇尔等一道致力于在英国建立十进制货币，并任十进制协会（成立于 1854 年）的理事。1865 年 1 月，德·摩根当选为新成立的伦敦数学会的主席。在其就职演说中，他提出了学会的目标，抨击了剑桥的考试制度。伦敦数学会很快成了一家全国性的学会，吸引了当时英国几乎所有一流的数学家，这与德·摩根在英国数学界的影响是分不开的。正如后来英国著名数学家、曾任该会主席（1884—1886）的格莱舍（1848—1928）所言，在当时英国数学家中，德·摩根作为作者与教师的地位是无与伦比的。伦敦数学会的创建是德·摩根一生事业的巅峰。为纪念德·摩根所作的贡献，学会于 1884 年设立德·摩根奖章，以后每三年颁发一次。英国著名数学家凯莱（1821—1895）、西尔韦斯特、格莱舍、哈代、罗素等都是奖章获得者。

早在 1853 年，由于伦敦大学学院接受了一批由英国国教徒挑选的赠书，德·摩根曾考虑辞职。1866 年，德·摩根与伦敦大学学院校务会之间又一次产生了矛盾。他始终认为，学院是无权考虑教授应聘者的宗教信仰的。而校务会出尔反尔，拒聘一位名叫马蒂诺的牧师和著名学者担任精神哲学与逻辑学教授，原因是他属于唯一神教派。德·摩根又一次愤怒了！他再次辞去了教授职务，临行时他说："是学院离开了我，而不是我离开了它。"一些昔日的学生请求他拍照以供学院图书馆之用，他也拒绝了。的确，在世人看来，德·摩根有些怪。但是，在他心中有一套如数学般严格的行为准则。他的两度辞职正是受这个准则的支配。他不愿当选为英国皇家学会会员，拒绝接受爱丁堡大学授给他的荣誉法学博士学位，辞去皇家天文学会理事之职，也同样是受这个准则的支配。

翌年 10 月，他遭遇新的打击：他的风华正茂的次子、伦敦数学会创建者之一、伦敦大学学院预科学校数学教师乔治·坎贝尔患肺结核去世。这是他 1853 年失去长女伊丽莎白·艾丽斯后第二次经历人生至痛。他的身体垮了，几乎足不出户。但他仍笔耕不辍，在已发表的论文系列《悖论汇编》基础上，继续扩写新的内容。1872 年他的遗孀索菲娅将这些手稿整理出版，成了一部畅销书。

1870 年 8 月，德·摩根的爱女海伦·克里斯蒂安娜也不幸因结核病亡故，本已病弱不堪的他再也承受不了沉重的精神打击，于翌年 3 月 18 日溘然长逝。

德·摩根一生两袖清风，他在任大学教授时，年薪从未达到 500 英镑，在伦敦大学学院任教之后期，年薪甚至不超过300英镑。但他留给后世的却是一大笔精神财富。他为《便士百科全书》撰写了 850 多个词条，约占全部词条的六分之一；他定期为至少 15 种刊物撰写了大量的论文（仅目录就占好几页），他的著作有十几部之多。他的著述涉及数学、逻辑学、数学史、天文学史、数学教育等。他的 3000 余册私人藏书至今还保存在伦敦大学图书馆。

二、数学与逻辑

作为数学家，德·摩根的创造性贡献主要是在数学分析和逻辑学领域。在分析方面，他的《微积分》是第一部以极限概念为基础的英文微积分著作。书中给出的无穷级数收敛性判定法今称"德·摩根判别法"：如果给定无穷级数为

$$\sum_{n=1}^{\infty}\frac{1}{\Phi(n)}$$

并且

$$e=\lim_{n\to\infty}\frac{n\Phi'(n)}{\Phi(n)}$$

那么，当 $e>1$ 时，级数收敛；当 $e<1$ 时，级数发散。

在 19 世纪上半叶的英国，德·摩根是最早接受符号代数的数学家之一；在《三角学与二元代数》(1849) 中，德·摩根从几何上全面解释了复数的性质，成了哈密顿四元数思想之源；在 1838 年的一篇论文中，德·摩根创用了“数学归纳法”之名并定义了这种递推证明方法。用斜线分隔符“ / ”表示分数，也是德·摩根的发明。德·摩根对概率论在人身保险方面的应用有深入研究，这方面的代表作是《概率论及其应用》。德·摩根还富有创见地把概率论应用于确定书本的作者，提出一个检验方法：如果主题相似的两本不同的书是同一作者写的，那么两书中各自所有单词平均字母个数的差小于 10%；因此如果这个差大于上述百分比，则它们很可能就不是同一个作者所写。

德·摩根还是著名的地图四色猜想的传播者。该问题是他的学生弗朗西斯·格思里离开伦敦大学学院后提出来的，1852 年弗朗西斯的弟弟（亦为德·摩根的学生）、后来成为化学家和物理学家的弗雷德里克·格思里向德·摩根请教该问题。经过研究，德·摩根肯定结论正确但未能证明。他就此与著名数学家哈密顿通信。近8年后，德·摩根在一篇书评里又一次介绍四色问题，从而使它广为人知。

德·摩根最大的贡献是在逻辑研究方面，是后世数理逻辑的先驱者之一。德·摩根认为，传统的亚里士多德（前 384—前 322）三段论对于涉及数量的推理往往是无能为力的。例如：“在特定的一群人中，大部分人有外套，大部分人有背心，所以，一些人既有外套也有背心。”利用亚里士多德三段论，无法证明上述结论的正确性。

德·摩根发明记号来描述简单命题。他用大写字母 X，Y，Z……来表示具有某些性质的对象，用相应的小写字母 x, y, z……表示那些不具有这种性质的对象。如：

全称肯定（A）：所有 X 都是 Y——$X)Y$；

全称否定（E）：无一 X 是 Y——$X.Y$；

特称肯定（I）：一些 X 是 Y——XY；

特称否定（O）：一些 X 不是 Y——$X;Y$。

德·摩根建立法则，进行正确的三段论推理，他把推理写成形如 $X)Y+Y)Z=X)Z$，$X:X+Y)Z=Z:X$，$X)Y+Z)T=xz$，等等。这种记号帮助德·摩根获得了利用传统法则并不总能得到的正确结论。他还建立了如下著名法则：

$$\sim(p\wedge q)=\sim p\vee\sim q,$$

$$\sim(p\vee q)=\sim p\wedge\sim q。$$

以集合语言表示，即

$$\overline{A\cap B}=\overline{A}\cup\overline{B},$$

$$\overline{A\cup B}=\overline{A}\cap\overline{B}。$$

今称“德·摩根定律”。德·摩根也是第一个探讨关系逻辑的逻辑学家。在1859年写的一篇论文《论三段论与关系逻辑》中，他用 $X..LY$ 表示“X 是 Y 的 L 的一个对象”，用 $X.LY$ 表示“X 不是 Y 的 L 的任何一个对象”。他还说明了关系的组合和逆关系。

将逻辑代数化的尝试始于德国著名哲学家和数学家莱布尼茨，但第一个提出谓词量化并试图用数学术语将逻辑陈述公式化的是英国植物学家边沁。边沁在《新逻辑系统纲要》(1827）中将“每一个 X 都是 Y”表示成“$tX=pY$”。然而，这个时期逻辑学家通常是利用经典方法进行拓宽亚里士多德三段论的尝试。德·摩根的工作是这种旧方法与其好友、英国数学家和逻辑学家布尔的逻辑代数之间的桥梁。

实际上，布尔的名著《逻辑的数学分析》(1847）是他在德·摩根与苏格兰哲学家哈密顿之间的论战的激发下写成的。早在1833年，哈密顿在《爱丁堡评论》上发表论文《逻辑学》，提出谓词量化，将经典逻辑中的四个简单绝对命题（A、E、I、O）改成八个：①所有A都是所有B；②所有A都是一些B；③一些A是所有B；④一些A是一些B；⑤任何A都不是任何B；⑥任何A都不是一些B；⑦一些A不是任何B；⑧一些A不是一些B。1846年，德·摩根把题为《论三段论的结构》的重要论文交给休厄尔，后者将其呈交剑桥哲学会。论文于1846年11月9日在该会被宣读。不久，德·摩根收到哈密顿的来信，信中简略叙述了他的谓词量化的思想。约在此时，德·摩根从休厄尔那里要回了自己的论文，并做了一些改动。哈密顿凭空指控德·摩根在改动时剽窃了他的思想。德·摩根声称改动是在哈密顿来信之前作出的。毫无疑问，德·摩根并未剽窃，因为两者的工作没有任何相似之处。在《形式逻辑》(1847）一书的附录中，德·摩根还指出哈密顿八个基本绝对命题的缺陷，例如，命题①可由命题②和③推出，因而它就不能成为绝对命题。1863年，德·摩根在《剑桥哲学会学报》上撰文进一步指出，哈密顿的后三个命题是多余的，因为在类A和类B之间只能有五种关系。美国著名逻辑学家皮尔斯称德·摩根的上述论文是无可辩驳的。

三、数学史

在科学史的前史时期（1913 年以前），科学史著作大多出自科学家之手，科学史也远未能成为一门独立的、综合性的学科。在英国，科学史始于 17 世纪。英国著名数学家沃利斯在其《代数》（1685）中用近一半篇幅讲述代数学的历史，这成为数学史研究在英国的开端。但沃利斯夸大了英国数学家的贡献，成了“过分的民族自豪感所激起的英国人党派偏见之一例”。18 世纪初期，哈里斯的《艺术与科学大词典》（1704）和斯通的《数学新辞典》（1726）涉及了数学史内容。18 世纪晚期，英国数学家赫顿著《数学与哲学辞典》（1796）包含数学史和数学家传记的词条。尽管赫顿试图比前人更客观地评价英国数学家，但他仍充满偏见，如在论微积分发明权时，还在指责莱布尼茨剽窃。

德·摩根在剑桥读书时，科学史研究已开始受到英国科学家们的普遍关注，但是当时英国并未出现像法国数学家蒙蒂克拉的《数学史》（1758，第二版 1799—1802）、法国天文学家德朗布尔的天文学史系列这样高水平的科学史专著[1]，而赫顿等辞典编纂者在撰写人物词条时也忽略了名气较小的数学家和自然哲学家。

德·摩根之从事科学史研究，与休厄尔颇有几分类似。我们知道，休厄尔曾担任剑桥大学三一学院院长，而德·摩根第一次从伦敦大学辞职之后也将更多的精力转向了科学组织活动，他就任皇家天文学会秘书、副会长等职，同时还加盟实用知识传播会。作为科学家兼科学活动组织者，他们必须为科学在当时赢得更多的社会认同与支持进行辩护。

从19世纪30年代到60年代，德·摩根在《教育季刊》《英国年鉴指南》《哲学杂志》等刊物上发表了大量数学史和天文学史论文，并为实用知识传播会的《便士百科全书》，奈特的《人物长廊》（1832）、《英国名人长廊》（1846），史密斯的《希腊罗马传记与神话辞典》（1842—1849）等撰写了大量的数学史和数学家词条。此外，德·摩根的科学史专著有《从印刷术发明直到当代的算术著作》（1846）、《悖论汇编》（1872）、《牛顿：他的朋友和他的侄女》（1885）。德·摩根在天文学史方面的研究主要集中在

1 在德·摩根从剑桥毕业 10 年以后，即 1837 年，他的老师、著名科学家和科学组织者、被誉为英国科学史鼻祖的休厄尔出版了第一部综合论述科学发展的科学史著作《归纳科学的历史》。

16 世纪和 17 世纪，特别是伽利略以前哥白尼学说传播的历史。数学史工作主要集中在算术、代数、微积分发明权、数学文献等方面。

德·摩根注意到算术的历史很少为一般的数学家们所注意，他们对算术的发展及其与其他数学分支的关系了解不多。当时关于该学科历史的最好的文献是德·摩根的老师皮科克在《大都市百科全书》上介绍算术的文章。

但德·摩根并未试图去研究算术的一般历史。他的注意力集中在几个特殊的方面。一是正、负号的历史。意大利著名数学史家利布里在其《意大利数学科学史》中曾将它们归于达·芬奇的发明。德·摩根在大英博物馆对达·芬奇的手稿进行研究之后发现，“+”号在其中并不表示“加”，而是表示数“4”。因此他否定了利氏的结论。而新近的史家们把“+”“-”号的发明归于德国数学家鲁道夫。鲁道夫于 1524 年出版了德国数学史上第一部代数学著作《物术》，后经德国数学家施蒂费尔注释再版（1553，1571），书中使用了“+”“-”号。施蒂费尔在自己的代数著作《整数之算术》(1544）中也大量使用这两个符号。德·摩根则在德国人威德曼的一部出版于 1489 年的商业算术珍本中发现这两个符号的频繁使用，分别表示“多”和“少”的意思，因而指出它们并非鲁道夫或施蒂费尔的发明，尽管鲁道夫或施蒂费尔是最早在现代意义下使用它们的数学家。

德·摩根在应用算术特别是算术与历法关系方面有独到的历史研究，古今计数的历史便是其中一例。他发现，人们在数数时有两种不同的方法。一种是从 0 开始数，另一种则是从 1 开始数。因而在日常计算中常常出现混乱。如要确定从星期三到星期五的天数，两种方法所得结果分别是 2 天和 3 天。德·摩根认为，造成这种情况的根源是印度数码的引入。包含“0”在内的印度数码引入欧洲以前，欧洲人用的是罗马数字，而罗马数字中没有表示“零”的。德·摩根通过研究古代法律文献发现，从中世纪开始到威廉三世时代，英格兰的法律条文一直采用从 1 开始的计数法（即某一天以后的时间段包含了这一天)。德·摩根还试图从历史文献中考察 19 世纪的起始年。德·摩根不赞成公元后有 0 年之说。他认为，由于古代没有“世纪”的概念，没有传统可沿，故必须按当代的习惯，以 1801 年和 1900 年分别作为 19 世纪的起讫年。

德·摩根还写过十进分数史以及印度算术方面的文章，这些论文虽无创造性贡献，但从中我们可以看出他对数学史的广泛兴趣以及对皮科克、科尔布鲁克[1]等人数

1 第一个对古代印度数学做全面研究的英国东方学家，英国皇家亚洲学会的创建者之一。

学史著述的熟悉。

在代数史方面，德·摩根对霍纳法的历史有特别的兴趣。1819 年英国数学教师霍纳（1786—1837）在英国皇家学会《哲学汇刊》上发表《连续近似求解任意次数字方程的新方法》。翌年，英国数学家霍德里得出版《解方程简易新法》，作者声称，自己于 40 年前即已发现书中所介绍的方法。建筑师和数学家尼科尔森（1765—1844）同年出版的《乘方与开方》中亦包含同样的解法。尼科尔森与霍德里得就优先权问题进行了激烈的争论。1839 年，德·摩根在实用知识传播会刊物《英国年鉴指南》上介绍了这一方法在英国的历史，并将其归功于霍纳。在同年出版的《便士百科全书》上，他详细介绍了霍纳法。在 5 年后出版的《便士百科全书补遗》上，他又一次撰写了同一主题。他写道："……优先权要求者做了不公正的尝试。霍纳是一个真正的天才，他们没有任何权利剥夺他的独立发现权。我指的是霍德里得和尼科尔森两位先生，尽管我不认为他们是故意做得不公正。"德·摩根还把霍纳 1819 年写的论文收入他的算术著作中。1850 年，他再次发表了关于霍纳法的评论文章。正是由于德·摩根，"霍纳法"之名得到了确立[1]。

在牛顿、莱布尼茨微积分发明优先权之争的历史研究中，德·摩根完全摒弃了前人的民族偏见，第一个在英国肯定了莱布尼茨作为独立发现者的地位。直到 19 世纪初，英国人仍认为牛顿是微积分的唯一发明者，而将莱布尼茨视为剽窃者。在当时英国人心中，牛顿不论在学术上还是在道德品质上都是完美无缺、至高无上的。这在苏格兰物理学家布儒斯特的《牛顿传》（1831）和休厄尔的《归纳科学的历史》中都有充分的反映。布儒斯特的传记是要树立牛顿的天才形象，在他的笔下，牛顿是"谦虚的、坦率的、和蔼可亲的、没有任何怪癖的"，他的缺点是可以忽略的。第一位大胆指出牛顿缺点的是英国皇家天文学会创始人贝里。在 1835 年出版的天文学家、被德·摩根称为"拥有望远镜的第谷"的弗拉姆斯蒂德传记里，贝里首次披露了牛顿不公正对待弗氏的史实。德·摩根在为奈特《英国名人长廊》撰写的 40 页的牛顿传中，用相当多的篇幅讨论了牛顿的缺点，指出牛顿对待莱布尼茨、弗拉姆斯蒂德和惠斯

1 德·摩根并不知道中国在 13 世纪就有此法。第一个发现这个史实的是和他同时代的英国来华传教士、著名汉学家伟烈亚力。1852 年，伟烈亚力在上海英文周报《北华捷报》上发表《中国科学札记：数学》，向西方介绍了自己的发现。

顿[1]的不公正做法是他一生中的污点。

德·摩根对英国皇家学会1712年出版的关于微积分发明优先权的仲裁报告《通报》以及其他相关文献进行了仔细研究，获得了重要结果。德·摩根在其研究中力争做到客观公正、不偏不倚。就起草这份报告的委员会委员的组成问题，他为牛顿作了辩护。从公开发表的史料来看，该委员会由6人组成，他们全都是英国人；但牛顿在一封私人信件中却声称它由众多来自不同国家的先生们所组成。而在德国史家看来，不仅这个由清一色的英国人组成的委员会谈不上什么公正，而且牛顿是在撒谎，是在有意引导人们认为它是公正的。然而，德·摩根通过研究未发表的皇家学会会议记录发现：包括英国（原籍法国）数学家棣莫弗在内的另外四人后来的确加入了这个委员会，并引用自己收藏的一部18世纪在法国出版的《棣莫弗传记》从侧面证实此事。

另外，德·摩根对莱布尼茨在微积分上的贡献作了与牛顿同样高度的肯定。他对《通报》的初版和第二版（1725）进行比较研究后发现，该报告原文在再版时至少被增加和改动21处。1712年初版的结论是：牛顿是微积分的第一个发明者，莱布尼茨当然有可能从牛顿的著述中获得某种启发，从而创造了他自己的算法。第二版中新增和改动的内容则加强了语气，使人感到像在指控莱布尼茨剽窃，从而给出了更不公正的结论并由此产生了广泛的社会影响。德·摩根认为，这些增改内容无异于以皇家学会的名义掩盖了事实真相，损害了莱布尼茨的人格形象。

1849年和1850年，汉诺威皇家图书馆收藏的莱布尼茨手稿、牛顿和科茨通信集相继出版，据此德·摩根又一次为莱布尼茨的微积分独立发明权作了辩护。不仅如此，德·摩根还断言：《通报》第二版的前言，以及1714—1715年间皇家学会《哲学汇刊》上所发表的对该报告内容的介绍，其匿名作者不是别人，正是身为皇家学会主席的牛顿本人。这一判断与布儒斯特后来发现的新史料相一致。

文献目录是德·摩根史学研究的另一重要内容。在德·摩根看来，“科学史几乎就是书与手稿的历史”。德·摩根并不是第一个提出这种观点的数学家。早在17世纪，法国著名哲学家和数学家笛卡儿即认为数学史与数学文献的历史是等价的。这与今天史学界所谓“史料即史学”之说是一致的。德·摩根是19世纪英国最著名的书籍爱好者、藏书家和文献学家之一。他的私人图书馆藏有极丰富的数学史图书，其中许多

1 惠斯顿于1703年接替牛顿任剑桥大学卢卡斯数学教授，1710年去职。1720年，作为英国皇家学会主席的牛顿反对吸收惠氏为会员。

都是珍本。他在《从印刷术发明直到当代的算术著作》中写道："过去的哪怕最无价值的书亦为值得保存的记录。正如一个只有用望远镜才能见到的恒星，由于暗淡而无益于大多数太空研究；但对于知道如何利用它的人来说，它却有助于确定更重要天体的位置。"

德·摩根是旨在出版科学史文献（手稿、珍本等）的科学历史学会的理事之一。该学会由皇家学会会员、著名莎士比亚研究专家哈利韦尔创立于1840年，贝里、皮科克、西尔韦斯特、法拉第、利布里以及法国著名数学家和数学史家沙勒（又译夏斯莱）[1]等都是它的会员。德·摩根还推荐自己的学生、拜伦之女埃达入会，由此可见他对于这样的科学史组织的热心支持。

1843年，德·摩根在《英国年鉴指南》上发表《数学科学历史参考文献》一文，列出了1530—1830年间的数学、物理学、天文学、哲学、辞典、传记、通信、年表与文献目录等方面的科学史文献。鉴于以往的文献目录往往因为编者没有实际见过其中的很多著作而导致混乱，德·摩根在此文中只对他实际阅读过的文献作具体内容介绍，不过这样的文献多达250余则，其中包括海尔布龙纳（1706—1747）、赫顿、比奥、德兰贝尔、伍德豪斯、皮科克、休厄尔和利布里的著作。

1846年，德·摩根出版著名的《从印刷术发明直到当代的算术著作》，列出他实际阅读过的算术著作约400部算术书，书中共提到1580个古今数学家的工作。

德·摩根著作中流传最广的莫过于《悖论汇编》了。此书是历史上数学文献的评论集，每一篇评论都涉及一个悖论，如化圆为方问题、三等分角问题、倍立方问题等。如针对1856年出版的《普通的十进制》一书，德·摩根的评论是："（本书的）主张是要把一切都变成十进制的。一天（现在二十四小时）要变为十小时，一年要变成十个月……幸运的是基督教刚好有十戒，所以不必在这个道德法律上加一条或减一条。但有十二使徒！就算抛开犹大，还有一个使徒难办。作者对此可是不着一字。"针对1848年出版的《相互关联的一系列角的三等分方法》一书，德·摩根的评论是："多年冥思苦想的结果：很可能，很悲哀。"对数学著作作如此诙谐而又充满睿智的评

1 利布里是德·摩根的密友。在利布里受国内指控窃书时，德·摩根为他进行了辩护。德·摩根称沙勒为"唯一法国出生的极少数关注科学史的数学家之一。在科学史方面，他是一位真正博学的人，在原始文献方面，他研究得非常深刻。他的《几何方法的产生和发展历史概述》（1837）不过是他众多贡献之一——他的所有有关著述都使古代几何与算术历史昭然若揭"。德·摩根还认为，沙勒在法国未受应有的评价。沙勒后来还成了伦敦数学会会员。德·摩根对利布里的评价更高。

论，我们不难理解为什么此书会如此畅销了。书中还包含一些数学史上的名人轶事，诸如瑞士著名数学家欧拉在俄宫廷向法国著名哲学家狄德罗证明上帝存在的故事。美国著名数学史家戴维·史密斯称它“为数学世界令人愉快的思想提供了很多养料”。

四、科学史观

从德·摩根的科学史著述中，我们可以对德·摩根以及他那个时代的科学史观作出透视。

首先，在德·摩根及与他同时代的科学史家看来，科学史研究应服务于并且有益于科学。对于德·摩根来说，研究数学的历史正是为了理解和解释数学的本质。在1865年1月伦敦数学会成立大会的演讲中，德·摩根强调：了解数学史对于进一步做数学研究是绝对必需的。只有通过发现不同数学分支如何发展，数学研究者才能获得正确的数学研究方法。另外，亦可从历史上数学家的成功与失误中吸取经验教训。德·摩根称：“早一些研究数学家的思想使我们能够指出自己的错误；就此而言，注意数学的历史是十分有益的。”德·摩根的这一数学史观和休厄尔的科学史观是一致的。在《归纳科学的历史》的引言里，休厄尔称：“考察前人获得我们现在所拥有的知识财产的步骤，可以为我们未来扩展和完善这些财产提供最佳的方式。”

近一个世纪以后，科学史家兼科学哲学家库恩认为科学不会从科学史上获益多少，声称“在与科学史相关的领域，最不可能受重要影响的就是科学研究本身”，但这样的结论似难以被数学家和数学史家所接受。早在18世纪，莱布尼茨就在其《微分学的历史和起源》（1714）中说：“了解重大发现，特别是那些绝非偶然的、经过深思熟虑而得到的重大发现的真正起源，是极为有益的。”19世纪末法国著名数学家普安卡雷说：“要预见数学的未来，正确的途径是研究这门科学的历史和现状。”格雷歇尔则认为：“如果试图把一门学科和它的历史割裂开来，那么我相信，没有哪一门学科比数学的损失更大。”直到今天，科学史与科学之间的纽结并没有因时代变化而解体，当科学史在今天已取得了独立学科的地位，当我们致力于加强科学史与历史文化之间的联结，我们也不能因此忽视科学史与科学之间的关联甚至将这两者对立起来。

其次，在德·摩根看来，科学史绝不只是科学伟人的故事；在科学史研究中，应不迷信权威，重视小人物的研究。正如他从不忽略那些被人们认为不重要的数学文献一样，他也从不忽略对名气较小的科学人物的研究。实际上，德·摩根始终认为，要对科学发展作出正确的评价，大小科学家的工作都是必需的。德·摩根还试图通过对小人物的研究，让读者自己去判断历史是否对他们公正，而那些著名人物是否名副其实。一个典型的例子是他对赖特的研究。与约翰·赫歇尔之父、著名天文学家威廉·赫歇尔（1738—1822）相比，赖特不过是一个名不见经传的人。赖特写过航海和天文学方面的若干著作，其中一本偶然为德·摩根所得。1845年，德·摩根致信约翰·赫歇尔："数年来我手头有一本名为《宇宙的原始理论或新假设》的书，作者是丢尔哈姆的赖特，1750年出版于伦敦……我发现它详细论述的是银河为可溶解星云的真实理论。"德·摩根意识到赖特的推测先于因发现天王星而一夜之间成名的威廉·赫歇尔的星云研究。他发现赖特著作中总是称行星为"已知行星"，表明他意识到还有尚未发现的行星。德·摩根指出赖特的推测"在预言未来结果的大胆而合理的尝试中占有重要地位"。

此外，关于伽利略之前的哥白尼学说的传播历史，德·摩根不但揭示了雷科德（1510？—1558）、斯泰芬（1548—1620）、韦达（1540—1603）等人的鲜为人知的观点，而且还对许多名不见经传的学者的看法进行了研究。德·摩根是最早论述雷科德在数学和天文方面工作的科学史家，指出：雷科德是英国最早信仰日心说的人，也是最早用英语著述算术、几何和天文学，最早把代数学引入英国的学者。

类似地，德·摩根从不放弃对那些被人忽视的领域的研究。前面介绍过的他对古今计数方法的研究只是其中一例而已。在他看来，要全面理解科学的历史，对这些领域的研究同样是至关重要的。

再次，德·摩根将恢复历史本来面目、客观公正地评价历史人物，视为科学史家应有的历史态度。在英国人把牛顿看成科学和人格上完美无缺的典范而加以颂扬时，德·摩根却指出了他的缺点；在英国人对莱布尼茨的一片指责声中，德·摩根却为他进行了强有力的辩护。然而，对德·摩根而言，支持莱布尼茨并非就意味着要贬低牛顿。当牛顿被人误解时，他又利用自己的研究，告诉人们历史的真相。许多学者认为，牛顿荣升造币厂厂长，"与其说与他的引力理论有关，倒不如说与他的漂亮外甥女有关"。牛顿的外甥女叫巴顿（1680—1739），住在他的朋友、赞助人蒙塔古（1661—1715）伯爵家中。但德·摩根通过研究认为，巴顿与蒙塔古伯爵已秘密结婚，时间在蒙塔古升伯爵之前。之所以对这桩婚姻秘而不宣，极可能因为蒙塔古担心巴顿的卑微出身会妨碍自己的前程。德·摩根反对牛顿造币厂与其外甥女有关一说，坚持认为：牛顿在科学上的贡献才是唯一必需的条件，与外甥女有关的任何假设都无从解释牛顿的任职问题。

德·摩根的这一科学史观也体现在他的天文学史研究上。如，针对当时天文学著述中常见的“哥白尼体系”这一术语，他强调指出：“哥白尼体系”应该是指哥白尼本人实际传布的体系，而不是开普勒、伽利略、牛顿、哈雷、拉普拉斯等其他天文学家的体系。但天文学著作却常常把开普勒、伽利略、牛顿和哈雷的不少东西混入哥白尼的理论，因而实际上哥白尼被说成了一个远远超出了他自己那个时代的人。德·摩根对此作了澄清，旨在恢复哥白尼的历史真面目。

作为数学家，德·摩根并没有作出特别重大的创造性贡献，但为什么他能对同时代英国的一般数学家和科学家产生那么深远和广泛的影响呢？鲍尔认为，原因不在于他的教授职位，不在于他的数学课本，不在于他的逻辑研究，也不在十他与众多科学学会的联系，而主要在于他的科学史研究与评论，在于他的渴望公正、蔑视虚伪的人格魅力。鲍尔指出：

> 他的算术著作文献目录是这类目录编纂的重要典范，他的关丁历法和历书的论文是历史研究的杰出样板；他撰写近六分之一内容的《便士百科全书》的成功多半是由于他的文章；他的《悖论汇编》显示了他的幽默和博学；他的论文涉猎广泛，吸引了多种兴趣的人们。在所有这些工作中，他将自己置于与读者最亲密的关系之中，如果读者不尊重作者的忠诚与学识，那的确是不领情了。

作为科学史家，德·摩根深深影响了后来的托德亨特、鲍尔等数学史家。他们各自的数学史著作或得益于德·摩根的藏书，或受惠于德·摩根的数学史论著。格雷歇尔对数学史的兴趣一直伴随着他数学研究的始终，且富有研究成果，从他身上我们看到德·摩根在伦敦数学会就职演讲中对数学史意义的论述在会员中所产生的深远影响。德·摩根的论述亦为后来的数学史家所引用，堪称经典。德·摩根的许多研究成果，如“+”“-”号历史、微积分发明权等，都为后世的数学史所接受。他的数学文献目录是戴维·史密斯等后世数学史家不可或缺的参考文献。

经过伟烈亚力的介绍，德·摩根的科学史著述还间接地传播到中国。伟烈亚力在《代数学》和《代微积拾级》等译本的序言里，曾介绍代数学和微积分的历史，而德·摩根为《便士百科全书》所撰写的数学史词条，以及其为其他刊物所撰写的许多数学史论文都是伟烈亚力的参考文献。值得注意的是，德·摩根的科学史观在伟烈亚力的著述中也有体现。在《六合丛谈》小引中，伟烈亚力称："疆域虽有攸别，学问要贵相资，圣人不能无力，愚者尚有一得。以中外之大，其所见所知，岂无长短优绌之分哉！"与德·摩根重视小人物的思想相一致。关于微积分历史，伟烈亚力称："奈端、来本之[1]同时各精思造法，未尝相谋相师也。"与德·摩根的观点如出一辙。

今天，科学史学史研究开始受到更多的科学史家的关注。从科学史的史前阶段到今天，科学史研究在形态（问题、方法、研究传统）上已发生了许多重要变化。当我们透过这些变化来感悟学术思想的流变乃至于历史之变迁，我们也不应忘记科学史学史上许许多多的诸如德·摩根这样的思想先驱。

（作者：汪晓勤）

参考资料

[1] C. C. Gillispie. Dictionary of Scientific Biography [M]. Vol. 3. New York: Charles Seribner's Sons, 1981.

[2] A. G. Howson. A History of Mathematics Education in England [M]. Cambridge: Cambridge University Press, 1982.

[3] H. M. Pycior. Augustus De Morgan's Algebraic Work: The Three Stages [J]. Isis, 1983, 74 (2).

[4] A. Rice. Augustus De Morgan: Historian of Science [J]. History of Science, 1996, 34 (2).

[5] A. Rice. What Makes a Great Mathematics Teacher ? The Case of Augustus De Morgan [J]. American Mathematical Monthly, 1999, 106 (6).

[6] L. S. Stephen, Lee. Dictionary of National Biography [M]. Vol. 5. Oxford: Oxford University Press, 1949-1950.

[7] 汪晓勤. 伟烈亚力所介绍的西方数学史知识 [J]. 中国科技史料，2000，21 (2).

[8] 伟烈亚力. 代微积拾级 [M]. 上海：黑海书馆，1859.

---

1 即牛顿、莱布尼茨。

克拉拉·伊默瓦尔

（Clara Immerwahr，1870—1915）

克拉拉

科学史中一颗延迟闪亮的星

克拉拉·伊默瓦尔是普鲁士布雷斯劳大学的第一位女博士（1900），专业是化学。如果运气好，她有可能成为居里夫人那样的女科学家。不过她实际从事科学活动的时间很短，刚露头角便无奈退场。在获得博士学位的第二年，她与当时德国的科学新星弗里茨·哈伯（又译为弗里茨·哈贝尔）结婚，成为家庭妇女。作为知名的德国犹太科学家，哈伯一家与爱因斯坦、奥托·哈恩等人有很多私人交往。在以往的科学史中，克拉拉会作为哈伯的妻子被提及，有时有名字，有时没名字。哈伯在 1918 年因为发明了合成氨法获得了诺贝尔化学奖，而克拉拉在 3 年前就已经自杀了。在第一次世界大战期间，哈伯积极以科学参战，为德军发明毒气，并亲自去前线指导士兵释放毒气，获得了军方嘉奖。1915 年 5 月 1 日，哈伯在家中举办了庆功宴。客人散去后，克拉拉与哈伯发生了激烈的争吵。哈伯服安眠药睡去，克拉拉来到花园，用哈伯的手枪打穿了自己的心脏。

此事在当时如同一枚小石子扔进大海，只有几丝涟漪。到了 20 世纪 90 年代，涟漪变成巨浪。克拉拉·伊默瓦尔的名字越来越多地出现在德文和英文出版物中，屡屡被科学家、科普作家和科学史家重新提起；她不再作为注脚，而是成为主角，甚至成为电影和戏剧中的角色。克拉拉主要在四个角度下被重新讲述：科学伦理、和平主义、女性科学家、犹太科学家。前两者是特殊视角，后两者是特殊身份。

现在，克拉拉已经成为一个公众形象，被视为女性主义、和平主义和科学伦理的象征。本文首先简要叙述克拉拉的一生，然后叙述她被重新发现、被建构成公众形象的过程。

一、早年求学（1870—1898）

1870 年 6 月 21 日，克拉拉·伊默瓦尔出生于布雷斯劳的一个中产犹太家庭。

她的祖父母经营了一家与皇室有贸易关系的商铺，并在附近的波肯多夫拥有农场，家境优渥。19 世纪后半叶，布雷斯劳已经变成了一座商业兴盛、工业繁荣的大城市，成为当时的文化和科学中心，聚集了大量受过良好教育的犹太中产家族。家族之间有着复杂重叠的人际关系网。比如，哈伯曾在化学家乔治·隆格门下求学，而隆格正是克拉拉的父亲菲利普·伊默瓦尔的表兄弟。菲利普还曾师从本生灯的发明者、德国化学家罗伯特·威廉·本生（1811—1899）。在父亲的引导下，克拉拉的兄长保罗进入化学领域，获得柏林大学化学博士学位。

在 19 世纪末的普鲁士，女性接受高等教育非常困难，从事科学活动更为稀少，其中很多都像克拉拉一样受到了父兄的影响。1890 年起，普鲁士才开始设立能够提供中等教育的女子学院；1895 年，普鲁士教育部门开始允许大学接受女性作为旁听生进入课堂；1900 年，巴登地区的教育机构首次允许女性作为正式学生进入大学。当时社会的主流观念认为，女性天生就是非理性的、无竞争力的，并且是与繁衍相关的；而科学则被看作是理性的、有竞争力的以及创造性的，这些特征都被认为是男性专有的。因此，即使有少数女性突破阻碍进入大学，也会被认为是违反了女性的“自然天性”。为数不多的提供中等教育的女子学校也是为了培育女性的“自然天性”——使其能够成为中产阶级男性的合格伴侣和孩子的合格母亲。1897 年，在一份关于如何看待女性从事科学的调查中，四位化学家中有两位表达了委婉的否定意见，而奥斯特瓦尔德（1909 年诺贝尔化学奖获得者）则强烈认为，一位女性不可能兼具天生的母性与反本性的科学探索潜质。在 1900 年之前，普鲁士接受高等教育的女性每年不过几百人，又只有百分之二进入化学领域，克拉拉正是这少数中的少数。

克拉拉与法国物理学家居里夫人是同时代人，有相似的求学坎坷。克拉拉童年生活的地方波肯多夫没有接收女生的学校，她和姐妹只能受教于私人教师。克拉拉早年在家学习时，就表现出了对学习的热情，她“事事好奇，求知若渴，想要成为像她的哥哥保罗那样的人（取得化学博士学位）”。1892 年，克拉拉从女子学院毕业。这所学校只为年轻女性提供基本知识，帮助她们实现未来作为妻子、母亲和家庭主妇的“天生职能”。克拉拉不甘于此，继续参加教师研修班，并获得了教学资格。但这仍不能满足大学的入学条件。克拉拉又参加了高强度的私人授课班，努力争取布雷斯劳大学的入学资格。1896 年复活节，克拉拉通过了一个由特殊委员会组织的考试，获得了相当于文理高中毕业的文凭，作为旁听生在布雷斯劳大学又学习了两年。1898 年，克拉拉最终取得了参加博士资格考试的机会，成为德国第一个通过此项艰难考试的女性，并成为化学家里夏德·阿贝格教授的客座学生。而布雷斯劳大学直到 1908 年才开始接收女性作为正式学生。

1900 年，克拉拉与阿贝格合作发表了她的第一篇学术论文。随后，她在弗里德里希·库斯特教授的实验室中，独立发表了关于铜的电极电势的学术论文，她的实验结果验证了化学界巨头瓦尔特·能斯特、奥斯特瓦尔德和弗里德里希·库斯特等人的预测。文献显示，她利用电动势法检测了汞、铜、铅、镉、锌盐的溶解度，她认为溶解性下降可能是由于电子亲和势的变化，这与阿贝格和波特兰德的合作研究结论一致。在阿贝格的指导下，克拉拉提交了关于金属盐对溶解度影响的博士论文，参加了包含物理、化学、矿物学和哲学的最终考试，并于 1900 年 12 月 22 日在布雷斯劳大学的主会堂通过了博士答辩，获得优等生荣誉。

克拉拉成为布雷斯劳大学史上第一位获得博士学位的女性。当地报纸报道了克拉拉的誓言："绝不在演讲或写作中传授任何有违我信念之事，追求真理并增进科学的荣光至其应得的高处。"在她的诸多传记作者看来，克拉拉终身坚守了这一誓言。

二、婚姻生活（1901—1915）

1900 年底，克拉拉博士毕业，进入导师阿贝格的实验室担任助手，虽然没有正式身份，但对当时的女性科学家而言，已经是最好的职位了。居里夫人和稍晚一些的梅耶夫人（1963 年获诺贝尔物理学奖）都有过类似的经历。

1901 年 3 月 14 日，弗里茨·哈伯写信给好友阿贝格，希望他和助手克拉拉来参加德国电化学学会在易北河畔弗赖堡的会议。二人如期到会，克拉拉与哈伯再次相遇。早在 1891 年，还是学生的哈伯曾在一个舞会上遇到克拉拉，并在不久之后向她求婚，当时克拉拉希望追求学业，拒绝了他。哈伯坦言，在这 10 年里他想要忘记克拉拉，但却失败了。同年 8 月 3 日，两人结婚，克拉拉·伊默瓦尔变成了克拉拉·哈伯，她的有记载的科学生涯很快结束。克拉拉在 1909 年写给阿贝格的信中说："我总是认为，只有体验了人类生活所能给予的一切，这种人生才是值得过的。正是这个动机而非其他原因，使我那时决定结婚，若不这样，我的人生之书的新篇章以及我灵魂的合唱都将瓦解与荒芜。"

一开始，两人的婚姻十分幸福，哈伯曾在信中说他们就像"童话里的王子和公主沉湎于梦境中”。然而，在1902年6月1日他们的儿子赫尔曼出生之后，两人很快就发生了激烈的冲突。体弱多病的儿子占用了克拉拉大量的时间，哈伯则沉浸于科学研究和社交活动中。在赫尔曼只有几周大的时候，哈伯就为了科学仪器前往美国三个月。克拉拉抱怨：“弗里茨太忙了，要不是我每次把儿子带过去一会儿，他都不知道自己是一个父亲。”

哈伯在科学事业上顺风顺水，克拉拉则逐渐成为纯粹的“家庭主妇和母亲”。哈伯的朋友说：“每当他（哈伯）非常疲惫地回到家时，他的妻子做的第一件事就是跟他说家务事上的问题以及对儿子的担心，他有时会非常不耐烦。”作为家庭主妇，克拉拉也为经济负担而烦恼。哈伯需要与上流社会开展社交活动，然而他们负担不起这样的开销。她在1901年写给阿贝格的信中提到，她继续科学事业的梦想，只有等到他们成为百万富翁，身边都是仆人时才能实现。哈伯家后来确实富裕了起来，但克拉拉却再没能回到实验室。

婚后，克拉拉没有再发表任何学术论文，只参与了少量的学术活动。在结婚初期，她参加了当地化学协会举办的活动，给妇女组织作了关于“家庭中的化学和物理”的讲座；她翻译了几篇学术论文，从英文到德文，一篇是利物浦大学巴利教授的关于几何和立体异构体的理论，另一篇是利物浦马斯普拉特实验室的斯莱德的关于铝酸钠是一种单基酸盐和发现溶度积的论文。此外，她还将哈伯的教科书译成英文，在这部《气体反应热力学》的扉页，哈伯将这本书“献给挚爱的妻子，克拉拉·哈伯博士，感谢她无声的合作”。哈伯的传记作家莫里斯·戈兰认为，克拉拉不只做了翻译的工作，她还帮助计算与验证数据。

1907年，克拉拉本想参加在英国的学术会议，却由于患白喉无法成行。她在给阿贝格的信中说：“我宁可写十篇毕业论文也不愿忍受这个痛苦。”让她痛苦的不仅是与科学事业的分离，还有婚姻的苦涩。她在1909年的信中表达了对哈伯的不满：

> 每个人都有权利过自己的生活，但并没有权利在培养怪癖的同时还高高在上，蔑视所有人，在正常生活中，我认为即使是一个天才也不应有这样的行为，除非他独自一人在一个废弃的小岛上。
>
> 弗里茨在这八年来得到的，我已经失去了，甚至那些留给我的，全是最强烈的不满。
>
> 婚姻给我的鼓舞只是维持了短暂的一点时间，主要原因就是弗里茨压迫

式地将他自己放置在家庭和婚姻的首位，这样一个不那么无情的、自主的个性就这样被摧毁了。

然而，对于哈伯而言，他只想要一个传统的、能全心全意投入家庭的普鲁士妇女，而非一个女化学家，因此他对克拉拉的不满感到困惑。哈伯的友人马克斯·迈尔回忆道，他曾和哈伯边走边聊，哈伯说："女人对我而言就像可爱的蝴蝶，我欣赏她们的颜色与光泽，这就够了。"两人的分歧使他们最终没有成为像居里夫妇那样的模范科学夫妻。

三、终结生命（1915）

1914年，第一次世界大战爆发，哈伯和他的实验室转而为战争服务。怎么样把化学变成武器？最直接的方式就是发明毒气。哈伯参与了能斯特与军方的合作实验。最初他们设想在普通子弹或炮弹中装入刺激性物质，并在当年秋天投入了实验。能斯特提出的邻联茴香胺氯磺和二甲苯基溴效果俱不佳，哈伯则提出使用二甲苯和溶剂油解决这个问题，从而接替了能斯特的位置。哈伯提出一个设想，在普通子弹或炮弹中装入刺激性物质，并建议使用氯气。氯气是一种黄绿色气体，比空气重，会使人失明，会导致剧烈的咳嗽，会腐蚀眼、鼻、口、舌和肺；最后使吸入这种气体的人窒息而死。哈伯提议，如果顺风将它吹到敌人防线，它们就能沉入敌方壕沟之中，使士兵逃离壕沟跑到开阔地带，就能轻而易举地消灭他们。

1915年1月底，在哈伯的领导下，相关的初步实验完成。当时，德国已经加入禁止毒气弹的国际公约。德军总参谋长找到了公约中的一个小漏洞，公约禁止的是发射出去的装着毒气的炮弹，于是德军使用不用发射的远距离释放毒气的钢筒。1915年4月11日，哈伯的特种部队在距离比利时海岸32千米的伊普尔前线安装了5730枚毒气筒，它们能沿6.5千米长的战线释放150吨氯气。4月14日，统帅部第一次下达了使用毒气的指令，但随后连续取消了3次命令，最后在4月22日，毒气战正式打响。毒气在几分钟内就吞没了处在前线和补给线上的法国－阿尔及利亚士兵，士兵狂咳不已。没有窒息的士兵则四处逃窜，但毒气仍紧跟着他们。战线崩溃了。毒气使协约国军队伤亡人数达到1.5万人，其中5000人丧生。德国新闻报纸大为称赞。依照惯例，犹太人不能做军官，但哈伯被德皇破格授予陆军上尉军衔。

克拉拉的态度则截然相反，她激烈地反对将科学用于大规模杀戮。她指责哈伯的工作是“野蛮的象征，败坏了本应给我们的生活带来新境界的（科学的）根本原则”，并斥责化学战是“对科学理想的扭曲”。她以人类的同情心与良知之名请求她的丈夫哈伯放弃毒气开发，然而哈伯态度坚定，即使他本人对毒气的用途抱有反感。在开发化学武器的实验中，实验动物必须快速地暴露在路易斯毒气、芥子气、二氧化碳酰和氯气下。克拉拉目睹了实验动物的惨状。根据她的表弟保罗·克拉萨的回忆，在克拉拉自杀的前几天，她曾来拜访过他的妻子，克拉拉“因为毒气战争的可怕结果而感到深深绝望，因为她已经看到了准备工作中对那些动物的实验了”。一位哈伯的毒气研发组的成员曾形容克拉拉是“一个神经质的妇人，激烈地反对哈伯跟着新的毒气部队去往前沿阵地”。

为了庆祝化学武器的成功，1915 年 5 月 1 日，弗里茨·哈伯在家中举行了晚宴，克拉拉的生命到了终点。

关于克拉拉的最后时刻，目前普遍接受的说法是这样的。那天晚上，宴会结束后，克拉拉与哈伯发生了激烈的争吵，哈伯坚定地认为他的爱国责任在战时应优先于一切反对意见。后来，哈伯服用了一些安眠药就寝，克拉拉则来到桌前写下了诀别书。她拿出哈伯的手枪，来到花园，第一枪射向空中，第二枪打中了自己的胸口。他们 13 岁的儿子赫尔曼闻声赶来时，克拉拉尚有一丝气息。最终，她死在儿子的臂膀里。次日，哈伯依旧前往前线督战，留下年幼的儿子处理后事。1915 年 5 月 8 日，当地报纸刊登了克拉拉的讣告，并称“这位不快的女人自杀的原因未知”。20 世纪 30 年代，赫尔曼移居美国，也以自杀了结生命，按照苏珊·梅切尔的说法，他无法承受父亲当年的行为。

四、克拉拉的新生与形象建构

克拉拉的自杀在当时没有产生什么影响，战争依然进行，哈伯在第二天就前往东部前线。两年后的 1917 年，哈伯与夏洛特·内森结婚，育有一子一女，这场婚姻延续了 10 年。一战结束后，1919 年，哈伯与能斯特曾被协约国列为战犯，哈伯逃到瑞士，获得瑞士国籍。几个月后，协约国撤销了对他的引渡要求，哈伯回到德国，违背《凡尔赛和约》，继续秘密研制毒气。1933 年，纳粹上台，尽管哈伯努力向纳粹示好，但作为犹太后裔，仍然不能为纳粹所容。哈伯逃到英国，受到了剑桥化学家威廉·波普的善待。1934 年 1 月，哈伯在瑞士旅行期间心脏病发作而死。按照他的遗嘱，他与克拉拉合葬在瑞士巴塞尔。9 年后，1943 年，纳粹在奥斯威辛等集中营使用一种名为 Zyklon B 的毒气屠杀犹太人，这种毒气是哈伯在 1919 年发明的，其最初的目的是作为杀虫剂。

二战后，虽然哈伯受到很多非议，但是作为优秀的科学家，他在德国仍然有很高的声望。他曾经任职首任所长的凯撒·威廉物理化学和电化学研究所改名为弗里茨·哈伯研究所，后并入马克斯·普朗克科学促进学会（简称马普学会）。而克拉拉则被世人暂时遗忘。

关于克拉拉的资料都是零散的、破碎的，克拉拉今天的形象是由后人逐渐拼凑起来、建构起来的。

1967 年，莫里斯·戈兰出版了哈伯传记《哈伯的故事》，其中有大量关于克拉拉的内容，并首次提到她的自杀。虽然只有寥寥一句，但第一次建立起了克拉拉与反对化学武器的联系。

1985 年，克拉拉的角色出现在话剧《爱因斯坦计划》中，作为哈伯研发化学武器的反对者与爱因斯坦反思科学的象征，出现在最后一幕。

1992 年，英国著名诗人、戏剧家托尼·哈里森所写戏剧《方的圆》在英国国家剧院最大的舞台奥利维尔舞台上演，克拉拉是主要的女性角色之一。

在这两部戏剧中，克拉拉都具有科学伦理、和平主义和女性主义的形象。克拉拉开始成为公众人物。

20 世纪 90 年代初期，马普学会保留的哈伯档案开放，克拉拉的书信也在其中。

1993 年，格瑞特·冯·莱特纳女士出版了《克拉拉·伊默瓦尔，为了人性科学的一生》。这是克拉拉的第一部传记。克拉拉成为主角，不再是哈伯的注脚。冯·莱特纳利用了马普学会的档案，采访了知情人及他们的后代，讲述了一个完整的克拉拉的故事，提供了一个丰满的克拉拉的形象，为此后通俗文章和影视作品提供了细节。冯·莱特纳是著名德国作家、广播电视制作人。该书由德国贝克出版社出版后，立即产生极大反响，获得了 1994 年的杰出图书奖。

此后，介绍克拉拉和研究克拉拉的文章逐渐增多。

1996 年，美国维拉诺瓦大学的杰弗里·艾伦·约翰逊在《人文》上发表《毒气背后的科学家：哈伯家的悲剧》，提出克拉拉的两大悲剧：1. 女性角色对科学事业的阻碍；2. 目睹丈夫从造福人类转向服务战争。

1998 年，英国化学家、1962 年诺贝尔奖获得者马克斯·佩鲁茨撰写长文讨论哈伯的一生功过，其中关于克拉拉及其自杀的部分，主要文献依据是冯·莱特纳写的关于克拉拉的传记。

在 2011 年国际化学年和 2014 年一战百年纪念中，克拉拉受到了更多的关注。

2012 年，美国化学学会会员、芝加哥大学的苏珊·梅切尔博士在德国《无机与普通化学杂志》发表文章，称克拉拉的悲剧来自作为化学家与公民的两难。值得一提的是，百年前克拉拉也曾在这一杂志上发表她的学术成果。

2014 年的戏剧《禁区》和《佐默 14：死亡之舞》都有克拉拉的角色出场；同年，德国全国性公共电视台一台播出了关于克拉拉的电视剧、电影。

2015 年，德国化学学会理事沃尔弗拉姆·科赫撰写文章，以克拉拉为案例，讨论化学与伦理。印度国家科学博物馆教育官员查托帕迪亚雅在一种大众读物上介绍克拉拉，称她为“科学中未被赞扬的女英雄”。

2016 年，《无机与普通化学杂志》再一次发表关于克拉拉的研究文章，作者是马普学会弗里茨·哈伯研究所分子物理系的布热季斯拉夫·弗里德里希和科学史研究所的迪特尔·霍夫曼。这篇文章对克拉拉的自杀动机提出了异议。2017 年和 2019 年，两人又合作发表文章，讨论了克拉拉的科学贡献和她的形象建构起源。

那一夜究竟发生了什么，恐怕已经永远沉没在历史的深海中了。克拉拉没有留下遗嘱，阐述自杀动机。冯·莱特纳说，宴会当晚克拉拉花费了数小时写信，但后人并没有发现任何一封，冯·莱特纳认为是被哈伯销毁了。现在克拉拉的公众形象主要是根据戈兰的哈伯传记和冯·莱特纳的克拉拉传记建构起来的。他们的依据是克拉拉留下来的书信、哈伯家亲友的回忆以及熟人之间议论此事的书信。与哈伯一家相熟的詹姆斯·弗兰克说：“克拉拉是一个想要改变世界的好人。她的丈夫牵涉进毒气战争的事实确实导致了她的自杀。”詹姆斯·弗兰克还认为，哈伯实验室中的大部分科学家都有类似的看法。

近年来，对此再次提出异议的是马普学会的布热季斯拉夫·弗里德里希和迪特尔·霍夫曼。他们的文章《克拉拉·哈伯－伊默瓦尔：生活、工作与传奇》（此书名冠夫姓）介绍了克拉拉的生平，并着重讨论了克拉拉的自杀原因。他们做了如下归纳，支持克拉拉是因为她反对哈伯开发化学武器而自杀的观点和证据有四个：克拉拉的表弟保罗·克拉萨（1957）、哈伯家的朋友詹姆斯·弗兰克（1958）、哈伯的传记作者莫里斯·戈兰（1967）以及克拉拉的传记作者格瑞特·冯·莱特纳（1993）；暗示克拉拉是由于个人因素或抑郁症而自杀的证据和观点有九个：克拉拉写给阿贝格的信（1909）、克拉拉写给田丸节郎的信（1915）、埃迪特·哈恩写给奥托·哈恩的信（1915）、莉泽·迈特纳写给奥托·哈恩的信（1915）以及奥托·卢米茨希（1955）、阿德尔海德·诺亚克（1959）、赫尔曼·吕特格（1958）、哈伯的第二任妻子夏洛特·哈伯（1970）和安格莉卡·艾宾浩斯（1993）的观点。最后，他们认为，克拉拉的自杀是由多重原因造成的，而并不是如广泛流传的说法，只是为了反对哈伯研发化学武器。

布热季斯拉夫·弗里德里希与迪特尔·霍夫曼还对前者进行了批评，比如，莫里斯·戈兰在哈伯传记中说，克拉拉指责哈伯是“科学的扭曲”与“野蛮的象征”，但是没有出处，所以这不能视为克拉拉的原话，而更可能是戈兰本人的话，但是又被冯·莱特纳夸大渲染了。他们还认为冯·莱特纳对证据有断章取义之嫌。例如，关于保罗·克拉萨对克拉拉指责动物实验的回忆，他们发现实际上克拉萨对此还有所补充，认为其他因素也导致了克拉拉的自杀，而冯·莱特纳并未引用。同样，对詹姆斯·弗兰克的话，冯·莱特纳也选择性地忽略了詹姆斯·弗兰克的补充：“（哈伯）花费了巨大的精力来调和他和克拉拉之间关于政治和人类的观点。”

二人还列举了一些其他证据，证明克拉拉的自杀有可能是出于她的情感生活或是抑郁症。据克拉拉的外甥女阿德尔海德·诺亚克回忆，克拉拉害怕任何与性有关的事，在1902年（即结婚一年）就与哈伯分房而眠，这个说法在哈伯的第二任妻子夏洛特·哈伯的回忆中得到支持。而1998年的哈伯传记作者玛吉特·瑟勒希－扬瑟倾向认为，克拉拉自杀的真正动机在于她发现了哈伯出轨夏洛特，这一观点在伊迪丝·哈恩写给她丈夫奥托·哈恩和莉泽·迈特纳写给奥托·哈恩的信中得到了间接支持。他们还认为，阿贝格和奥托·萨克尔的意外身亡也是导致她抑郁的可能原因。1910年，克拉拉的博士导师、挚友，也是她一直以来与科学的联系媒介阿贝格，在一场热气球空难中意外丧生。1914年，克拉拉目睹她的博士答辩助手、好友奥托·萨克，在哈伯开发化学武器的试验中死于试验爆炸。并且，他们认为，克拉拉在回复哈伯的前合作者田丸节郎的信中体现的都是对个人生活而非世界秩序或其他更大事物的关心，这与她作为和平主义者的形象有所出入。

当然，这个异议不能消解克拉拉的公众形象。两位马普学会的作者虽然做了很多历史梳理，但其结论并非不可商榷。自杀是一个激烈的事件，或由于长期积郁，或由于一时激愤，或兼具两者。如果是一时激愤，则以克拉拉自杀的时间点，兼之平时的某些言论和行为，将其阐释为抗议哈伯以化学为杀人武器，并无不妥；如果是前者，长期抑郁直至自杀，有多重因素，两位作者所提出的各种可能性，诸如婚姻不幸、丈夫出轨、友人去世等，都可能是多重因素之一，它们与抗议化学武器这重因素，并不是相互冲突、非此即彼的关系。两位作者的贡献在于对史料进行了梳理，但是他们的解释方案并不可取。

冯·莱特纳在传记出版之后也收到了类似的反馈意见。本文作者在写作的过程中，辗转与冯·莱特纳女士取得了联络。她表示，她在为克拉拉写传记的过程中，哈伯的很多故人和学生并不愿意提供帮助。他们站在哈伯的立场上，不愿提及克拉拉。而马普学会的两位作者之中，恰恰有一位就工作在哈伯研究所。这个身份是否会对他们的学术结论产生影响，也是值得讨论的。

五、结语

克拉拉尚未引起国内同行的重视，迄今为止，中文世界对于克拉拉的描述是可数的，可穷尽的。根据本文作者的检索，仅有如下几项：

最早一篇是生物学家马克斯·佩鲁茨的《真该早些惹怒你》的中译本，该书第一章主要讲述的是哈伯的工作，但是比较详细地介绍了克拉拉及其自杀。该书由上海科技出版社 2004 年 1 月出版，名列当年《中华读书报》年度十大科技图书。不过，在各种对此书的介绍中，无人提到克拉拉。此书初印数仅 3100 册，未见再版。本文作者直到撰写本文时，才发现已有中译本。马克斯·佩鲁茨也采纳了主流观点。

本文作者之一曾在 2008 年的一篇学术随笔中附带讲述了克拉拉的故事，并附照片。其线索有二,一为约翰·麦克尼尔的环境史名著《阳光下的新事物》(2001)，一为迈克尔·波伦的食品人类学著作《杂食者的两难》(2006)，两部著作都用一两行字说到了哈伯妻子的自杀，并且都没有提到这位妻子的名字。

2007 年，台北医科大学林佳谷与陈叡瑜在《善待氮气：哈伯氮肥，氮循环与氮反扑》中曾提及克拉拉自杀，但是在克拉拉的自杀时间上采用了不同的说法："(毒气）释放的前一个晚上，哈伯的妻子依茉娃（克拉拉）自杀了。" 2009 年，西华师范大学张清建在文章《弗里茨·哈伯：一代物理化学巨匠》中有此一句："克拉娜（克拉拉）一心支持丈夫的科学事业。对哈伯卷入毒气战，竭力劝阻和反对，但毫无效果。1915 年 5 月 2 日晚，克拉娜（克拉拉）用哈伯的手枪，自杀身亡。" 但未标注文献，所据不详。

尽管存在异议，克拉拉在今天的形象已经被充分地建构起来了：一位意志决绝、勇于突破性别不公的女性；一位被家庭与大男子主义阻碍了科学事业的女性；一位为了科学理想与和平正义牺牲生命的女性。这样一位人物的前世今生是表达女性主义诉求的极佳案例。第二波女性主义浪潮对女性平等的诉求可以追溯到 19 世纪的女性主义运动，而克拉拉在 19 世纪末 20 世纪初活过的前世，与她在 20 世纪末 21 世纪初重现的今生，一面是她那个时代的女性的困顿，一面是后世女性为求认可而付出的努力，如同桥梁的倒影，展现了跨越百年的女性奋斗图景。

二战之后，科学的形象也发生了变化，各种理论对科学的价值进行了反思。她的悲剧性自杀使其成为反战主义、和平主义的形象代表，成为“好科学”的象征。哈伯的毒气研发是科学伦理的典型案例，也被认为是比曼哈顿计划更早的“大科学”活动。

随着科学观的变化，科学史也出现了新的写法。历史学家、科学史家的目光从哈伯这样的大人物，转向了克拉拉这样的小人物，小人物变成了大人物。

1991 年，诺贝尔和平奖得主国际防止核战争医生组织设立了克拉拉·伊默瓦尔奖；2000 年，杜特蒙德大学以克拉拉的名字命名了一个专门为女性开设的学术辅导工程；2006 年，并入马普学会的弗里茨·哈伯研究所在其机构内为克拉拉建造了一个纪念性建筑；2011 年，跨学科研究网络组织 UniCat 为鼓励年轻女化学家，设立了奖金为 15000 欧元的克拉拉·伊默瓦尔奖。

克拉拉从科学史的深海中逐渐升起，从默默无闻，从哈伯的注脚，成为一颗闪亮的新星。克拉拉的声望不是来自她的科学成就，而是来自她对科学的态度和她决绝的行动。她的科学成就在今天已经不足一提，她对她的科学观也未有过系统的正式的著述，这使得克拉拉更具有象征意味。克拉拉的故事成为战后多种社会思潮的载体，被一再讲述。克拉拉·伊默瓦尔的思想是后人梳理出来的，她的形象是后人建构出来的。这个建构反映了女性主义、和平主义以及反科学主义的时代思潮，同时也是这些思潮的一部分。

（作者：傅梦媛　田松）

参考资料

[1] D. Charles. Master Mind： The Rise and Fall of Fritz Haber，the Nobel Laureate Who Launched the Age of Chemical Warfare［M］. New York： Ecco， 2005.

[2] B. Friedrich， D. Hoffmann.Clara Haber， nee Immerwahr（1870-1915）： Life， Work and Legacy［J］. Zeitschrift für anorganische und allgemeine Chemie， 2016， 642（6）.

[3] B. Friedrich， D. Hoffmann. Clara Immerwahr： A Life in the Shadow of Fritz Haber［M］. // Bretislav Friedrich etc. eds. One Hundred Years of Chemical Warfare： Research， Deployment， Consequences. Cham： Springer， 2017.

[4] 佩鲁茨. 真该早些惹怒你：关于科学、科学家和人性的随笔［M］. 上海：上海科学技术出版社，2004.

[5] 张清建. 弗里茨·哈伯：一代物理化学巨匠［J］. 自然辩证法通讯， 2009， 31（2）.

托马斯·利特尔·希思

（Thomas Little Heath，1861—1940）

希思

科学史研究的先驱

100多年以前，两位西方学者先后完成了两件划时代的工作：丹麦古典语言学家和科学史家海贝尔分别用希腊文和德文发表阿基米德的《方法》，使文艺复兴时期数学家们无限神往的思想大白于天下；英国科学史家希思出版《几何原本》的英译本，成为这部已有无数版本的经典著作的最佳版本。对于数学历史来说，100年也许是短暂的，但对于我们每一代人来说，100年足以使我们遗忘那些曾经为丰富人类文化作出过重要贡献的先哲们。

但我们没有理由遗忘。如果没有海贝尔，没有希思，没有那些终生辛勤耕耘的先哲们，我们对希腊数学能知道多少呢？

令人惊讶的是，早期的科学史家极少以科学史为其“主业”。以数学史为例，沙勒、利布里、德·摩根、奥尔曼、汉克尔、康托尔、布劳恩米尔等都是大学数学教授，海贝尔是大学古典语言学教授，塔内里则与大学无缘，终生任职于法国烟草专卖局。希思也不例外，尽管他蜚声学术界，成为科学史学科创始人萨顿所推崇的六位科学史先驱者之一，但他的一生却几乎都是在英国政府部门度过的。在萨顿看来，希思等先驱者的人生足以回答这样的问题：科学史家是什么样的人？他们该做些什么样的事情？

一、学生时代

1861年10月5日，托马斯·利特尔·希思出生于英国林肯郡乌尔策比地区一个普通的农民家庭，父亲塞缪尔·希思和母亲玛丽·利特尔都是林肯郡的农民。塞缪尔和玛丽有六个子女，三儿三女，希思是家中的第三子。六个孩子在音乐和文学上都极具天赋。托马斯·利特尔·希思以外祖父托马斯·利特尔的名字命名。父亲塞缪尔爱好古典文学，希思继承了这个爱好。塞缪尔十分重视孩子们的教育，这一点从三兄弟的成长历程就可以看出。

长子约瑟夫·利特尔·希思于1873年进剑桥大学圣约翰学院学习，1877年以数学学位考试第十名的优异成绩毕业，不久成为圣约翰学院的研究员。次子罗伯特·塞缪尔·希思于1877年获奖学金进剑桥大学三一学院学习，1881年以数学学位考试第二名的优异成绩毕业，两年后成为三一学院研究员，后来是英国伯明翰大学梅逊学院的数学教授和院长。

希思与两位兄长一样，先是在凯斯特文法学校接受教育。他们通常于星期六下午步行15英里回乌尔策比度周末，星期一早晨再赶回学校上课。据他们的同学回忆，三兄弟一路上个个都要边走边朗诵课文。文法学校校长安东尼·鲍尔曾就读于剑桥大学圣约翰学院，并获研究员职位，但他因婚事而放弃了这个珍贵的职位，之后被任命为凯斯特文法学校校长。鲍尔是一位很有造诣的数学教师，同时代英国数学家托德亨特（1820—1884）在其《代数》（1862）中即收录了由他提供的方程及其解答。常常是六七个学生围坐在鲍尔的桌子旁，朗读拉丁文和希腊文，而其他孩子则在稍远处自由地玩拼字游戏。

希思兄弟在凯斯特文法学校的校友纽博尔特（1863—1940）爵士在《苦工日记》中记录了那段美好的时光。书中描述鲍尔校长的一个习惯，就是要求学生背诵英国湖畔派诗人骚塞的《洛德大瀑布》。骚塞运用拟声手法对大瀑布进行绘声绘色的描写，令人叹为观止。全诗共120行。对于背出全诗的学生，鲍尔校长总会给予5先令的奖励。希思一字不误地背出了这首诗，可校长对他却没有履行诺言。

1875年，14岁的希思从凯斯特文法学校毕业，并获奖学金进入布里斯托尔的克利夫顿学院学习。克利夫顿学院创建于1862年，首任校长为珀西瓦尔（1834—1918）。珀西瓦尔毕业于牛津大学女王学院，在古典学和数学上取得优异成绩，1858年被选为该学院的研究员。离开克利夫顿学院后，相继担任牛津大学三一学院的院长（1879）、拉格比学校校长（1887）和赫里福德主教（1895）。希思攻读古典学和数学，深受珀西瓦尔的影响。

1879年，希思获得奖学金，进入剑桥大学三一学院学习，翌年成为该学院的基金资助学者，攻读古典学和数学。当时的三一学院可谓群英荟萃，希腊语学家汤普森、拉丁语学者芒罗和古典学家杰克逊、数学家格莱舍（1848—1928）等都是希思的楷模；年纪比希思稍长的数学家詹姆斯·高是希思的引路人；二哥罗伯特的同窗好友、日后成为著名数学家的福赛思是希思的学长；一批青年才俊，如日后成为古典学者的怀斯、成为天文学和地球物理学家的特纳、成为神经学家的黑德爵士以及成为数学家的怀特海等等，都是希思的同窗。

在剑桥，希思勤奋好学，博览群书，手不释卷。据福赛思回忆，希思平时从不参加大学生的体育活动，不划船，不打球，但他坚持每天步行。他从不参加学生社团活动，但他酷爱音乐，尤其是勃拉姆斯、舒伯特、巴赫和贝多芬的作品。他从小就弹得一手好钢琴。他和哥哥以及包括福赛思在内的几个朋友每周都有两三次的饭后小型聚会，希思兄弟常常弹奏巴赫的赋格曲和贝多芬的奏鸣曲。

1881—1882 年，剑桥大学首次将学位荣誉考试分成两部分。希思分别于 1881 年和 1883 年获得古典学学位考试第一部分和第二部分的优等。1882 年，他获得数学学位考试第一部分的优等，排名第十二。由于同时在两门学位考试中获得三个优等，他被三一学院授予兰厄姆奖章[1]和奖金。据说，希思是剑桥大学改革学位考试之后唯一一名同时在古典学和数学的学位考试中荣获优等的学生。一位朋友如是说："即便有彻罗基语（一种印第安语）这样的课程，他也能名列前茅的！"1883 年，希思获文学学士学位。1885 年，他当选为三一学院研究员，1886 年获文学硕士学位，1896 年获理学博士学位。

除了希腊语和拉丁语，希思还精通法语、德语和意大利语，这为他日后从事希腊数学史研究奠定了坚实的基础。

二、职业生涯

19 世纪 40 年代，英国政府机构混乱，官员玩忽职守，素质每况愈下，腐败风气盛行。1855 年，两次鸦片战争时期侵华政策的制订者、首相巴麦尊（1784—1865）以枢密院的名义颁布关于文官制度改革的正式法令，开始淘汰冗员。1870 年，格莱斯顿首相（1809—1898）颁布第二个枢密院法令，确定公平竞争原则。其中文官分为高级和低级两类。高级文官要求从牛津、剑桥等一流大学中招收。1884 年，正在等候三一学院研究员职位的希思参加了政府公务员选拔考试，并以第一名的优异成绩被录用，成为英国财政部的一名职员。但他并未放弃申请三一学院研究员职位。当时三一学院实施了新规定，研究员候选人必须提交一篇高水平的学术论文。希思发挥了他的古典

1 三一学院于 1842 年设立该奖，以著名古典学者、作家、会吏总兰厄姆命名。

语言和数学的双重特长，以《亚历山大的丢番图：希腊代数学史研究》一文于翌年成功当选研究员。

1887—1891 年，他担任财政部常任秘书韦尔比爵士（后为勋爵）的私人秘书。此后 3 年间，他相继担任财政大臣戈斯特爵士和希伯特爵士的私人秘书。1901 年，他成了财政部的最高职员。1907 年，被任命为财政大臣助理。

1913 年，希思与布拉德伯里爵士（后为勋爵）共同被任命为财政部常任秘书，希思分管行政管理工作，同时还兼任王室费审计员，布拉德伯里则分管财政工作。1916 年，又增加了一位常任秘书，即查默斯爵士（后为勋爵）。查默斯毕业于牛津大学奥列尔学院，比希思早两年进财政部，早在 1911 年就被任命为常任秘书和王室费审计员，但两年后去锡兰（今斯里兰卡）任总督，1916 年重新回财政部。查默斯在公务之余，潜心钻研巴利文，早在去锡兰之前，就已经是一位著名的巴利文学者了。他曾说，每个人都应该骑并行不悖的两匹马，一匹为他的职业，另一匹为他的某种学术爱好，这种爱好能使他晚年从工作和职业的压力中解脱出来。在任剑桥大学彼得学院院长期间，查默斯曾不止一次地向即将成为公务员的学生提出这样的建议。看来，希思和查默斯不谋而合。1919 年，希思因筹办国家债务部而离开财政部，担任国家债务部的总审计长，直至 1926 年退休。

希思是典型的旧式公务员，勤勤恳恳，一丝不苟。《泰晤士报》在讣告中告诉我们："希思是旧式公务员中的优秀典范。他的果敢和诚实是毋庸置疑的，他的技术是完美无缺的；但或许他的头脑难以转过弯来适应 1914—1918 年间的社会环境，正是这种环境打乱了文职人员的原有观念，希思也不例外。"他从不迎合权贵，总是公正、严谨地执行公务。只要他决定做的事情，从来不会半途而废，正如他一旦开始阅读斯宾塞（约 1552—1599）的长篇史诗《仙后》，就一定会坚持读完它一样。他不善于接受新事物，曾反对女性上班，反对安装电话，反对口头陈述。他还削减政府财政预算。他的数学思想也主导着他的行政管理，如他曾按照两个非洲殖民地面积的大小比例，来划拨每个殖民地所需的补助金。希思于 1903 年被授予英国皇家最低级巴思爵士，1909 年被授予高级巴思勋爵士，7 年后又被授予英国皇家高级维多利亚勋爵士。由此可见，尽管希思很保守，但他的政绩依然受到英国政府的认可。

除了政府部门的职务，希思还担任了其他社会工作。1923 年，英国议会通过了牛津大学和剑桥大学法案，要求两校各成立专门委员会，负责制定学校的规章制度。希思被任命为剑桥大学专门委员会的成员。

希思直到53岁才结婚。出于对音乐的热爱，他选择音乐家玛丽作为自己的人生伴侣。玛丽先在伦敦的皇家音乐学院学习，后来到维也纳师从莱谢蒂茨基。莱谢蒂茨基是车尔尼的学生，而车尔尼则是贝多芬的弟子。希思夫妇育有一儿一女，两个孩子都继承了父母高雅的艺术气质，在同龄人中出类拔萃。希思退休10年之后的1936年，他们的女儿韦罗尼卡22岁，在牛津大学读法学。当时，比她小两岁的弟弟杰弗里也已获得奖学金准备进入剑桥大学三一学院学习古典学。

在财政部度过大半生，希思亲历了它的变迁。退休一年后，他写了一本很有趣的书，名为《财政部》。该书从诺尔曼时代财务署开始一直写到财政体系的发展壮大和现今财政部的职能。它描述了日常事务的很多细节，上至财政大臣，下至普通职员。希思曾表示："对大众而言，财政部这个主题较为陌生；不得不承认，我曾一度羡慕已故的一些同事把各个部门编织成浪漫的情感故事……在这种情况下，我尽全力搜集素材，通过故事的多样化来尽量避免枯燥乏味。"《财政部》一书写得幽默诙谐，与希思的学术著作在风格上全然不同。实际上，希思生性幽默，他能把欧·亨利的短篇小说讲得让听众笑出眼泪。

也许人们会说：希思在公务之余潜心学术，焚膏继晷，皓首穷经，生活一定单调乏味。但事实并非如此。他的生活中从不缺乏音乐。他家有一间很大的工作室，既是书房，又是琴房；既有"案牍之劳形"，也有"丝竹之乱耳"。如果写累了，或遇到困难写不下去了，他就弹一会儿琴，直到困难消除。难怪妻子玛丽会说，音乐是希思解决写作中所遇困难的工具。然而，一旦沉浸在音乐中，他又常常会忘记周围的一切。有一次，他在弹巴赫的作品时，煤油灯坏了，房间里顿时烟雾弥漫，他对此竟浑然不知！妻子玛丽曾经回忆她和先生在牛津大学的一次短访：

> 在托马斯·凯斯[1]任院长期间，我们曾短访过基督圣体学院，在那里我有一次难忘的经历。我参加巴利奥尔周日音乐会后早早回来，发现院长和我先生一起正在烛光下无拘无束地用极强音合奏海顿的交响曲。即使是像我这样的专业钢琴家，在我的听力范围内，也无法排斥这样的纵情！

希思还喜欢旅行，每逢短假，就去游历法国各地，不落下一个小镇和一个景点。

1 托马斯·凯斯是牛津大学基督圣体学院哲学教授，同时也是很有造诣的音乐家，他还精通建筑学和古代史。

他收集了数以千计的风景明信片。他也去德国、意大利旅行。1899—1913 年间，希思几乎每年都去奥地利的蒂罗尔度暑假。在那里，他随向导攀登著名山峰。他是第一个登上位于科尔蒂纳山脉南面的菲安姆斯峰的人，他也是第二个登上多罗米特山脉多座险峻高峰的人。70 岁那年，他登上了 50 年以前曾经登过的维尔德峰。

希思身体健壮，精力充沛，极少患病。直到 1939 年春，他得了流感和急性肺炎。康复后，他离开了伦敦，来到了阿什蒂德的一座乡间别墅。他本该好好享受宁静的田园生活，但他脑袋里仍装着亚里士多德的数学，他又开始和以往一样勤奋工作。然而，好景不长，二战爆发了，悲观和忧郁的情绪时时笼罩着他。他再也无力承受战争带来的精神打击，他失去了力量，同时也失去了信心，最终面对中风变得不堪一击。

三、学术成就

在 19 世纪的英国，有许多像查默斯所说的“骑两匹马”的人。数学家凯莱多年来一直是业务繁忙的伦敦律师，在此期间他完成了大部分优秀的数学论文；小说家特罗洛普每天早上去邮局上班之前，已经创作了许多页书稿。希思每天从财政部下班后，在与自己的职业风马牛不相及的学术领域辛勤耕耘，最终跻身杰出科学史先驱之列。与洛里亚、塔内里等大师齐名，被誉为继海贝尔之后最杰出的希腊文化研究者。

19 世纪下半叶，一些西方学者开拓了希腊数学史研究领域。苏格兰数学家麦凯（1843—1914）整理了帕普斯（约 290—350）的手稿；德国数学家布雷特施奈德于 1870 年出版《欧几里得以前的几何和几何学家》；爱尔兰数学家奥尔曼于 1877 年出版《从泰勒斯到欧几里得的希腊几何学史》；德国数学史家康托尔于 1880 年出版三大卷《数学史教程》，其中约有 340 页讨论希腊数学；塔内里和海贝尔也开始了希腊数学史的研究；詹姆斯·高于 1884 年出版《希腊数学简史》。詹姆斯·高感叹道：“尽管英国是唯一一个仍然奉欧几里得为初等几何学导师的欧洲国家，尽管剑桥大学 100 多年以来要求任何学位候选人都必须懂希腊文和数学，但迄今却没有一个英国人花力气去撰写甚或翻译一部这样的书。”显然，希腊数学史这座富矿仍有待于人们去开采。

早在希思还是一名大学生时，就已崭露头角，为《大英百科全书》撰写了关于“帕普斯”和“系”的词条。他用以申请三一学院研究员职位的长篇论文《亚历山大的丢番图：希腊代数学史研究》（简称《丢番图》），在凯莱的推荐下于 1885 年由剑桥大学出版社出版，深受学术界的欢迎，年方 24 岁的希思也深受鼓舞。25 年后，希思又出版了该书的修订版。希思认为，英国读者读不到像丢番图《算术》这样一部独特而有吸引力的数学名著，是一件可惜的事，且25年间关于希腊数学有了很多新研究成果，因此再版是必要的。新版充分利用了最新成果，补充了费马的批注和数论命题，以及欧拉对有关问题的解法，全面分析了丢番图数学工作的历史背景及其对代数和数论发展的深远影响。数学家迪克森称希思的研究是“引人入胜的、可信的”。希思的这部希腊数学史处女作，已由当初的“稚嫩”作品变成了思想成熟的数学史名著。

1896年，希思的第二本著作《阿波罗尼奥斯》问世。阿波罗尼奥斯的《圆锥曲线》总结并发展了欧几里得以及其他先驱者的研究成果，将有关圆锥曲线的知识网罗殆尽，可谓前无古人，后无来者。关于编写《阿波罗尼奥斯》的原因，希思写道：“对于今天的多数数学家来说，除了知道阿波罗尼奥斯这个名字和他的二次曲线论，对这本著作知之甚少。然而该书写于2100年前，用沙勒的话说，‘作者用纯几何方法来研究二次曲线最有趣的性质，最终得出每种圆锥曲线渐屈线的完整结果’。”

《阿波罗尼奥斯》包含了现存《圆锥曲线》全部7卷内容，是目前唯一可用的、完整的且带有注释的《圆锥曲线》英译本。值得注意的是，希思并没有采用完全直译的方法，而是对一些命题的顺序作了调整。

翌年，希思又出版《阿基米德全集》。当时阿基米德最重要的著作《方法》还没有被发现。希思在序言中告诉我们：“本书是我最近出版的《阿波罗尼奥斯》的姐妹篇。对于这位‘伟大几何学家’的这一著作，由于篇幅和形式，当今的数学家们也许不能读懂其希腊文原著或拉丁文译本，或者虽然读了，但是不能掌握和领会著作的整体结构。如果让这位‘伟大几何学家’的著作易于为当代数学家理解的尝试是值得的，那么我就更有理由为公众提供人类迄今最伟大的数学天才现存著作的复本。”

希思尽可能保持阿基米德命题的数目，尽量客观、真实地再现原著的风格。该书是对阿基米德工作的总结，内容丰富、资料翔实，是我们今天认识和了解阿基米德数学工作的必读文献。

海贝尔于1906年在君士坦丁堡（今伊斯坦布尔）发现包含《方法》在内的阿基米德羊皮书[1]，一时轰动学术界。《方法》共含15个命题，书中阿基米德借助力学原理，运用近代积分的方法，得到了抛物线弓形面积、球体积、旋转体体积等用初等几何方

1 今藏美国巴尔的摩华特艺术博物馆。

法难以得到的结果，具有划时代的意义。仅仅相隔 5 年，希思就出版了《方法》的英译注释本，作为对 1897 年版《阿基米德全集》的补充。至今，它仍然是研究阿基米德命题 14 和 15 不可或缺的文献。

1908 年，希思出版《几何原本十三卷》（分上、中、下三册，以下简称《原本》）。无论是从学术研究价值还是从流行程度来看，该书都是希思最重要的著作。希思的英译本是以海贝尔与门格的权威注释本《欧几里得全集》（1883—1916 年出版，希腊－拉丁对照）为底本的，并附有一篇长达 150 多页的导言。希思的评价能力继续提升，对某些难点（如欧几里得的直线定义）的注解日臻完美。序言中，希思衷心感谢二哥罗伯特对该书所提的宝贵建议，尤其是对欧几里得比例定义与戴德金无理数论之间的相似性提出了参考意见。

《原本》上册包括导论（主要叙述欧几里得的生平和其他著作，希腊和伊斯兰的评注者，现存的手稿、文献和译文以及他的思想基础）和第 1—2 卷的译文；中册包含第 3—9 卷；下册包括第 10—13 卷以及所谓的第 14—15 卷。该书层次清晰、思想明确、风格朴实，简洁明了地阐释出了欧几里得的几何思想。书中包含了大量的比译文本身更有价值的注释。

那些想了解初等几何的人能在《原本》中找到一片新天地；那些为欧几里得的死哀号的人、那些不承想到即使是像欧几里得这样的伟大教师也会犯错误的人们、那些怀疑非欧几何会动摇《原本》地位的人们，都能在书中找到各自的答案。就像希思所说的："就算目前所有的课本都被取代和遗忘，欧几里得的著作仍将存在。这是古代的丰碑之一；没有数学家不知道欧几里得，真正的《几何原本》有别于那些专门为学生或工程师而写的修订版或再版。"艰深的研究工作、丰富的文献资料、巨大的学术价值，使他的译著在科学史的历史上也树立了一座丰碑。

为了促进《原本》的教学，希思还于 1920 年出版了该书希腊文第一卷。1926 年，《原本》再版，成了世界流行的英译评注本（现行中译本即以此为底本）。书中的注文不仅仅是原文的诠释，而且实际上也是两千年来《原本》研究的历史总结。美国数学家、教育家戴维·史密斯评价道："这本书连同其他数学史著作给作者乃至整个科学界都带来了莫大的荣誉。"今天，希思的英译本仍然不断再版。

一战爆发前夕，希思的又一力作《萨摩斯的阿里斯塔克》问世了。该书是在同窗好友特纳教授的激励下完成的，书中不仅包含了阿里斯塔克《论太阳和月球的大小与距离》的译文和注释，还用很大的篇幅对阿里斯塔克之前的希腊天文学史作了全新的考察，涉及荷马、赫西奥德、泰勒斯、亚里士多德等。阿里斯塔克提出假说：恒星和太阳保持不动，地球绕太阳做圆周运动，太阳处于轨道的中心，希思称之为“古代的哥白尼”。希思还发现，阿里斯塔克在计算行星位置和距离时，实际上采用了正弦和余弦的方法，尽管当时还没有三角学。例如，阿里斯塔克测得月亮半圆时刻日、月、地的中心为一个直角三角形的三个顶点，日地、日月连线夹角为 3°，日地距是月地距的 18 ～ 20 倍。这相当于算出 sin3° 的值在 $\frac{1}{20}$ 和 $\frac{1}{18}$ 之间。

战争的乌云并未让希思停下脚步，他又开始了《希腊数学史》的撰写。然而，战争使出版时间一拖再拖。1917 年 5 月 21 日，他在写给史密斯的信中，充分表达了自己对《希腊数学史》出版工作的焦虑：“这是战争梦魇中的一个重要的保留节目和娱乐项目。去年秋天完稿，10 月将完整的手稿交付牛津大学出版社。不幸的是，由于许多职员应征入伍，出版社人手奇缺，甚至连校样都没有出来，真令人失望。但我必须耐心等待，无疑，有朝一日它总会出版的！”然而，这一等就是三年。

1921 年，《希腊数学史》终于问世，此书不仅对数学家，而且对每个学者来说，都是希腊遗产中最耀眼的明珠。全书分为上、下两册，上册从希腊的数学符号、算术运算和毕氏算法讲起，到早期希腊的几何学、毕氏几何、柏拉图和他的学园、三大几何难题，最后是欧几里得和《原本》。下册讲述希腊数学黄金时代的阿里斯塔克、阿基米德和阿波罗尼奥斯三人以及他们的后继者，有白银时代的托勒密、帕普斯等人和丢番图，最后讲述亚历山大和拜占庭的数学家，从西昂（约 335—405）及其女儿希帕蒂娅写起，历经 13—14 世纪，直到文艺复兴前夕。总之，我们想知道的关于希腊数学的任何人或任何事，都可以从书中找到解答。

此前，洛里亚已经出版了《古希腊的精密科学》。但希思的叙述比洛里亚更新，更详尽。希思并非简单地指出是某个数学家成功地证明这个或那个问题，而是说明数学家是如何证明的。对希腊人解决或试图解决的每个数学问题，他运用现代数学语言直到把整个过程详细解释清楚才肯罢休。例如，关于阿波罗尼奥斯问题——如何作一圆与三个已知圆相切，阿波罗尼奥斯本人的作图法已经失传。希思则利用前人的记载，对阿波罗尼奥斯的作图法做了详尽的复原。古证复原这一原则一直贯穿于《希腊数学史》之始终。

1931 年，希思出版《希腊数学手册》（以下简称《手册》），该书主要是从他早期研究成果中总结出来的，但并非《希腊数学史》的简写版。希思解释了二者在写作目的上的不同。《希腊数学史》面向的读者群主要是古典学者和数学家，而《手册》面向那些对学生时代的数学仍抱有极大兴趣的普通读者。因此，有关《原本》的内容大约占《手册》的一半。书中还讲述《原本》之后希腊几何、天文和代数的发展。

次年，希思又出版了《手册》的姐妹篇——《希腊天文学》。在很大程度上，该书是其希腊天文学著作《萨摩斯的阿里斯塔克》的缩略版，且许多段落摘录于此。该书从泰勒斯讲到普鲁塔克，简明扼要地论述了希腊天文学思想的古往今来。

在生命的最后几年，希思致力于撰写《亚里士多德的数学》。他的遗孀玛丽认为，希思 1939 年大病之后急于继续做研究，很可能加快了他的死亡。希思去世后，玛丽发现了这部手稿。起先她误认为它是一部未完稿，但牛津大学奥列尔学院院长、时任亚里士多德学会会长的罗斯爵士通读一遍后发现，这已经是完整的修订稿。玛丽亲自打字，并从希思的字里行间感受到了走进亚里士多德迷人世界所获得的意想不到的快乐。儿子杰弗里也参与了校对工作。《亚里士多德的数学》的出版，乃是对抱憾而逝的数学史家最好的纪念。

希思收集了亚氏著作中所有涉及数学的文献，他的评注自始至终都透彻而极富启发意义。他解释道，对亚氏的研究兴趣并不是因为亚氏对数学问题的见解特别深刻，而是因为其科学方法中的大部分例子都是数学的，数学史家可以从中找到有关欧几里得之前教科书内容的一些线索。亚氏对文艺复兴时期数学的影响非常有限，而且没有数学方面的专论传世，因此后世对亚氏数学工作的了解基本源于希思的这部绝笔之作。

除了专著，希思还在《语言学杂志》《数学文献》等刊物上发表希腊科学史论文；他为多种版本的《大英百科全书》撰写了大量的词条；为《剑桥古代史》中的“希腊科学和数学”一章撰写了数学和天文学部分。1911 年，琼斯爵士修订利德尔和斯科特的《希腊 – 英语词典》时，请希思修订其中的数学名词。希思校对了整部词典的数学内容，填补了许多空白。如，“渐近线”这个名词就是希思增补的，原版中它只是个医学名词。

希思还在《数学公报》《数学科学的历史与文献通报》《自然》等杂志上发表许多书评，被评论的书包括洛里亚的《古希腊的精密科学》、蔡尔德的《伊萨克 · 巴罗的几何学讲稿》、史密斯与莱瑟姆的英译本《笛卡儿几何学》、帕基耶的《欧拉和他的朋友们》、哈尔马的《托勒密的大测》、沃尔特 · 鲍尔的《数学史简述》、蔡斯的《莱因德数学纸草书》、斯特鲁韦的《莫斯科数学纸草书》、安东尼亚迪的《埃及天文学》

等，这些书评表明，希思对整个数学史领域的研究动态也有着广泛的关注。

希思几乎赢得了他那个时代一名英国学者所能获得的所有荣誉：他于 1912 年当选为英国皇家学会会员，1913 年和 1929 年分别获得牛津大学和都柏林大学荣誉博士学位，1920—1921 年和 1926—1928 年两度当选为英国皇家学会理事，1920 年当选为剑桥大学三一学院的名誉研究员，1922—1923 年当选英国数学协会主席，1927—1929 年间担任国家博物馆和画廊的皇家委员会委员，1932 年当选为英国不列颠研究院的研究员。他还是国际科学史学会的会员。

四、先驱风范

与今天的许多科学史家不同，希思的学术研究都是在业余进行的。在 1909 年 5 月 28 日写给好友史密斯的信中，希思谈到自己费十年之功的《原本》英译与注释，谈到修订《丢番图》的计划，谈到研究帕普斯的宏伟设想。他写道："与译注《原本》的整个过程一样，我的困难在于，每天七小时我必须待在办公室里行使财政大臣助理的职责。因此，我只有到了夜晚才能从事我最大的爱好——希腊数学的研究。虽然，业余爱好使我忘却了对其他工作的忧虑，但毕竟一天就这么几个小时，实在难觅闲暇。"

一个只能利用夜晚时间从事研究的人，却取得了职业科学史家才能取得的丰硕成果。我们不禁要问：希思何以如此成功？

回顾希思的一生，他学生时代所受的训练起了不可或缺的作用。我们很难想象，一个财政部职员为了研究数学史还能够从头开始进修古典语言和数学。史密斯评论道：

> 一位立志在数学史的任何分支上取得突出成就的人，必须拥有某些一般人很难同时具备的特殊才能。他必须掌握比研究中所要包含的多得多的数学知识——这些分支的衍生学科以及它们从萌芽开始的发展过程中与这门学科之间的关系。他必须同时精通古典语言和现代语言，前者用于阅读原始材料，后者则用于阅读后人对该材料的诠释。他必须能够精确、优雅地表达自己，以博得读者的尊敬、吸引读者的注意。他必须博学而不迂腐，睿智而不浮夸，深刻而不沉闷。

希思早在学生时代就已经具备了上述才能。酷爱希腊数学是希思成功的第二个原因。希思深深为希腊数学着迷，在《希腊数学史》序言中，他赞美希腊数学道：

> 数学家必须考虑到，数学的基础及其很大一部分内容都是希腊人的。希腊人确定基本原理，发明原始方法，固定数学术语。无论现代的分析已经或将要带来什么样的新发展，数学简言之都是一门希腊科学。……希腊数学揭示了研究者容易忽略的希腊天才的一个重要侧面。多数人一想到希腊的天才，就自然会想到他们的文学和艺术杰作对美、真理、自由和人文主义的阐释。其实，希腊人同样渴望了解宇宙中一切事物的真谛并能够给出理性的解释，他们对于自然科学、数学以及一般精确推理或逻辑，同样心向往之。

在史密斯《希腊数学》序言中，希思表达了类似的观点："在我们所理解的意义下，一部数学发祥的历史就是希腊数学史。因为正是希腊人最早构建了数学作为一门科学所具有的思想，正是他们最早确立了少数基本的原理，并将数学建成一个以这些原理为基础的逻辑体系，直到今天，这些原理仍未改变。"

在利文斯通主编的《希腊遗产》的"数学和天文学"一章中，希思也表达了同样的观点。他认为，要了解古希腊天才的含义，就必须从几何学开始；数学在古希腊哲学中起着十分重要的作用，每一位古典学者都应当阅读古希腊数学家的原始著作。希思的希腊数学观决定了他的行动。

希思在仕途上可谓一帆风顺，在财政部，只差财政大臣这最后一职了。要追求名利，有的是机会，当然不需要学术。希思深深知道，研究数学史可能并没有什么回报，他也曾感谢二哥罗伯特，在这份没有回报的工作上为他提供了许多帮助。显然，希思做学术研究并不为名利，纯粹只为一生不变的爱好。

勤奋和执着是希思成功的第三个原因。历史上从来不乏勤奋和执着的先驱者。16 世纪法国数学家拉米斯 12 岁时作为富家子弟的仆人进入巴黎的纳瓦拉学院，白天伺候主人，黑夜挑灯苦学，9 年后竟获硕士学位；16 世纪英国数学家约翰·迪伊每天只花 4 小时睡觉和 2 小时吃饭做礼拜，而另外 18 小时都用于学习和研究。萨顿告诉我们：17 世纪法国古典学者迪康热每天工作 14 小时，即使在结婚纪念日还要工作六七个小时；19 世纪英国考古学家弗雷泽爵士年轻时因为在最后一个学期里只读了 57 部希腊和拉丁著作而写信向导师致歉！考虑到白天的职业，与前人相比，希思的勤奋毫不逊色。1914 年 7 月 9 日，尚未度完蜜月的希思致信史密斯：“由于订婚和结婚，我关于希腊数学的书已经搁浅一两个月了！然而，我希望很快就能恢复这项工作。”从学生时代开始，希思的勤奋延续到了生命的最后时刻。

希思是一位热爱和平的学者。他的《希腊数学史》主要完成于一战期间，战争使他对自己的国家乃至整个世界产生深深的忧虑。在前言中，他引用希腊数学史上的传说表达了自己对和平的向往：太阳神阿波罗借神谕告知德罗斯岛上的居民，必须将正方体祭坛扩大一倍，方可免于一场瘟疫。德罗斯岛上的人去雅典向柏拉图请教新祭坛的设计方法。柏拉图告诉他们：神其实并不是真的希望这个问题得到解决，而是让希腊人停止战争，摈弃邪恶，陶冶文艺，使得他们的狂热为哲学和数学所平息，彼此之间开展纯真而互惠的交往。大战爆发不久，1914 年 10 月 14 日，他在给好友史密斯的信中写道：

> 我十分高兴地发现您和所有的美国同胞（非德国人）能够保持中立，很多德籍美国人对于这场灾难性且可悲的战争也深表同情。对于我们自己来说，我觉得没有人比我们带着更明白的良心参加战争了。任何阅读蓝皮书或不如说是白皮书的人，都可以目睹这个国家是如何力争和平，直到忍无可忍。如果说有谁被迫卷入了战争，那么我们就是……我正在撰写《希腊数学史》，但进展相当缓慢。今天我写到《几何原本》第十卷——那是纯几何里多么神奇的成就啊！

战争爆发一年后的 1915 年 8 月 7 日，他又致信史密斯：“在这些可怕的日子里，我唯有在希腊数学和音乐中找到寄托和慰藉——但只是巴赫的音乐，似乎只有它能让一个人忘却这个世界的龌龊和卑劣。”他对战争的厌恶之情跃然纸上。战后，他希望人们能够“在拜战争所赐的乱世中，转过脸去，在希腊数学这个华兹华斯所称的‘纯粹智力所造就的独立世界’中，呼吸片刻抽象思维的纯净空气”。

从希思身上，我们已然找到了萨顿问题的答案：早期卓有成就的科学史家都是一些训练有素、志趣高雅、博学睿智、勤奋执着、坚韧不拔、孜孜不倦、脱离名缰利锁、一生追求真善美而无怨无悔的学者，他们所做的都是自己真正热爱的、很少有人问津的、更无物质回报的，但足以让自己快乐、让他人受益的事情。

（作者：柳笛　汪晓勤）

参考资料

[1] C. C. Gillispie, ed. Dictionary of Scientific Biography [M]. Vol. 6. Princeton: Princeton University Press, 1972.

[2] T. L. Heath. The Works of Archimedes [M]. Cambridge: Cambridge University press, 1897.

[3] T. L. Heath. The Thirteen Books of Euclid's Elements [M]. Cambridge: Cambridge University Press, 1908.

[4] T. L. Heath. A History of Greek Mathematics [M]. Oxford: Oxford University Press, 1921.

[5] D. E. Smith. Sir Thomas Little Heath [J]. Osiris, 1936 (2).

[6] L. S. Stephen, Lee eds. Dictionary of National Biography [M]. Vol. 9. Oxford: Oxford University Press, 1975.

[7] 萨顿.科学的历史研究[M].刘兵，等译.上海：上海交通大学出版社，2007.

亨利·西格里斯特

（Henry Ernest Sigerist，1891—1957）

西格里斯特

卓越的医史学家和医学社会学家

亨利·西格里斯特博士是他那个时代最伟大的医史学家之一。他曾先后主持过著名的莱比锡大学医学史研究所和约翰斯·霍普金斯大学医学史研究所。他极大地发展了医史学，引进了文化史和社会学的研究方法，并使之成为在最广泛的范围内谈论的话题。他为后人留下了众多医史论著。医学社会学是他另一个主要研究和实践的领域，由于这方面丰富的研究成果，他成为全球著名的公共卫生和医学社会学专家。西格里斯特还是一位出色的教师，他培养了一大批后继者，以至于在他之后欧美各国的医史学和医学社会学领域许多专家都出自他的门下。他是个兴趣极其广泛的人，尤其可贵的是，他在许多领域都取得了引人注目的成就，就像一枚钻石的每一个面，都映射出同样耀眼的光芒。除了学者和教师之外，他还是位艺术家、编辑、旅行家、东方学家、美食家。他宽厚待人，温文尔雅。曾与他有过一面之交的维多利亚女王称他“知识如此渊博而又如此谦逊”，正像人们所期望的那种大学者一样。他的成就和影响在他生前就已得到世人的承认，他先后得到 9 个国家授予的教授席位和荣誉学位。本文要介绍的就是这样一位医史学家，一个对他那个时代产生了巨大影响的学者。

一、青少年时代和求学经历

西格里斯特 1891 年 4 月 7 日出生于巴黎，其父母是一对瑞士夫妇。他 10 岁以前的少年时光都在巴黎度过，1901 年，西格里斯特随双亲到了苏黎世，在那里他读完了小学。瑞士是德语区，而他最初学的是法语。1904 年他进入大学预科，接下去的 6 年间他掌握了拉丁语和希腊语，与此同时他开始对东方的哲学感兴趣。为此他有数年时间利用早晨学习阿拉伯语，为了成为神学院学生他还学了希伯来语。此外，他有一位教梵文的私人教师。

许多读过西格里斯特自传的人都为他在通常是严苛而众多的预科课程中加进雄

心勃勃的计划感到吃惊。西格里斯特学习的欲望和能力都那么非凡，甚至在 1910 年进入苏黎世大学后仍感到所设的课程无法满足他的求知欲。他后来回忆说："在苏黎世大学期间有关东方的课程很少，这就使我决定在伦敦花上 1911 年的大部分时间。伦敦大学有一些极好的课程，由于我是唯一选修这些课的学生，因而学到了许多东西。……同时我开始在皇家学院学习汉语，并花了大量时间。……那些年我学习相当勤恳，口袋里总是带着语法书和一个写满了汉字的笔记……"

西格里斯特对人类生活的各个方面都怀有浓厚的兴趣，这一点在他求学期间已显露出来。但他不得不面临抉择，在伦敦，他的老师指出他应把精力集中于一个国家或一种宗教，即他无法掌握东方的一切。西格里斯特却不这么认为，他恰恰是对整个神秘的东方世界感兴趣，尤其是在比较宗教和比较文学方面，他对自己充满信心。但终于有一天他不得不承认老师们是对的。为摆脱困境他突然结束了在伦敦的学习返回苏黎世，他又从人文科学转向自然科学，对后者他也抱有浓厚的兴趣。1911 年的晚些时候，他进入苏黎世大学学医，其间于 1914 年曾到慕尼黑大学学习了一段时间，1917 年他获得了苏黎世大学的医学博士学位，并取得了开业行医的资格。此时第一次世界大战正打得难分难解。瑞士没有参战，但每个公民都须服兵役，西格里斯特在军队的医疗队里服务了近两年。这是他唯一的临床实践经历，而且给他留下深刻印象。1939 年他回忆道，直到那时，"我生活在中产阶级之中，主要与学术界打交道。我对社会问题感兴趣，但多从理论和公共卫生角度去看待这些问题。在军队中我与劳动阶级密切接触。……这些不知名的士兵就成了我的老师，他们使我眼界大开，他们使我明白了许多以前不懂的事情，并使我认识到自己生活的世界是多么狭小。他们使我对作为历史学家和医生都同样重要的研究和活动领域的认识更加具体化了。"这时他已决定了日后从事医学史研究事业。

第一次世界大战结束后，西格里斯特即赴莱比锡大学，做了当时任莱比锡大学医学史研究所主任的祖德霍夫（1853—1938）的研究生，专攻医学史。祖德霍夫是当时德国医史界无可争议的领袖，并以出色的档案管理工作著称于世。他整理了大量中世纪医学文献，其中最重要的就是对帕拉塞尔苏斯著作和手稿真实性的调查。西格里斯特从祖德霍夫那里接受了任务，也投身于中世纪早期医学文献的研究。中世纪医学研究主要是对手稿的研究。经过深入的研究和整理，祖德霍夫师生出版了许多重要的中世纪医学手稿。

1921 年，西格里斯特以《目前中世纪早期医学手稿的原文和研究》为大学授课资格论文，获得了在苏黎世大学做医学史讲师（无薪）的任命，1924年又升为名誉教授。

1925年，他作为祖德霍夫的继任者，成为莱比锡医学史研究所主任和医学史教授。从此开始了他的科学生涯。

二、对医史学的杰出贡献

20世纪前50年医学史研究的一个重要转变，就是在19世纪收集史料和专科研究的基础上，医史学家们把医学作为文化的一部分加以研究，希波克拉底、盖仑、帕拉塞尔苏斯等都被置于他们所处的时代加以研究，用文化中宗教的、哲学的、科学的和文学的传统来对照和解释他们的思想，即将文化史和社会学的方法用于医学史研究。西格里斯特正是代表了这一转变的医史学家。

当西格里斯特开始其医史学家的生涯时，其任务是相当简单的。他接受了必要的医学教育，并进而把历史研究的兴趣转向医学问题。这一切都是为了对医学的过去进行阐释。医史学家和其他历史学家的不同之处在于理解其研究资料的医学意义的能力。西格里斯特最早的纲领性论文——1922年的《医学史的任务和目的》中清楚地包含了以上观点。该文认为医学史的任务主要是依据对文献的历史研究进行阐述，医学史需要严格的历史哲学的方法。显然，祖德霍夫是这方面公认的大师。而对医学史的目的，他则或多或少采取了传统的观点：医学史使我们更谦虚，它是对专门化带来的危害的警告。作为自然科学和人文科学之间的桥梁，它具有极大的教育价值，并导向一种新的人道主义和强化的理想主义。

西格里斯特没用多长时间就摆脱了祖德霍夫的影响。在苏黎世时期末和莱比锡时期之初，西格里斯特接受了斯彭格勒的文化形态学思想，不久他又接受了艺术史家沃尔夫林的哲学思想。后者支配了西格里斯特在莱比锡最富有成果的岁月，其中最出色的作品是他关于哈维和巴洛克艺术风格的关系的论文。在文中，他提出哈维关于血液循环和胚胎学的工作具有从17世纪后期起巴洛克艺术所具有的同样特征。正因为巴洛克艺术与文艺复兴时期的静态艺术有区别，哈维有别于17世纪研究尸体的解剖学家。

这篇论文显示了西格里斯特的唯美主义天性。对鼠疫的守护神——圣·塞巴斯蒂安作为阿波罗两世的解释的论文，不仅属于同一时期，也属于同类工作。该文的论据主要取决于他从文艺复兴时期有关青年的圣·塞巴斯蒂安的油画中发现阿波罗的能力。

出版于1943年的《文明和疾病》保留了一些原有的思想，也表明西格里斯特正在增长的用社会、经济和政治的因素解释历史的观点。在医学史上从理想主义到唯物主义倾向的变化与他对医学社会学日益浓厚的兴趣平行发展。正是后一种具有更成熟形式的哲学思想构成了他《医学史》第一卷的基础。

西格里斯特曾三次试图对医学作历史的综合。第一次在他的《医学入门》(1931)或《人与医学》(1931) 中。该书是他在莱比锡大学给医学学生做的讲座的讲稿基础上写成的。历史学的方法被用来解说当代的医学结构。与医学史著作不同的是，它以当代的和可资利用的历史作为论说工具开头。在德国和别的国家，讲座和书都深受好评。第二次是《名医传》(德文本出版于 1932 年)。这是一部纪传体医学史著作。该书反映了普遍趋势及环境与伟大的个人的工作和贡献之间的相互关系。

第三次综合则有比前两次大得多的规模，这就是西格里斯特计划的一部八卷本《医学史》。该书第一卷于 1951 年出版，其中有很长的一章“对医学的历史探索”。该章的标题有深刻寓意，因为是医学而非历史造就了这个研究对象。这与西格里斯特对医史学家的界定是一致的：“医史学家是经过历史研究方法训练的医学家，他在其生活的时代起积极作用，并与当代的医学问题保持密切接触。”西格里斯特自认为是个哲学家，并把他对社会的兴趣都包含在这一概念中，这样他就可以说医史学家“从不是一个只需领悟医学中有限方面的狭隘的专家，他试图把医学作为一个整体看待，不仅从医学专业角度，也从社会的角度。受当代生活利益的驱使他着手考虑并重扬医学过去的历史”。最后一句清楚地表明西格里斯特是以贝内代托·克罗齐为代表的学派的追随者，他极为推崇比尼第图的名言——“每一部真正的历史都是当代史”，并加以引用。对西格里斯特来说，只把医学史看作其历史研究的一个特殊领域的历史学家不是医史学家。这种观点在过去一直把医学史看作医学学科的欧洲具有久远的传统，但它渐渐被此后的医史学家所摒弃。

西格里斯特的医史学模式深受 19 世纪法国历史学家米什莱的影响。以恢宏的笔触重构过去的历史，并使之成为人人皆谈的历史是他的目的所在。西格里斯特是一位杰出的、深受大众欢迎的作家，这一无可争辩的事实可以从他娴熟的写作技巧得到证实。他的写作风格出自法国历史学的文学传统，这一传统首先要求写作和行文的清晰流畅，并把文字枯燥看作不可饶恕的罪孽。西格里斯特简练清晰的文笔是其内心确信这个世界是以一种简单、可以解说的方式构成的思想的写照。他以独特的写作风格吸引了大批读者，并使医学史成为广泛的圈子里谈论的话题。

就世界范围而言，19 世纪末以来医史学的发展，在很大程度上应归功于一些杰出的医史学家和著名的医史研究机构。西格里斯特被称为医史界的权威，不仅是因为在学术上取得的辉煌成就，也由于他在组织领导医史研究机构方面获得的成功。

1925 年，西格里斯特受聘出任莱比锡大学医学史研究所主任。该所是用奥地利著名医史学家普施曼遗孀的大笔遗赠作基金于 1903 年创办的，首任主任就是祖德霍夫。用耶鲁大学科学史和医学史教授乔治·罗森博士的话说，该所“在 20 世纪前半叶，决定了医学史研究和教学的目标和方向”。其中当然也有西格里斯特的一份功劳。主持该所的 7 年间，他不仅完成了许多论著，还把研究所里那些背景、观点和活动能力方面存在很大差异的研究人员和学员组成了一个坚实的集体。当时曾在该所工作的阿克尔克内希特后来说，创造这样一个集体是西格里斯特在莱比锡大学的 最伟大成就。

西格里斯特在组织领导医史研究所方面的成功还可以从另一件事反映出来。1929 年 10 月，韦尔奇创办了约翰斯·霍普金斯大学医史研究所，而这一后来蜚声全球的研究所正是按莱比锡大学医学史研究所的模式组建的。所以，当 1932 年韦尔奇年迈告退时，自然就邀请西格里斯特作为继任者了。当然 1931 年西格里斯特首次莅美讲学受到极大欢迎也是一个因素。他定居巴尔的摩后，充分显示了他的组织才能，除将研究所大事扩展充实外，还着手培养医史师资，并于 1933 年创办《医学史通报》，并担任该刊主编直到 1947 年返回瑞士。此后的数十年间，他还到过英国、加拿大、南非、印度等地讲学、考察，积极推动医史研究。印度孟买医史研究所正是在他的提议下创办的。

在巴尔的摩的 15 年间，西格里斯特在学术上也取得重大进展。到 1947 年他离开时，约翰斯·霍普金斯医史研究所师生共发表论著 457 件，其中他写的书 23 部，论文 195 篇。另外，1933 年和 1934 年夏天，他在欧洲各地搜集到的数百种中世纪医学手稿也成为该所非常宝贵的财富。

西格里斯特毕生最大的心愿是以新的方法编写一部八卷本的巨著——《医学史》，运用他创立的许多理论介绍医史学，重构医学的历史全貌。第一卷是古代医学和原始医学，主要是古埃及和美索不达米亚的医学，于 1951 年出版；第二卷为希腊医学和古印度医学，他认为这两大医学体系是属于同一阶段的，后由其女儿、助手整理，于 1961 年出版；第三卷原计划写中国医学和阿拉伯医学。1947 年他接受耶鲁大学的资助，返回瑞士潜心著书。他原患有高血压，1954 年突患脑血栓，其后病情时轻时重，严重影响了他原定计划的施行。1957 年 3 月 17 日，这位伟大的医史学家溘然长逝，使世界医史界永远失去了一位积极的倡导者和领袖。

三、具有历史意义的医学社会学

西格里斯特在许多场合反复自称为医史学家和医学社会学家。他一生最大的目标除了上述的八卷本《医学史》外，还有一部四卷本《医学社会学》。他“发展了一个广泛的社会学概念，在这个概念中，医学与政治、经济、社会和文化被置于同一基点(matrix）加以研究。……从这一广泛的、由社会决定的位置研究当代医学的发展，就和分析其过去的进化一样合乎逻辑了”。他的医学社会学是独立的一门科学，同时又与医学史紧密联系。因而从广泛的意义上讲，西格里斯特是向着具有历史意义的医学社会学努力的。

但是西格里斯特没有与《医学史》第一卷同样篇幅的医学社会学著作，其思想散见于一系列论文中，前后长达 30 多年。早期他先后受到博伊斯特和马克瓦特的影响，前者是他在语法学校的老师，一位社会主义者和无神论者；后者是其大学预科的老师。这一时期他还读了其他社会主义者的著作。在瑞士军队服役的两年增强了他这方面的信念。这促使他在莱比锡大学医学史研究所中开始认真从事这方面的研究。当时所里举办了一系列引人注目的讲座，他请来了德国医学界和社会学方面的著名人士。这些讲座都围绕着像“医生和政府”“当代医学的基础和目的”这样的主题进行。这些讲座与西格里斯特的研究相得益彰，构成了他在 20 世纪 30 年代发表的许多论著的思想基础。当然间接的和意识不到的影响尚未包括在内，因为西格里斯特是个无书不读的人，他的许多思想无疑都产生在自己研究的基础上。

1935 年，他的论文《医学的社会管理》清楚地显示了他的社会学思想的形成。他写道：“……有许多医学之外的因素在很大程度上决定着医生是否可以任意使用各种方法。另一方面，医学科学本身的全面发展也同样取决于一些非医学因素，这些因素是世界观、哲学、宗教、经济学。一般而言，它们都具社会性，迄今医学尚未重视它们。而它们都至关重要。”他使这些思想成为约翰斯·霍普金斯大学医史研究所的指导思想。该文结尾写道：“我们约翰斯·霍普金斯大学的研究所已把历史研究置于一个广泛的社会学基础上，并把它延伸到现代作为自己的任务。我们以这种方式努力弄清平常鲜为人知的发展线索，这样就可以公开地讨论，我们也就可以处在能更好地观察我们目前处境的位置上。”由此可见，西格里斯特的社会学研究是与医学史密切相关的。

西格里斯特在美国度过了 15 个年头，从 1932 年到 1947 年，这时基本上处在罗斯福掌权和“新政”时期。从文化和学术角度来看，这是美国历史上令人鼓舞、具有创造性的时期。西格里斯特对这种环境做出了热切、乐观、有力的反应，这表现在一系列论文和专著中，其中有《美国的医学》(1934)、《医学与人类福利》(1941)、《文明和疾病》(1943)、《十字路口的大学教育》(1946)。他的医学社会思想也反映在他竞选国家健康保险计划的经历及其对苏联、加拿大等国考察的实践中。

但实际上，他的医学社会学思想从未得到系统阐述，罗森博士通过研究其论著，把西格里斯特的医学社会学思想概括如下：

人生活在社会上并是其中一员，通过建立与其同伴的关系，产生了许多社会系统。这些现象发生在各种风俗、生活方式及类似事物中。通过共同生活，人们经历了与健康和疾病相关的问题，它们影响了个人和（或）集体。所有的社会都有一些社会组织来处理这类问题。这些组织的性质以及它们如何发挥作用由许多因素决定，其中有科学方面的，也有社会其他方面的因素。健康和疾病由生理和社会的因素相互作用来决定。在许多情况下，社会因素是居于支配地位的。个人如何生活是疾病产生的决定性因素，因为它与收入、居住条件、营养状况、娱乐及相关因素联系在一起。卫生服务应包括医生、患者和其他社会成员。医生的任务以及执行这些任务的方式由社会及经济结构所决定，并由当时可用于医学的技术和科学手段决定。患者的社会地位及医生与患者的关系，在处理其健康问题时是个重要方面。最后，形式上的因素及其关系发生了很大变化，而在这个框架中运用历史方法进行研究能解释和说明这些变化何时发生，并帮助我们迈向未来。

四、社会医学的国际主义者

“社会医学从未有过比这位令人惊奇的、以医学史为基本工具的国际主义者更伟大的倡导者和促进者，而其目的则是促进人们之间的相互理解。由于他在跨越时空沟通医学世界方面的成就，他将永远为人们所怀念。”这是人们在失去这位可贵的朋友之后不久就感觉到的。

1931 年，西格里斯特首次到美国旅行、讲学，这无疑是一次伟大的探险。美国活力十足的实验精神深深吸引了他，而在德国，纳粹和希特勒掌握了大权，局势变得令人窒息。因此，当他应邀到霍普金斯大学研究所工作时，就不难做出决定。他利用为期 6 个月的首次美国之行的收获，写成了《美国的医学》，于 1934 年出版。刚刚在美国把家安顿好，另一个有趣的课题又吸引了他。他用了 3 年时间学习俄语。1934 年 10 月，他在《美国的医学》末尾写道：“美国和苏联是当今在医学领域进行实验的两个伟大国家，并都致力于寻求新的医疗服务形式。它们将优先决定医学的未来。”1935 年夏，他首次到苏联对其社会主义医疗体系的结构和功能做了第一手的研究。第二年他又去了一次。1937 年，第一部用英文写的关于苏联医学理论和社会学基础及当代特点的专著——《苏联的社会化医学》问世。该书展示了一个在整个经济体系、医疗、公共卫生、医学教研各方面都实行社会主义革命的大国的激动人心的故事。他认为前 5000 年医学史上成就的一切只代表了第一个纪元，即治疗医学阶段，而苏联当时已开始了一个新的纪元，即预防医学阶段。他研究苏联社会的兴趣常常被人误解甚至诽谤中伤，而这实际上只不过是他对法西斯主义的仇恨和他寻求一个对所有的人都赋以正义与和平的社会乌托邦的结果。当时世界上唯一的社会主义国家的缺陷，也被他看作是通向改善每个人的生活的道路上一个必要阶段而加以掩饰。这种动机又使他最终去研究印度，寄希望于东方，期望东方或许可以提供一种更实际的方法。1938 年，一个由美国医生组成的旅行团随他到了苏联。他用这次搜集到的许多新资料，对前书大事修正、补充，易名为《苏联的医学和保健》，于 1947 年出版。1943 年西格里斯特联合志同道合者成立了美苏医学协会，他担任该会会刊《美国苏联医学评论》的主编。他决心消除这两个国家知识界之间的鸿沟。该刊当时销路甚广，至 1947 年停刊。

第二次世界大战期间，西格里斯特渊博的国际知识使他成为美国战时经济委员会的最高顾问。但他仍在北美各地旅行、考察。1940 年他在一次横穿美国的旅行中产生了一系列关于医疗机构新计划的文章。1944 年 9 月，他受邀担任加拿大萨斯喀彻温省保健服务检查委员会负责人。他用业余时间遍访该省，同年 10 月 4 日，他向该省公共卫生部长提交了报告，要求对该省所有的公共卫生、医疗设施进行彻底重组。他原非专业管理人员，但令人惊奇的是，其建议在 10 年内几乎全部付诸实际。1947 年时，萨省已在北美开创了第一个大众医院保险系统。1950 年另外两个省也依例实行；1957 年还制定了国家法令，在全国推广这一模式。

1944 年底，着手准备二战后重建的印度政府组织了保健检查和发展委员会，西格里斯特受邀成为该委员会两位美国顾问之一。他后来的报告也受到印度政府的肯定，其中建议在孟买开办医史研究所，并在新开办的医学院中设立社会医学系。即使在他返回瑞士全力编写《医学史》时，他的社会活动也未停止过。1951 年 11 月，他受聘成为日内瓦世界卫生组织社会医学和职业健康专家咨询小组的成员。

西格里斯特生活中令人快慰的一面是生前即获得了极大的荣誉。他先后获得西班牙（1935）、南非（1939）、加拿大（1941）和英格兰（1955）的大学的荣誉哲学、法学或文学学位。当他离开巴尔的摩时，他又被英、德和印度授予教授席位。而逝世前不久，在他的祖国瑞士也得到了教授席位。

五、天才的教育家

教学一直是西格里斯特生活的一部分。他努力发展一种独特的教学风格，一种与其轻松流畅的文风类似的风格。他的学识非常渊博，这一点毋庸置疑，但他与其他教授的区别在于他以自己的方式把知识传授给学生们，借此他彻底改变了以往人们认为医学史是一门枯燥的、尘封的学科的看法。他任莱比锡大学医学史研究所主任时便给人留下了这样的印象。一位当时的学生回忆说："（西格里斯特）教授与我以前见过的教授大不相同。他不但彬彬有礼，也很乐观、友善。他丝毫没有刻板和傲慢，这些东西是他大多数同事为保持尊严而不可缺少的要素。……西格里斯特教授在衣着、处世、姿势、讲话和书写时保持着一种令人惊讶的优雅。他极其卓越、多才多艺、思想开放，在课堂上下他自如地讨论多得令人难以置信的不同话题和观点，而且从不教条、武断。虽然我有时抱怨我的老师不够坚定，但我可能更喜欢他这一点：他从不试图将他的思想强加于任何人，而是让每个人都寻找各自的道路。他唯一坚持的东西就是品格。"

其后有幸师从他的人几乎都有同样的感受。他那易于激发的热情、极高的天赋和广泛的声誉结合起来，使他成为医学史以及所有激发他热情的事物的福音传播者。曾任约翰斯·霍普金斯大学医史研究所主任的史蒂文森说："我曾听说过他能用几乎完全相同的词句讲授同样的课，并使用同样的手势，而热情丝毫不减。我对此深信不疑。因为我确信表现本身给了他乐趣，而且他对构成一堂课的史实、思想以及警句的乐趣可以像他对阳光和食物的兴趣一样时时翻新。"在美国的15年间他始终坚持教学，举办讲座，其中有医学史，也有医学社会学课程。到1937年时，由于他的努力，美国已有54所医学院讲授医学史，其中28所为必修课，且有22所是将医学史作为一门必修考试课开设的。西格里斯特当年曾拟详细调查表发往77所医学院，调查表中涉及医史课的学时、师资情况、考试方法和有关图书馆、研究组织等情况。后收到74所医学院的答复。西格里斯特将调查结果写成报告发表在1937年（第七卷）第六期

《医学史通报》上。在此之前只有科德尔于1904年调查过同样的问题。科德尔调查了哈佛、耶鲁、康奈尔等14所主要大学，而其中仅有3所大学每年分别有医史讲座14～16次，当时约翰斯·霍普金斯大学一年仅有3次。两相对照，便知30年间的巨大差异，尽管当时美国的医学史及科学史教学尚不如今日之盛。

作为一位教师，西格里斯特是成功的，尽管不能说所有医学学生都理解他提供给他们的机会。许多理解他意图的学生都变得非常崇敬他。他的学生来自许多国家，包括所有肤色、两种性别，代表着许多职业。他对许多人的生活影响如此深远，以至其中一些人今天仍做着他过去在这些领域最感兴趣的那类工作。

六、东方学家

西格里斯特鲜明的个性表现在他对人类生活的各个方面都抱有浓厚的兴趣，无论是历史的各个阶段，抑或世界各地的人们。他对东方的文化、语言和医学的关注，早在他选择医学史作为毕业研究对象之前，甚至在他学医之前就已显露出来了。他学过希伯来语、阿拉伯语、梵文、波斯语、叙利亚语、汉语和印地语，以此为工具，他热切地希望了解东方的各民族，以及它们的哲学、宗教和医学。他深入研究过日本、印度和中国的历史。1944年他到印度考察研究卫生保健问题时便显示出他对印度历史的熟谙。因而他能提出深受印度人欢迎的建议。由于印度同时存在传统医学和现代医学，他提议建立一个医史研究所，他还提出了具体的办法："……印度的医史研究所将使其研究人员致力于印度医学史和印度医学的研究，从吠陀时代到现在。它将公正地和批判性地调查本国的医学遗产，而不是为了证明什么东西。它将努力从历史的角度，从医学与各个时期的文化的相互关系的角度，重构和正视印度医学的过去。"他的建议深得印度政府的赞许。1949年当他返回瑞士普拉时，还数次接到去孟买帮助创办医史研究所的邀请，可惜那时他抽不出时间。

基于对亚洲的丰富知识，西格里斯特反对那种认为欧洲是世界的中心的论调。1951年1月17日他给罗森博士的信中写道："你有一次谈到，医学史常以医学中心论的观点写成，你知道我试图从这种模式解脱出来，我把患者、自由百姓推到完成这种使命的位置上。医学史不仅是以医学为中心的，它也是以欧洲为中心的，我正试图改变这一模式。"

西格里斯特很早就与我国医学界，尤其是中华医史学会建立并保持着联系。早在1936年，他的《人与医学》已由顾谦吉译成中文出版。而这与英文本出版仅相距5年。1937年中华医史学会成立伊始，即与约翰斯·霍普金斯大学医史研究所联络，后者随即寄来中医古籍复制本多种。1938年3月，胡美博士应邀到约翰斯·霍普金斯大学医史研究所就中国传统医学作了3次演讲，大受欢迎，遂由西格里斯特提议任命为客座讲师。胡美是耶鲁大学1897年毕业生，其一生大部分时间都在中国度过，湘雅医学院就是他亲手创建的。他还是中华医史学会最早的会员之一。1941年12月，经西格里斯特介绍，中华医史学会成为国际医史协会的成员之一。他还热情推动中国医学史的研究，1943年，他鼓励法伊特把《黄帝内经·素问》译成英文，后者在洛克菲勒奖学金的资助下，作为医学史博士学位论文完成了这一工作。该书于1949年出版，成为第一部英文版中医典籍。他为该书写的序言显示了他对中国医学的熟谙，“在所有早期文明中……医学理论都带来浓厚的哲学色彩。因此医书都是哲学思想的重要来源，研究它们就给理解过去的文明献上了一把钥匙。中国也不例外。这个国家有一些在很好的学校受过训练的优秀现代医生和科学家，但对4亿人口来说他们只是个极小的数目。绝大多数人民仍是由传统的中医提供服务，他们切脉、诊查，并像许多世纪前他们先人那样治病。《内经》，……用一种明白易懂、引人入胜的方式发展了关于人的健康和疾病的理论和医学理论。这与写印度草医医经的印度人或希腊希波克拉底时代的医生的做法几乎完全相同——即通过运用当时的哲学概念，并把人看作是能反映宇宙大世界的小天地而加以实现的。在《内经·素问》中详加说明的理论一直保持着在中国传统医学中的统治地位，直至今日。”同年，西格里斯特的《在十字路口的大学教育》汉译本也出版了，他对自己的中文译名（当时译为“西格利斯特”）很满意，并兴奋地在给同事的信中用中文写下这个名字和书名。

由于西格里斯特为中华医史学会所做的工作，1947年，他被中华医史学会聘为荣誉会员。

西格里斯特对中国当代的发展也极为关注。1951年，当他听说“医学史现在是中华人民共和国所有医校的必修课，最少学时为21小时”时，感到非常快慰。同年，他收到原华东卫生部代部长宫乃泉的信，他对中国发生的变化由衷地感到高兴，并称之为“本世纪以来中国发生的真正的革命”。当时他的《苏联的医学和保健》一书已由宫乃泉译成中文，而且到1950年9月已印了三版，共计22000册。他甚至还接受了到中国进行一次卫生考察的邀请。他原打算在《医学史》第二卷完成后成行，不料病魔竟过早地夺去了他的生命。

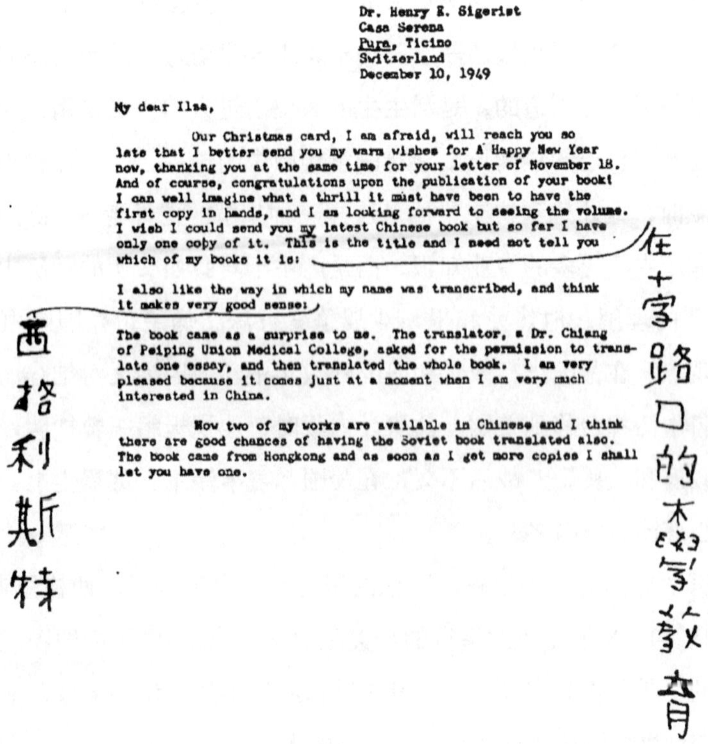

Dr. Henry E. Sigerist
Casa Serena
Pura, Ticino
Switzerland
December 10, 1949

My dear Ilse,

Our Christmas card, I am afraid, will reach you so late that I better send you my warm wishes for A Happy New Year now, thanking you at the same time for your letter of November 18. And of course, congratulations upon the publication of your book! I can well imagine what a thrill it must have been to have the first copy in hands, and I am looking forward to seeing the volume. I wish I could send you my latest Chinese book but so far I have only one copy of it. This is the title and I need not tell you which of my books it is: 在十字路口的医学教育

I also like the way in which my name was transcribed, and think it makes very good sense: 西格利斯特

The book came as a surprise to me. The translator, a Dr. Chiang of Peiping Union Medical College, asked for the permission to translate one essay, and then translated the whole book. I am very pleased because it comes just at a moment when I am very much interested in China.

Now two of my works are available in Chinese and I think there are good chances of having the Soviet book translated also. The book came from Hongkong and as soon as I get more copies I shall let you have one.

翻拍自 VEITH I，Henry E. Sigerist：Orientalist. Jour. Hist. Med，1958（April）：208。

七、结语

直到他生命的最后时刻，当疾病削减了他的活力时，西格里斯特仍给人以具有超常生命力的印象——没有无法逾越的障碍，没有无法达到的目标。在他积极而丰富的一生中，西格里斯特著述颇丰，并从不间断其实践活动。早期的学生生涯即显示出他对世界各地人们了解的渴望，他先后学习过 14 种语言，并精通其中的数种。他把掌握语言看作了解一国文化和人民的途径，选择医学和医学史作为毕生研究的对象也基于同一认识。在西格里斯特看来，医学史没有国家和地区的界限，他的一个基本信念就是团结所有不同信仰和种族的人们。他把医学社会学研究与医学史联系起来，并认为两个领域相互丰富。在 20 世纪 30 年代中期以后的 10 余年中，在医学管理事务中发挥的卓越作用，使他成为家喻户晓的人物。1939 年 1 月 30 日的《时代》周刊即用他的照片做封面，并用相当篇幅介绍他的理论和思想。他的坦诚、学识和魅力使他成为罕有的公众人物。他工作中影响最大的，是他在美国把纯学术的医学史拓展为包括当代各种各样社会变革的领域。一般历史学家主要是对过去的历史感兴趣，但按他的说法，历史是每天都在创造的，是活生生的历史。过去的历史是用来解释现在、预示未来的。当他感到自己的热情正用于对医学作历史的透视，并为建构当前和未来的医学时代作贡献时，他才感到快慰。他是这样一种见解的倡导者——好的医生、科学家、政治家并非产生于更多的专业知识，而是产生于对我们文明的、历史的、文化的和人道主义价值的理解。他热爱和平，对战争暴行深恶痛绝。在国际事务中，他从不隐瞒自己的观点。在德国进行教学和研究的数年中，他因为反对纳粹而被列入黑名单，这促使他将生活舞台移到美国。西班牙内战时，他积极组织救护队，支援抗击法西斯的西班牙政府和人民。二战后不久，在美国，麦卡锡主义甚嚣尘上，这也是他又返回祖国、潜心著述的原因之一。

在欧美，医学史作为一个学科，因他的努力而得永远保留。西格里斯特的逝世，使同道十分悲痛。1958 年在纽约举行的全美医史学会第 31 届年会即以“西格里斯特对学术和人类的贡献”作为主题，足见其在同道心目中的地位。至今，他的思想和品格仍深深影响着世界各地从事这些领域的研究的人们。

（作者：李剑）

参考资料

［1］ C. Rosen. Toward A Historical Sociology of Medicine ［J］. Bulletin of the History of Medicine, 1958, 32（6）.

［2］ G. Rosen, H. E. Sigerist. Social Historian of Medicine ［J］. Science, 1957, 126（3273）.

［3］ H. E. Sigerist. Sebastian Apollo ［J］. Archiv für Geschichte der Medizin, 1927, 19（4）.

［4］ H. E. Sigerist. The University at the Crossroads ［M］. Henry Schuman, New York: 1946.

［5］ H. E. Sigerist. University Education ［J］. Bulletin of the History of Medicine, 1910, 8（1）.

［6］ I. Veith, E. Henry. Sigerist: Orientalist ［J］. Journal of the History of Medicine and Allied Sciences, 1958, 13（2）.

［7］ Henry S. Sigerist. 人与医学［M］. 顾谦吉，译. 上海：商务印书馆，1936.

广重彻

(Tetu Hirosige，1928—1975)

广重彻

日本著名科学史家

广重彻是日本著名的科学史家，在科学技术史研究及科学技术论领域开展了十分重要的工作。他作为一名科学史家，为使科学史在日本成为一门独立的学问而奉献了自己的一生。无论在日本还是在世界范围内，他的研究都呈现出少有的广度和深度。

日本技术史家中冈哲郎认为广重彻是“摆脱欧美研究者和当时权威武谷三男的影响，继续前进的时代的开拓者”，科学史家中山茂评价其为20世纪“60年代后半期到70年代的科学批判先驱”。

广重彻是把国际学术研究标准带入日本科学的社会研究中的第一人，早期作品《战后日本的科学运动》（1960）是社会历史研究中最早的经典之一。在物理学史研究方面，他围绕洛伦兹电子论的形成、玻尔原子结构论的诞生、相对论的起源等课题，在国外有关杂志上发表了一系列有价值的论文。广重彻的书虽然只有《物理学史》被翻译成中文，但是国内学界对他并不陌生：刘海波、郑慧子、许立言等学者就在研究中引入了广重彻的观点。然而，对于广重彻人物本身和他的科学史研究方法，学界还没有系统的介绍。近年来，中国近代科学史的研究逐渐兴起，其中不乏有从社会史角度的研究，我们该如何看待中国近代科学的发展？应该用怎样的历史观去理解中国近代科学发展与西方的差距？同样作为向西方学习的后进国，日本又是如何看待和理解本国的近代科学发展？从中，我们能够得到什么启示？等等，这些问题都值得我们做进一步的探讨。本文通过阐述广重彻研究日本近代科学史的方法，希望对于中国近代科学史的研究有所借鉴。

一、广重彻的生平及研究分期

1928年8月28日，广重彻生于日本兵库县神户市。小学六年级时，广重彻的父亲为他买了一本亨德里克·威廉·房龙的《世界人类史物语》，广重彻反复阅读该书，他对科学社会史的关心从这里萌芽。1941 年 4 月，广重彻进入神户一中读中学，加入了学生社团“理化研究会”。当时的社会环境对纯粹的自然科学之类的文化活动不大欢迎，但是他仍然积极参加学会的各种活动，反对军国主义思想。广重彻于 1949 年进入京都大学学习物理专业。从大学时期开始，广重彻就已经是民主主义科学者协会（以下简称“民科”）的活动家了。民科受到日本共产党的影响，青年时代的广重彻也因此接纳马克思主义的社会观，开始怀抱终生为了实现人民的利益而斗争的思想。

1952 年广重彻大学毕业后直接攻读硕士研究生，在汤川秀树的研究室进行基本粒子的研究。汤川秀树于 1949 年获得日本第一个诺贝尔物理学奖，带动了日本当时粒子物理的研究热潮，大学物理学专业的学生们都决心要以粒子物理为研究方向。广重彻也是其中一员，但是不久他就对基本粒子失去了信心，转向了科学史研究。广重彻从 1955 年开始，以发表论文《电磁场理论的形成》（与辻哲夫、恒藤敏彦合写）为契机，开始将主要精力投入到科学史研究中。1957 年 10 月广重彻开始在日本大学理工学部物理学教研室担任物理学史专任教师，并专心投入到科学史研究之中。1955 年到 1959 年可以说是广重彻研究开始的时期。

1959 年到 1963 年这 5 年是广重彻研究的第二个时期。1959 年 5 月开始，广重彻在日本《自然》杂志上连载发表处女作《战后日本的科学运动》，从此，他意气风发地开始了科学史研究工作。这一系列的工作集中体现在 1973 年出版的《科学社会史》一书中。1963 年 2 月编辑出版的《讲座・战后日本思想 4・科学思想》，总结了这一时期的研究活动，并成为今后开展工作的重要布局。

第二个时期的活动主要在物理学史方面，做了两件引人注目的事情：一是发展了场的理论史研究，主要做了关于洛伦兹的研究，这项研究使他获得了理学博士学位，不仅在《科学史研究》上发表了这一论文（1962），而且也发表了最早的英文长论文（1962），这是其研究活动走向国际的出发点。二是 1960 年出版了物理学史教科书《近代物理学史》，与《战后日本的科学运动》同时完成。尽管该书中许多观点略显牵强，受到读者的指责，但这是他精力充沛、钟情写作时一气呵成的作品。后来，他重新修正了这本物理学史教科书，论述也更加严密，1968 年，作为《物理学史 1・2》中的第 2 卷得以出版。《近代物理学史》完成后，他很在意学界如何评判他阐述的内容。他希望这本书成为物理学史教育启蒙阶段的里程碑式著作，因为，物理学史在学术上的独立，首先必须要出版正规的教科书。

除了书籍的出版，广重彻还和同行们一起组织了“精密科学会”。这是通过阅读科学史或科学哲学相关的书或论文，再作报告，然后根据报告进行讨论的形式进行研究的一个研究会。这些讨论对他的研究产生了非常重要的影响。

从 1964 年开始到 1969 年是广重彻研究的第三个阶段。这一时期，他一方面编撰《日本科学技术史大系》中通史篇的第 4 卷和第 5 卷（这两卷主要介绍了日本昭和时期的科学技术史）。另一方面，他也开展了许多物理学史方面的研究工作。

1964 年 10 月，物理学会中的物理学史分会正式成立，物理学史分会从每年召开的物理学座谈会这种半成熟的状态，发展成为具有独立研究领域的分会。这件事对他的一生产生了相当大的影响。物理学史分会成立前后，为了使分会得到发展，研究人员的队伍能够不断壮大，日本大学、东海大学、东洋大学等学校都开展了一系列的活动，广重彻在分会中积极地开展工作。

与此相关的是，《物理学史研究》的出版社也转移到了东海大学（1966 年 11 月），成为定期出版物，每年出版 4 期，这个杂志的编撰委员会会议每月召开一次，作为成员之一，广重彻倾注了大量的心血。1968 年，他开始写物理学史的研究入门参考书《物理学史入门 · 文献索引》，该文章在《物理学史研究》上连载，另外他还尽力编撰《物理学古典论文丛书》。

从研究活动上看，广重彻从洛伦兹开始，认真考察了相对论前史之后，便从此着手。1965 年，他发表了小论文《相对论的起源初探》，以此为开端，到去世为止一直都从事着这个题目的研究。与此同时，这个研究成为他国际学术活动的立足点，1965 年开始他出席了波兰第 11 届国际科学史大会以后，每届国际科学史会议他都会参加。这一时期，广重彻出版了《物理学史》的第 2 卷。

广重彻研究的第四个时期是从 20 世纪 70 年代开始至逝世为止的这段时间。1972 年秋天广重彻得病住院，他带病准备着将于 1974 年 8 月在日本召开的国际科学史大会。1970 年出版的《应加强科学史研究》，可以说集中体现了他晚年的主张。1971 年出版的谈话体《面临转机的科学》一书，对他的主张进行了详细说明，也可以说是对他的物理学史教科书进行了补充和解释。

1973 年，《科学社会史——近代日本的科学体制》出版，是广重彻在这方面工作的集中体现，另外对洛伦兹的《电子论》和卡诺的《热机研究》的翻译作品，也都在 11 月 25 日出版。1974 年、1975 年，《科学史研究》登载了他最后的论文。1975 年 1 月 7 日，广重彻逝世于横须贺市民医院，年仅 47 岁。

二、广重彻的科学社会史思想

广重彻主张科学史是一门独立的学问，从物理学转向了物理学史研究，进而扩展到整个科学史研究领域。那么，他的科学社会史思想是如何产生的?

首先，早在中学时代，广重彻就对科学史的研究产生了兴趣。科学史的思想威信主要还是由于日本二战战败后已经达到顶峰的科学建立的威信而派生出来的。科学发展成为社会发展的最重要指标，根据科学发展及其条件配置情况来确定社会发展情况的思想方法，是当时关心思想性的年轻科学家的优势。将其称作“科学启蒙主义”，这一思想影响了较大一部分日本人。这种具有绝对的思想权威性的“科学启蒙主义”中，为了说明科学发展理论和条件的科学史有很高的思想权威性。在这种状况下，马克思主义的科学史，在非常关心思想性的年轻人中间备受推崇。进而，武谷三男在确立了基本粒子的研究战略之后，又极力倡导向历史学习的重要性，科学界的评论家也以科学史为素材发表了许多论文和随笔，对广重彻产生了很大的影响。

其次，随着广重彻对科学史的兴趣越来越浓，他对基本粒子论研究的幻想逐渐破灭了。对物理学幻想破灭的广重彻，转而走向了科学史研究。

1955 年被认为是广重彻离开物理学、专心从事科学史研究的开始。他给中学时代的好友村田全邮寄了一篇名为“Relativistic Wave Equations with Maximum Spin Two”的论文，并对他说道：“这篇文章可以不用读，但这是我与物理学相关的最后的论文。”这时候的广重彻摆脱了在数学、哲学以及与之相关的历史中长期的迷茫，明确地选择了专门的科学史研究之路。1955 年，对于日本物理学史研究来说是具有划时代意义的一年，在这年 10 月的物理学会上，物理学史座谈会正式成立，标志着物理学史作为一门独立的学问从物理学中分离出来。早在 1954 年的日本科学史学会总会上，当时的会长小仓金之助就曾发表题为《最近关于科学史的感想》的演说，批判了当时日本近代科学史研究的现状，他认为：“近来日本科学史有关的业绩，令人感到表面、贫乏。”广重彻认为是因为贯穿近代日本科学史的方法论非常不完备，以及由于封建的、党派的原因，基本上没有对于业绩的批判。即使小仓金之助在自己的论文《身为科学家的羞愧》和《资本主义时代的科学》里面，也没有提出彻底批判的方法。对于这些广重彻都感到非常遗憾。

广重彻在后来还回忆说：“本来对物理学十分喜爱的我，之所以投身于科学史，是因为我尝试着投身专门从事物理学研究的工作，但是对这样的物理学感到厌烦。为什么会感到厌烦呢？为了要找到这些答案，只能从科学史中寻找答案了。因此，我认为所谓科学史不是为了使科学进步，也不是为了在人们中广泛地宣传科学。我所认为的科学史，不是无条件地把科学作为前提，刻意为了科学而发挥功用的学问，而是把科学本身当作对象，并对此抱有怀疑态度的学问。科学史应该以批判科学为主，不这样的话，科学史就不是历史而只是在讲故事。”这种可能性带有事后说明的性质，但是对解释转向科学史研究的广重彻来说，是较为贴切的。

这个时候的广重彻认为：“在科学发展的历史情况中，研究科学是以怎样的契机开始，并与其他诸多学说、研究产生了什么样的关联，这样的结果是如何被接受，尽量正确地展开这一过程，并以此为基础进行分析，之后使科学发展的必然性呈现出来。”这是广重彻科学史观最初的明确表达。

广重彻的科学史研究是从批判武谷三男开始的。武谷三男是二战后日本思想界的权威，是著名的马克思主义物理学家，“三阶段论”就是他提出来的重要思想。所谓“三阶段论”，是把人对于自然的认识分为三个阶段：第一个阶段是描述现象和描述实验结果，称为现象论阶段；第二个阶段是了解产生现象的实体结构，并根据这种结构的认识，整理关于对现象的描述，以获得规律性，称为实体论阶段；第三个阶段是以实体论阶段为媒介深入到本质的认识，称为本质论阶段。

广重彻从学生时代就接触到了武谷三男的思想，他在 1956 年的论文中写道：“总而言之，战后物理学史的研究都受到了三阶段论的引导。”这个时候的广重彻对武谷三男评价很高。然而，到了 1959 年，他在论文中写道：“科学史的法则不能被抽象的两三行文章给定格化，从各种历史条件的情况来看，重要的是从中具体分析导致这种必然的发展方向的历史情况。”这里面的“被抽象的两三行文章给定格化”很显然指的是三阶段论，广重彻对武谷三男的批判就是从这里开始的。接下来，广重彻就从物理学的角度对武谷三男的思想进行了批判。武谷三男认为，从经典物理学到量子力学的变革中，原子模型的确立有重要意义。在量子力学中的原子模型和在狭义相对论中的光量子论构成了各自的实体论阶段。对于这一点，广重彻一开始是持肯定态度的，然而，武谷三男认为光量子论是从狭义相对论中产生出来这一点，广重彻是反对的，他反而强调了马赫的影响。进一步，他又反对在量子力学成立过程中把原子模型作为实体论阶段的看法，他认为“这与实际的历史发展情况完全不同”。

不仅是在物理学，广重彻还逐步将批判扩展到科学史领域，在 1965 年写的《科学史的方法》一文中，批判武谷三男成了议论的焦点。他认为“首先应该避免在科学史研究中把三阶段论当作唯一的基础”，并认为把三阶段论作为历史规律要满足三个条件：“第一，在历史的进程中，被附上现象论、实体论、本质论特征的意识形态，彼此之间必须要有明确的划分界限；第二，通过某个时代的历史，这样的三个阶段要按照普遍的顺序一个一个相继出现，如果不是这样，就不能称为法则；第三，必须要赋予三个阶段之间的转换理论，就是说一个阶段向下一个阶段转换时，根据如何发生的情况，必须要阐明这个过程所特有的构造。”如果按照这些条件按顺序考察牛顿力学的形成、电磁学的形成、量子力学的形成、介子论的形成，全都能得出否定的结论。

从这里可以看出，广重彻的科学史观是在与武谷三男的三阶段论正面交锋中不断打磨出来的。对广重彻来说，武谷三男不仅是把他引入科学史的航标，也是他做研究不得不超越的人物。

三、广重彻的《科学社会史》

《科学社会史》一书是广重彻在社会史研究方面的代表作，“提出了近代日本科学史研究的方法论和构图的轮廓”。本书中广重彻的基本历史观是：近代日本的科学技术研究体制逐渐完备的过程是在近代化的过程中不断追逐欧美各国，但是成为追逐基础的价值观与欧美并没有本质的区别，从时间上也没有落后很多。也就是说，作者反对的是日本近代科学通史中的“追逐史观”。成为科学技术研究体制调整的基础价值观是：无论欧美、日本都同样存在着民族主义，这一点是相同的。各国的政府与企业都认识到了这种价值观，因此会投入大量资金支持科学技术研究的发展，学术研究也会得到资助，这同样是广重彻的基本认识。

广重彻的成功之处在于使用了科学的“制度化”与“体制化”两个关键词。其中心思想是，总体而言，发达国家的科学在1870年左右开始了“制度化”和“职业化”，在1930年左右进行了“体制化”，进而发展到了现在的状态。他的书出版之时，近代的科学研究系统是欧美先进国在1870年左右形成的，科学技术动员于1930年转变而成的，这已经成为世界科学史研究者之间的共识。广重彻在承认这一共识的同时，认为日本也基本上符合这一规律。

认为在近代科学研究体系中日本有特殊性的观点被称为“特殊主义”，而认为日本与欧美基本相同的主张被称为“普遍主义”，广重彻所持的是“普遍主义”这一观点。在今天这种观点是大家的共识，但是日本二战战败后到1960年的这段时间，却并不是这样的。那段时间，日本近代科学的研究者们认为：西方科学产生于西方的市民社会中，并随着市民社会的发展而发展起来，这与近代日本的发展是不同的。日本残留着封建的社会制度，凭借着发展能与西方国家相匹敌的军事力量而一跃成为帝国主义国家，为此日本政府将科学作为一项国策移植过来，其结果是日本的近代科学缺乏科学精神，并带有浓厚的官僚性、封建性和军事性色彩。这是与“科学启蒙主义”巧妙契合的历史认识。

广重彻很在意急于引进西方近代科学而产生的日本近代科学的弊病。日本在近代科学领域中构筑的高效率的知识生产、流通系统并不成功。他充分认识到这其中还具有“前近代性”的弊端。尤其是与日本战时动员有关的记述，到处都可以流露出他的观点。

但是，广重彻对西方近代科学，也并不是像一个“科学启蒙主义”的代表去美化它，而是采取了军事性、经济性的国家主义的方法去获得冷静的观点。从这一观点来看，决心构建与欧美相匹敌的效率系统，与建立军事性、经济性的国家主义的近代科学的基本观点并不矛盾，他还认识到这种强化能够更加有效率地得到执行。

这里需要注意的是，“体制化”这一关键词本身就是广重彻“反体制”社会观的表现。他心中的“体制”，是国家与产业牢牢地结合在一起追求各种利益的资本主义体制，科学与技术一起成为体制中不可缺少的一部分。将科学的“体制化”这一关键词与“体制”相互重合起来的话，科学与人民就会疏远，成为榨取人民劳动的手段，可能还会达到威胁人民的目的。

以上的科学认识，将科学发展当作社会性的善与“科学启蒙主义”激烈的对立，导致了支持者们强烈的反感。这会使广重彻被扣上反体制论者的帽子。但广重彻的确是个反体制论者。同时，他也认识到科学正在进入体制化。于是，根据三阶段论来看，也可以说广重彻是个反科学论者。但是这种议论是没有意义的。广重彻不是反对体制的无政府主义者，只是坚决反对当时的政治经济体制。对科学，他也是同样的态度。

《科学社会史》最重要的成就是，克服了与日本近代科学研究系统相关的“特殊主义”，构筑了“普遍主义”的立脚点。本书认为近代日本科学的形成、发展是基本上与世界史发展脚步和轨迹相一致的，从这一点来看，此书出版至今已经经过了近半个世纪，依然不落伍。

而且，此书作为日本大正、昭和时期科学技术研究的通史，记录着重要历史事件及其发展趋势。广重彻将历经半个多世纪的大时间跨度的国家政策史描绘出来。但是，此书也存在着一定的缺陷，导致《科学社会史》对第二次世界大战后的记述有些贫乏。首先，从这一部分的叙述内容上看与选取的时间跨度（25 年）相比不够充分。而且其中大部分是关于世界背景和日本学术会议成立过程的分析。第二次世界大战、一战与二战间（总共 30 年左右）的记述比较充分，战后理所应当也有如此详细的记述，但是作者却没有。其次，从记述的内容来看，战后制度、政策上的事件从头到尾地罗列一番，贯穿其中的主要信息就是政府充分地支持科学技术研究，只是到这里为止。总之，《科学社会史》一书历史分析中，较为欠缺的就是对第二次世界大战后的分析。

总体来看，广重彻社会史研究的特征是以科学技术体制的历史为研究对象进行分析。也就是说，他的分析着眼于科学技术研究相关的研究机构、制度和资金等的演变，把重点放在与国家政策相关的部分。从这个意义上来说，广重彻的社会史研究可以称作科学技术的国家体制史。国家政策当然把技术开发部门放在重要的位置，只是把学术研究部门当作科技研究体制整体中的一部分。但是，在广重彻的历史分析中，学术研究占了中心位置。对官、产部门中的技术开发活动的分析，与学术研究活动的分析对比，只占了很少的一部分。原因就是广重彻自始至终关注的都是科学、技术二者紧密相连的内容。广重彻研究风格的优点就是在学术和科学分析中有很高的敏感度。而且，不论多么纯粹的学术和科学，被政治经济体制渗透这一点都非常细致地描写了出来。但是这也是有局限的，随着时代的进步，未必要把国家体制的构造变化、国内外科学技术开发利用体制的构造变化作为自身的体系进行描述。科学和政治权力的关系随着时代变化而被强化的观点，从科学启蒙主义批判的立场展开的态度非常明显，结果导致对构造的分析变弱了。

关于日本科学技术的社会史，从阐述取得平衡的总体角度来看，广重彻的研究显然不够平衡。近代日本社会，在科学之上具有影响力的是技术，但是广重彻的研究并没有把技术体制当作固有的分析对象，而是把它当作科学体制的产生背景和副产品来处理。

如果要顾及科学与技术双方的平衡，这样的科学社会史该持有怎样的史观呢？在资本主义发展史中加入科学技术的视角，这虽然是正统的研究方法，但像解说者一样把科学批判放在历史叙述的通奏低音上，这种视角就产生了偏差。以技术国家主义的发展为基础，把各个部分的发展动向纳入研究视角，从科学批评的角度来看也是有可能的方法。如果能够活用这个研究方法，有可能毫不姑息地指出“政府的失败”。但是科学技术活动中，政府为主导的实施乃至出资只是全体的一部分，必须要注意的是政府对民间活动的影响并不都是有效的。在这里就要认识到这种平衡是与科技活动诸多部门的实力相连的。对于这种平衡的把握也就是对新的近代日本科学技术社会史通史作品的要求。认识和批判广重彻的方法则是这种新的研究方法不可逾越的重要一环。因此，以广重彻的研究为基础，更深一层地进行历史分析是广重彻之后的科学史家的责任。

四、广重彻的科学社会史思想的发展及其对当代的影响

自 20 世纪 60 年代，广重彻在日本大学建立物理教研室以来，到该教研室成为日本大学理工学部中的科学史研究室，已有半个多世纪的发展历程。研究室的第二代继承人是西尾成子，她于 1958 年从御茶水女子大学物理专业毕业，自 1963 年开始与广重彻一起工作，直到广重彻去世。据研究室负责人植松英穗介绍，该研究室是日本大学里面唯一专门从事物理学史研究的研究室，研究方法上也一直延续着广重彻的传统。

广重彻的思想在科学史领域的影响是非常大的，直到今天还在持续着。广重彻的第一部代表作《战后的科学运动》于 1960 年出版以来，两次再版。第二次再版是 2012 年。2011 年福岛核事故发生之后，许多科学家、技术者的毫无办法、反应不及时、不诚实等种种行为都暴露了出来，这些唤起了日本国民对科学论、技术论者的关注，这也成了本书再次出版的原因之一。这本书不但是广重彻对于近代日本科学技术的社会史研究的出发点，更是对战后的科学运动状况的生动再现。因此，本书从出版至今多次引起关注，成为经典之作。

广重彻除了对科学史领域有深刻的影响，对其他领域也是有影响的。日本经济学家佐和隆光就按照广重彻“制度化”的概念，精辟地抓住了近代经济学的根本性质。日本当代科技政策专家有本建男也运用了近代科学技术的制度化这一视角，对日本、欧洲以及有着悠久历史文明的中国和伊斯兰国家进行了比较研究。

就近代科学的产生而言，科学及其体制化在西方都是原发型的，然而近代科学进

入中国则经历了传入、接受、融合、展开等过程，对于中国科学、科学体制化来说，都是继发型的。由此，在考量中国近代科学时，我们可以借鉴同样是继发型国家的日本的研究经验。广重彻研究视角的引入，可以弥补关于在研究中国近代科学问题上偏重于欧美研究方法的现状，对中国近现代科学史的研究是有益的借鉴。

（作者：白欣　李英）

参考资料

[1] S. Nisio. Éloge：Tetu Hirosige，August 28，1928–January 7，1975 [J]. ISIS，1977，68（3）.
[2] 安孫子誠也. 広重徹による武谷三段階論批判 [J]. 物理学史ノート，2008（11）
[3] 村田全. 広重徹君のこと [J]. 科学史の研究，1975，114.
[4] 広重徹. 科学の社会史：近代日本の科学体制 [M]. 東京：中央公論社，1973.
[5] 広重徹. 科学史における歴史性と有効性ということ [J]. 科学史の研究，1959，50.
[6] 広重徹. 物理学史の戦後10年間 [J]. 自然，1956，11（2）.
[7] 中岡哲郎. 広重徹・小倉金之助・科学史学会 [J]. 科学史の研究，1975，114.

德瑞克·约翰·德索拉·普赖斯

（Derek John de Solla Price， 1922—1983）

普赖斯

悠游于科学与人文之间的使者

普赖斯是美国著名的物理学家、科学史学家，是科学计量学的奠基者与情报科学的创始人之一。他的研究兴趣十分广泛，涉及科学仪器、物理科学、科学政策研究、科学的指数增长、科学与技术之间的关系等领域，一生发表论文 200 余篇，出版专著 9 部，是一位具有很强的“跨越甚至无视学术领域界限能力”的学者。他在科学史、科学社会学、科学计量学等研究领域的突出贡献，使其在 1976 年获得了美国技术史学会的达·芬奇奖章，1981 年获美国科学社会学研究会的贝尔纳奖章，1983 年成为瑞典皇家科学院外籍院士，同年获科学史研究者的特别荣誉——萨顿纪念讲座。普赖斯逝世后，为了纪念这位具有开创性的学者，科学计量学杂志和科学史学会都设立了“普赖斯奖”用以奖励在这两个领域作出杰出贡献的学者。在普赖斯逝世数十年后，对其横跨科学与人文的研究实践进行梳理剖析，展示“两种文化”融合的可能，使今人更好地理解二者的关系，应当是对普赖斯最好的纪念。

一、学术生涯及影响

普赖斯 1922 年 1 月 22 日出生于英国伦敦的一个犹太人家庭，父亲是一名裁缝师，母亲是一位歌手。普赖斯从小天资聪颖，勤奋好学，出于对物理实验的浓厚兴趣，他在 1938 年中学毕业后没有上大学就直接在西南埃塞克斯技术学院做了一名物理学的实验助理，在这期间他边给学生上课边自学，于 1942 年在伦敦大学获得物理学和数学的双学士学位，随后作为物理学的研究助理和兼职讲师边教学边研究，于 1946 年获得伦敦大学物理学的博士学位。1946—1947 年获英联邦基金资助，赴美国普林斯顿大学做数学物理学研究。1947 年，普赖斯与来自哥本哈根的埃伦·约尔特结婚，迫切需要一份有稳定收入的工作。但由于他的研究与当时经典物理传统研究相违背，要谋得物理学教职席位非常困难，普赖斯便到了新加坡马来亚大学担任了应用数学讲师的职位。

在马来亚大学的3年（1947—1950），是普赖斯人生当中具有重要转折意义的“意外巧获”的3年，令他享誉学术界的科学指数增长律的研究正是从这时开始的。在新加坡，普赖斯认识了后来成为英国著名历史学家和政治学家的帕金森，正是他使普赖斯对历史产生了浓厚的兴趣。1948年，普赖斯参加了国际科学情报会议，结识了《科学引文索引》的创办人加菲尔德，获取了大量科学文献的信息，开辟了利用大型数据库进行科学的定量研究的新路。1949年，尚未落成的拉斐尔斯学院（现名新加坡大学）新图书馆收到了一整套伦敦皇家学会《哲学汇刊》。而普赖斯恰好负责保管这套漂亮的用小牛皮精装的汇刊，他按十年一沓地把它们放在床头的一排书架上，之后用了一年的时间把它们通读了一遍，在阅读过程中深深地被科学史所吸引。作为副产品，他意外地发现这些靠墙堆放的杂志竟然呈现为一条完美的指数型曲线。1950年，在阿姆斯特丹第六届国际科学史大会上，普赖斯宣读了揭示科学指数增长规律的论文，并于1951年在《国际科学史档案》上发表，标志着他从物理学和数学研究转向了科学史研究，也成为他作为科学计量学开拓者的起飞点。正如有学者指出的“普赖斯具有易遇奇缘的伟大天赋”，但他的成就显然与他的努力、坚持和敏锐也是分不开的。1950年回到英国后，普赖斯在剑桥大学继续从事科学史的研究，在偶然发现了乔叟的天文学手稿后，对行星赤道仪（星盘仪的姊妹仪器）这一中世纪最重要的科学仪器展开了细致的研究，并在此基础上撰写了博士论文，于1954年获得科学史博士学位。

1955—1956年，普赖斯获得纳菲尔德基金会的资助在英国博物馆从事星盘仪器的分类研究。1957年他来到美国担任史密森学会历史与技术博物馆的物理学和天文学顾问，1958年第二次到普林斯顿大学开展研究工作，成为普林斯顿大学高级研究院的一员。1959年秋天，普赖斯作为科学史访问教授来到耶鲁大学历史学系，1960年成为新成立的耶鲁大学科学与医学史系教授，成为美国第一位阿瓦隆基金科学史教授并长期担任系主任，同时他还兼任耶鲁大学皮博迪博物馆的历史科技仪器馆馆长。他在就职伊始进行的系列讲座即《巴比伦以来的科学》在1961年结集出版，强调科学史的跨学科性质，提出“科学人文学”，赢得了科学界的巨大关注。1962年，普赖斯来到布鲁克海文国家实验室做了“培格莱姆”讲演，就科学的指数型发展及其对社会（诸如政治、资财、国家地位以及未来发展）的影响、科学家的作用进行了描述说明，后来这套讲演集即《小科学，大科学》在1963年问世。此后，除了继续进行科学仪器的研究之外，普赖斯的视角进一步广泛地延伸到科学计量学、科学社会学、科学政策研究、科学学等领域。1965年，普赖斯发表了《科学论文网络》，创造性地研究了科学论文之间的引证和被引证关系，“第一次极富创意地运用原始资料编制出一个明确的科学模型，所得结论惊人的漂亮和睿智”。同年 3 月 25 日，普赖斯在伦敦皇家学会首次做了有关科学学的演讲——“科学政策的科学基础”，引起了广泛的影响。1971 年，普赖斯提出了反映文献老化规律的普赖斯指数，随后又发展了科学计量学中的其他经典定律。1977 年，普赖斯成为《跨学科科学评论》编辑委员会成员。1978 年，普赖斯和匈牙利的贝克、苏联的多布罗夫、美国的加菲尔德一起共同担任国际权威杂志《科学计量学》的主编。在此期间，普赖斯经常去华盛顿为总统提供咨询，但没达到真正的权力中心，并常常以联合国教科文组织和其他机构的名义走遍世界，获得了无数的殊荣。1983 年 9 月 3 日，普赖斯在从耶鲁到伦敦访问时，第四次心脏病发作不幸逝世。

普赖斯是一位科学素养谨严、具有广阔的人文视野、勇于跨越学科界限的学者，他拥有异乎寻常的敏锐的洞察力、想象力和创造力，这使得他能够系统地运用定量方法对科学进行历史学、社会学、经济学、政治学、伦理学的多角度分析。普赖斯逝世后，《科学计量学》《科学研究》《科学年鉴》《技术作为文化》等许多在国际科学史界和其他学术领域有重要影响的杂志都刊载了纪念他的文章。加菲尔德曾对普赖斯的著作进行过引文分析，结果发现：截至 1983 年末，有 2200 件以上的出版物引用了普赖斯的著作。这些出版物所属的领域起初是数学、物理学、科学史（尤其是科学仪器史），后来便是科学社会学和科学学，而且有超过半数的引用出版物来自科学社会学和科学学，尤其是《小科学，大科学》《科学论文网络》《巴比伦以来的科学》被引频次居前列。由此可见普赖斯在科学研究领域的巨大影响及特殊地位。普赖斯在诸多领域作出的重要甚至开创性的贡献使得他当之无愧地成为今天诸多学者缅怀的对象。但总体来看，他在科学计量学方面取得的辉煌成就似乎遮掩了其丰硕的跨学科研究成果，尤其是在我国国内，有很多学者都忽略了他在科学史抑或他所强调的科学人文学方面的贡献，只看到了“科学的普赖斯”，而忽视了“人文的普赖斯”。实际上，只有很好地理解了普赖斯的科学人文学思想才能更深入地洞彻他采用科学的方法去研究科学的动机和目的。因此，挖掘进而还原一个真实全面的普赖斯，对于重新把脉科学与人文的关系，有着重要而深远的意义。

二、科学人文学：普赖斯科学研究的人文意趣

科学人文学是普赖斯自造的术语，用来指称他所提倡的对科学进行人文研究的学

科，主要是指科学史，也包括科学哲学、科学经济学和科学社会学等相关的整个学科群，亦即研究科学的人文学科。与“科学史教父”乔治·萨顿倡导的“新人文主义”略有不同，普赖斯并未从精神价值层面探究科学的人文意蕴，而是以强烈的跨学科意识倡导通过孕育“学科间性”，把所有人文技巧手段运用于对科学领域的研究。而一旦将科学作为人文研究分析的对象，就必然涉及科学与社会、政治、经济之间等复杂的关联。在“科学人文学”这一理念的指引下，普赖斯在复杂的历史社会语境中对近代科学文明的诞生、发展及其影响因素进行了生动细致的分析。

1. 科学的历史镜像：科学史研究

普赖斯的科学史研究打破了科学“编史学”的研究体例和传统，使科学史不再仅仅是一系列按照年代顺序编排的伟大人物、事件的谱系，而是综合采用定性和定量研究的方法，关注“小人物”“普通科学工作者”的活动以及科学器物与档案资料的分析，通过对古代科学仪器的探究以及科学文献、科学家等增长规律的计量研究，对近代科学文明的诞生与未来发展趋势作出了解释和预测。

普赖斯特别关注历史进程中的某些关键时刻或转折点，在分析近代科学文明为什么诞生于西方的问题时，他就把焦点对准在“亚历山大东征”上。他认为正是这一历史事件使古希腊与古巴比伦两种异质文明碰撞出“科学”的火花，由此古希腊天体几何定性而形象的模型与古巴比伦的定量运算及其结果偶然地实现了完美的融合，造就了西方文明的特异性。当然，科学文明的诞生除了希腊—巴比伦的逻辑和数学传统外，普赖斯认为肇始于阿基米德的实验方法也构成了科学的另一支点。通过对诸多科学仪器的考察探究，普赖斯勾画出了从阿基米德开始到近代科学实验的这条技术主线，对作为近代科学文明诞生基础之一的“实验传统”的形成给出了一种完全不同于柯瓦雷等人强调的那种世界观或思想观念的转换的解释分析思路。

普赖斯通过对科学史上的无字档案——科学仪器相关资料与实物的整理与分析，尤其是对中世纪及其以前的科学仪器的考古，如古希腊安第凯瑟诺岛仪器、雅典“风之塔”、中国水运仪象台等的考证，获得了对近代实验科学兴起历史的崭新认识。普赖斯鲜明地指出：“科学革命绝非仅仅凭借一批史无前例的天才在彼时彼刻的横空出世就可以骤然发生，而与其他人全然无涉。”这里，普赖斯展现了其对“将科学史简化成天才人物的科学发现史，并进而将天才人物的科学发现简化成一时的灵感启示产物”观点的拒斥，他关注那些默默无闻地将智慧付诸指尖的技能型人物，也就是历史上许多名不见经传的“工匠”“小人物”等，认为通常是他们引领了科学的革命性突破与进展。尤其是 15 世纪以来，随着印刷术的发明及其在欧洲的迅速增长，普通人能够相对自由地进入被一小撮特权阶级控制的学术世界中，小人物的科学实践造就了群众性科学运动。手工艺匠人、技术实践者队伍成倍增长，迫于生计他们需要不断推销其制造的仪器、设备产品，吸引科学家、业余科学爱好者购买这些产品，从而产生了“从工匠技艺状态向新型科学仪器的有力转换，使科学从古代状态突破而获得爆炸性的增长”，由此带来了近代科学实验传统的形成。因此只有“把科学巨人放到背后的小人物背景中”或是科学实践者运动中才能真正理解近代科学革命的发生。

而为了更好地理解近代科学诞生后的历史发展进程，通过对大量科学文献的查阅，普赖斯充分利用其数学天赋洞见出“科学发展的指数型与逻辑型规律”，对科学的结晶化趋势、小科学向大科学的转变趋势、科学的病态以及科学增长的极限饱和后的震荡与自我控制等进行了统计分析，而这些正是其科学计量学研究的主要内容。因此，普赖斯的科学计量学其实是基于科学史分析的需要的，是其力图把握科学史的“科学规律”的体现。普赖斯的科学史研究以独特的古希腊式的人文直觉和历史逻辑感向我们描绘了一幅由科学仪器、小人物、异质文明的碰撞等多重因素共同作用构成的科学文明诞生史画卷，同时又以其特有的古巴比伦式的对于数的推崇对近代科学诞生后的发展脉络和轨迹进行了卓有成效的数据展示。

2. 科学的社会意象：科学、技术与社会研究

科学、技术与社会研究（即 STS）是 20 世纪五六十年代以来兴起的一个自然科学与社会科学相交叉的研究领域。普赖斯是 STS 研究中重要的一员，他曾与人合作编著出版了第一部 STS 跨学科研究百科全书。普赖斯在这一研究领域最大的贡献就是提出了人类社会已由“小科学”时代迈向“大科学”时代的著名论断，即：在小科学时代，靠个人志趣、少量资助、小规模的实验室、经过少数人的艰苦奋斗，就能作出划时代的科学成就，而到了 20 世纪中叶以后，重大科学成就大多都是大科研集团的产物，科学的发现、技术的发明和应用日益发展成为一种庞大的“社会工程”或“社会事业”，即所谓大科学、大技术。借由“小科学”与“大科学”的区分，普赖斯成为科学社会学默顿传统与贝尔纳传统之外另一种传统的开创者。正如有学者指出，尽管普赖斯本身是一位科学史家，但他所关注的问题其实是科学社会学的问题。

普赖斯曾创造性地对科学与技术的关系进行了社会学的考察。他认为，科学是所有人类活动中非常独特的活动，不能随意把它等同于用来产生技术的东西。科学是重视文献的，它有着紧密的、累积性的结构，科学中的新知识是从与之高度相关的旧知识中“流溢”出来的。而技术则是拒斥文献的，更注重和依赖于技艺的获取，其累积性体现在手工艺品中，它在工程师手册、使用指南、目录册等中被记载下来，有着自身独立的特殊积累结构。科学研究前沿与技术研究前沿往往只存在外围性的弱相关关系，两者进步与发展的目标是不同的，两者间强有力的相互作用只出现在很少的时候。通过对两者的深入分析，普赖斯指出当时社会中弥漫的反科学主义倾向其实是混淆了科学与技术之间的关系，技术崇拜带来的种种灾难被不合理地转嫁到了科学头上。实际上每一个社会都不得不需要科学，因为它几乎是我们文明的全部。抛开实用目的，采取为科学而科学的政策，使技术家从科学中健康地成长起来，通过合理的政治程序和教育机制，培养那些准备投身于科学和技术事业的青年人乃至所有人的公民责任，在普赖斯看来是实现科学、技术与社会三者良性运行的重要手段。

基于对科学与技术关系的历史性与社会性的探讨，普赖斯还对科学政策的制定及其依据进行了颇有见地的分析。他指出，科学技术曾经只是我们文明的调味品，但现在已经成为社会发展不可或缺的“维他命”，任何一个国家都需要制定合理有效的科学政策来推动科学技术的进步，以维系社会有机体的正常运转。我们必须考虑科学经济学与科学家的社会学与心理学，需要研究人力增加的统计学、基础和应用研究的经济学、科学实践的分配、研究的地理区位、通勤习惯、声望机制等等，构建一套科学知识的特殊体系以便为科学政策的制定提供依据。此外，国家应该尽可能地培育更多的科学家，鼓励科学家之间的相互交流乃至跨国合作，并吸引科学技术专家参与到科学决策中来，同时投入大量的经费和人力支持科学研究的前沿领域，这样才能保证科学技术与社会的共同进步。

除了对科学、技术关系以及科学政策的探讨之外，普赖斯的另一个重要贡献就在于对“无形学院”的研究。受到默顿等人的启发，普赖斯分析了学术杂志论文与科学家社会组织出现的原因。他在概念上扩展了 17 世纪的玻意耳曾经使用的术语“无形学院”，分析了科学家社会组织的特点，完成了这一术语从科学史到科学社会学的概念移植。他认为具有亲密的人际互动关系的科学家所组成的非正式团体，是科学家通过信息交流形成的看不见的集体，它具有一种内在的自动反馈机制，是推动科学研究前沿发展的重要的社会和认知形式。普赖斯成功地用科学史中的“无形学院”作为把握这类非正式科学团体特征的概念基础，并对其中科学出版发表的伦理学进行了分析，指出“随着信息爆炸时代的到来和政府对科学干预的日益增加，科学研究中过去几代人遵循的直觉伦理学应该被建立在新知识基础上的理性伦理所取代”。从此，“无形学院”成为科学社会学中研究科学共同体及其伦理特质的重要内容之一。

此外，普赖斯还通过对英、法、美、德、苏联、日本等发达国家以及其他一些发展中国家的考察，利用大量统计数据分析了两次世界大战、国民经济总值、国家政策、科学经费的投入等对科学发展水平和速度的影响，并特别指出与“小科学”时代孤僻的、患有政治冷漠症的科学家不同，“大科学”时代科学家的“社会性”越来越重要，科学家的责任感、政治意识、经济意识等的成熟是科学在现代社会正常有效运转的重要保证。总之，普赖斯的科学技术与社会研究同样显示出其跨越科学与人文界限的融通能力，他利用科学计量学的方法为我们展现了科学的社会意象，其中既有采用社会学、政治学、经济学方法对科学的诸多人文省思，又包含其对统计数据之间关系的天才直觉，正如其学生和同事评价的那样：普赖斯拥有将看上去毫不相关的历史与社会事实结合起来并以一种新的迷人的方式展现出来的天赋。而这种天赋无疑是“科学”与“人文”两种思维有机结合的产物。

三、科学计量学：普赖斯人文观照的科学气质

虽然科学计量学这一术语并不是普赖斯发明的，但他却是当之无愧的“科学计量学之父”。普赖斯将“用科学的方法去研究科学”的理念注入到科学史的研究过程中，提出了科学发展的指数增长规律和逻辑型规律，并进一步发展了引文分析方法，使得指数增长律、普赖斯曲线、普赖斯指数、普赖斯定律成为目前科学计量学以及图书情报学、科学社会学、科技政策与管理等研究领域的教科书式的概念。总的说来，普赖斯的科学计量学研究主要集中在两个方面：一是对科学发展的“总体性”规律亦即科学发展趋势的数学概括；二是对科学发展过程中科学家与科学文献关系的统计学把握，亦即对科学内部某些具体规律的归纳。

1. 科学发展的“总体性”规律的发现

在新加坡执教期间，普赖斯意外地发现了科学发展的指数增长律。他通过大量的统计分析发现，科学家和科学文献的数量每10—15年为一周期翻一番，即每隔10—15年时间便增加一倍。这种指数增长律使得科学产生特有的“直接性”特征，即“科学的大部分是现代的，而大部分科学工作者也都是在世的”。有史以来科学家总数中的80%—90%现在仍在世，任何现在正起步的年轻科学家，在其正常职业生涯结束时，回顾自己这段科学研究之旅，就会发现科学成就的80%—90%是他亲眼看着发

生的，而只有 10%—20% 才是在他这段经历之前发生的。80%—90% 被普赖斯称为“直接性系数”，它是科学发展指数增长律的结果映现。这一规律的发现迅速引起了相关学者的极大关注，直至今天当我们谈及我们时代的科学、技术与知识的爆炸特点时，总是要援引普赖斯的“指数增长律”。正是由于指数增长律的发现，普赖斯能够比其他人更准确地理解和把握科学对社会的重大影响以及现代社会的发展趋势。

当然，普赖斯也理性地指出，在科学发展史上，指数规律并不总是成立的，它在达到某一界限时就必须放慢和停止，否则就会达到荒唐的地步。普赖斯利用历年《美国科学家》人物汇编的数据发现，由于科学家在人口中的密度的日益增加，“如果科学呈指数型发展不转变为逻辑型发展且静止下来的话，再有 4 个 50 年就会出现每一百万美国人中竟有两百万科学家的荒唐局面”。因此，科学发展的所有明显的指数型规律终将成为逻辑型。科学的指数型发展只不过是逻辑斯蒂曲线的初始阶段，科学的发展一旦进入反曲点附近的中段，惯常的指数型发展便告结束，其后另需 30— 45 年，科学发展至其精确的中点，此后一同等时期，曲线实际上将达到其上限，再有一代人的时间，科学将面临由于一贯的指数型发展所产生的不利局面而逐渐趋向标志其衰老线的危机点。这也意味着，按照逻辑曲线增长理论，当科学发展到一定阶段时，科学进步将会停滞，甚至“自我窒息”。但是，长期以来科学呈指数型的发展并不愿意它的发展曲线被拉平，在其达到发展上限前就开始起伏翻扭，出现了震荡性的自我控制现象，由此可能出现阶跃型、不确定型、发散振荡型、收敛振荡型四种不同的表现。普赖斯通过对原料生产规律、欧洲大学的数量、粒子加速器工作能量的增长率以及化学元素的发现数量的分析，进一步对科学发展的逻辑性规律的异常进行了解释和说明。

总之，在普赖斯看来，科学曾经历了相当长时期的纯指数型的发展，而且这种发展在某时必然开始中止，接下去又是一个跨越一代人的增长抑制期，在此期间，科学的结晶化趋势明显，科学储力紧肌，准备下一个跃进，这个跃进或是呈阶跃型或是呈猛烈的波动型。科学发展的饱和状态是不可避免的，但饱和绝不暗指死亡，相反它标志我们将有一个崭新的、振奋人心的战术，遵循新的基本规律的科学新开端。从这里，我们可以看出，普赖斯对科学进步的理解并非是线性的或者说是直线累积的，科学的阶跃型发展保证了科学的不断进步，但同时这种进步往往是“革命性的”，而非“改良性的”，这与库恩的“科学革命”的思想似有异曲同工之妙：库恩更多地从哲学的角度指出“前科学—常规科学—危机—科学革命—新的常规科学”的科学发展模式，而普赖斯则是用数学统计的方法发现了这一规律模式。

2. 关于科学家与科学文献的“具体性”规律的概括

普赖斯在对科学发展的总体趋势即科学的指数型—逻辑斯蒂型发展规律作出分析后，又对科学论文间引证与被引证的关系、文献老化的速度、科学家生产率等更为具体的问题进行了细致的统计学解读。

普赖斯研究了科学论文之间的引证和被引证关系，以及由此形成的引证网络。普赖斯发现：每篇论文平均引证参考文献数目是 15 篇；在任何 1 年里，大约有 35% 的论文不曾被任何文献引用；科学论文的最大引用文献年限，即文章被引用的峰值是该文章发表以后的第 2 年；某 1 年里，科学论文的受引与施引之间存在一种平衡，这种平衡就是引文网络图。普赖斯根据网络分析的原理，提出了能指明科学研究前沿的定量模型。他指出：第一流的科学家应密切注视他的同事和同代人的工作，因为科学研究前沿依赖近期的研究成果。在网络图上，必有密集分布的小条或小块，如果把这些小条或小块研究清楚，就可以绘制当代科学的地形图。随着这幅“科学地形图”的建立，人们就可以指明各类期刊、各个国家、各国科学家、各种科学论文在科学地图上应当占有的位置、它们之间的相对联系和相对重要性。

普赖斯还提出一个衡量各个知识领域文献老化的数量指标，即后人所称的“普赖斯指数”。亦即在某一知识领域内，把对年限不超过 5 年的文献的引文数量与引文总量之比当作指数，用以量度文献的老化速度和程度。一般来说，某一学科或领域文献的普赖斯指数越大，半衰期就越短，说明其文献的老化速度就越快。普赖斯指数是衡量科学文献老化的定量指标。普赖斯认为，“有现时作用”的引文数量与“档案性”引文数量的比例，是比引文的一半寿命更为重要的特征。文献的半衰期只能笼统地衡量某一学科领域全部文献的老化情况，而普赖斯指数既可用于某一领域的全部文献，也可用于评价某种期刊、某一机构甚至某一作者或某篇文章的老化特点。

此外，普赖斯通过对沉睡了 30 多年的洛特卡定律的发掘修正，提出了著名的普赖斯定律。他认为，洛特卡定律没有深入剖析科学发展中“大生产者”与“小生产者”、“大贡献者”与“小贡献者”之间的关系，由此他引入“杰出科学家”或“高产作者”的概念，指出约有 1/3 的论文和少于 1/10 的作者是与高论文产出率相关联的，并进一步导出，平均每个作者发表论文 3.5 篇，这样，如果我们知道了在某一学科领域内有多少篇论文发表，就可以算出有多少作者写了这些论文，甚至可以算出对该学科做出卓越贡献的那一小批科学家的数量。通过相应的数学推导和计算，普赖斯指出：科学家总人数开平方，所得到的人数撰写了全部科学论文的 50%，即完成该专业论文总和一半的高产作者的人数在数量上等于该专业作者总数的平方根。

不难发现，无论是对科学发展规律的概括还是对科学家与科学文献数量及其关系的计算都显示出普赖斯高超的数学掌控能力和对数字的敏锐直觉，这种本能或者说天赋显然是古巴比伦式的，是一种将一切现象归之为数字表达的习惯和冲动，而普赖斯向我们证明了这种用数学语言书写历史之书与社会之书的魔力与魅力。从这个角度而言，普赖斯是“毕达哥拉斯式”的，他在某种程度上也认为“数”构成了实在，是我们把握科学乃至一切社会现象和问题的基本工具。但另一方面不容忽视的是，他对数据表征的分析又超出了单纯的统计学的解读，而是带着人文意蕴、充满想象力地去观照这些数据的意义，“逼迫”这些数据“热情”地展现出其背后丰富的人文意趣，从而使得科学发展的历史趋势、科学技术与社会的关系、无形学院的关系网络、科学的分层结构等问题得以被更加清晰准确地理解，进而也为科研管理以及科技政策的制定提供了可资参考的坚实依据。

四、启示与评价

总体而言，普赖斯是一位杰出的科学的社会研究的革新家。“他同库恩和默顿一道，使科学的社会研究经受了一场‘革命’。在贝尔纳开创的通向科学学的道路上，他创造性地提出了‘大科学’的概念，深刻地阐发了‘科学的科学’（即科学学）的思想及含义，为现代科研管理奠定了重要的理论基础；他天才般地发现了著名的科学发展指数增长规律和‘普赖斯平方根定律’（即普赖斯定律），从而把科学计量变成了一门科学；他长于科学仪器学的研究，解决了诸如古希腊齿轮、乔叟星盘、中国古天文钟等科学史难题；他突破传统概念，运用科学计量学成果，成功地解释了各种科学政策问题，被誉为‘新的科学政策研究纲领的建筑大师’。”总之，普赖斯的研究既受益于他自身良好的自然科学知识背景，也得益于同时代人贝尔纳、默顿、李约瑟等人的影响，他的研究体现出鲜明的科学与人文融合的特色。虽然普赖斯并未像大多数学者那样对科学与人文本身的意涵、价值基础、危机困境等作出深入透彻的反思，但他却以某种“行动者”的姿态，在其长期坚持不懈的研究实践中身体力行地将科学思维、意识与人文思维、意识有机地整合到一起，以一种较有说服力的方式展示了科学与人文融合的可能。他对于科学与人文两种文化鸿沟的消解是跨越学科式的，与社会建构论者或科学知识社会学试图模糊与否认两种文化差异的观点不同，当他提出科学人文学这一术语时，其实已经包含了他对两种文化分野的默会，他主张科学人文学须由三到四份的科学史配一份科学哲学作主食，再加上若干科学社会学和科学心理学的微量元素，这张配餐表很好地展现了普赖斯对科学与人文的态度与看法。

当然，不可否认，普赖斯弥合科学与人文裂缝的努力是不彻底的。普赖斯基本仅从学科融合的角度试图跨越科学与人文的界限，这可以说是一种最低限度的“科学与人文”的融合，而关于人性、自由等人类终极价值的思考在他那里鲜有涉猎，因而难以为科学与人文的殊途同归提供最有力的辩护，多少给人带来“未曾真正挠到痛处”的遗憾。但不管怎样，普赖斯的确一直努力地奔波于科学与人文之间，力图实现二者的完美融合，他在它们之间的游走虽然不能说是绝对成功的，但确是予人启迪的。如果在现阶段我们尚无力在终极价值关怀意义上实现科学与人文的和解，那么像普赖斯一样，一边以古希腊式思维的放达高远给予科学研究全方位的人文观照，一边以古巴比伦式思维的精细缕析赋予人文探究精确的科学气质，让倾向于古希腊思维阵营的人文学者多些“科学素质”的训练，让倾向于古巴比伦思维阵营的科学家多些“人文素养”的熏染，将是最具可行性的合适做法。或许，普赖斯并未给予我们关于科学与人文之间关系的振聋发聩的论断，但他极富洞察力和想象力的实践却提醒着我们：究竟如何修补科学与人文的断裂，缩短这“两点之间最长的直线”的距离，付诸行动才是成功的开始。

（作者：刘翠霞）

参考资料

［1］ B. C. Griffith. Derek Price （1922-1983） and the Social Studies of Science ［J］. Scientometrics，1984，6（1）.

［2］ D. Price. Networks of Scientific Papers ［J］. Science，1965，149（3683）.

［3］ G. L. ETurner. Obituary：Derek J. de Solla Price ［J］. Annals of Science，1984，41（2）.

［4］ E. Yagi，L. Badash，D. de B. Beaver. Derek J. de Solla Price （1922-1983）：Historian of Science and Herald of Scientometrics ［J］. Interdisciplinary Science Review，1996，21（1）.

［5］ 蒋国华. 科学学的起源［M］. 石家庄：河北教育出版社，2001.

［6］ 诺思. 普赖斯小传（1922—1983）［J］. 国外社会科学，1987（9）.

［7］ 普赖斯. 巴比伦以来的科学 ［M］. 任元彪，译. 石家庄：河北科学技术出版社，2002.

［8］ 普赖斯. 小科学，大科学［M］. 宋剑耕，戴振飞，译. 北京：世界知识出版社，1982.

［9］ 任元彪. 普赖斯和他的巴比伦以来的科学 ［J］. 自然科学史研究，2001（4）.

洪谦

（Tscha Hung / Hong Qian，1909—1992）

洪谦

维也纳学派成员、逻辑经验论在中国的传播者

一

1992年2月27日，中国当代著名哲学家、翻译家、维也纳学派成员、逻辑经验论（也叫逻辑实证论）在中国的传播者洪谦教授溘然长逝了。这对中国哲学界是一个无法弥补的巨大损失。我们，作为他的晚辈和学生，感到无限悲痛，特谨撰此文，以寄托我们的哀思。

洪谦，又名洪潜，号瘦石，安徽歙县人，1909年10月21日生于福建省。父亲是富商，经营茶叶出口贸易。洪谦在东南大学预科求学时，在《学衡》上发表了一篇有关王阳明的文章，为康有为所赏识。康有为约他到上海天游书院相见，并推荐他去拜梁启超为师。梁启超又介绍他去日本帝国大学（当时的名称）师从阳明学权威宇野哲人。在日本时，研究院助教程衡对他帮助很大，二人成为挚友。半年后，他因病回国。又在清华大学国学研究院预科旁听一年，梁启超和助教梁廷灿对他严加教导，成为他的恩师和敬友。

1927年，梁启超推荐他去德国耶拿大学随精神哲学家、1908年诺贝尔文学奖获得者倭铿学习精神哲学。但在洪谦到达德国时，倭铿早已逝世。他就在耶拿大学学习物理、数学、哲学，在维恩处听物理课，也听过新康德主义者鲍赫和现象学家林克的哲学课。因为赖兴巴赫的两本有关爱因斯坦和相对论的书给他的印象极深，遂转学到柏林大学听赖兴巴赫的课。因为他对哲学有兴趣，赖兴巴赫建议他去维也纳大学随莫里茨·施利克（又译莫里兹·石里克）学习。1928年，洪谦到了维也纳，成为施利克的学生。施利克建议他首先扎扎实实地学习自然科学，特别是数学和物理。他听过哈恩（又译汉恩）的数学课，听过埃伦哈夫特的物理课。施利克还要他到卡纳普（又译卡尔纳普）那里听数理逻辑，并暂时放弃一些哲学课，只听自己的哲学课和魏斯曼主

持的哲学讨论课。后来他也听过克拉夫特的哲学课。

从 1930 年开始，洪谦应邀参加每星期四晚上举行的施利克小组会议，成了维也纳学派的正式成员。在施利克的小组会议上，除施利克、哈恩、卡纳普、魏斯曼、克拉夫特外，洪谦还结识了维也纳学派的其他成员，如诺伊拉特、弗兰克、法伊格尔、门格、格德尔、支尔塞尔、考夫曼、拉达科维奇、奈德、兰德、不伦瑞克、亨佩尔等。当时参加过维也纳学派会议的还有波兰的塔尔斯基、赫维斯泰克、亚希科夫斯基、奥西亚松、林登鲍姆，英国的艾耶尔，意大利的杰莫纳特，南美的林德曼。纳格尔、赖兴巴赫、凯拉、奎因（又译蒯因），也是维也纳学派成员，但是洪谦在会议上未和他们见过面。学派中的那些年轻成员，如沙赫特、斯坦哈特夫人和霍利切尔与洪谦也很友好。尤霍什与洪谦也相识。据洪谦回忆，学派中的气氛是很和谐的，相互之间彬彬有礼，友爱诚恳，但在哲学观点上相互争论，毫不客气。

1929 年，新康德主义者贝格曼的《物理学中围绕因果性的争论》一书问世，引起了西欧哲学界的哗然，因为这本著作激烈地反对物理学中的非决定论。根据施利克的建议并在他的指导下，洪谦以《现代物理学中的因果性问题》为题，撰写了他的博士论文。论文曾经量子力学创始人之一海森伯审阅。洪谦在论文中阐述了："物理学中的因果性概念""决定论与非决定论""因果性的'本质'""因果性与量子力学""统计律和'或然律'""因果序和时间序"等问题，洪谦从经验论的因果观出发，批判了康德的先验因果观以及约定论的因果观，根据海森伯的测不准关系，指出决定论的因果律在量子力学中失效了。但这种因果律的失效并不意味着因果律在原则上的不可能性。他进而讨论了统计规律和所谓的"或然律"、必然性和偶然性的范畴，并指出："在自然中决不存在两类规律性，而只是存在两种分布，即因果分布与或然分布。虽然两者描述自然界中同样的事实，但只有前者能说明自然知识。"这篇论文从物理学的最新进展出发，从哲学的高度探讨了因果性问题，这在当时是一项开拓性的工作，具有理论和现实的意义。1934 年，洪谦荣获维也纳大学哲学博士学位，以后继续在维也纳大学从事研究工作。施利克和他的师生关系十分亲密。他时常到施利克家中欢度节日或会见客人，例如艾耶尔、已移居美国的法伊格尔、物理学家海森伯和哲学家卡西雷尔等。

1936 年 6 月 22 日，施利克被一个患精神病的学生枪杀了。此后，维也纳学派实际上已经瓦解。洪谦也于 1937 年初返回中国。1938 年，纳粹德国占领奥地利，把维也纳学派的哲学视为"反动哲学"而予以禁止。维也纳学派的大部分成员也先后流亡到英、美等国，在英语世界产生了巨大的影响。

二

洪谦在1937年初回到北京以后，任清华大学哲学系讲师。七七事变爆发后，辗转至西南地区。1940年至1945年在昆明西南联大哲学系任教授。抗战胜利后，从1945年到1947年，在英国牛津新学院任研究员。回国后，从1948年到1949年，在武汉大学哲学系任教授兼系主任。

在这期间，洪谦在清华大学、西南联大讲授维也纳学派的逻辑经验论，重点讲施利克的哲学观点。同时，洪谦先后在《思想与时代》杂志上发表了《自然科学与精神科学》《维也纳学派的基本思想》《维也纳学派与现象学派》；在《思想与时代丛刊》第四种《科学概论新编》上发表了《科学与哲学》《维也纳学派与现代科学》等文；在《哲学评论》上发表《维也纳学派与玄学问题》《或然性的逻辑分析》《论新理学的哲学方法》等文；在《学原》上发表了《康德的先天论和现代科学》。他又在上述有关维也纳学派的文章的基础上，编写了《维也纳学派哲学》一书，于1945年在上海商务印书馆出版。此外，他又写了《莫里兹·石里克与现代经验论》一文，在美国《哲学与现象学研究》上发表。

20世纪40年代，可以说是洪谦先生在学术上最活跃、论著最丰硕的10年。正如贺麟先生所说："惟洪谦先生亲炙于施利克最久，具极大的热忱，几以宣扬施利克的哲学为终身职志。他所著《维也纳学派哲学》一书，算是比较最亲切而有条理地介绍此派思想的书。"确实，在这些论著中，洪谦介绍了维也纳学派的科学观、哲学观和科学世界观，同时发扬分析哲学的批判精神，批判了传统的形而上学、康德的先天论、现象论和精神科学派、马赫的实证论哲学以及冯友兰的新理学，也介绍了维也纳学派内部的争论，因而在中国哲学界吹进了一股清新的风，为逻辑经验论和分析哲学在中国的传播作出了卓越贡献。

(1) 介绍维也纳学派的科学观、哲学观和科学世界观。洪谦指出，维也纳学派认为，哲学不是一种科学而是一种活动。"科学是研究实际真理的学问，哲学则是研究实际真理意义的学问。""至于哲学之为研究意义的活动所应用的方法，即是所谓苏格拉底的语言分析的方法。""所谓哲学的问题，就是对于表达与叙述的本质的一种逻辑反省，对于语言与概念的应用的一种逻辑分析。""对于确定一个问题之为真为假或有无意义，原则上是以能否说明它的证实方法为标准。”“所以施利克说：‘问题的意义就是它的证实方法。’”“哲学就其本质而言，是不能超出科学或与科学并列，而是属于科学范围内‘活动’的一种学问。”“一种科学的‘世界图景’成为一种哲学的‘世界观’，所必须的不是所谓新的形而上学思想的加入，而是我们对于它应有彻底的了解。”“一个哲学家欲建立他的‘世界观’，则非以科学的‘世界图景’为根据不可。哲学不能从它的任意思辨中建立起它的‘世界观’，它必须从经验科学中来。”

（2）批判传统的形而上学。施利克将认识（erkennen）与体验（erleben）相区分。“一切知识仅在于形式，而不在于内容。”“知识是以形式构造为对象，体验则以主客观世界的一致为对象；知识是科学的基础，体验则是生活的方法。”传统的形而上学的命题是不能证实的，因而无所谓真假，没有意义，不可能成为知识理论。但是，维也纳学派并不主张取消形而上学。施利克说过：“形而上学的体系虽不能给我们以实际的知识，但确能给我们以生活上许多理想和精神上许多安慰。所以人称形而上学为概念的诗歌。”洪谦还指出，在人生哲学方面，“施利克则是一个十足的形而上学家”。他认为，人生是一种“游艺”，追求“乐趣的感觉”，追求纯真的“爱”与天赋的“善”，以接近“青春的境界”。所以，维也纳学派对形而上学的批判，并不是要取消形而上学，而是要界定它的范围，益形显露它的本质。

（3）批判康德的先天论，提出分析命题、综合命题两分法。康德认为，有所谓先天综合判断，例如欧几里得几何学、因果律等，都属于先天综合判断，即一种具有先天性的实际判断。施利克根据现代数学和物理学的发展，指出：数学几何学的命题是与实际无关系的、具有先天性的分析命题。而物理几何和因果律则是综合命题。欧几里得几何与广义相对论中的实际空间就不一致；因果律在量子力学中已不普遍有效。它们都是不具有先天性的实际的综合判断。所以，不存在先天综合判断。

（4）批判马赫的实证论。洪谦指出，逻辑实证论（或逻辑经验论）虽然继承了马赫的实证论的反形而上学的精神，但它与传统的实证论却有着根本性的分歧。

第一点，传统的实证论认为物体的实在，仅为一种“感觉的复合”，它是不能根据抽象的科学概念认识的。逻辑实证论派则认为哲学上的实在问题的对象，不在于确定物体的实在在感觉之内外，而在于分析关于物体实在的命题之逻辑意义所在：不是什么是实在或不实在的是哲学的问题，而是假如什么是实在的，那么关于这个实在的命题一定具有证实的意义才是一个典型的哲学问题。一切科学的抽象公式因其有经所与试验的可能性，所以其实在性不亚于能感觉的对象如桌子板凳等等。所以维也纳学派中人说："原子不是一个逻辑的构造"，不是一种"思维的方法"，而是绝对实在的。

第二点，传统实证论派认为一切科学的命题，并不包含关于实际的真理，科学也不是一种实际真理的体系。科学的主要作用，仅在于"思维的经济原则"的完成，但是逻辑实证论肯定了科学为一种实际的真理体系，哲学不过是将这样的真理体系内所包含的基本概念加以逻辑地说明：就是将它应有的明确意义确定下来，含混的歧义排斥不用。

第三点，传统的实证论派是否定哲学的一切作用，甚至欲取消它。逻辑实证论则指出哲学确有其伟大的任务和目的，它对于科学概念明确意义的说明，是不亚于科学对于实际真理的发现。此外，逻辑实证论对于形而上学的反对，与传统实证论微有不同：就是它虽否定形而上学在知识理论方面的作用，可不否定它在实际生活方面的意义。

第四点，传统的实证论仅以心理分析为其方法论的根据，而逻辑经验主义则把数理逻辑作为哲学分析和论证的主要工具。

（5）批判现象论和精神科学派。洪谦批判了现象学派胡塞尔和舍勒的"物的先天论"，认为它是同语反复的纯粹形式法则。他也批判了狄尔泰、温德尔班德和里克特等人的精神科学（或历史科学、文化科学）观。狄尔泰等人认为历史科学、文化科学、精神科学是在自然科学之外的独立的科学，是与自然科学相对立的，是两种根本不同的知识。洪谦则从维也纳学派的统一科学观出发，认为：科学之为知识理论的体系，就是一种真理的系统。真理从其本质而言，是统一的整体的联系而不可分离的。洪谦称精神科学为自然科学范围内的一种学科则可，认其为一种与自然科学根本不同的、或对立的科学则不可。

（6）批判冯友兰的新理学。1943 年，冯友兰在《哲学评论》（八卷一、二两期）上发表了《新理学在哲学中的地位及其方法》一文，把人类知识分为四种：数学、逻辑；形而上学；科学；历史。他还指出，一切似是而非的传统的形而上学已被"现代批评形而上学最有力的维也纳学派""取消"了，但他的只包含形式命题、一片空灵、不肯定实际的新理学，不但没有被取消，反而它的本质因之"益形显露"。

洪谦首先不同意冯友兰把形而上学纳入实际的知识理论体系，并指出：冯友兰的形而上学命题如"山是山，水是水。山不是非山，水不是非水。山是山不是非山，必因有山之所以为山，水是水不是非水，必因有水之所以为水"，在原则上就是一些对于事实无所叙述、无所传达的"重复叙述的命题"。

洪谦认为，传统形而上学“虽不能成为一种关于实际的知识理论体系，但在人生哲学方面则具有深厚的意义和特殊的作用”，所以不能加以“取消”。而冯友兰的形而上学，因为是空洞的重言式，在人生哲学方面也无深厚意义，反不如传统形而上学之富有诗意，足以感动人之心情，因而有较大的被“取消”的可能。

洪谦的这个批评是 1944 年 11 月 11 日在中国哲学会昆明分会第二次讨论会上的一个讲演，当即引起冯友兰的答辩。金岳霖、沈有鼎也发言，替冯友兰解围。这是逻辑经验论和冯友兰的新理学的一次公开交锋，是中国当代哲学史上一场很有趣的辩论。

（7）介绍了维也纳学派内部关于知识基础论的争论。维也纳学派虽然在坚持科学经验论、语言的逻辑分析和反对传统形而上学等方面是一致的。但在若干问题上，特别是知识基础和真理论等问题上，学派内部却存在着十分激烈的争论，主要是以施利克、魏斯曼为一方的“右翼”和以诺伊拉特、哈恩、弗兰克和卡纳普为一方的“左翼”之间的争论。洪谦在 1949 年发表的《莫里兹·石里克与现代经验论》一文中，评述了施利克与诺伊拉特、卡纳普的争论。诺伊拉特和卡纳普把忠实地表征了纯粹事实的“原始记录语句”（如“在某时某地某人看到如此这般”）作为人类知识的绝对确实的基础。施利克认为：原始记录语句本身实际上是经验的，它们同其他各种科学语句一样具有不确实性。把原始记录语句从总的科学构架中单独挑选出来显然是没有意义的，因此，要想在原始记录语句中找到科学知识的基础也是不可能的。他认为，只有观察者个人所作出的“确证”（如“现在这里是蓝色”）才是绝对确实、无可怀疑的。施利克认为：“科学的最终基础问题就会自动地转变成知识与实在的坚实联系问题。……这些绝对固定的联系的特殊面貌，就是确证；它们是仅有的非假说性的综合命题。”他接着写道：“但是，无论从哪方面讲，也不能把它们看作是科学知识的基础。知识和它们的接触仅仅发生于这些稍纵即逝的闪光的场合。知识从这些闪光中获得了营养与力量，而又在这些闪光中消失。这些闪光和燃烧的时刻是绝对必不可少的。所有的知识之光来自它们。哲学家在寻求一切知识的基础时所实际探求的正是这种光芒的源泉。”洪谦认为，这就是施利克对待原始记录语句的立场，也是对待“物理主义”的立场。澳门东亚大学周柏乔先生在一篇文章中指出：奎因在 1951 年发表的《经验论的两个教条》对卡纳普的原始记录语句和还原论作了批判。而洪谦在 1949 年介绍的施利克的思想，实是“这个想法的先驱者”。

在这里，我们想把洪谦的《维也纳学派哲学》一书和艾耶尔的《语言、真理与逻辑》一书进行对比。二者都是以向本国读者介绍维也纳学派的逻辑经验论为宗旨。但前者是向缺乏分析哲学传统的东方中国作介绍；后者是向有经验论和分析哲学传统的英语国家作介绍。前者比较忠实与全面；后者更多地阐述作者自己的观点。前者自1945年出版以后，长期未能再版，直到40多年后的1989年才得以再版，并重新引起人们的重视；后者自1936年出版以后，一再重印、再版，至今不仅是英语世界中一本畅销的基本哲学读物，而且已译成多种文字（包括1981年出版的中文版），在全世界流传。由于传统和社会环境的差异，二者的命运截然不同。

三

1949年10月，中华人民共和国成立时，洪谦正在武汉大学哲学系任教授兼系主任。1951年受陆志韦之聘请，任燕京大学哲学系教授兼系主任。1952年院系调整后，改任北京大学哲学系教授兼外国哲学史教研室主任，直到1965年。之后，他仍任北京大学教授并兼任北京大学外国哲学研究所所长。

从1949年下半年到1956年，洪谦没有发表什么著作和文章。1957年3月，在“双百”方针的鼓舞下，他与教研室同人联合编写的《哲学史简编》出版了。本书以不大的篇幅，把西方的哲学史、马克思列宁主义哲学史和中国的哲学史作了简明系统的介绍，突出了哲学史上唯物论与唯心论的斗争，成为当时广泛流传的一本哲学史的通俗读物和基本教材。同年6月他又发表《应该重视西方哲学史的研究》一文，建议领导“放弃重‘中’轻‘外’的思想”，强调了研究西方哲学史的重要性，不应当简单地把现代西方哲学的“一些主要学派作为‘一种帝国主义时代腐败、反动透顶的东西’排斥于研究领域之外”，他在写到这一点的时候，肯定是想到维也纳学派的。他还提出了补充西方的图书、期刊和培养新生力量的建议。同年，他还在《北京大学学报》上发表了《康德的星云假说的哲学意义——读〈自然通史与天体理论〉的一些理解》一文，指出这个假说实际上是牛顿力学与笛卡儿的发展观点的调和。在同年第3期《哲学研究》，洪谦发表了《介绍马赫的哲学思想》一文。该文考察了马赫的《力学发展史》《感觉的分析》《认识和谬误》三部著作，介绍了马赫的生平及其影响、马赫哲学观点形成的基础、马赫的要素一元论、因果关系还是函数关系、思维经济原则和唯意志论。这三部著作对马赫的哲学思想作了比较全面系统和实事求是的评述，肯定了他的科学贡献，指出了他的哲学的巨大影响，这在当时是难能可贵的。洪谦在该文的开头就指出：1895 年维也纳大学为马赫设立的“归纳科学的哲学”讲座（1902 年由玻尔兹曼、1922 年由施利克担任），是形成当代逻辑实证论的历史基础。

1958 年 3 月，洪谦又在《光明日报》的“哲学”副刊上发表了《休谟的〈人类理解研究〉评介》一文。文章一开始就指出了休谟的纯粹经验论和怀疑主义对近代哲学的发展具有巨大影响，是马赫主义、实用主义、逻辑实证论的理论基础之一，然后对《人类理解研究》一书作了简明中肯的评述。

在以后的 20 年中，为了培养哲学系的学生，为了给学生提供系统的西方哲学史的原始资料，洪谦把他的主要精力投入到编辑和翻译工作中去了，但他始终坚持阅读国外的哲学期刊和文献，追踪着逻辑经验论和分析哲学的新发展。

在洪谦先生的主持下，北京大学外国哲学史教研室编译出版了一整套《西方古典哲学原著选辑》。《古希腊罗马哲学》于 1957 年由三联书店出版，1961 年以后，改由商务印书馆出版。《十六—十八世纪西欧各国哲学》，1958 年由三联书店出版，1961 年以后改由商务印书馆出版。《十八世纪法国哲学》，1963 年由商务印书馆出版。《十八世纪末—十九世纪初德国哲学》，1960 年由商务印书馆出版。《欧洲中世纪与文艺复兴时代哲学》尚在编译过程之中。因为洪谦先生一贯提倡，学西方哲学一定要学好外文，精读原著，掌握第一手材料，而当时学生很难得到外文原著，只好用这套原著选辑来取代。这套选辑最先是用作北大哲学系学生学习的参考资料，以后经过补充修订，于 1957 年后陆续出版，成为我国广大哲学工作者的基本学习资料。

20 世纪 60 年代初，洪谦又主编了《西方现代资产阶级哲学论著选辑》（商务印书馆 1964 年初版）。其中收集了当代西方哲学中 9 个主要流派，即意志主义、实证主义、新康德主义、新黑格尔主义、直觉主义、实用主义、逻辑实证论、存在主义、新托马斯主义的 23 个代表人物的代表性著作，成为我国研究当代西方哲学的重要参考材料。近年来，洪谦又主编了此书的修订本，改名《现代西方哲学论著选辑》，增加了现象学、结构主义和诠释学三个流派，把逻辑经验论扩展为分析哲学（内含逻辑实在论、逻辑经验论、整体论、语言分析哲学、批判理性主义、历史社会学派共 6 个流派）。代表人物由 23 个增加到 49 个，分两卷出版。在 1991 年底，他刚刚看毕清样，此书尚未正式出版，他就与世长辞了。

四

从 20 世纪 70 年代末直到他 1992 年逝世，洪谦担任北京大学教授，并兼任外国哲学研究所所长（直到 1987 年）。从 1979 年起，他还兼任中国社会科学院哲学研究所研究员和学术委员会委员。他也曾兼任英国牛津大学客座研究员（1980、1982、1984）和日本东京大学客座教授（1986）。他还是中国现代外国哲学研究会名誉理事长、中英暑期哲学学院名誉院长。1984 年，他又荣获奥地利维也纳大学荣誉哲学博士。

在这一时期，洪谦积极开展了国际间的学术交流活动，除了经常会见来访的外国哲学家外，他还多次出国访问。1980 年，他参加了在奥地利举行的第五次国际维特根斯坦哲学讨论会，并访问了维也纳大学和牛津大学王后学院。1982 年，他到维也纳参加国际施利克—纽拉特哲学讨论会，并访问了英国牛津大学三一学院。1984 年他又访问了英国牛津大学王后学院并到维也纳大学接受荣誉哲学博士学位。1986 年他应邀到日本东京大学哲学系进行学术访问，作报告，座谈，活动十分紧张，但他感到十分愉快。1988 年，他到香港中文大学同中国学者共同参加了首次“分析哲学与科学哲学讨论会”，随后又到香港大学进行学术访问。1991 年秋，他本拟应再度赴香港做学术访问，但因护照过期，来不及重办，决定推迟到 1992 年成行。焉知他在 1992 年初就一病不起，再也不能进行这次学术访问了。

这 10 多年，可以说是继 40 年代以后洪先生学术成果最丰硕的第二个高峰期。为了系统介绍逻辑经验论，特别是它在第二次世界大战以后的发展变化，洪谦教授主编出版了《逻辑经验主义》两卷本，上卷于 1982 年出版，下卷于 1984 年出版，1989 年又以合订本出版。在这个译文集中，洪先生根据维也纳学派的一些代表人物的主要著作，特别是着眼于 60 年代以来所讨论的主要问题，进行选译，并把这些问题分为五大类：哲学的语义分析、逻辑和语言、因果问题和概率性、心—身问题、伦理学问题。在编译过程中，为了收集资料，他得到了在世的维也纳学派成员和朋友法伊格尔、亨佩尔、乌尔默、施特格米勒、内斯、克拉夫特夫人、施利克夫人的帮助，亨佩尔和施特格米勒还对选题提了补充意见，从而使这一文集的选材具有很高的水准。顺便提一下，在洪谦的关心与指导下，他的学生陈维杭就于 70 年代末翻译了施利克的《自然哲学》一书。此书于 1984 在商务印书馆出版。

在新形势下，洪谦长期被压抑的创作热情重新焕发。他在这一时期发表于各种世界级刊物上的文章有《国际维特根斯坦哲学讨论会观感》《克拉夫特哲学简述》《维特根斯坦和石里克》《欧行哲学见闻》《莫里兹·石里克和逻辑经验论》《谈谈马赫》《论确证》《关于逻辑经验主义——我个人的见解》《逻辑经验主义概述》《〈哲学家马赫〉译后记》《艾耶尔和维也纳学派》《关于逻辑经验主义的几个问题》《分析哲学与科学哲学论文集》《评石里克的〈哲学问题及其相互关联〉》《悼念菲格》《悼念艾耶尔》。以上文章，除《莫里兹·石里克和逻辑经验论》一文外，全部收入在洪谦的《逻辑经验主义论文集》，这是洪先生的学生高宜扬主编的“西方文化丛书”的第十七卷，由香港三联书店在1990年出版。在这之后，洪先生还写了两篇文章。一篇是《艾耶尔和逻辑实证主义》，另一篇是《鲁道夫·卡纳普》，是1991年为纪念卡纳普100周年诞辰而作。

他在上述著作中主要论述了下述问题：

（1）介绍维也纳学派的历史渊源、它在30年代的兴起和在世界传播的条件。

洪谦认为，维也纳学派之所以在奥地利兴起，它的历史渊源主要是：（a）经验论传统，从英国的洛克和休谟、法国的孔德到奥地利的F. 布伦坦诺和其学派（包含B. 波尔察诺、A. 迈农、A. 马尔蒂、E. 胡塞尔等），以及马赫的实证论；（b）现代物理学发展的影响：即相对论的创立和量子物理学的新发展；（c）逻辑演算的确立：弗雷格的《算学的基础》(1884）之开始受到重视，罗素和怀特海合著的《数学原理》(1910—1913）的出版；（d）施利克的《普通认识论》（1918）和维特根斯坦的《逻辑哲学论》(1922）的影响。洪谦指出：“没有这些理论作为其思想基础和方法论基础，则任何形式的新实证主义或新经验主义，无论是逻辑实证主义还是逻辑经验主义，都是根本无法想象的。”

维也纳学派掀起的这个哲学运动之所以能在30年代的欧洲迅速发展起来并向英美传播，洪谦认为，这“主要应归因于以赖兴巴赫为首的‘柏林学派’的呼应和波兰的华沙学派的声援”。他还特别强调了华沙学派的塔尔斯基对维也纳学派，尤其是对卡纳普的影响。“在英国，艾耶尔、魏斯曼以及维特根斯坦等人的哲学活动也起了重要的作用。”“在美国，卡纳普、弗兰克和法伊格尔等人继续宣扬和发展逻辑经验主义的基本观点，同时将它与美国的实用主义、操作主义和自然主义联系起来。”

（2）介绍维也纳学派的主要成员并评述他们的哲学观点。

施利克：施利克是维也纳学派的奠基人，也是洪谦的恩师。洪谦在这一时期，写了四篇论文专门介绍评述施利克及其哲学观点。他除了再次阐述他 40 年代论著中的观点以外，还着重论述了维特根斯坦对施利克的影响以及他们二人的哲学差别，深化了关于“确证”、知识基础和真理论的讨论，并探讨了施利克关于心物问题的一元论观点，即所谓精神与神经同一论。对于施利克来说，“物理的东西和精神的东西不是两个独立的实在序列，而是同一个实在的两种类型的概念—构造”。但洪谦对这一观点持保留态度。

卡纳普：卡纳普是维也纳学派的主要成员之一，是哲学中的“伟大的形式化家”。从 1928 年起，洪谦在维也纳听过他的数理逻辑课，参加了他主持的关于罗素的《数学哲学导论》和弗雷格的《算学的基础》的讨论课，并建立了私人的友谊和交往。一直到“文革”前夕，他们仍保持书信联系。1991 年，是卡纳普的 100 周年诞辰，洪谦写了《鲁道夫·卡纳普》一文，而这也是洪先生的最后一篇学术论文。文章简要叙述了卡纳普的生平，谈到了弗雷格、罗素、塔尔斯基对他的巨大影响，介绍了卡纳普早期的构造论、逻辑句法理论以及后来的语义学理论，介绍了他在美国时研究的概率论和归纳逻辑。洪谦还指出卡纳普在政治上和维也纳学派多数成员一样，是一位社会主义者，“反对专制独裁，反对种族歧视，主张社会平等，民主自由”。他反对美国对越南的战争，也曾去南美某国营救一位受政治迫害的黑人哲学家。

艾耶尔：为纪念艾耶尔的七十寿辰（1980），洪谦于 1988 年写了《艾耶尔和维也纳学派》一文。以后，为了悼念艾耶尔逝世（1989），洪谦又写了《悼念艾耶尔》与《艾耶尔和逻辑实证主义》。在这几篇文章中，洪谦介绍了艾耶尔的生平，并指出他是一个“反偶像论者”，他力图把剑桥的语言分析学派的观点和维也纳学派的观点相结合，写出了《语言、真理和逻辑》这一部把逻辑实证论介绍到英语世界的名著。艾耶尔对施利克的证实原则持批评态度，并在卡纳普的确认原则的影响下，提出了证实原则的两层性，主张放弃“强的证实原则”，而单纯以“弱的证实原则”作为检验命题真假的标准。可是艾耶尔的这个尝试却被丘奇所驳倒。在反形而上学问题上，艾耶尔把施利克与马赫相等同，并说形而上学和文学都是“胡说”，对此，洪谦表示了不同意见。

在“知识基础”和真理问题上，艾耶尔先对施利克的“确证命题”持反对态度。但后来又改变了这种态度。他也反对真理的融贯论，而赞成施利克的真理符合论。至于精神—身体问题，艾耶尔既不同意施利克的心物平行论，也不同意诺伊拉特、卡纳普的物理主义，而趋向于回到英国的经验论。

法伊格尔：法伊格尔是施利克最宠爱的学生之一，维也纳学派早期成员，1930年去美国，是该学派成员中移居美国最早的一个。洪谦曾在施利克的寓所中见过他。1988年法伊格尔逝世，洪谦在《悼念法伊格尔》一文中指出："在美国期间，法伊格尔首先和当时在美国流行的哲学学派为实用主义、操作主义和行为学派从某些方面或问题取得联系，结成联盟，以期减少对于这个从西欧输入的哲学运动的'生疏感'。"洪谦在论述了法伊格尔在美国传播逻辑实证论的贡献之后，又指出："法伊格尔最喜爱的哲学问题，是心—身问题。……法伊格尔从科学新成就出发以及应用逻辑的分析方法论，竭尽毕生精力，提出他的'精神和身体的同一论'。"在这个问题上，法伊格尔和施利克是比较一致的。但洪谦并不十分赞同。1988年胡文耕在写《信息、脑与意识》一书时，曾向洪谦先生求教。洪先生即把他珍藏的法伊格尔的《"心的"与"物的"》（明尼苏达大学出版社1967年修订版）一书借给他作参考。胡文耕对心—身问题的见解，有别于法伊格尔的观点。在他的文章中，对法伊格尔的"精神身体同一论"有所批评，对此，洪先生表示满意，并予以鼓励。

克拉夫特：克拉夫特也是维也纳学派的主要代表之一，洪谦在维也纳大学时，和林德曼一起听过他的课多年，以后，洪谦同他保持频繁的书信来往。1980年，洪谦发表了《克拉夫特哲学简述》，指出，克拉夫特的哲学观点，与其说是逻辑实证论的，不如说是批判理性主义的。文章在简略地介绍了克拉夫特的生平、学术著作后，评述了克拉夫特的"经验理性主义""演绎经验主义""构成实在论"和"理性的自然主义"。洪谦还着重指出，克拉夫特晚年致力于维也纳学派的"复兴事业"。

诺伊拉特：洪谦虽然没有专文评介诺伊拉特，但他在东京的讲演中，有一节专门评介诺伊拉特。其中指出：诺伊拉特"性格幽默，精力充沛，善于行动，头脑里永远充满着思想和计划。没有他的非凡的组织才能，就没有维也纳学派，没有马赫学会，没有世界性的统一科学运动，就不会有在布拉格、哥尼斯堡、哥本哈根、巴黎和剑桥关于科学哲学的一系列国际会议。就我所知，维也纳学派的基点——《科学观丛书》和《统一科学》的小册子也是经由诺伊拉特的组织才得以出版的。1938年后，诺伊拉特接管了《认识》杂志，并改名为《统一科学杂志》，我可以说，没有诺伊拉特，就没有逻辑实证主义在那个时期的国际性传播和发展"。洪谦接着指出："诺伊拉特不仅是一位经验丰富的实践家，还是一位富于创见的理论家，一位当代西方知名的哲学家。他与卡纳普一起提出和发展了物理主义和统一科学的理论。诺伊拉特的物理主义是一种新形式的唯物主义——世界上的一切都不外乎物理对象和物理事件。……物理学语言能够为全部经验科学（自然科学和社会科学）服务。”“诺伊拉特的物理主义还主张，那些以精神术语表达的假说只有当它们能被翻译成物理语言时，才能成为经验的假说。”但是，洪谦也指出：“对物理主义严格而明确的表述，人们是在卡纳普那里找到的。施利克和卡纳普对诺伊拉特在哲学命题及其论证上缺乏严格性和准确性都深感遗憾。”

此外，1984 年，洪谦在和应邀到北京大学讲学的奥地利的 R. 哈勒教授的谈话中，还介绍了他对维也纳学派的其他成员如魏斯曼、考夫曼、格德尔、拉达科维奇、弗兰克、支尔塞尔、尤霍什、霍利切尔等人的印象。这些都已记载在哈勒所写的《洪谦教授访问记》中，是有关维也纳学派的可贵史料。

（3）对批判的回应。近几十年来，逻辑经验论遭到了来自各方面的批判，有的甚至宣称：“逻辑实证主义死了。”对于这些批判和论断，洪谦也作出了他的回应。

对波普尔的批评的回应。批判理性主义者波普尔曾宣称，他已置逻辑实证主义于死地。1988 年，洪谦在东京的讲演中，对此作出了回应：“一位世界驰名的哲学家波普尔把‘对逻辑实证主义的谋杀’引为自豪，这在哲学史上确是罕见的。但是我相信，波普尔的谋杀实际上没有得逞。”这是因为波普尔的武器证伪理论并不锐利。“自然规律的普遍命题……既不能通过某个或某些基本命题得到证实，也不能被它们所证伪。……在科学命题的可确定感性中，可证实性和可证伪性只能作为特例来看待。”这里，顺便要提到，洪谦过去并不认识波普尔。只是在 1980 年访问英国时和他会见，友好地交谈了 3 个小时，并没有展开面对面的争论。

对库恩和费耶拉本德的批评的回应。从 60 年代开始美国的历史社会学派库恩、费耶拉本德等人代表了从科学史角度来研究科学哲学的趋向，对逻辑实证论展开了批判，有巨大的影响。但洪谦对此评价不高。他在《欧行哲学见闻》中写道：“库恩和费耶拉本德等的‘非理性主义’哲学思潮，以我所知，不仅在牛津、剑桥，就是在英国其他地方的哲学界都不大受欢迎，而且有人认为‘这种思潮在一定的意义上是对科学哲学研究的一种倒退’。”洪先生有一次对梁存秀说，逻辑经验论者为了分析科学的结构，尽量把问题简化，仍有巨大的困难。历史社会学派把社会、历史、文化等因素都联系起来考虑，更难以分析澄清了。洪先生似乎认为：分析方法与历史方法是一种互斥互补的关系。尽管如此，洪谦主编的《现代西方哲学论著选辑》还是把历史社会学派的代表人物库恩和费耶拉本德的文章选入，列在分析哲学部分之内。

对奎因的批评的回应。洪谦对整体论者奎因对逻辑经验论的批判比较重视。他主编的《逻辑经验主义》（译文集）就收集了奎因的《经验论的两个教条》，作为“附录”。对于奎因批判还原论教条，洪谦是赞同的。他曾指出：“诺伊拉特和卡纳普提出的以还原论为基础的统一科学运动和当代自然科学的发展是矛盾的。其主要矛盾之点在于把生物学还原为物理学和化学，把心理学还原为神经生理学，两者最后还原为物理学的困难方面，虽然科学家对于它们之间未来的还原可能性并不完全否定，但是认为这种还原可能性的程度是非常有限的。对这个统一科学运动威胁尤大的是突现进化论（theory of emergent evolution）的发展。依据这种理论，生命或心灵都有其特种的新的实在形式，这种形式是不能从任何自然规律和科学理论中推演出来或预测到的。……因此，很久以来，多数逻辑经验主义者已经把这个统一科学运动看作是一种历史的现象了。”

但是，对于奎因反对分析命题、综合命题两分法这个教条，洪谦是不赞同的。他写道：“逻辑经验主义者自诩根据‘分析—综合’（分析命题、综合命题）的两分法解决了实证主义哲学的难题，同时还把它当作‘彻底经验主义’的思想基础。但是，怀特和奎因对这种两分法提出了尖锐的批评。对此，卡纳普、法伊格尔和魏斯曼坚决表示不能同意，并加以辩驳和否定。的确，这一点是逻辑经验主义者无论如何不能接受的，否则，它的整个思想体系就会动摇了。”

（4）关于逻辑经验论的现状。洪谦不同意逻辑经验主义已经死了。他 1986 年东京的讲演中的估价是：“今天，逻辑实证主义或逻辑经验主义已不像 50 年前那样时兴了，然而人们不能否认它仍是现代西方哲学中一个有影响的学派。”他接着指出：

“自然，在今天，那样一种逻辑经验主义运动的中心（如 50 年前以施利克为首在维也纳，或 37 年以前以卡纳普和赖兴巴赫为首在洛杉矶，或其后以法伊格尔为首在明尼苏达）已不复存在了。然而逻辑经验主义的科学观却依然活跃于当代西方国家的许多哲学派别中，例如，英国：艾耶尔在伦敦，麦吉尼斯和昆顿在牛津；美国：法伊格尔在明尼苏达，亨佩尔在普林斯顿；奥地利：哈勒在格拉茨，维恩加登在萨尔茨堡；联邦德国：施特格米勒在慕尼黑；意大利：杰莫纳特在都灵；挪威：那瑟在奥斯陆；荷兰：米尔德在阿姆斯特丹；等等。”

洪谦也指出了逻辑经验论近几十年来的巨大发展和变革，“主要在于如下方面：意义概念的提出，从句法分析转向语义分析的过渡，可证实性定义的改变，可能性概念的提出和归纳逻辑的建立，对物理主义和统一科学理论的保留和疏远，还有对于经验主义的调整、限定和修正”。

洪谦还指出：近年来，维也纳学派的成员们法伊格尔、亨佩尔、克拉夫特、艾耶尔等编辑出版了《精确科学丛书》，施利克的《普通认识论》（1974）的英译本就是其中的一册。米尔德、科恩和麦吉尼斯主编的“维也纳学派丛书”，已出版了近二十本维也纳学派主要成员以及马赫和玻尔兹曼的著作的英译本。哈勒和麦吉尼斯等当时还计划出版一种名为《回到石里克》的丛书。有人谈到“当前是维也纳学派和逻辑经验主义复兴的时代”，洪谦认为这是有一定根据的。

但是，洪谦也看到了维也纳学派和分析哲学的一大弱点。1981 年，他在《欧行哲学见闻》中指出：“毋庸讳言：当代分析哲学的多数流派，从维也纳学派开始，就没有足够重视伦理学，就没有把伦理学摆在哲学中应有的地位。……的确如人们指出的那样，一个完整的哲学体系，既应有其完整的理论哲学部分，也应有其完整的实践哲学部分。例如，康德哲学有其三大批判，马克思主义哲学有辩证唯物论和历史唯物论。对此，无怪乎罗素曾经慨乎言之：‘逻辑实证主义这类哲学，严格说来，没有哲学，仅有方法论。’”

（5）对基础论和真理论的思考。从洪谦近 10 多年来的文章可以看出，他思考最多的问题还是知识基础问题和真理问题。洪谦在《论确证》和《评施利克的〈哲学问题及其相互关联〉》等文章中，在批判了卡纳普、诺伊拉特等的原始记录语句和还原论之后，也批评了施利克把“确证”作为知识的基础。洪谦指出：“施利克的确证或观察陈述都是比陈述更加赤裸裸得多的经验，与其说它属于逻辑和语法的领域，不如说属于心理学的领域。一切关于它的‘绝对确定性’的说法都只能从心理学方面，而不是从逻辑语法方面去理解。”“施利克试图在确凿无疑的经验和不证自明的感知中为科学找到一个牢固的基础，在我看来，这不过是心理主义的另一种形式，对此他自己早年也曾严厉批评过，我也认为它是根本错误的。确凿无疑的经验和不证自明的感知显然都是十分主观的，心理上的，正像施利克本人也曾实际上主张过的一样。”既然原始记录语句和确证都不能作为知识的基础，那么，洪谦自己的观点究竟怎样呢？他没有明说。在他逝世前卧病的时候，周柏乔寄给他一篇文章《洪谦教授的三篇文章和他的哲学见解》指出：“洪教授的评论提醒了经验主义者不要随意浪费精力去寻找知识的基础，因为这可能不是他们的任务。”洪谦看了，十分高兴，认为周柏乔把握了他的思想。在范岱年、胡文耕去医院看望他时，他一再谈到这一点，并表示他是反基础论的，并说在这方面他还有几篇文章可以写，而且基本上已构思好了。希望病好后立即动笔。令人万分遗憾的是，他被病魔夺去了生命，未能把这几篇文章写出来。在真理论方面，洪谦先生认为“施利克正当地指责诺伊拉特和卡纳普的真理贯融论（这个理论把经验真理的标准仅仅建立在记录句子的相容性的基础之上）背离了经验论。同时又被迫回到了约定论。然而，他的真理符合论，即把与实在（实为“感觉资料”）的一致当作真理的基础的理论，是否会导致‘唯我论和感觉经验论’呢？”看来，对于什么是检验真理的标准，逻辑经验论者至今没有取得一致、明确的意见。

洪谦教授近10多年的工作，受到国际哲学界高度的评价。在1984年授予他维也纳大学荣誉博士学位时，马特尔院长盛赞他“在哲学上，尤其在维也纳学派哲学上，作出了卓越的贡献”。英国哲学期刊《理性》认为当今没有几个哲学家比洪谦教授更有资格评论施利克的著作（1989年6月号第105页）。“在世哲学家丛书”第21卷《艾耶尔的哲学》一书主编L. E. 哈恩在1991年11月1日给洪谦先生的信中，谈到洪谦为该书写的文章，是这部书的一个强项。东京大学认为洪谦对逻辑实证主义和维特根斯坦的哲学都有深刻的认识。洪谦逝世后，英国《泰晤士报》《卫报》《独立报》都及时发表了长篇讣告。这些都表明了洪谦在国际哲学界的巨大声望。

五

洪谦先生终生献身于学术工作，致力于逻辑经验论哲学的研究和发扬。他的仪表宁静安详，学风严谨扎实。半个多世纪以来，他笔耕言教，培养和影响了中国两三代哲学工作者，为分析哲学和逻辑经验论在中国的传播作出了卓越的贡献。他为人谦虚谨慎。他最喜欢的格言是“我知我无所知”（苏格拉底），所以他孜孜不倦地、永无止境地进行着探索研究。他本来十分崇拜施利克。后来他读到了施利克的“箴言”“追随别人的人，大多依赖别人”，就更注意独立地思考和发扬批判精神，并以此来教育后人。1989年秋，北京大学校领导要为他庆祝他的八十寿辰，被他婉言谢绝了。他不喜欢形式主义的排场和不切实际的颂扬。他喜欢的是严肃认真而又自由活泼的学术讨论。在他逝世前不久，港澳的学者告诉他准备出一卷纪念他八十五寿辰的论文集，他欣然同意了，并着手考虑推荐论文集的作者。遗憾的是，他没能够指导并参加这个论文集的写作，不能亲自看到这个文集的出版了。

美国马克思主义哲学家、“维也纳学派丛书”的编委、洪谦先生生前的好友科恩在他的《辩证唯物论与卡纳普的逻辑经验论》一文中，比较了辩证唯物论与逻辑经验论，指出二者有基本的共同点，就是自然主义和人道主义，它们都拒绝超自然的说明和种种先验的学说，都希望依靠科学和理性，建立一个合理、美好的社会——社会主义社会。但它们也各有所长：辩证唯物论重视对人类社会作历史的、具体的分析，重视变革社会的实践，而逻辑经验论奠基于研究自然秩序的物理理论，重视静态的、形式的逻辑推理。二者都是当代思潮的重要部分，可以相互补充，相互启迪。

改革开放以来，我国的科学哲学有较大的发展，特别是对波普尔、拉卡托斯的批判理性主义和库恩、费耶拉本德的历史社会学派介绍较多，影响较大，而对于西方科学哲学的传统的基础性的逻辑经验论学说及其公认观点，则重视研究不够。人们常说，搞科学哲学研究，你可以反对逻辑经验论，但不能忽视逻辑经验论。认真地批判地研究逻辑经验论，发展我国的科学哲学，这可能是对洪谦先生最恰当的纪念吧。

（作者：范岱年 胡文耕 梁存秀）

参考资料

[1] 贺麟.当代中国哲学［M］.重庆：胜利出版公司，1945.
[2] 洪谦.艾耶尔和逻辑实证主义［J］.哲学研究，1991（1）.
[3] 洪谦.逻辑经验主义文集［M］.香港：三联书店，1990.
[4] 洪谦.维也纳学派哲学［M］.北京：商务印书馆，1989.
[5] 洪谦.逻辑经验主义（译文集）［M］.北京：商务印书馆，1989.
[6] 周柏乔.洪谦教授的三篇文章和他的哲学见地［J］.哲学研究，1992（4）.

李约瑟

（Joseph Needham，1900—1995）

李约瑟

明窗数编在　长与物华新

如果一个人了解其他民族的文化先驱者们的成就能像了解他们自己的文化先驱们的成就那样清楚，那他就必定能对其他民族的成就给予应有的了解和赞赏。

——李约瑟《中国科学技术史》

剑桥是英国具有悠久历史的文化教育城市，这里学府林立，书史山积。每当春和景明，习习熏风，吹皱剑河一泓碧水，两岸绿草茵茵，繁花似锦，景色旖旎。剑桥大学李约瑟研究所就位于剑河之畔具有16世纪特色的庭院之中，它像是给如带的剑河嵌上了一颗熠亮的明珠，这颗明珠是为了阐扬灿烂卓越的中国古代科学文明而存在的。几十年来，一位身材魁伟、体格稍胖的老人，每天总是拄着一根橡木手杖，脚步缓慢而稳健地越过草地，走向他的工作房间。在这里他进行着他近50年昼夜不停的工作计划（SCC设计）——撰写学者们称其堪与《罗马帝国兴亡史》相媲美的《中国科学技术史》巨著。此人就是被人誉为“重画世界知识舆图”的英国科学史家——李约瑟。

李约瑟原名Noel Joseph Terence Montgomery Needham。Joseph取自父亲，Montgomery取自母亲。他有几个中文名字，即李约瑟、倪约瑟、李丹耀、十宿斋道人、胜冗子等。十宿斋是他的书斋名，十宿是早期耶稣教东传Joseph的译音，胜冗子是他采用的别号。

李约瑟一生中扮演过很多不同的角色，作为杰出的生物化学家、近代胚胎学的奠基人和研究中国科学文化遗产的权威而闻名于世。由于在这两个领域内开创性的经典研究，他获得许多殊荣。他获得哲学博士学位后，先后成为英国皇家学会会员、英国国家学术院院士、国际科学史研究院院士、美国国家科学院外籍院士、中国科学院外籍院士，世界上有十多所著名大学颁授他名誉学位。在当代学术界中，像他这样享有这么多崇高学术荣誉的学者，屈指可数。

李约瑟曾担任剑桥大学东亚科学史图书馆馆长、剑桥大学凯思学院院长等重要职位；他是将科学带进联合国教科文组织的先驱者，也是一位虔诚的英国基督教徒；在政治上他是英国劳工党的党员。他擅于论著，同时又是一位诗人，熟谙英、中、德、法、拉丁、意大利、西班牙和希腊等文字。作为中国人民的忠实朋友和英中友好事业的积极推动者，李约瑟还是英中友好协会和英中了解协会的创始人之一，并亲自担任过会长。特别是他致力于中国科学技术史的研究，使他成为向西方重新传播中国古代科学文明的杰出使者。

一、幼而志于学　苍天巧安排

1900 年 12 月 9 日李约瑟出生于英国的伦敦。其父曾为解剖学教授，在伦敦哈里街是一位著名的麻醉药专科医师；其母是一位有名的音乐家，能弹钢琴，又会作曲，可谓家学渊源。他是独生子，从小就受到良好的教育，聪睿活泼，8 岁时已学会用打字机打字。母亲为了给他多一点机会学法语，曾每年带他到法国旅行。在家庭的熏陶之下，童年的李约瑟对基督教产生了很大的兴趣，朝夕都抱有进入传教修道生涯的梦想。他父亲常常带他到医院观看手术台的临床操作，希望他克承家业，从事医学。母亲则培养他在文艺方面的爱好。李约瑟 13 岁入昂德尔学校，这是一所英国著名的私立学校。他在那里掌握了一套学术研究的方法，使他受益匪浅。这时他开始对实验科学产生浓厚的兴趣，于是改变了传教修道的志向，憧憬继承父业，成为外科医生。在第一次世界大战的时候，他协助父亲担任过一次阑尾切除手术的助手，而得到“第一枚金币”。

1918 年 10 月，他中学毕业后离开家，考入英国最高学府之一——剑桥大学凯思学院，48 年之后，他担任这个学院的院长，后任名誉院长。当时，依照剑桥和牛津两所大学的规定，医科学生首先要学三年理科的课程，攻读学士学位，生物化学是其中的一门课程。李约瑟到剑桥的最初志愿是跟随父亲的脚步，专攻生物学、解剖学等相关学科。他的导师认为“未来是属于原子和分子的”，建议他学习化学。恰好英国近代生物化学之父、诺贝尔生理学或医学奖得主霍普金斯爵士在该院任教，主持生物化学实验室工作。李约瑟为其生动的演讲和层出不穷的发现所吸引，他决定按“中庸之道”行事，选择了介于生物学医学与化学之间的生物化学作为主修专业，受业于霍普金斯的门下。1924年李约瑟获博士学位，同年当选为凯思学院的研究员，成为胚胎学研究的先驱。也是在这一年，他与实验室同事多萝西·莫伊尔结为伉俪。20世纪40年代莫伊尔来到中国，取名为李大斐。1941年，李约瑟当选为英国皇家学会会员；7年后李大斐也当选为该会会员，这在英国一时传为美谈。因为自17世纪英国皇家学会成立以来，除英国的维多利亚女王及其夫婿阿伯特亲王之外，他们是第一对一同得到如此殊荣的夫妇。

年轻时代，李约瑟已多有论述，分别论及生物学和宗教问题。1931年他发表了三卷本的《化学胚胎学》。这部巨著使他成为这门新兴学科的奠基人。1933年他被破格提升为相当于副教授的职称。他的名著《胚胎学史》赢得了国际上的赞许。按照这个学术路线，他很可能成为英国另一位霍普金斯式的人物，最终也可能成为生物化学教授并被王室封以爵士称号；然而命运却以特殊的方式为他作了另外一种安排，使他放弃了生物化学的研究，而致力于他完全生疏的中国科学文化史的探讨。他在科学研究处于鼎盛期走完了自己的前半生，而后半生则与中国结下了不解之缘。

1937年是李约瑟一生的转折点。他曾幽默地说："中国人所谓的'苍天'对我另有安排"，"我不相信人可以与命抗争"，"命运使我以一种特殊的方式皈依到中国文化价值和中国文明这方面来"。这年36岁的李约瑟作为世界著名的生物化学家欢迎3位年轻的中国生物化学研究生进入剑桥大学，他们都是来攻读博士学位的，这3位学生是王应睐、沈诗章和鲁桂珍。李约瑟和这几位中国留学生一起工作，对他们研究科学的方法产生了兴趣。"他们探究科学事物，想法和我完全一样。"他回忆道，"这使我不禁想到一个问题，我开始疑问，为什么现代科学不是源于中国，而是源于欧洲。"鲁桂珍是一位来自南京的姑娘，她娇小可爱，来后不久，在一次午餐中，李约瑟不假思索地问她为什么中国在科学发现方面成就如此之少，鲁桂珍大为光火，说中国在许多科学发展方面曾领先于西方，并传达了她从父亲那里得来的这样一个信念：中国科学对世界科学的发展曾产生巨大影响。鲁桂珍的话启发了李约瑟，他没想到这次谈话改变了他一生的学术道路，从研究20世纪最新的一门自然科学转向中国传统科学技术史方面。

1954年8月18日，当《中国科学技术史》第1卷出版的时候，李约瑟特别致谢这三位中国学生，特别是鲁桂珍——对他的影响。他写道："他们从剑桥大学带走了什么，这里姑且不提，但他们肯定在剑桥留下了一个宝贵的信念，中国文明在科学技术中曾起过从来没有被认识到的巨大作用。"

1985 年 1 月，李约瑟在中国学者祝贺他八十五寿辰而编著的《李约瑟文集》中文本序言中写道："我的家庭从未与中国有任何牵连，既未产生过外交家、商人，也未产生过传教士，没有谁能使我在童年时对世界另一边的可与希腊和罗马媲美的伟大文明有任何了解。""在我略知汉字之前，我已 37 岁了。""后来我发生了信仰上的皈依。"他经过深思熟虑之后，形容这种转变"颇有点像圣保罗在去大马士革的路上发生的皈依那样"。这里李约瑟是借用《圣经·使徒行传》中的典故，说的是当虔诚的犹太教徒和法利赛人扫罗有一次前往大马士革搜捕基督教徒时，半路上忽被强光照射，耶稣在圣光中向他说话，嘱他停止迫害基督徒，从而使他改宗，易名为保罗，转而信仰耶稣基督，成为耶稣直接挑选的使徒。李约瑟引用这个典故其内在的含义是非常深刻的，正是这样一种精神力量的驱使，他才数十年来如一日地载笔耕耘，深深地陶醉于中国古代的科学文明之中。

二、睿智且勤奋　博大更精深

1937 年，快入不惑之年的李约瑟决定自修汉语，以便阅读中文原著。在凯思学院的一个研究室里，保存有一本旧练习簿，上面有李约瑟抄写汉英字典中的每一个汉字。在学习汉语方面对他影响最大的仍然是鲁桂珍。鲁桂珍出身于书香门第，父亲鲁茂庭，字仕国，是南京市一位著名的药商，对中西药都颇有研究。鲁茂庭除了教导女儿学习现代科学外，还使女儿相信，中国古代的医生和药师的本领要比大多数西方人愿意承认的强得多，人类历史上的一些科学技术正是从中国这块土地上发展起来的。只要深入发掘，还可能找到更有价值的东西。至少可以说，中国的全部科学技术史应该是任何一部世界科学技术史中不可缺少的组成部分。

从那时直到第二次世界大战开始，李约瑟一直坚持学习中国的汉字和思想，并且得到从伦敦来到剑桥大学的著名的汉学家哈劳恩的指导。哈劳恩自 1938 年以来便一直主持剑桥大学的中文讲座。在规定的几个下午，李约瑟总是骑车在蒙蒙的细雨中去哈劳恩那里请教。他当时接触到中国的原著是《管子》，在同古希腊的作品对比之后，他认为《管子》中有不少令人吃惊的精彩思想。日积月累，他对中国古代科学文化的了解日益深入。他虽感中国古代典籍之艰深，然求其系统，溯其源流，则非学好汉语不可。李约瑟被这古老的异国文明所吸引，故常有"我爱上了中国，爱上了整个中华文明"的赞叹。

对他而言，再也没有比去中国做一次实地考察更令人高兴的了！第二次世界大战期间的 1942 年，通向中国之路的机会意外地展现在李约瑟的面前。他欣然接受英国政府的派遣前往中国，肩负援华使命，而且他因精通中文被选为英国的中国科学考察团团长。在这之前不久，李约瑟已经有了撰写《中国科学技术史》的总体构想。

李约瑟在中国战时的陪都重庆建立“中英科学合作馆”，他坚持这个机构的名字应把“中”放在“英”前，因为他不愿主人身份的中国人以为“我们是来教导他们或是指使他们的，事实上我是来学习的”。他解释说：他的使命是在这被战火摧残的国家里奔波，访问中国的科学家和技术人员，帮助他们取得所需的科学设备——无论是实验用的白鼠或是显微镜。他和他的中英职员不畏战争的艰难险阻，行万里路，访问了无数的大学、医院、实验室和工厂，对中国的科学研究进行了实地考察。

他在中国逗留的四年，使他有机会得以极广泛地深入了解中国以及中国的民族与文化，他的足迹遍布中国大部，搜集了大量中国古代文献和中国现代科学史料。毋庸置疑，他所持有的资料，亦是中国科学史上一份十分宝贵的财富。

在中国期间，各地大学的主要教授，研究院所的主要人员，他多半见过，并能记住。他习惯用卡片记录每一位遇到的科技人员的姓名、别号及其中英文拼写形式、简历、现职、课题、兴趣等项目；有人告诉他仅这套卡片就可以编写一部“中国科技人名辞典”。在这些科学家中，钱临照博士对《墨经》中物理学原理所作的阐释使他惊叹不已，华罗庚教授帮助他了解中国数学，郭沫若在考古学和历史学方面对他有过指导，他还有机会聆听中国科学家关于艰深而重要的道教阐释以及侯外庐对中国古籍有新见解的谈话。

此时，李约瑟还得到中国学者最慷慨的赠书。特别是竺可桢博士，在李约瑟将离开中国之际，劝说许多朋友为李约瑟四处寻找各种古籍版本，其中包括一部《古今图书集成》(1726 年版)。这些珍本成为李约瑟日后撰写《中国科学技术史》不可缺少的参考文献。

这一时期，李约瑟高度评价了中国科学界的研究活动，介绍他的观感。他在 1945 年出版的《中国的科学》摄影集中写道：“我们西方人常以为中国只有农业和艺术方面的文化，这是很错误的，中华民族对于世界科学知识有过极大的贡献，他们是最先发明磁针、火药、种痘、造纸和印刷术的，又可能是翻砂铸铁技术的创造者。”在他发往英国的报告中常常提到：“人们往往以为援助都是由西方来到东方”，但他实地考察之后，认为不尽如此，“……至于近代纯粹科学和工业技术，也并不是由西方单方面输入”。例如，1937年南京金陵大学选出的一种“王氏大麦”被分种美国，使美国获得的利益远远超过了美国政府派遣技术专家来华所花的费用。又如，当时北平研究院研制出水晶；资源委员会制造的整套无线电导航设备，正在供给盟国军队使用；昆明防疫所制成的疫苗比西方的血清好，它也正在为东方的英国军队及中国军队所使用。

李约瑟指出：最近50年来，中国人终于能够展开一项相当有力的近代科学运动，并产生了大量能干的科学人员；到了最近若干年，近代科学在中国茁壮地成长，现在，许多第一流的科学家在大学及国家研究室内工作。两年来，光是经我们转递到欧美杂志上发表的，就有一百多篇出色的论文。

三、涵浸中西史 胸存万古情

“SCC设计”的主体工程——《中国科学技术史》首卷《导论》于1954年出版。这部鸿篇巨制刚一出版，就赢得举世瞩目。这样一项汇集百家、贯穿古今的宏伟编写规划，必须是学贯中西、淹博渊深的通才硕学才能胜任。李约瑟本人曾是从事中国科学技术史的人，应具有如下的素质：

1. 科学修养。

2. 科学研究的经验。

3. 熟谙欧洲历史。

4. 中国人民的生活经验。

5. 通晓中国古今语文。

6. 与中国学人的友好协作。实际上最重要的是对中国、中国人民、中国科学的热爱。

最初，李约瑟仅是计划写一卷有关中国科学技术史的书，可是他收集的资料实在太丰富，他便决定把一卷改为七卷，以便将资料尽量纳入书中，并得以畅所欲言。1968年剑桥大学出版社认为他的书愈出愈厚，建议多出几分册，所以第五卷分为六分册。1975年秋，李约瑟博士估计全书已完成十一分册，约稿待成者尚有九册，于是自述道：

先成何书，如何集辑，皆有待于来稿之迟早，卷帙浩繁，内容丰赡，攸赖于学人之共同努力。二十年后，悟知即令吾侪皆寿比彭祖，亦未能完成所业，现已邀约协作之著名学者二十余人，分布全球，但主要由东亚科学史图书馆同仁负责编写，规划完整，航向明确，籍使创始领航人不在舵楼，航轮亦将于十二年许到达终点无疑。四十年来专心致志于此大业，今泰半已成，胜利在望，雄心壮志，不减当年，而华发盈颠，虽抚摸陈迹，踌躇满志，而想望将来，忧喜交并，叹盛年不再，怀人世无常，切望完成，有恐不及见整帙之刊行，抚髀叹息，不胜低徊惆怅之感。

最后致语，读来惊怵，怃然同此感唱，真是情深一往，亲切肺腑之言。

这部巨著首卷《导论》一出世，如前所述，立刻举世震惊于其博大精深，实是功力艰巨的扛鼎之作。“序言”述记著书的起因及其与中国学人的接触，之后叙述了本书的计划，首先讨论汉字、汉字的拉丁拼音、读法学习与记忆方法，接着溯述汉字的起源，从《说文解字》的六书，直至说到金文、石刻、甲骨文。在参考文献简述部分，胪举引用的典籍名著，提及与本书有关的文献，中文或西文的，资料来源，百科全书，辞典和其他参考书，如《古今图书集成》《太平御览》《玉海》、子史精华，等等。在地理概述方面，简述了中国的地貌、地史、人文地理与自然分省详情。在历史概述方面，先讲周秦，然后述记秦汉以后的各朝历史，秦、汉、三国、晋、南北朝、隋、唐、五代、宋、辽、金、元、明、清，俨如一部完整的中国通史。之后讲述中西文化交流的情况，从中国文化的起源，讲到古代欧洲有关中国的传说，中西交通的史迹，水运、陆运、丝绸之路，印度、天方与中国的交通，商业贸易与政治使节，最后则为科学、工艺技术的交流，而殿以中学西渐，特别阐陈指南针、车轮、火药、纺织、造纸、印刷以至天文、舆图、水力、铸铁、计时等中国的发明创造，从东而西，大有裨益于世界文明昌盛之德惠；既以塞悠悠之口，以为一切创自欧洲，更以发扬中国文化科学与技术溥施于世界者之丰厚，列表详指，明证翔实，遂使国际学者共同赞认，举世同风；竞相宣扬中国科技的光辉卓越之成就。

李约瑟从事这项工作所用的中文材料大部分由自己译成英文，在已有西方文字译文的情况下，他也要对照原文，进行校核。即令是英文初稿，他也常与合作者详细讨论校核，经过多次修改后才最后定稿，命辞措字，亦有规矩准绳。因此在他的书中，纠正了过去西方汉学家们的许多错误。在吸收前人的研究成果时，他从不盲从，而是经过自己的一番钻研，他的工作十分细致，谨慎，他不轻易把自己的结论强加于人，而是服从实践的检验。关于船尾的方向舵，李约瑟早已从中国和欧洲文献记录的对比中，认为是中国发明最早，但长期有着争论，直到 1958 年在广州博物馆里看到汉墓中出土的明器陶船上有个小小的舵楼之后，才成为定论。

《中国科学技术史》第一卷 1954 年出版后，没有产生争议，第二卷的情况就不同了，因为，书中论及与儒、释、道、阴阳、五行相关的中国科学思想问题；李约瑟的个人观点就引起了不少汉学家和科学史家的批评。美国普林斯顿大学科学史系教授吉利斯皮说他自己一点也不知道有关中国的事情，但是他认为以马克思主义的观点来撰写科学发展史的作者是靠不住的。李约瑟是一个马克思主义者，他从马克思的观点出发讨论中国科学史，所以他的结论也是靠不住的。而耶鲁大学历史学教授芮沃寿则引用爱因斯坦的言论，声称近代科学是西方科学的独一无二的产品，西方科学是希腊的逻辑和文艺复兴时代的实验科学所组合而成的。因中国缺乏逻辑和实验科学因素，所以从中国文化中寻找科学思想是错误的。

当时，李约瑟的《中国科学技术史》只出版了第一、第二卷，这两卷尚未正式谈及科学；待第三卷出版以后，就再没有抨击他的汉学家出现了。当时写书评的学者们不是对李约瑟的广博知识和他在中国科技史方面的发现感到惊奇，就是认为这部书是 20 世纪的一部巨著。

《中国科学技术史》以其博大与精深，蜚声海内外，不但几百年来东西汉学家的著述无法与之比拟，就连我国的许多学者，也未必得其俦侣。第三卷以后的各卷分册，文辞典雅，有壮观瞻，使人钦服。1970 年后刊行的第五卷各分册，编摩既讫，便成为举世无匹的名典。所以其书既出，竞相移译。海峡两岸，以至日本、意大利、西班牙、荷兰、丹麦、德国、法国，乃至非洲、拉丁美洲都有译本或简译本出版。庶几踵斯事者，得以增华云尔，都钦仰为难于跻攀的不朽名著。

中国当代科学家李国豪、张孟闻、曹天钦等曾撰文：“我们作为中国文化教育科学界的从事者，不但有愧于此才情，无此硕学恒心来编写这么一部著作，而成为徒拥宝藏而求馈于益友，也深诚感幸有这么一位李约瑟博士对于我国、我国人民、我国科学恒火挚爱的热情。”

四、为学贵谨严　善恶倍分明

李约瑟数十年如一日，将中国文化几千年来的特长及精彩的地方，作了系统的梳理，他在提出思想史及科学技术史的例证时，列引详尽，议论周匝，为中外学人所重。而治学与处世，更有其可贵之处，即不耻下问，不持成见，真理所在，不怕得罪权门，不作人云亦云。他在1949年后，以为中国之所以选择社会主义道路，乃是避免西方诸国工业革命时所产生的贫富悬殊、各种社会弊端的覆辙，因之首先表示同情。抗美援朝战争期间，又竭力主持公道，致使他为当时西方各国政府当局所不容，多年后他的旅行讲学，仍受到限制。同时，李约瑟对中国的看法，并不是“一边倒”。1974年，正当国内“批林批孔”运动方兴未艾，他来到香港大学讲学，就偏要提出孔子仁民爱物的伟大。用英文演讲还不算，他又用中文诵述明代顾炎武的《论学》一段“士而不先言耻，则为无本之人”作结论。可见他对学术真实性的重视。这种观点不会因一时的政治风气而左右动摇。

李约瑟对中国文化的优点大加赞扬，但对它的缺点也提出不同的看法。譬如中国传统的方法治史，认为作史者笔下一行褒贬，则天下之至善与极恶，毫发毕见，千古不易，这实在是故步自封的做法。即便是认为盈天地之道，统统在史籍的字里行间，罗列无余，也再用不着开辟途径，也再用不着推陈出新。他曾以此和欧洲中世纪的思想相比，彼此都离不开“原始的假说”，是以束缚自然科学的发展。

李约瑟治学，可用“渊博”二字概括。因此他的历史观，不是容易概述的。大凡有创造能力的思想家，在大刀阔斧的姿态下开怀立论的时候，常有自相矛盾的现象，李约瑟也有这种趋向，但是这种矛盾并不是构思者在逻辑上举棋不定，而是眼光开阔时，逻辑的范围过小，已不适用。李约瑟自幼在基督教的影响之下长大，他当然不会放弃至美至善即属于神的立场。因此，人只能模仿造物，而不能因人力而自称巧夺天工。即使绝代才华的人物，在上帝面前，仍为凡夫俗子。可是李约瑟也受中国道家思想的影响，又觉得盈天地之至美至善，亦可以在一草一木之间，甚至在凡夫俗子、一事一物之间表现无余。所以，他一方面认为真理为一切事物抽象的总和，带有合理性，一方面又认为真理不外日常生活中各种机缘间的一种美感。李约瑟作为科学家，没有放弃他思想的体系，他信仰宗教，却不受硬性教条的束缚。前述矛盾，在大范围内则不成其为矛盾，因其渊博，故能容物。

在《中国科学技术史》第二卷和其他著作中，李约瑟曾多次提及“封建官僚主义”一词，有些作者不同意这种提法，他就多次与人书面磋商，指出他对这并无一成不变的看法，如果新研究能提供不同的说法，他还愿意修改以前的观点。因为他以前提及“封建官僚主义”乃是1940年来华期间根据中国一般学者常用的名词；有时也将此名词称为“官僚封建主义”。所谓封建，也只涉及当时君主制的背景，带有守旧及落后的意思。在《中国科学技术史》中，李约瑟袭用此词，并提出这一体系的存在，以待日后研究搜索。并未附加若干学者所谓人类历史不可避免的阶段，犹未认为中国历史一定要和欧洲历史相提并论，也未曾预测封建这一名词会在中国如此滥用。1973 年李约瑟与有关学者研究再三，决定第七卷不再称“封建官僚主义”，而改为“官僚主义”，他认为这样更为确切。在名词的确定上，李约瑟如此谨严、谦虚，常令学人叹赏不已。

李约瑟愿意修改自己以前的观点，正是因为他认为写历史不是一字褒贬。所以当《中国科学技术史》写至第七卷时仍觉得前二卷有修正的必要。当然与其言之为矛盾，则不如叹其为学博洽宏达，唯其保持固时修正的作风，则下一代及 21 世纪的读书人更可因此书而推陈出新，因之而更能反映此书与作者极尽锤炉之功。这也是我们今天应该效法李约瑟之处。

五、著述六十载　重绘世界图

50 多年前，英国著名数学家兼哲学家怀特海在赞扬了中国古代对哲学、文学和艺术的伟大贡献后，说：“我们并不怀疑中国人具有探索自然科学的才能，但是他们在自然科学上的成就是微不足道的，而且若使中国孤立于世界，也没有理由可相信它对于科学会有什么贡献。”而李约瑟与此相反，下决心研究中国科学技术史，他认为：“中国的古代文明，其中包括科学曾放射出灿烂的光辉。”他以丰富的现代科学素养，来参加中国科学史的研究，纵横经纬，博而能断，轩视前古。

《中国科学技术史》实际上是对上下几千年世界各大洲的科学文化进行比较和研究，它以丰富有力的论据，肯定了中国科学技术在世界历史上所起过的重大作用，这部著作涉猎面是如此之广，所论课题又是如此之高深，但行文却又深入浅出，非常流畅，使人读来快如掌上观纹。李约瑟的著作有独到的见解，他与王玲、普赖斯合作，从对中国天文仪器的研究得出宋代的水运仪象台是欧洲近代机械钟表的嫡系祖先的结论，这一结论后来已为举世所公论。他把我国潮汐学史写得有声有色，活灵活现。1956 年河北兴隆发现战国时的铁范，当时多数人认为这是用来铸造青铜器工具的，李约瑟则根据他对中国钢铁技术的系统研究以及现代科学知识，与另一些学者作出判断，兴隆铁范是用来铸造铁生产工具的，从而肯定了我国进入铁器时代的时间大大提前，其后的考古发掘和技术研究，也都证明了李约瑟的观点是正确的。

李约瑟做学问的方法是，处处留心，随手笔记，融会贯通，一般人看来是很平常的事物，在他看来就可能大有学问。古代一张防狗的通告，成为最早印刷品的证据；一个瓷瓶上的彩画，透露了中外交流的线索；北海公园的九龙壁，与天文历法有关系；大渡河上的铁索桥，成为古代中国钢铁工业的标志；沈括的《梦溪笔谈》到了李约瑟手里，就成了中国科学史上的坐标，他按照现代科学的分类，将其内容作了一个统计说明，发现其中属于科学技术方面的共有207条，使人们对该书的重要性有了一个一目了然的认识。李约瑟认为：近代科学从方法上区别于古代的是将数学与实践紧密结合起来。但古代的西方是不重视实践的，只有中国的机械发明传到欧洲以后，才产生了以达·芬奇为代表的工艺实践的方法。工匠们根据自然现象中的一些特点提出假设，继续验证，这就是以伽利略为代表的近代实验科学的先导。近代化学是由炼金术演化而来的，李约瑟指出，在阿拉伯的成就传入之前，欧洲谈不上炼金术，炼金术这词本身以及炼金术中的许多术语来自中国。至于用数学公式表示科学假说，无疑是从希腊人那里继承下来的，但是李约瑟又说："如果没有中国的十进制记数法，就几乎不可能出现我们这个统一化的世界。"

固然，《中国科学技术史》这部巨著中其史实、资料的引用，总难免有所出入，其哲学和历史观点也难免有值得商榷的地方，但是作者的总的目的已经达到，这就是李约瑟在书中始终贯穿的思想，即百川朝宗于海。

李约瑟认为：现代科学技术是一片汪洋大海，大海的水来自条条江河，这条条江河就是古代各民族的贡献，而中华民族这条河水的贡献特别大，非厘清不可。经过他的梳理，所得到的结论是：从公元3世纪到13世纪的1000多年中，中国的科学技术是西方世界望尘莫及的，这些科学技术有一部分传到欧洲，又为欧洲近代科学的诞生创造了条件。他完全赞同英国唯物主义的始祖弗兰西斯·培根在1620年说过的话：印刷术、火药、指南针，这三大发明"改变了世界上事物的全部面貌和状态，又从而产生了无数的变化"。印刷术带来了文艺复兴，火药炸毁了欧洲的封建城堡，指南针引导了新大陆的发现，而近代科学就是在这样的背景下产生的。

李约瑟指出：在研究自然现象时，人类都是平等的，世界性的现代科学体现了一种全人类可以互相交流的通用语言，古代和中古时期的科学（虽然打上了明显的种族烙印）涉及的是同一物质世界，因此可以纳入同一世界性的自然科学范畴。这种科学随着人类社会的组织性与一体化的迅速增强而不断发展，并将继续发展，直到实现大同，各国人民像江河入海一样成为一个整体。

正是在这种思想的指导下，《中国科学技术史》前五卷问世以后，获得了极大的成功。除前面谈到的少数汉学家对第二卷提出不同的看法外，绝大部分对此著予以高度评价。中国科学家叶企孙认为："这部著作将成为中国科学史方面的空前巨著。全球学术界将通过这部书而对于中国的古代科技得到全面的清楚了解。"美国大汉学家路德评论说："李约瑟的思想广度，他的阅历及其思想之透彻，使人对他的研究及其结论产生最大的敬意。正是这样一部书在改变着所有后来的中国思想史和整个世界范围内的思想史。"英国历史学家汤因比认为："这是一部打动人心的多卷本综合性著作……作者用西方术语翻译了中国人的思想，而他或者是唯一一位在世的有各种资格胜任这项极其困难的工作的学者。李约瑟博士著作的实际重要性和他的知识的力量一样巨大。这是比外交承认还要高出一筹的西方人的承认举动。"印度历史学家认为："这是一部包罗无遗而又极其详尽地论述中国科学思想的有益的著作，……是欧洲人学术研究的最高成就。"法国科学史家于阿尔认为："在这里把科学和技术戏剧性地溶化在汉学中……我们认为这部书可说是划时代之作，……这是一部任何有教养的人都必读之书。"英国《泰晤士报》文学副刊评论说："李约瑟博士已经打开了足以使一连好几代科学家要忙于探究的一个全新的世界。"英国评论家皮肯认为：李约瑟的著作"或许是一个人所独自进行的历史综合与沟通各国文化的最伟大的前所未有的举动"。而英国《自然》杂志则说："像这样一部波澜壮阔的令人震惊的作品，任何赞美都不会过誉。"

于兹观之，李约瑟的工作是一个良好的开端，人们期待着这项工作继续下去，就像整个科学的历史那样，没有尽头。

六、难题今又是　解谜看李翁

1990 年 12 月 9 日是英国著名学者李约瑟博士 90 周年诞辰，为了表示对李约瑟 90 华诞的庆贺，中国《自然杂志》特辑"李约瑟难题征答"专栏，以代酒馔。

所谓"李约瑟难题"，有的外国学者称之为"李约瑟之谜"，是指李约瑟博士提出的一个历史之谜，即："中国古代有杰出之科学成就，何以近代科学崛起于西方而不是中国？"

这一问题的提出，曾在全世界范围内引起了众多专家学者极为广泛的兴趣；无论是提出这个难题的李约瑟本人，还是关注和探索这个难题的海内外学者，都希望振兴中国科学技术，使具有五千年悠久文明历史的中国重新崛起，并屹立于世界文化之林。

李约瑟的诘问，至今尚未得到令人满意的答案。

在科学革命特指近代实验科学代替西欧古代科学的意义上，李约瑟的难题可以表述为：为什么中国古代科学家没有走上实验科学的道路？因此，这个问题实质上是站在近代实验科学的高度或以近代实验科学为坐标，对中国古代科学进行总体上的反思和评价。考虑到现代自然科学是近代实验科学的逻辑发展，无疑，站在近代实验的高度，对中国科学技术进行分析和评介，是一个理想的良好视角。而一旦对中国古代科学有一个总体上的认识和评价，那么，一部中国科学思想史的主线也就自然而然地呈现出来了。所以，在一定意义上说，“李约瑟难题”是中国科学思想史上的一个关键的问题，这项工作对于中国科学思想的研究的意义之重大是显而易见的。

在李约瑟难题的研究方面，最引人注目的，乃是李约瑟及其所领导的由近十个国家的学者组成的国际性研究集体所做的工作。李约瑟多次声称：一部卷帙浩繁的《中国科学技术史》就是致力于解释和回答为什么近代科学首先在西方兴起。与此有关的是，为什么在中世纪西方处于黑暗时期时，中国却发出灿烂的科技之光，而后来中国又为什么没有自发地出现近代科学。他站在世界科技史的高度来研究中国科技史，用对比方法考察了中西科技交流及相互影响。在《中国科学技术史》一书中，他不只讲中国文明，还涉及希腊、罗马、拜占庭、阿拉伯和印度等其他文明，他在这些文明之间架起了桥梁。李约瑟认为：如果没有中国等其他文化中的科学的注入，西方近代科学及工业革命也无从兴起。他纠正了西方过去对中国科学文化的各种错误看法、误解和严重低估，热情捍卫了中国人对一些重大发明与发现的优先权，把中国科学文明置于世界史中应有的地位，从而扭转了西方人以前的中国观，使之必须重新估价一度被忽视的世界科学史中的中国一环。

回答这个难题，李约瑟不是立足于一两个学科，而是显微阐幽、通观全局地研究中西科技史，厘清其发展脉络，找出其各自的优缺点和异同点。同时他从科学社会学角度综合分析中西社会体制、经济结构、历史传统、思想体系等诸因素的影响，考察中西商人、科学家和工程师的社会地位。在内史与外史结合研究时，他既注重科学发展的内因，又强调社会、经济因素的外在影响。

李约瑟的观点是：第一，这是有原因可寻的历史必然过程，决不像某些人所宣扬的那样，是偶然现象。第二，应当同时在中国科学发展所存在的社会客观环境和科学本身的内在因素中寻找原因。李约瑟及其合作者们对中国科学发展的社会环境和内在因素进行了大量深入和独辟蹊径的探索。他们提出的许多观点是新人耳目和富有开创性的。例如，他们提出，中国的阴阳五行理论尽管曾一度促进中国早期的科学发展，但由于其本质上是经验性和思辨性的，所以后来便成为阻碍实验科学在中国产生的重要因素。他们提出，中国未充分发展资本主义是实验科学没有在中国产生的最基本的社会原因："无论是谁，要阐明中国社会未能发展近代科学，最好是从说明中国社会未能发展商业的和工业的资本主义的原因着手。"他们还指出，中国传统文化中的重农轻商观念是阻碍科学革命在中国发生的重要原因："现在我们可以看到，中国商人阶级的不得志，很可能与中国社会抑制近代科学的发展有关"。如此等等，入木三分，爽豁眉目。

七、东西喜联璧　莫道近黄昏

有人曾问李约瑟，《中国科学技术史》的最后一卷从剑桥大学出版社发行的时候，他是否还能亲眼看见其盛。他答道："啊，我在校阅最后一页之前是否会一命呜呼，我并不担心，我根本是个相信天命的人。"

其实，李约瑟早就意识到此项工作的巨大，有生之年日短。早在1968年，他就陷入进退两难的困境，是尽他的余生自己编写这本书，能写到哪里就写到哪里，还是约请一些合作者，争取在有生之年早些完成它呢？李约瑟决定采取后一种办法。这也是《中国科学技术史》这项工作的转折点。1968年底，第五卷第一分册"纸和印刷"就请到关于这一课题的世界著名学者钱存训教授完成。

1986年成立了李约瑟研究所，它的前身是"东亚科学史图书馆"，以存储他的贵重图书，并为研究工作提供永久的工作空间。

东亚科学史图书馆是一所奇特的专业图书馆，它的奇妙不只是在于它那十分独特的专业性质，还在于它的职能远远逾越了我们通常对图书馆一词的认识。无疑它具有一切图书馆所有的对图书资料的征集、整理、典藏、流通的功能，而且还具有一切图书馆所没有的一项重大功能，即进行编写《中国科学技术史》的浩繁工作。它实际上是一个科学研究中心，一所不挂研究所牌子的研究所。

东亚科学史图书馆本身也是《中国科学技术史》设计中的一项重要措施，它出现在1976年，但它的收藏物的基础远在1942年李约瑟开始研究中国古代科学技术发展历史并撰写一部有关的专著时就已肇其端。从那时起他就开始搜集有关的文献资料，随着《中国科学技术史》一册一册地出版，此项专业的东西方文字的图书资料也越集越丰富了。李约瑟还认为，这个收藏的本身除了为撰述此一专著之用处，还应当保存下来，以致永久，向一切研究此一专门学科的学者开放，以供学习，以资应用。李约瑟还寄予厚望：在未来的时代里，对所有国家里有志于比较科学史的学者们开放其庋藏，从而促进公正而平等地了解世界的机制，正如我们今天所体验的那样。

1986年12月李约瑟和他的9位工作人员搬进研究所的新厦，两层楼的研究所是这位科学史家终身的梦想，它是由海外华人的慷慨捐赠而得以实现的。

《中国科学技术史》多卷本的写作，始于1948年李约瑟从中国和联合国教科文组织任满回到剑桥。当时的合作者是王玲。他协助李约瑟工作，一直持续到1956年。这时，鲁桂珍在巴黎的联合国教科文组织任职，在李约瑟的劝说下，鲁桂珍毅然提早退休，于1957年回到剑桥，并作为医学史家和生物学史家同李约瑟一道工作，她是李约瑟《中国科学技术史》的第二个合作者，从那时候起的36年中，她就和李约瑟一直在一起，1958、1972、1978、1981、1984、1986年，李约瑟先后六次偕鲁桂珍博士访华。剑桥东亚科学史图书馆成立后，鲁桂珍任副馆长，直到去世。早在52年前，李约瑟与鲁桂珍就联名发表了第一篇论文，那篇文章讨论了1320年论饮食疗法的忽思慧的著作，忽思慧在书中首先提出维生素缺乏症的经验发现。经过若干年后，这证明只是中国人远在欧洲人之前作出的许多发现与发明中的一个。

1989年李约瑟夫人李大斐去世后，鲁桂珍与李约瑟结为伉俪。东西姻缘，珠联璧合。1990年8月中国科学院向鲁桂珍博士颁发了荣誉教授的聘书。李约瑟夫妇壮心不已，孤灯深夜，扶病奋斗，继续为《中国科学技术史》的撰写竭尽全力，同时也感受到精神上的压力，他们担心自己尽一生心血所撰写的这部巨著的前景，以期粗成。

1991年11月初，鲁桂珍身体不适，咳嗽不止，她的衰废之躯，已经受不了疾病的痛苦和折磨；11月18日，终因肺炎溘然去世。弥留之际，李约瑟还握着她的手……

1992年1月10日，鲁桂珍的骨灰安葬在李约瑟研究所前的一株菩提树下。是夜，天地有情，送尔西归，北欧大地，大雪纷飞。翌日，剑桥大学李约瑟研究所白雪皑皑，楼前草坪，一片银装素裹。倘若鲁桂珍九泉有知，亦当回眸笑慰。

无疑，鲁桂珍的逝世对正在进行的《中国科学技术史》研究工作来说是重大损失，也是中国科技史界的重大损失，是她把中华数千年文明的信念带给了李约瑟，使他发生了信仰上的皈依，也是她为《中国科学技术史》的成功，筚路蓝缕，鞠躬尽力，献出了自己宝贵的一生。

91岁高龄的李约瑟三年内二次丧偶，常使他潸然泪下，晚景不堪悲凉。但令他欣慰的是，《中国科学技术史》剩余卷册写作进展顺利，且他于50年代初期一人独立开始经营的计划，将不因这部巨著的完成而终止，他的工作已在比较研究中开启了全新的门户。他提出的关于科学发展中“百川归海”“中西科技交流中的融合点与超越点”“成串传播”等概念，嘉惠后学，是他对科学史的理论建树。以他的名字命名的李约瑟研究所将继续接待全世界各地来的学者，协助他们从事中国科技史的研究。目前，这个研究所正在起草计划，打算资助范围更广的研究与写作。研究的范围可能包括佛寺研究与建筑技术、新儒家哲学与科学、中国航海史等。李约瑟认为：“我们如今的成绩，等于皮毛的表面工作。”

使李约瑟感到欣慰的是，他的整套巨著已走上了轨道，他的研究所在新厦中亦日见蓬勃。他如今可以回顾其长久而有成就的一生了。鲁桂珍曾经称他是“沟通中西之桥梁建筑人”。有人提起此形容，他便露出由衷的微笑。

八、青山明夕朝　丹心照汗青

1992年8月下旬，中国科学技术史国际学术研讨会在风光明媚的西子湖畔召开。一阵秋雨过去，杭州的湖光山色，浓妆淡抹，更加秀丽。来自英、日、韩、法、德从事中国科学史研究的专家学者和国内学者济济一堂，共庆这次国际学术研讨会的召开。使代表们唯一感到遗憾的是，李约瑟不能参加这个盛会；因为李约瑟不仅从事着《中国科学技术史》的工作，而且他从来都是非常关注中国科学技术史研究的进展。自从1956年竺可桢教授和几位中国代表出席在意大利佛罗伦萨城的第8届国际科学史学术会议之后的相当长的时期，中国大陆的科学史学者没有在国际学术会议上露面。李约瑟十分关心这件事，在许多国际会议上，他再三呼吁、希望中国学者早日再在国际学术会议的舞台上活动。20世纪80年代以来，中国的科学技术史专业工作者，不仅参与了国际间的学术会议，而且在国内组织了多次国际性的学术会议。1984年李约瑟曾参加在北京举行的第3届国际中国科学史学术讨论会。如今他年事已高，两腿已不能站立行走，靠坐在轮椅上行动，对杭州举行的国际会议只得望洋兴叹。他嘱咐何丙郁（当时李约瑟研究所所长）向全体代表问好，并遥祝大会顺利进行。也由于健康和其他原因，他也没有参加 1990 年在北京举行的中国科学技术史国际学术研讨会，尽管那次会议是为他祝贺 90 寿辰。

1993 年，93 岁高龄的李约瑟依旧每天上班，中午 12 时他坐在轮椅上让人推着进研究室工作，直到下午 5 时下班。他手因颤抖不能写字，著书工作只能用录音机口述进行。大约 10 年前，他和鲁桂珍博士已经着手编写《中国科学技术史》第六卷“医学史”分册的写作工作。1986 年底，他曾偕鲁桂珍来中国，专程到湖北蕲春李时珍的家乡作实地调查。

岁月如逝，天地悠悠。时间催促他提前拟写《中国科学技术史》第七卷的总结篇。他认为，将来全部书完成时，所得的结论也不会跟他所写的观点距离太远。

彼时，李约瑟已不再认为自己可以看到整部《中国科学技术史》的完成了。50 年前他以为只需写一册有关中国科技史的专著，付梓之后就可以回到他所从事的生物化学研究的实验室去。不料计划伊始，他预期的这项工作总共得二十册以上的一套多卷本的著作才能结束。随着时光的流逝，中国古代科学技术证明是一个“绝对的金矿”，“古代和中古时期的中国科学成就，一再表明足以使人眼花缭乱”。[1]

60 年来，李约瑟以独到之目光，穷毕生之精力，深明中国科学技术对于世界科学技术的重要性，并矢志把这项工作做好，所以，他再也没有回到生物化学实验室。还在 1958 年的时候，李约瑟还要去生物化学系讲课，恋恋不舍自己所学的专业，他对何丙郁这位与他合作了近 30 年的学生说，他希望能在世上活三次，一次研究中国科技史，一次研究生物化学，一次做一个外交家当英国驻华大使。李约瑟虽然不好运动，但从小就有很充沛的精力。年轻时代，剑桥大学生物化学系的同事们称他是“一塔的精力”（a tower of energy），这是先天所赋予的良好素质。直到 1992 年仲春，当中国客人拜会李约瑟时，他虽年逾九旬，但思路敏捷，记忆仍很清晰，在与客人的交谈中，他主动提起他的老朋友宋庆龄、路易·艾黎、马海德等人。他说“我热爱中国”，他一直密切地注视着中国的飞速发展。

然而，新陈代谢是宇宙万物发展的普遍规律，人的生命是有限的。李约瑟深深地知道“吾生也有涯，而知无涯”的道理，“以有涯随无涯，殆已，已而为知者，殆而已矣”（《庄子·养生主篇》）。回顾李约瑟的学术道路，他一生的兴趣似乎都是集中在

1 李约瑟 1995 年去世，近 10 年后，《中国科学技术史》最后一卷即第七卷第二分册出版。

生命的问题上。早年的宗教兴趣是关于生命终止后的来世问题，而继承父业做一位大夫的愿望，使他从救来生转到救今世，他研究生物化学的目的是要解开生命之谜，从科学的化学中去了解生命。在研究中国科学技术史时，他对道家炼丹术中的长生不老术研究特别感兴趣，他的中文名字取姓李氏，就有对道家的尊崇之意；虽然，历史上的道家长生不老之术没有成功，但现代医学与公共卫生已经达到延年益寿的目的。中国人的平均寿命不断延长。正如1972年何丙郁在日本刊登的一篇论文中曾提到的那样：李约瑟不是从炼丹术而是从他不朽的巨著中获得生生之道。

（作者：刘克明　胡显章）

参考资料

［1］李国豪，张孟闻，曹天钦．中国科学技术史探索［M］．上海：上海古籍出版社，1982.

［2］李约瑟．李约瑟文集［M］．沈阳：辽宁科学技术出版社，1986.

［3］李约瑟．文明的滴定：东西方的科学与社会［M］．张卜天，译．北京：商务印书馆，2016.

［4］李约瑟．中国科学技术史［M］．北京：科学出版社，1975.

［5］席泽宗．睿智而勤奋、博大而精深［N］．人民日报，1980-12-8.

［6］徐迓亭．李约瑟博士与中国科学［J］．自然杂志，1980（12）.

中外著名科学家传记

典藏版

第Ⅱ册

王大明　刘　兵　李　斌　主编

中原出版传媒集团
中原传媒股份公司
大象出版社
·郑州·

第Ⅱ册目录

科学救国启蒙人：

中华科技拓荒者

- 蔡元培
- 梁启超
- 虞和钦
- 曹云祥
- 任鸿隽
- 侯德榜
- 胡明复
- 杨杏佛

蔡元培

（1868—1940）

蔡元培

中国近代科学和教育事业的奠基者

近代的中国，正处在由黑暗到光明、由半封建半殖民地社会到社会主义社会的伟大历史转折关头。在势不可当的革新潮流面前，一些人始终坚持反动立场，受到了历史的惩罚；一些人高举科学、民主的旗帜，推动了中国社会的前进，却未能坚持到底，最后退入顽固守旧的营垒；而更多的人则始终坚持革新，坚持进步，勇敢地站在时代潮流的前面。他们为神州的光复、民族的新生，为中国的新政治、新经济、新文化，终生奋斗不息。著名的民主革命家、教育家、科学家蔡元培，就是毕生追求进步，为祖国的独立富强作出了卓越贡献的先行者之一。

一、从翰林到民主革命家

1868 年 1 月 11 日，蔡元培出生于浙江省绍兴府的山阴县（今属绍兴）。他的父亲是钱庄经理。蔡元培行二，6 岁入家塾，11 岁时父亲病故，家中无力再延聘塾师，便辗转受业于别处，尤得其叔父的悉心指导。1884 年，蔡元培考中秀才，1889 年应乡试中举。翌年，去北京应会试，又告捷。1892 年蔡元培补应殿试，被取为第二甲第三十四名进士，并被点为翰林院庶吉士。又过两年，应散馆考试，授职翰林院编修。

在科第仕途上，蔡元培可说是少年得志，一帆风顺，令时人钦羡。他靠着自己的天赋才能和刻苦攻读，不但使得家门荣耀，还一举打开了通向高官显宦、跻身封建统治集团的大门。

然而，正当蔡元培金榜题名青云有路的时候，清朝封建统治却已日暮途穷。内忧外患纷至沓来，震撼着这个年轻翰林的心。

1895 年，清廷在中日甲午战争战败后，签订了丧权辱国的《马关条约》。消息传来，蔡元培悲愤万分。他感慨万端地写道："疆臣跋扈，政府阘茸，外内狼狈，虚疑恫愒，以成炀灶之计，聚铁铸错，一至于此，可为痛哭流涕长太息者也！"

蔡元培看到了问题的某种严重性，但还不了解当时的世界大势和中国社会的病根。19 世纪末 20 世纪初，中国社会正在经历剧烈的动荡和痛苦的转变。资本帝国主义频频叩打着“中央之国”摇摇欲坠的封建壁垒。中国已经不可能照原来的样子生存下去了。封建统治集团企图“量中华之物力，结与国之欢心”，以维持自己的特权地位。而一批年轻的士子却首先敏锐地感到了危机的紧迫和改革的不可避免。他们纷纷睁眼看世界，如饥似渴地学习新的知识，介绍西方社会政治思想和文化。从林则徐到严复，便是走的这样一条新路。到蔡元培的时候，以康有为为代表的一部分读书人正在酝酿依靠封建统治上层中的某些人进行变法。而民族资产阶级和下层民众中的觉悟分子已开始准备推翻清王朝的武装革命运动。大变革的时代迫使每个人都面临着一次重大的抉择。

对于蔡元培来说，这就意味着要抛弃已经到手的功名利禄，已经习惯的生活方式，已经驾轻就熟的治学之道，一切从头做起。而这将是一条不无风险的艰苦的路程。蔡元培顺应了时代的潮流，向着光明迈出了决定性的一步。

在翰林院的几年，蔡元培除了以与过去截然不同的眼光阅读古代典籍，还留心于世界事物，孜孜不倦地攻读维新派的译著，如马建忠的《适可斋记言》、郑观应的《盛世危言》等。

为了给“博览西文群书”找到一条捷径，他 32 岁时开始学习日文。这个时期，他还接触了某些自然科学方面的书籍，如《电学源流》《量光力器图说》等。这一切，给蔡元培展现了一个未尝领略过的全新的世界。

“都无作官意，惟有读书声。”蔡元培写在京师寓所中的这两句古人的句子，准确地概括了他在翰林院几年的实际况味。这已不是封建士大夫的故作清高，而是时代巨变的反映，是他酝酿着在人生历程上第一次飞跃的具体表现。

1898 年，戊戌变法由于封建顽固派的反对和血腥镇压而中途夭折。蔡元培没有参加这个运动。他同情维新派的政治主张，而且“于戊戌六君子中，尤佩服谭复生（嗣同）君”，却不赞成他们的办法。蔡元培后来曾经说起：“康党所以失败，由于不先培养革新之人才，而欲以少数人弋取政权，排斥顽旧，不能不情见势绌。”后来他终生重视教育和人才培养，可以说正是有鉴于此吧！

变法是失败了，以此为契机，蔡元培却看清了清廷的政治改革已“无可希望”。1898 年 9 月，蔡元培愤然携眷出都，南下从事教育，并走上了秘密革命的道路。他从一个清朝的名翰林，变成了封建的叛逆者。

从1899年到1906年，蔡元培在浙江、上海一带从事教育、文化和宣传工作，编撰进步报刊，试行新法教育，并曾参加组织中国教育会和爱国学社，分任会长和总理。这个时期，蔡元培同革命家章炳麟、邹容等过从甚密。他积极为《苏报》撰稿，支持章、邹的革命活动。“《苏报》案”发生以后，他又参加了营救活动。

1903年，为了打破沙俄帝国主义长期霸占我国东北的图谋，中国人民掀起了一个抗俄、拒俄的群众运动。蔡元培联合上海爱国知识分子，通电全国，促请各界奋起抗争。他们经常在张园举行讨论会、讲演会，“颇足发人爱国之诚”。爱国学社组织了抗俄义勇队，蔡元培毅然剪去辫子，着操装，与教员、学生一起接受军事训练。他们还在爱国女学试制炸药，为推翻清朝进行军事暴动和暗杀作准备。在蔡元培的组织领导之下，爱国女学、爱国学社和中国教育会实际上已成为反清革命组织。1904年，光复会成立，蔡元培被推举为会长，并促成陶成章与徐锡麟的联合。1905年，他秘密加入同盟会，并担任了上海分部负责人。

投身革命的蔡元培，继续探索着救国救民的道路。

二、重新学习

1907年5月，南国已是杂花生树、春意盎然，西伯利亚的原野却到处可以见到尚未消融的皑皑白雪。一列火车喷着烟雾，在光秃秃的白桦林中由东而西吃力地爬行着。一扇车窗前，坐着一个面容清癯的中年人。一双有神的眼睛透露出东方人特有的沉着和凝重，并显示着决心，充满了希望。他就是随同新任清朝公使孙宝琦前往德国的蔡元培。他要去欧洲，去重新学习。

前一年秋天，清廷准备派遣一批翰林院编修出国留学。蔡元培听到消息后，立即赶到北京，等候派遣。但清廷的这一套“新政”本来就是虚应故事，并不认真，而翰林院中又很少有人愿意离乡背井，去吃游学之苦。派遣还没有开始，就宣告流产了。但蔡元培仍不死心，不能官费留学，那就“半工半读”。他终于得到了孙宝琦的帮助，每月可支银30两，又商定为商务印书馆编书，以稿酬补给家用——要知道，这时的蔡元培已经是三个孩子的父亲了。

19世纪和20世纪的交替期，人类对自然、社会及人类自身的认识，都有了飞跃的发展。自然科学方面，居里夫妇发现放射性元素钋和镭，爱因斯坦的相对论，冯特的实验心理学和弗洛伊德的精神分析法，孟德尔关于遗传原理的重新发现，马可尼和波波夫发明的无线电传播进入实用阶段……这一切，标志着20世纪开始的科学技术革命的凯歌行进，给欧洲社会生活的各个方面带来巨大的冲击，深刻地改变着人们的思维方式，也不能不给身临其境的蔡元培以有形和无形的影响。数十年后，他还在《申报月刊》上撰文，无比神往地谈起当时人类文化的这些巨大进步。

1908年秋，蔡元培进了莱比锡大学。这是一所有500年历史的著名的高等学府，设备齐全，师资雄厚。以首创实验心理学、使心理学从哲学中独立出来成为一门近代科学而著名于世的冯特教授，正在这里开设心理学和哲学史的课程。蔡元培一到这里就选了他的这两门课。此外，还听福恺尔的哲学、兰普来西的文明史、司马罗的美术史及相关文学课。他如饥似渴地学习着，这是他第一次比较系统地接触西方文化。从儒、墨、道、法到康德、黑格尔，从汉唐盛世到文艺复兴，从李白、杜甫到歌德、莎士比亚，这不能不说是一个巨大的变化。此时此地，蔡元培决不鄙弃中国古代的灿烂文化，但他更热烈地追求带着新鲜气息的资产阶级学术思想，认为这一切也许更适合近代中国的需要。

作为国学大师的王国维，曾经着力宣扬康德的哲学思想。他从儒家，特别是宋明理学的渊源出发，特别强调康德的唯心主义的不可知论。这是一种无所作为的论点。而作为资产阶级民主主义者，蔡元培更欣赏康德的二元论的本体论。他主张，本体与现象、哲学与科学各有自己的领域，要区别看待，不应该笼统地加以描述，其用意在于提倡科学，反对陈腐不堪的儒学和宋明理学。他认为只有这样，科学才能发展，世界才能进步。在历史的转变时期，这种二元论具有某种进步的意义，它固然是中国资产阶级的软弱性、不彻底性在文化思想上的反映，但又表现出强烈要求改变现状的进取精神。

在德国的最后两年，蔡元培学习的兴趣逐渐集中在美学方面，以至成为终身的爱好。暑期，蔡元培经常出去旅行，考察各地的风土人情、文化设施、建筑艺术，经常流连于美术馆和博物馆。他为欧洲文艺复兴时期的艺术杰作而倾倒，无限向往当时的人文主义和科学精神，更加希望“中国的文艺中兴”早日到来。

在德国留学期间，他还特别注意西方大中学校的教学方法和课程设置，特别欣赏大学开展的学术研究和科学实验及在自学的基础上进行讨论辩驳的学习方法。那里“重推悟不重记忆”、“尚感化而不尚拘束”、师生平等融洽相处的特点，给他留下了深刻的印象。这一切，为他回国之后即着手进行的中国教育改革提供了良好的借鉴。

1911年10月中旬，蔡元培正在维坎斯多夫的一所中学参观访问，报纸上登出了武昌起义的消息。他惊喜万分，立即前往柏林，联络留德学生，注意国内革命的发展。他们自己凑了钱，向国内各省当局拍了电报，敦促他们响应革命。一个月后，蔡元培回到了离别数载的祖国，在上海参加了筹建中华民国的各省代表会议。年底，孙中山就任临时大总统后，任命蔡元培为临时政府教育总长。

1912 年 1 月，蔡元培发表了“对于教育方针的意见”，宣告破除以“忠君”“尊孔”为纲领的封建教育，建立包括军国民教育、实利教育、公民道德、世界观和美育等内容的近代资产阶级教育体系。之后，并积极着手进行一些具体的改革，如废除读经、改变学制、修订课程、小学实行男女同校、推行义务教育及社会教育等。

不久，以袁世凯为代表的封建官僚政客，施展种种阴谋手段，攫取了大权。议院有名无实，内阁形同虚设。蔡元培，这个正直的知识分子，当然不能与野心家、阴谋家为伍。他邀同宋教仁等同盟会会员宣布退出内阁，不与袁世凯合作，并发表了《蔡元培答客问》的宣言。

1912 年 9 月和 1913 年 9 月，蔡元培又两度挈妇将雏，前往德国和法国，继续其学业。他同李石曾、吴玉章等人一起组织和提倡留法勤工俭学，还会同中法有关人士成立了华法教育会，企图以法国系统的科学和美术为师，促进中西文化交流。此后，中国共产党许多优秀的领导者就是在留法勤工俭学时接触了马克思主义和西方工人运动，走上无产阶级革命道路的。

1913 年夏，因“宋教仁被刺案”，蔡元培曾应孙中山电召回国，参加反对袁世凯的斗争。

这几年，蔡元培风尘仆仆，往来跋涉于祖国和欧洲大陆之间，说明他一方面为祖国的命运和革命的前途忧心忡忡，总想为之聊尽绵薄，另一方面又不愿意陷进密如蛛网的政治阴谋和使人眼花缭乱的权力之争，便退而在学术研究中求得内心的安宁。这是一个矛盾。这个矛盾不仅曾经在各个时期不同程度与蔡元培终生相随，而且也可以说是旧中国许多知识分子想要摆脱而又无法摆脱的一个“幽灵”。

三、开创风气，改革教育

1916 年 9 月 1 日，正在巴黎左近的科隆布镇居住的蔡元培接到从北京发来的一封电报：“蔡鹤卿先生鉴：国事渐平，教育宜急。现以首都最高学府，尤赖大贤主宰，师表群伦。……特专电敦请我公担任北京大学校长一席，务祈鉴允，早日归国……”

电报是袁世凯死后北京新政府的教育总长、他的朋友范源濂发来的。盛情难却，蔡元培又何尝愿意蜗居异域，而不想回到国内展其所长，做一番事业呢？他立即买好船票，欣然返棹。

北京大学的前身是清朝京师大学堂。虽然民国成立已经好几年了，它的腐败习气依然故我。学生当中，不少人把上大学当作“举业”，只想弄个文凭，作为将来的进身之阶。不少教员不学无术，尸位素餐。学校管理上，衙门习气严重，校长独断专行，等级森严，上下闭塞。而上课之外，没有任何健康的活动，纨绔子弟的恶劣作风到处弥漫。总之，这里少的是学术研究的空气，多的是封建复古主义思想。而这一切，又是以北洋军阀反动统治为其深刻的社会背景的。真是困难重重，积重难返。蔡元培从国外回到上海时，就有相当多的友人劝他不要来就职，免得骑虎难下。但他认为，正是因为腐败，才需要人去整顿；不应该害怕失败或有过多的个人考虑。特别是因有孙中山先生的竭力主张，认为他的就职有利于向北方传播革命思想，他便毅然北上了。

从1917年初到1923年初，是蔡元培在北大实际主持校政的时期。除了形势的发展、革新派力量的壮大等客观因素，一个革命者的胆略、对教育事业的热忱和深厚的学术素养这些个人条件的综合，使蔡元培能排除种种阻力，大刀阔斧地进行了一系列改革整顿，如改造教师队伍，提倡科学研究，保障学术自由，改变领导和教学体制，首创男女同校和提倡平民教育，等等。这些措施，就像阵阵春风，驱散了笼罩着中国教育界那种令人窒息的沉闷空气。短短几年之间，北大的面貌发生了巨大的变化，北大被改造成为一所新型的现代意义上的大学。由于北大是近代以来中国的最高学府，它的革故鼎新，在教育界具有打破坚冰和带动全局的重要意义，大大推动了全国教育事业的进步，成为中国近代教育改革的良好开端。

经过半生奔波，蔡元培终于有了一个能够一抒所怀、认真实践自己的理想和抱负的天地。他心中的喜悦和精神的亢奋都是可想而知的。

为了办好北大，蔡元培求贤若渴。事实证明，只要方针正确而坚定，便不乏具有真才实学的人才，即使是在当时的中国。他顶着压力，裁汰了一批不称职的中外教员，同时，到校不满十天，就请来高举“科学和民主”大旗的《新青年》主编陈独秀担任文科学长。这样，他就有了一个支点，一个能够把旧北大整个颠倒过来的支点。理科方面，则请知名的相对论物理学家夏元瑮主持。在蔡元培的罗致下，文科如李大钊、鲁迅、胡适、钱玄同、刘半农、高一涵、沈尹默、马叙伦、杨怀中，理科如李四光、任鸿隽（叔永）、颜任光、翁文灏、李书华，法科如陈启修、马寅初等学者，翕然而至，济济一堂。其中如李四光，是蔡元培亲自写信到伯明翰大学，请他万里来归的；马寅初则刚从美国学成归来，由他聘到北大任经济学教授。北大，就像一个行将夭折的病人，在得到如此源源不断的新鲜血液的补充之后，第一次真正获得了自己的青春。这样一个强大的革新营垒和各科教学的中坚，保证了北大成为新文化运动的中心和具有全国最高学术水平的高等学府。

蔡元培认为，大学是学术研究的机关，而“人才至为难得，若求全责备，则学校殆难成立”。因此可以不问其政治态度、学术派别、年龄大小、有无学位及个人品性，只要是学有专长而又热心教育和学术研究，他都积极延纳。在这个方针的指导下，北大教师队伍的结构改变，力量充实，面貌焕然一新。到 1918 年，全校的 200 多位教员中，教授的平均年龄只有 30 多岁，多数人倾向革新。不仅如此，蔡元培还将西方的代议制度引入学校管理，先后建立了学校的评议会、行政会议、教务处，以及各系的教授会，分别成为校系的最高权力机关和教学领导机构。这就从体制上保证了人尽其才，使教员有职有权，充分发挥他们在教学和科研中的作用。

蔡元培一生坚持不懈地反对宗教和迷信，重视科学和美学的教育。他到北大的第一次演说中就提出“大学学生，当以研究学术为天职”，要大家以“研究高深学问”为自己的宗旨。他将旧北大文、理、法、工、商五科并立改为以文、理两科为主，设十四门（系），这就突出了学术的地位。他还提倡学文学和哲学的要学自然科学，以免陷于空疏，没有根基；学自然科学的则应学习哲学。这改变了过去文理互不相关、各各抱残守缺的落后局面。他提倡和支持学生建立学会、创办刊物，开展各种学术研究活动。还实行学分制，便利学生根据自己的爱好和专长选修学科，以便因材施教，快出人才。

痛感于中国科学文化的落后，蔡元培十分注意学习西方先进的科学文化。他重视派遣留学生出国学习，以“留待校中将来聘请”，并弥补国内人才的严重不足。他同欧美许多著名学者和科学家建立了联系，邀请他们来中国讲学。1920 年底至 1921 年秋，蔡元培再次出国，考察欧美各国教育和科学研究机关。1921 年 3 月 8 日，他专门访问了著名物理学家居里夫人，同年春天，他又同夏元瑮一起访问爱因斯坦，邀请他们两位到中国讲学。这两次拟议中的讲学后来都因故未能实现，人们仍然为蔡元培促进中国科学文化发展的一片苦心深深感动。

针对几千年封建专制统治的流毒和当时的思想钳制，蔡元培在北大明确地提出了

“思想自由，兼容并包”的主张，他在概括自己在北大的经验时说过一段脍炙人口的话：“我对于各家学说，依各国大学通例，循思想自由原则，兼容并包。无论何种学派，苟其言之成理，持之有故，尚不达自然淘汰之运命，即使彼此相反，也听他们自由发展。”当然蔡元培对待各种学说，是主张通过竞争，使新的成长壮大，使旧的归于消亡，他曾经用“洪水”来比喻新思潮，以“猛兽”作为军阀的写照，就是证明。这是一个符合科学文化发展的客观规律的方针，是为新思想、新文化的胜利进军开辟道路的。在他的倡导之下，北京大学（也是近代中国的学术界）第一次出现了百家争鸣的生动活泼的局面。

在十月革命以后，马克思主义传入中国，李大钊、邓中夏等人先后组织了“北京大学社会主义研究会”和“北京大学马克思学说研究会”，根据学术自由的方针，也都得到了蔡元培的亲自批准和支持。这两个研究会的活动，极大地推动了马克思主义在中国的传播。蔡元培不是一个马克思主义者，但他是一个真正的民主主义者，他诚心诚意地追求真理和社会正义，他并不害怕到处游荡的“共产主义的幽灵”。他的这种胸襟和气魄，是没落时期的地主、资产阶级难以望其项背的。

事情正是这样，1919 年 3 月，桐城派古文家林纾在《公言报》上发表了致蔡元培的公开信，攻击北京大学“覆孔孟、铲伦常”“尽废古书，行用土语为文字”。校内的守旧派和落后学生则散布所谓陈独秀、钱玄同等新派教员被驱逐的谣言，蛊惑人心。北洋军阀政府也蠢蠢欲动，甚至谋以武力威胁。一时间，大有黑云压城之势。在新文化运动面临被反动派扼杀的紧急情况下，蔡元培坚定不移，寸步不让。4 月 1 日，他发表了《致〈公言报〉函并附答林琴南君函》，重申了“思想自由，兼容并包”的原则立场，驳斥了林纾的无理攻击。这一正义行动，得到北大和全国各地革新派的支持和声援，打退了守旧派的进攻，维护了新文化运动的成果。

然而，中国正是多难之秋，看似平静下来的空气中，正在酝酿着新的风暴。

1919 年 5 月 3 日，一辆马车飞快驶进东城东堂子胡同，停在北大校长蔡元培的住宅门前。从车上下来的，是神情焦急的徐世昌政府外交委员长汪大燮。他带来了一个事关重大而又紧急万分的消息。

原来，在刚刚结束的第一次世界大战中，德国战败。中国人民久已强烈要求收回德国强占我山东的各种权利。但在巴黎和会上，各帝国主义互相勾结，竟然决定将这些权利全部交给日本。消息传来，中国人民愤怒无比，一致反对。而北洋政府却令中国代表在这一丧权辱国的《凡尔赛和约》上签字。蔡元培得知这个消息后，立即于当晚召集北大学生代表，通报了这一迫在眉睫的严重情况。第二天，具有伟大历史意义的、轰轰烈烈的五四爱国运动爆发了。

5 月 6 日，蔡元培又亲赴警厅，以自己的身家作保，要求释放在游行示威和火烧赵家楼中被捕的学生。5 月 7 日，他面带笑容，眼含热泪，以从未有过的激动心情，在北大广场上欢迎这批英雄学生的归来……

作为一个教育家，蔡元培从来就主张教育独立，认为政府不应干预教育，学校师生也不宜过问政治。他多次重申过这一主张。然而，他并没有忘记“天下兴亡，匹夫有责”的古训，更不能无视惨痛的现实。在民族危亡的严重关头，他总是挺身而出，冒险犯难，尽了一个革命家和爱国者的天职。

五四运动是中国现代史的开篇，是彻底地反帝反封建的新民主主义革命的发端，具有划时代的意义。而正是北京大学成了五四运动的发源地，这是同蔡元培全力支持和提倡的科学和民主的精神，同他始终坚持和贯彻的办北大的方针直接相关的。蔡元培以一个大学校长的身份，作出了深刻地影响中国社会进程的、不可磨灭的历史贡献，对自己国家的进步起了巨大的作用。历史发展到今天，人们更加感到蔡元培的气概非凡，目光如炬。

迫于政治的黑暗、反动派的处处掣肘，在北大期间蔡元培曾经几度辞职。由于他在人民群众中享有的崇高威望，他的每次辞职都无异是对反动派的无情揭露和当头棒喝。1923 年初，为了反对任命“早已见恶于国人”的政客彭允彝当教育总长，反对当局对于人权的侵犯，蔡元培发表《不合作宣言》，并再次辞去北大校长职务。

“欲渡黄河冰塞川，将登太行雪满山。”在豺狼当道的旧中国，蔡元培无法将自己的理想完全付诸实现，他终于走了。从此以后，他再也没有回到北大。但是他给北京大学留下了革新的精神、创造的勇气和追求真理的热烈而执着的信念。他亲手播下的种子，在旧世界贫瘠的土壤里，顽强地保持着自己的生命力，一旦春回大地，就会开出鲜艳的花、结出丰硕的果。

1923 年 7 月，蔡元培再次赴欧，先后旅居比利时和法国，进行学术研究和中西文化交流的活动。五卅运动发生后，他发表了《为国内反对英、日风潮敬告列强》一文，驳斥了帝国主义者对中国人民的正义斗争的诬蔑，要求帝国主义无条件废除对中国的不平等条约，显示了一个爱国者决不屈服于帝国主义的压力和争取民族独立自由的坚强决心。

1926 年 2 月，蔡元培应北洋政府教育部电促回国。到上海后，他没有继续北上，而是参加了皖苏浙三省联合会，配合即将开始的北伐战争开展工作。四一二反革命政变时，蔡元培以“中央监委”的身份，参加了国民党右派的“清党”运动。但不久，他就觉察了蒋介石背叛孙中山的三民主义、与人民为敌的罪恶行径，再加上国民党新军阀之间争权夺利的火并和肮脏的政治交易，新贵们利用“教育”“学术”的名义沽名钓誉和实现个人野心，这一切，都同元老兼学者的蔡元培格格不入。他要急流勇退了。

四、科学：新的高度

有人曾经把中国科学社的创始人们誉为我国科学的拓荒者，我们也可以说，蔡元培是把科学作为国家事业从而做了许多开创性工作的一个奠基者。

1924 年孙中山离开广州到北京时，曾提出召集国民会议以解决国是的主张，同时还建议设立中央学术研究院作为全国最高学术研究机关，但因孙中山的逝世和时局变化，这 建议没能实现。到 1928 年 4 月，根据蔡元培等的提议，国民党中央政治会议决定设立国立中央研究院，并任命蔡元培为院长。8 月，他提出辞去除此以外的几乎所有在国民党及其政府中的职务，举家离开国民党政治中心南京，定居上海。在蔡元培的一生中，这是又一次重大的抉择。他是想以中央研究院院长的资格，把自己晚年事业的重点全部转移到发展中国近代科学事业上去。

五四运动以后，科学和民主的思想在我国日益深入人心。先进的中国人高举这两面旗帜，以不同的方式探索继续前进的道路，走在最前面，起着主导作用的，是伟大的中国共产党。只有社会主义才能救中国，并为科学和民主的高度发展扫清障碍。蔡元培当然还没有这样的认识。他是革命民主主义者，又是一个科学救国论者。他只是在自己的认识水平和力所能及的范围内，力图为自己的祖国和人民做一点绝非可有可无的事情。

蔡元培认为科学是社会进步的杠杆，他说，科学在“农工商的应用……在西洋，这三项都极猛进。而我国自古以农立国，工业一途，亦发达极早。何以到了今日都远不如他们呢？这便因他们有科学的缘故”。而“欧化优点即在事事以科学为基础：生活的改良，社会的改造，甚而至于艺术的创作，无不随科学的进步而进步”。他把科学作为新文化的核心，认为中国“不言新文化就罢了，果要发展新文化，尤不可不于科学的发展，特别注意”。

然而直到20世纪20年代末，中国还没有建立国家一级的正式的科学领导和研究机关。一批批热心的科学工作者先后自发地成立了数十个民间的科学会社（如著名的中国科学社）。但因政治的恶劣，经费、条件的限制，困难重重，难以发展。对此，蔡元培总是尽其所能地给予扶持和帮助。至于专门的研究所，创始于1918年的北京大学，但因附设于学校，条件终归有限，蔡元培始终是不满意的。

1928年6月9日，蔡元培在上海东亚酒楼主持了中央研究院的第一次院务会议，出席者有丁燮林、陶孟和、竺可桢、李四光、杨杏佛、周仁等十余人，正式宣告中央研究院成立。由此，蔡元培得到了继北京大学之后再一次施展平生理想和抱负的难得的机会。为了办好中央研究院，为了发展中国的科学事业，实现孙中山关于迎头赶上外国的遗愿，他确实做到了鞠躬尽瘁，死而后已。

中央研究院的组织，在院长之下分为总办事处、评议会和研究机构三个部分。总办事处设总干事一人，协助院长领导全院的行政工作。评议会是全国最高学术领导机关，任务是指导学术研究的方向，集中国内人才，联络各个研究机构，促进中外学术交流。研究机构则包括各个研究所及图书馆、博物馆等，是中央研究院的主体和中坚。在蔡元培生前，中央研究院建立了物理、化学、地质、天文、工程、动植物、气象、心理、社会科学、历史语言等十个研究所。先后参加研究工作的科研人员有300多人。据1931年3月的统计，已有研究人员200多人，其中专任研究员49人，兼任研究员5人，特约研究员44人，名誉研究员2人，助理员120人。有的研究所已具有相当的规模和可观的条件。

在中央研究院，蔡元培坚持了他在主持北京大学时行之有效的学术自由、民主管理、发掘和放手使用人才等基本原则。

在1936年4月召开的第一届评议会第二次年会上，蔡元培提出了一个《工作大纲》，其中就特别强调了“学院自由”的精神，认为“学院自由，正是学术进步之基础”。这个方针，又在相当程度上抵制了国民党反动政客和学阀插手中央研究院的野心，保护了广大科学研究工作者，有利于他们的工作和事业。

学术自由和民主管理的原则，吸引了众多的科学工作者，使他们有一个差强人意的归宿。相当一批留学海外的学者也纷纷来归。例如，中国科学社的创始人和重要成员任鸿隽、杨杏佛、秉志、周仁等都参加了中央研究院的工作，并成为骨干力量。中央研究院集中了一批在学术上造诣很深的专家学者，并第一次使我国近代科学事业出现了一个相对繁荣的局面，这在旧中国恶劣的环境中，是至为难得的。

在不长的时间里，中央研究院的工作便走上了轨道，见到了成效。这特别表现在维护民族尊严和国家主权方面。

蔡元培建议设立中央研究院的一个重要宗旨，便是抵制帝国主义的侵华政策。中央研究院1928年的总报告中，就明确地说明："其责任不仅在格物致知，利用厚生，树吾国文化与实业之基础，且须努力先鞭，从事于有关国防与经济之科学调查及研究，以杜外人之觊觎。"

中央研究院成立之前，帝国主义国家派人来中国"考察"，可以不经中国政府当局的允许，到处乱窜，如入无人之境。"考察"之后，又把采集的标本全部运往国外。中国学者想要研究本国的动植物等，反而要到外国去，这是十分有损我国的国际声誉、不利于科学发展的。中央研究院成立之后，"即筹思限制办法"，逐步改变了这种状况。例如，1929年9月，日本派岸上镰吉来华调查水产动物；1930年11月，美国芝加哥费氏自然历史博物馆派人到四川、贵州采集动物；1931年2月，美国费城自然科学研究院派人到四川、云南考察动物和民族，中央研究院都提出了限制办法。除了在各个考察团中都派有中国学者参加，还规定不许他们任意采集标本，所得标本要经中央研究院专家严格检查，要给中央研究院留下一套复本，等等。对于违反这些规定、有损中国主权的行为，中国政府得严加制裁，并永远取消该调查员及所属机关在中国进行调查采集的权利。

日本法西斯发动对我国的侵略战争以后，中央研究院以相当的力量投入了有关抗日救国的科学研究，如工程所的内燃机和燃料的研究，物理所的超短波收发机的研究，地质所的山区矿产地质的调查与报告，等等。由于国民党政府的反动腐朽，强敌深入，国难日亟，这一切努力都不能收到应有的成效。

在中央研究院内部，曾经广泛地讨论过"纯粹科学"（即基础科学）与"应用科学"的关系和地位问题。看法当然不尽一致。蔡元培在《工作大纲》中提出了"两者兼顾、不可偏废"的方针，但在当时的基础和条件下，主要的力量仍放在应用科学的研究上，正如蔡元培说的，"对于各项利用科学方法以研究我国之原料与生产诸问题，充分注意之；其为此时国家或社会所急需者，尤宜注意"。而"地域性之研究，吾人凭借大优于外国人……宜尽先从事"。根据这一思想，也由于历史的原因，中央研究院（实际也是当时整个中国科学界）在地质和生物这两门学科的研究上，取得了更为引人注目的成就。

在不长的时间里，中央研究院汇集和涌现了一批杰出的科研领导者和学术带头人，如李四光、丁文江、翁文灏、秉志、胡先骕、丁燮林、王琎、任鸿隽、庄长恭、周仁、竺可桢、茅以升等，他们在各自的领域里，都取得了相当重要的成就。

中央研究院成立之后，还派出多批学者，参加国际学术交流活动。如竺可桢关于中国气候区域的学术著作，秦仁昌关于中国蕨类植物一个新科的发现，李四光的《东亚构造格架》和《中国震旦纪冰川》的学术报告，都在国际会议上进行了交流，受到世界科学界的重视和好评。

中央研究院的科学工作者以自己的工作，为学术发展作出了贡献，也为祖国争得了荣誉。它第一次向全世界宣告：中华民族不但能够创造出灿烂的古代文化，而且在近代先进科学技术方面，也同样具有比肩欧美各国的巨大潜力。1933 年 12 月 8 日，在 14 个学术团体联合举行的欢迎意大利著名无线电发明家马可尼的大会上，蔡元培豪迈地说："我们先人曾有过伟大的贡献。我们只要肯努力，决不是束手无策，专趁现成的。"事实证明，蔡元培的这种信念是完全正确的。

1949 年中华人民共和国成立后，作为国家一级的科学研究机构，中央研究院的几乎全部人员和设备（除一个历史语言研究所和半个数学所外），都回到了人民的怀抱，成为建立真正属于人民的中国科学院的一个坚实基础。人民在庆祝自己的胜利，他们当然不会忘记那些曾经为祖国的科学事业含辛茹苦、披荆斩棘的拓荒者和奠基者。

五、志在民族革命，行在民主自由

霜叶红于二月花，故乡乌桕荫农家。不须更畏吴江冷，自有温情熨晚霞。

这是蔡元培在逝世前一年多写的四绝句之一。咏的是红叶，实际上也是他晚年精神面貌的写照。

蔡元培一生最后的十多年，正是第二次国内革命战争和抗日战争时期。这个时期蔡元培一直担任中央研究院院长，他始终和人民休戚与共，同进步力量携手并肩。他不仅在科学事业上为中国人民作出了杰出的贡献，而且在反对投降卖国、维护社会正义和坚持革命民主主义等方面也谱写了新的篇章。

20 世纪 30 年代前半期，国民党反动派鼓吹法西斯主义，建立特务统治，残杀共产党人和革命青年，迫害爱国进步人士，达到了疯狂的程度。蔡元培痛心疾首。为了替中华民族保存一点元气，他拍案而起，进行了毫不妥协的斗争。1932 年 12 月，他与宋庆龄、杨杏佛等发起组织了中国民权保障同盟，任副主席，为反对国民党反动派践踏民主、屠杀无辜，为争取人民的集会、结社、言论、出版等自由权而斗争。而当胡适在上海《字林西报》上发表为国民党反动派政权辩护、攻击同盟的言论后，蔡元培立即和宋庆龄一起，宣布开除胡适的盟员资格，表明了他坚持彻底的革命民主主义的原则立场。在这前后的几年间，他曾尽力营救过的共产党人和进步人士，就有杨开慧、胡也频、牛兰夫妇、许德珩、侯外庐、丁玲、李少石、邓演达、范文澜等多人，还有不少青年学生。蔡元培的心，始终是向着人民的。

蔡元培把中国无产阶级文化的先驱鲁迅引为知己。他与鲁迅在一系列重大的原则问题上，一起战斗，患难与共。1936 年 10 月，鲁迅在上海逝世。蔡元培“不顾权贵者的愤怒”和宋庆龄等一起组成治丧委员会，他万分沉痛地亲为战友执绋送殡，并在安葬时致悼词。以后，蔡元培又担任了鲁迅纪念委员会主席，推动《鲁迅全集》的出版，并为之作序，赞誉鲁迅是中国“新文学开山”。正如郭沫若在《鲁迅与王国维》一文中所说的：“在章太炎之外，影响到鲁迅生活颇深的人应该推数蔡元培吧？这位有名的自由主义者，对于中国的文化教育界的贡献相当大，而他对于鲁迅始终是刮目相看的。鲁迅的进教育部乃至进入北京教育界都是由于蔡元培的援引。一直到鲁迅的病殁，蔡元培是尽了没世不渝的友谊的。”

当国民党反动派向中国无产阶级和革命人民展开文化围剿，攻击诋毁马克思主义的时候，蔡元培又一次举起了学术自由的旗帜。1929 年底，他为李季的《马克思传》作序，指出“今人以反对中国共产党之故，而不敢言苏俄，不敢言列宁，驯致不敢言马克思，此误会也”，认为在中国编印《马克思传》“亦为当务之急”。1933 年 3 月，是马克思逝世 50 周年，他又与陶行知、李公朴、陈望道、叶恭绰等 100 多人发起纪念会，并在上海青年会举办的讲座上主讲了《科学的社会主义概论》。这些堂堂正正的行动，在白色恐怖和思想浊流中无异于中流砥柱，令人钦佩和感奋。

1931 年九一八事变以后，国民党政府奉行“安内攘外”的反动政策，对内扼杀革命力量，对日本的侵略退让妥协。这是蔡元培所不能容忍的。早在 1931 年 7 月，蔡元培就认为对日问题“要彻底解决，非合全国同胞的力量，从基本工作上做起不可”；“急起直追，尚有可为，若再因循，就不可救药了”。他曾在汪精卫的一次宴请的席间，奉劝汪改变亲日行为，推进抗战的国策。他说：“关于中日的事情，我们应该坚定，应该以大无畏精神抵抗；只要我们抵抗，我们的后辈也抵抗，中国一定有出路。”

情辞剀切，乃至抑制不住流下了热泪。眼泪当然感化不了决心卖国求荣的汪精卫之流，却足以说明蔡元培对国家民族的一片赤诚。这位把民族气节看得比生命更加重要的人，投入到逐渐高涨的抗日救亡运动的潮流中。他同情于爱国学生要求国民党改变投降政策的请愿示威活动，他几次联合文化教育界的爱国人士通电声明，向国际社会揭露日本侵略军在中国的血腥罪行……

七七事变以后，在内外压力下，国民党终于接受了中国共产党提出的停止内战、一致抗日的正确主张，开始了国共合作、全面抗战的新时期。这时的蔡元培已经过了古稀之年，但他仿佛又恢复了青春，心情是何等的振奋啊："由来境异便情迁，历史循环溯大原。还我河山旧标语，可能实现在今年？"他看到民族复兴有望，呼唤抗战胜利早日到来。1938 年 4 月，吴玉章同志由欧洲返国，路过香港。这两位华法教育会的朋友又重逢了。在谈话中，蔡元培"犹欣欣然以国共能重新合作共赴国难，为国家民族之大幸"。

1939 年 7 月，蔡元培被国际反侵略大会中国分会推举为名誉主席。12 月 7 日，他为中国分会作会歌，表达了"独立宁辞经百战"和"将野心军阀尽扫除"的坚强决心。这是重病在身的蔡元培在迟暮之年发出的最后的呐喊。

1940 年 2 月，陕甘宁边区自然科学研究会和延安各界宪政促进会先后成立，蔡元培被选入这两个会的名誉主席团。这有力地昭示：蔡元培毕生为科学和民主而战斗，勋劳卓著，在这两个方面都得到了中国无产阶级和革命人民的崇高评价。

1940 年 3 月 5 日，蔡元培终因重病不治，溘然长逝于香港九龙寓所。这位心力交瘁的老人，终于撒手人间，别离了自己的亲朋战友，别离了自己献身的事业，别离了正在血与火的洗礼中顽强奋进的亲爱的祖国和人民。追念前贤，人民无限痛惜。全国许多省市举行了隆重的追悼大会，沉痛吊祭蔡元培先生。中国共产党中央委员会从延安发出唁电，称誉先生"为革命奋斗四十余年，为发展中国教育文化事业勋劳卓著，培植无数革命青年，促成国共两党合作"，并派廖承志同志为代表，前往悼念。毛泽东同志的唁电称先生为"学界泰斗，人世楷模"。在延安各界一千余人举行的盛大追悼会上，周恩来同志献的挽联上写着："……到抗日战争，先生之志在民族革命；从五四到人权同盟，先生之行在民主自由。"这些，都科学地概括了蔡元培一生的志向和功绩，表达了全国人民发自内心的崇敬和怀念之情。

蔡元培的一生，正处在历史的转折关头，他始终跟随时代的步伐，一同前进。他是从封建礼教的熏陶中成长起来的，信奉中庸之道，后来又接受了资产阶级唯心主义哲学和无政府主义思想的巨大影响。但他思想的主流，是资产阶级的革命民主主义。他是一个忠贞的爱国者和真诚的民主主义者。这就决定了他在许多重大事件和关键时刻都能挺身而出，旗帜鲜明地维护民族利益和民主自由的原则，决定了他必然成为党所领导的新民主主义革命的同情者和赞助者。

蔡元培曾经说过自己“性近学术，不宜政治”。但综观他的一生，我们应该说，他在当时的条件下较好地解决了政治和学术的关系问题。作为学问家，他并没有逃避自己应尽的社会义务和政治责任；作为政治家，他又高度重视科学文化的社会功能，并全力以赴地为中国教育的改造和科学的进步而奋斗。为此，他从不自足自满，不断学习新知，开阔视野，至老而弥笃。

蔡元培参加了我国辛亥革命以后近三十年间科学和教育事业的几乎所有重大实践活动，从事组织领导工作；兼任过数十个大学、中学、专门学校，以及学术团体的校长、董事等职。他承担了时代赋予的重大责任——为中国近代科学和教育事业立下百年不易之基。他桃李满天下，遗范传至今。他不愧为现代中国知识界的卓越先驱，是具有坚定信念和开创精神的亚伯拉罕。

蔡元培主要是一个社会科学家，但他的贡献却不仅仅在社会科学方面。他跨越了社会科学和自然科学的界限，一身二任，绝无畛域之见。他的思想确实是开放的，他的精神确实是博大的。在当今自然科学奔向社会科学的强大潮流面前，人们更加感到这种思想和精神的可贵。

蔡元培是名翰林，辛亥革命元老，学界泰斗，但他功高不居，处世谦虚。他毕生脚踏实地、兢兢业业地工作，视名利如敝屣。在原则问题上，他无私无畏，从不含糊敷衍；而平时的待人接物，却又宽宏大度，从无疾言厉色。他没有自己的派系，而得到绝大多数人的拥护；他处处平等待人，而人们都把他尊为导师；在生活上，他终生淡泊，决不利用权位谋取私利。正因为如此，他得到的东西也就更为宝贵，更加久远……

（作者：刁培德）

梁启超

（1873—1929）

梁启超
中国现代启蒙运动的先驱

梁启超，号任公，是中国近现代史上的一位伟人。他既是一位杰出的政治活动家，又是一位集编辑、政论家、教师、学者于一身的百科全书式的启蒙思想家。他做了大量启蒙工作，教育了不止一代的中国知识分子。中国新文化运动的领袖陈独秀、胡适，中国现代杰出的文学家鲁迅、郭沫若，中国第一代现代科学家丁文江等都曾受过梁任公的思想和文字的洗礼。青年时代的毛泽东因为崇拜梁任公，还取过“子任”的名字。遗憾的是，长期以来，由于种种原因，我们国内未能对梁启超一生多方面的贡献作出比较客观的介绍与公正的评价。本文因限于篇幅，只能对梁启超曲折的一生与重要的贡献作简略的介绍。

一、少年时代（1873—1894）

1873 年（清同治十二年癸酉），梁启超生于广东省新会县熊子乡茶坑村。这是鸦片战争后的第 33 年，太平天国天京陷落后的第 9 年，清朝推行洋务也有十多年了。

梁启超的先世是明末南逃的难民，耕读传家。他自幼受祖父与父母的教育，熟悉中国古代豪杰的嘉言懿行与宋明亡国时期的悲壮故事。他聪颖过人，7 岁时便读完“四书”“五经”，11 岁时考得秀才，仍参加农务劳作。在家好读《史记》。1885 年去广州从师学习。1888 年入学海堂，习训诂词章之学。1889 年参加广东乡试，中举人。主考李端棻以妹与梁为妻。1890 年春入京参加会试。路经上海，购得《瀛寰志略》，才知道世界上有五大洲与许多国家。

1890 年听说康有为上书变法，不被采纳，回到了广东，梁启超与同学陈通甫慕名前去拜访。康批判了训诂词章的旧学，引起他们极大的震惊。康进一步向他们介绍了陆、王心学，以及史学与西学的梗概。梁、陈因此开阔了视野，十分佩服，共请康有为开馆讲学。

1891 年，康有为讲学于广州长兴里的万木草堂，有学生近 20 人，梁是康的得意门生。康是今文经学大师，他的讲学内容，不是当时通行的“四书”、“五经”、陈腐八股，而是以孔学、佛学、宋明理学（尤其是陆、王心学）为体，以史学、西学为用，重点讲研今文经学，批判古文经学。在课堂上，康有为纵论古今中外天下大事，从西方文明，到救中国之法，讲数千年来学术源流，历史政治沿革得失，并与世界各国作比较，深受学生欢迎。康有为的《长兴学记》《新学伪经考》对梁的影响很大。梁等还参加了康有为的《孔子改制考》《春秋董氏学》的撰写。

1891 年冬，梁启超入京与李蕙仙女士完婚。1892 年春，在京参加会试，夏又南归。在广东一年多，除学国学外，更读江南制造局所译西学及英人傅兰雅所辑的《格致汇编》。1893 年曾在东莞讲学。1894 年（光绪二十年甲午）二月入京。六月，甲午中日战争开始。梁对时局十分惋愤，不时发表救国主张，但人微言轻，不为他人所重视。于是他发愤读书，攻数学、历史、地理，并开始广求同志、开倡风气的活动。七月，康有为的《新学伪经考》受到弹劾，梁在京为康多方奔走，结果由两广总督命令自行焚毁。十月又回广东。

二、年轻的维新志士（1895—1898）

1895 年 2 月梁启超与康有为入京参加会试，从此完全脱离了万木草堂。在会试中，康有为被录取为进士。

1. 公车上书

1895年3月，中日议和。梁启超十分愤慨，代表广东参加会试的公车 190 人上书，陈述时局，反对割让台湾。不久，康有为又联合公车 3000 人（又说约 1300 人）上书请求变法。梁启超也参与奔走、书写。内容一为拒和，一为迁都，一为变法。这是清朝历史上第一次大规模的知识分子运动，也是近百年来中国知识分子的第一次大规模的政治运动。但由于清廷顽固派的阻挠，这些上书都被打入冷宫，根本无法到达光绪皇帝的手中。

2.《中外纪闻》和强学会

康、梁等看到维新运动遇到的重重困难，决定从制造舆论、提倡新学、开通风气和组织团体几方面入手，以打开局面。1895 年夏，康有为创办《万国公报》（后改为《中外纪闻》，随《京报》发行），每天送 1000 多份给在京的王公大臣。梁启超、麦孟华是这个刊物的主要撰稿人。他们写了大量文章，努力介绍西方国家的政治、经济、文化等方面的情况，鼓吹变法维新。这是康、梁一贯鼓吹的“欲开民智，先开官智”的主张的具体实践。7月，康有为发起组织“强学会”，得到清廷少数文武官吏的支持，由陈炽任会长，梁启超任书记。11月，康又发起组织了上海强学分会。梁启超起草的强学会组织章程，强调学会是集合一批志同道合的“志士仁人”“协助清廷变法维新，庶几走上富国强兵”的道路，丝毫没有危害清王朝统治的意图。但是康、梁的剖白丝毫也不能打消清政府顽固派对他们的嫉视与疑虑。11月，清廷勒令《中外纪闻》停刊。光绪乙未年十一月至十二月（1896年1月）清廷又先后下令解散北京、上海两地的强学会。北京的维新运动又暂时转入低潮。

3. 交谭嗣同等

在这期间，梁启超与谭嗣同等维新志士相交往。梁对谭十分推崇，认为他“才识明达，魄力绝伦，所见未有其比”。

4.《时务报》

1896年3月，梁启超在北京已无可作为，就奉康有为之命，到上海与黄遵宪、汪康年一起创办《时务报》，梁担任主笔。在他们周围，团结了一批维新人士与同情者。该报于1896年8月创刊。梁在该报上发表了一系列政论性文章《变法通议》，阐述了他的政治主张。他依据康有为的公羊三世说（据乱世、升平世、太平世），强调了“变”与进化的观念，并认为“变法之本，在育人才；人才之兴，在开学校；学校之立，在变科举；而一切要其大成，在变官制”。此外，他还强调了开民智、兴学会，译西书、办报馆，兴民权、平满汉之界，立农、工、商、政，修铁路，通轮船，开矿山，开武备学堂，练陆海新军，认为这些是“立国之元气，而致强之本原也”。

梁启超还在《西学书目表后序》中阐述了他的学术主张：中学西学并重。他写道：“要之舍西学而言中学者，其中学必为无用；舍中学而言西学者，其西学必为无本。无用无本，皆不足以治天下，虽庠序如林……无救危亡。”他针对洋务运动领导人只知学习西方的船坚炮利、机器奇巧，而不知学习西方的政治制度与科学的偏向，开列了西学书目表，共列书约300种。其中既有西学，包括算学、重学、电学、化学、声学、光学、汽学、天学、地学、全体学、动植物学、医学和图学；也有西政，包括史志、官制、学制、法律、农政、矿政、工政、商政、兵政、船政。他提倡较全面地学习西方。

梁启超主编的《时务报》，“一时风靡海内，数月之间销行至万余份，为中国有报以来所未有，举国趋之，如饮狂泉”。通过《时务报》的宣传，康有为的名字和他的变法维新的主张，在广大知识分子中广泛传播。从 1896 年到 1898 年戊戌政变之前，维新变法的团体，如雨后春笋般纷纷建立，总数达 20 余个，梁启超直接参与的就有戒缠足会、农学会、南学会、知耻学会、医学善会等。各种鼓吹维新变法的刊物也相继出现，如《国闻报》《湘学报》《湘报》《知新报》等，彼此相互呼应，造成巨大的舆论声势。

1896 年秋冬间，梁启超联合同志集股创办大同译书局于上海，梁写的书局叙例中谈到，译书“以东文为主，而辅以西文，以政学为先，而次以艺学……将以洗空言之诮，增实学之用……”

5. 时务学堂

1897 年，谭嗣同、黄遵宪、熊希龄等在长沙创办时务学堂，聘梁启超讲习，唐才常等为助教。梁启超参照康有为当年办万木草堂的经验，把湖南时务学堂办成当时最负盛名的一所学校。他通过教学活动，大力宣传变法理论、公羊学派的进步历史观、《孟子》中的民权与大同思想，广泛介绍西学，批判顽固派维护的旧学，甚至“窃印《明夷待访录》《扬州十日记》等书，加以案语，秘密分布，传播革命思想，信奉者日众，于是湖南新旧派大哄”。梁启超通过时务学堂，培养了一批出色的人才。在时务学堂第一班 40 名助教与学生中，有于 1900 年反清起事牺牲的唐才常、林圭等庚子六君子，有以后领导云南举兵讨袁护国的蔡锷将军。

1897 年冬天，梁启超又与经莲珊创设女学堂于上海。它的宗旨是“欲复三代妇学宏规，为大开民智张本”。

6. 从保国会到百日维新

1897 年冬，为反对德国强占胶州湾，康有为呈送了《上清帝第五书》，终于在 1898 年（光绪二十四年戊戌）初送到了光绪帝手中。光绪帝看了，决心维新变法，命康有为统筹全局。1898 年春，梁启超与康广仁一同应康有为之召到了北京。3 月，梁启超与麦孟华等联合各省公车上书，请拒俄变法，力陈旅大之不可割。3 月，康有为在北京发起保国会，梁启超积极筹划奔走。保国会同志“讲求保国、保种、保教之事，以为论议宗旨”。该会开过数次，到会的人都过百人以上，北京风气一时大变。但由于顽固派的攻击与弹劾，不久就停止了活动。4 月初，梁启超又联合公车百余人联名上书，请废八股。

光绪戊戌年四月二十三日（1898 年 6 月 11 日），光绪帝颁布“明定国是”之诏，百日维新由此开始。四月二十五日（6月13日）上谕时务人才康有为在总理衙门行走，并准备召见黄遵宪、谭嗣同、梁启超。从此，光绪帝相继颁发了数十条变法上谕，除旧布新。除旧方面，主要是废八股取士，废书院，裁汰八旗绿营，撤销京内外一切冷衙门和冗官冗兵等。布新方面主要是试策论，办大、中、小学堂，设矿务、编译、水、陆学堂，设立农工商总局、商会及分支机构，准民间兴办工厂实业，奖励农学，奖励新著作、新发明，翻译书报，准许办学会、开报馆，广开言路，办好水师等，并授李端棻为礼部尚书，杨锐、林旭、刘光第、谭嗣同为四品卿衔，军机处行走，委维新派人士以重任。梁启超于阴历五月十五日（7月3日）被皇帝会见，授以六品卿衔，负责办大学堂与译书局等事务，起草了一些推行新政的奏折。正如他在致夏曾佑的信中所说："新政来源，真可谓全出我辈。"

但是维新变法很快为慈禧太后为首的清廷顽固派所扼杀。光绪戊戌年八月六日（9月21日），慈禧太后从颐和园还宫，将光绪帝囚禁于瀛台，并以皇帝名义发布上谕，宣告由她"垂帘听政"。前后历时103天的变法运动，至此以失败而告终。政变后，八月十三日（9月28日），谭嗣同、林旭、杨锐、刘光第、康广仁、杨深秀等戊戌六君子走向刑场，慷慨就义。谭嗣同在被捕前一日，曾有朋友苦劝他逃往日本。谭坚决不走，说："各国变法无不从流血而成，今中国未闻有因变法而流血者，此国之所以不昌也。有之，请自嗣同始。"他的这种大无畏精神一直激励着以后的中国革命志士。

梁启超于八月六日（9月21日）晚避往日本公使馆，由日本人营救，于九月中旬（10月下旬）逃到日本。他在出国的时候，写了一首脍炙人口的《去国行》，慷慨悲歌，抒发他的愤哀心情。歌中写道："……城狐社鼠积威福，王室蠢蠢如赘痈……可怜志士死社稷，前仆后起形影从……"康有为则在英国人的保护下逃出北京，经天津、上海、香港转赴日本。梁的妻兄礼部尚书李端棻被革职后遣戍新疆。梁启超的广东老家被抄，梁父莲涧先生携眷避居澳门。

三、百科全书式的启蒙思想家（1898—1903）

1.《清议报》《新民丛报》和《新小说报》

梁启超1898年10月到达日本后，11月11日就在横滨创办了《清议报》。他怀着悲愤的心情，奋笔疾书，写出了《戊戌政变记》，回顾了变法与政变的全过程，分析了政变的原因，为殉难的六烈士作了传，赞颂了支持变法的光绪帝，猛烈抨击了以西太后为代表的清廷顽固派。《戊戌政变记》在《清议报》上连载发表，通过上海租界的广智书局向内地发行。清廷列为禁刊，但愈禁却愈畅销，据说慈禧太后读后，抱着《清议报》大哭，说是太糟蹋她了。她咬牙切齿，赏银十万两，要取康、梁的首级。之后又派刘学询带了白银到日本，收买日本浪人，放火烧了《清议报》报馆，迫使《清议报》在 1901 年 12 月停刊。梁启超认为，《清议报》的特点有四：倡民权、衍哲理、明朝局、厉国耻。所遵奉的原则也有四：一曰宗旨定而高，为最多数的国民之言；二曰思想新而正；三曰材料富而当——分门别类，包罗万象，而选择又极严；四曰报事确而速——以造谣生事为大戒。正因为如此，《清议报》受到了广大读者的欢迎，销路日畅。在《清议报》被迫停刊以后，他又于1902年创办《新民丛报》和《新小说报》，坚持启蒙工作。

2. 思想为之一变

1899 年初，梁启超读书于箱根，“肄日本之文，读日本之书”，“思想为之一变”。他的思想变化，主要表现在下列几方面。

第一，进一步信仰社会达尔文主义。他在 1902 年写道：“近四十年之天下，一进化论之天下也。唯物主义者昌而唯心主义屏息于一隅，科学盛而宗教几不保其残喘，进化论实取数千年旧学之根柢而摧弃之翻新之者也。”“天演物竞之理，民族之不适应于时势者，则不能自存。”

第二，改变对孔子教义的态度。他在《保教非所以尊孔论》（1902）中说：“区区小子，昔也为保教党之骁将，今也为保教党之大敌。”他反对迷信礼拜孔子，尊崇孔子教义，而作可以随时代而演进之学说，主张思想自由，不再谈托古改制。

第三，认为中国正处于过渡时代，寄希望于青少年，认为“老朽者流，死守故垒，为过渡之大敌”，“青年者流，大张旗鼓，为过渡之先锋”。他于 1900 年发表《少年中国说》热烈讴歌少年中国，“少年进步，则国进步……少年雄于地球，则国雄于地球。……红日初升，其道大光，河出伏流，一泻汪洋。……前途似海，来日方长。美哉我少年中国，与天不老！壮哉我中国少年，与国无疆！”

第四，大力鼓吹新民与自由、革命与破坏，突破了维新变法、改良的羁绊。他在《新民说》中热烈赞颂路德对旧宗教，培根、笛卡儿对旧哲学，亚当·斯密对旧经济学，卢梭对旧政治学，孟德斯鸠对旧法律学，哥白尼对旧天文学的破坏，掀起宗教、哲学、经济学、政治学、法律学、天文学的革命，创立新的宗教、哲学与科学，“随破坏，随建设，甲乙相引，而进化之运，乃递衍于无穷”。他还写道：“不破坏之建设，未能有建设者也。”“然则救危亡求进步之道将奈何？曰：必取数千年横暴混浊之政体，破碎而齑粉之。”1903 年三月十八日致徐君勉的信中说：“深信中国之万不能不革命。”在这时期，他还有一篇未发表的《拟讨专制政体檄》，号召中国青年奋起讨伐专制政体。“专制政体者，我辈之公敌也，大仇也。有专制则无我辈，有我辈则无专制。我不愿与之共立，我宁愿与之偕亡。”檄文气势磅礴，洋溢着革命激情。

第五，他这时不再把中学、西学作体用之划分，认为西学中的政治学、经济学、哲学与社会学“皆开民智强国基之急务”，是“本原之学”。说“今者余日汲汲将译之，以饷我同人”。

3. 百科全书式的启蒙工作

他在这一时期介绍的西方政治学与法学有亚里士多德的政治学说、卢梭的民约论与天赋人权说、孟德斯鸠的法学与三权分立说、伯伦知理的民主政治与国家学说。他比较过中外的国体与宪法，写过《立宪法议》《中国专制政治进化史论》，讨论过专制政体与立宪政体、政府与人民的权限、民族竞争的大势等。

在经济学方面，他写了《生计学学说沿革小史》，介绍了从古代到亚当·斯密时代的经济学说。他也介绍了西方新兴的“托拉斯”，写了《中国改革财政私案》等著作。

在哲学、科学与文化启蒙方面，梁启超这一时期的工作向中国知识界展示了一个新的精神世界。他写了《论希腊古代学术》《近世文明初祖二大家之学说》《霍布士学案》《斯片挪莎学案》《乐利主义泰斗边沁之学说》《进化论革命者颉德之学说》等文，对从古至今的西方许多大哲学家的学说作了介绍。他又写了《格致学沿革考略》，对从古巴比伦、古希腊到哥白尼、伽利略、牛顿时代的科学发展史作了简要的介绍。《天演学初祖达尔文之学说及其略传》，则专门介绍了对当时中国思想界有巨大震撼力的达尔文及其进化论。他的《论学术之势力左右世界》一文专门论述了文艺复兴以来西方的大哲学家、大科学家与启蒙思想家对推动近代世界文明的巨大影响。

梁启超在 1902 年还写了《论中国学术思想变迁之大势》。他在书中对中国先秦的学术与古希腊的学术作了比较，对两千多年来的中国学术文化的发展作了初步总结，指出了中国传统学术的长处与缺点：长处是在实际问题和人事问题方面，缺点则在缺乏逻辑思想与物理实学等方面。美国的一位史学家勒文森在他的《梁启超与现代中国精神》一书中认为，青年梁启超在理智上疏远但在感情上束缚于他的传统。他似乎把梁启超这一时期的反传统主义倾向估计得过分了。

梁启超也可说是新文学运动的先驱，他在《新小说》创刊号发表的《论小说与群治之关系》，提出了小说为革新社会服务的根本观点和纲领，认为“欲新一国之民，不可不先新一国之小说”。在这一时期，他翻译出版了若干新小说《佳人奇遇》《俄皇宫中之人鬼》《世界末日记》《新罗马传奇》《十五小豪杰》等。他创作的政治小说《新中国未来记》巧合地预言了中华民国的创立，阐发了他的政治见解。

梁启超也是中国现代史学革命和新史学的创始人。在这一时期，除前述的政治史、经济史、科学文化史外，他还写了《新史学》和《中国史叙论》，尖锐地批判了中国旧的史学传统，指出中国旧史学“知有朝廷而不知有国家”“知有个人而不知有群体”“知有陈迹而不知有今务”“知有事实而不知有理想”，因此把历史弄成了帝王家谱，没有理想，没有“群体”，没有因果法则。他鼓吹史学革命，创建新史学，认为“历史者，叙述人群之进化现象，而求其公理公例者也”，其目的在“以过去之进化，导未来之进化”。

为了借鉴历史经验，“导未来之进化”，他写了古今中外许多革命家、改革家、民族英雄的传记，如《匈加利爱国者噶苏士传》《意大利建国三杰传》《近世第一女杰罗兰夫人传》《新英国巨人克林威尔传》《张博望班定远合传》《赵武灵王传》《袁崇焕传》《中国殖民八大伟人传》《郑和传》等。为了唤醒国人，警惕亡国危险，他写了《朝鲜亡国史略》《越南亡国史》。此外，他还写了《中国四十年来大事记》（一名《李鸿章》）（1901）、《南海康先生传》（1901）、《三十自述》（1902），为中国现代史留下了宝贵的史料。

在如此短暂的五年内，梁启超写下了如此大量、涉及领域如此之广、社会影响如此巨大和深远的作品，这在中国历史上找不出第二人。他的启蒙工作虽浅但广，虽杂但博；加上他那笔锋常带感情的文风，确实具有巨大的感染力。

4. 革命与改良常交战于胸中的维新派首领

梁启超作为维新派的首领，这一时期除做了大量文学启蒙工作外，也积极参与了许多实际的政治活动。

康有为和梁启超到了日本以后，1899 年初，革命派的领袖孙中山（1866—1925）就想与他们交往，想争取实现两党合作。这时，康有为很不愿意与革命党交往，而梁启超却十分乐意与孙中山交往。1899 年 2 月，康有为离开日本去加拿大。6 月，在加拿大正式建立保皇会（维新会），康有为任会长，梁启超与徐君勉任副会长。在日本，梁启超去除了对老师的顾虑，便公开与革命党相交往。6 月，梁启超与韩树园、梁子刚等 12 人结义于日本江之岛。他的这批比较激进的同志也与革命党十分接近。双方曾想合并组党，拟推孙中山为会长，梁启超为副会长，请康有为“闭门读书，息影林泉”。梁启超又与孙中山合办了一种杂志，名《中国秘史》，一共出了两期，专言宋明亡国与弘扬遗事。秋天，梁启超在东京创立高等大同学校，有革命思想的青年志士如林圭、蔡锷等一时都聚集于其中。唐才常也于这时来到日本，在梁启超与孙中山的支持下，建立革命组织“正气会”（后改名“自立会”），准备归国起义。唐才常归国之日，梁、孙一起为他饯别。

可是，到了年底，形势急剧逆转。由于保皇会中保守派向康有为告变，谓梁启超“渐入行者圈套，非速设法解救不可”。康有为据报，立即勒令梁去夏威夷办理保皇事务，不得稽延。梁去夏威夷后，与孙中山的关系，由疏远而消沉，终至分裂。其中原因主要有：康有为坚决反对两党合作，梁启超不敢公然宣布背叛自己的老师；维新派内部同志如黄遵宪等的规劝；与孙中山在纲领策略上的分歧——孙中山主张“倒满洲以兴民政”，梁则主张“借勤王以兴民政”，“名为保皇，实则革命”，二人无法取得一致；孙、梁二人，谁领导谁的问题；双方为在华侨中争取财源而分裂、敌对。到了 1900 年勤王之役失败，这种分裂局面已无可挽回了。

1899 年底，慈禧太后有废光绪帝、立大阿哥之意。1900 年（庚子）上半年，由于义和团事件，八国联军攻打北京。保皇党想利用这一时机，在汉口、广东发动勤王之役。但由于种种原因，终于失败，唐才常、林圭等庚子六君子为张之洞所杀害。梁启超于阴历七月（8 月）赶到上海。事已败，无可挽救。武汉死难的志士许多都是梁的朋友和学生。他只能挑起恤死救死的重担，做一些善后工作，在上海住了 10 个月，即转香港，后又经新加坡去澳洲。途中晤见康有为，康竟用椅子把梁击伤，无理地把失败的一切责任都归于梁启超。为此，梁心灰意冷，一度消沉。在澳洲待了半年，于 1901 年 4 月返回日本。1901 年冬天《清议报》报馆被烧，被迫停刊。1902 年正月《新民丛报》创刊，十月《新小说报》创刊。这时，梁又专以宣传为业，悉心办报。《新民丛报》自己发行达三万份，而内地各省翻印的有十多种版本，“国人竞喜读之，清廷虽严禁，不能遏”。

1903 年初，梁启超应美洲保皇会之邀，访问加拿大和美国。去美洲的目的，一是发展美洲各地保皇分会，二是筹款。在美国华盛顿，梁以保皇会领袖身份会见了西奥多·罗斯福总统和国务卿约翰·海，这年 10 月返回日本。

四、改良派的主帅，立宪派的领袖（1903—1911）

1903 年冬，梁启超从美洲回到日本后，言论大变，完全放弃以前深信的“破坏主义”和“革命排满”的主张。他在这时发表的介绍伯伦知理和波伦哈克的学说的文章就认为君主立宪优于共和政体。其转变的原因，大致为：屈服于康有为的经济压力；害怕革命破坏之后，建设不易，并且革命战乱之时，中国有被世界列强瓜分之危险；与革命党感情日益恶化；政治思想转变，由激进趋向温和、保守，这在相当程度上受到他的好友黄遵宪的影响。

1. 与革命派的论战

梁的言论，很快遭到了革命派的批评与反击。1905 至 1907 年间，争论达到高潮。梁启超主编的《新民丛报》与革命党的《民报》，展开了一连串的笔战。争论的焦点是：革命排满，还是缓进改良？革命是否会引起下层社会的暴动和外国的干涉？是民主共和，还是君主立宪？是约法训政还是开明专制？以及关于土地国有政策的争论。

这场争论，从当时多数知识青年的反应来看，革命党的《民报》具有明显的优势，但是梁启超对革命党的诘难，特别是有关土地国有的政策，对革命党修正完善他们的纲领与政策，起了促进作用。这场争论对于提高当时中国知识分子的政治认识也起了巨大的作用。

2. 立宪运动

这一时期，在实际政治活动方面，作为维新派的领袖，梁启超采纳了他的好友黄遵宪的建议，奉行“避革命之名，行革命之实”的方针策略。“其宗旨曰阴谋、曰柔道；其方法曰潜移、曰缓进、曰蚕食；其权术曰得寸则寸、曰辟首击尾、曰远交近攻。”自光绪三十二年（1906）至辛亥革命（1911），梁启超一直大力推行立宪运动。

1905 年六月，袁世凯、周馥、张之洞三个总督联名上书奏请清廷预备立宪。清廷接受了这个建议，于年底派五大臣出国考察宪政。五大臣于 1906 年初到日本，请梁启超为他们代撰了二十余万言的奏折，奏言“宪法所以安国内，御外侮，固邦基，保人民”，并谓在颁布宪法之前，先颁布地方自治章程，定言论、出版、集会自由的各种法规，并建议在北京设立资政院，在各省设立谘议局，议员皆为民选。1906 年九月清廷上谕预备立宪。1907 年九月十三日（10 月 19 日），清廷上谕设立资政院与谘议局。

梁启超在海外策动立宪运动。1906 年九月，美洲保皇会改名为帝国宪政会。九月十一日在东京建立政闻社，发行《政论杂志》，主张“一、实行国会制度，建设责任政府；二、厘定法律，巩固司法权之独立；三、确立地方自治，正中央地方之权限；四、慎重外交，保持对等权利”。1908 年初，政闻社与《政论杂志》迁上海，派徐佛苏前往协助工作，团结各省谘议局人士，以策动大规模的立宪请愿运动。1908 年七月，《政论杂志》因与康、梁有关被清廷勒令停刊，政闻社也被解散。这是立宪运动的第一阶段。1908 年十月（11 月）光绪帝和西太后相继去世。接着宣统登基，袁世凯被革职，筹备立宪事又松懈了下来。

政闻社被解散后，梁启超又与孙洪伊、徐佛苏等秘密组织宪友会。从宣统元年（1909）到宣统二年（1910），孙、徐等多次策动各省谘议局代表，请愿召开国会。清廷为缓和民情，先答应宣统八年（1916）召开国会，后又提前到宣统五年（1913）。但是，清廷并无立宪诚意。1910 年冬，东三省代表到北京请愿，被解回原籍。天津温世霖主张通过罢学来请愿立宪，被逮捕充军新疆。

为了与国内的请愿运动相呼应，1910 年初，梁启超在日本创办了《国风报》旬刊，一再为文抨击清廷。他曾写道：“徒以现今之组织，循而不改，不及三年，国心大乱，而至于亡。”他似乎已预见到立宪失败、革命将成功之前景了。

1911 年（辛亥）初，梁启超曾有台湾之行，五月初八（6 月 4 日）宪友会正式成立，七月《国风报》停刊。（10 月）辛亥革命一举成功，各省响应。各省谘议局和宪友会，是起了促成作用的。

3. 这一时期的著述工作

梁启超在这一时期的著述工作，有与革命派论战的《开明专制论》《驳某报之土地国有论》等，有鼓吹立宪运动的《宪政浅说》《中国国会制度私议》《责任内阁释义》，以及论国会期限、资政院的一些论文。他写了《中国之武士道》《德育鉴》《中国法理学发达史论》《论中国成文法编制之沿革得失》《中国外交方针私议》《中国国债史》《外资输入问题》《中国货币问题》《外债评议》，以及论述财政税收、公债、币制、币材等方面的论著。此外，他还写了《王荆公》《管子传》等历史著作。

五、民国初期的政治活动家（1911—1917）

1. 进步党的领袖

1911年八月十九日（10月10日）武昌起义。九月初九（10月30日）清廷任命袁世凯为内阁总理大臣，开放党禁，任命梁启超为法律部副大臣。梁未受命。九月十六日（11月6日），他曾回大连、奉天活动，以期实现“虚君共和”，未达目的，折回日本。辛亥十一月十三日（民国元年，1912年1月1日），孙中山在南京就任临时大总统。2月12日，清帝退位。3月10日，袁世凯就任临时大总统。根据《中华民国临时约法》选出参议员，准备在民国2年召集国会。梁启超于1912年11月回国，28日到北京，受到政府与各界的热烈欢迎。民国2年（1913年）4月，召开国会。孙中山的国民党为第一大党，以梁启超为领袖的共和党为第二大党。为了与国民党相抗衡，共和党又联合民主党、统一党合并组成进步党，推梁启超为领袖。这时，进步党与国民党在国会中已势均力敌，进步党势力甚至大于国民党，而两党的政纲并没有多大的区别。

1913年3月，国民党常务理事长宋教仁被暗杀。7月，国民党发动“二次革命”，9月，就为袁世凯所击败。这时，袁世凯请熊希龄出任国务总理，组织了一个以立宪派为主体的内阁，梁启超出任司法总长。实际上，梁是熊希龄内阁的灵魂，熊希龄内阁的《政府大政方针宣言书》就是由梁启超拟定的。以后，梁又起草了《进步党拟中华民国宪法草案》。但是，由于袁世凯的专横独裁，和地方都督的抵制反对，熊希龄内阁的施政方针根本无法贯彻。1913年底，熊、梁相继提出辞职，1914年2月，他们就正式下台了。

梁启超辞掉司法总长以后，袁世凯曾委任他任币制局总裁。梁在任内做了几件实事，如确定通货制度，将银两改为银元制，整理铜元，不许湖北、广东两省再铸，收回两省军用票，停闭各省造币厂，改中国银行为官商合办等。但他还有许多整理国家财政、增进国民生计的计划和办法并未能够实施。他于1914年底辞去币制局总裁职务。

1914年，欧战爆发。1915年，日本提出“二十一条”。梁启超撰文反对。日本报纸责备他忘恩负义，他大义凛然地予以驳斥。

1912年12月，梁启超回国不久，就创办了《庸言》。1914年6月《庸言》停刊，梁改任《大中华杂志》主编。他在该刊发刊词中表示了要抛开政治，走专从改造社会入手的道路。

2. 护国讨袁的组织者

1915 年，袁世凯阴谋称帝。8 月，杨度、刘师培等发起组成筹安会，为改变共和国体制造舆论。梁启超针对这些活动，写了《异哉所谓国体问题者》一文，痛加驳斥。在此文还未发表时，袁世凯曾派人来看梁启超，进行威胁利诱，但均无效果。

梁启超不仅写文章批驳袁世凯妄图推翻共和的阴谋，还具体组织了护国讨袁的战争。1915 年 10 月，梁启超与蔡锷、戴戡、汤觉顿、徐佛苏等人会商，议决一旦袁世凯宣布复辟帝制，立即从云南、贵州、广西发动起义，然后分别从四川、广东、湖南出发会师武汉。12 月 12 日，袁世凯下令接受帝位，准备在翌年元旦即位，改元洪宪。这时，蔡、梁已从天津南下。蔡锷于 12 月 25 日在云南宣布起义，率兵入川，梁则南下上海，在 12 月 26 日发出了讨袁的檄文，并送上海各报发表，全国称快。1916 年 1 月 27 日，贵州宣布独立。3 月 11 日梁由港转广西，15 日广西宣布独立。4 月 12 日，汤觉顿去广东策动龙济光起义，不料为龙部所杀。梁启超不顾生命危险，只身前往说服龙济光，然后回肇庆。6 月 6 日组成军务院，唐继尧、岑春煊任正副军长，梁任政务委员长，暂代国务院职权，通电全国，以袁世凯去职为罢兵条件。15 日，十七省代表集会于南京。6月6日，袁世凯忧愤成疾去世。6月7日，黎元洪宣布就任大总统职，段祺瑞为国务总理。6 月 29 日，政府申令恢复民国元年《中华民国临时约法》与旧国会。7 月 15 日，由于梁启超的周旋努力，军务院撤销。8 月 1 日国会开会，南北终于重获统一，护国战争胜利结束。

这次护国战争，梁启超是最初的发动者，又是各方面的中心，他在上海期间的种种筹划布置活动是护国成功的最大关键。梁启超确实立下了捍卫新生的民主共和国的历史功勋。但在这次战役中，梁的得意门生、护国英雄蔡锷苦战四川，劳瘁成疾，战后不久即逝世于日本，梁的亲密同志汤觉顿死难于广东。失去这两个得力助手和亲密的战友，对梁启超确实是一个巨大的打击。

3. 力主参战和反对复辟

1917 年，欧战局势逐渐明朗，德国必败之势已较明显。为了通过对德宣战改善中国的国际地位，梁启超积极主张参战。国务总理段祺瑞想通过参战，向日借款，壮大自己的势力，所以也力主参战。但是正、副总统黎元洪、冯国璋与南方的孙中山不愿段祺瑞势力过盛，所以都反对参战。3 月，国会在段祺瑞的挟制下，通过对德绝交的议案。这时孙中山通电主张中立主义，黎元洪认为对德问题只做到绝交为止。四五月间，段祺瑞借督军团的力量，想压服议员通过对德宣战的议案。议员们不顾压力，坚决否决参战案。段想迫使黎元洪解散国会，为黎所拒绝。5月23日，黎元洪在国会支持下，免去段的国务总理。段则通电鼓动督军团反对黎元洪，要他自动退位。梁启超的政学系议员也向黎施加压力。黎走投无路，最后只得请安徽督军张勋入京调停。张勋领兵到天津后，胁迫黎元洪于6月12日解散国会。6月14日，张勋带了5000名辫子兵进入北京。28日康有为也秘密进入北京。在康、张“文武二圣”的导演下，7月1日，清宣统皇帝在京宣告复辟。7月3日，梁启超替段祺瑞起草了讨伐复辟的通电，并为他出谋划策，筹集军饷。梁本人也发表了《反对复辟电》，公开表明他反对他的老师康有为的复辟、保皇活动。段祺瑞于7月5日到马厂“誓师”，就任讨逆军总司令。12日，张勋兵败，逃入荷兰使馆。段祺瑞于14日进京，15日到国务院自行复职，17日提出新内阁名单，任命梁启超为财政总长。

4. 任期四个月的财政总长

梁启超就任财政总长时，原抱有很大的希望。他最大的目的，就是想利用缓付的庚子赔款和币制借款来彻底改革币制、整顿金融，可是结果事与愿违。就是就消极方面来想的维持现状，也没有得到很好的成绩。

段祺瑞重新执政后，利用当时的有利形势于1917年8月14日公布了梁启超起草的对德宣战的文告，但是梁启超希望通过宣战改善中国的国际地位的理想并未实现。而段祺瑞却通过参战获得了日本的贷款以壮大他个人的军事实力，进行内战，结果是“对外宣而不战，对内战而不宣”。

段祺瑞重新执政后，企图先召集临时参议院，然后再召集新国会，这个方案遭到了南方国民党领袖和各督军省长的强烈反对。9月1日，云贵两广四省宣告组成以孙中山为大元帅的护法军政府，形成了南北两个政权的对立和交战的局面。

11月间，北洋军在四川、湖南两个战场都遭到惨败，北洋军中的直、皖二系矛盾也开始明显激化。在冯国璋的授意下，直系四个督军联名发出通电，主张和平解决与西南的争端，迫使段祺瑞内阁于11月15日进行总辞职。梁启超这时已无意与段祺瑞继续合作，决定单独辞职，得到了总统与总理的同意。梁终于在1917年底彻底退出了政界。1917年6月，川滇军冲突，梁的同志四川省长戴戡为刘存厚部所杀，梁启超要求内阁惩办，段祺瑞置之不理，这也是梁启超愤而辞职的一个原因。

这一时期，梁启超忙于政治活动，著述不多。发表的文章主要是演说辞、短篇政论文章、起草的文件文告等，特别是有关讨袁护国与反复辟的文件文告，具有重要的历史意义，专著只有《欧洲战役史论》（1914）与《国民浅训》（1916）等寥寥几部。

六、学术工作与文化运动的晚年（1918—1929）

1. 欧游心影

梁启超从 1917 年 11 月退出政界后，就开始专心于学术，先研究碑刻之学，到 1918 年春夏间开始致力于写作《中国通史》，因劳累成疾，呕血而搁笔。是年，欧战结束。北京政府任命梁启超为列席巴黎和会的特使，专使代表团则由陆征祥等五人组成。梁不是正式代表，对专使代表团只有建议之权。

梁启超选了蒋百里、张君劢、徐新六、丁文江、刘子楷等著名人士为随员。他于 1918 年 12 月 28 日由上海起程，经香港走海路而到伦敦。在船上四五十天，看完了两大箱近百本日文书，主要是有关战后建设的著作，涉及文学、哲学、经济学、政治学、社会学、生物学各个领域。1919 年 2 月 11 日抵伦敦，在伦敦会见了不少政治家、学者，还专门拜访了李提摩太，18 日到巴黎。

《凡尔赛和约》承认日本继承德国在山东的权利。孙中山反对签字，所以汪精卫、李石曾等在巴黎邀集中法人士，组和平促进会，反对签字。学生中以王世杰为领袖，设法阻止代表们签字。梁启超也反对签字，认为只有不承认，才可徐图挽回。美国代表团也有人暗示中国代表不要签字。王正廷、顾维钧、施肇基三代表都反对签字。但北京政府已电令陆征祥签字，学生们就去包围陆的别墅，请他不要奉令。陆看到群情愤慨，答应不签字。陆违抗命令，不再为北京政府所信任，只好挂冠去比利时入修道院了。北京政府也不原谅梁启超，停止寄发他的行旅费。正是由于不签字，山东问题移交华盛顿会议讨论，最后终于归还中国。

梁启超在这一时期，还担任张謇等发起的国民外交协会的代表，主持向巴黎和会请愿各事。4 月底他致电国民外交学会："对德国事，闻将以青岛直接交还，因日使力争，结果英法为所动，吾若认此，不啻加绳自缚，请警告政府及国民，严责各全权，万勿署名，以示决心。"5 月 4 日，《申报》刊载了这个电文。这表明，梁启超在巴黎是和国内的五四反帝运动遥相呼应的。

在 6 月 9 日的一封长信中，梁启超写道："数月以来，晤种种性质差别之人，闻种种派别错综之论，睹种种利害冲突之事，炫以范象通神之图画雕刻，摩以回肠荡气之诗歌音乐，环以恢诡葱郁之社会状态，饫以雄伟娇变之天然风景……吾自觉吾之意境，日在酝酿发酵中，吾之灵府必将起一绝大之革命……”

这次欧洲之行，梁启超一共到了英、法、德、意、荷、比、瑞士等国，会见了许多政治家、哲学家、文学家与社会名流，考察了欧洲战场与战后欧洲的状况，他的思想确实又发生了一次革命。从他在归国后发表的《欧游心影录（节录)》中，可以看出他这次思想革命的“产儿”究竟是什么。

概括地说来，主要是对他过去信奉的社会达尔文主义产生了怀疑，认为这种“生存竞争优胜劣败”与个人主义的学说和社会思潮是这次世界大战的思想根源；同时对“科学万能”、唯物的机械的人生观也产生了怀疑。他接着对世界的发展趋势作了预计：民族主义越发光焰万丈，要扩充到欧洲之外；世界主义，要从此发轫；“社会的民主主义”要渐渐成为最中庸的一种政治；俄国革命，其历史价值，最少也不在法国大革命之下，今后和“中庸政治”相争，还不知谁胜谁负；国际间产业战争，只有比前更剧，自由贸易主义怕要作废；科学万能说当然不能像从前一样猖獗，但科学依然在它自己的范围内继续进步，物质文明一定更加若干倍发达；这回战争，给人类精神上莫大的刺激，人生观自然要起一大变化，哲学再兴，乃至宗教复活，都是意中事。这些预见与估计，发表于 1920 年，现在看来，还是基本正确呢!

他对中国政治文化的建议是：建设世界主义的国家；坚信中国不会亡；革命派与改良派合作，搞全民政治；提倡尽性主义，充分发挥各人的天赋良能；彻底解放思想，不受中国旧思想的束缚，也不受西洋新思想的束缚；提倡法治；实行职业选举与国民投票相结合的宪权；通过地方自治加强国民自治能力；提倡社会主义精神，实行劳资互助；开展国民运动；综合传统文化和西方文化，建立新文化。梁启超的这些建议，充满了善良的愿望。以后的事实是内乱外患的中国终于选择了激进革命的道路，但是回过头来看，梁启超提出的民主、法治、宪政、自治，彻底解放思想，综合传统文化与西方文化等任务，至今尚未完成，还有其现实意义。

梁启超本是中国现代新文化运动的先驱，他对五四运动的反帝斗争，争取民族独立是完全支持的，对“五四”的反封建、争民主的斗争，他也是赞同的。但他不同意北伐时期湖南农民运动的过激的、粗暴的、不讲政策与不人道的一些做法。

但是对于五四新文化运动对待中国传统文化的态度，梁启超是有不同意见的。他始终赞成在中国要发展科学，要发扬科学精神，但是反对科学万能说，反对唯科学主义。他反对全盘否定传统文化，也反对全盘西化，而主张创建综合传统文化与西方文化的新文化，对世界文化作出我们现代中国人的贡献。他在“五四”以后的学术工作和文化运动中，都是遵循他的这一主张。

2. 晚年的文化活动

梁启超于 1920 年 3 月 5 日回到上海后，就积极开展文化活动。在报刊方面，受他影响的有《时事新报》《北京晨报》和《解放与改造》。在学术团体方面，他于 1920 年组织共学社，发起讲学社，先后邀请过美国实用主义哲学家杜威（1919—1921 年间来华）、英国新实在论哲学家罗素（1920—1921 年间来华）、德国活力论哲学家与生物学家杜里舒（1922—1923 年间来华）、印度诗哲泰戈尔（1924 年来华）讲学，产生过巨大影响。从 1922 年开始他也曾应邀担任中国科学社董事部的董事。从 1921 年到 1928 年，他先后担任南开大学（1921）、东南大学（1922）、清华大学（1923—1924）、清华研究院（1925—1928）教授并兼任京师图书馆馆长（1925—1926）、北京图书馆馆长（1926—1928）、司法储才馆馆长（1926—1927）等职。此外，他对商务、中华两大书局都有影响。这些都为他开展文化活动创造了相当的条件。

3. 继续支持反帝和民主运动

这一期间，梁启超虽然已退出政界，但他仍关心支持反帝爱国运动与民主改良运动。他在 1920 年至 1922 年发起过国民制宪运动，1921 年发起过国民裁兵运动。1925 年，五卅惨案更激发了他的义愤。他发表了一系列文章与函电，要求欧美朋友如罗素等出来伸张正义，并要求段祺瑞政府与英国政府严正交涉。

4. 支持科学事业，提倡科学精神，反对科学万能说

1923 年，梁启超的两位好友张君劢与丁文江开展了一场关于科学与人生观的大论战。张君劢认为，科学不能解决人生观问题。丁文江则认为，科学万能，科学能解决人生观问题。梁启超的主张是：“人生问题，有大部分是可以——而且必要用科学方法来解决的；却有一小部分——或者还是最重要的部分是超科学的。”参加这场论战的有胡适、任鸿隽、唐钺、张东荪、王星拱、吴稚晖、范寿康、陈独秀等二十余位知名学者，历时一年半，在中国产生了巨大影响。

梁启超反对科学万能，只是反对当时在中国流行的唯科学主义。他认为科学不能取代哲学、伦理、道德。但他也不菲薄科学，绝不承认科学破产。他一直关心支持科学事业的发展，提倡科学精神。例如，他在题为《科学精神与东西方文化》的讲演中，强调了在中国要提倡追求真的（或有很强的或然性的）系统的知识的精神，要有传授、普及科学知识的精神，批判了中国学术界两千年来缺乏科学精神的种种病症

（为笼统、武断、虚伪、因袭、散失等），主张学习西方自文艺复兴以来发扬起来的科学精神。

5. 反对全盘西化，致力于传统文化的研究和发扬

梁启超反对五四时期激进派提出的“专打孔家店”“线装书应当抛在茅坑里三千年”等论点，主张尊重爱护、认真研究中国的传统文化。他晚年就在这方面做了大量的工作。1920 年至 1927 年，他写的重要学术著作有《清代学术概论》《老子哲学》《孔子》《墨经校释》《墨子学案》《老孔墨以后学派概观》《先秦政治思想史》，以及有关先秦社会史和佛学的研究。他还写了《中国历史研究法》(1922) 及其《补编》(1926—1927)、《中国之美文及其历史》、《中国近三百年学术史》、《中国文化史》、《儒家哲学》。他的这些学术著作是留给后人的宝贵学术遗产。

1927 年初夏，梁启超曾偕清华研究院学生做北海之游。他谈到到清华当教授的抱负是，“想把中国儒家道术的修养来做底子，而在学校功课上把它体现出来”，“在社会上造成一种不逐时流的新人”，“在学术界上造成一种适应新潮的国学”。这也可以说是他的学术遗嘱。

6. 从患病到逝世

梁启超自 1923 年起，就患肾病，便血。1926 年 3 月在协和医院动过一次手术，把右肾给割掉了。以后小便出血之症并未见轻，稍用脑劳累即复发。此后，精神体力已大不如从前，并时有小便堵塞之症。1928 年 9 月因痔疾入院，在住院期间仍进行《辛稼轩先生年谱》的写作。半月后出院，回天津家中，一面服药，一面写作，不久，即发低烧，约一个半月。身体日益衰弱以至“舌强神昏，几至不起”。11 月底，又入协和医院诊治，发现痰中有“末乃厉”菌，脓肿处在肺与左肋之间。到 1929 年 1 月 19 日，与世长辞，享年 56 岁。

梁启超逝世的消息传出后，在文化界引起了广泛的哀悼。1929 年 2 月 17 日，北京、上海同时举行了追悼会。参加北京追悼会的五百多人大多是文化界人士，其中有熊希龄、丁文江、胡适、钱玄同、任鸿隽等，以及他的许多学生。参加上海追悼会的有百余人，其中有蔡元培、张元济等。

在京、沪两地追悼会上，对梁启超一生在中国政治与文化事业上的贡献作出了评价。其中比较确切的有：“变法蒙难，任维新之先觉；倒袁讨张，成革命之元勋”（王文儒）；“开中国风气之先，文化革新，论功不在孙、黄后”（唐蟒）；“保障共和，应与松坡同不朽；宣传欧化，不因南海让当仁”(蔡元培)；“共和再造赖斯人”(章太炎)；

“为先哲后哲续千灯，学通中外古今，言满天下，名满天下”（张东荪）；“文开白话先河，自有勋劳垂学史”（杨杏佛）。《美国历史评论》也发表了纪念他的讣文。

梁启超留下了1400万字的长达149卷的《饮冰室合集》，记载了他一生中重要的政治活动和他的大量的学术研究成果。这是20世纪中国的一份极其珍贵的文化遗产，理应得到一切中国人的重视。

（作者：范岱年）

参考资料

[1] 梁启超．饮冰室合集［M］．上海：中华书局，1936.
[2] 丁文江，赵丰田．梁启超年谱长编［M］．上海：上海人民出版社，1983.
[3] 李泽厚．中国近代思想史论［M］．北京：人民出版社，1979.
[4] 孟祥才．梁启超传［M］．北京：北京出版社，1980.
[5] 毛以亨．梁启超［M］．香港：香港亚洲出版社，1957.
[6] 张朋园．梁启超与清季革命［M］．台北：“中研院”近代史研究所，1964.

虞和钦

（1879—1944）

虞和钦

近代科学中国化的实践者

“科学的中国化”即科学的本土化，包括纯粹知识引进的科学传播和从主观上真正“把西洋的科学变为中国的科学”的西方科学传统移植两个理论上不可分割的方面。在“西学东渐”的三个历史阶段中，传教士学术传教和洋务运动技术引进两个时段，“科学的中国化”实践仅局限于科学技术的引进和传播。甲午战争后，面对日渐式微的国势，一批脱胎于中国传统士人的先知先觉者，开始将眼光投向西方科学，“西学东渐”遂进入科学启蒙时期。这一时期，这批先知先觉的新型知识分子成为科学传播的主体，传播的内容亦逐渐从科学知识扩展到科学知识与科学传统、科学思想等并举，即他们通过科学研习、科学翻译、科学教育和科学实业等策略或路径，实现“科学的中国化”。在这类新型知识分子中，除人们所熟知的戊戌改良派人士外，还有一批被历史烟尘湮没的士人，他们自觉地放弃科举，改业科学，为实现“科学的中国化”而筚路蓝缕，惨淡经营，虞和钦便是其中的最具代表者。

一、虞和钦生平述略

虞和钦，字自勋，仕名铭新，1879 年 12 月 11 日出生在浙江省镇海县海晏乡柴桥的一个儒贾世家。他的高祖、曾祖均系清代国子监生，好诗文，以经商为生。他的父亲虞景璜（字澹初，1862—1893）则是一位地地道道的业儒，早年考取秀才，1882 年中举，翌年试礼部不第，遂绝意仕进，一心治经谈艺，并设馆授徒。

在虞和钦的童年和少年时代，科举考试对大多数士子来说仍然为求功名利禄之途，“得之则荣，失之则辱”。虞父把自己未遂的心愿寄托于小和钦身上，希望他能承继家学，金榜题名，光宗耀祖。7 岁时，他就开始随父诵读经书，研习词章。1888 年的一天晨起，开窗见大雪纷飞，想出了两句诗：山晓风初定，天寒雪正飞。便高兴地告诉父亲，随即在父亲的指导下，续成一诗，是为作诗之始。1891 年，父亲应石家塘林槐生家之聘，教授二子。小和钦随父侍读，与林家二子作息同律，且能恣意阅读林家书房“听雨楼”古今齐备的藏书，并效仿父亲采拾诸说，加以论断，作《孝经注》，是为著书之始。1892 年，随父就读于镇海县郭隘灵山书院。在灵山书院，他除诵经读史外，亦从父兼习八股文。虞母汪氏，“固甚爱子，然对于读书，亦极严厉”。1893 年父亲去世后，母亲命虞和钦仍往灵山书院，从父执虞本初读书。次年，虞母重病，弥留之际，忽移目注视虞和钦兄弟，虽气绝而目未闭。虞和钦惊而未哭，即跪告曰：“吾兄弟二人，当立志读父书，谋自成学，请吾母勿忧。”之后，母亲双目渐瞑。虞母望子成龙之心，绝不亚于虞父，这自然也影响了儿时的虞和钦。虞和钦幼秉庭训，诵经读史，工诗、古文辞，为他日后的科学中国化实践奠定了坚实的语言文字基础。

甲午战争后，外患日亟。虞和钦始知仅恃旧学不足以御侮，乃志于西学，并先后在柴桥、鄞城（今宁波市鄞州区）、上海从事科学传播与实业活动。1899 年，他与钟观光等一起，聚乡人钟衡臧等若干志同道合者，在自己家中创设“实学社”（后人称“四明实学会”），以研究声、光、化、电诸科学。翌年春，实学社迁到鄞城月湖竹洲的辨志精舍（今宁波市二中址）。为了更深入地了解西方科学，虞和钦等又购买北京同文馆、上海江南制造局的科学译著和《格致汇编》等科学期刊，继续研习理化、博物知识，并按书上所介绍的方法进行实验。不久，他们用骨灰及硫酸试制黄磷成功。虞和钦等想到黄磷是制火柴的重要原料，便决定设厂制造，借以挽回利权。1900 年，他们赴上海向商务大臣盛宣怀处呈请制磷专利。盛宣怀旋派员考验，获“制造得法，不让外洋”等批语，并准许专利 15 年，准予设厂制磷。1901 年 3 月，虞和钦与钟观光一道邀请林涤庵及实学社会员张之铭等商办设厂造磷事宜，并随即集资 1 万元，租借上海江南制造局附近的南池胡同（不久后迁到浦东烂泥渡），开设我国自行设计、自筹资金的第一家造磷工厂——灵光造磷厂。但不到半年时间，因国内缺乏必要的仪器设备和原料，成本过高、产品不旺，以致亏本而停办。

灵光造磷厂停办后，虞和钦留沪善后，钟观光和张之铭则赴日本考察。通过考察，他们才知，新法造磷多用电解，旧法成本高，难与竞争，于是召集实学会同人，决计改置他业，即创办科学仪器馆。1901 年 12 月 8 日，科学仪器馆以 5000 两纹银为资本，在上海五马路（今广东路）宝善街开张营业，开国人专门经营、制（仿）造科学仪器等教学用品之先河。

1902 年夏，虞和钦参加由蔡元培等发起成立的革命团体——中国教育会，并于 1902 年冬至 1903 年春，义务为爱国学社、爱国女校教授理科课程。1903 年初，虞和钦等在科学仪器馆创办国人最早的以“科学”命名的综合性自然科学期刊——《科学世界》，以介绍科学新知。

1905年初，为逃避清廷对“《苏报》案”余党的进一步追查，虞和钦又负笈东瀛，在东京帝国大学（今东京大学）专攻化学。3年后学成归国，通过部试和廷试后，任清廷学部图书局理科总编纂、游学毕业生部试格致科襄校官，并以“硕学通儒”资格钦选资政院候补议员。民国时先后担任过北洋政府教育部主事、视学、编审员，以及山西、热河两省教育厅长，绥远实业厅长等职，其中1923—1929年间，应冯玉祥、商震等军政要人之邀，参赞莲幕。1929年10月，因疲于军阀间的争斗，主动离开军政界，次年4月返沪置办实业，先后创办开成造酸厂、开明电器厂、建夏化学工业社等实业公司，并均任首任经理。1944年8月12日，因病医治无效在上海寓所逝世。

虞和钦科、艺、文俱全，一生著述颇丰，除一些科学文章、科学专著、理科教材外，还有诗文、中西哲学、社会学、古琴研究等方面的著作，并汇为一书，名曰《和钦全集》（共18种）。虞和钦亦工书法，好操琴、造琴、藏琴，曾被誉为“海内第一藏琴家”。

虞和钦一生所学所事，多属始创，其中不少为“中国第一”。他是近代中国“科学救国”“实业救国”“教育救国”思想的积极践行者，且贡献良多。

二、科学知识的引介与传播

尽管“科学的中国化”问题在20世纪二三十年代才被中国学界广泛关注、讨论，但其实践的历史则最早可追溯到明末清初，不过直到1900年前后，国人才成为主角，且进入大规模传播科学知识的时代，虞和钦即是这一时期科学中国化的实践者之一。他在科学研习实践中，不但以敏锐的科学眼光向国人引介一些具体的科学基本理论、定律，阐释科学术语、科学名词，而且还引介和制定科学命名法，从而为科学名词的统一化和标准化奠定了基础，促进了西方科学知识在近代中国的传播。虞和钦的这些工作，尤以化学学科最为典型，难怪20世纪30年代，中国近代化学教育的开拓者、化学教育家俞同奎先生称：虞先生“确系今日中国化学界之鲁殿灵光”。

1. 化学元素周期律的引介

19世纪和20世纪之交，国人对西方化学知识的介绍已走在数学、物理等学科的前头。虞和钦在早年开始研习科学时，亦以化学为主攻方向，并以敏锐的眼光，决定选择译介研习化学的工具——元素周期律和元素周期表。1901 年 3 月 13 日，虞和钦在《亚泉杂志》第六册（期）上发表了《化学周期律》一文，最早向国人完整地介绍了元素周期律和元素周期表。

《化学周期律》编译稿是于上一年旧历十二月投寄给亚泉学馆的，此时《亚泉杂志》创刊仅一个月左右，其间虞和钦曾“两奉大札商酌《周期律》译稿”。《化学周期律》正文分为五部分：原质（现称“元素”）之天然分类、周期律表、各周期原质之关节、各属（即“主族”）原质之关节、据周期律发明之学理。其中前四部分为该文的主体，基本上揭示了门氏周期律的内涵；最后一部分则是说明元素周期律的重大意义。

《化学周期律》发表一年后，就被近代著名金石家、收藏家顾燮光列入其所补编的《增版东西学书录》卷三之“化学”类中，成为与徐寿、傅兰雅合译的《化学鉴原》《化学鉴原续编》《化学鉴原补编》等书齐名的近代汉译化学文献。

另外，虞和钦在有关化学名词解释的文章和《普通化学讲义》（上海文明书局 1913 年 3 月初版）、《中学化学教科书》（日本龟高德平著，上海文明书局 1906 年初版）、《新制化学教本》（与华襄治合编，上海中华书局 1917 年 4 月初版）等著作中，也有介绍元素周期律的条目或章节。

元素周期律为 19 世纪下半叶“新得之学理”，是化学的重要基础之一，对那些于化学上稍有门径的学习研究者具有指引作用，亦是推动化学学科不断向前发展的动力之一，但 20 世纪初时的中文“译书中未曾述及”。虞和钦以非凡的眼光，成为向国人引介元素周期律的第一人。他的这个工作，促进了化学学科在近代中国的发展，从而在我国近代科学传播和化学学科的发展史册上，写下了浓墨重彩的一笔。

2. 无机化学命名“某化某式”的引介、推广

19 世纪，汉译化学书籍的底本大都源于西方各国，中文无机物的翻译主要有两种方法。一种为徐寿和傅兰雅等主张的“连书原质之名”（即直译无机物的分子式）法，如法文“oxyde de plomb”（分子式为 PbO），译为“氧铅”，英文“lead of oxide”则译为“铅氧”；另一种为法国化学家毕利干等所主张的“意译”法，即按无机化合物的西文原意或者它们的化学性质来翻译，如过氯酸（$HClO_4$）译为“极绿强”、氯酸（$HClO_3$）译为“绿强”。这两种方法都存在一些缺陷，即“连书原质之名”等于没有命名，“意译”又沿袭了西方名词本身存在的混乱和弊病，故一些研习化学的国人企求能有更为科学、简便的无机物命名法推出。

甲午战争后，国人“师夷长技”的眼光开始转向日本，从而掀起“西学东游”的热潮。到了20世纪初，汉译科学书籍的底本几乎被日文垄断，一些传统士人也纷纷学习日语，研习日文科学原著。此时，日本的化学命名方法传入中国，人们用它取代原有的命名方法，这成为国内化学界的一种趋势。虞和钦再次以其敏锐的眼光，于1902年1月（旧历辛丑年十二月），在《普通学报》辛丑第三期上发表《化学命名法》，首次将日本“某化某式”的无机物命名法引介到中国。

《化学命名法》全文共14页，分为“根基及残基”“自二原（元）素合成化合体之命名法”“自三元素以上合成化合体之命名法”三部分，主要阐述根（或基）、二元化合物、三元或三元以上化合物（包括酸、碱、盐）的命名法。虞和钦的这种行文安排，恰好也与为中国近代化学命名统一工作贡献最多的郑贞文所谓的“化合物以先定根基之名为入手”之说相符。《化学命名法》介绍的“某化某式”无机物命名方法，是建立在对根基的命名基础之上的，与当时其他的无机物命名法相比，具有较大弹性和较强的包容性。它除酸、含氧酸正盐等少数几种类型的化合物外，均在物质名词中插有一个“化”字，并引入“亚”“次”“过”，简洁而明晰地给出了多化合价元素之化合物的命名，使用数字词头修饰根基名称，一定程度上反映了化合物的分子构成。这种命名法基本上符合“信、达”标准，但其中也存在一些缺陷。例如，有些命名法过于冗长（如硫酸亚酸化铁）；一些化学元素、化学名称与术语，叙述比较混乱，对同一物质或元素，有的地方用日译名，有的地方用当时或是作者新创的汉译名。

《化学命名法》发表后，虞和钦即在后来编译的化学书籍和化学文章中使用“某化某式”的命名法。其中推广无机物“某化某式”命名法最为得力之作为《化学定名表》（载于《科学世界》1903—1904年第2—4、6—10号）。1903年4月始，虞和钦编制的《化学定名表》陆续在其主编的《科学世界》上发表，其中给出了793个化学名词，分别列出它们的中文定名、英文名、化学式，方便读者查对。如果说《化学命名法》是“某化某式”命名系统一般法则的介绍，那么《化学定名表》中的中文定名则是该法则的具体运用，且具有一定的引领无机化学名词划一的意义。

虞和钦介绍的“某化某式”命名法尽管存在一些有待完善的地方，但瑕不掩瑜，其简明、分类清晰、能直接传达物质组成信息的特点还是显而易见的，故在1908年我国最早的官定术语标准《化学语汇》问世之前，就有不少学者（如王季烈、尤金镛等）在编译实践中采纳了这种方法。更为重要的是，虞和钦的“某化某式”命名法，对后来我国无机化合物命名规则的制定，也具有可操作性的指导作用。

3. 系统的有机物意译命名体系之建立

1892 年 4 月，当时欧洲 34 位著名化学家在日内瓦举行国际化学会议，拟订了后来称为《日内瓦命名法》的有机化学命名方案。之后，西方各国有机化学的系统命名便有章可循。但在我国，20 世纪初仍无统一的有机化学命名系统，这与当时我国无机化学命名已趋于统一的情形，大相径庭。1905 年始，虞和钦在日本东京帝国大学理科学习化学，对有机化学更有深究。1907 年 11 月，在经过五六年的探索后，正式着手制定有机化学意译命名法案。1908 年夏，在他从东京帝国大学毕业之际，此项工作得以完成，其专著《有机化学命名草》亦于是年 8 月 6 日正式由上海文明书局出版。

虞和钦在所著的《有机化学命名草》中，建立了一套系统的有机物意译命名体系。全书包括作者序、凡例、目录、正文和附录。正文分为两编：第一编为“脂肪族化合物”，包括已饱炭轻质（烷烃）、未饱炭轻质（烯烃、炔烃）、炭轻质之成盐原质置易体（卤代烃）、炭轻质之轻养置易体（醇）、醇精（醚）、间质及拟间质（醛和酮）等 19 章；第二编为“芳香族化合物”，包括轮质及其同族体（苯类）、轮质族之成盐原质置易体（苯类卤代物）、轻养轮质族（酚类）、植物碱类等 16 章。附录为“原质名目表”，共列出 77 种元素的汉译名、元素符号、英文名、法文名、德文名和原子量。

虞和钦在《有机化学命名草》中，不造一个新汉字，使得当时已知的有机物均有相应的汉译名——或学名，或通名，或俗名。《有机化学命名草》一书，在 1921 年科学名词审查会最终所审定的《有机化学名词草案》公布之前，影响了国内不少化学研习者，他们在编写化学书籍时，直接采用了此书的一些有机化学命名。虞和钦的这个工作对后世有机化学命名法的探索者也颇有影响。1921 年 7 月，科学名词审查会决定最后的中文《有机化学名词草案》的会议，就是在虞和钦、张修敏及陈庆尧三氏命名方案中进行协调的，其中确定的具体命名法不少出自虞和钦的《有机化学命名草》，如芳香族化合物的命名法、几种数字表示法（如以“一”“二”“三”等数字指明物质的碳原子数，以“二个”“三个”“四个”等指明表示取代基之数的拉丁字头“Di”“Tri”“Tetra”等）。不过，虞和钦的有机化学命名法对后世主流法案产生影响则主要是由郑贞文实现的。郑贞文是虞和钦的校友兼同道，曾于 1932 年 6—11 月主持国立编译馆化学名词的制定工作。其间，他起草的《化学命名原则》经过讨论、修订后，于 1932 年 11 月由教育部公布实施，次年 6 月由国立编译馆出版发行。《化学命名原则》中有机化合物部分，保留有《有机化学命名草》中基于构造的命名法之痕迹。例如，“相同之基或官能团之数，以一、二、三……（Mono-, Di-, Tri-, ...）等数字表之”，乃继承虞氏的取代基之数以“一个”（通常省略）、“二个”、“三个”等表示，其他的如取代基位次、母体或基中碳原子位次等的表示法，“化”“易”等字的用法规定，等等，均承袭虞氏在《有机化学命名草》中所确定的基本原则。

虞和钦在《有机化学命名草》中所提出的有机化学命名系统，其主旨以意译为宗，表现出之前傅兰雅等人的译音命名法无法比拟的系统性和科学性；同时因不新造一个汉字而表现出来的保守性，也使得它存在一些不尽如人意之处，如承袭传统汉字因形音相离而阻滞文化传播的缺点。郑贞文等在扬弃虞和钦确立的一些意译命名原则和具体方法的基础上，对我国有机化学定名事业，又做了许多开创性的工作。正因为如此，虞和钦早年厘定的有机化学系统命名原则能成为我国现行命名法的源本，成为他“科学的中国化”实践之重要成就之一。

三、西方科学传统的移植

如果说科学知识的引介传播是虞和钦“科学的中国化”实践的第一个层面的话，那么，他组织成立科学社团，创办传播科学新知或基于科学新知的实业，主编科学期刊，充任理科教员，编译科学教材等工作，则可视为其“科学的中国化”实践的第二个层面。他的这些工作，可谓对西方科学的消化，自觉或不自觉地促进西方科学传统的移植，拉近了科学与中国一般民众的距离，促进了西方科学在中国的生根。

1. 科学团体的组织

甲午战争后，我国变法图强、科学救国思想日盛。1895 年，父执梅伯俨先生、同学钟观光在虞和钦家——澹园设馆授徒。于是，虞父生前好友陈觉生、张子骧、虞辉祖等镇海古文辞或诗赋学者时来聚会，以求学问之交流。这些为虞和钦后来组建科学团体实学社、京师化学会和中国化学会提供了养分。

1899 年，虞和钦与钟观光等若干志同道合者，在自己家中创设近代中国最早的科学组织之一——实学社。开始时，虞和钦与钟观光等会员研读虞父生前从上海购回的《西学大成》，觉得书中所述切实而又新奇，就一一实验，并以其所得义务教授同人，一时远近响应，社员甚多。从近代科学发展史看，科学社团是科学发展到一定阶段后，为便于科学交流而创建的。实学社的主要目的是满足虞和钦及其同道了解西方科学的需要，因而还不能称之为完全意义上的近代科学社团。但是它已经具备近代科学团体的某些基本特征，如民间性、自治性、公益性、组织性、学术性等，并且在传播西方科学知识的同时，力求科学研究与社会需求相结合，还奠定了虞和钦等人后来创设的科学仪器馆之基础，培养了钟观光等中国近代最早的一代科学家，故可谓近代科学社团的雏形。在当时的社会条件下，尽管它引进的科学知识和先进生产力非常有限，但却是西方科学技术在中国基层传播的有益尝试，且在民间社团还没有法律保障的情况下，它的创设更具有开风气的意义。

如果说实学社是一个综合普及性团体，那么虞和钦创立的京师化学会及其承继者中国化学会则是地地道道的专门科学社团。1910 年 6—11 月，虞和钦又被清廷农工商部右侍郎、南洋劝业会审查总长杨士琦选调为劝业会审查官，其间与中国化学会欧洲支会会员吴应干、陆安、邓邦逖共事。因“见自外洋回国学习化学者日益多”，便与同志商议，拟在国内组织化学会。11 月，南洋劝业会闭幕，虞和钦仍回北京学部任事，并着手在北京创设化学会之事。翌年 8—9 月间（农历八月），成立化学会的相关事宜已基本完成。学会定名为“京师化学会”，会所设在北京彰宜门大街农工商部劝工陈列所内的工业试验所，并将结社之事呈报巡警总厅，向民政部备案，同时拟订了《京师化学会草章》。虞和钦在随即举行的京师化学会成立会上，与俞同奎、杨华、王季点等被选为学会编辑主任员。然“甫成一会，而遭逢事变，又复阒然”。辛亥革命后，民国肇造，百废思举，“谋所以富国利民者”，除工业之外，别无他择。而所谓的工业，“是在远规欧西制作之原”。于是，国人效法西国，纷纷组建学术团体。1912 年 1 月初，虞和钦的同邑同志钟衡臧在上海发起成立的“中华民国工业建设会”，便是其中之一。不久，为竟京师化学会的前功，实现“谋学术之昌盛，针国工之膏肓”的宏愿，虞和钦与沪上旧时同道，又成立了中国化学会，并被举为学会干事。中国化学会成立之初，以上海九江路 7 号的中华民国工业建设会为通信处。他们也拟订了《中国化学会章程》，对学会的名称、宗旨、事务、组织、会员之权利、干事员之权利、经费、机关、会议等事项作了规定。

虞和钦与同道发起成立的京师化学会和中国化学会，其组织形式和学会章程，既继承了欧洲发达国家的化学会设置，又充分考虑了当时中国国情和化学工作者实情，故它们的活动计划具有可操作性。另外，京师化学会和中国化学会，也与中国化学会欧洲支会有间接关系，并均有制定化学命名规则的计划，但因动荡的时局未果，就连学会也没能成长起来。不过，它们的工作愿景和草就的章程，具有相当的史学价值，对后来中国化学学术团体的建设，促进中国近代化学的建制化等方面，也有一定的启示作用。

2. 科学实业的创办

在某种意义上讲，近代工业在中国的发展，可以被看作为科学实业实践的主要范型，正如任鸿隽所说，中国“近世的实业无有一件不是应用科学的知识来开发天地间自然的利益的”。虞和钦一生所置办的实业——早年的灵光造磷厂、科学仪器馆，晚年的开成造酸厂、开明电器厂、建夏化学工业社——也不例外，均为科学实业，其中最具代表者为科学仪器馆、开成造酸厂和开明电器厂。

虞和钦早年研习过《化学汇编》中的《格致释器》《化学器》等介绍科学仪器的文章，后来又有实验造磷和办厂制磷的经验教训，故对科学仪器之于科学研究、科学传播的重要性有充分的认识。于是在 1901 年 10 月间，虞和钦与钟观光召集实学社会员，商量以灵光造磷厂余款为基本，另招新资，开办专门经营、制（仿）造科学仪器等教学用品的公司——科学仪器馆。经过虞和钦、钟观光等人的努力，科学仪器馆于 1901 年 12 月 8 日提前开张营业。虞和钦等新办的科学仪器馆，给当时的新式学堂和国内研习西方科学者带来了便利，使国人“讲求科学益有门径”。1902 年春，科学仪器馆逐渐步入正轨，且迅速得到发展，不到几年工夫，便誉满沪上，乃至全国，后来发展成为一堪与商务印书馆比肩的“文化事业中之最有名望者”，从而在我国近代科学的中国化实践史上，留下了浓墨重彩的一笔，正如虞和钦自诩的那样，“上海为中国科学之发源地，科学仪器馆实为首功”，“我国完全之教育或以是为起点矣”。

开成造酸厂是虞和钦退出军政界开办的首家实业公司。1929 年 10 月，商震调任山西省主席，因不满军阀之间的争执，再加上内心深处的实业情结，虞和钦便决意弃政不复同往，意图重操旧业。虞和钦在北京休整半年后，于 1930 年 4 月回到了上海，随即开始筹备开成造酸厂的建造工作。在筹备过程中，虞和钦为获准工商、军政两部的备案，筹资，建造厂房，选购原料硫化铁矿石等工作，劳心劳力，日夜奔波。开成造酸厂成立后，他被推为厂首任经理。1933 年 2 月 1 日，在经历水灾、“一・二八”事变后，开成造酸厂最终正式投产。由于产出的硫酸品质纯美，故销路畅通，公司各董事也开始树立信心。不久，因增招股本，在筹备增加硝酸、盐酸生产等事情上与公司一些董事有异议，虞和钦便辞去了公司经理一职，离开了公司。开成造酸厂的成功出货，标志着我国从此有专门的民族硫酸制造企业，外人也不能再垄断市价。另外，由于开成造酸厂的提倡，又有一两家制造硫酸的厂家在国内出现了，这不仅使国家漏卮逐渐减少，而且也提高了国内各用酸企业与外企的竞争力。因此，虞和钦开办的开成造酸厂，在中国化学工业史上书写了光辉的一页。

开明电器厂是虞和钦在抗战期间创办的实业。1938 年初，中日战事使得上海形势日趋不利，虞和钦自思年老力衰，不能为国效力，深感惭愧，便计划赶赴陪都重庆，为国家后防工作尽一份绵薄之力。后在其次子虞先得的劝谏下，未能成行，改为留沪投身后防实业，即筹设开明电器厂，任筹备主任，并开始招股。次年 2 月，开明电器厂开始投产。3 月 12 日，开明电器厂股份有限公司正式成立。次日在公司第一次股东会议上，虞和钦当选为公司董事，并被董事会聘为公司首任经理。开明电器厂所出的各种灯泡，一开始就货精制良，销路颇旺，故后又续招股本，添置机器，增加出品。开明电器厂是虞和钦晚年意欲为国效力的产物，且为他兴办实业中经营时间最长、产品销路最好的一例。中华人民共和国成立初期，包括开明电器厂在内的几家私营灯泡厂合并，成立了一公私合营企业——天明灯泡厂。1958 年，天明灯泡厂又并入中国亚浦耳灯泡厂，1959 年 10 月中国亚浦耳灯泡厂改名为上海亚明灯泡厂。今日，亚明灯泡厂已是我国照明光源的龙头企业。其厂名中的“明”字，向人们昭示，其前身之一的开明电器厂是不应被后世所忘记的。

3.《科学世界》的创刊与编辑

中国近代纯粹的科学期刊始于清季光绪年间，以英国传教士傅兰雅主持、创刊于 1876 年 2 月 9 日的《格致汇编》为最早。国人自办的第一种科学期刊为新学会于 1897 年 8 月 7 日在上海创办的《新学报》。两年后又有杜亚泉主编的《亚泉杂志》问世，近一年后又被他的《普通学报》取代，但该刊在出版不到两年后，决定停刊。由于虞和钦此前与杜亚泉有一定的联系，加上他们在科学传播上又“同气相求”，故虞和钦等决定接替杜氏的《普通学报》，与科学仪器馆的同人于 1903 年 3 月创办《科学世界》，并在其前三期广告页中登载《阅普通学报者鉴》，其中写道：“本报自开办至今，共出五期，今因同志诸君另办《科学世界》，未能再续。凡订阅《普通学报》十期者，除前寄五期外，其余五期即以《科学世界》三期交换。”

虞和钦与王本祥共同草拟了《科学世界》的《简章》（载创刊号刊首），确定了“发明科学基础实业，使吾民之知识技能日益增进”的办刊宗旨和期刊栏目（包括《图画》《论说》《原理》《实习》《拔萃》《传记》《学名略解》《教科》《学事汇报》《小说》等）及其功能。统计《科学世界》所刊的文章，出自虞和钦之手的几乎涉及各个栏目，且所占比例较高，尤其是《学名略解》栏目，出自他一人之手，再加上他与王本祥共同起草刊物《简章》，1905 年初他为逃避清廷对“《苏报》案”余党的追查离沪赴日留学，而《科学世界》在上一年的12月7日出版第10期后也突然停刊等事实让我们知道，尽管《科学世界》没有明确其主编，但虞和钦就是其实际的主编兼主笔。这在后来《科学世界》续刊编辑徐调均于1920年11月4日晚科学仪器馆举行的欢迎各省区教育会代表的宴会上的致辞中得到证实：“敝馆曾经编刊《科学世界》杂志一种，由现任山西教育厅长虞自勋先生主任。”

虞和钦依托科学仪器馆这个集科学仪器产销、科技出版和科学教育于一体的实业，主编中国最早以“科学”命名的综合性自然科学期刊《科学世界》近两年时间，共出10期，不仅传播科学新知、介绍实业技能、宣扬科学思想、提供科学教育方法与教科内容，而且还在广告中登载一些进步书刊的出版信息，体现了虞和钦办刊的科学性、思想性与进步性兼具的倾向。

《科学世界》的栏目内容，大都为科学性的文章或知识点，不仅可普及科学常识，而且有的还可以启迪国人思想。例如，《学名略解》栏目的文章，可让初学者“得以因名见义，不费脑力”，客观上促进了我国化学等学科的专用名词和术语的统一工作，从而为20世纪二三十年代全面实施的科学中国化奠定了基础。其《小说》栏目，是我国科学杂志刊载“科学小说”的先行者，可起到鲁迅所言的“改良思想、补助文明”之作用；栏目中的小说“较之纯文学，趣味诚少；然较之读科学书，则趣味浓深多矣”，这是一般科学文章所不能企及的；尤其是其“取发情趣，不关科学者不录”的选稿标准，更是《科学世界》的科学性之突出表现。另外，《科学世界》也刊发国人自己的科学研究成果，为建立我国自己的科学体系奠定了基础。如虞和钦的《中国地质之构造》（载第二、三期），是国人撰写的地质构造研究方面的第一篇论文，比鲁迅于1903年10月以笔名“索子”发表在《浙江潮》第八期上的《中国地质略论》（曾一直被认为是我国第一篇介绍中国地质方面的文章）还要早。

《科学世界》的思想性主要体现在发刊词和《论说》等栏目的文章中。《科学世界》创刊于20世纪初，此时国人的科学素养几乎为零，因此除介绍西方的科学知识外，科学思想的传播，即虞和钦在《简章》所言的“输高尚之理想于我国民”，也是其要务之一。例如，林涤庵（署名为“林森”）、虞辉祖在他们各自的发刊词中提出，讲求实业是救亡图存的当务之急，而实业的发达有赖于科学知识的掌握。另外，《科学世界》所传播的科学思想还体现在虞和钦的《原理学》《现今世界其节省劳力之竞争场乎》和《理学与汉医》三篇文章中。

《科学世界》的进步性，则主要体现在每期首尾的广告中。《科学世界》各期首尾广告，刊载有不少书刊出版信息，例如，第二期关于《女学报》的广告称："本年第二期《女学报》现已出板（版），欲阅者请至三马路苏报馆或新马路华安里女报馆购取可也。"这些广告涉及的书刊，不乏当时的进步期刊，如《译书汇编》《游学译编》《浙江潮》《女学报》等。《科学世界》能在晚清那思想禁锢的年代刊载这些进步书刊信息，也说明其本身所具有的进步性。

4. 科学教育实践

虞和钦的科学教育实践主要体现在担任理科教员和编辑科学教材两个方面。

虞和钦早年科学传播实践中，曾先后在爱国学社、爱国女校、科学仪器馆内设的理科讲（传）习所、北京顺天高等学堂、京师优级师范学堂等校所担任过理科教员。其中在科学仪器馆理科讲习所的授课经历最有意义，因为在此除讲授科学知识外，也宣传民主思想。前来听课者不乏近代进步人士，如蔡元培、章太炎、徐锡麟、邹鲁、柳亚子、陈其美等都曾是其学员。讲习所的学员中，不少后来成为各界闻人，如我国近代生药学、本草学奠基人、先驱和开拓者赵燏黄，著名教育家、哲学家蒋维乔，曾任北洋政府国会议员、中华人民共和国最高人民检察署副检察长兼政务院政法委员会委员的蓝公武，近代教育家和地理学专家姚明辉等。他们在这里受到了科学的启蒙教育，有的还奠定资产阶级民主革命的思想基础。

甲午战争后，国人掀起一股"西学东游"的热潮，与之相映成趣的是赴日留学或自学日文蔚为时尚。辛亥革命前后，中国政府当局推行了一系列有助于教育发展的新政或举措，如晚清的兴学诏、癸卯学制、废除科举，中华民国临时政府的《普通教育暂行办法》《普通教育暂行课程标准》、壬子学制，以及北洋政府关于教科书问题的规定和举措。基于西学东游的潮流、国家层面的教育政策等外部形势，以及自身的科学研习和教育部任事经历，虞和钦在 1902—1917 年间，积极为学校编写或翻译理科教材。在这些教材中，主要以化学为主，大部分不是因约稿的出版机构改组而未脱稿是因时局动乱而散佚。而留存于世仅仅几种，包括编写的《普通学歌 · 化学》《新制化学教本》等，翻译的《中学化学教科书》《化学讲义实验书》等。这些科学教本，有的一版再版，多次印行，广受各界好评。例如，1908 年，清廷学部颁布《第一次审定中学堂、初级师范学堂暂用书目凡例附书目表》，虞和钦译述的《中学化学教科书》《化学讲义实验书》均榜上有名，其中《中学化学教科书》位列化学类教科书之首。《中学化学教科书》后来还多次再版重印，辛亥革命后亦通过北洋政府教育部教科书审查，截至 1913 年 10 月，再版或重印达 9 次。虞和钦在民国初编写的《新制化学教本》被列入教育部1918年4月11日颁布的《第一次重行审定教科书书目》，到1919年7月，该书已出第6版（今称第6次印刷）。

虞和钦所撰译的化学教科书，一版再版，多次印行，可窥知当时这些教科书被广泛选用，受众颇多。其向国人引介化学新知（如元素周期律、原子－分子说）、传播科学精神（如通过化学名家等化学史知识的介绍）的功效，促进近代化学本土化（如列出英汉化学名词对照表）的力度，亦是有目共睹的。

四、科学思想的阐释

虞和钦“科学的中国化”实践也体现在他对西方科学思想的阐释上。他在早年科学传播实践中，将西方的科学称为“理学”，并认为：阐明自然之理的“理学”是生产力，可“补益”“消长”中国传统的医学。

虞和钦所谓的阐明自然之理的“理学”，即“理科之学”，对应英文单词“science”，即我们今天所言的自然科学。1904年11月，他在《科学世界》第10号上发表《原理学》一文，认为理学“乃以至广至渺之世界观念，而与社会以直接之益者也。其目虽多，而以有实用之智识为尤要。渺远之星球，荒古之地质，人不能知也；有理学焉，则不知者知。腾空之雷霆，弥山之矿石，人不能用也；有理学焉，则不用者用。汪洋之大海，轻清之空气，人不能行也；蝼蚁之谈话，微菌之滋生，人不能闻见也；有理学焉，则不行者行，不闻见者闻见矣”。显然，在虞和钦看来，理学是以从微观到宏观的整个世界为认识对象，是其中能直接给人类社会带来益处的那些观念，即形而下之学，是联系宇宙世界与人类社会的纽带。总之，虞和钦在《原理学》一文中，对于自然科学进行了明确的界定：理学即理科之学，唯有它才能阐明自然之理；同时提出他的“科学救国论”：理学的发达，有助于国人认识自然和世界，进而改变自己当时所处的社会经济状况，从而使自己处在社会竞争中的有利地位。

1903年，虞和钦发表《现今世界其节省劳力之竞争场乎》（载《科学世界》第6号），阐述了理学是生产力的科学思想。他说：“西人有言曰：‘现今世界大势，勿徒空谈哲理，扩张政权，唯尊尚理学，节减劳力，则效果有不胜言，而富强可待也！’斯言也，余然之，余深然之。”这里的“理学”有技艺之学含义，也就是我们今天所言的以科学为基础的技术；“尊尚理学，节减劳力”则蕴含“理学是生产力”的思想，是“科学技术是生产力”的另类表述。虞和钦在该文中，亦以西方经济社会为例，阐发了他的科学技术观：技术研究乃十年磨一剑的事业，以科学为基础的技术是政治界、经济界的原动力，科学与技术的发展是永无止境的。总之，《现今世界其节省劳力之竞争场乎》一文，正确地反映了科学、技术和经济的关系，即社会生产力取决于技术，技术又借以科学，从而可引导更多的国人转向科学的研习。

1903 年 10 月，虞和钦发表《理学与汉医》（载《科学世界》第 8 号），在欣赏基于西方科学的西医的同时，对中医的一些弊端有充分的认识，并主张以西方理学来改造传统的中医，以免古老的中医将中华民族带入灭种的可怕境地。《理学与汉医》一文，近年来曾被不少学者视为 20 世纪初极端否定中医的代表之作。他们之所以有如此的判断，确有虞和钦文中出现“汉医杀人”“汉医足亡吾种”等偏执言论之故，但主要还是他们断章取义使然。其实，虞和钦此文的中心议题还是主张以理学改造中医。这是另一种形式的“科学救国”论，而且这种科学救国思想，在后来中医改革的实践中，都有具体的举措。例如，1931 年在南京成立的“中央国医馆”设定了“以科学的方法，整理中医学学术及开展学术研究”的宗旨；中华人民共和国成立初期中央政府颁布了卫生工作“团结中西医”的方针后，各省市开办中医进修学校，吸收中医进修、系统学习医学知识，以促进“中医科学化”。《理学与汉医》一文也影响了不少近代中国学人，其中鲁迅是最具代表者。鲁迅是中国近代闻人，以中国文化革命主将而为当今国人所熟知。不过，他早年留学日本时，曾决定放弃已有一定基础的地矿专业而选择医学。据有的学者研究，鲁迅的这个抉择，除了他自己所言的“确知道了新的医学对于日本的维新有很大的助力”外，也与虞和钦的《理学与汉医》一文有一定的联系。另外，虞和钦的以科学改造中医的设想，与他的同乡兼至交，近现代医学家和卓有成效的医学传播者，民国时期废除中医派的领袖余云岫后来提出的用科学“陶铸旧医”的思想，乃是异曲同工。虞和钦和余云岫对待中医的态度是如此的相似，加上他们的交谊，设想虞和钦的“理学可以‘消长’中医”的思想对余云岫有一定的影响，亦似在情理之中。

五、结语

虞和钦是 19 世纪和 20 世纪之交由一中国传统士人转变为醉心科学的新型知识分子。他与同时代的中国其他新型知识分子一道，取代西方传教士而构成 20 世纪初科学中国化实践的一支重要力量。受浙东家乡文化和儒商家庭教育的濡染，他的“科学的中国化”实践，表现出明显的“宁波帮”特点，如以学缘、地缘为纽带，结成科学传播团队；以实业为目的与手段，研习与传播科学；以上海为中心，辐射全国；以桐城派的语言风格为著译旨归，力求科学传播的平民化。另外，他的科学中国化实践，多为始创性的工作，表现出敢为人先的精神。他尽管还称不上严格的（即社会学意义上的）科学家，然而在中国近代化的进程中，以其独特的方式促进了西方科学知识及科学传统在中国生根，堪称中国从传统到现代转型时期的弄潮儿、中国近代化的推动者。

（作者：王细荣）

参考资料

[1] 袁翰青. 化学界的鲁殿灵光虞和钦先生 [J]. 化学通讯，1937，2 (11)：88.

[2] 何涓. 清末民初 (1901—1932) 无机物中文命名演变 [J]. 科技术语研究，2006，8 (2)：53-57.

[3] 张澔. 虞和钦的有机化学名词：中文有机化学名词系统命名的开始 [J]. 中国科技史杂志，2005，26 (3)：222-230.

[4] 赵冬. 近代科学与中国本土实践 [M]. 北京：社会科学文献出版社，2007.

[5] 任鸿隽. 科学与实业之关系 [J]. 科学，1920，5 (6)：218-223.

[6] 虞和钦. 原理学 [J]. 科学世界，1904 (10)：1-3.

[7] 虞和钦. 现今世界其节省劳力之竞争场乎 [J]. 科学世界，1903 (6)：1-2.

[8] 范祥涛. 科学翻译影响下的文化变迁 [M]. 上海：上海译文出版社，2006.

曹云祥

（1881—1937）

曹云祥

20世纪30年代中国的“泰勒”

科技与管理是实现现代化的两个轮子，一个多世纪以来，两者同步发展，互相促进。在19世纪末，当物理学革命的前奏即汤姆森的电子、伦琴的X射线、贝克勒耳和居里夫妇及卢瑟福的天然放射性元素这三大发现震惊世界的时候，管理革命也已揭开帷幕，如史密斯的符号工序图（1876）、梅特卡夫的卡片式系统与控制（1881）、唐恩收益分享制（1889）和哈尔西的奖金方案这三项发明。物理学革命的巨头有爱因斯坦、卢瑟福、玻尔等；管理革命的“父亲”则有泰勒、法约尔等。巨头们少年得志，“父亲”们大器晚成。科学管理是伴随着近代采用机器生产的工厂企业的发展而逐渐形成的，多数管理学家本是科技人员（工程师）。号称具备近代科学管理雏形的企业，竟然是瓦特创办而由其儿子管理的索霍铸造厂；与内燃机和电力技术革命相对应的则有福特制（流水线等）。20世纪中期以来的大科学（与军事技术密切相关）使得“物理”的研究必须借助“事理”的研究，于是运筹学和系统工程等组织管理的技术应运而生。中国的钱学森、华罗庚、钱三强等自然科学家，出于高度的爱国热忱和社会责任感，为了加速祖国的四个现代化，敏锐地觉察到这一新潮流，积极倡导和推行管理现代化。这一段历史早已为科技界、管理界人士耳熟能详。本文则要追溯20世纪上半叶中国对于国际上科学管理运动［或称合理化运动（Nationalization Movement），苏联还推行了斯达汉诺夫运动（Stakhanov Movement）］是否有所反应。

旧中国政治、经济、科学技术非常落后，近代企业机器大生产进展迟缓，不能给管理学家提供像样的舞台。但是当时门户洞开，资本主义国家的商品如洪水决堤般涌入，国人忧心如焚，提出了“商战”“工战”“实业救国”“科学救国”“教育救国”等口号。对于能够提高劳动生产率、降低产品成本的科学管理，当然也不会拒之门外。我们已经发掘几批史料，例如，早在1914年穆藕初（1876—1943，后任工商部次长）留学美国时就与泰勒联系，着手翻译《科学管理原理》；1917年，哈佛大学工商管理研究生杨杏佛（后任中央研究院总干事）在中国科学社的年会上宣读《科学的管理法在中国之应用》论文；1920 年交通大学教授张廷金（首批庚款留美生）出版《科学的工厂管理法》；1925 年，清华大学钱昌祚（麻省理工学院航空工程硕士，去台湾后担任过“经济部次长”）在《科学》上介绍了早期的军事运筹学（兰彻斯特战斗动态方程）；1930 年，马克思主义学者杨东莼（留日，中华人民共和国成立后任过中央文史研究馆馆长）在《东方杂志》上评述“合理化运动”……可见中国知识界并非毫无动作。本文的主人公曹云祥在管理学界出场较迟，而他研读科学管理则比上述诸人都早。我们考证，他实际上是中国乃至世界最早的 MBA 学位获得者之一。情况如下：

一、具硕学　擅外交

曹云祥，字庆五，浙江嘉兴人，1881 年生。从小跟随父亲曹子实在江苏苏州生活。“少颖悟，异常儿”，“与诸兄负笈梵王渡圣约翰学堂时，即深为师长所器重”。我们知道，圣约翰书院，1879 年由美国基督教传道会创立于上海，1892 年添设大学部，1906 年正式改为大学，其学位被美国哥伦比亚州法律承认，是近现代中国土地上最早建立的大学之一。因此，曹云祥得风气之先，是该校早期培养的大学生。当时正是留学（主要是留日）的高潮，不过他并非一帆风顺地出国，而是先留校任助教，然后到宁波、常州等地任新式学堂教员、教务长。“1907 年浙江省派送官费留学生，先生录取焉。”到达美国后，进入著名的耶鲁大学，1911 年毕业。入哈佛大学工商学院，“以干才雄辩驰名彼邦”。这段时间，泰勒的科学管理法逐渐风靡美国，以《计件工资制》（1895）、《工场管理》（1903）、《科学管理原理》（1911）的相继出版为标志。由于泰勒的亲密战友巴思（C. Barth，1860—1939）的努力，这所 1908 年新成立的学院的院长被说服了，使“泰勒制”成为哈佛工商学院管理学的标准内容。1910 年，该院在全世界最早设置 MBA 学位，曹云祥便是冲着这个“时髦学科”而来的，并如愿以偿。

前文提到的穆藕初、杨杏佛等人，穆是 1909 年自费留美，1914 年获得克萨斯农工学院农学硕士学位；杨是 1912 年以“稽勋留学生”赴美，1918 年获 MBA 学位；张廷金 1909 年入俄亥俄州立大学，1915 年获哈佛大学电机学硕士。又据茅以升说，他在 1917 年攻读博士学位时，也选学过科学管理（以泰勒著作为教材）。他们这几位回国后都自觉地在工作中运用过科学管理的原理。张廷金编写有关著作，则是因为上海工业专门学校（上海交通大学的前身）1913 年就在土木科和电机科开设了“工厂管理法”“工业经济”等课程，是由“洋教员”、美国威斯康星大学电机系原主任谢尔屯等人制定的，可见其来有自，与国外接轨，曹云祥所学则更具专业性。

曹云祥随后到英国，在著名的伦敦大学经济政治学院任研究员。1914 年，他进入中国驻英公使馆任二等秘书，1917 年 8 月，兼署驻伦敦总领事，顶头上司是公使（1914—1920 年任职）施肇基（1877—1958，圣约翰大学的学长，留美，清末已官至外务部右丞，1912 年任北京政府交通部总长兼署财政部总长）。1919 年曹云祥回国，“遍游南北各地，考察国内情形”，因为离他去国已十二年，形势变化不小。1919 年 7 月，曹云祥被任命为驻丹麦公使馆一等秘书，独立“代办使事”。公使是颜惠庆（1877—1950，留美，清末是外务部参议，1912 年任北京政府外交部次长，第一次世界大战时是驻德大使，后因中德绝交，便移驻哥本哈根。1921—1927 年担任过国务总理、外交部总长等职）。曹云祥在西欧从事外交活动的时间，正是第一次世界大战及战后的一段时间。在这段时间里，他为华人和侨胞争取权益，还帮助波兰在国际联盟维护其利益，因此获该国政府赠予宝星（勋章）。1921 年回国任外交部秘书，后任出席华盛顿会议中国代表团秘书长帮办（助理）。当时外交部的组成是总长、次长、四位司长、四位参事、四位秘书，以下便是各司的职员，他的职位不低于副司级。

二、领清华　勖学子

1922 年 4 月，外交部总长颜惠庆签署部令，“派曹云祥暂兼代理清华学校校长”。10 月，正式署理校长。12 月，校“董事会为节省经费计，裁撤副校长一职”。似乎曹云祥可以大权独揽了，其实不然。清华学校在清末是游美学务处，为将美国“退还”中国庚子赔款的余款用于培训和派遣留美学生，所设置的机构（后称清华学校）。这笔款项每年从中国政府关税中提取付给美方，再由美方“返还”清华学校，到 1940 年支付完毕。所以清华不属教育部而归外交部管辖，而大权由美国公使馆和中国外交部官员组成的清华董事会操纵。1917 年 8 月，由外交部总长、次长和美国公使三人组成的“清华学校基本金委员会”控制了财权。1920 年 2 月，董事会改组，由外交部部员二人和美国公使馆参赞一人组成，学校的“一切事务”与“各项问题”都得由董事会认可，校长也由董事会荐举，实权“则操之于美国公使馆之洋董事”。曹云祥来清华前已经是董事，任校长后，立即感到“董事会问题不能解决，则校务一日不能发展，纵有种种计划，亦属空言无补”。可是他拗不过外交部，外交部又拗不过美国公使馆。北京政府（北洋军阀政府）内外交困，始终不能解决这一问题，直到 1927 年 9 月才决定改组董事会，增补了几位教育家，但美国人仍占三分之一，职权也没有实质性改变。这是他在职的大障碍。

由于五四运动的影响，清华的学生运动相当活跃。1920 年 1 月赶走校长张煜全，接着又拒绝新任命的校长罗忠诒到职，1921 年秋季开学时赶跑校长金邦正，总称“三赶校长”。就是说，舆论和学潮的力量，对付外交部派来的个别部员还是起作用的。曹云祥必须善待舆论，体察民情。清华教师队伍，人数不多，由外籍教师、中国文史哲教师及留学归国的硕博士三部分组成，后一部分（特别是由清华培养派送出国再回校的）力量逐渐举足轻重。曹云祥年资比他们深，学力也相埒，但缺乏大学的工作经历，又不是清华出身，工商管理和外交事务不被这些理、工、政、文科的学者特别看重，要得到他们的拥护并不容易。

在这样的主客观形势下，曹云祥注意到，清华学校此前已经历了两个阶段：留美预备学校时期（1912—1916，教学内容相当于美国高小至中学的程度）；美国式基础大学时期（1916 年秋—1921 年，程度提高到相当于美国大学二、三年级）。他便将此一时期定名为建设中国式大学时期。其原因是随着留学生的大批回国，中国其他高等学校已逐渐达到本科水平，清华也不应再浪费人力财力在较低层次的培养上，而应使培养学生在毕业后可以进入外国大学的研究生院（他称为“大学院”），这样既可使派出留学的人员缩短留学时间，又可使他们获得更高学位并节省留学费用。

曹云祥这一办学目标，与他的科学管理原理，即“效率”（他译为“效能”）观念有关。“所谓效能，不外能于最多数人中，得最多量之益，且历最多时之期间而已。”指最优化原理。摆在清华学校面前的现实问题：是年复一年足额派遣留学生，把这笔庚款用完然后学校关门大吉？还是提高程度、压缩派遣人数和时间以逐年节省下一笔款项来保证自办大学和留学事业永远持续下去？“孰得孰失，亦彰彰已。”显然，后者符合现代的时髦话——“可持续发展”。曹云祥作为一位 MBA 学位获得者，为清华的经费算了一笔账，他分四个阶段考虑：一是扩张（1908—1921），二是短绌（1921—1926），三是转移（1926—1931），四是积储（1932—1945）。计算表明，第一阶段因学生基数小，可盈余 300 万元，到 1926 年本息合 600 万元，但第二阶段因在学和留美学生都达到高峰，需挪借 100 万元，到第三阶段再挪借 110 万元；这时留学人数在减少，滞美时间也缩短，到第四阶段的前四年可以将两项挪借之款补偿，“则其余各年之盈余，积存可至 5 百万元之总额，以其息金弥补 1939 年至 1945 年间之短绌，则原存基金，可以保持不动，逐年递积，至（庚子）赔款告终时，至少（存）得3千万元，是为清华大学永久基金，其息金每年至少得2百万元，为大学及少数留美学额之常年经费焉”。这方案可行。

既然如此，现在就是要设立大学部。仍留在校内逐年毕业准备赴美的学生称为旧制部。大学部如何办？1924年2月，他聘请周贻春（前校长）、胡适、范源濂、张伯苓、张景文、丁文江为清华大学筹备顾问。5月，他出版了《西方文化与中国前途之关系》。他设想的大学部，划分两段学程，第一段叫普通科，修学年限为2—3年，“予学生以综合的训练”，使“先有完满之普通知识以为基础”；第二段叫专门科，使学生“有二三年专门之知识”，能“有专精之研究”。他认为，“所谓教育，并非专事诵读记忆而已，是欲养成高尚完全之人格，为立足社会之准备”。关于专门科的专业划分、课程设置，原来设想比较完备，例如商业门（系），就有商业银行、汇兑论、工商理财、商业管理、国际贸易、保险学、运输学、高等会计学等，还让学生“自由选习”和“专题研究”。后来发现，他自己任职的时期正是“学校最感困难的时期”，不可能贪大求全，所以还是采用一般大学的四年制，系科设置（数量上）也适可而止。

曹云祥在大学部之上还有第三步的设想，“注重独立而有系统之思想”，要按“书院制或学徒式”办法培养，这就是研究院。由于经费所限，先只设国学一科，“乃为中国养成通才硕学”。导师资格为：国内硕学重望，且通知中国学术文化之全体；具正确精密之科学的治学方法；稔悉欧美日本学者研究东方语言及中国文化之成绩。必须三者兼备。这“在中国实属创举”。执行的结果是，聘任了王国维、梁启超、赵元任、陈寅恪（以上为教授，“宏博精深、学有专长”）和李济（讲师，“于某种学科素有研究”）5名导师，首届（1925年）面向全国录取了33名研究生，清华本校只占3名。可以说，在20世纪中国国学领域，一次集中这样高水平的大师于一校一科，这是空前绝后的，在教育史和学术史上也一直传为佳话。

曹云祥这两项重大举措，体现了他领导下的课程委员会拟定的教育方针：“清华希望成一造就中国领袖人才之试验学校”；“清华大学教育应特别奖励创造学力、个人研究和应付中国实际状况及需要之能力”；它的基础教育部分，“在使将来之领袖人才受广阔的基本训练；其方法在利用教室内外实际生活之动作，使经验近世文化之要领”。至于它的专精部分，曹云祥认为“可以利用科学方法，并参中国考据之法”，“希望研究院中寻出中国之魂”。为了把研究院办好，他在章程中明确规定“清华学校校长总揽本院一切事务”，是敢于负责的。时间过去了四分之三个世纪，在“科教兴国”

和知识经济呼声日高的今天，回顾清华大学多年来的成绩，不能不佩服曹云祥等人的胆识。

曹云祥的这些思想，从管理学的角度看，属于人力资源的优化和增值。他跳出清华小圈子，站在合理利用清华留美经费的立场，1925 年还宣布，“四年以后，公开留美考试，并非专派清华学生”，“每次考送以三十名为限”。这就强化了竞争机制，当然也触动了部分清华人的既得利益。作为一位管理学家，他还重视人力资源的发现、甄别和利用。这要运用第一次世界大战中鉴别兵员的工业心理学（职业心理学）方法，这是早期的行为科学成果。他积极支持提出这一想法的留美心理学博士庄泽宣教授，1923 年就在学校设立职业指导部。这在全国大学中又是独树一帜。他们认为，“清华为国中一重要教育机关，学生择业当否，关系国家前途非浅”。这是指清华派出的留学生应当接受选择何种专业的指导，以便适合自己的特长、兴趣和国家的需要，免得影响个人的成才和浪费国家财力。职业指导部花了一年时间，广泛调查学生的兴趣、特长、志愿，收集社会各行各业对其从业人员的要求和标准，统计清华回国学生对自己所学专业的看法和评价，以及是否学用一致。将这些信息和数据分门别类，绘制图表，还去函美国 75 所重要高校索取学科专业的情况、特点和要求的详细材料，然后对学生进行科学的测试。还聘请各学科专家给学生作报告，讲述各科各业的具体要求，如梁启超讲“文学与史学”，丁文江讲“地质学及矿学”，侯德榜讲“化学与化工”，马寅初讲“商业与银行”，秦汾讲“天文学与数学”……曹云祥亲自出马讲“外交”。所讲授课程由高材生记录成文，编印成书出版。给曹云祥作记录的是梅汝璈和冀朝鼎，他俩后来分别成为著名的法学家和经济学家。很长一段时间里，高校毕业生大体上是供不应求的，人们对于职业指导（升学和择业）不大重视。但近年来有的专业供过于求，有的学生学非所长、用非所学，下岗失业等现象逐渐增加，可见过去的职业指导所采用的一些“预研”还是可供参考的。曹云祥的做法可取。

清华出身而留美的政治学博士钱端升（1900—1990），是“少壮派”中极具独立见识和批判精神的代表人物。他 1925 年在报纸上公开评论：“曹校长任事已三年余，虽种种积弊未能尽除，然其宽大之气，有足多者。年来学风安静，士子得以安心向学，其功非小。”如“延致通儒”以“振清华之门楣”，“创造基金，谋清华之亿万斯年”等，“吾人固望其能久于其任，致力于校务之改良，且免种种问题之发生”。不过，在他眼中理想的校长，“必其人为学者而负时望者，如有办学经验，而与外（交）部或清华无关者，则更佳”。梁启超则认为“大学的组织应当以‘教授团’为主体”，“大学校长，可以由教授团中推举”，“或者各教授轮流担任”，“我极希望将来能得一位清华毕业在美学教育的来当校长”。他们认为曹云祥是外交部官员，不如学者地位之超脱。梁启超还感到“美国人最重视现代实务”，美国的商科之类，“在彼最适用者，在我或为最不适用”。曹云祥学的正是这种专业，学术地位便不被推崇，这是曹的“弱项”。

曹云祥既受制于董事会，下面的权力又“渐已为本校毕业回国同学所支配”。他手下两任教务长，张彭春（1892—1957）是清华（学务处）选派的第二届留学生，1916 年哥伦比亚大学文学硕士；梅贻琦（1889—1962），比张彭春还早一届派出，1914 年沃斯特大学电机工程学士，1921 年再赴美进修一年。他们是清华的元老，容易得到同学同事的认可。曹云祥 1925 年设立的新校务会议，由 10 人组成，包括各部主任和 4 位教员代表，其中专任职员（不兼教学）的只有 3 人（包括曹自己）。按说作为行政权力机构是正常的组成，但仍受到“教授治校”论者的批评，认为职员（包括兼职者）的权太重。曹云祥的权力和地位，受这几人的牵累不小。但要他直接依靠教授会（或推举的评议会），他又没有十足的把握。处置对上对下两件大事都不够果断，这是他领导（管理）工作的失误，或者是性格和环境使然。1927 年，北京政府由奉系军阀控制，南方蒋介石和汪精卫攫取了北伐战争果实，宁汉合流建立国民党南京政府，北京的外交部已处于瓦解前夕。曹云祥虽使“清华有六年之小康”，“民十六年（年底）终以校务棘手而辞职”。

曹云祥与同时期北大的蒋梦麟（1886—1964，1908 年赴美，1917 年哥伦比亚大学哲学博士，1923 年代北大校长）和其后的梅贻琦（1931 年任清华大学校长）相比，主观条件未遑多让，施政能力和对教育的见解也各有千秋，但这两人在教育界的根基都深得多，任职时间也长，以至在教育史上都很有名气。曹云祥时代的清华学校毕竟还处于过渡时期，与后来三四十年代（含西南联大时期）成熟阶段的学术盛况也不好比。我们不能苛求于他，我们应当对历史负责。

三、宣科学　传管理

1928 年 1 月，北京政府外交部批准曹云祥的辞呈，于是他南旋上海。凭借学历和在海内外任职的情况，他很快就被英美烟草公司驻华总部聘为劳工问题顾问。这是一家跨国性托拉斯组织，1912 年成立于伦敦，1919 年在上海设分部（1936 年迁香港），控制着旧中国大部分烟草种植、卷烟生产和销售。这时正是大革命之后，资方慑于中国工人阶级的觉悟和伟力，不得不用高薪请几位中国有声望的士绅居间联系。曹云祥觉得这种闲职可以接受，有时间还可从事其他社会活动。他担任了中国红十字会总干事，不久，翻译了《德国商战之策略》(1929年出版)。这本书由德国赫尔佐克著，是有关在第一次世界大战后向该国政府献策，如何在工商业对外贸易中取胜的。曹云祥说，自己读后，“亦欲将著者深远之策略，与抵御外商之方法，供献吾国政商二界耳”。“政府与商会，当合力提倡，审慎研究，从事准备与组织，始有达到目的之望。”他还提到，自己曾译《商业要览》一书，“冀以唤醒国人，准备抵抗商战，以固国民生计”。这样明显的意图，英美烟草公司当然清楚：曹云祥不是自己人。终于双方意见不合，曹云祥辞职。

1930年，国际科学管理学会的总干事厄威克希望中国也建立相应的学会，以便在中国推行科学管理。他向工商部、经济学家刘大钧、燕京大学经济系主任戴乐仁分别写信，还通过国际劳工局中国通讯处陈宗城直接与中国官方联系。工商部长孔祥熙看到国际上这股科学管理潮流，便派副手穆藕初到上海去发动和筹备，邀集了工商界知名人士和学术界人士，还有一些官员开会商讨，草拟会章，收集提案。1930年6月29日在银行公会举行成立大会，孔祥熙从南京赶来，戴乐仁是特邀来宾，与会者近200人。孔祥熙的开会词称：“我国工商企业落伍已久……今欲为根本整理、通盘筹划之计，自当以厉行经济设施的合理化及工商事业之科学管理化为第一要义。”大会通过会章，将学会定名为“中国工商管理协会”(以下简称“协会”)，英文名 The China Institute of Scientific Management，即“中国科学管理学会”。会章的一条宗旨提出：“本会以研究科学管理方法，增进工商业生产效率，实现民生主义为宗旨。”

大会选出15名理事，按得票多少为序依次是：孔祥熙、穆藕初、刘鸿生（火柴、水泥大王）、寿景伟（工商部商业司长，留美博士）、潘序伦（著名会计师，留美硕士）、杨杏佛、胡庶华（中国工程师学会会长，留德高工）、陆费逵（中华书局总经理）、李权时（经济学家，留美博士）、荣宗敬（棉纺、面粉大王）、王云五（商务印书馆总经理）、潘公展（上海市社会局局长）、赵晋卿（工商部访问局局长）、徐寄庼（中国银行代表）、钱承绪（中华工业总联合会代表）。理事会聘曹云祥为总干事，“秉承理事会办理本会一切事务”。下面有干事部，再分各股，每股有主任干事一人，干事若干人。会章规定，“理事长、常务理事均为名誉职”，工商部按月给予协会几百元补助，但付去工作人员工资就所余无几。一年后孔祥熙另有高就，“政务繁忙，对于会务不克兼顾，所以理事长的职务，就由曹先生继任了”。

曹云祥“不但不气馁，并且更积极”面对工商界的观望态度和会中经费拮据情形，决心干好一件件实事。首先是编印“科学管理丛刊”（丛书），出版了王云五的《科学管理法的原则》（1930）、曹云祥译的《科学管理之实施》（1931）、刘鸿生等人论文集《工商问题的研究》（1931）、众多专家在协会叙餐会上的报告选集《演讲录选编》（1933），还有《德国商战之策略》等。

这里稍稍介绍曹译《科学管理之实施》。序言指出美国一名工人利用机械，“其工作效率可抵华工 8 人”，“今美人又利用科学管理，增加效率至二三倍之多”，唤起了国人的危机感。全书共分 10 章，简论“什么是科学管理法”，说明科学管理的原理，原理的应用，怎样用秒表核定标准的工作量和审定各人的工作，对库存货物出入的权衡统计，减少积压或匮乏，计划部的工作，工人的招募与训练，工人的养成及工资的支配办法、激励办法，等等。

协会每月举行一次叙餐会，借此加强联系、交流信息、研究问题。由曹云祥出面邀请主讲人，并定好题目。这些人都是对某种经营管理有丰富经验或理论分析的专家，会上请速记社派人作详细记录，由协会人员加以整理，提供报刊发表。例如孔祥熙讲《工厂法推行问题》，徐佩璜教授讲《工商管理人才之训练》，胡庶华讲《工厂管理之科学化》，曾同春讲《八小时工作制与科学管理法》，章乃器讲《十五年间管理及被管理之心得》，安绍芸会计师讲《成本会计制度》等。直到曹云祥逝世，这样的讲座坚持了 7 年，总次数约 70 次。曹云祥毫无疑问处于管理学界的联络中枢位置。

协会的另一宣传喉舌是 1934 年 5 月创办的《工商管理月刊》，英文名 *The Scientific Management Monthly*，即《科学管理月刊》。请孔祥熙题写刊名，在创刊号上还题了“通惠南针”四个字，即“通商惠工的指南针”之意。曹云祥署名的发刊词称：“中国处次（半）殖民地之地位，受各个帝国主义者之经济侵略，工商企业，落伍已久……”要赶上去，“舍发展民族资本，振兴本国实业不为功”。而要发展实业，不但要有资本、劳工，“沿至今日，则管理已成为一种专门科学，而为实业（诸）要素之中心”。本学会通过几年的工作，“已博得社会间渐感管理科学之重要，而实业界亦深悉管理与实业有密切之关系焉”。本刊“谨汇集专家名彦关于科学管理各种论著或其译述”，使各工商团体和个人，“得以参考寻绎”。第一期还刊登了曹云祥翻译美国劳工部长潘金丝女士写的《美国复兴运动的意义》一文，讲三年来经济大危机下罗斯福政府的新政。这是一个宏观经济管理问题，比通常意义上的科学管理广泛许多。

在第一卷第六期上，曹云祥撰写了《科学化的事业管理》，这是他的一本书稿，准备陆续刊登。所谓“事业”，即 business，含义很广，如“工商业”等。这次登载的第一章引言，指出什么是科学方法、本书宗旨，以及强调“事业之成本，大抵以管理之组织良否为转移”。此书未登完，也未能出版。

在第二卷第一期上，曹云祥介绍《本会最近一年工作概况》，讲了几个大的方面：（一）出版事业，即上文的“科学管理丛刊”和《工商管理月刊》，“可称为现时中国唯一研究管理科学之刊物”。这里出现了“管理科学”一词，似乎以往中文书刊还没有提到过。（二）养成管理人才，提到“凡百经营，无不首重人才，而管理人才之养成，实为当今工商界之急务，故本会除与沪江大学商学院合办科学管理训练班外，复在本会内与机联会合作，开设工业管理讲习班，先从中级人才入手，由各厂保送在职人员，教授工厂内之管理实际问题及注重服务道德。每班限三月毕业，加入者颇形踊跃，现第一班有学员九十余人。一面复筹备开办工商管理补习学校，分日、夜二校，均定两年毕业，教授各项管理科学。因时间问题，决定明年（1936）开学”。讲习班第一班学习 4 门课程，即生产管理、会计制度、人事管理、推销问题。每周 4 个晚上，每次 2 小时。1935 年结业，还成立了同学会，以便今后继续联络，共同在企业中推行科学管理。关于中国工商管理补习学校，1935 年 8 月，董事会开会推举曹云祥为董事长兼校长，程守中为副校长，聘唐泽焱为校秘书长。决定先开办夜课班，招收初中毕业以上的职工及有志者，课程每期有 8 门，如第一期是经济学、商业概论、科学管理概论、会计学、簿记学、人事管理、市场学、工商法规等。

堂堂的原清华学校校长，离职后不再钻营当官（事实上北京政府外交部的一些官员又在南京政府供职），居然愿意为工商企业的小职工（文化程度“初中以上”）办补习班、当校长，这反映出他为推进科学管理，从基层抓起，从培养骨干做起的务实精神和有教无类、造福人群的胸怀。

协会善于利用信息渠道和大众传播媒介。“为使全国各机关（构）及各地民众了解科学管理的内容及重要（性），并提高宣传效率起见，特商假南京中央广播电台广播演讲。”派唐泽焱主任干事在 1936 年 5 月 25 日、6 月 1 日、6 月 8 日晚 8 时半至 9 时播讲，讲题分别是“科学管理的起源与内容”“中国军政机关实施科学管理的必要”“实施科学管理的步骤”。“全国各地电台一律转播，收效至为宏伟云。”

在此之前，曹云祥还在 2 月 15 日出版的月刊上发表本人署名的《召开全国管理会议》的倡议。“拟在本年内召开”，“凡全国各军政机关及工商团体均可派代表参加。

会议的目的，在集全国管理人才于一堂，讨论各种管理的实施具体办法”。可是直到1937年还不见这次会议的报道，估计是中途流产了。

曹云祥还以协会总干事名义，在《工商管理月刊》上刊登本会成立“服务部”（咨询部）的中英文广告，“兹愿以科学的方法，扶助公司及工厂，解决组织与设计上的困难”，并保证“当为公司严守秘密，以免工作进行发生障碍”。这里指各公司的内情、矛盾、问题，以及职工对科学管理不理解、可能采取抵制行动等障碍。他拟订的服务项目包括行政与组织、人事管理、生产管理、财务管理、销售管理、事务管理、成本会计，共7种，供企业采择。服务方式和步骤是：通过与委托方谈话，发现和接受当改问题；派人实地调研，写出书面报告，分析问题，提出改组办法；采用科学管理方法对企业进行改组。具体实施可派专家办理，或训练该团体（公司）内部职工进行。他们曾应华生电器厂厂主叶友才之请，派程守中、翟克恭前去调研，采取了一些针对性的办法，“便使生产量增加甚巨，引起其他工厂注意”。

曹云祥呕心沥血、惨淡经营，维持了协会6年多的运转，1936年3月，《工商管理月刊》“编者的话”突然透露：“不幸敝会经费中断，几期以来须编者竭力维持，虽仍然照常出版，但是现在已筋疲力尽了，将到万不得已的时候，本刊恐要与读者永诀了。”当年办刊之艰辛可见一斑。

他们仍在坚持。1936年6月，协会会员以通信投票的办法，正式选出第二届理事会，由曹云祥、胡西园（亚浦耳电器厂经理，留学生）、蔡声白（丝绸业代表）、项康元（康元制罐厂厂主，推行科学管理的样板）、方液仙（中国化学工业社总经理）、潘仰尧（上海职业指导所负责人）、王云五、吴蕴初（天原、天厨等化工企业业主）、徐寄庼、程守中（复旦大学原教授，上海机制国货工厂联合会总干事）、黎照寰（交通大学校长）、何清儒（人事管理学会理事长）、计健南（三友实业社负责人）、史久芸（商务印书馆协理）等14人组成，前5人为常务理事，曹云祥为理事长，程守中为干事长。理事的组成表明协会已从“官、产、学”体制变成“产、学、研”体制，完全是学术性民间社团了。这既是一种进步，也反映国民党政府工商部对科学管理完全撒手不管，任其生灭，当初不过是“叶公好龙”而已。

曹云祥的工作之弦始终绷得很紧，导致心脏病悄悄袭来，1937年2月8日闪电般一击夺走了他的生命，享年56岁。程守中在悼文中说：“在中国专门研究科学管理的团体，历史最久的，应该算是本会——中国工商管理协会了。而这个团体的创立，我们又不得不说是曹先生的力量最多；他不仅在组织本会时备尝艰辛，而且也是国内提倡科学管理的第一人！他那种研究的态度和提倡的精神，在中国的确不容易找到第二个。”“我们称他做中国的‘泰勒’，也不能说过分！”程守中回忆，曹云祥生前常对他们说：“科学管理在中国，力量还很薄弱，我不过是播一个种，耕耘的工作，是要你们来完成的。”

曹云祥的追悼会由中国工商管理协会、中国红十字会、上海清华同学会、全国体育协进会、国际问题研究会、上海机制国货工厂联合会、上海基督教青年会、全国青年协会、培成女子学校等9团体举办，3月20日在八仙桥青年会大礼堂举行。这些单位反映了曹云祥晚年的社会圈子。“讣告”称他来沪后“专心从事译著及赞助推进一切文化慈善事业”，应当承认是实事求是的。到会团体代表及曹氏中外亲友400余人，由黎照寰当主席，陈锦涛（1871—1939，耶鲁大学经济学博士，曾任财政总长）、赵晋卿（1882—1965，实业部常务次长，基督教联合会会长）致悼词，曹氏子侄曹懋德致谢词。

会场有挽联百余幅。上海市市长吴铁城（1888—1953）这样写道：

> 热泪洒神州，想当年挟策欧西，万里风云舒健翮；
> 英才销江左，叹此日骑鲸海上，千秋事业付颓波。

前任外交部部长王正廷（1882—1961）挽联：

> 具硕学，擅外交，功在凌烟无遗憾；
> 富热忱，乐公益，名留青史有余荣。

潘公展（1895—1975，后任《中央日报》主笔）题写的是：

> 蓄道德，能文章，盟会早蜚声，此去固知升天国；
> 勖青年，教学子，讲坛羡多士，后生应各哭先知。

（作者：许康　劳汉生　李迎春）

参考资料

[1] 马洪，孙尚清. 现代管理百科全书（上册）[M]. 北京：中国发展出版社，1991.

[2] 许康. 八十年前泰勒与中国学者的文字之交 [J]. 科学学与科学技术管理，1995，16（3）：43-44.

[3] 许康. 杨铨（杏佛）对科学管理的宣扬 [J]. 科学学与科学技术管理，1995，16（4）：44-46.

[4] 许康. 运筹学在中国的最早介绍 [J]. 科学学与科学技术管理，1996，17（5）：43-45.

[5] 庄泽宣. 职业指导实验 [M]. 上海：商务印书馆，1925.

[6] 程守中. 敬悼曹云祥先生 [J]. 工商管理月刊，1937，4（3）.

任鸿隽

（1886—1961）

任鸿隽

中国现代科学事业的拓荒者

当我们在灰裹尘封的旧籍中寻觅中国现代科学事业发展的头绪时，任鸿隽的名字会不断闪现出来。当代的中国人对这个名字，多会感到陌生，而在 20 世纪二三十年代，此公乃是科学界和教育界的班头人物。

一、秀才造了三年反

任鸿隽祖居浙江归安（现湖州南浔区）菱湖镇，那是明清间“买卖兴隆通四海”的江南名镇。太平军攻占杭嘉湖一带时，任鸿隽的祖父辈逃往四川。父亲章甫公纳粟入官，到垫江县做了一个小而清闲的典史，一任就是 30 年。任鸿隽于 1886 年 12 月 20 日出生在垫江。他兄弟姐妹七人，在兄弟中行三（后来取字叔永，“叔”由三来）。按家中规矩，无论男女，到 6 岁都要上学。鸿隽于家馆初习八股。1898 年，考取了垫江县书院的住院生。经学之外，又新开算学，这个 12 岁的聪明孩子，在 12 次月考中得了 12 次第一名。按老师的嘱咐，他于 1904 年以巴县籍身份到重庆应院考，在 1 万多名童生中考取了第三名秀才，他赶上了中国科举考试的最后一班车。

任秀才住进重庆府中学堂，第二年即在速成师范班毕业，学得了一些物理、化学、教育学、心理学之类的新知识。毕业以后，他在重庆的开智小学和一所私立中学教书，一年下来竟有大约 200 元的积蓄。为了求知，他放弃了教职，登船顺江东下，进了大上海的中国公学。

中国公学，本是由留日学生因反抗日本当局的压制而回国组建的。校内革命气氛浓厚，被视为革命党的大本营。任鸿隽进校的第一件事就是剪掉辫子。不久，他嫌学校功课程度太低，就于 1908 年初东渡日本留学。先是补习日文，并由同乡友人介绍加入了孙中山领导的同盟会。当时国内革命形势已是如火如荼，在日的同盟会员有的秘密购运军火，有的私制炸药。任鸿隽曾到宫崎寅藏（笔名白浪庵滔天，孙中山的老朋友）家中取过手枪，携回住所再转手，张奚若就曾经与其接头。在自制炸药的朋友中，有的炸伤了自己。有感于此，任鸿隽于1909年秋天考进东京高等工业学校应用化学预科，目的就是将来制造炸药。在此期间，他先后担任了同盟会四川分会书记、会长，并曾参与总会事务。他为国内宣传鼓动工作赶印过大量传单，发表过《川人告哀文》和《为铁道国有告国人书》，也曾在抑郁无聊之际，“灯寒方学剑，酒罢亦吹箫”。

革命来得很快，任秀才参加造反的第三个年头，武昌起义爆发。他毅然抛弃学业和书物，怀一腔热血匆匆回国。为组织蜀军一事，他专程去武昌拜访了黎元洪，后因四川已告独立而作罢。

1912年元旦，孙中山在南京就任临时大总统职，任鸿隽到总统府秘书处工作，与吴玉章同在总务组（杨杏佛在收发组）。此间，他为孙中山起草过《告前方将士文》《咨参议会文》《祭明孝陵文》等。4月间，南北和议结束，孙中山让位给袁世凯。任鸿隽一班年轻人不愿到袁政府中做事，就要求到欧美学习。他拟了呈文，有杨杏佛等10余人签名。孙中山批示由稽勋局（负责考察有关人员对辛亥革命的贡献）办理，经过一番周折，任鸿隽终于作为第一批“稽勋生”获得批准。

这一年初冬，任鸿隽和杨杏佛等人登上“蒙古号”轮船，驶向了大洋彼岸。

二、《科学》杂志与中国科学社的创始

1912年12月1日，任鸿隽到达美国纽约，随后入康奈尔大学文理学院学习。

康奈尔大学位于纽约州的伊萨卡，校园环境非常优美。该校不属于任何教派，课程设置广泛。在下设诸多学院中以文理学院和农学院招生最多。中国清朝末年派出的庚款生，有很多人来这里入学。他们又大多是在1902年清廷推行“新政”之后按新制读完了中学，再通过游美学务处组织考试录取赴美的，称为“甄别生”。这些人学业基础较好，到美国后受国内政局影响较小，一般都孜孜务学，有浓重的书卷气，不似留日学生那样易于投入政治活动。比他们稍晚来的任鸿隽、杨杏佛，是于辛亥革命有功的稽勋生，有组织工作和宣传工作的经验。甄别生与稽勋生聚合在一起，产生出了一股巨大的能量。任鸿隽后来遥想当年，有这样一段回忆文字：“1914年的夏天，当欧洲大战正要爆发的时候，在美国康奈尔大学留学的几个中国学生某日晚餐后聚集在大同俱乐部廊檐上闲谈，谈到世界形势正在风云变色，我们在国外的同学们能够做

一点什么来为祖国效力呢？于是有人提出，中国所缺乏的莫过于科学，我们为什么不能刊行一种杂志来向中国介绍科学呢？这个提议立刻得到谈话诸人的赞同。”

据赵元任当时的日记，记6月10日这天“晚间去任鸿隽房间热烈商讨组织科学社出版月刊事”。大家公推由胡明复、杨杏佛和任鸿隽负责起草工作。

《科学》月刊《缘起》中说：“今试执途人而问以欧、美各邦声名文物之盛何由致乎？答者不待再思，必曰此食科学之赐也。……同人等负笈此邦，于今世所谓科学者庶几日知所亡，不敢自谓有获。顾尝退而自思，吾人所朝夕诵习以为庸常而无奇者，有为吾国学习所未尝习观者乎？其科学发明之效用于寻常事物而影响于国计民生者，有为吾父老昆季欲闻知者乎？……诚不知其力之不副，则相约为科学杂志之作，月刊一册以饷国人。专以阐发科学精义及其效用为主，而一切政治玄谈之作勿得阑入焉。”

这里强烈表达着一种奉献精神，就是要传播西方科学知识以启蒙国人。

大致可以推断，这个《缘起》出自任鸿隽的手笔。他自幼打下了深厚的国学基础，在日本留学期间曾师从章太炎，民国之初为孙中山拟文稿，抵美数月就成为《留美学生年报》的主笔之一。1914年，该报改为季报，他出任主编。胡适说“叔永乃留学界中第一古文家”。创办《科学》的发动阶段，起草此类鼓动性文字的任务，很自然地会落在他头上。在《缘起》上作为发起人签名的有9人，顺序是胡明复、赵元任、周仁、秉志、章元善、过探先、金邦正、杨杏佛、任鸿隽。其中头两位在文理学院，同年级且同居一室，第3位在工程学院，第4—7位在农学院，这7人是甄别生，1909—1911年间赴美。余下的杨、任是稽勋生。杨在工程学院，与任同级。任在文理学院，年长资深而名列最后，恰恰暗示着是由他起草，送出按传递方便的顺序签字，自己则签名于最后。这也是中国读书人交往中的惯例。后来成立董事会，任鸿隽有了“名分”，列名位置就由倒数第一改为正数第一了。

经过几个月的紧张活动，股金集到500余元，稿件也凑满了3期，随即请人把文稿和经费送回国内。1915年1月，《科学》创刊号由上海商务印书馆印行问世。

在《科学》创刊之前，中国人使用“科学”一词是理解为与传统儒学相对的西方的分“科”之学。留美学生按照美英等国对Science的理解办《科学》，开始了“以传播世界最新科学知识为帜志”的崭新事业。“科学”一词在中国的相对规范化，即始于《科学》杂志。

《科学》的发刊词，起笔即指出“世界强国，其民权国力之发展，必与其学术思想之进步为平行线，而学术荒芜之国无幸焉”，“学术门类亦众矣。而吾人独有取于科学”。在论述了科学对物质文明、人类健康、知识进步和道德建设的巨大作用之后，大声疾呼：“继兹以往，代兴于神州学术之林，而为芸芸众生所托命者，其唯科学乎，其唯科学乎！”

这篇发刊词全面地阐述了科学的社会功能，突出地宣扬了科学救国的思想，最早“并举”起民主与科学的旗帜，发出了中国知识分子召唤现代化的先声。

从《缘起》到发刊词不仅基本思想相同，且用语亦多重复，似可推断，中国科学史上的这篇划时代的宣言书是任鸿隽的杰作。

起初的科学社只是为了办杂志而成立的集股公司性质的松散组织。后来大家觉得，为了全面推进科学事业，有必要把科学社改成学会性质的组织。于是推举胡明复、邹秉文和任鸿隽三人起草新社章程。社名定为“中国科学社”，以通信方式于1915年10月25日获得全体社员通过。同时选举任鸿隽等5人为董事会成员，任氏为董事长兼社长。

从科学社到中国科学社，核心问题是要求社员之间的关系以“学问”为基础，并把“以传播世界最新科学知识为帜志”扩展到“以联络同志共图中国科学之发达为宗旨”。

中国科学社的创始者们，当时只意识到“中国之科学学会亦即以是为嚆矢”，实际远不止于此。《科学》杂志的创始把西方科学在中国的传播史带到了新起点，中国科学社的创始则是推进中国科学体制化的里程碑。

《科学》创办初期，主力是任鸿隽、胡明复、杨杏佛、赵元任四员大将。印刷出版费用是靠社员交会费，他们须带头多交。稿件须他们多写，不但没有稿费，而且要自贴纸墨邮资。任鸿隽在头三年的3卷36期中，除未署名者外，大致是平均每期一篇文章。这些文章可分为三类：一是科学通论类，二是化学知识类，三是化学家小传。有特色的是第一类。如《说中国无科学之原因》《科学家人数与一国文化之关系》《科学与工业》《科学与教育》《外国科学社及本社之历史》等。尽管这些文章有很重的译述成分，自家有所立论也明显稚嫩，但须知那是中国科学的洪荒时代。他不仅把科学事业的方方面面一一向国人道来，而且又经常从科学的角度剖析中国的历史与现实，以探索未来。任鸿隽在中国的学问领域里，堪称“科学论”的开山大师。

中国科学社除坚持办好刊物外，还坚持每年暑期召开年会。任鸿隽在回国之前的三年中，每次都主持会议并作“社长报告”，充分表现了书生干事业那种规矩方圆的认真劲头儿。

三、“我们三个朋友”

1916年6月，任鸿隽于康奈尔大学毕业，获学士学位，随后相继到麻省理工学院、哈佛大学，最后决定在哥伦比亚大学读化学硕士。在这里又与胡适同校。

他与胡适是老朋友了。在上海公学期间，任与胡都在高等预科甲班，那时胡适是个拖着长辫子的小弟弟，与任鸿隽有过相互唱和的诗缘。胡适于1910年到康奈尔大学，任鸿隽来此则是欲就有老同学的方便。胡适到美国的头两年极少作诗，“诗炉久灰冷，从此生新火”，是发生在他与任鸿隽、杨杏佛重聚之后。胡后来把这段时间作的文言旧诗汇成为《去国集》。从吟诗到论诗，1915年八九月间，诗友亦成论敌，一场“文学革命”竟由此发端。胡适把自己生平中的这一幕称为“逼上梁山”。

1915年夏间，胡适与任鸿隽等朋友经常讨论中国文学问题，第一次提出了“文学革命”的口号，并在与任鸿隽的争论中强调“诗国革命何自始？要须作诗如作文”。

1916年2月10日，任有信致胡：“近来颇思吾国文字不振，其最大原因，乃在文人无学。救之之法，当从绩学入手。徒于文字形式上讨论，无当也。”这逼得胡适去追索文字形式与文学的关系，终于认识到“文字形式是文学革命的工具”，进而提出“中国今日需要的文学革命是用白话替代古文的革命”。

1916年7月，任则批判胡的白话诗“不可谓之诗”，认为“白话自有白话用处（如作小说、演说等），然不能用之于诗”。他还劝胡：“足下若见听，则请从他方面讲文学革命，勿徒以白话诗为事矣。”胡适则“打定主意，要做先锋去打这座未投降的壁垒；就是要用全力去试作白话诗”，并超前为自己未来的白话诗集定名为《尝试集》。

胡适后来说：“若无叔永（任鸿隽字）、杏佛，定无《去国集》；若无叔永、觐庄（梅光迪），定无《尝试集》。”从《去国集》到《尝试集》，在胡适是酝酿文学革命的转折，转折的前前后后都紧紧系着他的朋友——任鸿隽。

1914年，任鸿隽担任《留美学生季报》主编，翌年，他收到一篇署名“莎菲”的稿件《来因女士传》。

莎菲，即陈衡哲（1890—1976），清华学堂招考的第一届留美女生。1915年入瓦萨女子大学攻读历史。因投稿而与任鸿隽结下文字因缘。陈在翌年暑假曾到康奈尔大学与任会面。胡适在这一年11月以戏诗赠任鸿隽：“不知近何事，见月生烦恼。可惜此时情，那人不知道。”这里似指任鸿隽爱恋着陈女士。到1917年4月，应任之约，胡适与他到瓦萨女子大学访问陈衡哲。这是三位朋友的头一次聚会。

1920 年 7 月间，任鸿隽在南京主持中国科学社第 5 次年会，时任北大教授的胡适也到南京讲学，而陈衡哲刚刚回国到南京。8 月 22 日下午 3 时，任、陈在南京高等师范学校的梅庵定婚。当夜，他俩邀胡适至鸡鸣寺，同登豁蒙楼用餐。胡适当即赋诗《我们三个朋友》，通过描述三年中他们两次相聚的情和景，表达对任、陈结合的祝贺和三个朋友之间的深厚友谊。后来胡适多次使用“我们三个朋友”，都是特指他们三人。

在20世纪二三十年代,“我们三个朋友”皆为当世名人。任、胡自不必说，有“一代才女”之称的陈衡哲，在文学革命及后来文化事业上的贡献也是功不可没的。这三人中，任、陈是终生相敬相伴的夫妻，任、胡是大半生亲密合作的至友，胡、陈也是自新文化运动结缘而始终心心相印的密友。然而外界偏要对这位才女多一层“关注”，于是，胡、陈关系的绯闻也不断传出。依笔者所见文献而论，胡、陈之间的友情是值得后人尊重的。任鸿隽对待胡、陈关系的态度也是开放而坦然的。至于人生中男女朋友之间的心底波澜，怎晓得究竟又何必晓得究竟呢？治史者以史料为据，逾此为妄。因有关于此的花边文字甚多，故于任先生传中叙此一笔。

四、为科学事业奔走呼号

1917 年回国并已在北京大学任教的胡适，于任鸿隽回国之前写信邀他到北大来教书。任在回信中有这样一段很值得玩味的话：

“……隽归国后第一着，就是一年以内不做事，而以此一年光阴东瞧西望，调查各方面情形，有何事最可做，再做某事。近来闻见所及，知留学归国者多无事可做，其毫无实际，徒借留学生头衔博衣食者无论矣，亦有专门人才，学问过人（如陈茂康、傅有周等），归国后或赋闲居，或返美国教书，似乎吾国费时伤财好容易造就的几个人才，其结果不委之沟壑，即驱诸邻国，而国内放着无数事业，反无人去办，吾实痛之。所以，我立意要以一年做调查，三四年做预备，五年之内或教育或实业，办出一件新事业。不要说造就人才，把相当的位置给已造就的人才，已经为益不浅了。”其言昭昭，他就是要干一番事业，给十余年来出国留学造就的人才找出路，解决“人才浪费”问题。从积极的意义说，不管是教育还是实业，都是图国家的富强。后来的历程表明，任鸿隽曾向办实业的方向迈过一小步，而后就朝教育大步走去。当时的科学事业附属在教育事业之中，他后来身体力行、魂牵梦绕的也大半是科学。

1918 年 8 月，任鸿隽在康奈尔大学主持召开中国科学社第 3 次年会，10 月即与杨杏佛同船回国。随着骨干人物的转移，中国科学社这棵幼苗也从美国的温室移到了中国的大田。为了筹措经费，任鸿隽等发起了“五万元基金”的募集活动。他周游广州、上海、南通、南京、北京等地，得到过政界徐世昌、实业界张謇之类名人的捐助，在上海著书的孙中山向他表示了对中国科学社事业的赞赏。1922 年 8 月，中国科学社生物研究所在南京成立。紧接着在南通召开第七次年会，因得张謇慷慨解囊，这次会议开得热热闹闹。科学社的领袖们经过几年来独立独行的艰难，这时感到仰仗社会名流的重要性，于是把张謇、蔡元培、梁启超、马相伯、汪精卫、范源濂等请入董事会，另组理事会为工作班子。

任鸿隽出任理事长兼社长。他虽然因四川战乱交通阻塞而未能参加南通会议，但这次盛会的召开和生物研究所的成立，确使他感到鼓舞。他在这一年 12 月 22 日完稿的《中国科学社之过去及未来》一文中，为科学社勾画出一幅远景图：出版专业杂志和通俗杂志，在各地创办图书馆；建立理化研究所、生物研究所、卫生研究所、矿冶研究所和特别研究所；设立自然历史博物馆和工业商品博物馆。他在一番憧憬之后写道：“吾人处筚路蓝缕之后，当康庄大启之时，尚不能从当世学者之后，以为世界学海增一勺之量乎？我言及此，吾心怦然，吾尤知海内外期望吾社之贤达同此心理也。”

科学之梦，欢悦之情，跃然纸上。不过，这时的天空又并不那么晴朗。

自五四新文化运动以来，高张德、赛二先生的旗帜，欲效法中国科学社者颇多，学会与刊物之外，大学的科学教育也有勃兴之势。然而，第一次世界大战之后的欧洲兴起了一股反科学主义的思潮。梁启超游历欧洲归来，于 1920 年发表了一篇《科学万能之梦》，称赛先生“给人类带来了灾难”，向中国人传播了“科学破产”的观点。张君劢随之提出“人生观超于科学之上”“科学决不能支配人生”。这些命题引起了丁文江的激烈反应，于是爆发了有名的科玄论战。丁文江之后，继有任鸿隽、胡适、章鸿钊、朱经农、唐钺、王星拱等披挂上阵。

任鸿隽文章的题目是《人生观的科学或科学的人生观》，概括起来，其论点有三：

一是作为笼统观念的人生观，不是科学研究的对象，因此不存在“人生观的科学”。具体的人生观则可以用科学方法来改变或解决，因此有“科学的人生观”。

二是各种人生观的共同出发点是“要求外物与内心的调和”，人生观“不能脱离物质世界而独立，所以物质世界的智识愈进，人生观当然亦从而生变动”。这意味着，以对物质世界的知识的增长为中介，科学能够“间接地把人生观改变”。他举出了最明显的例子，就是从中世纪到近代社会的发展中，进化论的建立对人生观转变的巨大作用。

三是除间接作用外，科学家通过特殊的科学活动达成外物与内心的统一，科学又能够直接形成“伟大高尚的人生观”，如勇于追求真理、不受偏见私欲的局限、注重事物的因果关系等。

任鸿隽不像丁文江那样把人生观问题纳入科学研究的范围，而是强调人生观不能脱离科学。他反对笼统地谈人生观，要把它“分析”开来，指出科学可以直接产生或间接改变的那些人生观，其结果是“科学的人生观”。

科学派的“先锋大将”丁文江是试图整体地讨论科学与哲学的关系，任鸿隽则是尽力而为地讨论科学与哲学的一个结合部，专门提出“科学的人生观”。依其不同来源，我们不妨把“间接改变”的一类称作“生于科学知识的人生观”，把“直接产生”的一类称作“生于科学活动的人生观”。任鸿隽在文章中曾想找出各种人生观的“公共的出发点”，他试图说这个出发点就是“科学的人生观”的一部分，但没有说清楚。后来胡适在为这场论战作总结时，把这个“公共的出发点”变成为“最低限度的一致”的人生观，又是建立在已有科学知识基础之上的“一致”，实际上也就是任鸿隽想说而没有说出来的“生于科学知识的人生观”。

后来的学者往往埋怨“科学派”并没有真正从学术上弄清楚科学与哲学的关系，科学派的胜利只是导致了唯科学主义在中国的泛滥。其实，这也是科学派们始料所不及的。历史并没有给他们充分的时间（或许他们也没有那种兴趣）去学习、考察和研究科学与哲学的关系。他们是匆匆忙忙上阵的，打了一通乱仗就暂时把对立面压了下去。科学派的表面胜利不是学术思想上的胜利，而是维护科学事业的胜利。

丁文江在致章鸿钊的信中说他“对张君劢《人生观》提倡玄学与科学为敌，深恐有误青年学生”。

胡适的笔锋直指梁启超，说中国“正苦科学提倡的不够，正苦科学的教育不发达，正苦科学的势力还不能扫除那迷漫全国的乌烟瘴气——不料还有名流学者出来高唱‘欧洲科学的破产’的喊声……信仰科学的人看了这种现状，能不发愁吗？能不大声疾呼出来替科学辩护吗？”

任鸿隽则在他文章的最后呼吁：“我们应该多提倡科学以改良人生观，不当因为注意人生观而忽视科学。”

原来如此，科学派们的这种群体意识始于危机感，他们的奋起是为了保卫刚刚在中国兴起的科学事业。

五、十年“中基会”

中国科学社是民间学术团体，不是职业岗位。其领袖人物是分头找饭碗、合力办“科学”的。任鸿隽的饭碗与志趣的完全相合，是他在中基会工作的阶段。

“中基会”是中华教育文化基金董事会的简称。

自 1924 年 3 月 31 日起，美国参众两院联席会议辩论向中国第二次退还庚款的问题，引起了中国多方面人士的密切注意和紧张活动。任鸿隽曾为此与胡适、丁文江在京、津、宁之间信函频驰。5 月 21 日，美国两院正式通过继续退还庚款的议案，并表明此款应当用于发展中国教育文化事业。消息传来，任鸿隽即于 5 月 25 日在南京召开中国科学社理事会讨论，议决由任鸿隽与胡适联系，商量争取从中拨出一部分用于兴办科学事业的具体办法。到 6 月初，任鸿隽起草了《中国科学社对庚款用途之宣言》，先在上海报纸发表，继以单印本印发，广作宣传，动员舆论。该《宣言》指出，庚款的用向，“惟学术研究最当。学术之中，尤以科学研究为不可忽，以科学研究为一切文化与实业之基，在中国最缺乏最需要，而又为今日国家人民能力所不及也”。细而言之，应该用于设立大规模之研究所及津贴已有成绩之研究所；津贴公私大学之研究设备；派遣已成才之学者留学各国；设立图书馆、博物馆；等等。

这一年 9 月 18 日，在北京成立中华教育文化基金董事会，以管理使用退款。在 14 名董事中，有中方 9 人（皆教育界人士和政府官员），美方 5 人。任鸿隽对此构成很不满意，希望加入“一两个真正学者”，于是建议胡适为此在北京向有关方面提出抗议。果然在 10 月 3 日政府又下令增加丁文江为董事。

争完人事安排，再争用款安排。中基会第一次年会议定的使用办法，大体上是与任鸿隽起草的那篇《宣言》相符合的。

1925 年 7 月，范源濂就任中基会干事长，他邀请任鸿隽到中基会工作。先任专门秘书，1926 年改任执行秘书，协助干事长操持日常工作。范源濂于 1927 年底病故，由周诒春继任，任鸿隽改任副干事长。一年后因政府更迭而改组董事会，任氏被增补为董事并兼干事长，由此成为中基会的实际主持人。他的主张也更便于实施了。

在过去迷信政治权力的中国，中基会也难于完全摆脱非学术性因素的干扰，但就总体来说，尽管庚款来源始终给人们心底留着耻辱感，而这一来源又在保证着经费的独立性，以及由它带来的行政上的相对自主性。正因如此，任鸿隽才有可能在中国现代史上一个相对稳定的时期里去实现他以往的各种主张。

在他到中基会工作不久的1926年2月，干事处就拟定了经费使用的补充原则，规定资助“教育事业”的范围包括：一、科学研究（含物理、化学、生物、地学、天文、气象学）；二、科学应用（含农、工、医）；三、科学教育（含科学教学、教育科学的研究）。

在任鸿隽任职的第一个10年中，中基会拨款建北平图书馆（今北京图书馆的前身），成立社会调查所，组织编译委员会，在大学中设置“科学教席”，开展土壤调查，与尚志学会合办静生生物调查所，补助中国科学社、地质调查所、黄海化工研究社、中国营造学社和许多公立私立大学，还设置了科学研究补助金，等等。任鸿隽及其合作者们，为20世纪30年代中国科学事业的繁荣，为施泽于其后几十年科学人才的培养，作出了不可磨灭的贡献。

任鸿隽在中基会的权力大了，责任亦重；有求者多了，招怨亦甚。在拨款资助的问题上，任鸿隽历来反对“力分而效薄”，主张向已有研究积累的机构倾斜。于是，像北京大学、中国科学社这样的机构就获益较大。任鸿隽不仅为此受外界指责，于友人之间也易起纠葛。围绕社会调查所、修建中基会干事长住宅等事他与丁文江之间发生了连续冲突。其后，任鸿隽于1935年8月同意接受南京政府委以四川大学校长的任命，请辞中基会职务。中基会则给了他一年休假，准其离职。

十年中基会，是任氏一生中最有光彩的时期。后来虽然他又重新主持中基会工作，但各种条件都有了大变化，历史机遇一去无返了。

六、大学校长的未圆梦

任鸿隽留学回国之后，是想在教育与实业之间选择自己的事业。1919年应四川督军熊克武之请，决定两三年内专心办实业，草拟了在四川创建钢铁厂的计划。同时，他还草拟了四川高等教育的发展计划，送呈省长公署，建议仿美国各州立大学之例设立四川大学。计划已经省议会通过。事后因川军内战，实业与教育计划全都泡汤。

1920年，他应蔡元培之聘，就任北京大学化学系教授。不久又被政府教育总长范源濂拉去做了教育部专门教育司司长。只有一年时光，范氏辞职，任氏亦随之离部。

再赴四川，谋职不成。可能是胡适出面推荐，他到商务印书馆做了一年的编辑，其后出任东南大学副校长，成为著名教育家郭秉文的助手。东南大学，在国立大学中与北京大学齐名，教授中有许多是中国科学社的早期社员。在此期间，校事与社事兼顾，甚是得心应手。不料也是一年光景，东南大学发生“易长”风潮，杨杏佛、胡刚复等成为驱郭派的首领，与占多数的拥郭派师生尖锐对立，任鸿隽持中立态度，遭到两方指责。故于 1925 年 3 月去职归家，闭门著述《科学通论》。半年后走入中基会，仍十分关注教育问题，他曾极为大胆地抨击国民党推行的“党化教育”，反对以“党义”冲击基本教育，反对党人治校。

这次到四川大学，是他第三次回乡谋职，也是他第三次在大学任职。

国立四川大学，于 1931 年由原国立成都大学等三所学校合并成立。初时只有文、理、法三个学院，11 个系。校址分设多处。四川长期处于地方割据、军阀混战的局面，大学命运多蹇，校务举步维艰。1935 年 1 月，蒋系中央军始得入川，地方军阀称雄的“防区制”被取消，开始了四川地方的“中央化”进程。任鸿隽入掌川大，适逢其时，也很引人注目。川外欢送的舆论说他是“跑到老远的四川古城，做着垦荒的工作”，川内欢迎的舆论说他此来乃四川教育界的“福音”。

踌躇满志的任鸿隽在经过一番考察之后，提出了改革整顿的计划，其基本指导思想是实现川大的“现代化”和“国立化”。他在和报界谈话时指出：“本人抱定宗旨，要使四川大学，一、现代化，无论文理各科，均需以适应现代学人需要为准则；二、国立化，应知四川大学，是国立的学校，不是一乡一邑的学校，应该造成国士，不仅造成乡人。”他认为，实现川大的现代化，具体说来有三点：一是要输入世界新知识，用知识的开通来补偿四川的闭塞；二是把四川大学建成西南的文化中心，成为这一地区文化策源地的综合大学；三是在国难严重的情况下，负起民族复兴的责任。

为了实现上述目标，任校长到处网罗人才，优化师资队伍；推行教学改革，提高教学质量。他特别关心学生的身体健康，到校不久即令校医室用 3 天时间为全校学生做体格检查，是为川大校史中首次。他还重视在校中开展体育活动。在 1934 年 4 月召开的川大首届运动会上，他亲率运动员绕场一周，并动员师生们通过体育“洗文弱之耻”，“养成合作互助的道德”和“公平正直之习尚”。

学校的进步是很明显的。1936 年 6 月，学校总结一年改革带来的巨大变化时就列举出了十大方面。至 1937 年 4 月，任鸿隽在已有辞意的情况下，还作出一项决策，把校址从皇城改迁到望江楼，为川大的长远发展创造了有利条件。

可惜，川大发展刚刚向好，任校长却挂冠而去了。

任鸿隽到川大，抱着“对事不对人”的态度，坚持由校长定期聘任教授的制度，调整教师队伍。第一年调整幅度较小，比较顺利。第二年要从川外选聘大批教授，原有川籍教授中有 40 余人将另谋出路，他们就发动起来“警告任叔永”，对任氏情绪颇有影响。他平时不与党政官场应酬，傲然处世，受到政界官僚的忌恨。再者，陈衡哲入川之后，曾就所见所闻四川军阀的丑恶行径和社会问题撰写文章，发表在胡适主办的《独立评论》上，遭到了地方势力的围攻。她因此于 1936 年 7 月间回到北平，再不返成都。由于陈衡哲的态度坚决，任鸿隽犹豫再三，最后不得不辞去川大校长职务。

七、春蚕到死丝方尽

1937 年 6 月，任鸿隽重回中基会工作，旋即出国考察。翌年 10 月应蔡元培院长之邀，出任中央研究院化学研究所所长。在蔡元培逝世前后的近两年时间中，他曾任该院总干事，主持战时院中日常事务。在昆明乡村躲避日寇空袭期间，他与吴学周、李珩合作翻译 W. C. 丹皮尔的《科学史及其与哲学和宗教的关系》。任氏译出该书的第 1—6 章。此书后来以《科学与科学思想史》为题，1946 年先后在重庆和上海出版。

太平洋战争爆发之后，中基会成立“紧急委员会”，在重庆设立办事处，以任鸿隽为干事长。以后他就住在重庆嘉陵江边李子坝的办事处新址，处理中基会的国内事务。在战争环境中，庚款已停付，只能用有限的原有基金开展工作。值得特书一笔的是，在当时军事封锁、交通阻绝的情况下，任鸿隽等创议用胶片图书的方式满足科学研究对最新文献的需求。由中基会、教育部和美国大使馆合作，于 1942 年成立“中美文化资料供应委员会”。后来由李约瑟主持的“中英科学合作馆”亦参与其事。在昆明、重庆、成都等地设立阅览室 30 余处（须配备阅读投射镜）。对战时科学研究起到了一定的作用。

抗战胜利后，任氏全家居上海。他继续为中国科学社和中基会操劳，于恢复和维持静生生物调查所和庐山植物园出力尤多。

1949 年 5 月初，任氏夫妇以其三位子女（以都、以书、以安）皆在美国之故，欲至香港再转赴美国。但在香港期间，任鸿隽把中基会事务交接完毕即返回内地。个中因由，现无文献可以查考。但有一点可以估计到，中国科学社是他最重的牵挂。

他作为特邀代表到北京参加了第一届中国人民政治协商会议和开国大典。翌年 12 月，他再来北京出席中华全国自然科学工作者代表大会。会议结果产生了“中华全国自然科学专门学会联合会”（简称“科联”），他被选为常务委员。与此伴生的另一结果是，原有的自然科学综合性学会纷纷宣告解散。任鸿隽希望保留中国科学社，但已与当时潮流相背，势单力孤，无可奈何。

在任鸿隽的心目中，中国科学社是他和他的集体苦心经营 30 余年且欲终身相与的事业。那事业是一个有机整体（用科学社会学的术语来说，是“体制化”的）。然而，在当时科学社的下辖事业大致属于“民族资产阶级”的营业范围，当在改造之列。此时任鸿隽的活动舞台极其有限。他可以做的，就是沿着中国社会主义改造的指向，把中国科学社经办的各种事业一一送到全民所有制的大熔炉中。

春蚕已老，尚能吐丝。任鸿隽吐得缓缓如仪，一丝不苟——

1951 年，拟将《科学》与当时科联主办的《自然科学》合并，故《科学》于当年 5 月停刊，他专门为此写了一篇《〈科学〉三十五年的回顾》。

1953 年初，他主持将中国科学社主办的《科学画报》移交给上海市科普协会（《科学画报》创刊于 1933 年，延续至今，为我国现代史上持续最久、影响最大的科普刊物）。

1954 年，他主持将中国科学社生物研究所中所有标本、仪器及工作人员分别输送到中国科学院的水生生物所、动物所和植物所。

1956 年 2 月，他主持将中国科学社明复图书馆的全部图书、馆舍设备和购书基金等捐献给国家（该馆建于 1929 年，因纪念胡明复命名，现为上海卢湾区图书馆）。

1956 年秋，他主持将中国科学社于 1929 年创办的中国科学图书仪器公司中的印刷厂移交给中国科学院，技术人员和机器即转移北上（此为国内一流水平的科学书刊印刷力量，后成为中国科学院通县印刷厂的主要基础）。翌年初，编辑部分并入上海科技出版社，仪器部分并入上海量具工具厂。

1957 年，在“向科学进军”和“百花齐放、百家争鸣”的宣传氛围中，任鸿隽抓住时机，决定将停刊多年的《科学》重新出刊，他亲任主编，此外还编纂出版《科学史料译丛》十多种。他此时心中可能复燃起发展中国科学社的希望。可是，那个春季太短了。

1959 年，他主持召开中国科学社理事会，说明凭私人团体的努力不能适应国家总路线的要求，因此提议将本社所有房屋、图书、设备和 8 万余元款项全部捐献给国家。

他捎带一个小小的希望，请求由全国科协接办《科学》，不要让它中断。结果却不如意，《科学》断了。

1960 年，他组织人员将《科学》杂志 1—36 卷的目录编成总目和两种分类索引，印赠国内各大图书馆。同年 9 月，他写完了《中国科学社社史简述》。

中国科学社已成为中国文明史上的旧事。任鸿隽把它送到了终点，他自己也走到了人生的终点。他退休了，生病了，1961 年 11 月 9 日因心力衰竭病逝。

任鸿隽先生不是埋头于实验室的科学家，而是一位为科学家营造研究环境的科学事业家。在中国现代科学史的画卷中，有他笔蘸心血的幅幅力作，回头看去，更显辉煌。

（作者：樊洪业）

参考资料

[1] 任鸿隽. 前尘琐记 [J]. 传记文学，1975，26（2）.
[2] 赵慧芝. 任鸿隽年谱 [J]. 中国科技史料，1988，9（2）.
[3] 任鸿隽. 悼胡明复 [J]. 科学，1928，13（6）：823.
[4] 任鸿隽. 中国科学社之过去及未来 [J]. 科学，1923，8（1）：9.

侯德榜

（1890—1974）

侯德榜

中国重化学工业开拓者

科学技术以一种神奇的力量推动着人类的文明进步，其深远影响及于社会生活的每个角落。《红楼梦》中与玛瑙、翡翠并列的玻璃，早已镶入家家户户的窗棂；鲁迅在小说《肥皂》中所描述的那种上等商品，也早已失去了它的“上等”身价，从富户移进了平民之家。在实现这种转变的过程中，谁知耗掉了多少科学技术工作者的智慧、心血和青春呢？玻璃、肥皂、纸张、花布及许多的食品和药品为日常民生所必需，它们各有各的制作技术，又都需要一种共同的重要化工原料——纯碱。

不过，在当时纯碱像是秘制的膏丹，技术秘密操于索尔维公会手中（比利时人索尔维于 1861 年发明的氨碱法，由少数资本家所垄断）。在贫困的中国大地上，许多发酵食品是酸的，许多土布衣服是原色的，洗衣服用的碱来自草木灰、皂荚、盐碱土、盐湖水……

1932 年，纽约一家书店的橱窗，以别开生面的设计，吸引了一批又一批的顾客。橱窗中只展出一本深蓝色封面的书。这是一本打破索尔维集团 70 年封锁而轰动世界化学工业界的新著，这是一本为中华民族扬眉吐气的书。烫金的书名是 *Monufacture of Soda*（《制碱》）。橱窗的背景画面展现出中国南方农村的一派田园风光。木板房前一片荔枝林，新发的淡红嫩叶烘托着浅黄色的小花。水稻田边上一个农家孩子，在用力踏水车时，手里还捧着一本《三字经》读。这，就是《制碱》一书的作者侯德榜少年时期的形象。

一、把制碱秘密公之于世

侯德榜，字致本，生于 1890 年 8 月，家乡在福州城南的坡尾村，当时属福建省闽侯县。祖上务农。他小时在私塾读过“赵钱孙李”“人之初”之类，后来在开药铺的姑母资助下，就学于福州英华书院和外地的铁路学堂。后来考上清华留美预备学堂，赴美留学 8 年，先后在麻省理工学院、普拉特学院和哥伦比亚大学研究院学习和研究化学。

20 世纪初，我国所需纯碱全靠进口。第一次世界大战期间，欧亚交通阻塞，市场吃紧，英国在华的卜内门公司又不肯放出存货，以碱作原料的许多民族工业被卡住了脖子。爱国的实业家范旭东先生在兴办精盐公司的基础上，于 1917 年筹集资金创办天津塘沽碱厂。他认为“若要成功，全在技术”，但又苦于搞不到制碱技术。1920 年，赴美考察化工的陈调甫先生受范旭东委托物色人才，在纽约遇到了侯德榜。陈把索尔维公会的技术封锁、卜内门公司在华的霸道行径和范旭东先生求贤的急切心情、国内兴办碱业的困难等，向侯作了介绍。强烈的爱国热情使他们一拍即合。30 岁的侯德榜爽快地答应为天津塘沽碱厂设计制碱工艺。这一年，他在哥伦比亚大学研究院获化学工程博士学位时，首先想到的既不是满足于已有的成绩，也不是追求更高的个人荣誉，而是要尽快报效祖国，开拓民族化学工业的道路。第二年春天，侯德榜正式投入了天津塘沽永利碱厂的工作，出任总工程师（当时称技师长）。

在列强横行、军阀肆虐的年月里，办民族工业谈何容易！

索尔维法制碱的原理很简单，但国外各厂家却无不感到十分棘手。所以索尔维公会才能独霸世界碱业数十年之久。侯德榜针对天津塘沽碱厂面临的困难问题，在一切可利用资料的基础上设计了工艺，又要在集体实践中反复调整，那真是要过五关斩六将的。

侯德榜深深地理解范旭东先生所说的“创业难，带有革命性的创业尤难”，而克服创业之难，首先需要实干精神。

当时在永利碱厂工作的，有一位从美国聘请来的碱厂机械师 G. T. 李，为人热心，刻苦，肯钻研。侯德榜与他一见如故，对他说：“密斯特李，请把您的工装换给我，我要穿蓝领的。”对方却风趣地说：“我也喜欢蓝领的，白领留作喝庆功酒时穿吧。”侯德榜从此就穿起蓝领工作服和胶鞋，出没在工地和车间。

有一次，干燥锅结疤了，他抄起玉米棒子粗的大铁棍往下捅，累得两眼冒金星，汗水湿透了工装，但仅凭力气却解决不了技术问题，何况是一个书生的力气。他与 G. T. 李一起观察、思索、商量，还是一筹莫展。G. T. 李本来就对碱厂某些员工的工作松懈不满，再遇到工作难关，就想打退堂鼓。但侯德榜那股不达目的誓不罢休的坚持劲儿感动了他。当侯德榜用加干碱的办法使贴在锅体上的碱疤脱水掉下时，两个人终于抱在一起跳了起来。

侯德榜参加了每一次重要的试验。范旭东称赞他“奋不顾身，寝馈于工厂，从事死拼”。从调换碳酸化塔的水管，另行设计新分解炉起，到多次加强冷却设备，改造滤碱机和石灰窑，平时要处理种种临时事故，侯德榜和他的同事们在紧张的劳动中送走了一个又一个寒暑，在制碱攻关的征途上留下了一个又一个深深的脚印。

1924 年 8 月 13 日，永利碱厂首次开工投产。经不断改进，终于拿到了白花花、亮晶晶的纯碱。后来，达到日产 180 吨。1925 年，中国产“红三角”牌纯碱闯进了在美国费城举办的万国博览会，获最高荣誉金质奖章。当喜讯飞越大洋传到塘沽时，侯德榜第一次换上白领服装来到庆功宴会上。宴会大厅里张灯结彩，呈现出一派节日气氛。会场中央放着万国博览会颁发的奖章证书和一袋纯碱，商标上画有红三角托着一个烧杯。那是中国的产品，也是中国人的志气，中国人又在以本民族的方式庆祝自己的成功。但他们丝毫没有忘记外国朋友的帮助。侯德榜举杯对 G. T. 李说：“你帮助了中华民族，以后我们就称你李佐华吧！”G. T. 李兴奋地把杯中酒一饮而尽。他分享着中国朋友的欢乐，并按照这里的习俗，逢人就打躬作揖曰：“恭喜，恭喜！”他还带着钦佩而又内疚的口气说：“若没有侯博士，我早就回国去了。”

打破了索尔维公会的封锁，永利制碱公司只要严守技术秘密，黄金就会源源不断地流进塘沽。但出乎一般人所料，侯德榜偏偏要写一部阐述制碱法的专著。他于 1931 年赴美考察时完成书稿，翌年出版。买到书的许多读者涌向他下榻的青年会所（在纽约过着简朴生活的中国留学生住所）。人们看到这位身材短粗的博士，额头上的头发几乎全脱光了，更显得天庭突出，他那肃然而间或微笑的脸，流露出东方学者的真挚。人们有的向他脱帽致敬，有的与他热烈拥抱，用各种语言和手势表达他们的感谢。

那个时代的中国，在外国人的眼里，不过是一块曾孕育过古老文明的土地，人们看到的是早已开败了的花朵。近代的中国人只有感谢外国，怎么会有倒过来的感谢？谁也没想到在渤海之滨会不声不响地开出一朵令世界化工界倾倒的新花。

二、“亍”字的哲理与实践

作为独特的象形文字，许多汉字的字形蕴含着深刻的哲理。侯德榜对“千里之行，始于足下”中的“行”字有一番独特的探幽发微。他把兴办民族化学工业比作千里之行。制碱的成功只是迈出了左脚，写出一个“彳”(音赤）字，接着还应迈出右脚写出“亍”（音触）字。这就是制酸。酸碱为国防民生所必需，所以发达国家的化学工业大都由生产酸碱做起。

侯德榜受托承建永利硫酸铔厂（铔是铵的旧称），建成后可同时生产氨、硫酸、硝酸和硫酸铵。经多处勘查，决定厂址选在南京附近长江边上的卸甲甸（传说楚霸王项羽当年曾在这里行军歇息），这里是水路要塞，三面高丘环抱，适于建厂。

侯德榜先到上海通过驻沪外商了解各厂家的设备情况。接着于 1934 年春天率 6 名技术人员赴美考察，在纽约设立了办事处，与欧美各国专家联系、商讨永利铔厂设计事宜。

当时，从国内来看，具备一些有利条件。制碱成功使永利制碱公司内外人心振奋，人才、资金有基础。从国际上看，各国竞相出卖制酸技术和设备，与永利制碱时的境况全然不同。侯德榜所面临的任务不再是从头摸索工艺，而是如何引进国外技术，争取投资少，见效快。他深谋远虑，四处奔波，作实地考察，一环扣一环地及时作出决策，并且一抓到底。

永利硫酸铔厂的设计，自成系统，不留短线，并根据生产需要，及早派技术人员出国学习，日后该厂生产完全由中国人自主管理。引进技术也完全立足于国内实际状况，并不是完全引进成套设备。比如合成氨的工艺设计，经与各国工艺比较后，决定采用 N. E. C. 法，委托美国有关工厂设计。考虑到国内工业环境的特点，提出设计要求时，对水质、焦煤和硫黄等原料标准，概以最差值计算。美国厂家的原有图纸不能套用，700 多份图纸全部重新绘制，费时约一年半。

采购设备时，侯德榜精打细算，凡是国内能够保证质量加以解决的，决不盲目地到国外订货。进口国外设备时还巧妙地利用各国厂商之间的竞争，择质量好又便宜者购入。对必要的关键设备，则不惜高价择优购入。

永利硫酸铔厂的贮气柜，是在国内就地制造的。它的结构似分节套连的旅行杯，充满气体时高逾 10 米，容量为 1 万立方米。合成氨需要 300 个大气压，为此购置了两座多级式气体压缩机，那是以高价从德国买来的。制硫酸的全新设备则是美国货。有趣的是，买这套设备时，侯德榜顺便索要了与该设备无关的硫酸铵生产工艺图纸，掉过头去，又从另一家工厂以废钢铁的价格买下了一套硫酸铵生产设备。无怪乎美国几个著名厂家的经理都佩服他的精明能干。

核心设备是氨合成塔，全重达 100 吨，从美国订货。当时我国还不具备这样大的陆运能力，这也是永利硫酸铔厂只能临水建设的重要原因之一。把合成塔从船上卸到岸上需要大型起重机，若从国外进口起重机则需支付巨款。侯德榜派人到青岛、上海等地进行考察之后决定先在厂内建铁工房，自己动手设计制造具有起吊百吨能力的两台吊车。当合成塔从海口溯流直上运抵起重码头时，这两台起重吊车同时起动，从船上把重百吨、长十多米的合成塔平稳地吊到岸上，然后又用起重机把合成塔沿铁轨拉进厂房，并用土洋结合的吊装方法巧妙地把合成塔安装就位。来自国外的专家看到此情此景，无不感到惊讶。其实，这和在塘沽用古老的风车汲卤为碱厂输送原料一样，中国人的土办法常常能代替洋设备就地解决些大问题。

永利硫酸铔厂终于按计划在两年内落成，硫酸、硫酸铵和硝酸相继投产。公司上下，中外技师，无不推侯氏为首功。

试想，永利硫酸铔厂的设备来自英、美、德、瑞士等国的许多厂家，还有些是本国造，最后全部配套，这需要何等的学识才干、苦心经营和严密组织。侯德榜仿佛是大交响乐团的一位出色的指挥，在20世纪30年代的中国演出了民族工业的最美妙的乐章。

他何以能成为这样出色的指挥呢?

侯德榜精通本行业务而又知识广博。他曾说过：“要当一员称职的化学工程师，至少对机、电、建筑要内行。”为采购设备，他要识货、懂行、熟悉厂家、了解设备性能。在纽约期间为此询问、议价的交往信件不下3万封，大部分是由他亲自处理的。正由于他才识过人、兢兢业业，范旭东充分信赖他，同事们极为敬重他，外国专家们也非常佩服他，在工作上偷懒耍滑的人害怕他。

他身为总工程师，事必躬亲，时时处处表现出高度的事业心和可贵的献身精神。在纽约工作期间，他一度患很重的“枯草热”，夜间因鼻塞呼吸困难而失眠，白日精神疲倦，但仍天天坚持工作到深夜。也是同一时期，国内政府日见腐败，母亲去世，舍间被盗，使他愁绪迭起，然而在给友人的一封信中他写道：这些事“无一不令人烦闷，设非隐忍顺应，将一切办好，万一功亏一篑，使国人从此不敢再谈‘化学工业’，则吾等成为中国之罪人。吾人今日只有前进，赴汤蹈火，亦所弗顾。其实目前一切困难，在事前早已见及，故向来未抱丝毫乐观，只知责任所在，拼命为之而已！”

“只知责任所在，拼命为之而已”，这就是侯德榜献身精神的生动写照。

1937年2月，永利硫酸铔厂首次试车成功，当工厂的建设者们嗅到强烈刺激的氨味时，就像饥肠辘辘的饿汉闻到了饭菜香。

侯德榜于1936年4月完成设计和采购任务回国，永利硫酸铔厂的职工曾在从码头到住所的通道两侧夹道欢迎他，人们热切地希望向这位风尘仆仆的指挥员表示慰问和敬意，而他却在卸甲甸前不卸甲，下船后毫不声张地径直向公事房走去，然后消失在房后的工地上。他所急的是要听一听永利硫酸铔厂在母腹中躁动的胎音。

1937 年 2 月，永利硫酸铔厂呱呱坠地。侯德榜扶着贮气柜的曲折扶梯，缓步达顶，望江水云天，忆英雄一梦，他“拼命为之”的又一事业成功了，“亍”字收笔，迈出了化学工业的右脚，他又在想着下一步……

伴着工厂建设者们在贮气柜周围的欢声笑语，倾满了民族苦难的长江也一展胸闷，在滚滚东进中反复吟咏着：“江山如画，一时多少豪杰！”

三、学者与祖国

永利硫酸铔厂投产后不久，抗日战争全面爆发，由于国民党政府和军队的腐败，日寇长驱直入，南京也沦陷了。侵略者很看重永利硫酸铔厂（它是当时亚洲的一流化工厂）的设备和技术力量，因该厂平时生产肥料，战时极易改为炸药厂，所以不断向该厂施加压力。侯德榜与范旭东等同仇敌忾，发出了坚定的誓言：“宁肯给工厂开追悼会，也决不与侵略者合作！”敌人派飞机三次轰炸，破坏了工厂的部分设备。范、侯当机立断，部署技术骨干和老工人转移，分批离厂入川。他自己也在拆掉了关键的技术装置之后离去。数年心血，付之东流，他痛苦到了极点。

1938 年初，侯德榜率员选址建设永利川厂，后改名为“新塘沽”，为的是“燕云在望，以志不忘耳”。

新厂采用什么工艺，是仿旧还是创新呢？索尔维法已是轻车熟路，只要把塘沽永利碱厂的规模适当缩小就可很快见成效。但索尔维法的食盐转化率低，再加上四川深井中盐卤浓度低，制碱的成本就很高了。要改革，关键在于提高盐的利用率。当时德国新发明一种察安法，盐利用率达 90%—95%，同时生产氯化铵。虽然此法工艺尚未完善，侯德榜却一眼看出了苗头，他不因为自己已是世界有名的制碱权威而故步自封，而是决计向德国人就教。他陪同范旭东总经理率代表团到柏林考察，拟议买下察安法专利。当时他们还不知道德日法西斯已暗中勾结。德方不许侯德榜到生产现场参观，在谈判中又百般刁难，提出了将来不许在东三省出售产品的无理限制。范、侯对此十分气愤，大义凛然地喊出：“东三省是我们中国的领土，我们当然要销售到那里，我们不但要在国内卖，还要到国外市场卖。”言罢拂袖而去，谈判亦即告吹。他们当夜召集代表开会，商讨对策。侯德榜主张不靠外国人，他豪迈地说：“黄头发绿眼珠的外国人能办到的，我们黑头发黑眼珠的人也一定能办到，而且一定要比他们办得更好。”他们给国内拍回电报说：“因会有辱国权，不再买察安法专利。”

要走自己的路，向新的高峰挺进。侯德榜转赴纽约，投入了他一生中的第三次重大战斗。要搞新设计就必须先从实验室的工作入手，但在战时的四川，设备、药品、资料等都极为缺乏，甚至用氨要从人的尿液中一点一点提取。在范旭东先生的全力筹划下，1939 年着手在香港设实验室开展工作。一面对已掌握的察安法有关数据进行复核，一面在侯德榜的“遥控”下摸索新路子。他在纽约每周收到香港工作人员的汇报后，及时详加指导。一年时间里经过 500 多次循环试验，分析了 2000 多个样品，于年底大致把新的路线确定下来。然后在纽约和上海“孤岛”（日军占领上海时的外国租界区）进行扩大试验，终至 1940 年在纽约完成。

新工艺把氨碱法与合成氨法连接起来，同时制取纯碱和氯化铵，可充分利用食盐中的钠和氯，避免产生大量含氯化钙的废液，并能减少原料石灰石与一些设备的使用。

为表彰侯德榜在制碱工艺上的新突破，由范旭东等发起，会同永利厂的技术骨干于 1941 年 3 月 16 日决定将新的联合制碱法命名为“侯氏制碱法”。到 1943 年 12 月，侯德榜博士被遴选为英国化学工业学会名誉会员。

消息传到国内以后，在 12 月 8 日这一天傍晚，永利厂的职工和科学界人士 2800 余人汇集到五通桥大饭厅。大多数人远道徒步而来，有人竟日行 200 里赶到会场。范旭东先生在大会致辞中，高度评价了侯博士的成就和品格。“永利所以在化工界能够有些许成就，中国化工能够跻身世界舞台，侯先生之贡献，实当首屈一指。”范氏的这段话是客观的。当然，功劳和光荣也不能只归侯氏一人。范旭东慧眼识英才，视侯德榜为“国宝”，肯为民族工业拓荒铺路，奔走呼号。侯氏之所以有用武之地，有赖于范氏为其解除后顾之忧。此外，还在于范、侯等经多年的共同努力，在永利化学工业公司内集结了一批人才，形成了以侯德榜为带头人的攻坚队伍。他们不仅当年随侯德榜攻关夺隘，其中有许多人于二三十年后也还在社会主义建设的关键岗位上发挥着骨干作用。

那次大会开到深夜，给在国外的侯德榜发了贺电。人们在雷鸣般的掌声中把侯公的长子、技师侯虞篪举到空中。自日寇铁蹄践踏祖国大好河山以来，永利厂的老职工们第一次发出了真正得意的笑。这笑，分享着侯德榜为黑头发黑眼珠的人争得的光荣；这笑，寄托着百余年来受尽欺凌的中华民族自立于世界民族之林的希望。

侯氏制碱法创立之后，侯公被许多国家竞相聘请，经常帮助他们解决化工技术问题，在国际化工界享有很高的威望。当解放战争的形势日见明朗的时候，人们也在猜测着这位博士的动向。

天津解放之后，刘少奇同志和朱德总司令曾到永利碱厂视察。刘少奇同志曾说过，中国工业化需要侯德榜博士。周恩来同志派人传信给正在印度指导工作的侯德榜，请他回国。他得信后立即启程，因当时尚未完全解放，只能绕道返回，他在香港摆脱了国民党特工人员的纠缠，在仁川拒绝了韩国有关方面的挽留，于 1949 年 7 月踏上了气象更新的祖国大地，不久就以科学家的身份参加了全国政治协商会议。

科学是没有国界的，但学者有他自己的祖国。

四、前进 · 彷徨 · 遗愿

在解放战争胜利的前夕，中国共产党曾作出过关于党的工作即将转入以生产建设为中心的决策。共产党人在考虑如何迈出万里长征的第二步，侯德榜也没有忘记他那“彳＋亍＝行”的化工哲学。毛主席在北京接见他时说过：“革命是我们的事，工业建设就要看你们了！”这使侯德榜很受感动。他事后对人们表示决心说：“我们要和各位同志同心协力去干，努力生产。现在我们有了毛主席这样好的领袖，中央人民政府这样好的政府，我们还顾虑什么呢？”从此，他心胸更开阔了，他开始把自己与社会主义事业联系在一起，并且愈来愈紧密。

他从前几年到印度塔塔公司指导生产所获得的报酬中，拨出十万元买下北京芳家园一号和东四二条北口一号两处的房子，分别捐赠给黄海化学工业研究社和中国化学会。另将一笔外汇存入中国银行，分赠给中国化学会和天津中苏友好协会，要求他们不动本金而只用利息购买国外科技文献。他应邀到大连指导国营的碱厂和铔厂的复建工作。他在欢迎晚会的即席讲话中，表明了他对社会主义事业的态度。他说：“对于现在已成为我们自己的工业，不但要搞，而且还要改进，只有工业搞好，进入社会主义社会才有可能。现在这儿的铔厂，图纸残缺了，机器破损了，水泥建筑都露出钢骨了，但我们一定要修复它，而且要远远超过日本人经营时的最高生产量，我一定向永利董事会建议，向职工会同人反映，相信他们一定会通过的——把我们永利南京铔厂历年所有的全部心得及帝国主义者认为是专利的特权，一点一滴都拿出来贡献给国家，把我们的国营工业树立起来！”

他不是一位以获得掌声为满足的演说家，而是一位身体力行的实践家。1950 年，侯德榜出任重工业部化工局顾问，指挥一个特派组，在国营大连化学工业公司设中间厂，把他平生最得意的杰作——联碱法进行扩大生产试验。他从整个国家工业化的前景着想，曾积极上书中央，倡言引进西方先进技术。1956 年出任化工部副部长，1957 年光荣地加入了中国共产党。

侯德榜是靠科学吃饭的科学家，出任政府职务后，仍不改前色。除废寝忘食写成《制碱工学》两巨册外，每年还四处奔波，作现场调查。他年事已高时，还常在化工厂里攀高爬低或是钻入刚刚灭火的高热灼人的炼炉，有时钻进漆黑的巷道、炉底，随行人员为他提心吊胆，他却泰然自若，自得其乐。在掌握理论知识方面，他追踪化工科学的前沿，斗志至老不衰。年逾古稀时，他还像学生似的广寻新知。化工界许多高级工程技术人员都是他的学生，他们作学术报告时，侯老经常是讲坛下的一位热心听众。他还曾拖着暮年的脚步，跋涉在原子能、自动化、控制论、空气动力学等广阔领域中。他学习这些知识的目的是很明确的，就是建设现代化的化学工业。

他始终为了科学事业而贡献着自己的一切，但他所从事的事业并不是都进展得那么顺利。

侯氏制碱法自发明以来已被耽搁多年，我国又无专利法，到头来落得个墙内开花墙外结果。国外早已抢先投产了，我们却在从国外进口氯化铵。当侯氏制碱法在国内刚刚进行工业性中间试验时，这棵幼苗却因苏联专家提出氯化铵不适于施肥而经受了一次倒春寒，延长了它的生长期。直到 1958 年才开始建设大型联碱车间，1963 年底达到日产 120 吨的水平，次年 2 月 22 日进行内部鉴定。从发明到鉴定，历时 21 年。虽然慢了些，73 岁的老园丁总算在新中国的土地上看到了自己亲手培育出来的果实。

两年之后，侯老又被拖入了他所不能抵御的政治风暴之中，“文化大革命”一开始就受到了冲击。侯老一生有著述，获得国内外二十几种荣誉和职务，这都成了他是“反动权威”的铁证；又因有过受赠股票而被冠以“反动资本家”的罪名；还因他中华人民共和国成立前有三十余年奔波于国际化工界，就有了里通外国之嫌。专用轿车被剥夺了，这位年近 80 岁的老科学家不得不拎着饭盒摩肩擦背于乘无轨电车的人流中。后来又把他从办公室中迁出来，连微乎其微的象征性的工作权利也被剥夺了。

后来，由于周总理的干预，侯老的处境才得到些许改善。而一旦争得了条件，他就要工作。他在没有工作可做的极大苦闷中，与人商议一起编写科普读物《酸和碱》；

他多次要求去大连化工厂的碱厂看一看生产情况，但出于各种原因不能成行。后来周总理关照说因侯老年迈，让他在家中听取大连碱厂的技术人员汇报情况。侯老对改进碱、化肥的生产技术和为全国碱厂的规划提出了设想。

1974年，评法批儒的闹剧在紧锣密鼓中开台，侯老那本来已极度苦恼的心情又平添一层苦恼，筹划化工科学事业的满腹经纶不能施展，对党和国家命运的忡忡忧心无处倾吐。暮春时节，正是“四人帮”一伙儿把矛头指向敬爱的周总理而提出批现代大儒最起劲的时候，侯老怀着满腔的悲愤和难言的苦衷，背诵着宋代诗人王淇的诗句“开到荼蘼花事了”，这是这位84岁的老人所发出的最后呐喊。

在抑郁中，他因白血病和脑出血不能再讲话了。当一位生前好友去病床前探望他老人家的时候，侯老紧握着他的手久久不放，一切痛苦和希望都像是倾吐在这长握之间。

1974年8月26日，侯老枕着未完的书稿逝世于北京。5年之后，在他的骨灰盒上，覆盖上一面鲜红的中国共产党党旗。

这位在中国不可多得的科学家，生前曾在世界科学的舞台上演过威武的一幕，并为自己的国家和人民发出了他被允许发出的光和热，未能发出的也随同他的躯体消失了。他沽在曾与他共同工作和生活的每个人的心里，但他的大多数同胞并不真正了解他。

侯老去世前，决定把自己最珍贵的藏书献给国家，留给后人作攀登的基石。

他惦记着全国的碱厂和化工事业，希望它能尽快插上翅膀飞翔；他惦记着在福建省建一个碱厂——自己一生制碱，家乡的人民却买不到碱用，他为此感到难过。

他因为晚年没有机会为党、为人民工作而感到极度苦恼。

他寄希望于下一代，希望他们能刻苦学习练好本领，为中华民族争气。

他还有在逆境中无法说出的话……

古人有言：“得人者昌。”在半殖民地半封建的旧中国，兴办民族工业尤其是重工业是项艰巨的事业。永利公司能在帝国主义和官僚买办资产阶级的重压之下得以生存发展，不仅有赖于范旭东等人的拼死挣扎和经营得法，更重要的是得益于侯德榜的才干。他像是一粒晶种，吸引和诱导着一批优秀“分子”，结成愈来愈大的晶体，而他们又化作更多的晶种，撒在更多的地方，至今发挥着重要作用。古往今来的兴衰浮沉都证明了：人才是事业的基础。

侯德榜这一代人，走过艰辛而曲折的路程。他们从小受的是封建教育。帝国主义的炮弹、洋货和谎言击碎了他们通过科举入宦的传统愿望，使得大批有良知的热血青年不得不以巨大的代价去摸索救国救民的道路。一部分人在马列主义理论和十月革命的影响下，在中国共产党的领导下，拿起枪杆子打江山，为中华民族奋斗史写下了最可歌可泣的光辉篇章。同时，我们也不能不看到，还有一大批爱国志士怀着“科学救国”“工业救国”“教育救国”的激情去苦斗，虽然当时没有抓住解决中国问题的根本，但他们毕竟是为国为民，一片赤诚。那些不屈不挠、自强不息而终有建树者，也是我们民族的骄傲。这样一批人在中华人民共和国成立前挣扎自立，毫无奴颜媚骨；中华人民共和国成立后听党的调遣，致力于发展新中国的科学文化事业，为社会主义建设立下了汗马功劳。

吃水不忘打井人，在科学事业上也是同样适用的。我们永远深深地怀念我国化学工业的奠基人侯德榜博士，永远深深地怀念近代中国科学事业的那些拓荒者。

（作者：宋子成　于有彬）

胡明复

（1891—1927）

胡明复

中国科学事业开路人

一、大变动时代的求学者

胡明复，名达，又名达生，幼名孔孙，字明复，后以字行。他于1891年5月20日（清光绪十七年四月十三日）出生于江苏省桃源县（今泗阳），祖籍江苏无锡。

胡明复10岁前在家塾读书。1901年与其弟胡刚复同时考入上海南洋公学之附属小学。当时任南洋公学总理（相当于校长）的是维新派人士张元济（菊生）。他对胡明复兄弟颇为赏识。南洋公学是清末洋务派中坚盛宣怀1896年在上海创立的，目的在于为洋务事业培养人才，其学科内容已不同于传统的“四书”“五经”，而开始教授与商务、铁路等相关的西方近代科学技术基础知识。南洋公学附小（当时称下院）是公立小学中最早的一个，所开课目有修身、国文、算术、历史、地理、理科、图画、体操八项，也稍习英语。其中的理科包括自然、生理和简易理化知识。授课方法以实验为主，使用理化仪器、动植物和矿物标本等教具。从教学内容到授课方式都已不同于传统教育，而胡明复恰好身临新教育的前沿，从小学开始就踏上了通向现代科学的第一级台阶。

胡明复于1903年从附小毕业，升入中院（即中学）。不久因兄弟二人打架被开除，到货店里当了一年多学徒。在店里他好读新书及西文，被店中同事称为“洋先生”，可见他在南洋附小所受的新教育与人们过去所习见的旧教育大不一样。1904年秋，胡明复进上海中等商业学堂。

实业学堂本是维新派提出广设学堂的内容之一，但直到庚子战乱后，迫于严重的社会危机，清廷才在“新政”的幌子下把维新派的措施一一推出来。1903年颁布的新学制（癸卯学制）确立了新教育体制，学堂章程中对中等商业学堂的规定是：招收高小毕业生，授以商业所必需之知识艺能。所设科目主要有修身、国文、算学、史地及与商业有关的理论及实用知识、技能。中等商业学堂相当于初中程度，胡明复在这里显露出了精于计算的才能，学习成绩优秀。

1907 年，胡明复在上海中等商业学堂毕业，又考入南京的高等商业学堂继续学习。高等学堂大致相当于后来的高中水平，所设科目除外语、体操外都是关于商业方面的课程。胡明复在校期间成绩仍然保持优秀。

1909 年，胡刚复考取首届庚款留美生，这对胡明复产生很大震动。他不甘落后，给负责选派留美学生的长兄胡敦复写信要求投考。胡敦复基于他以前曾被开除当学徒的经历，并且考虑到他所学习的商业课程与留美考试的要求相差甚远，所以起初拒绝了他的要求。胡明复又给父亲写信求援，经三方多次函商，胡敦复才答应给他半年的较简单的留美考试预备课程，如能按时完成再寄下半年的课程。

此时距离高等商业学堂毕业尚有一年，胡明复一方面要完成学校功课，一方面要自习应考留美的课程，压力很大。在这一年中，他丝毫不敢懈怠，坚持刻苦努力，发愤读书。于学校功课从无缺漏，兄长寄来的留美应考课程也如期学完。结果在学校考试中总是第一，寄到北京的答卷也使他大哥惊喜叹服。

1910 年 7 月，未及毕业的胡明复在北京参加留学考试。此次考试仍沿用上届办法，首轮考国文与英文，及格者方可参加第二轮的各门学科考试。其科目有代数、平面几何、希腊史、罗马史、德文或法文、物理、植物、动物、生理、化学、三角、立体几何、英国史、世界地理、拉丁文（选考）。两轮考完，于史家胡同发榜，胡明复名列第 57 位。本届共有 70 人被录取，胡适、赵元任、竺可桢、钱崇澍、周仁等都同时入选。

8 月 16 日，这批庚款生由唐孟伦、严约冲和胡敦复率领，自上海乘“中国”号轮船前往美国。在船上的十多天里大家彼此相识，胡明复总爱与赵元任、周仁、胡敦复一起讨论数学问题，在学生群中显得与众不同。由于胡敦复本人毕业于康奈尔大学，联系便当，所以这批学生进康奈尔大学的也最多。9 月，胡明复到伊萨卡城进康奈尔大学文理学院。

在康奈尔大学，胡明复选了他最喜欢的数学为主课，与其好友赵元任所学相同，两人还同居一室。1912 年，胡适从农学院转入文理学院，在克赖顿教授的哲学班上，三人同坐一排，交往甚密。1913 年，这三个好朋友一起被选为 Phi Beta Kappa（美国优秀大学生联谊会）会员。此种荣誉得之不易，而三个坐在一起的中国学生同时入选，更为引人注目，“美国报章传载，以为异举”。其实全面地看学习成绩，胡适远不如赵元任和胡明复。他俩在学习上是激烈竞争的对手，每学期的总平均成绩都在 90 分以上，赵元任总是多上一分半分，有时的差距只是在小数点后两位上。在大学的四年中，与其他人相比，他俩每年的成绩都是最高的，而且这一成绩许多年之后无人超过。

1914 年 5 月，胡明复和赵元任又与同学黄伯芹、金邦正一起入选 Sigma Xi（科学研究学会）名誉会员。任鸿隽（当时已在康奈尔大学就读）对此印象很深，十几年后在纪念胡明复的文章中还对中国学生当年大出风头的事津津乐道。

Phi Beta Kappa 设于 1776 年，美国著名大学如哈佛、耶鲁均有此会。入选会员的资格是：(1) 学习成绩最佳者；(2) 毕业生有上佳著作者；(3) 教员在学理上有新发明者。Sigma Xi 会员资格为工程或理化学生于所学有所发明者。同获两种荣誉对美国学生也不容易，所以此事颇使中国留学生感到鼓舞。

1914 年 6 月 16 日，胡明复大学毕业获学士学位。1916 年秋，进哈佛大学攻读博士学位。在博歇和赫维茨指导下研究积分 - 微分方程理论。博歇是哈佛大学数学教授，他与 W. F. 奥斯古德领导的哈佛大学数学学派在美国影响很大，他还于 1908—1910 年任美国数学会主席。胡明复在这样高水平的导师指导下作研究，也算是适得机缘。

1917 年，他以题为“Linear Integro-Differential Equation with a Boundary Condition”（《具有边界条件的线性积分 - 微分方程》）的论文获得博士学位。这是哈佛大学中国留学生中的第一个博士学位，也是中国第一个在数学方面取得的博士学位。这篇论文在 1918 年 10 月号的《美国数学会会刊》上发表。能在这份刊物上发表的论文，可以说已达到国际水平。

胡明复到哈佛时又遇上了早其一年到此的好友赵元任，两人又同住一室。胡刚复此时也在哈佛大学读博士学位，三人中却是胡明复最先取得学位。此后不久，他便离美回国了，时为 1917 年 9 月。

二、创办《科学》杂志和中国科学社

1913 年初，原在国民党临时政府任职的革命人士任鸿隽、杨杏佛来康奈尔大学留学，救国救民的共同理想使胡明复很快与任、杨等人成为莫逆之交。这群爱国学生为图救国大业，于 1914 年 6 月发起组织了科学社。

1914 年夏，第一次世界大战爆发前夕，正值胡明复毕业在即，留学生们又在一起讨论，想为国家做一点事情。作为学习自然科学的留学生，他们深知“当时欧美各国实力的强大，都是应用科学发明的结果，而且科学思想的重要性，在西方国家的学术、思想、行为方面，都起着指导性的作用……假如没有科学，几乎无以立国”。而中国最缺乏的莫过于科学，因此，他们要把科学介绍到中国来。

6月10日晚，大考刚过，十来个人相约来到任鸿隽的房间讨论组织科学社及出版《科学》月刊。到会者很热心，写了一个《科学》月刊《缘起》，以募集资金为出版《科学》月刊作准备。胡明复列于发起人的首位，后面还有赵元任、周仁、秉志、章元善、过探先、金邦正、杨杏佛、任鸿隽。胡明复与赵元任学习成绩优冠全校，而且“在科学社的组织上，明复发表的意见很多，也最得同人的赞许”。这二人排名在先非出偶然。《科学》月刊《缘起》散发出去后就得到响应，要求入社的人很多。他们另外还拟了一个简章作为筹集资本、发行期刊的大纲。

科学社是一个公司性质的团体，其资金来源是发行股份由社员认购，事业也只有发行期刊一项。这与“振兴科学、提倡实业”的宗旨相去甚远。1915年6月，胡明复、邹秉文、任鸿隽被推举起草新社章，新章程于10月25日由社员全体通过，科学社改为“中国科学社”，并选出任鸿隽（社长）、赵元任（书记）、胡明复（会计）、秉志、周仁五人为第一届董事会董事，把10月25日定为中国科学社成立纪念日。

胡明复被选为中国科学社的会计不仅是因为他有好几年商业学校的训练，更在于他对科学社事业的热心和无私。刚成立的中国科学社，靠社员的节衣缩食，从每月60元的津贴中拿出一部分作为社中活动经费，这种条件下没有一个精打细算、善于理财的管家，科学社很难生存。创业初期，胡明复和任鸿隽、赵元任、杨杏佛等出力最多，每当遇到困难，捐款名单上数目最多的也往往是他们几个。胡明复长期担任会计，兢兢业业，他管理的账目清清楚楚。在每年的年会上都交上一份详尽的财务报告，以至他去世后接手的人继续工作不觉困难。胡明复理财，是他对中国科学社的重大贡献。任鸿隽、杨杏佛等在纪念他的文章中对此都深有感触。

中国科学社刚成立时的首要任务是编辑《科学》杂志，写稿的工作重要而繁忙。整个夏天，他们夜以继日地为《科学》忙碌。秋天开学的时候，已经凑集了三期的《科学》文稿预备发刊，其中有胡明复写的10篇40多页稿件。1915年1月，《科学》月刊终于在上海正式出版发行。

胡明复大学毕业后的一两年里，中国科学社的一些重要成员相继转入哈佛大学。后来，《科学》杂志办事处也迁到哈佛。胡明复离开康奈尔大学前的一个晚上，在伊萨卡的社员20多人聚在一起纪念科学社成立两周年。胡明复起而演说，希望留下的同伴们竭力承担期刊及各部事务，纪念科学社的最好方式就是使之发达永久。他的话深为与会者服膺。

胡明复去哈佛后,《科学》编辑部长杨杏佛在康奈尔继续编辑工作，常向哈佛的朋友索要稿件。曾有这样一首打油诗寄给胡明复：

寄胡明复

自从老胡去，这城天气凉。
新屋有风阁，清福过帝王。
境闲心不闲，手忙脚更忙。
为我告“夫子”,《科学》要文章。
(“夫子”是赵元任绰号)

赵元任见诗也回他一首：

寄杨杏佛

自从老胡来，此地暖如汤。
《科学》稿已去，“夫子”不敢当。
才完就要做，忙似阎罗王。
幸有“辟克匿”，那时波士顿肯白里奇的社友还可大大的乐一场！
(“辟克匿”：Picnic，野餐；肯白里奇：Cambridge，或译剑桥)

诗中表现出他们之间的亲密友谊和工作热情，也反映出当时的紧张工作状况。

在美期间，胡明复为《科学》写了大量稿件。1926 年,《科学》编辑部曾对发表的稿件作过统计并列表。由表可见，胡明复与任鸿隽、赵元任、杨杏佛发表的文章数量接近，而在创刊的第一年中胡明复居首位，第二年稍次于任鸿隽，第三年的 9 月他

作者 页数 卷号	胡明复	任鸿隽	赵元任	杨杏佛	秉志	竺可桢	胡先骕	谢家荣	唐钺
1	150	147	133	104	114	0	21	10	61
2	80	86	64	47	65	31	20	0	45
3	37	97	76	78	9	63	14	8	12

(注：据《科学》第 11 卷第 12 期统计表改排)

已回国了。胡明复留存于世的作品主要发表在《科学》前三卷上，约50篇15万字。

胡明复的作品内容非常广泛，除基础自然科学外，还有教育、军事、工商等方面。如数学方面的《近世纯粹几何学》，物理化学的《万有引力之定律》《伦得根射线与结晶体之构造》《用合金取氢气法》，天文的《日斑出现之周期》《彗星》，生物的《雪线以上之显花植物》《气候与动物吐出碳氧气之关系》《鸟之岁迁》，教育类的《美国各大学中之外国学生》《教育之性质与本旨》，军事的《晚近行军三要素：编制、装备、训练》，工商类的《近年美国出口货之奇增》等。他还写一些用科学知识揭露迷信的短文，如《灾异》《连生》等。

胡明复当作者的同时又是编辑。胡适在回忆《科学》创刊初期情况时写道："明复在编辑上的功劳最大，他不但自己撰译了不少稿子，还担任整理别人的稿件，统一行款，改换标点，故他最辛苦。"

中国科学社的楷模是英国皇家学会，很多活动是模仿而来，年会即是其中之一。自1916年起，每年都召开年会。首届年会于9月2日在麻省菲利普斯学校举行。会上胡明复作了详细的会计报告。他在会上被选为四名两年董事之一，竺可桢等当选一年董事。在晚间举行的交际会上，胡明复为社友们主持了数学游戏。第2届年会时，胡明复已获博士学位，即将回国来不及赴会。他提前到达开会地点，安排妥当后匆匆离去，会计报告由社友代读。第3届年会仍在美国举行，胡明复在国内无法到会。

1919年8月，中国科学社第4次年会在杭州举行。这是首次在国内开年会。胡明复代表社长任鸿隽（任于6月去四川筹办钢铁厂）主持了年会。他在致辞中对国家贫穷落后的局面深表担忧，希望政府及社会各界重视科学、发展教育。他说："吾人根本之大病，在看学问太轻。政府社会用人不重学问，实业界亦然；甚至学界近亦有弃学救国之主张，其心可敬，其愚则可悯矣。"

1920年，中国科学社从财政部争取到南京成贤街文德里的一所官房为社所，从而有了自己的固定社所。为纪念这一成绩，这一年的年会就在装修一新的文德里新社所举行。会上胡明复继续当选董事会董事、会计、编辑员。

1921年，中国科学社得到教育部补助款每月200元。9月在北京召开年会，因津浦铁路被洪水冲断，南方社友赴会者寥寥无几。胡明复还是如期到会并按惯例作会计报告。

1922年，第7次年会在南通召开。由于张謇的帮助，地方当局和社会名流出席年会者甚多，资助也很可观。社友们会聚南通，盛况空前。胡明复除作会计报告外还协助会务。

1923年，第8次年会在杭州召开，来宾极多，包括督军卢永祥、省长张载扬等，胡适也参加了年会。胡明复与杨杏佛看到科学社的精神日渐退化，理事会的职员年年都是胡、杨和任鸿隽，于是两人与任相商，三人同时表示以后坚决不再担任理事会的职务。于是丁文江、翁文灏先后担任社长，会计由过探先担任。可是胡明复虽然辞了会计的名义，实际上的责任与工作并没有减轻。社中的日常杂务、年会会务等主要还是由他承担。

1926年，中国科学社第11次年会在广州召开，这是胡明复最后一次参加年会。他与翁文灏、孙科、竺可桢等同为会程委员会委员。他在社务会上报告了社务发展及基金管理状况，并提议设立建设服务委员会，专代人计划工程、委托研究及介绍人才等事。提议获得支持，他与王琎、李熙谋被推举为筹备委员。

早期的中国科学社得以生存和发展，与胡明复的种种努力密不可分。数学史家钱宝琮说，他在英国时也曾参加过类似科学社的组织，成员亦增达数十，但后来便各自星散。其根本原因全在于缺少胡明复这样的人物。后来钱宝琮便加入了中国科学社。

三、科学救国的理想与科学观

胡明复的少年时代，中国社会正处于动荡不安之中。甲午战争惨败，戊戌变法夭折，义和团运动失败及随之而来的八国联军进京，使中国人面临亡国灭种的危险。在留学生中，“救国保种”的思想传播很广。1911年推翻帝制，更助长了留学生们的政治热情。胡明复也是热血青年，他除学习外还非常关心政治，常去翻阅有关时政的杂志。

1912年11月，胡明复与胡适发起一个政治研究会，研究讨论世界政治。他们很快就有了10个成员，还制定了章程：每两周开会一次；每次讨论一个问题，由会员两人轮次预备论文宣读，论文之后由会员讨论；每会由会员一人轮当主席；会期在每星期六下午2时。

政治研究会第一次正式开会时以胡适与过探先的“美国议会”为题，后来又讨论过英、法、德的国会制度。在当年12月21日的会上，由胡明复与尤怀皋讲演“租税”。胡适在日记中对他们讲演的评价是：“甚有兴味，二君所预备演稿俱极精详，费时当不少，其热心可佩也。”此外，胡明复还参加过留学生许先甲提议组织的“社会改良会”。

从胡明复留美的头几年看，他在多方探索救国道路，其中包括依靠政治变革、社会改良来实现救国理想。但随着对科学理解的深入和对西方社会中科学所起作用的了解加深，至《科学》创刊，他的思想已定型于“科学救国”。

《科学》发刊词是中国科学社同人接受“科学救国”思想的标志，它也代表了作为社中核心成员的胡明复的思想。发刊词中写道：

> 抑欧人学术之门类亦众矣，而吾人独有取于科学。科学者，缕析以见理，会归以立例，有觬理可寻，可应用以正德利用厚生者也。百年以来，欧美两洲声明文物之盛，震铄前古，翔厥来原，受科学之赐为多。

在多方论述了“科学之有造于物质”“科学之有造于人生”“科学之有造于智识”和科学影响于道德之后，发刊词宣称：

> 乌呼！临渊羡鱼，不如退而结网。过屠门而大嚼，不如归而割烹。国人失学之日久矣，不独治生楛窳，退比野人；即数千年来所宝为国粹之经术道德，亦陵夷覆败，荡然若无。民生苟偷，精神形质上皆失其自立之计。虽闭关自守，犹不足以图存。矧其在今之世耶。夫徒钻故纸，不足为今日学者，较然明矣。然使无精密深远之学，为国人所服习，将社会失其中坚，人心无所附丽，亦岂可久之道。继兹以往，代兴于神州学术之林，而为芸芸众生所托命者，其唯科学乎，其唯科学乎！

其“科学救国”愿望表现得非常强烈。

在胡明复所处的时代，“科学”一词在中国才流行十余年，同用一词，含义多歧。胡明复辈对“科学”作何理解呢？

胡明复自读家塾起已开始接触自然科学知识，在其后的南洋公学与实业学堂中又学习了基础科学课程，至留学阶段完全走上西方科学教育正轨，从而受到系统正规的自然科学训练。他与留学生们对科学有着基本一致的英美式理解，即自然科学，其特点在注重观察、实验，注重科学方法。《科学》一开始就把科学分为两类：物质科学与自然科学。前者指物理学、化学、天文学等，后者指动物学、植物学、气象学、地理学等。二者都是自然科学内容。任鸿隽在《说中国无科学之原因》一文中说：“科学者，智识而有统系者之大名。就广义言之，凡智识之分别部居，以类相从，井然独绎一事物者，皆得谓之科学。自狭义言之，则智识之关于某一现象，其推理重实验，其察物有条贯，而又能分别关联抽举其大例者谓之科学。是故历史、美术、文学、哲理、神学之属非科学也，而天文、物理、生理、心理之属为科学。今世普通之所谓科学，狭义之科学也。”胡明复对科学的定义也持相同看法，并把这一概念抽象化：科学者，研究宇宙中事物间种种关联（不限于数量之关联）之学；其目的，则一方面在观察宇宙中事物之常理而求其运行之通律，一方面又自其已得之通律求新事实。他的这种观点直接受到奥斯特瓦尔德的影响。

与任鸿隽一样，胡明复强调科学的实质在于科学方法：“夫科学何以异于他学乎？谓其取材之不同乎？则哲学与文学皆取材于自然，而皆不以科学称。且科学之中，每有彼此之间犹南辕之与北辙，而有时反与非科学相关至密切者。……盖科学必有所以为科学之特性在……此特性为何？即在科学之方法。”胡明复注重科学方法与皮尔逊的启发分不开。

对于科学方法——归纳与演绎，胡明复特别推崇前者。因为归纳是“先观察事变，审其同违，比较而审察之，分析而类别之，求其变之常、理之通，然后综合会通而成律，反以释明事变之真理。故归纳之法，其首据之事理为实事，而其归纳之结果则为通理，即实事运行之常则也”。而演绎“自一事或一理推及他事或他理，故其为根据之事理为已知，或假设为已知，而其推得之事理为已知事理之变体或属类”。所以，“自此性质上之区别观之，科学之方法当然为归纳的。科学取材于外界，故纯粹演绎不能成科学”。

胡明复当然也知道归纳法的缺陷：只能保证过去的知识必然性而不能保证未来知识的必然性。他写道：“严格言之，事变不尽，则归纳之理不立。日月东升西落，此人所习知，而归纳之结果也，然安知明日不西升东落乎？故虽日月东升西落之常理，亦不得谓为绝对之归纳，其理之永远确实与否终在不可知之列。”由于宇宙变化无限而人世有限，“是以科学上之归纳……皆有其限制，……以其归纳非绝对，故其归纳所成之理仍含有假设之性质”。所以最终胡明复还是认为：“科学之方法，乃兼合归纳与演绎二者，先作观测，微有所得，乃设想一理以推演之，然后复作实验，以视其合否，不合则重创一新理，合而不尽精切则修补之，然后更试以实验，再演绎之；如是往返于归纳演绎之间，归纳与演绎即相间而进，故归纳之性不失，而演绎之功可收。”

胡明复留学期间广泛研读当时世界一流科学家、哲学家的著作。马赫、彭加勒、皮尔逊、赫胥黎、魏斯曼等都对他产生过影响。他接受了实证主义原则、思维经济原则，认为人的知识不能超出经验之外，经验以外的东西无从可知。在《科学方法论》系列第二篇文章中表述了这种观点："所谓事变者，其为外界之真正事变乎？……外界变动，侵及五官，五官复借神经之媒介传入大脑，乃生感觉。故凡有事变，自其起于外界之初，至其为吾人感觉之顷，其间所经间介物层数众多。是则吾人之所谓事变，殆吾人脑中所有外物之影象耳，其非真正之事变可断言也。第其诸层媒介之作用，各有定程，外界一举一动，于内必有相等之影象。故内外相应，无有错乱，若吾不审，则且认此影象为真物矣。然惟以其内外相应，无有错乱，故吾人感觉中之事变之通则，于外界亦有相当之事理与之对应。"因之，科学的任务就是用最少的思维描述和整理由观察、实验得到的经验材料，得出与外界事变相对应的科学律例。科学律例产生于人的意象之中，不能完全等同于外界事变，因而"若海王星之发见，地圆之证明"，与"化学上之分子原子说，今日物理中之电子说，皆意造之物象……至于分子原子电子之究竟存在与否，实未可知"。

对于科学定律，胡明复以马赫的"作业假设"来解释："定律者，许多事实之通式也，有如许情节，即有如是结果，无次不验，遂得一定律。然所谓无次不验者，以前无次不验也，又安知将来亦复无次不验……是以定律之效力，只为假定的，暂时的。换言之，一日定律与事实合，则一日认其为真确；如有一次不验，则其定律遂永失其效力。"这样，就由经验的或然性进而放弃了因果律的客观性。在他的第三篇科学方法论文章中，专门论述了概率，从而比较系统地向国内介绍了实证主义观点。

由于受西方思想影响和自己对科学更进一步的理解，胡明复没有走向唯物论的绝对真理观，与同时代许多科学的倡导者如吴稚晖、陈独秀大不相同。他对科学的期望在于科学中的理性精神，而不是科学知识与物质成就。科学与技术为社会创造物质文明，这作为科学的救国功能的一个方面自然不可忽视，所以在《科学》发刊词中，"科学之有造于物质"被列于科学效用的首位，在这段文字中，使"山陵失其险阻，海洋失其邈远"的汽车轮船，可"一日而有十年之获，一人而收百夫之用"的蒸汽机、电力等大受赞扬。但仅靠技术图谋国家强大的希望在洋务运动、甲午战争的结果面前显得非常渺茫。而且在理论上，胡明复所持实证主义的科学观念与机械唯物论的直线因果观之间存在很大差距（后者支持了技术救国的主张）。故胡明复在谈科学救国时说："今之论科学救国者，又每以物质文明工商发达立说矣。余亦欲为是说，虽然，科学不以实用始，故亦不以实用终。夫科学之最初，何尝以其实用而致力焉，在‘求真’而已，真理既明，实用自随。”所以他极力主张提倡科学方法、科学精神。

科学方法和科学精神是胡明复阐述科学功能的核心观念。科学精神即科学方法之精神，“精神为方法髓，而方法则精神之郛”，“科学方法之惟一精神，曰‘求真’”。这里的“真”是实证主义意义上的“真理”，“所谓真者，事与律相符之别号耳”。

由上而知，胡明复与某些人把科学教条化、信仰化的立场不同，他主要地把科学当作一种原则，一种指导人们解决各种问题的原则。从以下几个方面可以看到他对科学寄托的期望。

科学与国家社会：胡明复没有把法制而是把社会、国家中个人的责任心作为社会、国家康健稳固的保障，这对国民素质提出了很高的要求，而科学恰可担此重任。“科学审于事理，不取臆断，而惟真理是从，故最适于教养国民之资格。审于事理，则国家社会与个人之利害关系明；不从臆断，则遇事无私；惟真理是从，故人知其责之所在。自反面言之，国民对于社会国家心切，故监察綦严，虽有败类佥壬而社会国家不为所倾覆。此科学精神之影响于社会国家之安宁与稳固者也。”

科学解决社会问题：“近世西国每数年必为一统计，每有一事则为调查，于是于社会上之倾向、之习好、之弊端、之优点，皆了然无遗，乃复依情设救，防患于未然。”例如地方卫生、劳工生活等。另外，改良社会可通过用科学手段减少社会不良分子来实现。根据魏斯曼的遗传理论，人类受后天影响产生的习惯不会遗传。于是，“人之生性为善而习于为恶者，其子其孙不必即生性为恶。故苟以善良之教育与其子孙，而不令与恶社会相接触，则其子孙多能为善。反之，生性为恶者，虽偶习于善，其子其孙亦必不良，即可以直接或间接之方法阻滞其繁殖，此于无形中增加社会之善良分子也”。

科学与民智、民德：胡明复站在实证科学的立场上，必然对迷信、盲从进行批判。从下面一段话可看到他反迷信、启民智的态度：“习于科学而通其精义者，仅知有真理而不肯苟从，非真则不信焉。此种精神，直接影响于人类之思想者，曰排除迷信与妄从。考诸西国科学发达史，盖自科学发展以来，几无日不与旧迷信旧习尚旧宗教旧道德相搏战，然其结果则不特科学自身之发展而已也，即风俗道德与宗教亦因之日进于纯粹，而愈趋于真境，……返顾吾国，则犹如西国之中世纪，斤斤焉于古人之一言数语，而不察于实事，似以为宇宙中之大道至理皆可由此一言数语中得之。今日‘复古’之潮流，犹是此心理之流毒。而此种寻章摘句之又一大恶果，则为其重于章句而忽于真义，是以往往言不由衷，言行相违，宛如两人。廉耻道丧，而文化亦日即衰落。学问道德政治社会，皆存其形仪而失其实际，可慨也已。然则有补救之方策乎？曰有，提倡科学，以养‘求真’之精神。知‘真’，则事理明，是非彰，而廉耻生，知‘真’则不复妄从而逆行，此为中国应究科学之最大原因。若夫科学之可以富国强兵，则民智民德发育以后自然之结果，不求而自得者也。”

笃信科学救国，科学如何救国，胡明复即作如上说。

四、科学救国的实践

1917 年 9 月，胡明复离美回国，为襄助胡敦复办理大同学院而留在上海。由于国内形势恶劣，社会无视科学，《科学》常因经费困难而不能如期出版，原本打算增设季刊的计划被迫取消。次年，得北大校长蔡元培相助，由北大每月拨款 200 元作为《科学》的印刷费，《科学》勉强渡过难关。年内，中国科学社骨干成员任鸿隽、杨杏佛等纷纷回国，办事机构也迁回国内，借大同学院和南京高等师范学校社员之便，在上海、南京设立事务所。上海事务所专办经销、会计及图书馆筹备工作，靠胡明复一手承担。在《科学》的通告中就可看到，除会计外，国内各方接洽、驻沪编辑、经理购书等任务也落在他肩上。此外还有一件费时费力而又无名的工作，就是《科学》文稿的标点校对。胡明复十年如一日默默无闻地承担了这项工作。

除《科学》外，胡明复为普及科学知识、发展科学事业还做了许多努力。翻译《科学大纲》即为其一例。《科学大纲》是苏格兰阿伯丁大学博物学教授托马森编纂的一部介绍科学发展概观的著作。胡明复与王琎、任鸿隽、杨杏佛、竺可桢等多人将其译为中文，以向国内读者系统介绍西方科学理论。此书 1924 年 1 月由商务印书馆出版四卷本。1930 年列入“万有文库”出版小型 14 册新版，图文并茂，即以今日眼光视之仍不失为科普佳作。

名词审定是科学事业的一项基本建设。科学社成立之初即把科学名词的审定列为重要工作内容。1919 年首次在国内开年会时，胡明复就提出设常任委员随时研究、审查科学名词，并在《科学》上宣布。他为数学名词审定做了大量工作。他与数学家姜立夫（胡明复的小妹妹胡芷华于 1935 年与姜结为伉俪）共同起草了数学名词草案。经过几年的仔细审查，我国最早的这部《算学名词汇编》于 1938 年出版。另外胡明复还著有《高等解析问题》一卷。

发展科学教育是胡明复为促进科学事业进步而培养人才的主要措施。他在留美期间就计划将来回国办一所理想的大学。为此他与同学们组成一个团体，制订了简要计划。他个人对办学进行了详细周密的规划，写成长达几十页的英文信寄给赵元任看。信，我们已无法见到，但赵元任回信的第一句话“Superlative admiration for your thoroughness”（对君之周详完美钦佩之至）足以说明胡明复对办学的热情。他归国后便把大同学院作为办理想大学的根基。

大同学院是立达学社创办于 1912 年的私立学校。1911 年，胡敦复与在清华任教的 10 位同人朱晚香、华绾言、顾养吾、吴在渊等，“因慨社会之不良，痛外力之荐食”而共同创立了立达学社，以研讨学术，编译书籍，兴办学校。辛亥革命后社员纷纷南返，在上海创办了大同学院，推举胡敦复为校长。大同学院经过苦心经营，至胡明复归国时，已购地 10 余亩，建起数座校舍，前后有 800 多学生进校学习过。第一期学生为 91 人。

胡明复来到大同学院，除了教学还兼管校务。校长胡敦复常为社会活动所累，校中日常杂务便由胡明复承担，而且他善于理财，自然成为大同学院的“管家”。1922 年，大同学院获教育部注册改名大同大学，学校逐步扩大，又陆续建起礼堂、教室、宿舍等建筑，校园扩大到 90 亩。这些设施从打样、监工到与各方接洽交涉，都由胡明复一手操持。他在大同教课不取薪水，反将在其他学校教课所得之相当部分接济大同大学的建设。他收入最丰时每月不过 400 元左右，他的积蓄来自节俭。“他住的是斗室，穿的是敝衣，吃的是粗羹，乘的是电车。”立达社员及其他聘请教师也尽其所能，竭力支持办学。故大同大学蒸蒸日上，成为私立大学中能与北方南开大学媲美的学校。

在教学上，胡明复是上海有名的教授，他的课深得学生好评。他在大同大学教授数学、物理等课程。其实，以胡明复的学问与名望，他完全可以到条件更好的大学去担任更高的职务，也可有机会增进自己的学术研究，但是为了中国科学社和大同大学，他几度谢绝北大等校邀请，只在上海南洋大学和东南大学分设的上海商科大学任算学教授。也曾在南洋中学任教。

五、科学事业的开路小工

胡明复毕生以兴办教育、科学救国为己任，矢志不移，这与其家族传统关系很大。胡明复是北宋学者、教育家胡瑗 31 代孙。受家风熏陶，后辈从事科学、教育事业者大有人在。

从社会背景来看，自甲午战争失败后，民族危机空前严重，“救亡”之声遍于全国。此时严复已有西学以“格致”为本，“西学救亡”即以“西学格致”来“救亡”的主张。1898年，严复所译《天演论》首次出版，以自然科学为基础的进化论思想在中国社会广泛传播。到1902年，随着《天演论》中的“格致”变为《原富》中的“科学”，严复在1895年形成的“西学格致救国”论也演变为“科学救国”论。此后十多年，科学救国发展成一股强大思潮，对知识界影响很大。胡明复就在这种潮流中走上了科学救国的道路。不过，作为思想家的严复以西方的“科学立国”论证了中华需要“科学救国”，而作为实践者的胡明复则把这一思想细致化、具体化、行动化。

另外，胡明复在美国的7年留学生活中，耳濡目染西方社会科学技术带来的物质成就和在思想行为方面的指导作用，必然地学习借鉴西方的经验。中国科学社就试图以英国皇家学会的形式发展中国自己的科学事业。社中成员多为留美学生，他们建立的组织机构、活动方式都模仿了西方科学体制。胡明复为中国科学社的组织、刊物、年会、名词审定、图书馆筹备等项事业所做的种种努力，都是为建立真正独立的科学体系而进行的基本建设。他为此放弃了自己搞学术研究的机会且并不感到惋惜。

在科学的许多倡导者中，胡明复能与众不同、十年如一日默默地为科学献身，除上述家族传统、社会背景与西方教育影响外，有一个重要因素是他的个人情操。他常说：“我们不幸生在现在的中国，只可做点提倡和鼓吹科学研究的劳动。现在科学社的职员社员不过是开路的小工，哪里配称科学家。中国的科学将来果能与西方并驾齐驱、造福人类，便是今日努力于科学社的一班无名小工的报酬。”他就是以这样的开路小工精神为科学事业奉献了一生。任鸿隽评价胡明复说，现在社会上要找飞扬浮躁的人才，可算是车载斗量。但是要找胡明复这样实心任事、不务虚名的人，却好似凤毛麟角。他倒用牛顿的话说：“倘若以明复的天才与训练，而未能在科学上有显著的贡献，那是因为一般矮子所带累的缘故。”杨杏佛与胡明复交情很深，他写道：“他（明复）自己布衣粗食，刻苦耐劳，日夜工作，几乎没有一点娱乐和休息，但是他对于朋友及公共事业却十分慷慨，从来不吝啬。……他的婚姻是不甚美满，……却宁甘终年独处，过他那种枯槁劳苦的生活。直率点说，明复在上海的生活简直是一个寄住在人家的苦行和尚，不过他所信仰的是科学不是佛教，他所修的是人类的光明不是自己的幸福或成佛升天的痴想。”

胡明复致力科学救国，对政治不感兴趣。1927年春，北伐军抵上海后，胡明复曾任上海政治分会教育委员会委员。但两月后便以不遂所志而辞职，辞呈中有个人思想落后及不愿附和苟同等语。

1927年6月，胡明复婶母去世。胡明复赶回乡里为其送葬。出殡的日子是6月13日，闷热雨天。下午，心情抑郁的胡明复到村子前面的横河口泅水，不幸溺水身亡，时年仅36岁。

胡明复的突然去世使中国科学社、大同大学的同事、朋友们非常痛惜。胡适、任鸿隽、杨杏佛等挚友更觉悲伤，他们与何鲁、钱宝琮等在中国科学社和大同大学的追悼会上作了极为沉痛的演讲。为纪念胡明复，政府方面由中央明令褒奖。中国科学社拟建“明复科学馆”，后改为建“明复图书馆”，胡适还提议为之编论文集。《科学》第13卷第6期作为胡明复纪念专号，刊载了胡明复传略，他在美国发表的博士论文和严济慈写的论文分析，还有马相伯、任鸿隽、胡适、杨杏佛等人的纪念文章。

1929年7月，中国科学社举行社葬，将胡明复遗体安葬于风景秀丽的杭州西湖烟霞洞山坡上。同年11月，中国科学社借蔡元培、孙科之力，在上海亚尔培路购地开工兴建“明复图书馆”。1931年元旦落成开馆。这是中国科学社的第一座大型建筑，用胡明复的名字命名，表达了社中同人对这位投身科学、教育事业，为科学社鞠躬尽瘁的创始人的尊敬和怀念。

今天，胡明复墓遮没在大自然的葱郁草木之中，墓前依稀可见蔡元培先生题写的“中国科学社胡明复先生……于此”字样，墓碑半掩于沙土，朴真中透着凄凉，而“明复图书馆”早已改为“卢湾区图书馆”。

（作者：夏安）

参考资料

[1] 赵元任.赵元任生活自传[M].北京：中国华侨出版社，1989.
[2] 樊洪业.从“格致”到“科学”[J].自然辩证法通讯，1988（3）.

杨杏佛

（1893—1933）

杨杏佛

中国现代杰出的科学事业组织者和社会活动家

种树喜长杨，非关瘦可怜。

喜其奇劲枝，一一上指天。

——胡适题与杨杏佛等合影诗

杨杏佛，本名杨铨，家谱排名为宏甫（又作衔甫）。他在世40年间，是中华民族历史上灾难深重的时期，也是鸦片战争以后，无数爱国志士前赴后继，流血牺牲，奋发图强，救国救民于危亡之际的战斗时期。为了强国富民、再造中华，杨杏佛奔走长呼，振聋发聩；为了提倡科学、造福人群，他运筹帷幄，心力交瘁；为了政治民主、反对独裁，他义无反顾，惨遭毒手。他不仅是中国现代史上一位有影响的社会活动家，同时也是一位杰出的科学事业组织领导者。他作为我国现代第一批科学家队伍中的一员，为中国现代科学事业的奠基和发展，作出了卓越的贡献。从杨杏佛身上，我们同时可以看到中国科学在现代艰难起步和曲折前进的历程，看到与他同时代的一批先进知识分子为发展我国科学事业所进行的艰苦卓绝的努力。

一、少年气盛，怀匡时济世之志

1893年4月5日（光绪十九年二月十九日），杨杏佛出生于江西玉山。杨家祖籍江西清江，杨父永昌，字景周，母刘氏，杨永昌夫妇膝下有子女六人，杏佛居五。就在杨杏佛出世后第二年，中日甲午战争爆发，李鸿章苦心孤诣经营的北洋水师全军覆没，国运更趋衰落，杨家生活也不甚安定。幼年杨杏佛跟随父母北上南下，由玉山而江苏扬州，后又到浙江杭州，流离颠簸，备尝艰辛。

虽然家境清贫，身为朝廷小官吏的父亲还是咬着牙让杨杏佛6岁就进了私塾读书。

小杏佛生性好动，酷爱小刀枪、小人马之类的玩具，有时从父母手中讨得几个铜板，就去买这些东西。回家后总是把它们拆得支离破碎，然后再想办法自己重新拼装，如此反复不已。儿时的乐趣，几乎全在此中。

杨杏佛13岁那年，担任典狱长的父亲因失职跑了犯人，被革去官职投入监牢。春节期间，为了能让父亲回家过年，小杏佛前往狱中代父受过，蹲了3天大牢，目睹了社会底层中的黑暗与卑劣。这件事给少年杨杏佛的刺激极为强烈，它的打击是双重的，不但在经济上，同时也在政治上。一方面，父亲由此砸掉了饭碗，家中生计艰难，百事大小全赖母亲躬亲苦作，杨杏佛不再贪玩，每天放学后就帮助母亲操持家务，为家分忧。另一方面，他开始感受到这个社会的不平，渴望了解世界上更多的东西。当时在私塾已经看到《申报》，他经常找来阅读，尽管有时不免囫囵吞枣，但关心社会的志向由此逐渐确立。

1908年杨杏佛家境日益艰难，一家人经常面临断炊的困境。“兄弟四五人，零落已及半。饥来相驱逐，各向东西散”的诗句，即是杨杏佛后来对家庭破落的描述。此时的清王朝，年仅3岁的末代皇帝宣统刚刚登基，已经到了风雨飘摇、气数将尽之时。国难家破，驱动杨杏佛毅然离开家门，走上独立生活之路。这一年，他到了上海，报考由留日回国学生自行创办的中国公学。

中国公学1906年成立之初，学员主要为当时留日归国的官费生。它的教职员和同学中，年轻的革命党人很多，他们早就剪去辫子，身着西装，在校园里除了教与学，还积极宣传孙中山的三民主义，宣传达尔文的进化论，宣传自由、平等、博爱的思想，宣传建立民主共和国的目标。学校里实行的是一种民主管理体制，由班长和宿舍长组成的评议部是学校的最高权力机关，公选产生的执行部成员要对评议部负责，受评议部监督甚至弹劾。公学的师生还可以很方便地看到在日本东京出版的中国同盟会机关报《民报》，每逢寒暑假，同学中常有把《民报》缝在枕头里带回家乡传阅的。这种自由民主的空气，是15岁的杨杏佛从来不曾呼吸过的，他过去从《申报》中模糊了解的社会动荡和变革，在这里开始变得具体和现实。就在杨杏佛入学这年，中国公学发生了一场大风潮，为了校章修改问题，广大学生与管理学校的诸位干事间发生了严重分歧，最后导致绝大多数同学集体退学，另行组织“中国新公学”。新公学的校舍、图书、仪器等设备都远比不上老公学，经费非常困难，但是人心很齐，同学和教职员心甘情愿吃苦，要争一口气，它的学生也比老公学多。杨杏佛在中国公学先后学习3年，其中第一年就在新公学，当年胡适曾是他的英文教员。新公学的一年是令人难忘的，正如胡适所言："这一年的经验，为一个理想而奋斗，为一个团体而牺牲，为共同生命而合作，这些都在我们一百六十多人的精神上留下磨不去的影子。"新公学一年后经人调停重新并入老公学，搬进了在吴淞的中国公学新校舍。

3 年新老公学的经历对杨杏佛今后的一生至为关键。在这里他不但打下了中国传统文化的底子，也初步接触到充满批判和理性精神的西方近代科学技术，更接受了民主思想的启蒙和民主实践的熏陶。就是在这一时期，杨杏佛加入了以"驱除鞑虏，恢复中华，创立民国，平均地权"为宗旨的中国同盟会。

此时，上海还活跃着以柳亚子等同盟会员为主发起的中国近代第一个民族革命旗帜下的文学社团——南社。南社成立于 1909 年，它以文会友，提倡节气，反抗清廷。取名南社，暗示反对北廷的意义，按柳亚子的话说，"发起的南社，是想和中国同盟会做犄角的"。杨杏佛经过 9 年私塾训练，喜爱赋诗作词，又逢政治旨趣相同，自然声应气求，写下了许多满怀壮志的诗篇。一首载于《南社词集》的《贺新郎·题亚子分湖旧隐图》，可谓把杨杏佛的满腔爱国热情和政治抱负表达得淋漓尽致。

一勺分湖水，问年年扁舟选胜，俊游能几？乱世不容刘琨隐，满眼湖山杀气，更谁辨渔樵滋味。莫便声声亡国恨，运金戈返日男儿事。风与月，且丢起。

征尘黯黯中原里，四千年文明古国，兴亡如此！燕子东飞江潮哑，儿女新亭堕泪，何处是扶危奇士？不畏侏儒能席卷，怕匹夫不解为奴耻。肩此责，吾与子！

拯救国家，肩责兴亡，杨杏佛想到首先得掌握一些基本的本领。1911 年，他从中国公学毕业后考取了唐山路矿学堂，分配在预科六班，与茅以升、李俨、裘荣为同班好友。然而入学不久，武昌起义爆发，迅速点燃了全国各地的革命烈火，清王朝的丧钟最终敲响。社会动荡，学校宣布暂时停课，身为同盟会会员的杨杏佛就像接到了战斗号令，直奔武汉投身革命。以后，他与中国公学的老校友任鸿隽一同来到南京，在孙中山领导的中华民国南京临时政府总统府秘书处工作。秘书处是临时政府的主要办事机构，日常工作主要是草拟文告，批答各方面的公函文件。杨杏佛在秘书处负责文件收发。那时清王朝刚被推翻，民主政治放开，百废待举，各地条陈、建议的函件每天如雪片般飞向秘书处，杨杏佛以高涨的革命热情、认真的工作态度，担负起看管民国临时政府“窗口”的重任。

可惜，南京临时政府存在只有三个月，南北议和后，新任的政府总理唐绍仪南下接收时宣布，愿意继续为官的临时政府工作人员可随同北上。可是杨杏佛等人对新政府存有疑虑，又看到多年追随的领袖孙中山准备从事实业，实践民生主义，就拒绝北上，向孙中山提出到国外学习的请求。经批准，杨杏佛和任鸿隽、吴玉章等一批参加革命的有功之士，由稽勋局派遣出国留学。

在等待出国的一段时间里，杨杏佛应任鸿隽之邀，共同为天津《民意报》工作。任为总编，杨为驻北京记者。《民意报》是京津同盟会的机关报，言论总是针砭袁世凯政府肮脏内幕，杨杏佛几乎每天都有信件或电话给任鸿隽，报告袁世凯政府举动，使该报成为反袁的重要喉舌。

二、留学六载，图“科学救国”之业

《民意报》驻京记者的生涯不过半年，杨杏佛赴美留学的一切手续办妥了。1912年11月，他与任鸿隽等11人，在上海乘“蒙古”号海轮，漂洋过海，前往世界现代科学正勃然兴起的西方，寻求拯国救民的新道路。他和任鸿隽于12月1日到达美国纽约州伊萨卡城。美国大学常青藤联盟之一、享有盛名的康奈尔大学就坐落在这风景秀丽的小城边。当天中午，一年多前已进康奈尔大学学习的胡适到城中汽车站去迎接他们。三人同是中国公学校友，别后相逢在海外，自然喜不可言，在胡适住处留宿的第一夜，大家畅谈天下大事，议论国家兴衰。胡适当天日记中载：“二君为谈时下人物，有晨星寥落之叹。”海外学子，虽处异地他乡，忧国忧民之情总是萦绕在心，念念不忘。

康奈尔大学历史悠久，学科齐全，是当年接收中国留学生最多的学校之一。可是说也奇怪，那时留美中国学生，都以学习自然科学和技术工艺为时尚，胡适在康奈尔大学学农科，赵元任在康奈尔大学学数学，与他们后来所从事的哲学、语言学都相去甚远。个中原因，既有官场窳败、政治黑暗的社会背景令留学生心寒的一面，也有国家振兴唯靠科技的思想认识因素在内。杨杏佛从小喜欢摆弄拼装零件，在康奈尔大学选择了机械工程系，任鸿隽则选学化学工程。

从1912年底到1916年，杨杏佛经过将近四年的学习取得康奈尔大学机械工程专业学士学位。进一步再学什么？当时学完本科再考研究生的留学人员中，一般有两类专业志愿：一是继续在原专业方向上发展、深造，如任鸿隽、周仁都是如此；二是转学自己原先喜好的哲学、文学等，如胡适、赵元任等。杨杏佛经慎重考虑，独辟蹊径，选择了中国留学生很少问津的工商管理专业读研究生。1916 年暑假结束后，杨杏佛考入美国哈佛大学商学院。这是一所全世界最高水准的经济管理学府，他先后选学了经济学、统计学、工商管理等方面的课程，并深入到美国第一流大企业——福特汽车公司实习调查。哈佛商学院的理论学习和福特公司的实地考察，给杨杏佛观察和分析中国社会经济问题，提供了一个相当高的立足点，在后来的著作和教学中，经常可以看到这位哈佛大学经济学硕士不同他人的独到见解。

杨杏佛留美前后 6 年，除了完成学业，取得学士和硕士学位之外，还参与和发起了中国现代史上事关民主和科学的两件大事：创建我国最早的综合性民间科学团体——中国科学社；讨论文学革命从而奏起五四新文化运动的序曲。

中国科学社的创建始于 1914 年。美国康奈尔大学的校园里，汇聚了一批全身流淌着爱国热血的中国留学生，他们经常聚会讨论，聊发书生意气，畅谈救国理想。那一年大考刚刚结束，6 月 10 日晚餐后又聚在学校的世界大同俱乐部廊檐下谈论。当时，世界局势动荡不安，以德、奥、意为一方的同盟国和以英、法、俄为另一方的协约国，剑拔弩张，第一次世界大战爆发在即。大家谈到国际风云变幻莫测，中国人民将面临更深重的灾难，我们留学国外的同学能做点什么为国效力时，杨杏佛和任鸿隽首先提出：中国所缺乏的莫过于科学，我们在国外的多是学习科学的，其他事做不了，办一份刊物向国内介绍、宣传科学还是力所能及的。这一建议立即得到在场人员的一致赞同，杨杏佛受托起草办刊物的章程。办刊物需要一个机构，他们就组成一个科学社；为防止虎头蛇尾，大家商议每人出股投资，用类似股份有限公司的形式支持刊物长期出版。

杨杏佛拟就的科学社招股章程包括了定名、宗旨、资本、股份、交股法、权利、总事务所等九条。章程规定："本社定名科学社。""本社发起《科学》月刊，以提倡科学、鼓吹实业、审定名词、传播知识为宗旨。"6 月 29 日，章程连同《科学》月刊《缘起》，由赵元任、胡明复、周仁、秉志、章元善、过探先、金邦正、杨杏佛、任鸿隽等九人联合署名作为发起人，寄发旅美各大学的中国留学生和国内学术界人士。不到几个月，就征集到社员 77 人、股金 500 余美元，收到足以供月刊使用三期的稿件。《科学》月刊于 1915 年 1 月起正式出版，杨杏佛任主编。半年后，社中同人感到要谋中国科学发达，单发行一种杂志不够，于是又修订社章，于1915年10月25日正式成立中国科学社，推选董事会，设立编辑部，杨杏佛为编辑部长。

《科学》月刊一问世，就把提倡和实行“科学救国”作为自己的基本任务。创刊号上的发刊词集中反映了这种指导思想。杨杏佛等人从贫穷落后的中国来到美国，耳濡目染现代科学技术给西方带来的巨大物质文明，痛切感到：“世界强国，其民权国力之发展，必与其学术思想之进步为平行线，而学术荒芜之国无幸焉。”科技发达，学术进步，带来了西方社会物质生产、人均寿命、知识水准、道德伦理的普遍提高和巨大变革。反顾国内，则是一片破落衰败之景象：“国人失学之日久矣，不独治生楛窳，退比野人；即数千年来所宝为国粹之经术道德，亦陵夷覆败，荡然若无。民生苟偷，精神形质上皆失其自立之计。虽闭关自守，犹不足以图存。”救国之道何在？他们的结论是：“代兴于神州学术之林，而为芸芸众生所托命者，其唯科学乎，其唯科学乎！”这一时期，杨杏佛自己在《科学》上也发表过许多鼓吹“科学救国”的文章。

中国为什么经济落后，商业不发达？杨杏佛在《科学与商业》(1916)中分析指出，文明是科学与商业并进的结果，商业的计量需要推动了数学等各门科学产生，科学的发展又大大促进了商业的繁荣。他说：“科学不仅与商业以交通之利器，更与以交易之物。今之商品不恃天然产物而重制造品，故必工业发达之国而后商业可操必胜之券，然工业发达全恃科学。”素以拥有商才而著称于世的中国，由于没有科学，工业不兴，经商方法日益落后，商业必然不振。因此振兴经济、发展商业，必须首先振兴和发展科学。

中国为什么政治腐败，社会动荡不安？杨杏佛认为也可以从缺乏科学中找到原因。他在《科学与共和》(1916)一文中，分析了科学与共和之间的密切关系：科学“脱吾人于生计奴隶”而“趋于极端社会共和”，“科学为社会各级开缚之功”；“科学不永守一已成立世界的学说，共和拒绝永远不变的律法”；科学与共和都“视过去不若未来之重要有趣”，主张变革发展。因此，中国要实现共和政治，也非发展科学不可。

既然社会政治和经济的发展都有赖于科学的进步，任何诋毁科学的言论就理所当然要受到驳斥。《科学》创刊之时，正值第一次世界大战期间，有人看到科学技术导致了杀人武器的改进，死亡和破坏空前增加，就给科学加上“为战争助虐”的罪名。杨杏佛写了《战争与科学》(1915)一文据理力争。他认为从表面看是科学技术带来战争升级，但从深层分析，科学能从根本上制约战争：一是科学使世界明白战争不是儿戏，必须谨慎行事，不可轻举妄动；二是科学推动民主共和，政治进步，人类平等，人们相互的理解和友情增加，战争狂人受到越来越多民众的谴责和约束；三是科学发明改进武器，欧洲封建城堡得以加速攻克，资本主义制度才成长起来，共和寡战的局面才可能出现。他提出“科学者战争之友，而战争则科学之敌也”，决不能把世界大战的账记在科学的头上。

尽管后来中国历史的进程并不可能按照“科学救国”的道路发展，但杨杏佛及他所主编的《科学》月刊在宣传和推进科学事业上的功绩却永远地记载在中国现代科学史册上！

1915 年暑假，杨杏佛在康奈尔大学还参加了一场对五四新文化运动具有重要影响的文学革命讨论。这年胡适在农科毕业，准备在秋后转到纽约哥伦比亚大学师从美国著名实用主义哲学家杜威学习。暑假里，以胡适为中心，以中国科学社早期社员为主要骨干，围绕着中文使用标点符号、提倡白话文、能否用白话写诗三个问题，在康奈尔大学校园里展开了热烈争论，杨杏佛、任鸿隽、唐钺、梅觐庄都是积极分子。暑假结束后，胡适离开康奈尔大学，争论依旧继续，以通信方式进行。杨杏佛极力支持汉字使用标点符号的主张，在《科学》月刊编辑中首倡使用，也很赞成用白话文代替文言文，以普及教育、提高民智，但是对用白话写诗有不同看法，在给胡适的信中多次申诉了自己的意见。这场争论结出了两个重要果实：胡适写成《文学改良刍议》论文，编辑出《尝试集》和《去国集》两册白话诗集。前者发表于 1917 年 1 月 1 日出版的《新青年》第 2 卷第 5 号，陈独秀视之为胡适首举的文学革命义旗；后者则启迪了一大批青年新诗作者，洞开了诗歌文学新天地。胡适曾回忆说：“若没有那一日一邮片、三日一长函的朋友切磋的乐趣，我自己的文学主张决不会经过那几层大变化，决不会渐渐结晶成一个有系统的方案，决不会慢慢地寻出一条光明的大路来。”又说：“吾数年来之文学的兴趣，多出于吾友之助，若无叔永、杏佛，定无《去国集》；若无叔永、觐庄，定无《尝试集》。”胡适的话，是对历史负责的回忆，并非自谦之词。以往讨论新文化运动，几乎没有人注意到这段史实，不能不认为是一件憾事。

经过这场争论，杨杏佛与胡适建立了亲密的友谊。胡适离开康奈尔大学时，杨作词送别，用“三稔不相见，一笑遇他乡，暗惊狂奴非故，收束入名场”等句称赞胡适，并以“欲共斯民温饱，此愿几时偿”的语言，表达了拯救国民的宏志大愿。胡适读后，“既喜吾与杏佛今皆能放弃故我，重修学立身，又壮其志愿之宏”，也作词相答，称杨杏佛与他同为“春申江上，两个狂奴”，“愿乘风役电，戡天缩地”，用现代科学技术实现“户有余糈，人无菜色”的强国理想。1917 年 6 月，胡适学成即将回国，杨杏佛正在外地实习，没能到纽约送行，寄去三首送别诗，其第三首是：

遥泪送君去，故园冠心深。
共和已三死，造化独何心？
腐鼠持旌节，饥鸟满树林。
归人工治国，何以慰呻吟？

当时国内的民主革命斗争在孙中山的领导下经历了辛亥革命、二次革命、护国运动三个高潮，却终不免一次次地被反动势力所扼杀。杨杏佛在诗中表达了对“腐鼠”统治国家、百姓饥寒交迫的愤懑，对民主共和运动三次夭折的失望。他希望学习治国之方的胡适能拿出良策慰藉正处于寇贼蹂躏之下、痛苦呻吟之中的“故园”百姓，也盼望自己早日学成回国，尽早报效国家，拯救民众。

一年之后，杨杏佛获得哈佛商学院硕士学位，踏上了回归祖国的旅程。轮船在波涛汹涌的太平洋上航行，杨杏佛的思绪也像海水一样不能平静，在日记中慨然写道：“昨夜舟中不能成睡，既恨学不如人，须苦奋读书，又觉前途事业担子极重，小有失足贻误终生，益不能自静。继念万事皆在人为，若能自持，外界何能损益？能在黑暗社会自持亦大不易，必心地时时明白乃不为物污。”表达了保持气节，不与黑暗社会的邪恶势力同流合污的决心。

三、奇士扶危，让科学结合革命

1918 年 10 月 27 日，杨杏佛回到上海。他在美国先后学习工程技术和科学管理，回国就想一展抱负，用自己的科学知识和方法，从振兴实业入手，实践“科学救国”主张。当时，他面临着三个职业选择：到美国人开办的银行工作；到汉冶萍煤铁公司任职；与人合作自办实业。最理想的选择当然是自办实业，他与康奈尔大学机械系研究生毕业的周仁等热心奔波，精心筹划，拟定章程，争取社会名流入股投资，还给酝酿中的实业取名“大效制造公司”，以示学习西方先进科学技术和管理经验，办成一个大型高效企业的意愿。可是，在当时的中国，仅凭几个书生和一腔热情，要办企业谈何容易！为了生计，杨杏佛经人介绍去访问美国人毕肖勃，接待他的是毕肖勃手下一位中国职员，那人虽说正与美国人一起筹办银行，可说话办事的神态和语气不啻洋奴，全然没有决定权。杨杏佛想到“他日若为银行之簿记员，亦不过此中一人耳，为之毛骨悚然”，毅然拒绝了这份会有较高薪俸的工作。最后，杨杏佛决定到汉冶萍公司下属的汉阳铁厂工作。汉阳铁厂远离上海，要照顾在杭州的父母和在上海的岳父母都极不方便，但曾为张之洞幕僚的杨杏佛的岳父赵凤昌非常支持他，认为“能为中国人办事自较为西人执役为优也”。杨杏佛也认定，“与其为西人狗，则远就亦不得已也”。

汉冶萍公司创办于洋务运动时期，虽然历史较长却管理混乱。杨杏佛到汉阳铁厂任成本科长后，从调查入手，三四个月里就把化铁股会计状况、机器股生产管理、制铁股账目分类了解得一清二楚，重新核算了全厂的出铁成本，编订出铁厂的物料名词和索引，并提出了统一全厂会计工作的改革意见。然而，满腹经纶的学子并不受到重视，总公司最高领导层远在千里之外，并不图厂里的管理有所改善；厂内的职员中官气极深，门户之见严重，思想深刻对时事国策有见地者少之又少。杨杏佛郁郁不得志，决意去职。不久，震惊中外的五四运动爆发了，杨杏佛从根上了解了事件经过后，极其愤慨，立即找到武汉欧美同学会负责人——汉阳铁厂厂长吴任之，提议以同学会名义电援北京学生。不想素以“先知先觉”自居的会员多数竟漠然置之，没有一点热情。此事深深刺痛了杨杏佛，更坚定了他尽快离开武汉的决心。虽然公司后又提他为成本处副处长，但终究没能留住他。从汉阳铁厂半年不成功的“实业救国”经历中，杨杏佛体悟到：振兴实业的基础在教育，培养实业人才更为重要。1919 年夏天，他带着新的希望离开武汉前往南京高等师范学校任职。

南京高等师范学校有很好的基础和学科，国内知名教授和留学归国人员济济一堂，当时与北大齐名。杨杏佛受聘任经济学教授兼商科主任，主讲经济学、工商管理等课程。他讲课敢于接触社会实际，涉及劳动、妇女、血汗雇佣制度等社会敏感问题，加上亦庄亦谐的演说才能，深受学生欢迎。南高改组为东南大学后，杨杏佛先后受聘为文理科经济学教授、工科教授，兼任校办工场主任。经杨杏佛相邀，茅以升也到东大任教，两人经常“抵掌纵谈”，成为过从最密的至交。

除了执教，杨杏佛还关心学校兴利除弊的改革，热心社会改造思想的传播。他积极支持教务主任陶行知在全国各大学中首开“女禁”，实行男女同校学习。1922 年 5 月 5 日，马克思 104 周年诞辰日，南京地区社会主义青年团第一次代表会议在东南大学梅庵召开，会后代表们汇聚在玄武湖举行马克思诞辰纪念会，杨杏佛应邀作马克思传演讲，着重介绍马克思阶级斗争学说和剩余价值理论，支持“马克思学说研究会”的成立。杨杏佛不是一个马克思主义者，但他赞成马克思关于社会改造的学说，他的演讲对马克思主义在东南大学早期的传播产生了重要影响，被誉为“播火者”。

东南大学在上升发展过程中，校内因办学方针问题分成两派，杨杏佛和竺可桢、柳诒徵等教授主张教育独立，接受教育部领导，而以校长郭秉文为首的校董会主张倚重地方力量，在财政上依赖军阀官僚。郭秉文看杨杏佛常常与之作对，又热心宣传社会改造思想，支持共产党人和进步学生在校活动，心怀不满，必欲去之而后快。1924年趁解散工科的机会，逼迫杨杏佛离校。

从“科学救国”的真诚愿望出发，杨杏佛先后经历了实业救国和教育救国的实践。但是严峻的现实使他认识到，“实业救国，殆无实现之可能”，教育救国也是此路不通。同时他还看到，在当时的中国，几乎没有科学家的职业和地位，国内少数略有成绩的科技人员，只能以业余闲暇时间从事科学研究，充其量不过是业余科学家。他们的研究也好似宗教家修道，不能无所顾忌地追求科学真理，同时又不愿投身社会改造，排除科学研究的障碍。依违二者之间，终于改行荒学，去而无成。由此，杨杏佛思想上发生了一次极为重要的转折，开始抛弃“科学救国”的口号。这一思想转折，集中反映在其1926年写成的《科学与革命》一文中。

杨杏佛在文章中系统而集中地阐述了关于科学与社会民主革命的关系。他说：“自科学发明以来，世界的进化，虽然快得许多，但同时亦增加了不少的破坏、堕落和战争，照理物质文明应当得着很好的结果，可是适得其反，这是为什么呢？”杨杏佛认为原因在于“科学家与革命家分道扬镳不能合作”。他进而指出当时科学家身上存在的两个毛病：一是只专注于自己的研究，对于外界社会的一切问题不闻不问，一经军阀利用他们的发明作战，奸商利用他们的发明敛聚财产，便放弃了做人的天职；一是到社会上后被贪官污吏所引诱，受资本家所指使，便变成帝国主义与资本主义的工具，忘却了研究科学的使命。这两种科学家，丧失了应有的社会责任感，即使有些成果，与救国也相去甚远。“欧洲中世纪屈服于神权下的科学和中国今日屈服于军阀与恶势力下的科学，所以不能成功，也正是因为他们缺乏革命的精神。”联系国外情况，他指出：“欧美的革命家，莫不是科学家，科学家莫不是革命家。加里电委、奈端、爱因斯坦的科学，就是革命；林肯、马克思、克鲁泡特金的革命，就是科学。”他的结论是：“革命家须有科学的知识，科学家须有革命的精神，共同努力去研究社会问题，以及人生一切的切身问题，中国才有救药，世界才有光明！”早在六十多年前，杨杏佛就能超越自己的时代，提出至今仍不乏现实意义的精辟见解。

更难能可贵的是，他把自己的思想付诸行动，从科学的营垒中挺身出来，投入了让科学结合革命、争取民主的事业。1924 年 10 月，杨杏佛从军阀统治下的南京来到当时中国革命的中心广州，担任了孙中山的秘书，并随孙先生北上进京。孙中山在京肝病发作，杨日夜侍候身旁，希望能“减少自己的寿数，来延长孙先生的生命”。孙中山病逝后，作为孙中山的忠实信徒，他决心“用心血和颈血一切的牺牲来延长孙先生的革命生命”。

五卅运动期间，杨杏佛的家已搬至上海。他创办《民族日报》，集编、排、校于一身，每天工作到深夜甚至天明，患有肺病咯血也不事休息，“欲以孙中山先生之民族主义，为国人之暮鼓晨钟明灯木铎”。报上逐日发表杨杏佛撰写的社论，宣传三民主义，为罢工、罢课、罢市斗争大声呐喊，痛斥部分华人为帝国主义者张目的行径，揭露民族资产阶级的动摇妥协。《民族日报》的发行刺痛了帝国主义和反动军阀的神经，出刊 16 天就被迫停刊。

北伐时期，杨杏佛代表国民党上海党部，主动与中共上海区委联系，配合工人纠察队行动。上海工人第三次武装起义胜利后，他被市民代表推选为市政府五名常委之一，在他主持的市政府会议上，杨杏佛强调：我们市政府是民众从长期奋斗牺牲中得到的，我们要努力创造一个新上海。

然而，就在申江两岸人民欢庆胜利之时，风云突变，蒋介石到了上海，秘密部署大规模反革命屠杀，第一次国共合作的胜利成果落入了独夫民贼之手。大革命的失败，使杨杏佛深感痛心，1927 年 7 月他写道：“革命的前途现在依旧是很黑暗，中国民众仍在水深火热之中，一切做官发财谋事吃饭的机会虽然日日减少，但是革命牺牲杀身成仁的机会却日日增多。”孙中山提出的事业还远没完成，杨杏佛要继续奋斗。同年 8 月，他在《现代评论》上刊登一首诗，表示：

同志们，我疲了！
但是不敢后退。
与畏缩落伍的行尸作伴，
还情愿和被创的战士在血泊中僵睡。

四、以身作烛，用膏血换取光明

1924年冬季，孙中山北上之前，曾经提出设立中央学术院为全国最高学术机关的建议，并命令杨杏佛与汪精卫、黄昌穀三人一起负责起草学术院计划，这正是杨杏佛所追求的事业：在革命政府中推进科学事业，实现两者的结合。但随后形势的急剧发展，把杨杏佛卷入到大革命的浪潮之中，他一时成了一名职业革命者。大革命失败后，主张“教育独立”的蔡元培出任替代教育部的大学院院长之职，蔡元培赏识杨杏佛的学识和才能，聘其为大学院教育行政处主任，后又改任副院长，这使杨杏佛获得重返学术界的机会，以学者和革命者的双重身份去实现科学与革命结合的思想。

大学院成立于1927年，根据蔡元培“教育与学术并重”的思想，它是全国教育和学术的唯一主管机构，下设主持全国科学研究的中央研究院，蔡元培兼研究院院长，杨杏佛兼秘书长。蔡元培曾说：“我在大学院的时候，请杨君杏佛相助，我素来宽容而迂缓，杨君精悍而机警，正可以他之长补我之短。”然而，由于政治、宗派等方面原因，大学院体制实行不到一年又恢复到教育部，中央研究院也独立出来。杨杏佛跟随蔡元培，辞去教育方面的一切职务，全力投入中央研究院的工作。

中央研究院独立后，杨杏佛作为蔡元培院长的主要助手，担任总干事之职，负责全院的行政管理执行事宜。他亲自参与了中央研究院创建的六年规划制定和实施。规划把六年分为三个时期：第一个两年（1929—1930）是完成筹备期，目标为“全力充实现有各研究所之房屋、图书、仪器及人才，以达最低限度之工作需要”；第二个两年（1931—1932）为集中建筑时期，在南京、上海、北平三地集中建设各研究所的实验室、图书馆和博物馆；第三个两年（1933—1934）为扩充事业时期，以“添设组织法中规定之各研究所兼扩充已设各所之事业”为目标。杨杏佛作为中央研究院的总管家，处处呕心沥血，精打细算，整日为筹措和分配资金、征地造房、院中事务管理奔忙不息，殚精竭虑，精心组织规划蓝图的实施。经过短短几年的建设，我国现代史上第一个全国学术研究机构终于建立起来了。杨杏佛遇难后，中央研究院的报告中评价道：“君为院事竭智尽忠，备尝艰辛，研究院之得有今日者，蔡先生之功亦君之力也。”

在中央研究院，杨杏佛同时为社会科学研究所的研究员，兼任过社科所长、社会学组主任、经济学组主任，亲自参加社会改造和经济问题研究。经济学方面做过的课题有《所得税之理论及其应用》《中国土地经济》等。毕竟，总干事所要处理的大量事务占据了杨杏佛的主要时间和精力。作为学者，他在具体的科学研究方面成绩并不突出。然而，杨杏佛以自己杰出的组织才华和领导能力，奉献于中央研究院。如果没有杨杏佛牺牲自己的专业，没有出色的组织管理参与其中，中央研究院（甚至可以追溯到更早期的中国科学社）要想在几乎没有自己的近代科学技术体系的情况下形成我国现代科学的初步构架，是难以想象的。从这个意义上可以说，杨杏佛对中国现代科学事业的贡献决不会逊色于同时代的其他科学家。

这期间，杨杏佛的精力当然主要放在组织中国现代科学事业上，但他总是密切关注国家大事，不忘自己作为学者和革命者的双重责任。1930 年，他秘密参加了由邓演达主持发起的中国国民党临时行动委员会（即第三党），以后又利用赴江西实地考察苏区红军现状的机会，代表蔡元培与邓演达、陈铭枢等密商联合红军武装反蒋的计划，后因邓演达不幸被捕遭杀害未果。杨杏佛对于蒋介石的面目，自大革命失败以后看得越来越清楚。1930 年 12 月，教育部长蒋梦麟因平息学潮不力被免职，为了利用杨杏佛在教育学术界的影响和地位，同时也想拉拢杨杏佛，蒋介石征询杨杏佛，请其出任教育部部长。杨杏佛不为所动，更不愿充当蒋介石镇压学生运动的打手，坚辞不就。

杨杏佛不当教育部长的态度是否触怒了蒋介石我们无从知道，但杨杏佛江西考察后写的《赤祸与中国之存亡》一文，却实实在在使蒋介石感到恼火。杨杏佛在该文中严厉批评了蒋介石政府的欺骗宣传，指出政府和军队在各种报告中严重掩盖真相、粉饰太平，造成民众中的错误观念，这是在苏区屡战屡败的原因之一。文末，杨杏佛大声疾呼："今日党内外之政见，无论如何不同，较之民族存亡，均为细节，应力谋沟通，避免内战，以促成全国之大团结，共赴国难。"坚持三民主义、主张国共重新合作的立场蒋介石岂能容忍，文章印成小册子后未及分发就被收缴销毁了，而且成为以后杨杏佛遭暗杀的一个重要原因。不过，以英文发表于《字林西报》的该文，由于客观而系统地介绍了鲜为人知的红军情况，受到美国记者埃德加·斯诺的重视，引导他走向中国共产党领导的地区。

蒋介石在背叛三民主义、实行独裁政治的道路上越走越远了。他高唱"攘外必先安内"，对外不抵抗日寇侵略，对内大肆"围剿"苏区，捕杀革命志士，人民群众的人身自由毫无保障可言。这种种倒行逆施，引起杨杏佛越来越强烈的愤慨。1932 年 10 月 23 日，他和蔡元培、林语堂等人联合发表要求释放共产党前总书记陈独秀的呼吁书，以个人名义营救被捕的政治犯。继而，他与宋庆龄、蔡元培等人一起，于 1932 年 12 月 29 日发起成立了“中国民权保障同盟”，担任总干事，协助主席宋庆龄、副主席蔡元培开展同盟的各项活动。同盟为保障民权所进行的工作杨杏佛均是主要组织者和参加者，其中包括作为同盟代表赴北平组织民权保障同盟北平分会和调查北平监狱中政治犯现状。

杨杏佛的活动，使蒋介石视之为心腹之患。开始，国民党政府想用软的一手，要安排杨杏佛出国考察，意在调虎离山，架空宋、蔡，瓦解同盟。继而又采取恐吓手段，派特务多次写信甚至在信中装上子弹威胁。杨杏佛正气凛然，全然置个人生死于度外。软硬兼施均不得手，蒋介石凶相毕露，亲自下令暗杀杨杏佛，指定杀人魔王戴笠亲临上海指挥，在法租界宋庆龄寓所附近执行，以威胁宋，并且不承担破案责任。

1933 年 6 月 18 日，星期天，杨杏佛携长子杨小佛清晨乘上汽车准备到大西路骑马。车子刚驶出中央研究院出版品国际交换处大门，就有埋伏两旁的四五名特务上前袭击。枪声一响，杨杏佛立即意识到敌人要对他下毒手，迅速将儿子推下座位，以身掩护，自己连中三弹。虽经人急送医院，终因伤势过重，抢救不及，壮烈牺牲。时年仅 40 岁！

一代英豪惨遭杀害，举国上下为之震惊。宋庆龄愤怒写下《为杨铨被害而发表的声明》，鲁迅在参加送殡仪式后挥毫写就七绝《悼杨铨》：“岂有豪情似旧时，花开花落两由之。何期泪洒江南雨，又为新民哭健儿。”蔡元培老泪纵横，泣不成声，在杨杏佛的公祭仪式上悲痛致辞：“中央研究院之得有今日，先生之力居多。今先生以勇于任事、努力服务之人，而死于非命，同人等之哀悼为何如！人孰不死，所幸先生之事业，先生之精神，永留人间。……同人等当以先生之事业为事业，先生之精神为精神，使后辈青年学子有所遵循。”

杨杏佛牺牲了，他以自己的行动实践了他在一首诗中的誓言：“以身作烛，用自己膏血换来的，方是真正光明之福。”他一生追求科学、献身民主的业绩和精神，无论过去、现在和将来，都是导引一切有志于中国科学事业之士登堂入室的一支永不熄灭的明烛。

（作者：许为民）

参考资料

[1] 胡适.胡适自传［M］.合肥：黄山书社，1986.
[2] 柳亚子.南社词集［M］.上海：开华书局，1936.
[3] 胡适.胡适留学日记［M］.台北：台北远流出版公司，1986.
[4] 杨铨.杨杏佛文存［M］.上海：上海平凡书局，1929.

核能丰碑自铸成：

中华科技英才 I

钱三强
张贻惠
束星北
王淦昌
郭永怀
卢鹤绂
程开甲
钱令希

钱三强

(1913—1992)

钱三强

中国原子能事业的一座丰碑

钱三强，祖籍浙江吴兴（今湖州）。1913 年 10 月出生于浙江绍兴，1992 年 6 月逝世于北京。钱三强在年轻的时候就怀有强烈的爱国热情，曾积极参加“一二·九”爱国学生运动。1936 年他于清华大学物理系毕业后到北平研究院物理研究所任助理员，从事分子光谱学的研究。1937 年在严济慈教授的鼓励下，考取了留法公费生的留学名额，师从诺贝尔奖获得者约里奥－居里夫妇。钱三强留学期间在量子力学领域进行了深入的研究，取得了重要的进展，并于 1940 年获得博士学位。他首次发现了原子核三分裂、四分裂现象，并对三分裂现象从理论和实验两方面作出了全面的论述。这一研究成果，使人们对核裂变的认识向前推进了一步，在国际科学文献上写下了重要的一页，也使他一举成为耀眼的科学明星。

一、中国原子能事业的开创者和推动者

1948 年，阔别故土 11 年的钱三强怀着为祖国发展科学的愿望，放弃国外优裕的条件，与夫人何泽慧回到当时灾难深重的祖国。他首先应清华大学理学院院长叶企孙的邀请，担任了清华大学物理系的教授；同时与彭桓武、何泽慧等积极筹建了北平研究院原子学研究所，并任所长，成为国内原子核物理研究的先驱。解放前夕，钱三强不顾压力和危险，拒绝“南迁”，在北平继续进行研究工作，迎接解放。1949 年 4 月，钱三强便受党中央派遣，以中国代表团团员的身份出席世界人民保卫和平大会。他深谋远虑，临行前便主动约见一位组团的联系人丁瓒，反映自己的一个想法：建议借去巴黎开和平大会之机，带些外汇（约 20 万美元）转请约里奥－居里采购些紧缺而不可得的开展原子核科学研究的某些仪器设备和图书资料，以便避开封锁带回国内，日后开展研究应用。这一建议为周恩来所采纳。后来，核物理学家杨澄中回国时，约里奥－居里让其带回了钱三强托买的图书资料。这些资料在中国开展原子能研究的早期

发挥了应有的作用。从这一细节可以看出，钱三强极具战略眼光，很早就预见了中国要发展原子能，并为中国的原子能事业提前作了准备，不愧为中国原子能科学事业的创始人和先行者。

1949 年 11 月，钱三强被任命为中国科学院计划局副局长。这个局当时的首要任务便是接收旧的研究机构和提出调整工作方案。钱三强出于职业的敏感，上任伊始就为建立新的物理学机构而奔走呼号。在他的努力下，中国科学院近代物理研究所于 1950 年 5 月正式成立了。钱三强一开始任副所长，次年便升任所长。在研究所成立前后，钱三强殚精竭虑，求贤若渴，广揽人才。两三年内，这个研究所便获得飞跃发展。国内外风闻它将成为新中国核物理研究中心，这方面的人才纷纷会集北京。彭桓武、王淦昌、朱洪元、赵忠尧、杨澄中等就是这时在他的邀请下加入研究所的。钱三强借此实现了物理科研力量的统一组合，也完成了自己回国初期的夙愿。

1955 年，我国国民经济好转。由于中华人民共和国成立伊始便处在东西方两大阵营严重对峙的国际格局中，国家安全和独立自主成为时代的主题，威慑性武器的研制势所必然，党中央需要把战略目标集中到新兴的尖端科技上。1 月 15 日，毛泽东主席亲自主持召开中央书记处扩大会议，专门研究原子能发展问题，作出了建立和发展中国原子能事业的战略决策，从此中国开始了核武器研制的秘密历程。这次会议被视为中国核工业建设之肇始，更重要的是，国防科技专家和军事技术专家开始成为中国当代科技殿堂的主角。在这次会议上，钱三强被邀请作关于原子能研究情况的汇报，他用自己的智慧为党中央确立发展原子能事业的决策提供了重要的依据。1956 年我国成立了主管原子能事业建设与发展的三机部（1958 年改为二机部），钱三强被任命为副部长，他是这个部的领导班子中唯一学过核科学的人，其肩负的使命和重任可想而知。同年，研制原子弹被列入中国“十二年科技规划”。1958 年，中国科学院物理研究所改名为原子能研究所，这是我国第一个原子能研究所，钱三强众望所归地成为第一任所长。从此，他把全部精力用在了我国原子能事业发展中。

奥本海默因在美国原子弹研制中的独特作用，被誉为美国的“原子弹之父”。有人说钱三强是中国的奥本海默。中美两国情况不同，不可机械地比喻。但是，他确实为中国的原子能事业的发展作出了卓越的贡献。这一点他是当之无愧的。可以毫不夸张地说，在我国的核武器研制及原子能研究事业中，他是最关键、最重要的技术领导人。他在技术决策、科技人员选调、部门协调、技术攻关、技术与人员管理等各个方面都做了大量工作，作出了杰出贡献。其实，钱三强在中国“两弹”[1]事业中所占的分量相对奥本海默之于“曼哈顿工程”，可谓有过之而无不及，两人献身本国国防的持久性与积极性更不可同日而语。美国“曼哈顿工程”是在爱因斯坦、西拉德等以宏观战略家的建议推动罗斯福决策后，布雷特负责该计划难以为继时，改由奥本海默组织实施的。钱三强则自始至终参与中国“两弹”工程，其参与途径各式各样：他列席了毛泽东主席主持的中央书记处扩大会议，在会上承担解说员的任务，为最高领导层讲解原子能的有关问题，起到了战略咨询作用；中央决定发展本国核力量后，他又成为发展我国核力量规划的制定人；三机部成立后，他是这个部的副部长，成为政府高级行政干部，不遗余力地抓原子能科学技术组织工作；同时他还领导了一个研究所，这个所成了中国研究原子核科学技术的基地，为中国原子能事业真正做到了“满门忠孝”；更重要的是，他回国后还培养和选拔了一批从事原子核科学的人才，为发展核科学技术准备了力量。单从其中的任何一点来说，钱三强便可在中国当代科技史上彪炳千秋，也可以毫不逊色地跻身于中国当代最耀眼的科学明星之列。表1便是笔者总结的钱三强在中国原子能事业中创下的多个第一，从这里我们可以窥见这位科学老前辈为我国原子能事业立下的不朽功勋，也以无可争议的事实证明了钱三强是我国原子能事业的创始人和积极推动者。

表1 钱三强在中国原子能事业中创下的第一

时间	内容
1952年10月	在中国科学院近代物理研究所主持制定了中国发展核科学的第一个五年计划（1953—1957）
1955年1月15日	应邀列席中共中央书记处为发展原子能事业而召开的第一次最高决策会议，并作汇报
1955年5月	邀请胡济民、朱光亚、虞福春成立了第一个正规培养原子能科技人才的机构——近代物理研究室，并从翌年3月开始选拔第一批大学高年级学生，进行原子能专业培训
1957年12月	组织和领导建成中国第一台高压静电回旋加速器
1958年6月	任中国第一个比较完整的、综合性的核科学技术研究基地——中国科学院原子能研究所首任所长
1958年6月13日	组织和领导建成中国第一座原子能反应堆
1967年6月17日	作为技术上的总设计师、总负责人，创造了世界上核武器发展最快的速度

1 本文的“两弹”指“原子弹和氢弹”，不同于“两弹一星”中的“两弹”。

二、中国“两弹”工程中的组织者和协调者

中国“两弹”工程是在大科学背景下诞生的重大国防科技工程，这一工程参加人员之多，涉及领域之广，史无前例。这么庞大的工程能在当时取得成功本身就是一件耐人寻味的事情。而这项工程最让人尤其是外国人难以置信的是其进展速度之快。直到现在，很多人仍热衷于研究其成功的原因所在。

李政道指出：“中国‘两弹’技术之所以能够迅速发展，从大的方面讲，是因为国家最高层的果断决策、强有力的组织领导，是因为全国人力资源、物质资源的集中使用和大力协作；而最直接的原因则是因为组织了一支很了不起的科学家团队，是他们完成了‘两弹’科学技术的攻关。”这个杰出团队几乎包含了中国当时所有的核物理学家，如钱三强、朱光亚、王淦昌、彭桓武、邓稼先、周光召、于敏等一批中国当代耀眼的科技明星，而他们中的领军人物正是钱三强。上面列举的每一个人都堪称科技帅才，钱三强无疑可冠为众帅之帅。他身为二机部副部长兼中国科学院副秘书长，承担着各种有关技术协作项目的具体组织领导工作。20 世纪 60 年代，中央加大了研制原子弹的工作力度，特别是 1960 年中共中央批准从全国各部门、省市选调一批高中级科技干部加强核武器的研制工作，中国科学院调动了全院超过四分之一的精锐力量从事有关原子能的各项工作。根据中国科学院和二机部党组的安排，钱三强负责组织部院重大任务的协作。1961 年 7 月，中共中央发出了《关于加强原子能工业建设若干问题的决定》，1962 年成立了中央专门委员会加强对原子能事业的领导。毛泽东主席也批示“要大力协同，做好这件事”。在这一史无前例的大协作中，钱三强更是如鱼得水，充分展示了自己作为科技帅才的领导和组织才能。他除了继续致力于原子能所的学科建设，还调整了所内科技力量为二机部的一线任务服务。为解决当时正在建设的气体扩散工厂首批六氟化铀供料问题，他组织了生产工艺攻关，为扩散机的核心元件分离膜安排了预研。他在原来已经在院内为原子弹和核潜艇的研制布好点的基础上，又安排了一批氢弹设计所需的理论和实验课题，还安排了核武器所需的轻重核材料制备的工艺研究，以及为核工业服务的辐射防护研究等。

在原子弹研制的每一个重要关头，钱三强严密组织、精心布置、协调有方，排除了“两弹”研制中遇到的一个个拦路虎。中国核武器发展速度之所以如此之快，与钱三强的组织严密、协调有方有很大的关系。如他在核武器研究所攻克原子弹理

论的同时，本着作些预期准备、先行一步的考虑，在原子能研究所组织黄祖洽、于敏、何祚庥等一批理论物理学家成立了一个轻核反应装置理论探索组，以配合二机部核武器研究所开始对热核材料性能和热核反应机理进行探索性研究。如果说中国的核物理研究这项事业在规划上有什么特色的话，从一开始就从布局上抓了理论物理，这应该是引人注目的一着棋，是中国发展原子核科学的一大特色。诚然，如果把原子弹比作一条龙，那么原子弹的理论设计就是龙头。一位实验物理学家如此重视理论研究，是难能可贵的。其实，这还只说到了一点，钱三强考虑到理论与实验结合的必要性，在成立了轻核理论组后即在原子能所又成立了一个轻核反应实验组，以轻核反应数据的精确测量来配合和支持轻核理论组的工作。这就更让我们不能不佩服他的远见卓识了。

钱三强除了在宏观布局上令人拍案称奇，在具体攻关项目把握轻重缓急上亦有很多高明独到之处。被王淦昌视为原子弹研制过程中最关键性的工作——合适点火装置，就是钱三强组织王方定及其研究小组研制成功的。1961 年，钱三强把年轻的王方定工程师请到自己的办公室，交代他制备强中子源，为原子弹点火作准备，并将自己从法国带回的放射性废渣原料交给了王方定。在物理学家何泽慧的指导下，王方定小组的青年科技人员不负众望，经过几个月的奋战，进行了两百多次实验，终于解决了点火装置问题。原子弹另一个与点火装置同样重要的是扩散分离膜，它被视为整个原子弹原料（铀 235）生产中最机密的部分，而这一研究任务的完成更是凝结了钱三强无数的心血。1960 年 8 月，根据二机部领导成员的分工并在中国科学院等有关部门的大力支持下，钱三强在北京约见了上海冶金研究所党委书记郑万钧、粉末冶金学家金大康和金属材料学家邹世昌，亲自下达了研制“甲种分离膜”（代号为“真空阀门”）任务。接着，他让原子能所负责该项目科技攻关小组的钱皋韵等一起介绍和分析有关分离膜元件的具体技术要求；同时，将该项目分别布置给了复旦大学和沈阳金属研究所。此后，钱三强一直密切关注这一关键环节的研制并多次主持召开协调会，交流情况，解决问题。如 1961 年 11 月，他同中国科学院副院长裴丽生在上海衡山宾馆主持会议，检查落实“分离膜”的研制任务；会后即根据有关方面提出的问题向上海市委书记柯庆施通报了情况，要求上海市负责组织协调，大力协同攻关，使工作得以顺利开展。1963 年秋，在物理冶金学家吴自良的主持下，经过艰苦探索和反复试验，终于研制成功。我们认真回忆“甲种分离膜”的研制过程可以发现，钱三强不但出了题目，而且自始至终领导关心这一课题的研制进程。

对于这一点，张劲夫 1999 年 5 月的回忆文章在讲到完成“真空阀门”研究任务时写道：“所幸的是，这些我们早就有准备了，（指‘真空阀门’。——作者注）是钱三强出的题目，出题目很重要。”

三、中国原子弹工程人才选拔的伯乐

人才开创事业，事业需要人才，自力更生研制原子弹最关键的因素无疑是人才。但“千里马常有，而伯乐不常有”。中国进行“两弹”工程时，人才的因素基本具备了，中国此时已有一定的中坚力量、相关的研究机构、相当水平的科研成果和有限的实验设备与图书资料，但是怎样去发现这些人才并把他们提拔到重要岗位是至关重要的问题。中国“两弹”工程选择钱三强是幸运的。他不仅是中国“两弹”工程的奠基者和卓越领导者，同时他用科学大师的慧眼为中国原子能事业的持续发展挑选了一大批担当大任的骨干人才。后来的实践证明，他提名或推荐的这些当时看来是科技界的“中”字辈在中国原子能事业中起到了举足轻重的作用，他们中有些身居中国核武器研制的关键领导岗位，为中国“两弹”的研制和发展作出了杰出的贡献。

钱三强的慧眼和卓识，首先表现在他善于选贤任能上。在科技界，钱三强的“知人善任”是出了名的。几乎每一个熟知他的人，都为他这种“独具慧眼”的能力所折服。他提名推荐年仅 35 岁的朱光亚担任中国研制核武器的科学技术领导人就是一个突出的例子，一时被传为佳话。钱三强也一直将此作为他人才选拔中的得意之作并引以为豪。时隔 20 多年后，他发表文章谈如何培养选拔“带头人”时，就欣慰地回忆起这件事。钱三强这样写道：“他（指朱光亚）还属于当时科技界的‘中’字辈，仅三十五六岁，论资历不那么深，论名气没有那么大。那末，为什么要选拔他，他有什么长处呢？第一，他具有较高的业务水平和判断事物的能力；第二，有较强的组织观念和科学组织能力；第三，能团结人，既与年长些的室主任合作得很好，又受到青年科技人员的尊重，因而他可以调动整个研究室力量支持新成立的设计机构；第四，年富力强，精力旺盛。实践证明，他不仅把担子挑起来了，很好地完成了党和国家交给的任务，作出了重要贡献，而且现在已经成为我国国防科学技术工作的能干的组织者、领导者之一。”这些精辟的分析和论述，对我们今天选拔人才仍具有指导和借鉴意义。

早在朱光亚之前，钱三强就推荐后来的“两弹元勋”邓稼先参加筹备核武器研究所，并担任理论部主任。邓稼先成了该所第一个有高级职称的研究人员。1958 年以来，邓稼先组织领导开展了爆轰物理、流体力学、状态方程等理论研究，对原子弹的物理过程进行了大量模拟计算和分析，从而迈开了中国独立研究设计核武器的第一步，被称为“两弹元勋”。对此，杨振宁都称赞钱三强当初聘请邓稼先“可谓真正有知人之明”，可与格罗夫斯聘请奥本海默的功绩相媲美。其实，钱三强推荐的人何止上述两人。1999 年国务院、中央军委授予 23 人“两弹一星功勋奖章”，这 23 人中，为成功研制出原子弹、氢弹作出贡献的有钱三强、朱光亚、王淦昌、彭桓武、郭永怀、邓稼先、周光召、于敏、程开甲和陈能宽等 10 人，我们可以通过研究发现，除了钱三强自己，其中绝大多数人之所以能走上为原子能事业作贡献的岗位，其过程都凝结着钱三强识才、辨才的艰辛。王淦昌、彭桓武和郭永怀是在苏联撤出专家后，钱三强找他们谈话，经周恩来同意并于同一天到核武器研究所上班的。程开甲是由钱三强提议，经时任总书记的邓小平批准，由南京大学调往北京参加原子能事业的。著名物理学家周光召，以基础科学家的身份投身技术科学研究领域，解决了原子弹研制、试验中的许多关键问题，成为对中国原子弹爆炸贡献最大的科学家之一。可是，也许很少人知道，当时周光召“海外关系复杂”，即便在普通部门工作也会受到各种不公，但是钱三强通过何祚庥了解了他的能力后，承担起政治责任，毅然起用。另外，如原子能所有名的“老运动员”于敏，由于他成天沉迷于科研，不是“又红又专”，钱三强还是不拘一格降人才，让他从事氢弹的预研工作。正如有的学者指出的那样：“保护于敏，保护理论物理组不被解散，钱三强尽了最大的努力。”最后，周光召和于敏都在原子弹研制中立下了汗马功劳，成为“两弹一星”的赫赫功臣。为了对钱三强的选才、荐才工作有个大概的了解，本文给出了一个简要的统计资料如表 2 所示：

表 2　钱三强推荐、选拔的人才

姓名	专业	推荐、选拔简要过程	参加时间	所任职务
邓稼先	理论物理	向二机部推荐邓稼先参加核武器研究所筹备工作，使其成为来所工作的第一位高级研究人员	1958年7月	核武器研究所理论部主任
朱光亚	中子物理	受宋任穷部长委托，给核武器研究所物色的技术领导人	1959年7月	核武器研究所副所长
程开甲	固体物理	根据形势需要，向二机部推荐并经邓小平批准，由南京大学物理教研室调入核武器研究所	1960年3月	核武器研究所副所长

续表

姓名	专业	推荐、选拔简要过程	参加时间	所任职务
于敏	理论物理	亲自安排到核武器研究所新成立的轻核理论组进行探索性研究	1960年秋	核武器研究所理论部副组长
周光召	理论物理	亲自拍电报向刘杰部长推荐周光召到所参加理论研究，并出面到北京大学商量协调调动	1960年11月	核武器研究所理论部副主任
王淦昌	实验物理	苏联撕毁合同后，由钱三强积极推荐并得到批准，由原子能研究所调入核武器研究所	1961年夏	核武器研究所副所长
彭桓武	理论物理	与王淦昌同时被推荐，同天到所报到	1961年夏	核武器研究所副所长

四、结语

钱三强是国内外享有盛名的优秀核物理学家、德慧双馨的科技大师。他从事核物理研究40多年，贡献卓著、成绩斐然。中华人民共和国成立后的30年中，他为原子核科学的建立和培养人才，为我国原子能科学事业的开创和发展，作出了重要贡献，解决了我国“两弹”发展中的一系列关键性难题。他是我国“两弹一星功勋奖章”获得者，长期担任主管核武器研制的二机部副部长和原子能研究所所长，是我国发展核武器的组织协调者和总设计师，科技界卓越的领导人。正如有的学者指出的：“三强同志的最大贡献，是在新中国开拓了原子能这一重大科技领域。”他用执着探索的一生，为中华民族的原子能事业奠定了宝贵的基础；用卓越的领导才能，精心组织了成百上千的杰出科学家和工程技术人员进行了“两弹”研制；用科技帅才独有的慧眼和卓识，为祖国原子能事业挑选了可靠的攻坚力量。其博大胸怀、人格魅力，无不令人缅怀追忆，心驰神往。在我国现代科技发展史上，钱三强树立起一座不朽的丰碑，值得我们永远铭记。

（作者：黄松平　朱亚宗）

参考资料

[1] 葛能全. 钱三强年谱［M］. 济南：山东友谊出版社，2002.
[2] 北京出版社. 科学的春天［M］. 北京：北京出版社，1979.
[3] 王春江. 裂变之光——记钱三强［M］. 北京：中国青年出版社，1990.

［4］ 王渝生.中国科学家群体的崛起［M］.济南：山东科学技术出版社，1995.

［5］ 李政道.科学技术的快速发展需要杰出的科技帅才——有感于朱光亚在中国“两弹”事业中的贡献［N］.光明日报，2004-12-23（3）.

［6］《当代中国》丛书编辑部.当代中国的国防科技事业［M］.北京：当代中国出版社，1992.

［7］ 彭继超，伍献军.中国两弹一星实录［M］.北京：解放军文艺出版社，2000.

［8］ 陈恒六.原子弹是怎样产生的？［J］.大自然探索，1986（1）：169-176.

［9］ 钱三强.科坛漫话［M］.北京：知识出版社，1984.

［10］ 杨振宁，杨建邺.杨振宁文录：一位科学大师看人和这个世界［M］.海口：海南出版社，2002.

［11］ 钱三强，葛能全.徜徉原子空间［M］.天津：百花文艺出版社，2000.

张贻惠

(1886—1946)

张贻惠

中国近代物理学家

一、引言

明末清初，近代物理学开始传入中国。进入 20 世纪，物理学在中国生根发芽，并逐渐繁荣。这与许多物理学家的努力是分不开的，其中包括物理学家张贻惠。张贻惠是我国近代著名的物理学家、教育家，他在我国近代物理学界和教育界有较高的声望。从目前的国内文献来看，主要有陈毓芳的《物理学家张贻惠》和《张贻惠——率先在国内高等院校开设原子物理学》，较全面地介绍了张贻惠的生平、科学成就及其在教育方面的贡献，还着重叙述了张贻惠对北京师范大学的贡献，但在张贻惠的思想方面的研究以及对中国物理学会的贡献等方面还有些不足。此外，王士平主编的《中国物理学会史》中简单介绍了张贻惠在创立和筹办中国物理学会中的贡献；还有一些书提及张贻惠某一方面的贡献，例如《北京师范大学校史》和《西北大学校史稿（解放前部分）》就涉及张贻惠对北京师范大学和解放前一段时间内的西北大学的贡献；另外还有，闻黎明在《1921 年清华学生“同情罢考”事件》中提到了张贻惠曾经在请愿中受伤，戴念祖的《我国第一个物理学博士李复几》和美国学者马祖圣编著的《历年出国 / 回国科技人员总览（1840—1949）》都记述了张贻惠是我国较早出国学习的科技人员之一。综上所述，目前学界对于张贻惠生平的研究相对较少。本文在前人研究的基础上，对张贻惠生平及主要工作进行了深入梳理，以往学界对张贻惠逝世的具体日期并不明确，本文查阅了大量的资料，确定了张贻惠逝世的具体日期；在张贻惠的科学成就方面，着重强调了张贻惠对物理学的贡献。

二、生平述略

张贻惠，字绍涵，1886 年生于安徽省全椒县。他的父亲是进士，当过内阁中书，因此可以说张贻惠生在书香门第。这种家庭环境为张贻惠创造了良好的学习氛围，再加上他自小就聪明伶俐，因此他在13岁的时候就中了秀才。巧的是，这年中国开展了轰轰烈烈的维新运动，加上之前洋务运动的影响，中国出现了一批新式学堂，中国的知识分子们也开始接受西方先进的科学知识。这样的社会背景对张贻惠日后所选择的人生道路及他所取得的成就产生了一定影响。

张贻惠15岁那年去南京参加乡试，恰巧赶上江南高等学堂招生，他便通过考试进入该校学习。经过几年的学习，由于学习成绩优秀，在1904年，他获得了一次公费留学日本的机会。这是由南京一些政界人士募集经费，专门选拔优秀的安徽籍学生赴日深造，这些学生也是安徽第一批公费留学生。获得此次机会的一共只有10个人，张贻惠就是其中之一。

由于这一契机，张贻惠成为近代中国较早出国学习物理的人，在20世纪的第一个十年里，出国学习物理学的学生只有张贻惠、何育杰、夏元瑮、李耀邦、胡刚复等少数人。到了日本后，张贻惠经过一年半的时间学习日语，之后便考入日本东京高等师范学校学习数学和物理，后又进入京都帝国大学学习，获理学学士学位。后于1914年回国，并于1915年起在北京高等师范学校（北京师范大学前身）任教，讲授物理学、数学、化学等课程，同时兼任北京大学、北京女子高等师范学校、北京农科大学、北京医科大学等校教授。1922年赴美国芝加哥大学研究院从事研究工作，1923年曾到英、法、德等欧洲国家考察教育，1924年回国任国立北京师范大学数理系教授兼系主任，后又于1925年10月任国立北京师范大学校长。

张作霖于1927年6月自称安国军大元帅，在北沟治顺成王府设立大元帅府，来到中南海怀仁堂就职。他先仿照孙中山先生的先例，称为"大元帅"，请刘哲出任了当时中华民国教育总长兼京师大学堂校长、京大美专部学长。同时张作霖下了一条特殊命令，让刘哲执行，就是合并"国立九校"为京师大学校，由刘哲兼任校长，任命胡仁源、张贻惠、毛邦伟、孙柳溪、林修竹等为各院院长。由此，1927年8月，奉系军阀政府将北京九所国立高等学校合并为国立京师大学校，北京师范大学改称为京师大学师范部，张贻惠任师范部学长。

1928年6月，北洋政府后期，因军阀连年混战，官僚贪污，教育经费长期拖欠，丝毫没有保证。随着北伐胜利，军阀垮台，奉系军阀撤出关外，南京国民政府派阎锡山军队接管京、津，宣布北伐成功，全国统一。国民党势力到达京津一带，国民党政府把教育上的大学区制推行到北方，将北平九所国立高等学校合并为北平大学，原北京大学改为国立北平大学北京大学院，原北京师范大学改名为国立北平大学第一师范学院，张贻惠任第一师范学院院长。此后，张贻惠应南京中央大学校长张乃燕的邀请，就任中央大学教育政治院高等教育处长和物理系主任、副教授。但几个月后，在广大教师和学生的强烈要求下，他又重新回到国立北平大学第一师范学院任院长。张贻惠与同事和学生一起要求学校独立。1929 年，北平大学改组，国立北平大学第一师范学院改名为国立北平师范大学，张贻惠于 1929 年 8 月至 1930 年 2 月担任该校校长。1930 年至 1933 年期间，他同时在北平大学和北平师范大学任教。1933 年，张贻惠被教育部任命为北平大学工学院教授兼教务主任和工学院院长。他为了集中精力从事校务管理，辞去了其他社会兼职。

1937 年“七七事变”发生后，不到一个月的时间，北平、天津相继沦陷，北平再也没有之前那样的和平环境供广大师生学习，为了保存和坚持中国的高等教育事业，不致受日本人管制，不成亡国奴学校，不受奴化教育，广大师生纷纷要求内迁。当时张贻惠积极带领着北平大学工学院的广大师生西迁，同时北平师范大学、北平大学、天津北洋工学院、北平研究院等院校也纷纷迁往陕西。这几所高校在陕西西安合并组建国立西安临时大学，后又于 1938 年 4 月改名为国立西北联合大学，张贻惠出任西北联合大学物理学系主任。1939 年国民政府行政院决定将国立西北联合大学改为国立西北大学，并将原有师范学院独立为国立西北师范学院，于是原西北联合大学师范学院独立为国立西北师范学院（后更名为西北师范大学），校址设于城固（今陕西省汉中市城固县），张贻惠出任教务长，并讲授数学、物理等科目。城固县地处偏僻、物资缺乏，再加上当时正处于抗战时期，民族危机和国民政府的腐败造成教师的薪金较低，生活条件较为恶劣，但张贻惠在最艰难的日子里始终坚守在自己的岗位，向广大学生传授科学知识，陪伴国立西北师范学院广大师生度过最艰难的日子。虽然条件艰苦，张贻惠也一直坚持，直到 1940 年，他奉命调到南京国民政府经济部，就任技正一职，“次年调任参事，对后方建设多有建议”。1946 年，中国的抗日战争已经取得了胜利，国民政府当局准备接收北方各省，于是便委派张贻惠“视察冀、热、察、绥及东北各省工业状况”。可不幸的是，他所乘坐的飞机于 7 月 12 日在济南坠毁，张贻惠以身殉职。为此，西北大学的师生们在城固校址万般悲痛地为他举行了隆重的追悼会。在追悼会上，其弟张贻侗[1]悲痛地讲，张贻惠

1 张贻侗（1890—1950），字小涵，安徽全椒人，早年留学英国伦敦大学，获理学学士学位。历任北京大学、北平大学、北平师范大学教授，北平师范大学理学院化学系主任。

“毕生治学，半生讲学，桃李遍寰区，此日同悲耆旧谢；爱弟则友，诲弟则师，仪型思往昔，人间赖有父兄贤”。

三、投身科学

张贻惠在力学、光学、原子物理学等方面有着较深的造诣。他较早在中国高等院校开设原子物理学，向热爱科学的学生们传授原子物理学，他还积极参与筹办中国物理学会。张贻惠是20世纪上半叶中国物理学界一位有影响的物理学家、教育家，他对中国近现代物理教育作出了突出贡献。这些贡献包括筹办中国物理学会、统一近代中国度量衡、投身中国科学普及工作等。

1. 积极参与筹办中国物理学会

自清末戊戌变法以来，近代中国的物理教育有了一定发展，且于1918年在北京大学建立了中国的第一个物理系。但由于当时中国的一些特殊环境，全国没有一个正式的物理学术交流活动组织，不能为研究者提供一个交流物理学进展的学术平台，对物理学在中国的发展存在不利影响。

1931年，设在瑞士的国际联盟派遣了一个由4人组成的国际教育考察团来到中国，考察中国的教育现状。在这4人中有一位法国著名物理学家和社会活动家，名叫朗之万，他在考察中国的教育的同时，也很关注中国物理学研究与教育的发展。在北平的物理学者们为他举行的欢迎宴会上，他建议中国的物理学工作者们联合起来，成立中国物理学工作者的组织——中国物理学会。中国物理学会成立的目的就是方便中国的物理学工作者们出版自己的研究成果，交流物理学研究与教学经验，最终促进中国物理学的发展。在朗之万的建议下，中国的物理学者们开始积极筹办物理学会。1931年11月1日，北平物理学界众多学者们开始倡导创办中国物理学会，他们是张贻惠、夏元瑮、叶企孙、吴有训、周培源、萨本栋、严济慈、王守竞、文元模、谢玉铭、丁绪宝等人，他们发函给国内的物理学界的同人，并要求他们作为发起者。

1932年8月23日，代表们在北平清华大学科学馆召开了中国物理学会的成立大会，并在之后召开了年会。在这次年会上，张贻惠成为9名评议员当中的一员，其他人还有李书华、叶企孙、胡刚复、丁燮林、吴有训、严济慈、萨本栋和王守竞。当时中国物理学会还成立了理事会下辖的3个委员会，分别是物理学报委员会、物理学名词审查委员会、物理学教学委员会，张贻惠在物理学报委员会和物理学名词审查委员会都担任有职务。1932年，在中国物理学会成立之初，为了方便学者们的学术交流，创办了《中国物理学报》，并设立了《中国物理学报》编辑委员会，张贻惠与张绍忠、周培源、胡刚复、严济慈、丁燮林、王守竞、吴有训、饶毓泰担任编辑委员会委员；张贻惠同时还与萨本栋等人一起担任物理学名词审查委员会委员。

2. 对统一近代中国度量衡工作做出努力

张贻惠为近代中国度量衡的统一作出了积极贡献。1913年，中国农商部颁布《度量衡法》，逐步取消营造尺库平制[1]，开始采用米突制[2]。米突制的使用在中国科学界已不成问题，但在翻译名称上，由于我国文字的关系，难以统一，在推行上有很大困难，《度量衡法》便最终成为一纸空文。1928年7月18日，国民政府又颁布了《中华民国权度标准方案》，内容共两项，计六条。1929年2月16日公布《度量衡》二十一条。1931年12月5日实业部公布《修正度量衡法施行细则》五十四条，使得新制渐渐在全国推广起来。当时统一度量衡成为当务之急，但度量衡名称问题也在这个时期变得明显起来，全国各阶层人士开始热衷于对度量衡名称的讨论，并纷纷将自己的意见刊登在各种刊物上。中国物理学会为此事也上书当时行政院及教育部，陈述命名及定义的关系，从此引发了学术界的一场大争论。张贻惠也积极参与到这场争论中，他系统地、仔细地研究度量衡的产生及其发展历史后，认真分析了我国对米突制的几种翻译，认为“关于我国过去翻译的米突制的名称，约分三种，（一）音译法，（二）造字法，（三）农商部法仍沿用我国尺寸斤两的旧名称，在上面加‘公’字区别”。这三种翻译法在张贻惠看来各有利弊，他认为统一度量衡的意义重大：订一较完全之系统，则于实用上、科学研究上将更见整齐划一，“无扞格不通之弊矣”。并且，他还根据国家推行统一度量衡所遇到的困难，提出应该在推行市制上做出努力，最终他还对标准度量衡的命名法提出自己的意见。他的见解和建议对当时度量衡问题的讨论和解决、统一有关名词的工作有积极的意义，获得工程技术界和物理学界的支持与赞同。

3. 积极投身中国科学普及工作

张贻惠不仅拥有深厚的物理功底，还认识到科学普及对提高国民的科学素养、普

---

1 营造尺库平制是在吸收各朝代度量衡制度的基础上，于清朝康熙时期完善形成的。即以100粒黍子纵向排列的长度定为营造尺，为度的标准；又以一定的尺寸定容量，制成漕斛（清时容量单位，民国时取消），为量的标准；再用1立方寸金属的重量为权衡的标准，称为库平。由营造尺、漕斛、库平组成的度量衡制，简称“营造尺库平制”。

2 米突制是以米为长度主单位的国际计量制度。“米突”为法语“mètre”的中文音译，意为“公尺”，现已称“米”，而不再用“米突”这个旧称。

及科学知识的重要性，于是他投入到物理及各门学科的文化普及与传播工作中。他于1914年回国，当时他还很年轻，有很大的抱负，很想在科学研究上做出一番成就，可当时中国局势混乱，各高校设备欠缺，因此他便不得已将精力都放在教育上。当他认识到中国的落后在很大程度上取决于落后的科学技术知识时，便决定投身于科学普及工作。1932年，国内政治局势较稳定，学术界也渐渐活跃起来，因此他便想翻译或编著几种浅显易懂的科学书籍，让更多的国人认识科学、了解科学。他并不像很多科学家一样埋头工作于自己的实验室，而是在搞研究的同时还注重科学文化传播，就像在他所翻译的英国科学家金斯的《宇宙及其进化》的编纂缘起中写的：一个科学家主要的工作，自然是在实验室里，或者工作室里，仔仔细细地，作那实验或理论的研究。但在科学落后的国家，像我们中国，把科学思想普及到社会，似乎也是很要紧的一种工作。因此，为了宣传西方的先进科学文化，他在国内较早地做起了翻译科学丛书的工作。张贻惠在《宇宙及其进化》的序中指出“天文学是发达最早的一个科学”，因此他认为“人们对于自己所住的宇宙，有深切的兴趣，并且有许多现象，举首即见，很容易实地考察”，所以他首先选择了英国天文学家、物理学家金斯的科学通俗著作《宇宙及其进化》作为他翻译的第一本科学著作。这本英文原著刚出版时很受欧洲人的欢迎，仅仅发行一年，便卖出了75000余部，而张贻惠翻译的这本著作于1932年由北平震亚书局出版发行。张贻惠在书的序中指出：在译文时注重达意，而不必斤斤作句句字字的对照。为了使意思更圆满，译文更通达，在有些地方作了些变动。书后还有译者自加的增录三条作为补充：(1) 太阳距离的测法；(2) 天文用干涉表；(3) 希腊字母和罗马字母。此书由于原作者高深的学术水平和娴熟的文笔，加上译者的补充和润色，用极平凡的名词、富有趣味的文句叙述深奥的科学原理，使读者久读不倦，此书的出版受到广大天文爱好者的欢迎。

四、个人思想

近代中国的科学远远落后于强大的西方列强。在20世纪初，无论是在学术界还是在广大人民群众的心目中，物理学都是一门十分陌生的学科，中国没有专门的物理学研究机构，没有完备的物理实验室，没有一个能够容纳广大科学家专心搞科研的和平环境，最重要的是人们对于物理学的陌生直接导致政府与社会对于物理学研究工作的不支持。因此，在物质与精神支持的双重缺乏下，中国早期的物理学家们大都还担负着教育者的责任。

1. 倾心教育

张贻惠在回国后，发觉中国非常落后，没有良好的实验室、完备的图书馆，缺少能够让他专心搞研究的物质基础，但他没有像许多从国外留学归来的学者一样离中国而去，而是选择献身教育事业，为中国的教育事业贡献出自己的力量。张贻惠归国后，将大量的时间都用在教育上，很少去搞研究，因此很多人更愿意称他为教育家。

20 世纪 20 年代，北京几乎都在军阀的控制之下。由于当时国内军阀混战，政府的大量支出都用在军费的开支上，军费开支不够时便挪用教育开支，这使得北京的许多高校都面临严重的财政危机。1924 年，北京师范大学校长范源濂因学校经费积欠困难，无法开展正常校务工作，突然辞职离校。1925 年，张贻惠在危难中接任北京师范大学校长职务。面临经费严重不足的困难，为坚持办学，他开始积极筹措资金。首先，他向中华教育文化基金董事会求助，由中华教育文化基金董事会赠予科学教席 4 座，每座附设备费 2000 元，并补助附属中学 1400 元，附属小学 600 元；其次，为了赚取维持学校的费用，他决定由北京师范大学为广西省代培师资，开办特别班，由广西省政府拨给补助费。正是由于张贻惠的四处奔波与努力，学校才得以维持，挽救了濒于崩溃的北京师范大学及其附属中学。

1933 年到 1937 年，张贻惠担任北平大学工学院院长期间，将主要精力放在工学院的工作上。在他看来，工学院往往被外界人士误会为老朽落后的工业学校，固然，工学院的房子，一部分机器、仪器，已有 30 余年的历史，够得上说是老的了，但是在课程同研究上并不比一般学校老朽，所有的教授同学生都是非常的努力。他在担任院长期间努力节省日常经费开支，用于扩充工学院的机器设备，使工学院的教学与实验、实习活动逐渐走向正常化、现代化。1934 年实行限制教授兼课时，本应当提高教授的工资待遇，但他在同各教授磋商之后，还是按以往开支，将节省下来的经费用来购买仪器设备，体现了他对教育的投入与专注。

张贻惠很注重教学工作，总是很积极认真地备课。他的课堂总是很活跃，他讲得生动且认真，学生们都很爱听他讲课。据北京师范大学数学系教授赵慈庚回忆，张贻惠在讲授普通物理学中，条理清楚，语言简练，很吸引人，学生们都很愿意听。他很注重课堂质量和教学方法，陈毓芳在她的文章里就夸赞张贻惠说："张贻惠的课堪称北平各高校物理学教学中高水平、高质量的课。"为了更好地传授给学生们科学知识，满足学生们对知识的渴望，他还开设了原子物理学课程，将其毕生所学尽可能地传授给学生们，且为那些热爱原子物理学的学生们提供充分学习的机会。

张贻惠还十分重视学校的学风建设。他在北京师范大学任职期间，“提倡学术风气培育优秀师资为职志，启迪后进，不遗余力”。1933 年他担任北平大学工学院院长期间，在“训练专门技术之外，尤重学生人格道德之培养，于是校风卓然”。张贻惠在努力教学、重视校风建设的同时，也积极为学校、学生提供帮助，例如关注学校图书馆的建设、关心学生、爱惜人才等。作为北京师范大学校长的他也非常关心学校图书馆的工作。当时国内科技图书缺乏，校图书馆在这方面的藏书也很少，为使广大师生能阅读到更多的图书，他及家人将自藏的一批科技图书无偿献给学校。在北京师范大学图书馆里依然还能看到一些盖有张贻惠印章并写有“赠”字样的图书。这就是他当年对北京师范大学的师生付出心血的证明，现在这些书已成为该校图书馆的珍藏。

张贻惠十分关心学生，注重对学生们的考查。1939 年 5 月 10 日，西北大学第 72 次常委会通过了《本校学生操行成绩考察办法》，规定切实考查其平日进修情形，“阅读书报、言论、写作、礼节、仪容、内务及团体活动等项为评定分数之根据”，并推举张贻惠教授等人为筹备委员，利用暑假时间组织教授到甘肃、青海、宁夏考察。

张贻惠也很爱惜人才。在他任校长期间，他总是尽力为北京师范大学挽留人才，后来成为中国科学院院士的汪德昭就是其中之一。1928 年，北京师范大学品学兼优的学生汪德昭毕业，张贻惠发现了这个人才，并且为了留住这个优秀的人才，将其破格聘为北京师范大学物理系助教。后来汪德昭的发展及成就证明了张贻惠择人的眼光是很独到、正确的。汪德昭成为我国现代著名物理学家，是我国老一辈科学家的杰出代表，为我国科学事业的发展，特别是水声科学研究的建立和发展作出了重要贡献，成为中国水声学的奠基人之一。

张贻惠为北京师范大学的发展和该校物理系的创建作出了不可磨灭的贡献，北京师范大学的广大师生对他铭记在心。1948 年在校长袁敦礼的主持下，将原物理楼命名为“贻惠楼”，并写成匾额，悬挂在楼内大厅中央，以表示永久的纪念。可惜时至今日，由于历史原因，那块匾额已经不知去向，但今天，当我们走进北京师范大学的物理楼时，我们仍然会看到他和其他老前辈的照片一起被挂在物理楼大厅里，照片下面还有他的简介，以方便广大师生了解他。

2. 真情为国

在张贻惠留学日本期间，国内爆发了辛亥革命，当时身为学生的张贻惠，义不容辞地请假回国参加了革命。他身在国外，心却不曾离开过祖国，他和当时所有的爱国民主战士一样，关心祖国的命运，盼望祖国能够繁荣昌盛。1914 年，他回到祖国后看到祖国的落后，便下定决心为祖国奉献自己的一份力量。他意识到祖国的落后在很大程度上是因为科学的落后，大多数群众仍然很愚昧，生活在封建迷信之中，因此他便决定解放中国人民的思想。张贻惠尽最大的能力教授与传播科学，正如他在《宇宙及其进化》的编纂缘起中写的："近来国难临头，上自党国要人，下至服吏走卒，莫不认为中国的不振，是因为物质不如人。"他还认为："中华民族的出路，只有提倡物质科学的一途了。"而他本人又是个从事科学教育与研究的学者，因此他感到自己的责任重大。

1921 年 6 月 3 日，北京的教育界发生了一起震动全国的事件，即"六三惨案"。1920 年 7 月，第一次直皖战争大规模爆发，北洋政府将大批财力投入战争，以致教育经费被大量挪用，公立院校经费被长期拖欠，教职员生活无法保障。为此，北京大学、北京高等师范学校、北京女子高等师范学校、法政专门学校、农业专门学校、医学专门学校、工业专门学校、美术专门学校 8 所国立高等学校教职员，于 1921 年 3 月 14 日宣布停止职务，4 月 8 日又举行同盟罢课。后来，其他学校教职员也纷纷加入此行列，6 月 2 日上午，北京 29 校学生代表赴当时南京中央政府国务院请愿，时任内阁总理的靳云鹏却拒绝接见。第二天早晨，坚守在国务院前的学生代表经四次交涉方得入内，却遭到一连卫兵荷枪实弹的看守。"消息传出，各校紧急协商，决定举行大规模请愿。上午 10 时，北京 22 校学生 600 余人，手执'教育破产''请政府履行国务会议议决三条'等标语，齐集新华门东门外，要求总理接见。"众人当时冒雨坚持两个多小时，直至下午，22 所公立学校的校长，与 8 校教职员代表（张贻惠是其中之一），以及学生共千余人，再至新华门请愿。时任政府教育部次长的马邻翼出面，对代表要见靳云鹏的要求，只同意代为转达，不能对事件负责。代表们被马邻翼的应付态度激怒了，遂欲涌入。这时，早有准备的军警们荷枪实弹，见人就打。在这场正常的请愿活动中，教职工代表们却遭到不正常的毒打，导致张贻惠与其他代表 20 余人受伤。惨案发生后，北京市学生联合会为声援老师们的索薪斗争，继续宣布罢课抗议。这一事件直接导致当时国内学生运动的开展。1927 年 4 月 6 日，在张贻惠还担任北京师范大学的校长时，马克思主义思想的传播者李大钊教授被捕，张贻惠便很快主持召开校务讨论会，商讨营救李大钊的办法。4 月 10 日，北京大学等在京 9 所高校联合推定时任国立北京大学注册部主任兼经济学教授的余文灿和北京师范大学校长张贻惠为代表，向北洋政府和奉系首脑张学良递交了一份意见书，要求："(一) 未放学生请速放；（二）认为情节重大之学生，请从轻发落，取宽大主义，不再株连；（三）李大钊系属文人，请交法庭依法审讯；（四）李大钊之妻女，请即释放……”从这些事件中看出，张贻惠心系祖国，当国家处在水深火热之中，作为科学家的他不遗余力地将自己的全部热情投入国民教育中，为教师、学生的利益倾尽全力。

五、结语

正如物理学家吴大猷先生所说：“由于庚款留学的关系，中国第一代物理学家以留美居多。而留学日本的吴南薰、张贻惠、周昌寿、文元模等，均未获得博士学位，也没有重要的物理论文发表。”这使我们过多地关注了留学欧美的物理学家，而张贻惠这位中国近现代物理学史上的重要人物，对中国近现代物理学教育水平的提高、创建和发展大学物理系、对中国物理学人才的培养、积极开设物理学课程、将物理学知识向社会普及、积极创办中国物理学会、统一近代中国度量衡等方面都作出不可磨灭的贡献的人，由于他本人未能在物理学研究上取得突出的成果，使我们常常忽视他对中国物理学的贡献。其中的原因可能是多方面的。当时动荡的社会局势使得大多数物理学家难以在相对安静的环境中进行科学研究，没有取得突出的物理学成就，这成为当时留学日本的物理学家们的共性。

通过张贻惠对中国物理学所作出的贡献可以看出，物理学从来到中国到生根、生长，经历了多么艰难的历程。在经历半个世纪风雨飘摇后，中国物理学已然有了繁荣的景象，当我们重新回头审视这段历史时，依然不能忘记这些为中国物理学事业前仆后继的物理学者。

（作者：白欣　翟立鹏）

参考资料

[1] 陈毓芳．物理学家张贻惠［M］// 王淑芳，邵红英．师范之光：北京师范大学百杰人物．北京：北京师范大学出版社，2002.

[2] 陈毓芳．张贻惠（1886—1946）［M］// 中国科学技术协会．中国科学技术专家传略　理学编　物理学卷 1. 石家庄：河北教育出版社，1996.

[3] 王士平．中国物理学会史［M］．上海：上海交通大学出版社，2008.

[4] 北京师范大学校史编写组．北京师范大学校史［M］．2 版．北京：北京师范大学出版社，1984.

［5］ 李永森，姚远，西北大学校史编纂委员会．西北大学史稿　上卷（1902—1949）［M］．修订本．西安：西北大学出版社，2002.

［6］ 闻黎明．1921 年清华学生“同情罢考”事件［J］．百年潮，2003（4）：51-57.

［7］ 戴念祖．我国第一个物理学博士李复几［J］．中国科技史料，1990（4）：32-36.

［8］ 马祖圣．历年出国 / 回国科技人员总览（1840~1949）［M］．北京：社会科学文献出版社，2007.

［9］ 赵弘毅，程玲华．西北大学大事记［M］．西安：西北大学出版社，2002.

［10］ 李艳平，王贞．朗之万在中国［J］．自然辩证法通讯，2009（3）：72-78，112.

［11］ 茜蘋．学人访问记［N］．世界日报，1935-02-20（7）.

［12］ 靳斯．宇宙及其进化［M］．张贻惠，译．北平：震亚书局，1932.

束星北

(1907—1983)

束星北

才华横溢的理论物理学家

束星北先生是我国著名的理论物理学家。他博学多才，数理基础雄厚，具有深邃的洞察力，是我国早期从事量子力学和相对论研究的少数物理学家之一。他讲课富有思想性和启发性，培养了一批优秀理论物理人才。他先后留学美国拜克大学、英国爱丁堡大学和剑桥大学，以及美国麻省理工学院，还曾在爱因斯坦身边工作过。回国后，他长期执教于浙江大学物理系。1952 年院系调整，他到山东大学物理系，转向气象科学研究，晚年为开创我国海洋物理研究作出了贡献。

一

束星北先生 1907 年出生于江苏省江都县九帖洲开沙廿四圩。束家为开沙望族。父亲束曰璐、祖父束渭湟、伯父束曰琯均系积极参与南通张謇兴办实业的知名之士。父曰璐于抗战初病逝，母郭氏也于 1941 年去世。束星北有兄弟两人，星北小名叫大林子。弟佺保小名小林子。束星北的父亲因与张謇办实业，常住南通。他兄弟两人随生母郭氏在老家度过童年。他母亲身材肥硕，声如洪钟，性格猛烈，心直口快，有慈悲心，肯做好事，平时教子很严。据其乡亲回忆，小林子灵敏，大林子像他妈，身材魁梧，声音洪亮，从小就很犟，直爽，心好，富有同情心。束星北从小聪敏过人。8 岁时，在私塾里受教于其伯父同科秀才魏翘楚老夫子。几个学生中，数他接受能力最强，下午授的新课文，哪怕数十行，只需三遍，背诵通熟。魏老师告诉其父“令郎真灵，是块料”，两年后，力劝其母送子入新学堂深造。束星北尽管在私塾时间不长，但天资聪颖，仍打下了较好的古文基础。据说他后来写过为数不多的诗章，充满爱国主义，现实感强，与魏老夫子文风近似。

束星北 10 岁进江都县大桥镇小学，13 岁就进泰州明德中学，两年后考入镇江润州中学高中部。1924 年高中毕业，以优异成绩考入杭州之江大学。翌年插班进济南齐鲁大学。

二

束星北年轻时喜欢看科幻小说。大学读书时就闻爱因斯坦之名向往相对论。爱因斯坦关于时间与空间的统一性，质量与能量的统一性、统一又可以互相转换等观点，在年轻的束星北心里引起了很大波动。据束先生晚年回忆，他印象最深的是当时有一本讲“四维空间”的翻译小说引起了他很大的幻想和对相对论的追求。他一直崇拜爱因斯坦。

1926 年 4 月，他自费赴美留学。先是到堪萨斯州拜克大学念物理系。这时，他就醉心于相对论。他决心走勤工俭学自我奋斗之路，谢绝了亲友资助，一边打工，一边学习。1927 年 2 月，由于经济困难，他到旧金山，在华侨帮助下继续打工，一边在加州大学伯克利分校念书。住在同乡会馆内，和铁路工人、码头工人一起参加重体力劳动。在此期间，他还曾与人合办过报，后来自己还曾办过《工碎》报。1927 年 7 月，他因仰慕爱因斯坦，到柏林去拜访爱因斯坦，并在爱因斯坦的帮助下，在柏林大学威廉皇帝物理研究所爱因斯坦研究室，作为爱因斯坦的研究助手，工作过一段时间。

1979 年 8 月 9 日《光明日报》刊登了由束星北署名的回忆录《在爱因斯坦身边工作的日子里》。束星北受到爱因斯坦的接待和在他身边工作的情况，在这篇回忆录中叙述得相当细致。这篇回忆录是由《光明日报》记者宫苏艺据束先生口述整理，发表前经本人审阅修改完稿的。宫苏艺提供了原始谈话记录，内容与回忆录基本一致。关于在爱因斯坦身边工作一事，原始记录上是这样写的：“爱帮我弄了大半工资的研究助手职务”，“每月一百二十块马克。不是正式人员，属临时的”。由于年长日久，记忆不清，回忆录中个别地方，如年月时间等个别情节有所出入，是难免的。但这篇回忆录毕竟是一篇珍贵的历史文献。束星北先生是我国有幸与爱因斯坦相识并在他身边工作过的仅有的几位科学家之一。回忆录中谈到他在爱因斯坦身边主要研究自己感兴趣的问题，并向爱因斯坦请教。他曾多次与爱因斯坦讨论过四维空间问题。爱因斯坦要他确认“因果律不能颠倒，时间不能倒过来，将来不能影响现在”。他说：“这些教诲对我以后的发展起了很大作用。我在以后写的一些论文，实际上也是受益于爱因斯坦的这些教诲。”

后来，德国的种族歧视日益猖獗，爱因斯坦是犹太人，处境日益困难。在爱因斯坦爱莫能助的情况下，束星北于 1928 年 10 月离开爱因斯坦到英国爱丁堡大学学习，师从著名理论物理学家惠特克和 C. G. 达尔文。1930 年 1 月在爱丁堡大学完成了硕士论文《论数学物理的基础》，并获得硕士学位。可惜这篇论文的原文没有找到。束星北在浙江大学教书时常说，搞理论物理的必须认真读懂惠特克的《分析力学》。他还给研究生开过一门“高等分析力学”课。这些都与他在爱丁堡师从惠特克分不开。

他到英国这一年，狄拉克把相对论与量子力学结合起来，提出了电子的相对论性运动方程，即著名的狄拉克方程，从而奠定了相对论性量子力学基础。这个理论赋予真空以新的物理意义，并预言了正电子的存在。这个理论立即引起了很大轰动。束星北的导师 C. G. 达尔文首先对狄拉克方程求得严格解。所有这些给年轻的束星北以极大的鼓舞。他从 C. G. 达尔文那里掌握了对狄拉克方程严格解的全部推导过程。1938 年底浙江大学迁到广西宜山后，在他与王淦昌合开的“物理讨论乙”课堂上，他曾作过 C. G. 达尔文的狄拉克方程严格解的报告，并进行了详细推导。

在爱丁堡大学获得硕士学位后，束星北于 1930 年 2 月到狄拉克所在的剑桥大学师从著名天文学家和理论物理学家爱丁顿。爱丁顿是英国最早研究和积极宣传爱因斯坦相对论的科学家之一。他于 1919 年首次从日食观测证实了爱因斯坦预言的光线在引力场中的偏折。狄拉克方程提出后，许多学者就该方程的数学基础和表现形式的进一步完善进行了研究。爱丁顿当时对相对论与量子力学的结合有很大兴趣，并研究用黎曼空间度规来表达狄拉克方程。束星北在剑桥大学时曾与爱丁顿有过合作。为进一步深造，束星北于 1930 年 8 月再次到美国麻省理工学院数学系当研究生兼研究助教，师从著名数学家斯特罗伊克教授。1931 年 5 月完成硕士论文《超复数系统及其在几何学中的应用的初步研究》，并于 1931 年 8 月再获理学硕士学位。他发展了爱丁顿的方法，利用广义超复数系，通过黎曼空间度规的线性变换，推导得到一些与黎曼几何类似的结果，并在四维情况下得出了狄拉克方程，使狄拉克相对论电子方程具有更合理的数学基础和更完备的表现形式。束星北在文末加了一个注，说明他在工作结束时，看到福克和伊凡宁柯做了类似的工作，他们的基本思想相同，但处理方法不同。束星北这里所研究和应用的广义超复数系，其性质与克利福德群类似，但不够完善。看来束星北当时还不知道有克利福德群。20 世纪 80 年代，克利福德群被引入量子场论研究，受到广泛重视。20 世纪 30 年代初束星北就将它应用于量子力学，是比较早的。束星北在狄拉克方程方面的工作，在当时属于前沿的工作。他写完论文后，回国探亲。恰值“九一八”事变，国难当头，出于爱国义愤，他投笔从戎，没有再回美国继续他的研究工作，连这篇硕士论文也没有发表，文中提到准备另文发表的论文也没有再写。

束先生在回忆录中写道：1930 年他在麻省理工学院时，曾将两篇新发表的论文的原文先后寄给了爱因斯坦，爱因斯坦很快就回了他两封信，对他的论文发表了意见。这两篇论文是哪两篇没有具体说明。现在查到的束先生在 20 世纪 30 年代初所发表的关于广义相对论的论文有两篇。一篇是刊登于美国《物理评论》36 卷 1515 页的《爱因斯坦引力定律的非静态解》。该文在《物理评论》上以通讯方式发表。1934 年《浙江大学学报》第一卷上刊登了该文的全文。关于这篇文章，宫苏艺的原始记录中有这样一段话："对四维空间的一个问题，我想出了一条路子，请教爱。爱说这条路子他走过了，走不通。看来，他还花了不少时间。我还认为对。后来到了麻省理工，我继续做这个工作，写了一篇论文，发表在美国《物理评论》上。后来，我寄给了爱，爱还认为是个结果。我当时认为这里是一个很大的成果。这是（一九）三〇年的时候。"看来，在《物理评论》上发表的那篇通讯就是这里所说的这篇论文。可是在《物理评论》上发表的那篇通讯只是一个摘要，在国外期刊上还未查到该文的全文。另一篇是 1933 年 5 月发表在麻省理工学院的《数学物理期刊》上的，题目是《一个有关引力和电磁的理论》。这篇文章稍作修改后又刊登于《中国物理学报》第 1 卷和 1934 年《浙江大学学报》第 1 卷。在《数学物理期刊》上发表的论文的文尾，束星北对爱丁顿教授表示感谢。显然，该文是束星北跟爱丁顿一起时，即在剑桥大学时的工作成果。作者还感谢巴利亚塔教授在论文手稿准备中的帮助。该文在《中国物理学报》上刊登时补充了感谢斯特罗伊克教授。巴利亚塔和斯特罗伊克都是麻省理工学院数学系的教授。这说明该文是在麻省理工学院定稿和送该校教学期刊发表的。该文在《中国物理学报》上刊登时加了一个注，提到爱因斯坦对其中的一个公式提过疑问，束星北作了补充证明。该文在《浙江大学学报》上刊登时，同样加了这个注，并更明确地提到爱因斯坦在给束星北的私人通信中对这个公式的引用提了疑问。看来，这篇论文也是回忆录中所提到的两篇新发表的论文之一。不过查到的发表全文是在《数学物理期刊》的 1932—1933 卷中，而不是在 1930 年的美国《物理评论》上。

上述束星北的第一篇论文是关于广义相对论的引力定律的。爱因斯坦的广义相对论的引力定律，开始时只得到真空球对称静态引力场的近似解。随后史瓦西得到真空球对称静态引力场的精确解。1927 年伯克霍夫证明真空球对称重力场一定是静态的，史瓦西解是唯一的。20 世纪 30 年代初，束星北试图推广到球对称的有质量辐射的动态引力场，得到近似解，并从所得到的黎曼线元推导出宇宙学方面的一些结果。这就是上述第一篇论文的主要内容。把广义相对论推广到动态引力场是20世纪30年代相对论研究的重要课题之一。1951年，瓦伊迪亚在非真空情况下得到了辐射的球对称引力场的非静态解，即著名的瓦伊迪亚解。束星北在推导时曾引用了真空条件，看来束星北的解不一定能成立。可惜束星北对动态解，特别是对有质量辐射的动态解未能坚持不懈地探索下去。否则，瓦伊迪亚解也许不用等到1951年。

上述束星北的第二篇论文是关于引力场与电磁场统一理论的。爱因斯坦的引力场几何化成功之后，立即产生用类似几何概念来描述电磁场的愿望。外尔、爱丁顿和爱因斯坦本人都曾经想通过对黎曼几何的修正，把用于引力场的广义相对论推广到电磁场，但都没有成功。1930年前后，束星北也试图探索引力场与电磁场的统一理论。考虑到引力场与电磁场的根本差异，他提出用质量密度ρ和虚数电荷$i\sigma$之和$\rho+i\sigma$代替爱因斯坦广义相对论中能量－动量张量中的质量密度ρ，从而导出一级近似的复数黎曼线元，实数部分正好代表引力场，复数部分正好代表电磁场，并由之进一步导出麦克斯韦方程组和洛伦兹作用力定律。这就是束星北第二篇论文的主要内容。这篇论文尽管有些地方值得推敲，尽管它不可能解决爱因斯坦终生未能解决的、即使到今日仍未解决的统一场论这个广义相对论的难题，但束星北能抓住物理本质，巧妙地把引力场与电磁场结合起来，得出一些很有意思的结果，在当时，不能不算是一种富有创造性的尝试。

三

束星北1931年9月回国探亲，与葛楚华女士结婚。这时“九一八”事变爆发。他是一位富有正义感、爱国心很强的人。他对日本帝国主义侵略中国的行径义愤填膺，毅然放下了他正在追求的相对论和量子力学研究，于1932年1月受聘于南京中央军官学校任物理教官。中央军官学校给束星北留下很坏的印象。他原本满腔热情想投身抗日，没想到堂堂军官学校居然不提倡抗日，空气十分窒息。1932年4月，兼任校长的蒋介石到校看望，并特意召见青年教师。交谈中，束星北出于爱国之心，刚直不阿，当面责问有关“九一八”“一・二八”事变的情况，使蒋介石非常尴尬。蒋介石回到府第，余怒未息，恰巧被当时任宋美龄秘书的束星北弟媳（束星北弟束佺保之妻）知道，立即设法转告束星北，建议他迅速离去，免遭不测。这样束星北就离开了军官学校。

1932 年 9 月，束星北受聘于浙江大学物理系，任副教授。1936 年提升为教授，抗日战争全面爆发后，随校辗转迁到贵州湄潭。抗战胜利后，于 1946 年随校迁回杭州。到杭州后，还曾兼任齐鲁大学和之江大学教授。束星北到浙大后，就致力献身于教育事业，在研究工作中把培养人才放在首位，即使身处逆境，也为培养人才尽心尽力。

他在浙大任教 19 年，教过“理论力学”、“理论物理”、“量子力学”、“热力学”、“电磁学”、“无线电”、“狭义相对论”、“广义相对论”、“物理讨论乙”（与王淦昌合开）等课程。他讲课时物理概念清晰，富有思想性和启发性，着重讲透物理学的基本概念和基本原理。例如，在讲授力学时，他首先阐明运动与速度的关系，并由瞬间速度引进极限和微分的概念，然后着重论证是运动的变化而不是运动本身需要“原因”（外界影响，即外力），以阐明亚里士多德运动观的错误和伽利略、笛卡儿运动观的正确，进而清晰地阐述牛顿的力和质量的概念。在讲狭义相对论时，他使学生对力学的理解进入了一个新天地。他把伽利略变换和洛伦兹变换、相对性原理和光速不变原理，以及如何从相对性原理和光速不变原理导出狭义相对论等，讲得深入浅出，一清二楚。

他讲课从不照本宣科，不作面面俱到的讲解。但对根本性原理不厌其烦地从日常所见的自然现象出发，以各种生动的实例，从不同侧面，深入浅出地反复论证，使学生一通百通地理解、掌握、运用基本原理和基本概念。凡领受过他的理论启蒙的学生，都会经历理解了一个基本原理的真谛时那种豁然顿悟的乐趣，欣赏到理论思维的威力和自然界奇妙的统一性。例如，他讲热力学时，用大量实例证明第一类和第二类永动机是不可能的，进而阐明热力学第一定律和第二定律。每次论证完毕物理学的一个基本原理或定律之后，他总爱说“物理学是逼上梁山的”，以形容自然规律的必然性和认识的曲折性。他将热力学第二定律和熵的概念描述成可捉摸的物理量，使学生难以理解的物理概念变得清晰、明了。

他特别着重引导学生抓住物理学的核心问题。在讲量子力学时，强调统计性和测不准关系，并用大量事例着重阐明测不准关系原理。例如，他启发学生思考：“为什么原子核相同，而衰变时间先后不同？”他用测不准关系，$\Delta E \Delta t \sim h$，说明原子核所处状态并不相同，因而衰变时间也不一定相同，并进一步说明与经典力学不同，量子力学中引入了概率概念。他爱引用老玻尔的话“在伟大的生存戏剧中，我们既是观众又是演员”，来阐明测不准关系原理。在讲狭义相对论时，他强调相对论的核心问题是同时性问题，用时钟佯谬等似非而是的疑题让学生讨论，使大家了解，在狭义相对论中，同时性只有相对的意义，只有时空的点才是绝对的。在讨论经典统计物理时，他强调指出统计物理的核心问题是玻尔兹曼的 H 定理。

束先生注重培养学生的独立思考能力。他要求学生对学过的东西一定要消化，不赞成死记硬背。他经常讲应该吸收那些对的部分，摒弃那些错的东西，剩下的应老老实实说不懂。他反对盲目引述文献和专家权威的话，认为如果不变成自己的东西，即使说对了也无用。他出的试题相当部分要求灵活运用讲授内容，靠死记硬背是答不出来的。如讲力学轨道运动时，他考学生“月球与太阳之间引力大于月球与地球之间引力，为什么月球绕着地球转”。为使学生接触物理学最新进展，他与王淦昌合开了“物理讨论乙”课程，介绍物理学的前沿领域。当时出现的一些重要进展他们都讲过。例如王淦昌讲过中微子和 β 衰变实验，束星北讲过费米的 β 衰变理论和 C. G. 达尔文的狄拉克方程的严格解。他们也让四年级学生作文献调研报告，培养他们阅读文献和独立思考的能力。

束星北是一位严师，但又平易近人，关心爱护学生。浙大物理系出了相当一批理论物理人才，与他的启发教育是分不开的。李政道的成长曾得益于束先生对他的精心培养。李政道于 1943 年在浙大一年级念书时，与束先生的侄子同班，常去束星北家中。通过提问题，他发现李政道是个天才，对李格外爱护培养。这一年，他每两周去永兴场一次，做普通物理辅导。每次去，都与李政道在楚馆（一年级教室地点）物理实验演示室热烈地讨论问题。李政道原是工学院学生，到二年级，束先生亲自帮助他转到理学院物理系。到湄潭后，李政道经常睡在双修寺物理实验室，束先生晚上也常去双修寺，两人往往谈到深夜。1944 年底日寇进犯黔南后，浙大出现从军热，李政道出于爱国义愤，决心去重庆报考参加青年军，路上翻车受重伤。他写信告诉当时在重庆的束先生，束先生派车把他送回湄潭，并发电报给王淦昌，不许他离开湄潭去参军。后来，束先生利用接家眷车把李政道接到重庆，随后介绍他去昆明找吴大猷，转学西南联大。李政道对于束星北先生对他的关心培养是念念不忘的。1972 年 10 月 14 日，李政道第一次回国期间，就给当时在青岛医学院劳动的束星北先生写信。信中说道：“先生当年在永兴湄潭时的教导，历历在念。而我物理的基础，都是在浙大一年所建。此后的成就，归源都是受先生之益。”

在束先生回国后的头十年，没有查到他有新的学术论文发表。这可能由于当时的国难形势和 1937 年后浙大的辗转搬迁，使他安不下心来继续他的相对论研究。这个时期，他热衷于与抗日有关的事情和研究能抗击日寇的新式武器。抗战全面爆发前，他曾在杭州搞过无线电遥控飞机研究，还在西湖做过无线电遥控船只试验。到湄潭后，因急需研制国防用药，他与工人一道协助化学系修好报废的发电机和电冰箱。浙大西迁途中，他见到日本飞机狂轰滥炸，十分气愤。他认为一个科学家看到自己祖国的国防如此落后，应感到耻辱。于是西行途中，他就思考设计一种国防武器能把飞机打下来。1939 年 2 月，浙大在宜山遭受大轰炸后，国民党总参谋长白崇禧来校参观。束星北当面向白建议研制新式武器去抗击日本侵略。到湄潭后，他开始在物理系工厂试制，限于条件未能成功。此事传到国民党一位要员耳中，这位要员于 1944 年 9 月聘束星北到重庆军令部技术处去研制国防武器。在他指导下，研制了中国第一架雷达试验装置，探测地面距离为 10 公里的目标获得成功。不久抗战胜利，他离开重庆回湄潭浙大。

1941 年浙大迁到湄潭后，开始有了一个比较安定的教学和科研环境。虽然当时条件十分艰苦，但湄潭的学术气氛十分浓厚。束星北又从一个新的途径重新对广义相对论进行探索，并在身边形成一个小的集体。王谟显、程开甲、蒋素卿等一些老师和高年级学生都与他一道作过研究。束星北探索任意参考系之间的相对性问题，试图放弃爱因斯坦的统一场论，由等效原理中的时空变化率进入广义相对论，只承认洛伦兹变换，将普遍时空变成相对于运动质点的时空，而不是一个唯一的统一的时空。他用瞬时洛伦兹变换方法，得到任意相对运动参考系之间的变换系数，并且得到很有意思的结果：电磁场张量在具有相对加速运动的两参考系之间具有相对性，即无论是电荷加速运动、观察者静止，还是电荷静止、观察者加速运动，观察者所观察到的电磁场完全一样。他在这方面发表过一系列论文。其中一篇是与王谟显合作，发表在 1945 年的《科学记录》上，题目是《一个加速电荷的场强的洛伦兹变换》。有两篇发表在 1946 年《自然》的第 157 期和第 158 期。有一篇发表在 1947 年《哲学杂志》第 38 卷上。另一篇是他的学生程开甲署名发表的，用这一方法计算了金星近日点，发表于 1945 年《自然》第 155 期上。

凡与束星北共过事、受过教的人，对束星北先生的学术思想和治学态度无不留下深刻的印象。他思想敏锐，理解深刻，好穷根究源。20 世纪 30 年代，量子力学和核物理是引人注目的前沿领域。束星北回国后一直关注着这些领域的发展。1937 年 5 月，尼・玻尔来中国讲学。因爱因斯坦与玻尔在量子力学原理上有尖锐的分歧，束对此曾多次向玻尔请教，两人讨论十分热烈，给玻尔留下了深刻印象。其子汉斯・玻尔在日记中曾多次提到束星北先生，如："5 月 24 日，……父亲也作了一篇精彩的关于原子核物理学之最近发展的演讲……演讲以后，我们应邀到市政府赴宴，由于青年物理学家们特别是束博士和我父亲讨论得很起劲，我们迟到了一会儿，但是那个夜晚使我们很高兴"，"5 月 25 日，……束博士、王博士和何博士陪着我们走了一程并和父亲说着话。看到他们对自己的事业和对我父亲的那种深深的真诚，真是美好和令人感动。当我们分手时，天正在下雨，但我仍然看到强壮而坚定的束博士面带热情立在倾盆大雨中，只为的是尽可能多看我父亲一会儿"。

早在 20 世纪 30 年代，束星北就认为幻数对核结构有重要意义，曾让他的学生研究过这个问题。他很早就强调群论在核物理中的应用。1942 年暑假，他还在湄潭专门组织了群论讨论班，冒着酷暑，每天用半天时间讲群论一书，重点讲原子光谱和核谱的应用，这在国内可说是一位先行者。他对量子力学基本原理测不准关系特别重视，在课堂上常讲，作为基本原理，不能仅仅是对测量的一种限制，应该可以从这个原理推导出量子力学的一些结果。他曾根据这个观点推导出谐振子和氢原子基态能级等，相关论文刊登于英国《哲学杂志》第 41 卷。

1939 年浙大在宜山时，他讲授过数学物理方法，主要内容有：(1) 正交函数和希尔伯特空间，从而引入量子力学的数学方法；(2) 格林函数和积分方程，这种方法当时还未见到在量子场论或其他多体问题上的应用。1940 年，他讲课时就提出将特异点解微分方程的方法应用于量子场论。这种方法在量子场论和其他多体问题上的应用，国际上一直到费曼理论出来之后。1947 年兰姆等发现兰姆位移。当年贝特对之作了理论解释，其计算值与实验值一致。早在 1941 年，束星北针对量子电磁场高次微扰计算中的发散困难，提出将发散上限切断，继续算下去，可得原子能级的电磁场修正。这个想法接近贝特计算兰姆位移的观点。束星北曾对氦的电子能级进行计算，得到了与后来贝特相同的修正。可惜上述这些工作当时都没有进行到底，没有写成文章发表。

束先生从来不人云亦云，盲目接受前人观点。在电动力学中，麦克斯韦方程组既有一个推迟解，又有一个超前解。通常认为超前解不符合因果律而被舍弃，束却认为如方程式数学上正确，就不应舍去合乎一般物理要求的解。经过钻研，他论证了当恰当注意边界条件，这个超前解与推迟解等同，都不违反因果律。而通常人们感兴趣的外向辐射的边界条件下，舍去超前解又是正确的，文章发表于《中国物理学报》1950 年第 7 卷第 6 期。1945 年，惠勒和费曼曾把辐射的原因归于吸收体的存在。束星北认为这是颠倒了因果关系。他与他的研究生蔡建华根据他对波动方程的超前解与推迟解等同的证明，论证了“吸收体的反作用”不存在，他们所说的“吸收体”无任何物理真实性，并写成文章发表于《物理学报》1954 年第 10 卷第 1 期。

四

1952 年院系调整，束星北先生到青岛山东大学物理系任教授。到山大后，他深感提高教师素质是当务之急，主动要求亲自参加普通物理教研室，辅导提高该教研室教师水平，对山大物理系教学质量提高起了很好的作用。当时，正值第一个五年计划即将开始。面对国民经济发展的需要，束星北毅然再次放下了多年追求探索的相对论研究，决心献身于气象科学研究。当年，山大成立海洋系，物理系气象组转入海洋系，在中央气象局的支持下，在海洋系成立了气象研究室，束星北兼任研究室主任。他精神焕发，夜以继日，孜孜不倦，学习钻研这个新的领域。由于他具有雄厚的数理基础，研究工作很快上升，短短两年（1953—1954）便写出气象学方面的论著近十篇，对大气动力学作了深入的理论探讨。

在气象研究中，对于干空气绝热运动，一般视作等熵变化。在等熵运动中，束星北得出决定温度直减率 γ 变化的因素有空气压力变化、水平辐合和冷暖平流切变等 3 种，理论上比彼得逊和赫尔维茨等所得结果更为完善。在大气骚动和空气运动学方面，束星北得到的波速方程比罗斯贝的结果在形式上更为广泛，理论上较为完整。他还从大气骚动导出温压结构的槽脊方位和倾度关系，提出倾向与强度相互消长变化等结论，有助于对西风波的认识。束星北在《高空变压计算法的建议》中导出的高空变压公式，与罗斯贝的公式大致相同，理论上更严格些。关于基培尔学说，束星北曾发表两篇文章，为基培尔的假设条件提供了理论依据，并从基本假设出发导出预报方程，避免了基培尔学说中不合理的设想和简化。上述工作成果分别发表于 1953—1954 年的《山东大学学报》《气象学报》《物理学报》上。

正当束星北先生对我国气象研究开始有所贡献时，1955 年“肃反”运动开始。从此，他被迫停止了刚刚有一个良好开端的事业。

1955 年“肃反”运动中，束星北受到历时一年的停职审查。1956 年审查结论为没有反革命历史问题，山东大学党委公开宣布取消束星北的政治嫌疑，并公开道歉。1957 年整风运动中，他又被错划为极右分子，并被重新扣上“历史反革命分子”的帽子，开除公职，管制劳动三年。1960 年转到青岛医学院任教员，继续管制劳动。1965 年取消管制劳动，仍留在青岛医学院监督劳动。

在青岛医学院期间，束星北在精神上、生活上极其痛苦与艰难，但他为提高青年教师数理基础，仍然非常认真、尽心尽力地给青年教师讲授电动力学、傅立叶级数、普通物理学、微分方程、矩阵、医学生物统计等课程。

束星北是一位性格刚强的人，在蒙受极大磨难和挫折、身处逆境时，仍然挺立不倒，坚持不懈地钻研科学技术，做了大量工作。1965 年完成了《狭义相对论》专著。1972 年完成了中国科学院东北石油化工研究所委托的冲击力对金属胶黏结的破坏因素研究。1979 年又为航天工业部计算了我国第一枚洲际导弹弹头的数据仓接收和打捞的最佳时间，确认在三分钟内可以立即打捞，为我国航天工业作出了贡献。他还为青岛医学院修好并研制了一批当时国内难以修复和难以买到的精密电子仪器。有一次，一架刚从国外进口的脑电图仪被人误操作搞坏了。这是当时尖端科研用的极其珍贵的仪器，一般人修不了，也不敢插手修。束先生则主动请缨。考虑到他当时的政治处境，好心人劝他不必多事。他则说："看到国家贵重仪器的损坏，而我袖手旁观，是我良心所不允"，"如果我修不好，就是批斗我也心甘情愿"。后来，这架仪器果真被他修好了。

1978 年，中国的大地迎来了科学的春天。春风也吹进了束星北先生的住所——青岛医学院老校门的传达室。大约在 1978 年初夏，束星北还戴着"右派""历史反革命"两顶帽子在劳动。国家海洋局第一海洋研究所的曾荣所长三次到这个传达室拜访束星北，请他到海洋研究所工作。他为这位所长的诚心所打动，于 1978 年盛夏正式到该所工作。在他古稀之年，又抱病投身于我国海洋科学事业。

他到海洋研究所后，首先广泛了解科研人员素质和科研状况，深入阅读有关海洋科学和海洋物理文献，提出首要任务是要培养一支有深厚理论基础的物理队伍。在所领导的大力支持下，他举办了有 28 名经过挑选的科研人员参加的海洋动力学学习班。针对多数学员理论基础不牢、缺乏正规科研训练的情况，他比较系统地讲授了张量分析、流体力学、数学物理方法等课程，还边学边教，讲授了动力海洋学。他培养的 28 名学生后来大都成为副研、高工以上的业务骨干，各领域研究课题的学术带头人。他所创建的研究组，也成为我国从事海洋内波研究的一支重要力量。

1980 年春，在动力海洋学学习班上，他与当时中国科学院声学所汪德昭所长共同倡导，在我国近海开展海洋内波的观察研究。在海洋所组建了由他领导的海洋内波研究组，进行内波理论的探索研究和现场观察。为此，开展了测温链的研制。1981 年完成了由几个铂电阻探头构成的以单板机控制、取样、记录的测温链，并在黄海进行了试验内波测量。接着又开始研究由 16 个热敏电阻探头构成的微机控制、取样、记录的测温链。正当他满腔热情为我国海洋科学事业不遗余力地刻苦工作的时候，不幸于 1983 年 10 月病逝。1984 年，他所创建的内波研究组研制成了第二代热敏电阻测温链，并用于海洋内波的正式现场测量。在 1985 年《海洋学报》第 7 卷上发表了由他学生执笔，以他为首署名的两篇有关海洋内波的研究论文。这些虽是初步的工作成果，却是我国海洋学界公开发表的有关海洋内波的最早的研究论文。

五

束星北先生秉性耿直，富有正义感。早在 1935 年浙大物理系反对反动校长郭任远的斗争中，他就是一个积极分子。有一次郭任远为拉拢教授们，宴请全校教授。束先生当面质问郭任远宴请经费从哪儿开支，弄得郭任远下不了台。他具有强烈的正义感，1947 年 10 月浙大学生会主席于子三被特务逮捕，并于狱中惨遭杀害，在第二天上午听取竺可桢校长、校医和学生代表的情况汇报后，束先生首先起来号召浙大全体教授罢教，以抗议国民党当局杀害学生的暴行。当晚，他找当时在学生会担任领导工作的物理系学生雷学时去他家。他对雷说，国民党太腐败了，看来你们是对的，希望你们好好干。1949 年初，有人不小心在实验室丢了一本《论共产党员的修养》，他捡到后，秘密保存起来，保护了他学生中的地下革命同志。

对于束星北先生来说，最大的痛苦，莫过于不能发挥自己的才能、为国效劳的那种精神上的痛苦。1964 年，当束星北听到我国第一颗原子弹爆炸的消息时，不禁在家号啕大哭，他为自己有力不能出、有志不能酬而痛心，为不能与王淦昌在现场并肩战斗而伤心。他哭得如此伤心，全家人为之震动，因为全家人从来没有见过他流眼泪。1966 年 3 月，他让他的大儿子到北京找王淦昌，请求王淦昌帮助把他调到中国科学院，希望有机会发挥自己的作用。1972 年，他给老校长竺可桢写信，诉述自己长期在青岛医学院打扫厕所，希望有机会到科学院工作。昔日刚毅豪放、高度自信的束星北先生，在那个年代不得不发出如此心酸的哀求。对于这样可怜的请求，无论是年迈病重的老校长，还是正在为“两弹”过关的老同事、老挚友，都无能为力，爱莫能助。

即使在这种遭到错误对待的境遇下，束星北仍然对祖国的日益昌盛感到由衷的高兴。1972 年 10 月 20 日，他在给李政道的回信中写道：“这次回国，当能看到祖国经历的惊天动地变化，28 年前那种国内卑污、国际受辱的现象已一去不复返矣！”表达了他热爱新中国的心声。

1978 年他受聘于第一海洋研究所。1979 年 7 月，21 年的冤案得到彻底平反，并完全恢复名誉。他对党能坦诚地承认、改正错误大为折服，内心非常激动，心情十分舒畅，工作异常积极，为我国海洋物理研究和人才培养尽心尽力。

束星北是我国早期一位杰出的理论物理学家和教育家。他的一生是孜孜追求真理、辛勤耕耘播种的一生，也是坎坷的一生。他是一位有真才实学的、才华横溢的、爱国的科学家。

（作者：李寿枬）

参考资料

[1] 李政道致束星北的信，1972 年 10 月 14 日.

[2] 汉斯·玻尔.尼耳斯·玻尔教授在中国［J］.中国科技史料，1990（2）：88-96.

[3] 束星北致李政道复信，1972 年 10 月 20 日.

[4] 邗江县政协文史委员会.物理学家束星北——纪念束星北先生逝世十周年［M］.中国人民政治协商会议邗江县委员会文史资料委员会，1993.

王淦昌

(1907—1998)

王淦昌

当代中国杰出的物理学家

王淦昌先生不仅在粒子物理学方面作出了重大的发现和贡献，也为独立自主地发展我国的核武器立下了不朽的功勋。他以广博精深的学识，严谨的学风，坚持真理的科学精神，爱祖国、爱人民、伸张正义、乐于助人的崇高品格，教育熏陶了几代人。他不愧为我国科学工作者学习的典范。

一、青少年时代

1. 从私塾到清华

王淦昌先生于 1907 年 5 月 28 日生于江苏省常熟县支塘镇枫塘湾。父亲王以仁是当地颇有名气的中医，家里也有少量田产。王淦昌 4 岁时，父亲就逝世了。大哥王舜昌行医并兼做小本生意，维持一家生计。

王淦昌自幼好动，并且特别喜欢翻弄父亲、哥哥的几部藏书。幼时家境尚好，1913 年，母亲和哥哥送他进了私塾。1916 年，转入太仓县沙溪小学。少年时的王淦昌很喜欢算术，解趣味数学题是让他着迷的游戏。

1920 年，王淦昌的母亲病逝。同年，他在外婆和大哥的资助下，随一远亲到上海浦东中学就读。在这里，对他影响最大的是数学教师周翰澜。周翰澜曾留学国外，有志于振兴中华的科学文化。周的教学原则有二：一是鼓励自学，二是因材施教。在他的倡导下，王淦昌在中学就读完了大学一年级的微积分课程。这一时期，王淦昌树立了学习自然科学的目标。在浦东中学，除了数学，他最感兴趣的学科就是英语。英语教师崔雁冰对他的影响和教育也很大。

1924 年，王淦昌高中毕业。毕业后，他作出的第一个决定是进外语专修班。半年后，他又找机会进了一所技术学校，学习汽车驾驶和维修技术。结束了这两轮短期训练后，他报考了清华学校。

1925 年“五卅惨案”后，王淦昌积极参加了反帝爱国运动。一天，他参加游行后，仍抱着一大捆传单沿途散发，被一个英租界的印度巡捕抓住。但在一个僻静的地方，这个印度巡捕出于某种同情心，把这个充满爱国热情的中国学生放走了。同年，王淦昌被录取为清华学校首届本科生，一年后分科进了物理系。同时进入物理系的另外三名学生是施士元、周同庆和钟间。

2. 在名师指导下踏上物理学的征途

初到清华学校，王淦昌迷上了化学。化学系的实验条件在当时的清华堪称最佳，即使是公共课，也安排了尽可能多的实验。王淦昌一走进实验室就异常机智和活跃，经常长时间地待在里面不肯出来。由于中学时几乎没有接触过化学实验，石蕊试纸的颜色变化都曾使他大为惊异。他把化学元素周期表背得烂熟，关于元素和化合物性质的种种实验，有条件的他都认真去做。这段美好的时光对王淦昌后来的科学活动产生了巨大的影响。从建议用 Be^7 元素作为检验中微子的放射源，到 γ 射线化学效应的研究、有机活性磷光体的制备以及对准分子激光器的关注与倡导，都不能不使人联想到他在青年时期打下的坚实的化学基础。他曾很带感情地说：“化学是很有意思的。我对化学比较熟悉，以后还想和别人合作作些化学方面的研究。”

清华物理系是我国近代物理学先驱叶企孙教授创建的。他是著名的实验物理学家，在 1921 年测定的普朗克常数在国际上沿用了 16 年之久。他长期担任清华物理系主任，亲自为学生上普通物理课。在一堂普通物理课上，叶企孙教授提了一个有关伯努利方程的问题，王淦昌在很短时间内给出了正确的回答。叶先生对他理解问题的清晰度和准确性表示赞赏。课后叶先生把王淦昌找去谈话，了解他的学习情况，并解答了他的一些问题。叶企孙告诉王淦昌，有问题随时都可去找他。叶先生对王淦昌的鼓励和个别传授更加激发了他少年时期萌发的自信、自强之心。此后他成为物理实验室的常客。

1928 年，王淦昌已经是大学四年级的学生。叶企孙于当年聘请中国近代物理学的另一位先驱、实验物理学大师吴有训教授到清华物理系主持近代物理课程。在教学中，吴有训很快对王淦昌有了良好的印象。他注意到王淦昌对实验的特殊爱好和操作能力。吴有训自己是首先通过实验工作接受近代物理学，并为证实康普顿效应作出了重要贡献。他也希望以同样的方式培养、帮助王淦昌。1929 年 6 月，王淦昌从清华大学物理系毕业后，吴有训把他留下来当助教，同时给了他一个研究题目：清华园周围氡气的强度及每天的变化。这个题目当时在国内尚无人涉猎。1902 年至 1904 年间，德国物理学家埃尔斯特和盖特耳发现了大气中的放射性气体，继之人们在大气放射性与气象学条件的相互关系方面作了大量研究。为了就这种关系形成一个明确的概念，需要在世界上尽可能多的地方从事此项实验。吴有训教授认为中国物理学家也应该在这个领域作出自己的贡献。

从 1929 年 11 月到 1930 年 4 月，实验进行了 6 个月。在吴有训的指导下，王淦昌查阅了大批参考资料，根据当时的条件，王淦昌采用了类似于戴奥特哈曾采用的裸导线的荷电量的测量方法。王淦昌每天上午在室外做两三小时的实验测量工作，测出 5 米高空的大气放射性，同时记录下大气压、风速与风向、云的性质与分布和温度，得出了北平上空大气放射性与大气压、风向、风速、云的性质与分布相关的大量数据，以及大气放射性的平均值与最高值的每月变化，总结了五点结论。

王淦昌在清华期间还有一段终生难忘的经历，这就是 1926 年的“三一八”惨案。该年 3 月 12 日，日本军舰炮击驻守大沽口的国民军，遭到国民军的还击。英、美、日等八国因此向中国政府发出最后通牒。3 月 18 日，王淦昌和部分清华同学一道在天安门前参加了北平人民群众 5000 多人反对八国最后通牒的集会游行，结果遭到段祺瑞军阀政府的军警的血腥镇压，死伤 200 余人。王淦昌亲眼看到有人在自己身边中弹倒下。血淋淋的场面使王淦昌看清了北洋军阀反动卖国的真面目，深切感到中国青年应该肩负起救国的重任。

3. 在世界科学中心度过了物理学的黄金时代

为了培养中国的优秀物理学家，叶企孙鼓励清华物理系毕业生出国深造。钱临照教授回忆说：“清华物理系首届毕业生，一个去德国（王淦昌），一个去法国（施士元），一个去美国（周同庆），这可能是叶老的安排。”这表现了叶老对振兴中国物理学的深谋远虑。

1930 年，王淦昌考取了江苏省官费留学，到德国柏林大学攻读博士学位。他的导师就是杰出的女物理学家迈特纳。

王淦昌先在格丁根大学选修了半年的课程，其中有玻恩的热力学、海特勒的量子化学、冯・米泽斯的概率论和固体物理学的先驱诺德海姆的课。王淦昌也曾听过几堂弗兰克的课。遗憾的是弗兰克不久就离开了格丁根。

半年后，王淦昌跟随迈特纳，就读于柏林大学威廉皇帝化学研究所放射物理研究室。在这个柏林郊外的名叫达列姆的小镇上，他潜心于课堂和实验室。在实验室，他常常工作到深夜，而实验室的大门晚上 10 点就关闭了，所以他常常翻出围墙回自己的宿舍。一般说来，只有两种情况使他奔走于柏林城内的校部与达列姆之间。一种情况是去听课和听讲演，例如他去听过薛定谔的几堂波动力学课及其他课程和讲演。另一种情况就是参加每周一次的研讨会，这是德国物理学界群英荟萃的讨论会，王淦昌从中吸收了许多新思想、新方法，了解到物理学前沿的许多最新的发现。他对德拜讲演的风采记忆深刻。

王淦昌在德国留学的四年（1930—1934），正是现代物理学史上的黄金时代。这一时期量子力学取得了巨大成功，原子核物理和粒子物理迅猛发展。电子、正电子、人工放射性相继被发现。这些进展在德国物理学界引起强烈反响。尤其是实验物理学家迈特纳为每一项进展所鼓舞，并坚持在放射性领域从事着十分有意义的实验研究。王淦昌以对实验物理学的特殊兴趣和敏锐，从导师的言谈举止之间辨识着当代物理学发展的新方向。

1931 年，王淦昌先后参加了柏林大学两次很有意义的物理讨论会，迈特纳的另一个研究生科斯特斯报告了关于玻特和他的学生贝克尔 1930 年做的一个实验。他们用放射性钋所放出的 α 粒子轰击铍核，发现了很强的贯穿辐射。他们把这种辐射解释为 γ 辐射。而迈特纳早在 1922 年就对 γ 辐射与元素衰变的关系进行过实验探讨，对 γ 辐射的性质也作过一系列的研究。王淦昌对此是有所了解的。玻特的实验报告给王淦昌留下了深刻的印象，他对 γ 辐射能否具有那么强的贯穿能力所需要的高能量表示怀疑。玻特在实验中用的探测器是计数器。王淦昌当时想到的是，如果改用云雾室做探测器，重复玻特的实验，则有助于弄清这种贯穿辐射的本性。王淦昌在讨论会以后曾先后两次去找导师迈特纳，建议用一个云雾室着手研究玻特发现的这种贯穿射线。迈特纳始终没有同意王淦昌的请求。可是，查德威克正是用不同的探测器——云雾室、高压电离室和计数器证实了这种贯穿辐射是中性粒子流，从而发现了中子，并在 1932 年 2 月 17 日将论文送交《自然》发表。查德威克因此获得了 1935 年度的诺贝尔物理学奖。中子被发现以后，迈特纳曾不无沮丧地对王淦昌说“这是运气问题”。王淦昌本人也曾半开玩笑地说：“如果我当时做出来了，王淦昌就不是今天的王淦昌了。”这一事件给王淦昌以终生难忘的教训。他毕竟没有尽全力去争取从事这一实验的机会，这是他抱憾的最主要原因。1985 年 3 月，国际科学史学会主席、美国研究核物理学史的科学史家希伯特访问王淦昌。当希伯特听到这段故事后，他建议王淦昌一定要把有关发现中子的历史过程的回忆写出来。

王淦昌的博士论文题目是《关于 ThB+C+C″ 的 β 谱》，工作从 1931 年冬季进行到1933年10月。题目是在导师迈特纳教授的提议下选定的。1933年12月19日，王淦昌完成了博士论文寄往《物理学期刊》发表。王淦昌在导言中分析了艾利斯等人所用实验方法的利弊，吸收了他们测量射线强度的基本思想，采用盖革－缪勒计数器在磁场中计数。他应用他的方法测量了ThB+C+C″的β谱。他在结论中提出，他所得结果在强度方面比艾利斯的要精确得多，虽然分辨率要差一些。

王淦昌的博士论文顺利通过了答辩。答辩委员会成员有著名物理学家冯·劳厄、物理化学家玻登斯坦、导师迈特纳和哲学心理学家苛勒。冯·劳厄是主考人。当时，王淦昌中学和大学时的同学施士元正在法国留学，他曾在假期去德国旅游并看望王淦昌。据施士元教授回忆，费米建立β衰变理论时参考了当时有关β谱强度的若干测量数据，王淦昌的工作可能对费米的工作有一定的参考价值。

王淦昌到柏林的第二年，发生了日本侵略军侵占我国东北三省的“九一八”事变。这不能不在精神上给热爱祖国的王淦昌带来巨大的痛苦。1933年希特勒篡夺了德国政权，开始推行灭绝人性的法西斯专政。王淦昌的导师迈特纳是犹太人，1933年9月6日被剥夺了教书的权利。(但由于她是奥地利籍，仍能留在化学研究所工作。1938年纳粹德国侵吞奥地利，她才不得不逃亡瑞典。)在法西斯专政的环境中，王淦昌感到窒息，无法继续沉浸于实验室和书本之中。在论文答辩通过之后不久，他就动身离开了德国。

王淦昌在结束自己的留学生活之前，曾去英国、法国、荷兰、意大利等国旅行。他每到一地，先去大学和实验室，会见物理学大师。他访问了英国剑桥的卡文迪许实验室，会见了卢瑟福和查德威克及艾利斯。他访问了罗马大学的费米小组，恰巧费米临时外出，未能碰上。王淦昌的心愿是想了解一下这些物理大师在想些什么、干些什么。王淦昌在当时的科学中心西欧学习了最新的物理学理论与实验技巧，度过了物理学的黄金时代，于1934年4月回到灾难深重的祖国。

二、粒子物理学家、核物理学家与和平利用核能的倡导者

王淦昌从德国回国后，历任山东大学物理系教授（1934—1936）、浙江大学物理系教授（后又兼任系主任）（1936—1950）、中国科学院近代物理研究所（1953年改名为物理所）研究员兼副所长（1950—1956）、苏联杜布纳联合原子核研究所高级研究员（后又兼任副所长）（1956—1960）、第二机械工业部九院研究员（后又兼任九院

副院长）（1961—1978）、二机部副部长兼原子能研究所所长（1978—1982）、二机部科技委员会副主任兼原子能研究所名誉所长（1982—1998）。其间有十几年处于抗日战争和解放战争的艰苦环境之中，王淦昌又长期肩负着繁重的教学工作和行政组织工作，可是他始终活跃在粒子物理和核物理研究的第一线，不间断地阅读最新的物理学期刊与文献，从事实验工作，做出了大量研究成果，在国内外发表了40多篇学术论文，在国际物理学界赢得了声誉。他最突出的成果是：（1）关于探测中微子的建议；（2）反西格马负超子的发现；（3）我国原子弹和氢弹的研制与试验；（4）惯性约束核聚变的研究。现将这几项工作分别作一介绍。在介绍这些工作的同时，我们将会看到王淦昌不但是一个杰出的科学家、原子弹和氢弹的研制者，还是一个和平利用核能的倡导者。

1. 关于探测中微子的建议

王淦昌早年最重要的科研成果是“关于探测中微子的建议”。

早在1914年，查德威克就发现放射性物质辐射出的α射线、γ射线的谱是分立的，而β射线的谱是连续的。这似乎预示着在放射β射线时，能量对于单个的反应并不守恒。可是泡利在1930年12月4日致“图宾根地区物理会议放射性组”的公开信中提出：“在原子核内可能存在一种我称为中子[1]的电中性粒子。它具有自旋1/2遵从不相容原理，另外它们不以光速运动，以此又同光子区别开来。中子质量一定是电子质量的数量级，不管怎样也不会大于质子质量的0.01倍。假定β衰变中一个中子与一个电子一同射出，β连续谱将不难理解，这样，中子、电子能量和就是一个常数。”但是泡利对自己的猜想并没有充分的信心。1933年，在中子发现之后，费米提出了β衰变理论，在理论上肯定了中微子的存在。

王淦昌是赞成泡利的假说和费米的理论的。他认为：“泡利之假说与费米之理论，固属甚佳，然若无实验证明中微子之存在，则两氏之作，直似空中楼阁，毫无价值，而β放射之困难仍未解决。”当时王淦昌正生活在抗战的颠沛流离之中，当浙大在贵州遵义安居下来以后，他写了一篇短文《关于探测中微子的一个建议》，于1941年10月13日寄到美国《物理评论》。

王淦昌在这篇短文中首先指出：

“测量放射性原子的反冲能量或动量是获得中微子存在的证据的唯一希望。克兰

1 即后来人们所称的中微子。因为当时中子尚未发现，故泡利称这种假想的粒子为中子。

和哈尔彭已经通过一个云雾室测量发射出的β射线和反冲原子的动量和能量，得到了倾向于中微子存在的证据。可是，由于反冲原子的电离效应很小，似乎有必要考虑另一种不同的探测方法。

“当一个β^+类放射性原子不是放射一个正电子而是俘获一个K层电子时，反应后的原子的反冲能量和动量仅仅取决于所放射的中微子，原子核外的电子的效应可以忽略不计了。于是，要想求得放射的中微子的质量和能量就比较简单，只要测量反应后原子的反冲能量和动量就行了。而且，既然没有连续的β射线被放射出来，这种反冲效应对于所有的原子就都是相同的。”

王淦昌建议的关键之点就在于把普通β衰变末态的三体变为K俘获中的二体。这就使得中微子的探测有了实际的可能。

王淦昌的文章发表后不过几个月，阿伦就按照这一建议做了Be^7的K电子俘获实验，测量了Li^7的反冲能量，取得了肯定的结果，但没能观察到单能的Li^7反冲。直到1952年，罗德巴克和阿伦的A^{37}K电子俘获实验，才第一次发现了单能的反冲核。Cl^{37}的反冲能量的实验值与理论预言值完全符合。同一年，戴维斯成功地做了Be^7K电子俘获实验。王淦昌在1941年提出的建议，在1952年的实验中最后取得了成功。

王淦昌在回忆《关于探测中微子的一个建议》发表前后的情形时说：“那个时期觉得自己比较成熟了。敢想问题，也想得多。只是工作起来因为条件不具备，很多事情做不下去，真是可惜。在德国和刚回国的一段时间，我太年轻，还不能很扎实地做工作，还只是在学。后来的感觉不同了。不过我始终怀着极大的兴趣寻找新现象。”

1947年，由于吴有训的推荐，王淦昌因1942年关于探测中微子的建议获得了第二届也是最后一届范旭东奖金。第一届范旭东奖金授给著名的化工专家侯德榜。

2. 在苏联杜布纳联合原子核研究所发现反西格马负超子

1956年9月，王淦昌代表中国去莫斯科参加联合原子核研究所成立会议。会后，王淦昌留在该所工作，直到1960年底回国。他领导的研究组最初由两位中国青年科学工作者、两位苏联科研人员及一位苏联技术员组成，1960年发展到由中国、苏联、朝鲜、罗马尼亚、波兰、民主德国、捷克斯洛伐克、越南等国的20多位科研人员、4位技术员及10余位实验员组成的庞大研究集体。

20世纪50年代正是第一代高能加速器陆续建成投入运行的时期。1955年张伯伦和塞格雷利用美国63亿电子伏的质子同步加速器发现了反质子和反中子。1956年秋，联合原子核研究所的100亿电子伏质子同步稳相加速器即将建成，而设在日内瓦的欧洲原子核研究中心的300亿电子伏质子同步加速器正在建设之中。联合原子核研究所的加速器在能量上只可能占几年的优势，因此，亟须选择一批有可能突破的研究课题，选择有利的技术路线，才能及时做出符合该加速器能量优势的成果。王淦昌以敏锐的科学判断力，根据当时面临的各种前沿课题，结合联合原子核研究所高能加速器的特点，提出了两个研究方向：(1) 寻找新奇粒子——包括各种超子的反粒子；(2) 系统研究高能核作用下各种基本粒子（π，Λ°，K°……）产生的规律性。工作分成3个小组并列进行，即新粒子研究（由王淦昌负责）、奇异粒子产生特性研究（由丁大钊负责）、π介子多重产生研究（由王祝翔负责）。

在联合原子核研究所加紧进行100亿电子伏高能加速器建设时，没有配备相应的探测器。利用高能加速器进行基本粒子研究的优势在于选择有利的反应系统，全面观察所要研究的粒子的产生、飞行、相互作用（或衰变）的全过程。根据这一特点，王淦昌小组果断地选择放置在磁场内可进行动量分析的气泡室作为主要的探测器。气泡室的工作介质既是高能核作用的靶物质，又是基本粒子的探测器。为了争取时间，王淦昌提出抓紧建立一台长度为55厘米、容积为24升的丙烷气泡室，而不选用质量更好但要花费更多时间的氢气泡室。24升丙烷气泡室于1958年春建成。

第二个问题是选择什么反应系统来研究新奇粒子及其特征。从发现反超子的角度讲，利用反质子束的$\tilde{p}+p\rightarrow\tilde{Y}+Y$反应是非常有利的。1957年王淦昌与肖健的私人通信中已谈到这一想法。但是要得到比较“纯净”的反质子束，必须用复杂的电磁分离系统，这在联合原子核研究所不是短期内能建成的。因此，王淦昌于1957年夏天提出利用高能π^-介子引起的核反应。这样可以把π^-介子引出至离靶很远的地方，可以大大减少本底。

王淦昌研究组于1958年秋开始了6.8GeV/c π^-介子与核作用的数据采集。1959年春又建立了8.3GeV/c的π^-介子束，开始新一轮数据采集。前后总共得到了近10万张气泡室照片，包括几十万个高能π^-介子核反应事例。

因为反超子衰变的重产物一定是反质子或反中子，湮没星是鉴别其存在的确切无疑的标准。根据这一标准画出了反西格马负超子存在的可能的图像。王淦昌要求研究组每一位成员在扫描照片时十分注意与图像吻合的事例。1959年3月9日，从4万张照片中发现了第一张反西格马负超子事例的图像照片，经过计算正与预期的一致，而且是一个十分完整的反超子产生的事例。

1960年3月24日，王淦昌小组正式将有关反西格马负超子发现的论文送交国内的《物理学报》发表，同年苏联的《实验与理论物理期刊》也发表了这一研究成果。作出这个发现的有关成员是中国的王淦昌、丁大钊、王祝翔以及苏联、朝鲜、罗马尼亚、越南等国的科技工作者。王淦昌在整个工作中所起的主导作用是公认的。

王淦昌小组的这一发现首先在中国和苏联引起反响。《人民日报》《真理报》分别发表消息报道这一发现。两年以后，即 1962 年 3 月，当时世界上最大的加速器上发现了反克赛负超子。该中心领导人韦斯科夫指出："这一发现证明欧洲的物理学家在这一领域内已与美国、苏联并驾齐驱了。"这一评价显然是就反质子和反西格马负超子的发现而言的。1982 年王淦昌、丁大钊、王祝翔关于反西格马负超子的工作获我国自然科学奖（1956—1980）一等奖。

1972 年，杨振宁访华时曾对周总理说，联合原子核研究所这台加速器上所做的唯一值得称道的工作就是王淦昌先生及其小组对反西格马负超子的发现。当然，这是指最重大的发现而言的。

3. 参与我国原子弹、氢弹的研制与试验

1958 年初，在苏联的帮助下，我国开始了核武器的研制工作。1959 年 6 月，苏联领导人撕毁合同，拒绝提供原子弹模型及图纸资料。中共中央和中国政府决心自力更生，尽快掌握制造原子弹和氢弹的技术，打破苏、美等国的核垄断。

王淦昌于 1960 年底回国后，一直在思考下一步做什么工作。1961 年 3 月底的一天，第二机械工业部部长刘杰和副部长钱三强约王淦昌教授谈话，拟请他到研制原子弹的九院任研究员。王淦昌慨然应允，第二天就到九院报到，开始工作。他和彭桓武、郭永怀分别担任了物理实验、总体设计和理论计算方面的领导工作。

王淦昌领导了有关炸药研究的工作。在他的指导下，成功地应用了新的注装工艺，提高了炸药部件的质量，还与其他单位协作，开展了新型高能炸药的合成和塑料黏结炸药的研制。以后研制成功的新型炸药在核武器发展中起了重要作用。为了加强对原子弹装置和机载航弹的设计和试验的技术指导，有关部门设置了 4 个专门委员会，王淦昌担任了冷试验委员会的主任委员。

爆轰试验最早是在河北省怀来县燕山的长城脚下进行的。王淦昌、郭永怀亲临爆轰试验的第一线。在一年之内，他们做了上千个实验元件的爆轰试验。后来，为了开展更大型爆轰试验，王淦昌又来到海拔 3000 多米的青海高原。1963 年上半年，开展了一系列缩小尺寸的局部聚合爆轰试验，取得了对爆轰规律较完整的认识。1963 年，进行了缩小尺寸的模型爆轰试验。这次试验解决了研制原子弹的一个很关键的技术问题，为原子弹的设计和核爆试验打下了可靠的基础。

1964 年 9 月，王淦昌、彭桓武、郭永怀、朱光亚等科学家和九院领导来到了茫茫的戈壁滩。在聂荣臻元帅的领导下，在张蕴钰司令和物理学家程开甲的具体组织下，10 月 16 日 15 时，中国第一颗原子弹爆炸成功。当蘑菇云在戈壁滩上冉冉升起的时候，在场的不少科学家都流下了激动的眼泪。第一颗原子弹爆炸成功不久，研制氢弹的任务很快上马。1967 年 6 月 17 日，我国第一颗氢弹爆炸成功。

1982 年，王淦昌和他的同事们因核武器的研制和试验方面的贡献获得了我国自然科学方面的最高奖励。

王淦昌为研制原子弹、氢弹立下了汗马功劳。但他研制核武器是为了打破苏、美的核垄断，是为了最终彻底禁止和全面销毁核武器。他更关心的是核能的和平利用，使核能造福于人类。早在“两弹”成功以后，他就希望我国的核科技队伍转向核电站的研制。然而，他的理想只有在“四人帮”垮台之后才有可能实现。为了纠正片面抓“军用”、严重忽视“民用”，他抓紧一切机会，向党中央、国务院领导同志，向社会各界大力倡导和平利用核能的事业，他的呼吁产生了巨大的影响。

1978 年国庆节前后，他和第二机械工业部其他 4 位专家联名上书中央，提出发展我国核电的建议。为了学习外国核电发展成功的经验，他于 1979 年 3—4 月，率领核能代表团访问美国、加拿大。为了使我国领导人对核能有一个更全面的了解，1980 年他主动要求到中央书记处举办的“科学技术知识”讲座讲了《核能——当代重要的能源之一》。1983 年 1 月，王淦昌参加了论证我国核电发展方针的回龙观会议。同年 11 月，王淦昌和第二机械工业部其他 16 位专家又向国务院提交《全国上下通力合作，加快原型核电站的建设》的报告。随着我国核电站计划的实施，王淦昌开始呼吁加强和平利用核能的国际合作。

4. 惯性约束核聚变的研究

为了使我国的核能事业能接近或赶上世界先进水平，为了解决人类对能源的长远需要，和平利用聚变能，王淦昌更加致力于惯性约束核聚变的研究和组织工作。1984 年 9 月 10 日，王淦昌以国家科委核聚变专业组组长的身份向国家科委领导提出“关于将受控核聚变能源开发列入国家长远规划重大项目的建议”。他指出：“从轻原子核的聚变反应中获取能量，将为人类社会提供几乎是无限的、清洁的、安全而廉价的动力。……在 2030 年前后，聚变能的应用可能进入商业应用阶段。……美国、苏联、西欧和日本都制定了近远期的发展规划，以求有效地组织力量，协调各分支技术的发展。……我国的核聚变研究起步并不晚，20 多年来，……逐步形成了一支科研队伍，为进一步发展奠定了基础。但由于国家对发展核聚变没有明确方针，缺乏统一领导和规划，加上其他方面的原因，进展缓慢，比先进国家落后了 15—20 年。为此，我国的核聚变科研人员感到一种莫大的压力和不安，如不再抓紧工作，这差距还会越拉越大，我们将成为历史的罪人。……我们应接受我国核电站发展的经验教训，由于最初重视不够，没能尽早规划，起步太晚，以致影响了我国核电发展的速度。在聚变研究中，我们不应再重蹈覆辙。”建议提出后，王淦昌还在为受控核聚变研究的开展而不屈不挠地奋斗着。看来，王淦昌已把这项将造福于全人类子孙后代的科研项目作为他晚年的主要奋斗目标了。

王淦昌早在 1964 年就开始关注惯性约束核聚变的研究。1961 年 9 月，继美国科学家发现激光器之后仅 14 个月，中国科学院长春光机所成功研制出国内第一台激光器。1964 年，上海光机所把高功率钕玻璃激光器的输出功率提高到 10^8 瓦，发现了一些新现象。1964 年 12 月下旬到 1965 年 1 月初，第三届全国人民代表大会在北京召开。王淦昌与激光专家王之江在会上见了面。王淦昌询问了激光研究的现状和进展，提出了用高功率激光束打靶实现惯性约束核聚变的设想。王淦昌的这一设想与苏联科学家巴索夫的类似设想是几乎同时分别独立地提出的。随后，王淦昌写了一份报告。王淦昌在报告中对利用激光驱动热核反应作了基本分析和定量估算，这已不是一种朦胧的科学设想了。

在王淦昌的倡议下，当英、法、德、日等国都还没有着手的时候，1965 年冬，王淦昌和邓锡铭、余文炎等在北京举行了有关激光聚变的小型座谈会。然而“文革”的动乱年代，把王淦昌和邓锡铭等激光工作者与国外的激光研究隔绝了整整 7 个年头，这期间不少外国人大大超过了我们。

1978 年底，在王淦昌的全力争取下，原子能研究所建立了惯性约束核聚变研究组（7 室 7 组），并着手建造强流加速器，为尽快用带电粒子束引发核聚变作准备。1980 年 5 月，他用王京的名字发表了《带电粒子束惯性约束聚变研究现状》一文，在内部交流。1981 年，他又建议将聚变研究组扩建为一个室（14 室），并准备在这个室同时开展准分子激光的研究。1982 年 5 月，他在惯性约束聚变讨论会上发表了《国际上惯性约束核聚变（ICF）研究情况简介和对我国这方面工作的意见》。

王淦昌亲自带领核科学和激光两个领域的队伍，作了全面部署，在国内奠定了激光等离子体理论，诊断以及靶的设计制造的理论、实验和技术基础。他和光学专家王大珩一起，在指导研制输出功率为 10^{12} 瓦的大型激光装置方面也花费了很多心血，进行了一丝不苟的严格指导，使得这个大型装置能按研制方案在三年半时间内基本建成。总之，在王淦昌的参与和支持下，我国有关惯性约束核聚变和准分子激光器的研究已取得不少成果，在国际学术会议上得到好评。

除了上述学术成果，抗战时期，王淦昌在贵州湄潭浙江大学还作过有关宇宙线的新实验方法、γ 射线的化学效应（与蒋泰龙合作）和磷光体等实验研究。王淦昌曾对学生说：“不要认为物理学的研究工作只有钻研纯理论和做实验两个方面，还有第三个方面，那就是归纳、分析和判断杂志上所发表的人家的实验方法、数据和结论。这种工作是给理论工作搭桥的，是推动实验工作前进的。”王淦昌抗战时期的若干工作(包括探测中微子的建议）就是这种“搭桥”工作。

正如王淦昌的老师吴有训先生所评价的那样：“王淦昌是个全才，实验与理论都行。”王淦昌不仅重视实验工作，也十分重视理论物理。他在湄潭期间，也曾作过两项理论研究。

1947 年到 1948 年，王淦昌曾赴美国作学术研究，与美国学者 S. B. 琼斯合作研究了介子的衰变。中华人民共和国成立后，他在物理研究所负责领导宇宙线方面的研究，与肖健、郑仁沂、吕敏等发表了一系列研究报告。在苏联杜布纳联合原子核研究所，王淦昌小组还有另一项值得一书的工作——用动量为 70 亿电子伏 /C 和 80 亿电子伏 /C 的 π^- 介子产生 Ξ^- 超子。1978 年美国劳伦斯实验室编辑的关于基本粒子测量的年报中，Ξ^- 粒子的观测值一栏内排在最前面的一组数据的观测者是“Wang”，虽然该测量值与以后的精确值相比有很大的误差。

1985 年 4 月，西柏林自由大学在联邦德国驻华使馆授予王淦昌荣誉证书，以纪念他在柏林大学获得博士学位 50 周年。这种荣誉证书是专为获博士学位 50 年后仍坚持在科学第一线工作的科学家而设立的。人们称这样的科学家为“金博士”，王淦昌是当之无愧的。

三、教育家、组织家、高尚的人

王淦昌在粒子物理与核物理的研究与应用上作出出色贡献的同时，也为祖国培养了一批科学家，做了大量科学组织工作与学术领导工作。他的高尚的品格，感召了许多与他接触过的人。

1. 杰出的教育家

王淦昌不仅是一位杰出的科学家，也是一位杰出的教育家。早在山东大学物理系任教时，他负责近代物理方面的教学，为了准备必要的实验设备，除向德国订购一部分外，许多简单的部件由王淦昌带领助教、学生、技工动手试制。到浙江大学物理系后，由于他年轻、天真、直率、热诚，赢得了“娃娃博士”的昵称。抗日战争全面爆发后，从 1937 年 11 月开始，浙江大学由杭州迁往建德，年底又迁往江西吉安。1938 年 2 月迁往江西泰和，8 月又迁往广西宜山。在迁徙流亡过程中，只要有几周的间歇时间，他就要打开仪器箱，为学生开实验课，甚至在宜山日机空袭轰炸频繁的时候，他都不愿停止他和化学系学生钱人元合作的实验工作。在流亡途中，他对学生十分关怀。学生缺乏棉衣，他把老师叶企孙送他的旧大衣转送给学生；学生的行李在敌机的轰炸中被焚毁，他就把家里的棉被捐出来；学生患了病，他就从经济上给予帮助……尽管是在颠沛流离的日子里，但他始终坚持阅读最新的物理学期刊。1935 年 2 月，哈恩关于重核裂变的发现和迈特纳关于这种现象的解释相继发表。王淦昌在读了这些报告之后，就在当年 7 月物理系的“物理讨论”课上作了介绍。

1940 年，浙大迁到贵州遵义。一年以后，物理系又迁到遵义附近的湄潭。在贵州的 6 年半中，王淦昌不仅完成了丰硕的科研成果，也承担了繁重的教学工作。他主动承担了讲授电磁学、热力学、光学等课程的任务，把全部基础课程教了一遍，此举也大大巩固了他的理论物理基础。他在讲课中鼓励学生们独立思考，在课堂中与同学们展开热烈的讨论。王淦昌通过教学，使学生们了解到：要做出一个科学发现，建立一个理论，绝不是轻而易举的。他常常告诫学生的一句口头禅就是：“罗马不是一朝一夕建成的。”

王淦昌在浙大物理系大力提倡自由争论的学术氛围。他和束星北教授是十分要好的挚友，也是物理讨论会上相互争论最激烈的对手。他们俩为追求真理而热烈争论的精神在浙大一直被传为美谈。诺贝尔物理学奖获得者李政道是在 1943 年进入浙大物理系的。虽然他在浙大只待了一年多，但对王淦昌、束星北教授与他作过的讨论仍记忆犹新，是他们激起了他对物理学的热情。

王淦昌在教学中还十分重视物理学与其他学科的结合。他曾向化学系学生讲授过物理化学课，指导过化学系学生钱人元、蒋泰龙的研究工作。他也曾指导过气象学研究生叶笃正的研究论文《湄潭近地层大气电位的观测研究》。他还鼓励物理系毕业生梅镇安去研究生物物理。

王淦昌在浙江大学物理系十多年的教学生涯中，培养出了像胡济民、邹国兴、程开甲、冯平观、忻贤杰、汪容、吕敏这样一些物理学家，还培养出大气物理学家叶笃正、物理化学和高分子物理学家钱人元、生物物理学家梅镇安、物理学史家许良英等我国著名的学者。

中华人民共和国成立后，他又在实际工作中培养出了像唐孝威、丁大钊、王祝翔、王乃彦等一大批实验物理学家。在激光惯性约束核聚变的研究中，许多中青年激光专家如邓锡铭等也都承认受益于王淦昌先生的支持、帮助与教导。几十年来的教学与研究生涯，王淦昌差不多培养了三代科学家。在苏联杜布纳联合原子核研究所中，他也指导帮助了王淦昌小组中的苏联、罗马尼亚、捷克斯洛伐克、朝鲜、越南等国的同行。王先生真是桃李满天下啊！

2. 踏实而有远见的科学组织工作者

1950 年以来，王淦昌在一些科学行政工作岗位上也表现出了他作为一位踏实又有远见的科学组织工作者的才能。

1952 年，他在近代物理所主持制定了该所的第一个五年计划。该计划指出：该所要“以实验研究为重点”，强调了实验设备的建造。“原子核物理研究中，以基础研究为中心，并准备原子能应用的条件。”“宇宙线研究以宇宙线与物质作用为重点……建立和充实高山实验站。”“理论研究配合本所实验方面的发展，逐渐开展原子核物理及宇宙线两方面的理论研究。”这个计划为该所的健康发展制定了切实可行的蓝图。王淦昌具体领导了这一计划的实施。1956 年 3 月，中国科学院数理学部的叶企孙、饶毓泰、周培源、王竹溪、钱临照等 9 名学部委员在王淦昌的陪同下参观了该所后，“感到中国的物理学今天才真正生根了”。后来，这个所为研制原子弹、氢弹的事业输送了大批物理实验与理论方面的人才，作出了重大贡献。

在苏联杜布纳联合原子核研究所，王淦昌领导一个研究组（后当选为副所长），作出了该所最重要的贡献——发现反西格马负超子，受到了该所各国学者的尊敬与好评。他在该所工作期间，组织他的小组中的中国实验物理工作者学习理论物理，请中国的理论物理工作者定期作报告，并亲自参加听讲和讨论。这不仅提高了实验工作者的理论水平，对理论工作者也是一种鞭策和促进。

“文革”期间，尽管周总理采取多种保护措施，王淦昌所在的九院还是受到了波及。

1969 年春，作为九院副院长的王淦昌接受了我国第一次地下核试验的任务。在“文革”中要完成这项任务，困难比过去要大得多。王淦昌完全是靠自己“身先士卒”

的行动，靠个人的威望，靠科技人员和工人对他的尊敬和信任来开展工作的。由于高原缺氧，他曾长期背着氧气袋坚持工作。由于任务紧、工程量大、地下坑道的通风设备跟不上，以致地下工事中氡气浓度不断增加，危及工作人员的健康。他立即组织人员监测，研究分析原因，从洞内搬走一些放射性物质，并采取必要的安全措施。经过几个月紧张的工作，克服重重阻力和困难，终于保证在 1969 年 9 月 23 日成功地进行了我国首次地下核试验。

1975 年在第二次地下核试验中，作为研究院的现场技术负责人，王淦昌全面负责各项技术工作，日夜坚持在第一线工作。在完成各项准备工作之后，人们向他作了详细汇报，他还不放心。他不顾人们的劝阻，不顾种种困难，硬是爬进洞内作了最后一次现场检查。

王淦昌曾在世界上物理学最先进的德国、美国、苏联学习、进修和工作过，并经常出席国际会议，出国参观访问。他熟悉当代物理学发展的历史和现状，深知我国科学事业的弱点和已有的基础及今后发展应走的道路。他知道，我们国家还比较穷，科学技术还比较落后。为了更快、更好地开展我国的现代化建设，培养现代化建设所需要的科技人才，我们不能没有自己的基础科学队伍，不能没有基础科学理论与实验技术的储备。要实现科学技术现代化，决不能跟在科技先进的国家的后面亦步亦趋地爬行。“真正的新技术是引不来的”，必须发挥我们中国科技人员的聪明才智，根据我们自身的特点，有所创造，有所发明。王淦昌在从事科学组织工作时，一贯注意理论与实验的结合，基础、应用与开发工作的结合，注意多学科的协调，注意“军用”与“民用”的结合，注意长远目标与近期任务的结合，重视科学家、工程师与技术工人的结合。他在组织领导工作中，一贯以身作则，亲临科研、生产第一线，实事求是，作风民主，平易近人。这些优良的品德是他成为一个有影响力、号召力的科学组织工作者的重要原因。

3. 真诚、高尚的人

王淦昌是一位爱国主义者。他生于腐朽没落的清代，在民国时期看到军阀与国民党政府的腐败，目睹外敌入侵、国土沦丧，经历了颠沛流离的逃亡生活。他对抗日志士们抱着至深的敬意。1937 年“八一三”事变后，为了支援抗日战争，他捐献了家中积蓄的全部白银和首饰。在浙江大学流亡途中讲授军用物理，用自己的知识为民族解放事业服务。中华人民共和国成立后，他以粒子物理的研究成果为国争光，基本粒子发现者的名单中终于第一次列上了中国人的名字。他努力培养、建设核物理的队伍与设备，以适应国家的需要。20 世纪 60 年代以后，他直接参与了核武器研制的领导与研究工作，使我国进入了世界核大国行列，增强了祖国的国防实力与国际威望。“文化大革命”使祖国的科学事业与核工业均遭到极大的摧残与破坏。他痛恨林彪和“四人帮”，深切感受到周总理对祖国科技事业和知识分子的关怀。1976 年清明节前，他不怕“四人帮”之流的威胁，和其他几位到北京出差的同志一道抬着献给周总理的花圈，从六部口步行到天安门广场，将花圈安放在人民英雄纪念碑前。花圈上醒目地写着“王淦昌敬献”的字样。

作为一位科学家，王淦昌也是一位国际主义者，他像世界上一些原子能科学家一样，表现出高度的社会责任感。他以强烈的愿望和高昂的热情从事和平利用核能的事业，特别是核聚变能的控制与和平利用，以使人类永远摆脱能源危机。这是需要全世界的科技人员共同努力奋斗的事业。作为新中国的核物理学家，他希望中国的科技工作者能在这项有重大历史意义的事业中作出自己应有的贡献。正是这种高度的历史责任感、高度的国际主义与爱国主义精神，使他不顾年近八旬的高龄，不断为“受控核聚变能源开发”这一科研项目、为发展我国的核电事业和加速器等仪器制造工业、为发展我国的高新技术，不遗余力地既奔走呼号，又埋头苦干。

王淦昌是一位杰出的科学家，还是一个高尚的人。他热爱真理，主持正义，不畏强暴，同情受难者，先人后己，乐于助人，真诚坦荡，谦虚可亲，平易近人。他不怕“四人帮”之流的淫威，横眉冷对。他不怕受牵连，对他那些饱受折磨和歧视的被错划为“右派”的同事和学生，给予最可贵的信任、精神上的鼓励和经济上的支援。他对人有自己的价值标准，不是看人的地位高低、权力大小，而是看他对祖国、对人民、对科学的贡献和为人的品德。他的学生、助手病了，他都要去探望。在教学与工作中，他是学生和助手们的严师，要求大家学习、工作一丝不苟；在日常生活交往中，他给予大家的则是父兄般的爱！

限于篇幅和作者的水平，我们无法对王淦昌先生多方面的贡献和他高尚的精神境界作更为详尽精确的描述。王淦昌的光辉经历蕴含着无数精神财富，还有待我国的物理史家和科学社会史家作进一步的发掘。

（作者：范岱年　亓方）

参考资料

[1] 《王淦昌论文选集》编辑委员会.王淦昌论文选集[G].北京：科学出版社，1987.

[2] 王淦昌.各种基子之发现及其性能[J].科学世界，1947(8-9)：233-302.

[3] 胡济民，许良英，汪容，等.王淦昌和他的科学贡献[M].北京：科学出版社，1987.

[4] 核工业部神剑分会.秘密历程——记我国第一颗原子弹的诞生[M].北京：原子能出版社，1985.

[5] 王淦昌，连培生，康力新，等.核能[M]//吴仲华，等.从能源科学技术看能源危机的出路.北京：知识出版社，1980.

郭永怀

（1909—1968）

郭永怀

中国卓越的力学家[1]

郭永怀是我国卓越的力学家、应用数学家，他是我国近代力学事业的组织者和奠基人，也是我国核武器研制单位的主要技术领导人之一。他在发展我国的国防事业方面，在发展空气动力学、气体动力学、爆轰学以及新兴的力学科学方面，在培养科技后继人才方面都作出了杰出贡献。1968 年底，郭永怀从西北核试验基地返京时，因飞机失事不幸遇难，被授予烈士称号。郭永怀虽然只走过了 59 年的生活道路，但他为国际所公认的科学成就、严谨认真的治学态度、朴实正直的思想品德、勤奋刻苦的工作作风，受到人们的普遍爱戴与敬仰。

一、早年的求学经历（1909—1940）

1909 年 4 月 4 日，郭永怀出生于山东省荣成县西滩郭家村的一个农民家庭。郭家世代以务农为主要生计。郭永怀的父亲郭文吉排行第二。他略通文墨，挑起了当家人的重担。郭永怀的三叔郭文秀曾念过十几年书，虽多次赶考，但终未及第。他在村里办了一个初级小学校，收费很低，左近三个滩的适龄儿童一般都有条件在这儿念点书。1919 年春，在郭永怀 10 岁的时候，父亲把他送去念书。郭永怀在村里读了三年初小。1922 年春，他来到石岛镇，在明德小学读高小。明德小学在当时已是一所新型学校，郭永怀在此受到比较正规的教育。他勤奋好学，资质聪颖，在明德小学读书时，成绩总是名列前茅。1926 年 1 月，郭永怀以优异的成绩从高小毕业，考入青岛大学附属中学。面对当时中国的内忧外患，郭永怀和莘莘学子一样，很早就抱有科学救国、读书救国的愿望。

1929 年夏，郭永怀在青岛大学附属中学初中毕业，他准备继续求学。尽管家中经

1　在此，笔者特向李佩、范岱年、史超礼三位教授的大力支持与指导表示衷心感谢。

济状况并不很好，但在父兄们的支持下，当年 9 月，郭永怀只身来到天津，考入南开大学预科理工班。预科班学制两年，相当于高中。但由于课程大都由教授任教，选用的教材也多是优秀的英文原版书，因而预科班学生的实际水平比一般高中生要高。

上预科班的两年，对郭永怀影响较大的有申又枨教授。申先生是中国数学界老前辈姜立夫先生的高足，他担任预科班数学的教学任务，对学生要求很严，经常布置大量的习题。这样大大加强了学生们的数学功底，也培养了学生对数学的兴趣。上预科班的两年，郭永怀对数学产生了浓厚的兴趣，同时也打下了坚实的数学基础，为他以后专门从事空气动力学的理论研究创造了条件。

郭永怀在上预科班期间还曾同几个志同道合的年轻人发起成立了一个新颖的读书会——"微社"。"微社"成员共有 6 个人。他们每周举行一次讨论会，大家轮流介绍自己的学习心得，交流学习经验。这个小小的读书会虽然没有探讨过什么高深的学问，但培养了年轻人好学上进的精神，对他们后来的学术生涯影响很大。当年的成员胡世华先生曾这样回忆."正是'微社'培养了我们做学术研究的兴趣。"

这期间，郭永怀还对摄影产生了兴趣。他买了一架德国产徕卡相机，一边学摄影，一边细致地研究照相机的原理。为此，他准备日后专修光学。

1931 年 7 月，郭永怀预科毕业并顺利转入本科，凭借他在数学上的专长和对光学的浓厚兴趣选择了物理学专业。

南开大学的物理系是我国老一辈杰出的物理学家饶毓泰创建的。郭永怀在南开读预科时，饶先生已前往德国，这使物理系的力量大大削弱。郭永怀所在班的物理课程由刚从麻省理工学院毕业回国的卢祖治任教，助教则是南开大学本科毕业留校的吴大猷，他主要负责指导学生的物理实验。而在郭永怀转入本科时，物理教师更是缺乏(吴大猷于当年赴美留学)。后来他听说电机系有一位顾静薇教授是搞物理的，便投到她的门下，成了她唯一的物理专业的学生。郭永怀良好的数学基础和不倦的求学精神深得顾先生赏识。她为他单独开课，使他在学业上有很大长进。顾先生的引导和帮助对郭永怀影响很大，师生间的关系亦很密切。

1932 年 8 月，饶毓泰先生回国并于 1933 年应聘担任北京大学物理系主任。顾先生认为，郭永怀应当到光学专家饶毓泰那儿去深造。当时南开大学经费紧张，拟缩小学生编制，鼓励学生转学。郭永怀便参加了北京大学的入学考试。1933 年 9 月，郭永怀如愿进入北京大学物理系，插班在三年级学习。

优良的学习环境加上郭永怀的勤奋好学，使他扎扎实实地掌握了各门课程。1935

年郭永怀毕业时，他的成绩在整个物理系名列前茅。

郭永怀本科毕业后，饶毓泰先生留他做自己的助教和研究生。饶先生认为郭永怀应当出国继续深造，为此尽量不给他安排更多的工作，以便给他足够的时间准备参加英、美庚款留学生考试。所以，这段时间郭永怀的主要精力都放在充实和巩固自己的知识上。除此之外，郭永怀还进行了一些物理学研究工作。例如，由于饶先生提议，郭永怀参与了吴大猷、郑华炽等教授已经进行的拉曼效应的研究工作。虽然因为从事研究的时间很短，没有取得多大进展，但这是他从事科学研究的开端，使他在科研实践上得到了一些锻炼。

1937年7月7日，卢沟桥事变爆发。北京大学、清华大学、南开大学都停课解散。国民党政府决定将这三所学校南迁长沙。北大的学生有的随校来到长沙，其他的也都各奔东南，郭永怀则回到他的家乡，并应聘在威海中学任教。郭永怀在威海中学教授数学和物理。他在认真细致地教学的同时，还注意引导学生注重科学技术，勉励学生发愤图强为民族争气。郭永怀对教师内部的派系斗争，总是退避三舍。郭永怀为人朴实正直，学识渊博，虽然仅在威海中学任教半年，却深受学生们的爱戴。

1938年3月7日，日军侵占了威海，威海中学师生全部离散，郭永怀也即离开威海。5月前后，郭永怀辗转来到昆明西南联合大学。

同当时许多年轻人一样，民族危亡增强了他的民族责任感，同时更坚定了他科学救国的信念。他觉得，要使国家强盛起来，首先要发展军事科学技术，发展航空事业，为此在西南联大期间，他放弃光学，立志学习航空工程。当时与航空密切相关的力学科学正蓬勃发展，郭永怀自听周培源教授开设的“流体力学”课程后，便开始步入空气动力学研究的科学道路。

1939年夏，中英庚款留学生委员会举办留学生招生考试。出国留学对青年人来说是难得的深造机会。虽然招生人数只有22人，但报考人数超过3000人。郭永怀报考的力学专业仅招收两名，结果他与钱伟长两人被录取。从此，郭永怀开始了长达16年的留学生活。

二、留学和科学研究生涯（1940—1956）

1940年9月，郭永怀来到位于加拿大东部的多伦多大学。他和钱伟长、林家翘进入应用数学系，在系主任辛格教授指导下从事硕士论文研究工作。

多伦多大学对硕士生的要求侧重基础课的学习（论文则放在次要位置上），以便为攻读博士学位打下坚实的基础并积累研究经验。郭永怀在国内曾作过拉曼效应和湍流理论的研究。由于他基础扎实且有研究经验，因此，在多伦多大学修课和从事论文研究工作都比较轻松。

郭永怀与钱伟长、林家翘一起在多伦多大学只用了半年多的时间就完成了硕士论文。郭永怀以论文《可压缩黏性流体在直管中的流动》获硕士学位。他们的优异成绩与取得的出色成果使导师辛格教授大为赞叹："想不到中国有这样出色的人才，他们是我一生中很少遇到的优秀青年学者！"

对于立志献身空气动力学的郭永怀来说，在航空大师西奥多·冯·卡门身边学习和工作是再理想不过了。郭永怀和林家翘获得硕士学位之后便准备前往美国，这使辛格教授感到很失望。因为那时研究生并不多，而且像他们这样优秀的人才更少。但为了他们的前途，辛格教授还是支持他们投奔名师，成就学业。1941 年 5 月，郭永怀比林家翘稍后来到加州理工学院。

加州理工学院的古根汉姆航空实验室在冯·卡门的领导下，当时已成为名副其实的国际空气动力学研究中心。这里优越的研究条件、浓厚的研究气氛、频繁的交流活动及优良的学术传统，为郭永怀在空气动力学领域一试身手创造了最佳条件。

20 世纪 40 年代是航空科学技术探索突破声障的重要时期。当时，喷气发动机已跨过幼年期，正步入成熟期，航空材料、工艺和控制技术等也获得很大发展，然而一项重要的理论问题——跨声速空气动力学尚处于探索阶段。历史表明，凡是空气动力学方面取得的重大突破，往往促使飞行器更新换代。因此，要想克服声障，实现超声速飞行，很大程度上有赖于跨声速理论的建立。

跨声速空气动力学已成为这一时期的前沿课题。在跨声速研究中，如何选择飞行器的几何形状以减少动能损失、如何解决跨声速流动的不连续，便成了问题的关键。当郭永怀向导师冯·卡门提出进行跨声速流动的不连续性问题的研究时，这位热情的大师非常高兴，他很钦佩这个年轻的中国学者的胆略，并尽力为他提供良好的研究条件。从此，郭永怀全力以赴投入这项工作。他深知借鉴他人的成果和经验教训的重要性。他广泛查阅各种文献资料，密切注意国际最新研究动态和研究进展，同挚友钱学森共同切磋商讨。1945 年，郭永怀终于以顽强的毅力和信心，凭借他在数学、物理学及空气动力学的扎实功底，完成了有关跨声速流动不连续解的出色论文，获得博士学位。钱学森先生对此作了恰如其分的评价："郭做博士论文找了一个谁也不想沾边的题目，但他孜孜不倦地干，得到的结果出人意料。”

郭永怀获博士学位后，留在古根汉姆航空实验室做研究员，继续从事跨声速空气动力学研究。1946 年，他和钱学森合作完成并发表了重要论文《可压缩流体二维无旋亚声速和超声速混合型流动及上临界马赫数》。这篇论文求解得出了同时具有亚声速和超声速流的混合型流动，并且改善解式的收敛速度，发展了速度图法。此外，他们首次提出上临界马赫数概念。在此之前人们只注意下临界马赫数，他们指出，对应的来流马赫数再增加，数学解会突然不可能，即没有连续解，这就是上临界马赫数。钱学森指出：“真正有实际意义的是上临界马赫数而不是以前大家所注意的下临界马赫数，这是一个重大发现。”冯・卡门对此也给予了高度评价。这篇论文还得出了一个有实际意义的结论：在二维可压缩流体绕某一物体做无旋等熵流动的流场中，存在有亚声速和超声速的混合型流动。关于是否存在无激波超声速区的问题在当时一直是有争议的，郭永怀和钱学森的结果从正面予以肯定，后来也得到了实验证实。

此后，郭永怀在古根汉姆航空实验室又把他们的工作推广到具有环量的情况以及绕翼型流动的情况。这两项工作更为复杂，但更具有实际意义。

20 世纪 40 年代，郭永怀、钱学森、利普曼等人成功地解决了跨声速飞行中的空气力学理论问题。而后，英国的 M. J. 莱特希尔予以系统总结，使跨声速理论比较完善地建立起来。力学上有关理论的建立和工程上后掠机翼的采用，使跨声速飞行成为现实，力学对突破声障起了关键作用。1947 年 10 月 14 日，人类首次突破声障，实现超声速飞行。这不能不归功于先驱者的努力，而郭永怀正是这样的先驱者之一。

1946 年，冯・卡门的优秀学生西尔斯在康奈尔大学创办航空研究院，由于郭永怀的才能和他所取得的出色成就，西尔斯教授特地聘请郭永怀前去任教并共同主持该研究院。1946 年 10 月，郭永怀来到康奈尔大学担任副教授并于 1955 年晋升为正教授。

航空研究院的规模不大，却颇具古根汉姆航空实验室的风格。作为主持人的郭永怀和西尔斯教授都是冯・卡门的学生，他们继承和发扬了古根汉姆航空实验室的优良学术传统，使这里的研究气氛非常浓厚。研究院的研究课题大都来自军方和美国国家航空咨询委员会，密切结合工程实际又是该研究院的一大特色。研究院的另一位主持人阿瑟・坎特罗维茨是一位多才多艺的人，他的研究范围很广，并且在许多领域都有重要成果。郭永怀是一位善于求教的人，他和这些人一道工作无疑大大拓宽了自己的知识面。他回国后能在许多新学科中做开拓性的指导工作，与他在康奈尔大学的进一步学习和充实有很大关系。

郭永怀除从事研究外，还担任教学和指导研究生工作。他讲授的课程有“稀薄气体动力学”“黏性流体力学”等。他在康奈尔大学指导过几名研究生和助手，有美国的、日本的和中国的。由于郭永怀的严格要求和出色指导，这些人后来大多成了知名学者并担任了重要的学术领导职务。

康奈尔大学航空研究院的10年是郭永怀成就卓著的10年。在此期间，他除继续从事跨声速理论研究并在跨声速流的稳定性方面取得重要成就外，把主要精力放在黏性流体力学和高超声速空气动力学研究上。

郭永怀在黏性流体力学方面做了大量工作，主要成就是PLK方法和激波与边界层相互作用的研究。在天文学、力学等学科中，常常遇到解含有小参数的非线性微分方程问题。这类问题通常非常困难。19世纪末，天文学家林德斯泰特在研究行星轨道的摄动问题时，利用小参数的幂级数展开表示原问题的解。1892年，法国数学家、物理学家庞加莱对这种展开法给予了严格的数学论证，由于这种方法应用起来常发生奇异性，所得到的解有时在某些区域失效，因而他尝试对自变量也做级数展开，从而解决了部分困难。1949年，英国的莱特希尔发展了庞加莱的思想，把自变量坐标也进行展开，这就是变形坐标法，它又可解决一大类奇异性问题。20世纪50年代前后，郭永怀研究平板的黏性绕流问题，他在考虑这一问题时，敏锐地抓住了坐标变形法的思想并把它同普朗特的边界层理论结合起来，解决了长期存在的平板前缘的奇异性问题。1956年，钱学森系统总结了这一方法。他指出，“郭永怀的贡献在于将坐标变形法‘乘以’边界层理论，克服了边界层理论的非一致有效性问题，把庞加莱和莱特希尔的方法做了有效的推广”。他把这一方法命名为PLK方法，即庞加莱－莱特希尔－郭永怀方法。值得指出的是，郭永怀的论文《中等雷诺数下不可压缩黏性流体绕平板的流动》得出了几个有重要实际意义的结果：

（1）求出了具有二级近似的阻力规律；

（2）得出平板前缘黏性区的扩展规律；

（3）求出一致有效的速度场。

PLK方法是奇异摄动理论的一个重要方法，目前它在许多学科中得到越来越广泛的应用。

激波与边界层相互作用也是一个极为困难的问题，由于问题不允许像边界层理论那样把边界层分开处理，所以没有现成的方法。实际上即使现在也还没有很成熟的理论，实验研究也没有把问题弄得很清楚。郭永怀对这一问题进行了探索性研究。1953

年，他先后发表了两篇论文（第一篇与里特尔合作）——《弱激波从沿平板的边界层的反射》Ⅰ、Ⅱ，得出了若干作用规律，其中有的与实验结果是一致的。

航天技术在20世纪20年代揭开序幕。到了20世纪50年代，火箭技术已成为十分活跃的前沿阵地。1954年召开的地球物理学国际会议建议有关国家在1957—1958年国际地球物理年期间发射第一颗人造地球卫星。发射地球卫星，运载工具是关键。要克服地球引力，运载火箭必须达到第一宇宙速度。因此对于理论基础的空气动力学来说，高超声速（M>5）问题自然成了首要突破口。郭永怀及时注意到这个动向，很早就开始了探索研究。1953年，郭永怀研究了沿高超声速运动平板的黏性绕流，而后他又研究了普朗特数对绕平板的高速黏性流的影响。他还和中国学者潘良儒合作研究了高超声可压缩黏性流体绕楔的流动，有关论文于1956年发表。这篇文章重点探讨了在高超声速马赫数下由气动加热产生的熵增问题。

郭永怀曾对高超声速黏性流的离解效应进行了成功的研究。这是尝试性的，也是开拓性的研究。这个课题当时介入的人很少，郭永怀是最早的研究者之一。

20世纪50年代是高超声速空气动力学研究的活跃时期，郭永怀在这个新的重要研究领域中做了最大工作。这期间他发表的有关论文，许多都具有开拓性和倡导性。他在国外的这些创造性工作受到国际学界的普遍重视与公认。

三、开拓我国的力学事业

1956年11月，郭永怀放弃了他在美国已获得的优越研究条件和社会地位，回到阔别16年的祖国。

郭永怀回国后担任中国科学院力学研究所副所长。力学研究所于1956年1月5日正式成立，钱学森担任所长，建所初期，钱伟长兼任副所长。郭永怀来到力学研究所后，同其他创建人一道，为建设和发展力学研究所做了极大的努力，使力学研究所很快成长起来。

1956年我国开始制定“十二年科技规划”，郭永怀即投身到这一规划的制定中。他担任科技规划力学专业组副组长职务。他和著名科学家周培源、钱学森、钱伟长等一道，规划了我国高等院校力学专业的设置；他和力学专家运筹帷幄，认真研究了近代力学的发展方向，开拓了一些有重要意义的新领域，制定了学科的近期发展规划和远期奋斗目标，使我国力学学科的面貌大为改观，特别是近代力学科学技术一起步就有很高的基准，仅短短几年，某些方面已接近于世界先进水平。

郭永怀回国后积极倡导开展有重大意义的新兴力学科学研究。他开拓并领导的有高超声速空气动力学、电磁流体力学和爆炸力学。

20 世纪 50 年代，航天事业的大力发展促进了高超声速空气动力学的发展。为了在国内尽快将这一重要领域的研究工作铺开，1961 年，郭永怀把在北京的许多老、中、青空气动力学工作者组织起来，成立了高超声速讨论班。讨论班每周一次的例会，郭永怀总是风雨无阻，亲临指导。这个讨论班开展了许多前沿领域重大课题的研究，郭永怀本人也提出了许多精湛见解。1961 年，郭永怀指出，对于钝锥绕流，在一定情况下，后身流场中可能产生"悬挂激波"，并给出了产生二次激波的条件。1964 年，他比国外早几年提出开展"云粒子侵蚀效应"的研究设想。当时他解释说"我总觉得弹头穿过核爆区，灰尘粒子会有影响"，后来"云粒子侵蚀"问题成为实现"高超声再入"相当重要的课题。

郭永怀曾提出钝体绕流头部的激波层分析方法。由于高超声速绕流会在钝体后身的表面附近形成熵层，郭永怀提出了熵层分析的方法，获得了满意的压力分布和其他物理量的分布，并且解释了压力过度膨胀和回升现象。此外，郭永怀还对钝体高超声速绕流的最大熵值线、高温气体效应以及钝体绕流的激波形状等研究工作作出了贡献。

热障是高速飞行（$M>2.2$）必须有效克服和解决的难题。郭永怀很早就认识到必须在飞行器表面涂上烧蚀材料克服热障。他在倡导国内开展烧蚀机理研究的同时，还强调大力开展实验研究。多年来，有关单位按照郭永怀的想法，开展了大量的烧蚀理论和实验研究。我国返回式卫星和洲际导弹的试验成功，标志着我国在突破热障方面取得了成功，这里面凝聚着郭永怀的一份心血和贡献。

高超声速讨论班进行了一系列探索工作，取得了许多前沿领域的重大成果。这些成果不断地推广运用到工程实践部门，为我国的航天与国防事业作出了贡献。正是由于郭永怀的出色组织才能和指导工作能力，这个讨论班达到了当时的世界先进水平。

郭永怀极为重视理论研究与实验研究结合。为了在力所能及的情况下开展高超声速实验研究，郭永怀指出："就像高能物理研究那样，我们不能搞昂贵的大型高能加速器，但可以用小型设备来观测宇宙线。我们搞气动研究的，不能一上来就搞大型风洞，而搞激波管和激波风洞却是力所能及的捷径。"在他的提倡并直接领导下，力学研究所很早就筹建这两项实验设备，并使这些设备建成并投入使用，从而为基础研究和国防任务提供了大量可靠的数据，也为建设我国气动中心的同类设备提供了经验。更为重要的是，通过建设这些设备和开展实验研究，培养了一批既懂实验技术又会理论分析的人才。

电磁流体力学是20世纪40年代出现的一门新学科。20世纪50年代，由于能源危机迫在眉睫，也由于高超声速空气动力学中电离现象的出现，这门新学科引起了更为广泛的重视。郭永怀抓住这个势头，1961年在力学所亲自筹划建立了电磁流体力学研究室。在磁流体力学研究初期，大家对此不甚熟悉，郭永怀便组织每周一次的讨论会。随后，他以敏锐的眼光为这个研究室选定了三大重要课题：磁流体和等离子体稳定性、磁流体直接发电、同位素的电磁分离。郭永怀认识到，将来人类势必要从受控热核反应中获得大量能源，而其中出现的高温电离气体在受磁场约束时的稳定性乃是关键问题。事实也正是如此。在郭永怀的倡导下，这个研究室进行了磁流体稳定性的研究。他们的工作和取得的成绩受到国内外的关注。

郭永怀多年来像辛勤的园丁一样培育磁流体力学这株幼苗。“文化大革命”中，由于强调工程实际，电磁流体力学研究室竟被说成是“理论脱离实际的典型”。郭永怀毫不畏缩。他耐心地强调科研机构应该进行探索研究并重视基础研究。他指出，一旦生产上需要，基础研究就会变成巨大的生产力。在他的主持和指导下，这个室做出了一批成果，撰写了一批专著和论文。这支研究队伍成为我国这一研究领域的中坚力量。

20世纪50年代末，在郭永怀的倡导下，爆炸力学的研究在国内发展起来。他从培养爆炸力学专业人员入手，并对“爆炸成型”“爆炸筑坝”“铁路建设”等课题给予了关心与指导。此外，他还提出了爆炸力学的军事应用课题等。

郭永怀在力学研究所还领导了6405项目的研究工作。6405是反导导弹系统640中的一部分，主要研究再入核弹头的识别问题。郭永怀从组织研究队伍开展研究、筹建实验设备等方面入手，迅速开展工作。这个项目搞的时间不长，但取得了不少成绩，例如解决了一些再入物理现象的理论问题。这些成果后来转交七机部，为该部的同类工作奠定了基础。

为了开展6405项目的实验研究，郭永怀身体力行，亲自领导了为解决再入物理现象所需实验设备（如电弧风洞、弹道靶装置和高温激波管）的筹建工作。为此，他花费了巨大心血。有的设备在他生前建成并投入使用，有的则在他去世后建成。他领导建设的这些设备为力学研究所及其他部门提供了大量的实验数据。

20 世纪 60 年代，力学研究所还承担了小型地对空导弹和氢氧火箭发动机的研制任务。郭永怀在这两个项目中都作过重要贡献。

郭永怀极为重视培养科技人才，他在回国前夕，就同谈镐生先生探讨过这个问题。回国后，他始终把它当作头等大事来抓，并做出了突出成绩。1956 年，我国恢复建立研究生制度，郭永怀积极筹划力学所的研究生培养工作。在第一次招生中，他一人就带了 5 名，后来又带过几批。由于郭永怀的严格要求和具体指导，这些同志很快成长起来。他们当中有许多已成为所级的学术领导人或博士生的导师，有的还成了知名的专家学者。

中华人民共和国成立初期，我国的力学人才特别是中、青年力学工作者相当缺乏，为此，力学研究所和清华大学合办了工程力学研究班。1957 年，第一届 120 多人参加的工程力学研究班开课了，郭永怀和钱伟长组织和领导了这个班，郭永怀在后期还担任了班主任。他除了负责全班的工作，还亲自执教，讲授《流体力学概论》。为了做到理论联系实际，郭永怀有意识地安排实验课。通过课堂学习和实验室实践，大家较快较好地掌握了所学知识。工程力学研究班后来又办了两届。郭永怀虽然不再担任班主任职务，但仍时时关心工程力学研究班的教学和学习。这三届工程力学研究班共有毕业学生 290 多人，现在这些人分布在全国各地各个部门，特别是在国防科研单位和重点高等院校的力学系或专业，他们起着顶梁柱的作用。

此外，郭永怀还曾兼任中国科技大学化学物理系的教学工作，并在近代力学系讲授《边界层理论》等。

郭永怀始终把自己比作一颗石子。他经常说：我们回国就是为了给国家培养人才，为国内的科技事业打基础，做铺路人。尽管教育不是郭永怀的主要工作，但他还是在力所能及的情况下，以各种方式培养了大批骨干人才，而且这项工作始终引起他高度重视。正如 1961 年他所写的那样："当前的打算是早日培养一批骨干力量，慢慢形成一支专业队伍。"随后他欣慰地说："由于几年的工作，已经见到效果。"

四、为航空航天事业贡献力量

郭永怀在开拓我国力学事业的同时，还为发展我国航空航天事业做了许多有益的工作。

1957 年 10 月 4 日，苏联发射成功第一颗人造地球卫星，震动了全世界，在我国科技界也引起强烈反响。10 月 13 日，中国科学院等单位组织召开了关于苏联发射成功第一颗人造地球卫星的座谈会。到会的有许多是在北京的各个专业领域的著名科学家，郭永怀也参加了这次大会并发了言。他说："我觉得这件事是在进入原子能时代以后的第二件大事，对整个人类都有影响。人类一向是在二度空间活动的动物，现在有了人造卫星的成就，就如爬高有了梯子一样，以后去宇宙活动已经不是梦想，可以实现了。"随后，郭永怀就发射人造卫星的运载工具及其推力、火箭发动机的推进剂、卫星入轨时的姿态控制、苏联同西方国家火箭技术的比较等具体技术问题作了简要的分析介绍，并发表了自己的见解。

1958 年，郭永怀参与制定的力学研究所大政方针中提出了研制人造卫星的倡议。在20世纪60年代初举办的星际航行座谈会上，郭永怀也大力倡导发展我国的航天事业。

1961 年 4 月 12 日，苏联宇航员尤里·加加林驾驶"东方一号"宇宙飞船首次进入太空，这对我国又是一次很大触动。为使我国的航天事业得以发展，在许多科学家的倡导下，中国科学院开始举办星际航行座谈会，3 年内共召开了 12 次专题会议。来自各专业领域的科学家就发展我国航天事业所能遇到的众多学科的重要技术问题进行了广泛的探讨。郭永怀在第四次会议上作了中心报告，并在其他历次会议中都参加了讨论。他以空气动力学、气体热力学以及数学、物理学方面的专长，提出了许多重要见解和主张。

1961 年 10 月，郭永怀在星际航行座谈会上作了《宇宙飞船的回地问题》的报告。在报告中，郭永怀重点研究探讨了星际航行中一个极为关键的问题：宇宙飞船在返回地面过程中，怎样才能安全再入大气层而不会被烧毁，并保证顺利降落回收？他从理论上定量分析了飞船再入段的空气阻力减速、气动力加热、回地轨道的设计和烧蚀防热等重要课题。

星际航行座谈会历时 3 年。由于充分发挥了理论分析的优势，无论在大的方针上还是具体的技术问题上，都有了比较充分的预测和规划，同时还安排了一些预研课题，为发展我国的航天事业做了大量开拓性工作。

郭永怀在我国发展航天事业初期的贡献主要有四个方面：（1）积极倡导我国发展航天事业；（2）参与发展航天事业的预测和规划；（3）亲自参加重大技术课题的研究与探讨工作；（4）参与组织中国科学院人造卫星（包括回地式卫星）的研制工作。郭永怀为我国航空航天事业所作的贡献还表现在创建全国性的、为航空航天服务的空气动力学研究基地上。中国空气动力研究与发展中心就是按照郭永怀和钱学森早在 20 世纪 60 年代构想的蓝图，调整组建的全国性空气动力学研究和实验机构。

“文化大革命”初期，国防科研和三线建设受到严重干扰。为了减少损失，推动航空航天及国防科研事业的发展，国防科委成立了 18 个研究院。空气动力学部分为第十七研究院。为创建十七院，国防科委于 1967 年底成立了十七院筹备组，钱学森任组长，郭永怀担任主管技术工作的副组长。1968 年初，筹备组开始规划、筹建十七院。郭永怀为十七院的建设做了极大的努力。他以丰富的学识和深刻的思想，通过考察我国气动研究的现状，同时结合国外的先进经验，提出了许多重要思想和建议：(1) 空气动力学主要服务对象仍然是航空航天，这样才会有立足点并使自身得到发展；(2) 空气动力学研究要形成国家的中心；(3) 空气动力学的三大手段是理论研究、实验研究和模型自由飞行试验。

郭永怀和钱学森等为十七院规划出一幅宏伟蓝图，包括各专业研究所的设置、辅助设施、人员配备以及具体的技术途径和各种实验设备，使十七院具有空气动力学研究的“全天候”能力。郭永怀强调指出，十七院应当独立于型号研究院之外，对先进的飞行器如飞机、火箭的气动布局有重大的发言权。空气动力学研究应及时提出新概念、新建议，为具体的型号在总体方面作出贡献。此外，在十七院各所的设置上，郭永怀提出必须建立进行基础、理论研究的理论所。这在对已有的科学理论进行全面批判和轻视理论研究风气盛行的年代是要担风险的。

郭永怀为发展我国的航天事业倾注了极大的热情和心血。在风洞建设上，郭永怀在对技术、经济实力、社会效益等方面综合考虑的基础上，对风洞的低、高、超高速配套工程的建设提出了具体看法，认为应当重点搞高速、超高速风洞，瞄准第一、第二宇宙速度。由于建立大型风洞投资大、周期长，郭永怀指出“作为高速研究工具，我们要优先搞炮风洞、自由飞弹道靶，这样可以投资少、规模小”。弹道靶能同时模拟飞行器在稠密大气层飞行时的高雷诺数、高焓值和高马赫数的气动环境，但工作时间很短，郭永怀特别强调要狠抓毫秒级测试技术，在力图使测试技术现代化的同时，研究如何将实验数据外推到飞行条件中去。

1968 年是十七院创建工作进展较快的时期，郭永怀做了大量建设性工作，为气动中心的建立奠定了基础。1976 年，国务院、中央军委决定在风洞指挥部[1]的基础上调

1 演变过程：十七院—风洞指挥部—中国空气动力研究与发展中心。

整组建空气动力研究与发展中心。经过多年的建设，它已成为航空航天飞行器及风工程研制与发展的重要技术支柱，在国际上也享有盛誉。作为一个奠基者，郭永怀在这项伟大的建设工程中具有不可磨灭的功绩。

五、献身我国的核武器事业

我国核科技事业发展初期曾得到苏联的援助。1957 年 10 月 15 日，中苏又签订了国防技术协定。协定规定，为援助中国研制原子弹，苏联将向中国提供原子弹教学模型和图纸资料。但是，由于政治上的分歧导致的中苏关系变化的影响，1959 年 6 月，苏共中央致函中共中央，拒绝向我国提供原子弹的技术资料。第二机械工业部遵照中央确定的方针，提出要凭自己的力量完成原子弹的研制任务。为了适应自力更生研制核武器的需要，中央决定从全国抽调技术力量加强九院（核武器研究院）的科研人员队伍。这样，许多著名的科学家如王淦昌、彭桓武、程开甲等先后被调到九院工作。1960 年 5 月，郭永怀也被调到九院，并担任该院的副院长。在原子弹研制初期，郭永怀负责力学方面的领导工作。

在原子弹研制过程中，郭永怀曾经对一些关键问题的解决起了关键性作用。例如，关于原子弹的引爆方式问题。原子弹的引爆方式主要有两种：一是“枪法”，一是“内爆法”。郭永怀通过比较二者的优劣，提出了“争取高的，准备低的”的方针，即以较高级的“内爆法”作为主攻方向。炸药爆轰波的理论计算是一个重要的突破口，也是个难点，而当时的困难之一是不知道采用什么计算方法。郭永怀提出，可用特征线法尝试进行。这一方法在当时的爆轰波的理论计算方面很快得到应用。在这之后，从可见到的资料上看，苏联也采用了这个方法。

爆轰物理试验是突破原子弹技术的重要一环。郭永怀和王淦昌等科学家经常深入试验现场，指导工作并协助开展试验。他们还钻进帐篷里，和参试人员一道搅拌炸药。为了配合爆轰试验，郭永怀指导设计部科研人员进行不同试验装置的结构设计，使整个爆轰试验得以顺利进行。到 1962 年 9 月，原子弹的大量关键技术都取得了重要进展。为了开展大型爆轰试验并继而为原子弹爆炸试验作准备，1963 年初，九院大批人员转入西北核武器研制基地。

郭永怀在北京有许多重要工作，但他还是经常到西北核武器研制基地。为了节省旅途花费的时间，郭永怀出差时总是乘坐飞机。当时国内航线使用的大都是中小型客机，飞机远不如火车软席舒适。许多人都劝他别坐飞机，既不安全，也不舒适，但他说："我是学航空的，学航空的人都不敢坐飞机，那让谁来坐？"郭永怀当时已年过半百，在西北高原奔波常有不适之感，但他从不介意。也许是出于一种理想，或者出于一种时代的责任，当然还包括一个科学家对一种事业的执着追求，郭永怀为我国的核武器事业投入了他全部的力量。

原子弹的研制在顺利进行，大型爆轰试验相继取得成功。到1964年第四季度，原子弹的理论、试验、设计和生产都按计划全部完成。1964年10月16日15时，我国第一颗原子弹装置核爆炸试验成功。当时郭永怀正在现场附近，目睹了原子弹爆炸这一极为壮观的场景。这项对我国具有深远的政治、军事、科技发展意义的巨大成就，有郭永怀的一份功劳。

这次试验只是爆炸了一个核装置，还没有达到实战化或武器化的要求。当时九院有的人抱有这样的观点，认为掌握了原子弹原理技术，武器化是轻而易举的事。郭永怀对此很不以为然。他十分重视并经常在院里的会议上反复强调核弹的武器化和系列化问题，指出要努力做好核武器的后期发展工作。在此后的核弹武器化的进程中，郭永怀一直负责总体结构设计、外形设计以及环境模拟实验的指导与把关。这些工作对武器化发展尤为重要，郭永怀在这方面起了主导作用。

实际上，郭永怀在核武器化方面的工作早在第一颗原子弹爆炸以前就已开始，他首先安排了许多与武器化有关的预研课题，包括结构设计、外形设计、飞行弹道、物理引信、环境试验等。为了加强结构设计的力量，郭永怀亲自聘请著名固体力学家、北京航空学院的王德荣教授做顾问，给大家讲课并指导结构设计。在弹体的结构设计中，郭永怀有许多独特的设想，并且他的关于薄壳结构、通用核航弹等设想在以后都得到了实施。它们对核武器的轻型化、实战化和系列化有着十分重要的意义。

郭永怀在核武器的试制中充分地发挥了他的专长。无论是在弹体外形（我国的第一颗核航弹和氢弹都采取了空投方式）方面，还是在对核航弹、氢弹在空投过程中的飞行弹道、伞－弹弹道特性的计算上，他都亲自过问和参与。此外，郭永怀还特别关心"安全论证"课题的研究及其进展。"安全论证"就是研究当飞机投下核武器后，能否以及怎样安全躲过冲击波、光辐射的威胁，这是一个至关重要的问题。为了保证绝对安全，郭永怀极力主张理论计算与模型空投试验结合进行。在他的过问下，经过严格的计算与分析，每次核试验，飞机都安全返航。

无论是核航弹还是核导弹，在飞行过程中总要经受各种动态考验。因此，环境试验是武器化阶段十分重要的一环。1964 年郭永怀曾提出，动态环境试验要开展随机振动和噪声试验研究。为了使核武器有较强的适应性，他提出应进行拓宽温度试验的主张。考虑到核武器的战略发展，他提出开展冲击试验的研究。

郭永怀在九院领导的这些工作，为我国的核武器发展提供了重要保证。在原子弹原理、氢弹原理相继突破后，我国分别成功地于 1965 年 5 月 14 日进行了核航弹爆炸试验，1966 年 10 月 27 日进行了导弹核武器试验，1967 年 6 月 17 日进行了氢弹爆轰试验。

郭永怀对我国核武器事业的贡献是多方面的。他对核武器系列化发展提出许多建议和设想，并做了很多有益的工作。例如，他对反潜核武器的水中爆炸力学、水洞试验以及调研工作提出了设想和建议，对研究发展潜 - 地导弹作出了贡献。此外，郭永怀应“两弹”结合时期的需要，对九院的科研体制提出了重要设想。他把这个设想形象地比喻为茶壶和茶壶盖。1968 年初，在国防科委的一次会议上，郭永怀的设想得到进一步论证。

郭永怀为我国的核武器事业呕心沥血。1968 年 10 月，郭永怀赴西北核武器研制基地进行我国第一颗导弹热核武器发射试验的准备工作。12 月 5 日，郭永怀从兰州乘民航飞机回京。当飞机在北京机场着陆时，发生了一等事故。郭永怀不幸以身殉职，终年 59 岁。然而，在中国核武器发展史上将永远留下郭永怀的英名。

六、结束语

郭永怀是一位卓越的科学家和杰出的科研组织者。他不但在学术上造诣颇深，在学术领域内取得了国际公认的成就，还有深邃的科学思想。他重视理论与实践的结合，强调从工程实际中选择课题；他重视学科间的联系与渗透，强调开展探索性和开创性的研究；他重视开展奠基性的基础理论研究，强调做好科学和技术的储备工作；他重视科学技术的长远发展，强调近期研究和长远研究的结合；他重视科学技术研究的目的性，强调科研要为国民经济与国防建设服务。他的许多科学思想在力学界、科技界产生了重大影响。郭永怀具有战略眼光，他关心的不只是一两个学科的发展，更是我国科学技术的总体发展。他经常探讨我国的科研体制问题，多次在不同的场合下提出自己的建议和主张。他认为我国科技发展缓慢的关键原因在于科研体制不能适应，因此，必须调整和完善科研部门与工程技术部门的体制，以适应现代科学技术发展的要求。

郭永怀是一位优秀的教育家。他认为我国科学技术的发展不是一朝一夕的事情，因此，必须大力培养新生科研力量，造就一批批科研生力军。在培养人才方面，郭永怀强调“言教、身教，以身教为主”。他强调要边学边干，出成果，出人才。他对研究生和助手的指导和帮助是启发式的、循序渐进的，重点强调的是使他们掌握科研方法，提高科研本领。他重视使年轻人在理论分析和实验研究两方面都得到提高，希望他们尽早在实际工作中得到锻炼。

郭永怀极富献身精神。他不追求名利、地位和荣誉。他回国后把主要精力放在科研组织和培养人才上。他乐于从事这些虽然默默无闻但意义重大的工作。当国家研制核武器需要他时，他毫不犹豫地投身到这项绝密工程中去。郭永怀工作日程表总是排得满满的，回国后的12年间，他涉及的科技领域和所做的工作之多令人惊叹。他曾担任《力学学报》和《力学译丛》主编，千方百计挤时间翻译出版了普朗特的《流体力学概论》。他还同汪德昭先生和马大猷先生利用业余时间研究用超声波方法分离铀同位素课题，并取得重要成果。他始终密切关注国际科技发展动向，博览群书。正因为他永无止境地追求新知识，所以对国际上近代力学和尖端技术的发展动向了如指掌，对各种复杂的课题总能细致入微地给予具体指导。郭永怀生前曾当选为全国政协委员和全国人大代表。1957年，他当选为中国科学院学部委员和中国力学学会理事。1964年，被选为中国航空学会副理事长。

郭永怀兴趣爱好广泛。他喜欢集邮、摄影，对欧洲古典音乐和欧洲绘画有很高的鉴赏力。他在个人生活上简单朴素，淡泊明志。他也关心政治问题和社会问题。在“反右”和“文革”中，他敢于直言不讳地发表自己的见解，从不为迎合“潮流”而改变自己的观点。“文革”中，科研生产遭到空前的破坏，他敢于冲破阻力，大抓科研生产。他对社会上和新闻机构的浮夸风深恶痛绝。他强调实事求是，反对不顾客观事实的虚假宣传和报道。他在各种问题上是非分明，勇于主持正义，坚持真理，受到人们的普遍爱戴和尊重。1978年12月5日，在纪念郭永怀为国牺牲10周年大会上，当时任中国科学院秘书长的郁文同志对郭永怀作出了这样的评价：“郭永怀一生做到了‘老实’二字，他是个老老实实的科学家，老老实实的共产党员。他从来讲真话，不讲假话，从来不会趋炎附势。”当然，郭永怀绝不仅仅是一位老老实实的科学家（虽然这在当时的环境中很不容易做到），还是一位学术广博精深、贡献卓著、品德高尚、热爱祖国的卓越科学家！他应该永远被人们怀念。

（作者：李成智）

参考资料

[1] 李家春，戴世强．郭永怀传略［J］．中国科技史料，1985（1）：42-51.

[2] 国立北京大学民国二十四年（1935）六月各系毕业生清册，北京大学档案馆档案．

[3] 林家翘先生给笔者的来信．

[4] 郭永怀．激波的介绍［J］．物理通报，1958（5）：257-262.

[5] 中国力学学会，中国科学院力学研究所．郭永怀文集［G］．北京：科学出版社，1982.

[6] 张德华，等．中国科学院力学研究所空气动力学研究简史［M］．北京：力学研究所，1986.

[7] 郑哲敏．在中国科学院力学研究所成立30周年纪念大会上的讲话．1986.

[8]《中国科学家辞典》编委会．中国科学家辞典（现代第一分册）[M]．济南：山东科学技术出版社，1982.

[9] 郭永怀档案材料．中国科学院力学研究所档案［A］．

[10] 郭永怀．在关于苏联发射成功第一颗人造卫星座谈会上的发言记录．中国科学院，1957.

[11] 《当代中国》丛书编辑部．当代中国的航天事业［M］．北京：中国社会科学出版社，1986.

[12] 郭永怀．宇宙飞船的回地问题［G］// 中国科学院新技术局．星际航行科技资料汇编（第一集）．北京：科学出版社，1965.

[13] 黄志澄．哥廷根学派与我国空气动力学的发展［J］．力学进展，1983（4）：395-401.

[14] 核工业部神剑分会．秘密历程——记我国第一颗原子弹的诞生［M］．北京：原子能出版社，1985.

卢鹤绂

(1914—1997)

卢鹤绂

在核能领域中的卓越贡献

卢鹤绂院士作为中国著名的物理学家、教育家和国际知名学者享誉全世界。他以超人的魅力、杰出的成就和崇高的品格，感染和影响了一代又一代物理学子。

然而，他在核能领域里的非凡贡献鲜为人知，以至于国外名牌大学（被誉为哈佛分校的斯瓦尔斯摩尔大学、休斯敦教会学院）和国外报刊敬称他为“中国核能之父”“世界上第一个揭露原子弹秘密的人”之时，国人还有点惊讶。本文为卢鹤绂在核能领域中的卓越贡献提供史料以为佐证。

一、卢鹤绂的历史贡献

当20世纪带着相对论、量子论、信息论和基因论等巨大成就载入历史之际，中外报刊将“中国核能之父”和“世界上第一个揭露原子弹秘密的人”这一殊荣，献给了中国科学院院士、复旦大学一级教授卢鹤绂先生。这完全是基于卢鹤绂的下列开创性工作。

1. 1938年：发表论文《锂离子的低温热源》

1938年12月，德国物理学家奥托·哈恩和施特拉斯曼发现了重核裂变现象。流亡在外的迈特纳提出第一份关于铀裂变的报告。此时被卢鹤绂称为“原子能时代萌芽初期”。他正在美国明尼苏达大学攻读理学硕士学位。他在用自制的180°聚焦型质谱仪研究热盐离子源的发射时，精确测出锂7、锂6同位素丰度比，并在美国《物理评论》杂志上发表了《锂离子的低温热源》论文，引起了国际物理学界的普遍关注。当时美国一家报纸在头版位置，以《一个中国人在称原子的重量》为标题，报道了卢鹤绂这一成果。

1953年，诺贝尔奖获得者塞格雷在他主编的《实验物理学》一书中明确表示：“卢鹤绂发明了热盐离子发射的同位素效应”，是“卢鹤绂首先应用热盐离子发射方法，以锂离子源整个生命中放出来的数量为准”。1958 年，英国剑桥大学沃尔士在所著《质谱学》中详细介绍了卢鹤绂的“时间积分法”，认为“这项研究成果来之不易。虽然准确，但实在是太吃力了”。与此同时，德国的《原子核表》也引用了卢鹤绂数值。

1959 年，著名学者瓦尔庄在其主编的《质谱学的进展》一书中，引用了卢鹤绂的成就，惊叹：“这是最好的锂热源。”

1960 年，加拿大学者贝能在《质谱学及其有机化学上的应用》一书中，整页介绍卢鹤绂的发现。这一成果能引起化学界人士的重视，卢鹤绂本人也深感“始料未及”。

但真正“始料未及”的是：卢鹤绂为什么选择锂同位素丰度比作为自己的留学主攻方向？为什么美国一再声称“中国人在称原子的重量”？一些学者为什么纷纷承认他的这一成果和后来的成果“对制造原子弹是很有价值的”？其中的奥妙至今还不甚清楚。然而，1981 年 5 月 21 日著名物理学家杨诺赫在奥斯陆大学物理学院的一番演讲，说出了苏联制造氢弹的材料秘密，也间接证实了卢鹤绂当年留美研究锂之目的：“我当时看到中国人在国内受侵略者的蹂躏，在海外亦受人欺凌，被洋人瞧不起。虽然自己初出茅庐，但是血气方刚，发誓要为中华民族争一口气。”

杨诺赫在报告中透露，根据萨哈罗夫的建议，苏联于 1954 年 10 月爆炸的首枚氢弹，采用液氘和液氚与锂（^{6}Li）的固态化合物（LiD 和 LiT），从而使氢弹结构极为轻巧、简单和有效。锂参加了氢弹所发生的核聚变过程，这是在极高温情况下进行的。但锂的真正作用还“受到保密规则的限制”。不过，卢鹤绂早于萨哈罗夫 15 年认识到锂的重要性这一事实，很值得科学家和科学史学者加以重视，并给予研究。

2. 1939 年：进行“对制造原子弹很有价值”的研究

从 1939 年起，各国物理学家纷纷投入到铀 235 核裂变现象的研究中去，以便尽快解决制造原子弹所需铀 235 的难题。特别是人们发现链式反应可以放出巨大能量后，各国有关核能的研究达到了前所未有的高潮。

卢鹤绂在更深层次地研究锂离子物理学的基础上，创造性地提出了扇形磁场对入射的带电粒子有聚焦作用这一普适原理。依据这一原理，卢鹤绂发明了一种新型 60° 聚焦高强度质谱仪，用以大规模地分离微克量级的硼 10 与硼 11，严密地核实各自的原子核反应。值得注意的是，作为人类早期核能学者的卢鹤绂，先于他人制备了同位素靶。卢鹤绂研究这一问题的目的在于：解决制造原子弹所需铀 235 的难题。一些物理学家认为：“该研究对制造原子弹是很有价值的。”

3. 1940 年：成功发明硼离子强发射源

卢鹤绂在准备博士论文的同时，系统地研究了在低压下氢及三氟化硼的紧缩式弧放电，并沿轴向提出离子，从而成功地发明了硼离子的强源。他所精心撰写的相关论文《在氢和三氟化硼的低气压紧缩放电中离子的纵向提取》，被美国核心期刊《物理评论》所接受，并于当年刊出。他的这一结果，被认为是当时核物理的前沿成就，也是他进行核能探索的重要步骤。

4. 1941 年：博士论文被列入美国绝密资料

卢鹤绂完成并通过他的博士论文《新型高强度质谱仪及其在分离硼同位素上的应用》，取得美国明尼苏达大学哲学博士学位。这一重要成果为美国原子能部门所重视。该论文因“涉及当时保密领域而被扣发”，被列入“涉及制造原子弹与原子反应堆的绝密资料”。这篇旨在确认卢鹤绂“中国核能之父”地位的划时代科学论文，数年后以摘要形式予以公布。直到 10 年后，即 1950 年，美国原子能委员会刊物《核科学文摘》第 279 页刊出该论文的全部提要。

5. 1942 年：预言大规模利用原子能的可能性

获得博士学位后的卢鹤绂不顾美国政府的挽留，在新婚的第三天，匆匆离开居住 8 年的明尼苏达州，于 1941 年 10 月 5 日抵达中国香港。在中山大学理学院艰难教学之余，卢鹤绂开始撰写他日后被确立为“中国核能之父”地位的最为关键的论文《重原子核内之潜能及其利用》。卢鹤绂在53年后的一篇文章中道出了他撰写此文的初衷：

> 作为一个中国人，当时我自感有责任将铀核分裂释放巨能之事合盘贡献给国人，使之对此有所认识，并予以应有的注意，乃于 1942 年 4 月利用业余时间撰就《重原子核内之潜能及其利用》一文，几经周折，发表于 1944 年在重庆复刊的《科学》杂志上。这是第一次在国内全面介绍核裂变的实验发现和理论认识及其大规模利用的可能性。

令人惊叹的是卢鹤绂在此文提出的结论意见：以应用言，此事尚须设法使中子自给作用实现于方便数量之铀，俾易司理其热量，否则一放不止，损失殊巨，危险尤大。若能大量将铀 235 分出，独利用热能中子，则事较易，惟其经济价值远逊于铀 238。就现势而论，此种浓厚之能源必将有其特殊之用途，然吾人所至望之贱价燃料，求于此事，尚非可能耳。卢鹤绂这些先知宏论为后来的事实所验证，也为今天的科学史学家确定他为“中国核能之父”的荣誉地位提供了历史依据。

6. 1945—1947 年：发表“引起国际科学界震惊和重视的”原子弹论著

1945 年日本投降后，卢鹤绂接受《科学》杂志主编卢于道的请求，接受国民党重庆当局“撰写关于原子弹方面文章”的任务，引起了“当时国际科学界的重视”。在以后的 3 年间，卢鹤绂天才地写下了在今天看来也不失其科学性的 4 篇论文：《原子能与原子弹》《从铀之分裂到原子弹》《关于原子弹的物理学》《重核二分之欠对称》。

半个世纪后，浙江大学在庆贺建校百年之际，公正地认为“西迁遵义、湄潭”是该校校史中“最艰苦卓绝的一段，却也是学术上最辉煌灿烂的时期”。而当年作为该校物理系教授的卢鹤绂关于原子弹的论著，被列为这一时期的代表作。

卢鹤绂这一时期的著作所造成的影响，也可以从他本人的回忆中得到证实。他写道：

> 由于有关原子弹原子堆工作仍尚属保密范畴，该刊主编劳勒尔将此文送交美国原子能委员会审批，一年后才得其许可，于 1947 年该刊最后一期上发表了。此文发表后美国昔日同事才知道 多年无音信的我身在杭州。此文后经美国书刊上引用了，苏联也采用了。

值得指出的是，卢鹤绂在国际上首次公开估算铀 235 原子弹和费米型链式裂变反应堆的临界大小的简易方法及其全部原理，“为美国文献及专著广泛采用”，成为国外学者承认他是“第一个揭露原子弹秘密的人”之关键贡献，从而无可争辩地确定了他以后作为世界第一流原子能物理学家和“中国核能之父”的历史地位。

7. 1948 年后的科学贡献

卢鹤绂在《中国科学与建设》杂志上发表了论文《关于同位素丰度比》，着重研究了重原子核裂变两产物轻重不对称的问题，从而发现了从核稳定分布区得到解释的最佳结论。在比较测定同位素丰度比的质谱计离子电流放大法和质谱仪照相法之后发现，后者偏低的直接原因在于照相乳胶卤化银晶粒的作用具有饱和性。

1950 年，卢鹤绂在美国《物理评论》上发表题为《关于核模型》的论文。他通过计算核结构模型，提出了质子壳中子心模型，还确定核半径公式应改为 $R=1.23\times10^{-13}A^{1/3}$ 厘米。这在物理学史上称为最早期壳模型，它比原子核传统均匀模型更为优越，为后来的学者广泛接受。

1948年末，卢鹤绂与曹萱龄合作，设计出充氩电子收集型裂变电离室和线性电脉冲放大器，首次观测到铀核裂变。他创造性地研究出源厚度外推法，测量了铀核半衰期及铀裂块在氧化铀层中的射程。这一成果以《铀核之自裂》论文形式先后在1952年《中国科学》《中国物理学报》杂志上发表，还为德、苏等国文献所引用。

1954年至1955年，卢鹤绂首次采用费米模型研究铀235裂变中子数问题，取得了令人赞叹的成就。他在深入研究各种裂变方式的假说后发现，放射链长度相等的假定，能够取得与事实相符合的结果，他与多人合写论文《关于热能中子所致铀235分裂时发出的中子数目的讨论》，在《物理学报》上发表。这在世界上尚属首次公开发表用费米气核统计模型估算铀235核裂变发出的中子数，比美国黎赫曼所做的全面计算要早得多。

1955年夏，经周恩来总理批准，在北京大学建立技术物理系，届时“从全国各大学物理系抽调一批学生，转来专攻原子核科学”。卢鹤绂奉命北调，去新办的这一“保密机构物理研究室”，讲授“中子物理学”及“加速器原理”两门课程。第二年，卢鹤绂因成就卓越，被评为一级教授，并担任中子物理学教研组主任。他培养了新中国97名优秀核物理学家的特殊贡献，决定了他在北京大学这一“核科学摇篮”中的历史地位。由此，人们理所当然地称他为北大技术物理系的元老和“中国现代科学事业的开拓者”。

在北京大学讲学结束后，卢鹤绂被调回上海，参与创建复旦大学物理二系和中国科学院上海原子核研究所，为我国培养了一大批原子能科研与教学人才。中国科学院院士方守贤、丁大钊、杨福家、陈佳洱、冼鼎昌、徐至展、王乃彦、谷超豪等人或出自他的门下，或得到过他的精心指导，都成为中国跨世纪的学科带头人。

20世纪60年代，中国核能研究权威卢鹤绂在研究受控热核反应时，提出快脉冲、慢脉冲和稳脉冲三大分类方法。他认为研究的注意力应集中在等离子体表面不稳定性与反常扩散这两个致命点上。由此，他论证了受控热核反应成功的可能性。他还在研究柱形片状等离子体稳定性、探索等离子体反常扩散的存在、研究高温等离子体和幽禁磁场间交界面稳定性问题诸方面获得一批成果。他在高能核物理理论的研究中也有不少建树。晚年他与弟子王世明教授合作，在对马赫原理验证中提出两个重要结论：(1) 横向多普勒效应在宇宙空间是各向异性的；(2) 光子的惯性是整个宇宙结构决定的。《伽俐略电动力学》主编豪沃德·海顿在刊出卢鹤绂论文时指出，这篇论文开辟了挑战爱因斯坦理论的新方法。

在俄罗斯圣彼得堡举行的“2000 年国际自然科学与工程基本问题研讨会”上，卢鹤绂的长孙女、哈佛大学博士卢嘉代表故去的卢鹤绂和王世明教授分别宣讲了卢氏宇宙演化量子引力规律新理论。出席会议的代表为之震惊。俄国学者、大会副主席在与卢嘉联合接受当地电视台采访时指出：“她的报告极有创建性，是中国与俄罗斯在科学领域合作的新起点。”

二、几点结论

1. 卢鹤绂在核能领域中作出开拓性贡献

在重核裂变现象提出的 1938 年，卢鹤绂就开始对锂离子进行颇有成效的研究，显露出他在核能领域的特殊才能。此后，他以研究同位素靶、硼离子强发射源、新型高强度质谱仪及其在分离硼同位素应用、预言大规模利用原子能的可能性、关于原子弹物理学的理论，以及提出壳模型、观测铀核裂变、估算铀核裂变中子数等显赫成就，无可争辩地确定了他在核能领域的研究中所作出的开拓性贡献。

2. 卢鹤绂先于中国其他学者在美国发表论文

据我们目前掌握的资料：还没有一位中国其他的物理学家，先于卢鹤绂在美国核心期刊发表有关核能利用和原子弹物理学理论的系统而权威的论文。

3. 卢鹤绂积一生经验提出的十六字科研方法应当继承

卢鹤绂之所以在核能领域取得如此非凡的成就，除了他个人的天赋、勤奋和家庭影响，还在于他在长期科学研究中所形成的风格、方法和创新意识。他曾说：“没有比在几乎是未经勘探的原子核世界里探索更令人神往了。”他始终保持年轻学生的求学热忱，即使在十年浩劫也未曾停止他的科学研究。他提出的“通权达变，灵活运用，学而时习，运用自如”的十六字科研方法，已为他一生的科研实践所证实。这也是我们创办卢鹤绂格物研究所的办所之本。

在探索卢鹤绂在核能领域卓越贡献的同时，我们期待他留下的科学遗产能成为全人类的财富。这也正是我们撰写此文的初衷。

（作者：卢永亮　卢永芳　马开桂　吴水清）

参考资料

[1] 吴水清，卢嘉．卢鹤绂年表［M］．北京：机械工业出版社，1997.

[2] 罗素．人类的知识——其范围与限度［M］．张金言，译．北京：商务印书馆，1983.

[3] 吴水清．卢鹤绂［J］．科学画报，1999，11：29.

[4] 卢鹤绂．揭示原子弹的秘密［N］．上海科技报，1995-08-30.

[5] 子青．揭露原子弹秘密的第一人——卢鹤绂与原子弹秘密［N］．新晚报（香港），1993.

[6] 汤家镛，陆全康．怀念导师卢鹤绂院士——纪念卢鹤绂先生逝世两周年［J］．自然杂志，1998（6）：349-352.

[7] 吴水清．中国核能之父卢鹤绂［M］．北京：中国大百科全书出版社，2001.

[8] 中国科学院学部联合办公室．中国科学院院士自述［M］．上海：上海教育出版社，1996.

[9] 卢鹤绂．往事回忆［J］．现代物理知识，1991（6）：18-20.

[10] 钱三强．中国原子核科学发展的片段回忆［N］．人民日报（海外版），1990-11-06.

程开甲

(1918—2018)

程开甲

中国的“核司令”[1]

他是一个智者，不仅是英国爱丁堡大学的博士，是中国科学院的院士，还是现代物理学大师玻恩的弟子，是海森伯的论战对手；他是一名勇士，不仅将自己的汗水和智慧洒在了中国西部那片神秘的罗布泊，还在中国核试验基地指挥着千军万马；他是一位元勋，不仅直接参与了中国原子弹、氢弹的研制，还以其深厚的学术造诣，为原子弹、氢弹的爆炸作出了独特的贡献。

他的名字叫程开甲，一位中国核科学史上的传奇人物，“两弹一星”功勋科学家。

一、少年开甲

1918 年 8 月 3 日，程开甲出生于江苏吴江盛泽镇一个商人家庭。

程开甲的祖先本是徽州的“徽商”，清代才来到江苏吴江盛泽镇，传至程开甲的祖父程敬斋时，程家已是远近闻名的大户。

吴江与徽州不同。徽州尊商，吴地崇教尚文。在吴地，要想光宗耀祖，科举取士是首选之道。自然，这个观念也深深地印入了程敬斋的脑海。为了他的理想，他教唯一的儿子程侍彤只读圣贤之书，不让他涉足商道。但精心栽培的结果，不但仕梦未圆，商道也从此失传。程侍彤连考几次，连个秀才也没中上。

无奈之下，程敬斋寄希望于下一代，让儿子娶了一位姓洪的举人家的闺女为妻，还给未来长孙取了一个“开甲”的名字。没料到，侍彤与洪举人的女儿连生六胎，都是女儿，无一人可领“开甲”之名。

1　本文在写作过程中曾得到程开甲院士、钱绍钧院士、程漱玉女士、任万德将军的帮助和指导，得到中国科学院知识创新工程项目（KLCX2-W6）的资助，特此致谢。

失望中的程敬斋只好又让儿子将南浔镇一个姓梅的大户人家的丫鬟董云峰娶回为妾。董云峰嫁到程家不久怀孕了，并且很快生出了“开甲”。不幸的是，就在“开甲”出生前一天，程敬斋因病去世了。据说，死时他的眼睛瞪得很大，有人说那是程老爷死不瞑目，也有人说那是他拭目以待……

就这样，程开甲从一出生便背负着祖先“万般皆下品，唯有读书高”的沉重期望。

1931 年，程开甲小学毕业，考进了离家乡约 20 公里的嘉兴秀州中学，在这里整整待了 6 年。

秀州中学创建于 20 世纪初，前身叫秀州书院，是美国基督教传教士同嘉兴绅士一起创办的。第一任、第二任校长分别是美国西差会派来的传教士裴来仪和窦维思。1928 年，中国人收回了教育权，黄式金担任第一任华人校长。1930 年，顾惠人成为秀州中学校长。

顾惠人是中国近代教育史上一位十分出色的教育家。他毕业于上海光华大学，获美国哥伦比亚大学教育硕士学位，一生立志教育。他十分强调人格教育，将其摆在教育的第一位，并提出了“学校家庭化，生活纪律化，头脑科学化，身手平民化”的“四化”教育目标。从 1930 年至 1958 年，顾惠人担任秀州中学校长长达 28 年。在这里，他将自己的教育思想实践得淋漓尽致，不但培养了大批杰出人才，还培育了“爱国、爱校、爱科学”的秀州精神。

在秀州中学的校友名录中，我们看到了 10 位院士级科学家的名字。他们是陈省身、李政道、顾功叙、谭其骧、周达儒、周达冲、钦俊德、方怀时、潘文渊、程开甲。

一个中学培养出了 10 位院士级科学家，足见这个学校的教学水平和质量。程开甲能够在这样一个环境中生活和学习 6 年，对他的人生来说意义非同一般，更何况程开甲在校的那段时间，也是顾惠人校长生涯中一个辉煌的历史阶段。以上列举的那 10 位院士级科学家，其中有 7 位就是在 1928—1937 年间毕业的。

初一的时候，程开甲成绩平平，并没有什么突出的地方。但到了初二的时候他就开始冒头了，尤其是数学和英文非常出色。

程开甲的数学老师叫姚广钧，十分重视对学生数学工具知识的记忆训练。在姚广钧严格的训练之下，程开甲对数字的记忆力让全校师生都为之折服。

他能将圆周率轻松自如地背诵到小数点之后 60 位数；

他能将 1—100 平方表倒背如流；

他能记住每一个数学公式和许许多多数学习题的演算结果；

…………

这种记忆在他日后70余年学习和科研中发挥了重要的作用。程开甲对数学的平方、立方及公式是从不查表、翻书的。

姚广钧非常懂得怎样因材施教。看到程开甲的数学水平远远高于同班同学，他把程开甲叫到家里给他开小灶。高中时，姚广钧就让程开甲接触大学的微积分知识。为拓宽他的视野，姚广钧经常借给程开甲一些习题集，让他去做课堂以外的难题。至于考试成绩，程开甲是从不担心的，姚广钧年年给他100分。这个100分为程开甲挣得了一笔可观的学费。

英文是程开甲的又一“杀手锏”。秀州中学原是一个教会学校，十分重视英文，学校还有好几位外籍教师，他们采取“直接”教授法，注重学生的发音和听、读训练。这与程开甲的愿望十分吻合。至于他的英文水平，程开甲在《母校学习生活的片断回忆》中有这样一段文字：“我在初中二年级，发奋得将每一篇课文全部背出来。有一次顾惠人校长代张才茂老师上课，听到我背诵流利，十分称赞。学校每年都要举行一次英文背诵比赛，我在初三，第一次参加比赛，精神太紧张，上台背了三句，就把下面全忘了，只好下台，但辅导老师姚广钧却笑笑说，‘看以后的’。翌年，我高中一年级，由骆之骏老师训练，吸取了上次失败的教训，稳定了情绪，就获得全校英文背诵比赛第一名。到了高中三年级，由窦维思师母训练，参加了浙江省四所中学演讲比赛，获得了第一名。”

这第一名的成绩，对于秀州中学的意义要比对于程开甲个人的意义大得多。因为这次比赛是浙江省第一次组织的省级中学教学水平大比武。在这次比武中，秀州中学旗开得胜，不但获得了集体第一名的好成绩，而且拿下了三项单科冠军。从此，秀州中学声名鹊起。

随着学习的进步，程开甲逐步确立了当一名科学家的理想，他到图书馆借来了伽利略、牛顿、爱因斯坦、巴斯德、詹天佑甚至还有甘地等名人的传记，如饥似渴地读了起来。程开甲回忆道：“这些书，使我增强了责任感和使命感。这些科学家追求真理、热爱祖国的精神深深地感动了我，教育了我，对我的人生起了重要的作用。我渐渐地萌发了长大了也当科学家的理想。”

从科学家们的经历中，程开甲总结出了成功的两条秘诀：一是勤奋，二是肯动脑筋。程开甲是秀州中学出了名的勤奋人。60多年后他的校友还以《勤奋的人》为题写了一篇回忆录，真实地记录了他在秀州中学勤奋、刻苦的学习精神。因为爱读书，以至于后来上大学时有同学送了他一个绰号——“程 BOOK”。

二、走近大师

1937 年，程开甲高中毕业。他投考了两所大学：一所是上海交通大学机械系，另一所是浙江大学物理系。

不久，他同时接到了两所大学的录取通知书，但相比而言，浙江大学的成绩要出色些，因为在浙江大学录取通知书上清楚地注明他考上的是公费生。

没有什么犹豫，1937 年秋，程开甲来到杭州，成为浙江大学物理系的学生。

程开甲入校时，浙江大学已是群贤荟萃，大师林立。校长竺可桢是我国地理学与气象学的一代宗师；数学系苏步青、陈建功等教授是国际知名学者；物理系张绍忠、束星北、王淦昌、何增禄等都是留学归来，学术上有很深造诣的教授级大师；还有贝时璋、黄翼、蔡堡、周厚复等学界精英。1944 年，李约瑟考察了浙江大学后，对其取得的学术成果非常惊讶，称其为“东方剑桥”。程开甲走近大师就是从走近束星北、王淦昌、陈建功、苏步青等人开始的。

大学四年，对程开甲影响最大的是束星北。二年级时，束星北给程开甲讲力学，非常吸引人。他把力学的基本原理讲解得既透彻又生动，让程开甲如痴如醉。热力学中“熵”的概念和第二定律是最难理解的，但束星北能用极其通俗易懂的语言轻而易举地解释清楚。相对论和电磁学更是束星北的两门拿手好戏，讲授得炉火纯青。程开甲由束星北领着一步一步进入了物理学的殿堂。

程开甲引起束星北的关注则是借助了力学考试的一份答卷。当时束星北出了一道考题：“太阳吸引月亮的力比地球吸引月亮的力要大得多，为什么月亮跟地球跑？”这道题全班同学只有两个得了满分，那就是程开甲和胡济民。从此，束星北对这两个学生刮目相看。谈起束星北，程开甲不但肃然起敬，而且充满了感激：“我的力学知识都是他传授的，我物理学的理论功底也是从他那里学来的。”

王淦昌开设的“物理讨论”课实际上就是学术前沿研究报告会。当时只要是物理学研究杂志上发表的论文，无论是什么人、什么观点，王淦昌都会拿出来讲，让师生们开阔眼界。1939 年 7 月，王淦昌就向物理系师生介绍 1938 年 12 月和 1939 年 1 月间哈恩和迈特纳发现铀原子核裂变现象经过。这是程开甲第一次接触原子核。在王淦昌的影响下，程开甲一生都十分注意对科学前沿的把握，即使是现在，他对学术发展动态仍是了如指掌。

抓住问题，扭住不放，这既是王淦昌对他的教诲，也是王淦昌的风格。但认识归认识，在实践中真正要做到这一点是十分不易的。对此，程开甲有经验，也有教训，用他自己的话说："我想跟王先生学，我学了一些，但学得不好，吃了亏。"

程开甲所说的"学了一些"，是指他后来所取得的成果，都是因为记住了王淦昌的告诫，执着研究的结果。而最早让他尝到这个甜头的就是与王淦昌合作，在美国《物理评论》杂志上发表的那篇论文《论五维空间》。

程开甲所说的"吃了亏"，是指他终生遗憾的一件事。1944 年程开甲在浙江大学任助教，写出一篇题为《弱相互作用需要 205 个质子质量的介子》的论文。其时恰逢李约瑟来浙江大学考察，程开甲经王淦昌介绍，将自己这篇研究成果交给李约瑟，托他带给物理学权威狄拉克。狄拉克收到这篇论文后，亲自给程开甲写信，"目前基本粒子已太多，不再需要更多的新粒子，更不需要重介子"。当时狄拉克是物理学界的权威人物，而且在此之前他亲自将程开甲的一篇论文《对自由粒子的狄拉克方程推导》推荐给剑桥大学的《剑桥哲学》杂志，并发表了。所以，程开甲也就放弃了对这一问题的进一步研究。后来这个研究成果被一个重要的实验所证实，而且实验所测得的粒子质量与程开甲当年的计算值基本一致。这项成果于 1979 年获得了诺贝尔奖，程开甲就这样遗憾地与诺贝尔奖失之交臂。

大学四年，程开甲除受束星北、王淦昌的影响外，数学系陈建功、苏步青的指导和鼓励也是让他终生难忘的。大学三年级时，程开甲听陈建功的复变数函数论，写了一篇论文《根据黎曼基本定理推导保角变换面积的极小值》，在英国发表之后，被苏联米尔诺夫的《高等数学教程》全部引用。这篇文章和随后在《自然》杂志上发表的题为《用等价原理计算水星近日点进动》的论文，是程开甲科学研究的起步。前者受陈建功函数论启发而作，后者受束星北相对论启发而作。

显示程开甲科学研究潜力的最早成果是 1945 年发表在剑桥大学《剑桥哲学》杂志上的那篇《对自由粒子的狄拉克方程推导》。这篇论文不但引起了远在英国的物理学权威狄拉克对这位素未谋面的年轻中国学者的关注，也引起了正在中国考察的李约瑟对他的兴趣。

1945 年，在李约瑟的推荐下，程开甲获得了英国文化委员会的奖学金，远渡重洋来到英国，成为爱丁堡大学数学物理系玻恩的研究生。

玻恩是位知识渊博、多才多艺的教授，他不仅是诺贝尔奖获得者，还是一位哲学家、文学家和音乐爱好者。程开甲成为玻恩的研究生时，玻恩门下已经走出了许多在物理学界享有盛誉的人，如奥本海默、福克斯、海森伯和中国的彭桓武等。有趣的是，玻恩的学生中后来有许多人都与核武器结下了不解之缘，包括他的两个中国学生彭桓武和程开甲。

成为玻恩的学生是程开甲人生道路上的又一次幸运。为了将程开甲带入物理学领域，玻恩常让他一同去参加各种国际学术会议，鼓励他认识外界朋友。程开甲刚到英国不久，玻恩就应邀去牛津大学讲学，程开甲作为助手一同前往。在随后剑桥大学学术会议上，玻恩把程开甲引荐给了狄拉克和海特勒。海特勒在场论方面造诣很深，程开甲早就读过他的学术论文并受其启发，与王淦昌合写过《论五维空间》一文，所以程开甲对这位大师一直很尊敬。当玻恩将他介绍给海特勒时，程开甲十分兴奋，并与海特勒进行了长时间的交谈，两人的观点有许多相似之处。1947 年，玻恩又带程开甲参加了爱尔兰会议，在这个会上程开甲又认识了薛定谔、缪勒、鲍威尔等科学大师。

1948 年，物理学界在瑞士苏黎世大学召开低温超导国际学术会议，程开甲和玻恩合写了一篇《论超导电性》的论文，递交大会。会议召开时，玻恩未能前往，程开甲作为代表在会上宣读论文。很巧的是，海森伯也参加了这个会议，由于观点针锋相对，在会上两人就争论了起来。程开甲不但英文水平很高，在大学也学过德文，所以他们吵架，时而用英语，时而用德语。大会主席泡利觉得非常有趣，主动提出当裁判，但吵了很久，泡利实在难以裁决，就说："你们师兄弟吵架，为什么玻恩不来？这裁判我也不当了。"

程开甲与海森伯的这次争论成为苏黎世会议的一个花絮，也让程开甲永远难忘。就在这场争论之后，泡利将程开甲推荐给了研究量子论的权威专家索马菲尔德。后来，程开甲也没有放弃自己的观点。

三、祖国需要

程开甲在英国留学的四年，是国内政治形势急剧变化的时期。当时程开甲还是一个无党派人士，没有什么党派之见，但他十分关心祖国的命运和民族的未来。

他在等待着，等待着中华民族扬眉吐气的一天……

终于有一天，程开甲的眼中燃烧起了明亮的火花，看到了中国的希望。

那是 1949 年 4 月的一天晚上，程开甲正在苏格兰出差，一个人走进电影院。按照惯例，电影正片之前是一个简短的新闻片。恰好当天的新闻片就是轰动一时的“紫石英”号事件。

1949 年 4 月 20 日是中国人民解放军等待国民党政府决定是否在《国内和平协定》上签字的最后一天。此时中国人民解放军已作好了一切渡江作战的准备。美、法等国已知趣地将自己的舰队驶离南京。只有英国军舰极不明智地仍悬着“米”字旗，驻泊南京，并不时耀武扬威。20 日上午，“紫石英”号等英国军舰与国民党军舰相伴，由东向西驶进中国人民解放军第 23 军防区游弋。

大战在即，英国舰只竟敢贸然驶来，其阻挠解放军渡江之心昭然若揭。经请示，渡江部队先礼后兵，发出警告。但英国军舰置警告于不顾，继续向前行驶。随即，长江之上炮火连天。片刻工夫，“紫石英”号中弹 30 余发。刚刚还神气十足的“紫石英”号慌忙扯起白旗告饶。

“紫石英”号事件让不可一世的西方列强第一次看到了中国人民强大的力量，也让程开甲第一次了解到中国共产党和中国人民解放军的民族立场。

新闻片放完后，程开甲心潮澎湃，很久以来积压在心头的民族自卑感一扫而光。之后，他开始悄悄地整点行装，作回国准备。

也就是这一年，程开甲获得爱丁堡大学哲学博士学位，成为英国皇家化学研究所的一名研究员。玻恩对程开甲的工作极为欣赏，两次与他谈话，要他把爱人与小孩带到英国来。程开甲认真听着，不作回答。此时，胡济民已先他回国。从胡济民的来信中，程开甲得知祖国在共产党的领导下，正在开展废墟上的建设，许多海外学子也已陆续回家。“祖国形势真的很好，国家有希望了！”胡济民在信中一次又一次地向程开甲传递着国内经济发展的情况。

程开甲要回国的决定让同学们知道了。一天晚饭时，几个英国学生一番好意，劝程开甲留下来，他们历数了中国种种的不好：中国穷，中国没饭吃，中国落后……程开甲听得很不舒服，最后他竟然拍着桌子对他们咆哮起来：“中国穷，中国落后，中国没饭吃，比不上英国，但你们要知道这是今天，要看就看今后。OK？！”程开甲对他的英国同学扔下几句话，气愤地离席而去。回忆起来，程开甲说，这是他在英国四年中第一次对英国人发大火，也是他感到最理直气壮的一次。

玻恩毕竟是长者，他完全能够理解自己这个学生报效祖国的急迫心情，尊重他的选择。回国前的一天晚上，玻恩对程开甲有一次语重心长的谈话，并关心地说：“中国现在很苦，你回去会吃许多苦头，到了埃及多买些吃的带回去吧！”导师的关心让程开甲十分感动，但他没有采纳导师的建议。他知道国内很苦，但这是他心甘情愿的选择。在英国他除了给爱人买了一件皮大衣，其余买的全是书籍。

20 世纪 50 年代的第一个盛夏，程开甲终于踏上了祖国的热土。

回到杭州，程开甲没有直接回家，而是直奔母校——浙江大学。浙江大学伸出热情的臂膀欢迎了他，安排他在物理系任副教授。

1952 年院校调整，程开甲被调到南京大学物理系。他没有丝毫犹豫就搬了家。由于国内急需培养大量金属物理专业人才，程开甲与施士元一起创建南京大学金属物理教研室。为加快我国固体物理学理论人才的培养，程开甲还竭力主张把当时理论物理学的新成果、新方法应用于固体物理。在这期间，他还完成了专著《固体物理学》，此书 1959 年由高等教育出版社出版，填补了我国高等院校《固体物理学》教材的空白。

1956 年，程开甲参与制定的“十二年科技规划”出台后，国防科技发展规划中提出的原子能技术被排在国家“十二年科技规划”12 项重点任务前列。当时中国科学院原子能研究所所长钱三强为了推进原子能技术的发展，呼吁各省和各高校分别建立原子能研究所和核物理教研室。江苏省和南京大学回应呼吁，又一次将程开甲推向了这项工作的前台。程开甲只好将金属物理教研室交给他人，又去开拓一项全新的领域，组建核物理教研室。

组建核物理教研室后的第一项工作就是科研条件建设。程开甲带领几个年轻教师根据苏联学者发表的一篇论文，自己研制出了一台双聚焦 β- 谱仪，运用它测量一些元素的电子衰变能谱，一举成功。这是南京大学第一台核子物理实验仪器。不久，一项特殊使命又一次改变了他的人生轨迹。

1960 年，程开甲接到命令，去北京报到。不知道去干什么，也习惯了不多过问，程开甲第二天就启程了。去了那里以后，他才知道是去搞原子弹。就这样，程开甲进入了我国核武器研究行列。

10 年内，几易岗位，数易专业，这对一个孜孜追求科学研究的科学家来说绝不是一件容易做到的事情，但程开甲做到了。当询问原因时，没想到他的回答仅是简简单单四个字：“祖国需要。”

四、秘密使命

“原子弹就是那么大的东西，没有那东西，人家说你不算数。那么好吧，我们就搞一点吧！”1958年6月21日毛泽东在军委扩大会议上的讲话第一次道出了中国进行原子弹研究的被迫和无奈。

研制原子弹，把从国外回来的科学家集中起来！中共中央终于作出了果断决策。

1958年7月，核武器研究所在北京建立。所长李觉，副所长吴际霖、郭英会，在二机部领导下开始“招兵买马”。

1960年3月，程开甲由钱三强“点将”，经邓小平批准走进了核武器研究所，并被任命为第三位技术副所长。在此之前，另外两位技术副所长朱光亚和郭永怀已先期到达。

谈到自己走进核武器研究行列，程开甲讲述了一段颇为有趣的往事：

1949年，程开甲与玻恩一起在爱丁堡出席一次学术会议，从事美国原子弹内爆机理研究的福克斯也来了。福克斯也是玻恩的学生，所以玻恩将程开甲介绍给他，师兄弟第一次见面谈得甚为投机。当时美国政府正在怀疑有人将原子弹核心机密泄露给苏联人。福克斯在怀疑名单之列。尾随福克斯来到爱丁堡的美国特工看到福克斯与程开甲有接触，特别是了解到程开甲来自中国后，以为自己有了重大发现，竟然“天才”地将程开甲—中国共产党—红色苏联—福克斯—原子弹机密联系起来，并对程开甲展开调查跟踪。当然，美国特工后来查清，程开甲当时既不是中国共产党党员，也与原子弹机密没有任何瓜葛。事后，玻恩将这段离谱的插曲告诉程开甲，程开甲才猛然想起他在一段时间总感到背后有个“尾巴”。

历史竟是如此巧合。10年之后，程开甲的名字真的与中国共产党，与红色苏联，与原子弹联系了起来。

研制原子弹是一个崭新的课题，谁也不懂，大家都在学中干、干中学。初期的探索工作大致是按理论设计、爆轰物理、中子物理和放射化学、引爆控制系统、结构设计等几个方面进行的。朱光亚为技术总负责人，郭永怀和程开甲一人负责一个方面。程开甲分管状态方程理论研究和爆轰物理研究两大块工作。

1960年春节后，程开甲领着胡思得等一些青年科技人员，对爆轰产物的状态方程进行了探索。由于程开甲早在1958年南京大学时就发表过关于TFD模型方面的研究论文，于是，他就给这些青年人讲课，指导他们查阅国外文献。经过半年艰苦努力，他们终于第一次采取合理的TFD模型计算了原子弹化爆压缩中心产生的压力和温度，为原子弹的总体力学计算提供了依据。拿到程开甲他们计算出来的结果，郭永怀兴奋不已：“老兄，你的高压状态方程可帮我们解决了一个大难题啊！”

在科学家们孜孜不倦的探索中，中国原子弹事业在1962年终于露出了希望的曙光。张爱萍、刘杰以二机部的名义向党中央、国务院正式报告，提出争取在1964年，最迟1965年上半年爆炸中国第一颗原子弹的“两年规划”，并很快得到了中央的批准。

1962年初秋，张爱萍请钱三强等就试验问题提出意见。钱三强向张爱萍推荐，由程开甲出面牵头负责试验当中的有关技术问题。

程开甲又开局了，他和张超一同组建核武器试验研究所，由他全面负责核武器试验中的技术工作。人员到齐后，程开甲划分了5个研究室，分别对应力学、光学、核、电子和理论计算专业。之后为适应地下核试验工作的需要，又设立了第六研究室。事实证明，程开甲最初的这个划分完全符合客观需要，后来除把核物理和放射化学分为两个研究室以外，核武器试验研究所延续的仍是1963年的“程氏划分体制”。

程开甲组建核武器试验研究所后进行的第一项工作就是拟定我国第一颗原子弹爆炸试验方案。当时二机部九局有一个《关于第一种试验性产品国家试验项目与准备工作的初步建议》，程开甲、吕敏、陆祖荫、忻贤杰等在讨论中碰到的第一个问题就是第一颗原子弹采取何种方式爆炸，《初步建议》采用的是空投。

空投？飞机投掷？程开甲总觉得第一次核试验就用空爆方式有些不妥。他反复思考，终于写出了否定空投方案的三条理由：第一，空爆增加测试同步和瞄准上的困难，难以测量到原子弹爆炸时的各种效应；第二，保证投掷飞机安全的难度很大；第三，保密性也有问题。

否定空爆方式的理由充分，但新的方案是什么？经过反复论证，程开甲提出了“百米高塔爆炸方式”。1962年11月26日，程开甲主持起草的《国家第一种试验性产品试验技术方案》出台了，明确提出我国第一颗原子弹采用静态试验方式，将核装置放在百米高的铁塔上做爆炸试验的意见。该方案经钱三强审阅，转报国防科委，很快得到了批准。

为了确保第一次核试验成功，1963年秋，在程开甲主持下，核武器试验研究所利用工程兵在北京西郊的大型化爆试验场进行了模拟联试试验。试验成功之后，程开甲领着他的人员提前半年进入了核试验场罗布泊。

罗布泊，号称死亡之海。这里自然环境十分恶劣，曾经被人们描绘为“生命的禁区”。但在当时，程开甲他们根本没有时间去感受。

紧张的调试工作开始了，程开甲深入每一个角落、每一个现场，检查监督，不放过一个细微的问题，不放过一个细小的疑点。试验工作的组织领导是极其严密和有效的。按照中央专委指示，1964 年 8 月 23 日，试验场区组成了首次核试验党委会和核试验委员会。核试验党委由 35 人组成，张爱萍任书记，程开甲等人任委员。核试验委员会由 68 人组成，张爱萍为主任委员，程开甲任副主任委员。

1964 年 10 月 14 日 19 时 20 分，原子弹平稳、安全地吊上塔顶，在密闭工作间就位，安详地等待着“零”时的到来。

核试验是不可逆的一次性试验，它要求大部分测试仪器必须在自控状态下、在“零”时到来时开机工作，捕捉瞬间，获取数据。从原子弹吊上塔顶开始，程开甲就将心悬在半空中。1990 年 4 月张蕴钰所写的一篇回忆文章《戈壁春雷——我国首次原子弹试验》中的一段话，对程开甲当时的心情刻画得非常形象。

10 月 16 日“零”时前的上午，张蕴钰按照张爱萍总指挥的指示对全场进行最后一遍巡视。张蕴钰写道：“在返回途中我先到了主控站，在主控站的领导同志还有基地的邓易非和基地研究所副所长程开甲教授。程开甲是 1950 年从英国归来的学者，1948 年他在爱丁堡大学获博士学位，这位基地最高级的专家和技术召集人是一位真正的老师。在试验各项准备工作就绪后，他曾不止一次地对我说：‘它不能不响。’薄薄的嘴唇颤抖着，那样子像是对原子弹诅咒和祈祷。爆炸后，我又见到他——这个试验方案的制订者，并对他说：‘这一回你是张飞的胡子’——满脸。”

“零”时终于到了。程开甲站在主控台，屏住呼吸。顷刻，惊雷般的巨响宣告中国第一颗原子弹试验成功。随着这声巨响，自动控制在瞬间启动上千台仪器，分秒不差地完成地爆和全部测试。程开甲长长地松了一口气。

当年法国人进行第一次核试验，测试仪器没有拿到任何数据，美国、英国、苏联也仅仅拿到了很少的一部分数据，而我们拿到了全部数据。这一了不起的成绩载入了当年周恩来总理所作的第三届全国人民代表大会政府工作报告中。

五、冲击空爆

中国第一颗原子弹在罗布泊爆响的消息，震惊了世界。

看到国际社会的强烈反应，程开甲会心地笑了。他摊开资料，思维迅速地集中到《空中核爆炸方案》上。

这是中国首次空爆核试验方案，意义非同小可。

所谓空爆试验就是指用飞机等运载工具将核装置投下，并将其控制在预定高度爆炸的一种核试验。中国第一颗原子弹采取的是百米高空塔爆方式，这种静态核装置试验的成功只能说我们已经掌握了核技术。如果说中国拥有了可供投入实战使用的核武器，就必须等待首次空爆试验的结果才能断言。

程开甲当然知道他正在做的工作的分量。也正因为这样，周恩来才专门为此指示："这次试验一定要准备好，要更周到、更细致、更妥善地全面做好安排，在效应试验上，要搞清楚在空中、地面各种条件下杀伤和破坏的威力半径。总之，凡是通过试验应该得到的数据和资料都要得到。中国反对核讹诈和核威胁，不主张搞几百次核试验，因此，我们的核试验都要从军事科学、技术的需要出发，做到一次试验，全面收效。"

核试验党委落实周恩来的指示，根据此次试验的特点，将第一颗原子弹试验时的"三保"（保响、保测、保安全）要求扩展成"八保"（保响、保投得准、保地面空中联得上、保测试、保回收、保证有足够的数据进行分析、保证资料储存和管理、保证安全的标准）。

从"三保"到"八保"，内容多了，要求高了，技术复杂了，但所有这些，程开甲都必须把它们一一落实到方案中。好在第一颗原子弹试验的方案也是他做的，对于做这类方案，他已经有了一定基础和经验。程开甲抓住与第一次试验的不同之处，再抓住不同之处中的关键之点，很快理清了思路，形成了文字。方案报到中央专委，没多久就批下来了。

1965 年 5 月 14 日，中国第一颗空投原子弹在罗布泊试验成功。当天《人民日报》发表公报："这是中国人民加强国防、保卫祖国的又一重大成就。"

"原子弹要有，氢弹也要快。"1965 年 1 月毛泽东作出指示后，二机部九院迅速调集力量，加快了氢弹的研究步伐。程开甲也将主要的精力转移到思考氢弹试验的有关技术问题上。

氢弹和原子弹是核武器中的系列产品，可它们的威力有着天壤之别。有人形象地比喻道："原子弹只是氢弹的火柴头。"

产品不同，试验方法自然有别。问题是，在 1966 年 4 月国防科委组织的一次氢弹原理试验方式研讨会上，专家们的意见又十分一致：塔爆，而且铁塔就用首次原子弹试验时留下的备份铁塔。

氢弹原理试验采取塔爆的方式，专家们自然有他们的理由：一是考虑测试效应，二是为了节省费用。

会议结束后，有四个字、两个问号在程开甲的脑袋里放得大大的，像两个幽灵缠绕着他。它们是：“塔爆？安全？”

当量大、爆点低、沾染重，这是专家们都熟知的此次试验的三个突出特点。在这里，塔爆与安全显然是存在冲突的。解决这个问题是这次试验的技术关键。

怎样才能冲破现有铁塔高度和试验场地条件的局限，将核试验场区及下风附近地区的放射性沉降影响降到最低程度？程开甲将这个难题写在黑板上，一次又一次地组织研究所的科技人员讨论，一遍又一遍地领着他们反复计算。不知干了多少个白天黑夜，也不知做了多少次重复劳动和无效劳动，最终他们拿出了几条解决办法。

为了检验计算值的准确性，氢弹原理试验前，程开甲带领他的技术骨干用常规炸药做了一次化爆模拟试验。试验结果表明，采取上述措施相当于把现有铁塔加高 60 米，使放射性沉降减少三分之二。

石头落地了，幽灵飞跑了。试验前，程开甲拍着胸脯向领导保证：“安全问题唯我是问。”

1966 年 12 月 28 日，我国首次氢弹原理试验在罗布泊获得成功，中国成为继美、苏、英之后第四个掌握氢弹技术的国家。

就在试验场区人们互相祝贺的时候，程开甲紧张的神经还没有来得及松弛，又接了新的更加艰巨的试验任务：全当量空投氢弹。

这时，核武器试验研究所已经从北京通县搬到了红山。程开甲在罗布泊有了属于自己的固定的小屋，于是就在这个戈壁滩上长期住了下来。从 1964 年第一次进入号称“死亡之海”的罗布泊到 1984 年从罗布泊调回北京，程开甲在戈壁滩上扎根了整整 20 年。20 年中，他隐姓埋名。20 年中，他没有用程开甲的名字在外界的学术刊物上发表过一个字。

根据中央专委原来的计划，我国空投全当量氢弹爆炸试验定在 1968 年进行。后来推测法国可能在 1967 年进行首次氢弹试验。这一刺激，激发了中国科学家们为祖国争光的强烈责任感，提出一定要赶在法国之前爆炸我国第一颗全当量氢弹。这样，第一颗空投氢弹试验的时间提前到了 1967 年上半年。

元旦过后，罗布泊核试验基地又忙碌了起来。忙碌的最初迹象就是程开甲黑白颠倒的不规律生活以及核试验研究所办公大楼彻夜不熄的灯火。为了准确地算出氢弹安全的爆炸高度，程开甲首先调集精兵强将，开始集智攻关。

爆高终于计算出来了，这个数字凝结了程开甲他们研究所许许多多科技工作者的心血。

安全问题一直是程开甲亲自抓的。在这次空爆试验中，程开甲提出了两个首创性意见：一个是火箭取样的新方法，另一个是投弹飞机飞行的新方向。

谈起第一个首创，程开甲讲了三个方面的因素：一是这时我们已经研制出了火箭，有条件；二是氢弹威力大，烟云高，取样飞机受到飞行高度的局限有可能取不回"干净"的样品；三是考虑取样飞机的飞行员剂量安全问题。

程开甲的这两个首创在当时影响很大。一方面它为我国首次氢弹空爆试验的圆满成功作出了贡献，为今后的氢弹试验的安全开辟了新方法；另一方面也使程开甲赢得了他人信任，以后只要听说安全问题已经程开甲把关，就不会再有人怀疑。

辛勤的劳动，获得的是成功的报偿和喜悦。1967 年 6 月 17 日，我国第一颗全当量氢弹空爆试验圆满成功。这次成功再次引起了一场不小的世界躁动。正如法新社 6 月 18 日电所说："中国人民爆炸热核炸弹所取得的惊人成就，再次使全世界专家感到吃惊，惊奇的是中国人取得这个成就的惊人速度。"

六、地下惊雷

在进行了一定数量的大气层核试验之后，尽快地将核试验从空中转入地下，既是军事保密和技术发展的需要，也是国际政治形势发展的要求。

地下核试验是指将核装置放在竖井或水平坑道中爆炸的核试验。这种核试验工程量大、周期长、投入多，且不便于进行百万吨级梯恩梯当量大威力的试验。所以，在中国需要不需要进行地下核试验这个问题上，人们的认识不尽一致。

程开甲是发展地下核试验的积极主张者、倡导者和推动者。当然，他知道地下核试验有它的不足，但他坚信地下核试验是中国未来核武器研制的必然走势和发展方向。

程开甲最早接触地下核试验方面的资料是在 1963 年夏天。

1963 年 7 月 25 日，正当我国积极准备首次核试验时，美、英、苏三个核大国在莫斯科签订了《关于禁止在大气层、外层空间和水下进行核试验的条约》。这个条约的实质就在于防止中国获取核能力。中国政府当然不会理睬他们，一方面发表政府声明，揭露这一骗局，另一方面继续走自己的路。

棋是这样下，可涉及技术问题，周恩来还是想听听专家们怎么说。

一天，周恩来将李觉、吴际霖、朱光亚、王淦昌、郭永怀、彭桓武、程开甲等叫到中南海，一方面征求他们对此事的看法，另一方面向他们询问有关地下核试验的问题，如：什么是地爆？国外为什么要做地爆？他们从空中转入地下是政治问题还是技术问题？……

从总理办公室出来后，已被任命为核武器试验研究所副所长的程开甲一头扎进书房，钻进外文堆，开始了对地下核试验有关知识的研究。

随后，二机部和国防科委从正规途径也得到了中央专委的指示："在抓紧第一颗原子弹试验准备工作的同时，把地下核试验列为科研设计项目，并提出地下核试验的具体方案。"

任务名正言顺地落到了程开甲身上。

于是，程开甲亲自筹划，于1964年以核武器试验研究所技术人员为基础，调进丁浩然、宁培森等一些工程技术骨干，在他的直接领导下对地下核试验的试验方案、安全方案和控制测试等仪器设备进行了初步研究。

听说河北承德在搞铜矿的地下爆破开采，程开甲和董寿莘副所长等到实地去考察和测量。当炸药在矿洞里爆炸时，他们站在对面的山头上，一方面感受地下爆炸产生的震动效应，另一方面通过测试获得震动效应的各种数据。程开甲说："通过这次考察，我对地下核试验的效应有了初步认识，再结合理论和化爆等试验开展研究，拿出具体方案，把这个工作一步步完成。"到1964年，他的头脑中已经能够勾画出我国第一次地下核试验的基本图像了。对此，张蕴钰写道：

> 程开甲教授在一张白纸上画出了一条通道，带个鱼钩形。他解释说，试验时原子弹放在钩部；爆炸时，动能在岩石中传播比在空气中要快，不等冲击波冲出坑道，岩石已经将通道封住，可以防止放射性物质污染坑道。这就是最初的、最原始的设计。基地的地下核试验准备工作从此就开始了。

随着探索的深入，地下核试验的有关技术难题都被弄清了。1965年12月底，经国防科委批准，程开甲在莫合尔山以西地区进行了第一次化爆试验。这次试验最主要的目的是检验安全方案是否可行，检验坑道的自封和回填堵塞技术，防止核爆炸产生的高压气体冲出坑道造成"放枪"或"冒顶"。时隔不久，又进行了第二次化爆试验。

一次次试验，一点点加深认识，一点点积累经验。1969年9月，程开甲他们终于得到了中央军委办事组和周恩来总理批准立即进行我国第一次地下核试验的消息。

听到这个消息，程开甲禁不住热血沸腾。这个决策对我国核武器研制和核试验事业的发展起了极大的推动作用，它为我国核试验方式由空中转入地下，直至最终向国际社会庄严承诺完全停止大气层核试验，跨出了具有决定性意义的第一步。

1969 年 9 月 23 日 0 时 15 分，一阵剧烈的震动像波浪一样从莫合尔山传来，我国首次地下平洞核试验成功了。

地下核爆炸成功后，为了掌握地下核爆炸各方面的第一手材料，程开甲他们决定“深入虎穴”，进入地下爆心考察。

到原子弹爆心考察，在我国还是开天辟地第一次，其危险程度可想而知，但程开甲他们义无反顾。尤其是第二次地爆后，朱光亚和程开甲一起穿上防护服，戴上口罩、手套、安全帽，背着测试仪器，在刚刚开挖出来的直径只有 80 厘米的小管洞中匍匐爬行，两人最后进到爆炸形成的一个巨大空间。洞里温度很高，他们汗流浃背却丝毫没有退却。这次“深入虎穴”获得了大量数据，取得了我国地下核试验现象学的第一手资料。

用地下平洞方式进行核武器弹头试验，爆炸当量在 1 万—2 万吨还可以，但如果爆炸当量达到 5 万吨、10 万吨，再选高山平洞就不行了，不仅地形受限，工程作业也会被影响。美国、苏联早在 20 世纪 50 年代初期就已使用竖井方式进行核试验了。程开甲知道中国的核试武器也必然走这条道路，于是他又适时地提出了进行我国第一次竖井核试验的建议。

由于竖井核试验井区地下水位很高，排水十分困难，程开甲就迎难而上，研究设计了一套不排水的“全水位”试验方案，获得成功，这个方案成为以后竖井试验的基本方案。

1978 年 10 月 14 日，中国首次竖井地下核试验获得圆满成功。实践证明这种核试验方式具有很大的优越性。

随着地下核试验技术的日趋成熟，1980 年后我国已不再进行大气层核试验，试验方式全部转入地下。

事实证明，程开甲当年关于核试验方式由大气层向地下转变的正确主张，不仅解决了大气层试验无法解决的许多技术难题，使我国核武器事业避免了由于国际形势的发展而可能出现的被动局面，更重要的是为我国在国际政治和外交斗争中赢得了主动权。

从1962年筹建核武器试验研究所到1984年离开核试验基地共22年，程开甲一直主持和决策着我国核试验技术的全局工作。他筹划主持的30余次各种类型的核试验基本上达到了周总理提出的“稳妥可靠、万无一失”的要求。

1977年，程开甲被任命为我国核武器试验训练基地副司令员，同时兼核武器试验研究所所长。

1996年，与他相知相识、感情笃深的核试验基地老司令张蕴钰给程开甲写了一首诗：

核弹试验赖程君，电子层中做乾坤。
轻者上天为青天，重者下沉为黄地。
中华精神孕盘古，开天辟地代有人。
技术突破逢艰事，忘餐废寝苦创新。
戈壁寒暑成大器，众人尊敬我称师。

这就是程开甲，中国名副其实的“核司令”。

（作者：刘戟锋　熊杏林　曾华锋）

参考资料

［1］《当代中国》丛书编辑部．当代中国的国防科技事业［M］．北京：当代中国出版社，1992.

［2］邓力群，等．当代中国的核工业［M］．北京：当代中国出版社，1992.

［3］解放军总装备部政治部．两弹一星——共和国丰碑［M］．北京：九州出版社，2000.

［4］张蕴钰．初征路［M］．北京：国防工业出版社，1996.

［5］李颖．百年外交纵横［M］．北京：中国经济出版社，2000.

［6］浙江大学校史编写组．浙江大学简史（第一、二卷）［M］．杭州：浙江大学出版社，1996.

［7］科学时报社．请历史记住他们——中国科学家与“两弹一星”［M］．广州：暨南大学出版社，1999.

［8］顾德欣，牛永军．核幽灵的震荡——二十世纪核问题回顾与思考［M］．北京：国防大学出版社，1999.

钱令希

(1916—2009)

钱令希

与中国第一代核潜艇[1]

1959 年 6 月 15 日—7 月 22 日，研究海军装备建设方针的中国人民解放军海军党委一届六次全会在大连举行。其间，应海军副政委苏振华之邀，中国科学院学部委员钱学森、钱令希到会讲授导弹、力学等现代科学知识，分析核动力和导弹武器出现后海上作战前景。之后，钱令希受命，带领他的研究团队参与了中国第一代核潜艇壳体结构设计等方面的研究工作，为中国核潜艇事业作出了重要贡献。

一、“09”工程“下马”期间的相关研究

1958 年 6 月，国务院副总理聂荣臻元帅向党中央呈报了 238 号密件《关于开展研制导弹原子潜艇的报告》，开启了中国核潜艇的研制之路。核潜艇的研制代号开始为“07”，1960 年 1 月改为“09”，后称为“09”工程。在随后的几年，“09”工程取得了一些进展，但在 20 世纪 60 年代初的经济困难时期，被迫暂缓（习惯上称“下马”），不过党中央还是批准保留一些核潜艇研究技术力量，继续从事一些关键项目的理论研究和科学实验。其中 1961 年 6 月组建的隶属于国防科学技术委员会、由海军具体管理的舰艇研究院（次年 1 月正式列入军队编制，番号为国防部第七研究院，简称“七院”）就是“下马”时期核潜艇的主要研究基地。

早在 1960 年，苏联全部撤走在中国的专家，带走重要设备、材料和关键资料。这样，海军无法按中苏 1959 年 2 月 4 日达成的“二四协定”生产计划中的舰艇，不得不集中国内技术力量，优先解决这项生产中的技术难点。当时，七院要编制一个常

1　中国科协老科学家学术成长资料采集工程项目“钱令希学术成长资料采集”（项目编号：CJGC2017-K-Q-SH01）。

规潜艇设计规范，请几所高等院校参加。在报请国防科工委批准后，给钱令希领衔的大连工学院（1988 年改名为大连理工大学，以下均简称“大工”）研究组下达了“结合壳的稳定计算”的科研任务。壳体由于有曲率，较之杆、梁、板更难分析，壳开孔比板开孔更难计算。下达任务时，七院的技术人员给了钱令希一本苏联之前编制的规范，供他参考。钱令希认为关于结合壳稳定计算的内容陈旧，十分粗糙，没有参考价值，必须从理论研究入手，用实验验证。

钱令希和他的助手们对于圆柱壳开圆孔、椭圆孔和多开孔等困难问题，运用虚宗量的贝塞尔函数、汉克尔函数等特殊函数进行了分析，取得一系列近似解析解。在壳体稳定计算方面，针对实际应用性很强的锥柱结合壳，应用壳体的半无矩理论，在再结合边附近运用边界效应理论，然后利用最小势能原理，解决了结合壳的稳定分析问题。

钱令希和助手们通过研究给出相应的理论和算法，发表了一系列论文，其中第一篇论文是他撰写的于 1962 年 6 月发表在《力学学报》上的《关于壳体的极限承载能力》。该文采用能量法，结合壳体工作的特点，试图能够在一定程度上扩大研究壳体极限承载能力的范围。1962 年 10 月，钱令希在西安举行的“中国力学学会板壳理论学术讨论会”上宣读了论文《圆锥壳极限承载能力的实验和计算》，该文后发表在《大连工学院学刊》1963 年第 1 期、《力学学报》1963 年第 2 期。该文用理论计算和模型实验相结合的方法，研究了圆锥壳的极限承载能力。接着钱令希与周承倜、云大真又完成了“结合壳极限承载能力的实验和计算”的研究，据此先后完成了两篇论文：《截锥对称结合壳极限承载能力的实验和计算》和《锥筒结合壳极限承载能力的实验和计算》。

20 世纪 40 年代末以来，钱令希对能量理论的兴趣一直是很浓厚的，上述壳体极限承载能力的论文就是利用能量原理的概念和方法解决的。方法虽然实用，但他并不满足，他要把方法推向更一般化，具体成果就是他与钟万勰（1993 年当选为中国科学院学部委员 / 院士）合撰的论文《论固体力学中的极限分析并建议一个一般变分原理》。1963 年 8 月，该文在中国力学学会和大连工学院共同在大连举行的全国第一次“极限分析及塑性理论学术讨论会”上宣读，后于 1963 年 12 月在《力学学报》第 6 卷第 4 期上刊发。在文中，他们以假设的速度场和应力场彼此独立取变分，结果满足极限分析的全部方程，包括材料的塑性屈服条件，并给出了介于上限与下限承载能力之间的近似解。

之后，钱令希领衔的项目组又成功地解决了潜艇设计上的几个疑难问题，并据此发表了几篇论文，如与钟万勰合撰、于1964年6月发表的《以薄膜理论为基础的锥壳极限分析》，以“大连工学院固体力学研究室”为署名发表在《大连工学院学刊》1965年第3、4期合刊上的《圆柱壳开孔问题——单圆孔基本解》。20世纪80年代，主持编制了我国第一部《潜艇结构设计计算规则》。船舶结构力学专家徐秉汉（1997年当选为中国工程院院士）等对《圆柱壳开孔问题——单圆孔基本解》一文给予了高度的评价，他们说：

为导出圆柱壳开圆孔问题的解，即不受小孔限制的解，国内外众多的研究者作了许多有意义的工作……分析国内外业已发表的著作，作者认为我国著名力学家钱令希教授对圆柱壳开圆孔问题所作的工作更为详尽与系统。

二、非常时期“潜水耐压锥柱结合壳的强度和稳定性”的研究

1965年8月15日，中央专委召开第十三次会议，宣告“09”工程重新上马，并明确核潜艇研制分两步走：“第一步先研制反潜鱼雷核潜艇，于1972年下水试航，第二步再搞弹道导弹核潜艇。”弹道导弹核潜艇，简单地说，相当于在鱼雷核潜艇上加一个容积和尺度都较大的导弹舱，而且其导弹发射筒有双排大开孔的导弹舱结构，这就构成了结构力学分析的复杂性和装焊工艺的难度。

在核潜艇的研制过程中，会遇到一系列的技术困难。由于此前我国只是按照苏联的设计资料和提供的设备，仿制了几型苏联转让的常规潜艇，没有自己设计过潜艇，更别说核潜艇了。当时缺乏潜艇设计的标准和规范，一切都要靠自己摸索解决。潜艇耐压壳体的设计，特别是潜艇耐压壳体锥柱结合壳的稳定性设计，计算也没有标准，也就是说无法判断所设计的耐压壳体在潜艇下潜到极限深度时是否能保证潜艇的安全，如果锥柱结合壳体失去稳定性，将会造成艇毁人亡的大事故。这个问题对弹道导弹核潜艇更为重要，因为导弹舱的耐压壳直径要比其他舱室大很多，其过渡段的锥柱结合壳体的角度更大，对稳定性的影响更大。这是涉及潜艇下潜安全的大问题。这时钱令希带领的大工团队勇敢地接受了“潜水耐压锥柱结合壳的强度和稳定性”的研究

任务。钱令希特别郑重地传达了任务，并成立了理论与实验两个研究组，任命钟万勰为理论和计算组组长，并且指示要用变分直接法进行探讨，而实验组由王希智负责。不久，钟万勰首先在理论与计算方面实现了突破。他找到了锥柱壳结合体失稳的不利形式，实验组也验证了该理论的结果。

就在该项研究课题有重大进展的时候，“文化大革命”开始了。钱令希也受到了波及。

1967 年夏天，钱令希抓住“可乘之机”来到办公室。他的两个主要合作者钟万勰、裘春航也不约而同地来找他。于是钱令希领着这两位年轻人，马上摊开了几年来积累起来的资料，认真地分析和整理起来。在苦战一个盛暑后，他们终于写好了十几份研究报告。克服重重困难，这些研究成果最终保存下来了。对此，钟万勰后来回忆道：

> 沿着该方向开展理论分析，我很快就找到了壳体失稳的不利形式，实验组也验证了该理论结果。当时我们的办公室在二楼，而钱先生的办公室在三楼。在我获得该成果的那一天，我兴奋得两步并作一步赶上楼去向钱先生汇报。钱先生也非常高兴，连说：“交卷了，交卷了！”循科研惯例，我们写出了研究报告并由同事借助手编程序在一台真空管式电子计算机上算出了数值结果。……有道是“天生丽质难自弃”，很快，钱先生和我不管外面吵闹，顶住压力，又不约而同地来到办公室继续将成果尽我们的可能初步整理了出来。

钱令希设法保存下来的这些研究报告，还有好多问题需要进一步探讨。

1968 年 9 月，钱令希收到钟万勰偷偷塞给他的这篇论文稿纸条，回去后阅读，发现核潜艇核心难题已经被钟万勰攻破了。关于核潜艇的相关研究工作，钱令希在 1970 年的《工作汇报》中回忆说：

> “09”（核潜艇）工程的耐压壳研究中，1962—1965 年我和工学院同志建立了圆柱壳大开孔的理论计算方法。从国外美、苏、英文献上看，他们也在研究这问题，尚未成熟。我们的研究结论制成系列的图表之后，可为国防和民用工程服务。

三、“09”工程办公室主任陈右铭的举荐

1963 年 8 月，后来被誉为“核潜元勋”“核潜艇工程的‘前沿指挥官’”，时任海军鱼雷快艇十六支队支队长的陈右铭调任七院 701 研究所所长。陈右铭于 1922 年 5 月出生于湖北省武昌县一个贫苦的农民家庭。1938 年，他参加中国共产党领导的“乡村抗日促进会”和武昌地区的抗日游击队。中华人民共和国成立后，陈右铭于 1950 年 4 月任湖北军区独立团团长兼长湖剿匪指挥部指挥长、中共长湖工作委员会书记，1952 年 1 月任第二一二师第六三五团团长，同年 7 月随团整编进入海军，任西营基地筹建指挥部副指挥长、中南海军西营快艇大队大队长，1953 年 7 月任第十一独立快艇大队大队长，1955 年 10 月任鱼雷快艇十六支队支队长。陈右铭虽行伍出身，但好学上进，崇尚科技。1958 年 2 月 27 日,《人民海军》报刊发长篇报道《乘长风破万里浪，向海军科学技术进军》，专门介绍陈右铭“苦学五年，外行变内行”的事迹。《人民海军》在发表上述报道时，还以陈右铭为典型，发表了题为《快马加鞭，向海军科学技术进军》的社论，号召海军广大官兵向他学习。钱令希当时承担七院下达的相关潜艇研究项目，因工作关系与陈右铭相识。后来，同陈右铭的接触逐渐增多，钱令希了解到只上过私塾的陈右铭不仅知识渊博，还有其他许多优点：反应灵敏、考虑周密、尊重人才、决策果断。因此，钱令希对陈右铭又是敬佩，又是尊重，后来和他成为终生的朋友。

1966 年 10 月，陈右铭由 701 所调到七院分管科研工作，同时兼任“09”工程办公室主任。其间，陈右铭有意请钱令希出马，让他参加审查核潜艇的结构设计工作。陈右铭之所以想到钱令希，不仅因为陈右铭任 701 所所长期间曾请教过他有关舰艇结构设计问题，更因为他曾帮助七院解决了海军装备的几个疑难问题。

“09”工程办公室的王德宝、仇世民参谋对陈右铭说：“请钱教授审查结构设计当然好，但他正被作为‘反动学术权威’遭到批斗，恐怕不行。”在当时的条件下，要想请一位“反动学术权威”来参加绝密级的核潜艇工程，谁能做主呢？陈右铭想到了周总理。陈右铭利用向周总理汇报工作的机会，提出请钱令希参加审查核潜艇结构，并请他参加编写潜艇结构设计规范。周总理听后当即指示：你可以请他参加工作，但不要调他，他留在学校当教授培养干部作用更大。

从此，钱令希在那个自身难保的非常年代，得以继续参加核潜艇这项绝密的军事

工程项目。其间，钱令希曾从大连来到位于辽宁锦西葫芦岛望海寺，当时负责第一艘核潜艇总体设计方案的七院 719 所就设在这里。从锦西到望海寺有 30 多里路程，钱令希穿着一件棉大衣，搭乘一辆大卡车来到 719 所，向潜艇结构设计人员详细了解设计情况和遇到的困难，探讨了耐压壳体直径变化可能的范围。该所的一位结构设计人员还向钱令希请教了潜艇主机基座设计中遇到的共振问题。因为他在计算主机基座的自振频率时恰好和主机的某一转速相同，害怕将来主机转动时会产生共振，影响主机的安全并产生过大的噪声。钱令希经分析后，认为问题不大，因为这一转速不是主机的主要转速，是过渡性的，因此不会影响主机的安全。后来经过在实艇上的测试，证明钱令希的判断完全正确。对此，他的女儿钱唐后来在纪念父亲百年冥诞的文章中写道：

> “文革”初期，核潜艇研制完全陷入了瘫痪。为此，“09”工程（即核潜艇工程）办公室主任陈右铭来大连，传达了周总理点名父亲参加这项工程的指示。记得一个寒冷的冬天，收到父亲的来信，我向生产队请了假（当时钱唐是作为知青插队落户在辽宁北票县——编者注），坐火车到了葫芦岛，亲眼看到父亲带领团队夜以继日、呕心沥血地工作。父亲不仅解决了技术难题，而且还和团队研究计算出了我国第一代核潜艇关键技术数据，完成了潜艇结构的强度计算规则。此成果后来纳入国家设计规范，以这些成果写成的一篇题为《潜水耐压的锥柱结合壳的强度和稳定性》的学术论文，也获得了国家自然科学奖。

陈右铭还推荐钱令希成功解决我国第一艘核潜艇的一个核动力装置问题。1970 年夏，哈尔滨电机厂和沈阳水泵厂设计制造出第一台用于第一艘核潜艇的“09”主泵样机。但在进行主泵样机试验时，出现了泄漏现象。为了消除这种泄漏现象，厂家的工程师们连续奋战了七个昼夜，方案提了一个又一个，试验进行了一次又一次，都没有成功。为此，中国科学院学部委员、第一机械工业部沈鸿副部长，核动力装置系统总设计师彭士禄都亲自去了沈阳水泵厂，但对主泵专门防止冷却水外泄用的屏蔽套出现皱纹的原因均下不了结论、拍不了板，只好另请专家来鉴定。彭士禄打通了北京陈右铭的电话。

陈右铭曾任七院 701 所所长，当时是七院分管科研工作的副院长、“09”工程领导小组成员兼办公室主任和造船领导小组办公室第一副主任。因此，陈右铭对屏蔽套的作用和要求是熟悉的。它的厚度很薄，究竟可靠不可靠，不弄清楚，谁也不放心。自己不懂，只有另请高明。请哪位专家去鉴定呢？陈右铭这些年接触各种专家的机会多，结识了不少著名专家。他想，鉴定屏蔽套，要从结构力学入手，应该请一位对结构力学有造诣的专家。于是，陈右铭向他们推荐了老朋友钱令希教授，并亲赴大工找钱令希。老朋友相见，几句寒暄之后，陈右铭便告诉他此行的目的。钱令希告诉陈右铭，“造反派”很快就要向钱采取新的行动：在图书馆搞了一个什么展览，列了许多罪状，还画了丑化钱的漫画，并已通知他，就在今天下午要他自己去当解说员。陈右铭又同钱令希交谈了几句，转身就往军管会走去。陈右铭一见到军管会主任就传达了周总理的指示，然后提出：“把钱令希的办公室让出来，给他一个保险柜，装核潜艇的研究资料，让他继续搞研究工作。谁要是抄了他的资料，干扰了他的研究工作，是要追究责任的！”军管会主任说：“你对我说，我相信，可是我怎么向群众说呢？你最好给我一个文件或书信。”陈右铭回答：“我来得很匆忙，没有想到写信，你可以把我的话向群众传达，错了我负责。”这时，陈右铭又想起周总理曾经同意他请钱令希参加审查核潜艇结构和编写潜艇结构设计规范的事情，便补充说：“他们如果不相信，可以直接打电话问总理办公室。”最后，军管会同意陈右铭的要求放人。钱令希一接到通知，立即收拾行李，登上了去沈阳的列车。钱令希一到达沈阳就立即参加了攻关小组，跟沈阳水泵厂和哈尔滨电机厂的技术人员和工人在一起奋战，来回于哈尔滨和沈阳两地，常常工作到深夜，最后才弄清了皱纹产生的原因，采取了必要的措施，把问题解决了。为此，哈尔滨电机厂高度评价了钱令希的此举，还给大工发去一封感谢信，信中写道：“你单位钱令希同志在参加攻关组解决我厂生产的一项军品技术关键中……弄清了问题，查明了原因，对今后我厂生产和改进设计提供了经验。为此我厂对你单位的大力协同精神表示感谢，并望你单位对钱令希同志予以表扬。”

1970 年 12 月 26 日，中国第一艘核潜艇胜利下水，成为继美、苏、英、法后，世界上第五个拥有核潜艇的国家。1971 年，钱令希又帮助“09”工程某研究小组进行第一艘核潜艇声呐罩（壳体）的受力计算。研究小组根据中央专委的要求提出一个课题：在水下一定深度，潜艇航速 ×× 节、水流速 ×× 节、在正前方 ×× 距离，有 M 当量核弹爆炸时的声呐罩（壳体）受力计算。当时，钱令希欣然接受七院 760 试验场主任姜明九和参加该项目的邹丕盛的受力计算邀请。邹丕盛后来对此回忆说：

“那时我们小组下达科研费 100 万元人民币（陈雁生科长做的预算）。他穿着一件褪色的蓝棉袄，后穿一件褪色的黄条绒上衣，与我们一起去旅顺登爬过潜艇，去小平岛考察过潜艇，去大连港码头登过水面试验舰艇，去 4180 厂与我们一起糊制声呐罩，在 760 试验场观看指导我们码头试验。先后三个多月连轴转，用两周时间给了我们一份共 7 页纸的潜艇壳体受力计算。帮助我们工作过程中，还带领我们一起去看帮助农村建立水库堤坝的计算，去大连造船厂讲解水面舰船受力估算……实验后特向国务院‘09’办作了汇报，大家的心才落下来……他的计算为第一代核潜艇、导弹驱逐舰、远洋考察船、航天器、深潜器等的计算奠定了基础，可导出这种物体受力在海水介质中、空气介质中、真空中受力计算的思路和方法……为工程结构优化开拓了光辉之路。”

四、倾注心血的“726 课题”

1970 年 7 月，钱令希成功地解决了核潜艇主循环水泵电机屏蔽套鼓泡破裂而气体泄漏的问题，哈尔滨电机厂为此发来的感谢信也许是他在“文革”期间彻底“解放”的转机，他于当年成为大工“三结合”中革命的知识分子代表。这样，他便可全力继续“09”工程的相关课题研究了。

1972 年 6 月，由七院 702 所牵头、国内 10 多家研究单位参与的编制我国潜艇结构设计规则课题（简称 726 课题）启动，钱令希指导的大工研究组负责圆锥壳和锥柱结合壳这两章的规则编制与相应的研究工作。钟万勰因为政治问题不再参与研究。于是，钱令希指导邓可顺、陈浩然等研究组成员，在钟万勰、裘春航等之前有关核潜艇研究的基础上开始工作。钱令希对此项课题倾注了大量心血，甚至为按时完成规则的编制，还亲自起草规则的条文初稿。对此，邓可顺回忆道：

> 1975 年“726 课题”苏州会议决定，年底课题各参加单位要完成各自负责章节规则条文初稿。起初系里决定派组内一位老师 10 月份去无锡 702 所参加编写初稿工作，后因身体原因没去成。钱先生始终牵挂着这件事。“726 课题”由国内 10 多家研究单位参与，相互之间关系密切，各单位不能低头看路，自己编写自己所承担的章节。潜艇耐压壳主要是由圆柱壳、圆锥壳和锥柱壳等组成的整体，按分工，圆柱壳舱段规则编写单位是 702 所，后两部

分的编写由大工完成。为了叙述方便，不妨暂时将这三部分的标题定为第一章圆柱壳、第二章圆锥壳和第三章锥柱结合壳。其中第一章将给出整本规则条文编写的基调，第二章和第三章和它的关联尤其密切，包括编写章节的标题、内容、格式、公式编号、验算标准等都要统一步调，还有一些其他章节也需引用的一些图和表等。因此第一章的初稿很关键。但当时我们没有收到第一章的初稿，怎么办？工作紧迫，钱先生就说："我们先把架子搭起来，看还缺什么，再补做工作。"为此，11 月下旬，他组织我们展开条文编写工作，并亲手撰写了这三章的条文初稿，其中第一章不是我们承担的工作，但没有它，第二、三章的初稿就没法下笔。钱先生再三强调，不坚持我们的意见，仅供 702 所同行参考，正式的还是要用 702 所的初稿。

1975 年 11 月底，钱令希起草的《潜艇结构设计计算规则》第一至第三章的条文建议初稿得以完成。

为了编写正式的条文，钱令希与邓可顺还有一趟"北京—无锡"之行。1975 年 12 月 3 日，他们从大连出发，次日抵达北京。当天，他们就去了七院找武杰研究员进行沟通。第二天，七院副院长、"09"工程办公室主任陈右铭接见了他们，并派武杰和他们一起去无锡与 702 所协调工作。之后几天，他们和武杰讨论钱令希撰写的建议初稿。12 月 11 日，他们抵达无锡 702 所，在武杰的参与下开展工作。702 所的参加人员有室主任徐秉汉、科长侯维廉、王作玉、童华兴、李传唐等。钱令希始终以普通一员的身份参与其中。白天对规则的条文细节、验算公式、验算标准以及说明部分等进行深入细致的讨论和争论，晚上他们就改写大工负责的条文。经过三天的紧张工作，进展顺利。大家达成共识，他们这次先拿出一个讨论稿，送各承担任务的单位参照写出自己的初稿，限期交到 702 所，由 702 所汇总后开会初审。初步定于 1976 年 4—5 月召开《潜艇结构设计计算规则》第一次审查会。钱令希他们这次"北京—无锡"之行，对规则的编写进程起到了一定的促进作用。

1975 年底该项课题基本完成，1979 年又进行修改。该项课题取得的主要研究成果为：(1) 建立了均匀外压作用下加肋锥柱结合壳总体弹性稳定性分析理论和计算方法及其电子计算机程序。(2) 对于凹式结合壳，在理论上发现了一种不利的几何形式。模型实验证实凹式结合壳的总体尺寸如果符合这个不利形式，临界压力将显著降低，设计中应予避免。这个关于结合壳不利形式的理论问题有其重要的实际意义，在此之前国内外还没有研究和发现过。(3) 对于微凸的柱形壳体，建立了半弯矩理论的稳定性，然后转化为一个变分问题，求得了最优外形，可以提高耐压能力。(4) 用塑性极限分析的理论和实验验证，建立了结合局部强度的计算方法和相应的公式。(5) 进行了 21 个加肋锥柱结合壳的精车模型实验。实验结果与上述理论结果基本符合。

上述研究成果经七院和船舶标准化委员会审定通过，并被纳入《潜艇结构设计计算规则》，供设计使用，为核潜艇的成功研制立下汗马功劳。1978 年，在六机部的规范成果鉴定会上，该成果被评为一等奖，其理论分析部分被认为达到国际较先进的水平。

2009 年 4 月 24 日，中国工程院首批院士、曾任 702 所所长的吴有生（1942— ）得知钱令希逝世的消息后，在给钱令希的学生、中国科学院院士程耿东的信中，除表达哀思之外，还盛赞钱令希为中国海军装备技术进步所作出的贡献。他写道：

> 出差归来，得知钱令希先生故去，万分悲痛！钱先生开辟了我国和世界力学发展的一片天地，也树立了工程科学的一座丰碑。他是我心目中最尊敬的长辈、老师，也是我们研究所的顾问。老一辈的力学界大师、工程界巨匠一位位离我们而去。他们能在高寿之年见到国力强盛、在世界上有了祖辈代代盼望的地位，一定倍感欣慰。昨天海军建军 60 周年的中外舰船的盛大阅兵式在青岛举行，胡锦涛主席所检阅的雄壮的中国海军舰艇队体现了中国海军装备技术的巨大进步。这中间有钱老历史上所做出的一份贡献，对此，造船界的同仁们会永记于心。

五、结语

1974 年 8 月 1 日，中央军委发布命令，将我国第一艘核潜艇命名为“长征一号”，正式编入海军战斗序列。我国在研制鱼雷核潜艇的同时，也开始了导弹核潜艇的研制工作。1970 年 9 月 25 日，我国第一艘弹道导弹核潜艇正式开工建造；1981 年 4 月 30 日，中国第一艘弹道导弹核潜艇下水；1983 年 8 月 25 日，中国第一艘弹道导弹核潜艇交付海军。1988 年 9 月，弹道导弹核潜艇圆满完成水下发射潜地导弹的试验，实现了持续30年的中国弹道导弹核潜艇之梦，使核潜艇成为中国海军真正意义上的隐蔽的核威慑与核反击力量，人民海军也由此成为一支真正的战略性军种。中国第一代核潜艇“凝聚着千千万万个科学家、干部、工人、水兵为之付出的心血”，钱令希就是这千千万万人之一，正是他们“智慧‘裂变’产生的巨大能量，才闯过了核潜艇研制中的重重难关”。

1978年3月，钱令希因核潜艇相关研究等成果获全国科学大会奖。1982年7月，该项工作成果之一的“潜水耐压锥柱结合壳的强度和稳定性”荣获国家自然科学三等奖，这是继1957年颁发第一次科学奖金（自然科学部分）后，中华人民共和国第二次自然科学奖的125项获奖项目之一。1985年10月，“核潜艇的研究设计”获首届国家科技进步特等奖，钱令希领衔完成的核潜艇相关研究成果之一《潜艇结构设计计算规则》获首届国家科学技术进步三等奖，1996年11月又获中国人民解放军国防科学技术工业委员会“国防科工委级军用标准化科技进步三等奖”。钱令希院士对中国第一代核潜艇研制所作出的贡献永载史册，更应为后世所铭记和景仰。

（作者：王细荣）

参考资料

[1] 陈右铭.万里烽火·千里波涛［M］.香港：炎黄文化出版社，2002.

[2] 钱令希.关于壳体的极限承载能力［J］.力学学报，1962（2）：67-100.

[3] 杨连新.见证中国核潜艇［M］.北京：海洋出版社，2013.

[4] 钱凌白.钱令希院士和我国第一代核潜艇［M］//钱志仁，钱维均.兄弟院士钱临照、钱令希家传：纪念兄弟院士钱临照、钱令希诞辰110、100周年.无锡：无锡名人文化研究院，无锡市吴文化研究会，2016.

[5] 王续琨.祥和的长者 谦和的学者——写在钱先生逝世五周年之际［N］.大连理工大学报，2014-04-16（4）.

[6] 钱令希.工作汇报［Z］.1970.

[7] 钱唐.一本我永远读不完的书——献给父亲钱令希院士的百年冥诞［N］.大连理工大学报，2016.

筚路蓝缕启山林：

中华科技英才 Ⅱ

陈建功
陈省身
周炜良
吴文俊
谈家桢
张香桐
鲍文奎
许天禄

陈建功

（1893—1971）

陈建功

中国现代数学的先驱

“数学的研究是人类性灵的一种神圣的疯癫，是对咄咄逼人的世事的一种逃避。”A. N. 怀特海的这句名言用来说明整个数学的起源、发展和性质或许是错误的，但若是用来刻画数学家个人的志趣、性情，则庶几近之。《陈建功文集》的作者就是一位数学家。他的全部作品都属于数学研究和数学教育的领域，于数学之外的事情未尝著一字。文集的附录胪列了作者一生全部著述的题目，计论文 69 篇，专著 7 册，译作 3 本；文集本身则收载了作者各个时期具有代表性的论文凡 27 篇；书不厚，仅 400 页。即使条件允许编辑者按其本来意图出一部全集，也还够不上“著述等身”。然而须知，这是纯粹数学，这是开拓者在一无所有的荒原上艰难蹈蹶、独立耕耘所收获的成果。凡是亲尝过钻研数学的个中甘苦的人，凡是了解一点中国现代数学从无到有的草创历史的人，都能明白这是一份多么宝贵的精神遗产。

是的，陈建功教授没有留下等身的著述，但他写的文字像他的为人一样，全无虚情，毫不矫饰。他热爱数学事业的一团神圣心火一直燃烧到生命的终点。

一、从小立定钻研数学的志向

1893 年 9 月，陈建功出生在“傍水无家无好竹，卷帘是处是青山”的浙东绍兴。这位未来的数学家是父亲陈心斋与母亲鲁氏的长子，也是父母唯一的儿子，他有 6 个妹妹。陈心斋在绍兴城里一家官办的慈善机构里任小职员，他秉性正直，廉洁奉公，靠着菲薄的薪水供养家口，生计很是艰难。

绍兴在南宋以前称越州，是一个具有伟大爱国传统的历史名城。越王勾践在这里卧薪尝胆，十年生聚，终于报了亡国之恨，传为千古美谈；南宋诗人陆游在这里谱下了震古烁今的爱国绝唱，“僵卧孤村不自哀，尚思为国戍轮台”；鉴湖女侠秋瑾在这里为驱除鞑虏、推翻帝制洒尽了一腔热血，“一腔热血勤珍重，洒去犹能化碧涛”。故乡的明山丽水，先贤的风流遗范，滋润着陈建功幼小的心灵；国家积弱、政府腐败、列强专横，又激起他强烈的民族意识和雄壮的报国志向。

陈建功从小聪敏，记忆力过人。父亲因苦于无力延师，曾把4岁的陈建功送到一家请了私塾先生的有钱人家做“伴读”。很快，“伴读”就超过了“主读”。他小学是在明末大儒刘蕺山讲过学的蕺山书院里读的，毕业以后，进入绍兴府学堂，相当于现在的初中，当时鲁迅先生正在那里执教。辛亥革命的前一年，陈建功考进杭州高级师范学校。3年里，他迷上了数学，形成了终身从事数学事业的志趣。陈建功是一个具有典型中国性格、中国气质的青年学子，偏偏选择数学作为终身事业，这在他那个时代是绝无仅有的。“唯有读书高”的中国传统社会，并不推崇读数学书，立身致仕的不二法门是读经、业儒、作八股文，虽然那时西学东渐潮流渐盛，“中体西用”的口号也已听了很久，但那是指能够在富国强兵上立竿见影的军械、制船一类的西学，高度抽象的纯粹数学并不在其选。那一时代的人中，因家学渊源走上学者道路的，多是治的国学，或者读工程、医学、矿业、地质等“有用”之学。陈建功能够在伦理、性情、趣味、人格诸方面顽强保持中国传统的同时，从思想上冲破几千年中国旧学的藩篱，毅然走上研究纯粹数学的道路，这与他并非出身于书香门第或者不无关系，再者，确也是他个人的难能可贵之处。

要学数学，只有出国。杭州高级师范学校毕业后，陈建功决定报考官费留学生。但是，在生活的重担下气喘吁吁的父亲希望儿子回乡教书，帮助自己养家糊口。陈建功此时已经成熟了，为父亲分忧解愁，他责无旁贷，但钻研数学的人生道路既已择定，也决不动摇。他并未采取“数学，亦我所欲也；家庭，亦我所欲也。两者不可得兼，取数学而舍家庭也”那样的“英雄”姿态，他的想法现实得多。他给父亲算了一笔账：回乡当小学教师，薪金低廉，家庭经济仍将长期拮据；读官费留学生，则在学期间，他就能以少数助学金补贴家用，学成以后，收入可望有较大增加，不几年，妹妹们就不仅能吃饱饭，也能有机会读书识字了。陈心斋对儿子的打算心悦诚服，凑足盘缠，亲自将儿子送到上海。登轮旗猎猎，送目水悠悠，父子俩挥泪告别。陈建功求学时代曾三次东渡，这是第一次。

二、东瀛苦读，打下扎实的基础

1913年，陈建功来到人地生疏的日本，开始了攻苦食淡的留学生活。当时中国政府派出的官费留学生中并无理科名额，为了取得官费待遇，他报考了工科，被东京高等工业学校录取，学染色专业。

可是，数学怎么办呢？陈建功自有办法：他同时又去考一所夜校——东京物理学校，那里可以学到新的数学和物理知识。同时就读于两所学校，同时学习两个几乎完全不相干的专业，为了高效利用时间，他常常边啃糯米团子充饥，边看书思考。不仅如此，他还要把生活花费降到最低限度，省下钱来汇给父亲，补贴家用。紧张急迫的生活节奏，菲薄艰苦的物质条件，反而成了陈建功学业上突飞猛进的助力。可以一般地解释这个事实，说陈建功有坚韧的意志力，说他有强健的体魄，等等，但是，对于一个数学家来说，也许只有志趣，只有那种发自心灵深处的对数学的热爱，才能解释他的如癫如狂的忘我追求。爱因斯坦创立相对论时，还只是专利局的一名小职员，他利用晚上和休息日的时间从事与他的职业毫无关系的科学研究，竟引发物理学史上一场伟大的革命。爱因斯坦并不抱怨他的职业，反而认为这种安排时间的方式使他可以在完全没有外来压力的心态下，充分自由地进行思考，有助于产出真实的成果。后来他甚至经常向别人推荐这样的安排。陈建功当然没有机会听到爱因斯坦的这种推荐，但他倒是不折不扣地实践了这种方式，这大概是科学家性格中的一种共性吧。

1919 年，陈建功先后从两所学校毕业，旋即回国，在浙江甲种工业学校教染织课程，同时继续钻研数学，并指导一个数学兴趣小组。他感到，在数学方面他还需要进一步深造。1920 年，他第二次东渡日本，考进设在仙台的东北帝国大学数学系。

1921 年，他在《东北数学杂志》第 20 卷上发表了第一篇论文——《关于无穷乘积的某些定理》，这也是后来编辑的《陈建功文集》的开卷第一篇。

高等数学是研究无限的数学。有穷多个数相加或相乘，这好办，总归有一个确定的结果可得出来。但若是无穷多个数相加或相乘，情况就复杂了，有时候能得出一个确定的有限结果，有时候结果为无限大，有时候则根本没有结果。第一种情况我们称为“收敛”，后面两种情况可称为“发散”。研究在什么条件下无穷级数或无穷乘积为收敛，是数学分析的一个重要课题。19 世纪的德国数学家魏尔斯特拉斯曾得到过一个判别无穷乘积收敛性的著名定理。陈建功的这篇论文，则把魏尔斯特拉斯的工作推广了，得到两个更普遍的定理，并把魏尔斯特拉斯定理作为一个特例包括进去。苏步青教授称道这篇论文：“无论在时间上或在内容上，都标志了中国现代数学的兴起。”

陈建功以优异的成绩从东北帝国大学毕业，回国后在浙江公立工业专门学校教数学，不久又被国立武昌大学数学系聘为教授。为了讲授实变函数论这门课，他自己着手编写讲义。中华人民共和国成立前，陈建功的数学论文只能用英文撰写发表在国外刊物上。但他一向主张，中国人的学校应该用中文讲课，使用中文教材。在当时几乎完全没有中文现代数学文献的情况下，他首先需要系统地制定中文数学名词，为此他真是煞费苦心。陈建功编著的中文讲义，后来屡经增删修改，以《实函数论》为书名公开发行以后，长期成为国内各大学数学系讲授这门课程必备的教材或参考书。1978年，为适应各方面需要又重印一次，印数由原来的4000册增至近万册。

三、斐然成家，在三角级数论等领域创获一流成果

陈建功立志要挺进数学研究的前沿阵地去。1926年，他第三次东渡日本，再度进入东北帝国大学数学系。这次他在藤原松三郎教授的指导下，从事三角级数论的研究。

三角级数虽是属于纯粹数学的理论课题，却有着非常实际的背景和来源。早在18世纪，天文学中就用了三角级数，这显然是由于三角级数的每一项都是周期函数，而天文现象也是周期性的。但后来发现，力学中横弦振动的微分方程的解既可以用解析式表示，也可以用三角级数表示。这使人们感到奇怪：没有周期性的函数怎么能表示成周期性的三角级数呢？一百多年后，傅立叶研究热传导时也碰到同样问题。他大胆提出：定义在长度为2π的区间上任意函数都能展开成形如$\frac{a_0}{2}+\sum_{n=1}^{\infty}(a_n\cos nx+b_n\sin nx)$的级数形式。为了纪念傅立叶的功绩，数学上又把三角级数叫作傅立叶级数。后来从三角级数论发展出来的傅立叶积分理论在现代量子物理学中也有重要应用，例如，它提供了求解克莱因－戈登波动方程的步骤。

数学问题一经从实际中抽象出来，就具有自己独特的理论色彩。尽管一开始人们放肆地把所有类型的函数都表示成三角级数，但事实上，并非所有的三角级数都收敛；即使收敛，也不一定收敛于由它展开的那个函数。因此，搞清楚函数与由它导出的三角级数之间的关系，就成了三角级数论的主题。这是一个大题目，它又被分割成许许多多的小题目。

陈建功考虑了怎样刻画绝对收敛的傅立叶级数的特征这一问题，这是一个当时世界上许多出名的数学家都热衷研究的问题。陈建功把绝对收敛的傅立叶级数与函数的卷积联系起来考虑，发现了两者之间的等价关系。

所谓两个函数$f_1(x)$与$f_2(x)$的“卷积”，就是指形如$\int_a^b f_1(t)f_2(t+x)\mathrm{d}t$的函数。它不是普通的乘积，但也满足通常乘积的交换律、结合律、分配律等，所以不妨看作一种特殊形式的“积”，卷积之名即由此而来。陈建功1928年发表于《日本帝国科学院院刊》上的论文《论带有绝对收敛的傅立叶级数的函数类》给出了一个深刻的、优美的结果：$f(x)$的傅立叶级数处处绝对收敛的充分必要条件为$f(x)$是两个平方可积函数$f_1(x)$与$f_2(x)$的卷积。同年，英国函数论权威专家哈代与李特伍德得到了同样的结果。

三角级数是正交函数级数的一种。陈建功在正交函数级数的研究中也获得了出色成绩。“正交”即垂直。很容易想象一个空间直角坐标系，每两条坐标轴都是垂直的。数学上把三维的现实空间加以推广，形成多维甚至无穷维空间的概念。无穷维空间要有无穷多个坐标轴，一列函数$\varphi_1(x)$，$\varphi_2(x)$，…，$\varphi_n(x)$，…，就充当了这个作用。每两条坐标轴“互相垂直”，这个几何的形象说法，现在用来表示函数之间的一种运算关系，它施行于上列中每两个不同的函数，结果都得到零。于是，把某个函数按正交函数级数（例如三角级数）展开，就变成了求函数空间中某个“点”在各条“轴”上的坐标。一个富有吸引力的问题是：坐标应具有怎样的限制，也就是系数a_n应满足什么条件，级数$\sum_{n=1}^{\infty} a_n\varphi_n(x)$收敛。伟大的德国数学家希尔伯特的最杰出的弟子外尔在1909年对这一问题得到过一个远非最佳的结果。20世纪20年代，缅绍夫等人把外尔的工作大大推进一步，得到两个非常强的定理，但是这两个定理相互间的联系并不清楚。陈建功就在这里下功夫，他在两个定理之间架起了桥梁，通过自己提出的另一条定理，证明了它们是彼此等价的。这一工作记录在两篇题目都叫作《论正交函数级数》但内容不尽相同的论文中，分别发表于1928年的《日本帝国科学院院刊》与《东北数学杂志》上。

陈建功还研究了拉普拉斯级数的求和问题，改进了日本数学家窪田忠彦的一个结果。他是在任意有限维空间上证明自己定理的，结论很强，有关论文也发表于多产的1928年。德国数学家科施米德尔由于没有读到，又在1929年的《数学年刊》上重复做了同一工作，但其结果比陈建功的弱得多，只在四维空间中成立。此外，陈建功还修正了正交函数级数论中有名的齐格蒙德定理的一个错误，指出它缺少条件。

陈建功在两年半研究生期间，进展神速，硕果累累。从1927年到1929年，他在4家日本数学刊物上总共发表论文14篇。他的成果，在当时的三角级数论领域里，是属于一流水平的。

取得日本理学博士学位，这对陈建功来说，是瓜熟蒂落，水到渠成，乃题中应有之义。但这件事在日本着实轰动一时。各大报纸纷纷报道，日本学者还专门举行集会，庆祝陈建功的成就。陈建功是第一个在日本获得博士学位的中国人。在现代数学这个还很少有中国人涉足的领域里，陈建功为可爱的祖国争得了荣誉。

藤原教授看到学生的成长欣慰而自豪。他认为，以陈建功的数学造诣和对三角级数论作出的卓越贡献，有足够的资格来写一部综合这一课题的专著。藤原教授把这一任务交给了学生，要求他用日文写一部《三角级数论》。日本是一个向西方学习学得很成功的东方古国，但毕竟是学来，当时它也像中国一样，没有一套完整的本民族语言的数学名词。数学刊物上的文章，全用英语写，讲课、编书也都用英语。陈建功这一次又担负起首创日文数学术语的重任，他工作得那样好，直到今天，许多日文数学名词，仍沿用着他的创造。陈建功只花几个月的时间就写完了这部书。这大概是世界上最早的一部三角级数论详备的专著。中华人民共和国成立后，陈建功把它翻译成中文，作了许多修改和补充，篇幅更大了，分成上下两册，上册是 1964 年出版的。遗憾的是，出版的下册他未能看到，下册第一版发行于 1979 年，距陈建功逝世已经整整 8 年。

陈建功把手稿交到导师藤原先生的手中。他已经学成，可以选择前途了。藤原教授当然希望他留在日本，这对陈建功本人也确实是一条坦途。但是陈建功感到自己没有什么可选择的，“灵台无计逃神矢”，他是一个炎黄子孙，他的亲人在中国，他的事业在中国，他的灵魂在中国。他坚辞了老师的执意挽留，匆忙摒挡行装，登上了返回祖国的航程。翌年，当《三角级数论》在日本著名的岩波书店出版时，陈建功已经是浙江大学数学系的教授了。

四、独特而有效的数学教学方法

中国古代曾经为数学史贡献了商高定理、刘徽割圆术、祖冲之圆周率、剩余定理、杨辉三角、天元方程术等举世瞩目的成就。遗憾的是，由于种种值得历史学家深入研究的原因，中国古算学缺乏那些足以发展成为现代数学的精神因素，所以像欧几里得几何那样具有严密逻辑结构的理论系统（所有的现代数学都有这种特征）始终没有出现过。在传统中国，数学是受到轻视的，被视为“九九贱技”。创立中国现代数学事业的重任就这样压在陈建功等少数几个人身上。

陈建功回国不久，就同时收到北京大学、武汉大学、浙江大学 3 所学校的聘书，3 所学校都请他担任数学教授。他决定赴浙江大学任教，那儿离他的家乡最近。当时中国的数学界还是一片荒芜，没有一本刊物，没有一个学会，浙江大学数学系一共只有 5 个学生，还分成两个年级。就在这不毛之地上，陈建功开始了辛勤耕耘。他早已想好，为国家多多培养现代数学人才是他的当务之急。为此，他愿意献出所有的时间与精力，即使个人因此少出研究成果，也在所不惜。

陈建功搞数学教学，有一套独特的、行之有效的方法。方法服务于目的，目的是要把学生培养成能出实际成果的数学研究人才，所以一切皆着眼于此。他编写教材，总是立意高远，取材艰深，要求学生非作艰苦的独立思考不能读懂。陈建功是不允许学生提问题的。他给了你一本书，又给你讲了课，这就指明道路了，你自己去走吧，碰到障碍，你得自己去克服，去跨越。不懂呢？不懂是岂有此理，所以不懂也不准问，因为压根儿就不该不懂。你若不知好歹，居然发问，那就必定会遭到他一顿正颜厉色的申斥。这似乎有点儿不近人情，但是须知，这是在培养学生的研究能力，要求学生像搞研究一样地读书，是培养研究能力的必由之途。书上的知识都是人家已经研究清楚，叙述明白了的；而且这是数学书，数学命题及其推导，要么对，要么错，绝不会出现众说纷纭、莫衷一是的情况。数学定理一旦得到证明，客观上就有一条从已知条件导向结论的逻辑通道，这条通道对任何人都是敞开的，不应该有“想不通”这样的情况。数学定理是最合理的，因此也不应该有“不理解”这种情况。从某种意义上可以说，数学家的思维并不属于他个人，而是属于全人类，数学家是代表着全人类在思维。如果你连已经建立的通道都走不过去，将来又怎么凭自己的能力去探索钻透一条未知的通道呢？如果书读不懂可以问人、可以借别人的大脑而求得其懂，那么将来研究一个未决问题碰到困难时，又向谁去借一个大脑呢？陈建功“不近人情”的教书法，恰恰是让学生通过读书既获得已有的知识，又获得研究工作的实地训练。这对于我们今日的大学里教学与研究严重脱节的弊病，不啻是一服对症的良药。

律学生严，律己更严。陈建功教授讲课，从来不带书本，不带讲义，不带纸张，他只请值班学生替他准备几支粉笔。所要讲的公式、定理、理论，都当场在黑板上演算、推导、建立起来。这样做，即是在重现科学研究的过程，不仅教会学生理解讲课的内容，更让学生体会到别人当初是怎样得到这些知识内容的，从而领略从事创造性研究的境界，增强自信心。顽强的进攻意识是优秀运动员的重要素质，科学家同样需要有向未知问题勇敢进击的精神。陈建功的授课方式，与那些著名的体育教练颇有几分相像。然而，要能这样讲课，备课时就得多下不知几倍的功夫。当堂演算是要担风险的，即使最老练的数学家也难免在细节上误入歧途或小有疏漏，以致整个进程受阻，有时还需要旁观而清的听众点拨一下，帮着排解纷扰。能不能这样做，敢不敢这样做，不仅是对一个教师能力的测度，更是对他人格、胸怀、精神境界的检验。

陈建功在浙江大学执教近两年时，听到苏步青在东京获得日本理学博士学位这个又一次轰动日本科学界的消息，非常振奋。他立刻请求校长邵斐之下聘书，请苏步青来校担任数学教授。陈建功是一个性格内向、不谙世务，实在不愿意也不善于搞行政工作的人，他情恳意切地征得校长同意，辞去了系主任职务，请苏步青来担任。

这时候，浙江大学数学系的阵容已稍稍壮大，两位数学家通力合作，通过在国内首创数学讨论班这一独具风格的形式，培养出一批又一批数学人才。

数学讨论班当时称作“数学研究”，由高年级学生与青年教师参加。“数学研究”分甲、乙两种类型，乙型读最新的专著，系统掌握一门新理论，甲型读最新刊物上的论文，直接进入数学研究的前沿阵地。无论甲型还是乙型，参加者每人都要上台讲演，两位教授则在台下提问。从基本概念到作者思路都要问及，想蒙混过关是办不到的。如果招架不住，那就得重新准备、重新来过。“数学研究”不能通过者，教师不得提升，学生不得毕业，压力是够大的。“数学研究”像一座高温熔炉，经其冶炼，铁就成了好钢。一旦从“数学研究”过关，人人都觉得自己的能力一下子提高了许多。中华人民共和国成立后，随着陈建功、苏步青两位教授调到复旦大学，他们开创的这一传统得到进一步的推广和发展。

陈建功的教学任务十分繁重，常常同时开三门课，外带一个讨论班，这在现今一般大学教师看来，简直是超负荷的工作量，他却负重若轻，从容应对。他从来不说“时间不够”，也不喜欢听别人这样说，从留学日本同时就读两所学校起，他就学会了挤时间和高效率地利用时间。他几乎没有什么娱乐活动，全身心地扑在数学事业上。

五、转向单叶函数论，又获出色成果

20 世纪 30 年代，陈建功在进一步研究三角级数理论的同时，主要从事单叶函数论方面的工作。单叶函数论是复变函数论的一个重要方向。历史上，人们曾经把一个复数当作一对实数、一个复变函数当作一对两元实变函数看待。将复函数当作一个独立的实体领域来研究，从而发展出一门新的理论的创始者，是法国大数学家柯西。复函数理论自身的进步，反过来又对实函数论产生积极的影响，这印证了一句名言："实域中两个真理之间的最短路程是通过复域。"单叶函数就是一种具有特殊重要意义的复变函数，它是一个在其定义域上处处可导的函数，并且把自变数平面上的一个区域，一对一地映射到因变数平面上的一个区域。大量在整个平面上并非一一对应的复函数，在对平面作一个合理的分割后，能在每一个区域上成为一一对应。因此，弄清楚了函数在一个单叶性区域上的变化情况，也就弄清楚了函数在整个平面上的变化情况。研究单叶函数的意义即在此。单叶函数由于其特殊性质总能够展开为幂级数。经过标准化手续，就可以写作：

$$w=f(z)=z+a_2z^2+a_3z^3+\cdots+a_nz^n+\cdots$$

研究此展开式中系数 a_n 所满足的一般条件是单叶函数论的中心问题。1916 年，L. 比贝尔巴赫证明了不等式 $|a_2|\leqslant 2$ 成立，并且猜想 $|a_n|\leqslant n$ 对一切系数 a_n 成立。"比贝尔巴赫猜想"是一个非常有名的世界难题，吸引了无数复函数论专家的注意和努力，却长期得不到圆满解决。陈建功以及后来他的学生夏道行、龚升等人在这个问题上有过相当出色的工作，其成果一度占据世界领先的地位。

数学家攻克一个大难题，有一个普遍的做法，就是先分割困难，把大题目化成若干小题目，然后稳扎稳打，步步进逼，直至最后夺取胜利，像接力赛跑一样，每一棒都有不容忽视的意义。比贝尔巴赫猜想的解决，也是如此。人们很早已经知道，$|a_n|<\mathrm{e}n$ 是成立的。1933 年，李特伍德与帕莱证明了如果 $f(z)$ 为奇函数，即对任意 $zf(-z)=-f(z)$ 成立，则所有的 $|a_n|$ 有一个上界。陈建功工作后，就开始考虑，这上界是个什么数呢？他要给出一个尽可能准确的估计，不到一年，他得到了结果，证明了不等式 $|a_n|<\mathrm{e}^2$ 对所有的 n 都成立，e^2 比 9 还小，这个结果极其漂亮，它创造的世界纪录保持了相当长的时间，后来的改进已是很微小了。

陈建功进而定义满足 $f(wz)=wf(z)$ 的函数为 k 型函数，其中 w 是 $x^k=1$ 的根。由于 k 取 2 时，$w=\pm1$，陈建功把 $|a_n|<\mathrm{e}n$ 与奇函数下的 $|a_n|<\mathrm{e}^2$ 统一表示式 $n^{\frac{k-2}{k}}|a_n|<Aa$，其中 A 是常数，进一步，陈建功证明这个不等式对 $k=3$ 也成立，并且算出 $\sqrt[3]{n}\,|a_n|<\mathrm{e}^3$。这一工作大大推进并完善了李特伍德等人的研究。

关于一般单叶函数，直到 1979 年，最好的结果是："比贝尔巴赫猜想"对第六项系数成立，这项工作是属于陈建功的学生龚升的。

日本侵华战争打破了陈建功搞数学和科研的安全环境，风景秀美的西子湖边已经放不下一张平静的书桌。1937 年浙江大学西迁，师生相携，徒步跋涉五千里，历经浙江、江西、广西、贵州四省，最后在贵州的遵义与湄潭落脚，重新建校。陈建功将家眷送回老家绍兴，只身随校西迁。风餐露宿，陈建功照样教书，“数学研究”常常在防空洞里进行，正是“大隧之中，其乐也融融”，“大隧之外，其乐也泄泄”。1940 年，陈建功开始招研究生，后来担任北京大学数学研究所所长的程民德教授是他的头一个大弟子。翌年，浙江大学数学研究所在湄潭的一所祠堂里成立，他们点的是菜油灯，谈论的是最新的数学理论。

抗战胜利后，陈建功曾与罗宗洛教授等一起赴台湾接管台湾大学。第二年，他辞去台湾大学代理校长兼教务长的职务，仍返浙江大学当数学教授。

从 1942 年起，陈建功在美国的数学杂志上连续发表了十多篇论文。在三角级数研究方面，尤其是对平均可和性问题，获得了某些基本的进展，引起美国同行的重视。1947 年，他应邀前往美国普林斯顿研究所做访问学者，一年以后如期返回浙江大学。

六、老当益壮，科研与育才双丰收

中华人民共和国成立后，年近花甲的陈建功教授焕发了学术青春，他开始学习俄文。他精通英文和日文，德文、法文的根底也好，但他觉得还不够。他深知苏联数学的先进性，20 世纪 50 年代的苏联数学，是堪与美国并驾齐驱、互为伯仲的。要掌握数学发展的最新动态，不能不了解苏联文献。只用了半年时间，陈建功就能轻松地阅读俄文专业书刊了。他非常推崇苏联数学家格鲁金所著的《复变函数的几何理论》一书，后来还亲自把它翻译成中文。格鲁金才华横溢，却不幸于 1952 年患癌症过早逝世，年方 46 岁。格鲁金问医求药期间，陈建功曾竭力相助，可惜他寄出的药格鲁金并未收到。

后来蜚声国际数学界的夏道行教授，是陈建功于中华人民共和国成立后招的第一个研究生。陈建功大量招研究生，孜孜矻矻，诲人不倦，最多时竟同时担任三个年级十几名研究生的导师，有人对陈建功带那么多研究生不理解，还有微词：“一个单叶函数论何必要那么多人。”陈建功回答说：“我带这么多研究生，并不是为了让他们毕业后都搞单叶函数论。这一行是我的专长，别的我不拿手，但我可以通过指导他们搞这一行，把他们尽快地带进科学研究的领域，教会他们独立从事科研工作的方法。”

不同领域、不同方向的科学研究，是存在着某些共同的方法和程序的，陈建功侧重的即这种方法论精神的训练。他把这一培养方法叫作“鸡孵鸭”。他说：“国家现在需要扁嘴巴，我却是个尖嘴巴，但尖嘴也可以孵扁嘴嘛！”陈建功的唯一愿望是为国家多多输送人才，他并不想也从来没有把学生当作自己的私产或资本，总是教他们练硬了翅膀，就鼓励他们远走高飞。1956 年，夏道行赴苏联进修，转行重点搞泛函分析，就出于陈建功的建议。龚升原是中国科学院数学所的研究实习员，在陈建功身边学了几年后，陈建功又让他回去转搞多复变函数论。欧阳巸后来搞力学，也出于陈建功的推荐。实践证明，陈建功从一个方向着手，尽快把学生带进研究领域，然后根据各人才性，向多个方向深进的培养方法，是行之有效的。

1952 年，全国高校院系调整，陈建功（与苏步青一起）调到复旦大学，任副校长。但他从本性上是不愿意做官的。他一贯主张数学家一定不能脱离数学，在副校长任上，他仍坚持一学期开两门课。1956 年以后，他年纪大了，不再开大课，但仍坚持在讨论班上讲课，实在讲不动时，就讲一段，让别人接着讲。陈建功处处在行动上，而不是在架势上、言语上为人师表。

同时，陈建功也一贯强调大学教师一定要搞研究。数学教学必须反映数学研究的精神，而要做到这一点，必须搞教学的人兼搞科研。他常说：“培养人比写论文意义更大。”其目的当然仍在于研究成果，他常常放弃写论文，把时间、精力贡献给教学，正是为了让晚生后学快快地出成果。“平生不解藏人善，到处逢人说项斯。”他那些聪颖、刻苦的学生每有一点成绩，他总是谆谆鼓励，多方推荐，毫无保留。他也经常把那些得意门生挂在嘴上向更多的学生介绍，鼓励大家的进取心。

1957 年，反右运动中，文艺界有一场批判“一本书主义”的大闹剧，科技教育界“联系实际”、如法炮制，群起批判“一篇论文主义”。所谓“一篇论文主义”，根本就是虚构出来的风车式敌人，一时却引发了多少慷慨激昂的檄文。在“席卷”之势的运动到来时，谁也无法独善其身，陈建功不能不参加“批判”，他是这样批的：“怎么可以搞一篇论文主义呢？论文应该是一篇接着一篇地写，直至写书。”这不啻是从“极右”来批判“右”了。

1958 年，“教育革命”给他补贴了无数的大字报，罪行是“鼓吹理论脱离实际”，因为他一直主张重视数学的基础理论研究。陈建功决不改变自己的主张，理直气壮地驳斥蔑视数学基础理论研究的外行意见。在这种意见凭借政治形势甚嚣尘上的时候，他虽然无能为力，却决不妥协，而是执着地抗议、争辩。

各种各样的人，曾经用各种各样的语言表达过对数学理论重要性的看法。经过反反复复的批判运动，人们终于认识到这个重要性是批不倒的，这些话又被重新记起，并且成为新的时髦。例如，几乎谁都会说，“数学是科学的皇后”；又如，有人说，数学是人类思想史的主角，一部论述思想通史的著作倘若不深刻研究每一时代的主要数学观念，就好比《哈姆雷特》一剧中没有了丹麦王子。陈建功不会说诗人那种绮丽的词句，也不会像哲学家一样发表惊世骇俗的谠论，但他的说法最能为从事研究的数学工作者以及尝到过数学甜头的实际工作者所接受：“老鹰飞得高，视野开阔，才能认准目标，准确有力地抓住小鸡。数学基础研究对应用的关系就好比老鹰捉小鸡。”他经常用一些著名数学家的例子说明：“掌握了抽象的理论数学的学者投入实践方面时，往往比本来直接研究实用问题的人能得到更好的发展。”“文化大革命”时期，陈建功被关进“牛棚”，他还在批判会上对否定函数论研究的人说：“不能说函数论没有用，即使暂时用不上，二十年、五十年、一百年以后，总会有用的。”

陈建功言行一致，在大声疾呼加强基础研究的时候，他自己就身先士卒，锐意进取，不断向新的研究领域开疆拓土。1956 年，他应邀赴苏联参加全苏数学大会，了解到苏联数学家在函数逼近论上有许多杰出工作。回国以后，他亲自攻读有关的最新文献，亲自做并指导研究生做逼近论的研究，获得了一些成果。不久，他应邀赴罗马尼亚讲学，介绍他与学生们在这方面的工作。

1958 年，陈建功调回浙江，任杭州大学副校长。他从文献中了解到国际上对拟似共形映照的研究很活跃，便又带领研究生们进入这个前沿。共形映照又可译成保角映照，它是一种保持自变量域内图形形状的变换。拟似共形映照则又宽泛一些，它允许改变椭圆的长短轴之比，例如，允许把椭圆映照成圆，或者反过来。他很快就在拟似共形映照的赫尔窦连续性方面得到不少结果，形成了两篇很有价值的论文。在数学这门具有特殊困难性的学科里，像陈建功这样，年过耳顺，还能不断关注最新动态，充满进取精神，亲自从事研究，并取得成果的人，确实很少见。

七、斯人已逝，功业不废

陈建功长期被当作“只专不红”的典型，但他自己不承认。当科研人员、大学教师几乎人人都习惯于用“只专不红”的考语评价自己的时候，陈建功却不愿意从众随俗，他冥思苦索，终于想出一条，说自己“多专少红”。把“红”“专”当成可以度量的东西，确乎不通，但这反映了陈建功认真的生活态度。

有人说陈建功不善辞令，其实，他只是在需要表明自己足够“红”的时候，才讷讷于言。在讲台上，在日常生活中，他是很会说话的，他说的话机智、诙谐，富有幽默感，同事、学生都喜欢与他交谈。不过，他确实没有废话，绝对不讲假话。

“文化大革命”一开始，他就被当作浙江省最大的资产阶级反动学术权威打倒了。后来，领导肯定了他的历史清白，他又一次认真地面对生活。他写信给老友周建人，打听中国数学事业的前途。在当时形势下，周建人又何能给他一个满意的回答。1971年4月，陈建功病倒了，他被送进浙江省中医院，住进嘈杂的大病房。4月11日，陈建功默默地离开了人世。他生于忧患，也死于忧患，至死无法理解周围的世界。他的亲人、朋友、学生都深以为憾。

爱因斯坦说过，科学家一生的主要业绩就是思想，科学家的传记也就主要记述他们想什么和怎样想。陈建功是一个科学家，他的生活经历在某种意义上可以说是平淡无奇的。陈建功同时又是中国的一个科学家，他对中国数学事业的贡献却绝不是平凡的。

数学作为一种客观真理，是不分国界的。数学定理一旦得到证明，就属于全人类。但是数学毕竟不能与一定的文化传统完全脱离。作为一种文化，它又总带着一定的民族、社会、国家的特征。中国传统文化没有为数学的成长提供良好的土壤。中国数学要跟上世界潮流，在一段时间里只能从国外引进新知识和新精神。明末徐光启翻译了古希腊欧几里得的《几何原本》，这是向中国注入西方数学精神的第一步。陈建功1928年做出在当时世界上领先的研究成果，堪称中国从事现代数学研究的先驱。国外的数学家与数学史家在谈到中国现代数学时，也总是把陈建功置于前列。

斯人已去，功业不废。陈建功开创我国现代数学事业筚路蓝缕之功将历久不灭，值得后人永久地纪念。

（作者：陈克艰）

参考资料

[1] A. N. 怀特海. 科学与近代世界［M］. 何钦，译. 北京：商务印书馆，1959.

[2] 《陈建功文集》编辑小组. 陈建功文集［M］. 北京：科学出版社，1981.

[3] M. 克莱因. 古今数学思想（第三册）［M］. 北京大学数学系数学史翻译组，译. 上海：上海科学技术出版社，1980.

陈省身

（1911—2004）

陈省身

当代世界大几何学家

1979 年 3 月 4 日至 9 日，来自世界各地的著名物理学家、天体物理学家（其中有诺贝尔奖获得者近 20 人），以及著名的数学家、科学史家和科学哲学家 250 多人在美国普林斯顿高等研究院参加“爱因斯坦诞生一百周年纪念学术讨论会”。一位年近古稀、肤黄发斑的长者，精神矍铄，作了题为《广义相对论和微分几何》的演讲。他是应邀在大会演讲的唯一一位数学家。他开宗明义地说：“我是作为一个微分几何学者来谈谈广义相对论令人惊佩的结构。如我所理解，广义相对论属于物理学，它的基础是物理实验。几何学的目标应该是研究空间。几何学的研究是由传统和持续性所指导的，其评价标准是数学的创造性、简洁、深刻以及它们的良好结合和协调。因此几何学有更大的自由并可略事沉醉于想象中的课题。但是在历史上，它也曾被突然惊醒，发现这些抽象的对象一贯和现实密切相关。微分几何和广义相对论的关系就提供了这样的一个事例。”

演讲者言简意赅地阐明了对几何学的研究对象、评价标准、发展的相对独立性及其与现实世界关系的深刻见解。厚重的历史感和清晰的哲理发人深省。他就是后来被人们誉称“20 世纪伟大几何学家”的美籍华人陈省身教授。美国数学家说，陈省身是“众人皆知的传奇式的微分几何学家”[1]。

一、童年和少年时代

1911 年 10 月 28 日，陈省身出生在嘉兴城内下塘的傍河宅第里。那时，震惊中外的武昌起义成功，嘉兴尚乱。陈省身落地 9 天就被母亲带着奔波“逃难”。祖母信佛，后来常说：这是“劳碌命”。父亲陈宝桢甲辰（1904）年中秀才，辛亥革命后毕业于浙江法政专门学校，在司法界做事。他盼长子日后能效曾子“吾日三省吾身”，为其

1 著名女数学家乌伦贝克在 1988 年美国数学会 100 周年纪念庆祝会的综合报告《瞬子及其近亲》中的评语。

取名“省身”，心意可鉴。

陈省身幼年得长辈爱护，顺其自然成长。父亲游宦在外，很难顾及子女教育。家里有时请先生来教，但非长期。祖母和未出嫁的姑姑是陈省身的国文启蒙老师。他间或随祖母烧香、拜佛、念经。有一年，父亲回家过年带回一套《笔算数学》课本，教他简单的加减乘除。父亲走了，他继续自学并做了大量习题。9 岁那年，这个“只念过一天初小”的孩子，以优异的算术成绩考入秀州中学高小一年级读书。“南挹湖光秀，东迎塔影高，地之灵兮人淑陶。”秀中“开浙西风气”，是嘉兴最老的中学。陈省身在这所管理严格的教会学校，深得姑丈姚亮臣（国文教员）照顾。他三年级时能做相当复杂的算术题。读《封神榜》《说唐全传》等旧小说，调剂了他的课外生活又丰富了想象能力。他的童年生活是幸福的。

1922 年深秋，父亲陈宝桢在天津法院工作，举家北迁。次年春，陈省身就近考入扶轮中学（现天津铁路一中），插班读一年级第二学期。“扶轮”是交通部办的中学，由于经费宽裕，图书设备好，肯用高薪聘请高水平教师，学校办得生机勃勃。陈省身读旧制四年。这是他开始形成广泛而有中心的兴趣和鲜明个性的时期。校长顾赞廷毕业于北京高等师范学校，治学态度严谨。他很看重数学，亲自教三年级的几何课，教得很“凶”。陈省身是他得意的学生，写过《一几何定理之十六个证法》，表现出对几何训练在开发智力中作用的较深理解，也显露出与众不同的逻辑推理能力。郑次纯、彭罕三等几位数学教员很有能力又极富献身精神，对他的影响也很大。[1] 不过，陈省身并不是一个只爱数学、“规规矩矩、老老实实念书”的学生。他说：“我有个看书的习惯，是自己主动去看。”他喜欢去图书馆，爱读历史、文学、掌故，常常跑到书库一待就是几个钟头。1926 年，他在校刊《扶轮》上相继发表 7 篇作品。小说《立志》表达敢于战胜恶劣环境而自立于人生的志向，小诗《纸鸢》显示了他“喜欢自由与独立，不肯随俗”的个性和主动求学的精神。文章《科学与宗教》则阐述了两者的情状历史和各自的性质。陈省身写道：“科学的目的，在寻觅宇宙间已经进行的法则，描摹自然界一切现象，将结果归纳到极简单极完全能证明的名词。”他认为：“几何学在数学中占了极重要的位置。非但有志于研究科学的人，应当注意它，就是普通的中学也应该拿它当作应有的常识。”几何、科学、自然界和宇宙开始在少年陈省身的心里

1 有的中国现代数学史书只字不提陈省身的中学岁月，反而说“他的数学基础是自学的”，其所用的书是霍尔和奈特合编的《高中代数》及温特沃思和史密斯合编的《几何》《三角》。是为失实。

扎根了。他立志研究科学，但还没有想到数学事业。[1]然而不久，他的数学能力经受了一场严峻的考验。

这年夏天，陈省身中学毕业。父亲的同学，中国数学史家钱宝琮教授鼓励他直接报考南开大学理科。要念理科就得考解析几何，可是“扶轮”旧制四年他没念过。时值炎夏，祖母去世，家里的环境很差。陈省身借来南开中学课本，自学备考。结果不用念预科就直接升入南开大学。

二、从南开、清华，到汉堡、巴黎

20 世纪 20 年代后期，南开大学从艰难的初创时期转入短暂的发展阶段。实行通才教育，强调实用能力和开拓精神，构成了这个发展阶段的办学特色。陈省身念理科，第一年不选系。他选了国文、英文、初等微积分、普通物理和初等力学 5 门课。他“觉得物理似较切实，所以入学时倾向于物理系”。

这一年，他看了很多小说和杂书，还常替成绩不太好的同学写作业。第二年，他的读书生活和学习态度有了很大变化。秋天，算学系系主任姜立夫教授从厦门大学回到南开大学任教。陈省身因厌恶实验而主修数学，成了他的学生。这是一次自然而又重要的选择。60 多年后，陈省身写道：“我从事于几何大都亏了我的大学老师姜立夫博士。”

姜立夫，浙江平阳人。1919 年，他以《非欧几里得空间直线球面变换法》的几何学论文获美国哈佛大学博士学位，次年到南开大学创办算学系。他是南开大学的元老，也是现代数学在我国最早和最富有成效的播种人之一。他一生精心培育现代数学人才，重视数学研究的基本建设，组织领导和从事数学研究，功绩卓著，是中国现代数学史上值得“大书特书”的“圣人”[2]。

南开大学当时还是私立学校，经费少，能聘来的教授更少。陈省身虽听过钱宝琮、姜立夫、张希陆、饶毓泰等教授的课，但他的绝大多数数学课程，如高等微积分、线性代数、复变函数、高等几何都是姜立夫教的。他和吴大任都是姜先生的得意弟子。三年级时，陈省身当姜先生助手，改低年级作业，后来张希陆的课也让他改。他由此每月可赚 10 块钱，既锻炼了能力，又改善了学习和生活条件。1929 年，陈省

1 有人说，陈省身的数学事业是从扶轮中学开始的。此说也不确切。

2 “圣人”之评，语出胡适。

身、吴大猷等10人当选校理科科学会委员。当时系里数学书刊质量全国首屈一指。陈省身师从段茂澜学习德文、法文，都达到了能读数学书的程度。姜立夫治学严谨、注重基础，对学生因材施教、循循善诱，教学艺术高超。四年级时，他又为陈省身、吴大任等5名学生开设了当时高深的微分几何、n维空间几何和非欧几何等选修课。陈省身后来说：那时的南开大学算学系实际上是“一人系”，“我在初等大学教育所念的数学，都是他教的”。

南开四年的大学生活，使陈省身开始执着地追求自己的理想——献身于数学事业。他那时认识到：中国的现代数学还很贫弱，“要深造必须出国留学”。刚巧，他毕业那年，清华大学创办的理科研究所算学部招收硕士生，三年毕业可授学位，成绩优秀者还可派出国留学两年。陈省身想去清华大学并“跟孙光远先生做点研究”，他拿着姜立夫的介绍信谒见熊庆来教授。经过严格考试，他和吴大任都被录取了。

20世纪30年代，清华大学经费充裕，人才荟萃，是国内最高学府之一。算学系有4位名教授：系主任熊庆来，以及郑桐荪、孙光远和杨武之。教员有周鸿经、唐培经。它先后吸引了许多优秀数学青年，包括日后蜚声国际数坛的大数学家华罗庚、许宝騄等。不过，入学时机最好者要数陈省身。

陈省身到了算学系，才知道硕士生只有他一人报到。系里改聘他为助教，次年再做研究生。他在清华园除读必修课外，还选修了杨武之的“群论”和北京大学江泽涵的“形势几何”即“拓扑学”，但主要精力则是随孙光远研究射影微分几何。孙光远，浙江省余杭县人，1928年在芝加哥大学获博士学位，是中国微分几何研究的先驱者之一。从他那里，陈省身开始知道有一个芝加哥的维尔钦斯基创建的射影微分几何的“美国学派”。1931年，斯佩里编辑了关于射影微分几何的文献目录，包括两百多篇论文。陈省身那时特别喜欢读哈佛的格林的论文，也如饥似渴地读苏步青在仿射和射影微分几何方面的论文。在孙光远的指导下，陈省身于20世纪30年代早期就在清华大学《理科报告》和日本《东北数学杂志》发表了《具有一一对应点的平面曲线对》和《具有对应母线的直线汇三元组》等论文。这是陈省身数学事业的起点。论文隐含的哲理，几十年后仍在美国当代著名数学家格里菲思关于网、阿贝尔定理及它们在代数几何的应用中产生了共鸣。

20世纪30年代初，中国数学界的国际学术交流开始加强。1932年春，经姜立夫推荐和中华教育文化基金会资助，北京大学请德国汉堡大学布拉施克教授作“微分几何的拓扑问题”系列讲演，讲网几何。陈省身每次都去听。布拉施克新颖的思想以及他认为数学是充满生气的、易于理解的学科的信念，给陈省身以深刻印象。次年 11 月，陈省身完成了硕士学位论文，并以学业成绩优秀获公费留学资格。此时孙光远去了中央大学，陈省身远望着“一座美丽的高山”，即刚开始的新领域——大型微分几何，审时度势作了学术上的战略选择：毅然离开射影微分几何的熟地，不去美国，而到德国“去开垦新的沃土”。他得代理系主任杨武之帮助，获学校批准，踏上了追随布拉施克深造的征程。陈省身曾欣然地说：“去德国读数学是明智的。”

19 世纪的德国数学执世界牛耳，20 世纪此势未衰。第一次世界大战后，汉堡大学建成为德国一个新的数学中心，它拥有阿廷、赫克和布拉施克等欧洲领头的数学家。1933 年希特勒上台，德国老的名牌大学如格丁根大学、柏林大学闹学潮，汉堡大学幸而有难得的宁静。陈省身抵汉堡大学时，布拉施克度假旅游去了。他归来给陈省身几篇他新写的网几何论文。陈省身已有基础，潜心研读，开学前就发现论文中的一个漏洞。机遇再次光临有准备的头脑。陈省身不负使命，12 月初就完成了他到汉堡大学的第一篇论文《关于网的计算》，补了漏洞，还推广了布拉施克的定理。他庆幸刚去德国就给导师“一个好的印象”。

在汉堡大学两年，陈省身听过布拉施克的“积分几何”、阿廷的“代数拓扑”和赫克的“代数数论”等许多课程，同布拉施克的助教卡勒博士接触最多。那时，卡勒的研究工作正处于突进时期。1934—1935 年，他领导讨论班研读其名著《微分方程组理论导引》。书中发挥法国大数学家 E. 嘉当的理论，其基本定理后来被称为“嘉当－卡勒定理”。讨论班刚开始，全研究所的人都参加了，但因理论太难，陈省身成了“抗战到底”的极少数人之一。他后来说，正是在卡勒的讨论班上，“我体会到了 E. 嘉当的工作的威力和洞察力，并获得勇气去学习嘉当的创造性论文”。他抵汉堡大学不到一年所提交的博士论文《$2n$ 维空间中 n 维流形三重网的不变理论》，正是他努力理解嘉当－卡勒理论时在网几何方面的自然结果。1936 年 2 月，陈省身获博士学位。夏天他又获得中华教育文化基金会的资助，并在布拉施克的“极力主张”下，选择到巴黎去跟 E. 嘉当作博士后研究。“目标始终如一”，这是陈省身数学发展道路上具有决定意义的选择！

E. 嘉当是 20 世纪最伟大的数学家之一。他的工作覆盖了广泛意义下的微分几何的全部，从李代数和伪群到微分系统和拓扑。他的许多思想和结果是基本性的。然而，他的论著十分难读，甚至连数学大师外尔也说：“嘉当是当今最伟大的数学家”，“但我必须承认我觉得他的书和他的文章一样难读”。陈省身在巴黎艰苦奋斗了一年。他抵法不久即受嘉当青睐：允许隔周到家中面谈，每次一个小时。陈省身十分珍惜这种“面谈”的机会。这年他写了《关于射影正规坐标》等3篇论文，但工作范围远远超出了这些论文的内容。他学习了活动标架和等价方法，还有更深的嘉当－卡勒理论，而最重要的则是嘉当的数学语言和思想方法。射影正规坐标是这年美国著名几何学家维布伦在给嘉当信中谈到的问题。这对于“道路几何”的普林斯顿学派来说是紧要的事，因为它们要用于定义张量的“正规开拓”。嘉当把问题交给陈省身，不久，陈省身提出了一个基于嘉当几何方法的新定义。维布伦后来很高兴把论文推荐在《数学纪事》上发表。那时，陈省身在巴黎仍博采众家。他听了嘉当开的“外微分形式”课程，还听了蒙特尔有关多复变的讲课，参加过阿达玛在法兰西学院的讨论班。而在儒利亚别具一格的“新数学”讨论班上，这年的专题恰好就是“E. 嘉当的数学工作”。陈省身也参加讨论，接触了后来鼎鼎有名的“布尔巴基学派”的第一代青年领袖，如韦依等人。不过，他已独步先行了。

20世纪90年代初，美国数学家评论：“陈省身的研究工作有一个共同的风格：他精通微分形式的运算技巧并将它巧妙地用到几何问题上。这是他的老师——几何大师E. 嘉当传给他的魔杖，使他能以此进入数学上旁人难以进入的新领域。”陈省身后来则点出了“魔杖”之“秘”。他说：“首先要讲的是他引进的外微分运算。黎曼几何中标准的分析工具是既优美又有效的里奇张量分析。对比起来，我想把后者称为一个二级运算，它的导入需要流形上的联络，而前者是一个仅依赖于微分结构的一级运算。这个差别有一些很深刻的后果，因为在最时髦的分析中一个一级运算较一个二级运算更值得注意。包括几何大家外尔在内的大多数几何学家感到嘉当的工作难于领悟，我以为一个原因在于他们是通过张量分析训练出来的，这成为一种负担。”

“汉堡巴黎访大师，艺林学海植深基。”德法之行奠定了陈省身一生学术事业的雄厚基础。

三、现代微分几何的奠基人

1937年7月7日，日本全面侵华战争爆发。陈省身于7月10日告别嘉当，离法经美回国就任清华大学教授，9月初直奔北京大学、清华大学、南开大学三校合组的长沙临时大学讲授“高等几何”和“微积分”。那时，长沙接连遭到敌机狂轰滥炸。次年初，学校西迁昆明，改名西南联合大学，5月4日正式开课。这个刻意选择的日子寄托着师生员工对“五四”反帝爱国精神的向往，凝聚着深重的民族危难意识。在那艰苦岁月里，陈省身同许多科学家和教师在西南联大，为中国的科学教育事业含辛茹苦，勤奋耕耘，精心培育人才，写下了中国科学教育史上极其辉煌的一章。

西南联大时期，数学系教员不缺。系主任先后由江泽涵、杨武之、赵访熊担任，教授还有申又枨、程毓淮、郑桐荪、曾远荣、陈省身、华罗庚、姜立夫、刘晋年、蒋硕民、张希陆、许宝騄等11人。德高望重的姜立夫，1935年受聘为中央研究院第一届评议会评议员。1940年“新中国数学会”在西南联大成立，姜立夫被选为会长，理事有熊庆来、陈建功、苏步青、孙光远、杨武之、江泽涵、华罗庚、陈省身等人。陈省身担任学会文书，华罗庚任会计。这年11月25日，重庆大雾转晴，中央研究院院务谈话会有一项重要议案。议定设数学研究所筹备处，聘姜立夫为主任。次年3月，经中央研究院评议会通过，数学研究所筹备处在昆明成立，姜立夫满腔热情地投入筹建工作。陈省身后来说：“他洞鉴了当时中国数学界的情形，只求切实工作，未尝躁进，树立了模范。”此时的昆明则成了全国最重要的数学中心。

在“数学王国”里，抗战年代的昆明的确人才辈出。陈省身、华罗庚和许宝騄是研究成果最突出的三位青年教授。他们像磁铁般吸引了许多有志于数学的优秀学生。陈省身那时有机会开“黎曼几何”“射影微分几何”“罗网几何”“拓扑学”和“外微分方程”等新课程和高深课程，确收教学相长之效。1939年，陈省身和华罗庚、王竹溪合开“李群”讨论班，这在国内外都是先进的，显示出深邃的科学眼光。那些年，陈省身身边聚集着一批优秀学生，数学系有王宪钟、严志达、吴光磊等，物理系的杨振宁、张守廉、黄昆也选读他的课。王宪钟日后以纤维丛、李群、齐性空间方面的研究，尤其是“王序列”著称于世。严志达当年就和陈省身有合作论文发表，日后在李群方面有“里程碑”式的贡献，现为中国科学院院士。杨振宁于20世纪50年代获诺贝尔物理学奖，名震寰宇。其他几位也有杰出成就。杨振宁后来回忆道：“在联大时，我可能曾听过好几门陈教授的课，但是翻查如今仍然保存的联大成绩单，发现我只在1940年秋季学期正式选修过他的微分几何学。当时我是物理系的三年级生，我已不很记得上课的情形了，只有一件事印象很深。那就是怎样证明每个二维曲面都和平面有保角变换关系。当时我知道怎样把度量张量化成$A^2\mathrm{d}u^2+B^2\mathrm{d}v^2$的形式，但是想了很久都想不出怎样能使$A=B$。有一天陈教授告诉我要用复变数，并写下$C\mathrm{d}z=A\mathrm{d}u+iB\mathrm{d}v$这个式子。学到这简单的妙诀，是我毕生难忘的经历。”陈省身后来也常说：“数学上的一个奇迹是复数的存在；一个复数相当于两个实数。因之复函数论的研究牵涉到二维空间，以及高维空间。”“没有复数就没有电学，就没有近代文明！”“好的纯粹数学往往有意想不到的应用。”1941 年，他就在《科学》杂志上发表《中国算学之过去与现在》。他呼吁算学界保留、发扬研究精神，注意应用问题，使中国科学渐渐不落人后。

1939 年 7 月，陈省身和郑士宁（郑桐荪的女儿）结婚。次年郑士宁去上海分娩，陈省身在云南独自生活。教课之余，他潜心研究，笔耕不辍。这是他勤奋研读、不断开拓的时期。他研究了各种不同的等价问题。他以《关于克莱因空间积分几何》为广义积分几何奠基。韦依评论说，他“把布拉施克学派的积分几何工作一举推进到更高的水平”。战争岁月，通信困难，嘉当得知陈省身资料匮乏，曾寄给他许多自己论文的抽印本，包括一些过去的论文。陈省身花了大量时间研读这些论文，考虑其内涵和应用。“衣带渐宽终不悔，为伊消得人憔悴。”他开始探索许多从未有人思考的数学问题……回首往事，他说：“在 30 年代，人们已开始认识到嘉当的工作的重要性，如外尔、布拉施克和卡勒，但几乎没有人去读嘉当旧时的论文（有关李代数的论文除外）。我很幸运能因环境之故把这些论文都遍读无遗。”陈省身常常提到逆境和良师使他有一段十分必要的“闭门精思”的时间，他说在西南联大，“高斯－邦尼公式曾使我着迷，我知道它最概念化的证明是通过结构方程表示联络形式的外微分。当 1943 年我去普林斯顿时，它已为我在数学工作中最得意的一篇论文开了题”。笔者曾指出：陈省身是炎黄子孙中出类拔萃的数学巨子。著名数学家苏步青说：“陈省身气魄大”，“他在理论上搞整体，具有开拓性，学术领导上也具有战略眼光”。综前所述，我们认为，这与陈省身早期的数学训练背景、后来的科学研究环境以及自身长期不懈的努力关系密切，也与他的数学思想和理论思维的能力息息相通。开题既定，根基深厚的青年教授迟早会在这个选题上有所作为的。[1]

那时，姜立夫正在昆明筹建中央研究院数学研究所。他对研究员的延聘“特别注重研究能力，宁缺毋滥”。1941—1944 年，筹备处先后延聘了苏步青、陈建功、江泽涵、陈省身、华罗庚、姜立夫、许宝騄和李华宗 8 位兼任研究员。大西南数学界硕果累累，陈省身的数学工作为国际数学界所瞩目。美国普林斯顿高等研究院的创始教授外尔和维布伦正考虑邀请他去作访问研究，韦依竭诚赞助该计划。当时，大战犹酣，去美途中有风险。陈省身执着地追求自己的理想——献身于数学事业。去美前，他已

1　第七届国际中国科学史会议（深圳，1996 年）大会报告之一。文中“后来的科学研究环境”一语，西南联大时期是最重要者之一。1986 年 11 月 4 日至 13 日，笔者有幸应邀首次采访陈省身先生，存 12 次采访手记和谈话录音。关于高斯－邦尼公式的内蕴证明，他同意我关于“种子与土壤”的中肯分析。据此，“传奇式”的微分几何学家之限定语，似应取消。是为长注。

周密考虑“在国内应得之薪金，在美拨发美金”要保持稳定的官价比。抵美后，他立即致函梅贻琦校长：“生之计划，拟在此留至一九四五年夏间；学校休假只一年，明年拟请假一年，未识先生尊意若何。”他想在普林斯顿干出一番事业来，并在那里很快就见着了爱因斯坦。陈省身后来回忆道：“1943 年，我从中国西南部的昆明到普林斯顿研究院，那是第二次世界大战激烈进行之时，他以非常的温暖和同情来欢迎我。我能够时常同他讨论各种课题，包括广义相对论在内，是最大的幸福。我立即看到他的问题的极端困难以及数学与物理之间的区别。数学中有名的问题通常是已经提得很明确的，但在物理上，问题的提法也是问题的一部分。”他感到普林斯顿阳光灿烂，气氛的变化令人难忘。然而，有一次他和美国一位非常有地位的数学家聊天。这位数学家问他是做什么的，陈省身说微分几何，此人立刻就说“它已经死了”。幸而陈省身心里踏实，充满信心。他说，那时，“对于传统的微分几何学，我的了解和我所掌握的工具，自信不在人下”。“我要搞整体的微分几何，便需要拓扑、李群、代数几何和分析等。”他也崇拜外尔，但他说：“我已不是学生。”在普林斯顿，陈省身同外尔、维布伦有多次长谈，开阔了眼界。但同他接触最多的是法国青年数学家韦依。他们两人有许多共同的兴趣。他们对一些数学问题以及整个数学，有许多共同的观点。他们“都力图不管别人的先入之见而直接对每一个问题从根本上下功夫”。高斯－邦尼定理就是有名的范例。

在初等几何中，我们知道，三角形最引人深思的性质与它的内角和有关。在欧氏几何中，有一个关键的定理，即三角形的内角和等于 π（弧度）。这个定理是从一个深刻的公理——“平行公理”推出的。把这个定理推广到三维欧氏空间定向的封闭曲面上去，有 19 世纪经典微分几何中的高斯－邦尼公式。这个公式把整体不变量表示成局部不变量的积分，揭示了曲率与拓扑之间的一个重要联系。20 世纪，霍普夫在 1925 年发表的论文中对欧几里得空间中偶数维定向超曲面证明了这一公式，并把欧拉数表成一个曲率函数的积分。应用管状域，艾伦多弗及芬格尔于 1940 年把它扩充到欧几里得空间的任何子流形上。1943 年，艾伦多弗和韦依更将其推广到黎曼多面体上，他们对边界上立体角的处理是卓越的。但是，证明冗长难读，且不是“内蕴”的。

陈省身抵美后，见到了这篇论文。它立刻成了他和韦依讨论的话题。他不懈地思考。他根据自己对二维情况的理解，知道正确的证明应该建立在“超度”概念上。这样，他抵美仅两个月，就弄清了关于向量场奇点的“庞加莱－霍普夫定理”，并用自己强有力的独特方法，第一次使用内蕴丛——单位长切向量丛，完成了这个被人们视为“现代微分几何出发点”的定理的内蕴证明，成为整体微分几何的一个经典定理。这篇题为《关于闭黎曼流形高斯－邦尼公式的一个简单的内蕴证明》的论文，1944年发表在《数学纪事》上。陈省身的证明有新见，不仅解决了技术上的困难，还开创了许多新发展。陈省身说：“事实证明，最本质的思想是考虑M上的单位长切向量丛SM。”他始终认为，这是他“一生最得意的文章”。

普林斯顿的环境与工作节拍使陈省身十分惬意。激动人心的新发展接踵而来。1945年，陈省身由高斯－邦尼公式导入了他关于示性类的最著名的工作：年初，他发现复流形上有反映复结构特征的不变量（后来被命名为陈省身示性类，简称“陈类”）；7月，他又向《数学纪事》提交了论文《埃尔米特流形的示性类》。这篇介绍陈类的基本文献，几十年来引导许多青年学子步入数学殿堂，对数学的发展产生了深远的影响。韦依评论：“示性类的概念被陈的工作整个地改观了。”陈类现在不仅在数学中几乎到处可见，而且与杨－米尔斯场及其他物理问题有密切关系，是最基本、最有应用前景的示性类。1983年2月，杨振宁在香港《七十年代》月刊发表了“数理联姻”的几何学史诗《赞陈氏级》：“天衣岂无缝，匠心剪接成。浑然归一体，广邃妙绝伦。造化爱几何，四力纤维能。千古寸心事，欧高黎嘉陈。”谈到陈省身今天在几何学界的地位已直追欧几里得、高斯、黎曼和嘉当。他后来还说：“客观的宇宙奥秘与纯粹用优美这一价值观发展出来的数学观念竟然完全吻合，那真是令人感到悚然。这种感受恐怕和最高的宗教感是相同的吧？”

在普林斯顿的两年，陈省身撰写了10篇论文。这是他成果最丰饶、最重要的时期之一。1945年7月23日，陈省身再函梅贻琦校长关于请假继续留美研究一事，信中说：“校中需人迫切，可以想象，惟生习算二十年，苦心所在，不甘自弃，当为先生所谅。”次年初，《美国数学会通报》发表陈省身长达30页的重要论文《大范围微分几何的若干新观点》，指出了E. 嘉当的联络的几何学思想与纤维丛理论有密切的关系，从而把微分几何学进一步推进到大范围的情形。霍普夫评论：“推广高斯－邦尼公式是微分几何最重要和最困难的问题，纤维丛的微分几何和示性类理论……更将数学带入一个新纪元。”至此，陈省身作为现代微分几何奠基人之一的历史地位，实已确立。

四、几何学在美国复兴的极有决定性的因素

抗战胜利后，1946年4月，陈省身回国抵沪，时值姜立夫奉派将赴美进修。中央

研究院请陈省身“帮助姜先生办这个所”。他答应了，任筹备处代理主任，主持工作。他一到任就把“训练新人”作为最重要的工作，把“代数拓扑”作为主攻方向。私下里，陈省身多次同人谈起，“他的主要目标不是拓扑而是大范围或整体性微分几何”。他想在中国建立一个学派。他致函各著名大学的数学系，请推荐三年内毕业的最优秀学生。不久，招来了10多名青年助理员，陈省身每周给他们讲6个小时代数拓扑，有时还达12个小时，基本参考书是亚历山德罗夫和霍普夫的《拓扑学》。他提携后进，指导有方。后来还汇编过《代数拓扑论文集》，内集霍普夫等10位数学家的重要论文，指导青年研读。他孜孜不倦地为振兴中华数学培养了一批拓扑学人才，如吴文俊、陈国才、张素诚、周毓麟、廖山涛、杨忠道、孙以丰等。那时在处、所工作过的青年路见可、曹锡华、叶彦谦、陈杰、陈德璜等，日后均有大成，在国内著名大学工作，成为中国数学界的骨干力量。1947年3月，陈省身曾返清华大学任教一学期。此前，数学研究所的筹备工作基本就绪，姜立夫在美致函朱家骅力荐陈省身担任所长。陈省身对数学兴趣浓厚，不愿长任行政，未肯考虑。他说：“大概我的计划，是想等姜先生回国后，再出国一些时候。”7月，数学研究所在沪成立，后迁南京，陈省身任代理所长。20世纪40年代的中央研究院数学研究所，含其1941—1947年6年多的筹备阶段，在中国现代数学史上有着十分重要的地位。受命创办这个研究所的姜立夫所长和主持该所工作两年多的陈省身先生，其历史功绩都是不可磨灭的。1948年，陈省身当选中央研究院院士。12月31日，他携夫人和儿女陈伯龙、陈璞飞往美国。此前，陈母韩梅已逝，陈宝桢随次子家麟住台湾。陈省身再抵普林斯顿高等研究院，“虽宾至如归，而西望故国，归去无日，感慨万千，唯借工作以忘情”。

20世纪40年代初，美国的微分几何还处于其最低点——“它已经死了”。陈省身一到美国就在维布伦的微分几何讨论班担任主讲人，其讲稿流传甚广。夏天，他迁芝加哥大学，成了孙光远当年导师莱恩的继任人。他在那里开设“大范围微分几何”课程。他正在开辟自己的道路！ 1950年8月，第十一届国际数学家大会在哈佛大学召开，陈省身应邀作《纤维丛的微分几何》全会演讲。它标志着中国数学家在20世纪中叶在现代数学的一个主流方向居国际领袖地位。在芝加哥的10年，陈省身培养了美国历史上第一批高质量的几何学博士10人，廖山涛即其中之一。听过其课的还有辛格，他后来与阿提雅以“指标定理”的杰出工作轰动国际数坛。陈省身的讲稿《微分流形》和《复流形》在美国各地传播，还迅速传到巴西、苏联和其他国家。在这10年，他还先后同斯帕尼尔等许多数学家合作，促进了微分几何同周围的数学领域，如代数拓扑、代数几何和偏微分方程逐步结合的演化。这对后来把几何学逐渐推向数学的“中央舞台”起了重要作用。陈省身在美国数学界的重要地位此时也已确立。

1960 年，陈省身举家西迁，在加州大学伯克利分校任教。次年，他当选美国科学院院士，成为美国公民。他在伯克利一如既往“训练新人”，又培养了 31 名高质量的几何学博士，其中包括 20 世纪 60 年代第一流的几何学家温斯坦，以及后来的国际菲尔兹奖、克雷福德奖获得者华人数学家丘成桐。他是真正的“桃李满天下”。1970 年，陈省身再次应邀在国际数学家大会作《微分几何的过去与未来》的全会报告。这一年，美国数学协会给他颁发了肖夫内奖。1975 年，福特总统给他颁发美国国家科学奖，表彰他对美国科学事业的杰出贡献。

陈省身的数学成就广泛、深刻，遍及射影微分几何、欧几里得微分几何、几何结构和它们的内在联络、积分几何、示性类、全纯映射、极小子流形、网几何学、外微分系统和偏微分方程等众多方面。1978 年，《陈省身数学论文选集》由斯普林格公司出版，次年他从加州大学退休。1982 年，美国国家科学基金会在伯克利设数学研究所，“陈省身是筹划人之一”，并任第一任所长至 1984 年。其间，他荣获国际沃尔夫数学奖，以表彰他对整体微分几何的杰出贡献，及其对数学整体产生的深远影响。陈省身推动了几何学在美国的复兴。1988 年，美国数学会隆重纪念数学会成立 100 周年，著名数学家奥瑟曼集众家高见写道：“使几何学在美国复兴的极有决定性的因素，我想应该是 40 年代后期陈省身从中国来到美国。”

陈省身在美国建立了微分几何新学派。1990 年，德国数学会百年庆祝专著《数学史》卷，特别推崇 E. 嘉当和陈省身是 20 世纪的两大几何学家。除前文已述者外，他还荣任印度数学会名誉会员、美国数学会副会长、美国科学和艺术研究院成员、巴西科学院通讯院士、第三世界科学院创始成员、英国皇家学会国外会员、伦敦数学会名誉会员、纽约科学院终身名誉院士、意大利西西里帕洛里塔尼学院通讯院士、意大利国家科学院国外院士、法国科学院国外院士。

陈省身是 20 世纪伟大的几何学家，也是有厚重历史感的、科学思想深邃的哲人。1989 年，他当选为美国哲学学会会员，并应邀为苏联《数学百科全书》（中文版）作序。他指出：“在人类的思想史上，数学有一个基本和独特的地位。几千年来，从巴比伦的代数，希腊的几何，中国、印度、阿拉伯的数学，直到近代数学的伟大发展，虽然历史有时中断，但对象和方法则是一致的。数学的对象不外‘数’与‘形’，虽然近代的观念，已与原始的意义，相差甚远。数学的主要方法，是逻辑的推理。因之建立了一个坚固的思想结构。这些结果会对其他学科有用，是可以预料的。但应用远超过了想象。数学固然成了基本教育的一部分。其他科学也需要数学作理想的模型，从而发现相应科学的基本规律。”他对数学在人类思想史上的地位及其广泛而深刻的应用，作了独具匠心的精辟概括。真正的科学是富于哲理性的。几十年来，陈省身在几何学研究中坚持局部和整体相结合的精神。他认为：科学是一个整体；纯粹数学不能空虚，它需要实践，需要应用数学来指示正确的方向。他在长期的科学研究工作中，以自发的唯物主义倾向，闪射出朴素的辩证思维之光。

他对几何学有许多深刻而又独到的历史见解。他指出：“欧几里得的《几何原本》（公元前300年左右）是人类智力的伟大成就之一。”非欧几何学的发现“在人类思想史上是非常特别、有意义的事实”，“这一发现是人类知识史上最光辉的篇章之一”。他深刻地总结：“现代几何学离欧几里得时代差别极大。概括起来说，我很想将下述内容看作几何学历史的主要发展：(1）公理（欧几里得）；(2）坐标（笛卡儿，费马）；(3）微积分（牛顿，莱布尼茨）；(4）群（克莱因，李）；(5）流形（黎曼）；(6）纤维丛（E. 嘉当，惠特尼）。”

他说：“一个性质，假如它不直接涉及数或假如产生于流形上，在这里坐标本身是没有意义的，那么，这个性质就是几何上的性质。转到多变量，代数和分析具有涉及几何的倾向。”

笔者以为，这或许就是他对当年在伯克利作“教授研究会报告”时，人们希望他谈谈“几何是什么；这许多世纪以来它的发展情况”的简洁、深刻的回答。当年，他妙语连珠风趣地表达过一种独到见解：“在几何学研究中有了坐标这个工具之后，我们现在希望摆脱它的束缚。这引出了流形这一重要概念。一个流形在局部上可用坐标刻画，但这个坐标系是可以任意变换的。换句话说，流形是一个具有可变的或相对的坐标（相对性原则）的空间。或许我可以用人类穿着衣服来作个比喻。‘人开始穿着衣服’是一件极端重要的历史事件。‘人会改换衣服’的能力也有着同样重要的意义。如果把几何看作人体，坐标看作衣服，那么可以像下面这样描写几何进化史：

综合几何　　裸体人

坐标几何　　原始人

流　　形　　现代人”

生动的比喻再现了他从小“喜欢自由与独立，不肯随俗”的个性。他说他喜欢讲别人没有说过的话。我们认为，它确实可看作几何学发展史的一种深刻、简洁的新分期法。恩格斯指出："数学本身由于研究变数而进入辩证法的领域，而且很明显，正是辩证哲学家笛卡儿使数学有了这种进步。"爱因斯坦曾感到"要摆脱'坐标必须有直接的度量意义'这个旧概念是不容易的"，而流形的概念对像阿达玛这样一位大数学家也不简单。从数与形的联系上看，以坐标、流形的概念划界的新分期法，的确揭示了几何学的深刻质变。它让人们再次领略了"(否定之否定）发展不是按直线式而是按所谓的螺旋式进行的"哲理。陈省身指出："将来数学研究的对象，必然是流形；传统的实数或复数空间只是局部的情形（虽然在许多情况下它会是最重要的情形)。""讲到微分几何的未来，当然预测是很困难的。19世纪的深刻的结果（如单复变函数论），多半是单元的……但整个宝藏发掘未及十一，可以发展的方向，多不胜数。数学的前途无量是可以预卜的。"他希望"人类历史上中国数学在21世纪的发展能够有新的一章"，他也在身体力行。

五、祖国之恋和最大的愿望

陈省身并不是一位社会政治活动家，但在他对祖国执着、深沉的恋念中，凝结着渴望祖国统一和领土完整的强烈社会责任感。1971年3月由钓鱼岛主权问题引发，陈世骧、陈省身及李卓皓等数人发动"由全美知名学人具名"上书台湾最高当局一事，可资说明。1990年夏，笔者应邀赴美在伯克利数学研究所作访问研究，有幸参加了菲尔兹奖得主斯梅尔60华诞盛宴。陈省身曾经赞许地介绍过他年轻时为"反对越战"卧轨的壮举和驶帆、收集矿石标本的业余爱好。更早我们还谈论过爱因斯坦高度的社会责任感。陈省身喜欢老庄哲学，爱好陶渊明、杜甫、李商隐诗词，有深厚的中国传统人文素养。他认为数学家从事教育工作，培养出优秀人才，就是有社会责任感的重要表现。

1964年，父亲陈宝桢"重游泮水"有诗云："优游岁月待终老，赖有儿曹鹤立时。"陈省身乘机写了七绝二首："泮水芹香六十年，风光虽改意情牵。孤灯残月成追忆，经史诗词展旧编。""一生事业在畴人，庚会髫龄训育真。万里远游亏奉养，幸常返国笑言亲。"这一年，他赴台湾促进了祖国宝岛的数学发展，台湾"中研院"成立了数学中心。

1972年9月，中美两国结束对峙状态不久，陈省身偕夫人、女儿访问新中国。他带来美国科学院和社会科学会与医学科学会的信，"希望交流科学家"。他在中国科学院数学研究所作了《纤维空间和示性类》的演讲。这个演讲描绘了阿提雅－辛格"指标定理”的全貌，展示了国际数学研究前沿的惊人成就。20 世纪 70 年代，陈省身追昔抚今，万般感触写了七绝佳作一首：“飘零纸笔过一生，世誉犹如春梦痕。喜看家园成乐土，廿一世纪国无伦。”

20 世纪 80 年代第一春，随着祖国改革开放大潮兴起，他在北京、天津、广州《对中国数学的展望》的演讲中表达宏伟愿望：“我们的希望是在 21 世纪看见中国成为数学大国。”那些年，他积极倡导、协助实施中国数学界每年举行的三项活动：召开“国际微分几何、微分方程会议”，举办“暑期数学研究生教学中心”，选拔中国数学研究生赴美参加“陈省身项目”研读。他以其特有的方式和风格，精心培养青年一代掌握现代微分几何要领。80 年代后期，“中国已涌现了一批现代微分几何的少壮队伍，在某些课题方面，已经可使国外专家刮目相看，取得了一定的国际地位”。

1983 年 7 月，中国改革开放的伟大设计师邓小平指出：“要利用外国智力。”不久国务院成立“国际人才交流中心”。次年，陈省身应中华人民共和国教育部聘请，任南开数学研究所所长，创办扎根国内、培养高级数学人才的基地，其宗旨是“立足南开，面向全国，放眼世界”[1]。南开数学研究所的创办得到全国数学界、有关领导部门和南开大学的大力支持。它的学术委员会由全国数学学科带头人组成，国家教委任命吴文俊为首届委员会主席。1985 年 10 月 17 日，南开数学研究所正式成立，陈省身回顾中国数学的过去，分析现状，展望未来，语重心长地说：

> 中国在搞四化，而科学技术在不断进步，今天的理论研究在 10 年、20 年后可能有重要的应用，要注意发掘学问的源泉。就数学而言，中国有光荣的历史，但没有产生像阿基米德、牛顿、高斯那样有伟大影响的数学家。对近代数学的研究起步较晚，需要努力工作才能赶上。建立南开数学所，就是希望为全国在数学方面愿意也能够工作的人创造一个可以愉快地潜心工作的环境，让青年人知道有“好的数学”（指有意义、有创新）和“不好的”（指仅限于把他人工作推演一番）之分，从年轻时就懂得欣赏“好的数学”。希望中国数学界在经历过了解他人工作这个阶段之后，不妨“狂妄”一些，自己开创新的方向。相信 20 年后，中国的数学一定能够进入世界先进行列。南开数学所愿为此作出贡献。我本人为此愿“鞠躬尽瘁，死而后已”。

1　此宗旨系吴大任先生拟定，被陈省身采用。胡国定先生为办所做了重要而又具体的工作。

应陈省身邀请，1986年杨振宁来所参观并主动提出成立理论物理室。数理又“联姻”了。在陈省身的主持下，南开数学研究所经过“偏微分方程”“几何和拓扑”“调和分析和可积系统”“概率统计”“代数几何”“动系统”“计算机数学”“复分析”等学术年的卓有成效的活动，以及举办一系列的国际学术会议和“21世纪中国数学展望学术讨论会”，已成为国际瞩目的一个数学中心。

1988年8月，第一次“21世纪中国数学展望学术讨论会”在南开数学研究所召开，组织委员会主席程民德作了《群策群力，数学可望率先赶上世界先进水平》的主题报告。[1]陈省身则在开幕式上，以其特有的幽默说：“我们今天在这里讨论21世纪的中国数学。目的是预测一下21世纪中国数学界是何情状，策划如何应付新时代的来临。我是不应该讲话的，因为我不会参加21世纪的工作。（众笑）但是我充满信心地看到中国数学的前途是非常光明的。”

1991年5月，第二次“21世纪中国数学展望学术讨论会”又在天津举行。陈省身在他度过了“最美好的年华”的城市，作了学术观点新颖的《芬斯勒几何》的演讲。会前，他把自己在台湾的演讲稿《怎样把中国建为数学大国》送给江泽民，说：“我最大的心愿是把中国建成数学大国。”党和国家领导人邓小平、江泽民、李鹏都多次会见陈省身，称赞他对中国教育和科学发展的关心，对中美教育交流作出的贡献。1994年6月，陈省身当选为中国科学院首批外籍院士。1996年5月，首届“中华人民共和国国际科学技术合作奖”授奖仪式在北京举行，国务委员宋健代表中国政府向陈省身颁发了奖牌和证书。这一年，在陈省身的推动下，德国斯普林格出版社确定与南开数学研究所合作出版《组合年刊》。担任该刊执行编辑的是留美青年数学家陈永川。他说：“我所以能在美国深造并取得一些成绩，离不开国家的培养和许多老师的帮助。我的事业应该在中国。”

芬斯勒几何的名称来源于芬斯勒1918年的博士论文。它实际上是一个简单积分的几何。并且和变分学同样古老，是希尔伯特19世纪之交在巴黎国际数学家大会著名演讲中的第23个问题。陈省身于1996年5月在北京作了《中国的数学》演讲。他说：“最近经我的鼓励，芬斯勒几何有重大的发展。”“黎曼的几何基础包含芬斯勒几

1 提出“数学科学研究率先赶上世界先进水平”的口号，是陈省身教授的建议。李铁映同志称这一目标为“陈省身猜想”。但陈省身并不是两次“21世纪中国数学展望学术讨论会”的“主席”。纪念册《南开数学研究所（1985—1995）》于此有疏误。

何。我们最近几年的工作，把黎曼几何的发展，局部的和整体的，完全推广到芬斯勒几何。这将是微分几何的一块新园地，预料前景无限。”

陈省身有感于中国数学界“长江后浪推前浪”的壮景，吟出“老成屹立中流柱，少壮涌出百丈泉”的欣喜诗句。1992 年，他在北京作了《21 世纪的数学》演讲。次年 5 月，他和丘成桐提出建议，希望中国举办一次国际数学家大会，并向党和国家领导人说了他们的想法。后来，以杨乐、张恭庆等院士为首的中国数学会，团结全国同人，和海外华人数学家一道，扎实工作，承办了 2002 年国际数学家大会。

希尔伯特说过：一个伟大时代的结束，不仅促使我们追溯过去，而且把我们的思想引向那未知的将来。“中华民族是擅长数学的民族”，“中国人的能力是不需要讨论的”。华罗庚和陈省身用铿锵有力的语言，道出了炎黄子孙复兴数学大国历史地位的潜力。“推行数学的机械化，使作为中国古代数学传统的机械化思想，光芒普照于整个数学的各个角落。”这在高科技时代已经成为 21 世纪中华民族对世界数学的伟大贡献。世界著名数学家丘成桐出任“中国科学院晨兴数学中心”“中国高校数学研究与高等人才培养中心”第一届学术委员会主任，众多海外留学生和华人数学家纷纷回国工作或作学术交流，这使我们看到中华民族强大的凝聚力和炎黄子孙赤诚的爱国心。这不禁使人回想起南开数学研究所成立之际陈省身深情的话语：“我把最后一番心血献给祖国，我的最后事业也在祖国。”“我要为中国数学的发展鞠躬尽瘁，死而后已。”他耄耋之年还以强有力的后劲，为祖国、为科学在微分几何的新园地里劳碌、耕耘。他说：“数学仍在不断地陶冶着我。”这位 20 世纪伟大的几何学家，名副其实地“一生事业在畴人”。

（作者：张洪光）

参考资料

[1] 张洪光. 二十世纪伟大的几何学家陈省身 [J]. 中国科技史料，1994 (4)：41-54.

[2] 李醒民. 科学巨星——世界著名科学家评传丛书 [M]. 西安：陕西人民教育出版社，1995.

[3] 陈省身. 科学与宗教 [J]. 扶轮，1926 (9)：31-33.

[4] 陈省身. 艾列 · 嘉当 (1869—1951) [J]. 陆柱家，译. 数学译林，1994 (3)：229-230.

[5] 陈省身. 数学陶冶我一生 [J]. 张洪光，译. 数学译林，1993 (2)：122-128.

[6] 张洪光. 陈省身数学业绩与数学思想初探 [J]. 赣南师范学院学报，1996 (3)：1-6.

[7] Daniel Henry Gottlieb. 漫谈 Gauss-Bonnet 定理的历史发展 [J]. 数学译林，1997 (1)：75-85.

[8] 陈省身. Finsler 几何就是没有二次型限制的 Riemann 几何 [J]. 林毅，译. 数学译林，1997 (1)：33-39.

[9] 陈省身. 中国的数学 [J]. 数学进展，1996 (5)：385-388.

周炜良

（1911—1995）

周炜良

一位极富创见且涉猎广泛的数学家

周炜良，一个代数几何的现代史上无法抹去的名字，一个代数几何的研究者无法避开的名字。由于少有巨大的荣誉加之其上，所以，它并不为中国的平常百姓，甚至数学界的一些学者所深刻了解，然而它所代表的数学成就并不会因此而受到忽视，这个名字自在的荣誉已远远超出了其主人应得的任何奖励。

一、家世与生平

周炜良的祖籍在安徽东至县（原建德县）的纸山坑周村。9 世纪末期，这里曾出现过一个令人仰慕的家族。这一家族在崛起之后至 20 世纪中期的岁月里，为中国社会的不同领域培养出了许多杰出人物[1]。这一家族中的周馥，是周炜良之曾祖父。周馥曾历任山东巡抚，两江、两广总督，一度名震江南。由于周馥思想开放，推崇“洋务”，为中国的文化教育、民族实业和对外交流作出了较大的贡献。

周炜良的祖父周学海，在 36 岁时得中进士，补扬州府同知，主司河防事务。后因业绩卓著，迁浙江候补道员。为官期间，周学海好读医书，潜心研究，终于成为一代名医，并编著有三集本《周氏医学丛书》。

周炜良的父亲周达，字美权，数学家、社会活动家、资本家和邮学家。周达青年时期生活于扬州，创办有我国最早的数学学术团体——知新算会。周达曾两次访日，

1　除本文提及的周馥、周学海、周达（明达）、周炜良外，周氏家族还培养出了许多名人和学者。如周学熙，我国近代北方财界的实业界的代表人物；周明暹（叔弢），我国现代著名政治家、实业家、收藏家，曾任天津市副市长，全国政协、人大常委；周明泰（志辅），我国戏曲史专家，20 世纪 40 年代末移居美国；周明焯（志俊），我国近代著名实业家，曾任青岛市政协副主席、山东省政协副主席和全国政协委员；周煦良，我国著名的外国文学翻译家，早年留学英国，1932 年获爱丁堡大学文学硕士学位，回国后先后任暨南大学、四川大学、上海光华大学、武汉大学、华东师范大学和北京大学教授，曾担任过上海作家协会书记。

并被日本东京帝国大学数学物理学会选为会员。辛亥革命前后，周达迁居上海，开办实业，并积极从事科学活动，是中国数学会的创建者和赞助人之一。他还以“周今觉”闻名于邮学界，被称为“邮票大王”。

周炜良于1911年10月1日出生于上海，为周达的幼子，排行第三。他自小随父在上海长大。由于周家具有丰厚的财力，可以延请家庭教师，因而周炜良根本用不着去学校读书，只要在家中便可接受必要的科学和文化教育。通过家庭教师的辅导，周炜良很快熟悉了中国的语言和历史文化。在父亲的影响下，周炜良对数学也情有独钟。得益于家族开明的观念，周炜良于1928年初踏上了留美之路。先后在肯塔基州的阿斯伯里学院和肯塔基大学学习政治与经济。但是他很快发现自己也许更适合学习数学，于是在次年转入芝加哥大学选修数学课程，并于1931年在该校取得学士学位，次年获硕士学位。

为了在数学方面得以发展并有所建树，从芝加哥大学毕业后的第二年，周炜良去了格丁根——当时世界上最大的数学研究中心之一。然而不幸的是，在那段时间里，德国所发生的一些政治事件严重影响了他在格丁根的居留。但是他并没有就此放弃追求数学真理的初衷，而是改道莱比锡，去追随数学大师范德瓦尔登，从而在1933年成了莱比锡大学的一名学生。

由于受德国的政治环境影响，格丁根的数学中心地位在那时已经开始衰落，代之而起的是另一座城市——汉堡。“讲座十分精彩、兴趣相当广泛”的年轻教授阿廷便是这个新兴数学中心最具魅力的代表人物之一。为了向阿廷请教和学习，周炜良曾一度生活在汉堡，当然，这是德国的大学体制所容许的。

在汉堡的岁月里，周炜良结识了两位对自己一生十分重要的人物。其一是当时刚刚来德留学的陈省身，两人自此结成知交。陈省身是周炜良婚礼上受邀的唯一一位中国宾客。其二是一位年轻的女士玛格特·维克多，两人于1936年7月结成连理，并相伴终生。

1936年夏，周炜良在莱比锡大学获得博士学位，随后便同新婚妻子一起回到了阔别多年的祖国，开始在当时的中央大学（南京）任数学教授。然而时不足一年，卢沟桥事变爆发，中国自此沦入战争之中。无奈，周炜良只好回到上海，赋闲在家。1937年之后的上海，充满了血腥与屠杀。由于连年战事，周炜良不得已逐渐停止数学研究工作，但他与生俱来的数学天赋和后天修得的数学功底并没有就此磨灭。

抗战胜利后的1946年，周炜良与陈省身在上海重逢。在陈省身的鼓励与帮助下，周炜良的数学生命很快便获得了奇迹般的再生。他先是应上海同济大学之聘担任了一年数学教授。1947 年 3 月，又应普林斯顿高等研究院之邀，到美国从事数学研究工作。继之在 1948 年秋，受聘于霍普金斯大学。在霍普金斯，周炜良担任了十多年（1955—1966）的系主任之职，负责霍普金斯出版的美国最悠久的数学刊物《美国数学杂志》，同时着手创建了霍普金斯代数几何学派，吸引了众多的数学名家来此从事研究或访学，其中包括井草准一、桑普森、沃什尼策、德沃克、阿布罕克、韦伊、扎里斯基、兰格、小平邦彦等。格罗滕迪克和其他人赞许地将周炜良领导的这个学派与扎里斯基领导的哈佛代数几何学派相提并论。

1977 年，周炜良在霍普金斯退休，成为荣誉退休教授。其后，他便过起一种简朴、恬静的生活，偶尔也应邀参加一些大型的社交聚会，间或在自己喜欢的餐馆约请几位朋友聊天。周炜良和玛格特·维克多有3个女儿，他们拥有一个幸福美满的家庭。

1995 年 8 月 10 日凌晨 2 时许他平静地逝去，留下了人们对他永久的怀念。

二、工具与方法

周炜良是一位极富创见、涉猎广泛的数学家。他的专业是代数几何，他对这个领域里的一些重要分支都有研究，不仅发明创造了卓有成效的研究工具和方法，而且开拓发展了众多的思想理论。在这个领域之外，他也不乏建树。

周炜良在研究数学的过程中，为代数几何的诸多领域创造性地提供了不少十分有用的数学工具与数学方法。其中最值得提及的是周型与周坐标。周型与周坐标的创立是周炜良于 1937 年在德国完成的，这是他在数学方面的第一件工作，也是他最有影响力的工作。

在他与范德瓦尔登合作的一篇论文中，周炜良给出了周型的构造。设射影空间的一个退化的子空间 U 与一个给定的 d 次 m 维族 Z 相交，其 d 个交点的坐标是 U 的格拉斯曼坐标的代数函数。通过选取该代数函数的一个对称函数，可以得到一个齐次多项式，这就是 Z 的周型。周型的系数即周坐标。

可以看出，周坐标是格拉斯曼坐标的自然推广。某高维向量空间的一个子空间可以由一个相关阶的矩阵来刻画。该矩阵的子阵中阶数与子空间维数相同的方阵便构成了子空间的格拉斯曼坐标。格拉斯曼坐标给出了格拉斯曼簇在射影空间中的一个嵌入。现在，如果想研究某向量空间的某维射影子空间中给定次、给定维的簇系统，就必须用周坐标来代替格拉斯曼坐标。

周型与周坐标具有十分广泛的用途。它曾一直是周炜良进行代数几何，特别是代数簇相关研究的有力工具。后来，在20世纪50年代初期，周炜良把周坐标用于生成除子的最小定义域，并在给出局部分析等价性标准后，用周型来研究代数簇。在1952年的一篇论文中，周炜良应用他的周型，补充了皮卡簇的井草准一超越构造。20世纪50年代后期，周炜良又用周型简化了扎里斯基关于连通性的证明。

由于周型具有优越的构造性，故此周坐标对于研究普通代数几何、阿拉克洛夫理论以及丢番图帖合都具有重要的作用。基于周坐标所定义的簇高，可以与兰格、内龙、菲利蓬等通过内蕴非射影方法构造的其他高相比较。周坐标在阿拉克洛夫理论中被王斌深入运用。另外，周坐标还被陈省身、维廷格用来证明阿贝尔定理逆命题的李猜想。

周环是代数几何中的又一重要的工具与方法。在1956年，周炜良定义了代数簇上闭链间的有理等价概念，并为这些类定义了交叉积，这样便可得到周环。周环是一种具有单位元的、结合的、交换的代数结构。周环具有很好的函子性质，即在两代数簇之间存在一种模射，使一个中闭链的原象也是另一个中的闭链，并且此运算与相截和有理等价性都能够相容。

相交理论是代数几何中一个基本问题，周环在研究这一问题时，表现出许多优点，故而得到广泛应用。在拓扑学中，相交理论对于同调环成立。而周环之于代数几何正如同调环之于拓扑学。如同其拓扑对应一样，周环已被证明在代数几何中是基本的。周环常被用以导出陈（省身）类，进而证明各种黎曼－罗赫定理。使用周环，甚至可以解决著名的韦伊猜想。

周炜良在阿贝尔簇代数系统理论方面所创造的概念及思想方法也具有深远的影响。他发表于1955年的两篇论文，深入研究了阿贝尔簇中不依赖于参数变化的部分，并将其明确定义为不变部，这一概念势必要被其他人在关于阿贝尔簇的进一步研究中多次使用。概念提出后的第四年，兰格与内龙证明了定义在函数域K上的一个阿贝尔簇A，它在K中的有理点群以不变部为模是有限生成的。这是莫德尔－韦伊定理的一个相应形式。

周炜良的这两篇论文还给出了定义在K的扩张域上的阿贝尔簇能够定义在域K自身上的条件。周炜良的这一思想启发了兰格，很快便被兰格推广，从而所有的簇都被给出这样一个标准，而不仅仅局限于阿贝尔簇。

三、理论与进展

代数几何是解析几何的进一步深入与扩展，主要研究域上的多元方程组的解集合，即代数簇。随着抽象代数的创立，代数几何的研究得到了蓬勃发展。在这个数学领域中，曾先后涌现出一批代数几何学名家，如普吕克、庞加莱、皮卡、凯莱、阿廷、范德瓦尔登等。周炜良在继承这些数学家的工作并发展代数几何理论方面作出了重要贡献，与他们同样具有不可替代的历史地位。现代代数几何的各个分领域内有不少定理都是以周炜良来命名的。

首先，必须提到的是，在解析对象的代数性方面，周炜良投入了较多的精力，并取得了突出的成就。其中最有名、影响最大的是关于射影空间解析簇的周定理。正是该定理以及前面讲到的周坐标，使他成为数学界一个众所周知的人物。

假定讨论的基本域是复数域，射影空间解析簇的周定理指出，射影空间中复解析子簇实际上是代数簇，而且所有闭解析子簇间的半纯映射一定是有理映射。有关该定理的论文于 1949 年发表在《美国数学杂志》第 71 卷上。这是对刘维尔定理的一个绝妙的推广，而后者本身又是所谓代数基本定理的推广。周炜良对该定理的原始证明基于代数数论的思想。定理揭示了代数几何与代数数论彼此之间的类似之处。

射影空间解析簇的周定理还反映了由局部性质向整体性质过渡的深刻结论，在代数几何学领域备受重视，成为一些学者发展新理论的出发点。1969 年，周炜良再次回到类似问题上，在齐次簇的关系中证明了亚纯映射是代数映射。1986 年，周炜良将这一理论推广到了任意基本域上的抽象情形，终于完成了完善这一理论的关键性工作。

其次，值得介绍的是，在环上的代数几何方面，周炜良做出了不少开创性的工作。20 世纪 50 年代后期，由于研究代数簇或解析簇的需要，加之来自数论的推动力，域上的代数几何开始向各种环上的代数几何扩展，如研究局部狄德金环、p-进环和更完备的诺特局部环。周炜良从几个方面对此扩展作出了贡献。

1958 年，周炜良将贝尔蒂尼定理推广到局部整环，从而为代数簇局部基群的研究铺平了道路。1959 年，周炜良推广了扎里斯基连通性定理并简化了其证明。扎里斯基根据自己提出的全纯函数的代数理论，证明了连通代数集特定化的一般连通性定理。周炜良则只用到一些更为简单的代数几何技巧特别是周型，便证明了连通性定理在任意完备的诺特局部整环上的一个推广。用以界定射影簇的齐次理想是非混合的，如果它没有嵌入素除子。1964 年，周炜良证明了在适当的一般性条件下的环合并中，两个非混合理想的塞格雷乘积仍是非混合的。早在 1952 年，周炜良与兰格合作，证明了亏格大于等于1的曲线模型和在非退化归约下离散赋值环上的阿贝尔簇模型的唯一性。1958 年，周炜良同井草准一合作，证明了在相当广泛的一类诺特局部整环上的上同调的上半连续性。

此外，在齐次空间的研究方面，周炜良也取得了一些鲜为人知的成就。关于齐次空间的射影嵌入，周炜良将阿贝尔簇射影嵌入的莱夫谢茨－韦伊证明拓展到了任意群簇上齐次空间的情形，从而唤起了人们对射影构造的兴趣。周炜良还有一篇论文涉及齐次空间的几何学。该文的主要目的在于用几何性质来描述群的特性，其中有一条典型的定理说：极系空间的任何双射保近变换连同自身皆属于基群的一个变换，只要空间的阶大于 1。论文考虑了双有理几何。在这篇论文中，周炜良通过巧妙的计算来处理所谓矩阵射影几何，他的论述可以推广到更为一般的情况。阿廷称其为射影几何最精彩的进展之一。1986 年，退休之后的周炜良还在《数学发明》上发表了一篇名为《齐次空间上的形式函数》的论文。

需要说明的是，周炜良的代数几何工作远不止这些，他在关于辫群、簇的基群、有理剖分、簇的实迹等研究方面，也都有所论述，并不乏创造与贡献。

最后，不可不提的是，1939 年，周炜良在国内极其艰苦的条件下完成了一篇关于一阶线性偏微分方程组的论文。该论文推广了关于热力学基础的卡拉西奥多里定理，建立了一条微分系统的可达性定理。论文实际阐明了一个向量场集合的积分子流形与其生成的李代数的积分子流形的等价性。这已被广泛认作非线性控制论中的周定理，并且成为研究非线性系统中可控性问题的基础，在控制论中具有十分重要的作用。

四、性情与爱好

周炜良生性淡泊，不好功名。由于周型第一次出现在周炜良同范德瓦尔登合作的论文里，因此，它们有时也被一些数学家称为周－范德瓦尔登型。另外，周型的思想多少有一些来源于凯莱，故而一些数学家也将它们称为凯莱型。对此周炜良从不在乎。他自己称周型为典范型，并将所有的叫法都简记为 C-型。

陈省身曾在扎里斯基的支持下提名周炜良为美国国家科学院院士，但由于他对此表现得并不十分积极，故而最后也便没有什么结果。1959 年，他被选为台湾“中研院”院士，但他也从未参加过研究院的任何活动。1955年，霍普金斯大学曾力邀他接替数学系主任之职。他起初无心接受，只是在后来获准只在下午去系里，并可以主要通过电话而不是信件来处理系里的事务时，才答应就任。

周炜良虽然不喜交往，但面对亲近且熟悉的朋友十分友善健谈。1957年夏，他与阿布罕克彻夜长谈中国和印度的文化比较。自幼在家中所受的传统教育使他对中国文化颇有修养。由于阿布罕克那时正在练习瑜伽，因此，他们还共同风趣地讨论做瑜伽和研究数学哪个更好。在一些更为随意与亲切的场合，他还向朋友们谈起他于20世纪三四十年代在国内的生活情况，有时也谈论一些子女教育问题。周炜良虽然十分支持约翰逊大社会方案，但他的家庭观念十分传统。对于小女儿放弃职业律师的职务而专心操持家务的做法，他十分赞同。

在学术研究与交流方面，周炜良自由开放、谦逊和蔼。在他所领导的霍普金斯代数几何研究群体中，他算是一位资历较深的年长者，但是他能平等地与每一位研究者交流，大家都把他当知心朋友看待。他甚至常常将自己尚处于朦胧状态的数学思想方法坦露给其他研究者，以期引起共同的讨论。朋友们目睹他如何把这些朦胧的想法升华为漂亮的定理，都被他开阔的思路和绝妙的几何直觉折服。

周炜良不仅是一位伟大的数学家，而且具有十分广泛的爱好。首先，从一定程度上来讲，他可以算是一位华邮权威，他在集邮方面还曾出过一本书。据井草准一回忆，作为一个邮迷，周炜良不仅在数学家中，而且在专业集邮者中都广为人知。周炜良对集邮的爱好，显然是受了父亲周达的影响。1923年的一个秋天，周炜良小病住进了一家医院，为了排解寂寞，父亲在医院附近的一家花摊上买下一包杂色邮票送给他玩。从此父子两人都迷上了集邮。其次，周炜良对建筑设计也十分专长。20世纪50年代后期，居住在麦迪伍德大道的他曾设想自己建造一所房屋。他四处考察，买好了地皮，精心设计，绘好了图纸，却始终没能找到一家愿意与他合作的建筑公司，因为任何一家建筑公司都不可能与一个比他们更了解建筑的客户签约。

（作者：王辉）

参考资料

[1] 胡炳生.周达的家世和业绩述略[J].中国科技史料，1994(1)：22-28.
[2] 张奠宙，周炜良.中国现代科学家传记（第四集）[M].北京：科学出版社，1993.

[3] WEI-LIANG CHOW. On the defining field of a divisor in an algebraic variety [J]. Math，1950(6): 797-799.

[4] WEI-LIANG CHOW. Algebraic systems of positive cycles in an algebraic variety [J] . Math，1950 (2) : 247-283.

[5] WEI-LIANG CHOW. On picard varieties [J] . Math，1952 (4) : 895-909.

[6] WEI-LIANG CHOW. On the principle of degeneration in algebraic geometry [J] . Math，1957，66：70-79.

[7] WEI-LIANG CHOW. On the connectedness theorem in algebraic geometry [J]. Math，1959(4): 1033-1074.

[8] WEI-LIANG CHOW. On equivalence classes of cycles in an algebraic variety [J]. Math，1956(3): 450-479.

[9] WEI-LIANG CHOW. Abelian varieties over function fields [J] . Math. Soc.，1955，78：253-275.

[10] WEI-LIANG CHOW. On compact complex analytic varieties [J] . Math，1949 (4) : 893-914.

吴文俊

（1919—2017）

吴文俊

从拓扑学到数学机械化的数学界泰斗

吴文俊是少数几位有国际声誉和重大影响力的中国数学家之一，不过在国内，他似乎一直默默无闻。2001 年 2 月，当国内首届“国家最高科学技术奖”颁发给吴文俊和袁隆平时，袁隆平和他的杂交水稻早已名满天下，而记者在争相报道吴文俊时，却发现原始材料少得可怜。其实，吴文俊获大奖，已经不是第一次，而是第八次了。国际、国内的大奖只是向公众和媒体传达了一个信息，吴文俊的工作很重要。但是，判断吴文俊的工作有多重要，还是要看行家的评判。吴文俊获得的第一个大奖是 1956 年中国颁发的首届国家自然科学奖一等奖。当时获一等奖的只有 3 人，华罗庚、钱学森、吴文俊。华罗庚、钱学森的大名在当时已经屡屡见于报端，他们获奖的确在意料之中，可是吴文俊的名字有多少人知道呢？而且他获奖的工作“示性类和示嵌点的研究”对于大多数数学家来说，至今也还是说不清道不明，更不用说一般平民百姓了。吴文俊虽然在国内名气不大，但在当时国际数学界尤其是领头人物当中，却非常知名。美国著名数学家、国际数学联盟第一届主席斯通在 1961 年的文章中讲到新中国的数学时，写下这样一段话：虽然从整体上讲，中国人的贡献在数学界影响不是很大，但少数中国人被公认为是天才而有成就的数学家，他们的贡献被高度评价。作为例子可以举出，吴文俊引进的新拓扑不变量，以及华罗庚对许多复变函数论的研究。真是英雄所见略同，斯通举的两位恰巧在五年前获得数学方面两个一等奖。

当然，不管大奖小奖都会有给的不合适的地方，诺贝尔奖获得者也有几位是有问题的。但是，历史是无情的，科学上只有那些推动历史前进的贡献才是顶尖的、站得住脚的。达到这种水平的贡献也必然受到大科学家的关注。从 1954 年到 1970 年，每届都有拓扑学家获得菲尔兹奖，而获奖的大数学家汤姆、米尔诺、阿提雅、斯梅尔等人都在他们的主要论文中引用过吴文俊的工作。获得首届沃尔夫奖的盖尔芬德在 1956 年吴文俊去苏联时，就主动关注吴文俊的工作，其他东欧国家也都知道吴文俊工作的分量。说到底，吴文俊拓扑学的工作在当时已经毫无疑问是国际领先的，而不是我们现在常常讲的要在几年内赶超国际水平。吴文俊这方面的工作已成世界数学宝库中的经典，他发表于1950年的论文到2001年还有人在引用！

如果说拓扑学说到底是西方人的独创，吴文俊只是大大发展它，那么吴文俊的数学机械化则是他完全从研究中国数学史而产生的思想，是中国人自己的独创，他走上了一条与西方迥然不同的道路。这条道路显示出吴文俊特立独行的风格，他成果累累，也得到许多西方数学家的承认，正因为如此，吴文俊荣获了厄布朗奖，而这个奖本来是奖给数理逻辑方面的杰出研究者的。

一、坎坷的数学之路

吴文俊走上数学之路并不是一帆风顺的。幸运的是，他受到家庭有益的影响。吴文俊出生在一个知识分子家庭，父亲吴福同出生在19世纪末，当时正逢甲午战败，各界人士都积极思考如何救亡图存、振兴中国的问题。百日维新虽然失败，但是西学东渐已势不可挡，上海处于门户开放之地，得风气之先，新学堂纷纷上马。交通大学的前身——南洋公学就是在1896年成立的，一开始还设有小学部、中学部，吴文俊的父亲就是在这里接受新式教育，特别是打下英语的基础。当时上海是科学的中心，也是出版业的集中之地，吴福同从高中毕业以后，就在一家医药书籍出版社从事编译工作，而且有时还兼报刊的编辑工作。在当时，这种职业要求有较高的工作能力和业务水平，有时比老板挣得还多。正是由于吴文俊的父亲有稳定的工作和收入，尽管不太富裕，但生活总是有保障的，衣食无缺。吴文俊回忆起来说，他受到父亲很大的影响。正是由于生活有基本保障，他才能在家庭的支持下去搞一些自己感兴趣的东西，而不必为生活担忧。他的父亲也鼓励他努力学习，积极进取。家庭条件也对他起着潜移默化的作用。父亲的大量藏书使他从小就养成阅读的习惯，他在小学的时候已经读过许多历史和文学作品，喜欢看《儒林外史》和《官场现形记》，这对他不喜欢“学而优则仕”以及官场作风有一定影响。他也读过《胡适文存》之类的书，表明那时他已经有一定的思想水平。

相对而言，吴文俊的小学和初中教育比较一般，按部就班。数学是一门在少年时代就可显示出兴趣和才能的课程，但是，吴文俊在小学和初中期间并没有显出对数学的偏爱。很长时间，他只是对物理感兴趣。按照他自己的选择，他也许会选择物理而不是数学。少年时期他只是读那些自己感兴趣的书。

高中时期对青年人的成长至关重要，吴文俊也不例外。他说，在高中阶段，他打下了数学的基础，同样，英文也是在这个时期才达到自由运用的境地。

在初中，吴文俊学习数学并不困难，但还谈不上主动，而在高中，学习数学已经变成一件十分有趣、十分主动的事。这时成绩优秀自不在话下，他学的东西远远超出课内所要求的，而这才是真正意义上的学数学。

事情来自高中一位几何老师，他是福建人，也许是因为口音或是因为教学无法，很不受学生欢迎。不知什么原因，他看上吴文俊，就要求他把课外书上的习题做一遍。这些远远超出课堂要求的习题，却吸引吴文俊冥思苦想。平面几何要求学生有非凡的创造力，它需要奇思妙想，也许正是这个把学生分成两半，多数人应付而少数学生越解题越有兴趣，一发而不可收。吴文俊就属于后者，越难越吊起胃口，非解出不可。这往往是走向数学的第一步，通过巧招解出一道难题的喜悦是一般人体会不到的，它同时也推动人向更高峰攀登。

不过，他的兴趣始终在物理方面。一个偶然的因素才使他走向数学。在吴文俊高中毕业那年，学校提出要设立 3 个奖学金，资助 3 名尖子生上大学，但是由学校指定大学及系科去报考。学校指定吴文俊报考交通大学数学系。当时学费昂贵，没有奖学金，普通家庭一般负担不起，因此，吴文俊就这样走上学数学的道路。

交通大学是我国著名的高等学府，尤其以工科著名。吴文俊于 1936 年入学，这正是交通大学在中华人民共和国成立前最辉煌的时期。这一年，在学人数达到创纪录的 710 人。但是，1937 年紧随着卢沟桥事变之后，日寇入侵并占领上海，交通大学迁往内地，留下来的迁往租界上课，学习生活很不稳定，有时三、四年级在一起上课。

长期以来，大学数学课没有什么变化。一年级是同物理系、化学系学生一起上，主要是微积分。除此之外，也要学国文、英文、中国通史，也要学普通物理、普通化学，还要一起上实验课。这对不喜欢动手的吴文俊来说是个难关，免不了要出差错。他比较受益的是德语，大学的学习使他打下阅读德语书的基础，这对他后来的发展很有好处。到了二年级，有些老师讲课照本宣科，让学生不知所云。教材也偏重计算而少理论，吴文俊越发感到索然无味，甚至产生辍学的想法。

本来已经对数学感到厌倦的吴文俊，在大学三年级，听了武崇林所讲的实变函数论的课，对数学特别是实变函数论产生莫大的兴趣。这成为他的数学生涯的一大转机。

如果说大学一、二年级的数学学的都是 19 世纪中期以前的经典数学，那么现代数学则是从 20 世纪初由几位法国数学家建立的实变函数论开始。实变函数论的基础是勒贝格等人建立的测度论，而测度论的基础是康托尔只手建立的无穷集合论。所谓现代数学可以说很大程度是建立在这个集合论的基础之上的。正是集合论—测度论—实变函数论指向现代数学的康庄大道。而 19 世纪中叶以前的经典数学是无法到达这种境界的。

“师傅领进门，修行在个人。”如果吴文俊只是按部就班地听课、做习题，那是根本无法打下现代数学的基础的。吴文俊的方法可以说是完全靠自学。

吴文俊对这个方向产生兴趣之后，在课下废寝忘食地攻读经典著作。当时，他求知欲旺盛，吸收力强，很快就打下坚实的基础，在有了实变函数论的基础之上，很快进入康托尔的集合论，进而钻研点集拓扑。20 世纪初正是点集拓扑学的黄金时代，出版了一系列经典名著，最著名的有德国数学家豪斯道夫的《集论大纲》，至今这还是一本经典，后来的发展都来源于此。此外，还有德国数学家舍恩夫利斯的著作以及英国数学家扬的《集合论》。这些书吴文俊都精心钻研过。

有了这些基础后，吴文俊更扩大战果，一直打到点集拓扑的前沿。在这方面，波兰成了这个领域的领头羊。20 世纪第一次世界大战和第二次世界大战之间的短暂时期，波兰的数学突飞猛进，产生了许多国际水平的大数学家，在数理逻辑、点集拓扑、泛函分析、测度论、概率论、调和分析等领域作出决定性的贡献。这些学科的基础大都是点集拓扑。为此，波兰人创办了一所国际性的数学杂志《数学基础》，专门登载上述领域的原创论文。这些论文可以说代表这个领域的最高水平。吴文俊正是通过阅读这些论文到达当时数学前沿的，而这通过大学教育是根本无法达到的。

1940 年暑期，吴文俊从交通大学数学系毕业。在那时，数学系的学生毕业后基本上没有什么出路，只有教中学。而且又是日本占领时期，对于绝大多数中国人来说，是一个十分艰苦的黑暗时期，对于吴文俊尤其如此。大学毕业后仍是美好的青春时期，大学最后两年也确定了自己的生活方向和道路。但是在国家沦亡、山河破碎的现实面前，个人的理想真可谓微不足道。实际生活的困难首先让人想到的就是养家糊口，而要找到一个挣钱的差使并不容易。经朋友介绍，他到一所中学——育英中学教书。在教中学的岗位上，他深深感到中学老师生活的清贫和艰辛。他们一周要上二十几节课，收入十分微薄，为了保住饭碗，工作非常认真负责。在这方面，吴文俊也不例外。但是吴文俊还有更大的问题，他较为害羞，不擅长讲课，因此他教的课时不足，这样，他就必须兼做教务员，那是一项十分烦琐的事务性工作，而且要从早到晚盯在那里坐班。这对一位要成为数学家的人来说，不啻是对时间与生命的巨大浪费。江泽涵先生曾谈过，大学毕业后，干两年中学教员，那就什么都捡不回来了，而这样的事，吴文俊整整干了5年。

二、大转折

1945年8月15日，日本宣布无条件投降。饱经劫难的中国人民，终于结束了这个最野蛮、最凶残的帝国主义长达14年之久的欺辱和蹂躏，迎来了最后的胜利。世界的历史发生了重大的转折，从此，“战前”和“战后”再也不能等量齐观了。

原来在沦陷区交通大学的教职员工成立上海临时大学，恢复正常的教学秩序。这时，吴文俊开始走上大学的讲堂，开始了一生至关重要的转折。

1945年到1947年是吴文俊迈上新台阶的第二个两年黄金年。第一个两年黄金年是大学三、四年级时期，他由极为普通的大学数学课程通过自修达到当时数学的前沿，但是，5年的停滞对于任何未来数学家来说，都可以说是致命的。幸好，命运之神再一次向他招手，短短两年时间，他完成了三次转折，这三次转折为他铺下数学家的成功之路。

第一次转折是由中学走向大学。这时，他的授课负担一下子减少一大半，开始有足够的时间继续数学研究了。同时，大学的环境与中学完全不同，他又有可能接触最新的资料，同时，他也结识了一些当时国内最好的数学家。他的朋友赵孟养以及其他数学家也给他新的消息，当时正招考中法留学交换生，他考上了，这成为他的第二次转折。也是通过赵孟养和其他人的帮忙，他进入中央研究院数学研究所，受教于陈省身，这成为他的第三次转折。经过这三次转折，他已经稳稳地踏上数学研究的道路了。

对吴文俊事业影响最大的是陈省身。陈省身于1946年4月回到上海，但并没有直接到北平就任清华大学教授，而是留在上海筹备中央研究院数学研究所，这对中国数学发展至关重要，而对吴文俊来说，这的确是千载难逢的大好机会。

吴文俊经赵孟养介绍，同他的朋友钱圣友一起去见陈省身，当时，他有点担忧，亲戚给他打气，说陈先生是学者，只考虑学术，不考虑其他，不妨放胆直言。于是他同陈先生见面时，就直率提出想去数学研究所工作。当时陈省身不置可否，但送他出门时说：“你的事我放在心上。”果然，陈省身慧眼识英才，不久就通知他去上班。这一决定使吴文俊走上了数学研究的道路。

当时数学研究所筹备处规模很小，在岳阳路几个单位中只占据一座楼的第二层，最大的一间供会议与报告之用，次大的一间是图书室，吴文俊的工作地点就在图书室内，其他人分居其他各室。吴文俊很喜欢学习，他总是在图书室阅览书刊。有一次，陈省身来图书室，就同他说，你该还债了，意思是，不要只看书，要想问题写文章了。吴文俊的确也是爱思考、富于创见的人，但他的基础主要还是点集拓扑方面的。一次他把自己这方面的研究结果给陈省身看时，陈省身立即指出，你的方向不对。正是陈省身这句话扭转了他的研究方向，使他真正走上代数拓扑学的康庄大道。

在当时，代数拓扑学已有 50 年历史。正是战后 10 年，由于包括陈省身和吴文俊等人在内的努力，这个当时的"灰姑娘"才变成数学的"女王"。刚刚从普林斯顿回国的陈省身敏锐地感到代数拓扑学是未来数学发展的领头羊，而且必将成为影响其他学科的主流学科，因此迅速地决定把这门学科普及中华大地。1946 年下半年，陈省身每周讲 12 个小时拓扑学，为年轻学子打下基础，听讲的年轻人不少就成为著名的拓扑学家，特别是吴文俊、陈国才、杨忠道、王宪钟、张素诚、廖山涛等几位。

一旦方向找准，吴文俊以他非凡的智力很快就取得突出的进步。"初生牛犊不怕虎"，吴文俊这时研究的问题是示性类理论的基础——惠特尼的乘积公式。这个公式是惠特尼在 1940 年提出来的。惠特尼是美国数学家，是微分流形理论、示性类理论、奇点理论的奠基者，1981 年荣获显赫的沃尔夫数学奖。1935 年到 1936 年，瑞士数学家施蒂费尔和惠特尼各自从不同途径提出了示性类，由此开创了示性类理论，他们的示性类也由他们的名字命名，称为施蒂费尔 - 惠特尼示性类。初期对它们几乎没有什么了解，也不会计算。惠特尼乘积公式是一个最基本的公式，但是惠特尼只能证明最低维的情形，他在 1941 年说，一般公式的证明极为困难。刚刚入门的吴文俊凭着非凡的胆识及创造，毅然去攻这个难题。当然，道路不会是一帆风顺的。1947 年春天，陈省身到北平清华大学去教课，曹锡华和吴文俊同行，他们同住在清华大学的一间宿舍里。吴文俊每天攻关到深夜，睡觉时觉得证明出来了，早晨一觉醒来又发现错误，于是继续攻关，如此反复多次，最终获得成功。这时距离他到数学研究所还不到一年。这充分显示了吴文俊的实力，吴文俊的这篇著作已成经典，在现在示性类理论中，它成为公理，是整个理论的基石。

在北平待了两三个月，他得到考取中法交换生的消息，于是赶回上海，准备去法国。他在大学时已经自学法文，能够流利地阅读法文数学文献。但是听、说又是另一回事。当时他也参加了几次法语口语班，但是没有坚持下去。到了法国，对日常生活，吴文俊能勉强应付，至于数学讨论班，他大致听得懂，没问题，这多少也有点儿天赋。他同数学家私下交流时大都用英语，沟通没有困难，因此在语言方面问题不大。

1947 年暑期，考取中法交换生的 40 名学生到南京集训。其间，法国文化参赞手头已有陈省身的推荐信以及 H. 嘉当准备接收吴文俊的资料，自然把他派到当时嘉当任教授的斯特拉斯堡。这位文化参赞多少有些糊涂，于是他一股脑儿地把 4 位学数学的学生以及一位学理论物理的金星南都派往斯特拉斯堡。其余的大都去巴黎。

暑假以后，吴文俊就不去数学研究所筹备处上班了。他这一年的经历的确初步打下研究数学，特别是代数拓扑学的基础。正是因为有这至关重要的一年，他才能到法国学习，与国际接轨，走到数学的前沿。

三、法国四年

吴文俊到法国原是跟 H. 嘉当，这是因陈省身的推荐，嘉当回信表示接收，于是，吴文俊来到斯特拉斯堡。但当吴文俊到斯特拉斯堡时，嘉当已去巴黎任高等师范学校教授，因此，他就换了一位导师 C. 埃雷斯曼。埃雷斯曼也是布尔巴基学派成员，他的博士导师是 H. 嘉当的父亲 E. 嘉当——当代数学大师，微分几何学的领袖人物。埃雷斯曼的博士论文主要研究格拉斯曼流形的同调群，而它则是后来示性类研究的基础。埃雷斯曼有不少原创性的思想，例如纤维丛、近复结构、导网叶形等，对整个数学至关重要，对吴文俊后来的工作也有一定影响。

吴文俊到了法国，一开始对当时布尔巴基式的抽象很不习惯，也十分不理解，有些不适应。经过埃雷斯曼等人的指点，吴文俊很快就知道，他所习惯的具体对象与他们所讲的抽象结构是如何对应起来的，很快搞清楚抽象名词背后的具体内容。这道关一破，吴文俊就像过去一样，很快就取得了跳跃式的进步。到了 1948 年，他已经取得一个又一个的成果。按照当时的习惯，学生一般难得见到导师，有一些成果之后，他才向导师汇报，如果结果很好，导师就会建议他送到《法国科学院周报》上发表。有一次，吴文俊把他做好的一些工作告诉埃雷斯曼，埃雷斯曼说："很好，你可以写成文，送到《法国科学院周报》上发表。"然后，吴文俊说"我还得到了一个小结果，是关于近复结构的。"出乎吴文俊意料的是，他这个自以为不太重要的结果，得到了埃雷斯曼的称赞，并说这个结果极为重要，要他马上写出来先行发表。吴文俊先生后来回忆起这件事，评论道："这才是导师应该起的作用，分清主要的问题和次要的问题。"实际上，流形上是否存在复结构是当时大家关注的中心问题。而复结构存在的必要条件是近复结构的存在。近复结构的存在是一个拓扑问题，正好是吴文俊研究的突破所在。通过示性类，吴文俊证明四维实流形存在近复结构的条件，特别是他证明 S^{4n} 不存在近复结构。这个问题的解决在当时已经引起注意，英国的顶尖拓扑学家 J. H. C. 怀特海写信来了解情况。特别是当时拓扑学界的大权威霍普夫知道吴文俊得到若干个惊人结果之后，以为靠不住，于是对埃雷斯曼"兴师问罪"，以为这是吹牛。不久，霍普夫亲自来到斯特拉斯堡，见到了吴文俊，两人就坐在大学校园的石桌旁谈起来，到了最后，霍普夫完全信服吴文俊的证明是正确的。他十分高兴，邀请吴文俊到他所在的苏黎世理工大学访问。

1949 年初，吴文俊已经取得足够多的成果。埃雷斯曼提出，可以把它们集中在一起，写成博士论文。于是吴文俊用了不到半年时间，把它们整理成博士论文，于 1949 年 7 月答辩，获得法国国家博士学位。但由于导师希望修改之后再出版，因此出版一再拖延，当校样寄来时，吴文俊已在回国的船上。这样吴文俊的博士论文直到 1952 年由厄尔曼出版社出版。没有想到，在这三年期间，无论是纤维丛—示性类理论，还是代数拓扑的其他方面，都获得了飞跃发展。吴文俊的博士论文没有发挥应有的更大影响，但是成果已通过其他渠道，传播到世界主要的数学中心。

1947 年秋天，吴文俊应 H. 嘉当的邀请，到巴黎法国国家科学研究中心做研究工作，先任助理研究员后升至副研究员。

在巴黎期间，他在示性类方面又上了一个新台阶。简单说，主要是得出著名的吴文俊公式。这个公式完整地解决了施蒂费尔－惠特尼示性类的理论问题，其中一个结果是证明该示性类的拓扑不变性。现在公认这个结果为汤姆所证，但是，吴文俊最先证明最主要的情形的 W_2 拓扑不变性。这是在 1949 年底得出来的。他的手稿没有发表，他就把结果告诉汤姆，汤姆很快就得出一般结果，即所有施蒂费尔－惠特尼示性类均为拓扑不变量，于是，吴文俊进一步得出该示性类的明显公式，即将微分流形 M 的示性类表示成具体公式，其中只包含 M 的上同调环以及斯廷洛德平方运算。这就是著名的吴文俊公式。由于上同调环和上同调整运算都是同伦不变的，因此施蒂费尔－惠特尼示性类也是同伦不变的，从而自然是拓扑不变的。更重要的是，1956 年多尔德等证明，施蒂费尔－惠特尼示性类的所有关系都由吴文俊公式导出，吴文俊公式自然处于核心地位。

在吴文俊回国之前，各个数学中心传扬着这位年轻人的工作。有人说，这是数学特别是拓扑学的一次地震。而引发这次地震的是在法国工作的4位年轻数学家，他们是这样排序的：塞尔、汤姆、吴文俊、A. 博雷尔。塞尔是菲尔兹奖也是沃尔夫奖的获得者，汤姆是菲尔兹奖的获得者，A. 博雷尔后来是普林斯顿高等研究院的教授。他们都是公认国际一流的大数学家。由此可知吴文俊在当时国际数学界的知名度。1951年，普林斯顿大学的聘书寄到巴黎，这时吴文俊已经在回国的船上了。

四、数学研究所

吴文俊回国后，先在北京大学教了一年书，后来参加思想改造运动，到1952年底，才到了1952年7月成立的数学研究所，开始自己独立的拓扑学研究。

吴文俊在1953年到1957年研究拓扑学，可以说这是他第二个五年拓扑年。与第一个五年拓扑年不同，这次他完完全全是独立进行自己的研究工作的。前一个五年，他或多或少受到其他数学家的影响，陈省身、埃雷斯曼、H. 嘉当，而且幸运的是，这些影响都是积极的、正面的。他与同龄人的交流对彼此也有好处。而现在，他几乎是一个人独自闯关。他还很年轻，30岁出头，可是他得完完全全地独立工作，像一位成熟的数学家那样开拓自己的方向。这时，他不指望任何人的指点与帮助，也没人能指点他，因为他已经站在前沿，前面的路需要自己去摸索。在这种情况下，许多人可以躺在过去的成就上，或者在原有的基础上小改小革，做点小的改进，也能应付下去。但吴文俊不这样，他要与时俱进，开拓新方向，探讨新问题，而且更为突出的是，他不随大流，甚至说有点“反潮流”。

当时的拓扑学正好处于黄金时代，20世纪50年代短短10年产生一系列大突破，当时国际数学大奖只有四年一度的菲尔兹奖，单是这10年的拓扑学就造就了5个获奖者。拓扑学成为大热门。许多结果与吴文俊的成果有关。

但是，身处中国内地，所能交流的只有苏联、东欧等社会主义国家，而在20世纪50年代，由于法国学派和美国年青一代的努力，这些国家的拓扑学已大大落后了。吴文俊只能自力更生，走出自己的路。他看到当时所知道的大多数拓扑不变量，如同调群、上同调、平方运算、同伦群等都是同伦不变量，那么有没有非同伦不变的拓扑不变量呢？这是一个全新的课题。在塞尔等人在同伦论取得大突破，大家都拼命跟着享用由此获得的大批成果时，谁会钻这个冷门呢？恰巧吴文俊真的这么干了。

一到数学研究所，吴文俊就确定自己的战略方向。1952 年，他去数学研究所作了一次报告，对当时的拓扑学作了一次全面分析。在报告中，他针对同伦性问题提出了拓扑性问题。代数拓扑学发展早期，许多著名的重要问题大都是拓扑性的，但由于拓扑学中出现的主要工具，例如欧拉示性数、贝蒂数、挠系数、同调群、上同调环、基本群、同伦群等都是同伦性的，具体说是同伦不变量，当然也是拓扑不变量，但这些工具对拓扑性问题往往无能为力，因而从 20 世纪 30 年代以来，拓扑学的发展转而集中于同伦性问题，特别由于塞尔等人的突破，许多原来不能计算的同伦不变量，现在也可以计算了，更使同伦性问题成为当时拓扑学发展的主流。在这个问题上，吴文俊明显地表现出他的不随大流的“反潮流”的独创精神。

吴文俊在报告中重新提出拓扑性问题，而且他创立一般方法系统引入非同伦不变的拓扑不变量，特别是n重约化积。有了新工具之后，他用它去研究各种拓扑性问题。当然，一切都要经过试验，试验中也有问题不能用这种办法解决，但是，在嵌入问题上取得了辉煌的成功，系统地建立了示嵌类理论。在嵌入问题取得成功之后，他又用来解决浸入问题和同痕问题。

1957 年，吴文俊把他的理论整理成书，在数学研究所油印成册。其后由于“大跃进”工作停顿，1964 年将此书修订后，总结于《多胞形在欧氏空间中的嵌入，浸入及同痕》一书，1965 年由科学出版社出版。前两本均为英文，中译本《可剖形在欧氏空间中的实现问题》一直到“文化大革命”结束时才问世，但是其中主要结果在 1958 年前均已做出。

在数学研究所 5 年间，吴文俊另一项工作是关于庞特里亚金示性类的拓扑不变性问题。吴文俊在系统完成施蒂费尔－惠特尼示性类的工作之后，自然考虑庞特里亚金示性类的同样问题。但庞特里亚金示性类问题要难得多，许多问题还没有解决。吴文俊研究时，只有庞特里亚金的一个简报（1942）及一篇论文（1947）。庞特里亚金的主要论文是俄文的，他在法国就是靠字典一个字一个字查看明白的。吴文俊在写博士论文时，首先系统地建立庞特里亚金示性类的理论，并确定庞特里亚金示性类与陈省身示性类之间的重要关系。庞特里亚金原来用的同调，吴文俊首先把它改造成上同调，并对其里腔分解作了一系列简化。值得一提的是，庞特里亚金示性类的名称也是由吴文俊首先提出的，这些基础工作后来得到世界公认。

吴文俊回国后，希望能证明某些庞特里亚金示性类的拓扑不变性，但是，当时工具不多。他首先用自己的拓扑不变量证明模 3 类的拓扑不变性，后来又用新的上同调运算证明模 4 的拓扑不变性，其后又推出某些庞特里亚金的模 p 组合的拓扑不变性。

1958 年，吴文俊应邀来到阔别 6 年半的法国。当时他的博士导师埃雷斯曼已去巴黎任教，于是自然成为接待吴文俊的东道主。在巴黎，他报告了他在国内独立创立的示嵌类的工作，并作了一系列的讲演，受到普遍的关注。在听者中有瑞士数学家黑夫利格尔，他受到吴文俊的影响，后来在嵌入方面做了出色的工作。

埃雷斯曼听了吴文俊的工作后十分惊喜，说“没想到你做出来如此出色的工作”。当然，他们不了解，在与世界隔绝的新中国，也能出现像吴文俊那样的不亚于法国同行的独创性结果。这时，吴文俊的工作真正处于国际领先的地位，许多人跟着他的步伐前进。

五、突破逆境

“文化大革命”对吴文俊产生了很大的影响。但是，吴文俊与常人不同之处在于，他能够突破逆境，变坏事为好事，化腐朽为神奇。当吴文俊从法国回国时，国内形势已经大变样。吴文俊仍然在许多新领域有所创造，特别是在对策论、奇点理论、拓扑学、布线理论以及代数几何学等领域，还进行了大量的数学工作。而最重要的是，在“文化大革命”后期，他完成自己研究方向的巨大改变，通过中国数学史走向数学机械化。

1958 年，吴文俊首先改行学运筹学，学新东西难不倒他。运筹学中只有线性规划在国内有所发展，但还有其他几个分支尚待开发，吴文俊先是学习排队论，学过一段时间以后，又改学对策论。在对策论方面，他花了两年多时间。吴文俊是在中国首先引进对策论并首先作这方面研究的人。

对策论又称博弈论，公认为由大数学家冯·诺伊曼奠定基础。对策论成为一门独立学科的标志是冯·诺伊曼和奥地利经济学家莫根斯特恩合著的《对策论与经济行为》在 1944 年出版。从书名来看，对策论与数理经济学密切相关，显然，这种经济学是资产阶级经济学，这在当时的中国是讳莫如深的。而对策论如果脱掉经济学的干系，却是一门由数学家建立的数学分支，在运筹学蓬勃发展的 20 世纪 50 年代被纳入运筹学这个大家庭中，借着运筹学的庇护，进入“理论联系实际”的数学领域。

对策论有一个基本定理：二人对策的极大极小定理。这个定理是对策论的基石，冯·诺伊曼在 1928 年首先给出一个完整的证明，其后他又给出另外三个证明。而第二个证明是用拓扑学中熟知的布劳威尔不动点定理。而这正好是吴文俊理解对策论的切入点，也是他研究的出发点。与此相反，排队论则完全是另外一套新概念，和他没有任何共同语言。

找到了共同点，吴文俊很快就上了路。1959 年初，他的第一篇对策论论文《关于博弈理论基本定理的一个注记》发表，这是中国第一项对策论的研究工作。

同时，他还写了一篇普及性文章《博弈论杂谈：（一）二人博弈》，深入浅出地介绍了基本定理的证明。在这篇文章中，他第一次明确提出“田忌赛马”的故事。这篇 1959 年的论文，也第一次道出中国古代思想中的对策论思想。当时，他对中国数学史可以说还一无所知，可是，他已经在西文数学文献的海洋中分析出其核心的思想以及中国古代的先进思想。这也说明他后来对中国数学史研究并非出于偶然。这篇文章之后，本应有（二）（三），但是遗憾的是，后面的文章从未发表。

吴文俊善于抓住一门学科的主要问题，不能不让人佩服。对于这门过路的课题，吴文俊虽然认为自己的工作微不足道，可是还是抓住了发展的主题，留下了自己的痕迹。原来冯·诺伊曼主要讨论的是合作对策，而其后对策论的一大突破则是纳什的非合作对策。现在纳什已经家喻户晓，甚至是上了电影的人物。可是在 20 世纪 50 年代，纳什的工作并没有多少人跟着做，纳什本人也转向纯数学的研究，并在吴文俊走向这个领域时精神失常。但吴文俊看到了它的重要性，写了两篇非合作对策的论文，一篇在 1961 年发表，另一篇写后给他的学生江嘉禾看，江嘉禾指出有些小错，于是两人合作发表。吴文俊在活动区域受限制的情况下，利用角谷不动点定理的推广，推广了纳什定理。在一般情况下，均衡点未必存在，吴文俊等人还引进“本性均衡点”的概念，它具有更好的性质，即没有本性均衡点的对策，多多少少是例外的情形。

纳什这位数学家的杰出思想，经过数学家与经济学家的通力合作，在 20 世纪 60 年代到 70 年代成为与经济现实密切联系的工具。到 20 世纪 80 年代，对策论早已跳出运筹学的范围投入经济学的怀抱，成为经济学的一门主课。大部分对策论工作是在经济系做的。

在冯·诺伊曼和莫根斯特恩的奠基性著作《对策论与经济行为》发表 50 周年，诺贝尔经济学奖发给纳什和其他两位经济学家，奖励他们在非合作对策方面的奠基性工作，这再次肯定“离异”很久的经济学和对策论再度“联姻”。对策论成为经济学大家族的正式成员。

正是由于纳什不可思议的再度辉煌，沿着纳什路线稍作改进的吴文俊等的工作也受到关注并被引用。

六、从中国数学史到数学机械化

55 岁对于一位数学家来说，一般已经过了最好的时期，的确可以躺在过去的成绩上享清福了。吴文俊再次不同于常人，他开始了“第二次长征”：从中国数学史过渡到数学机械化，而这与他前期的研究可以说毫无共同之处。

1974 年，数学研究所的业务工作稍有恢复。吴文俊开始对数学史进行探讨。他发现以西方为主的数学思想成为主导数学及数学史研究的中心，而对中国古代数学完全视而不见、置之不顾。这使他很气愤，从此开始对中国数学史进行正本清源式的清理，结果作出一系列的重大发现，而且进一步概括中国数学与西方完全不同的特点。这一下子扭转了中国数学史研究的方向，给数学史以很大的冲击。1986 年，吴文俊被邀请在国际数学家大会上作 45 分钟的报告，报告汇集了他 12 年的研究结果。许多年后，他对中国数学史仍在进一步深入研究。

1976 年 10 月，中国迎来科学的春天。吴文俊可以全心全意投入科研，毫无后顾之忧了。于是他开始一整套新计划——数学机械化。

吴文俊的数学机械化思想不是一时心血来潮，而是长期思考导致的战略转变。他认清计算机的出现对人类工作和生活的巨大促进，更认识到计算机对未来脑力劳动机械化的潜在影响。要知道，当时还没有微机，微软也刚刚建立，没人想到 10 年之后、20 年之后的变化。吴文俊想得更远，他不仅看到体力劳动的机械化，更高瞻远瞩地看到脑力劳动的机械化。而数学正是最纯粹的脑力劳动。脑力劳动的机械化当然从数学做起，数学的两大任务是证明定理及计算。数值计算不成问题，问题是如何把证明化为符号计算并且由计算机实现，这就是数学机械化的中心思想。

大部分数学定理是不能机械化的，但是这不是全部，吴文俊必须做出一个示范，从简单但并非平凡不足道的问题人手，他从平面几何开始，在 1976 年底取得成功。

不可否认，在 1976 年底至 1977 年初，科研环境稍有改善，但人们的思想还远未解放。长期以来，西方数学在数学领域占主流地位形成一种思想定式，对于“标新立异”之作持怀疑态度。不可否认也有一些人“妄自菲薄”，而吴文俊早就知道，站在国际前沿的数学家什么样，他在这个圈子里待过，在国内工作时也作出国际领先水平的贡献，尤其是中国数学史告诉他在 16 世纪之前，中国数学优于西方。尽管有种种议论，也有一些数学家是支持他的，例如数理逻辑学家胡世华和调和分析专家程民德等，尤其是关肇直，对他更是全力支持。关肇直在1979年末成立系统科学研究所，就声称吴文俊愿意搞什么就可以搞什么。不幸的是，关肇直于1982年11月去世。此后在很长一段时间中，吴文俊几乎是孤军奋战。1984年他取得系统的成就，并得到国外的广泛注意。大约同时，他开始招收研究生，就这样影响一点一点扩大。研究机械化的成员只是系统所一个小研究室——基础室的一小部分。

这一次又是重复拓扑学情形。从1979年起，吴文俊几乎年年出国，他的数学机械化许多成果已经享誉国际，这引起许多科学家的注意，特别是程民德先生等都及时地把吴文俊的工作在国际上的反响反映给领导。另外，日本搞的第五代计算机虽然吹得沸沸扬扬，最后以失败告终。这是由于他们在理论上及实际上没有稳固的基础。吴文俊的数学机械化理论上是可靠的，方法是可行的，这恰巧是人工智能方面最为重要的。这样，吴文俊的方法也受到国内外研究人工智能方面人士的注意。在这种情况下，从科委、科学院这一级开始对吴文俊的数学机械化研究进行有效的支持，其标志就是1990年8月数学机械化研究中心正式成立。20世纪90年代成为吴文俊研究兴旺发达的10年。

比起拓扑学，吴文俊的数学机械化思想更具有革命性。它包含丰富的内容，这里只能概括一下要点：

1. 解决问题的普遍框架。首先，将任何问题化为数学问题；其次，将数学问题化为代数问题；最后，将代数问题化为求解代数方程组的问题。当然，这个普遍框架每一步不一定行得通，但一旦行得通，问题就化为求解代数方程组的问题。

2. 求解代数方程组是数学上极为困难的问题。在理论上属于代数几何学。但是，西方数学难以建立有效算法来真正去解这个方程组。而吴文俊方法恰巧能有效地做到这一点。

3. 由于理论的可靠性及方法的可行性，产生许多重大的应用，理论上自动推理，例如由开普勒定律推出牛顿万有引力定理，在实用上，解决力学、物理、化学、机器人、连杆设计等一系列问题。

在1999年5月庆祝吴文俊八十寿诞之际，张恭庆发言指出，吴文俊是中国数学界的一面旗帜。这句话准确地概括了吴文俊学识、工作、人品及思想各个方面。

（作者：胡作玄）

参考资料

[1] 《科学家传记大辞典》编辑组. 中国现代科学家传记（第二集）[M]. 北京：科学出版社，1991.

[2] 程民德. 中国现代数学家传（第一卷）[M]. 南京：江苏教育出版社，1994.

[3] 解恩泽，徐本顺. 世界数学家思想方法 [M]. 济南：山东教育出版社，1994.

[4] 卢嘉锡. 中国当代科技精华　数学与信息科学卷 [M]. 哈尔滨：黑龙江教育出版社，1994.

[5] 中国科学技术协会. 中国科学技术专家传略 理学编 数学卷 1 [M]. 石家庄：河北教育出版社，1996.

[6] 林东岱，李文林，虞言林. 数学与数学机械化 [M]. 济南：山东教育出版社，2001.

[7] 高小山. 数学机械化进展综述 [J]. 数学进展，2001（5）：385-404.

谈家桢

（1909—2008）

谈家桢

充满智者魅力的遗传学界楷模

谈家桢先生是一位中等身材、胖体型、慈祥而豁达的老人。他穿着得体，合乎身份又不显浮华。他戴着一副金丝边框眼镜，一派学者风度，总给人一种干练、清新、精神的感觉，说起话来一口浓重的"宁波官话"。他谈锋甚健，思路清晰，观点鲜明，言必有中。他感情丰富，富有同情心，但爱憎分明，喜怒形于色。当遇不平、不公、丑恶之事激动时，声如洪钟，声色俱厉，极具感染力。平时待人接物，不论是对熟人或生人，有社会地位的或是刚出茅庐的小青年或一般的服务员，他不卑不亢，均以热情、真诚平等相待。

谈家桢之所以受到中外朋友和学生的敬重和爱戴，是因为他的人格魅力。谈家桢的一生是"求是""求实"的一生。他为事业始终不渝，不改初衷；面对挫折和逆境，锲而不舍又顽强抗争。他热爱祖国，忠于人民，追求真理，不断开拓。这种人格力量能穿透地域的距离和年龄上的差距，深深地铭刻在他的朋友和学生的心中。

一

1909 年 9 月 15 日（农历八月初二），谈家桢出生于浙江宁波的慈溪。他的祖父是个世传的银匠。父亲却没有继承祖业，自小在家乡的一个杂货铺里当学徒，后经人介绍，在邮政局里当一名小职员。母亲杨氏心地善良、勤劳刻苦，一生饱受封建礼教压迫。

6 岁那年，谈家桢在当地上私塾，12 岁毕业于教会办的道本小学。那时，其父执意要谈家桢弃学经商，赚钱养家。谈家桢则坚决要求继续上学。亲戚见谈家桢天资聪颖，在旁劝说，其父才勉强同意。

1921 年，谈家桢进入宁波斐迪中学。有一次，外籍教员要他回答"人是谁创造的"。谈家桢说："我信科学。虽然我现在还不能回答这个问题，但相信科学一定能正确地回答它。"

1925 年，谈家桢转学到浙江湖州东吴第三中学高中部。当时正值“五卅”运动前后，谈家桢血气方刚，经常与同学一起抨击社会弊病，他曾被同学推选为高中部学生领导人，组织并带领同学上街游行，开展反帝爱国运动。

1926 年，谈家桢以优异的成绩毕业于东吴第三中学，并被学校免试保送苏州东吴大学。在选择专业上，他曾想攻读平时基础好的数学，但由于对生物学一直有浓厚的兴趣，最后选择了生物学专业。

1927 年，北伐取得胜利。国民革命形势激励着全国各界爱国人士，又一次激起了谈家桢在中学时期的那股爱国热情。他积极参加学校的罢课和驱逐反动外籍教员运动。谈家桢套用当时流行的“打倒列强”的歌曲，把 4 名反动外籍教员的名字编进歌曲中，借以讽喻。歌声响彻校园，搞得这几个外籍教员狼狈不堪。校方迫不得已，同意了学生的要求。

大学三年级时，美籍教员特斯克讲授的“进化遗传学与优生学”课，对谈家桢日后以毕生精力从事遗传学研究产生很大影响。那时，他结合课程内容如饥似渴地阅读了一批关于进化论、遗传学和优生学等方面的书，特别是读了达尔文的《物种起源》，顿觉豁然开朗，多年来求解“人是谁创造”的问题，在这本书里找到了明确的回答。这时，他天真地想到，动植物有个育种问题，人是否也如此呢？如果应用遗传学原理可对人种改良，那么就可脱掉中国人“东亚病夫”的帽子。这也许就是谈家桢“科学救国”思想的萌芽。

谈家桢学习勤奋，三年半修满了四年的学分，于 1930 年夏毕业，并获得理学学士学位。在四年级的时候，他就当了他所崇敬的特斯克的助教。在此期间，他一面阅读学校图书馆的藏书，充实自己的知识；一面在桃坞中学兼任生物学教员。他还主办东吴大学 1930 届年刊，自任社长，并走向社会，义务办学，兼任东吴大学青年会创办的惠寒小学校长，免费招收贫穷孩子入学。这一时期，他生活上虽然紧张清苦，却感到很有意义，特别是主持惠寒小学的工作更增强了他的社会责任感。他在这些活动中锻炼了自己，对日后成为一名积极的社会活动家起了很大的作用。

谈家桢的刻苦好学、勤奋上进和敏锐的思想给东吴大学生物系前主任、我国老一辈昆虫学家胡经甫教授留下了深刻印象。1930 年秋，经胡教授推荐，谈家桢成了燕京大学李汝祺教授的研究生。李先生早年赴美留学，曾在著名细胞学家、实验胚胎学家 E.B. 威尔逊教授和经典遗传学创始人摩尔根教授的指导下，从事果蝇发生遗传学的研究，1926 年获博士学位。同年回国后，他先在复旦大学任教，翌年应聘任燕京大学生物系教授。李先生是当时燕京大学唯一一位从事遗传学教学和研究的教授。

谈家桢的研究课题由胡经甫先生提出。胡先生要求谈家桢以亚洲瓢虫为实验材料，进行色斑遗传规律的研究。这可能与胡先生毕生从事昆虫学研究有关。李先生也同意这个课题。就这样，在以后一年半时间里，谈家桢天天与这些小昆虫打交道。经常一天工作十五六个小时，夜以继日，从不得闲。在这一年半时间里，他完成了一篇具有相当学术水平的硕士论文《异色瓢虫鞘翅色斑的变异和遗传》，并通过答辩，获得了硕士学位。

李先生很喜欢这个学生，欣赏谈家桢为人热情、乐观，做什么事情都有一股韧劲儿的品行。师生关系融洽无间。在以后60年里，尽管李汝祺和谈家桢各自历经沧桑，但无论在个人关系或事业上，始终互相尊重、互相支持，成为一对尊师爱生的典范，在学术界传为美谈。

李先生非常推崇摩尔根老师，谈家桢也非常崇敬这位遗传学的泰斗。谈家桢希望有朝一日能成为摩尔根的学生。按照李先生的意见，谈家桢把硕士论文拆分成各自独立成篇的3篇。其中《异色瓢虫鞘翅色斑的变异》和《异色瓢虫的生物学记录》与李先生联名发表在《北平自然历史公报》上。另一篇题为《异色瓢虫鞘翅色斑的遗传》是整篇硕士论文的核心部分，经李汝祺教授推荐，直接寄往闻名遐迩的摩尔根实验室。

摩尔根审阅了谈家桢的论文，甚为欣赏这位中国青年研究者的才华。他把论文转交给他的助手杜布赞斯基教授。杜氏是国际著名的群体进化遗传学家，其创建的综合进化理论对生物学的发展作出了卓越的贡献。他原在苏联的亚洲地区采集过瓢虫，也曾想利用瓢虫的色斑多态性进行遗传规律的研究，但一直未能如愿。当他看到谈家桢关于这方面的论文后，十分高兴，直接给谈家桢写了一封热情洋溢的信，同时也表示自己对这个课题极感兴趣。后经摩尔根和杜布赞斯基的推荐，这篇论文在美国发表。经过一段时间的通信，双方相互之间有了更深一步的了解。谈家桢希望能到摩尔根实验室深造，摩尔根和杜氏也有让他来攻读博士学位的想法。这样，谈家桢赴美一事就顺利地定了下来。

1934年，谈家桢告别了母亲和新婚夫人，只身漂洋过海，来到人地两生的美国，成了摩尔根的“入室弟子”。

那时候正是染色体遗传学的全盛时期。谈家桢决定开辟以果蝇为材料的进化遗传学研究领域。

也就是在那两年里，他在研究上取得了丰硕的成果。他利用果蝇唾液腺染色体研究的最新成果，分析了果蝇在种内和种间的结构和变异情况，探讨不同种的亲缘关系，从而深化了对进化机制的理解；同时还进行遗传图的研究和绘制工作。他单独或和法国、德国等国的遗传学家合作写成了10余篇论文，先后在美、英、法、德、瑞士等国家的科学刊物上发表。1936年，他的博士论文《果蝇常染色体的遗传图》通过答辩，27岁的谈家桢获得了哲学博士学位。

谈家桢的刻苦治学精神及做出的优异成绩赢得了导师、同事的爱戴和尊敬。导师盛情邀请他留下继续从事遗传学研究。但是，“科学救国”的志向使他坚定了返回祖国的决心。

杜氏见谈家桢决心已定，提出了一个折中方案，即延长一年时间，跟随他一起工作。在后一年时间里，谈家桢获得了博士后职位。按照杜氏的计划，希望谈家桢再留下来按照他的研究路线搞果蝇的种群遗传学研究。谈家桢抱歉地对杜氏说：“我不能一味地钻在果蝇遗传学研究领域里。中国的遗传学底子很薄，人才奇缺。要发展中国遗传学，迫切需要培养各个专业方面的人才。我是属于中国的。”

在这同时，谈家桢通过留美同学朱正元先生及其老师胡刚复先生的引荐，收到了浙江大学竺可桢先生的聘书——聘他为浙江大学生物系二级教授。为了发展中国的遗传学事业，谈家桢打点行装，告别了导师和朋友，踏上了返回祖国的旅途。

1937年，谈家桢到达浙江大学任教授。不久，抗日战争全面爆发，战火蔓延到杭州。竺可桢校长决定全校内迁。他们曾搬至浙江建德、江西泰和和吉安，又迁徙到广西宜山、贵州遵义，最后生物系迁到湄潭的一个破旧不堪的唐家祠堂里。在这以后6年的艰难困苦时间里，谈家桢在研究上取得了辉煌的成就。他的一些重要的代表性论文就是在这段时间里完成的，同时也培养了以后在科研、教学上成绩卓著的第一代研究生。学术界称谈先生最早的4个学生即盛祖嘉、施履吉、徐道觉和刘祖洞为“四大金刚”。动荡不定的生活，给研究和教学工作带来了异常的困难。谈家桢和学生一起进行果蝇和瓢虫的野外采集和试验研究，晚上在煤油灯下对着显微镜进行观察。在竺可桢校长倡导的“求实”精神感召下，他们一步一个脚印，刻苦地钻研。1944年，谈家桢在这座破祠堂里取得了研究上的重大突破，发现瓢虫色斑变异的嵌镶显性现象。1945—1946年，谈家桢应哥伦比亚大学的邀请，赴美任客座教授。在美期间除讲学外，他对嵌镶显性现象的规律作进一步的研究，终于完成了这一新现象的理论研究工作，并在1946年发表了《异色瓢虫色斑遗传中的嵌镶显性》。这篇论文在国际遗传学界引起巨大反响，被认为丰富和发展了摩尔根遗传学说。被遗传学界誉为“玉米夫人”的“转座因子”发现者、诺贝尔奖获得者巴巴拉·麦克林托克，当年在美国冷泉港研究所见到谈家桢时，高度评价了这项工作，认为嵌镶显性理论的提出对她致力于玉米转座因子的研究，无疑开阔了思路，是一个很好的启发。国际遗传学界密切注视着这一位新崛起的中国遗传学家。

1946 年，谈家桢在美讲学期间读了李森科撰写的《遗传与变异》英译本小册子，第一次接触到“米丘林生物学”和“辩证唯物主义”等名词。他认真地读了这本小册子，越读越不是味儿，心情十分压抑。他想，明明是科学的问题，为什么一定要以一连串的政治术语充斥其中？中国的遗传学界如果也出现这样一个“李森科”，那将会出现怎样的一个局面呢？他不敢想下去，感到可怕。

1948 年，谈家桢代表中国遗传学界出席在瑞典斯德哥尔摩召开的第八届国际遗传学会议。会议的主持者是诺贝尔奖获得者、国际遗传学会会长穆勒教授。他在开幕词中说：在刚结束的全苏农业科学院大会（即“八月会议”）的决议上，宣布孟德尔－摩尔根主义是“烦琐哲学”“反动的唯心主义”“伪科学”及“不可知论”的遗传学说，并强调遗传学家信奉“米丘林主义”还是“孟德尔－摩尔根主义”，实质上是“社会主义与资本主义两种世界观在生物学中的两种意识形态的斗争”。因此，苏联关闭了细胞遗传学等有关实验室，开除并逮捕了坚定的“摩尔根主义者”，销毁了有关教科书和文献资料，消灭了果蝇，等等。这一席话使谈家桢感到震惊。苏联还拒绝派代表参加会议，显然是要抵制这样一次国际性的“摩尔根主义者”的集会。后来谈家桢又获悉，第七届国际遗传学会议的组织委员会原副主席、苏联的瓦维洛夫教授，因反对李森科的理论及他的学阀作风，这位列宁全苏农业科学院的奠基人、科学院遗传研究所和全苏植物育种研究所所长、著名的遗传学家遭到逮捕并被迫害致死。这哪里还有“学术自由”“学术民主”可言呢？诸如此类的问题困扰着谈家桢，他百思而不解，心情是沉重的。他为国际遗传学界出现这种反常情况深感担忧，并对李森科其人有了进一步的认识。

在这次会议上，谈家桢被选为国际遗传学会常务理事。会后，他接受联合国教科文组织的资助，到意大利、法国、荷兰和美国进行讲学和考察。当时国内的淮海战役已经打响，全国解放迫在眉睫。鉴此情况，美国学术界的一些朋友为谈家桢回国后的处境感到担忧。他们认为不如干脆定居美国，安心从事遗传学研究。一位美国遗传学家邀请谈家桢与他合作，一起去日本联合研究广岛原子弹射线所产生的遗传效应，并许诺给予很高的待遇。在这之前，谈家桢多次有定居国外的机会但只想回国，原因只有一条，即在异国他乡决不能实现早年立下的发展中国遗传学的大志。强烈的民族意识和事业心，又一次坚定了他回国的决心。

1948 年底，谈家桢踏上了回国的旅途。当他在飞机的舷窗旁眺望东方时，仿佛看到自己的祖国冉冉升起了金色的曙光。他希冀中国的社会变得愈来愈好，希望久藏心中的抱负变成现实。

二

回国后，谈家桢仍旧执教于浙江大学。中华人民共和国成立初期，学校并不因为他是摩尔根的弟子而排斥他、歧视他。他仍是教授，还招收了 3 名研究生。1952 年，全国院系调整后，谈家桢任复旦大学生物系主任。

年轻的遗传学在中国的发展经历着一条曲折坎坷的道路，在风风雨雨中遭受过两次灾难性的打击。

中华人民共和国成立初期，由于我们缺乏建设社会主义的经验，曾一度不加分析地照搬苏联的一套做法。在遗传学领域里，曾强制推行和灌输李森科那一套理论，打击和压制了摩尔根遗传学说和遗传学家，经验和教训是深刻的。

谈家桢在这几年里所看到、听到及感受到的现实，使他感到极度的苦恼。他以前所担心过的、不希望在中国的土地上发生的事情已成事实。他不知这种局面何时能结束。

接着，谈家桢由于在学习苏联问题上的"错误"态度而首当其冲地成为批判对象。他被迫地做了检查。谈家桢在这样的政治背景下没有丧失科学家的勇气。当时，谈家桢在政治上和学术上受到极大的压力。他不气馁、不动摇。他说，科学总是科学，来不得半点虚假，真理最终会越辩越明的。有人要他改教米丘林生物学，他宁可不教书，而去翻译《生物学引论》，宣传达尔文进化论。他坚信他的研究方向没有错。

1956 年，在周恩来总理的关怀下，根据毛泽东同志提出的"艺术上不同的形式和风格可以自由发展，科学上不同的学派可以自由争论"的精神，在青岛召开了"遗传学座谈会"。这次会议是遗传学在中国发展史上的一个重大转机。会上，谈家桢等人由于受到"不打棍子、不扣帽子，两派求同存异"精神的保护，把几年来压在心里的话一股脑儿地倒了出来。他在会上就"遗传的物质基础""遗传与环境之间的关系""对遗传物质和性状表现""关于物种形成与遗传机制"等问题作了发言。经过几天的会议，他心情舒畅，觉得中国遗传学发展有了希望。那一天会餐时，谈家桢举杯痛饮，喝得酩酊大醉。会后有人到中宣部部长陆定一那里告状。陆定一的回答是："你们骂了人家那么多年，还不许人家骂你几句？"谈家桢听后气更顺了，他积极参加遗传学问题的大辩论，在报纸杂志上连续发表了不少争鸣文章。他特别提醒人们密切注视国际上遗传学发展的新动向。1953 年，沃生、克里克建立了 DNA 双螺旋结构模型。遗传学发展到了分子遗传学的新阶段。他多次讲演和撰文介绍这门学科的发展新动向和研究成果，他是最早把分子生物学介绍到我国的科学家之一。

1957 年 3 月，谈家桢作为党外代表出席在中南海怀仁堂召开的中央宣传工作会议。

在这场争论后的一个晚上，毛泽东指名要接见谈家桢等人。当陆定一把他介绍给毛泽东时，毛泽东亲切地握住谈家桢的手说："你就是遗传学家谈家桢啊！"接着就问谈家桢关于贯彻党的"双百方针"及在遗传学教学和科研方面的意见。谈家桢汇报了在青岛遗传学座谈会上不同学派的遗传学家各抒己见、畅所欲言的情况，以及会后在教学和科研方面出现的好的苗头。毛泽东高兴地说："过去我们学苏联有些地方不对头，应该让大家来搞嘛！"并鼓励谈家桢一定要把遗传学工作搞起来，要坚持真理，不要怕。这席话使谈家桢的思想进一步获得解放，增强了信心。

反右运动中，谈家桢曾被划为"内定右派"。1957 年 7 月反右斗争进入高潮，谈家桢忐忑不安。就在这时，毛泽东又在上海接见谈家桢。他一见面就说："谈先生，老朋友！"又风趣地说："辛苦啦！天气这么热，不要搞得太紧张嘛！"从那以后，谈家桢的"内定右派"问题也就随之烟消云散。

在 1958 年 1 月 6 日的深夜，毛泽东从杭州派专机到上海，专程邀请谈家桢、周谷城和赵超构去杭州。毛泽东与他们 3 人在西湖畔的一个庭院里共进晚餐，一起商讨科学技术赶超世界水平的问题。4 个小时的谈话，涉及的面很广，其中又谈到了遗传学问题。毛泽东反复说，不论办什么事，都要从 6 亿 5 千万人民出发来考虑问题，并希望他们不要老待在教室里、报馆里，多到人民群众中去走走听听。他问谈家桢："要把遗传学搞上去，还有什么障碍和困难？"并说："一定要把遗传学搞上去，有困难，我们一起来解决嘛！"

这次被毛泽东称为"西湖佳话"的谈话，使谈家桢思潮翻滚。他暗下决心，一定要把毛主席对知识分子寄予的希望化为动力，不遗余力地做好工作，真正把遗传学搞上去。

毛泽东在 1961 年的五一节前夕又接见了谈家桢。他一见面就问："谈先生，把遗传学搞上去，你还有什么顾虑吗？"在场的上海市委领导人说："我们大力支持谈先生在上海把遗传学研究搞上去。"毛泽东听了高兴地说："这样才好呀！要大胆地把遗传学搞上去，不要怕。”

这年年底，复旦大学成立了遗传学研究所，谈家桢任所长。全所设立了动物及人体遗传学、植物及进化遗传学和微生物及生化遗传学 3 个研究室。短短时间里，这些领域在基础理论研究方面取得了可喜的成绩。

正当工作艰难地向前发展并取得一定进展时，“文化大革命”爆发，遗传学又遭受一次打击。这次运动开始不久，谈家桢被打成“反动学术权威”。

个人的委屈和事业上的遭难使他痛心疾首，但是谈家桢对党的信念没有变。

后来，谈家桢被送到农村劳动改造。1968 年 11 月的一天，他正在农田里锄草，有人悄悄地对他说，从明天起可以不用到田里来劳动了。谈家桢感到纳闷，后来才知道，这是因为毛泽东在党的八届十二中全会上说了“谈家桢还可以搞他的遗传学嘛”这么一句话，并点名要“解放”包括谈家桢在内的 8 位著名科学家。但上海掌权的一伙人阳奉阴违，拒不执行，一直把谈家桢作为“内控对象”。

1970 年，王震先后两次托华罗庚教授给谈家桢写信，约谈家桢陪王震到全国各地考察这几年的育种工作情况。王震在第二封信中明确地告诉他，已打报告给周总理，一经批下来，就可以动身，要作好准备。谈家桢及时把这两封信交给了当时的学校领导，等待批示。但犹如石沉大海，不见音讯。虽然谈家桢的处境有所改善，但并没有得到真正的“解放”。

1974 年冬，毛泽东在病中还没有忘记谈家桢，让王震带来口信。王震对谈家桢说：“毛主席很关心你，问这几年为什么没有见到你发表文章。”谈家桢一言难尽。他看看站在身旁的“陪同”，只向王震同志说了这么一句话：“谢谢他老人家，我是要把遗传学搞上去的啊！”

1975 年，厄运又降临到谈家桢身上，他不幸患直肠癌。直肠癌切除大手术后不久，他又进行了胃切除大手术。两次大手术，元气大伤，几乎濒临死亡的边缘。当严寒过去时，谈先生已是近 70 岁的老人了。他为恢复和发展中国遗传学，追回失去的时间，以常人少有的活力，废寝忘食地努力工作。他决心在有生之年为我国的遗传学事业踏踏实实地做些实事。他开始整顿研究所，重建实验室，亲自主持制定科研规划，带领科研、教学人员为抢回已失去的时间而努力工作。他以杰出的组织才能，在培养人才，引进新思想、新技术等方面出色地做了大量牵线搭桥、铺路填石的工作。

改革开放政策的贯彻在客观上创造了条件，美国朋友邦纳教授帮助谈家桢重返国际遗传学界。邦纳是加州理工学院的退休教授、美国科学院院士、著名的分子遗传学家，后任美国植物基因公司的董事长。他不仅是谈家桢的挚友，也是中国人民的朋友，十分关心中国遗传学的发展。

1978 年，邦纳写信给谈家桢，盛情邀请他去美国参加加州理工学院生物系 50 周年纪念会，并促成了此行。这是我国自“四人帮”垮台后首批与国外进行的学术交流。在这次盛会上，谈家桢见到了老朋友，又结识了不少新朋友，并在会上作了《遗传学在中国》的报告，受到与会科学家的热烈欢迎。

会议结束后，谈家桢应邀到美国东部进行考察访问。这次访问开阔了眼界，使谈家桢感触很深。他拜访了已在分子生物学领域中作出杰出贡献的老朋友，如被称为“分子生物学之父”的德尔布吕克、20 世纪 60 年代发现三体密码的尼伦伯格、提出顺反子学说的本泽尔等科学家。特别使他有感触的是这些科学家在原有的研究领域中取得了重大突破以后，不囿于现有的领域及已取得的成就，而是高瞻远瞩，攀登更高层次，转到神经生物学方面，开展对大脑的研究。对照我国遗传学研究的现状，差距实在太大了，客观形势要求我们迎头赶上去。

生物工程在国外自 20 世纪 70 年代开始发展得很快。谈家桢决定让复旦遗传学研究所开创这方面的工作。在这次访问中，他通过老同学贝克曼的关系，与著名的贝克曼仪器公司签订了一份条件相当优惠的协定，引进了价值 20 万美元的大型精密仪器。同时，又接受了另一位老同学特里耳两次赠送约 30 万美元的生化试剂和药品。这些都为他开展遗传工程教学和研究工作创造了条件。

为了解分子遗传学在国外研究进展的动向，促进我国分子遗传学研究工作的开展，1979 年 10 月，谈家桢邀请邦纳教授、加州理工学院高级研究员吴仲蓉博士和夫人汪黔生博士访华，并为复旦大学遗传学研究所举办的“全国遗传工程分子生物学讲授班”担任主讲。全国各地来学习的学员有 250 人。这是我国第一次举办的高水平的分子生物学讨论班，它启动了中国的生物工程研究，有力地促进了我国分子生物学的发展。

此外，谈家桢还邀请海外著名学者来复旦大学作系统讲座。这些讲座大大地开阔了研究人员的眼界，推动了科研工作的发展。

之后，谈家桢与他的同事广泛开展国际性的合作项目，并与国外开展校际人才交流，先后推荐 50 余人到欧美诸国及日本学习进修。

为了迎接生命科学发展高潮的到来，根据国际上发展趋势和我国经济建设及科学技术的近期和长远需要，谈家桢和他的同人们提出创办复旦大学生命科学院的建议。这个建议被迅速批准并付诸实施。生命科学院建成后，谈家桢任院长。学院设置了 5

个系、1 个研究所、1 个国家重点实验室、1 个博士后流动站，全部配套齐全。

谈家桢是中国科学院的学部委员（现称院士）。他身兼多职，社会工作繁忙，是第五届、六届、七届、八届全国政协常委，又任上海市人大常委会副主任、民盟中央副主席和民盟上海市主委、复旦大学校长顾问等职务。他还是中国遗传学会第二、三届理事长。

为了表彰谈家桢在推动遗传学发展及促进国际性学术交流方面作出的贡献，国外一些研究机构和高等院校授予他各种荣誉称号。1981 年，他被授予日本遗传学名誉会员。1983 年，美国罗斯福夫人肿瘤研究所聘他为高级研究员；同年，加州理工学院授予他“杰出校友”荣誉奖状和奖章，在这枚银光熠熠的奖章上镌刻着“真理将使你获得自由”。1984 年，他被加拿大约克大学授予荣誉科学博士称号。1985 年，他被选为美国科学院外籍院士。他是我国教育界第一位美国科学院外籍院士，也是继华罗庚、夏鼐之后第三位获得这一称号的中国科学家。1986 年，他去美国接受了科学院院士证书，并在以林肯为第一签名者的历届院士签名本上签下了“中国·谈家桢”。1987 年，意大利国家科学院授予他科学院院士称号。联合国任命他为联合国科学技术发展中心非政府性组织指导委员会委员，专事研究科学技术向第三世界转移问题，又聘他为国际开发植物利用委员会委员及联合国工业发展组织国际遗传工程与生物技术研究中心科学顾问委员会委员。他还是第三世界科学院院士。由于他对中美科技文化交流的杰出贡献，1990 年，他荣获美国加利福尼亚州荣誉公民证。谈家桢以他渊博的知识、出色的组织才能，赢得了各国科学家特别是发展中国家科学家的信任和赞赏。

三

在科学园田里，谈家桢是一位辛勤的耕耘者。1932—1990 年，他在国内外发表的遗传学论文与综述文章达百余篇。他主译了《生物学引论》《遗传与物种起源》，出版了《基因与遗传》《谈谈摩尔根学派的遗传学说》《基因工程》等，主编了《中国现代生物学家传》等书。

1987 年，他出版了 70 万字的《谈家桢论文集》。文集选录了代表性论文 51 篇，就研究专题而言，主要可分成四大类。

第一类，是以亚洲瓢虫为实验材料进行的经典性群体遗传学研究。这是他一生中主要的研究领域。自 20 世纪 30 年代直至 70 年代，他独自或与学生一起发表了一系列这一研究领域的论文。

异色瓢虫鞘翅色斑变异问题一直为分类学家及遗传进化论者所注目。鞘翅色斑的遗传机制至少由 19 个复等位基因所制约，并表现一种特异的嵌镶显性现象，一些变种或异型突变为嵌镶杂合体，它们不能稳定地遗传。这种特殊的遗传方式最初为谈家桢所确定。接着，他经过系统的实验分析，于 1946 年正式提出了异色瓢虫色斑变异的嵌镶显性遗传理论。这个理论的提出，结束了研究中那种主观命名的历史。

谈家桢对异色瓢虫的色斑类型进行分类并计算在当地的色斑频率，结果表明，实际所得的结果符合理论上的假定，证明不同色斑类型可以自由交配，从而构成异色瓢虫的孟德尔群体。

谈家桢通过对许多嵌镶杂合体的测验，又发现一种嵌镶显性的例外情况，他认为这种现象可以用三体性遗传来解释。他还对异色瓢虫群体进行性比测定，结果发现，群体皆表现出同样的倾向，即雌性个体占多数。接着，发现单生雌体的母系遗传现象，这种由母传女的方式证明为典型非染色体的细胞质遗传。谈家桢又通过对我国境内异色瓢虫的 4 种常见色斑类型在地理变异和季节性变化的测验，认为，异色瓢虫表现的这种典型多态现象，除气候条件外，其他因素诸如地理隔离、特殊的生态条件，对群体的组成也不无影响。通过对色斑型频率的年代变异和季节变异研究，谈家桢认为异色瓢虫群体是小进化的范例，并认为这对研究生物进化机制很有价值。

第二类，是以果蝇为实验材料进行果蝇不同种的染色体遗传结构及遗传图研究。这一领域的研究始于 1934 年。这些研究成果是他成为摩尔根和杜布赞斯基教授的博士研究生后所陆续发表的论文。谈家桢是一位进化论者，也是一位现代综合进化论的推崇者，他在总结达尔文生物进化论的基础上，对生物进化问题作了系统的研究。随着遗传学的发展，他认为应给予进化论以新的含义。

谈家桢认为，在自然界的分类阶梯上，种是客观存在的单位，不同的种有着质的差别。这主要可以归纳为两点：第一，种间在形态上和生理上有一定的差异，其程度一般要较同种内个体间的差异大；第二，种内个体间可以自由交配、繁殖，不同种之间的个体则不能自由交配，即使交配也不能顺利繁殖后代。由此看来，种是生物进化上的基本单位，它既不同于亚种或族，因为它们仅在量上有差别，也不同于属、科等高级分类范畴，后者仅是人为的单位。因此，研究生物进化的机制，实质上是研究新种形成的机制，即新种怎样从原来的种分化出来。概括地说，进化包括三个环节：①突变为进化提供原料；②自然选择是进化的动力；③隔离是新种形成的必要条件。

谈家桢通过对果蝇的观察和研究，发现拟暗果蝇和果蝇螨在外表上非常相似，却是生理上的不同种。他发现作为进化原材料的遗传差异，在染色体畸变上，种内和种间没有质上的区别。这个论点修正了当时遗传学家普遍赞同的戈尔德施米特所主张的有种内微进化和种间巨进化差别的观点。

谈家桢在山果蝇工作中发现染色体有重复的部分，证明基因是如何在生物进化过程中通过重复和分化而演化的。

隔离是新种形成的必要条件。隔离在生物进化上有着重要作用，谈家桢曾从事生殖隔离的遗传机制研究。他设想生殖隔离的机制一般是通过遗传上逐渐分化而形成的。这与新种形成一般通过渐进式过程的事实相符。

第三类，是以猕猴为实验材料进行辐射细胞遗传学研究工作。这一领域的研究工作是从 20 世纪 60 年代初开始的。

1960 年，谈家桢著文就国际上辐射遗传学发展的新动向，诸如辐射遗传学上的指标问题、辐射在遗传物质问题上的最近发展和研究成果、电离辐射在动植物和微生物选种上的应用、辐射对人类遗传学危害及其防护问题等方面作了详尽的介绍。他认为这些问题涉及人民的健康和幸福，建议对这些领域的研究应及时提到我国科学研究规划的日程上来。

在查阅大量文献的基础上，谈家桢和他的助手结合我国的国情首先确定猕猴为辐射遗传学的研究材料。这在国际上是首创。谈家桢和他的助手先后分别开展了 X 射线对猕猴精子发生的效应、不同剂量的 γ 射线对猕猴精原细胞和精母细胞的效应及对猕猴精子发生中染色体畸变的影响、X 射线对猕猴睾丸的细胞学效应及其组织学观察的比较研究，以及 X 射线直接照射与间接照射对猕猴精子发生中染色体畸变的影响等方面的研究。这些研究结论，为我国原子能的和平利用提供了科学根据。

到 20 世纪 70 年代末，这类研究进一步延伸。谈家桢率领他的学生和助手在国内首先从事环境化合物的毒理测试工作和有关环境诱变剂的研究。在他的牵头下，成立了中国遗传学环境诱变剂委员会。这个委员会旨在沟通国内外有关环境致突变、致畸、致癌的信息流通渠道，协调和推动国内各单位开展“三致”的测试和研究工作，为提高人口质量、保持完好的遗传基因及环境保护、食品卫生、药品检验、计划生育等部门的立法提供咨询意见。

第四类，主要是在著名的 1956 年青岛遗传学座谈会前后发表的“争鸣”性文章，反映了那个时期的工作。在当时的气氛和处境下，他介绍摩尔根遗传学说的发展与现状，强调其科学性，对毛泽东提出的“百家争鸣”方针的理解等方面进行论述，表达他对当时在学术上推行形而上学的做法不满，并为争得摩尔根遗传学说在百花园中的一席之地而呼吁。

四

70年来，谈家桢一直没有离开过教育战线。他是一位桃李满天下的教育家，不仅有丰富的教学经验，而且有高尚的思想情操。

谈家桢培养学生抓住三点，即基础知识、基础理论和基本实验技术。他认为只有把基础打扎实了，在实践中才能较快地具有较广的适应能力和独立工作能力。即使对研究生的培养，他也是把“三基”训练放在第一位，认为这样培养人才事半功倍。

他反对家长制式的教育方法，提倡调动学生在学业上的主观能动性。他认为死死捆住学生的手脚培养不出有出息的人才。他继承和发展了摩尔根培养学生的“教而不包”的方法。他以热忱的态度尊重学生，让他们独立思考，自由发展，认为唯有这样才能发挥学生的独创性和积极性。在学术上，老师应该鼓励学生超过自己，创造条件让他们超过自己。教师的责任是引路，而不是画地为牢，把学生圈死在一个圈子里。教师应该多讲自己对问题的见解，以启发学生，但不能把自己的观点强加于学生，要让学生充分独立思考，发表不同的意见。他认为，老科学家要给青年人充分的学术民主和学术自由。在学术观点上或思想方法上，有争论、有分歧是正常的。他要求学生尊重老师但不迷信老师，更不能在学术上无原则地随声附和。他常对学生讲，今天你们是学生，明天就是教育学生的老师。一个导师如果看不到科学发展的趋势，固执己见，墨守成规，甚至阻碍学生的发展，实际上是在扼杀人才。如果教师培养的学生缺少创新精神，始终停留在原有的水平上，学科就停滞不前，社会也就难以发展，这是教育的失败。当他看到自己的学生在学术上有所建树时，他由衷地感到高兴。他深信一代必将胜过一代。

在教育问题上，谈家桢认为：教育的根本目的不是把有限的财力和巨大的物力投入到培养少数“尖子”中去，而应从整体上重视培养合格的公民。我们学校的教育，一是教会学生在这个社会上怎样做人，二是教育他们学文化、学技能，做一个合格的公民。他说，中国的建设需要大批合格的公民，需要成千上万的能工巧匠。社会有分工，行行出状元。一个国家的兴旺不是单靠少数尖子，得靠各种不同层次的人才。

谈家桢对中小学以重点和非重点之分很不满。他认为这种分类是不科学的，实际上是把学生人为地分成等级。教育部门把最好的教师、最好的教学设施与校舍分配给重点学校，而忽视了所谓非重点学校。这很不利于培养合格的公民。谈家桢希望我们的教育有一个新的局面。他说，培养人才要通过各种渠道使学生开阔视野、增长知识。一定要鼓励学生多问为什么，他提倡学生要做到“五多”：多看、多想、多听、多问和多做。总之，要让学生多观察社会和自然，多动手，多实践。同时，在科技发达的今天，学生光学科学基础知识还不够，还需在教师的引导之下学会如何处理人与人的关系、人与自然的关系，这是一种科学意识，也是合格公民所需具备的条件之一。

在这个问题上，谈家桢感慨地说：我们要继续高举“五四”民主、科学的大旗。中国要扫除几千年封建主义残余、落后的东西，就要大力弘扬民主精神，重视科学、尊重科学。教育，特别是中小学教育上不去，民主就没有扎实的基础，科学也很难得到发展。

在改革的洪流中，谈先生老当益壮，为教育、科研事业的兴旺发达提出不少建议，其中很多建议已被中央有关部门采纳。谈先生对怎样办大学也有着自己的见解。他认为现在大学的专业设置问题很多。近年，谈先生大声疾呼“理、工、农、医”结合。这就给大学教学提出了更高的要求。理、工、农、医结合的综合性教育，不仅适合我国经济调整的需要，也是符合世界科技发展的趋势。

对于大学生就读由国家统包的办法，谈先生在 1982 年发表了自己的见解。他认为，20 世纪 50 年代，为了保障工农群众能上大学而实行统包，这是必要的，但在今天越来越显出一定的弊病。谈家桢建议：高等学校应尽量招收走读生，对住校学生可考虑适当收取一定费用。助学金制度改为奖学金制度，以鼓励学生学习的积极性。对那些有培养前途而生活上清寒的学生可以申请困难补助。大力提倡勤工俭学，大学生利用假期可走向社会，从事各项社会劳动，既锻炼自立能力，又解决一部分生活费、学杂费，一举两得。

与此同时，谈老还思索如何改革传统的科研体制。他设想过如何办“科技特区”。他说：“建科技特区是为了突破传统的科研体制，是科研体制改革的一个尝试。”科技特区有几个特点：科技人员是流动的，采用聘请制；它是一个纯粹的科研机构，职工的衣、食、住、行由社会解决；特区将在加强与外国先进科学和技术的引进交流方面发挥其优势，吸引外籍华人投资、讲学、工作，手续简便，来去自由。科技特区建立后，将有可能在较短时间里提高我国的科学水平，促进快出人才，多出成果，缩小与国外的差距。

他两次途经香港，与有关人士商讨“科技特区”的问题。他的想法得到海外有识之士的赞赏和支持。

纵观谈先生已走过的这一条人生道路，可以这样说，20 世纪 70 年代后期到 90 年代中期，是他一生中进入的又一个高峰时期。党的十一届三中全会以后，他以 70 岁的高龄再度奋起，焕发出年轻人都难有的活力和务实精神，活跃在国内外的学术舞台上，为中国新一代遗传学家的成长铺路搭桥、开辟道路。他不仅亲自培养博士生，同时作为科学与社会活动家超乎寻常地发挥他的组织活动的才能。他给予社会很多，社会也相应地给予他应有的回报。他身兼 80 余个荣誉职位，这正应验了科学界存在的优势积累的“马太效应”。科学的规范结构要求承认科学贡献，对于如谈先生这样有相当名望的科学家的特殊贡献，所给予的承认不断地大大增加。谈先生获此种种荣誉并非由于他是摩尔根的“入室弟子”或其他什么人为的原因，而是先生在科学和教育的百花园里一步一个脚印地辛勤耕耘，以及强烈的爱国热情和社会责任感被社会承认的结果。无论是先生的人品、学识还是对事业的执着追求、百折不挠的无畏精神，受此荣誉是当之无愧的。

谈先生有自知之明，人已入暮年，精力已不够，那么多的职务不可能都去顾问。但他仍然身体力行地在一些重要的决策性工作中发挥他的作用。例如，在他担任我国高科技研究“863”计划生物组组长时，他以战略眼光最早提出把基因治疗和水稻基因组顺序测定列为“863”的重点课题。这在国际上也属于前沿课题。实践证明，这些课题深入的研究和探索对我国生命科学和基因组工程发展前景有着深远的影响，并通过研究实践培养出一大批人才，推动我国生命科学水平达到了一个新的高度，也与国际生物学界的一项巨大科学工程——人体基因组图谱绘制和顺序测定计划接轨。在实践中，这样的研究和探索对于诊断和治疗遗传病，以及培育高产、优质品种，保持我国作物育种的特色等方面，都有着积极的意义。

1997 年 3 月下旬，谈家桢出席浙江大学 100 周年校庆活动。事后，他在浙江考察了九源基因工程公司。这次考察使他感触很深。他预感到我国即将掀起生物工程产业化的高潮，也深感保护我国基因资源已迫在眉睫。他认为，基因就是财富，其密码一旦被破译而进行产业化生产，其科学价值和经济价值将十分大。我国是一个人口多、疾病多、家系多、民族多，在世界上少有的“基因资源大国”。而一些发达国家通过合作研究等方式特别关注我国的基因资源。这些年来我国基因资源流失严重。为了制止流失，保护我国基因资源已刻不容缓，应采取一些措施。他写信给党中央，谈了他考察后的感受，对加快我国基因工程药物产业化进程提出了几点建议，并获得肯定。

为了更充分发挥人才优势，加速我国人类基因组研究的进展，更好地参与国际竞争，谈家桢又提出在中国建立南北两个基因组研究中心。这个建议被中央采纳，南方基地就设在上海。在谈家桢的直接关心下，1998 年“上海人类基因组研究中心”成立。中心的成立表明我国将集中资源、集中资金在人类基因组这个国际大工程研究中抢占一席之地。接着，他又促成复旦大学生命科学院和新黄浦集团合作，成立了一个“上海新黄浦复旦基因工程有限公司”，学界和商界共同携手推进人类基因研究和开发的产业化进程。

（作者：赵功民）

参考资料

[1] 谈家桢. 批判我对米丘林生物科学的错误看法［J］. 生物学通报，1952（2）：63-65.

[2] 伊凡钦科. 生物学引论［M］. 谈家桢，刘祖洞，项维，等译. 北京：高等教育出版社，1955.

[3] T. 杜布赞斯基. 遗传学与物种起源［M］. 谈家桢，韩安，蔡以欣，译. 北京：科学出版社，1964.

[4] 谈家桢等. 基因与遗传［M］. 北京：科学普及出版社，1963.

[5] 谈家桢. 谈谈摩尔根学派遗传学说［M］. 上海：上海科学技术出版社，1961.

[6] 谈家桢，中国农学会. 现代农业科学讲座 基因工程［M］. 北京：农业出版社，1979.

[7] 谈家桢，赵功民. 中国现代生物学家传（第一卷）［M］. 长沙：湖南科学技术出版社，1985.

[8] 谈家桢. 有关辐射遗传学的若干问题［G］// 麦智广，徐科，张友端，等. 放射生物学及放射医学文献报告汇编. 上海：上海科学技术出版社，1960.

张香桐

（1907—2007）

张香桐

严谨求实的神经生理学家

张香桐受东方文化的启蒙，又漂洋深造，接受了系统的西方教育，可谓学贯中西、集百家之长于一身。在他身上，我们看到了一位科学工作者是如何尽可能全面客观地把掌握的文化知识应用于所从事的专业上，并取得令人瞩目的科研成果。张香桐一生致力于神经生理学的研究工作，德高望重，被推崇为神经生理学界的领袖人物之一。他是“光强化效应”的发现者，并首次证明了大脑皮层与丘脑之间存在着循环神经元网络。他的关于针灸镇痛方面的学术造诣深得海内外同行及有识之士的好评，为祖国的传统医学在海外的发扬光大奠定了基础。

一、早期思想的形成

张香桐出生于华北农村，由于条件所迫，直到 14 岁还没能在正规小学读书。但他对生活充满了希望和自信。严谨、求实、奋进的性格特点使得他在人生道路上抓住了许多转瞬即逝的宝贵机会，取得了卓越的成绩。

1927 年，风华正茂的张香桐考入了国立北平大学预科班。在形形色色的思潮中，他既没有迷茫，也没有随波逐流。在预科班的学习即将结业时，他在升本科选择专业的座谈会上这样发言：“我想入心理学系。我想知道人是如何进行思维的，又是如何控制自己的行为的。进入心理学系学习，可能会帮助我解决这些问题。”后来，他发现心理学系所讲授的那些课程远不能满足他的愿望，并认识到大脑才是思维的物质基础。由此，他又把注意力转向了有关中枢神经系统领域的化学和生物学的知识方面，选修了许多相关课程。在他立志从思维的物质基础入手来揭开人类思维之谜后，就开始为此寻找各种机会深造自己。所幸当时北京大学已开创了自由学习的学风之先河，校方能尊重学生的个性发展，因而后来北京大学心理学系改组时，张香桐能通过他的积极努力及著名的实验心理学家兼神经生理学家汪敬熙先生的帮助，得以到北京协和医学院与学院学生一起上生理学课，一起做生理学实验，从而得到了一个重要的培训机会。大学四年级时，张香桐常在动物房看到刺猬对尖锐声音的一种反常的反射性行为：轻则惊慌点头，重则缩成一团。好奇心和科研直觉使得他对这种动物的听觉系统的生理学特点产生了兴趣。在接下来的实验中，张香桐初次显示了他因陋就简、就地取材、说干就干的踏实作风，用简陋得不能再简陋的仪器获得第一手实验资料，写出了论文。张香桐发表的第一篇学术论文是1936年刊载在《中国生理学杂志》上的《刺猬之一种听觉反射》。这标志着他在科学研究中迈出了第一步，也为他以后从事科研事业建立了信心。自此之后，张香桐开始了他漫长而奇特的科学生涯。

二、脚踏实地的探索

立志高远，脚踏实地，是张香桐科研风格的主要特点。科学研究离不开现实社会，科研战线的开路先锋也不一定要做离群索居者。本文没有严格按纪年形式组织章节，是为了能较好地体现张香桐与其科研环境及社会现实的默契性。篇幅所限，本文仅仅从有限的几个方面记述他的科研历程。

脚踏实地，往往意味着扎扎实实、锲而不舍。张香桐很善于在某一方面作深入的研究，由此引出一系列研究成果。1933 年，张香桐从北京大学毕业后留校做心理学系助教。围绕着刺猬的听觉反射这一课题，他在神经解剖学实验室进行了对人类及各种哺乳类动物耳蜗形态学的比较研究，还拜神经组织学技师赵翰芬先生为师，学到了整套的神经组织学技术，这对他以后在科研事业上的发展起到了重要作用。此外，他通过对关于刺猬脑干内细胞核团的组织学观察与绘制写真图的工作，完成了一篇关于刺猬脑干内细胞核团的专论，在自然而然地对脑干内斜方体这个听觉中枢结构特别予以注意的基础上，写成了《斜方体的比较研究》一文。从 1934 年到 1937 年“七七”事变前后，张香桐的注意力主要放在了对神经解剖学和神经生理学技术与理论的学习上。即使在颠沛流离的战乱中也从未停止观察研究。他总随身带有显微镜和一些常用实验动物的脑组织连续标本切片，科学探求之余还乘机攻下了令医学院学生们谈之色变的神经解剖学这门课程。广博的学术知识与在听觉神经方面特殊的钻研使得他早在 20 世纪三四十年代就成为这方面的专家，为他日后在耶鲁大学航空医学研究室工作并协助解决许多这方面的国际难题打下了良好的基础。这种对某一选定的课题进行全面、透彻分析的研究方式，不仅会使人在主攻课题方面取得成果，也会让人们在相关领域的其他研究中打开局面、开拓思维与视野。张香桐的大学毕业论文是《关于刺猬的一种听觉反射》，毕业后他很快就在电生理学实验室提出了“刺猬听觉神经上的动作电位”这一研究课题，研究成果不久也发表了。在研究“刺猬的一种听觉反射”时，张香桐还发现在上、下叠体之间做横切手术后听觉反射动作不受影响，但破坏下叠体时则能使听觉丧失。由此，他找到了与听觉反射有关的输出纤维的分布情况，所写论文作为《中央研究院心理学研究所专刊》第 10 号于 1936 年发表。在这两项研究过程中，他掌握了丰富的实践经验，体会到许多重要的操作细节及技术诀窍。得益于此，他很快又在《中国动物学杂志》上发表了《大白鼠视神经的基本关联》。因为这项研究工作主要是利用染制变性有髓鞘纤维的技术去研究视神经纤维末梢在脑内的分布。而做好这一工作所代表的成就在本质上是对各个研究环节有整体的把握，在此基础上贯通各个实验环节，并对具体的技术细节和技术关键予以创造性地处理。这充分反映了他在这一领域研究上的得心应手、举一反三。正因为如此，他才能做到不照搬书上介绍的技术方法，跳出书本独立行走。张香桐这种踏踏实实获得第一手科研资料的科研习惯和对理论实践深刻领会融会贯通的独立探索风格，为他在实验电生理学的研究带来了丰硕的成果，也使他在日后的许多研究工作中受益匪浅。从某种意义上说，张先生虚心向上、严谨求实的作风使他避过了许多可能要走的弯路。从事科研工作无论是个人思维的连贯性还是理论知识的历史继承性，都有一个可持续性发展问题。如果一个科研工作者朝三暮四，即使他博学多才，涉猎甚丰，也可能由于做学问华而不实，工作浅尝辄止，而在时间、精力上造成对自身宝贵资源的浪费。因为随着注意力的不断转移，虽然研究者头脑中总有新的思想火花，不断产生新的奋斗目标，但随之而来的新的开始、新的需要往往意味着原有工作半途而废。有时想把丢下的东西从头拾起，时过境迁，已成过眼云烟。没有对研究课题真正的融会贯通，举一反三，很难独树一帜，成为一方泰斗。想做到这一点，首先要戒骄戒躁，一心向学。在这方面，张先生可称为表率了。

三、不平凡的人格

张香桐从来不忽视师长的建议与教诲。刚入中央研究院心理学研究所时，他更希望能进入电生理学实验室，但当需要他到神经解剖学实验室工作时，他就毫不犹豫地回去了。所长汪敬熙教授曾多次向他的弟子们提出忠告，认为打下坚实的神经解剖学基础是成为一名出色的神经生理学家的前提。为此，张香桐在神经解剖学方面投入了大量的时间和精力。事实证明他的这一举措是明智的。倘若他当时也有那种追求时髦、不注重基础、只求速效、热衷功名的心态，这个难得的机遇也可能会被错过去。

早在1936年8月南京沦陷前夕，张香桐所在的心理学研究所大部分成员都已携眷逃走。张香桐自告奋勇，要求留下来运送所内图书仪器。在空袭中，张香桐所在的研究所一角被炸弹击中，他本人被埋在碎石乱瓦之中，眼镜也被冲击波吸走。但他没有任何惊慌和有违初衷的念头。此后5年中，他负责协助运送中央研究院各所的数百箱图书仪器，终日奔波、辗转、迁移。耳闻目睹日寇的逆行暴施，他出于对祖国和同胞的责任感以及对国民党政府腐败无能的愤怒，决心脱离心理学研究所，北上延安，去直接面对日本侵略者。但在当时，桂林与延安之间山川险阻，千里迢迢，遍地烽火，只身无援。想达到目的，谈何容易。果然后来他行到贵阳时遇到盗匪，不得不流落街头而作罢。踯躅街头的张香桐竟然奇迹般地与已任贵阳市教育局局长的同窗好友不期而遇，这样，他又开始了在贵阳医学院的教书生活。在当时的情况下，向上的精神终于使他又一次步入了更广阔的天地。他给美国著名的神经生理学大师约翰·富尔顿的一封试探性的申请留学的信得到了出乎意料的批准。

1942年，张香桐入耶鲁大学进修，师从著名的神经生理学家约翰·富尔顿教授。二战时期，美国和中国一样，人们节衣缩食，心思都放在战争上，环境并不很适合读书进修。张香桐及时采纳了师生们的建议，通过一番努力，完成了攻读博士的入学手续。一年之后，经过仔细考虑，张香桐又向自己提出了一个挑战：提前参加一般需要两年时间才能学完的博士综合课程的考试。这是通向博士学位很重要的一步。但倘若通不过此关，则可能连博士候补生的资格都没有，对他来说，这同时也意味着回国。可喜的是，这一搏成功了。1946年，依照耶鲁大学传统的严格程序，张香桐的博士论文经由外系、外校、外院的著名专家教授组成的答辩委员会投票表决，一致通过了。论文题目是“以蛛猴之尾为例论述中枢神经系统的分段分层和部位投射”。当然，论文并不是在短期内就能拼凑成的。这主要得益于他在1943年至1945年这段时期围绕的一个主题所作的实验研究和成果积累。这个主题就是：控制有机体活动的神经系统（以人类或灵长类为主）在结构上的空间排列和功能上、发育上的时间顺序的错乱，能导致神经或精神疾患。一番心血，换来了心理学博士的高级学位和继续发展的机会。

四、珍惜人间温情

自信心和正确的方法是张香桐成功的保障。科学研究免不了要同人打交道，在这方面的能力中包含着很深的思维方法中的辩证法。与师友、同事间融洽的关系使得他在科研工作中受益匪浅。他不仅从中领略了人间温情，也避免了研究工作中一些潜在的麻烦。可以说，张香桐的成功和他的做人是分不开的。博士毕业后，张香桐在霍布金斯大学从事博士后研究，一年后被聘回耶鲁大学航空医学院研究室工作。在这里，他接受的第一项任务是借助一些有关大白鼠在压力舱内受实验的资料，去进行关于爆炸性加压和快速减压对于内耳伤害的研究，而这恰恰是从他在一项实验报告中觉察到他人的错误开始的。原报告作者可能是把颞骨内的蜂窝状组织结构误认为是内耳迷路的一部分了。因为内耳在解剖学上主要是由充满了内淋巴液的密闭性管道系统所组成的。由于没有能因显著的海拔高度变化而导致血管破裂的可压缩气体，所以内耳出血的可能性很小。经过反复思索推断，他认为原报告中作者提供的病理组织切片照片上显示的大出血部位来自颞骨内的蜂窝状组织结构。尽管有很大把握，他还是采取了十分委婉的方式，以坦率和谦恭的态度向上司陈述了自己的观点，完全没有炫耀或嘲弄他人的意思。结果他和上司很快成了知己，也赢得了同行的信赖。张香桐就是这样巧妙地把前进中的绊脚石变成了前进的动力，体现了他思维上的辩证灵活。他从来不消极地看着不利工作的开展直到造成损失，总是通过积极的参与来摆脱困境。如在前文提到的那种耳压伤的实验研究中，作为总指挥，张香桐对两位领导人在实验操作程序上的争执甚至细节上的分歧，都采用了妥协的态度。在写论文时，凡涉及“国际制”与“英制”的计量单位时，一律两制并存。因为美国的主任从适应美国习俗出发认为高度应以英尺为单位，而意大利教授则主张以国际通用的“米”为单位。由于张香桐的努力，实验室内气氛和谐，大家齐心协力，短时期内就完成了全部科研任务。研究结果表明：在减压过程中，中耳内的空气为达到压力平衡，导致体积膨胀，耳鼓随增大的内压外凸，欧氏管被动张开，让中耳内空气外泄。而当气压逐渐增高时，外部压力压缩了中耳内的空气，耳鼓内陷，欧氏管闭锁，持续的中耳内负气压使得耳腔壁上的黏膜可能从乳突骨上剥离下来，微血管破裂，引起中耳出血，同时耳鼓也会因极度的紧张产生剧痛。这时就需要主动做吞咽动作，使欧氏管重新张开，从而平衡中耳内外的气压，避免受到伤害。这在军事上及日常生活中（如乘坐电梯或飞机等）都有重要的实际意义。

科研过程中，思维保守者往往受思维方式的影响，或者过于自信，认为别具一格是出风头、脱离本行，或者信心不足，认为可能承担的风险比可能得到的创造性收获更令人难以接受。于是宁可墨守成规，不敢越雷池一步，结果往往终生没有重大突破。与此相反，张香桐的自信体现在他对所从事的科学事业的信心上，与其科研活动的创造性思维方式结合起来，并与之相辅相成，表现为研究者与其科研工作之间的一种本能的默契。

1948 年，在耶鲁大学的生理学实验室，受已故的杜塞·德·巴仑纳教授在科研工作中的一些观察与推测结果的启发，张香桐开始对大脑皮层与丘脑之间神经元回路问题认真研究。这一实验的出发点就是与传统的理论相悖的。因为在这以前，无论是在教科书上还是在课堂上，人们都认为丘脑是一个驿站，它的功能是将从外部环境传入的神经信息忠实地传递给大脑皮层，即认为丘脑和大脑皮层之间只有单向联系。张香桐通过对一个偶然发现的紧追不舍，发现并证明了大脑皮层与丘脑之间神经元沿循环路线的活动。在做示波器快速扫描时，他通过对观察到的大脑皮层诱发电位的初始反应后的伴随效应的再观察，发现了一个似有似无的尾巴。通过有意放慢示波器的扫描速度，发现了在原始反应后面一连串的正弦波，即继发的节律性振荡。这项工作有力地支持了当时神经生理学家们对关于记忆的物质基础的某些推测。如：中枢神经系统内循环神经元线路的电活动可能会使一个信息长期在脑内存在下去而不致瞬息即逝。新理论意味着对旧体系的否定和超越。面对接踵而来的对这一新理论的批评或反对意见，张香桐一概持以谦虚和宽容的态度。他认为："不论批评者的语言如何尖刻和不留情面，批评者都应受到尊重和感激，因为他们的动机是纯洁的，是为了帮助同行纠正错误。"

五、机遇意识与光强化效应的发现

在科学研究中，有幸得到机遇固然很重要，但如果没有准备则会与良机失之交臂而追悔莫及。在勤奋和机遇意识上，张香桐曾这样总结："科学史上无数事实证明：如果某个人有一种新的创造发明或新的科学设想，而他本人由于种种原因未能迅速利用自己的优势以谋求进一步的发展，不需要多久，就会有人拾起这同一技术和意念，采取行动，进行研究，取得成果，抢占科学上的优先地位……因为一个新的科学意念的产生，并不是哪一个人凭空想出来的，而是当科学发展到某种程度时，人人都可能会想到的一个逻辑结果……这也可以被看作对于行动迟缓的懒惰者的一种惩罚。"不依赖他人，不被动等待，不怨天尤人，兢兢业业，踏实奋进，这种精神与科研工作结合起来，威力之大可想而知。机遇有时会以灵感的形式出现。张香桐很善于紧抓灵感的火花，将灵感转变为现实。他在约翰·霍布金斯大学的伍尔西实验室学习诱发电位技术时，在茶余饭后与人聊天时想到了一种可能性，就是通过直接电刺激锥体束引起的大脑皮层逆流电反应来考察锥体束神经元在大脑皮层的分布范围。几乎在当天晚上他们就开始了试验性实验，在取得初步成绩之后，加班加点，在很短的时间内论文就写成并予以发表了。这项研究在当时无论是从方法上还是从概念上都有很大的创建性。

在大脑皮层诱发电位的研究过程中，有一次，张香桐一个人工作到深夜，由于所使用的仪器经常出现故障，为了获得一个令人满意的电反应，往往需要对仪器反复修理调整。因此，当他想用摄影机记录一个电反应而把实验室的照明灯关掉时，这个诱发电位立即消失不见了，他怀疑是仪器出了毛病或是无意中移动了记录电极的位置。可是在重新打开灯后，反应却又重新出现在荧光屏上，与原来的图像毫无差异。于是再次关灯，准备摄影。不料诱发电位又消失无踪了。开灯以后，诱发电位又重复出现。如此反复多次，他恍然大悟，意识到视觉皮层诱发电位的出现与消失并非由于实验技术上有什么差错，而是与室内的照明情况有密切关系。也就是说，大脑皮层神经元的兴奋性可以被视网膜背景光照射加强。这就是所谓的“光强化效应”。瑞典卡罗林斯卡医学研究院诺贝尔神经生理研究所所长葛兰尼特教授在其著作《感受器官与感知》中首先把这一效应称为“张氏效应”。但张香桐对此不以为意。长期以来，人们就发现人类对红、黄、蓝三原色的反应时间极不相同。人们想知道在用红、黄、蓝三色光分别照射眼睛的情况下，大脑皮层诱发电位中三个峰电位是否会产生相应的幅度变化。这样就可能证实或否定三种传导速度不同的视神经纤维与三原色的传导有关这一假说的可靠性。由于缺少适当的实验方法，进一步的探索迟迟未能进行。光强化效应的发现为验证“三色传导”学说提供了一个难得的机会。此外，这一现象在高等动物尤其是人类的实际生活中，具有普遍的重要意义。在临床上通过采用降低视觉冲动传入总量的措施，还可以指导治疗一些精神病人和某种神经性高血压患者。

20 世纪 80 年代，有人报道在慢性病患者身上用高频刺激外周神经引起的镇痛不能为纳洛酮所抑制，而低频刺激引起的镇痛作用可以为纳洛酮所抑制。受此启发，张香桐和罗弗苏教授等人认为，以不同频率的电脉冲刺激外周神经产生镇痛的机理也可能是不尽相同的。这又使张香桐联想到他从前研究中的假设：“中央中核试验可能是一个调节控制痛觉的中枢结构”“它似乎可以被看作远距离穴位镇痛作用最可能的神经生理学基础”。为验证之，张香桐等人用实验分析了刺激中央中核能否选择性地抑制丘脑内的痛敏细胞，并把刺激中央中核的抑制效应与刺激“穴位”或躯体感觉神经的效应加以比较。他们分别采用 3 种频率（4Hz、8Hz、60Hz）不同强度的电脉冲刺激中央中核，确定了对在束旁核内同一个神经元痛放电的抑制效应。所得结果一致表明低频刺激较高频为优。短时间（一般持续 2 分钟）的电刺激深部神经对痛放电的抑制效应以 8Hz 的频率为最佳。“由于刺激中央中核的效应和刺激‘穴位’或深部神经的效应有相似的时程，它们的适宜频率也基本相同，使我们有理由设想中央中核在针刺镇痛过程中起着重要作用。”由此可见，天才也是讲究方法的，那就是勤于思索，敏于行动，及时把倏忽即逝的天才的思维火花记录下来，并付诸实施，既不流于空想，也不止于怠惰。

六、为了祖国的强大

张香桐于 1956 年回国，任中国科学院上海生理研究所研究员，建立了中枢神经系统电生理学实验室，后来又领导建成了中国第一个神经组织培养实验室。20 世纪 50 年代末至 70 年代初正是我国的困难时期，在自力更生精神的指导下，张香桐等人土法上马，自行为中枢神经生理学实验室制作了一整套电生理学设备。再配合从国外带回来的一些必要设备，基本上满足了当时实验研究的需要。由于条件限制，他们自制的油压微电极推进器没能进一步发展下去，却给前来参观的一家日本公司老板以很大启发，使之很快制造出了占领国际市场的跃进式微电极推进器，这是值得我们深思的。

张香桐对没有得出满意结论的研究课题往往有着不懈的执着求索。在前文中提到的《斜方体的比较研究》一文，本来是张香桐在战乱逃难途中利用余暇研究脑干内的听觉中枢时成文的。由于条件的限制，当时这项研究没能继续下去。20 年后，张香桐自海外回国，仍然能很认真地继续这一课题的研究，并且在 1964 年将研究结果在北京科学讨论会上提出报告。深厚的功底可以使研究工作在中断多年后重放光辉，这足以显示他在科研道路上脚踏实地的特点。他在早期研究中从对听觉神经的研究自然而然地延伸到了对动物耳蜗构造的探索，这项工作在他到达美国后被迫中止了。张香桐在回国后不久就又开始了“听觉冲动在大脑皮层与皮层下结构中的相互作用”的研究，提出了有重要实际意义的“同侧抑制”学说，论证了虽然来自一个耳朵的听觉信号可以进入两侧的大脑皮层，但进入同侧大脑皮层的信号对于来自对侧耳朵的听觉信号而言，不但没有做到信号增益，还会产生干扰或抑制的作用。依据这一原理，在电话通信中普遍采用了单侧耳机技术。此后，即使军用耳机也少有再使用双耳耳机的了。这样一来，不仅提高了听觉效率，而且为经济建设、增产节约作出了贡献。

张香桐对待科学的态度是十分严肃的。1956 年初，张香桐已准备离开纽约返回祖国。他需要亲自去办理护照、签证及各种证明文件，购买车船票，写联系信件等，思想、生活都很不安定。即使如此，当美国生理学会《生理学手册》编委会特邀他撰文时，他仍然应邀承担了对《诱发电位》一文的撰写，并把它作为一项严肃的科学任务加以完成。1991 年，张香桐在西安与一位来自巴西的朋友间接相识，后者对能见到张香桐表示惊讶，并说："你就是《诱发电位》一文的作者吗？久闻大名啊！当我在大学读书时，我们是把你的文章当教材读的。"这对一位献身于科学事业的工作者来说，也算是一种莫大的慰藉了。

张香桐多年来主要从事的研究为：丘脑内外侧核群所接收的痛觉信息加工中枢的机能关系和神经解剖学联系、脑内已知的痛觉调整中枢的和丘脑痛信息加工中枢的机能联系等课题。多少年来，针刺镇痛现象一直是对神经生理学工作者的一个挑战。为了获得针刺麻醉的第一手资料，了解针刺镇痛的生理机制，张香桐曾于 1965 年 5 月向上海卫生主管部门申请，要求在自己身上进行一次模拟，不用任何麻醉药物，只靠针刺镇痛的左侧肺叶切除实验，按照刚完成不久的真正肺切除手术中所采取的完全一样的程序与措施，只是不真正切割肌肉罢了。他身上共插了 60 多根针，针刺后几天内，张香桐的左手几乎完全丧失了功能，甚至不能用它来扣扣子。面对别人的不理解，他含笑回答："以一人之痛，可能使天下人无痛，不是很好吗？"正是通过亲身实践和体验，张香桐认为针刺镇痛是两种不同感觉传入中枢神经系统内相互作用的结果。即伤害性刺激引起的传入冲动被非伤害性刺激引起的冲动所抑制，前者不能或难以达到大脑皮层，进入意识领域产生疼痛感觉。他领导的这项研究成果在世界范围内引起了广泛的关注，在美国兴起了针灸热，日本、瑞典等国也纷纷邀请他作报告。他还被聘为巴拿马麻醉学会名誉会员、比利时皇家医学院外籍院士、国际痛研究协会荣誉会员。他本人也于 1978 年、1979 年、1980 年分别荣获全国科技大会成果奖、中国科学院重大科技成果一等奖及 1980 年度茨列休尔德奖金。

七、回首过去，展望未来

张香桐院士 90 岁高龄时仍然精神矍铄，谈话幽默风趣。凡和他接触过的人，都能感受到他的严谨诚实和轻松明快。回首往事，他感慨良多。张香桐于1933年毕业于北京大学心理学系，1942年入耶鲁大学进修，1946年获该校心理学博士学位，1956年回国。计有百余篇科学论文发表于国内外多种期刊上，并著有相关专著。回忆早期的研究工作时，张香桐寄语青年人："一个人在青少年时代，他的主要任务是学习，而不是过早地、过高地要求自己在科学上一鸣惊人。他应当尽可能多地学习基本知识，并掌握一些专门技术，为培植将来独立进行科研的能力，打下一个坚实的基础。"在谈到神经生理学的未来时，他认为脑科学研究从人类历史长河的跨度上来看，可谓万里征程刚刚起步，神经科学的研究任重而道远。当前许多潜科学、前沿科学的研究都和神经生理学、脑科学密不可分。半人半兽的狮身人面像象征的人的野性和蒙昧正在快速消失，因为神经科学的研究成果已使人类在认识自己的道路上迈出了重要的一步。中国神经科学学会已经成立，并被国际脑研究组织接受为团体会员。这标志着我国神经科学的发展进入一个新的历史阶段。目前，我国在神经传导与传递、受体与离子通道、学习与记忆、感觉与运动、痛与镇痛、神经内分泌、神经与免疫关系、神经发育、基因水平等的研究上都已取得喜人的成绩。今后应在注重基本理论的基础上继续发展，紧跟世界形势。还要加强多学科间的横向交流，广泛利用新技术，促进理论与应用、基础与临床之间的沟通，取长补短、共同发展。同时，还要大力培养中青年工作者，继续与有关神经科学的国际组织和科学大团体建立密切的合作关系。最后，谨以张先生在中国神经科学学会第一次学术会议暨第一次代表大会上的部分讲话内容作为结束语："……全国科学工作者团结在一起……为提高我国民族智力，保障人民身心健康，促进国民经济发展，实现国家富强，作出我们应有的贡献。"

（作者：林永峰）

参考资料

[1] 张香桐.脑研究的崎岖道路[M].北京：科学技术文献出版社，1995.

[2] 罗弗荪，袁钧苏，杨善璐，等.不同频率电刺激猫中央中核对丘脑束旁核痛放电的抑制效应[J].生理学报，1985(1)：1-9.

鲍文奎

（1916—1995）

鲍文奎

为绿色目标百折不挠的作物遗传育种学家

一、太平洋彼岸的游子

加利福尼亚的6月间，加州理工学院照例要有一天在毕克曼大厅外的操场上举行庄严的毕业典礼。那一天，就像过节一样，毕业生和教授们穿戴着博士帽和表示各种学位的礼服参加仪式。对于新博士们来说，这是黄金般的时刻，它标志着荣誉，关系着前途。

1950届生物系毕业的研究生鲍文奎，也已获得了博士学位，但他对人们热衷的这种场面表现出了独特的冷漠。在别人进入角色的时候，他却到美国东部旅行去了。

旅途间，正赶上中国自然科学工作者协会留美分会在芝加哥召开年会，鲍文奎以洛杉矶代表的身份出席了会议。会议的中心议题是动员留美的中国学生回国参加新建设。

回国，对于留学生来说，此时此刻是个重大的抉择。青年们出国留学，本来就带着各式各样的动机，转眼间，祖国发生了天翻地覆的变化，在不同人的心底也就卷起了各种新的波澜，有希望和兴奋，也有犹豫和彷徨……

鲍文奎毕业于世界瞩目的名牌大学，攻读的是生物学中最热门的专业——化学遗传学。从个人前途计，按通常的看法，这位34岁的年轻学者有着步登科学宝塔的极好机运。有的老师就好心地劝他继续在美国干下去。

然而，鲍文奎有自己的想法。他在家乡宁波读中学时，就与两位志趣相投的同学经常热烈地讨论拉马克、达尔文的科学思想，由此爱上了生物学。在中央大学农艺系毕业后，他到四川省农业改进所工作了7年，而后赴美深造。他愈来愈对在农业上应用当代遗传学新成就开展多倍体育种有浓厚兴趣，打算将来能以此为改变祖国农业的落后面貌贡献力量。

3年来，鲍文奎生活在美国，这里的确有许多令人钦佩与向往的东西，但这里也有丑恶的东西。祖国是穷的，经济和科学是落后的，但不管多么贫困、落后，她毕竟是哺育自己的祖国啊！国家愈穷，爱国者就愈感到自己责任的重大。中华人民共和国的成立，使鲍文奎看到了中华民族兴旺发达的转机。当听到成渝铁路破土动工等消息时，他深为新中国的光明灿烂的前途而激动。古老而又年轻的祖国，像骄阳一样温暖着爱国者的身心，像磁石一样吸引着太平洋彼岸的游子。

回国后研究什么课题呢？在这个问题上，鲍文奎是有顾虑的。还是在一年前，有一次他钻进洛杉矶的一家卖社会主义国家书刊的小书店，从新书中一眼望到了英文版的《论生物科学现状》。这本书详细记录了1948年8月苏联农业科学院大会的发言。就是在那次大会上，李森科宣布摩尔根学派的染色体理论是“反动的”“资本主义的”“伪科学”。会后，苏联等一些国家利用行政手段在生物学、农学、医学等领域举行了大讨伐。鲍文奎买下这本书，回到寓所花3天时间读完了它。李森科一类人物的霸道行为激起了他的愤慨，随后而来的又是一阵忧虑。

科学家在研究工作中，一般都有应付最坏可能的思想准备，但他们对待政治生活，往往会带着孩提时代的天真——爱往好处想。鲍文奎作了这样一个估计：李森科的风即使刮到中国，也总会再过三五年吧。若在此期间，自己的工作能有个眉目，就不怕刮风了，谁都要看事实、讲道理嘛。

决心下定，鲍文奎考虑到国内的困难，就从美国购买了多倍体育种工作所必备的药剂和设备。9月初，打点起行装，辞别了师长好友，登船启程了。

二、带甜味的日子

45000吨的远洋客轮从洛杉矶出发，划开万顷波涛，经檀香山、横滨和马尼拉，于9月19日抵香港。政府特地派人到深圳，把这批归国学者迎进广州城，又让他们自由选择工作。鲍文奎辞谢了罗宗洛先生要他去中国科学院上海植物生理研究所的热情邀请，根据自己的既定目标，选定了他3年前离开的地方——四川农业科学研究所。

成都，中华人民共和国成立还不到一年，百废待兴，困难不少。鲍文奎上班后向当时负责研究所工作的军代表讲述了自己的打算和要求。这位35岁上下的军人立即答应拨给他8万斤大米作工作经费。新来乍到的鲍文奎得到的第一个印象就是：共产党办事真痛快。

经过几个月的努力奋斗，新实验室就全副武装起来。鲍文奎一方面承担解决当地生产上的应急任务，一方面做多倍体育种研究的准备工作。

当时世界上栽培的普通小麦品种大多是六倍体，它们是历史演化的产物。从二倍体到四倍体，再到六倍体，每次天然加倍都使小麦的品质和产量大大提高。按此趋势，培育出八倍体新物种也可能会是更为理想的，它能否由人来创造呢？德国人伦波于1888年首次用小麦与黑麦杂交得到几粒小黑麦的种子。他去世后，人们惊奇地发现这些种子是经天然加倍的八倍体物种。小黑麦具有黑麦的小穗多、抗病、耐瘠薄等特点。在20世纪30年代末发现了化学药剂秋水仙精有使染色体加倍的作用之后，世界上曾一度出现培育八倍体小黑麦的热潮。但一进入20世纪50年代，终因结实率不高和种子不饱满而冷了下来，人们纷纷转向培育六倍体小黑麦。

面对这种风潮起落，科学家需要有战略眼光和决心。在鲍文奎看来，搞科学研究不能盲目地追浪头、赶时髦。他深信，培育八倍体小黑麦在理论上是站得住的；六倍体小麦已有几千年的历史，培育八倍体小黑麦还不到60年，国外科学家只培育几十个八倍体原种就匆匆得出否定性的结论是欠妥的。他决心摸索一条新路，而且从一开始就不抱短期内侥幸成功的希望，而是当作自己终生奋斗的目标："我们这一代干不成，下一代接着干下去，一定会成功的。"

从1951年初开始，鲍文奎带领他的小组用稻麦为材料，以小黑麦为重点，全面铺开了多倍体育种工作。11月初，他把选为亲本的小麦、黑麦种子播下地。到第2年3月，正值麦类的盛花时节，黄绿交映的株苗吸引着忙忙碌碌的蜜蜂，也吸引着勤勤恳恳的育种工作者。他们用小镊子把小麦花的雄蕊一个个去掉，把采来的黑麦花粉给小麦，操作时连大气都不敢出一口。此时此刻，育种工作者的紧张和辛苦绝不亚于手术台旁的医师，谁要以为科学工作纯粹是脑力劳动，那才是主观主义呢。

授粉之后，结出了小黑麦的果实。这种果实，还不能称为种子，它们和动物中的骡子一样，不能传宗接代。须秋天把它们盆栽起来，到幼苗分蘖时用秋水仙精溶液处理，使染色体加倍。这样他们在1953年获得了第一代有繁殖能力的小黑麦品系，但离生产应用还差得很远很远。存在的主要问题与国外情况一样：种子不饱满，结实率低。下一步需要做大量的杂交组合，或是用X射线和紫外光等做诱变处理。工作量是巨大的，但只要去做，就有成功的可能性。

从实验室到地头，再从地头到实验室，蜜蜂式的紧张劳作使育种家感到满意。在后来不平静的岁月里，中华人民共和国成立初期的那段生活不断在鲍文奎的心底勾起蜜一般的回忆：爽快的军代表，安定的工作环境，纯正质朴的人事关系，可观的工作效率……

三、麦苗的政治结论

鲍文奎没有预料到，李森科讨伐遗传学的风很快就过了国境线，吹到了新中国的科学教育界，给生物学、农学和医学等领域带来了严重的困难。有些人把当时政治上的“一边倒”推衍为科学上也要“一边倒”，把摩尔根学派的遗传学理论说成是帝国主义的意识形态，在政治上具有很大的煽动性。报刊上连篇累牍地发表尽是一个调门的文章，甚至根本没有学过遗传学的某些领导干部，也在懵里懵懂地表态支持米丘林、打倒摩尔根。谁愿意被说成是美帝国主义的应声虫呢？染色体、基因等科学概念被贴上了“反动”“帝国主义”等政治标签和“唯心主义”“不可知论”等哲学标签，由此而株连了多倍体育种，甚至秋水仙精、X 射线管等也在扫除之列。这股风又很快吹过巴山蜀水，进了成都城。

鲍文奎小组的科学工作成了政治话题。但鲍文奎总以为人们反正要看事实的，所以还能稳得住。“让人们说去，我们要拿出成果来说话。”

鲍文奎毕业于美国加州理工学院，摩尔根恰恰又是该校生物系的首届系主任，问题就显得更加严重。1952 年秋，省里给农科所派来了一位叫王楚材的副所长。

在这种形势下派来的干部会怎样干呢？人们可能猜想他会根据上级的意图，下车伊始就哇哩哇啦发表一通抄报式的演说，表明自己在政治上的坚定性。拆组砍题，干净利落地把问题解决，包上边满意、下边服从。但在科学是非和科技政策上颠倒了是非，违反了政策。

王楚材并没有这样做。他来到所里后，多次到鲍文奎组里了解情况，查阅他们的工作记录和总结。三个月过去了，他把一叠材料归还给鲍文奎，同时说：“我看不出有什么反动的，你们应该研究下去。”

认真作调查研究，实事求是地解决问题，这正是党的优良传统在科学战线的闪光啊！鲍文奎与王楚材素无瓜葛，一位是做学问的党外科学家，他从科学出发，想的是多倍体育种可以为人类造福；另一位是做政治工作的党员副所长，他从党的事业出发，想的是自己的言行要对党、对人民负责。

鲍文奎从王楚材那里看到的是党的政策和期望，他自己的回答则是加倍努力地工作。在王楚材的“庇护”下，他平安地度过了一段时间。1953 年收获了自己培育的小黑麦的第一代果实，还得到几种小黑麦类型的新杂种，只要再经过秋水仙精处理，就有可能再获得一些新的原种。另外，大麦和水稻等也取得了进展。

外界压力在不断加大，王楚材这样一个基层干部毕竟左右不了形势。他与鲍文奎商量，是否可以退一步，暂不用秋水仙精处理新材料，只利用已有的原种把杂交工作做下去。鲍文奎完全理解王楚材的处境和用意，只好忍痛让新材料“绝后”，他不远万里从美国带回的秋水仙精、X射线管等也只能任凭灰裹尘封去了。

1954年秋收之后，他们开始整地，准备冬播，忽然传来了所里的通知，要停止多倍体育种工作。时令不等人，鲍文奎心急如焚，忙找到省农业厅去说理，但不管用。鲍文奎为了工作，为了保存种子，压住胸中怒火恳求道：“请拨给我们一小块地，一切费用由我们私人负担，我们可以抽出工余时间作研究。”但是，这——也不行。

鲍文奎的研究课题被“枪毙”了。支持他工作的“顶风”干部王楚材在一次大会上被省委某负责人点名批判，不久就被调离了，但王楚材的形象深深地埋在了鲍文奎的心中。

四、北京来电报了

科学家的痛苦，莫过于失掉科学思想的自由和从事科学实践的权利。鲍文奎陷入了深深的痛苦中。

今后做什么？凭鲍文奎的学问底子，他可以马上选些小题目，过一段时间，得些数据就写篇文章发表，然后再选新题目。这种游击式的研究，是许多人所不满意的，但又出于各种原因而为许多人所采用。鲍文奎还可以屈服压力而迎合“长官意志”，跟着别人找个一拥而上的“热门”，并且可以从国际到国内、从历史到现状、从理论到应用，说个天花乱坠；但当工作无成效和受到社会压力时，又可以推三阻四地从经济到政治、从人员到设备、从主观到客观备陈原因而溜之乎也。然而，对于鲍文奎来说，选择科研题目时，不是取决于善辨政治风向和个人的名利得失，而是取决于社会需要、客观可能和科学预见。多倍体育种并没有错，为什么不能搞呢？

不服气的鲍文奎决定向无产阶级革命导师的著作请教。他拿起《列宁、斯大林论科学技术工作》一书，从头认真读下去。

列宁早就讲过建设社会主义必须吸收资本主义国家的先进科技成果。在谈到专家问题时，列宁说：“要时刻记着一点，即工程师承认共产主义思想所经历的途径……是经过他在自己那一门科学方面所达到的实际成果，例如农艺学家是循着自己的途径来承认共产主义思想的……一个共产党员若不证明自已有本事来设法统一并虚心指导专家们所进行的工作，那他往往是有害处的。”多么明确、深刻，好像是针对当前发生的事情说的。合卷苦思，鲍文奎的心中亮堂起来了。

时间已是1955年5月，如果到秋天还不能播种，已获得的材料就可能报废。鲍文奎相信王楚材式的干部在共产党内不会是个别人，党和政府是可以信赖的。他奋笔疾书，向中国科学院和农业部反映了这里发生的问题。

鲍文奎的信引起了中央宣传部和农业部领导同志的高度重视。他们迅速派人到四川调查核实并及时作了研究。

也真快，鲍文奎上书后大约只过了一个月，农业部就从北京给所里发来了电报，要所里恢复鲍文奎原有的研究工作。就这样，小黑麦种子又投入了大地的怀抱，获得了新的生机。

1956年4月，毛主席在最高国务会议上提出将“百花齐放、百家争鸣”作为我党发展社会主义文化与科学事业的基本方针。《科学通报》在6月的一篇社论中，以鲍文奎的遭遇为例，论述了在科学事业中贯彻“百家争鸣”方针的重要性和紧迫性。8月，在青岛召开了“全国遗传学讨论会”，正式给摩尔根学派以合法地位。党的正确方针解除了鲍文奎身上的精神枷锁，他在一篇文章中写道：“我确信在党和政府的领导下，祖国的科学事业一定会迅速繁荣起来”，并表示“决心努力争取做一个先进的科学工作者”。

五、在另一种困境中前进

1956年秋，鲍文奎与爱人严育瑞被调至北京工作。他是中国农业科学院的人，但因中国农业科学院正在筹建，没有工作条件，就暂时在北京农业大学搞研究和兼课。这就占了“两不管”的便宜，时间比别人充裕些。

客居对于科学家并不是什么坏事，科研和教学上经常进行人员交流，倒是应该大大提倡的。农业大学的领导给鲍文奎尽可能提供了各种方便，除实验室和温室等条件外，还调了一位农工杨广才同志来协助。鲍文奎和严育瑞全身心地投入工作中。到1958年，获得的小黑麦原种已达到117个。

北京农业大学在1958年从罗道庄迁到马莲洼，鲍文奎则回到中国农业科学院作物研究所。

处理苗子的时间快要到了，研究所里没有条件，鲍文奎在杨广才的帮助下，拆掉北京农业大学的温室，运到中国农业科学院，再由他们两个人搭起来。这样的温室谈不上讲究，但既然是温室，至少需要炉子、烟囱、煤和烧煤供暖的人。所里推说不在计划之内，无法解决。鲍文奎只好越级到院里请领。东西搞到手后，杨广才却因住在寒冷潮湿的“温室”里病倒了。鲍文奎就自己挥锹执锨做了 3 个月的“锅炉工”。

鲍文奎的课题组在好多年里工作人员既少又不稳定，鲍文奎常常是一个“光杆司令”。

1960 年春天，鲍文奎被集中到香山参加编写《水稻栽培学》。组里两亩多试验地不能没人管，他就星期六晚上赶回来，星期天大清早到地里灌水，还要央求管理污水井的工人同志加班帮忙开井。他不忍心多占用那位工人的假日休息时间，就让水流量尽量大些。他拿着铁锹东奔西跑，每次都要打两手泡。

常规的实验室都应该有自来水管道，但鲍文奎小组的那间“实验室”里没有。他们用水必须到厕所打，为此不知要把多少时间消耗在“实验室”与厕所的往返上。1963 年，当时在中宣部主管科学工作的同志来这里了解情况，鲍文奎赌气地说：“我们的工作是在厕所里做出来的。”还真灵，他走后，水管子的问题很快就解决了。

在这种情况下搞科研，心情不可能舒畅。鲍文奎发过火，有时也起点儿小小的作用，但更多的是无济于事，那也只能生闷气。他想离开这里，却又没有离开的可能。

然而，鲍文奎从没有颓丧过。为绿色世界增添瑰宝的远大目标激励他奋发向前，逆境中的遭遇促使他发愤向前。

尽管有各种困难，却好在鲍文奎的工作仍在稳步前进着。在到北京后惨淡经营的 10 年中，他们在反复实践中总结出“桥梁品种”的方法，获得了大量八倍体小黑麦的原种，编号排到 4700 多。1966 年 6 月，具有各种优良性状的小黑麦种子正准备收获，其综合性状较好的已准备通过农科网在若干地区试种。小黑麦研究已到了向生产应用迈步的转折点。

六、播种在红军走过的地方

1972 年秋，一位风尘仆仆的客人来到作物研究所，严育瑞接待了他，初次见面就谈得很投机。最后，严育瑞把 10 个品种的小黑麦种子和有关资料送给了客人。

客人来自祖国大西南贵州省威宁彝族回族苗族自治县。这个县地处云贵高原乌蒙山脉高寒山区，自然条件很差。当地粮食作物多是玉米、马铃薯、荞麦、燕麦等，亩产往往只有40—60斤。从1968年起引种黑麦，亩产200斤，在当地已是了不起的“高产”。但黑麦的品质很差，不中吃，群众不愿意种。人们说，若是有黑麦的秆子和小麦的穗子就好了。县委书记禄文斌建议县农科所的同志想办法解决这个问题。后来听说北京有人研究小黑麦，他们就马上派人赴京。

小黑麦种子到了威宁，禄文斌带领技术人员亲自选了两亩试验地播下种，后来他经常来了解情况，帮助解决困难。第二年的收成表明比对照的小麦和黑麦的产量都高，面粉的品质也好。收获前，鲍文奎被请到威宁县，他建议多搞点试验，以便探索在各种不同类型地区发展的可能性，当年布下42个点，试种54亩，结果平均亩产285斤。到1974年秋推广到1000余亩，支援省内外种子3万斤。后来全县栽种面积逐年稳步扩大。

关心人民的疾苦，全心全意地为人民谋利益，是共产党人的宗旨。正当威宁县委书记禄文斌为全县人民奔波忙碌的时候，农林部副部长罗玉川则在考虑着全国更多的“威宁县”。罗玉川在甘肃定西蹲点，眼见这一带农村群众生活的困苦，心里很难受，他急于找到适合改善这一类农村状况的农业措施。1974年，他来到鲍文奎小组的试验田参观，回到部里就向有关部门提出要抓小黑麦的推广。就这样，第2年在北京召开了小型座谈会，酝酿组织全国协作组。1976年6月，全国小黑麦现场会在威宁召开，它是乌蒙山区破天荒的一次盛会。

人们都熟悉“乌蒙磅礴走泥丸”“六盘山上高峰”的诗句，但并不一定了解那里的人民与威宁大体相似的生活状况。小黑麦种子沿着红军当年走过的长征路，播撒在乌蒙山、凉山、岷山、六盘山等山区农村，也播在伏牛山、大巴山和阴山以及江西等南方红壤区。这些地方有的曾是共产党领导革命人民长期坚持武装斗争的红色根据地，有的则世世代代居住着许多勤劳勇敢的兄弟民族。小黑麦作为“高产”稳产的作物良种落脚在那些高寒和贫瘠的土地上，使那些地方朝着粮食自给的方向迈进一步，使那里的人民能多吃些细粮，这就实实在在地为人民办了一件好事。

1977年，“国际玉米小麦改良中心”派出以诺尔曼·布劳格为首的小麦考察组来华参观访问，他们曾了解过鲍文奎小组的工作情况。回到墨西哥后，布劳格在一份书面报告中谈到中国育种工作者不用胚的培养而搞出了5000个小黑麦原种一事，考察组的评价是：“与其他国家相比，这是巨大的成功。欧洲、北美和墨西哥的育种工作者用胚的培养搞出的小黑麦原种还不到500个，不到中国的10%。”在这数字的后面，我们所能看到的不仅是中国育种工作者的智慧和辛勤，更有坚韧不拔的顽强意志。

培育推广小黑麦所取得的初步成绩，应归功于一个集体的长期努力。（请原谅我们不能在这里评述小黑麦研究组中每个同志的可贵贡献。）但还应看到，鲍文奎在选题、制定和调整技术路线、取得关键性突破和科学预见等方面所表现出来的创造力，往往起着根本性的作用。正因为如此，当人们说到八倍体小黑麦的时候，也就会说到鲍文奎。

他 20 余年跌打滚爬，20 余年心血浇灌，多少次忍辱负重，多少次化险为夷，不顾雨纵风横，只留得果实、情谊、红心、白发。

七、期待

我们介绍的这位朴实的育种科学家，并没有很大名气，他只是用其所学，小有所得。不管他的目标何时能够达到，我们既无意只盯住成果论英雄，也无意给读者硬塑造出一个又红又专的楷模。我们要讴歌的是他为追求一个坚定的目标而表现出来的知难而进、锲而不舍的可贵品格。

科技现代化，不是一“喊”而就的事业，它需要我们从现有的条件出发，坚持不懈地去干，去创造。坐谈宏伟目标，坐等高精尖设备，坐享他人劳动成果，不能使我们的事业向前挪动半步。长期以来，鲍文奎不管受到来自哪个方面的挫折，都没有动摇过自己的目标，没有松过一口气。自然界不负有心人，终于给了他一颗小小的甜果。

良种，只能循着自然界的内在规律应运而生。这不仅需要育种家有一个按照自然规律去改造自然的科学头脑，也需要社会有一套按照科学发展规律去办科学的正确政策。

鲍文奎那富有故事性的阅历，从一个侧面反映了我国科学事业的昨天和今天。我们应当用清醒的头脑去总结昨天，为的是创造灿烂的明天。

（作者：于有彬）

参考资料

[1] 龚育之.列宁、斯大林论科学技术工作［M］.北京：中国科学院，1954.

许天禄

（1906—1990）

许天禄

中国医学美学教育的先行者

许天禄是中国著名的医学教育家和神经解剖学家，主要研究方向为组织学、胚胎学、神经解剖学。由于许天禄教授成就非凡，在他诞辰 101 周年时，中山大学专门为其召开了纪念大会，缅怀他的名师风范，并高度评价他对医学美学教育方面的贡献。时任中山医科大学党委书记、我国康复医学奠基人卓大宏教授认为他是杰出的“教学艺术家”，对美的塑造和表达贯穿在他一生的生活、教学与研究中。中国中西医结合研究会创建人、《中国中西医结合杂志》副主编侯灿教授认为他是“通过艺术美体现科学美的典范”。会后相关纪念文章编辑成了一本纪念小册子。在广东省解剖学会出的悼念文章中，也将许天禄的教学贡献总结为：“在教学工作中，他出色地以令人难忘的语言艺术风度，图文并茂、深入浅出地对学生谆谆善诱地进行科学的启蒙教育，把许多历来被认为最枯燥无味、难于掌握的医学基础课程变为学生们津津乐道的知识和艺术的综合享受。”

一、许天禄生平与科研工作

1906 年 3 月 18 日，许天禄出生于福建闽侯，小学就读于福州培元书院。他天资聪敏，学习成绩优良，小学毕业后便考入著名的福州英华书院。由于他成绩突出，毕业后免试进入福州协和大学化学系就读。1928 年 6 月，他从福州协和大学毕业，留学任助教至 1929 年 6 月。这段时间，他一边工作一边努力准备协和医学院入学考试。1929 年 9 月，他以优异成绩考入协和医学院。1936 年 7 月毕业，获美国纽约大学医学博士学位，并受聘为协和医学院解剖系助教。由于学医前他已经对生物学产生浓厚兴趣，因此留校后，他独立改进了神经组织解剖技术，动手设计了各种神经通路的图解和制作模型，将枯燥的课堂变得生动活泼，易于掌握，深受学生和同事赞赏。1941 年协和医学院停办。许天禄前往上海与许汉光（世界著名小儿科专家，首先将异烟肼应用于预防小儿结核病）结婚。婚后，夫妇俩先后来到江西，在中正医学院工作。1941年9月至1947年4月，许天禄任中正医学院副教授和教授，其间创立解剖科。1947年，由于国民党治下的公立高等院校派系斗争严重，湘雅派在中正医学院占据了上风，许天禄与许汉光来到南京中央大学工作，1947年4月至10月在中央大学医学院任借聘教授一学期。1947年10月，因协和校友李廷安担任岭南大学医学院和博济医院院长，应其邀请，许天禄来到广州，开始在岭南大学医学院任解剖系主任。1948年因李廷安逝世，曾任岭南大学医学院代院长及博济医院代院长6个月。1949年底，他赴美国米索里亚省圣路易斯城华盛顿大学进修，师从世界著名细胞学家学习了当时最先进的细胞学，并到各大医学院考察，他的经费由美国医药援华会供给。1950年10月，他回国到岭南大学医学院任原职。1952年底开始，因全国高等院校院系调整，岭南大学医学院、中山大学医学院、广东光华医学院合并为华南医学院，许天禄任解剖科主任。1955年因学习苏联，华南医学院废科建组后成立组织胚胎教研室，许天禄历任教研组主任、教授及中山医学院校务委员会委员。在其担任教研室主任期间，将一穷二白的教研组建设成为全国领先的教研室，并招收了来自全国各地的进修生，将他的教学和科学理念推广到全国。1956年，国家高教部进行全国知识分子的工资职级评定，他被评为二级教授。1960年起，他兼任中山医学院神经系统实验形态研究室主任。他的社会兼职还有中国解剖学会理事，《解剖学报》编委，《广东解剖学通报》名誉主编，广东省解剖学会理事长，第三、四、五届广东省政协委员，全国侨联第三届委员，等等。

20世纪50年代和60年代，许天禄都参加了组织学、胚胎学全国教材的编写工作，1980年他还参加了全国组织学参考书和人体胚胎学的编审工作。20世纪50年代时，他就认为染色体突变完全可以解释米丘林学说。1953年，DNA双螺旋结构发现后，许天禄立刻以极大的热忱为学生和教师进行综述和介绍。1974年12月17日，毛泽东作出“人口非控制不可”的表态，1975年许天禄发表了《男性计划生育的解剖及生理根据》的文章。针对当时几乎所有的节育措施都与女性相关的社会现实，许天禄从男性生殖系统的解剖和生理的基本知识出发，讨论了男性计划生育的方法和发展的可能性，结论认为结扎输精管阻断精子输出是当时最简便、安全可靠的男性计划生育方法，提出进一步研究氯乙醇这一类化学药物是否存在能够有效抑制精子成熟而又不产生毒性的构想。1978年3月18日—31日，全国科学大会在北京召开，会上，邓小平重申了“科学技术是生产力”这一基本的马克思主义观点。在党的领导下，中山医学院的工作重点也转移到科研中来。尽管此时许天禄已经 72 岁，他依旧抖擞精神，继续进取。1979 年，他在《广东解剖通报》上发表《血－脑屏障概念的发展》，系统介绍了血－脑屏障概念的发展，讨论了该概念的形态学根据，指明了物理化学性质，阐述了调节机制，较为全面地论述了血－脑屏障的复杂现象。文章对临床医生认识中枢神经系疾病的发病机制、进行诊断和治疗都有重要意义。1987 年，他继续在该杂志上发表文章《血脑屏障研究的新进展》，对之后 10 年内血－脑屏障研究的进展进行了介绍，讨论了血－脑屏障在生理生化方面的特点，叙述了血－脑屏障在形态学上的研究成果，以及这些成果对于临床医学的意义。1982 年和 1983 年，他接连在《中国神经精神疾病杂志》上发表《脊髓损伤后神经再生问题》和《脊髓损伤后神经再生问题（续)》两篇文章，对哺乳动物的脊髓损伤后神经再生问题作一概述，为实验研究和临床治疗提供了前期参考。1983 年，在他的倡导下，广东省解剖学会创办《临床应用解剖学杂志》，向全国发行，这是一本关于解剖学基础研究和临床应用的高水平期刊，由后来的中国工程院院士钟世镇担任主编，后来成为中国临床解剖学最重要的学术园地，被选为《中国核心期刊要目总览》核心期刊和《中国科学引文数据库》来源期刊。1987 年，他在《广东解剖学通报》上发表《松果体与视网膜的关系》与《松果体细胞的突起直接与脑连接》两篇文章，总结了世界各地科学家在松果体方面的研究成果，对松果体的解剖和生化特征、神经供应特点以及其生理功能进行了介绍。这些文章都是当时神经解剖学的前沿课题，成为许多研究生必读文献。1990 年 4 月 8 日，许天禄因病在广州与世长辞。他去世后的第 3 年，关门弟子李雯依旧将他作为指导老师的研究成果发表在《广东解剖学通报》上，《神经肽 Y 样免疫反应神经元在蟾蜍视网膜的定位与分布》一文使用了当时最新的免疫组织化学方法，研究了神经肽 Y 样免疫反应神经元在黑眶蟾蜍视网膜的定位、细胞分型以及它们在视网膜的分布、密度和树突野形态，为进一步了解神经肽 Y 在视网膜中的功能提供重要的形态学基础。

二、许天禄美学理趣的形成过程

福建闽侯地处福建沿海，是著名侨乡，这里的人们具有海洋文化开放、包容、创新、进取等特点。许天禄的姑母常常对幼年的许天禄提起民主、自由、平等的处世价值观。许天禄的父亲也常常给儿女们说起中国的老一辈给病人治病的故事。父亲和姑母的教育给许天禄兄弟留下了深刻印象，服务、牺牲、奉献的高尚品德也给许天禄兄弟播下最初的美的种子。

13 岁时，许天禄于福州英华书院读中学，书院里有很多美国教师用英语授课。这些美国教师与学生的关系非常亲密，一年有好几次在家里开办晚会。他们把孩子们叫到家中，读故事，听音乐，预备好精致的招待茶点，领着孩子们玩游戏。青少年时期，是一个人世界观形成的时期。潜移默化的美育，培养了许天禄高雅的情趣和高贵的精神，他开始领略美、习得美、欣赏美。

此时的许天禄也显示出他的艺术天赋，他酷爱书法，喜欢绘画，不论画花鸟还是风景、人物等均栩栩如生，得到同学和教师的好评。此外，他对生物科学有着浓厚的兴趣，他特别喜欢自行解剖观察动物的内脏结构，探索和观察多种小动物形体结构的自然之美。解剖之后，他还参考一些书画出动物内脏结构，这些画作像达·芬奇的画作一样准确优美，得到动物学教师的赞扬。由于学习成绩优良，中学毕业后许天禄免试进入福建协和大学化学系，之后又担任助教。

在那里，他和一批化学及生物教授结为好友，他们经常给许天禄讲科学家的故事，以伟大科学家的历史和成就来鼓舞年轻人。在许天禄心目中，这些化学和生物学教授是一群非常有派头的科学家，不讲宗教、只讲科学，全部时间都在实验室工作。他还从此知道了科学无国界，科学超越政治。许天禄自述，从此时开始，他“做起了科学家的迷梦，崇拜科学，崇拜科学家”。

在福建协和大学这一年，除读书外，许天禄还喜欢运动、唱歌，看科学家和历史名人传记。科学家们为科学、为真理而艰苦奋斗，最终取得杰出成就的故事，给许天禄树立了良好的榜样。对年轻人来说，偶像的影响是巨大的。科学家们得到社会的广泛认可，获得崇高的荣誉，并受到后人称颂的光辉结局，让许天禄产生了强烈的向往，他特别希望自己能够成为一名科学家。

在他的自传中，他用诗一般的语言写道：“我晚上眺望着天星，想做天文学家；仰望着高山的松树，俯瞰着山脚的动植物，想做达尔文；一个人在化学室的时候，我想做路易·巴士德；躺在树下乘凉的时候，我想做第二个牛顿；我一脑子里充满了做科学家的迷梦，我也想做一个博学者”，“对政治一点不感兴趣”。

1929 年后，许天禄到了中国医学科学最高学府北京协和医学院读书。当时的协和医学院实行精英教育。教师不参与也不希望学生参与到当时的政治活动中。他们要求学生为研究而研究，走纯技术主义道路。在这种氛围下，许天禄每天都把自己关在实验室里用功，12 年间都没有参加过一次运动。他觉得协和医学院的一切令他非常舒适，在协和医学院，人人都像学者，埋头苦干，协和医学院的设备、图书馆还有学风，都令他极为欣赏。环境氛围塑造了许天禄对世界美的认知，也影响了他的行为，许天禄逐渐从知道美转变成创造美。

三、许天禄的医学美育成就

许天禄最重要、最突出的学术成就体现在培养学生上，他教学思想鲜明，是中山医学院校务委员会委员。在1960年新会举行的教学大纲会议上，许天禄提出教学大纲应该是“培养学生的蓝图”，获得所有与会人员的认同，为中山医学院实行“三基三严”的教学模式创立了丰碑。

1. 语言之美

受家庭的熏陶，许天禄和弟弟许天福都拥有高超的语言艺术。许天福是我国英语语音的奠基人，他的英语语音曾被后辈描述下来：“尤其是一听录音磁带，便被许先生极具磁性的优美英语语音语调折服了——那雍容、大气、浑厚、极具穿透力的语音，高低抑扬、从容自如的语调，听起来真是一种享受。”他的著作《现代英语语音学》也被评价为所有目前出版的英语语音书籍中最细腻的经典教材之一。

一母同胞的许天禄，他的语言表达艺术在中山医学院同时期的所有教师当中最为突出。他的学生卓大宏曾回忆说：“许教授发言积极主动，能言善辩……语言铿锵有力，抑扬顿挫，陈述有条理，有逻辑，整个讲话显现出一种语言之美。……无论在普通的谈话中，还是正式的讲话和教学场合，许教授在人际沟通中始终保持他那种雅致的、清晰的、从容不迫而又有感染力的语言之美。”

2. 仪表之美

为人师表，必须讲究仪表之美。许天禄就是这方面的典范，他是中山医学院穿衣服最好看的教授之一。他一生所处的时代，恰是我国经济不发达、物质极为短缺的时代，但无论是出席正式场合的西服，还是普通的便服，他都穿着得体，看上去朴素高雅，丝毫不觉卖弄，给人赏心悦目之感。深受西方现代教育和文化熏陶的许天禄，在自觉和不自觉之间，表现出他对美的深刻理解。

许天禄对仪表的讲究还体现在他对中山医学院教学环境尽善尽美的追求上。中山医学院最早的解剖大楼为他所设计，建筑风格庄重大方，造型对称，典雅统一，建筑的美感基于他对理想情景的考虑，追求建筑的诗意、诗境，力求在气质上给人强烈的感染力。大楼前庭院的花草设计也是中山医学院之冠，他常常独自一人或带领教研室教师利用课余时间修剪草坪，在对庭院的美化当中对学生进行美的教育。

3. 教学之美

教学是许天禄美学的巅峰，他对美的所有理解在他的教学活动当中得到完整体现。就个人技能而言，他双手可以同时在黑板上进行板书，一手画出形态结构图，一手标出结构名称，图画与书法都堪比印刷，而且层次分明、结构清晰，从简单到复杂，吸引学生集中注意力紧跟讲授的思路，从而激发他们对医学的美的认识，开始对医学的喜爱。这为当时中山医学院最著名的风景之一。这就是他独到的“动态层次绘图教学法”：主要方式是用五色粉笔一边画，一边写，一边讲，随着各组织出现在不同发育阶段的不同层次，不断变换色笔，绘出颜色、深浅、层次、形状各不相同的线条和形象，同时讲述这个发育过程的动态演变。当过程讲述完毕时，黑板上已经出现一幅完整的、有层次感、有立体感、有动态感的教学示意图。颜色、线条、层次、形状在许天禄手中既是美的元素，也是理的元素，再加上许天禄同步讲授中的语言之美，还有精心制作的挂图、模型等配合，在电脑多媒体等教学手段开始之前，可以说是结合了艺术妙笔、构图创意、讲授口才的近乎完美的课堂讲授法。很多教师从他的教学中，学习到通过讲课艺术激发学生对医学专科美感的教学方法。

中山大学孙逸仙纪念医院原副院长邝健全回忆说：“我印象最深的是教解剖的许天禄教授。他一走进来，我们大家立刻鸦雀无声。他的头发一丝不苟，穿了一套白西装，打着领结。他一边说着纯正流利的英语，一边左右开弓两手同时在黑板上板书，一只手画图，一只手写字。图和字比书上印刷的还要精美和端正，这门绝活把我们都惊呆了，我们都觉得自己身处知识的殿堂，享受着一场艺术的盛宴，同时也觉得自己领略到这门高雅的学问，也成为高雅的人了，一定要认真对待学习，不能马虎……”

4. 师生情谊之美

由于教学出色、认真负责，又没有教授架子，许天禄在学生当中有着崇高的威信。他和许汉光没有儿女，很喜欢客人，每周六都邀请学生到家里来。许天禄生活不落俗套，平时不抽烟、不饮酒、不打麻将，业余爱好是弹琴、画油画和唱歌。他的钢琴和锯琴都演奏得非常不错，周六学生们便在他家中练习唱歌。他和许汉光还主持了学生的周日演讲，演讲题目主要是《青年的修养》《做人的艺术》等，极受学生欢迎。有一次在福建长汀的讲学中，他教导学生做人需要为别人寻找幸福，赢得满堂喝彩。

1947 年，他和许汉光离开江西中正医学院去南京中央大学医学院教书时，学生们多次挽留，依依不舍。

许天禄待人诚恳，乐于助人，为人正直，且能仗义执言，在院务会议上，如决议有对学生不利的，他肯为学生说话。1947 年，中正医学院二年级学生因反对一个不负责任的化学教员而罢课，当时院方想开除几个进步学生及班代表，他在会上替学生讲话，结果这几个学生未被开除。

四、许天禄的教学特点

许天禄教学上的一些特点打上了强烈的个人烙印，后人很难复制，但是他对教具设计的重视，深刻影响了中山医学院的教学习惯。20 世纪 50 年代初，中山医学院的教学设备一片空白。上课没有挂图，缺乏模型。针对这一情况，许天禄把教具的建设放在教学第一位。他根据教学的难点和学生不易懂的内容，创造性地建立胚胎学、组织学的模型及挂图。从无到有，从少到多，为组织胚胎学和神经解剖学的形象教学打下了重要的基础。这些教具都是他自己精心设计、指导教师制作模型的蓝样后，再交由模型厂生产。模型形态逼真、设计精巧、工艺精湛，体现了科学与艺术的统一，很好地提高了学生对复杂形态结构的理解力，很多挂图与模型深受师生欢迎，沿用至今。

许天禄的组织学特别是神经组织切片制作技术，在国内外首屈一指。他一辈子潜心钻研神经组织和细胞的切片染色技术，亲自动手取材、包埋、切片和染色，还不厌其烦地手把手教技术员、进修生和教师们掌握这些技术，各个环节要求也非常严格。例如磨刀，他要求学生把一根头发丝放在刀刃上，用嘴一吹这发丝自然断开为止，配制硝酸银的玻璃瓶子要经过无数次的洗刷、烘烤，然后在灯光下照看，如果有一点水印，都要重新做。他做出的切片标本，国内外无与伦比。

许天禄非常重视教师讲课质量，强调要把最佳科学成就用最有启发的方式影响下一代。组胚教研室举办最多的会议是主讲教师的试讲，在试讲过程中，他进行极为细致的指导：如何深入浅出？如何把结构与功能相结合？如何绘制黑板图？如何插入一些学科的新进展？归纳起来主要有以下几点：1. 讲述某个结构时，尽可能做到肉眼观—低倍镜下—高倍镜下—电镜。这样便会解决局部与整体的关系，学生可以获得完整的结构概念。2. 组织或器官在切面下的形态结构与其立体的形态相联系。3. 组织或器官的形态结构与功能紧密结合。4. 对复杂的结构坚持从简到繁。5. 重点突出。6. 深入浅出。7. 相似的器官，要用比较方法讲解。8. 启发性教学：主要方法是讲课开始，首先提出问题，引起同学思维活跃或兴趣后才继续讲述；或是讲两个典型的结构，以此引导学生自学其余类似的结构，达到举一反三的作用；或是针对教学内容，指导学生了解内容的思路，通过什么线索来进行自学。最后在课后设计问题，提出问题，引导学生深入思考，或者指出参考书的具体页数，提出某些问题未来的发展方向，引导学生去探索。

在许天禄的指导下，组胚教研室的教师人人都有一本自己的教学提纲和讲稿，还有积累多年的精美而立体的图像笔记，互相观摩、互相交流、互相借鉴。全部教师都以教学为重中之重，互相学习、互争上游，蔚然成风。其中，徐静在 1962 年被选为全国文教战线群英会代表，并在 1977 年后先后担任中央办公厅毛主席纪念堂管理局副局长、局长、副研究员、研究员，第八届全国人大常委会委员、全国人大教育科学文化卫生委员会委员。1964 年，卫生部请协和医学院选定一套病理学显微标本来测验 4 家重点医学院的病理课程中的学生，中山医学院荣获第 。

五、结语

中国医学美学的建立与形成，最早要追溯到 20 世纪 80 年代。1988 年，邱琳枝和彭庆星出版《医学美学》一书，正式确立“医学美学”这一概念。1990 年 11 月 15 日，中华医学会成立“医学美学与美容学会”，建立了“医学美学”的学术共同体，标志着医学美学这一学科整体形成。但早从 20 世纪 40 年代开始，许天禄已经留意到医学美学的存在这一客观事实，有意识地将医学美学教育融入医学教育当中，在实验操作美、授课效果美、学习环境美、诊疗行为美等方面，进行了开创性的具体探索，并且形成了系统的教学思想，贯穿了医学教育全过程。在他的启蒙和引领之下，中山大学中山医学院的医学美学教育从一开始就站到了极高的位置，开创了一个极好的局面，并且随着其学生的成长，继承和发扬至华南地区各医学院校，成为今天医学人文教育的重要基础课程之一。

医学美学教育不是在医学教育中进行美术教育，培训学生艺术技法，而是培养学生感受医学及其人文方面内容的能力，使其在医学实践活动中发现美、观察美、创造美，把握、创造和运用生物医学和人文医学的客观规律，以达到提高医术、提高道德自觉的目的。许天禄是华南地区医学人文教育工作者们公认的医学美学教育先行者。

怎样培养医生的审美，使他们在疾病治疗中贯彻对美的追求，许天禄的教学方法对我国培养医学人才、提高广大医学劳动者的综合文化素质，具有一定的价值和意义。

（作者：朱素颖）

参考资料

[1] 中山大学中山医学院组织胚胎学教研室. 一代宗师，孜孜育人——许天禄教授诞辰 101 周年纪念活动 [J]. 解剖学研究，2008 (1)：80.

[2] 中山医科大学组织胚胎教研室. 悼念许天禄教授 [J]. 广东解剖学通报，1990 (1)：2.

[3] 顾华. 璀璨夺目的医学界双星——许天禄和许汉光夫妇 [J]. 岭南文史，1998 (2)：86-87.

[4] 许天禄. 男性计划生育的解剖及生理根据 [J]. 广东医药资料，1975 (6)：22-26，30.

[5] 许天禄. 血－脑屏障概念的发展 [J]. 广东解剖通报，1979 (1)：1-12，86-92，96.

[6] 许天禄. 血脑屏障研究的新进展 [J]. 广东解剖学通报，1987 (2)：1-6.

[7] 许天禄. 脊髓损伤后神经再生问题 [J]. 中国神经精神疾病杂志，1982 (6)：366-372.

[8] 许天禄. 脊髓损伤后神经再生问题（续）[J]. 中国神经精神疾病杂志，1983 (6)：366-372.

[9] 许天禄. 松果体与视网膜的关系 [J]. 广东解剖学通报，1987 (1)：1-3.

[10] 李雯，李海标，许天禄. 神经肽 Y 样免疫反应神经元在蟾蜍视网膜的定位与分布 [J]. 广东解剖学通报，1993 (1)：51-55.

[11] 朱素颖. 一半是诗人，一半是匠人——许天禄 [J]. 中国医学人文，2017 (9)：18-19.

[12] 徐静. 纪念许天禄教授百年诞辰 [J]. 神经解剖学杂志，2007 (4)：449-450.

[13] 邱琳枝，彭庆星. 医学美学 [M]. 天津：天津科学技术出版社，1988.

丹心百炼在融通：

中华科技英才 Ⅲ

卢嘉锡
唐敖庆
钱临照
李薰
徐光宪
申泮文
罗沛霖
叶培大

卢嘉锡

（1915—2001）

卢嘉锡

集科学家、教育家与科学管理于一身的实践家

卢嘉锡先生是中国现代著名的科学家、教育家和社会活动家。他读万卷书，行万里路，文理兼容，学贯中西，才思敏捷，治学严谨，勇于创新，教泽广被，不愧为一代宗师。他胸装科学人文思想，心怀赤诚爱国之情，其博大胸怀、人格魅力，无不令人缅怀追忆。

一、书香门第，家学自有渊源

卢嘉锡的祖籍是福建省永定县坎市乡，世代为农。为了改变山区贫困生活，他的五世祖弃农经商，只身由汀（汀洲）永（永定）莅台（台湾）并成家立业；由于经营有方，家道渐趋殷实，转而重视子女教育；到了他的曾祖父这一代，卢家就成为颇有名望的诗书之家了。他的祖父（杏堂）生前曾任云林县督学（相当于现在的教育局局长）。

1895 年甲午中日战争结束后，清政府把台湾割让给日本，一些不堪忍受异族欺凌与压迫却又无力扭转乾坤的知识分子率先携眷离台，回归祖国。年过古稀、为人正直又颇有见识的曾祖父立轩老人就率领他的长房长孙和新婚的孙媳妇（卢嘉锡的父亲卢东启和母亲郭莞卿）这一房来到隔海相望的厦门定居下来。

在闽南一带，大凡不同宗族都有自己的灯号，立轩老人也为迁居厦门后的卢氏家族取了灯号叫“留种园”。作为谋生手段，他重操旧业，在家设塾授课，塾名就称“留种园”。不久老人辞世，东启就承继祖父业，也当起了私塾老师。1915 年 10 月 26 日，一个小生命就降生在这清贫的塾师家中。年届不惑之年的东启先生，大儿子雨亭已 12 岁，但相继的两个女儿先后夭折，而今添了第二个儿子，全家欣喜异常。由于孩子生就一副虎头虎脑的模样，父亲就给他起个小名叫“狮仔”。自他学会走路，经常回旋于父母周际，父亲的书房和书斋堂里那琅琅的读书声和古色古香的经书卷帙让

他觉得有趣喜欢。就在3岁多的某一天，他突然对父亲说："爹，我也要念书！"3岁多的孩子就急欲读书，为父者闻此欣喜异常，他断定此儿必是可造之才，是卢家希望所在。大约四五岁时，父亲就决意把"狮仔"收为入门弟子，并给他取了正式名字——嘉锡，取自《书经》中"嘉天之锡"这句话，意即感谢上天的赏赐。

面容清癯、神情严肃，身材不高、衣着朴素的卢东启先生和他的"留种园"书斋，在厦门名闻遐迩。许多官宦之家和名门望族都喜欢把子女或亲属送到他的门下。东启先生每次给学生上新课时，总是先嘱咐大家把书翻到某一页，接着由他带读，他念一句，学生们跟一句。随着他那铿锵有力、抑扬顿挫的朗读和精到的讲解，每个学生都聚精会神，不敢懈怠。有时吟诵到激昂时，老先生还会摇头晃脑起来，而学生也会产生由衷的共鸣。

卢东启对儿子的要求更加严格，不因他年纪小而稍有宽容。老先生在书斋里经常叫他背诵文章并提问，检查他对文章的理解程度，一旦发现错误，就沉下脸来说："不对，不对！"随后指出错误所在，并根据错误大小加以批评或处罚。每当出现较严重错误时，父亲就叫他伸出手来，用戒尺打手心。在父亲的严格教导下，卢嘉锡不仅书念得好，而且练就一手清秀工整的毛笔字。卢嘉锡后来回忆说："旧式教育中打手心的做法并不得当，挨打的滋味儿也不好受，但对颇有自尊心的我来说，倒是一帖良药。正是在父亲的严格教育下，我从小养成了办事认真的习惯。"

在家里，卢嘉锡还受到中国传统家教家风的教育。父亲要求孩子们的言行举止都要端庄，合乎礼仪；要尊敬老人，在老人面前不能手舞足蹈；吃饭时要让长辈先入座并坐在上位，其他人才能依次入座；不许把饭粒洒在桌上或地上；等等。

卢嘉锡在父亲的"留种园"书斋里学习了六年多，从《三字经》《千字文》《幼学琼林》等启蒙教材到"四书""五经"，涉及文、史、哲儒家经典的重要论著几乎都读过了。这些国学基础深深地扎进了卢嘉锡的幼小心灵，对他后来的漫长学海生涯、人生道路、处世为人、思维方式和学术风格都有着深刻的影响。

卢嘉锡跨入新学堂时已是10岁出头，算是"大龄"学生了。他凭着父亲给他打下的国学基础，无须按部就班从头学起。在大哥雨亭的辅导下，他很快补上了算术和英文，直接插班小学六年级就读。期末全市会考，他的语文得了第三名，算术和英文也完全合格。在进入中学时先在育才学社学习，后转入大同中学。经过育才学社"自由听课"，他认为可完全驾驭一、二年级课程而直接插班大同中学的三年级。读完三年级课程后，他又突发奇想，要求报考厦门大学预科。但按厦大预科招生规定，考生最低学历必须是四年制中学毕业，或高中一年肄业以上。卢嘉锡最多只能算读完了三年制初中，显然不具备报考资格。于是他去找校长兼国文老师杨景文，表明心意，请求支持，证明他已修完报考大学预科所必备的课程。经过一段紧张准备，卢嘉锡果然不负众望，国文、算学、英文、物理、化学门门合格，被厦门大学预科录取了。至此，卢嘉锡完成了从小学—中学—大学预科的“三级跳”，用两年半时间，完成了通常需要十年才能学完的课程。卢嘉锡后来回忆说：“这种跳级式升学是不好的，它会给青少年造成太大的心理压力和学科发展不均衡性，还是循序渐进为好。”

两年后，即 1930 年，卢嘉锡预科毕业升入厦大本科，时年 15 岁，是全校最小的学生。厦门大学是著名的华侨领袖陈嘉庚先生于 20 世纪 20 年代初创建的，位于鹭岛南端，背岛临海，占地 2000 多亩。此地原属郑成功收复台湾前操练水师的场所，早已成杂草丛生的荒地。陈先生投以巨资把这块地买下，又聘请最好的设计师，历经数年，才建成了颇具风格的建筑群，与鹭岛风光交相映衬，成为我国南方一座秀丽的大学城。这座大学城先后又经过著名的物理学家萨本栋校长和著名的经济学家王亚南校长的精心设计和艰苦经营，从私立大学变为国立大学并成为东南亚一带的知名学府。卢嘉锡与厦门大学这几位顶尖人物都有交往或共过事，这是后话。进入本科，校方为充分发挥学生的积极性，拓宽学生的知识面，以使之适应社会求职需求，允许学生选择一门主修专业，一门辅修专业，还可选择自己感兴趣的选修课。卢嘉锡对自然科学有广泛兴趣，对数学严密的逻辑推理和运算尤感兴趣，因此他选的是主系数学，辅系化学。但他的这一选择，后来因受到从美国归来担任厦门大学理学院院长兼化学系主任张资珙教授的启发，而作了对易改变。张教授从事化学教研，又十分熟悉国外科技发展动态。他强调化学这门学科，上连数、理，下连地质矿产和生命科学，是最基础又实用的学科，对工、农、医药工业影响深远，对认识自然、改造自然和富民强国将起重大作用。一个学期过去了，他看到卢嘉锡各科成绩都很优秀，但作为化学教授的他，更注重卢嘉锡在化学上的成长，因此有意鼓励他在主辅系的选择上向化学倾斜。这一指点就成为卢嘉锡一生的转折点。从第二学期开始，他把学习志愿改为主系化学，辅系数学。从此，他与化学结缘终身。

令卢嘉锡终生难忘的另一件事是，张资珙教授在一次上课时提出的化学家分子式——C_3H_3，曾令学生们莫名其妙。张教授转身就在黑板上写下三个英文词组：

Clear Head（清醒的头脑）

Clever Hands（灵巧的双手）

Cream Habit（整洁的习惯）

没有清醒的头脑，在形态万千、变幻莫测的化学世界里，就抓不住本质，理不清头绪；没有灵巧的双手，自己的设想就不能实现；没有整洁的习惯和有条不紊的分析程序，就不能得到正确的数据。多么深刻的概括，多么精彩的诠释，这就成为卢嘉锡日后数十年从事化学工作的信条。虽然张资珙教授在厦大执教的时间很短，但他的言传身教却使卢嘉锡终生难忘并在日后数十年间与其保持着深厚的师生情谊。

在本科三年级时学习物理化学，算题多、难度大，任课老师经常进行测验，以培养学生的思维和运算能力。有一次老师出了一道很难的试题，卢嘉锡基本做出了，自以为不错，但老师批改卷子时只给了四分之一的分，而四分之三被扣了，原来是小数点错了位。卢嘉锡开始觉得老师未免太过分了，老师却说：科学计算是非常精密的，来不得半点差错，实验室或设计图上毫厘之差，就会在现场造成谬之千里的严重后果。通过这一事件，卢嘉锡总结出一种“毛估”方法，即根据研究或计算对象所给出的条件，先大略地估算一下它可能出现的量级或范围，心中有此粗线条的谱，再进入细致的运算时，就不至于导出错误的结果。

英语的学习颇使卢嘉锡感到头痛，因为英语老师多是从英语国家归来的侨胞，或是聘请的外国教授，上课时全部讲英语，提问时，卢嘉锡听不懂，答不上，往往弄得十分尴尬。他索性买些英文原版书，硬着头皮啃，渐渐取得一些“自由”，由听不懂到听得懂，由死学硬记到活学活记。为了掌握和运用英语，体会英文和中文的差别，他还坚持用英语写日记并交给老师指点。卢嘉锡在英语学习上投入的精力和取得的进步，深得英语老师李锡爵的肯定。这样经过两年刻苦用功，卢嘉锡的英语达到了会听、会讲、会读、会写的水平。

卢嘉锡虽有天生聪颖的过人之处，但他在学业上的进步和成功主要还是靠他的勤奋和锲而不舍的钻研精神获得的。1934 年夏，他以陈嘉庚奖学金获得者的优异成绩和理学学士学位毕业于厦门大学化学系。

二、科学救国，战火纷飞赴英美

虽然卢嘉锡大学毕业了，但父亲辞世，大哥当时也已成家，在中学任教，工资不多。为减轻家庭负担，他应聘为厦门大学化学系助教，并经厦大数学系主任张希陆教授介绍，兼职厦门省立中学数学老师。卢嘉锡一边努力工作，一边继续创造条件为报考出国留学作准备。他曾报考1934年清华留学公费招收的化工陶瓷专业，因专业不对而落选；又过两年，报考中英庚款公费生，专业是物理化学，正好对口，但30名报考物理化学者仅收1人，他又擦肩而过。张希陆教授因看到他在数理方面的天分，仍继续鼓励他作进一步准备，而这时新婚妻子吴逊玉更是对他寄予厚望，全家人也都热情支持。1937年3月，他第三次赴南京报考并以第一名的成绩考取了第五届中英庚款公费留学生。

带着科学救国的理想，在七七卢沟桥事变后的1937年8月17日，卢嘉锡和来自全国各地的20多名留英学生聚集到上海，准备出国。这时上海已笼罩战火，他目睹了日本人的军舰在黄浦江上横冲直闯，飞机不断把炸弹、汽油弹倾泻下来，还有不绝于耳的枪炮声。由于战火弥漫，他们只能在上海码头登上英国军舰，经黄浦江驶向吴淞口外，再换乘英国邮轮。轮船起航了，他站在甲板上望着渐渐离去的故国，心情极为复杂：他庆幸自己获得了难得的留学机会，可以学习西方科学技术，将来可以报效祖国；但又担心日本战争狂人发动对中国的大规模武装侵略，大好河山遭蹂躏，多少同胞遭屈辱，还有自己的母亲妻儿和兄弟……经过一个多月的海上航程，终于到达了号称世界工业革命发祥地和西方资本主义最发达的中心城市——伦敦。这里的繁华、富有和现代化气派使这些来自“穷乡僻壤”的学子们目不暇接，眼花缭乱，与贫穷落后的祖国对比，简直是天渊之别！

在前往伦敦大学学院的报到处时，他遇到一位没有通常英国人那种傲慢气派的人。“你就是从中国来的卢嘉锡吗？”卢嘉锡惊异地看着对方，见是一位50来岁满脸笑容的谦和长者，连忙应声道：“是的。”这时长者走过来，握住他的手说：“我正要到报到处迎接你。我叫萨格登，化学系教授，从现在起你就是我的学生了。”萨格登教授是英国皇家学会会员，在热化学、磁化学和放射化学方面颇负盛名。他征询卢嘉锡愿意从事哪个方面研究工作，卢嘉锡表示对放射化学这个新领域有兴趣，这样就把研究方向确定下来了。在萨格登教授指导下，卢嘉锡一面攻读研究生基础理论课，一面进行放射化学研究。三个月取得初步结果后，导师叫他先写成初稿，经导师修改后再写成正式报告。第二天卢嘉锡把报告稿送上，教授没想到他写得这么快且行文流畅、字迹清秀，对他十分满意。

不过卢嘉锡在实验中也曾因为出现“事故”而被警告。一次，实验室门上贴了一张纸条，提醒他的实验室里有一盏煤气灯没有熄灭。哦，想起来了，傍晚时分暗处略带白色的煤气灯与室外的雾色（伦敦是多雾之都）混为一体，故易误认为灯已关上，但到了夜间灯光就会“亮”起来。巡逻发现，所以留条警告。

卢嘉锡的博士论文是有关放射性卤素的化学浓集法。据报道，有机卤化物经中子照射后，有相当数量的放射性卤化物生成，并可通过适当的试剂将其萃取出来。化学家拟探明其萃取原理以得到化学浓缩的放射性卤素，但从来未取得成功。卢嘉锡在导师指导下经反复试验，发现有机试剂的加入对萃取分离很有影响，如在有机卤化物中加入少量苯胺，再行中子照射，然后用稀酸萃取即可成功地制备出浓缩因子达30000的放射性溴浓缩物，然后他又对这一过程的机理进行了阐释。这一成果写成论文发表于1939年的国际权威杂志《化学学会会刊》上，卢嘉锡因此成为成功分离出放射性高度浓缩物的第一位化学家。他的论文获得很高评价，并顺利通过答辩，获得伦敦大学物理化学专业博士学位。

在萨格登教授推荐下，1939年8月卢嘉锡告别了导师，横渡大西洋来到美国加州理工学院，拜师于美国著名化学家鲍林教授（1954年诺贝尔化学奖和1962年诺贝尔和平奖获得者）门下，并受聘为加州理工学院客座研究员。通过交谈，他们发现师生间的生活历程有着惊人的相似处，因此从情感上拉近了距离。当年，鲍林38岁，在科学上已有重要建树，他把量子力学这门崭新学科通过近似处理应用到结构化学和化学键本质的研究，并于1938年完成了巨著《化学键本质》一书。鲍林还善于运用经验方法分析总结实验结果，而且富于直观想象力，的确把化学结构理论在原有经典理论基础上推进了一大步。

卢嘉锡特别注意观察和体会导师的治学方法和思维方式。他发现老师很善于在科学实践中通过“猜测”而求得真理。在晶体研究中，鲍林运用逻辑推理方法，从晶体的性质推断它的结构，反之，根据晶体的结构即可预见晶体的性质。鲍林具有非凡的化学直观本领，只要给出某种物质的化学式，他即能大体上想象出该物质的分子结构，进而大体掌握该物质的性质。当然这种能力是从大量实践中获得的。卢嘉锡早期在运算物理化学难题时所总结出的“毛估”方法和直观本领经鲍林的点化就更趋精到成熟了。

在加州理工学院，卢嘉锡从事以X射线衍射法和电子衍射法为主要研究手段的晶体结构研究课题，例如二联苯晶体结构，硫氮、砷硫等化合物结构，解决了当时国际化学界的许多结构化学难题。他在X射线晶体结构分析的实验方法和技术上也有重要贡献。他设计的Lp因子倒数图和两种曲线卡，把过去繁难的手工计算变得非常简易，从而被国际同行广泛采用并被收入《国际晶体数学用表》，称为“卢氏图表”。

1941年珍珠港事件爆发，美国也卷入战争，对德、日、意等法西斯国家宣战。

1944年美国在反法西斯战争跨入第四年时，通过一项战时法规，规定旅居美国的所有外国留学生必须为战争服务，或入伍当兵，或参加国防科研。卢嘉锡选择了后者，被派往美国国防委员会第13局所属的马里兰研究室工作。根据所学专业，他参与了燃烧和爆炸方面的研究。他的工作取得出色成绩，因此一年后，美国国防委员会就向他颁发“成就奖”予以表彰。在马里兰研究室工作结束后，卢嘉锡回到加州大学和加州理工学院工作了半年，从事化学热力学方面研究。不久，中国的抗日战争取得了胜利，二战结束。他再也按捺不住对祖国和亲人的眷念，辞去一切职位，搭乘由旧金山开往中国的客轮，于1945年11月启程回国。临行前，卢嘉锡向导师鲍林话别，想给导师送点纪念品，鲍林立即说，就把你那本量子化学笔记本留给我作纪念吧！原来鲍林早就注意到卢嘉锡的学习笔记做得很精致独特，令人爱不释手。40年后，当耄耋之年的鲍林教授得知卢嘉锡出任中国科学院院长的消息时，怀着非常喜悦的心情给卢嘉锡发去祝贺信，并寄回保存了近40年的量子化学笔记本。这段因缘，成为鲍林和卢嘉锡师生之间令人称羡的“完璧归赵”美谈。

三、良师益友，厦门大学一颗明星

阔别八年、满载而归的卢嘉锡，受到了国内学界和亲朋好友的热忱欢迎。回国途经上海，浙江大学理学院院长胡刚复闻讯赶来拜访，当下就聘请他到浙江大学化学系担任主任教授。但回到厦门大学——自己的母校时，卢嘉锡既无法拒绝浙大的聘约又不能冷淡母校的培育之恩和校长汪德耀的盛情邀聘，因此他只能两头兼顾，奔波于厦杭之间，1946—1948年他就是这样度过的。厦门大学化学系原是厦大的强系，名师荟萃，阵容强大，在国内各大学中颇负盛名，但抗战期间，学校内迁闽西长汀，著名教授相继离去。抗日战争胜利后，学校迁回厦门，但已“人去楼空”，今非昔比。师资短缺，设备匮乏，是作为化学系主任的卢嘉锡必须面对的现实。于是，他通过师生关系、同学关系和校友关系等诸多门径，到处打听，多方求贤，或登门拜访，或函电邀请。精诚所至，金石为开，他终于把方锡畴教授（从贵阳）、吴思敏教授（从印度）、钱人元教授（从美国）、陈国珍教授（从英国），以及蔡启瑞教授等精英都动员到厦大来了，化学系又出现了人才济济、繁荣兴旺的新局面。

在教学上卢嘉锡率先做出榜样。他精心设置教程，认真备好每一个教案。他的讲课颇有特色，不是先写好讲稿，然后在堂上讲解，而是在备课时扯下昨天的一张日历，然后条分缕析地把当天要讲的内容先烂熟于心，写成几条精要的提纲进行讲述。他讲课声音洪亮，板书秀丽，思路清晰，推理分明，常能做到数理贯穿，譬喻生动，化难为易。卢嘉锡的讲课博得了全校师生的赞赏，常常是听者盈座。但这种用日历纸写下的只是讲课纲要，而详细内容的“腹稿”仅暂存在记忆中，这对他日后整理成书却是一件憾事，但既忙于教学又忙于行政事务的卢嘉锡也无心他顾了。无独有偶，大圣先师孔夫子的“述而不作”的教学模式与此不无相似之处。据说黑格尔的某些哲学著作也不是出自他的手笔，而是他的学生在他逝世后根据自己的听课笔记整理而成的。卢嘉锡除了给本科生讲授物理化学基础课，还给研究生讲授经过精心设置、反映当代物理化学水平的新颖科目——化学热力学、统计热力学、量子化学、结构化学、晶体化学和 X 射线晶体结构分析等重要基础课，给学生打下了坚实的理论基础。卢嘉锡不仅重视学生基础理论的学习，同时注意对学生的实际动手能力的培养。中华人民共和国成立初期的厦门大学，学校教学研究设备十分匮缺，他就带领研究生自己动手设计实验仪器，先后安排设计了 X 射线单晶衍射实验用的劳厄照相机、转动照相机、摆动照相机及观察 X 射线底片用的光箱等设备；他还指导学生制作了花样繁多的分子结构模型，亲自检查学生的实验数据，重视数据的原始记录，不准撕去或涂改。

1953 年，由高等教育部召集在青岛开设的全国物质结构讲习班，要从全国各大学现有的化学教师中抽调几十人，进行短期培训，以解决物质结构这个全国性新设专业的师资问题。哥伦比亚大学理学博士、在量子化学方面造诣很深的东北人民大学（吉林大学前身）教授唐敖庆和精通结构化学理论与实验技术的厦门大学教授卢嘉锡在这个学界难逢的讲席上共同担任主讲。唐敖庆从量子化学的物理概念和严密的数学推导方面进行阐述，而卢嘉锡则从结构化学理论和实验方法方面进行全面讲解。两位导师各有所长，各有侧重，相互补充，相得益彰，使那些来自全国各高校的有机、无机和分析化学专业的老师大开眼界，受益匪浅。青岛海滨的碧水蓝天、宜人气候和唐、卢两教授精到的讲解阐述，使学员们在紧张的学习、密切的交流和融洽的氛围中，获取了新鲜的知识，取得了最佳的教学相长效果。青岛全国物质结构讲习班的成功举办，赢得了全国高校的高度赞赏。在大家的热烈请求下，1954 年第二届全国物质结构讲习班在北京开班了。报名的学员比计划多出一倍，而主讲教授亦扩增一倍，复旦大学吴征铠教授和北京大学徐光宪教授也加盟讲席。卢嘉锡在东南一隅的厦门大学化学系点起的“物质结构”的“星星之火”终于燃成了全国高校化学系开设的基础理论专业课。唐敖庆教授后来回忆说：“这两次全国性物质结构讲习班影响重大，今天大部分在物质结构化学方面有所作为的科学家，都曾受益于这两次培训。”1955 年卢嘉锡以优异教学、科研成果与唐敖庆同被选为中国科学院数理化学学部委员（院士），1956 年被高等教育部聘为一级教授。

卢嘉锡由于出色的教学和管理艺术，职位也不断迁升，从化学系主任、副教务长、数理系主任、研究部主任、校长助理等职一路升任到副校长。他依然尊师重道，待人以诚，谦虚平易，乐于助人，教泽广被，奖掖后进，为厦门大学及我国化学学科的发展立下了不朽功劳。

1956 年，国务院组成了以周恩来总理为首的科学规划委员会，召集 600 名全国著名科学家来北京共商科学发展大计。卢嘉锡、唐敖庆和蔡启瑞作为化学学科小组成员应邀参加大会，在十多位资深小组成员中，他们由于是“少壮派”，要承担讨论时的会议记录和写简报任务。卢嘉锡以他多年的经验和获得的信息，认为“物质的微观结构决定物质的宏观性能”正成为基础化学的主流观点，并影响到化学各分支学科领域，所以建议把“物质结构与性能的研究”作为化学学科的中心议题，提交大会讨论。卢嘉锡把这一想法在小组作了详细阐述，得到化学界同人的普遍赞同，但这一内涵还得有个“帽子”，他和唐敖庆就共同草拟了“当代化学学科发展的总趋势是从宏观到微观，从静态到动态，从平衡到不平衡”的言简意赅的纲领式提法，为大会奉献了科学工作者高瞻远瞩的设想。

四、坚持方向，结构晶体崭露头角

1960 年初，卢嘉锡从厦门大学来到福州，出任福州大学副校长，同时又接受国务院总理周恩来的任命，担任中国科学院福建分院副院长的职务。如果说他来到福州，福州大学才刚刚开始“破土动工”，那么中国科学院福建分院则还处于“无影无踪”状态。经过 20 多年艰辛努力，福州大学后来成为以工科为主，理、工、财、文、艺兼备的多学科综合性大学。而按中国科学院最初规划的福建分院应包括技术物理、应用化学、电子学、自动化、稀有金属、数学力学等六个研究所和一个生物物理实验室（简称“六所一室”），后又调整为理化研究所。在全国三年困难时期，当时福建唯一的理化研究所也面临着生存危机。卢嘉锡以中国科学院学部委员的身份和影响力，据理力争，多方呼吁，建议将研究所改为“中国科学院华东物质结构研究所”，建制上隶属中国科学院，行政上由华东分院、福建省科委和福州大学共同领导；以后又几经“挣脱”，排除干扰，才成为独立自主的中国科学院福建物质结构研究所。

在“文化大革命”中，卢嘉锡被戴上了“资产阶级反动学术权威”和“走资本主义道路的当权派”两顶帽子，被解除了一切职务。在“造反派”的批判、审问的压力下，他实事求是，问心无愧，保持了自己的品德和大节。1969 年，周恩来总理得知他的遭遇，立即给福州军区皮定均副司令员打电话，指示给卢嘉锡“立即解放，安排工作”。卢嘉锡闻讯后当即提笔挥毫，把李白《赠汪伦》的诗句化用为“桃花潭水深千尺，不及周公对我情”，对总理给予他的知遇之恩感激万分。1971 年他赴京参加胰岛素晶体和分子结构鉴定会，得知中国科学院拟将组织“化学模拟生物固氮”的基础研究项目。这是当时化学界前沿课题，他感奋异常，立即和好友唐敖庆、蔡启瑞商量，三人主动请缨，愿意承担这一重大课题，共同组织开展全国性研究工作，并以此为契机，把荒废多年的物质结构研究重振起来。1972 年和 1973 年长春和厦门两次全国性固氮会议，决定基础研究和应用研究同步进行，并作了具体分工，卢、唐、蔡负责固氮酶活性中心的化学和生物化学的基础研究。从此以卢、唐、蔡为首的全国性化学模拟生物固氮研究在全国科研院所和高校中全面铺开了，唐敖庆从量子化学，蔡启瑞从催化理论，而卢嘉锡则从结构化学方面对固氮酶结构与性能进行既有协作又有分工的研究，取得了丰硕成果。

卢嘉锡及其所领导的研究集体的科学成果比较集中地呈现在《探赜索隐　立志创新——中国科学院福建物质结构研究所建所三十周年论文选集　结构化学与晶体材料科学部分（1960—1990）》和卢嘉锡中英文版专著《过渡金属原子簇化学的新进展》两部著作中。

在这 30 多年的科研生涯中，卢嘉锡以化学模拟生物固氮这个国际生化的前沿课题为先导，带领中国的研究人员促进了与固氮、簇合物催化、超导电性及材料科学相关的过渡金属原子簇化学的蓬勃发展。其实，化学模拟生物固氮和原子簇化学研究是一而二的研究命题，后者是前者的基础，而前者则是后者的具体化和深入。根据大量实验事实和理论思考，卢嘉锡在国际上率先发表了《固氮酶催化固氮中心的初步模型——兼论双氮分子络合活化的结构条件》，他从 N ≡ N 分子的异常化学稳定性和过渡金属对它进行络合活化的可能和条件进行量子化学和结构化学分析，提出实现 N ≡ N 分子充分活化的单端基加多侧基的结构条件：端基络合键（必不可少）可拉长 N ≡ N 键，减少 N 原子核间静电斥力；侧基络合键；单侧基不够，必须发挥多侧基协同作用。这可突破 N ≡ N 配位基侧面防线，为裂解 N ≡ N 键铺平道路，同时还要防止侧基异构化的结构因素，以保证侧基络合键的稳定性。他还指出，异核络合金属组成以及过渡金属可变氧化态的交替变化，是有利于固氮循环中的底物活化和电子转移的。在此基础上，他又提出了固氮酶铁钼原子簇协同作用的网兜状活性中心模型——福州模型Ⅰ，一个由 $MoFe_3S_7$ 组成具有欠完整的类立方烷型原子簇结构模型（《科学通报》1975 年第 12 期，第 540—557 页）。

卢嘉锡提出的网兜模型构想的难能可贵之处还在于它必须经受温和条件下固氮作用三个环节即络合—还原—加氢这一过程考验：它不能只络合不活化，或活化得不够充分；也不能络合得太牢固，进而很难或无法还原；它不仅要求有较强还原作用，更要求保证还原作用以及恢复还原状态的推动力。为了催化过程能有序地按周期运行下去，必须设想活性中心构型有一定程度流变性。

1980 年，固氮酶活性中心钼铁辅基（FeMoCo）的最新研究结果发表了，证明该辅基组成的原子比为 Mo : Fe : S=1 : 8 : 6。根据外延 X 射线吸收边精细结构谱（EXAFS）对 Mo、Fe 原子周围微环境的测定信息，卢嘉锡又巧妙地依据新的实验事实调整了原先福州模型Ⅰ，提出了孪合双网兜模型（福州模型Ⅱ）。卢嘉锡在 1980 年提出的福州模型Ⅱ和 1992 年美国加州理工学院的里斯及普渡大学的博林所进行的分辨率达 2.2Å 的固氮酶晶体结构分析而提出的活性中心结构模型，有惊人的相似处，因为两个模型皆由两个四核网兜状原子簇组成，而其差别仅在连接两个原子簇兜口上有一个原子不同（Fe 替代 Mo）及两个原子簇偶联方式的差异上，但就单个原子簇而言，也够和卢嘉锡在 1973 年提出的福州模型Ⅰ相像了。从两方学者的构思过程看，里斯和博林等模型的提出更多地凭借现代科学分析仪器手段所提供数据基础上引申而出，而卢嘉锡的思路则更多地得益于他对结构化学、量子化学和原子簇化学基础理论把握和科学直观而推演出来。

1978 年卢嘉锡当选中国化学会理事长。在当年的全国第二次物质结构会议和中国化学会年会上发表了学术报告《原子簇化合物的结构化学》，引起了与会化学家的兴趣，极大地推动了国内簇合物化学研究工作。他以自己在美国研究时的亲身经历对原子簇化学研究的历史演变、应用和发展作了生动而全面的阐述。他从硼烷 / 碳硼烷、金属硼烷 / 金属碳烷、过渡金属羰基原子簇化合物、其他构型的原子簇化合物和原子簇化合物的结构规则方面作了系统的总结和评价。在文末，他以诗词明志：香花争吐艳，硕果苦奇寒，岂为根不深，枝欠壮？劲草傲疾风，险峰迎闯将，竞相坚远志，庆新功！

1989 年卢嘉锡和他的助手提出“活性元件组装”设想，即过渡金属原子簇，特别含 μ_2 和 μ_3 桥的类立方烷簇，可能由构成该原子簇的基本结构“元件”在一定活化条件下组装而成。实验证实，这一“活性元件组装”理论的应用有助于簇合物的合理合成。20 多年来，他所领导的研究集体先后完成了 300 多种新型过渡金属簇合物的合成，包括含低价态和混合价态金属原子的金属 - 硫簇合物、三核原子簇化合物、类立方烷原子簇化合物和多核过渡金属原子簇化合物及一些具有扩展结构的稀土和铌 / 钽簇合物的合成和其晶体学数据，这无疑提供了很有参考价值的结构化学信息。

1988 年，在福州大学黄建全教授（福建物构所兼职研究员）研究基础上，卢嘉锡发表了《初论某些［Mo_3S_4］$^{4+}$ 簇合物中［Mo_3S_3］非平面簇环的类芳香性本质》，后来随着研究的深入，又进一步确定了“类芳香性”概念。初论中他计算了标题化合物的定域分子轨道（LMO），和参考分子 C_6H_6、$B_3N_3H_6$ 和［B_3O_6］$^{3-}$ 的 LMO 进行比较，计算表明可以用三中心键模型描述苯等三个参考分子电子结构离域性，而在标题簇合物的折叠簇环［Mo_3S_3］中同样存在三个由 Mo–S–Mo 组成的（d–p–d）三中心 π 键以及由它们彼此相互作用形成的连续而又封闭的大共轭 π- 电子体系，这就道破了它的类芳香性本质。这样卢嘉锡就把有机化学中重要的芳香性概念从有机界推广到无机界，从而大大丰富了芳香性概念的内涵。他精湛的学术思想很快就引起了广泛的注意，在 1988 年的半年内，他先后在意大利米兰大学化学系、美国加州大学洛杉矶分校化学系、日本冈崎第 35 次学术研讨会（主题为“金属簇合物的合理合成方法和多核簇骼的协同现象”）、美国麻州坎布里奇举办的生物无机化学第四届国际学术讨论会和埃克森研究中心作了五次学术报告，受到国内外学术界的好评。

80 年代初，福建物质结构研究所再度明确了研究方向。卢嘉锡提出：要在深入研究结构与性能关系的基础上，组织多学科、多技术力量的合作，制备出国际水平的新型晶体材料。在他的全面指导和精心组织下，经过多年努力我国终于研制出具有国际领先水平的“中国牌”优质非线性光学晶体材料——低温相偏硼酸钡（BBO）和三硼酸锂（LBO）而饮誉国际科技界。这些成果的取得要归功于高强度、高方向性和相干性的激光器问世后所引发的非线性光学现象的发现及卢嘉锡对无机非线性光学晶体材料研究的执着和追求。卢嘉锡不失时机地抓住这一历史机遇，在 20 世纪 60 年代初就组织成立了电光与非线性光学晶体材料研究小组，并把寻找和设计合成具有特定性能非线性光学新材料作为该课题组的学科方向。卢嘉锡对“性能敏感”结构概念的提出，则为这一研究小组从结构化学角度建立物理模型方法，寻求性能与结构关系，从中找出最优的无机非线性光学晶体材料的可能性提供了支撑。卢嘉锡还指出由于共轭体系，特别是类芳香体系中价电子离域性，在外加光场作用下能产生大的诱导极性，因而要把“类芳香性”与“非线性光学效应”联系起来（这在BBO和LBO晶体中都得到印证），这将为寻找新的非线性光学晶体材料拓宽思路。

卢嘉锡成功地主持完成了化学模拟生物固氮与原子簇化学研究和新晶体材料，特别是非线性光学晶体材料研究，并为我国建立了结构化学和新晶体材料两个学科基地，而这两个学科基地也构成了福建物质结构研究所的学科支柱和产业支柱。卢嘉锡1978年以“固氮酶活性中心网兜模型”获得中国科学院科技成果一等奖和福建省科技成果一等奖，1991年以“过渡金属原子簇化合物的合成化学和结构化学”获得中国科学院自然科学一等奖，1993年又获国家自然科学二等奖。

五、开放改革，科学家管理科学

1981年5月，卢嘉锡在中国科学院第四次学部委员大会上当选为中国科学院院长，是第一位以自然科学家身份进入中国科学最高领导层的科学家。面对涵盖数学、物理、化学、生物等广博学科领域、情况各异的119个研究所和规模达8万之众的科技队伍的复杂情况，他上靠党和国家方针政策，下靠各级领导和科技骨干的群策群力，为中国科学院改革和建设倾注了大量心血，作出了不可磨灭的重要贡献，在中国科学院发展史上留下了他的独特印记。

上任伊始，正值我国经济发展进入第六个五年计划（1981—1985）的初期，改革调整办院方针成为首要的工作重点。卢嘉锡一方面要执行中国科学院领导模式转变，从行政为主的领导转变为以学术为主的领导。通过加强学术领导和科研管理的科学化和民主化，实现中国科学院作为国家队和国家科学技术的一个综合研究基地，发挥多学科、多兵种联合优势和众多专家的专业作用，引导各门学科研究向纵深发展，为科学技术、国民经济和国防建设提供高水平、高质量的成果和人才。为此，卢嘉锡主持制定了《中国科学院学部工作简则》，提出四项任务：第一，对本学部范围内的院属研究机构实行学术领导和相应组织管理。审议研究所工作，组织评审协调重要科研项目；评议、鉴定重要科研成果和职称。第二，分析国内外科技发展动态并制定对应方针、政策、计划和建议。第三，对我国重大科学技术问题进行调研和学术论证并提出报告和建议。第四，组织一些重要的全国性和国际性学术活动。

另一方面卢嘉锡适时地以全新的视角、全新的定位和全新的高度，将中国科学院的办院方针思想契合于党在十二大后提出的“经济建设必须依靠科学技术，科学技术必须面向经济建设”的路线，提出了“大力加强应用研究，积极而有选择地参加发展工作，继续重视基础研究”的办院方针，得到党中央肯定和中国科学院广大科技工作者的拥护和支持。

在任职的六年中，他认真贯彻党中央关于科技工作的指导方针，全面推进中国科学院各项改革。强调科技要主动“面向”经济，而不是坐等经济的“依靠”；要根据经济建设对科学技术的多方面和多层次的要求，开展多类型、多方式、多途径的“面向”服务。从20世纪80年代初，中国科学院就大力加强同部门、企业、地方的横向联系与合作，以委托研究、技术转让、组成科研生产联合体等方式，积极推广研究成果。至1986年底，全院已同全国3000多个企业建立了不同形式的合作关系，与石油工业部和12个省（自治区、直辖市）政府签订了全面或专项科技合作协议。

针对国家建设中的重大问题组织攻关，一直是科学院的重要方向。在国家“六五”计划38项重点科技攻关项目中，科学院承担了其中15项191个课题任务。此外，科学院还自行安排14个项目，作为国家攻关项目的补充和后备。这29个项目包括农业综合治理与开发、能源中关键性科技问题、特种高新材料、新兴技术（计算机、大规模集成电路、生物工程、超导、激光、遥感和辐射等）。

卢嘉锡还组织科技人员参加全国和地区规划，对我国自然条件、自然资源及环境和生态等方面进行考察和研究，积累了大量基础资料，研究了许多地区的综合开发和资源综合利用问题，为经济规划和地区规划提供科学依据。

在实行所长负责制，搞活研究所，对科研工作进行分类管理的基础上，卢嘉锡主持出台了一系列富有创造性的和行之有效的举措，对基础科研经费的分配，实行同行审议、择优支持，解决课题分散和低水平重复问题；建立开放实验室（所）并实行开放、流动、联合、面向全国的方针，有效地打破了传统的“封闭”体系，局部地创造了较好的学术研究环境。建立开放实验室是科学院在国内的一个创举。卢嘉锡一班人认为科学院应该带头破除部门所有制，把科研设施提供给全国优秀科学家共同使用，通过接收流动研究人员，打破“近亲繁殖”带来的学术思想单一倾向，有利于活跃学术气氛；面向全国优选人才和课题，有利于促进科学水平的提高和高质量人才的培育；在财力有限的条件下，支持一部分实验室先得到较好的工作条件。1985 年 6 月经同行论证审议，卢嘉锡批准 17 个研究室和 3 个研究所首批对国内外开放。到 1987 年，周光召继任中国科学院院长时，这些开放研究单位吸收了很多客座科研人员（包括 32 位外国科学家），他们所承担的课题和联合研究课题，占全部课题的三分之二以上，推动了国内外合作研究，促进了不同学科间的交叉和广泛学术交流；有稳定经费支持，有较好设备、条件和研究环境，提高了工作效率，在较短时间里取得了一批高水平的科研成果。中国科学院开放实验室成功的示范作用，还很快扩展到大学、科研院所和其他具有原始创新能力的机构，形成了专业类国家实验室、多学科交叉集成国家实验室和重大科学工程（装置）国家实验室。

创立自然科学基金，是卢嘉锡在中国科学院任职期间的新事物。1982 年，中国第一个科学基金会由中国科学院首先启动，卢嘉锡担任基金委首届主任。科学基金面向全国，用于资助全国自然科学方面的基础研究和应用研究中的基础性工作。它受到了科学界、教育界广泛欢迎和申请单位普遍重视，很多人不仅把获得基金资助看作经费上的支持，而且看作学术上的荣誉。据 1985 年上半年的不完全统计，申请项目近万个，经专家评审共资助 4426 个课题，完成了学术论文 8200 多篇，163 项成果通过专家评审或鉴定，有些成果达到世界先进水平，有力地推动了全国科技界的基础性研究。

六、文理兼容，社会活动家、科学外交家

中国是诗书礼乐之邦，有深厚的文化底蕴。卢嘉锡早年所受的中国传统文化教育使他在这方面造诣精深，与他以后所受现代教育，以及留学欧美所受的西方科学文化教育相互杂糅、融会贯通，使他形成了独特的文理兼容的人文观与科学观。

他化用曾子名言并书以自勉："吾日三省吾身：为四化大局谋而不忠乎？与国内外同行交流学术而乏创新乎？奖掖后进不落实乎？"在进退困厄时，他以林则徐的名言"苟利国家生死以，岂因祸福避趋之"为座右铭，去经受考验。

他对中国科学院发展曾提出过颇有创见的想法：基础研究、应用研究、发展工作以至中间试验、试制生产，都有自身的规律和特点，不能搞"一刀切"，不仅使用的仪器设备不尽相同，还要让受过不同训练的科技人员运用自己的特长在不同的科技工

作范畴发挥作用。

对科研工作的积累性，他指出，我们现在有能力参加攻关，大部分是过去研究工作积累的结果，一部分是目前工作的延续和发展。他以吃三个馒头的生动比喻——“一个馒头吃不饱，两个馒头尚未饱，三个馒头开始饱”的累积效应来说明科学积累的重要性。

讲到中国科学院是多学科多兵种时，他指出，这只能算作是个“潜力”，若不能随时随地根据需要把它组织起来解决我们面临的科技问题，就不成其为优势，要把各方面工作很好地组织起来认真分析国家交给我们的任务，并分解为系列的科技研究课题，安排组织好力量逐个保质保量完成，最终还要把一系列研究成果综合起来成为完整的一个成果。

在谈到什么是科学院应有的水平时，他认为，水平应体现在综合解决问题的能力上，在衡量国家的科学水平上是团体冠军在起作用。

对发挥科学院的作用，他主张科学院必须有所为，有所不为；必须开辟新领域，又必须下决心放弃一些研究领域和项目，特别是不要再搞与产业部门重复的工作。科学院要强调一个“创”字，这也是科学院的传统之一。那些只会搞原来熟悉的工作的人，就很难创新，甚至谈不上搞科学研究。

对开放研究实验室实行开放、流动、联合共享方针，同国际同类机构有了更多的共同点，这项改革的深刻含义及其所引发的思想观念的改变，将在今后的工作中显现出来。

让中国了解世界，让世界了解中国，这是改革开放以来人们常说的一句话。卢嘉锡早年留学欧美，长期以来一直关注着西方发达国家科学技术的发展，瞄准国际科学前沿，力求中国的科学技术在国际上占有一席之地，因而非常重视国际科技交流。还在福建物质结构研究所时，他就多次率领代表团出席国际科学会议，向国外派遣访问学者，并邀请国外学者前来讲学与合作研究。他担任中国科学院院长期间，国际交往更加频繁，同世界 50 个国家和地区建立了多方面、多形式的科技协作交流，签订了 40 多个科技协议和备忘录，每年与国外科技界互访近 5000 人次。我们把这些交往称为科学外交，限于篇幅，我们仅举其中一二显著例子以见一斑。

（1）和第三世界科学院结缘。第三世界科学院缘起它的创始人——巴基斯坦籍的萨拉姆教授，他是世界著名的理论物理学家，1979 年诺贝尔物理学奖获得者。他长期在西方国家工作，但热爱祖国，关怀与其祖国命运相同的第三世界各国，因而提出成立第三世界科学院的建议，得到来自第三世界 8 位教皇科学院院士的响应，并从国际上有权威的科学机构中遴选出若干现籍或祖籍为第三世界国家的著名科学家及在第三世界工作的发达国家科学家作为特邀创始院士。其中，中国只有华罗庚 1 人，还有 4 名美籍华人科学家。1983 年 11 月第三世界科学院在意大利的里雅斯特市成立，萨拉姆当选为院长并宣告第三世界科学院是发展中国家著名科学家的国际性论坛，是非政府、非政治、非营利性组织，旨在加强发展中国家科学家间的联系与合作，促进发展中国家科学家高水平科研工作等。中国是最大的发展中国家，对第三世界的事业一向给予特殊关注，国家主席李先念发去贺电表示祝贺。1984 年萨拉姆致函卢嘉锡邀请他参加 1985 年在意大利召开的第三世界科学院第一次会议。卢嘉锡应邀参加会议并作了《在自力更生基础上的南南国际科学合作》的报告，阐述了中国政府对发展第三世界科学事业及加强相互合作的主张，赢得了各国代表的高度赞赏。在这次大会上，卢嘉锡当选为第三世界科学院院士，经他推荐的我国著名科学家周光召、黄昆等 10 人也都当选为院士。由于中国代表团在会上的积极影响，萨拉姆建议第三世界科学院第二次大会在中国召开。卢嘉锡与外交部协商，联合向国务院写报告建议 1987 年在我国举行第三世界科学院第二次大会；随后又将萨拉姆致邓小平的信送党中央，建议邀请萨拉姆访华。1987 年 9 月大会帷幕终于拉开，出席会议的有第三世界和部分发达国家的科学院院长、主管科技事业的政府高官和著名科学家 150 多人。大会由科学院、外交部、国家科委、国家教委、社科院和北京市等单位组成阵容强大的组织委员会，卢嘉锡任组委会主任。大会在人民大会堂举行，党和国家领导人和周培源、钱学森等出席。大会开得很成功。萨拉姆对中国方面的准备工作和卢嘉锡的组织才能给予高度评价。这次大会大大促进了我国与第三世界各国科技界的相互了解，提高了我国在国际科技界的地位。

1988 年在第三世界科学院理事会上，卢嘉锡被推选为负责亚洲事务的副院长，直至 1992 年才卸任。

（2）卢嘉锡 – 李约瑟情谊。卢嘉锡与世界著名科学家和科学史家李约瑟的交往故事也十分动人。李约瑟博士的《中国科学技术史》是轰动世界的皇皇科学巨著。卢嘉锡对这部巨著十分景仰和赞颂。1982 年他访英时，首次拜访李约瑟，以后每次访英都要去探望这位中国人民的老朋友。1986 年在中央领导支持下，中国科学院与有关部门共同组成“李约瑟《中国科学技术史》翻译出版委员会”，卢嘉锡任主任委员。他亲自参与组织编辑工作，希望通过《中国科学技术史》中译本的出版，鼓舞中国当代科技工作者重振中国在世界科技史上的地位。1989年卢嘉锡写了一首七绝，书赠李约瑟：

颂我古兮不薄今，
烛微知著为求真。
辉煌七卷科学史，
天下谁人不识君！

1990年8月李约瑟90寿辰，剑桥大学罗宾逊学院在祝贺李约瑟华诞的同时，举行了第六届中国科学史国际研讨会，卢嘉锡率团专程前往参加。除带去《中国科学技术史》中译本的前两卷，卢嘉锡还填写了一首《诉衷情・李约瑟博士九秩大庆》的词，并请著名诗人、书法家赵朴初挥毫：

等身著作胜封侯，杖履任优游。金丹九转精核，明道有谁俦。
前史事，感君修，茧方紬。学人同赞，光耀双星，海屋添筹。

这首词表达了卢嘉锡的关切之情，也祝李约瑟与鲁桂珍喜结秦晋之好。1995年这位科学巨星陨落，卢嘉锡十分伤感，还写了一首悼诗和一副挽联，托专程前往参加悼念活动的中国科技史学会理事长席泽宗院士和中国科学院自然科学史研究所副所长王渝生博士带去，以表达他对老朋友的怀念和敬仰。

卢嘉锡在国际科技交往中卓有成效的活动，为中国赢得了荣誉，同时他也因自己学术上的杰出成就，先后获欧洲科学文艺文法学院名誉院士、比利时皇家科学院外籍院士、英国伦敦市立大学名誉科学博士等多种荣誉学位，蜚声国际科坛。

1988年卢嘉锡以古稀之年当选为中国农工民主党中央委员会主席和政协第七届全国委员会副主席。1993年当选为全国人民代表大会常务委员会副委员长。1999年再次当选政协第九届全国委员会副主席。他以老骥伏枥，志在千里，战士暮年，雄心不已的气概，继续为国计民生和科学技术的进步与发展出谋划策。他不顾年迈体衰，仍坚持一年一度率领农工民主党成员四处考察。他先后到渤海湾开发区、陕北黄土高原、内蒙古大草原、贵州山区、广西百色地区和闽西革命老区，为当地的经济建设、社会发展、交通运输、环境保护、矿产综合利用、水利建设及温饱工程建言献策，起到很好的宏观咨询作用。

以上各节所述仅是卢嘉锡先生一生的主要事迹。最后，我们还拟用《情结》一诗来缅怀纪念卢先生的崇高品德、精湛科学教育思想和未了情怀：

人来好奇揿石鼓，我欲攀登抚苍穹。[1]
心血凝就硕果累，功夫下处着根深。
八处三地鞠躬尽，[2] 惟余清芬道德馨。
天命难违欲归去，轮椅绕园托诸君。[3]

（作者：蔡元霸 卢葛覃）

参考资料

[1] 卢嘉锡，蔡元霸. 结构化学研究中若干方法论问题［J］. 自然辩证法通讯，1981：16-22.

[2] 蔡元霸，卢葛覃. 卢嘉锡的科学研究风格和特色［C］.“中国科技思想与传统哲学暨科学史基础理论”研讨会，2003.

[3]《卢嘉锡传》写作组. 卢嘉锡传［M］. 北京：科学出版社，1995.

[4] 探赜索隐 立志创新——中国科学院福建物质结构研究所建所三十周年论文选集 结构化学与晶体材料科学部分 （1960—1990）［C］. 福州：福建科学技术出版社，1990.

[5] 卢嘉锡. 过渡金属原子簇化学的新进展［M］. 福州：福建科学技术出版社，1997.

---

1 郭沫若先生曾游福州鼓山，并赋诗赠卢嘉锡，其中有诗句：“人来揿石鼓，我欲抚苍穹。”

2 八处三地，指卢嘉锡自英、美回国后，先后任职过的地方，八处是厦门大学、浙江大学、福州大学、福建物质结构研究所、中国科学院、农工民主党中央、全国人大和全国政协，三地是厦门、福州和北京。

3 2000年末，已是重病在身的卢嘉锡，又一次回到福建物质结构研究所，来到昔日的学生、多年的同事之中，坐着轮椅巡视工作了40年的办公室、实验室、图书馆等地。

唐敖庆

（1915—2008）

唐敖庆

中国理论化学学派的缔造者

化学史家郭保章在其《中国化学史》中写道："1963 年，为了进一步培养中国的高层次理论化学人才，高等教育部委托唐敖庆在吉林大学举办了物质结构学术讨论班，由唐敖庆主讲量子化学方面的课程并作量子化学方面的研究。学员从全国各高等学校挑选，修业期间为 1963 年 10 月到 1966 年 1 月，共有 8 人，他们是刘若庄、江元生、孙家钟、张乾二、邓从豪、鄢国森、戴树珊、古正，日后皆为国内知名教授和博士研究生导师，其中有 5 名是中国科学院院士。他和他的 8 名学生组成的科研集体，国内称'八大员'，包括沈家骢、汤心颐在内应为'十大员'。国际上称'中国学派'。"正如郭保章所言，化学家唐敖庆为我国培养了一批具有国际水平的理论化学学术带头人。缔造了享誉世界的中国理论化学学派的同时，他带领学派成员在配位场理论方法、分子轨道图形理论、高分子反应统计理论、高碳原子簇化合物结构化学理论、高分子标度理论等理论化学的多个前沿领域取得了国际领先的研究成果。"他在这方面（指培养理论化学学术带头人方面）的功绩，将和他在科学上的贡献一样，载入我国高等教育和化学学科的发展史册。"

一、生平简介

唐敖庆（1915.11.18—2008.7.15），江苏宜兴人，少时就显示了优秀禀赋，深得老师赏识。因家境拮据，初中毕业后，唐敖庆未能继续升入高中，选择了免费的无锡师范学校继续学习。为了筹集上大学的费用，师范毕业后，唐敖庆先到本县凌霞小学教书一年半，后进入扬州中学大学补习班学习。这时，《大公报》连载曾昭抡教授有关访日观感的文章，曾昭抡的学识和文采赢得了唐敖庆的钦慕。曾昭抡时任北京大学化学系教授和系主任。1936 年夏，唐敖庆参加了北京大学、北平大学和同济大学选拔新生的考试，同时被三所大学录取。唐敖庆因一直仰慕曾昭抡先生，所以毅然选择了北京大学，进入北京大学化学系学习。曾先生有一个习惯，每当新生入学，他都与新生逐一面谈。入学不久，曾先生约唐敖庆面谈，使唐敖庆很受鼓舞，更加坚定了刻苦学习、立志成才的决心。抗日战争全面爆发后，唐敖庆先在由北京大学、清华大学、南开大学组成的长沙临时大学学习。1938 年初，因长沙面临沦陷的危险，临时大学决定迁移到更偏远的大后方昆明。当时，由长沙到昆明的路线有两条：一条是乘火车取道香港，然后乘船到越南海防，再从陆路北上昆明。这一条路线安全且困难少，绝大部分教师和少数学生选择了这条路线。还有一条路线要跨越崇山峻岭，十分艰险，但可以了解社会、熟悉民情、磨炼意志。化学家曾昭抡、文学家闻一多、生物学家李继侗、地质学家袁复礼、教育学家黄子坚等少数教师和一部分学生选择了这条艰难的路线。曾先生的选择对唐敖庆震动很大，唐敖庆暗自惊叹，一个年近 40 岁的著名的学者还保持着年轻人旺盛的朝气，多么难能可贵呀！这一赴滇步行团跋山涉水，历时 68 天，行程 1663 千米到达了在昆明新组建的西南联合大学。1940 年夏天，唐敖庆以优异成绩毕业并留校任教，很快成长为年轻教师中的佼佼者。在西南联合大学任教期间，唐敖庆经常去旁听曾昭抡、杨石先、黄子卿开设的化学方面的课，吴大猷、王竹溪开设的物理学方面的课，陈省身、华罗庚开设的数学方面的课，进一步加深和拓宽了他的基础理论功底。1946 年曾昭抡、吴大猷、华罗庚三人选拔优秀青年学者赴美国学习核技术，曾昭抡推荐了唐敖庆，吴大猷推荐了李政道和朱光亚，华罗庚推荐了孙本旺和王瑞駪。上述 5 人 1946 年 8 月抵达美国后，因美国政府对核技术严密封锁，所以学习核技术的初衷未能实现而依照各自的专业被介绍到美国各大学。经曾昭抡推荐，唐敖庆到哥伦比亚大学化学系师从哈尔福德教授攻读博士学位。在哥伦比亚大学学习期间，唐敖庆主修理论化学的同时，选修了数学专业和物理专业的多门课程，其学习成绩在哥伦比亚大学学习的 200 多名研究生中名列前茅，同时被推荐参加了两个荣誉化学会。经过三年紧张的学习和研究，1949 年 11 月唐敖庆提交了题为《相互独立粒子统计理论》的博士论文，顺利获得博士学位和一枚象征打开科学大门的金钥匙。

1950 年 1 月，唐敖庆响应曾昭抡的召唤，回国在北京大学任副教授，半年后晋升为教授。他在北京大学化学系任教期间为本科生开设了普通化学、物理化学、化学数学等课程，为研究生开设了量子力学、统计力学、化学动力学等课程。他讲课思路清楚，内容新颖，颇受学生欢迎。1952 年 9 月，经时任教育部副部长曾昭抡的安排，唐敖庆赴东北人民大学（吉林大学前身）与蔡镏生教授一道创建东北人民大学化学系。

日后，唐敖庆谈到，在他的成长过程中曾昭抡先生起过至关重要作用。唐敖庆在上无锡师范时读到曾昭抡在《大公报》上连载的访日观感就一直仰慕曾先生的学识和民主进步思想而选择了北京大学；到北京大学上学时，曾先生与他的一番谈话又使他坚定了献身科学的决心；赴滇旅行团中与曾先生朝夕相处的 68 天又从曾先生身上学到许多东西；在西南联大听曾先生的课又获益匪浅；1946 年曾先生将他推荐到哥伦比亚大学攻读化学博士学位，为他攀登理论化学的高峰打下了坚实的基础；博士毕业后又将他召回北京大学，使他的事业具备了新的发展起点；后来曾先生安排唐敖庆赴东北人民大学工作，这些既是对他的信任又是对他的器重。

唐敖庆在东北人民大学化学系建系之初经常同时开两三门课程，每周授课多达 16 课时，先后主讲了无机化学、物理化学、物质结构、量子化学、统计物理和高分子物理化学等多门课程，在东北人民大学化学系基础课建设中做了大量开创性工作，以自己的模范教学行为，培养了一支基础理论扎实、教风严谨、讲课技艺娴熟的教师队伍。后东北人民大学更名为吉林大学，其化学系在唐敖庆等人的精心培育下很快跻身于国内知名化学系前列。1978 年唐敖庆在吉林大学化学系物质结构研究室基础上创建了吉林大学理论化学研究所并兼任所长，1986 年改任名誉所长，后该所更名为吉林大学理论化学与计算国家重点实验室，成为在国际上具有一定影响的理论化学研究中心。

1955 年 6 月唐敖庆当选为中国科学院数学、物理、化学学部委员（院士），1956 年 3 月出任东北人民大学副校长，分管科研工作，协助匡亚明校长共同管理学校的教学和科研工作，对学校的建设和发展作出了重大贡献。东北人民大学 1958 年更名为吉林大学，1960 年入选全国仅有的 6 所重点综合性大学。从 1978 年 5 月起唐敖庆任吉林大学校长，主持和领导学校全面工作，提出了一系列具有特色的办学治校措施，自觉贯彻“把高等学校办成既是教育中心，又是科研中心”的方针，使学校各项工作取得新进展，教学质量和科研水平有了新的突破。1984 年经国务院批准，吉林大学被列入首批试办研究生院的重点院校，这标志着吉林大学的发展进入一个新的历史阶段。1986 年 10 月，在吉林大学建校 40 周年庆典上，时任校长伍卓群向唐敖庆颁发了一块题有“功昭校史”的精致牌匾，以表彰唐敖庆对吉林大学作出的贡献。1990 年 6 月，在吉林大学举行的唐敖庆执教 50 周年庆祝大会上，校长伍卓群再次向唐敖庆敬献了“拼却老红一万点，换将新绿百千重”的贺幛，以示对唐敖庆的敬意和感谢。

1986 年 2 月，唐敖庆出任国家自然科学基金委员会主任。科学基金制度是我国科技体制改革的一项重要战略举措，突破了传统的计划拨款体制，为我国基础研究开辟了一条稳定持续的资助渠道，极大激发了科技人员爱国奉献、开拓创新的热情。唐敖庆把自己几十年科研经历中形成的对科学研究规律的深刻认识和把握，凝结成对科学研究管理的先进理念，以战略科学家的视野，为发展中国特色的基金制度，繁荣我国基础科学研究事业作出了重要贡献。他上任后悉心组建领导班子，广泛征求国内外专家的意见和外籍华裔知名学者的意见，制定了一系列规章制度，提出了“依靠专家，发扬民主，择优支持，公正合理”的评审原则，使国家自然科学基金评审工作得到科技界的广泛好评。在唐敖庆主持下，国家自然科学基金委员会发挥科学家的集体智慧，建设了一个在科技界享有盛誉的专家评审系统。到 1990 年，科学基金委员会已经拥有了由 1.5 万名通讯评议专家、51 个学科评审组和 612 名会议评审专家组成的专家系统。唐敖庆在国家科学基金委员会主持工作期间，着力营造有利于创新的环境，始终强调尊重科学规律，在科学基金管理工作中倡导和践行了科学管理理念。在唐敖庆的主持下，第一届自然科学基金委员会勇于开拓，初步建立了包括面上项目、重点项目和重大项目三个层次的资助格局，重视发挥科学基金的引导作用，把自上而下的指南引导和自下而上的选题申请有机结合起来，形成了既有自由申请又有主动组织，既有全面安排又有纵深部署，既有计划性又有灵活性的工作机制。唐敖庆在担任第一届基金委员会主任的四年任期内，资助了 10000 多个基础研究项目，包括 400 多个具有高技术新构思的探索项目，200 多个对国家、社会、经济有重要意义的重点项目及 70 多个意义深远的多学科综合交叉重大项目，共计下达 4.26 亿元资助经费。四年中先后与十多个国家的科学基金组织和学术机构建立了合作联系，资助上千个国际合作项目，全国约有 1000 个单位近 10 万人获得科学基金资助，受助的一些项目取得了在国际上具有一定影响的研究成果，从而发现和培养了一大批优秀科技人才。

唐敖庆执教近 60 年来，先后任北京大学教授，吉林大学教授，吉林大学理论化学研究所所长（1978.1—1984.5）、名誉所长，吉林大学副校长（1956.3—1978.4）、校长（1978.5—1986.1）、名誉校长，国家自然科学基金委员会主任（1986.2—1991.2）、名誉主任。1981 年至 1992 年，他当选为中国科学院主席团成员，第一届、第二届国务院学位委员会委员，第一届国家自然科学奖励委员会委员，第二届国家自然科学奖励委员会副主任，第三届国家自然科学奖励委员会主任，第三届中国科学技术协会副主席，中国化学会第 20 届副理事长，中国化学会第 21 届、第 23 届理事长。他先后被聘为清华大学、复旦大学、南京大学、南开大学、北京师范大学等 5 所高校的兼职教授，1981年当选为国际量子分子科学院院士并被聘为《国际量子化学杂志》顾问编委，1989年被聘为编委。

唐敖庆1951年加入中国民主同盟，1958年加入中国共产党，连续当选为中共十大、十一大、十二大代表，第二届、第三届全国人大代表和第六届全国政协委员，第七届、第八届全国政协常务委员。

唐敖庆因在科学研究和人才培养方面功勋卓著而赢得了诸多的荣誉称号。他1979年6月获长春市特等劳动模范称号，7月获吉林省特等劳动模范称号，12月获全国劳动模范称号；1989年9月被国家教委、劳动人事部、中国教育总工会联合授予全国优秀教师称号；1991年获全国高校先进科技工作者称号；1994年获陈嘉庚化学奖；1995年获何梁何利科学与技术成就奖。

二、勤于耕耘，硕果累累

一个学派的领袖必须拥有学术声望。50余年的科学研究生涯中，唐敖庆在理论化学研究领域开展的一系列开拓性研究工作使他成为蜚声国内外的著名化学家，在中国学术界赢得了崇高的学术威望。唐敖庆的挚友、著名化学家徐光宪院士为吉林大学庆贺唐敖庆80华诞时出版的《唐敖庆科学论文选集》撰写的前言中将唐敖庆的研究领域概括为以下六个方面：

(1) 20世纪50年代初，唐敖庆重点研究化学键函数和分子内旋转能量变化规律，提出一个可用于计算复杂分子内旋转能量变化的势能函数公式。利用该公式可以推测一系列有机化合物的性质，为从结构上改变物质的性能提供了比较可靠的依据。1954年该项研究成果发表后，立即在国内外理论化学界引起强烈反响，美国、英国、法国、德国、日本的三十多位化学家纷纷来信，向他索取论文抽印本。美国著名化学家、诺贝尔奖获得者霍夫曼称唐敖庆是研究分子内旋转理论的先驱。苏联著名化学家伏肯斯坦在自己的学术专著《高分子构型统计》里，几乎用一章的三分之一篇幅阐述了这项研究成果及其价值。一些国外学者在红外光谱的报告中，也引用了这一公式……从此唐敖庆的名字开始被国际理论化学界高度关注。唐敖庆的这一研究成果1956年获得我国首届自然科学奖（中国科学院颁发）三等奖。

(2) 20世纪50年代中期，唐敖庆根据国家建设需要开辟了一个新的研究领域——高分子物理化学。从1956年9月开始，唐敖庆先后带领江元生、沈家骢、汤心颐、陈欣芳、颜德岳等人以高分子反应动力学和高分子交联理论为研究课题，对高分子的主要反应如缩聚、加聚、共聚、裂解以及交联与固化进行了深入的理论研究和实验研究，将凝胶化理论发展成为溶胶、凝胶分配理论，使研究范围从凝胶点以前扩展到全过程，形成了较完整的固化理论。在加聚反应领域提出了一种用概率论解动力学方程的新方法，并由此推导出了共聚物链段分布与分子量分布函数，将其发展成为反应机理与分子量分布关系的统一理论。在上述研究工作的基础上，于20世纪80年代末从现代标度概念出发，进一步深化了高分子固化理论研究。首先用标度概念揭示了高分子固化本质是溶胶—凝胶相转变并得到了描写这种相转变的标度定律；其次建立了含内环化反应的高分子固化理论，并将环化理论成功地应用于无机高分子（如硅酸盐聚合）方面的研究。作为该研究工作的系统总结，唐敖庆及其研究集体于1985年在科学出版社出版了学术专著《高分子反应统计理论》。这项研究成果于1989年荣获国家自然科学奖二等奖。

（3）20世纪60年代，唐敖庆带领物质结构学术讨论班的主要成员，创造性地发展和完善了配位场理论及其研究方法，成功地定义了三维旋转群到分子点群间的耦合系数，建立了一套完整的从连续群到点群的不可约张量方法，在进一步统一配位场理论各种方案的基础上提出了新的方案。该项研究的系统成果反映在1979年科学出版社出版的中英文版学术专著《配位场理论方法》一书中，更进一步的研究成果体现在1988年由科学出版社出版的中英文版学术专著《配位场理论方法补编》一书中。此项研究成果，1982年荣获国家自然科学奖一等奖。这一研究课题的研究成员有参加1963年在吉林大学开办的物质结构学术讨论班的刘若庄、孙家钟、江元生、戴树珊、邓从豪、张乾二、鄢国森和古正等8人，其中刘若庄、孙家钟、江元生、邓从豪、戴树珊等5人于20世纪50年代就开始在唐敖庆带领下开展量子化学研究并取得了一系列研究成果。

（4）20世纪70年代，唐敖庆和他的研究集体对分子轨道图形理论进行了系统研究。唐敖庆和江元生在研究中以分子的近邻拓扑作用为基点，借助数学图论中的不变量概念，从揭示分子的整体与局域的关系着手，在对分子轨道理论的两个基本问题，即本征多项式和分子轨道进行深入分析的基础上，从反映分子结构本性的分子图出发，得到了其简易直观的普遍形式。首先，他们打破了原有分子轨道理论从久期行列式的展开中求得本征多项式的思维定式，另辟蹊径，通过引进Gn（x）函数，利用分子图的拓扑性质，找到本征多项式与反映分子中原子相互作用的图形之间所存在的明确关系，并将这种关系简洁地表述为三条定理，把繁复的运算步骤同割断键或去掉局部链段的直观过程联系起来，据此，就可不再经过普通的展开步骤，只需画出分子的图形和有关的子图形，就可直接导出共轭分子的本征多项式，进而通过解代数方程得到能级。由这一分子轨道图形理论方法求得的本征多项式不再是只代表某个特定分子，而是包含该分子在内的某一类同系物的一般表达式。该方法简单直观，即使对很复杂的共轭分子，也能由此法简便地得到其本征多项式。其次，他们利用对称性和图形收缩方法，进一步简化计算，由分子图形得到了分子轨道的普遍计算公式。一方面利用对称性，把共轭分子本征多项式劈因子的计算还原为类似简单含杂分子的计算，得到了直线式稠环和直线式联环类分子的本征多项式，进而得到了多环丁二烯、多并苯和多联苯的能级公式；另一方面又引进收缩图，对图形进一步进行处理，使其在每一步约化中均保持只出现一个图，这样就可将许多形式不同的分子图约化为同一类型的标准图，从而简化了计算。根据这一公式，只要知道能量本征值，就可立即计算出分子轨道。总之，分子轨道图形理论引进了一系列数学技巧和模型方法，使这一量子化学形式体系，不论就计算结果，还是对实验现象的解释，均可表达为分子图形的推理形式，且该理论概括性高，含义直观，简便易行，深化了对化学拓扑结构的认识，扩大了分子轨道理论的应用范围，从而为深入探究分子结构与性质的关系以及预测共轭分子的稳定性和反应活性提供了诸多方便。该研究的系统成果反映在1980年由科学出版社出版的中英文版学术专著《分子轨道图形理论》一书中。华罗庚特意撰文，盛赞唐敖庆等人把数学与化学有机结合起来，以图论为工具把分子轨道的运算表示得非常直观和简洁。1977年唐敖庆率中国化学代表团赴美国访问，应邀在密歇根大学作有关分子轨道图形理论的学术报告，报告结束时与会者报以热烈掌声。许多专家认为，该理论进一步扩大了分子轨道理论的应用范围，是分子轨道理论问世以来的重大进展。此项研究成果，1987年荣获国家自然科学奖一等奖。

（5）20世纪80年代，以唐敖庆、卢嘉锡、徐光宪为首的研究集体对原子簇化合物电子结构和拓扑规则开展的研究是中国理论化学发展史上又一重要篇章。他们带领各自的研究团队在同一领域开展了各具特色的研究工作。唐敖庆及其研究集体从研究原子簇化合物的化学键性质和结构规则的关系入手，在对碳烷和多面体碳烷的化学键性质进行量子化学计算研究的基础上，按其骨架多面体顶点数和面数相对大小进行分类，从理论上建立了适用于多种原子簇化合物的统一拓扑结构规则。该规则比著名的韦德规则的适用范围更为广泛，可用于解释700余个已知化合物的结构，揭示了上述各类化合物化学键和几何构型之间的内在联系。

(6) 20 世纪 90 年代，唐敖庆和他的研究集体对高碳原子簇化合物进行了深入、细致、系统的研究，预见了具有 I_h 和 O_h 对称性的稳定富勒烯化合物的存在，取得了许多有意义的研究结果，为原子簇的分子设计、人工合成提供了理论依据。其主要研究成果体现在碳原子簇与硼原子簇对称性与几何结构的对应性方面提出的一系列新概念，揭示了原子簇化合物的结构和成键方面的规律，提出了新理论、新概念和新方法，在该研究领域实现了重要突破。其研究成果达到国际先进水平，2000 年荣获国家自然科学奖二等奖。

唐敖庆数十年来，始终以攀登世界理论化学新高峰为己任，以其深邃而广阔的学术视野，独具匠心地不断开拓新研究领域，带领其研究集体，取得一个又一个具有国际先进水平的研究成果，成为我国唯一一位 4 次荣获国家自然科学奖的科学家，其中一等奖 2 次。他出版学术专著 8 部，发表学术论文 260 余篇，在理论化学领域取得的一系列重要研究成果，得到国内外学界的普遍承认和关注。

三、桃李满天下，雨露遍神州

一个学派的领袖必定拥有众多弟子。唐敖庆不仅是学术造诣精深、功勋卓著、蜚声国内外的科学家，而且还是德高望重、业绩辉煌、遐迩闻名的教育家。中国理论化学研究领域的学术骨干大多与唐敖庆有师承关系。

唐敖庆十分重视教育教学工作，始终把培养人才特别是培养高水平的学术人才作为自己最神圣的职责。在东北人民大学初创时期，唐敖庆积极投身到教学第一线，先后主讲了十多门课程，经常同时开设两门甚至三门课程，以具有严格科学体系的课程内容和“备课认真，教案翔实，深入浅出，比喻生动，手势有力，板书工整，一向脱稿讲课”的独特风格，不仅塑造了化学系基础课的讲授风格，而且塑造了全校基础课的讲授风格，也影响了听过唐敖庆讲课的所有人。

东北人民大学化学系创建初期，在本科生教学工作纳入正常轨道不久，唐敖庆率先于 1953 年招收了 5 名研究生，成为全国第一批招收研究生的为数不多的教授之一。从 1953 年到 1966 年，他先后指导过物质结构、高分子物理化学专业方向的研究生 20 余人；1978 年恢复研究生招生制度以来，唐敖庆共招收 17 名博士生，33 名硕士生。在 20 世纪 50 年代和 60 年代带研究生过程中，唐敖庆体会到，依照当时的研究生招生制度很难在短期内选拔和培养高层次的理论化学研究人才。因为当时既无开放的统一的研究生选拔考试制度，也无培养高层次学术研究人才的学位制度，有科学研究实践经验的年龄偏大的研究人员更无条件读研究生，进行学术交流的全国性学术交流会议更是稀缺。鉴于此种情况，唐敖庆经过一番深思熟虑，决定以举办全国性讲习班、学术讨论班的形式加快培养高层次理论化学研究人才。

1953 年，受教育部委托，唐敖庆与卢嘉锡一道在青岛举办了暑期物质结构讲习班；1954 年，再度受教育部委托，唐敖庆与卢嘉锡、吴征铠、徐光宪一道在北京举办了暑期物质结构讲习班。此后的数十年间，唐敖庆多次举办了各层次的讲习班和讨论班。1958—1960 年间在长春主办了以学术前沿课题为研究方向的高分子物理化学学术讨论班；1963—1965 年间在吉林大学主办了物质结构学术讨论班，带领中国理论化学家进入了化学键理论的前沿研究领域，取得了具有国际领先水平的研究成果，培育了中国理论化学学派的中坚力量，使本期讨论班成为中国现代化学史上最受人们关注的一件事；1975 年 5 月在上海有机化学研究所举办了量子化学短训班；1978—1980 年间受国家教委委托在吉林大学举办了量子化学进修班，全国 94 所高等学校和科研单位的 259 名中青年教学科研人员受到了系统的培训，促进了我国理论化学研究水平的进一步提高；1985 年 4 月在复旦大学举办了微观反应动力学讲习班；1986 年 7 月受国家教委委托在吉林大学举办了量子化学教学研究班；1987 年 10 月在南京大学举办了微观反应动力学讲习班；1988 年 7 月和 1989 年 7 月受国家教委委托在吉林大学连续两次举办了暑期高分子标度理论讲习班；1994 年 7 月受国家教委委托在吉林大学举办了全国分子光谱讲习班和谱学理论高级研讨班。认真分析上述 12 期各层次的讲习班和研讨班，可以发现办班时间长达两年的有 3 期，其余的办班时间多在数周或一个月内，有 6 期是在暑期进行的。唐敖庆为了在我国普及理论化学知识，培养理论化学高级专门人才，几十年来，利用节假日，穿梭于全国各高校，足迹遍布祖国大江南北，呕心沥血，殚精竭虑，付出了极大努力。他在人才培养工作中始终坚持教学与科研紧密相结合，通过教学，拓宽学员的基础理论知识的广度和深度，开阔学员的知识视野；通过科研，增强学员把握学术前沿动向和选择开拓性研究课题的能力。唐敖庆从 20 世纪 50 年代末期开始，主要以举办讨论班形式开创性地将教学与科学研究紧密结合在一起，为我国某些基础学科和应用基础学科高层次学科带头人的培养工作，提供了基本经验。

中国理论化学学派的大多数成员正是从 20 世纪五六十年代师从唐敖庆读研究生

的学生、跟随唐敖庆开展理论化学研究的高校教师和唐敖庆等人举办的各层次进修班和讨论班的学员中涌现出来的。他们中的代表人物有：孙家钟院士，东北人民大学化学系创建时就跟随唐敖庆从事教学和研究工作，后参加了1963年的物质结构学术讨论班；江元生院士，1953年师从唐敖庆读研究生，1956年毕业后留校任教，一直跟随唐敖庆从事教学工作和研究工作，后参加了1963年的物质结构学术讨论班；邓从豪院士，1953年参加了唐敖庆和卢嘉锡在青岛主办的暑期物质结构讲习班，接着又到东北人民大学跟随唐敖庆进修理论化学半年，后参加了1963年的物质结构学术讨论班；刘若庄院士，20世纪50年代初在北京大学读研究生时就在唐敖庆的指导下从事量子化学研究，后参加了1963年的物质结构学术讨论班；沈家骢院士，东北人民大学化学系创建时就跟随唐敖庆从事教学和研究工作，后参加了1958年的高分子物理化学学术讨论班；张乾二院士，20世纪50年代初跟随卢嘉锡读研究生，后经卢嘉锡推荐参加了1963年的物质结构学术讨论班；黎乐民院士，20世纪60年代初师从徐光宪读研究生，曾在1963年的物质结构学术讨论班插班听课一段时间，1978年参加了唐敖庆举办的量子化学进修班；游效曾院士，作为旁听学员参加了1963年的物质结构学术讨论班，打下了坚实的理论化学基础；颜德岳院士，1961年师从唐敖庆读研究生，在唐敖庆的指导下接受了严格的高分子物理化学方面的科学研究训练；陈凯先院士，参加了唐敖庆举办的1978年的量子化学进修班，为研究量子药物化学打下了坚实的基础；戴树珊教授，1953年师从唐敖庆读研究生，后参加了1963年的物质结构学术讨论班；鄢国森教授，参加了1963年的物质结构学术讨论班；汤心颐教授，从20世纪50年代中期开始跟随唐敖庆从事高分子物理化学研究，后参加了1958年的高分子物理化学学术讨论班；李前树教授，20世纪60年代和80年代师从唐敖庆读研究生，后参加了1978年的量子化学进修班并跟随唐敖庆从事研究工作多年。上述10名院士、4名教授在成长过程中均得到了唐敖庆的精心指导并在各自的研究领域取得了显著的成就。他们在谈到自己的学术经历时无不感慨唐敖庆对自己的重大影响。山东大学原校长邓从豪院士在自己的自述中写道：

> 我感到一生有幸的是得以师从唐敖庆教授，是他把我真正领进量子化学领域，并指导我开展量子化学方面的研究。1951年我在《化学学报》上读到唐老师的关于分子内旋转和橡胶弹性的两篇文章。我不揣冒昧写信向他索取抽印本，他很快就寄了过来，并给予热情的鼓励，这充分体现了他对青年

和后学者的关心和爱护。1953年青岛举办的物质结构进修班上我见到了唐老师，听了他的讲课，学习了物质结构知识；这年的冬季到次年的春季，我又跟从他进修了半年。他绝佳的讲课、渊博的学识使我无限钦仰，他对学生的关心和爱护更加使我无限尊敬……

1963年至1965年教育部委托唐敖庆举办物质结构学术讨论班。参加讨论班是我一生受益最多的学习机会。在班上不仅又听到唐老师精湛的讲学，听到不少终身受益的教导，而且结识了班上比我年轻的优秀同行。我们同窗深谈，共同切磋，其乐陶陶。唐老师给我们讲了点群、酉群、李代数和分子对称群不可约张量法等一系列课程，使我们的量子化学基础增厚和拓宽，量子化学水平得到一大步提高。

北京大学黎乐民院士在自己的自述中谈到对自己的成长产生重大影响的几位导师时谈到了唐敖庆：

唐敖庆教授是另一位讲课非常出色的老师。1962年（作者注：应为1963年）起他受高等教育部的委托在吉林大学办“物质结构学术讨论班”，我那时是研究生。当时是配位场理论在配位化学中应用的鼎盛时期，我的研究方向是配位化学，所以到该讨论班去旁听群论和配位场理论的课程。去前，我先看了格利菲斯（J. S. Griffith）的名著《过渡金属离子理论》以及有关群论方面的参考书，自己觉得内容大体上是懂了，具体的公式推导也一步步已弄明白，所以只是抱着再听一次课总会有收获的想法去旁听的。但听完课以后，感觉听与不听大不一样。唐老师的讲课有高屋建瓴之势，站得高，看得远，讲得透。对于一个问题，他从问题的提出讲起，说明解决问题的困难在什么地方，前人是怎样解决的，是否完善了，还有什么问题有待解决以及可能的突破等等。听过他的课后，回过头来再看自己原来对问题的理解，就好像站在万山丛中的谷底观察周围，只见诸峰林立，头绪万千，看不出各部分之间的联系，想不出事物之间的全貌。听课使自己站高了，对问题的认识有一种俯瞰群山的感觉，心中豁然开朗。

上海交通大学的颜德岳院士在怀念唐敖庆的《师恩难忘》一文中写道：

唐老师离开我们了。他的音容笑貌和讲台上的大师风度却一如在眼前，并且将伴随我一生。当我回顾我几十年的坎坷历程，总觉得自己之所以能立足社会，做些工作，是得益于唐老师和吉林大学的培养和教诲……

作为唐老师新入学的研究生，我对后来的学习充满了期待。果然，唐老师给我们讲的第一堂课，就把我们深深吸引了。他给我们先后开了两门课，即高分子统计理论和统计力学（包括非平衡态统计力学），为时两年。唐老师讲课的特点是从来不带讲稿，一边在黑板上推导，一边娓娓道来，引人入胜。他的板书工整苍劲，他的讲解明白易懂。无论多么复杂的公式，例如不可逆过程统计热力学中的偏微分方程，他给我们一一推演，整版整版的求解过程就连一个符号也没有差错。无论多么复杂的问题，他总是举重若轻，讲解得有条理，清清楚楚。课后他都会给我们留下作业，引导我们深入钻研。我们所有的学生都万分崇拜唐老师，觉得他是不可思议的天才，他的脑子里装着那么多的学问！

邓从豪、黎乐民、颜德岳三位院士的感受，代表了所有在唐敖庆的指导下成长起来的理论化学工作者的心声。50 余年来，唐敖庆一直辛勤耕耘在理论化学教学和研究领域，为在我国普及理论化学教育，培养理论化学研究的高层次学术人才，进而提高我国理论化学研究的学术水平，曾举办 12 期基础性的讲习班、进修班以及不同层次的学术讨论班，创造性地将教学和科学研究有机结合起来。每承办一个班，就培养一批人才，拿出一个高水平的研究成果，从而最终造就了一个富有活力的、勇于攀登世界理论化学高峰的、具有鲜明中国特色的理论化学研究集体。国际上称这一研究集体为中国学派，而唐敖庆本人也当之无愧成为中国理论化学学派的缔造人和卓越领袖。

四、崇高的风范，大写的“人”

作为学派领袖，唐敖庆不仅具有渊博的学识、巨大的学术成就，而且还具有崇高的道德威望、迷人的个人魅力。

唐敖庆是一个具有深厚爱国情结的科学家。他留学海外，学有成就，本有条件留在海外，却毅然选择回国，报效祖国。唐敖庆又是一个具有牺牲精神的知识分子，他归国伊始执教京城，却毅然挈妇将雏，受命远赴东北创建东北人民大学化学系。吉林大学原校长伍卓群教授在《缅怀唐老 学习唐老》一文中写道：

> 唐老身上最突出的特点是，道德与文章的最完满的统一。文人当中，有的有道德，但少有文章；有的有文章，但德行上却有毛病。既有高尚品德，又有锦绣文章者，虽不乏其人，但像唐老这样两方面都达到如此高度的则实属少有。唐老作为化学泰斗，他的学问，他的学术成就，享誉国际。就其文章来说，国内学者中能与之齐名者不多。而更令人景仰的是他的崇高思想和品格：对祖国的热爱，对政治信念的忠诚和坚定，对理想的不懈追求，对事业的无私奉献，对思想和行为的严格自律，对同事的真诚、谦逊、热诚和不遗余力的帮助等等。他学问很大，但从不以权威自恃；他功勋卓著，但从不居功自傲。

唐敖庆在吉林大学任校长时的秘书刘永新教授在怀念唐敖庆的题为《一代宗师 风范长存》一文中写道：

> 唐老一生对自己要求特别严格，公私界限十分分明。他任吉林大学校长期间，没有配过专车，每天步行上下班。在他年逾古稀之后，我曾拟请校办安排他乘车上下班，他表示不同意。1986年初，唐老去北京筹建国家自然科学基金委员会并出任主任后，他仍任吉林大学名誉校长，他的人事关系、党的组织关系、科研工作、指导研究生，以及工资关系都在吉林大学，国家在北京给他安排了一套临时住房供他和师母生活之用，于是他将吉林大学分配给他住了几十年的一套住房交回学校以解决学校办公用房不足的困难，学校将这套住房安排高等教育编辑部和理科学报编辑部办公用。后来学校在东中华路建成一栋新的教职工住宅，和其他院士一样，也给唐老分配一套住房，学校领导将此消息告诉他时，他说，国家基金委最近在北京中关村黄庄已给他安排一套住房，于是他又婉言谢绝了……
>
> 唐老在理论化学研究中获得了许多令世界理论化学领域注目的成果，曾多次荣获国家自然科学奖、陈嘉庚化学奖、何梁何利科学与技术成就奖。由于他认为培养年轻人是关系到中华民族的未来的大事，所以他用有限的奖金

设立一个量子化学研究生奖励基金，用于奖励其研究集体指导的做出优秀学位论文的研究生；他将100万元何梁何利科学与技术成就奖的奖金中的一部分赠送给吉林大学作奖励品学兼优学生的奖学金，一部分赠送给中国化学会用于奖励优秀年轻化学工作者的基金，一部分赠送给他的家乡江苏宜兴县用于家乡的基础教育。

唐敖庆的高尚的道德品质不仅体现在日常生活中，还体现在科学研究工作中。他认为，从事科学研究的人不仅要勤于实践，敏于思考，而且应具备良好的科学研究道德。就科研工作者的道德修养，唐敖庆曾提出过四条准则：一是学风严谨，态度认真；二是正确对待别人和自己，同事间真诚合作；三是实事求是地评价科研成果；四是发扬民主，促进百家争鸣。唐敖庆正是以自己的模范行为践行了这四条准则。他在科学研究工作中，严谨治学，扎实细致，尊重同行，协同创新，勇攀高峰；他在培养年轻学者和研究生过程中，言传身教，严格要求，循循善诱，教同化雨；他在科研组织管理工作中，发扬民主，察纳雅言，充分尊重专家和学者的意见和建议，他严于律己，平易近人，团结同事，勤奋工作，为繁荣和发展我国的基础科学研究事业作出了重要贡献。

在唐敖庆身边工作了六年的国家自然科学基金委员会工作人员路宁耳濡目染唐敖庆的做人、做事、做学问的风格，曾概括地评价唐敖庆为大写的“人”。

中国理论化学学派的诸多成员正是在唐敖庆的巨大人格魅力感召下，集中在他的周围，形成了一个攀登世界理论化学高峰的坚强团队。

（作者：乌力吉）

参考资料

［1］郭保章．中国化学史［M］．南昌：江西教育出版社，2006.

［2］高等学校化学学报编辑部．庆祝唐敖庆教授执教五十年学术论文集［C］．长春：吉林大学出版社，1990.

［3］吕焕东，宋文敏．奋斗者的足迹——吉林大学化学学科史料［Z］．长春：吉林大学内部发行，2002.

［4］邓莉娜．唐敖庆轶事［J］．中华儿女（海外版），1994（5）：27.

［5］梅宜．唐敖庆教授执教五十年庆祝大会在吉林大学隆重举行［J］．高等学校化学学报，1990（9）：1.

[6] 国家自然科学基金委员会.倾心科教 高谊可风[J].中国科学基金，2008(5)：259.

[7]《唐敖庆科学论文选集》编辑委员会.唐敖庆科学论文选集[C].长春：吉林大学出版社，1996.

[8] 徐光宪.徐光宪文集[C].北京：北京大学出版社，2000.

[9] 唐敖庆，沈家骢，汤心颐，等.高分子反应统计理论[M].北京：科学出版社，1985.

[10] Auchin Tang，Chiachung Sun，Yuansun Kiang，et al. Theoretical Method of the Ligand Field Theory (Eng. Ed)[M]. Beijing：Science Press，1979.

[11] 唐敖庆，孙家钟，李学奎，等.配位场理论方法补编——三维旋转群-点群的偶合系数[M].北京：科学出版社，1988.

[12] Auchin Tang，Yuansun Kiang，Guosen Yan，et al. Graph Theoretical Molecular Or bitals (Eng. Ed)[M]. Beijing：Science Press，1986.

[13] Auchin Tang，Qianshu Li. A structural Rule of Polyhedral Boranes and Heteroboranes[J]. International Journal of Quantum Chemistry，1986(29)：579.

[14] Auchin Tang and Qianshu Li. Eigenvalues and Eigenfunction of Huckel Hamiltonian for Carbon Species with Dp or Dph Symmetry[J]. Chemical Physics Letters，1993(212)：91.

[15] 乌力吉.1963年在吉林大学开办的物质结构学术讨论班[J].中国科技史杂志，2009(2)：211-221.

[16] 吉柯甘，柯斯良.倾心为国育才的唐敖庆教授[J].瞭望，1987(1)：42-43.

[17] 中国科学院学部联合办公室.中国科学院院士自述[M].上海：上海教育出版社，1996.

[18] 颜德岳.师恩难忘[N].吉林大学校报，2008：8，18.

[19] 伍卓群.缅怀唐老 学习唐老[N].吉林大学校报，2008：8，18.

[20] 刘永新.一代宗师 风范长存[N].吉林大学校报，2008：8，18.

[21] 路宁.大写的“人”[J].中国科学基金，2008(5)：266-267.

钱临照

（1906—1999）

钱临照

新中国科学事业的铺路者[1]

一、家世

出无锡市东行20公里，有一小镇，名鸿声里。小镇子沿啸傲泾北岸而筑，南岸是肥沃的良田。1906年8月28日（农历七月初九），钱临照降生在该镇的一个开明的读书人家。

据说，钱临照是吴越王钱镠第58代孙，他的高曾祖是一位私塾先生，曾在苏锡之间的浒墅关授业。他的曾祖父早故，因此家道中落。钱临照的祖父在儿孙眼里好像没有太大主见，六试秀才不果，一生安分守己，终年73岁。钱临照的父亲名秉瓒，号伯圭，后以号行世。钱伯圭生于1883年，青少年时期曾入南洋公学肄业，与胡敦复是同学（钱临照后来之所以入胡敦复办的大同大学即有此一段缘由）。南洋公学是上海交通大学的前身，由清末洋务派权贵盛宣怀创办于1896年。1902年11月，南洋公学爆发了一场反封建专制的斗争，200多名学生集体退学，史称“墨水瓶事件”。钱伯圭也于此时退学返乡，在鸿声里办起了新式小学。辛亥革命前，钱伯圭即举家剪辫子，乡里噪传一时。1908年左右钱伯圭受聘来到与鸿声里接壤的荡口镇果育小学任体操教员。果育小学的创办人为华鸿模。国学大师钱穆曾在果育就读，据他回忆，当时文史教员不受人注意，因为乡间不乏宿学硕儒，自然科学教员则不易得，而体操、唱歌先生尤为难得，“此皆开风气之先者。而果育之两位体操唱歌先生，则尤为一校乃至一镇之众望所归”。钱穆盛赞“伯圭师”的民主进步思想和对东西文化的独到见解，并将自己毕生从事学问归之于他的启迪。

钱临照从父亲身上继承了民主思想和凡事独立思考、不随波逐流的个性，而他与人为善、乐于助人的品性则与荡口巨族华家的影响密不可分。钱、华两家交往的渊

---

1 张秉伦、关增建、吴自勤诸先生和钱临照先生的胞弟钱令希院士等对本文提出了不少修改意见，谨致谢忱。

源可上溯至清咸丰年间。华家当时做生意，由荡口运米到苏州，卖完再买货运回荡口。从荡口到苏州要经过浒墅关，浒墅关在清季是大运河上的一个关口，对过往商船课税。浒墅关晚上封关，过往船只有等到第二天才会被放行。对此，华家颇感不便，需要在关上找人疏通，遂结识钱临照的高曾祖。两家交往日深，彼此仰慕，于是结为秦晋，华鸿模的姐姐便是钱临照的曾祖母。华家后来家业非常兴旺，钱家则因为钱临照的曾祖父肺病早故而家计困顿。适逢太平天国运动，钱家厅堂毁于火，华鸿模为钱家复建堂室，命其为“亲仁堂”，并亲自撰写长跋于堂匾后，述两家姻缘及姐弟手足之情，文醇情切。钱临照幼时熟背此跋，人间亲情蕴蓄心田。华家事业到华鸿模的孙子华绎之手时发展到顶峰。华绎之秉承祖父慷慨豪侠的品性，倡善举，广施财，并将祖父创办的果育小学改为鸿模高等小学，免费收纳贫寒子弟。钱临照便是鸿模高小的一个免费生。后来他上大同大学的学费亦由华绎之负担，直到他从英国回来，华家每年都要派人挑一担年货送到钱家，而且不让回礼。钱临照晚年谈及此节，依然为之动容。

钱临照的母亲是荡口镇秀才华晓兰之女，名华开森。

二、启蒙与中学教育

钱临照没有上过私塾，自 6 岁始，在父亲办的鸿声小学就读。1915 年入鸿模高等小学，越三年毕业。钱临照的胞弟钱令希未上鸿模，而是被送入无锡梅村镇上的县立第四高等小学就读。兄弟俩异校求学是钱伯圭的特意安排，意在感受不同的风格。在鸿模高小时，钱临照已显露出坚实的国文基础，为文见解独到，深得教师赏识。他认为自己一生中曾受到过三位老师的重大影响，这三位老师中，除严济慈之外，另两位都是他在鸿模高小就读时的老师。他们是钱穆和刘天华，一位是国学大师，一位是音乐大师。钱穆于 1913 年来鸿模任教，两年后钱临照入鸿模时，钱穆适转任无锡县立第四高等小学教职。1918 年钱临照高小毕业，钱穆是年回到鸿模任教，钱临照于是延学一年从钱穆读曾国藩家书、家训，王阳明理学和唐宋文章，操行准绳益加明晰，古文根基益加深厚。这一年，他与钱穆分住一所房子的里外屋，耳濡目染钱穆的治学和为人，心中景仰。钱穆的影响在钱临照今后的治学态度和做人准则上有明显的体现，比如治史重考据的态度、宽厚待人乃至交绝不出恶声的胸襟等就是非常有代表性的几个方面。

刘天华当时在常州中学教书，受聘到鸿模兼职，每周往返一次。他周六乘火车到无锡，再换小火轮到荡口，不辞劳苦，尽心尽责。他在鸿模高小组织了一个军乐队，从此国歌的旋律回荡在小镇的上空。钱临照曾随刘天华学五线谱和小号演奏，虽然后来在音乐方面没有成绩，却从刘天华身上学到了刻苦勤奋、不畏艰难的意志。

受工业救国思潮的影响，1919 年钱临照离开荡口，进入无锡荣氏私立工商中学。他在工厂实习时，学过金工、翻砂和铸造等技术，两年毕业后，本可进入荣家的工厂做技术工人，但他没有兴趣，觉得志向不在于此。1921 年钱临照到达上海，父亲让他投考黄炎培办的商科职业学校（江苏省立第一甲种商业学校），他觉得做生意没有出息，一时拿不定主意。他父亲的一位有见识的朋友认为他的气质宜入大同书院学习科学，这正合钱临照的心意，于是，1921 年钱临照进入了大同书院。

三、大学教育

大同书院 1922 年改名为大同大学，分设大学科、专修科和普通科，普通科相当于 4 年制初中加 2 年高中。钱临照在普通科修习 4 年后进入大同大学物理系，成为胡刚复的学生。胡刚复 1909 年留美，1918 年以 X 射线的实验研究获哈佛大学博士学位。虽然胡刚复被塑造成实验物理学家，但他本质上更贴近数理理论研究。事实上他在 1913 年进入哈佛大学研究院时还没有在数学和物理两科之间作出取舍，后来考虑到与数学相比，物理有着坚实的实验基础，乃选择物理。从哈佛大学档案馆保存的档案资料看，胡刚复当年的课程成绩非常出色，他和同年级的美国著名物理学家肯布尔是班上最优秀的两位学生，但系主任莱曼对他的实验技能却不甚满意，胡刚复于此吃亏不少。这对他当有所触动，于是他回国后力倡物理实验，成为将物理实验引入中国讲坛的第一人。钱临照踏入物理学殿堂甫始，胡刚复便在物理实验问题上对其耳提面命。钱临照不觉将其纳入心底而酿成信念，不仅一辈子身体力行，而且在理论上也多有阐发。

大同大学的物理教学有两个特色，其一即为注重实验。按照钱临照的体会，胡刚复的高明之处在于通过实验训练学生手脑并用，深入理解物理学问题，而不是让学生机械地照搬实验指导书中的程序测几个数据。对胡刚复别开生面的实验教学，钱临照记忆犹新，他回忆道："有一次他要我测量一根铁丝的磁滞回线，他要我选择一根适当的纸筒，给我一些纱包导线，要我自己计算在那根纸筒上绕多少圈才能得到需要的磁场强度。还有一次，胡先生要我把一只有毛病的墙式电流计修理好了之后，再用它来做实验。”这样费时可能多一些，实验结果也可能与书上的答案有出入，但对提高学生分析问题、解决问题的能力却十分有益。钱临照后来表现出的高超的实验技能，当得益于这种训练。“物理实验必须手脑并用”也成为钱临照有关大学物理实验理论的一个核心部分。

大同大学物理教学的第二个特色为注重基础。中国大学物理学教育在起步阶段曾一度空谈理论，有好高骛远之嫌。吴有训曾对这种现象痛加鞭笞：“在国内理学院中，开了一些高调而空虚的功课，如算学物理学等由普通至最深的课程，无不应有尽有，要是专以课程的名称相比较，中国的大学程度似较世界任何大学为高。教者只是糊涂地教，学者只是糊涂地听，均在似懂非懂的微妙境地。这种高调的课程，对具有谈玄传统习尚的中国人，非常适合口味。”但大同大学物理系没有出现这种偏差，从一开始就运行在注重基础教育的轨道上，只开设力学、电磁学、光学、热学和以上各种实验，加上近世物理这些最基础的课程。钱临照扎实的基本功得益于这种教育方针。

当然，大同大学也有不尽如人意之处，就是经费短缺，不能多聘优秀教师，这在开阔学生的眼界方面不能不说是一个缺憾。

四、人生道路的重要转折

1929 年钱临照从大同大学物理系毕业，这时他的潜能还没有机会得到充分发挥。他也没有什么家庭背景，在当时的社会现实下，他还无法对自己的未来进行理想化的设计。从现实出发，结合自己的性情，他试图去走“由助教而至教授的‘正道’”。他非常希望胡刚复能帮忙介绍个大学助教职位，但胡刚复似乎没有为此尽力，对此钱临照非常失望，但他并没有为此耿耿于怀，而是对胡刚复保持着始终如一的崇敬。后来胡刚复受到不公正待遇时，他寻找各种场合纠正一些人的偏见，最终确立了胡刚复在中国物理学史上应有的地位。钱临照为人宽厚的品德可见一斑。他后来不遗余力地帮助学生，也与自己的这段经历有关。

对于毕业后找工作的经历，钱临照有一段有趣的讲述：“我多方托人介绍，然后回老家等消息，到了 9 月初，还没有收到聘书，我急坏了，不能在家吃闲饭，刚好大同一位朋友有个亲戚在广东兴宁教育局当科长，介绍我去兴宁教高中。走时不好意思向家里要钱，问朋友借了 20 块钱，从上海坐船（省钱，坐货舱）在汕头下，再换小火轮到兴宁。先教物理，后来数学、英语也教，以增加一点收入。一年后觉得没有意思，回上海，吴学蔺的父亲吴在渊介绍我在中学当教师，并做家教。一天忽然接到阮志明老师来信，要我去东北大学物理系做助教，我大喜过望，马上就走。在东北大学待了一年，九一八事变发生，东北大学许多教师在事变前早就离开了，我舍不得来之不易的位子，到很迟才与几位老教授随一位德国体育教师逃到北平。"

到北平后，钱临照借住在严济慈家。严济慈 1927 年曾应恩师胡刚复之约，在大同大学短期兼课，与钱临照有师生之谊。此时严济慈已是二度赴法归来，刚刚创建国立北平研究院物理研究所并任所长。由于严济慈手下已有 4 个研究助理，钱临照难以启齿求助，为生计所迫，打算南下就任上海英工部局一家电话局技工职位，月薪颇高，有 160 大洋。"上火车前我打电话向严老辞行，他让我别忙，问我愿意不愿意接受半薪助理的位子，我当然愿意，别说月薪 40 块钱，4 块钱我也愿意。"钱临照于是痛快地回绝了英租界的差事，高兴地当了一个半薪助理。这一选择成为钱临照人生道路上的一个转折点，由此开始，他走上了职业物理学家的道路，成为中国的第一批物理学研究工作者中的一员。严济慈因此也被钱临照认为是对自己一生有重要影响的第三位老师。在国难当头，人人自危的时候，他把钱临照推上了一条充满希望的道路。

五、物理学研究初试

西方科学制度化的形成经历了很长时间，由业余科学家过渡到大学的职业科学家群体和局部的学会，再过渡到国家科学院，这是一种自然的发展道路。中国的情形不同，以蔡元培为首的一批教育家深信"我国科学智识之落后，绝非国人智慧之后人"，而是囿于空谈旧习，未对科学作实际之探讨。要使国家不受"天演之淘汰"，"惟有力倡科学化"。他们怀着科学救国的一腔热忱，竭力宣扬高深学术研究。他们等不及按部就班地走由普及而至提高的自然之路。在实施教育计划时，从大学抓起，而倡导研究则从办中央研究院开始，故而在民间尚无科研基础可言的情况下，1928 年和 1929 年，中央研究院与北平研究院便先后成立。

20 世纪 30 年代中国物理学研究处于初级阶段。这一时期研究者完全根据自己的兴趣、身边的条件和已有经验而展开，谈不上研究的系统性和规划性。中央研究院物理所和北平研究院物理所并无明确的任务和一定的方向，研究的目的只是要使中国有"研究"，在中国可以进行"研究"。1931—1934 年，钱临照在严济慈的指导下，开展了两个方向的工作，其一为压力对照相乳胶感光性能的影响的研究。他与严济慈合作，于1932年在《法国科学院周刊》发表了第一篇论文。这不仅是我国国内研究成果发表在法国科学院周刊上的第一篇，也是国内研究成果在国外有影响的学术刊物上发表的较早的一篇。此后他又陆续在此方面发表论文3篇。其二为水晶压电和扭电现象及其在无线电上的应用。他与严济慈一起系统地研究了实心和空心圆柱长短、半径大小与由扭力所产生的电量之间的关系，还研究了水晶扭电的反现象，有7篇论文分别发表在英国的《自然》杂志、《法国科学院周刊》和《中国物理学报》上。1931—1934年的四年间，中国学者平均每年发表物理学论文44篇，而钱临照与严济慈在此期间发表的论文，占据了当时中国物理学研究成果的相当份额，他们在中国物理学研究从无到有的转变中起了非常重要的作用。

严济慈和钱临照在实验中还发现，将水晶圆柱放在无线电振荡器中，能产生共振，与压电水晶片无异，可用作温度系数为零的无线电稳频器。这项工作“对于控制、检测无线电波频率，以及后来在抗战期间实际生产水晶振荡器提供了理论基础”。他们在民间艺人的帮助下成功地掌握了切割水晶体的土方法，可以很方便地向社会各界提供平行光轴或垂直光轴水晶片以及用于无线电稳频的压电水晶振动片等，而价格则只有舶来品的四分之一或五分之一。这是北平研究院物理所很有特色的一项工作，可视其为我国科研与应用结合的最早典范。

六、留学

1934年钱临照被录取为第二届中英庚款留学生。本届物理学科共录取3名，另外二人为朱应铣、李国鼎。中英庚款留学在为中国造就基础学科学术人才方面产生了突出的效果。以物理学为例，由此途径留学而成为优秀物理学家的除了钱临照，还有余瑞璜、张文裕、周长宁、翁文波、马仕俊、王大珩、彭桓武、郭永怀、钱伟长、傅承义、黄昆等。

1934年秋，钱临照拿着严济慈的介绍信进入英国伦敦大学学院的福斯特物理实验室，师从葡萄牙裔英国物理学家安德雷德（1887—1971）进行实验物理研究。福斯特实验室由福斯特（1835—1919）创办于1866年，是英国官方认可的最早的正规物理实验室之一。英国物理实验室的传统是，实验室主任决定实验室的发展方向和研究取向，因此实验室主任个人的特性也就成为实验室的特性。剑桥大学卡文迪许实验室历届主任都是赫赫有名的物理学家，如威廉·汤姆孙、麦克斯韦、瑞利、J. J. 汤姆孙和卢瑟福等，所以卡文迪许成为英国最强的物理研究中心。相形之下，福斯特实验室则逊色得多。进入 20 世纪 30 年代，相对论和量子力学两座大厦已经建成，核物理的研究拉开了序幕，固体物理的研究也被引向深入，面对这种局面，福斯特实验室从物理思想到实验手段都显得有点落伍。环境的局限性在很大程度上影响了钱临照能力的发挥，设想当时如果他能进入一个一流的研究中心，师从在前沿领域工作的导师，他极有可能在物理学研究上做出更大的成绩。这种假设也适用于其他一些前辈物理学家。从表面上看，这是一个机遇的问题，但在深层次上，这种现象反映出在 20 世纪 30 年代中国物理学事业的领导人还缺乏对世界物理学发展状况和未来趋势的良好把握，没有建立起与世界上一些物理学重要研究机构的基本交流，在人才培养上还大致处在心中无数的状况。谈到这一话题，钱临照非常感慨，他之所以强调导师的重要性，推荐学生去前沿研究机构工作，以及后来千方百计为他所服务的中国科技大学搜求优秀教师，都与自己的经验教训有关。

安德雷德是英国皇家学会的会员，是一个兴趣非常广泛的人，他的物理学研究主要集中在两个方面：一是金属的范性，二是流体的黏性，他在这两方面都曾发现过定理。此外，他对版本收藏和科学史研究也有浓厚的兴趣，是牛顿研究的行家；在诗歌方面也很有造诣，出版过诗集。他的志趣爱好与钱临照颇为相似。

初次与安德雷德交谈，钱临照即申述愿多接触各种工作，以增进多种知识。他在英国完成的第一项工作是水晶圆柱体扭电现象的进一步深入研究，这是他在北平研究院物理所工作的继续。他从沃伊特的压电普遍理论出发，推导出中空圆柱体在扭力作用下内外表面产生的电荷的计算公式，纠正了前人公式的错误。按照他的推导，内外表面的电量并不等值，而是分别正比于内径平方和外径平方，他由此得到一个重要结果：中空水晶圆柱体在扭力作用下会产生体电荷。

水晶扭电的工作完成后，安德雷德让他去破解一个困扰自己多年的流体力学谜题：一个横向浸没在水槽里的水柱，在水压不高时，从水柱流出的水是平稳的层流；而当室内有个喇叭发声时，层流马上变为湍流，为什么？钱临照在极短的时间里，解开了这个谜团，原来，提供水压的水瓶是挂在木架上的，喇叭声造成支架振动，通过瓶子和水管传递给水柱，从而引发了湍流。这一问题的解决体现了钱临照良好的物理直觉和分析能力。此后，他又很快完成了安德雷德指定的研究水柱层流横截面上各点流速分布的工作。安德雷德原拟让他进一步研究从水柱发出的湍流，但钱临照的兴趣不在于此，他被金属强度问题吸引，有志沿此方向进行一些探索。

金属的最基本的物理性质是其力学强度。20 世纪初，物理学家从理论上推算出金属的断裂强度约为 1000 kg/mm^2，比实际强度要大几百倍，其原因何在？ 1934 年发生的两件事，把钱临照导入了这一研究领域。该年秋，他刚抵伦敦，巧遇国际纯粹与应用物理年会在伦敦与剑桥两地召开，固体强度问题是大会中心议题之一，该领域的很多重要人物提交了论文或参加了讨论，此情此景对初入世界学术庭院的钱临照不啻为一剂强烈的兴奋剂。另一件重要的事情是，泰勒、奥罗万和波拉尼三人在这同一年里分别在英国《皇家学会会刊》和德国《物理月报》上发表论文，不约而同地提出晶体缺陷的位错模型。他们的文章当时在固体物理学界并没有引起多大反响，但钱临照却对这一理论深信不疑，他的敏锐的物理直觉又一次帮助他作出了正确的判断，他也由此走上了固体微缺陷研究的道路。不幸的是，位错理论在安德雷德的实验室却行不通，安德雷德与泰勒私交虽然很好，但他们的学术观点差异很大。安德雷德对位错理论并不欣赏，这对钱临照的研究显然带来一定的阻碍，可以说他在从事晶体缺陷研究的一开始就是在一种逆境中劳作。

钱临照试图从范性形变入手，进而研究固体的力学强度。首先他注意到这样一个问题：人们对面心立方单晶体的滑移已经有相当的了解，知道其滑移方向一般是原子最密集方向，滑移面也是原子最密集的（110）面。但当时已发表的有关体心立方晶体滑移的研究结果却非常稀少，更让人不安的是，这些结果反映出尽管体心立方晶体的滑移方向一般还是原子最密集的［111］方向，但其滑移面并不固定，存在着（110）、（112）、（123）几种可能，似乎没有规律可循。这种状况吸引着钱临照去进行新的探索。他首先选用低熔点的钠、钾材料进行实验，他注意到在室温下（20 ℃，离钠、钾的熔点很近）钠、钾的滑移面为（123）。在进行这一实验时，他已经意识到温度可能是影响滑移面选取的重要因素，但当时由于实验条件的限制，他无法把工作温度拓展到远离钠、钾熔点的低温区域，因此他改用高熔点的钨单晶继续实验（当时在该实验室中学习的另一位中国学生周如松也参加了这一工作），实验的温度区间为 20 ℃—1000 ℃，结果发现在 20 ℃和 300 ℃时，滑移面为（112），在 1000 ℃时为（110），第一次令人信服地证实了体心立方晶体滑移面选取的温度效应。钱临照在英国留学期间共发表 5 篇论文，唯有这篇文章他署名为第一作者。文章由安德雷德传送到英国《皇家学会会刊》发表。后来周如松又完成了钠单晶在 −82 ℃和 −185 ℃的滑移研究，得出钠单晶在这两个温度下滑移面分别为（100）和（112），这样体心立方晶体滑移面随温度变化的实验规律已经凸显出来。不久，安德雷德根据钱临照和周如松的实验结果总结出体心立方晶体滑移面选取的实验规律：令 $\theta=T/T_m$，其中，T 为工作温度，T_m 为金属试样的熔点，则 $\theta<0.24$ 时，滑移面为（112）；θ 为 0.26~0.5 时，滑移面为（110）；$\theta>0.8$ 时，滑移面为（123）。这是当时对体心立方晶体滑移面规律的最完整的总结。这篇文章由安德雷德一人署名。

钱临照认为自己一生中最重要的工作是这一时期关于体心立方晶体的滑移研究，但部分结果没有发表。

1937 年春，安德雷德明示钱临照，可将水晶扭电、流体力学和立方晶体的范性形变三项工作总结起来，作为博士论文，申请答辩，但钱临照婉词拒绝了他的安排，其中缘由钱临照在自传中有这样的陈述："和我同在这一实验室的有位印度学生，他比我早来，工作很好，三年期满，他自动提出申请答辩，不知何故被教授拒绝了。印度同学受此打击，以至伏在实验桌上哭泣。我认为这是欺侮殖民地人（那时英国人对殖民地人在有意无意中有此意识），那时我即意识到我国也处于半殖民地地位。此事触动了我的自尊心，我暗下决心，不拿殖民者的学位。"

1937 年 4 月，钱临照离开伦敦，赴欧洲大陆，拟在柏林师从施密德继续进行晶体范性形变的研究工作。不久，七七事变发生，钱临照接到严济慈从法国打给他的电话，毅然中断研究计划，立即起身回国，投身抗战工作，与祖国人民共存亡。

七、为抗战服务

七七事变后，北平研究院的工作暂告停顿，各研究所奉命迁往云南。1937 年底，钱临照受命奔赴北平，将北平研究院物理所的仪器设备运至昆明。要在日本侵略者的眼皮底下把五六十箱笨重的仪器运出北平城，不是一件容易的事，这不仅需有胆量，还需要智慧。对于这一段颇富传奇色彩的经历，钱临照 1995 年发表在《科技日报》上的题为《国破山河在，昆明草木春》的回忆文章中有生动的描述（《科技日报》1995 年 11 月 13 日、20 日、27 日）。由是，北平研究院物理所的工作得以在昆明继续进行。钱临照在抢运仪器一事上表现出来的智慧和能力，也令吴有训等人刮目相看。

抗战时期，北平研究院物理所的工作重心发生了很大的转变，用李约瑟的话说是"完全转向了战时工作"。全所人员为报效祖国的赤诚之心所驱使，自觉地以己之长为国家效劳，为抗战出力。具体地说，北平研究院物理所在昆明结合战时需要，主要开展了水晶振荡片的制造、应用光学和应用地球物理三项工作，钱临照是前两项工作的领导者和业务骨干。

抗战前，钱临照在北平研究院物理所时，经常需要自己磨玻璃装配光学仪器，初步掌握了磨制光学仪器的技术。在英国留学期间，“想到国难临头，一个物理学工作者应在应用技术方面也能学习一些东西”，他选择了应用光学，从磨玻璃、设计镜头入手。1935 年和 1936 年的暑假，他都是在著名的伦敦希尔格光学工厂的磨玻璃机床边度过的。在这里他学会了用格林 - 揣曼干涉仪修补光学部件中缺陷的重要技术，这项技术在抗战中发挥了重要作用。

抗战中，钱临照主持北平研究院物理所的战时应用光学工作。受教育部和军政部兵工署的委托，钱临照和北平研究院物理所的其他人员一起自行设计、制造了单鼻式和三鼻式两种显微镜 400 余架，放大倍数为 60—1400，除分配学校应用外，其余供战地医院、工厂及工业研究之需。此外，受中央水利实验处及滇缅公路工程局等机关委托制造各类测量仪器 100 余套，包括经纬仪、水准仪、望远镜透镜、读数放大镜及水平气泡等；为资源委员会制造缩微胶片放大显映器 50 余具；还为若干学校和学术机关配制实验室内之各种光学零件，如棱镜、望远镜等。

在制造显微镜物镜时遇到一个问题，需要能测定毫米级曲率半径的球径仪，这是一项外国人对我们保密的技术。钱临照等人经苦苦思索，对一台光谱仪略加改装，巧妙地利用其高精度的测量丝杆，完成球径的测量。钱临照的这一设计在中华人民共和国成立后还为许多光学仪器厂所采用。

在生产规模扩大后，北平研究院物理所吸纳了几位西南联大毕业生，还举办了“光学仪器制造科短期职业训练班”，学员为中学毕业生，他们中一些人在中华人民共和国成立后成为几个大光学仪器厂的技术骨干。钱临照在为抗战服务的同时，也为新中国培养了一批光学仪器专家。

抗战全面爆发后，后方无线电台及军用无线电收发报机日益增多，各电台互相干扰现象越来越严重，迫切需要优良品质的无线电稳频器，为此，北平研究院物理所先后向资源委员会中央无线电器材厂、军政部电信器材修理厂和中央广播事业管理处提供了各种厚度的优质水晶振荡片 1000 余片；还为驻昆明的美军和驻印度的英国皇家空军解决了几片急需的水晶振荡片。各地军用或民用无线电设备得此配件，频率从此稳定。这项工作对改善战时我国电讯技术帮助很大。

在上述战时工作之余，钱临照还在艰难困苦中进行了一些学术研究工作。其一是发明了利用格林－揣曼干涉仪研究光谱精细机构的方法。格林－揣曼干涉仪是希尔格公司首创的，在光学部件的生产中用于光学系统的检测。钱临照在干涉仪系统中的45度半透明反射镜和全反射镜之间插入一个三棱镜，当有两条相邻的谱线上射到此系统中时，只要适当转动三棱镜，就可以得到两组干涉条纹交织成的水纹图形，据此可以计算出入射双线波长倒数之差。格林－揣曼干涉仪有多种用途，但用于研究光谱精细机构则是钱临照的独创。这项工作很能够反映他的科研特色：以开阔的思路和巧妙的构思，最大限度地发挥现有仪器设备的功用，做有创意的工作。

在这期间他的另一项重要工作是关于《墨经》的研究。在此之前，已有不少学者对《墨经》作了大量的校释疏证，然而对其中的光学、力学诸条的校释，或为谨慎谦抑之怀，概付阙如，以待知音，以至梁启超有“明珠委尘，幽兰弃莽”之叹；或曲为解说，过事夸张，如认为墨翟已发明反射定律、通晓电影原理等等，“使墨翟复生，亦将自讶其何能至此”。钱临照用现代自然科学的观点对《墨经》的光学和力学成就进行了系统的发掘整理，校释了《墨经》光学8条、力学5条，使中华古代文明曾经发出的一片灿烂光辉得以再现，并引起了全世界同行的关注。这项研究开现代墨学研究之先河，他的这篇文章被公认为中国科学史研究的经典之作。这也是钱临照自己比较得意的一篇文章，他对该文在修辞和考据方面所博得的喝彩尤感快慰。当时西南联大一些先生阅此文，对钱临照作为一个自然科学工作者而有此上乘古文和考证功夫颇为叹服，这是钱临照津津乐道的一件事。许多杰出人物听到对他们专业领域内的成就的赞扬，反应平平，但非常乐意听到对他们主业之外的技能的赞赏，这种朴实的情态让人觉得可亲可爱，这也是这些杰出人物身上表现出的作为凡人的人性闪光点。

抗战期间，钱临照以自己的胆识、聪明才智和广博学识，特别是能站在高点环顾全局而发表有见地见解的独特才能在中国物理学界赢得了良好的声誉，得到了吴有训、叶企孙、严济慈等中国物理学界一些领导人的赏识，并逐步迈进了中国物理学事业的领导层。1943年他被选为中国物理学会常务理事兼秘书、《中国物理学报》主编（当时称干事），与王竹溪一起负责学报的编辑工作。

八、乱局中的应对

1946年，萨本栋以中央研究院总干事的身份代理中央研究院物理所所长。1947年，中央研究院物理所迁入新建的南京数理化中心。萨本栋雄心勃勃，有志吸纳一流的研究人才，在一些主流的研究方向上开展工作。萨本栋选中的研究人员有赵忠尧、钱临照、彭桓武、张文裕、钱三强和吴健雄等（但后来在这些人中只聘到钱临照一人）。钱临照接到聘书后即向北平研究院物理所告假，拟在南京中央研究院物理所继续留学期间所进行的金属范性形变的研究。所里特为这项研究向国外定购了 X 射线设备、各式电炉和低温设备。钱临照回国后，由于设备尚未到达，他只能边等设备边进行力所能及的工作。他制备了一些单晶试样，设计了一架高灵敏度的拉伸机（能测出 10^{-5} 的应变量），以研究单晶的微形变。

1948 年底，萨本栋因患癌症赴美国治疗，钱临照受命为中央研究院代理总干事。中央研究院从组织上说分行政、研究、评议三部分。行政工作由总办事处主持，设总干事一人，在院长指导下执行全部行政事宜，当时院长为朱家骅。钱临照在一个非常敏感的时刻遇到了一个非常敏感的问题：中央研究院是留守大陆还是迁往台湾？国民政府和中央研究院院长明令中央研究院各部门尽速迁台，而共产党则通过各种渠道向专家喊话，请他们留下来。作为总干事，钱临照的工作应该是动员和帮助各研究所搬迁。但在当时许多学者包括钱临照本人虽然对共产党没有什么认识，但对国民党政权却丧失了信心，不愿意去台湾。面对这种态势，钱临照在搬迁问题上采取了“无为”的态度，事实上他也无法有什么作为：其一他与中央研究院没有什么渊源；其二他当时的资历和社会地位，还不足以对傅斯年和姜立夫这样的人物有什么影响。在这种情况下，他自然采取了下面的主导方针，“愿意留下来的人，我帮他留；愿意走的人，我帮他走”。后来，中央研究院大部分研究所选择留在大陆，只有数学所、历史语言所两个单位迁到了台湾。钱临照自己不愿意离开大陆，但书生的愚直和善始善终的行为准则驱使他以中央研究院总干事的身份去了一趟台湾，察看迁台两个研究所的安置情况，由台湾回来后，他即卸去了总干事职。不承想这一趟台湾行，以后很长一段时间都被视为他的历史污点，给他今后的生活带来了很大的麻烦。

九、为新中国的科学事业铺路

1949 年 11 月，中国科学院成立，以原中央研究院物理所和北平研究院为基础在北京分设近代物理所和应用物理所，原机构设置撤销，钱临照成为应用物理所（中国科学院物理所的前身）的研究员。

中国头两代物理学家的典型的人生道路是青年时期出国留学、在国外做出一生最重要的工作后回国，受客观条件制约不得不中断原有的研究，步入教学岗位，成为某学术机构的领导人。中华人民共和国成立时，他们到达了人生旅途上的一个岔口，部分人由于发展科学事业的需要，被推上行政领导岗位，而另一部分人则由于政治上的原因，被列入时代的落伍者，而受到冷遇甚至后来遭到迫害。作为中国第二代物理学家，钱临照所走的道路有点独特，他与众不同之处是，回国后还长期进行着科研工作。做到这一点非常不容易，需要有三个条件：要有严济慈所一贯倡导的“一心一意做研究”的精神；要有宽广的学术视野，从而能够洞察以现有简陋条件达到有意义的研究成果的途径；要有自己动手创造实验设备条件做研究的才能。这三点是钱临照无论在战乱中还是在政治混乱中都能进行研究工作的保证。中国物理学界能做到这三点的学者是非常少的。

中华人民共和国成立后，钱临照因为上述所谓历史问题，而受到一定程度的冷遇，他没有被推上行政领导岗位，这可能有点埋没他的学术领导才能，但对围绕在他身边的年轻科研工作者来说，却是件好事。他平易近人的性格对年轻人有巨大的感召力，而他卓越的学术见解和开阔的研究视野以及饱满的工作热情，又让身边的年轻人受益良多。以他为中心，形成了新中国科研事业的一支先锋队，这支先锋队为新中国的一些科研领域做了重要的铺路工作。

1. 让位错理论在中国扎根

前面提到，钱临照在英国留学期间，对新兴的位错理论进行了跟踪研究，他几乎阅读了这方面的所有重要文献，对其发展历史有透彻的了解，在大多数学者对位错理论持否定或怀疑态度时，他已经是一个位错理论的坚定信仰者。他自觉肩负起把位错理论引入中国的使命。抗战全面爆发后许多学术机关迁到昆明，中国物理学会定期组织昆明的学者举行学术讨论会，在 1939 年的一次会议上，钱临照介绍了泰勒的位错理论，引起了广泛的关注。这是位错理论在中国的首次被介绍。中华人民共和国成立后，我国采取一边倒的政策，受苏联学术观点的影响，位错理论被高校和研究所拒之门外。虽然 1956 年门特利用电子显微镜实际观测到了晶体上的位错结构，发现它与泰勒的模型完全一致，位错理论的反对声逐渐减弱，但在中国工作的苏联专家依然没有接受它。直至 1959 年，钱临照才冲破阻力，率先在中国科学院物理所内讲授和讨论这个理论，并联合冯端等人发起两次全国性的晶体缺陷和金属强度讨论会。他与合作者写了十万言的《晶体中的位错理论基础》，为位错理论在中国的建立和传播作出了最重要的贡献。

2. 开拓中国电子显微学事业

我国的电子显微学研究工作起步较晚，中华人民共和国成立不久，钱临照曾在国民党一个广播台的仓库里发现一台未开箱的英国大都会维克斯公司造 EM2/1M 型电镜，这台电镜是如何进口的迄今还是一个谜。钱临照在一无安装资料，二无工作经验的情况下，硬是让电镜运转起来，又一次显露出他与仪器打交道的高超技巧。钱临照与合作者利用这台电镜进行了铝单晶滑移带精细结构的观察，相关文章在 1956 年第一届泛太平洋地区电子显微学会议上报告后引起很大反响，各国代表对刚刚诞生的中华人民共和国能拿出如此高水平的电子显微镜工作相关文章感到非常惊奇，这是新中国第一篇向西方国家报告的学术论文。

中华人民共和国成立后，钱临照曾受中国科学院的委托出国采购了一批科学仪器，包括为上海冶金研究所购置的透射电子显微镜。他认为中国这样一个大国，只靠进口仪器是无法满足要求的，需要自力更生。1956 年在制定我国十二年科学技术远景规划时，他与王大珩、龚祖同等组成了仪器规划小组，制定了研制电子显微镜的规划。他几次主持国家级和科学院级的电子显微镜研制成果鉴定会，积极组织国产电子显微镜应用成果交流。1979 年他联合柯俊、郭可信发起成立中国电子显微镜学会。在 1980 年该学会的成立大会上，他被推选为第一任理事长。1982 年《电子显微学报》创刊，他任主编，为推动中国电子显微学事业的发展，提高我国电子显微学的水平，发挥了重要作用。

1955 年，钱临照当选为第一批中国科学院学部委员。

十、建设科大

中国科学技术大学成立于 1958 年，校址原在北京，1970 年南迁至安徽合肥。钱临照的后半辈子是在科大度过的，他常对人说，科大是他的家，合肥是他的家。

1960 年，钱临照所在的中国科学院物理研究所金属物理实验室被并入沈阳金属所，钱临照则奉命调入中国科技大学任教。科大的建立借鉴了苏联的经验，意在利用科学院的雄厚人力物力，创办新型的社会主义大学。科大的起点非常高，由科学院院长郭沫若亲任校长，系主任分别由赵忠尧、施汝为、钱学森、贝时璋、赵九章、华罗庚、郭永怀等科学家担任，一大批中国科学院学部委员（现称院士）被动员来校任教。严济慈、钱临照等院士级的物理基础课教员进行了集体备课，大家利用晚上休息时间轮流上台试讲，相互提出批评建议，他们不仅把办好科大当成业务工作，也把它作为一项政治任务。

1969 年底，为了贯彻中央有关“高校战备疏散”的指导方针，科大师生开始撤离北京，奔赴安徽，几经周折，最后在合肥扎根。钱临照与科大共进退，毅然把户口也迁到了合肥，其实他完全可以留在北京的。如果说科大在北京时，由于有许多大牌科学家参加科大的建设，钱临照的作用还不十分突出，那么到了合肥后，钱临照则真正成了科大的一面大旗，他在为科大谋求各方支持、组织骨干教师队伍、规划学科发展诸方面发挥了他人难以替代的作用。1978 年后，钱临照“带领师生在短期内创建了固体微结构研究室、电子显微镜实验室和高压实验室等。他还全力支持筹集科大天体物理中心，力主创建结构成分分析中心实验室”，这些实验室已发展成为在国内有一定影响的研究机构。钱临照对于课堂教学非常重视，他特别推崇严济慈《谈谈读书、教学和做科学研究》一文，文章提到“讲课是一种科学演说，教书是一门表演艺术”，上了讲台就要“进入角色”，尽可以“手舞足蹈”“眉飞色舞”吸引学生步入探索科学奥义的秘境。这对教师有很高的要求，“必须自己知道的、理解的东西比你要讲的广得多、深得多”。钱临照正是这样去做的，他在讲授转动惯量时，亲自坐上旋转凳作演示，听课师生迄今对此记忆犹新。为了提高科大的教学水平，他在注重提高科大自身教师素质的同时，还十分留意发掘全国各地的人才，不失时机地动员他们来科大工作。

科大出国人员比例一直很高，对于师生们出国深造，他是积极鼓励的，他为此而写的推荐信已经难以计数。临终前两个月，他连说话的气力都没有了，但还是强撑着在病床上为一名学生办好了出国进修推荐。对于人才外流现象，他非常焦心，但他不愿意责怪那些滞留在国外的同志，而是强调我们自己要反省知识分子政策。他指出：对于那些没有回来的人，我们不能简单地说他们就不爱国，“同时我们也不能简单地说这些人就是为了物质享受”，“对于绝大多数中国知识分子来说，首要的是工作条件和环境，其次才是生活条件”，“中国的知识分子，一向以质朴、廉洁、勤奋、爱国而著称。只要解决了他们的后顾之忧，为他们提供了施展才华的氛围和条件，他们所释放出的活力将是无穷的”。为此，他提出我们应该从四个方面做好引导工作：“一是要推行各种行之有效、容易接受的思想政治工作，老师、朋友、家庭都来做思想工作；二是要真正捍卫科学无禁区、百家争鸣、百花齐放等方针，活跃学术气氛；三是要努力营造尊重知识、尊重人才，知识人才大有用武之地的社会风气，真正提高知识分子的政治地位和社会地位，改善他们的生活条件，解除他们的后顾之忧；四是要保证科教人员的工作环境和工作条件，使他们能专心致志地从事科学探索和发明创造工作。”钱临照去世后，科大不少中青年骨干教师不约而同地撰文，讲述了他们在国外时，钱临照每每去信，介绍国内校内情况，关怀他们在国外的工作和生活，给予他们殷切期待，从而坚定了他们学成归来、报效祖国的信念。钱临照是在以自己一颗赤诚的心与人才外流的顽疾进行着艰苦的较量。

十一届三中全会以来，我国加快经济建设的步伐，科学技术被提到了第一生产力的高度，受到了全社会的普遍关注。在国际国内政治环境、经济秩序和科技形态都处在重大变革的时期，政府决策部门面临着诸如如何进行中国的科技发展布局、如何利用有限的资源条件求得最大的科技发展效益等很多难题。一批著名科学家在强烈的责任心驱使下，自觉为国分忧，贡献了许多良策。最著名的是 1986 年 3 月王淦昌和王大珩、杨嘉墀、陈芳允 4 位院士一起向中央提出跟踪世界战略性高科技发展的建言，由此促成了具有深远历史意义的“863”计划的制定。钱临照在这种特定历史时期政府与著名科学家的独特交流中也占据了重要一席。1990 年 3 月 17 日，他与王大珩、师昌绪等 7 人联名提交了《关于发展我国计量测试科研与生产的建议书》，1994 年他联合王淦昌等 34 位院士向国家有关部门提出“关于集中精力全面建设、充分利用合肥国家同步辐射光源的建议”等等，为国家决策部门提供了重要参考意见。

钱临照晚年为自然科学史学科的发展投入了很大精力，他的贡献有如下几个重要方面：

1. 为学科基础建设做了重要工作

他积极参与中国科学技术史学会的筹建，1980 年学会宣告成立，他当选为首任理事长。同年，中国科技大学自然科学史研究室在他的大力支持下宣告成立。几十年来，该研究室已培养科学史博士、硕士 100 多名，成为科学史研究和教学的重镇。1999 年，该研究室与科技考古实验室组成了科技史与科技考古系。1981—1985 年，他和王竹溪同任国务院学位委员会第一届学科评议组物理组组长，争取到在一级学科“物理学”下设立物理学史博士点。在他和另外两位院士认真推荐下，一位职业科学史家当选为中国科学院院士。可以说，他为中国科学史学科的发展做了大量的基础工作，他在为科学史学科发展拓宽道路方面发挥的作用几乎是无人可以替代的。

2. 提出了一些重要研究方向和研究课题

钱临照给予英国人李约瑟的中国科技史研究以高度评价，但并不认为它已经十分完美，他非常希望中国人自己也来对中国科技文明史做系统认真的研究。钱临照认为“科学史不只记载一些科学历史发展过程，而是要考察它的错综复杂关系”。他在“20世纪中国科技史学术讨论会”（北京，1987年9月15—19日）上提出了一个发人深省的问题：“我们国家在半导体、激光和超导的研究都几乎与西方同时起步，现在，前两个方面我们落后了，第三个方面也有落后的趋向，为什么？”“20世纪是物理的世纪，我们到底做了些什么？”“科学史的任务不仅是要研究成功的方面，还要研究失败的方面。”钱临照的报告使与会代表受到强烈震撼，也推动了科学社会学和科技政策等相关方面的研究。

3. 为中国近现代物理学史的研究作了重要的铺垫

20世纪80年代以后钱临照写下了大量回忆文章，如《中国物理学会50年》《中国物理学会60年》，以及对胡刚复、叶企孙、吴有训、严济慈、谢玉铭、陆学善、施汝为和张文裕等物理学家的纪念文字。钱临照不为应景之作，作为一个史学素养很高的中国现代物理学事业的见证人，他自觉地承担起历史赋予他的职责，为后人的研究提供可靠线索。更重要的是，他没有停留在史实上，他进一步通过史实讲述了中国知识分子的道德标准和史家应具备的正义之心。1982年他在《纪念物理学界的老前辈叶企孙先生》一文中，淋漓尽致地宣扬了这种正义。用任之恭的话说，叶企孙是一位真正的正人君子，他对中国物理学事业贡献极大，但在“文革”开始后蒙受不白之冤，1977年初悲惨离世。1982年在许多人谈论叶企孙的历史功绩还顾虑重重躲躲闪闪的时候，钱临照第一个站出来用过硬的史料驳斥了加在他身上的诬蔑不实之词，促进了叶企孙冤案的彻底平反。

钱临照是一个豁达、幽默、乐观的人，他走到哪里就把笑声带到哪里。他也很含蓄，非常注意把握分寸，很少当面与人争执，很少疾言厉色，让人难堪。然而他骨子里是非常执着的，拿定了主意，便不会轻易改变。多年来他的健康状况一直不错，满口好牙保持一生。他胃口好，视力听力均无大碍，思维非常敏捷，案头文牍应付裕如，所以他对生活充满自信。然而1992年一场大病后，他的衰老过程明显加速，最后几年，他在生活的很多方面已不能自理，但头脑还很清醒，他显然不能适应这种变化，心境有时很糟糕。在阅读也变得非常困难后，他逐渐丧失了生活的兴味。但他并没有停止工作，1998年5月底，他坐在轮椅上最后一次参加了他的博士生论文答辩会。半年后，他因尿潴留再一次入院。1999年7月26日钱临照走完了人生的旅程，享年93岁。

（作者：胡升华）

参考资料

[1] 钱穆.八十忆双亲师友杂忆合刊［M］.台北：台湾东大图书有限公司，1983.
[2] Harvard College Class of 1913［J］.First Report，1914：160.
[3] 钱临照.怀念胡刚复先生［J］.物理教学，1990（10）.
[4] 钱临照.大学物理实验杂谈［J］.物理实验，1984（4）：147-150.
[5] 蔡元培.蔡元培选集（下卷）［M］.杭州：浙江教育出版社，1993.
[6] 钱临照.追忆严济慈先生早年的科研活动［N］.中国科学报（海外版），1996-11-25.
[7] 严济慈.严济慈科技言论集［M］.上海教育出版社，1990.
[8] 胡升华.北平研究院物理研究所工作述评（1929—1949）［J］.物理，1997（10）：631-636.
[9] 鲁大龙.钱临照与中国科技史［C］.第七届国际中国科学史会议，1997.
[10] 钱临照.晶体缺陷研究的历史回顾［J］.物理，1998（4）：289-296.
[11] 李林.对我的老师钱临照的怀念［J］.物理，1999（12）：749.
[12] 麦汝奇.从事科教六十八载 至老弥坚——庆贺钱临照院士九十华诞［J］.中国科技史料，1996（3）：48.
[13] 石云里.文章薪火 永烛后学［N］.中国科大报，1999-08-30.
[14] 葛耀良，续超前.钱临照教授谈教育与人才［N］.人民日报（海外版），1986-06-21.
[15] 胡升华.叶企孙先生与熊大缜案［J］.中国科技史料，1988（3）：27-34.
[16] 钱临照.纪念物理学界的老前辈叶企孙先生［J］.物理，1982（8）：466-470.

李薰

（1913—1983）

李薰

丹心百炼钢

两个意外的结果

我国著名的物理冶金学家李薰，1913 年生于湖南省邵阳县一个贫瘠的山村。祖父是清末举人。父亲是蔡锷将军的同窗，曾在民国初年做过江西省的知县。不知什么原因，一任期满之后，他再也不肯出仕。正当壮年，赋闲在家，“老”守十几亩薄田度日，家境日渐衰落。在这样的环境里，李薰度过了他的童年。

1926 年，李薰离开家乡进入长沙市长郡中学，该校校长是我国著名教育家王季范先生。他非常重视文史教学，特地请来退休的武汉大学名教授周铁珊先生教国文课。教师的博学多识和循循善诱的方法，使李薰对祖国悠久的历史和灿烂的文化产生由衷的热爱，成天沉迷于唐诗、宋词、汉文之中。这样发展下去，或许李薰会成为一名文学家。可是，一个偶然的事件使他改变了爱好。

初中毕业以后，祖父逝世，他返乡奔丧误了高中入学考试。长沙所有的高等中学均已招生满额，他不得不去应考插班生。当年长沙招收插班生的学校，只有以理工科为主的岳云中学。李薰考入该校以后，开始“弃文就理”。这一转变是他的许多师友始料未及的。二十多年后，王季范老先生在第二届全国人大科学界代表的名单上看到李薰的名字，甚感惊异。攀谈之中，他饶有风趣地说：“我有不少当了政治家、将军的学生，可是科学家嘛，就是你一个。”其实，李薰志趣的改变，并非没有内因。当时在爱国青年中流行的“科学救国”思想，深深地植入了这个少年的心。

胸怀救国的志愿，李薰以顽强的毅力攻读初中时忽略了的数理化课程。他的脑海里牢牢地盘绕着一个信条：成功的果实结在苦干的树上。只有比他人更勤奋、更刻苦，才能尝到成功的甜味。从那时起，他就把自己的星期天和假日取消了，把一切时间和精力都用在学习上。勤勉不负苦心人，在毕业考试中，年纪最轻的李薰获得了最好的成绩，从而免试升入湖南大学。在大学，他又以优异的成绩连续四年获得奖学金。

1936年，李薰大学毕业以后，经老师钟伯谦教授的介绍，在长沙楚怡专门工业学校任教。翌年夏天，湖南举行公费留学生考试，李薰在同学的怂恿下前去应试。上百名考生只录取三名，李薰则一举考上了英国谢菲尔德大学冶金系。

谢菲尔德城坐落在英格兰中部，素有英国钢都之称，是世界第一个感应炉诞生的地方。谢菲尔德大学堪称这个钢都的科学王宫，它的冶金系在当时科技界中具有权威性的地位。1937年，李薰远涉重洋来到这里。他的导师是声名显赫的系主任安德鲁教授。第一次入门考试，导师对这位中国学生还比较满意，可是对他的英语会话能力却表示遗憾。初到谢菲尔德，李薰住在离校较近的中国留学生聚集的地方，学友之间往来频繁，口语一直进步不快。究其原因，李薰想起《孟子》中的一句话："一齐人傅之，众楚人咻之，虽日挞而求其齐也，不可得矣。"为了尽快地掌握英语，他搬到一个远离"楚人"的英国工人家里。不久，他的口语能力就受到安德鲁教授的赞许。

那时，某些心存偏见的英国人，常以肤色衡量人们天资的高低，对于新来的中国学生，当然不会放在眼里。但是几年之后，这位中等身材、面目清秀的青年，以一连串的成就逐渐使周围的人刮目相看。1938年，李薰获得白朗敦奖章和奖金；1940年，获得博士学位；此后，结束了研究生的课业，留校担任研究员并兼带研究生。几年以后，他成为研究部的负责人，负责培养法国、英国、印度、埃及、希腊等十几个不同国籍的研究生。与此同时，他也开始了尖端科学的基础研究。

一个惊人事件引起的课题，使李薰成为世界上第一个发现钢中氢脆奥秘的人。这，又出乎许多英国人的意料。

1938年，希特勒的侵略气焰日益嚣张，战争的阴云笼罩着欧洲。英国为了自身的安全，皇家空军暗中进行着紧张的演习。有一天，一架喷火战斗机突然一头从空中摔下来，驾驶员—— 一位勋爵的儿子当场毙命。这件事惊动了英国朝野，白金汉宫和唐宁街立即下令进行调查。调查的结果表明：飞机失事是由引擎主轴断裂在主轴内部出现"发裂"（像头发丝那么细的裂纹）造成的。这就给冶金界提出一个新课题：为什么会出现"发裂"？怎样防止？于是，许多钢厂的试验室和研究中心开始关注这个现象。然而，时间一年一年地过去，众说纷纭，莫衷一是。最后，把这个问题提到谢菲尔德大学进行基础性研究。

李薰接到这个课题之后，经过几年艰苦的努力，终于发现钢中含氢的奥秘，进而摸清了钢中含氢产生白点需要孕育期以及钢中去氢的规律，并阐明了样品大小、时间与温度的关系。他以精辟的论点和准确的试验，为“发裂”找出令人信服的答案。这一成就轰动了西方科技界，贺电、贺信如雪片般飞来，人们公认李薰是这个领域的开拓者。谢菲尔德大学授予他冶金学博士学位。当时李薰是该校1923年改革博士制度后第二个获得这个学位的人，也是第一个获得这个学位的亚洲人。他为祖国赢得了荣誉。

“我们的事业从这里开始！”

正值华年，成名国外，人们私下预言，这颗新星将在大不列颠的科学天空里大放光彩。某些英国同行向李薰一再暗示，倘若他加入英国国籍，定会青云直上。李薰明确地回答：“我永远是中国人！”有一次美国驻英使馆科学参赞访问谢菲尔德大学，他握着李薰的手说：“李博士，您如果愿意到美国去，我一定竭力帮忙。”战后美国的富裕生活和耀眼的黄金美钞像磁石一样吸引过一些人，而李薰却不屑一顾，婉言谢绝了。在那个时代，金钱和地位对于年轻的学子诚然可贵，但是在李薰的心目中，最尊贵的还是对祖国神圣的爱。

战时，大西洋常有水雷出没，航路断，归国难；战后，国民党在国内闹得乌烟瘴气，归国的前景不堪设想，然而李薰的心时时刻刻在系念着祖国。他常常翘首眺望东方，内心自问：何日是归期？

1949年秋，新中国诞生的喜讯传到英伦三岛，李薰兴奋得几夜难以成眠。他举杯遥祝：祖国，您的儿子还乡有日了！1950年，李薰收到一封祖国的来信，拆开一看，顿时热泪盈眶。信中写道：

> 李薰先生：
>
> 本院准备在1951年成立冶金研究所，现在即需成立筹备处，开始筹备。拟请先生回国，担任该处主任。擘划进行，如承惠允，即请先将回国日期告知……
>
> 中国科学院院长　郭沫若

祖国在召唤！他手捧万金家书，四处奔走联系，寻找在英的中国科学家和留学生，共商归国大计。一向僻静的李薰寓所变成了众学子的会议室。他们从归国日期、程序，讨论到研究大楼的设计，以及应在国外购置哪些图书、仪器。考虑得那么周到，仿佛已置身国内了。但是，万里迢迢，欲归何易？当时朝鲜半岛战火正浓，中英互为敌国；英国政府迟迟不发签证，一拖好几个月过去了。最后还是李薰想出个办法，要求在英帝国内部旅行，地点是租借地香港，他们才得脱身。1951 年秋，这个去国 14 年的游子终于回来了。

一进国门，李薰立即步入热烈的欢迎气氛之中，钱三强、王大珩等同志赶来看望，郭沫若同志设家宴为之洗尘，外省的科学家寄来热情洋溢的书信。这一切使李薰深深地感到，母亲的怀抱多么温暖！不久，中国科学院下达一份文件，决定建立金属研究所，任命李薰为筹备处主任。几天之后，刚到北京不久的李薰，没有去欣赏西山的红叶，也没有去昆明湖摇荡轻舟，甚至连老家也没有回去看一眼，便突然上东北去了。

李薰参观了鞍山、抚顺、大连等几个钢铁厂，他深深地感到正在恢复的东北钢铁基地最需要金属研究所。回到北京以后，他立即向科学院建议，把研究所设在沈阳。这个建议很快被组织采纳了。

在 1951 年隆冬腊月的一天，冒着凛冽的寒风，李薰带领四名科学家和几名刚毕业的大学生来到沈阳南湖。望着一片空旷的荒地，他充满信心地说："我们的事业就从这里开始！"接着，他兴致勃勃地指点着前方："西面是研究大楼，东面是家属宿舍，那里应当是一条横贯全所的柏油路，对面是一座实验工厂……"几个青年人顺着他指点的方向望去，却是几片坑坑洼洼的菜地，还有败叶覆盖着的大粪坑，略远一点是一片散散落落的坟地。可是，李薰那种绘影绘形的描述，引起他们美好的想象，仿佛眼前真的出现一座科研大厦。

紧张的建所工作开始了。李薰以从未有过的热情把全部精力投入工作。他在简易食堂进餐，在集体宿舍就寝。他这个生长在南方、留学于国外、习惯吃白米和面包的"洋教授"，现在却津津有味地咀嚼着东北的高粱米、大碴子，从未提过半点特殊要求。有人问他："过得惯吗？"他说："现在是办我们自己的事，生活再苦心也甜啊！"为了祖国的复兴，他胸膛里跳动着一颗多么炽热的心！

1953 年，在沈阳南湖东侧，一座灰白色的科研大楼耸立起来。门边挂着一块长方形的牌子，上写"中国科学院金属研究所"。由周总理签署的一份文件，任命李薰为所长。从此，我国第一个研究金属性能的科研单位正式组建起来了。

一个应用科学研究所应该怎样确定它的工作方针呢？李薰有一个基本的指导思

想：人民拿出这么多钱来建立这个研究所，应当给国家建设解决实际问题。他常说这样一句话："不要当'波斯猫'，供人玩赏不捉耗子。我们要给国家'捉耗子'。"而他本人就是一个"捉耗子"的能手。

还在金属所筹建时期，李薰就亲自带领几个青年人建立了我国第一个金属气体分析实验室，室内大部分仪器是他亲手教青年人制造的。他经常深入鞍钢、抚钢等厂，开展钢中气体测定研究工作。有时就在炉前取出钢样，指着断面上的白点，给青年人讲解："这就是钢中含氢的症状。在定氢仪的测试下，一百克钢约含有三毫升到五毫升的氢。"原来钢在冶炼过程中，由于分解空气中的水分而产生氢，从而导致白点的形成；钢样断面上的白点愈多，含氢就愈多。要去掉钢中的氢，就需要在冶炼过程中，根据不同钢种，采取不同措施。金属所建成后的两三年中，李薰指导科研人员在鞍钢和抚钢做了数千个钢样试验，测定了平炉、电炉冶炼过程中钢液含氢量的变化，指出了钢含氢量增高的因素和降低含氢量的措施。这项研究犹如春雨甘霖浇洒在我国年轻的钢铁工业上，促使钢生产的质量节节上升，因而，1956 年获得了中国科学院的自然科学奖金。

20 世纪 60 年代初，苏联政府背信弃义，撕毁合同，撤走专家，妄图扼杀我国年轻的原子能事业。赫鲁晓夫恶意地叫嚷："中国要生产原子弹，还得十年。"在这样严峻的形势下，中国科学院下达给金属研究所一项有关核燃料元件生产流程研究与定型的紧急任务。李薰代表全所承担下来。他愤愤地说："中国人被人看不起的时代过去了！"满腔的激愤化作必胜的信念，推动他立即组织队伍，扩充力量，由张沛霖同志任技术负责人，展开一场攻关战。激愤变为催化剂，使李薰的思想觉悟发生质变，他庄严地向党组织提出自己的申请："亲爱的党，我要求加入您的队伍，做一名共产党员……"1961 年 12 月，党组织批准了他的申请。从此，他以共产党员的姿态，处处站在战斗的最前列。

我国人民 20 世纪 60 年代初的物质生活是十分艰苦的，因而科研资源也很匮乏，这一切都没有影响李薰和攻关人员的战斗情绪。他与同志们一起夜以继日地在书林学海里巡游，查找资料，成年累月地在试验室内熬煎，不断交替品尝着失败的苦辛和成功的愉悦。脑汁的绞损，试验的劳乏，使李薰面容消瘦，颧骨突起，华发丛生，他却全然不顾，依然和科研人员一起战斗在第一线上。经过五年艰苦奋斗，金属所终于胜利地完成这一任务。研制的关键材料全部达到并部分超过苏联的工艺标准；经过全面鉴定，于同年正式投入生产。

轰然升腾的蘑菇云，在高空向全世界宣告：中国第一颗原子弹试爆成功了！为打破美苏核垄断作出了自己贡献的金属所，掀起一片欢乐的波浪，而李薰却诙谐地说："我们又给国家捉住一个耗子。"

钢的性格

20世纪50年代到60年代前期的金属所，经历了一段花团锦簇的黄金岁月。那一时期，这个所为国家提供了69项科技成果，当时，其中有5项赶超国际先进水平，3项填补国内空白，2项获得国家科学奖金。正当李薰和全所人员信心十足、步步向世界先进水平接近的时候，一阵狂风席卷中国大地，打乱了我国人民的正常生活。灾难降临，金属所在劫难逃，首当其冲的就是李薰。

他和家人身心受到极大伤害。科研工作停滞，李薰感到很茫然。

透过乌云密布的天空，射出一道霞光，给金属所和李薰带来一线生机，把刚从牛棚放出来的李薰，又推向科研第一线。

1970年，一项由周恩来总理批示的"705-1"重点工程任务下达给金属所。这项任务的内容是，为我国第一颗返回地面的人造卫星研制一件防护外衣——"蒙皮"。当卫星返回地面穿过大气层时，要经受一千多摄氏度高温磨损，如果不披上一件耐高温、抗氧化的外衣，装着珍贵仪器和资料的卫星就会在大气层中燃烧殆尽。周总理批了八个字："安全可靠，万无一失。"这项任务，一个兄弟所没有啃动，转给了金属所，李薰毫不犹豫地接受了。

他第一个提议，调整李铁藩担任一个题目组长。李铁藩是第一批随他来沈阳创业的五个大学生之一，因勤奋努力取得过多项研究成果，是一个合格的攻关人才。李铁藩没有辜负老所长的期望，他在李薰的指导下，做过无数次实验，最后创出了料浆喷涂扩散硅新工艺，找到了解决研制任务的途径。李薰还带领一批科研人员深入工厂，利用工厂的实验室边试验边试制。在关键的问题上，敢于下结论；遇到难点，能够及时指出正确的解决方法。他提出控制涂料厚度、板材双向轧制等意见，对突破难关起到决定性的作用。经过20天的苦战，李薰和参战人员试制出第一批合格的板材，为"蒙皮"的研制开通了道路。

当我国第一颗遨游太空的卫星安然返回地面时，举国欢声雷动，李薰和金属所的同志们感到莫大的欣慰。然而只有他们知道，这个胜利来之何其不易啊！

1971年，一个军工厂发生了因金属材料引起的严重的质量事故，影响几百架“银燕”不能起飞，支援第三世界国家的飞机也不能保证按时发货。周恩来总理和叶剑英元帅过问了这件事，有关部门派了联合调查组。调查结果，各说不一。有的说是新钢种代替老钢种的结果，有的认为是技术人员修改工艺造成的，还有的怀疑是阶级敌人的破坏。这项紧急任务又摆在李薰面前。

李薰带领几个科研人员深入现场，进行实地调查。到厂后，首先参观生产流程，从上午8时到下午3时，脚不停步地走、看、问。当走到整形工段时，他看到几个老工人把两三毫米厚的钢板套在模子上，抡锤猛敲，几个徒工也如法炮制。于是，李薰转身问道：“是不是老工人出的废品更多？”回答是肯定的。李薰接着说：“我看你们的问题就出在这里，框架断裂和氢脆有关。”

李薰二十年前做的基础性研究，使他成为熟悉“钢的性格”的人。原来，金属中氢原子的半径非常小，而金属原子间距较大，氢原子可以在金属中自由地串来串去，一旦氢原子在金属微缺陷中积聚，两个以上的原子就成为分子，体积增大，不可逆转。氢分子在缺陷中愈聚愈多，产生压力愈来愈大，一直大到超过金属本身的强度，就会产生裂缝。通过金属的冷加工造成大量微缺陷之后（老工人干活劲儿使得足，微缺陷就更多），再进行电镀，进入钢中的氢气大大增多，这就使钢材氢脆问题变得严重。

原因找到了，问题解决了，国家的经济损失避免了。通过这个事件，军委陆续发现许多飞机生产质量问题，叶剑英元帅主持召开了专门会议进行研究。李薰应邀赴会汇报情况。在会议期间，周恩来总理莅会作了指示，并对李薰和金属所的工作，给予充分肯定和极大鼓励。

1972年，李薰受中国金属学会的委派，率领一个代表团赴法国参加“氢在金属中的作用”的国际学术会议。中国代表团一到巴黎，就受到国际学术界的热烈欢迎。作为金属学界老前辈的李薰，被推选为大会主席团成员，并担任了执行主席。

会议在热烈而融洽的气氛中进行着，一篇篇学术论文阐发着新思想、新见解，而我们却空着手来到巴黎，拿不出新东西来。国际科学界的新秀层出不穷，李薰当年培养的外国研究生一个个都成为金属学的权威，作为这个领域的创始人。他在主席台上再也坐不住了，感到十分惭愧，十分遗憾！

几天的会议对李薰的触动特大，他的心头总像被一团烈火烧灼着。他痛切地感到：我国科学事业与世界先进水平的距离愈来愈大。回国之后，他急切地奔走于有关部门，大声疾呼："科学研究机构要整顿，要有为明天的问题多投入力量的研究所，要重视基础研究，要有科学储备，要爱惜、培养人才……"

顶"风"记

中华人民共和国成立三十年来，"左"的思潮对我国科技战线的冲击和破坏是很大的。同在浪里行船，金属所岂能幸免。不过，李薰顶风逆浪，竭力支撑，几度避开险滩恶浪，使金属所这条小舟较平稳地行驶在正常的航线上。

人们不会忘记1958年全民大炼钢铁的情景，工厂、学校、机关、公社都在搞"小土群"，日夜奋战，要"超英赶美"。在那用狂热代替科学的日子里，各式各样"卫星上天"的捷报频传。天津有人大叫，用辣椒和猪皮炼出来了"辣椒钢"和"猪皮钢"。有人询问李薰，要不要请来介绍经验。李薰看穿了那种骗人的把戏，毫无科学依据，郑重地回答："我看他们炼的是'牛皮钢'，不要请吧，否则臭名难洗。"

研究冶炼的金属所，是沈阳地区唯一没有搞土法炼钢的科研单位，它受到的冲击最小，基本上保持了正常的科研秩序。当然，有几个"不甘寂寞"的人，对李薰不热心炼钢的态度提出过尖锐的意见。李薰听之任之，一笑而过。

李薰始终主张将基础研究和应用研究保持一定的适当的比例。金属所建所以来有过几次大的方向性转变，每次转变都是由李薰和几位老科学家提出来的。但是，历次改变都遵循着一条基本原则：适应国家建设发展的需要和国际科学发展的动向。从建所初期的为钢铁工业服务到1958年的搞国防尖端任务，从20世纪60年代初期的发展新型材料到近来的以材料科学及工程为主攻方向，这一系列转变都是具有远见卓识的。李薰所抵制的，仅仅是违反科学发展规律的"乱变"。

1965年，三线建设正搞得热火朝天的时候，在强调"靠山、分散、隐蔽"的指示下，金属所和其他科研所一样，被要求迁到大三线去。为此，李薰亲自到三线作了一番实地考察，回来之后，他得出一个结论："靠山、分散、隐蔽"三条都好办，唯独不利于科研工作。因此不管上级怎么催促，他始终坚持要慎重选址，不肯轻易上马，更不肯随便动迁。后来事实证明，许多科研所迁进去以后，无法开展工作，不得不再搬出来。金属所几乎没有行动，避免了一次重大的损失。

即使在"文革"期间，李薰处于自身难保的情况下，仍然想方设法保护金属所，使其免遭更大的损失。刚离开牛棚开始工作，他就借用种种理由把遣散到农村落户的科研人员一批一批地抽调回来，防止人才流失，专业荒疏，为国家保存了这批宝贵财富。

有一件事，连金属所的某些同志至今或许还不大清楚。

那是在他刚进革委会不久，上级军管部门下了一道死命令：凡是科研所目前不用的设备，一律送交生产厂矿。当时百分之九十以上的科研项目都被“革命”挤掉了，当然绝大部分设备闲置起来，均属“不用”之例。主管设备的人按命令要求，清点，造册，准备上报；在上报之前，把清单送给李薰过目。他看了之后，像剜心一样难受，硬是扣住不报。一拖、二搪塞，风头过去了，只拿走几件无伤大体的设备，“敷衍了事”。如果清单上的设备全拉走，金属所就只有人马而无刀枪了。

李薰并没有异于常人之处，或许他的特点在于“在追求真理的同时敢于坚持真理”。当人们被“热风”吹得头脑发晕时，他能够冷静下来，实事求是地考虑问题；当人们处于“高压”气氛下不敢讲真话时，他敢于挺身而出说真话。因此，他顶住了多次来自“左”倾思潮的冲击。

科研领导者的责任

有人说，金属所舞台小、演员多；还有人说，金属所人才荟萃，能手如林。考虑起来，这些话颇有依据。金属所拥有高级科技人员 70 人，中级科技人员 380 余人，已经形成一支多学科、专业配套、兵种齐全、具有一定理论基础和实践经验的队伍。三十年的历史证明，这支队伍有一定的水平，能打硬仗，为国民经济和国防建设多次作出过重要贡献。这支队伍的成长史是从建所开始的。

以李薰的意愿，在金属所建成之后，就钻进研究室，一心搞科研，不再担任领导职务。1958 年前后，他曾向领导提出过这种要求。领导跟他说，在第一线搞研究和担任领导工作都重要，现在需要你做的，是把研究所管好。他服从上级的决定，此后除兼任两个研究室主任外，就把相当多的精力放在了领导工作上。

作为所里的领导人，李薰的理想是把研究所办成科学家进行科研活动的园地，而不是管科学家的机构。他倡导学术民主，不搞行政命令。他从不随意取消他人的课题，只要有发展前景，就竭力支持。他有时宁肯牺牲个人的条件，也要保全他人的项目。他乐于做垫石铺路的人，但在某些具体问题上，免不了会产生意见分歧。每逢此时，他总是先让对方把意见谈完，然后以诚相待，求得统一。他从不以权威压人，也不放弃原则作违心之谈。

李薰学识渊博，具有综合性学科观点，熟悉国内外科学发展状况，对新事物具有高度敏感性。在出题目、定方向时，他像个高明的棋手，综观全局，每下一子，力求多看几步。

在20世纪50年代中期，当我国冶金界多数人还不理解叶渚沛先生提出的氧气顶吹转炉炼钢新技术时，李薰却给予积极的赞助。他和叶先生一样，看到了这是冶炼技术的一次革命性变化，是迅速发展钢铁工业的必由之路。他极力主张金属所与大连钢厂合作，在国内首先实现了电炉氧气炼钢，使生产率提高30%，电耗下降27.5%，明显地提高了质量，降低了成本。

20世纪50年代中后期，轧制喷气飞机涡轮叶片已趋于极限，再要提高飞行速度，必须另辟蹊径。1959年，李薰提出用精密铸造的手段试制高温合金涡轮叶片。当时，国际上只有美国在秘密研究（约从1956年始），包括以制造飞机发动机驰名世界的英国等大多数国家，仍在沿袭轧制的老路。可是，李薰提的这个项目被当时受苏联科技路线影响的人投了否决票；试制出来之后，有关部门不敢试用。李薰依然支持继续研制，后来科技发展证明，他的主张是正确的。世界各国陆续采用了铸造的方法，成为当时涡轮叶片生产最重要的工艺之一。

20世纪60年代初，金属所的精密铸造打开了通路。当时，印度的直升机能飞22000米高度，可以飞越喜马拉雅山；我们的只能飞18000米，越不过去；后来发现，印度飞机上有个美国铸造的涡轮增压器在起作用。有关部门提出来要金属所进行试制。金属所有前期搞精密铸造叶片的基础，很快就做出了高精度的精密铸造产品涡轮增压器。接着，有关部门在欧洲航空展览会上看到美国铸造的多孔涡轮叶片，首次认识到铸造的先进性；金属所与有关单位合作，研制出我国第一代多孔铸造镍基高温合金气冷涡轮叶片，使发动机涡轮前温度提高100多摄氏度，提升了飞机的使用性能。铸造合金涡轮叶片的研制成功及应用，大大缩短了我国与当时国际先进水平（美国）的差距。

李薰不仅在建所方针和科研选题这些重大问题上抓得很紧，而且从开始建所时，他就清醒地意识到，研究所能否出成果不取决于科研大楼的优劣，决定因素是人的素质。在抓大楼建设的同时，他把更多的精力用于人员培训上。当时所内主要人员，除几名国外回来的科学家外，便是二三十名刚毕业的大学生。这些青年对有关专业实际知识掌握得并不多，要使他们真正在科技战线发挥作用，还必须进一步培养。李薰认为，一个合格的科研人员应具有坚实的理论基础、广博的专业知识、熟练的实验和运算技巧、流畅的外语阅读能力和辩证唯物的思想方法。为此，他抓了三件事：一是突击学外文，二是狠抓基础培训，三是加强基本功训练。在基础培训方面，从 1951 年就组织他们轮流下厂熟习生产工艺流程，在实践中掌握专业知识，此外，还组织国外回来的科学家讲授基础理论课。李薰亲自执鞭任教，长年坚持，从未间断。在进行培训的同时，还进行严格的考核、评议，作为提职、晋级的依据。经过几年精心培育，这批幼树迅速成材，为我国钢铁工业的恢复和发展作出了应有的贡献，后来，他们大多数成为国家科研的中坚力量。

现代科学技术的发展日新月异，使得技术老化、人才老化过程加快，知识废旧率相应增高。对这个问题，李薰在 20 世纪 60 年代初已有充分认识。为了避免这些问题，适应科技发展需要，必须及时进行知识更新，大力加强人才的培养。1962 年广州会议前后，李薰又主持开办了金属电子论、位错理论学习班，聘请南开大学陈仁烈等所外专家讲课。这些知识对工科出身的李薰和几位所内科学家也是生疏的，他们跟青年人一起学习，一起考试，成绩也一起公布。在他们的带动下，全所形成浓厚的学习气氛。深夜，静静的科研大楼灯光通亮，窗口晃动着埋头苦读的影子；清晨，从庭院内外的曲径旁、树丛中，发出琅琅的外语读书声。那是一段值得回忆的岁月。一位刚入所的大学生说："一进所就感到有压力，不拼命学不行啊！"其实，并没有人压他、督促他，他所感到的压力是一种"气压"——学习气氛的压力。

"青年人像海绵，要是把它放在沙滩上，什么也吸不进去；要是放在水里，就能吸取更多的水分。"李薰常常用这个生动的比喻，讲述为青年科研人员创造良好学习条件的重要性。他很重视图书馆、资料室的建设，以及对《金属学报》的领导工作，他认为这些部门工作得如何，直接关系着人才的培养和学术活动的开展。他的领导工作虽然很忙，却很重视带好研究生。对于培养研究生，他主张因材施教，基础不同，专业不同，要求方法也不同。他认为，该管的要抓得紧，该放的要放得开。比如选题、方向、研究路线要具体管，学什么东西，看什么书都得管；而对于实验设备，他仅仅指引路线，放手让青年人自己去搞。他对研究生写的论文、工作报告要求很严，先让研究生自己反复修改，直至不能再提高时，他才动手修改。他改得认真仔细，连遣词造句、标点符号都不放过。他常对青年人说："导师应该开门带路，带上了路，你们就该自己走。"

李薰既是青年人的严师，又是良友。他对青年人的严格要求与诚恳帮助是并行不悖的。陈继志第一次拿出钢锭中发纹情况的研究报告时，李薰看完之后，亲自领他到图书馆去查找资料。找到所要的资料之后，李薰语重心长地说："你看，你这个问题人家已经作出结论。以后要记住牛顿的话：如果说我见的要比笛卡儿远一点，那是因为我是站在巨人肩上的缘故。一站在巨人肩上望去，视野辽阔，不要埋头去'发现'他人发现了的东西。"二十多年来陈继志一直把导师的教诲记在心间，他后来成为第三研究室的副主任。

李薰平易近人，语言诙谐。一个深邃的道理经他口中谈出，就变得浅显易懂了。他告诉青年人不要满足于"瓮中捉鳖"，要去"五洋捉鳖"。前者只要会"捉"，就手到擒来，虽然也有贡献，但不是科学院的主要目标；后者是在广阔海洋里探索，先要断定"鳖"在哪儿，才谈得上"捉"，这就要在基础研究上下功夫。这样一个有关治学方向的问题，他用两个"捉鳖"就讲得清楚明白，令人听之难忘。

在传授知识的同时，李薰把严谨、严肃、严格的学风也传给了青年人。他提倡脚踏实地、埋头苦干的作风，反对弄虚作假、人言不惭的恶习。他说："世界上做事有四种人：一是光说不做，二是说了再做（说得多，做得少），三是做了再说，四是做了也不说。我们干工作不要学前两种人。"他的言传身教给金属所留下了良好的学术传统：干工作不大叫大嚷，拿出去的数据要有百分之百的把握。踏实的作风和实干的精神，使金属所在产业部门中赢得了信誉。

（作者：张保成）

徐光宪

（1920—2015）

徐光宪

中国理论化学的奠基人之一

1999 年在福州召开的第七届全国量子化学会议上，年届八旬的化学家徐光宪在题为《理论化学与 21 世纪“化学学科重组”前瞻》的发言中总结道：“如果说 20 世纪上半叶的化学主要是采用宏观实验方法来研究，那么下半叶的化学研究方法就是微观方法与宏观方法的互相结合和互相渗透。所谓微观方法主要是指在原子分子水平上对化学现象本质进行理论和实验研究。在 20 世纪与 21 世纪之交，这两种方法的结合已经形成一种世界潮流。我国大学有幸在 20 世纪 50 年代初期就开设了物质结构与结晶化学等课程，在化学教学计划中引入化学键理论和结构化学内容，很快赶上了这一世界潮流。当时全世界一流大学的化学系本科生教学计划中，开设这两门课程的不超过 10 所。否则，我国大学本科优秀的毕业生就不可能在世界一流大学的研究生中名列前茅。”而为我国赶超世界理论化学教学一流水准作出杰出贡献的，正是这位发言的耄耋老人。

一、岁月留痕

徐光宪，浙江绍兴人。少年时代，他常听母亲讲“家有良田千顷，不如一技在身”，因而为了尽早自立，徐光宪学习一直很努力且成绩优秀。他仅上一年高中，就于 1936 年 9 月转入浙江大学附属杭州高级职业学校土木科就读。在此期间，他曾参加当时的全省青少年数学考试，并获得第二名。

1939 年徐光宪从高级职业技校毕业时，正值抗日战争的艰苦岁月，社会也极为动荡不安。在赴昆明就职的途中，他的路费被领班私吞，致使他滞留上海，靠当家庭教师度日。因无法就职，他打算继续拾起学业。他省吃俭用积攒学费，积极作应考准备，曾把当时流行的豪尔与奈特所著《大代数》和史密斯与盖尔所著《解析几何学》中的全部习题都做了一遍。1940 年他顺利考入上海交通大学化学系。大学四年，他的学业成绩在班里一直稳居前列，他于 1944 年 7 月毕业并获理学学士学位。短暂工作一段时间之后，徐光宪于翌年又回到交通大学担任化学系顾翼东教授的助教。工作之余，他努力自学，抽空做完了诺伊斯和谢里尔所著《化学原理》中的498道习题，以及鲍林和威尔森所著《量子力学及其在化学中的应用》里面的全部习题，并经常去交通大学化学所旁听吴学周先生开设的量子化学课。这些训练为徐光宪日后从事理论化学研究打下了坚实的基础，也促使他产生了进一步深造的想法。

1948年1月，徐光宪考取了自费公派赴美国留学生，进入了美国的圣路易斯华盛顿大学化工系读研究生。但一学期下来，他迟迟拿不到助教资格，这样将导致他的生活没有着落。急切之下，他辗转联系到在美国哥伦比亚大学的中国留学生唐敖庆，经唐敖庆推荐，徐光宪转入哥伦比亚大学学习。徐光宪在哥伦比亚大学因成绩优秀而很快获得助教职位，解除了生活上的后顾之忧。他用一年时间就获得了硕士学位，然后开始攻读博士学位。在哥伦比亚大学期间，徐光宪与唐敖庆同住一个宿舍，朝夕相处，两人之间开启了长达60多年的交往。徐光宪博士论文的研究方向为量子化学，攻读博士期间，他于1950年7月因成绩优异被推荐加入美国菲拉姆达阿珀西龙荣誉化学会。翌年3月，徐光宪完成了题为《旋光的量子化学理论》博士论文，荣获博士学位，被选为美国西格玛克塞荣誉科学会会员。[1]

徐光宪仅用两年零八个月的时间取得了世界名校哥伦比亚大学的博士学位，其导师贝克曼看好徐光宪的学术潜质，曾挽留他留在美国继续从事科学研究，并推荐他去芝加哥大学马利肯（1896—1986，1966年诺贝尔化学奖获得者）教授处做博士后研究。当时徐光宪的妻子高小霞正在攻读博士学位，若徐光宪去马利肯教授处从事研究工作，不但自己可以获得好的科研环境，而且也可以为高小霞创造良好的攻读学位的条件。当时朝鲜战争已经爆发，中美关系异常紧张，徐光宪和高小霞均感到祖国更需要自己，高小霞毅然中断攻读学位，徐光宪也放弃即将到手的工作，夫妻俩借华侨回国省亲的名义，于1951年4月回到祖国。回国后，徐光宪经先期回国的唐敖庆推荐，受聘于北京大学化学系担任副教授，同时还兼任燕京大学化学系副教授，开始着手培养量子化学和络合物化学方面的研究生。1952年9月，教育部对全国高等院校进行调整时，徐光宪和高小霞很幸运未被调整，继续留在北京大学任教。[2]

1954年暑期，徐光宪与唐敖庆、卢嘉锡、吴征铠等人在北京主办了物质结构讲

1 上述两个学会是美国非营利科学荣誉组织，吸收那些学业优秀并致力于科学研究的学者加入。

2 2010年1月8日笔者采访徐光宪院士时，他向作者提及了这段经历。

习班，为全国高校培养了一批理论化学方面的教师。之后徐光宪根据讲习班的讲课材料和在北京大学讲授物质结构课的讲义，编写出版了全国高校使用数十年的《物质结构》教材，引领众多学子踏进了理论化学的殿堂。1956 年，徐光宪与唐敖庆、卢嘉锡等参加了我国首届科学发展中长期规划会议，为中国化学学科长远发展提出了重要建议并被采纳。同年8月，徐光宪还在郑州大学主办了一次规模较小的物质结构讲习班，继续为培养本土理论化学人才作出贡献。

1957 年 9 月，由于国防和学科建设的双重需要，徐光宪被任命为北京大学技术物理系副主任兼核燃料化学教研室主任，开始从事核燃料萃取化学研究。与此同时，他开始讲授原子核物理导论、放射化学、核燃料化学、萃取化学、络合物化学、量子化学、物质结构等相关核燃料提取技术的多门课程，为我国培养了第一批放射化学人才。之后的很长时间里，出于国防建设的急迫要求，徐光宪一直致力于铀 −235 同位素分离方法的研究，并参加了重铀酸铵的研制工作。

由于研究和教学工作成绩卓著，徐光宪于 1961 年晋升为教授。此时，因苏联撤走了派来帮助中国研制核武器的专家，徐光宪等国内学者成为中国核武器研究的中坚力量。值得一提的是，1964 年 8 月，二机部在青岛燕儿岛召开了有关核燃料提取技术方面的秘密会议，徐光宪参加了这次会议。这次会议决定摒弃苏联提供的沉淀法，采用我国自行研究的较沉淀法先进的萃取法筹建核燃料后处理厂，以便提取制造核武器的原料钚。徐光宪在此发挥了重要作用。

“文化大革命”期间，徐光宪由于海外学习和工作的经历，受到了排挤和迫害。但他没有放弃研究工作，曾用一段时间潜心研究化学中的自然辩证法。“文革”后期，从 1972 年开始，徐光宪又转向稀土分离和萃取方面的研究，并很快获得突破，于 1975 年提出了稀土串级萃取理论。他和合作者经过多次试验最终摸索出了不经过小试和中试，一步放大的稀土分离新工艺，使我国稀土分离工艺一跃达到国际先进水平。1976 年 6 月至 7 月间，依照有色冶金研究总院的请求，徐光宪在上海耀龙化工厂主办了一期串级萃取讨论班，当时有中国科学院、冶金部、部分高校和一些大型稀土厂的技术骨干 100 余人参加此次培训，为稀土串级萃取技术在全国各稀土厂的推广应用打下了基础。

1978 年，徐光宪凭借“稀土串级萃取”理论荣获全国科学大会奖。之后，随着基础理论研究逐渐受到重视，徐光宪重新回到自己更为擅长的量子化学研究领域继续开展研究工作的同时，一方面招收量子化学研究方向的研究生，另一方面响应兄弟单位的请求将北京大学、中国科学院化学所、南开大学化学系的需要量子化学理论基础的研究生合在一起，举办了一期量子化学研究生班，并根据在该班授课的讲义与他人合作编写了《量子化学》专著上、中、下三卷，由科学出版社出版，填补了我国在此领域的空白。

1980 年，徐光宪当选为“文化大革命”结束后的第一批学部委员（院士）。可喜可贺的是徐光宪的夫人高小霞也一同当选为学部委员，夫妻同时当选院士，成为中国化学界的一段佳话。

徐光宪与夫人高小霞相濡以沫 52 年（1946—1998），互相提携，互相砥砺，在同一人学科的不同领域都有重要建树。他的夫人高小霞院士在电分析化学的极谱分析领域开创了一种简捷灵敏的方法，可对几十种微量元素进行分析。她还将极谱分析方法移植到稀土分析领域，开辟了稀土分析的一个崭新领域。高小霞院士在分析化学教学和研究领域所做的开创性工作，使其当之无愧成为我国最杰出的分析化学专家之一。从 20 世纪 70 年代末开始，徐光宪将自己已经开展数年的稀土化学研究与量子化学研究结合在一起，开展了对稀土化合物结构的量子化学研究。他与研究小组共同努力，积极探索适用于稀土电子结构研究的量子化学计算程序，对不同类型的稀土化合物结构进行了系统的量子化学计算，取得了一系列具有重要创新意义的研究成果。为了进一步扩大研究领域，20 世纪 80 年代后期，徐光宪创建了北京大学稀土材料化学与应用国家重点实验室，担任首任主任，使其成为我国稀土基础研究和应用研究的重要基地。

20 世纪 80 年代，徐光宪在理论化学研究领域独树一帜，提出了普适性更广的（$nxc\pi$）格式和原子共价的新定义，建立了适用于稀土元素的一整套量子化学计算方法，将量子化学理论成功应用于实际，成为基础理论研究和应用研究有机结合的光辉范例。

二、“一生为科学，耄耋犹耕耘”[1]

徐光宪于 20 世纪 50 年代回国初期，主要从事量子化学研究，发表了 10 多篇量子化学方面有影响的研究论文。但是他很快敏感地意识到国际上正在兴起的溶液络合

1 徐光宪院士 80 岁华诞时，1963 年物质结构学术讨论班的学员北京师范大学教授刘若庄院士的贺词是“桃李满天下，名利如浮云，一生为科学，耄耋犹耕耘”。

物研究，在国内也具备条件开展研究，他迅速抓住时机，率先在国内开展了溶液络合物平衡理论的研究。他从两个方面着手：一是改进仪器设备，提高测量精度；二是改进实验数据处理方法。通过上述两个途径，徐光宪在络合平衡常数测定方面的研究工作迅速达到国际先进水平，带动了国内相关方面研究。徐光宪根据络合平衡与吸附平衡相似性提出的络合平衡吸附理论，简便地解释了溶液中弱络合物的平衡过程。他还进一步完善和发展了测定萃取平衡常数的两相滴定法。正是这一时期的研究工作，为他后来成功地开展核燃料萃取化学和稀土化学研究打下了良好的基础。

20 世纪 50 年代中叶到 60 年代初，徐光宪还与他的研究生一道继续进行了一系列量子化学研究，解释了化学键的四极矩对生色团的微扰作用是决定旋光度的主要因素；提出了电子能级组分组的简便规则（n+0.7l），又将其编入《物质结构》教材中；改进了计算原子电离能的斯莱特方法，也编入教材中；用自由电子模型解释了淀粉团与碘复合物的光谱；用 LCAO–MO 方法系统地研究了简单无机共轭分子的成键特性。上述研究工作与唐敖庆等人的早期量子化学研究工作一道，成为我国理论化学研究的先声。

20 世纪 70 年代初，徐光宪接受国防科研新任务，开始从事稀土元素的分离提纯研究。他借助过去在络合物平衡和萃取化学研究中积累的成果和经验，设计出季铵盐–DTPA 推拉体系，使稀土元素中难以分离的镨钕分离系数从一般萃取体系的 1.4—1.5 达到 4 以上，分离水平一跃上升到国际先进水平。他曾八次去包头稀土三厂进行试验，针对稀土原料含有 10 个以上组分的复杂情况，在国际上首次提出了稀土串级萃取理论和计算最优化工艺参数的理论公式及计算程序，找到了无需经过小试和中试一步放大到生产的新的工艺流程并迅速在全国各稀土研究院所和稀土厂得到推广应用，使我国稀土分离技术达到国际先进水平，从而推动我国高纯稀土产量大幅增加，使国际单一稀土价格下降至原来的三分之一到四分之一，被国际同行称为“中国冲击波”（China Impact），对世界稀土工业发展史产生了深远影响。他本人也因此被称为稀土界的“袁隆平”。

20 世纪 70 年代末全国科学大会之后，基础理论研究受到重视，徐光宪和黎乐民等人恢复了中断十余年的理论化学研究。当时因缺乏国际学术交流，还无法得到国外已有的从头计算程序，于是他们自力更生，编写从头计算程序，改进了 STO–KG 基组中的参量，从而使改进的 STO–3G 达到 STO–4G 的精度，计算时间仅相当于 STO–3G，同时利用分子对称性原理，避免了大量分子积分的重复计算。

徐光宪及其所带领的量子化学研究集体，始终将理论研究和实际应用密切结合，注重用理论解释和解决实际化学问题，这成为其重要的研究风格和特色。徐光宪对我国有机化学家蒋明谦提出的有机化合物的指数型同系线性规律进行了量子化学理论分析，根据休克尔近似方法，通过证明一个图论定理和引入适当假定，导出了正弦型同系能级线性规律的公式，把同系线性规律及其有关问题的研究向前推进了一大步，引起了国内外同行的关注。徐光宪还用量子化学理论对大量原子簇化合物成键类型进行了深入的研究和分析，并在此基础上提出了共价键的新定义和（*nxcπ*）结构规则，证明了铍的共价键为 6，镍的共价键为 8。他借用霍夫曼的分子片概念，将分子看成由分子片所构成，并因此揭示了分子结构变化的一系列新规律，从而跨越了无机分子和有机分子之间的鸿沟，为预测分子的结构类型和稳定性以及指导合成实验提供了有效的理论依据。徐光宪也运用量子化学的理论对稀土化合物进行了深入研究，在国际上首次建立起适用于稀土化合物电子结构研究的 INDO 方法和计算程序，对不同类型的稀土化合物进行了量子化学计算，并结合（*nxcπ*）结构规则，对其成键情况进行分析和研究，在稀土化合物电子结构和成键类型方面获得了一系列创新科研成果。

从其发表论文的分布方面看，徐光宪及其研究集体在稀土化合物的电子结构与键型分析方面发表的论文有 32 篇，约占其在整个量子化学领域所发表的 94 篇论文的三分之一；在原子簇化合物的量子化学研究方面，发表了 24 篇论文，约占其整个量子化学研究领域发表论文总数的四分之一；在同系能级线性规律方面发表的研究论文有 7 篇，约占整个量子化学领域发表论文总数的十三分之一。三项合计发表论文数约占量子化学研究领域发表论文总数的三分之二。由此可以得知，徐光宪量子化学方面的主要研究工作还是集中在实际应用方面，且在稀土化合物结构研究中大量使用了量子化学方法。上述三个方面的研究工作成为我国应用量子化学方面比较系统和完整的重要成果。

三、“德清臻上寿，师道仰高风”[1]

在执教的 60 余年中，徐光宪曾经开设和讲授过十多门不同领域的课程，其中物质结构和量子化学这两门重要基础课程对中国理论化学领域产生了重要影响。

---

1 徐光宪 80 华诞时，1963 年物质结构学术讨论班的学员、原四川大学校长鄢国森教授的贺词是“德清臻上寿，师道仰高风”。

20 世纪 50 年代后期，徐光宪根据自己多年在北京大学讲授物质结构课的讲义以及 50 年代初在物质结构讲习班讲课的体会，查阅大量原始文献和参考书，经过消化、整理、创新，化繁为简，化难为易，用通俗易懂的形式精心编著了《物质结构》一书，并于 1959 年出版。这本书，内容丰富，条理清楚，通俗易懂，概念表达准确深刻，化学键内容写得尤为精彩，受到高校教师和学生的欢迎，在全国各高校使用多年，曾在 1961 年、1963 年、1978 年、1983 年四次再版。不但综合性大学的相关院系普遍选用该教材，而且师范院校的化学系，工科院校的化工系、冶金系、染化系、材料系也采用了这本教材。根据估算，读过这本教材的师生人数应该有 20 万。这本教材在提升我国物质结构课教学的总体水平，使我国物质结构课教学水准与世界著名大学水准接轨方面发挥了重要作用。因而这本教材于 1988 年荣获国家教委颁发的“高等学校优秀教材”特等奖。

1965 年，为了适应当时教材改革形势的需要和工科、师范类院校的特点，在 1959 年版《物质结构》一书的基础上，徐光宪又编写出版了《物质结构简明教程》一书，并介绍了配位场理论。在 20 世纪 80 年代初，徐光宪根据物质结构学科的发展情况，在王祥云教授的协助下，对《物质结构》一书进行了较大的修订和补充，对化学中无明确定义的原子价、配位数、氧化值等重要概念，专门设置了一章的篇幅进行了深入的讨论，并将旧版中的定性原子轨道和分子轨道能级图全部更换为定量的原子轨道和分子轨道能级图。全书经唐敖庆教授审阅后于 1987 年出版。

就《物质结构》一书的影响情况，厦门大学的张乾二院士在回忆中写道：早在 50 年代初期，我就听卢嘉锡先生赞扬徐先生夫妇避开美国政府阻挠毅然回到新中国的壮举……言谈中，卢先生很赞赏徐先生的才华与高尚品德，令我对徐先生产生敬佩之情。研究生毕业后，卢先生就委托我讲授物质结构课，讲课时虽然有卢先生的讲授提纲可以遵循，但由于没有中文教材，给学生课后复习带来不少困难。1959 年徐先生的《物质结构》教材（上、下）由人民出版社出版之后，师生们为我国自己编著的第一部物质结构教材而自豪、高兴，“文化大革命”前我们就一直使用这部教材，“文化大革命”后虽然陆续有几部相关教材出版，教育部也推出新的教学大纲，但厦门大学化学系仍然以徐先生的书作为主要参考书。我在学习和使用徐先生的《物质结构》这部书时受益很多。

1978 年，已经年届 60 岁的徐光宪给“文化大革命”结束后招收的第一届研究生开设量子化学课。之后根据课程讲义与黎乐民、王德民等教授共同编写出版了《量子化学——基本原理和从头计算法》（上、中、下）三册，分别于1980年、1985年、1989年由科学出版社先后出版。该教材内容丰富，全面反映了量子化学学科发展的现状及趋势，在基本原理和重要公式推导方面详尽细致，受到理论化学界的普遍好评。张乾二院士对这套书也有很高的评价：徐先生的另一部著作《量子化学——基本原理和从头计算法》也是我们化学系研究生的基础教材，它的结构框架概括了量子化学的各个分支领域及理论方法，可以引导研究生向自己感兴趣的方向开展研究，书中的习题既可以巩固基本知识，也可以作为从事理论研究的范例。

吉林大学的孙家钟院士对这两套书同样给予了很高评价：徐老师于20世纪50年代所撰写的《物质结构》是一部传世的经典著作，1981[1]年获全国优秀教材特等奖，对全国的高等院校的老师和学生，在介绍现代原子结构及分子结构的知识方面起到奠基的作用，经历了50年的时间，其深刻的影响仍然依旧。这部专著对我本人讲授物质结构课程起到了指导作用，书中内容贯穿了辩证的思想，启发人们正确地认识微观世界。徐老师与黎乐民老师等共同撰写的《量子化学——基本原理和从头计算法》，结合中国实际情况，在理论与应用两个方面，给予精辟而透彻的阐述，提高了我国的量子化学水平。我曾认真地学习过这部专著。我深深感受到这是一部完全自洽的书，上、中、下三卷内容极其详尽，在国内外都是一部十分优秀的量子化学专著。

除了编写教材专著，徐光宪在其60余年的科研教学生涯中，还培养了一大批优秀人才。除前已述及的张乾二院士、孙家钟院士在其成长过程中深受徐光宪先生的教益以外，北京大学的黎乐民院士、高松院士更是在徐光宪的直接指导下成长起来的。

北京大学黎乐民院士在谈及对他的成长有过重大影响的邢其毅、唐敖庆等人后，说：我接触最多、相随工作时间最长的是徐光宪先生。1962年开始我是他的研究生，1965年毕业后留校，又在他领导下工作。他给我最深刻的印象是对科学事业的执着追求，不怕困难百折不挠的进取精神……从我认识他以来从未见过他停止过研究工作。在“文化大革命”中绝大多数人无所事事的时候，他还在家里搞量子化学计算。1977年科学春天刚刚到来的日子，他兴奋异常，虽然当时已年近花甲，仍夜以继日地工作，每天只睡四五个小时。即使今日他年过七旬，仍在孜孜不倦地工作。他以言传身教向学生显示了“业精于勤”的道理。徐先生的另一个突出特点是很注意培养和提拔年轻一代。他经常勉励学生和助手树立雄心壮志，为祖国科学事业作出贡献，鼓励

1　应为“1988”——引注。

大家超过自己，希望“青出于蓝而胜于蓝”。他发扬学术民主，科学问题让大家充分发表意见，以此培养和锻炼学生和助手的才能。他见到学生助手有一定能力后就放手让他们工作，委以重任，把年轻一代推向前台。几十年来，他为国家培养出一大批人才，其中不少人已成为我国科技和教育战线的骨干。

北京大学年轻化学家高松院士在谈及他的成长过程时写道：1990 年春，全国量子化学会议在山东济南召开，徐先生积极支持像我们这样在读的研究生去参加这样的学术会议。会议期间，热情地介绍我们与一些知名学者认识，并鼓励我与他们进行交流……硕士毕业时，我仍被推荐为徐先生的博士研究生，当年暑假，我从家乡给徐先生写了封信，谈了自己的研究兴趣在更靠近基础理论化学的课题上，如原子簇化合物的结构与性质等，希望博士期间调整一下。开学一到学校，我还在担心要挨批呢，但恰恰相反，徐先生和李老师热情鼓励支持我进行新方向的研究，还请黎乐民老师指导我进行一些量子化学的计算。在我写博士论文后期，他又积极鼓励我进行 4f–3d 异金属分子合成，结构与磁性研究。这些为我近年来的工作打下了比较扎实的基础，我从心底感谢徐先生、李老师、黎老师和稀土中心的其他老师这些年来对我的厚爱。

徐光宪 1951 年回国后一直在北京大学化学系（化学与分子工程学院的前身）工作。60 余年来，在徐光宪的直接指导下，北京大学化学与分子工程院涌现出了黎乐民、黄春辉、高松、严纯华等 4 位院士。在他的教学和学术思想引领下，北京大学化学与分子工程学院以及他曾经工作过的技术物理系，更是为我国化学界培养了一批卓有建树的专家和学者。

四、情谊真挚，共创辉煌

徐光宪与唐敖庆之间的友谊，很久以前就成为科学界的佳话。他俩最早是在 1948 年在美国哥伦比亚大学读书时认识的，后来在北京大学又成为同事。徐光宪在一篇自述中曾写到由唐敖庆介绍他们夫妇俩到北京大学工作的过程：我于 1951 年获博士学位，学校盛情留我，但抗美援朝已经开始，钱学森等回国被阻，我怕以后更难回去，因此与小霞商量，只好让她放弃最后学位，一同假借华侨省亲之名于 1951 年 5 月回到祖国，由哥伦比亚大学同学唐敖庆介绍，我们到北京大学任教。

1990 年，吉林大学为庆祝唐敖庆教授执教 50 周年，由《高等学校化学学报》编辑部编辑出版了一部学术论文专集。徐光宪为该专集题写了《热烈庆祝唐敖庆教授执教五十年》的热情洋溢、充满感情的序言。该文首先对唐敖庆的科学研究和人才培养工作作出高度评价，接着又写到唐敖庆对自己的巨大帮助：我和唐敖庆同志相识已有42年。42年来他始终是我的良师益友，在我的重要人生转折点上，都曾给我深刻的影响和热情的帮助。我于1947年底赴美自费留学，先是在圣路易城的华盛顿大学研究院读了一学期，尽管所选4门课程都得A，但仍得不到下学期的教师助理一职而面临辍学的危险。当时敖庆同志的同学王瑞駪已在华大获博士学位。经他和敖庆同志的推荐，我转到哥伦比亚大学研究生院暑期试读班来“试读”……哥大的助教有两种，一种是大学助教，另一种是系助教。其差别是前者可免交学费，并正式列入教员名录，而后者则否。在1948年的暑期试读班的80余名同学中只有我一人获得大学助教，这是与唐敖庆的影响和他对我的具体帮助和推荐分不开的。这样不但解脱了我面临辍学的经济困境，还达到了我转入第一流大学的目的。这是唐敖庆同志在我一生中的一个重要转折点给我的巨大帮助……回国以后，敖庆同志在政治和业务上对我的影响和帮助也是十分大的。他对朋友是如此，对学生更是教书育人，以自己的言行影响学生和他的集体。

1996年，吉林大学为庆贺唐敖庆名誉校长80华诞出版了《唐敖庆科学论文选集》，徐光宪又受嘱托为其撰写了前言。在前言中徐光宪从六个方面高度概括了唐敖庆在理论化学领域的研究成就，并从五个方面论述了他能够取得上述成就的原因，以及在取得上述成就时他以超人的毅力所克服的重重困难。作为朋友亦为学者同行，徐光宪和唐敖庆之间相知弥深、了解弥多。1963年物质结构学术讨论班的学员、原四川大学校长鄢国森教授曾这样写道：1963—1965年，原高等教育部委托吉林大学唐敖庆教授举办物质结构学术讨论班。我有幸能够参加该班学习，聆受唐老师的教诲。在那段日子里，唐老师除每周三上午量子化学专题的课堂讲授外，还抽出时间（他还担任吉林大学副校长的职务）与学员们作不拘形式的谈话，内容大部分是理论化学动态和探索性的问题，有时也谈往事。我们曾听到过唐老师谈起徐光宪先生和他在美国哥伦比亚大学研究院同窗相识，先后获得博士学位，出于爱国热情，共同参加留学生进步组织，相约尽早回国参加新中国建设的过程。唐老师对徐先生的人品学识都给予高度称赞。我们感到两位先生由共同的志趣理想和事业心建立起来的友谊是非常深厚的。“文化大革命”之后，我们有许多机会，比如在学术会议和国家自然科学基金委员会化学部学科评议会上与徐先生接触，也体会到他对唐敖庆老师的尊重和敬佩之情。他常说唐先生几十年来为我国的理论化学的发展倾注了无尽的心力，是当之无愧的奠基人。徐、唐两位老师的真挚的友谊是我们后辈学习的榜样。

1963年物质结构学术讨论班学员、云南大学化学系原系主任戴树珊教授则有更多的评论：徐先生与唐先生的友谊很是值得学习的。传统的中国知识分子素有文人相轻之弊，而在徐、唐之间恰恰相反，他们一生都是互相尊重、互相帮助、团结奋斗的学术挚友。在我读到物质结构课程，讲到“杂化轨道”一节时，徐先生说，唐敖庆先生在杂化轨道理论上作出了卓越的贡献，在教材中也引了唐敖庆和卢嘉锡的文章。后来我到吉大读研究生时，有一次说到旋光问题，唐先生说，徐光宪先生在美国的博士论文就是研究旋光问题，是当时做得最好的。1963年，唐先生受命于高教部举办物质结构学术讨论班，意在自主培养高层次人才。……有一次唐先生对我们说，徐先生为了国家需要暂时放下自己喜爱的量子化学研究而去搞原子能化学，但是他始终关心着量子化学的发展，……经过系列文献调查之后唐先生说，这好比打猎，已发现林中有虎，但虎在哪个角落尚需进入森林。由于唐老师的高瞻远瞩和他的深厚的数理功底，讨论班在他的领导下终于取得配位场理论研究的重大成果，后获国家自然科学一等奖，随着科研工作的开展也造就了一批高层次人才。这是两位前辈学术上团结奋斗的一例。

从上面的记述中不难体验出学生们对徐、唐二人真挚友谊的肯定和神往，也可以看出他俩学术研究中的经常性的联系和切磋探讨，以及即便是配位场理论这样重大的研究课题在选题过程中徐光宪也曾经参与过重要意见。

对唐敖庆和徐光宪在我国理论化学学科的发展过程中所起的引领作用，孙家钟院士有这样一段评论：唐敖庆老师和徐光宪老师一起，为发展我国的理论化学、培养出一支能够攻坚的理论化学队伍，在我国社会主义建设各个时期都作出了重要的贡献。徐老师在这方面作出了重大的贡献。1997年理论化学国家重点实验室召开学术委员会会议，徐光宪老师在研究方向方面作了指导性的发言。他强调在发展基础理论的同时，要结合国家的目标，在材料、环境、能源、农业、人口和健康方面开展科学研究，在会议上得到唐敖庆老师的充分支持。近年来，重点实验室在材料、环境等方面逐步开展研究，已经取得了一些重要成果。

徐、唐二位不仅限于学术友谊，在生活中也建立了密切的联系，这从其后辈的追忆中也可略窥一斑。徐光宪的女儿徐燕曾这样写道：有一年从东北兵团回家探亲，路过长春，父亲让我去探望一下唐敖庆伯伯。那时父亲还处在半解放不解放的境地，而唐伯伯的处境已不错。我发了一个电报告诉唐伯伯我到达的车次，署名仅一个字

“徐”。唐伯伯以为父亲要去，便和他的大女儿唐敏亲自到车站去接。那时我是一个下乡知青，背着重重的两袋东北土豆下车，居然看到唐伯伯来接，深为没写全姓名而抱歉（事后父亲也很过意不去），但唐伯伯却不以为意。我在他家住了两天，他多次鼓励我要好好读书。现在唐伯伯在重病中，谨以此段“小事”寄托我对他的深深敬意和祝福。

唐敖庆逝世后，痛失良友的徐光宪在《高等学校化学学报》出版的纪念唐敖庆专集代序中深情地写道：我和唐先生相识 60 年了，他是我和高小霞最钦佩的良师益友，对我们选择的人生道路、政治方向、学术思想，都有深刻的影响。

五、简短的结语

徐光宪在自己漫长的科学生涯中作出了多方面的贡献。在科学研究方面，徐光宪致力于物理化学和无机化学领域的教学和科研，其研究范围涉及量子化学、化学键理论、配位化学、萃取化学、核燃料化学和稀土科学等多个领域，尤其是在稀土串级萃取理论及其工艺研究方面取得了显著的成果。特别是他不仅在应用研究上成绩显著，在基础理论研究方面也有建树，例如他与黎乐民一道提出的共价键的新概念及其量子化学定义并总结出原子簇化合物的 5 条结构规则，用量子化学方法研究了数十种稀土化合物的电子结构，揭示了其成键规律，设计并合成了 20 余种新型多核稀土化合物。徐光宪的上述成果得到了科学界和社会的广泛认可，于 1987 年荣获国家自然科学奖二等奖、三等奖各一项，2008 年荣获国家最高科学技术奖。

在教学和学术传播方面，徐光宪 50 余年来，不但编写了数套高水平的教材，而且直接培养了众多的学子。他所编写出版的三个版本的《物质结构》教材，一部三卷本的《量子化学》专著，在传播理论化学知识、培养理论化学教学和研究人才方面产生了重大影响。徐光宪还先后任《北京大学学报》和《中国稀土学报》主编，《中国科学》《高等学校化学学报》《科学通报》《无机化学学报》等刊物副主编，1982 年被聘为《国际量子化学杂志》顾问编委，1991 年被聘为《国际锕系和镧系研究》顾问编委。他所培养的学生，很多都成为著名学者，有的还当选为院士。

20 世纪 90 年代末徐光宪退出科学研究第一线之后，仍然老骥伏枥，壮心不已，除继续关心理论化学的前沿进展和国内外研究状况之外，还一直担任吉林大学的理论化学计算国家重点实验室学术委员会顾问。他从不将自己归类为天才人物，而是看作一名普普通通的科学工作者。他曾经这样形容自己，如果把科学家分为几类，有举重若轻的，有举轻若重的，那么我都不是，我属于“举重若重”的一类人。

（作者：乌力吉）

参考资料

[1] 徐光宪.理论化学与21世纪化学学科重组前瞻［J］.结构化学，2000，19(1)：74-77.

[2] 徐光宪.物质结构［M］.北京：人民教育出版社，1959、1961、1963、1978、1983.

[3] 徐光宪.徐光宪文集［M］.北京：北京大学出版社，2000.

[4] 《中国化学五十年》编辑委员会.中国化学五十年［M］.北京：科学出版社，1985.

[5] Xu Guangxian，Xiao Jimei. New Frontiers in Rare Earth Science and Applications [M]. Beijing：Science Press，1985.

[6] Xu Guangxian，Xiao Jimei，Yu Zongsen，Chen Minbo. Proceedings of the Second International Conference on Rare Earth Development and Applications [C]. International Academic Publisher，1991.

[7] Xu Guangxian，Xiao Jimei，Yu Zongsen，Yan Chunhua. Proceedings of the Third International Conference on Rare Earth Development and Applications [C]. Metallurgical Industry Press，1995.

[8] Li Lemin，Ren Jingqing，Xu Guangxian，Wang Xiuzhen. INDO Studies on the Electronic Structure of Lanthanoid Compounds [J]. International Journal Quantum Chemistry. 1983：1305-1316.

[9] Li Zhenxiang，Ni Jiazuan，Xu Guangxian，Ren Jingqing. INDO Study of Electronic Structure of the Macrocyclic15-crown-5 Complex of Lanthanum Nitrate[J]. Journal of Molecular Science，1985，3(2)：145-150.

[10] 王学欣，唐晋.润物细无声——徐光宪教授八秩华诞志庆集［C］.北京：科学技术出版社，2001.

[11] 中国科学院学部联合办公室.院士自述［C］.上海：上海教育出版社，1996.

[12] 高等学校化学学报编辑部.庆祝唐敖庆教授执教五十周年学术论文专集［C］.长春：吉林大学出版社，1990.

[13] 《唐敖庆论文选集》编委会.唐敖庆论文选集［C］.长春：吉林大学出版社，1996.

[14] 徐光宪.继承唐敖庆遗志，展现中国当代化学魅力［J］.高等学校化学学报，2008，12：1-2.

申泮文

（1916—2017）

申泮文

我国氢化学的开拓者

1980 年，邢其毅、徐光宪、唐有祺、戴安邦、查全性、钱人元、申泮文等 51 人当选为中国科学院院士，这些院士一般都具有博士学位和欧美留学经历。申泮文是唯一的例外，他没有博士学位，也没有留学经历，但是他的成就却获得了化学界的普遍认可。他被认为是我国氢化学的开拓者，也是科学出版物最多的化学家之一，翻译了大量的化学著作和教科书。

由中国科协牵头，联合教育部和科技部开展的老科学家资料采集工程，通过实物采集、口述访谈收集重要资料，出版了《我的教育人生：申泮文百岁自述》。《20 世纪中国知名科学家学术成就概览》，邀请化学家的亲属和学生执笔，以纪传文体记述个人经历和学术成就，收录了车云霞撰写的传记。相对而言，这些著作对于原始文献较少涉及，本文拟以《化学学报》《高等学校化学学报》等文献为基础，发掘申泮文的科学成就和创新思想，以期为科学研究和人才培养提供有益的借鉴。

一、早期经历和际遇

申泮文 1916 年 9 月 7 日出生于吉林省吉林市，父亲申柱辰是“工人工程师”，18 岁因贫困逃离广东从化，先在武汉汉阳钢铁厂做工人，后来在汉阳造币厂掌握了造币手艺；有了技术后，又到天津造币厂和吉林造币厂工作。对申泮文影响最大的是母亲邓紫秋，申母没有文化但却非常能干，无论是做衣服还是做几桌酒席都完全会操持。申泮文从母亲那里获益良多，不仅养成从小做家务的习惯，而且培养了乐于尝试新鲜事物的胆识。他 80 岁学电脑，93 岁开博客，在别人看来不可思议，他自己却认为是顺理成章的事，因为从小就养成了动手敢干的习惯。

申泮文小学时读过三个学校，其中旅津广东小学对他影响最大。广东小学是 1920 年广东会馆董事长陈祝龄创办的，是一所优秀的半私塾式小学，申泮文受到了良好的传统文化教育。四年级的国文老师“满腹经纶”，“我不否言，赵老师的治学风范和教学内容，大大地提高了我们青年学生们的祖国传统文化修养……我们非常快乐地听赵老师绘声绘色地给我们讲刘邦出席‘鸿门宴’的故事，理解了‘项庄舞剑，意在沛公’的典故”。六年级的王老师也是饱学之士，他的《孟子见梁襄王》讲得富有启发性，申泮文也学着套用孟子的语气来写作文，获得“此子文有古风”的赞誉。

南开中学享誉国内外，自1904年张伯苓和严范孙创办后，培养了周恩来等政治家和60余位两院院士。在南开中学，不仅解析几何、物理、化学、历史都采用英文原版教材，而且教师用双语教学，学生用英语做作业。南开中学还有许多造诣高超的教师，包括张信鸿、郑新亭、胡廷印、段绍先、赵松鹤、韩叔信等。在优越的环境中，1935班涌现了叶笃正、关士聪、申泮文、刘维政（美国工程院）四位院士，还有沈尔林（北京工业大学校长）、杨津基（清华大学教授）、王乃樑（北京大学教授）、查良铮（南开大学教授）等著名学者。

数学名师张信鸿“讲课特别精彩”，“同学们对张老师的精湛教学热情欢迎，回报以优良的学习成绩，而张老师也越教越高兴，表示愿意竭尽所能给学生多教一些算学知识”。1934年暑假，他放弃休假组织“算学讨论会”，从直线、圆、球到抛物线深入讲授解析几何，他的教学融会贯通、高瞻远瞩，学生们深受教益。1935年7月一直资助申泮文的大哥申郁文失业了，申泮文不得不辍学去当文牍员，张老师十分着急，每月从150元工资中拿出20元给申泮文，帮助他旁听高三课程考大学。历史课英语原版教材《现代史》（*Modern History*）涉及政治、军事、商业、农业诸多专业词汇，历史名师韩叔信把学生组织起来，先把教材中的单词按字母排列，然后分成小组查字典标注词义，激发了积极性又减轻了学习负担。韩老师对历史问题分析得非常好——国家之间的矛盾是什么，什么条件下可以合作，什么条件下会发生冲突，把来龙去脉和相互影响分析得清清楚楚。在韩老师的课上，申泮文“爱屋及乌”对英语产生了兴趣。当时天津出版英文报纸《华北明星报》（*North China Star*），申泮文每天坚持朗读新闻和评论3个小时，经过高二“一个暑假的胜利”就大幅提高了英语水平。

在南开大学求学是申泮文最重要的经历，一位卓越的化学家引领他进入化学的殿堂。杨石先是著名有机化学家，农药化学和元素有机化学的奠基人。他早在1923年就任教南开大学，1918年、1929年和1945年三次赴美留学，1931年获耶鲁大学博士学位，具有深厚的理论基础和科学素养。杨石先是申泮文的“启蒙老师”，他给理学院一年级新生讲授《普通化学》，“杨先生讲课采用英文教本，用流利的英语加上汉语注解讲课，每讲一新内容，他用笔体挺帅的英文字在黑板上写下标题，然后口述讲授要点，口齿流利，语言简练，问题交代得极为清楚……那时我们确实感觉到，有这样有名望的学识高超的教授给我们讲授基础课，真是受益匪浅。这也为我以后从化工系转入化学系，打下了思想基础”。1936 年 9 月，申泮文考取免学宿费奖学金入南开大学化工系学习，在一百多人的班级里成绩最好，杨先生十分欣赏他，不仅把他列入优秀生行列，还在不同场合鼓励他。美好的大学生活很快就戛然而止，1937 年 7 月 29 日南开大学、南开中学和南开女中遭日军轰炸，申泮文被迫于8月底乘海轮离开天津，9 月报名参军后不久就被派往松江前线，由于敌我力量悬殊遭遇溃败。1937 年 10 月清华、北大和南开在长沙组成长沙临时大学，申泮文也于 1937 年 11 月到达长沙，经杨石先批准转入化学系学习。但由于败退的阴影和感染严重疾病，申泮文精神一度处于崩溃的状态，以至于 1938 年 2 月因几门课程没有成绩而被学校勒令退学。

当时黄钰生、曾昭抡、闻一多和袁复礼等 11 位教师和 200 多名学生组成的“长沙临时大学湘黔滇旅行团”，正徒步从湖南经贵州去昆明。在南开秘书长黄钰生和夫人梅美德的资助下，申泮文以自费的名义加入旅行团，经过 68 天的长途跋涉于 1938 年 4 月 28 日到达昆明。西南联合大学化学系人才济济，会集了三所名校的十几位著名化学教授，包括清华的高崇熙、张子高、黄子卿、张大煜、张青莲，北大的曾昭抡、朱汝华、钱思亮、孙承谔，南开的杨石先、邱宗岳、严仁荫等。高等有机化学由曾昭抡、钱思亮、朱汝华、杨石先四位名师讲授。杨石先讲授“植物碱和天然产物”专题，申泮文再一次感受到这位学术大师的风采，“杨先生在这门高年级选修课中更突出地显示出他的精湛学识和高超讲课才能……把化合物拆开，分析，然后综合在一起，知道整个结构，他讲得由近及远，由此及彼，一气呵成，极为引人入胜。学生在课堂上的思想，追随着杨先生的讲述路线前进，被引入化学科学大厦，如享美餐，陶醉在化学知识的海洋中。下课之后，同学们还舍不得离开课堂，三三两两，在议论，在赞美。我记得，我的同班同学北大的唐敖庆就是最热衷于在课后盛赞杨先生讲课精湛的一人”。申泮文珍惜来之不易的机会，发奋努力并且注重方法，用两年时间就完成了三年的任务，1940 年 7 月获西南联大和南开大学双重学籍的理学学士学位。

申泮文的学术生涯主要是在南开大学度过的。1946 年 5 月经黄钰生和邱宗岳介绍，申泮文被接收为南开大学教员，首先于 1947 年和 1948 年给高振衡教授（有机化学）和朱剑寒教授（物理化学）做助教，1949 年 9 月在给邱宗岳教授做助教时，将其授课内容编印成《普通化学》和《化学平衡与定性分析》油印稿，这可能是国内最早的由中国人编写的中文化学教材。申泮文的研究领域包括金属氢化物、储氢合金、大环配位化学、生物无机化学、晶体培养与结构表征，其中仅在配位化学、生物无机化学、晶体结构就发表论文百余篇。申泮文于1980年当选为中国科学院院士。

二、困难岁月中的科学追求

申泮文能够脱颖而出，与他始终执着于科学理想，始终一贯的自律有关。虽然没有正常的科研条件，腐殖酸也只是当时的“应景”项目，申泮文却创造出肥料生产、终点判断、分布地图等丰富内容，表现出优秀的创造力和执着的科学精神。

第一，解决了腐殖酸肥料的生产问题。太原有一个生产氨的化肥厂，在生产过程中需要用高压水淋洗，其中一部分氨从水中被放掉了。在山西省郝家公社的武家山煤矿，申泮文将废弃的氨和腐殖酸利用起来生产肥料，他将氨水与腐殖酸搅拌起来，然后用塑料捂一两天来生产腐殖酸铵肥料。申泮文还发现，腐殖酸容易与碱反应，氢氧化钠、氢氧化钾、碳酸钾都容易与腐殖酸反应生成盐，将碳酸钾与腐殖酸在溶液中一起搅拌，直接就生成腐殖酸钾的肥料，这是一种合成钾肥的简易办法。

第二，提出腐殖酸提纯的简易方法。山西省一些地方风化煤的腐殖酸含量高，一些地方的含量却很低，申泮文发现，腐殖酸含量低并不是因为腐殖酸的成分少，而是与钙镁离子结合生成钙镁腐殖酸盐的缘故。钙镁腐殖酸盐只要用稀盐酸淋洗，就可以生成含量达百分之八九十的腐殖酸。申泮文后来支持山西省孝义县和晋中县两个社队企业用这种方法生产腐殖酸，仅1974年和1975年腐殖酸出口创汇就达45万美元。

第三，采用连续变化法判断滴定终点。腐殖酸含量一般用酸碱滴定法测定，但山西风化煤因水溶性低电离弱、没有pH突跃等问题，不能用pH法来滴定。太原煤炭化学研究所采用电导法判断终点，但腐殖酸盐是强碱弱酸盐并且水解程度大，因此只能大致估计终点。申泮文根据腐殖酸难溶于水，而腐殖酸盐是溶于水的有色溶液，采用连续变化法来判断终点——在等当点前溶液的颜色逐渐变深，达到等当点时颜色就不再变化，拐点就是滴定终点。这个方法以《用光度连续变化法测定腐殖酸的碱中和当量》发表于1978年的《山西大学学报》。

第四，绘制山西省腐殖酸分布地图。从1975年5月到1976年6月，申泮文利用推广腐殖酸肥料的机会，对山西腐殖酸资源进行详细考察，绘制了低钙镁风化煤、高钙镁风化煤和泥煤紫皮炭的分布情况，统计出83个县市416个公社储积有腐殖酸资源，风化煤总储量约为80亿吨的结论。

在70年代的困难条件下，申泮文还不忘了解国际化学的发展。当时国外的文献基本无法获得，申泮文利用华北卫生研究所的《化学文摘》了解无机合成、原子量测定的进展。1974年，他在《国外科技动态》连续发表《化学元素周期系的新发展》和《国际原子量的变迁》两篇论文，引起了袁翰青、张青莲、戴安邦的关注。1978年5月，天津市组织知名教授参观山西省昔阳县大寨村，南开大学校长杨石先专门访问了山西大学，注意到《无机合成》翻译和腐殖酸研究的成就。申泮文后来得知，“杨先生一回来，就大力讲你，讲你那个《山西省资源分布图》。说你在那时候能够走遍全山西，收集这些资料，是很好的事情”。在杨石先的帮助下，申泮文于1978年调回南开大学。

三、氢化学的开拓者

氢化学是申泮文的成名之作和学术高峰，他用氧化还原法和惰性盐分散法合成氢化锂、氢化钠等离子氢化物，提出合成氢化铝锂和氢化铝钠的新方法，运用置换–扩散法和共沉淀还原法合成镁基、镍基储氢材料。申泮文是我国氢化学的奠基者，南开大学新能源材料化学研究所和应用化学研究所的创建者。

1. 金属氢化物

金属氢化物如氢化钠、氢化锂、氢化铝锂、氢化铝钠等，是一类重要的还原剂，当时国内外研究还很少。1947年施莱辛格将金属锂氢化制备氢化锂，再同氯化铝在乙醚溶剂中反应首次合成了氢化铝锂，缺点是必须先有少量氢化铝锂反应才能进行。申泮文对金属氢化物的研究更具有创造性。

第一，用溴化铝代替氯化铝合成氢化铝锂。申泮文和龚毅生等用溴化铝代替氯化铝制备氢化铝锂，因为溴化铝更容易与氢化锂反应，开始时加入少量溴化铝就会产生氢化铝锂；之后就不再需要溴化铝，直接用氢化锂和氯化铝反应。1959年10月，申泮文和龚毅生在《化学通报》发表《氢化锂铝（$LiAlH_4$）的合成》，这是有关氢化物研究的第一篇论文。

第二，从氯化锂制备氢化锂的氧化还原法。施莱辛格法以价格昂贵的金属锂为原料，反应中非生产性消耗很大，大约有四分之三的锂不能利用。1982年，申泮文和张允什等通过氯化锂和金属钠在氢气氛中反应，得到氢化锂和氯化钠的混合物，再通过施莱辛格法合成氢化铝锂。新合成法优点在于：一是用廉价盐（氯化锂）代替金属锂，氯化锂可以循环使用，解决了非生产性消耗问题；二是氢化锂和氯化钠不必分离，直接用于合成氢化铝锂，设备和工艺简单。申泮文从氯化锂制备氢化锂的创新在于：钠作还原剂不能直接还原氯化锂，联想到用二氧化钛合成四氯化钛时，用氯气不能直接氧化二氧化钛，如果用还原剂（碳粉）把氧拉开，氯就可以结合上去。类似地，以钠不能直接还原氯化锂，可是如果用氢气作氧化剂夺取锂原子，就可以实现氯化锂到氢化锂的转变。

第三，惰性盐分散法制备氢化铝钠。氢化铝钠还原作用与氢化铝锂十分相似，由于钠取代锂降低了成本，本应该是一种很好的还原剂，但由于合成困难却一直未能商品化。之前是以三乙基铝作催化剂，用氯化铝和氢化钠在醚型溶液中制备氢化铝钠，困难是生成的氯化钠微晶容易沉积在氢化钠表面阻断或减慢反应，同时氯化钠在醚型溶液中易生成凝胶沉淀难以与产品分离。1984 年申泮文和张允什以氯化钠为分散剂代替油液分散剂，在四氢呋喃中用氢化钠与氯化铝反应制备氢化铝钠。实验证明，生成的氯化钠以原料中的氯化钠为结晶核心生成大颗粒晶体，可以避免包复氢化钠和生成凝胶状沉淀。

第四，推广氧化还原法和惰性盐分散法。1984 年申泮文和车云霞将氧化还原推广到从碱土金属氯化物制备氢化物，在 400 ℃—450 ℃的氢气氛中与钠反应，成功制备氢化镁、氢化钙、氢化锶、氢化钡。氢化钠一般用油液分散法制备，含量不高（50%左右）并且要用大量有机溶剂洗涤。1985 年申泮文以惰性盐氯化钠为固体分散剂，氢化熔融金属钠的方法，得到含量达 80% 的白色粉末状氢化钠。惰性盐分散法是在金属钠和氢气的直接反应中加入惰性盐分散剂以达到完全氢化的目的，无需超高速设备和石蜡油，产量高且操作安全。

2. 储氢合金

氢是理想而清洁的能源，但储藏和运输比较困难。用金属互化物储氢密度高，避免了钢瓶的高压和液氢的低温，具有室温常压的优点。申泮文的储氢合金研究，创造性地合成了镍基、铁基、镁基储氢合金。

第一，共沉淀还原法制备镍基合金。$LaNi_5$ 是优良的储氢材料，储氢密度可达液态氢的数量级，可长时间储藏。合成 $LaNi_5$ 一般采用合金法制备，但设备复杂并且需要较贵的金属镧。1980 年，申泮文和汪根时等在《高等学校化学学报》发表《$LaNi_5$ 的化学合成及吸氢性能》，采用共沉淀还原法制备镧镍系吸氢化合物。他们将镧镍混合溶液与草酸乙醇反应，生成草酸镧镍共沉淀，经脱水后加入氢化钙，在氢气氛下（950 ℃）合成镧镍合金。这种方法只用盐类作原料（不用金属镧），合成的颗粒状 $LaNi_5$ 具有良好的吸氢性能。

第二，置换－扩散法合成镁基合金。镁基储氢材料具有重量轻、含氢量高的优点。国外用高温熔炼法制备，但产物表面性能差，吸放氢速度比较慢。申泮文根据镁的电化学活泼性，发明了置换－扩散法合成 Mg_2Cu 和 Mg_2Ni。1982 年申泮文和张允什等在乙腈溶液中，用镁锉屑置换溴化铜溶液中的铜，然后在500 ℃—580 ℃扩散2—3 小时，成功制备了 Mg_2Cu，产品具有表面性能好、吸放氢速度快的优点。1985 年他们将这种方法扩展到 Mg–Ni 体系，在二甲基甲酰胺中用金属镁置换溶液中化合态的镍（$NiCl_2$）来制备 Mg_2Ni。

置换－扩散法克服了高温熔炼法和溶液法的双重困难。镁和镍、铜熔点相差比较大，镁在 1090 ℃就开始气化，而镍的熔点为 1500 ℃，直接熔炼合成 Mg_2Ni 和 Mg_2Cu 都比较困难。溶液法的问题是，用镁作还原剂把镍还原出来，再高温扩散难以合成 Mg_2Ni，因为一旦镍沉淀到镁上就会构成一个电对，结果是置换氢而不是置换镍。用二甲基甲酰胺代替水作溶剂，再合成能够溶于有机溶剂的二氯化镍，就可以克服溶液法的缺陷。

第三，从二元扩展到三元和四元储氢合金。在二元体系的基础上，申泮文还将置换－扩散法扩展到三元和四元体系，如 1986 年在《无机化学》上发表的《置换－扩散法合成 $Mg_2Ni_{0.75}Cu_{0.25}$》中，申泮文和张允什吸收制备二元合金 Mg_2Cu 和 Mg_2Ni 的经验，首先在二甲基甲酰胺中将镁锉屑与无水 $NiCl_2$ 反应，然后再加入乙腈和 $CuBr_2$，成功制备三元镁镍合金 $Mg_2Ni_{0.75}Cu_{0.25}$。1997 年申泮文和高恩庆在《无机化学学报》上发表的《四元镧镍系吸氢合金的结构与性质》中，将置换－扩散法应用于四元镧镍材料，合成了具有优良吸放氢性能的 $LaNi_4Co_{0.5}Mn_{0.5}$。

1984 年 7 月 15 日到 20 日，在多伦多召开第五届国际氢能大会，讨论氢的生产与制备、氢的运输与贮存、氢能的利用等问题，申泮文的《储氢合金的化学合成与性能研究》被评为优秀论文。1987 年氢化物化学被国家教委授予科学技术进步二等奖。1994 年以氢化物化学为基础组建南开大学新能源材料化学研究所，申泮文担任学术委员会主席。

四、教育家和翻译家

申泮文一生兼任科学家、教育家、翻译家三重角色。他在教育岗位上耕耘了70年，是执教时间最长的化学家之一；出版70余卷册3000余万字的著译，是我国著译作品最多的化学家之一。

第一，翻译了大量化学著作和化学教材。申泮文翻译（校对）了20卷美国化学会的“无机合成”丛书，第1卷、第19卷、第20卷分别于1959年、1987年、1986年翻译出版，时间跨度20多年；在1952—1959年翻译出版了12部16卷苏联教材；1953年7月翻译的巴列金《无机化学实验》由商务印书馆出版，是申泮文的第一部苏联教科书译作；1954年翻译了多部苏联教科书，包括巴列金的《普通化学实习》、格琳卡的《普通化学作业和问题》、谢密申的《普通化学实验》、马里雅洛夫的《微量定性化学分析》。这些教科书译作，对我国化学教学和学习起到了积极的作用。

第二，制作第一部化学多媒体教学软件《化学元素周期系》。1984年参加世界氢能会议时，经中学同学刘维政介绍访问密歇根大学，申泮文第一次见到了计算机辅助教学，当即邀请指导教师巴特勒博士访问南开大学。1986年3月巴特勒访问南开大学时，申泮文产生了引入计算机辅助教学的想法，推动他在耄耋之年学习计算机并且倡导成立“化软学会”。

《化学元素周期系》于1995年开始编写，1999年12月由高等教育出版社出版，它“不仅是中国的第一部多媒体教科书，在国际上也是一部创新之作”。《化学元素周期系》具有几个鲜明的特点。一是构思新颖。主菜单是全屏维尔纳式周期表，139个专题，还有7个周期和16个族的综述，具有纵横多种维度。二是类型多样。设讲授、自学、习题、测验、数据5大板块，满足不同学习者的需求。三是兼顾历史。将历史和趣味有效融入周期系，增强了内容的吸引力。四是内容丰富（形象）。仅自学部分就达60万字，包括4000余幅静态图片和1000余部动画，用三维立体形象来表达化学结构、反应过程、制备工艺。

第三，主持化学课程体系的改革。申泮文强调“与世界接轨”“他山之石，可以攻玉”，致力于教材的立体化和方法的现代化。90年代，申泮文着手调查哈佛大学、普林斯顿大学、康奈尔大学、麻省理工学院的化学课程和计划，发现美国的化学课程设置极为简明，必修课只有5门课程：化学概论（General Chemistry）、物理化学（Physical Chemistry）、有机化学（Organic Chemistry）、无机化学（Inorganic Chemistry）、实验化学（Experimental Chemistry）。为此，他重新设置化学体系，以《化学概论》为先导，以实验化学和物理化学为主体，以无机化学和有机化学为两翼，总体设计是大一讲授一级学科，大二、大三讲授二级学科，大四讲授三级学科。

申泮文认为《化学概论》是启蒙课和素质教育课，应该安排学术造诣深厚的院士主讲，具体内容设计为：化学在自然科学体系中的地位；化学在社会生活和经济建设中的作用；化学在可持续发展中的核心意义；环境化学、绿色化学、材料化学等交叉学科概况；评议21世纪化学发展的优势领域，了解科学创新的条件，为专业方向选择提供参考。在过去，元素化学只是枯燥的纪实材料，难以记忆且容易造成对无机化学的误解，导致部分学生一开始就丧失对化学的兴趣。申泮文将无机化学推迟至大三开设，加强对主客体化学、结构和对称性、固体化学、配位化学、金属有机化学、生物无机化学、环境化学的介绍，使无机化学不再是简单的元素化学。

第四，编撰大量重要的化学教科书。1965年7月，申泮文和尹敬执（山东大学）编撰的32万字《无机化学简明教程》，由高等教育出版社出版，成为全国通用无机化学教材；1980年再次与尹敬执编撰的《基础无机化学》于1986年获高校优秀教材一等奖，并一直沿用到20世纪末。“无机化学丛书”是一套百科全书式的巨著，14卷41个专题700余万字，由张青莲和申泮文分任正、副主编，历时18年最终完成，“为我国化学工作者提供了一部丰富的近现代的原始资料库，对促进我国化学教学和研究的迅速发展，解决我国丰富矿产资源的综合利用，新型材料的合成，无机化学新观点和新理论的提出等，都起到了不可估量的作用”。

1999年到2008年，申泮文任主编，王积涛任副主编，包括12位南开教授、2位校外院士和6位教授的南开大学近代化学教材丛书编委会，编写和出版了以《近代化学导论》《近代物理化学》《无机化学》《有机化学》为代表的专业课程教材；以《氢与氢能》《有机化学提要、例题和习题》为代表的教学参考书；以《基础化学》电子教案、《无机化学》电子教案为代表的电子课件，总计27部32卷册近1800万字。2009年2月，来自北京大学、复旦大学、天津大学、湖南大学等高校的专家一致认为，“南开大学近代化学教材系列工程成果巨大，为我国高校化学课程体系的深度改革、提高教学质量和培养创新型人才创造了良好条件，对全国高校化学教学的改革产生了较深远的影响”。

申泮文还获得了一些国家级荣誉。2001年《化学元素周期系》获国家级教学成果一等奖，2007年南开大学无机化学获评首批国家级教学团队，2009年南开大学近代化学教材系列获国家级教学成果一等奖，2009年申泮文被教育部授予第五届高等学校国家级教学名师奖。

五、结语

申泮文能够成为杰出的化学家，与他一生的机遇和勤奋是分不开的。在南开中学时，申泮文就在中文和外语方面打下了良好基础，杰出化学家杨石先不仅在科学知识上对申泮文影响巨大，而且屡屡在关键时候帮助和提携他。1936年在南开大学时杨石先就是申泮文的《普通化学》老师，1937年申泮文从化工系转入临时大学化学系，在退学的情况下破格进入西南联大化学系二年级，以及1978年重新回到南开大学，都离不开杨石先的帮助。另一方面，申泮文思维活跃、勇于创新，具有自强不息和永不言弃的科学精神，即使在“文化大革命”的困难时期，他也利用一切条件开展科学研究，在《无机合成》翻译、腐殖酸研究、金属氢化物研究方面都取得了一定的成就，这些是他1980年入选院士的重要条件。他当选院士之后一点也没有松懈下来，一种强烈的紧迫感推动他继续开辟配位化学、生物无机化学等新领域，并主持“南开大学近代化学教材”、《化学元素周期系》等多项浩瀚的编撰工作，最终成为我国最优秀的化学家之一。《无机合成》等著作的翻译量巨大，需要持续不懈地坚持一二十年，正是这份执着和坚韧成就了他，使他在没有博士学位和留学经历的情况下，作出了不平凡的贡献。

（作者：张宏志）

参考资料

[1] 申泮文.我的教育人生：申泮文百岁自述[M].北京：中国科学技术出版社，2015.

[2] 白春礼.20世纪中国知名科学家学术成就概览·化学卷[M].北京：科学出版社，2012.

[3] 申泮文.西南联大纪念专辑序言[J].高分子通报，2015（9）：1.

[4] 申泮文.山西省腐殖酸资源的分布[J].山西大学学报，1978（2）：52-59.

[5] 杨丽然.“文革”后期的科研——申泮文访谈[J].中国科技史杂志，2011，32（2）：166-178.

[6] 申泮文，张允什，陈声昌，等.氢化铝锂新合成方法的研究[J].高等学校化学学报，1982，3（2）：169-172.

[7] 申泮文，张允什，陈声昌，等.氢化铝钠合成方法研究[J].化学通报，1984(10)：25-26.

[8] 申泮文，车云霞.金属还原氧化反应的研究[J].化学通报，1984(10)：24-25.

[9] 申泮文，张允什，车云霞，等.惰性盐分散 NaH 合成的研究[J].化学通报，1985(7)：24-25.

[10] 申泮文，汪根时，张允什，等.$LaNi_5$ 的化学合成及吸氢性能[J].高等学校化学学报，1980，1(2)：109-111.

[11] 申泮文，张允什，袁华堂，等.储氢材料新合成方法的研究——置换-扩散法合成 Mg_2Cu[J].高等学校化学学报，1982，3(4)：580.

[12] 申泮文，张允什，郑松，等.置换-扩散法合成 $Mg_2Ni_{0.75}Cu_{0.25}$[J].无机化学，1986，2(2)：1-9.

[13] 李莉.申泮文——中国当代无机化学奠基人之一[J].化工管理，2014(28)：74-77.

[14] 车云霞.申泮文先生和《化学元素周期表》[J].民主，1999(9)：23-24.

[15] 中国化学会.第八届全国大学化学研讨会论文集[C].郑州：郑州大学出版社，2005.

[16] 申泮文.关于大一化学课程化学概论的讨论[J].大学化学，2009，24(2)：7-9.

[17] 中国科学技术协会.中国化学学科史[M].北京：中国科学技术出版社，2010.

罗沛霖

（1913—2011）

罗沛霖

中国技术科学思想的奠基者

罗沛霖，22 岁毕业于上海交通大学，35 岁赴美攻读博士研究生。37 岁从美国学成归国后，投身于中国的电子工业与电子科技发展，参与和推动了新中国电子工业的许多重要项目。1993 年，他参与起草创建中国工程院的建议，并当选首批两院院士。他的一生一直在电子产业界和学术界奔波，见证和参与了中国电子工业的成长并为之作出卓越贡献。

19 世纪初，按照科学与社会关系的密切程度，国际上开始把科学区分为纯科学和应用科学，即自然科学与技术科学。纯科学“旨在增加科学、技术知识和发展新的探索领域，而不考虑任何特定的实际目的”；应用科学“致力于解决国民经济中所提出的实际科学问题”。然而，一些在工业领域和工程领域的研究者觉得，“纯”科学这一概念明显带有某种偏见，让他们难以接受。于是“基础”科学的概念被引入，并逐步取代了“纯”科学的概念。到了 20 世纪，“基础研究”与“应用研究”作为一对政策范畴和政策术语，愈来愈被广泛使用。1945 年 7 月，万尼瓦尔・布什发表了题为《科学——无止境的前沿》的报告，认为基础研究的实施不考虑实际结果，是对“一般知识以及自然界及其规律的认识”的贡献，是应用研究的先驱。经济合作与发展组织（OECD）1963 年制定的《研究与发展调查手册》与联合国教科文组织（UNESCO）1978 年制定的《科学技术统计指南》将研究与发展（R&D）分为基础研究、应用研究和试验发展三种类型。

20 世纪中叶，随着工程师队伍的迅速壮大，工程活动越发显现出与科学、技术的不同特点，著名科学家冯・卡门认为“科学家研究已有的世界，工程师创造未来的世界”。因此，许多学者逐渐趋向于把整个科学技术分为三大部分或三大领域、三大门类。我国著名科学家钱学森于 1957 年明确提出了“自然科学、技术科学和工程技术三个部门或三个领域”的划分。美国工程科学院院士田长霖在 1979 年访华时主张：“总的来说，科学技术可以分为三大领域：基础科学、技术科学和工程应用。”我国著名软科学家冯之浚于1980年提出：“今天，科学技术已经形成了由基础科学、技术科学与应用技术三部分组成的庞大而有机的体系。”我国著名技术哲学家陈昌曙在1982年提出应把这三大门类表述为“基础理论科学、技术基础科学、工程应用科学”，以强调它们“都是科学，都是知识形态的东西”，从而把“作为社会精神财富的科学同作为社会物质财富的工程技术区别开来”。尽管这些说法在表述形式上有所差异，但主张的实质是基本相同的，即自然科学、技术科学和工程技术是现代科学技术体系的三个不同的重要组成部分。这一认识对于我国科技事业的发展至关重要，因为科学技术发展战略的重要问题之一就是如何处理好基础研究和应用研究的关系，而对于这个问题的回答必然涉及如何正确地认识现代科学技术的结构，尤其是技术科学在其中的地位和作用。

在关于技术科学的研究中，钱学森对于技术科学的定义、技术科学与工程科学关系等问题的思考，在中国科技界有着开创性的作用，并产生了深远的影响。中华人民共和国成立后，由于受到“全面学习苏联”的影响，中国科学院仿照苏联科学院的建制于1955年设立四个学部，其中的技术科学学部旨在将“新中国的科学工作与国家建设联系起来”。技术科学学部的建立，不仅使得技术科学这一概念广为人知，而且让我国科技工作者充分认识到技术科学的重要意义。然而，由于当时我国工业落后，技术科学基础特别薄弱，苏联、德国、波兰、保加利亚等一些社会主义国家的技术科学研究方法和成果被相继介绍到国内。1976年后，我国科技工作和国家建设逐渐恢复到正常轨道，技术科学研究再次成为我国科技界的关注焦点。尽管各门具体学科拥有不同的研究方法，但学者们一致认为“技术科学是以基础科学理论为指导去解决应用技术中出现的带有普遍性的技术问题的学科，是联系基础科学和应用技术的纽带，是科学转为直接生产力的桥梁，是我国经济建设和国防建设中的关键性和综合性问题”。

中国科学界对于现代科学技术的结构、技术科学的认识形成过程中，有一位“一直在产业与学术界之间奔忙”的科学家对于这个问题也作了深入思考，他就是罗沛霖。罗沛霖结合自己的科技工作实践对技术科学的含义、特征和作用等问题进行了深入的理解和梳理，并据此对我国的产业界发展提出了有针对性的建议。他的技术科学思想产生了现实影响，成立中国工程院的提议就是他技术科学思想的直接反映。梳理罗沛霖的技术科学思想，不但有助于深入了解这位经历丰富的科学家，也有助于学界加深对技术科学的理解。

一、罗沛霖的技术科学思想

技术科学的概念在中国的出现和推广，钱学森做了开创性的工作，更是影响了包括罗沛霖在内的一代科学家。

1. 受到钱学森影响

技术科学思想是钱学森科学思想的重要组成部分。1947 年，钱学森回国访问期间，在浙江大学、上海交通大学和清华大学作了题为《工程和工程科学》的报告，阐述其技术科学观点，引起国内科技教育界开始对技术科学这个领域的重视与思考。1957 年，钱学森在《科学通报》上发表《论技术科学》一文，在文中从科学的历史发展脉络推演出技术科学概念的形成过程，将技术科学定义为“从自然科学和工程技术的互相结合所产生出来的，是为工程技术服务的一门学问”。

钱学森将科学划分为自然科学、技术科学和工程技术三个领域，在这个科学体系中，技术科学是自然科学和工程技术的结合。在界定了技术科学的来源和内涵、特点后，钱学森还对技术科学的研究方法，技术科学与基础科学和工程技术的关系，技术科学的意义和作用、发展方向、对其他科学的贡献等问题作了全面论述。郑哲敏先生认为，这篇文章“起到了全面界定技术科学的历史性作用”。1982 年和 1988 年，钱学森又发展、深化了他的科学体系划分，提出了科学技术的体系结构，把现代科学技术分为几大部门，每个部门在横向上又分为自然科学、技术科学和工程技术三个层次。

钱学森的技术科学思想在中国的科学技术界产生了极大影响。特别是钱学森在加州理工学院的博士生、后来获得国家最高科技奖的郑哲敏先生，研究、阐发、传播了钱学森的技术科学思想。郑哲敏认为，钱学森技术科学思想的源头可以追溯到 19 世纪末德国格丁根大学应用数学的发明人克莱因。他主张数学和实际工程要结合起来，运用数学去解决实际问题。冯 · 卡门从格丁根大学来到美国加州理工学院后，也把克莱因的基础理论与工程实践相结合的思想从德国带到美国。在冯 · 卡门指导下，学习与航空工程有关的基础理论的钱学森深受其影响。郑哲敏多次发表文章阐述钱学森的技术科学思想，并且提出：钱学森的技术科学思想还具有很强的指导意义，例如钱学森的技术科学思想在中国科学院力学研究所得到实践；力学既是基础科学，又属于技术科学，力学的发展必须有侧重，中国的力学应当主要沿着技术科学的道路发展，重点应当发展应用力学。

钱学森与罗沛霖对技术科学的认识都受到了加州理工学院的深刻影响。1948 年，钱学森为罗沛霖写推荐书，推荐他到美国加州理工学院读书。在加州理工学院的两年时间里，学院重视实验科学和应用基础科学的风气对罗沛霖产生了深远的影响。1949 年 9 月，钱学森担任加州理工学院的戈达德讲座教授，兼任古根海姆喷气推进研究中心主任。在 1950 年夏罗沛霖离开美国之前的这段时间，钱学森与罗沛霖有密切交往。1950 年 8 月，罗沛霖在回国的轮船上完成了博士论文，到广州后寄往美国后经郑哲敏组织打字，还是钱学森帮助补入方程式后提交的。在加州理工学院这一段重合的人生轨迹，只是钱学森与罗沛霖一生交往的一个片段，此前他们同是北京师大附小的同学，同在上海交大读书，早就结下了深厚的友谊。在上海交大读书期间，钱学森曾对罗沛霖说：中国的政治问题，不经过革命是不能解决的，我们虽然读书，但光靠读书救不了国。这句话对罗沛霖一生有深刻的影响。

钱学森对于中国工程院、中国科学院角色定位的思考，是其科学体系思想的直接体现。1994 年 6 月 3 日，中国工程院成立，钱学森在致中国工程院首任院长朱光亚的贺信中说："我现在想到一个中国工程院与中国科学院分工合作的说法，即全部学问分三个层次——基础科学、技术科学、工程技术，那么中国科学院是基础科学兼技术科学，而中国工程院则是工程技术兼技术科学。"从逻辑上看，钱学森将科学划分为基础科学、技术科学、工程技术三个层次，与中国科学院、中国工程院的角色定位和分工合作十分吻合。

2. 罗沛霖技术科学思想产生的背景

罗沛霖自 1978 年 12 月 14 日在《人民日报》发表《技术科学与四个现代化》一文以后，陆续发表或写作了几十篇文章，逐渐形成了技术科学思想体系。他的技术科学思想的形成，既受到钱学森的影响，也受到国内科学界对于技术科学认识的影响。

曾担任中国科学院技术科学部专职副主任的刘翔声认为，技术科学这个词是中国科学院代表团访问苏联后才出现的。的确，在中国代表团访苏之前中国科学院的工作总结和工作计划中还没有出现技术科学的字眼。如《中国科学院 1950 年工作总结与 1951 年工作计划要点》中，提出"应该使主观力量与客观要求，理论科学与应用科学，国家目前需要与长远需要都取得适当的配合"。在 1951 年研究工作重点的确定上，是以地质研究、近代物理研究、应用物理研究、实验生物的研究、地球物理的研究和语言研究几个方面划分的。

1953 年 2 月至 5 月，中国科学院应苏联科学院邀请派遣了访苏代表团，团长为钱三强，成员共26人。主要任务是了解和学习苏联如何组织和领导科学研究工作，了解苏联科学的现状及发展方向。在访苏期间，代表团了解到，1929年以前苏联科学院还没有专门的技术科学研究机构，由于工程技术在国家建设中的巨大作用，1929年开始成立了一个小组，并在此基础上逐渐建立了动力研究所、燃料研究所等，到1935年，苏联科学院正式成立了技术科学部。钱三强注意到，技术科学部是苏联科学院最年轻的部门，战后由于生产过程自动化、机械化提出新问题，因此技术科学发展得很快。

中国科学院访苏代表团从苏联科学院了解到了技术科学研究机构的情况，但对于技术科学的定义、研究对象和发展方向等更深一层的问题，似乎还没有形成一致的认识，在他们的报告中也看不到这方面的思考。根据白夜昕的研究，苏联科学界认为技术科学是技术科学化的产物，还是自然科学在使用领域具体化的产物，是在技术科学与自然科学对比的框架下去理解技术科学的哲学问题的。或许是对于技术科学定义不同，在苏联存在一个由来已久的问题是“技术科学需要数学化吗”或者“工程师需要数学吗”。可以看出，苏联科学界对于技术科学的实践和理论思考都是很深入的。

在苏联科学院的影响下，1955年6月，中国科学院成立学部，设置物理学数学部、生物学地学部、技术科学部和哲学社会科学部，其中技术科学部主任为严济慈，副主任为茅以升、赵飞克。1955年6月2日，中国科学院技术科学部主任严济慈作《中国科学院技术科学部报告》。从报告中可以看到，当时中国的科学界已经开始考虑技术科学与基础研究的关系、技术科学研究的对象和发展方向等问题，但并没有形成完备、清晰的概念，对技术科学的概念没有定义和阐述，对于技术科学的理解还在摸索阶段。报告中说：“技术科学各研究单位的主要任务应当是：充分发挥力量，积极地协助新企业的建立，研究合理地利用我国自然资源的方法，改进原有企业的生产技术，提高产品的质量，增加新品种，在联系实际中，发展我们的科学事业，扩大我们的科学队伍，提高我们的科学水平，为坚决实现国家建设的总任务而努力。”这段话实际上也是阐述了技术科学的研究对象和发展方向问题。“为了使我国在技术科学方面进一步发展与提高，许多基础理论问题的研究工作更不容忽视。如金属物理学、冶金过程中的物理化学、热力学、催化反应、材料力学、结构力学、流体力学、电子学等方面的工作都须逐渐开展起来。”这段话，也可以理解为阐述了技术科学与基础研究的关系问题。

中国科学院技术科学部的成立，也使得技术科学的概念在国内科学界广泛推广，为人所知。但是国内科学界对于技术科学的概念、边界、作用等问题并没有形成清晰的认识。据罗沛霖回忆，在1962年、1978年制定中国科学技术发展规划时就讨论过技术科学的范畴，由于技术科学的概念对农、医等方面也同样具有意义，因此使用技术科学而不是工程科学的名称来定义在基础科学与技术之间起桥梁作用的科学。虽然使用技术科学这个概念来定义基础科学与技术之间的桥梁，但国内科学界对技术科学内涵的理解还不够深入。当时，在科学界过度强调“理论指导实践”的作用、广泛存在的产业部门和科学院之争，在某种程度上可以看作是对于科学体系特别是技术科学的定位没有准确理解的结果。

1976年之后，国内科学界又开始继续思考技术科学与基础科学、工程技术关系问题，特别是技术科学与工程技术的关系。罗沛霖对于技术科学认识逐渐深化的过程，也是国内科学界对技术科学概念深化理解的一个缩影。特别是提议建立工程院，正是包括罗沛霖在内的科学家在深入理解技术科学和工程技术基础上的结果。

3. 罗沛霖技术科学思想的形成

罗沛霖对于科学体系的划分及对技术科学概念的界定，既受到钱学森的影响，也有其独立思考。罗沛霖的科学体系划分和对技术科学的认识，主要形成于20世纪后20年。

1978年，以《技术科学与四个现代化》一文为标志，罗沛霖开始了对技术科学的思考。这篇文章开篇便提出“技术科学的蓬勃兴起，是科学技术发展史上的一件大事”。文中，罗沛霖还没有对科学体系进行系统的划分，只是从基础科学和技术科学两个范畴关系的角度去思考技术科学的作用。罗沛霖提出，基础科学的主要任务是研究物质运动的基本规律，技术科学的主要任务是运用基础科学的成果去具体解决社会实践中提出的大量技术问题，是科学技术发展中极为重要的环节。对于基础科学与技术科学的关系，罗沛霖以原子能的发展和电磁波的利用为例，说明这些领域虽然首先是在基础科学研究上做出重大成果，但是在经过技术科学方面做了大量的工作后才发挥作用的，如果没有技术科学的发展，当代的科技水平不可能达到现在的高度。

1981年，罗沛霖开始从科学体系的角度去思考、定义技术科学。他把当代科学技术活动分为四个环节：基础科学（基本研究）、技术科学（应用研究）、技术发展（研制）和具体的工程技术。1988年，罗沛霖又提出把科学技术工作分为六个部分：属于科学研究的基本科学研究和应用科学研究，属于技术发展的产品的发展和基本工艺方法的发展，属于现场作业技术范围的投产或投产的技术工作和日常运行、维护的技术工作。他提出，从科学技术的发展必须和社会、经济的发展相协调的要求来说，这六个方面“越到后边，工作量越大”；要注意到现场作业技术工作和工艺方面的发展是薄弱环节，应当大力加强；特别是技术对于“顺利运行、保证质量”的重要作用。1990 年，罗沛霖又重新划分了科学体系，将其列为五个范畴：基础科学、应用基础科学、基本技术、原型技术、（生产）现场技术。其中应用基础科学这个概念，对应于工程专业，“我们也习惯于称它为技术科学”；应用基础科学（技术科学——作者注）是基础科学和工程技术之间的桥梁。2000 年，罗沛霖对于科学体系的划分思想基本成熟。他提出，广义的科学分为基本科学和应用科学，应用科学又包含应用基础科学和工程技术，工程技术再分为基本技术和现场技术，基本技术又包括产品原型和新工艺的发展，现场技术（对于工程技术的学科专业来说）又可分为与投产工程相关的投产技术和与日常保持生产作业相关的生产技术。

罗沛霖从概念上划分了基本科学和技术科学的区别，对重大新技术的发明和发展的作用给予特别的重视。他以半导体和集成电路的发展史为例，在肯定基本科学的成果之外，强调了技术科学的重要作用。他指出：“从晶体管走向大规模集成电路，很重要的是平面和扩散工艺以及外延结构的发明起了作用，这里面包含了大量的科学实验工作，但并没有利用量子力学新发现。”

从历史发展脉络看待问题，是罗沛霖的一个特点。他对技术科学的认识，也是从梳理技术科学的发展历史入手。他认为 18 世纪的工业革命是沿着两条线发展的：一条线是自然科学的发展，如天文学、物理、化学等，这些学科的发展超前于产业革命；另一条线是技术的发展。瓦特、哈格里沃斯等发明家是“从实践之中直接产生了技术”，这也导致了自然科学和工程技术的分化，纯科学和应用科学的分化。在罗沛霖看来，技术科学的出现弥补了自然科学和工程技术科学的分化，但自然科学和工程技术科学的分化的“遗留作用很强”，应用基础科学（技术科学）对分化的弥合作用不充分。

例如，英国的科学强大，但其工艺技术是薄弱的；美国是近代科学技术的摇篮，美国科学技术发展的时间顺序是现场技术和技术发明、基本技术、应用基本科学、基本科学。罗沛霖引用杨振宁的话，“美国的基本科学是二次大战后才发展起来的”。在二战中及以后，美国人在雷达、原子弹和喷气超音速飞机的发展中，运用基本科学原理，并感受到了基本科学能为他们创造出巨大利润。在他们形成工程科学即技术科学学派的时期，不能离开运用基本科学。日本在二战以后从经济着手，科学技术方面主要是引进和提高，日本取得的专利技术项目很多，但很少有带头的重大发明。苏联是追赶发达地区科学技术不成功的案例，重基本科学，轻生产技术。苏联的缺陷是其科学和技术是分两条线发展的。苏联的基本科学强大，但工程技术比较落后，弥合分化的应用基础科学不发达；对科学研究人员的发展重视，对技术人员重视不够；有才能的人集中到基本科学部门，工业企业技术力量薄弱，只有国防工业例外。罗沛霖认为，中国几乎全部继承了苏联模式，也有类似的缺陷，例如突出重视出品种，出原型（所谓“礼品”“展品”“样品”），却忽视了基本科学，忽视了技术，忽视了投产技术和正规生产的技术维护，因而使应用基础科学和基本科学一起被忽视；在生产中重数量，轻质量、轻经济效益。

罗沛霖的技术科学思想是根植于其对现代科学技术体系的认识当中的。与当前普遍把现代科学技术体系划分为自然科学、技术科学和工程技术不同，罗沛霖的划分是基础科学、应用基础科学、基本技术、原型技术、（生产）现场技术（1990 年）。在这个体系中，应用基础科学对应的概念就是技术科学，是基础科学和工程技术之间的桥梁。罗沛霖对现代科学技术体系的这种划分内涵丰富，是理解其技术科学思想的重要框架。罗沛霖的技术科学思想重要性在于以下三个方面：

其一，深入阐述了技术科学与基础研究的关系问题，明确指出技术科学的主要任务是运用基础科学的成果去具体解决社会实践中提出的大量技术问题，是科学技术发展中极为重要的环节。特别是以苏联科学发展的经验，强调了技术科学对基础科学与工程技术的弥合作用，展现了这些思考的现实意义。

其二，特别强调了工程技术独立发展的重要性。将工程技术细分为基本技术、原型技术和（生产）现场技术，实际上是强调了工程技术的独立性，即工程技术不但会受到技术科学的影响而产生，还会独立产生重大新技术发明。1991 年，为提议成立中国工程院，罗沛霖给钱学森去信，说明了提议成立中国工程院的过程，同时也在信中阐述了其对于技术科学的理解。“按一般理解，自然科学指认识客观世界的知识，而工程技术则包括改造客观世界的知识并包含改造客观世界的实践中所有的脑力劳动等。”“工程技术是基本科学、技术科学与国家经济、社会、国防建设当中的广大中间地带，这个院（指中国工程院）在跨越这几个重大方面的重大决策方面，能给国家做出更符合实际的，有价值的咨询与评议。”信中对于工程技术存在问题的诊断是他对产业界有深入了解的结果，而这很可能是钱学森所不熟悉的。罗沛霖写道：“应当说，我们对于工程技术工作是十分重视的，但是往往只是作为具体项目对待，或者依从于具体项目的建设任务予以安排。这远不是以适应工程技术作为整体对于国家建设无可非议的支配地位。除科研体制的作用以外，上述这一状况以及由此助长了的在建设第一线上工程技术水平提高不快，也正是我们产品质量低，投产慢和科学研究成果不能充分转化生产力的重大致因。为此我们提出迅速成立中国工程院或工程技术院，作为中国科学院的各学部同等性质的国家咨询性与荣誉机构。”

其三，作为一名“一直在产业与学术界之间奔忙”的科学家，罗沛霖的技术科学思想不只是理论思考的结果，更是对国内外科学发展和产业发展思考的结果，因而更加具有现实意义。提议成立中国工程院、对中国科技发展道路的独特认识、提议中国电子工业发展战略和对策等，就是其技术科学思想的体现和实践。下文将详细论述。

可以说，罗沛霖对于技术科学的认识继承、发展和深化了钱学森的技术科学思想。谈及继承，是因为罗沛霖对技术科学的认识与钱学森的思想基本是一致的。钱学森将科学划分为自然科学、技术科学和工程技术三个环节，罗沛霖将科学活动划分为基础科学（基本研究）、技术科学（应用基础科学）、基本技术、原型技术和（生产）现场技术五个环节。他们对科学划分基本构架的本质是相同的，只是罗沛霖在钱学森三个环节的基础上，又对工程技术进行了细化。谈及发展和深化，是因为与钱学森相比，罗沛霖对于产业和学术都有深入的了解，因而更加了解产业发展和科学研究之间的现实冲突和矛盾，他对技术科学的认识是与如何发展中国科技道路的思考紧密联系着的；并且，罗沛霖有着更强的历史感，他是在梳理科学的发展史和美国、日本、苏联发展技术科学历史的基础上形成对技术科学的认识的。郑哲敏先生一直研究、阐发、传播钱学森的技术科学思想，他也提到罗沛霖对他的启发作用。郑哲敏说，罗沛霖对“技术科学有全面而深刻的看法和论著，并特别指出基础技术的重要性，这些对我都很有帮助”。

二、罗沛霖技术科学思想的实践

罗沛霖的技术科学思想不只停留在理论思考层面，也与实践紧密联系。罗沛霖长期在电子工业领导机关从事科学技术的领导工作，特别关心和重视技术科学和工程技术的工作。1996 年、1997 年，又先后向国家提出“固本工程”的建议，作为加强产业技术工作的重大措施。罗沛霖对科技管理提出建议，既与他来自实践的经验有关系，也与他从技术科学体系去看待问题有密切关系。他从整个科学技术体系的角度去把握技术科学和工程技术的作用，并从这个思想体系出发，提议成立中国工程院；提出中国发展科学的道路，强调技术发展须与当前和长远的经济发展相适应，应重视采用适宜技术；提出电子工业发展阶段和对策等。

1. 提议成立中国工程院

按照罗沛霖将科学技术活动分为基础科学（基本研究）、技术科学（应用研究）、技术发展（研制）和具体的工程技术四个环节，基础科学、技术科学都有相对应的机构（中国科学院物理学数学部、生物学地学部、技术科学部），而技术发展（研制）和具体的工程技术环节往往属于企业研发的环节，没有相对应的国家级科研机构，在国家科技政策制定上也容易忽略这两个环节的科技活动。正因如此，罗沛霖提议成立中国工程院。

中国工程院的成立，也反映出国内科学界对于工程技术的重视，以及科学界对于技术科学、工程技术的概念及关系的认识深化和成熟。20 世纪 80 年代，在中国科学院第一技术科学部副主任刘翔声的支持下，金属所组织力量先后编辑出版了两本有关国外工程院及工程与技术科学院的情况介绍的图书，对以后中国工程院的成立起了参考作用。1981 年中国科学院技术科学部的学部大会提出工程院的建院提议。大会要求学部常委中的张光斗、吴仲华、罗沛霖和师昌绪对工程院成立的必要性和初步方案进行讨论。讨论这个方案，实际上也是厘清技术科学和工程技术概念和相互关系的过程。1982 年 9 月 17 日，罗沛霖与师昌绪、张光斗、吴仲华联名在《光明日报》上刊登了文章《实现四化必须发展工程科学技术》，阐述工程科学技术的重要性。1989 年，王大珩、师昌绪、刘翔声合写的《中国科学院技术科学四十年》一文对技术科学的定义和解释是："技术科学又称工程科学。它运用基础科学的原理，对各种工程技术中的同类型问题，进行概括总结，并深入进行科学实验和理论研究，掌握这些工程技术过程的规律，从而解决具体的技术问题并指导其发展。""在基础科学理论与工程技术实践之间还需要有一个中间环节，这便是技术科学。与基础科学相比，技术科学具有明确的应用目的；与工程技术相比，它又具有理论基础性质。"科学家的这些努力，使得科学界对技术科学、工程技术的概念、关系等问题逐渐清晰了。

罗沛霖是建立中国工程院的提议者和推动者，这离不开他对技术科学和工程技术的深刻认识和超强的行动能力。1978 年，罗沛霖曾随中国电子学会代表团访美，其间了解到美国国家工程院成立于 1964 年 12 月，是美国工程科技界水平最高的学术机构。1986 年，由茅以升、钱三强、徐驰等领衔，包括工程师、科教人员等 83 人提出了一个关于加强工程技术工作的意见书，这个意见书初稿的起草者是罗沛霖。在初稿基础上，罗沛霖又于1986年6月2日完成《关于加强对第一线工程技术界的重视的意见》一文，其中提出建立国家工程院的建议。文中说："现在存在的问题是工程技术工作类别多，量大面广，（中国科学院——作者注）各学部容纳的工程技术人员仅占四分之一，并限于学术水平较高的那一部分。那些工程和第一线技术实践方面经验丰富、对技术经济有发言权而在学术、理论上表现不突出者入选者极少。不少发达国家已经认识到这是个问题。他们认为近一百年来科学与工程技术之间的区分趋于比较明显，因此在1980年已有14个国家（美、英、瑞、澳等）建立了国家工程院。"我国也应有这样的组织，可以根据国内情况参照外国经验和办法组建。它的任务应当是为国家的重大工程问题和技术经济问题提出咨询、审议和论证。因此它应包括我国工程和经济上最有发言权的人员，同时必然也就是工程技术与技术经济方面应享有最高荣誉的人员，并能起到联系全国广大工程技术人员为国家作出贡献的作用。

1992年4月21日，由罗沛霖执笔并联系张光斗、王大珩、师昌绪、张维、侯祥麟等人提出"早日建立中国工程与技术科学院"的建议，并最终促成了中国工程院的成立。这份建议体现了罗沛霖对工程技术和技术科学的一贯看法，从科学技术的发展脉络入手提出问题，列举美国、英国等国家设立国家工程院的情况，着眼于中国科技和经济发展的需要而提出"建立中国工程与技术科学院"的建议。文中提出："工程技术应成长壮大，并被充分认识到是与自然科学同等的高层次知识，并与技术科学一起，是对社会、经济、文化发展直接产生极为巨大作用，就有巨大决定意义的因素。""建立这个工程与技术科学院就是为国家提供在技术、经济方面决定重大方针政策，审议重大工程科技项目的设想、计划和成就等方面的一个强有力的参谋和助手。"罗沛霖执笔的这个建议书，反映出他考虑问题的历史纵深和宽广视野，也是他技术科学思想的又一次阐发。

2. 对中国科技发展道路的独特认识

前文提到，罗沛霖对技术科学的认识是从梳理技术科学的发展历史入手，从历史发展看待问题是罗沛霖的一个思维特点。他对中国科技发展道路的认识，也体现出这种历史感。罗沛霖认为，中华人民共和国成立初期学习苏联发展基本科学研究和应用基础研究，但没有注意到俄罗斯传统的消极影响。对于中国科技发展道路，罗沛霖从基础科学、技术科学、工程技术三个视角去分析，认为中国不应当遵循美国在技术发展起来之后再重视基本科学研究的路径，而是应当同时发展基本科学、应用基础科学、基本技术发展和现场技术这四个环节。罗沛霖特别强调技术先行于科学，强调不能必须本国有了基础科学的新成就，才能在技术方面取得新进展。中国的情况也是属于追赶发达地区的类型，“强化生产技术实践是当务之急”。

罗沛霖还着意从经济角度去认识问题。他非常认同提倡“科学技术工作要为经济建设服务”的决策，认为这是恢复了《1956—1967年十二年科学技术发展远景规划》的优良传统。如何实现科学技术为经济建设服务？罗沛霖的观点是，在发展战略上要“远近结合”，实现路径要“立足当前”，“依靠政策、依靠管理技术、依靠教育”。立足当前，就是要考虑到中国前沿科学与经济文化发展的薄弱环节，考虑远近结合中的重大问题。在他看来，前沿技术和常规技术关系的处理，体现了远近结合，前沿技术的带动作用总是以常规技术发展所实现的“广度”“深度”为基础的。“我们希望早日采用前沿技术，但必须注意与现实进程间的衔接”，这个衔接可以是前沿带动，但“如果现实距离太远，或带动面与常规需要并不十分符合，则会造成很大浪费”。

罗沛霖认为，科学技术发展必须与当前和长远的经济发展相适应，既要符合社会经济需要，还要建立在社会经济所可能支持的基础上。“倍增”，是罗沛霖将他的技术科学思想和经济发展结合起来而提出来的一个概念。科学技术与经济社会发展相适应，才会有“倍增”效应。“如果科学技术和国家的政治、经济、社会事业的发展相适应，转化的效率就高，生产力的倍增率就大。如果不相适应，甚至于小于一倍，或产生负倍增。”

科学技术与经济社会发展相适应是罗沛霖对技术发展的一个重要认识。总结中国科学技术发展的历史过程，罗沛霖提出中国的发展道路曾经重产品、轻体系，即忽略“生产工程”，所以出现一种现象——在实用主义思潮影响下，强调“看得见、摸得着”，重视产品发展的成果，忽视以后还要付出更为巨大的努力才能投产，而投产是一项不容忽视的系统性工作，即“生产工程”。因为忽视了“生产工程”，所出“产品”投不了产，只是个原型，被列入“礼品”“展品”。与此相对应，罗沛霖提倡科学技术应当符合社会经济的需要并建立在社会经济所可能支持的基础上。因此，他提出经济发展应采用适宜技术，而适宜技术有可能是新兴技术，也可能是陈旧技术。对于适宜技术的概念，罗沛霖给予了清晰的定义。他提出了适宜技术的前提、优化原则、客观要求的制约作用等。他的主要观点是，适宜技术应当符合社会的需要和可能，“适销对路”，技术方法是可以获得的，又应当为劳动者掌握；技术的选择应当考虑生产的具体规模，考虑节约成本，提高性能价格比，实现高的经济效益等。

进一步，罗沛霖提出了前沿科学与科学、经济文化发展的薄弱环节如何结合的问题，提出前沿技术发展总是以常规技术发展所实现的“广度”和“深度”为基础的，采用前沿技术，必须注意和现实进程间的衔接。对于产品，强调“好”（质量）、“中”（不追求高档而瞄准市场上大量需要的中、低档产品）、“廉”（低成本）。从而解决“生产工程”被忽视的问题、加强经济建设中必须解决的技术难题。

罗沛霖对于中国科技发展道路的系列观点，既是从梳理技术科学发展历史脉络和强调技术科学、工程技术作用的视角看问题的结果，也是结合他多年来在产业部门工作经验的结果，具有很强的指导意义。

3. 提议电子工业发展战略和对策

罗沛霖对基础科学、技术科学的认识，不只停留在理论层次上，更是具体体现在电子技术、电子工业发展的观点上，他对电子技术的发展史，也是用应用科学和基本技术两个视角来考察的。按照一贯的思考习惯，在分析电子技术发展方向之前，他首先对电子学的定义、层次、发展方向等问题作了思考。罗沛霖认为，电子学是利用电子运动和电磁波而发展起来的一门技术和应用科学，电子学以其主要在信息作业方面的强大能力而具有强大的生命力。现代电子学包括电子技术、电子科学，并且是围绕着电子设备及其应用的发展而逐步完整、丰富起来的。他将电子科学和技术的结构系统分为四个层次：电子材料、电子构件、电子功能技术和功能单元及单机、电子设备和系统。

罗沛霖对于电子工业发展战略和对策的提出，也是与他的个人经历相关的。1957年，罗沛霖就提出在八个方面加强电子工业的基础。1964年，罗沛霖接受一个短期任务——考察电子的兴起在历史发展中的地位。为完成这个任务，罗沛霖开始学习产业革命的历史，并受到《资本论》中马克思对产业革命论述的启发，提出“新的产业革命是通过控制机去控制那些操作工具的机器，从而又一次倍增了生产力”，即18世纪从欧洲兴起的产业革命是以机械和机械动力为中心的，从“人—工具”的生产劳动模式转化为“人—机械—工具”的生产劳动模式，从而倍增了人的生产能力。当时，罗沛霖引申了这个理论，提出了“人—控制机—工作机—工具”的模式，作为新的产业革命的特征；他把电子、电子计算机看作控制机技术最先进的代表，看作新产业革命的关键要素。

此后，罗沛霖对电子科学技术的发展又继续作了考察和研究。在20世纪七八十年代，他认识到电子对信息作业具有的强大功能，而此前提出的自动控制模式还只是其基本功能之一。由此，罗沛霖深化了此前的认识，开始把电子信息作业这个大范畴当作新产业革命的标志，并于1990年又明确提出文化电子系统的概念、“文化牵引经济发展”的推论，形成了新产业革命的概念。1998年，罗沛霖在《泛论新产业革命》一文中从“倍增生产力”的角度提出信息化产业革命的观点，认识到电、电子、光电子技术在信息作业所需的各种功能上全面地起到了倍增的作用，导致了新的产业革命，而自动控制还只是各种功能的一种。

1984年，罗沛霖对电子工业发展战略及对策提出了12条建议。他认为，电子飞翔的两翼一个是电子科学以及其他有关的应用基础科学，另一个就是和电子有关的基本技术，电子的发展是科学与技术相互促进、技术发展与生产应用相互促进的典型范例。1992年，根据电子技术的进展，罗沛霖扩大为从十四个方面加强电子工业的基础技术与科学：分立器件、集成电路、元件、材料、专用生产设备、测试仪器和计量仪器、构造产品的基本规律、制造和生产中所需的各项工艺的研究发展、专为电子技术解决问题所需的应用基础科学、计算机辅助设计、软件工程、管理工作、人员培养、人机交互设备。现代的电子科学技术，不能离开工程科学或应用基础科学研究，工程技术、应用基础科学、基本科学都要发展，并保持妥善切实的比例。“在重视基础理论研究的同时，用更大的努力解决现代化建设中迫切需要解决的科技问题。”

罗沛霖对于电子工业发展战略及对策的提议，既关注应用基础科学，又关注基本技术，他的思考方式和解决问题的思路，都是其技术科学思想的直接体现。

三、结论：罗沛霖的知与行

罗沛霖的技术科学思想是与实践紧密相连的，这与他的人生经历有着密切关系。1938年3月，罗沛霖来到延安，参加军委三局延安通信材料厂建厂和初期设计并动手制作电台；1948年9月，罗沛霖赴美加州理工学院攻读博士研究生，仅用23个月便完成了课程和论文；1951年，罗沛霖为引进、建设华北无线电器材厂做了大量工作，在德意志民主共和国走遍了十几个专业不同的工厂及研究室，学习产品制造工艺，了解材料、设备要点，并参加工厂的总体设计，回国后承担建厂启动期的技术总负责；1956年，罗沛霖任《1956—1967年科学技术发展远景规划纲要》（简称《规划纲要》）制定电子学组副组长，参与讨论并制定《规划纲要》的工作；1958年，负责超远程雷达研制工作的技术指导和组织协调工作，提出了“门波积累”的思想；1973—1975年期间，组织和指导中国最早的通用计算机100系列和200系列的研制工作。1980年罗沛霖当选为中国科学院学部委员，后退居二线，开始思考科学体系和发展方向等问题；90岁高龄后，集中心力提倡和推荐中国的发明，支持新兴力量。

在产业部门的经历锻炼了罗沛霖的动手能力，使他养成特别注重工程细节的习惯；担任技术管理者的经历，又显示出他视野广阔的一面。他在20世纪70年代初期时就提出计算机是任何人都可以使用的，甚至家庭妇女都可以口袋里装着计算机上街买菜。作为一名科学家，却选择在产业部门工作，是因为罗沛霖早就注意到了产业部门与学术界建立联系的重要性。1950年罗沛霖从美国回国后，在谈到对工作的设想时说："产业部门和学术界经常缺乏联系。我做了十几年的工程师，又进修了一些高深的物理、数学等课，应该在这个问题上做些工作。是党培养我去美进修的，回来应为国家为党的事业作出贡献，也许这样更有意义。我还是愿意到工业部门。"20世纪后20年，罗沛霖退居二线后开始思考科学体系和发展方向等问题，这是他从理论层面再重新思考产业部门和学术界的联系问题。他独特的人生经历，使得他对科学技术的发展规律、对科技管理的思考都具有很强的实践和指导意义，其技术科学思想对科技管理和电子工业的发展也具有指导意义。虽然罗老谦虚地自称"没有什么系统性的成就"，但"一直在产业与学术界之间奔忙"的人生经历和他晚年对技术科学和工程技术关系的思考，展现了一个科学家"知行合一"的风貌；他的技术科学思想，从经济发展角度看待技术科学的观点，都是值得总结和借鉴的。

（作者：刘洋　王楠）

参考资料

[1] 刘大椿.科学活动论[M].北京：中国人民大学出版社，2010.

[2] 朱军文.基础研究产出评价中的科学计量学方法探讨[C]//上海市科技统计协会.上海市第一届科技统计论文研讨会论文集.上海：上海科学普及出版社，2010.

[3] 钱学森.论技术科学[J].科学通报，1957，8(3)：97.

[4] 田长霖.对技术科学发展的几点看法[J].清华大学学报(自然科学版)，1979(4)：91-98.

[5] 冯之浚，张念椿.技术科学研究的重要作用[J].科研管理，1980(1)：9-19.

[6] 陈昌曙.科学与技术的统一和差异[N].光明日报，1982-10-01；1982-01-15.

[7] 关士续.技术与创新研究[M].北京：中国社会科学出版社，2005.

[8] 严济慈.中国科学院技术科学部报告[J].科学通报，1955(7)：32-38.

[9] A. 涅斯米扬诺夫，汪容，黄孝楷. 自然科学与技术科学的成就与任务 [J]. 科学通报，1954(7): 55-66.

[10] 周行健. 关于波兰技术科学研究的一些见闻 [J]. 科学通报，1955 (3): 71-74.

[11] Д. В. 费立夫，王新民，许志宏. 保加利亚人民共和国技术科学的发展 [J]. 科学通报，1956 (1): 86-89.

[12] U. Hofmann，徐成光. 德意志民主共和国科学院技术科学领域的任务与目标 [J]. 世界科学译刊，1979 (4): 79-80.

[13] 刘九如，唐静. 行有则知无涯——罗沛霖传 [M]. 上海：上海交通大学出版社，2013.

[14] 郑哲敏. 钱学森的技术科学思想 [C] // 中国科学技术协会学会学术部. 钱学森科学贡献暨学术思想研讨会文集. 北京：中国科学技术出版社，2001.

[15] 罗沛霖. 罗沛霖文集 [C]. 北京：电子工业出版社，2003.

[16] 张藜，刘洋. 采访刘翔声录音整理稿 (未刊)，2012.

[17] 中国科学院秘书处. 学习苏联先进科学——中国科学院访苏代表团报告汇刊 [Z]. 北京：中国科学院，1954.

[18] 白夜昕. 前苏联技术科学数学化问题研究 [J]. 自然辩证法研究，2011，27 (6): 107-110.

[19] 罗沛霖致钱学森的信 [Z]. 复印件现藏于采集工程馆藏基地 (北京理工大学图书馆内)，1991.

[20] 王大珩，师昌绪，刘翔声. 中国科学院技术科学四十年 [J]. 中国科学院院刊，1989，4 (3): 199-208.

叶培大

（1915—2011）

叶培大

中国微波通信与光纤通信事业的开拓者

2011年1月16日，中国科学院院士、北京邮电大学名誉校长叶培大逝世，世界各地的同人纷纷发来唁函或邮件，其中英国皇家学会会士、皇家工程院院士、南安普敦大学的戴维·佩恩教授尊称叶培大为“The Father of Optical Telecommunications in China（中国光纤之父）”，同样如此称呼他的还有美国工程院院士、美国光学学会原主席厉鼎毅，加拿大北方电信原副总裁理查德·斯基伦等多位业界同人。虽然叶培大生前对这一称谓不甚赞同，但其对中国光纤通信事业的发展所作出的贡献由此可见一斑。

众所周知，以诺贝尔奖得主高锟1966年发表论文《光频率介质纤维表面波导》为标志，国际针对光纤的研究进入快速发展阶段。几乎与此同时，我国开始了“文化大革命”，对科研环境造成极大的冲击，甚至很多项目被迫中断。拨乱反正之后，国内数位学者将精力投入光纤领域，从事基础研究的包括上海交通大学的张煦、北京邮电学院的叶培大、成都电讯工程学院的林为干、上海科技大学的黄宏嘉，他们四位都有民国时期留学美国的经历，之前都是从事微波通信的研究；在工程方面探索的包括武汉邮电科学研究院的赵梓森和杨恩泽……他们共同成为中国光纤研究的奠基者和学术带头人。今天，中国的光纤研究已经处于世界前列，许多领域甚至领先发展，这些开拓者的贡献功不可没。叶培大是国内第一个光纤通信教研室的组建者，第一批“电子学与通信”学科的博士生导师，本文就来回顾其为中国通信事业的发展所作出的贡献。

一、早期学术经历

叶培大，号天一，民国初期生于江苏省南汇县新场镇（现上海市浦东新区新场镇）一个书香之家，其父叶时茂曾于光绪甲辰年间考取秀才，后入上海神州法政专科学校，毕业后先做挂牌律师，再回乡从事私塾、小学及中学的国文教师工作，并以擅长国画、行书闻名乡里。叶培大的启蒙教育是从父亲在私塾设教开始的，初诵《增广贤文》之类，再读“四书”“五经”，父亲的言传身教和勤学之家风，奠定了其国学基础，培养了他良好的学习习惯。经过五四运动的洗礼，接受新式教育成为时尚，叶培大直接插班到新场镇小学三年级，成绩一直稳居第一。中学就读上海民立中学，该校全部使用英文授课，这又培养了他使用英文思考和交流的习惯。

叶培大于1934年考入国立北洋工学院电机系，该校以“实事求是”为校风，注重实践教学，不尚空谈，叶培大珍惜到实验室动手操作的机会，并注重将所学在生活中应用。他于大二接受《益世报》的聘请，创办《无线电副刊》并担任主编，向读者普及无线电知识，还开辟《读编往来》专栏回答读者提出的疑难问题。由于问题通常难度较大，涉及面宽，这对于学生时代的叶培大来说无疑是一大挑战，但也激励他不断思考，积极动手实验。

幸福的学习生活却因抗战全面爆发而结束。1937年暑假，叶培大已经前往江苏无锡戚墅堰电厂实习，还没几天就传来了卢沟桥事变的消息，不久天津沦陷。北洋工学院被迫西迁西安，与北平大学、北平师范大学合组为西安临时大学继续办学。叶培大实习结束之后无校可归，只能孤身先到南京，再乘船赶往武汉，最后步行辗转到达西安。学校虽勉强复课，“至于图书资料绝少带出，仪器设备更谈不上，一时间临大校舍、设备、图书等等全面告急”。如此艰苦的条件却也难以长久，春节刚过，关中门户潼关告急，日军不断空袭西安，学校被迫再次南迁，师生步行穿越秦岭，再到位于汉中城固县古路坝天主教堂办学。跋涉路途虽然艰辛，但叶培大却有幸结识了河北女子师范学院的袁保鑫，二人相互鼓励，一路前行；城固求学虽然艰苦，但课余叶培大喜欢打篮球，来看他打球的人也非常多。原来叶培大打球之后，袁保鑫总会用自己的白手绢为其擦汗助威。袁氏出身江苏武进县书香名门，其曾祖父袁学彬为太学生，晋封荣禄大夫，祖父袁励忠为国学生。大家闺秀的袁保鑫，凭借白手绢博得工科男生的注意，历经患难最终与叶培大结为校友伉俪。1938年夏，叶培大完成学业并留校担任助教，但苦于缺乏仪器仪表和必要的实验条件，于1940年告别母校，前往重庆就职于中央广播电台。

抗战时期的中央广播电台，肩负着鼓舞民众、宣传抗日的重任。叶培大负责电台的技术保障，在工务科长钱凤章的带领下，参与了电台10千瓦中波机和单杆天线的安装调试工作，同时负责扩音器的日常维护事务。当时，电台播出的“Voice of

China”（中国之声）几乎成为中国向世界传播抗战声音的窗口，因此也成为日寇轰炸的重点。为宣传抗战，蒋介石及宋氏三姐妹经常到电台发表抗战演讲，叶培大就在旁边负责技术保障，从未出过差错。抗战胜利前夕，他又获得公费赴美实习的机会，先后在美国国家广播公司和加拿大北方电气公司，专注于杜黑特电路的研究。就在赴美的邮轮上，他收听到了日本投降的消息。

回国之后，叶培大回到中央广播电台，负责广播技术工作。他主持设计、安装、调测了中国第一部100千瓦的大功率广播发射机，在射频末级巧妙地采用了他在国外实习时所掌握的高效率的杜黑特电路；同时他还主持设计完成了当时全国最大的菱形发射天线网的架设，实际投入运转时对北美、欧洲的发射效果都显示出良好的功用；当南京淮海路的中央广播电台广播大厦竣工后，他又承担了播音室播音系统的全面设计调试工作。中华人民共和国成立之后，叶培大回到母校北洋大学任教，1954年参加北京邮电学院的筹建工作，并在该校任教终生。

二、“通信泰斗，国脉光驱”[1]

回顾叶培大一生的科研经历，首先从事无线电通信，20世纪50年代中期转向微波通信，又于60年代中期开始研究大气光通信，再于70年代末期转向光纤通信。每一次科研转向，叶培大都能敏锐地把握国际科技发展趋势与国内需求，开辟全新的研究领域，做出扎扎实实的新突破。他所开展的光时分复用、光分组交换、光突发交换等领域的研究，几乎都处于国际同步的水平。

1.“让整个天安门广场听见声音”

中华人民共和国成立初期，共产党负责全国通信领域接收与恢复重建的是李强，他早年曾在苏联从事无线电的研究，“成为全苏7位无线电专家之一，名字被收入《苏联百科词典》，其研究成果被命名为‘李强公式’”。南京解放以后，已经担任中央广播事业管理局副局长的李强，看到叶培大主持设计的菱形天线网，当即就希望让其到自己身边工作。这时的叶培大已经回到北洋大学任教授，而李强考虑到新政权急缺高级工程技术人员，北京作为新的首都，广播却处于全面瘫痪的状态，同时又要承担向全国广播的新任务，面临电台扩建的需求，求贤若渴的李强点将让叶培大到该局兼任

1 这是中国工程院原副院长邬贺铨院士以晚辈的身份对叶培大的评价。

工务处的技术顾问。这期间，叶培大最重要的工作是负责主持全国省级广播电台播音大厦的设计标准制定工作，还参与新建中央人民广播电台的设计与施工，以及恢复扩建100千瓦双桥电台——这是当时北京最大功率的广播发射台。叶培大凭借其扎实的理论基础，借助多年的工作经验和独立思考，解决了无数的技术难题，加快了我国广播电台事业步入正轨的步伐。

新政权也赋予了天安门广场新的政治意义，由于举办重大庆典活动的需要，必须保证整个天安门广场都能听见毛主席的声音，需要重新设计安装广播系统。这就要求做到统筹布局，既不能有“哑点”，也不能有回声，但广场周围建筑较多，声音反射条件复杂是难点所在。在资源匮乏的条件下，叶培大只能反复实地测试，不断修改设计方案，以达到最优效果。根据后来多年的运行效果来看，这项工作是成功的。

2.“毫米微波，波导远传”[1]

伴随着新中国建设步伐的加快和科研环境的逐步改善，1956年全国掀起“向科学进军”学习运动，同时开始制定实施《1956—1967科学技术发展远景规划》，叶培大在这一时期也开始从事微波通信的研究。

微波通信由于波段广阔、收发设备小等优点，在国际上于20世纪50年代进入快速发展期，1957年苏联人造卫星的成功发射，则让微波中继通信的前景变得更加广阔。“1956年中国从民主德国引进第一套微波通信设备”，吸收了一批学者开始从事这一领域的研究，从此中国微波通信踏上从引进、消化吸收到自主研发的征程。当时担任中国科学院电子所微波技术研究室主任的黄武汉正在从事“毫米波圆波导H_{01}通信系统”的研究，目的在于实现毫米级电磁波在波导金属管内的定向传播，但技术也较为复杂。黄武汉主动邀请叶培大合作，经过几年的努力，终于成功实现了几十万对电话在同一条铜圆波导管内同时传输，极大地推动了微波精密工艺的进步，叶培大以此发表了数篇学术论文。

邮电部微波通信研究的重点在通信设备的研制领域，他们首先组织了60路微波通信设备的研制，于1962年获得成功，1966年又研制成功了600路微波通信系统，“使中国的微波通信技术和当时国际水平的差距缩短到10年左右”。该项目的研发主要在506厂（北京通信设备厂）进行，叶培大一边参与研究，一边为该厂技术人员讲解理

1 这是中国科学院黄宏嘉院士对叶培大早期研究的评价。

论课程。1969年邮电部完成960路固态化微波通信系统的研制，但仅能勉强实现通信，所以1974年又重新组织960路微波中继Ⅱ型机的研制。当时虽处“文革”时期，但叶培大在600路研制时与506厂建立了密切的联系，大家都佩服其技术水平，所以再次邀请他参与进来。叶培大与技术人员一起，自主研发出微波波导校相器、分并路器、直接耦合滤波器等器件，使得信号传输质量能够满足国际无线电话咨询委员会有关2500 km参考电路的建议要求，并于1978年获得全国科学大会集体项目的奖励。与506厂合作期间，叶培大还亲自设计了120路数字微波系统，并于1983年研制成功，从而使我国的微波电话通信由模拟转向数字通信。

3. 与光同行

光纤通信由于容量极大、体积小、重量轻、不受电磁干扰等优点，在“文革”期间成为国际上通信发展的新趋势。而我国直到1973年才在位于武汉的电信总局528厂赵梓森的争取下，“设立光导纤维研究组，正式开展光导纤维的研究工作”，国务院科技办公室又于1974年将光纤通信项目列为国家“五五”计划重点赶超科研项目，“全国科学大会”也把光纤通信确定为国家重点攻关项目。1978年4月，邮电部在武汉召开光纤通信技术会战会议（简称“78.4会议”），明确了邮电系统光纤通信大协作大会战的目标。叶培大迅速在北邮建立起光通信实验室，并抓住“相干光纤通信系统及部件研制”这一具有战略意义的前沿课题进行攻关，在国内首次研制成功了相干光纤通信试验系统和长波长单频可调谐半导体激光器等一批关键器件。经过几年的不懈努力，该课题的研究于1986年获得邮电部科技进步二等奖。

20世纪80年代初，“在现在通用的单模光纤研制技术尚未成熟之前，叶培大着力指导研究生进行‘多模光纤传输系统中模式噪声’的攻关研究”，从而使我国在该领域的研究处于世界前沿水平。90年代之后，叶培大又带领团队将研究方向聚焦于光孤子通信领域，并研制成功相应的实验系统，系统地研究了多模光纤通信系统中的模式噪声和单模光纤通信系统中的极化噪声等重要课题，攻克了光时分复用、光波分复用等高速宽带光纤通信系统中的一系列关键技术。这些开拓性的研究几乎都处于国际同步水平，有力地促进了我国光通信事业的发展。叶培大当初建立的光通信实验室，已经发展成为北京邮电大学信息光子学与光通信研究院，信息光子学与光通信国家重点实验室。

晚年的叶培大仍然对前沿技术有着敏锐的洞察力。早在1998年初，他就让实验室关注光纤拉曼放大器，以及光波分复用技术在城域网的应用研究，并从北京电信争取到一笔经费，资助这一方面的研究。当时很多人不理解，认为光波分复用技术的主要用途在于长途干线网，城域网领域的应用潜力有限。后来的技术发展证明，叶培大的预测是正确的，朗讯公司在全美铺设的长途干线光纤网络正是采用的拉曼放大器，而光波分复用技术也广泛应用于城域网领域。叶培大提前关注该领域的研究，是非常具有远见的。

4. 战略科学家

担任北京邮电学院院长之后，叶培大需要站在更高的视野思考国家未来邮电学科的发展方向，同时有更多的机会接触政产学研等各界高层人士，这就促使他从事大量“软科学”的研究，针对发展决策中所面临的复杂性、专业性和系统性的难题，探索能够落地的应对措施和解决之道，从而奠定了我国通信学科高技术领域“硬发展”的基础。

叶培大从事战略研究，要从 1985 年在《红旗》杂志发表《通信技术与现代化建设》一文开始。当时我国通信基础设施的建设，仍停留在中华人民共和国成立初期的水平。而当时国际社会已经大量应用光导纤维、通信卫星、自动交换技术等现代通信技术，国人体会不到社会发展对通信的依赖程度，更不知道“地球村”[1]的概念已经提出快 20 年。叶培大愿意为改变通信的落后面貌鼓与呼，但也知道改变人们对通信的传统认识绝非一朝一夕的事情，所以他首先选择在权威杂志上发表一些科普文章，通过舆论呼吁，强化社会认识。文章介绍了国际社会通信现状，并预测性分析了我国的应用前景，提出通信是现代社会的“神经系统”，以及“远程教育”“信息共享”等概念。该文“等于是给中央及地方的许多干部群众上了一堂生动的现代通信的普及教育课，在深层意识上也催化了全社会的思维意识，对后来通信事业的发展起到了一定的潜移默化的影响”。

文章的发表引起了中央对通信事业的重视，在中国科学院学部的委托下，他出任“通信合理结构”专题研究组组长，从技术和管理两个层面展开调研论证，针对我国通信事业的发展路径和体制机制问题，撰写了《按照商品经济规律改革我国通信管理体制的建议》等决策咨询报告，观点鲜明地提出了政企分开、打破专营格局、建立股份制公司、外资开放等 9 条建议措施。在当时的社会环境下，报告显然涉及很多敏感话题，甚至有评论说是“全盘西化”，并猜测说“叶培大可能要挨批”，但后来中央仍采用了

1 “地球村”（Global Village）概念最早由加拿大传播学家马歇尔·麦克卢汉（Marshall McLuhan，1911—1980）于 1967 年在其《理解媒介：人的延伸》（*Understanding Media*：*the Extentions of Man*）一书中提出。

这份报告，说明这是我国第一个较为完整的邮电系统尤其是电信方面的体制改革方案，并且成为中国联通成立的奠基性文件。时任中国吉通公司董事长的陆首群曾盛赞叶培大为“邮电系统内第一个反对电信垄断的专家”。

为了跟踪世界战略性高技术发展前沿，提高自主创新能力，我国开始实施“863计划”，最初包括生物技术等 7 个领域、15 个主题项目领域。方案颁布之后，叶培大就敏锐地意识到，信息技术领域涉及的 3 个主题都是信息处理的基础研究，缺少针对通信技术应用领域的研究，而通信高技术是未来社会发展的“神经系统”，为什么没有列入计划呢？他考虑能否在计划中增设“通信高技术”专项，但计划是国务院批准的，再增补一个专项又谈何容易。因此，他组织了一个小组进行耐心细致的调研，直到 1990 年底才拿出令自己满意的报告。这份报告经中国科学院报送国务委员宋健同志，然后征求王大珩等四位发起人的意见，陈芳允提出当初他也有搞卫星通信的设想，但又认为应该由军方来做，最后他们都同意增设这一主题并上报国务院。与此同时，叶培大也不断通过各种渠道呼吁，甚至联名马大猷等七位学部委员直接给中央建议，使得这一主题终于在 1992 年初获得批准，叶培大任专家组组长。当时我国的电话用户不到 1000 万，“电话平均占有率为 1.26%，不仅大大低于发达国家的先进水平，甚至也比非洲的平均水平（4%）低出 3 倍以上”。主题前瞻性地提出“到 2000 年，掌握宽带化、智能化、个人化综合业务数字网（BIP-ISDN）的关键技术，为中国 21 世纪通信产业的发展提供必要的技术基础”的战略目标。经过二十余年的发展，我国在通信高技术领域积累了较好的研究基础，并由被动跟踪国际变成行业的引领者。

正是因为叶培大不断地从战略角度思考中国通信事业的未来发展路径，他提出的《建设我国国家信息基础结构》等建议报告不断受到国家领导人的重视，成为通信领域国家决策的重要依据。1996 年，国务院成立经济信息化联席会议，2001 年成立国家信息化工作领导小组，叶培大均担任专家组组长。在这一岗位上，他对国家通信事业的发展和信息化建设决策，发挥了极其重要的作用。

三、“培育学府邮电有道，大师门墙桃李芬芳”[1]

熟悉叶培大的人，对他的第一印象是课讲得好。他的职业生涯从未离开过讲台，

1 这是中国科学院院士王大珩给叶培大的题词。

年近九旬仍登台授课，甚至在“文革”刚结束的鉴定材料里，首先提到的也是“该同志热爱党的教育事业，教学效果好，编写讲义通俗易懂”。他说：“我就是一个教师，认认真真、严谨负责地做了一辈子教师，是我人生最大的幸福。”

1.“乐育菁莪”[1]

叶培大一生获奖众多，但他本人最为看重的是1995年同时荣获“全国优秀教师”和“北京市优秀教师”。他说：“与青年学生在一起，精神振奋，思想活跃，可以不断地努力耕耘前进。”从西北联合大学毕业留校任教开始算起，在中央广播电台工作的同时他还在金陵大学兼职授课，然后是回到母校北洋大学担任教授，再到参与组建北京邮电学院，1959年成为中国最早的一批研究生导师，他获得的最后一个奖项是2009年“优秀博士论文指导奖”。他在生命的最后时刻，仍在坚持指导研究生。

叶培大始终把讲课当成一门艺术，本着“尊重科学、尊重学生”的理念，对课堂教学的质量要求非常高。他说：“当教授就要讲课，在教学上自认为一个特点是备课十分认真，刻苦钻研，非学到自己认为彻底清楚不可。也注意精简扼要，逻辑清晰，表达流畅，使人乐于聆听。”他的教案都坚持亲自撰写并逐年更新；再熟悉的教学内容，他也坚持课前试讲；他坚持站着授课，甚至年近九旬仍坚持用英语讲授理论性极强的研究生课程“光波导技术基本理论”。他板书优美，讲课重点突出，形式多样，深入浅出，引人入胜，很多听过他课的学生都说：“听叶先生的课是一种享受。”他的学生张民曾回忆说：“叶先生的授课内容还及时汲取通信前沿的最新成果，他经常在课堂上顺便提及前一日刚读到的通信领域的最新资讯。”

对于研究生的指导，叶培大始终坚持“学以致用”和“教学与科研相结合”的治学思想。他说：“身教和言传同样重要，教师的治学精神和品行作风对学生有着潜移默化的影响。”所以，他经常结合自己的亲身经历，培养学生分析问题和解决实际问题的能力。他“要求青年老师从最基础的实验工作做起，上讲台的教师一定要参加科研工作，加强工程师基本技术的训练”。鼓励创新是叶培大对学生的基本要求，他常说“大项目出大人才”，鼓励学生参与到重大的科研项目中来，在摸爬滚打中培养过硬的本领。他的学生唐雄燕曾说：“先生之所以能将学生带到学术研究的最前沿，是与他深厚的学术功底、敏锐的洞察能力和广泛的国际交流分不开的，更重要的是先生对新兴技术领域有着强烈的探索欲望，对研究工作有着锐意创新、追求卓越的开拓

1　这是诺贝尔奖获得者、“光纤之父”高锟对叶培大的评价。

精神。”

2. 北邮掌门人

叶培大不满足于自己是一位“名师”，他更希望把北邮建成“名校”。他于1954年开始参与北邮的筹建，位居建校时仅有的三位教授之首，之后历任该校无线系主任、院长助理、副院长、院长，可以说北邮的建立和发展耗费了他大量的心血。而北邮师生信任叶培大，尊重叶培大，当70岁高龄的叶培大退休之后，北邮师生又请他出任“名誉院长”，可见师生对其工作的肯定。

作为一名教育管理者，狠抓教学质量是叶培大坚持的基本原则。他从1962年起任第一、第二届北邮学术委员会主任，担任校领导期间也是主抓教学工作，还经常深入第一线听课，检查教学质量。他提出“忽视基础将永远落后”的理念，从三个方面来提高教学质量：一是抓师资的培养与提高。恢复高考之后，师资也面临着知识水平不高的问题，他创造各种条件，让教师进修学习，在3年之内达到基础理论、外语、科研、教学全部过关，能够较高质量地胜任教学工作，并有相当的科研能力。二是抓外语教学。提高外语教师的授课水平，学生则实行外语分级考试。三是抓实践教学。面对实践环节少、实验少的状况，他要求从思想上和具体问题上重视实践，“要逐步恢复实验室的数量，增加实验室的开放时间，必须开出的实验要积极创造条件尽快开出”。可以说，这三个方面都是“硬骨头”，但为学校的长远发展打下了坚实基础。

面对学生培养目标不清晰的问题，叶培大提出北邮作为一所以工科为特色的院校，既要明确哪些是学生必须掌握的基础理论知识，又要提高动手能力，他主持制定了北邮各层面的培养目标：“本科生，要基本完成所学专业工程的、全面的系统训练；硕士研究生则必须完成这一系统训练，并在导师的指导下确立更为细分的研究方向；而博士生在完成前一级学业之上，还必须具有不断开拓创新的能力。”

叶培大对我国电子通信学科的学位教育发展，也作出了重要贡献。他于1983年出任国务院学位委员会电子学与通信学科评议组的召集人，并建立了该学科正规严格的学位评审制度。他提出“重点学科和导师队伍的建设是提高研究生培养质量的关键”。重点学科能够提高培养质量，一是因为“大项目出大人才”，我国在航天、导弹、核动力和卫星回收领域人才辈出，是依靠大项目锻炼了人才勇挑重担、敢打硬仗的本领；二是“在战争中学习战争”，特别是博士生的培养必须依靠重点学科，“如果没有相当水平和相当难度的科研项目，没有像样的工作基础，没有浓厚的学术氛围，没有较为先进齐全的仪器设备，培养高质量的研究生就是一句空话”；三是由于“名师出高徒”，研究生教育虽然其独立性增强，但也表现出更高层次的依赖性，“需要导师在研究方向上定向、把关，在研究方法上言传身教，在研究过程中启发诱导”。

3. 学术交流使者

中华人民共和国成立之后的很长一段时间，我国对外学术交流几乎中断，导致国内学者根本不知道国外通信技术的发展状况。由于具备良好的英语基础，叶培大偶尔能够接触到一些国外的技术资料，所以他知道国内已经远远落后于国外。当改革开放之后国门打开，叶培大首先要做的就是畅通国内外学术交流的渠道，于 1979 年远赴荷兰参加国际光通信学术讨论会。

叶培大通过各种途径与国外机构建立固定的学术联系，搭建中国通信领域与国际前沿研究机构学术交流的桥梁。他把自己当作小学生，虚心向各方面的专家请教。他说：“一个做前沿研究的学者，只有工作是国际水平的，培养出来的研究生才是国际水平的。只有培养过程是面向世界的，所造就的人才才能走向世界。”1983 年开始他定期邀请“光纤之父”高锟来北邮讲学，介绍光纤通信研究的国际进展。他还争取一切机会参加国际会议，借助这一机会与国际同行建立联系。借助曾经在美国实习的经历，他几乎每年都去美国一两次，更是与贝尔实验室建立了良好的合作关系。

为了扩大学术交流的范围，叶培大还创造机会在国内举行学术会议。从 1985 年他在北京主持召开“中日光纤科学及电磁场理论会议”开始，他每年都至少组织一次国际会议。由他担任会议主席或执行主席的国际会议先后有 20 余次，其中较有影响的包括国际电信流通及网络研讨会、国际通信技术会议等。这些会议打开了我国光通信学科与国际交流的窗口，加速了赶超世界先进水平的步伐，培养了一大批技术骨干，更难能可贵的是“始终以其深具前瞻性的会议宗旨，不断指导着学术的前行方向和现代科技的发展趋势”。叶培大说参加“国际会议最大的收益，就是开阔我们的眼界、明确未来的方向”。

叶培大不但自己积极参与国际交流，还想办法把学生送出去出席学术会议，甚至出国留学，攻读学位。实验室日常的学术例会，他要求学生用英文作学术报告，锻炼表达能力。同时，他还鼓励学生去国外学习，“去获得第一手材料，回来以后才能真正地为中国的通信事业作贡献”。叶培大在课题组还立下一个规矩，凡是学生外出参加学术会议，必须先在内部试讲，只有过了关的学生才能出去，这样就使参会论文的水平有了很大的提高。

叶培大所提供的国际学术交流机会，打开了我国通信学科国际交流的窗口，对促进我国跟踪国外高新技术前沿、学习先进经验，加快赶超世界先进水平的步伐，培养和锻炼年轻科技人员的学术交流能力，作出了很大的贡献。因此，他先后获得中国科协周培源国际交流二等奖、何梁何利基金科技进步奖等。1988 年在美国费城举办的国际通信会议上，他还被授予美国独立宫金钥匙奖。

四、叶培大的治学思想

回顾叶培大的成长历程，他虽然先后经历了“抗战”和“文革”，但仍作出了许多开拓性的贡献。我们不禁要问，影响其成功的因素，除了刻苦勤奋、目标明确、锲而不舍，还有哪些呢?

1.“忽视基础将永远落后”

叶培大说“忽视基础将永远落后”，他很注重抓基础。所谓基础就是“理”，是基础理论，也就是数学和物理。他这样说，也这样做。在北邮，叶培大长期坚持抓教学工作，而且特别注重基础课的教学。建校初期，由于缺少基础课教师，他挑选年轻教师到其他学校听课进修，自己还亲自登台传道授业。他一生中所任教的课程，如电工基础、无线电基础、电磁场理论及微波技术基础、导波理论、光纤理论、无线电发送设备等课程，都是通信专业的基础课程。

在实验室建设过程中，叶培大更是注重夯实基础。他曾把中国科学院半导体所的著名半导体物理学方面的专家王启明院士请过来给学生讲半导体光电子器件理论；还请北邮自己校内的优秀数学家佟庆博先生来讲数学理论。在实验器材方面，叶培大坚持关键器件由自己动手做，以免受制于人。虽然自己动手做没有直接买容易，而且做的过程中还要面临各种困难，但是从学科和团队的长远发展来说，还是值得的。他说：“培养创新能力，一定要勤奋刻苦，锲而不舍。这是基础，没有这个基础，根本就谈不上创新。”

叶培大重视的另一个基础是英语，这与其受到的教育是分不开的。在民立中学六年求学期间，使用的是英文授课，考查更是极其严格；在北洋工学院期间，学校也是使用英语原版教材，部分课程使用英文授课。所以，他一生坚持学习英语，并用英语授课。抗战末期他能以第一名的身份获得赴美进修的机会，改革开放之后极力倡导国际学术交流，都是与良好的英语基础分不开的。

2.“教学与科研相结合”

叶培大说：“我毕生教学与工程技术工作并重，教学与科研开发工作并重。我认为两者相辅相成，做工程技术或科研开发工作，获得实际经验，实实在在地理解和认识，为教学工作奠定扎实的基础，也为教学工作提供新的内容和学科的最新动向。反过来，通过教学工作，系统全面地掌握相关的学科，进一步融会贯通，萌发新思想，有利于工程技术或科研开发技术工作的创新。”

对于像通信这样的学科来说，没有很强的动手能力，是很难取得突破和成绩的。早在北洋工学院时期，叶培大就担任《益世报（无线电副刊）》的主编，在报纸上一边介绍无线电技术前沿，一边回答读者来信。从副刊上刊登的内容来看，大部分是教科书上没有的知识。叶培大后来回忆说：“大部分内容都是自己动手琢磨出来的，书本上没有这些东西。”后来叶培大的研究方向，先后经历了无线电通信、微波通信和光纤通信等阶段，对于每个阶段，他都表现出极强的动手能力。

3.“执着出奇，团结制胜”

叶培大所创建的实验室，一直把“执着出奇，团结制胜”作为室训。先说“执着出奇”，叶培大强调科学研究不是轻而易举的事情，一定要锲而不舍，一竿子插到底，始终坚持不懈才能有所作为。“执着”还要真刀真枪地钻研有意义的实际问题，不能虚晃一枪，这对实验室的研究选题影响非常大。

对于“团结制胜”，叶培大很早就提出现代科学技术已不是单个天才人物就能完成的事业，而是更多人团结一致才能有所作为，因此科研人员必须彼此合作，不仅是校内的合作，还要放远眼光，争取全世界范围内的合作，这叫“五湖四海”。所以叶培大争取各种机会，畅通与国际交流的渠道，与世界上最优秀的同行交朋友。他说中国科研水平的提高有赖于国际合作的深度和广度，实践证明，他的主张是非常重要和正确的。

致谢：本文在撰写过程当中，曾接受访谈或提供帮助的人士包括叶培大先生的子女（儿子叶尔强，儿媳党瑛，女儿叶尔宪、叶尔愉），同事（陈俊亮、钟义信、李秀峰），学生（林金桐、任晓敏、张民），在此一并致以衷心的感谢。

（作者：陈印政　牟焕森　王大明）

参考资料

[1] K. C. Kao，G. A. Hockham. Dielectric-fibre Surface Waveguides for Optical Frequencies [J]. Proceedings of the Institution of Electrical Engineers，1966，113（7）：1151-1158.

[2] 北洋大学－天津大学校史编辑室：北洋大学－天津大学校史（第一卷）[M]. 天津大学出版社，1991.

[3] 叶培大. 杜黑特 100 千瓦电路的设计、安装与测试 [J]. 电信建设，1951，1（9）：753-761.

[4] 何明. 中国科学院第一批学部委员 [M]. 北京：中国大百科全书出版社，2010.

[5] 中国通信学会. 中国通信学科史 [M]. 北京：中国科学技术出版社，2010.

[6] 叶培大. H_{01} 圆波导远距离传输理论（一）[J]. 电信科学，1960（4）：28-30.

[7] 李斌. 与光同行——叶培大传略 [M]. 北京：北京邮电大学出版社，2005.

[8] 中国科学技术协会. 中国科学技术专家传略（电子通信计算机卷 I）[M]. 北京：电子工业出版社，1998.

[9] 北京邮电大学校史编委会. 北京邮电大学校史（1955—2005）[M]. 北京：北京邮电大学出版社，2005.

[10] 叶培大，任晓敏. 重点学科与导师队伍的建设是提高研究生培养质量的关键 [J]. 学位与研究生教育，1992（3）：11-14.

鸟兽虫鱼自有情：

博物学大师

- 弗朗西斯·高尔顿
- 约翰·詹姆斯·奥杜邦
- 康拉德·洛伦茨
- 珍·古道尔
- 诺曼·布劳格
- 奥尔多·利奥波德
- 霍尔姆斯·罗尔斯顿
- 莱斯特·布朗

弗朗西斯·高尔顿

（Francis Galton，1822—1911）

弗朗西斯·高尔顿
博学的绅士

有人说弗朗西斯·高尔顿是种族主义者和法西斯的精神鼻祖，有人说他是人类追求自身完美这一崇高目标的化身；他的知识系统可称得上是一个杂乱无章的大拼盘，他是历史上罕见的“巨人”式学者；他的著作早已成为维多利亚女王时代的老古董，他的工作是当代一系列闪光的科学成就的源泉。那么，弗朗西斯·高尔顿究竟是怎样的一个人，可以同时招来如此多互相矛盾的诋毁和赞誉呢？让我们追寻他的生活足迹作一番考察，然后再对其历史功过给出公允的评价吧。

一、神童

18 世纪 60 年代，英国伯明翰市一批信仰新教的知识分子组成了一个地区性的科学团体，因为每月圆月时集会一次，遂取名圆月学会。学会的成员把自己的小团体比喻成弗朗西斯·培根《新大西岛》中的所罗门宫，把自己比喻成“贩卖光明的商人”。的确，圆月学会对培根学说的传播，以及英国工业社会的兴起与科学的繁荣起到了难以估量的作用。

塞缪尔·约翰·高尔顿是一个工厂主，因为制造与贩卖军火被教友会除了名。他的宽敞住宅经常是圆月学会活动的场所，他的雄厚资金也曾为某些天才的会员提供资助，例如为化学家普里斯特利建立了基金[1]。他本人对鸟类有兴趣，曾著有四卷本的《鸟类自然史》，1785 年当选为皇家学会会员。

圆月学会的另一位重要成员是诗人、医生和博物学家伊拉斯姆·达尔文[2]，他曾几

1　普里斯特利后来发表的《从水中提取气体的试验》这一著名报告，就是题献给“尊敬的伯明翰圆月学会的朋友们”的。

2　伊拉斯姆·达尔文是进化论创立者查理·达尔文的祖父。

次拒绝了给英王当御医的推荐，同情法国革命，著有《植物学》《生物规律学》《自然的殿堂》等书，从 1761 年起他就是皇家学会会员。

这两位“贩卖光明的商人”正是本文主人公的祖父和外祖父。

1807 年，塞缪尔·约翰的儿子特铁斯娶了伊拉斯姆的女儿安妮·维尔莱塔，两个优秀家族的遗传基因巧妙地结合在一起，于 1822 年 2 月 16 日生下了两人的第九个孩子，这就是弗朗西斯·高尔顿。

用我们今天的话来讲，幼年的高尔顿是属于智力超常儿童之列的。美国心理学家、斯坦福－比纳测验标准的设计者特曼根据有关文献提供的材料，断言高尔顿在 3—8 岁时的智力年龄（MA）几乎等丁其实际年龄（CA）的 2 倍。这就是说，按照斯坦福－比纳标准的智商计算公式 $IQ=\frac{MA}{CA}\times 100$ 来算，他的智商（IQ）接近 200。

为了使非心理学专业的读者对这一数据有大致的认识，我们举出两个可供参照的例子来加以说明：第一，特曼的研究小组对美国数千名 3—8 岁的儿童进行了测验，发现其中 IQ 最高者为 170，而 IQ 数在 150 以上者仅有 5 人；第二，考克斯在其《三百个天才的早期心理特征》中提到的 IQ 最高者是约翰·穆勒（190），其次是莱布尼茨（185）。

高尔顿的哥哥姐姐中间，阿黛尔是最有耐心和教育天赋的姑娘，她成了小弟弟的启蒙老师。她喜欢在弟弟的摇篮旁读书，不久她就惊奇地发现，只要用手指着书中某一单词读几遍，还不会说话的高尔顿就能自己指出这个词来。出生 12 个月之后，高尔顿已能认识大写字母，18 个月之后能辨别大写和小写两种字母。在他牙牙学语的时候，阿黛尔开始给他读自己也是刚刚学习的希腊文和拉丁文，一般读了 8 遍以后，高尔顿就能背诵出来。两岁半时，他已能阅读《蛛网捕蝇》这样的小书，3 岁时他已学会了签名，4 岁时他曾给自己的叔叔写过一首阶梯诗，5 岁时他已能背诵并理解斯科特的叙事诗《马米翁》中的许多段落。在他 5 岁生日的前一天，高尔顿给他的“启蒙老师”写了一封信：

亲爱的阿黛尔：

我现在 4 岁，能读任何英文书了。除了五十二行拉丁诗，我懂得所有的拉丁文名词、形容词和主动词。我会做任何位数的加法和乘以 2、3、4、5、6、7、8、(9)、10 和（11）的乘法。

我也能换算便士，我能读一点法文，我还认识钟。

弗朗西斯·高尔顿

1827年2月15日

不知道写这封信时是否有人在旁指导。此信现在仍保存完好，研究者发现信中的文法简单无误，“9”和“11”两个数字被小刀划掉了，唯一的拼写错误是“2月”（February）中少了一个字母 r。

6岁时，高尔顿已精通荷马的《伊利亚特》和《奥德赛》。有一次，一位好奇的客人为了考察他的记忆力，连续向他问了一系列关于荷马书中的问题，不耐烦的高尔顿最后说了句“请看《奥德赛》第12卷最后一节”就逃跑了。另一位客人在1828年12月28日的一封信中向人报告了自己在高尔顿家中的见闻：“最小的孩子弗朗西斯是一个神童。明年2月他才满7岁，但他读了《马米翁》《湖中女》，以及柯珀、波普和莎士比亚的大量作品，而且仅仅读两遍就能背诵下来。”

六七岁时，他对博物学产生了兴趣，并按照自己的方式对昆虫和矿物标本进行分类。这时候，阿黛尔几乎已经不能再对他做任何重要的指导了。

小高尔顿不但具有很高的智商，而且具有善良的天性和良好的教养。母亲在他8岁那年所写的一封信中称赞他“富有正义感”，“性情虽然有点急但绝不记怨”，“从不偷懒”，“不在其他孩子们面前显示虚荣和优越感”。

父亲特铁斯是一个热爱自然科学的银行家，身上混合了经营者的聪明和科学家的严谨。他曾写过一部关于货币与统计的书，又在自己的住宅里堆满了日晷、望远镜、气压表和各式各样的仪器，这一切使小高尔顿过剩的精力多少有了发泄之处。当特铁斯发现家庭教育已不能满足孩子迅速膨胀的智力和求知欲后，就把8岁的高尔顿送到一所寄宿学校去接受正规教育。对于这所学校，小高尔顿的记忆只有教师的白桦条和高年级学生的拳头。两年后，他又被送往另一所更有名的私人寄宿学校，在一个15岁的年级中当插班生。高尔顿在寄宿学校期间写给父亲的信都被保存下来，信中俨然透露出一股成熟与自信，他与父亲就文学、语言、教育及心理学的一系列课题进行了广泛的讨论。他在13岁那年所写的一封信中还提到自己目前正在从事一项“高尔顿飞行计划”的研究，其具体内容是设计一架可供7人乘坐的蒸汽引擎飞行器，但这一计划显然夭折了。

显赫的出身与罕见的天赋，大概是促成高尔顿日后创立优生学的一部分原因。

二、大学与皇家学会

15 岁快结束的时候，父亲安排他参加了跟一家医学机构一道到欧洲大陆做巡回医疗的活动。回来之后，他就在伯明翰市立医院做了两年内科见习医生，这段经历使他积累了大量解剖学和生理学知识。18 岁那年高尔顿来到伦敦，在英王学院学习解剖学和植物学。不久，他的热情又转移到自然哲学和数学上来，于是进入牛顿的母校剑桥大学三一学院学习，但是由于疲劳过度，在第三学年中断了学业，没有得到学位就离开了学校，以后在伦敦圣乔治医院继续研究医学。

与幼年的炫目光辉相比，青年高尔顿的这段经历显得太平淡无奇了，但是正是这一大堆看起来杂乱无章而又不太成功的教育，为他日后成为维多利亚时代最博学的一位学者奠定了基础。关于这一点，他的学术继承人皮尔逊有一个十分有趣的论断："这就使高尔顿比 10 个生物学家中的 9 个人懂得更多的数学和物理，比 20 个数学家中的 19 个人懂得更多的生物，而比 50 个生物学同数学家中的 49 个人懂得更多的疾病和畸形儿的知识。"

高尔顿 22 岁那年，他的父亲去世了，他获得了一笔可观的遗产。他放弃了在伦敦开业从医的机会，决心从此过一种无拘无束的学者生活。在英国历史上经常可以找到这样一类学者，他们从不在大学或研究机构供职，但凭着优裕的家产，在自己的书斋里完成了惊人的科学创造，人们把他们称为"绅士科学家"。最典型的"绅士科学家"大概就是卡文迪许和高尔顿了。

从 1845 年开始，高尔顿对地理及相关科学产生了兴趣。他首先同友人一道赴尼罗河流域进行考察，随后又单独进入巴勒斯坦腹地。每到夏季，他喜欢到设得兰群岛去捕鱼和收集海鸟标本，有时也亲自驾帆或乘气球升空。在设得兰群岛上空，他发现了一种顺时针旋转的大尺度空气涡旋，为了与过去人们所认识的气旋相区别，他命名其为反气旋，即高气压。此高气压在北半球作顺时针旋转，其中心部分的气压比周围高，反之则称为气旋或低气压。为了解决旅行中的通信问题，他还设计了一种电传打字机。

1850 年，经与皇家地理学会协商，高尔顿决定考察从非洲西部和南部到达恩加米湖的道路。这次探险充满了困难和危险，在两年的时间里，他不断地与各种恶劣的自然环境斗争，经历暴雨、丛林、野兽、饥渴的考验，历尽艰辛，终于获得了大量西南部非洲地理资源和风土人情的第一手资料。他的考察报告引起了皇家地理学会的高度重视，

1853 年他被选为皇家地理学会会员。三年之后，34 岁的高尔顿成为皇家学会会员。

当时的英国仍然处于资本主义的上升期，同海外扩张与贸易有着直接关系的地理学一直受到政府和皇家学会的高度重视。高尔顿正是作为地理学家而进入科学界的，他的著作有《旅行的艺术》（1855）和《气象纪录》（1863）等。值得指出的是，我国文献中最早提到高尔顿时，也是把他当作地理学家介绍给国人的。

从非洲回来后，高尔顿一度感到身体虚弱和精神郁闷，这种“神秘的疾病”在他的后半生曾反复过多次。有的研究者认为这种疾病来源于其母系家族的遗传因素，因为他的表哥达尔文与另外几位母系亲戚都有类似症状。从此以后，他不再远游，1853 年结婚，1857 年开始在伦敦定居下来。

三、实验心理学和人体测量学的开拓者

1859 年，达尔文的《物种起源》发表了。高尔顿立刻成了他表哥学说的信奉者，他的科学兴趣也很快转移到与生命有关的领域里来。

高尔顿把达尔文关于围绕着群的平均值的偶发变异原理应用于人类研究，从而开拓了以个体差异为主要题材的实验心理学的新领域。1869 年，他发表了《遗传的天才》这一名著，他在这本书的引言中说：“人的天资在一定的限度内是可以遗传的，正如整个有机界一样。我的观点首先发表于四年前（《麦克米兰杂志》，1865 年 7—8 月），它与公众的认识有些出入，但是后来一些高水平的作者接受了我的观点。在写作此书时，我又受到达尔文《动植物在家养下的变异》的影响，于是有了更充分的证据。”达尔文在读了这本书后写信给作者说：“你使一个对手改变了信念，因为我一直认为除智障者，人在智力上差别不大，只有热情和勤奋上的差别。”

在《遗传的天才》中完成了智力天赋的家族谱系研究之后，高尔顿又致力于建立更精确的测量方法来考察人类才能的差异。1883 年，他出版了《人类才能及其发展的研究》，书中概述了两项实验心理学上划时代的研究方法和成果。第一个是关于自由联想的实验：他事先在 75 张纸条上各写一个单词，每次只让受测者看一张纸条，再用一个精密计时器测出由此引出两个即兴到来的联想所需要的时间，然后对这些联想在受测者的经验中的可能起源加以分析。他发现最经常的联想往往来自遥远的童年。“数目形”（看到或听到某一数字就联想起某种形状的感觉）的存在也是他的一个发现。第二个是关于心理意象的广泛调查：他要求受试者先想一件确定的东西，然后尽力注

意自己的“心视”画面，并回答诸如明亮度、清晰度、色彩等一系列问题，每一心理意象都按其强度打出 0 至 100 的分数。他发现，有些人在某一领域没有任何意象，甚至某些著名的画家也很少或全无视觉意象，但有些人却能“看”到完美的表象。值得一提的是，在这些研究中他首先在心理学中引进了调查表和评分方法。

尽管这部书被人视为科学的个体心理学及心理测验的肇始，但高尔顿的初衷却并非如此。按照美国心理学家波林的解释：“那时进化论和神学信条有尖锐的矛盾，主张达尔文说的英国科学家都被视为宗教的不可知论者。高尔顿的思想本以科学的客观性为特征，此时乃凭此客观性，对于这个问题进行心平气和的衡量，结果以为信仰的深度不足为它的效度的测量。”举例来说，高尔顿通过海事记录所载失事船只上有无神职人员的比例和英国皇族的寿命来分析祈祷（因为全国绝大多数人都为皇室祈祷）的效果，结论是没有根据可以证明祈祷具有客观效应。他还用内省法来考察宗教意识，具体做法是从《笨拙》画报中取出一张漫画，有意使自己相信画中人具有神圣的品质，最后他在内心获得一种“野蛮人对于偶像所有的情感”。为了体验疯狂的感情，他就竭力把自己想象成一个被人怀疑的间谍，而皮卡迪利广场上的每个人、每匹马甚至每尊雕像都在监视着他，不久果然在内心达到了一种接近疯狂的境界。

19 世纪后半叶，实验心理学脱胎于哲学和生理学而成为一门独立的实验科学，在这一历史变革中起主导作用的，在德国有威廉·冯特，在英国则是高尔顿。关于这两位学者的风格特点，波林有一段精彩的论述：“冯特博学，高尔顿是富于创造性的。冯特努力研究，克服重重困难，高尔顿解决困难，则凭借其灵机一动。冯特常以他的系统武装自己，高尔顿则从未有什么系统。冯特是重视方法的，高尔顿是多才多艺的。冯特的哲学渗透于他的科学之中，高尔顿的科学是散漫而无组织的。冯特常作无休止的争论，高尔顿则常从事于观察。冯特有一个学派，一个正式的、自觉的学派；高尔顿则仅有朋友及影响。”这实际上也刻画出了高尔顿与任何一个领域中的专门家的分野。

高尔顿对实验心理学的贡献还包括一系列他所发明的心理测验仪器和测验方法。有些仪器后来就以他的名字来命名，例如测量听觉阈的高尔顿笛和测量视觉范围的高尔顿棒，它们直到 20 世纪 30 年代都是心理实验室中的标准仪器，有人还专就它们的使用效果撰写成博士论文。他用盛有不同物质的瓶子来测验嗅觉，这一方法被后人沿用至今。他又计划从梵蒂冈教堂内镶嵌的玻璃中取样，制作一个标准的辨色表。为了体验人类承受窒息的生理阈限，他设计制造了一种装置，然后亲自坐在里面让人将装置浸没到水池中去，好几次把自己弄得死去活来。除此之外，他又设计了测量肌肉感觉、反应力、触觉的仪器和方法。

他对辨认面容和照相术有特殊的研究，通过对大量相片的分类整理，他归纳出罪犯、家族、种族乃至纯种马的典型特征。有一段时间，他对妇女的面容特别有兴趣，于是随身携带一张卡片，每遇到一位妇女就将自己对其容貌的评价结果记录下来，最后根据大量结果绘制了一份全英“美女分布图”。在这幅图上，密度最高的是伦敦，最低的是苏格兰的阿伯丁。

法国人伯特隆于 1879 年开始研究人体测量法，经过长时间的探索，制定了人体三大部位的 11 种测量标准，这种方法很快被巴黎警察局和法国监狱用来识别罪犯。高尔顿对伯特隆的方法进行了研究，认为仅用这些标准来识别一个人是不够的。1888 年 5 月，高尔顿出席皇家学会召开的关于伯特隆测量系统的讨论会，会上有人报告了指纹在鉴别个人方面的作用及中国人在契约上应用指纹的情况，引起了他的极大兴趣。1888 年，福尔斯在《自然》杂志上发表提倡指纹术的公开信，高尔顿也通过《自然》编辑部结识了更早介绍中国人应用指纹术的赫歇尔，从此开始了自己对指纹学的系统研究。

1892 年，他在《指纹学》这部奠基性的著作中首次提出了包括斗、箕、弓三种基本类型的指纹分类法，并参照伯特隆的人体测量标准制定了一套按照纹型及十指顺序排列的编码程序；他在书中又提出了指纹具有终身不变性、可识别性和可分类性的三条原则，从而为指纹学的理论和应用奠定了基础。

1893 年，苏格兰场首席检查官访问巴黎回来后建议采用伯特隆测量系统，同时内政部已经收到了高尔顿的《指纹学》。在高尔顿的要求下，一个委员会对伯特隆测量系统和高尔顿的指纹编码程序进行了调查。委员会的成员们对高尔顿方法的简便大为吃惊，但是鉴于当时的编码尚待进一步完善，最后建议采用伯特隆 11 种标准中的 5 种，并以高尔顿的指纹编码法作为补充手段来建立犯人档案。以后的一个时期中，指纹学方法被不断地充实完善，最后终于完全取代人体测量法成为最重要的个人鉴别手段。

高尔顿也曾致力于更广泛的人体测量，但他的目标要比伯特隆的远大得多。从 1884 年起，高尔顿先是在伦敦的国际卫生博览会，后是在南肯辛顿博物馆开设了一个人类学测量室。在一个狭长房间的一侧摆着长桌，人们只需付 3 个便士就可进入，按顺序通过长桌，工作人员就将陆续测量出他的身高、体重、肺活量、拉力、握力、听力、视力、辨色力等。在 6 年的时间里，该实验室共收集了 9337 位男女的详细资料，它们支持了高尔顿关于人类个体在体能和智能上都存在着巨大差异的观点，这也成为他从事遗传学和优生学研究的一个原动力。

四、遗传学的探索者和优生学的奠基人

高尔顿在 19 世纪遗传学史上占有一个重要的位置，他对这门科学的突出贡献是引进了定量化的分析方法，这种方法在《遗传的天才》中得到淋漓尽致的发挥。

他对英国历史上的法官、政治家、军事家、文学家、科学家、诗人、画家、牧师等各类人物的家族进行了系统的考察，力图证明智能遗传的存在并给予定量的描述。例如，他考察了 1660—1865 年间的 286 名英国法官，发现其中共有属于 85 个不同家族的 109 人有亲属被列入 1865 年版的《时代名人辞典》，他以列入此书作为“名人”的标准。他又把亲属分成若干等级：第一级包括“父亲”“兄弟”“儿子”三栏，第二级包括“祖父”“叔伯”“侄甥”和“孙子”四栏，第三级包括“曾祖”“叔爷”“表兄”“侄孙”“曾孙”五栏，更远的亲属统统归于最后一栏，每一栏中，又分为“父系男”“母系男”“父系女”“母系女”四个类别。举例来说，第二级亲属“祖父”这一栏的四个类别实际上是祖父、外祖父、祖母和外祖母。他的调查结果列表如下（见表 1）：

表 1　英国法官中亲属列入《时代名人辞典》情况的统计

亲属级别		父系男	母系男	父系女	母系女	A	B	C	D	E
I	父亲	22			0	22	26	100	26.0	8.4
	兄弟	30		0		30	35	150	23.3	7.6
	儿子	31		0		31	36	100	36.0	11.7
II	祖父	7	6	0	0	13	15	200	7.5	2.4
	叔伯	9	6	0	0	15	18	400	4.5	1.5
	侄甥	14	2	0	0	16	19	400	4.75	1.5
	孙子	11	5	0	0	16	19	200	9.5	3.1
III	曾祖	1	1	0	0	2	2	400	0.5	0.2
	叔爷	1	2	0	0	3	4	800	0.5	0.2
	表兄	5	2	1	1	9	11	800	1.4	0.5
	侄孙	7	1	7	0	15	17	800	2.1	0.7
	曾孙	2	2	1	0	5	6	400	1.5	0.5
	其他	…	…	…	…	12	14	…	0	0

表中 A 列是属于 85 个家族的所有“名人”亲属数；B 列是按比例计算 100 个有“名人”的法官家族应有的“名人”亲属数，即 B= $\frac{100}{85}$ A（取整数）；C 列表示每 100 个人平均拥有的亲属数；D 列表示有“名人”的法官家族里的“名人”在亲属中所占的百分比，即 D= $\frac{B}{C}$ ×100%；E 列表示所有英国法官家族里“名人”在亲属中所占的百分比，即 E= $\frac{85}{286-24}$ D。最后一项分母中的 24 表示 85 个家族中重复出现的“名人”数，即 109−85，整个分母 286−24 则表示所有产生过法官的家庭数，$\frac{85}{286-24}$ 则表示有“名人”亲属的法官家庭在所有产生过法官的家庭中的比例。但是高尔顿将分母误作为 242，所以 E 列的数据全都略大，表 1 已修正过来。

高尔顿从这个表上作出了两个推论：第一，根据 E 列显示的结果，平均每 100 个英国法官的亲属中就有 8.4 个“名人父亲”、7.6 个“名人兄弟”、11.7 个“名人儿子”……共 38.3 个“名人亲属”；而根据《时代名人辞典》和《泰晤士报》上一年一度公布的名人讣告的统计，高尔顿曾得出全英国平均 4000 人中产生一个“名人”的结论，由此证明天才在法官家族中是遗传的。第二，根据 D 列显示的结果，在有“名人”亲属的法官家族中，一级亲属平均每 100 人中出现 86.2 个“名人”，二级亲属中平均每 100 人中出现 26.25 个“名人”，三级亲属中平均每 100 人中出现 6 个“名人”，“名人”出现的比例按亲疏程度大致呈 1/4 的规律递减，这可以说是他日后思考生物学中回归现象的一个起点。

高尔顿对其他知识阶层家族的调查也得出了同样的结果。我们不想在此讨论这类调查在统计学上的粗浅与疏漏，只需指出把人的才能（实际上是他在社会中的地位）作为遗传的性状来加以研究是站不住脚的。但是通过这一实例，我们可以清楚地看到高尔顿是多么重视他的数学方法。随后，他又在《英国科学家》（1874）、《家族能力的报告》（1884）等著作中继续了这一研究。1889 年，他在《自然遗传》中提出了一个公式，试图用数学方法来表达遗传作用与亲缘程度的关系，这被皮尔逊命名为“高尔顿祖先遗传定律”：

$$\frac{1}{2}+\left(\frac{1}{2}\right)^2+\left(\frac{1}{2}\right)^3+\cdots=\sum_{n=1}^{\infty}\left(\frac{1}{2}\right)^n=1$$

其含义是：就平均而言，双亲对后代提供总遗传量的一半，4 个祖亲对后代提供总遗传量的 1/4，8 个曾祖对后代提供总遗传量的 1/8，依此类推，则有个体获得的全部遗传量 1。在这一表述中，任何一级祖先的遗传性状在整个遗传过程中都不会完全消匿，又因为任何微小的因素在适当的条件下都能产生显著的后果，这一公式就能很好地解释返祖等生物学现象。

受到达尔文暂定泛生说的影响，高尔顿认为遗传的过程颇像不同液体相混合的过程，其结果是每一种母液的成分都均匀地分布在混合后的液体里。[1] 但是，1900 年孟德尔的工作被重新发现以后，这一理论连同高尔顿的祖先遗传定律一道遭到了毁灭性的打击。

孟德尔和高尔顿有很多相似之处：他们生于同一年，都力图从数量上揭示遗传现象的奥秘。高尔顿在回忆录中曾提到自己在获知对方的工作时的心情：在那一瞬间，我突然感到自己同那个死去的奥地利神父是心灵相通的。的确，在 1875 年 2 月 18 日写给达尔文的一封信里，高尔顿几乎接近了被称为孟德尔分离定律的结论。这封信讨论了黑、白混血后代的组成：他假定每个细胞里只有两个胚芽，一个决定白的遗传，一个决定黑的遗传，结论是通常情况下子代中将有 1/4 是白的，1/4 是黑的，1/2 是灰的。在这封信中，他还触及了后来被马瑟和金克斯称为“遗传学第一原理”的遗传型和表现型的关系问题。

但是他们之间的分歧更明显：孟德尔着眼的是间断的、显性的遗传性状，高尔顿关心的是连续的数量变化关系。20 世纪初，两派观点的拥护者们围绕着“遗传规律是间断的还是连续的”展开了一场大论战。1894 年，皇家学会应高尔顿的要求成立了一个“进化委员会”来对生物的可测量性状进行检验，孟德尔派的领袖贝特森起初拒绝了该委员会的邀请，后来又加入并担任秘书，高尔顿的拥护者们则以辞职来表示抗议。20 世纪初，染色体的发现使这场争论的天平迅速地倒向孟德尔一边。但是早期孟德尔主义者们过于简单的理论不能解释诸如人类身高、面貌等呈连续变化的遗传规律，而高尔顿的数学方法正好在这方面大显神通，相关与回归的理论就是他的杰作，这些内容我们留待下一节再详细介绍。

现在我们知道，显性变化并非遗传机制的绝对规律，基因型的变化是不连续的，但表现型是可以连续的，因此连续的变异也可以是遗传的。英国数量遗传学大师费歇尔说：“如果遗传的决定因素确是按孟德尔方式遗传的话，那就必须接受生物统计学

1　尽管高尔顿用家兔输血实验证明了达尔文关于胚芽（一种虚构的遗传载体）在血液中自由流动的观点是不对的，但他仍然没能抛弃建立在此基础上的融合遗传观念，只不过认为胚芽中的一部分在细胞形成的过程中被消耗掉了而已。

的结果。”这是对20世纪初这场大论战的一个恰如其分的总结。

高尔顿又开创了孪生子的研究，其目的是尽量排除环境和后天教育的影响来考察遗传作用。在1876年的一篇关于孪生子的文章中，他提出了一个三角形模型：三角形的底边固定不变，代表遗传因素，另外两边分别代表环境与教养，三角形的面积则表示成人的素质。这也就是说，遗传是先天决定的，但是环境较差的人可以通过教养来得到补偿。在孪生子研究中，他还发现了许多有趣的现象，例如孪生子容易感染相同的疾病，一对孪生子分离数月后却死于同一天等。

高尔顿针对不同人种的遗传特质进行了比较，指出不同人种的发展力是由于他们对其特定环境适应的后果。他认为变异不仅出现于个体之间，而且可能存在着广泛的变异与选择，这样新的种族才得以发展。这是把进化论中关于变异、选择和适应等基本原理应用于人类个体和种族研究的一个重要结果，它提醒作为万物之灵的人类注意某种符合生物学原理的危险，即由于低能人的大量繁殖和有天赋的人的相对减少而引起的种族退化，也提醒人们可以通过自身的努力来淘汰祖先留传下来的劣性而选择优性遗传给后代。

尽管优生学的思想可以在许多古代文明中找到，但是通常人们把1883年作为它正式诞生的年份，这是因为高尔顿在这一年出版的《人类才能及其发展的研究》中第一次提出了一个以人类的自觉选择来代替自然选择的社会计划，为此他创造了“优生学”这个新词。他对这门学科所下的定义是：“对于在社会控制下的能从体力方面或智力方面改造或损害后代的种族素质的各种动因的研究。”高尔顿对这一研究倾注了极大的热情，他先后撰写了《在现存法律与舆论条件下改良人种的可能》（1901）、《优生学的定义、范围和目的》（1904）、《优生学随笔》（1909）等论文和专著。他建议对古今各国不同社会阶层的生育情况作一广泛的调查，收集可靠的资料来阐明一些家族所以昌盛的原因，深入研究影响婚姻和婚姻制度的各种因素，普及遗传学知识并促进其发展，向全民宣传优生学的重要意义。

1904年，高尔顿出资在伦敦大学设立一个优生学讲座，邀请皮尔逊来主持。同时，他还在该校设立世界上第一个优生学档案室，两年后改为优生学实验室，仍由皮尔逊来领导，与皮尔逊设立较早的生物学测量室相互为用。1911年，这两个实验合并为应用统计系。1908年，英国优生学教育会成立，高尔顿出任名誉会长，同年该会出版了《优生学评论》。不久，优生学就在国际范围内得到传播，1905年，德、奥、瑞典、瑞士等国的学者建立了第一个国际性的优生学组织国际民族卫生学会。1912年，即高尔顿逝世后的第一年，第一届国际优生学会议在伦敦召开，高尔顿的理想终于发展为一种国际性的科学与社会的运动。

五、英国生物统计学派的先驱

初看起来，高尔顿的科学活动就像他的早年教育一样杂乱无章，但是只要认真思索一下就不难从中理出一个头绪来：40 岁以前，他主要是作为一个地理学家为人所知；信奉进化论是他科学生涯中的一个转折点，他的人类学测量和心理学研究都是为了证明个体与种族在体能和智能上存在着巨大差异；为了探索这些差异的原因他又涉猎了遗传学；而当他把遗传学原理应用于社会改造这一目标时就创立了优生学。然而，这一切活动都有一个共同的鲜明特征，这就是充分依赖数据分析和数据统计。他统计人的寿命、统计孪生子、统计家族无嗣、统计演讲会上人们打呵欠的频率、统计街谈巷议对评奖结果的影响，“无论何时，能算就算”，这是高尔顿最得意的一句名言。把统计学方法引入与生命和社会现象有关的领域中来，是他最重要的一项科学贡献。

正态分布律是自然界和人类社会中最普遍的统计规律，比利时天文学家兼社会学家刻特雷曾发现一系列人类学测量结果，诸如法国应征士兵的身高、苏格兰枪手的胸围都符合正态分布，在此基础上提出了“中人说”。按照这种理论，造物主好比是一个好射手，他创造出来的“芸芸众生”分布在靶心的两侧，高能与低能的人都是对靶心较大的偏差。高尔顿应用这一学说来考察人类的智力，他设想每 100 万个同龄人中有一个绝顶聪明的天才和一个最不可救药的白痴，分别用 X 和 x 来表示其等级，再将剩下的 999998 人分成级差相同的 14 组，智力等级顺次为 G、F、E、D、C、B、A、a、b、c、d、e、f、g，这样制成一个服从正态分布的智力分级表。在这个表中，位于中间的两个等级（A、a）几乎占了整体的一半；如果再加上相邻的四个等级（C、B、A、a、b、c）则占了整体的 95.8%，这部分人就是刻特雷所说的“中人”；而分别位于表左端的三个等级（X、G、F），大约占整体的 1/4000，这正是他根据历史文献得出的“名人”在全民中的比例。

高尔顿又对历年剑桥大学数学考试者的成绩作了分析，发现夺得头名的人的分数往往远远超出其他人，这使他想到奖金的公平分配问题。在《冠亚军奖额的最佳比例》（1902）一文中他指出：如果奖额固定且仅授予前两名，而竞赛成绩符合正态分布的话，冠军的奖额大约应为亚军奖额的 3 倍。皮尔逊后来把这一问题推广到竞争者人数多至无穷和成绩不符合正态分布的一般情况。高尔顿的分级思想在教育学中被广泛采用，美国人麦克考尔在高尔顿《分级与偏差》(1906) 的启发下提出了 T 分制，它与百分制的换算关系为：$T=\frac{10x}{\sigma}+50$。式中 T、x 分别表示 T 分制和百分制的分数，σ 为全部成绩（假定呈正态分布）的标准离差。

高尔顿最早在统计学中提倡应用四分位数。1874 年，他在《人类学的注释与质疑》中向即将前往非洲探险的人类学家提出了下述建议：当地的酋长可能乐于将自己的子民按高矮排列成行，却不愿外人对他们逐个进行测量，这时候应设法得到位于队列首尾各 1/4 处的土人的身高。1880 年，他在《智力》一书中又用通俗的语言阐述了四分位数、八分位数、十六分位数以及中数的统计学意义。

高尔顿对统计学的最大贡献是相关性概念的提出和回归分析方法的建立。在遗传学的研究中有一个使他经常感到困惑的问题：既然个体的差异是那样明显而每个后代都与其父母相似，那么经过若干代持续的遗传之后，种群的某种遗传性状的平均值何以能够维系稳定?

1875 年前后，高尔顿通过一种甜豆实验接近于得到这一问题的解答。他将种子按大小分成七组，然后请居住在英国各地的朋友们分别播种不同组的种子各 10 粒，收获后将果实连同枝蔓一道寄回。通常来说，大组的果实较大，小组的果实较小，这几乎是无需验证的常识。但是高尔顿注意到一个有趣的现象：大组中子代的中数略小于父代的中数，而小组中子代的中数略大于父代的中数。表 2 是其中的一组结果：

表 2　高尔顿的甜豆实验数据（直径，单位：1/100 英寸）

组别	1	2	3	4	5	6	7
父代中数	15	16	17	18	19	20	21
子代中数	15.4	15.7	16.0	16.6	17.0	17.0	17.3

这意味着，就平均数而言，子代往往比其父代更具有向某一中值集中的趋势。高尔顿隐约感到这一事实是解决遗传稳定性的钥匙。随后，他又观察到狗和飞蛾的某些遗传性状也有类似的规律。

在以后的一段时间里，高尔顿集中精力于人的身高这一课题。他将经过处理后的英国两代公民的身高数据制成如表 3 形式的频率表[1]，表 3 中最上面一行是父代的不同

1　他先将母亲（或成年儿女）的身高乘以一个系数 1.08“转换”成男性身高，然后取其与父亲（或成年儿子）身高的平均值作为父（或子）的身高。

身高组，左边一列是成年子代的不同身高组，中间数据为相应的父—子身高组合出现的频率（实际上是分离频率的分子，其分母为样本总数）。对于表 3 中的每一行，高尔顿都算出其内四分位数，他发现这些数值都很接近。他又考察每一行和每一列的中数，发现它们近似地位于两条相交的直线上。这两个现象的生物学意义可用子代具有向“中人”标准靠近的趋势来解释。

表 3 英国父—子两代的身高频率（单位：英寸）

父代X / 子代Y	67.5—68.5	68.5—69.5	69.5—70.5	…
75.5—76.5	1.25	0.25		…
76.5—77.5	1.25	0.25	1	…
77.5—78.5		1	1	1
…	…	…	…	…

他又分别以父、子的身高为轴，在两个身高组交会的区域标出相应的表示频率的点子。奇妙的事情发生了，他后来在回忆录中写道：“终于，在某一天的早晨，当我在拉姆斯门附近的路边火车站一边候车一边凝视着笔记本上的图形时，我突然注意到图上频率相同的点分别排列在一族同轴椭圆上。尽管图上的频率点很少，但是我的眼睛对这类图形已经司空见惯，我确信自己正在接近问题的解答。”

在剑桥大学圣彼得学院狄克森的帮助下，高尔顿找到了这一问题的数学解。原来，以父—子两代身高为变元的频率函数是一个二维正态分布，其性质早已为拉普拉斯、高斯等人所熟知，一般来说可表示为：

$$Z=\frac{1}{2\sigma_1\sigma_2\pi\sqrt{1-r^2}}\mathrm{e}^{-\frac{1}{2(1-r^2)}\left(\frac{x_1^2}{\sigma_1^2}-\frac{2rx_1x_2}{\sigma_1\sigma_2}+\frac{x_2^2}{\sigma_2^2}\right)}$$

这是一个对称得很好的山包状的曲面，其边界函数是一个一维正态分布，这表明仅就一代人而言，其身高呈正态分布，这一事实早已为刻特雷所证实。如果令 Z 为一常数，也就是取某一固定频率的等高截面，其截面方程为：

$$\frac{x_1^2}{\sigma_1^2}-\frac{2rx_1x_2}{\sigma_1\sigma_2}+\frac{x_2^2}{\sigma_2^2}=k \text{（}k\text{ 是由常数 }Z\text{ 决定的常变量）}$$

这是一个椭圆：若 $r=0$，该椭圆以 x、y 轴为长短轴的方向；若 $0<|r|<1$，该椭圆的轴与坐标轴斜交；若 $|r|=1$，椭圆退化成一条直线。高尔顿注意到的由频率点组成的椭

圆族，正是这样一个二维正态分布的不同等高截面。

他意识到这类椭圆族的公共长轴可以作为两个变元（即父—子两代身高）关系密切程度的标尺，而上述方程中的 r 恰好就是椭圆族公共长轴的斜率，于是就给它起了个名字叫“相关系数”，后来被人形象地称为生命的“长青系数”。对于两个变元来说，r 的绝对值通常在 0、1 之间：$r>0$ 为正相关，此时 y 值随着 x 值增大而增大；$r<0$ 为负相关，此时 y 值随 x 增大而缩小；$r=0$ 说明两变元无关；$|r|=1$ 表示两变元之间的关系达到最强，此时椭圆退化成它的长轴，长轴所在的直线称为回归直线。

高尔顿首次向世人披露自己的发现是在 1877 年，他在皇家学会的刊物上发表了题为《男子典型的遗传规律》的论文，介绍了他的甜豆实验并首次使用“回归”这个词，文中还提出了标准误差估计公式：

$$v=\sqrt{1-r^2\cdot C}$$

其中 v 为家族变异性，C 为一般人口变异性。1885 年，他在英国人类学联合会阿伯丁大会的演讲中介绍了相关图方法，这篇演讲的内容不久就被整理在《身高遗传向中人的回归》一文中发表出来。1886 年，他又通过人类的其他遗传特征，如面貌、眼睛的颜色等证实了回归规律。第一次使用“相关”这一术语是在 1888 年的《相关性及其测量》一文中，这篇论文还讨论了根据样本计算 r 值的方法。所有这些结果都被总结到《自然遗传》这一经典文献中，这一著作很快在英国一批年轻的生物学家和数学家中引起了震动。

皮尔逊原先在大学教授概率论和变分法等应用数学课程，当他从一篇介绍文章中得知高尔顿的思想后就皈依了生物统计学。他回忆道：“我立刻从高尔顿 1889 年的《自然遗传》中得到刺激……这一段时间我致力于三个、四个乃至几个变元的相关性的一般理论。这一领域非常宽阔，我非常兴奋，即使前人已经作过的调查我也没有放过，我希望找到新的结果并加以应用。”他创立了用二阶矩来表示相关系数的广义相关理论和算法，使高尔顿的原始方法发展成现代统计学中一个重要的检测手段。1900 年，他又创立 χ^2 检验法，开创了统计决策的新纪元。在皮尔逊的热情倡导下，韦尔登、埃奇沃思等人纷纷致力于生物统计学领域，一个颇有影响的生物统计学派开始形成。

1901 年，高尔顿、皮尔逊和韦尔登共同创办《生物统计》杂志，从创刊到皮尔逊去世为止一直由皮尔逊出任主编（Vol.1–28，1901—1936）。它成了英国生物统计学派的一面旗帜，高尔顿晚年关于统计学的作品和现代数理统计领域中的一些重要成果都是在这个刊物上发表的。1908 年，皮尔逊的学生戈塞特署名“学生”，在《生物统计》上提出又一重要的统计决策工具——“学生”分布检验法。皮尔逊的儿子伊贡·皮尔逊和罗马尼亚出生的学生奈尔曼也对数理统计颇多建树。其后又有费歇尔异军突起，在方差分析、参数估计、实验设计、小样本显著性检验及极大似然解等方面硕果累累，成为一直活跃到 20 世纪 60 年代的最伟大的数理统计分析学家。费歇尔曾长期担任伦敦大学的高尔顿优生学讲座教授，他在罗姆斯泰德实验站从事的遗传学实验，无疑是与高尔顿以来的英国生物统计学派的传统一脉相承的。20 世纪 60 年代以前，英国被认为是数理统计新思想的发源地和理论中心，溯其源头，当始于高尔顿。

六、功名身后

高尔顿生性淡泊，与世无争，他的晚年生活是恬静安宁的。1908 年，他在回忆录中把家族的长寿归因于活了 85 岁的外祖母波尔。他不无自豪地说：“我的母亲快到 90 岁才去世，我的长兄活了 86 岁，两个姐姐分别活了 93 岁和 97 岁，二哥现在 93 岁了仍然很健康，我今年不过 86 岁，有可能活得更长些。我发现在忠实地遵守许多限制的前提下，老年是人生中一个十分有趣的阶段。”

1909 年，他被英国王室授予勋爵称号，成为英国历史上又一位以自己的科学成就获此荣誉的公民。

1911 年 1 月 17 日，高尔顿以 89 岁高龄逝世于英格兰南部萨里的庄园。富有戏剧性的事实是，他违背了自己的优生学信条：没有为这个世界留下一个后代。

他的亲属委托皮尔逊为他整理学术遗物，皮尔逊于 1914 年至 1930 年陆续出版了三卷《弗朗西斯·高尔顿的生平、书信与工作》。其中，卷一（1914）述及他的童年及家世；卷二（1924）包括他的地理学、人类学、心理学研究，并略及统计学；卷三（1930）包括遗传学、优生学以及指纹学、人体测量法等。据皮尔逊的不完全统计，高尔顿生平著书 15 种，撰写各种学术论文 220 篇，涉猎范围包括地理学、天文学、气象学、物理学、机械学、人类学、民族学、社会学、统计学、教育学、医学、生理学、心理学、遗传学、优生学、指纹学、照相术、登山术、音乐、美术、宗教等，是一位百科全书式的渊博之士。

对于日新月异地发展着的现代科学与社会来说，高尔顿的许多工作已经成为维多利亚时代的遗迹了。他的主要失误在于低估了人与社会的复杂性，过分地夸大了生物学原理的适用范围，而他所借重的数学工具在那个时代还不足以保证能够得到充分可靠的统计结果。当然，我们也不应排除阶级偏见和种族意识对他的影响。举个例子说，他根据自己对英国显赫家族谱系的调查得出妇女的智力比男子低的结论，但是忘记了社会习俗对妇女的抑制已扭曲了他的统计结果；再如，他认为美洲黑人的智力等级一般要比盎格鲁－撒克逊人低，这是无视政治、历史、经济诸般因素而将文化与智力混为一谈所导致的错误。我们只需对他的工作作一点细心的研究，就不难找出他是在什么地方失足的。

但是长期以来，我国学术界对高尔顿的批判却不是基于对其原始工作的研究与分析，而是简单地套用一类童话剧式的模式展开的。更令人遗憾的是，直到今天，我们对高尔顿的思想和工作还缺乏全面的了解，当然也就谈不上对他的功过作出公允评判了。关于高尔顿历史功过的争论，绝大多数是围绕着优生学而展开的。应该看到，优生学在其早年确实带有某些非科学的成分，它们也曾被种族主义者利用来推行其反动政策，希特勒就是在优生的名义下屠杀了数百万犹太人。因而，不承认种族主义和法西斯暴行与优生学早期所包含的非科学成分有关是不符合历史实际的。但是，把优生学与种族优越论、阶级优越论说成是“一路货色”，给高尔顿简单地扣上一顶“资产阶级学者”的帽子也是不能令人信服的。正如波林所说，高尔顿创立优生学的目的是“要推翻时人的宗教的武断，而代以从所应努力的目标，即进化的信仰，他所主张的人类努力的目标，并非天国，而为超人”。事实上，自从优生学问世以来，一些坚持科学立场的学者就对其遭到滥用的后果有着清醒的认识，并且把这种滥用与高尔顿的理想截然分开。正如日本学者木村资生在《进化遗传与人类的未来》一文中所说的那样：“优生学是达尔文的表弟弗朗西斯·高尔顿从理想主义出发提出来的，但一时曾被纳粹德国的非科学的、无人道的民族政策所滥用，因此优生学也就面目全非了。然而，从以分子遗传学的发展为标志的近代生物学的革命和进步来看，在人类生活发生巨大变革的今天，对于优生学问题，应该从新的立场来重新加以认真的研究。”

值得庆幸的是，从事这种“认真的研究”的环境在我国已经出现，优生学作为一门科学正越来越受到人们的重视，有关优生学的一系列临床和实验成果正在逐渐汇入世界的先进潮流。在这种形势下，对高尔顿的较全面了解和公正评价就显得更为重要，何况他的思想和学术成就都不仅仅囿于优生学这一领域。

在结束本文的时候，我们可以说：高尔顿是一位伟大的社会改造的理想主义者，是一位多才多艺的科学家，是 20 世纪许多新思想新成就的源泉。他曾为人类的美好未来而工作，也必将为人类争取更美好的未来发挥作用。

（作者：刘钝　苏淳）

参考资料

[1] F. Galton. Memories of My Life [M] . London， 1908.

[2] F. Galton. Hereditary Genius [M] . London， 1925.

[3] F. Galton. Topical Laws of Heredity in Man ［ J ］ . Pro. Roy. Ins.， 1877.

[4] K. Pearson. The Life，Letters and Labours of Francis Galton ［ M ］ . London，1914–1930.

[5] L.M.Terman. The Intelligence Quotient of Francis Galton in Childhood ［ J ］ . Am. J. psy.28， 1917.

[6] R. S. Cowan. Francis Galton's Contribution to Cenetics ［ J ］ . J. Hist. Bio.， 1972.

[7] H. M. Walker. Studies in the History of Statistical Method [M] . Baltimore， 1929.

[8] J. L. Folks. Ideas of Statistics ［ M ］ . New York， 1981.

[9] E. G. 波林 . 实验心理学史 ［ M ］ . 高觉敷，译 北京· 商务印书馆，1981.

[10] 洛伊斯 · N. 玛格纳 . 生命科学史 ［ M ］ . 李难，崔极谦，王水平，译 . 武汉：华中工学院出版社，1985.

约翰·詹姆斯·奥杜邦

（John James Audubon，1785—1851）

约翰·詹姆斯·奥杜邦

博物学家的多重形象

新华网曾发布这样一则消息：

> 当天，纽约市佳士得拍卖行展出《美国鸟类》一书珍藏本。该珍藏本将于4月20日在纽约进行拍卖。《美国鸟类》由美国鸟类学家、画家和博物学家詹姆斯·奥杜邦在1827年创作，真实描绘了400多种生活在美国的鸟类，其画作大小与实物完全一样。该书曾被誉为19世纪最伟大和最具影响力的著作，目前世界上仅存119本。其中由私人收藏的一本在2010年英国伦敦拍卖会上拍出了将近732.13万英镑（约合人民币7657.79万元）的高价，成为“世界上最昂贵的图书”。

事实上，约翰·詹姆斯·奥杜邦的《美国鸟类》曾多次刷新书籍的拍卖纪录。例如，2000年《美国鸟类》的原版书在纽约克里斯蒂拍卖行以880.25万美元的高价成交。这些数字在一定程度上代表了现代人对该书的珍视。《美国鸟类》也确实被誉为“美国珍宝”，由美国国家艺术馆和美国费城自然博物馆等机构收藏，并定期向公众展示。当然，早在19世纪，该书就受到各国王室贵族和著名学者的喜爱。在日本幕府末期，美国海军军官佩里曾将该书当作礼物带到日本，使其成为对当时日本博物学造成影响的少数外国书籍之一。

那么，这究竟是怎样的一本书？作者奥杜邦又是何人？他和传统意义上的鸟类学家不同，不仅获得相当多的荣誉，也为更多人所知，他在美国几乎家喻户晓。这不仅仅是因为他的《美国鸟类》和鸟类研究成果，更是因为他以独特的方式推动了鸟类文化和鸟类保护工作的发展。国外已有很多关于奥杜邦的传记和研究，国内也有一些关于《美国鸟类》和奥杜邦的说明，也出版了数本以奥杜邦的鸟类绘画为基础的书籍。这虽然使奥杜邦为国人所知，但奥杜邦究竟完成了哪些鸟类研究工作？

他是如何开展这些工作的？他又对美国鸟类文化造成了何种影响？这些仍需要更多的探讨。因此，本文试图介绍奥杜邦的鸟类研究成果以及他为美国鸟类文化所作出的贡献。

一、美国鸟类知识的呈现：《美国鸟类》和《鸟类学纪事》

1. 著作的出版：《美国鸟类》和《鸟类学纪事》

奥杜邦一生出版了多部博物学著作，其中与鸟类相关的有《美国鸟类》《鸟类学纪事》《北美鸟类总览》，以及《美国鸟类》和《鸟类学纪事》合并出版的7卷本，还有他为威尔逊的《美国鸟类学》增添的内容。其中，影响较大也更广为人知的是前两部著作：《美国鸟类》和《鸟类学纪事》。奥杜邦一生都热衷于绘画和观察，也在旅途中撰写日记。他所绘制的鸟类绘画大部分编入《美国鸟类》一书中。他的日记则包含大量鸟类、哺乳动物以及人文景观的记录。其中关于鸟类的那一部分内容则形成了《鸟类学纪事》，与《美国鸟类》的绘画一一对应，提供图片之外生动而详细的文字说明。

《美国鸟类》一书的出版先后经历了12年的时间。1826年，奥杜邦前往英格兰，他的第一幅版画《火鸡》随之问世。随后，精美的版画经由奥杜邦的画笔、雕版工人的刻刀和上色工人的手一一呈现。为了获得更多的订阅者，奥杜邦按册发行该书，每册包含5幅画。这5幅版画中包含一幅大型鸟类、一幅中型鸟类及三幅小型鸟类，其中可能有一幅包含之前未曾描述过的鸟类。每册售价2几尼，最终共发行87册，合435幅版画。1838年，《美国鸟类》全部出版，分为4卷，绘制了489种共1065只鸟类图画。关于该书的特点，奥杜邦曾在1827年3月17日的《简介》中写道：该出版物采用双象对开本的形式出版，纸质优良；雕版和原画大小相同，都体现了鸟类及其他物品的自然大小；每幅版画都依原图慎重填色；等等。

由于《美国鸟类》出版大获成功，1831年奥杜邦开始筹划出版《鸟类学纪事》。该书由苏格兰鸟类学家麦吉利夫雷担任编辑。他是研究鸟类的专家，也是第一位以博物学为职业的博物学家。奥杜邦在该书第1卷的序言里称赞麦吉利夫雷“受过良好的人文教育，对自然科学也十分热爱，帮助他完善了科学细节，使粗糙的《鸟类学纪事》变得流畅”。1839年，《鸟类学纪事》5卷全部出版，共计3500页。它是《美国鸟类》的文本说明，包含大量鸟类的生境、习性和行为的描述，以及美国各地的人文风景介绍。1841年，奥杜邦回到纽约，将《鸟类学纪事》与《美国鸟类》合并，出版了图文并茂的缩小版——皇家八开本版。1844 年，该书共出版 7 卷，采用石版印刷的方式，比之前的两个作品多涉及 65 种鸟类。

2. 鸟类研究者奥杜邦：关注命名

18、19 世纪，命名和分类都是鸟类研究十分关注的问题。奥杜邦虽未从事分类研究工作，却热衷于鸟类命名。就其命名方式而言，在英文俗名方面，他采用了以人名为名的习惯；在学名方面，他则完全采纳了林耐的双名法。在他的所有鸟类作品中，他总共提出了 91 个新的鸟名，其中有 57 个以人名为名。比如，第 5 幅版画波拿巴霸鹟（Bonaparte's Flycatcher），学名为 Muscicapa Bonaparth。这种命名方式在 19 世纪初期十分盛行，所采用的人名不仅包括命名者、发现者、描述者、杰出的博物学家，还有命名者的亲人、朋友和助手等。

奥杜邦不仅热衷于命名，还十分重视命名的准确性。在《美国鸟类》中，奥杜邦共命名了 47 种鸟类，随后却由于某些原因放弃了其中一些名字。在《鸟类学纪事》中，奥杜邦也修订了一些《美国鸟类》中的名字，其中包括一些写法上的改变，如 Fly Catcher 与 Fly-Catcher 的替换。不过，他做得更多的是修正一些命名。例如，在《美国鸟类》的第 160 幅版画中，鸟类的英文俗名为黑冠山雀（Palm Warbler），学名为 Parus Atricapillus。在出版《鸟类学纪事》时，奥杜邦和多位著名学者讨论后确定其为另一个物种，英文俗名定为卡罗来纳山雀（Carolina Titmouse），学名改为 Parus Carolinensis。在第 163 幅版画中，鸟类的英文俗名为棕榈林莺（Palm Warbler），学名为 Sylvia palmarum。在《鸟类学纪事》中，奥杜邦将其重新鉴定为红顶黄林莺（Yellow Red-poll Warbler），学名为 Sylvia petechia。

尽管奥杜邦十分重视鉴别和命名，但由于所处时代的局限性，以及鸟类命名本身就在不断地发展，如今他所采用的鸟类名字也发生了很大的变化。据卢卡斯记载，在 1889 年的美国鸟类名录中有 33 种是由奥杜邦命名的。而在 1992 年出版的《从奥杜邦到克桑图什》中，作者指出奥杜邦命名了 20 种北美鸟类的英文俗名或学名。那些奥杜邦提出的鸟类名字有一些被认可、沿用，另一些则被取消。而那些被取消的鸟类名字要么已被命名或者只是杂交种，要么是已知物种的亚成体或雌鸟。例如，奥杜邦绘制的华盛顿鹰（Washington's Eagle）就是白头海雕（Bald Eagle）的亚成体，而塞尔比霸鹟（Selby's Flycatcher）则是黑枕威森莺（Hooded Warbler）的雌鸟。

由上文可知，奥杜邦十分关注鸟类研究的学术问题。可是，他和当时的学院派鸟类学家不同。他热衷于荒野，并没有在博物馆内研究各种鸟类标本。他的作品也不像布里松的《鸟类学》那样关注分类，也没有构建或应用任何分类体系。尽管热衷于命名，但比起林耐，奥杜邦只命名了少量的美国鸟类。一些学者也认识到奥杜邦的这些特质，并认为比起分类和命名，奥杜邦更大的贡献在于他对鸟类的生动描述。例如，弗雷德里克·居维叶曾说道："奥杜邦先生不是（专注于分类的）博物学家，他是灵巧的画家和聪明的观察者。也许正是因为他对研究自然（如分类）十分陌生，才使他创作出如此新颖的博物学作品。"因此，奥杜邦最终在欧洲获得了极高的评价，并得到了诸多荣誉。例如，在法国科学院的报告中，乔治·居维叶曾高度评价其著作：它（指《美国鸟类》）是"鸟类学上最宏伟的丰碑，如果奥杜邦能完成这部伟大的著作，这会使我们益发感到美国的科学进步将凌驾于旧大陆之上"。他也因其鸟类著作成为爱丁堡皇家学会、鸟类学会、林耐学会和英国皇家学会等学会的会员。那么，奥杜邦为何会获得如此多的荣誉和如此高的评价？肯定不仅仅是因为其鸟类研究成果。为回答这个问题，需要回到 18、19 世纪的博物学文化中去考察奥杜邦的博物学活动及其影响。

二、探索异域：奥杜邦在美国的鸟类考察活动

自哥伦布发现新大陆以后，美洲大陆便因其丰富的自然资源吸引着欧洲人前往该地。而文艺复兴之后，欧洲的博物学也得到长足发展。它是完全不同于数学、物理的科学。只要接受过良好的教育，任何人都可以参与其中，并获得乐趣。因此，博物学在欧洲逐渐发展成为一种时尚的消遣，博物学活动也成为一种社交方式，从事该活动是绅士的标志之一。随着海外殖民和全球贸易的开展，许多人前往欧洲以外的地方开展博物学活动。一些人为了获得金钱和荣誉，服务于政府、研究机构或公司，前往世界各地收集自然之物。一些人则热衷于旅行、探险，并在途中发现新奇之物。作为博物学的重要分支之一，鸟类研究也顺理成章地受到欧洲人的青睐。因此，在这种文化氛围中出生、成长的奥杜邦，也不可避免地热衷于博物学活动。因此，在美国的考察活动不仅是奥杜邦的绅士爱好，也是他探索博物学知识的重要手段，更是他推销自己，塑造对知识权威性的主要依据。

1. 法国爱鸟者奥杜邦：立志撰写美国鸟类著作

1785 年 4 月 26 日，奥杜邦出生于圣多明各的奥克斯·卡宴斯。[1] 其父为法国海军

1　此地又名里斯·卡宴斯，现称为海地。

军官杰·奥杜邦，其母为珍妮·拉宾。尽管其母的身份存有争议，但可以确定的是，她在奥杜邦出世6个月后就去世了。奥杜邦的父亲善于结交权贵，组建了一支船队，在法国的多处殖民地都拥有资产，家境比较殷实。因此，1788年回到法国后，奥杜邦可以享受比较舒适的生活，并接受较好的教育：数学、绘画、地理、剑术、舞蹈和音乐等。奥杜邦的养母也十分疼爱他，支持他和同伴去林间玩乐，并带回鸟卵、鸟巢等自然之物。奥杜邦的父亲尽管对他的学业不太满意，但也很欣赏他的收藏并夸赞他的品位，还指导他观察鸟类。奥杜邦自己也曾回忆道：他对鸟类的热爱可以追溯到孩提时代，他“觉得我和它们十分亲近……我几乎疯狂地喜爱它们，而这种疯狂伴随了我一生”。由此可知，奥杜邦从小就对博物学充满兴趣，尤其热衷于探索鸟类。在法国南特生活的那段时间，奥杜邦也学习绘画和观察自然，并完成了200多幅法国鸟类的草图。

1803年，为躲避拿破仑的征兵，奥杜邦前往美国的密尔格洛夫管理其父的庄园。比起欧洲的鸟类，美洲的鸟类种类更丰富，色彩更绚丽，也拥有更多的猛禽。因此，美洲鸟类深受欧洲中上层阶级和学者的喜爱，很多前往美洲的欧洲人都热衷于收集、记录和描绘美洲鸟类。在奥杜邦之前，丹尼斯、巴特拉姆和凯茨比等人都从事过相关的考察和研究。不过，对欧洲人而言，广阔的美国仍有许多未探索的地区和大量未知的鸟类，是一个博物学家可以有所作为的地方。受这些因素的影响，奥杜邦在前往美国的途中就产生了要创作关于美国鸟类的伟大著作的理想。

由于奥杜邦并没有接受过专业的博物学考察训练，在抵达美国之初，他的考察方式和那些前辈相似：要么在生活的闲暇时光里狩猎，观察并绘制鸟类；要么外出旅行探险，前往偏远地区寻找新奇的鸟类。1804年，奥杜邦首次在美洲大陆上对灰胸长尾霸鹟（Eastern Phoebes）进行环志实验，并通过仔细观察发现其迁徙行为。他也越来越熟悉动物标本剥制技术，并创造了新的鸟类标本制作方法。他还开始建立自己的自然博物馆，在屋内放满了标本，墙壁上也挂满了掏空的鸟卵和绘好的鸟画。1805年，奥杜邦返回法国，遇到了博物学家德奥尔比尼，并从他那儿学习了标本剥制技术和一些科学研究方法。1806年，为求娶露西·贝克威尔，奥杜邦前往纽约进行投资。在纽约期间，他游历各地，收集了大量鸟类和其他自然珍品，并在纽约的寓所中剥制了许多鸟类标本。后来，由于投资失败，奥杜邦返回密尔格洛夫，开始计划西部之行。在当时的欧洲人看来，美国的西部仍是蛮荒之地，有大量的印第安土著生活在那里，也有大量未发现的鸟类。

2. 爱好者奥杜邦：寻找鸟类的早期探险

1807 年，奥杜邦和生意伙伴罗齐尔前往肯塔基的路易斯维尔。在此期间，奥杜邦把大部分时间用于狩猎、采集和绘画，生意则交由罗齐尔负责。1810 年，亚历山大 · 威尔逊劝说奥杜邦订阅其著作《美国鸟类学》，并一起狩猎、交流鸟类研究情况。同年 12 月，奥杜邦和罗齐尔前往密西西比的圣杰纳维夫考察。途中，他曾参与印第安人的狩猎，并学习印第安人的狩猎和剥制技巧，也十分享受这段时光。1811 年，奥杜邦返回亨德森，随后曾一度获得经济上的成功。不过，受限于整个大环境的恶劣情况，在 1818 年奥杜邦的父亲去世之后，他的经济情况变得非常糟糕。1819 年，奥杜邦在路易斯维尔因债入狱，最终不得不宣布破产。此后，奥杜邦只好以教授绘画和绘制肖像为生，但一有机会他就到野外采集标本并绘制鸟画。

尽管面临生计问题，奥杜邦却开始将生活的重心转移到鸟类考察和研究上。其妻露西深信他能完成伟大的作品并获得成功，对他的探险考察活动也大力支持。1820 年，奥杜邦在辛辛那提的博物馆暂时担任标本剥制师。同年，他首次公开展示其绘制的鸟类绘画，并开始按照鸟类的真实大小绘制美国鸟类图集。随后，他和梅森一起沿俄亥俄河和密西西比河考察，最终抵达新奥尔良。1821 年，奥杜邦在新奥尔良附近的欧克利庄园教授绘画，并进一步提升绘制鸟类的技巧：水彩画、铅笔画和水粉画。次年，奥杜邦和梅森从新奥尔良出发考察，经沙拉河口、肯塔基、纳齐兹等地抵达路易斯维尔。在此期间，他还在斯滕的指导下学习油画技巧。

1824 年，奥杜邦抵达费城寻求出版支持。在此，他为新泽西钞票绘制鸟画，这也是他首个公开出版的作品。尽管他的作品获得了许多人的赞扬，奥杜邦却因为奥德等人的反对，未能在此获得出版支持。他只好继续探险考察，经奥尔巴尼、华盛顿、波士顿等地抵达尼亚加拉大瀑布附近。随后，他再乘船去伊利湖，经米德维尔抵达匹兹堡。最后，他沿俄亥俄河南下，抵达辛辛那提，拜访路易斯维尔的故居后抵达沙拉河口。在此，他和妻子露西团聚，开始筹集前往英格兰出版鸟类学巨著的费用。1826 年 5 月，奥杜邦离开美国，前往欧洲。他先后在利物浦、曼彻斯特、马特洛克、贝克韦尔、爱丁堡、伦敦、巴黎等地开设画展。同时，他还拜访当地的学者、画家、富豪和贵族，商议出版事宜并寻求订阅者。最终，奥杜邦的著作在欧洲引起了巨大轰动，并获得了诸多荣誉。

3. 探险者奥杜邦：为出版著作进行专业考察

在英格兰获得了成功后，为发现更多的鸟类，也为了给作品提供更丰富的材料，奥杜邦多次往返英格兰和美国。在这一阶段的考察活动中，他要么参考政府组织的探险活动，要么自己组织队伍探险，并携带助手为其采集标本、鸟卵和鸟巢等，他因而可以将重心放在鸟类记录和绘画上。

1829年，奥杜邦从纽约出发，先后在新泽西的大卵港和宾夕法尼亚的大松林进行考察绘画。回到费城后，奥杜邦继续以猎鸟、画鸟和制作标本为乐。莱曼则担任其助手，为他绘制鸟画中的植物和背景。这一时期，奥杜邦的作品在美国也获得了重视。《美国科学与人文杂志》称"《美国鸟类》的前49幅版画是一份无与伦比的伟大作品"。1830年，奥杜邦曾受邀前往白宫和杰克逊总统共餐。随后，奥杜邦携妻前往英格兰，并筹划出版了《鸟类学纪事》的第1卷。

1831年，奥杜邦返回纽约。在莱曼和标本剥制师沃德的陪同下，他参加了前往南部的采集之旅。奥杜邦从纽约出发，前往佛罗里达进行狩猎、绘画和写作。在此期间，他乘坐联邦的船只分别在圣奥古斯丁、圣约翰河上游林区、砂岛和基维斯特等地考察，然后返回费城。1832年，奥杜邦经纽约和波士顿，前往加拿大新不伦瑞克省和与之接壤的美国缅因州，考察芬迪湾后返回波士顿。在此，他绘制了著名的画作《金雕》。1833年，奥杜邦携带5位助手，雇船从伊斯特波特出发，经缅因州抵达拉布拉多，分别在海豹泥岛、杰西卡岛、英托里湾、圣约翰湾等地考察，再经皮克图、哈利法克斯、新斯科舍等地返回纽约。随后，奥杜邦前往查尔斯顿，与朋友巴赫曼在那里度过了愉快的冬天。1834年，奥杜邦携妻、子离开纽约前往利物浦。在此期间，他继续寻求订阅者，并写作《鸟类学纪事》第2卷和第3卷。

1836年，奥杜邦返回美国。在抵达费城后，他参观了纳托尔和汤森德在美国西部的落基山及其附近获得的珍奇鸟类。随后，他经波士顿、塞勒姆抵达华盛顿，并获得了参加墨西哥湾探险的机会。然后，奥杜邦再次前往查尔斯顿，在此狩猎和绘画。1837年，奥杜邦携助手哈里斯前往佛罗里达的彭萨科拉、得克萨斯的加尔维斯顿湾、路易斯安那的巴拉塔里亚湾和休斯敦以及新奥尔良等地考察，最终返回查尔斯顿并再次前往利物浦。在此期间，他完成了《美国鸟类》的最后100幅画、《鸟类学纪事》的第4卷和第5卷以及《〈美国鸟类〉总览》。

1839年冬，奥杜邦携眷返回纽约定居。随后，奥杜邦开始筹划出版《美国鸟类》的八开本版以及《北美胎生四足动物》一书。1842年，奥杜邦举家迁至明妮之家。同年9月，奥杜邦前往新英格和加拿大等地寻求订阅者，随后发表了一份《北美胎生四足动物》的简要说明。12月，为发现更多的标本，奥杜邦开始准备到西部大草原探险。1843年，奥杜邦携助手哈里斯、植物艺术家斯普拉格、标本剥制师贝尔和斯夸尔斯前往圣路易斯考察。他们经过密苏里河上游地区，深入印第安人的领地，最终抵达黄石河入口联合港，并在此进行狩猎和绘画。这一路上，奥杜邦深入荒野考察，却渐感体力不支，于当年返回明妮之家，安享晚年。

由上文可知，无论是早期探险还是专业收集，奥杜邦在美期间从未停止其鸟类考察活动。这些探索经历为其著作提供了创作素材和灵感，是完成其著作的基础。奥杜邦这种深入荒野、持续探索的精神也深受欧洲人赞赏。德·埃斯林亲王就曾对他感叹道："多次听闻有一位山林中人，许多画都出自他的手笔，原来就是你。"总体而言，比起他的前辈，奥杜邦考察的地域更广阔，因而能够把更多的美国鸟类呈现在世人面前。这些来自异域的鸟类信息和深入荒野的探险精神使奥杜邦为他人津津乐道，也使他成为传奇人物。当然，奥杜邦获得如此巨大声誉的原因不止于此，更因为其作品贴近公众，激发了大量公众对鸟类的热爱。

三、公众领域对奥杜邦的响应

1. 艺术家奥杜邦：兼具科学性和艺术性

奥杜邦的著作为许多学者提供了详细的数据，也获得了很多赞誉。例如，波拿巴在其书中写道："古尔德先生和奥杜邦先生关注这两个地区的鸟类学，他们的伟大作品被认为是这个主题的标准作品，因而在整个名录中我引用他们的图画作为研究物种的典型。"达尔文也在《物种起源》中引用了奥杜邦对军舰鸟习性的描述，以及他对鹭食用种子的描述。此外，《美国鸟类》中也有两种鸟类以奥杜邦为名，分别是第395幅版画的奥杜邦林莺（Sylvia auduboni）和第417幅版画的奥杜邦啄木鸟（Picus auduboni）。

除去学界的认可和引用，奥杜邦对鸟类研究和鸟类文化的贡献更多在于他对公众的影响。《美国鸟类》是奥杜邦的成名作。该书采用了独特的绘画风格，不仅可以提供丰富的鸟类信息，还可以提供绘制更漂亮的鸟类绘画。奥杜邦将每一种鸟类与其生境中的特色草木一起绘制，以展示其栖息地和摄食习性等。例如，第143幅版画的金冠鸫（Golden-crowned Thrush，Turdus aurocapillus）就和欧白英（Woody Nightshade，Solanum dulcamara）绘制在一起。同时，奥杜邦的鸟类绘画还很注重鸟类的真实形态，比那些按照标本绘制的僵硬鸟画（如布里松的著作）更具美感。总而言之，它们不仅色彩更丰富，姿态、形状、大小更准确也更富有生机。这种绘画方式深受公众喜爱，因而《美国鸟类》得到了王室、贵族和富豪的青睐，拥有包括国王在内的订阅者。如今，该书更是一再出版，销量甚佳。

此外，针对公众认识和鉴别鸟类容易产生的疑惑，奥杜邦也完成了十分细致的绘画。例如，针对两性异形的问题，他在一些画中同时绘制了雌鸟和雄鸟，如第187幅版画的宽尾拟八哥（Boattailed Grackle）。针对那些外部特征比较相似的鸟类，奥杜邦则把它们绘在一起，并明确画出区分的特征，如第353幅版画的栗背山雀（Chesnut-backed Titmouse）、黑头山雀（Black-capt Titmouse）和栗顶山雀（Chesnut-crowned Titmouse）。他还绘制了成鸟和幼鸟，在区分成鸟、幼鸟的同时展示鸟巢以及鸟类的喂食育幼行为。为避免读者产生疑惑，奥杜邦十分重视其表述的科学性和准确性。在每一幅画中，奥杜邦都给出了翔实、严谨的信息：绘者（奥杜邦），鸟类的英文俗名、学名和命名者，鸟类的性别，以及雕刻师和上色工等人的名字。在《鸟类学纪事》中，他也给出了英文俗名、学名和命名者，鸟类的性别，以及长达数页的细致描述。这些关注鸟类分布、行为和生活志的内容，尽管被当时热衷于利用标本分类的鸟类学家所忽视，但在布丰看来，它们是探索自然分类体系所必需的内容。自然作家巴勒斯也在《醒来的森林》中多次引用奥杜邦的描述，并称赞“奥杜邦的著作是迄今最详尽、最精确的著作……他对承担的工作所投入的热情与献身精神，在科学史中鲜有人可以匹敌”。

总而言之，奥杜邦的《美国鸟类》和《鸟类学纪事》不仅获得了学者的认可，更充分考虑了公众的需求，因而受到广大鸟类爱好者的喜爱。这些精致的绘画和优美的文字不仅为他们提供了丰富的信息，促进了鸟类知识的传播，还激发了更多人对鸟类的热爱。例如，年轻的鸟类爱好者（也是后来的鸟类学家）布鲁斯特、迪恩和亨肖就十分推崇奥杜邦。他们创建了美国第一个鸟类学会——纳托尔鸟类俱乐部，并经常在聚会上讨论奥杜邦的《美国鸟类》。

2. 鸟类保护者奥杜邦：成为鸟类保护的代名词

奥杜邦对美国鸟类保护运动也产生了重要影响。热衷于田野的博物学家往往是对环境最为敏感的一群人，因而关注鸟类的奥杜邦也是最早察觉到美国鸟类数量锐减的人之一。奥杜邦热爱鸟类，不仅热爱鸟类背后所代表的知识，也热爱鸟类这个生命本身。因此，他曾在日记中多次提到对采卵者的厌恶，并敲响了关注鸟类屠杀和栖息地破坏的警钟。虽然奥杜邦并没有从事真正意义上的鸟类保护活动，但他敏锐的观察和细腻的情感影响了大量的读者，让他们不仅认识鸟类，也切身感受鸟类的生命力。同时，他的名誉和声望也拥有极大的号召力。因此，在他去世 30 年后，他的名字“奥杜邦”非常恰当地延续了他的思想，开始聚集力量并开启了保护行动。

19 世纪下半叶，越来越多的人产生了与奥杜邦同样的担忧。因此，1886 年，奥杜邦妻子露西的学生格林内尔组建了第一个奥杜邦协会，并向奥杜邦致敬。这个协会明确提出“保护鸟类”的口号（期刊封底上写着 Audubon Society for the Protection of Birds)，并反对大规模的鸟类屠杀和羽毛贸易。随后，各地纷纷建立奥杜邦分会。1887 年 2 月，该协会发行了第一期刊物《奥杜邦杂志》。这份杂志不仅以奥杜邦为名，也选用了奥杜邦的肖像作为封面。在内容上，格林内尔也充分利用了奥杜邦的影响力和知名度，以获得读者的认可并调动他们的情绪。于是，第一次奥杜邦运动在全国范围内得到了关注。科学家、标本收集者、狩猎者[1]纷纷支持保护鸟类，反对羽毛贸易。可是，随着保护运动的推进，科学家的收集行为也遭到质疑，鸟类学家、标本制作者和保护者的关系变得紧张。最终，由于担心鸟类保护会影响科学家科研的权利，三者之间的张力导致第一次奥杜邦运动衰落。随之，《奥杜邦杂志》停刊，协会也因面临诸多社会、经济问题而被迫解散。1896 年，在达彻的支持下，海明威再次组建马萨诸塞州奥杜邦协会，其他各州也纷纷效仿并推动了第二次奥杜邦运动的开展。1905 年，达彻组建了国家层面的奥杜邦协会联合会，也就是现在的美国奥杜邦协会。它开展了一系列的鸟类保护和鸟类调查活动，试图通过立法和自然教育改变公众对鸟类的认识。

因为奥杜邦协会和奥杜邦运动，如今“奥杜邦”一词已经成为鸟类保护的代名词。在奥杜邦协会的影响下，美国有很多地方都以奥杜邦为名，比如奥杜邦学校、奥杜邦公园、奥杜邦动物园、奥杜邦鸟类保护区、奥杜邦自然学院和奥杜邦博物馆等。它们不仅使奥杜邦这个名字家喻户晓，更使奥杜邦热爱自然的形象深入人心。除此之外，各界都以自己的方式纪念这位伟大的博物学家。1942 年，为致敬奥杜邦，奥杜邦艺术家协会成立。1969 年，沃伦特意为奥杜邦写诗《奥杜邦：一种意象》。1985 年，为纪念奥杜邦诞辰 200 周年，很多国家都发行了以其鸟类绘画为主题的纪念邮票。2011 年 4 月 26 日，为庆祝奥杜邦诞辰 226 周年，谷歌在其全球主页上设置了以其绘

---

1 狩猎者是指那些不专门以猎杀、售卖动物为生的人。对他们而言，狩猎当然可以提供食物，但更重要的是，狩猎是一种娱乐方式，或者说是获得标本的手段。反过来，以猎杀动物来获取经济收入的人则称为猎人，也就是这场运动所反对的对象之一。

画为主题的涂鸦。现在，仅存的 119 本《美国鸟类》原版书大多保存在各个博物馆，并定期向公众开放展示。

四、结语

回顾博物学家奥杜邦充满传奇的一生，我们可以发现：他是一位探险者、狩猎人、艺术家，也是一位鸟类研究者、观察者和保护者。他在逆境中战胜困难，前往美国荒野探险，敏锐地观察鸟类和自然。他拥有高超的绘画技巧，创作了无与伦比的鸟类绘画作品。他热衷于狩猎，却又对保护有着深切的欣赏和关心。他的形象如此多样，尤其是探索者、艺术家和鸟类保护者的形象，使其获得了不同于许多鸟类学家的声誉。这是 18、19 世纪博物学盛行时期所特有的现象，它使奥杜邦有机会成为美国鸟类研究的先驱，并被广大公众热爱。奥杜邦的成功在很大程度上反映了博物学鼎盛时期人们对自然知识的追捧，尤其是欧洲学者和中上层阶级对异域知识的热爱。与此同时，奥杜邦不仅为其他学者提供了研究美国鸟类的丰富信息，也通过鸟类研究为自己获得了话语权、经济独立和社会地位。更重要的是，他用自己独特的方式影响了鸟类研究在公众心目中的形象，促进了美国鸟类文化的发展。

（作者：刘星）

参考资料

[1] 约翰 · 詹姆斯 · 奥杜邦 . 鸟类圣经 [M] . 西安：陕西师范大学出版社，2011.

[2] 约翰 · 詹姆斯 · 奥杜邦 . 奥杜邦鸟类全鉴 [M] . 北京：机械工业出版社，2014.

[3] 奥杜邦 . 飞鸟天堂 [M] . 帅凌鹰，译 . 北京：北京大学出版社，2011.

[4] J. J. Audubon，R. W. Buchanan. Life and Adventures of Audubon the Naturalist [M] . London：S. Low，Son，& Marston，1868.

[5] 朱迪丝 · 马吉 . 大自然的艺术 [M] . 杨文展，译 . 北京：中信出版社，2013.

[6] J. J. Audubon. Ornithological Biography [M] . Vol.1. Edinburgh：Adam Black，1831.

[7] A. Ford. John James Audubon：A Biography [M] . New York：Abbeville Press，1988.

[8] B. Mearns，R. Mearns. Audubon to Xántus：The Lives of Those Commemorated in North American Bird Names [M] . London：Academic Press，1992.

[9] W. Stone，J. J. Audubon. A Bibliography and Nomenclator of the Ornithological Works of John James Audubon [J] . The Auk，1906.

[10] J. J. Audubon. Ornithological Biography [M] . Vol.2. Edinburgh：Adam & Charles Black，1834.

康拉德·洛伦茨

（Konrad Lorenz，1903—1989）

康拉德·洛伦茨
与鸟兽虫鱼的亲密对话

1973 年的诺贝尔生理学或医学奖授予了康拉德·洛伦茨、尼可拉斯·廷伯根和卡尔·冯·弗里施，以表彰他们对“行为学尤其是对建立一个统一的动物和人类行为的进化理论的贡献”。这一次的颁奖意义非同寻常，因为比较行为研究本身就是一个有争议的领域，尤其当该领域延伸到人类自身时。但正因为如此，将视线集中于获奖者的成长轨迹来回溯行为学理论的创立，就更是一件值得做的事情。本文的主人公是洛伦茨，之所以选中他，是因为对于行为学理论的创立来说，他的贡献更为突出。他被称为“雁鹅之父”（又译作“灰雁之父”）。据奥地利的一份画报周刊的民意调查，他被看成是奥地利的“真正的”科学家，其名望排在了薛定谔、维特根斯坦和弗洛伊德的前面。要知道，后几位都是在全世界有影响的奥地利学者。推崇他的人把他与达尔文相提并论，有一篇文章甚至称赞他为“20 世纪最伟大的人文主义者之一”。在环境保护方面，他以一个生态社会的批评者闻名，他不但强烈反对在茨温腾多夫建立核电站，也过深地卷入了在多瑙河畔建立最后一块河谷草地风景区的活动。由于他的不懈的努力，他成了“奥地利的良心”。

与任何伟人一样，他具有多面性。他在纳粹德国时期的许多做法颇遭非议。他自己的说法与后来找到的档案材料并不完全相符。他的学说产生了很大影响，但其书写得并不是高深莫测，相反，却非常好读，他知道如何让读者对他的叙述感兴趣。这个被捧到天上或摔在地上的人究竟是如何成长的？

一、成长的足迹

1903 年 11 月 7 日，康拉德·洛伦茨出生于奥地利首都维也纳附近的阿尔滕伯。这是一个美丽的地方，用洛伦茨的话来说，是“博物学家的乐园”。多瑙河从它的中央穿过，因为河水每年要泛滥一次，所以，这儿不但人烟稀少，且附近的土地也少有人耕作，这样一大片原始的生境，成了各种野生动物的天堂。也许洛伦茨从小表现出的对动物着迷般的爱，正是与这样的世外桃源式的环境分不开的。值得一提的是，他的父母对其对动物着迷般的爱表现出了极度的宽容。他常常会在放学回家的路上带一些不常见的小动物回家，有时它们把家搅得不成样子，但他的父母见状总是摇摇头、叹叹气就算了。正是在与鸟兽虫鱼的亲密对话中，洛伦茨学会了生活。

童年时的洛伦茨曾有过一个保姆，她叫蕾西，是一个农民的女儿，她极其善于照料动物。有一次，洛伦茨的父亲在散步回来时带回了一条有斑点的蝾螈，后来它产下了 44 个幼体，正是蕾西将其中的 12 条抚养至了变态阶段。洛伦茨说，正是这一奇迹决定了他未来的志向，那年他才 4 岁。不过还有一个因素也极富有传奇性。在听人读了《尼尔斯骑鹅旅行记》后，他渴望变成一只野生鹅，当意识到这一点无法实现后，他决意要拥有一只鹅，当明白这也无法实现后，他无奈地接受了拥有一只鸭子这一事实。从一个邻居那儿，洛伦茨得到了一只出生才一天的鸭子，使他大为惊奇的是，这只雏鸭竟从此跟定了他。这就是“铭印”　后来成为洛伦茨的一项重要研究内容，但此时的他却是被鸭子铭印了，因为自那以后，他的兴趣即被锁定在各类水禽身上，使他从小就成为观察水禽行为的行家里手。

十来岁时，洛伦茨读到了一本进化论方面的书，还看到了始祖鸟的图片，这为他一生的学术背景定下了基调：他始终是一个达尔文主义的坚定拥护者，他的学说中贯穿了进化论的思想。他甚至想成为一名古生物学家去发现进化的奥秘。

在学校里，洛伦茨有一个志同道合的朋友：伯恩哈德·赫尔曼。他们同是水生动物爱好者。洛伦茨说，当时赫尔曼有一个重要的发现。当时赫尔曼养了一些富有攻击性的太阳鱼，他发现，当一条雄鱼被隔离一段时间之后，就会杀死视野所及的任何同种个体，无论其性别如何。然而，当赫尔曼在水中放入一面镜子，致使该鱼与镜子中的鱼儿进行打架直至筋疲力尽之后，它立刻就乐于与一条雌鱼进行交配了。这就是说，某一种特定的行动潜能有一种释放机制，这一点给洛伦茨留下了深刻印象。

在完成中学教育后，洛伦茨依然迷恋于动物学和古生物学，然而，他的父亲却要他在医学院深造。1922 年，他来到纽约哥伦比亚大学修了两个学期的医学课程。此举的目的还在于父亲希望他就此中断与青梅竹马的恋人的关系，但这一目的却以失败而告终。因思念恋人，洛伦茨还是回到了欧洲。可以想象，如果洛伦茨在美国完成学业，也许他就无法成为行为学之父了。因为在美国盛行的行为主义理论与行为学是背道而驰的。前者强调后天环境的重要性，后者则注重先天因素的决定性作用。事实证明，洛伦茨的选择无论在事业和生活上都是极为明智的。他的妻子与他一样热爱动物，任凭家里成为各种动物自由出入的天堂而不加干涉。

医学院的课程使洛伦茨受益匪浅。教解剖学的老师费迪南德·霍赫施泰特尔是一个杰出的比较解剖学家和胚胎学家。洛伦茨正是从他那里领略到了比较方法的魅力。洛伦茨迅速意识到，比较解剖学和比较胚胎学不仅比古生物学更有益于解决进化问题，而且正如比较的方法可用于解剖结构的研究一样，这一方法还可用于动物行为的研究。

1927 年 6 月，洛伦茨终于与相爱多年的恋人结婚，当时两人都是医学院的学生。次年，洛伦茨获医学博士学位，成为维也纳大学解剖研究所的助教。此外，他还在动物研究所研究动物学，且参加由维也纳大学心理学家卡尔·比勒牵头组织的心理学学术研讨会。正是在那些研讨会上，洛伦茨意识到自己的工作与心理学中的被广为接受的理论相抵触。他认为，这些心理学家全都不了解动物，他们中没有一个是这方面的专家。

1932 年，通过观察椋鸟，洛伦茨提出了行为可以自发产生的可能性。这是他涉足行为学领域的开端。同时他还产生了一种沉重的使命感，这就是要倡导一门统一的有关动物和人类行为的进化理论。

1933 年，洛伦茨以鸟类飞行为题，获得动物学博士学位。

1935年，霍赫施泰特尔退休，洛伦茨不再担任解剖学系助教。他开始与比勒合作。

还在担任解剖学系助教时，洛伦茨在他的家乡阿尔滕伯就养了不少鸟类动物。其中穴乌地位突出。就在他得到第一只穴乌时，他读到了奥斯卡·海因洛特的《中欧的鸟类》。他立刻意识到海因洛特是一个了解动物行为的专家，海因洛特具有某些心理学家所缺少的东西。海因洛特对于洛伦茨的影响难以估量，我们后文还要提到。

1936 年，在洛伦茨的学术生涯中起到重要作用的雁鹅“玛蒂娜”出场。关于它的故事，我们还要重点提及。正是在那段时间，洛伦茨与廷伯根合作，形成了行为的自发性这一概念（与巴甫洛夫的反射理论相反，即动作不必依赖外在刺激）。这也许可被看作行为学领域中一块重要的基石。

1938 年，纳粹占领奥地利。就像不少奥地利人那样，洛伦茨一开始同情这些入侵者（他甚至成为德意志国家社会主义工人党成员）。也许洛伦茨还存有一个私念，他希望新政府能允许他在阿尔滕伯建立一个威廉皇家研究所。

1940 年，洛伦茨成为柯尼斯堡大学心理学教授（这是康德曾担任过的教职）。这一职务使他有机会更多地接触康德哲学并且考虑有关进化认识论的问题。

1941年，洛伦茨全家迁往柯尼斯堡。10月，洛伦茨应征入伍。当时他是以精神病学家的身份服役。幸运的是，他又遇见了一个极好的老师韦格尔博士，韦格尔是当时少数几个严肃对待精神分析学的精神病学家之一。洛伦茨有机会掌握了大量有关神经机能症（如癔病）以及精神病（如精神分裂症）等的一手资料。当后来涉猎社会领域时，他就以这些知识作为背景来考察当今有点失控的人类文明。

1942年春天，洛伦茨成为苏军的俘虏。他之后在苏联的医院中工作，后来又被派往亚美尼亚。在那儿，他开始写一本有关认识论方面的书。苏联当局允许他进行写作。一天，营地的负责人把洛伦茨叫到办公室，请求他以名誉作为担保，肯定手稿中确实仅有非政治的科学内容。当洛伦茨给予一个肯定的答复后，他被允许带走手稿以及已被他驯服的当地椋鸟。

1948年2月18日，洛伦茨安全返回阿尔滕伯。但他立刻面临失业的境地。幸好有各方朋友相助，家里依然养得起动物，还有热心的年轻人加入这一新兴的研究行列，后来他们都成为出色的行为学家。正是在此期间，迫于生计，洛伦茨写作并出版了两本畅销书，今天它们依旧销路看好，这就是《所罗门王的指环》和《狗的家系》(均有中译本)。

1948年秋天，洛伦茨拜访了剑桥的索普教授，索普已经证明在寄生黄蜂中也存在铭印现象，所以，他对洛伦茨的工作极感兴趣。他认为，洛伦茨在奥地利不可能得到职务，他希望洛伦茨能够考虑在英格兰担任教职。洛伦茨拒绝了，因为他宁可留在奥地利。然而，现实却使洛伦茨失望。事情是这样的：弗里施因为要回慕尼黑，他在奥地利的位置就空了出来，他提议由洛伦茨接任他的职务，系里的同人毫无异议地同意了。然而，奥地利教育部却否决了这项提议，洛伦茨不得不与英国方面联系。这时，德国的马普学会（马克斯·普朗克学会的简称，前身为威廉皇家学会）向洛伦茨提供了一个研究职位，隶属于霍尔斯特所在的系。这是一个艰难的抉择，但最终洛伦茨选择了后者。这是因为他可以带上他的研究助手。不久之后，洛伦茨所在的单位与霍尔斯特所在的系合并，新建一个“马克斯·普朗克行为生理学研究所”。1949年，霍尔斯特召集了第一届国际行为学会议。

洛伦茨的研究事业步入正轨。他开始关注攻击行为的生存功能以及伴随而来的危险效应。鱼类中的攻击行为以及野生鹅类中的联盟现象很快就成为洛伦茨研究的主要课题。当从一个新的角度来考察这些现象时，洛伦茨意识到更详尽的知识是多么必需，所以，他感到自己的动物观察应当揭示新的有趣的事实。

1954年，关于“本能”的会议在巴黎召开。会上，洛伦茨遇见了他在科学上的对手——美国心理学家丹尼尔·莱尔曼。两人就认识论上的先天与后天问题发生了激烈的争论。正如廷伯根所描绘的，行为学家就像被惊动的蜂箱那样发出了嗡嗡声。洛伦茨当然强烈地站在先天认识观上。但若干年后，洛伦茨才意识到他犯的错误其实与莱尔曼一样，就是将先天与后天看作两个分离的、不相容的概念。当然，洛伦茨后来才明白，学习会产生适应性行为的原因主要就在于“先天图式”的存在，换言之，就在于被系统发育所规定的学习机制。莱尔曼后来也意识到了这一点，他们成为朋友。不过，正是有赖于当时的这场学术争论，才使行为学理论硕果累累。

在生命的后期，洛伦茨开始关注人类行为和人类文化。有可能所受的医学训练使他比别人更为清醒地意识到正在威胁文明的危险。洛伦茨认为，对于一个科学家来说，不去涉猎他不熟悉的领域也许是一种明智的策略，但对于一个医生来说，无论何时，只要他发现有危险就应该发出警告，这正是他的责任所在，即使他仅仅只是猜测这些险情有可能存在。他开始关注这样的话题，比如，在自然环境中人类退化的危险以及在商业和经济竞争中的恶性循环所带来的破坏。如果把文化看作一个活的生命体，那么，它的失调就是一种疾病。根据这样的思路，洛伦茨得出这一结论：人类未来生存所面临的主要威胁也许可被看作大众神经机能症。这主要体现在人类在道德和伦理问题上所面临的困境。1973年，洛伦茨写作了《文明人类的八大罪孽》一书（有中译本），书中主要讨论了这一问题。

1973年，洛伦茨退休回到奥地利。他在阿尔滕伯有一个研究基地，由德国马普学会赞助。他养育了一百来只雁鹅，继续他的行为学研究。他一生最后的一部著作《雁语者》，就是有关这些雁鹅的故事，于1988年出版。此书也被翻译成了中文。

同年10月，他与廷伯根和弗里施共享当年诺贝尔生理学或医学奖。

1986年1月，他的妻子逝世。她是他一生忠实的伴侣和工作助手。当洛伦茨于40年代处于失业境地时，正是她担负起养家糊口的责任。三年后，1989年2月27日，86岁高龄的洛伦茨于家中逝世。

二、从发现“铭印”说起

洛伦茨涉及行为学领域可以说是从对“铭印”现象的关注开始的。

1936年，洛伦茨得到了20枚雁鹅蛋。他将其中的10枚让家鹅来孵育，另10枚放在乌龟身下。当第一只小雁鹅孵出来后，他情不自禁地将它从养母身下拿出来，就近好好地端详了一番。就在这时，新生的雏鹅忽然凝视着他，发出了单音节的叫声。洛伦茨听懂了，这种叫声代表"哭泣"，于是，他立刻发出"安慰"声来回应它。小鹅也听懂了，紧接着发出一阵多音节的叫声，这代表"快乐"。就在这一问一答之间，洛伦茨过足了瘾，他转身准备离去。可是，小鹅却不答应了，还没等洛伦茨走出几步，它立刻"大哭"，并且从母鹅腹部坚决地爬出来，蹒跚地追着洛伦茨而来。当时的洛伦茨还不明白鹅类的铭印过程一旦完成，就再也无法改变这一事实。于是，他抓起小鹅，依旧将它塞回家鹅的身下，但是，它立刻又追着爬出来。它虽然跑得跌跌撞撞，头重脚轻，但却在明白无误地传达一个信息：它已将洛伦茨这个大男人，而非那只家鹅，视为母亲了。这就是说，鹅类是将出生后第一个回应它的对象视作母亲的。

铭印是动物发育中的一个特定过程，经由这个过程，行为会被依附在某个特定对象上。与动物发育过程中的其他行为相比，铭印具有特殊性。首先，铭印没有再加强的必要，这就是说，只要特定对象呈现于个体面前，引起的刺激使双方足以发生联系即可；其次，铭印是不可逆的，或者至少是强烈抗拒逆转程序；最后，铭印只可能在动物发育过程中一段特定时间内完成，这段时间通常只有几小时。

显然，在野生的环境下，幼雏铭印的对象总是与它朝夕相处的母亲，只有母亲才会回应雏鸟的呼唤，而且铭印的过程必须在母与子的声讯交往中才能完成。所以，通常情况下，这一本能是足够精确不会出错的。但是，当人有意识地扮演了母亲的角色之后，本能的刻板僵硬性就暴露无遗了。这就提示我们，本能是一种先天铸就的行为，它与后天灵活的学习机制大相径庭。

铭印现象的发现是洛伦茨对动物行为学的一个重大贡献。铭印是一种本能，那么，类似于本能这样的行为是自发产生的还是受刺激诱导的结果呢？这是洛伦茨工作的又一个重要内容。最初，由于受巴甫洛夫条件反射理论的影响，洛伦茨相信本能活动是建立在一系列反射基础之上的，而反射又离不开外界的刺激作用。不过，对鸟类行为的观察也使他发现，在缺乏刺激的情况下，有时一个行为能自发地完成。比如，他曾在家里亲眼见到一只家养的燕八哥，在空旷的房间内，没有任何猎物存在的情况下，做出全套猎食、捕捉、杀戮以及吃食飞虫等行为模式。其实在日常生活中，我们也常能发现，当一只猫在玩弄一个线团时，其行为犹如在捕捉一只老鼠。然而，他仍不愿放弃反射论，因为他害怕强调行为的自发性就有可能陷入活力论的泥坑。

1937 年 2 月，洛伦茨在柏林参加一次学术会议。在他作报告时，后排坐着一个年轻人，洛伦茨的妻子目睹了这个年轻人的反应。当他讲到行为的自发性时，这位年轻人喃喃自语：就是这样，就是这样。但是发言末尾，当他讲到这种本能性的活动模式终究是一连串的反射时，这位年轻人用手蒙住脸，发出抱怨声：胡说八道，胡说八道。那位年轻人就是霍尔斯特。发言之后，仅用几分钟的时间，他就使洛伦茨放弃了反射理论。霍尔斯特对神经生理学的研究已经证实中枢神经系统会自发产生刺激，这就是内源刺激。在外界刺激不存在的情况下，这种内源性刺激积累到一定程度，就会引发出一个自发性的行为。在通常情况下，外界刺激与内源刺激的叠加才能诱导一个行为，这就意味着，当内源刺激已积累到一定程度时，一个小小的外界刺激就能诱导一个行为，用通常的话来说，就是行为的阈值降低了。洛伦茨以前觉得很费解的行为，现在却能得到顺理成章的解释。他与霍尔斯特的合作研究就此奠定基础。在 50 年后的诺贝尔颁奖式上，洛伦茨动情地说，如果霍尔斯特还活着，那么，他现在一定会坐在这里。

本能行为除自发性之外，还有一个是刻板性，这是由于它更多地受先天因素制约的结果。以雁鹅为例，它们能学会分辨成打（如果没上百的话）同类的长相，也能学会辨认同样多的植物以及它们尝起来的滋味，而且它们还能学会知道在薄冰上着陆是一件不可能的事。但是，它们却学不会新的动作技巧。例如，玛蒂娜就从来都学不会在下楼的时候把步伐加长一点点，因为在它们自然的生活环境中从来都没碰到这种需要走楼梯的情况。这就是说，鸟类所能学会的动作全都是在它们的遗传程序中已规定的那些招数，创新是谈不上的。

本能行为的第三个特征是简单性。也许一只动物会表现出各类复杂的技能，比如啄食、求偶、确定社会秩序等。但经过分析之后就可发现，复杂行为只不过是各种简单行为在中枢神经系统中的整合而已，组成复杂行为的基本要素为饥饿、性欲、逃跑和攻击。洛伦茨曾在太阳鱼中看到这一情况：由于处于逃跑和攻击这两种本能的控制之下，它的头部指向敌手，但是一边用尾鳍前进的同时，一边却划动胸鳍向后退。显然，这是一种失败的整合，一般情况下不会发生这种情况，所以动物才能做出各种自如的举动。还有一个例子就是两性之间的关系：当两种不同性别的个体相遇时，雌性常常表现出性欲与逃跑的混合。所以，在我们看来，雌性是羞怯的、被动的；雄性则是性欲与攻击的混合，故而雄性常常表现出进攻性、主动性。只有当分别具有逃跑与攻击倾向的两个个体结合在一起时，交配才能获得成功。这就是异性相吸的道理。

洛伦茨对动物行为的大致看法就是如此。他认为，由于行为的先天性、自发性、刻板性，表明它们是高度可遗传的，并且具有物种的特异性。因此，行为的这些特征就如同形态特征一样，甚至可用来作为分类学的依据。这一提法在今天似乎已不足为奇，但在20世纪的30年代却不乏革命性。因为行为向来被认为具有可塑性、灵活性，在某种意义上，它甚至是动物意志的结果，对它的研究就缺乏客观性。现在，如果将行为看作类似于解剖特征那样固定的东西，当然就值得对它作客观的研究。这正是动物行为学的基本前提。

三、攻击的秘密

在上述组成复杂行为的四大基本要素中，洛伦茨着重研究的是攻击行为，并于1963年写下《攻击的秘密》一书（有中译本）。

研究从对鱼类的观察开始。洛伦茨发现，攻击行为的第一个特点是只针对同种个体。若把同种类的几条鱼放在一个水槽内，顷刻间，只剩下最强的一条还活着。洛伦茨还对这一现象难以忘怀：经过一场生死决斗之后，剩下7条鱼，其中每种各一条，每条鱼都色彩鲜艳且游姿迥异，但却能和平共处。若是在大海里，情况将会如何？同种个体尽管仍然相斥，但却不必导致你死我活的结局。这是因为败者可逃离胜者的领域，而且胜者也不会将战斗进行到底。但在水族馆中，胜者常常打死败者，因为它会认定整个水槽都是它的领域范围，败者也就无处可逃。

为什么本是同根生却相煎如此急？这是因为同种个体所要求的生存条件相近，于是，它们之间就会有激烈的竞争。在某一生境内，如果同种个体的密度过高的话，就会造成食物来源的紧张，它们就要通过竞争来划分势力范围。比如，我们可以从鸟鸣声中听出，一只公鸟正在一个选定的地方上宣布它的领地所有权；而一条色彩艳丽的鱼驱逐同类鱼的举动同样表明：它不愿轻易放弃自己的领地。鱼类中的攻击行为常常只见于色彩鲜艳的种类身上，比如珊瑚鱼，就是因为色彩艳丽的鱼在相当远的距离就能相互辨认，从而激起狂暴的攻击行为。对于大多数哺乳动物来说，它们是用气味来表示领地所有权。所以，哺乳动物的嗅觉格外发达，最为人熟知的例子就是警犬。

一个与领地有关的现象是，离领地中心愈近，攻击力愈强，两者呈几何级数关系。相反，当败者逃离至自己领地附近时，它的勇气就会陡增，而追逐者就会气馁。这一过程反复进行，直至双方达到某一均势，于是，在那里互相威胁而不战。由此洛伦茨得出结论："同类相争最重要的作用是为了在一可居住地内能公平地分配到居住的地方。"

此外，还有一个作用当然与性选择有关。比如，美洲野牛、羚羊、马等一般不会有领地纠纷，因为有足够的食物可供给所有的动物，但雄性个体之间依然打仗，这显然与争夺配偶有关。例如，牡鹿的角就是为了种内争斗才有的，因为在抵御外侮时它们从来不用角而只用前蹄。

这种同类攻击行为在我们的生活中比比皆是：从鸡在谷仓旁的空地上的打架到狗的互咬，从男孩子的互相斗殴、年轻人的互相丢掷啤酒瓶到宫廷内的政治争执，一直到战争和原子弹。同类竞争导致的恶果在人类生活中也屡见不鲜。由于社会中的竞争日益激烈，所以，人们普遍受高血压、胃溃疡和神经机能病折磨，这显然与紧张焦虑的心态有关。

既然同类争斗还会带来恶果，所以，在动物体内就演化出了相应的抑制机制。以正在孵育的母鸡为例，为了保护它的子女，母鸡必须攻击所有接近巢的生物。这时，它的攻击欲望达到了最高位，但与此同时，它绝对不能将这种攻击倾向施与自己的子女。那么，母鸡的这种攻击性是如何被有针对性地抑制的呢？答案就是小鸡的叽喳声。实验证实，聋的母火鸡照常孵卵，但当小鸡孵出后，它却会啄死它们。反过来，如果小鸡不发出叫唤声，它的母亲就会毫不犹豫地啄死它。与此相对照的是，如果一只发出叽喳声的臭鼠爬到母鸡的翅膀下时，母鸡却会回应它、呵护它。

由此可见，母鸡的攻击本能是主导性的，只有小鸡的叫声才能压抑这种本能。但有时哪怕是轻微的骚扰就会使得这种抑制机制失败。比如，当一架飞机低空飞过一个银狐农场时，竟使得所有的母狐吃掉了自己的子女。

洛伦茨认为，在动物界中还普遍存在着一种雄性针对雌性的攻击抑制倾向。由于性二态现象，通常雄性的体型要大于雌性，但在自然情况下，雄性从不欺负雌性。事情的另一面是，雌性往往对雄性保持顺从。比如，母狗会对它所选择的雄狗表现出顺从，类似它向主人所表现的态度，尽管雄狗从没咬过母狗或显示出任何优越的样子。更有趣的是，有时，当一只雄照莺鸟被雌鸟啄时，它会表现出雄性特有的温柔，它不温不火，绅士气十足。正是雄性的"骑士精神"抑制了它去攻击雌性。在洛伦茨的这一支生花妙笔描述之下，我们真不知是动物具有人性，还是人性本来就是动物性。

值得一提的是，洛伦茨由此推论，西方文明下的人类习惯，表现出和动物仪式同一形式的文化相似性。男性可以尊重女性，但真正的惧内却是变态行为。考虑到洛伦茨对动物的热爱，他的这种类比显然是一种赞美。问题是，世界各地的习俗并不完全与西方一样，对于这些非西方文明，我们该如何来评价呢？洛伦茨没有说。此外，在洛伦茨看来，顺从的女性更受人欢迎，动物世界就是如此。他的太太就是一例，尽管洛伦茨的家庭生活因为各类动物的随意出入而秩序大乱（洛伦茨在他的《所罗门王的指环》中对此有生动的描述），但他的太太毫无怨言。这就是洛伦茨心目中的理想女性。

洛伦茨提出，有两类动物具有可靠的抑制机制，一种是具有杀伤性手段的动物。德国有句谚语：一只乌鸦不会啄掉另一只乌鸦的眼睛。确实，乌鸦绝不会用它的利嘴去啄它的同类，一只养驯了的乌鸦也绝不会去啄它的主人。另一种就是大型群居肉食动物，如狼、狮等总是群居在一起，它们必须具有有效的抑制机制以防同类残杀。因此，一种奇异的现象是：最嗜杀的肉食动物，尤其是狼，却是动物世界中抑制力最为可靠的。与此相对照的是，不具有杀伤性武器的动物在某些情况下往往会表现出残酷的同类相残行为，如作为和平象征的鸽子，却在笼子中往死里啄它的同类。

对此，洛伦茨有一番高论。他认为，如果某种动物发展出了一种可以将同伴置于死地的武器，那么，为了物种的利益，它只得再发展出一种抑制能力，以防同类残杀。鸽子因为没有这样的利器，它也就没有相应的禁忌，况且在自然环境中，它们飞得很快，足以逃脱同伴的追击。所以，独来独往的动物也不需要这样的禁忌。从今天遗传学的理论来看，以物种作为单位的群选择已被生物学家拒绝。但如果从亲选择的观点来看，洛伦茨的说法仍有一定的说服力。因为朝夕相处的伙伴往往共享某些基因，根据自私的基因理论，它们当然不能轻易置对方于死地了。

然而，有一种生物，他的武器不是自身的器官，而是智力的产物，这种生物就是人。正因为人所拥有的武器不是经过漫长的选择进化而来，故相应的禁忌本能尚未来得及形成。同类相残行为在人类中司空见惯，这也许才是名副其实的“人性”。洛伦茨曾如此写道：“我们将来总会碰到作战的双方都有能力将对方歼灭殆尽的一天，也许有一天我们人类自己就会分成像这样敌对的两个集团。到时我们是学鸽子还是学狼呢？整个人类的命运可能就决定在这个问题的答案上。”在笔者看来，人类这种禁忌的形成恐怕源自宗教或良知的力量。

洛伦茨对攻击行为的分析还有一个独到之处，那就是他强调正是攻击行为造就了个体间牢不可破的联盟。他曾在鱼类中观察到这样一幕：两条早已配对的希屈里德鱼，当雄鱼以惯常的方式向雌鱼接近时，雌鱼却不表现出羞怯顺从，而是摆出迎战的姿态。雄鱼大怒，它的攻击冲动再也无法抑制，它就要冲向雌鱼，意外出现了，事实上，它的确发动了愤怒的一击，但不是对准雌鱼，而是旁边的一个同伴。洛伦茨被深深地震惊了。这就是说，第一个对象呈现的刺激既能诱导攻击反应，也能诱导出抑制攻击的反应。强烈的攻击冲动就这样寻找了另一个替代对象。

重要的是，从这一现象中，洛伦茨得出结论：最初是具有攻击性的行为，后来可以演变为求和，再进一步则演变为爱的仪式，于是，参与者之间就形成了牢固的联盟。他认为，人类的大笑有助于消除双方对峙的紧张状态，所以，也可看作是求和的姿态，继而还成为友谊的象征。

各种具有攻击性的动物都有自己的求和仪式，其中洛伦茨着重阐述的是雁鹅中存在的所谓“胜利仪式”。参加者因分享同一个胜利仪式而紧紧结合在一起。更耐人寻味的是，真正使一对鹅生活在一起的不是两者间的性关系，而是胜利仪式结合。而两只鹅，甚至是两只雄鹅，曾以胜利仪式结合了很长一段时间之后，它们就会尝试交配(但不是同性恋，因为它们还会与雌鹅进行交配和生儿育女)。反过来，当两只幼鹅有过交配关系，却不一定导致胜利仪式。洛伦茨将此类比为人类的情爱与性爱关系。也许在他看来，单纯的性爱是不可靠的。

由于个体间牢固的联盟——爱——来自攻击倾向，所以，洛伦茨认为，爱的对象也就是攻击的对象，换言之，有恨才有爱，没有一种爱是没有攻击性的。众所周知，哺乳动物中最有攻击性的狼对朋友是最忠实的。恨要比爱和友谊早几百万年。在爬虫类中只有恨。洛伦茨的这一番分析，倒正应了一首流行歌曲所唱的：爱我的人伤我最深。难怪有人会这样说，爱的反义词不是恨而是冷漠。

四、社会生物学：一枚酸涩的果子？

1975 年，美国动物学家爱德华·威尔逊发表的《社会生物学：新的综合》一书，可看作社会生物学诞生的标志。社会生物学力图以生物学的基本原理来解释动物的行为，甚至包括人类的行为，就此而言，达尔文应是该原理最早的提倡者。因为达尔文在《人类的由来》一书中，将人类特有的属性，如智力、语言、道德甚至宗教情感都视为是自然选择的产物。洛伦茨最为崇拜的就是达尔文，他理所当然地沿袭了达尔文的学术思路。其实，从前面对洛伦茨思想的介绍中，我们就可看到洛伦茨的社会生物学立场。就以攻击性为例，洛伦茨认为这是生物的一种本能性行为，它应该是人类行为中最古老的天性，无法消除；更何况攻击行为还是产生友情与爱的前提，它的功大于过。但问题是，它毕竟会带来伤害。尤其是当群体内的攻击行为转化为友情与爱之后，攻击行为就会直接转向群体外的人，这也许就是民族与民族、国家与国家之间纠纷不断的缘由。对此，洛伦茨开出的处方是，为攻击行为找一条释放出路，现在能想到的最好出路恐怕就是体育竞赛了。赛场上的奋力拼搏也许就能避免战场上的兵戎相见；对艺术和科学的追求也能转移人们的注意力，艺术无种族，科学无国界，真和美的东西能引起人们共同的兴趣；还有就是幽默，无论如何，一个正在笑的人是不会举起屠刀的。最后，当然是借助于人们的道德和理性。在洛伦茨看来，攻击的倾向可以转化为人与人之间联盟的纽带，但在自然的条件下，这种联盟只限于相互接触的个体之间，但它无法化解陌生人之间的敌意。要做到爱全人类，光凭我们的本能是不够的，只有通过理性，我们才能让世界充满爱。

对于洛伦茨的这番见解，也许是个仁者见仁、智者见智的问题。但社会生物学引来不少争议，却是一个不争的事实。对此，洛伦茨认为，主要是由于人类的骄傲才阻止他去认识自身的奥秘。想当初，达尔文将人看作猴子的后裔，曾在西方世界引起轩然大波。犹太—基督文化体系尤其不能接受这一点，因为人与其他生物虽然均是受造之物，但人毕竟是上帝按自己的形象所造就的，这就决定了人的地位的尊贵性。在达尔文之后，人们已能普遍接受人与动物在进化谱系上的亲缘关系，但若要将人类的独特品质仅归因于自然原因，这似乎有损于人的骄傲和感情。更重要的是，洛伦茨指出，“人们所以害怕原因上的探讨，可能是怕自己领悟到现象的原因后，发现人类的自由意志只不过是一种错觉下的产物罢了”。正是这一点，意味深长。社会生物学的要害也许就在于，它要揭示人类所有的行为——甚至自由意志——背后都有一个机械的原因。基于生物学的立场，洛伦茨认为，我们心里的道德法则并不是被赐予的，而是通过自然的进化发生的，道德的功能就在于维护物种的利益。当某人为别人而作出牺牲时，他挽救的是整体的利益。如前所述，这种群选择的观点已被摒弃，代之而起的是亲选择观点，即我可以牺牲自己去抢救同胞手足，那是因为他们的体内具有我的某些基因，帮助他们其实也是保存自己的基因，所以，看似利他的道德行为其实质仍是自私的。

但是另一方面，哲学家却竭力要从冷冰冰的自然律中抢救出自由意志。当康德将自由意志——它是道德存在的前提——看作先天的律令或者公设时，他的意思是，不必再为自由意志本身去寻找什么原因了，除非请来上帝，这也正是康德认为道德领域需要上帝的理由。只有当一个行为是出自自由意志时，它才称得上是道德的，而自由意志恰恰不必遵守自然律。可见在此临界线上，自然与人文没有相交点，或者说，科学与哲学使用两套语言，它们之间相互不可通约。

但洛伦茨却要打通两者间的壁垒。他认为，人类的大脑及我们的认知能力，必定也是自然选择的产物，可见康德的先验观有其生物学上的基础。在某种意义上，先验的思维形式如同本能一样，是造化赋予物种的一种特殊禀性，一种生存技能。这种将生物学与哲学相结合的努力，就是进化认识论的诞生。

正是基于他的社会生物学立场，在二战期间，他曾支持过优生学，正如不少生物学家在当时所做的那样。对雁鹅的观察使他发现，野生雁鹅与家鹅的杂交子代呈现出退化现象。他担心，类似的遗传上的退化过程是否也在人类中发生。出自这种恐惧，他在德国占领奥地利不久写了与优生学有关的文章。为了便于理解，他甚至用了纳粹的术语来表达这一思想。但他与当时奥地利的知识界怎么也没想到，当“选择”这个词被统治者所用时竟然意味着谋杀。战后，洛伦茨为此而忏悔。

社会生物学，也许是一枚酸涩的果子?

五、结语

如果说，洛伦茨是当之无愧的行为学之父，那么，在他之前还会有些祖父级的人物。洛伦茨最密切的合作者是海因洛特。从20世纪20年代起，他们就有交往，那时洛伦茨还是一个无名小辈，而海因洛特已是欧洲著名的鸟类学家，洛伦茨尊称他为自己的老师。海因洛特的研究特点就在于强烈地注重观察事实，而对所谓的理论思辨持保留态度。他曾经告诫洛伦茨“要远离综合正如远离恶魔”。从洛伦茨对老师的态度来看，他似乎完全认同这一教导。洛伦茨的一生几乎就是在与虫鱼鸟兽的亲密对话中度过，他的研究特色在于注重在自然或至少是半自然的条件下，对自由长大的个体所特有的行为进行考察。他与驯服的雁鹅、穴乌及其他鸟类生活在一起，同时又几乎不改变它们的野生属性。要做到这一点是极不容易的。在他们家，有关人与动物的趣闻逸事层出不穷。孩子们尚小时，他的太太为了不出意外，居然把孩子关进笼里，而让各种动物自由出入。在别人家，也许担心的是刚养驯的小鸟会被窗外飞过的野鸟带走，但在他们家，看见一群鸟飞过，家人着急的是，“赶快关窗，看那只大鸟就要飞进来了！”可见他们全家已与自然融为一体。想想有多少文明家庭能够做到这一点，难怪洛伦茨会对所谓的文明忧心忡忡，因为开化的人已丧失了质朴的野趣。

然而一个意味深长的事实却是，除了详尽的观察，正是洛伦茨对动物行为所作的理论综合才引起了科学界的注意，从而使行为学脱颖而出。对此，海因洛特将作何感想？

洛伦茨的朋友曾戏称行为学是“雁鹅的科学”，更准确地说，是“雁鹅玛蒂娜的科学”，因为洛伦茨曾亲自抚养过一只名为玛蒂娜的雁鹅。但是，朋友们还是承认，洛伦茨的研究具有普遍性。这是因为洛伦茨虽然钟情于几种特定的动物，如鹅、鸭等鸟类，太阳鱼、珊瑚鱼等鱼类，但他对动物界确有广博的知识，他写过《狗的家系》，还养过除鸟、鱼之外的其他动物。

洛伦茨的一生是快乐的一生。他曾在多瑙河畔的浅草洼里，与一群雁鹅朝夕相处，这段美妙的时光奠定了他对动物行为学的贡献。他说自己非常懒，正因为懒，才会成为一名有耐心的观察家。与动物生活在一起，最大的好处就在于动物本身很懒，正是它们教会了洛伦茨如何去面对生活。他认为，生活在文明社会的现代人，把可贵的生命都虚掷在庸庸碌碌的工作里了，而这种情况在动物界绝不会发生，即使是被我们视为勤劳成性的蜜蜂和蚂蚁，它们绝大多数时候是闲坐在家里的。人整天忙忙碌碌，因为人有不可遏制的贪婪之心。这样的生活是好还是坏呢？一言难尽。但综观洛伦茨的一生，至少使我们看到了还有另外一种生活模式的可能。

洛伦茨曾提到他的老师霍赫施泰特尔于71岁生日时在维也纳大学作告别演说之后的答谢词。他说：“你们在感谢那些我不应该得到的东西。感谢我的父母、我的祖先。他们遗传给我顺其自然的性格。假若你们问，我这一生在研究和教书的园地里做了些什么？我必须诚实地回答：我常常做那些我当时感到有趣的东西。”

这其实也是对洛伦茨一生最好的总结。

（作者：陈蓉霞）

参考资料

［1］K.Lorenz. So kam der Mensch auf den Hund［M］. München：Deutscher Taschenbuch Verlag，1973.

［2］康拉德·洛伦兹.攻击的秘密［M］.王守珍，译.北京：中国和平出版社，2000.

［3］劳伦兹.所罗门王的指环：与鸟兽虫鱼的亲密对话［M］.游复熙，等译.北京：中国和平出版社，1998.

珍·古道尔

（Jane Goodall，1934— ）

珍·古道尔

野生黑猩猩研究第一人

珍·古道尔是世界著名的生物学家、动物行为学家、享誉世界的野生黑猩猩行为研究先驱、20 世纪最具传奇色彩的女性之一。古道尔自幼就对动物感兴趣，到非洲与野生动物为伴就是她童年的梦想。18 岁那年，她受中学同学之邀前往非洲肯尼亚农场做客，后在非洲担任古生物学家路易斯·利基的助手。1960 年，年仅 26 岁的古道尔接受了一项具有艰巨性甚至是危险性的工作——单枪匹马前往坦桑尼亚的贡贝国家公园研究野生黑猩猩。在非洲丛林的漫长岁月，她超越了常人对孤独和恐惧的认识。精诚所至，金石为开，黑猩猩对她也从最初的强烈排斥到后来的欣然接受，于是，她第一个揭开了野生黑猩猩神秘王国的面纱，她的很多惊人的发现都是历史上首次，她甚至观察到黑猩猩会制造和使用工具，改变了人类对自身定义的看法。

作为野外工作时间最长纪录的保持者，古道尔在丛林中潜心研究数年后，在目睹黑猩猩和其他动物的悲惨命运之后，充满智慧和力量的她，又毅然选择走出丛林，开始新的梦想与征程——转入环保教育。已是耄耋之年的她，现在仍然在世界各地奔走呼号，每到一个地方，她就访问学校、发表演讲、进行募捐，并借助媒体传播野生动物保护和世界环境保护的理念。

一、早年生活与家庭教育

珍·古道尔 1934 年 4 月 3 日出生于英国伦敦，在英国南部的伯恩茅斯长大。她从小就热爱大自然，喜欢户外活动，经常在花园、海滩等地方了解和学习有关大自然的知识，并对各种动物以及那遥远的人迹罕至的神奇世界充满幻想，她甚至还阅读了很多相关书籍，如《丛林故事》《怪医杜利德》《人猿泰山》等。古道尔后来自述：“正是由于对人猿泰山丛林生活的美好向往，我才决定到非洲去，去和野生动物生活在一起，去写关于它们的书。”

她不但喜欢看书，还喜欢写故事甚至是诗歌，而大自然则是她惯用的题材，曾写了《野鸭》等诗歌。古道尔在童年时期还养过不少宠物，大黑狗“拉斯蒂”、小猫、乌龟、仓鼠、小白鼠、金丝雀等。这种喂养的经历，使她对动物的天性有了很多的了解。

在古道尔刚满1周岁的时候，父亲给她买了一个很特别的礼物——一只很大的黑猩猩玩具娃娃朱比利。它是为了庆祝在伦敦动物园诞生的第一个大猩猩朱比利而设计的。如此大的一个黑猩猩玩具，一般人都担心会吓到古道尔，但事实表明，这种担心是多余的，古道尔竟然特别喜欢，并视之为自己最为珍爱的玩具。时至今日，朱比利还一直陪在古道尔身边，一起慢慢变老。

古道尔的母亲万妮是一位通情达理且富有教养的女性，她不但不干涉古道尔对大自然和动物们的热爱，而且一直鼓励古道尔。在古道尔1岁半的时候，有一次，她从外面花园弄来了一把蚯蚓，放到自己床上，想要这些小动物陪自己睡觉。母亲发现后，并没有大发雷霆，而是温柔地告诉她，如果把蚯蚓放在床上，它们就会死去，因为它们离不开土壤，古道尔于是赶紧将其放回花园。

在古道尔4岁时，她一直很好奇母鸡是如何生蛋的，尽管大人们给出了答案，但她总觉得没有一个答案让自己满意，于是决定自己寻找答案。她提前钻进鸡舍，等待母鸡进来下蛋。将近4个小时的等待，终于有了收获——亲眼目睹了母鸡生蛋的全过程。可是，当她兴高采烈、激动不已地钻出鸡舍跑回家中时，她根本没有想到家人都以为她失踪了并报了警。母亲尽管焦急万分，但当明白事由后，不但没有责备古道尔，反而坐下来听她讲述母鸡下蛋的全过程，跟她一起分享发现的喜悦。

作为母亲，万妮很懂得对孩子严加管束的重要性，但对不允许做的事情，她总能作出解释，告诉孩子为何不能做。有一次，古道尔到朋友家玩，朋友家离海滩不远，古道尔被大量的海贝深深吸引，于是捡回来了很多鲜活的黄色的海蜗牛，并放进了自己的卧室。母亲走进房间，看到了爬满墙壁、地板和衣柜的海蜗牛时，既没有责骂，更没有痛打，而是向古道尔解释，这些海蜗牛如果离开它赖以生存的大海，就会死去。于是，全家人放下手头的事情，一起寻找蜗牛，并将它们送回大海。

古道尔5岁那年，父亲希望孩子们能说一口流利的法语，便带着全家去了法国。可是到那儿还没几个月，希特勒就发动了战争，并导致后来二战的爆发。古道尔一家又只好重回英国。母亲知道父亲肯定得参军，于是就带着孩子们一起住到了外婆家——伯恩茅斯的白桦山庄。在古道尔5岁半的时候，英国向德国宣战。直至1945年古道尔11岁时第二次世界大战才结束。亲历战争的经历，使古道尔从小就对生命有了更深的认识。

古道尔曾说："我的思想是在我 20 岁之前逐步形成的，对我产生影响的是我的家庭、我所受到的教育、我所经历的战争岁月……此外还有我所读过的那些书，我在户外自然界所度过的时光，以及我们家所饲养的小动物。"所有这一切，让童年的古道尔心中埋下了对大自然由衷热爱的"种子"。

二、初到非洲与人生转折

古道尔家境尽管并不拮据，但也并不富裕。中学毕业后的古道尔，因为家里没钱供她上大学，而想要拿到奖学金，外语必须很好，而她偏偏外语不行。她因此无缘大学，只好在伦敦接受秘书工作培训。但她还是很想受到正规教育，也梦想能上大学，于是就参加了一些免费的夜校课程。在拿到了秘书文凭后，古道尔找到了第一份工作——在她姨妈的诊所里帮忙。古道尔的工作就是把对患者病历的意见记录并用打印机打出来。这段经历，使她对因疾病或事故而伤残的人产生同情，同时对人类心理和身体恢复能力大为了解。在离开诊所之后，她先是在牛津找到一份工作，后又到伦敦为一家制片厂的纪录片挑选音乐配音；在那里，古道尔几乎学会了电影制作的全部知识。

1. 意外来信，人生转折

具有人生转折意义的日子来临了，1956 年 12 月 18 日，古道尔很意外地收到了一位 5 年没见面的中学女同学克劳德的来信。克劳德家搬到了非洲肯尼亚，并买了一座农场，问古道尔是否想到那里去玩。非洲之行，不正是古道尔梦寐以求的吗？为了攒够来回的路费，她果断地辞去电影制片厂的工作，到一家餐厅当服务员，为的是这样可以住在家中，节省一笔开支。节衣缩食 5 个月后，愿望终于实现了，"我可以去非洲了——我的生活将发生永久性的变化"。

一踏上非洲，古道尔就喜欢上了那里，在克劳德家人接她的路上，她第一次见到了野生长颈鹿、南非食蚁兽……一切都是那样新奇、那样美好、那样激动人心。在克劳德家住了几个星期后，古道尔决定自力更生，于是在当地找了一份工作——英国公司肯尼亚分公司经理秘书。这份工作本身并没多大意思，但可以给她的非洲生活提供物质保障，也给了她寻找和等待一份动物研究工作的机会。

2. 遇见利基，勇担重任

一切是那么的幸运和顺利。有一次晚宴后，她搭便车回住处的途中，有个人告诉她，如果她对动物感兴趣，就应该找路易斯·利基——著名的古人类学家兼考古学家。年轻的古道尔勇敢大方，主动和利基联系，并征得同意在博物馆见面。见面时，利基问了很多关于非洲和野生动物方面的问题，古道尔的回答让利基对她印象不错，于是同意让她当私人秘书。这样，她就用了一年的时间在博物馆里学习了很多非洲动物方面的知识。她还与利基夫妇一起到坦噶尼喀（与桑给巴尔合并后称坦桑尼亚）的奥杜瓦伊峡谷参加一年一度的为期 3 个月的考古发掘，为的是寻找古人类祖先骨骼。

其间，利基时不时跟古道尔讲到黑猩猩，并表示希望能对黑猩猩进行科学研究。因为他相信，通过对黑猩猩生活习性的观察，可以为人类演化史的研究提供线索。也许是出于赏识古道尔的朝气和热情、对动物真诚的爱以及她的耐心和毅力，尽管她并没有受过这方面的任何科学训练，也没有大学文凭，但利基却认为古道尔是研究黑猩猩的合适人选。“他告诉我，实际上他要选择的研究者应当到实地去，脑子里不要有科学理论方面的偏见。他一直在寻找一个有开阔的思路、强烈的求知欲、热爱动物、极有耐心的人。尤其重要的是，这个人要工作勤奋，能够长期远离文明，因为他认为这样的研究要花几年的时间。”

开展黑猩猩的野外研究，是一件难度很大的工作：一是没有任何前人的成果可供借鉴；二是这样的野外作业没有什么指导性的原则；三是那里是人迹罕至的崎岖山区，有很多危险动物出没。为此，英国当局起初并不同意利基的计划，明确反对一位年轻女子到非洲与野生动物生活在一起。后来在利基的努力下，双方达成了妥协——她必须带一位欧洲同伴。几经考虑，古道尔带上了自己的母亲万妮。

3. 初到丛林，危险重重

最终，古道尔带着童年的梦想，手持记录本和望远镜，怀着无比的勇气和对动物虔诚的爱，步入了那片人迹罕至的森林。刚到达贡贝的时候，当地捕鱼人就告诉她们，前一天晚上有一头公野牛向一位捕鱼人发起攻击，那人只好爬上树躲起来，而那头公野牛在树下待了个把小时，并用犄角去撞那棵树，力图把捕鱼人撞下来，幸好最终未果，但树已被撞得伤痕累累。

有一天，天还没亮，古道尔也差点儿撞上了一头野牛——它正躺在离古道尔不到两米的地方反刍胃里的食物。幸好当时的风声大，盖过了古道尔发出的声音，而且风向刚好是朝古道尔吹，所以她才有机会悄悄离开而没有引起野牛的注意。

丛林确实危险重重。还有一次，正在山上睡觉的古道尔突然听到附近黑暗中有一头正在觅食的猎豹发出的奇怪的声音。此时的她别无选择，只好把毯子蒙在头上，最终得以侥幸逃过一劫。祸不单行，到贡贝6个星期后，古道尔与母亲都得了疟疾，时而热得高烧，时而冷得发抖。因为没带治疟疾的药，只好听其自愈，幸好两人都挺了过来。

4. 否极泰来，发现“山峰”

除了危险和疾病，更让古道尔忧心的是，那些黑猩猩非常怕人，一见到她就逃得无影无踪。在古道尔深入丛林考察的前几个月，黑猩猩一见到还在500米以外出现的古道尔，就望风而去、逃之夭夭。而资助的经费是有限的，只够她在野外生活6个月，所以为了搜寻和观察黑猩猩，身体刚刚恢复点的古道尔就又迫不及待地出发了。

也许是否极泰来，那一天，她开始时来运转。她发现了“山峰”—— 一块突出的岩石，位于两道小山谷之间的一道山脊上，那山脊是一段耸立在湖畔的峭壁。这个“山峰”可谓是一个绝妙的制高点，离湖面约有150米，从那儿可以观察到两个山谷。一个是她帐篷所在的卡孔贝谷，一个是北面的卡萨克拉谷。

当她爬上这个制高点时，她看见了正在吃无花果的黑猩猩，还能听见它们发出的响亮的喊叫，她甚至还可以通过望远镜跟踪它们离去的踪影。这个绝佳观察点的发现，使古道尔激动不已。

三、走入丛林，与黑猩猩亲密接触

为了进一步了解黑猩猩，古道尔每天早晨5点半就起床，吃上一片面包，带上一杯咖啡，趁天还没亮就进入丛林，期待与黑猩猩相遇。日复一日，黑猩猩也逐渐接受了古道尔，对这个“白猿”也不感觉奇怪，甚至“允许”其接近它们了。大约一年时间之后，古道尔能在几十米远的距离接近黑猩猩中的大多数。

有时候，当发现黑猩猩在附近栖息时，古道尔就整夜待在森林里，披着毛毯睡在林中，以便更好地观察它们。古道尔惊人的耐心、恒心和对动物发自内心的爱，最终赢得了黑猩猩的信赖。黑猩猩允许古道尔接近的距离逐渐缩短。4年之后，黑猩猩已经允许她如家人般地亲密接触了。

遗传学家认为，人类与黑猩猩的遗传物质，也就是DNA，只有略高于1%的差别。也许正因为大概再也找不到另一种能像黑猩猩那样和人如此相似的动物，古道尔也一改以往用数字为动物编号的方法，而是一一为黑猩猩取上名字，如“灰胡子戴维”“大力士戈利亚”。她认为，为动物取名，既能帮助我们记忆，又能描绘出每只黑猩猩独有的特征。她通过持续观察还发现，黑猩猩有自己的独特个性、思想和感情。

在古道尔眼中，黑猩猩不只是她的研究对象，更是她朝夕相处的朋友。

1. 改变“人类”定义的伟大发现

丛林研究的第4个月的一天早晨，古道尔收获了第一个真正有价值、真正让她激动不已的观察结果：在距离古道尔大约40米的深草丛中，那只叫“灰胡子戴维”的黑猩猩坐在一个白蚁冢的红土丘上，不断地把一根草伸进白蚁洞里；过一会儿后，它又把草拿出来，用嘴舔爬在草棒上的白蚁，偶尔它会再折一根草来用。显然，黑猩猩在使用工具。

她还观察到：黑猩猩如何用大拇指或食指把封住的洞眼捅开？如何把草棍弄弯了的一头咬掉，或者干脆用另一头；如何扔掉一个工具去找另外的工具。后来，古道尔甚至观察到黑猩猩如何将一根小小的树枝折断，去掉上面的叶子，进行实物改造。这正是工具制造的原始行为。她还发现，黑猩猩会把叶子揉成一团后，放进树洞里以汲取雨水；会把石块当成投掷的工具。所有这一切都在表明，我们对“人类”得重新定义。

这些发现让古道尔兴奋不已，因为就在两周前，有位生物学家来拜访古道尔时就说：“如果你看见黑猩猩追猎或者使用工具，这就值得一年来的研究。”古道尔立马将自己的发现汇报给路易斯·利基。利基万分欣喜地回复道：“啊，现在，我们必须重新给人下定义，重新给工具下定义，否则我们就承认黑猩猩是人。”因为长期以来，人们认为只有人类才是地球上唯一能制造和使用工具的生灵，会制造与使用工具成了人与其他生物相区别的标志。古道尔的这一观察发现却颠覆了传统的人类与动物的界限，悄悄地改变了人类对自身的定义。

2. 具有历史意义的一握

震惊科学界的伟大发现，使古道尔获得了更多的资助，她也因此可以在丛林中继续对黑猩猩进行研究。接着，一件让古道尔始料不及、喜出望外的事情发生了。有一天，在清澈的小溪边，油椰树上掉下来了一只熟透的红果子，古道尔顺手捡了起来，将它放在手心上，递给刚好坐在她旁边的“灰胡子戴维”，这时“它看了看我，然后伸手把果子拿过去。它把它扔在地上，可是却轻轻地握了握我的手”。

“灰胡子戴维”是所有黑猩猩中古道尔所结识的第一个朋友，它“第一个承认我，第一个允许我走近它，第一个来到我们营地，并且第一个从我手上拿走香蕉”，最后还是它第一个勇敢地握住了人类的手。“我已经不需要任何语言就可以理解它传递的信息了：它不需要那只果子，可是它理解我的用心，它知道我没有恶意。”

这看似偶然的轻轻的一握，却在几秒钟之内使远古以来横亘于两类演进方式不同的亲属之间的墙垣土崩瓦解了。这既是对古道尔多年丛林生活的最高奖赏，更是书写了人类与动物交往史上的一个具有划时代意义的伟大事件。它还告示我们，人类不应该在任何有其他不同想法的群体之间画一道明确界线，挖一条鸿沟，布一片雷区。黑猩猩用肢体语言表达了对人类的信任与感激，人与动物和谐共处的生命图景也定格在那轻握的一瞬间。

3. 攻读博士，组建团队，建立机构

在丛林研究两年后，1962 年，在利基的推荐下，古道尔前往英国剑桥大学攻读动物行为学的博士。1965 年，古道尔对黑猩猩群体生态学的观察和研究成果终于获得了专家们的认可，并最终获得博士学位。

取得学位后，古道尔又重返丛林，继续对黑猩猩进行观察和研究。同时，她开始召集来自各个国家的研究生以及其他研究者一同前来贡贝丛林，帮助收集黑猩猩的相关数据并展开相关研究。1967 年，建立贡贝河研究中心，她亲自担任研究中心的主任。该中心对野生黑猩猩的生活提供了世人前所未有的报道，取得了很多新发现。

1977 年，古道尔研究会建立，总部设在美国加州旧金山。该机构的目的就是，支持在非洲进行的黑猩猩和其他野生动物研究以及环境保护项目的开展，改善被捕获圈养的黑猩猩和其他动物的生存环境。

1984 年，她主持成立黑猩猩庇护所和黑猩猩动物园，前者用于收养那些政府没收的被走私的幼年黑猩猩，后者则主要收留和研究那些遭到非法捕猎的黑猩猩和其他被捕获的动物，同时也成为世界上最大的一个类人猿研究基地。

4. 其他系列重大发现

功夫不负苦心人，黑猩猩王国的几乎所有秘密也都逐次向古道尔展开——

在黑猩猩饮食生活方面：古道尔发现黑猩猩是食肉的，她观察到“灰胡子戴维”在吃一头野猪仔；为了缓解身体的不适，黑猩猩会主动寻找和自食草药；黑猩猩也像人类一样会染上小儿麻痹症，即脊髓灰质炎。

在族群关系方面：黑猩猩存在家族观念，兄弟姐妹之间有合作有互助，比如，哥哥“弗冈”在弟弟“法宾”的支持下取得了首领的地位，9 岁的“波姆”主动保护险些被蛇攻击的 3 岁的弟弟；在黑猩猩群落内部存在同类相食的现象，雌性黑猩猩“帕辛”和其成年女儿“波姆”一起把“吉尔卡”的孩子杀死并生吞活剥地吃掉；黑猩猩领地意识很强，为此不同群落之间容易出现冲突，产生战争，比如，“卡萨克拉”群落与“卡哈马”群落之间为了争夺领地互相残杀，残酷的“战争”长达 4 年之久，最后“卡哈马”群落中的雄性黑猩猩全被消灭，青少年期的雌性全被抢走。

在思维智力方面：黑猩猩除了会制造和使用工具，还会有计划，如“泽冈”为了把整群黑猩猩引开，故意将“弗林奇”从它母亲“芙洛”那里“劫持”走；黑猩猩还懂得使用人造物品，如“马伊克”就利用空汽油桶发出的声音，来吓唬别的雄性黑猩猩，并最终夺得首领地位；黑猩猩群落还懂得技术传递，古道尔只在贡贝地区的“密通巴”群落观察到猩猩用树枝或草棒“钓”蚂蚁，但“密通巴”猩猩的女儿“弗洛西”突然开始使用“密通巴”黑猩猩的技术，表明群落之间会进行技术传递。

在黑猩猩生育方面：黑猩猩中存在雌性外嫁的现象，处于青春期的雌性黑猩猩从一个群落移居至另外一个群落的现象比较普遍；雄性黑猩猩为了提高繁殖率，有时会将雌性带出群落，建立短暂的单配关系；黑猩猩中也存在类似人类的抱养现象，如3岁多的“孤儿”就被毫无血缘关系的“斯平德尔”抱养；黑猩猩同样存在双胞胎现象，如“拉菲基”就生下了一对双胞胎“根根”和“芽芽”。

四、走出丛林，转入环保教育

1. 目睹惨象，走出丛林

古道尔意识到，对于黑猩猩，我们需要研究，更需要保护。在她目睹了黑猩猩以及其他野生动物被当作“丛林肉”惨遭盗猎和捕杀后，在目睹黑猩猩被充当宠物进行非法贸易后，在目睹黑猩猩被残酷地作为医学实验对象后，在目睹黑猩猩被囚禁于动物园狭小的牢笼之中后，在目睹野生动物们的栖息地不断减少甚至丧失后……1986年，古道尔决定走出丛林，直接面向公众进行环保教育，尽自己的全力去保护这些跟人类一样同样值得尊重的所有动物的生命。“如果我一直待在贡贝研究黑猩猩，非但不能保护它们，反而会让它们的数量越来越少。我不能只是坐在森林里观察它们了，我得为黑猩猩和当地人做点什么，我得报答他们曾经给我的一切。”

她拜访很多国家的首脑、环境和野生动植物保护部的部长，以及其他政府官员，还与环保组织、研究和保护黑猩猩的个人取得联系，提倡建立黑猩猩禁猎区。此外，她雇用当地村民保护黑猩猩，她说从根本上来说，黑猩猩的生死存亡掌握在当地人手中，只要有足够的资金来雇用这些村民，贡贝就不会有人偷猎了。

对于用动物活体做实验，古道尔认为，科学实验必须在为人类服务的同时，尽可能地减少动物所受的痛苦。我们人类应该懂得在人类的利益与动物所承受的痛苦之间找到平衡，只要我们承认每个生灵都有感觉，都能体验到痛苦，那么，如果我们仍然故意让动物受苦，我们同样是有罪过的。所以，最好就是能找到一些东西来替代各种用于研究的活动物，从而永远取消用动物进行研究的做法。

2. 面向青年，成立“根与芽”

逐渐消失的森林、遭到破坏的土壤、不断减少的地下水以及不断扩大的沙漠，还有大量饥荒、各种疾病，人类生存的环境日益恶劣。数十亿吨的化学合成剂不计后果地进入我们的环境，破坏生态系统与野生动植物，甚至危害到我们人类自身。人类也开始更加懂得环境保护的重要性。

1991 年 2 月，来自 8 个国家的 16 名初中生聚集到坦桑尼亚，他们与古道尔一起，就动物保护和环境问题进行了充分的交流，继而成立了环保社团——“根与芽”。“根，在地下四处蜿蜒而生，为植物生长奠定了坚实的基础。幼芽看似柔弱，但为了接触到阳光，它们努力生长，甚至可以钻透厚厚的砖墙。困扰着我们这颗星球的种种问题就好像是那些砖墙。成千上万如根之坚、芽之韧的年轻人遍布世界，为了更广阔的光明，他们一定可以冲破重重壁垒。”

“根与芽”成立的目的在于，使从幼儿园到大学的年轻一代能够行动起来，为了环境、为了动物、为了人类自身创造一个更加美好的世界。“根与芽”很快如雨后春笋般地发展起来，得到了无数师生的认可和支持，活动逐渐在世界各地推行。1994 年，中国第一个“根与芽”小组在北京成立。到今天，“根与芽”已发展成为在 130 多个国家注册的环境教育和保护团体。

3. 面向未来，充满希望

尽管环境问题日趋严重，但一切都还来得及，大自然并没有放弃，只要人类有决心、有行动，一切都有希望。古道尔提出了四点有希望的理由：

第一，人类大脑具有的神奇功能。人类越来越多地认识到，技术在带来便利的同时，也破坏了自然界。这些问题不是少数环保活动分子杞人忧天或故作夸张，而是确实存在并威胁着我们以及我们的后代。人类开始意识到环境问题的严重性，关心这些问题的人也越来越多。比如政府部门已经开始制定很多环保措施，很多公司开始“绿色运作”等。

第二，大自然具有复原能力。只要人类在必要的时候给大自然一定的帮助，它就能产生神奇的复原效果。受到重度污染致生物几乎绝迹的河流，经过清理，依旧可以让鱼儿重现；排放了 100 多年有毒物质的镍矿所在地，在采取有效措施后，能让不毛之地变得树木丛生。

第三，全世界年轻人所具备的或能唤起的精力和热情。世界上很多年轻人对环保问题有了新的认识，他们关心环保问题，意识到环保问题已经成为人类生活中的一部分，必须予以重视、保护环境。他们愿意为环境保护真心付出和积极行动，年轻人总是充满力量和希望。

第四，不可战胜的人的精神。很多人开始做一些看似几乎无法完成的事情，他们孜孜以求，顶着几乎难以克服的困难，在为他人（包括动物）服务的道路上默默前行、不断付出，甚至奉献自己毕生的精力。

古道尔外出总是随身携带着一个叫作“H 先生”的小猴子玩具，它是 1994 年由一位名叫加里·豪恩的勇于追寻梦想的盲人赠送给她的。古道尔认为，H 既代表了 H 先生（Haun 的首字母），同时也代表了希望（Hope 的首字母）。

4. 面向世界，一起环保

古道尔认为，人类想了解自身如何变成现在模样的问题固然重要，但更为重要的是，人类应该懂得如何走出由自己造成的乱糟糟的局面。如今，九十岁的古道尔仍在奔走呼号，四处讲学和募捐，为环保、为野生动物、为万物生而平等，她把余下的一点精力用于环保事业。这一路的奔波付出和酸甜苦辣，唯有自己最懂，但她依然选择坚持，永不放弃。

“自从 1986 年之后，我没有在一个地方待上超过三个星期。这些日子，当我早上起床的时候，常常困惑于自己究竟身在何处，最近我在美国巡回演讲时，甚至很少在同一个地方停留两晚。我要跟很多人见面，有很多演讲和会议在等着我。”“我经常带着很多问题入睡，并想很多很多事情。一旦我控制自己不去想这些事，它们又会全部如潮水般涌来，在我的脑海里形成一幅幅可怕的画面——猩猩们如何被铁链锁在实验室里。”古道尔对黑猩猩、对动物的爱与付出让人崇敬与感动。

2001 年古道尔在北京大学演讲时，有人问道：“如果只剩下一根香蕉，您是把它送给人，还是送给黑猩猩？”古道尔的回答让人肃然起敬：“我会把香蕉分开，一家一半。人与动物同等重要，而在我们这个人满为患的世界上，人的权利已经太多了，黑猩猩和其他地球居民的权利却还没有被承认。”2007 年古道尔再次访问中国时，有人问她是否在丛林中有过最恐怖的经历，她的回答让人意外：“我并不认为动物比人类更危险，我一直觉得和动物打交道比和人打交道更安全。”显然，她对生命、对孤独、对恐惧的认知已经超越常人。

古道尔说，我们要用行动改变世界，表面上看，一个人的力量微不足道，但众人拾柴火焰高，如果每个人都行动起来，亿万人共同努力和参与，那就足以能改变整个世界。人具有良知，也具有意志，只要去做，就一定能创造奇迹。古道尔一再表示，唯有了解，我们才关心；唯有关心，我们才会采取行动；唯有行动，生命才会有希望。

五、著作与荣誉

1. 出版系列著作

1971 年出版的《在人类的阴影下》（中文版译作《黑猩猩在召唤》）一书，描写了古道尔早期在贡贝丛林中的研究发现和冒险经历，该书 20 世纪 80 年代被译介到我国；1986 年，由哈佛大学出版社出版了《贡贝的黑猩猩：行为模式》；1990 年出版的《大地的窗口：珍爱黑猩猩 30 年》，展示了古道尔在非洲与黑猩猩朝夕相处 30 年的图景；1999 年出版的《希望的理由：古道尔的精神之旅》具有自传体的性质，详细回顾了她自身不平凡的人生经历，以及精神上的漫漫旅程，书中对人与动物的关系、对环境保护的认识给人以思考与启迪，2013 年被翻译成中文出版；她 2001 年出版的《我的非洲：1934—1966》、2002 年出版的《我心依然：近来的日子》两书，是古道尔的书信集，透过一封封书信，展示出了一个更真实、更生动的古道尔；2009 年出版的《希望：拯救濒危动植物的故事》，2011 年被翻译成中文出版，书中讲述了全世界 50 多种珍稀濒危动植物在灭绝边缘被拯救的故事，既生动又感人。

2. 纷至沓来的各种荣誉

正因为古道尔在黑猩猩研究方面的独特贡献，于是与之相关的一系列荣誉也纷至沓来。她是迄今为止唯一一位获得坦桑尼亚勋章的非坦裔人士，1987 年获动物权益研究所授予的艾尔伯特・史威策奖，1989 年获大不列颠百科全书授予的传播造福人类知识杰出工作者奖。1995 年，英国女王伊丽莎白二世授予她大英帝国女爵士勋章，同时美国国家地理学会授予她哈德伯奖章。她于 2001 年获联合国颁发的马丁・路德・金反暴力金奖，2002 年被联合国秘书长安南亲自任命为“联合国和平信使”，2004 年获国际爱护动物基金会颁发的终身成就奖，2006 年获联合国教科文组织赠予的纪念奖章。《洛杉矶时报》赞其为“行为科学中的爱因斯坦”，斯蒂芬・杰伊・古尔德称“珍・古道尔对黑猩猩的研究代表了西方世界的最伟大的科学成就之一”，《波士顿环球报》称“与珍・古道尔在一起，就像与圣雄甘地一起漫步”，英国媒体赞其为“奔走的特雷莎修女”，美国《时代》杂志称其为 20 世纪“世界最杰出野生动物学家”。她还获得了美国、荷兰、德国、苏格兰、加拿大等国家的很多大学的荣誉博士头衔。

六、质疑与批评

尽管对古道尔的赞美之词不绝于耳，但不可否认的是，对她的质疑与批评也从未间断。

1. 关于对黑猩猩进行取名的批评

正如前文所言，古道尔在贡贝研究黑猩猩时，为黑猩猩取上名字。这立马招致了当时剑桥大学学者们的批评，因为根据 20 世纪 60 年代初的动物个体生态学，替作为研究对象的动物取名是不可取的，研究者应该比较客观地给研究对象编上号码才是。所以，他们认为古道尔这种把黑猩猩人格化的做法，实质上是为非人类的动物赋予个性和情感，它属于拟人论的研究范畴，与动物行为学毫不相干。动物学家应该避免将自己的情感带入观察中，否则很容易影响研究的客观性。

2. 关于对素食问题的批评

古道尔提倡素食，她曾坦言：“自从我 39 岁读了皮特 · 辛格的《动物解放》一书后，我不想再吃肉了。因为读了那本书，当我吃最后一块肉的时候，我看着它，心里想着它代表着恐惧、痛苦和死亡，就这样，我不再吃肉。我不吃鱼，基本上我也不喝牛奶，但我并非纯粹的素食主义者，有时候我也会消费动物的毛皮制品，有时候我也吃一些甜点，实际上这也是虐待动物。所以，我不是纯粹意义上的素食主义者，我尽力而为。”她甚至还说，自从成为素食主义者以来，发现自己的健康状况发生了变化，体重变轻，浑身都充满了清洁的能量。她说，比起肉食来，人的身体更适应素食。她还指出，肉类加工工业是当今气候变化的一个重要诱因。动物生存所食用的激素和抗生素大大地影响着人类的健康。尽管古道尔并没有旗帜鲜明地谴责肉食者，但她对素食的过度推崇与宣扬，很多人或是不敢苟同，或是无法接受，甚至有人直接批评古道尔是一位极端的环保主义者。

3. 关于对设立香蕉站的批评

为了吸引黑猩猩，古道尔曾建立香蕉食物站，但反对者认为，香蕉是不自然且具备高度营养的食物——所以导致它们（黑猩猩）产生病态的攻击性格。古道尔并没有向批评者屈服，她认为对黑猩猩之间的攻击事件，与其逃避否认，还不如面对现实，不论事实有多么令人难以接受。确实，有研究人员后来发现，在没有向黑猩猩提供额外食物的其他非洲研究地点，同样也观察到了黑猩猩争斗的场面。但还是有人对古道尔设立香蕉站的做法质疑，他们认为，不管如何，非自然的食物站完全违背了观察者应该避免对观察对象进行干扰的原则，香蕉站的设立改变了黑猩猩正常的野外觅食习性，进而改变了整个黑猩猩社会的自然状态。

现在的古道尔也逐渐认识到了自己的问题，她也认为设立香蕉站的做法不妥，并因此而后悔不已。因为它有可能改变黑猩猩的生存环境和生活习惯，从而使所观察到的资料和进行的判断产生偏倚。而且她还认为，与黑猩猩近距离接触也不科学，尤其是在她发现黑猩猩对人类的一些疾病不具备免疫能力之后。因此，如今贡贝的研究人员被要求与黑猩猩们保持至少 7.5 米的距离。古道尔这种不讳言自己研究缺点的做法，这种忠于科学事业的态度，值得我们好好学习。

总之，对于这样一位与野生黑猩猩为友的研究者，尽管在赢得鲜花与掌声的同时，也有质疑与批评，但无论如何瑕不掩瑜。很多时候，科学也正是在质疑与批评中砥砺前行。古道尔对黑猩猩、对野生动物非凡的爱心、毅力与坚守，既成就了她不朽的人生，也激励着我们一起奋斗和前行！

（作者：曾甘霖）

参考资料

[1] G. Štrkaj. Jane Goodall：The Woman Who Redefined Man [J]. American Journal of Physical Anthropology，2008.

[2] S. Dr. Michael. Jane Goodall [J]. Earth Island Journal，2010.

[3] 简·古道尔，菲利普·伯曼. 希望的理由：古道尔的精神之旅 [M]. 祁阿红，译. 上海：上海译文出版社，2013.

[4] 珍妮·古多尔. 黑猩猩在召唤 [M]. 刘后一，张锋，译. 北京：科学出版社，1980.

[5] The Jane Goodall Institute [EB/OL]. http：//www.janegoodall.org.2017-08-19.

[6] 珍·古道尔：我仍有改变世界的信念 [EB/OL]. http：//www.gongyishibao.com/html/renwuzishu/7338.html.2017-07-08.

[7] 覃觅. 珍·古道尔：不同寻常的人生 [J]. 资源与人居环境，2008（2）：63-66.

[8] 陈怡嘉. 跨越物种的对视：珍·古道尔的半个世纪 [J]. 人与自然，2010（12）：25-26.

[9] Jane Goodall's Roots & Shoots [EB/OL]. http：//www.rootsandshoots.org. 2017-08-19.

[10] P. Tullis. Jane Goodall is Still Wild at Heart [N]. The New York Times，2015-03-13.

诺曼·布劳格

（Norman E. Borlaug，1914—2009）

诺曼·布劳格

绿色革命之父

诺曼·布劳格是国际著名的小麦育种学家、植物病理学家和诺贝尔和平奖得主，美国得州农工大学作物和土壤系教授。他培育的20多个小麦矮秆高产品种对发展中国家和部分发达国家的粮食生产产生了重要影响。因其终生致力于以农业技术创新解决发展中国家的饥饿和贫困问题，他被国际社会誉为“最杰出的反饥饿斗士”“绿色革命之父”。布劳格一生获得过国际社会给予的许多荣誉奖章，包括1977年美国总统自由奖章、2002年美国科学院公共服务奖章和2007年美国国会金质勋章。

2009年9月12日晚，布劳格因癌症并发症在家中与世长辞，享年95岁。国际玉米小麦改良中心、世界粮食奖基金会和得州农工大学等相继举行了多种形式的追思会，沉痛悼念这位杰出的农业科学家和人道主义战士。美联社援引布劳格家人发表的一份声明报道说，布劳格终生为改善他人生活、消除人类贫困而努力，希望其一生能为后人借鉴。

一、早期的艰难生活

1914年3月25日，诺曼·布劳格出生在美国爱荷华州东北部克雷斯科市近郊一个很小的挪威移民聚居区。由于地处偏远，他的正规教育是从“一间房”乡村学校开始的。冬天的早晨，这些挪威裔路德会教友的孩子和来自邻镇的捷克裔波希米亚天主教徒的同学都会沿着冰雪覆盖的小路走向学校，并在凌厉的寒风中全体起立同唱《爱荷华之歌》。同一首歌，同样艰辛的生存和教育环境，让这些移民孩子很快感受到超越民族和语言差异的身份认同，意识到互助合作对促进所有人幸福成长的重要性。世界粮食奖基金会主席肯尼思博士回忆说，这种独特的早期经历影响了布劳格的整个人生历程，塑造了他日后成就“绿色革命”的工作伦理和个性品格。

布劳格孩提时代是在祖父诺曼·诺克维尔的农场中度过的。钓鱼，打猎，种植玉米、燕麦和牧草，以及畜养猪、牛和鸡等，他几乎无一不通。这样的环境让他对土地有着特殊的感情，对各类植物生长现象充满好奇。据说，布劳格当时最困惑不解的问题是：为什么某些地段的植物比其他地段长得好？这种困惑促使他早在高中阶段就经常借阅各种农业书籍，研究了解植物生长发育的规律和机理。

高中阶段参加学校摔跤队，让布劳格受益匪浅。教练经常教导他说，无论面对怎样可怕的对手都要永不放弃。摔跤训练塑造了他坚韧的个性品质，不仅让他赢得了更多自信和荣誉，也为他日后游走世界各地推广农业新技术做好了体力和精神上的准备。2005 年，布劳格对明尼苏达大学学生说："摔跤带给我许多宝贵的经验，我坚信自己能在对抗世界最强劲的对手时取胜。我很坚韧，好几次我都动用了这股力量。或许它不是一种恰当的支柱，但这的确就是我的方式。"

高中毕业时，布劳格打算报考爱荷华州立教师学校，将来做一名高中科学老师。这对置身美国经济大萧条年代的农家孩子来说并不是一个简单的选择。当时，许多同学辍学在家，只有祖父鼓励他坚持学习。他对布劳格说："要想在今后填饱肚子，最好先丰富自己的头脑。"为筹集学费，布劳格在一家农场打工，每天挣 50 美分。然而在攒足学费后，布劳格却选择了明尼苏达大学林学系。他对此解释说，在那个令人绝望的年代，直面处于死亡边缘的明尼阿波利斯饥民的恐慌和遭受的社会苦难，"我见识了食物是如何改变着他们，……那里的一切让我心如刀割"，"大萧条的黑色土壤让我投身农业"。

二、激动人心的植物病理学讲座

布劳格的大学生活紧张而又充满活力，除了钻研学业、参加摔跤比赛等丰富多彩的社团活动，他还挤出时间在咖啡店和停车场等处打工以勤工俭学。1935 年夏天，他争取到在美国森林服务局下属的马萨诸塞州和爱达荷州试验站做临时护林工的实习工作，这使他有机会多次进入遥远的荒野山林，体验大森林的宁静和壮美，并让他对这些生命栖息地中的植物和野生动物产生浓厚兴趣，他期望大学毕业后成为森林服务局的一名正式员工。

命运往往在不经意间改变人的一生。毕业前夕，布劳格收到森林服务局的通知，说是因为预算紧缩暂时无法为他在未来 6 个月提供全职工作。他只好推迟报到，打算在这段时间选修一些大学课程。一天，他在校园公告栏看到植物病理学系主任埃尔文·斯泰克曼教授关于植物锈病——袭击多种植物和树种的寄生真菌的讲座通知，立即前往聆听。

在当天的讲座中，斯泰克曼教授以“这些诡诈的小敌人毁坏了我们的粮食作物”为题，讲解了植物锈病对各类粮食作物的影响，介绍了他新近发现的能使植物抗锈的特殊育种方法。他激情洋溢地宣称，科学将“为消除这个世界最悲惨的饥饿和贫穷作出巨大贡献”。布劳格的传记作家伦纳德·比克尔描述说，“那个晚上，……斯泰克曼是一个很有感染力的老师。他的风格、直率和讲述时的强烈情感深深地打动了在场听众，他的每一句话都引起了布劳格的共鸣，久久回响在布劳格耳边”。讲座结束后，布劳格就匆忙拜访了斯泰克曼教授，询问教授是否愿意指导他攻读森林病理学博士学位。1942 年，布劳格在斯泰克曼教授指导下获得明尼苏达大学植物病理学和遗传学博士学位。

三、面向穷人的育种创新

1942 年，布劳格以微生物学家身份在杜邦公司从事工业和农业杀菌剂、杀真菌剂保护研究，并因战事需要参与抗侵蚀黏合剂的制作等科研活动。1944 年，在斯泰克曼教授的举荐和鼓励下，布劳格放弃杜邦公司的优厚待遇，离开正怀孕的妻子和一岁多的女儿，前往墨西哥参与一项全新的农业研究计划——小麦合作研究和生产计划，意在由育种学家、土壤学家、植物病理学家和昆虫学家组织研发团队，全力解决影响墨西哥小麦增产的所有问题。该计划由时任美国副总统亨利·华莱士针对墨西哥政府的粮食援助请求而倡议，洛克菲勒基金会与墨西哥政府联合资助和实施，旨在通过对墨西哥等发展中国家的农业技术援助来加强美国的经济和军事影响力。墨西哥实验的成功，使这项计划后来定格为致力于为发展中国家穷人提供玉米和小麦创新服务的“国际玉米小麦改良中心”。

初到墨西哥的布劳格深感绝望。由于缺少训练有素的科学家和必要的农业设施，当地农村土地荒芜、秆锈病猖獗，小麦连年歉收，农民连自身的温饱都难以维持。他在当时给妻子的信中写道，“我所到的这些地方一直在我的脑海中浮现，它们是如此贫穷和让人沮丧”，“我不知道我们能做些什么来帮助这些人，但我们必须做一些事情”。当地农民对小麦工程充满敌意，“就仿佛我在墨西哥接手这一工作是一种严重的犯罪一样”。很快，布劳格刻苦学习当地语言、不怕脏累下田劳动的行为感化了一些农民，他们开始接受新小麦栽培试验。

1950 年，布劳格及其团队在研制 6000 种小麦杂交品种的基础上培育出抗秆锈病小麦品种 Yaqui 50，其在施用化肥后产量猛增，但因麦穗太重易出现倒伏，造成粮食减产。为了解决这一技术难题，布劳格和他的研究团队从 1953 年尝试将日本的矮化小麦品种 Norin 10 与适宜在墨西哥北部高热、干燥气候条件下播种的品种杂交，以培育能够抗倒伏的高产小麦新品种。整个育种研究过程充满了艰辛和曲折。起初，布劳格的试验主要集中在锈病蔓延、土壤贫瘠的中部高原特斯科科附近的查平哥。为了加速小麦新品种的繁育进程，缩短新品种的研发周期，布劳格提出“穿梭繁育”的育种策略，即夏季集中在中部高原进行育种试验，收获之后立即将种子送至雅基山谷的研究基地，再在冬季索诺兰沙漠的奥布雷岗试验基地繁育试验。但这种一年两季的育种策略遭遇乔治·哈拉的反对，他认为这种策略不仅增加化肥的投入量，也违背农业育种的基本理论，即种子需要一段休眠来存蓄下次萌芽的力量。由于墨西哥小麦研究与推广团队最初是由植物病理学家乔治·哈拉负责组建，其成员包括来自美国的玉米育种的爱德华·韦尔豪森、马铃薯育种的约翰·尼德豪泽、威廉·科尔韦尔和布劳格等。乔治·哈拉的反对无疑对整个育种试验有很大的影响，但布劳格坚持己见，甚至因此向洛克菲勒基金会递交了辞呈。最后，由斯泰克曼出面调解，布劳格的育种试验才得以最终实施。

借助于“穿梭育种”的创新策略，布劳格团队很快培育出所谓的墨西哥矮秆小麦品系，其大面积推广后，在不到 7 年的时间内就使墨西哥农业完成了一场“寂静的革命”，实现了粮食自给。他们在 1962 年开发的高产、抗锈病的半矮化小麦品种 Pitic 62 和 Penjamo 62，在施用化肥的情况下，产量潜力可提高到每公顷 5870 千克，且其粗壮的秆茎足以支撑硕大的麦穗，防止小麦倒伏。采用 Penjamo 62 的姊妹系和澳大利亚品种 Gabo 杂交，布劳格还育成后来称为绿色革命的组合，代号 II 8156。该组合的 33 个选系（有红、白粒两类，包括 Siete Cerros 66、Kalyanson 和 Mexipak 65 等）作为主栽品种在印度、巴基斯坦等 13 个国家得到大面积推广。

布劳格他们采用这种双季节繁育方法培育的品种具有显著的推广优势，即新品种对光照时间不敏感，可以在多种不同的气候条件下培育生长。这无疑是小麦育种领域具有革命意义的重大原创性创新成果，其中蕴藏着未来绿色革命蓬勃兴起的巨大技术潜力。如今，布劳格创立的穿梭育种方法被世界各国作物育种家广泛采用，这也是他获得“绿色革命之父”美誉的最重要业绩之一。中国农业科学院的何忠虎研究员和国际玉米小麦改良中心的彭居俐在谈到布劳格对小麦育种创新的重要贡献时，首先强调的就是其首次育成的半矮秆春小麦品种和创立的“穿梭育种”方法。

四、让“绿色革命”惠及所有穷人

受墨西哥农业奇迹的鼓舞，联合国粮农组织和洛克菲勒基金会邀请布劳格以先进农业技术帮助深受饥荒困扰的中东和南亚地区的贫困农民，让“绿色革命”惠及所有穷人。

1962 年，布劳格尝试向处在交战之中的巴基斯坦和印度推广新农业技术，但这一切并不顺利。首先，印度和巴基斯坦的官僚机构和本土文化拒绝接受外来的技术援助。几经努力，他与两国领导人进行了接触并讨论了技术推广方案。在时任巴基斯坦农业部部长的 Malik Khuda Bakhsh Bucka 和印度食品与农业部部长 C.Subermanium，以及 Swaminathan 博士等青年学者的帮助下，两个国家最终决定试用布劳格繁育的小麦新品种和创立的新农业技术。

当年，布劳格团队从墨西哥进口 450 吨小麦良种，其中，250 吨运往巴基斯坦，200 吨运向印度。但随后却遇上很多麻烦。起先是运输问题，由于担心第一批小麦种子走水路在墨西哥海关耽搁，他们选用货车先把种子运到美国洛杉矶。不料却碰上政治骚乱，美国安全部门关闭了去往洛杉矶的高速公路，只得绕路而行。当种子运抵洛杉矶时，布劳格得知墨西哥银行因来自巴基斯坦的支票有拼写错误拒绝接受该国 10 万美金的付款。反复交涉之后，种子最终装上货船运往印巴地区。可在货船出发 12 小时后，布劳格收到巴基斯坦农业部长的电报：“很抱歉支票的错误给您带来的麻烦，但我现在也有麻烦，刚刚有个炸弹在我的草坪上爆炸。请耐心等待，钱就在银行……”印巴之间的克什米尔战争爆发了。几经折腾，布劳格他们已没有时间对试验种子进行测试，只好直接试种。一周后，布劳格察看时发现种子发芽率不到先前一半，原因是这批种子在墨西哥仓库中受到农药过度熏蒸。他立刻下令当地人双倍播种。耕作试验很快取得丰厚的回报，印巴两国当年的小麦大获丰收。两个国家欣然同意大量进口新小麦品种，借用一切可能的手段推广新耕种技术。

1966—1970 年，印度和巴基斯坦小麦产量实现突破性增长。1968 年，印度小麦大丰收，政府不得不把学校变成临时的粮仓。当年，美国国际开发署在其撰写的年度报告中写道：新的作物耕种技术在巴基斯坦和印度农业领域表现出重大进步，“看上去就像一场绿色革命”。绿色革命因此成为风靡全球的农业技术革命象征。1970 年，巴基斯坦小麦产量从 1965 年的 460 万吨增加到 840 万吨；印度小麦产量也从 1956 年的 1230 万吨增加到 2000 万吨。

与之同时，布劳格的小麦增产技术通过其在国际玉米小麦改良中心培养的青年科学家陆续引进到埃及、突尼斯、叙利亚、伊朗、利比亚、约旦、黎巴嫩、土耳其、伊拉克、阿富汗、阿尔及利亚和沙特阿拉伯等地，有效地解决了各国的粮食安全问题。他的小麦育种技术也通过印度科学家斯瓦米纳坦、菲律宾国际水稻研究所的罗伯特・钱德勒、海瑞・比彻尔和古德夫・库什等青年科学家克隆到水稻等其他作物领域，取得了令人惊喜的成果。其中，由洛克菲勒基金会资助、在菲律宾水稻所繁育的矮秆水稻品种——“神奇稻”IR 8 号水稻品种在当地 8 个村庄小范围试种后立即形成了鲜明对照，4 个交通便利的村庄农民的营养状况和生活条件得到戏剧性的改善。由于能让拥有小块土地的小农户产量翻番，新 IR 8 稻种就迅速在菲律宾等地传播开来，这反过来又使农民生活质量有明显的改善：婴儿死亡率降低，营养不良者减少，而且孩子，特别是女孩可以接受更多的教育。几乎同时，武装冲突和军事敌对迅速减少。

正是布劳格和这些青年科学家的共同努力，“绿色革命”很快席卷全球，并使 20 世纪后半期的许多发展中国家通过农作物产量的提高避免了大规模的饥荒，改善了贫困农民的营养状况。肯尼思博士对此评论说，“布劳格和他的团队的到来及时地阻止了一场人道灾难，通过让印巴两国的粮食产量增加四倍，历史上两个食品短缺的国家在令人惊讶的短时间内实现了粮食自给，挽救了成千上万穷人的生命”。

五、获得诺贝尔和平奖

1970 年，诺贝尔和平奖委员会决定授予布劳格诺贝尔和平奖。10 月 20 日，当通知布劳格获奖的电话响起时，他正在墨西哥郊外一个偏远的小麦试验田里工作。妻子玛格丽特不得不坐车一个多小时去告诉他这个好消息，但布劳格拒绝相信。布劳格的传记作家伦纳德・比克尔在《面临饥饿》中描述了当时的情况：“他跟玛格丽特说他和助手还有许多工作要做，不能回去接电话，然后就回到试验田去记录数据。正是在那个地方，电视摄制组在两个小时后找到了他。”

1970 年 12 月 10 日，布劳格前往挪威接受诺贝尔和平奖，这对他来说意味深长。当年他的祖先因食物短缺不得不移民美国，现如今他却因在增加世界粮食供给方面的杰出贡献荣归故土。诺贝尔和平奖委员会时任主席奥瑟·利奥内斯在颁奖致辞时说，布劳格获此殊荣不仅仅是因为他学术上的贡献，更重要的是他利用农业科学技术让数亿人摆脱了饥饿和贫困。他“勇敢地战胜锈病和官僚体制，……他的贡献超越了我们时代的每一个人，他为饥饿的世界提供了面包”，“通过实验室和田间工作，他改变了世界粮食生产格局……给我们指出了充满希望的和平与生活方式——绿色革命”。

布劳格在诺贝尔和平奖颁奖演说中指出，世界文明的进步取决于为所有人提供有尊严的生活基础，没有充足的食品供给，社会公正等许多人类文明的诉求都将毫无意义。令人痛心的是当今世界两极分化，由富足的发达国家组成的“特权国家”，其占世界 25%—30% 的人口生活奢华，对外部世界的苦难缺乏感受；主要由发展中国家组成的“弱势国家”，其占世界 50% 的人口生活贫穷，难以摆脱饥饿和灾荒的威胁。绿色革命在墨西哥、印度、巴基斯坦等发展中国家的成功，虽然取得了“人类反饥饿和反贫困战斗的暂时胜利”，为世界各国应对二战以来出现的人口膨胀和随后凸显的环境和社会问题提供缓冲空间，但反贫困和反饥饿的任务依然艰巨，各国政府应增加农业研究的投入，以实现可持续的、人性化的生活方式，而不应将大量的钱用于研制核武器和有巨大杀伤力的武器。

获得诺贝尔和平奖给布劳格最大的触动就是认识到奖励对培养新一代农业和食品领域的科学家和领导者的重要性。他常给别人讲自己之所以被授予和平奖，是因为没有农业或反贫困和反饥饿方面的诺贝尔奖项。为此，他曾游说诺贝尔奖委员会设立农业和食品领域的奖项，但未能成功。1986 年，在卡尔顿·史密斯和通用食品公司的帮助下，布劳格创立世界粮食奖，以表彰那些对改善全球粮食品质和供给状况作出杰出贡献的个人。该奖项每年 10 月颁发给一位受奖人，奖金为 25 万美金。迄今，已有来自巴西、古巴、墨西哥、丹麦、塞拉利昂、瑞士、英国、美国、中国和联合国等许多国家和组织的科学家及农业变革的领导者获此殊荣。世界粮食奖的声誉和影响力不断扩大，已得到世界各国的公认，被誉为农业和食品领域的诺贝尔奖。

1989 年，当通用食品公司中止对奖项的资助时，布劳格的同乡、慈善家和企业家约翰·鲁安出面相救，捐助了当年度的奖金。鲁安在解释其捐助动机时强调该奖项在预防世界粮食危机、推进第二次绿色革命中所发挥的重要作用。随后，他在布劳格的家乡爱荷华州的得缅因创建世界粮食奖基金会，邀请美国前总统吉米·卡特和乔治·布什等担任该基金会的顾问委员。每年 10 月，世界粮食奖基金会除组织授奖仪式外，还同时举办国际专题讨论会和全球青年研究论坛。近年来，已被命名为“布劳格对话”的专题讨论会，每年都吸引全球 60 多个国家的 700 多人聚集得梅因，共同讨论农业恐怖主义的威胁、即将出现的全球水资源危机、全球面临的营养过剩和营养不良的双重挑战以及生物燃料等重大问题。全球青年研究论坛则努力让青年学者和世界粮食奖得主等专家共同讨论解决世界饥饿问题的可能途径，以及他们作为未来的领导者应该承担的社会责任。

六、耄耋之年，壮心不已

1984 年，埃塞俄比亚出现饥荒，非洲数百万人面临饥饿。1985 年，日本造船工业基金会（现为日本基金会）董事长笹川良一邀请布劳格将亚洲绿色革命的经验推广到非洲，以消除各国普遍存在的营养不良和贫困问题。是年，71 岁的布劳格毫不犹豫地接受了邀请，并联络美国前总统吉米·卡特等组建笹川非洲协会。自 1986 年笹川全球计划 2000 启动以来，布劳格先后在贝宁、埃塞俄比亚、加纳、尼日利亚、苏丹、坦桑尼亚、多哥等 14 个非洲国家试验推广高产作物品种，向撒哈拉沙漠以南的非洲大陆的小农户推广以科学为基础的作物生产方法。在计划项目实施过程中，他十分重视优良品种和种植技术的引进，对农民的作物栽培示范和技术培训，注意发展与非政府组织（NGOs）、商业企业和各类国际发展机构的合作关系，并游说各国政府加强农业基础设施建设，结果使非洲各国的玉米、小麦、木薯、高粱等作物产量都有不同程度的提高。该计划在非洲取得的最重要成就可能是高营养玉米——优质蛋白玉米的研制和推广。该玉米良种经过墨西哥玉米小麦改良中心多年培育，由布劳格和笹川非洲协会迅速地推广到非洲许多偏远村庄。这一推广活动有望最终消除加纳、莫桑比克和其他非洲国家普遍存在的严重的婴幼儿营养不良现象，有效改善数百万儿童的生命质量。

布劳格的努力自 20 世纪 80 年代开始遭到某些环境保护主义者和社会经济评论家的攻击和批评。他们声称，“绿色革命”产生的问题比所解决的问题多，如大量生产和施用化肥导致农田氮磷流失、水源和土壤污染以及农产品品质下降等；其导致全球农业对单一作物的过度依赖；其对化肥的过度依赖为化工集团控制农业提供了便利，让小农户生产者流离失所；高产农业对农业生产资料的高投入，使大农场主成为主要受益者，使贫弱的小农户陷入债务泥潭，最终失去土地或者土地使用权；等等。一些环保组织甚至反对布劳格在非洲的增产计划，促使洛克菲勒基金会、福特基金会和世界银行停止其在非洲的农业项目。所有这些批评意见和挤压行为并没有让布劳格就此止步，反而使他以更坚定的信念倡导和推进农业生产技术革命，依然精力充沛地去游说各国政府增加对农村基础设施、农业研究和教育的关注和投资。他深信，这些努力对成就下一次“绿色革命”，彻底消除10多亿人的营养不良和终结大规模的生活贫穷是绝对必要的。当然，他也理性地承认这些批评意见对环境和社会问题的关注具有一定合理性，开始探索和倡导更合理的化肥和杀虫剂使用方式，积极推进环境友好的农业新技术创新活动。

20世纪90年代以来，布劳格十分关注生物技术的前沿发展。他认为，基因工程是未来育种的方向，是对常规育种的补充而不是替代。转基因作物技术蕴含着巨大的发展潜力，其在全球的广泛种植就是最有力的证据。他在许多场合极力倡导农业生物技术，将其视为改善依然处在脆弱的粮食供给体系中的穷人的营养状况的关键工具。他梦想有一天能在水稻中发现可抑制秆锈病的基因，将它转移到小麦和其他作物以彻底解决小麦锈病等作物病虫害。面对社会各界对转基因作物的质疑，布劳格强调必须依靠科学和研究来回答转基因生物（GMO）食品是否造成环境风险等问题。他说，推进新一轮“绿色革命”，不仅需要新颖种子和其他农业投入，还要改善教育条件、交通设施和公民的科学素养。布劳格对包括国际玉米小麦改良中心在内的农业研究机构中的公共投资下降的趋势十分关注。2002年6月，在罗马世界粮食峰会上，他和所有在世的世界粮食奖得主联合发表了一项声明，呼吁各国扭转农业研究投入减少的趋势。

1999年在乌干达发现的秆锈病强毒性新小种Ug99引起布劳格的高度关注，他呼吁各国增加对小麦锈病的研究投入。在他的努力下，国际玉米小麦改良中心和国际干旱地区农业研究中心联合主要小麦研究国家成立了布劳格全球锈病协作网，盖茨基金会启动了“持久抗锈小麦”项目。2009年3月17日—20日，布劳格主持了协作网在墨西哥奥布雷岗城举行的学术研讨会，并在主题发言中呼吁全世界小麦研究者重视抗锈育种。

晚年的布劳格十分重视对青年农业科学家的培养。除在世界各地参加学术会议和进行演讲，向年青一代传达他对科学的热情和教育改变人生贫困的信念外，他还在得克萨斯州农机大学担任该校土壤和作物科学系的教授。他在给青年人讲演时经常援引托马斯·杰斐逊的话反问道：“舒适和安全是否是减缓心灵挑战的良药？当丰衣足食和身体安逸时，一个国家是否也会和人一样缺乏进取？”为了激发青年人对全球农业和食品安全问题的关注，他和鲁安创立了世界粮食奖青年研究院，设置了旨在为青年人提供“心灵震撼”的国际学生实习计划，每年选派十多位杰出中学生在巴西、中国、哥斯达黎加、埃及、埃塞俄比亚、印度、印度尼西亚、肯尼亚、马来西亚、墨西哥、秘鲁、菲律宾、泰国等地的国际农业研究中心进行为期 8 周的暑期实习。他期望这些有幸参加国际农业实习的青年志愿者在直面第三世界贫困现实之后能形成“改变人生的体验”，树立起以推进农业和食品技术创新改变世界苦难的远大抱负和理想。

七、布劳格对中国农业的关注

早在 20 世纪 60 年代，布劳格培育的春小麦品种就通过巴基斯坦传入中国，与中国本土的小麦品种杂交选育后直接推广使用。1974 年，布劳格以美国科学院作物科技代表团成员的身份访问中国，确立了中国与国际玉米小麦改良中心建立长期合作关系的基础。改革开放以后，布劳格先后 20 余次造访中国，到过许多地方，从最初的小麦种植区到玉米和其他农作物主产区。所到之处，他都会主动与农民交谈，鼓励农民采用新农业技术。在这期间，他目睹了中国农业所取得的巨大成就。他认为这种变化应归功于中国政府在植物营养管理战略上的调整——从依赖粪便的有机循环转向建造小规模的肥料厂和进口化肥，以及许可购买大规模的氮肥厂等。在布劳格的支持下，时任中国农业部部长的何康因其在快速推进中国实现粮食自给政策中的突出贡献而荣获 1993 年世界粮食奖。

布劳格和中国育种研究机构保持着广泛联系，在小麦、玉米育种研究，农业种质资源库建设和科学家培养等方面都给予中国很大帮助。他在中国科学界和农业决策层有很多朋友，他是中国农业大学娄成后教授留美时的同学，与中国农业部前任部长何康、中国农业科学院王连增研究员等都有密切交往。1994 年布劳格成为中国农业科学院名誉研究员，1996 年当选为中国工程院外籍院士，1999 年被授予中国农业大学荣誉教授称号。

布劳格十分关心中国的农业生产和科研教育工作，充分肯定中国农业发展为世界和平作出的重要贡献，在许多场合对“谁来养活中国”的言论给予有力回击。他曾多次访问中国农业大学，对全校师生作了“环境因素对未来世界谷物生产的负面影响”（1999 年）、“21 世纪农业：中国研究与发展展望”（2000 年）、“养活一百亿人口——21 世纪的挑战”（2004 年）等多场专题报告。他十分关心中国西南地区的小麦条锈病问题，几次致信温家宝总理和农业部、科技部部长，请求设立培育抗锈品种的科技专项。2009 年，当中国农业科学院的何忠虎研究员在墨西哥见到布劳格时，他依然在询问中国四川抗锈育种的进展情况。

拳拳之心，殷殷之情，真是感人肺腑。谨让我们以此来深切追念这位终身致力于以农业科学技术改善穷人福利、促进世界和平的伟大的农业科学家和人道主义战士。

（作者：李建军 滕菲 黄晓行）

参考资料

[1]Dr. Kenneth M. Quinn. Dr. Norman E. Borlaug. 20th Century Lessons for the 21st Century World[EB/OL] . http：//www.worldfoodprize.org/borlaug/borlaug-history.htm.

[2] Justin Gillis. Norman Borlaug， Plant Scientist Who Fought Famine， Dies at 95 [EB/OL] . http：//www.nytimes.com/2009/09/14/business/energy-environment/ 14borlaug.html ？ pagewanted=all.

[3] Mark Palmer. Norman Borlaug：Nobel Peace Prize-winning Wrestler [J] . Wrestling U. S . A. Magazine. December 15，2009.

[4] Iowa Rep. Tom Latham Pays Tribute to Dr. Borlaug World Food Prize [EB/OL] . http：//www.worldfoodprize.org/Press-room/2008/march/lathamborlaug.htm.

[5] 何珊 . 绿色革命之父诺曼 · 博洛格逝世 曾获诺贝尔和平奖 [OL] . http：//news.sciencenet.cn/htmlnews/2009/9/223326.shtm.

[6] Murray H. Milford and E. C. A. Runge. Beachell and Borlaug，Two Giants of the American Society of Agronomy's First Century [J] . Agronomy Journal，2007.

[7] 何中虎，彭居俐 . 悼念绿色革命之父布劳格博士 [J] . 麦类作物学报，2009，29 (6)：1134-1136.

奥尔多·利奥波德

（Aldo Leopold，1887—1948）

奥尔多·利奥波德

生态整体主义的思想先声

奥尔多·利奥波德是美国著名的环境保护主义者和环境保护的思想先驱，被誉为“保护野生生物之父”“美国野生生物管理之父”“美国的先知”和“一个热心的观察家，一个敏锐的思想家”。他在环境伦理学和生态思想史等领域声誉显赫，影响深远。在人与自然关系日趋紧张、生态环境危机日益深重的当代，重新深度挖掘并深层解读其以《沙乡年鉴》特别是其中的《土地伦理》为代表的生态整体主义思想精华和理论品质，有利于人们全面深刻透视土地伦理之坚实的现实基础、深厚的哲学意蕴与纷繁的学术之争，具有理论与实践的双重价值。

一、生活经历与学术著作

利奥波德在长期与大自然亲密接触并积极投身环境保护主义的过程中，形成了远远超越那个时代的以土地伦理思想为重要标志的生态整体主义环境伦理思想。

1. 家庭环境熏陶与自然环境影响

1887 年 1 月 11 日，利奥波德在美国衣阿华州伯灵顿一个德裔移民家庭出生。家境殷实经济富足，为其从事所热衷的研究提供了物质基础。外公查尔斯·斯达克曾担任过伯灵顿首家国家银行负责人，继而就任伯灵顿贷款与建筑联合总裁，是当地经济政治领域的重要人物，且对自然、历史兴趣颇深，拥有哲学与艺术天赋。不仅如此，他还身体力行，尽其所能维持自然本来面目，为此，每年春天他都带领家庭全体成员参加植树活动。斯达克倡导修筑的卡彭公园曾是伯灵顿市的骄傲与美国最美丽的风景之一，他家被描述成“鸟的乐园”。父亲卡尔·利奥波德拥有一个课桌生产公司，且酷爱探险，在体验大自然的过程中对林业与自然资源管理以及狩猎政策而导致的一些稀有物种灭绝忧心忡忡，率先批评狩猎经济的浅视做法，并在教育子女的过程中始终贯穿着博物学理念。在外公与父亲影响下，利奥波德幼年就喜欢野外探险，记录观察到的动植物，获得了大量野外知识，对自然产生了浓厚兴趣。他 11 岁开始涉猎鸟类，13 岁跟随父亲打猎，但严格遵循父亲制定的不滥杀动物的狩猎原则。母亲克兰瑞·斯达克热爱户外运动，喜欢音乐，在利奥波德上学期间，母子通信尽可能使用艺术形式，使其能用感性态度去看待自然界的一切。家庭熏陶促进利奥波德养成独立精神与保持对户外生活的乐趣。而其故土伯灵顿位于密西西比河畔，是美洲大陆 1/4 野鸭野鹅一年一度迁徙的必经之地，野生动植物丰富。荒野、牧场、河畔等是利奥波德的天然野生动物乐园。这些因素成为其后来整合土地伦理思想的重要考量。

2. 学习工作经历与思想观念转变

伴随利奥波德学习工作历程的转换，其思想经历也从保护主义向保存主义转变。1905 年，利奥波德进入当时唯一设有林学专业的耶鲁大学林学院学习，1908—1909 年攻读林学硕士学位。在林学院，他一方面学习林业知识，广泛涉猎关于林业和户外休闲的书籍——罗斯福的《美国猎人的户外娱乐》、格林的《美国林业原则》以及罗斯的《林业的第一本书》，此外还通读达尔文的著作；另一方面，他加入林务员俱乐部，开始规划长途徒步旅行以致力于户外调研考察。而耶鲁大学使利奥波德领略了先进思想并丰富了知识，增长了才干，使其接触到更广阔的世界，并开阔视野，把观察视界从家乡、学校拓展至整个美国。这不仅为其以后的工作打下了扎实基础，而且对其整体主义环境伦理思想的形成至关重要。户外考察使其对社会立场、学校生活与自身价值开始全面反思与深入思考。其中，最大的收获就是切身感受到“不仅要对父母家庭负有责任，而且还要对社会、自然、自身以及逼近自身内心深处愿望同样负有责任，并且以履行此责任为荣耀”。

1909 年，利奥波德毕业后成为联邦林业局亚利桑那白山地区林务官，并为放牧许可、用水权和买卖木材权决策提供建议策略。他在业余时间里更是勤奋刻苦，不仅对所到地区的自然与人工特征以及生长树木数量和类型进行细致考察，还绘制了翔实的区域地图，并与朋友深入探讨与研究森林保护主义哲学。其显著业绩便是 1912 年被提升为新墨西哥州北部卡逊国家森林执行监管，其原因是他很好地解决了令人愁扰的放牧许可申请问题。1915 年 9 月，他编写的《钓鱼、狩猎手册》出版。在国家林业局支持下，利奥波德组织建立了亚利桑那州和新墨西哥州地区狩猎保护委员会。但总体而言，他此时还只是美国林学家吉福特·平肖“明智利用式”资源保护运动的信仰者与追随者，不仅对资源保护主义者所鼓吹的保护主义原则（即把资源分为“有用与无用、有利与无利”的原则）坚定不移地信仰，而且还进行政府关于肉食动物控制的切身体验，参与白山地区灭绝灰熊与新墨西哥州灭绝灰狼的活动。

1917 年 7 月，因其在野生动物保护运动中贡献突出而被授予豪纳德野生动物保护永久基金会金质奖章。利奥波德学以致用，不断探索并提出新管理办法，深得同事的肯定与赞赏："他拥有非凡的想象力，能够熟练灵活地运用各种理论，拥有对事物进行科学决策的激情，想要推翻那些建立在片面观察基础上的理论，学习水平很高，是一个知识丰富、爱好广泛、不知疲倦的工作者。而他最大弱点是无法较好地处理人际关系，某些思想与工作方法与林业局现有观点和期望相悖。"1921—1924 年，利奥波德在西南部地区从事林业管理监督与巡视工作时注意到西南部土壤侵蚀问题，认为其原因不仅在于自然的变化，而且人对土地不明智的使用也是至关重要的原因。而解决途径在于人类应从总体上去尊重土地，不仅把土地当作可供使用的资源，而且看成具有生命的存在，树立起一种使用土地的责任感。1924 年，林业局研究并采纳了利奥波德的合理建议，美国新墨西哥州大毒蜥野生自然保护区得以诞生，此举比美国著名的野生动物保护计划（法案）还早 40 年。

1924 年，利奥波德受林业部门调遣，迁往威斯康星州麦迪逊市，成为林业产品实验室副主任。此阶段是其对原有的功利主义保护思想产生质疑，并毅然与之决裂，且提出其超越时代的新思想——保护荒野的关键时期。但由于从保护到保存思想之转变完全背离了林业局政策指向，也因其不满林业局那种完全从经济利益出发的林业管理思想，他不得不在 1928 年 6 月辞去国家林业局职务，专门致力于野生动物管理研究，并成为这门学科的创始人。此后 4 年时间，利奥波德喜获一次在美国体育器械制造商协会资助下对野生动物现状进行系统调查的机会，其调查范围广涉俄亥俄州等 9 个州。这使其有机会进一步探索科学的野生动物管理方法。在此次活动中，他惊奇地发现沿布鲁河两岸近九成的可耕之地被水冲蚀，特别令其痛心疾首的是，他曾去过的西南部 30 条河流中，有 27 条已经被彻底毁坏。这引发了他对环境的深度反思与深刻反省，他由此开始关注环境的内在联系，特别是人的行为对环境的深远影响。他进一步感到要树立一种新意识——重新认识人与土地关系的必要性。1930 年完成并于次年出版了熔铸其思想转向与新管理理念的报告《关于北部各州野生动物的调查报告》，此报告填补了野生动物管理中的许多空白。在报告中，利奥波德不再将野生动物管理视为单纯为保持猎物数量而采取的行为，开始深入反思野生动物管理政策存在的问题、管理方法应用、各物种之间相互关系、不同物种在自然界中的不同地位。此时他虽然还不能完全理解捕食动物的生态价值，但其思想已逐渐发生转变。

1932 年 3 月，利奥波德终止与美国体育器械制造商协会的合同，而致力于生态学与保存主义哲学研究，1933 年编写出野生动植物管理领域第一本教材《野生动物管理》。该书由于受经济萧条冲击未能如期出版。但此时美国野生动物保护事业已发展到一个新阶段，人们已用“野生动物”取代“猎物”一词并开展一系列相关研究。利奥波德也不再把物种区分为有害与无害，并最终彻底放弃出于经济目的而进行野生动物管理的观念，开始强调野生动物的整体价值，建议纠正整个国家对土地及其生命的传统观点，给予所有物种以关注并将其纳入保护范围内。户外野生动物考察为其土地伦理的形成起到了关键作用。1932 年 10 月，利奥波德开始在威斯康星州野生动物保护协会工作。1933 年，罗斯福执政并聘其为公民保护联合会助理，参与水土流失治理工作。

1933 年 7 月，利奥波德不仅荣升为威斯康星大学农学院野生动物管理项目负责人，且幸运地荣任美国历史上第一位野生动物管理教授并从此主持“猎物管理”讲座 14 年之久。1934 年 1 月，参与全国野生动物保护政策制定、担任森林政策委员会主席与《林业杂志》特约撰稿人和副主编。1935 年 1 月，他与环境史学家马什等共同组建“荒野学会”并担任学会主席，创办会刊《生机勃勃的荒野》。利奥波德认为，这个学会的成立具有思想和政治的双重意义，标志着一种新态度——人对自然的谦恭意识。他亲自指导梅尔湖地区农民自发进行野生动物保护工作，并在许多地区进行演讲。同年秋天，他去德国考察林业和野生动物管理，被当时德国的高度人工化管理体系，以及从生态和审美角度上所付出的费用，特别是对鹿、森林的尊重态度所打动。1935 年 4 月，利奥波德在威斯康星河畔购买了一个荒弃了的农场，并着手恢复其生态环境。正是在此过程中，他形成了一种高尚对待土地的谦恭态度，并深切感受到人们需要彻底改变对待与使用土地的傲慢态度。1936 年，他担任美国野生动物协会主席的助手，随后又担任美国野生动物保护协会技术分会主席，同时担任美国林业协会副理事长。工作实践使利奥波德得以验证当时盛行的环境管理政策中的一些失误，使其不断思考与探索热爱和尊重自然的有效路径；大学教书生涯拓展了他的思想视域，这都为其土地伦理的提出创造了有利条件。1943 年，他放弃自童年起便养成的户外狩猎爱好，开始潜心梳理与总结自己的所有论文，并在这一时期完成了思想的彻底转变。1948 年 4 月 21 日，邻居的农场起火，利奥波德在奔赴火场救火途中因心脏病猝发而去世。至逝世前，他一直任美国生态学会理事长。

3. 相关学术著作与生态整体思想

利奥波德一生共出版 3 部著作与大约 500 篇文章。著作《钓鱼、狩猎手册》(1915)

规定了森林管理官员在狩猎管理工作中的权利与义务，希望林业部门把保存物种多样性作为首要职责并提供可能遇到的猎物种类，进一步证实自然界除食肉动物外存在于其中的每个森林物种都具有经济和生态价值，物种的价值不仅在于数量而且在于其种类。《关于北部各州野生动物的调查报告》(1931）填补了野生动物管理中的许多空白，书中集中展现了美国各地野生动物管理的现状，揭示了由于历史上野生动物管理政策失误和保护方法不当所带来的严重后果。《野生动物管理》(1933）被称为“野生动物保护专业的圣经”，该书以整体主义生态世界观为指导思想，首次把动物学、生物学、森林学和生态学放在一起讨论，是野生动植物数量管理和恢复的基本技能与方法。这一划时代著作创造了一个新的学科，包含林学、农学、生物学、动物学、生态学、教育学和信息学。《沙乡年鉴》(1949）全书分为三部分：第一部分“一个沙乡的年鉴”包括 21 篇小品文，是其一生观察自然的结晶，按照 1 月—12 月的时序描述了一个荒弃沙乡农场的不同自然景象。作者在描述中深度注入对自然的崇敬与赞美之情。第二部分“随笔——这儿和那儿”生动描述了利奥波德前后 40 年在美国各州和墨西哥等地区的游历见闻，通过对各地动植物、山川之考察，进一步就资源保护存在的问题给予陈述，为保护主义的各种问题提供了一个标识。第三部分“结论”共收录4篇文章，是全书思想的浓缩，分别从环境美学视野、文化传统立场与生态伦理维度深入追述与系统探讨人与自然之复杂关系，其中最后一篇《土地伦理》是利奥波德思想的基石。该文全面深入阐释了其土地伦理思想。美国环境史学家唐纳德·沃斯特评价道：《土地伦理》“更标志着生态学时代的到来；事实上它也将被看作是一种新环境理论独特而极简明的表达”。

蕴含着生态系统自然状态至上与生态承载限度标准等重要观点的《荒野及其在森林休闲政策中的地位》一文在 1921 年《林业日志》上发表，标志着美国人对土地、土地的发展与其价值认识的重大转变。写于 1923 年，直到 1979 年才发表的《西南部地区资源保护的几个基本问题》一文，首次系统探讨了土地伦理的可能性问题。要求人们应从自然与生态价值角度重新评价自然，指出“人类不能将美与完整性、质量和数量、现在和未来分割”。《自然保护伦理》以“生态学和经济学”为小标题在 1933 年 5 月《林业杂志》上发表，该文从道德进化角度探讨从道德上关怀土地的可能性，指出人类伦理标准从只涉及人与人的关系发展至个人与社会的关系，但尚缺少人与自然关系的伦理标准。“土地，像奥德修斯的女奴一样，仍然被视为人类私有财产，而人与土地关系被严格界定为经济关系。”他进一步建议，如果人类能够正确理解进化，那么伦理标准应当扩展至整个自然界。“土地伦理带来一种对待自然的科学方式，一种高水平的生态学上的老练和一种生物中心论的、与占主导地位的对待土地利用的经济学态度相对立的公有伦理。”

二、土地伦理思想来源与理论内涵

贯穿于利奥波德“土地伦理”中最具特色的生态思想莫过于其首倡并大力宣传的生态整体主义思想，它的发展与完善逐步使其成为当代生态整体主义环境伦理世界观与方法论的核心理念和价值取向。

1. 土地伦理创立之主要思想来源

利奥波德是热心的观察家、敏锐的思想家与造诣极深的文学巨匠。其土地伦理思想的问世既具有一定的时代背景，又深深根植于理论沃土之中。奥彭斯基的整体主义哲学观、达尔文的进化论、埃尔顿和坦斯利等的生态生物学是其土地伦理学得以创立的主要思想基础。

苏联哲学家奥彭斯基与利奥波德几乎完全生活在同一时代。在著作《第三有机体》（1912）中，奥彭斯基认为，自然界中没有任何事物是僵死的或机械的，生命与感觉，肯定存在于所有事物之中。一座山、一棵树、一条河、河中的鱼、水滴，它们每一个都拥有自己的心灵。他还宣称，“任何一个不可分割的存在，都是一个有生命的存在物”。利奥波德从奥彭斯基的相关论述中得到启示，其“像一座山那样思考”的格言可能是对奥彭斯基“一座山的心灵”回应，认为地球是有生命的，“当晨星在一起鸣唱时，它就变苍老了，但当我们中的最后一个都在冥界与父辈团圆时，它仍很年轻”。

从人与自然关系维度审视，进化论勾勒出了自然界的“生命之网”，尤其是使隐蔽于生物界之中的动植物之间的内在联系与制约关系鲜明地展现在人类面前，其最重要的理论贡献是对人在自然中的位置作了科学阐释。《物种起源》揭开了生命起源与物种演进过程之谜，并标志着承认人类道德是由上帝赋予的这一理念的终结；而《人类的由来》撩开了生命之谜的最后一层面纱，首次摆正了人类在自然界中的位置——源于自然，与其他动物一样具有基本的同一性并始终置身于自然之中，而不是像各种形式的人类中心主义与神秘主义所宣称的在自然之外与之上。而人类文明程度愈高，道德视野就愈宽广，其同情心也愈广泛。诚如达尔文所指出的：“道德是不断进化的，随着时间的推进，道德体系的范围必然从包括较小的部落扩大到较大的共同体，……‘对低于人类的动物施于人道’，实现‘对所有生物的无私的爱’。”

生态学是研究有机体彼此之间以及与其整体环境之间是如何相互影响的学问。共同体、生态系统与整体是其关注的中心。这一整体主义倾向成为环境伦理学生长的沃土，而利奥波德则是自觉看到并且深度领悟两者关联的首批生态思想家之一。其实，利奥波德于20世纪30年代早期从政府部门向学术机构转向之时就与著名的生态学家埃尔顿建立并保持长期友好交往，利奥波德的著作就明显地汲取了现代生态学发展的最新成果，他从生态学发展中不仅借用了生态金字塔、食物链、能量流、小生境等表达生态学的典型概念，而且随着时间的推移，也日益接受了关于共同体、生态系统与整体的生态学理论观点，为其土地伦理学提供了科学基础。

此外，利奥波德还从哥白尼天文学中汲取营养，秉承美国先验主义与自由主义文化传统并发扬光大，提出了超越时代，彰显生命与环境协同进化的生态之美，以及生态系统与道德共同体扩展有机结合的土地伦理学。

2. 土地伦理构建的基本理论内涵

《沙乡年鉴》中的土地伦理观，是西方文献中第一个自觉系统地尝试创立整个地球生态环境并将其作为一个共同体置于环境道德视野的伦理理论。土地伦理学对土地共同体伦理地位的彰显、对环境伦理情感基础的强化、对环境美德伦理的呼唤，为我们理解和建构当代环境伦理学提供了一个独特视角。

一般而言，伦理学属哲学范畴。利奥波德却极具新意地尝试从生态学维度界说伦理学，将其定义为在生存斗争中对行为自由度的一种制约。利奥波德认为，无论是生态学还是哲学，伦理表达的都是一个相互依赖的个体或群体趋向于全体的进化模式。相互作用、相互依赖、相互影响的各个部分的个体所组成的整体——共同体，是其存在的基本单位。作为共同体成员，虽个体为在共同体中有一席之地而出自本能地去进行竞争，但趋于长期合作却是出于伦理观使然。而“土地伦理只是扩大了这个共同体的界限，它包括土壤、水、植物和动物，或者把它们概括起来：土地”。“共同体”在土地伦理中是其核心范畴之一。此举的意义在于：首先，从人的生物属性和自然存在出发，要谦逊而合理地摆正人在整个自然界中的生态位，从而形成人首先是生态系统中普通甚至平等的一员之观点。人应该而且必须自觉意识到是土地共同体的特性决定着生活于其上的人的特性，而非相反。其次，在共同体范围内不但包含多种关系，而且从道德层面来看，其包括的伦理关系是多重、多维和多样的，既涉及人与人之间的关系，又内含了人与动物、植物之间的关系，更囊括了其他各部分与共同体自身的关系。由此“土地伦理是要把人类在共同体中以征服者面目出现的角色，变成这个共同体中的平等的一员和公民。它暗含着对每个成员的尊敬，也包括对这个共同体本身的尊敬”。也就是说，就生物属性与自然存在层面而言，人只是生态系统中的普通一员，但从社会属性与文化存在层面来说，人以其所掌握的对生态环境有深远影响的科技能力又使其与共同体其他成员迥然不同，尤其是技术力量越强大，就越需要用土地伦理对其加以约束、限制、引领甚至强制性规范，以期在人类与地球之间建立一种更公正合理的和谐关系。利奥波德宣称，《沙乡年鉴》的基本目标就是帮助土地从技术化了的现代人的控制下求得生存。在我们看来，“人的社会属性和文化存在是人区别于其他生命体的根本标志。……人和其他生命一样也同样参与自然生态系统的物质循环、能量转换与信息交流。不仅如此，只要人类社会存在，无论其科学如何进步、文化何等发达，也永远具有这种生物属性！”

3. 伦理演进过程与土地伦理基础

利奥波德认为，自有人类文明史以来，伦理关怀始终限于人际之间，历经了两个时期。第一时期主要是关涉个体之间的伦理关系，典型范例是“摩西十诫”，它不仅奠定了基督教道德基础，而且被称为西方伦理学史上的“黄金定律”；第二时期是将其范围扩展至调整个人与社会之间的关系，如基督教《圣经》中的金科玉律、社会层面中的民主等，但还未孕育出协调人与土地之间的伦理观。现在伦理由人际到人与环境之间延伸已成为进化中的可能性和生态上的必要性，这也是伦理进化的第三时期。土地伦理就其实质而言，内含了对人类改造环境能力的一种限制约束，这样产生的积极作用是一方面利于维护人的生存，另一方面益于保护其他物种必要的生存权利。利奥波德清醒地意识到把道德引入人与环境关系中的诸多障碍，认为在其所处时代资源保护运动尚未触及道德行为根基的根本原因，在于那个时代的哲学与宗教未能把社会良心从人扩展到土地。他宣称，如果没有一种智识重心、忠诚、情感和信念方面的内化，道德观上的重大变化将永远无法完成，即道德情感是土地伦理学的一个重要基础。利奥波德的土地伦理“是第一个在现代西方文明中保持并有系统地企图发展伦理学理论的自我良知，即那种在道德观意义上包括非人类自然实体和自然整体在内的理论的自我良知”。但他也知道要实现态度与价值观的缓慢转变，毕竟道德体系构成要素是理想而非对人们实际行为的描述。他相信，“我们永远也不会完全实现人与大地的和谐，就像我们不会为人们求得彻底的公正与自由。对于这些远大的抱负，重要的不是去实现，而是去追求”。

4. 伦理评价标准与人类道德义务

传统伦理学以人类利益为基点，以功利主义经济价值为评判尺度，而利奥波德却反对对土地采取某种经济的、过于实用的功利态度。他认为，价值应当是指超越经济层面的某种更高含义，也就是哲学层面的价值。“当一个事物有助于保护生物共同体的和谐、稳定和美丽的时候，它就是正确的，当它走向反面时，就是错误的。”这便简明扼要地概述了土地伦理的全部内涵，也可以将其看作人与土地关系的伦理标准。“和谐、稳定和美丽”是对人类维护生物共同体提出的必要条件，三位一体而不可分割。其中的“和谐”是指对共同体的整体要求，不仅是其形态功能完整，而且还要求其尽可能地保留至今尚存的一切生物物种之多样性；“稳定”主要是从结构功能方面对共同体提出的要求，不仅要求土地内在深层结构的完整有序，维持其内部复杂结构的完好无损，而且更为重要的是还要使其系统结构能够发挥其自我更新的最优或最佳功能；而“美丽”则主要从伦理层面予以限定和规范，即道德上的内在动力，进一步讲是指超越经济利益的更高的价值观。此判断标准的提出是利奥波德对人类也是对整个地球的重大贡献。土地伦理的确立不仅标志着人类思想几经发展终于冲破了传统绝对人类中心主义思想的藩篱，而且标志着人类可以从生态层面来深度反省人与自然的复杂关系，置身于生态整体主义的宏阔视域来思考问题，这表明生态整体主义价值与理念从此在人类思想史中驻足并彰显其魅力。显然土地伦理学是生态学上的事实判断与伦理学上的价值判断相结合的产物，生态学认识论上的整体主义已暗示了伦理整体主义。土地伦理整体主义的方法论进路是不直接赋予植物、动物、土壤和水这类具体存在物以相应的道德地位。其道德价值与伦理地位主要取决于它在维护共同体本身的“健康”或“善”的过程中所持有的相对价值。这表明肯定共同体整体价值就必然包含着对共同体成员价值的肯定，但土地伦理学对个体生命伤害之必要性并没有持完全否定的态度与意向。“一种土地伦理当然不能阻止对这些‘资源’的宰割、管理与利用，但它却宣布了它们要继续存在下去的权利，以及至少是在某些方面，它们要继续存在于一种自然状态中的权利。”这表明那些与人共享这个星球的生命形式被允许生存下去。这是一个有关生物权利的问题，而不管它们对我们是否有经济上的好处，这意味着“我们对土地负有某些义务，这些义务超越也高于那些受自利原则支配的义务，这些义务建立在这样一种认识之上：人与大自然的其他构成者在生态上是平等的”。这样，利奥波德就完善并发展了广延伦理理念且走到极致，即关注生态系统、环境或土地。依照利奥波德的生态整体主义观念，在其思想视野之内的有机个体（包括个人），在地位与重要性上总是低于其他所崇尚的生物共同体。关于生物权利的这一观念是《沙乡年鉴》的思想炸弹，是把利奥波德思想与美国传统资源保护思想区别开来的因素。虽在扩展伦理学的范围方面，利奥波德“拥有许多思想前辈，但我们仍然有理由认为，他的思想是现代生物中心论的或整体主义的伦理学的最重要的思想源泉”。

为了更好地帮助人们理解土地共同体以及解释系统内部各因素之间的相互关系，利奥波德提出一个生态系统的模式——土地金字塔模型。这是一个由生物与无机环境组成的高度组织化结构。居于塔基的是土壤，向上依次为植物层、昆虫层、鸟类和啮齿动物层、更高的食肉动物层。人类是这座金字塔的高度和复杂的成千上万的增添物中的一种。土地金字塔内部存在物质交换与能量流动，其正常运转取决于两点：其一是内部结构之多样性与复杂性；其二是各组成要素间的合作与竞争。按照生物共同体的属性，人对其义务可具体化为两点：一是维持共同体结构上的复杂性，其前提与基础是保持生物在种类与数量上的多样性；二是生物共同体虽然是一个可以自我调节的系统，但它的这种调节需要较长的时间，因此，人对生物共同体的干预不应过于剧烈，人为改变的激烈程度越小，金字塔自我修复的可能性就越大。

利奥波德的土地伦理思想是对传统绝对人类中心主义的反叛与颠覆，是对西方长期以来坚守并顶礼膜拜的“主客二元”思维方式发出的冲击与挑战，《沙乡年鉴》成为人类生态思想界有效推动环境运动深入发展的历史界碑，真正凸显了生态整体主义环境哲学理论及其生态伦理思想的时代张力！

三、赢得声誉、带来诘难和拥得辩护

利奥波德是现代环境伦理学的开创者之一，其崇高声誉归于《沙乡年鉴》中土地伦理所作的关于生态整体主义的精要阐释。这既为他赢得重要的学术荣誉，又带来质疑甚至诘难，也拥得持续辩护发展。

1. 相关学术评价与唤醒环境意识

在唤醒和提升人类的环境意识层面，美国环境史研究的开拓者和权威学者福莱德认为，“《沙乡年鉴》是首当其冲（首开先河）的，因为它表达了一种几乎是不朽的关于人和土地的生态及其伦理观”。梅尼认为，“土地伦理”一章是沙郡县环境问题“要点之要点”。斯特格纳认为，《沙乡年鉴》是一本先知预言书，表达的是美国式以赛亚的声音。而激进环保组织“地球优先”协会创建人士福尔曼认为，利奥波德著作不仅是最重要的环境保护著作，而且是有史以来最重要的著作。杜博斯称《沙乡年鉴》是美国资源保护运动的圣书。科利考特称利奥波德为“现代环境伦理学之父或开路先锋”。凡·雷恩西勒·波特在1971年将自己主编文集中的第一卷献给利奥波德，称之为“预见到把伦理学扩展成生物伦理学”的思想先锋。唐纳德·弗莱明称其为“20世纪60和70年代新的资源保护运动高潮的摩西”。卡尔认为，利奥波德是首位“撰写资源保护伦理，接着又撰写土地伦理的人”。利奥波德的确独辟蹊径，独树一帜，从伦理道德层面与哲学高度解读环境问题，把环境问题的解决归于价值观转向问题，在人与自然关系上摒弃“明智利用”的功利主义方式，代之以人是自然之中普通一员，对自然要自觉建立起谦恭意识。基于此，著名学者马洛里将其对当代的贡献概括为“环境伦理的起源与对持续发展具有巨大的影响”。

2. 环境主义时代与环境保护实践

利奥波德的土地伦理观是20世纪最具影响力与超越时代的生态整体主义的思想先声。土地伦理思想的问世，不仅表明人类对于生态环境的认知以及人在自然之中的地位之思考上升到前所未有的高度，而且也全面而适时地表征了“环境主义时代”的到来。随着时间的推移与思想的涤荡，土地伦理已成为现代环保运动的思想动力和理论旗帜。更为难能可贵的是，土地伦理中的生态共同体概念与生物区系金字塔模型不仅在学理上观点新颖、内涵丰富，而且在实践中方法卓著、成效显著。其典型案例有：金索尔夫曾试图把生物金字塔原理运用到有机农业中；南尼·洛雷基于生物金字塔机理，采用“综合性害虫控制”方法使庄稼免于虫害，这是战后美国对于农业中化学制剂过度使用的一种安全的替代办法。土地伦理之所以随着时间推移其影响力与日俱增，关键节点或许是在某种程度上把握了我们这个时代所遭遇的环境问题之本质。它不仅在学理层面上集生态学与伦理学理论于一身，而且在实践过程中日趋成功地引领时代，从而最终能够得到战后美国环境运动甚至国际环保工作的青睐与赏识。此外，它是现代环境学理论中最有力与值得信赖的分析范式与方法，因而无可辩驳地成为环境政策与环境运动的理论基础。

3. 民间环保组织与唤醒生态良知

美国野生生物学会为纪念与褒扬利奥波德，尤其是其作为野生生物管理科学的奠基人方面的成就，而特意设立了利奥波德铜质奖章年度奖，其目的在于激励人们更多地了解与深入研究野生生物管理科学，以期在实践中更好地关注与保护野生生物。利奥波德的土地伦理思想在美国政界也产生了深远的影响，时任美国内政部长的斯图亚特·尤道尔曾经直言不讳地表述了下列重要思想："如果我们挑选一本书，它既包括美国人对地球的挽歌，又包含对一种新的土地伦理的呼唤，那么，我们内政部的大部分人都会把票投给奥尔多·利奥波德的《沙乡年鉴》。"为了秉承父亲的土地伦理价值观并将其发扬光大，1982 年，利奥波德的 5 个子女成立了非营利性的民间环保组织——利奥波德基金会。其基本任务是向社会各阶层有效传播土地伦理学，尤其是利奥波德所首创并对后世产生显著影响的生态整体主义思想及其价值理念，希冀以此增进民众对"健康土地"之理解服务与培育，以期分享利奥波德思想遗产，唤醒国民生态良知。1987 年 1 月，美国议会两院和各环保组织都隆重举行了利奥波德 100 周年诞辰纪念活动，参议员卡斯登在他的议员席声明中公布大会一致通过了关于对利奥波德评价的决议，公认其为"当今无愧的自然保护之父"。

4. 社会传播力度与学术思想影响

随着时间的推移与环境运动的深入发展，利奥波德的思想火炬燃遍世界各地，并为全球环保起到思想启蒙甚至精神引领作用。时至今日，《沙乡年鉴》仍被美国纽约公共图书馆评为"20 世纪自然写作领域十大好书之一"，在美销售量超过 100 万册，并被陆续译成俄、日、法、德、中文。很多大学开设了环境伦理学课程，利奥波德土地伦理思想精髓也传遍世界。在促进利奥波德土地伦理思想传播方面，前述美国著名学者福莱德教授作出了卓越贡献。1974 年她出版了专门研究利奥波德生平与思想的著作《像山那样思考：奥尔多·利奥波德和鹿、狼及森林的生态观的演变》，作者福莱德对利奥波德已公开出版和未出版的手稿进行了精心研究，对其思想发展线索进行了仔细梳理，特别是对其荒野管理方法和土地伦理思想予以高度关注，全方位展示了利奥波德丰富而有创造性的一生。

利奥波德的土地伦理学是向人类建立新伦理意识而作出的前瞻性引领。然而，由于人们急于加速工业化进程，推崇物质享受而盲目向自然索取，其思想精华曾一度被遮蔽。利奥波德在生前对社会公众能否真正理解土地伦理深表担忧并持悲观态度，而这一点恰恰被《沙乡年鉴》的出版过程所证实。该书稿出版历经 8 年的争执与修改，最终于 1949 年才被牛津大学出版社出版。美国环境伦理史学家纳什将其土地伦理遭此冷遇归结为社会、经济与理论自身三重原因。就社会层面而言，征服与改造自然的观念在美国人头脑中根深蒂固，利用与功利是其对待环境的主要方式。利奥波德倡导人们用一种与自然合作共存的方式来取代传统做法。从经济层面来说，20 世纪 30 年代的经济大萧条与二战使人们饱受战火的摧残和物质匮乏的考验。故而，抓住时机发展经济重振家园是战后的主要任务，对于维护与保持生态系统的“和谐、完整和美丽”基本不在人们的关注视野范围之内，倡导给予物种生存权利无异于天方夜谭。从理论层面来说，当时利奥波德的思想与观念遭到了诸多生态学者的敌意与排斥，再加上此一时期生态学越来越重视形式与定量分析，使其具有了浓厚的还原主义色彩与基调，许多学者认为利奥波德将自然作为整体来研究是没有前途与出路的。在如此话语语境下，生态世界观和环境伦理学只能在人文、宗教及所谓的反文化中找到自己的庇护所。科利考特也对许多科学哲学家对土地伦理不予理睬或成为论敌提出三点解释：“(1) 利奥波德阐明土地伦理，运用浓缩的平铺直叙的文体，其中整个概念的复杂性可能在几个句子甚至在一段或两段话中体现出来。(2) 他从设想当代哲学伦理学的范式开始讨论，而且 (3) 土地伦理表现出来的导向作用在于令人不安的实践意味。简言之，土地伦理是从哲学的观点所写，是不同平常的、激进的伦理学。”前两点是写作风格与思维方式问题，最后一点则是理论难以付诸实践问题，抑或即使按此行动也难以达到预期效果。

5. 相关质疑诘难与持续辩护发展

对土地伦理的质疑诘难主要源于：一是自然主义谬误，即从生态事实直接导出伦理判断；二是整体主义价值观，即过分重视整体主义利益而对个体利益的遮蔽。艾肯、克尔、克兹等学者从不同视角对整体主义价值观进行了揭露与批判。艾肯对土地伦理学深表害怕与恐惧，他认为土地伦理合乎逻辑的结论即“人口的减少是好事，那么减少人口的 91% 将是人类的任务”。克尔称“土地伦理的整体主义为‘专制主义’”。克兹也质疑了土地伦理重视整体价值削弱个体价值的理念，认为“土地伦理整体主义削弱对个体内在价值的尊重”。在诸多持有批评态度的学者中，雷根的指责与批评颇具典型代表性。他的核心观点是个体为了共同性的整体利益不得不作出牺牲是“对环境的一种法西斯主义式的理解”。对土地伦理学最极端的表达莫过于文学家阿比和“救生艇理论”的提出者哈丁。阿比在其《沙漠隐士》中表述其愿意杀死一个人而不愿杀死一条蛇。哈丁宣称“只有在人口出现短缺的情况下，我们才应尽最大力量拯救一个人的生命，但我最近并未听说出现了人口短缺现象”。这都是对人口发展过快，在人种与珍稀物种之间进行选择时的极为激进的一种表达。

针对土地伦理学的批判，许多伦理学家提出辩护，为使土地伦理学走出困境而积极提供方案，这完善且推动了土地伦理学向纵深发展。马瑞塔从多元论角度为其进行辩护，认为既可把整体主义三原则解释为决定价值与义务的唯一根据，或最重要的根据，或根据之一。前两种极端的理解是还原主义的，被指责为法西斯主义，若以第三种作为伦理判断的理由，则要求我们在面临复杂道德境遇时，“是不能通过还原主义的方法来加以简单地处理的，我们必须在科学与良知引导下作出自己的选择”。赫夫勒通过给整体主义附加限定条件“不违背重要的人际义务”的方式为其提供辩护。当我们维护并坚守生态整体主义三原则的前提是“假如我在这样做时不犯其他错误的话”。莫林则以德性伦理的途径为基点将“整体主义原则中的‘一件事情’，既可理解为‘一个具体的行为’，也可理解为‘某种行为类型、行为规则、偏好或态度’。从后一角度来理解利奥波德整体主义原则……整体主义原则就不是某种特定的行为，而是我们应当具备的一种品性，我们应当成为那类人”。在所有辩护者中，美国哲学家科利考特最具代表性，被称为土地伦理在当代的代言人。他不仅是利奥波德的忠实追随者，且从 20 世纪 70 年代中叶就开始撰写诸如“捍卫土地伦理学”“土地伦理的理论基础”等文章，对土地伦理的哲学基础进行论述，对土地伦理学所遇到的理论挑战予以应对，并对土地伦理学给予新的阐释，使土地伦理学逐步得到深化、扩展和完善。科利考特的贡献有三：一是针对土地伦理学自然主义谬误诘难，科利考特通过诉诸传统道德情感论来克服，为跨越事实陈述与价值陈述之鸿沟，将利奥波德放在从休谟和斯密到达尔文视“道德情感为伦理核心”的伦理传统中。二是针对土地伦理整体主义的批评，通过诉诸西方整体主义传统，消除哲学家对其生疏感与实践中过于激进的色彩。三是提出一个同心圆模型，提出道德关怀对象的拓展同心圆的范围是“自我—家庭—群落—土地”。在这样一个范围逐渐扩大的过程中，生物共同体中非人成员由于不属于人类故而没有人权，就情感层面而言却具有优先性价值，因此“身为生物共同体中的成员，它们应当受到尊敬”。

土地伦理在传播过程中虽遭遇质疑与挑战，但在回应挑战中得到了深化与完善，并彰显了其与时俱进的特质与品格。“利奥波德鼓舞了每一个关心环境伦理的人，尽管是在直接的还是在间接的意义上来确定大自然的道德地位的问题上还存在着分歧，但是在利奥波德之后，这些问题再也不会被忽视了。”同时，土地伦理由于其具有内在的自我完善特质与独特的修复机制，使其可能而且应当在当代现实生活中予以适当运用。在现实实践格局中，在利用自然资源和改造自然环境时自觉讲求利用的合理性和改造的科学性，并力求生物共同体的多样性得到有效保护与有序呈现。为此，我们应该带着谦卑甚至虔诚的态度善待包括动植物在内的土地生态系统共同体，并为这个共同体的“和谐、稳定和美丽”，对人类的生产方式和消费模式进行必要的生态约束、限制、引领甚至强制性规范。总之，为了人类的可持续发展与自然资源的永续利用，我们应该而且必须建立一个能够与自然生态环境和谐相处且充满生机活力、能够积极地超越并有效地扬弃机械技术文明的生态文明社会。

（作者：包庆德　夏承伯）

参考资料

[1] C. Meine. Aldo Leopold：His Life and Work [M]. Madison：Wisconsin Univ. Press，1988.

[2] R. Headley. Note on Leopold Official [J]. Federal Personnal Record，1922（2）：11.

[3] L. Herbert. Stoddard Memoirs of a Naturalist [M]. Norman：Oklahoma Univ. Press，1969.

[4] M. James，R. B. Glover. Robert Marshall：Portrait of a Liberal Forester [J]. Journal of Forest History，1886（7）：112-119.

[5] J. R. Des Jardins. Environmental Ethics：An Introduction to Environmental Philosophy [M]. California：Wadsworth Group，2001.

[6] A. Leopold. Some Fundamentals of Conservation in Southwest [J]. Environmental Ethic，1979：45.

[7] R. F. 纳什. 大自然的权利：环境伦理学史 [M]. 杨通进，译. 青岛：青岛出版社，1999.

[8] 唐纳德·沃斯特. 自然的经济体系——生态思想史 [M]. 侯文蕙，译. 北京：商务印书馆，1999.

[9] Ouspensky. Terium Organum [M]. New York：New York State Univ. Press，1981.

[10] 达尔文. 人类的由来 [M]. 潘光旦，胡寿文，译. 北京：商务印书馆，1983.

霍尔姆斯·罗尔斯顿

（Holmes Rolston III，1932—）

霍尔姆斯 · 罗尔斯顿

走向荒野的哲学家

索利图德湖坐落于美国落基山国家公园，其三面都由荒野环绕，湖面静静的，像镜子一样映射着峡谷的曲线，映射着天空，也映射着夜晚和星星，唯一通道是沿着北因莱特小径向下走。在这条幽深的林中路上，有一个弱小的身影隐身于荒野的怀抱，正独自艰苦跋涉，因为他笃信：独自置身于荒野是将生命推向极致的表达，进入荒野实际上是回归故乡，是人类在一种最本原意义上来体会与大地重聚。一个人只有完全投身并把自己暴露给荒野，让地理上的距离来松开社会强加于他的羁绊，其心灵才会有足够的空间与清醒让他能建立与维持自我的边界，使其了解自然和自己。尽管我们可能意识不到我们身体里有曾流过索利图德湖的太阳能，北因莱特河中的水是我们循环系统的一部分，但我们越是从字面上去理解便理解得越深，因为没有什么生物能够完全独立地生存，为细小双叶兰提供营养的根瘤菌或是从大松树根部长出的鹿蹄草是生命更好的象征——生命在本质上是共生的。这便是环境伦理学之父——罗尔斯顿心路历程的真实写照。

一、生平与著作

霍尔姆斯 · 罗尔斯顿是一位足迹遍布五大洲的杰出环境哲学家。他曾是国际环境伦理学协会（1990 年成立）创始人之一，并担任第一任会长（1990—1994 年），还是《环境伦理学》杂志创刊者之一，担任美国国会与总统智囊团环境事务顾问及包括美国“荒野协会”在内的 20 多个环保团体顾问，现为科罗拉多州立大学终身荣誉教授。罗尔斯顿被誉为“环境伦理学之父”，自许为“一个走向荒野的哲学家”，自然情结贯穿于其成长历程。

1. 学术选择与成长历程

1932 年 11 月 19 日，罗尔斯顿出生于美国弗吉尼亚州北部的著名风景区——谢南多厄峡谷，并在那里度过了童年，其祖父与父亲皆为牧师。从家门口流过的莫里河、抬头便可望见的贾姆坡山和霍格贝克山以及阿拉巴马州外婆家的农场都在其童年时光里留下了深深印痕。20 世纪 50 年代中叶，罗尔斯顿进入美国戴维森大学学习物理学并获学士学位。受 20 世纪初极富创新能力的物理学家的教诲，罗尔斯顿此时的目标是想成为一名物理学家并去认识与改造世界。但大学期间，他还深深迷上了生物课程，通过学习并随导师实地野外考察，罗尔斯顿反思到物理学虽很基本但并非真正研究自然本质，因为其研究对象是无生命的东西。当迷失于“笛卡儿式的栖居于物质中的精神体”后，罗尔斯顿进入弗吉尼亚联合神学院专攻神学，1956 年获得里士满联合神学院神学学士学位和一等摩尔奖学金。该年，他与简·威尔逊结婚，他们共有两个孩子。之后，罗尔斯顿进入英国爱丁堡大学，撰写了一篇历史神学方面的博士论文，其导师是 1978 年坦普尔顿奖获得者托马斯·F. 托兰斯；1958 年获哲学博士学位后回到弗吉尼亚州西南部就任牧师并度过 10 年。

在此期间，罗尔斯顿一边认真履行其牧师之职责，一边走向荒野体验那里的自然美景，同时还在东田纳西州立大学旁听生物学课。继学习植物学与动物学后，罗尔斯顿又接着学习了地质学、矿物学和古生物学，这样的经历使其成为一名自然学家和苔藓研究专家。罗尔斯顿不囿于理论学习，还亲自加入保护罗杰斯山与罗安山的工作，并加入了维修阿巴拉契亚山区小路和将其部分改道的工作。由于意识到形而上学的重要性，并且基于当时没有关于自然的神学，罗尔斯顿便转向学习哲学。在其申请被大多数学校研究生院拒绝后，匹兹堡大学向其敞开了一扇门，并于 1968 年授予其科学哲学硕士学位。同年，他进入科罗拉多州立大学哲学系任教，1968—1971 年任助教，1971—1976 年任副教授，1976 年任教授，1992 年成为该校第一位文科终身荣誉教授。

罗尔斯顿基于自然情结与博物学兴趣，一改当时流行的非人类自然没有价值的观点，对自然由衷感悟与体验而声称：苔藓在阿巴拉契亚山脉南段，不顾哲学家与神学家的关心抑或不给世人带来好处而自己繁茂地生长着，整个自然界就是那样——森林和土壤、阳光和雨水、河流和山峰、循环的四季、野生花草和野生动物——所有这些从来就存在的自然事物，支撑着其他的一切。这个可贵的世界，这个人类能够评价的世界，不是没有价值的，正相反，是它产生了价值——在我们能想象到的事物中，没有什么能比它更接近终极存在。他认为，“从苏格拉底以来，考察人类在这种构建出来的用文化组织起来的环境中的生活，就成了哲学家的历史使命”；而“哲学家应该不仅仅是考察城邦、考察文化，而必须把有活力的生命也纳入哲学思考的范围。是这种有活力的生命使他们得以成为一个哲学家的。生命的意义的确部分地是在于它的自然性，可我们却忘记了自然。在这一点上我们是需要做出自我批评的”。随着环境问题的凸显与环保运动的涌现，罗尔斯顿任教于科罗拉多州立大学时开设了生态伦理学课程，开创了课堂爆满的局面。其早年人生历程折射出生态伦理思想形成所经历的艰难探索过程；其成就既在于对自然之热爱，又在于其明晰自己追求后的坚定与执着。

2. 学术思想与理论来源

罗尔斯顿认为，“将价值理论重新确立起来的前提是诸如进化论、生物化学或生物学等涉及自然史之丰富性学科所提供的思维范式的转变”。此外，其理论建构还闪耀着东方文化哲学、系统科学与环境科学的智慧光芒。其中，生态学是催生其思想的沃土。罗尔斯顿把生态学不仅仅看作一门自然科学，也将其看作一门伦理学，认为“在生态系统机能整体特征中存有与之俱来的道德要求”。他依托生态学知识论基础，运用大量生态学原理来改造传统伦理道德体系，将生态学整体论原则转化为一种整体主义思维方式，并以此来抵制、淘洗还原论与机械论，建构出一种相互依存的伦理道德：个体价值的实现只有建基于其他物种与共同体整体利益的满足与服从的基础上，任何忽视整体价值的个性追求都要遭到无情的放逐，任何只具有目的意义而不兼具手段功能的存在物都无法获得现实的支持。

罗尔斯顿从进化论中解读出人类要从道德上关怀大自然的意蕴并大量引用进化论观点。他认为人类的产生并不是历史进程中的一个突发或偶发事件，而是生命进化和延续的一种结果，离开其他物种人类就失去存在之根。人类没有理由骄傲自大，也没有理由歧视其他生命形式。对达尔文在《人类的由来》中人的同情“变得越来越大和越来越广”的观点赞赏有加并进一步推进：在动物区系之后，我们能否加上植物区系、陆地景观、海洋景观、生态系统呢？良心的进化应该是非常壮观的，应当将这一切都包括进去。罗尔斯顿早年就为利奥波德的思想所打动，继承了利奥波德土地伦理思想并不断进行修正，为其提供科学论据。从整体上看，罗尔斯顿提出的应予以不同物种或整个生态系统道德关怀的观念，为西方传统伦理文化框架所不容，环境伦理学难以获得西方伦理传统的正当性支持，他便把目光投向东方文化。在中国传统文化中，罗尔斯顿首推佛教，并认为“禅宗在尊重生命方面是值得人们钦佩的。它并不在事实与价值之间，在人类与自然之间标定界限……禅学并不是人类中心论说，并不倾向于利用自然，相反，佛教许诺要惩戒和遏制人类的愿望和欲望，使人类与他们的资源和他们周围的世界相适应。我们知道，禅宗懂得如何使万物广泛协调，而不使每一物失去其自身在宇宙中的特殊意义。禅宗知道怎样使生命科学与生命的神圣不可侵犯性相结合”，“禅宗似乎具有一门更为全面的伦理学”，“对于禅宗来说，精神可渗透在自然之中，而这就为环境伦理学提供了较好的保证”。此外，罗尔斯顿对中国传统文化中的儒、道也颇为推崇，他的思想与系统科学、环境科学也存在着千丝万缕的联系。基于罗尔斯顿对世界范围各种思想成果的广泛吸收，才使其对人与自然的关系见解独到，也使其环境伦理发展空间广阔。

3. 学术著作与学术影响

罗尔斯顿学术生涯发轫于 1975 年在国际伦理学领域权威刊物《伦理学》上发表了《存在一种生态伦理学吗？》一文。 此后一发不可收，发表论文 100 余篇，参与编写 36 本书，为 50 多本学术著作撰写部分篇章。其专著主要有《科学与宗教》(1983)、《哲学走向荒野》(1986)、《环境伦理学》(1988)、《保护自然价值》(1994)、《科学和宗教：一个批判性考察》(1997)、《基因、创世记和上帝》(1999)、与莱特共同主编《环境伦理学》(2003) 学术文集等，其论著被译成 16 种文字出版。《环境伦理学》一书在出版当年就再版五次，被认为“是一部关于非人类中心主义与非人类来源、客观内在价值的巨著鸿制”。《哲学走向荒野》集结了罗尔斯顿从 20 世纪 60 年代末到 80 年代初撰写的 15 篇论文。美国学者贝玛德在《伦理学》杂志上发表书评指出：“罗尔斯顿的著作经常带来美国自然哲学的上品。他天生具有写作的才能，文笔优雅。这本书(《哲学走向荒野》) 是很好的读物，因为它也是完美的文学作品。罗尔斯顿提出了令人不安的问题，提出了艰巨的挑战。内容的安排非常得体。”阿瑟·克鲁克伯格在《道格拉氏草属》杂志上对《哲学走向荒野》评价道：“这是一本佳作！几乎在每一页上，你都可以遇到令人瞩目的可引用的段落——简捷有力的警句，关于环境伦理的隐喻……”鉴于罗尔斯顿学术研究工作在生态系统和伦理学方面特别是对自然内在价值的杰出辩护，他于 2003 年 3 月 19 日被授予坦普尔顿奖。

罗尔斯顿认为，如果一个人对地球生命共同体——这个我们生活和行动于其中的、支持着我们生存的生命之源——没有一种关心的话，就不能算作一个真正爱智慧的哲学家。罗尔斯顿的成果被多种不同领域和不同语言的期刊和著作引用，著作被 150 所高校选为教材。罗尔斯顿本人也曾于 1991 年和 1998 年来华进行学术访问，与我国学者杨通进、叶平、刘耳以及本文作者等建立了良好的学术联系，对推进中国环境伦理学的学术研究、学科建设和队伍成长都起到了积极的建设性作用。

二、价值走向荒野的环境伦理学

罗尔斯顿认为，传统伦理学是以人类利己主义和人类中心主义为基础的，只关心人类的生存利益而不管其他物种的生存利益，故而，我们尚未拥有适宜于这个地球及其生命共同体的伦理学。

1. 环境伦理建构与主旨

罗尔斯顿环境伦理学与动物权利、解放论和生物中心论的不同点在于其理论要努力避免遮蔽人的存在的极端生态主义，同时也要与人类沙文主义划清界限。构成罗尔斯顿环境伦理学理论体系的两大基石是：既强调自然价值的内在性和客观性，也强调人的参与性，即人要体验、了解、分享、领悟自然价值。这表明，一方面，环境伦理学需要人参与其中，把人排除在外的环境伦理学的合法性受到质疑；另一方面，人类的参与又不是主观任意的，而必须在遵循自然、接受自然指导下进行。环境伦理学既强调人对大自然的义务是一种主动选择性的义务，又强调人的主动选择性基础为主动地遵循而非主体性地占有与改造。这样，其环境伦理学就相应地具有了自己的评价尺度，归根结底，其体现的是自然的内在规则而非人的需要，或者说人只能是以道德代理人的方式来表达这种自然的内在性。

“自然主义谬误”在理论上构成环境伦理学成立的最大瓶颈。这一命题由英国学者爱德华·摩尔首先提出，即从科学事实之实然“是”推导不出道德价值之应然“应当”。罗尔斯顿则认为，环境伦理学把事实和价值之间鸿沟难以逾越的西方传统伦理学带到一个突破口。其破解“自然主义谬误”的方法就是将生态学基本准则或生态规律泛化，把它提升至统摄自然与社会的至高地位，并认为受制于此规律与准则的所有存在物都具有自身内在目的、地位平等且互为手段与目的。这样，生态规律的扩张与道德化就超越了事实与价值的隔阂，消解了“自然主义谬误”的纠缠，从而也就自然为环境伦理的可能性提供了强有力的支撑。故而，“环境伦理学将把实然的描述（他们是从科学、形而上学以及关于现实的或潜在的内在价值的判断中推导出来）和关于应然的规范（人类行为的对和错）结合起来”。这种解释对于习惯于理论思维的伦理学家来说，是不能不感到困惑而惊奇的。用生态规律对人类行为的制约性来说明行为的目的选择之论证是否符合逻辑？“能做”与“应当做”是否一回事？回答是：“能做”什么是由外部自然规律决定的，而“应当做”什么是人的价值选择（目的）决定的，前者由自然原理决定，后者由人道原理决定，抛开对人类利益的关注，企图从生态规律之“是”中直接推导出生态道德之“应当”的做法是行不通的。

对于环境伦理学的性质，罗尔斯顿声称，“只有当人们不只是从审慎利用而是从恰当尊重与义务角度对待自然时，才会接近自然主义意义上的原发型环境伦理学”。这种新伦理学需要对生命予以尊重，“它不仅关心人的幸福，而且关心其他生物和环境的福利。环境伦理学对生命的尊重进一步提出是否有对非人类对象的责任。我们需要一种关于自然界的伦理学，它是和文化结合在一起的，甚至需要关于野生自然的伦理学”，即环境伦理学是一种寻求与传统伦理学脱离关联的超越人类文化基础的新伦理学，它基于生态科学的环境整体主义的观点，依据人与自然相互作用的整体性，要求人类行为既要有益于人类生存又要有益于生态平衡。新旧伦理学的本质区别在于“旧伦理学仅强调一个物种（人）的福利；新的伦理学除了人的福利还必须关注构成地球上进化着的生命的几百万物种的福利”。

2. 当代哲学的荒野转向

学界认为解读罗尔斯顿思想的关键词是“自然价值”，因为其理论核心是“客观的自然内在价值论”。其实，在罗尔斯顿自然价值体系中，“荒野”一词因其特殊位置而占有重要地位，因为“荒野”是一种自组织生态系统，是那些有权为自己而生存繁荣的存在物之栖息地，是自然价值之源，其本身具有丰富意蕴，其有限性蕴含无限性，物质性蕴含精神性，自然性蕴含自由性。故而，罗尔斯顿要求哲学把沉思目光投向荒野，提出“哲学走向荒野”重要命题。荒野是我们把握罗尔斯顿思想的关键。

罗尔斯顿声称，哲学继认识论转向、语言转向、文化（人文）转向后，现在正向“荒野”转向。哲学之所以转向荒野是基于观察家们对人类与地球生态系统之关系的严肃反思。哲学的荒野转向是对长期以来传统伦理学以人为立足点、以人的需要与感受为根据的价值论框架的突破，其实这既是对日益加深的生态危机在哲学领域的一种回应，又是对人在自然中地位的重新审视和对荒野的重新理解，也是哲学与荒野从背离走向和解的一种期盼，更是人类处理与自然关系的一种思维路向表达与标识。

3. 荒野转向的理由根据

罗尔斯顿在其著作中一方面将荒野与自然连用，另一方面将荒野与自然换用。之所以提出哲学和美学走向荒野而没有提出哲学和美学走向自然，是因为荒野与自然相比是更为本原的自然。哲学走向荒野、美学走向荒野可以使哲学与美学深入自然深处、深入自然本真状态。罗尔斯顿一改传统上把荒野只看作资源的主张，认为应该从“根源”“邻居”和“异己”等层面对荒野进行剖析。

首先，就时间维度而言，荒野是生命与精神之根源。“荒野是生命孵化的基质，是产生人类的场所。”不仅在生命生发与进化意义上人来自自然，就是在文化意义上人类生存与发展也不能全然超越其自然前提。因为，“我们高度评价的东西中，有相当多的部分是在久远的年代从天然的荒野中孕育的，而在文化中则变为了基本预设”。比之于人类文化中陈列着各种文物、标本和文献，记录着人类发展各个领域的历史博物馆，大自然所珍藏和展示的是整个地球（包括我们人类）的生命画卷和活的博物馆。

其次，从价值维度看，荒野是体验与价值之源。回顾人类自然史，“荒野是我们的首份遗产，是我们伟大的祖先，它为我们提供了接触终极存在的体验”。虽然人类及人类文化是自然“层创进化”之结果或最高价值，但人类只有在自己的起源处才能体悟终极存在的意义。人类体验是在与大自然的接触并对其欣赏中产生的，但“这种欣赏活动所捕捉到并表达出来的价值在人类出现之前就存在并在荒野中发挥作用了，人类目前仅仅是继承这种价值而已”。环境伦理不仅“是关于我们的根源（而非资源）的伦理，也是关于我们的邻居与其他生命形式的伦理”。

再次，就空间维度而言，在人类文化发生之后，荒野便作为人类的“邻居”而存在。文化与荒野虽说是一对对立的生态哲学范畴，但正是它们之间复杂而又深层的关联构成了全部人类历史。随着人类文化在地球上取得“胜利”，随着荒野这位“邻居”的地盘日趋缩小，在人类心理维度和情感体验中，荒野不再是我们的故里，反而成为一个与我们相异、令我们恐惧的神秘的陌生的“他者”。正是因为荒野和人类之间如此深厚的历史渊源和如此深层的内在关联，当我们对现代社会的种种弊端进行反思之时，整个社会就发生了一个荒野的转向，人们试图从哲学的高度、从伦理学的角度重建人与荒野的关系。

三、客观的自然内在价值论

自然价值论是一种论证环境伦理学关于人与自然伦理关系之主题的重要途径。对于环境伦理学家来说，自然价值论的确立是人与自然伦理关系得以承认、环境伦理学得以形成的理论前提。

1. 自然价值的内涵实质

界定自然价值与厘清其本质直接关涉两个问题：一、自然价值所有权属于人还是属于自然？二、自然价值是主观的还是客观的？罗尔斯顿认为，价值并不存在于超出自然的虚空中，而是由自然孕育出来的；它是客观的，是在与人无涉的情况下产生的。在人类带来价值概念之前，自然界本身就存在着价值了。可以把自然价值与自然物所具有的客观属性等同起来，理解为事物所具有的某种属性。当然并不是所有的属性都能充当自然价值，只有那些具有有序、组织、进化等性质的规定性的属性才能充当自然价值。价值属性的最重要的特征在于其创造性，创造性就是自然界中新属性不断产生的过程，是使自然界朝向多样化、复杂化、熵减、有序方向的进化过程与特性。“自然系统的创造性是价值之母；大自然的所有创造物，就其作为自然创造性之实现而言，皆具有价值。”“价值存在于自发创造之所。”价值即自然物身上的创造性属性，这些属性使具有价值的自然物不仅主动适应环境以求得自身的生存与发展，而且还彼此间相互依赖、相互竞争、协同进化，使大自然本身的复杂性和创造性得到增加，也使生命朝着多样化与精致化方向进化。从生态哲学视角审视，价值“并非只存在于作为生命基本单位的个体之中，而是附着于整个生命形式，虽然它由个体生命体现但又超越了个体生命——它出现于一种整体性的交互作用之中”。所以价值在实质上是自然或生命进化过程中的一种现象。至于对价值的评价，罗尔斯顿认为，“在评价大自然时，确实需要加入个人经验内容，但如果认为自然事物所承载的价值完全是人类之主观投射，就会陷入价值唯我论泥潭”，“价值在真实事物而且经常在自然事物中得以体现”，即不管在任何情况下，自然价值所表现的实质内涵都是大自然对人的无私馈赠，即便是通过人开发出来的自然资源也是源于自然的。自然保存了人类历史，自然涵育着人的性情，自然奠定了文化基础，自然激发着人的进取心……因而不是人把价值赋予自然，而是自然把自己的“好”“有利”“有用”奉献给了人类。简言之，不仅评价活动过程本身而且作为评价主体的人都是自然进化的产物，即大自然不仅创造出各类价值，而且创造出具有评价能力的主体；不仅创造出作为体验对象的世界，而且创造出了体验这个世界的主体。罗尔斯顿的这种观点实质上是人对待自然的一种立场的根本转折，为人们重释价值开启了新的通道。

2. 自然价值的层次类型

罗尔斯顿把自然价值总体上划分为内在价值、工具价值和系统价值等三大类。所谓内在价值是大自然在与人无涉的情况下所呈现出的意义与功能，即对人的非工具性价值；它体现在对所有生命的支撑或承载上。罗尔斯顿主张从物种主体与周围环境的联系中来确定内在价值，反对将内在价值看成某物种个体所“自为决定”的。因为“没有任何一个主体，也没有任何一个客体是独自存在的”。所谓工具性价值是指从大自然与人的关系意义上来评价大自然而形成的价值（似乎应是从有机体与其环境的关系意义上来理解，因为还存在着非人类中心主义意义上的工具价值）。但罗尔斯顿与人本主义自然价值观差异较大，他将工具价值划分为三种形式：以人化自然的方式而产生的自然的工具价值；以自然的方式而产生的自然的工具价值；以体验和感受自然的方式而产生的自然的工具价值。系统价值是指作为整体的生态系统的创造性和价值创造过程，即生态系统所具有的能够不断创造自然价值的性质。“在生态系统中，有机体既从工具利用的角度来评判其他有机体和地球资源，也从内在的角度来评判某些事物：它们的身体、它们的生命形式。因此，工具价值和内在价值都是客观地存在于生态系统中的。生态系统让各种价值在其怀抱中争奇斗艳，它也因此而变得更加美丽。就其对共同体的贡献而言，工具价值与内在价值难分伯仲。生态系统是一个网状组织，在其中，内在价值之结与工具价值之网是相互交织在一起的。”因此，“在生态系统层面，人类面对的不再是工具价值，尽管其作为生命之源而具有工具价值的属性；人类面对的也不是内在价值，尽管其为了自身原因不得不护卫某些完整的生命形式，我们实际已触及到某种需要用第三个术语——系统价值——来描述的事物”。系统价值并不等于部分价值之和，它是系统的某种充满创造性的过程。个体和种的价值只有处在生态系统的网状结构中并参与进化才有意义；生态金字塔通过内在价值与工具价值的转换、通过限制与维持物种的平衡来保证所有物种欣欣向荣，促进生态系统保持动态和谐与稳定，向着更有序、更高自然价值方向进化。

对于三种价值之关系，罗尔斯顿认为，系统价值决定着内在价值和工具价值，是最根本的。但工具价值不是可有可无的，“如果一个人只是培育自己的内在价值，却不寻求一些途径，让自己能对社会具有工具性价值的话，我们会认为他很狭窄（隘）、自私。一个人的内在价值，如创造性，离不开给别人带来利益的能力。一物的卓异性并不在于它能为自身做什么，而在于它能为其他事物做什么。这对人，对动物和植物都是适用的。卓异性不是一物将自己封闭起来，而在于它能在一个整体中找到自己适当的位置”。“内在价值只有植入工具价值才能存在。没有任何生物体仅仅是工具，因为每一生物体都有其完整的内在价值。但是，它也都可能成为其他生物体的牺牲品，此时其内在价值崩溃，化作了外在价值，其中一部分被作为工具价值转移到了另一个生物体。从系统整体来看，这种个体之间的价值转移，是使生命之河在进化史上沿着生态金字塔向上流动。生物体这样不停地将别的生物化作自己的资源，是将内在价值与工具价值统一起来了。”“内在价值和工具价值彼此转换，它们是整体中的部分和部分中的整体，各种各样的价值都镶嵌在地球的结构中，犹如宝石镶嵌在其底座中，价值底座即为价值生养母体。换言之，当人们改变评价视角来理解价值时，就会发现，内在价值恰似波动中的粒子，而工具价值亦如由粒子组成的波动。”工具价值和内在价值相互交织，共同存在于生态系统这个价值转换器中，并通过其转换而在生命、物种之间流动，共同维护生态系统的稳定、完善、美丽。价值分布规律为：随着存在物等级升高，存在物所具有的内在价值也随之增多，而工具价值随之减少。虽然人具有最高的内在价值，但这并不意味着人可以为所欲为。恰恰相反，人的高级价值实现往往有赖于低等生物，而且人类终究只是创生万物的生态系统的最有价值的作品。因此，人应当赞赏和维护进化出他的这个生态系统，人有必要获取并转化自然价值，但这种获取和转化的价值在比例上应当与自然界损失价值的比例相当。

按自然价值的功能，罗尔斯顿把其细化为生命支持、经济、消遣、科学、审美、使基因多样化、历史、文化象征、塑造性格、多样性与同一性、稳定性和自发性、辩证、生命及宗教等 14 种价值。罗尔斯顿这样做的目的是：试图通过繁复罗列以此来剥离出与人本主义自然价值观相对立的自然主义的自然价值观的特质。客观的自然内在价值论启示我们：自觉维护并积极促进具有内在价值的生态系统的优美和谐、完整稳定和动态平衡，把人类的物质欲望、经济增长和消费欲望规范在其有序运作和自我恢复、有机清除和自我净化以及有效承载和自我循环的范围内，是具有评价能力的人类义不容辞的历史责任和时代义务。

四、遵循大自然的伦理义务

环境伦理学是“一种恰当地‘遵循大自然’的伦理学”，因为“自然最有智慧”，这个规律“不仅是对自然的运作描述，而且还对自然的运作进行了评价，暗示人类应该遵循自然”。

1. 作为“文化共同体”意义上的遵循自然

罗尔斯顿认为，人类既栖息于文化共同体中，也栖息于自然共同体中。一方面，人是进化的产物，生存于生物金字塔顶端，人的内在价值的实现，必须依赖于“空气、水流、阳光、光合作用、固氮、腐败菌、真菌、臭氧层、食物链、传粉昆虫、土壤、蚯蚓、气候、海洋及其他遗传物质。生态系统是文化的‘底基’，自然的给予物支撑着其他的一切”。人受制于自然环境，无法脱离环境建造文化求得发展，不管其选择是什么，也不管其如何重建了生存环境，人仍是生态系统中的栖息者。在此意义上，人是自然共同体中普通的一员，人和非人类存在物是平等的。另一方面，“生态系统既是一个生物系统，也是一个人类处于其顶端的系统”。在进化过程中，人形成了思考、语言和推理能力，人带着认识和评判意识思考并存在于一个开放的整体世界中，人出类拔萃的形而上能力使人区别于动物而具有责任心去关怀其他事物。“人类是唯一能对动植物和生物种系的生命过程及进化史进行反思，能在全球层次上进行思考，并能仔细思忖该如何保护地球行星的评价者。”“人的优越性不仅表现在能利用资源、自我实现、追求最大限度的功利……而且还表现在像爱其自身那样爱其他动物。……人能接受某种超越人类中心论的世界观。”正是这种超越及从总体上把握世界的能力，才使其变得优越并能向自己提出超越自身利益、使其与整个地球利益联系起来的义务。在地球上，人应当是完美的监督者——以这样一种方式来运用其在环境中独特的完美的理性和道德，以致能够真正超越其他存在物而实现与环境和谐相处且对其环境有益有价值的层创进化。人的层创进化的一个特质就是进化出了一种能与（只关心同纲同门利益的）自利主义同时并存的（关心同纲所有动物的）利他主义倾向，进化出了一种不仅仅指向其物种而且还指向生存于生态共同体中的其他物种的恻隐之心。

2. 在价值论和接受自然指导意义上的遵循自然

遵循自然的过程就是人参与自然的过程，即体验自然、了解自然、感悟其神奇造化和对生命的承载，从而热爱自然、积极主动地承担对大自然的义务。罗尔斯顿总结出人类可在七种意义上的遵循自然，但他首先排除了在绝对意义上与人为意义上遵循大自然的可能性而力主在相对意义上遵循大自然。他认为“我们遵循自然的程度取决于我们改变环境、取决于我们以一种鉴赏力将环境融入我们的生活方式、取决于我们离自然有多近的程度”，并从自动平衡、道德效仿、价值论和接受自然指导等四种相对意义上讨论人遵循自然的可能性，认为自动平衡意义上的遵循自然与道德效仿意义上的遵循自然因不具备环境伦理学“应然”的道德意蕴而使人难以接受。人类应该从价值论与接受自然指导意义上遵循大自然。只有在价值论意义上和在接受自然指导意义上遵循大自然才能够体现出环境伦理的道德观，这两种意义上的遵循才是我们遵循大自然的应有视角。

价值论意义上的遵循“较少‘伦理仿效’的成分，但仍具浓厚道德色彩，因为我们并不仅仅把自然视为一个纯粹的自然事实领域，而且是一个自然价值领域，自然有其自身完整性；它是人类能够而且应当与之心交神会的。此外，‘遵循’自然概念比遵循艺术、音乐或运动更深沉，因为在其中我们可以通过敏感观察而发现并引进某种非人类价值。例如，在大风飞扬的天空中飞行的野鹰的雄姿令我赏心悦目，但这不是一个我发明的价值，而是一个我发现并遵循的价值”。

接受自然指导意义上的遵循大自然则是把自然当作良师益友，从自然中捕捉哲理。尽管大自然不是一个道德代理者，其创造物或生态系统也不是人际伦理学的导师，但自然具有某种“引导功能”，人类仍能够通过反思自然而“提炼出某种道德”。许多民间谚语都毫无例外地带有大自然的烙印，许多德性完美的品格都主要源于对自然的适应。故而，人的生活要遵循自然，即意识到大自然对我们的影响以及大自然对我们的行为的承受极限。大自然虽没有为人际事务提供伦理指导，但人类的行为必须采取一种适当的形式以适应其环境，适应世界给其提供的条件。这是环境道德的核心。此外，进化论与生态学也都告诉人们，所有生命形式都不是独立自主发展的，而是由其周围环境决定的。我们能够发现内在且隐藏于大自然表面冷漠、凶残和恶意背后的美丽、完整和稳定的方面。大自然虽不是培养这些德性的充分条件，但却是必要条件。毋庸置疑，自然中既存在着斗争，又同时而且更多地存在着适应。学习关于生命的这些教诲可以使我们的行为与这个世界相适应，即对自然的某种遵循。这样罗尔斯顿就在人与自然之间建立起一种具有普遍意义的道德关系，完成了伦理学一个未完成的主要议题。这对生态伦理学的进一步发展是至关重要的。

3. 遵循大自然的具体要求与诗意地栖息

遵循大自然要求人们尽可能避免文化和文明的发展对大自然造成伤害与痛苦，尊重自然界中所发生的生命之间的矛盾与冲突。具体说来，就是要承认动物、植物、物种和生态系统的权利，为尊重生命和自然界尽自己的责任和义务。在高等动物层面，人类应接受野生自然世界里弱肉强食的现象，肯定自然生态；在有机体层面，应当肯定它们的内在价值，并在价值意义上顺从自然；在物种层面，人类有义务避免造成它的人为灭绝；在生态系统层面，生态系统的整体价值具有至高的道德意义，人类的义务是保护生态系统的稳定性、完整性和完美性。

海德格尔把“诗意地栖居”看成人类寻求生存根基、重建价值信念的过程。罗尔斯顿汲取海德格尔这一思想，呼吁人们应该对生命存在的意义有深刻领悟，对其他生命对人类存在的包容性有所省察，不要把大自然仅仅当作创作人类故事的工具，而应把自然的历史理解为一部正在编撰的且不会完稿的小说。所有生命都是这部小说的重要角色，但唯有人可充当历史主体，具备在编写自己的生命故事的同时欣赏和叙述地球上正在发生的生命故事的能力。诗意地栖息包含三层含义：一是人应栖息于自然和文化中，寻求对复合价值的伦理适应；二是要以个人身份栖息于环境中；三是要求人们依据一种具有地域性、全球性和历史性的伦理生活在地球上，恰当地阐释地球上发生的一切，并以恰当的方式适应自然，成为大自然的精神化身。罗尔斯顿相信，当人们能够形成这样一些认识或树立起这样的信念后，环境伦理学的落实就从根本上具备前提条件了。环境伦理并“不是要取代仍在发挥正常功能的社会与人际伦理准则，而是要将曾经一度被视为无内在价值、只作为人类如何便利而加以管理的领域引入伦理思考范围，这个新伦理参数不是绝对的，而只是相对于传统伦理尺度而言的。随着伦理学领域扩展，价值冲突将会加大，原因在于目前人类的善得与环境的善有效共存了”。环境伦理使命也不是为了完成末日审判，而是宣示和引导一种新的生存发展路向。

五、环境伦理学的实践维度

罗尔斯顿深信，一种伦理学如果脱离实践，只过于注重抽象归纳，就无法在实践中得到落实，其存在的合法性就会受到质疑。由此，他主要从公共环境政策、商业活动和个人行为等三个层面寻求其实践途径。

1. 环境伦理与环境决策

人对环境究竟是应当保护还是开发？使用还是禁止？环境政策正是作为约束人对自然行为的规范条文。其实，环境伦理得以应用的一个重要环节就是其能否“把道德转化为法律”。“我们必须制定出某种关于公共物品——大地、空气、水、污染、环境质量、臭氧层、诱变剂、野生动植物、作为民族象征的鹰、濒危动物、后代——的管理伦理。”为使环境伦理更好地渗透到政府的政治决策中去并起到促进决策的公正性效果，罗尔斯顿建构了环境政策的价值论模型并从价值的个人维度与社会维度、人类维度与非人类维度、个体维度与系统维度出发将价值分为七个层次。

← ← ← ←

→ →

社会善价值 > 社会偏好价值 > 个人善价值 > 个人偏好价值 > 全市场价格价值

↑ ∧

有机体价值

↑ ↓ ∧

生态系统价值

在这个价值模型中，横线以上五种价值所表达的是人本主义的价值关怀，它贯穿于或适用于一切环境保护的政治决策，尽管这五种价值在其中的价值等级考量不同。罗尔斯顿认为，“在人本主义价值关怀视野内，我们提供的是一种法人性的整体主义原则，根据此原则，整体的善应比个人的善更重要，即使这将会导致有限的不公正”。横线以下的两种价值：有机体价值和生态系统价值，则共同体现了自然主义的价值关怀。这种价值关怀在决策当中的适用范围是有限的，主要应用于保护残留的荒野地区、濒危物种和难以恢复的生态区域。立足于这种自然主义价值关怀的政治决策的基本立场就是“遵循大自然”。按照罗尔斯顿的整体主义思维模式，生态系统价值要高于有机体价值。

2. 环境伦理与企业伦理

罗尔斯顿主张环境伦理学必须渗透到企业决策中并转化为企业伦理，形成具有客观范导作用的约束机制。罗尔斯顿认为，在企业决策和企业行为立场中应坚持人本主义和自然主义两种标准。坚持人本主义标准的终极目的在于增加人的利益和企业绩效。问题在于，如果企业只为维护自己利益而不惜牺牲国家与大众利益，只为满足自己眼前利益而不惜牺牲社会大众长远利益，只为满足自己经济利益而不惜牺牲整个生态系统利益，那么，企业的行为就是不道德的，也是应被禁止的。因此，企业还需培育和形成自然主义的价值原则，首先应把自然看成是一个生命共同体，其次再把它当成一种可利用的物品；企业要像爱护自己一样关爱周围环境，即爱邻如己。在企业利益和环保的关系上，传统思维认为两者可能是一输一赢，罗尔斯顿则提出一种新思维，“在一定的条件下，二者妥协，二者都赢。如森林的经济利用与生态利用二者是对立的，采用砍伐则输掉了生态效益，得到经济效益。但采用在一定生态限度内的采伐，森林的经济与生态二者兼顾，既赢得生态效益，也赢得经济效益。这里关键是决策应当能使对立面妥协，当然，有时达成妥协，也不一定赢。这就是当环境被破坏时才认识到保护的情况”。罗尔斯顿试图将人本主义和自然主义企业伦理价值原则整合起来，形成一种具有可操作性的结合商业利润与生态完整性的行为原则，包括“不能以复杂为借口推脱责任，不能用公关技巧自欺或欺人，道德重于法律；要承认环境决策中的举证责任的转移，道德判断应贯穿企业活动的始终，对未来有长远考虑，己所不欲之风险勿施于人，对公司压力持批评态度，必须兼顾经济利益和环境利益”等。这是环境伦理学实践精神的重要体现。“因为生态环境是经济赖以建立的基本条件；尽管经济可以改变生态环境，但企业必须生存于生态系统之中。”

3. 环境伦理与个人生存

罗尔斯顿确信，“伦理学在个人身上得到某种体现就像生命和物种要通过个体而得到体现一样。伦理学、生命、物种虽都超越了个体，但其也绝对离不开个体。……伦理是人们的生活世界，是其生存环境的一部分；它不仅仅是一种地理位置，而是人们的安身立命之所”。

首先，人类是栖息于自然和文化中的“两栖”存在物。以往人们只看到文化世界与自然世界的对抗，却看不到自然是人类文化创造的质料和形成的基础。罗尔斯顿认为，“无论是从生物学的还是从物质需要的角度看，没有一个充满资源的世界，没有生态系统就不可能有人的生命。从哲学和伦理学角度看，如果人对事物的评价不能超越其自身局限，那么人的生命就远没达到它所能够而且应该达到的境界。人们只能在其环境中而不能脱离其环境而获得自由，除非能够时刻遵循大自然，否则将失去大自然的许多精妙绝伦的价值。人类将无法知晓自己是谁，身处何方”。这也就意味着，不管文明发展到何种程度，人都不能超越其生存与发展的自然基础与生物前提。

其次，人类在地球生态系统中承担着道德监督者角色。罗尔斯顿对那种认为人类的出现是自然进化的最杰出成果，且其位置处于生物金字塔结构塔尖，从而可以为所欲为地对待其他生命的观点进行了批判：“一个处于进化顶级的存在物不应提出这样一种孤傲的人类中心论的价值观；这种价值观不过是用人的优越性来为人的自我中心性进行辩护；它犯了自傲的错误”；“从逻辑上讲，关于人处于进化顶峰的这一生态学真理，应当能使人看到其之外和之下的其他存在物的价值，从而形成开放的全球整体观，产生一种对自然界具有贵族气派的责任感”。人在自然界中的角色定位是：“人应当是完美的监督者——以这样一种方式来运用他们那种在其环境中是如此独特的完美的理性和道德，以致他们能够真正超越其他存在物，实现一种与其环境和谐相处且对其环境有益的有价值的层创进化……人类有其完美性，看护地球是其展现完美性的一个途径。”人类以万物代言人与道德监督者身份谦恭地对待比其低级的各种生命形式，真诚赞赏它们，由衷感恩它们，唯如此才能真正体现出人类的与众不同并显示出其优越性。

总之，以荒野自然观为本体论、以生态整体主义为认识论与思维方法、以自然内在价值为价值论的环境伦理学是一个开放的体系。罗尔斯顿的可贵之处在于，他能积极地把理论推向实践，使其在实践中发挥作用。对于中国的环境伦理学研究，罗尔斯顿指出：“中国有一些特殊的环境挑战，迫切需要环境伦理学去研究。如果不确立起一门属于中国自己的环境伦理学，就不会有地球伦理学，也就不会有人类与家园星球的和谐。最后，我将一如既往地支持中国环境伦理学的研究，祝愿中国的环境伦理学研究取得更大的进步。”

（作者：包庆德　夏承伯）

参考资料

［1］霍尔姆斯·罗尔斯顿Ⅲ．哲学走向荒野［M］．刘耳，叶平，译．长春：吉林人民出版社，2000.

［2］Holmes Rolston Ⅲ．Philosophy Gone Wild：Essays in Environmental Ethics ［M］．N.Y.：Prometheus Books，1986.

［3］J. Baird Collicott. Rolston on Intrinsic Value：A Deconstruction ［J］．Environmental Ethics 14，1992：129-143.

［4］王惠．荒野哲学与山水诗——关于西方生态哲学与中国山水诗的跨界研究［D］．苏州大学，2008.

［5］王正平．环境哲学——环境伦理的跨学科研究 ［M］．上海：上海人民出版社，2004.

［6］霍尔姆斯·罗尔斯顿．环境伦理学：大自然的价值以及人对大自然的义务［M］．杨通进，译．北京：中国社会科学出版社，2000.

［7］杨通进．环境伦理：全球话语，中国视野 ［M］．重庆：重庆出版社，2007.

［8］Holmes Rolston Ⅲ．Environmental Ethics：Values in and Duties to the Natural ［M］．Philadelphia：Temple University Press.1988.

［9］罗尔斯顿．存在生态伦理学吗 ［C］ // 中国社会科学院哲学研究所自然辩证法研究室．国外自然科学哲学问题［M］．北京：中国社会科学出版社，1994.

莱斯特·布朗

（Lester R. Brown，1934—）

莱斯特·布朗

从抨击中理解，在争议中接受

2005 年 3 月 22 日下午，北京玉泉路中国科学院研究生院阶一六教室。600 人的大教室内座无虚席，甚至在走廊过道和后墙壁旁都挤满了没有占到座位的师生。所有人都在聚精会神地聆听一场关于生态经济的学术报告。

站在讲台上作报告的是一个上了年纪的外国人。他瘦削的面容、颀长的身材和一头凌乱的金色头发，仿佛昭示着一份不羁的个性。然而，他的报告平缓而低调，甚至当台下有人打断他的报告提出很尖锐的问题时，他依然以沉稳的态度和语气来逐字逐句地回答。

这个人就是美国农业经济及生态学家莱斯特·布朗，今天风行全世界的“可持续发展”观念，就是由他在 20 世纪 80 年代初最先提出的。但是，他在中国的知名度，却是由于“谁来养活中国”的大讨论——这个讨论源于他在 1995 年出版的一本名为 *Who will feed China* 的著作。在当时，布朗的所谓“中国粮食威胁论”一度被认为是“中国威胁论”的代表思想，布朗和他的学说在中国受到了学术界、媒体和政府的广泛抨击。

然而，在 10 年后的这次演讲结束之时，布朗从中国科学院研究生院马石庄副院长手中接过了“中国科学院研究生院名誉教授”的聘书。这次活动，按照法新社的报道，被认为是中国对他的“平反”。一个曾经被认为是“反华”的学者，受到这样的礼遇，以这样的方式结束被中国各界的抨击，布朗是第一人。

一、“我是一个农民”——布朗其人

莱斯特·布朗，1934 年 3 月 28 日出生于美国新泽西州一个农民家庭里。

布朗家族在新泽西州经营土豆农场已有多年，而布朗本人在中学和大学时期，也和弟弟一起开办了一个西红柿农场。布朗一直是个成绩优秀的学生，在罗格斯大学读

书期间，曾获得美国总统颁发的“天才奖”。而在 1955 年获得罗格斯大学的农业科学学士学位后，布朗出人意料地决定到印度农村生活半年，考察不同于西方的农业生产方式及其结构和规划。

时光回溯到 1955 年秋天的印度农村。在一个收获的季节，忙碌的一天即将过去，从农田归来的人们兴奋地谈着今天的收成。在人群中间有个瘦高个子的年轻人，被风吹乱的金色头发让他在黝黑的印度农民们中显得格外出众。他一言不发，认真地倾听着周围人们的谈论，似乎若有所思。这个金发青年正是莱斯特·布朗。他在印度农村待了半年多，详细地考察了这里与西方文明背景完全不同的农业生产方式。这次考察对布朗的一生影响很大，可以说，就是从这个时候起，布朗逐渐开始养成了自己的那种与一般的西方学者有所不同的思想方式和对农业问题的高度关注。

从印度回来后，布朗又进入马里兰大学继续深造，于 1959 年获得马里兰大学农业经济学硕士学位。之后，布朗进入了美国农业部国际农业局，从事世界农业分析工作。在 1962 年，布朗获得了哈佛大学公共管理硕士学位。1964 年，他成为时任美国农业部部长的奥维尔·弗里曼的国际农业政策顾问，出版了《人、土地和粮食》(1963)、《增加世界粮食产量》(1965) 等著作。1966 年，布朗开始担任国际农业局国际农业发展处主任。

为了能够更加自由地研究农业问题，1969 年初，布朗从美国农业部辞职，成为一名自由职业研究人员。1974 年，在洛克菲勒基金的资助下，布朗在华盛顿创办了非营利性民间学术研究机构——世界观察研究所，从事农业与全球环境问题的分析。

在世界观察研究所，是布朗研究工作的丰收时期，他陆续出版了一系列关于农业、粮食、土地乃至更大视角的环境保护问题方面的著作，包括《为了人类的利益》(1974)、《仅仅是面包》(与他人合作，1974，获克里斯托弗奖)、《第二十九天》(1978，获 Ecologia Firenze 奖)、《凭空跃进》(与他人合作，1979)、《建设一个持续发展的社会》(1981)、《人满为患》(与他人合作，1994)、《谁能供得起中国所需的粮食》(1995)、《面临全球粮食短缺挑战的艰难抉择》(1996)、《超越马尔萨斯：人口挑战的十九个方面》(与他人合作，1999) 等。

世界观察研究所 1984 年创刊并发行至今的《世界现状》年度报告，则被誉为全球环保运动的“圣经”。1988 年布朗又创办了《世界观察》双月刊，发表世界观察研究所的研究文章。

2001 年 5 月，布朗基于更宏大的思考，创办了一个新的非营利性民间学术研究机构：地球政策研究所，并担任所长。在地球政策研究所，布朗的学术研究范围更加扩大，眼光投向整个人类活动对环境的影响问题。在此期间，他出版了《生态经济：有利于地球的经济构想》(2001)、《B 模式：拯救地球 延续文明》(2003)、《地球不堪重负——水位下降、气温上升时代的食物安全挑战》(2005)、《B 模式 2.0：拯救地球 延续文明》(2006) 等著作。这些著作都获得了广泛的影响，引起了学术界和社会的重视。

一个进行理性研究的学者，本应摈弃感情因素，坚持客观立场。但很有意思的是，布朗的研究出发点却始终有其感性的一面。这大概是因为他出身于农民，并且一直保持着对农民、农村和农业的深厚感情。直到今天，布朗在谈起自己为什么会多年坚持对农业的研究时，依然会有这样的表述："我是一个农民，我喜欢在农村生活。"但是布朗的"感性"又不同于人文学者的情绪化研究。后者是从感情和个人观点的好恶性出发，少用数据分析和逻辑分析，感性指导整个研究过程的一种研究方式。而布朗的"感情化"研究，则始终坚持理性和客观立场，与纯粹的理性研究仅仅相差在出发点的不同。布朗的研究是一种以对农业、地球和生态的感情关注为基础，以充实着大量理性分析和数据的研究为过程，多以"预言"为结果的研究方式。这也是布朗的"生态经济学"研究不同于传统的市场经济学之处。而布朗的感情也使某些媒体和机构为他戴上了"警世者"的帽子。另外，布朗的研究结果多为"预言"，而且是关系到整个地球生态系统的预言，也使得他引起了广泛的关注与争议。从政府、学者、媒体到普通公众，都不乏广泛讨论布朗和布朗学说的群体。

布朗一生著述颇丰，迄今为止，专著或与他人合著达 50 本，专论 19 本，还有大量的研究文章发表，作品被翻译成 40 多种语言出版。1986 年，美国国会图书馆收录布朗的文集时指出他的著作"对全世界关于人口和资源方面的思想做出了有力影响"。由于布朗的独到研究，至本文发表时，他曾获得世界各国的 22 个荣誉学位，获美国麦克阿瑟天才学术奖、1989 年世界自然基金会金奖、1994 年日本"蓝色星球"奖、1997 年联合国环境奖。马奎斯《名人录》第 15 版将布朗列为最杰出的 50 位美国人之一，他亦被《华盛顿邮报》誉为"世界上最有影响的一位思想家"，印度加尔各答《电讯报》称他为"环境运动的宗师"。

布朗对环保问题不仅坐而论道，而且在日常生活上也身体力行。他的著作几乎全用再生纸出版，并在研究所网站上提供电子版阅读，以减少对纸张的使用。他从 20 世纪 70 年代以后就不再使用私人汽车，每天步行或骑自行车上下班，也支持研究所的工作人员不开汽车上班。布朗的收入并不少，经常还会获得很多来自社会各界的奖金，但他一直保持着简朴的生活，而把所获得的大量奖金留给了研究所的发展。此外，在西方社会每年隆重地以各种方式庆祝圣诞的时候，布朗都要回到落基山脉的农场，与前妻、女儿和女婿一起，以农庄里最淳朴的方式度过西方人生活中最重要的节日。

二、布朗与“可持续发展”

“可持续发展”的概念，是当今国际社会对于发展问题的一个获得广泛认同的概念，而这个概念就是布朗于 1981 年出版的《建设一个持续发展的社会》一书中在全世界首次提出的。他在该书中对此概念进行了明确而系统的论述。

这个思想的来源，跟布朗所处的时代背景以及他本人的生活和工作经历有着密切的关系。布朗大学毕业后的时期，正好是战后美国执世界经济发展之牛耳的时期。以美国模式为榜样的工业化浪潮席卷全球，特别是西方各国都在追求经济发展的高速度，以高消费刺激工业增长，以更快的增长推动更大的消费，大家考虑的都是如何增加社会财富的问题，而很少有人考虑地球资源能否支撑这种发展模式的问题。而布朗早年在印度考察的经历给他留下很深的印象，特别是印度农村的那种适度生产，与自然和谐相处的村社生产模式对他的影响很大。后来，在美国农业部的工作经历，又使他有了更多的机会了解美国以外其他国家的农业以及土地资源环境方面的状况。1970 年以后，在西方文化界兴起的所谓后现代主义思潮，其对现代工业社会提出的种种批判和反思，对布朗也有一定的影响，加上他自己的独立思考，使他对风靡全球的工业化方式产生了深深的怀疑。这些都促使布朗更加深入地思考经济增长与资源环境的关系，思考人类社会与自然如何适应问题。思考的结果，就是可持续发展的观念的提出。

布朗所提出的可持续发展观有以下三个特点：其一，强调发展与环境的关系。可持续发展观从环境能力有限性的思想出发，认为经济社会发展只有在不破坏生态环境的条件下才能够长期持续进行。因此，人类社会在发展过程中必须承担起维护生态环境平衡和地球上各类物种繁衍生息的义务，必须改变以环境恶化和生物灭绝为代价的经济发展模式和生活方式。其二，强调当代人发展与后代人发展的关系。可持续发展是能够世世代代持续下去的发展，当代人不应该通过破坏生态环境和对自然资源进行掠夺性开发，从而通过损害子孙后代的发展能力来求得自身发展。可持续发展观既重视当代人的发展，也关心后代人的发展，因而不同于只注重当代社会发展问题的传统发展观。其三，强调贫困、发展与环境的关系，认为发展应当是全面的、综合的和公平的。

1981 年，布朗出版《建设一个持续发展的社会》一书。这本书不但是世界上第一部系统论述“可持续发展”的著作，也标志着布朗可持续发展观思想的成熟，并迅即产生巨大影响。1987 年世界环境与发展委员会在《我们共同的未来》报告中，将“可持续发展”作为一个关键性概念提出来，并对其作了明确定义。1992 年 6 月的世界环境与发展大会通过了以可持续发展为主题的《21 世纪议程》等五个纲领性文件，标志着可持续发展观已得到世界上大多数国家的认可。此后，1994 年 9 月、1995 年 3 月先后在开罗召开的世界人口与发展大会和在哥本哈根召开的世界社会发展首脑会议，又继续对可持续发展问题进行了深入讨论。这些国际会议的召开和国际协议的签署，大大加快了可持续发展观在全世界的传播。

作为科学发展观的一部分，“可持续发展”目前也已成为中国政府的一条基本政策。虽然中国官方文件中并未提及“可持续发展”的首倡者是谁，但是将可持续发展观作为中国的基本国策之一，也在某种程度上表明了中国对布朗学术观点的肯定。

三、一石激起千层浪的“Who will feed China”

虽然布朗的研究方向是农业经济与环境经济，但布朗与中国人的“亲密接触”却是因为 1995 年出版的 *Who will feed China* 一书。这本著作使布朗成为全世界尤其是中国关注的焦点，也开始了布朗和中国之间长达 10 年的在争议中相互认识的过程。

1994 年，布朗先是在《世界观察》杂志第 9 期和第 10 期上连载了题为“Who will feed China”的文章。1995 年 2 月，布朗应挪威首相之邀在奥斯陆环境部长会议上发表演讲时，再次提出中国的粮食问题，并于同年出版 *Who will feed China* 一书。在这本著作中，布朗认为，中国的水资源日益短缺，高速的工业化进程侵蚀、破坏了大量农田，而中国人口基数大、增长快，所以中国的粮食需求会急剧增长。在粮食需求增长的同时，中国的粮食生产却不能同步增加。中国粮食主产地集中在沿着东部和南部海岸约占国土面积 1/3 的河谷地带，这也是人口密集的地区。随着人口和工业经济的同时增长，工厂、住房、道路、公路以及农作物种植都在争夺宝贵的土地资源，结果是当中国最需要扩大农田面积时，农田面积却在缩小。

布朗指出，工业化之前人口已很稠密的日本、韩国和中国台湾，在工业化进程中农田减少、工业化土地增多，粮食需求已主要依靠进口。1993年，日本进口了77%的粮食，韩国进口了64%的粮食，中国台湾进口了67%的粮食。由于类似的原因，中国也发生了相似的变化。中国从农业社会向工业社会转变的过程中，将农村的剩余劳动力转移到工业部门，就要建大量工厂，再加上仓库和道路等一些配套基础设施的建设，中国经济的现代化必将牺牲大量农田。总之，1990年至2030年，一方面是粮食需求增长85%，另一方面是粮食生产减少20%，这造成中国巨大的粮食产需缺口(3.66亿吨)，即中国到2030年国内粮食生产只能满足需求的42.5%，其余的57.5%要靠进口粮食来满足。

由此，布朗提出两个问题：一是中国将来是否有支付能力大量进口粮食？他的答案是肯定的。二是，若中国大量进口粮食，是否有哪个或哪几个国家能够足额提供？他对这个问题的答案是否定的，即世界上没有国家能够提供如此多的粮食。他认为，中国未来的粮食大量短缺将促使世界粮价大大超过以往的水平，全球各国的粮食安全将得不到保证。

在 *Who will feed China* 一书中，布朗在世界上第一次将中国划为“消费国”，并指出，对今后世界粮食供求影响最大的是中国，中国粮食的不足也就是世界粮食的不足。世界经济的未来已和中国经济的未来紧密联系在一起。中国未来的缺粮将迫使其他国家的政府重新估计这些国家的人口承载能力及其人口和消费政策。

Who will feed China 出版后，立即在世界上引起了巨大的反响，不仅在学界一石激起千层浪，而且布朗本人和他的学说也成为了媒体关注的焦点。包括《华盛顿邮报》、《洛杉矶时报》、英国《卫报》、BBC、日本《朝日新闻》、CNN、美联社、法新社等在内的几乎所有西方重要的国际性报刊和新闻机构，都在显要位置上对布朗和他的学说进行了报道、转载与评论。

四、中国对布朗的认识变化和“布朗现象”

在中国，布朗的 *Who will feed China* 出版后，首先在中国学术界和政府部门中引起强烈反应，由此推动着中国媒体对布朗关于“谁来养活中国”的观点进行了一场批驳性的报道和评论热潮。

中国官方对布朗观点异乎寻常的激烈反应，有着深刻的历史和现实背景。1995年，当 *Who will feed China* 出版之时，也正是所谓“中国威胁论”在西方甚嚣尘上并对苏联解体后重新构建新的国际秩序产生重大影响的时期。自 20 世纪 90 年代初苏联解体、冷战结束之后，冷战时期所形成的两大阵营对抗的国际关系格局被打破，而中国随着自身经济的迅速发展、国力的不断增强，成为建立国际关系新秩序的重要因素。对中国的崛起，西方国家有着各种各样的看法，虽然乐观的评价占据主流地位，但也不排除有敌视的观点出现。其中，1992 年罗斯・芒罗所提出的“中国威胁论”概念，就是敌视中国崛起的典型论调。这个论调经过西方一些媒体的炒作和鼓噪，在不到十年的时间里，逐渐成为一些西方国家政府中的一些鹰派官员甚至国家领导人经常使用的语汇。直到进入 21 世纪后，随着恐怖主义势力活动的猖獗，“反恐”成为国际合作的战略重心之一，作为世界大国之一的中国在国际反恐活动中开始扮演了重要的角色，“中国威胁论”的声音才渐渐淡化。

在这个背景下，无怪乎在 *Who will feed China* 出版之际，布朗的观点也被我国官方媒体和部分学界人物看作“中国威胁论”的一个重要组成部分，即“中国粮食威胁论”。因此，针对这个观点进行激烈反驳，首先是中国从国际政治斗争的角度出发所产生的直接而自然的反应。而基于学术层面的客观性探讨，一开始似乎并不在考虑之列。

在布朗的观点发表后，中国很快就有很多相关学者和媒体人士针对他的观点，在学术期刊、专业媒体和大众媒体上撰写和发表了大量的批驳性评述和报道。据不完全统计，从 1995 年到 2000 年，仅在大众媒体上就有 300 余篇各种涉及布朗的报道，这些报道基本上都是把布朗的观点看成负面的。在这些报道和评论中，布朗被定性为“中国威胁论”的鼓噪者和支持者，因而必然招致中国学界和公众媒体的广泛批评。

关于中国学界的反驳意见，据布朗本人回忆，1994 年 9 月，中国学者胡鞍钢在《中国日报》首发文章，将布朗与 50 年代美国的国务卿艾奇逊相提并论。众所周知，艾奇逊曾经预言过，当时新建立的中华人民共和国将无法养活自己的 5 亿人口，但后来的事实证明，这个预言是彻底地破产了。基于此，胡鞍钢认为，布朗的预言也同样会破产，因为中国有巨大的粮食增产潜力，而布朗低估了中国在这方面的潜力。1995年夏天，布朗受中国国务院发展研究中心的邀请访华，就中国粮食问题和一批中国专家辩论。而《南方周末》1996 年 11 月曾经组织李希光、林毅夫、周光召、盛洪、茅于轼、孙振元、高恒等学者针对布朗的 *Who will feed China* 发表评论，并在 11 月 8 日刊载。上述学者一致认为，布朗的预言严重失实，中国有能力养活自己。

至于一开始中国媒体的态度，虽有李希光、刘志仁等学者也曾在媒体上发表过比较客观的评价文章，但总体而言，报道还是基本呈“一边倒”的状态。很多学者和媒体都将布朗与《文明的冲突与世界秩序的重建》一书的作者塞缪尔·亨廷顿相提并论，并将“中国粮食威胁论”和亨廷顿的“中国文化威胁论”并列为“中国威胁论”的两大主要观点。值得注意的是，亨廷顿虽然主要是在美国的大学中担任教职，似乎是一个自由学者的身份，但他也曾先后在美国政府的许多部门中担任过公职，并长期担任官方背景很强的美国政治学会的会长。因而，国外学界经常并不把亨廷顿视为单纯的学者，而往往将他视为美国官方或半官方观点的学术代理人。与此不同的是，布朗的身份更具有民间自由学者的意味，他自 1974 年前一度在美国农业部任职，之后的几十年中，再也没有担任过任何官方或半官方的职务。因此在国外学界，他的身份被普遍认作是一个纯粹的民间学者和民间研究机构的创办人，并且，《华盛顿邮报》等美国媒体也认为布朗和他的研究所“经常搞一些耸人听闻，甚至偏激的东西”。但中国政府和学界，却在某种程度上，将他的观点与具有官方背景的亨廷顿等量齐观，认为他也是美国官方的代言人之一，进而从这个角度对其进行了反驳。

其中最具代表性的举动，当数 1996 年 10 月由中国国务院新闻办公室发布的《中国的粮食问题》白皮书。在这个代表着官方权威的文件中，中国政府直接出面，以国家行为对民间学者布朗的观点进行了认真的反驳。综观整部白皮书，几乎每个章节都紧紧围绕着“中国人有能力养活自己”这一中心，展开了严密的论述和严肃的批驳。

《中国的粮食问题》白皮书的发布单位是作为政府机构的国务院新闻办公室，从传播学的角度和中国现行媒体管理的体制看，无疑都具有权威的舆论控制和导向作用。这就为中国媒体之后关于粮食问题的报道，以及涉及布朗及其学说的报道，设置了明确的议程。

此外，时任全国政协副主席、国家科委主任的宋健刊载于《中国人口·资源与环境》1997 年第 4 期的《也论“谁来养活中国人”》一文，也是一篇通过大量数据针锋相对地直接反驳布朗的文章。宋健的身份非常特殊，既是学者、院士，又是政府官员，曾担任国家科委主任、全国政协副主席、中国工程院院长等官职。所以，在媒体和公众的眼中，他的言论带有学术性和官方性双重含义，因而具有很高的权威性。这也对媒体的报道产生相当的议程设置和权威控制的作用。

宋健在《也论“谁来养活中国人”》一文的第三段有这样的词句：“所有的政治家

和科学家一直在试图更好地理解当前人类所面临的严峻形势及其后果。今天世界上有8.5亿人正面临着食物短缺，而同时，农民们每年却要多养活0.98亿新增到这个星球上的人口。”将“政治家”放在“科学家”之前，说明当时政治的因素还是高于科学因素。

1996年5月，李希光在《对外宣传参考》上刊载了专访《布朗和他的“醒世新闻”》，这是国内媒体对布朗进行的第一个面对面的访谈。而国务院参事、农业部农村经济研究中心研究员刘志仁认为对待科学家要有科学的态度，布朗虽然不太了解中国的具体情况，预测有缺陷，但他提出的问题足以敲响警钟。刘志仁曾于1995年在《经济日报》头版发表文章阐述了自己上述观点。

由于这场大讨论，布朗被更多中国人所关注。布朗告诉笔者，由于*Who will feed China*引起的波动，他的学说得以传播开来。特别是在中国，由于“论战”，更多人开始接触并了解布朗。

1999—2003年，中国的粮食产量开始下降，粮食产量的不足已经显现出来。从1998年到2003年的6年间，我国粮食播种面积由17亿多亩下降到不足15亿亩，是中华人民共和国成立以来最低水平；粮食总产量从5123亿公斤下降到4307亿公斤，是20世纪90年代以来的最低水平；人均粮食占有量从412公斤下降到334.3公斤，是22年来的最低水平。与供给相反的是，粮食需求却呈平稳增长趋势。尤其是2002年我国加入WTO以后，粮食市场逐渐开放。通过粮食进出口，我国的三大粮食品种小麦、大米和玉米都已实现了与国际市场的互动。世界粮食价格能够充分传递到我国市场，并影响我国的粮食供求关系。大豆原是我国粮食的主要出口品种，但加入WTO以来成了净进口品种。小麦和大豆的进口量超过出口量，标志着我国成为粮食进口大国。

虽然我国在成为粮食进口大国的同时依然是出口大国，但这只能证明我国是一个粮食贸易大国。2000年以后，我国粮食生产量减少、粮食进口量超过出口量，部分证实了布朗关于2000年以后中国的粮食产量和贸易量的预言。尽管布朗关于“全世界无法为中国供应足够的粮食”的结论并未在此时实现，但关于粮食进出口的数据使得中国学界和政府重新审视布朗和他的学说。

另外，随着人类社会进入21世纪，面对自然灾害、流行疫病、环境污染、温室效应等工业化的消极后果，国际社会必须加强合作来应对这些挑战。人们日益认识到，人类共生共存的地球其实就是一个村庄，所有这些发展变化、威胁和挑战，以及人们新的认识所带来的观念的变化，都将成为 21 世纪国际秩序演变的重要内容。布朗关于可持续发展、B 模式和生态经济的观点在此时由于环境问题的原因又得到了更多的重视，也使中国在处理经济发展时重新考虑环境问题。

布朗在 2001 年创办地球政策研究所后，其学术观点转向了“生态经济”与“B 模式”，这两个观点是“可持续发展”理论的延伸和补充。在这段时间里，随着中国学界和媒体对布朗了解的增加，布朗的新作被陆续介绍到中国，布朗在 1990 年以后出版的著作全部都有中文译本。随着布朗到访中国次数的增多，更多著作被介绍进中国，中国学界和公众也开始全面地了解布朗，开始了 2000—2004 年布朗和中国的一段“适应期”。

此时，中国媒体对布朗的报道数量有所下降，但态度开始渐渐有了改变。2000—2004 年在我国媒体涉及布朗的报道中，对于 *Who will feed China*，大多数媒体将其放在阐述布朗本人背景时作为历史事实陈述，媒体的主观色彩开始淡化，而此时也出现了由职业记者采写的关于布朗的专访和正面报道。有些媒体的报道甚至不再提及 *Who will feed China*。在 2004 年 6 月 14 日，中央电视台 10 频道《读书时间》邀请布朗作为嘉宾谈论他的“B 模式”，让布朗走上了中央媒体的电视荧幕。比起文字媒体，电视媒体更注重即时性、互动性，电视节目的二次加工余地比起文字媒体也非常有限，电视节目的制作成本也远远高于文字媒体。所以，在电视访谈节目中邀请布朗，充分证明了此时我国媒体已不认为布朗是个反华分子了。

在中国对布朗的理解过程中，有一个人一直发挥着积极作用：他就是曾任科技日报社社长的林自新先生。林自新先生也是身兼学者和媒体工作者两职，而且与布朗本人从 80 年代初就成为朋友。林先生曾经翻译了布朗《B 模式：拯救地球　延续文明》《生态经济：有利于地球的经济构想》《地球不堪重负——水位下降、气温上升时代的食物安全挑战》《B 模式 2.0：拯救地球　延续文明》几本著作，并一直致力于使中国媒体和学界全面理解布朗。

2005 年 3 月 22 日，布朗接过了“中国科学院研究生院名誉教授”的聘书。法新社报道是这样写的：“当年的著作一度使他成为‘头号公敌’……布朗告诉记者：‘我认为，我已经获得平反。’”法新社在这篇报道中，将受聘中国科学院研究生院名誉教授一事视作中国对布朗的“平反”。而此前，布朗已于 2003 年受聘为上海大学的名誉教授。而 2005 年 12 月 22 日，国家图书馆首届“文津图书奖”颁奖典礼举行，《B 模式：拯救地球　延续文明》名列九部获奖图书名单之中。

布朗在2005年4月接受《国际先驱导报》专访时则表示，“我从没有妖魔化中国”，“我始终本着科学的态度去研究中国，将来也一如既往。一些人认为我以前是攻击中国，但那并不是《谁来养活中国》（*Who will feed China*）的用意……最近10年来，我对中国情况的总体看法没有什么大的变化”。

回头再看“Who will feed China”——“谁来养活中国”。对于“feed”一词的理解，在当时的时代背景下也显得非常微妙。“feed”一词本是中性词语，“养活”是一个明显口语化的词语。1995年2月，布朗在奥斯陆环境部长会议上演讲，提出中国的粮食安全问题。当时参加会议的中国国家环保局解振华局长立即发表演讲，认为布朗对中国粮食问题的分析是毫无根据的，并且同时在大会上宣布“中国人自己能够养活自己”。非正式文字化的“谁来养活中国”一词，最早就是来源于解振华的演讲。而*Who will feed China*一书出版至今，只有一个正式出版的中译本，即陈同斌等翻译、科学技术文献出版社于1998年出版的《谁能供得起中国所需的粮食》。在日常口语中，“养活”这个词有“由富裕、强势的一方为贫穷、弱势的一方提供生存保障”的语感。在当时的语境中，学者和媒体不约而同地选择了“养活”这个词，倾向性是很明显的，即一致认为布朗将中国摆在低于全世界的位置。于是，“谁来养活中国”必然成了批判的焦点。时任科技日报社社长的林自新先生在2002年接受《中国气象报》专访时曾经谈到过这个问题，他认为，*Who will feed China*应译成《谁将供应中国粮食》比较恰当，“这样也可避免‘养活’一词带来的误解”。

十年来，中国对布朗经历了根本性的理解转变，表征这个转变最明显的就是中国的媒体，中国媒体这种对他学术观点前后的变化也可称为所谓“布朗现象”。“布朗现象”表明，作为公众代言人以及信息发布者与信息受众之间桥梁的媒体，在公众理解科学和科学家的过程中扮演关键角色。由于科学家也有其作为人类的国籍、社会属性甚至政治属性，在我国的公众理解科学过程中，对科学家的理解曾经多少都带有政治色彩和政治语境影响下的非理性理解。而随着近年来国际学术交流的增多和国际关系的变化，中国媒体和公众对来自不同意识形态国家的科学工作者的理解也发生了变化，从敏感且感性的、受政治影响较深的应激性反应，转变为理性地理解其学说后再作出多角度的理性反应。

五、生态经济、“B 模式”与布朗的能源观

在“可持续发展”观点提出并在联合国大会得到确立后，布朗的研究重点由农业经济向环境政策转移，他运用环境可持续发展的理念提出了“生态经济”学说，并在生态经济的基础上架构了理想的社会发展模式，即“B 模式”。

在其《生态经济：有利于地球的经济构想》一书中，布朗定义了一种“遵循生态学规律”的经济。这种“生态经济”把过去分离的生态学和经济学结合起来，提出人类的经济思想必须重新加以确定。人类的经济活动自古是需要由作为环境的生态系统来承载或支撑的，只是由于过去人类社会生产力的发展水平相对较低，离生态系统的承载极限还很远，使这一事实被忽视。而现在传统的经济学的局限性和片面性表现出来，比如迄今的经济理论和经济指标对经济如何破坏和摧毁地球的自然系统不加理会、不作解释等。

布朗认为，传统的经济学观点如同托勒密的地心说，使人对经济活动运行的机制陷入错觉，由此创造了与其所依存的生态系统不相适应的经济。“正如我们承认地球不是太阳系的中心，为天文学、物理学及相关科学的发展廓清了道路，我们承认经济不是我们世界的中心，则为经济的可持续发展和人类状况的改善创造了条件。”“经济必须归属于生态这个理念，似乎许多人，包括为政治或商业领导人做顾问的经济学家都会感到太激进。但是越来越多的证据显示，这是与实际结合最好的独一无二的认识。”总之，布朗主张要一改过去的经济凌驾于生态之上的思路为生态主导经济的思路。

布朗援引科学哲学家托马斯·库恩提出的“范式转变”理论，指出当前在经济学的领域中人们的世界观也应发生一场根本性的范式转变，就像由地心说转到日心说。在考虑地球和经济的关系中，人们的世界观也要作类似的转变，需要考虑“环境是经济的组成部分，还是经济是环境的组成部分。经济学家把环境看作经济的一个子系统。生态学家则与之相反把经济看作环境的一个子系统”。

所谓生态经济，就是“能够满足我们的需求而又不会危及子孙后代满足其需要”的经济，或者指“造福子孙后代而不是危害子孙后代的经济”。而要实现生态经济，就必须使经济“一定要遵循生态学的基本原理”。布朗强调，我们面临的无比重大的挑战，是“设计一种生态经济，一种尊重生态原理的经济”，即“架构一种与地球保

持和谐关系的经济，而不是像现在这种跟地球处于对立状态的经济”。

架构生态经济的工作是非常艰巨而又非常伟大的，需要转变观念，需要以一场能源和材料的革命性变化为前提，也需要“让市场来说明生态学真理”，使价格包括生态成本，使许多环境问题能够借助市场机制得到自行解决。此外，布朗极力强调经济是地球的一个子系统，要为后代子孙保护地球。

布朗认为，当今世界已经造成一种依靠过度消耗自然资源而使产出人为膨胀的泡沫经济。这就是现行的经济模式即“A 模式”。布朗认为，A 模式中以化石燃料为基础，以汽车为中心的用后即弃型经济，A 模式的理论基础是“环境是经济的一部分”，认为自然界取之不尽、用之不竭。由于人类对自然界无限制地索取和掠夺，废弃物日益增多，超出环境承载的阈值，致使自然界无法承担和消化，导致一系列危机不断涌现出来，自然灾害频繁发生，危及地球和人类的生存，A 模式本身也无法继续实行下去，它违反了自然规律，必然遭到自然界严厉的报复。取而代之的是 B 模式——“全球动员起来，稳定人口和气候，使 A 模式存在的问题不至于发展到失控的地步”。

“B 模式”是一种经济发展新模式，主张以人为本、关注环境与生态，并将经济视为生态系统的一部分。与“B 模式”相对应的是“A 模式”，即现代的以破坏环境和牺牲生态为代价，以经济为绝对中心的传统发展模式。布朗特别强调以人为本，把经济真正视为地球生态的子系统，以环境中心论取代经济中心论，以对待战争的方式与速度稳定人口与气候，使现行的经济发展模式不至于陷入万劫不复的境地，在其崩溃之前构建起可持续发展的“生态经济”。

布朗认为，在生态经济模式中，能源基础的转变是根本性的转变。生态经济将不再是以碳系燃料为基础，而是以新能源为基础，即生态经济运作与发展的动力源将不再是化石燃料如石油、煤炭、天然气，而将是来自于太阳的几种能源，如风能、太阳能、氢能、潮汐能，以及来自地球内部的地热能。人们可以或者直接地应用这几种能源，如用于加热或制冷，或者通过把它们生产成电力来间接地加以应用。其中，风电可能是一种成本最低的能源，它可被用来电解水生产氢，而现有的天然气管道和输油管道都可以加以改造用来输送氢气。氢气取代石油成为主导燃料将像在人类历史上石油取代煤、煤取代木柴一样。汽车和住房所用的动力装置将不再是内燃机，而是一种电池发动机，它们由氢作燃料的电化学过程产生电力。这种动力装置既不会产生对气候有破坏作用的二氧化碳，也不会产生危害人体健康的有毒污染物，它们的唯一排出物就是水。

他大力提倡充分利用风能，因为风能价格低廉，分布广泛，无穷无尽，完全清洁，没有其他的能源具备所有这些优点。特别是在欧洲，欧洲的风力发电厂能满足4000万欧洲人的生活需求，欧盟风能协会曾在2003年11月预测2020年欧洲风力农场能够满足1.5亿人的生活需求，这几乎是欧洲一半的人口量。

2004年，在中国的“科学发展观世界环境名人报告会”上，布朗指出，风能发展如此快，究其原因，主要是风能资源充足，取之不尽、用之不竭，而且成本低廉。但是，目前人们低估了风能的发展潜力。因为“市场并没有告诉我们生态的真实性”，“如当我们购买一加仑汽油时，我们支付了从地下抽取石油、精炼，然后再运输到加油站的成本，但我们并没有支付由于汽车尾气引起的呼吸道传染病等的成本，同时我们也没有算出开采石油对环境的压力和破坏的成本”。所以，“我们必须要改变我们的模式，从以往的A模式转向B模式。最重要的一点，就是必须要让市场说话，告诉我们生态的真实性”。

布朗指出，虽然中国是世界上风能最丰富的国家之一，但在开发方面却非常落后。在平原，在西北，在山区，在沿海，中国广泛分布着大量风能，但是中国至今没有认真的开发计划。这源于意识上的落后，因为大多数人以为风能只是一种边缘性资源，分布有限。中国学界和政府目前开始重视风能的开发，也许跟布朗的这个观点不无关系。

六、“我的研究领域是地球”——现在的布朗

布朗对中国的农业、经济、生态和发展等方面进行了近三十年的研究，发表了一系列专著和文章。在20世纪80年代，布朗第一次到访中国，据他本人回忆，当时的中国学者对他“很友善”，“我们轻松地谈论彼此在研究和在关注的话题”。而在*Who will feed China*出版之后，布朗虽然也曾应国务院发展研究中心等单位的邀请来华，但是，每次访问中国时必然要和中国学者展开针锋相对的关于中国粮食问题的辩论。随着中国对生态问题、粮食问题开始广泛关注，布朗的著作被更多地引进中国，布朗访华的次数也逐渐增加，2002年以后更是每年都要至少来中国一次。这些渐进式的积累使中国学界和公众对布朗的了解更全面，也更充分。2004年，布朗登上了由中国国家环保总局主办的“科学发展观世界环境名人报告会”的讲坛，并获得文津图书奖。而《B模式：拯救地球　延续文明》一书于2005年也成为中央党校教材。布朗的观

点在中国得到的“最高承认”，则是“可持续发展”作为“科学发展观”的一部分，已经成为中国政府的一条基本政策。

对于在中国的经历，布朗本人基本是一种泰然处之的态度，只是在接受中国科学院研究生院聘书时感到“开始十分惊讶，后来十分荣幸”。布朗多次强调，他始终本着科学的态度去研究中国，将来也一如既往，因为他“从没有妖魔化中国”。

2005 年 5 月 28 日，布朗来华参加《B 模式 2.0：拯救地球　延续文明》中文版的首发式，并在北京大学和国家图书馆发表关于 B 模式的演讲。在他的工作间隙，笔者就“布朗现象”、新作、环境等问题采访了他。布朗表示，应当感谢媒体，因为媒体的报道使得很多科学家关注他本人和他的学术观点，并由此增加了彼此间进行学术交流的机会。因此，布朗也希望媒体能够进一步促进更多科学家之间的交流，同时，将科学家的思想直接传播给公众，让科学家和公众之间也能够实现更直接的思想交流。

对于科学发展观，布朗认为，科学的发展观日益深深植根于人们对环境的关心，特别是在目前全球经济以及整个生态系统越来越恶化时。目前，中国正处在发展的关键时期，因此科学发展观的提出可谓是一场“及时雨”。

今天的布朗依然过着俭朴的日子，依然坚持不开车上班，坚持环保的饮食，坚持运动，坚持回到农村过圣诞节。在中国所经历的从“千夫所指”到获得“平反”，对布朗本人的直接影响并不大，他依然是日程安排繁忙，每年都要到多个国家进行考察、研究和学术活动。布朗有一句口头禅，这句话也是地球政策研究所网站上介绍布朗的中心语——“我的研究领域是地球”。

（作者：张懿璇　王大明）

参考资料

[1] 李希光 . 布朗和他的“醒世新闻”[J] . 对外宣传参考，1996-05-30.

[2] Lester Brown. Plan B 2.0：Rescuing a Planet Under Stress and a Civilization in Trouble [J] . Earth Policy Institute，2006：35-38.

[3] 宋健 . 也论“谁来养活中国人”[J] . 中国人口 · 资源与环境，1997，7（4）.

[4] 郑天虹 . 专访莱斯特 · 布朗：我从没有妖魔化中国 [N] . 国际先驱导报，2005-03-04.

[5] 莱斯特 · R. 布朗 . 生态经济：有利于地球的经济构想 [M] . 林自新，戢守志，等译 . 北京：东方出版社，2002.

西来东往无尽期：

中西科学交流使者

利玛窦

汤若望

伟烈亚力

艾约瑟

德日进

德贞

谭卫道

赖朴吾

利玛窦

（Matteo Ricci，1552—1610）

利玛窦

西学东渐第一师

在阜成门外北京市社会科学研究所院落内的幽深处，可以看到一块被松柏和冬青环绕的墓地。正中竖立的石碑上，顶部浮雕图案为中国的双蟠龙和天主教的十字架，四缘花纹是朵朵白云，可能是象征着上帝的所在。碑面上有用中文和拉丁文分别刻写的碑文，中文的大字是：耶稣会士利公之墓。

利公，即利玛窦。关于这位传教士的生涯与业绩，人们似乎已经说过和写过很多，但于众说纷纭之中，还是有必要再来说和写的。

一、“海刺猬”东渡

在世界近代史上，与“地理大发现”相衔接的重大事件是16世纪初的宗教改革运动。作为迎接路德新教的挑战而于1540年成立的耶稣会，致力于复兴天主教，在反对宗教改革中实施着自己设计的改革。它把主要活动面向海外的广阔世界，尤其是渗透到各国宫廷上层，为此大力兴办学校，重视学术，注重掌握知识分子。

按1494年签订的《托尔德西里亚斯条约》，葡萄牙把印度洋划为自己的势力范围，同时也向罗马教廷索取了在新占领土上管理传教活动的“保教权”。1542年，耶稣会的元老会士圣方济各・沙勿略，东渡到印度的果阿创设天主教修院，后转至新加坡、马六甲、日本传教。他发现日本以中国为师，欲在远东传教，就必须先在中国打开局面，遂于1551年搭船至中国广东海岸的上川岛。明朝海禁甚严，他无法登陆，因此发出了“磐石，磐石，何时能开”的叹息，不久即病逝于岛上。

自1553年葡萄牙商人赖居澳门之后，传教士也接踵而至，多次派人打入内地，均未能立足。1573年，范礼安充任耶稣会的远东教务视察员。他到澳门作了一番调查之后，提出到中国传教应采取特殊方式。按他的部署，罗明坚和利玛窦成为按新方案活动的试行者。

利玛窦，在意大利文中本名为Matteo Ricci，按现行译名法，应音译为马泰奥·利奇。他为在中国活动方便取汉名为“利玛窦”，以Ricci第一音节的译音冠于前为“利”，将Matteo音译为两个汉字“玛窦”。他还按中国人的习惯取表字“西泰”，是“泰西”的颠倒，泰西即“大西”，喻其来自西方远处。

1552年10月6日，利玛窦生于意大利的马切拉塔城。利奇家族是该城的望族。ricci意为“海刺猬”，这个家族也正是以海刺猬为族徽的。利玛窦的父亲从医，曾在教皇国中任市长和省长。父亲希望儿子日后从政，所以在利玛窦15岁时父亲送他到罗马大学法学院学习。利玛窦在此期间加入了耶稣会，并违背父愿于1572年到耶稣会创办的罗马学院学习。

罗马学院采取当时大学的学制。利玛窦在这里学习了欧氏几何前6卷、实用算术、地理学、行星论、透视画法以及制作地球仪、天文观测仪器和钟表的技术。

在校执教的老师中，对利玛窦影响最大的是克拉维斯。此公生于德国，学识渊博，是全世界现行公历（格里历）的主要制定者之一。他一生著述颇丰，利玛窦入华后的译述多根据他的著作。clavi-，在拉丁语中有“钉状”的含义，中国古字中“丁”通“钉”，所以克拉维斯见于中国史籍时被称为“丁先生”。

方济各·沙勿略死于中国上川岛时，利玛窦是刚生下才两个月的婴儿。在罗马求学期间，沙勿略到远东传教的故事就像哥伦布和麦哲伦的英雄业绩那样使这位年轻人激动不已。这激励使他后来能百折不挠地去闯一条充满风险的路，去完成沙勿略未竟的事业。

1577年5月，利玛窦与罗明坚奉命从罗马到里斯本，翌年3月与同会传教士14人东渡，9月到果阿。1582年8月7日到澳门。他用一年时间学习中文和了解中国风俗，1583年夏，随先期入华的罗明坚到广东省香山县交涉入居事宜。这是他首次入中国内地，中西文化交流史也由此写出崭新的篇章。

二、“合儒”传教的探索

因为佛教在中国盛行，“西僧”自古有之，罗明坚率先以和尚装束入华活动，有相当的方便。利玛窦初来时，也随罗明坚剃去须发，穿上僧装。他们见中国地方官，称自己来自西方最远处，不问澳门商务，信奉天主教，为中国的盛名和光辉所吸引，特请允准在肇庆居住。获准后在城东的西江畔“小市石顶”建宅，肇庆知府王泮曾派人送来两块匾，一为“仙花寺”，一为“西来净土”。有许多人到“寺”里进香，布施灯油和食品。

刚刚住定不久，罗明坚就急于到浙江绍兴、广西桂林开展传教活动，结果是接连碰壁，也招致了肇庆官员的不满，曾一度被下逐客令。罗明坚于1588年回罗马，利玛窦也于第二年被迫迁居广东韶州。

利玛窦总结在肇庆的教训，决计不像罗明坚那样急于追求教徒数量的迅速增加，而是注重传教手段的创新。他用大部分时间钻研儒家经典，用拉丁文译完了“四书”，还苦练中国书法，学习用中文写文章，与士大夫广泛交往。当时寓居在南雄的中国学者瞿太素，从利玛窦习西学，成为他的崇拜者和得力助手。瞿太素建议利玛窦采取儒家学者的生活方式，一方面因为他们身穿僧装时，普通百姓分不清他们与佛教徒之间的差别；另一方面，能识其不同的士大夫们，与他们交往时又存在着舆论和礼仪上的障碍。经耶稣会负责人的批准，利玛窦从1594年起留须蓄发，脱掉袈裟，头戴方巾，身着儒士的丝袍，按儒士的礼仪迎来送往，废除了僧侣称呼，仆人们也要改称他为“老爷”。

在韶州的6年时间里，利玛窦打下了坚实的汉学基础，开始了传教策略上的重要转变。

耶稣会命利玛窦寻机进京，尽快直接与朝廷建立联系。1595年，他随兵部侍郎石某北上，到江西南安乘船，水上两经风险。石侍郎中途变卦，让利玛窦改道去南京。当时正值中国军队在朝鲜战场上对日本作战失利，接待外国人者易招通敌之嫌。他在南京难以容身，就到南昌避居3年。

利玛窦在南昌结交了建安王朱多㸅、白鹿书院山长章潢等极有身份的人物，接待了大批来访者，传授天文、数学和记忆术等方面的知识，撰写了《西国记法》和《交友论》等，由中国朋友刊印，广泛流传，成功地在士大夫中间赢得了声望。到离开南昌时，他认识的朋友已遍及于当时十五省中的十省。

1597年，利玛窦被任命为耶稣会中国教区会督，着手筹划进京朝贡。翌年由南京沿运河北上，赶在神宗皇帝生日之前到达北京，但因求见无门，无奈又于1599年初折回南京。

南京是明朝的“留都”，也设有六部衙门。利玛窦在此期间与各级重要人物都有交往，叶向高、李贽、徐光启等都是在这里结识的。在南京礼部官员祝石林的关照下，他于1600年5月再次进京朝贡，中途受权阉马堂的控制，曾被禁于天津卫，最后于1601年1月24日到达北京。又经几番波折之后，才获准在北京居住，1605年在宣武门内东城隅买房建堂。

到北京之后，利玛窦仍未急于放手发展新教徒。他构想在中国传教“不是以中国人对宗教的倾慕为基础”，而是“以儒教与自然法则的一致性”为基础。他说：“把儒士派的大多数吸引到我们的观点方面来具有很大的好处，他们拥护孔夫子，所以（我们）可以对孔夫子著作中所遗留下的这种或那种不肯定的东西作出有利于我们的解释。这样一来，我们的人就可以博得儒士们的极大好感。”在这种“六经注我”式的思想支配下，利玛窦在北京撰写和刊印了《天主实义》《二十五言》《畸人十篇》等，皆采取阐述圣贤之道的姿态，尊儒而斥佛老，尊先儒而斥近儒。这正是“他以基督教与中国传统相结合的一种巧妙方式”。

这种“合儒”策略与徐光启辈开明士大夫的“易佛补儒”目的之间，有着广阔的结合部，如果历史真正能让这种结合延续下去，以有自己悠久传统和强大同化能力的中国文化而论，根本不可能如利玛窦所想实现中国的基督化，有可能的倒是基督教的中国化，即形成中国式的“易佛补儒”的基督教，就像历史上中国没有佛教化，而是实现了佛教的中国化，即形成中国佛教那样。

三、奇货——可“居”！

明代海禁政策很严，外国人即便是朝贡者，入华路线、朝贡次数、活动范围和逗留期限都有严格规定。利玛窦是靠什么夺关破隘的呢？

利玛窦入华时的明神宗万历年间（1573—1620），皇帝怠于临政，勇于敛财，宫中供他玩赏的尽为奇巧之器，且是日新月异。上有好者，下必甚焉，百官多旷其职，贪污行贿成风，搜求奇货演为上层社会争荣显耀的癖好。利玛窦乃携“奇货”游刃其间，通关最利者是三棱镜和自鸣钟。

他之所以能在中国天子脚下取得立足之处，关键时刻竟是取决于自鸣钟。无怪乎利玛窦在大功垂成之后扬扬得意地认为自鸣钟“成为整个中国议论和羡慕的对象，托上帝之福，它注定要产生迄今仍然是很明显的效果”。

在给神宗皇帝的贡品清单中，有一座齿轮结构的自鸣钟，大小适中，制作精巧，能报出一小时、半小时和一刻钟。另外一座，是钟盘上标出中国时辰，刻有龙图案，装饰华丽。当利玛窦北上途中被软禁于天津卫时，明神宗突然想起问自鸣钟为什么还没有到京，终使利玛窦一行在严冬中得脱于冻馁。入京献贡后，皇帝一直把钟放在自己跟前，负责给钟上发条的小太监也跟着走了红运。

按惯例，外国朝贡者不得在京久留，礼部官员多次上奏让利玛窦等离京，利玛窦则央求恩准在京居住。在双方僵持中，神宗皇帝只把礼部奏折“留中”不理。管理自鸣钟的小太监深知万岁爷爱钟，他们怕应付不了钟出毛病而招致杀身之祸，所以希望利玛窦能长久留京。皇上终于发话：利玛窦可以随意在京居住。应了“奇货可居”这个成语，在这里不妨作另外一种解释——自鸣钟这个“奇货”，使利玛窦“可”在北京“居”住了！

不管是三棱镜，还是自鸣钟，与自然界中的奇珍不同，它们是当时西方文明的产物，被中国人视以为“奇”，表明其间存在着技术上的差距。

计时，在漫长的人类历史中，是始终占有重要位置的技术领域。从原始的计时工具转入机械计时的关键，是发明擒纵器（卡子），它首次出现在723年左右由中国唐代一行和梁令瓒设计的开元水运浑天仪中。

但是本来在世界上曾居领先地位的机械钟制造技术却在明代的桎梏中湮灭失传了。200年后，利玛窦来华时有一段对当时中国计时技术的记述：“这个国家只有少数几种测时的仪器，他们所有的这几种都是用水或火来进行测量的。用水的仪器，样子像是个巨大的水罐。用火操作的仪器则是用香灰来测时的，……有几种仪器用轮子制成，用一种戽斗轮来操作，里面用砂代替水。但是所有这些都远不如我们的仪器完美，常常出错，测时不准确。至于日晷，他们知道它从赤道而得名，但还没学会怎样依照纬度的变化摆正日晷。”

在西方，1370年德国技师亨利·德维克为法国皇帝造出了在宫殿塔楼上以重锤作动力的大机械钟。到15世纪末，德国技师亨莱因设计出发条时钟，钟表从此朝小型化发展，16世纪中期出现了适合家庭用的能打点报时的钟和怀表。利玛窦入华时正是这些技术和产品都已在欧洲有一定程度的普及之后，他本人在罗马学院时就受过制钟技术的训练。

纵观世界历史，一个国家能否产生某种发现和发明固然重要，而能否使这种发现与发明在社会中广泛传播和不断改进则更为重要。明代是中西历史进程中力量对比发生逆转的重要时期，通过利玛窦入贡所表明的中西技术差距，从科技史的角度对内部和外部的原因给出说明，正是今人应担起的责任。人们欢迎从地下文物和库藏典籍中挖掘出一百个、一千个“中国第一”，但也还需要了解这诸多的“中国第一”却何以未能使中国在近代步入强国之林。

四、地圆说与世界地图——地理学的异变

世界各民族在早期文明中都经历过“以我为中心”的时代。“地中海”即谓居世界大地中心之意，可算是一明证。

华夏文化圈处在欧亚大陆东端的相对封闭的地域中，先民们自以为居天下之中心，故有“中国”之称。狭隘的视野以及与周围民族相比所具有的绝对的文化优势，又使我们的祖先把自己的文化视为普天之下文明的唯一形式。“天下”，分为华夏人居住的中国和夷狄居住的化外之地。地理上华夏居中的“天下观”，政治上君臣等级的“华夷观”，两者相互强化、相互制约，成为紧密的一体。天下、中国、华夏、夷狄……是地理的，也是政治的、文化的、伦理的。至于大地是什么形状，长期流传着多半是伦理哲学、少半是地理学的“天圆地方”说，又从未有人试图去验证它。甚至连认识中国之外未知地域的探险，也只是基于政治需要或宗教热情才有过极为有限次数的跃动。

在上古和中古时代，处于欧亚大陆两端的中国和西欧之间极少交通，有如人之两耳，谈不上什么冲突，大地是何形状于此也无关紧要。然而，当历史即将掠掉中世纪的夜幕时，对于以开放的世界为发展前提的任何一个近代国家来说，在如何认识大地形状的问题上都要彻底完成一次观念上的转变。

地圆说源于有多元文化并存的古希腊文明，当时只为一家之言。在中世纪的欧洲占统治地位的观念是从宗教寰宇观出发，认为大地为圆形平板状。当时广泛流行的世界地图是以耶路撒冷为中心的 T-O 地图。圆平大地为“O”，中间有“T”，一横把圆分为上下两部分，上部是亚洲，一竖将下半圆分为左右两部分，一半是欧洲，一半是非洲，地中海居其间。

葡萄牙的“航海王子”亨利组织大西洋探险的那个时代，一方面，欧洲人还没有冲破中世纪的愚昧，大多数人信奉宗教寰宇观，认为大西洋的尽头是死亡线，船员们不敢突越非洲西海岸的博哈多尔角。另一方面，12 世纪的大翻译运动使古希腊文明首先在欧洲西端露出光芒，托勒密《地理学》中的地圆思想让亨利王子燃起了希望之火。他坚持要船队南进，让人们破除对航海极限的迷信，正因为他相信大地是个球体。在世界地理大发现中，葡萄牙和西班牙的小船队作出了郑和大船队所未曾作出的

伟大贡献，从一定意义上也可以说是地圆说的胜利。1522 年麦哲伦船队环球航行结束之后，欧洲人对地圆说的任何怀疑都烟消云散了。

我国晋代就已在地图学上取得了很高的成就，但在利玛窦入华之前却从来没有过一幅可以算作是世界地图的地图。

在利玛窦求学时期，欧洲人用地理大发现的新资料绘制新地图是一大“热门”。麦卡托完成了地图学上的重大改革，于 1569 年建立了圆柱投影法，麦卡托的朋友奥特柳斯采用经曲纬平的平面投影法，于 1570 年出版了第一部世界地图集。利玛窦来华之前，已掌握了这些知识，正是这一优势使他能够在天朝的士大夫面前亮出一幅幅令他们惊讶、好奇、欣羡或愤怒的奇图。

1584 年，在肇庆落成“仙花寺”之后，利玛窦在中堂陈列了许多西洋物品，其中对中国学者最有吸引力的是一幅用欧洲文字标注的世界地图。当参观者得知中国仅仅是偌大世界的一个部分时，因完全囿于已有的“天下”观而使他们感到迷惑不解。利玛窦按地图讲述他自己在何处出生，由何处动身东来，经过哪些国家之后到达中国。热心于求新知的人们，希望这位“西僧”能尽快把那张外文地图译解出来。肇庆知府王泮甚至向他打包票，这件工作会使他得到很大的声望。

利玛窦在一位中国译员的帮助下，很快就突击完成了绘制工作。新地图的长度改用中国的“里”，比例比原图大，这样可以留有较多的空阔图面标汉字和写注解。为了赢得中国人的好感，他把地图上第一条子午线的投影转移，在地图左右两端各留下一条边，使中国正好出现在图的中央。图中还尽量采用中国已用过的地名，使中国人觉得可信。同时，他还注意借世界地图宣传地圆说，在序文中说：“地形本圆球，今图为平面，其理难于一览而悟，则又仿敝邑之法，再作半球图者二焉。”

利玛窦在南京期间（1599），受南京吏部主事吴左海之请，对肇庆版世界地图作了一次修订，印量较大，散发很广，还流传到了中国澳门、日本等地。

1602 年，即利玛窦定居北京的第 3 年，工部员外郎李之藻向利玛窦学习地理，利玛窦再次修订旧图，扩充内容，绘成六条合幅的《坤舆万国全图》，合幅宽 361 厘米，高 171 厘米，可折卷在精制的木轴上。李之藻雇工刻制，印量达数千。刻图工匠又另私自刻一版开印。后来，新入教的参军李应试在利玛窦的帮助下又刊刻了八条合幅的《两仪玄览图》。利玛窦在为此图写的序文中指出，欧洲人的世界地理研究，重视远游，遍历海宇和实地考察；绘制地图时注意用新知识修改旧图；据亲身经历，《山海经》中所说的三首、独臂、无腹之类人的国家是没有的；最后申明“惟南极之下，邦人深入者鲜，尚未谂其水土。故缺而以俟后人”。由此可见当时西方地理学的水平和利玛窦本人的科学态度。

作为传教士，利玛窦认为“欲使中国人重视圣教事业，此世界地图盖此时绝好、绝有用之作也”。从科学知识受传者的角度看，中国人关于“地”的知识发生了重大变化，由此知道了“五大洲”，知道了“地球”。

此前，中国人了解的“天下”，大约东至日本、菲律宾，南抵印度尼西亚，对西方至远为南欧和非洲东海岸，概以“西域”或“西洋”称之。利玛窦入华，把当时最新、最高水平的地理知识传入中国，最具代表性的是“五大洲”的概念。《明史》列传第二百十四“外国七”载：“……利玛窦至京师，为《万国全图》，言天下有五大洲。第一曰亚细亚洲，中凡百余国，而中国居其一。其二曰欧罗巴洲，中凡七十余国，而意大里亚（即意大利）居其一。其三曰利未亚洲（即非洲），亦百余国。第四曰亚墨利加州（即美洲），地更大，以境土相连，分为南北二洲。最后得墨瓦腊泥加洲（即南极洲）为第五。而域中大地尽矣。”当时大洋洲尚未发现，上述关于五大洲的认识已是对当时世界地理的正确概括。今天所用大西洋、地中海、古巴、加拿大等地名，都是由利玛窦当初绘制世界地图时所译定。

地圆说与世界地图在中国的传播，突破了国人原有的狭隘“天下”观，开始了对真正世界的了解，这是任何一个民族走向近代社会所不可或缺的启蒙教育。尽管“世界”和“地球”成为全体中国人的常识还要经历许多年，但毕竟是从这时起步了。

五、亚里士多德的宇宙论——天文学的异变

就世界科学的源流而言，亚里士多德不只属于古希腊，也属于全世界。中古以前，亚里士多德的知识体系，只通过印度和阿拉伯学者在中国有零星折射。将其核心内容传入中国者，仍要首推利玛窦。

亚里士多德的世界化，主要内容是它的宇宙论：静止的地球处于宇宙的中心；环绕地球周围的是土、水、气、火四元素组成的地上界（月下界）；地上界是通过四元素相互转化而发生气象学和地质学变化的、不断生成和毁灭的世界；天界在地上界之上，运行着由既不能生成也不能毁灭的第五种神秘元素（以太）构成的各种天球；对由天球旋转组成的天体运动可以作出几何学的解释；宇宙是有限的，天有九重，依次为月球、水星、金星、太阳、火星、木星、土星、恒星天和宗动天；宗动天统率一切

天球和整个宇宙。

这些论点是亚里士多德在《论天》《论生灭》和《气象学》这三部书中展开的。

亚历山大里亚时期的天文学家托勒密，以亚里士多德的著作为基础，又引入前人的“本轮”和“均轮”概念，参考了大量的观测数据，作了一次天文学的大综合，写成《至大论》(亦译《天文学大成》)，该书成为亚里士多德宇宙论的经典著作。

欧洲历史进入中世纪，希腊文明湮没于战火之中。阿拔斯王朝第七代哈里发在位期间创设智慧馆，由伊斯哈克等人把《至大论》的遗本译为叙利亚语和阿拉伯语。阿尔－法尔加尼据此写出了通俗读物《天文学基础》。

到 12 世纪，生于意大利克雷莫纳的盖拉尔多，在西班牙的托莱多将大量阿拉伯语科学文献译为拉丁文，其中包括托勒密的《至大论》和法尔加尼的《天文学基础》。

英国数学家、天文学家萨克罗博斯科根据拉丁文本的《天文学基础》，并参考《至大论》等书，写出了欧洲最标准的天文学教科书《天球论》。在从中世纪到近代的过渡期中，它广泛流传在各大学的课堂和一般知识界中。

利玛窦的老师在1561年写出《萨克罗博斯科〈天球论〉注释》，后多次修订出版，成为当时的天文学百科全书。利玛窦入华后讲授、译述的天文学知识就依据此书。溯本穷源，其历史线索是：亚里士多德→托勒密→伊斯哈克→阿尔－法尔加尼→盖拉尔多→萨克罗博斯科→克拉维斯→利玛窦。

利玛窦在韶州、南京、北京授课时，都根据克拉维斯的著作讲授天文学，并教学生动手制作各种天文仪器。在北京刊印的《坤舆万国全图》，除主图外，还在四周及图中空阔处加进了介绍天文学知识的九重天图、天地仪图、日月食图及各种解说和注释。他还多次准确地预报了日月食，远比明廷钦天监的官员高明，因此使许多人倾服。

在传播西方宇宙论知识方面，与利玛窦合作最力者是李之藻。李之藻先习地理，在京雇工刻版刊印《坤舆万国全图》，兴致极高。又习天文、数学，据利玛窦口授，于 1605 年译编刊印了《乾坤体义》。此书分三卷，其目次为：

“上卷”1. 天地浑仪说；

2. 地球比九重天之星，远且大几何；

3. 浑象图说；

4. 四元行论。

“中卷”1. 日球大于地球，地球大于月球；

2. 论日球大于地球；

3. 论地球大于月球；

4. 附徐大史地圆三论。

“下卷”容较图义。

上卷内容直接采自利玛窦为世界地图所作的补白、注释等，实际来自克拉维斯的《〈天球论〉注释》。《四元行论》是利玛窦在南京写成而刊印过单行本。中卷内容是《〈天球论〉注释》一书中的“Terram Sole esse miorem，Luna vero maiore”。所附“徐大史地圆三论”则是徐光启的《题万国二圆图序》。下卷的“容较图义”是《〈天球论〉注释》中论述等周图形的部分，后来，李之澡又将这部分以《圆容较义》为名单独印行。

综合看来，《乾坤体义》是以取自《〈天球论〉注释》的知识片段为主的译编本。浑象图、乾坤体图等也都采自该书。

除《乾坤体义》外，李之藻还根据利玛窦口授而整理刊印了讲解星盘坐标系统投影法的《浑盖通宪图说》(1607)。

从世界地图到《乾坤体义》，不仅表明西学传播由“地”及“天”的渐进过程，也表明李之藻等中国学者接收西学从零散猎奇转向系统消化的自觉要求。

还应指出，对于士大夫中的大多数人来说，世界地图尚可作为雅俗共赏的书斋卧游之具，而《乾坤体义》已是颇要有些数学头脑的人方可卒读的“天书”。它不是克拉维斯《〈天球论〉注释》的完整译本，随着李之藻的离京、利玛窦的去世及其后继者在传教策略上的改弦更张，通过翻译全书来系统介绍亚里士多德宇宙论的工作也无从提起。后于崇祯初年由徐光启、李之藻再度与传教士合作时，传进的是将托勒密体系与哥白尼体系折中的第谷体系，那时就踏着利玛窦早年为他们铺垫过的台阶更上一层楼了。

中国有悠久的天象观测的历史，留下了比其他任何古代文明都丰富得多的观测记录，在历法和天文仪器制作方面，也都达到过相当高的水平，但在宇宙论方面一直是很薄弱的。天圆地方说、盖天说、浑天说、宣夜说等，都没有形成关于宇宙结构的严格而系统的理论。

在中国的传统知识体系中，向以“天”字为第一号。圣贤级的大学问家都被誉为知“天命”、识“天道”者。遗憾的是，能从宇宙结构上锲而不舍地研究自然天的人，却实属罕见。利玛窦入华携来的天文学知识，是掺杂着中世纪神学的希腊科学遗产，不管今人以今天的尺度指责其如何陈腐，但绝不可否认那是西方人认识宇宙的一个重要阶梯，对明末的中国知识界而言，那也是全新的知识。何况当时的儒林大多泥古不化，抱残守缺，他们害怕那些夷人夷书污染了我们天朝的圣土，就用“以夷变夏”的危途敲起警世钟，遂而有一代接一代的卫道者去撰写一批又一批的“破邪”文章，以致在中国传播西方早已有之的天文、地理常识也竟是难以想象的困难。

当我们今天仍然以亚里士多德为彪炳青史的伟大哲学家和科学家而承认他对古今中外文明的卓绝贡献时，怎能不敬仰那些在中国近代文明破晓前披荆斩棘的拓荒者们呢？因为正是他们为我们先人的知识结构引发了一次重大的异变！

六、“几何原本”——数学的异变

利玛窦到京的头一年，忙于请求获准定居，接下来就广泛交往、绘制舆图、传授西学，但真正刊印成的书还只有宗教读物《天主实义》（1603）、《二十五言》和《天主教要》（1604）。

徐光启于1604年进京考选为翰林院庶吉士，“每布衣徒步，晤于（利玛窦）邸舍，讲究精密，承问冲虚”。翌年8月，利玛窦在宣武门内东城隅买房乔迁。徐光启向利玛窦提议，“既然已经印刷了有关信仰和道德的书籍，现在他们就应该印行一些有关欧洲科学的书籍，引导人们做进一步的研究，内容则是要新奇而有证明”。利玛窦选择了欧几里得的《原本》，认为“此书未译，则他书俱不可得论”。（徐光启《刻几何原本序》）

《原本》（*Stoicheia*）是一部具有严密演绎体系的数学著作，成书于希腊文明的亚历山大里亚时期。自古以来，它一直作为人类理性精神的范本广泛流传，成为科学史上经典中之经典。它当初就可能是写给学生用的课本，后来也是引领一代代青少年走进科学之门的启蒙教材。在元代与阿拉伯的文化交流中，此书可能已流入我国，但未得传播。

利玛窦的老师克拉维斯之所以被誉为“16世纪的欧几里得”，盖因他写出了对《原本》的十五卷拉丁文译注本——*Euclidis Elementorum Libri XV*（1574）。利玛窦在华授课当是用此书，并早就想把它译成中文，但“屡逢志士，左提右挈，而每患作辍，三进三止”。（利玛窦《译几何原本引》）这“三进三止”于何时何地何人，没有明确记载。按《利玛窦中国札记》所述，在徐光启之前倒是恰有三人与《原本》有关，他们依次是瞿太素、张养默和一可能为蒋姓的举人。

第一次在韶州。苏州人瞿太素，原是礼部尚书之子，本人不求仕进，迷恋于炼金术，父亲逝世后，把家产在炼金炉里烧个精光，遂携妻周游。寓居广东南雄时，往韶州拜利玛窦为师，原是因为谣闻利玛窦会炼金术，后在交往中放弃了这一邪念，开始认真学习西方科学，先笔算，后天文，最后学《原本》，据听讲笔记译出《原本》第一卷，时间在1592年左右。

第二次在南京。张养默，原是翰林王肯堂的弟子。王在镇江居家闭门研究天文、地理和算学，长期找不出任何明确的中国数学体系，自己试图建立一个体系也未成功，最后放弃了这一努力。时值利玛窦在南京交友讲学，声名大噪，他就派张养默带着他的推荐信请利玛窦替他教这位学生。教学时间不长，且是多人同时上课，可能是还没有教到《原本》。张养默“无师自学了欧几里得的第一卷。他不断向利玛窦神父请教几何学问题”。这里，张自学的当是瞿太素早些时候译出的第一卷，不断向利玛窦请教几何学问题，或许是要接着译下去。此时当在1599年。

第三次在北京。徐光启曾推荐一位浙江人 Ciangueinhi（意大利文拼写）。此人与徐光启于1597年同年中举，后求进无果。据裴化行所著之《利玛窦司铎和当代中国社会》，说有姓蒋的穷举人曾试图译此书，可能是同一个人。利玛窦与蒋的合作很不理想，他告诉徐光启说，必须是有突出天分的学者，才能完成这项工作。时间当在1605年或1606年。

1606年秋，徐光启决定由自己挑这副担子。每天下午三四时到利玛窦住所，请“口传，自以笔受焉。反覆展转，求合本书之意。以中夏之文，重复订政，凡三易稿”。（利玛窦《译几何原本引》）于翌年春首译完前六卷，同年出版。

徐光启尽量用中文已有的词汇表达西方的科学术语，而不是用大量音译词。将中译本定名为《几何原本》，这里的“几何”系中文的度数（测量与计算）之意，而非后来专指以形状为研究对象的“几何学”（Geometia）。欧几里得的《原本》，是西方数学经典，并非专指几何学。《原本》有13篇，第1—4篇讲直边形和圆的基本性质，第5篇是比例论，第6篇是相似形，第7—9篇是数论，第10篇是对无理量的分类，第11—13篇是立体几何和穷竭法。克拉维斯的 *Euclidis Elementorum Libri XV* 为15卷本，有后人增加的两篇。在中文中把“几何”与 Geometry 对应起来，是后人误解所致。

中国传统数学体系的经典是成书于西汉末期的《九章算术》。它以筹算为基础，列有246道应用题，或按实际应用，或按计算方法，共分为九个大类，皆无推导论证，各章之间无内在联系。后世以注经方式发展，“九章”也成为中国古代数学的代名词。宋元时中国数学发展到高峰期，并有往“纯数学”方向的偏移，取得了天元术、四元术等杰出成就。从元朝末期开始，商业数学迅速发展，珠算得到普及，而宋元数学成就至明代竟成绝学。《几何原本》就是在中国数学史上的苍白时期传入的，以它的“新奇”和“有证明”使一批学者倾服，中国数学也由此进入了更新期。

徐光启称《几何原本》为“度数之宗”。以它为开路先锋，后有《测量法义》《大测》《测量全义》《比例规解》《几何要法》等一批译述西方数学的著作。还有以《几何原本》为参照，作中西数学比较研究的《测量异同》，用《几何原本》的方法整理中国传统数学遗产的《勾股义》等，出现了晚明盛清的历算家言必称几何的局面。

徐光启发挥利玛窦关于《几何原本》“当百家之用”的说法，认为它是“众用所基”。(《刻几何原本序》)“度数既明，又可旁通众务，济时适用”(《条议历法修正岁差疏》)，把以《几何原本》为基础的“度数之学”用于历法、气象、水利、乐律、军事、财政、土木建筑、机械、大地测量、医药、计时等方面，成为这位徐阁老晚年为之奋斗的理想。突出的成就是由他主持修历工作，组织中国人与传教士合作，引进西方的天文历法成就，编成大型的《崇祯历书》，成为清初颁布《时宪历》的基础。《利玛窦中国札记》中说：“这本书（《几何原本》）大受中国人的推崇，而且对于他们修订历法起了重大的影响。”这是谁加的评语，尚有待考证，而这个评语本身是不错的。

利玛窦去世后，神宗皇帝赐葬，有内官问当时居于相位（东阁大学士）的叶向高：“诸远方来宾者，从古皆无赐葬，何独厚于利子？”叶答道：“子见从古来宾，其道德学问，有一如利子者乎？毋论其他事，即译《几何原本》一书，便宜赐葬地矣。”(《中西交通史料汇编》第一册）可见当世对此书的评价之高。

在传播西方数学方面，利玛窦的另一重要贡献是按克拉维斯的《实用算术概论》授课，把笔算法、验算和分数记法等传入中国。李之藻根据笔记整理，成为《同文算指》(1613）一书的主要内容。远在7世纪初（唐代），印度笔算法曾传入我国，后来有阿拉伯人的笔算法传入，但都因烦琐而未能取代中国传统的筹算和珠算。只是在利玛窦之后，笔算才日臻完善，而在清代逐渐得以普遍应用。

七、“杯酒还浇利泰西”

利玛窦对中西文化交流的开创性贡献是多方面的。他最早把油画传入中国，并随之传入绘画的透视学原理；最早带进一架铁弦琴（即有 40 个音的古钢琴），作《西琴曲意》八章，传入西方音乐；所撰《西国记法》为介绍记忆术的著作。

在肇庆期间，他与罗明坚合编葡华字典，为历史上第一部中西文字典。他首创用拉丁字母注汉字语音，成为中国第一个拉丁字母拼音方案，由此解决了中国音韵学上分析音素与测定字音这两大困难，对中国音韵学的发展有很大影响。

就反向文化传播而言，他最早向欧洲人肯定了马可·波罗所说的“契丹”或“震旦”即是中国的别名；他用拉丁文翻译中国的“四书”，是开欧洲汉学之先河的代表性成就。利玛窦在临终之前完成了记述他在中国传教活动的长篇札记，死后由金尼阁携回欧洲，加以补续并译为拉丁文，于 1615 年出版，后被译为多种文字流传（中译本即《利玛窦中国札记》）。此书连同他早年翻译的儒家经典，成为欧洲人正面观察中国历史文化的窗口，至今也是我们研究明代社会文化史、中西交通史、耶稣会入华传教史和西方科学传播史的珍贵资料。

利玛窦晚年因过于劳累而患周期性偏头疼，1610 年 5 月 11 日逝于住所，享年 58 岁。作为传教士，他始终怀着宗教的虔诚去实现自己的理想。终其一生以中国人民为友，以中国为其第二故乡，赢得了广泛赞誉，被视为“西儒”，尊称为“利子”“西泰子”。死后，明神宗下旨赐葬于阜成门外栅栏寺。京兆尹王应麟撰有一篇很长的碑文，其中有这样一段话：“视其立身谦逊，履道高明，杜物欲，薄名誉，澹世味，勤德业，与贤智共知，挈愚不肖共由。玄精象纬，学究天人，乐工音律，法尽方圆。正历元以副农时，施水器以资民用。翼我中华，岂云小补。”

利玛窦在华传教，排佛尊儒，尊先儒而斥近儒，赢得了一部分士大夫的高度评价，也招来一部分士大夫的非议。南京礼部侍郎沈淮指责传教士的暗伤王化，以“大西洋”对“大明”，是以“两大”相抗，称教主为“天主”是要“驾轶”中国的“天子”之上。以他为主将，在 1616 年挑起了中国历史上第一次反洋教的大风潮。但持续时间不算长，后出于军事和改历的需要重新起用传教士，利玛窦声名未减，“利玛窦坟”作为明末北京的一大景物，可为其证。（刘侗、于奕正《帝京景物略》）

清代康熙年间，天主教按利玛窦的传教路线进展顺利，在天主教内部出现“礼仪之争”的情况下，康熙皇帝明确指出，在中国行教只许按利玛窦的规矩。可见对利玛窦的积极评价在中国人这方面已无大分歧。

到乾嘉时期，传教活动已被禁绝，随着乾嘉学派整理国故的进展和西学源于中法说的盛行，对利玛窦的评价趋低。

鸦片战争之后，列强欺凌中华，仇外心理日强，前朝故去的传教士也入“洋鬼子”之列，利玛窦墓毁于义和团之手，那也是一种评价。而像梁启超那样对利玛窦在中国近代学术史上的地位给予中肯的评价者，则代表了中国知识界的清醒认识。

在中华人民共和国成立后相当长的时期里，学术界把传教士与帝国主义之间画等号，成为一个新的流行观点，就连我们的科学史界在20世纪60年代纪念徐光启时也不能不指责利玛窦的“顽固”和“不老实”。“文化大革命”期间，利玛窦墓第二次毁于红卫兵之手就可“人”乎所料了。

十一届三中全会之后，随着拨乱反正、落实各方面政策的步伐，利玛窦墓于1979年修复。随着学术思想解放的步伐，对利玛窦也重开评议，评价高低虽然往往随政治晴雨的变幻而波动，不过，总的来说，一般都倾向于较多地肯定他在中西文化交流中的贡献，并认为应把他与鸦片战争之后的入华传教士相区别。只是由于研究资料不足和流行观点的束缚，评价中还有许多模糊不清或似是而非的议论。

关于耶稣会传教士与葡萄牙殖民者之间的关系、耶稣会的历史地位和作用、耶稣会内部和天主教内部关于利玛窦传教方式的分歧和斗争等，我们都了解甚少，凭流行观点作推测难免失之于武断。有时在比拟用词（如利玛窦把入华传教视为“精神战争”等）上做文章，不适当地把宗教的“扩张”与帝国主义的政治军事侵略等同起来，这都影响到对利玛窦的动机和人格的评价。

关于科学传播方面，人们往往指责利玛窦带给中国的是在西方已经落后了的科学，是不肯传播近代科学，这很值得商榷。

1543年出版哥白尼的《天体运行论》，是近代科学的重要标志。但日心说并没有马上被人们接受，这不仅有宗教方面的原因，也有科学本身的原因。不管是哥白尼的日心说体系，还是托勒密的地心说体系，它们作为不同的假说，在科学家面前是平等的。只是到18世纪发现了光行差之后，哥白尼地动说才得到证实，从而成为科学界可以普遍接受的理论。16世纪的欧洲科学处于那样一种状态，怎能苛责于利玛窦呢?

16世纪后半叶，近代科学正处在形成过程中的初期，科学中心地在意大利，前面已述耶稣会重视学术传教，利玛窦在罗马学院所得到的教育，在当时是最高水平的。正如日本的科学史家山田庆儿所说：“利玛窦并未完全掌握近代科学知识乃是理所当然的事。他所知道的科学是古代中世纪科学，可以认为：在此范围内他把当时最有权威、最好的科学知识提供给了中国。”

有些评价利玛窦的观点是在评价徐光启时捎带的。像“文革”中那样因受利玛窦的牵连而把徐光启树为古代科学家中“崇洋媚外”之典型的极端批判，已经绝迹。承袭“传统”观点，为徐看不清利玛窦真面目而受骗上当的低调批评还时有所见。

另有一种“褒徐贬利”的评论，典型例子见于王重民先生的遗著《徐光启》一书。书中说徐“一再敦促”利玛窦翻译科学书籍，利则“一味推脱”，表明他们之间“基本态度的不同”；“双方大概几经商讨和辩论之后”，利才“勉强答应”徐、李（之藻）的要求；接着，利要先译天文历法书籍以便打入宫廷，徐、李“则认为按照科学本身的逻辑要求，应该是先译数学书籍。大概又是经过了多次的商讨和辩论之后，才决定先翻译数学书籍”。（王重民著《徐光启》）

这类情节缺乏史实根据，多出于臆测，不得不在关键处借助于“大概”。关于这段公案，有据可考的文字是，利玛窦在《译几何原本引》中写道：“窦自入中国，窃见为几何之学者，其人与书，信自不乏，独未睹有原本之论。既阙根基，遂难创造。即有斐然述作者，亦不能推明所以然之故。其是者，已亦无从别白；有谬者，人亦无从辨正。当此之时，遽有志翻译此书。”但是因为“东西文理，又自绝殊，字义相求，仍多阙略，了然于口，尚可勉图，肆笔为文，便成艰涩矣”。他还告诉过徐光启“此书未译，其他书俱不可得论”。文字记载和实际进程都表明利玛窦一直重视翻译《原本》的工作，只是因为自己的中文基础薄弱，还不能胜任，要找合适的合作者，所以有前文所说的“三进三止”。

王老先生写《徐光启》在五六十年代，本人在“文革”中因受迫害故去。书中观点受历史的局限是可以理解的。然而《徐光启》一书出版于 1981 年，它作为一部权威性的著作，颇有影响于当世读者，不乏见转引、移植之笔，似有必要做此澄清。

比较多见的另一指责是说利玛窦与徐光启合译《几何原本》时，没有按徐光启的意愿将全书译完，而只译了前 6 卷。说他心思在传教上，不愿在译科学书籍上多下功夫，或是说他想留一手。这也是一种从先入为主的观点出发所作的推测。《原本》15 卷中，前 6 卷自成体系，且较为浅显易懂。利玛窦当初在罗马学院学习时，正式课程中也只是安排有前 6 卷。西方最早的德译本、西班牙译本和瑞典译本也都是 6 卷本。利玛窦对徐光启说：“请先传此，使同志者习之，果以为用也，而后徐计其余。太史曰：然。”（《译几何原本引》）就中国当时知识界的水准而言，这应算是实情话。

笔者无意把利玛窦写成一个十完十美的圣贤。只是想指出，我们不要依“冷眼向洋看世界”的思维定式去轻易地给复杂的问题下简单的结论，对在中华民族文明发展史上作出过贡献的人物，无论中外，都应给出实事求是的评价，借以追念前贤而激励后人。

按16世纪后半期的欧洲科学水准而论，利玛窦受到了最好的教育，但并没有成为一名有创造性贡献的杰出科学家。对于欧洲人来说，他是一位富有创造精神的传教士，又是西方汉学家的先驱。对于中国人来说，他是一位卓越的科学传播者，为处于“学问饥饿”中的中国士林带来了可谓丰富的食粮。以他为首的一批传教士，与徐光启、李之藻等中国士大夫中的优秀分子携手，在中国文化发展的坐标图上画出了一条前所未有的异色曲线。

康熙年间有位大名士尤侗，授官翰林院检讨，分修《明史》，撰志和传达300篇。欧洲四国传（葡萄牙、西班牙、荷兰、意大利）的初稿即出其手，这使他在撰《二十四史》的史家中成为特具开放眼光的人物。或许与此相关，他大约在利玛窦故去70年后，写过一首抒发怀念情思的小诗：“天主堂开天籁齐，钟鸣琴响自高低。阜成门外玫瑰发，杯酒还浇利泰西。”在坚持开放政策的今天，是否仍有诗赞利公者，实难得知。愿此文能化作尤侗诗中那“杯酒”，来祭奠这位“翼我中华”的西学东渐第一师的亡灵。

（作者：樊洪业）

参考资料

[1] 利玛窦，金尼阁．利玛窦中国札记［M］．何高济，等译．北京：中华书局，1983.

[2] 罗光．利玛窦传［M］．台北：学生书局，1979.

[3] 洪业．考利玛窦的世界地图［C］// 洪业论学集．北京：中华书局，1981.

[4] 今井溱．乾坤体义杂考［C］// 薮内清，吉田光邦．明清时代の科学技术史：京都大学人文科学研究所研究报告．京都：京都大学人文科学研究所，1970.

[5] 梅荣照，王渝生，刘钝．欧几里得《原本》的传入和对我国明清数学发展的影响［C］// 徐光启研究论文集．上海：学林出版社，1986.

[6] 梁家勉．徐光启年谱［M］．上海：上海古籍出版社，1981.

[7] 山田庆儿．近代科学的形成与东渐［J］．科学史译丛，1984（2）.

汤若望

（Johann Adam Schall von Bell，1592—1666）

汤若望

“通玄教师”

客有多髯者，天涯结德邻。
技余奇器录，心印古时人。
问俗谈偏胜，探文理入新。
往来知不厌，长此引光醇。

〔清〕庄冏生《赠汤若望诗》

汤若望，一位来自莱茵河畔科隆的德国传教士，自1619年抵达澳门，1623年进入北京以后，在这块东方异国的土地上生活了47年，历经明代万历、天启、崇祯和清代顺治、康熙五朝，身兼中国朝廷高官、天文学家和天主教神父三职。他生前曾官居一品，被皇帝御封为“通玄教师”，主持国家天文台钦天监的工作，晚年又遭人诬告，锒铛入狱，险些被凌迟处死，在中国政治舞台上和学术界引起过轩然大波。死后不久，则被平反昭雪，恢复名誉，同意大利传教士利玛窦、比利时传教士南怀仁同葬于北京阜成门外，长眠在他为之呕心沥血服务了大半生的中国土地上。极有戏剧性的是，他的墓碑在20世纪被两砸两立。两次被砸，一次是1900年义和团运动期间，一次则是1966年他辞世整300年后的“文化大革命”运动中。如今，我们在他那被重新修复并被列为重点文物保护单位的墓前，发现他的墓碑上方残缺了一大段，中部被拦腰截断过，是用水泥粘接起来的，而墓碑的正反面则被倒置了：本该刻在正面的碑文却在背面！这残首断腰、背向而立的墓碑似乎在向人们诉说着汤若望生前死后三四百年来的荣辱沉浮、风风雨雨……

一、道既证其全　犹逊以为未

汤若望，原名约翰·亚当·沙尔·冯·贝尔（Johann Adam Schall von Bell）。

Schall von Bell 是他的族姓，意即 Bell 地区的 Schall 家族。Adam 是他的第二个领洗名，其重读第二音节声似中国姓氏“汤”。Johann 是他的第一个领洗名，当时多音译为“若望”，也有作“儒望”“如望”的。汤若望是约翰·亚当来华后取的中文姓名。汤若望字“道未”，取义《孟子》：“文王视民如伤，望道而未之见。”故有人赠汤若望诗曰：“道既证其全，犹逊以为未。”后人有不知其出典，误作“道味”者。

沙尔家族的世系，可追溯到 12 世纪的鲁伯特·沙拉（Rupert Schallo），他居于德国西部莱茵河畔的科隆城。1282 年左右，始有阿尔贝罗·沙尔（Albero Schall）的名姓出现，此人在科隆城西南的地方霍贝尔（Horbell）购置田园别墅，冯·贝尔（von Bell）姓氏便由该地得名。汤若望的曾祖父和祖父亦名约翰，父亲名海因里希·德根哈特。德根哈特第三次结婚的夫人玛丽亚·沙伊法特·冯·梅罗得曾生三子，其中一位便是后来叫作汤若望的约翰·亚当。

汤若望于 1592 年 5 月 1 日诞生在科隆城内圣阿波斯特教堂近侧的爵邸中。他在幼年时代受到了良好的家庭教育，学习了拉丁文。1603 年，汤若望入科隆城耶稣会设立的三王冕中学读书。1608 年 7 月，经当地耶稣会会区院长约翰内斯·莱奥的保荐，留学罗马德意志学院。1611 年 9 月，汤若望以优良成绩修满三年哲学课程，10 月 21 日加入耶稣会，进圣·安得勒大楼（即耶稣会罗马教区的修道院）做修士。两年后，见习期满，于 1613 年 10 月底迁入罗马学院，开始了 4 年的神学和数学研究。1616 年 1 月 2 日，汤若望向耶稣会总会长呈递禀帖，请求派遣他到东印度或中国去传教，并说这是他自见习时期以来的一个志愿。

年仅弱冠的汤若望，有到东方特别是中国传教的愿望，这并不奇怪。因为自 1581 年起，意大利耶稣会士罗明坚、利玛窦、龙华民等相继进入中国传教，受到了中国皇帝的礼遇和士大夫的欢迎，他们带去的西方近代科技知识，又使中国学术界和朝野都感到有兴趣。这些传教士不断向欧洲寄回了许多关于中国的信件和报告，激起了人们向往中国的热情。而 1614 年底，法国传教士金尼阁自华抵罗马教廷述职，汤若望得以与他结识，更下定了前往中国的决心。

1617 年夏，汤若望以优异的成绩完成了他在罗马学院的学业，旋即升为神父。这时他具备了有关神学、哲学、数学、天文学和语言文字学等多方面的知识。接着他去了葡萄牙里斯本，等待着向往已久的中国之行。

二、渡海东来八万里　别有宗门号天氏

1618 年 4 月 16 日，复活节的次日星期一，金尼阁率赴华传教士汤若望、邓玉函、罗雅谷等 22 人在里斯本登舟启程，开始了前往中国的引人入胜而又充满危险的海上航行。

这 22 位赴中国的传教士中有 10 位葡萄牙人、5 位比利时人、4 位德国人和 3 位意大利人。他们乘坐的好耶稣号船上共有 636 位乘客，加上大量的行李、货物、食品甚至家禽，实在是拥挤不堪。但他们每周星期日都要做礼拜，星期一、星期四布道，星期二、星期五由邓玉函作数学讲演，星期三、星期六由金尼阁教授中国语言文字。航行途中，汤若望同邓玉函、罗雅谷等人一道，勤奋地观察天象、流星、风向、海流及磁针指向，确定航船的位置和由船上所见的海岸与岛屿的位置，并将研究结果报告给欧洲学术界。

在大西洋上沿非洲海岸向南航行的最初两三个月，由于海流的凶猛、气候的炎热、饮食的恶劣和卫生设备的欠缺，船上流行起了疟疾传染病，有一次竟有 330 人同时病倒，传教士们也无一例外地受了这可怕瘟疫的感染。当时船上并无正式船医，只有一位略晓外科手术的理发师，他对这种病症最有效的医治方法，不过是割开血管放血而已，病人有一天放血达三次之多者。这场灾难夺去了船上 45 人的生命，其中有 5 位传教士。

好耶稣号行至好望角附近，又受到三天三夜暴风的袭击，好不容易驶入印度洋，于 1618 年 10 月 4 日在印度西部海港果阿靠岸，暂停以作修整。这时传来了明万历皇帝下旨驱逐传教士的消息：北京的庞迪我、熊三拔和南京的王丰肃、鲁德照被遣送到广东，然后发往澳门。传教士们的精神受到很大打击，其间又有 2 人病逝。耽误了几个月后，汤若望再次乘船东行，过马六甲海峡时受到暴风袭击，幸而最后化险为夷，虽历经千辛万苦，终于在 1619 年 7 月 15 日结束了他赴东方的行程，抵达澳门。

1620 年是中国历史上有三位皇帝的一个年头：明万历皇帝驾崩，皇子光宗继位，年号泰昌，但在位仅一月即薨，幼小的天启皇帝承袭，胆怯无识，受太监魏忠贤挟制。在澳门的传教士们，乘机分批秘密潜入中国内地。

1622 年夏秋之间，滞留澳门三年之久的汤若望，同李玛诺、费乐德、理柏罗一道自水路北上，然后沿陆路越过广东与江西边界间的梅岭，再沿赣江继续北上，进浙江

到了杭州。

1623 年 1 月 25 日，汤若望随龙华民进入北京，寓城内西南宣武门附近的天主堂内。当时人们正为过春节而忙碌着，没有特别注意到他们。汤若望以在罗马期间学到的数学和天文学知识，成功地预报了当年 10 月 8 日出现的月食，得到明户部尚书张问达等人的赏识。其后，他又预算了次年 9 月的月食日期，从而在北京站住了脚跟。他努力学习中国的语言文字和儒家经典，兼及天算研究和传教活动。他把从西方带来的天主像和圣迹图呈献给朝廷，用汉文写了《进呈书像》。他又在 1626 年 9 月，著译《远镜说》，把伽利略在 1609 年发明的望远镜介绍到中国来。书中不仅有望远镜的原理、制作和使用方法，而且还有伽利略在其著名的《星际使者》（1610）中所记载的天体观察结果，如月球表面坑洼不平，木星有四颗卫星，金星的盈亏，土星的两个耳形卫星轨道环，太阳的黑斑，银河中有无数小星，几个星座里的星团形状，等等。

1627 年夏或秋，汤若望被派往西安传教。他通过张问达之子张锺芳和王征的关系，在西安很顺利地开展宗教活动。1629 年，他撰著《主制群征》二卷，目的虽是根据天文、地理、动植物等自然现象以哲理论证上帝的存在，但却向中国知识界展示了西方关于人体解剖、人体生理等方面的科学知识。当时在西安居家服父丧的王征，专为传教士建置“崇一堂”，延请汤若望在该堂每晚“译述西贤苦修会中奇迹一二段，以为日课”，后据汤若望所述，录成《崇一堂日记随笔》。汤若望在西安传教 3 年，发展了好几十名教徒。其间他还观测过 1628 年 1 月 21 日的日食。

1629 年 6 月 21 日（明崇祯二年五月初一日乙酉朔）的日食，钦天监推算的时刻失误，这激怒了崇祯皇帝。因为中国古代历法，历来被认为是皇帝“受命于天”的标志，而“效历之要，要在日食”，日食被认为是上天对天子德行政绩出了毛病的一种警示。因此，发生日食时，皇帝要“素服，避正殿”，还要下《罪己诏》。日食预报不准，岂非拿上天和天子开玩笑。所以皇帝传谕：“姑恕一次，以后还要细心推算，如再错误，重治不饶。”8 月 29 日礼部上疏请修订新历，9 月 1 日获准，设历局于宣武门内原首善书院。当时任礼部侍郎的徐光启“奉旨督修历事务”。

天文历算在我国本来就有悠久的历史，并取得了辉煌的成就。13 世纪，当欧洲旧的儒略历出现了严重差误的时候，我国元代科学家郭守敬制定的授时历（1280）则把中国的历法提高到一个更精确的新高度。明代的大统历直接承袭元代的授时历，行用年代长久，逐渐出现显著的差误，特别是在 1610 年至 1628 年的近 20 年间，“交食往往不验”，而欧洲则在 1582 年起改用了新的格雷高里历，精密程度远在大统历之上。

中国历法的改革迫在眉睫，势在必行。

徐光启在其《条议历法修正岁差疏》(1629 年 9 月 13 日）中，提出历法修正十事、修历用人三事、急用仪象十事和度数旁通十事，举荐南京太仆少卿李之藻，传教士龙华民、邓玉函参与修历，获准。1630 年 5 月 13 日，邓玉函去世。6 月 26 日，徐光启上《修改历法请访用汤若望等疏》，称“汤若望、罗雅谷二臣者，其术业与玉函相埒，而年力正强，堪以效用”，推荐在山西的罗雅谷和在陕西的汤若望回京供职于钦天监，参与继续修订历法的工作。6 月 29 日得到了崇祯皇帝的批准：“历法方在改修，汤若望等既可访用，着地方官资给前来。”

1630 年秋，38 岁的汤若望踌躇满志，再次进入北京。与 7 年多以前他悄悄潜入北京不同，这次是奉诏进京，乘坐官轿，沿途迎送，前呼后拥，何其威风！从此，他在北京居住了 36 年，直至 1666 年 8 月 15 日去世。连同他 1623 年至 1627 年第一次在京居住的 4 年多，总共是整整 40 个年头。

三、沧海十万里 来任天官篇

徐光启主持编修的《崇祯历书》于 1631 年 2 月 28 日、8 月 27 日，1632 年 5 月 22 日，1634 年 8 月 12 日、12 月 14 日共分五次完成，进呈明廷。徐光启经手前三次。他于 1633 年 9 月 11 日以“脾疾”告假，此前李之藻已于 1630 年秋去世，故于 10 月 31 日上《历法修正告成书器缮治有待请以李天经任历局疏》，其时李天经任山东参政，至 1634 年 5 月才来京，7 月 6 日继任督修历法事，经手后两次《崇祯历书》的进呈工作。第一次进呈书表 24 卷（历书总目 1 卷，日躔历指 1 卷，测天约说 2 卷，大测 2 卷，日躔表 2 卷，割圆八线表 6 卷，黄道升度表 7 卷，黄赤距度表 1 卷，通率表 2 卷)。第二次进呈书表图像 20 卷并 1 折（测量全义 10 卷，恒星历指 3 卷，恒星历表 4 卷，恒星总图 1 折，恒星图像 1 卷，揆日解订讹 1 卷，比例规解 1 卷)。第三次进呈书表 30 卷[月离历指 4 卷，月离历表 6 卷（以上系远臣罗雅谷译撰）；交食历指 4 卷，交食历表 2 卷（以上系远臣汤若望译撰）；南北高弧表 12 卷，诸方半昼分表 1 卷，诸方晨昏分表 1 卷（以上系罗、汤二公指授监局官生推算)]。第四次进呈书表图星屏 29 卷并 1 架[五纬总论 1 卷，日躔增 1 卷，五星图 1 卷，日躔表 1 卷，火木土二百恒年表并周岁时刻表 3 卷（以上系远臣罗雅谷译撰）；交食历指 3 卷，交食诸表用法 2 卷，交食表 4 卷（以上系远臣汤若望译撰）；黄平象限表 7 卷，木土加减表 2 卷，交食简法表 2 卷，方根表2卷（以上系罗、汤二公指授监局官生推算）；恒星屏障1架（系远臣汤若望制）]。第五次进呈书表32卷［五纬历指8卷，五纬用法1卷，日躔考2卷，夜中测时1卷（以上系远臣罗雅谷译撰）；交食蒙求1卷，古今交食考1卷，恒星出没表2卷（以上系远臣汤若望译撰）；高弧表5卷，五纬诸表9卷，甲戌乙亥日躔细行2卷（以上系罗、汤二公指授监局生儒推算）]。

《崇祯历书》分五次进呈共计46种，凡137卷，内容包括“基本五目”（法原：天文学基本理论，包括球面天文学原理；法数：天文数表，附有使用说明；法算：天文计算必备的数学知识，包括平面和球面三角学及几何学；法器：天文仪器；会通：中国传统方法和西历度量单位的换算）、“节次六目”（日躔历、恒星历、月离历、日月会历、五纬星历、五星交会历，包括日月五星运动和恒星的方位、日月交食、节气朔望等的换算），采用了丹麦天文学家第谷创立的介乎古希腊天文学家托勒密的地心体系和波兰天文学家哥白尼的日心体系之间的宇宙天体系统和几何学的计算方法，全面引进了欧洲的古典天文学知识和清晰的地球概念、地理经纬度概念，以及球面天文学，视差、大气折射等重要天文概念和有关的改正计算方法，它还引进了一套与中国古代传统天文学度量制度完全不同的西方通行的度量单位，如一周天分为360°，一昼夜分为24小时、96刻，度、时以下的分、秒等采用60进位制等。从此将中国天文学纳入世界天文学共同发展的轨道，是对中国天文学的一场深刻的改革。

《崇祯历书》于1629年9月正式开局修撰，至1634年12月完成，历时5年多。其间，主持者徐光启于1633年逝世，干了4年；后继者李天经于1634年7月继任，只干了半年。初期参与者龙华民自1610年起一直担任中国耶稣会总会长，教务繁忙，很快便退出了历局的工作；邓玉函则于1630年5月逝世，只干了8个月。至于李之藻，于1630年6月入局，10月逝世，只干了4个月。参与修定工作最久的则当数分别于1630年夏、秋进入历局的罗雅谷和汤若望了，他们都干了4年多。从五次进呈书目看，前两次44卷未著译撰者名，后三次93卷则全为罗、汤二人译撰或指授监局官生推算。其中，罗雅谷分工日躔、月离、五星运动；汤若望则分工交食和恒星部分，撰写了“交食历指”“交食历表”“交食诸表用法”“交食蒙求”“古今交食考”“恒星历指”“恒星出没表”“恒星总图”“恒星屏障”等20余卷，指导推算各种数表40余卷，其“撰译书表，制造仪器，算测交食躔度，讲教监局官生，数年呕心沥血，几于颖秃唇焦，功应首叙”。

《崇祯历书》编撰伊始，徐光启就提出了“欲求超胜，必须会通，会通之前，先须翻译”，“翻译既有端绪，然后令甄明《大统》，深知法意者，参详考定，熔彼方之材质，入《大统》之型模”的方针，然而，就是“熔入”，也受到拘泥旧法的保守人物如冷守中、魏文魁之流的反对。徐光启等为此专门写了《学历小辨》一书，与之辩论。特别是在1631年曾上《历元》《历测》二书而受到徐光启批驳的满城耆儒魏文魁，于1634年初趁徐光启去世和李天经接任的间隙，上言“历官所推交食节气皆非是”，意在干扰新法，与新法争胜。崇祯皇帝是没有主见的人，于是命魏入京测验，组织东局，同大统、回回两局一道与用西法的西局相对立，致使一时“言人人殊，纷若聚讼焉”。

《崇祯历书》完成后，“屡测交食凌犯俱密合”。如1636年2月21日的月食，1637年1月26日的日食，其初亏、食甚、复圆的分秒时刻，西局推算均比大统、回回、东局为密，“时将废《大统》，用新法”，其时有代州知州郭正中言：“中历必不可尽废，西历必不可专行。四历各有短长，当参合诸家，兼收西法。”结果仍诏行《大统历》。直到1643年3月20日的日食，又是经实测证明西法独验，崇祯皇帝才认识到《崇祯历书》确实精密，几经考虑，欲颁诏施行时，明朝已经灭亡了。

汤若望在明末的科学活动，除参与《崇祯历书》的编定，从事天文历法的制器、观测和著述外，还有两项工作值得一提：一是介绍西方火器，二是翻译西方矿冶著作。

汤若望曾在1636年和1642年先后两次为明王朝造炮，均获成功。据费赖之《入华耶稣会士列传》所载：“一日朝中大臣某过访若望，与言国势颠危，及如何防守等事，若望在谈话中言及铸炮之法甚详明，此大臣因命其铸炮。若望虽告其所知铸炮术实得之于书本，未尝实验，因谢未能，然此大臣仍强其为之。盖其以为若望既知制造不少天文仪器，自应谙悉铸炮术也。1636年在皇宫旁设立铸炮厂一所，若望竟制成战炮二十门，口径多大，有足容重四十磅炮弹者。已而又制长炮，每一门可使士卒二人或骆驼一头负之以行。所需铸炮之时亘两足年。”这次造炮成功，受到崇祯皇帝的嘉奖，该炮亦被授名曰“无敌大将军”。汤若望第二次造炮是在1642年。是年，兵部尚书陈新荐举汤若望再铸西洋火炮。崇祯帝接受这一建议，谕令汤若望监制“无敌大将军”五百位，并命将造炮方法传授兵仗局。这次造炮亦获成功。为传授造炮技术，他与焦勖辑译《火攻挈要》3卷，于次年刊行。后有1847年海山仙馆丛书重刻本，1831年扬州重刊本更名为《则克录》。该书详述各式火器的制法，并有诸器图40幅。上卷为造铳、造弹、造铳车、狼机、鸟枪、火箭、喷筒、火罐、地雷各法，并述及制造尺量、比例，起重、运重、引重之机器，配料、造料、化铜之法；中卷为制造、贮藏火药须知，试放新铳、装置各铳、运铳上台上山下山及火攻基本原理；下卷为西铳之攻法、铸铳应防诸弊，守城、海战及炮战（火攻）有关事项。总之，该书论述了关于火器和火药的一些兵器技术和应用化学方面的知识。本来明王朝编定此书的目的是抗御北方民族的南下，结果恰恰相反，倒是帮助和加速了清王朝统一中国的进程。

汤若望还和李天经等合译西方矿冶著作。他们以阿格里科拉的《矿冶全书》（1556）为底本，译述成中文译本《坤舆格致》4卷，于1640年上呈朝廷，1643年刊行，崇祯帝并谕旨"发下《坤舆格致》全书，着地方官相酌地形，便宜采取，仍据实奏报。不得坐废实利，徒括民脂。汤若望即着赴蓟督军前传习采法并火器、水利等项"。方以智《物理小识》（1643）和《钱钞议》中都提到过这部书，可惜该书在明清之际佚失。

另外，未收入《崇祯历书》或《西洋新法算书》的汤若望历算著作，还有《西洋测日历》（1645）和《民历补注解惑》（1662）。而教廷梵蒂冈图书馆所藏《见界总星图》，是徐光启主持测量恒星时汤若望等人所绘的首幅大星图，它改变了沿用已久的星座组织格局，取消了古代观测的515颗星，新增413颗，形成了现代中国星象体系的基础，具有划时代的意义。

崇祯帝对汤若望等人的治历工作十分赞赏，曾亲书"钦褒天学""旌忠""崇义"的匾额相赠。

1640年，汤若望升任北京教区区长，他常入宫中举行弥撒，施行圣事，数年内就使宫内信教的皇族、太监、宫女达200多人。1643年，汤若望刊刻了《主教缘起》4卷，叙述天主教的起源，也就是旧约中的历史部分。他的《真福训诠》一卷，则是诠解新约《马太福音》第五章的内容。

四、天子临轩百僚集　敬授特敕夸思深

1644年4月25日，李自成攻破京城，崇祯帝自缢于煤山，明亡。战乱中，汤若望在宣武门内的寓所幸未受到大的破坏。他曾被农民起义军的将领请去做客，被尊称为"大法师"，而他的态度则是不卑不亢。

1644年6月初，李自成弃京出走，大顺军殿后的部队在城内烧掠，汤若望寓所的一间空屋被焚，另两间存放有3000本图书和数学、天文学仪器的屋子却奇迹般地得

以幸存了下来。

1644 年 6 月 7 日，清军入京城。摄政王多尔衮于 6 月 15 日下谕城内居民 3 日内尽行搬迁于南北城外，以便清军憩息。当日汤若望即向多尔衮呈奏《为恳乞圣明垂鉴远旅孤踪格外施恩事》，称："臣自大西洋八万里航海来京，不婚不宦，专以昭事上帝、阐扬天主圣教为本，劝人忠君孝亲、贞廉守法为务。臣……奉前朝敕旨，修政历法，推测日月交食、五星躔度，悉合天行。著有历书表法一百四十余卷，并测天仪器等件，向进内庭，拟欲颁行。幸逢大清圣国俯念燕民遭贼荼毒，躬行天讨，伐罪吊民，万姓焚顶，没世难忘。此乃天主上帝宠之四方，隆以君师之任，救天下苍生于水火者也。……臣八万里萍踪，一身之外，并无亲戚可倚，殊为孤孑堪怜。且堂中所供圣像，龛座重大，而西方带来经书，不下三千余部，内及性命微言，外及历算、屯农、水利，一切生财大道，莫不备载。至于翻译已刻修历书板，数架充栋，诚恐仓猝那移，必多散失。……倘蒙俯准微臣仍旧居住，使臣得以安意精修，祝延圣寿而保存经典书籍，冀图报于异日，洪德如天，感恩无地矣。"这是汤若望表示改换门庭的投路石。而第二天就有了会意的回音：摄政王颁发满文谕旨一道，准其留居原处。

紧接着，便有了汤若望同清朝最高统治者之间的一系列紧凑的对话：

6 月 27 日，汤若望上"为公务事"，具陈历局来历和在编生员 12 人的状况，属工作汇报性质。

7 月 25 日，汤若望上"为恭报日食事"，预报 9 月 2 日日食分秒时刻并起复方位，26 日即奉令旨："旧历岁久差讹，西洋新法屡屡密合，知道了。这本内日食分秒时刻起复方位，并各省直见食有多寡先后不同，具见推算详审，俟先期二日来说，以便遣官公同测验，其窥测诸器速造进览。"

8 月 10 日，汤若望上"为恭进新法测天仪器事"，并进呈"浑天银星球一座（时盘并指时针全），镀金地平日晷一具（三角形表并罗经针全），窥远镜一具（置镜铜架并螺丝转架各一，木立架一，看日食绢纸壳二），舆地屏图六幅，诸器用法一册"，11 日即奉令旨："这测天仪器准留览应用，诸历一依新法推算，其颁行式样作速催竣进呈。"

8 月 21 日，汤若望上"为恭进万年宝历事"，进呈"颁行新法民历式样一册"，23 日奉令旨："这恭进新历节气交脱与太阳出入昼夜时刻，按道理远近推算，诸方各有不同，果为精确。但字画细小，行款稠密，还再加开爽，以便颁行。内'沈阳'改写'盛京'，历尾五官等职名既系旧制，附列汤若望之后，仍取该监前进历样来看。"

8 月 28 日，汤若望上“为遵旨预请遣官测验日食事”，30 日奉令旨：“遣官已有旨了，汤若望照例携带仪器前赴观象台，如法测验。”按此前一日，即 29 日礼部已奉令旨：“遣大学士冯铨率制敕房中书李正茂前赴观象台督局监官生公同测验。”

9 月 2 日，汤若望上“为恭报测验日食事”，称：“是日大学士冯铨督同局监官生齐赴观象台，臣若望亦携远镜并黄赤全仪及台上简仪等器悉心觇候。其初亏、食甚、复圆时刻分秒及方位等项测之一一俱与臣法密合，其该监所推大统、回回两法俱各疏远。此大学士逐刻登记，众皆心悦诚服，悉听大学士具题外。”8 日奉令旨：“据报知内院诸臣依新法测验日食，纤忽不差，与观象台公同测验无异，具见精密。汤若望即督率监局官生用心精造新法，以传永久。”按前此冯铨已有疏奏，详报 9 月 2 日日食观测经过和记录结果，称汤若望所用的新历“尽善尽美，即局监诸臣，无不众口一词，服其精确。依此法治历明时，真可仰副朝廷敬天勤民之盛心矣”，而 7 日奉令旨：“览卿本，知远臣汤若望所用西洋新法测验日食时刻分秒方位一一精确，密合天行，尽善尽美，见今定造时宪新历，颁行天下，宜悉依此法为准，以钦崇天道，敬授人时，该监旧法岁久自差，非由各官推算之误，以后都着精习新法，不得怠玩。”

9 月 11 日，汤若望上“为请给新历供费以便推算速竣兼陈本局要务事”，15 日奉令旨：“治历大典，官生供费，各役月粮，既有成例，即察明支给，局旁空房准作推算缮写之所。……在局诸生照天文生例食粮办事。该监各科并回回科官生通晓新法的照旧留用，怠惰冒滥的应行裁汰，着礼部同礼科官详加改试，分别具启。内灵台仪器并选历局官生二人典守。”

在这里不厌其烦地大段引用汤若望上疏和摄政王多尔衮代幼皇帝福临发谕旨的内容，是想说明以下两个问题：

一是汤若望在明清鼎革之际，以其在天文历算方面的知识优势，从容不迫、有条不紊地完成了从效力前朝到供职新朝的过渡。一反其在明末的困顿，他在短短的三四个月的时间内，即在清初的钦天监站稳了脚跟。其间汤若望采用的策略，是“展现并宣传西法之优越”“以验天象证西法之准确”“争取制定新历之授权”和“以试新法选汰监员”。

二是清朝的最高统治者，在入主中原，百废待举之际，能临朝勤政，事必躬亲，尊重知识，尊重人才，矢公矢慎，知人任事，则政权必巩固，国家必复兴。明清易代，原本是一个生产力低下的文化落后的民族用武力夺得了全国的统治权，鼎革之际对生产力的破坏和对固有文化的摧残，都极其严重。但清所以代明而兴，特别是入关以后势如破竹，很快控制全国，实得力于武力与怀柔相配合的两手政策。清朝善于重用降臣，降清的明臣明将如范文程、洪承畴被委以重任，来华多年的西士汤若望更是如此。

1644 年 10 月 30 日（顺治元年十月初一日），年仅 6 岁的顺治帝福临在汤若望所选定的这个“吉日”正式行登基大典，在臣民“万岁，万岁，万万岁”的欢呼声中坐上了虚位以待的龙椅。

12 月 24 日，清帝下旨：“钦天监印信着汤若望掌管，凡该监官员俱为若望所属，一切进历、占候、选择等项，悉听掌印官举行，不许紊越。”12 月 29 日，汤若望上疏：“臣思从幼辞家学道，誓绝宦婚，决无服官之理。……伏乞皇上收回成命，别选贤能……”12 月 31 日奉旨：“汤若望着遵旨任事，不准辞。”其后汤若望屡辞屡不准，终于领“修政历法管监正事”的职衔（正五品），掌管钦天监。

1645 年底，汤若望进呈《西洋新法历书》30 种 100 卷（一说 103 卷）：治历缘起 8 卷，大测 2 卷，测天约说 2 卷，测食略 2 卷，学历小辨 1 卷，浑天仪说 5 卷，比例规解 1 卷，筹算 2 卷，远镜说 1 卷，日躔历指 1 卷，日躔表 2 卷，黄赤正球 1 卷，月离历指 4 卷，月离表 4 卷，五纬历指 9 卷，五纬表说 1 卷，五纬表 10 卷，恒星历指 3 卷，恒星表 2 卷，恒星经纬图说 1 卷，恒星出没表 2 卷，交食历指 7 卷，古今交食考 1 卷，交食表 9 卷，八线表 2 卷，几何要法 4 卷，测量全义 10 卷，新法历引 1 卷，历法西传 1 卷，新法表异 2 卷（103 卷本，缺比例规解 1 卷、五纬表说 1 卷，多奏疏 4 卷、新历晓惑 1 卷；另有多种不足百卷本，与上列 30 种大同小异，或缺其中一两种）。同《崇祯历书》相比较，除将原 44 种 137 卷删并修改为不足 20 种约 70 卷外，尚增补了 10 多种约 30 卷。

《西洋新法历书》对《崇祯历书》的删并修改主要是历表部分，对历指部分也作了一些修改。例如，在河北献县天主教堂内，曾发现汤若望修改的部分原底稿，其中《恒星历指》朱墨兼施，数据更篡之迹，赫然具陈。

《西洋新法历书》增补的内容，有治历缘起 8 卷、奏疏 4 卷、学历小辨 1 卷、浑天仪说 5 卷、远镜说 1 卷、黄赤正球 1 卷、测食略 1 卷、筹算 1 卷、几何要法 4 卷、新法历引 1 卷、新历晓惑 1 卷、新法表异 2 卷、历法西传 1 卷。其中浑天仪说、远镜说、黄赤正球、测食略、新法历引、新历晓惑、新法表异和历法西传等 8 种 13 卷则是汤若望所撰，它们属于论述法原和法器的范畴，是新历中的重要内容。

因此，汤若望将《崇祯历书》删并修补成《西洋新法历书》，是下了大功夫的，其间有他创造性的劳动。过去一般认为他只是把“崇祯”二字挖补成“西洋新法”，而将徐光启等人的工作成果窃为己有，这是不太公平的。

汤若望以其所进历书“考据精详，理明数著”，“创立新法，勤劳懋著”，于1646年加授太常寺少卿衔（从四品）。

1650年，汤若望在北京兴建了一座20米高的巴洛克式大教堂。教堂上边有一座圆顶，内有三间大厅，五座圣坛。他在教堂大门的旁边墙壁上，镶嵌了一块大理石牌子，上面写着：“至万历时西士利玛窦等，先后接踵入中国传教，译有经典，著有书籍，传衍至今。荷蒙清朝特用西法，定造时宪新历，颁行历务，告竣。谨于都城宣武门内虔建天主教堂，昭明正教。时天主降生一千六百五十年，为大清顺治七年岁次庚寅。修政历法汤若望记。”

摄政王多尔衮于1650年底在打猎时猝然死去，13岁的顺治皇帝于1651年初莅朝亲政。这年5月，顺治帝大婚前半年左右，皇后博尔济吉特氏染病，孝庄皇太后遣侍女向汤若望求医，仅言病者为某亲工之郡主。汤若望根据来人所说的症状推测，认为病情并不严重，于是将一面圣牌交付使者，嘱她将此物挂在患者胸前，即可除病消灾。据说事后果然应验，太后十分感激，命皇后认汤若望为义父。皇帝对汤若望也有了好感，但他不太相信神父能长期甘守寂寞，而不暗地寻花问柳。于是他派人秘密地监视汤若望的行动，发现汤若望每天晚上都是在祷告、看书和写作，实在是一位正人君子。此后，顺治帝便经常请汤若望到宫中叙谈。而这位60岁的大胡子西洋长者，以他的渊博学识和高尚德性很快就赢得了久居深宫的少年天子的心。小天子禁不住称呼老神父为“玛法”，满语即尊敬的老爷爷。这种称谓里包含着晚辈对长辈和弟子对老师的双重感情。他曾对左右说过：“玛法为人无比；他人不爱我，惟因利禄而仕，时常求恩；朕常命玛法乞恩，彼仅以宠眷自足。此所谓不爱利禄而爱君亲者矣！”是年9月，诰封汤若望为通议大夫，并封其父、祖父为通奉大夫，其母、祖母为二品夫人，敕缮诰命绢轴，邮寄德国。既而又加封汤若望为太仆寺卿，寻改太常寺卿（从三品）。

1653年4月，诏赐汤若望为“通玄教师”，为此发布圣旨：“尔汤若望来自西洋，精于象纬，闳通历法。徐光启特荐于朝，一时专家治历如魏文魁等，实不及尔。但以远人，多忌成功，终不见用。朕承天眷，定鼎之初，尔为朕修《大清时宪历》，迄于有成。又能洁身持行，尽心乃事。今特锡尔嘉名，俾知天生贤人，佐佑定历，补数千年之阙略，非偶然也。”这里把清代的用人政策和明代加以对比：前朝偏狭，有才不用；本朝宽厚，野无遗贤。于是汤若望成了英明君主阔大胸襟与知人善任的象征，甚至还参与国事活动，充当外交顾问。

1656年至1657年间，是皇帝与神父交往最为密切的两年。神父的奏折可以直接呈递给皇帝，而且皇帝无论是在寝宫、花园、狩猎场所还是在太后宫中，他都可以直接入见，甚至无须太监的唤传和面圣时的跪拜。皇帝也经常去看望神父，在这两年内竟然去了24次之多。1657年3月15日，皇帝二十大寿（实则19周岁），群臣趋朝拜贺，皇帝竟当众宣布，他要在玛法家过其寿诞。过完生日后，他亲笔书写“通玄佳境”堂额，令悬于宣武门教堂，并为此撰写《御制天主堂碑记》，表彰“若望入中国，已数十年，而能守教奉神，肇新祠宇，敬慎蠲洁，始终不渝，孜孜之诚，良有可尚”。碑记铭文则称：“事神尽虔，事君尽职，凡尔畴人，永斯矜式。”同年11月，授通政使司通政使，俨然正三品大员。

1658年2月，汤若望在通政使衔上“加二级又加一级”，列正一品，相当于光禄大夫的官阶。这时从他的画像上看，官帽的顶子上是一枚红宝石，胸前的补子上用银线绣着一只振翅欲飞的仙鹤。按清代官制的规定，皇帝要册封他家三代祖先。于是诰封其曾祖父、祖父、父亲分别为笃瑑、玉函、利国，其曾祖母、祖母、母亲分别为赵氏、郎氏、谢氏。

五、客有多髯者　天涯结德邻

汤若望秉承利玛窦“合儒、补儒和超儒的传教政策”，除了以天文历算等科学知识博得了皇帝和一部分士大夫的信任和好感，他本人还在改朝换代和各种派系斗争中，采取了超然的态度，广泛结交朝野的有识之士。

他同徐光启之间的深厚友谊，是基于共同理想和事业追求的忘年之交。尽管汤比徐小30岁，在中国文字、文化和习俗的学习上，徐是汤的先生，但汤也以他的品德操守和科学知识赢得了徐的尊重和信任。汤若望孤身一人，独处异国他乡，生活清苦艰难，每月只有二三两银子的俸禄，但他“自（天启）二年八月至六年六月止，四十七个月，共银四百七十两”，计每月得银十两，据徐光启自述，给“远臣”的报酬，“俱系辅臣自备”。而后汤若望也以同样的举动对待下属。他曾多次上疏皇帝要求提高钦天监生员的待遇，一次还具体要求将全监饷银从208两8钱4分增至417两6钱8分，而当朝廷因财政拮据拖延下发的款项时，汤若望则自己先行垫银，负责生员供食及编制历书、制造天文仪器的费用。徐光启临终前，汤若望曾临时搬到徐家宅邸给以帮助和安慰，像亲人一样不离左右。徐光启也抱病上疏，表彰汤若望治历的功绩，请求朝廷对汤“量给无碍田房，以为安身养赡之地”。徐逝世后，汤遵其遗嘱为他料理殡丧圣事，作终傅礼。

汤若望同著名的明末“四大公子”之一的方以智及其子方中通都有过学术上的交往，讨论过天文历算问题。方以智《物理小识》卷三“人身类”记载人身骨骼肌肉种类那部分，全引自汤若望的《主制群征》，但对其有关上帝创造世界之说则予以删节。方中通有《与西洋汤道未先生论历法》诗，曰：“千年逢午会，百道尽文明。汉法推平子，唐僧重一行。有书何异域，好学总同情。因感先生意，中怀日夕倾。”

汤若望还与明末清初另一位大思想家黄宗羲友善，黄宗羲对天文历法也有研究，汤若望把他在1642年创制的“新法地平日晷”赠送给黄宗羲。此日晷采用地平式，不同于我国传统的赤道式，但其时段刻度名称，采用十二地支，且有二十四节气，是一种中西文化合璧的日晷。这个日晷后来为另一大学者全祖望所得，他曾写《明司天汤若望日晷歌》以记其事：“司天大监汤匦使，日晷精妙泯差参。想当制器尚象时，不传秘术宝南金。天子临轩百僚集，敬授特敕夸思深……”民国初年罗振玉收藏了这个日晷和另一个汤若望于1640年制造的较小的一个地平式日晷。

汤若望与《远西奇器图说》的译录者“了一道人”王征早在1626年相识于北京。1628年至1630年王征在西安服父丧家居期间，与汤若望过从甚密，他们合作译录写成《崇一堂日记随笔》。

范文程是清初最受信赖的汉人降臣，任内三院内秘书大学士，地位甚高，是文臣中的班首。汤若望初见顺治帝，即是由范引见的。

与龚鼎孳、钱谦益有“江左三大家”之称的吴伟业，明崇祯时进士，降清后任国子监祭酒，有《通玄老人龙腹竹歌》赞汤若望：“通玄老人来何方，碧眸赫面拳毛苍。手披地图向我说，指点西极天微茫。视彼万里若咫尺，使我不得悲他乡……”又记顺治帝莅汤若望馆舍事：“西洋馆宇逼城阴，巧历通玄妙匠心。异物每邀天一笑，自鸣钟应自鸣琴。”同时人丁耀亢亦有《同张尚书过天主堂访西儒汤道未太常》诗，云：“鬈髭窈停垂双耳，渡海东来八万里。相传印度浮屠外，别有宗门号天氏。天氏称天人主教，自谓星辰手所造……”

崇祯癸未（1643）科状元、降清后官至内翰林秘书院大学士、顺治甲午（1654）因私议“留头发，复衣冠”被冯铨参劾遭致绞刑的陈名复，与汤若望相交颇深，汤亦以益友自任，竭诚尽规。陈名复有《西洋汤道未先生来》曰："一日两命驾，过我松亭前。执手慰老颜，不若人相怜。沧海十万里，来任天官篇。占象见端委，告君忧未然……"

汤若望"博物君子，学贯天人"，其道德文章，均堪为人师表。学生称赞他："我师有三绝，财色与私意"，"我师有双绝，治历与演器"。他的学生甚多，真是"八万遐程燕蓟中，如云弟子向鸿蒙"，"萍寄中原四十载，薪传弟子数千行"。

1661 年 5 月 1 日，汤若望七十寿辰，"一时前朝贰臣及新朝佐命之与若望有旧者，咸骋辞摛藻，奉觞上寿，何其盛也"。据三版《主制群征》附赠言，明清进士金之俊、魏裔介、龚鼎孳、胡世安、王崇简、薛所蕴、王铎、沈光裕、庄同生、艾吾鼎，还有顺治己亥（1659）科状元、丙戌（1646）科榜眼，以及邵夔、吴统持、陈许庭、潘治、钱路加等，都有诗文相赠。其中，有信奉天主教的信徒，如钱路加，也有不信教的理学家，如魏裔介；有当时属于南人一派的金之俊、龚鼎孳，也有属于北人一派的王崇简、王铎。他们都给汤若望颂寿，关系都很友好。至于一大批降清的士大夫知识分子，和一些坚持不与清朝合作的明朝遗民如方以智、黄宗羲等，也都能同汤若望保持诚挚的友谊。可见汤若望能兼收并蓄，广交朋友，没有卷入清初的南北之争和满汉之争的政治旋涡。

汤若望受到顺治皇帝的宠信，又受到朝野人士的赞赏，这使他在传教方面获得了很大的成功。一批批传教士也因他的关系，源源不断地涌入中国，并获得自由传教的权利，天主教在华亦风靡一时，据统计，1651 年（顺治八年）至 1664 年（康熙三年）这 14 年间，全国领洗入教者，超过了 10 万人，几乎达到了此前 70 年间的总和。

但是，物极必反，泰极则否。1661 年是他人生和事业的顶峰，也是他衰败蒙难的开始。顺治皇帝的逝世（1661 年 2 月 5 日）是这一转折点的标志。

六、碧眬赪面拳毛苍　指点西极天微茫

1661 年 1 月 3 日，一个"明末居京师，以劾陈启新妄得敢言名，实市侩之魁"的安徽歙县人杨光先，向礼部递《正国体呈》，对汤若望在其《时宪历》封面上题写上传批"依西洋新法"字样大发其难，称"夫《时宪历》者，大清之历，非西洋之历也；钦若之官，大清之官，非西洋之官也。以大清之官，治大清之历，其于历面之上宜书'奏准印造时宪历日'，颁行天下，始为尊皇上而大一统。今书上传'依西洋

新法’五字，是暗窃正朔之权以予西洋，而明谓大清奉西洋之正朔”，其“罪不容于诛矣”。又称“天主教人之狼子野心，谋夺人国，是其天性。今呼朋引类，外集广澳，内官帝掖，不可无蜂虿之防”。结果因顺治帝尚在，汤若望如日中天，礼部未予受理。

一个月后，顺治帝去世，7 岁的康熙帝继位，大权落在保守派鳌拜、苏克萨哈等四位辅臣手中。汤若望和其他传教士的处境亦一度急转直下。1664 年 4 月 20 日，汤若望突患脑出血至半身不遂，不能正常行走，连说话也含混不清。杨光先趁此机会再度发难，于 9 月 15 日呈《请诛邪教状》于礼部，称：“一家有一家之父子，一国有一国之君臣。不父其父，而认他人之父以为父，是为贼子；不君其君，而认海外之君为君，是为乱臣。乱臣贼子，人人得而诛之。”“西洋人汤若望，本如德亚国谋反正法贼首耶稣遗孽，明季不奉彼国朝贡，私渡来京，邪臣徐光启贪其奇巧器物，不以海律禁逐，反荐于朝，假以修历为名，阴行邪教，延至今日，逆谋渐张。”“布党京省要害之地，传教书以惑天下之人，且于《时宪历》面敢书‘依西洋新法’五字，暗窃正朔之权，以尊西洋，明白示天下，以大清奉西洋之正朔，毁灭我国。”“种种逆谋，非一朝夕，若不速行翦除，实为养虎贻患。”“伏读大清律，‘谋反’‘妖书’二条，正与若望、祖白等所犯相合。”于是汤若望、南怀仁等传教士和他们的门徒、钦天监监副李祖白等因此而下狱。

清朝礼部会同吏部大堂从 1664 年 9 月 26 日起对汤若望等人进行了几轮审讯，前后达数月之久。1665 年 1 月 15 日，刑部议拟对汤若望以图谋不轨之首犯判处绞刑，到了4月，则议拟处斩，而四位辅臣则认为应予凌迟。但4月13日北京上空出现彗星，这被认为是不祥之兆。4 月 16 日对汤若望的判决递呈皇帝与太皇太后时，北京又连连发生地震，弄得人心惶惶。4 月 19 日皇帝谕旨赦免一些普通的犯人，南怀仁因此而得以出狱。5 月 18 日，汤若望也被赦出狱，然李祖白等 5 位信仰天主教的钦天监官员，被处斩刑，做了刀下冤鬼，而原居内地的传教士，则一律驱至澳门。

1664 年 5 月 23 日，圣神降临节之前夕，汤若望才回到了被官府启封了的寓所，这位经历了从荣誉的高峰到耻辱的低谷跌落过程的老人，再也无法恢复其元气。两年以后，1666 年 8 月 15 日，即圣母升天节时，汤若望溘然长逝。其无妻室，曾于 1661 年过继一潘姓侍从之子为孙，改姓汤，名士宏。

1665 年 5 月 21 日，清廷授杨光先为钦天监监副，杨自 5 月 28 日至 10 月 2 日接连五次叩上《阍辞疏》，提出“六不敢受职之畏，二不敢受职之羞”：“同朝共事者率与邪教朋比为奸”，害怕报复，畏于就职；自己“但知历理，不知历数”，“精神耗钝”，“聋老昏愦”，羞于上任。结果，清廷不仅不准其辞职，反而于 10 月 22 日授他为钦天监监正。

杨光先终于“不得已”而上任。他废时宪，复用大统，抱残守缺至如此地步：竟然于 1666 年 3 月上疏乞“饬礼部采宜阳金门山竹管、上党羊头山秬黍、河内葭莩备用”，以供制测候之器。后来，那些地方的竹管、秬黍、葭莩之类总算采到，他又于 1668 年上疏称“律管尺寸，载在《史记》，而用法失传；今访求能候气者，尚未能致。臣病风痹，未能董理。”

1668 年 12 月，南怀仁劾奏杨光先的同伙、钦天监监副吴明烜所造康熙八年（1669）七政民历内，本年十二月闰，应移置康熙九年（1670）正月，又一年有两春分、两秋分等差错，康熙命诸大臣会同杨光先、南怀仁等共同测验，其立春、雨水两节气和火、木二星躔度等，南怀仁言悉应，吴明烜言悉不应，遂罢杨光先官，任命南怀仁“治理历法”，复用《时宪历》。

1669 年，羽翼渐丰的康熙帝一举剪除了鳌拜。南怀仁等复呈告杨光先依附鳌拜，捏词陷人，将历代所用洪范五行称为灭蛮经，致使李祖白等人无辜被戮，汤若望等人冤枉下狱。这次一翻前案，对汤若望、李祖白等平反昭雪，革职流外者仍旧起用，而杨光先则拟斩。康熙帝念其年老，赦遣还籍，卒于道中。

1669 年 12 月 8 日，康熙帝赐地重葬汤若望于北京阜成门外利玛窦墓旁，至今汤若望的墓碑上还镌刻着这样的碑文：“皇帝谕祭原任通政使司通政使，加二级又加一级，掌钦天监印务事，故汤若望之灵曰：鞠躬尽瘁，臣子之芳踪；恤死报勤，国家之盛典。尔汤若望，来自西域，晓习天文，特畀象历之司，爰锡‘通微教师’之号。遽尔长逝，朕用悼焉，特加恩恤，遣官致祭。呜呼！聿垂不朽之荣，庶享匪躬之报。尔有所知，尚克歆享。康熙八年十一月十六日。”

汤若望晚年的“历狱”，人们将其原因多归之于杨光先的陷害及与之相联系的中西历法之争和宗教信仰冲突，殊不知“历狱”只是表层现象。杨光先诬告的要害是谋反罪，这才是置人于死地的十恶不赦的罪名。其实，杨光先早在《日食天象验》等貌似纯天文学学术论著中已经把问题引申到了政治方面：“汤若望之历法，件件悖理，件件舛谬，乃诧于人曰：我西洋之新法，算日月交食有准……即使准矣，大清国卧榻之内，岂惯谋夺人国之西洋人鼾睡地耶！”“宁可使中夏无好历法，不可使中夏有西洋人。无好历法，不过如汉家不知合朔之法，日食多在晦日，而犹享四百年之国祚；有西洋人，吾惧其挥金以收拾我天下之人心，如厝火于积薪之下，而祸发之无日也。”所以，“历狱”的背后，是守旧与革新、封闭与开放两种政治势力的较量，它以西学东渐史上西方科学与我国传统旧学之间的冲突形式表现出来。而我国封建专制制度下的政治斗争，往往又同朝廷内部的权力斗争交织在一起。最高统治者——皇帝或者皇帝后面掌实权者的喜怒好恶往往决定了基本国策和政治路线。汤若望的“历狱”不发生在顺治朝，也不发生在康熙亲政以后，而发生在顺、康交替过程中的索尼、苏克萨哈、遏必隆、鳌拜四人辅政时期，是耐人寻味的。恩宠汤若望的顺治之母孝庄太皇太后悉知历狱后大怒，说：“汤若望向为先帝所信任，礼待极隆，尔等岂俱忘却，而欲置之死地耶？”后来为昭雪冤案，南怀仁等受康熙旨意所写的申诉书中也强调：“世祖章皇帝数幸堂宇，赐银修造，御制碑文，锡若望嘉名。若系邪教，先帝圣明，岂能如此表章？”汤若望的升降浮沉、起伏曲折，反映了中国历史进程中宫廷权力的攘夺和政治上的基本国策同学术上对外来科学传入的态度交织在一起的复杂斗争。守旧与革新，封闭与开放，两种势力的反复较量，自明末清初以来，不知进行了多少个回合，造成了近代中国在世界舞台上的大落伍。

汤若望死后 3 年，于 1669 年被康熙厚葬，似乎应该盖棺论定，但未必然。他虽被平反昭雪，却仍然不得安宁。1900 年义和团运动期间，外国传教士的墓地遭到破坏，汤若望的墓碑亦被推翻。又是 3 年以后，光绪帝派人重修墓地，再立墓碑，并置墙刻石，铭曰：“此处乃钦赐天主教历代传教士之茔地。光绪二十六年拳匪肇乱，焚堂决墓，伐树碎碑，践为土平。迨议和之后，中国朝廷为已亡诸教士雪侮涤耻，特发帑银为恤款，重新修建。勒于贞珉，永为殷鉴。”

1966 年，汤若望辞世 300 年，这处墓地再次遭到破坏。这次汤若望的墓碑不仅被推倒，还被砸成三段。13 年后再次重修时，墓碑上段已找不到了，只得把中段和下段用水泥粘接。遗憾的是，修复墓碑的施工人员不慎又将正反两面倒置。于是，残首断腰的汤若望墓碑只好背向而立了。

夏鼐先生曾讲过修复墓碑时的一件“逸事”：当时上面指示修复利玛窦、汤若望、南怀仁 3 人的墓地，下面有具体办事者，却不知他们是何许人，竟然到当地派出所去查过这 3 人的户口，派出所当然不会存有三四百年前传教士的户籍档案，哪里查得出什么结果来。真是令人啼笑皆非！

前事不忘，后事之师。徘徊在镌刻有“北京市文物保护单位：利玛窦及明清以来外国传教士墓地”汉白玉石碑的小园地，面对汤若望那块墓碑，我感慨良多。

（作者：王渝生）

参考资料

[1] J. Foresi (ed.), Historica Narratio de Initio et Progressu Missionis Societatis Jesu apud Chinenses [M]. Vienne, 1665.

[2] J. Foresi (ed.), Historica Relatio de Ortu et Progressu fidei Orthodoxae in Regno Chinensi [M]. Ratisbonne. 1672.

[3] 魏特. 汤若望传 [M]. 杨丙辰，译. 台北：台湾商务印书馆，1949.

[4] 费赖之. 入华耶稣会士列传 [M]. 冯承钧，译. 长沙：商务印书馆，1938.

[5] 方豪. 中国天主教史人物传 [M]. 北京：中华书局，1988.

[6] 方豪. 中西交通史 [M]. 长沙：岳麓书社，1987.

[7] 赵尔巽，等. 清史稿 [M]. 北京：中华书局，1977.

伟烈亚力

（Alexander Wylie，1815—1887）

伟烈亚力

欧洲近代科学的传播者和中国科学史研究的开拓者

自 1807 年伦敦会派遣马礼逊到中国，新教传教士接踵来华。鸦片战争之后，西学传入达到了第二个高潮。在传播西学的同时，一些传教士开始研究中国科学，促进了西方人对中国科学历史与现状的了解，伟烈亚力是其中成就最为卓著的传教士和汉学家，也是继 18 世纪法国耶稣会士宋君荣、19 世纪法国汉学家毕奥之后，最早研究中国科学史的先驱者之一。对李善兰和伟烈亚力等人的科学译书活动，学者已有所论。但迄今为止，尚未有人对伟烈亚力的科学活动进行深入全面的研究。本文将根据新发现的中西文史料，简要介绍伟烈亚力的生平、在引进西方科学方面所做的重要工作；并着重探讨伟烈亚力研究中国科学史，特别是数学史、天文学史的背景、成就及其在欧洲学术界产生的反响，进而分析他的中国科学观，对他如何看待科学和宗教之关系，也进行了论述。

一、生平简历

1815 年 4 月 6 日，伟烈亚力生于伦敦，其父亲是苏格兰人，伟烈亚力排行第四，是最小的儿子。年轻时，他就希望到中国，在没有师授的情况下，自己开始学习汉语。他买了一本法国耶稣会士马若瑟用拉丁文写的汉语语法著作《汉语札记》，为了读懂它，他开始学习拉丁语。后来他又从英国海外圣经公会得到新约圣经之汉文译本，便开始认真学习汉语。1846 年，英国伦敦会传教士、汉学家理雅各返回伦敦时，急切希望为伦敦会找到一位合适的人选，来负责上海墨海书馆的印刷事务。有人向理雅各推荐了伟烈亚力，他们见面之后，使理雅各颇感惊奇的是，仅凭马若瑟汉语语法著作和新约圣经的情况下，伟烈亚力竟然能够阅读中文福音著作，并粗通大意。不久，伦敦会派他去学习了 6 个月的印刷，理雅各同时教他学习中文。第二年，伟烈亚力作为印工，被伦敦会派往中国，在航行 133 天之后，于 8 月 26 日，和慕维廉、本杰明·索思韦尔同时抵达上海。

到达上海的第二天，伟烈亚力马上给伦敦会的蒂德曼牧师写了一封信，报告了自己初到上海的一些情况，他当时和慕维廉、麦都思住在一起，本杰明·索思韦尔则和传教士医生雒魏林合住。慕维廉也曾写道：

> 我们受到了本会前辈麦都思博士和雒魏林很好的接待，在预定的时间我们被安排在不同的地方。他们已经在上海住了4年，是新教传教工作在华北（North China）的先驱者。

鸦片战争之后，中国和英国签订和约，麦都思即至香港，后至上海，于1843年创立墨海书馆。除香港和澳门外，墨海书馆较早采用西方传入的铅字印刷机器，伟烈亚力在那里主要是负责《圣经》和福音著作的印刷。他到上海不久，新的印刷机运到，但损坏严重，不能开始工作。次年6月，印刷机已开始正常运转，他同时努力学习汉语，散发布道品。印刷机的传入，使成本下降，但伟烈亚力在墨海书馆的工作却因此极为繁忙，他曾写道："我的时间整个被印刷占去，机器从早上一直开到第二天凌晨两三点。"他投身印刷工作，尽心尽职，同时又学习了法文、德文、俄文，以及满文和蒙古文，甚至希腊文、维吾尔文和梵文。他博览东亚历史、地理、宗教、哲学、艺术和科学著作，是一位出色的汉学家。

墨海书馆是当时中西学人接触的重要场所。文人王韬和著名数学家李善兰，都先后在这里参与西方著作的翻译工作；徐有壬、郭嵩焘、徐寿、华蘅芳等对西学有兴趣的文人，都曾访问过墨海书馆。当徐寿、华蘅芳见到合信的《博物新编》之后，对西方科学"新理"表示了极大兴趣，当时伟烈亚力、韦廉臣和李善兰在那里翻译《谈天》和植物学等书，因此徐寿、华蘅芳有机会和他们相谈，后来又见到了艾约瑟、慕维廉、杨格非等传教士，在墨海书馆汲取西学新知，开阔了他们的视野，为日后的科学活动打下了基础。

关于伟烈亚力和李善兰在墨海书馆的翻译活动，是19世纪西学传入中国的重要事件，下节将详加讨论。除此之外，伟烈亚力也参与了江南制造局翻译馆的译书工作，翻译馆是1867年冬，经徐寿、华蘅芳之倡议开始工作的。伟烈亚力和徐寿合译了英国美以纳、白劳那合撰的有关蒸汽机的著作，名为《汽机发轫》，1871年由江南制造局刊刻。伟烈亚力之所以翻译此书，很可能受到了徐寿的怂恿，因为徐寿对蒸汽机颇感兴趣，并首次研制了轮船“黄鹄”号。此外，伟烈亚力还对《谈天》进行了增订，由徐建寅协助，1874 年 10 月在上海出版。伟烈亚力还译过《分光求原》一书，但未出版。

1864 年，麦都思之子、英国驻上海领事麦华陀建议设立格致书院。同年 3 月 24 日，伟烈亚力被推举为四位西人董事之一。1874 年又推举他开具科学书目，以便购买。伟烈亚力实为上海格致书院主要创办人之一。此外，1872 年伟烈亚力曾参与“有用知识在中国的传播”的会议，与会者还有美国传教士丁韪良等人；同年，传教士卢公明在福州出版的《中文词汇手册》的天文数学术语，也是由伟烈亚力完成的。

在上海负责墨海书馆印刷事务期间，伟烈亚力热心传教，经常到附近地区布道。1860 年，他离开上海回到英国。在英国期间，他由伦敦会转到英国海外圣经公会。作为该会代理人，1863 年 11 月，经由圣彼得堡和西伯利亚到达北京，一直负责到 1877 年离开中国。1868 年，在伦敦会传教士杨格非的陪同下，到了四川、汉口等地，经历了 5 个多月，行程达 2500 英里。其间，他访问了清代十八省中的十四个省，经常冒着生命危险。美国传教士林乐知在《中国教会新报》以《伟烈先生回申》为标题，对此作了报道：

> 伟烈先生，大英人也。自今年正月动身至汉口，与大英杨教师结伴周游中国十八省宣道，分而至各处，有纯善接待之区，有狼毒残害之境，大受窘逐，惟照主之道理忍耐，忍受劳苦，于二十三日又回上海，与上海会中人见之，不胜喜跃矣。

除上述科学和传教活动之外，伟烈亚力也编辑了一些杂志，如 1857 年（咸丰丁巳）初，创办了《六合丛谈》，由墨海书馆印行。刊物前有他 1857 年元月（咸丰丙辰十二月）写的小引，称：

> 溯自吾西人越七万余里，航海东来，与中国敦和好之谊，已十有四年于兹矣。……今予著《六合丛谈》一书，亦欲通中外之情，载远近之事，尽古今之变。见闻所逮，命笔志之，月各一编，罔拘成例，务使穹苍之大，若在指掌，瀛海之遥，如同衽席。是以琐言皆登诸纪载，异事不壅于流传也。是书中所言天算舆图，以及民间事实，纤悉备载。粤稽中国，载籍极博，而所

纪皆陈迹也。

这段话道出了此书出版之宗旨，欲以中外新知，来替代陈旧的知识体系，让人知道世界发展之大势。此刊在某种程度上继承了1853年香港创刊的《遐迩贯珍》的编纂风格，内容涉及天文学、地理、化学和历史，也及时介绍了一些新的出版物，如慕维廉的《大英国志》、祎理哲的《地球说略》、合信的《西医略论》，以及艾约瑟自1852年（咸丰壬子）以来每年所编的通书等。此外《西国天学源流》一文，分多期刊载，介绍了西方天文学发展的历史脉络，最后详细谈到了第谷的生平；对化学元素研究的最新进展，也作了报道。撰稿者有伦敦会的慕维廉（关于地理）、艾约瑟（关于西学）、韦廉臣（撰写“真道实证”，寓科学于宗教，即自然神学的内容）和蒋敦夏、王韬（利宾）等华人，基本上都是在墨海书馆工作的同事，其中《西国天学源流》未题作者，实际上是由伟烈亚力口译、王韬写成的，后来此文收入王韬《西学辑存六种》中。

在19世纪50年代，一些西方有识之士认识到，欧洲和中国的交往，仅靠茶叶、丝绸等物品的贸易是远远不够的，还需要精神层面的交流，因此创立了皇家亚洲学会华北分会（习称亚洲文会）。《中国文库》第一位编辑、美国传教士裨治文担任学会首任主席，1857年10月16日发表了就任演说，后来伟烈亚力出任学会副主席，并经常给《亚洲文会杂志》撰稿，也为杂志的编辑出过力。

《教务杂志》1867年元月创立于福州，由美国传教士保灵和卢公明牧师主编，不久移到上海出版。1874年伟烈亚力接替编辑工作，对有关历史、地理的文章给予了较大的篇幅。此刊发表了一批佳作，其中不乏新见，如俄国汉学家鲍乃迪和贝勒关于古代中西交流的文章，即是其中的代表。这是伟烈亚力在华最后的重要工作，由于年事已高，以及不断校订中文《圣经》，过度的疲劳，导致他视力衰退，被迫于1877年7月回到英国。他的离去，对中国历史和地理的研究是一个很大的损失，无论是作为撰稿人还是编者，他都付出了大量心血。回国前夕，吴江沈寿康有诗相赠：

抱道来华三十年，书成微积与谈天。重洋跋涉休嫌远，赢得才名到处传。
阅遍山川眼界开，校书终岁又敲推。罗胸星宿谁能似，格致探源众妙该。
仁爱谦和迥出群，情深古道重斯文。樗材不意蒙陶铸，攻玉他山重赖群。
屈指归途几万程，赋诗草草送君行。殷勤赠别无多语，早盼征轺返沪城。

此组诗是对伟烈亚力在华活动的全面写照和高度评价，他来华整整30年，为人“仁爱谦和”，给中国文人留下了深刻的印象，上面诗中表达了他们对伟烈亚力的怀念之情，并希望他能再度回到上海，但不幸的是，他回国后眼疾加剧，未能如愿。1848年，伟烈亚力在上海和玛丽小姐结婚。第二年，夫人去世，留下一个女儿，此后伟烈亚力未再娶。1883年2月6日，因病双目失明，身体日趋虚弱。最后两年，他卧病在床，1887年2月6日去世。

二、墨海书馆的科学活动

上海开埠，逐渐成为新教传教士活动的重要场所，大量西方科学译著，亦在上海出版，继澳门、香港和宁波之后，成为印刷的中心，西学的传入达到了第二个高潮。新教传教士在某种程度上替代了耶稣会士在明末清初所扮演的角色，其主要活动已不再局限在宫廷，而是深入民间，和文人合作译书。译书工作由传教士口述，中国学者笔录，最后由中国文人对译著加以润色。明末清初耶稣会士和中国文人一起翻译的西方科学著作，是伟烈亚力和李善兰翻译工作的基础，如许多数学词汇沿袭了清初的翻译著作。李善兰虽然不懂英文，但由于他在数学方面天赋极高，使他能很好领会西方数学内容，同时也能恰当地创造一些新的词汇，为后世所沿用。

从1847年到达上海至1860年返回伦敦，伟烈亚力一直为伦敦会服务，负责墨海书馆的印刷工作。1860年之后，华花圣经书房从宁波迁到上海，改名美华书馆，由于其印刷能满足当时传教之需要，很快代替了墨海书馆的地位。1863年之后，他为英国海外圣经公会服务，主要负责《圣经》的散发工作。

伟烈亚力在墨海书馆一共出版了4部数学著作，其中3部是和李善兰合译的，即《几何原本》后9卷（1856年，松江1857年）、《代微积拾级》18卷（1859）、《代数学》13卷（1859），他们还一起翻译了一部天文学著作，即《谈天》18卷（1859）。这些书的出版，是他们通力合作之结晶。李善兰和艾约瑟翻译的《重学》20卷（1859），伟烈亚力也曾参与部分工作。

伟烈亚力撰写的第一部数学著作是《数学启蒙》，1853年在墨海书馆雕版印刷，书凡二卷，前有自序称：

> 余自西土远来中国，以传耶稣之道为本，余则兼习艺能。爰述一书，曰

> 《数学启蒙》，凡二卷，举以授塾中学徒，由浅及深，则其知之也易。譬诸小儿，始而匍匐，继而扶墙，后乃能疾走。兹书之成，姑教之匍匐耳，扶墙徐行耳。若能疾走，则有代数、微分诸书在，余将续梓之。俾览其全者，知中西二法，虽疏密详简之不同，要之名异而实同，术异而理同也。

此序体现了伟烈亚力的长远设想，即采用循序渐进的方式，实现其翻译计划，可以说，之后《代数学》《代微积拾级》的出版，也是这一理想的逐步实现，在某种程度上也体现出他的译书策略。在序中，他之所以要对中法西法之异同加以说明，是针对清代著名数学家梅文鼎之孙梅瑴成首倡借根方和元代天元术相同的说法，引起乾隆中期之后对中西数学优劣的争论，致使当时数学家以为天元术更为精密，而不再研习借根方。伟烈亚力指出中西数学道理相通，对学习西方数学是很好的借口，也是一项折中之举。

《数学启蒙》介绍的是初等数学知识，包括加减乘除法则、通分、约分，以及开平方、开立方、对数、对数表等内容，此书的基础是康熙御制的《数理精蕴》，有些练习题则参考了利玛窦、李之藻的《同文算指》和陈杰的《算法大成》。李善兰是在书出版前一年到达上海的，曾参与此书的润色和修订。此书出版后，曾多次再版，反映了读者对此书的需求。

伟烈亚力和李善兰的真正合作，当以续译《几何原本》后9卷为始。1857年，李善兰在序中称：

> 岁壬子（1852）来上海，与西士伟烈君亚力约续徐、利二公未完之业。伟烈君无书不览，尤精天算，且熟习华言，遂以六月朔为始，日译一题。中间因应试避兵诸役，屡作屡辍，凡四历寒暑始卒业。

徐光启、利玛窦合译的《几何原本》前六卷，因非完本，令后世学者颇为遗憾，有的学者（如梅文鼎）甚至以为“有所秘耶，抑义理渊深，翻译不易故耶”。针对这一看法，伟烈亚力解释道：“学问之道，天下公器，奚可秘而不宣。”因此欣然担任《几何原本》后9卷的翻译工作，这一方面“继利氏之志”，同时“亦解梅氏之惑”，消除了200多年来学者的遗憾。当时有人认为西方人来中国之目的，是“借历算为名，阴以行其耶稣主教者”。《几何原本》后9卷的翻译，其作用在于打破中国人所认为的传教士“秘而不宣”的想法，有利于中国人和西方人之沟通，也利于传教事业之发展。

《几何原本》后9卷译自英文本，有人认为可能是根据英国数学家、牛顿之师伊萨克·巴罗1660年的底本，但仍需详加考证。《几何原本》全译之出版，总算圆了中国人250多年的梦。此书出版后，反响很大，时人即把伟烈亚力、李善兰和利玛窦、徐光启的翻译相提并论，这并不为过。

《几何原本》后9卷翻译完成后，接着伟烈亚力和李善兰又合作翻译了《代数学》和《代微积拾级》。前者译自英国数学家德·摩根 *Elements of Algebra*（1835）一书，1859年由墨海书馆活字印刷。在此书中，伟烈亚力首先解释了代数及其历史，并批评“阿尔热巴拉”即“东来法”说法之错误：

> 近代西国，凡天文、火器、航海、筑城、光学、重学等事，其推算一皆以代数驭之。代数术略与中土天元之理同，而法则异。其原始即借根方，西国名阿尔热巴拉，系天方语，言补足相消也，昔人译作东来法者非。此法自始至今，屡有更改，愈改愈精，故今之代数，非昔可比，虽谓今之新学也可。

此序目的是为了说明，清初康熙时代编译的《借根方比例》（即代数学），在后来又得到了长足的发展，代数学比“借根方”更为先进。在翻译中，他们既没有用传统的“天元”一词，也没有沿用清初的“借根方”和“阿尔热巴拉”，而创用“代数”一词，给人以全新的概念，这种译法，可避免产生某种误解。一则区别于“借根方”，二则也说明和“天元术”之不同，表现出伟烈亚力和李善兰对数学名词定名之审慎。

《代微积拾级》，1859年出版，译自美国数学家罗密士的 *Elements of Analytical Geometry and of the Differential and Integral Calculus*（1850），这是微积分理论第一次传入中国。此书创立了许多新的名词，书名中“代”指“代数几何”（即解析几何），“微”指微分，“积”指积分，书名的意思就是关于解析几何、微分和积分的基础。它的翻译，很大的原因是当时有一批中国数学家对级数研究感兴趣。此书出版后不久，在文人中引起了很大反响，如徐有壬、冯桂芬、顾观光、夏鸾翔等，都不同程度上对微积分表示关注，促进了对微积分的学习与研究，冯桂芬还写了一本微积分的著作《西算新法直解》，试图对《代微积拾级》进行疏解，但因其改变了原来的数学表达方式，因而遭到时人之非议。

《谈天》则译自约翰·赫歇尔的 *Outlines of Astronomy*，题英国赫失勒原作，伟烈亚力口译，李善兰删述，咸丰己未（1859）墨海书馆活字印刷。在英文序中，伟烈亚力称赞中国人自古以来就是勤奋的观测者，积累了丰富的天象资料，能够在一定程度上预测天象，但中国人并没有解释复杂天象的原因，翻译赫失勒著作的目的就是更为完整地向中国人介绍欧洲天文学的发展，包括天文的事实、理论、研究成果和现象，以证明上帝之伟大。此书还有李善兰的序，开门见山地对当时中国流行的对西方天文学的错误观点进行了批评：

> 西士言天者曰：恒星与日不动，地与五星俱绕日而行。故一岁者，地球绕日一周也。一昼夜者，地球自转一周也。议者曰：以天为静，以地为动，动静倒置，违经畔道，不可信也。西士又曰：地与五星及月之道，俱系椭圆而历时等，则所过面积亦等。议者曰：此假象也，以本轮均轮推之而合，则设其象为本轮均轮，以椭圆面积推之而合，则设其象为椭圆面积，其实不过假以推步，非真有此象也。窃谓议者未尝精心考察，而拘牵经义，妄生议论，甚无谓也。

上面提到的“议者曰”，是指阮元、李锐等人对西方天文学的保守看法。1761 年，当乾隆 50 岁生日时，法国耶稣会士蒋友仁向乾隆进献了一幅世界地图，并在图旁解释了哥白尼的日心说，后来由何国宗、钱大昕加以润色，由阮元出版，名为《地球图说》。在《畴人传》卷四十六“蒋友仁”传之后，李锐对哥白尼学说横加评论，称其“乃未几而向所谓诸轮者，又易为椭圆面积之术，且以为地球动而太阳静，是西人亦不能坚守其前说也。夫第假象以明算理，则谓为椭圆面积可，谓为地球动而太阳静，亦何所不可？然其说至于上下易位，动静倒置，则离经畔道，不可为训，固未有若是甚焉者也”，这种观点在当时颇为流行，李善兰针对这些谬见，提出了尖锐的批评。

《谈天》出版之前，只有为数不多的书刊介绍了一些西方天文学知识，而《谈天》则系统介绍了西方天文学的新进展，使中国人的天文学知识从明末清初传入的水平，大大前进了一步。此书创用了一些新的天文学词汇，如在描写月球理论时使用了“摄动”“出差”等概念。从 1859 年出版以来，颇受读者青睐，曾多次翻印，除墨海书馆活字本之外，还有同治年间的活字本和木刻本，后两者增加了“赫失勒传”和像，为伟烈亚力和徐建寅所增，当刻于江南制造局，根据的是英文的第十版，增加了 15 年来天文学的新发现。

伟烈亚力和李善兰在墨海书馆的另一项重要工作，则是翻译英国著名数学家牛顿的《自然哲学的数学原理》，当时译作《奈端数理》。此书多年来已不知下落，笔者留心多年，也杳无踪迹可寻，1995年春，有机会访问英国，欣喜地发现了《奈端数理》的稿本，共63页，傅兰雅在《江南制造总局翻译西书事略》一文中曾提及李善兰“又与伟烈亚力译《奈端数理》数十页”，当指此稿本而言。此稿本亦称《数理格致》，卷首给出了八个“界说”（即定义），如“界说一：凡质之几何，为疏密与大小相乘数”，即为质量和密度、体积关系的定义；“界说三：质阻力，乃质之本力能阻外力，故质体或静或直行，设无外力加之，永不变也”，是关于物体的惯性；“界说四：加力，乃力加于体，令变动静，受加力之体，或本静或本直行”，说明物体运动和外力的关系。此外还有公论三则，“凡体或静或以平速行直线，若非外力加之，则永不变”，“凡动之变与所加之力有比例，亦准加力之方向”，“凡用力必有相等之反力，即二体相与，用力恒相等，其方向相反也”，是关于牛顿运动三定律的首次介绍。此稿内《数理钩元》卷一“动理”，第一章“论首末比例为后诸题之证”，介绍了十一个引理；第二章“论心力所生之动”，即介绍向心力；第三章“论体在圆锥谱曲线道，以曲线心为力心之向心力”，即物体在圆锥曲线上的运动；第四章“论有心求椭圆抛物双线诸形”，即由已知焦点求椭圆、抛物线、双曲线轨道。综上所述，可知《奈端数理》翻译介绍了牛顿《自然哲学的数学原理》的定义、运动的公理和定理，以及第一编“物体的运动”的前四章。在《自然哲学的数学原理》一书中，牛顿用运动三定理来处理物体的运动，发现了万有引力定律，并运用数学方法由万有引力定律求出行星、彗星、月球和海洋潮汐的运动规律，在科学史上具有划时代的意义。尽管早在乾隆时代，我国学者在耶稣会士戴进贤和徐懋德的帮助下，编成了《历象考成后编》，书中提到牛顿（当时译为“奈端”）的名字，但其中有关月球理论和月离表是根据戴进贤的朋友、德国耶稣会士、天文学家格拉马蒂奇的著作编写的，后者的基础是牛顿有关月球的理论，牛顿学说并没有系统介绍到中国来。因此《奈端数理》一书，是牛顿《自然哲学的数学原理》的真正翻译介绍，在中国科学史上具有重要意义。

三、中国科学史研究：《中国算学说略》和《中文文献提要》

伟烈亚力不仅把一些西方科学著作翻译成中文，同时，也撰写了不少有关中国科学史的文章，是中国科学史研究的先驱者之一。他对中国科学的喜爱，或许出自他对中国人的友好。在《代数学》序中，他这样写道：“余自欧洲航海七万里来中土，实爱中土之人。”这是他对中国人友好感情的流露。

1850 年，奚安门在上海创刊《北华捷报》，每周一期。由于当时上海电报尚未开通，通信不便，新闻很少，因此奚安门在《北华捷报》开辟了一些版面，刊登科学文章。19 世纪五六十年代，伟烈亚力在《北华捷报》等杂志上发表了大量文章，主要讨论中国历史，中国数学史和天文学史是其中的重要内容。除了关于明代在西安发现的景教碑文的考证外，早在 1852 年，伟烈亚力在《北华捷报》连续刊载了《中国算学说略》一文，这是他撰写的第一篇专门讨论中国古代数学成就的论文。据伟烈亚力所言，此文的目的是引起读者对中国算学的注意，并纠正当时一些出版物的错误说法。

梅文鼎关于西学和中国传统科学关系的论述，曾引起伟烈亚力的兴趣。由于当时一些学者受西学影响，忽视了中国传统科学的内容，梅文鼎试图找回这一失去的传统，并从多方面予以证明，伟烈亚力对梅文鼎的观点是非常熟悉的。康熙时代御制的《数理精蕴》在一开头也提出了类似的观点，称：

> 我朝定鼎以来，远人慕化，至者渐多，有汤若望、南怀仁、安多、闵明我，相继治理历法，间明算学，而度数之理渐加详备。然询其所自，皆云本中土所流传。

以上所论，均是“西学中源”说的观点，亦即认为西方天文历算知识来自中国。虽然这一说法，初看起来有些可笑，但伟烈亚力深深感到，有必要进行更深入之探讨，如中国人的证据有多大的可信度，其根据何在。伟烈亚力并用一些事实来说明中国古代也有一些数学知识。也可以说，“西学中源”说之盛行是伟烈亚力研究中国传统数学的原因之一。

伟烈亚力对中国古代数学成就，从多方面给予了高度评价。他对中国数学史的研究，主要包括对传统数学典籍的介绍，如《九章算术》、《周髀算经》、《五曹算经》、《数术记遗》、《夏侯阳算经》、《张邱建算经》、王孝通《缉古算经》等，特别是对《九章算术》的具体内容进行了介绍，宋元数学家的一些工作，如秦九韶的《数书九章》，杨辉的《详解九章算法》《详解日用算法》《乘除通变本末》，李冶的《测圆海镜》也是他讨论的重点，而这和后来《中文文献提要》一书是一脉相承、互为补充的。

关于《孙子算经》的不定分析，伟烈亚力用数页的篇幅专门进行了论述。他还翻译了《数书九章》“大衍求一术”问题和它的说明，由于秦九韶对不定分析问题作了完整的解释，使得伟烈亚力能够很好地加以理解。

伟烈亚力还对秦九韶《数书九章》高次方程的解法给予了高度评价。众所周知，宋元时代对高次数学方程求根的近似值的做法，是我国数学的杰出贡献。而在欧洲，1802 年，一个意大利的科学协会为了改进高次方程的解法，曾设立金质奖章，为保罗·鲁菲尼所得。1819 年，英国数学家霍纳独立发展了一个相同的方法，他们的方法得到广泛传播，并为一些教科书所采用。而这一发现在伟烈亚力来华之前不久刚出现，因此当伟烈亚力看到秦九韶的著作之后，便敏锐地注意到了《数书九章》的方法和霍纳法的相似性。伟烈亚力认为“玲珑开方”中的方法，在欧洲是最近的事情，他列举了秦九韶著作中的一个例子，并给出了具体的演算方法，他认为秦九韶的方法，和 1819 年霍纳法是一致的，因此他认为这项发明权应属于中国，他写道：

> 情况似乎是：一些人已经认为对霍纳法的发明权之争是有道理的，也许使欧洲朋友始料不及的是，在天国（即清朝帝国）发现了第三位竞争者，他有相当的机会能够要求对这个发明的优先权。

此外伟烈亚力还详细论述了“天元术”，批评了西方一些学者所认为的中国数学没有位值制的概念。对于中国古代位值制的重要意义，李约瑟在《中国科技史·数学卷》“记数法、位值制和零”一节中也有很高的评价，他说：“如果没有这种十进位制，就几乎不可能出现我们现在这个统一化的世界了。”对于中国古代传统数学的十进位制，伟烈亚力也给予了高度的评价，并以天元术为例进行说明，他认为天元术的表达方式，比欧洲托马斯·哈里奥特发明的方程表述法要早五个多世纪。朱世杰《四元玉鉴》中的四元术是伟烈亚力感兴趣的另一个重要问题。他对宋元数学在明代传播接受的情况进行了论述，如顾应祥对天元术的无知，也从历史的观点加以说明。接着，伟烈亚力介绍了西方代数学（借根方）在中国的传播情况，认为“借根方”并没有比天元术显示出任何优点，这是当时一些中国人的共识，但同时他指出“阿尔热巴拉”为“东来法”，即西方代数学来自中国的说法是错误的。伟烈亚力的论述，和当时的情况密切相关，后来艾约瑟撰写《阿尔热巴喇附考》一文，也是基于同样的考虑，并参考了伟烈亚力的文章，艾约瑟称：

> 英国伟烈先生，于咸丰三年时，寓居上海，著《中国算学说略》一幅，

列入上海历书。此历书乃以英文集成，为英人居于上海用者。其书内云：康熙年间，钦天监中欧罗巴洲人，翻有借根方算学书一部，其名无考。彼时中国不知有天元算法，何以言之？国朝命官著订《律例渊源》时，曾用借根方，未用天元方，想其不知算学中有是书，且中国于论借根方时，谓阿尔热巴喇为译言东来法，乃出人意表之差。或昔时上呈御览时，有误用之语，亦未可知，名其书为阿尔热巴喇，乃亚喇伯语，即有能复原之消化法。吾言中国著《律例渊源》时，不知有天元书，亦大有证据，天元一，彼书用为一根，天元之正负，彼书用为多寡，天元之通数，彼书用为等书。尝考通数根之算法书，而天元一又较胜于借根方矣。

伟烈亚力《中国算学考略》一文发表后，很快由比尔纳茨基首先译成德文，在欧洲产生了很大反响。巴黎科学院的永久秘书约瑟夫·贝特朗也认为在《学者杂志》刊载两篇伟烈亚力的长文对西方数学家来说也是必要的，这体现了这篇文章的重要学术价值。这是伟烈亚力研究中国科学史的开始，是对中国科学史研究的重要贡献，他的文章现在仍有参考价值。伟烈亚力对中国古代数学的评论基本上是正确的，但也有一些地方和史实相出入，如认为《赤水遗珍》的作者是梅文鼎，并认为李善兰是李锐的亲戚，戴煦是杭州的一位官员，等等。

伟烈亚力在中国期间还购买了大量中国算书，这是他研究的资料基础，从中也可看出他对中国古代数学的浓厚兴趣，他的藏书，还有许多保存至今。

对 19 世纪中叶的西方人来说，在阅读中国古书的时候，若没有中国人的帮助，常常遇到的困难是一些人名和引文很难查找。在一位汉学家的建议下，伟烈亚力撰写了《中文文献提要》一书，其目的就是克服这个困难，为西方汉学家提供方便。此书的绝大部分在他 1860 年离开中国之前已基本完成，1864 年，当伟烈亚力回到上海时，由于朋友的敦促，遂决定完成此书。此书体例上仿照《四库全书》经史子集的编排方式，书中介绍的大多数书在《四库全书》中也能找到。此书一共对 2000 多种著作进行了解题介绍，在导言中，他首先介绍了中国书籍的收藏情况，并列出了一些中文著作的西文译本，便于西方人参考。

值得注意的是，其中关于天算著作的论述，最能代表其水平。其中不仅包括了《四库全书》中业已收录的《周髀算经》《九章算术》等著作，还增加了大量新出版的著作，如李善兰的《方圆阐幽》、徐有壬的《务民义斋算学》等，对上述著作，伟烈亚力都给予了十分恰当的评价。一方面，此书在数量和规模上已大大超过《中国算学说略》一文，论述更为全面；另一方面，他对耶稣会士翻译的西方科学著作也用很大篇幅进行了介绍，其中不乏新的见解。每篇提要虽然下笔简练，评论却十分得当。由于受到西方良好的教育，他在阅读耶稣会士的中文译著时，能够敏锐地发现一些问题，如他指出《历象考成后编》中已经翻译介绍了开普勒第二定理（面积定理）。另外，他还介绍了不少中医书籍，以及当时刚刚传入的西医著作，如合信的《全体新论》等书。

此外，伟烈亚力在上海期间，对亚洲文会的工作也十分热心，并在其会刊上发表了有关中国天文学史的文章。1881 年，在柏林召开的大会上，他报告了元代的天文仪器，介绍了北京古观象台天文仪器的历史。

四、中国科学的宣传者

除了翻译西方科学著作、研究中国科学史之外，伟烈亚力还热情地撰文宣传当时中国科学的发展。在《六合丛谈》中，他介绍了中国数学的新进展，如《造表新法》一文对李善兰、徐有壬等数学家研究级数展开式的新成果及时进行了报道：

> 海宁李善兰未见杜氏、董氏、陈氏、徐氏之书，别从平圆平方较积悟入，创立平尖锥、立尖锥……著《方圆阐幽》。……徐氏集诸家术，参以己见，成《造表简法》，凡五术……至《务民义斋算学》，已风行海内，今不赘。

他也介绍了数学家戴煦的《对数简法》和《续对数简法》，又在其所著英文《中文文献提要》一书中，对《对数简法》加以评论：

> 如他（按：指戴煦）所认为的，首次发现了一个求常用对数的简捷的表，此表似乎与纳皮尔的对数体系相同，但有理由表明作者对纳皮尔的成果是不知的，在一补充中，他得出了一个更进一步的改进办法，大大运用了纳皮尔模数，这是他在运算过程中得出的。

19 世纪中叶是中国数学史上的重要转折期，一批数学家在二项式定理、三角函数的互求和幂级数展开式、椭圆求周术诸方面取得了丰硕的成果，使得晚清数学呈现出丰富多彩的局面。1859 年，在《代微积拾级》序言中，伟烈亚力对当时的研究成果给予了高度评价：

> 微分积分为中土算书所未有，然观当代天算家，如董方立氏、项梅侣氏、徐君青氏、戴鄂士氏、顾尚之氏，暨李君秋纫所著各书，其理有甚近微分者。

伟烈亚力之所以能及时介绍当时中国数学的最新成就，其信息当来自李善兰等与墨海书馆有直接接触的文人。另外值得一提的是，所谓“中国定理”是指：若 $2^{P}-2 \equiv 0 \pmod p$，则 p 为素数，这也就是费尔玛逆定理。1869 年，李善兰在上海，把上述判定素数的方法当面教给了伟烈亚力，伟烈亚力觉得这项发明很重要，但自己又不懂，因此当他南下香港时，便把它译成英文，标以“中国定理”之名投寄给一家杂志，此后数月间，有四位读者就此问题进行了讨论，也有人指出定理之谬。后来李善兰大概得知了这些讨论，于是在他后来发表的《考数根法》中删去了这一定理，但由此可以看出伟烈亚力对李善兰的研究成果的重视。

在大量阅读中国古代科学著作的基础上，伟烈亚力对中国科学给予了较为公正的评价，他还把自己的见解介绍给欧洲读者，并试图改变西方人对中国科学的看法。在大英图书馆，笔者发现了伟烈亚力写给当时英国著名数学家查尔斯·巴贝奇的一封信，其中阐述了对中国科学的看法，他在信中写道：

> （前缺）承蒙你的好意（把它）寄给我。我会以为这样一种仪器在数学研究（方面）的价值无可估量。在我离开英国之前，没有机会参观这台使你名垂青史的机器，对我来说是一件遗憾的事情。我已在我出版的中文月刊上简短描述了 Scheutz 算器的历史和（运算）能力，因为在这个国家这一地区，有一些本地的数学家对所有这类的事情抱有广泛的兴趣。
>
> 令人悲哀的是科学和文明的事业，因语言的困难和习惯的屏障阻碍了东西方知识分子之间更广泛的交流；也许不同状况的事情可以使双方都受益。关于中国的数学状况，在欧洲肯定存在着许多误解；同样肯定的是甚至在那些对这一帝国的事务总的来说非常熟悉的人中间（对中国的数学状况也存在

着许多误解)。有许多本地人，他们非常急于得到关于西方科学每一门类的信息，而在（欧洲）文人中看到自负的吹嘘者，他们声称（带有轻蔑）看不起一切在这一帝国限度之外正在发展中的东西，这不是不常见的事情，这种事情通常决不应发生在具有真正品德的人身上，这些人总是承认我们的优越性，其杰出性无可争辩。

请原谅，扯了这么多，耽误了你的宝贵时间和耐心，请多多包涵。

伟烈亚力谨上。

这封信写作的具体时间，尚待考证。笔者推断在1858年稍后，因为信中提到了在中文月刊上发表计算器历史的文章，中文月刊当指《六合丛谈》。当时流行着贬低中国的欧洲中心论，在科学上更为突出。而像李善兰这样的中国文人，急于了解西方的科学发展，翻译西书，这种好学上进的精神给伟烈亚力留下了深刻的印象，伟烈亚力给予了高度评价。他撰写此信之目的，是想改变欧洲人的某些偏见。

实际上，早在1852年，伟烈亚力在《中国算学说略》一文的结尾介绍了李善兰、戴煦的最新研究成果之后，他便对中国数学家的不懈努力，各地知识界发生的可喜变化，给予了充分肯定。在他看来，虽然中国人对西方学问的悠久表示轻蔑，但他也认为，中国人的探索精神仍在发展，如果能更加自由地交流，对中西双方都是有利的。显然，李善兰等人的才智与好学，让伟烈亚力感到了中国的希望所在。

五、余论

在文章的最后，我们打算透过伟烈亚力对宗教的看法，来阐述科学和宗教的关系。纵观伟烈亚力在华的科学活动，基本上采取了学术传教的方式，在某种程度上和耶稣会士的策略一脉相承。他身为一名传教士，同时也是一位孜孜不倦、严谨治学的学者，他和李善兰合译《几何原本》《谈天》，和利玛窦、徐光启合译《几何原本》一样，是中国科学史上的重要事件，对西方科学在中国的传播作出了重要的贡献，他们的合作，可以和明末利玛窦和徐光启、李之藻的合作相媲美。

毋庸否认，传教士来华之目的，是要归化中国，使中国人信仰上帝。从明末清初开始，耶稣会士就试图通过科学来达到传教之目的，在他们眼里，科学只不过是“末技”，而“超性之学”（即宗教）才是真正的学问，在许多场合，利玛窦等人向中国文人表白了这一点。但耶稣会士和其他天主教修会的传教士不同，特别强调了科学教育的重要性，“愈显上帝之荣”是他们的目的，而科学研究作为手段，能很好地实现这一目的。伟烈亚力亦认为《代数学》之翻译在于“助人尽其智能”，以感谢上帝之恩，并设法报答上帝。墨海书馆作为宗教书籍的印刷所，是为了实现他们的宗教理想，在中国传播福音。伟烈亚力在《代数学》序中曾言：

> 余自欧洲航海七万里来中土者，实爱中土之人，欲令明耶稣教，以救厥灵焉。夫帝子降世，舍生救民，乃教中至要之道，《圣经》言之甚详。而余顾汲汲译此书者，盖上帝赐人以智能，当用之务尽，以大显于世。故凡耶稣之徒，恒殚其心思，以考上帝精微之理。已知者，即以告人，未知者，益讲求之，斯不负赋畀之恩。若有智能而不用，或用之而不尽，即为自暴自弃，咎实大焉。

在《数学启蒙》序中，亦称“余自西土远来中国，以传耶稣之道为本，余则兼习艺能，爰述一书，曰《数学启蒙》”。在《谈天》序中，伟烈亚力盛赞造物主的伟大，“伟哉造物，神妙至此”，并称造物主的“全智巨力，大至无外，小至无内，罔不莅临，罔不鉴察”，接着伟烈亚力自称：

> 窃意一切行星，亦必万物备具，生其间者，休养乐利，如我地上，造物主大仁大慈，必当如是也。……余与李君同译是书，欲令人知造物主之大能，尤欲令人远察天空，因之近察己躬，谨谨焉修身事天，无失秉彝，以上答宏恩则善矣。

这确实体现了传教士的职责所在。上面已经提及，伟烈亚力在《中国算学说略》一文的最后，对中国人的科学探索精神，给予了高度评价，他也希望这种求索精神能扩大到更为广阔的领域，亦即探索“真理”之所在，即最终信仰上帝。李善兰、王韬等文人，尽管和伟烈亚力共事多年，对基督教也有相当的了解，但并没有像徐光启那样受感化而信教，在伟烈亚力看来，这也许是一件不小的憾事。

再者，通过考察伟烈亚力在华的活动，我们不难发现，无论是在数学、天文学方面，还是在其他方面，他都向中国人介绍了一些新的科学知识，译书的底本是经过认真选择的，翻译是审慎的，他并没有对中国学者隐瞒什么。从其译书中（特别是他写的序）可以看出，科学和宗教是一致的，并不冲突。相反，科学是颂扬上帝伟大的极佳工具，而以新的科学发现去证明上帝造物之伟大，是当时西方非常普遍的现象，如伟烈亚力的同事韦廉臣在《六合丛谈》中即以《真道实证》为题，连续发表了许多文章，这些文章后来成为《格物探源》的基础，这些内容在西方则称为“自然神学”，因此伟烈亚力的所作所为，和时代是息息相关的。他按照耶稣会士的策略，思想开放，把科学和传教相结合，两者一起促进，互相为利。他的译著在19世纪西学传播过程中起到了一定的作用，不仅在京师同文馆，也在上海格致书院用作教材，由此可见其译书的价值所在。

最后需要说明的是，伟烈亚力在译书和中国科学史研究方面的贡献，离不开像李善兰这样精通传统历算的中国学者的帮助。同时也应该指出，一方面，他的许多工作，也参考了18世纪耶稣会士和19世纪初法国汉学家的研究成果，如在天文学史的研究中，他参考了宋君荣、毕奥的著作；另一方面，他博览群书，参考了大量中文原始文献，因此他有关中国科学史的论著，至今仍有很高的学术价值。他的著作影响了19世纪乃至20世纪的汉学家，反映了其著作的学术生命力。

（作者：韩琦）

参考资料

[1] 熊月之.西学东渐与晚清社会[M].上海：上海人民出版社，1994.

[2] 李志刚.基督教早期在华传教史[M].台北：台湾商务印书馆，1985.

[3] 卓南生.中国近代新闻成立史1815—1874[M].东京：株式会社ぺりかん社，1990.

[4] 钱宝琮.中国数学史[M].北京：科学出版社，1981.

[5] 刘钝.从徐光启到李善兰：以《几何原本》之完璧透视明清文化[J].自然辩证法通讯，1989，11（3）：55-63.

[6] William Lockhart. The Medical Missionary in China: A Narrative of Twenty Years' Experience[M]. second edition. London，1862.

[7] 韩琦.康熙时代传入的西方数学及其对中国数学的影响[D].北京：中国科学院自然科学史研究所，1991.

[8] 伊萨克·牛顿.自然哲学之数学原理·宇宙体系[M].王克迪，译.武汉：武汉出版社，1992.

艾约瑟

（Joseph Edkins，1823—1905）

艾约瑟

致力于中西科技交流的传教士和学者

19 世纪下半叶西方来华传教士中，涌现出了一些造诣较高的汉学家，尽管他们来华的目的是传教，但同时也向中国介绍了西方的科学知识，并向西方介绍了中国的历史文化知识，因而客观上为中西文化交流作出了贡献。英国伦敦会传教士艾约瑟是其中的出类拔萃者。以往的科学史论著对艾约瑟有关科学译著有所介绍，但迄今尚未有专文全面介绍其生平及其为中西科学交流所做的双向性工作。本文试图在大量中西文献的基础上对他的有关工作作一较全面的评述。

一、传教和学术生涯

艾约瑟于1823年12月19日出生于英格兰格洛斯特郡斯特劳德市附近的奈斯沃斯。父亲为公理会牧师，同时也经营一所私立学校。因此艾约瑟很小即受到宗教和世俗知识的熏陶，就是在父亲那里，他平生第一次见到中文版《马太福音》。他的童年是在英格兰最美丽的地方之一——闻名遐迩的“金山谷”度过的，此地是羊毛和印染品生产中心和徽章制造业中心，能工巧匠云集，知识氛围浓厚。

艾约瑟立志要成为福音的传播者，父亲的教导为他打下了良好的基础。约 17 岁时，他进了伦敦大学学习，4 年后获学士学位。接着进伦敦科沃德学院接受神学训练。1847 年，他在伦敦接受神职。在英格兰当了短期的牧师之后，他申请加入伦敦会，并希望到中国传教。同年 12 月，他被伦敦会立为传教士。

1848 年 3 月 19 日，艾约瑟离开英国航海东来。同年 7 月 22 日抵达香港，9 月 2 日来到上海。艾约瑟先在墨海书馆工作，主要是管理图书，并协助麦都思编写宗教宣传品。他还参与创办一所寄宿学校，“用中文和西方人的先进方法向中国孩子提供实用的宗教教育”。

来华仅 3 年，艾约瑟就在学术上崭露头角。1851 年，他对开封府的犹太人作了研究。1852 年，对明清之际来华耶稣会士的学术工作作了研究，又编辑了《华洋和合通书》，翌年改名《中西通书》，“中西二历上下对列，无吉凶诸神煞，详载礼拜及日月行星诸要事，后必编教中论理之文数首，及格致学数条”。除 1856 年、1859 年和 1860 年外，艾约瑟在沪编辑《通书》直到 1862 年，1863 年将其移往天津。止于何年不详。

1853 年，他与浙江海宁数学家李善兰合译《重学》20 卷及《圆锥曲线说》3 卷；又与浙江湖州人张福僖合译《光论》。在学术研究的同时，艾约瑟还在上海附近广大地区从事传教活动。1854 年 10 月，他游嘉兴；11 月，在张福僖和李善兰的陪同下游湖州和杭州。在湖州，攀道场山，观万寿寺；在杭州，过宝石山，进岳王庙，访天竺寺，登北高峰。王韬日记云：

> 壬叔言：昔年同艾约瑟至杭，乘舆往游天竺，为将军所见。时西人无至杭者，闾阎皆为惊诧。将军特谕仁和县往询，县令希上意，立逐艾君回沪，而将壬叔发回本州。壬叔因献诗州守曰：“游山不合约波臣，奉檄还乡判牍新。刺史风流公案雅，递回湖上一诗人。”州守见之大喜，立赠以金遣之。

李善兰所言就是这次杭州之行。1855 年 6 月，艾约瑟又游太湖及其附近地区湖州、长兴、无锡、江阴等地。

此时的艾约瑟对中国佛教和道教文献有深入研究。1854—1857 年间，他在《北华捷报》上陆续发表了一组关于中国佛教、道教的论文。1856 年，麦都思回国，艾约瑟继任墨海书馆监理。1857 年 2 月，伟烈亚力在上海创办中文期刊《六合丛谈》。艾约瑟是其重要撰稿人。同年 9 月，艾约瑟参与创建亚洲文会，并当选为秘书。11 月，韦廉臣因病回苏格兰，艾约瑟接替他与李善兰合作完成林德利《植物学》（8 卷）最后一卷的翻译。

继1853年出版的《上海土白话法》之后，艾约瑟又出版了《汉语官话口语语法》。伟烈亚力称他“于音韵之学，穷流溯源，辨之綦精。凡士自各省来者，无不沿接讨论。……观此二书，知艾君于中国声音之理，博考而详，探讨于古书者久，故得自立一说”。中国语言文字是艾约瑟一生著述最多的课题，他后来还出版了《汉语口语教程》（1862）、《中国在语言学上的位置》（1871）、《汉字研究引论》（1876）等著作。

1858 年 3 月，艾约瑟回英国，休养、从事教务并结了婚。妻子是一位长老会牧师的女儿，很有教养。他们于 1859 年一起来到中国，在上海住了一段时间。艾约瑟恢复了研究和传教工作，他的夫人在给艾约瑟兄弟的一封信中这样写道：

> 他（艾约瑟）其实很好，忙得像一只蜜蜂。我们每天早上八点吃早餐，饭前作祷告。他上午在家做研究，其余时间到城里布道，不然就参加（伦敦）会里的工作。我把他的书房收拾整齐，那是他的得意之处。每天从九点直到一点，他总在思考问题，越来越深地陷入佛教与儒教的神秘之中。他坐在书桌旁，让我想起那幅画——“快乐如皇帝”……身边乱糟糟地堆满了中文书籍。

这一年，艾约瑟出版《中国的宗教状况》，向西方介绍中国儒、释、道三教的历史和现状，后扩充为《宗教在中国》一书。他在中国宗教方面最有影响的著作是 1880 年出版的《中国的佛教》。

同时，艾约瑟对太平天国极为关注。1860 年 7 月初，他与另外四位传教士去苏州访问了忠王李秀成。苏州之行给艾约瑟留下了好印象，他对太平军的宗教、对外政策等持肯定态度，并根据自己所见，为太平军进行辩护，反驳当时关于“发逆”的一些传闻。不久，洪仁玕向他发出了邀请。7 月 30 日，艾约瑟一行自上海出发第二次去苏州。在那里，干王两次会见了他们。同年，艾约瑟翻译了干王的《资政新篇》。

《北京条约》签订后，艾约瑟夫妇去曲阜从事数月的传教活动，1861 年初回沪。不久，艾约瑟与同会的杨格非等人去了南京。艾约瑟试图让洪秀全接受“三位一体”之说，但洪坚持认为自己是上帝之子、基督之兄。或许就是这件事使艾约瑟改变了对太平天国的看法，走向了反对立场。在 1863 年出版的《南京纪游》里，他认为“一个外国基督徒是不能支持这一运动的，因为它被巨大的罪恶和暴行所玷污”。

1862 年，艾约瑟选择天津作为新的传教站，并伺机进京传教。在天津，痢疾夺去了他的还不满 23 周岁、来华只有两年左右时间的妻子的生命。1863 年 5 月，艾约瑟在天津第二次结婚，妻子是苏格兰人，刚到天津不久。婚后，他们立即前往北京。1863 年至 1866 年间，艾约瑟为在蒙古建立传教站而多次去那里从事传教活动。

1868 年，林乐知在上海创办《教会新报》，艾约瑟是其重要撰稿人之一；该报于 1874 年更名为《万国公报》，艾约瑟仍是重要撰稿人。他所发表的文章（包括译文），内容涉及宗教、历史、科学、人物、医学、经济、文学、游记、时论等，前后共一百数十篇。

1871 年 11 月，艾约瑟与丁韪良等人在北京创建“在华实用知识传播会”，他当选为会长。1872 年 8 月，由他和丁韪良编辑的会刊——《中西闻见录》在京创刊。

1873年5月，艾约瑟与同会传教士理雅各同游曲阜，参观了孔陵，之后来到上海。不久，偕夫人离开中国，中途先后在日本和美国待了好几个月，然后回到英国。此时的艾约瑟已享誉欧洲，1875年，爱丁堡大学授予他荣誉神学博士学位。

1876年，艾约瑟第三次来华，3月17日抵沪，24日进京。7月，由林乐知主编的月刊《益智新录》在沪创刊，艾约瑟和慕维廉为其主要撰稿人。《万国公报》称该刊"出自英国慕维廉、艾约瑟两先生之手笔居多，四远驰名，阅者争购。……慕、艾两君久居中国，著作如林，其刊行于世者，无不以先睹为快"。

1877年5月10—24日，在华传教士大会在上海举行。大会组委会成立于1875年，艾约瑟是7位委员之一。艾约瑟在会上宣读了有关道教与佛教的论文，并就基督教与儒教之间的关系、传道方法、传教与著书关系、吸收教徒方法、戒鸦片法、翻译原则、女子教育问题等发表自己的见解。这一年，艾约瑟第二位夫人去世。以后艾约瑟又有了第三次婚姻。

1878年，外国传教士在上海成立"中国圣教书会"，艾约瑟为18位董事之一，并任审查委员会主席。1890年又当选为会长。1880年，艾约瑟辞去了伦敦会的工作，不久，受中国海关总税务司赫德之聘，任中文翻译，直到去世。任职后，历时5年翻译出版了一系列西方科学教科书。1885年，美国外交官拉塞尔·扬、英国外交官巴夏里等人创建北京东方学会（初名北京文学会），丁韪良任会长，艾约瑟任理事。艾约瑟在学会会刊上发表了许多关于中国文学、科学和历史的论文。

1889年4月，艾约瑟回到上海（身份仍为译员）。翌年5月，他被选为亚洲文会副主席，担任此职直到去世。艾约瑟在亚洲文会的刊物上发表了大量论文，他为学会所做的工作，不论是刊发论文数量还是价值，被认为是无与伦比的。在上海，他还编辑传教刊物《使者》多年，出版了十几部英文著作。艾约瑟还长期与欧美的许多大学者保持广泛的通信。

在生命的最后4年里，他每逢周日下午就到伦敦会教堂布道，并经常向年轻的传教士们讲述自己在华的传教经历。他满腹经纶，备受尊敬。他最后一次布道是在1905年4月9日。到第二个周日，他患了重病；第三个周日，溘然长逝，享年81岁。艾约瑟在华生活了57年。八十华诞时，他感染了严重伤寒，但仍在构思一本"要花五六年时间才能写完"的书。真可谓生命不息，研究不止。

艾约瑟有着惊人的语言天赋，他掌握的语言有英语、德语、法语、拉丁语、希腊语、希伯来语、叙利亚语、波斯语、梵语、泰米尔语、汉语（包括大多数方言）、苗语、日语、满语、朝鲜语、藏语、蒙古语等。

艾约瑟生前还是英国皇家亚洲学会荣誉会员、日本民族学会会员。

二、西方科学的传播

明清之际，西方光学知识由耶稣会士传入中国。但第一部内容比较系统的光学中译本是1853年艾约瑟与张福僖合译的《光论》。书中介绍了光的直线传播、光的反射、光的折射、光的照度、海市蜃楼、色散和光谱等几何光学知识。艾约瑟翻译的第二部西方重要科学著作是《重学》，翻译前他向李善兰介绍了力学的重要性。李在1866年重刊本序中称：

> 岁壬子（1852），余游沪上。将继徐文定公（徐光启）之业，续译《几何原本》。西士艾君约瑟语余曰：“君知重学乎？”余曰：“何谓重学？”曰：“几何者，度量之学也；重学者，权衡之学也。昔我西国以权衡之学制器，以度量之学考天，今则制器、考天皆用重学矣。故重学不可不知也。我西国言重学者，其书充栋，而以胡君威立所著者为最善，约而该也。先生亦有意译之乎？”余曰：“诺。”于是朝译《几何》，暮译《重学》，阅二年同卒业。

可见《重学》与《几何原本》的翻译是同步进行、同年（1856）完成的（翻译时间应为4年，而不是李善兰所误记的2年）。此书前17卷的底本是英国休厄尔的《力学基础》(1819)。前7卷内容为静力学，依次为论杆、并力分力、七器、诸器合力、重心、刚质相定之理、面阻力；后10卷内容为运动学，依次为论质体动之理、平动相击、平加速及互相摄引之理、抛物之理、物行于曲线之理、动体绕定轴之理、器动、动面阻力、诸器利用、相击抵力之理。第18、19、20三卷论流体力学，为艾约瑟所附加，他在《中西通书》上连载的《流质重学》一文的内容大概与此同。

卷八对牛顿三大运动定律作了介绍：“动理第一例：凡动，无他力加之，则方向必直，迟速必平。无他力加之，则无变方向及变迟速之根源故也。”“动理第二例：有力加于动物上，动物必生新方向及新速。新方向即力方向，新速与力之大小率比例恒同。”“动理第三例：凡抵力正加生动，动力与抵力比例恒同。此抵力、对力相等之理也。”这里“动力”“抵力”分别为作用力、反作用力。值得注意的是，速度、加速度概念是用微积分方法阐明的。另外，对于初速为零的匀加速运动，《重学》将运动时间等分为 m 段，将各时段看作匀速运动（速度为该段的末速），求出各段位移，最后求总位移在“分数多至无穷”（$m \to \infty$）时的极限，得位移公式。《重学》先于《代微积拾级》译成，因而上述方法十分引人注目。卷九较详细地介绍了17世纪沃利斯、雷恩和惠更斯所建立的碰撞理论。

由于《重学》中数处用到圆锥曲线知识，因此艾约瑟和李善兰还翻译了《圆锥曲线说》。虽然，圆锥曲线知识于明末清初已传入我国，但在《重学》和《代微积拾级》译成之前中国并没有系统论述圆锥曲线性质的专著，中国人所了解的只是一些零星知识，且主要限于椭圆。《圆锥曲线说》的底本尚待考证，它是一部以纯几何方法论证圆锥曲线性质的著作，与《代微积拾级》中的解析方法形成了对照，内容上有互补关系。全书共3卷40个命题，依次论椭圆、双曲线和抛物线的性质，包括正弦、截径、长径、短径、两心差（即焦距）、余弦、割线、切线、本径、属径（共轭直径）、通径、渐近线、面积等之间的比例或度量关系，体例与《几何原本》无异，又一次向中国人展示了演绎逻辑的魅力。

西方科学史知识是艾约瑟介绍的重要内容。1868年，他与中国学者王韬合译《格致新学提纲》，给出了从1543年哥白尼《天体运行论》出版以来300余年间西方数学、物理学和天文学重要事件的年表。

艾约瑟在《万国公报》上关于地震知识的介绍十分精彩。他生动地描述了大地震时人与鸟兽的情状，列举了历史上葡萄牙里斯本（1755）、意大利那不勒斯（1783，1857）、叙利亚大马士革（1837）、秘鲁利马（1687，1746）等地地震的死亡人数，介绍了地震的成因，并通过对金星绕日运动的分析，令人信服地批判了那种将地震与“金星昼见”联系起来的迷信说法，称：

> 盖太白之昼见，实岁岁恒有之事，惜乎不之察耳。故每见而惑生焉。华之《史记》，予素喜读，中所载太白之行占主何象，余尝谓：使太史公生于今日，深明泰西格致之学，自当不以余言为河汉矧方。兹同文馆立于北京，诸君子盍试一习真学，以深究格致之理，似可无须恃向所深信之古学而泥之为望。

如此批判迷信、宣扬科学，可谓苦口婆心。在《教会新报》和《万国公报》上，艾约瑟还撰文介绍地球经纬度、五带等地理基本知识，火轮船历史，等等。

艾约瑟在《西学略述》中对西方科学史知识亦有介绍。此书是他于1885年译成、翌年出版的16种西方启蒙课本之一。另15种分别为《格致总学启蒙》《地志启蒙》《地理质学启蒙》《地学启蒙》《植物学启蒙》《身理启蒙》《动物学启蒙》《化学启蒙》《格致质学启蒙》《天文启蒙》《富国养民策》《辨学启蒙》《希腊志略》《罗马志略》和《欧洲史略》。与这15种启蒙课本不同，《西学略述》是艾约瑟“博考简收”自撰而成。它包括训蒙、方言、教会、文学、理学（哲学）、史学、格致、经济、工艺、游览共10卷，其格致一卷介绍天文、质学（今属物理学）、地学（地质学）、动物学、金石学（今属化学）、电学、化学、天气学（气象学）、光学、重学、流质重学（流体力学）、气质重学（气体力学）、身体学（今属生理学）、较动物体学（比较解剖学）、身理学（今属生理学）、植物学、医学、几何原本学、算学、代数学、历学（历法）、稽古学（考古学）、风俗学（地理探险）等23种学科的研究对象或历史概况，内容丰富，弥补了《格致新学提纲》的不足，成了中国人详细了解西方科学门类、历史和动态的重要文献。

艾约瑟还热衷于译介西方报刊上的一些科学新闻。如：《测月新论》一文介绍新近天文学家对月面形状的解释；《格致精进》一文介绍包括皇家学会主席斯托克斯在内的英国科学界宴请达颠、宴会上达颠即席演讲，介绍法拉第和达尔文科学贡献的新闻；《早年古石》一文介绍英国人在巴比伦的考古新发现；等等。在墨海书馆期间，艾约瑟还译有《数学启蒙》，但没有出版。

三、中国科技史的研究

尽管如伟烈亚力所说，指南针的发明权“举世公认属于中国”，但关于发明的具体时间和传播路线并无定论。19世纪的一些西方汉学家往往是在将指南针和指南车混为一谈的前提下对指南针历史进行探讨的。理雅各曾在其《书经》英译中否定周公时代中国有指南车之说（是说见于西晋崔豹《古今注》等文献），英国外交官梅辉立则进一步认为指南车（因而也是指南针）是3世纪的产品，而航海罗盘可能是从印度传入中国的。艾约瑟研究了磁石在中国的起源问题，否定了理、梅的结论，认为公元前7世纪，乃至周公时代，磁石的性质已为中国人所知，而航海罗盘完全是中国人自己的发明。1876年12月8日，艾约瑟在亚洲文会宣读了有关论文，之后梅辉立改变了原来的看法。关于中国人的磁偏角知识，伟烈亚力曾于1859年撰文作过介绍，而艾约瑟则作了进一步的深入研究，特别是磁偏角的发现与堪舆家之间的关系问题。艾约瑟引用唐、宋文献中的磁偏角记录，认为远远早于哥伦布（1492）。他还引用了巴黎和伦敦两地16世纪以来的磁偏角记录，得出其中的变化规律。

在关于造纸术在中国起源的一篇文章中，艾约瑟一方面认为，欧洲人早在公元前330年亚历山大时代就已普遍使用纸和墨水，并且很可能通过贸易途径被带到中国；但另一方面他又声称不能认为纸和墨水是从西方输入中国的，指出：

> 尽管这两种文明伴随物在欧洲的使用较中国早好几个世纪，但中国人的机械技术立即使他们独立于外国人的供给。……大麻纸、布纸、竹纸和其他类型的纸在公元初已颇为常见。7世纪棉花布造纸技术由阿拉伯传往欧洲，而阿拉伯人的技术很可能源于中国。

在另一篇文章中，艾约瑟断言："中国人发明了纸，并从印度和罗马帝国获得一些启发，这帮助他们制造出了各种纸张。"既然欧洲人使用纸较中国早好几个世纪，又怎么能说纸是中国人的发明？纸是中国人的发明，这在今天并无异议，艾约瑟的自相矛盾，正如钱存训所指出的那样，乃是源于他对纸张本质的无知，而将纸和莎草纸混为一谈。

艾约瑟对中国天文学的研究部分源于荷兰汉学家施古德关于中国古代天文学的著作《星辰考原》。施古德从《尚书·尧典》出发，经过推算得出一个令人难以置信的结论：中国的天文学约始于17000年前。艾约瑟则通过对中国古代二十八宿的研究，反驳施古德的结论。

关于中国古代天文学，艾约瑟坚持巴比伦起源说。他的第一种论据是古代中国和巴比伦都有十二辰、置闰周期以及星盘、日晷等仪器。第二种论据是《史记·天官书》中的星占占辞，概括起来说有以下几点：一是"摄提格""单阏"等十二岁之名是外国的；二是在巴比伦占星术中有与"监德""降入"等岁星各月晨出东方之名类似的命名法；三是早期中国文献并未提及辰星，而《国语》中提及辰星是与星占密切相关的，《史记》中辰星的五色及在二分二至的位置与巴比伦占星术有关。且不说这些论据本身是否可靠，即使它们都成立，艾约瑟的结论终因未能摆脱"相似即同源"这一先验判断而与他的另外一些结论，如中国的阴阳说和五行说源于波斯、欧亚语言同源等一样，缺乏足够的说服力。后世许多东西方学者也都持有类似的观点。

如果说艾约瑟对中国造纸术、指南针和天文学的历史研究纯粹基于文献考证的话，那么，他对中国建筑史的研究则是文献考证与实物调查的结合。艾约瑟将中国建筑史划分为四个时期：一是古典建筑，相当于上古时代；二是孔子之后的建筑，相当于春秋战国至两汉时期；三是佛教建筑，相当于魏晋南北朝隋唐时期；四是近代建筑，相当于宋元明清时期。对于第一个时期的建筑，艾约瑟依据的文献有《考工记》《孟子》《前汉书》《诗经》等。如根据《诗经·大雅·文王之什》，艾约瑟注意到西周时期的版筑方法；根据《考工记》，他详细介绍了西周明堂制度。对第二个时期的建筑，艾约瑟利用了实物——著名的山东嘉祥县武氏祠作为代表，详细描述了其中的画像石（重楼）、石室壁面画像（伏羲、仓颉、神农、五帝等）、石阙等。他还探讨了这个时期建筑与诗歌艺术的关系。由于对中国佛教历史有浓厚兴趣，艾约瑟对第三个时期的建筑——寺院和塔当然是很熟悉的，他对两者的结构制度都有描述。艾约瑟批判这个时期的迷信建筑——房屋前的屏风。对于近代建筑，艾约瑟考察了大量实物：北京东岳庙（宋）、昌平居庸关（元）、昌平长陵（明）、北京古观象台（明清）、圆明园（清）、天坛（清）。居庸关是我国石建筑之精品，艾约瑟从中敏锐地察觉到“元代发展了新型的建筑”。但在他所考察的建筑实物中，没有什么比明代长陵给他的印象更深刻了，从石牌坊、神道石兽、祾恩殿到方城、明楼、宝顶，他看到“中国建筑艺术达到了巅峰”。对于中国建筑艺术的热爱，使他面对圆明园意大利建筑的残垣扼腕而叹！在介绍中国的拱桥之后，艾约瑟还提出了铁路建筑问题。

19 世纪研究和介绍中国建筑史的西方学者很少，直到 20 世纪 20 年代，梁思成先生在欧美许多大图书馆费心搜求，却发现“关于中国建筑的著作究如凤毛麟角，而以‘史’命题的，更未得见”。在艾约瑟前后数十年间，少数西方学者，如英国建筑史家费尔古孙著《印度与东方建筑史》、英国建筑学家弗雷切尔著《世界建筑史》、德国艺术史家明斯特堡著《中国艺术史》，对中国建筑有所评价，但充满偏见和误解，如费尔古孙称“中国无哲学，无文学，无艺术。建筑中无艺术之价值，只可视为一种工业耳。此种工业，极低级而不合理，类于儿戏”。而弗雷切尔和明斯特堡则认为中国建筑除了塔以外，自古以来，千篇一律，毫无进步。艾约瑟则依据较为丰富的文献和实物，向西方介绍了中国建筑的历史发展脉络，学术价值远胜上述有关著作。

艾约瑟对中国古代数学史也有研究。此外，他的研究还涉及中国古代的蒸馏技术、度量衡等。艾约瑟还试图对明代以前中国科技发展史作出总的评价。

艾约瑟对同时期中国数学家的工作也很感兴趣。咸丰四年（1854），他从李善兰和张福僖处看到杭州戴煦的数学著作，“大叹服，转译之，寄入彼国算学公会中”。数年后，他还带着《代微积拾级》等书专程去杭州登门求见。可惜戴煦对他不感兴趣，让他吃了闭门羹。

四、余论

在中国生活的半个多世纪里，艾约瑟始终不渝地致力于学术研究，他作为学者的名声似乎已超过了作为传教士的名声，但他从未忘记自己的传教职责。对于艾约瑟来说，传教与学术研究的关系如何，这是需要探讨的问题。在艾约瑟眼里，明清之际耶稣会士的学术传教策略显然是正确的，是值得新教传教士秉承的。而新教传教士的学术条件较耶稣会士要优越得多：一方面，近两个世纪以来，西方科学技术取得了突飞猛进的发展，新教传教士可以向中国人介绍更多更先进的科学知识；另一方面，耶稣会士"抽到了不幸运时期的签，尽管他们得到一些好的数学家的帮助，并拥有宫廷所能提供的所有有利条件，但他们并不像现在那样熟悉以前历代中国科学家所做的工作"。艾约瑟看到，在墨海书馆和西人合作译书的中国学者（如王韬、李善兰等），与明清之际和耶稣会士合作译书的学者相比，在能力上完全是无分轩轾的，因而徐光启等人皈依天主教的史实使他充满希望地感到："如果目前正在帮助外国传教士译书的学者们信仰基督教真理，并像天主教的信徒们一样去提倡它，那么他们将对中国的圣教事业起十分有益的推动作用。"而要让这些中国学者们信仰基督教真理，离不开西方先进科学知识这一有效工具：

> 迄今为止在有才能的中国人帮助下用地道的中国语言出版欧洲译著的努力是决不应忘记的。如果过去可以作为未来的标准，那么这样的努力经过更好的导向，就能为基督教在知识界的影响开辟道路。如果知识界不相信我们在知识上的优越性，那么一切企图将是徒劳的。知识就是力量。

问题很清楚：根据明代的历史经验，只有让中国的知识界相信西方科学的优越性，才能使他们信仰基督教，进而通过他们的影响，让基督教在中国广泛传播。艾约瑟传播西学的最终目的即在于此。

在《中国的宗教状况》中，艾约瑟指出：欧洲人还不了解中国，他们只是徘徊于她的"边缘"，并从很远处用"有色眼镜"看她的居民。早在 1857 年 9 月亚洲文会成立的会议上，艾约瑟曾发言说：

> 一个广阔的和饶有趣味的领域正等待这个学会去耕耘。我们正生活在一个伟大国家的边缘；许多世纪以来，这个国家一直激发着西方的好奇。马可·波罗以及我们的约翰·曼德威尔爵士的叙述在中世纪广为流传，唤醒了这种好奇心。现在西方正向东方移动，因此研究中国的文献与文明变得比以前更为必要。……但是，本会不仅仅是文学性质的，而且也是科学性质的。那些不研究中国文学，而研究自然史、地理以及其他科学者亦将大有作为。

因此，在艾约瑟看来，真实地了解中国，研究中国的文献和科学史，乃是“西方向东方移动”的需要，换言之，是西方基督教征服东方的需要。

作为传教士和学者，艾约瑟在晚清中国享有盛誉。1873 年艾约瑟回英国，“北京各处福音堂公赠牧师之额”，称他“学造精微，识超今古。温良宽裕，十年煦育若春风，谨慎廉节二字，和平如秋水，善觅亡羊归圈，不愧牧人；能使多鱼入舟，真为渔者”。中国教友天津张竹楼、张逢源、王光启，北京英石筠、李修廷、桂小山，满洲英绍古，山东刘煦园等均赋诗相赠。李修廷赠语称：“（艾约瑟）先生西土博学人也。自道光末年东入中国，与华民往来，问禁问俗，学各处之方言，读诸子百家之书，然犹其后焉者也。独是洋文译成汉文，先生参稽博考，融会贯通，引而伸之，触类而长之，有物有则，有条有理，较之一时著作之士，其尽心尽力，早晚服劳，岂可同日而语也哉！”北京桂小山赠诗称赞他“融经贯史言堪法，索隐探源理可稽。后学谁能相伯仲，天才原不限中西”。满洲英绍古的赠诗称赞他：

> 温柔谦谨更虚心，下问于人证古今。索隐探微求格物，算来智慧自天临。
> 慎思明辨意何居，考据求真弗尚虚。满室牙签如宿构，华人空说五车书。
> 别裁著述更新奇，腹笥便便任取之。天马行空一枝笔，不因旧有受羁絷。
> 谁云席地漫谈天，测量玑衡孰克先。云汉皆星红日静，镜中勾股有真传。

在这些中国教徒们眼里，艾约瑟首先是一位学富五车、著作等身的大学者。艾约瑟也赢得了中国知识界的赞誉。1856 年访问过墨海书馆的郭嵩焘称他“学问尤粹然”。王韬《弢园尺牍·与法国儒莲学士》称他和伟烈亚力、理雅各、湛约翰为“通达渊博、好学深思之士”。沈毓桂与艾约瑟、伟烈亚力、慕维廉、林乐知“析理敷文、推襟送抱、冯元受道、互得名师”，过从甚密，1889年艾约瑟自京回沪，沈毓桂作诗相赠：

五云远望苦相思，塞羽吴鳞到每迟。难得江南春正好，松身重见雪霜姿。
借箸公卿仗楚材，一时声望重金台。扶舆自是钟清气，海国千年出异才。
人来万里结同心，侨札千秋荷赏音。一别廿年重把臂，澄波先与涤尘襟。
半生翰墨有前缘，文字鸡林羡远传。为订小窗风雨夕，来揩老眼校新编。

此四诗表达了他对艾约瑟的敬仰之心和重逢时的欣喜之情。

艾约瑟和李善兰合译的西方力学著作以及他本人独立翻译的多种西方科学启蒙教材在晚清产生了重要影响，为西学在中国的传播作出了贡献，也受到后世中国学者的好评，诸可宝在《畴人传三编》中评价《重学》称：“盖自此书出，而明际旧译之《泰西水法》《奇器图说》等编，举无足道矣。艾氏之功，诚伟已哉！”

在中国科技史方面，尽管他的有些结论并不正确，但他所研究的许多课题，是后来众多东西方学者广泛探讨的课题，这反映了他的学术洞察力。他的有关著述，是李约瑟等后世研究中国科技史的西方学者的重要参考文献，反映了它们的学术价值。无疑，在中西科技交流史上，艾约瑟书写了重要的一页。

（作者：汪晓勤）

参考资料

[1] E. Box. In Memoriam, Rev. Joseph Edkins, D. D. [J]. Chinese Recorder and Missionary Journal, 1905, 36: 282-289.

[2] J. Edkins. Reminiscences and forecasts, or fifty years in China [J]. Chinese Recorder and Missionary Journal, 1898, 29: 519-527.

[3] S. W. Bushell. Obituary Notice: Rev. Joseph Edkins, D. D. [J]. Journal of the Royal Asiatic Society, 1906, 39: 269-271.

[4] 艾约瑟，王韬. 格致新学提纲 [N]. 教会新报，台湾华文书局影印，1968.

[5] 艾约瑟. 地震星见说 [N]. 万国公报，台湾华文书局影印，1968.

[6] 艾约瑟. 地说二十五则 [N]. 教会新报，台湾华文书局影印，1968.

[7] 江晓原. 天学真原 [M]. 沈阳：辽宁教育出版社，1991.

[8] 梁思成. 中国建筑史 [M]. 天津：百花文艺出版社，1998.

[9] 沈毓桂. 赠英国进士艾约瑟先生四诗 [N]. 万国公报，台湾华文书局影印，1968.

德日进

（Pierre Teilhard de Chardin，1881—1955）

德日进

科学家、哲学家

凡是见过德日进神父照片的人，无不被他的相貌所吸引：宽阔的前额象征着坦率的性格，炯炯有神的双眼闪烁着智慧之光。他就是一生坎坷，集科学家、哲学家与神父于一身的德日进。德日进是位法国耶稣会神父，但一生致力于科学与哲学研究，并因此遭到教会的长期放逐。在他去世后出版的哲学著作《人的现象》是其代表作，已被翻译成多种文字，受到越来越多的重视与研究。德日进的哲学思想又与他的科学生涯密切相关，由于兼有神父与科学家的双重身份，他竭力将科学与神学融为一体，并且形成了自己独特的理论体系。他生前发表的科学论文多达240余篇。尤其是在他1923年来华至1946年离开中国的这段时期内，德日进对中国古脊椎动物学的建立与发展作出了不可磨灭的贡献。纵观他的一生，我们可以看到一位为追求真理、探明人类的过去与未来的科学家，在遭到不公正的待遇与偏见的情形下，艰难跋涉的孤独身影。

一、漫长的探索道路

1881年5月1日，德日进出生在法国奥弗涅省的一幢庄园主住宅里。庄园附近是连绵起伏的火山群和丘陵，从屋顶的平台上可以远眺奥弗涅省省会和克莱蒙特大平原。庄园四周宁静安详，只有潺潺流水飞溅在山石间。

德日进的父亲是一个半贵族式的庄园主，恪守传统，家庭生活纪律严明。父亲还酷爱博物学，庄园附近的山上充满了矿石、昆虫和野花。每次外出散步时，父亲都兴趣盎然地教孩子们采集矿物与动植物标本（德日进兄弟姐妹共11人，德日进排行第四）。在这样优越的环境中，在父亲的熏陶下，德日进对大自然充满兴趣，童年的教育激发了他选择科学研究作为自己的职业。

与此同时，来自母亲的影响更不容忽视。德日进的母亲是一位虔诚的天主教徒，每天晚饭后，全家人都要聚集在餐厅里祈祷。德日进后来回忆道："毫无疑问，是母亲点燃了我儿童时期灵魂中的火焰。"

虽然德日进自小就热爱大自然，但他也并不总是被色彩艳丽的蝴蝶或芬芳美丽的花朵这些易损的东西所吸引，他经常在自己的拥有物中寻求永恒的东西。他将上帝喻为铁，因为在他儿时的心目中，世界没有任何东西比铁更坚硬、更不易磨损和更持久耐用了。因此当他有一天得知铁也会断裂和生锈时，他失望极了，以致不得不寻找另一种替代物以自我安慰。同样，他也喜欢石头，因为它们都给他一种永恒的信念。

就这样，贯穿他一生的两种感情在儿童时期便已建立：对物质的感情和对永恒的感情。

德日进是在维勒法兰克的耶稣会学校里接受初等教育的。在学校他是名好学生，除宗教课之外，他的其他成绩总是遥遥领先。当然，他并不是不愿接受宗教教育，而是他在天性中就反抗当时枯燥无味的教育方式。10 岁时，德日进被送到蒙格利耶稣会学院，当一名寄宿学生。18 岁时获学士学位，同年在埃克斯省加入了耶稣会，成为名见习修士。

19 世纪末，法国社会矛盾激化，政府为转移矛盾，于 1900 年通过了关于修会重新登记的法案，同时预定封闭属于它们的神学校，扩大世俗学校教育。1902—1904 年，法国政府封闭了几乎所有僧侣阶级控制的学校，解散了一系列修会。德日进也于 1902 年被迫避难英国，在泽西岛继续攻读哲学。从此，德日进开始了他那动荡不安的生活。在泽西岛，德日进开始学习经院哲学，然而，他对烦琐、枯燥的经院哲学并不感兴趣。学习之余，德日进总是带着地质锤与放大镜外出考察。

3 年的学生生涯结束后，德日进于 1905 年被派往埃及，在开罗圣家公学教授物理与化学。就在这一年，他开始在开罗的科学简报上发表短文，报道他所采集的一些动物化石。正是埃及使他深深地迷上了东方。

1908 年，德日进被调回英国，在那度过作为未来神父的最后一个训练阶段——在哈斯丁攻读神学。他在那儿待了 4 年，这是他一生中的一个重要时期。德日进在哈斯丁开始接触到法国哲学家亨利·柏格森的哲学思想，柏格森的代表作《创造进化论》一书给了德日进很大的影响，成为德日进哲学思想的一个重要来源。

在英国期间，德日进先于 1911 年晋升为司铎，次年被任命为神父，同年回法国巴黎；在布勒的指导下研究地质学。1913 年，他在前往英国参观"曙人"的发掘时，认识了英国著名古生物学家伍德华先生。"曙人"后来虽被证实为一场骗局，但与伍德华的相遇，使德日进的兴趣立即转向古生物学，回国后他开始研究法国第三纪初期的哺乳动物化石。不久，第一次世界大战爆发，德日进被征为担架兵。在服役期间，德日进仍从 1916 年开始发表贯穿神学与科学的短文。德日进由于战争期间表现突出，后被授予一枚军功章和荣誉勋位勋章。

二、第一次来华

战争结束后，德日进回到巴黎自然博物馆。1919 年是重要的一年，他生命中最重要的目标已经明确：就专业而言，他已决心专攻地质学，并集中在古生物学；就思想而言，他已领悟了宇宙及人都可视为演化的过程；就一位忠诚的基督徒而言，他竭力要把基督教神学和演化哲学结合起来，在宗教经验和自然科学的经验间建立某种关系。也就在这一年，德日进获地质学及植物学硕士学位。1920 年获动物学硕士学位，同年在巴黎公教大学开设地质学讲座。1922 年获古生物学博士学位，同年受聘在巴黎天主教学院任地质学教授。除了教学以外，德日进还在其他学校如工艺学校、矿物学校开设地质讲座，他那新颖而大胆的思想吸引了众多的青年学生。

就在这同时，耶稣会的另一名神父桑志华（1914 年来华，在天津建立了北疆博物院）在中国甘肃庆阳附近发掘了大批动物化石及石器，由于桑志华是个植物学家，对于地质和考古是外行，因此他不得不求助于法国国内的帮助。从 1921 年起，桑志华就将一些最重要的化石标本寄往巴黎博物院，以求专家鉴定。布勒将此任务交给了德日进，德日进不负委托，于 1922 年发表了题为《中国北方蓬蒂期的哺乳动物群》的论文。第二年，当桑志华邀请德日进参加“法国古生物考察团”到中国进行为期两年的考察时，德日进欣然同意。

德日进来中国之时正是中国近代地质学大发展的前期。从 19 世纪下半叶到 20 世纪 20 年代，经过中国科学家章鸿钊、丁文江、翁文灏和外国科学家李希霍芬、安特生、葛利普等人的努力，中国近代地质学初具规模，但古脊椎动物学在中国尚处于萌芽状态。因为这时外国专家虽然有安特生与葛利普等人，但没有一位是真正既懂地质又懂古脊椎动物学的；中国第一代古脊椎动物学家杨钟健、裴文中等还在大学就读。中国一向以盛产“龙骨”而著称，在地质学的发展过程中，化石在鉴定地层年代上有着重要的作用。因此，当时中国急需具有国际一流水平的古脊椎动物学家。德日进正是在这个特定的时期来到中国，有幸目睹了一系列震惊世界的发现，并亲自投身于中国地质学的建立与发展之中。德日进在中国度过的 23 年正是中国近代地质学发展史上的一段黄金时代。

德日进于 1923 年 5 月 23 日抵达中国。在鄂尔多斯高原这块被人遗忘的土地上，他与同事们发现了旧石器时代人类存在的证据。中国西北面这块广袤土地深深地吸引了德日进，他在给法国著名考古学家步日耶的信中写道："我完全被眼前的工作吸引住了，被我所看见的全新的东西吸引住了……内蒙古给我印象最深刻的是它简直就是古代标本（动物和人类文化的标本）的天然博物馆，是过去的一个剖面。"

考察以包头为起点，横穿乌拉山到狼山东麓后，再折向西南抵河套西北缘的三道河。在三道河他们发现了一批第三纪上新世的动物化石。从三道河继续南下，他们来到甘肃省灵武县境内的水洞沟。在水洞沟的一个黄土崖上，他们发现了一个古代的炉坑遗址，其中有大量烧焦的碎骨与人工打碎的石块。德日进根据他以前在法国、西班牙等地的经验，当时就断定这个遗址是古代人类居住所在地。在水洞沟附近 1 公里的范围内，他们还发现了四个遗址，并收集了大量的石英岩石器碎片。"事实证明，沿水洞沟一带的黄土崖上，到处都有发现旧石器时代石器的可能。"水洞沟今天以"水洞沟文化"而著称。

接着，德日进与桑志华在河套东南部的萨拉乌苏河（红柳河），发现了著名的萨拉乌苏文化遗址。这里的化石不仅很丰富，而且还很完整，有披毛犀、瞪羚、马、鹿等 33 种动物及 11 种鸟类，其中披毛犀是一具完整的骨架，这是国内最早发现的完整的披毛犀。另外，在萨拉乌苏河西岸的一个小村庄附近，他们在同一地层中发现了旧石器时代的文化遗址，在这里挖出了大量破碎的骨片和石器。

这次考察还收集了三件人类化石：两块股骨和一块肱骨。但由于这三件人类化石是从河谷的表面拾得，无法确定其层位和年代，因而意义不大。后来德日进在整理 1922 年桑志华从萨拉乌苏河采集的化石时，从众多的羚羊牙齿化石中发现了一颗人类的上门齿。根据记录，它是在更新世的砂砾与混有现代砾石的地层中采集的，并且根据牙齿的石化程度以及与大量动物化石共生的情况来看，可以确定这枚门齿属于更新世。

这枚门齿所代表的古人类后来被定名为"河套人"。"河套人"在当时虽然仅有一枚牙齿为代表，但却有其深远的意义。当时中国的古人类学研究尚在萌芽时代，由地下发现的人类化石尚少，除安特生发现了一些新石器时代末期的人类化石外，更新世时期的人类化石尚无发现。正是由于德日进认真的工作态度和高度的鉴定水平，才使这颗珍贵的人类化石为世人知晓。它的发现预示着在中国广大的疆域内，埋藏着丰富的古人类遗骸。德日进曾写道："从喜马拉雅山到阿尔泰山的区域内，既然有广大的更新世地层（指黄土堆积），古生物学家就有发现人类化石的机会。"后来周口店"北京人"的发现及中华人民共和国成立后各地发现的古人类化石都证实了德日进当初的预言。

水洞沟与萨拉乌苏文化遗址的发现，在人类学及考古学方面都有着重大的意义。在这之前，西方有些学者认为中国无石器时代的人类，德日进、桑志华在河套地区的发现，使中国文化的研究延展到旧石器时代，"中国无石器时代人类"的说法也不攻自破。裴文中曾这样评价说："关于中国各史前时期的发现和研究，我们应该推崇几位中外学者，没有他们的努力工作，中国史前学是不会进展如是之速。这几位学者中，贡献最大者，有鸟居龙藏、安特生、德日进、桑志华、滨田耕作、李济及梁思永诸人。"

三、流放中国

1924年秋天，德日进回到法国，然而等待他的将是艰苦的磨难。1925—1926年期间，德日进举办了一系列有关进化方面的讲座，进一步宣传他的宇宙进化新观念，从而触犯了教会，教会决定禁止德日进讲学。1936年德日进被迫再度来华，在北疆博物院协助桑志华工作。

在北疆博物院期间，德日进与桑志华经常外出考察，发现了泥河湾地层及骨化石。泥河湾位于河北省阳原县桑干河边。1924年夏天，桑志华将他早期在泥河湾附近采集到的几块丽蚌化石和几块骨化石碎片拿给德日进与巴尔博观看，德日进与巴尔博立即意识到当时认为仅存在于黄河流域的三门期第四纪早期地层也将在桑干河流域发现。为了证实这个看法，桑志华和巴尔博随后对泥河湾作了一些调查，发现了埋藏丰富的化石群。1926年10月，德日进与桑志华再次来到泥河湾，对这一地区的地层及古生物作了详细的考察，证实并澄清了他们的一些想法。

泥河湾地层是一套相当复杂的混合堆积物，德日进和巴尔博将此堆积物年代定为上新世。他们在这里挖掘了7个月，发现了39种哺乳动物化石，这些化石后来由德日进与皮维陀进行了研究，于1930年写成《中国泥河湾哺乳动物化石》一书。由于泥河湾堆积物不仅发育良好，且出露完全，各个时代的地层几乎都含动物化石，因此过去一直被认为是华北更新世早期的标准地层，在研究其他地区更新世早期的地层和化石，或者涉及第四纪下限的问题时，都需要和泥河湾组进行比较。最近几年对泥河湾地层虽然有各种不同的看法，但基本可以确定“泥河湾层”的下部属于上新世。

早在 1922 年，师丹斯基就在周口店龙骨山出土的化石中发现了两颗人类牙齿，这一消息直到 1926 年 10 月 22 日在北京各学术团体联合欢迎瑞典皇太子大会上，才由安特生宣布。德日进当时并不完全相信这一惊人的发现，他在 10 月 25 日给安特生捎去的一封短信中写道：

> 承蒙好意送来的照片已仔细拜阅。我认为站在朋友的立场上，我不应该隐瞒我对它们的看法。
>
> 老实说，我并不完全相信那两颗牙齿有那种假设的人类的性质，甚至被当作是人类前臼齿的那个缺少牙根的标本，虽然乍看起来似乎十分可信，但抑可能是某种食肉类动物最后的臼齿。另外一颗牙齿的情形也一样，除非它有明确的四个牙根。
>
> 周口店的牙齿即使永远无法证明属于食肉动物的（如我希望那样），然而我担心亦同样永远无法绝对证实它们是属于人类的。既然它们的性质还不确定，处理的时候必须极为谨慎。
>
> 不过，我始终未见到标本。同时，由于对师丹斯基在古生物学方面的经验抱有极大的信任，所以，我只想坦白地对你说出我的意见。

德日进虽对此有疑问，但这是出于他一贯严谨的治学态度，后来随着周口店又陆续出土了一些无可置疑的人类化石，德日进立即投身于周口店的工作之中。

鉴于周口店有如此惊人的发现，安特生与步达生一方面向洛克菲勒基金会申请了资金，以支持周口店的发掘工作；另一方面又与翁文灏合作建立了新生代研究室，由中外学者合作研究周口店遗址，德日进被聘为研究室顾问。周口店于 1927 年 4 月正式发掘，1929 年 12 月 2 日，裴文中挖出了第一个“北京人”的头盖骨。年底，德日进与杨钟健完成了周口店的地质与古生物的初步报告——《周口店洞穴层简报》，这是对 1927 年系统发掘周口店以来的头 3 年的工作总结。报告简要地介绍了北京人遗址的发现经过，周口店地区的地质、地貌概况和 3 年来对北京人遗址的发掘过程，北京人遗址含化石堆积地层划分、堆积时代以及周口店各化石地点的时代序列等问题。

其中值得一提的是德日进和杨钟健在报告中将北京人遗址含化石的堆积物自上而下分为10层。他们根据动物群的性质，确认这套堆积的时代“明显地属于更新世”，“无疑地比黄土期动物群古老，而且性质几乎完全不同”，但又“清楚地比三门期的泥河湾动物群年轻”。他们的研究成果为后来的周口店研究以至华北的第四纪地质学的研究打下了坚实的基础。50年代，贾兰坡根据中华人民共和国成立后的发掘，接着德日进和杨钟健划分的10个层，又向下划分了第11—13层和其下的“底砾层”。近年来，又有人根据探坑的资料，继续分出第14—17层，其中第14层相当于“底砾层”。由第13层以上的整套含化石堆积，时代上均属于中更新世，即德日进和杨钟健报告中所说的“三门期”与“黄土期”之间的一个时间单位，亦即通常所说的“周口店期”。这个在半个多世纪以前得出的结论在今天看来，基本上是正确的。

这一篇报告为研究北京猿人遗址揭开了序幕。从1929年第一个“北京人”头盖骨的发现到1937年七七事变之前，周口店每年都有重要的发现，出土了大量的动物化石、打制石器及人类化石。德日进为他能赶上这样的好机会而感到兴奋不已。他说在他一生的科学生涯中，有过几次偶然的好运气，恰好正值由于人类化石的发现而使古人类历史真相大白的关键时刻。他经常亲临周口店挖掘现场，带着行军床，完全同中国人生活在一起。在这段激动人心的日子里，德日进的主要任务是负责地质和古生物的鉴定和研究。这段时间也是他学术生涯中的黄金时代，野外考察之暇，德日进便埋头著述，发表了大量的科学论文。其中关于周口店的有：1932年与裴文中合著《北京猿人的石器文化》，1934年与裴文中合著《1933—1934年间周口店的新发现》，1936年著《周口店第九地点的哺乳类化石》，1938年著《周口店第十二地点的动物化石》。这些研究成果对了解中国更新世“周口店北京人动物群”的性质以及“北京人”的生活环境都提供了十分可靠的材料；为中国第四纪哺乳动物以及旧石器时代文化的研究奠定了基础，使中国在这些领域的研究从一开始就具有世界先进水平。

德日进对确定北京人用火的问题也很有贡献。周口店第1地点用火的研究始于1929年。在此之前，发掘中时常出土有色骨骼、鹿角及黑土，但却未引起足够的重视。1929年，裴文中主持周口店的发掘工作，在德日进的启迪下，注意收集用火遗迹材料和石制品。1930年底，德日进将采到的有色碎骨和鹿角带至巴黎，与法国史前遗址出土的烧骨作了对比研究，并得到步日耶的首肯，还在巴黎作了化学分析，证明鹿角和骨片的颜色非有色金属污染，是燃烧的结果，内含游离的碳。次年，将周口店鸽子堂出土的黑土拿到北京协和医院，又请人做化学分析，所得结果与巴黎的一致，黑土实是灰烬。从此，学术界承认，北京猿人是懂得用火的古人类，把人类用火的历史提前到距今40万—50万年前，刷新了远古人类用火的历史纪录。

新生代研究室虽为发掘周口店而设立，但它的工作并不仅限于周口店。在周口店工作之余，德日进多次与杨钟健同行到山西、陕西、内蒙古、新疆、东北等地考察，在他们多次合作中，杨钟健深感德日进知识之渊博及人品之高尚。杨钟健在1931年出版的《西北的剖面》一书的序言中写道："四次旅行，都与德日进同行，他为人的诚恳和蔼，观察自然的精敏，治学的小心和他伟大的丰富的学识，不但知识上得了许多帮助，而人格上也受他深刻的感化。同他旅行，实是一种愉快，令人可忘征尘之苦。"

对德日进来说，与中国科学家的合作使他感到非常愉快。他在家信中写道："我之所以感到这里（指中国）很有吸引力，并不是因为我能传入被他们所排斥的宗教或是西方的影响，而是因为我能克服重重障碍，和完全不同类型的一群人在一起，站在真正人类的脚下，追求我们共同的真理目标。"

20世纪30年代的北平，在地质与古生物学领域是人才荟萃的国际学术研究中心之一，来自世界各地的知名学者，如步达生、师丹斯基、安特生、斯文·哈定、谷阑阶、魏敦瑞等，再加上中国学者如丁文江、杨钟健、裴文中等，先后聚集在北平，密切合作，使我国的地质学、古生物学一起步就具有国际水平；新生代研究室也因此成为当时世界上著名的古脊椎动物与古人类研究中心，培养了一大批中国自己的古脊椎动物学专家。可以这样说，我国当前古脊椎、古人类的研究方法仍是20世纪二三十年代周口店的继续和发展；由新生代研究室发展而成的中国科学院古脊椎动物与古人类研究所，在目前国际古脊椎动物与古人类研究方面保持先进地位。

德日进在华期间，足迹遍及大半个中国。仅在1960年出版的《中国脊椎动物化石手册·哺乳动物部分》一书中，由德日进发现或研究的动物化石就有6个目，82种。除此之外，德日进对地质学也有很多研究。在地质学方面研究最多的是新生代地层，其他方面如地文、地貌、岩石等均有研究。从目前看来，这些工作虽然有些粗略，但在中国地质学尚处于初步发展的阶段时，这些工作有着奠基意义。

德日进虽是个地质古生物学家，但于考古也很擅长。如1924年著《中国北方旧石器时代文化的发现》一文，对河套地区水洞沟、清水营、萨拉乌苏河、油房头等地出土的石器一一作了论述，至今仍是研究中国华北旧石器的重要参考文献。德日进对于石器的发现与收集也有独到之处。1932 年在参加中法考察团的归途中，尽管气候恶劣，德日进仍能经常发现史前石器。他的队友这样评价他：“他不时地停住车，下车拾起一个又一个的石器。他那锐利的眼睛能在风化的灰土地上发现最细小的石器。”

四、沦陷区坚持工作

七七事变之后，在中国北方进行野外考察已不太可能。但德日进仍于 1937 年 12 月参加美国“中亚考察团”远行缅甸一带进行考察。1939 年底，德日进回到天津，此时华北已沦陷，且天津英法租界当时已被日军封锁。为了避免日军的骚扰，更好地开展研究工作，德日进与北疆博物院代理院长罗学宾（桑志华已于 1938 年回法国）将北疆博物院的主要藏品（除陈列室保留不动，笨重的岩矿标本、浸制标本、昆虫和植物腊叶标本仍留在原处）及实验室仪器设备于 1940 年 6 月迁往北京，在东交民巷台基厂三条三号当时法国大使馆处租借了一幢楼，成立了地质生物研究所。罗学宾任所长，德日进因其被流放的身份，不能任职，只是担任名誉主任一职，手下还有汤道平（地质学家）与罗伊（植物学家）两人。

由于日寇的侵略，周口店的发掘工作于七七事变之后就完全中断了。新生代研究室由于名义上是中国地质调查所和美国在北京设立的协和医院两家合办的，因此在 1941 年太平洋战争爆发前，新生代研究室作为协和医院的一个附属组织，仍在坚持工作。其时杨钟健与卞美年已离开北平去了长沙，坚持在新生代研究室工作的也只有裴文中与贾兰坡等。1941 年日美宣战后，协和医院也被日军占领，存放在协和医院娄公楼里的标本遭到了很大的破坏。不久，新生代研究室的人员被遣散，新生代研究室也随之瓦解。当时法国由于被希特勒占领后成立了贝当伪政府，德日进已成为被占领国的海外遗民，兼之地质生物研究所又挂了“私立”二字，因此避免了日本人的干扰。

被日军占领的北平，条件极其艰苦，活动范围也很小，德日进还深陷丧国与被逐的双重悲哀之中。然而，就在这种恶劣的环境下，他仍能坚持研究。同时由于新生代研究室已停止工作，为及时将研究成果报道出去，地质生物研究所开始定期出版刊物。德日进的几本重要专著也于这一时期问世。

1941 年著《中国的早期人类》，德日进根据他在中国多年的工作经历，对中国早期人类生存的环境、背景及后裔的分布等问题作了详细的分析，为我国古人类学的研究作出了重要的贡献。

1942 年著《中国北部上新世和更新世晚期的新啮齿类》，对来自泥河湾、包头、榆新盆地及庆阳的啮齿类分别作了详细研究。

1942 年德日进还与罗学宾合著《中国哺乳动物文献》一书，把 1942 年以前在中国发现和研究过的哺乳动物文献都收录在内，这本书至今还是研究我国哺乳动物化石的工作者必不可少的工具书。1983 年，我国古脊椎动物学家李传夔与丁素因在美国用英文发表了《中国早第三纪哺乳动物化石文献》，实际上就是德日进的《中国哺乳动物文献》一书的续篇。

长期的野外考察工作使德日进成为一个闲不住的人。虽然不能出远门作地质考察，但德日进还是尽量使自己多多接触大自然。他和法国大使馆的一些人员经常在星期天去北京西山郊游，这时他总是带上地质锤考察岩石碎片，估计地层的年代、层位等。他在家信中写道："我又恢复了地质工作，在西山我和朋友们野餐的有限范围内，我发现了一些有趣的问题。星期日的探险已成为惯例，每星期做些野外工作使我感到又年轻了许多。"这种每星期的野外考察也使德日进有所收获，他发表了《北平西山的起源》与《北平附近发现的一种双翅目昆虫化石》等论文。

在沦陷区那些艰难的日子里，德日进以其乐观的态度鼓励、影响着周围的人，使大家安然地迎来了第二次世界大战的结束。

1946 年，第二次世界大战结束后，德日进两袖清风地回到欧洲。地质生物研究所也随之解散，但研究所的大批标本一直下落不明。后来天津博物馆在整理北疆博物院的旧档案时，发现了一份"地质生物研究所存放于中国地质调查所新生代研究室标本清单"，是 1946 年 6 月 20 日由新生代研究室副主任裴文中开具的，清单上所列标本共 11775 件，共分 4 大类，17 项。清单最后还附有简短说明："以上所列标本，在我们的私人管理下，现存在于新生代研究室。这是取得了他们的同意。其使用权要等罗学宾、德日进神父再回北平时为止。"

这批标本当时完全可以归还给天津的北疆博物院，但德日进没有这样做，在中国 23 年的科学生涯使他和中国科学家结下了深厚的友谊，且深知继承他的科学事业的人是一批中国科学家，而不是天主教会。因此德日进用这种托管的方法，将采自中国的一批重要标本巧妙地归还给中国。尤其是在当时抗战刚结束，新生代研究室正处于百废待兴的阶段，以前的标本被日军毁坏了很多，德日进归还的这批标本及时地弥补了一部分缺陷，对新生代研究室的后期工作起到了一定的作用。

五、“现代的先知”

虽然德日进一生都在忙于考察地层、研究动物化石，然而在他内心深处却从未停止过对于宇宙、人类与宗教的思考。前面说过，他在哈斯丁攻读神学期间，读到了柏格森的《创造进化论》之后，便开始对演化理论大感兴趣。1911 年，他首次对传统二分法提出不同看法，认为精神和物质、灵魂和肉体、意识和本能并不是两种敌对的东西，而是同一整体的两种属性，是宇宙同一素材的两面。1919 年，他的哲学思想中的主线已经明确：将宇宙及人都视为演化的过程。

在这之后，繁重的工作、辛劳的旅行，这一切都使他感到心灵上的孤独，但这种孤独并不会使他的心枯萎，相反，他追求深刻的孤独，希望和自己独处，好清楚自己内心深处的渴求。

就这样，在骆驼背上，在漠漠荒原中，在喧闹的人群里，他都能安详地独自思考。同时，他还是一个敏锐的自然观察者，在大自然的递嬗演变、沧海桑田中，他看到的却是一种完整的和谐，并从中体验了永恒。永恒是德日进生命与思想的根源与动力，也是他不屈不挠的奋斗目标。

然而，他也绝不是一个孤芳自赏的人，他为人亲切、随和，善解人意，有一群真诚的朋友。在北平的岁月里，他与朋友们共同探讨问题，在知识的领域里，没有国界，没有隔阂；智慧的火花相互激发，心灵畅通无阻地交流，使德日进原本宽阔的胸怀在这里获得长足的发展，他的开放的世界观便因此而确立。他相信人的互相合作，认为只有集体的组织和知识的交流，才有发展共同前程的可能。

在流放中国的岁月里，他走遍了荒漠，这块古老大地上的时空演变给了他意想不到的灵感。于是他愈发相信演化的事实，1926 年，他写道：“在学术上，我一直对地质学上的技术研究感到有趣，因为在地质学上还有许多等待解决的问题。但是，特别在这一二年来，我却逐渐把史前史的研究转到现代人性的问题上来。我逐渐发展出一个颇为清晰的念头，认为人乃是大地现象的极致，他就是地质过程和伟大生命之流的巅峰。换句话说，我发现了地质学的人性发展。”

德日进生活在一个充满疑虑与困惑的时代。他目睹了现代主义的危机，被不公正的政治斗争赶出了自己的国家。当他达到成年时，正赶上 1914 年可怕的第一次世界大战。几年之后，他又看到在苏联十月革命的热潮中，维持了几个世纪的社会结构崩溃了。他本可以退缩在他的寂寞中保持沉默，然而他的所作所为恰恰相反，他深深感到说出、写出自己的思想是他不可推卸的使命。于是，在繁重的研究工作之余，他伏案疾书，尤其是在外出乘船旅行时，他更是灵感如泉涌。终于，他一生中最重要的哲学著作《人的现象》1940年在北平脱稿。在这部书里，他实现了自己所追求的三重的综合：物质（物理的世界）与心智（精神的世界）的综合、过去和未来的综合、复杂众多和统一单独的综合。限于篇幅，笔者在此只能作一简单介绍，也许读者能从中领略到德日进思想火花的一鳞半爪。

德日进认为，生命现象的深处有一个“内在”存在，并且有史以来就存在于自然之中。宇宙中的万事万物不仅具有其物质的属性（外露），同时具有其精神的属性（内涵），外露与内涵的共同属性是构成宇宙的基本“原子性”。物质的“外露”遵循物理学统计规律，由太初同性质的基本粒子逐渐复杂并集中，从电子、质子、中子至原子再至分子，在不同的层面（圈）上构成各种不同性质的物体；而物质的“内涵”——意识的基本元素，也与物质元素一样在太初是同质的，随着时间而逐渐复杂和集中，产生不同的性质，内涵的高度集中与内化即产生生命和意识。在此，德日进提出了复杂性与意识之律。

他认为精神具有很大的能量，并且假定能的本质都是心灵的。他把能量分成两类：切线能和向心能。切线能将宇宙中同类的其他元素（同样复杂性和同样集中程度）联结在一起，向心能把元素本身带进更高的复杂性和集中程度——即向前推进。向心能是切线能的函数。“若有一部分的切线能表现出来了，则组成的颗粒很显然会与邻近的颗粒一齐增加它内在的复杂性（因为它的集中程度自动地增加），由此而增大它的向心能，而后者就跟着反应而造成了切线部分的新安排，由此而衍生不已。”

宇宙间能量是守恒的，按热力学第二定律，整个宇宙处在不断的“熵化”之中，终有一天，所有能量全部转化为热能，整个宇宙达到热平衡而出现“热寂”。对此，德日进的解释是：向心能是不受熵的束缚的，它与切线能互相辅助、互为因果。在演化过程之初，切线能支配向心能而占据主动地位，宇宙表现为物理的世界。由于物质在不断演化中逐渐集中和复杂化，便有许多潜在的切线能释放出来，以增加内在的向心能，使它逐步成长，并导致了意识的出现。一旦意识诞生、思想形成之后，向心能开始指引切线能，此时宇宙不再受热力学第二定律的约束。随着演化的发展，向心能不断增大，反过来又增加了演化的进程。

整个宇宙的历史是一种逐渐转变而且朝一定方向发展的演化，演化是一种集中的、进步的、不可逆的过程，可以看作是一种生生不息的成长。宇宙间存在着统一的重复体和未组织的纷纭体，两种东西的竞争形成不停的演化，其程序是：发散、收敛和突现。

最初的宇宙是大爆炸后形成的发散状态，在切线能和向心能的共同作用下，各种原子收敛并突现出分子；分子再发散成各色不同的分子和同分异构物，在这中间继续收敛并突现出细胞；细胞的繁殖、代谢便代表了另一次的发散，然后经由众多细胞的累积而开始收敛的过程，从而突现出植物和动物。人也是在这种过程中诞生的。人类出现后，由于思想的形成，演化开始觉醒，开始关心自己。于是从人开始，宇宙的历史转入收敛的阶段。最终，整个宇宙收敛至一个奥米加点（Ω，希腊字母的最后一字，有终了、最后之意），这便是终结的实现。

在这里，德日进向我们描绘了一幅宇宙演化史的蓝图。由于他的蓝图涉及人类未来的发展方向问题，因而他被很多研究者戏称为“现代的先知”。然而，他曾多次说道：“我并不想解释世界，仅是将人作为一种现象……我也并不试图在宇宙万物间发现一个本体论和因果关系的体系，只是提出一种假说，或许可以此来说明宇宙间万物的现象。”因此我们虽然不能完全赞同他的观点，但也无妨介绍他的理论。也许他真是一位逾越时代的先知，也未可知也。

六、第二次流放

第二次世界大战的枪声刚刚停止，德日进就乘上第一艘从远东运送各国人员回国的船只回到欧洲。通过步日耶的帮助，他很快准备迁居南非，那儿刚发现了南方古猿的化石。1947 年，正当他即将踏上旅途时，却因心脏病发作而难以成行。

此时距德日进第一次被逐虽已 20 多年，但教会并没有解除对德日进的禁令。1947 年他被警告禁止从事哲学论文的写作；1948 年秋天，他第一次访问罗马，以期获准参加竞选法国学院教授的职位，然而教会仍然无情地拒绝了他；1950 年，他将《人的现象》一书修订为《人之动物群》，重新申请出版，也被驳回。这些禁令使德日进在法国的处境日渐艰难，最终导致了他的第二次被放逐。1951 年 11 月，德日进以 70 岁的高龄，又一次背井离乡来到美国，从此定居于纽约。

德日进在 1948 年访问美国时，曾接受温纳 - 格伦基金会的签约资助。迁往纽约后，德日进于 1951 年开始着手他在基金会的工作：一是继续组织人类化石的研究工作（人类起源方面）；二是开始一种完全新型的研究，旨在科学地发现并证实他所说的在人类向前进化过程中的“收敛”；三是从人性在生物收敛过程中的角度，继续他对基督学和基督徒的思考。

1951 年与 1953 年，德日进两次远渡重洋，亲自去南非作实地考察，并发表了《南非史前研究的新进展》《南方古猿在动物学上的地位和进化上的重要性》等论文。与此同时，他作为一名国际古人类学家正在受到重视，他的名望在不断上升。1953 年 6 月，德日进从南非归来时，经罗马特许，在巴黎作了一次关于非洲和人类起源的学术报告，听者蜂拥而至。这又激起了反对者的狂热，结果迫使德日进不得不缩短在法日程，匆匆回到纽约。

在旅居美国的几年间，德日进一直活跃在美国学术界，他经常巡回各地作演讲、开学术讨论会，并不断有论文发表，他一直工作到生命的最后一刻。1955 年 4 月 10 日，在一个春天的傍晚，德日进因心脏病发作而永远闭上了他那智慧的双眼，这一天恰好是复活节。

（作者：舒群）

参考资料

[1] Teilhard de Chardin and F. Licent. On the Geology of the Northern， Western and Southern Borders of the Ordos， China [J] . China：Bull. Geol. Soc. Vol. Ⅲ . 1924.

[2] Teilhard de Chardin. Fossil Man in China and Mongolia [J] . New York：Natural History，1926.

[3] 贾兰坡，黄慰文 . 周口店发掘记 [M] . 天津：天津科技出版社，1984.

[4] Claude Cuénot. Teilhard de Chardin [M] . Burns and Dates， London，1965.

德贞

（John Dudgeon，1837—1901）

德贞

东西方医学文化的交流使者

> 英国医士德贞，在中国京都施医，历年十有余载。亲医病躯十数万，经验多而阅历深。奇异怪症，疗治极多。前在同文馆曾为医学教习，上而王公巨卿，下而农工商贾，几莫不知施医院有德大夫者。
>
> ——艾约瑟:《益智新录》1877 年 12 月

德贞，字子固，英国苏格兰格拉斯哥人。1862 年获格拉斯哥大学医学院外科学硕士。1863 年受伦敦会派遣来华，在芝罘行医传教，1864 年进京主持伦敦会医学传教事业。在北京 30 余年，英医德贞“素负时名，中国亲王大臣，及各国驻京钦使，无不与之缔交，同深仰望”。他一生结交的不是权倾朝野的王公大臣，便是有开明思想的政治文化精英。晚年，他时常出入李鸿章相府商讨中英外交事务，还受邀为外媒撰写时事评论，同时替晚清亲王大臣和列强驻华外交大臣提供政治与外交咨询，据称他是在北京知名度仅次于赫德的外国人。

虽然，德贞在 19 世纪是享誉中外朝野的“良医”和名人，但如此声誉并未延续至 20 世纪，近代史的研究中很少有提及德贞的。因为他较早脱离伦敦传道会，所以在医学传教的研究领域中他始终被边缘化；因为他是以医生的身份参与到晚清西方知识传播的大潮中，译解的内容只限于医学，又过于注重最新技术的介绍，而不是社会大众可以读懂的科普作品，致使思想文化史的研究学者只能对他的译作视而不见；更因为他是一名医生，国际关系和外交史研究者也就不会在乎他的意见和行为。

然而，德贞留下的历史遗产，他在近代中外医学文化交流中产生的效应，远超过他作为京城“名医”的影响力。这可由历史来证实：1865 年，他在北京创办第一所近代化医院——京都施医院，即为对中国近代医学产生重要影响的协和医院前身。1871 年，德贞受聘总理衙门，出任京师同文馆第一任医学与生理学教习，同文馆医学班日后并入京师大学堂，就是如今北京大学医科部（原北京医科大学）的前身。由 1870

年代始到 1890 年代末，德贞持续 20 年在传教士主办的中文报刊上撰写医学专栏，介绍解剖学、生理学和临床医学技术，开启近代医学科学的入门教育，从而在思想领域上影响到当年维新志士和清廷开明士绅。由医院临床、医学教育和身体知识传播三个层面考察，作为首位进入清宫和清官场的西方医生和医学教习，德贞为帝国统治者作了近代医学的知识启蒙，并协助清政府奠定了中国医学近代化的早期模式。

30 余年来，德贞还“专岐黄，力学不倦，于华洋古今图书无不考索研究，探其精蕴”，他在欧洲医学界演讲中医健康之术、在英文医学杂志发表探讨中医论文，主动承担着将中国的健康理念和医疗方式介绍至西方世界的责任。由此，德贞曾被欧洲汉学界视为难得的医学汉学家。

一、誉满京城的名医和良医

1864 年 3 月 28 日，德贞抵京主持管理施医院工作，同时兼任英国使馆和美国使馆的私人医生。1865 年，德贞将医院从英领馆迁出，在哈德门大街上的火神庙内创建北京第一所近代化的医院——京都施医院，因门前竖有两旗杆，在京城以双旗杆医院闻名。医院的名声不久传进清宫廷，当时就有传教士预言：

> 医院很快接近王室，来就诊的都是大官，满人贵族、宫廷太监和皇室成员，还有蒙古王子和公主，他们都接受西医疗法。哪天他被唤进宫去为天子治病，我也不会感到惊奇。

历史事件往往源自某种偶然，奇迹发生在 1867 年。

总理衙门大臣谭廷襄的 9 岁小儿贪玩，用洋铳射伤自己，“洞穿腹膈，气已濒绝”，德贞被急召至谭府抢救，不到 10 日小孩便“肌理如初”。这位原先对外国人颇有微词的朝廷重臣多次亲赴施医院拜谢德贞，并请总理衙门另一大臣董恂手书“西来和缓”以“酬匾额以旌其术”。

无独有偶，这年，德贞又碰到另一位至关重要的病人，或者说是武英殿大学士贾桢遇到了贵人。1866 年秋，贾桢陪同治帝去东陵，因坐在颠簸的轿子里长途旅行，身体右边轻度瘫痪，不能走路和书写，吃饭和说话都有问题。第二年春天，延请德贞治疗，贾桢不久就能写能说，还能灵活用筷子。他也多次去医院送匾拜谢德贞，据说他对德贞医院内的摄影棚和幻灯片颇感兴趣。从此“德公之大名乃洋溢于中国”。

其实，偶然成功的背后一定有必然因素的存在。在遇到两位中国达官之前，德贞高超的医术早已风闻北京，“凡有奇险之症皆延医士看视，痊者恒多”。更因医院无富贵贫穷之分，以致“求治者踵相接”，日平均收治病人达 100 余人。医院还为京城儿童免费接种牛痘。1866—1867 年白喉、麻疹和斑疹伤寒等恶性传染病先后侵袭京城，德贞率领医院全体人员投入抢救。白喉爆发时，德贞与助手们进行了 1000 例以上的手术。1867 年北京爆发斑疹伤寒，德贞因连续抢救病人，感染上肺炎和伤寒。此外，作为关注人类健康的人道主义者，德贞一踏上中国土地就将禁鸦片烟当作自己的责任，几十年如一日地关注北京鸦片烟瘾者，免费收治病人帮助戒烟，发明戒烟丸，进行病理研究，发起组织在京外籍人士开展戒烟运动，成为 19 世纪传教士反鸦片的代表人物之一。

显然，德贞的名声不是靠两例案子建立的，只是贾桢和谭廷襄两人成就了德贞为 19 世纪最早进入清官场和清宫核心圈子的西方医生。同治皇帝就因贾桢获治而知晓德贞，据德贞回忆，当年他曾送疫苗进宫给同治接种。不到十年，德贞的医术使“多亲王公侯俟，六大臣素信服。年中来就施医者均计约有万人”。有一次，丁韪良正绘声绘色地描述德贞如何娴熟地切除一位年轻人喉部肿瘤时，大学士沈桂芬插嘴说：“哦，是的，我早就知道了，那病人是我的一个堂弟。”名医德贞成为京城王公贵族乐意结交的外邦友人，刑部尚书崇实和总理衙门大臣崇厚兄弟俩是德贞的朋友，谭宝琦亦是德贞的好友。那时，常有显赫尊贵的皇家马车停靠竖着双旗杆的医院大门前，载他去皇亲国戚家中抢救病人、施行手术，或是饮茶聊天。

1877 年，德贞与曾纪泽相识，尔后成为终身挚友。曾纪泽以为“德君专精医术，求诊者接踵于门，刀圭所投，嘘枯起废”，并成为清廷中只信西医不信中医的另类。他不仅将全家的医疗保健托付给德贞，还积极引荐德贞给荣禄、李鸿章和恭亲王。1877 年春天，荣禄腰部生一枚瘿瘤，请名医无数，终难见效。曾纪泽向荣禄推荐德贞，荣禄自述当时“以中华之医但能奏效，即无须重烦德君，故迟迟未果”。然前后“医家已数十易，皆以不效退追”。至第二年冬天，“患处腐溃方圆七八寸，洞出三十余孔”，荣禄只能请德贞上门手术，二次共割十九刀，荣禄自述“患处日见起色，疮口之见收缩，七十日而平复大愈”。他赞叹德贞医术是“精深绝妙，竟克臻此，夫乃叹人之少所见者”。

1875 年，德贞第一部医学著作《西医举隅》出版，崇实以“良医与良相”为主题作了一番议论。他以为德贞是位有着国际主义精神的良医，“英国德子固医师，不远数万里来京师，施医十余年间，活人无算，而绝不受一钱，仁人君子之用心在斯乎”。中国士大夫在德贞的身上看到他们信奉的儒家精神：道德、良心、诚心和仁义。中国文化的基本元素镌刻在德贞日常生活中，体现在其交友与诊治病人的过程中。以至德贞第一次回国休假时，《万国公报》连续二期刊登欢送对联：“送英国良医德公子固回国对联”，因“多人恋恋不舍”，特意告诉中国读者，“先生大约二三年仍可来华，以慰众望者之雅意耳”。

良医德贞获得中国士大夫的赏识多少缘于个人因素和良好的社交能力，但若要获得社会大众的普遍认可却需要长期积累与道德磨炼，所谓“仁、诚”都是出心而起，自然天成。当年，谭宝琦因其侄获救而与德贞相识，但他对德贞的真正认识却建立在另一个基础上，“予于公余之暇时相过从，见求治者踵相接，无富贵贫穷，悉与施治，无德色，亦无吝容，孜孜焉以济人之利物为念，盖其居心慷慨、秉性慈祥，由以天授者然也”。德贞对待贫富病人一视同仁的态度是他赢得中国士大夫尊重的根本原因。丁韪良曾引用一句拉丁成语描绘德贞，Aequo pulsat pede regum turres，Panperumque tabernas（absit omen！），意为他既能走入穷人的陋屋，也能进入帝王的殿堂。所以在医院除了有伦敦会感兴趣的各省贵族、皇城官员、清皇室、太监、文官、商人，还有大量的市民、农民、兵勇、乞丐都愿意尝试外国药物的功效。1869 年，德贞无偿救助当街剖腹自杀的山西青年，之后又在山西人集聚的城南“骡马市大街”设诊所，德贞的名声和西医术随之传到山西等内陆省份。就连远在上海的市民报纸《点石斋画报》都有良医德贞无偿救治穷人的报道，并评论称：“夫西人诚心济世，医院之设几遍天下，而实心办事。”

二、创建中国现代医学的早期模式

中国医学现代化始于 19 世纪西医传入，这意味着中国医学现代化是与西方医学在中国的传播相伴而行的。18 世纪末 19 世纪初始，西方医学表现出由内向外扩张的趋势，被医史学称为“西方医学世界扩散”，它波及地区包括非洲大陆、以中国和日本为主的东亚、以印度为核心的南亚以及东南亚地区，在这些区域通过设医院、办教育、译书立说，以改变当地文化中传统的身体知识、健康与疾病观念和求诊治疗方式，从而构成以西方医学科学为核心的新医学模式。

西医在中国传播沿三条途径展开：一是医学传教士筚路蓝缕开拓出的知识传播、医院医学和医学教育；二是作为清政府自改革运动内容之一的同文馆医学教育，创建中国特色的医学教育模式；三是留学生归国后，在新政权的支持下建构的中国现代医学模式。时间上三条路线是有重叠的。德贞是前两条道路上的开创者和建设者，京都施医院的成功和同文馆医学教育的流传有序便是明证。

1. 医院医学——以施医院为例

1865 年，德贞以 1100 两银子买下火神庙，又花了 200 两银子进行装修，他将一座中国式的建筑改建成近代化的医院，“医院漆得漂亮优雅并具装饰风格。庙宇式的建筑风格使得画笔和刷子有足够的空间表现色彩和图形，并产生强烈的视觉效果”。医院空间分布按专业功能设计，共有 5 个高大、宽敞、通风良好的大厅，分为候诊室(女宾室和贵宾室、普通人)、诊室、可容纳 60 位病人的病房、药房、学生和助手宿舍、厨房等，共计 30 余间房间。这样规模和标准的医院与同时代欧洲的医院已相当接近了，而“高大、宽敞并通风”的建筑特征，完全符合 19 世纪西方正蓬勃兴起的卫生概念的医院模式。

19 世纪后半叶，施医院因德贞出色的医德和医术而闻名京城，施医院寺庙式建筑群和医院门前的木制双旗杆，被赋予精神和文化的色彩，成为医德和现代医学科学的象征，演绎为人文精神物化的标识。1900 年义和团进京攻打东交民巷时，曾经免费救治了无数中国平民百姓的施医院并未幸免于难，和其他教堂一起被焚毁。1906 年 2 月 12、13 日，来自格拉斯哥的伦敦会传教士科龄在京都施医院原址附近开设了协和医学堂，协和医学堂由一组建筑物构成，医学堂的大院入口处重新竖立了双旗杆。1915 年美国洛克菲勒基金会向伦敦会收购了协和医学堂，更名为北京协和医学院。同时购买哈德门大街上与原协和医学堂相对的豫王府，新建北京协和医学院，建筑设计风格是仿造寺庙和宫廷建筑，并在总入口处安置了双旗杆。1925 年出生于医学传教士家庭的加拿大公共卫生学教授兰安生，受洛克菲勒财团委派负责开拓协和医学院的“公共卫生教育”，他选取一座废弃的寺庙，创建协和医院公共卫生中心，“就像德贞一样，将一所旧寺庙改变成了一所医院”。1937 年协和第 29 届毕业生鲍依琴在长沙“依德贞和兰安生为先例，将医院和护士学校设在一所改建的旧庙里”。

今天，安插在水泥墩中的不锈钢双旗杆依然竖立在作为中国现代医学的标志性院校——中国医学科学院和中国协和医学院的门前，对协和医学院来说，寺庙式的医院建筑和双旗杆标识，这一可视性的标志其实是一种精神理念的传承、文化遗产的物化表现，它已融入学校文化与学术传统中，是为协和医学院人文精神的体现。只是很少有人知道这一精神传统源自“良医”德贞的这一史实。

2. 医学教育——同文馆的医学班

同治十一年（1872），德贞受聘同文馆医学与生理学教习，中国官方医学教育由此开始。但中国官方医学的发展依然要经历一番曲折，德贞虽在馆内讲解“体骨”知识，但未列入正式课程，只是选修课。“至于医学未列课程者，盖非诸生必由之径，或随时涉于体骨等论，以广学识，或俟堂宪谕令而专习之皆可。”中世纪西方医学院的教学是与医院完全脱离的，自法国大革命后，西方的医学教育和医学科学发展才与医院结合，形成医院医学模式，医学院的解剖学教授往往由医院外科医生担当。早期同文馆的医学教学颇有中世纪西方教会医学院的风范，以身体知识讲解为主，没有临床和实验室内容。

德贞从不是一个按常理出牌的人，他一方面以同文馆为社交平台，广泛结交总理衙门大臣，建立互相信任的朋友关系，从而登堂入室成为他们的家庭医生，逐步纠正他们对西医的看法，进而转变他们对同文馆医学教育的态度；另一方面，充分利用同文馆教育体制存在的空间，坚持将选修的医学课变成常规课程。主管总理衙门大臣毛昶熙曾记录德贞授课的场景：

> 余每至馆中，见其与生徒口讲指画，剖析疑义，虽素不解医，未敢断为悉当，而所言雅有理致，娓娓可听。

同文馆考试分月考、季考、岁考和每三年一次大考。资料显示，除了光绪二十三年（1897）大考，该年德贞已从同文馆退休，其余岁考和大考记录中均有医学科目，不仅如此，德贞连例行的月考都不愿放弃。

显然，德贞从未将医学课排除在正式课程之外，相反，教学内容和方向都有缜密的规划与设计。同文馆的医学以“体骨学”为主，他从形式上规避了中国士大夫所担心或者是还不能接受的“解剖学”的实质内容——剖割身体以解读人体脏腑构造，也没有坚持按医学科学的实验方法讲解生理学知识和生命运动的功能，一切围绕着文字和图谱展开，他编写相关教材，如《论心》《论运血之器》《哈斐论》《运血之隧道》《脉论》《目睛论》等，最初发布在《中西闻见录》上，后结集成册为《西医举隅》。1875年，德贞编著的解剖学彩色图谱《身体骨骼部位脏腑血脉全图》出版，列为同文馆教学参考书。1881 年，在《万国公报》上连载《续西医举隅》和《西医举隅》，以解剖学内容为主。1886 年，同文馆隆重推出德贞译著的解剖学巨作《全体通考》，该书以当时英美医学院最流行的解剖学教科书《格氏解剖学》为底本。19 世纪 80 年代后期，同文馆设过一个生理班。德贞以《克雷克生理学》为生理学教科书，这是英国著名生理学家克雷克在 1848 年出版的《生理学手册》，是为英美两国医学院经典教科书，同文馆所用的生理学教材与欧美医学院是同步的。

营养学研究是 19 世纪医学实验科学运用临床治疗的另一重要成就，1872 年德贞已将蛋白质、胃酸、脂肪的概念和消化之化学原理教给学生。1881 年德贞在《万国公报》刊发营养学知识，系统讲解“消化”与营养的原理，像“消磨食物次第之行径”“考论食物之损益”。同文馆后期医学教育已涉及临床医学诊治。现存的同文馆考试记录可论证医学教育程度与教育成果。

同治十二年（1873）医学岁考的题目如下：

一、论脑之大端，并其关窍分布，以及胪列贴着之各头骨。

二、论大脑下面之各部分，由前及后。

三、论大脑之体质内，由上以及下，自前而向后。

四、论九对脑气筋，由前及后与散布之各处（并按其各对之功用述其名目）。

五、论第五对脑气筋发源处，与其散布并其筋结。

六、论髓道筋之大略，按其脊骨分布之节次以及反感之理。

七、论百节筋之大概。

这样的问题属于现代医学院解剖学第一学期的大考试题，涉及大脑结构、器质、脑神经走向、脑神经功能和神经结以及脊髓神经等内容。由现存考题分析，同文馆学生接受的是系统的解剖学教育，涉及骨学、肌学、脉学、神经学、消化系统（包括内脏器官）、感觉系统、泌尿系统等现代解剖学知识。

医学于大学教育和国家进步的重要性，对晚清大臣和知识分子产生了很深影响，医学与天文、算学、格致和化学，一同列为泰西各国的富强之本。1903 年，同文馆被分成两部分：译学馆和医学实业馆，并入京师大学堂。这一门起初并未列入正式课表的医学课在德贞与同事们的努力下，成为同文馆所有科学类教程中最有生命力、最具持续性发展能力的学科，最终使医学进入晚清政府的大学教育程序中。

当年，同文馆总教习丁韪良曾认为，西学东渐的所有学科中，“西医会是最早在中国生根，获取成功的学科”。如今，北京大学医学部（原北京医科大学），其前身便是京师大学堂的医学部，而它的历史最早可上溯到1871年开始的京师同文馆医学教育，时间仅比教会医学教育晚了20余年。

三、旧学新解：身体知识的现代解读

身体知识重新解读首先开启了西方医学的近代化历程，以人体为解剖主体的《人体之构造》一书于1543年出版，其核心精神是将人放置在解剖台和手术台上，以人为本探究生命的本源、身体的结构与功能及疾病的根源，从而颠覆盖伦经典而被视作是人类科学史上的里程碑，影响到欧洲思想启蒙，推进医学近代化。

西方解剖学早在17世纪便被介绍到中国，但直至19世纪50年代英国医学传教士合信译著的《全体新论》出版，才让中国人真正了解人体知识，其对中国知识界的冲击并不亚于《人体之构造》对欧洲社会的影响。只是《全体新论》是一部针对中国读者的知识结构而设计，将解剖学、生理学和临床知识混为一谈的初级教科书，更由于作者的传教士身份，书中甚至涉及部分神学知识。此后，北京、上海、福州和广州等地的传教士和医生在当地政府或是医院的资助下开始解剖学和生理学的译介工作。

但在19世纪的中国，身体知识介绍必会涉及两个问题：一是如何在译介过程中摆脱西方宗教神学对解剖学和生理学的影响，作科学意义上的完整传播；二是如何解决身体语言及知识的转换，在学理上突破中医固有的脏腑学理论，以解剖学和生理学理论取而代之，但在语言上全盘放弃中文的身体术语显然是不可行的。《全体新论》未能解决的问题，同样困扰着当时的传播者们。

德贞是这个行列的先驱者和开拓者之一。

1. 由“全体”到“解剖”的进步——以《全体通考》为例

德贞在同文馆授学时：“始自全体而发论，继由脏腑以相因，至于人身之骸骨，次序、名目，中西迥别，莫或折衷，乃取中华《洗冤录》，察阅人身骨格全图，与其部位名目。考核之余，而讹谬歧出，不胜慨然。”于是从1873年3月起他在《中西闻见录》上连载“洗冤新说”。沿袭《洗冤录》的体例，由西方验证科（法医学）设立发展史和律法制定过程开始，过渡到介绍身体正常与非正常结构、不同生命周期的人体特征，讲解法医鉴定方法和标准。并出示“洗冤录骨骼全图”和“全体骼骨图”，留给读者充分的空间比较中西方身体知识的差异，以此介绍西方人体解剖学知识。在那个时代，由中医经典切入介绍先进的解剖学知识不失为一种智慧之举。

1879年，德贞选择《格氏解剖学》为底本，以《洗冤录》《医林改错》和《医宗金鉴》为中文参考书，着手翻译。自1881年起，他陆续将其中的内容以《西医举隅》之名刊发在对维新人士影响最大的中文报刊——《万国公报》上，是其唯一的医学专栏。1886年，德贞的译著在荣禄等众多清廷高官的推荐下，由同文馆出版，题名为《全体通考》，计18卷并附18卷图谱。作者除完整翻译原书外，还补充了两项内容，使《全体通考》所阐述的身体知识和内容远超其底本《格氏解剖学》：一是从《大英百科全书》转译"解剖学史"，介绍西方解剖学发展历程，指出西医科学的进步与人体解剖学的发展、思想解放有密切关系，以"解剖学志"刊列书首；二是对书中的相关内容添补背景知识，如新名词的发明史、欧洲各国对某些疾病状态的不同解释、不同传统和社会风俗对身体行为的影响，时而还就中西医的不同解释作比较说明。与同时代其他医学译著不同，《全体通考》非教会出版物，是晚清官方出版的第一部解剖学教科书，同文馆聚珍版，印刷装帧精美华丽，售价昂贵，堪称19世纪的解剖学巨作。

《全体新论》问世后，中国知识界便开始流行一个新术语——"全体学"，至20世纪初，以"全体"为名出版的解剖生理著作不下十种，1896年梁启超编《西学书目表》，创新中国近代书目分类法，他在"学"类目下新增一栏"全体学"，特标明为身体知识的学科，特别与"医学"区别对待，最晚到1904年，中国学术界和清官方一直以"全体学"指称"解剖学"。换句话说，在20世纪前中国并不存在"解剖学"，而只有"全体学"。

以"全体通考"命名的这部著作，却出人意料地在封面上列出"解剖学志"，并在全书中特别标出"解剖"和"解剖术"，以夹注的形式描述所论器官、血管或肢体骨骼在身体中的解剖位置，或是在该部位如何施行解剖的方法与路径，如标在"总脉管弓"上方的"解剖"说明："如察此弓，须割胸骨两边肋脆，将其骨自下上提，由胸骨与锁柱骨交接之处锯之，则开其胸，须看其胸骨上边与项根大血管之连属。"

那么，"全体学"与"解剖学"的差别在哪里？德贞解释说："解剖学，专为割断人身之各处而言。"同为身体知识的学问，但方法论却有天壤之别，"全体学"只讲身体结构，不涉及"割断人体"的基本方法和解剖学思想，不崇尚解开人的"身体"，而以科学的方法探求"人体"和"生命"的本质。19世纪的中文解剖教科书基本以身体结构和形态的描述为主，很少涉及观察身体的方法和手段，更不要谈探察的技术。德贞选用的“解剖”一词既有传统词语中“剖”“割”和“切”的意思，表示对身体施行“剖”“割”，同时又赋予该词新的技术意义，使这个古老的汉字与科学的人体观察和方法联结在一起。“解剖术”重点是在“解”，解开身体的形态、解释生物结构和形态、指点探究生命的方向和方法。仅这点便可以将《全体通考》与同时代其他解剖学译作区别开来，同样是翻译“全体”学，前者除了对身体构造进行描述，还注入了科学研究的方法和观察生命的解剖学思想，后者则主要以身体结构和形态描述介绍为主。《全体通考》使用“解剖”“解剖术”“解剖学”和“解剖学之父”等相关术语，阐述解剖学的学术特征，如此庞大复杂的学科知识，显然不是“全体学”能一言以蔽之的，而“解开”身体而非“保全”身体的思想更是与“全体学”一词所演绎的意思完全悖离。

《全体通考》的出版，喻示着中国人的身体认知，由“全体”知识迈向了“解剖”科学。

2. 旧学新解：由“脉说”到“血液循环”——哈维《心血运动论》的最早译本

英国医生哈维将实验与定量方法应用于医学研究，对心脏和血液的性质、功能及运动规律提出一套与传统不同的理论，创新地将血液运动的根源归之于机械作用——心脏肌肉收缩，于 1628 年发表《关于动物心脏与血液运动的解剖研究》（简称《心血运动论》），引导医学由经验时代走向实验时代，开创了西方医学的新时代。然而，当西方医学来到中国，时间已过去 200 年了，作为生理学基本内容之一的血液循环论，并未获得传播者的特别青睐，哈维及其学说只是一般生理学常识，传教士和医生更注重甄别人体结构中中西知识的差异，指证中医脏腑学说的错误。倒是我们后来的研究者在《全体新论》等诸如“全体”的著作中爬梳，努力寻找维萨里和哈维的“血液循环”的踪影，并惊喜地发现这些西医“新说”在晚清已传入了中国，却不知在 19 世纪的传播者看来这只是旧说而非新知。

不过，德贞对待哈维和“血液循环”的态度却是另一个例外，他的处理方式是：旧学新解。

1870 年，德贞在《教会新报》撰写了不足百字的小短文《论血房血管》，这是中文最早关于哈维及“血液循环”的专题介绍。3 年后，已任职同文馆的德贞，花了大量的笔墨重点将哈维推荐给晚清的候补文官，1873 年 12 月在《中西闻见录》上发表《哈斐论》（哈斐，即哈维）之后，他一篇篇地将《心血运动论》译成中文。1628 年《心血运动论》在伦敦出版，全书共计 17 章，第 1 章是对传统观点和前辈工作的回顾，第 2—5 章是在活体解剖基础上对心脏结构及其功能的论述（其中第 3 章是论述与心脏血液流动相关动脉的结构与功能），第6—8章讲解血液运行的轨迹，提出血液循环运行的观点，第9—16章讲解“血液循环”的论证过程，第17章是观点总结。德贞将《心血运动论》分解为5篇文章翻译编写，观点回顾的第1章，收入上述《哈斐论》中。之后，德贞在《中西闻见录》上陆续刊登《论心》（1874年3月），是对第2—4章的编译，《论运血之器》（1874年7月）是对第5章的编译，《运血之隧道》（1874年5月）是对第6—8章的编译，《脉论》（1874年10月、11月、12月，1975年1月四期连载）是对第9—16章核心内容的编译。

何以德贞会与其他传播者不同，对哈维情有独钟？这与他个人的研究旨趣与传播取向有关。德贞是那个时代罕见地将科学史放在重要位置上的医生和传播者，无论是在西医科学的译介过程中，还是在讨论中国医学时，他必将学科起源放在首位，叙述其学术渊源和发展轨迹。前述《全体通考》所附“解剖学志”就是明证。近代医学是门推陈出新、日新月异的学科，新发现和新发明不出几十年便成常识，或成为“旧学”而不为学界重视。德贞却更愿意在梳理学术脉络的同时，在“旧学”中寻求学科和科学思想进步的真谛。《哈斐论》与其说是哈维个人传记，不如说是一部近代生理学发展史讲稿，“昔有医士哈斐者，乃英国人也，生于前明万历六年。术精岐黄，初西医不明心血运行之理，惟彼发明前贤未发，至于全体之功用，昔人俱以揣摩悬想，皆无实据。逮到哈斐出，始稽真凭，有所征验，至于心血之运行，恒籍肺脏之呼吸，以及荣养一身之故”。作者介绍在哈维之前，已有学者发现肺循环和控制血液回流的静脉瓣，“自明光宗元年（1620），哈斐曾画其血运行之圈，至九年复验稽考、确凿有据，始记录其事于小簿”。而哈维提出的观点，“多与古人大相违背”，学术界和社会各界诋毁纷起，批评讽刺之声不绝于耳，原先的朋友“皆视之为蒙腐之谈，不足以传世”。25年后，西方各学馆才开始遵从哈维的发现。德贞总结出哈维对近代医学的三大贡献：一是推翻传统心血运行依赖肺脏呼吸的观点，提出心血运动，这一发现至今未受到科学上的质疑；二是发现事实的方法，即“始积真凭，有所征验”的反复实验方法；三是哈维的发现对西方医学进步的创造性贡献。

显然，德贞并不想作知识的简单传播，除了告诉读者哈维是谁，血液循环是什么，还想讲讲哈维是如何发现血液循环的，为什么他在科学史上有如此重要的地位，“凡含生血之气之类而其全体之功用，全赖心血运行之理，自其倡论之初，诚创始之基耳，以即于今三百余载，中后有特出之士，无能愈其规范焉”。这便是为什么在德贞的译作中无一例外地会增添《解剖学史》和《哈斐论》的缘故，将学科的源起、技术发明和方法改进、学术纷争与流派传承、宗教与文化习俗等影响医学进步的各项因素和步骤都梳理得清清楚楚，传播知识的同时展示知识何以形成的道理。

对尚且不了解西医学基本内容却又求新若渴的晚清知识界，如此精心地解释医学发明史和科学思想史等旧学，德贞的目的何在？他是想激励中国医生能像西方医学一般在变通中求发展。他以“访考医术（指中医——作者注）二十余年”的经验，指出“华邦医道，始于岐黄，其术非无可取，其法非不可遵”，但痛惜“中医固守旧者，相去不啻霄壤也”。他以为“夫古人亦人也，既有智慧创医道之粗迹，我亦人也，独无才能探医学之精微，非所以重民命而福苍生也”。他作史以论证源于周贞定烈王时期的西方医学与中国医学一样有悠久的历史，同样存在过“一成不变”的问题，他以中医常用的临症术语“滞于彼必不通于此”描述千年不变的西方医学，但后世学者和智者以为“古今时事不一宜乎，古未必合乎于今，彼此嗜好不同”，于是改变千年来的泥古思维，求变通以谋发展，此为西方医学发展之真谛。德贞相信这一道理同样适合中国医学的发展，“昔我泰西亦复如是，恒囿于前辈，范我驰驱，从有立异者，莨不群起攻之，咸以为轻易古法，离经背道，得罪于先贤，其杜撰之罪，为尤大也”。

由中医“脉论”着手讲解血液循环论，是德贞“旧学新解”的另一创新。30余年来，德贞还“专岐黄，力学不倦，于华洋古今图书无不考索研究，探其精蕴”，比较东西方医学之精髓，寻找东西方医学会通的可能。旧知新解的方法早在德贞撰写《洗冤新录》已开始尝试，前已有论述。

按晚清的新医学术语，西医血液运行理论称为脉学，中医亦有完整的脉学理论，这是两套完全不同的理论体系。德贞发现“哈斐论血行之理与中国数千年医家所论血脉之书丝毫不同，察中国书中，在三千年以前，即知血脉运行之说，至于精微之理，与其往还之隧道，今概茫如也”。如何让中国读者理解血液循环理论？德贞暂将西医脉学放置一边，著《脉论》先讨论既有的中医脉学理论，他采取哈维对付传统西医的方法，列举中医各家的脉学解释，揭示出其中自相矛盾的地方，借朱熹之口说出当今流行的所谓脉学原理有悖《内经》传统，因为后世医家误读了经典，他以排除法论证传统的错误，以“辩中医论脉之非”，再以十大试问举证中医脉学中的矛盾和难以理解的内容，比如：

试问脉居两手分寸之地，何以能诊候五脏六腑、十二经之症？试问两手寸关尺，勿论或血或气，原本一管，何以能内以候脏、外以候腑？试问浮芤滑实弦紧洪，何以定为七表脉？言凡见此七脉者，皆属外症。云芤类慈葱，乃脉象空虚之候，又云滑为脱精，空虚脱精之候，均非表症。

辨别中西脉学差别之后，德贞开始“专言脉理之正”，介绍“规矩准绳候脉之新法”，论证“血液循环”之理，强调是血而不是气在脉管中流动，其核心内容为《心血运动论》的第9—16章。如此，以两年时间，德贞逐步将哈维理论完整地介绍给中国知识界，亦是《心血运动论》最早的中译本。

1875年出版的《西医举隅》便是以此5篇文章和《洗冤新录》为主要内容，该书集中体现了德贞在西学传播中坚持的旧学新解的核心精神。

四、中国人的健康与治疗艺术

19世纪在华传教士和医生普遍会关注中国医学，目的便是指证中国医学的错误，并以拯救者的身份出现，以将中国百姓引出无知和苦难世界的名义，顺理成章地以西医取代中医。结果使中国的知识界对守护自己身体有着千年传统的医疗方法丧失信心，群起而攻之，批评的声浪较当时西方医生有过之而无不及。然而，在1884年伦敦举行的“国际卫生展”上，德贞告诉欧洲人，中国这个古老的东方民族在生活和保持健康、预防疾病、避免危险方面有许多课程值得我们学习。

德贞一向对中国医学文化和养生之道充满研究兴趣，他的态度是尊重科学，曾自喻“访考医术二十余年”，阅读了大量中医经典和朱子理学等经学著作，甚至读过朝鲜的《东医宝鉴》。1869年11月至1872年，德贞在《教务杂志》连载《中国的治疗艺术》，共计10篇，介绍中国的医学经典和疾病观念。其间，他甚至还觅到机会进入太医院参观。或许是为了更好地讲解“血液循环论”，他细致研究中国脉学。他指出“华邦医道，始于岐黄，其术非无可取，其法非不可遵”。19世纪“霍乱”盛行于世，德贞考证了中医文献中关于古代霍乱的论述，指出其并非现代意义的传染病霍乱，他由《内经》开始，考察华佗、孙思邈、朱丹溪和李梓的医学著作，指出“在我所查看的文献记录中，没有任何人提到霍乱的传染性。而在印度的记录中，欧洲1817年以来的所有报告中，传染性却是这种天灾最为突出的特点”。

1877年德贞在北京出版英文著作《中国的疾病》，介绍中国人的就诊习惯、疾病观和治疗原则，中国的生态环境和生活习俗与健康的关联，作者认为疾病的发生发展是与种族、环境和生活方式相关的，对传染病的预防与控制，除药物手段外，食物、住宅、婚姻、风俗等都会对此有所影响，他试图寻找出发生在东西方不同的传染病以及同样的疾病产生不同结果的原因，并比较了东西方的不同情况，以告诫西方医生不可随意将西方的卫生观念运用到中国对付传染病，相反倒是可以借鉴东方的生活方式和养生手段。

1869 年起德贞担任北京地区海关医生，负责撰写当地健康卫生报告，从 1870 年到 1875 年他提供了 9 篇报告，是最早由西医和公共卫生视角记录的 19 世纪北京生态环境。德贞批驳那些在北京享受着阳光和舒适生活，却不断抱怨卫生环境差的外国人：

> 我们应该高兴能住在中国大城市的中心，而其他外国人就享受不到了。因为这里尽管温度多变、夏季如热带般炎热、冬季如北极般寒冷，但干爽的天气、少雨少雾多晴的日子居多。这样居住环境，使得我们身体健康，免受那些会夺走整座城市居民生命的瘟疫侵扰。

德贞说："很多人告诉我，他们的身体状况在欧洲一直都不曾好过，但在北京他们几乎就没生过一天病。"1874 年，德贞向一家驻北京的人寿公司介绍中国最适宜健康的城市就是北京。在对北京与健康相关的环境和物质生活调查与研究的基础上，1884 年德贞在英国出版《中国人与健康相关的饮食、服装和住宅》一书，从中国的食品原料和食物结构、服装面料与舒适度、建筑材料与结构、暖气与通风、城市照明、卫生设施与下水道、葬礼和尸体处置、学校、街道、戏院、消遣娱乐和家庭关系等多重方面，全面展示中国人日常生活的物质基础和保持健康的方法。提出西方人借鉴中国健康生活的观点，亦是从此阶段开始，德贞对中国和中国医学文化的倾向更趋明显。

19 世纪 90 年代，德贞将注意力集中在对中医文化，尤其是中医外科学的研究上，他发现晚清中国有位具备近代意识的解剖学家——王清任，1894 年他将《医林改错》译成英文登在《博医会报》上。德贞对王清任与《医林改错》的研究始于 19 世纪 80 年代，他翻译《全体通考》时主要以这本小书为中文参考书，而书中有些术语便是借鉴王清任的，同时指出王清任的错误，如"胰"，传统中医将其与脾合为一谈，没有专门的名称，当时的中文译著中将此部位称为"甜肉"，但德贞从《医林改错》中发现王清任对此器官是有标识的——总提，只是将它与脾的位置弄反了，德贞便在《全体通考》中列出正确位置，并示明该器官又名"总提"。1895 年德贞又选取《医宗金鉴》的部分章节翻译，刊登在《博医会报》上。同年他从同文馆告退，将注意力投入中国养生术和气功学的研究。他寻出25年前的文章《功夫》，对照原文《万寿仙术气功图谱》重新翻译，1895年在《北京东方学会刊》以《功夫——医学养身术》为名发表，共分为两部分，第一部分是从医学角度对中国健身运动和方式的研究和介绍，第二部分译自道家《万寿仙术气功图谱》，他复制了道家的养生健身操，后更名为《中国的治疗艺术》出版，此书被认为是最早以英语介绍道家养身术的作品之一。该书1986年在美国再版。

1895年《北京东方学会刊》另载德贞的《中国的饮料》长文。

“中国的饮料”分为“茶”和“酒”两部分。沿袭其一贯的作风，德贞从历史和风俗角度介绍中国的饮食文化，比如茶的各种不同特性和饮用方式，茶的经销，茶的化学成分和营养价值的分析，中国历史文献中与“茶”相关的记录，中国文人对茶和品茶文化的描述、撰写的茶诗等，他由章杏云的《饮食辩》谈到陆羽的《茶经》，他还对中日两国的茶文化交流作比较研究。德贞对茶的民俗文化表示出强烈兴趣，显然，他经常去中国的茶馆店，饭店随时有茶供应，不同层次人享用不同的茶。他说中国下层百姓喝茶就像西方人喝咖啡一样，“他们通常在大街上喝着茶，就这样度过整个夏季”。此外，中国传统饮料和果汁，如酸梅汤、桂花茶、龙眼汁、橄榄汁等都在德贞的介绍范围内。从中国饮用习惯、茶文化和饮料品种等方面，介绍中国的养身之道，他发现中国人饮茶习俗是对近代卫生观念的挑战，中国人没有喝生水的习惯，从而使他们有效地避免了传染病，夏天中国人只喝凉开水和冷茶，所以不经过近代卫生概念的洗礼，中国人一样可以保持健康。

德贞从生态学和文化人类学的角度研究中国人的生活方式和医疗习俗，探究中国人的养生之道，指出中国的饮食文化和卫生习惯有优于现代医学和卫生学的地方，值得西方人借鉴，他甚至认为“因生活在纯净的空气下又享有良好的食物，北京穷人的生活和身体比伦敦同阶级的人要好”。这一见解引起当时英国医学界的关注和重视。当代学者以为，德贞欣赏的是中国人个人的健康方式，但中国真正缺乏的是公共卫生。

1884年，德贞脱离伦敦会，以英医身份在北京生活工作。晚年专注研究中国医学文化，并深切关注中英外交关系。1901年他在北京去世，终年64岁。

在华38年，德贞一直生活在晚清的政治和文化中心——北京，他经历并参与了晚清政府试图重建中国社会、经济基础和文化力量的洋务运动，可以说他个人的医学生涯，直接影响到晚清医学走向近代化。他的努力和无私曾赢得19世纪中国学者的尊重："今德君积数十年之学力，孜孜矻矻，得千古不传之秘，乃不自藏为枕中之宝，而登之梨枣，传播将来，其度量之宏，岂在良相下哉？既服其执艺之精，而尤叹其居心之厚也。"

同时，德贞还尽其所能向西方世界展示中国医学文化、养生艺术和医学伦理精神，以"旧学新解"的方式开创近代以来东西方医学跨文化传通的先例，探索既存传统医药文化和卫生习俗与新兴医学知识间的互动，发现彼此间的相似性和普适性，并寻求可能的学术会通。

英医德贞，堪称 19 世纪东西方医学文化的交流使者。

（作者：高晞）

参考资料

[1] 德贞. 西医举隅 [M]. 北京：京都施医院，1875

[2] William Scarborough. Medical Mission [N]. Fuzhou: The Chinese Recorder. May-June, 1874: 142.

[3] 德贞. 全体通考 [M]. 北京：同文馆聚珍版，1886.

[4] 丁韪良. 花甲忆记：一位美国传教士眼中的晚清帝国 [M]. 沈弘，恽文捷，郝田虎，译. 桂林：广西师范大学出版社，2004.

[5] 德贞. 施医信录 [N]. 教会新报，1870(3)：5.

[6] Address and Papers, Dedication Ceremonies and Medical Conference. Peking Union Medical College History Sketch and Description of Building [M]. Peking: Peking Union Medical College Spet. 1922.

[7] 德贞. 脉论 [N]. 中西闻见录，1874(10).

[8] John Dudgeon. Diet, Dress, and Dwellings of the Chinese in Relation to Health [M]. London: 1884. Printed by William Clowes and Sons, Limited, 258.

[9] Dr. John Dudgeon's Report on the Physical Conditions of Peking, and the Habits of the Peking as bearing upon Health [N]. The Customs Gazette Medical Report. Shanghai: July-September, 1872: 39.

[10] J. Dudgeon. The Disease of China, their causes, condition, and prevalence contrasted with those Europe [M]. Glasgow, 1875.

谭卫道

（Jean Pierre Armand David，1826—1900）

谭卫道

法国来华博物学家

谭卫道（或译作谭微道、戴维、大卫），法国动物学家、植物学家，天主教遣使会会士，第一位到我国西南青藏高原边缘山区采集的博物学者，第一个系统探索远东地区的西方植物学家。第二次鸦片战争后，他到中国传教十余年，其间到内地进行了三次考察，收集了大量的动植物标本和活体。著名的大熊猫、金丝猴、麋鹿、珙桐等物种，都是经他首次进行科学的描述和命名，而后引入欧洲，并轰动欧洲。

一、青年时期的谭卫道

1826 年 9 月 7 日，谭卫道出生于法国巴斯克地区的埃斯佩莱特的一个上层家庭。他的父亲多米尼克是一名医生、镇长兼法官。一个哥哥继承了父亲的职业，成为了一名医生和律师。另一个哥哥则去邻镇当了一名药剂师。妹妹婚后一直居住在埃斯佩莱特。舅舅阿勒苏埃是一位律师，也是谭卫道的教父。谭卫道的家庭温馨、和谐，日后他在中国旅行时，经常流露出对家的想念。

在谭卫道的成长过程中，他的父亲起了很大的作用。多米尼克先生不仅社会地位优越，而且热爱自然，还常常亲自辅导幼小的谭卫道学习，并传授大量的医学与科学知识。在父亲的教导下，谭卫道打下了扎实的自然科学功底，而且还能长途跋涉去探险。谭卫道在中国旅行期间，数次罹患疾病和遭遇危险。正是从父亲那里学来的关于鼠疫、斑疹伤寒、天花、麻风病、狂犬病、霍乱、痢疾和疟疾等医疗知识，帮了大忙，数次拯救了性命。而舅舅阿勒苏埃是对谭卫道影响较大的另一个人，谭卫道的名“Armand”，就是他起的。谭卫道也很喜欢这个舅舅，甚至用他的名字命名一种鸟类。

幼年时，谭卫道就对自然界着了迷。其他小朋友在做游戏，而他却在追蝴蝶、挖甲壳虫，或者是爬到附近的山上，收集野花和石头。12 岁时，他被送到拉赫邵赫的小修道院学习和生活了6年。在校期间他学习勤奋，成绩优异，在自然科学方面也表露出天赋。业余时间则经常回家看望父母，而且喜欢到学校附近的山上观察动植物。

谭卫道最初来到修道院，是被该校的学术声望所吸引。但在他快要离开这里时，决定要做一名传教士。此时他年龄虽小，但已经喜欢上教会生活。他每天都做祷告，并将这个习惯一直坚持了下去。后来在中国时，不管是在长江中的船上还是在蒙古戈壁荒漠上的帐篷里，他都会做早晚两次祈祷，只是在仪式上会有所简化。

20岁时，谭卫道去了巴约纳大修道院学习。1848年，他加入天主教遣使会。1851年，成为遣使会的正式成员。谭卫道早就希望到国外传教，恰逢意大利里维埃拉的萨沃纳学院紧缺一名自然科学老师，于是他就到那里，向高年级学生教授自然科学。谭卫道本来的目的是在这里“待上几天”，以帮助解决萨沃纳学院的一些困难。结果一待就是10年，甚至让他有点措手不及：“迫于需要，我的神学课程还没结束，上司就派我去意大利了。”

在意大利期间，他经常去野外考察，并把收集的动植物标本当作插图展示给学生们看。由于他自然科学知识渊博，为人果断、谦虚，甚至有点腼腆，而被认为是一个善于开导学生的良师。受他影响，他的一个学生达尔伯特，曾到美拉尼西亚去探险。另一个学生马基·多里亚则创建了一个自然博物馆。

尽管在这里过得惬意，但有一个愿望一直萦绕在他脑海里——去遥远的东方传教。早在1852年11月2日，刚到萨沃纳神学院不久，他就写信给他的上司道：“我一直渴望能够有机会去拯救远东的异教徒。正是这种愿望，促使我成为一名神父，并加入了遣使会。我已经27岁了，希望能尽快有机会去远东、蒙古等地，以了解当地的语言、文化、地理气候。”

恰逢《中法北京条约》于1860年签订，法国政府打算扩大其在华的影响力，推出了一系列计划，其中之一便是要求天主教会去北京创办学校，以培养本土神职人员，并成立专门针对年轻教士的小修道院。耶稣会主要负责上海，遣使会则负责北京。

1861年，谭卫道前往巴黎进修，并成为一名正式神父。得知教会需要派传教士去中国开展工作，借此机会，他欣然接受这一任务，并开始为去中国旅行作准备。他相信，这么多年的教学工作，使得他一定能胜任这个使命。他首先拜访了孟振生主教。孟振生建议谭卫道去拜访儒莲—— 一个著名的汉学家、法兰西学院院士。儒莲告诉谭卫道关于中国的自然地理知识，给谭卫道留下了深刻的印象。儒莲还发现谭卫道知识渊博，视野开阔，觉得有必要去充分“挖掘”一下他的能力，以便为更多的法国学者服务，于是向谭卫道介绍了一些学者。这些人都是皇家科学院的院士，希望谭卫道到中国后能为他们搜集一些材料。谭卫道欣然答应。不过，他也明白，他是以一个传教士的身份去中国的，传教才是他的第一要务。

这里值得注意的是教会和法国政府之间的密切关系。在奔赴中国的传教士里，相当多都是受官方支持的，谭卫道也一样。法国政府和巴黎自然博物馆将支付他的全部费用，并且提供各种各样的服务，包括但不限于医疗、法律、交通以及其他传教士的帮助等。对于天主教会是否作为法国 19 世纪的殖民工具，一直都有一些争论。如果站在民族主义的立场，那么教会显然是西方列强对华殖民的强力武器。但若以传播福音的视角来看，许多传教士的事迹却也是可歌可泣的。但是，不管怎样，在大多数中国人眼中，传教士的的确确是法国政府的帮凶。

二、在中国的三次旅行

尽管谭卫道在奔赴中国的路上遇到了不少麻烦，但相对于前辈们已经好很多了。1862 年 7 月 5 日，谭卫道到达北京。他来到北堂（今天的北京西什库教堂），打算在教会的学校里建立一个自然博物馆。由于教会学校位于南堂（今天的北京宣武门天主堂），于是他便转去那里。

1. 清朝环境

中国有数千年的历史，融汇了众多的民族。由于历史、地理及文化的复杂背景，每个民族都有自己独特的语言。即便是同一个民族，在不同的地区也有着不同的方言——尽管这些方言所用的书面文字相同，但发音却差别很大，甚至完全无法通过语音交流。即便清政府把普通话作为官话并强力推广，但不是每个人都能听懂，特别是在南方，存在着大量的方言以及听不懂官话的人。不过，对于谭卫道将要面临的其他困难来说，这已经是最不困难的了。

而之所以有如此众多的方言，一个重要原因在于民族问题的复杂性。汉族占据主体，形成“大杂居、小聚居”的局面。各个少数民族甚至偏远的汉族几乎都有自己的政权，而且在很大程度上不受中央控制。尤其是在各民族之间或者在民族冲突严重的地区，土匪流寇横行。离北京越是遥远，土匪活动越猖獗——“山高皇帝远”。即便对于一个土生土长的中国人，长途跋涉的旅行也会是一件危险的事情。

而1862年的中国，刚刚经过第二次鸦片战争的炮火，腐败的清政府元气大伤，在西洋人的坚船利炮面前毫无招架之力，在平定内部动乱时也力不从心。清政府先后签订了《南京条约》《天津条约》《北京条约》等不平等条约，开放口岸，割地赔款。特别是《天津条约》，使得西方人开始有机会进入中国内部，而不再是少数沿海港口。而国内的太平天国起义、捻军起义、土匪割据等一时之间也风起云涌。清政府对传教士采取敌对态度，各地区、各民族、各社会阶层的人们也几乎是一致排外。不过，由于中国内部社会矛盾复杂，且过于分裂，无法形成一股强有力的力量去抵抗西方人的到来。

对西方人来说，中国内地刚刚向世界开放不过20年，大部分地区还是个未经勘探的处女地。

2. 在北京和内蒙古的发现

到北京后，谭卫道在教会学校里教授自然科学，业余时间学汉语。他也常到北京周边的草原、西边及北边山区采集物种，收集标本，为他的自然博物馆添砖加瓦。

在北京郊区的南海子皇家猎苑内，谭卫道意外地发现了一种鹿。这种鹿特供皇家打猎之用，受到严格保护。偷窃、捕杀是要判杀头的，谭卫道一度只能远远观望，连皮毛也摸不到。后来，他贿赂了一个满族士兵，便得到了一些毛皮和骨头。他发现，它的头像马，角像鹿，颈像骆驼，叫起来像驴，走起路来又像骡子。中国人俗称“四不像”，谭卫道称其为“大卫神父鹿”。1866年，在法国驻北京公使的帮助下，谭卫道利用外交手段“忽悠”了一个清朝官员，得以将活的麋鹿运到欧洲。这就是今天的麋鹿。欧洲社会对麋鹿产生了强烈兴趣。到1869年，英国贝德福德郡的乌邦寺仅有两头麋鹿，这一对也当是欧洲所有麋鹿的祖先了。

谭卫道将在北京采集的物种寄回巴黎，这些在中国人眼中看似平凡的生物，在欧洲人眼里却分外醒目。巴黎的学者们也意识到了谭卫道具有的出色才能，希望他能作进一步的考察。谭卫道本人也觉得这一带的生物多样性不是很丰富，应当深入内地探索一番。于是，在动物学家、巴黎自然博物馆馆长爱德华的正式委托下，谭卫道前往内蒙古考察自然地理环境，采集物种。

不过，想到要离开北京，他仍有疑虑，因为他一直觉得教会工作才是第一位的。经过激烈的思想斗争，他克服了心理障碍：“我的上司认为，考虑到宗教的间接价值，在工作之余，用一点点业余时间去为政府机构做点物种采集之类的科学研究工作也是可以的。”只是，这可不是一点点时间，谭卫道的后半生几乎都花在这方面的研究上了。

1866 年 3 月 12 日，谭卫道到内蒙古“几”字形黄河区域考察。这一路途经张家口、萨拉旗、渭水、乌拉山、呼和浩特、包头等地。其间，他得到了一个蒙古喇嘛的帮助。这个喇嘛一路上给谭卫道做向导。他原是佛教徒，后受洗入了天主教。后来谭卫道每谈到这一点，都显得很兴奋。

谭卫道对这一地区的土壤、动物、植被、宗教信仰以及生活习惯等进行了详细考察。令别人羡慕的是，他总是能够在毫无参考书的情况下，创造性地用各种名字为野生物种命名。他还打算去甘肃、青海探索，他认为，相对于贫瘠的蒙古高原，那里的物种可能会更丰富。不过，由于那里发生的叛乱，阻碍了他的进一步前进。

这次行程共收集了约 176 只家禽、59 只哺乳动物、1500 个植物标本和 680 个昆虫标本。这里没有高山，没有森林，之前在北京时他对这一地区的美好想象破碎了。

3. 探索中部与藏东地区

1867 年，谭卫道调养身体，把精力放在了北京的自然博物馆方面，但他一直期待能够再次去内地考察。于是在 1868—1870 年间，他以四川雅安为核心，考察物种丰富的中部、西南和藏东（现在四川）地区。雅安拥有非常丰富的生物资源，具有温带植物多样性之美，后来被列为国际生物多样性保育组织的重点地区。

1868 年 5 月 26 日，谭卫道从北京出发。抵达天津后，会见了驻天津的欧洲公使。谭卫道说：“当一个人离开家乡时，不管他来自哪个国家，他们都互相视为同胞，视为欧洲同胞。”后途经烟台，抵达上海黄浦。上海之大，令他震惊。6 月 24 日，谭卫道来到江西九江，遇到河水泛滥，难以航行，他便用 4 个月来探索这一地区。在这一地区，他共向巴黎自然博物馆寄送了 10 种哺乳动物、30 种鸟类、27 种鱼和爬行动物、634 种昆虫、194 种植物。

9 月，谭卫道因故回了天津一趟。10 月，再次回到九江，有 6 名传教士加入了他的队伍，沿长江而行，打算前往四川。这些人逆水行舟，水流急速，几次都差点撞礁。此外，有些当地人把他当作洋间谍，诅咒他，甚至在他的茶里面投毒。最终，谭卫道于 12 月 17 日抵达重庆。当时中国大部分人对传教士都抱有敌意，重庆的主教便要求谭卫道出门必须坐轿。1869 年 2 月 28 日，他抵达四川雅安地区的宝兴县（当时叫作 Moupin，距成都约 250 公里）。

在宝兴，谭卫道雇佣别人替他寻找植物，并花重金让猎人绘制动物出没地图。于是，他在这里“发现”了许多著名的物种，有大熊猫、仰鼻金丝猴、珙桐等。

其中关于大熊猫的发现有这样一个趣闻。1869 年 3 月 23 日，有猎人给谭卫道带来了一只小白熊，并以高昂的价格把这只熊卖给了他。熊本来是活的，但为了携带方便就打死了它。它全身是白色的，除了深黑色的四肢、耳朵和眼睛。谭卫道相信这一定是一个新种。数天后，他再次见到一只成年白熊，发现这种动物的体色不随着年龄的变化而变化，而且生活在海拔 3000 米、人烟稀少的地方。他还发现，这种熊夜间较为活跃，喜欢吃竹子和动物，而且在很久之前，这种熊曾经在喜马拉雅山地带大量繁殖，后来灭绝了。中国人称它为“山的孩子”，因为它叫声像小孩子。

谭卫道将大熊猫的标本寄往欧洲。于是，大熊猫这个神奇的新物种就这样被西方人“发现”了。宝兴为纪念谭卫道让世界知道了大熊猫，给他立了雕像，并且在沿河的栏杆两旁都雕刻了许多的动植物物种，这些雕刻所在地就是谭卫道发现这些物种的地方。

谭卫道还在这里发现了一种著名的猴子。1869 年 5 月 4 日，谭卫道的猎手们捕到 6 只长尾巴猴，谭卫道看到猴身上金灿灿的皮毛，仰天的、没有鼻梁的鼻孔，遂取名“仰鼻金丝猴”。他在绘画、瓷器中经常见到这种猴子，既美丽又奇特，之前认为它只活在传说中。谭卫道认为，金丝猴和大熊猫一样，都是中国特有的物种，而且它们都拥有高贵优雅的气质，便赞美它们是“中国艺术中的神，是令人推崇的理想的产物”。

在植物界有“活化石”之称的珙桐，也是由谭卫道在宝兴发现的。他在宝兴的山上发现，这种树的花小而色淡，花朵被包裹在两个大大的、白绿色的苞叶里面，苞叶又相互折叠在一起。远远望去，如同一棵树上挂满了数以百计的迎风飞舞的手帕，又犹如群鸽栖息，故被中国人称为“鸽子树”。在以后的一个多世纪里，全世界广泛引种，大量栽植，成为世界十大观赏植物之一。现北京的清华大学也已经成功引植。

除动植物外，喜欢鸟类的谭卫道还在宝兴发现了一些漂亮的鸟类。有一种白天鹅以谭卫道的名字命名：Cygnus Davidi。它的嘴呈红色，腿和脚为橙红色。一种猫头鹰 Strix Davidi，也是以他的名字命名。

统计下来，这次谭卫道共获得了 676 种植物、441 种鸟类和 145 种哺乳动物标本。在哺乳动物、鸟类、昆虫和植物等方面都取得了质和量的突出成就。

11 月，谭卫道发现了中国娃娃鱼。它体型巨大，体长达 1.8 米，能活 50 年，是两栖动物，令他惊奇。他还猜测，中国人把娃娃鱼用来入药，但很少食用，可能是因为这种鱼又白又臭。

1869 年 11 月 22 日，谭卫道结束了这次旅行，离开宝兴，计划返回北京。途经烟台时，听说天津发生了暴动。他在健康方面也出现了问题，于是他想尽快回国休养。后来谭卫道回到巴黎，数次向总统梯也尔提议，法国政府应当加强对传教士的保护。

当谭卫道抵达马赛时，正爆发普法战争。道路封锁，他便前往当年在意大利工作过的萨沃纳学院，尤其要看一看他当年储藏标本用的沃德箱，看将来在北京能否用得上。虽然战争令他伤心，但他在学院里见到了一些意气相投的学者，这倒使他感到欣慰。这些学者都有收藏标本的习惯。在学院的博物馆里，谭卫道阅读了最新的杂志，获悉了生物学前沿动向，尤其关注了达尔文的进化论。

战争结束后，谭卫道回到巴黎，第一件事就是参观自然博物馆。1871 年春天，植物园的教授埃米尔·布兰查德为谭卫道的旅行见闻写了一篇文章，发表在《两个世界》杂志上。同年夏天，谭卫道把部分藏品拿到博物馆展览，得到很高的评价。第二年，他当选为法兰西科学院的院士。

1872 年 3 月，谭卫道返回上海。令他惊讶的是，他在中国竟然也很有知名度了。他写信给他的舅舅说："自从我回到上海，这里的报纸都在谈论我，我都成了名人了。这让我感到有点烦。尽管这样，我也不能阻止他们。也许这事也有好的一面，只是我不喜欢这样罢了。"

4. 考察秦岭、江西与福建

谭卫道从法国回到上海后，对宁波、绍兴等地作了短暂的考察，然后经江西返回北京。在北京，他发现自然博物馆的一些藏品不见了，而且此时的新主教对博物学几乎是一窍不通，对谭卫道的经济支持也没那么大方了。

1872 年 10 月，谭卫道从北京启程，正式开启了在中国内地的第三次考察。这次出发他带了两个小基督徒做助手，这两个小家伙的任务是打猎。他们经过保定到达山西，沿黄河南下，抵达西安，考察秦岭。秦岭是温带气候与亚热带气候的分界线，是一个天然屏障，这一带的野生动植物物种相当丰富。1873 年 1 月，谭卫道来到了太白山。这是秦岭的顶峰，海拔约 3700 米。他在这一带停留了 4 个月，收集了大量的动物和植物标本，并且分析了当地的地质结构、鸟类迁徙、种群分布等。

他本想去甘肃看看，但发现那里一直处在动乱中，于是便沿汉水南下。但是，他作出了一个不幸的决定——带着他那数箱珍贵标本，乘船去汉口。结果，船超载，又遇急流，就撞上了礁。谭卫道奋不顾身，跳入江中，拼死挽救，可惜还是损失巨大。后来据统计，谭卫道的植物标本中，有一半毁于各种灾难。借助于一艘装载木头的船，谭卫道得以脱身，到达汉口。然后他顺江而下，再次抵达九江。

5 月，他沿陆路南下，经过南昌，到达抚州。由于天气炎热，健康状况开始恶化。他和他的助手都感染了痢疾，并发烧。他只好躺在床上度过了夏天。在这段时间，他对之前采集的标本进行了整理分类。

9 月，体力有所恢复，便去了武夷山，收获了不少新物种。11 月，病情加重，用他自己的话说就是，全身剩下的力气只够用来做一次礼拜了。经过一段时间调养，身体刚有了稍许恢复，紧接着又感染了肺炎，发了高烧，全身止不住地打战。他的助手也病倒了，他觉得是时候回法国了，就把标本塞进了 4 个竹制大箱子。不过，此时谭卫道对中国还有很多留恋，说道："我已经习惯了这一切。要我离开这个地方、这份工作，离开这些朋友们去开始新的生活，倒真舍不得。"对这次旅行的成果感到很失望，则是他还不想离开中国的另一个原因。而且之前他还打算在中国旅行结束后去日本、菲律宾、美洲考察。不过，他也意识到，继续留在中国对他的健康没什么好处，他已不再适应这里的气候。1874 年 4 月，他从上海乘船回到了法国。

总计下来，这次旅行的收获有 2 个大箱子，3 个小盒子，以及 9 个不同大小的袋子。单哺乳动物，就有约 35—40 个物种，其中有相当多新物种。在鸟类、爬行动物和昆虫方面，也有一定的收获。

三、谭卫道晚年的工作

谭卫道回法国时，带回了大量的动植物标本与活体。经巴黎自然博物馆清点，总计 2919 种植物，9569 种昆虫、蜘蛛与甲壳类动物，1332 种鸟类，以及 595 种哺乳动物。尽管有许多标本与活体毁在半路上，但这个量在当时来看，也是最多的之一，而且这些物种大都质量很高，具有重要的价值。这些物种遍布北京、内蒙古、秦岭、藏东地区，其中有相当多的新种。不过，他认为，尽管从中国带来了数以千计的在欧洲没有分布的物种，但这些还只是一小部分，在中国还有更多的物种尚未被发现。从此以后，他在对标本的分类、描述、展览和出版方面花费大量时间，部分珍品还赠给了天主教神学院。

巴黎自然博物馆的植物学家法兰歇对他的植物标本进行了整理。1884 年，巴黎马森出版社将研究成果出版成书《大卫植物志》，谭卫道为书作序。在这本书中，有两张彩页硬纸插图，上面画的是谭卫道带回欧洲的代表植物珙桐。

在法兰歇鉴定完毕后，谭卫道开始同法国博物学家德拉韦、法赫吉、苏利耶等人合作。他发现，有些种类，如杜鹃花、菊花、百合、梨、藤、报春花、悬钩子、金银花、葡萄等，都起源于中国西部山地，而之前这些植物被认为原产于其他地方。

巴黎自然博物馆的爱德华及其儿子阿方斯，都对谭卫道的工作表示鼓励，并同他合作。他们开展了一项复杂的研究，将成果出版成《哺乳动物的自然史应用研究——对动物分类的相关评论》一书，由马森出版社于1868—1874年间出版。这本书第一卷通篇都是在谈论哺乳动物，而且其中多数都是新种，是由谭卫道最早发现并带回巴黎的。

在鸟类方面，谭卫道也作了大量研究。一方面，他与博物馆的科学家乌斯塔莱合作研究，将自己所收集的鸟类标本整理分类。1877年，研究成果经马森出版社出版成书，书名为《中国鸟类》，两卷本，124张插图。这本书记载了谭卫道目睹的772种鸟类，其中的58种在当时是新种。在这700多种鸟类中，有470种鸟类的标本收藏在巴黎自然博物馆。另一方面，基于自己的研究，同时参考郇和对海南岛、台湾和中国东部的鸟类观察，以及俄国探险家普热瓦利斯基对中国西部的考察，谭卫道估算出中国共约有807种鸟类，其中甘肃、青海、宝兴等地的鸟类就占据了整个中国的四分之一。当然，他也认为，如果到中国西南地区作进一步的探索，这个数字还会大大增加。他还指出，在欧洲和中国都能发现的鸟类有185种，但是某些家禽和食虫鸟类在这两个地方不太一样。从美洲移民到中国的一些种类，在西欧也已有发现。在中国的候鸟中，有相当数量来自大洋洲、马来西亚以及印度。

此外，谭卫道还研究了许多爬行动物、软体动物、鱼类以及昆虫。他大约为100种昆虫起了名字，有些用他自己的名字，有些用学生的名字。

除科学研究外，谭卫道还呕心沥血地去培养年轻的传教士。他同世界各地的学者交流，其学识和品行令这些人感到佩服。许多人都希望能见到谭卫道，甚至当时的俄国王子都成了他的熟客。谭卫道送了这个王子一个漂亮的西藏花蝴蝶，作为回报，王子给了谭卫道一个大大的十字形珐琅。谭卫道后来把这个珐琅送给了埃斯佩莱特的教堂——当年他就在这个小教堂里受洗，并享受了第一次圣餐。

由于他在博物学方面所作的贡献，谭卫道获得了许多奖励。法兰西地理学会、学者联盟等学会联合起来授给了谭卫道一枚金质奖牌。法国政府几次要授予他荣誉军团十字勋章，但都被他回绝。有趣的是，官方后来在没有过问谭卫道的情况下，将这枚奖章强行授予了他。而且据说，由于谭卫道太有名了，以至于有人寄信给他的时候，收信人地址这一栏上竟然只写“巴黎，谭卫道”。

一个英俊潇洒的老者，迈着紧凑的步伐，长长的白发，脸嵌在其中，高高的额头下面嵌着一双深邃的眼睛，目光谦和，举止优雅，脸上永远都是微笑。他还善于讲故事，每每讲到他在旅行中见到的那些鸟儿的时候，就神采飞扬——这就是谭卫道在他的学生心中的印象，并使他赢得了每一位朋友的尊重。他最后一次回到埃斯佩莱特的时候，还做了一件令人印象深刻的事情：他训练了一只大蜘蛛，大得像拳头那样。他轻轻拍一下这只蜘蛛，它便撒腿，在房间里作自由奔跑状。然后他呼唤它，它就乖乖回到他身边。朋友们看到这一幕，都叹为观止。

在谭卫道人生的最后26年里，他都住在母亲的房子里，仅有几次外出旅行。1881年，他去了一趟突尼斯。两年后，又到了君士坦丁堡。1900年，他在巴黎去世，享年74岁。

在谭卫道刚回国时，巴黎自然博物馆的后花园里就已经多了80多种新植物，它们大多是由谭卫道在中国采集并寄回法国的，也有一些植物种子、根、茎，由其他人所得。植物园的期刊几乎天天都在报道这些来自异国他乡的新植物。不过，能远赴重洋在海外扎根的这些中国植物，毕竟是少数。谭卫道在中国采集的那些标本和活体，有一多半都毁在路途中了。有一些虽然没死在路上，但却死在了巴黎的花园里。还有一些虽然勉强活了下来，却无法适应新家，因无法繁殖而绝育。不过，这一切使人们更加相信，中国一定还有更多的尚未发现的新物种。

很快，在谭卫道之后，其他法国传教士继续了他未完成的工作。德拉韦到云南北部探索，发现了5300个物种，其中有1800个新种。法赫吉从四川东部带回了2000个植物标本，其中大部分为苏利耶在康定周边所得。同时，美国也向中国派遣了大量的植物猎人。这些人是洛克、福雷斯特、威尔逊等。他们造访了中华大地，采集了大量的植物标本、活体。而且此时移植植物的技术已大为改进，所以他们能够将大量的种子、茎、根运出中国。

四、谭卫道的博物学思想

谭卫道不仅在博物学实作方面作出了重要贡献，在环境保护、生态伦理、科学与宗教、博物学意义以及中华文明等方面也有自己的思想。

1. 对达尔文进化论的评价

1870年，谭卫道在欧洲发现，达尔文的进化思想已经开始引起一些人的关注。他发现达尔文主义有个优点——它在进化论和宗教中建立了一种桥梁。但是谭卫道否定物种变化，认为物种中存在着简单多样性。他怀疑道："不同的生物分布在不同地区，但这些生物之间都多多少少有些联系，或者多少有点类似。生物的这种地区分布特征对于维持自然的秩序和结构，起到了重要的作用。遗憾的是，目前还没有理论能够解释这一点。"他又进一步阐释道："可不可以这样认为呢？上帝创造一切生物。经过了缓慢的变化，它们逐渐分化为不同的属、种。在它们起源的地方，它们繁衍出多种多样的后代。"他观察了一个动物吞掉另一个动物的过程，感慨道："为什么上帝创造的生命总要死于暴力呢！而赎罪又来得这么慢。"

2. 对科学与信仰的思考

谭卫道具有虔诚的宗教信仰，并且这种信仰深深地影响了谭卫道的一生、做的每一件事、写的每一部著作。他早年在意大利教学时，就经常将学生们的注意力引导到上帝那里，以揭示造物主的神奇、上帝的恩泽如何遍及全世界。他说："绝大多数人，甚至是那些受过教育的人，仅仅满足于自己青少年时代所学的肤浅科学知识。许多人在不知道自己很无知的情况下，度过了一生。"

在谭卫道看来，学习科学知识这个行为本身就是爱上帝的表现。科学就是要致力于研究上帝的创作品；科学工作是值得尊敬的，其目的也是神圣的。科学工作将有助于揭开上帝铺在事物外表的面纱，而隐藏在面纱后面的就是真理，而追求真理就是热爱上帝。科学家的工作也将能够扩展整个人类的精神文明。

纵观谭卫道的一生，始终把科学研究和传教工作融为一体。他的第三本日记，几乎就是一部自然科学专著。他解释道：

> 若我的读者们没学过自然史，他们会发现，我几乎不谈论人类、文化、服装、房屋、艺术、工业、商业、农业等。我将注意力放在了那些看似最平常的动植物方面，而且更关注大自然，关注山川的形状高度、岩石性质、土壤组成等等。原因如下：
>
> （1）大自然由许许多多的事件构成。只要这个事件是真实的，不论它是多么的小，对帮助我们去理解当前的这个世界都是有益的。
>
> （2）我们所看到的那些已经写的或将要写的著作，不需要特别专业的知识就能写出来，而且其重要性对于科学而言也是第二位的。
>
> （3）最重要的一点：生命以不同形式表现出来，这对于理解自然界的历

史是非常有用和重要的。

（4）地表的陆地和海洋中分布着大量的动植物，研究这些生物的地理分布，有利于理解地质变迁史。

（5）研究动物地理学分布可知，英国和法国之前是连接在一起的，直到不久前才分开。而仅考察蜘蛛的分布规律就能发现，在远古时期，意大利和非洲大陆连在一起。以华莱士为例，指出通过研究哺乳动物、鸟类和昆虫的分布，可以得知马来西亚的三大岛屿曾经是亚欧大陆的一部分。而苏拉威西岛，尽管现在远离加里曼丹岛，在过去却是连在一起的。

（6）研究植物的地理分布可发现，亚速尔群岛、葡萄牙及英国，在以前也是连在一起的。

（7）自然界的每一个物种与地球的历史具有怎样的关系？这尤其值得研究，因为这可能会解决许多重要的问题。因此，那些看似毫不起眼的小生命，那些最微不足道的细节，都是不可或缺的。一个句点、逗号、小线段，它们自身看起来无足轻重，但是在与整体相联系的时候，它们就意义重大了，甚至能从根本上改变自身的重要性。

这些还只是部分原因。实际的原因比这还会多。

为获取物种标本去残害生命，谭卫道为此感到遗憾。对过去数个世纪中的由人类造成的大规模的动植物灭绝，他也感到痛心。他祷告道：

上帝创造万物，万物与人类共生。而人类迄今为止，尚不能及时有效地建立起一整套环境保护机制，以拯救大量的濒危物种。这真是令人伤心！上帝创造这些物种，不仅仅是为了让地球看起来更好看，而是要维护自然界的生态平衡。对于大自然，每个物种都是有用的，是不可或缺的。可是，自私和物欲撞瞎了我们的双眼，我们对这个美丽的星球毫不关心。马路的一边是马和猪，另一边是小麦和土豆，这些经济作物将取代数十万的天然物种。而这些天然物种是造物主赋予我们的，是要与我们一起生活的。它们有自己的生存权，而我们竟然为了一己私利，要残暴地将它们灭绝。

作为首批来到中国腹地探索考察的西方人，谭卫道克服困难，满怀热情地投入到对大自然的探索中，正是他那虔诚的宗教信仰为他提供了源源动力。他深信造物主创造出其他物种不是用来喂养人类的，其他物种也有自己的生存权，人类既有义务去熟悉身边的物种，也有责任保护生态平衡。

3. 对中华文明的态度

在谭卫道刚到中国的时候，他严厉地批评了中国人的不良作风。像吸大烟、溺婴、亵渎妇女、官员腐败、僧人迷信堕落，以及当时四处流窜、横行乡里的土匪强盗，都令谭卫道感到痛心。即便是在注意到那些对西方文明也产生过积极影响的建筑、雕刻、绘画、诗歌，以及儒、道、佛之后，他也没有改变这种态度。

不过，随着对中国的认识的加深，谭卫道对华态度也逐渐改变，他开始同情中国人。在他的第三次旅行日记里，可发现许多对中国人和中华文化的赞美之词：

> 中国人比我们更有耐心，他们看起来总是泰然自若。我甚至有时候很羡慕那两个北京小伙子（指谭卫道的仆人）。他们和他们的同胞一样，是如此的平静、安详，从没发过牢骚，甚至连一个不满的手势也没打过。是他们天性如此，还是后天的教化？抑或是东方宿命论世世代代熏陶的结果，而他们并没有意识到这一点？他们像哲学家一样，安静地吃饭，安静地休息，安静地享受这一切，谁也不打扰谁。

接着，他又说：

> 中华文明令人羡慕。除了偶尔的土匪流寇外，这片大地宁静，祥和，深沉。人们勤劳，朴素，文雅。这里人人守礼。

而且，尤其值得注意的是，谭卫道强烈反对西方世界对中国的同化。他意识到，中国既不希望也不需要被西方人同化。中国拥有自己的元素，这是她自己的财富；她已经稳定地度过了四五千年，没有发生任何大的改变。

至于向中国传教工作方面，在他写给舅舅的一封信中，可以看出他对天主教在中国传播状况的看法："总而言之，不要指望中国会成为一个天主教国家。因为照目前的速度来看，得花上四五万年的时间，才能把全部中国人改造成基督徒。"

五、结语

通过考察谭卫道的博物学实践活动，可以得到以下几点思考：

首先，谭卫道等来华传教士，大多都是科学上的博学之士。尽管来华动机复杂，但客观上传入了西方的科学技术，同时将中国的科学与文明引入西方，在促进中西文化交流方面起了不可磨灭的贡献。而且，法国传教士来华正值中国封建社会没落时期，他们在华活动的同时，也将西方的价值观、伦理以及生活方式等带入中国，客观上对中国封建社会的解体、中国近代化进程起到了一定的影响。

其次，谭卫道在中国考察发现了一系列“新种”。这里的“新种”，当然是针对欧洲社会而言，这些物种在本土社会早已被人所了解，只是欧洲人尚未发现而已。从这个角度看，博物学具有很强的地方性特色，地方博物学是博物学研究的重要内容。现在的博物学研究，都讲究要尊重地方性文化和知识，这也是同实验类科学很大的不同之处。与此同时，地方性知识不仅仅是博物学的重要研究内容，博物学实践本身也要求人们依赖于地方性知识、尊重地方性文化。谭卫道在中国内地考察，尽管他为人谦虚温和，但几乎每到一地都受到了当地人不同程度的阻挠、诅咒、投毒及偷骗打劫，这一方面是由于当时中国的国民比较排外，另一方面则是谭卫道等采集者自身的问题了。谭卫道等来华采集的传教士，手持枪械，每到一处，为取得标本，必然要对当地的物种植被进行某种程度的破坏，尽管他本意可能是好的。而且他们所采集的大量标本，要么运往国外，要么就在半路上毁掉了。这在中国人眼中，就如同一个陌生人闯进家门搜刮一番，而后掉头而去，却不负任何责任。所以，这种采集方式，必然也会受到一些当地群众的反感和抵制。

再次，从事博物学工作需要自然科学背景，但不一定要科班出身。谭卫道多学科功底为他日后在中国采集起到了重要的作用。现在，从事博物学研究的人大都来自不同的学科背景，这对于学科发展其实是好事。另外需要说明的是，博物学来源于生活世界，博物学先天性地就注定了是同生活世界分不开的。因此博物学研究者必须拥有“博物情怀”。用刘华杰教授的说法是，没有一阶的热情，二阶的研究工作很难坚持下来。即便是从事同博物学毫不相关的工作的学者，也应该多多感受自然，回归自然母体的怀抱，而不应该一味沉迷在纸堆里。同时，提倡博物学实践，培养博物学爱好，对于净化学者的浮躁戾气，是很有效果的。

最后，中国具有丰富的生物多样性及博物传统，这正为本土博物学者提供了得天独厚的研究条件，譬如老子的“人法地，地法天，天法道，道法自然”（《道德经》第二十五章），孔子的“多识于鸟兽草木之名”（《论语·阳货》），孟子的“数罟不入洿池”“斧斤以时入山林”（《孟子·梁惠王上》），庄子的“天地与我并生，而万物与我为一”（《庄子·齐物论》）等。而“天人合一”，更是被儒释道三家所推崇。可见，中国古代的博物思想是一个巨大的研究宝库。另外，如从思想史的角度将李时珍、徐霞客等人同西方博物学家进行对比研究，相信将有重要的收获。同时，发扬博物学研究，吸纳西方环境伦理思想，对于传承“天人合一”的传统文化，也将会极有价值。

（作者：朱昱海）

参考资料

[1] 罗桂环．近代西方识华生物史［M］．济南：山东教育出版社，2005.

[2] T. Whittle. The Plant Hunters [M]. London: Heinemann, 1970.

[3] B. Scott. Père Jean Pierre Armand David CM [J]. Oceania Vincentian, 2004, 5.

[4] A. David, H. M. Fox. Biographical Sketch, from “Abbe David's Diary” [M]. Cambridge: Harvard University Press, 1949.

[5] Vincentians. Annales de la Congrégation de la Mission [M]. Paris: Rue de Sevres, 1936.

[6] A. David, H. M. Fox. Abbe David's Diary: Being an Account of the French Naturalist's Journeys and Observations in China in the Years 1866 to 1869 [M]. Cambridge: Harvard University Press, 1949.

[7] C. Basset. Sur les Traces du Père David [J]. Hommes & Plantes, 2008, 65.

[8] G. Bishop. Travels in Imperial China: The Explorations and Discoveries of Pere David [M]. London: Cassell, 1996.

[9] 曹增友．法国在华传教士的科技活动及其影响［J］．中国科技史料，1991，3：15-23.

[10] 刘华杰．博物学与地方性知识［M］．上海：华东师范大学出版社，2010.

赖朴吾

（Ernest Lapwood，1909—1984）

赖朴吾

赤诚中国心

赖朴吾[1]，国际著名地球物理学家。一生经历丰富，在国际地球物理研究领域有很高的声誉，同时与中国结有深厚的渊源。

他在中国生活工作近20年，在燕京大学任教十余年，视燕大如己家。他曾与挚友——燕大美籍教授、心理学家夏仁德共事多年，被燕大校友认为是燕京大学最忠诚的外籍教授。他曾协助老友路易·艾黎组织"工合"。但是相对于夏仁德、路易·艾黎等国际友人，人们对他了解不多。笔者在国内外文献档案基础上，勾勒还原出赖朴吾的生平，对其学术成就、与中国的友谊，包括各个历史时期在燕京大学的工作，以及推进中英友谊等几方面进行了详细梳理，展现了赖朴吾对中国人民的深厚感情，以及他善良、谦卑、勤恳、默默无闻献身中国教育事业的高贵品质和崇高的国际主义精神。

一、来自剑桥的热忱信徒

赖朴吾1909年9月23日出生于英国伯明翰，获奖学金进入伯明翰爱德华第六学校。1928年进入剑桥大学圣约翰学院主修数学。1931年在剑桥大学数学荣誉学位考试更高级的第二部分考试中获得特殊的荣誉，从而获得剑桥大学学士学位。1932年他获得剑桥大学地理学荣誉学位考试中唯一的一等奖。

在剑桥大学，赖朴吾的老师包括杰弗里斯[2]和坎宁安，前者后来成为他在地球物理研究中重要的合作伙伴，而后者对他的宗教、政治观点影响很大。坎宁安是英国数学家，在狭义相对论提出初期，他是英国学界接受相对论的领军人物。1907年在读了爱因斯坦的《论动体的电动力学》一文后，坎宁安开始研究狭义相对论，从数

1　其中文名字曾用名赖璞吾、赖普吾、赖朴吾，1981年赖给雷洁琼的信上用了"赖朴吾"，本文中采用此名。

2　哈罗德·杰弗里斯爵士，英国数学家、统计学家、地球物理学家和天文学家，英国皇家学会院士。他的著作《概率论》，首次出版于1939年，在复兴贝叶斯概率上起到了重要作用。

学技巧上接受并赞赏爱因斯坦的方法。1914 年坎宁安写成《相对论原理》一书，这是英国第一本狭义相对论教程，对狭义相对论在剑桥的传入有相当大的影响。狄拉克当初就是从这本书中学习了相对论，而且拜读了这本书后到剑桥想投在坎宁安的门下学习相对论，但那年坎宁安不招研究生，于是狄拉克成为福勒的学生。坎宁安 1899 年进入剑桥大学圣约翰学院，在 1902 年剑桥大学数学学位考试中获得第一名，1904 年获得史密斯奖，同年到利物浦大学教授数学，1911 年返回剑桥直至 1976 年。受家庭及第一次世界大战的影响，坎宁安是一名强烈的和平主义者，这与他拥有坚定的宗教信仰相关，他是剑桥基督（公理）教会的会员，1953—1954 年他曾担任英格兰与威尔士公理教会的主席，他一生的大部分精力都奉献给了宗教事业。他热爱教学，对人耐心而真诚，在剑桥教出众多杰出的学生。赖朴吾在剑桥圣约翰学院学习 4 年，十分尊敬与爱戴坎宁安，坎宁安与人为善的品质以及宗教信仰都深深影响了他，赖朴吾也加入了公理教，成为公理教的积极、忠实的教友，这正是赖朴吾来中国的重要动因。

1932 年 8 月，刚刚大学毕业、怀抱社会理想与宗教热忱的赖朴吾作为一名英国伦敦会的教士直接从剑桥大学奔赴中国，他的事业由此在中国开始。不懂汉语的他先在苏州学习了一年汉语，很快他就学会讲汉语，而且还能读写。随后他在上海一所英国基督教会学校麦伦中学（今继光中学）任教，这个中学的校长沈体兰[1]积极聘请进步文化人士任教，邀请海内外学者名人讲演，还创办民众学校、补习学校和义务学校。沈体兰给他起了“赖璞吾”的中文名字，意即未雕琢的玉石。他又曾用“普吾”，以普普通通自喻，但他更喜欢“朴吾”两字，意为朴实、朴素。在麦伦中学，赖朴吾教授数学，教学效果很好，有不少学生从此热爱数学。除了教授数学外，他还为学生组织多种课外活动，包括旅行和野营等，丰富了学生的学习生活。麦伦中学周围有一些工厂，工人们简陋的工作环境和居住条件给了他极其深刻的印象。他鼓励有能力的学生为这些工人建立夜校和开展社会活动，无论是学生还是工人都从中获益并得到教育。

此外，在上海期间他结识了在上海工部局消防处供职的新西兰人路易·艾黎。艾

1　沈体兰，早年毕业于东吴大学，入英国牛津大学获文学硕士学位。1920 年，担任上海麦伦中学（今继光中学）校长。解放战争期间，任圣约翰大学教授，和张志让等组织上海各大学民主教授联谊会，开展争取民主、反对内战的斗争。解放初，沈体兰在北平和廖承志代表全国青年代表大会，欢迎毛泽东、朱德进入北平。上海解放后，他回到上海，先后担任上海市体委主任、政协上海市委员会副主席、中国民主同盟上海市常委等职。

黎当时负责火灾的巡查工作，有时艾黎带赖朴吾一起去工厂巡视。艾黎对工人的生活十分了解，在艾黎的引导下，赖朴吾从一个只了解书本知识的学者，成为一个深入工人、同情工人的人。二人一同为工人开办夜校。在艾黎的邀请下，每逢寒暑假，赖朴吾随艾黎等人去南京附近的山区旅行并绘制地形图，看到山区恶劣的医疗条件后，他们为山区的村民开办了诊所。在这段时间里，赖朴吾见识到了中国穷苦人的生活和巨大的贫富差距，深感痛心。这是纵贯其一生要关心普通大众、关心国际合作，以及热爱和平的思想形成具有象征意义的开始。

二、结缘燕大：循循善诱的良师益友

上海任教期间赖朴吾了解到有许多外籍教授在北平的燕京大学任教，这些外籍教授对中国的传统文化和当时中国的社会和政治运动大加赞赏，这增强了他对燕京大学的好感。1936 年春，经燕京大学数学系主任介绍，赖朴吾到燕大数学系与徐献瑜[1]见面，两人用上海话开始了第一次交谈。赖朴吾向徐献瑜仔细询问了燕京大学和清华大学数学系的情况，同时也向徐献瑜介绍了剑桥大学数学课程设置、教学方法。赖朴吾认为要发展燕京大学数学系，必须加强数学分析和数学应用。当时徐献瑜正准备赴美留学跟随赛戈教授学习分析数学，听到这个消息赖朴吾十分高兴。关于他自己，赖朴吾希望在数学应用方面能够有所建树。赖朴吾的谦逊热情、见多识广给徐献瑜留下了深刻印象。或许因为这次两个年轻人相互鼓舞的谈话让赖朴吾决定选择燕京大学。随后，赖朴吾赴北平燕京大学数学系任教，成为燕大一位忠诚的外籍教授，从此他一生的命运与燕大交织在一起：1936—1939 年任教燕京大学数学系；1939 年协助艾黎“工合”工作；1942 年，燕京大学在成都复校，他任成都燕大的理学院代理院长兼数学系主任，直至 1945 年燕大在北京复校。复校后，他觉得自己有必要扩展教学与研究水平，于是 1945 年回英国进修博士学位，1948 年在没有完成博士论文的情况下，单身回到燕京大学，除教授数学外还兼任学生生活辅导委员会主席。1952 年院系调整，赖朴吾返回剑桥大学，直到 1974 年退休。退休后他四次访华，每次都在北京大学讲学，

---

1 徐献瑜，浙江吴兴（今湖州）人，我国计算数学的开拓者和奠基人。1928 年被保送苏州东吴大学，同级校友有费孝通等。1931 年九一八事变后，与杨绛等 5 人结伴到北平燕京大学寄读，1934 年获燕京大学物理学硕士学位。1938 年获美国圣路易华盛顿大学博士学位。1939 年回国任教于燕京大学，被聘为数学系代主任，为燕京大学最后一任数学系主任。培养了王选、杨芙清等一批数学家。

会见校友。1984 年最后一次访华中，因病逝于北京，遵照他的遗嘱，他的骨灰被安放在北京大学的未名湖畔。现在北京大学临湖轩东北角未名湖边的天然青石上，还漆着赖朴吾与夏仁德的名字以示纪念。

1. 教学授课

战前，赖朴吾在燕京大学数学系为数学、物理、化学系一、二年级学生讲授初级微积分、中级微积分等课程。曾听过他课的学生包括数学系王坚毅、关肇直、姚志坚、李欧（1938级），物理系王知人、黄昆、孙念台（1937级）等学生。在成都燕大，赖朴吾为学生讲授数理统计、微分方程、微积分等课程。1948 年，他回到燕京大学，讲授理论力学等课程。

赖朴吾授课条理清晰，层次分明，逻辑严谨，深入浅出，引人入胜；对待学生严肃认真，一丝不苟，循循善诱，注重培养独立思考能力；他要求独立完成作业，不允许抄袭，严格坚持这些朴素的学习作风。很多学生曾撰文回忆赖朴吾的授课，以下列举几例：

> 他讲课精炼，说理性强并能联系实际。课堂上经常举行 Quiz（小测验）。上课后，发给每人一张白纸，在黑板上出几道测试题，让学生在 10 分钟后交卷。然后打分发给学生。这种做法很好。

> 赖老师的学术造诣深，教学水平高，至今是我学习的楷模。由于他循循善诱，讲课精炼而不枯燥，灵活而不失严谨，一节课很快就过去了。但经过他的引导，所获得的知识和能力，远远超过一堂课的内容。

> 习题亲自批改，评定等级，按时发还。讲课概念清晰，逻辑严密，且富有启发性，确实是高水平，学生获益匪浅。……数十年以后，与关肇直、李祖承等年兄谈起来，一致认为赖老师教学认真，要求严格，对我们的成长特别是做题等基本训练起到了很大作用。

> 善于联系实际生活是赖朴吾授课的一大特点。在微积分课上，他写下了 $\int f$（马）$=\int f$（牛）d 牛的式子，学生们大笑。若干年之后，同学们见到他，还谈起这个式子，无论什么情况下绝不会在这个概念上出错。

在成都燕大上数理统计课，赖朴吾强调列举实例来说明这门课的应用意义。例如在讲到一种能描述偶然事件的特殊函数时，使用德国陆军中每年被马踢而丧生的军人统计数字，与这种函数的曲线非常吻合。这给学生们留下了深刻的印象。

除课堂授课外，赖朴吾还组织课外研究小组。研究小组不仅对数学系的学生有所帮助，也对理化系的学生产生了深远的影响，著名物理学家黄昆[1]于1937年进入燕京大学物理系求学，他即是这个小组的组员之一，他曾回忆道：

> 我上一二年级时，讲微积分课的教师，是位从剑桥大学毕业不久的英国教员，他不仅讲课非常出色，课外对学生也十分关心。出于启发学生对发展科学的追求的目的，他出面找了几个优秀生，组织了一个课外研究小组，在课余和他本人一起学一些科学发展的新知识。这个“尖子班”，试图学习“相对论”，学习新兴的“量子力学”及其所带动的一些新的数学方法，主要是矩阵数学。这一活动进行了1年，结果包括这位教员本人在内，对相对论谁都没学懂。不过，在这一过程中，通过学习新知识，探讨科学的最新发展，对培育我对科学的爱好与追求，却很有影响。

黄昆提到的“英国教员”正是赖朴吾。这个课外研究小组直接影响到黄昆毕业论文的写作。黄昆在燕大上学时，量子力学在国内还是一门非常神秘和深奥的学问。通过对图书馆里仅有的几本介绍量子力学的书的自学，黄昆完成了大学时的毕业论文《海森堡和薛定谔量子力学理论的等价性》。这一实践使黄昆开始进入量子力学理论的前沿领域，为他以后的科学研究奠定了坚实的基础。

2. 热爱学生

赖朴吾性情开朗，喜欢与学生来往，对学生和蔼可亲，平易近人，不以师长自居，细心关切学生的一点一滴，多方面帮助学生，成为学生的知心朋友，很多学生都受其影响。

---

1 黄昆，中国固体物理学先驱，中国半导体技术奠基人。1941年毕业于燕京大学。历任英国爱丁堡大学物理系、利物浦大学理论物理系研究员，北京大学物理系教授，中国科学院半导体研究所所长、名誉所长等职，受聘过瑞典皇家科学院外籍院士、第三世界科学院院士，中国科学院院士。

战前，燕京大学教授待遇优越，按其副教授身份，赖朴吾可在燕东园或燕南园住“洋房”，过舒适的欧美式生活。但这不是他的愿望，他愿意利用一切尽可能的机会与学生接触。他宁肯住在单身中国教员宿舍，以便与学生多接触。抗日战争全面爆发后，他更是请求学校准允他住在第二食堂楼下的学生宿舍，以便对学生有更大的帮助。在燕京大学，赖朴吾住着和学生一样的房间，与学生合用浴室，在饭厅亦无特座，这在燕京大学的西方教授中是独一无二的。他不喜欢学生称他为赖先生，而愿直称他拉尔夫。

1949 年和 1950 年春天，燕大蔬菜供应紧张，学生会组织在校园种菜。外国教授中只有赖朴吾和学生一同除草、施肥，而且每次都准时劳动，即使学生迟到，他依旧一个人准时出现。1951 年学校组织教师和学生去天津参观华北物资交流展览会，住在天津工商学院一间地板房子里，赖朴吾和学生一起睡地铺，没特殊待遇。

学生的每点要求与思想他都认真对待，他组织牛津团契，与学生一同省察。他经常邀请学生到他家喝茶谈天，在家里举行家庭聚会，其中有专题座谈，讨论理想与人生观、中国的前途、争取抗战胜利和建设新的国家，与政治上幼稚的学生耐心讨论并进行指导。他热爱体育运动，曾担任燕大体育运动委员会主席，特别重视学生的体育道德。他与著名科学史家李约瑟是好友，促成了曹天钦（生物化学家）得到李约瑟帮助留学深造。成都燕大时期时任数学系助教的关肇直（数学家）因患肺结核曾半年多住在赖朴吾家里，受到他无微不至的照顾。赖朴吾自己很节俭，但是对学生十分慷慨，历史系的学生侯仁之（历史地理学家）得到他的资助实现了自己人生第一次旅行。

三、亲历中国抗战

1.“中国的希望在解放区”

1939 年，日本占领北平，赖朴吾模糊地看到中国的希望在解放区，正好艾黎邀请他去大后方组织“工合”，发展生产支援抗战，赖朴吾毅然决定离开燕大到解放区去。1939 年 7 月 11 日夜，他和燕京大学机器房工人、地下党员萧田（又名萧在田），英籍教师林迈可，学生赵明赫三人在向导的带领下徒步越过西山和妙峰山，穿过国民党封锁线，到达平西挺进军根据地马各庄萧克将军司令部，受到群众和萧克同志的盛情款待。然后他们沿太行山东麓南下到晋察冀司令部，曾和白求恩大夫住一起，帮助白求恩整理、擦洗手术用具，与聂荣臻将军座谈。然后再经过 175 英里的行军，到达了晋东南八路军总部，受到朱德、彭德怀司令员等的接见，在朱德的司令部住了 3 天，还偶遇在司令部当秘书的燕大毕业生龚澎（后成为新中国外交部第一位女司长）。历时3个多月，跨越1000多英里，最后到达陕西宝鸡与路易·艾黎见面。

四个人中林迈可不会说中文，赖朴吾形容林迈可“聪明、拘泥、固执己见、性情急躁、有胆量”，萧田不会说英文，赖朴吾是重要的翻译，途中曾几次经历生命危险，赖朴吾没有一点怨言，还经常讲笑话，使这次困难重重的艰难跋涉充满快乐气氛。同时，这次旅行使赖朴吾与学生、将军、士兵、农民有了充分的接触。看到原是城市中的学生，为了战争放弃舒适的生活条件来到山里，看到解放区部队官兵都是一样的待遇。对于朱德，赖朴吾以少有的激动心情追述说，“真难想象，朱德和想象中的完全不同，他安静绅士，他的脸睿智和耐心，嘴角时常带着微笑，简直和老农一样”。“一个指挥几万军队的总司令，在自己的司令部里认真倾听一个普通工人三小时的讲话(萧田提出改进技术)，这在全世界恐怕也没有第二人。”这些见闻都令赖朴吾赞叹，根据地艰苦抗战的热情给了他极大鼓舞。

我们穿过几千英里的解放区，旅行3个月，让我们对中国农民产生了极高的尊重，他们的毅力、耐心和耐力都在我们之上，我们被他们的幽默、友好和勇气深深感染。那些从城市到山区的年轻男女们给我们留下了深刻的印象。在残酷可怕的危险中，他们营养不足，总是生病，身体虚弱，但他们把自己置身于奉献中，他们坚定不移、热情、愉快、有信心、充满希望地工作着，紧张的生活被工作中的乐趣和同志关系点亮了。

3个月的经历使赖朴吾深刻认识到抗战的艰巨，促使他更加积极参加抗日活动。

当我们开始旅行的时候，曾认为自己是勇敢的青年探险家；在我旅行结束的时候，觉得自己简直没有什么了不起。普通农民的坚强意志已远远超过我们。游击战士战胜敌人精良装备的能力，以及他们忍受饥饿、疲劳与疾病的毅力，使我们深深地敬佩。那些受过教育的青年男女们，放弃了自己的特权与城市的舒适生活，冒着生命危险，备尝艰辛地在山区作战的爱国精神，让我们明白了我们所从事的冒险和斗争实在是太肤浅了。对我们来说，这次旅行只是一个令人兴奋的插曲，但对他们来说，游击队的存在就是生活。

关于这次解放区旅行，赖朴吾撰写了《1939 年逃出北平记》，1983 年刊发在《剑桥评论》上。而他的这个报告也帮助当时的燕大校长司徒雷登对共产党有了更深刻与更真实的认识。

2. 协助路易·艾黎的“工合”工作

赖朴吾到达西北地区“工合”的总部——陕西宝鸡后，与路易·艾黎在“工合”工作。由于日本的侵略，中国许多工厂被毁，不少工人失业。艾黎在宋庆龄的鼓舞和支持下，于 1938 年初在上海发起创立“中国工业合作协会”（简称“工合”），在取得国、共两党的支持下，以合作化形式组织人力、物力，从事日用工业品的生产。“工合”是抗日战争时期的经济救亡运动，对战时经济的有力补充。

赖朴吾担任“视察”和“数据分析”的工作，他与艾黎一起跑遍了“工合”西北区、川康区和东南区，途经 60 个城市，不顾辛苦地视察各地“工合”基层单位。每到一地，他们便深入合作社检查业务状况、账目情况，帮助他们建立一套比较完整的财务会计管理制度。同时搜集原始资料，做出大量有说服力的统计材料，这些工作对各地工业合作社业务的健康发展有很大帮助，而且对在国外募捐起了重要作用，以至于 1945 年赖朴吾回英国攻读博士选题时倾向于学习统计学，就与其在“工合”的这段工作经历有关。

太平洋战争爆发以后，原在香港以宋庆龄为名誉主席的“工合”国际委员会迁到成都，赖朴吾又一度担任“工合”国际委员会的会计。1942 年返回燕京大学后，他曾不断地为“工合”工作。十一届三中全会以后他得知“工合”恢复，主动提供线索，使中国“工合”收回了一笔 29 万元港币的外汇，在新的历史时期作出了新的贡献。

1940 年赖朴吾与澳大利亚姑娘齐兰畦在成都成婚，齐兰畦在中国出生，其父斯塔基是一名传教士医生，她在澳大利亚接受部分教育，后长期在中国工作。他们二人有共同的信仰与理想，一样热爱中国，齐兰畦一生支持赖朴吾的事业。

四、成都燕大时期

1. 数学系的中流砥柱

1941 年 12 月 8 日，珍珠港事件发生的当天，燕京大学被迫停办。1942 年燕大在成都复校（1942—1946）。学校设在原华美中学校址，理学院各系课程与华西坝其他四个教会大学联合开设。当时学校规模紧缩，图书设备一无所有，理学院和数学系办公室在校本部大楼三层的一个小房间里，条件艰苦。在这种困难条件下，赖朴吾返回燕大担任数学系教授兼主任，并兼理学院院长。他沉着冷静、有条不紊地处理院务、系务各事，团结兄弟院校，安定人心，保证教学顺利进行。他折冲其间，任劳任怨，起到中流砥柱的作用。

赖朴吾对成都燕大的师资建设和环境改善作出了积极贡献。当时数学系师资缺乏，只有赖朴吾、倪一三、姚志坚几位教师。赖朴吾讲授数理统计和微积分等课程，要亲自批改作业。除日常授课外，他要出席校内外各种会议，并担任“工合”部分工作。赖朴吾住在华西坝，每日骑车上班，经常会遇日机侵扰。1943 年夏，曾远荣教授由西南联大来蓉休假，赖朴吾提出让他与吴其玉及梅贻宝校长商讨，促成燕京大学聘曾远荣为数学系客座教授，那年春夏之交，另又聘请关肇直、陈尚义、杜连耀来理学院，增强了数、理两系师资。1943 年，在赖朴吾的推动下，燕大与协和医学院合资修建了一座三层楼，取名“中央楼”，燕大理学院占中间一层，用作办公室和教师寝室，改善了燕大教师工作环境。

2. 支持燕大民主学运

在解放区 3 个月的旅行见闻和“大后方”的鲜明对比增强了赖朴吾对中国共产党的敬佩，在成都燕大期间他同情并积极支持地下党领导的民主运动。早在 1943 年春，他就曾应学生的要求，介绍他在 1939 年在抗日根据地的见闻。亲临现场的燕大学生回忆：

> 为了防范特务的窥视，他很小心地在华西坝的燕大理学院大楼里找了一间小课堂，拉上黑布窗幔，开了灯，然后拿出他珍藏的大批照片，沿着他当年走过的路线，指着一张张照片，依次讲解当时的情景。话不多，但很扎实，很有分量。对我们说：“一到那里，就好像到了另一个中国。那里的人民和这里（指当时国民党统治的“大后方”）大不一样。他们很有信心与勇气，很有精神。见到他们，你就会相信，日本人绝征服不了中国。”

1944 年成都民主学运展开，他作为理学院院长，又在教职员中有较高的威信，利用这些条件他影响学校领导层，在学校和学生之间做了许多有益的调解工作。赖朴吾参加了燕京大学一个进步的小团契，他赞扬契友们畅谈爱国思想、积极参加正义斗争的活动。赖朴吾住在华西坝外国传教士区，特务不易进入，于是他家就成为进步学生和团体活动的场所。燕京的或华西坝院际间的进步社团、团契等，无论是秘密的还是公开的会议，常借他家开会，他总是给予方便。“创造社”（Creative Team，简称 CT）是 1944 年成立的一个进步学生社团，该社团的发起酝酿、形成、成立以后的会议都是在赖朴吾家完成的。社团创始人之一彭迪（彭启新）是这样回忆赖朴吾在学生运动中所起到的作用的：

> 国民党的军队，在前方抗日不利，兵败如山倒。但国民党的警特在后方却要威风，对要求抗日和民主的进步运动加紧监视、控制和镇压。“莫谈国事”的禁令到处张贴，捕人的消息，不时传来，校园内外，气氛紧张。那时，我们有一个读书会只好借赖朴吾老师的客厅开会碰头，在他的家里，大谈国事。这些会议，我们没有邀请赖老师参加，他同夫人待在书房或卧室里看书，休息，直到我们散会才出来送客，外面的人都以为他在举行什么文娱茶会。这种掩护作用，我们彼此心照不宣。

赖朴吾就是这样“润物细无声”地支持着燕大的学生运动，是夏仁德[1]之外，燕京大学又一位热情支持学生运动的外籍教师。待 1946 年燕大复校于北平时，已经形成了一支有一定活动能力和经验的民主运动骨干力量，这与赖朴吾的支持是分不开的。

五、1952 年院系调整之前

1945 年夏，二战结束，经历过中国抗战的赖朴吾坚信中国一定胜利，他意识到中国经济和教育事业将会得到新的发展，他愿意为新中国的教育尽力，应该在学术上作出更多贡献，为中国培养出更高水平的人才，这样才能为中国更好地服务。于是赖朴吾有新的打算：利用在燕大工作 13 年后的教师休假时间回英国剑桥大学进修博士学位。

1945 年夏天赖朴吾举家回国，有着“工合”的经历，他本想进修应用数学（统

1　夏仁德，美国人，燕京大学心理系教授。20 世纪二三十年代，他在青年学生中传播《共产党宣言》，并支援进步学生和解放区的工作。夏仁德始终同情和支援中国人民的解放事业，不但在抗日战争时期对燕京大学地下党给予帮助，而且在“一二·九”运动和解放战争时期的学生运动中，他都站在学生一边，为掩护地下党做了不少工作。

计），但到剑桥后发现不可能。于是他跟随原来的老师、著名地球物理学家、英国皇家学会会员杰弗里斯研究地球物理。博士期间，赖朴吾完成了3篇论文：《多孔材料中流体的对流》(1948)、《均匀弹性半空间内由于线光源的辐射造成的干扰》(1949)、《关于液体球体被冷却后收缩的问题》(1952)。

其中第二篇是其重要的工作：这是地学中一个重要问题——“兰姆问题”的研究。1904年兰姆提出了半无限空间内对一个点作用力造成的波场的解，其后虽然1939年卡尼亚发表过专题著作，但在1954年之前并没有得到普遍关注。赖朴吾进一步发展了兰姆的研究结果，其论文中精确的分析后来在这个领域的研究中被广泛地引用。

博士论文开始了赖朴吾在学术上的研究，后来他在地球物理界成绩斐然，是英国皇家地理学会、英国皇家天文学会会员。这得益于他个人努力以及与杰弗里斯的合作。他与杰弗里斯年龄相差近20岁，后同在剑桥大学共事多年，交情很深。杰弗里斯的世界地学名著《地球》，半个多世纪中再版多次，曾多次引用赖朴吾的研究成果。赖朴吾所在的剑桥大学应用数学和理论物理系，由于杰弗里斯的成就成为国际地球物理学研究中心，杰弗里斯退休后，由于赖朴吾在理论地震学方面杰出的贡献，接替了他的职位，保持了该系在国际地球物理学界的中心地位。

1948年，在博士论文还没有完成时，赖朴吾就回到燕京大学。1949年他在燕大完成了博士论文，由曹天钦转交给杰弗里斯，杰弗里斯写了评语，随后博士论文通过。在燕大他除教授数学外还兼任学生生活辅导委员会主席（至约1949年暑假），这个工作的职责是在学生和学校管理部门之间进行传达调解。赖朴吾清楚这个工作是“无法逃避的职责”，原因是正值国共内战，很多学生在政治上激进（他曾统计过950名燕大学生，650人反对国民党，200人支持国民党，其余弃权），中国人担任此职务很容易成为国民党关注的目标，而外国人在这方面享有一定的豁免权。为了更好地帮助学生，他搬入学生宿舍，与学生同吃同住。在此期间他协助学生开展护校运动并准备迎接解放。1949年5月，英国军舰“紫石英”号在长江引起冲突，赖朴吾联合校内几位英籍同事给英国政府写信，指出“曲在东方”。

解放前夕，燕大部分学生和教职员工离开了学校。“美国领事馆准备了特殊的轮船撤离美国居民，英国领事馆建议妇女和儿童离开中国。胡适代表国民政府参观了燕京大学，力劝教工人员去南方，考虑撤离全部机构。少数我们的教工人员，美国人和中国人，这个时候逃走了。”但当赖朴吾被问到是否要回英国去，他说他不走，他的全家明年仍然来，原计划不变。不仅自己不走，他还劝想走的人留下来。

学校解放的几天，赖朴吾与燕京大学的教师和学生们留在燕京大学护校。战争打响后的晚上，他和大约50名学生挤在一间学生宿舍里避难。当士兵企图打破并翻越学校大门过夜时，赖朴吾和其他几位教授出面劝说士兵不可涉足校园。经过了几天的煎熬，傅作义指挥的国民党部队撤离，共产党的部队到来。对于共产党军队的表现和作风，赖朴吾在他的著作里给予了很高的赞誉。西郊解放后，赖朴吾和学生一起参加了迎接北平解放的活动。他冒着严寒，带领燕京大学的学生合唱团到距离学校15英里的钢铁厂参加新年活动。他还参加了1949年开国大典和游行。

虽然赖朴吾1948年从剑桥归来已经作好一生都在中国度过的准备，但在1952年院系调整后，他权衡各种因素，还是作出返回英国的决定。1952年6月下旬，赖朴吾和夫人分别向燕大数学系和外语系递交了辞职信。

六、回国后增进中英友谊

1. 学术成果层出不穷

赖朴吾于1952年8月携全家返回剑桥大学任教，直至1976年退休。在剑桥大学数学系，他历任助教（1953—1956）、讲师（1956—1972）、学监（1957）。1959年剑桥大学成立应用数学和理论物理系，1962—1963年他任系务会议主席，1972年任理论地震学副教授。1955年被选为以马内利学院研究员，曾任院务委员，数学教务主任，还做研究生导师，1972年晋升为副院长。他是一位出色的教师和导师，热爱学生，善于发现外来学生的优势，并能将优势充分利用到科研当中。

学术上赖朴吾逐渐取得了很高成就，他非常擅长与人合作。1955年他开始研究日本地震。1957年他与杰弗里斯合作研究流体内脉冲的反射。1961年，他发表了论文《转角处瑞利波的传递》，这是他又一篇被广泛引用的论文。1963—1964年间，他休假到加州理工学院和诺波夫一起合作研究震源的第一种运动，1964年发表研究成果。1970年前后，他与日本学者佐藤合作发表了一系列关于横向各向同性介质中瑞利波的研究论文。20世纪70年代中期，他和他的研究生赫德森合作研究“把Schwinger-Levine方法应用到弹性动力学之中”的题目，发表了一系列研究成果。1976年他与澳大利亚皇家学会会员安德森合作发表了名为《Sturm-Liouville系统的本征值的渐进分布》的论文。此外还发表了有关地震学和弹性力学的论文。1977年，他和佐藤再次合作发表了一系列《球壳的扭转学的渐进分布》的论文。出版专著《普通微分方程》

(1968)、《地球的自由震荡》(1981，与佐美合著)、《瑞雷原理——地球物理学方法》(1981，与安德森合著)。

赖朴吾曾任英联合王国地震学国家分会主席，英国地震协会委员会副主席，国际地震学和地球内部物理学会议首席代表。1966 年、1974 年他在剑桥主持两次国际数学地球物理学大会。1975 年他被指定为国际大地测量和地球物理学联合会 (IUGG) 委员会的主席，启动确定标准地球模型的项目。这个项目本身是有争议的，最终能成功完成，部分要归功于他的科研能力和外交能力。1975 年，他与合作者发表与此相关的研究论文《地球物理数据构成的赖朴吾地球模型》。1981 年，第 21 届国际地震学和地球内部物理学联合会 (IASPEI) 会议上他应邀作《赖朴吾的标准地球模型》大会主题报告。

2. 回国后积极介绍宣传新中国

1952 年回到剑桥大学后，赖朴吾夫妇借所有演讲和写作的机会，介绍新中国的成就和进步。1952 年 11 月，刚刚作为澳大利亚代表参加过北京和平会议的赖夫人就曾受“和平探索论坛”(Peace Quest Forum) 之邀赴澳大利亚介绍新中国。已在中国生活 35 年的她在报告中说：“我经历了中国四个不同的政府系统，现在的是最好的。”并称“今天的中国是个快乐的地方”。1980 年 3 月，赖朴吾夫妇访问澳大利亚，在城市联合教堂表示“对中国、澳大利亚以及世界各国人民间关系的关心”。1981 年，赖朴吾去意大利参加同中国交换科学家的团体的国际讨论会，在会上他介绍了中国 50 年来的科学进步。作为访问学者，赖朴吾曾到过世界多个国家考察各国的地震地形情况，他借所有演讲和写作的机会，在世界各地介绍新中国的成就和进步。在 60 年代欧洲人民反对原子武器运动中，赖朴吾曾和剑桥科学家合著《誓死保卫和平》一书，谴责军备竞赛，原子武器对人类文明是毁灭性的威胁，号召世界人民都起来反对。

1954 年赖朴吾夫妇合著的《经历中国革命》一书出版，讲述了他们多年来在中国的经历和见闻，后又再版。在前言中写道：“我们感到让西方——特别是英国有机会知道中国人们对新政府的真实感受是很重要的。”此书被称为 50 年代了解中国的必读书。

赖朴吾夫妇回国后曾四度访华。齐兰畦在 1960 年应中国保卫世界和平大会的邀请访问中国。1964 年应中国科学院地球物理所邀请，赖朴吾夫妇二人访问中国，随后 1980 年、1982 年、1984 年连续到中国访问。他们每次都带回去大量有说服力的相片和幻灯片，用来介绍新中国的新面貌。

1980 年 5 月，赖朴吾作为英国皇家学会与中国科学院交换的科学家访华。他在科学院、清华大学、北京大学作了多次报告和座谈会，介绍近代数学科学的发展情况，以及剑桥大学的数学教学工作。此外，全国政协国际组还请他在政协礼堂作了一次报告，介绍英国剑桥和牛津两所大学的导师制。随后他们应成都科分院数理研究室（关肇直）之邀飞至成都，讲地球震动理论，同时纪念他们夫妇在蓉结婚 40 周年。这次访华，赖朴吾共会见了 150 多位老朋友。回国后，他撰写了《中国，1980》和《中国：1932—1980》两篇文章，讲述他们的访华经历，着重说明中国巨大的变化与进步，于 1981 年分别发表在《改革》月刊和《剑桥评论》上。

1984 年 4 月，应北京师范学院（现首都师范大学）仓孝和校长之邀来华讲学，原计划作三次讲座。4 月 6 日作第一讲，赖朴吾用自己制作的简易辅助工具介绍他的数学教学经验。后来成为北京四中校长的冯宝万回忆："赖师讲得生动具体，会场上不时发出朗朗笑声。赖师演讲得深入浅出，辅以教具。用纸条剪成的莫比乌斯带来说明数学启迪思维的作用。"课讲完后赖朴吾又热心地回答了听众提出的问题。他还对仓孝和编写的《自然科学史》一书感兴趣，打算写一篇关于张衡的文章。但是这次讲座后因心肌梗死住院，于 4 月 11 日病逝于北京首都医院（协和医院），当时萧克将军已约请他于 4 月 13 日见面。

弥留之际他叮嘱夫人："不要开追悼会，不要树纪念碑，惟一的希望是把骨灰留在中国。"遵照他的遗嘱，他的学生和朋友把他的骨灰安放在北大未名湖畔的山坡旁，并栽了三棵他生前最喜欢的黄刺梅。赖朴吾一生的事业在中国开始，又在中国结束。正如他夫人所说：

> Ralph 永远热爱着中国和中国人民，现在他比以往更成为这个伟大国家的一部分了。

七、结语

赖朴吾有着虔诚的宗教信仰，精神中他追寻真诚、纯洁、无私、爱心，有强烈的正义感和同情心，对维护世界和平有着坚定的信念与不懈的努力。在华 17 年，他关心中国人民的命运，在是非面前，坚定地站在正义一边，把中国的教育事业当作自己